Nombre: Lesly Dayana Valenc

Grado: 6º C Colegio: Can

Pronunciación y variantes: inglés británico y americano

variantes de una misma palabra

bathir

tie-break /ˈtaɪ breɪk/ (*tb* **tie-breaker** /-ə(r)/) *n* **1** desempate **2** (*tenis*) muerte súbita

término usado sólo en inglés británico — **B & B** /ˌbiː ən ˈbiː/ (*GB*) *abrev de* **bed and breakfast**

término americano junto a su variante británica — **elevator** /ˈelɪveɪtə(r)/ (*USA*) (*GB* **lift**) *n* ascensor

variantes americanas — **tiepin** /ˈtaɪpɪn/ (*USA* **stickpin**, **tie-tack**) *n* alfiler de corbata

pronunciación británica y americana — **fastener** /ˈfɑːsnə(r); *USA* ˈfæs-/ *n* cierre, corchete: *zip fastener* cremallera

Notas gramaticales, culturales y de uso

notas con fondo azul que ayudan al usuario a aprender inglés y a familiarizarse con la cultura inglesa

nota gramatical — **comité** *nm* committee [*v sing o pl*]

Committee puede llevar el verbo en singular o plural: *El comité quiere estudiar el plan.* The committee **wants/want** to study the plan.
El uso del singular es más frecuente, y es obligatorio cuando **committee** va precedido por *a*, *this* y *that*.

breve nota de vocabulario, marcada con el símbolo ☛ — **settee** /seˈtiː/ *n* sofá ☛ También se dice **sofa** y **couch**.

nota cultural — **bank holiday** *n* (*GB*) día festivo

En Gran Bretaña hay ciertos días de diario que son festivos para todo el país y en los que los bancos tienen que cerrar por ley. Muchas veces caen en lunes formando así un fin de semana largo que se llama **bank holiday weekend**: *We come back on bank holiday Monday.* Volvemos el lunes del puente.

Referencias internas

referencia a la variante principal donde aparece la información

broqueta *nf Ver* BROCHETA

bannister *Ver* BANISTER

el sistema de referencias indica al usuario dónde encontrar una nota explicativa relacionada con la entrada que está consultando

notario, -a *nm-nf* notary public, solicitor ☛ *Ver nota en* ABOGADO

Thursday /ˈθɜːzdeɪ, -di/ *n* (*abrev* **Thur**, **Thurs**) jueves *Ver tb* MAUNDY THURSDAY ☛ *Ver nota y ejemplos en* MONDAY

sistema único que remite a compuestos del término consultado — **father** /ˈfɑːðə(r)/ *n* **1** padre: *the Pilgrim Fathers* los Padres Peregrinos ◊ *God the Father* Dios Padre ☛ *Ver nota en* PADRE, SINGLE *adj* **2** (*abrev* **Fr**) (*sacerdote*) padre *Ver tb* FOREFATHER, FOUNDING FATHER, GODFATHER, GRANDFATHER, GREAT-GRANDFATHER, STEPFATHER

referencia a las ilustraciones — **ostra** *nf* oyster ☛ *Ver ilustración en* SHELLFISH **LOC** **¡ostras!** **1** (*sorpresa*) good heavens! **2** (*enfado*) sugar! *Ver tb* ABURRIR, CRIADERO, VIVERO

la referencia indica al usuario dónde encontrar las expresiones **aburrirse como una ostra, criadero de ostras, vivero de ostras y tienda de comestibles**

comestible *adj* edible
■ **comestibles** *nm* groceries **LOC** *Ver* TIENDA

la referencia recuerda al usuario la existencia de información adicional en las hojas de estudio y en los apéndices

ounce /aʊns/ *n* **1** (*abrev* **oz**) onza (*28,35 gramos*) ☛ *Ver apéndice 3* **2** [sing] **~ of sth** (*coloq*) pizca de algo *Ver tb* FLUID OUNCE

comillas *nf* inverted commas ☛ *Ver págs 592–3*

Diccionario
Oxford Study
para estudiantes de inglés

Español–Inglés
Inglés–Español

Dirección editorial

Annella McDermott
Patrick Goldsmith
Mª Ángeles Pérez Alonso

Equipo de redacción

Ana Bremón
Idoia Noble
Kate O'Neill
Elisabeth Weeks
Judith Willis

OXFORD
UNIVERSITY PRESS

Great Clarendon Street, Oxford OX2 6DP

Oxford University Press is a department of the University of Oxford.
It furthers the University's objective of excellence in research, scholarship,
and education by publishing worldwide in

Oxford New York

Auckland Bangkok Buenos Aires Cape Town Chennai
Dar es Salaam Delhi Hong Kong Istanbul Karachi Kolkata
Kuala Lumpur Madrid Melbourne Mexico City Mumbai Nairobi
São Paulo Shanghai Singapore Taipei Tokyo Toronto

with an associated company in Berlin

Oxford and Oxford English are registered trade marks of Oxford University Press
in the UK and in certain other countries

© Oxford University Press 1996, 2000

Database right Oxford University Press (maker)

New edition first published 2000. Previously published as
Diccionario Oxford Avanzado para estudiantes de inglés (1996)

No unauthorized photocopying

All rights reserved. No part of this publication may be reproduced,
stored in a retrieval system, or transmitted, in any form or by any means,
without the prior permission in writing of Oxford University Press.
or as expressly permitted by law, or under terms agreed with the appropriate
reprographics rights organization. Enquiries concerning reproduction
outside the scope of the above should be sent to the Rights Department,
Oxford University Press, at the address above

You must not circulate this book in any other binding or cover
and you must impose this same condition on any acquirer

This dictionary includes some words which have or are asserted to have proprietary status as trade marks or otherwise. Their inclusion does not imply that they have acquired for legal purposes a non-proprietary or general significance nor any other judgement concerning their legal status. In cases where the editorial staff have some evidence that a words has proprietary status this is indicated in the entry for that word but no judgement concerning the legal status of such words is made or implied thereby

The British National Corpus is a collaborative project involving Oxford University Press, Longman, Chambers, the Universities of Oxford and Lancaster, and the British Library

Ilustraciones John James; Richard Lewington; Richard Morris/Hardlines; Vanessa Luff; Coral Mula; Oxford Illustrators; Technical Graphics Dept, Oxford Universality Press; Michael Woods
Mapas © Oxford University Press
Diseño Holdsworth Associates, Isle of Wight
Hojas de estudio Phil Hall
Cubierta Stonesfield Design, Stonesfield, Witney, Oxon

Text capture and processing by Oxford Univerity Press
Typeset in Great Britain by Tradespools Ltd, Frome, Somerset
ISBN 0 19 431398 0 book Third impression 2001
(0 19 431532 0)
0 19 431399 9 book/CD pack Fifth impression 2002

Printed in China

Índice

Consejo asesor

Dr Keith Brown **Ms Moira Runcie** **Dr Norman Whitney**
Dr Alan Cruse **Prof Gabriele Stein** **Prof Henry Widdowson**

Dirección editorial
Annella McDermott Patrick Goldsmith Mª Ángeles Pérez Alonso

Especialista en fonética
Michael Ashby

Presentación editorial

El Diccionario *Oxford Study para estudiantes de inglés* pertenece, junto al *Oxford Pocket*, a una nueva gama de diccionarios bilingües diseñados y escritos exclusivamente para el estudiante de inglés. Los miembros del equipo de redacción que ha llevado a cabo el proyecto son expertos lexicógrafos con amplia experiencia como profesores de inglés y por lo tanto conocen bien las necesidades de quienes están aprendiendo el idioma. Esto se refleja en todos los aspectos del diccionario, desde la elección de los términos, el tipo de información que se da en cada entrada y la selección de ejemplos y locuciones, hasta el diseño actual y claro que facilita su manejo.

El objetivo principal de este diccionario es el de ayudar al estudiante a entender, hablar y escribir un inglés correcto, guiándole en su aprendizaje para que pueda alcanzar un nivel avanzado del idioma.

La sección español–inglés está enfocada hacia la producción de la lengua, de ahí la gran cantidad de información que se ofrece sobre el inglés (formas irregulares, estructura que sigue a la palabra, información gramatical, etc) y los numerosos ejemplos que muestran el uso de las traducciones en su contexto.

Las entradas de la sección inglés-español informan al usuario de forma clara y fácil de las distintas formas de escribir una palabra, su pronunciación, variantes americanas, irregularidades y estructuras sintácticas, y le muestran con abundantes ejemplos cómo se utiliza cada término y cuáles son las combinaciones de palabras con las que suele aparecer.

El equipo editorial ha tenido un acceso directo y constante al Corpus Nacional Británico, una exhaustiva base de datos del inglés hablado y escrito que nos permite saber de forma exacta la frecuencia con que se utiliza una palabra y sus distintos significados, así como ver la aparición de nuevos términos y analizar las combinaciones de palabras más frecuentes. De esta manera, la información que proporcionamos refleja el uso más actual de la lengua inglesa.

Las más de 1.000 notas gramaticales, culturales y de uso, y más de 100 ilustraciones ayudarán a clarificar problemas y a ampliar el vocabulario. Todo esto, junto con las hojas de estudio centrales y los apéndices y mapas de las últimas páginas, convierten al *Oxford Study para estudiantes de inglés* en el diccionario más útil y revolucionario del mercado – una herramienta de trabajo imprescindible para alumnos y profesores.

Toda esta labor se ha llevado a cabo con un sofisticado programa informático de edición de textos que nos permite ofrecer al usuario, por primera vez en un diccionario bilingüe de este nivel, un extenso sistema de referencias internas que le llevan de la mano a encontrar la información que está buscando.

Esta obra es fruto del trabajo y dedicación de un gran número de personas durante varios años. A todos ellos queremos agradecerles su dedicación y esfuerzo, especialmente a Ana Bremón, Idoia Noble, Kate O'Neill, Elisabeth Weeks y Judith Willis por su importante colaboración en la edición final y su entrega al proyecto. Gracias también a Alba Chaparro, Ivan Crampton, Paul Davies, Penny Fisher, Malihé Forghani-Nowbari, Marie Gorman, Marta Gutiérrez-Dalton, Olga Jimeno, Ana Cristina Llompart Lucas, Rafael Morales, Jeremy Munday, Mª José Rodríguez, Manolo Santamarina, Christine Somerville, Palmira Sullivan y Victoria Zaragoza por su colaboración editorial.

También queremos dar las gracias a todos los compiladores y traductores que han trabajado en el proyecto: Caroline y Vaughan Abigail, Karmelín Adams, Ildefonso Álvarez, Christine Ayorinde, Laura Barrena, Alex Baylis, Mª Carmen Beaven, Dermot Byrne, Teresa Carretero, Laura Chumillas, Mervyn Coke, Rhian Davies,

Barbara Douglas, Manuela Escobar-Montero, Carlos Fernández, José Fradera, Mel Fraser, Elena García, Rocío Gardner, María Guedes, Connie Hallam, Mª Carmen Harding, Victoria Hernando, Margaret Hill, Margaret Jull Costa, Lesley Kingsley, Marion Leslie, Sinda López, John Lyon, Ian Mackenzie, Mª Carmen Fernández-Marsden, Rafael Martínez, Cristina Matas, Mª Carmen Melchor, Victoria Miranda McGuiness, Bernardo Moreno, Isabel Moros, Coral Neale, Pilar O'Prey, Ane Ortega, Mª Carmen Palmer, Elena Parsons, Katherine Phillips-Miles, Ana Plymen, Alayne Pullen, Ana Ramos, Irina Reyero, Nick Rider, Alison Sadler, Thelma Stone, Jane Straker, Bryan Strong, Elena Teso, Jean Thomas, Victoria Valentine, Julie Watkins, Lorna White, Sally Wood e Isabel del Río-Sukan.

Gracias también a Bill Coumbe por su apoyo con los sistemas informáticos, a Jeff Borer por su entrega en las tareas de producción, a Julia Hiley y Paula Riddles, que dirigieron la administración del proyecto, a Fran Holdsworth por su inspirado e innovador diseño, a Phil Longford por su ayuda con los mapas e ilustraciones, y a Joseph Diaz, Max Cawdron, Mª José Montalva y Pam Stokell por su trabajo en la corrección de pruebas.

Annella McDermott
Patrick Goldsmith
Mª Ángeles Pérez

Aa

a *prep*

• **expresiones espaciales 1** (*dirección*) to: *Van a Sevilla.* They are going to Seville. ◊ *Se acercó a mí.* She came up to me. **2** (*destino*): *Llegaron a Bilbao/al aeropuerto.* They arrived in Bilbao/at the airport. ☛ *Ver nota en* ARRIVE **3** (*posición*) **(a)** (*gen*) on: *a la izquierda* on the left ◊ *a este lado* on this side **(b)** (*junto a*) at: *Estaban sentados a la mesa.* They were sitting at the table. **4** (*distancia*): *Se veía a cien metros.* You could see it from a hundred metres away. ◊ *Viven a diez kilómetros/minutos de aquí.* They live ten kilometres/minutes away.

• **expresiones temporales 1** (*hora, fecha*) at: *a las doce* at twelve o'clock ◊ *Estamos a dos de enero.* It's the second of January. **2** (*después de*): *al año de su llegada* a year after his arrival ◊ *Volvieron a las cuatro horas.* They returned four hours later. **3** (*acción simultánea*): *al vernos* on seeing us ◊ *Tropecé al bajar la escalera.* I tripped as I came downstairs.

• **expresiones numéricas 1** (*reparto, velocidad*) at: *Tocan a tres por persona.* It works out at three each. ◊ *a 33 revoluciones por minuto* at 33 revolutions per minute **2** (*tarifa*) a, per (*más formal*): *Cuesta cincuenta libras al mes.* It costs fifty pounds a month. **3** (*proporción*) to: *a razón de cinco a dos* in the ratio of five to two **4** (*precio*): *Las manzanas están a 50 pesetas el kilo.* Apples are 50 pesetas a kilo. **5** (*Dep*): *Ganaron tres a cero.* They won three nil. ◊ *Empataron a dos.* They drew two all.

• **edad** at: *a los sesenta años* at (the age of) sixty

• **complemento directo**: *No conozco a tu hermano.* I don't know your brother. ◊ *Llama al camarero.* Call the waiter over. ◊ *Representará a su país en los Juegos Asiáticos.* She will represent her country at the Asian Games.

• **complemento indirecto (a)** (*tras verbos como dar, vender, etc*) to: *Dáselo a tu hermano.* Give it to your brother. **(b)** (*tras verbos como quitar, comprar, etc*) from: *¡No le quites el juguete al niño!* Don't take the toy away from the child! ◊ *Le alquilé el piso a mi tío.* I rented the flat from my uncle. **(c)** (*para*) for: *Le compré una bicicleta a mi hija.* I bought a bicycle for my daughter.

• **modo o manera**: *ir a pie* to go on foot ◊ *Hazlo a tu manera.* Do it your way. ◊ *vestir a lo hippy* to dress like a hippy ◊ *una versión a la inglesa del Quijote* an English-style version of Don Quixote ◊ *La obra está representada a la española.* The play is performed in the Spanish way.

• **finalidad** to: *Me agaché a cogerlo.* I bent down to pick it up. ◊ *¿Cuándo van a venir a arreglar la lavadora?* When are they coming to fix the washing machine?

• **órdenes 1** (*con imperativo*) and: *Sal a buscarla.* Go out and look for her. ◊ *Ven a verme.* Come and see me. **2** (*con infinitivo*): *¡A dormir!* Go to sleep! ◊ *¡A callar!* Be quiet! ◊ *¡A trabajar!* Let's do some work!

LOC a eso de… at about…: *a eso de la una…* at about one o'clock… **¡a mí con esas!** you can't fool me! **¡a (por) él!** get him, her, etc! **a que…**: *¡A que te cojo!* I bet I can catch you! ◊ *—¡A que te pillo! —¡A que no!* 'Bet I can catch you!' 'Bet you can't!' ◊ *Vimos a muchos famosos, ¿a que sí?* We saw lots of celebrities, didn't we? **¿a qué…?** what…for?: *¿A qué fuiste?* What did you go for? **¿(y) a mí qué?** what's it to me, you, etc?

ábaco *nm* abacus [*pl* abacuses]

abad, ~esa *nm-nf* abbot [*fem* abbess]

abadía *nf* abbey

abajo *adv* **1** (*dirección*) down: *escaleras ~* down the stairs **2** (*posición*) below: *desde ~* from below ◊ *Véase ~.* See below. **3** (*en un edificio*) downstairs: *Nos vamos ~.* We are going downstairs. ◊ *el vecino de ~* the man who lives downstairs ◊ *Había un baño ~.* There was a downstairs toilet.

■ **¡abajo!** *interj* down with *sth/sb*: *¡~ el gobierno!* Down with the government!

LOC de aquí, cintura, hombros, etc para abajo from here, the waist, the shoulders, etc down **echar abajo 1** (*edificio*) to knock *sth* down **2** (*gobierno*) to bring *sth* down **el de abajo** the bottom one: *Dame la sábana de ~.* Give me the bottom sheet. **el abajo firmante** the undersigned **hacia abajo** downwards **más abajo 1** (*más lejos*) further down: *Está en esta misma calle, más ~.* It's further down this street. **2** (*en sentido vertical*) lower down: *Pon el cuadro más ~.* Put the picture lower down. **tirar abajo** (*puerta*) to break *sth* down **venirse abajo 1** (*edificio*) to collapse **2** (*persona*) to go to pieces: *Perdí el empleo y me vine ~ completamente.* I lost my job and went completely to pieces. *Ver tb* AGUA, AHÍ, ALLÁ, ALLÍ, ARRIBA, BOCA, CABEZA, CALLE, CUESTA, PARTE[2], PASEAR(SE), PISO, REPASAR, RÍO, RODAR

abalanzarse *v pron* **1 ~ sobre** to pounce **on *sth/sb***: *Se abalanzó sobre su adversario.* He pounced on his opponent. **2 ~ hacia** to rush **towards *sth/sb***: *El público se abalanzó hacia la salida.* The crowd rushed towards the exit.

abalorio *nm* (glass) bead: *un collar de ~s* a string of beads

abanderado *nm* (*lit* y *fig*) standard-bearer

abanderar *vt* (*Náut*) to register

abandonado, -a *pp, adj* **1** (*gen*) abandoned: *un coche/niño ~* an abandoned car/child **2** (*lugar, cónyuge, fig*) deserted: *~ por sus amigos* deserted by his friends **3** (*edificio*) derelict **4** (*aspecto personal*) unkempt *Ver tb* ABANDONAR

LOC tener abandonado to neglect *sth/sb*: *Tenían el negocio muy ~.* They had neglected their business. ◊ *Tienes ~s a tus amigos.* You've been neglecting your friends.

abandonar *vt* **1** (*gen*) to abandon: *~ un animal/coche/a un niño* to abandon an animal/a car/child ◊ *~ una idea/un proyecto* to abandon an idea/a plan ◊ *~ un combate de boxeo* to abandon a fight **2** (*lugar, organización*) to leave: *~ un partido político* to leave a political party ◊ *Abandonaron la sala.* They left the room. **3** (*fig*) to desert: *Las fuerzas me abandonaron.* My strength deserted me. ◊ *Mis amigos no me abandonarían.* My friends would never desert me. **4** (*cargo, actividad, esperanzas*) to give *sth* up **5** (*privilegio, derecho*) to renounce **6** (*obligación*) to neglect **7** (*Informát*) to quit **(from *sth*)**

■ **abandonar** *vi* **1** (*desistir*) to give up: *No abandones.* Don't give up. **2** (*jubilarse*) to retire **3** (*Dep*) **(a)** (*gen*) to withdraw **(from *sth*)**: *El automovilista abandonó en la décima vuelta.* The driver withdrew from the race on lap ten. **(b)** (*ajedrez*) to resign **(from *sth*)**

■ **abandonarse** *v pron* **1** (*desaliñarse*) to let yourself go **2 abandonarse a** (*desesperación, dolor*) to give yourself up **to *sth***

LOC abandonar el barco to abandon ship **abandonarse a la suerte/al destino** to leave everything to fate

abandono *nm* **1** (*gen*) abandonment: *el ~ de un proyecto* the abandonment of a project ◊ *El niño sufrió el ~ de sus padres.* The child was abandoned by his parents. **2** (*matrimonio*) desertion: *¿Es el ~ conyugal motivo de divorcio?* Is desertion grounds for divorce? **3** (*aspecto*) scruffiness: *ir vestido con ~* to look scruffy **4** (*posturas*): *Se sentó/tumbó en la cama con ~.* He flopped down on the bed. **5** (*derechos*) renunciation **6** (*obligación*) neglect **7** (*dimisión*) resignation **8** (*Dep*) **(a)** (*gen*) withdrawal: *El ~ del atleta australiano sorprendió al público.* The withdrawal of the Australian athlete came as a surprise to everyone. **(b)** (*ajedrez*) resignation

abanicar *vt* to fan

abanico *nm* **1** (*utensilio*) fan **2** (*gama*) range: *un amplio ~ de opciones* a wide range of options

LOC en abanico in a fan (shape) *Ver tb* DESPLEGAR

abaratamiento *nm*: *un ~ del coste de la vida* a fall in the cost of living

abaratar *vt* **1** (*artículo*) to reduce the price of *sth* **2** (*coste, precio*) to bring *sth* down, to lower (*más formal*): *Esta subvención abarata el coste de producción.* This subsidy brings down production costs.

■ **abaratarse** *v pron* **1** (*artículo*) to become cheaper **2** (*precio, coste*) to come down

abarca *nf* type of traditional footwear

abarcar *vt* **1** (*rodear*) **(a)** (*con los brazos*) to get your arms round *sth* **(b)** (*con las manos*) to get your hands round *sth* **2** (*extenderse a*) to take *sth* in: *La región abarca todo este territorio.* The region takes in all this area. **3** (*tratar*) to cover: *El libro abarca diversos aspectos.* The book covers various aspects. **4** (*contener*) to contain: *todo lo que abarca el paréntesis* everything inside the brackets **5** (*ver*) to be able to see: *hasta donde abarca la vista* as far as the eye can see

LOC quien mucho abarca poco aprieta don't bite off more than you can chew

abarquillar *vt* **1** (*madera*) to warp **2** (*papel*) to make *sth* curl (up)

■ **abarquillarse** *v pron* **1** (*madera*) to warp **2** (*papel*) to curl (up)

abarrotado, -a *pp, adj* **~ (de)** crammed (**with *sth***) *Ver tb* ABARROTAR

LOC abarrotado (de gente) crowded **un cine/teatro abarrotado** a packed house

abarrotar *vt* **1** (*gen*) to fill *sth* to overflowing: *El público abarrotaba la sala.* The audience filled the hall to overflowing. **2 ~ algo de/con algo** to cram *sth* **with sth**: *~ el frigorífico de comida* to cram the fridge with food

abastecedor, ~a *adj*: *la compañía abastecedora de electricidad* the electricity supply company

■ **abastecedor, ~a** *nm-nf* supplier

abastecer *vt* to supply *sb* ***with sth***: *La granja abastece de huevos a todo el pueblo.* The farm supplies the whole village with eggs.

■ **abastecerse** *v pron* **abastecerse de** to stock up **on *sth***: *~se de harina* to stock up on flour

abastecimiento *nm* **1** (*acción*) supplying: *¿Quién se encarga del ~ de las tropas?* Who is in charge of supplying the troops? **2** (*suministro*) supply: *controlar el ~ de agua* to regulate the water supply

abasto abastos *nm* (food) supplies

LOC no dar abasto (con/para): *Con tantas cosas que hacer no doy ~.* I've got far too many things to do. ◊ *No doy ~ con todo este trabajo.* I can't cope with all this work. ◊ *No damos ~ para contestar todas estas cartas.* We can't answer all these letters.

abatible *adj* **1** (*asiento*) **(a)** (*que se puede tumbar*) reclining **(b)** (*que se puede bajar*) tip-up: *Este cine tiene asientos ~s.* This cinema has tip-up seats. **2** (*plegable*) folding **LOC** *Ver* MESA

abatido, -a *pp, adj* depressed *Ver tb* ABATIR

abatimiento *nm* depression: *Me dominaba un profundo ~.* I felt very depressed.

abatir *vt* **1** (*derribar*) **(a)** (*muro, edificio*) to knock *sth* down, to demolish (*más formal*) **(b)** (*avión, pájaro*) to bring *sth* down **2** (*bandera, velas*) to lower **3** (*persona*) **(a)** (*debilitar*) to lay *sb* low: *La gripe le abatió mucho.* He was laid low by the flu. **(b)** (*deprimir*) to depress: *Las malas noticias nos abatieron.* We were depressed by the bad news. **4** (*plegar*) to fold *sth* up **5** (*tumbar*) to recline: *Puedes ~ el asiento y echarte una siesta.* You can recline your seat and have a nap if you want.

■ **abatirse** *v pron* **1** (*desanimarse*) to lose heart **2 abatirse sobre (a)** (*abalanzarse*) to swoop (down) **on *sth/sb*** **(b)** (*desgracia*) to fall **on/upon *sth/sb*** **(c)** (*duda*) to assail: *La duda se abate sobre nosotros.* We are assailed by doubt.

abdicación *nf* abdication

abdicar *vt, vi* **~ (en)** to abdicate (**in favour of *sb***) [*vi*]: *Eduardo VIII abdicó (la corona) en su hermano.* Edward the Eighth abdicated in favour of his brother.

■ **abdicar** *vi* **~ de 1** (*derechos*) to give *sth* up, to relinquish *sth* [*vt*] (*más formal*) **2** (*principios*) to abandon *sth* [*vt*]

abdomen *nm* abdomen

abdominal *adj* abdominal

■ **abdominal** *nm* **abdominales 1** (*músculos*) stomach muscles, abdominal muscles (*científ*) **2** (*ejercicios*) sit-ups: *hacer ~es* to do sit-ups

abecé *nm* **1** (*lit*) alphabet **2** (*fig*) rudiments [*v pl*]

LOC no saber (ni) el abecé not to know the first thing *about sth*

abecedario *nm* alphabet

abedul *nm* birch (tree)

abeja *nf* bee

LOC abeja maestra/reina queen bee **abeja neutra/obrera** worker (bee) *Ver tb* CERA

abejorro *nm* bumble-bee

aberración *nf* aberration

LOC ser una aberración to be ridiculous

aberrante *adj* aberrant

abertura *nf* **1** (*hueco*) gap **2** (*grieta*) crack **3** (*falda*) slit

abeto *nm* fir (tree)

LOC abeto blanco silver fir **abeto rojo/del norte** spruce

abierto, -a *pp, adj* **1 ~ (a)** open (**to *sth/sb***): *Deja la puerta abierta.* Leave the door open. ◊ *una vocal/herida abierta* an open vowel/wound ◊ *El caso sigue ~.* The case is still open. ◊ *~ al público de 4 a 7* open to the public from 4 till 7 **2** (*grifo*) running: *dejar un grifo ~* to leave a tap running **3** (*cremallera*) undone: *Llevas la bragueta abierta.* Your flies are undone. **4** (*persona*) sociable *Ver tb* ABRIR **LOC** *Ver* BOCA, BRAZO, CARTA, CIELO, EXPLOTACIÓN, GUERRA, MENTALIDAD, MINA, OJO, OPERACIÓN, PUERTA, RECIBIR, RÉGIMEN

abigarrado, -a *pp, adj* **1** (*multicolor*) multicoloured **2** (*heterogéneo*) mixed, motley (*pey*)

abisal *adj* abyssal (*formal*), deep-sea [*n atrib*]

abismal *adj* (*diferencia*) enormous

abismarse *v pron* **~ en** to get wrapped up **in *sth***: *Me abismé en la contemplación del cuadro.* I got wrapped up in the painting.

abismo *nm* **1** (*gen*) abyss: *un ~ de oscuridad y vacío* an abyss of darkness and emptiness **2 ~ entre…** gulf **between…**: *Su traición abrió un ~ entre nosotros.* His treachery opened up a gulf between us.

LOC haber un abismo: *De eso a la realidad hay un ~.* That could not be further from the truth. ◊ *En política hay un ~ entre ellos.* Politically they are worlds apart.

abjurar *vt, vi* **~ (de)** to abjure *sth* [*vt*]: *~ de la fe* to abjure your religion

ablandar *vt* **1** (*poner blando*) to soften: *El calor ablanda la mantequilla.* Heat softens butter. **2** (*persona*) to soften *sb* up: *Nuestras lágrimas ablandaron a mi padre.* Our tears softened our father up.

■ **ablandarse** *v pron* **1** (*ponerse blando*) to soften **2** (*persona*) **(a)** (*arrepentirse*) to relent: *Estaban muy enfadados, pero en seguida se ablandaron.* They were very angry but they soon relented. **(b)** (*madurar*) to mellow: *Su carácter se ablandó con los años.* His character mellowed over the years.

LOC ablandar a las piedras to melt the hardest of hearts

ablativo *nm* ablative

LOC ablativo absoluto ablative absolute

ablución *nf* ablution
LOC **hacer tus abluciones** to perform your ablutions
ablusado, -a *pp, adj* loose-fitting *Ver tb* ABLUSAR
ablusar *vt* to pull *sth* out: *Ablúsate la camisa un poco más.* Pull your shirt out a bit more.
abnegación *nf* unselfishness
LOC **con abnegación** unselfishly
abnegado, -a *pp, adj* unselfish
abobado, -a *pp, adj* **1** (*alelado*) in a daze: *Esa chica lo tiene* ~. He's been in a daze ever since he met that girl. **2** (*admirado*) spellbound: *Los niños estaban ~s mirando al mago.* The children were spellbound watching the magician.
abocado, -a *pp, adj* **~ a** doomed **to *sth***: *estar ~ al fracaso* to be doomed to failure
LOC **estar abocado al desastre** to be heading for disaster **verse abocado a** to be forced *to do sth*
abochornado, -a *pp, adj* embarrassed (***by sth/sb***) *Ver tb* ABOCHORNAR
abochornar *vt* to embarrass: *Me abochornó tu conducta.* I was embarrassed by your behaviour.
■ **abochornarse** *v pron* to get embarrassed
abofetear *vt* to slap
abogacía *nf* legal profession
LOC **ejercer/practicar la abogacía** to practise law
abogado, -a *nm-nf* lawyer

Lawyer es el término general para hablar de los distintos tipos de abogado que existen en Gran Bretaña:
Solicitor es un abogado que asesora legalmente y prepara los documentos relacionados con sus clientes. Puede también intervenir en juicios, pero solo si se trata de tribunales inferiores. En general se puede decir que cumple las funciones que hace un notario, un procurador y un abogado general en España.
Barrister es el abogado que actúa normalmente en los tribunales representando a clientes delante de un juez. Las instrucciones para el caso las recibe de un **solicitor** y tiene derecho de intervención en todos los tribunales superiores. *Ver tb nota en* BAR
Existe el término **notary public**: abogado que puede certificar y dar fe de la autenticidad de documentos legales, aunque esto también lo puede hacer el solicitor.
Attorney es una persona (no necesariamente un abogado) que ha recibido un poder que le capacita para representar a otra.

LOC **abogado criminalista** criminal lawyer **abogado defensor** counsel for the defence **abogado del diablo** devil's advocate **abogado del Estado** public prosecutor **abogado de oficio** duty solicitor **abogado laboralista** lawyer who specializes in workers' rights *Ver tb* ASESORAR, GABINETE
abogar *vi* **~ por/en favor de 1** (*Jur*) to defend *sb* [*vt*] **2** (*ser partidario*) to advocate *sth* [*vt*]: *Abogo por la reforma.* I advocate reform. **3** (*interceder*) to plead **for *sb***
abolengo *nm* lineage: *de* (*rancio*) ~ of noble lineage
abolición *nf* abolition
abolicionismo *nm* abolitionism
abolicionista *nmf* abolitionist
abolir *vt* to abolish
abolladura *nf* dent: *Mi coche tiene bastantes ~s.* There are quite a few dents in my car.
abollar(se) *vt, v pron* to dent: *Me has abollado el coche.* You've dented my car. ◊ *un metal que se abolla fácilmente* a metal that dents easily
abombado, -a *pp, adj* convex *Ver tb* ABOMBAR
abombar *vt* to bend *sth* out of shape
■ **abombarse** *v pron* **1** (*madera*) to warp **2** (*neumático*) to bulge: *El neumático se ha abombado.* There's a bulge in the tyre. **3** (*papel, pintura*) to blister
abominable *adj* abominable
abominar *vt, vi* **~ (de)** to detest *sth/sb* [*vt*]
abonable¹ *adj*: *terrenos ~s* land that can be improved
abonable² *adj* (*a pagar*) payable: *~ en cuotas trimestrales* payable in three-month instalments ◊ *~ a fin de mes* due at the end of the month

abonado, -a¹ *pp, adj Ver* ABONAR¹
LOC **ser camino/terreno abonado** (**para**) to be a breeding ground for *sth*
abonado, -a² *nm-nf* **1** (*cliente*) customer: *La compañía indemnizará a los ~s.* The company will pay damages to its customers. **2** (*suscriptor*) **(a)** (*publicación, servicio*) subscriber (***to sth***): *los ~s a/de una base de datos* the subscribers to a database **(b)** (*transporte, espectáculo*) season-ticket holder
LOC **no abonados 1** (*a un espectáculo*) general public [*v sing o pl*] **2** (*al teléfono*) non-subscribers
abonar¹ *vt* **1** (*tierra*) to fertilize **2** (*avalar*) to lend weight **to *sth***: *~ la veracidad de unas declaraciones* to lend weight to a statement
abonar² *vt* (*pagar*) to pay: *¿Cómo lo quiere ~?* How would you like to pay?
■ **abonarse** *v pron* **abonarse a 1** (*publicación, servicio*) to subscribe **to *sth*** **2** (*espectáculo, transporte*) to buy a season ticket **for *sth***
LOC **abonar en cuenta** to credit *sth* to *sb's* account: *Se lo abonaremos en cuenta.* We'll credit it to your account.
abono¹ *nm* (*para la tierra*) **1** (*proceso*) fertilization **2** (*fertilizante*) fertilizer
abono² *nm* **1 ~ (a)** (*revista*) subscription (**to *sth***) **2 ~ (para)** (*espectáculo, transporte*) season ticket (**for *sth***): *sacar/comprar un ~* to buy a season ticket
abordable *adj* **1** (*persona*) approachable **2** (*tarea, problema*) manageable
abordaje *nm* **1** (*colisión*) collision **2** (*asalto*) boarding
LOC *Ver* SALTAR
abordar *vt* **1** (*Náut*) **(a)** (*asaltar*) to board **(b)** (*chocar*) to collide **with *sth*** [*vi*] **2** (*persona*) **(a)** (*gen*) to approach: *Me abordó en la calle.* She approached me in the street. **(b)** (*agresivamente*) to accost **3** (*asunto, problema, reforma*) to tackle
aborigen *adj, nmf* **1** (*gen*) native: *los pueblos aborígenes* the native population **2** (*Australia*) Aboriginal
aborrecer *vt* **1** (*detestar*) to detest *sth/doing sth* **2** (*animal*) to abandon
aborrecible *adj* detestable
aborrecimiento *nm* hatred (***of/for sth/sb***)
aborregarse *v pron* **1** (*persona*) to follow the crowd **2** (*cielo*) to be covered with fleecy clouds
abortar *vi* **1** (*Med*) **(a)** (*espontáneamente*) to have a miscarriage **(b)** (*voluntariamente*) to have an abortion **2** (*plan, iniciativa*) to fail
■ **abortar** *vt* (*Med, plan, iniciativa*) to abort
abortivo, -a *adj*: *píldora abortiva* abortion pill
■ **abortivo** *nm* abortifacient
aborto *nm* **1** (*Med*) **(a)** (*espontáneo*) miscarriage: *Sufrió un ~ a los dos meses.* She had a miscarriage two months into her pregnancy. **(b)** (*provocado*) abortion **2** (*fracaso*) failure **3** (*persona*) **(a)** (*deforme*) freak **(b)** (*feo*): *ser más feo que un ~* to be as ugly as sin
LOC **aborto libre** abortion on demand
abotagado, -a (*tb* **abotargado, -a**) *pp, adj Ver* ABOTAGARSE
LOC **estar/encontrarse abotagado** to feel groggy
abotagarse (*tb* **abotargarse**) *v pron* (*hincharse*) to swell (up)
abotinado, -a *adj*: *zapatos ~s* ankle boots
abotonar *vt* to button *sth* (up): *Le abotoné la camisa.* I buttoned (up) his shirt.
abovedado, -a *pp, adj* vaulted
■ **abovedado** *nm* vaulting
abracadabra *nm* abracadabra
abrasado, -a *pp, adj Ver* ABRASAR **LOC** *Ver* MORIR(SE)
abrasador, ~a *adj* burning: *Hace un calor/sol ~.* It's boiling.
abrasar *vt* **1** (*gen*) to burn: *La plancha me abrasó la mano.* I burnt my hand on the iron. ◊ *Esta salsa te abrasa la boca.* This sauce burns your mouth. **2** (*plantas*) to scorch

■ **abrasar** *vi* **1** (*gen*) to be boiling hot: *Ten cuidado con la sopa, que abrasa.* Be careful, the soup is boiling hot. **2** (*sol*) to beat down
■ **abrasarse** *v pron* **1** (*al sol*) to get sunburnt: *Ponte una camiseta, te vas a ~.* Put on a T-shirt or you'll get sunburnt. **2** (*cosa*) to burn: *Se ha abrasado el guiso.* The stew has burnt.
LOC **abrasarse de calor** to be sweltering **abrasarse en deseos de** to long *to do sth* **abrasarse vivo** to be roasted alive

abrasión *nf* abrasion

abrasivo, -a *adj* abrasive
■ **abrasivo** *nm* abrasive

abrazadera *nf* clamp

abrazar *vt* **1** (*dar un abrazo*) to hug, to embrace (*más formal*): *Abrazó a sus hijos.* She hugged her children. **2** (*rodear*) to surround **3** (*doctrina*) to embrace
■ **abrazarse** *v pron* **abrazarse a** to cling **to *sth*/*sb***: *Continúa abrazándose a esa idea.* He continues to cling to that idea.

abrazo *nm* hug, embrace (*más formal*)
LOC **un abrazo/un fuerte abrazo** love/lots of love: *Dales un ~ a tus padres.* Give my love to your parents. ◊ *Os mando un fuerte ~.* Lots of love. *Ver tb* FUNDIR(SE), RECIBIR

abrebotellas *nm* bottle-opener

abrecartas *nm* paperknife [*pl* paperknives]

abrelatas *nm* tin-opener

abrevadero *nm* **1** (*pila*) trough **2** (*paraje*) watering place

abrevar *vt* to water
■ **abrevar** *vi* (*animal*) to drink

abreviación *nf* shortening

abreviado, -a *pp, adj* **1** (*gen*): *"Tere" es una forma abreviada de Teresa.* 'Tere' is short for Teresa. **2** (*texto*) abridged *Ver tb* ABREVIAR

abreviar *vt* **1** (*gen*) to shorten: *~ un discurso* to shorten a speech **2** (*texto*) to abridge **3** (*palabra*) to abbreviate
■ **abreviar** *vi* **1** (*ahorrar tiempo*) to save time **2** (*darse prisa*) to hurry (up): *Abrevia, que llegamos tarde.* Hurry up, or we'll be late.

abreviatura *nf* abbreviation (**for/of *sth***)

abridor *nm* opener

abrigado, -a *pp, adj* **1** (*lugar*) sheltered **2** (*persona*): *bien ~* well wrapped up ◊ *Vas demasiado ~.* You've got too many clothes on. **3** (*prenda*) warm *Ver tb* ABRIGAR

abrigar *vt* **1** (*prenda*) to keep *sb* warm: *Esa bufanda te abrigará.* That scarf will keep you warm. **2** (*arropar*) to wrap *sb* up: *Abriga bien a la niña.* Wrap the child up well. **3** (*deseo, pensamiento, sentimiento, esperanzas*) to have: *Abrigan el deseo de vivir en el campo.* They have a desire to live in the country. ◊ *Abrigamos grandes esperanzas sobre el futuro de la compañía.* We have great hopes for the future of the company.
■ **abrigar** *vi* to be warm: *Esta chaqueta abriga mucho.* This cardigan is very warm.
■ **abrigarse** *v pron* **1** (*arroparse*) to wrap up: *Abrígate, que hace mucho frío.* Wrap up well, it's very cold outside. **2 abrigarse (de)** (*cobijarse*) to shelter (**from *sth***)
LOC **abrigar la esperanza de que ...** to hope that ...: *Sigue abrigando la esperanza de que un día volverás.* He still hopes you'll come back one day.

abrigo *nm* **1** (*prenda*) coat: *Ponte el ~.* Put your coat on. **2(a)** (*cobijo*) shelter (***from sth***): *buscar ~* to seek shelter **(b)** (*fig*) refuge: *Encontró ~ en la soledad.* He found refuge in solitude.
LOC **al abrigo de** (*al amparo de*) under *sb's* protection/under the protection of *sth*: *al ~ de la ley/familia* under the protection of the law/under your family's protection **de abrigo** (*prenda*) warm

abril *nm* **1** (*mes*) April (*abrev* Apr) ☛ *Ver ejemplos en* ENERO **2 abriles** (summers): *una joven de 16 ~es* a young girl of 16 (summers)

abrillantador *nm* polish: *~ de zapatos* shoe polish

abrillantar *vt* to polish

abrir *vt* **1** (*gen*) to open: *No abras la ventana.* Don't open the window. ◊ *~ la boca/los ojos* to open your mouth/eyes ◊ *¿Por qué no abres una botella de vino?* Why don't you open a bottle of wine? ◊ *~ una cuenta/un sobre* to open an account/envelope ◊ *~ fuego* to open fire **2** (*puerta*) **(a)** (*gen*) to open: *¡Abre la puerta de una vez!* Open the door! **(b)** (*con llave*) to unlock **(c)** (*cerrojo*) to unbolt **(d)** (*picaporte*) to unlatch **3** (*grifo, gas*) to turn *sth* on **4(a)** (*tunel, zanja*) to dig **(b)** (*agujero, camino*) to make **(c)** (*pozo*) to sink **5** (*desdoblar*) to open *sth* out **6** (*Med*) to open *sb* up (*coloq*), to cut *sb* open **7** (*encabezar*) to head: *~ una lista/manifestación* to head a list/demonstration **8** (*proceso, trámite*) to start: *Aún no han abierto el plazo de inscripción para el concurso.* They haven't started taking names for the competition yet.
■ **abrir** *vi* **1** (*abrir la puerta*) to open up: *¡Abre!* Open up! **2** (*dejar entrar*) to let *sb* in: *¿Quién te ha abierto?* Who let you in?
■ **abrirse** *v pron* **1** (*gen*) to open: *De repente se abrió la puerta.* Suddenly the door opened. **2(a)** (*tierra*) to crack **(b)** (*madera, seda*) to split **3 abrirse a** (*dar a*) to overlook *sth*: *Mi ventana se abre al jardín.* My window overlooks the garden. **4 abrirse ante (a)** (*paisaje, futuro*) to lie **before *sb***: *Un valle maravilloso se abría ante nosotros.* A splendid valley lay before us. **(b)** (*opciones*) to be open **to *sb***: *Se abren ante mí varias opciones.* There are several options open to me. **(c)** (*vista*) to unfold **before *sb*** **5** (*marcharse*) to be off **6** (*despejarse*): *Durante el día se irán abriendo claros entre las nubes.* Sunny spells will develop during the day.
LOC **¡ábrete, sésamo!** Open Sesame! **abrir de golpe** to fling *sth* open **abrir el apetito** to whet your appetite **abrir la mano** (*fig*) to be generous: *Si abren la mano aprobaré.* If they're generous I'll pass. **abrir la puerta a** (*fig*) to pave the way for *sth*: *Este acuerdo abre la puerta a la paz.* This agreement paves the way for peace. **abrirle los ojos a algn** to open sb's eyes (*to sth*) **abrirse a/con algn** to confide in sb **abrirse camino en la vida** to get on in life **abrirse de golpe** to fling open **abrirse la cabeza** to split your head open **abrirse paso 1** (*lit*): *Nos abrimos paso a codazos entre la gente.* We elbowed our way through the crowd. **2** (*fig*) to win through **abrir tu corazón/pecho a algn** to pour your heart out to sb **abrir (un) expediente a algn** to set up an investigation into sb's behaviour **en un abrir y cerrar de ojos** in the twinkling of an eye **no abrir el pico/la boca** to keep your mouth shut *Ver tb* DILIGENCIA, MARCADOR, PASO, TIENDA

abrochar(se) *vt, v pron* **1** (*gen*) to do *sth* up (**for *sb***): *Abróchate el abrigo.* Do your coat up. ◊ *Abróchame el vestido, por favor.* Can you do my dress up for me? ◊ *No lo puedo abrochar.* I can't do it up. **2** (*broche, cinturón*) to fasten

abrumador, ~a *adj* **1** (*gen*) overwhelming: *Vencieron por una abrumadora mayoría.* They won by an overwhelming majority. **2** (*trabajo*) exhausting **3** (*responsabilidad*) heavy **4** (*derrota*) crushing

abrumar *vt* **1** (*gen*) to overwhelm: *Nuestro objetivo es ~ a la competencia.* Our aim is to overwhelm the opposition. **2** (*trabajo, responsabilidad, problema*) to weigh *sb* down: *Me abruman los problemas.* I am weighed down by problems. **3** (*alabanzas, atenciones*): *Me abruma usted con sus alabanzas.* I find your praise embarrassing.

abrupto, -a *adj* **1** (*carácter*) abrupt **2** (*empinado*) steep **3** (*terreno*) rugged

absceso *nm* abscess

absentismo *nm*
LOC **absentismo escolar 1** (*no asistencia*) absenteeism **2** (*voluntario*) truancy **absentismo laboral** absenteeism

ábside *nm* apse

absolución *nf* **1** (*Relig*) absolution: *dar la ~* to give absolution **2** (*Jur*) acquittal: *Esperan la ~ del acusado.* They expect the defendant to be acquitted.

absolutamente *adv*: *—¿Qué te trajo del viaje? —~ nada.* 'What did he bring you back?' 'Nothing'. ◊ *Lo que dices es ~ cierto.* What you say is absolutely true.

absolutismo *nm* absolutism

absolutista *adj, nmf* absolutist

absoluto, -a *adj* absolute: *silencio ~* absolute silence ◊ *conseguir la mayoría absoluta* to obtain an absolute majority

LOC en absoluto: *nada en ~* nothing at all ◊ *—¿Te importa? —En ~.* 'Do you mind?' 'Not at all.' *Ver tb* ABLATIVO

absolutorio, -a *adj*: *un fallo ~* a verdict of not guilty

absolver *vt* **1** (*Relig*) to absolve *sb* (**from/of *sth***): *Yo te absuelvo de tus pecados.* I absolve you of your sins. **2** (*obligación*) to release *sb* (**from *sth***) **3** (*Jur*) to acquit *sb* (**of *sth***), to clear *sb* (**of *sth***) (*más coloq*): *El juez absolvió al acusado.* The defendant was acquitted.

absorbente *adj* **1** (*substancia*) absorbent **2** (*exigente*) demanding: *un niño/trabajo ~* a demanding child/job

absorber *vt* **1** (*gen*) to absorb: *~ un líquido/una empresa* to absorb a liquid/company ◊ *El deporte le absorbe.* Sport absorbs him. **2** (*máquina*) to suck *sth* in **3** (*tiempo*) to take up *time*: *El trabajo absorbe todo mi tiempo.* Work takes up all my time.

absorción *nf* absorption

absorto, -a *pp, adj* **~ en** engrossed **in *sth*** *Ver tb* ABSORBER

LOC estar absorto en tus pensamientos to be lost in thought

abstemio, -a *adj* teetotal

■ **abstemio, -a** *nm-nf* teetotaller

abstención *nf* abstention

abstencionismo *nm* policy of non-participation

abstenerse *v pron* **1 ~ (de)** (*Pol, vicio*) to abstain (**from *sth***): *El diputado se abstuvo.* The MP abstained. ◊ *~ del alcohol/tabaco* to abstain from drinking/smoking **2 ~ de + inf** to refrain **from *doing sth***: *Me abstuve de intervenir.* I refrained from speaking. **3** (*en anuncios*): *~ intermediarios* no dealers ◊ *~ mayores de 30 años* no one over 30 need apply

abstinencia *nf* abstinence **LOC** *Ver* AYUNO, SÍNDROME

abstracción *nf* abstraction: *sumirse en profunda ~* to be cut off in a world of your own

abstracto, -a *adj* abstract

LOC en abstracto in the abstract

abstraer *vt* to consider *sth* in the abstract

■ **abstraerse** *v pron* **abstraerse de** to shut yourself off **from *sth***

abstraído, -a *pp, adj* **~ en** engrossed **in *sth***: *estar ~ en la lectura* to be engrossed in a book, magazine, etc *Ver tb* ABSTRAER

LOC estar abstraído to be lost in thought

abstruso, -a *adj* abstruse

absurdo, -a *adj* absurd

■ **absurdo** *nm* **1** (*idea*) absurdity **2** (*situación*) farce: *Toda mi vida ha sido un ~.* My whole life has been a farce.

abuchear *vt* to boo

abucheo *nm* booing: *Jamás había oído semejante ~.* I'd never heard such booing.

abuelo, -a *nm-nf* **1** (*pariente*) grandfather [*fem* grandmother], grandad [*fem* granny] (*coloq*)

> Cuando nos referimos a la pareja, es decir, al abuelo y la abuela, utilizamos el plural **grandparents**: *en casa de mis abuelos* at my grandparents'.

2 (*anciano*) old man/woman [*pl* old men/women] **3 abuelos** (*antepasados*) ancestors

LOC abuelo materno maternal grandfather [*fem* maternal grandmother] [*pl* maternal grandparents] **abuelo paterno** paternal grandfather [*fem* paternal grandmother] [*pl* paternal grandparents] **no necesitar/tener abuela** not to mind blowing your own trumpet *Ver tb* CONTAR, PARIR, TÍO

abuhardillado, -a *adj* **1** (*gen*) attic [*n atrib*]: *una habitación abuhardillada* an attic room **2** (*techo*) sloping: *Mi dormitorio tiene el techo ~.* My bedroom has a sloping ceiling.

abulia *nf* apathy

abúlico, -a *adj* apathetic

abultado, -a *pp, adj* **1** (*grande, contundente*) massive: *una abultada victoria/derrota* a massive victory/defeat **2** (*exagerado*) exaggerated **3** (*hinchado*) swollen *Ver tb* ABULTAR

abultar *vt* **1** (*hinchar*) **(a)** (*carrillos*) to puff *your cheeks* out **(b)** (*pecho*) to stick *your chest* out **2** (*exagerar*) to exaggerate

■ **abultar** *vi* to be bulky: *Esta caja abulta demasiado.* This box is too bulky. ◊ *¿Abulta mucho?* Is it very bulky? ◊ *Abulta muy poco.* It hardly takes up any room at all.

LOC abultar más/menos que… to be bigger/smaller than *sth/sb* **no abultar nada 1** (*cosa*) to take up no room **2** (*persona*) to be tiny

abundancia *nf* **~ (de)** abundance (**of *sth***)

LOC en abundancia aplenty: *pruebas en ~* evidence aplenty *Ver tb* NADAR

abundante *adj* **1** (*gen*) abundant: *provisiones ~s* abundant supplies of food ◊ *Tenemos comida ~ para todo el fin de semana.* We have plenty of food for the weekend. **2** (*generoso*) handsome: *una recompensa ~* a handsome reward

LOC abundante en abounding in/with *sth* *Ver tb* CARNE

abundar *vi* **1 ~ (en)** (*haber en abundancia*) to abound (**in/with *sth***): *El país abunda en recursos.* This country abounds with resources. ◊ *Aquí abunda el talento.* There is a great deal of talent here. **2 ~ en** (*insistir*) to go into detail **about *sth***

LOC abundar en la misma opinión to be in total agreement

Abundio *n pr* **LOC** *Ver* TONTO

aburguesarse *v pron* to become bourgeois

aburrido, -a *pp, adj* (*que aburre*) boring: *un discurso ~* a boring speech ◊ *No seas tan ~.* Don't be so boring. *Ver tb* ABURRIR

■ **aburrido, -a** *nm-nf* drag (*coloq*), bore: *Eres un ~.* You're a bore.

LOC estar aburrido to be bored **estar aburrido de** to be sick of *sth*: *Estoy ~ de esperar.* I'm sick of waiting.

aburrimiento *nm* boredom: *Como de puro ~.* I eat from sheer boredom. ◊ *¡Qué ~ de película!* What a boring film!

LOC ser un aburrimiento to be boring *Ver* MATAR, MORIR(SE)

aburrir *vt* **1** (*gen*) to bore: *Espero no estar aburriéndote.* I hope I'm not boring you. ◊ *Me aburre este programa.* This programme is boring. **2** (*hartar*): *Me aburrís con vuestras quejas.* I'm sick of your moaning.

■ **aburrirse** *v pron* **1** (*no divertirse*) to get bored **2 aburrirse (de)** to get fed up (**with *sth/sb/doing sth***): *Algún día te aburrirás de él.* You'll get fed up with him one day. ◊ *Me aburro de hacer lo mismo todos los días.* I get fed up with doing the same thing every day.

LOC aburrirse como una ostra to be bored stiff

abusar *vi* **~ (de) 1** (*gen*) to abuse *sth/sb* [*vt*]: *No abuses de su confianza.* Don't abuse his trust. ◊ *Declaró que abusaron de ella.* She claims to have been sexually abused. **2** (*aprovecharse*) to take advantage of *sth/sb* **3** (*fuerzas, paciencia*) to overtax *sth* [*vt*] **4** (*tiempo*) to take up too much of *sb's time*: *No quiero ~ de su tiempo.* I don't want to take up too much of your time.

LOC abusar del alcohol, tabaco, etc to drink, smoke, etc too much

abusivo, -a *adj* **1** (*injusto*) unfair **2** (*precios, impuestos*) exorbitant

abuso *nm* **1** (*gen*) abuse: *el ~ de un privilegio* the abuse of a privilege **2** (*uso indebido*) misuse: *el ~ de aditivos químicos* misuse of chemical additives

LOC abuso de confianza breach of trust **abuso del alcohol, tabaco, etc** excessive drinking, smoking, etc **abusos deshonestos** indecent assault [*sing*] **ser un abuso** to be outrageous: *¡Es un ~!* That's outrageous!

abusón, -ona *adj, nm-nf* **1** (*aprovechado*): *Son muy/unos abusones.* They're forever taking advantage. **2** (*matón*) bully [*n*] **3** (*gorrón*) sponger [*n*]

acá *adv*: *Ven (para)* ~. Come (over) here. ◊ *Ponlo más (para)* ~. Bring it nearer.
LOC **acá y allá** here and there **de acá para allá**: *Llevo todo el día de ~ para allá.* I've been running around all day. ◊ *He andado de ~ para allá buscándote.* I've been looking for you everywhere. **de/desde un mes, etc acá** for a month, etc now **de/desde un tiempo acá** for some time now *Ver tb* CUÁNDO

acabado, -a *pp, adj*: *una palabra acabada en "d"* a word ending in 'd' ◊ ~ *en punta* coming to a point *Ver tb* ACABAR
■ **acabado** *nm* finish: ~ *mate* matt finish ◊ *un buen* ~ a good finish

acabar *vt, vi* **~ (de)** to finish (*sth/doing sth*): *Aún no he acabado el artículo.* I haven't finished the article yet. ◊ *Tengo que ~ de lavar el coche.* I must finish cleaning the car. ◊ *La función acaba a las tres.* The show finishes at three.
■ **acabar** *vi* **1 ~ (en/por)** to end up: ~ *en la ruina/arruinado* to end up penniless ◊ *Acabé cediendo/por ceder.* I ended up giving in. ◊ *Este vaso acabará roto/por romperse.* That glass will end up getting broken. **2 ~ de hacer algo** to have just done sth: *Acabo de verle.* I've just seen him. ☛ *Ver nota en* JUST[2] **3 ~ en (a)** (*forma*) to end **in** ***sth***: *Acaba en punta.* It ends in a point. **(b)** (*palabra*) to end **with *sth***: *¿En qué acaba, en "d" o en "z"?* What does it end with – 'd' or 'z'? **4 ~ con (a)** (*una persona*) to be the death **of *sb***: *Vas a ~ conmigo.* You'll be the death of me. **(b)** (*poner fin*) to put an end **to *sth***: ~ *con el analfabetismo* to put an end to illiteracy **(c)** (*paciencia*) to exhaust *sth* [*vt*]: *Vas a ~ con mi paciencia.* You've exhausted my patience. **(d)** (*esperanzas, planes*) to wreck *sth* [*vt*]
■ **acabarse** *v pron*: *Se nos ha acabado la gasolina.* We've run out of petrol.
LOC **¡acaba de una vez!** get a move on! **¡acabáramos!** now I get it! **acabar como el rosario de la aurora** to end in mayhem **acabar mal**: *Esto tiene que ~ mal.* No good can come of this. ◊ *Ese chico acabará mal.* That boy will come to no good. **acabar mis días** to end my, your, etc days **esto no (se) acaba nunca** there's no end to this **no acabar de**: *No acaba de convencerme.* I'm not quite sure about that. ◊ *No lo acabo de entender.* I don't quite understand. **para acabar de arreglarlo** to make matters worse **quien mal anda, mal acaba** you get what you deserve in this life **san se acabó** *Ver* SANSEACABÓ **¡se acabó!** that's it! **se acabó el carbón/lo que se daba** all gone! *Ver tb* COLORÍN, CUENTO, TABLA, TRAPO

acabose *nm*
LOC **ser el acabose** to be the limit

acacia *nf* acacia

academia *nf* **1** (*gen*) academy: *una ~ militar* a military academy **2** (*escuela*) school: *una ~ de baile/idiomas* a dance/language school **3 Academia** Academy: *la Real Academia de la Lengua* the Spanish Academy

académico, -a *adj* academic: *curso/expediente ~* academic year/record
■ **académico, -a** *nm-nf* academician LOC *Ver* TÍTULO

acaecer *vi* to occur

acallar *vt* **1** (*gen*) to silence: *Trató de ~ los rumores sobre su dimisión.* He tried to silence the rumours about his resignation. **2** (*apaciguar*) **(a)** (*bebé*) to soothe **(b)** (*persona enfadada*) to pacify **3(a)** (*dolor, conciencia*) to ease **(b)** (*dudas, temores*) to allay **(c)** (*hambre*) to assuage

acaloradamente *adv* **1** (*con enfado*) heatedly: *Discutieron ~.* They had a heated argument. **2** (*con excitación*) excitedly **3** (*con apasionamiento*) passionately: *Defienden sus ideas ~.* They defend their ideas passionately.

acalorado, -a *pp, adj* **1(a)** (*excitado*) worked up **(b)** (*enfadado*) angry **(c)** (*sofocado*) flushed **2** (*discusión*) heated *Ver tb* ACALORAR

acaloramiento *nm* heat: *Discutían con ~.* They had a heated argument.

acalorar *vt* to get *sb* worked up: ~ *los ánimos del público* to get the audience worked up
■ **acalorarse** *v pron* **1** (*enfadarse*) to get worked up (***about sth***): *No te acalores, seguro que hay una explicación.* There's no need to get so worked up – I'm sure there's an explanation. ◊ *Se acaloró muchísimo por lo que le dije.* She got very worked up about what I said. **2** (*discusión*) to become heated **3** (*sofocarse*) to get hot

acampada *nf*
LOC **ir de acampada** to go camping

acampanado, -a *pp, adj* **1** (*falda*) flared **2** (*pantalón*) bell-bottomed

acampar *vi* to camp

acantilado *nm* cliff

acantonar *vt* to quarter

acaparador, ~a *adj, nm-nf* selfish [*adj*]: *Son unos ~es.* They're very selfish.

acaparamiento *nm* **1** (*lit*) monopolization **2** (*fig*) hoarding

acaparar *vt* **1** (*monopolizar*) **(a)** (*gen*) to monopolize: *Acapara el teléfono.* He monopolizes the telephone. ◊ ~ *una conversación* to monopolize a conversation **(b)** (*mercado*) to corner **2** (*provisiones*) to hoard **3(a)** (*atención, interés*) to command **(b)** (*miradas*): *Acaparaste todas las miradas.* All eyes were on you.
LOC **acaparar los premios/las medallas** to sweep the board

acaramelado, -a *pp, adj* **1** (*lit*) covered in caramel **2** (*fig*) **(a)** (*gen*) sugary: *una canción/voz acaramelada* a sugary song/voice **(b)** (*palabras*) honeyed **3** (*amantes*): *estar ~s* to be starry-eyed *Ver tb* ACARAMELAR

acaramelar *vt* to cover *sth* with caramel
■ **acaramelarse** *v pron* to get starry-eyed

acariciar *vt* **1(a)** (*persona*) to caress **(b)** (*animal*) to stroke **2** (*rozar*) to brush: *Su cabellera acariciaba mi cara.* Her hair brushed my face.
LOC **acariciar la idea de ...** to dream of *sth/doing sth*

acarrear *vt* **1** (*causar*) **(a)** (*gen*) to bring *sth* about: *El juego le acarreó la ruina.* Gambling brought about his ruin. **(b)** (*problemas*) to cause **2(a)** (*transportar*) to transport **(b)** (*a mano*) to carry

acartonado, -a *pp, adj* **1** (*rígido*) stiff **2** (*seco*) dried-up **3** (*envejecido*) wizened *Ver tb* ACARTONARSE

acartonarse *v pron* **1** (*ponerse rígido*) to go stiff **2** (*secarse*) to dry up **3** (*envejecer*) to become wizened

acaso *adv* **1** (*quizás*) perhaps: ~ *le vea.* Perhaps I'll see him. **2** (*en preguntas*): *¿~ dije yo eso?* Did I say that? ◊ *¿~ te importa?* What's that got to do with you?
LOC **por si acaso** (just) in case

acatamiento *nm* **~ a 1** (*autoridad*) respect **for *sth/sb*** **2** (*corona*) allegiance **to *sth/sb***: *en señal de ~ a la corona* as a token of allegiance to the crown
LOC **acatamiento de la ley** observance of the law

acatar *vt* **1** (*autoridad, persona*) to respect **2** (*leyes, órdenes*) to obey **3** (*decisión, acuerdo*) to abide by *sth* **4** (*consejo*) to take

acatarrarse *v pron* to catch a cold

acaudalado, -a *adj* wealthy

acaudillar *vt* to lead

acceder *vi* **~ (a) 1** (*estar de acuerdo*) to agree (**to *sth*/to do *sth***): *Accedió a mi petición.* She agreed to my request. ◊ *Accedió a reconsiderar su postura.* He agreed to reconsider his attitude. **2** (*lugar*): *Por aquí se accede a la biblioteca.* You can get to the library through here. **3** (*institución*) to be admitted **to *sth***: *Las mujeres podrán ~ al ejército.* Women will be admitted to the army. **4** (*cargo*) to become *sth* [*vt*]: ~ *a la alcaldía* to become mayor
LOC **acceder al poder** to come to power **acceder al trono** to accede to the throne

accesible *adj* **1** (*alcanzable, comprensible*) accessible (***to sb***) **2** (*persona*) approachable **3** (*precio*) affordable

accésit *nm* second prize

acceso *nm* **1 ~ (a)** (*gen*) access (**to *sth/sb***): *la puerta de ~ a la cocina* the door into the kitchen ◊ *Tenemos ~ a* *la cámara blindada.* We have access to the strongroom. ◊ *No tengo ~ a esa aplicación (informática).* I don't have access to that application. **2 ~** (**a**) (*vía de entrada*) approach (**to *sth***): *La policía vigilaba todos los ~s al palacio.* The police guarded all the approaches to the palace. **3 ~ de** (*ataque*) fit: *Le dan ~s de tos.* He has coughing fits.

LOC acceso prohibido no admittance **exámenes/pruebas de acceso** entrance examinations *Ver tb* CARRETERA, CARRIL, MEMORIA

accesorio, -a *adj* incidental (**to *sth***): *Ese es un detalle ~ para el resultado final.* That's an incidental detail as far as the final result is concerned.

■ **accesorio** *nm* **1** (*adorno, pieza*) accessory: *un traje con ~s a juego* a suit with matching accessories **2 accesorios** (*utensilios*) equipment [*incontable, v sing*]: *~s de escritorio* office equipment

accidentado, -a *pp, adj* **1** (*difícil*) difficult: *un viaje ~* a difficult journey **2** (*terreno*) rugged **3** (*persona*) injured

■ **accidentado, -a** *nm-nf* casualty

accidental *adj* **1** (*gen*) accidental: *muerte ~* accidental death **2** (*imprevisto*) unexpected: *una dificultad ~* an unexpected difficulty

accidente *nm* **1** (*gen*) accident: *un ~ de tráfico/carretera* a road accident ◊ *sufrir un ~* to have an accident **2(a)** (*Geog*) (geographical) feature **(b)** (*terreno, superficie*) unevenness **3** (*Gram*) accidence

LOC accidente aéreo/de aviación plane crash **accidente de coche** car accident/crash **accidente ferroviario** train crash **accidente laboral** accident at work [*pl* accidents at work] **por accidente** by accident/chance: *Lo descubrí por puro ~.* I came across it by pure chance.

acción *nf* **1** (*gen*) action: *entrar en ~* to go into action ◊ *~ criminal/legal* criminal/legal action ◊ *La ~ se desarrolla en Nueva York.* The action takes place in New York. **2** (*obra*) act: *una mala ~* a wrongful act **3** (*efecto*) effect: *la ~ beneficiosa de la natación* the beneficial effects of swimming **4** (*Dep*) move: *Una ~ afortunada produjo el gol.* A lucky move produced the goal. **5** (*atentado*) attack **6** (*Fin*) share: *capital en acciones* share capital ◊ *emitir acciones* to issue shares

LOC acción de armas/militar military engagement **acción de gracias** thanksgiving **de acción retardada** delayed-action **una buena acción** a good deed *Ver tb* COMANDO, RADIO[3]

accionar *vt* **1** (*mecanismo*) to work **2** (*manivela*) to turn **3** (*alarma*) to activate

accionista *nmf* shareholder

acebo *nm* **1** (*rama*) holly **2** (*arbusto*) holly bush

acechar *vt, vi* **1** (*persona, animal*) to lie in wait (**for *sth/sb***) [*vi*]: *El enemigo acechaba en la oscuridad.* The enemy lay in wait in the darkness. **2** (*dificultad*) to threaten: *La crisis acecha al sector.* Crisis threatens the sector.

acecho *nm* spying: *Se quejan del ~ de la prensa.* They complain of being spied on by the press.

LOC estar al acecho 1 (*para atacar*) to lie in wait *for sth/sb* **2** (*para defenderse*) to be on the lookout (*for sth/sb*)

acedera *nf* sorrel

aceitar *vt* to oil

aceite *nm* oil

LOC aceite de colza rapeseed oil **aceite de girasol** sunflower oil **aceite de oliva** olive oil **aceite de ricino** castor oil **aceite de soja** soya oil **aceite lubricante** engine oil *Ver tb* BALSA[2], MANCHA, UNTAR, VARILLA

aceitera *nf* cruet

aceitero, -a *adj* oil [*n atrib*]: *la industria aceitera* the (olive) oil industry

aceitoso, -a *adj* oily

aceituna *nf* olive: *~s rellenas* stuffed olives

LOC aceitunas sin hueso pitted olives

aceitunado, -a *adj* olive

LOC de piel/tez aceitunada olive-skinned

aceitunero, -a *adj* olive

■ **aceitunero, -a** *nm-nf* (*recolector*) olive picker

aceleración *nf* **1** (*Fís, Mec*) acceleration **2** (*acción*) speeding up: *Exigen la ~ de las obras.* They are asking for the work to be speeded up.

acelerada *nf* acceleration

acelerado, -a *pp, adj* **1** (*rápido*) fast **2** (*intensivo*) intensive: *un curso ~ de informática* a crash course in Computing *Ver tb* ACELERAR

LOC estar acelerado (*persona*) to be stressed

acelerador *nm* accelerator

acelerar *vt* **1** (*motor*) to rev *sth* (up): *Acelera el motor.* Rev the engine. **2** (*proceso, trámite*) to speed *sth* up **3** (*anticipar*) to hasten: *Tuvimos que ~ la partida.* We had to hasten our departure.

■ **acelerar** *vi* **1** (*aumentar las revoluciones*) to rev up: *Acelera, que se cala.* Rev up or you'll stall. **2** (*aumentar la velocidad*) to accelerate: *¡Pero acelera!* Accelerate! **3** (*darse prisa*) to hurry up

■ **acelerarse** *v pron* **1** (*darse prisa*) to hurry up: *Tranquilo, no hay por qué ~se.* Relax, there's no need to hurry. **2** (*ponerse nervioso*) to lose your cool: *No te aceleres.* Keep cool.

LOC acelerar el paso to walk faster

acelerón *nm*

LOC dar/pegar un acelerón to put your foot down

acelga *nf* chard [*incontable*]: *~s con bechamel* chard in white sauce

acento *nm* accent: *con ~ en la última sílaba* with an accent on the last syllable ◊ *hablar con ~ extranjero* to speak with a foreign accent

LOC acento agudo/grave/circunflejo acute/grave/circumflex accent **acento fonético/prosódico** stress **acento ortográfico** accent **pegársele a algn un acento** to pick up an accent

acentuación *nf* accentuation

acentuado, -a *pp, adj* **1** (*con tilde*): *¿Acentuada?* Has it got an accent? **2** (*a nivel oral*) stressed **3** (*visible*) noticeable: *diferencias ~s* noticeable differences *Ver tb* ACENTUAR

acentuar *vt* **1** (*gen*) **(a)** (*poner una tilde*) to accent: *Acentúa las siguientes palabras.* Put accents on the following words. **(b)** (*a nivel oral*) to stress **2** (*resaltar, agravar*) to accentuate: *El vestido acentuaba su belleza.* The dress accentuated her beauty.

■ **acentuarse** *v pron* **1** (*palabra*) **(a)** (*llevar tilde*) to have an accent: *Se acentúa en la segunda sílaba.* It's got an accent on the second syllable. **(b)** (*a nivel oral*) to be stressed **2** (*intensificarse*) to become noticeable: *Se acentúa la mejoría del tiempo.* There is a noticeable improvement in the weather.

acepción *nf* meaning

aceptable *adj* acceptable (***to sb***)

aceptación *nf* **1** (*oferta, sugerencia*) acceptance **2** (*éxito*) success: *una moda de gran ~* a very successful fashion

LOC tener mucha/poca aceptación to be very/not very well received

aceptar *vt* **1** (*admitir*) to accept: *Acepta este pequeño regalo.* Please accept this small gift. ◊ *Acepté el puesto.* I accepted the post. **2** (*acceder a*) to agree ***to do sth***: *Aceptó marcharse.* He agreed to leave.

acequia *nf* irrigation channel

acera *nf* **1** (*bordillo*) pavement **2** (*lado de la calle*) side (of the street): *Está en la ~ de los pares.* It's on the even-numbered side of the street.

LOC ser de la acera de enfrente to be a pansy (*ofen*) *Ver tb* CRUZAR

acerbo, -a *adj* (*comentario, tono*) acerbic

acerca *adv*

LOC acerca de about *sth/sb*, concerning *sth/sb* (*más formal*)

acercamiento *nm* **1** (*físicamente*) approach: *El ~ de los rebeldes a la capital es inquietante.* The approach of the rebels towards the capital is worrying. **2** (*fig*): *Esto ha producido un ~ entre los dos hermanos.* This has brought the two brothers closer together. ◊ *Ha habido un ~ entre los dos países.* Relations between the two countries have improved.

acercar *vt* **1** (*aproximar*) to bring *sth/sb* closer ***to sth/ sb***: *Este acuerdo nos acerca a una resolución.* This agreement brings us closer to a resolution. ◊ *Acercó el micrófono a la boca.* He brought the microphone closer to his mouth. ◊ *Acerqué la silla a la mesa.* I pulled the chair up to the table. **2** (*dar*) **(a)** (*desde cerca*) to pass *sth* (***to sb***): *Acércame ese cuchillo.* Pass me that knife. **(b)** (*cuando es necesario andar*) to bring *sth* (over): *Acércame las tijeras que están en aquel cajón.* Bring me over the scissors that are in that drawer. **3** (*en un vehículo*) to give *sb* a lift: *Me acercaron a casa/la estación.* They gave me a lift home/to the station. **4** (*unir*) to bring *sth/sb* (closer) together: *Las desgracias acercan a la gente.* Disasters bring people together.

■ **acercarse** *v pron* **acercarse (a) 1** (*aproximarse*) to get closer (**to *sth/sb***), to approach (***sth/sb***) (*más formal*): *Se acerca mi cumpleaños.* My birthday is getting closer. ◊ *Acércate a mí.* Come closer. **2** (*abordar*) to go/come up **to *sb***: *Se nos acercó en el descanso.* He came up to us during the interval. **3** (*parecerse*) to be close **to *sth***: *Eso se acerca a la verdad.* That's close to the truth. **4** (*ir*) to go/come round (**to...**): *Me acerqué a la tienda.* I went round to the shop. ◊ *Acércate una tarde a tomar una cerveza.* Come round one afternoon for a beer.

acerico *nm* pincushion

acero *nm* **1** (*metal*) steel: *Es de ~.* It's made of steel. ◊ *un cable de ~* a steel cable **2** (*espada*) sword

LOC acero inoxidable stainless steel *Ver tb* PULMÓN, TELÓN

acérrimo, -a *adj* **1** (*defensor, partidario*) staunch **2** (*enemigo*) bitter

acertado, -a *pp, adj* **1** (*correcto*) right: *la respuesta acertada* the right answer ◊ *No es ~ para una boda.* It's not the right thing for a wedding. **2** (*inteligente*) clever: *una idea acertada* a clever idea **3** (*sensato*) wise: *No es ~ decírselo ahora.* It's not wise to tell him now. **4** (*comentario*) relevant **5** (*disparo, predicción*) accurate **6** (*compra*) good *Ver tb* ACERTAR

LOC andar/estar acertado to be clever

acertante *adj* winning: *el número ~* the winning number

■ **acertante** *nmf* winner

acertar *vt* to guess: *~ la respuesta* to guess the answer

■ **acertar** *vi* **1** (*atinar*) **(a) ~ (en/con)** (*al elegir*) to get *sth* right: *Has acertado con el color/la respuesta.* You got the colour/answer right. ◊ *Han acertado en su elección.* They made the right choice. **(b)** (*al obrar*) to be right ***to do sth***: *Hemos acertado al negarnos.* We were right to refuse. **(c) ~ (a/en)** (*al disparar*) to hit *sth/sb* [*vt*]: *Disparé al bote y acerté.* I fired at the can and hit it. ◊ *~ en el blanco* to hit the target **2 ~ con** (*encontrar*) to find *sth/sb* [*vt*]: *No acerté con el bar.* I couldn't find the bar. **3** (*lograr*) to manage ***to do sth***: *Por fin acerté a levantarme.* I finally managed to get up. ◊ *No acierto a comprenderlo.* I can't understand it. **4** (*ocurrir por casualidad*) to happen ***to do sth***: *Acerté a salir en aquel momento.* I happened to come out just then.

acertijo *nm* riddle

acetileno *nm* acetylene

acetona *nf* (*quitaesmaltes*) nail varnish remover

achacable *adj* **~ a** attributable **to *sth/sb***: *un problema ~ a la falta de medios* a problem attributable to lack of resources

achacar *vt* to blame *sth* **on *sth/sb***: *Achacan las pérdidas a la baja en la demanda.* They blame their losses on a slump in demand.

achacoso, -a *adj* frail

achantar *vt* to scare

■ **achantarse** *v pron* to back down

achaparrado, -a *pp, adj* **1** (*persona*) stocky: *de tipo ~* stocky **2** (*árbol*) stumpy

achaque *nm* ailment: *los ~s de la edad* old people's ailments ◊ *Tú siempre con tus ~s.* You're always complaining of aches and pains.

achatar *vt* to flatten

■ **achatarse** *v pron* to get flattened

achicar *vt* **1** (*ropa*) to make *sth* smaller **2** (*agua*) to bail *water* out

■ **achicarse** *v pron* **1** (*ropa*) to shrink **2** (*acobardarse*) to lose your nerve

achicharradero *nm*: *Esta habitación es un ~.* This room is like a furnace.

achicharrante *adj* burning

achicharrar *vt* **1** (*quemar*) to burn **2** (*calor*) to scorch: *El calor acabó achicharrando las plantas.* The plants got scorched by the heat. **3** (*picar*): *Nos achicharraron los mosquitos.* We were bitten to death by the mosquitoes.

■ **achicharrarse** *v pron* **1** (*comida*) to burn **2** (*plantas*) to wither (up) **3** (*pasar calor*) to roast: *Os vais a ~ en la playa.* You'll roast on the beach.

LOC achicharrar a preguntas to plague *sb* with questions

achicoria *nf* chicory

achinado, -a *adj* (*ojos*) slanting

¡achís! *interj* atishoo!

> En Gran Bretaña, la persona que estornuda suele disculparse con **excuse me!** La gente a su alrededor puede decir **bless you!**, aunque muchas veces no dicen nada.

achispado, -a *pp, adj* tipsy *Ver tb* ACHISPARSE

achisparse *v pron* to get tipsy

achuchado, -a *pp, adj* hard: *La vida está muy achuchada.* Times are very hard. *Ver tb* ACHUCHAR

LOC andar/estar achuchado to be hard up

achuchar *vt* **1** (*abrazar*) to hug **2** (*aplastar*) to squash **3** (*estrujar*) to crush: *¡En el metro te achuchan de lo lindo!* It's such a crush in the underground! **4** (*apremiar*) to put pressure **on *sb*** (***to do sth***)

■ **achucharse** *v pron* to kiss and cuddle

achuchón *nm* **1** (*enfermedad*) turn: *Le ha dado otro ~.* He's had another turn **2** (*empujón*) push: *Tuve que aguantar muchos achuchones.* I had to put up with a lot of pushing. **3** (*abrazo*) hug

aciago, -a *adj* ill-fated

acicalarse *v pron* to dress up

acicate *nm* **1** spur (*espuela*) **2** (*estímulo*) incentive

acidez *nf* acidity

LOC acidez de estómago heartburn

ácido, -a *adj* **1** (*fruta, sabor, vino*) sharp **2** (*Quím*) acidic

■ **ácido** *nm* acid

LOC ácido desoxirribonucleico (ADN) deoxyribonucleic acid (*abrev* DNA) **ácido ribonucleico (ARN)** ribonucleic acid (*abrev* RNA) *Ver tb* LLUVIA

acierto *nm* **1(a)** (*respuesta correcta*) correct answer **(b)** (*predicción correcta*) correct forecast **(c)** (*decisión correcta*) right decision: *El comprar este piso ha sido un ~.* We made the right decision buying this flat. **(d)** (*buena idea*) good idea: *Ha sido un ~ venir.* It was a good idea to come. **(e)** (*buen juicio*) (good) sense: *Tuviste el ~ de callar.* You had the sense to keep quiet. **2** (*tiro*) hit **3** (*habilidad*) skill: *Jugó con gran ~.* He played with great skill.

aclamación *nf* acclaim [*incontable*]: *entre las aclamaciones del público* to great acclaim from the audience

aclamar *vt* to acclaim

aclaración *nf* explanation: *Me gustaría hacer una ~ sobre este punto.* I'd like to clarify something here.

aclarado *nm* rinse

aclarar *vt* **1** (*explicar*) **(a)** (*gen*) to clarify: *¿Puedes ~ ese punto?* Can you clarify that point? ◊ *Me gustaría ~ que...* I'd like to make it clear that... **(b)** (*malentendido, dudas*) to clear *sth* up **2** (*enjuagar*) to rinse

3 (*salsa*) to thin *sth* down **4** (*voz*) to clear **5** (*color*) to lighten

■ **aclarar** *vi, v imp* **1** (*mejorar el tiempo*) to clear up: *Si aclara, podemos salir.* If it clears up, we can go out. **2** (*amanecer*) to get light

■ **aclararse** *v pron* **1** (*duda, idea, misterio*) to become clear(er): *Se me han aclarado las ideas.* My ideas have become clearer. **2(a)** (*entender*) to understand: *A ver si me aclaro.* Let's see if I can understand this. **(b)** (*pensar con claridad*) to think straight: *Estoy que no me aclaro.* I can't think straight.

LOC **¡a ver si te aclaras!/¡aclárate!** make up your mind!

aclimatación *nf* acclimatization

aclimatarse *v pron* **~ (a)** to acclimatize (*yourself*) (**to *sth***): *Le ha costado ~.* She found it difficult to acclimatize. ◊ *No consigo aclimatarme (a este país).* I just can't get acclimatized (to this country).

acné *nm* acne

acobardar *vt* to intimidate

■ **acobardarse** *v pron* **acobardarse (ante/por) 1** (*intimidarse*) to feel intimidated (**by *sth/sb***) **2** (*perder ánimos*) to be put off (**by *sth/sb***): *Nos acobardamos ante la lluvia.* We were put off by the rain.

acodado, -a *pp, adj*

LOC **estar acodado en/sobre** to be leaning on *sth*

acogedor, ~a *adj* **1** (*gen*) welcoming: *un ambiente/grupo muy ~* a very welcoming atmosphere/group **2** (*lugar*) cosy

acoger *vt* **1** (*recibir*) **(a)** (*refugiado, huérfano*) to take *sb* in **(b)** (*invitado*) to welcome: *Me acogió con una sonrisa.* He welcomed me with a smile. **(c)** (*idea, noticia*) to receive: *Acogieron la propuesta con entusiasmo.* They received the proposal enthusiastically. **2** (*admitir*) to accept: *El alcalde decidió ~ el proyecto.* The mayor decided to accept the project. **3** (*dar cabida a*) to hold: *El estadio podrá ~ a 70.000 espectadores.* The stadium will be able to hold 70 000 spectators.

■ **acogerse** *v pron* **acogerse a 1(a)** (*ley*) to have recourse **to *sth*** **(b)** (*beneficios, servicio*) to take advantage of *sth*, to avail yourself **of *sth*** (*más formal*) **2** (*refugiarse*) to take refuge **in...**: *Se acogió a la embajada.* He took refuge in the embassy.

LOC **acoger bajo tu techo** to take *sb* in **acogerse a la jubilación** to take retirement

acogida *nf* **1** (*persona*) welcome **2** (*idea, proyecto*) reception: *tener una buena/mala ~* to have a good/bad reception

LOC **dar acogida a** to give shelter to *sb*

acogido, -a *pp, adj* **1 ~ a** (*ley, beneficios*) covered **by *sth*** **2** (*asilo, hospital*) housed **in...** *Ver tb* ACOGER

acojonante *adj* (*impresionante*) bloody amazing (⚠) ☛ *Ver nota en* TABÚ: *Es ~ lo que sabe.* It's bloody amazing what he knows.

acojonar *vt* **1** (*dar miedo*) to scare *sb* to death **2** (*asombrar*) to knock *sb* out

■ **acojonarse** *v pron* to shit yourself (⚠) ☛ *Ver nota en* TABÚ

acojone *nm*: *Al verlo nos entró el ~.* When we saw it we were scared to death. ◊ *¡Qué ~, tío!* It was dead scary!

acolchado, -a *pp, adj* quilted

■ **acolchado** *nm* padding

acólito *nm* acolyte

acometer *vt* **1** (*atacar*) attack: *El equipo acometió al contrario con brío.* The team attacked the opposition furiously. **2** (*emprender*) to set about *sth/doing sth*: *~ una tarea/reforma* to set about a task/reform **3** (*sobrevenir*): *Me acometió el sueño/miedo.* I was overcome by sleep/fear.

■ **acometer** *vi* **~ contra** to attack *sth/sb* [*vt*]: *Acometió contra el gobierno.* She attacked the government.

acometida *nf* **1** (*ataque*) attack **2** (*toro*) charge

acomodado, -a *pp, adj* **1** (*con dinero*) well off **2 ~ a** (*apropiado*) suited **to *sth***: *un estilo de vida ~ a nuestros medios* a lifestyle suited to our means *Ver tb* ACOMODAR

acomodador, ~a *nm-nf* usher [*fem* usherette]

acomodar *vt* **1** (*persona*) to accommodate, to put *sb* up (*más coloq*): *No podemos ~ a tantos huéspedes.* We can't accommodate so many guests. **2** (*adaptar*) to adapt *sth* (**to *sth***): *~ tus exigencias a sus ofertas* to adapt your demands to their offers

■ **acomodarse** *v pron* **1** (*instalarse*) to settle down: *Se acomodó en el sofá.* He settled down on the sofa. **2 acomodarse a** (*adaptarse*) to adapt **to *sth***

acompañado, -a *pp, adj Ver* ACOMPAÑAR

LOC **estar/ir acompañado** to be with somebody: *No le saludé porque iba ~.* I didn't say hello because he was with somebody. **estar/ir acompañado de** to be accompanied by *sb*: *Iba ~ por su secretario.* He was accompanied by his secretary. **ir bien/mal acompañado** to be in good/bad company *Ver tb* PELÍCULA

acompañamiento *nm* accompaniment: *con ~ de guitarra* with a guitar accompaniment

LOC **sin acompañamiento** unaccompanied

acompañante *nmf* **1** (*compañero*) companion: *el eterno ~ de la actriz* the actress's constant companion ◊ *¿Sabes quién es su ~?* Do you know who that is with him? **2** (*Mús*) accompanist **3 acompañantes** (*séquito*) entourage [*v sing o pl*] **LOC** *Ver* ASIENTO

acompañar *vt* **1** (*ir con*) **(a)** (*gen*) to go with *sth/sb*, to accompany (*más formal*): *Voy de paseo. ¿Me acompañas?* I'm going for a walk. Are you coming (with me)? ◊ *la cinta que acompaña al libro* the tape which accompanies the book ◊ *~ la comida con vino* to accompany the meal with wine **(b)** (*fig*): *Nos acompaña la mala suerte.* We are dogged by bad luck. ◊ *No nos acompañó el tiempo.* We didn't have very good weather. **2** (*adjuntar*) to enclose: *Le acompaño el cheque prometido.* I enclose the cheque as promised. **3** (*Mús*) to accompany *sb* **on *sth***: *Su hermana le acompañaba al piano.* His sister accompanied him on the piano.

■ **acompañar** *vi* (*hacer compañía*) to keep you company: *Los animales acompañan mucho.* Pets really keep you company.

LOC **acompañar a casa** to walk *sb* home **acompañar a la puerta** to see *sb* out **le acompaño en el sentimiento** (please accept) my condolences

acompasado, -a *pp, adj* rhythmic

acomplejado, -a *pp, adj*: *estar ~ por algo* to have a complex about sth *Ver tb* ACOMPLEJAR

■ **acomplejado, -a** *nm-nf*: *Eres un ~.* You've got so many hang-ups.

acomplejar *vt* to give *sb* a complex

■ **acomplejarse** *v pron* to get a complex

acondicionado, -a *pp, adj* fitted out: *un local ~ para conciertos* a building fitted out for concerts *Ver tb* ACONDICIONAR

LOC **bien/mal acondicionado** well/badly equipped *Ver tb* AIRE

acondicionamiento *nm* **1** (*sala*) fitting out: *Se aprobó el ~ del local para conferencias.* The fitting out of the premises for concerts was approved. **2** (*mejora*) improvement: *Urge el ~ de las playas/carreteras.* Improvements to the beaches/roads are urgently required. **LOC** *Ver* OBRA

acondicionar *vt* **1** (*adecuar*) to fit *sth* out (**for *sth***): *~ un local para desfiles de moda* to fit out premises for fashion shows **2** (*mejorar*) to improve: *~ la red de carreteras* to improve the road network

acongojar *vt* to distress: *Me acongoja pensar en el futuro.* Thinking about the future distresses me.

■ **acongojarse** *v pron* to get distressed: *Se acongoja pensando en los peligros que acechan a su familia.* She gets very distressed when she thinks about the dangers facing her family.

aconsejable *adj* advisable

LOC **lo más aconsejable** the best thing

aconsejar *vt* **1** (*dar consejo*) to advise *sb* (**to do *sth***): *Me han aconsejado que descanse.* They have advised me to rest. ◊ *—¿Lo compro? —No te lo aconsejo.* 'Shall I buy it?' 'I wouldn't advise you to.' ◊ *Ella podrá ~te mejor.* She'll be able to give you better advice. ◊ *Necesita que le aconsejen.* He needs advice. **2** (*circunstancias*) to dictate: *La urgencia del caso aconseja no esperar.* The urgency of the case dictates that we shouldn't wait.

acontecer *vi* to take place

acontecimiento *nm* event: *Fue todo un ~.* It was quite an event. **LOC** *Ver* ADELANTAR, ANTICIPAR

acopio *nm* **1** (*acción*) gathering: *Se ocupa del ~ de información.* She's responsible for gathering information. **2** (*alimentos, armas, datos*) store
LOC **hacer acopio de 1** (*alimentos, armas*) to stock up with *sth* **2** (*paciencia, valor*) to summon *sth* (up)

acoplar *vt* **1** (*piezas*) to fit *sth* together **2** (*vagón*) to couple **3** (*conectar*) to connect
■ **acoplarse** *v pron* **1** (*encajar*) to fit: *El zapato se acopla perfectamente al pie.* The shoe fits perfectly. **2** (*piezas*) to fit together **3** (*Aeronáut*) to dock **4** (*fig*) to fit in (***with sth/sb***): *Trataremos de ~nos a vuestro horario.* We'll try to fit in with your timetable.

acoquinar *vt* to intimidate: *Yo no me dejo ~ por sus amenazas.* I'm not intimidated by his threats.
■ **acoquinarse** *v pron* **1** (*asustarse*) to get intimidated **2** (*desanimarse*) to lose heart

acorazado, -a *pp, adj* armour-plated
■ **acorazado** *nm* battleship **LOC** *Ver* CÁMARA

acordado, -a *pp, adj Ver* ACORDAR
LOC **según lo acordado** as agreed

acordar *vt* to agree *sth/on sth/to do sth* [*vt, vi*]: *~ un plazo de entrega* to agree (on) a delivery date ◊ *Acordamos volver al trabajo.* We agreed to return to work.
■ **acordarse** *v pron* **acordarse (de)** to remember (***sth/to do sth***): *No me acuerdo de su cara.* I don't remember his face. ◊ *Acúerdate de echar la carta.* Remember to post the letter. ☛ *Ver nota en* REMEMBER, REMIND
LOC **acordarse de haber hecho algo** to remember doing sth: *Me acuerdo de haberlo visto.* I remember seeing it. **acordarse de la familia/madre de algn** to curse sb's family **de esta te acuerdas** you won't forget this in a hurry **¡te acordarás!** you'll regret it!

acorde *adj* **~ con 1** (*conforme*) consistent **with *sth***: *una política más ~ con la sociedad actual* a policy more consistent with today's society **2** (*apropiado*) suited **to *sth***: *una medida ~ con las circunstancias* a measure suited to the circumstances
■ **acorde** *nm* (*Mús*) chord
LOC **a los acordes de** to the strains of *sth*

acordeón *nm* accordion

acordeonista *nmf* accordionist

acordonar *vt* (*lugar*) to cordon *sth* off

acorralar *vt* (*persona*) to corner

acortar *vt* to shorten
■ **acortarse** *v pron* to get shorter: *Los días se van acortando.* The days are getting shorter.
LOC **acortar camino** to take a short cut **acortar (las) distancias 1** (*acercarse*) to close the gap: *~ distancias con los competidores* to close the gap on your competitors **2** (*fig*) to make distances shorter: *El teléfono acorta las distancias.* The telephone makes distances shorter.

acosar *vt* **1** (*fugitivo*) to pursue, to chase (*más coloq*) **2** (*importunar*) **(a)** (*periodistas*) to hound: *Los periodistas acosaban al parlamentario.* The reporters were hounding the MP. **(b)** (*niños*) to pester: *Los niños me acosaron a preguntas.* The children pestered me with questions.
LOC **acosar sexualmente** to sexually harass *sb*

acoso *nm* **1** (*caza, fugitivo*) pursuit **2** (*fig*) harassment: *el ~ de la prensa* harassment by the press ◊ *~ sexual* sexual harassment

acostado, -a *pp, adj Ver* ACOSTAR
LOC **estar acostado 1** (*tumbado*) to be lying down **2** (*en la cama*) to be in bed

acostar *vt* to put *sb* to bed: *Tuvimos que ~le.* We had to put him to bed.
■ **acostarse** *v pron* **1** (*irse a la cama*) to go to bed: *Siempre me acuesto temprano.* I always go to bed early. ◊ *Es hora de ~se.* Time for bed. **2** (*tumbarse*) to lie down: *Voy a ~me un rato.* I'm going to lie down for a while. ☛ *Ver nota en* LIE[2] **3** (*tener relaciones sexuales*) **(a) acostarse con algn** to sleep **with sb** **(b)** (*una pareja*) to sleep together
LOC **acostarse con las gallinas** to go to bed very early

acostumbrado, -a *pp, adj* usual *Ver tb* ACOSTUMBRAR
LOC **estar acostumbrado a** to be used to *sth/sb/doing sth*: *Está ~ a levantarse temprano.* He's used to getting up early. **tener a algn acostumbrado a** to have got sb used to *sth/doing sth*: *Los tengo ~s a ordenar su habitación los sábados.* I've got them used to tidying their room on a Saturday.

acostumbrar *vt* to get *sth/sb* used ***to sth/doing sth***
■ **acostumbrar** *vi* **~ a** to be in the habit **of *doing sth***: *Como tú acostumbras a decir…* As you are in the habit of saying…
■ **acostumbrarse** *v pron* **acostumbrarse (a)** to get used **to *sth/sb/doing sth***: *~se al calor* to get used to the heat ◊ *Tendrás que ~te a madrugar.* You'll have to get used to getting up early.

acotación *nf* **1** (*anotación*) note (in the margin) **2** (*Teat*) stage direction

ácrata *adj, nmf* anarchist [*n*]

acre *nm* acre ☛ *Ver apéndice 3*

acrecentar(se) *vt, v pron* to increase: *medidas para acrecentar la rentabilidad de una empresa* measures to increase a company's profitability ◊ *Su popularidad se está acrecentando por momentos.* Her popularity is increasing by the minute.

acreditación *nf* accreditation

acreditado, -a *pp, adj* **1** (*de prestigio*) **(a)** (*compañía*) reputable: *una casa acreditada* a reputable firm **(b)** (*profesional, deportista*) highly regarded **2** (*oficial*) approved: *un distribuidor ~* an approved supplier **3** (*probado*) proven: *un juez de acreditada imparcialidad* a judge of proven impartiality **4** (*diplomático, periodista*) accredited *Ver tb* ACREDITAR

acreditar *vt* **1** (*ser prueba de*) to confirm: *Este documento me acredita como propietario.* This document confirms that I am the owner. ◊ *Sus heridas acreditan su valor.* His wounds confirm his bravery. **2** (*dar derecho a*) to allow *sb* ***to do sth***: *La tarjeta me acredita para votar.* This card allows me to vote. **3** (*diplomático, periodista*) to accredit **4** (*Fin*) to credit
■ **acreditarse** *v pron* (*adquirir fama*) to make your name: *Una editorial se acredita con publicaciones de calidad.* Publishers make their name by publishing high quality books.

acreedor, ~a *nm-nf* creditor
LOC **hacerse acreedor de** to prove yourself worthy of *sth* **ser acreedor de** to be worthy of *sth*

acribillar *vt* **1** (*gen*) to riddle: *~ a algn a balazos* to riddle sb with bullets **2** (*mosquitos*) to bite *sb* to death **3** (*importunar*) to pester: *Nos acribillaron a preguntas.* They pestered us with questions.

acrílico, -a *adj* acrylic
■ **acrílico** *nm* acrylic

acrimonia (*tb* **acritud**) *nf* acrimony

acristalamiento *nm* **LOC** *Ver* DOBLE

acristalar *vt* to glaze

acrobacia *nf* acrobatics [*v pl*]: *Terminó su actuación con una ~.* He finished his performance with some acrobatics. ◊ *Sus ~s recibieron grandes aplausos.* Her acrobatics were greeted with great applause.
LOC **acrobacias aéreas** aerobatics **hacer acrobacias 1** (*lit*) to perform acrobatics **2** (*fig*) to perform miracles

acróbata *nmf* acrobat

acrónimo *nm* acronym

acrópolis *nf* acropolis

acta *nf* **1** (*reunión*) minutes [*v pl*]: *Acabamos de recibir el ~ de la última reunión.* We've just received the minutes of our last meeting. **2** (*congreso, sociedad científica*) proceedings [*v pl*]: *Su ponencia fue publicada en las ~s de la sociedad arqueológica.* His paper was published in the proceedings of the Archaeological Society. **3** (*certificado*) certificate: *un ~ de matrimonio/*

defunción a wedding/death certificate **4** (*exámenes*) list of examination results
LOC acta notarial notarial deed *Ver tb* CONSTAR, LEVANTAR, LIBRO

actitud *nf* **1** (*disposición*) attitude (**to/towards *sth/sb***): *la ~ de los empleados hacia su trabajo* the attitude of the employees to their work **2** (*postura*): *La encontré en ~ reflexiva.* She looked very thoughtful.

activar *vt* **1** (*estimular*) to stimulate: *unos ejercicios para ~ la circulación* exercises to stimulate the circulation **2** (*poner en marcha*) to activate: *~ un mecanismo* to activate a mechanism **3** (*acelerar*) to accelerate, to speed *sth* up (*más coloq*): *~ un proceso* to speed up a process

actividad *nf* **1** (*gen*) activity: *Había mucha ~ en el centro de la ciudad.* There was a lot of activity in the town centre. **2** (*conjunto de tareas*): *la ~ docente/política* teaching/politics
LOC actividades de tiempo libre leisure activities **de gran actividad** (*persona*) very energetic *Ver tb* CAMPO, VOLCÁN

activista *nmf* activist

activo, -a *adj* active
■ **activo** *nm* (*Fin*) assets [*v pl*]: *~ fijo* fixed assets
LOC en activo 1 (*gen*) active: *El veterano tenista sigue en ~.* The veteran tennis player is still active. **2** (*Mil*) serving: *un militar en ~* a serving officer

acto *nm* **1** (*acción, Teat*) act: *un ~ violento* an act of violence ◊ *una obra en cuatro ~s* a four-act play **2** (*ceremonia*) ceremony: *el ~ de clausura* the closing ceremony
LOC acto bélico act of war **acto reflejo/instintivo** reflex/instinctive action **acto seguido** immediately afterwards **acto sexual** sexual intercourse **en acto de servicio** on active service **en el acto 1** (*inmediatamente*) straight away: *Me levanté en el ~.* I stood up straight away. **2** (*en anuncios*) while you wait: *Arreglos en el ~.* Repairs while you wait. **3** (*pagar, enseñar documentación*) on the spot: *Tuvimos que pagar en el ~.* We had to pay on the spot. **hacer acto de presencia** to put in an appearance *Ver tb* INAUGURACIÓN, INVESTIDURA, MORIR(SE), SALÓN

actor, -triz *nm-nf* actor [*fem* actress] ☛ *Ver nota en* ACTRESS
LOC actor de teatro/teatral stage actor [*fem* stage actress] **actor principal** male lead [*fem* female lead] **actor secundario** supporting actor [*fem* supporting actress]

actuación *nf* **1** (*Dep, Teat, proceder*) performance: *La ~ de la orquesta ha sido brillante.* The orchestra's performance was brilliant. **2** (*acción*) action: *La rápida ~ de la policía evitó un desastre.* Rapid police action avoided a disaster. **3** (*conducta*) conduct: *La ~ del director fue poco ética.* The manager's conduct was unethical. **4 actuaciones** (*Jur*) proceedings **LOC** *Ver* AIROSO

actual *adj* **1** (*del momento presente*) current: *el estado ~ de las obras* the current state of building work **2** (*de hoy en día*) present-day: *La ciencia ~ se enfrenta a problemas éticos.* Present-day science faces ethical problems. **3** (*tema*) topical **4** (*estilo, moda*) up to the minute ☛ *Ver nota en* CURRENT

actualidad *nf* **1** (*estado*) present situation: *la ~ de nuestro país* the present situation in our country **2** (*noticias*) news [*incontable, v sing*]: *la ~ deportiva* the sports news
LOC asuntos/temas de actualidad current affairs **en la actualidad 1** (*en el momento presente*) at the moment **2** (*hoy en día*) nowadays: *En la ~ eso es lo normal.* Nowadays that's the norm. **estar de actualidad** (*estar de moda*) to be in: *Este tipo de música está de ~.* This kind of music is in. **perder actualidad/recuperar la actualidad** to become dated/to come back into fashion *Ver tb* PRIMERO, RABIOSO

actualizar *vt* to update

actualmente *adv* **1** (*ahora*) at the moment: *~ se encuentra en paro.* He's unemployed at the moment. **2** (*hoy día*) nowadays: *Eso apenas se dice ~.* Hardly anyone says that nowadays.

actuar *vi* **1 ~ (de)** to act (**as *sth***): *Actuaste como era tu deber.* You acted correctly. ◊ *Actuó de intermediario.* He acted as an intermediary. **2** (*operar*) to operate: *Varios ladrones actúan en esta zona.* There are thieves operating in this area. **3** (*artista*) to perform
LOC actuar bien/mal al hacer algo to be right/wrong to do sth *Ver tb* CONSECUENCIA, CRÍO, PARCIALIDAD

acuarela *nf* watercolour **LOC** *Ver* PINTAR

acuario¹ *nm* (*para peces*) aquarium [*pl* aquariums/aquaria]

acuario² (*tb* **Acuario**) *nm, nmf* (*Astrología*) Aquarius [*pl* Aquarius] ☛ *Ver ejemplos en* AQUARIUS; *Ver ilustración en* ZODIACO

acuartelar *vt* **1** (*alojar*) to billet **2** (*confinar*) to confine *sb* to barracks
■ **acuartelarse** *v pron* to withdraw to barracks

acuático, -a *adj* **1** (*Biol*) aquatic **2** (*Dep*) water [*n atrib*]: *deportes ~s* water sports **LOC** *Ver* ESQUÍ

acuchillar *vt* **1** (*apuñalar*) to stab **2** (*suelo de madera*) to sand *a floor* (down)

acuciante *adj* urgent

acuciar *vt*: *Le acuciaba la necesidad de encontrar trabajo.* He needed to find work urgently. ◊ *El hambre/la sed les acuciaba.* They felt desperately hungry/thirsty.

acudir *vi* **~ (a) 1(a)** (*ir*) to go (**to *sth/sb***): *~ a los tribunales/un médico* to go to court/the doctor ◊ *~ en ayuda de algn* to go to sb's help **(b)** (*venir*) to come (**to *sth/sb***): *Les llamé y acudieron.* I called them and they came. ◊ *Los recuerdos acudían a mi memoria.* Memories came flooding back. **2** (*en ayuda*) to respond (**to *sth***): *Acudí a los gritos.* I responded to the cries. **3** (*recurrir*) **(a)** (*cosa*) to resort **to *sth***: *~ a las armas* to resort to weapons **(b)** (*persona*) to turn **to *sb***: *No sé a quién ~.* I don't know who to turn to. **LOC** *Ver* DEFENSA, MASA, SOCORRO, URNA

acueducto *nm* aqueduct

acuerdo *nm* agreement: *llegar a/cerrar un ~* to reach/conclude an agreement ◊ *un ~ colectivo* a collective agreement
LOC acuerdo de principio draft agreement **acuerdo marco** outline agreement **¡de acuerdo!** all right! **de acuerdo con 1** (*conforme a*) in accordance with *sth* **2** (*en opinión de*) according to *sb* **de común/mutuo acuerdo** by common consent **estar de acuerdo** to agree: *¿Estamos de ~?* Agreed? ◊ *Estoy de ~ contigo en pedir más información.* I agree with you about asking for more information. ◊ *No estoy de ~ con lo que acabas de decir.* I don't agree with what you just said. **ponerse de acuerdo** to agree (*to do sth*): *Se pusieron de ~ para ir juntos.* They agreed to go together. *Ver tb* ELEVAR

acumulación *nf* accumulation, build-up (*más coloq*)

acumulador *nm* accumulator

acumular(se) *vt, v pron* to accumulate: *La compañía está acumulando deudas.* The company is accumulating debts. ◊ *Se me están acumulando los documentos sobre la mesa.* The documents are accumulating on my desk.

acumulativo, -a *adj* cumulative

acunar *vt* to rock

acuñar *vt* **1** (*moneda*) to mint **2** (*frase*) to coin

acuoso, -a *adj* aqueous (*formal*), watery

acupuntor, ~a *nm-nf* acupuncturist

acupuntura *nf* acupuncture: *Me están haciendo la ~.* I'm having acupuncture (treatment).

acurrucarse *v pron* to curl up

acusación *nf* **1** (*imputación*) **(a)** (*gen*) accusation: *hacer acusaciones contra algn* to make accusations against sb **(b)** (*hecha por el sistema legal*) charge: *formular una ~ contra algn* to bring a charge against sb **2** (*fiscal*) prosecution: *el abogado de la ~* the prosecution lawyer **LOC** *Ver* TESTIGO

acusado, -a *pp, adj* (*marcado*) marked: *un ~ parecido/aumento* a marked resemblance/increase *Ver tb* ACUSAR

■ **acusado, -a** *nm-nf* (*inculpado*) accused [*pl* accused]

acusador, ~a *adj* accusing

■ **acusador, ~a** *nm-nf* accuser

acusar *vt* **1** (*inculpar*) **(a)** (*gen*) to accuse *sb* (***of sth/ doing sth***): *Me han acusado de cínico.* They've accused me of being a hypocrite. **(b)** (*en el sistema legal*) to charge *sb* (***with sth/doing sth***): *~ a algn de asesinato* to charge sb with murder **2** (*mostrar*) to show signs of *sth*: *~ el cansancio* to show signs of tiredness **3** (*resentirse de*) to feel (the effects of) *sth*: *~ el golpe* to feel the blow ◊ *Han acusado el cambio.* They've felt the effects of the change.

■ **acusarse** *v pron* **acusarse (de)** to confess **to *sth/ doing sth***: *Me acuso de falta de decisión.* I confess to being indecisive.

LOC **acusar recibo (de)** to acknowledge receipt (of *sth*)

acusativo *nm* accusative

acusatorio, -a *adj* accusatory

acuse *nm*

LOC **acuse de recibo** acknowledgement of receipt **mandar/enviar algo con acuse de recibo** to send a certified letter, etc

acusica (*tb* **acusón, -ona**) *adj* sneaky

■ **acusica** *nmf* tell-tale

acústico, -a *adj* acoustic: *una guitarra acústica* an acoustic guitar

■ **acústica** *nf* **1** (*ciencia*) acoustics [*v sing*]: *La acústica es un tema que me interesa.* Acoustics is a subject that interests me. **2** (*de un local*) acoustics [*v pl*]: *La acústica de este local no es muy buena.* The acoustics in this hall aren't very good. **LOC** *Ver* AISLANTE, SONDA

adagio *nm* (*Mús*) adagio

Adán *n pr* Adam **LOC** *Ver* BOCADO

adaptable *adj* adaptable

adaptación *nf* adaptation: *una ~ cinematográfica* a screen adaptation ◊ *Tiene mucha capacidad de ~.* He's very adaptable.

adaptador *nm* adaptor: *un ~ de tres enchufes* a three-way adaptor

adaptar *vt* to adapt *sth* (***to sth***): *Adaptó el motor para poder usar diesel.* He adapted the engine to take diesel. ◊ *~ una novela al teatro* to adapt a novel for the theatre

■ **adaptarse** *v pron* **1** (*aclimatarse*) to adapt (***to sth***): *~se a los cambios* to adapt to change **2** (*ajustarse*) to fit: *No se adapta bien.* It doesn't fit properly.

addenda (*tb* **adenda**) *nf* addendum [*pl* addenda]

adecentar *vt* to tidy *sth* up

adecuación *nf* adaptation

adecuado, -a *pp, adj* **1** (*con artículo definido*) right: *No es el momento ~.* This isn't the right moment. ◊ *No encuentran a la persona ~ para el puesto.* They can't find the right person for the job. **2** (*con artículo indefinido*) suitable: *un traje ~ para la ocasión* a suitable dress for the occasion ◊ *una fórmula adecuada de actuación* a suitable form of action *Ver tb* ADECUAR

adecuar *vt* to adapt *sth* (***to sth***)

■ **adecuarse** *v pron* **adecuarse a** to adapt **to *sth***

adefesio *nm* **1** (*cosa*) hideous thing **2** (*persona*) sight

LOC **ir/estar hecho un adefesio** to look a sight

adelantado, -a *pp, adj* **1** (*aventajado*) advanced: *En ese país están muy ~s.* They're very advanced in that country. ◊ *Este niño está muy ~ para su edad.* This child is very advanced for his age. **2** (*que se ha hecho mucho*): *Llevo la tesis muy adelantada.* I'm getting on very well with my thesis. ◊ *Voy muy ~ en los estudios.* My studies are going very well. **3** (*en comparaciones*) ahead: *Vamos muy ~s con respecto a los de la otra clase.* We're way ahead of the other class. **4** (*pago*) advance: *pago ~* payment in advance **5** (*reloj*) fast: *Llevas el reloj cinco minutos ~.* Your watch is five minutes fast. *Ver tb* ADELANTAR

LOC **por adelantado** in advance: *pagar (algo) por ~* to pay (for sth) in advance

adelantamiento *nm* (*coche*) overtaking

LOC **hacer un adelantamiento** to overtake *sth Ver tb* EFECTUAR

adelantar *vt* **1** (*objeto*) to move *sth* forward: *Adelanté un peón.* I moved a pawn forward. **2** (*acontecimiento, fecha*) to bring *sth* forward: *Queremos ~ el examen una semana.* We want to bring the exam forward a week. **3** (*dinero*) to advance **4** (*reloj*) to put a *watch/clock* forward: *No te olvides de ~ el reloj una hora.* Don't forget to put your watch forward an hour. **5** (*conseguir*) to achieve: *¿Qué adelantamos con reñir?* What do we achieve by arguing? **6** (*ponerse delante*) to overtake: *El camión me adelantó en la curva.* The lorry overtook me on the bend. ◊ *Otros países nos adelantarán.* Other countries will overtake us. **7** (*trabajo*) to speed *sth* up **8** (*revelar*) to release: *Puedo ~ algunos detalles.* I can release some details.

■ **adelantar** *vi* **1** (*avanzar*) **(a)** (*lit*) to get ahead: *Por este camino adelantaremos más.* We'll get there quicker this way. ◊ *Como íbamos sin peso adelantamos más que los otros.* As we didn't have any luggage we got ahead of the others. **(b)** (*fig*) to make progress: *Este niño adelanta poco en el colegio.* This child is making very little progress at school. **2** (*vehículo*) to overtake: *Prohibido ~.* No overtaking.

■ **adelantar(se)** *vi, v pron* (*reloj*) to gain: *Este reloj se adelanta.* This clock gains.

■ **adelantarse** *v pron* **1** (*aproximarse*) to go forward: *Me adelanté para recibirle.* I went forward to welcome him. **2** (*ponerse delante*) to go on ahead: *Me adelanté para llegar el primero.* I went on ahead to get there first. **3** (*cosecha*) to come early: *Las uvas se han adelantado este año.* The grapes have come early this year. **4** (*anticiparse*) to do *sth* ***before sb***: *Ella se me adelantó a decirlo.* She said it before I did. **5** (*en una clasificación, en una competición*) to get ahead: *El Deportivo se adelantó en el minuto diez.* Deportivo got ahead in the tenth minute.

LOC **adelantarse a los acontecimientos** to anticipate events *Ver tb* ÉPOCA

adelante *adv* **1** (*más allá*) forward: *Tenemos que ir hacia ~.* We have to go forward. ◊ *un paso ~* a step forward ◊ *Mirad hacia ~.* Look straight ahead. **2** (*dirección*) further up…: *Van carretera/calle ~.* They're going further up the road/street.

■ **¡adelante!** *interj* **1** (*entre*) come in! **2** (*siga*) carry on!

LOC **en adelante** from now on **hacia/para adelante** forwards **ir adelante** to progress **llevar adelante** to go ahead with *sth* **más adelante 1** (*espacio*) further on **2** (*tiempo*) later **sacar adelante 1** (*familia*) to bring *a family* up **2** (*negocio*) to make a success of *sth* **3** (*proyecto*) to get *sth* off the ground **salir adelante 1** (*persona, negocio*) to succeed **2** (*proyecto*) to go ahead **tirar adelante 1** (*lit*) to keep going: *Tira más ~ y verás una gasolinera.* Keep going, and you'll come to a petrol station. **2** (*continuar*) to keep on (with *sth*): *Tira ~ con el proyecto, merece la pena.* Keep on with the project, it's a worthwhile one. *Ver tb* AHORA, ECHADO, HOY, INCLINAR, SEGUIR

adelanto *nm* **1** (*progreso, anticipo*) advance: *los ~s de la medicina* advances in medicine ◊ *Pedí un ~.* I asked for an advance. **2** (*tiempo*): *En España llevamos una hora de ~.* We're an hour ahead in Spain. ◊ *Lleva a las demás corredoras diez segundos de ~.* She's ten seconds ahead of the other runners. ◊ *Llegaron con diez minutos de ~.* They arrived ten minutes early.

adelfa *nf* oleander

adelgazamiento *nm* slimming

adelgazante *adj* slimming

adelgazar *vi* to lose weight: *He adelgazado tres kilos.* I've lost three kilos.

ademán *nm* **1** (*gesto*) gesture **2** **ademanes** (*modales*) manners

LOC **hacer ademán de** to make as if *to do sth*: *Hizo ~ de levantarse.* She made as if to rise. *Ver tb* LLAMAR

además *adv* **1** (*también*) also: *Se le acusa ~ de estafa.* He's also accused of fraud. ☛ *Ver nota en* TAMBIÉN

2 (*lo que es más*) (and) what's more: ~, *no creo que vengan.* What's more, I don't think they'll come.
LOC **además de** as well as *sth/sb*: ~ *del libro ha publicado varios artículos.* As well as the book, she's published several articles.

adentrarse *v pron* **~ en 1** (*entrar*) to enter *sth* [*vt*]: *Me adentré en la selva.* I entered the forest. **2** (*profundizar*) to go deeply **into *sth***
LOC **adentrarse en el mar** (*navegando*) to sail out to sea

adentro *adv* inside: *Está muy* ~. It's right inside. ◊ *ir hacia* ~ to go in(side)
■ **adentros** *nm*: *Rió para sus* ~*s.* He laughed to himself. ◊ *Lo maldije para mis* ~*s.* I inwardly cursed him.
LOC **¡adentro!** go in! **más adentro** further in **tan adentro** so far in *Ver tb* MAR, PUERTA, TIERRA

adepto, -a *nm-nf* supporter (**of *sth*/*sb***)

aderezar *vt* **1** (*carne, pescado*) to season **2** (*ensalada*) to dress
LOC **sin aderezar 1** (*carne, pescado*) unseasoned **2** (*ensalada*) without dressing

aderezo *nm* **1** (*condimento*) **(a)** (*carne, pescado*) seasoning **(b)** (*ensalada*) dressing **2** (*adorno*) decoration

adeudar *vt* to owe

adherencia *nf* **1** (*gen*) adhesion: *un pegamento de gran* ~ very strong glue **2** (*coche*) roadholding: *El coche tiene buena* ~. The car grips the road well.

adherente *adj* adhesive

adherir *vt* to stick *sth* ***on sth***: ~ *un sello en una carta* to stick a stamp on a letter
■ **adherirse** *v pron* **1 adherirse** (**a**) (*pegarse*) to stick (**to *sth***): *El imán se adhiere al metal.* Magnets stick to metal. **2 adherirse a** (*apoyar*) **(a)** (*principio, ideología*) to adhere **to *sth***: ~*se a un principio* to adhere to a principle **(b)** (*organización, huelga*) to join: *Los médicos han decidido* ~*se a la huelga.* The doctors have decided to join the strike.

adhesión *nf* **~** (**a**) **1(a)** (*apoyo*) support (**for *sth*/*sb***): *Expresó su* ~ *al presidente.* She expressed her support for the president. **(b)** (*ideología, principio*) adherence (**to *sth***) **2** (*unión*): *Desde la* ~ *de España a la CE*... Since Spain joined the EC...

adhesivo, -a *adj* adhesive
■ **adhesivo** *nm* **1** (*sustancia*) adhesive **2** (*pegatina*) sticker LOC *Ver* CINTA

adicción *nf* addiction (***to sth***): *caer en la* ~ to become addicted ◊ ~ *a las drogas* drug addiction ◊ *Esta droga crea* ~. This drug is addictive.

adición *nf* addition (***to sth***)

adicional *adj* additional, extra (*más coloq*)

adicto, -a *adj* **~** (**a**) **1** (*gen*) addicted (**to *sth***): *Eran* ~*s a la cocaína.* They were addicted to cocaine. **2** (*simpatizante*): *Son* ~*s a esa causa.* They support that cause.
■ **adicto, -a** *nm-nf* **1** (*gen*) addict: *los* ~*s a la heroína* heroin addicts **2** (*seguidor*) supporter
LOC **adicto al trabajo** workaholic

adiestramiento *nm* training

adiestrar *vt* to train *sth/sb* (**as/in *sth***): *Los adiestraron en el manejo de las armas.* They were trained in the use of arms.
■ **adiestrarse** *v pron* **adiestrarse** (**en**) (*profesión*) to train (**as *sth***)

adinerado, -a *adj* wealthy

adiós *interj* **1** (*despedida*) goodbye!, bye! (*más coloq*) ☛ *Ver nota en* GOODBYE **2** (*saludo al pasar*) hello! **3** (*expresando disgusto*) damn!: *¡Adiós!, se me ha olvidado.* Damn! I've forgotten it.
LOC **decir adiós** to say goodbye *to sth/sb* **decir adiós con la mano** to wave goodbye (*to sth/sb*)

adiposo, -a *adj* adipose

aditivo *nm* additive
LOC **sin aditivos** additive-free

adivinanza *nf* riddle

adivinar *vt* **1** (*gen*) to guess: *Adivina lo que traigo.* Guess what I've got. **2** (*enigma, acertijo*) to solve **3** (*predecir*) to predict: ~ *el futuro* to predict the future
LOC **adivinar el pensamiento** to read *sb's* mind

adivino, -a *nm-nf* fortune-teller

adjetivo, -a *adj* adjectival
■ **adjetivo** *nm* adjective: *los* ~*s demostrativos/posesivos* demonstrative/possesive adjectives

adjudicar *vt* **1** (*gen*) to award: ~ *un premio/contrato* to award a prize/contract ◊ *El tribunal le adjudicó la custodia de sus hijos.* The court awarded her custody of the children. **2** (*en una subasta*) to sell **3** (*conferir*): *La ley les adjudica toda la responsabilidad.* The law holds them solely responsible.
■ **adjudicarse** *v pron* **1** (*ganar*) to win: *Se adjudicaron la victoria.* They won. **2** (*apropiarse de*) to get *sth* for yourself: *Se adjudicó el mejor despacho.* He got the best office for himself.

adjuntar *vt* **1** (*añadir*) to attach: ~ *datos al informe* to attach data to the report **2** (*en una carta*) to enclose

adjunto, -a *adj* **1(a)** (*añadido*) attached **(b)** (*en una carta*) enclosed **2** (*director, portavoz*) deputy [*n*]: *Me han aconsejado que hable con el director* ~. I've been advised to talk to the deputy director.

administración *nf* **1** (*gen*) administration: *la* ~ *de la justicia* the administration of justice ◊ *Se ocupa de finanzas y* ~. He's in charge of finance and administration. **2** (*gestión*) management: *Le acusan de mala* ~. He's been accused of mismanagement. **3** (*gobierno*) government [*v sing o pl*]: *la* ~ *autonómica* the regional government ☛ *Ver nota en* GOBIERNO **4** (*funcionarios*) government employees [*v pl*]: *la* ~ *educativa* people in education
LOC **administración de empresas** business administration **administración de la casa** housekeeping **administración de lotería** lottery agency **administración pública** Civil Service *Ver tb* CONSEJO

administrador, ~a *adj* administrative
■ **administrador, ~a** *nm-nf* administrator
LOC **ser buen/mal administrador** to be good/bad with money

administrar *vt* **1** (*gestionar*) to run, to manage (*más coloq*): ~ *un negocio* to run a business **2** (*dar*) to administer *sth* (**to *sb***): ~ *justicia/un medicamento/la extremaunción* to administer justice/a medicine/the last rites **3** (*utilizar con prudencia*) to use *sth* wisely: *Es importante que el gobierno sepa* ~ *los recursos económicos del país.* The Government must use the country's economic resources wisely. ◊ *Debes aprender a* ~ *tu sueldo.* You must learn to manage on your salary.
■ **administrarse** *v pron* to manage your money

administrativo, -a *adj* administrative
■ **administrativo, -a** *nm-nf* administrative assistant
LOC *Ver* CONTENCIOSO

admirable *adj* **1** (*loable*) admirable: *Tu paciencia es* ~. Your patience is admirable. **2** (*asombroso*) amazing

admiración *nf* **1** (*adoración*) admiration: *sentir* ~ *por algo/algn* to admire sth/sb **2** (*asombro*) amazement: *Ante la* ~ *general, la besó.* To everyone's amazement he kissed her. **3** (*signo de puntuación*) exclamation mark ☛ *Ver págs 592–3*

admirador, ~a *nm-nf* admirer

admirar *vt* **1** (*apreciar*) to admire: ~ *el paisaje* to admire the scenery **2** (*asombrar*) to amaze: *Me admira tu sabiduría.* Your knowledge amazes me.
LOC **ser de admirar 1** (*ser de respetar*) to be admirable **2** (*ser asombroso*) to be surprising: *No es de* ~ *que*... It's not surprising that...

admisible *adj* **1** (*gen*) admissible: *pruebas* ~*s* admissible evidence **2** (*queja*) reasonable

admisión *nf* admission: *la* ~ *de alumnos en las universidades* the admission of pupils to university ◊ ~ *de culpa* admission of guilt ◊ *plazo de* ~ *de solicitudes* application period LOC *Ver* RESERVADO

admitir *vt* **1** (*dejar entrar*) to admit *sth/sb* (**to *sth***): *Me*

han admitido en el colegio. I've been admitted to the school. ◊ *No nos admitieron en el local.* We were refused entry to the building. ◊ *No la han admitido en la universidad.* She's been turned down by the university. **2** (*aceptar*) to accept: ~ *excusas* to accept excuses **3** (*culpa, error*) to admit: *Admitió sus errores.* He admitted his mistakes. ◊ *Admito que ha sido culpa mía.* I admit (that) it was my fault. **4** (*permitir*): *Ese error no admite excusas.* There can be no excuse for that mistake. ◊ *El problema no admite dilación.* The problem can't wait. ◊ *El texto admite varias interpretaciones.* The text can be interpreted in different ways. **5** (*tolerar*) to take: *Mi estómago no admite comidas fuertes.* My stomach can't take heavy meals. ◊ *No admito ese tono.* I'm not going to take being spoken to like that. **6** (*tener capacidad para*) to hold: *El estadio admite 4.000 personas.* The stadium holds 4 000 people.
LOC admitir mejora to leave room for improvement **no se admite(n)...**: *No se admiten perros.* No dogs allowed. ◊ *No se admite a menores de 18 años.* No entrance to under-18s. ◊ *No se admiten propinas.* No tipping. ◊ *No se admiten tarjetas de crédito.* Credit cards not accepted. *Ver tb* PARANGÓN

ADN *nm, abrev de* **ácido desoxirribonucleico** *Ver* ÁCIDO

adobar *vt* (*carne, pescado*) to marinade *sth* (*in sth*)

adobe *nm* adobe

adobo *nm* marinade
LOC en adobo marinated

adoctrinar *vt* **1** (*instruir*) to instruct **2** (*inculcar una ideología*) to indoctrinate

adolecer *vi* **~ de** to suffer **from *sth***: *Adolece de falta de originalidad.* It suffers from a lack of originality.

adolescencia *nf* adolescence

adolescente *adj* teenage, adolescent (*más formal*)
■ **adolescente** *nmf* teenager, adolescent (*más formal*)

adonde *adv rel* where

adónde *adv interr* where: *¿~ vais?* Where are you going? ◊ *—Me tengo que ir. —¿Adónde?* 'I have to go.' 'Where to?' ◊ *¿Adónde habrán ido a parar mis llaves?* Where on earth can my keys have got to?
LOC ¿adónde quieres llegar? what are you getting at? **¿adónde vamos a ir a parar?** what's the world coming to?

adopción *nf* adoption: *español de ~* Spanish by adoption

adoptar *vt* **1** (*actitud*) to adopt **2** (*a un niño*) to adopt, to foster

> La diferencia entre los términos **adopt** y **foster** es que en el primero de los casos, las personas que adoptan al niño se convierten en sus padres legales. En el caso de **foster** una persona o pareja cuida del niño en lugar de sus padres naturales durante un periodo determinado de tiempo, hasta que el niño regresa con sus padres, o hasta que se le encuentra una familia definitiva.

LOC *Ver* DECISIÓN

adoptivo, -a *adj* **1** (*gen*) adopted: *Portugal es su país ~.* Portugal is his adopted country. **2** (*padres*) adoptive **LOC** *Ver* HIJO, PATRIA

adoquín *nm* **1** (*piedra*) paving stone **2** (*persona*) blockhead

adoquinado *nm* paving ☛ *Ver ilustración en* BUNGALOW

adoquinar *vt* to pave

adorable *adj* adorable

adoración *nf* adoration: *sentir ~ por algo/algn* to adore sth/sb ◊ *la ~ del público* public adulation

adorar *vt* to adore

adormecer *vt* **1(a)** (*dar sueño*) to make *sb* sleepy **(b)** (*hacer dormir*) to send *sb* to sleep: *La música me adormecía.* The music sent me to sleep. **2** (*conciencia, sentidos*) to dull
■ **adormecerse** *v pron* to doze off

adormecido, -a *pp, adj* sleepy *Ver tb* ADORMECER

adormilarse *v pron* to doze off

adornar *vt* **1** (*casa, pelo*) to decorate, to adorn (*más formal*) **2** (*cualidades*): *La adornan muchas cualidades.* She has many good qualities. **3** (*relato*) to embellish

adorno *nm* **1(a)** (*gen*) decoration: *~s de Navidad* Christmas decorations **(b)** (*objeto*) ornament **2** (*de persona*) adornment: *Su único ~ era un collar de perlas.* A pearl necklace was her only adornment.
LOC de adorno decorative **estar de adorno** to be just for show

adosado, -a *pp, adj* attached *Ver tb* ADOSAR **LOC** *Ver* CHALÉ

adosar *vt* to attach *sth* (***to sth***): *Estamos pensando en ~ un garaje al chalé.* We're thinking of attaching a garage to the house.

adquirido, -a *pp, adj Ver* ADQUIRIR **LOC** *Ver* SÍNDROME

adquirir *vt* **1** (*gen*) to acquire: *~ riqueza/fama* to acquire wealth/fame ◊ *Su voz adquirió un tono irritado.* His voice acquired a note of irritation. **2** (*comprar*) to buy **3** (*enfermedad*) to contract **4** (*obligaciones*) to assume **5** (*cobrar*) to become: *El suceso ha adquirido mucha frecuencia.* This type of incident has become very frequent. **LOC** *Ver* HÁBITO, IMPORTANCIA

adquisición *nf* acquisition
LOC ser una buena adquisición to be a (real) bargain *Ver tb* FECHA, PRECIO

adquisitivo, -a *adj* acquisitive **LOC** *Ver* CAPACIDAD, PODER[1]

adrede *adv* deliberately, on purpose (*más coloq*)

adrenalina *nf* adrenalin: *Me dio una subida de ~.* I could feel the adrenalin flowing.

aduana *nf* **1** (*oficina*) customs [*v pl*]: *Pasamos la ~.* We went through customs. **2** (*derechos*) customs duty: *El alcohol paga ~.* There's a duty on alcohol. **LOC** *Ver* FUNCIONARIO, LIBRE

aduanero, -a *adj* customs [*n atrib*]: *impuestos ~s* customs duties
■ **aduanero, -a** *nm-nf* customs officer **LOC** *Ver* DERECHO, TARIFA

aducir *vt* to cite: *~ motivos profesionales* to cite professional reasons ◊ *Aducen que no es legal.* They claim that it's not legal.

adueñarse *v pron* **~ de**: *La mafia se ha adueñado de la ciudad.* The Mafia has taken control of the city. ◊ *Te adueñas del periódico y no lo sueltas.* You're always hogging the paper. ◊ *El miedo se adueñó de nosotros.* We were overcome by fear.

adulación *nf* flattery

adulador, ~a *adj* flattering: *un comentario ~* a flattering remark
■ **adulador, ~a** *nm-nf* flatterer

adular *vt* to flatter

adulteración *nf* **1** (*sustancia, alimento*) adulteration **2** (*verdad*) distortion

adulterar *vt* **1** (*sustancia, alimento*) to adulterate **2** (*verdad*) to distort

adulterio *nm* adultery

adúltero, -a *adj* adulterous
■ **adúltero, -a** *nm-nf* adulterer [*fem* adulteress]

adulto, -a *adj, nm-nf* adult: *las personas adultas* adults **LOC** *Ver* EDAD

adusto, -a *adj* austere

advenedizo, -a *adj, nm-nf* upstart [*n*]

advenimiento *nm* **1** (*llegada*) advent (*formal*), coming: *el ~ de la república* the advent of the republic **2** (*monarca, papa*) accession

adverbial *adj* adverbial

adverbio *nm* adverb
LOC adverbio de lugar/modo/tiempo adverb of place/manner/time

adversario, -a *adj* opposing
■ **adversario, -a** *nm-nf* adversary, opponent (*más coloq*) **LOC** *Ver* JAQUE

adversidad *nf* adversity [*incontable*]: *en la ~* in adversity ◊ *sufrir ~es* to suffer adversity

adverso, -a *adj* **1(a)** (*gen*) adverse: *un efecto ~* an adverse effect **(b)** (*suerte*) bad **2 ~ a** (*opuesto*) opposed **to** ***sth***

advertencia *nf* **1** (*aviso*) warning **2** (*consejo*) advice [*incontable*]: *Deberías hacer caso de sus ~s.* You should take his advice.

LOC hacer una advertencia to warn *sb* *Ver tb* DISPARO

advertir *vt* **1** (*notar*) to notice: *No advertimos su presencia.* We didn't notice she was there. **2** (*avisar*) to warn *sb* (**to do sth**): *Le advertí que tuviera cuidado.* I warned her to be careful. **3** (*decir*) to tell: *Ya te lo había advertido.* I told you so! ◊ *Te advierto que a mí me da lo mismo.* Mind you, it's all the same to me.

■ **advertir** *vi* **~ de** (*avisar*) to warn *sb* **about/of** ***sth***: *Les advertí del peligro.* I warned them about the danger.

adviento *nm* Advent

adyacente *adj* adjacent

aéreo, -a *adj* **1** (*gen*) air [*n atrib*]: *tráfico ~* air traffic **2** (*vista, fotografía*) aerial

LOC compañía/línea aérea airline *Ver tb* ACCIDENTE, ACROBACIA, ALARMA, ALERTA, ATAQUE, BOMBARDEO, CONTROLADOR, CORREO, ESPACIO, FUERZA, PIRATA, PIRATERÍA, PUENTE, VÍA

aerobic *nm* aerobics [*v sing*]

aeroclub *nm* flying club

aerodinámico, -a *adj* aerodynamic (*téc*), streamlined

■ **aerodinámica** *nf* **1** (*ciencia*) aerodynamics [*v sing*] **2** (*de un vehículo*) aerodynamics [*v pl*]

aeródromo *nm* airfield

aeroespacial *adj* aerospace [*n atrib*]: *la industria ~* the aerospace industry

aerolínea *nf* airline

aeromodelismo *nm* making and flying model aeroplanes

aeronáutico, -a *adj* aeronautical

■ **aeronáutica** *nf* aeronautics [*v sing*]

aeronave *nf* aircraft [*pl* aircraft]

LOC aeronave espacial spacecraft [*pl* spacecraft]

aeroplano *nm* aeroplane

aeropuerto *nm* airport: *Vamos a buscarles al ~.* We're going to meet them at the airport. **LOC** *Ver* RECIBIR

aerosol *nm* aerosol

afable *adj* affable

afamado, -a *pp, adj* renowned

afán *nm* **1** (*deseo*) desire: *Todo su ~ es complacer.* His only desire is to please. ◊ *su ~ de victoria* their desire to win **2** (*interés*) enthusiasm: *Entrenan con mucho ~.* They train very enthusiastically.

LOC afán de protagonismo desire to be the centre of attention **poner mucho afán en** to put a lot of effort into *sth/doing sth*: *Pusieron mucho ~ en la restauración de la casa familiar.* They put a lot of effort into restoring the family home. ◊ *Pone mucho ~ en los estudios.* He puts a lot of effort into his work. **por afán de** out of a desire for *sth* **sin afán de** with no thought of *sth*: *Lo hago sin ~ de lucro.* I'm doing it with no thought of gain.

afanar *vt* to nick *sth* (***from sb***)

■ **afanarse** *v pron* **afanarse (en/por)** to try your hardest (***to do sth***): *Se afana por aprender.* He's trying his hardest to learn.

afanoso, -a *adj* **1** (*persona*): *Estaban escribiendo muy ~s.* They were writing for all their worth. ◊ *Te veo muy afanosa.* You look like you're hard at it. **2** (*duro*) hard: *una vida afanosa* a hard life **3** (*laborioso*) laborious: *los ~s preparativos de boda* the laborious wedding preparations

afear *vt* **1** (*poner feo*) to spoil: *Los adornos afean el conjunto.* The decoration spoils the overall effect. ◊ *Tanto maquillaje te afea.* So much make-up spoils your looks. **2** (*reprochar*) to reproach *sb* (**for** ***sth***): *Les afeé su comportamiento.* I reproached them for their behaviour.

afección *nf* condition: *una ~ cardiaca* a heart condition

afectación *nf* affectation: *hablar con ~* to talk affectedly

afectado, -a *pp, adj* **1** (*gen*) affected: *niños ~s por la guerra* children affected by the war **2** (*conmovido*) upset: *Se les ve muy ~s.* They seem very upset. **3 ~ de** (*Med*) suffering **from** ***sth***: *los pacientes ~s del corazón* patients suffering from heart trouble *Ver tb* AFECTAR

■ **afectado, -a** *nm-nf*: *Los ~s exigen compensación.* Those affected are demanding compensation. ◊ *la familia del ~* the family of the man in question

afectar *vt* **1** (*gen*) to affect: *El golpe le afectó al oído.* The blow affected his hearing. ◊ *La riada afectó a 15 pueblos.* The flood affected 15 villages. ◊ *~ ignorancia* to affect ignorance **2** (*conmover*) to upset: *Su muerte me afectó mucho.* I was terribly upset by his death.

LOC afectar la voz to put on an affected voice **afectar negativamente** to have a negative effect on *sth/sb*

afectísimo, -a *adj*

LOC suyo afectísimo yours faithfully ☛ *Ver nota en* ATENTAMENTE

afectividad *nf* sensitivity

afectivo, -a *adj* **1** (*emocional*) emotional: *problemas ~s* emotional problems **2** (*sensible*) sensitive **3** (*cariñoso*) affectionate: *poco ~* unaffectionate **LOC** *Ver* CARENCIA

afecto *nm* affection

LOC tomar afecto to become attached *to sth/sb*: *Le hemos tomado mucho ~ al perro.* We've become very attached to our dog. *Ver tb* COBRAR

afectuoso, -a *adj* affectionate

afeitado *nm* shave **LOC** *Ver* LOCIÓN

afeitar *vt* **1** (*gen*) to shave: *No deja que nadie le afeite.* He won't let anyone shave him. **2** (*barba, bigote*) to shave *sth* off: *Le afeité la barba.* I shaved his beard off. ☛ *Ver nota en* PROVE

■ **afeitarse** *v pron* **1** (*cara*) to shave ☛ También se dice **to have a shave**: *¿Te has afeitado hoy?* Have you had a shave today? **2** (*cabeza, piernas*): *~se las piernas/la cabeza* to shave your legs/head **3** (*barba, bigote*): *Se afeitó el bigote.* He shaved his moustache off.

LOC cuchilla/hoja de afeitar razor blade *Ver tb* BROCHA, CREMA, MAQUINILLA

afeminado, -a *pp, adj* effeminate *Ver tb* AFEMINARSE

afeminarse *v pron* to become effeminate

aferrado, -a *pp, adj* *Ver* AFERRARSE

LOC permanecer/seguir aferrado a to cling to *sth/sb*

aferrarse *v pron* **~ a** to cling **to** ***sth/sb***: *Me aferré a la cuerda.* I clung to the rope. ◊ *~ a una idea* to cling to an idea

Afganistán *nm* Afghanistan

afianzamiento *nm* consolidation

afianzar *vt* **1** (*reforzar*) to reinforce: *~ una tapia* to reinforce a wall **2** (*algo que está apoyado*) to secure: *Afianza la escalera antes de subirte.* Secure the ladder before you climb it. **3** (*fig*) to consolidate: *~ un negocio/una relación* to consolidate a business/relationship

■ **afianzarse** *v pron* **afianzarse (en)** (*fig*) **1** (*gen*) to become consolidated: *Esta línea política se ha afianzado.* This political line has become consolidated. ◊ *Se ha afianzado en el liderato/como líder.* He has consolidated his lead. **2** (*en ideas, en actitud*) to become convinced (**of** ***sth***): *Se afianzó más en sus creencias.* He became more convinced of his beliefs.

LOC afianzar el pie to gain a foothold

afición *nf* **1 ~ (a/por)** (*gen*) interest (**in** ***sth***): *Ahora hay menos ~ por la lectura.* Nowadays there's less interest in reading. **2** (*pasatiempo*) hobby: *Su ~ es la fotografía.* His hobby is photography.

LOC con afición enthusiastically **la afición** (*los seguidores*) the fans [*v pl*]: *La ~ comienza a protestar.* The fans are beginning to protest. **por afición** as a hobby **tener afición a/por** to be fond of *sth/doing sth* **tomar afición a 1** (*lectura, fútbol*) to become keen on *sth/doing sth* **2** (*bebida, juego*) to take to *sth*

aficionado, -a *pp, adj* **1 ~ a** (*entusiasta*) keen **on** ***sth***: *Soy muy ~ al ciclismo.* I'm very keen on cycling. **2** (*amateur*) amateur: *una compañía de actores ~s* an amateur theatre company *Ver tb* AFICIONAR

■ **aficionado, -a** *nm-nf* **1** (*espectador*) **(a)** (*Dep, música* *pop*) fan: *un ~ al fútbol* a football fan **(b)** (*cine, música clásica, teatro*) lover: *un ~ a la ópera* an opera lover **2** (*amateur*) amateur: *No tocan mal para ser ~s.* They don't play badly for amateurs.

LOC de aficionados amateur: *un campeonato de tenis de ~s* an amateur tennis championship *Ver tb* TEATRO

aficionar *vt* to get *sb* interested ***in sth***: *No consigo ~los a la lectura.* I can't get them interested in reading.

■ **aficionarse** *v pron* **aficionarse a 1** (*pasatiempo*) to get keen **on *sth*/*doing sth***: *Te estás aficionando demasiado a ver la televisión.* You're getting too keen on watching television. **2** (*placeres, vicios*) to acquire a taste **for *sth***: *~se a la buena vida* to acquire a taste for the good life

afijo *nm* affix

afilado, -a *pp, adj* **1** (*cuchillo, lápiz, lengua*) sharp **2** (*nariz*) pointed *Ver tb* AFILAR

afilador, ~a *nm-nf* (*persona*) knife-grinder

LOC afilador de cuchillos (*electrodoméstico*) knife-sharpener

afilar *vt* to sharpen **LOC** *Ver* INGENIO, PIEDRA

afiliación *nf* **1** (*gen*) membership: *Es obligatoria la ~ al sindicato.* Membership of the union is compulsory. ◊ *el sindicato de mayor ~* the union with the largest membership **2** (*de una empresa/organización*) affiliation: *la ~ de la empresa a la Confederación* the company's affiliation to the Confederation

afiliado, -a *nm-nf* member

afiliar *vt* to make *sb* a member ***of sth***: *Me han afiliado a su club.* They've made me a member of the club.

■ **afiliarse** *v pron* **afiliarse (a) 1** (*individuo*) to join *sth*: *Decidí ~me al partido.* I decided to join the party. **2** (*grupo*) to become affiliated **to *sth***: *La entidad se ha afiliado al Banco Mundial.* The group has become affiliated to the World Bank.

afín *adj* **~ (a) 1** (*semejante*) similar (**to *sth*/*sb***): *gustos/ideas afines* similar tastes/ideas **2** (*relacionado*) related (**to *sth*/*sb***): *negocios afines al gobierno* businesses related to the government

afinado, -a *pp, adj* in tune *Ver tb* AFINAR

afinador, ~a *nm-nf* (*persona*) tuner: *~ de piano* piano tuner

afinar *vt* **1** (*instrumento musical, motor*) to tune **2** (*perfeccionar*) **(a)** (*teoría, idea*) to refine **(b)** (*dar el toque final*) to put the finishing touches **to *sth***: *~ los detalles de una ponencia* to put the finishing touches to a paper

■ **afinar** *vi* **1** (*dar el tono adecuado*) **(a)** (*al cantar*) to sing in tune **(b)** (*al tocar un instrumento*) to play in tune **2 ~ (en)** (*ser exacto*) to get *sth* right: *Afinó mucho en la definición.* She got the definition exactly right.

LOC afinar la puntería to take better aim

afincarse *v pron* **~ (en)** to settle (**in...**)

afinidad *nf* affinity

afirmación *nf* **1(a)** (*aseveración*) statement: *hacer una ~* to make a statement **(b)** (*alegación*) allegation: *una ~ infundada* an unsubstantiated allegation **2** (*afianzamiento*) affirmation: *la ~ de nuestros principios* the affirmation of our principles

LOC contestar/responder con una afirmación to answer in the affirmative

afirmar *vt* to state, to say (*más coloq*): *Afirmó sentirse preocupado.* He said (that) he was worried.

■ **afirmarse** *v pron* **1** (*adquirir firmeza*) to become stronger: *Esta creencia se afirmó.* This belief became stronger. **2 afirmarse en** (*adquirir seguridad*) to become more convinced **of *sth***: *Me he afirmado en mis ideas.* I have become more convinced of my ideas.

LOC afirmar con la cabeza to nod (your head) **afirmarse en lo dicho** to stand by what you said **ni afirmo ni niego que...** I neither confirm nor deny that...

afirmativamente *adv* **1** (*responder*) in the affirmative **2** (*votar*) in favour

afirmativo, -a *adj* affirmative: *una respuesta afirmativa* an affirmative answer **LOC** *Ver* CASO, VOTO

aflicción *nf* distress

afligir *vt* **1** (*apenar*) to distress: *Tu negativa la afligió mucho.* Your refusal distressed her very much. **2** (*afectar*) to afflict: *la gripe que aflige a la población* the flu which is affecting the population

■ **afligirse** *v pron* to get distressed (***about sth***)

aflojar *vt* **1** (*desapretar*) to loosen: *Le aflojé la corbata.* I loosened his tie. **2** (*destensar*) to slacken: *~ las riendas* to slacken the reins

■ **aflojar** *vi* **1** (*disminuir*) **(a)** (*interés, negocio*) to drop off **(b)** (*tormenta, viento, fiebre*) to die down **(c)** (*calor*): *Ha aflojado el calor.* It's got cooler. **2 ~ en** (*en actividad*) to let *sth* slip: *Ha aflojado en los estudios.* He's let his school work slip.

■ **aflojarse** *v pron* **1** (*gen*) to loosen: *Me aflojé el cinturón/nudo de la corbata.* I loosened my belt/tie. **2** (*tornillo, nudo*) to come loose: *Se ha aflojado el nudo.* The knot has come loose.

LOC aflojar el paso/la marcha to slacken your pace **tira y afloja** hard bargaining: *Tras un largo tira y afloja, hemos coseguido firmar el contrato.* After a lot of hard bargaining we finally signed the contract. *Ver tb* MOSCA, PASTA

aflorar *vi* to come to the surface

LOC hacer aflorar to bring *sth* out in the open

afluencia *nf* **1** (*llegada*) influx: *la ~ de refugiados al país* the influx of refugees into the country **2** (*cantidad de asistentes*) number: *Ha disminuido la ~ del público al teatro.* The number of people going to the theatre has decreased. ◊ *El museo recibe gran ~ de público.* Large numbers of people visit the museum.

afluente *nm* tributary

afonía *nf*: *Soy propensa a la ~.* I often lose my voice. ◊ *¡Qué ~ tienes!* You've really lost your voice!

afónico, -a *adj* hoarse

LOC estar afónico to have lost your voice **quedarse afónico** to lose your voice

aforismo *nm* aphorism

aforo *nm* capacity: *El teatro tiene un ~ de 3.000 localidades.* The theatre holds 3 000.

afortunadamente *adv* fortunately, luckily (*más coloq*)

afortunado, -a *adj* **1** (*persona*) fortunate, lucky (*más coloq*): *Es usted muy afortunada.* You're very fortunate. **2** (*en un sorteo*) lucky: *El número ~ es...* The lucky number is... ◊ *Por fin ha aparecido el boleto ~.* The winning ticket has finally come up. **3** (*acertado*) appropriate

afrenta *nf* affront (***to sth*/*sb***): *una ~ a su dignidad* an affront to their dignity

LOC hacerle una afrenta a algn to insult sb

África *nf* Africa

africano, -a *adj, nm-nf* African

afro *adj* (*peinado*) Afro ☛ *Ver ilustración en* PELO

afrodisiaco, -a (*tb* **afrodisíaco, -a**) *adj* aphrodisiac

■ **afrodisiaco** *nm* aphrodisiac

afrontar *vt* **1** (*gen*) to face: *~ las críticas/un peligro/el futuro/los hechos* to face criticism/danger/the future/facts **2** (*reto*) to face up to *sth*: *~ la realidad/competencia europea* to face up to reality/competition from Europe

afrutado, -a *adj* fruity

afuera *adv* outside: *Vámonos ~.* Let's go outside.

■ **afueras** *nf* outskirts: *Viven en las ~s de Roma.* They live on the outskirts of Rome. **LOC** *Ver* BOCA, PUERTA

agachar *vt* to lower: *~ la cabeza* to lower your head

■ **agacharse** *v pron* **1** (*inclinarse*) to bend down **2** (*escondiéndose*) to get down: *Agáchate para que no nos vean.* Get down so that they can't see us. **3** (*esquivando*) to duck (down): *Se agachó para esquivar el golpe.* He ducked to avoid the blow. ◊ *¡Agáchate!/¡Agachaos!* Duck down!

LOC agachar la cabeza (*fig*) to give in: *Tuve que ~ la cabeza y hacer lo que me mandaban.* I had to give in and do what I was told.

agalla *nf* **1** (*pez*) gill **2 agallas** (*valor*) guts: *No tienes ~s* *para enfrentarte con el jefe.* You haven't got the guts to stand up to the boss. ◊ *Es un tío con ~s.* He's got guts.

agarradera *nf*
LOC **tener (buenas) agarraderas** to have (the right) connections

agarradero *nm* **1** (*asidero*) **(a)** (*manilla*) handle **(b)** (*autobús, metro*) strap **(c)** (*alpinismo*) handhold **2** (*recurso*): *Mi único ~ es amenazarles con marcharme.* The only thing I can do is threaten to leave. **3** (*excusa*) excuse

agarrado, -a *pp, adj* (*tacaño*) tight-fisted *Ver tb* AGARRAR
LOC **(ir) agarrados del brazo** (to walk) arm in arm ☛ *Ver ilustración en* ARM **ser más agarrado que un chotis** to be really tight-fisted *Ver tb* BAILAR

agarrar *vt* **1** (*asir*) to grab: *Me agarró del brazo.* He grabbed me by the arm. **2** (*sujetar*) to hold: *Agarra esto para que no se caiga.* Hold this or it'll fall. **3** (*atrapar, contraer*) to catch: *Si agarro a ese mocoso lo mato.* If I catch the little brat I'll kill him. ◊ *~ una pulmonía* to catch pneumonia
■ **agarrar** *vi* **1** (*vacuna, planta, tinte*) to take **2** (*adhesivo*) to stick
■ **agarrarse** *v pron* **agarrarse (a)** **1** (*asirse*) to hold on **(to *sth*/*sb*)**: *Agárrate a mí.* Hold on to me. **2** (*guiso*) to stick **(to *sth*)** **3** (*vehículo, ruedas*) to grip: *Mi coche se agarra muy bien en las curvas.* My car grips the road well on bends. ◊ *Necesito unas ruedas que se agarren bien.* I need tyres with a good grip. **4** (*fig*): *Se agarra a cualquier pretexto para no asistir a las reuniones.* He'll use any excuse not to go to meetings. ◊ *Se ha agarrado a esa esperanza.* She's clinging to that hope.
LOC **agarrarse a un clavo ardiendo** to clutch at straws **agarrarse del brazo** to link arms **agarrarse del moño** to tear each other's hair out **agarrar(se) una borrachera/castaña** to get sloshed **¡agárrate!** wait for it! **agarré y me fui** I upped and left *Ver tb* CABREO, COGORZA, COGOTE, CUELLO, MIERDA, PÁJARA, PESCUEZO, TAJADA, TORO, TROMPA

agarrotamiento *nm* **1** (*músculo, articulación*) stiffening **2** (*motor*) seizure: *Se paró por ~ del motor.* It stopped because the engine seized.

agarrotar *vt* **1** (*poner rígido*) to make *sth* stiffen up **2** (*paralizar*) to make *sth* seize up: *El miedo me agarrotó el cerebro.* Fear made my brain seize up.
■ **agarrotarse** *v pron* **1** (*ponerse rígido*) to go stiff **2** (*paralizarse*) to seize up

agasajado, -a *nm-nf* guest of honour

agasajar *vt* to entertain (lavishly): *~ a los invitados* to entertain your visitors

agasajo *nm* attention [*incontable*]: *Nos colmaron de ~s.* They lavished attention on us.

ágata *nf* agate

agazapado, -a *pp, adj Ver* AGAZAPARSE
LOC **estar agazapado** **1** (*lit*) to be crouching ☛ *Ver ilustración en* KNEEL **2** (*fig*): *El fascismo está ~ en las instituciones.* Fascism lurks beneath the surface of our institutions.

agazaparse *v pron* to crouch (down) ☛ *Ver ilustración en* KNEEL

agencia *nf* agency: *una ~ de publicidad/prensa* an advertising/press agency
LOC **agencia de colocación/empleo** employment agency **agencia de transportes** carrier **agencia de viajes** travel agency **agencia inmobiliaria** estate agent's [*pl* estate agents] **agencia matrimonial** marriage bureau [*pl* marriage bureaux]

agenciarse *v pron*: *Nos hemos agenciado un equipo de música baratísimo.* We've managed to get hold of a very cheap hi-fi. ◊ *Se ha agenciado un trabajo estupendo.* He's got himself a wonderful job.
LOC **agenciárselas** to manage: *No te preocupes, que ya me las agenciaré.* Don't worry, I'll manage.

agenda *nf* **1** (*libreta*) **(a)** (*gen*) diary: *Apúntatelo en la ~.* Write it down in your diary. **(b)** (*para direcciones y teléfonos*) address book **2** (*actividades*) **(a)** (*orden del día*) agenda **(b)** (*programa*) schedule: *una ~ apretada* a tight schedule
LOC **agenda electrónica** electronic organizer

agente *nmf* **1** (*representante*) agent: *~ de publicidad* publicity agent ◊ *Eso trátelo con mi ~.* See my agent about that. **2** (*autoridad, policía, aduanas*) officer ☛ *Ver nota en* POLICE OFFICER
LOC **agente artístico** agent **agente de bolsa/cambio** stockbroker **agente de policía** policeman/woman [*pl* policemen/women] **agente de seguros** insurance broker **agente inmobiliario** estate agent *Ver tb* COMPLEMENTO, SEGURIDAD

agigantado, -a *pp, adj* **LOC** *Ver* PASO

ágil *adj* **1** (*movimiento, persona*) agile **2** (*mente*) quick: *~ de pensamiento* quick-thinking **3** (*estilo*) lively **4** (*administración, trámites*) fast

agilidad *nf* **1** (*gen*) agility: *~ física y mental* physical and mental agility **2** (*estilo*) liveliness

agilizar *vt* **1** (*acelerar*) to speed *sth* up **2** (*flexibilizar*) to make *sth* more flexible: *~ las normas de empleo* to make the employment conditions more flexible

agitación *nf* **1** (*gen*) agitation: *La familia daba muestras de gran ~.* The family was in a state of considerable agitation. **2** (*disturbios, malestar*) unrest: *~ social* social unrest

agitado, -a *pp, adj* **1** (*persona*) agitated **2** (*atmósfera, ambiente, época*) turbulent **3** (*vida, día*) hectic **4** (*mar*) rough **5** (*sueño*) restless **6** (*vuelo*) bumpy *Ver tb* AGITAR

agitador, ~a *nm-nf* agitator

agitar *vt* **1** (*botella, maracas*) to shake: *Agítese antes de usarlo.* Shake (well) before using. **2** (*bandera, pañuelo, brazos*) to wave: *El público agitaba los pañuelos.* The crowds were waving their handkerchiefs. **3** (*alas*) to flap
■ **agitarse** *v pron* **1** (*persona*) **(a)** (*físicamente*) to get restless **(b)** (*mentalmente*) to get agitated **2** (*moverse*) **(a)** (*rama*) to sway **(b)** (*ropa, bandera*) to flap **(c)** (*mar*) to get rough
LOC **agitar los ánimos de la gente** to stir people up

aglomeración *nf* crowd: *Odio las aglomeraciones.* I hate crowds. ◊ *Había una gran ~ en las tiendas.* The shops were packed.
LOC **aglomeración de tráfico** traffic jam **aglomeración urbana** built-up area

aglomerado *nm* chipboard

aglomerarse *v pron* to crowd (together)

aglutinante *adj* cohesive

aglutinar(se) *vt, v pron* to unite: *Tratamos de aglutinar esfuerzos/ideas.* We're trying to unite our efforts/ideas. ◊ *Los átomos se aglutinan para formar moléculas.* Atoms unite to form molecules.

agnóstico, -a *adj, nm-nf* agnostic

agobiado, -a *pp, adj Ver* AGOBIAR
LOC **estar agobiado de trabajo** to be snowed under with work

agobiante *adj* **1** (*calor*) stifling **2** (*presión, demandas*) overwhelming **3** (*problema, responsabilidad, situación*) terrible **4** (*persona*) tiresome

agobiar *vt* **1** (*años, responsabilidad*) to weigh *sb* down **2** (*calor, ropa*) to suffocate **3** (*abrumar*) **(a)** (*atenciones, exigencias, problemas*) to overwhelm **(b)** (*trabajo*) to get on top of *sb*: *Tanto trabajo me agobia.* All this work is getting on top of me. **4** (*deprimir*) to get *sb* down, to depress (*más formal*): *Me agobia pensar en el futuro.* It depresses me to think about the future. **5** (*jaleo, ruido*) to get on *sb's* nerves **6** (*meter prisa*) to rush: *No me agobies.* Don't rush me.
■ **agobiarse** *v pron* to get worked up (***about sth***)

agobio *nm* **1** (*calor*): *¡Qué ~! Abre un poco la ventana.* Phew! Open the window a bit. **2** (*preocupación*) worry: *Mi mayor ~ es la falta de dinero.* My greatest worry is lack of money. ◊ *Para entonces estaré con el ~ de los exámenes.* I'll be in a sweat about the exams by then. **3** (*carga, responsabilidad*) burden **4** (*trabajo*) pressure **5** (*molestia*): *Ese ruido es un ~.* That noise is unbearable.

agolparse *v pron* **1** (*gen*) to crowd: *Las imágenes de la* *guerra se agolpaban en mi mente.* Images of the war came crowding into my mind. **2** (*datos, problemas*) to pile up **3** (*acontecimientos*) to happen thick and fast

agonía *nf* **1** (*gen*) death throes [*v pl*]: *la ~ de una civilización* the death throes of a civilization **2** (*angustia, pena*) agony

■ **agonías** *nmf* misery [*sing*]: *Eres una verdadera ~s.* You're a real misery.

agonizante *adj* dying

agonizar *vi* **1** (*persona*) to be dying **2** (*época*) to come to an end

agosto *nm* August (*abrev* Aug) ☛ *Ver ejemplos en* ENERO

LOC hacer el/su agosto to make a fortune

agotado, -a *pp, adj* **1** (*cansado*) worn out, exhausted (*más formal*) **2** (*existencias*) sold out **3** (*libros*) out of print **4** (*recursos*) used up *Ver tb* AGOTAR

agotador, ~a *adj* exhausting

agotamiento *nm* exhaustion

agotar *vt* **1** (*existencias, reservas*) to use *sth* up, to exhaust (*más formal*): *Hemos agotado las existencias.* We've used up all our supplies. **2** (*cansar*) to wear *sb* out, to exhaust (*más formal*): *Los niños me agotan.* The children wear me out. **3** (*apurar*) to exhaust: *~ un tema* to exhaust a subject

■ **agotarse** *v pron* **1** (*gen*) to run out: *Se me está agotando la paciencia.* My patience is running out. ◊ *Se nos están agotando las existencias.* We're running out of supplies. **2** (*libro, entradas*) to sell out: *Se han agotado las localidades.* The tickets have sold out.

agraciado, -a *pp, adj* **1** (*físico*) attractive **2** (*número, boleto*) winning

■ **agraciado, -a** *nm-nf* (lucky) winner

LOC salir agraciado to be the (lucky) winner

agradable *adj* pleasant

LOC ser agradable a la vista/al oído to be pleasing to the eye/ear: *No es ~ a la vista.* It's not a pretty sight. *Ver tb* TRATO

agradar *vi* to like *sth/sb/doing sth* [*vt*]: *No me agrada discutir.* I don't like arguing.

LOC intentar/querer agradar to try to please (*sb*): *Intenta ~ a todo el mundo.* He tries to please everyone. ◊ *A nadie le agrada perder.* Nobody likes losing. **si (a usted) le agrada** if you wish

agradecer *vt* **1(a)** (*dar las gracias*) to thank *sb* (**for** ***sth*/*doing sth***): *Quiero ~ los esfuerzos de mis colaboradores.* I'd like to thank my associates for their efforts. ◊ *Agradezco mucho que hayáis venido.* Thank you very much for coming. **(b)** (*quedar agradecido*) to be grateful *to sb* (**for** ***sth***): *Te lo agradezco mucho.* I'm very grateful to you. ◊ *Agradezco a mi familia todo lo que ha hecho por mí.* I'm very grateful to my family for all they did for me. **(c)** (*apreciar*) to appreciate: *No agradecen mis sacrificios.* They don't appreciate my sacrifices. ◊ *Te agradecería que lo pensaras.* I'd appreciate it if you would think about it. **2** (*beneficiarse*) to benefit from *sth*: *La casa agradecerá una limpieza general.* The house will benefit from a spring clean. ◊ *El cuerpo agradece el descanso.* Rest does you the world of good.

■ **agradecerse** *v pron* to be welcome: *Con este calor se agradece la sombra.* The shade is welcome in this heat.

LOC ¡se agradece! thank you! **ser muy de agradecer** to be much appreciated

agradecido, -a *pp, adj* **1** (*persona*) grateful (**to** ***sb***) (**for** ***sth***): *Te están muy ~s por todo.* They're very grateful to you for everything. ◊ *Le quedo muy ~.* I'm very grateful to you. ◊ *Estoy ~ de que me inviten.* I appreciate them inviting me. **2** (*cosa*): *Tengo un pelo muy ~.* My hair doesn't need much looking after. **3** (*tarea*) gratifying *Ver tb* AGRADECER

LOC ¡muy agradecido! much obliged! **nada/poco agradecido 1** (*persona*) ungrateful **2** (*tarea*) thankless

agradecimiento *nm* gratitude (**to** ***sb***) (**for** ***sth***): *en señal de ~* as an expression of gratitude ◊ *unas palabras de ~* a few words of thanks **LOC** *Ver* DEDICAR

agrado *nm* pleasure: *con mucho ~* with great pleasure

LOC ser del agrado de algn to be to sb's liking: *Esa música no es de mi ~.* That music is not to my liking. **ver con agrado** to look kindly on *sth/sb*

agrandar *vt* **1** (*hacer más grande*) to enlarge **2** (*exagerar*) to exaggerate

■ **agrandarse** *v pron* to get bigger

agrario, -a *adj* **1** (*gen*) agricultural: *productos ~s* agricultural produce **2** (*reforma*) agrarian

agravamiento *nm* worsening, aggravation (*más formal*): *Eso llevaría al ~ de la crisis.* That would worsen the crisis.

agravante *adj* aggravating

■ **agravante** *nm o nf* **1** (*dificultad adicional*) additional problem **2** (*Jur*) aggravating circumstance: *un delito con ~s* an aggravated offence

agravar *vt* to make *sth* worse, to aggravate (*más formal*)

■ **agravarse** *v pron* **1** (*situación*) to deteriorate: *La situación del país/enfermo se agrava por momentos.* The situation in the country/patient's condition is deteriorating rapidly. **2** (*crisis*) to deepen **3** (*problema*) to become more serious

agraviar *vt* **1(a)** (*persona*) to offend **(b)** (*institución, ideología*) to be an affront to *sth* **2** (*Jur, perjudicar*) to wrong

agravio *nm* **1** (*ofensa*) insult (**to** ***sth*/*sb***) **2** (*perjuicio*) injustice (**to** ***sth*/*sb***)

LOC agravio comparativo discrimination

agredido, -a *nm-nf* victim

agredir *vt* to attack, to assault (*más formal*)

agregado, -a *nm-nf* **1** (*Universidad*) lecturer **2** (*Enseñanza Secundaria*) teacher **3** (*funcionario*) attaché

■ **agregado** *nm* (*conglomerado*) aggregate

agregar *vt* **1** (*añadir*) to add *sth* (**to** ***sth***) **2** (*empleado*) to attach *sb* (**to** ***sth***): *Lo agregaron a los servicios de información.* He was attached to the intelligence service.

■ **agregarse** *v pron* **agregarse a** to join *sth* [*vt*]

agresión *nf* **1** (*gen*) aggression: *una ~/un acto de ~* an act of aggression **2** (*ataque*) assault (**on** ***sth*/*sb***): *una ~ ecológica* an assault on the environment **3** (*afrenta*) affront (**to** ***sth*/*sb***): *una ~ a la libertad* an affront to freedom

LOC agresión sexual sexual assault: *Es autor de delitos de ~ sexual contra dos mujeres.* He has sexually assaulted two women. **agresión verbal** insult *Ver tb* PACTO

agresividad *nf* **1** (*violencia*) aggressiveness **2** (*empuje*) drive: *El equipo jugó con ~.* The team showed a lot of drive.

agresivo, -a *adj* **1** (*gen*) aggressive: *un actitud agresiva* an aggressive attitude **2** (*violento*) violent: *escenas agresivas* violent scenes **3** (*con energía*) forceful: *un ejecutivo ~* a forceful executive

agresor, ~a *adj, nm-nf* aggressor [*n*]

agreste *adj* **1(a)** (*del campo*) country [*n atrib*]: *la vida ~* country life **(b)** (*terreno*) rugged **(c)** (*vegetación*) wild **2** (*persona, modales*) coarse

agriar *vt* to turn *sth* sour

■ **agriarse** *v pron* to turn sour

agrícola *adj* agricultural **LOC** *Ver* EXPLOTACIÓN, FAENA, LABOR, PRODUCTO

agricultor, ~a *nm-nf* farmer

agricultura *nf* agriculture, farming (*más coloq*): *~ biológica* organic farming

agridulce *adj* bitter-sweet **LOC** *Ver* SALSA

agrietar(se) *vt, v pron* **1** (*gen*) to crack: *La humedad acabará por agrietar la madera.* The damp will eventually crack the wood. ◊ *Esa pared se está agrietando.* That wall is beginning to crack. ☛ *Ver ilustración en* CHIP **2** (*piel*) to chap

agrimensor, ~a *nm-nf* surveyor

agrio, -a *adj* **1** (*leche, vino, carácter*) sour **2** (*limón, experiencia, polémica*) bitter

■ **agrios** *nm* citrus fruits

agronomía *nf* agronomy

agrónomo, -a *adj* agricultural, farming [*n atrib*] (*más coloq*)

■ **agrónomo, -a** *nm-nf* agronomist **LOC** *Ver* INGENIERO, PERITO

agrupación *nf* **1** (*grupo*) group: *una ~ parlamentaria* a parliamentary group **2** (*asociación*) association **3** (*Mil, Policía*) special unit

agrupar *vt* **1** (*poner en grupo*) to group *sth/sb* (together): *Agrúpalos en el salón de actos.* Group them together and take them to the lecture theatre. ◊ *Voy a ~ los exámenes por clases.* I'm going to group the exam papers by class. **2** (*reunir*) to bring *sth/sb* together: *El museo agrupa obras de varios pintores.* The museum brings together works by several painters. **3** (*comprender*) to comprise: *La organización agrupa a 600 médicos.* The organization comprises 600 doctors.

■ **agruparse** *v pron* **1** (*reunirse*) to get together: *Escritores de varios países se han agrupado para discutir el tema.* Writers from several countries have got together to discuss the subject. ◊ *En el colectivo se agruparán 100 empresas.* There'll be more than 100 companies in the group. **2** (*dividirse en grupos*) to get into groups: *~se de dos en dos* to get into groups of two

agua *nf* **1** (*líquido*) water: *Quiero ~.* I want some water. ◊ *Dos ~s y una cerveza.* Two mineral waters and a beer. ◊ *~s jurisdiccionales* territorial waters **2** (*lluvia*) rain

LOC agua corriente running water **agua de colonia** eau de Cologne **agua de fregar/sucia** dishwater **agua del grifo** tap water **agua de limón/naranja** lemon/orange squash **agua dulce/salada** fresh/salt water: *peces de ~ salada* salt-water fish **agua mineral** mineral water: *~ mineral con/sin gas* fizzy/still mineral water **agua oxigenada** hydrogen peroxide

En Inglaterra no se utiliza el agua oxigenada para desinfectar heridas, utilizan un **antiseptic**.

agua potable drinking water **aguas abajo/arriba** downstream/upstream **aguas residuales** sewage [*incontable, v sing*] **estar/andar revueltas las aguas**: *Las ~s andan revueltas en el Ministerio de Educación.* Things are very unsettled in the Department of Education. **estar con el agua al cuello** to be in deep water **hacer agua 1** (*barco*) to fill up with water **2** (*proyecto, empresa*) to founder **las aguas volvieron a su cauce 1** (*lit*) the water returned to its natural course **2** (*fig*) things returned to normal **quedar en agua de borrajas** to fizzle out **sacar agua de las piedras** to get blood out of a stone **ser agua pasada** to be water under the bridge **tomar las aguas** to take the waters **venir como agua de mayo** to be a godsend ☛ Para otras expresiones con **agua**, véanse las entradas del sustantivo, verbo, etc, p. ej. **bajada de aguas** en BAJADA y **remover las aguas** en REMOVER.

aguacate *nm* avocado [*pl* avocados]

aguacero *nm* (heavy) shower

aguachirle *nm* dishwater [*incontable*]: *Esta sopa es un ~.* This soup tastes like dishwater.

aguafiestas *nmf* spoilsport

aguanieve *nf* sleet: *Está cayendo ~.* It's sleeting.

aguantar *vt* **1** (*soportar*) **(a)** (*molestias, dolor*) to put up with *sth*: *Vas a tener que ~ el dolor.* You're going to have to put up with the pain.

Cuando la frase es negativa se utiliza mucho **to stand**: *No aguanto este calor.* I can't stand this heat. ◊ *No les aguanto.* I can't stand them. ◊ *¡No hay quien te aguante!* You're unbearable!

(b) (*peso, tolerar*) to take: *El puente no pudo ~ el peso del camión.* The bridge couldn't take the weight of the lorry. ◊ *No aguanto que me traten así.* I can't take being treated that way. **(c)** (*ataque, presión, crisis*) to withstand: *No lograron ~ el ataque.* They were unable to withstand the attack. **2** (*sostener*) **(a)** (*viga, columna*) to support: *la viga que aguantaba el techo* the beam that supported the ceiling **(b)** (*en la mano, en los brazos*) to hold: *Aguanta este paquete.* Hold this parcel.

■ **aguantar** *vi* **1** (*durar*) to last: *La alfombra aguantará otro año.* The carpet will last another year. **2** (*resistir*) **(a)** (*persona*): *Aguanto mucho andando.* I can walk a long way. ◊ *Aguanta, que ya casi hemos llegado.* Hold on, we're almost there. **(b)** (*objeto*) to hold: *Esta estantería no va a ~.* These shelves won't hold. **3** (*tolerar*): *Aguanto mucho, pero un día explotaré.* I can put up with a lot, but one day I'll explode. ◊ *¡No aguanto más!* I've had enough! ◊ *Aguantaré en este trabajo hasta que encuentre otro mejor.* I'll stick this job out until I find something better.

■ **aguantarse** *v pron* (*resignarse*): *Yo también tengo hambre, pero me aguanto.* I'm hungry as well, but I'll hold out. ◊ *Si no te gusta te aguantas.* If you don't like it, tough!

LOC aguantar carros y carretas to suffer pain and misery **aguantar la mirada de algn** to stare sb out **aguantar la respiración** to hold your breath **aguantar marea/mecha** to grin and bear it **aguantar(se) la risa/un estornudo** to try not to laugh/sneeze **aguantar(se) las ganas de hacer algo** to stop yourself doing sth **no saber aguantar una broma** not to be able to take a joke *Ver tb* PALO

aguante *nm* **1** (*físico*) stamina: *Tienen muy poco ~.* They have very little stamina. **2** (*paciencia*) patience: *¡Qué ~ tienes!* You're incredibly patient!

aguar *vt* **1** (*leche, vino*) to water *sth* down **2** (*diversión*) to spoil

LOC aguar(se) la fiesta to put a damper on things: *¡Ya viene Pedro a ~ la fiesta!* Here's Pedro. That really puts a damper on things!

aguardar *vt* to await: *Aguardo tus noticias.* I await your news.

■ **aguardar** *vi* to wait: *Aguarda un momento.* Wait a minute. ☛ *Ver nota en* ESPERAR

aguardiente *nm* eau-de-vie

aguarrás *nm* turpentine, turps [*v sing*] (*más coloq*): *Intenta quitar la pintura con ~.* Try and get the paint off with turps.

White spirit es un disolvente elaborado con petróleo que se utiliza mucho como sustituto del aguarrás.

agudeza *nf* **1(a)** (*gen*) sharpness: *~ mental* sharpness of mind **(b)** (*vista, oído*) keenness **2** (*sagacidad*) shrewdness: *la ~ de su análisis* the shrewdness of his analysis **3** (*ingenio*) wittiness: *Es una mujer de gran ~.* She's very witty.

agudizar *vt* **1** (*gen*) to sharpen: *~ la tensión* to sharpen the tension ◊ *~ el oído/ingenio* to sharpen your ears/wits **2** (*empeorar*) to make *sth* worse: *La falta de transportes agudizó la situación.* The lack of transport made the situation worse.

■ **agudizarse** *v pron* **1** (*aumentar*) to sharpen **2** (*empeorar*) to get worse: *La crisis/el dolor se agudizó.* The crisis/pain got worse.

agudo, -a *adj* **1** (*gen*) sharp: *una punta/inteligencia aguda* a sharp point/mind **2** (*ángulo, dolor*) acute **3** (*oído, vista*) keen **4** (*sonido, voz*) high-pitched **5** (*gracioso*) witty: *un comentario ~* a witty remark **6** (*palabra*): *"Construcción" es una palabra aguda.* The accent is on the last syllable in 'construcción'. **7** (*marcado*) marked: *un ~ proceso de despoblación* a marked process of depopulation

■ **agudos** *nm* (*en un equipo de música*) treble [*incontable*]: *No se oyen bien los ~s.* You can't hear the treble very well.

LOC *Ver tb* ACENTO

agüero *nm*

LOC ser ave/pájaro de mal agüero to be a bad omen **ser de buen/mal agüero** to be lucky/unlucky

aguerrido, -a *adj* valiant

aguijón *nm* **1** (*insecto*) sting: *clavar el ~* to sting (sth/sb) **2** (*fig*) **(a)** (*acicate*) spur: *el ~ de la fama* the spur of fame **(b)** (*curiosidad, celos*) stab

aguijonear *vt* **1** (*gen*) to keep at *sb*: *Hay que ~le para que haga las cosas.* You have to keep at him to make him get things done. **2** (*curiosidad, celos*): *Le aguijonea la curiosidad.* He's burning with curiosity.

águila *nf* eagle
LOC **águila real/imperial** golden/imperial eagle **ser un águila** to be sharp: *Es un ~ para los negocios.* He's a sharp businessman. *Ver tb* VISTA

aguileño, -a *adj* (*nariz*) aquiline

aguinaldo *nm* **1** (*dinero*) Christmas box **2** (*cesta*) Christmas hamper

aguja *nf* **1** (*gen*) needle: *enhebrar una ~* to thread a needle ◊ *~s de pino* pine needles ◊ *una ~ hipodérmica* a hypodermic needle **2** (*tocadiscos*) stylus [*pl* styluses] **3** (*reloj*) hand **4** (*torre*) spire ☛ *Ver ilustración en* IGLESIA **5** (*carne*) neck **6 agujas** (*ferrocarril*) points
LOC **aguja de ganchillo** crochet hook **aguja de punto** knitting needle *Ver tb* BUSCAR, SENTIDO, TACÓN

agujereado, -a *pp, adj*: *Llevaba el jersey todo ~.* His jumper was full of holes. *Ver tb* AGUJEREAR

agujerear *vt* to make holes **in** *sth*

agujero *nm* **1** (*gen*) hole: *el ~ en la capa de ozono* the ozone hole ◊ *hacer un ~* to make a hole ◊ *A ver si salimos de este ~.* Let's see if we can get out of this hole. **2** (*Fin*) deficit: *un ~ de 500 millones* a deficit of 500 million pesetas
LOC **agujero negro** black hole

agujetas *nf* stiffness [*incontable, v sing*]: *Me van a salir ~.* I'm going to be stiff tomorrow. ◊ *tener ~* to be stiff ◊ *Tengo ~ en las piernas.* My legs are stiff.

aguzar *vt*
LOC **aguzar el oído** to prick up your ears **aguzar la vista** to strain your eyes *Ver tb* INGENIO

ahí *adv* **1(a)** (*gen*) there: *~ van.* There they go. ◊ *~ lo tienes.* There you are. ◊ *¿Qué tal por ~?* How are things there? ◊ *¡Ponte ~!* Stand over there! **(b)** (*arriba*) up (there): *~ en la cima* up on top **(c)** (*abajo*) down (there): *~ en el Sur* down in the south **(d)** (*dentro*) inside: *~ en la casa* inside the house **(e)** (*fuera*) outside: *~ en la calle* outside in the street **2** (*en eso*): *~ se verá quién sabe.* That's when we'll see who knows.
LOC **ahí abajo/arriba/dentro/fuera** down/up/in/out there: *¿Están mis libros ~ abajo?* Are my books down there? ◊ *~ fuera hace un frío que pela.* It's freezing out there. **¡ahí es nada!** that's really something! **ahí está (la cosa/cuestión)** that's the whole point **ahí le duele** you've put your finger on it **¡ahí me las den todas!** I couldn't care less! **ahí mismo** right there **¡ahí va! 1** (*¡cógelo!*) catch! **2** (*expresando fastidio*) heck!: *¡~ va! Se me ha olvidado.* Heck! I forgot. **de ahí (que)** hence: *De ~ su silencio.* Hence her silence. ◊ *De ~ se deduce que…* Hence it may be concluded that… ◊ *De ~ que no volvieran jamás.* That's why they never came back. **¡hasta ahí podríamos llegar!** that would be the last straw! **he ahí** that is [*pl* those are]: *He ~ el camino a seguir.* That's the road to take. **ir/pasar por ahí** to go that way **me dio por ahí** I, you, etc just felt like it **por ahí 1** (*lugar no determinado*): *He estado por ~.* I've been out. ◊ *ir por ~ a dar una vuelta* to go out for a walk ◊ *—¿Está en la oficina? —Sí, anda por ~.* 'Is he in the office?' 'Yes, he's somewhere around.' **2** (*así*) like that: *Por ~ no lo vas a conseguir.* You're not going to get it like that. **por ahí anda/por ahí, por ahí** something like that *Ver tb* QUITAR

ahijado, -a *nm-nf* **1** (*gen*) godchild [*pl* godchildren]: *Tengo dos ~s: un niño y una niña.* I've got two godchildren: one boy and one girl. **2** (*varón*) godson **3** (*mujer*) god-daughter

ahínco *nm* eagerness
LOC **con ahínco** eagerly

ahogadilla *nf* ducking: *hacer ~s a algn* to give sb a ducking

ahogado, -a *pp, adj Ver* AHOGAR LOC *Ver* MORIR(SE)

ahogar *vt* **1** (*en el agua, palabras, sonido*) to drown **2** (*asfixiar*) to suffocate: *Aquel humo me ahogaba.* The smoke was suffocating me. **3** (*estrangular*) to strangle **4** (*protesta, llanto, grito*) to stifle **5** (*fuego*) to smother
■ **ahogarse** *v pron* **1** (*en el agua*) to drown **2** (*asfixiarse*) to suffocate: *Por poco se ahogan con el humo del incendio.* The smoke from the fire nearly suffocated them. **3(a)** (*respirar mal*) to be unable to breathe: *Cuando me da el asma me ahogo.* When I have an asthma attack, I can't breathe. **(b)** (*al atragantarse*) to choke: *Casi me ahogo con esa espina.* I almost choked on that bone. **4** (*motor*) to flood
LOC **ahogar las penas** to drown your sorrows **ahogarse de calor**: *Aquí en verano te ahogas de calor.* It's stifling here in the summer. **ahogarse en un vaso de agua** to make a mountain out of a molehill

ahogo *nm* **1** (*afixia*) breathlessness: *Me produjo una sensación de ~.* It made me breathless. **2** (*sofoco*) stifling atmosphere: *¡Qué ~! Ahí dentro no se puede respirar.* It's stifling! You can't breathe in there. **3** (*angustia*) anguish
LOC **ahogos económicos** financial difficulties

ahondar *vi* **~ en** to go deeply **into** *sth*: *~ en un tema* to go deeply into a subject

ahora *adv* **1** (*gen*) now: *¿Qué voy a hacer ~?* What am I going to do now? ◊ *~ entran.* They're just coming in now. ◊ *¿Y me lo dices ~?* Now you tell me! ◊ *Hace ~ diez minutos.* Ten minutes ago now. ◊ *a partir de ~* from now on **2** (*hoy día*) nowadays: *Los españoles de ~ viajan más.* Spaniards travel more nowadays. **3** (*en seguida*) right now: *~ lo hago.* I'll do it right now. ◊ *~ voy.* I'm coming.
■ **ahora** *conj* **1** (*pero*) but: *~, esto tampoco está mal.* But that's not bad either. **2** (*bueno*): *~, vengas o no, avisa.* Whether you're coming or not, do let us know.
LOC **ahora bien** however: *~ bien, las cosas pueden salir mal.* However, things can go wrong. **ahora mismo 1** (*en este momento*) right now: *~ mismo no puedo.* I can't do it right now. **2** (*en seguida*) right away: *~ mismo te lo doy.* I'll give it to you right away. **3** (*hace poco*) only just: *Han llegado ~ mismo.* They've only just got here. **ahora que 1** (*una vez que*) now…: *~ que lo dices…* Now you come to mention it… **2** (*pero*) but: *Hazlo, ~ que luego no te quejes.* Do it, but don't complain about it afterwards. **ahora sí que…** this time…: *~ sí que me las vas a pagar.* You're really going to pay for it this time. **de/desde ahora en adelante** from now on **hasta ahora** so far: *Hasta ~ nadie ha encontrado una vacuna para el sida.* So far nobody has come up with a vaccine for AIDS. ◊ *Hasta ~ han contestado unas cien personas.* A hundred people have replied so far. **¡hasta ahora!** see you in a bit! **no me vengas ahora con eso** don't come telling me that now **por ahora** for the time being *Ver tb* YA

ahorcado *nm* (*juego*) hangman: *jugar al ~* to play hangman LOC *Ver* MORIR(SE)

ahorcar *vt* to hang

> En el sentido de *ahorcar* el verbo **to hang** es regular y por lo tanto forma el pasado añadiendo la desinencia **-ed**: *Los ahorcaron en la plaza del pueblo.* They hanged them in the village square. ◊ *Lo ahorcaron en el año 1720.* He was hanged in 1720.

ahorrador, ~a *adj* thrifty: *No soy nada ~.* I'm hopeless at saving money.
■ **ahorrador, ~a** *nm-nf* saver
LOC **ser poco ahorrador** to be bad with money

ahorrar *vt, vi* to save: *~ tiempo/dinero* to save time/money ◊ *para ~nos molestias* to save us some trouble ◊ *¿Cuándo piensas empezar a ~?* When are you going to start saving?
LOC **ahorrar fuerzas/saliva** to save your energy/breath **no ahorrar esfuerzos** to spare no effort *Ver tb* MEDIO *nm*

ahorrativo, -a *adj* sensible with your money, thrifty (*más formal*): *Es muy ~.* He's very sensible with his money.

ahorro *nm* saving: *mis ~s de toda la vida* my life savings ◊ *Nos supuso un gran ~ de tiempo.* It saved us a lot of time.
LOC **cartilla/libreta de ahorro(s)** savings book *Ver tb* CAJA, ENVASE

ahuecar *vt* **1** (*cojín, colchón*) to fluff *sth* up **2** (*voz*) to deepen
■ **ahuecarse** *v pron* (*envanecerse*) to swell with pride

LOC **¡ahueca!** clear off! **ahuecar el ala** to beat it

ahumado, -a *pp, adj Ver* AHUMAR
■ **ahumado** *nm* **1** (*proceso*) smoking **2 ahumados** smoked fish [*incontable, v sing*]: *Los ~s están muy ricos.* The smoked fish is delicious. **LOC** *Ver* ARENQUE

ahumar *vt* **1** (*alimentos*) to smoke **2** (*habitación*) to fill *sth* with smoke **3** (*ennegrecer*) to blacken
■ **ahumarse** *v pron* **1** (*habitación*) to fill with smoke **2** (*ennegrecerse*) to blacken

ahuyentar *vt* **1** (*espantar*) to frighten *sth/sb* away **2** (*duda, pensamiento*) to dispel
■ **ahuyentarse** *v pron* to run away: *Al oír el ruido se ahuyentaron.* When they heard the noise they ran away.

airado, -a *pp, adj* angry *Ver tb* AIRAR

airar *vt* to anger

aire *nm* **1** (*gen*) air: *~ puro* fresh air **2(a)** (*viento*) wind: *Hace mucho ~.* It's very windy. **(b)** (*brisa*) breeze **(c)** (*corriente*) draught: *Entra mucho ~.* It's very draughty. **3** (*aspecto*) **(a)** (*carácter*) air: *Tiene un ~ de inocencia.* He has an innocent air about him. ◊ *un chico de ~ tímido* a shy-looking boy ◊ *una novela de ~ sentimental* a rather soppy novel **(b)** (*aspecto físico*) look: *Tienen ~ de matones.* They look like bullies. ◊ *un ~ de familia* a family likeness **4** (*garbo*) sprightliness: *moverse con mucho ~* to be very sprightly **5** (*melodía*) tune
LOC **aire acondicionado** air-conditioning: *un coche con ~ acondicionado* an air-conditioned car **aires de cambio** winds of change **al aire 1** (*desnudo*) bare: *con el pecho al ~* bare-chested ◊ *un vestido con la espalda al ~* a backless dress **2** (*levantado*) in the air: *tumbado con las piernas al ~* lying with his legs in the air **al aire libre 1** (*que ocurre fuera*) in the open air: *un concierto al ~ libre* an open-air concert **2** (*no cubierto*) outdoor: *una pista al ~ libre* an outdoor track **a mi aire**: *Prefiero hacerlo a mi ~.* I'd prefer to do it my way. ◊ *Le gusta estar a su ~.* He likes to do his own thing. **cambiar/mudar de aires** to have a change of scenery **con aires renovados**: *Ha vuelto con ~s renovados.* He's come back a new man. **darse (muchos) aires** to put on airs: *¡Vaya ~s de superioridad que se da!* He's always putting on airs. ◊ *darse ~s de intelectual* to make a show of being an intellectual **darse/tener un aire a** to look a little like *sb* **dejar algo en el aire** to leave *sth* hanging in the air **estar en el aire 1** (*TV*) to be on the air **2** (*idea*) to be in the air **salir al aire** (*TV*) to go on the air **saltar/volar por los aires** to blow up: *El edificio saltó por los ~s.* The building blew up. **tomar el aire** to get a breath of fresh air *Ver tb* BOMBA[1], BOCANADA, CÁMARA, CANA, CASTILLO, COLCHÓN, CULO, DISPARAR, DOMINIO, EJÉRCITO, ESCOPETA, PISTOLA, REFRIGERADO, VIVIR, VOLTEAR

airear *vt* to air
■ **airearse** *v pron* to get some fresh air

airoso, -a *adj* **1** (*movimiento, andar*) sprightly **2** (*solución, respuesta*) successful
LOC **quedar/salir airoso (de)** to come through (*sth*) with flying colours **tener una actuación airosa** to put up a good show

aislacionista *adj, nmf* isolationist

aislado, -a *pp, adj* **1** (*gen*) isolated: *casos ~s* isolated cases ◊ *No se relacionan mucho, viven muy ~s.* They don't mix much, they keep themselves to themselves. **2** (*por castigo*): *~ en una celda de castigo* placed in solitary confinement *Ver tb* AISLAR
LOC **de forma/manera aislada** in isolation

aislamiento *nm* **1** (*separación*) isolation **2** (*en una celda*) solitary confinement **3** (*Tec*) insulation: *~ de tejados* roof insulation

aislante *adj* insulating
■ **aislante** *nm* insulator
LOC **aislante acústico** soundproofing *Ver tb* CINTA

aislar *vt* **1** (*separar*) to isolate *sth/sb* (**from** *sth/sb*): *~ un átomo* to isolate an atom ◊ *~ a un enfermo/animal rabioso* to isolate a patient/an animal with rabies **2** (*arrinconar*) to turn your back on *sb*: *Sus compañeros la están aislando cada vez más.* Her classmates have turned their backs on her. **3** (*cortar las comunicaciones*) to cut *sth/sb* off (**from** *sth/sb*): *Las inundaciones aislaron la aldea.* The village was cut off by the floods. **4** (*con material aislante*) to insulate

¡ajá! *interj* aha!

ajar *vt* **1** (*ropa*) to wear *sth* out **2** (*objeto, persona*) to age **3** (*piel*) to wrinkle **4** (*color*) to make *sth* fade **5** (*flor*) to wither
■ **ajarse** *v pron* **1** (*ropa*) to wear out **2** (*objeto, persona*) to age **3** (*piel*) to wrinkle **4** (*color*) to fade **5** (*flor*) to wither

ajardinado, -a *pp, adj* landscaped

ajedrecista *nmf* chess player

ajedrez (chess)

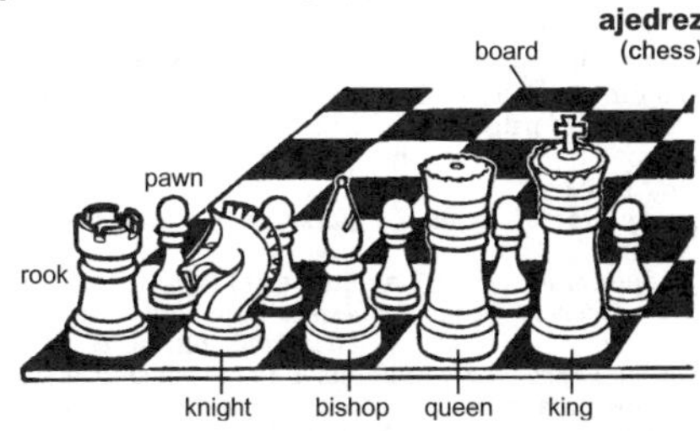

ajedrez *nm* **1** (*juego*) chess **2** (*tablero y piezas*) chess set
LOC *Ver* TABLERO

ajeno, -a *adj* **1(a)** (*de otro*) somebody else's: *en casa ajena* in somebody else's house **(b)** (*de otros*) other people's: *meterse en los problemas ~s* to interfere in other people's lives **2** (*externo*) outside: *gente ajena al deporte* people who are outside the sport ◊ *factores ~s* outside factors ◊ *personal ~ al colegio* staff not on the school pay-roll ◊ *personas ajenas a la empresa* unauthorized persons **3** (*no relacionado*) unrelated (**to** *sth*): *Ese asunto es ~ a las razones de mi viaje.* That is unrelated to the reasons for my journey. **4** (*no involucrado*) uninvolved (**in** *sth*): *No son ~s a lo que ha sucedido.* They're involved in what has happened. **5** (*no característico*) foreign (**to** *sth/sb*): *Es una reacción ajena a su carácter.* That sort of reaction is foreign to his personality. **6** (*indiferente*) indifferent (**to** *sth*): *Tu sufrimiento no me es ~.* I'm not indifferent to your suffering. **7** (*desconocedor*) unaware (**of** *sth*): *~ a lo que sucedía...* Unaware of what was happening...
LOC **ajeno a mi voluntad** beyond my, your, etc control *Ver tb* AMIGO, COSTA[2], ESCARMENTAR, GALLINA, TRABAJADOR, TRABAJAR, VERGÜENZA

ajetreado, -a *pp, adj* **1** (*persona*) busy **2** (*viaje, día*) hectic *Ver tb* AJETREARSE

ajetrearse *v pron* to rush around

ajetreo *nm* **1** (*trajín*) hectic activity: *el ~ de la boda* all the rushing around for the wedding **2** (*bullicio*) bustle: *el ~de la ciudad* the bustle of the city

ajillo *nm*
LOC **al ajillo** (cooked) in garlic: *gambas al ~* garlic prawns

ajo *nm* garlic
LOC **ajo blanco** chilled garlic and almond soup **estar/meterse en el ajo** to be/get in on it *Ver tb* CABEZA, DIENTE, REPETIR

ajuar *nm* trousseau [*pl* trousseaus/trousseaux]

ajuntar *vt* (*niño*) to be friends with *sb*: *No te ajunto.* I'm not going to be friends with you.
■ **ajuntarse** *v pron* (*pareja*) to live together

ajustable *adj* **LOC** *Ver* SÁBANA

ajustado, -a *pp, adj* **1** (*ropa*) tight: *La chaqueta me queda ajustada.* The jacket is tight. ◊ *un vestido muy ~* a tight-fitting dress **2(a)** (*cantidad, número*) barely enough: *El personal de enfermería está muy ~.* There's barely enough nursing staff. **(b)** (*presupuesto*) tight **(c)** (*precio*) low **(d)** (*votación*) close **3 ~ a** (*acorde con*) in keeping **with** *sth*: *un discurso muy ~ a la ocasión* a speech in keeping with the occasion ◊ *una decisión no ajustada al derecho* a decision contrary to law **4** (*preciso*) accurate: *un mecanismo* ~ an accurate mechanism *Ver tb* AJUSTAR

ajustar *vt* **1** (*gen*) to adjust *sth*: ~ *la televisión* to adjust the television ◊ ~ *los precios a la inflación* to adjust prices in line with inflation **2** (*encajar piezas*) to make *sth* fit (*sth*): ~ *la puerta* (*al marco*) to make the door fit (the frame) **3** (*hacer coincidir*) to make *sth* fit in (***with sth***): *Voy a* ~ *mi horario al tuyo.* I'm going to change my timetable to make it fit in with yours. **4** (*concertar*) **(a)** (*gen*) to arrange: ~ *detalles* to arrange details **(b)** (*precio, alquiler*) to fix *sth* (***at sth***): *Ajustaron el alquiler en 50.000 pesetas.* They fixed the rent at 50 000 pesetas. **5** (*apretar*) to tighten: ~ *un tornillo* to tighten a screw **6** (*Costura*) to take *sth* in: ~ *la cintura de unos pantalones* to take in a pair of trousers around the waist **7** (*regular*) to regulate: ~ *la entrada de gasolina* to regulate the flow of petrol ◊ ~ *el desequilibrio de la balanza de pagos* to correct the (unfavourable) balance of payments

■ **ajustar** *vi* to fit: *La puerta no ajusta.* The door doesn't fit.

■ **ajustarse** *v pron* **1 ajustarse (a)** (*gen*) to suit: *Es lo que mejor se ajusta a nuestras necesidades.* It's what suits our needs best. ◊ *vacaciones que se ajustan a presupuestos modestos* holidays to suit modest budgets **2 ajustarse a** (*cumplir*) to comply **with *sth***: ~*se a las normas/reglas* to comply with the norms/rules

LOC ajustar bien/mal to be a good/bad fit **ajustar cuentas** to settle a score **ajustarle las cuentas a algn** to settle accounts with sb

ajuste *nm* **1** (*gen*) adjustment: *el* ~ *de los frenos* the adjustment to the brakes ◊ ~*s presupuestarios* adjustments to the budget **2** (*de piezas*) fit: *el perfecto* ~ *de las piezas* the perfect fit of the parts **3** (*en una empresa*) reorganization: *un* ~ *laboral/de plantilla* reorganization of the work force

LOC ajuste de cuentas settling of accounts *Ver tb* CARTA

ajusticiar *vt* to execute

al *prep* **~ + inf** when: *Se echaron a reír al verme.* They burst out laughing when they saw me. ◊ *Al morir mi padre nos fuimos a Madrid.* When my father died we went to Madrid. ◊ *Los vimos al salir.* We saw them as we were leaving. *Ver tb* A

ala *nf* **1** (*gen*) wing: *las* ~*s de un avión* the wings of a plane ◊ *el* ~ *conservadora del partido* the conservative wing of the party ◊ *el* ~ *izquierda del campo/de la formación* the left wing of the pitch/formation **2** (*sombrero*) brim: *un sombrero de* ~ *ancha* a wide-brimmed hat ☛ *Ver ilustración en* SOMBRERO **3** (*tejado*) eaves [*v pl*] ☛ *Ver ilustración en* HOUSE **4** (*mesa*) leaf [*pl* leaves]

■ **ala** *nmf* (*Dep*) winger: *Juega de* ~. He's a winger.

LOC ala delta 1 (*Dep*) hang-gliding **2** (*aparato*) hang-glider: *practicar el vuelo con* ~ *delta* to go hang-gliding **dar alas** to encourage *sb/sth to do sth Ver tb* AHUECAR, CORTAR, MESA, TOCADO *adj*, VUELO

¡ala! *interj Ver* ¡HALA!

Alá *n pr* Allah

alabanza *nf* praise [*incontable*]: *Se deshicieron en* ~*s hacia ti.* They were full of praise for you. ◊ *hacer* ~ *de algn/algo* to praise sth/sb ◊ *Tu reacción es digna de* ~. Your reaction is praiseworthy. **LOC** *Ver* CUBRIR, DIGNO

alabar *vt* to praise *sth/sb* (**for *sth***): *Le alabaron por su valentía.* They praised him for his courage.

LOC ¡alabado sea Dios! thank God! **alabarle el gusto a algn** to approve of sb's taste

alabastro *nm* alabaster

alacena *nf* cupboard

alacrán *nm* scorpion

alado, -a *adj* **1** (*caballo, dragón*) winged **2** (*hormiga, insecto*) flying

alambrada *nf* (*tb* **alambrado** *nm*) **1** (*valla*) wire fence **2** (*tela metálica*) wire netting

alambre *nm* **1** (*gen*) wire: *Necesito diez metros de* ~. I need ten metres of wire. **2** (*en el circo*) tightrope

LOC alambre de espino/púas barbed wire **estar como/hecho un alambre** to be as thin as a rake

alameda *nf* **1** (*terreno*) poplar grove **2** (*paseo*) avenue ☛ *Ver nota en* CALLE

álamo *nm* poplar

alarde (*tb* **alardeo**) *nm* showing off: *sin grandes* ~*s* without showing off ◊ *un* ~ *técnico* a display of technique

LOC hacer alarde (de) to show off (about *sth*)

alardear *vi* **~ (de)** to boast (**about/of *sth***)

alargado, -a *pp, adj* long: *un salón* ~/*una cara alargada* a long room/face *Ver tb* ALARGAR

alargamiento *nm* extension: *las obras de* ~ *de la línea de metro* work on extending the underground

alargar *vt* **1** (*gen*) to extend: ~ *una carretera* to extend a road ◊ ~ *el plazo de presentación de solicitudes* to extend the closing date for applications **2** (*prenda*) to lengthen **3** (*duración*) to prolong: ~ *la guerra* to prolong the war **4** (*mano*): *Alargó la mano.* She held out her hand. **5** (*dar*) to pass: *Alárgame esas tijeras.* Pass me those scissors.

■ **alargarse** *v pron* **1** (*gen*) to get longer: *Los días se van alargando.* The days are getting longer. **2** (*prolongarse*) to go on: *La reunión se alargó hasta las dos.* The meeting went on till two. ◊ *No voy a* ~*me con detalles.* I'm not going to go into detail. ◊ *No te alargues.* Keep it short.

LOC alargar el oído to prick up your ears **alargar el paso** to lengthen your stride

alarido *nm* **1** (*grito*) shriek: *dar* ~*s* to shriek **2** (*animal*) howl

alarma *nf* alarm: *instalar una* ~ to install an alarm ◊ *El desbordamiento creó* ~. The flooding caused alarm.

LOC alarma aérea air raid warning **alarma antirrobo 1** (*casa*) burglar alarm **2** (*coche*) car alarm **alarma de incendios** fire alarm **de alarma** warning: *una luz roja de* ~ a red warning light **dispararse/saltar/sonar la alarma**: *Saltó la* ~. The alarm went off. **poner la alarma** to set the alarm *Ver tb* DISPOSITIVO, SEÑAL, VOZ

alarmante *adj* alarming

alarmar *vt* to alarm

■ **alarmarse** *v pron* **alarmarse (por)** to be alarmed (**at *sth***)

alarmista *adj, nmf* alarmist

alba *nf* dawn: *al* ~ at dawn **LOC** *Ver* DESPUNTAR, RAYAR

albacea *nmf* executor [*fem* executrix]

albahaca *nf* basil

Albania *nf* Albania

albañil *nm* **1** (*gen*) builder: *una cuadrilla de* ~*es* a team of builders **2** (*que solo pone ladrillos*) bricklayer

albañilería *nf* **1** (*gen*) building: *Los trabajos de* ~ *durarán un mes.* The building work will take a month. **2** (*oficio*) bricklaying **3** (*obra*) brickwork

albaricoque *nm* apricot

albaricoquero *nm* apricot tree

albatros *nm* albatross

albedrío *nm* (free) will

LOC a mi albedrío as I, you, etc please: *Los niños andan a su* ~. The children do as they please. ◊ *Dejados a su* ~ *no pagarían.* If it was left up to them, they wouldn't pay.

alberca *nf* reservoir

albergar *vt* **1** (*alojar*) to house: *Albergaron a los refugiados en la escuela.* The refugees were housed in the school. ◊ *El palacio alberga la oficina de turismo.* The palace houses the tourist office. ◊ *Esta casa albergó a un gran pintor.* This was the house of a great painter. **2** (*acontecimiento*) to host: *El estadio albergará el campeonato europeo.* The stadium will host the European Championship. **3** (*contener*) to hold: *El almacén alberga suministros para un mes.* The warehouse holds a month's supplies. ◊ *El futuro alberga grandes interrogantes.* The future is full of question marks. **4** (*sentimientos*) **(a)** (*dudas, odio, sospechas*) to harbour **(b)** (*esperanzas*) to cherish

■ **albergarse** *v pron* **1** (*alojarse*) to stay **2** (*refugiarse*) to shelter

albergue *nm* **1** (*residencia*) hostel: *un ~ juvenil* a youth hostel **2** (*cobijo*) shelter **3** (*alojamiento*) accommodation: *buscar ~* to look for somewhere to stay
LOC **albergue de montaña** mountain refuge **dar albergue** to take *sb* in: *Nos dieron ~ en el granero.* They let us spend the night in the barn.

albino, -a *adj, nm-nf* albino [*pl* albinos] [*n*]: *un conejo ~* an albino rabbit

albo, -a *adj* white

albóndiga *nf* meatball: *Me comí unas ~s con tomate.* I had meatballs in tomato sauce.

albor *nm* **albores** dawn [*sing*]: *en los ~es de la civilización* at the dawn of civilization

albornoz *nm* **1** (*baño*) bathrobe **2** (*playa*) beach robe

alborotado, -a *pp, adj* **1** (*persona*) **(a)** (*excitado*) in a state of excitement: *Los ánimos están ~s.* Feelings are running high. **(b)** (*confuso*) in confusion: *La gente corría alborotada.* People were running around in confusion. **2** (*reunión, debate*) rowdy **3** (*época, tiempos*) troubled **4** (*casa, pelo*) in a mess: *Tenemos la casa alborotada.* The house is in a mess. *Ver tb* ALBOROTAR

alborotador, ~a *adj* **1** (*bullicioso*) rowdy: *alumnos ~es* rowdy students **2** (*rebelde*) rebellious: *elementos ~es* rebellious elements
■ **alborotador, ~a** *nm-nf* troublemaker

alborotar *vt* **1** (*desordenar*) to mess *sth* up: *El viento me alborotó el pelo.* The wind messed up my hair. ◊ *Me has alborotado toda la casa.* You've left the whole house in a mess. **2** (*soliviantar*) to stir *sb* up: *~ a las masas/al resto de la clase* to stir up the masses/the rest of the class ◊ *No me alborotes al niño.* Don't get my little boy excited.
■ **alborotar** *vi* (*armar jaleo*) to make a racket
■ **alborotarse** *v pron* **1** (*persona, animal*) to get excited **2** (*papeles, pelo*) to get messed up

alboroto *nm* **1** (*jaleo*) racket: *Arman un ~ enorme cuando se levantan.* They make a terrible racket when they get up. **2** (*protesta*) uproar [*incontable*]: *Sus palabras causaron un ~ en el Congreso.* His words caused uproar in parliament. **3** (*disturbio*) disturbance: *El ~ hizo que viniera la policía.* The disturbance caused the police to intervene.
LOC **alboroto público** public disorder

alborozado, -a *pp, adj* overjoyed *Ver tb* ALBOROZAR

alborozar *vt* to fill *sb* with joy
■ **alborozarse** *v pron* to rejoice

alborozo *nm* rejoicing: *recibir una noticia con ~* to rejoice at the news

albufera *nf* lagoon

álbum *nm* album: *un ~ de fotos* a photograph album ◊ *el nuevo ~ del grupo* the group's new album

albumen *nm* albumen

alcachofa *nf* **1** (*fruto*) artichoke **2** (*ducha, regadera*) nozzle

alcahuete, -a *nm-nf* go-between

alcalde, -esa *nm-nf* mayor
■ **alcaldesa** *nf* (*mujer del alcalde*) mayor's wife, mayoress (*más formal*) **LOC** *Ver* TENIENTE

alcaldía *nf* **1** (*puesto*) post of mayor: *Es candidato a la ~.* He's standing for mayor. **2** (*ayuntamiento*) **(a)** (*organismo*) council **(b)** (*edificio*) town hall

alcalino, -a *adj* alkaline

alcance *nm* **1** (*gen*) reach: *fuera de tu ~* out of your reach **2** (*arma, emisora, telescopio*) range **3** (*cobertura*) scope: *El alcalde limitó el ~ de la entrevista.* The mayor limited the scope of the interview. ◊ *un estudio de ~ nacional* a nationwide survey ◊ *periódicos de ~ nacional* national newspapers **4** (*importancia*) importance: *un acuerdo de gran ~* an agreement of great importance
LOC **al alcance de algn/la mano 1** (*gen*) within reach: *Puso el teléfono a mi ~.* He put the phone where I could reach it. ◊ *Tenían la victoria a su ~.* Victory was within their reach. **2** (*económicamente*) affordable: *Es muy caro y no está a mi ~.* It's very expensive and I can't afford it. **al alcance de la voz/de la vista/del oído** within shouting distance/sight/earshot **dar alcance a algn** to catch sb up **de corto/medio/largo alcance** short-/medium-/long-range: *misiles de medio ~* medium-range missiles

alcanfor *nm* camphor **LOC** *Ver* BOLA

alcantarilla *nf* **1** (*cloaca*) sewer **2** (*sumidero*) drain ☞ *Ver ilustración en* HOUSE

alcantarillado *nm* **1** (*sistema de cloacas*) sewer system **2** (*conjunto de sumideros*) drains [*v pl*]

alcanzable *adj* (*fig*) achievable: *objetivos ~s* achievable targets

alcanzar *vt* **1** (*gen*) to reach: *~ la cima/un acuerdo* to reach the summit/an agreement ◊ *~ altas velocidades/temperaturas* to reach high speeds/temperatures ◊ *No lo alcanzo.* I can't reach it. **2** (*conseguir*) **(a)** (*gen*) to achieve: *~ un sueño/tus objetivos* to achieve a dream/your objectives ◊ *~ un récord* to set a record **(b) ~ a hacer algo** to manage **to do sth 3** (*persona*) **(a)** (*pillar*) to catch *sb* up: *No pude ~los.* I couldn't catch them up. ◊ *Vete saliendo, ya te alcanzaré.* You go on–I'll catch you up. **(b)** (*en estatura*) to grow as tall as *sb* **4** (*impactar con*) to hit: *Una bomba alcanzó la casa.* A bomb hit the house. **5** (*dar*) to pass: *¿Me alcanzas ese boli?* Could you pass me that pen? **6** (*afectar*) to affect: *La crisis alcanza a tres concejales.* The crisis affects three councillors. **7** (*precio*) to fetch
■ **alcanzar** *vi* **1** (*ser suficiente*) to be enough: *Esta comida no alcanza para todos.* There's not enough food for everybody. **2** (*durar*) to last: *El sueldo no nos alcanza a fin de mes.* Our salary never lasts till the end of the month. **3** (*llegar*) to reach: *No alcanzo.* I can't reach.
LOC **alcanzar un máximo de** to reach a high of: *Las temperaturas alcanzarán un máximo de 30°C.* Temperatures will reach a high of 30°C. **no alcanzar a** to fail *to do sth*: *No alcanzo a comprender.* I fail to understand. *Ver tb* DONDE

alcaparra *nf* caper

alcatraz *nm* gannet

alcazaba *nf* fortress

alcázar *nm* (*fortaleza*) fortress

alcista *adj* **1** (*tendencia*) upward **2** (*mercado bursátil*) rising

alcoba *nf* bedroom

alcohol *nm* alcohol
LOC **sin alcohol** non-alcoholic *Ver tb* CERVEZA, EFECTO

alcoholemia *nf* blood alcohol level
LOC **hacer un control/la prueba de alcoholemia** to breathalyse *sb*: *Nos sometieron a una prueba de ~.* We were breathalysed. *Ver tb* POSITIVO

alcohólico, -a *adj, nm-nf* alcoholic: *una bebida alcohólica* an alcoholic drink ◊ *el tratamiento de ~s* the treatment of alcoholics
LOC **no alcohólico** non-alcoholic: *bebidas no alcohólicas* non-alcoholic drinks

alcoholímetro *nm* Breathalyser®: *El policía me pidió que soplara el ~.* The policeman asked me to blow into the Breathalyser.

alcoholismo *nm* alcoholism

alcoholizado, -a *pp, adj*
LOC **estar alcoholizado** to be an alcoholic

alcornoque *nm* **1** (*árbol*) cork oak **2** (*imbécil*) idiot **LOC** *Ver* CABEZA, PEDAZO

alcurnia *nf* ancestry
LOC **de (alta) alcurnia** aristocratic

aldaba *nf* knocker

aldea *nf* small village

aldeano, -a *nm-nf* villager

aleación *nf* alloy

aleatorio, -a *adj* **1** (*incierto*) open to chance: *un resultado ~* a result that is open to chance **2** (*muestra, selección*) random: *Los seleccionaron de forma aleatoria.* They were chosen at random. **LOC** *Ver* MEMORIA

aleccionar *vt* **1** (*instruir*) to instruct: ~ *al personal en la prevención de accidentes* to instruct the staff in accident prevention **2** (*escarmentar*) to teach *sb* a lesson: *Lo hizo para ~les.* She did it to teach them a lesson.

aledaño, -a *adj* neighbouring: *El corte de electricidad afectó a Madrid y varios pueblos ~s.* The electricity cut affected Madrid and several neighbouring towns.

■ **aledaños** *nm*: *en los ~s de 1968* around 1968 ◊ *en los ~s de la plaza* in the vicinity of the square

alegación *nf* **1** (*pega*) objection: *Presentaron alegaciones contra el plan.* They presented their objections to the plan. **2** (*afirmación*) allegation: *Sus alegaciones no llegaron a probarse.* His allegations were never proved.

alegar *vt* **1** (*gen*) to claim: *Alegan que existió fraude.* They're claiming there was a fraud. ◊ *Alegan no tener dinero.* They claim they haven't got any money. **2** (*razones, motivos*) to cite: *Alegó motivos personales.* He cited personal reasons.

alegato *nm* statement

alegoría *nf* allegory

alegórico, -a *adj* allegorical

alegrar *vt* **1** (*hacer feliz*) to make *sb* happy: *La carta me alegró mucho.* The letter made me very happy. ◊ *La lotería ha alegrado a cientos de familias.* The lottery prize has brought happiness to hundreds of families. **2** (*animar*) **(a)** (*persona*) to cheer *sb* up: *Intentamos ~ a los ancianos.* We tried to cheer the old people up. **(b)** (*fiesta*) to liven *sth* up: *Los magos alegraron la fiesta.* The magicians livened up the party. **3** (*casa, lugar*) to brighten *sth* up **4** (*alcohol*) to make *sb* merry

■ **alegrarse** *v pron* **1** (*estar contento*) **(a) alegrarse (de)** to be glad (**about *sth*/to do *sth*/that…**): *Me alegro de saberlo.* I'm glad to hear it. ◊ *Me alegré de que lo dijeses.* I was glad (that) you said it. **(b) alegrarse por algn** to be delighted **for sb**: *Me alegro por vosotros.* I'm delighted for you. **2** (*cara, ojos*) to light up: *Se le alegró la cara.* His face lit up. **3** (*fiesta, reunión*) to liven up **4 alegrarse (con)** (*con bebida*) to get merry (**on *sth***) **LOC** *Ver* COTARRO

alegre *adj* **1(a)** (*feliz*) happy: *Llegaron con caras ~s.* They looked happy when they arrived. ☛ *Ver nota en* GLAD **(b)** (*de buen humor*) cheerful: *Tiene un carácter ~.* He's a cheerful person. **2** (*música, espectáculo*) lively **3** (*color, habitación*) bright **4** (*irreflexivo*) casual: *No hay que decirlo de forma tan ~.* You mustn't say it so casually. **5** (*achispado*) merry **LOC** *Ver* VIDA, VIUDO

alegría *nf* **1** (*gen*) joy: *saltar de ~* to jump for joy ◊ *Fue una gran ~ volver a verles.* It was great to see them again. ◊ *en paz y ~* in peace and happiness **2** (*irresponsabilidad*): *Gastan con demasiada ~.* They spend money like water.

LOC alegría loca: *Nos dio una ~ loca.* We were over the moon about it. **dar una alegría a algn** to make sb happy **¡qué/vaya alegría!** great! **ser la alegría de algn** to be the light of sb's life **tener (una) alegría** to be happy: *¡Qué ~ tengo!* I'm so happy! *Ver tb* BOTAR, CABER, GRITAR

alejado, -a *pp, adj* **1 ~ de (a)** (*lugar*) a long way **from *sth*/*sb***: *localidades alejadas de la ciudad* communities which are a long way from the city **(b)** (*persona*) away **from *sth*/*sb***: *Me mantienen ~ de mis hijos/la política.* They keep me away from my children/politics. **2** (*punto de vista*) far apart: *Sus posturas están bastante alejadas.* Their views are quite far apart. *Ver tb* ALEJAR

LOC alejado del mundo cut off from the world **alejado de la realidad** unrealistic

alejamiento *nm* **1** (*distancia*) **(a)** (*lit*): *Su ~ físico no ha roto la relación.* Although he has moved away we have kept in touch. ◊ *Nuestro ~ de la capital nos perjudica.* The fact that we are so far from the capital is a disadvantage. **(b)** (*fig*): *el progresivo ~ del público de esta idea* the progressive distancing of the public from this idea ◊ *Este ~ nos llevó a la ruptura.* This coolness led to us splitting up. **2** (*profesión*) retirement: *su ~ del mundo del cine* his retirement from the film world

alejar *vt* **1** (*apartar*) **(a)** (*lit*) to move *sth*/*sb* away (**from *sth*/*sb***): *Debes ~lo de la ventana.* You should move it away from the window. **(b)** (*fig*) to distance *sth*/*sb* (**from *sth*/*sb***): *Aquella discusión me alejó de mis padres.* That argument distanced me from my parents. **2** (*ahuyentar*) to scare *sth*/*sb* away (**from *sth*/*sb***): *Grité para ~ al animal.* I shouted to scare the animal away. **3** (*eliminar*) to remove *sth*/*sb* (**from *sth***): *~ sospechas/un peligro* to remove suspicions/a danger ◊ *Lo alejaron del poder.* They removed him from power. **4** (*mantener apartado*) to keep *sth*/*sb* away **from *sth*/*sb***: *Trato de ~ a mis hijos de ciertos ambientes.* I try to keep my children away from certain environments.

■ **alejarse** *v pron* **alejarse (de) 1** (*apartarse*) to move away (**from *sth*/*sb***): *~se de un objetivo* to move away from a goal ◊ *No os alejéis mucho.* Don't go too far away. ◊ *Me voy para ~me de este ambiente.* I'm leaving to get away from this atmosphere. ◊ *Lloré al ver ~se la costa.* I cried as the coastline disappeared from view. ◊ *Se ha alejado del primer ministro.* He has distanced himself from the prime minister. **2** (*posibilidad, esperanza*) to recede: *Se ha alejado el espectro de la guerra.* The threat of war has receded. **3** (*ser distinto de*) to differ **from *sth***: *Su versión de los hechos se aleja bastante de la verdad.* His version of events differs quite a bit from the true one.

LOC alejar del buen camino to lead *sb* astray

alelado, -a *pp, adj* **1** (*atontado*) dazed: *Te has quedado ~.* You're in a daze. **2** (*asombrado*) stunned: *La respuesta nos dejó ~s.* We were stunned by the reply. *Ver tb* ALELAR

■ **alelado, -a** *nm-nf* twit

alelar *vt* to knock *sb* out

¡aleluya! *interj* **1** (*Relig*) alleluia! **2** (*¡hurra!*) hurray!: *¡~, hemos ganado!* Hurray, we've won!

■ **aleluya** *nf* (*Mús*) alleluia

alemán, -ana *adj, nm-nf* German: *los alemanes* the Germans

■ **alemán** *nm* (*idioma*) German: *Habla ~.* She speaks German. **LOC** *Ver* DOGO, PASTOR

Alemania *nf* Germany

alentador, ~a *adj* encouraging

alentar *vt* **1** (*animar*) to encourage *sb* (**to do *sth***): *Me alentaron a seguir.* They encouraged me to continue. **2** (*esperanza*) to raise

alergia *nf* **~ (a)** allergy (**to *sth***): *tener ~ a algo* to have an allergy to sth ◊ *Trabajar me da/produce ~.* I'm allergic to work.

alérgico, -a *adj* **~ (a)** allergic (**to *sth***)

alero *nm* **1** (*tejado*) eaves [*v pl*] ☛ *Ver ilustración en* HOUSE **2** (*Dep*): *Juega de ~ en el equipo local.* He plays on the wing in the local team.

alerón *nm* aileron

alerta *nf* alert: *en estado de ~* on alert ◊ *Se ha declarado la ~ en todo el país.* The whole country has been placed on alert. ◊ *Dieron la (voz de) alerta.* They gave the alert.

■ **alerta** *adv* on the alert (***against*/*for sth***): *Debéis permanecer ~.* You must be on the alert.

■ **alerta** *adj* alert (***to sth***)

■ **¡alerta!** *interj* watch out!

LOC alerta aérea air-raid warning **alerta atmosférica** air pollution warning **alerta máxima** full alert **alerta roja** red alert **alerta sanitaria** health warning *Ver tb* DISPOSITIVO, OJO

alertar *vt* to alert *sb* (**to *sth***): *Nos alertaron del riesgo.* They alerted us to the risk.

aleta *nf* **1** (*pez*) fin ☛ *Ver ilustración en* FISH[1] **2** (*foca, buceador*) flipper **3** (*vehículo*) wing ☛ *Ver ilustración en* CAR

aletargado, -a *pp, adj* **1** (*adormecido*) drowsy **2** (*sin energía*) lethargic *Ver tb* ALETARGAR

aletargamiento *nm* **1** (*sueño*) drowsiness: *El vino nos produjo un placentero ~.* The wine made us pleasantly drowsy. **2** (*pereza*) lethargy: *El calor húmedo produce ~.* Humid weather makes you lethargic.

aletargar *vt* **1** (*dar sueño*) to make *sb* drowsy **2** (*dar pereza*) to make *sth*/*sb* lethargic: *La falta de estímulo llega a ~ la mente.* Lack of stimulus dulls the mind.

■ **aletargarse** *v pron* **1** (*amodorrarse*) to become drowsy **2** (*volverse perezoso*) to become lethargic

aletear *vi*: *La paloma aleteaba.* The pigeon was flapping its wings.

aleteo *nm* flapping

alevín *nm* (*Dep*) junior

alevosía *nf* intent: *El asesino actuó con ~.* The murderer acted with intent. LOC *Ver* PREMEDITACIÓN

alfa *nf* alpha

LOC **alfa y omega** the beginning and the end

alfabético, -a *adj* alphabetical

alfabetización *nf* literacy: *una campaña de ~* a literacy campaign ◊ *clases de ~* classes in reading and writing

alfabetizar *vt* **1** (*enseñar*) to teach *sb* to read and write **2** (*ordenar*) to put *sth* in alphabetical order

■ **alfabetizarse** *v pron* to learn to read and write

alfabeto *nm* alphabet

LOC **alfabeto Braille** Braille: *Está aprendiendo el ~ Braille.* She's learning Braille. **alfabeto de los sordomudos** sign language **alfabeto Morse** Morse code

alfalfa *nf* lucerne

alfarería *nf* pottery: *Tienen un taller de ~.* They own a pottery. ◊ *Se dedica a la ~.* He's a potter. LOC *Ver* ARCILLA

alfarero, -a *nm-nf* potter

alféizar *nm* (*ventana*) window sill ☞ *Ver ilustración en* HOUSE

alfeñique *nm* weakling

alférez *nm* second lieutenant

alfil *nm* bishop ☞ *Ver ilustración en* AJEDREZ

alfiler *nm* pin

LOC **alfiler de corbata** tiepin **tener algo cogido/prendido con alfileres**. *Tengo la lección cogida con ~es.* I've barely learnt the lesson. ◊ *Tengo la charla prendida con ~es.* I've done the bare minimum for my talk. *Ver tb* CABER, CABEZA

alfombra *nf* **1** (*grande, fig*) carpet **2** (*más pequeña*) rug

LOC **alfombra de baño** bath mat **alfombra mágica/voladora** magic carpet **alfombra roja** red carpet

alfombrado *nm* carpeting: *Encargamos el ~ a un especialista.* We got an expert in to do the carpeting.

alfombrar *vt* to carpet *sth* (**with** *sth*)

alfombrilla *nf* mat

alforja *nf* saddlebag

alga *nf* **1** (*de agua dulce*) weed [*incontable*]: *El estanque está lleno de ~s.* The pond is full of weed. **2** (*de agua salada*) seaweed [*incontable*]

También existe el término **algae** [*n pl*] que se utiliza en un contexto científico. La forma singular **alga** apenas se utiliza: *Es un tipo de alga.* It's a type of algae.

algarabía *nf* hubbub

álgebra *nf* algebra

algebraico, -a *adj* algebraic

álgido, -a *adj*

LOC **momento/punto álgido 1** (*gen*) high point: *Las celebraciones han alcanzado su punto ~.* The celebrations have reached a high point. **2** (*disputa, negociaciones*) critical point

algo *pron* something, anything

Algo se traduce por **something** en oraciones afirmativas y en oraciones interrogativas de las que se espera una respuesta afirmativa: *Dale algo para que se entretenga.* Give him something to amuse him. ◊ *Se llama Aitor, o algo así.* His name is Aitor or something like that. ◊ *¿Quieres algo para comer?* Would you like something to eat?
En el resto de las oraciones interrogativas, *algo* se traduce por **anything**: *¿Tendrá algo que hacer el martes?* Do you think he's doing anything on Tuesday? ◊ *¿Algo más?* Anything else?

■ **algo** *adv* **1 ~ + adj** rather: *Es ~ ingenuo.* He's rather naive. ◊ *Anda ~ pachucha.* She's rather poorly. ☞ *Ver nota en* FAIRLY **2 ~ + verbo** a bit: *Mi hija me ayuda ~.* My daughter helps me a bit.

LOC **algo de** some: *Necesito comprarme ~ de ropa.* I need to buy some clothes. ◊ *Tengo ~ de prisa.* I'm in a bit of a hurry. ☞ *Ver nota en* ANY *adj, pron,* LITTLE **algo es algo** it's better than nothing **en algo 1** (*en parte*): *¿Se parece en ~ a su hermana?* Is he like his sister at all? ◊ *Me alegra que sigas en ~ a tu padre.* I'm glad you're starting to follow in your father's footsteps. **2** (*en cualquier cosa*) in any way: *Si en ~ puedo ayudarles...* If I can help you in any way... ◊ *¿Te he ofendido en ~?* Have I offended you in any way? **por algo**: *Por ~ te dije que no fueras.* You see I was right to tell you not to go. **ser algo más que...** to be more than just *sth*: *Es ~ más que una celebración familiar.* It's more than just a family celebration.

algodón *nm* **1** (*planta, fibra*) cotton: *plantaciones de ~* cotton plantations ◊ *ropa interior de ~* cotton underwear **2** (*Med*) cotton wool [*incontable*]: *un paquete de ~* a packet of cotton wool ◊ *Me tapé los oídos con algodones.* I put cotton wool in my ears.

LOC **algodón de azúcar/dulce** candyfloss **algodón hidrófilo** cotton wool **entre algodones** (*fig*) wrapped in cotton wool: *Tienen al niño entre algodones.* They keep their little boy wrapped in cotton wool. *Ver tb* CRIAR

algodonero, -a *adj* cotton [*n atrib*]: *la industria algodonera* the cotton industry

■ **algodonero, -a** *nm-nf* **1** (*dueño*) cotton planter **2** (*comerciante*) cotton trader

■ **algodonero** *nm* cotton plant

algoritmo *nm* algorithm

alguien *pron* somebody, anybody

Alguien se traduce por **somebody** en oraciones afirmativas y en oraciones interrogativas de las que se espera una respuesta afirmativa: *Ha venido alguien a verte.* There's somebody to see you. ◊ *¿Me acompaña alguien a la tienda?* Will somebody come to the shop with me? En el resto de las oraciones interrogativas, *alguien* se traduce por **anybody**: *¿Me ha llamado alguien?* Has anybody rung? ◊ *¿Alguien más?* Anybody else?

Nótese que **somebody** y **anybody** llevan el verbo en singular, pero suelen ir seguidos de un adjetivo posesivo en plural: *Alguien se ha dejado el abrigo.* Somebody's left their coat behind.

algún *adj Ver* ALGUNO

alguno, -a *adj* **1** (*gen*) some, any: *Te he comprado ~s tebeos.* I've bought you some comics. ◊ *¿Hay algún problema?* Are there any problems? ◊ *Se marchó sin dar explicación alguna.* He went off without any explanation. ☞ *Ver nota en* ANY *adj, pron,* SOME **2** (*seguido de un número*) several: *~ centenares de personas* several hundred people **3** (*alguno que otro*) the occasional: *Se producirá algún chubasco débil.* There will be the occasional light shower. ◊ *Hemos oído algún comentario al respecto.* We've heard the occasional comment.

■ **alguno, -a** *pron* **1** (*persona*) **(a)** (*alguien*) somebody [*pl* some (people)]: *~ está mintiendo.* Somebody is lying. ◊ *~s protestaron.* Some (people) protested. ◊ *~s irán a pie, otros en coche.* Some will walk and others will go by car. **(b) ~ de** one **of...** [*pl* some **of...**]: *~ de vosotros la ha tenido que ver.* One of you must have seen her. ◊ *~s de mis alumnos son muy inteligentes.* Some of my students are very intelligent. **2 ~ (de)** (*cosa*) one (**of...**) [*pl* some (**of...**)]: *Pruébate varios, ~ te valdrá.* Try on several, one of them will suit you. ◊ *~s de los ejercicios eran dificilísimos.* Some of the exercises were very difficult.

LOC **alguna (otra) cosa** something, anything (else): *Hay alguna cosa que les preocupa.* There's something worrying them. ◊ *¿Quieres alguna otra cosa?* Would you like anything else? ☞ *Ver nota en* ALGO **alguna que otra vez** from time to time **algunas veces/en algunas ocasiones**: *Algunas veces nos vamos de vacaciones juntos.* We sometimes go on holiday together. ◊ *En algunas ocasiones nos ha causado problemas.* It has sometimes caused us problems. ☞ *Ver nota en* ALWAYS **alguna vez/en alguna ocasión**: *¿Has estado allí* *alguna vez?* Have you ever been there? ◊ *Lo he probado en alguna ocasión.* I've tried it once or twice. **algún día** one day: *La semana pasada la vi algún día.* I saw her one day last week. ◊ *Algún día me lo agradecerás.* One day you'll thank me. **alguno que otro/algún que otro...**: *~ que otro ha venido a visitarme.* One or two people have been to see me. ◊ *algún que otro trabajo* the occasional job ◊ *Ha escrito alguna que otra novela.* He's written a novel or two. **en algún momento 1** (*en el futuro*) at some stage: *Quisiera dejar el trabajo en algún momento.* I'd like to give up work at some stage. **2** (*en el pasado*) once: *En algún momento llegué a ser acusado de espionaje.* I was once accused of espionage. **en alguna parte/algún lugar/sitio** somewhere, anywhere

Somewhere se utiliza en oraciones afirmativas: *Sé que lo he visto en alguna parte.* I'm sure I've seen it somewhere. En oraciones interrogativas **anywhere** es la partícula más normal, pero a veces se emplea **somewhere** cuando se espera que la respuesta sea afirmativa: *¿Lo has visto en alguna parte?* Have you seen it anywhere? ◊ *¿Nos darán de comer en algún sitio?* Is there somewhere we can eat?

Ver tb ASPECTO, DÍA, DUDA

alhaja *nf* **1** (*joya*) jewel: *Vamos a tener que vender las ~s.* We'll have to sell the jewels. **2** (*persona*) treasure: *Tu cocinera es una ~.* Your cook is a real treasure.

alhelí *nm* wallflower

aliado, -a *pp, adj* allied *Ver tb* ALIARSE

■ **aliado, -a** *nm-nf* ally: *los ~s europeos de EEUU* America's European allies

alianza *nf* **1** (*unión*) alliance: *una ~ entre varios países* an alliance between several countries **2** (*anillo*) wedding ring

Nótese que en los países de habla inglesa la alianza se lleva en el anular de la mano izquierda junto a la sortija de compromiso (**engagement ring**). *Ver tb nota en* ANILLO

LOC *Ver* ARCA

aliarse *v pron* **1** (*Pol, Mil*) to form an alliance (***with sth/sb***) (***against sth/sb***): *Por fin se han aliado.* They have finally formed an alliance. ◊ *Se aliaron con Rusia.* They formed an alliance with Russia. **2** (*fig*) to join forces ***against sth/sb***: *Se han aliado contra el secretario general.* They have joined forces against the secretary general.

alias *adv, nm* alias: *Pons, ~ "el Francés".* Pons, alias 'the Frenchman'.

alicaído, -a *adj* **1** (*débil*) (feeling) weak: *Me ha dejado algo ~.* It's left me (feeling) rather weak. **2** (*desanimado*) downhearted

alicatado *nm* **1** (*azulejos*) tiles [*v pl*]: *El ~ de las paredes es muy decorativo.* The wall tiles are very decorative. **2** (*acción*) tiling: *cuando terminen el ~* when they finish the tiling

alicatar *vt* to tile

alicate (*tb* **alicates**) *nm* pliers [*v pl*]: *¿Me pasas los ~s?* Could you pass me the pliers, please?

Para referirnos a *unos alicates* utilizamos **some/a pair of pliers**: *Necesito unos alicates.* I need some pliers/a pair of pliers. *Ver tb nota en* PAIR

aliciente *nm* **1** (*gen*) incentive: *El premio actúa como ~.* The prize acts as an incentive. ◊ *Es un ~ para que la gente vaya.* It's an incentive for people to go there. ◊ *Debes buscarte nuevos ~s.* You must look for new incentives. **2** (*atracción*) attraction: *los ~s de la zona* the region's attractions

LOC **tener mucho/poco aliciente** to hold great/little appeal *for sb*

aliento *nm* **1** (*aire*) breath: *aguantar/contener el ~* to hold your breath ◊ *recuperar el ~* to get your breath back ◊ *Le huele el ~.* He's got bad breath. **2** (*ánimo*) encouragement: *Recibieron numerosos mensajes de ~.* They received many messages of congratulation and encouragement.

LOC **dar aliento** to encourage *sb* (*to do sth*): *La victoria dio ~ al equipo.* The team was encouraged by their win. **dejar sin aliento** to take *sb's* breath away **sin aliento** out of breath: *Vengo sin ~.* I'm out of breath. **tomar aliento** to get your breath back: *Tranquilízate y toma ~.* Stop and get your breath back.

aligerar *vt* (*carga*) to lighten

LOC **aligerar (el paso/la marcha)** to hurry (up): *Aligera, que llegamos tarde.* Hurry up, we're late. ◊ *Como no aligeremos el paso, nos va a pillar la tormenta.* If we don't hurry up we'll get caught by the storm.

alijo *nm* **1** (*droga, joyas*): *La policía interceptó un gran ~ de cocaína.* The police seized a large haul of cocaine. **2** (*armas*) cache

alimaña *nf* pest

alimentación *nf* **1** (*acción*) feeding: *la ~ de los corderos con biberón* feeding lambs from a bottle **2** (*dieta*) diet: *una ~ equilibrada* a balanced diet ◊ *una ~ pobre en calcio* a diet deficient in calcium **3** (*comida*) food: *una tienda de ~* a food store **4** (*Tec*) feed: *~ automática de papel* automatic paper feed

LOC **alimentación forzada/forzosa** force-feeding: *Los presos se hallan bajo ~ forzada.* The prisoners are being force-fed.

alimentado, -a *pp, adj Ver* ALIMENTAR

LOC **bien/mal alimentado** well-fed/undernourished

alimentador *nm* feeder: *un ~ de hojas* a sheet feeder

alimentar *vt* **1** (*gen*) to feed *sth/sb* (**on/with *sth***): *~ a la familia* to feed the family ◊ *~ a los caballos con heno* to feed the horses (on) hay ◊ *~ una caldera con carbón* to feed a boiler with coal ◊ *Estas corrientes alimentan el embalse.* These waters feed the reservoir. **2** (*odio*) to fuel

■ **alimentar** *vi* to be nourishing: *Las golosinas no alimentan nada.* Sweets aren't very nourishing.

■ **alimentarse** *v pron* **alimentarse de/con 1** (*comer*) to live **on *sth***: *Los pájaros se alimentan de gusanos.* Birds live on worms. **2** (*de combustible*) to run **on *sth***: *El motor se alimenta con gasolina.* The engine runs on petrol.

alimentario, -a *adj* food [*n atrib*]: *productos ~s* foodstuffs

alimenticio, -a *adj* **1** (*gen*) food [*n atrib*]: *Es una experta en temas ~s.* She's a food expert. **2** (*valor*) nutritional

LOC **artículos/productos alimenticios** foodstuffs *Ver tb* CONDUCTO, PENSIÓN

alimento *nm* **1** (*comida*) food [*gen incontable*]: *~s enlatados* tinned food **2** (*valor nutritivo*): *Las lentejas tienen mucho ~.* Lentils are very nourishing. ◊ *Estos polos no tienen ~ ninguno.* These ice lollies haven't got any nutritional value. **3** (*fig*): *Los abusos sirven de ~ al odio.* Abuse of power fuels hatred.

LOC **alimentos en malas condiciones** food not fit for consumption **alimentos naturales** health foods

alineación *nf* **1** (*gen*) alignment: *una política de no ~* a policy of non-alignment ◊ *la ~ de las ruedas* wheel alignment **2** (*Dep*) line-up: *la ~ titular* the starting line-up

alineado, -a *pp, adj Ver* ALINEAR

LOC **no alineado** non-aligned

alinear *vt* **1** (*poner en hilera*) to line *sth/sb* up **2** (*Dep*) to field

■ **alinearse** *v pron* **alinearse con** (*Pol*) to align yourself **with *sth/sb***: *~se con la izquierda* to align yourself with the left

aliñar *vt* (*ensalada*) to dress *a salad* (***with sth***): *Sirven la ensalada sin ~.* They serve the salad without dressing.

aliño *nm* (*ensalada*) dressing

alioli *nm* **1** (*ajo y aceite*) oil and garlic sauce **2** (*mayonesa*) garlic mayonnaise

alisar *vt* **1** (*colcha, papel*) to smooth *sth* out **2** (*pared, superficie*) to smooth *sth* down **3** (*pelo*) to dry *sb's hair* straight

■ **alisarse** *v pron* (*pelo*) to dry your hair straight

alisio *adj Ver* VIENTO

alistar *vt* to call *sb* up
■ **alistarse** *v pron* **alistarse (en) 1** (*Mil*) to enlist (**in** *sth*) **2** (*en campaña, en organización*) to join *sth*: *~se en la lucha contra la droga* to join the fight against drugs

aliteración *nf* alliteration

aliviar *vt* **1** (*gen*) to relieve: *~ el dolor/aburrimiento* to relieve the pain/boredom ◊ *~ de tráfico el centro de la ciudad* to relieve congestion in the city centre ◊ *El masaje me alivió un poco.* The massage made me feel a bit better. **2** (*peso, carga*) to lighten **3** (*simplificar*) to simplify: *~ la normativa* to simplify the regulations
■ **aliviarse** *v pron* **1** (*enfermo*) to get better **2** (*dolor, problema*) to ease

alivio *nm* relief: *¡Qué ~!* What a relief! ◊ *Ha sido un ~ para todos.* It came as a relief to everybody. ◊ *Eso supondría un ~ para el déficit.* This will alleviate the deficit.

allá *adv* **1** (*gen*) (over) there: *Déjalo ~.* Leave it over there. ◊ *Nos vemos ~.* We'll meet there. ◊ *de Cuenca para ~* from Cuenca on **2 ~ en** (*lugar*) **(a)** (*específico*) (over) **in...**: *~ en Francia* (over) in France **(b)** (*arriba*) (up) **in...**: *~ en el norte* up in the north **(c)** (*abajo*) (down) **in...**: *~ en el pozo* down in the well **3 ~ en/por...** (*tiempo*) (back) **in...**: *~ por los años 60* back in the 60s
LOC allá abajo/arriba/dentro/fuera down/up/in/out there **allá cada uno/cual** each man for himself **allá cuidados/penas** it's not my, your, etc concern **allá donde...** wherever...: *~ donde veas este símbolo* wherever you see this sign **allá mismo** right there: *El banco está ~ mismo.* The bank's right there. **allá películas** it's nothing to do with me, you, etc **allá se las entienda** let him work things out for himself **¡allá te las arregles/compongas!** that's your, his, etc lookout! **¡allá tú!** that's your, his, etc problem **¡allá va!** there it goes! **¡allá voy!** here I go! **el más allá** the afterlife **hacia allá** in that direction **ir más allá (de)**: *Nuestros problemas van más ~.* Our problems are far-reaching. ◊ *Esta teoría va más ~ de la pura especulación.* This theory goes beyond mere speculation. **más allá 1** (*más lejos*) further on: *cuatro kilómetros más ~* four kilometres further on **2** (*hacia un lado*) further over: *Corre la mesa más ~.* Push the table further over. **más allá de** beyond: *más ~ del río* beyond the river ◊ *No ven más ~ del año que viene.* They can't see any further than the year ahead. **no muy allá** not very good **para allá**: *Voy para ~.* I'll be right there. ◊ *Muévelo un poco para ~.* Move it over a bit. **por allá** that way: *Escapó por ~.* He escaped that way. **¡vamos allá!** let's get going! *Ver tb* ACÁ

allanamiento *nm* (*entrada ilegal*) unlawful entry: *el ~ de la Embajada* unlawful entry to the Embassy
LOC allanamiento de morada breaking and entering

allanar *vt* **1** (*suelo*) to level **2** (*dificultades, obstáculos*) to overcome **3** (*morada*) to break into *sth*
LOC allanar el terreno (*fig*) to pave the way *for sth*

allegado, -a *pp, adj* **~ a** close **to sb**
■ **allegado, -a** *nm-nf* **1** (*pariente*) relation **2** (*amigo*) close friend

allí *adv* **1** (*gen*) there: *Tengo un amigo ~.* I've got a friend there. ◊ *¡Ponte ~!* Stand over there! ◊ *¡~ están!* There they are! **2** (*arriba*) up (there): *~ en el norte* up in the north **3** (*abajo*) down (there): *~ en la mina* down (there) in the mine **4** (*dentro*) inside: *~ en el cajón* inside the drawer **5** (*fuera*) outside: *~ en la calle* outside in the street
LOC allí abajo/arriba/dentro/fuera down/up/in/out there **allí donde 1** (*lugar exacto*) where: *Es ~ donde me caí.* That's where I fell. **2** (*dondequiera que*) wherever: *Vamos ~ donde hacemos falta.* We go wherever we are needed. **allí mismo** right there **de allí** from there: *la gente de ~* the local people/people from there ◊ *a 30 kilómetros de ~* 30 kilometres from there **estar, ir, jugar, etc por allí** to be, go, play, etc round there: *Voy mucho por ~.* I go (round) there a lot. **pasar por allí 1** (*por la calle*) to pass by: *una chica que pasaba por ~* a girl who was passing by **2** (*entrar*) to drop in: *Estábamos en casa y pasó por ~ Pedro.* We were at home and Pedro dropped in.

alma *nf* **1** (*gen*) soul: *las ~s de los difuntos* the souls of the dead ◊ *No había ni un ~.* There wasn't a soul. **2** (*carácter, mente*) spirit: *un ~ apasionada* a passionate spirit **3 almas** (*habitantes*) people: *En el pueblo solo quedaron unas 100 ~s.* Only 100 people remained in the village.
LOC alma caritativa generous soul **alma gemela** kindred spirit **alma viviente** living soul **como alma que lleva el diablo** like a man/woman possessed **con el alma en un hilo** on tenterhooks **con toda mi alma**: *Me alegro con toda mi ~.* I'm absolutely delighted. ◊ *Te lo agradezco con toda mi ~.* Thank you with all my heart. ◊ *Lo sentí con toda mi ~.* I was truly sorry. **de mi alma** darling: *¡Hijo/Hija de mi ~!* My darling! **no puedo ni con mi alma** I'm, you're, etc shattered **poner (toda) el alma en** to put everything into *sth/doing sth* **se me cayó el alma a los pies** my, your, etc heart sank **ser el alma de 1** (*gen*) to be the life and soul of *sth*: *ser el ~ de la fiesta* to be the life and soul of the party **2** (*grupo, organización*) to be the lifeblood of *sth* *Ver tb* AMIGO, CLAVAR, CUERPO, FONDO, HIJO, HONDO, LLEGAR, PARTIR, PEDAZO, SANO, SENTIR[2], VAGAR

almacén *nm* **1** (*edificio*) warehouse **2** (*departamento*) store: *Tienen la tienda en Knightsbridge y el ~ en Osterley.* The shop is in Knightsbridge and the store is in Osterley. **3** (*cuarto*) storeroom **4** (*mayorista*) wholesaler's [*pl* wholesalers] ☛ *Ver nota y ejemplos en* CARNICERÍA **LOC** *Ver* GRANDE

almacenamiento *nm* storage
LOC almacenamiento de datos/información data storage

almacenar *vt* **1** (*gen*) to store: *~ información en un diskette* to store information on a disk **2(a)** (*acumular*) to accumulate: *~ trastos* to accumulate junk **(b)** (*hacer acopio de*) to stock up **with sth**: *~ comida* to stock up with food

almacenista *nmf* wholesaler

almanaque *nm* almanac

almeja *nf* clam ☛ *Ver ilustración en* SHELLFISH

almena *nf* battlement ☛ *Ver ilustración en* CASTILLO

almendra *nf* **1** (*de almendro*) almond: *~s amargas* bitter almonds **2** (*de los frutos con hueso*) kernel ☛ *Ver ilustración en* NUT
LOC almendras peladas blanched almonds

almendrado, -a *adj* almond-shaped
■ **almendrado** *nm* almond biscuit: *Me trajeron unos ~s deliciosos.* They brought me some delicious almond biscuits.

almendro *nm* almond tree

almíbar *nm* syrup

almibarado, -a *pp, adj* **1** (*pastel, fruta*) in syrup: *bizcocho ~ con licor* sponge in liqueur syrup **2** (*fig*) sugary: *un poema ~* a sugary poem

almidón *nm* starch

almidonado, -a *pp, adj* (*persona*) starchy *Ver tb* ALMIDONAR

almidonar *vt* to starch

almirante *nm* admiral

almirez *nm* mortar

almizcle *nm* musk

almohada *nf* pillow: *una ~ de plumas* a feather pillow
LOC *Ver* CONSULTAR, FUNDA

almohadilla *nf* **1** (*cojín*) small cushion **2** (*en un avión*) headrest **3** (*tinta*) ink-pad **4** (*para alfileres*) pincushion

almohadón *nm* **1** (*cojín*) large cushion **2** (*funda*) pillow case

almóndiga *nf* *Ver* ALBÓNDIGA

almorrana *nf* piles [*v pl*]: *Me ha salido una ~.* I've got piles. ◊ *El pobre sufre de ~s.* The poor man has piles.

almorzar *vi* **1** (*a media mañana*) to have a mid-morning snack, to have elevenses (*más coloq*) **2** (*al mediodía*) to have lunch: *Hemos quedado para ~.* We're meeting for lunch. ☛ *Ver nota en* DINNER

■ **almorzar** *vt* **1** (*a media mañana*) to have *sth* mid-morning, to have *sth* for elevenses (*más coloq*): ~ *un bocadillo* to have a sandwich mid-morning **2** (*al medio-día*) to have *sth* for lunch **LOC** *Ver* HORA

almuerzo *nm* **1** (*a media mañana*) mid-morning snack, elevenses (*más coloq*)

Nótese que **elevenses** se suele utilizar con el verbo en singular.

2 (*comida*) lunch: *la hora del* ~ lunch-time ☛ *Ver nota en* DINNER

LOC almuerzo de trabajo working lunch

alocado, -a *adj, nm-nf* rash [*adj*]: *una joven/decisión alocada* a rash girl/decision ◊ *Son unos ~s.* They're very rash.

alocución *nf* address

alojamiento *nm* accommodation

LOC alojamiento y comida board and lodging **alojamiento y desayuno** bed and breakfast **dar alojamiento a algn 1** (*cobrando*) to provide sb with accommodation **2** (*sin cobrar*) to put sb up *Ver tb* GASTO

alojar *vt* **1** (*hospedar*) **(a)** (*gen*) to accommodate: *El hotel puede ~ a 200 personas.* The hotel can accommodate 200 people. ◊ *Los han alojado en un albergue.* They've found them accommodation in a hostel. ◊ *Este hotel aloja a muchos artistas.* A lot of artists stay at this hotel. ◊ *la mujer que les alojaba* the woman who provided them with accommodation **(b)** (*sin cobrar*) to put *sb* up: *Tras el incendio nos alojaron en un colegio.* After the fire, they put us up in a school. **2** (*contener*) to house: *El edificio aloja varios cines.* The building houses several cinemas.

■ **alojarse** *v pron* **1** (*hospedarse*) to stay: *Nos alojamos en un hotel.* We stayed in a hotel. **2** (*bala*) to lodge

alondra *nf* lark

alpaca[1] *nf* (*animal*) alpaca

alpaca[2] *nf* (*aleación*) nickel silver

alpargata *nf* espadrille **LOC** *Ver* ESPARTO

alpinismo *nm* mountaineering: *hacer* ~ to go mountaineering

alpinista *nmf* mountaineer ☛ *Ver ilustración en* MONTAÑA

alpino, -a *adj* **1** (*de montaña*) mountain [*n atrib*]: *un refugio* ~ a mountain refuge **2** (*de los Alpes*) Alpine **3** (*esquí*) downhill **LOC** *Ver* ESQUÍ

alpiste *nm* birdseed

alquilado, -a *pp, adj Ver* ALQUILAR **LOC** *Ver* MADRE

alquilar *vt*

• **referido a la persona que coge algo en alquiler** to hire, to rent

To hire se emplea para un plazo breve de tiempo, como en el caso de un coche o disfraz: *Alquiló un traje para la boda.* He hired a suit for the wedding. ◊ *Te compensa alquilar un coche.* You might as well hire a car.

To rent implica periodos más largos, por ejemplo cuando alquilamos una casa o una habitación: *¿Cuánto me costaría alquilar un piso de dos habitaciones?* How much would it cost me to rent a two-bedroomed flat?

• **referido a la persona que deja algo en alquiler** to hire *sth* (out), to rent *sth* (out), to let *sth* (out)

To hire sth (out) se emplea para un plazo breve de tiempo: *Viven de alquilar caballos a los turistas.* They make their living hiring (out) horses to tourists.

To rent sth (out) se refiere a periodos largos de tiempo y se suele utilizar para referirse a objetos, casas o habitaciones: *Alquilan habitaciones a estudiantes.* They rent (out) rooms to students. ◊ *una empresa que alquila electrodomésticos* a company that rents out household appliances

To let sth (out) se refiere solo a casas o habitaciones: *En este edificio se alquila un piso.* There's a flat to let in this block. ◊ *Alquilan habitaciones a los turistas en verano.* They let out rooms to tourists in the summer.

LOC se alquila (*inmueble*) to let **se alquilan disfraces, televisores, etc** costumes, television sets, etc for hire

alquiler *nm* **1** (*actividad*) hire: *una compañía de ~ de coches* a car hire firm **2** (*precio*) **(a)** (*gen*) hire charge: *¿Cuánto te cobraron por el ~ del traje?* How much did they charge for hiring the suit? **(b)** (*casa, habitación*) rent: *¿Has pagado el ~?* Have you paid the rent? **(c)** (*electrodomésticos, televisor*) rental

LOC de alquiler 1 (*alquilado*) **(a)** (*gen*) hired: *Recorrimos toda España en una roulotte de ~.* We travelled all round Spain in a hired caravan. **(b)** (*casa, televisor*) rented **2** (*para alquilar*) **(a)** (*gen*) for hire: *En ese taller tienen motos de ~.* That garage has motorbikes for hire. **(b)** (*casa, televisor*) to rent **en alquiler**: *Busco un piso en ~.* I am looking for a flat to rent. ◊ *Tengo el piso en ~.* I've rented out the flat. *Ver tb* COCHE, CONTRATO, MADRE

alquimia *nf* alchemy

alquimista *nmf* alchemist

alquitrán *nm* tar

alrededor *adv* round: *las personas a mi ~* the people round me

■ **alrededores** *nm* (*afueras*) outskirts

LOC alrededor de 1 (*en torno a*) round *sth/sb*: *Estaban sentados ~ de la chimenea.* They were sitting round the fire. **2** (*aproximadamente*) about: *~ de 20 horas semanales* about 20 hours per week ◊ *Llegaremos ~ de las diez y media.* We'll get there at about half past ten. **en los alrededores (de)** (*cerca de*) in the vicinity (of *sth*): *La encontraron en los ~es de la finca.* She was found in the vicinity of the estate. *Ver tb* VUELTA

alta *nf* (*Med*) discharge

LOC dar de alta 1 (*empresa*) to register *a company* **2** (*empleado*) to enrol *an employee* **dar de/el alta 1** (*hospital*) to discharge *sb* (from hospital) **2** (*médico de cabecera, Mil*) to pass *sb* fit **darse de alta 1** (*en una asociación*) to enrol (*in sth*) **2** (*en un registro*) to register (*with sth*): *darse de ~ en la Seguridad Social* to register with the Department of Health and Social Security

altanero, -a *adj* haughty

altar *nm* altar: *al pie del ~* at the altar ☛ *Ver ilustración en* IGLESIA

altavoz *nm* loudspeaker: *Me he comprado unos altavoces nuevos.* I've bought some new loudspeakers. ◊ *Me llamaron por los altavoces.* They called my name over the loudspeaker.

alterable *adj* volatile

alteración *nf* **1** (*cambio*) change, alteration (*más formal*): *alteraciones climáticas* climatic changes **2** (*Med*) disorder: *una ~ nerviosa* a nervous disorder ◊ *una ~ del pulso* irregular pulse ◊ *alteraciones en la salud* health problems **3 alteraciones** (*Mús*) key signature [*sing*]: *Las alteraciones aparecen después de la clave.* The key signature comes after the clef. ◊ *La tonalidad de Re mayor tiene dos alteraciones.* The key of D major has two sharps. ☛ *Ver ilustración en* NOTACIÓN

LOC alteración de la seguridad ciudadana public disorder **alteración del orden público** breach of the peace

alterado, -a *pp, adj* **1** (*disgustado*) upset **2** (*enfadado*) angry *Ver tb* ALTERAR

alterar *vt* **1** (*cambiar*) to change, to alter (*más formal*) **2** (*perjudicar*) to upset: *~ el equilibrio de la naturaleza* to upset the balance of nature ◊ *Esta medicina me alteró el estómago.* This medicine upset my stomach. **3** (*alimentos*) to make *sth* go off **4** (*persona*) **(a)** (*afectar*) to upset **(b)** (*enfadar*) to make *sb* angry **(c)** (*poner nervioso*) to make *sb* nervous

■ **alterarse** *v pron* **1** (*cambiar*) to change, to alter (*más formal*) **2** (*alimentos*) to go off: *La leche se alteró con el calor.* The milk went off in the heat. **3** (*persona*) **(a)** (*disgustarse*) to get upset **(b)** (*enfadarse*) to get angry **(c)** (*ponerse nervioso*) to get nervous: *¡No te alteres!* Keep calm! **4** (*Med*) to become irregular: *Se le alteró el pulso.* Her pulse became irregular.

LOC **alterar el orden público** to cause a breach of the peace **me altera los nervios** it gets on my, your, etc nerves

altercado *nm* altercation (*formal*), argument

alternador *nm* alternator

alternancia *nf* alternation
LOC **en alternancia** alternating

alternar *vt*: *En los últimos tres años ha tenido que ~ el trabajo con el estudio.* For the last three years she's been working as well as attending college. ◊ *Tratamos de ~ el trabajo con el descanso.* We try to divide our time equally between work and leisure.
■ **alternar** *vi* (*salir*) to socialize: *Les encanta ~.* They love socializing.
■ **alternarse** *v pron* (*turnarse*) to take it in turns *to do sth*: *Nos alternamos al volante.* We took it in turns to drive.

alternativa *nf* **~ (a)** alternative (**to** ***sth***): *Buscan una ~ a las técnicas tradicionales.* They are looking for an alternative to the traditional techniques. ◊ *No nos queda otra ~.* We have no alternative.
LOC **tomar la alternativa** to make your début

alternativo, -a *adj* alternative: *un estilo de vida ~* an alternative lifestyle

alterne *nm* LOC *Ver* BAR, CHICO

alterno, -a *adj* alternate: *en días ~s* on alternate days
LOC *Ver* CORRIENTE

Alteza *nf* Highness
LOC **Su Alteza Real** His/Her Royal Highness (*abrev* HRH)

altibajos *nm* **1** (*cambios*) ups and downs: *Todos tenemos ~.* We all have our ups and downs. **2** (*terreno*) undulations

altillo *nm* **1** (*desván*) attic **2** (*maletero*) storage space

Altísimo *nm*
LOC **el Altísimo** the Almighty

altisonante *adj* high-flown

altitud *nf* height, altitude (*téc*): *a 3.000 metros de ~* at an altitude of 3 000 metres

altivo, -a *adj* haughty

alto *nm*
LOC **¡alto!** stop! **alto el fuego** ceasefire **dar el alto** to order *sb* to stop **un alto en el camino** a break in the journey

alto, -a *adj* **1** (*gen*) tall, high

> **Tall** se utiliza para referirnos a personas, árboles y edificios, los cuales suelen ser estrechos además de altos: *el edificio más alto del mundo* the tallest building in the world ◊ *Su hija es muy alta.* Their daughter is very tall.
> **High** se emplea mucho con sustantivos abstractos: *altos niveles de contaminación* high levels of pollution ◊ *altos tipos de interés* high interest rates ◊ *un precio muy alto* a very high price, así como para referirnos a la altura sobre el nivel del mar: *La Paz es la capital más alta del mundo.* La Paz is the highest capital in the world. *Ver tb nota en* HIGH[1]

2 (*mando, funcionario*) high-ranking: *un militar de alta graduación* a high-ranking officer ◊ *un ~ ejecutivo* a senior executive **3** (*clase social, región*) upper: *el ~ Ebro* the upper Ebro **4** (*sonido, voz*) loud: *No pongas la música tan alta.* Don't play the music so loud.
■ **alto** *adv* **1** (*poner, subir*) high: *El cuadro está muy ~.* The picture is too high up. **2** (*hablar, tocar*) loudly: *Habla muy ~.* He speaks very loudly.
■ **alto** *nm* **1** (*medida*) height: *Tiene tres metros de ~.* It is three metres high. ☛ *Ver ilustración en* DIMENSIÓN **2** (*colina*) high ground [*incontable*]: *La ermita está en un ~.* The hermitage stands on high ground.
LOC **a altas horas de la madrugada** in the small hours **alta costura** fashion: *un modisto de alta costura* a fashion designer **alta fidelidad** hi-fi **alta frecuencia** high frequency **alta mar** high seas [*v pl*]: *Fue apresado en alta mar.* It was captured on the high seas. ◊ *una aventura en alta mar* an adventure on the high seas **alta traición** high treason **Alta Velocidad Española (AVE)** ≃ high-speed train (*GB*) **alto cargo 1** (*puesto*) senior position **2** (*persona*) senior official: *~s cargos del gobierno* senior government ministers ◊ *~s cargos de la empresa* senior executives **alto mando** (*Mil*) high-ranking officer **altos hornos** steelworks [*v sing o pl*] **de alta tecnología** high technology [*n atrib*], high-tech (*coloq*): *industrias de alta tecnología* high-tech industries **de alto copete** high-class **de alto rendimiento** high-performance: *un motor de ~ rendimiento* a high-performance engine **de alto riesgo** high-risk: *préstamos de ~ riesgo* high-risk loans **el Alto Mando** the High Command **en las altas esferas** in the highest circles **lo alto** the top: *llegar a lo ~* to reach the top **pasar por alto** to overlook *sth* **por todo lo alto** in real style: *Celebraron la boda por todo lo ~.* They celebrated their wedding in real style. **tirando por lo alto/bajo** at most/least: *Esto nos costará, tirando por lo ~, unas diez mil pesetas.* That'll cost us at most ten thousand pesetas. *Ver tb* ALCURNIA, CABEZA, CALCETÍN, CALCULAR, CÁMARA, CLASE, COTIZACIÓN, CUELLO, ENTONAR, FRENTE, HABLAR, LEER, PICAR, POTENCIA, PRISIÓN, RALENTÍ, SOÑAR, STANDING, TONO, TORRE, TREN

altozano *nm* hillock

altruismo *nm* altruism

altruista *adj* altruistic
■ **altruista** *nmf* altruist

altura *nf* **1** (*gen*) height: *la ~ de un edificio/niño* the height of a building/a child's height ◊ *Se cayó desde una ~ de tres metros.* He fell from a height of three metres. ◊ *Las ~s me dan miedo.* I'm afraid of heights. ☛ *Ver ilustración en* DIMENSIÓN **2** (*piso*) storey: *un edificio de seis ~s* a six-storey building **3** (*Mús*) pitch **4 alturas** (*Relig*) heaven [*sing*]
LOC **a estas alturas** at this stage: *No podemos hacer cambios a estas ~s.* We can't make changes at this stage. **a la altura de...**: *Tengo un dolor a la ~ de la rodilla.* I've got a pain in my knee. ◊ *El accidente tuvo lugar a la ~ de Burgos.* The accident happened near Burgos. ◊ *Tuerza a la dercha a la ~ de la calle Alcalá.* Turn right when you get to Calle Alcalá. **altura máxima** maximum headroom **de altura**: *un simposio de ejecutivos de ~* a symposium of leading businessmen ◊ *un proyecto industrial de gran ~* a very important industrial project ◊ *Es un pintor de ~ internacional.* He's a painter of international standing. **de gran/poca altura** (*lit*) high/low: *una torre de gran ~* a high tower **estar a la altura de algn** to be as good as sb: *Ha demostrado que está a la ~ de los demás empleados.* He's shown that he's as good as the other employees. **estar a la altura de las circunstancias** to rise to the occasion: *No estuvo a la ~ de las circunstancias.* He wasn't able to rise to the occasion. **mal de altura** altitude sickness **ponerse a la altura de algn** to sink to sb's level: *Si le devuelves el golpe, te estás poniendo a su ~.* If you hit him back you'll be sinking to his level. **tener dos, etc metros de altura 1** (*persona*) to be two, etc metres tall **2** (*cosa*) to be two, etc metres high *Ver tb* PESCA, SALTADOR, SALTO

alubia *nf* bean

alucinación *nf* hallucination

alucinado, -a *pp, adj* (*cautivado*) dazzled: *Nos tiene ~s con sus planes para el futuro.* We're dazzled by his plans for the future. *Ver tb* ALUCINAR

alucinante *adj* mind-blowing (*coloq*), amazing

alucinar *vt* **1** (*cautivar*) to turn *sb* on (*coloq*): *Esa música me alucina.* This music turns me on. **2** (*sorprender*) to amaze: *Le alucinó que no lo supiéramos.* He was amazed that we didn't know.
■ **alucinar** *vi* **1** (*delirar*) to hallucinate: *La morfina le hace ~.* The morphine makes him hallucinate. ◊ *No le hagas caso, ese alucina.* Don't take any notice of him, he's crazy. **2 ~ (con)** (*sorprenderse*) to be amazed (**at/by** ***sth/sb***): *Aluciné con sus comentarios.* I was amazed by his comments. **3 ~ con** (*estar loco por*) to be crazy **about** ***sth/sb***: *Alucina con tu hermana/la moda de los setenta.* He's crazy about your sister/the 70s fashions.

alucine *nm*
LOC de alucine mind-blowing (*coloq*), amazing **¡qué alucine!** wow!

alucinógeno, -a *adj* hallucinogenic
■ **alucinógeno** *nm* hallucinogen

alud *nm* avalanche

aludido, -a *pp, adj*: *por los motivos ~s* for reasons already mentioned *Ver tb* ALUDIR
■ **aludido, -a** *nm-nf* person in question: *Los ~s abandonaron la sala.* The people in question left the room.
LOC darse por aludido: *No se dieron por ~s.* They didn't take the hint. ◊ *En seguida te das por ~.* You always take things personally.

aludir *vi* **~ a** to refer **to sth/sb**: *Aludió a sus compañeros de equipo.* He referred to his team-mates.

alumbrado *nm* lighting: *el ~ público* street lighting

alumbrar *vt* to light *sth* (up): *Una gran lámpara alumbra la sala.* The room is lit by a huge lamp.
■ **alumbrar** *vi* to give off light: *Esa bombilla no alumbra nada.* That bulb hardly gives off any light. ◊ *Esos focos alumbran muchísimo.* Those lights are very bright. ◊ *Alumbra debajo de la cama.* Shine the light under the bed.

aluminio *nm* aluminium **LOC** *Ver* CARPINTERÍA, ESTROPAJO, PAPEL

alumnado *nm* **1** (*escuela*) pupils [*v pl*]: *El ~ ha organizado una fiesta de fin de curso.* The pupils have organized an end-of-year party. **2** (*universidad*) students [*v pl*]

alumno, -a *nm-nf* **1** (*escuela*) pupil **2** (*universidad*) student: *Los ~s están preparando los exámenes.* The students are working for their exams.
LOC alumno interno boarder **alumno mediopensionista** day-boy [*fem* day-girl] *Ver tb* ANTIGUO, ASOCIACIÓN, MEDICINA

alusión *nf* **~ a** a reference **to sth/sb**: *una ~ al pasado/a su familia* a reference to the past/his family
LOC en alusión directa a in a direct allusion to *sth/sb*: *en ~ directa al gobierno anterior* in a direct allusion to the previous government **una alusión personal** a personal remark *Ver tb* DESLIZAR

alusivo, -a *adj* **~ a** alluding **to sth/sb**: *un comentario ~ a los funcionarios* a remark alluding to civil servants

aluvión *nm* **1** (*crecida de agua*) flash flood **2 ~ de** (*fig*) **(a)** (*gente*) masses [*v pl*]: *Un ~ de turistas acude a Londres todos los veranos.* Masses of tourists come to London every summer. **(b)** (*preguntas*) barrage **(c)** (*cartas*): *La cantante recibió un ~ de cartas.* The singer was inundated with letters. **3** (*Geol*) alluvium [*pl* alluvia/alluviums]

alveolo (*tb* **alvéolo**) *nm* **1** (*de los dientes*) alveolar ridge ☛ *Ver ilustración en* THROAT **2** (*de los pulmones*) alveolus [*pl* alveoli]

alza *nf* **1 ~ (de)** (*Fin*) rise **(in sth)**: *el ~ de los precios* the rise in prices ◊ *La cotización de las acciones tiende al ~.* There is an upward trend in share prices. **2** (*zapato*) wedge
LOC estar en alza: *El precio del oro está en ~.* The price of gold is rising. ◊ *Los precios siguen en ~.* Prices are still rising. ◊ *El cine español está en ~.* The Spanish cinema is on the up-and-up. *Ver tb* COTIZAR

alzada *nf* height

alzado, -a *pp, adj Ver* ALZAR **LOC** *Ver* VOTACIÓN

alzamiento *nm* (*Mil*) uprising

alzar *vt* **1** (*levantar*) to raise: *~ el telón* to raise the curtain ◊ *Alcemos las copas para brindar a la salud de la pareja.* Let's raise our glasses and toast the happy couple! **2** (*edificio, monumento*) to put *sth* up, to erect (*más formal*) **3** (*precio*) to put *sth* up
■ **alzarse** *v pron* **1** (*edificio, obstáculo*) to stand: *Un castillo medieval se alza en lo alto de la colina.* A medieval castle stands at the top of the hill. ◊ *los obstáculos que se alzan ante nosotros* the obstacles that stand in our way **2 alzarse (contra)** (*rebelarse*) to rise (up) (**against** *sth/sb*): *El ejército se alzó contra el gobierno.* The army rose against the government.
LOC alzarse con la victoria to win: *El equipo irlandés se alzó con la victoria.* Ireland won. **alzarse en armas** to rebel (*against sth/sb*) *Ver tb* VISTA, VOZ, VUELO

ama *nf Ver* AMO
LOC ama de casa housewife [*pl* housewives] **ama de cría/leche** wet nurse **ama de llaves** housekeeper

amabilidad *nf* **1** (*actitud*) pleasantness: *tratar/hablar a algn con ~* to be pleasant to sb ◊ *La ~ nunca está de más.* It costs nothing to be pleasant. **2** (*acción*) kindness: *Agradezco mucho su ~.* I am very grateful for your kindness.
LOC tener la amabilidad de 1 (*acción amable*) to be kind enough *to do sth*: *Tenga la ~ de avisarnos.* Would you be kind enough to let us know? **2** (*cortesía*) to have the courtesy *to do sth*: *No tuvo ni la ~ de contestar.* He didn't even have the courtesy to reply.

amable *adj* **~ (con) 1** (*gen*) kind (**to sb**): *Han sido muy ~s ayudándome.* It was very kind of them to help me. ◊ *Gracias, es usted muy ~.* Thank you, that's very kind of you. ◊ *palabras ~s* kind words **2** (*agradable, cortés*) pleasant (**to sb**): *Lo dijo en tono ~.* She said it in a pleasant way.
LOC si es tan amable (de…) if you would be so kind (as to…): *Si es tan ~ de cerrar la puerta.* If you would be so kind as to close the door.

amado, -a *pp, adj* beloved: *nuestro ~ profesor* our beloved teacher *Ver tb* AMAR
■ **amado, -a** *nm-nf* beloved (*formal*), sweetheart

amadrinar *vt* **1** (*niño*) to be godmother **to sb 2** (*artista, proyecto*) to back

amaestrar *vt* **1** (*adiestrar*) to train **2** (*domar*) to tame: *~ un león* to tame a lion
LOC sin amaestrar 1 (*sin adiestrar*) untrained **2** (*sin domar*) untamed

amagar *vt* **1** to make as if *to do sth*: *~ un golpe* to make as if to strike a blow ◊ *Amagó un saludo.* He made as if to wave. **2** (*sonrisa*) to give a hint of *a smile*
■ **amagar** *vi*: *Amagaba lluvia.* It looked as if it was going to rain.

amago *nm* **1** (*amenaza*) threat: *un ~ de tormenta* the threat of a storm **2** (*esbozo*) hint: *un ~ de sonrisa* a hint of a smile ◊ *un ~ de saludo* a vague gesture of greeting **3** (*intento*) attempt: *un ~ de reforma* an attempt at reform **4** (*Med*) (warning) sign
LOC amago de infarto mild heart attack **hacer amago de** to make as if *to do sth*: *Hizo ~ de lanzar el balón.* He made as if to throw the ball.

amainar *vi* **1** (*gen*) to die down: *Amainó la indignación.* The indignation died down. **2** (*lluvia*) to ease

amalgama *nf* amalgam

amalgamar(se) *vt, v pron* to amalgamate

amamantar *vt* **1** (*bebé*) to breastfeed **2** (*animal*) to suckle

amancebarse *v pron* to cohabit (*formal*), to live together

amanecer¹ *nm* **1** (*alba, inicio*) dawn: *Saldremos al ~.* We'll set off at dawn. ◊ *en el ~ de nuestra era* at the dawn of our age **2** (*salida del sol*) sunrise: *contemplar el ~* to watch the sunrise

amanecer² *v imp* **1** (*hacerse de día*) to dawn: *Estaba amaneciendo.* Day was dawning. ◊ *Amaneció soleado.* It was sunny in the morning. **2** (*clarear*) to get light: *En verano amanece más temprano.* It gets light earlier in summer.
■ **amanecer** *vi* **1** (*despertarse*) to wake up: *Amanecí con dolor de cabeza.* I woke up with a headache. **2** (*estar*): *Amaneceremos en Roma.* We'll be in Rome by morning. ◊ *La ciudad amaneció cubierta de nieve.* In the morning the city was covered with snow. ◊ *El día amaneció frío.* In the morning it was cold. **3** (*época, situación*) to begin **LOC** *Ver* MADRUGAR

amanerado, -a *pp, adj* **1** (*persona, modales*) **(a)** (*rebuscado*) affected **(b)** (*afeminado*) effeminate **2** (*estilo*) mannered *Ver tb* AMANERARSE

amanerarse *v pron* **1** (*persona*) **(a)** (*volverse afectado*) to become affected **(b)** (*volverse afeminado*) to become effeminate **2** (*artista, estilo*) to become mannered

amansar *vt* **1** (*domesticar*) to tame **2** (*calmar*) to calm *sb* down
■ **amansarse** *v pron* to calm down

amante *adj* **1** (*cariñoso*) loving: *un ~ padre y esposo* a loving husband and father **2 ~ de**: *Es muy ~ del campo/de la buena comida.* He loves the countryside/good food. ◊ *gentes ~s de la paz* peace-loving people ◊ *Es muy ~ de la fotografía.* He's keen on photography.
■ **amante** *nmf* lover: *Se dice que tiene un ~.* They say she has a lover. ◊ *los ~s de la música* music lovers
LOC **no ser amante de** not to be fond of *sth/doing sth*: *No son nada ~s de la comida china.* They're not very fond of Chinese food. ◊ *No soy ~ de echar discursos.* I'm not very fond of making speeches.

amañar *vt* **1** (*Dep, Pol*) to fix: *~ el resultado de las elecciones* to fix the elections **2** (*documento, foto*) to falsify **3** (*cuentas*) to fiddle **4** (*distorsionar*) to distort

amapola *nf* poppy ☛ *Ver ilustración en* FLOR LOC *Ver* CAMPO

amar *vt* to love

amargado, -a *pp, adj* bitter: *estar ~ por algo* to be bitter about sth *Ver tb* AMARGAR
■ **amargado, -a** *nm-nf* misery guts [*pl* misery guts]: *Es un ~.* He's a misery guts. ◊ *Estáis hechos unos ~s.* You're a bunch of misery guts.

amargar *vt* **1** (*persona*) **(a)** (*volver resentido*) to make *sb* bitter **(b)** (*afligir*) to pain: *Le amargaba pensar en su fracaso.* It pained him to think about his failure. **2** (*ocasión*) to ruin: *Eso nos amargó las vacaciones.* That ruined our holiday. **3** (*relaciones*) to sour
■ **amargar** *vi* to be bitter: *Este café amarga mucho.* This coffee is very bitter.
■ **amargarse** *v pron* to get upset: *No te amargues (la vida) por eso.* Don't get upset over something like that.
LOC **amargarle la vida a algn** to make sb's life a misery **a nadie le amarga un dulce** never look a gift horse in the mouth

amargo, -a *adj* bitter: *la verdad amarga* the bitter truth ◊ *Aquello me dejó un sabor ~ (en la boca).* That left me with a nasty taste (in my mouth). LOC *Ver* TRAGO

amargor *nm* **1** (*sabor amargo*) bitter taste **2** (*amargura*) bitterness

amargura *nf* **1** (*sentimiento*) bitterness: *Lo dijo con ~.* He said it bitterly. **2** (*aflicción*) sorrow: *soportar muchas ~s* to bear many sorrows
LOC **¡qué amargura de persona/vida!** what a miserable person/life! *Ver tb* CÁLIZ, CALLE

amariconado, -a *pp, adj* poofy (*ofen*): *Está ~.* He's turning into a poofter. *Ver tb* AMARICONARSE

amariconarse *v pron* to become effeminate

amarillento, -a *adj* yellowish: *una luz amarillenta* a yellowish light

amarillo, -a *adj* **1** (*color*) yellow: *He comprado unas flores amarillas.* I've bought some yellow flowers. ◊ *una camisa de color ~* a yellow blouse **2** (*semáforo*) amber
■ **amarillo** *nm* yellow: *No me gusta el ~.* I don't like yellow. ◊ *Iba de ~.* She was wearing yellow. ◊ *pintar algo de ~* to paint sth yellow
LOC **amarillo limón** lemon yellow: *un vestido ~ limón* a lemon-yellow dress *Ver tb* PÁGINA, PRENSA

amarra *nf* **1** (*Náut*) mooring rope: *El barco rompió las ~s.* The boat broke away from its moorings. **2 amarras** (*fig*) ties: *cortar/soltar las ~s* to cut your ties
LOC **echar (las) amarras** to moor *sth Ver tb* SOLTAR

amarrar *vt* **1** (*gen*) **(a)** (*con cuerda*) to tie *sth/sb* up: *Lo amarraron con cuerdas.* They tied him up. ◊ *Le amarraron las manos.* They tied his hands. **(b)** (*con cadenas*) to chain *sth/sb* up **2** (*Náut*) to moor **3** (*fig*) **(a)** (*persona*) to tie *sb* down: *No hay quien la amarre.* Nobody can tie her down. **(b)** (*asunto*) to sew *sth* up

amasar *vt* **1** (*Cocina*) to knead **2** (*cemento*) to mix **3** (*fortuna*) to amass

amasijo *nm* **1** (*mezcla*) mixture: *La comida era un ~ de color pardusco.* The food was a brownish mixture. **2** (*fig*) hotchpotch: *un ~ de ideas* a hotchpotch of ideas
LOC **un amasijo de hierros** a tangled mass of metal

amateur (*tb* **amater**) *adj, nmf* amateur [*n*]: *un ciclista ~* an amateur cyclist

amatista *nf* amethyst

amatorio, -a *adj* love [*n atrib*]: *poesía amatoria* love poetry

amazona *nf* **1** (*jinete*) horsewoman [*pl* horsewomen] **2** (*Mitología*) Amazon LOC *Ver* MONTAR

ambages *nm*
LOC **andar/venir con ambages** to beat about the bush **sin ambages** straight: *Me explicaré sin ~.* I'll come straight to the point.

ámbar *nm* amber

ambición *nf* ambition: *una persona con/sin ambiciones* an ambitious/unambitious person

ambicionar *vt* to aspire to *sth/to do sth*: *Esta obra ambiciona conmover al público.* This play aspires to move the audience. ◊ *Lo que más ambiciono es...* What I want more than anything is...

ambicioso, -a *adj* ambitious

ambidiestro, -a (*tb* **ambidextro, -a**) *adj, nm-nf* ambidextrous [*adj*]

ambientación *nf* **1** (*bar, habitación*) décor **2** (*película, obra de teatro*) setting

ambientador *nm* air freshener

ambiental *adj* **1** (*del medio ambiente*) environmental **2** (*del aire*) atmospheric: *humedad ~* atmospheric humidity LOC *Ver* CIRCUNSTANCIA, MÚSICA

ambientar *vt* **1** (*novela, película*) to set *sth* **in...**: *Van a ~ la película en Galicia/el siglo XIX.* The film will be set in Galicia/the 19th century. **2** (*animar*) to liven *sth* up: *música para ~ la velada* music to liven up the evening
■ **ambientarse** *v pron* **1** (*animarse*): *Es una gozada invitarla a las fiestas, se ambienta en seguida.* She's great to have at parties–she enters into the spirit of things right away. **2 ambientarse (en)** to settle (**in/into...**): *Le costó unos meses ~se en su nuevo trabajo.* It took him several months to settle into his new job.

ambiente *nm* **1(a)** (*gen*) atmosphere: *un ~ contaminado* a polluted atmosphere ◊ *un ~ de violencia* an atmosphere of violence ◊ *El local tiene buen ~.* The place has a good atmosphere. ◊ *No hay ~ en la calle.* The streets are dead. ◊ *Aquí hay mucho ~ para el arte.* There's a lot of art going on here. **(b)** (*idea, sensación*) air: *El recuerdo pesaba en el ~.* The memory hung in the air. **2** (*entorno*) environment: *El ~ familiar nos influye.* Our family environment has a big influence on us. **3(a)** (*círculo social*) circle: *en ~s universitarios* in university circles **(b)** (*música, arte, deporte*) world: *el ~ musical* the music world **4** (*Meteorología*) conditions [*v pl*]: *~ soleado* sunny conditions
LOC **ambiente cargado 1** (*lit*) suffocating atmosphere **2** (*fig*) charged atmosphere **dar ambiente** to liven *sth* up **estar en tu ambiente** to be in your element **no estar en tu ambiente** to be like a fish out of water **tener mucho/poco ambiente** to be lively/dead: *Este pueblo tiene poco ~.* This village is dead. *Ver tb* MEDIO *nm*, TEMPERATURA

ambigüedad *nf* ambiguity: *la ~ de sus palabras* the ambiguity of her words ◊ *Su ~ respecto a ese tema me desconcierta.* I'm puzzled by his ambiguous attitude towards this issue.

ambiguo, -a *adj* ambiguous

ámbito *nm* **1** (*recinto*) grounds [*v pl*]: *el ~ del hospital* the hospital grounds **2** (*fig*) **(a)** (*campo*) field: *el ~ artístico* the field of art **(b)** (*alcance*) scope: *el ~ de la ley* the scope of the law ◊ *Está dentro del ~ de mis atribuciones.* It's within my powers. **(c)** (*ambiente*) circles [*v pl*]: *en el ~ estudiantil* in student circles
LOC **de ámbito europeo/internacional/nacional** throughout Europe/worldwide/nationwide

ambivalencia *nf* ambivalence

ambivalente *adj* ambivalent

ambos, -as *adj* both: *Lo agarró con ambas manos.* She held it with both hands.

■ **ambos, -as** *pron* both (of us, you, them): *Me llevo bien con ~.* I get on well with both of them. ◊ *A ~ nos gusta viajar.* Both of us/We both like travelling.

Ambrosio *n pr* **LOC** *Ver* CARABINA

ambulancia *nf* ambulance

ambulante *adj* travelling: *un circo ~* a travelling circus **LOC** *Ver* BIBLIOTECA, ENCICLOPEDIA, VENDEDOR, VENTA

ambulatorio *nm* health centre

ameba *nf* amoeba [*pl* amoebas/amoebae]

amedrentar *vt* to frighten: *No dejes que esa idea te amedrente.* You shouldn't let that thought frighten you.

amén¹ *adv*

LOC amén de in addition to *sth*

amén² *nm* amen

LOC decir amén a todo to agree to everything **en un decir amén** in a flash

amenaza *nf* threat: *una ~ de muerte* a death threat ◊ *bajo ~ de despido* under threat of redundancy

amenazador, ~a (*tb* **amenazante**) *adj* threatening

amenazar *vt* to threaten: *Me amenazó con una navaja.* He threatened me with a knife. ◊ *Le han amenazado de muerte.* They've threatened to kill him.

■ **amenazar** *vi* **~ con** to threaten *to do sth*: *Amenazaron con acudir a los tribunales.* They threatened to take them to court.

■ **amenazar** *v imp*: *Amenaza lluvia.* It's threatening to rain. ◊ *Amenaza tormenta.* There's a storm brewing.

LOC amenazar ruina to be in danger of collapse

amenidad *nf*: *historias faltas de ~* very dull stories **LOC con amenidad** in an entertaining way

amenizar *vt* **1** (*hacer entretenido*) to liven *sth* up: *~ la charla con diapositivas* to liven the talk up with slides **2** (*hacer agradable*) to make *sth* more pleasant: *música de fondo para ~ la cena* background music to make the meal more pleasant

ameno, -a *adj* **1** (*entretenido*) entertaining: *una novela muy amena* a very entertaining novel **2** (*agradable*) pleasant: *una conversación muy amena* a very pleasant conversation

América *nf* America

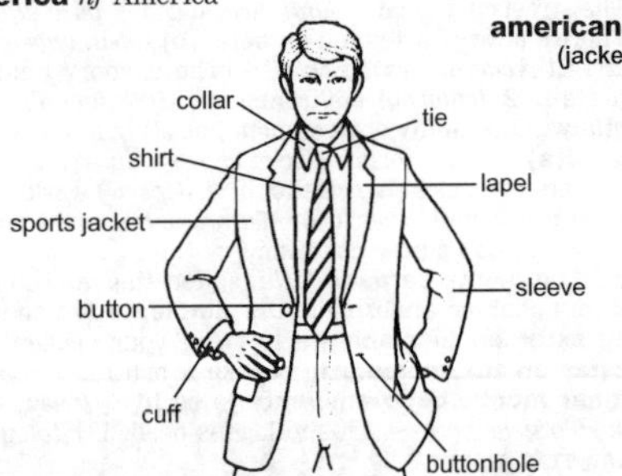

americano, -a *adj, nm-nf* American

■ **americana** *nf* (*chaqueta*) jacket **LOC** *Ver* BARRA, CAFÉ, FÚTBOL

amerizaje *nm* **1** (*hidroavión*) landing (on the sea) **2** (*astronave*) splashdown

amerizar *vi* **1** (*hidroavión*) to land on the sea **2** (*aeronave*) to splash down

ametralladora *nf* machine-gun ☛ *Ver ilustración en* GUN

ametrallamiento *nm* machine-gunning: *Los ~s en las calles ocurren a diario.* Machine-gunnings in the streets are a daily occurrence.

ametrallar *vt* to machine-gun

amianto *nm* asbestos [*v sing*]: *una fábrica de ~* an asbestos factory

amigable *adj* **1** (*gen*) friendly: *Lo dijo en tono ~.* He said in a friendly way. **2** (*solución, arreglo*) amicable: *Nos despedimos de una forma ~.* We parted on amicable terms.

amígdala *nf* tonsil: *Me operaron de las ~s.* I had my tonsils out. ☛ *Ver ilustración en* THROAT

amigo, -a *adj* **1** (*persona*) friend [*n*]: *un abogado ~* a lawyer friend ◊ *Es muy ~ mío.* He's a good friend of mine. **2** (*voz, país*) friendly **3** (*mano*) helping

■ **amigo, -a** *nm-nf* **1** (*compañero*) friend: *Somos viejos ~s.* We are old friends. **2(a)** (*novio*) boyfriend [*fem* girlfriend] **(b)** (*amante*) lover

■ **¡amigo!** *interj*: *¡Ay, ~! ¡Qué poco le importamos ahora!* Oh well! What does he care about us now! ◊ *Es que, ¡amigo!, ellos tienen más influencia.* But, let's face it, they've got more pull.

LOC amigo de la infancia childhood friend **amigo de siempre/toda la vida** lifelong friend **amigo íntimo/del alma** close friend **amigo por correspondencia** penfriend **ser amigo de** (*partidario*) to be all for *sth/doing sth*: *Yo soy ~ de hablar las cosas.* I'm all for discussing things. **ser amigo de lo ajeno** to be light-fingered **y todos tan amigos** end of story *Ver tb* CARA, MEJOR

amigote *nm* mate

amiguismo *nm* favouritism

amilanar *vt* to daunt

aminoácido *nm* amino acid

aminorar *vt*: *~ la marcha* to slow down

amistad *nf* **1** (*relación*) friendship: *una vieja ~* a long-standing friendship ◊ *Les une una enorme ~.* They are great friends. **2 amistades** friends: *Tiene ~es influyentes.* He's got friends in high places.

LOC de amistad friendly: *lazos/relaciones de ~* friendly ties/relations **entablar/hacer/trabar amistad** to become friends **tener/mantener amistad** to be friends (*with sb*): *Mantienen una estrecha ~ desde la niñez.* They've been close friends since childhood. ◊ *Tengo ~ con el director.* I'm a friend of the director's. *Ver tb* ROMPER, VÍNCULO

amistoso, -a *adj* friendly

amnesia *nf* amnesia

amnistía *nf* amnesty: *conceder la ~ a algn* to grant sb an amnesty

amnistiar *vt* to grant an amnesty to *sb*

amo, -a *nm-nf* **1** (*dueño*) **(a)** (*gen*) owner: *Son los ~s de la finca.* They're the owners of the estate. **(b)** (*animal*) master [*fem* mistress] **2** (*jefe*) boss: *¡Tú a callar, que aquí el ~ soy yo!* Shut up, I'm in charge here! *Ver tb* AMA

LOC hacerse el amo to take over **ser el amo del cotarro** to be running the show

amodorrado, -a *pp, adj* drowsy *Ver tb* AMODORRARSE

LOC quedarse amodorrado (*dormirse*) to doze off: *Me quedé ~ un rato.* I dozed off.

amodorrarse *v pron* **1** (*adormilarse*) to get drowsy **2** (*dormirse*) to doze off

amoldable *adj* (*persona*) adaptable

amoldar *vt* (*adaptar*) to adapt *sth* (**to** *sth*): *Voy a tratar de ~ mi horario al tuyo.* I'll try to adapt my timetable to yours.

■ **amoldarse** *v pron* **amoldarse (a) 1** (*adaptarse*) to adapt (**to** *sth*): *~se a un nuevo trabajo/entorno* to adapt to a new job/environment **2** (*material*) to fit: *Estos zapatos se amoldan estupendamente al pie.* These shoes are a perfect fit.

amonarse *v pron* to get tipsy

amonestación *nf* **1** (*verbal*) reprimand **2** (*escrita*) written warning: *Recibió una ~ por no asistir a la reunión.* He was given a written warning for failing to attend the meeting. **3** (*Dep*) caution **4 amonestaciones** (*proclama*) banns **LOC** *Ver* DOBLE

amonestar *vt* **1** (*verbalmente*) to reprimand **2** (*por escrito*) to give *sb* a written warning: *La han amo-*

nestado por no cumplir con su horario. She's been given a written warning for unsatisfactory time keeping. **3** (*Dep*) to caution

amoniaco (*tb* **amoníaco**) *nm* ammonia

amontonar *vt* **1** (*apilar*) to pile *sth* up **2** (*acumular*) to amass: ~ *trastos/riquezas* to amass junk/riches

■ **amontonarse** *v pron* **1** (*gen*) to pile up: *Se me amontonó el trabajo.* My work piled up. **2** (*apiñarse*) to crowd: *Se amontonaban en torno al fuego.* They crowded round the fire. ◊ *Se amontonaron en el coche.* They squashed into the car.

amor *nm* **1** (*gen*) love: *el ~ al prójimo* love for your neighbour ◊ *~ al dinero* love of money ◊ *el ~ de mi vida* the love of my life ◊ *~ libre* free love ◊ *Le miró con ~.* She looked at him lovingly. ☛ *Ver nota en* LOVE **2 amores** (*aventura*) affair: *sus ~es con la actriz* his affair with the actress ◊ *El libro relata sus ~es con distintos personajes políticos.* The book describes her affairs with various politicians.

LOC al amor de la lumbre by the fireside **amor correspondido/no correspondido** requited/unrequited love **amor propio** pride **en amor y compañía** amicably **hacer el amor a/con** to make love (to/with *sb*) **por amor al arte** for the love of it **¡por (el) amor de Dios!** for God's sake! *Ver tb* CANCIÓN, HISTORIA, MAL[1], MIL, OBRA, REQUERIR

amoral *adj* amoral

amoratado, -a *pp, adj* **1** (*de frío*) blue **2** (*a causa de un golpe*) **(a)** (*con cardenales*) black and blue: *Tenía todo el cuerpo ~.* My whole body was black and blue. **(b)** (*ojo*) black *Ver tb* AMORATARSE

amoratarse *v pron* **1** (*por el frío*) to turn blue **2** (*a causa de un golpe*): *Me caí y se me amoratió la rodilla.* I fell over and bruised my knee.

amordazar *vt* to gag: *~ a la prensa* to gag the press

amorfo, -a *adj* **1** (*sin forma concreta*) shapeless, amorphous (*formal*) **2** (*persona*) **(a)** (*cuerpo*) deformed **(b)** (*personalidad*) characterless

amorío (*tb* **amoríos**) *nm* (love) affair: *sus ~s con la actriz* his affair with the actress ◊ *Tuvo varios ~s con distintas mujeres.* He had several love affairs with different women.

amoroso, -a *adj* **1** (*relativo al amor*) love [*n atrib*]: *vida/carta amorosa* love life/letter **2** (*cariñoso*) loving: *cuidados ~s* loving care **3** (*suave*) fluffy: *un jersey ~* a fluffy jumper **LOC** *Ver* DESENGAÑO, INSINUACIÓN, RELACIÓN, TRIÁNGULO

amortiguador *nm* shock absorber ☛ *Ver ilustración en* CAR

amortiguar *vt* **1** (*choque, golpe*) to absorb **2** (*sonido*) to muffle **3** (*luz, color*) to soften

amortización *nf* **1** (*deuda, préstamo*) repayment: *Tiene un plazo de ~ de diez años.* It is repayable over ten years. **2** (*inversión*): *la ~ de una máquina* recouping the cost of a machine

amortizar *vt* **1** (*deuda, préstamo*) to repay **2** (*inversión*) to recoup the cost of *sth*: *~ un ordenador* to recoup the cost of a computer

amotinado, -a *pp, adj* **1** (*preso, masas*) rioting **2** (*Mil, Náut*) mutinous *Ver tb* AMOTINARSE

■ **amotinado, -a** *nm-nf* **1** (*preso, masas*) rioter **2** (*Mil, Náut*) mutineer

amotinamiento *nm* **1** (*disturbio*) riot **2** (*Mil, Náut*) mutiny

amotinarse *v pron* **1** (*preso, masas*) to riot **2** (*Náut, Mil*) to mutiny (**against *sth/sb***)

amparar *vt* **1** (*proteger*) to protect *sth/sb* (**against/from *sth/sb***): *La ley nos ampara contra los abusos.* The law protects us from abuse. **2** (*favorecer*) to favour: *Con estas subvenciones la alcaldía ampara a grupos culturales.* The council favours cultural groups with these subsidies. **3** (*dar abrigo*) to shelter *sb* (**from *sth/sb***): *~ a algn del temporal* to shelter sb from the storm

■ **ampararse** *v pron* **1 ampararse en** (*apoyarse*) to seek the protection **of *sth/sb***: *Se amparó en su familia.* He sought the protection of his family. **2 ampararse (de)** (*refugiarse*) to shelter (**from *sth/sb***): *~se de una tormenta* to shelter from a storm ◊ *Escaparon amparándose en la oscuridad.* They escaped under cover of darkness. **3 ampararse en/de** (*basarse*) to be based **on *sth***: *La decisión se ampara en el nuevo código penal.* The decision is based on the new legal code.

amparo *nm* **1** (*protección*) protection: *Pedí el ~ de las autoridades.* I sought the protection of the authorities. **2** (*lugar de abrigo*) shelter: *El muro nos servía de ~ contra el viento.* The wall sheltered us from the wind. **3** (*apoyo*) support: *Mi único ~ son mis hijos.* My children are my only support.

LOC al amparo de under the protection of *sth/sb*: *al ~ de la ley* under (the protection of) the law ◊ *al ~ de la noche* under cover of darkness *Ver tb* RECURSO

amperio *nm* amp

ampliable *adj*: *La oferta es ~ en dos millones.* The offer can be increased by two million. ◊ *un plazo ~ a tres meses* a period which can be extended to three months

ampliación *nf* **1** (*número, cantidad*) increase: *una ~ de plantilla* an increase in personnel **2** (*local, negocio, información*) expansion: *la ~ del aeropuerto* the expansion of the airport ◊ *una ~ de la información* extra information **3** (*plazo, acuerdo*) extension: *Han anunciado la ~ del plazo de matrícula.* The deadline for registration has been extended. **4** (*calle, puente*) widening **5** (*Fot*) enlargement

ampliado, -a *pp, adj Ver* AMPLIAR **LOC** *Ver* FOTO

ampliamente *adv* **1** (*con creces*) easily: *Derrotó ~ a su contrincante.* He easily defeated his rival. ◊ *Supera ~ el 15%.* That's well over 15%. **2** (*conversar*) at great length **3** (*extensamente*) widely: *~ conocido* widely known **4** (*al máximo*) fully: *Aprovechamos ~ la oportunidad.* We took full advantage of the opportunity.

LOC pasar ampliamente: *Pasan ~ de nosotros.* They couldn't care less what we do, think, etc.

ampliar *vt* **1** (*gen*) to extend: *~ el local/plazo de matrícula* to extend the premises/registration period **2** (*número, cantidad*) to increase: *La revista amplió su difusión.* The magazine increased its circulation. **3** (*negocio, imperio*) to expand **4** (*noticia, información*) to expand **on *sth***: *Iremos ampliando la noticia.* We will be expanding on this item of news. **5** (*ensanchar*) to widen: *~ la calzada* to widen the road **6** (*Fot*) to enlarge: *He mandado varias fotos a ~.* I have ordered several enlargements.

amplificador *nm* amplifier

amplificar *vt* to amplify

amplio, -a *adj* **1** (*gen*) large: *un ~ ventanal* a large window ◊ *una amplia mayoría* a large majority ◊ *una revista de amplia difusión* a large circulation magazine **2** (*espacioso*) spacious: *un piso ~* a spacious flat **3** (*que abarca mucho*) extensive: *un informe ~* an extensive report ◊ *~s poderes* extensive powers **4** (*ropa*) baggy **5** (*margen, gama*) wide: *un ~ abanico de posibilidades* a wide range of possibilities **6** (*sentido, sonrisa*) broad: *en el sentido ~ de la palabra* in the broad sense of the word

LOC de amplio espectro wide-ranging

amplitud *nf* **1** (*gran tamaño*) **(a)** (*gen*) size: *la ~ del mercado* the size of the market **(b)** (*sala, casa*) spaciousness: *habitaciones de gran ~* very spacious rooms **2** (*anchura*) width **3** (*variedad*) wide range: *una ~ de conocimientos/estilos* a wide range of knowledge/styles **4** (*gran alcance*): *un estudio/unas medidas de gran ~* an extensive study/extensive measures

LOC amplitud de criterios/ideas broad-mindedness **amplitud de horizontes/miras** broad outlook

ampolla *nf* **1** (*en la piel*) blister: *Me ha salido una ~ en la mano.* I've got a blister on my hand. ◊ *Los zapatos me levantaron ~s.* The shoes gave me blisters. **2** (*de vidrio*) phial

ampuloso, -a *adj* grandiloquent

amputación *nf* amputation

amputar *vt* to amputate

amueblar *vt* to furnish

LOC sin amueblar unfurnished *Ver tb* COCINA

amuermado, -a *pp, adj* **1** (*aplatanado, aburrido*) lethargic **2** (*decaído*): *estar* ~ to be a bit down *Ver tb* AMUERMAR

amuermar *vt* **1** (*aplatanar, aburrir*) to make *sb* lethargic **2** (*decaer*) to get *sb* down

■ **amuermarse** *v pron*: *Me amuermé viendo esa película.* I nearly went to sleep in that film.

amuleto *nm* amulet

LOC amuleto de la suerte good-luck charm

amurallado, -a *pp, adj* walled *Ver tb* AMURALLAR

amurallar *vt* to build a wall round *sth*

anabolizante *nm* anabolic steroid

anacrónico, -a *adj* anachronistic

anacronismo *nm* anachronism

anagrama *nm* anagram

anal *adj* anal

anales *nm* annals

analfabetismo *nm* illiteracy

analfabeto, -a *adj, nm-nf* illiterate [*adj*]: *ser un* ~ to be illiterate ◊ *¡Pero mira que eres ~!* How stupid can you get!

analgésico, -a *adj* analgesic

■ **analgésico** *nm* analgesic, painkiller (*más coloq*)

análisis *nm* analysis [*pl* analyses]: *un ~ de la situación* an analysis of the situation ◊ *Se han elaborado varios ~ del tema.* A number of analyses of the subject have been made.

LOC análisis clínico clinical test **análisis de sangre/orina** blood/urine test

analista *nmf* analyst

analítico, -a *adj* analytical

analizar *vt* to analyse

analogía *nf* analogy: *establecer una ~* to draw an analogy

análogo, -a *adj* **~ (a)** similar (**to** *sth*), analogous (**to** *sth*) (*más formal*)

anaquel *nm* shelf [*pl* shelves]

anarquía *nf* anarchy

anárquico, -a *adj* anarchic

anarquismo *nm* anarchism

anarquista *adj* **1** (*Pol*) anarchist [*n atrib*]: *Tienen ideas ~s.* They hold anarchist views. ◊ *Tengo familiares ~s.* Some of my family are anarchists. **2** (*comportamiento, actitud*) anarchistic

■ **anarquista** *nmf* anarchist

anatema *nm* anathema

anatomía *nf* anatomy

anatómico, -a *adj* anatomical

anca *nf*

LOC ancas de rana frogs' legs

ancestral *adj* **1** (*de antepasados*) ancestral: *orígenes ~es* ancestral origins **2** (*muy antiguo*) age-old: *un odio ~* an age-old hatred

ancho, -a *adj* **1** (*de gran anchura*) wide: *el ~ mar* the wide sea **2** (*ropa*) baggy: *un jersey ~* a baggy jumper ◊ *La cintura me queda ancha.* The waist is too big. **3** (*sonrisa, hombros, espalda, mente*) broad: *Es muy ~ de espaldas.* He's got broad shoulders. ☛ *Ver nota en* BROAD

■ **ancho** *nm* width: *Tienen lo mismo de ~.* They are the same width. ◊ *¿Cuánto mide de ~?* How wide is it? ◊ *Tiene dos metros de ~.* It is two metres wide. ☛ *Ver ilustración en* DIMENSIÓN

LOC a lo ancho across: *Mide dos metros a lo ~.* It measures two metres across. **a mis anchas 1** (*como en casa, a gusto*) at home: *Ponte a tus anchas.* Make yourself at home. **2** (*con libertad*) quite happily: *Aquí los niños pueden jugar a sus anchas.* The children can play here quite happily. **ancha es Castilla**: *Si tu jefe te apoya, ancha es Castilla.* If you have the boss's support, you're laughing! ◊ *una actitud de "ancha es Castilla"* an 'anything goes' attitude **estar/ir ancho** to have enough room: *Así iremos más ~s.* We'll have more room like this. **quedarse ancho/más ancho que largo** to be relieved **quedarse tan ancho** not to be at all bothered **quedar/venir ancho** (*fig*) to be too much *for sb*: *Le quedaba ~ el cargo.* He wasn't up to the job. **ser ancho de miras** to be broad-minded *Ver tb* ESPALDA, HORMA, LARGO, MANGA, PANTALÓN, VÍA

anchoa *nf* anchovy

anchura *nf* **1** (*medida*) width: *No tiene suficiente ~.* It isn't wide enough. **2** (*Costura*) measurement: *~ de cadera* hip measurement

anciano, -a *adj* elderly

■ **anciano, -a** *nm-nf* elderly man/woman [*pl* elderly men/women]: *los ~s* the elderly

LOC asilo/residencia de ancianos old people's home

ancla *nf* anchor

LOC echar el ancla/(las) anclas to drop anchor *Ver tb* LEVAR

anclado, -a *pp, adj* (*fig*) rooted ***in sth***: *Viven ~s en el pasado.* They remain rooted in the past. *Ver tb* ANCLAR

anclar *vt, vi* to anchor

andadas

LOC volver a las andadas to go back to your old ways

andador *nm* **1** (*tacatá*) baby walker **2** (*para los ancianos*) Zimmer® **3 andadores** (*tirantes*) reins

andadura *nf* (*fig*) career

LOC comenzar/emprender/iniciar su andadura to start out

Andalucía *nf* Andalusia

andaluz, ~a *adj, nm-nf* Andalusian

andamio *nm* scaffolding [*incontable*]: *Hay ~s por todas partes.* There's scaffolding everywhere.

andante *adj* **LOC** *Ver* CABALLERÍA, CABALLERO

andanzas *nf* adventures: *sus ~ de cazador* his adventures as a hunter

andar[1] *nm* **andares** walk [*sing*]: *La reconocí por sus ~es.* I recognized her by the way she walked.

andar[2] *vi* **1** (*caminar*) to walk: *El niño ha empezado a ~.* The baby's started to walk. ◊ *Vine andando.* I walked here/I came here on foot. **2** (*ir*) to go: *Anda a la tienda, que van a cerrar.* Go to the shop, they'll be closing soon. ◊ *Este coche anda muy deprisa.* This car goes very fast. ◊ *El negocio anda muy bien.* The business is going very well. **3** (*funcionar*) to work: *Este reloj no anda.* This clock's not working. **4** (*estar*) to be: *¿Dónde andan mis gafas?* Where on earth are my glasses? ◊ *¿Qué tal andas?* How are things? ◊ *¿Quién anda ahí?* Who's there? ◊ *Andan de viaje.* They're away. ◊ *~ ocupado/deprimido* to be busy/depressed ◊ *Ando algo acatarrado.* I've got a bit of a cold. ◊ *~ bien/mal de salud* to be in good/poor health **5 ~ con algo (a)** (*gen*): *Andan con los preparativos de la boda.* They're busy with the wedding preparations. ◊ *No hace falta ~ con tantos secretos.* There's no need for all this secrecy. ◊ *~ con prisas* to be in a hurry **(b)** (*manipular*) to use: *He andado con lejía.* I've been using bleach. ◊ *No andes con cerillas.* Don't play around with matches. **6 ~ con algn** to mix with *sb*: *No me gusta la gente con la que andas.* I don't like the people you're mixing with. ◊ *Anda con una gentuza...* He hangs around with some nasty-looking people. **7 ~ en (a)** (*fisgar*) to tamper **with *sth***: *No andes en mis cosas.* Don't tamper with my things. **(b)** (*estar metido*) to be involved **in *sth***: *~ en pleitos/negocios sucios* to be involved in lawsuits/shady deals **8 ~ por** to be **about *sth***: *Debe de ~ por los 50 años.* He must be about 50. **9 ~ haciendo algo** to be **doing sth**: *¿Qué andas buscando?* What are you looking for?

■ **andar** *vt* **1** (*recorrer*) to travel: *El coche anduvo diez kilómetros y se paró.* The car travelled ten kilometres and then stopped dead. **2** (*a pie*) to walk: *No podemos ~ tanta distancia.* We can't walk that far.

■ **andarse** *v pron* **andarse con**: *Siempre os andáis con secretos.* You're always whispering your little secrets. ◊ *No te andes con bromas.* Stop fooling around. ◊ *Habrá que ~se con cuidado.* We'll have to be careful.

■ **¡anda!** *interj* **1** (*con sorpresa*) hey!: *¡~, si está lloviendo!* Hey, it's raining! **2** (*con incredulidad*) come

off it!: *¡~, no exageres!* Come off it, don't exaggerate! ◊ *¡~ ya!* Get away! **3** (*con enfado, animando*) come on!: *¡~, déjame en paz!* Come on, leave me alone! ◊ *¡~, que ya falta poco!* Come on, there's not far to go now! **4** (*rogando*) go on!: *¡~, préstamelo!* Go on, lend it to me! **LOC** **¡andando!** hurry up!
andar bien/mal de algo to be all right for/short of sth: *Andan bien de dinero.* They're all right for money. ◊ *Ando mal de gasolina.* I'm short of petrol. ◊ *¿Cómo andamos de tiempo?* How are we doing for time?
andar tras/detrás de algo/algn to be after sth/sb: *Andan tras ese contrato.* They're after that contract.
todo/ya se andará all in good time
☛ Para otras expresiones con **andar**, véanse las entradas del sustantivo, adjetivo, etc, p. ej. **andar con pies de plomo** en PIE y **andarse con rodeos** en RODEO.

andarín, -ina *adj* fond of walking: *Es muy ~.* He's really fond of walking.
■ **andarín, -ina** *nm-nf* walker

andén *nm* platform

Andorra *nf* Andorra

andorrano, -a *adj, nm-nf* Andorran

andrajo *nm* rag

andrajoso, -a *adj* ragged
■ **andrajoso, -a** *nm-nf* scruff

Andrés *n pr* **LOC** *Ver* INTERÉS

andrógino, -a *adj* androgynous

androide *nm* android

andurriales *nm*: *Nos llevó por unos ~...* He took us to the middle of nowhere.

anea *nf Ver* ENEA

anécdota *nf* anecdote: *contar una ~* to tell an anecdote

anecdótico, -a *adj* anecdotal

anegar *vt* to flood *sth* (**with** *sth*)
■ **anegarse** *v pron* **anegarse** (**de**) to flood (**with** *sth*) **LOC** *Ver* LÁGRIMA, LLANTO

anejo, -a *adj* **~** (**a**) attached (**to** *sth*) **LOC** *Ver* EDIFICIO

anemia *nf* anaemia
LOC **tener anemia** to be anaemic

anémico, -a *adj* anaemic
■ **anémico, -a** *nm-nf* person who suffers from anaemia: *la ayuda a los ~s* help for people who suffer from anaemia

anémona *nf* anemone: *una ~ de mar* a sea anemone

anestesia *nf* anaesthetic: *Me dieron ~.* They gave me an anaesthetic. ◊ *Me pusieron una ~ general/local.* They gave me a general/local anaesthetic. **LOC** *Ver* EFECTO

anestesiar *vt* **1** (*persona*) to give *sb* an anaesthetic **2** (*parte del cuerpo*) to anaesthetize

anestésico, -a *adj* anaesthetic
■ **anestésico** *nm* anaesthetic

anestesista *nmf* anaesthetist

anexión *nf* annexation

anexionar(se) *vt, v pron* to annex: *Alemania (se) anexionó Alsacia y Lorena.* Germany annexed Alsace and Lorraine.

anexo, -a *adj* **~** (**a**) **1** (*edificio, terreno*) adjacent (**to** *sth*) **2**(**a**) (*documento*) enclosed (**b**) (*cláusula*) added
■ **anexo** *nm* **1** (*edificio*) annexe **2**(**a**) (*documento*) enclosure (**b**) (*cláusula*) appendix [*pl* appendices]

anfetamina *nf* amphetamine

anfibio, -a *adj* amphibious
■ **anfibio** *nm* amphibian

anfiteatro *nm* **1** (*romano*) amphitheatre **2** (*universidad*) lecture theatre **3** (*teatro*) balcony

anfitrión, -ona *nm-nf* host [*fem* hostess]

ánfora *nf* amphora [*pl* amphorae/amphoras]

ángel *nm* angel
LOC **ángel de la guarda** guardian angel **tener ángel** to be charming *Ver tb* CABELLO, SALTO

angelical (*tb* **angélico, -a**) *adj* angelic

angelito *nm* **1** (*ángel, niño*) little angel **2** (*adulto*): *¡Menudo ~ que está hecho!* He's a fine one!
LOC **hacerse el angelito** to play the innocent *Ver tb* SOÑAR

angina *nf* **1** (*de pecho*) angina [*incontable*]: *tener una ~ de pecho* to have angina **2 anginas** tonsillitis [*incontable, v sing*]: *estar con/tener ~s* to have tonsillitis **LOC** *Ver* OPERAR

anglicano, -a *adj, nm-nf* Anglican

anglófilo, -a *adj, nm-nf* Anglophile [*n*]

anglófono, -a *adj* English-speaking
■ **anglófono, -a** *nm-nf* English speaker

anglosajón, -ona *adj* **1** (*Hist*) Anglo-Saxon **2** (*inglés*) English-speaking: *el público/mercado ~* the English-speaking audience/market
■ **anglosajón, -ona** *nm-nf* **1** (*Hist*) Anglo-Saxon **2** (*inglés*) English speaker

Angola *nf* Angola

angora *nf* angora

anguila *nf* eel
LOC **anguila de mar** conger eel

angula *nf* elver

angular *adj* angular **LOC** *Ver* GRANDE, PIEDRA

ángulo *nm* **1** (*gen*) angle: *~ recto/agudo/obtuso* right/acute/obtuse angle ◊ *Yo veo las cosas desde otro ~.* I see things from a different angle. ☛ *Ver ilustración en* TRIANGLE **2** (*esquina, rincón*) corner
LOC **ángulo muerto** (*tráfico*) blind spot **en ángulo recto** at right angles **estar en/hacer/formar ángulo** (**con**) to be at an angle (with *sth*)

anguloso, -a *adj* angular

angustia *nf* **1** (*gen*) anguish: *Gritó con tremenda ~.* He cried out in anguish. **2** (*Psiq*) anxiety **3** (*ganas de vomitar*): *Tengo ~.* I feel sick.
LOC **dar angustia** to be distressing: *Da ~ verlo.* It's distressing to see it. **¡qué angustia!** how worrying! **sentir/tener** (**una**) **angustia por** to be anxious about *sth*

angustiado, -a *pp, adj* **1** (*preocupado*) anxious: *Esperaba ~.* I waited anxiously. **2** (*acongojado*) anguished: *una expresión angustiada* an anguished expression *Ver tb* ANGUSTIAR

angustiar *vt* **1** (*preocupar*) to worry: *Me angustian los exámenes.* I'm worried about my exams. **2** (*apenar*) to distress: *Me angustia verles sufrir.* It distresses me to see them suffer.
■ **angustiarse** *v pron* **angustiarse** (**por**) **1** (*inquietarse*) to worry (**about** *sth/sb*): *No debes ~te cada vez que llegan tarde.* You mustn't worry every time they're late. **2** (*apenarse*) to get upset (**about** *sth/sb*)

angustioso, -a *adj* **1** (*mirada, grito*) anguished **2** (*situación, problema*) distressing

anhelante *adj* **1** (*gen*) longing: *Esperaba ~ su regreso.* He was longing for him to return. **2** (*mirada, voz*) full of longing: *Me dirigió una mirada ~.* He gave me a look full of longing.

anhelar *vt* to long for *sth/to do sth*: *Anhelamos un futuro en paz.* We long to see a peaceful future. ◊ *Anhelan volver a su país.* They are longing to go back to their own country.

anhelo *nm* longing
LOC **tener anhelos de** to long *to do sth*

anidar *vi* **1** (*ave*) to nest **2** (*ilusión, esperanza, odio*): *En ellos anida todavía la esperanza de que vuelvas.* They still harbour the hope that you'll come back. ◊ *No dejes que el odio anide en ti.* Don't harbour hate within your heart.

anilla *nf* ring **LOC** *Ver* CARPETA, CUADERNO, LATA

anillo *nm* ring: *Llevaba un ~ muy bonito en el dedo meñique.* She was wearing a beautiful ring on her little finger.
LOC **anillo de compromiso/pedida** engagement ring

La tradición en los países de habla inglesa es que el novio le regale una sortija a la novia cuando le propone matrimonio. La novia lleva el anillo en el anular de la mano izquierda como muestra de este compromiso. *Ver tb nota en* ALIANZA

no se me caen los anillos it isn't beneath my, your, etc dignity *to do sth*): *No se me van a caer los ~s por trabajar.* It isn't beneath my dignity to go out to work. **venir como anillo al dedo** to be just right (*for sth/sb*) *Ver tb* SENTAR

ánima *nf* soul

animación *nf* **1** (*diversión, concurrencia de gente*) life: *Se ve mucha ~ en las calles.* There's a lot of life in the streets. **2** (*actividad*) activity: *Hay poca ~ en el mercado inmobiliario.* There's very little activity in the property market. **3** (*Cine*) animation
LOC con animación animatedly

animado, -a *pp, adj* **1** (*gen*) lively: *La fiesta estuvo muy animada.* It was a very lively party. **2** (*animoso*) cheerful: *Se le ve ~ a pesar de todos los problemas que tiene.* He seems cheerful despite his problems. **3 ~ (a)** (*dispuesto*) keen (***to do sth***): *Estoy ~ a ir.* I'm keen to go. **4 ~ por** (*impulsado*) spurred on **by *sth/sb*** *Ver tb* ANIMAR **LOC** *Ver* DIBUJO, PELÍCULA

animador, ~a *adj* encouraging
■ **animador, ~a** *nm-nf* **1** (*de un programa*) host **2** (*en campamentos*) leader

animadversión *nf* **~ (contra/hacia)** animosity **(towards *sth/sb*)**

animal *adj, nm* (*Zool*) animal [*n*]: *un ~ salvaje/doméstico* a wild/domestic animal ◊ *el reino ~* the animal kingdom ◊ *¡Qué tío más ~!* What an animal he is!
LOC animal de compañía pet **animales mamíferos** mammals *Ver tb* CARGA, SOCIEDAD, TIRO, TRABAJAR

animalada *nf* **1** (*grosería*) obscenity **2** (*disparate*): *Hicieron la ~ de nadar cinco kilómetros.* They were stupid enough to swim five kilometres.

animar *vt* **1** (*alentar*) to encourage *sb* (***to do sth***): *Yo les animo a que dejen de fumar.* I'm encouraging them to give up smoking. ◊ *Sus palabras nos animaron.* His words encouraged us. **2** (*alegrar*) **(a)** (*persona*) to cheer *sb* up: *Conseguí ~ un poco a mi hermana.* I managed to cheer my sister up a bit. **(b)** (*conversación, reunión*) to liven *sth* up **3** (*apoyar*) to cheer *sb* on: *~ a un equipo* to cheer a team on **4** (*motivar*) to motivate: *Nos anima el deseo de ayudaros.* We're motivated by a desire to help you.
■ **animarse** *v pron* **1** (*alegrarse*) **(a)** (*persona*) to cheer up **(b)** (*reunión, conversación*) to liven up **2 animarse (a)** (*decidirse*) to decide ***to do sth***: *A lo mejor me animo (a ir).* I may decide to go. **LOC** *Ver* COTARRO

anímico, -a *adj* mental **LOC** *Ver* ESTADO

ánimo *nm* **1(a)** (*moral*) spirits [*v pl*]: *Estábamos bajos de ~.* Our spirits were low. ◊ *¿Qué tal estás de ~?* How are you feeling? **(b)** (*fuerza, voluntad*) will: *No tengo ~ para seguir.* I haven't the will to carry on. **(c)** (*valor, seguridad*) courage: *Sus palabras les infundieron ~.* His words gave them courage. **2** (*intención*) intention: *con ~ de hacer algo* with the intention of doing sth ◊ *No está en mi ~ hacer daño a nadie.* It isn't my intention to do anyone any harm.
LOC ¡ánimo! cheer up! **dar ánimo(s) 1** (*alentar*) to encourage *sb* (*to do sth*) **2** (*Dep*) to cheer *sb* on **estar/sentirse con ánimo(s) de/para** to be in the mood *to do sth* **estar sin ánimos** to be depressed **sin ánimo de** without meaning *to do sth*: *Lo dije sin ~ de ofender.* I said it without meaning to offend. **sin ánimo de lucro** non-profit-making *Ver tb* AGITAR, APACIGUAR, APLACAR, CALDEAR, DISPOSICIÓN, INFUNDIR, PACIFICAR, PRESENCIA, SOSEGAR

animosidad *nf* animosity

animoso, -a *adj* spirited: *Llegó muy ~.* He arrived in good spirits.

aniñado, -a *pp, adj* **1** (*aspecto*) childlike **2** (*conducta*) childish

aniquilación *nf* (*tb* **aniquilamiento** *nm*) annihilation

aniquilar *vt* to annihilate (*formal*), to destroy: *~ al adversario* to annihilate the enemy

anís *nm* **1** (*semilla*) aniseed **2** (*licor*) anisette

aniversario *nm* anniversary: *nuestro ~ (de boda)* our wedding anniversary

ano *nm* anus [*pl* anuses] ☛ *Ver ilustración en* DIGESTIVE

anoche *adv* last night

anochecer *v imp* to get dark: *En invierno anochece temprano.* In winter it gets dark early.
■ **anochecer** *nm* dusk: *al ~* at dusk
LOC antes/después del anochecer before/after dark

anodino, -a *adj* bland

ánodo *nm* anode

anomalía *nf* anomaly

anómalo, -a *adj* anomalous

anonadar *vt* **1** (*aturdir*) to stun: *La noticia nos anonadó.* We were stunned by the news. **2** (*asombrar*) to amaze

anonimato *nm* anonymity
LOC mantenerse/permanecer en el anonimato to remain anonymous *Ver tb* GUARDAR

anónimo, -a *adj* anonymous
■ **anónimo** *nm* anonymous letter **LOC** *Ver* SOCIEDAD

anorak *nm* anorak

anorexia *nf* anorexia (nervosa)

anormal *adj* **1** (*gen*) abnormal (*formal*), unusual: *No observamos nada ~ en su comportamiento.* We didn't notice anything unusual about his behaviour. **2** (*Med*) abnormal
■ **anormal** *nmf* idiot: *Ese tío es un ~.* That guy is an idiot.

anormalidad *nf* abnormality: *una situación de ~* an abnormal situation

anotación *nf* **1** (*apunte*) note: *Hacía anotaciones.* He was making notes. **2** (*en un texto*) footnote
LOC anotación en cuenta entry

anotar *vt* **1** (*escribir*) to note *sth* down: *Anoté la dirección.* I noted down the address. **2** (*texto*) to annotate **3** (*en cuenta*) to enter **4** (*gol, tanto*) to score
■ **anotarse** *v pron* (*triunfo*) to score: *El equipo se anotó su primera victoria.* The team scored its first victory.

anquilosamiento *nm* paralysis

anquilosar *vt* to paralyze
■ **anquilosarse** *v pron* to become paralyzed

ansia *nf* **1 ~ (de)** **(a)** (*anhelo*) longing **(for *sth/to do sth*)**: *Su ~ de cambio es comprensible.* His longing for change is understandable. **(b)** (*temor*) fear (***of sth***): *el ~ de caerse* the fear of falling **2 ~ (por)** (*deseo*) desire **(for *sth/to do sth*)**: *~ por mejorar* a desire to improve
LOC con ansia 1 (*esperar*) eagerly **2** (*comer*) voraciously **3** (*beber*) thirstily

ansiado, -a *pp, adj* longed-for: *Llegó el tan ~ día.* The longed-for day arrived. *Ver tb* ANSIAR

ansiar *vt* to long *for sth/to do sth*

ansiedad *nf* anxiety
LOC con ansiedad anxiously

ansioso, -a *adj* **1** (*anhelante*) anxious: *Su madre le esperaba ansiosa.* His mother was anxiously waiting for him. **2 ~ (de/por)** eager **(for *sth/to do sth*)**: *~ de noticias/por triunfar* eager for news/to succeed

antagónico, -a *adj* opposing: *dos grupos ~s* two opposing groups

antagonismo *nm* antagonism

antagonista *adj* opposing
■ **antagonista** *nmf* opponent

antaño *adv* in the past
LOC de antaño of the past: *el cine de ~* the cinema of the past ◊ *su rapidez de ~* his former speed

antártico, -a *adj* Antarctic
■ **Antártico** *nm* (*océano*) Antarctic Ocean **LOC** *Ver* CÍRCULO

Antártida *nf* Antarctic

ante[1] *nm* (*material*) suede

ante[2] *prep* **1** (*gen*) before *sth/sb*: *ante mis ojos/las cámaras* before my eyes/the cameras **2** (*enfrentado con*) in the face of *sth*: *ante las dificultades* in the face of adversity

LOC ante todo above all

anteanoche *adv* the night before last

anteayer *adv* the day before yesterday

antebrazo *nm* forearm

antecedente *adj* preceding

■ **antecedente** *nm* **1** (*precedente*) precedent: *No se conoce ningún ~ de este caso.* This case is unprecedented. **2** (*base*) cause: *el ~ de la crisis* the cause of the crisis **3** (*Gram*) antecedent **4 antecedentes** (*policiales*) criminal record [*sing*]: *No tiene ~s.* He hasn't got a criminal record.

LOC antecedentes penales criminal record [*sing*] **estar en antecedentes** to be in the picture **poner en antecedentes** to put *sb* in the picture **tener buenos/malos antecedentes** to have a good/bad record

anteceder *vt* to precede: *el párrafo que antecede a este* the preceding paragraph

antecesor, ~a *nm-nf* **1** (*predecesor*) predecessor **2** (*antepasado*) ancestor

antelación *nf*

LOC con antelación in advance: *con dos años de ~* two years in advance ◊ *con mucha ~* a long time in advance ◊ *con poca ~* at short notice

antemano

LOC de antemano beforehand

antena *nf* **1** (*Radio, TV*) aerial ☛ *Ver ilustración en* BUNGALOW **2** (*Zool*) antenna [*pl* antennae]

LOC antena colectiva communal aerial **antena parabólica** satellite dish **estar con/tener la antena puesta** to eavesdrop **estar en antena** to be on the air **salir a/en antena** to go on the air *Ver tb* TOMA[2]

anteojo *nm* **1** (*catalejo*) spyglass **2 anteojos (a)** (*prismáticos*) binoculars **(b)** (*para el teatro, para la ópera*) opera glasses

antepasado, -a *nm-nf* (*persona*) ancestor

antepecho *nm* **1** (*ventana*) sill **2** (*puente*) parapet

antepenúltimo, -a *adj* last but two, antepenultimate (*formal*): *"Pájaro" se acentúa en la antepenúltima sílaba.* 'Pájaro' has an accent on the last syllable but two.

■ **antepenúltimo, -a** *nm-nf* third from last: *Llegué la antepenúltima.* I was third from last.

anteponer *vt* to put *sth* ***before sth***: *Anteponga el adjetivo al nombre.* Put the adjective before the noun. ◊ *Nunca antepongas tus intereses a los de tu familia.* You shouldn't put your own interests before those of your family.

anteproyecto *nm* draft plan

LOC anteproyecto de ley bill

antepuesto, -a *pp, adj* before *sth*: *En inglés el adjetivo va ~ al nombre.* The adjective goes before the noun in English. *Ver tb* ANTEPONER

anterior *adj* **1** (*orden, tiempo*) previous: *el párrafo/año ~* the previous paragraph/year ◊ *en una ocasión ~* on a previous occasion **2 ~ (a)** before *sth*: *la hora ~ a la reunión* the hour before the meeting **3** (*mencionado antes*) aforementioned **4** (*de delante*) **(a) ~ (a)** in front (**of *sth***): *Estaba sentado en la fila ~ a la mía.* He was sitting in the row in front of mine. **(b)** (*rueda, pata*) front: *las patas ~es* the front legs

anterioridad *nf*

LOC con anterioridad previously **con anterioridad a** prior to *sth*

antes *adv* **1** (*tiempo*) **(a)** (*previamente*) before: *Ya lo habíamos discutido ~.* We had discussed it before. **(b)** (*más temprano*) earlier: *Los lunes cerramos ~.* We close earlier on Mondays. ☛ *Ver nota en* AGO **2** (*primero*) first: *Ellos fueron los que llegaron ~.* They were the ones who arrived first. **3** (*preferir*) rather: *~ me muero que pedirles perdón.* I'd rather die than say sorry.

■ **antes** *adj* before: *minutos/días ~* minutes/days before

LOC antes de before *sth/doing sth*: *~ de Navidad/irnos a la cama* before Christmas/going to bed ◊ *La casa está ~ de la farmacia.* The house is before you get to the chemist's. **antes de ayer** the day before yesterday **antes de Cristo/Jesucristo** before Christ (*abrev* BC) **antes de nada** first of all **antes la obligación que la devoción** business before pleasure **antes que nada** above all **de antes** previous: *en el trabajo de ~* in my previous job ◊ *Estos pasteles no saben como los de ~.* These cakes don't taste like they used to. **eso antes que nada** that comes first **lo antes posible** as soon as possible (*abrev* asap) **mucho antes de** a long time before *sth/doing sth* *Ver tb* CONSUMIR, CUANTO, HORA, IMPUESTO

antesala *nf* **1** (*sala de espera*) lobby **2** (*fig*) threshold: *Está en la ~ de la presidencia.* He's on the threshold of the presidency. ◊ *la ~ de las negociaciones* the prelude to the negotiations

antiadherente *adj* non-stick

antiaéreo, -a *adj* anti-aircraft [*n atrib*]: *la defensa antiaérea* anti-aircraft defence **LOC** *Ver* EJERCICIO

antibala (*tb* **antibalas**) *adj* bulletproof **LOC** *Ver* CHALECO

antibiótico, -a *adj* antibiotic

■ **antibiótico** *nm* antibiotic

anticiclón *nm* anticyclone

anticipación *nf* bringing forward: *La ~ de estos recortes puede favorecer la economía.* Bringing forward these cuts may favour the economy.

LOC con anticipación in advance: *reservar entradas con ~* to book tickets in advance ◊ *¿Con cuánta ~ hay que avisarle?* How far in advance do you have to let him know?

anticipado, -a *pp, adj* **1** (*previo*) advance: *venta anticipada* advance sale **2** (*previsto*) expected: *La asistencia fue mayor que la anticipada.* The turn-out was higher than expected. **3** (*adelantado*) early: *elecciones anticipadas* early elections *Ver tb* ANTICIPAR

LOC por anticipado in advance *Ver tb* JUBILACIÓN

anticipar *vt* **1** (*adelantar*) to bring *sth* forward: *Anticipamos la boda.* We brought the wedding forward. **2** (*dinero*) to advance *sth* (**to *sb***): *Me anticipó dos mil pesetas.* He advanced me two thousand pesetas. **3** (*sueldo, alquiler*) to pay *sth* in advance **4** (*prever*) to anticipate: *Anticipan un resultado favorable.* A favourable result is anticipated.

■ **anticiparse** *v pron* **1** (*adelantarse*) to come early: *Este año se ha anticipado la primavera.* Spring has come early this year. **2 anticiparse (a) (a)** (*algo*) to anticipate: *~se a un problema* to anticipate a problem **(b)** (*algn*) to do *sth* **before *sb***, to beat *sb* to it (*coloq*): *Iba a pagar yo, pero ella se me anticipó.* I was going to pay but she beat me to it.

LOC anticiparse a las palabras de algn to take the words out of sb's mouth **no anticipemos acontecimientos** let's cross that bridge when we come to it *Ver tb* ÉPOCA

anticipo *nm* **1** (*dinero*) advance: *He pedido un ~ del sueldo.* I've asked for an advance on my salary. **2** (*presagio*) foretaste: *un ~ del conflicto* a foretaste of conflict **3** (*preparativo*) preliminary (***to sth***): *como ~ de la cumbre* as a preliminary to the summit

LOC un anticipo de las noticias the main points (of the news)

anticonceptivo, -a *adj* contraceptive

■ **anticonceptivo** *nm* contraceptive

anticongelante *nm* antifreeze

anticonstitucional *adj* unconstitutional

anticorrosivo, -a *adj* anti-rust

anticuado, -a *adj* **1** (*gen*) old-fashioned: *Esta camisa se ha quedado anticuada.* This shirt's old-fashioned. **2** (*que ya no sirve*) antiquated: *Van a sustituir toda la maquinaria anticuada.* They're going to replace all the antiquated machinery.

■ **anticuado, -a** *nm-nf* old-fashioned [*adj*]: *¡Eres un ~!* You're so old-fashioned.

anticuario, -a *nm-nf* (*persona*) antique dealer

■ **anticuario** *nm* (*tienda*) antique shop

anticuerpo *nm* antibody

antidemocrático, -a *adj* undemocratic

antidepresivo *nm* antidepressant
antideslizante *adj* **1** (*neumático*) non-skid **2** (*suelo, material*) non-slip
antideslumbrante *adj* anti-glare
antidisturbios *adj* riot [*n atrib*]: *policía* ~ riot police
■ **antidisturbios** *nmf* riot policeman/woman [*pl* riot police]
antidoping *adj*
LOC control/prueba antidoping drug test: *Dio positivo en la prueba* ~. He tested positive in the dope test.
antídoto *nm* **~ (de/contra)** antidote **(to** *sth***)**
antidroga *adj* anti-drug: *organizar una campaña* ~ to organize an anti-drug campaign
antiestético, -a *adj* unsightly
antifaz *nm* mask
antigás *adj*
LOC careta/máscara antigás gas mask ☛ *Ver ilustración en* MASK
antigualla *nf* **1** (*gen*) piece of (old) junk: *Tira esa ~ a la basura.* Throw that piece of junk out. ◊ *Este coche es una* ~. This car is an old banger. **2 antiguallas** junk [*incontable, v sing*]: *Tiene un montón de ~s en el desván.* He's got a lot of old junk in the attic.
antiguamente *adv* in the old days
Antigua y Barbuda *nf* Antigua and Barbuda
antigüedad *nf* **1** (*cualidad*) age: *la ~ y el mal estado de las viviendas* the age and poor condition of the houses **2** (*empleado, socio*) seniority: *Su ~ lo cualifica para un ascenso.* His seniority qualifies him for promotion. **3** (*Hist*) antiquity: *los héroes de la* ~ the heroes of antiquity **4** (*objeto*) antique: *Esta figura es una ~ que me dejó mi abuela.* My grandmother left me this antique figurine. ◊ *El domingo hay una feria de ~es.* There's an antiques fair on Sunday.
LOC la antigüedad clásica classical antiquity **tener dos años, etc de antigüedad 1** (*edificio, ruinas*) to be two years, etc old **2** (*empleado*) to have been in a job for two years, etc: *Tiene 20 años de ~ en el cargo.* He's been in the job for 20 years. *Ver tb* TIENDA
antiguo, -a *adj* **1** (*viejo*) old: *Me gustan los coches/muebles ~s.* I like old cars/furniture. **2** (*anterior*) former (*formal*), old: *la antigua Unión Soviética* the former Soviet Union ◊ *mi ~ jefe* my old boss **3** (*empleado*): *Me corresponde ascender por ser el más* ~. I should be promoted, as I've worked here longest. **4** (*Hist*) ancient: *los emperadores de la antigua Roma* the emperors of ancient Rome
LOC a la antigua (usanza) in the old style **antiguo alumno**: *Todos ellos son ~s alumnos de esta facultad.* They're all former students of this department. ◊ *Hoy tengo una cena de ~s alumnos.* I'm going to an old students' dinner tonight. **venir de/desde antiguo** to go back a long way: *Esa tradición viene de* ~. That tradition goes back a long way. *Ver tb* CASCO, CHAPADO, COCHE, COMBATIENTE, EDAD
antihéroe *nm* anti-hero
antihigiénico, -a *adj* unhygienic
antihistamínico, -a *adj* antihistamine [*n atrib*]: *pastillas antihistamínicas* antihistamine tablets
■ **antihistamínico** *nm* antihistamine
antiinflacionista *adj* anti-inflationary
antillano, -a *adj, nm-nf* West Indian
Antillas *nf* West Indies
antílope *nm* antelope
antinatural *adj* unnatural
antiniebla *adj* fog [*n atrib*]
LOC faro/luz antiniebla fog lamp
antioxidante *adj, nm* anti-rust [*adj*]: *Necesito ~ para el coche.* I need an anti-rust treatment for my car.
antipalúdico, -a *adj* antimalarial: *medicamentos ~s* antimalarial drugs ◊ *pastillas antipalúdicas* malaria tablets
antiparras *nf* specs
antipatía *nf* antipathy: *Se nota cierta ~ entre los socios.* There's a certain antipathy between the partners.
LOC cogerle antipatía a to take a dislike to *sth/sb*: *¿Por qué le has cogido semejante ~?* Why have you taken such a dislike to him? ◊ *Le he cogido ~ a este trabajo.* I've taken a dislike to this job. **sentir antipatía por/tenerle antipatía a** to dislike *sth/sb*: *Siente ~ por su cuñada.* He dislikes his sister-in-law. ◊ *Piensan que les tengo ~.* They think I dislike them. ◊ *¡Qué ~ le tengo!* I can't stand him!
antipático, -a *adj* unpleasant
LOC caer antipático: *Ese chico me cayó ~ desde el primer momento.* I took an instant dislike to that boy. ◊ *Su hermana me cae muy antipática.* I really can't stand his sister.
antipatriótico, -a *adj* unpatriotic
antípodas *nf* (*Geog*) Antipodes
LOC estar en las antípodas de algo to be the exact opposite of sth
antirreglamentario, -a *adj* in breach of regulations: *Están trabajando en condiciones antirreglamentarias.* Their working conditions are in breach of the regulations. ◊ *El jugador estaba en posición antirreglamentaria.* The player was offside. ◊ *una entrada antirreglamentaria* a foul tackle
antirrobo *adj* anti-theft: *un dispositivo/sistema* ~ an anti-theft device/system
■ **antirrobo** *nm* burglar alarm **LOC** *Ver* ALARMA, BARRA, CADENA, CERRADURA
antisemita *adj* anti-Semitic
■ **antisemita** *nmf* anti-Semite
antisemítico, -a *adj* anti-Semitic
antisemitismo *nm* anti-Semitism
antiséptico, -a *adj* antiseptic
■ **antiséptico** *nm* antiseptic **LOC** *Ver* AGUA
antisocial *adj* antisocial
antiterrorista *adj* anti-terrorist
antítesis *nf* antithesis [*pl* antitheses]
antitetánico, -a *adj* tetanus [*n atrib*]: *una vacuna antitetánica* a tetanus injection
■ **antitetánica** *nf* tetanus injection: *Me han puesto la antitetánica.* They've given me a tetanus injection.
antojadizo, -a *adj* **1** (*que lo quiere todo*): *¡Qué niño más ~!* That child's never satisfied! **2** (*que cambia de opinión*): *Se mostró muy* ~. He kept changing his mind.
antojarse *v pron* **1** (*querer*): *Al niño se le antojó un robot.* The child took a fancy to a robot. ◊ *¿Crees que te voy dar todo lo que se te antoje?* Do you think I'm going to give you everything you want? ◊ *Iré cuando se me antoje.* I'll go when I feel like it. ◊ *hacer lo que se te antoja* to do what you like ◊ *Se le ha antojado pasar unos días en Madrid.* He's taken it into his head to go to Madrid for a few days. **2** (*parecer*): *Esa explicación se me antoja un tanto extraña.* That explanation seems rather strange to me. ◊ *Se me antoja que está mintiendo.* I've got a feeling that she's lying.
antojo *nm* **1** (*capricho*) whim **2** (*de embarazada*) craving: *Tiene unos ~s carísimos.* She has some very expensive cravings. **3** (*lunar*) birthmark
LOC a mi antojo as I, you, etc please
antología *nf* anthology
LOC de antología memorable: *una actuación de* ~ a memorable performance
antológico, -a *adj* **1** (*exposición*) representative: *una exposición antológica de Dalí* a representative exhibition of Dalí's work **2** (*memorable*) memorable: *una frase antológica* a memorable phrase
antónimo, -a *adj* antonym [*n*]: *"Grande" y "pequeño" son dos adjetivos ~s.* 'Grande' and 'pequeño' are antonyms.
■ **antónimo** *nm* antonym
antonomasia *nf*
LOC por antonomasia par excellence
antorcha *nf* torch: *la ~ olímpica* the Olympic torch
antracita *nf* anthracite
ántrax *nm* anthrax
antro *nm* (*local sórdido*) dive

LOC antro de perdición/corrupción den of iniquity
antropofagia *nf* cannibalism
antropófago, -a *adj* cannibalistic
■ **antropófago, -a** *nm-nf* cannibal
antropoide *adj, nm* anthropoid
LOC los antropoides the great apes
antropología *nf* anthropology
antropológico, -a *adj* anthropological
antropólogo, -a *nm-nf* anthropologist
antropomórfico, -a *adj* anthropomorphic
anual *adj* annual: *la revisión ~ de los salarios* the annual review of salaries ◊ *El mantenimiento de la casa nos cuesta 100.000 pesetas ~es.* The upkeep of the house costs 100 000 pesetas a year. ◊ *Producen unas 20 toneladas ~es.* They produce about 20 tons a year.
anualidad *nf* **1** (*ingresos*) annuity **2** (*pagos*) annual payment
anualmente *adv* annually
anuario *nm* yearbook
anudar(se) *vt, v pron* to tie: *Estoy harta de anudarte los zapatos, a ver cuándo aprendes.* I'm tired of having to do up your shoelaces for you. It's time you learnt to do it for yourself. ◊ *Se anudó un pañuelo al cuello.* He tied a scarf round his neck.
anulación *nf* **1** (*cancelación*) cancellation: *la ~ de un contrato/acuerdo* the cancellation of a contract/agreement **2** (*matrimonio*) annulment **3** (*votación*): *Exigen la ~ de las elecciones.* They're calling for the election to be declared invalid. **4** (*castigo, ley, multa*) repeal **5** (*sanción, sentencia*): *Exigen la ~ de las sanciones.* They're calling for the sanctions to be lifted. ◊ *Procedieron a la ~ de la sentencia.* The sentence was overturned. **6** (*licencia*) withdrawal **7** (*gol*): *La ~ del primer gol causó protestas.* There were protests when the first goal was disallowed. **8** (*destrucción*): *Eso llevaría a la ~ de nuestra capacidad de negociar.* That would destroy our capacity to negotiate.
anular[1] *nm* **1** (*mano izquierda*) ring finger **2** (*mano derecha*) third finger ☛ *Ver ilustración en* HAND[1]
anular[2] *vt* **1** (*cancelar*) to cancel: *~ un partido/viaje* to cancel a match/trip **2** (*matrimonio*) to annul **3** (*votación*) to declare *sth* invalid **4** (*castigo, ley, multa*) to revoke **5** (*sanción*) to lift **6** (*sentencia*) to overturn **7** (*licencia*) to withdraw **8** (*gol, tanto*) to disallow **9** (*descartar*) to cancel *sth* out: *Esto anula la supuesta reducción de los impuestos.* This cancels out the so-called tax reduction. **10** (*derrotar*) to annihilate: *~ al equipo contrario* to annihilate the opposing team **11** (*eliminar*) to destroy: *Eso anularía mi capacidad creadora.* That would destroy my creative ability.
anunciador, ~a *adj*: *el cartel ~ del festival de cine* the poster advertising the film festival
anunciante *nmf* advertiser
anunciar *vt* **1** (*informar de*) to announce: *Anunciaron el resultado por los altavoces.* They announced the result over the loudspeaker. **2** (*advertir*) to inform *sb* **of** *sth*: *Nos anunció su intención de dimitir.* He informed us of his intention to resign. **3** (*hacer publicidad*) to advertise: *Están anunciando muchísimo esa película.* That film is being widely advertised. **4** (*predecir, presagiar*) to forecast: *Anuncian lluvias en el Cantábrico.* Rain is forecast for the north of Spain. ◊ *Esos nubarrones anuncian nieve.* Those clouds mean it's going to snow.
■ **anunciarse** *v pron* **1 anunciarse (en)** (*hacer publicidad*) to advertise (**in** ...): *Para tener éxito es necesario ~se en la prensa.* To be assured of success it's necessary to advertise in the press. **2** (*prometer ser*) to promise to be *sth*: *El partido se anuncia emocionante.* The match promises to be exciting. ◊ *El mes de septiembre se anuncia movidito.* It looks as though September is going to be busy.
anuncio *nm* **1** (*Prensa, Televisión, Radio*) advertisement, advert (*más coloq*), ad (*coloq*)

Nótese que existe también el término **commercial** que se usa para referirnos a los anuncios de productos comerciales en la televisión o radio: *un anuncio de Coca Cola* a Coca Cola commercial ◊ *Espera a que salgan los anuncios.* Wait for the commercials to come on.

2 (*cartel*) poster **3** (*declaración*) announcement: *el ~ de la boda real* the announcement of the royal wedding
LOC anuncio luminoso neon sign **anuncios por palabras** classified ads *Ver tb* HOMBRE, PROHIBIDO, TABLÓN
anverso *nm* **1** (*moneda*) obverse **2** (*hoja de una planta*) top surface **3** (*hoja de papel*) front
anzuelo *nm* **1** (*Pesca*) hook ☛ *Ver ilustración en* HOOK **2** (*aliciente*) bait
LOC echar el anzuelo to cast your line **morder/tragar el anzuelo** (*fig*) to swallow the bait
añadido, -a *pp, adj* additional: *problemas ~s debido al tráfico* additional problems due to the traffic *Ver tb* AÑADIR
■ **añadido** *nm* addition **LOC** *Ver* IMPUESTO
añadidura *nf*
LOC por añadidura in addition to *sth*
añadir *vt* to add **LOC** *Ver* HOLGAR
añejo, -a *adj* **1** (*vino*) mature **2** (*tradición*) old
añicos *nm*
LOC estar/quedar hecho añicos 1 (*persona*) to be shattered **2** (*cosa*) **(a)** (*gen*) to be smashed to pieces: *El plato quedó hecho ~.* The plate was smashed to pieces. **(b)** (*cristal*) to be shattered **hacer añicos 1** (*gen*) to shatter *sth/sb*: *hacer ~ un cristal/las esperanzas de algn/a una persona* to shatter glass/sb's hopes/a person **2** (*objeto sólido*) to smash *sth*: *hacer ~ la vajilla* to smash the china **hacerse añicos** to shatter: *El parabrisas se hizo ~.* The windscreen shattered.
añil *nm* indigo
año *nm* year: *el ~ académico/escolar* the academic/school year ◊ *todo el ~* all year (round) ◊ *el ~ pasado* last year ◊ *Todos los ~s pasamos unos días en la costa.* We spend a few days at the seaside every year. ◊ *Lleva todo el ~ en León.* He's been in León all year.
LOC al año (*cada año*) a year: *Nos vemos varias veces al ~.* We meet several times a year. **a los dos, etc años (de)**: *Se separaron a los tres ~s.* They separated after three years. ◊ *Me coloqué al ~ de terminar la carrera.* I got a job a year after finishing my studies. **a mis años** at my, your, etc age **a mis dos, etc años** at two, etc years old: *A sus 80 ~s sigue caminando diez kilómetros al día.* At 80 years old, he still walks ten kilometres a day. **año bisiesto** leap year **año fiscal** financial year **años ha** years ago **año nuevo** New Year: *el día de ~ nuevo* New Year's Day ◊ *¡Feliz ~ nuevo!* Happy New Year! **año nuevo, vida nueva** a new year, a new start **año sabático** sabbatical (year): *Me voy a coger un ~ sabático.* I'm going to have a sabbatical. **años luz** light years **de dos, etc años (de edad)**: *un chaval de 16 ~s* a boy of 16/a 16-year-old boy ◊ *García, de 42 ~s, fue detenido anoche.* García, (aged) 42, was arrested last night. ☛ *Ver nota en* YEAR **del año catapún/de la nana/polca**: *Esa canción es del ~ catapún.* That song has been around since the year dot. **echar años**: *Le echo unos cincuenta ~s.* I'd say he's about fifty. ◊ *Soy malísima echando ~s.* I'm very bad at guessing people's ages **en mis años mozos** in my, your, etc youth **estar entrado/metido en años** to be getting on **estar/ponerse de buen año** to look healthy **hace años** years ago **hace años que ...**: *Hace ~s que no les veo.* I haven't seen them for ages. **los años 50, 60, etc** the 50s, 60s, etc **los años no pasan en balde/vano** we're none of us getting any younger **por ti no pasan los años** you don't, he doesn't, etc look a day older **quitarse años** to lie about your age **tener dos, etc años** to be two, etc (years old): *¿Cuántos ~s tienes?* How old are you? ◊ *Tiene cuatro ~s.* He is four years old. ☛ *Ver nota en* OLD, YEAR **un año sí y otro no** every other year *Ver tb* DÍA, FIN, MENOR, PASADO, PELÍCULA, PESO, SENTIR[2], SESENTA
añoranza *nf* yearning (**for** *sth/sb*): *sentir ~ de tu familia/país* to yearn for your family/country

añorar *vt* to miss

aorta *nf* aorta

apabullante *adj* overwhelming

apabullar *vt* to overwhelm: *Nos apabulló con sus argumentos.* His arguments overwhelmed us. ◊ *~ al equipo contrario* to crush the opposing team

apacentar(se) *vt, v pron* to graze

apacible *adj* **1** (*persona*) placid **2** (*vida*) peaceful **3** (*tiempo meteorológico*) mild **4** (*mar*) calm **5** (*brisa*) gentle

apaciguar *vt* to pacify, to calm *sb* down (*más coloq*): *~ al público* to calm the audience down

■ **apaciguarse** *v pron* **1** (*persona*) to calm down **2** (*tormenta, temporal*) to die down

LOC **apaciguar(se) los ánimos**: *Trató de ~ los ánimos de los asistentes.* He tried to calm everybody down. ◊ *cuando se hayan apaciguado los ánimos* when everybody has calmed down

apadrinar *vt* **1** (*niño*) to be godfather **to *sb***: *Apadrinó a su sobrina.* He was godfather to his niece. **2** (*novia*) to give *the bride* away **3** (*artista, proyecto*) to back

apagado, -a *pp, adj* **1** (*persona*) listless **2** (*mirada*) sad **3** (*color*) dull **4** (*sonido*) muffled **5** (*voz*) weak **6** (*volcán*) extinct *Ver tb* APAGAR

LOC **estar apagado 1** (*luz, aparato*) to be off **2** (*fuego*) to be out *Ver tb* CAL

apagar *vt* **1** (*luz, aparato*) to switch *sth* off **2** (*fuego, cigarrillo*) to put *sth* out **3** (*vela, cerilla*) to blow *sth* out **4** (*sentimiento, dolor*) to lessen **5** (*sed*) to quench

■ **apagarse** *v pron* **1** (*gen*) to go out: *Se me apagó la vela/el cigarro.* My candle/cigarette went out. **2** (*volcán*) to become extinct **3(a)** (*persona*) to pass away **(b)** (*vida*) to slip away **4** (*protesta, campaña*) to die down **5** (*sentimiento, dolor*) to subside **6** (*sonido*) to die away

LOC **apaga y vámonos** let's call it a day

apagón *nm* power cut

apaisado, -a *adj* landscape [*n atrib*]: *formato vertical o ~* portrait or landscape format

apalabrado, -a *pp, adj* (*reservado*) reserved: *Ese ya está ~.* That one is reserved for somebody else. *Ver tb* APALABRAR

apalabrar *vt* to agree (on) *sth*: *Han apalabrado la venta del chalé.* They've agreed the sale of the house.

apalancamiento *nm*: *¡Vaya ~ que llevo!* I'm feeling very lazy today.

apalancar *vt* to force *sth* open

■ **apalancarse** *v pron*: *Se apalancó en el sillón y no salió en todo el día.* He settled down in the armchair and didn't move again all day.

apaleamiento *nm* beating

apalear *vt* to beat

apañado, -a *pp, adj* **1** (*persona*) clever: *¿Lo has arreglado tú mismo? ¡Qué ~!* Did you do it yourself? How clever of you! ◊ *Siempre ha sido muy apañada.* She's always been very capable. **2** (*cosa*) handy: *Esta maleta pequeña es muy apañada.* This small case is very handy. *Ver tb* APAÑAR

LOC **estar/ir apañado** to be making a big mistake: *Estás ~ si crees que te van a ayudar.* You're making a big mistake if you think they're going to help you.

apañar *vt* (*amañar*) to rig: *~ unas elecciones* to rig an election

■ **apañarse** *v pron* to manage (***to do sth***): *Con unas cinco mil pesetas me apaño.* I can manage with five thousand pesetas. ◊ *No me apaño a escribir con la izquierda.* I can't write with my left hand.

LOC **apañárselas** to manage (*to do sth*): *Ése siempre se las apaña para no trabajar.* He always manages to avoid work. ◊ *Ya me las apañaré.* I'll be OK.

apaño *nm* **1** (*arreglo*): *Como no tenemos recambios vamos tirando con ~s.* As we don't have the right spare parts, we have to make do with makeshift repairs. **2** (*chanchullo*) fiddle **3** (*amorío*) fling

aparador *nm* sideboard

aparato *nm* **1** (*mecanismo*) device: *un ~ transmisor* a transmitting device **2** (*televisión*) set **3** (*doméstico*) appliance **4** (*de laboratorio, de gimnasia*) apparatus [*incontable*]: *el potro, la barra y otros ~s* the horse, the bar and other apparatus **5** (*Anat*) system: *el ~ circulatorio/digestivo/respiratorio* the circulatory/digestive/respiratory system **6** (*audífono*) hearing aid **7** (*para los dientes*) brace: *Me tienen que poner ~.* I've got to have a brace. **8** (*estructura*) machine: *el ~ del partido/estado* the party machine/the machinery of state **9** (*gimnasia rítmica*) section: *Venció en los cuatro ~s.* She won in all four sections. **10** (*ostentación*) pomp

LOC **al aparato** speaking: *—¿Me pone con el Sr. García? —Al ~.* 'Can I speak to Mr García?' 'Speaking.' **aparato eléctrico** thunder and lightning **aparato ortopédico** surgical appliance **ponerse al aparato** to take the call: *Se puso al ~ el propio director.* The director himself took the call.

aparatoso, -a *adj* spectacular: *Fue un accidente muy ~.* It was a spectacular accident.

aparcamiento *nm* **1** (*acción*) parking: *El ~ está imposible en el centro.* Parking is very difficult in the town centre. ◊ *una zona de ~* a parking area ◊ *No encuentro ~.* I can't find a parking space. **2** (*parking*) car park: *El ~ está lleno.* The car park is full.

LOC **aparcamiento de pago 1** (*de pagar al aparcar*) pay and display car park **2** (*de pagar a la salida*) pay at the exit car park

aparcar *vt, vi* to park: *¿Dónde has aparcado?* Where have you parked?

■ **aparcar** *vt* **1** (*proyecto, problema*) to shelve **2** (*persona*) to leave: *Aparcaron a los niños con la abuela y se fueron al cine.* They left the children with their granny and went off to the cinema.

LOC **aparcar en doble fila** to double-park *Ver tb* SITIO

aparecer *vi* **1** (*gen*) to appear: *Han aparecido varias goteras.* Various leaks have appeared. ◊ *Aparece mucho en la televisión.* He appears a lot on TV. **2** (*algn/algo perdido*) to turn up: *El niño apareció sano y salvo.* The child turned up safe and sound. ◊ *Perdí las gafas pero aparecieron.* I lost my glasses but they turned up. **3** (*figurar*) to be: *Mi número no aparece en la guía.* My number isn't in the directory. **4** (*llegar*) to show up: *Pedro apareció a eso de las diez.* Pedro showed up around ten. ◊ *El jefe aparece por aquí cuando quiere.* The boss shows up when he feels like it. **5** (*ponerse a la venta*) **(a)** (*libro*) to be published: *Su última novela aparecerá en otoño.* His latest novel will be published in the autumn. **(b)** (*disco*) to be released

■ **aparecerse** *v pron* **aparecerse (a/ante)** to appear (**to *sb***): *El fantasma se aparece ante Hamlet.* The ghost appears to Hamlet.

LOC **aparecer vivo/muerto** to be found alive/dead: *La alpinista apareció viva a los cinco días de su desaparición.* The climber was found alive five days after she disappeared. *Ver tb* HONGO

aparecido, -a *pp, adj* (*descubierto*) found: *los bidones ~s en la playa* the drums found on the beach *Ver tb* APARECER **LOC** *Ver* PELÍCULA

aparejado, -a *pp, adj Ver* APAREJAR

LOC **llevar/traer aparejado** to entail *sth*

aparejador, ~a *nm-nf* quantity surveyor

aparejar *vt* **1** (*caballería*) to harness **2** (*barco*) to rig

aparejo *nm* **1** (*de un caballo*) tack **2** (*de un barco*) rigging ☛ *Ver ilustración en* YACHT **3 aparejos** tackle [*incontable, v sing*]: *~s de pesca/pintura* fishing tackle/painting things

aparentar *vt* **1** (*fingir*) to pretend: *Tuve que ~ alegría.* I had to pretend I was happy. **2** (*edad*) to look: *Aparenta unos 50 años.* He looks about 50. ◊ *Tiene 70 años pero no los aparenta.* He is 70 but he doesn't look it.

■ **aparentar** *vi* to show off: *Les gusta ~.* They love showing off.

aparente *adj* **1** (*gen*) apparent: *sin un motivo ~* for no apparent reason **2** (*visible*) obvious: *No hay síntomas ~s de crisis.* There are no obvious symptoms of a crisis. **3** (*vistoso*) smart

aparición *nf* **1** (*gen*) appearance: *la ~ de un sarpullido* *en la piel* the appearance of a rash **2** (*Relig*) vision **3** (*fantasma*) apparition **4** (*publicación*) **(a)** (*libro*) publication: *una revista de reciente* ~ a recently published magazine **(b)** (*disco*) release

LOC hacer (su) aparición to appear *Ver tb* PRÓXIMO

apariencia *nf* appearance

LOC dar/tener apariencia de to give an appearance of *sth*: *Da* ~ *de tranquila.* She gives an appearance of calm. **en apariencia** at first sight: *una tarea en* ~ *fácil* a task that looks easy at first sight **las apariencias engañan** appearances can be deceptive *Ver tb* GUARDAR

apartado, -a *pp, adj* remote *Ver tb* APARTAR

■ **apartado** *nm* **1** (*gen*) section: *El plan de estudios se divide en cuatro* ~*s.* The syllabus is divided into four sections. **2** (*párrafo*) paragraph **3** (*presupuesto*) item

LOC apartado (de correos) post-office box (*abrev* PO box) **estar, vivir, etc apartado de 1** (*algo*) to be no longer involved in *sth*: *Lleva dos años* ~ *de la política.* He hasn't been involved in politics for two years. **2** (*algn*) to live apart from *sb*: *Vive* ~ *de su familia.* He lives apart from his family. *Ver tb* MANTENER

apartamento *nm* flat **LOC** *Ver* TORRE

apartar *vt* **1** (*alejar*) to separate: ~ *a dos personas que se están peleando* to separate two people who are fighting ◊ *La guerra nos apartó.* The war separated us. ◊ *No dejes que esa relación te aparte de tus amigos.* Don't let that relationship keep you away from your friends. ◊ *Su enfermedad lo apartó del rugby.* He had to give up playing rugby because of his illness. **2** (*obstáculo*) to move *sth* (out of the way): *Aparta la silla.* Move that chair out of the way. ◊ *Apartó la cazuela del fuego.* He took the saucepan off the flame. **3** (*para abrirse paso*) to push past *sb*: *El guardaespaldas apartó a las fans.* The bodyguard pushed past the fans. **4** (*guardar*) to put *sth* aside: *Si usted quiere, le aparto el pantalón.* If you like, I'll put the trousers aside for you. ◊ *Apártame un trozo de tarta.* Keep me a piece of cake.

■ **apartarse** *v pron* **1** (*gen*) to move: *La gente se apartó para dejarme paso.* The people moved aside to let me through. ◊ *Apártate, que estorbas.* Get out of the way! ◊ *Se está apartando de sus amigos.* He is drifting away from his friends. **2** (*de una actividad*) to give *sth* up: *Se apartó del alcohol/juego.* He gave up drink/gambling.

LOC aparta esa idea de la cabeza/mente put that idea out of your mind **apartar la mirada/vista** to look away **apartarse de la verdad** not to be strictly true: *Su versión se aparta de la verdad.* His version isn't strictly true. **apartarse del buen camino** to stray from the path **apartarse del tema** to get away from the subject **no apartar la vista de** to keep your eyes glued to *sth/sb Ver tb* VISTA

aparte *adv* **1** (*a un lado*) aside: *Pondré estos papeles* ~. I'll set these documents aside. **2** (*separadamente*) separately: *Esto lo pago* ~. I'll pay for this separately. ◊ *Envuélvamelo* ~. Could you wrap it separately, please? **3** (*a solas*) on your own: *Me habló* ~. She spoke to me on my own.

■ **aparte** *adj* **1** (*separado*) separate: *Dame una factura* ~ *para estas cosas.* Give me a separate bill for these items. **2** (*diferente*) different: *Vive en un mundo* ~. He lives in a different world.

■ **aparte** *nm* aside: *en un* ~ in an aside

LOC aparte de 1 (*excepto*) apart from *sth/sb*: ~ *de eso no pasó nada.* Nothing happened apart from that. ◊ ~ *de él, no se quejó nadie.* Apart from him, nobody complained. **2** (*además de*) as well as: ~ *de ser inteligente, es encantadora.* She's charming as well as intelligent. **3** (*encima de*) on top of *sth*: *Me pagaron 60.000 pesetas* ~ *del sueldo.* They paid me 60 000 pesetas on top of my salary. **aparte de que...** (quite) apart from the fact that... **dejando eso aparte** leaving that aside *Ver tb* CAPÍTULO, CASO, COMER, MODESTIA, PUNTO, RANCHO

apasionado, -a *pp, adj* passionate: *un temperamento/beso* ~ a passionate temperament/kiss ◊ *una defensa apasionada de la democracia* a passionate defence of democracy *Ver tb* APASIONAR

■ **apasionado, -a** *nm-nf* **~ de/por** lover **of** ***sth***: *los* ~*s de la ópera* opera-lovers ◊ *Mis hijos son unos* ~*s de ese grupo.* My children are mad about that group. ◊ *Soy un* ~ *del tema.* I'm mad keen on the subject.

apasionamiento *nm* passion

apasionante *adj* exciting

apasionar *vi* **1** (*entusiasmar*) to love *sth/doing sth* [*vt*]: *Me apasiona el jazz.* I love jazz. **2** (*acalorar*): *Es un tema que apasiona.* It is a topic that arouses intense emotions.

■ **apasionarse** *v pron* **1 apasionarse con/por** (*entusiasmarse*) to be mad **about** ***sth/sb***: ~*se con la música/una persona* to be mad about music/somebody **2 apasionarse (con/por)** (*acalorarse*) to get worked up (**about** ***sth***): *No te apasiones con el tema, no es para tanto.* Don't get so worked up about it, it's not all that important.

apatía *nf* apathy

apático, -a *adj* apathetic

apeadero *nm* halt

apearse *v pron* **~ (de) 1** (*gen*) to get off (*sth*): *¿Dónde se apean?* Where are you getting off? ◊ *Se apeó del tren en Talavera.* He got off the train at Talavera. **2** (*coche*) to get out (**of** ***sth***) **LOC** *Ver* BURRO

apechugar (*tb* **apechar**) *vi*: *Tendrás que* ~ *con las consecuencias.* You'll have to live with the consequences. ◊ *Tuve que* ~ *con todo el trabajo.* I ended up doing all the work.

apedrear *vt* to throw stones **at** ***sth/sb***

apegado, -a *pp, adj* **~ a** attached **to** ***sth/sb*** *Ver tb* APEGARSE

apegarse *v pron* **~ a** to become attached **to** ***sth/sb***

apego *nm* **~ (a/por)** affection (**for** ***sth/sb***)

LOC coger apego a to grow fond of *sth/sb*: *Le he cogido un gran* ~ *a Luis/Oxford.* I've grown very fond of Luis/Oxford. **sentir apego por/tenerle apego a** to be very fond of *sth/sb*: *sentir* ~ *por una ciudad/persona* to be fond of a city/person

apelación *nf* appeal

LOC presentar/interponer una apelación to lodge an appeal *Ver tb* COMISIÓN, RECURSO, TRIBUNAL

apelar *vi* to appeal: ~ *ante el Tribunal Supremo* to appeal to the High Court ◊ *Apelaron contra la sentencia.* They appealed against the sentence. ◊ ~ *a la generosidad de la población* to appeal to people's generosity ◊ *Apelaron a la solidaridad.* They appealed for solidarity.

apelativo *nm*: *Se le conoce por el* ~ *de "El Francés".* He is known as 'The Frenchman'.

LOC apelativo cariñoso term of endearment [*pl* terms of endearment]

apellidarse *v pron*: *¿Cómo te apellidas?* What's your surname? ◊ *Se apellidan Morán.* Their surname's Morán.

apellido *nm* surname

> También se puede decir **family name** o **last name**.
> ☛ *Ver nota en* NAME[1]

LOC apellido compuesto double-barrelled surname **de apellido...** named...: *un amigo mío, de* ~ *Martínez* a friend of mine whose name is Martínez *Ver tb* CITAR, NOMBRE

apelmazado, -a *pp, adj* **1** (*tejido*) matted **2** (*comida*): *La tarta me ha quedado toda apelmazada.* This cake hasn't risen. ◊ *El arroz quedó* ~. The rice was all stuck together. *Ver tb* APELMAZARSE

apelmazarse *v pron* **1** (*tejido*) to get matted **2** (*comida*): *El bizcocho/El arroz se apelmazó.* The cake didn't rise./The rice stuck together.

apelotonado, -a *pp, adj* crowded together: *Los niños estaban* ~*s en el hall.* The children were crowded together in the hall. *Ver tb* APELOTONARSE

apelotonarse *v pron* to crowd: *Se apelotonaron junto a la salida.* They crowded round the exit.

apenado, -a *pp, adj* **~ (por)** sad (**about** ***sth***) *Ver tb* APENAR

apenar *vt* to sadden: *Me apena pensar que no volveré a verte.* It saddens me to think that I won't see you again.

◊ *La noticia nos apenó mucho.* We were saddened by the news.

■ **apenarse** *v pron* **apenarse (por)** to be upset (**about** ***sth***)

apenas *adv* **1** (*casi no*) hardly: *Anoche ~ dormí.* I hardly slept last night. ◊ *~ había cola.* There was hardly any queue. ◊ *No vino ~ nadie.* Hardly anybody came. **2** (*casi nunca*) hardly ever: *Ahora ~ les vemos.* We hardly ever see them now. ☛ *Ver nota en* ALWAYS **3** (*escasamente*) scarcely: *hace ~ un año* scarcely a year ago **4** (*en cuanto*) as soon as: *~ llegaron* as soon as they arrived ◊ *~ terminado el rodaje* as soon as they'd finished filming

LOC apenas si...: *~ si pudo responder.* He could hardly reply. **sin apenas**: *Pasé sin ~ agacharme.* I hardly had to stoop to get through. ◊ *Aprobé sin ~ estudiar.* I passed without doing much work. *Ver tb* APRECIABLE

apencar *vi*: *No me queda otro remedio que ~.* I've got no choice but to grin and bear it. ◊ *He tenido que ~ con cuatro suspensos.* I've had to live with the fact that I failed four subjects.

apéndice *nm* **1** (*Anat*) appendix [*pl* appendixes] ☛ *Ver ilustración en* DIGESTIVE **2** (*documento, libro*) appendix [*pl* appendices]

apendicitis *nf* appendicitis [*incontable*] **LOC** *Ver* OPERAR

apercibir *vt* to warn: *Nos apercibieron del peligro.* They warned us of the danger.

■ **apercibirse** *v pron* **apercebirse de** to notice *sth* [*vt*]: *Nadie se apercibió de nuestra llegada.* Nobody noticed our arrival.

apergaminarse *v pron* to get wrinkled

aperitivo *nm* **1** (*bebida*) aperitif [*pl* aperitifs] **2** (*tapa*) appetizer

aperos *nm* implements: *~ de labranza* farm implements

apertura *nf* **1** (*gen*) opening: *la ceremonia de ~* the opening ceremony ◊ *El rey asistió a la ~.* The king attended the opening. ◊ *Piden la ~ de la frontera.* They're asking for the frontier to be opened. **2** (*comienzo*) beginning: *la ~ del curso* the beginning of the academic year ◊ *Se ha anunciado la ~ del plazo de matrícula.* Enrolment has begun. **3** (*país, mercado*) opening up: *la ~ de nuevos mercados/del Este* the opening up of new markets/Eastern Europe **LOC** *Ver* DISCURSO, PRÓXIMO, RECIENTE

aperturista *adj* progressive

apesadumbrado, -a *pp, adj* sad *Ver tb* APESADUMBRAR

apesadumbrar *vt* to sadden

apestado, -a *pp, adj* (*fig*): *un lugar ~ de domingueros/propaganda* a place that is crawling with tourists/plastered with propaganda *Ver tb* APESTAR

apestar *vi* **~ (a)** to stink (**of** ***sth***): *Apestas a vino.* You stink of wine.

■ **apestar** *vt* to stink *sth* out: *Vas a ~ la casa.* You'll stink the house out. **LOC** *Ver* OLER

apetecer *vi* to feel like *sth/doing sth* [*vt*]: *Me apetece ir al campo.* I feel like going to the country. ◊ *En verano apetece la comida fría.* You feel like cold food in summer. ◊ *¿Te apetece un café?* Would you like a coffee?

apetecible *adj* **1** (*gen*) desirable: *un trabajo muy ~* a very desirable job **2** (*comida*) appetizing: *Esa tarta tiene un aspecto de lo más ~.* That cake looks appetizing!

apetito *nm* appetite: *comer con ~* to have a good appetite ◊ *perder el ~* to lose your appetite ◊ *El paseo te abrirá el ~.* The walk will give you an appetite.

LOC tener (mucho) apetito 1 (*comer bien*) to have a good appetite: *Siempre ha tenido mucho ~.* He's always had a good appetite. **2** (*tener hambre*) to be (very) hungry: *Ponme un poco más, que hoy tengo mucho ~.* Give me a bit more, I'm very hungry today. **tener poco apetito/no tener apetito 1** (*ser mal comedor*) to have a small appetite **2** (*no tener hambre*) not to be hungry: *Tengo poco ~.* I'm not hungry. *Ver tb* ABRIR

apetitoso, -a *adj* **1** (*comida*) appetizing **2** (*atrayente*) attractive

apiadarse *v pron* **~ de** to take pity **on** ***sth/sb***

ápice *nm* **1** (*gen*) tip: *el ~ de la lengua* the tip of the tongue **2** (*punto culminante*) peak: *Está en el ~ de su carrera profesional.* He's at the peak of his career.

LOC (ni) un ápice (de...): *No cedieron un ~.* They didn't give an inch. ◊ *No mostraron ni un ~ de interés.* They didn't show the slightest interest. ◊ *No tiene ni un ~ de tonto.* He's certainly not stupid.

apicultor, ~a *nm-nf* bee-keeper

apicultura *nf* bee-keeping

apilar *vt* to pile *sth* up

apiñado, -a *pp, adj* crowded together *Ver tb* APIÑARSE

apiñarse *v pron* to crowd: *La gente se apiñó en torno al corredor.* The people crowded round the athlete.

apio *nm* celery

apisonadora *nf* steamroller

apisonar *vt* to roll

aplacar *vt* **1** (*persona*) to placate **2** (*sentimientos, sensaciones*) **(a)** (*ira, violencia*) to calm **(b)** (*sed*) to quench **(c)** (*dolor*) to ease

■ **aplacarse** *v pron* to calm down

LOC aplacar(se) los ánimos: *La reducción de los precios aplacó los ánimos de la población.* The fall in prices calmed people down. ◊ *Debes esperar a que se aplaquen los ánimos.* You must wait for feelings to calm down.

aplanado, -a *pp, adj* (*persona*): *La noticia nos dejó ~s.* The news left us feeling very down. ◊ *Estoy aplanada con tanto calor.* I feel knocked out by the heat. *Ver tb* APLANAR

aplanar *vt* **1** (*poner plano*) to level **2** (*persona*) to knock *sb* out: *Este tiempo me aplana.* This weather knocks me out.

aplastante *adj* overwhelming: *ganar por mayoría ~* to win by an overwhelming majority

aplastar *vt* **1** (*gen*) to crush: *~ una caja/un coche* to crush a box/car ◊ *~ una rebelión/a un ejército* to crush a rebellion/an army **2** (*objeto blando, insecto*) to squash: *¡Ya me han vuelto a ~ los cojines!* They've squashed the cushions again!

aplatanar *vt* to wear *sb* out

■ **aplatanarse** *v pron* to be exhausted

aplaudir *vt, vi* to applaud, to clap (*más coloq*): *Aplaudimos a rabiar.* We clapped wildly. ◊ *El público aplaudió al final de la actuación.* The audience clapped at the end of the performance. ◊ *Aplaudieron al cantante.* Everyone applauded the singer.

■ **aplaudir** *vt* (*fig*) to applaud: *Todos aplaudieron mi decisión.* Everyone applauded my decision.

aplauso *nm* **1** (*ovación*) applause [*incontable*]: *Los ~s se oían desde el exterior.* The applause could be heard from outside. **2** (*elogio*) praise [*incontable*]: *Muestra un interés digno de ~.* He shows praiseworthy interest. **LOC** *Ver* ESTALLAR, HUNDIR, SALVA

aplazamiento *nm* **1** (*gen*) postponement: *el ~ de las elecciones* the postponement of the election **2** (*de un pago*) deferment: *Han solicitado el ~ del pago.* They've asked for payment to be deferred.

aplazar *vt* **1** (*gen*) to put *sth* off, to postpone (*más formal*): *~ una reunión/un viaje* to postpone a meeting/trip **2** (*pago*) to defer

aplicable *adj* **~ (a)** applicable (**to** ***sth/sb***)

aplicación *nf* **1** (*gen*) application: *Su ~ al estudio es admirable.* His application is praiseworthy. ◊ *aplicaciones prácticas/comerciales* practical/commercial applications ◊ *Hay que conocer las nuevas normas y sus aplicaciones.* You have to know the new rules and how they apply. **2** (*ejecución*) implementation: *la ~ de medidas contra la contaminación* the implementation of anti-pollution measures

LOC en aplicación de in accordance with *sth*

aplicado, -a *pp, adj* (*persona*) hard-working *Ver tb* APLICAR **LOC** *Ver* ECONOMÍA, LINGÜÍSTICA

aplicar *vt* **1** (*gen*) to apply *sth* (***to sth***): *Aplique la crema sobre la zona afectada.* Apply the cream to the affected area. ◊ *~ un criterio/una regla* to apply a criterion/a rule ◊ *~ la teoría a un caso concreto* to apply a theory to a particular case ◊ *Les aplicaron la ley antiterrorista.* They were held under the anti-terrorist laws. ◊ *Los bancos aplican diferentes tipos de interés.* Banks charge different rates of interest. **2** (*subida, impuesto*) to implement: *~ una subida del 5%* to implement a 5% increase **3** (*sanción*) to impose: *~ una multa por vertido de basuras* to impose a fine for tipping
■ **aplicarse** *v pron* **aplicarse (a/en)** (*esforzarse*) to apply yourself (**to *sth***): *~se a una tarea* to apply yourself to a task ◊ *Debes ~te en los estudios.* You must work hard.
LOC aplícate el cuento what's sauce for the goose is sauce for the gander *Ver tb* CALIFICATIVO, CORRECTIVO, LEY

aplique *nm* (*lámpara*) wall light

aplomo *nm* composure: *perder/recuperar el ~* to lose/ regain your composure

apocado, -a *pp, adj* timid *Ver tb* APOCARSE

apocalipsis *nm* apocalypse

apocalíptico, -a *adj* apocalyptic

apocarse *v pron* to be intimidated (***by sth/sb***): *Se apoca ante los mayores.* He feels intimidated by adults.

apodar *vt* to nickname

apoderado, -a *nm-nf* representative

apoderarse *v pron* **~ de 1** (*adueñarse*) to seize *sth* [*vt*]: *El ladrón se apoderó de las joyas.* The thief seized the jewels. ◊ *Trató de ~ de la herencia.* He tried to get his hands on the inheritance. ◊ *~ de una empresa* to take over a company **2** (*sentimiento, emoción*): *El miedo/La tristeza se apoderó de nosotros.* We were overcome with fear/grief.

apodo *nm* nickname

apogeo *nm* height: *El tema de la corrupción está en pleno ~.* Public interest in corruption is at its height.

apolillado, -a *pp, adj* **1** (*ropa*) moth-eaten: *Tengo todos los jerseys ~s.* All my jumpers are moth-eaten. **2** (*mueble*) worm-eaten *Ver tb* APOLILLARSE

apolillarse *v pron* **1** (*ropa*) to be moth-eaten **2** (*muebles*): *Se me han apolillado los muebles del salón.* The sitting room furniture is riddled with woodworm.

apolítico, -a *adj, nm-nf* apolitical [*adj*]: *ser* (*un*) *~* to be apolitical

apología *nf* **~ de 1** (*defensa*) defence **of *sth/sb***: *Hizo una ~ de los derechos humanos.* He spoke in defence of human rights. **2** (*elogio*) tribute **to *sth/sb***

apoltronarse *v pron* **1** (*ponerse cómodo*) to settle down: *~ en un sillón* to settle down in a chair **2** (*volverse perezoso*) to get lazy: *Con los años nos estamos apoltronando.* We're getting lazy as we grow older. **3** (*instalarse*) to get dug in: *Se ha apoltronado en su cargo y no hay quien lo eche.* He's dug in and nobody can get rid of him.

apoquinar *vt* to cough *sth* up: *Te toca ~ diez millones.* You'll have to cough up ten million pesetas.
■ **apoquinar** *vi* to cough up

aporrear *vt* **1** (*gen*) to bang **on *sth*** [*vi*]: *~ la puerta/mesa* to bang on the door/table **2** (*piano*) to bang away **at *the piano***: *¡Ya está aporreando el piano otra vez!* He's banging away at the piano again!

aportación *nf* **~ (a/para)** contribution (**to *sth***): *su ~ a la ciencia* his contribution to science

aportar *vt* to contribute: *~ una idea interesante* to contribute an interesting idea
LOC aportar pruebas to bring forward proof (*of sth*) *Ver tb* GRANO

aposta *adv* on purpose

apostado, -a *pp, adj Ver* APOSTAR[2] **LOC** *Ver* CANTIDAD

apostar[1] *vt* to post: *~ centinelas* to post sentries
■ **apostarse** *v pron* to take up position

apostar[2] *vi* **1 ~ (en/por)** to bet (**on *sth/sb***): *~ por un caballo* to bet on a horse **2 ~ por** (*elegir*) to go **for *sth***: *~ por la innovación tecnológica* to go for technological innovation
■ **apostar(se)** *vt, v pron* to bet: *Aposté diez mil pesetas a que ganaba mi equipo.* I bet ten thousand pesetas that my team would win. ◊ *Me apuesto lo que quieras a que no vienen.* I bet you anything you like they won't come. ◊ *¿Qué te apuestas a que llegan tarde?* What do you bet they're late?
LOC apostarse hasta la camisa to put your shirt *on sth Ver tb* CUELLO

apostilla *nf* note

apostillar *vt* **1** (*texto*) to annotate **2** (*añadir*) to add

apóstol *nm* apostle **LOC** *Ver* HECHO

apostólico, -a *adj* apostolic

apóstrofo *nm* apostrophe ☛ *Ver págs 592–3*

apoteósico, -a *adj* spectacular: *El espectáculo tuvo un final ~.* The end of the show was spectacular.

apoteosis *nf* high point
LOC apoteosis final grand finale

apoyado, -a *pp, adj* leaning ***against/on sth/sb***: *Estaba ~ contra la pared.* He was leaning against the wall. ◊ *con la cabeza apoyada en la almohada* with your head resting on the pillow *Ver tb* APOYAR

apoyar *vt* **1** (*gen*) to lean *sth* ***against/on sth/sb***: *~ algo contra la pared* to lean sth against the wall ◊ *No apoyes los codos en la mesa.* Don't lean your elbows on the table. ◊ *Apoya la cabeza en mi hombro.* Rest your head on my shoulder. **2** (*defender*) to support: *Mis compañeros me apoyan.* My colleagues support me. ◊ *~ una huelga* to support a strike **3** (*reforzar*) to back *sth* up ***with sth***: *Apoyaron sus alegaciones con pruebas.* They backed up their allegations with evidence.
■ **apoyarse** *v pron* **1** (*gen*) to lean ***against/on sth/sb***: *~se en un bastón/contra una pared* to lean on a stick/ against a wall ◊ *Me apoyé en él porque me sentía mareada.* I leant on him because I felt faint. **2** (*basarse*): *¿En qué se apoyan para culparnos?* What are their grounds for blaming us? **3** (*Pol*) to be supported ***by sth/sb***: *Ganaron las elecciones apoyándose en la clase media.* They won the election with the support of the middle classes.

apoyo *nm* support: *Mostró su ~ al candidato liberal.* He showed his support for the Liberal candidate. ◊ *una manifestación de ~ a la huelga* a demonstration in support of the strike **LOC** *Ver* PUNTO

apreciable *adj* **1** (*evidente*) appreciable: *Hay una diferencia ~ entre los dos.* There is an appreciable difference between them. **2** (*grande*) considerable: *una ~ cantidad de dinero* a considerable sum of money
LOC apenas/poco apreciable hardly noticeable: *El defecto es apenas ~.* The fault is hardly noticeable.

apreciación *nf* assessment: *una ~ muy subjetiva de la situación* a very subjective assessment of the situation

apreciado, -a *pp, adj* highly-regarded *Ver tb* APRECIAR

apreciar *vt* **1** (*percibir*) to notice: *He apreciado una gran mejoría en el enfermo.* I've noticed a big improvement in the patient. **2** (*valorar*) **(a)** (*persona*) to think highly **of *sb***: *El jefe la aprecia mucho.* Her boss thinks very highly of her. **(b)** (*cosa*) to value: *Aprecio el trabajo bien hecho.* I value a job well done. **3** (*agradecer*) to appreciate: *Aprecio mucho lo que has hecho por mí.* I greatly appreciate what you've done for me.

aprecio *nm*: *Sabes que te tengo mucho ~.* You know I'm very fond of you. ◊ *Muestra un gran ~ por mi familia.* He's very fond of my family.

aprehender *vt* **1** (*contrabando*) to seize **2** (*persona, significado*) to apprehend

apremiante *adj* pressing: *una necesidad ~* a pressing need

apremiar *vt* to put pressure on *sb* (***to do sth***): *La están apremiando para que complete el pago.* They're putting pressure on her to complete payment.
■ **apremiar** *vi* to be urgently needed: *Apremia una reforma de la Seguridad Social.* Reform of the Health Service is urgently needed. **LOC** *Ver* TIEMPO

aprender *vt, vi* to learn: *Estamos aprendiendo francés.*

We're learning French. ◊ ~ *a conducir/cocinar* to learn to drive/cook ◊ *Debes ~ a escuchar a los demás.* You must learn to listen to other people. ◊ *Ya aprenderán con el tiempo.* They'll learn in time.

■ **aprender(se)** *vt, v pron* to learn: *Tengo que ~(me) tres capítulos.* I've got to learn three chapters. ◊ *Se lo aprendió de memoria.* He learnt it by heart. ◊ *Me aprendí el papel de Julieta en una semana.* I learnt the part of Juliet in one week.

LOC aprender la lección to learn your lesson *Ver tb* ASÍ

aprendiz, ~a *nm-nf* apprentice: *un ~ de peluquero* an apprentice hairdresser

aprendizaje *nm* **1** (*formación*) apprenticeship **2** (*estudio*) learning: *El ~ de un idioma es muy complicado.* Learning a language is very difficult.

aprensión *nf* **1** (*recelo*) apprehension: *Abordaron el tema con cierta ~.* They approached the subject with some apprehension. **2** (*miedo exagerado*) anxiety: *Los espacios cerrados le producen una gran ~.* Enclosed spaces make him feel very anxious. **3** (*imaginación*) imagination [*incontable*]: *Son aprensiones tuyas.* It's just your imagination.

LOC coger aprensión a to become apprehensive about *sth*

aprensivo, -a *adj* **1** (*receloso*) apprehensive **2** (*miedoso*): *No le hables de enfermedades, ya sabes lo ~ que es.* Don't mention illness to him, you know how worried he gets.

apresar *vt* to catch

apresurado, -a *pp, adj* (*precipitado*) hasty: *tomar una decisión apresurada* to make a hasty decision *Ver tb* APRESURAR

LOC andar/ir apresurado to be in a hurry

apresuramiento *nm* hurry: *Con tanto ~ se me olvidó el pasaporte.* I was in such a hurry that I forgot my passport.

apresurar *vt* to hurry

■ **apresurarse** *v pron* **1** (*darse prisa*) to hurry up: *Apresúrate, que llegamos tarde.* Hurry up or we'll be late. **2 apresurarse a** to hasten ***to do sth***: *Me apresuré a darles las gracias.* I hastened to thank them. ◊ *Se apresuró a desmentir el rumor.* He was quick to deny the rumour.

apretadamente *adv* **1** (*con poco dinero*) on a tight budget **2** (*ganar*) by a whisker

apretado, -a *pp, adj* **1** (*ropa, programa*) tight: *Esa falda te queda un poco apretada.* That skirt looks a bit tight on you. ◊ *El cantante tiene una agenda muy apretada.* The singer has a very tight programme. **2** (*victoria*) narrow **3** (*gente*) cramped: *¿No estáis demasiado ~s en un piso tan pequeño?* Don't you feel cramped in that small flat? *Ver tb* APRETAR

LOC apretado de dinero/tiempo short of money/ pressed for time

apretar *vt* **1** (*botón, pedal*) to press **2** (*tuerca, tapa, cuerda*) to tighten **3** (*gatillo*) to pull **4** (*exigir*) to push *sb* hard: *Nos aprietan mucho en la facultad.* They push us hard at university. ◊ *Les aprietan en matemáticas.* They push them hard in maths.

■ **apretar** *vt, vi* **1** (*ropa*) to be too tight (**for *sb***): *Este pantalón (me) aprieta.* These trousers are too tight (for me). **2** (*zapatos*) to pinch

■ **apretar** *vi* **1** (*calor*): *¡Hay que ver cómo aprieta hoy el calor!* It's terribly hot today. **2** (*trabajar duro*) to make an effort: *Aprieta un poco, que se acerca el final de curso.* Make an effort, it's nearly the end of the year.

■ **apretarse** *v pron* to squeeze up: *Apretaos para que quepamos todos.* Squeeze up so we can all get in.

LOC apretar entre los brazos to hug *sth/sb* **apretarle las clavijas/tuercas/los tornillos a algn** to put pressure on sb (*to do sth*): *Habrá que ~le los tornillos para que nos haga descuento.* We'll have to put pressure on him to give us a discount. **apretar los dientes** to grit your teeth **apretarse el cinturón** to tighten your belt *Ver tb* ABARCAR

apretón *nm*

LOC apretón de manos handshake: *Cerraron el acuerdo con un ~ de manos.* They sealed the agreement by shaking hands. ◊ *Me dio un ~ de manos.* He shook my hand.

apretujado, -a *pp, adj* crammed together: *Los prisioneros estaban ~s en una celda diminuta.* The prisoners were crammed together in a tiny cell. ◊ *Iban muy ~s en el autobús.* They were crammed together in the bus. *Ver tb* APRETUJAR

LOC estar apretujado entre dos personas to be sandwiched between two people

apretujar *vt* to crush

■ **apretujarse** *v pron* to squash together: *Vamos a ~nos, a ver si entramos en calor.* Let's squash together to keep warm.

apretujón *nm* hug

aprieto *nm*

LOC estar en aprietos/un aprieto to be in a fix **meterse en un aprieto** to get (yourself) into a mess **poner en aprietos/un aprieto** to put *sb* in a tight spot **salir de un aprieto** to get out of a jam **verse en un aprieto** to be in a tight spot

aprisa *adv* fast

LOC ¡aprisa! hurry up!

aprisionar *vt* to trap

aprobación *nf* **1** (*gen*) approval: *El presupuesto está pendiente de ~.* The budget is awaiting approval. ◊ *Cuenta con la ~ de su familia.* He's got his family's approval. **2** (*ley*) passing: *la ~ de una ley* the passing of a law **3** (*convenio*) signing

LOC dar tu aprobación to give your consent (*to sth*)

aprobado *nm* pass: *Saqué dos ~s.* I passed in two subjects.

aprobar *vt* **1** (*gen*) to approve: *~ un presupuesto/cambio* to approve a budget/change ◊ *Aprobaron su nombramiento como presidente.* They approved his nomination as chairman. **2** (*ley*) to pass **3** (*convenio*) to sign **4** (*aceptar*) to approve (**of *sth/sb***): *Mis padres no aprueban nuestro noviazgo.* My parents don't approve of our engagement.

■ **aprobar** *vt, vi* to pass: *Ha aprobado el carné de conducir.* He's passed his driving test. ◊ *¡A ver si apruebo esta vez!* I hope I pass this time.

LOC aprobar a la primera to pass first time: *Aprobó (el examen) a la primera.* He passed first time. **aprobar por mayoría** to approve *sth* on a majority vote **aprobar por unanimidad** to approve *sth* unanimously

apropiación *nf* appropriation

LOC apropiación ilícita/indebida misappropriation

apropiado, -a *pp, adj* appropriate: *el momento ~ para decir algo* the appropriate moment to say something *Ver tb* APROPIARSE

LOC poco/nada apropiado inappropriate

apropiarse *v pron* **~ de** to take *sth* [*vt*], to appropriate *sth* [*vt*] (*más formal*): *Niegan haberse apropiado del dinero.* They say they didn't take the money.

aprovechado, -a *pp, adj* **1** (*desaprensivo*) unscrupulous **2** (*espacio*): *En esta casa los huecos están muy bien ~s.* In this house every last corner is put to good use. *Ver tb* APROVECHAR

■ **aprovechado, -a** *nm-nf*: *Es un ~.* He's always taking advantage.

aprovechamiento *nm* **1** (*utilización*) use: *un mejor ~ de los recursos sanitarios* a better use of health resources **2** (*recursos naturales*) exploitation **3** (*estudios*) progress: *~ académico* academic progress

aprovechar *vt* **1** (*utilizar*) to use: *Aprovechando bien el tiempo…* If you use your time properly… ◊ *~ bien el espacio* to make good use of space ◊ *Yo no tiro nada, intento ~lo todo.* I don't throw anything away – I try to make use of everything. **2** (*recursos naturales*) to exploit: *~ la energía solar* to exploit solar energy **3** (*oportunidad*) to take advantage of *sth/sb*: *Aproveché el viaje para visitar a mi hermano.* I took advantage of the journey to visit my brother. ◊ *Aprovecharon la guerra para enriquecerse.* They took advantage of the war to get rich. ◊ *Aprovechando que no estaban mis padres...* Taking advantage of the fact that my parents weren't in...

■ **aprovechar** *vi* **1** (*sacar provecho*): *Cuando están dormidos aprovecho para leer.* I take advantage of them being asleep to read. ◊ *Aprovecha ahora que no está el jefe.* Seize the chance now that the boss isn't here. **2** (*beneficiar*) to do *sb* good: *Que os aprovechen las vacaciones.* I'm sure a holiday will do you good.

■ **aprovecharse** *v pron* **aprovecharse (de)** to take advantage of *sth/sb*

LOC ¡que aproveche!

Aunque no existe una fórmula típicamente británica para desear buen provecho al comienzo de una comida, se han adoptado las expresiones **Bon appetit!** y **Enjoy your meal!**

aprovisionarse *v pron* **~ (de)** to stock up (***on/with sth***)

aproximación *nf* **1** (*gen*) approach: *control de ~ a tierra* approach control **2** (*Pol*) rapprochement: *una ~ entre empresarios y trabajadores* a rapprochement between bosses and workers

aproximado, -a *pp, adj* approximate *Ver tb* APROXIMAR **LOC** *Ver* CÁLCULO

aproximar *vt* **1** (*acercar*) to move *sth* closer (***to sth/sb***): *~ la mesa a la pared* to move the table closer to the wall **2** (*interesar*) to involve *sb* (***in sth***): *Tratamos de ~ al ciudadano al debate político.* We are trying to get the public involved in political debate.

■ **aproximarse** *v pron* **aproximarse (a) 1** (*acercarse*) to get close (**to *sth/sb***), to approach (*sth/sb*) (*más formal*): *Se aproximan los exámenes.* The exams are getting close. ◊ *Los cazas se aproximan a la base.* The fighters are approaching the base. **2** (*asemejarse*) to be close (**to *sth***): *Los resultados se aproximan bastante al pronóstico.* The results are quite close to the estimate.

aptitud *nf* **1** (*gen*) aptitude (***for sth/doing sth***): *una prueba de ~* an aptitude test **2 aptitudes** gift [*sing*]: *tener ~es musicales* to have a gift for music ◊ *tener ~es para los negocios* to have a good head for business

apto, -a *adj* **~ para 1** (*gen*) suitable (**for *sth***): *No son ~s para este trabajo.* They're not suitable for this job. **2** (*físicamente capaz*) fit (**for *sth***): *~ para el servicio militar* fit for military service

■ **apto** *nm* (*nota*) pass: *Saqué un ~.* I passed.

LOC no apto (*nota*) fail *Ver tb* PELÍCULA

apuesta *nf* **1 ~ (sobre)** (*lit*) bet (**on *sth***): *Hicimos una ~ sobre quién iba a ganar.* We made a bet on who would win. **2 ~ (por)** (*fig*) gamble (**on *sth***): *Nuestra ~ por la tecnología ha dado resultado.* Our gamble on technology has paid off.

LOC una apuesta por la paz a bid for peace *Ver tb* BOLETO

apuntador, ~a *nm-nf* prompter

apuntalar *vt* (*lit* y *fig*) to shore *sth* up

apuntar *vt* **1** (*anotar*) to make a note of *sth*: *Voy a ~ la dirección.* I'm going to make a note of the address. **2** (*inscribir*) to put *sb's* name down: *Dile que te apunte en la lista.* Tell him to put your name down on the list. **3** (*señalar*) to point *sth* out: *La prensa ha apuntado esa posibilidad/que la criminalidad ha descendido.* The press has pointed out this possibility/that the crime rate has fallen.

■ **apuntar** *vt, vi* **1** (*con un arma, con un balón*) to aim (*sth*) (***at sth/sb***): *Apunté demasiado alto.* I aimed too high. ◊ *Les apuntó con el arma a la cabeza.* He aimed his gun at their heads. **2** (*Teat*) to prompt

■ **apuntar** *vi* **1** (*día*) to break **2 ~ a (a)** (*señalar*) to point **to *sth***, to indicate *sth* [*vt*] (*más formal*): *Todo apunta a que habrá huelga.* Everything indicates there will be a strike. ◊ *Nada parece ~ a la solución del conflicto.* Nothing seems to point to a resolution of the conflict. **(b)** (*brújula*) to point...: *La aguja apunta siempre al norte.* The needle always points north.

■ **apuntarse** *v pron* **1** (*inscribirse*) to put your name down (***for sth***), to enrol (***for sth***) (*más formal*): *Me he apuntado a un curso de judo.* I've enrolled for judo lessons. **2 apuntarse (a)** (*participar*) to join in (*sth*): *Si organizáis un viaje, yo me apunto.* If you organize a trip, I'll join in. ◊ *Se apunta a todo.* He joins in everything. **3** (*Dep, triunfo*) to score: *El equipo se apuntó una gran victoria.* The team scored a great victory.

LOC apuntar los puntos/tantos to keep score **apuntarse al paro** to sign on **apuntarse a un bombardeo** to join in everything **apuntarse un tanto 1** (*Dep*) to score a point **2** (*fig*) to make a good impression **¡apúntate esa/una!** good for you! **¡apunten!** take aim! *Ver tb* DEDO

apunte *nm* **1** (*nota*) note: *coger/tomar ~s* to take notes ◊ *¿Me dejas los ~s?* Can I borrow your notes? **2** (*Arte*) sketch

apuñalar *vt* to stab

apurado, -a *pp, adj* **1** (*difícil*) difficult: *un momento ~* a difficult moment **2** (*abrumado*) in a fix: *Le vi ~.* I saw he was in a fix. *Ver tb* APURAR

LOC apurado de dinero/tiempo short of money/time **verse apurado para** to be hard put *to do sth*: *Me vi ~ para terminar a tiempo.* I was hard put to finish in time.

apurar *vt* **1** (*acabar*) to finish *sth* off: *Apuré la cerveza de un solo trago.* I finished the beer off in one go. **2** (*medios, posibilidades*) to exhaust **3** (*avergonzar*) to embarrass: *Me apura confesarlo.* I'm embarrassed to confess it. **4** (*preocupar*) to worry

■ **apurarse** *v pron* **1** (*avergonzarse*) to get embarrassed **2** (*preocuparse*) to worry **3** (*apresurarse*) to hurry up

LOC si me apuras/apuran if pressed: *Si me apuras te diré que no la aguanto.* If pressed, I'd say I can't stand her.

apuro *nm* **1** (*aprieto*) awkward situation: *La puso en un ~.* He put her in an awkward situation. ◊ *Eso nos sacaría del ~.* That would get us out of this fix. **2** (*vergüenza*) embarrassment: *¡Qué ~!* How embarrassing! **3 apuros (a)** (*dificultades*) trouble [*incontable, v sing*]: *un alpinista en ~s* a climber in trouble **(b)** (*problemas económicos*) financial difficulties: *Han pasado muchos ~s.* They've had a lot of financial difficulties.

LOC dar apuro to be embarrassed *to do sth*: *Me da ~ decírselo.* I'm embarrassed to tell him.

aquejado, -a *pp, adj* **~ de** suffering **from *sth*** *Ver tb* AQUEJAR

aquejar *vt* to afflict

aquel, aquella *adj* that [*pl* those]: *¿Por fin os comprasteis ~ coche?* Did you buy that car in the end? **LOC** *Ver* ENTONCES, TIEMPO

aquel, aquella *pron* **1** (*cosa*) that one [*pl* those]: *Este coche es mío y ~ de Pedro.* This car is mine and that one is Pedro's. ◊ *Estos libros son de Elena y aquellos de Ana.* These books are Elena's and those are Ana's. ◊ *Prefiero aquellos.* I prefer those. ◊ *Los peores delitos son aquellos que afectan a la libertad.* The worst offences are those which affect freedom. ☛ *Ver nota en* ONE[1] *n* **2** (*persona*): *¿Conoces a aquellos?* Do you know those people? **3** (*el primero*) the former: *Taiwan y China, ~ capitalista y esta comunista...* Taiwan and China, the former capitalist and the latter communist...

LOC aquel/aquella que... 1 (*definición*) someone who...: *Un diletante es ~ que...* A dilettante is someone who... **2** (*una persona en particular*) that man/woman who... [*pl* those people who...]: *¿Te acuerdas de ~ que siempre llegaba tarde?* Do you remember that man who was always late? **3** (*cualquier persona*) anyone who... [*pl* those who...]: *~ que no asista a clase tendrá pocas posibilidades de aprobar.* Anyone who does not attend is unlikely to pass. ◊ *Que levanten la mano aquellos que no estén de acuerdo.* Those who don't agree, put your hands up.

aquelarre *nm* witches' sabbath

aquello *pron*: *No te puedes imaginar lo que fue ~.* You can't imagine what it was like. ◊ *~ no me gustó nada.* I didn't like that at all. ◊ *¿Ves ~ de allí?* Can you see that thing over there? ◊ *~ que me dijiste ayer* what you told

me yesterday ◊ *Todo ~ que te recuerde a tu país...* Everything that reminds you of your country...
LOC **aquello de... 1** (*aquel asunto*) that business of...: *~ de tu jefe* that business involving your boss **2** (*refrán*): *~ de "Dime con quién andas..."* the old saying, 'You can judge a man by the company he keeps.' **aquello que...** what...: *Recuerda ~ que tu madre siempre decía.* Remember what your mother always used to say. **por aquello de...** out of...: *por ~ del orgullo* out of pride

aquí *adv* **1** (*en este lugar*) here: *Ya están ~.* They're here. ◊ *Se marchan de ~ mañana.* They are leaving here tomorrow. ◊ *~ es donde nos criamos.* This is where we grew up. ☛ *Ver nota en* HERE[1] **2** (*ahora*) now: *Hasta ~ todo va bien.* Up till now everything's been fine. ◊ *de ~ en adelante* from now on **3** (*entonces*) there: *Y ~ hizo una pausa.* And there he paused. **4** (*persona*) **(a)** (*presentaciones*) this is: *~ mi hermano, ~ un amigo.* This is my brother, this is a friend. **(b)** (*alusiones*) here: *~ mi colega no parece estar de acuerdo.* It seems that my colleague here is not in agreement.
LOC **aquí dentro** in here **aquí estoy/me tienes** you can count on me: *~ me tienes para lo que necesites.* You can count on me if you need anything. **aquí mismo** just here: *Lo encontré ~ mismo.* I found it just here. ◊ *—¿Dónde los dejo? —~ mismo.* 'Where shall I put them?' 'Here will do.' **aquí no ha pasado nada** we'll say no more about it **aquí presente** who is here today **aquí te cojo, aquí te mato** this is one chance I don't intend to miss **de aquí** (*explicación*) hence: *de ~ mi curiosidad* hence my curiosity **de aquí a...** (*tiempo*) from now until... **de aquí a dos días, etc** in two days' time, etc: *De ~ a tres meses me voy a Barcelona.* I'm going to Barcelona in three months' time. **de aquí te espero** terrible: *Me echó una bronca de ~ te espero.* He gave me a terrible row. **he aquí 1** (*gen*) here is: *He ~ mi conclusión.* Here is my conclusion. **2** (*comentario*) here we have: *He ~ una agradable comedia.* Here we have a pleasant comedy. **los aquí presentes** those present **(por) aquí cerca** near here **(por) aquí... (por) allí...** here...there: *~ periódicos viejos, allí tazas sucias.* Old newspapers here, dirty cups there. **por aquí (por favor)** this way (please) **por aquí se va a...** this is the way to...: *Por ~ se va al monasterio.* This is the way to the monastery. **¡sáquenme de aquí!** get me out of here!

ara *nf*
LOC **en aras de** in the interests of *sth*: *en ~s de la brevedad* in the interests of brevity

árabe *adj* **1** (*gen*) Arab: *los países ~s* the Arab countries **2** (*Arquit, Liter*) Arabic
■ **árabe** *nmf* **1** (*gen*) Arab: *los ~s* the Arabs **2** (*en el sur de España*) Moor: *la invasión de los ~s* the invasion of the Moors
■ **árabe** *nm* (*idioma*) Arabic

arabesco *nm* arabesque

Arabia Saudí *nf* Saudi Arabia

arábigo, -a *adj* LOC *Ver* CIFRA, NUMERACIÓN, NÚMERO

arado *nm* plough

arancel *nm* **1** (*tarifa*) tariff **2** (*impuesto*) duty: *~es de aduanas* customs duties LOC *Ver* EXENTO

arancelario, -a *adj* tariff [*n atrib*]: *barreras arancelarias* tariff barriers LOC *Ver* DERECHO

arándano *nm* bilberry

arandela *nf* **1** (*aro*) metal ring **2** (*para un tornillo*) washer

araña *nf* **1** (*Zool*) spider **2** (*lámpara*) chandelier

arañar *vt* **1** (*raspar*) to scratch **2** (*conseguir*) to scrape *sth* together: *Conseguimos ~ unas pesetillas para la fiesta de despedida.* We managed to scrape a few pennies together for the leaving party. ◊ *~ un cinco en un examen* to scrape a five in an exam ◊ *Conseguí ~le mil pesetillas a mi madre.* I managed to get a thousand pesetas out of my mother.
■ **arañarse** *v pron* to scratch: *Me he arañado los brazos cogiendo moras.* I've scratched my arms picking blackberries.

arañazo *nm* scratch

arar *vt* to plough

arbitraje *nm* **1** (*Dep*) **(a)** (*Fútbol, Boxeo*) refereeing **(b)** (*Tenis, Críquet, Béisbol*) umpiring **2** (*mediación*) arbitration

arbitral *adj* **1** (*Dep*) **(a)** (*Fútbol, Boxeo*) of the referee: *La decisión ~ fue injusta.* The referee's decision was unfair. ◊ *el equipo ~* the team of referees **(b)** (*Tenis, Críquet, Béisbol*) of the umpire **2** (*de conciliación*) arbitrating

arbitrar *vt, vi* **1** (*Fútbol, Boxeo*) to referee: *Tuve que ~ el partido del domingo.* I had to referee the match on Sunday. **2** (*Tenis, Críquet, Béisbol*) to umpire
■ **arbitrar** *vt* **1** (*encontrar*) to find: *~ medidas de creación de empleo* to find means of creating jobs **2** (*adoptar*) to adopt: *el procedimiento arbitrado en 1994* the procedure adopted in 1994
■ **arbitrar** *vi* (*mediar*) to arbitrate: *~ en un conflicto* to arbitrate in a disagreement ◊ *~ entre la empresa y los trabajadores* to arbitrate between the firm and its employees

arbitrario, -a *adj* arbitrary

arbitrio *nm*
LOC **dejar al arbitrio de** to leave *sth* to *sb's* discretion **estar al arbitrio de** to be at the mercy of *sth/sb* **tener a algn a tu arbitrio** to have sb at your mercy

árbitro, -a *nm-nf* **1** (*Dep*) **(a)** (*Fútbol, Boxeo*) referee: *un ~ de fútbol/boxeo* a football/boxing referee ☛ *Ver ilustración en* FÚTBOL, HOCKEY **(b)** (*Tenis, Críquet, Béisbol*) umpire ☛ *Ver ilustración en* BASEBALL, CRICKET, TENNIS **2** (*mediador*) arbitrator: *hacer de ~ en una disputa* to act as arbitrator in a dispute

árbol *nm* **1** (*Bot*) tree: *un ~ frutal/de Navidad* a fruit/Christmas tree **2** (*Mec*) shaft
LOC **árbol de levas** camshaft **árbol genealógico** family tree **los árboles no dejan ver el bosque** you can't see the wood for the trees *Ver tb* SUBIR

arbolado, -a *pp, adj* **1** (*terreno*) wooded: *una zona arbolada* a wooded area **2** (*calle*) tree-lined
■ **arbolado** *nm* trees [*v pl*]: *No cuidan el ~ de la ciudad.* They don't look after the trees in the city.

arboleda *nf* grove

arbotante *nm* flying buttress ☛ *Ver ilustración en* IGLESIA

arbusto *nm* **1** (*gen*) bush: *entre los ~s* among the bushes **2** (*ornamental*) shrub

arca *nf* **1** (*cofre*) chest **2** **arcas** coffers: *las ~s del estado* the state coffers
LOC **Arca de la Alianza** Ark of the Covenant **Arca de Noé** Noah's Ark

arcada *nf* **1** (*arcos*) arcade **2** (*puente*) arch
LOC **dar arcadas**: *Me daban ~s.* I was retching. ◊ *Ese olor me da ~s.* This smell makes me retch.

arcaico, -a *adj* archaic

arcaísmo *nm* archaism

arcángel *nm* archangel

arcano *nm* mystery

arce *nm* maple

arcén *nm* **1** (*autopista*) hard shoulder: *circular por el ~* to drive on the hard shoulder **2** (*carretera*) verge

archiduque, -esa *nm-nf* archduke [*fem* archduchess]

archipiélago *nm* archipelago [*pl* archipelagos/archipelagoes]

archivado, -a *pp, adj Ver* ARCHIVAR
LOC **estar mal archivado** to have been filed in the wrong place

archivador *nm* **1** (*caja, carpeta*) file **2** (*mueble*) filing cabinet

archivar *vt* **1** (*clasificar*) to file: *Debo ~ estos documentos.* I must file these documents. **2** (*Informát*) to store: *~ datos* to store data **3** (*asunto*) **(a)** (*por un tiempo*) to shelve **(b)** (*definitivamente*) to close the file **on** *sth*: *La policía ha archivado el caso.* The police have closed the file on the case.

archivero, -a *nm-nf* archivist

archivo *nm* **1** (*gen*) file: *los ~s relacionados con el caso Guerra* the Guerra files ◊ *Tengo varios ~s en el disco duro.* I've got several files on my hard disk. **2** (*Hist*) archive(s) [*se utiliza mucho en plural*]: *el ~ de la Corona de Aragón* the archives of the Kingdom of Aragon **3** (*actividad*) filing: *Me encargo del ~ de las facturas.* I'll be responsible for filing the bills.
LOC de archivo archive: *imágenes/fotografías de ~* archive material

arcilla *nf* clay: *recipientes de ~* clay pots
LOC arcilla de alfarería potter's clay

arcilloso, -a *adj* clayey

arcipreste *nm* archpriest

arco *nm* **1** (*gen*) arch: *el ~ de entrada al salón* the arch at the entrance to the drawing room ◊ *un ~ de herradura* a horseshoe arch ☛ *Ver ilustración en* IGLESIA **2** (*Mat, Elec*) arc: *un ~ de 60°* a 60° arc **3** (*Dep, Mús*) bow: *el ~ y las flechas* a bow and arrows ◊ *tirar con ~* to shoot with bow and arrow ◊ *el ~ de un violín* a violin bow ☛ *Ver ilustración en* STRING
LOC arco de medio punto/ojival Roman/Gothic arch **arco del triunfo/de la victoria** triumphal arch **arco iris** rainbow: *¡Mira!, ha salido el ~ iris.* Look! There's a rainbow. **arco parlamentario** political spectrum *Ver tb* TIRO

arcón *nm* large chest
LOC arcón congelador chest freezer

arder *vi* **1** (*gen*) to burn: *El edificio ardió rápidamente.* The building burnt very fast. ◊ *ardiendo de indignación* burning with indignation **2** (*estar en llamas*) to be on fire: *Vimos que ardía el motor.* We saw the engine was on fire. **3** (*estar muy caliente*) **(a)** (*gen*): *Tengo la cara ardiendo.* My face is burning. ◊ *La arena está ardiendo.* The sand is burning hot. **(b)** (*líquido*): *La sopa está ardiendo.* The soup is boiling hot.
LOC arder en deseos de to be dying *to do sth*: *Ardo en deseos de verte.* I'm dying to see you. **arder sin llama(s)** to smoulder **estar que arde 1** (*persona*) to be fuming: *Tu padre está que arde.* Your father is fuming. **2** (*situación*) to be at breaking point **vas que ardes** count yourself lucky *Ver tb* AGARRAR

ardid *nm* trick

ardiente *adj* **1** (*gen*) burning: *un sol/deseo ~* a burning sun/desire **2** (*defensor, partidario*) ardent **3** (*amor, mirada, persona*) passionate **LOC** *Ver* CAPILLA

ardilla *nf* squirrel

ardor *nm* **1** (*gen*) heat: *en el ~ de la batalla/discusión* in the heat of battle/the argument **2** (*entusiasmo*) ardour: *Defendió su causa con ~.* He defended his cause ardently.
LOC ardor de estómago heartburn

ardoroso, -a *adj* **1** (*apasionado*) ardent **2** (*muy caliente*) burning

arduo, -a *adj* arduous

área *nf* area: *un ~ de varios kilómetros cuadrados* an area of several square kilometres ◊ *el ~ de un rectángulo* the area of a rectangle
LOC área de castigo (*Dep*) penalty area **área de servicio** services [*v pl*]: *¿A qué distancia está la próxima ~ de servicio?* How far are the next services? *Ver tb* ASUETO

arena *nf* **1** (*material*) sand: *las ~s del desierto* the desert sands **2** (*plaza de toros*) bullring **3** (*ámbito*) arena: *la ~ política* the political arena
LOC arenas movedizas quicksands *Ver tb* BANCO, CAL, CASTILLO, FLAN, GRANO, RELOJ, TEMPESTAD

arenal *nm* sandy area

arengar *vt* to harangue

arenillas *nf* (*Med*) (kidney) stones

arenisca *nf* sandstone

arenoso, -a *adj* sandy

arenque *nm* herring
LOC arenque ahumado kipper

areola *nf* areola

arete *nm* hoop earring

argamasa *nf* mortar

Argelia *nf* Algeria

argelino, -a *adj, nm-nf* Algerian

Argentina *nf* Argentina

argentino, -a *adj, nm-nf* Argentinian

argolla *nf* ring

argot *nm* **1** (*lenguaje coloquial*) slang **2** (*lenguaje profesional*) jargon: *el ~ político/médico* political/medical jargon

argucia *nf* **1** (*argumento falso*) clever argument: *Trató de convencernos con ~s.* He tried to convince us with his clever arguments. **2** (*truco*) trick

argüir *vt, vi* to argue: *Ellos arguyen lo contrario.* They argue the opposite. ◊ *~ contra algo* to argue against something

argumentación *nf* line of argument: *No estoy de acuerdo con la ~ del ministro.* I don't agree with the minister's line of argument.

argumental *adj*: *La línea ~ de su discurso no me convenció.* His line of argument didn't convince me.
LOC línea/trama argumental (*Cine, Liter*) plot

argumentar *vt, vi* to argue

argumento *nm* **1** (*razón*) argument: *un ~ de peso* a persuasive argument ◊ *Existen ~s a favor y en contra.* There are arguments for and against. **2** (*Cine, Liter*) plot

aria *nf* aria

aridez *nf* aridity: *la ~ del terreno/desierto* the aridity of the land/desert ◊ *La ~ del documento dificulta su lectura.* The document is so arid it's difficult to read.

árido, -a *adj* (*terreno, tema*) dry

aries (*tb* **Aries**) *nm, nmf* (*Astrología*) Aries [*pl* Aries]
LOC ☛ *Ver ejemplos en* AQUARIUS; *Ver ilustración en* ZODIACO

ariete *nmf* (*Fútbol*) centre forward

ario, -a *adj, nm-nf* Aryan

arisco, -a *adj* unfriendly

arista *nf* **1** (*gen*) edge: *Las ~s van protegidas con unas tiras de cartón.* The edges are protected with strips of cardboard. **2 aristas** (*dificultades*): *El asunto tiene muchas ~s.* It's a tricky matter.

aristocracia *nf* aristocracy [*v sing o pl*]

aristócrata *nmf* aristocrat

aristocrático, -a *adj* aristocratic

aritmético, -a *adj* arithmetic(al): *cálculos/problemas ~s* arithmetical calculations/arithmetic problems
■ **aritmética** *nf* arithmetic

arlequín *nm* harlequin

arma *nf* **1** (*gen*) weapon: *un ~ contundente/homicida* a blunt/murder weapon ◊ *Nuestra mejor ~ es el silencio.* Our best weapon is silence. ◊ *~s nucleares* nuclear weapons ◊ *El policía sacó su ~.* The policeman took out his gun. **2 armas (a)** (*armamento*) arms: *un traficante de ~s* an arms dealer **(b)** (*profesión*) army [*sing*]: *dedicarse a las ~s* to have an army career
LOC ¡a las armas! to arms! **arma arrojadiza** (*fig*) weapon **arma automática/de repetición** automatic weapon **arma blanca** knife **arma de doble filo/dos filos** double-edged sword **arma de fuego** firearm **de armas tomar** formidable **pasar por las armas** to shoot *sb* *Ver tb* ACCIÓN, ALZAR, COMPAÑERO, CONTRABANDISTA, CONTRABANDO, DEPONER, DEPÓSITO, ESCUDO

armada *nf* navy [*v sing o pl*]: *un oficial de la ~* a naval officer
LOC la Armada Invencible the Spanish Armada

armadillo *nm* armadillo [*pl* armadillos]

armado, -a *pp, adj* *Ver* ARMAR **LOC** *Ver* CEMENTO, FUERZA, HORMIGÓN, MANO

armador, ~a *nm-nf* **1** (*pesca*) boat owner: *el ~ de un pesquero* the owner of a fishing boat **2** (*marina mercante*) shipowner

armadura *nf* **1** (*protección*) armour [*incontable*]: *una ~* a suit of armour ◊ *Tiene una colección de ~s medievales.* He has a collection of medieval armour. **2** (*tejado*) roof trusses [*v pl*] **3** (*cama*) bedstead

armamentista *adj* arms [*n atrib*]: *la carrera ~* the arms race

armamento *nm* arms [*v pl*]: *el control de ~* arms control LOC *Ver* CARRERA

armar *vt* **1** (*proporcionar armas*) to arm *sth/sb* (**with** ***sth***): *Armaron a la población de/con fusiles.* They armed the population with guns. ◊ *Me armaron con las pruebas que necesitaba.* They supplied me with the evidence I needed. **2** (*montar*) to assemble **3** (*tienda de compaña*) to pitch **4** (*barco*) to fit *sth* out

LOC **armar caballero** to knight *sb* **armarse de paciencia** to be patient **armarse de valor** to pluck up courage **armar un Cristo** to kick up a stink **¡buena la has armado/hecho!** you've really done it now! **¡la que se armó!/¡se armó la gorda/la de San Quintín/Dios!** there was an almighty row! *Ver tb* BELÉN, BOCHINCHE, BOLLO[1], BRONCA, CACAO[2], CIRIO, CISCO, EXPOLIO, JALEO, LÍO, MARIMORENA, MENUDO, POLVAREDA, RUIDO, TACO, TINGLADO

armario *nm* **1** (*gen*) cupboard: *los ~s de la cocina* the kitchen cupboards **2** (*para ropa*) wardrobe

LOC **armario de baño** bathroom cabinet **armario empotrado** fitted wardrobe

armatoste *nm* huge great thing

armazón *nm o nf* **1** (*gen*) frame: *un ~ de hierro* an iron frame **2** (*tejado*) trusses [*v pl*] **3** (*cama*) bedstead

Armenia *nf* Armenia

armería *nf* **1** (*tienda*) gunsmith's [*pl* gunsmiths] ☛ *Ver nota y ejemplos en* CARNICERÍA **2** (*museo*) museum of arms [*pl* museums of arms] **3** (*almacén*) armoury

armero, -a *nm-nf* gunsmith

armiño *nm* **1** (*animal*) stoat **2** (*piel*) ermine

armisticio *nm* armistice

armonía *nf* harmony: *vivir en ~* to live in harmony

armónico, -a *adj* harmonic: *una escala armónica* a harmonic scale

■ **armónica** *nf* harmonica, mouth organ (*más coloq*)

armonioso, -a *adj* harmonious

armonización *nf* harmonization

armonizar *vt* **1** (*gen*) to harmonize: *~ varios colores/estilos/una melodía* to harmonize different colours/styles/a melody **2** (*diferencias*) to reconcile: *Tratamos de ~ puntos de vista dispares.* We are trying to reconcile different points of view.

■ **armonizar** *vi* **~ (con)** **1** (*colores, cosas*) to go (**with** ***sth***): *La lámpara no armoniza con el decorado.* That lamp doesn't go with the décor. **2** (*personas*) to be well-matched: *dos temperamentos que no armonizan* two prople who are not well-matched

ARN *nm, abrev de* **ácido ribonucleico** *Ver* ÁCIDO

arnés *nm* **1** (*armadura*) armour **2** **arneses** (*caballería*) harness [*sing*]

aro *nm* **1** (*gen*) ring: *los ~s olímpicos* the Olympic rings **2** (*juguete*) hoop

LOC **pasar por el aro** to toe the line: *No estaba de acuerdo, pero tuve que pasar por el ~.* I didn't agree but I had to toe the line. *Ver tb* SUJETADOR

aroma *nm* **1** (*fragancia*) scent: *el ~ de una flor/mujer* the scent of a flower/woman **2** (*café*) aroma **3** (*sabor*) flavour: *yogures con distintos ~s* yoghurts with different flavours

aromaterapia *nf* aromatherapy

aromático, -a *adj* **1** (*flor*) scented **2** (*hierbas, especias*) aromatic

aromatizar *vt* **1** (*perfumar*) to scent **2** (*alimentos*) to flavour

arpa *nf* harp ☛ *Ver ilustración en* PERCUSSION

arpía *nf* harpy

arpillera *nf* sackcloth

arpista *nmf* harpist

arpón *nm* harpoon

arqueado, -a *pp, adj Ver* ARQUEAR LOC *Ver* PIERNA

arquear *vt* **1** (*espalda*) to bend **2** (*cejas*) to raise **3** (*madera*) to warp

■ **arquearse** *v pron* **1** (*espalda*) to bend **2** (*cejas*) to rise **3** (*madera*) to warp

arqueología *nf* archaeology

arqueológico, -a *adj* archaeological LOC *Ver* EXCAVACIÓN, YACIMIENTO

arqueólogo, -a *nm-nf* archaeologist

arquero, -a *nm-nf* archer

arquetípico, -a *adj* archetypal

arquetipo *nm* archetype

arquitecto, -a *nm-nf* architect

LOC **arquitecto técnico** quantity surveyor

arquitectónico, -a *adj* architectural: *un estilo ~* an architectural style

arquitectura *nf* architecture

arrabal *nm* **arrabales** **1** (*afueras*) outskirts [*v pl*]: *en los ~es de la ciudad* on the outskirts of the city **2** (*barrio pobre*) poor area

arrabalero, -a *adj* **1** (*de un barrio pobre*) from the slums **2** (*modales, estilo*) vulgar

arraigado, -a *pp, adj* deep-rooted: *una costumbre muy arraigada* a deep-rooted custom *Ver tb* ARRAIGAR(SE)

arraigar(se) *vi, v pron* to take root: *El anarquismo (se) arraigó en Cataluña.* Anarchism took root in Catalonia.

arraigo *nm*: *Eso demuestra el ~ de esta tradición en nuestro país.* This shows how deep-rooted the tradition is in our country. ◊ *un partido político de gran ~ en el norte* a political party with deep roots in the north ◊ *Las cooperativas tienen mucho ~ en esta zona.* There is a long tradition of cooperatives in this area.

arramblar *vi* **~ con** to make off with *sth*

arrancada *nf* **1** (*vehículo, animal*) sudden start **2** (*persona*) start: *una ~ espectacular del atleta galés* a spectacular start by the Welsh athlete

arrancar *vt* **1** (*sacar*) **(a)** (*gen*) to pull *sth* out: *~ un clavo* to pull out a nail **(b)** (*página*) to tear *sth* out **2** (*planta*) to pull *sth* up: *~ los hierbajos del jardín* to pull up the weeds **3** (*quitar*) to pull *sth* off: *El ladrón me arrancó el anillo.* The thief pulled the ring off my finger. ◊ *Arrancaron los carteles de la pared.* They tore the posters off the walls. **4** (*arrebatar*) to snatch: *Nos arrancaron un empate.* They snatched a draw. ◊ *Me lo arrancaron de los brazos.* They snatched him from my arms. **5** (*promesa, información, sonrisa*) to get *sth* **out of sb** **6** (*risa, aplausos*) to draw *sth* **from sb**

■ **arrancar** *vt, vi* (*motor*) to start: *¡Arranca y vámonos!* Let's get going!

■ **arrancar** *vi* **1** (*empezar*) to start: *El camino arranca ahí mismo.* The road starts just there. **2** (*persona*) to get going: *¿Qué tal si arrancamos?* Shall we get going? **3 ~ de (a)** (*gen*) to stem **from** ***sth***: *Todo arranca de aquel error.* Everything stems from that mistake. **(b)** (*origen histórico*) to date back **to** ***sth***: *Esto arranca del siglo xv.* This dates back to the fifteenth century.

■ **arrancarse** *v pron* **arrancarse por** to start dancing: *~se por sevillanas* to start dancing sevillanas LOC *Ver* CARETA, CUAJO, ENTRAÑAS, MÁSCARA, RAÍZ, TIRÓN

arranque *nm* **1** (*motor*) starting: *El frío dificulta el ~.* The cold makes starting difficult. **2** (*brío*) go: *una persona de poco/mucho ~* a person with very little/a lot of go **3 ~ de** fit **of** ***sth***: *un ~ de celos/bondad* a fit of jealousy/generosity **4** (*Dep*) spurt: *El gol llegó tras un ~ del delantero.* The goal was the result of a spurt by the forward. **5** (*arco, bóveda*) base

LOC **en un arranque** on impulse **tener/no tener arranque para** to have/not to have the nerve *to do sth*: *No tiene ~ para pedirlo.* He hasn't the nerve to ask. *Ver tb* BOTÓN, MOTOR, PUNTO

arrasar *vt* **1** (*destruir*) to destroy: *El incendio arrasó varios edificios.* The fire destroyed several buildings. **2** (*país, territorio*) to devastate **3** (*fig*) to wipe *sth* out

■ **arrasar** *vi* **1** (*ganar*) to win hands down: *Ballesteros arrasó en el campeonato.* In the championship Ballesteros won hands down. **2** (*tener éxito*) **(a)** (*Teat, Mús*) to be a big hit **(b)** (*Pol*) to sweep the board

arrastrado, -a *pp, adj* wretched: *¡Qué vida tan arrastrada!* What a wretched life! *Ver tb* ARRASTRAR

arrastrar *vt* **1** (*gen*) to drag: *No arrastres los pies.* Don't drag your feet. ◊ *El escándalo podría ~ al presidente.* The scandal could drag down the President. ☛ *Ver ilustración en* PUSH **2** (*llevar*) **(a)** (*viento, mar*) to sweep *sth* away **(b)** (*río*) to sweep *sth* along: *El río arrastraba hojas y ramas.* Leaves and branches were being swept along by the river. **3** (*problema, deuda, asignatura*): ~ *deudas* to be weighed down by debt ◊ *Todavía arrastro el catarro.* I haven't got over my cold yet. ◊ *Aún arrastra la física de primero.* He still hasn't passed his first year Physics. **4** (*consecuencias*) to have **5** (*público, seguidores*) to draw: *Arrastra muchedumbres.* He draws huge crowds. **6** (*vicio*): *La bebida me arrastró a la ruina.* Drink was my downfall.

■ **arrastrar** *vi* to trail on the ground: *Esas cortinas arrastran.* These curtains trail on the ground.

■ **arrastrarse** *v pron* **1** (*gatear*) to crawl: *~se por el suelo* to crawl along ◊ *Se arrastró hasta el teléfono.* She dragged herself to the telephone. **2 arrastrarse (ante)** (*humillarse*) to grovel (**to** *sb*)

LOC **dejarse arrastrar** to get carried away (*by sth*)

arrastre *nm* dragging

LOC **estar para el arrastre** to have had it *Ver tb* FLOTA, PESCA, PESCAR

¡arre! *interj* gee up!

arrear *vt* **1** (*caballería, ganado*) to drive **2** (*persona*) to get *sb* moving: *A ver si arreas a esos niños.* See if you can get those children moving.

■ **arrear** *vi* to run: *¡Cómo arreaban cuando vieron a la poli!* You should have seen them run when they spotted the police!

LOC **¡arrea!** well I'm blowed! **arrear un golpe, sopapo, etc** to thump *sb* **irse/salir arreando** to run off **¡venga, arreando!** come on, get moving! *Ver tb* CANDELA

arrebatado, -a *pp, adj* **1** (*impetuoso*) rash **2** (*gesto*) abrupt: *con un gesto ~* with an abrupt gesture **3** (*rostro*) flushed *Ver tb* ARREBATAR

arrebatador, ~a *adj* captivating

arrebatar *vt* **1** (*algo*) **(a)** (*gen*) to snatch *sth* (**from** *sb*): *Nos arrebataron el partido.* They snatched a win. **(b)** (*viento*) to blow *sth* away: *El viento me arrebató el paraguas.* The wind blew my umbrella away. **2** (*persona*) to take *sb* away **from** *sb*: *Me arrebataron a mi hijo.* They took my son away from me. **3** (*Pol*) to take *sth* (**from** *sb*): *Arrebataron tres escaños a los liberales.* They took three seats from the Liberals.

LOC **arrebatar el corazón** to capture *sb's* heart **arrebatar la vida** to take *sb's* life

arrebato *nm* fit: *Le dio un ~ de cólera.* He flew into a fit of rage.

arrebujarse *v pron* **~ en 1** (*ropa*) to wrap yourself up **in** *sth* **2** (*cama*) to snuggle up **in bed**

arreciar *vi* **1** (*aumentar*) to intensify: *Arreciaron las críticas.* The criticism intensified. **2** (*lluvia*) to get heavier **3** (*viento, tormenta*) to get stronger

arrecife *nm* reef

arreglado, -a *pp, adj* **1** (*persona*) smartly dressed: *una señora muy arreglada* a smartly-dressed lady ◊ *Siempre va muy arreglada.* She always dresses smartly. **2** (*casa, habitación*) **(a)** (*decorada*) done out: *Es un piso bien ~.* The flat is nicely done out. **(b)** (*ordenada*) tidy **3** (*asunto, problema*) sorted out: *El problema ya está ~.* The problem is sorted out now. **4** (*no caro*) reasonable: *Tiene un precio muy ~.* It's very reasonably priced. *Ver tb* ARREGLAR

LOC **¡estamos arreglados! 1** (*estamos en un apuro*) we're in a right mess!: *¡Estamos ~s con este gobierno!* We're in a right mess with this government! **2** (*es el colmo*) that's all we needed!: *¡Pues sí que estamos ~s! Ahora se ha ido la luz.* That's all we needed! Now the electricity's gone. **estás/vas arreglado** you're in for a shock: *Estás ~ si piensas que te va a ayudar.* You're in for a shock if you think he's going to help you.

arreglar *vt* **1** (*reparar*) to mend, to repair (*más formal*): *Están arreglando la calle.* They're repairing the road. ◊ *Van a venir a ~ la lavadora.* They're coming to mend the washing machine. **2** (*ropa*) to alter **3** (*casa*) **(a)** (*limpiar*) to tidy *sth* (up) **(b)** (*decorar*) to do *sth* up **4(a)** (*persona*) to get *sb* ready: *Ven, que te arreglo para ir a la fiesta.* Come here and I'll get you ready for the party. **(b)** (*pelo*) to do **5** (*asunto, documentación, país*) to sort *sth* out: *No te preocupes, yo lo arreglaré.* Don't worry, I'll sort it out. ◊ *Así no vas a ~ nada.* You'll never get anywhere like this. **6** (*decidir*) to arrange: *Arreglamos la forma de vernos.* We arranged how we would meet. **7** (*ensalada*) to dress **8** (*Mús*) to arrange

■ **arreglarse** *v pron* **1** (*acicalarse*) to get ready **2** (*mejorar*) to get better, to improve (*más formal*): *El tiempo se está arreglando.* The weather is getting better. **3** (*salir bien*) to work out: *Al final todo se arregló.* Everything worked out all right in the end. **4** (*pelo*) to have your hair done **5** (*llegar a un acuerdo*) to arrange: *Si quieres vacaciones, arréglate con tu jefe.* If you want to take a holiday, arrange it with your boss. **6 arreglarse (con)** (*apañarse*) to manage (**on** *sth*): *Hay poca comida, pero ya nos arreglaremos.* There's not much food but we'll manage. ◊ *Con diez mil pesetas me arreglo.* I can manage with ten thousand pesetas. **7** (*ropa*): *Me he arreglado los pantalones de mi hermana.* I've altered my sister's trousers so that I can wear them. **8** (*dientes*) to have *your teeth* seen to: *Me voy a ~ la dentadura.* I'm going to have my teeth seen to.

LOC **arreglárselas** to manage: *Me las arreglé para conseguir el traslado.* I managed to get a transfer. ◊ *Me dijo que me las arreglara como pudiera.* She told me to manage the best way I could. **¡te voy a arreglar!/¡ya te arreglaré yo!** I'll sort you out! *Ver tb* ACABAR, ALLÁ, CANON

arreglo *nm* **1** (*reparación*) repair: *El ~ costaría demasiado.* It would cost too much to repair. ◊ *hacer ~s* to do repairs **2** (*acuerdo*) arrangement: *Han llegado a un ~.* They've come to an arrangement. **3** (*apaño*) compromise **4** (*Mús*) arrangement: *El pianista hace los ~s.* The pianist does the arrangements.

LOC **con arreglo a** in accordance with *sth* **no tiene arreglo 1** (*objeto*) it can't be mended **2** (*problema*) it can't be solved: *Son problemas que no tienen ~.* These problems can't be solved. **3** (*persona*) he/she is a hopeless case **tener un arreglo con algn** to have a thing going with sb **tiene mal/difícil arreglo 1** (*objeto*) it's not easy to mend **2** (*enfermedad*) it's not easy to treat **3** (*problema*) there's no easy solution

arrejuntarse *v pron* to shack up together

arrellanarse *v pron* to settle comfortably

arremeter *vi* **~ contra 1** (*atacar*) to charge (**at**) ***sth/sb***: *Arremetieron contra los manifestantes.* They charged at the demonstrators. **2** (*criticar*) to attack *sth/sb* [*vt*]: *La oposición ha arremetido contra el gobierno.* The opposition has attacked the government.

arremetida *nf* **~ (contra)** charge (**at** ***sth/sb***): *La ~ del toro nos cogió desprevenidos.* When the bull charged it caught us unawares.

arremolinarse *v pron* **1** (*gente*) to mill around **2** (*agua, hojas, polvo*) to swirl (around)

arrendamiento *nm* letting: *La agencia gestiona los ~s de viviendas.* The agency manages the lettings. LOC *Ver* CONTRATO

arrendar *vt* **1** (*ceder*) to let: *Arrendaron su casa de la playa el verano pasado.* They let their seaside house last summer. **2** (*tomar*) to rent: *Arrendé un apartamento en Luanco.* I rented an apartment in Luanco.

arrendatario, -a *nm-nf* **1** (*casa*) tenant **2** (*finca rústica*) tenant farmer **3** (*Jur*) leaseholder

arreos *nm* harness [*sing*]

arrepentido, -a *pp, adj* **1** (*pecador*) repentant **2** (*delincuente*) reformed: *un terrorista ~* a reformed terrorist *Ver tb* ARREPENTIRSE

LOC **estar/sentirse/mostrarse/parecer arrepentido** to be/feel/look/seem sorry: *Estoy ~ de haber dejado los estudios.* I'm sorry I gave up my studies. ◊ *Parecía ~ de haberlo hecho.* I think he was sorry he'd done it.

arrepentimiento *nm* **1** (*gen*) regret: *Lo contó sin mostrar ~ alguno.* He spoke without the slightest regret. **2** (*Relig*) repentance: *dar muestras/señales de ~* to show signs of repentance

arrepentirse *v pron* **~ (de) 1** (*lamentar*) to regret *sth/doing sth*, to be sorry (**that...**) (*más coloq*): *No fui y no me arrepiento.* I decided not to go and I don't regret it. ◊ *Me arrepiento de habérselo prestado.* I'm sorry I lent it to him. **2** (*Relig*) to repent (**of *sth***): *arrepentirte de tus pecados* to repent of your sins

arrestar *vt* **1** (*gen*) to arrest: *Lo arrestaron en Valencia.* He was arrested in Valencia. **2** (*Mil*) to confine *sb* to barracks: *Lo han arrestado por desobedecer a un superior.* He's confined to barracks for disobeying a superior.

arresto *nm* arrest: *una oleada de ~s* a wave of arrests **LOC arresto domiciliario** house arrest **arresto mayor** period of imprisonment of between a month and a day and six months: *Lo condenaron a tres meses de ~ mayor.* He was sentenced to three months' imprisonment. **arresto menor** period of imprisonment of up to one month: *veinte días de ~ menor* twenty days' imprisonment **estar/quedar bajo arresto** to be under arrest *Ver tb* SOMETER, SUFRIR

arriar *vt* (*bandera*) to lower

arriba *adv* **1** (*gen*) up: *Está ahí ~, en el tejado.* It's up there, on the roof. ◊ *Desapareció escaleras ~.* He disappeared up the stairs. **2** (*en un edificio*) upstairs: *Te espero ~, en la cafetería.* I'll wait for you upstairs, in the café. ◊ *El baño está ~.* The bathroom's upstairs. **3** (*encima*) above: *Vistos desde ~ parecen hormigas.* Seen from above, they look like ants. ◊ *órdenes de ~* orders from above ◊ *Como hemos señalado más ~...* As we pointed out above... ◊ *véase más ~* see above

■ **¡arriba!** *interj* **1** (*¡a levantarse!*) get up!: *¡~, que son las ocho!* Get up! It's eight o'clock! **2** (*¡ánimo!*): *¡~ el Betis!* Come on, Betis! ◊ *¡~ esos ánimos!* Cheer up!

LOC arriba del todo: *No llegamos ~ del todo.* We didn't get right to the top. ◊ *Ponlo ~ del todo.* Put it on top. **¡arriba las manos!/¡manos arriba!** hands up! **de aquí, cintura, hombros, etc para arriba** from here, the waist, the shoulders, etc up: *un vestido blanco de cintura para ~* a dress which is white from the waist up **de arriba 1** (*gen*) top: *la sábana/el estante de ~* the top sheet/shelf **2** (*inmediatamente superior*) upstairs: *El piso de ~ está en venta.* The flat upstairs is for sale. ◊ *la vecina de ~* the woman who lives upstairs **de arriba abajo 1** (*gen*) up and down: *Me miró de ~ abajo.* He looked me up and down. **2** (*por completo*) from top to bottom: *cambiar la legislación de ~ abajo* to change the legislation from top to bottom ◊ *Han recorrido Italia de ~ abajo.* They've toured Italy from end to end. ◊ *Se mojó de ~ abajo.* He got soaked through. **de dos, etc para arriba** over two, etc: *De diez personas para ~ hacemos descuento.* For ten people and over, we give a discount. ◊ *Tiene de 60 años para ~.* She's over 60. **hacia arriba** upwards **kilo arriba, kilo abajo, peseta arriba, peseta abajo, etc** give or take a kilo, peseta, etc: *Pesaba una tonelada, kilo ~, kilo abajo.* It weighed a ton, give or take a kilo. **los de arriba** the people at the top: *Los de ~ han decidido que...* The people at the top have decided that... **más arriba** further up: *Pararemos más ~.* We'll stop further up. **mirar hacia arriba** to look up **(para) arriba y (para) abajo** back and forth: *Llevo todo el día para ~ y para abajo.* I've been going back and forth all day. *Ver tb* AGUA, AHÍ, ALLÁ, ALLÍ, BOCA, CALLE, CUESTA, PATA, PARTE[2], PASEAR(SE), PUNTO, REPASAR, RÍO

arribada *nf* arrival

arribar *vi* **~ (a)** to reach port: *El buque arribó (a puerto) a las 5.30am.* The ship reached port at 5.30am.

arribista *adj* opportunistic: *una postura ~* opportunistic behaviour

■ **arribista** *nmf* opportunist

arriesgado, -a *pp, adj* **1** (*peligroso*) dangerous: *un deporte ~* a dangerous sport ◊ *Conducía de forma arriesgada.* He was driving dangerously. **2** (*decisión, inversión, negocio*) risky **3** (*imprudente*) rash: *Sería ~ dar una opinión.* It would be rash to give an opinion. **4** (*aventurado*): *Es muy ~ en los negocios.* He's prepared to take a lot of business risks. *Ver tb* ARRIESGAR

arriesgar *vt* to risk: *~ dinero/la salud* to risk your money/health

■ **arriesgarse** *v pron*: *No me gusta arriesgarme.* I don't like taking risks. ◊ *Yo que tú no me arriesgaría.* I wouldn't risk it if I were you. ◊ *Aparcando ahí te arriesgas a que te multen.* If you park there, you risk getting a ticket. **LOC** *Ver* PELLEJO

arrimado, -a *pp, adj Ver* ARRIMAR

LOC estar arrimado con to be living with *sb*: *Está ~ con una francesa.* He's living with a French woman.

arrimar *vt* to move *sth* closer (***to sth***): *Arrimó la silla a la estufa.* She moved her chair closer to the fire.

■ **arrimarse** *v pron* **arrimarse (a) 1** (*acercarse*) to go/come near (***sth/sb***): *No te arrimes tanto, que te vas a manchar.* Don't come so near or you'll get dirty. ◊ *No dejes que los niños se arrimen a la orilla.* Don't let the children go near the edge. **2** (*bailando*) to get close (**to *sb***): *~te a tu pareja* to get close to your partner **3** (*buscar protección*) to cultivate *sb's* friendship: *Se arrimó al catedrático y consiguió una beca.* He cultivated the professor's friendship and got a grant.

LOC arrimar el hombro to pull your weight **arrimarse al sol que más calienta** to get on the winning side

arrimo *nm*

LOC al arrimo de with the support of *sb*: *Ascendió al ~ de su padrino.* He was promoted with the support of his godfather.

arrinconado, -a *pp, adj* **1** (*cosa*) put away: *los libros que tienes ~s en el desván* the books you've got put away in the attic **2** (*persona*) out in the cold: *Me duele verlo ~ y sin amigos.* It hurts me to see him friendless and out in the cold. *Ver tb* ARRINCONAR

arrinconar *vt* **1** (*dejar de lado*) **(a)** (*persona*) to turn your back **on *sb***: *Sus amigas la han arrinconado por completo.* Her friends have turned their backs on her. **(b)** (*cosa*) to leave *sth* to gather dust: *Te compro un ordenador y lo arrinconas al tercer día.* I buy you a computer and after a couple of days you just leave it to gather dust. ◊ *Juega con los juguetes un par de veces y luego los arrincona.* He plays with his toys a couple of times, then just leaves them lying around. **2** (*acorralar*) to corner: *~ al enemigo* to corner an enemy

arroba *nf* (*Informát*) at ☛ *El símbolo @ se lee* **at**: *juan@rednet.es se lee "juan at rednet dot e s".*

arrocero, -a *adj* rice [*n atrib*]: *la industria arrocera* the rice industry

■ **arrocero, -a** *nm-nf* rice grower

arrodillado, -a *pp, adj* kneeling: *Estaba arrodillada, jugando con los niños.* She was kneeling on the floor playing with the children. *Ver tb* ARRODILLARSE

arrodillarse *v pron* to kneel (down): *Se arrodilló a rezar.* He knelt down to pray. ☛ *Ver ilustración en* KNEEL

arrogancia *nf* arrogance

arrogante *adj* arrogant

arrojadizo, -a *adj* **LOC** *Ver* ARMA

arrojado, -a *pp, adj* (*valiente*) brave *Ver tb* ARROJAR

arrojar *vt* **1** (*gen*) to throw: *Arrojaban piedras a la policía.* They were throwing stones at the police. **2** (*basura*) to drop **3** (*despedir*): *La chimenea arroja un humo negro.* Black smoke is pouring out of the chimney. ◊ *la lava que arroja el volcán* the lava that is pouring out of the volcano **4** (*balance, beneficio, resultado, total*) to produce: *La encuesta arroja resultados inesperados.* The survey is producing some unexpected results. ◊ *El accidente arroja un balance de diez heridos.* The accident left ten wounded.

LOC arrojar a algn (a la calle) to throw sb out: *Los arrojaron del local.* They were thrown out of the building. **arrojar la toalla** to throw in the towel **arrojar luz sobre algo** to shed light on sth **arrojarse al agua** to jump into the water **arrojarse a los pies de** to throw yourself at *sb's* feet **arrojarse contra/sobre** to pounce on *sb* **arrojar una sombra de duda** to cast doubt *on sth Ver tb* BORDA, PROHIBIDO, VENTANA

arrojo *nm* bravery: *Lucharon con ~.* They fought bravely.

arrollador, ~a *adj* **1** (*éxito, mayoría, victoria*) overwhelming **2** (*argumento, ataque, crítica*) devastating **3** (*viento*) violent **4** (*elocuencia, simpatía*) irresistible

arrollar *vt* **1** (*vehículo*) **(a)** (*peatón*) to run *sb* over **(b)** (*otro vehículo*) to smash (**into** ***sth***): *El tren arrolló a un coche.* The train smashed into a car. **2** (*agua, viento*) to sweep *sth* away: *Las aguas arrollaron el poblado.* The waters swept the village away. **3** (*vencer*) to thrash: *~ al equipo contrario* to thrash the opposing team
■ **arrollar** *vi* to win an overwhelming victory: *Han arrollado en las elecciones.* They won an overwhelming victory in the election.

arropar *vt* **1** (*abrigar*) **(a)** (*gen*) to wrap *sb* up: *Arropa a la niña, que hace mucho frío fuera.* Wrap your little girl up well – it's cold outside. **(b)** (*en la cama*) to tuck *sb* in **2** (*fig*) to protect: *Su familia siempre la ha arropado.* Her family have always protected her.
■ **arroparse** *v pron* **1** (*gen*) to wrap up: *Arrópate bien.* Wrap up well. **2** (*en la cama*) to pull the covers up round your head

arroyo *nm* stream
LOC **echar/plantar/poner a algn en el arroyo** to kick sb out **sacar a algn del arroyo** to pick sb up out of the gutter

arroz *nm* rice [*incontable*]: *No me pongas ~.* Don't give me any rice.
LOC **arroz blanco** boiled rice **arroz con leche** rice pudding

arrozal *nm* ricefield

arruga *nf* **1** (*piel*) wrinkle **2** (*papel, tela*) crease

arrugar *vt* **1** (*piel*) to wrinkle: *El sol arruga la piel.* The sun causes wrinkles. **2** (*papel, tela*) to crease: *Aparta esos papeles, que los vas a ~.* Move those papers or they'll get creased.
■ **arrugarse** *v pron* **1** (*piel*) to get wrinkled **2** (*ropa, papel*) to crease: *Esta falda se arruga en seguida.* This skirt creases very easily.
LOC **arrugar el entrecejo/la frente** to frown *Ver tb* CEÑO

arruinar *vt* **1** (*gen*) to ruin: *A este paso va a ~ a sus padres.* He's going to ruin his parents at this rate. ◊ *La tormenta ha arruinado las cosechas.* The storm has ruined the crops. **2** (*esperanzas*) to dash

arrullar *vt* **1** (*calmar*) to lull *sb* to sleep **2** (*enamorado*) to whisper sweet nothings **to** ***sb***

arrullo *nm* **1** (*paloma*) cooing **2** (*agua, brisa, canción*) sweet sound
LOC **al arrullo de** lulled by *sth*

arrumaco *nm* kissing and cuddling [*incontable*]: *Dejaos ya de ~s.* Stop that kissing and cuddling!
LOC **hacerse arrumacos** to kiss and cuddle **hacer/venir con arrumacos** to sweet-talk *sb*

arsenal *nm* **1** (*armas*) arsenal **2** (*astillero*) naval dockyard
LOC **un arsenal de conocimientos** a walking encyclopedia **un arsenal de información** a mine of information

arsénico *nm* arsenic

arte *nm* art: *una obra de ~* a work of art ◊ *el ~ del diálogo* the art of dialogue
■ **artes** *nf* **1** arts: *~s gráficas* graphic arts **2** (*astucias*) skills: *Utiliza tus ~s para convencerlo.* Use your skills of persuasion.
LOC **arte dramático** drama **artes de pesca** fishing tackle [*incontable*] **artes escénicas** performing arts **artes y oficios** arts and crafts (**como**) **por arte de magia** (as if) by magic **con malas artes** by trickery **con mucho arte** skilfully **no tener arte ni parte** to play no part *in sth* **tener arte para algo** to be good at sth: *Tiene mucho ~ para la repostería.* He's very good at making cakes. ◊ *¡Qué ~ tienes para pintar!* What a good painter you are! *Ver tb* AMOR, BELLO, OBJETO, SÉPTIMO

artefacto *nm* **1** (*dispositivo*) device: *un ~ explosivo/bélico/nuclear* an explosive/a military/nuclear device **2** (*armatoste*) contraption

arteria *nf* artery: *la ~ coronaria/pulmonar* the coronary/pulmonary artery

arterial *adj* arterial **LOC** *Ver* PRESIÓN

arteriosclerosis *nf* arteriosclerosis

artesanal *adj* craft [*n atrib*]: *un taller ~* a craft workshop **LOC** *Ver* ELABORACIÓN, INDUSTRIA

artesanía *nf* craft: *Tienen un taller de ~.* They run a craft workshop. ◊ *Se dedica a la ~.* He's a craftsman. ◊ *Vendemos ~.* We sell craft products.
LOC **de artesanía** handmade: *Me he comprado unos cuencos de ~.* I've bought some handmade bowls.

artesano, -a *adj* craft [*n atrib*]: *productos ~s* craft products
■ **artesano, -a** *nm-nf* craftsman/woman [*pl* craftsmen/women]

ártico, -a *adj* Arctic
■ **ártico** *nm* **1** (*océano*) Arctic Ocean **2** (*región*) Arctic
LOC *Ver* CÍRCULO

articulación *nf* **1** (*Anat, Mec*) joint: *las articulaciones del cuerpo humano* the joints of the human body **2** (*organización*) organization: *La ~ de la banda terrorista es muy compleja.* The terrorist group has a complex organization. ◊ *la ~ de una entidad benéfica* the way a charity is organized **3** (*realización*) carrying out: *Urge la ~ de un plan de reforma.* The plan for reform must be carried out immediately. **4** (*pronunciación*) articulation

articulado, -a *pp, adj* articulated: *un camión ~* an articulated lorry *Ver tb* ARTICULAR

articular *vt* **1** (*organizar*) to organize: *La Cruz Roja articulará la ayuda a las víctimas.* The Red Cross will organize help for the victims. **2** (*llevar a cabo*) to carry *sth* out: *~ un programa de cambios* to carry out a programme of change **3** (*Ling*) **(a)** (*pronunciar*) to articulate: *~ una consonante* to articulate a consonant **(b)** (*decir*) to say: *No logró ~ palabra.* He couldn't say a word.

articulista *nmf* columnist

artículo *nm* **1** (*gen*) article: *El ~ trata sobre Irlanda.* The article is about Ireland. ◊ *el ~ 13 de la Constitución* article 13 of the Constitution ◊ *el ~ definido* the definite article **2 artículos** (*productos*) goods: *~s de piel/viaje/del hogar* leather/travel/household goods
LOC **artículo determinado/indeterminado** definite/indefinite article **artículos de escritorio/papelería** stationery [*incontable, v sing*]: *Adquirí varios ~s de papelería.* I bought some stationery. **artículos de ferretería** ironmongery [*incontable, v sing*] **artículos de lujo** luxury items **artículos de primera necesidad** (basic) necessities **artículos de tocador** toiletries *Ver tb* ALIMENTICIO, ASEO, CONSUMO

artífice *nmf* architect: *Fueron los ~s de la revolución cultural.* They were the architects of the cultural revolution.

artificial *adj* artificial: *nieve ~* artificial snow **LOC** *Ver* CASTILLO, FECUNDACIÓN, FIBRA, FUEGO, LLUVIA, PERLA, PULMÓN, RESPIRACIÓN

artificiero, -a *nm-nf* bomb disposal officer

artificio *nm* **1** (*afectación*) affectation: *hablar con ~* to speak affectedly **2** (*truco*) trick: *Nos engañó con todo tipo de ~s.* He used all kinds of tricks to deceive us.

artificioso, -a *adj* affected

artillería *nf* artillery
LOC **artillería antiaérea** anti-aircraft guns [*v pl*]

artillero *nm* gunner

artilugio *nm* gadget

artimaña *nf* trick

artista *nmf* **1** (*gen*) artist: *Es un ~ de primera clase.* He's a great artist. ◊ *La exposición reúne obras de varios ~s.* The exhibition brings together works by several artists. **2** (*actor*) actor [*fem* actress]: *Numerosos ~s asistieron a la fiesta.* There were a lot of actors at the party.

LOC ser un artista haciendo algo: *¡Eres una ~ cocinando/cosiendo!* You're a brilliant cook/ dressmaker! ◊ *Es un ~ arreglando bicicletas.* He's very good at mending bicycles.

artístico, -a *adj* artistic **LOC** *Ver* AGENTE, PATINAJE, PATRIMONIO

artrítico, -a *adj* arthritic

■ **artrítico, -a** *nm-nf* person with arthritis

artritis *nf* arthritis [*incontable*]

artrosis *nf* (degenerative) osteoarthritis

arzobispo *nm* archbishop

as *nm, nmf* ace: *el ~ de espadas* the ace of spades ◊ *los ~es del ciclismo/volante* cycling/motor racing aces ☛ *Ver nota en* BARAJA

asa *nf* handle

asá *adv* **LOC** *Ver* ASÍ

asado, -a *pp, adj* roast: *patatas/castañas asadas* roast potatoes/chestnuts *Ver tb* ASAR(SE)

■ **asado** *nm* roast

LOC asado a la parrilla barbecued

asador *nm* **1** (*varilla*) spit **2** (*parrilla*) grill **3** (*restaurante*) restaurant serving barbecues **LOC** *Ver* CARNE

asadura *nf* offal

asalariado, -a *pp, adj* **1** (*que cobra semanalmente*) wage-earning **2** (*que cobra mensualmente*) salaried

■ **asalariado, -a** *nm-nf* **1** (*que cobra semanalmente*) wage earner **2** (*que cobra mensualmente*) salaried worker **LOC** *Ver* TRABAJADOR

asaltante *nmf* **1** (*gen*) attacker: *Los ~s se dieron a la fuga.* The attackers fled. **2** (*ladrón de bolsos*) mugger

asaltar *vt* **1** (*banco, tienda*) to raid **2** (*persona*) to mug **3** (*fortaleza, cárcel*) to storm **4** (*fans, periodistas*) to mob **5** (*duda, temor*) to assail

LOC me asaltó el deseo de I was, we were, etc overcome by the desire *to do sth* **me asaltó una idea** I was, we were, etc struck by an idea

asalto *nm* **~** (a) **1** (*banco, tienda*) raid (**on** ***sth***): *el ~ al Banco Central* the raid on the Central Bank **2** (*persona*) mugging: *Se han producido varios ~s a vecinos de esta zona.* There have been several muggings in this area. **3** (*fortaleza, cárcel*) storming **4** (*fans, periodistas*) mobbing **5** (*Boxeo*) round: *Venció por KO en el séptimo ~.* He won by a knockout in the seventh round.

LOC tomar algo al/por asalto 1 (*Mil*) to take *sth* by storm **2** (*adueñarse de*) to take *sth* over *Ver tb* CARRO

asamblea *nf* meeting: *Los estudiantes se reunieron en ~.* The students held a meeting. ◊ *una ~ ordinaria/ extraordinaria* an ordinary/extraordinary meeting

LOC asamblea general (*empresa, organización*) annual general meeting (*abrev* AGM) **asamblea nacional** national assembly **la Asamblea General de la ONU** the United Nations General Assembly

asambleísta *nmf* assembly member: *Varios ~s votaron en contra.* Several of the assembly members voted against.

asar(se) *vt, v pron* to roast: *Vamos a asar un cordero.* We're going to roast a lamb. ◊ *Vete preparando la ensalada mientras se asa el pollo.* Start getting the salad ready while the chicken is roasting. ◊ *Baja la calefacción, que me estoy asando.* Turn down the heating–I'm roasting. ☛ *Ver nota e ilustración en* BAKE

LOC asar a preguntas to pester *sb* with questions **asar a la parrilla/plancha** to grill *sth* ☛ *Ver ilustración en* BAKE **asarse vivo** to roast alive

ascendencia *nf* descent: *de ~ escocesa/aristocrática* of Scottish/noble descent

ascendente *adj* **1** (*gen*) upward: *la trayectoria ~ de la bala* the upward trajectory of the bullet ◊ *la tendencia ~ de la inflación* the upward trend of inflation **2** (*orden*) ascending

■ **ascendente** *nm* (*Astrología*) ascendant

ascender *vt* to promote: *Me ascendieron (a editor jefe) el mes pasado.* I was promoted (to editor in chief) last month.

■ **ascender** *vi* **1** (*gen*) to rise: *El aire caliente tiende a ~.* Hot air rises. ◊ *Los precios siguen ascendiendo.* Prices are still rising. **2 ~** (a) (*Dep*) **(a)** (*gen*) to go up (**to** ***sth***): *El equipo espera ~ este año.* The team hopes to go up this years. ◊ *~ a primera división* to go up to the first division **(b)** (*Montañismo*) to climb (*a mountain*): *~ a la cima* to climb a mountain ◊ *Ascendían con dificultad.* They were finding the climbing difficult. **3 ~** (a) (*mejorar de puesto*) to be promoted (**to** ***sth***): *Espero ~ a los tres años.* I hope to be promoted in three years time. ◊ *Ascendió al rango de almirante.* He reached the rank of admiral. **4 ~ a** (*totalizar*) to come **to** ***sth***: *La cuenta ascendió a 20.000 pesetas.* The bill came to 20 000 pesetas. ◊ *Sus deudas ascienden a 30 millones.* He has debts amounting to 30 million pesetas. **LOC** *Ver* ESPIRAL, TRONO

ascendiente *nmf* **ascendientes** (*antepasados*) ancestors

ascensión *nf* ascent

LOC la Ascensión the Ascension

ascenso *nm* **1 ~** (a) (*montaña*) ascent (**of** ***sth***): *el ~ al Everest* the ascent of Everest ◊ *El ~ a la cima se produjo el 30 de abril.* The ascent took place on April 30. **2 ~** (**de**) (*precio, temperatura*) rise (**in** ***sth***): *el ~ de las temperaturas* the rise in temperatures **3 ~** (a) (*equipo, empleado*) promotion (**to** ***sth***)

ascensor *nm* lift **LOC** *Ver* HUECO

asco *nm* disgust

LOC coger asco a to take a dislike to *sb/sth* **dar asco**: *Esta comida me da ~.* This food is disgusting. ◊ *Este país da ~.* This country makes you sick. ◊ *Tienen la casa que da ~.* Their house is a tip. **estar hecho un asco 1** (*sitio*) to be a disgusting mess: *Esta habitación está hecha un ~.* This room is a disgusting mess. **2** (*persona*) to feel really ill **hacer ascos a** to turn your nose up at *sth* **hacer ascos a todo** to be hard to please **¡qué asco! 1** (*repugnancia*) how revolting! **2** (*fastidio*) what a pain! **¡qué asco de...! 1** (*repugnancia*) what a revolting...! **2** (*fastidio*): *¡Qué ~ de trabajo/día!* What a horrible job/day! **ser un asco** to be disgusting **tenerle asco a algn** to have it in for sb *Ver tb* CARA

ascua *nf* ember

LOC en/sobre ascuas on tenterhooks: *Me tiene en ~s.* He keeps me on tenterhooks.

aseado, -a *pp, adj* clean and tidy *Ver tb* ASEAR

asear *vt* to clean *sb/sth* up

■ **asearse** *v pron* to have a wash

asediar *vt* to besiege: *Los recuerdos la asedian.* She is besieged by memories.

asedio *nm* **1** (*Mil*) siege **2** (*persecución*) hounding: *huir del ~ de la prensa* to flee from the hounding of the press

asegurado, -a *pp, adj, nm-nf* insured: *Los ~s se benefician de numerosas ventajas.* The insured enjoy substantial benefits. *Ver tb* ASEGURAR

asegurador, ~a *adj* insurance [*n atrib*]: *una compañía aseguradora* an insurance company

■ **asegurador, ~a** *nm-nf* insurance agent

■ **aseguradora** *nf* insurance company

asegurar *vt* **1** (*garantizar*) to ensure: *~ la seguridad del presidente/que todo funcione* to ensure the President's safety/that everything works **2** (*derechos, orden*) to guarantee **3** (*prometer*) to assure: *Aseguró que seguiría en su puesto.* He assured us that he would stay in the post. ◊ *Les aseguro que el proyecto saldrá adelante.* I assure you the project will go ahead. **4** (*afirmar*) to maintain: *Asegura no saber nada del tema.* He maintains he knows nothing about it. **5** (*contratar un seguro*) to insure: *Tengo que ~ la casa/el coche.* I must insure the house/car. **6** (*sujetar*) to secure

■ **asegurarse** *v pron* **1** (*comprobar*) to make sure (***that...***): *Asegúrate de que el gas está cerrado.* Make sure the gas is turned off. ◊ *Me aseguré de que los niños salieran a tiempo.* I made sure the children left on time. **2** (*conseguir*) to secure: *El equipo se aseguró el ascenso a la primera división.* The team secured promotion to the first division.

LOC asegurar a todo riesgo to take out fully comprehensive insurance *on sth* **asegurar contra terceros** to take out third party insurance

asemejarse *v pron* **1** (*parecerse*) to be alike: *Los dos casos se asemejan mucho.* The two cases are very much alike. **2 ~ a** to be like *sth/sb*

asentado, -a *pp, adj* (*afincado*) settled: *los musulmanes ~s en Andalucía* Muslims settled in Andalusia *Ver tb* ASENTAR

LOC estar asentado 1 (*persona*): *Tu hija está muy asentada.* Your daughter is a sensible girl. **2** (*empresa*) (well-)established: *La compañía está bien asentada en el sector automovilístico.* The firm is well-established within the car sector.

asentamiento *nm* settlement

asentar *vt* **1** (*civilización*) to found **2** (*estómago*) to settle: *Esta manzanilla te asentará el estómago.* This camomile tea will settle your stomach. **3** (*cimientos*) to lay **4** (*principios*) to lay *sth* down

■ **asentarse** *v pron* to settle

LOC asentar un campamento to set up camp

asentimiento *nm* consent

asentir *vi* to agree (**to *sth*/to do *sth***): *Asintieron a hablar del tema.* They agreed to discuss the matter.

LOC asentir (con la cabeza) to nod

aseo *nm* **1** (*limpieza*) cleanliness **2** (*baño*) **(a)** (*en una casa*) bathroom, loo (*más coloq*) **(b)** (*en un lugar público*) toilet: *¿Dónde están los ~s?* Where are the toilets, please? ☛ *Ver nota en* TOILET

LOC artículos/productos de aseo personal toiletries **aseo personal** personal hygiene *Ver tb* CUARTO *nm*

aséptico, -a *adj* **1** (*lit*) aseptic **2** (*fig*) clinical: *un lenguaje ~* clinical language

asequible *adj* **1** (*precio*) reasonable **2** (*producto, vivienda*) affordable **3** (*libro, arte*) accessible (**to *sb***): *un libro ~ para niños de diez años* a book that's accessible to ten year olds **4** (*objetivo*) attainable **5** (*plan, proyecto*) feasible **6** (*persona*) approachable

aserradero *nm* sawmill

asesinado, -a *nm-nf* murder victim

asesinar *vt* to murder: *La asesinó a sangre fría.* He murdered her in cold blood. ◊ *Han asesinado a tres turistas.* Three tourists have been murdered.

> Existe también el verbo **to assassinate** y los sustantivos **assassination** (*asesinato*) y **assassin** (*asesino*), pero sólo se utilizan cuando nos referimos a un personaje importante: *¿Quién asesinó al ministro?* Who assassinated the minister? ◊ *un asesino a sueldo* a hired assassin ◊ *Hubo un intento de asesinato contra el Presidente.* There was an attempt on the President's life.

asesinato *nm* **1** (*gen*) murder: *el ~ de un militar* the murder of a soldier **2** (*personaje importante*) assassination ☛ *Ver nota en* ASESINAR **LOC** *Ver* INTENTO

asesino, -a *adj* **1** (*gen*) murderous: *una mirada asesina* a murderous look ◊ *Tiene instintos ~s.* He has murderous instincts. **2** (*droga, animal*) killer [*n atrib*]: *una ballena asesina* a killer whale

■ **asesino, -a** *nm-nf* **1** (*gen*) murderer: *Son unos ~s.* They are murderers. **2** (*de un personaje importante*) assassin ☛ *Ver nota en* ASESINAR

LOC asesino a sueldo hired assassin, hit man (*coloq*) *Ver tb* MANO

asesor, ~a *adj* advisory

■ **asesor, ~a** *nm-nf* consultant

LOC asesor de imagen public relations adviser *Ver tb* CONSEJO

asesoramiento *nm* advice

asesorar *vt* to advise

■ **asesorarse** *v pron* to take advice (**about/on *sth***): *Asesórate antes de pedir el divorcio.* You should take legal advice before you file for divorce. ◊ *~se en un tema* to take advice about sth

LOC asesorarse con un abogado/experto to take legal/expert advice

asesoría *nf* consultancy: *una ~ fiscal* a tax consultancy

asestar *vt* (*golpe*) to deal: *Le asestó un golpe en la mandíbula.* He dealt him a blow to the jaw.

LOC asestar una puñalada to stab *sb* *Ver tb* CUCHILLADA

asfaltado *nm* (*acción*) tarmacking

asfaltar *vt* to tarmac

asfalto *nm* **1** (*material*) Tarmac®: *Quedó tendida en el ~.* She was lying in the road. **2** (*fig*): *la cultura del ~* urban culture ◊ *Soy una persona de ~.* I'm a town person.

asfixia *nf* suffocation

asfixiante *adj* suffocating: *un calor ~* suffocating heat

asfixiar *vt* **1** (*gen*) to suffocate: *~ a algn con una almohada* to suffocate sb with a pillow ◊ *Este calor me asfixia.* I'm suffocating in this heat. **2** (*gas, humo*) to asphyxiate

■ **asfixiarse** *v pron* to suffocate

así *adv* **1(a)** (*de este modo*) like this: *Sujétalo ~.* Hold it like this. **(b)** (*de ese modo*) like that: *Yo soy ~.* I'm like that. ◊ *No quisiera verme ~.* I wouldn't like to be in that situation. **2** (*así es como*) that's how: *~ piensan los jóvenes.* That's how young people think. **3** (*con gerundio*) thereby: *perdiendo ~ una gran oportunidad* thereby missing a great opportunity **4** (*eso es lo que*) so: *~ lo asegura Miguel.* So Miguel maintains. ◊ *si ~ lo desean* if they so desire **5** (*lo siguiente*) as follows: *La carta decía ~...* The letter read as follows...

■ **así** *adj* **1** (*como este*) like this: *Quiero un corte de pelo ~.* I want a haircut like this. **2** (*como ese*) like that: *un coche ~* a car like that ◊ *Con gente ~ da gusto trabajar.* It's a pleasure to work with people like that.

LOC algo así como around: *Les ha costado algo ~ como medio millón.* It cost them around half a million pesetas. **así aprenderás** that'll teach you! **así así** so so: *—¿Qué tal estás? —Así así.* 'How are you?' 'So so.' **así como** as well as: *Me tocó pagar la multa, ~ como los gastos.* I had to pay the costs as well as a fine. **así como así** just like that: *No te dan el visado ~ como ~.* They won't give you the visa just like that. **así cualquiera** anybody could do that **así de alto, grande, gordo, etc** this high, big, fat, etc: *Te mando un beso ~ de grande.* I'm sending you a kiss this big. **así es** that's true: *—Sin dinero no consigues nada. —~ es.* 'You won't get far without money.' 'That's true.' **así es como...** that's how...: *~ es como nos perdimos.* That's how we got lost. ◊ *No fue ~ como ocurrió.* That's not how it happened. **así es la vida** that's life! **así (es) que** so: *Me han invitado, ~ es que tengo que ir.* I've been invited, so I'll have to go. ◊ *No llegaron, ~ que me fui.* They didn't come, so I left. **así están las cosas** that's the way things are **así las cosas...** with things the way they are... **así lo haré** will do! **así mismo** *Ver* ASIMISMO **así que asá**: *Lo mismo da ~ que asá.* It makes no odds. **así pues** so **así que nada** OK then (*coloq*), all right **¡así sea!** so be it! **¡así se habla, hace, etc!** well said, done, etc! **así sin más** for no (good) reason **¡así me va!** (and) look where it's got me, you, etc! **así va el mundo/van las cosas** that's the way things are going **así y todo/aun así/incluso así** even so: *Aun ~ no lo aceptaría.* Even so, I wouldn't accep it. **no así** unlike: *Escasean los fontaneros, no ~ los abogados.* Plumbers are few and far between, unlike lawyers. **o algo así** or something like that **o así** or so **por así decir(lo)** so to speak **si es/de ser así** if so **y así sucesivamente** and so on (and so forth) *Ver tb* PARECER, PUDRIRSE, SONAR[2], VISTO

Asia *nf* Asia

asiático, -a *adj, nm-nf* Asian

asidero *nm* **1** (*asa*) handle **2** (*fig*) support

asiduidad *nf*

LOC con asiduidad frequently

asiduo, -a *adj* regular

■ **asiduo, -a** *nm-nf* regular: *Todos los ~s de este bar se conocen.* In this pub the regulars all know each other.

asiento *nm* **1** (*gen*) seat: *el ~ delantero/trasero* the front/back seat ◊ *~ del conductor* driver's seat ☛ *Ver ilustración en* CAR **2** (*Contabilidad*) entry

LOC asiento del acompañante/copiloto passenger seat ☛ *Ver ilustración en* CAR **tomar asiento** to take a seat *Ver tb* CEDER, COMPAÑERO, CULO, RECLINAR

asignación *nf* **1** (*gen*) allocation: *la ~ de recursos para una obra* the allocation of funds for building **2** (*subvención*) grant: *Me corresponde una ~ de un millón para este curso.* My grant for this year is a million pesetas. **3** (*para gastos personales*) allowance: *una ~ mensual de 30.000 pesetas* a monthly allowance of 30 000 pesetas
LOC asignación semanal (*paga*) pocket money

asignar *vt* **1** (*gen*) to assign: *el trabajo que me asignaron* the job I was assigned ◊ *Me han asignado a ventas.* I've been assigned to sales. **2** (*pensión, subvención*) to award **3** (*recursos*) to allocate

asignatura *nf* subject
LOC asignatura pendiente 1 (*lit*) resit: *He dejado/Me quedan dos ~s pendientes.* I've got to do two resits. **2** (*fig*): *La reforma agraria es la ~ pendiente del gobierno.* The government has done nothing about agricultural reform. ◊ *El aprender a tocar un instrumento es mi ~ pendiente.* I've always meant to learn an instrument. **(asignatura) cuatrimestral** one term course

asilarse *v pron* to take refuge

asilo *nm* **1** (*residencia*) home **2** (*amparo*) shelter: *Dan ~ a los indigentes.* They provide shelter for the poor. **3** (*Pol*) asylum
LOC buscar/pedir asilo político to seek political asylum **conceder/dar asilo político** to grant political asylum *to sb Ver tb* ANCIANO

asimétrico, -a *adj* asymmetrical

asimilación *nf* assimilation

asimilar *vt* **1** (*absorber, comprender*) to assimilate **2** (*equiparar*) to bring *sth* into line ***with sth***: *~ las titulaciones españolas a las de la UE* to bring Spanish qualifications into line with the EU norm

asimismo (*tb* **así mismo**) *adv* **1** (*también*) also: *Dijeron ~ que…* They also said that… **2** (*de la misma manera*) similarly: *~, las subvenciones aumentarán en un 10%.* Similarly, grants will be increased by 10%.

asir *vt* to grab
■ **asirse** *v pron* **asirse (a/de)** to grab hold **(of *sth*)**: *~se a una cuerda* to grab hold of a rope

asistencia *nf* **1** (*presencia*) attendance: *La ~ a clase es obligatoria.* Attendance at lessons is compulsory. ◊ *Hubo una gran ~ de público.* There was a good turnout. **2** (*ayuda*) assistance: *con la ~ del Ministerio de Educación* with the assistance of the Department of Education
LOC asistencia en carretera breakdown service **asistencia médica/sanitaria** medical/health care **asistencia técnica** (*postventa*) after-sales service: *Ofrecen un buen servicio de ~ técnica.* They have a good after-sales service. **con la asistencia de** in the presence of *sb Ver tb* FALTA, JUSTIFICANTE

asistencial *adj* **1** (*Med*) care [*n atrib*]: *un centro ~ de psiquiatría* a psychiatric care centre **2** (*de apoyo*) ancillary: *labores ~es* ancillary tasks

asistente *adj* present: *los delegados ~s a la conferencia* the delegates present at the conference
■ **asistente** *nmf* person who is present [*pl* those present]: *los ~s al concierto* those present at the concert
■ **asistente, -a** *nm-nf* cleaner: *La asistenta viene los lunes.* My cleaner comes on Mondays.
LOC asistente social social worker

asistido *pp, adj* assisted: *aprendizaje ~ por ordenador* computer-assisted learning *Ver tb* ASISTIR **LOC** *Ver* DIRECCIÓN, DISEÑO

asistir *vi* **~ (a) 1** (*acudir*) to attend *sth* [*vt*]: *~ a clase* to attend class **2** (*estar presente*) to be present **(at *sth*)**: *Numerosos famosos asistieron a la ceremonia de gala.* Many celebrities were present at the gala. **3** (*participar*) to take part **(in *sth*)**: *~ a una manifestación* to take part in a demonstration **4** (*presenciar*) to witness *sth* [*vt*]: *Hemos asistido a cambios históricos decisivos.* We have witnessed major historical changes.
■ **asistir** *vt* **1** (*ayudar*) to assist **2** (*Med*) to treat

asma *nf* asthma

asmático, -a *adj, nm-nf* asthmatic

asno, -a *nm-nf* ass

asociación *nf* association
LOC asociación benéfica charity ☛ *Ver nota en* CHARITY SHOP **asociación de padres (de alumnos)** parents' association

asociado, -a *pp, adj* **1** (*relacionado*) associated: *problemas ~s con la crisis económica* problems associated with the economic crisis ◊ *enfermedades asociadas con la droga* drug-related diseases **2** (*adjunto*) associate: *miembro ~ de un club* associate member of a club *Ver tb* ASOCIAR
■ **asociado, -a** *nm-nf* **1** (*Com, colaborador*) associate: *la firma Hernández y Asociados* the firm Hernández & Associates ◊ *los ~s del depuesto líder* the deposed leader's associates **2** (*miembro*) member

asociar *vt* to associate: *Asocio este lugar con mi niñez.* I associate this place with my childhood.
■ **asociarse** *v pron* (*Com*) to form a partnership: *Se han asociado para ampliar el negocio.* They've formed a partnership to expand the business. ◊ *~se con un compañero de profesión* to form a partnership with a colleague

asolar *vt* to devastate: *El terremoto asoló la ciudad/los campos.* The earthquake devastated the city/countryside. ◊ *La noticia asoló a la familia.* The family was devastated by the news. ◊ *los males que asolan nuestro país* the evils that afflict our country

asomar *vt*: *~ la cabeza por la ventana* to put your head out of the window ◊ *~ la cabeza por la puerta* to put your head round the door
■ **asomar** *vi* to show: *La falda le asoma por debajo del abrigo.* Her skirt is showing below her coat. ◊ *La foto asomaba por entre los documentos.* The photo stuck out from between the documents. ◊ *De vez en cuando asoma el sol.* The sun breaks through occasionally. ◊ *Por fin asoma un rayo de esperanza.* There is a ray of hope at last.
■ **asomarse** *v pron* **1** (*gen*): *Me asomé a la ventana para ver qué pasaba.* I put my head out of the window to get a better look. ◊ *Asómate al balcón.* Come out onto the balcony. **2** (*aparecer*) **(a)** (*acercarse*) to pop in: *Quizá me asome un rato.* I may pop in for a bit. **(b)** (*con sentido peyorativo*) to show your face: *No creo que se atrevan a ~se por aquí.* I don't think they'll dare show their faces round here.
LOC dejar asomar to show *sth* **asomarse a la pantalla** to appear on the screen *Ver tb* PROHIBIDO

asombrar *vt* to amaze: *Nunca deja de ~me.* He never ceases to amaze me.
■ **asombrarse** *v pron* to be amazed: *Se asombraron al vernos.* They were amazed to see us. ◊ *Se asombró del desorden de la habitación.* She was amazed by the mess in the room.

asombro *nm* amazement: *mirar con ~* to look in amazement ◊ *Pusieron cara de ~.* They looked amazed. ◊ *Oigo con ~ que…* I'm amazed to hear that…
LOC para asombro de todos to everyone's amazement **no salir de su asombro** to be staggered *Ver tb* BIZCO, MUDO

asombroso, -a *adj* amazing

asomo *nm* hint: *sin ~ de preocupación* without a hint of anxiety
LOC (sin) asomo de duda (without) a shadow of a doubt **ni por asomo** no way: *No recurriría a él ni por ~.* There's no way I would ask him to help me.

asonante *adj* **LOC** *Ver* RIMA

aspa *nf* **1** (*gen*) cross: *en forma de ~* cross-shaped **2** (*molino*) sail

aspavientos *nm*
LOC hacer aspavientos 1 (*lit*) to wave your arms about **2** (*exagerar*) to make a fuss: *Deja de hacer ~ y cuéntame lo que pasó.* Stop making such a fuss and tell me what happened.

aspecto *nm* **1** (*apariencia*) look, appearance (*más* *formal*): *No puedo salir con este ~.* I can't go out looking like this! ◊ *Su aspecto me preocupa.* I'm worried about him–he doesn't look well. **2** (*faceta*) aspect: *el ~ legal* the legal aspect

LOC aspecto físico appearance: *A sus noventa años, su ~ físico es realmente envidiable.* He looks wonderful for a man of ninety. **de aspecto amable, tímido, etc** kind-looking, shy-looking, etc **en algunos/ciertos aspectos** in some respects **en ese aspecto** in that respect **por su aspecto** by the way he, she, etc looks **tener aspecto de** to look: *No tiene ~ de fresco.* It doesn't look fresh. ◊ *Tienen ~ de estudiantes.* They look like students. **tener aspecto joven** to look young **tener buen/mal aspecto 1** (*persona*) to look/not to look well **2** (*cosa*) to look/not to look good *Ver tb* PRESENTAR

aspereza *nf* **1** (*gen*) roughness: *la ~ de una tela/superficie/la piel* the roughness of a fabric/surface/sb's skin **2** (*voz*) harshness **LOC** *Ver* LIMAR

áspero, -a *adj* **1** (*gen*) rough: *unas manos ásperas* rough hands **2** (*voz*) harsh **3** (*lucha, polémica*) bitter **4** (*carácter*) disagreeable: *una persona de trato ~* a disagreeable person

aspersor *nm* sprinkler ☛ *Ver ilustración en* HOUSE

aspiración *nf* aspiration: *Sus aspiraciones son totalmente legítimas.* Their aspirations are entirely legitimate.

LOC aspiraciones territoriales territorial ambitions **tener aspiraciones** to be ambitious: *Siempre ha tenido grandes aspiraciones.* He's always been ambitious. **tener aspiraciones de** to have hopes of *sth/doing sth*: *Tienen aspiraciones de pasar a la final.* They have hopes of going through to the final.

aspiradora *nf* (*tb* **aspirador** *nm*) vacuum cleaner

A menudo se llama a la aspiradora por el nombre de la marca más conocida, **Hoover**®.

LOC pasar la aspiradora to vacuum

aspirante *nmf* **~ (a) 1** (*gen*) applicant (**for *sth***): *Se han presentado dos ~s al puesto.* There are two applicants for the job. **2** (*elección, torneo*) candidate (**for *sth***): *los ~s a la alcaldía* the candidates for the office of mayor **3** (*concurso*) contestant

LOC aspirante a actriz, novelista, etc aspiring actress, novelist, etc

aspirar *vt* **1** (*respirar*) **(a)** (*aire*) to breathe: *~ el aire puro de la montaña* to breathe the pure mountain air **(b)** (*gases*) to breathe *sth* in, to inhale (*más formal*) **2** (*máquina*) to suck *sth* up

■ **aspirar** *vi* **1** (*respirar*) to breathe in **2 ~ a** to aspire **to *sth*/to do *sth***: *Solo aspira a ganar un sueldo decente.* All he aspires to is a job with a reasonable salary. ◊ *¿A qué aspiras?* What are your ambitions in life?

LOC aspirar a más to aim higher

aspirina *nf* aspirin: *Tómate una ~.* Take an aspirin.

asqueado, -a *pp, adj* **~ (de)** sick **of *sth*/*sb*/*doing sth***: *Lo dejó porque estaba ~.* He gave it up because he was sick of it. ◊ *Estoy ~ de trabajar tanto.* I'm sick of working so hard. *Ver tb* ASQUEAR

asquear *vt* to sicken: *Me asquea tanta hipocresía.* All this hypocrisy sickens me.

■ **asquearse** *v pron* **asquearse (de)** to get sick **of *sth*/*sb*/*doing sth***: *Se asquearon de escuchar y se fueron.* They got sick of listening and left. ◊ *Es para ~se.* It makes you sick.

asquerosidad *nf* **1** (*cosa sucia*): *¡Qué ~ de ropa!* What filthy clothes! ◊ *Esta cocina está hecha una ~.* This kitchen is filthy. **2** (*cosa repugnante*): *¡Qué ~ de trabajo!* What a horrible job!

asqueroso, -a *adj* **1** (*sucio*) filthy **2** (*repugnante*) disgusting

asta *nf* **1** (*bandera*) flagpole **2** (*toro*) horn

LOC a media asta at half-mast

asterisco *nm* asterisk

asteroide *nm* asteroid

astigmatismo *nm* astigmatism

astilla *nf* **1** (*muy fina*) splinter **2** (*algo mayor*) chip **LOC** *Ver* TAL

astillarse *v pron* to chip: *Me astillé el fémur.* I chipped my femur.

astillero *nm* shipyard

astracán *nm* astrakhan

astral *adj* **LOC** *Ver* CARTA

astringente *adj, nm* astringent

astro *nm* **1** (*lit*) star, heavenly body (*científ*) **2** (*fig*) star: *un ~ del deporte* a sports star

astrofísica *nf* astrophysics [*v sing*]

astrología *nf* astrology

astrólogo, -a *nm-nf* astrologer

astronauta *nmf* astronaut

astronomía *nf* astronomy

astronómico, -a *adj* astronomical

astrónomo, -a *nm-nf* astronomer

astucia *nf* **1** (*gen*) shrewdness: *Su ~ le ha permitido triunfar en los negocios.* She's very shrewd, and that has enabled her to become a successful businesswoman. **2** (*malicia*) cunning **3** (*ardid*) trick: *las ~s que empleamos con nosotros mismos* the tricks we play on ourselves

astuto, -a *adj* **1** (*gen*) shrewd: *un sabio y ~ profesor* a wise, shrewd teacher **2** (*malicioso*) crafty, cunning (*más formal*): *Elaboraron un ~ plan para vencer a la competencia.* They devised a cunning plan to defeat the competition.

asueto *nm*

LOC área/zona de asueto leisure area **día/jornada de asueto** day off

asumir *vt* **1** (*tomar*) to take: *~ la responsabilidad de un negocio* to take charge of a business ◊ *Ha asumido el papel de portavoz.* He's taken (on) the role of spokesperson. **2** (*cargo*) to take *sth* over: *~ la presidencia* to take over the presidency **3** (*aceptar*) to come to terms **with *sth***: *Debemos ~ el cambio.* We must to come to terms with the change. ◊ *Ha asumido bien la muerte de su marido.* She has come to terms with her husband's death.

asunto *nm* **1** (*tema*) matter: *un ~ de interés general* a matter of general interest ◊ *No sé nada sobre el ~.* I know nothing about it. ◊ *~s exteriores/sociales* foreign affairs/social matters ◊ *Voy a Madrid para resolver varios ~s.* I'm going to Madrid to sort out a few things. **2** (*Pol, escándalo*) affair **3** (*actividad, negocio*) business: *La guerra es un ~ serio.* War is a serious business. ◊ *un ~ ilegal* some illegal business

LOC asunto concluido that's the end of it **el asunto es que...** the thing is (that)...: *El ~ es que tengo otro compromiso.* The thing is, I've got another engagement. ◊ *Lo peor del ~ es que no tengo dinero.* The worst thing is that I don't have any money. **ir al asunto** to get to the point **no es asunto mío** it's none of my, your, etc business *Ver tb* ACTUALIDAD, CARTA, MINISTERIO, REMATAR

asustadizo, -a *adj* jumpy

asustar *vt* **1** (*dar miedo, alarmar*) to scare, to frighten (*más formal*): *¿Te asusta la oscuridad?* Are you scared of the dark? ◊ *No me asustan tus amenazas.* Your threats don't frighten me. **2** (*espantar*) to shock: *Me asustó el ver tanta pobreza.* I was shocked to see so much poverty.

■ **asustarse** *v pron* to be scared ***by*/*of sth*/*sb***, to be frightened ***by*/*of sth*/*sb*** (*más formal*): *Te asustas por nada/con cualquier cosa.* You're frightened of everything.

atacante *adj* attacking

■ **atacante** *nmf* attacker

atacar *vt* **1** (*gen*) to attack: *Atacan nuestra política.* They're attacking our policies. **2** (*problema*) to tackle **3** (*sueño, cansancio, risa*): *Cuando conduzco de noche me ataca el sueño.* I get sleepy when I drive at night. ◊ *Nos atacó la risa.* We got a fit of the giggles.

LOC atacar los nervios to get on your nerves: *Esa risa me ataca los nervios.* That laugh gets on my nerves.

atado, -a *pp, adj Ver* ATAR

LOC **estar atado de pies y manos** (*fig*) to have your hands tied **está todo** (**bien**) **atado** (*fig*) it's all sewn up

atadura *nf* tie: *Tiene todo tipo de ~s: familiares, de trabajo, etc.* He has all sorts of ties: family, work, etc.

atajar *vt* **1** (*interceptar*) to stop: *Logramos ~ al ladrón.* We managed to stop the thief. **2** (*incendio, epidemia*) to stop *sth* spreading

■ **atajar** *vi* to take a short cut: *Podemos ~ por aquí.* We can take a short cut through here.

atajo *nm* **1** (*camino*) short cut: *ir por/tomar un ~* to take a short cut **2** (*personas*) bunch: *un ~ de gandules* a bunch of layabouts

atalaya *nf* **1** (*torre*) watchtower **2** (*mirador*) vantage point

atañer *vi* **~** (**a**) to concern *sb/sth* [*vt*]: *Eso a mí no me atañe.* That doesn't concern me.

LOC **por lo que atañe a...** as far as *sb* is concerned

ataque *nm* **1** **~** (**a/contra**) attack (**on *sth/sb***): *un ~ sorpresa* a surprise attack ◊ *~s a la libertad* attacks on freedom ◊ *Le dio un ~ al corazón/de asma.* He had a heart/an asthma attack. **2** (*risa, tos*) fit: *Le dio un ~ de tos.* He had a coughing fit.

LOC **¡al ataque!** (*fig*) let's get on with it! **ataque aéreo** air raid **ataque de nervios** fit of nerves **me va a dar un ataque** I'll, you'll, etc have a fit: *Cuando vea lo que ha costado le va a dar un ~.* When he sees how much it cost he'll have a fit. **volver al ataque** to return to the attack: *Dejamos el tema pero al rato volvió al ~.* We changed the subject but he very soon returned to the attack. *Ver tb* CARDIACO, JUEGO, LANZAR, LÍNEA

atar *vt* to tie *sth/sb* (up): *Nos ataron las manos.* They tied our hands. ◊ *Atamos los caballos a un árbol.* We tied the horses to a tree. ◊ *Ata bien el paquete.* Tie the parcel up properly. ◊ *Ven que te ate los zapatos.* Come here and I'll do your shoes up.

■ **atar** *vt, vi* to tie *sb* down: *El trabajo* (*te*) *ata mucho.* Work ties you down a lot.

■ **atar**(**se**) *v pron*: *¡A ver si te atas la camisa!* Do your shirt up!

LOC **atar cabos** to put two and two together **atar corto a algn** to keep sb on a tight rein *Ver tb* LOCO

atardecer *nm* dusk: *al ~* at dusk

■ **atardecer** *v imp* to get dark

atareado, -a *pp, adj* busy

atascar *vt* to block

■ **atascarse** *v pron* **1** (*gen*) to get stuck: *Se nos atascó el coche en el barro.* Our car got stuck in the mud. ◊ *Siempre me atasco en esa palabra.* I always get stuck on that word. **2** (*mecanismo*) to jam

atasco *nm* **1** (*coches*) traffic jam **2** (*cañería*) blockage

ataúd *nm* coffin

ataviado, -a *pp, adj* **1** **~ con** wearing *sth*: *mujeres ataviadas con el mantón típico* women wearing the typical shawl **2** **~ de** dressed **as *sth***: *~s de penitentes* dressed as penitents

atemorizado, -a *pp, adj*: *Tienes ~s a los niños.* The children are terrified of you. ◊ *Nos miraban ~s.* They looked at us in terror. *Ver tb* ATEMORIZAR

atemorizar *vt* to frighten

Atenas *nf* Athens

atenazar *vt* **1** (*miedo*) to grip **2** (*duda*) to torment

atención *nf* **1** (*interés*) attention: *Merece especial ~.* It deserves special attention. **2** (*amabilidad*) kindness [*incontable*]: *Tuvieron la ~ de invitarme.* They were kind enough to invite me. ◊ *Agradezco las atenciones que he recibido.* I'm very grateful for all your kindness. **3** (*cuidado, tratamiento*) care: *~ psiquiátrica* psychiatric care ◊ *la ~ a los ancianos* the care of old people

■ **¡atención!** *interj* **1** (*cuidado*) be careful: *Mucha ~, que aquí te puedes resbalar.* Be careful you don't slip. ◊ *~ al escalón.* Mind the step. ◊ *~ a los carteristas.* Beware of pickpockets. **2** (*escuchen*) attention, please

LOC **a la atención de** for the attention of *sb* **con atención** attentively: *Me escucharon con mucha ~.* They listened to me very attentively. **en atención a** in view of *sth*: *en ~ a su estado de salud* in view of his state of health **poner/prestar atención** to pay attention (*to sth/sb*) **tener muchas atenciones** to lavish attention *on sb* *Ver tb* COLMAR, CUBRIR, DESHACER, DESVIVIRSE, LLAMAR, PRODIGAR, TOQUE

atender *vt, vi* **~** (**a**) **1** (*recibir*) to see *sb* [*vt*]: *Tienen que ~ a docenas de personas.* They have to see dozens of people. ◊ *El médico no atiende hoy.* The doctor isn't seeing anyone today. **2** (*en una tienda*) to serve: *~ a un cliente* to serve a customer ◊ *¿Le atienden?* Can I help you? **3** (*cuidar, negocio, tienda*) to look after *sth/sb* **4** (*tratar*) to treat *sb* [*vt*]: *~ a algn de una infección* to treat sb for an infection ◊ *Esta clínica es la que mejor atiende.* You get the best treatment at this clinic. **5** (*obligación*) to fulfil *an obligation* [*vt*] **6** (*demanda, necesidad, pago*) to meet *sth* **7** (*tarea, problema, solicitud*) to deal with *sth*: *Solo atendemos casos urgentes.* We only deal with emergencies. **8** (*contestar*) to answer *sth*: *~ llamadas/al teléfono* to answer calls/the phone

■ **atender** *vi* to pay attention (***to sth/sb***): *No atienden a lo que el profesor dice.* They don't pay any attention to what the teacher says.

LOC **atender al nombre/por el nombre de...** to answer to the name of... **atendiendo a...** taking *sth* into account: *atendiendo a mi situación* taking my situation into account *Ver tb* MESA, QUEHACER, RAZÓN

atenerse *v pron* **~ a** **1** (*reglas, órdenes*) to abide by *sth*: *Si nos atenemos a las normas...* If we abide by the rules... **2** (*funciones, límites*) to confine yourself **to *sth*** **3** (*consecuencias*) to face: *¡Atente a las consecuencias!* You'll have to face the consequences. **4** (*declaración propia, promesa*) to stand by *sth*: *Me atengo a lo que dije.* I stand by what I said. **5** (*basarse*): *Si nos atenemos al dicho popular...* If the popular saying is anything to go by...

LOC (**no**) **saber a qué atenerse** (not) to know what to expect

atentado *nm* **1** **~** (**contra**) (*ataque*) attack (**on *sth/sb***): *un ~ contra la libertad de prensa* an attack on the freedom of the press **2** (*intento de asesinato*) attempt on *sb's* life: *un ~ contra dos parlamentarios* an attempt on the lives of two MPs LOC *Ver* SUFRIR

atentamente *adv* **Atentamente** (*en una carta*) Yours faithfully/sincerely

Cuando escogemos el encabezamiento 'Dear Sir/Madam' en una carta, la fórmula de despedida deberá ser **Yours faithfully**. Por el contrario, si citamos el nombre del destinatario ('Dear Mrs Smith'), deberemos emplear la fórmula **Yours sincerely**. ☛ *Ver tb págs 594–7*

LOC *Ver* SALUDAR

atentar *vi* **~ contra** **1** (*persona*) to make an attempt on *sb's* life: *Atentaron contra el juez.* They made an attempt on the judge's life. **2** (*edificio*) to attack *sth* [*vt*]: *Atentaron contra el Banco Central.* They attacked the Central Bank. **3** (*orden, instituciones*) to threaten *sth* [*vt*]

atento, -a *adj* **1** (*prestando atención*) attentive: *Escuchaban ~s.* They listened attentively. **2** **~** (**con**) (*amable*) kind (**to *sb***): *Le quedo agradecido por su atenta carta.* Thank you for your kind letter. ◊ *Estuvieron muy ~s conmigo.* They were very kind to me.

LOC **estar atento a** **1** (*mirar*) to watch out for *sth*: *Estad ~s a la llegada del tren.* Watch out for the train. **2** (*escuchar*) to listen out for *sth*: *estar ~ a los avisos* to listen out for announcements **3** (*peligro*) to be aware of *sth* **4** (*prestar atención*) to pay attention to *sth* *Ver tb* RECIBIR, SALUDO

atenuante *adj* extenuating

■ **atenuante** *nf* extenuating circumstance

atenuar *vt* to reduce: *~ las diferencias económicas* to reduce economic differences

ateo, -a *adj* atheistic

■ **ateo, -a** *nm-nf* atheist: *ser ~* to be an atheist

aterciopelado, -a *adj* velvety

aterido, -a *pp, adj*

LOC **aterido** (**de frío**) frozen stiff

aterrador, ~a *adj* terrifying
aterrar *vt* to terrify: *Me aterra viajar en avión.* I'm terrified of flying.
aterrizaje *nm* landing
LOC aterrizaje forzoso emergency landing *Ver tb* CAMPO, LUZ, TREN
aterrizar *vi* **1** (*Aeronáut*) to land: *Aterrizaremos en Gatwick.* We shall be landing at Gatwick. **2** (*aparecer*) to turn up: *Cualquier día aterrizan por aquí.* They could turn up here any day. **3** (*acabar*) to land up: *Tras mis viajes aterricé definitivamente en Suecia.* After all my travels I finally landed up in Sweden. **4** (*bajar de las nubes*) to come down to earth
aterrorizar *vt* **1** (*dar miedo*) to terrify: *Me aterrorizaba que pudieran tirar la puerta.* I was terrified they might knock down the door. **2** (*amenazar*) to terrorize: *Esos matones aterrorizan a los vecinos.* Those thugs terrorize the neighbourhood.
atesorar *vt* (*riqueza*) to amass
atestado *nm* report: *hacer/tramitar un ~* to write a report
atestado, -a *pp, adj* **~ (de)** packed full (**of *sth*/*sb***): *un cine ~ de chavales* a cinema packed full of kids
atestiguar *vt* **1** (*persona*) to testify: *Yo estaba aquí, como puede ~ Carlos.* I was here, as Carlos can testify. **2** (*hechos, circunstancias*) to bear witness ***to sth***: *Las ruinas atestiguan la violencia del terremoto.* The ruins bear witness to the violence of the earthquake.
atiborrado, -a *pp, adj* **~ (de)** full (**of *sth***): *No puedo comer más porque estoy ~.* I can't eat any more because I'm full to bursting. ◊ *un armario ~ de ropa* a wardrobe (crammed) full of clothes *Ver tb* ATIBORRARSE
atiborrarse *v pron* **~ (de)** to stuff yourself (**full of *sth***): *Nos atiborramos de langosta.* We stuffed ourselves full of lobster.
ático *nm* **1** (*último piso*) top-floor flat **2** (*habitación de techo abuhardillado*) attic room **3** (*desván*) attic
atildado, -a *pp, adj* **1** (*persona*) impeccably turned out **2** (*estilo*) affected
atinado, -a *pp, adj* **1** (*acertado*) spot on: *Has estado muy ~ en tus comentarios.* Your remarks were spot-on. ◊ *un ~ diagnóstico del problema* an accurate diagnosis of the problem **2** (*prudente*) wise: *una decisión atinada* a wise decision *Ver tb* ATINAR
atinar *vi* **1 ~ con (a)** (*objeto*) to find *sth* [*vt*]: *Como no había luz, no atinaba con la cerradura.* As there wasn't any light, I couldn't find the lock. **(b)** (*solución, palabra*) to come up with *sth* **2 ~ a**: *No atino/atinaba a cerrarlo.* I can't/couldn't manage to shut it.
atípico, -a *adj* atypical
atiplado, -a *pp, adj* high-pitched
atisbar *vt* **1** (*vislumbrar*) to make *sth*/*sb* out: *Desde aquí atisbamos las murallas.* We can make out the walls from here. **2** (*horizonte*) to scan **3** (*esperanza, solución*) to see signs ***of sth***
■ **atisbarse** *v pron* (*fig*) to be in sight: *No se atisba ninguna solución.* There is no solution in sight.
atisbo *nm* sign: *~s de mejoría* signs of improvement
¡atiza! *interj* gosh!
atizar *vt* **1** (*fuego*) to poke **2** (*pasiones, rebelión, conflicto*) to stir *sth* up **3** (*golpe*) to give: *Le atizó una buena bofetada.* He gave him a slap. **LOC** *Ver* CANDELA, MAMPORRO
atlántico, -a *adj* Atlantic
■ **Atlántico** *nm* Atlantic (Ocean) **LOC** *Ver* ORGANIZACIÓN
atlas *nm* atlas [*pl* atlases]
atleta *nmf* athlete
atlético, -a *adj* **1** (*gen*) athletic: *una figura atlética* an athletic figure **2** (*de atletismo*) athletics [*n atrib*]: *un club/recinto ~* an athletics club/stadium
atletismo *nm* athletics [*v sing*]
atmósfera *nf* atmosphere: *~ cargada/de malestar* stuffy/uneasy atmosphere
atmosférico, -a *adj* atmospheric **LOC** *Ver* ALERTA

atolladero *nm* (*aprieto*) predicament
LOC estar en un atolladero to be in a fix **salir de un atolladero** to get out of a tight spot
atolón *nm* atoll
atolondrado, -a *pp, adj* (*descentrado*) scatterbrained
LOC estar atolondrado to be in a daze
atómico, -a *adj* atomic **LOC** *Ver* CEMENTERIO, ERA[2], EXPLOSIÓN, HONGO, REACTOR, REFUGIO
atomizador *nm* atomizer
átomo *nm* atom
LOC ni un átomo de...: *No tiene ni un ~ de sentido común.* He hasn't an ounce of common sense. *Ver tb* DESINTEGRACIÓN
atonía *nf* (*apatía*) sluggishness
atónito, -a *adj* astonished (***at*/*by sth*/*sb***): *Me dejó ~.* I was astonished. ◊ *Estoy ~ por lo que han hecho.* I'm astonished at/by what they've done. ◊ *Lo presenciaron ~s.* They looked on in astonishment.
atontado, -a *pp, adj* **1** (*alelado*) in a daze **2** (*por un golpe*) stunned **3** (*mareado*) dopey: *Esas pastillas me dejan ~.* Those pills leave me feeling a bit dopey. *Ver tb* ATONTAR
■ **atontado, -a** *nm-nf* dimwit
atontar *vt* **1** (*volver tonto*) to addle *sb's* brain: *Tanta televisión acabará por ~os.* All that television will addle your brains. **2** (*marear*) to make *sb* feel sleepy: *El alcohol me atonta.* Alcohol makes me feel sleepy. **3** (*de un golpe*) to stun
atormentar *vt* to torment
atornillar *vt* **1** (*gen*) to screw *sth* down/in/on: *Vas a tener que ~ la tapa.* You're going to have to screw down the lid. ◊ *Solo me falta ~ una pieza.* I've only got the last bit to screw on. **2 ~ algo a algo** to screw *sth* **to sth**: *Puedes ~lo a la pared.* You can screw it to the wall.
atosigar *vt* **1** (*importunar*) to harass, to hassle (*más coloq*): *Les atosigan los periodistas.* They're being harassed by journalists. **2** (*meter prisa*) to rush: *No me atosigues, no puedo hacerlo más rápido.* Don't try to rush me – I can't go any faster.
■ **atosigarse** *v pron* to upset yourself
atracadero *nm* mooring
atracador, ~a *nm-nf* **1** (*ladrón*) robber **2** (*en la calle*) mugger (*coloq*) ☛ *Ver nota en* THIEF
atracar *vt* **1** (*banco*) to hold *sth* up: *Atracaron una sucursal del Banco Santander.* They held up a branch of the Banco Santander. **2** (*persona*) to mug: *Me han atracado en el metro.* I was mugged on the underground.
■ **atracar** *vt, vi* (*barco*) to dock
■ **atracarse** *v pron* **atracarse de** to stuff yourself **full of *sth***: *~se de pasteles* to stuff yourself full of cakes
atracción *nf* **1** (*gen*) attraction: *una ~ turística* a tourist attraction ◊ *las atracciones de una feria* fairground attractions ◊ *sentir ~ por algn* to feel attracted to sb **2 atracciones** entertainment [*sing*]: *Las atracciones empiezan a las diez.* The entertainment begins at ten. **LOC** *Ver* PARQUE
atraco *nm* **1** (*robo*) hold-up: *Cometieron un ~ en una joyería.* They held up a jeweller's shop. **2** (*en la calle*) mugging (*coloq*) **LOC** *Ver* MANO
atracón *nm* feast
LOC darse/pegarse un atracón: *darse un ~ de fresas* to stuff yourself full of strawberries ◊ *Me di un ~ de trabajar.* I worked like mad.
atractivo, -a *adj* attractive
■ **atractivo** *nm* **1** (*cualidad*) appeal [*incontable*]: *el ~ de España para los turistas* the appeal of Spain for tourists ◊ *Tiene poco ~ para los inversores.* It holds little appeal for investors. **2** (*encanto personal*) charm: *Utiliza su ~ para conseguir trabajo.* He uses his charm to get work. **3** (*cosa que atrae*) attraction: *uno de los ~s de la ciudad* one of the attractions of the city
LOC resultar/ser atractivo to appeal *to sb*: *La idea resulta atractiva a la población.* The idea appeals to the population.

atraer *vt* **1** (*gen*) to attract: ~ *la atención/a los turistas* to attract attention/tourists **2** (*gustar, interesar*) **(a)** (*cosa*) to appeal **to** ***sb***: *Esa idea no me atrae.* That idea doesn't appeal to me. **(b)** (*persona*): *Me atraen los hombres mediterráneos.* I'm attracted to Mediterranean men.
■ **atraer** *vi* to be appealing: *Es un tema que atrae.* It's an appealing subject.

atragantarse *v pron* **1 ~ (con)** to choke (**on** ***sth***): *Me atraganté con una espina.* I choked on a bone. **2** (*objeto*) to get stuck in *sb's* throat: *Se le atragantó un hueso de aceituna.* An olive stone got stuck in his throat. **3** (*fig*): *Se me atragantó el latín.* I couldn't stand Latin.

atrancar *vt* (*ventana, puerta*) **1** (*con una tranca*) to bar **2** (*con un cerrojo*) to bolt
■ **atrancarse** *v pron* **1** (*tubería*) to get blocked **2** (*mecanismo, persona*) to get stuck

atrapado, -a *pp, adj* trapped: *Me siento atrapada.* I feel trapped. ◊ *Se quedó ~ en el automóvil.* He was trapped inside the car. *Ver tb* ATRAPAR

atrapar *vt* to catch

atrás *adv* back: *Iban muy ~.* They were a long way back. ◊ *Vamos a ponernos más ~.* Let's sit further back. ◊ *Desde tan ~ no vamos a ver nada.* We won't see a thing from so far back. ◊ *Siempre se sientan ~.* They always sit at the back.
■ **¡atrás!** *interj* get back!
LOC **años, días, etc atrás** years, days, etc ago **de atrás** back: *el asiento/las filas de ~* the back seat/rows **dejar atrás** to leave *sth/sb* behind **echarse atrás** to back out: *Se echaron ~ en el último momento.* They backed out at the last moment. **hacia/para atrás** backwards: *andar hacia ~* to walk backwards **quedar atrás 1** (*lit*) to be behind *sb*: *El bosque quedaba ~.* The forest was behind us. **2** (*fig*) to be left behind: *Todos mis temores quedaron ~.* All my fears were left behind. **quedarse atrás 1** (*sin querer*) to get left behind: *Esta empresa se ha ido poco a poco quedando ~.* This company has gradually got left behind. **2** (*en los estudio, en el trabajo*) to fall behind: *Me quedé ~ en los estudios.* I fell behind with my work. **venir de atrás** to go back a long way **volver atrás** to go back **volverse atrás** to back out (*of sth*): *Se ha vuelto ~ en la compra del piso.* She's backed out of the purchase of the flat. *Ver tb* CUENTA, INCLINAR, MARCHA, PARTE[2], SALTO, VISTA

atrasado, -a *pp, adj* **1** (*publicación, sueldo*) back: *los números ~s de una revista* the back numbers of a magazine **2** (*cuenta, recibo*) outstanding **3** (*noticias*) out of date **4** (*país, región*) backward **5** (*reloj*) slow: *Tu reloj va ~.* Your watch is slow. *Ver tb* ATRASAR
LOC **estar/ir atrasado** to be behind (*in/with sth*): *Estamos muy ~s en investigación.* We're a long way behind in research. **tener trabajo, etc atrasado** to be behind with your work, etc

atrasar *vt* **1** (*aplazar*) to put *sth* off, to postpone (*más formal*): *Tuvieron que ~ la reunión una semana.* They had to postpone the meeting for a week. **2** (*reloj*) to put *sth* back: *~ el reloj una hora* to put the clock back an hour
■ **atrasar(se)** *vi, v pron* (*reloj*) to be slow: *(Se) atrasa cinco minutos.* It's five minutes slow. LOC *Ver* PAGO

atraso *nm* **1** (*subdesarrollo*) backwardness **2** (*demora*) delay **3 atrasos** (*dinero*) arrears

atravesado, -a *pp, adj* blocking: *un coche ~ en la carretera* a car blocking the road ◊ *Pusieron un autobús ~ en la calle.* They blocked the street with a bus. *Ver tb* ATRAVESAR
LOC **tener algo/a algn atravesado**: *Tenía ~ el alemán.* I couldn't stand German. ◊ *La tengo atravesada.* I can't stand her.

atravesar *vt* **1** (*cruzar*) to cross: *~ la frontera* to cross the border **2** (*perforar, experimentar*) to go through *sth*: *La bala le atravesó el corazón.* The bullet went through his heart. ◊ *Atraviesan una grave crisis.* They're going through a serious crisis. ◊ *~ apuros* to go through a bad patch
■ **atravesarse** *v pron* **1** (*en el camino*) to block *sb's* path: *Se nos atravesó un elefante.* An elephant blocked our path. **2** (*en la garganta*) to get *sth* stuck in your throat: *Se me atravesó una espina.* I got a bone stuck in my throat. **3** (*resultar antipático*): *Se me ha atravesado su novia.* I can't stand his girlfriend.

atrayente *adj* attractive

atreverse *v pron* **1 ~ (a)** to dare (**do** ***sth***): *¿Cómo te atreves?* How dare you? ◊ *No me atrevo a pedirle dinero.* I daren't ask him for money. ☛ *Ver nota en* DARE[1] **2 ~ con (a)** (*persona*) to take *sb* on: *¿A que no te atreves conmigo?* I bet you won't take me on. **(b)** (*comida*) to manage: *¿Te atreves con semejante ración?* Can you manage such a big helping?
LOC **¡cualquiera se atreve (a...)!**: *¡Cualquiera se atreve a preguntárselo!* I don't have the nerve to ask him! ◊ *¿Comprar acciones? ¡Cualquiera se atreve!* Buy shares? I don't have the nerve! **me atrevo/atrevería a decir que...** I dare say (that)...

atrevido, -a *pp, adj* **1** (*gen*) daring: *una blusa/decisión atrevida* a daring blouse/decision **2** (*insolente*) cheeky *Ver tb* ATREVERSE

atrevimiento *nm* nerve: *Tuvo el ~ de pedirme dinero.* He had the nerve to ask me for money. ◊ *¡Qué ~ el suyo!* He's got a nerve!

atrezo *nm* props, properties [*v pl*] (*más formal*)

atribución *nf* **1** (*poder*) power: *las atribuciones del alcalde* the powers of the mayor **2** (*asignación*) attribution: *la ~ del cuadro a Goya* the attribution of the painting to Goya

atribuible *adj* **~ a** attributable **to** ***sth/sb***

atribuir *vt* **1** (*autoría, causa*) to attribute *sth* ***to sth/sb***: *~ un cuadro a Miró* to attribute a painting to Miró **2** (*poder, derecho, título*) to confer *sth* ***on sb***
■ **atribuirse** *v pron* **1** (*éxito, obra*) to take credit **for** ***sth***: *Se atribuye obras de otros.* He takes credit for other people's work. **2** (*atentado*) to claim responsibility **for** ***sth***

atribulado, -a *pp, adj* **1** (*persona*) distressed **2** (*país, vida*) troubled

atributo *nm* **1** (*cualidad*) attribute **2** (*símbolo*) emblem **3** (*Gram*) complement

atril *nm* **1** (*para libros*) book-rest **2** (*de iglesia, para conferenciantes*) lectern **3** (*Mús*) music stand

atrincherarse *v pron* (*Mil*) to dig yourself in

atrio *nm* **1** (*patio interior*) atrium [*pl* atriums/atria] **2** (*pórtico*) porch ☛ *Ver ilustración en* IGLESIA

atrocidad *nf* atrocity: *cometer ~es* to commit atrocities
LOC **contar/decir atrocidades** to say terrible things (*about sth/sb*)

atrofia *nf* atrophy

atrofiar *vt* to cause *sth* to atrophy
■ **atrofiarse** *v pron* to atrophy

atronador, ~a *adj* deafening

atropelladamente *adv* **1** (*deprisa, sin cuidado*) in a rush: *Entraron ~.* They rushed in. **2** (*hablar*) incoherently

atropellado, -a *pp, adj* **1** (*precipitado*): *una retirada atropellada* a hasty retreat ◊ *Si no fueras tan ~ no se te caerían las cosas.* If you didn't rush so much you wouldn't drop things. **2** (*por un vehículo*): *Murió ~.* He died after being run over by a car. *Ver tb* ATROPELLAR

atropellar *vt* **1** (*vehículo*) to run *sb* over: *Me atropelló un coche.* I was run over by a car. **2** (*empujar*) to push **3** (*no respetar*) to disregard: *~ la ley* to disregard the law
■ **atropellarse** *v pron* **1** (*precipitarse*) to rush **2** (*al hablar*) to gabble
LOC **¡sin atropellar!** no pushing!

atropello *nm* **1** (*accidente*): *En este cruce ha habido varios ~s.* There have been several accidents at this crossroads. ◊ *El número de ~s ha aumentado.* The number of people injured in road accidents has risen. **2** (*injusticia*) outrage **3** (*falta de respeto*) infringement:

un ~ de los derechos humanos an infringement of human rights

atroz *adj* atrocious **LOC** *Ver* MIEDO

atuendo *nm* outfit

atufar *vt* to make *sth* stink (**of** *sth*)

■ **atufar** *vi* **~ (a)** to stink (**of** *sth*)

atún *nm* tuna [*pl* tuna]

aturdido, -a *pp, adj* (*mareado*) in a daze: *Me levanté ~.* I got up feeling dazed. *Ver tb* ATURDIR

aturdimiento *nm* **1** (*modorra*) drowsiness: *el ~ causado por el alcohol* alcohol-induced drowsiness **2** (*sorpresa*) bewilderment

aturdir *vt* **1** (*con un golpe, sorprender*) to stun **2** (*droga, vino*) to make *sb* drowsy **3** (*dejar perplejo*) to bewilder

aturullarse *v pron* to get flustered

atusarse *v pron* **1** (*pelo*) to smooth **2** (*ropa*) to straighten

audacia *nf* **1** (*gen*) daring: *un plan de gran ~* a very daring plan **2** (*insolencia*) audacity

audaz *adj* **1** (*gen*) daring: *un diseño ~* a daring design **2** (*insolente*) audacious

audición *nf* **1** (*oído*) hearing: *perder ~* to lose your hearing **2** (*prueba*) audition **3** (*concierto*) concert

audiencia *nf* **1** (*gen*) audience: *una ~ con el rey* an audience with the king ◊ *recibir a algn en ~* to grant sb an audience ◊ *el programa de mayor ~* the programme with the largest audience **2** (*Jur*) **(a)** (*tribunal*) court **(b)** (*edificio*) courthouse

LOC **Audiencia Nacional** ≃ Central Criminal Court (*GB*) **Audiencia Territorial** ≃ magistrates' court (*GB*) *Ver tb* ÍNDICE

audiovisual *adj* audio-visual: *Utilizamos medios ~es en clase.* We use audiovisual aids in the classroom.

auditar *vt* to audit

auditivo, -a *adj* **LOC** *Ver* PABELLÓN

auditor, ~a *nm-nf* auditor

auditoría *nf* audit: *realizar una ~* to carry out an audit

auditorio *nm* **1** (*local*) auditorium [*pl* auditoriums/auditoria] **2** (*público*) audience

auge *nm* **1** (*cima*) peak: *Está en el ~ de su carrera.* He's at the peak of his career. **2** (*boom*) boom: *el ~ económico* the economic boom ◊ *el ~ del ajedrez* the boom in chess

LOC **estar en auge** to be popular **cobrar/tomar auge** to be growing in importance

augurar *vt* **1** (*predecir*) to predict: *Auguran tiempos difíciles.* They predict hard times ahead. **2** (*ser señal de*) to be a sign **of** *sth*: *Aquellas nubes auguran tormenta.* Those clouds are a sign that there's a storm on the way.

augurio *nm* **1** (*predicción*) prediction **2** (*señal*) sign

LOC **ser (un) buen/mal augurio** to be a good/bad omen

aula *nf* **1** (*escuela*) classroom **2** (*universidad*) lecture room **3** (*departamento*) centre: *el ~ municipal de cultura* the municipal arts centre

LOC **aula magna** main lecture theatre

aullar *vi* **1** (*animal, persona, viento*) to howl **2** (*sirena*) to wail

aullido *nm* **1** (*animal, persona, viento*) howl **2** (*sirena*) wail

aumentar *vt, vi* to increase: *~ la competitividad* to increase competition ◊ *La población está aumentando.* The population is increasing.

■ **aumentar** *vt* (*lupa, microscopio*) to magnify

■ **aumentar** *vi* **1** (*sueldos, impuestos, precios, temperaturas*) to rise: *El coste de la vida ha aumentado un 3%.* The cost of living has risen by 3%. **2** (*empeorar*) to get worse: *Aumenta la crisis.* The crisis is getting worse.

aumento *nm* rise (**in** *sth*), increase (**in** *sth*) (*más formal*): *un ~ del 3% sobre el año anterior* a 3% increase over last year ◊ *Las cifras han experimentado un ~.* The figures have risen. ◊ *un ~ de la población* an increase in population

LOC **ir en aumento** to increase *Ver tb* GAFAS, LENTE, LINEAL, SALARIAL

aun *adv* even: *~ habiéndolo sabido no se lo habría dicho.* Even if I'd known about it, I wouldn't have told him.

LOC **aun cuando** even if: *~ cuando pudiera, no lo haría.* I wouldn't do it even if I could. *Ver tb* ASÍ

aún *adv* **1** (*en oraciones afirmativas e interrogativas*) still: *~ faltan dos horas.* There are still two hours to go. ◊ *¿~ estás aquí?* Are you still here? **2** (*en oraciones negativas e interrogativas-negativas*) yet: *~ no lo sabemos.* We don't know yet. ◊ *—¿Dices que ~ no te han contestado? —No, ~ no.* 'Haven't they answered your letter yet?' 'No, not yet.' ☛ En algunas oraciones negativas *aún* se puede traducir por **still** si se les quiere dar un tono enfático: *Llevo dos horas con esto y aún no he terminado.* I've been working on this for two hours and I still haven't finished. ☛ *Ver nota en* STILL[1] **3** (*en oraciones comparativas*) even: *Esta me gusta ~ más.* I like this one even better.

LOC **más aún** **1** (*sobre todo*) especially: *Más ~ si se tiene en cuenta que…* Especially if you bear in mind that… **2** (*es más*): *Yo lo prohibiría, más ~, lo penalizaría.* I'd ban it. In fact, I'd go so far as to make it a criminal offence.

aunar *vt* to combine

aunque *conj* **1** (*a pesar de que*) although, though (*más coloq*)

> **Although** es más formal que **though**: *Es maestro, aunque le hubiera gustado ser médico.* He's a teacher, although he would have preferred to be a doctor. ◊ *Me dejan entrar, aunque no soy socio.* I'm allowed in although I'm not a member.
> Si se quiere dar un tono enfático a la frase, se puede utilizar **even though**: *No ha querido venir, aunque sabía que estaríais.* He didn't want to come, although/though/even though he knew you'd be here.

2 (*incluso si*) even if: *Ven, ~ sea tarde.* Come along even if it's late. **3** (*pero*) but: *Es un piso pequeño, ~ cómodo.* It's a small but comfortable flat.

¡aúpa! *interj* **1** (*animando*) come on! **2** (*levántate*) upsadaisy!

LOC **de aúpa** dreadful

aupar *vt* (*levantar*) to pick *sth/sb* up

aureola *nf* **1** (*corona*) halo **2** (*ambiente*) aura: *una ~ de misterio* an aura of mystery

aurícula *nf* auricle

auricular *nm* **1** (*teléfono*) receiver **2 auriculares** headphones

aurora *nf* dawn

LOC **aurora boreal** aurora borealis (*formal*), northern lights [*v pl*] *Ver tb* ACABAR

auscultar *vt* to listen to *sb's* chest

ausencia *nf* **1** (*gen*) absence: *dos meses de ~* an absence of two months ◊ *en ~ del presidente* in the absence of the president **2 ~ de** lack **of** *sth*: *~ de ventilación* lack of ventilation **LOC** *Ver* BRILLAR, JUSTIFICANTE

ausentarse *v pron* **~ (de)** **1** (*estar fuera*) to be away (**from…**): *Con frecuencia se ausentaba de Madrid.* He was often away from Madrid. **2** (*no asistir*) to be off…: *~se del trabajo* to be off work

ausente *adj* **~ (de)** absent (**from…**): *Estaba ~ de la reunión.* He was absent from the meeting. ◊ *Lleva ~ tres días.* He's been away for three days.

■ **ausente** *nmf* absentee: *el gran ~ del equipo* the most notable absentee from the team

LOC **encontrarse/estar ausente**: *Se encontraban ~s.* They weren't there. **estar como ausente** to be in a dream

auspiciar *vt* **1** (*patrocinar*) to sponsor **2** (*apoyar*) to back: *~ un plan de paz* to back a peace plan

auspicio *nm* omen

LOC **bajo el auspicio/los auspicios de** under the auspices of *sth/sb*

austeridad *nf* austerity

austero, -a *adj* austere

austral *adj* southern
Australia *nf* Australia
australiano, -a *adj, nm-nf* Australian
Austria *nf* Austria
austriaco, -a (*tb* **austríaco, -a**) *adj, nm-nf* Austrian
autenticidad *nf* authenticity
auténtico, -a *adj* **1** (*original*) genuine, authentic (*más formal*): ~ *jamón de Jabugo* genuine Jabugo ham ◊ *un Renoir* ~ an authentic Renoir **2** (*verdadero*) true: *amor* ~ true love **3** (*enfático*) real: *Pasamos* ~ *miedo*. We were really scared.
autentificar *vt* to authenticate
autismo *nm* autism
autista *adj* autistic
auto[1] *nm* (*Teat*) mystery play
auto[2] *nm* (*coche*) car
LOC **auto de choque** bumper car
auto[3] *nm* (*Jur*) court order: *un* ~ *que ordena la alimentación forzosa de los presos* a court order requiring the prisoners to be force-fed
LOC **auto de prisión** committal order **auto de procesamiento** committal for trial **el día/la noche de autos** (on) the day/night in question
autoabastecerse *v pron* to be self-sufficient (*in sth*): *Nos autoabastecemos de fruta*. We're self-sufficient in fruit.
autoadhesivo, -a *adj* self-adhesive
autobiografía *nf* autobiography
autobiográfico, -a *adj* autobiographical
autobús *nm* bus: *coger el* ~ to catch the bus ◊ *Perdí el* ~ *de Bilbao*. I missed the bus to Bilbao. ◊ *la estación de autobuses* the bus station
LOC **autobús de dos pisos** double-decker bus **el autobús número dos, etc** the number two, etc (bus): *¿Dónde para el* ~ *número seis?* Where does the number six (bus) stop? *Ver tb* LÍNEA, PARADA
autocar *nm* coach
autocensura *nf* self-censorship
autocine *nm* drive-in cinema
autocontrol *nm* self-control
autocracia *nf* autocracy
autócrata *nmf* autocrat
autocrático, -a *adj* autocratic
autocrítica *nf* self-criticism
autóctono, -a *adj* indigenous
autodefensa *nf* self-defence
autodenominado, -a *pp, adj* self-styled *Ver tb* AUTODENOMINARSE
autodenominarse *v pron* to call yourself *sth*
autodeterminación *nf* self-determination
autodidacta *adj, nmf* self-taught [*adj*]: *Fue esencialmente un* ~. He was basically self-taught.
autoedición *nf* desktop publishing
autoescuela *nf* driving school
autoestop *nm Ver* AUTOSTOP
autoestopista *nmf Ver* AUTOSTOPISTA
autoevaluación *nf* self-evaluation
autofinanciación *nf* self-financing
autogestión *nf* workers' management
autogobierno *nm* self-government
autógrafo *nm* autograph
autómata *nm* automaton [*pl* automatons/automata]
automático, -a *adj* automatic
■ **automático** *nm* (*cierre*) press stud, popper (*coloq*) LOC *Ver* ARMA, CAJERO, CONSIGNA, CONTESTADOR, PILOTO, PORTERO
automatización (*tb* **automación**) *nf* automation
automatizar *vt* to automate
automedicación *nf* self-medication

automóvil

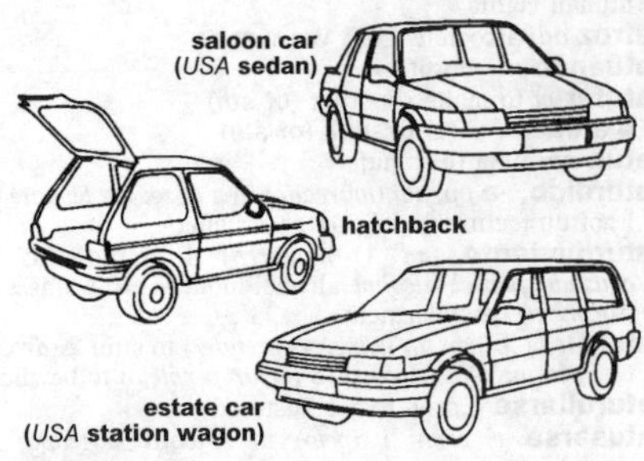

automóvil *nm* car LOC *Ver* CEMENTERIO, SECTOR
automovilismo *nm* motor racing
automovilista *nmf* motorist
automovilístico, -a *adj* car [*n atrib*]: *un accidente* ~ a car crash LOC *Ver* CARRERA, INDUSTRIA, PARQUE
autonomía *nf* **1** (*autogobierno*) autonomy **2** (*independencia*) independence: *la* ~ *del poder judicial* the independence of the judiciary **3** (*territorio*) autonomous region **4** (*vehículo*): *Este vehículo tiene una* ~ *de 600 km*. This vehicle can do 600 km on one tank of petrol.
LOC **autonomía de vuelo** range
autonómico, -a *adj* regional: *las autoridades autonómicas* the regional authorities LOC *Ver* DIPUTADO, ELECCIÓN, ENTE, POLICÍA
autónomo, -a *adj* **1** (*gen*) autonomous: *una región autónoma* an autonomous region **2** (*Informát*) stand-alone
■ **autónomo, -a** *nm-nf* (*trabajador*) self-employed person: *los* ~*s* self-employed people LOC *Ver* COMUNIDAD, TRABAJADOR, TRABAJAR
autopista *nf* motorway: ~ *de peaje* toll motorway
autopsia *nf* post-mortem: *hacer una* ~ to carry out a post-mortem
autor, ~a *nm-nf* **1** (*escritor*) author **2** (*compositor musical*) composer **3** (*responsable*): *No se sabe quién fue el* ~ *del asesinato*. They don't know who was responsible for the murder. ◊ *confesarse* ~ *de un crimen* to admit responsibility for a crime ◊ *el* ~ *del gol* the goal scorer
LOC **autor de teatro/teatral** playwright *Ver tb* DERECHO, OBSEQUIO
autoría *nf* **1** (*de un crimen*) responsibility **2** (*Liter*) authorship
autoridad *nf* ~ **(en)** authority (**on** ***sth***): *Tienes que imponer tu* ~. You must impose your authority. ◊ *las* ~*es sanitarias* the health authorities ◊ *Es una* ~ *en física nuclear*. He's an authority on nuclear physics. LOC *Ver* PALCO, TRIBUNA
autoritario, -a *adj, nm-nf* authoritarian
autoritarismo *nm* authoritarianism
autorización *nf* permission: *Todavía no tenemos* ~ *para construir el casino*. We haven't got planning permission for the casino yet.
autorizar *vt* **1** (*acción*) to authorize: *No han autorizado la huelga*. They haven't authorized the strike. **2** (*dar derecho*) to give *sb* the right (***to do sth***): *El cargo nos autoriza a utilizar un coche oficial*. The job gives us the right to use an official car.
autorretrato *nm* self-portrait
autoservicio *nm* **1** (*restaurante*) self-service restaurant **2** (*supermercado*) supermarket **3** (*gasolinera*) self-service petrol station
autostop *nm* hitchhiking
LOC **hacer autostop** to hitchhike
autostopista *nmf* hitchhiker
autosuficiencia *nf* **1** (*autonomía*) self-sufficiency **2** (*presunción*) smugness
autosuficiente *adj* **1** (*autónomo*) self-sufficient **2** (*presuntuoso*) smug

autovía *nf* dual carriageway

auxiliar¹ *vt* to help

auxiliar² *adj* auxiliary: *un obispo/verbo* ~ an auxiliary bishop/verb

■ **auxiliar** *nmf* assistant: ~ *administrativo* administrative assistant

LOC **auxiliar de clínica** nursing auxiliary **auxiliar de vuelo 1** (*hombre*) steward **2** (*mujer*) stewardess **auxiliar sanitario** health worker *Ver tb* MESA

auxilio *nm* help: *un grito de* ~ a cry for help ◊ *Acudimos en su* ~. We went to help them. **LOC** *Ver* CARRETERA, PRIMERO

aval *nm* guarantee: *un* ~ *bancario* a bank guarantee

avalancha *nf* (*lit* y *fig*) avalanche

avalar *vt* **1** (*Fin*) to guarantee: ~ *una deuda* to guarantee a debt **2** (*respaldar*) to back: ~ *una candidatura/un proyecto* to back sb's candidacy/a project

avance *nm* **1** (*gen*) advance: *el* ~ *de las tropas aliadas* the advance of the allied forces ◊ *los* ~*s de la técnica/medicina* advances in technology/medicine **2** (*película*) trailer **3** (*muestra*) look ahead: *un* ~ *de los resultados electorales* a look ahead to the election results

LOC **avance informativo 1** (*gen*) news summary **2** (*cuando se interrumpe la programación*) news flash

avanzadilla *nf* advance party

avanzado, -a *pp, adj* advanced: *Está muy* ~ *para su edad.* He's very advanced for his age. ◊ *Las obras están muy avanzadas.* They've made very good progress with the building. *Ver tb* AVANZAR

LOC **avanzada la tarde, noche, etc** well into the evening, night, etc *Ver tb* EDAD

avanzar *vt* to move *sth* forward: *Avanza el pie derecho.* Move your right foot forward.

■ **avanzar** *vi* **1** (*ir hacia adelante*) to move forward, to advance (*más formal*) **2** (*tiempo*) to move on **3** (*progresar*) to get on, to progress (*más formal*): *No avanzo nada en mis estudios.* I'm getting nowhere with my studies. **LOC** *Ver* GATO *nm-nf*

avaricia *nf* greed, avarice (*más formal*)

LOC **la avaricia rompe el saco** people who are too greedy can end up with nothing *Ver tb* FEO

avaricioso, -a (*tb* **avariento, -a**) *adj, nm-nf* greedy [*adj*]: *Es un* ~. He's very greedy.

avaro, -a *adj* miserly

■ **avaro, -a** *nm-nf* miser

avasallador, ~a *adj* overbearing

avasallar *vt* **1** (*atropellar*) to push *sb* around: *Tengo la impresión de que les están avasallando.* I get the feeling they're being pushed around. **2** (*ganar*) to crush: ~ *al equipo contrario* to crush the opposition

avatares *nm* ups and downs: *los* ~ *de la vida* life's ups and downs

AVE *nm, abrev de* **Alta Velocidad Española** *Ver* ALTO **LOC** *Ver* TREN

ave *nf* **1** (*gen*) bird **2 aves** (*Cocina*) poultry [*incontable, v sing*]

LOC **ave cantora** songbird **ave de corral** domestic fowl [*pl* domestic fowl] **ave de paso** bird of passage **ave fénix** phoenix **ave fría** *Ver* AVEFRÍA **ave nocturna** (*persona*) night owl **ave rapaz/de rapiña** bird of prey *Ver tb* AGÜERO

avecinarse *v pron* **1** (*lit*) to approach **2** (*fig*): *el conflicto que se avecina* the impending conflict

avefría *nf* lapwing

avellana *nf* hazelnut ☛ *Ver ilustración en* NUT

■ **avellana** *nm* (*color*) hazel: *tener los ojos de color* ~ to have hazel eyes ☛ *Ver ejemplos en* AMARILLO

avellano *nm* hazel (tree)

avemaría *nf* Hail Mary: *rezar tres* ~*s* to say three Hail Marys

avena *nf* oats [*v pl*]

LOC **de avena** oat: *salvado de* ~ oat bran *Ver tb* COPO, HARINA

avenida *nf* (*alameda*) avenue (*abrev* Ave) ☛ *Ver nota en* CALLE

avenido, -a *pp, adj Ver* AVENIRSE

LOC **bien/mal avenido**: *dos hermanas muy bien avenidas* two sisters who get on very well ◊ *un matrimonio mal* ~ a couple who don't get on at all well

avenirse *v pron* **1** ~ **a** to agree ***to do sth***: *Se avino a corregir el documento.* He agreed to correct the document. **2** ~ **(con)** (*compenetrarse*) to get on well **(with *sb*)**: *Se avienen estupendamente.* They get on really well. **LOC** *Ver* RAZÓN

aventajado, -a *pp, adj* outstanding *Ver tb* AVENTAJAR

aventajar *vt* **1** (*ir por delante*) to be ahead **of *sb***: *Nos aventajan en ocho puntos.* They're eight points ahead of us. **2** (*superar*) to surpass *sth/sb* ***in sth***: *Aventaja a todos en sabiduría.* He surpasses the rest in wisdom.

aventura *nf* **1** (*peripecia*) adventure: *Vivimos una* ~ *fascinante.* We had a fascinating adventure. **2** (*empresa*) venture: *una* ~ *comercial/editorial* a commercial/publishing venture **3** (*amorío*) fling

LOC **correr una aventura** to have an adventure **de aventuras** adventure: *películas/relatos de* ~*s* adventure films/stories *Ver tb* CINE, SENTIMENTAL

aventurado, -a *pp, adj* risky *Ver tb* AVENTURAR

aventurar *vt* **1** (*opinión, explicación*) to venture **2** (*predecir*) to predict: *El presidente aventuró que la situación mejoraría.* The president predicted that the situation would improve.

■ **aventurarse** *v pron* **1** (*arriesgarse*) to take risks: *Si quieres ser millonario tienes que* ~*te.* If you want to be a millionaire you've got to take risks. **2 aventurarse a** to dare (***to***) ***do sth***: *Nunca se aventurarían a contradecirle.* They would never dare to contradict him.

aventurero, -a *adj* adventurous

■ **aventurero, -a** *nm-nf* adventurer

avergonzado, -a *pp, adj* **1** (*humillado, arrepentido*) ashamed **(*of sth/sb/doing sth*)**: *Estoy* ~ *de mí mismo.* I'm ashamed of myself. ◊ *Está* ~ *de haber pegado al niño.* He's ashamed of having hit the child. **2** (*incómodo*) embarrassed: *Me sentí un tanto* ~ *entre tanto intelectual.* I felt embarrassed surrounded by so many intellectuals. *Ver tb* AVERGONZAR

avergonzar *vt* **1** (*humillar*): ~ *a la familia* to make your family feel ashamed ◊ *Me avergüenza tu comportamiento.* I'm ashamed of your behaviour. **2** (*abochornar*): *Tu manera de vestir me avergüenza.* I feel embarrassed about the way you dress.

■ **avergonzarse** *v pron* **1** (*arrepentirse*) to be ashamed **(*of sth/doing sth*)**: *Me avergüenzo de haberles mentido.* I'm ashamed of having told them a lie. **2** (*sentirse incómodo*) to be embarrassed: *Se avergüenzan de su propia ignorancia.* They're embarrassed at their own ignorance.

avería *nf* **1** (*vehículo, mecanismo*) breakdown: *El autobús sufrió una* ~. The bus broke down. ◊ *La* ~ *del coche me va a costar un ojo de la cara.* It's going to cost me an arm and a leg to have the car repaired. **2** (*fallo*) fault: *una* ~ *en la instalación eléctrica* an electrical fault ☛ *Ver nota en* FAULT **LOC** *Ver* LUZ

averiado, -a *pp, adj Ver* AVERIARSE

LOC **tener algo averiado**: *Tenemos el lavavajillas* ~. Our dishwasher has broken down. ◊ *Tiene el televisor* ~. His television is broken.

averiarse *v pron* to break down: *Se me averió el ordenador.* My computer broke down.

averiguación *nf* inquiry: *hacer averiguaciones* to make inquiries ☛ *Ver nota en* ENQUIRY

averiguar *vt* to find *sth* out, to discover (*más formal*)

aversión *nf* ~ **(a/por)** aversion **(to *sth/sb*)**

LOC **coger aversión a** to take a dislike to *sth/sb*

avestruz *nm* ostrich

LOC **política/táctica del avestruz** head-in-the-sand policy/tactics

aviación *nf* **1** (*gen*) aviation: ~ *civil* civil aviation **2** (*fuerzas aéreas*) air force: *un ataque de la* ~ *francesa* an attack by the French air force **LOC** *Ver* ACCIDENTE

aviado, -a *pp, adj*
LOC estar/ir aviado 1 (*estar equivocado*) to have got it all wrong: *Están ~s si creen que van a aprobar.* They've got it all wrong if they think they're going to pass. **2** (*estar en un lío*) to be in a mess: *¡Pues estaríamos ~s si tuvieran que dormir todos aquí!* We'd be in a fine mess if they all had to sleep here!
aviador, ~a *nm-nf* aviator
avícola *adj* poultry [*n atrib*]: *una granja ~* a poultry farm
avicultor, ~a *nm-nf* poultry farmer
avicultura *nf* poultry farming
avidez *nf*: *Los niños muestran gran ~ por la lectura.* Children are avid readers.
ávido, -a *adj* **1** (*gen*) eager, avid (*más formal*): *un ~ lector* an avid reader **2 ~ de** hungry **for** ***sth***: *~ de noticias* hungry for news
avinagrado, -a *pp, adj* **1** (*vino*) vinegary **2** (*persona, carácter*) sour *Ver tb* AVINAGRARSE
avinagrarse *v pron* **1** (*vino*) to go vinegary **2** (*persona*) to get bitter
avión *nm* plane, aircraft [*pl* aircraft] (*formal*): *un ~ comercial/de pasajeros* a cargo/passenger plane
LOC avión a/de reacción jet (plane) **ir/viajar en avión** to fly **por avión** (*correo*) airmail *Ver tb* BORDO
avioneta *nf* light aircraft [*pl* light aircraft]
avíos *nm* kit [*sing*]: *los ~ de costura* a sewing kit
avisado, -a *pp, adj Ver* AVISAR
LOC estar/ir avisado: *Estás ~.* You've been warned.
avisar *vt* **1** (*informar*) to let *sb* know (***about sth***), to inform *sb* (***of/about sth***) (*más formal*): *Avísame cuando llegue.* Let me know when she arrives. ◊ *Nos avisaron del accidente.* They informed us of the accident. **2** (*advertir*) to warn: *Te aviso que si no me pagas…* I'm warning you that if you don't pay… **3** (*médico, policía*) to send for *sb*
LOC sin avisar: *Vinieron sin ~.* They turned up unexpectedly. ◊ *Se fue de casa sin ~.* He left home without saying anything.
aviso *nm* **1** (*gen*) notice: *Puso un ~ en el tablón.* He put up a notice. ◊ *Cerrado hasta nuevo ~.* Closed until further notice. **2** (*recado*) message: *Me pasaron tu ~ cuando llegué.* They gave me your message when I arrived. **3** (*advertencia*) warning: *un tiro de ~* a warning shot ◊ *sin previo ~* without prior warning
LOC aviso de bomba bomb threat **estar/ir sobre aviso** to have been warned (*about/of sth*): *Estaban sobre ~ de la redada.* They'd been warned about the raid. **poner sobre aviso** to warn *sb* (*about sth*): *Me han puesto sobre ~ de tus comentarios idiotas.* I've been warned about your stupid remarks.
avispa *nf* wasp **LOC** *Ver* CINTURA
avispado, -a *pp, adj* bright
avispero *nm* **1** (*lit*) wasps' nest **2** (*fig*) **(a)** (*lío*) mess: *meterse en un ~* to get into a mess **(b)** (*hervidero de gente*): *Esta oficina es un ~.* This office is swarming with people.
avituallamiento *nm* provisioning
avituallar *vt* to supply *sth/sb* with food
■ **avituallarse** *v pron* to stock up with food
avivar *vt* **1** (*fuego*) to get *the fire* going **2** (*colores*) to make *sth* brighter **3** (*provocar*) to arouse: *~ el interés/la polémica* to arouse interest/controversy
■ **avivarse** *v pron* **1** (*fuego*) to revive **2** (*polémica*) to grow more bitter: *Se ha avivado la polémica sobre la ley de extranjería.* The controversy about the immigration laws has grown more bitter. **3** (*debate*) to liven up
LOC avivar el paso/la marcha to walk faster
avizor *adj* **LOC** *Ver* OJO
avutarda *nf* bustard
axila *nf* armpit
axioma *nm* axiom
axiomático, -a *adj* axiomatic
¡ay! *interj* **1** (*de dolor*) ow! **2** (*de sobresalto*) oh! **3** (*de aflicción*) ah!
■ **ay** *nm* sigh
LOC ¡ay de mí! poor me! **ay de quien…** (*amenaza*) woe betide anyone who… **¡ay, Dios mío!** heaven help us!
ayer *adv* yesterday: *~ por la mañana/tarde* yesterday morning/afternoon
LOC ayer por la noche last night *Ver tb* ANTES
ayuda *nf* **1** (*gen*) help [*incontable*]: *Gracias por tu ~.* Thank you for your help. ◊ *Nos dieron una ~ para comprar la casa.* They helped us out with buying the house. **2** (*donativo*) aid: *~ internacional/al desarrollo* international/development aid ◊ *El gobierno enviará una ~ de dos millones.* The government will send two million pesetas in aid. **3** (*beca*) grant **4** (*subvención para la industria y la agricultura*) subsidy
LOC ayuda de cámara valet **con la ayuda de algn** with help from sb/sb's help **con la ayuda de algo** with the aid of sth *Ver tb* CARRETERA, COSTAR
ayudante *adj, nmf* assistant: *el ~ del secretario general* the assistant to the Secretary General
LOC ayudante de campo aide-de-camp [*pl* aides-de-camp] **ayudante técnico sanitario** ≃ state registered nurse (*GB*)
ayudar *vt, vi* to help (*sb*) (***to do sth***): *¿Te ayudo a sacar la basura?* Shall I help you take the rubbish out? ◊ *Ayúdame con estas cajas.* Help me with these boxes. ◊ *Traté de ~ en lo posible.* I tried to give what help I could.
■ **ayudarse** *v pron* **ayudarse con/de** to use *sth* [*vt*]: *Se ayudaron de una cuerda para trepar el muro.* They used a rope to climb the wall. **LOC** *Ver* MADRUGAR
ayunar *vi* to fast
ayunas
LOC en ayunas: *Estoy en ~.* I've had nothing to eat or drink. ◊ *Tengo que ir en ~.* I mustn't have anything to eat or drink before I go.
ayuno *nm* fast: *40 días de ~* a 40 days fast
LOC ayuno y abstinencia fasting and abstinence
ayuntamiento *nm* **1** (*concejo*) council [*v sing o pl*]: *Salió elegido para el ~.* He was elected to the council. **2** (*casa consistorial*) town hall
azabache *nm* jet: *negro como el ~* jet black
azada *nf* hoe
azadón *nm* mattock
azafata *nf* **1** (*de vuelo*) stewardess **2** (*de congresos*) hostess
LOC azafata de tierra ground stewardess
azafrán *nm* **1** (*planta*) crocus [*pl* crocuses] ☛ *Ver ilustración en* FLOR **2** (*especia*) saffron
azahar *nm* orange blossom
azalea *nf* azalea
azar *nm* **1** (*casualidad*) chance: *Coincidimos en Roma por puro ~.* It was pure chance that we were in Rome at the same time. **2** (*destino*) fate: *El ~ hizo que se conocieran en América.* Fate decreed that they should meet in America.
LOC al azar at random: *Elegí un número al ~.* I chose a number at random. **los azares de la vida** the ups and downs of life *Ver tb* JUEGO
azaroso, -a *adj* **1** (*lleno de percances*) eventful: *Ha tenido una vida profesional azarosa.* He's had an eventful career. **2** (*incierto*) uncertain: *un futuro ~* an uncertain future
Azerbaiyán *nm* Azerbaijan
azogue *nm* mercury
azor *nm* goshawk
azoramiento *nm* embarrassment
azorar *vt* to embarrass
■ **azorarse** *v pron* to get embarrassed: *No puedo evitar ~me en su presencia.* I can't help getting embarrassed when he's around.
azotaina *nf* hiding
azotar *vt* **1** (*con un látigo*) to whip **2** (*viento, temporal, olas*) to lash **3** (*enfermedad, terremoto*) to hit: *El terremoto azota el norte del país.* The earthquake has hit the north of the country.

azote *nm* **1** (*a un niño*) smack: *Como te pille te doy un ~*. I'll give you a smack if I catch you. **2** (*latigazo*) lash **3** (*viento, olas*) buffeting **4** (*desgracia*) scourge: *el ~ del hambre* the scourge of hunger **LOC** *Ver* TANDA

azotea *nf* (flat) roof [*pl* (flat) roofs]: *La casa tiene una ~ enorme.* The house has an enormous flat roof. ◊ *¿Por qué no subes a la ~?* Are you coming up onto the roof? **LOC** **estar mal de la azotea** to be round the bend

azteca *adj, nmf* Aztec

azúcar *nm* sugar [*gen incontable*]: *¿Tomas ~?* Do you take sugar? ◊ *Se nos ha acabado el ~.* We've run out of sugar. ◊ *¿Cuántas de ~?* How many sugars? ◊ *Tiene demasiado ~.* It's got too much sugar.
LOC **azúcar blanco/blanquilla** white sugar **azúcar en terrones** lump sugar **azúcar glas** icing sugar **azúcar moreno** brown sugar *Ver tb* ALGODÓN

azucarado, -a *pp, adj* sweet *Ver tb* AZUCARAR

azucarar *vt* to add sugar **to** ***sth***: *~ la sangría* to add sugar to the sangria

azucarero, -a *adj* sugar [*n atrib*]: *la industria azucarera* the sugar industry
■ **azucarero** *nm* sugar bowl
■ **azucarera** *nf* sugar refinery **LOC** *Ver* REMOLACHA

azucarillo *nm* sugar lump

azucena *nf* (Madonna) lily

azufre *nm* sulphur

azul *adj, nm* blue ☛ *Ver ejemplos en* AMARILLO
LOC **azul celeste** sky blue **azul marino** navy (blue) **azul turquesa** turquoise *Ver tb* BARBA, CASCO, PESCADO, PRÍNCIPE, SANGRE

azulado, -a *pp, adj* bluish ☛ *Ver ejemplos en* AMARILLO

azulejo *nm* tile

azuzar *vt* to set *sth* ***on sb***: *Me azuzó el perro.* He set the dog on me.

Bb

baba *nf* **1** (*personas*) dribble [*incontable*]: *Lo has dejado lleno de ~s.* You've dribbled all over it. **2** (*animales*) foam [*incontable*]
LOC caérsele a algn la baba: *Se le cae la ~ por sus nietos.* She dotes on her grandchildren.
babear *vi* to dribble
babel *nm o nf* bedlam [*incontable*]: *Esta oficina está hecha un ~.* It's bedlam in this office!
babeo *nm* **1** (*niño, anciano*) dribbling **2** (*animal*) slobbering
babero *nm* bib
babi *nm* smock
Babia *nf*
LOC estar en Babia to be daydreaming
babieca *adj, nmf* stupid [*adj*]
babilla *nf* (*carne*) topside
bable *nm* Asturian dialect
babor *nm* port: *la vigilancia de ~* the port watch
babosa *nf* slug
babosear *vt* **1** (*niño*) to dribble **down *sth*/*sb***: *El niño me baboseó la camisa.* The baby dribbled down my shirt. **2** (*animal*) to slobber **over *sth*/*sb***: *El perro me baboseó la mano.* The dog slobbered all over my hand.
baboso, -a *adj* **1** (*bebé*) dribbly **2** (*caracol*) slimy
■ **baboso, -a** *adj, nm-nf* (*despreciable*) creep [*n*]: *¡Qué tío más ~!* What a creep!
babucha *nf* mule
baca *nf* roof-rack ☛ *Ver ilustración en* CAR, RACK
bacalada *nf* cured cod
bacaladero, -a *adj*: *aguas bacaladeras* waters where cod are found
■ **bacaladero** *nm* cod-fishing trawler
bacalao *nm* **1** (*pescado*) cod [*pl* cod] **2** (*música*) techno
LOC *Ver* CONOCER, CORTAR
bacará (*tb* **bacarrá**) *nm* baccarat
bache *nm* **1** (*hoyo*) pothole: *Esta carretera está llena de ~s.* This road is all potholes. **2** (*dificultad*) bad patch: *atravesar un ~* to go through a bad patch **3** (*Econ*) slump: *La venta de coches sufrió un ~ en 1994.* Car sales slumped in 1994. **4** (*aire*) air pocket
LOC salir de un bache: *Poco a poco está saliendo del ~.* She'll come through in the end. ◊ *¡Tienes que salir de este ~!* You must snap out of it!
bachillerato *nm* secondary school: *Hice el ~ en EEUU.* I was at school in America. ◊ *No acabó el ~.* He didn't get his A levels.
LOC Bachillerato Unificado Polivalente (**BUP**) secondary school *Ver tb* TÍTULO
bacilo *nm* bacillus [*pl* bacilli]
bacon *nm* bacon
bacteria *nf* bacterium [*pl* bacteria]
bactericida *nm* bactericide
bacteriológico, -a *adj* bacteriological
báculo *nm* **1** (*cayado*) walking-stick **2** (*consuelo*) comfort
LOC báculo pastoral crosier
badajo *nm* clapper
badana *nf* (*piel*) sheepskin
■ **badana** (*tb* **badanas**) *nm* (*vago*) lazybones [*pl* lazybones] **LOC** *Ver* ZURRAR
badén *nm* **1** (*zanja creada por la lluvia*) ditch **2** (*bache*) pothole **3** (*vado*) dropped kerb
bádminton *nm* badminton
bafle *nm* (loud)speaker
bagatela *nf* knick-knack: *He comprado unas cuantas ~s.* I bought a few knick-knacks.
Bahamas *nf* (the) Bahamas
bahía *nf* bay
Bahrein *nm* Bahrain, Bahrein
bailable *adj*: *música ~* dance music
bailado, -a *pp, adj*
LOC que me quiten lo bailado it was worth it *Ver tb* BAILAR
bailar *vt, vi* **1** (*danza*) to dance: *Bailamos un tango.* We danced a tango. ◊ *¿Bailas?* Would you like to dance? **2** (*peonza*) to spin
■ **bailar** *vi* **1** (*estar suelto*) to be loose: *A la niña le baila un diente.* My little girl has a loose tooth. **2** (*quedar grande*) to be too big (***for sb***): *Esta falda me baila.* This skirt's too big for me.
■ **bailar** *vt* to mix *sth* up: *Siempre bailo los números si escribo deprisa.* I always get the numbers mixed up when I write fast.
LOC bailar agarrado to dance cheek to cheek **bailar al son de** to dance to the accompaniment of *sth* **bailar al son que tocan** to fall into line **bailar con la más fea** to draw the short straw **sacar a bailar** to ask *sb* to dance *Ver tb* JODER
bailarín, -ina *nm-nf* **1** (*gen*) dancer: *un ~ de flamenco* a flamenco dancer **2** (*de ballet*) ballet dancer
LOC bailarina principal (*Ballet*) ballerina
baile *nm* **1** (*fiesta, danza*) dance: *El ~ empieza a las doce.* The dance begins at twelve. **2** (*acción*) dancing: *Me gusta mucho el ~.* I love dancing.
LOC baile de disfraces fancy dress ball **baile de etiqueta** ball **baile de máscaras** masked ball **baile de San Vito** St Vitus's dance **echar un baile** to dance *Ver tb* PISTA, SALÓN
bailón, -ona *adj* fond of dancing
bailongo *nm* hop
baja *nf* **1 ~ (en/de)** fall (**in *sth***): *la ~ en el precio del pan* the fall in the price of bread **2** (*ausencia autorizada*) sick leave: *Hay dos empleados de ~.* There are two people on sick leave. ◊ *pedir/solicitar la ~* to go on sick leave **3** (*documento*) medical certificate **4** (*abandono*): *Esta semana se han producido dos ~s en la empresa.* Two people have left the firm this week. **5** (*despido*) sack, dismissal (*formal*): *recibir la ~* to be sacked **6** (*Mil*) casualty
LOC baja incentivada voluntary redundancy **baja por maternidad** maternity leave **baja voluntaria 1** (*dimisión*) resignation **2** (*jubilación*) early retirement **dar de baja** to sack *sb* **darse de baja (en/como/de) 1** (*dejar el trabajo*) to give up your job: *Se dio de ~ en la oficina.* He gave up his job at the office. **2** (*asociación*) to leave *sth* [*vt*]: *Me di de ~ como miembro del equipo.* I left the team. **3** (*servicio*): *¿Te has dado de ~ en la compañía eléctrica?* Have you asked them to disconnect the electricity? **4** (*revista*) to stop subscribing (to *sth*) **estar en baja** to be depressed **ser baja en** (*Dep*): *Buyo fue ~ en el partido del domingo.* Buyo didn't play on Sunday. *Ver tb* COTIZAR
bajada *nf* **~ (de) 1** (*gen*) fall (**in *sth***): *Continúa la ~ de los tipos de interés.* Interest rates continue to fall. **2** (*descenso*) descent: *durante la ~* during the descent **3** (*telón*): *antes de la ~ del telón* before the curtain came down **4** (*pendiente*) slope: *La calle tiene mucha ~.* The street slopes steeply.
LOC bajada de bandera start of the journey **bajada de aguas** downpipe
bajamar *nf* low tide

bajante *nf* drainpipe ☛ *Ver ilustración en* HOUSE

bajar *vt* **1** (*gen*) to get *sth* down: *¿Me ayuda a ~ la maleta?* Could you help me get my suitcase down? **2** (*traer*) to bring *sth* down: *Baja el colchón de la habitación.* Bring the mattress down from the bedroom. **3** (*llevar*) to take *sth* down: *¿Tenemos que ~ esta silla al segundo?* Do we have to take this chair down to the second floor? **4** (*poner más abajo*) to put *sth* lower down, to lower (*más formal*): *Baja un poco el cuadro, está demasiado alto.* Put the picture a bit lower down, it's too high. **5** (*ir/venir abajo*) **(a)** (*yendo*) to go down *sth*: *~ la cuesta* to go down the hill **(b)** (*viniendo*) to come down *sth*: *Baja las escaleras con cuidado.* Come downstairs carefully. **6** (*persiana, telón*) to lower **7** (*cabeza*) to bow **8** (*voz*) to lower **9** (*radio, televisor, calefacción, gas*) to turn *sth* down: *Baja el volumen.* Turn down the volume. **10** (*precio*) to bring *the price* down, to lower (*más formal*)

■ **bajar** *vi* **1** (*ir abajo*) to go down: *Debemos ~ con cuidado.* We must be careful going down. **2** (*venir abajo*) to come down: *¿Puede ~ a recepción, por favor?* Can you come down to reception, please? **3** (*temperatura, caudal, cantidad*) to drop: *La temperatura ha bajado.* The temperature has dropped. **4** (*hinchazón*) to go down: *Este flemón no baja.* This abscess isn't going down. **5** (*marea*) to go out **6** (*precios*) to come down (in price): *El pan ha vuelto a ~.* (The price of) bread has come down again.

■ **bajar(se)** *vi, v pron* **bajar(se)** **(de)** **1** (*automóvil*) to get out (**of** ***sth***): *Nunca (te) bajes de un coche en marcha.* Never get out of a moving car. **2** (*bicicleta, autobús, tren, avión, caballo*) to get off (*sth*)

LOC **bajar de un salto** to jump down **bajar disparado** to race down (*sth*): *Bajaron disparados por la cuesta.* They raced down the hill. **bajar el tono** to quieten down: *Parece que los del bar han bajado el tono.* The people in the bar seem to have quietened down. ◊ *Baja el tono, que te van a oír los vecinos.* Pipe down or the neighbours will hear. **bajar la bandera** (*taxi*) to start the meter **bajar la guardia** to drop your guard **bajar la mirada/vista/los ojos** to look down **bajarle los humos a algn** to take sb down a peg or two **bajarse los pantalones** to humiliate yourself *Ver tb* BURRO, CATEGORÍA, CERVIZ, ESCALERA, PICADO, RÁPEL

bajero, -a *adj* bottom: *la sábana bajera* the bottom sheet

bajeza *nf* **1** (*acto vil*): *¿Cómo fuiste capaz de semejante ~?* How could you do such a dreadful thing? **2** (*cualidad*) baseness

bajini *adv*

LOC **por lo bajini(s)** **1** (*de forma clandestina*) on the side: *Le pasaron dinero por lo ~.* He was slipped some money on the side. **2** (*bajo y con sorna*): *hablar por lo ~* to whisper ◊ *reírse por lo ~* to snigger

bajío *nm* sandbank

bajista *adj* downward: *una tendencia ~* a downward trend

■ **bajista** *nmf* **1** (*Fin*) person who sells shares when values are high and rebuys when values fall **2** (*músico*) **(a)** (*contrabajo*) double bass (player) **(b)** (*guitarra*) bass guitarist

bajo, -a *adj* **1** (*persona*) short: *Es más bien ~.* He's a bit on the short side. **2** **~** **(en)** low (**in** ***sth***): *La tele está demasiado baja, no oigo nada.* The telly is too low, I can't hear anything. ◊ *una sopa baja en calorías* a low-calorie soup **3(a)** (*terreno*) low-lying **(b)** (*río*): *el ~ Támesis* the lower reaches of the Thames **4** (*zapato*) flat **5** (*cabeza*) bowed: *con la cabeza baja* with bowed head **6** (*voz, tono*) **(a)** (*grave*) deep **(b)** (*suave*) quiet: *hablar en voz baja* to speak quietly **7** (*metales nobles*) low-quality: *oro ~* low-quality gold **8** (*pobre*) poor: *los barrios ~s de la ciudad* the poor areas of the city **9** (*comportamiento*) despicable

■ **bajo** *nm* **1** (*vivienda*) ground-floor flat: *Mi amiga vive en un ~.* My friend lives in a ground-floor flat. **2** (*ropa*) hem: *Tienes el ~ descosido.* Your hem is coming undone. **3** (*voz*) bass **4** (*contrabajo*) double bass ☛ *Ver ilustración en* STRING **5** (*guitarra*) **(a)** (*instrumento*) bass guitar **(b)** (*guitarrista*) bass guitarist **6** (*mar, río*) sandbank **7** **bajos** (*coche*) underbody [*sing*]

■ **bajo** *prep* under: *Nos resguardamos bajo un paraguas.* We sheltered under an umbrella. ◊ *bajo la influencia del alcohol* under the influence of alcohol ◊ *Todo está bajo control.* It's all under control.

■ **bajo** *adv* **1** (*a poca altura*) low: *Los pájaros vuelan ~.* The birds are flying low. **2** (*suave*) quietly: *hablar ~* to speak quietly ◊ *Toca más ~.* Play more quietly. ◊ *Habla más ~.* Keep your voice down.

LOC **Baja Edad Media** late Middle Ages [*v pl*] **bajos fondos** underworld [*sing*]: *Se mueve en los ~s fondos.* He mixes with the underworld. **caer muy/tan bajo** to sink so low **echando/tirando por lo bajo** at a conservative estimate **estar/andar bajo de forma** to be off form: *El equipo está ~ de forma.* The team's off form. **estar bajo de moral/tener la moral baja** to be feeling low **estoy bajo de defensas** my, your, etc resistance is low **por lo bajo** **1** (*en voz baja*) in an undertone **2** (*en secreto*) on the quiet *Ver tb* CALCULAR, CÁMARA, CLASE, ENTONAR, GOLPE, MONTE, RALENTÍ, REFUNFUÑAR

bajón *nm* **~** **(de)** drop (**in** ***sth***): *un ~ de temperatura* a drop in temperature ◊ *Sufrió un ~ de tensión.* His blood pressure dropped.

LOC **dar/sufrir un bajón** to go downhill

bajorrelieve *nm* bas-relief [*pl* bas-reliefs]

bajura *nf* **LOC** *Ver* PESCA

bakalao *Ver* BACALAO

bala *nf* **1** (*arma*) bullet **2** (*algodón*) bale

LOC **bala de cañón** cannon ball **bala de goma** rubber bullet **como una bala** like a shot: *Salió de la habitación como una ~.* She shot out of the room. *Ver tb* PRUEBA

balada *nf* ballad

balance *nm* **1** (*Com*) **(a)** (*gen*) balance: *un ~ positivo/negativo* a positive/negative balance **(b)** (*documento*) balance sheet **2** (*valoración*) assessment: *Hicieron ~ del rendimiento de sus alumnos.* They assessed their pupils' performance. **3** (*número de víctimas*) toll

LOC **balance de pagos** balance of payments **hacer balance** (*Com*) to make up the books

balancear(se) *vt, v pron* **1** (*gen*) to swing: *Balanceaba las piernas sentada en una silla.* She was sitting there swinging her legs. **2** (*cuna, mecedora*) to rock: *El barco se balanceaba sobre las olas.* The boat was rocking on the waves.

balanceo *nm* **1** (*gen*) swinging: *el ~ de un péndulo* the swinging of a pendulum **2** (*árboles, cuerpo*) swaying **3** (*cuna, mecedora*) rocking **4** (*barco*) **(a)** (*movimiento suave*) rocking **(b)** (*movimiento fuerte*) rolling

balancín *nm* **1** (*columpio*) see-saw **2** (*juguete*) rocking horse **3** (*mecedora*) rocking chair **4** (*mueble de jardín*) garden hammock **5** (*de un acróbata*) balance pole

balandrista *nmf* yachtsman/woman [*pl* yachtsmen/women]

balandro *nm* yacht ☛ *Ver ilustración en* YACHT

balanza *nf* **1** (*instrumento*) scales [*v pl*]: *una ~ de precisión* scales **2** (*equilibrio, Com*) balance: *Su experiencia inclinó la ~ a su favor.* His experience tipped the balance in his favour.

LOC **balanza comercial** balance of trade **balanza de pagos** balance of payments **balanza de precisión** precision balance **estar en la balanza** to be/hang in the balance

balar *vi* to bleat

balasto (*tb* **balastro**) *nm* (*vías del tren*) ballast

balaustrada *nf* **1** (*interior*) banisters [*v pl*] ☛ *Ver ilustración en* ESCALERA **2** (*exterior*) balustrade

balaustre *nm* banister ☛ *Ver ilustración en* ESCALERA

balazo *nm* **1** (*disparo*) shot **2** (*herida*) bullet wound

LOC *Ver* COSER

balbucear (*tb* **balbucir**) *vt, vi* (*adulto*) to stammer

■ **balbucear** *vi* (*bebé*) to babble

balbuceo *nm* babbling

Balcanes *nm* Balkans: *en los ~* in the Balkans

balcánico, -a *adj* Balkan
balcón *nm* balcony: *salir al ~* to go out onto the balcony
balda *nf* shelf [*pl* shelves]
baldado, -a *pp, adj* (*cansado*) shattered: *Estoy baldada de tanto empapelar.* I'm shattered after all that wall-papering.
LOC dejar baldado to wear *sb* out
baldaquín (*tb* **baldaquino**) *nm* canopy
balde[1] *nm* (washing-up) bowl
balde[2] *nm*
LOC de balde for nothing: *No pretenderás que trabaje de ~.* I hope you're not expecting me to work for nothing. ◊ *Entramos al cine de ~.* We got into the cinema free. **en balde** in vain *Ver tb* AÑO
baldío, -a *adj* **1** (*terreno*) waste **2** (*vano*): *Mis esfuerzos fueron ~s.* My efforts were in vain.
■ **baldío** *nm* wasteland
baldosa *nf* **1** (*de interiores*) (floor) tile **2** (*de exteriores*) paving stone
Baleares *nf* the Balearic Islands
balido *nm* bleat

Nótese que cuando se trata de un sonido continuo, se utiliza la palabra **bleating**: *Me gusta oír los balidos de los corderos.* I like to hear the lambs bleating.

balín *nm* **1** (*bala de pequeño calibre*) bullet **2** (*perdigón*) pellet
balística *nf* ballistics [*v sing*]
balístico, -a *adj* ballistic
baliza *nf* **1** (*Náut*) buoy **2** (*Aviación*) beacon
balizar *vt* **1** (*Náut*) to mark *sth* with buoys **2** (*Aviación*) to mark *sth* with beacons
ballena *nf* **1** (*animal*) whale **2** (*Confección*) whalebone: *un vestido con ~s* a dress with a boned bodice ◊ *Se me clavan las ~s del vestido.* The bones in this dress are digging into me.
ballenero, -a *adj* whaling
■ **ballenero** *nm* (*barco, pescador*) whaler
ballesta *nf* **1** (*arco*) crossbow **2** (*pieza de suspensión*) spring
ballet *nm* ballet
balneario *nm* spa
balón *nm* **1(a)** (*gen*) ball: *un ~ de baloncesto/balonmano* a basketball/volleyball ball **(b)** (*Fútbol*) (foot)ball **2** (*recipiente*) cylinder
LOC balón de oxígeno 1 (*lit*) oxygen cylinder **2** (*fig*) shot in the arm: *El contrato supone un ~ de oxígeno para la empresa.* This contract will give the business a shot in the arm. **echar balones fuera** to dodge the issue
baloncestista *nmf* basketball player
baloncesto *nm* basketball: *jugar al ~* to play basket-ball
balonmano *nm* handball
balonvolea *nm* volleyball
balsa[1] *nf* (*embarcación*) raft
balsa[2] *nf* (*charca*) pool
LOC como una balsa de aceite (*mar*) like a millpond
balsámico, -a *adj* balsamic
bálsamo *nm* **1** (*Bot, Med*) balsam **2** (*fig*) balm: *El cariño de su hija fue el ~ que necesitaba.* His daughter's love was balm to his soul.
báltico, -a *adj* Baltic
■ **Báltico** *nm* Baltic
baluarte *nm* (*lit* y *fig*) bastion: *un ~ de la libertad* a bastion of liberty
bamba *nf* **1** (*pastel*) bun with cream or custard filling **2** (*suerte*) fluke **3 bambas** canvas shoes
bambalina *nf*
LOC entre bambalinas behind the scenes
bambolearse *v pron* **1** (*gen*) to sway: *El mástil se bamboleaba con el viento.* The mast was swaying in the wind. **2** (*mueble*) to wobble: *Esta mesa se bambolea.* This table wobbles.
bamboleo *nm* **1** (*gen*) swaying: *el ~ de los árboles* the swaying of the trees **2** (*barco*) rocking: *El ~ del barco me mareó.* The rocking of the ship made me feel sick. **3** (*mueble*) wobbling
bambú *nm* bamboo: *una mesa de ~* a bamboo table
banal *adj* banal: *¡Vaya comentario tan ~!* That was a very banal remark!
banalidad *nf* banality
banca *nf* **1** (*Fin*) **(a)** (*bancos*) banks [*v pl*]: *la ~ japonesa* the Japanese banks **(b)** (*sector*) banking: *los sectores de la ~ y el comercio* the banking and business sectors **2** (*juegos de azar*): *Conseguí ganar a la ~.* I broke the bank. ◊ *Me pido la ~.* I'll be banker.
bancal *nm* **1** (*terraza cultivable*) terrace **2** (*terreno rectangular*) plot **3** (*banco de arena*) sandbank
bancario, -a *adj* banking [*n atrib*] **LOC** *Ver* GIRO, OFICINA, TRANSFERENCIA
bancarrota *nf* bankruptcy
LOC estar en bancarrota to be bankrupt **ir a la bancarrota** to go bankrupt
banco *nm* **1** (*gen, Fin*) bank: *un ~ de datos/sangre* a data/blood bank **2** (*asiento, mesa de artesano*) bench **3** (*iglesia*) pew ☛ *Ver ilustración en* IGLESIA **4** (*peces*) shoal
LOC banco de arena sandbank **banco de coral** coral reef **banco de hielo** ice floe **banco de nieve** snowdrift *Ver tb* DINERO, TORNO
banda[1] *nf* **1** (*cuadrilla*) gang: *una ~ de gamberros* a gang of hooligans **2** (*grupo musical*) band **3** (*Dep*) wing: *jugar en la ~ derecha* to play on the right wing **4** (*río*) bank
LOC coger por banda to get hold of *sb* *Ver tb* CERRAR, LÍNEA, SAQUE, TERRORISTA
banda[2] *nf* **1** (*gen*) band: *Llevaba una ~ en el pelo.* She was wearing a hairband. **2** (*raya*) stripe: *una camiseta con una ~ azul* a T-shirt with a blue stripe **3** (*faja, honorífica*) sash
LOC banda de frecuencia waveband **banda magnética** (*tarjeta*) magnetic strip **banda sonora** soundtrack
bandada *nf* **1** (*aves*) flock **2** (*peces*) shoal **3** (*personas*) swarm
bandazo *nm*
LOC dar un bandazo 1 (*barco*) to roll **2** (*coche*) to swerve
bandeja *nf* tray: *Ponlo en la ~.* Put it on the tray.
LOC poner/servir en bandeja to hand *sb sth* on a plate: *Les sirvieron la victoria en ~.* They were handed victory on a plate.
bandera *nf* **1** (*gen*) flag: *Las ~s están a media asta.* The flags are at half-mast. ◊ *Ondeaba la ~ española.* The Spanish flag was flying. **2** (*para hacer señales desde un barco*) pennant ☛ *Ver ilustración en* FLAG[1]
LOC a banderas desplegadas (*abiertamente*) openly **bandera blanca** white flag **bandera tricolor** tricolour **de bandera** excellent: *un profesor de ~* an excellent teacher **estar hasta la bandera** to be packed out *Ver tb* BAJADA, BAJAR, JURA, JURAR
banderilla *nf* **1** (*Toros*) barbed dart **2** (*tapa*) cocktail savoury on a stick
banderillero *nm* bullfighter who uses barbed darts
banderín *nm* **1** (*bandera pequeña*) pennant ☛ *Ver ilustración en* FLAG[1] **2** (*ferroviario*) signal flag
LOC banderín de enganche recruiting office
banderita *nf* **LOC** *Ver* DÍA
bandido, -a *nm-nf* (*malhechor*) bandit
■ **bandido, -a** *adj, nm-nf* (*pícaro*) rogue [*n*]: *¡Ese es más ~...!* He's a rogue!
bando[1] *nm* **1** (*facción*) faction **2** (*en juegos*) side
bando[2] *nm* (*edicto*) proclamation: *dar un ~* to make a proclamation
bandolera *nf* **1** (*bolso*) shoulder bag **2** (*de uniforme*) bandolier
LOC llevar en bandolera: *Llevaba el bolso en ~.* Her bag was slung across her chest.
bandolerismo *nm* banditry

bandolero, -a *nm-nf* bandit
bandurria *nf* small twelve-string guitar
Bangladesh *nm* Bangladesh
banjo *nm* banjo [*pl* banjos]
banquero, -a *nm-nf* banker
banqueta *nf* stool: *subirse a una ~* to stand on a stool
banquete *nm* **1** (*convite*) banquet (*formal*), dinner: *Dieron un ~ en su honor.* They organized a dinner in his honour. **2** (*comilona*) slap-up meal: *Nos pegamos un ~.* We had a slap-up meal.
LOC banquete de boda (wedding) reception
banquillo *nm* **1** (*Jur*) dock: *estar en el ~* to be in the dock **2** (*Dep*) bench: *Me dejaron en el ~.* I was left on the bench. **LOC** *Ver* CHUPAR
bañado, -a *pp, adj* bathed: *~ en sudor/sangre* bathed in sweat/blood *Ver tb* BAÑAR
LOC bañado en oro/plata gold-plated/silver-plated
bañador *nm* **1** (*de hombre*) swimming trunks [*v pl*]

Nótese que *un bañador* se dice **a pair of swimming trunks.** *Ver nota en* PAIR

2 (*de mujer*) swimming costume
bañar *vt* **1** (*gen*) to bath: *Todas las noches baño al niño.* I bath the baby every night. ☛ *Ver nota en* BATH **2 ~ en** (*metal*) to plate *sth* **with** *sth*: *~ una joya en oro* to plate a piece of jewellery with gold **3 ~ en/con/de** (*Cocina*) to coat *sth* **with** *sth*: *~ una tarta en chocolate* to coat a cake with chocolate **4** (*río, mar*) to wash **5** to bathe (*sol, luz*): *El sol bañaba mi habitación.* My room was bathed in sunlight.
■ **bañarse** *v pron* **1** (*bañera*) to have a bath **2** (*nadar*) to go for a swim
bañera *nf* bath
bañista *nmf* bather
baño *nm* **1** (*en la bañera*) bath: *No hay nada más relajante que un buen ~ de espuma.* There's nothing more relaxing than a bubble bath. **2** (*en el mar, en la piscina*) swim: *¿Nos damos un ~?* Shall we go for a swim? **3** (*bañera*) bath **4(a)** (*cuarto de baño*) bathroom **(b)** (*w.c.*) toilet, loo (*coloq*) ☛ *Ver nota en* TOILET **5** (*capa de metal*) plating: *El reloj lleva un ~ de oro.* The watch is gold-plated. **6** (*Cocina*) coating **7 baños** baths: *los ~s romanos* the Roman baths
LOC baño de sangre blood bath **baño de vapor** steam bath **baño María** bain-marie [*pl* bains-marie]: *cocer algo al ~ María* to put sth in a bain-marie **darle/pegarle un baño a algn** to beat sb hollow *Ver tb* ALFOMBRA, ARMARIO, BÁSCULA, CUARTO *nm*, ESPONJA, GEL, GORRO, MOBILIARIO, SAL, TRAJE
baptisterio *nm* **1** (*lugar*) baptistery **2** (*pila*) font
baquetazo *nm* **1** (*golpe*): *darle un ~ a algn* to hit sb with a stick **2** (*porrazo*) heavy fall
LOC darse/pegarse un baquetazo to have a bad fall **a baquetazos** harshly
baquetear *vt* to give *sb* a hard time
bar *nm* **1** (*bebidas alcohólicas*) pub **2** (*bebidas calientes, refrescos, refrigerios*) snack bar
LOC bar de alterne singles bar **ir de bares** to go on a pub crawl *Ver tb* MUEBLE
barahúnda *nf* uproar: *Se armó una gran ~.* There was an uproar.
baraja *nf* pack of cards: *la ~ española* Spanish playing cards

Los palos tradicionales de la baraja española (*oros, copas, espadas* y *bastos*) no tienen traducción, ya que en Gran Bretaña se utiliza la baraja francesa. Esta consta de 52 cartas divididas en cuatro *palos* o **suits**: **hearts** (*corazones*), **diamonds** (*diamantes*), **clubs** (*tréboles*) y **spades** (*picas*). Cada palo tiene un **ace** (*as*), **king** (*rey*), **queen** (*reina*), **jack** (*jota*), y nueve cartas numeradas del 2 al 10. También puede haber un *comodín* o *mono*, que en inglés se conoce como **joker**. Antes de empezar a jugar, se *baraja* (**shuffle**), se *corta* (**cut**) y se *reparten* las cartas (**deal**).

LOC baraja de posibilidades range of possibilities
barajar *vt* **1** (*naipes*) to shuffle **2** (*cifras, datos, posibilidades*) to consider: *Barajaron varios nombres para el cargo.* Several candidates were considered for the post.
baranda *nf* **1** (*barandilla*) handrail **2** (*Billar*) cushion ☛ *Ver ilustración en* SNOOKER
barandal *nm* **1** (*pasamanos*) (hand)rail: *Agárrate al ~.* Hold on to the rail. **2** (*listón inferior*) base **3** (*escalera*) banisters [*v pl*] **4** (*balcón*) railings [*v pl*] ☛ *Ver ilustración en* ESCALERA
barandilla *nf* **1** (*escalera*) banisters [*v pl*] ☛ *Ver ilustración en* ESCALERA **2** (*balcón*) railings [*v pl*] **3** (*pasamanos*) (hand)rail: *Agárrate a la ~.* Hold on to the rail.
baratija *nf* **1** (*bisutería*) trinket **2 baratijas** junk [*incontable, v sing*]: *No son más que ~s.* It's just a load of junk.
baratillo *nm* (*mercadillo*) flea market
barato, -a *adj* cheap: *Aquél es más ~.* That one's cheaper.
■ **barato** *adv*: *Esa tienda vende ~.* Prices are low in that shop.
LOC lo barato sale caro quality pays **salir barato/caro** to be cheap/expensive *Ver tb* COMPRAR, PLAN
baratura *nf* bargain: *¡Qué ~!* What a bargain!
baraúnda *nf Ver* BARAHÚNDA
barba *nf* **1** (*gen*) beard: *dejarse ~* to grow a beard ◊ *una ~ cerrada* a thick beard ◊ *un hombre con ~* a man with a beard ◊ *las ~s de una cabra* a goat's beard ☛ *Ver ilustración en* HEAD[1] **2** (*ave*) wattle **3** (*papel, tela*) frayed edge **4** (*barbilla*) chin
LOC Barba Azul Bluebeard **barba de chivo** goatee **barba de un día/dos días** stubble: *¿Por qué no te afeitas esa ~ de dos días?* Why don't you shave off that stubble? **con toda la barba** real: *ser un hombre con toda la ~* to be a real man **en las barbas (de algn)** under sb's nose: *Me lo robaron en mis propias ~s.* They took it from under my nose. **por barba** each: *Tocamos a tres por ~.* There are three each. *Ver tb* HOMBRE, REÍR, SUBIR, TÍO
barbacoa *nf* barbecue: *hacer una ~* to have a barbecue
Barbados *nm* Barbados
barbaridad *nf* **1** (*acción*): *Es una ~ salir al mar con este temporal.* It's madness to go to sea in such a storm. ◊ *¡Voy a hacer una ~!* I'll do something stupid! **2** (*comentario*): *¡No digas ~es!* Don't talk nonsense! ◊ *Dijo ~es de sus vecinos.* He said dreadful things about his neighbours. ◊ *Perdóname, lo que dije fue una ~.* What I said was awful. I'm sorry.
LOC decir/soltar barbaridades to swear **¡qué barbaridad!** good heavens! **una barbaridad (de)** an awful lot (of *sth*): *Come una ~.* He eats an awful lot. ◊ *una ~ de gente* an awful lot of people ◊ *Se nota una ~ que...* It stands out a mile that... *Ver tb* COBRAR
barbarie *nf* **1** (*estado primitivo*) barbarism **2** (*crueldad*) barbarity
barbarismo *nm* barbarism
bárbaro, -a *adj* **1** (*Hist*) barbarian **2** (*cruel*) barbaric **3** (*estupendo*) terrific: *¡Es un tío ~!* He's a terrific bloke! ◊ *Tuvo un éxito ~.* It was a huge success.
■ **bárbaro, -a** *nm-nf* barbarian
■ **bárbaro** *adv*: *pasarlo ~* to have a terrific time
LOC ¡qué bárbaro! good Lord!
barbecho *nm* fallow land
LOC dejar en barbecho to leave *land* fallow **estar/quedar en barbecho** to lie fallow
barbería *nf* barber's [*pl* barbers] ☛ *Ver nota y ejemplos en* CARNICERÍA
barbero *nm* barber
barbilla *nf* chin ☛ *Ver ilustración en* HEAD[1]
barbitúrico *nm* barbiturate
barbotar (*tb* **barbotear**) *vt, vi* to splutter
barboteo *nm* spluttering
barbudo, -a *adj* bearded
barca *nf* (small) boat: *dar un paseo en ~* to go out in a boat
LOC barca de remos rowing boat **barca neumática** inflatable boat

barcaza *nf* lighter
barco *nm* ship, boat

Tanto **ship** como **boat** significan *barco*, pero **boat** se suele utilizar para embarcaciones más pequeñas: *Mi primo nos ha invitado a dar una vuelta en su barco.* My cousin has offered to take us out in his boat. ◊ *Hay un barco mercante anclado en la bahía.* There's a merchant ship anchored in the bay.

LOC **barco de guerra** warship **barco de recreo** pleasure boat **barco de vapor** steamship **barco de vela 1** (*pequeño*) sailing boat **2** (*grande*) sailing ship **barco escuela** training ship **barco pesquero/de pesca** fishing boat **ir en barco** to go by boat/ship *Ver tb* ABANDONAR, BORDO, CARGA, CUELLO, PATRÓN

bardo *nm* bard
baremo *nm* **1** (*escala*) **(a)** (*gen*) scale: ~ *de salarios* wage scale **(b)** (*precio, tarifa*) schedule (*formal*), list **2** (*fig*) yardstick: *Sirve de ~ para medir la calidad.* It's a yardstick by which to measure quality.
bario *nm* barium
barítono *nm* baritone
barniz *nm* **1** (*madera*) varnish **2** (*cerámica*) glaze
barnizado *nm* **1** (*acto*) **(a)** (*de madera*) varnishing **(b)** (*de cerámica*) glazing **2** (*barniz*) **(a)** (*madera*) varnish: *Vas a rayar el ~.* You'll scratch the varnish. **(b)** (*cerámica*) glaze *Ver tb* BARNIZAR
barnizar *vt* **1** (*madera*) to varnish **2** (*cerámica*) to glaze
barómetro *nm* barometer
barón, -onesa *nm-nf* baron [*fem* baroness]
■ **barón** *nm* (*Pol*) influential politician, big-wig (*coloq*): *los barones de la política* influential politicians
barquero, -a *nm-nf* boatman/woman [*pl* boatmen/women] LOC *Ver* VERDAD
barquilla *nf* (*globo*) basket
barquillo *nm* **1** (*galleta*) wafer **2** (*helado*) cone

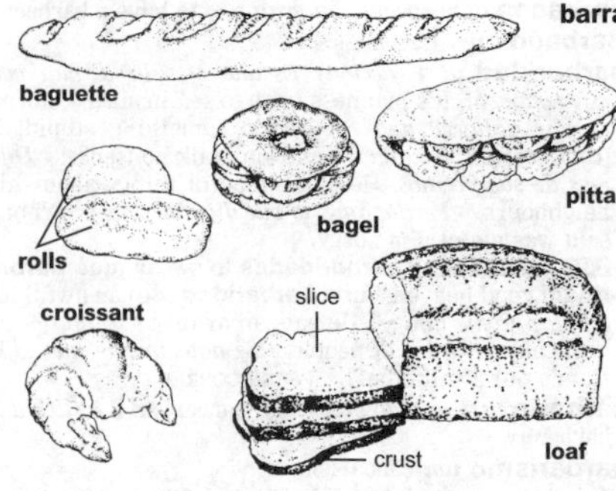

barra *nf* **1** (*gen*) bar: *una ~ de hierro* an iron bar ◊ *las ~s de una jaula/celda* the bars of a cage/cell ◊ *Tomaban café sentados en la ~.* They were sitting at the bar having a coffee. ◊ *una ~ de turrón* a bar of nougat **2** (*vara fina*) **(a)** (*Tec*) rod: *hormigón reforzado con ~s de acero* reinforced concrete **(b)** (*cortina, armario*) rail **(c)** (*bicicleta*) crossbar ☞ *Ver ilustración en* BICYCLE **3** (*desodorante*) stick: *un desodorante en ~* a deodorant stick **4** (*hielo*) block **5** (*signo gráfico*) slash **6** (*bandera*) stripe: *las ~s y estrellas* the Stars and Stripes
LOC **barra americana** hostess bar **barra antirrobo** steering wheel lock **barra de labios** lipstick **barra (de pan)** baguette **barra fija** horizontal bar **barras paralelas** parallel bars *Ver tb* CÓDIGO, DIAGRAMA, GRÁFICO
barrabasada *nf* **1** (*mala jugada*) dirty trick: *hacerle una ~ a algn* to play a dirty trick on sb **2** (*travesura*) nastiness [*incontable*]: *No le hagas ~s a tu hermano.* Don't be so nasty to your brother. ◊ *¡Ya están haciendo alguna ~!* They're up to no good.
barraca *nf* **1** (*cabaña*) hut **2** (*en Murcia y Valencia*) thatched farmhouse **3** (*feria*) stall
LOC **barraca de tiro** shooting gallery
barracón *nm* **1** (*gen*) hut: *Alojaron a las familias afectadas en barracones.* The families affected were put up in huts. **2 barracones** (*Mil*) barracks: *volver a los barracones* to return to barracks
barracuda *nf* barracuda
barranca *nf* LOC *Ver* TRANCA
barranco *nm* **1** (*despeñadero*) ravine **2** (*cauce de un torrente*) gully
barredera *nf* road sweeper LOC *Ver* RED
barrena *nf* **1** (*taladro*) drill **2** (*broca*) bit LOC *Ver* ENTRAR
barrenar *vt* **1** (*taladrar*) to drill **2** (*fig*) to frustrate
barrendero, -a *nm-nf* road sweeper
barreno *nm* **1** (*aparato de mina*) mechanical drill **2** (*agujero*) borehole **3** (*agujero con explosivos*) hole packed with explosives **4** (*cartucho explosivo*) explosive charge
barreño *nm* (washing-up) bowl
barrer *vt* **1** (*limpiar, arrasar*) to sweep: *Una ola de terror barrió el país.* A wave of terror swept the country. **2** (*despejar, eliminar*) to sweep *sth* away: *Sus explicaciones barrieron todas mis dudas.* His explanations swept away my doubts. ◊ *El viento barrerá las nubes.* The wind will blow away the clouds. **3** (*derrotar*) to thrash: *Nos van a ~.* We're going to get thrashed.
■ **barrer** *vi* **1** (*limpiar*) to sweep up: *Si tú barres, yo friego.* If you sweep up, I'll do the dishes. **2 ~ con**: *Barrieron con todo lo que había en la nevera.* They ate everything in the fridge. ◊ *Los ladrones barrieron con los objetos de valor.* The thieves took everything of any value. **3** (*vencer*) to sweep the board: *El partido ha barrido en las elecciones.* The party swept the board in the election.
LOC **barrer para casa** to look after number one *Ver tb* CASA
barrera *nf* **1** (*gen*) barrier: *La ~ estaba subida.* The barrier was up. ◊ *~s arancelarias* tariff barriers ◊ *Consiguió superar la ~ de los dos metros.* He broke the two-metre barrier. ◊ *la ~ del sonido* the sound barrier **2** (*barricada*) barricade **3** (*plaza de toros*) **(a)** (*valla*) fence **(b)** (*localidades*) front row **4** (*Fútbol*) wall
LOC **barrera de fuego** barrage **barrera de seguridad** crash barrier **barrera generacional** generation gap *Ver tb* CONTENCIÓN, TORO
barriada *nf* district
barricada *nf* barricade: *construir una ~* to build a barricade
barrido *nm* (*Tec*) scan: *aparatos de ~* scanning equipment
LOC **dar un barrido 1** (*limpiar*) to run the broom round *sth* **2** (*repasar*) to scan **servir/valer lo mismo para un barrido que para un fregado** to be a jack of all trades
barriga *nf* **1** (*estómago*) tummy: *Me duele la ~.* I've got tummy ache. **2** (*panza*) paunch: *Estás echando ~.* You're getting a paunch.
LOC **rascarse/tocarse la barriga** to twiddle your thumbs **tener barriga 1** (*estar gordo*) to have a paunch **2** (*estar embarazada*) to be in the family way *Ver tb* DOLOR
barrigón, -ona (*tb* **barrigudo, -a**) *adj, nm-nf*: *ser* (*un*) ~ to have a fat tummy
barril *nm* barrel LOC *Ver* CERVEZA
barrilete *nm* (*revólver*) chamber
barrillo *nm* pimple
barrio *nm* **1** (*gen*) area: *un ~ residencial* a residential area ◊ *Yo me crie en este ~.* I grew up in this area. ◊ *los ~s bajos de la ciudad* the poor areas of the city **2** (*en las afueras*) suburb **3** (*zona típica*) quarter: *el ~ gótico* the Gothic quarter
LOC **barrio bajo** poor area **barrio chino** red-light district **barrio de chabolas** shanty town **del barrio** local: *el carnicero del ~* the local butcher ◊ *la asociación de vecinos del ~* the local residents' association *Ver tb* CINE, MANDAR, OTRO

barriobajero, -a *adj* **1** (*que vive en los barrios bajos*) from the slums **2** (*ordinario*) vulgar

barrizal *nm* quagmire

barro *nm* **1** (*lodo, fig*) mud: *Arrastró su apellido por el ~.* He dragged his family's name through the mud. **2** (*arcilla*) clay

LOC **de barro** earthenware: *cacharros de ~* earthenware pots

barroco, -a *adj* **1** (*lit*) baroque **2** (*fig*) overelaborate

■ **barroco** *nm* baroque

barroquismo *nm* **1** (*lit*) baroque style **2** (*fig*) overelaboration

barrote *nm* **1** (*barra gruesa*) iron bar **2** (*listón de refuerzo*) crosspiece

LOC **poner a algn entre barrotes** to lock sb up

bartola

LOC **echarse/tumbarse a la bartola** to put your feet up: *Te pasas el día tumbado a la ~.* You spend all day with your feet up.

bártulos *nm* things: *liar los ~* to get your things together

barullo *nm* **1** (*ruido*) racket: *armar mucho ~* to make a terrible racket **2** (*confusión*) muddle: *Se organizó un ~ tremendo.* There was a terrible muddle.

LOC **a barullo** (*mucho*) a terrible lot: *Come a ~.* He eats a tremendous lot. ◊ *Había moscas a ~.* There were a terrible lot of flies.

basalto *nm* basalt

basamento *nm* base

basar *vt* to base *sth* **on** *sth*: *Han basado la película en una novela.* The film is based on a novel. ◊ *¿En qué basa su teoría?* What does he base his theory on?

■ **basarse** *v pron* **basarse en** to have grounds **for** *sth*/*doing sth*: *¿En qué te basas para decir eso?* What grounds do you have for saying that? ◊ *Se basaron en eso para su negativa.* Those were their grounds for refusing.

basca *nf* (*pandilla*) gang

báscula *nf* scales [*v pl*]

LOC **báscula de baño** bathroom scales

bascular *vi* to swing

base *nf* **1** (*gen, Mat, Quím*) base: *un jarrón con poca ~* a vase with a small base ◊ *una ~ militar* a military base **2** (*fundamento*) basis [*pl* bases]: *La confianza es la ~ de la amistad.* Trust is the basis of friendship. **3 bases (a)** (*concurso*) conditions **(b)** (*Pol*) rank and file

■ **base** *nmf* (*Baloncesto*) guard

LOC **a base de**: *Aprobé el examen a ~ de muchas horas de estudio.* I passed the exam by studying hard. ◊ *A ~ de entrevistas conseguimos todos los datos.* We gathered all the facts by means of interviews. **a base de bien** really well: *Comí a ~ de bien.* I ate really well. **base de datos** database **base de maquillaje** foundation **base espacial** space station **base imponible** taxable income **caer por su base** to be groundless **sobre la base de que...** on the basis that... *Ver* CARECER, SALARIO, SUELDO

básico, -a *adj* basic

basílica *nf* basilica

basilisco *nm* basilisk

LOC **estar hecho un basilisco** to be furious **ponerse como un basilisco** to hit the roof

basset *nmf* basset hound

bastante *adj* **1** (*número considerable, mucho*): *Tengo ~s cosas que hacer.* I've got quite a lot of things to do. ◊ *Hace ~ tiempo que no he ido a verla.* It's quite a long time since I last visited her. **2** (*suficiente*) enough **for** *sth*/**to do** *sth*: *No tenemos ~ dinero para el alquiler.* We haven't enough money for the rent. ◊ *No tiene ~ fuerza para andar.* He isn't strong enough to walk. ☛ *Ver nota en* ENOUGH *adj*

■ **bastante** *pron* **1** (*mucho*) quite a lot: *—¿Cuántos caballos tiene? —Bastantes.* 'How many horses has he got?' 'Quite a lot.' **2** (*suficiente*) enough: *—¿Quieres más leche? —No, gracias; ya he tomado ~.* 'Would you like some more milk?' 'No thanks, I've had enough.'

■ **bastante** *adv* **1 ~ + adj/adv** quite: *Es ~ inteligente.* He's quite intelligent. ◊ *Lee ~ bien para su edad.* He reads quite well for his age. ☛ *Ver nota en* FAIRLY **2** (*lo suficiente*) enough: *Hoy no he dormido ~.* I didn't get enough sleep last night. ☛ *Ver nota en* ENOUGH *adv* **3** (*mucho*) quite a lot: *Aprendí ~ en tres meses.* I learnt quite a lot in three months. ◊ *Las cosas han cambiado ~.* Things have changed quite a lot.

LOC **bastante(s)... para que...** enough... without...: *Tiene ~s problemas para que también tú le des la lata.* He's got enough problems without you bothering him. *Ver tb* DESEAR, TIEMPO

bastar *vi* to be enough: *Bastará con 30.000 pesetas.* 30 000 pesetas will be enough.

■ **bastarse** *v pron*: *Se basta solo para solucionar el problema.* He is quite capable of solving the problem himself.

LOC **basta/baste con decir que...** suffice it to say that... **basta con que**: *Basta con que lo digas.* You only have to say. ◊ *Basta con que les llames por teléfono.* All you need to do is telephone them. **basta que... para que...**: *Basta que le mandes una cosa para que él haga otra.* It's enough to tell him one thing for him to do another. **¡basta (ya)!** that's enough! **¡basta ya de...!**: *¡Basta ya de perder el tiempo!* Stop wasting time! **basta y sobra**: *Con una maleta basta y sobra.* One suitcase is more than enough. **con eso basta** that's enough *Ver tb* HOY, RECOCHINEO

bastardilla *adj* italic: *letra ~* italic script

■ **bastardilla** *nf* italics [*v pl*]: *en ~* in italics

bastardo, -a *adj* **1** (*ilegítimo*) illegitimate **2** (*despreciable*) base

■ **bastardo, -a** *nm-nf* **1** (*hijo ilegítimo*) illegitimate child **2** (*ser despreciable*) bastard

bastidor *nm* **1** (*gen*) frame: *el ~ de una puerta/ventana* a door/window frame ☛ *Ver ilustración en* MARCO **2 bastidores** (*Teat*) wings

LOC **entre bastidores** behind the scenes

bastión *nm* bastion

basto (*tb* **bastos**) *nm* (*Naipes*) ☛ *Ver nota en* BARAJA

LOC *Ver* PINTAR

basto, -a *adj* **1** (*persona, tejido, lenguaje*) coarse **2** (*vino, superficie*) rough

bastón *nm* **1** (*cayado*) walking stick **2** (*símbolo de autoridad*) staff

LOC **bastón de esquí** ski pole **llevar el bastón de mando** to be in charge

bastoncillo *nm*

LOC **bastoncillos para los oídos** cotton buds

basura *nf* **1** (*gen*) rubbish [*incontable*]: *En esta calle hay mucha ~.* There's a lot of rubbish in this street. ◊ *Esa película es una ~.* That film is rubbish. ☛ *Ver nota en* RUBBISH **2** (*cubo*) bin: *Lo he tirado a la ~.* I've put it in the bin. ◊ *sacar la ~* to put the bin out

LOC **basura radiactiva** radioactive waste **echar/tirar algo (a la basura) 1** (*lit*) to put sth in the bin **2** (*fig*) to throw sth out, to chuck sth (*coloq*): *Esta falda está para tirarla a la ~.* This skirt should be thrown out. *Ver tb* CAMIÓN, CUBO, DEPÓSITO, TRITURADORA

basurero, -a *nm-nf* refuse collector

También existe el término **dustman** [pl **dustmen**] para referirse específicamente y en tono más coloquial a un hombre que recoge la basura.

■ **basurero** *nm* (*vertedero*) tip

bata *nf* **1** (*casa*) dressing gown **2** (*colegio*) overall **3** (*laboratorio*) lab coat **4** (*hospital, peluquería*) white coat

LOC **bata de cola** flamenco dress

batacazo *nm* bang

LOC **darse/pegarse un/el batacazo** to come to grief

batalla *nf* battle

LOC **batalla campal** pitched battle **de batalla** everyday: *Lleva las botas de ~.* He's wearing his everyday boots. *Ver tb* CABALLO, CAMPO, PRESENTAR

batallador, ~a *adj* fighting

■ **batallador, ~a** *nm-nf* fighter

batallar *vi* to fight (***against sth***): ~ *con la pobreza* to fight against poverty
batallita *nf*
LOC contar batallitas to tell tall stories
batallón *nm* **1** (*Mil*) battalion **2** (*grupo numeroso*) gang [*v sing o pl*]: *Mis amigos vinieron a visitarme en* ~. The whole gang came to see me.
batata *nf* sweet potato [*pl* sweet potatoes]
bate *nm* bat: *un* ~ *de béisbol/críquet* a baseball/cricket bat ☛ *Ver ilustración en* BASEBALL, CRICKET
bateador, ~a *nm-nf* (*Béisbol*) batter ☛ *Ver ilustración en* BASEBALL
batería *nf* **1** (*gen, Elec, Mil*) battery: *El coche se ha quedado sin* ~. The car battery is flat. ◊ *La* ~ *antiaérea estaba alerta.* The anti-aircraft battery was on the alert. ☛ *Ver ilustración en* CAR **2** (*Mús*) drums [*v pl*]: *Jeff Porcaro a la* ~. Jeff Porcaro on drums. ◊ *El grupo tuvo que comprar una* ~ *y una guitarra.* The group had to buy a drum kit and a guitar. ☛ *Ver ilustración en* PERCUSSION
■ **batería** *nmf* drummer
LOC batería de cocina set of saucepans and kitchen utensils **en batería** at an angle: *aparcar en* ~ to park at an angle *Ver tb* ESTACIONAMIENTO
batiburrillo (*tb* **batiborrillo**) *nm* jumble: *Mi despacho es un* ~ *de papeles.* My office is a jumble of papers.
batida *nf* **1** (*registro*) search: *dar una* ~ *a la zona* to carry out a search of the area **2** (*caza*) beat
batido, -a *pp, adj* (*camino*) well-trodden *Ver tb* BATIR
■ **batido** *nm* milk shake: *un* ~ *de fresa/chocolate* a strawberry/chocolate milk shake **LOC** *Ver* ORO, TIERRA
batidor *nm* **1** (*utensilio de cocina*) whisk **2** (*Mil*) scout **3** (*caza*) beater
batidora *nf* mixer
batiente *nm* (*Náut*) shore: *Las olas rompían en el* ~ *rocoso.* The waves were breaking on the rocky shore. **LOC** *Ver* REÍR
batín *nm* **1** (*hombre*) dressing gown **2** (*en un laboratorio*) lab coat **3** (*médico*) white coat
batir *vt* **1** (*gen*) to beat: ~ *huevos* to beat eggs ◊ ~ *al contrincante* to beat your opponent **2** (*nata, clara de huevo*) to whip **3** (*récord*) to break: ~ *el récord mundial* to break the world record **4** (*registrar*) to comb: *La policía batió la zona.* The police combed the area. **5** (*lluvia, olas, viento*) to beat **against *sth***: *La lluvia batía las ventanas de la casa.* The rain was beating against the windows.
■ **batirse** *v pron* to fight: ~*se en duelo* to fight a duel
LOC batir los remos to row hard **batirse en retirada** to beat a retreat *Ver tb* PALMA
batista *nf* cambric
batracio *nm* batrachian
batuta *nf* baton
LOC llevar la batuta to be the boss
baúl *nm* trunk ☛ *Ver ilustración en* EQUIPAJE
bautismal *adj* baptismal: *pila* ~ (baptismal) font
bautismo *nm* (*sacramento*) baptism
LOC bautismo de fuego baptism of fire
bautista *adj, nmf* Baptist
bautizar *vt* **1** (*gen*) to baptize, to christen (*más coloq*): *Vamos a* ~*la con el nombre de Marta.* We're going to christen her Marta. **2** (*denominar*) to name: ~ *un barco/invento* to name a boat/an invention **3** (*vino, leche*) to water *sth* down **4** (*mojar*) to drench **LOC** *Ver* VINO
bautizo *nm* baptism, christening (*más coloq*): *Mañana es el* ~ *de mi hermano.* It's my brother's christening tomorrow.
bauxita *nf* bauxite
baya *nf* (*Bot*) berry
bayeta *nf* **1** (*gen*) cloth: *Pásale la* ~ *a la mesa, por favor.* Can you wipe the table, please? **2** (*para el suelo*) floorcloth **3** (*para el polvo*) duster
bayo, -a *adj, nm-nf* bay
bayoneta *nf* bayonet
LOC a la bayoneta with (fixed) bayonets
baza *nf* **1** (*Naipes*) trick: *Gané tres* ~*s.* I won three tricks. **2** (*recurso*) asset: *Podría ser una* ~ *para conseguir trabajo.* It could be an asset in finding a job. ◊ *La experiencia es tu mejor* ~. Your experience is your greatest asset.
LOC meter baza 1 (*en una conversación*): *Esta no deja meter* ~ *a nadie.* She won't let anyone get a word in edgeways. **2** (*entrometerse*) to poke your nose *into sth*: *Siempre tienes que meter* ~ *(en mis asuntos).* You're always poking your nose into my affairs. **sacar baza (de algo)** to profit (from sth) *Ver tb* JUGAR
bazar *nm* bazaar
bazo *nm* spleen ☛ *Ver ilustración en* DIGESTIVE
bazoca (*tb* **bazuca**) *nm* bazooka
bazofia *nf* **1** (*comida*) disgusting food [*incontable*]: *El cocido era una* ~. The stew was disgusting. **2** (*libro, película*) rubbish [*incontable*]: *Esa película es una* ~. That film is rubbish.
be *nf* **LOC** *Ver* HACHE
beatería *nf* false piety
beatificar *vt* to beatify
beatífico, -a *adj* blissful
beato, -a *nm-nf* (*beatificado*) Blessed [*adj*]: *la beata Juana Jupón* the Blessed Juana Jupón
■ **beato, -a** *adj, nm-nf* **1** (*piadoso*) devout [*adj*] **2** (*mojigato*): *No soporto a los* ~*s.* I can't stand people who make a show of being pious.
bebé *nm* baby **LOC** *Ver* PECHO, PROBETA
bebedero *nm* **1** (*recipiente*) **(a)** (*vacas, cerdos*) trough ☛ *Ver ilustración en* PIG **(b)** (*pájaros*) water container **2** (*lugar*) waterhole
bebedizo *nm* potion: *un* ~ *amoroso* a love potion
bebedor, ~a *nm-nf* heavy drinker
beber(se) *vt, vi, v pron* to drink: *Anoche bebí más de la cuenta.* I drank too much last night. ◊ *beber(se) algo frío/caliente* to have a hot/cold drink ◊ *Bébetelo todo.* Drink it up! ◊ *¡Bebamos por el futuro!* Let's drink to the future!
LOC beber a la salud de algn to drink sb's health **beber a morro (del grifo/de la botella)** to drink straight from the tap/bottle **beber como un cosaco** to drink like a fish **beber en una ideología, filosofía, etc** to absorb an ideology, philosophy, etc **beber en vaso** to drink from a glass **beber los vientos por algn** to be crazy about sb **beberse algo de un trago** to drink sth down in one go **dar de beber 1** (*a una persona*) to give *sb* a drink **2** (*a un animal*) to give *sth* some water *Ver tb* COMER, ESPONJA, SORBO, TEMPLADO, TEMPLAR
bebida *nf* drink: *dejar la* ~ to give up drink
LOC bebida gaseosa/refrescante fizzy/soft drink **darse a la bebida** to take to drink *Ver tb* PROPASARSE
bebido, -a *pp, adj* **1** (*ligeramente*) tipsy **2** (*borracho*) drunk *Ver tb* BEBER(SE) **LOC** *Ver* CONDUCIR
beca *nf* **1** (*ayuda económica*) grant **2** (*que se otorga por méritos*) scholarship **LOC** *Ver* DOTACIÓN
becar *vt* **1** (*otorgar ayuda económica*) to award *sb* a grant **2** (*por méritos*) to award *sb* a scholarship
becario, -a (*tb* **becado, -a**) *nm-nf* **1** (*gen*) grant holder: *El 25% de los estudiantes son* ~*s.* 25% of the students are on grants. **2** (*por méritos*) scholarship holder
becerrada *nf* bullfight with young bulls
becerro, -a *nm-nf* calf [*pl* calves] ☛ *Ver ilustración en* COW[1]
■ **becerro** *nm* calfskin
bechamel *nf Ver* BESAMEL
bedel *nm* caretaker
beduino, -a *adj, nm-nf* Bedouin
begonia *nf* begonia
beicon *nm Ver* BACON
beige *adj, nm* beige ☛ *Ver ejemplos en* AMARILLO
béisbol *nm* baseball ☛ *Ver ilustración en* BASEBALL
belén *nm* **1** (*Nacimiento*) crib **2** (*fig*) **(a)** (*desorden*) mess: *Mi mesa está hecha un* ~. My desk is a mess.

(b) (*jaleo*) bedlam [*incontable*]: *La reunión fue un ~.* It was bedlam at the meeting.

LOC armar/montar un belén to cause a commotion *Ver tb* PORTAL

belga *adj, nmf* Belgian

Bélgica *nf* Belgium

Belgrado *nm* Belgrade

Belice *nm* Belize

belicismo *nm* warmongering

belicista *adj* warmongering

■ **belicista** *nmf* warmonger

bélico, -a *adj* **1** (*actitud*) warlike **2** (*arma, juguete*) war [*n atrib*]: *las películas bélicas* war films **LOC** *Ver* ACTO, MATERIAL

belicoso, -a *adj* **1** (*guerrero*) warlike **2** (*agresivo*) quarrelsome

beligerancia *nf* belligerence

LOC no beligerancia non-belligerence

beligerante *adj* (*belicista*) belligerent: *una actitud ~* a belligerent attitude

bellaco, -a *adj, nm-nf* rogue [*n*]: *el muy ~* the rogue

belladona *nf* belladonna (*formal*), deadly nightshade

bellaquería *nf* **1** (*acto*) dirty trick **2** (*maldad*) wickedness [*incontable*]

belleza *nf* beauty: *Es una auténtica ~.* She's a real beauty. ◊ *Se quedó ensimismado con la ~ de la imagen.* He was entranced by the beauty of the picture. **LOC** *Ver* CONCURSO, INSTITUTO, SALÓN

bello, -a *adj* beautiful

LOC bellas artes (*carrera*) fine art [*incontable, v sing*]: *Estudio bellas artes.* I'm studying fine art. **la Bella Durmiente** Sleeping Beauty **ser una bella persona** to be a fine person

bellota *nf* acorn

bemol *nm, adj* flat

LOC tener bemoles 1 (*ser difícil*) to be difficult **2** (*ser un abuso*) to be a bit much: *¡Tiene ~es la cosa!* It's a bit much!

benceno *nm* benzene

bencina *nf* benzine

bendecir *vt* **1** (*gen*) to bless *sth/sb* (**with** *sth*): *~ a un niño* to bless a child ◊ *Bendigo el día en que llegué a este país.* I bless the day I arrived in this country. ◊ *Dios nos ha bendecido con tres preciosos hijos.* We have been blessed with three lovely children. **2** (*consagrar*) to consecrate: *~ una catedral* to consecrate a cathedral

LOC bendecir la mesa/comida to say grace

bendición *nf* blessing

LOC bendiciones nupciales wedding ceremony [*sing*] **dar/echar la bendición** to bless *sth/sb*: *El cura echó la ~.* The priest gave a blessing. **dar/echar las bendiciones a los novios** to join the bride and groom in marriage **una bendición (de Dios)**: *ser una ~ de Dios* to be wonderful ◊ *El bebé duerme que es una ~.* The baby sleeps like a dream.

bendito, -a *adj* **1** (*Relig*) **(a)** (*santo, Virgen*) blessed **(b)** (*agua, pan*) holy **2(a)** (*dichoso*) lucky: *¡Bendita mi suerte!* Lucky me! ◊ *Bendita sea la lluvia.* Thank goodness for this rain! **(b)** (*maldito*) wretched: *¿Dónde estarán las benditas llaves?* Where are the wretched keys? ◊ *En bendita hora se me ocurrió invitarlo.* Why on earth did I invite him?

■ **bendito, -a** *nm-nf* **1** (*bonachón*) angel **2** (*tontorrón*) simple [*adj*]: *El pobre es un ~.* The poor man's a bit simple.

LOC ¡bendito sea Dios! 1 (*alivio*) thank goodness! **2** (*disgusto*) good heavens! *Ver tb* DORMIR, PILA[2]

benedictino, -a *adj, nm-nf* Benedictine

benefactor, ~a *nm-nf* benefactor **LOC** *Ver* SOCIEDAD

beneficencia *nf*: *una organización de ~* a charity ☛ *Ver nota en* CHARITY SHOP **LOC** *Ver* OBRA

beneficiado, -a *pp, adj*: *las personas beneficiadas* the beneficiaries ◊ *el sector más ~* the sector that will benefit most *Ver tb* BENEFICIAR

■ **beneficiado, -a** *nm-nf* beneficiary

LOC salir/verse beneficiado to benefit (*from sth*)

beneficiar *vt* to benefit: *una ley que beneficia a la empresa* a law which benefits the company

■ **beneficiarse** *v pron* **beneficiarse (con/de) 1** (*gen*) to benefit (**from** *sth*): *Los jubilados se beneficiaron del descuento.* OAPs benefited from the reduction. ◊ *La empresa se beneficiará con una mayor flexibilidad.* The firm will benefit from greater flexibility. **2** (*económicamente*) to profit (**from** *sth*): *~se de la venta de armas* to profit from the sale of arms

beneficiario, -a *adj, nm-nf* beneficiary [*n*]: *los estados ~s* the beneficiaries

beneficio *nm* **1** (*bien*) benefit **2** (*Com, Fin*) profit: *un ~ de tres millones de libras* three million pounds profit ◊ *dar/obtener ~s* to produce/make a profit ◊ *unos ~s enormes* huge profits

LOC a beneficio de in aid of *sth/sb* **beneficio bruto** gross profit **beneficio líquido/neto** net profit **beneficios fiscales** tax benefits **beneficios marginales** fringe benefits **en beneficio de** to the advantage of *sth/sb*: *Redundará en ~ de la ciudad.* It will be to the city's advantage. ◊ *en ~ tuyo* to your advantage ◊ *Perdió votos en ~ de su rival.* He lost votes to his rival. ◊ *en ~ de la claridad* for the sake of clarity **en beneficio propio**: *No piensa más que en el ~ propio.* He never thinks of anyone but himself. ◊ *Dispuso, en ~ propio, de tres millones de pesetas.* He had three million pesetas available for his own use. *Ver tb* MARGEN, OFICIO, REPARTO, REVERTIR

beneficioso, -a *adj* **1** (*gen*) beneficial: *El acuerdo tendrá efectos ~s para la industria.* The agreement will have a beneficial effect on the industry. **2** (*Com, Fin*) profitable

benéfico, -a *adj* **1** (*caritativo*) charity [*n atrib*]: *dedicarse a obras benéficas* to do charity work ◊ *una institución benéfica* a charity **2** (*beneficioso*) beneficial **LOC** *Ver* ASOCIACIÓN, ENTIDAD, INSTITUCIÓN, OBRA

beneplácito *nm* approval: *Lo hice con su ~.* I did it with his approval.

benevolencia *nf* benevolence

benevolente (*tb* **benévolo, -a**) *adj* benevolent, kind (*más coloq*)

bengala *nf* **1** (*gen*) flare: *Lanzaron ~s de colores.* They set off coloured flares. **2** (*de mano*) sparkler

benigno, -a *adj* **1** (*persona*) benevolent, kind (*más coloq*) **2** (*clima*) mild **3** (*tumor*) benign

Benin *nm* Benin

benjamín, -ina *nm-nf* **1** (*familia*) youngest child [*pl* youngest children], baby (*coloq*) **2** (*grupo*) youngster

■ **benjamín** *nm* small bottle (of champagne)

berberecho *nm* cockle

berbiquí *nm* brace

berenjena *nf* aubergine

berenjenal *nm* (*fig*) mess [*incontable*]: *¡Te metes en unos ~es!* You do get yourself into a mess!

Berlín *nm* Berlin

bermejo, -a *adj* **1** (*color*) bright red **2** (*pelo*) reddish ☛ *Ver ejemplos en* AMARILLO

bermudas *nm o nf* Bermuda shorts, Bermudas (*coloq*)

Berna *nf* Berne

berrear *vi* to bawl

berrido *nm* bawling: *pegar un ~* to bawl

berrinche *nm* **1** (*niño*) tantrum: *estar con un ~* to have a tantrum **2** (*adulto*) rage

LOC coger(se)/llevarse un berrinche to lose your temper **me dio un berrinche** I, you, etc had a fit

berro *nm* watercress [*incontable*]: *He comprado unos ~s.* I've bought some watercress.

berza *nf* cabbage

berzotas (*tb* **berzas**) *nmf* idiot

besamel *nf* béchamel sauce, white sauce (*coloq*)

besar *vt* to kiss: *Me besó la mano.* He kissed my hand. ◊ *Le besó en la frente/boca.* She kissed him on the forehead/lips.

LOC besar el suelo (*caerse*) to fall flat on your face

beso *nm* kiss: *dar un ~ a algn* to give sb a kiss ◊ *Nos dimos un ~.* We kissed.
LOC **beso de tornillo** French kiss **echar/tirar un beso (a algn)** to blow (sb) a kiss *Ver tb* COMER, CUBRIR, RECIBIR

bestia *nf* beast
■ **bestia** *adj, nmf* **1** (*bruto*) brute [*n*]: *¡Qué ~ eres!* You're such a brute! **2** (*basto*) crude [*adj*]: *Es un ~.* He's so crude! **3** (*exagerado*): *Hombre, no seas tan ~, con la mitad vale.* Don't go over the top – half of that is enough!
LOC **a lo bestia 1** (*sin consideración*) terribly: *Trata a su mujer a lo ~.* He treats his wife terribly. **2** (*sin cuidado*) like crazy: *Conducen a lo ~.* They drive like crazy. **3** (*mucho*): *Come a lo ~.* He eats an incredible amount. ◊ *Trabajaron a lo ~.* They slogged their guts out. **ser una mala bestia** to be a nasty piece of work *Ver tb* CARGA, TIRO, TRABAJAR

bestial *adj* **1** (*enorme*) huge: *Es una casa ~.* It's a huge house. ◊ *Tengo un hambre ~.* I'm famished. **2** (*genial*) great

bestialidad *nf* **1** (*brutalidad*): *Hicieron muchas ~es.* They committed acts of great cruelty. ◊ *Tener a la gente en estas condiciones es una ~.* Keeping people in these conditions is disgusting. **2** (*grosería*) rude thing: *decir ~es* to be rude **3** (*estupidez*) stupid thing: *hacer/decir muchas ~es* to do/say a lot of stupid things
LOC **una bestialidad (de) 1** (*mucho(s)*): *una ~ de gente* loads of people ◊ *Bailamos una ~.* We danced till dawn. **2** (*mucho tiempo*) (for) ages: *Duró una ~.* It lasted (for) ages.

besucón, -ona *adj, nm-nf* fond of kissing [*adj*]: *Es una besucona.* She's very fond of kissing.

besugo *nm* **1** (*pez*) bream [*pl* bream] **2** (*persona*) idiot
LOC *Ver* DIÁLOGO, OJO

besuquear *vt* to smother *sb* with kisses
■ **besuquearse** *v pron* (*parejas*) to snog

beta *nf* beta

betún *nm* (*calzado*) (shoe) polish: *Di ~ a los zapatos.* I polished my shoes.

bianual *adj* biannual: *con carácter ~* twice a year

biberón *nm* (baby's) bottle: *Le doy un ~ cada cuatro horas.* I give him a bottle every four hours. **LOC** *Ver* CRIAR

Biblia *nf* Bible: *la Santa ~* the Holy Bible
LOC **ser la biblia en verso** to be the bee's knees

bíblico, -a *adj* biblical

bibliografía *nf* bibliography

bibliográfico, -a *adj* bibliographical

biblioteca *nf* **1** (*edificio, conjunto de libros*) library **2** (*mueble*) bookcase
LOC **biblioteca ambulante** mobile library **biblioteca de consulta** reference library *Ver tb* RATÓN

bibliotecario, -a *nm-nf* librarian

bicarbonato *nm* bicarbonate
LOC **bicarbonato de soda/sódico** bicarbonate of soda

bicentenario *nm* bicentenary

bíceps *nm* biceps [*pl* biceps]

bicho *nm* **1(a)** (*insecto*) insect **(b)** (*en lenguaje infantil*) creepy-crawly **(c)** (*cualquier animal*) animal **2** (*niño*) little so-and-so
LOC **bicho raro** weirdo **¿qué bicho le habrá picado?** what's up with him? **ser un (mal) bicho** to be a nasty piece of work **todo bicho viviente** absolutely everyone

bici *nf* bike

bicicleta *nf* bicycle, bike (*más coloq*): *Vino en ~.* He came on his bike. ◊ *ir en ~ al trabajo* to cycle to work ◊ *dar un paseo en ~* to go for a bike ride ◊ *¿Sabes montar en ~?* Can you ride a bike? ◊ *Los domingos nos vamos a andar en ~.* We go cycling on Sundays.
LOC **bicicleta de montaña** mountain bike **bicicleta estática/de ejercicio** exercise bike

bicolor *adj* two-coloured

bidé *nm* bidet

bidireccional *adj* two-way

bidón *nm* drum

biela *nf* crank ☛ *Ver ilustración en* BICYCLE

Bielorrusia *nf* Belarus

bien¹ *adj* well-to-do: *Son de familia ~.* They're from a well-to-do family.

bien² *conj*
LOC **bien ... (o) bien ...** either ... or ...: *Iré, ~ en tren, o ~ en autocar.* I'll go either by train or by coach. **o bien** or (else)

bien³ *nm* **1** (*lo bueno*) good [*incontable*]: *el ~ y el mal* good and evil ◊ *hacer el ~* to do good **2** (*Educ*) good: *sacar un ~ en historia* to get 'good' for history **3 bienes (a)** (*riqueza*) wealth [*incontable, v sing*]: *los ~es de un país* the wealth of a country **(b)** (*propiedad*) property [*incontable, v sing*] **(c)** (*artículos*) goods
LOC **bienes gananciales** joint assets **bienes inmuebles** real estate [*incontable, v sing*] **bienes públicos** government property [*incontable, v sing*] **haz el bien y no mires a quién** virtue is its own reward **por el bien de** for the good of *sth/sb* **por tu bien** for your own good *Ver tb* CONSUMO, HOMBRE, SEPARACIÓN

bien⁴ *adv* **1** (*gen*) well: *portarse ~* to behave well ◊ *Hoy no me encuentro ~.* I don't feel well today. ◊ *El negocio les va muy ~.* Their business is doing very well. ◊ *—¿Qué tal estás? —Muy ~, gracias.* 'How are you?' 'Fine, thanks.' ◊ *Está casada y ~ casada.* She's well and truly married. **2** (*de acuerdo, suficientemente bien*) all right, OK (*más coloq*): *Les pareció ~.* They thought it was OK. ◊ *¿Te parece ~ esta traducción?* ' Does this translation look all right to you?' **3** (*aspecto, olor, sabor*) good: *¡Qué ~ huele!* It smells good! **4** (*correctamente*) correctly: *Creo que contesté ~ a la pregunta.* I think I answered the question correctly. ◊ *Me gusta hacer las cosas ~.* I like to do things properly. **5(a)** (*muy*) very: *Me levanté ~ temprano.* I got up very early. **(b)** (*mucho*) a lot: *Gana muy ~ en el nuevo trabajo.* He earns a lot in his new job. **(c)** (*bastante*) pretty: *Estaba ~ fastidiada.* I was pretty ill. ☛ *Ver nota en* FAIRLY **6** (*claramente*): *~ se ve que no están a gusto.* You can see they aren't happy. ◊ *~ me lo advirtieron.* They did warn me about it.
LOC **¡bien que ...!**: *¡~ que les gusta salir!* They certainly like going out!
y bien and so
¡y bien! right then!: *¡Y ~! ¿Qué está pasando aquí?* Right then, what's going on here?
☛ Para otras expresiones con **bien**, véanse las entradas del adjetivo, verbo, etc, p. ej. **bien considerado** en CONSIDERADO y **llevarse bien** en LLEVAR.

bienal *adj* biennial: *un festival ~* a biennial festival
■ **bienal** *nf* biennial exhibition

bienaventurado, -a *adj* **1** (*afortunado*) fortunate **2** (*Relig*) blessed

bienaventuranza *nf* **1** (*vida eterna*) blessedness **2** (*felicidad*) happiness **3 bienaventuranzas** (*Biblia*) beatitudes

bienestar *nm* **1** (*personal*) **(a)** (*dicha*) well-being: *El descanso proporciona ~.* Rest gives you a sense of well-being. **(b)** (*comodidad*) comfort: *en el ~ de su hogar* in the comfort of your own home ◊ *habitaciones con todo lo necesario para su ~* rooms with all home comforts **2** (*Sociol, Pol*) welfare: *el estado del ~* the welfare state
LOC **bienestar económico** financial security **bienestar social** welfare: *política de ~ social* welfare policy

bienhechor, ~a *adj* beneficent
■ **bienhechor, ~a** *nm-nf* benefactor

bienintencionado, -a *adj* well-intentioned

bienio *nm* **1** (*período*) two-year period **2** (*sueldo*) two-yearly increment

bienvenido, -a *adj* welcome
■ **bienvenida** *nf* welcome: *dar la bienvenida a algn* to welcome sb
LOC **¡bienvenido sea!** and very welcome it is too!: *¡~s sean estos cambios!* And very welcome these changes are too!

bífido, -a *adj* forked **LOC** *Ver* ESPINA

bifocal *adj* bifocal
■ **bifocales** *nm o nf* (*gafas*) bifocals LOC *Ver* GAFAS

bifurcación *nf* fork: *el punto de ~ del río* the place where the river forks

bifurcarse *v pron* to fork

bigamia *nf* bigamy

bígamo, -a *adj* bigamous
■ **bígamo, -a** *nm-nf* bigamist

bígaro *nm* winkle

big bang *nm*: *la teoría del ~* the big bang theory

bigote *nm* **1** (*persona*) moustache: *afeitarse el ~* to shave off your moustache ◊ *He decidido dejarme ~*. I've decided to grow a moustache. ◊ *Papá Noel llevaba unos grandes ~s.* Father Christmas had a big moustache. ☛ *Ver ilustración en* HEAD[1] **2** (*gato*) whiskers [*v pl*]
LOC **de bigote(s)** terrific *Ver tb* MENEAR

bigotudo, -a *adj* with a moustache

bigudí *nm* (hair) curler

bikini *nm Ver* BIQUINI

bilateral *adj* bilateral

biliar *adj* bile [*n atrib*] LOC *Ver* CÁLCULO, VESÍCULA

bilingüe *adj* bilingual: *varios diccionarios ~s* several bilingual dictionaries

bilingüismo *nm* bilingualism

bilioso, -a *adj* bilious

bilis *nf* bile
LOC **descargar/desahogar la bilis** to vent your anger (*on sb*) *Ver tb* TRAGAR

billar *nm* **1(a)** (*americano*) pool **(b)** (*con tres bolas*) billiards [*v sing*]: *El ~ es mi juego preferido.* Billiards is my favourite game. **(c)** (*con 22 bolas*) snooker ☛ *Ver ilustración en* SNOOKER **2** (*mesa*) pool/billiard/snooker table ☛ *Ver ilustración en* SNOOKER **3 billares** (*local*) pool/billiard/snooker hall [*sing*] LOC *Ver* BOLA

billete *nm* **1** (*transporte, lotería*) ticket: *un ~ de avión* an airline ticket ◊ *sacar un ~* to get a ticket **2** (*de banco*) (bank)note: *dos ~s de 1.000* (*pesetas*) two 1000 peseta notes
LOC **billete de ida** single (ticket) **billete de ida y vuelta** return (ticket) **el billete verde 1** (*de mil pesetas*) 1000 peseta note **2** (*Fin*) the peseta **medio billete** half fare *Ver tb* DESPACHO

billetero *nm* (*tb* **billetera** *nf*) wallet

billón *nm* a million million ☛ *Ver nota en* BILLION ☛ *Ver apéndice 3*

bimensual *adj* twice-monthly

bimestral *adj* bimonthly

bimestre *nm* period of two months: *la factura del último ~* the bill for the last two months

bimotor *adj* twin-engined
■ **bimotor** *nm* twin-engined aircraft

binario, -a *adj* binary
LOC **compás/ritmo binario** two four time ☛ *Ver ilustración en* NOTACIÓN

bingo *nm* **1** (*juego, premio*) bingo: *He ganado 100 000 pesetas al ~.* I won 100 000 pesetas at bingo. **2** (*sala*) bingo hall
LOC **cantar/hacer bingo** to get a full house *Ver tb* CARTÓN

binocular *nm* **binoculares** binoculars

binomio *nm* **1** (*Mat*) binomial **2** (*fig*) **(a)** (*gen*) duality: *el ~ materia/espíritu* the duality of matter and spirit **(b)** (*personas*) tandem

biodegradable *adj* biodegradable

biodegradarse *v pron* to biodegrade

biofísica *nf* biophysics [*v sing*]

biografía *nf* biography

biográfico, -a *adj* biographical

biógrafo, -a *nm-nf* biographer

biología *nf* biology

biológico, -a *adj* biological LOC *Ver* GUERRA, MADRE

biólogo, -a *nm-nf* biologist

biomasa *nf* biomass

biombo *nm* folding screen

biopsia *nf* biopsy

bioquímica *nf* biochemistry

bioquímico, -a *adj* biochemical
■ **bioquímico, -a** *nm-nf* biochemist

biorritmo *nm* biorhythm

biosfera *nf* biosphere

bióxido *nm* dioxide: *~ de carbono* carbon dioxide

bipartidismo *nm* two-party system

bipartidista *adj* two-party: *un sistema ~* a two-party system

bipartito, -a *adj* bipartite

bípedo, -a *adj* two-footed
■ **bípedo** *nm* biped

biplaza *nm* two-seater

biquini *nm* bikini

birlar *vt* to nick: *Me han birlado la radio.* Somebody's nicked my radio.

birreactor *adj, nm* twin jet

birria *nf* **1** (*persona*) drip **2** (*cosa*) **(a)** (*gen*) rubbish [*incontable*]: *La novela es una ~.* The novel is rubbish. **(b)** (*feo*) horrible [*adj*]: *El nuevo hotel es una ~.* The new hotel is horrible.
LOC **estar/ir hecho una birria** to be/look a right mess

biruji *nm*: *Hace/corre ~.* It's nippy.

bis *adv*: *Vive en el 12 ~.* She lives at number 12A.
■ **bis** *nm* encore

bisabuelo, -a *nm-nf* great-grandfather [*fem* great-grandmother]

> Cuando nos referimos al bisabuelo y la bisabuela utilizamos el plural **great-grandparents**: *Mis bisabuelos eran irlandeses.* My great-grandparents were Irish.

bisagra *nf* hinge

bisexual *adj, nmf* bisexual

bisexualidad *nf* bisexuality

bisiesto *nm* leap year
■ **bisiesto** *adj* LOC *Ver* AÑO

bisnieto, -a *nm-nf* great-grandson [*fem* great-granddaughter]

> A veces decimos *bisnietos* refiriéndonos a bisnietos y bisnietas, en cuyo caso debemos decir en inglés **great-grandchildren**: *Tengo dos bisnietos: un niño y una niña.* I've got two great-grandchildren: a boy and a girl.

bisojo, -a *adj* cross-eyed

bisonte *nm* bison [*pl* bison]

bisoñé *nm* toupee

bisoño, -a *adj* **1** (*soldado*): *soldados ~s* new recruits **2** (*inexperto*) inexperienced

bisté (*tb* **bistec**) *nm* steak

bisturí *nm* scalpel

bisutería *nf* costume jewellery
LOC **de bisutería** fantasy: *unos pendientes de ~* fantasy earrings

bit *nm* bit

bitácora *nf* LOC *Ver* CUADERNO

bizantino, -a *adj* (*fig*) byzantine (*formal*), tortuous

bizarro, -a *adj* **1** (*valiente*) courageous **2** (*apuesto*) spruce

bizco, -a *adj* cross-eyed: *un niño ~* a cross-eyed child
LOC **dejar bizco** (**de asombro**) to amaze *sb*: *una rapidez que te deja ~* amazing speed **quedarse bizco** (**de asombro**) to be amazed

bizcocho *nm* **1** (*pastel*) sponge cake **2** (*galleta*) sponge finger
LOC **bizcocho borracho** rum baba

biznieto, -a *nm-nf Ver* BISNIETO

bizquear *vi* **1** (*ser bizco*) to be cross-eyed **2** (*fingirse bizco*) to go cross-eyed

blanca *nf* **1** (*Mús*) minim ☛ *Ver ilustración en* NOTACIÓN **2** (*ajedrez, damas*) **(a)** (*pieza*) white piece **(b)** **blancas** white [*sing*]: *Las ~s ganan.* White wins.

LOC estar sin blanca/no tener blanca to be stony-broke

Blancanieves *n pr* Snow White

blanco, -a *adj* **1** (*gen*) white ☛ *Ver ejemplos en* AMARILLO **2** (*tez*) fair: *una joven de tez blanca* a girl with a fair complexion **3** (*pálido*) pale

■ **blanco** *nm* **1** (*color*) white ☛ *Ver ejemplos en* AMARILLO **2** (*diana, objetivo*) target: *dar en el ~* to hit the target **3** (*espacio*) blank: *Dejé muchos ~s en el examen.* I left a lot of blanks in the exam.

■ **blanco, -a** *nm-nf* (*persona*) white man/woman [*pl* white men/women]: *los ~s de la zona* the white people in the area

LOC blanco del ojo white of the eye **blanco y negro** black and white: *películas en ~ y negro* black and white films **en blanco** blank: *un cheque/una hoja en ~* a blank cheque/sheet ◊ *un espacio en ~* a blank (space) **más blanco que la nieve/leche** as white as snow/a sheet **ponerse/quedarse blanco (como la pared)** to go as white as a sheet **quedarse en blanco** to go blank **ser el blanco de todas las miradas** to be the centre of attention ☛ Para otras expresiones con **blanco**, véanse las entradas del sustantivo, verbo, etc, p. ej. **arma blanca** en ARMA y **votar en blanco** en VOTAR.

blancura *nf* whiteness

blancuzco, -a *adj* **1** (*ropa*) dirty white **2** (*cara*) pale

blandengue *adj* **1** (*masa, cosa*) very soft **2** (*persona*) feeble

■ **blandengue** *nmf* wimp

blandir *vt* to brandish

blando, -a *adj* **1** (*gen*) soft: *queso ~* soft cheese ◊ *agua blanda* soft water ◊ *un cojín ~* a soft cushion ◊ *un profesor ~* a soft teacher **2(a)** (*carne*) tender **(b)** (*fácil de digerir*) easily-digested: *comida blanda* food that is easy to digest **3** (*débil*) weak: *un carácter/tono ~* a weak character/voice

LOC blando de carnes flabby **ser blando con** to be soft on *sth/sb Ver tb* EDICIÓN, LIBRO

blandura *nf* (*indulgencia*): *No los trates con tanta ~.* You're too soft on them!

blanquear *vt* **1** (*gen*) to make *sth* white: *Los disgustos le blanquearon el cabello.* Her hair went white with grief. **2** (*con lejía*) to bleach: *~ la ropa con lejía* to bleach the clothes **3** (*encalar*) to whitewash **4** (*dinero*) to launder

■ **blanquear** *vi* to go white: *El pelo me ha blanqueado con los años.* My hair has gone white over the years.

blanquecino, -a *adj* **1** (*color*) off-white **2** (*piel*) pale

blanquillo, -a *adj* **LOC** *Ver* AZÚCAR

blasfemar *vi* **1** (*Relig, fig*) to blaspheme (***against sth/sb***) **2** (*decir palabrotas*) to swear: *Blasfema por todo.* He's always swearing.

blasfemia *nf* **1** (*Relig, fig*) blasphemy: *La obra es una ~.* The work is blasphemous. **2** (*palabrota*) swear word

blasfemo, -a *adj* blasphemous

■ **blasfemo, -a** *nm-nf* blasphemer

blasón *nm* **1** (*escudo*) coat of arms **2** (*fig*) honour

bledo *nm* **LOC** *Ver* IMPORTAR

blindado, -a *pp, adj* **1** (*Mil*) **(a)** (*contra misiles*) armoured: *Utilizaron coches ~s.* They used armoured cars. **(b)** (*contra balas*) bulletproof: *un chaleco ~* a bulletproof vest **2** (*puerta*) reinforced **3** (*Tec*) shielded *Ver tb* BLINDAR **LOC** *Ver* CAMIÓN

blindaje *nm* **1** (*Mil*) armour **2** (*Tec*) shield

blindar *vt* **1** (*Mil*) to armour-plate **2** (*Tec*) to shield

bloc *nm* (writing) pad

blonda *nf* **1** (*encaje*) Spanish lace **2** (*papel*) doily

bloque *nm* **1** (*gen*) block: *un ~ de cemento/mármol* a concrete/marble block ◊ *un ~ de viviendas* a block of flats ◊ *Vive tres ~s más abajo.* He lives three blocks further down. **2** (*Pol*) bloc: *el ~ de los países del este* the Eastern bloc **3** (*parte principal*) bulk: *el ~ de la expedición* the bulk of the expedition

LOC bloque de noticias news section **en bloque** en masse

bloquear *vt* **1** (*obstruir*) **(a)** (*gen, Dep*) to block: *~ el paso/una carretera* to block access/a road ◊ *~ un proyecto de ley* to block a bill ◊ *La UE bloquea la exportación de cebada.* The EU is blocking the export of barley. **(b)** (*tubería*) to block *sth* up **2** (*Mil*) to blockade: *El ejército bloquea el puerto.* The army is blockading the port. **3** (*saturar*) to jam: *~ una emisora/centralita* to jam a radio station/telephone exchange **4** (*mecanismo electrónico*) to shut down: *Un apagón bloqueó las cajas registradoras.* A power cut shut down the tills. **5** (*volante*) to lock **6** (*precio, fondos*) to freeze

■ **bloquearse** *v pron* **1(a)** (*tubería*) to get blocked up **(b)** (*mecanismo, centralita*) to get jammed **(c)** (*volante*) to lock: *Se me bloqueó el volante.* My steering-wheel locked. **2** (*persona*) to freeze: *Se bloquea cuando tiene que hablar en público.* He freezes when he has to speak in public.

bloqueo *nm* **1** (*gen*) blocking: *El ~ de la reforma ha decepcionado al gobierno.* The blocking of the reform has disappointed the government. **2** (*Mil*) blockade: *el ~ económico contra un país* the economic blockade of a country ◊ *imponer/levantar un ~* to impose/lift a blockade **3** (*Dep*) block **4** (*radio, teléfono*) jamming **5** (*mecanismo*) cut-out: *un sistema de ~ de mandos* a cut-out mechanism **6** (*fondos, precios*) freezing

LOC bloqueo mental mental block

blusa *nf* blouse: *¡Métete la ~!* Tuck your blouse in!

blusón *nm* baggy shirt

boa *nf* **1** (*animal*) boa (constrictor) **2** (*bufanda*) boa

boato *nm* ostentation: *una boda de gran ~* a very ostentatious wedding

bobada *nf* **1** (*dicho*) nonsense [*incontable*]: *decir ~s* to talk a lot of nonsense **2** (*hecho*) silly thing: *Lo que ha hecho es una ~.* He's done something really silly. ◊ *Deja de hacer ~s.* Don't be so silly! **LOC** *Ver* NINGUNO

bobear *vi* to fool around

bobería *nf* **1** (*tontería*) stupidity **2** (*comentario*) stupid remark: *decir ~s* to talk nonsense

bóbilis

LOC de bóbilis bóbilis 1 (*sin esfuerzo*) just like that **2** (*gratis*) for nothing

bobina *nf* **1** (*hilo, película*) reel ☛ *Ver ilustración en* REEL[1] **2** (*Elec, alambre*) coil

bobo, -a *adj, nm-nf* **1** (*gen*) silly [*adj*]: *Eres un ~.* You're so silly! **2** (*poco inteligente*) stupid [*adj*] **3** (*ingenuo*) naive [*adj*]

LOC entre bobos anda el juego they're all as daft as each other **hacer el bobo** to muck about *Ver tb* SOPA

boca *nf* **1** (*Anat*) mouth ☛ *Ver ilustración en* HEAD[1] **2** (*entrada*) entrance: *la ~ del metro* the entrance to the underground **3** (*pistola, cañón*) muzzle **4** (*vino*) flavour

LOC andar/ir de boca en boca to spread fast: *La noticia anda de ~ en ~.* The news is spreading fast. **boca arriba/abajo** face up/down **boca de incendios/riego** hydrant **boca del estómago** pit of the stomach **de/por boca de** from *sb*: *Lo supe por ~ de su madre.* I heard it from his mother. **decir algo con la boca chica** to say sth without meaning it **decir algo de boca para afuera** to say sth half-heartedly **dejar a algn con la boca abierta** to leave sb speechless **estar en boca de todos** to be on everybody's lips **hacer boca** to whet your appetite **hacer el boca a boca** to give *sb* mouth-to-mouth resuscitation: *Le hicieron el ~ a ~.* They gave him mouth-to-mouth resuscitation. **hacerse la boca agua**: *Solo de pensarlo se me hace la ~ agua.* The mere thought makes my mouth water. **no decir esta boca es mía** to keep mum **quedarse con la boca abierta** (*sorprendido*) to be speechless *Ver tb* ABRIR, BOCADO, CALLAR, CERRAR, ESPUMA, ESPUMARAJO, FUERZA, OSCURO, PALABRA, PARTIR, PEDIR, PUNTO, RESPIRACIÓN, SABOR, TAPAR

bocacalle *nf* sidestreet: *dos ~s más arriba* two streets further up

bocadillo *nm* **1** (*sandwich*) roll: *un ~ de queso* a cheese roll ☛ *Ver ilustración en* BARRA **2** (*refrigerio*) snack: *Es la hora del ~.* It's time for a snack. **3** (*en un cómic*) speech bubble

bocado *nm* **1** (*gen*) bite: *Pégale un ~, es riquísimo.*

Have a bite. It's delicious! ◊ *El perro me dio un ~.* The dog bit me. **2** (*cantidad*) mouthful: *Masticar cada ~ al menos diez veces.* Chew each mouthful at least ten times. ◊ *Se lo comió de un ~.* She swallowed it down. **3** (*embocadura de un caballo*) bit

LOC bocado de Adán Adam's apple ☛ *Ver ilustración en* THROAT **con el bocado en la boca**: *Salieron de casa con el ~ en la boca.* They left the minute they finished eating. *Ver tb* PROBAR

bocajarro

LOC a bocajarro 1 (*disparar*) at point-blank range **2** (*decir*) straight out: *Me lo soltó a ~.* He came straight out with it.

bocamanga *nf* cuff ☛ *Ver ilustración en* AMERICANA

bocanada *nf* **1** (*ráfaga*) **(a)** (*viento*) gust **(b)** (*aire*) blast **2** (*que se toma por la boca*) **(a)** (*líquido*) mouthful: *una ~ de café* a mouthful of coffee **(b)** (*humo*) puff **(c)** (*aire*) gulp

LOC ser una bocanada de aire fresco to be a breath of fresh air

bocata *nm* roll ☛ *Ver ilustración en* BARRA

bocazas *adj, nmf* big mouth [*n*]: *¡Qué ~ eres!* You and your big mouth!

bocera *nf* **1** (*restos de comida*): *Tienes ~s de azúcar.* You've got sugar round your mouth. **2** (*calentura*) cold sore

■ **boceras** *nmf* big mouth

boceto *nm* **1** (*Arte*) sketch **2** (*idea general*) outline: *un ~ del libro* an outline of the book

bochinche *nm* **1** (*pelea*) row **2** (*jaleo*) hectic activity: *¡Vaya ~ que hay en las tiendas!* The shops are heaving.

LOC armar/montar un bochinche 1 (*quejarse*) to kick up a fuss **2** (*crear jaleo*) to create havoc

bochorno *nm* **1** (*calor*) stifling heat: *un día de ~* a stifling hot day ◊ *¡Qué ~ hace!* It's stifling! **2** (*viento*) suffocating wind **3** (*corte*) embarrassment: *Me dio un ~ enorme.* I was really embarrassed. ◊ *¡Qué ~!* How embarrassing!

bochornoso, -a *adj* **1** (*día, viento*) stifling **2(a)** (*vergonzoso*) disgraceful: *Su intervención me pareció bochornosa.* I thought his comment was disgraceful. **(b)** (*embarazoso*) embarrassing

bocina *nf* **1** (*automóvil, Mús*) horn: *tocar la ~* to sound the horn ☛ *Ver ilustración en* CAR **2** (*megáfono*) megaphone

bocinazo *nm* blast of a horn: *El camión me dio un ~.* The lorry hooted at me.

LOC dar/pegar un bocinazo a algn (*chillar*) to yell at sb

boda *nf* wedding: *aniversario de ~(s)* wedding anniversary ◊ *Mañana vamos de ~.* We're going to a wedding tomorrow. ◊ *Están de ~.* They're at a wedding.

En Gran Bretaña las bodas se pueden celebrar en una *iglesia* (a **church wedding**) o en un *juzgado* (a **registry office wedding**). La novia (**bride**) suele llevar *damas de honor* (**bridesmaids**). El *novio* (**groom**) no lleva *madrina*, sino que va acompañado del **best man** (normalmente su mejor amigo). Tampoco se habla del *padrino*, aunque la novia normalmente entra con su padre. Después de la ceremonia se da un *banquete* (a **reception**).

LOC bodas de plata/oro/diamante 1 (*pareja*) silver/golden/diamond wedding [*sing*] **2** (*organización, institución*) silver/golden/diamond jubilee [*sing*] *Ver tb* CELEBRAR, REPORTAJE, TARTA

bodega *nf* **1** (*vino*) **(a)** (*sótano*) wine cellar **(b)** (*tienda*) wine shop **(c)** (*bar*) bar **(d)** (*productor*) vineyard: *las ~s riojanas* the Rioja vineyards **2** (*almacén*) warehouse **3** (*barco, avión*) hold: *en las ~s del barco* in the ship's hold

bodegón *nm* (*Arte*) still life [*pl* still lifes]

bodeguero, -a *nm-nf* **1** (*tienda*) wine merchant **2** (*bar*) bar owner

bodrio *nm* **1** (*gen*) rubbish [*incontable*]: *Ese libro es un ~.* That book is rubbish. ◊ *Me salió un ~.* It turned out a mess. **2** (*comida*): *Este ~ no hay quien se lo coma.* This is inedible.

body *nm* **1** (*ropa interior*) teddy **2** (*Gimnasia*) leotard **3** (*top*) body

bofe *nm* (*de animal*) lights [*v pl*]

LOC echar el bofe/los bofes 1 (*cansarse*) to be gasping for breath: *Estoy que echo los ~s de subir la cuesta.* I'm gasping for breath after climbing the hill. **2** (*trabajando*) to flog your guts out

bofetada *nf* **1** (*torta*) slap: *Me dio una ~.* She slapped me (in the face). **2** (*desaire*) slap in the face: *Los sindicatos dieron una ~ al gobierno al negarse a cooperar.* It was a slap in the face for the government when the unions refused to cooperate.

LOC darse de bofetadas 1 (*pelear*) to come to blows (*over sth*) **2** (*arrepentirse*) to kick yourself (*for sth/doing sth*): *Me daría de ~s por no haberlo dicho.* I could kick myself for not having said anything. **3** (*desentonar*) to clash: *Estos colores se dan de ~s.* These colours clash. *Ver tb* LARGAR, PLANTAR

bofetón *nm* slap

bofia *nf* fuzz [*v pl*]

boga *nf* rowing

LOC estar en boga to be in vogue

bogar *vi* **1** (*remar*) to row **2** (*navegar*) to sail

bogavante *nm* lobster ☛ *Ver ilustración en* SHELLFISH

bohemio, -a *adj, nm-nf* bohemian

boicot *nm* boycott: *hacer el ~ a algo* to boycott sth

boicotear *vt* to boycott

boina *nf* beret ☛ *Ver ilustración en* SOMBRERO

■ **boina** *nm* (*Mil*) beret: *los ~s verdes* the green berets

boj *nm* **1** (*arbusto*) box **2** (*madera*) boxwood

bol *nm* bowl

bola *nf* **1** (*pelota*) ball **2** (*mentira*) lie: *Me metió una ~ tremenda.* He told me one heck of a lie. **3 bolas** balls (⚠) ☛ *Ver nota en* TABÚ

LOC bola de alcanfor/naftalina mothball **bola de billar 1** (*lit*) billiard ball ☛ *Ver ilustración en* SNOOKER **2** (*calva*) bald head: *Su cabeza es una ~ de billar.* He's as bald as a coot. **bola de cristal** crystal ball **bola del mundo** globe **bola de nieve** snowball **cojinete/rodamiento de bolas** ball-bearing **estar hecho una bola** (*persona*) to be very fat **estar en bolas** to be starkers **estar hasta las bolas/pelotas (de algo/algn)** to be pissed off (with sth/sb) (⚠) ☛ *Ver nota en* TABÚ **hecho una bola** (*papel*) crumpled: *Dejó el papel hecho una ~ y lo tiró a la basura.* He crumpled the paper into a ball and threw it in the bin. **tener una bola en el estómago** to have a knot in your stomach *Ver tb* PIE, QUESO

bolchevique *adj, nmf* bolshevik

bolera *nf* bowling alley

bolero *nm* bolero [*pl* boleros]

bolero, -a *adj, nm-nf* liar [*n*]: *¡Qué ~ eres!* You're such a liar!

boletín *nm* **1** (*publicación*) bulletin **2** (*de suscripción*) subscription form

LOC boletín de noticias/informativo news bulletin **boletín de prensa** press release **boletín escolar** school report **boletín metereológico** weather forecast **boletín oficial** official gazette

boleto *nm* **1** (*lotería, rifa*) ticket **2** (*quiniela*) coupon

LOC boleto de apuestas betting-slip

boli *nm* biro® [*pl* biros]

bólido *nm* **1(a)** (*automóvil*) sports car **(b)** (*de carreras*) racing car: *un ~ turbo* a turbo car **2** (*Astron*) meteorite

LOC como un bólido at a hundred miles an hour: *Habla como un ~, no hay quien la entienda.* She speaks so fast no-one can understand her.

bolígrafo *nm* (ballpoint) pen

LOC bolígrafo de punta fina fine-tip pen

bolillos *nm* **LOC** *Ver* ENCAJE

Bolivia *nf* Bolivia

boliviano, -a *adj, nm-nf* Bolivian

bollería *nf* **1** (*tienda*) baker's [*pl* bakers] ☛ *Ver nota y ejemplos en* CARNICERÍA **2** (*productos*) buns [*v pl*]

bollo[1] *nm* **1** (*Cocina*) bun **2** (*lío*) row
LOC armar/montar un bollo to make a scene **bollo de pan** bread roll ☛ *Ver ilustración en* BARRA *Ver tb* HORNO, MUERTO

bollo[2] *nm* **1** (*abolladura*) dent: *Le he hecho un ~ al coche.* I dented the car. **2** (*chichón*) lump: *Me salió un ~.* A lump came up on my head.

bolo *nm* **1** (*gen*) skittle: *Derribó ocho ~s en la primera tirada.* He knocked over eight skittles in his first go. **2 bolos** (*juego*) skittles [*v sing*]: *jugar a los ~s* to play skittles **LOC** *Ver* JUEGO

bolsa[1] *nf* Stock Exchange: *La Bolsa londinense subió/bajó.* The London Stock Exchange was up/down. **LOC** *Ver* AGENTE, CORREDOR, COTIZAR

bolsa[2] *nf* **1** (*gen*) bag: *una ~ de deportes* a sports bag ◊ *tener ~s debajo de los ojos* to have bags under your eyes ◊ *Ese vestido te hace ~s.* That dress is baggy on you. **2** (*saca para dinero*) money bag **3** (*concentración*) **(a)** (*gen*) pocket: *una ~ de aire* an air pocket **(b)** (*agua, petróleo*) deposit **4** (*Anat*) sac **5** (*canguro*) pouch
LOC bolsa de agua caliente hot-water bottle **bolsa de estudios** bursary **bolsa de patatas fritas** packet of crisps **bolsa de trabajo** job vacancies [*v pl*] **¡la bolsa o la vida!** your money or your life! **tener la bolsa bien repleta** to be (very) well off

bolsillo *nm* pocket: *Se me ha descosido el ~ del pantalón.* My trouser pocket has got a hole in it. ◊ *Lo compré de mi ~.* I bought it out of my own pocket. ◊ *Está al alcance de cualquier ~.* It's within everyone's budget.
LOC de bolsillo pocket(-sized): *una guía de ~* a pocket guide **meterse a algn en el bolsillo** to win sb over **tener a algn en el bolsillo** to have sb in your pocket **tener algo en el bolsillo**: *Tengo el trato en el ~.* It's in the bag. *Ver tb* DICCIONARIO, EDICIÓN, LIBRO, RASCAR, RELOJ, TAMAÑO

bolso *nm* **1** (*de mano*) handbag ☛ *Ver ilustración en* EQUIPAJE **2** (*bolsa*) bag
LOC bolso de viaje travel bag

bomba[1] *nf* (*Tec*) pump: *una ~ de mano* a hand pump ☛ *Ver ilustración en* BICYCLE
LOC bomba de aire/neumática air pump **bomba de inyección** injection pump

bomba[2] *nf* **1** (*Mil*) bomb: *La ~ fue colocada en una tienda.* The bomb was planted in a shop. ◊ *lanzar ~s* to drop bombs ◊ *la ~ atómica/nuclear* the atomic/nuclear bomb **2** (*noticia*) bombshell
LOC bomba de mano hand-grenade **bomba de relojería** time bomb **bomba fétida** stink bomb **bomba incendiaria** incendiary bomb **caer/sentar como una bomba 1** (*noticia*) to be a bombshell **2** (*alimento*) to give *sb* terrible indigestion **pasarlo bomba/en grande** to have a great time *Ver tb* AVISO, CARTA, COCHE, PAQUETE, PRUEBA

bombacho *adj* baggy
■ **bombacho** (*tb* **bombachos**) *nm* knickerbockers [*v pl*]

bombardear *vt* **1** (*Mil*) **(a)** (*avión*) to bomb **(b)** (*tanque, buque*) to shell **2** (*Fís*) to bombard
LOC bombardear a preguntas to bombard *sb* with questions

bombardeo *nm* **1** (*Mil*) **(a)** (*desde el aire*) bombing **(b)** (*desde tierra, desde el mar*) shelling **2** (*Fís*) bombardment
LOC bombardeo aéreo bombing raid *Ver tb* APUNTAR

bombardero *nm* bomber

bombazo *nm* **1** (*explosión*) bomb blast **2** (*noticia*) bombshell

bombear *vt* **1** (*líquido*) to pump **2** (*pelota*) **(a)** (*Tenis*) to lob **(b)** (*Fútbol*): *El delantero bombeó la pelota.* The forward kicked the ball high.

bombero *nmf* fireman/woman [*pl* firemen/women]
LOC los bomberos the fire brigade [*sing*]: *Los ~s tardaron diez minutos en llegar.* The fire brigade took ten minutes to arrive. *Ver tb* COCHE, CUERPO, IDEA, JEFE, PARQUE

bombilla *nf* (light) bulb

bombín *nm* bowler hat ☛ *Ver ilustración en* SOMBRERO

bombo *nm* **1** (*Mús*) bass drum ☛ *Ver ilustración en* PERCUSSION **2** (*lotería*) drum **3** (*vientre*) belly
LOC a bombo y platillo with a great song and dance: *Lo anunciaron a ~ y platillo.* They made a great song and dance about announcing it. **dar bombo 1** (*gen*) to make a fuss (about *sth/sb*): *Está dando mucho ~ a lo de su nuevo trabajo.* He's making a big fuss about his new job. **2** (*a un libro, a una película, a un artista*) to hype *sth/sb* (up): *La crítica ha dado mucho ~ a la película.* The critics really hyped (up) the film. **darse bombo** to blow your own trumpet **dejar a algn con bombo** to get sb in the family way **estar con bombo** to be in the club *Ver tb* CABEZA

bombón *nm* **1** (*chocolate*) chocolate: *una caja de bombones* a box of chocolates **2** (*persona*) stunner: *Esa chica es un ~.* She's a stunner!

bombona *nf* cylinder: *una ~ de butano/oxígeno* a gas/oxygen cylinder

bombonería *nf* sweetshop

bonachón, -ona *adj* good-natured
■ **bonachón, -ona** *nm-nf* angel

bonanza *nf* **1** (*buen tiempo en el mar*) calm weather: *La ~ del tiempo hizo que la regata resultara muy vistosa.* The calm weather ensured the success of the regatta. **2** (*bienestar*) prosperity: *Fue una década de ~ para la industria pesquera.* It was a decade of prosperity for the fishing industry.

bondad *nf* **1** (*cualidad*) goodness: *la ~ humana* human goodness **2** (*amabilidad*) kindness: *¿Tiene la ~ de ayudarme?* Would you be kind enough to help me? **3** (*clima*) mildness

bondadoso, -a *adj* **~ (con)** kind (**to *sth/sb***)

boniato *nm* sweet potato [*pl* sweet potatoes]

bonificación *nf* **1** (*pago incentivo*) bonus [*pl* bonuses] **2** (*rebaja*) discount: *una ~ del 10%* a 10% bonus **3** (*Dep*) bonus: *El corredor ganó cinco segundos de ~.* The runner gained a five-second bonus.

bonitamente *adv* just like that

bonito *nm* (*pez*) tuna [*pl* tuna]

bonito, -a *adj* **1** (*bello*) nice, pretty

> **Nice** tiene un uso muy amplio y transmite la idea de bello y agradable: *una casa/voz bonita* a nice house/voice ◊ *Es bonito ver a la familia tan unida.* It's nice to see such a close family.
> **Pretty** por el contrario solo se refiere al aspecto físico de una persona (normalmente una mujer) o cosa y en ocasiones puede sugerir delicadeza y fragilidad: *un niño/rostro bonito* a pretty child/face ◊ *unos pendientes/pueblos muy bonitos* some very pretty earrings/villages.

2 (*considerable*) nice little: *Ganas un ~ sueldo.* You're on a nice little salary.
LOC ¡muy/qué bonito! that's nice!: *¡Muy ~, mira cómo has puesto el suelo!* ¡That's nice! Look at the state you've left the floor in! *Ver tb* CARA

bono *nm* **1** (*vale*) voucher **2** (*transporte*) season ticket **3** (*Fin*) bond
LOC bono del estado/tesoro government bond

bono-bus (*tb* **bonobús**) *nm* ticket for a specified number of bus journeys

bonsai *nm* bonsai [*pl* bonsai]

boom *nm* boom: *el ~ inmobiliario* the housing boom

boomerang *nm* boomerang

boqueada *nf* gasp: *dar ~s* to gasp **LOC** *Ver* ÚLTIMO

boquear *vi* **1** (*abrir la boca*) to gasp **2** (*morirse*) to be at death's door **3** (*acabarse*) to come to an end

boquera *nf* cold sore

boquerón *nm* anchovy

boquete *nm* **1** (*rotura, agujero*) hole: *un ~ en la pared* a hole in the wall **2** (*entrada estrecha*) opening

boquiabierto, -a *adj* (*de sorpresa, de admiración*) speechless: *dejar ~ a algn* to leave sb speechless ◊ *quedarse ~* to be speechless

boquilla *nf* **1** (*Mús, pipa*) mouthpiece ☛ *Ver ilustra-*

ción en WOODWIND **2(a)** (*para fumar cigarrillos*) cigarette holder **(b)** (*filtro del cigarrillo*) filter: *cigarrillos con ~* filter tips ☛ *Ver ilustración en* FILTER

LOC decir algo de boquilla: *No le creas, lo dice de ~.* Don't take any notice of him, he doesn't mean a word he's saying.

borbónico, -a *adj* Bourbon [*n atrib*]: *la dinastía borbónica* the Bourbon dynasty

borboteo *nm* bubbling

borbotón (*tb* **borbollón**) *nm* (*gen*) bubbling [*incontable*]: *Cuando la sopa empiece a hacer borbotones...* When the soup begins to bubble...

LOC brotar/salir a borbotones 1 (*gen*) to gush out: *El agua salía a borbotones.* Water was gushing out. **2** (*palabras*) to tumble out *Ver tb* HERVIR

borda *nf* side of a ship: *asomarse por la ~* to lean over the side

LOC arrojar/echar/tirar por la borda 1 (*lit*) to throw *sth* overboard **2** (*fig*) to throw *sth* away: *Echó por la ~ una ocasión de oro.* He threw away a golden opportunity. **caerse por la borda** to fall overboard **tirarlo todo por la borda** to ruin everything

bordado *pp, adj Ver* BORDAR

■ **bordado** *nm* embroidery [*incontable*]: *El vestido lleva ~s en las mangas.* The dress has embroidery on the sleeves.

LOC bordado a mano hand-embroidered **quedar/salir bordado** to go like a dream: *El test me salió ~.* The test went like a dream.

bordar *vt* **1** (*Costura*) to embroider **2** (*hacer perfectamente*) to do *sth* brilliantly: *Ana bordó la exposición del tema.* Ana gave a brilliant presentation.

borde[1] *adj, nmf* (*antipático*) stroppy [*adj*]. *Es una ~.* She's very stroppy. **LOC** *Ver* PLAN

borde[2] *nm* **1** (*gen*) edge: *al ~ de la mesa* on the edge of the table **2** (*objeto circular*) rim: *el ~ del vaso* the rim of the glass **3(a)** (*río*) bank **(b)** (*mar*) shore **(c)** (*carretera*) side: *al ~ del camino* by the side of the road **4** (*Costura*) edging: *~s de encaje* lace edgings

LOC al borde de (*fig*) on the verge of *sth*: *al ~ del desastre/de una crisis nerviosa* on the verge of disaster/ a nervous breakdown **al borde de la muerte** at death's door **al borde del mar 1** (*en la orilla*) on the shore: *Caminaban al ~ del mar.* They were walking on the shore. **2** (*cerca del mar*) by the sea: *La ciudad está al ~ del mar.* The city is by the sea.

bordear *vt* **1** (*estar en el borde de*) to go round the edge of *sth*: *El camino bordea el parque.* The road goes round the edge of the park. ◊ *Una fila de árboles bordea el camino.* The road is lined with trees. **2** (*ir por el borde de*) to go along *sth*: *Navegaron bordeando la isla.* They sailed along the coast of the island. **3** (*acercarse a*) **(a)** (*edad*): *Su madre bordea los sesenta.* His mother is nearly sixty. **(b)** (*rayar en*): *Su valentía bordea la temeridad.* His courage comes close to recklessness.

bordillo *nm* kerb

bordo *nm*

LOC a bordo (de un barco/avión) on board (a ship/ plane) *Ver tb* DIARIO, SEGUNDO, SUBIR

boreal *adj* northern **LOC** *Ver* AURORA

borla *nf* **1** (*adorno*) **(a)** (*cordoncillo*) tassel **(b)** (*bola*) bobble: *un gorro con ~* a bobble hat **2** (*maquillaje*) powder puff

borne *nm* terminal

boro *nm* boron

borrachera *nf* **1** (*por alcohol*): *agarrar/coger una ~* (*de whisky*) to get drunk (on whisky) ◊ *tener una ~* to be drunk ◊ *Se coge unas ~s tremendas.* He gets totally legless. ◊ *Esa fue mi peor ~.* I've never been so drunk in my life. **2** (*poder, amor, felicidad*): *Están en plena ~ de amor/felicidad.* They're totally besotted/they're over the moon. ◊ *En su ~ de poder...* Drunk with power...

LOC *Ver* PESCAR, PILLAR

borracho, -a *adj* **1 ~ (de)** drunk (**with** *sth*): *Con dos copas ya estoy ~.* A couple of glasses are enough to make me drunk. ◊ *Estaba ~ de poder.* He was drunk with power. **2** (*Cocina*) soaked in alcohol

■ **borracho, -a** *nm-nf* drunk, drunkard (*más formal*)

■ **borracho** *nm* (*Cocina*) rum baba

LOC borracho como una cuba as drunk as a lord **estar borracho perdido** to be blind drunk *Ver tb* BIZCOCHO, CONDUCIR

borrado *nm* **LOC** *Ver* TECLA

borrador *nm* **1(a)** (*texto provisional*) draft: *el ~ de un documento/proyecto de ley* a draft document/bill **(b)** (*Arte*) sketch **2** (*pizarra*) board rubber

LOC hacer algo en borrador to do sth in rough

borraja *nf* **LOC** *Ver* AGUA

borrar *vt* **1** (*con goma*) to rub *sth* out, to erase (*más formal*): *~ una palabra* to rub out a word **2** (*con líquido corrector*) to tippex *sth* out **3** (*de una lista*) to cross *sth/ sb* off : *¿Me puedes ~ de la lista?* Can you cross me off the list, please? **4** (*de la pizarra*) to rub *sth* off: *¡Borra eso inmediatamente!* Rub that off the board at once! **5** (*de una casete*) to wipe *sth* off: *¡Alguien ha borrado mi canción preferida!* Somebody's wiped off my favourite song! **6** (*huellas*) to remove: *El asesino trató de ~ las huellas.* The murderer tried to remove his fingerprints. **7** (*recuerdos*) to blot *sth* out **8** (*Informát*) to delete **9** (*dar de baja*): *Lo borramos del club.* We cancelled his club membership.

■ **borrarse** *v pron* **borrarse (de) 1** (*darse de baja*) to withdraw (**from** *sth*): *Me voy a ~ de las clases de judo.* I'm going to withdraw from judo. **2** (*desvanecerse*) to fade (**from** *sth*): *Los recuerdos se van borrando con el tiempo.* Memories fade with time.

LOC borrar del mapa 1 (*algo*) to wipe *sth* out **2** (*a algn*) to kill *sb* **borrar de la memoria/del pensamiento/recuerdo** to forget *sth/sb*: *Quiero ~lo de mi pensamiento.* I want to forget it. ◊ *No te he borrado de mi recuerdo.* I haven't forgotten you. **borrar la pizarra** to clean the board

borrasca *nf* **1** (*zona de bajas presiones*) depression **2** (*temporal*) storm **3** (*conflicto*) trouble

borrascoso, -a *adj* stormy

borrego, -a *nm-nf* **1** (*animal*) lamb ☛ *Ver ilustración en* OVEJA **2** (*fig*) simpleton **LOC** *Ver* PIEL

borrico, -a *adj, nm-nf* donkey [*n*]: *¡No seas tan ~!* Don't be such a donkey!

LOC hacer el borrico to act the goat

borriquero, -a *adj* **LOC** *Ver* CARDO, MOSCA

borrón *nm* **1** (*tinta*) **(a)** (*mancha*) smudge: *un documento lleno de borrones* a smudged document **(b)** (*gota*) blot **2** (*Arte*) (rough) sketch

LOC hacer borrón y cuenta nueva to let bygones be bygones

borroso, -a *adj* **1** (*gen*) blurred: *Sin gafas lo veo todo ~.* Without my glasses, everything looks blurred. ◊ *La foto ha salido borrosa.* The photo has come out blurred. **2** (*texto*) illegible

boscaje *nm* thicket

boscoso, -a *adj* wooded

Bosnia Herzegovina *nf* Bosnia-Herzegovina

bosnio, -a *adj, nm-nf* Bosnian

bosque *nm* wood ☛ *Ver nota en* FOREST **LOC** *Ver* ÁRBOL

bosquejar *vt* **1** (*Arte*) to sketch **2** (*plan, proyecto, situación*) to outline

bosquejo *nm* **1** (*Arte*) sketch **2** (*plan, proyecto, situación*) outline

bostezar *vi* to yawn

bostezo *nm* yawn

bota[1] *nf* (*vino*) wineskin

bota[2] *nf* boot: *~s de esquí/fútbol* ski/football boots

LOC botas camperas cowboy boots **botas de goma** wellingtons, wellies (*más coloq*) **botas de media caña/ caña entera** calf-length/knee-length boots **botas de monte** walking boots **ponerse las botas** (*comer mucho*) to stuff yourself *Ver tb* COLGAR, GATO *nm-nf*, MONTAR

botafumeiro *nm* censer

botánica *nf* botany
botánico, -a *adj* botanical
■ **botánico, -a** *nm-nf* botanist
botar *vt* **1** (*buque*) to launch **2** (*pelota*) to bounce **3** (*expulsar*) to throw *sb* out (**of** *sth*): *La han botado del cole.* She's been thrown out of the school.
■ **botar** *vi* to bounce
LOC **botar de alegría/contento** to jump for joy
botarate *adj, nmf* idiot [*n*]: *No seas tan ~.* Don't be such an idiot!
botavara *nf* boom ☛ *Ver ilustración en* YACHT
bote[1] *nm* boat
LOC **bote salvavidas** lifeboat *Ver tb* NEUMÁTICO
bote[2] *nm* bounce
LOC **a bote pronto** off the top of your head **darle el bote a algn 1** (*expulsar*) to throw *sb* out **2** (*despedir*) to give *sb* the sack **dar/pegar botes** to jump up and down: *Se puso a dar ~s.* He started jumping up and down. **darse el bote** to beat it
bote[3] *nm* **1** (*lata*) **(a)** (*gen*) tin: *un ~ de pimientos* a tin of peppers **(b)** (*bebida*) can: *un ~ de cerveza* a can of beer ☛ *Ver ilustración en* CAN[1] ☛ *Ver nota en* LATA **2** (*tarro*) jar **3** (*para propinas*) box (*for staff tips*) **4** (*dinero en común*) kitty: *Hemos puesto un ~ de mil pesetas.* We've each put a thousand pesetas in the kitty. **5** (*quinielas, lotería*) jackpot
LOC **bote de humo** smoke bomb **de bote** tinned **estar de bote en bote** to be packed **tener a algn en el bote** to have sb in your pocket **tener/estar algo en el bote**: *¡Tengo el contrato en el ~!* It's in the bag! *Ver tb* CHUPAR
botella *nf* bottle
LOC **de/en botella** bottled: *Compro la leche en ~.* I buy bottled milk. *Ver tb* BEBER(SE), CERVEZA, VERDE
botellazo *nm*: *Me dio un ~.* He hit me over the head with a bottle.
botellero *nm* wine rack ☛ *Ver ilustración en* RACK
botica *nf* chemist's [*pl* chemists] ☛ *Ver nota en* FARMACIA ☛ *Ver nota y ejemplos en* CARNICERÍA
LOC **haber de todo como en botica**: *En las tiendas de pueblo hay de todo, como en ~.* Village shops sell everything under the sun.
boticario, -a *nm-nf* chemist
botijo *nm* earthenware jug with a handle and spout
botín[1] *nm* (*presa*) loot
botín[2] *nm* (*calzado*) ankle boot
botiquín *nm* **1** (*armario*) bathroom cabinet **2** (*sala*) sickroom
LOC **botiquín (de emergencia)** first-aid box
botón *nm* **1** (*ropa*) button ☛ *Ver ilustración en* AMERICANA **2(a)** (*control*) knob: *El ~ rojo es del volumen.* The red knob is the volume control. **(b)** (*interruptor*) switch: *el ~ de la luz* the light switch
LOC **botón de arranque/contacto** starter **como botón de muestra** as an example
botones *nm* (*de hotel*) bellboy
Botsuana *nf* Botswana
bóveda *nf* vault: *~ de cañón/crucería* barrel/ribbed vault ☛ *Ver ilustración en* IGLESIA
LOC **bóveda celeste** firmament **bóveda palatina/del paladar** hard palatc ☛ *Ver ilustración en* THROAT
bovino, -a *adj* bovine LOC *Ver* CABAÑA
boxeador *nm* boxer
boxear *vi* to box
boxeo *nm* boxing
boya *nf* **1** (*señal*) buoy **2** (*de red*) float
boyante *adj* buoyant
boy scout *nm* **1** (*niño*) cub scout **2** (*jovencito*) (boy) scout
bozal *nm* muzzle
braga (*tb* **bragas**) *nf* **1** (*ropa interior*) knickers [*v pl*]

> **Knickers** es una palabra plural en inglés, por lo tanto para referirnos a *unas bragas* utilizamos **some/a pair of knickers**: *Tienes unas bragas limpias en el cajón.* You've got some clean knickers/a clean pair of knickers in the drawer. *Ver tb nota en* PAIR

2 (*de biquini*) bikini bottom [*sing*]
LOC **estar hecho una braga** to be worn out **estar en bragas 1** (*sin dinero*) to be skint **2** (*no saber*) not to have a clue: *En física estoy en ~s.* I haven't got a clue about physics.
braguero *nm* truss
bragueta *nf* flies [*v pl*]: *Tienes la ~ desabrochada.* Your flies are undone.
braguetazo *nm*
LOC **dar el braguetazo** to marry for money
Braille *n pr* LOC *Ver* ALFABETO
bramante *nm* twine
bramar *vi* **1** (*toro*) to bellow **2** (*persona, viento*) to howl **3** (*mar*) to roar
bramido *nm* **1** (*de un toro*) bellow: *dar ~s de furia* to bellow with rage **2** (*de una persona*) howl **3** (*del viento*) howling **4** (*del mar*) roaring
branquia *nf* gill
brasa *nf* ember
LOC **a la brasa** grilled: *chuletas a la ~* grilled chops *Ver tb* LLAMA[2]
brasero *nm* **1** (*gen*) brazier: *Aléjate del ~, que te vas a quemar.* Go away from the brazier or you'll get burnt. **2** (*de mesa*) heater that goes under the table
Brasil *nm* Brazil
brasileño, -a *adj, nm-nf* Brazilian
bravata *nf* bragging [*incontable*]: *Me tiene harta con sus ~s.* I'm sick of his bragging.
bravío, -a *adj* **1** (*animal*) wild **2** (*mar*) stormy **3** (*persona, pueblo*) indomitable
bravo, -a *adj* **1** (*mar*) rough **2** (*persona*) **(a)** (*valiente*) brave **(b)** (*feroz*) fierce
■ **¡bravo!** *interj* bravo!
LOC **hacer algo por las bravas** to be determined to do sth at all costs *Ver tb* PATATA, TORO
bravucón, -ona *adj* loutish
■ **bravucón, -ona** *nm-nf* lout
bravura *nf* **1** (*valor*) bravery **2** (*ferocidad*) ferocity
braza *nf* **1** (*Náut*) fathom **2** (*natación*) breaststroke
LOC *Ver* ESTILO, NADAR
brazada *nf* **1** (*natación*) stroke **2** (*cantidad*) armful
brazalete *nm* **1** (*pulsera*) bracelet **2** (*de tela*) armband
brazo *nm* **1** (*gen*) arm: *con el bolso colgado del ~* with her bag on her arm ◊ *los ~s del sillón* the arms of the chair ◊ *Le dio el ~ a su madre.* He gave his mother his arm. ☛ *Ver ilustración en* ARM **2** (*lámpara*) bracket **3** (*río, árbol*) branch **4** (*micrófono*) boom **5 brazos** (*trabajadores*) hands: *Necesitaremos más ~s para la vendimia.* We'll need more hands for the grape harvest.
LOC **brazo de gitano** Swiss roll **con los brazos abiertos** with open arms **con los brazos cruzados 1** (*lit*) with my, your, etc arms folded: *Estaba allí de pie, con los ~s cruzados, sin decir nada.* He was standing there, arms folded, saying nothing. **2** (*sin hacer hada*) doing nothing **daría un brazo/una mano por** I'd give my right arm *to do sth*: *Daría un ~ porque mi hijo se curara.* I'd give my right arm to see my son better. **ir del brazo** (*dos personas*) to walk arm in arm **ir del brazo de algn** to be on sb's arm **luchar/pelear a brazo partido** to fight fiercely **llevar en brazos** to carry *sth/sb* **no dar tu brazo a torcer** not to give in **ser el brazo derecho de algn** to be sb's right-hand man *Ver tb* AGARRADO, AGARRAR, APRETAR, COGIDO, CRUZAR, HUELGA, PALILLO, RECIBIR
brea *nf* tar
brebaje *nm* (vile) concoction
brecha *nf* **1** (*herida*) gash: *Me hice una ~ en la frente.* I gashed my forehead. **2** (*ejército, relaciones, pared*) breach
LOC **estar en la brecha** to be in the thick of things
brécol *nm* broccoli [*incontable*] ☛ *Ver ilustración en* CABBAGE
bregar *vi* **1** (*afanarse*) to struggle **2** (*reñir*) to row
breva *nf* early fig

LOC no caerá esa breva no such luck! *Ver tb* HIGO

breve *adj* brief: *una ~ pausa* a brief pause
LOC en breve shortly **en breves palabras** in a few words **ser breve** to be brief *Ver tb* SÍLABA

brevedad *nf* briefness
LOC con brevedad briefly

brezo *nm* heather

bribón, -ona *nm-nf* **1** (*canalla*) rogue **2** (*niño travieso*) rascal

bribonada *nf* dirty trick

bricolaje *nm* do-it-yourself (*abrev* DIY)

brida *nf* bridle

brigada *nf* **1** (*Mil*) brigade **2** (*policía*) squad: *la ~ antidisturbios/antidroga* riot/drugs squad ◊ *la ~ móvil* the flying squad **3** (*obreros*): *la ~ municipal de limpieza* the street cleaners
■ **brigada** *nm* sergeant major

brillante *adj* **1(a)** (*luz, color*) bright **(b)** (*superficie*) shiny: *¡Qué zapatos más ~s!* What lovely shiny shoes! **(c)** (*papel, foto*) glossy **2** (*fenomenal*) brilliant: *Es un alumno ~.* He is a brilliant pupil.
■ **brillante** *nm* diamond: *unos pendientes de ~s* a pair of diamond earrings

brillantez *nf* brilliance: *Su ~ nos asombró.* We were dazzled by his brilliance.
LOC con brillantez brilliantly

brillantina *nf* brilliantine

brillar *vi* to shine: *Sus ojos brillaban de alegría.* Their eyes were shining with joy. ◊ *¡Mira cómo brillan las estrellas!* How bright the stars are tonight!
LOC brillar por su ausencia to be conspicuous by his, her, etc absence

brillo *nm* **1(a)** (*pelo, metal, zapatos*) shine **(b)** (*luna, sol*) brightness **2** (*del televisor*) brightness **3** (*fig*) glitter: *el ~ del mundo del espectáculo* the bright lights
LOC sacar brillo (a) to polish *sth*

brincar *vi* to hop

brinco *nm* jump
LOC dar/pegar un brinco to jump: *dar ~s de alegría* to jump for joy **de un brinco** in one leap

brindar *vt* **1** (*proporcionar*) to provide: *la ayuda que han brindado a otros países* the foreign aid they have provided **2** (*dedicar*) to dedicate: *Le brindó el toro al presidente.* He dedicated the bull to the president.
■ **brindar** *vi* **~ (a/por)** to drink a toast **(to *sth/sb*)**: *Brindemos por su felicidad.* Let's drink (a toast) to their happiness.
■ **brindarse** *v pron* **brindarse a** to offer ***to do sth***

brindis *nm* toast: *hacer un ~ en honor a algn* to drink a toast to sb ◊ *ofrecer un ~ a algn* to propose a toast to sb

brío *nm* **1** (*gen*) get-up-and-go [*incontable*]: *tener ~s para hacer algo* to have the get-up-and-go to do sth ◊ *Le falta ~.* He hasn't got much get-up-and-go. ◊ *trabajar/cantar con ~* to work/sing with gusto **2** (*decisión*) determination: *Se levantó con mucho ~.* He got up full of determination.
LOC darle bríos a algo to give sth a bit of oomph

brisa *nf* breeze

británico, -a *adj* British
■ **británico, -a** *nm-nf* Briton: *los ~s* the British ☛ *Ver nota en* BRITON **LOC** *Ver* ISLA

brizna *nf* **1(a)** (*hierba, paja*) blade **(b)** (*algodón, lana*) strand **2** (*fig*) scrap: *ni una ~ de sentido común/comida* not a scrap of common sense/food

broca *nf* drill bit

brocado *nm* brocade

brocha *nf* large paintbrush ☛ *Ver ilustración en* CEPILLO
LOC brocha de afeitar shaving-brush *Ver tb* PINTOR

brochazo *nm* brush stroke

broche *nm* **1** (*cierre*) **(a)** (*vestido, falda*) fastener **(b)** (*collar*) clasp **2** (*joya*) brooch
LOC el broche final/de oro the finishing touch: *Puso el ~ de oro a su gira con este recital.* This recital was the perfect end to the tour.

brocheta *nf* (*comida*) kebab

broma *nf* **1** (*burla*) joke: *Le gasté una ~.* I played a joke on him. ◊ *Déjate de ~s.* Stop fooling around! **2** (*fig*) little matter: *La ~ me va a salir cara.* That little matter's going to cost me dear.
LOC broma pesada practical joke **bromas aparte** joking apart **de/en broma** jokingly: *Lo digo en ~.* I'm only joking. ◊ *medio en ~* half-jokingly **entre bromas y veras** half-jokingly **estar de broma** to be joking **¡ni de broma!** no way! **no estar para bromas** to be in no mood for jokes **tomarse algo a broma** to take sth as a joke *Ver tb* AGUANTAR, COSA, FUERA, GASTAR, HABLAR, PLAN

bromear *vi* to joke

bromista *adj, nmf* joker [*n*]: *Es muy ~.* He's a joker.

bromuro *nm* bromide

bronca *nf* **1** (*alboroto, pelea*) row **2** (*reprimenda*) telling-off [*pl* tellings-off] **3** (*abucheo*) booing [*incontable*]: *El arbitro se ganó la ~ del público.* The referee was booed by the crowd.
LOC andar de bronca not to be speaking **armar/montar una bronca 1** (*ruido*) to make a racket **2** (*altercado*) to make a scene **buscar bronca** to be looking for trouble **echar una bronca** to give *sb* a telling-off **ganarse/llevarse una bronca** to get a telling-off

bronce *nm* bronze: *un marco de ~* a bronze frame
LOC ser de bronce to be (as) hard as nails *Ver tb* EDAD

bronceado *nm* (sun)tan

bronceador *nm* suntan lotion
LOC bronceador sin sol self-tanning lotion

broncear *vt* to tan
■ **broncearse** *v pron* to get a suntan: *~se las piernas* to get your legs tanned

bronco, -a *adj* **1(a)** (*voz, sonido*) harsh **(b)** (*tos*) chesty **2** (*carácter*) surly

bronquial *adj* bronchial

bronquio *nm* bronchial tube: *padecer de los ~s* to have a bad chest

bronquitis *nf* bronchitis [*incontable*]

broqueta *nf Ver* BROCHETA

brotar *vi* **1** (*Bot*) **(a)** (*planta*) to sprout **(b)** (*flores, hojas*) to come out **2** (*líquido, lágrimas*) to flow **3** (*sarpullido*): *Le ha brotado el sarampión/un grano.* He's got measles/a spot. **4** (*fig*) **(a)** (*duda*) to arise **(b)** (*sentimiento*) to spring up: *El amor brotó en su corazón.* Love sprang up in his heart. **(c)** (*protestas, violencia*) to break out **(d) ~ de** (*proceder*) to come **from *sth***: *Muchos males brotan de la ignorancia.* A lot of harm comes from ignorance. **LOC** *Ver* BORBOTONES, HONGO

brote *nm* **1** (*Bot*) **(a)** (*planta*) shoot **(b)** (*flor*) bud ☛ *Ver ilustración en* FLOR **2** (*epidemia, violencia*) outbreak: *un ~ de cólera* an outbreak of cholera

broza *nf* **1** (*hojas muertas, ramas caídas*) brushwood **2** (*arbustos*) undergrowth

bruces
LOC caerse de bruces/morros to fall flat on your face **darse de bruces con** to bump into *sth/sb*

bruja *nf* **1** (*hechicera*) witch **2** (*arpía, mujer fea*) (old) witch **LOC** *Ver* CAZA[2]

brujería *nf* witchcraft

brujo, -a *adj* bewitching
■ **brujo** *nm* **1** (*hechicero*) wizard **2** (*en tribus primitivas*) witch doctor

brújula *nf* compass

bruma *nf* **1** (*niebla*) mist **2 brumas** (*fig*) confusion [*incontable, v sing*]: *las ~s de mi mente* the confusion in my mind

brumoso, -a *adj* misty

Brunei *nm* Brunei Darussalam

bruñir *vt* to polish

brusco, -a *adj* **1** (*repentino*) sudden: *un cambio ~ de la temperatura* a sudden change in temperature ◊ *dar un frenazo ~* to brake suddenly **2** (*persona*) abrupt

Bruselas *nf* Brussels **LOC** *Ver* COL

brusquedad *nf* **1** (*movimiento*) suddenness: *Cerró la* *puerta con* ~. He slammed the door. **2** (*modales, carácter*) abruptness

brutal *adj* **1** (*violento*) brutal: *Los trataban de modo* ~. They were brutally treated. **2** (*enorme*) **(a)** (*gen*) terrible: *un susto* ~ a terrible fright **(b)** (*cantidad, tamaño*) huge: *Pagamos una cantidad* ~. We paid a huge amount.

brutalidad *nf* **1(a)** (*cualidad*) brutality: *la* ~ *de las guerras* the brutality of war **(b)** (*acto*) cruelty: *Es una* ~ *golpear a los niños.* It's cruel to beat children. **2** (*necedad*) stupid thing: *Es una* ~ *intentar levantarlo.* It's stupid to try to lift it.

brutalizar *vt* to brutalize

bruto, -a *adj* **1(a)** (*necio*) thick: *¡No seas bruta!* Don't be so thick! **(b)** (*grosero*) crude **2** (*muy fuerte*): *fuerza* ~ brute force ◊ *Es tan* ~ *que lo subió él solo.* He's a strapping great brute–he took it up all by himself! **3** (*peso, ingresos*) gross

■ **bruto, -a** *nm-nf* **1(a)** (*necio*) idiot **(b)** (*grosero*) slob **2** (*muy fuerte*) brute

LOC en bruto 1 (*diamante*) uncut **2** (*peso*) gross *Ver tb* BENEFICIO, DIAMANTE, PRODUCTO, SALARIO

bucal *adj* oral **LOC** *Ver* HIGIENE

buceador, ~a *nm-nf* diver

bucear *vi* **1** (*profesional*) to dive **2** (*aficionado*) to go (skin-)diving

buceo *nm* diving: *practicar el* ~ to go diving

buche *nm* **1** (*ave*) crop **2** (*estómago*) belly **LOC** *Ver* GUARDAR

bucle *nm* ringlet

bucólico, -a *adj* idyllic

budín *nm Ver* PUDIN

budismo *nm* Buddhism

budista *adj, nmf* Buddhist

buen *adj Ver* BUENO

buenamente *adv*: *Termínalo cuando* ~ *puedas.* Finish it when you have time. ◊ *Hazlo como* ~ *puedas.* Do it any way you can. ◊ *Y si* ~ *lo quieren hacer...* And if they are willing to do it...

buenaventura *nf*

LOC decir/echar la buenaventura to tell *sb's* fortune: *Una gitana me dijo la* ~. A gypsy told my fortune.

buenazo, -a *adj* **1** (*de buen corazón*) kind-hearted **2** (*de buen carácter*) good-natured

■ **buenazo, -a** *nm-nf* softy

bueno, -a *adj* **1** (*gen*) good: *Es una buena noticia.* That's good news. ◊ *Es* ~ *hacer ejercicio.* It's good to take exercise. ◊ *de buena calidad* good quality ◊ *ser de buena familia* to be from a good family ◊ *¡Buenas tardes!* Good afternoon/evening! **2** (*agradable, bonito*) nice: *una buena sorpresa* a nice surprise ☛ *Ver nota en* BONITO *adj* **3** (*amable*) kind: *Fue muy buena conmigo.* She was very kind to me. **4** (*comida*) tasty **5** (*cantidad*): *una buena cantidad de dinero* quite a lot of money ◊ *Reuní un buen montón.* I managed to get quite a lot. **6** (*correcto*) right: *No vas por buen camino.* You're not on the right road. **7** (*atractivo*) gorgeous: *¡Tío* ~*!* What a gorgeous guy! **8** (*menudo*) right old: *Buen revoltijo tienes.* You've got a right old mess here. ◊ *¡Buena se va a poner tu madre!* Your mother'll get in a right old state!

■ **bueno, -a** *nm-nf* goody (*coloq*): *Ganan los* ~*s.* The goodies win.

■ **bueno** *adv* **1** (*asentimiento*) OK: *—¿Quieres ir al cine?—Bueno.* 'Would you like to go to the cinema?' 'OK.' **2** (*pues*) well: ~, *yo pienso que...* Well, I think (tha)t... **3** (*paciencia*): ~, *ya cambiará de idea.* Don't worry, he'll change his mind.

■ **¡bueno!** *interj* **1** (*duda*) come off it!: *¡*~, *ya será menos!* Come off it! **2** (*sorpresa desagradable*) oh no! **3** (*enfado*) really!: *¡Pero* ~*! ¿Tú qué te has creído?* Really! Who on earth do you think you are? **4** (*calmando*) it's OK!: *¡*~, *no te alteres!* It's OK, don't get upset! **5** (*basta*) that's enough!

LOC el bueno de... good old...: *el* ~ *de Enrique* good old Enrique

¡esa sí que es buena! that's a good one!

lo bueno es... the best part is...

¡(muy) buenas! hi!

por las buenas willingly: *Más vale que lo hagas por las buenas.* You may as well do it willingly. ◊ *Te lo pido por las buenas.* I'm asking you nicely.

por las buenas o por las malas whether you like it or not

¿qué hay de bueno? what's new?

ser más bueno que el pan 1 (*adulto*) to be a (real) sweetie (*coloq*), to be kindness itself **2** (*niño*) to be as good as gold: *El nieto de Elisabeth es más* ~ *que el pan.* Elisabeth's grandson is as good as gold.

☛ Para otras expresiones con **bueno**, véanse las entradas del sustantivo, verbo, etc, p.ej. **¡buen provecho!** en PROVECHO y **hacer buenas migas** en MIGA.

buey *nm* ox [*pl* oxen]

LOC buey de mar crab ☛ *Ver ilustración en* SHELLFISH *Ver tb* OJO

búfalo *nm* buffalo [*pl* buffalo/buffaloes]

bufanda *nf* scarf [*pl* scarves]

bufar *vi* (*animal*) to snort

LOC bufar de rabia to be mad with rage **estar uno que bufa (con algn)** to be hopping mad (at/with sb)

bufé (*tb* **bufet**) *nm* buffet: *Tras el recital se servirá un* ~ *frío.* There will be a cold buffet after the recital.

LOC bufé libre buffet

bufete *nm* (*abogado*) legal practice

bufido *nm* snort: *soltar un* ~ to snort

bufo, -a *adj* farcical: *un espectáculo* ~ a farce **LOC** *Ver* ÓPERA

bufón *nm* **1** (*Hist*) jester **2** (*payaso*) clown

bufonada *nf* **1** (*dicho*) joke: *decir* ~*s* to tell jokes **2** (*acción*): *Ya estoy cansado de tus* ~*s.* I'm fed up with you acting the fool.

buga *nm* motor

buhardilla *nf* **1** (*desván*) loft **2** (*vivienda*) attic room **3** (*ventana*) dormer window

búho *nm* owl

buitre *nm* (*animal, persona*) vulture

bujía *nf* (*Mec*) spark plug ☛ *Ver ilustración en* CAR

bula *nf* (papal) bull

LOC tener bula (para) to enjoy the privilege of *doing sth*

bulbo *nm* (*Bot*) bulb ☛ *Ver ilustración en* FLOR

buldog *nm* bulldog ☛ *Ver ilustración en* DOG[1]

buldozer *nm* bulldozer

bulevar *nm* boulevard

Bulgaria *nf* Bulgaria

búlgaro, -a *adj, nm-nf* Bulgarian

■ **búlgaro** *nm* (*idioma*) Bulgarian

bulimia *nf* bulimia

bulla *nf* **1** (*jaleo*) racket: *armar/meter* ~ to make a racket **2** (*aglomeración*) crush: *Los sábados hay demasiada* ~ *en las tiendas.* There's a terrible crush in the shops on Saturdays.

bullabesa *nf* fish soup

bullicio *nm* **1** (*ruido*) racket: *No oigo nada con tanto* ~. There's such a racket I can't hear a thing. **2** (*actividad*) (hustle and) bustle: *el* ~ *de la capital* the hustle and bustle of the capital

bullicioso, -a *adj* **1** (*ruidoso*) noisy **2** (*con mucha actividad*) bustling

bullir *vi* **1** (*hervir*) to boil: *Sentía la sangre* ~ *por mis venas.* I could feel my blood boiling. **2** ~ **(de)** to seethe **(with** *sth***)**: *Las calles bullían de gente.* The streets were seething with people. ◊ ~ *de rabia* to seethe with rage **3** (*moverse*) to fidget: *No deja de* ~ *en la silla.* He won't stop fidgeting. **4** (*insectos*) to swarm **5** (*ideas*): *Las ideas bullían en la cabeza del escritor.* The writer's head was buzzing with ideas.

bulo *nm* false rumour

bulto *nm* **1** (*maleta*) piece of luggage: *un* ~ *de mano* one piece of hand luggage ◊ *Llevas demasiados* ~*s.* You've got too much luggage. **2** (*fardo*) bundle **3** (*paquete*) package **4** (*objeto indeterminado*) shape: *Me pareció ver un ~ que se movía.* I thought I saw a shape moving. **5** (*Med*) lump: *Me ha salido un ~ en la mano.* I've got a lump on my hand. **6** (*volumen*): *El paquete no tiene mucho ~.* This parcel's not very bulky.

LOC a bulto roughly: *A ~, calculo 500 personas.* I think there are roughly 500 people here. **estar de/hacer bulto** to swell the numbers: *Solo he venido para hacer ~.* I only turned up to swell the numbers. *Ver tb* ERROR, ESCURRIR

bumerán *nm* boomerang

bungalow *nm* bungalow ☛ *Ver ilustración en* BUNGALOW

búnker *nm* **1** (*Mil*) bunker **2** (*Pol*) reactionary clique

buñuelo *nm* fritter

BUP *nm, abrev de* **Bachillerato Unificado Polivalente** *Ver* BACHILLERATO

buque *nm* ship: *un ~ de pasajeros* a passenger ship

LOC buque cisterna tanker: *un ~ cisterna de petróleo* an oil tanker **buque de guerra** warship **buque insignia** flagship *Ver tb* CARGA

burbuja *nf* **1** (*gen*) bubble: *A los niños les encanta hacer ~s.* Children love blowing bubbles. **2 burbujas** (*bebida*) fizz [*incontable, v sing*]: *Tiene muchas ~s.* It's very fizzy.

LOC con/sin burbujas fizzy/still **hacer burbujas 1** (*líquido*) to bubble **2** (*sidra, champán*) to fizz

burdel *nm* brothel

burdeos *nm* **1** (*vino*) Bordeaux **2** (*color*) burgundy ☛ *Ver ejemplos en* AMARILLO

burdo, -a *adj* **1** (*gen*) clumsy: *una burda excusa/imitación* a clumsy excuse/imitation **2** (*tela, modales, persona*) coarse

burgués, -esa *adj* **1** (*Historia*) bourgeois [*pl* bourgeois] **2** (*de clase media*) middle-class

■ **burgués, -esa** *nm-nf* **1** (*Historia*) bourgeois [*pl* bourgeois] **2** (*de clase media*) member of the middle class: *Estás hecha una burguesa.* You're so middle-class!

burguesía *nf* **1** (*Historia*) bourgeoisie **2** (*clase media*) middle class

Burkina *nf* Burkina

burla *nf* **1** (*mofa*) mockery: *Lo dijo en tono de ~.* She spoke in a mocking voice. ◊ *Estas propuestas son una ~ a los trabajadores.* These proposals make a mockery of the workers. **2** (*broma*) joke: *Déjate de ~s.* Stop joking.

LOC entre burlas y veras half-jokingly **hacer burla a algn** to make fun of sb

burlar *vt* to evade: *~ a la justicia/un perseguidor* to evade justice/a pursuer

■ **burlarse** *v pron* **burlarse (de) 1** (*reírse de*) to make fun (**of *sth*/*sb***): *No te burles y escucha.* Stop taking the mickey and listen! ◊ *Siempre se está burlando de su hermana.* He's always making fun of his sister. **2** (*no respetar*) to make a mockery (**of *sth*/*sb***): *una sociedad que se burla de los derechos humanos* a society that makes a mockery of human rights

burlesco, -a *adj* comic

burlón, -ona *adj* **1** (*persona*) joker [*n*]: *Es muy ~.* He's a joker. **2** (*gesto, sonrisa*) mocking

buró *nm* (*escritorio*) bureau [*pl* bureaux/bureaus]

burocracia *nf* **1** (*normas, personal*) bureaucracy **2** (*despectivo*) red tape

burócrata *nmf* bureaucrat

burocrático, -a *adj* bureaucratic

burrada *nf* **1** (*tontería*) **(a)** (*dicho*) nonsense [*incontable*]: *decir ~s* to talk nonsense **(b)** (*hecho*) stupid thing: *Acabas de hacer una verdadera ~.* That was a really stupid thing to do. **2** (*grosería*): *Se pasa el día diciendo ~s.* He's always so rude. **3** (*mucho*) loads: *Trajo una ~ de comida.* He brought loads of food. ◊ *Nos divertimos una ~.* We had a whale of a time.

burro, -a *adj* **1** (*estúpido*) thick **2** (*cabezota*) pigheaded **3** (*bruto*): *¡Qué ~ es el chaval, mira que cargar con todo eso!* Look at that strapping great lad! Do you see how much he's carrying?

■ **burro, -a** *nm-nf* **1** (*animal*) donkey **2** (*persona*) **(a)** (*trabajador*) hard worker **(b)** (*estúpido*) idiot: *el ~ de mi cuñado* my idiotic brother-in-law **(c)** (*bruto*): *¡El tío es un ~, se comió el plato entero!* What a pig! He ate the lot!

LOC apearse/bajarse/caer del burro to back down **burro de carga** (*persona*) dogsbody **poner a algn a bajar/caer de un burro 1** (*echar la bronca*) to have a go at sb **2** (*criticar*) to grumble about sb **ponerse burro** to dig your heels in *Ver tb* TRES

bursátil *adj* stock market [*n atrib*]: *la actividad ~* activity on the stock market **LOC** *Ver* MERCADO

Burundi *nm* Burundi

busca *nf* **~ (de)** search (**for *sth*/*sb***): *Abandonaron la ~ del cadáver.* They abandoned the search for the body.

■ **busca** *nm* bleeper

LOC en busca de in search of *sth/sb* *Ver tb* ORDEN[1]

buscador, ~a *nm-nf* searcher

■ **buscador** *nm* (*Informát*) search engine

LOC buscador de oro gold prospector **buscador de talentos** talent scout **buscador de tesoros** treasure hunter

buscapleitos *nmf* troublemaker

buscar *vt* **1(a)** (*gen*) to look for *sth/sb*: *Busco trabajo.* I'm looking for work. ◊ *~ camorra/problemas* to look for a fight/trouble **(b)** (*sistemáticamente*) to search **for *sth*/*sb***: *Usan perros para ~ droga.* They use dogs to search for drugs. **(c)** (*en un libro, en una lista*) to look *sth* up: *~ una palabra en el diccionario* to look up a word in the dictionary **2** (*recoger a algn*) **(a)** (*en coche*) to pick *sb* up: *Fuimos a ~la a la estación.* We picked her up at the station. **(b)** (*andando*) to meet: *Siempre venía a ~me a la escuela.* He'd always come and meet me from school. **3** (*conseguir y traer*) to get: *Fui a ~ un vaso.* I went to get a glass. **4** (*intentar obtener*) **(a)** (*gen*) to seek: *~ la fama/felicidad* to seek fame/happiness **(b)** (*egoístamente*) to be out for *sth*: *Solo buscas tu propio beneficio.* You're always out for yourself. **5 ~ hacer algo** (*tener la intención de*) to look **to do sth**: *Busco ampliar el negocio.* I'm looking to expand the business.

■ **buscar** *vi* **~ (en/por)** to look (**in/through *sth***): *Busqué en el archivo.* I looked in the file. ◊ *Busca en el armario.* Have a look in the wardrobe.

LOC buscarle las cosquillas a algn to get on sb's nerves **buscarle tres pies al gato** to complicate matters **buscarse la vida** to fend for yourself **buscar una aguja en un pajar** to look for a needle in a haystack **se busca** wanted: *Se busca apartamento.* Flat wanted. **te la estás buscando** you're asking for it! *Ver tb* ASILO, BRONCA, PELEA

buscavidas *nmf* go-getter

buscona *nf* whore

busilis *nm*: *La cosa tiene ~.* There's a knack to it.

búsqueda *nf* **~ (de)** search (**for *sth***): *la ~ de una solución pacífica* the search for a peaceful solution ◊ *una operación de ~ del homicida* a murder hunt

LOC a la búsqueda de in search of *sth* **búsqueda del tesoro** treasure hunt

busto *nm* bust

butaca *nf* **1** (*sillón*) armchair **2** (*Cine, Teat*) **(a)** (*asiento*) seat **(b)** (*billete*) ticket: *Dos ~s por favor.* Two tickets, please.

LOC butaca de patio/platea seat in the stalls *Ver tb* PATIO

Bután *nm* Bhutan

butano *nm* gas, butane (*téc*): *Me he quedado sin ~.* I've run out of gas.

■ **butano** *nm* (*color*) rust ☛ *Ver ejemplos en* AMARILLO

buten *Ver* DABUTEN

butifarra *nf* Catalan sausage

buzo *nm* **1** (*persona*) diver **2** (*prenda*) **(a)** (*para bebé*) romper suit **(b)** (*para mujer*) jump suit **(c)** (*de trabajo*) boiler suit **LOC** *Ver* CAMPANA, TRAJE

buzón *nm* **1** (*en la calle*) postbox ☛ *Ver nota en* ER **2** (*en una casa*) letter box ☛ *Ver ilustración en* HOUSE **3** (*boca*) trap (*vulg*)

LOC buzón de voz voicemail **echar una carta/postal al buzón** to post a letter/card

byte *nm* byte

Cc

cabal *adj* **1** (*persona*) fine **2** (*exacto*) exact: *2.000 pesetas ~es* 2000 pesetas exactly **3** (*completo*) full: *Siempre te dan el peso ~.* They always give full measure.
LOC **(no) estar en sus cabales** (not) to be in your right mind

cábala *nf* **1** (*Hist*) cabbala **2** (*intriga*) plot **3 cábalas** speculation [*sing*]: *hacer ~s* to speculate

cabalgadura *nf* mount

cabalgar *vt, vi* **~ (en)** to ride (*sth*) [*vt, vi*]: *~ en mula es muy divertido.* It's fun riding a mule.
■ **cabalgar** *vi* **~ sobre** to sit **on *sth***: *Las gafas cabalgan sobre su nariz.* His glasses sit on his nose.
LOC **cabalgar a espaldas/lomos de** to ride *sth*

cabalgata *nf* procession: *la ~ de los Reyes Magos* the Twelfth Night procession

caballa *nf* mackerel

caballar *adj* horse [*n atrib*]: *la cría ~* horse breeding
LOC *Ver* GANADO

caballeresco, -a *adj* **1** (*gen*) chivalrous: *Fue muy poco ~ por tu parte.* That wasn't very chivalrous of you! ◊ *tener un comportamiento ~* to behave like a gentleman **2** (*Liter*) chivalresque

caballería *nf* **1** (*animal*) mount **2** (*Mil*) cavalry [*v sing o pl*]
LOC **caballería andante** knight-errantry

caballeriza *nf* stable

caballerizo *nm* groom

caballero *nm* **1** (*gen*) gentleman [*pl* gentlemen]: *Mi abuelo era todo un ~.* My grandfather was a true gentleman. ◊ *Atiende aquí al ~, por favor.* Would you serve this gentleman, please? **2** (*Hist*) knight **3** (*noble*) nobleman [*pl* noblemen] **4 Caballeros** (*servicios*) Gents ☛ *Ver nota en* TOILET
LOC **caballero andante** knight errant **de caballero(s)** men's: *la sección de ~* the men's department *Ver tb* ARMAR, PACTO, PODEROSO

caballerosidad *nf* chivalry

caballeroso, -a *adj* chivalrous: *Tu comportamiento fue poco ~.* You were not very chivalrous.

caballete *nm* **1** (*soporte*) trestle **2** (*Arte*) easel **3** (*tejado*) ridge **4** (*nariz*) bridge

caballista *nmf* horseman/woman [*pl* horsemen/women]

caballito *nm*
LOC **caballito del diablo** dragonfly **caballito de mar** sea horse **los caballitos** the merry-go-round [*sing*]: *¡Vamos a los ~s!* Let's go on the merry-go-round!

caballo *nm* **1** (*animal, Gimnasia*) horse **2** (*Ajedrez*) knight **3** (*heroína*) heroin **4** (*Mec*) horsepower (*abrev* hp): *un motor de doce ~s* a twelve horsepower engine **5** (*Naipes*) ☛ *Ver nota en* BARAJA
LOC **a caballo**: *Dieron un paseo a ~.* They went riding. ◊ *Fuimos a ~ hasta el río.* We rode down to the river. **a caballo entre…** halfway between… **a caballo regalado…(no le mires el dentado)** don't look a gift-horse in the mouth **caballo de batalla** stumbling block **caballo de carreras** racehorse **caballo de tiro** carthorse **caballo pinto** pinto *Ver tb* CARRERA, COLA[2], GRASA, POTENCIA

caballuno, -a *adj* horsy

cabalmente *adv* **1** (*de forma sensata*) sensibly **2** (*con precisión*) precisely

cabaña *nf* hut
LOC **cabaña bovina** cattle [*v pl*] **cabaña equina** horses [*v pl*] **cabaña lanar/ovina** sheep [*v pl*] **cabaña porcina** pigs [*v pl*]

cabaré (*tb* **cabaret**) *nm* cabaret

cabaretera *nf* cabaret artiste

cabás *nm* lunch box

cabecear *vi* **1** (*de sueño*) to nod **2** (*caballo*) to toss its head **3** (*tambalearse*) **(a)** (*barco*) to pitch **(b)** (*carruaje*) to lurch **4** (*Fútbol*): *~ a la red* to head a ball into the net

cabecera *nf* **1** (*de un objeto*) **(a)** (*gen*) head: *sentarse a la ~ de la mesa* to sit at the head of the table **(b)** (*cama*) headboard **2** (*de material impreso*) **(a)** (*periódico*) headline **(b)** (*página, documento*) heading LOC *Ver* MÉDICO

cabecero *nm* headboard

cabecilla *nmf* ringleader

cabellera *nf* **1** (*pelo*) head of hair **2** (*cometa*) tail

cabello *nm* hair: *Tenía el ~ moreno y rizado.* She had dark curly hair. ☛ *Ver ilustración en* PELO
LOC **cabello de ángel** candied pumpkin peel *Ver tb* REGENERACIÓN

cabelludo, -a *adj* LOC *Ver* CUERO

caber *vi* **1 ~ (en)** to fit (**in**/**into *sth***): *Los libros no caben en la estantería.* The books don't fit in the bookcase. ◊ *¿Quepo?* Is there room for me? **2 ~ por** to go **through *sth***: *El piano no cabe por la puerta.* The piano won't go through the door. **3** (*ropa*) to fit (*sb*): *Este pantalón ya no me cabe.* These trousers don't fit me any more. **4** (*ser posible*): *Eso sería más difícil, si cabe.* It would be even more difficult, if that's possible. ◊ *Caben dos posibilidades.* There are two possibilities. ◊ *Cabe preguntarse…* You might ask… **5** (*Mat*) to go: *Cabe a tres, y sobran dos.* It goes three times, with two over.
LOC **me cabe el honor/la satisfacción de…** I, you, etc have the honour/satisfaction of *doing sth* **no cabe duda de que …** there is no doubt that… **no caber en sí de contento/alegría/gozo** to be beside yourself with joy **no caberle a algn el corazón en el pecho** to be bursting with goodwill **no caber un alfiler**: *En la discoteca no cabía un alfiler.* The disco was full to overflowing. **no me cabe en la cabeza/mollera** I, you, etc don't understand **no te quepa duda** you can be sure: *No os quepa la menor duda de que lo hará.* You can be sure he'll do it. *Ver tb* DENTRO, DONDE, HOLGADO

cabestrillo *nm* sling: *con el brazo en ~* with your arm in a sling

cabestro *nm* **1** (*cuerda*) halter **2** (*buey*) bullock used for leading fighting bulls into or out of the ring **3** (*persona*) **(a)** (*cornudo*) cuckold **(b)** (*torpe*) clumsy oaf [*pl* clumsy oafs]

cabeza *nf* **1** (*gen*) head: *la ~ de la delegación* the head of the delegation ◊ *tener buena/mala ~ para las matemáticas* to have a good head/no head for Maths ◊ *Iba a la ~ de la manifestación.* She was walking at the head of the demonstration. **2** (*lista, liga*) top: *a la ~ de la lista* at the top of the list **3** (*juicio*) sense: *Si hubieran tenido más ~…* If they'd had more sense…
LOC **cabeza abajo** upside down **cabeza de ajo** head of garlic [*pl* heads of garlic] **cabeza de alcornoque** idiot **cabeza de alfiler** pinhead **cabeza de familia** head of the household **cabeza de ganado** head of cattle: *mil ~s de ganado* a thousand head of cattle **cabeza de serie** (*Tenis*) seed **cabeza de turco** scapegoat **cabeza pelada/rapada** skinhead **con la cabeza (bien/muy) alta** with your head held high **darse con la cabeza contra la pared** to be furious with yourself **darse de cabeza** to come a cropper **de cabeza**

headlong: *Se tiró a la piscina de ~.* She dived headlong into the swimming-pool. ◊ *meterse de ~ en un asunto* to rush headlong into something **estar mal de la cabeza** to be touched **ir de cabeza** to be rushed off your feet **ir en cabeza** to be in the lead **llevar/traer de cabeza** to cause *sb* a lot of trouble **meterle algo a algn en la cabeza 1** (*dar ideas*) to put *sth* into *sb's* head: *¿Quién te ha metido esas cosas en la ~?* Who's been putting those ideas into your head? **2** (*hacer comprender*) to get *sth* into *sb's* head **metérsele algo a algn en la cabeza** to take it into your head *to do sth/that...*: *Se les metió en la ~ ir al pueblo andando.* They took it into their heads to walk to the village. **no me da la cabeza para más** I can't take any more **poner la cabeza como un bombo** to give *sb* a splitting headache **por cabeza** a/per head: *Tocamos a tres por ~.* It works out at three a head. **quitarse algo de la cabeza** to put sth out of your head: *Quítate eso de la ~.* You can put that out of your head. **se me fue de la cabeza** it slipped my, your, etc mind **se me pasó por la cabeza/imaginación/mente** it crossed my, your, etc mind **se me va la cabeza** I, you, etc feel dizzy **ser un cabeza cuadrada** to be narrow-minded **ser un cabeza de chorlito** to be a scatterbrain **ser un cabeza hueca** to be a halfwit **tener la cabeza dura** to be stubborn **tener buena cabeza** to have a good memory **tener la cabeza cargada/embotada 1** (*por catarro*) to be all blocked up **2** (*por concentración*) to be giddy **tener la cabeza (bien sentada) sobre los hombros** to have your head screwed on **tener mala cabeza** to be forgetful **venir a la cabeza** to remember *sth*: *Ahora mismo no me viene a la ~ su nombre.* I can't remember his name at the moment. ◊ *De repente me vino a la ~ que había quedado en ir a verla.* I suddenly remembered that I'd arranged to go and see her. **volver la cabeza** to turn round ☛ Para otras expresiones con **cabeza**, véanse las entradas del verbo, sustantivo, etc, p. ej. **calentar la cabeza a algn** en CALENTAR y **dolor de cabeza** en DOLOR.

cabezada *nf* **1** (*golpe*) **(a)** (*dado*) butt: *Le dio una ~ en el estómago.* He butted him in the stomach. **(b)** (*recibido*) blow on the head **2** (*Dep*) header: *dar ~s al balón* to head the ball **3** (*caballo*) headstall
LOC **dar una cabezada** to nod off **echar una cabezada** to have forty winks

cabezal *nm* **1** (*cama*) headboard **2** (*Mec*) head

cabezazo *nm* **1** (*golpe*) butt **2** (*Dep*) header
LOC **darse cabezazos contra la pared** to be furious with yourself **dar un cabezazo** to head a ball

cabezón, -ona *adj* (*vino*) heady
■ **cabezón, -ona** *adj, nm-nf* **1** (*lit*): *Es muy/un ~.* He has a large head. **2** (*fig*) pig-headed [*adj*]: *No seas ~.* Don't be pig-headed.

cabezota *nf* big head: *No tienes nada dentro de esa ~.* There's nothing inside that big head of yours.
■ **cabezota** *adj, nmf* pig-headed [*adj*]: *¡Eres un ~!* You're so pig-headed!

cabezudo *nm* **LOC** *Ver* GIGANTE

cabida *nf* room: *con ~ para mil personas* with room for a thousand people ◊ *Tiene ~ para tres camas.* There's room for three beds.
LOC **dar cabida a** to accommodate: *Da ~ a 236 pasajeros.* It can accommodate 236 passengers. **tener mucha/poca cabida** to be big/small

cabildear *vi* to use your influence

cabildo *nm* **1** (*Relig*) chapter [*v sing o pl*] **2** (*ayuntamiento*) **(a)** (*lugar*) town hall **(b)** (*corporación*) (town) council [*v sing o pl*] **(c)** (*junta*) council meeting

cabina *nf* **1** (*avión*) cockpit **2** (*barco*) cabin **3** (*camión*) cab **4** (*vestuario*) changing room
LOC **cabina electoral** polling booth **cabina (telefónica/de teléfonos)** phone box

cabizbajo, -a *adj* downcast

cable *nm* cable
LOC **cable de remolque** tow rope **echar un cable** to lend *sb* a hand *Ver tb* CRUCE, CRUZAR, DISTRIBUCIÓN, TELEVISIÓN

cabo *nm* **1** (*extremo*) end **2** (*Geog*) cape **3** (*Náut*) rope **4** (*Mil*) corporal: *el ~ Ramos* Corporal Ramos
LOC **al cabo de dos días, etc** two days, etc later: *Primero contrataron a Inés y al ~ de un mes me contrataron a mí.* They took on Inés and a month later they took me on. ◊ *Apareció al ~ de un año.* He turned up a year later. **de cabo a rabo** from beginning to end **el Cabo de Buena Esperanza** the Cape of Good Hope **el Cabo de Hornos** Cape Horn **estar al cabo de la calle** to be well up *in sth* **llevar a cabo** to carry *sth* out *Ver tb* ATAR, FIN

Cabo Verde *nm* Cape Verde

cabra *nf* goat

> **Goat** es el término genérico, si queremos especificar que se trata de una hembra, utilizamos el término **nanny goat** y si es un macho **billy goat**.

LOC **cabra montesa** wild goat **estar como una cabra** to be off your rocker **la cabra tira al monte** breeding will out *Ver tb* CAMINO, LOCO

cabrada *nf* herd of goats [*pl* herds of goats]

cabreado, -a *pp, adj Ver* CABREAR
LOC **estar cabreado** to be in a bad mood

cabreante *adj* maddening

cabrear *vt* to annoy, to bug (*coloq*): *Lo que más me cabrea es que...* What annoys me most of all is that...
■ **cabrearse** *v pron* to get annoyed (*with sb*) (*about sth*): *¡No te cabrees por eso, mujer!* Don't get annoyed about that, darling! ◊ *Se cabreó conmigo porque no le esperé.* He got annoyed with me because I didn't wait for him.

cabreo *nm*
LOC **agarrar(se)/coger(se) un cabreo** to go mad **tener un cabreo** to be in a bad temper

cabrillas *nf* **1** (*olas*) white horses **2** (*manchas*) red marks on your legs

cabrío, -a *adj* **LOC** *Ver* MACHO

cabriola *nf*
LOC **hacer cabriolas** to prance about

cabriolé *nm* cabriolet, cabrio (*más coloq*)

cabritilla *nf* kid

cabrito *nm* **1** (*animal*) kid **2** (*insulto*) swine: *¡Eres un ~!* You swine!

cabrón *nm* **1** (*macho cabrío*) billy goat ☛ *Ver nota e ilustración en* CABRA **2** (*insulto*) bastard (⚠) ☛ *Ver nota en* TABÚ
■ **cabrona** *nf* cow (*ofen*)

cabronada *nf* dirty trick
LOC **hacer una cabronada** to play a dirty trick *on sb*

caca *nf* **1** (*en lenguaje infantil*) poo: *hacer ~* to do a poo **2 ¡caca!** (*aviso a un niño*) dirty! **3** (*birria*) crap [*incontable*] (⚠) ☛ *Ver nota en* TABÚ: *Este coche es una ~.* This car is crap.
LOC **hacerse caca encima** to soil yourself

cacahuete *nm* peanut ☛ *Ver ilustración en* NUT

cacao[1] *nm* **1** (*árbol*) cacao [*pl* cacaos] **2** (*semilla*) cocoa bean **3** (*polvo*) cocoa **4** (*para los labios*) lipsalve

cacao[2] *nm* (*lío*) uproar
LOC **armar/organizar un cacao** to cause trouble **tener un cacao mental** to be confused

cacarear *vt* **1** (*noticia*) to broadcast: *¡Siempre lo cacareas todo!* Do you have to broadcast everything? **2** (*vanagloriarse*) to brag **about sth** [*vi*]: *~ los triunfos* to brag about your successes
■ **cacarear** *vi* **1** (*gallo*) to crow **2** (*gallina*) to cackle

cacareo *nm* **1(a)** *(gallo)* crowing **(b)** *(gallina)* cackling **2** *(presunción)* boasting **3** *(cotilleo)* gossiping

cacatúa *nf* **1** *(ave)* cockatoo [*pl* cockatoos] **2** *(insulto)* old bag

cacera *nf* irrigation channel

cacería *nf* **1** *(caza)* **(a)** *(gen)* hunt: *una ~ de elefantes* an elephant hunt **(b)** *(caza menor)* shoot **2** *(piezas cazadas)* bag

LOC ir de cacería 1 *(gen)* to go hunting: *El mes que viene vamos de ~.* We're going hunting next month. **2** *(caza menor)* to go shooting

cacerola *nf* casserole

cacha *nf* thigh: *tener buenas ~s* to have big thighs

LOC estar cachas 1 *(hombre)* to be a hunk **2** *(mujer)* **(a)** *(tener músculos)* to be muscly **(b)** *(ser atractiva)* to be sexy

cachalote *nm* sperm whale

cacharrazo *nm* **1** *(golpe)* bump **2** *(ruido)* racket

LOC darse/pegarse un cacharrazo 1 *(caerse)* to fall over **2** *(conduciendo)* to have an accident

cacharrería *nf* kitchenware shop **LOC** *Ver* ELEFANTE

cacharrero, -a *nm-nf* owner of a kitchenware shop

cacharro *nm* **1** *(vasija)* pot ☛ *Ver ilustración en* POT **2** *(vehículo)* old banger **3 cacharros (a)** *(de cocina)* pots and pans: *No dejes los ~s sin fregar.* Don't forget to do the pots and pans. **(b)** *(objetos inútiles)* junk [*incontable, v sing*]: *No son más que un montón de ~s viejos.* It's a load of old junk.

cachava *nf* crook

cachaza *nf* **1** *(pachorra)*: *¡Qué ~ tiene!* He's very laid-back. **2** *(aguardiente)* rum

cachear *vt* to frisk *(coloq)*, to search: *Cachearon a todos los pasajeros.* All the passengers were searched.

cachemir *nm* **1** *(tejido)* cashmere **2** *(diseño)* Paisley

cacheo *nm* frisking *(coloq)*, search

cachet *(tb* **caché***)* *nm* **1** *(distinción)* style **2** *(cotización)* fee: *Su ~ ha aumentado debido a sus recientes éxitos.* His fees have gone up as a result of his success.

cachete *nm* **1** *(bofetón)* slap **2** *(mejilla)* cheek

LOC dar un cachete to slap *sb*

cachetudo, -a *adj* chubby-cheeked

cachicán *nm* foreman [*pl* foremen]

cachimba *nf* pipe

cachiporra *nf* club

cachivache *nm* junk [*incontable*]: *Tienes la habitación llena de ~s.* Your room is full of junk.

cacho *nm* **1** *(trozo)* piece: *un ~ de queso* a piece of cheese **2** *(enfático)*: *¡~ imbécil/pelma!* You twit/pest!

LOC a cachos in bits and pieces *Ver tb* PAN

cachondearse *v pron* **~ (de)** to make fun **of *sth*/*sb***: *Se cachondean de todo el mundo.* They make fun of everyone.

cachondeo *nm* **1** *(broma)* joke: *Todo se lo toma a ~.* He treats everything as a joke. **2** *(jaleo)* racket: *¿A qué viene todo este ~?* What's all this racket about? **3** *(desastre)* disaster: *Aquello era un ~, nadie se aclaraba.* It was a disaster – no one knew what to do.

LOC estar de cachondeo to be joking

cachondo, -a *adj* funny

LOC ponerse cachondo to be feeling randy **ser un cachondo mental** to be a real laugh

cachorro, -a *nm-nf* **1** *(perro)* puppy **2** *(león, tigre)* cub

cacicada *nf* abuse of authority

LOC hacer una cacicada to abuse your authority

cacique *nm* **1** *(tribu india)* Indian chief **2** *(comarca, pueblo)* local big shot **3** *(déspota)* despot

caciquismo *nm* abuse of authority

caco *nm* burglar

cacofonía *nf* cacophony

cactus *(tb* **cacto***)* *nm* cactus [*pl* cactuses/cacti]

cacumen *nm* brains [*v pl*]: *no tener ~* not to have any brains

cada *adj* **1** *(gen)* every: *~ semana/vez* every week/time ◊ *Dieron un regalo a ~ niño.* They gave every child a present. ◊ *~ diez días* every ten days ◊ *Hay un dibujo ~ diez páginas.* There's a picture every ten pages. **2** *(tratándose de dos)* each: *Caminaba con un policía a ~ lado.* She was walking along with a policeman on each side of her. ☛ *Ver nota en* EACH **3** *(con valor exclamativo)*: *¡En esta ciudad tenemos ~ embotellamiento!* We get dreadful traffic jams in this town. ◊ *¡Dices ~ cosa!* The things you come out with! ◊ *¡Tiene ~ cosa!* He's mad!

LOC a cada instante/momento/rato: *Me preguntaba la hora a ~ rato.* He kept asking me what the time was. **(a) cada uno** each: *~ uno valía 5.000 pesetas.* They cost 5 000 pesetas each. ◊ *—Creo que son 100 pesetas. —¿~ uno?* 'I think they cost 100 pesetas.' 'Each?' ◊ *Nos dieron una bolsa a ~ uno.* They gave us each a bag. **cada cosa** everything: *Pon ~ cosa en su sitio.* Put everything away in the right place. **cada cosa a su tiempo** all in good time **cada cual** everyone: *Que ~ cual asuma sus responsabilidades.* Everyone should take their share of responsibility. ◊ *¡~ cual a lo suyo!* Mind your own business, all of you! **¿cada cuánto?** how often? **cada dos días, etc** every other day, etc: *Vienen a vernos ~ dos semanas.* They come to see us every other week. **cada dos por tres** constantly: *Les tengo que prestar dinero ~ dos por tres.* I'm constantly having to lend them money. **cada loco con su tema** each to his own **cada mochuelo a su olivo** time for everyone to go home **cada oveja con su pareja** birds of a feather flock together **cada uno (es hijo) de su padre y de su madre** everyone/everything is different **cada vez más** more and more: *~ vez hay más problemas.* There are more and more problems. ◊ *Estás ~ vez más guapa.* You get prettier every time I see you. **cada vez mejor/peor** better and better/worse and worse **cada vez menos**: *Nos vemos ~ vez menos.* We see less and less of each other. ◊ *~ vez hay menos alumnos.* There are fewer and fewer pupils. **cada vez que...** whenever...: *~ vez que te veo me acuerdo de tu padre.* Whenever I see you I think of your father. ◊ *~ vez que vienen me traen un regalo.* Whenever they come to see me they bring me a present. ◊ *~ vez que le ve se pone a temblar.* Whenever she sees him she starts to tremble. **ir cada uno por su lado 1** *(ir por distintos caminos)* to go your separate ways **2** *(no actuar de forma coordinada)* to do your own thing **para cada...** between...: *un libro para ~ dos alumnos* one book between two *Ver tb* ALLÁ, OCURRIR, PALO, PAN, QUISQUE, SEIS

cadalso *nm* scaffold

cadáver *nm* corpse, body *(más coloq)* **LOC** *Ver* DEPÓSITO, ENCIMA, INGRESAR, LEVANTAMIENTO

caddie *nmf* caddie

cadena *nf* **1** *(gen)* chain: *una ~ de reloj/seguridad* a watch/safety chain ◊ *una ~ de incidentes/supermercados* a chain of events/supermarkets ◊ *Uso obligatorio de ~s.* (Snow) chains must be used. ◊ *Se me ha roto la ~ de la bici.* My bicycle chain is broken. ☛ *Ver ilustración en* BICYCLE **2** *(Radio)* station **3** *(TV)* channel ☛ *Ver nota en* CANAL

LOC cadena antirrobo padlock and chain **cadena de montaje/producción** assembly/production line **cadena de música/sonido** hi-fi **cadena perpetua** life imprisonment: *Le condenaron a ~ perpetua.* He was sentenced to life imprisonment. **en cadena**: *una reacción en ~* a chain reaction ◊ *trabajar en ~* to work on an assembly line ◊ *explosiones en ~* a chain of explosions

cadencia *nf* **1** *(Mús, Liter, Ling)* cadence **2** *(movimiento)* rhythm

cadeneta *nf* **1** *(Costura)* chain-stitch **2** *(adorno)* paper chain

cadera *nf* hip: *Tiene buenas ~s.* She has broad hips.

LOC *Ver* ESCURRIDO

cadete *nm* cadet

cadmio *nm* cadmium

caducar *vi* **1** *(documento, plazo)* to expire: *antes de que te caduque el pasaporte* before your passport expires **2** *(alimento)* to be past its sell-by date: *Este yogur* *caducó la semana pasada.* This yoghurt is a week past its sell-by date. **3** (*medicamento*): *¿Cuándo caduca?* When's the expiry date? ◊ *Asegúrate de que no ha caducado.* Make sure it isn't past the expiry date.

caducidad *nf* **LOC** *Ver* FECHA

caduco, -a *adj* **1** (*alimentos*) perishable **2** (*anticuado*) outdated **LOC** *Ver* HOJA

caer *vi* **1** (*gen*) to fall: *Caía la lluvia/nieve.* The rain/snow was falling. ◊ *~ en un hoyo/la trampa* to fall into a hole/the trap ◊ *~ en el olvido* to fall into oblivion ◊ *Una maldición había caído sobre ella.* A curse had fallen on her. ◊ *La maceta cayó desde el balcón.* The flowerpot fell off the balcony. ◊ *La noche caía con rapidez.* Night was falling fast. **2** (*fecha*) to be: *Mi cumpleaños cae en martes.* My birthday is on a Tuesday. ◊ *¿Cuándo cae la Semana Santa este año?* When is Easter this year? ◊ *¿En qué cae el 25 de abril?* What day is the 25th of April? **3** (*avión*) to crash **4** (*sol*) to set **5** (*día, estación, año*) to draw to an end: *El verano empezaba a ~.* Summer was drawing to an end. **6** (*alba*) to break **7** (*premio, dinero, suerte*): *El año pasado les cayó el gordo de Navidad.* Last year they won the Christmas jackpot. ◊ *Nos ha caído la mala suerte de ir andando.* Unfortunately, we're going to have to walk there. **8** (*estar*) to be: *¿Por dónde cae tu casa?* Where is your house? **9** (*persona*): *Le caíste muy bien a mi madre.* My mother really liked you. ◊ *La nueva dependienta me cae fatal.* I can't stand the new shop assistant. ◊ *¿Qué tal te cayó su novia?* What did you think of his girlfriend? **10** (*alimento*): *Algo me ha caído mal.* Something has disagreed with me. **11 ~ (en) (a)** (*recordar*) to remember *sth* [*vt*]: *Ahora no caigo en su apellido.* I can't remember his surname right now. **(b)** (*entender*) to get *sth* [*vt*]: *Ya caigo.* Now I get it. ◊ *¿Caes o no caes?* Do you get it?

■ **caerse** *v pron* to fall: *~se por las escaleras* to fall downstairs ◊ *Cuidado, no te caigas.* Mind you don't fall! ◊ *Se me caen los pantalones.* My trousers are falling down. ◊ *He adelgazado y se me cae la ropa.* I've lost weight and my clothes are too big for me. ◊ *Se le cayó todo el pelo en menos de un año.* All his hair fell out in under a year.

LOC caérsele algo a algn to drop sth: *Se me han caído dos platos.* I've dropped two plates. ◊ *Ten cuidado, no se te vaya a ~.* Be careful you don't drop it. ☛ Para otras expresiones con **caer**, véanse las entradas del sustantivo, adjetivo, etc, p. ej. **caer gordo** en GORDO y **caer como moscas** en MOSCA.

café *nm* **1** (*gen*) coffee [*incontable*]: *~ molido* ground coffee ◊ *He hecho ~.* I've made some coffee. ◊ *¿Queda ~?* Is there any coffee left? **2** (*taza de café*) (cup of) coffee: *Dos ~s y un té.* Two coffees and a tea, please. ◊ *¿Te apetece un ~?* Would you like a cup of coffee? **3** (*establecimiento*) café

LOC café americano filter coffee ☛ *Ver ilustración en* FILTER **café café** real coffee **café concierto** café where there are musical performances **café con leche** white coffee **(café) cortado** espresso with a dash of milk **café en grano** coffee beans [*v pl*] **café exprés** espresso [*pl* espressos] **café instantáneo/soluble** instant coffee **(café) irlandés** Irish coffee **café solo** black coffee **café teatro** cabaret **café torrefacto** high roast coffee **estar de mal café/humor** to be in a bad mood **tener mal café/humor** to be bad-tempered *Ver tb* CORTO, MOLINILLO, PASTILLA, POLÍTICA, TAZA

cafeína *nf* caffeine

LOC sin cafeína decaffeinated

cafetal *nm* coffee plantation

cafetera *nf* **1** (*jarra*) coffee pot **2** (*trasto*) **(a)** (*aparato*) wreck **(b)** (*vehículo*) old banger

LOC cafetera a presión/italiana percolator **cafetera eléctrica** coffee maker **cafetera exprés** espresso machine **estar como una cafetera** to be off your rocker

cafetería *nf* snack bar

cafetero, -a *adj* **1** (*gen*) coffee [*n atrib*]: *la industria cafetera* the coffee industry **2** (*persona*): *ser muy ~* to be very fond of coffee

■ **cafetero, -a** *nm-nf* **1** (*cultivador*) coffee-grower **2** (*jornalero*) coffee-picker

cafeto *nm* coffee bush

cafre *adj* (*bruto*) barbaric

caftán *nm* caftan

cagada *nf* **1** (*excremento*) shit [*incontable*] (⚠) ☛ *Ver nota en* TABÚ **2** (*acción*): *El gol fue una ~ del portero.* That useless goalkeeper let one in. **3** (*objeto*) crap [*incontable*] (⚠) ☛ *Ver nota en* TABÚ: *El nuevo modelo es una ~.* The latest model is crap.

cagado, -a *pp, adj* (*cobarde*) chicken *Ver tb* CAGAR(SE)

LOC estar cagado 1 (*lit*) to have shit yourself (⚠) **2** (*asustado*) to be scared shitless (⚠) ☛ *Ver nota en* TABÚ

cagalera *nf*

LOC tener (una) cagalera to have the runs

cagaprisas *adj, nmf*: *No seas ~.* Don't rush me.

cagarruta *nf* **1** (*lit*) droppings [*v pl*] **2** (*objeto*) crap [*incontable*] (⚠) ☛ *Ver nota en* TABÚ

■ **cagarruta** *nmf* coward: *Ese es un ~.* He's a coward.

cagar(se) *vi, v pron* to shit (yourself) (⚠) ☛ *Ver nota en* TABÚ

LOC cagarla to cock it up: *¡Ya la he cagado!* I've really cocked it up this time! **cagarse de miedo** to be scared shitless (⚠) ☛ *Ver nota en* TABÚ **me cago en...**: *Se cagaban en los reglamentos.* They didn't give a shit for the rules. ◊ *¡Me cago en tu padre!* Damn you! ◊ *¡Me cago en la leche!* Bloody hell!

cagón, -ona *adj, nm-nf* **1** (*lit*): *¡Este niño es un ~!* This baby has an awful lot of dirty nappies. **2** (*cobarde*) coward [*n*]: *ser un/muy ~* to be a coward

cagueta *adj, nmf* chicken: *No seas ~.* Don't be chicken.

caída *nf* **1** (*gen*) fall: *Tuvo una mala ~ y está escayolada.* She had a bad fall and her arm/leg is in plaster. ◊ *la ~ del gobierno* the fall of the government ◊ *una ~ de tres metros* a three-metre fall **2 ~ de** (*descenso*) fall **in** *sth*: *la ~ de las temperaturas/los precios* the fall in temperature/prices **3** (*tela*): *Esta tela tiene mucha ~.* This material hangs very well. **4** (*cabello*) loss: *prevenir la ~ del cabello* to prevent hair loss

LOC a la caída de la tarde/noche at dusk/nightfall **caída de la hoja** autumn **caída en picado** nosedive **experimentar/sufrir una caída** (*bajar*) to fall

caído, -a *pp, adj* (*muerto*): *los policías ~s en el tiroteo* the policemen who lost their lives in the shooting *Ver tb* CAER

■ **caído** *nm*: *los ~s en la guerra* those who died in the war ☛ *Ver nota en* REMEMBRANCE SUNDAY

LOC venir/llegar como caído del cielo to be a godsend: *El trabajo me vino como ~ del cielo.* The job was a godsend. **ser caído de hombros** to be round-shouldered *Ver tb* CAPA, HUELGA, MONUMENTO

caimán *nm* alligator

Caín *n pr* Cain

LOC pasar las de Caín to have a hard time **ser más malo que Caín** to be evil

caja *nf* **1** (*gen*) box: *una ~ de cartón* a cardboard box ◊ *Me trajo una ~ de bombones.* He brought me a box of chocolates. **2** (*botellas*) **(a)** (*gen*) crate: *Nos dieron una ~ de champán de aguinaldo.* They gave us a crate of champagne for a Christmas present. **(b)** (*vino*) case **3** (*ataúd*) coffin **4** (*para maquinaria*) case: *la ~ del reloj* the clock case **5** (*violín, guitarra*) body **6** (*Com*) **(a)** (*supermercado*) checkout **(b)** (*otras tiendas*) cash desk **(c)** (*banco*) cashier's desk **(d)** (*dinero*) takings [*v pl*]: *¿Qué ~ hemos hecho hoy?* How much have we taken today?

LOC caja de ahorros savings bank **caja de cambios** gearbox ☛ *Ver ilustración en* CAR **caja de herramientas** toolbox **caja de (los) fusibles** fuse box **caja de música** musical box **caja de reclutamiento** recruiting office **caja de resonancia 1** (*Mús*) soundbox **2** (*fig*) sounding-board **caja de seguridad** safe-deposit box **caja fuerte/de caudales** safe **caja negra** black box **Caja Postal de Ahorros** Post Office Savings Bank **caja registradora** till **echar a algn con cajas**

destempladas to send sb off with a flea in their ear **hacer la caja** to cash up **la caja tonta** the box **ser una caja de sorpresas** to be full of surprises *Ver tb* ENTRAR, MOVIMIENTO, TORÁCICO

cajero, -a *nm-nf* cashier
LOC cajero automático cash dispenser

cajetilla *nf* packet: *una ~ de tabaco* a packet of cigarettes ☛ *Ver nota en* PARCEL

cajetín *nm* **1** (*cajita*) box **2** (*para el correo*) postbox **3** (*para monedas*) coin box **4** (*Elec*) fuse box **5** (*sello*) rubber stamp

cajón *nm* **1** (*mueble*) drawer: *Necesito más cajones para los jerseys.* I need a few more drawers to put my jumpers in. **2** (*caja grande*) box: *Necesito un ~ para llevar al perro en el coche.* I need a box for my dog when I take him in the car.
LOC ser de cajón to be obvious **cajón de sastre** hotchpotch

cajonera *nf* **1** (*cómoda*) chest of drawers **2** (*pupitre*) desk

cal *nf* lime
LOC cal apagada slaked lime **cal viva** quicklime **dar una de cal y otra de arena**: *La vida te da una de ~ y otra de arena.* Life is full of ups and downs. *Ver tb* CERRAR

cala[1] *nf* (*bahía*) cove

cala[2] *nf* (*planta*) arum lily

cala[3] *nf* (*peseta*) peseta: *Anda, préstame unas ~s.* Come on, lend me a few pesetas.

calabacín *nm* **1** (*grande*) marrow **2** (*pequeño*) courgette

calabaza *nf* **1** (*fruto*) pumpkin **2** (*cabeza*) nut
LOC dar calabazas 1 (*suspender*): *Otra vez me han dado ~s en historia.* I've failed history again. **2** (*pretendiente*) to turn *sb* down

calabobos *nm* drizzle

calabozo *nm* **1** (*mazmorra*) dungeon **2** (*celda*) cell **3** (*Mil*) glasshouse (*coloq*)

calada *nf* **1** (*cigarro*) drag **2** (*remojón*): *¡Vaya ~ (que me he pegado)!* I'm soaked to the skin!

calado, -a *pp, adj* (*tejido*) lacy *Ver tb* CALAR
■ **calado** *nm* **1** (*labor de punto*) openwork **2** (*Náut*) **(a)** (*de un barco*) draught **(b)** (*de las aguas*) depth of water: *Es un puerto de escaso ~.* It's not a very deep harbour.
LOC *Ver* HUESO

calamar *nm* squid [*pl* squid]: *Me encantan los ~es.* I love squid. ◊ *~es a la romana* squid fried in batter

calambre *nm* **1** (*muscular*) cramp [*incontable*]: *Me dan ~s en las piernas.* I get cramp in my legs. **2** (*de electricidad*) (electric) shock: *¡Te va a dar ~!* You'll get a shock!

calamidad *nf* **1** (*desastre*) disaster **2** (*desgracia*): *Hemos pasado muchas ~es juntos.* We've been through a lot together. **3** (*persona*) **(a)** (*inútil*) useless [*adj*]: *Eres una ~.* You're useless. **(b)** (*desgraciado*) poor devil
LOC estar hecho una calamidad to look a mess

calamitoso, -a *adj* disastrous

calaña *nf* sort: *No quiero ver gente de tu ~ por aquí.* I don't want people of your sort here.
LOC ser de la misma calaña to be as bad as each other **ser de mala calaña** to be a nasty piece of work

calar *vt* **1** (*mojar*) to soak: *La lluvia me caló hasta las botas.* Even my boots were soaked. ◊ *¡Me has calado la falda!* You've made my skirt soaking wet. **2** (*adivinar las intenciones*) to see through *sb*: *La calé enseguida.* I saw through her immediately. **3** (*atravesar*) to make a hole **through** ***sth***: *~ un muro* to knock a hole through a wall **4** (*fruta*) to cut a piece of *sth*: *~ un melón* to cut a piece of melon **5** (*sumergir*) to lower: *~ las redes* to lower the nets
■ **calar** *vi* **1** (*tela, material*): *Esta gabardina cala.* This coat isn't waterproof. **2 ~ (en)** (*idea, sentimiento, palabras*) to take hold (**of** ***sth/sb***): *Las palabras del político calaron en la población.* The politician's words took hold of the population. ◊ *Esas reflexiones calaron hondo en mí.* Those ideas took hold of me. **3 ~ en** (*profundizar*) to examine *sth* (in depth) [*vt*]: *El artículo cala hondo en el problema.* The article examines the problem in depth.
■ **calarse** *v pron* **1** (*motor*) to stall: *Se me caló el coche.* I stalled the car. **2** (*sombrero*) to pull *sth* down: *Se caló el gorro hasta las orejas.* He pulled his cap down over his ears
LOC calarse hasta los huesos to be soaked to the skin

calavera[1] *nf* (*Anat*) skull

calavera[2] *nm*: *Eres un ~.* You really do live it up!

calcado, -a *pp, adj* (*idéntico*) identical: *Es ~ a su padre.* He's the spitting image of his father. *Ver tb* CALCAR

calcar *vt* **1** (*dibujo*) to trace **2** (*fig*) to copy

calceta *nf* knitting: *hacer ~* to knit

calcetín *nm* sock
LOC calcetines altos/de media pierna long socks **calcetines (de) media** pop socks

calcinado, -a *pp, adj* **1** (*por el fuego*) charred: *los restos ~s de las víctimas* the charred remains of the victims **2** (*por el sol*) scorched *Ver tb* CALCINAR

calcinar *vt* **1** (*gen*) to burn: *El fuego calcinó miles de hectáreas.* Thousands of acres were burnt. **2** (*edificio*) to burn *sth* down: *El fuego calcinó la fábrica.* The factory was burnt down.

calcio *nm* calcium

calco *nm* **1** (*dibujo*) tracing **2** (*copia*): *Su espectáculo es un ~ del de aquella otra compañía.* The show is almost the same as the other one. **LOC** *Ver* PAPEL

calcomanía *nf* transfer

calculador, ~a *adj* calculating: *un hombre frío y ~* a cold, calculating man

calculadora *nf* calculator

calcular *vt* **1** (*gen*) to work *sth* out, to calculate (*más formal*): *Calcula cuánto necesitamos.* Work out how much we need. ◊ *~ el valor de algo* to calculate the value of sth ◊ *Lo he calculado todo.* I've worked it all out. ◊ *Calculan sus pérdidas en muchos millones.* They put their losses at many million. **2** (*suponer*) to reckon: *Calculo que habrá unas 60 personas.* I reckon there must be about 60 people here. **3** (*imaginar*) to imagine: *—Estarás muy contenta. —¡Calcula!* 'You must be very happy.' 'You bet!'
LOC calcular mal to miscalculate **calculando por lo alto/bajo** at the very most/least

cálculo *nm* **1** (*cómputo*) calculation: *Según mis cálculos…* According to my calculations… ◊ *Eso no entraba en nuestros ~s.* That didn't enter into our calculations. ◊ *Si no fallan mis ~s…* If I'm not mistaken… **2** (*Mat*) calculus **3** (*Med*) stone
LOC cálculo biliar gallstone **hacer un cálculo mental (de)** to work (*sth*) out **un cálculo aproximado/prudencial** a rough estimate *Ver tb* ERROR, HOJA, REGLA

caldear *vt* to heat
■ **caldearse** *v pron* **1** (*templarse*) to warm up: *La habitación se caldeará en seguida.* The room will warm up very quickly. **2** (*enfadarse*) to get worked up **3** (*ambiente*) to become heated
LOC caldear los ánimos: *La negativa caldeó los ánimos de la gente.* Her refusal annoyed everyone. **caldearse los ánimos**: *Se empezaron a ~ los ánimos* Tempers were beginning to fray.

caldera *nf* **1** (*calefacción, barco de vapor*) boiler **2** (*caldero*) cauldron

caldereta *nf* stew

calderilla *nf* **1** (*monedas*) small change **2** (*fig*) peanuts [*v pl*]: *En cultura se gastan ~.* They spend peanuts on the arts.

caldero *nm* **1** (*recipiente*) pot **2** (*contenido*) potful

caldo *nm* **1(a)** (*para cocinar*) stock: *~ de pollo* chicken stock **(b)** (*sopa*) soup [*gen incontable*] **2** (*vino*) wine: *los famosos ~s de la Rioja* the famous Rioja wines
LOC caldo de cultivo 1 (*bacterias*) culture medium **2** (*fig*) breeding ground **poner a caldo** to slag *sb* off (*argot*)

caldoso, -a *adj*: *La paella estaba caldosa.* The paella was soggy. ◊ *Las verduras/lentejas me gustan bastante caldosas.* I don't like my vegetables/lentils too dry.

calé *adj, nmf* gypsy [*n*]: *la raza* ~ the gypsy race

calefacción *nf* heating: ~ *central/de fuel-oil* central/oil-fired heating

calefactor *nm* heater

caleidoscopio *nm Ver* CALIDOSCOPIO

calendario *nm* **1** (*almanaque*) calendar: *un* ~ *de pared* a wall calendar **2** (*programa*) schedule: *Llevan retraso respecto al* ~ *original.* They're behind schedule.
LOC calendario de taco tear-off calendar **calendario escolar/laboral** school/working year

calentador *nm* **1** (*aparato*) heater: *un* ~ (*de agua*) a water heater **2 calentadores** (*medias*) leg warmers

calentamiento *nm* **1** (*Dep*) warm-up: *ejercicios de* ~ warm-up exercises ◊ *No te olvides de hacer el* ~. Don't forget to warm up before you start. **2** (*subida de temperatura*) **(a)** (*moderado*) warming **(b)** (*fuerte*) heating
LOC calentamiento del clima/global global warming

calentar *vt* **1** (*elevar la temperatura*) **(a)** (*templar*) to warm *sth/sb* up **(b)** (*muy caliente*) to heat *sth* up: *Voy a* ~ *la cena.* I'll heat up your dinner. **2** (*pegar*) to give *sb* a thrashing **3** (*sexualmente*) to turn *sb* on
■ **calentar(se)** *vi, v pron* (*Dep*) to warm up: *Será mejor que empecemos a* ~*(nos) ya.* We'd better start warming up.
■ **calentarse** *v pron* **1** (*subir de temperatura*) **(a)** (*templarse*) to warm up **(b)** (*ponerse muy caliente*) to get very hot: *El motor se calentó demasiado.* The engine overheated. **2** (*avivarse*) to get heated: *El ambiente se calentó.* The atmosphere became heated. **3** (*sexualmente*) to get turned on
LOC calentar al rojo (vivo) to heat *sth* until it's red-hot **calentarle la cabeza a algn 1** (*dar la lata*) to go on at sb (*about sth/doing sth*) **2** (*dar falsas esperanzas*) to raise sb's hopes (*about sth/doing sth*) **calentarle la sangre a algn** to infuriate sb **calentar los músculos** to warm up **calentarle las orejas a algn** to box sb's ears **calentarse la cabeza** to rack your brains (*over sth*) *Ver tb* ARRIMAR, CASCO, SESO

calentura *nf* **1** (*fiebre*) fever **2** (*pupa*) cold sore

calenturiento, -a *adj* feverish: *Esa afirmación es producto de una mente calenturienta.* That statement can only be the product of a feverish mind.

calibrar *vt* to gauge

calibre *nm* **1** (*arma*) **(a)** (*gen*) calibre: *un arma de* ~ *grueso/pequeño* ~ a high/low-calibre weapon **(b)** (*escopeta*) bore: *una escopeta de* ~ *12* a 12-bore shotgun **2** (*alambre*) gauge **3** (*fig*) calibre: *jugadores de* ~ *internacional* players of international calibre
LOC de gran/mucho/tal calibre: *Nunca habíamos hecho un envío de tal* ~. We'd never sent out such a big order. ◊ *acusaciones de gran* ~ very serious accusations

calidad *nf* quality: *la* ~ *de vida* the quality of life ◊ *papel de gran/poca* ~ high/low quality paper
LOC de primera calidad/calidad superior top quality: *fruta de primera* ~ top quality fruit **en calidad de** as *sth*: *en* ~ *de portavoz* as spokesperson *Ver tb* RELACIÓN

cálido, -a *adj* warm: *un clima* ~ a warm climate ☛ *Ver nota en* CALIENTE

calidoscopio *nm* kaleidoscope

calientabiberones *nm* bottle warmer

caliente *adj* **1** (*gen*) hot: *sopa/agua* ~ hot soup/water **2** (*habitación, ropa, color*) warm: *Esta casa es muy* ~ *en invierno.* This house is very warm in winter. ◊ *un color* ~ a warm colour

¿Hot o warm?
Hot describe una temperatura bastante más caliente que **warm**: *No lo puedo beber, está muy caliente.* I can't drink it, it's too hot. ◊ *¡Qué calor hace aquí!* It's too hot in here!
Warm es más bien *cálido, templado* y muchas veces tiene connotaciones agradables: *Siéntate al lado del fuego que estarás más calentito.* Sit by the fire, you'll be warmer.

LOC ¡caliente, caliente! you're getting warm! **en caliente** in the heat of the moment **estar/ponerse caliente** (*excitarse*) to be/get turned on **poner caliente a algn 1** (*pegar*) to hit sb **2** (*sexualmente*) to turn sb on *Ver tb* BOLSA[2], PERRITO, SANGRE

calificación *nf* **1** (*nota escolar*) mark: *buenas calificaciones* good marks ◊ *Obtuvo la* ~ *de notable en francés.* He got a Good in French. **2** (*descripción*) description: *Su comportamiento no merece otra* ~. Her behaviour cannot be described in any other way. ◊ *Reiteró la* ~ *de cobarde para el diputado.* He repeated his accusation of cowardice against the MP. **3** (*Cine*) rating: *La película ha merecido la* ~ *X.* The film is X-rated.

calificar *vt* **1** (*describir*) to label *sb* **(as)** ***sth***: *La prensa lo califica de agitador.* The press has labelled him as an agitator. ◊ *La calificaron de excéntrica.* She's been labelled as eccentric. **2** (*Educ*) **(a)** (*alumno*) to give *sb* a mark: *La calificaron con sobresaliente en matemáticas.* She got an Excellent in Maths. **(b)** (*examen*) to mark **3** (*Gram*) to qualify

calificativo, -a *adj* qualifying: *un adjetivo* ~ a qualifying adjective
■ **calificativo** *nm* **1** (*apelativo*) description: ~*s ofensivos* offensive descriptions **2** (*Gram*) qualifier
LOC dar/aplicar el calificativo de to label *sb* (as) *sth* *Ver tb* RECIBIR

caligrafía *nf* **1** (*escritura*) handwriting **2** (*Arte*) calligraphy

calima (*tb* **calina**) *nf* **1** (*neblina*) haze **2** (*de arena*) sandstorm

cáliz *nm* **1** (*Relig*) chalice ☛ *Ver ilustración en* IGLESIA **2** (*Bot*) calyx [*pl* calyxes/calyces] ☛ *Ver ilustración en* FLOR
LOC el cáliz de la amargura the cup of bitterness

calizo, -a *adj* limy: *un terreno* ~ limy soil ◊ *roca caliza* limestone
■ **caliza** *nf* limestone

callado, -a *pp, adj* **1** (*gen*) quiet: *Tu hermano está muy* ~ *hoy.* Your brother is very quiet today. **2** (*en completo silencio*) silent: *Permaneció* ~ *durante todo el juicio.* He remained silent throughout the trial. *Ver tb* CALLAR
LOC mantener/tener callado a algn to keep sb quiet **más callado que un muerto** as quiet as a mouse **tener(se) algo callado** to keep quiet about sth

callandito (*tb* **callandico**) *adv* quietly
LOC callandito, callandito quietly: ~, ~ *consigue lo que le da la gana.* She quietly manages to get what she wants.

callar *vt* **1** (*persona*) to get *sb* to be quiet: *¡Calla a esos niños!* Tell those children to be quiet! **2** (*temores, información*) to keep quiet **about** ***sth***
■ **callar(se)** *vi, v pron* **1** (*no hablar*) to say nothing: *Prefiero* ~*(me).* I'd rather say nothing. ◊ *Mejor sería que te callaras.* You'd better not say anything. **2** (*dejar de hablar o de hacer ruido*) to go quiet, to shut up (*coloq*): *Dáselo a ver si (se) calla.* Give it to him and see if he'll shut up. ◊ *Las armas callaron.* The guns went quiet.
LOC ¡calla!/¡cállate! 1 (*orden*) be quiet!, shut up! (*coloq*) **2** (*por supuesto*) you're right!: *¡Calla!, tienes toda la razón.* You're quite right! **3** (*sorpresa*): *¡Calla!, si no llevo dinero.* Oh no! I haven't any money on me. **callarse como una piedra/un muerto** to clam up **¡cállate la boca!** shut your face! (*ofen*) **hacer callar a algn** to get sb to be quiet, to shut sb up (*coloq*) **quien calla otorga** silence implies consent *Ver tb* CHITA, COMER, MATAR, OÍR

calle *nf* **1** (*gen*) street (*abrev* St): *una* ~ *peatonal* a pedestrian street ◊ *una* ~ *de dirección única* a one-way street ◊ *una* ~ *céntrica* a street in the centre ◊ *Está en la* ~ *Fuencarral.* It's in Fuencarral Street.

Street, **Road**, **Lane** y **Avenue** son las palabras que se usan más a menudo en los nombres de las calles y normalmente se abrevian en las direcciones (**St.**, **Rd.**,

La., Ave.). Cuando se menciona el número de la casa o portal, se utiliza la preposición **at**: *Vivimos en la calle Fuencarral 49.* We live at 49 Fuencarral Street. Nótese que cuando estas palabras van precedidas por el nombre de la calle, se escriben con mayúscula.

2 (*Dep*) lane **3 la calle**: *Se han criado en la ~.* They grew up in the streets. ◊ *el lenguaje de la ~* the language of the street ◊ *Apenas sale a la ~.* He hardly ever goes out.

LOC calle arriba/abajo up/down the street **dejar/plantar/poner a algn en la calle** to kick sb out **echar/tirar por la calle de en medio** to go ahead regardless **echarse/lanzarse a la calle** (*protestar*) to take to the streets **llevarse a algn de calle** to have sb chasing after you **llevar/traer por la calle de la amargura** to make *sb's* life a misery **quedarse en la calle 1** (*sin casa*) to be out on the streets **2** (*sin trabajo*) to lose your job **tomar la calle** to occupy the streets *Ver tb* ARROJAR, CABO, GENTE, PATITA, PUERTA, SALTAR, TEATRO

callejear *vi* **1** (*pasear*) to stroll around **2** (*con matiz negativo*) to hang about: *¿Qué hacéis callejeando a estas horas?* What are you doing hanging about at this time of night? ◊ *¡No haces más que ~ todo el santo día!* You do nothing but hang about all day!

callejero, -a *adj* **1** (*gen*) street [*n atrib*]: *la violencia callejera* street violence **2** (*perro*) stray **3** (*persona*): *Soy muy ~.* I'm always out.

■ **callejero** *nm* street directory **LOC** *Ver* GATO *nm-nf*

callejón *nm* alley(-way): *La atacaron en un ~.* She was attacked in an alley-way.

LOC callejón sin salida 1 (*calle*) cul-de-sac **2** (*situación desesperada*) dead end

callejuela (*tb* **calleja**) *nf* side street

callista *nmf* chiropodist

callo *nm* **1** (*dureza*) **(a)** (*en los dedos del pie*) corn **(b)** (*en la mano, en la planta del pie*) callus: *Me están saliendo ~s en la mano.* I've got calluses on my hand. **2** (*persona*): *Es un ~.* He's as ugly as sin. **3 callos** (*Cocina*) tripe [*incontable, v sing*]: *Hay gente que opina que los ~s son un manjar.* Some people think tripe is a delicacy.

LOC dar el callo to slog your guts out

callosidad *nf* hard skin

calma *nf* **1** (*gen*) calm: *La ~ ha vuelto a la ciudad.* Calm has returned to the city. ◊ *un ambiente de ~ y tranquilidad* a calm and peaceful atmosphere **2** (*escasa actividad*) lull: *la ~ comercial* the lull in business activity

LOC calma chicha dead calm **¡(con) calma!** calm down! **conservar/mantener la calma** to keep calm **estar en calma** to be calm **hacer algo con calma**: *Hace las cosas con una ~ que exaspera.* He's so slow it's infuriating. **tener calma** to keep calm: *Ten ~, ya no tardarán.* Keep calm, they won't be long now. **tomarse algo con calma** to take sth calmly: *Tómatelo con ~.* Take it easy.

calmante *nm* **1** (*para el dolor*) painkiller **2** (*para los nervios*) tranquillizer

calmar *vt* **1** (*persona*) to calm *sb* down: *La noticia calmó al público.* The news calmed the audience down. **2** (*dolor*) to relieve **3** (*nervios*) to calm **4** (*hambre, sed*) to satisfy

■ **calmarse** *v pron* (*persona, mar, viento*) to calm down

calor *nm* **1** (*temperatura*) heat: *Aprieta el ~.* The heat is oppressive. ◊ *Con este ~ no hay quien salga.* You can't go out in this heat. ◊ *Tapé el plato para guardar el ~.* I covered the plate to keep it hot. **2** (*emoción*) **(a)** (*afecto*) warmth: *Nos recibieron con ~.* They received us warmly. **(b)** (*entusiasmo*) passion: *Defendió sus opiniones con ~.* He defended his opinions passionately. **3 calores** (*menopausia*) hot flushes

LOC al calor de 1 (*fuego*): *al ~ de la lumbre* in front of the fire **2** (*fig*) arising out of *sth*: *cambios producidos al ~ de la revolución* changes arising out of the revolution **calor negro** electric heat **dar calor** to keep *sb* warm **hacer calor 1** (*moderado*) to be warm: *Hace bastante ~ en abril.* It's quite warm in April. **2** (*fuerte*) to be hot: *Hace mucho ~.* It's very hot. ◊ *Hace un ~ asfixiante.* It's stifling. ◊ *¡Qué ~ (hace)!* It's so hot! ☛ *Ver nota en* CALIENTE **hace un calor infernal** it's baking/unbearably hot **tener calor** to be/feel hot: *Tengo muchísimo ~.* I'm boiling. **¡vaya calor!** goodness, it's hot! *Ver tb* ABRASAR, AHOGAR, ENTRAR, FRÍO, OLA

caloría *nf* calorie: *un dieta baja en ~s* a low-calorie diet

calorífico, -a *adj* calorific

calumnia *nf* **1** (*oral*) slander [*gen incontable*]: *proferir ~s sobre algn* to slander sb ◊ *denunciar a algn por ~s* to sue sb for slander **2** (*por escrito*) libel **LOC** *Ver* LEVANTAR

calumniar *vt* to slander

caluroso, -a *adj* **1** (*gen*) hot: *Fue un día muy ~.* It was a very hot day. **2** (*fig*) warm: *una bienvenida calurosa* a warm welcome ☛ *Ver nota en* CALIENTE

LOC ser algn muy caluroso to feel the heat: *Soy muy ~.* I feel the heat badly. *Ver tb* RECIBIR

calva *nf* **1** (*persona*) **(a)** (*cabeza*) bald head: *Me encanta esa ~ tuya.* I love your bald head! ◊ *Ponte la capucha, que se te va a mojar la ~.* Put your hood up or your head will get wet. **(b)** (*claro*) bald patch: *Estoy preocupado, me han salido unas ~s.* I'm worried, I've started getting bald patches. **2** (*bosque*) clearing

calvario *nm* **1** (*Vía Crucis*) Stations of the Cross [*v pl*] **2** (*sufrimiento*) hell: *pasar un ~* to go through hell **LOC** *Ver* ESTACIÓN

calvicie *nf* baldness: *Dicen haber dado con la solución al problema de la ~.* They say they've found a cure for baldness.

calvo, -a *adj* bald: *Me estoy quedando ~.* I'm going bald.

LOC ni tanto ni tan calvo there's no need to go that far **¡te habrás quedado calvo!** that must have taken some working out! *Ver tb* OCASIÓN

calza *nf* (*cuña*) wedge

calzada *nf* road: *una ~ romana* a Roman road

calzado, -a *pp, adj* **~ (con)**: *Iban ~s con zapatillas de deporte.* They were wearing trainers. *Ver tb* CALZAR

■ **calzado** *nm* shoes [*v pl*], footwear (*más formal*): *~ de piel* leather footwear

calzador *nm* shoehorn

calzar *vt* **1** (*zapato*) **(a)** (*gen*) to wear: *Calzo zapato plano.* I wear flat shoes. **(b)** (*número*) to take: *¿Que número calzas?* What size do you take? **2** (*persona*) to put *sb's* shoes on: *¿Puedes ~ al niño?* Can you put my little boy's shoes on for him? **3** (*mueble, rueda*) to wedge

■ **calzar** *vi* to wear shoes: *Calzan muy bien.* They wear very nice shoes.

■ **calzarse** *v pron* to put your shoes on: *Intenté ~me uno de los zapatos.* I tried to put one of the shoes on. **LOC** *Ver* VESTIR

calzón (*tb* **calzones**) *nm* (*Dep*) shorts [*v pl*]

calzonazos *adj, nm* wimp [*n*]: *¡Qué ~ eres!* You're such a wimp!

calzoncillo (*tb* **calzoncillos**) *nm* underpants [*v pl*]

Underpants es una palabra plural en inglés, por lo tanto, para referirnos a *un calzoncillo* o *unos calzoncillos* utilizamos **some/a pair of underpants** *Ver tb nota en* PAIR

LOC calzoncillos largos long johns

cama *nf* bed: *irse a la ~* to go to bed ◊ *meterse en/salir de la ~* to get into/out of bed ◊ *Está en la ~.* He's in bed. ◊ *Tienes la ~ sin hacer.* Your bed's not made. ☛ *Ver nota en* BED

LOC cama de agua water-bed **cama de matrimonio** double bed **cama elástica** trampoline **cama individual** single bed **cama nido** truckle-bed **cama plegable** foldaway bed **estar en cama** to be ill *Ver tb* COCHE, ESTIRAR, GUARDAR, JUEGO, MUEBLE, SALTO, SOFÁ

camada *nf* litter

camafeo *nm* cameo [*pl* cameos]

camaleón *nm* chameleon

cámara *nf* **1** (*gen*) chamber: *la ~ legislativa* the legislative chamber ◊ *una ~ de compresión* a compression chamber ◊ *música/orquesta de ~* chamber music/orchestra **2** (*Cine, Fot*) camera: *una ~ de televisión* a TV camera

■ **cámara** *nmf* cameraman/woman [*pl* cameramen/women]

LOC cámara acorazada strongroom **cámara alta/baja** upper/lower house **cámara (de aire)** (*neumático*) inner tube **cámara de comercio** chamber of commerce **cámara (de fotos)** camera **cámara de los comunes/lores** House of Commons/Lords ☛ *Ver nota en* PEER[2]; *Ver tb págs 584–5* **cámara frigorífica** cold store **cámara lenta** slow motion: *a ~ lenta* in slow motion *Ver tb* AYUDA

camarada *nmf* **1** (*Pol*) comrade **2** (*colega*) mate

camaradería *nf* camaraderie: *un espíritu de ~* a sense of camaraderie

camarero, -a *nm-nf* **1** (*atendiendo las mesas*) waiter [*fem* waitress] **2** (*en la barra*) barman [*fem* barmaid] [*pl* barmen/barmaids]

camarilla *nf* clique [*v sing o pl*]

camarón *nm* shrimp ☛ *Ver ilustración en* SHELLFISH

camarote *nm* cabin: *un ~ para dos/cuatro* a two-/four-berth cabin

camastro *nm* rickety old bed

cambalache *nm* **1** (*cambio*) swap **2** (*chanchullo*) swindle

cambiante *adj* **1** (*gen*) changing: *una situación ~* a changing situation **2** (*inconstante*) changeable: *tiempo ~* changeable weather ◊ *Tiene una personalidad muy ~.* You never know what he's going to be like.

cambiar *vt* **1(a)** (*gen*) to change *sth* (**for *sth***): *~ el mundo/una ley* to change the world/a law ◊ *Voy a ~ mi coche por uno más grande.* I'm going to change my car for a bigger one. ◊ *Si no te está bien lo puedes ~.* You can change it if it doesn't fit you. ◊ *Te cambio el sitio.* I'll change places with you. **(b)** (*dinero*) to change *sth* (***into sth***): *~ pesetas a libras* to change pesetas into pounds ◊ *¿Me cambias un billete de mil?* Can you change this thousand peseta note? **2** (*intercambiar*) to exchange *sth* (**for *sth***), to swap *sth* (**for *sth***) (*más coloq*): *Los chavales cambiaron cromos.* The kids swapped picture cards. ◊ *~ el fusil por la pluma* to exchange the gun for the pen **3** (*mover*) to move *sth* **to...**: *Hemos cambiado la mesa a la otra habitación.* We've moved the table to the other room.

■ **cambiar** *vi* **1** (*gen*) to change: *No van a ~.* They're not going to change now. **2** (*automóvil*) to change (up/down): *~ de marcha* to change gear ◊ *Cambié a tercera.* I changed (up) into third gear. ◊ *Cambia antes de llegar a la curva.* Change down before you reach the bend.

■ **cambiarse** *v pron* **1(a)** (*persona*) to get changed: *Voy a ~me porque tengo que salir.* I'm going to get changed now – I have to go out. **(b) cambiarse (de)** to change: *Voy a ~me la camisa.* I'm going to change my shirt. ◊ *~se de zapatos* to change your shoes **2** (*intercambiar*) to swap *sth* (**for *sth***) (*coloq*), to exchange *sth* (**for *sth***): *Al final del partido los capitanes se cambiaron las camisetas.* At the end of the match the captains swapped shirts. ◊ *Mi hermana y yo nos cambiamos la ropa.* My sister and I share our clothes.

LOC cambiar a mejor/peor to change for the better/worse **cambiar de manos** to change hands **cambiar de opinión/idea/parecer** to change your mind **cambiar(se) de tren, trabajo, etc** to change trains, jobs, etc: *Tuvimos que ~ de tren en Bilbao.* We had to change (trains) at Bilbao. **cambiar de tema** to change the subject **cambiar impresiones** to exchange views **cambiar las cosas de sitio** to move things round **cambiar las tornas**: *Han cambiado las tornas y ahora es ella la que no quiere casarse.* The tables have turned and now she's the one who doesn't want to get married. **cambiar(se) de camisa/chaqueta** (*fig*) to change sides **cambiar(se) de casa** to move house **me cambió la voz** my, your, etc voice broke *Ver tb* AIRE

cambiazo *nm* big change

LOC dar/pegar el cambiazo to pull a fast one (*on sb*): *Te han dado el ~.* They've pulled a fast one on you.

cambio *nm* **1 ~ (de)** (*gen*) change (**in/of *sth***): *experimentar ~s* to undergo changes ◊ *un ~ de temperatura/situación* a change in temperature/the situation ◊ *un ~ de dirección/gobierno* a change of address/government **2** (*intercambio*) swap (*coloq*), exchange **3** (*en una tienda*) exchange: *En rebajas no se admiten ~s.* Sale items may not be exchanged. **4** (*dinero suelto, vueltas*) change: *Me dieron mal el ~.* They gave me the wrong change. ◊ *¿Tienes ~ de mil pesetas?* Have you got change for a thousand pesetas? **5** (*Fin*) **(a)** (*divisas*) exchange rate: *el ~ del yen respecto al franco* the rate of the yen against the franc ◊ *Son 15.000 pesetas al ~.* That's 15 000 pesetas at today's rate. ◊ *los tipos de ~* the exchange rates **(b) Cambio** (*en cartel*) Bureau de Change

LOC a cambio (de/de que) in return (for *sth/doing sth*): *No recibieron nada a ~.* They got nothing in return. ◊ *Te lo doy a ~ de que cuides a los niños.* You can have it in return for looking after the children. **cambio de divisas** foreign exchange **cambio de guardia** changing of the guard **cambio de impresiones** exchange of views **cambio de marcha/velocidad** gear change **cambio de rasante** brow (of a hill): *¡Cuidado, hay un ~ de rasante!* There's a dangerous brow here. **cambio de sentido** U-turn: *Hay un ~ de sentido a 500 metros.* You can make a U-turn in 500 metres. **cambio de vía** points [*v pl*] **en cambio**: *A ella le pareció horrorosa; a mí, en ~, me gustó.* She thought it was horrible but I liked it. ◊ *A mí me gustan más bien maduros, en ~ ella los prefiere jovencitos.* I like older men buy she likes them young. **un cambio a mejor/peor** a change for the better/worse *Ver tb* AGENTE, AIRE, CAJA, EFECTUAR, LETRA, PALANCA, PARIDAD, PRIMERO

cambista *nmf* money changer

Camboya *nf* Cambodia

camelar(se) *vt, v pron* **1** (*convencer*) **(a)** (*gen*) to talk *sb* into *doing sth*: *Camelaré a tu padre para que os deje salir.* I'll talk your father into letting you go out. **(b)** (*halagando*) to butter *sb* up: *Me pone negra que intentes camelarte al jefe.* I can't stand you buttering up the boss. **2** (*ligar*) to flirt **with *sb***: *Siempre está intentando camelar a la vecina.* He's always flirting with the neighbour.

camelia *nf* camellia

camello, -a *nm-nf* camel

■ **camello** *nm* (*traficante*) pusher **LOC** *Ver* PELO

camelo *nm* **1** (*engaño*) con: *¡Vaya un ~!* What a con! **2** (*bulo*) cock-and-bull story: *Lo de su enfermedad es un ~.* All that about him being ill is a cock-and-bull story. **3** (*broma*) joke

LOC dar el camelo to take *sb* for a ride: *Me han dado el ~.* I've been taken for a ride. *Ver tb* SONAR[2]

camera *nf* small double bed

camerino *nm* dressing room

Camerún *nm* Cameroon

camilla *nf* **1** (*Med*) stretcher **2** (*mesa*) round occasional table **LOC** *Ver* MESA

camillero, -a *nm-nf* stretcher-bearer

caminante *nmf* traveller

caminar *vi* **1** (*andar*) to walk **2** ~ **hacia** (*fig*) to head for *sth*: *Caminan hacia el fracaso.* They're heading for failure.

■ **caminar** *vt* to cover: *Hemos caminado 20 km.* We've covered 20 km.

LOC ¡camina! go away! **ir caminando** to go on foot *Ver tb* RUMBO

caminata *nf* trek: *Hay una buena ~ de aquí a la estación.* It's quite a trek from here to the station.

LOC darse/pegarse una caminata to walk a long way

camino *nm* **1** (*carretera no asfaltada*) gravel road **2** (*ruta, medio*) way: *No me acuerdo del ~.* I can't remember the way. ◊ *Me la encontré en el ~.* I met her on the way. ◊ *No hay otro ~.* There's no other way. **3 ~ (a/de)** (*senda*) path (**to *sth***): *el ~ a la fama* the path to fame

LOC a medio camino halfway: *A medio ~ paramos a descansar.* We stopped to rest halfway. **camino de rosas** bed of roses **Camino de Santiago** pilgrimage to Santiago **camino forestal** forest track **camino sin retorno/salida** blind alley **camino vecinal** byroad **(estar/ir) camino de...** (to be) on the/your way to... **ir por buen/mal camino 1** (*persona*) to be on the right/wrong track **2** (*asunto*) to go well/badly **llevar por mal camino** to lead *sb* astray **llevar camino de**: *Esto lleva ~ de no acabarse nunca.* It looks as if this will never get finished. **no salirse del camino trillado** to stick to what you know **ponerse en camino** to set off **un camino de cabras** a bad road *Ver tb* ABONADO[1], ABRIR, ACORTAR, ALEJAR, ALTO *nm*, APARTAR, DESHACER, INGENIERO, PILLAR, ROMA, SEGUIR

camión *nm* lorry

LOC camión blindado armoured vehicle **camión cisterna** tanker **camión de la basura** dustcart **camión de mudanzas** removal van **camión de reparto** delivery van **camión frigorífico** refrigerated lorry **estar como un camión** to be a knockout

camionero, -a *nm-nf* lorry driver

camioneta *nf* van

camisa *nf* **1** (*gen*) shirt: *Te he comprado una ~ de rayas.* I've bought you a striped shirt. ◊ *¡Métete la ~!* Tuck your shirt in! ☛ *Ver ilustración en* AMERICANA **2** (*blusa*) blouse

LOC camisa de frac dress shirt **camisa de fuerza** straitjacket **dejar a algn sin camisa** to leave sb penniless **meterse en camisa de once varas** to interfere **perder/dejarse hasta la camisa**: *Fue a los caballos y perdió hasta la ~.* He went to the races and lost his shirt. *Ver tb* APOSTAR[2], CAMBIAR, HABLAR, MANGA

camisería *nf* shirtmaker's [*pl* shirtmakers] ☛ *Ver nota y ejemplos en* CARNICERÍA

camisero, -a *adj* shirt [*n atrib*]: *cuello ~* shirt collar ◊ *vestido ~* shirt-dress

camiseta *nf* **1** (*ropa interior*) vest: *En invierno me gusta llevar ~.* I like wearing a vest in winter. ◊ *una ~ de red/malla* a string vest **2** (*exterior*) T-shirt **3** (*Dep*) **(a)** (*gen*) shirt: *la ~ número 11* the number 11 shirt **(b)** (*atletismo*) singlet

camisola *nf* **1** (*prenda interior*) camisole **2** (*de deportista*) shirt **3** (*camisón*) nightdress, nightie (*coloq*)

camisón *nm* nightdress, nightie (*coloq*)

camomila *nf* camomile

camorra *nf* **1** (*jaleo*) shindy: *armar/montar ~* to kick up a shindy **2** (*pelea*) fight: *buscar ~* to be looking for a fight

camorrista *nmf* troublemaker

campa *nf* open ground [*incontable*]: *La fiesta se celebró en una ~ de las afueras.* The festival took place on a piece of open ground in the outskirsts of the town.

campal *adj* **LOC** *Ver* BATALLA

campamento *nm* camp: *ir de ~* to go camping ◊ *montar un ~* to make camp **LOC** *Ver* ASENTAR, LEVANTAR

campana *nf* **1** (*gen*) bell: *Las ~s tocaban a misa.* The bells were ringing for mass. **2** (*extractor*) extractor hood

LOC campana de buzo/inmersión diving bell **echar las campanas al vuelo 1** (*propagar*) to shout *sth* from the rooftops **2** (*alegrarse*) to be over the moon **3** (*celebrar antes de tiempo*) to count your chickens (before they're hatched) **de campana** (*pantalones*) bell-bottomed *Ver tb* OÍR, TOQUE, VUELTA

campanada *nf* **1** (*campana*) ringing (of the bells): *Sonaron las ~s.* The bells rang out. **2** (*reloj*) stroke: *las doce ~s de Año Nuevo* the twelve strokes of midnight at the start of the new year **3** (*bombazo*) sensation

LOC dar dos, etc campanadas to strike two, etc **dar la campanada** to cause a sensation

campanario *nm* belfry ☛ *Ver ilustración en* IGLESIA

campanilla *nf* **1(a)** (*gen*) (small) bell: *El gato llevaba una ~ en el collar.* The cat had a bell on its collar. **(b)** (*de la puerta*) doorbell **(c)** (*de mano*) handbell **2** (*Bot*) bellflower **3** (*Anat*) uvula ☛ *Ver ilustración en* THROAT

LOC campanilla de invierno snowdrop ☛ *Ver ilustración en* FLOR **de (muchas) campanillas 1** (*importante*) top-notch **2** (*famoso*) well-known **3** (*elegante*) classy *Ver tb* TIRADOR

campanilleo *nm* ringing

campante *adj* cool: *seguir/quedarse tan ~* to stay cool

campanudo, -a *adj* pompous

campaña *nf* **1** (*Com, Pol, Mil*) campaign: *durante la ~ electoral* during the election campaign ◊ *Han lanzado una ~ anti-droga.* They've launched an anti-drug campaign. ◊ *hacer ~ en pro de los derechos humanos* to campaign for human rights **2** (*campo llano*) plain

LOC campaña de desprestigio smear campaign **estar en campaña** to be campaigning *Ver tb* TIENDA, TRAJE

campear *vi* to stand out

campechano, -a *adj* down-to-earth

campeón, -ona *nm-nf* champion: *el ~ del mundo/de Europa* the world/European champion **LOC** *Ver* PROCLAMAR

campeonato *nm* championship: *Nos hemos clasificado para el ~ de España de pimpón.* We've qualified for the Spanish table tennis championship. ◊ *los ~s mundiales de atletismo* the world athletics championships

LOC de campeonato 1 (*magnífico*) wonderful **2** (*enorme*) enormous **3** (*terrible*) terrible: *Fue una tomadura de pelo de ~.* It was a terrible leg-pull. ◊ *Hace un calor de ~.* It's terribly hot. **4** (*total*) complete: *tontos de ~* complete idiots

campero, -a *adj* **LOC** *Ver* BOTA[2]

campesino, -a *nm-nf* **1** (*agricultor*) farmworker

> En la actualidad, el término **peasant** solo se utiliza para referirse a comunidades rurales tradicionales, especialmente las del tercer mundo, o bien en un contexto histórico.

2 (*aldeano*) countryman/woman [*pl* countrymen/women]: *los ~s* country people

campestre *adj* country [*n atrib*]: *una excursión ~* a trip to the country

LOC comida/merienda campestre picnic

camping *nm* campsite

LOC hacer camping to camp **ir de camping** to go camping

campiña *nf* countryside: *Hicimos una excursión por la ~ inglesa.* We had a day out in the English countryside.

campista *nmf* camper

campo *nm* **1** (*naturaleza*) country: *Me gusta pasear por el ~.* I like walking in the country. ◊ *vivir en el ~* to live in the country **2** (*tierra de cultivo*) field: *~s de cebada* fields of barley **3** (*paisaje*) countryside: *El ~ está precioso en primavera.* The countryside looks lovely in spring. **4** (*ámbito, Fís, Informát*) field: *un ~ magnético/semántico* a magnetic/semantic field ◊ *el ~ de la ingeniería* the field of engineering **5** (*Dep*) **(a)** (*terreno*) pitch: *un ~ de fútbol* a football pitch ◊ *Los jugadores aún no han salido al ~.* The players have still not come out onto the pitch. ☛ *Ver ilustración en* CRICKET, FÚTBOL **(b)** (*estadio*) ground: *el ~ del Sevilla* Seville's ground **(c)** (*zona*) half [*pl* halves]: *Los equipos están situados en sus respectivos ~s.* The teams are in their respective halves. ◊ *Los capitanes eligen ~.* The captains choose ends. **6** (*Mil*) territory: *Nos adentramos en ~ enemigo sin ser vistos.* We entered enemy territory without being seen. **7** (*campamento*) camp: *un ~ de concentración/prisioneros* a concentration/prison camp

LOC campo a través cross-country **campo de actividades** sphere of operations **campo de aterrizaje** landing-strip **campo de batalla** battlefield **campo de golf** golf course ☛ *Ver ilustración en* GOLF **campo de maniobras** training ground **campo de tiro 1** (*lugar*) rifle range **2** (*distancia*) range **campo minado** minefield **campo petrolífero** oilfield **campo visual** field of vision **de campo 1** (*animal*) wild: *conejo de ~* wild rabbit **2** (*persona*) country: *gente de ~* country people

dejar el campo libre to make way *for sb*: *Se jubiló para dejar el ~ libre a los más jóvenes.* He retired to make way for younger people. ◊ *Vale, te dejo el ~ libre.* OK, I'll get out of your way. **en campo contrario** (*Dep*) away: *jugar en ~ contrario* to play away **medio campo** midfield: *un jugador de medio ~* a midfield player ☛ *Ver ilustración en* FÚTBOL **ser más del campo que las amapolas** to be a real country bumpkin *Ver tb* AYUDANTE, CASA, CENTRO, FAENA, HOMBRE, LABOR, LÍNEA, PRODUCTO, PROPIO, RATÓN

camposanto *nm* cemetery

campus *nm* campus [*pl* campuses]

camuflado, -a *pp, adj* (*coche policial*) unmarked *Ver tb* CAMUFLAR

camuflaje *nm* camouflage: *uniforme militar de ~* camouflage uniform

camuflar *vt* **1** (*Mil*) to camouflage **2** (*esconder*) to conceal **3** (*fig*) to disguise

cana *nf* grey hair: *tener ~s* to have grey hair ◊ *¡Me han salido tres ~s!* I've got three grey hairs!
LOC **echar una cana al aire** to let your hair down

Canadá *nm* Canada

canadiense *adj, nmf* Canadian

canal *nm* **1** (*paso natural, TV, Informát*) channel: *el ~ de la Mancha* the (English) Channel ◊ *un ~ de televisión* a TV channel

En Gran Bretaña hay cinco cadenas de televisión nacionales: **BBC1**, **BBC2**, **ITV**, **Channel 4** y **Channel 5**. En ITV Channel 4 y Channel 5 hay publicidad (son **commercial channels**). La BBC1 y BBC2 son cadenas del estado, no tienen publicidad y se financian a través del pago de licencias (**TV licence**).

2 (*paso artificial, de riego, de navegación, Anat*) canal: *el ~ de Suez* the Suez Canal ◊ *los ~es holandeses* the Dutch canals ◊ *el ~ digestivo* the alimentary canal
■ **canal** *nm o nf* (*tejado*) gutter ☛ *Ver ilustración en* HOUSE **LOC** *Ver* INGENIERO

canalé *nm* ribbing: *medias de ~* ribbed tights

canalización *nf* **1** (*río*) canalization **2** (*ideas, fondos*) channelling **3** (*Tec*) pipeline: *canalizaciones petrolíferas* oil pipelines

canalizar *vt* **1** (*río*) to canalize **2** (*ideas, fondos*) to channel: *~ la inversión* to channel investment

canalla *nmf* swine: *¡Eres un ~!* You swine!
■ **canalla** *nf* riff-raff: *Son la ~ del barrio.* They're the riff-raff of the district.

canallada *nf* dirty trick: *hacerle una ~ a algn* to play a dirty trick on sb

canallesco, -a *adj* despicable

canalón *nm* **1** (*Arquit*) gutter ☛ *Ver ilustración en* HOUSE **2 canalones** *Ver* CANELÓN

canapé *nm* **1** (*Cocina*) canapé **2** (*mueble*) sofa

Canarias *nf* the Canaries, the Canary Islands

canario *nm* (*pájaro*) canary

canasta *nf* **1** (*gen*) basket: *Llevaba una ~ llena de fruta.* She was carrying a basket of fruit. ◊ *hacer/meter ~* to score a basket **2** (*Naipes*) canasta

canasto *nm* **1** (*cesto*) basket **2** (*bebé*) Moses basket
■ **¡canastos!** *interj* good heavens!

cancán *nm* **1** (*baile*) cancan **2** (*prenda de vestir*) flounced petticoat

cancela *nf* iron gate

cancelación *nf* **1** (*gen*) cancellation: *Anunciaron la ~ del vuelo.* They announced the cancellation of the flight. **2** (*deuda*) settling **3** (*cuenta bancaria*) closure

cancelar *vt* **1** (*gen*) to cancel: *~ un vuelo/una reunión* to cancel a flight/meeting **2** (*deuda*) to settle **3** (*cuenta bancaria*) to close

cáncer *nm* cancer [*gen incontable*]: *padecer un ~ de mama/pulmón* to suffer from breast/lung cancer ◊ *~es incurables* incurable cancers
■ **cáncer** (*tb* **Cáncer**) *nm, nmf* (*Astrología*) Cancer ☛ *Ver ejemplos en* AQUARIUS; *Ver ilustración en* ZODIACO

cancerígeno, -a *adj* carcinogenic: *sustancias cancerígenas* carcinogenic substances

canceroso, -a *adj* cancerous: *Le han detectado un tumor ~ en el riñón.* They've found a cancerous tumour in one of her kidneys.

cancha *nf* **1** (*Tenis, Baloncesto, Frontón*) court: *Los jugadores ya están en la ~.* The players are on court. ☛ *Ver ilustración en* TENNIS **2** (*Fútbol*) pitch **LOC** *Ver* SALTAR

canciller *nm* **1** (*presidente del gobierno*) Chancellor **2** (*ministro de Asuntos Exteriores*) **(a)** (*en Gran Bretaña*) Foreign Secretary **(b)** (*en el resto del mundo*) Foreign Minister **3** (*embajada, consulado*) Chief Secretary

cancillería *nf* chancellery

canción *nf* **1** (*Mús*) song **2** (*excusa*) story: *No me vengas con canciones.* Don't come to me with stories!
LOC **canción de amor** love-song **canción de cuna** lullaby **canción de gesta** epic poem **canción infantil** nursery rhyme **la misma canción de siempre** the same old story **poner/meter en canción** to fill *sb's* head with ideas **ser otra canción** to be another story

cancionero *nm* **1** (*Mús*) songbook **2** (*Liter*) anthology

candado *nm* padlock: *cerrado con ~* padlocked
LOC **echar el candado** to put the padlock *on* (*sth*): *Échale el ~ a la puerta.* Put the padlock on the door.

candar *vt* to padlock

candela *nf*
LOC **dar/arrear/atizar candela** to beat *sb* up

candelabro *nm* candelabrum [*pl* candelabra]

Nótese que también se puede decir **candelabra** [*pl* candelabras].

candelero *nm* candlestick
LOC **estar en (el) candelero 1** (*persona*) to be in the limelight **2** (*asunto*) to be in the news

candente *adj* **1** (*metal, noticia*) red-hot **2** (*de actualidad*) burning: *un tema ~* a burning issue **LOC** *Ver* CUESTIÓN

candidato, -a *nm-nf* **~ (a) 1** (*gen*) candidate (**for** ***sth***): *el ~ a la presidencia del club* the candidate for club chairman ◊ *presentarse como ~ a la presidencia* to stand for president **2** (*puesto de trabajo*) applicant (**for** ***sth***) **LOC** *Ver* PAJA, SELECCIÓN

candidatura *nf* **1 ~ (a)** candidature (**for** ***sth***): *renunciar a una ~* to withdraw your candidature ◊ *Anunció su ~ a la reelección.* She announced her intention to stand for reelection. ◊ *Es el único que presenta su ~ al senado.* He's the only one who is standing for the senate. **2** (*lista electoral*) list (of candidates) **3** (*papeleta de voto*) ballot paper

candidez *nf* **1** (*candor*) innocence **2** (*ingenuidad*) naivety

cándido, -a *adj* **1** (*inocente*) innocent **2** (*ingenuo*) naive

candil *nm* oil lamp

candilejas *nf* (*Teat*) footlights

candor *nm* innocence

candoroso, -a *adj* innocent

canela *nf* cinnamon
LOC **canela en polvo** ground cinnamon **canela en rama** cinnamon sticks [*v pl*]

canelo *nm*
LOC **hacer el canelo** to be a mug

canelón (*tb* **canelones**) *nm* cannelloni [*incontable*]: *Mi plato favorito son los canelones.* Cannelloni is my favourite food.

canesú *nm* bodice

cangrejo *nm* **1** (*de mar*) crab ☛ *Ver ilustración en* SHELLFISH **2** (*de río*) crayfish [*pl* crayfish]

canguelo (*tb* **canguis**) *nm*: *tener ~* to be scared ◊ *Yo no me monto, que me da mucho ~.* I'm not going on that ride–I'm scared.

canguro *nm* kangaroo [*pl* kangaroos]
■ **canguro** *nmf* babysitter
LOC **hacer de canguro** to babysit (*for sb*) ☛ *Ver nota en* CHILDMINDER

caníbal *adj, nmf* cannibal [*n*]: *una tribu ~* a cannibal tribe
canibalismo *nm* cannibalism
canica *nf* marble: *jugar a las ~s* to play marbles
caniche *nm* poodle ☛ *Ver ilustración en* DOG[1]
canícula *nf* dog days [*v pl*]
canicular *adj* midsummer [*n atrib*]: *un día ~* a midsummer day
canijo, -a *adj* (*enclenque*) puny
■ **canijo, -a** *nm-nf* shrimp: *No puedes venir porque eres todavía un ~.* You can't come–you're too little.
canilla *nf* **1** (*carrete*) reel **2** (*tibia*) shin bone **3 canillas** (*piernitas*) thin legs: *¡Anda, tápate esas ~s ridículas!* Come on, cover those thin legs of yours.
canino, -a *adj* canine
■ **canino** *nm* canine (tooth) **LOC** *Ver* HAMBRE
canje *nm* exchange
canjear *vt* to exchange *sth* (**for** *sth*): *~ un vale* to exchange a voucher
cano, -a *adj* grey: *un hombre de pelo ~* a grey-haired man
canoa *nf* canoe
canódromo *nm* greyhound track
canon *nm* **1** (*norma, Mús, Relig*) canon **2 cánones** (*Relig*) canon law [*incontable, v sing*]
LOC con arreglo a/como mandan los cánones as tradition dictates: *La novia iba de blanco, como mandan los cánones.* The bride was dressed in traditional white.
canónico, -a *adj* canonical **LOC** *Ver* DERECHO
canónigo *nm* canon
canonizar *vt* to canonize
canoso, -a *adj* grey: *Tiene el pelo ~.* His hair is grey. ◊ *un hombre de pelo ~* a grey-haired man
cansado, -a *pp, adj* **1** (*fatigado*) tired (**from doing** *sth*): *Están ~s de tanto correr.* They're tired from all that running. **2 ~ de** (*aburrido, harto*) tired **of** *sth*/*sb*/**doing** *sth*: *¡Está ~ de ti!* He's tired of you! ◊ *Estoy ~ de ayudarte.* I'm tired of trying to help you. **3** (*fatigoso*) tiring: *Fue un viaje muy ~.* It was a very tiring journey. *Ver tb* CANSAR **LOC** *Ver* GAFAS, VISTA
cansancio *nm* **1** (*fatiga*) tiredness **2** (*aburrimiento*) boredom: *¡Qué ~ hacer siempre lo mismo!* It's very boring doing the same thing all the time!
LOC estoy que me caigo/muero de cansancio/sueño I'm, you're etc fit to drop *Ver tb* MUERTO
cansar *vt* **1** (*fatigar*) to tire *sb*/*sth* (out): *Dar clase me cansa mucho.* Teaching really tires me out. ◊ *Leer mucho cansa la vista.* Too much reading is tiring to the eyes. **2** (*aburrir, hartar*): *Me cansa repetir las cosas.* I get tired of having to say the same thing again and again.
■ **cansar** *vi* **1** (*fatigar*) to be tiring: *Este trabajo cansa mucho.* This work is very tiring. **2** (*aburrir*) to be tiresome
■ **cansarse** *v pron* **cansarse (de)** to get tired (**of** *sth*/**doing** *sth*): *Se cansa en seguida.* He gets tired very easily.
LOC sin cansarse 1 (*una y otra vez*) over and over again: *Lo repetía sin ~se.* He repeated it over and over again. **2** (*sin cesar*) relentlessly: *Persiguieron su objetivo sin ~se.* They pursued their objective relentlessly.
cansino, -a *adj* weary
cantamañanas *nmf*: *Tu hermano es un ~.* Your brother is all talk.
cantante *nmf* singer: *un ~ de pop* a pop singer **LOC** *Ver* VOZ
cantaor, ~a *nm-nf* flamenco singer
cantar[1] *nm* song
LOC cantar de gesta epic poem *Ver tb* OTRO
cantar[2] *vt, vi* **1** (*gen*) to sing: *Los pájaros cantaban.* The birds were singing. ◊ *~ a la libertad* to sing of freedom ◊ *¡Vamos a ~ algo alegre!* Let's sing something cheerful! **2** (*confesar*) to give *sth* away: *El ladrón lo cantó todo.* The thief gave it all away.
■ **cantar** *vi* **1** (*animal*) **(a)** (*cigarra, pájaro pequeño*) to chirp **(b)** (*gallo*) to crow **2** (*llamar la atención*) to stand out: *¡Cómo canta ese Mercedes!* That Merc really stands out! **3** (*oler mal*) to stink: *¡Te cantan los pies!* Your feet stink!
■ **cantar** *vt* (*decir entonando*) to chant: *Los niños de S. Ildefonso cantan los números de la lotería.* The niños de S. Ildefonso chant the lottery numbers.
LOC cantar a dos voces/dúo to sing a duet: *Lo cantaron a dos voces.* They sang it as a duet. **cantar al son de** to sing along to *sth* **cantar de plano** to spill the beans **cantar las cuarenta** to tell *sb* a few home truths **cantar victoria** to celebrate: *No cantemos victoria todavía.* Let's not start celebrating yet. *Ver tb* BINGO, CARTA, COSER, LÍNEA, MENOS, OTRO
cantarín, -ina *adj* **1** (*voz*) singsong **2** (*persona*) chirpy
cántaro *nm* (*tb* **cántara** *nf*) **1(a)** (*vasija*) pitcher **(b)** (*contenido*) pitcherful **2** (*de leche*) churn **LOC** *Ver* LLOVER
cantata *nf* cantata
cantautor, ~a *nm-nf* singer-songwriter
cante *nm* singing: *un festival de ~ flamenco* a festival of flamenco singing
LOC dar el cante (*llamar la atención*) to stick out like a sore thumb
cantera *nf* **1** (*de piedra*) quarry **2** (*fig*) **(a)** (*institución*): *Esta escuela es una ~ de artistas.* This school has produced many artists. **(b)** (*Dep*) youth squad
cántico *nm* canticle
cantidad *nf* **1(a)** (*gen*) amount: *una pequeña ~ de pintura/agua* a small amount of paint/water **(b)** (*personas, objetos*) number: *una gran ~ de personas* a large number of people ◊ *¡Qué ~ de coches!* What a lot of cars! **2** (*dinero*) sum: *una enorme ~ de dinero* a huge sum of money ◊ *Deben abonar la ~ de 10.000 pesetas.* They must pay the sum of 10 000 pesetas. ◊ *¿Qué ~ te pidieron por el coche?* How much did they ask you for the car? **3** (*magnitud*) quantity: *Prefiero la calidad a la ~.* I prefer quality to quantity.
■ **cantidad** *adv* **1** (*mucho*) a lot: *Habla ~.* He talks a lot. ◊ *Nos cansamos ~.* We got very tired. **2 ~ de** (*muy*) really: *Es ~ de maja.* She's really nice.
LOC cantidad apostada stake **en cantidad** lots: *Tenemos bebidas en ~.* We've got lots to drink. ◊ *Comieron en ~.* They ate masses. **en cantidades industriales** in huge amounts
cantimplora *nf* water bottle
cantina *nf* **1** (*estación*) buffet **2** (*Mil, fábrica, universidad*) canteen
cantinela *nf* folk-song **LOC** *Ver* MISMO
canto[1] *nm* (*piedra*)
LOC canto (rodado) 1 (*guijarro*) pebble **2** (*roca*) boulder **darse con un canto en los dientes** to count yourself lucky *Ver tb* CERRAR, FALTAR
canto[2] *nm* **1** (*gen*) singing: *estudiar ~* to study singing **2** (*canción, poema*) song: *un ~ a la belleza* a song to beauty ◊ *el ~ de las aves* birdsong **3** (*cigarra*) chirping **4** (*Relig*) chant
LOC canto del cisne swansong **canto del gallo** cockcrow
canto[3] *nm* (*borde*) edge: *el ~ de una mesa* the edge of a table
LOC al canto: *En cuanto viene, problemas al ~.* When she comes there are always problems. **de canto** on its/their side: *poner algo de ~* to put sth on its side **el canto de un duro**: *Perdimos el autobús por el ~ de un duro.* We missed the bus by a hair's breadth. ◊ *Me faltó el ~ de un duro para despeñarme.* I nearly fell off the cliff.
cantón *nm* canton
cantor, ~a *adj* singing
■ **cantor, ~a** *nm-nf* singer **LOC** *Ver* AVE
canturrear *vt, vi* to hum
canutas *adv*
LOC pasarlas canutas to have a hard time
canuto *nm* **1** (*tubo*) tube **2** (*porro*) joint

caña *nf* **1** (*Bot*) **(a)** (*junco*) reed **(b)** (*bambú, azúcar*) cane: *~ de azúcar* sugar cane **2** (*cerveza*) (glass of) beer: *Me tomé cuatro ~s.* I had four glasses of beer. ☛ *Ver nota en* CERVEZA
LOC caña de timón tiller ☛ *Ver ilustración en* YACHT **caña (de pescar)** fishing rod **dar/meter caña 1** (*golpear*) to hit *sb* **2** (*meter prisa*) to hurry *sb* up **3** (*conduciendo*) to put your foot down: *¡Dale ~ al coche!* Put your foot down! **4** (*trabajo*) to get on with *sth*: *Tenemos que darle ~ al informe.* We must get on with the report. **5** (*azuzar*) to push *sb*: *Hay que meterle ~, porque si no no hace nada.* You have to push him to get him to do anything. *Ver tb* BOTA[2]
cañada *nf* **1** (*valle*) gully **2** (*camino*) cattle track
cañamazo *nm* hessian
cáñamo *nm* **1** (*Bot*) hemp **2** (*tela*) hessian
cañaveral (*tb* **cañizal**) *nm* **1** (*plantado de cañas*) reedbed **2** (*plantado de cañas de azúcar*) sugar cane field
cañería *nf* pipe: *las ~s del agua/gas* the water-pipes/gas-pipes ◊ *la ~ de desagüe* the drainpipe ☛ *Ver ilustración en* HOUSE **LOC** *Ver* DISTRIBUCIÓN
cañizo *nm* cane roof
caño *nm* **1** (*de una fuente*) spout **2** (*tubo*) pipe
cañón *nm* **1** (*de artillería*) **(a)** (*moderno*) (heavy) gun: *un ~ antiaéreo* an anti-aircraft gun **(b)** (*Hist*) cannon **2** (*de un fusil*) barrel: *Estaba limpiando el ~ de la escopeta.* He was cleaning the barrel of the gun. ☛ *Ver ilustración en* GUN **3** (*Geog*) canyon: *el ~ del Colorado* the Grand Canyon **4** (*estupendo*) fantastic: *una película ~* a fantastic film
■ **cañón** *adv*: *Lo pasamos ~.* We had a great time. ◊ *Esa chica está ~.* That girl is gorgeous. **LOC** *Ver* BALA, CARNE, ESCOPETA, PIE
cañonazo *nm* **1** (*de cañón moderno*) **(a)** (*un disparo*) artillery shot **(b) cañonazos** shelling [*incontable, v sing*]: *El hotel fue dañado por los ~s.* The hotel was damaged by the shelling. **2** (*de cañón antiguo*) cannon shot: *una salva de 21 ~s* a 21-gun salute **3** (*Fútbol*) rocket
cañonero *nm* gunboat
caoba *nf* (*árbol, madera*) mahogany
■ **caoba** *nm* (*color*) **1** (*gen*) mahogany: *una tela (de color) ~* mahogany-coloured material **2** (*pelo*) auburn ☛ *Ver ejemplos en* AMARILLO
caos *nm* chaos [*incontable*]: *La noticia causó un ~ total.* The news caused chaos.
caótico, -a *adj* chaotic
capa *nf* **1** (*gen*) layer: *una ~ de polvo* a layer of dust ◊ *la ~ de ozono* the ozone layer **2** (*madera, papel*) ply [*incontable*]: *pañuelos de papel de tres ~s* three-ply tissues **3** (*metal*) plating: *un anillo con una ~ de oro* a gold-plated ring **4** (*pintura, barniz*) coat **5** (*chocolate, azúcar*) coating: *La tarta tenía una ~ de chocolate.* The cake was coated in chocolate. **6** (*prenda*) **(a)** (*larga*) cloak **(b)** (*corta*) cape
LOC a capas layered: *pelo cortado a ~s* layered hair **andar/estar/ir de capa caída** to be a bit down **capa de agua** (*prenda*) waterproof cape **hacer de su capa un sayo** to do as you please **capa social** social stratum [*pl* social strata] *Ver tb* COMEDIA, DEFENDER
capacho *nm Ver* CAPAZO
capacidad *nf* **~ (de/para) 1** (*gen*) capacity (**for** *sth*): *Muestra una gran ~ de trabajo.* She shows a great capacity for work. ◊ *un hotel con ~ para 300 personas* a hotel which can accommodate 300 guests ◊ *El tanque tiene 200 litros de ~.* The tank holds 200 litres. **2** (*aptitud*) ability (**to do** *sth*): *No has alcanzado los límites de tu ~.* You haven't reached the limits of your ability. ◊ *Tiene poca ~ para gobernar.* He doesn't have the ability to govern. ◊ *Tienes suficiente ~ para hacerlo.* You have the ability to do it.
LOC capacidad adquisitiva/de compra purchasing power **capacidad de concentración** powers of concentration [*v pl*] **capacidad de decisión** power to take decisions

capacitación *nf* training: *Hice un curso de ~ profesional.* I went on a training course.
capacitado, -a *pp, adj* **1** (*capaz*) capable: *una persona muy capacitada* a very capable person **2 ~ para** qualified ***to do sth***: *Estoy ~ para opinar/ejercer como médico.* I'm qualified to judge/practise as a doctor. *Ver tb* CAPACITAR
capacitar *vt* to qualify *sb* (***to do sth***): *El título me capacita para ejercer.* The degree qualifies me to practise. ◊ *El cargo la capacita para decidir.* Her post qualifies her to decide.
capar *vt* to castrate
caparazón *nm* shell: *un ~ de tortuga* a tortoise shell
LOC encerrarte/meterte en tu caparazón to withdraw into your shell
capataz *nmf* foreman/woman [*pl* foremen/women]
capaz *adj* **~ (de)** capable (**of** ***sth/doing sth***): *Quiero gente ~ y trabajadora.* I want capable, hardworking people.
LOC ser capaz de 1 (*poder*) to be able *to do sth*: *No sé cómo fue ~ de decírselo así.* I don't know how he could tell her like that. ◊ *No soy ~ de dormirme.* I can't get to sleep. **2** (*atreverse a*): *¿Serás ~ de negarlo?* Do you dare to deny it? ◊ *Son capaces de no venir.* They may very well not come. **3** (*molestarse en*) to bother *to do sth*: *No es ~ ni de preguntar por su madre.* He doesn't even bother to ask about his mother. **ser capaz de cualquier cosa/todo** to be capable of anything
capazo *nm* **1** (*cesta*) basket **2** (*bebé*) carrycot
capcioso, -a *adj* deceitful **LOC** *Ver* PREGUNTA
capea *nf* bullfight with young bulls
capear *vt* to get round *sth*: *~ un problema* to get round a problem
LOC capear el temporal to weather the storm
capellán *nm* chaplain
Caperucita
LOC Caperucita Roja Little Red Riding Hood
caperuza *nf* **1** (*capucha*) (pointed) hood **2** (*pluma, bolígrafo*) top
capicúa *adj* palindromic
■ **capicúa** *nm* **1** (*número*) palindromic number **2** (*palabra*) palindrome
capilar *adj* **1** (*relativo al cabello*) hair [*n atrib*]: *un tratamiento ~* a hair treatment **2** (*Fís, Med*) capillary [*n*]: *vasos ~es* capillaries
■ **capilar** *nm* capillary **LOC** *Ver* LOCIÓN
capilla *nf* chapel ☛ *Ver ilustración en* IGLESIA
LOC capilla ardiente chapel of rest **estar en capilla** to be on tenterhooks
capirotazo *nm* flick
capirote *nm* hood **LOC** *Ver* TONTO
capital[1] (*Fin*) *nm* capital
LOC capital social share capital *Ver tb* EVASIÓN
capital[2] *adj* **1** (*ciudad*) capital **2** (*fundamental*) crucial: *una cuestión de ~ importancia* a crucial issue **3** (*obra*) major
■ **capital** *nf* capital: *Oviedo es la ~ de la provincia.* Oviedo is the provincial capital. ◊ *¿Madrid provincia o Madrid ~?* The province or the city of Madrid? **LOC** *Ver* PECADO, PENA
capitalismo *nm* capitalism
capitalista *adj, nmf* capitalist **LOC** *Ver* SOCIO
capitalizar *vt* (*aprovechar*) to capitalize on *sth* [*vi*]: *Tratan de ~ los errores de la competencia.* They're trying to capitalize on their competitors' mistakes.
capitán, -ana *nm-nf* captain: *el ~ del equipo* the team captain
LOC capitán de corbeta/fragata lieutenant commander **capitán de navío** captain (of a ship) [*pl* captains] **capitán general** Field Marshal
capitanear *vt* **1** (*Mil, Náut*) to command **2** (*Dep*) to captain **3** (*expedición*) to lead
capitanía *nf* captaincy
LOC capitanía general 1 (*cargo*) rank of Field Marshal: *ejercer la ~ general* to be a Field Marshal **2** (*edificio*) military headquarters [*v sing o pl*]

capitel *nm* capital ☛ *Ver ilustración en* COLUMNA
capitolio *nm* capitol: *el Capitolio* the Capitol
capitoste *nm* bigwig
capitulación *nf* surrender, capitulation (*más formal*): *una ~ sin condiciones* unconditional surrender
LOC capitulaciones matrimoniales marriage settlement [*sing*]
capitular *vi* **1** (*rendirse*) to surrender, to capitulate (*más formal*) **2** (*ceder*) to give in: *Ante sus ruegos, capitulé.* I gave in to his pleas.
capítulo *nm* **1** (*libro*) chapter **2** (*Radio, TV*) episode **3** (*apartado, Jur*) section: *En el ~ tres del acuerdo/de la ley.* In section three of the agreement/act. **4** (*tema*) matter: *Ese ~ es mejor olvidarlo.* That matter's best forgotten.
LOC ser capítulo aparte to be another story
capó *nm* bonnet ☛ *Ver ilustración en* CAR
capón *nm* **1** (*pollo*) capon **2** (*coscorrón*) tap on the head: *Me dio un ~.* He tapped me on the head.
capota *nf* hood **LOC** *Ver* COCHE
capote *nm* **1(a)** (*capa*) cloak **(b)** (*Mil*) greatcoat **2** (*de torero*) cape
LOC echar un capote to help *sb* out of a tight spot
capricho *nm* **1** (*antojo*) whim: *los ~s del destino* the whims of fate **2** (*Arte, Mús*) capriccio [*pl* capriccios]
LOC a (mi) capricho as the fancy takes me, you, etc: *Viven su vida a ~.* They live as the fancy takes them. **darle un capricho a algn** to give sb a treat **darse un capricho** to give yourself a treat **por capricho** because I, you, etc feel like it: *Lo hice por puro ~.* I did it because I felt like it. **tener el capricho de hacer algo** to feel like doing sth: *Tengo el ~ de hacer un crucero.* I feel like going on a cruise.
caprichoso, -a *adj* **1(a)** (*variable*) changeable: *un tiempo ~* changeable weather ◊ *La moda es caprichosa.* Fashion is always changing. **(b)** (*sin razón*): *una decisión caprichosa* a decision taken on a whim **2** (*persona*) **(a)** (*que quiere cosas*): *¡Qué niño más ~!* That child is never satisfied! **(b)** (*que cambia de idea*): *Tiene un carácter de lo más ~.* He's always changing his mind. ◊ *un cliente ~* a fussy customer
■ **caprichoso, -a** *nm-nf* **1** (*que quiere cosas*): *Es un ~, lo quiere todo.* He's never satisfied. **2** (*que cambia de idea*): *No hay quien se aclare con él porque es un ~.* You never know where you are with him–he's always changing his mind. ◊ *Eres un ~ para comer.* You're so fussy about what you eat!
capricornio (*tb* **Capricornio**) *nm, nmf* (*Astrología*) Capricorn ☛ *Ver ejemplos en* AQUARIUS; *Ver ilustración en* ZODIACO
cápsula *nf* capsule
captación *nf* **1** (*consecución*): *técnicas de ~ de nuevos clientes* ways of gaining new customers ◊ *Acaban de lanzar una campaña de ~ de nuevos socios.* They have just launched a recruitment drive for new members. **2** (*ondas*) reception
captar *vt* **1** (*emisión, onda*) to pick *sth* up: *Captamos un mensaje de la policía.* We picked up a police message. **2** (*conseguir*) **(a)** (*gen*) to gain: *La propuesta captó seguidores/mi atención.* The proposal gained followers/my attention. **(b)** (*imagen, expresión*) to capture: *El fotógrafo captó su personalidad.* The photographer captured his personality. **3** (*idea*) to grasp **LOC** *Ver* ONDA
captura *nf* **1** (*de un fugitivo, enemigo, animal*) capture **2** (*armas, drogas*) seizure **3** (*pescado*) catch: *la mayor ~ de atún de los últimos años* the best tuna catch of recent years **LOC** *Ver* ORDEN[1]
capturar *vt* **1** (*a un fugitivo, enemigo, animal*) to capture **2** (*armas, drogas*) to seize **3** (*pescado*) to catch
capucha *nf* (*tb* **capuchón** *nm*) **1** (*prenda*) hood **2** (*bolígrafo, pluma*) top
capuchino *nm* (*café*) cappuccino [*pl* cappuccinos]
capullo *nm* **1** (*Zool*) cocoon **2** (*Bot*) bud ☛ *Ver ilustración en* FLOR **3** (*imbécil*) wanker (⚠) ☛ *Ver nota en* TABÚ: *¡Ese tío es un ~!* That bloke's a wanker! **4** (*glande*) head
caqui[1] *nm* (*color*) khaki ☛ *Ver ejemplos en* AMARILLO
caqui[2] *nm* (*Bot*) persimmon, sharon fruit (*más coloq*)
cara *nf* **1** (*gen*) face: *Se ven muchas ~s nuevas.* There are a lot of new faces. ◊ *Ascendieron por la ~ este.* They went up the east face. ☛ *Ver ilustración en* HEAD[1] **2** (*página, disco, Geom*) side: *Escribió tres hojas por las dos ~s.* He wrote six sides. ◊ *las seis ~s de un cubo* the six sides of a cube **3** (*moneda*) heads [*v sing*]: *Ha salido ~.* It's heads. **4** (*apariencia*) look: *No me gusta la ~ de esos tipos.* I don't like the look of those guys. **5** (*descaro*) cheek: *Tu amigo tiene bastante ~.* Your friend's got a cheek! ◊ *¡Vaya ~!* What a cheek!
■ **cara** *nmf* (*caradura*) cheeky devil
LOC a cara descubierta openly **a cara o cruz**: *Nos lo jugamos a ~ o cruz.* We tossed for it. **cara a cara** face to face **cara de disgusto**: *¡Qué ~ de disgusto se le veía!* He looked really fed up! **dar la cara** to face the music **dar la cara por algn** to stand up for sb **de cara**: *El sol me daba de ~.* The sun was in my eyes. ◊ *Tenían el viento de ~.* They had the wind against them. **(de) cara a algo 1** (*lit*) facing sth: *Me castigó de ~ a la pared.* He made me stand facing the wall. ◊ *Caminábamos ~ al sol.* We were walking into the sun. **2** (*fig*) with a view to sth: *de ~ al futuro* with a view to the future **decir algo a la cara** to say sth to *sb's* face **echarle cara a algo** to go for it **hacer algo por la cara** to have the cheek to do sth **la cara oculta de la luna** the dark side of the moon **lo más... que me he echado a la cara**: *Es lo más antipático que me he echado a la ~.* He's the most unpleasant person I've ever met. **mirar con cara de mala hostia/leche** to give *sb* a dirty look **no saber qué cara poner** not to know what to do with yourself **¡nos veremos las caras!**: *¡Nos veremos las ~s en el tribunal!* I'll see you in court! **partirle/romperle la cara a algn** to smash sb's face in **poner buena/mala cara** to look happy/not to look very happy **poner cara de asco** to make a face: *No pongas ~ de asco y cómetelo.* Don't make that face–just eat it! **poner cara de bueno** to look all innocent: *Cuando le pregunté puso ~ de bueno.* When I asked him he looked all innocent. **poner cara de circunstancias** to try to look serious **poner cara de palo/sargento** to look stern **poner cara larga** to pull a long face **poner/tener cara de mala hostia/leche** to look really pissed off (⚠) ☛ *Ver nota en* TABÚ **por la cara**: *Entró en la fiesta por la ~.* He gatecrashed the party. ◊ *Cogió el dinero por la ~.* He took the money without asking. **por tu cara bonita** for nothing **sacarle la cara a algn** to stand up for sb **se me cae la cara de vergüenza** I'm, you're, etc thoroughly ashamed of myself, yourself, etc **ser un cara dura/de cemento**: *Eres un ~ dura.* You've got a cheek! **tener cara de pocos amigos/vinagre** to be in a foul mood **tener cara de risa**: *¡Qué ~ de risa tienen!* They can hardly keep a straight face. **tener cara/jeta/morro/papo** to have a nerve: *¡Qué ~ tiene!, siempre entra sin pagar.* He's got a nerve! He always gets in without paying. **tener buena/mala cara** to look well/ill: *¿Seguro que estás bien? Tienes mala ~.* Are you sure you're all right? You don't look at all well. **tener cara de**: *Tienes ~ de no haber dormido.* You look as if you haven't had any sleep. ◊ *Tienes ~ de cansado.* You look tired. **tener dos/muchas caras** to be two-faced **tener más cara que espalda** to be a cheeky so-and-so **volver la cara** to look the other way *Ver tb* CHUPADO, CRUZAR, DESCOMPONER, ESCUPIR, ESTIRAR, GALERÍA, LAVAR, MONO, OJO, OTRO, PLANTAR, PLENO, REFRESCAR, REÍR, TIEMPO
carabela *nf* caravel
carabina *nf* (*arma*) carbine
LOC hacer/ir de carabina to play gooseberry: *Siempre me toca ir de ~.* I always have to play gooseberry. **ser la carabina de Ambrosio** to be worse than useless
carabinero *nm* **1** (*aduanero*) customs officer **2** (*Zool*) large prawn
caracol *nm* **1** (*molusco*) **(a)** (*de tierra*) snail **(b)** (*de

mar) winkle **2** (*pelo*) kiss-curl **3** (*oído*) cochlea ☛ *Ver ilustración en* OÍDO

■ **¡caracoles!** *interj* good heavens!: *¡~es, cómo has crecido!* Good heavens, how you've grown! **LOC** *Ver* ESCALERA

caracola *nf* conch

carácter *nm* **1** (*gen*) character: *una mujer de ~* a woman of character ◊ *un defecto de mi ~* a character defect of mine ◊ *caracteres griegos* Greek characters **2** (*índole*) nature: *el ~ temporal de esta medida* the temporary nature of this measure **3** (*Biol*) characteristic: *un ~ adquirido/recesivo* an acquired characteristic/a recessive trait

LOC caracteres tipográficos typeface [*sing*] **dar/imprimir carácter** to give *sth/sb* character: *Me gusta imprimir cierto ~ a mis obras.* I like to give my work that special touch. **con carácter de**: *una reunión con ~ de urgencia* an urgent meeting **de carácter hereditario, legal, etc** hereditary, legal, etc: *un nombramiento de ~ oficial* an official appointment **tener buen/mal carácter** to be good-natured/bad-tempered **tener mucho/poco carácter** to be strong-minded/weak-minded **tener un carácter abierto, dulce, etc** to be outgoing, sweet, etc: *Qué voy a hacerle si tengo este ~.* I can't help it–that's the way I am. *Ver tb* INCOMPATIBILIDAD

característico, -a *adj* characteristic

■ **característica** *nf* characteristic

caracterización *nf* portrayal

caracterizado, -a *pp, adj Ver* CARACTERIZAR

LOC estar muy bien caracterizado: *El actor que hace de Enrique VIII está muy bien ~.* The actor cast as Henry VIII plays the part really well. ◊ *Estás muy bien ~.* You really look the part.

caracterizar *vt* **1** (*distinguir*) to characterize: *El orgullo caracteriza a este pueblo.* Pride characterizes this nation. **2(a)** (*disfrazar*) to dress *sb* up ***as sth/sb***: *Me caracterizaron de anciana.* They dressed me up as an old lady. **(b)** (*dar vida a*) to play: *La actriz francesa caracterizará a Juana de Arco.* The French actress will play Joan of Arc.

■ **caracterizarse** *v pron* **caracterizarse de** to dress up **as *sth/sb***

caradura *adj, nmf* cheeky so-and-so [*pl* cheeky so-and-so's] [*n*]: *¡Qué ~s sois!* You're a bunch of cheeky so-and-so's!

carajillo *nm*: *un ~ de coñac/anís* a coffee with a dash of brandy/anís

carajo *nm* prick (⚠) ☛ *Ver nota en* TABÚ

LOC ¡al carajo con...! to hell with *sth/sb*!: *¡Al ~ con el director!* To hell with the director! **del carajo** bloody (⚠) ☛ *Ver nota en* TABÚ: *Tiene una suerte del ~.* He's bloody lucky! **irse al carajo 1** (*fórmula de rechazo*) to go to hell: *¡Por mí se pueden ir todos al ~!* As far as I'm concerned they can all go to hell! **2** (*estropearse*) to go to the dogs: *Este país se va al ~.* This country is going to the dogs. **¡(y) un carajo!** my arse! (⚠) ☛ *Ver nota en* TABÚ: *¿Ir yo a la fiesta? ¡Y un ~!* Me, go to the party? My arse!

¡caramba! *interj* **1** (*sorpresa*) good heavens!: *¡~, pero si es Carlos!* Good heavens, it's Carlos! **2** (*enfado*) for heaven's sake!

LOC ¡caramba con...! 1 (*sorpresa*): *¡~ con María, qué bien lo ha hecho!* Good for María! She's made an excellent job of it. **2** (*disgusto*): *¡~ con el niño, qué genio tiene!* That kid has a terrible temper! **¡qué caramba!** what the hell!

carámbano *nm* icicle

carambola *nf* cannon: *hacer ~* to make a cannon

LOC de/por carambola: *Ganó por pura ~.* It was a sheer fluke that he won.

caramelo *nm* **1** (*golosina*) sweet **2** (*azúcar quemado*) caramel **LOC** *Ver* MENTA, PUNTO

carantoña *nf* caress

LOC hacer carantoñas 1 (*acariciar, mimar*) to caress *sb* **2** (*hacer la pelota*) to butter *sb* up

caravana *nf* **1** (*expedición*) convoy **2** (*atasco*) tailback: *De Colmenar a Madrid fuimos en ~.* We got caught in a tailback from Colmenar to Madrid. **3** (*vivienda*) caravan

¡caray! *interj Ver* ¡CARAMBA!

carbón *nm* coal

LOC al carbón (*Arte*) in charcoal: *un paisaje al ~* a landscape in charcoal **carbón menudo/vegetal** charcoal *Ver tb* ACABAR, PAPEL

carboncillo *nm* charcoal

LOC al carboncillo in charcoal

carbonera *nf* coal bunker

carbonería *nf* coal merchant's [*pl* coal merchants]

carbonero, -a *nm-nf* coal merchant

carbónico, -a *adj* **1** (*ácido, gas*) carbonic **2** (*bebida*) carbonated

carbonilla *nf* coal dust

carbonizado, -a *pp, adj* charred: *cadáveres ~s* charred bodies *Ver tb* CARBONIZARSE **LOC** *Ver* MORIR(SE)

carbonizarse *v pron* **1** (*quemarse*) to burn **2** (*Quím*) to carbonize

carbono *nm* carbon: *monóxido/dióxido de ~* carbon monoxide/dioxide **LOC** *Ver* HIDRATO, HIDRÓXIDO

carburador *nm* carburettor ☛ *Ver ilustración en* CAR

carburante *nm* fuel

carburar *vi* **1** (*máquina, plan, sistema*) to work **2** (*persona*) **(a)** (*funcionar*) to function: *Tú no carburas hoy.* You're not functioning properly today. **(b)** (*pensar*) to use your head

carca *adj, nmf* old fogey [*n*]: *¡Qué padres más ~s tienes!* Your parents are real old fogeys!

carcaj *nm* quiver

carcajada *nf* roar of laughter **LOC** *Ver* ESTALLAR, REÍR, SOLTAR

carcajearse *v pron* **~ (de)** to roar with laughter **(at *sth/sb*)**

carcamal *nmf* old crock

carcasa *nf* **1** (*gen*) casing: *la ~ de un ordenador/una lavadora* the casing of a computer/washing machine **2** (*coche*) chassis [*pl* chassis] **3** (*bomba*) incendiary device

cárcel *nf* prison: *ir a la ~* to go to prison ◊ *Lo metieron en la ~.* They put him in prison.

carcelario, -a *adj* prison [*n atrib*]: *las autoridades carcelarias* the prison authorities

carcelero, -a *nm-nf* jailer

carcoma *nf* woodworm

carcomer *vt*: *Este trabajo me está carcomiendo la paciencia.* This job really tries my patience. ◊ *Esta humedad te va a ~ la salud.* This damp climate will ruin your health. ◊ *La envidia le carcomía.* He was eaten up with jealousy.

carcomido, -a *pp, adj* (*madera*) riddled with woodworm *Ver tb* CARCOMER

cardar *vt* **1** (*lana*) to card **2** (*pelo*) to backcomb

cardenal *nm* **1** (*Relig*) cardinal **2** (*contusión*) bruise

cardiaco, -a (*tb* **cardíaco, -a**) *adj* heart [*n atrib*], cardiac (*científ*): *problemas ~s* heart problems

■ **cardiaco, -a** *nm-nf* heart patient, person with heart trouble (*más coloq*)

LOC ataque/paro cardiaco cardiac arrest **estar/ponerse cardiaco** to be/get yourself worked up (*about sth*): *Está ~ con los exámenes.* He's got himself very worked up about the exams. *Ver tb* FALLO[2], SOPLO

cardinal *adj* cardinal **LOC** *Ver* PUNTO

cardiólogo, -a *nm-nf* cardiologist (*científ*), heart specialist

cardo *nm* thistle ☛ *Ver ilustración en* FLOR

LOC ser un cardo (borriquero) 1 (*feo*) to be as ugly as sin **2** (*borde*) to be a prickly character

carear *vt* to bring *sb* face to face ***with sb***

carecer *vi* **~ de** to lack *sth* [*vt*]: *Carecen de medicinas.* They lack medicines.

LOC carecer de base/fundamento 1 (*temor, sospecha*) to be groundless **2** (*opinión*) to be unjustified

carece de sentido it doesn't make sense **carecer de valor** to be worthless

carencia *nf* **1 ~ de** (*ausencia*) lack **of** ***sth***: *la ~ de recursos naturales/medicinas* the lack of natural resources/medicines **2 carencias** deficiencies: *Se observan ciertas ~s en su alimentación.* Some deficiencies have been observed in their diet.

LOC carencias afectivas emotional deprivation [*incontable, v sing*]

carente *adj* **~ de** lacking **in** ***sth***

careo *nm* confrontation

carero, -a *adj, nm-nf*: *En esa tienda son unos ~s.* That shop's really pricey.

carestía *nf* **1** (*precios altos*) high prices [*v pl*] **2** (*escasez*) shortage

LOC la carestía de la vida the high cost of living

careta *nf* mask ☛ *Ver ilustración en* MASK

LOC arrancarle/quitarle la careta a algn to unmask sb *Ver tb* ANTIGÁS

careto *nm* ugly mug

carga *nf* **1** (*acción*) loading: *La ~ del buque llevó varios días.* Loading the ship took several days. ◊ *~ y descarga* loading and unloading **2** (*peso*) load: *~ máxima* maximum load ◊ *Llevas mucha ~.* You're carrying a lot! **3** (*mercancía*) **(a)** (*avión, barco*) cargo [*pl* cargoes] **(b)** (*tren, camión*) load **4** (*explosivo, munición, Elec, ataque*) charge: *una ~ eléctrica/negativa* an electrical/a negative charge ◊ *una ~ de cinco kilos de goma dos* a bomb containing five kilos of plastic explosive ◊ *una ~ policial* a police charge **5** (*obligación*) responsibility: *~s familiares* family responsibilities ◊ *No quiero ser una ~ para nadie.* I don't want to be a burden on anyone. **6** (*mechero, bolígrafo*) refill **7** (*contenido*): *un discurso con una clara ~ afectiva* a very emotional speech

LOC ¡a la carga! charge! **animal/bestia de carga** beast of burden **barco/buque de carga** cargo ship **cargas fiscales** tax burden [*sing*] **de carga** freight: *un tren de ~* a freight train **llevar la carga (de)** to be responsible (for *sth*) **volver a la carga** (*lit* y *fig*) to return to the attack *Ver tb* BURRO, LAVADORA, VAGÓN

cargadero *nm* loading bay

cargado, -a *pp, adj* **1 ~ (de/con) (a)** (*gen*) loaded (**with** ***sth***): *un arma cargada* a loaded weapon ◊ *Venían ~s de maletas.* They were loaded with suitcases. **(b)** (*sobrecargado*) laden (**with** ***sth***): *un árbol ~ de fruta* a tree laden with fruit ◊ *Échale una mano, que viene toda cargada.* Give her a hand–she's laden! **(c)** (*lleno*) full (**of** ***sth***): *un salón ~ de adornos* a room full of ornaments ◊ *una pared cargada de cuadros* a wall covered with pictures ◊ *un discurso ~ de emoción* a speech full of emotion **2 ~ de** (*responsabilidades*) weighed down **with** ***sth***: *estar ~ de hijos/deudas* to be weighed down with children/debt **3** (*que amenaza lluvia*) **(a)** (*día, tiempo*) sultry **(b)** (*cielo*) overcast **4** (*atmósfera*) stuffy: *El aire está bastante ~ en esta sala.* It's very stuffy in this room. **5** (*bebida*) strong: *un café muy ~* very strong coffee *Ver tb* CARGAR

LOC estar cargado de razón to be absolutely right **estar/ir cargado** (*borracho*) to be tanked up **ser cargado de espaldas/hombros** to be round-shouldered *Ver tb* AMBIENTE, CABEZA, PILA[2]

cargador *nm* **1** (*arma*) magazine ☛ *Ver ilustración en* GUN **2** (*Elec*) charger: *un ~ de pilas* a battery charger

cargamento *nm* **1** (*avión, barco*) cargo [*pl* cargoes] **2** (*camión*) load

cargante *adj, nmf* pain in the neck [*n*]: *¡Qué tío más ~!* What a pain in the neck that bloke is!

cargar *vt* **1** (*camión, mercancías, arma, lavadora*) to load: *Cargó los paquetes en el coche/camión.* He loaded the parcels into the car/onto the lorry. ◊ *Cargaron el camión de cajas.* They loaded the lorry with boxes. **2** (*llenar*) to fill: *~ una pluma/un encendedor* to fill a pen/lighter ◊ *No cargues tanto la maleta.* Don't put so much in the suitcase. **3** (*cámara*) to put a film in *a camera* **4** (*problema, responsabilidad, trabajo*) to land *sb* ***with sth***: *Me cargaron (con) el trabajo* I was landed with the work ◊ *Siempre cargo con los problemas* I always draw the short straw **5** (*pila, batería*) to charge **6** (*error, crimen*) to blame *sb* **for** ***sth***: *Hubo un error y me lo cargaron a mí.* There was a mistake and they blamed me for it. **7** (*cobrar*) to charge *sb* **for** ***sth***: *No nos cargaron el transporte.* We weren't charged for transport. **8** (*suspender*) to fail *sb* (**in** ***sth***): *Me han cargado las matemáticas.* I've failed in Maths. **9** (*fastidiar*): *Me cargan los listillos.* I can't stand these smart alecs! **10** (*tener capacidad*) to take: *El camión carga 20 toneladas.* The lorry can take a load of 20 tons.

■ **cargar** *vi* **1 ~ con** (*llevar*) to carry *sth/sb* [*vt*]: *Nunca cargo con mucho equipaje.* I never carry much luggage. **2 ~ con** (*responsabilidad*) to shoulder *sth* [*vt*] **3 ~ (contra)** (*Mil*) to charge *sb* [*vt*]: *La policía cargó contra los manifestantes.* The police charged the demonstrators.

■ **cargarse** *v pron* **1 cargarse de/con** (*gen*) to get weighed down **with** ***sth***: *Se están cargando de hijos.* They're getting weighed down with family responsibilities. ◊ *Te cargas con demasiado trabajo.* You're taking on far too much work. **2** (*cielo*) to cloud over **3** (*pila*) to charge **4** (*romper*) to wreck: *¡Te vas a ~ la lavadora!* You're going to wreck the washing machine. **5** (*matar*) to kill **6** (*ambiente*) to get stuffy: *La habitación se cargó de humo.* The room got really smoky.

LOC cargar algo en/a la cuenta (de algn) 1 (*gen*) to put sth on sb's bill: *¿Me cargas esas dos cervezas a la cuenta?* Can you put those two beers on my bill, please? **2** (*banco*) to charge sth to sb's account **cargar con algn** to get stuck with sb: *Siempre me toca ~ con los niños.* I always get stuck with the children. **cargar la culpa a algn** to blame sb: *Me cargaron la culpa.* They blamed me. **cargar la mano** to be too hard *on sb* **cargar las tintas** to go too far **cargarse de deudas** to get into debt **cargarse de paciencia** to summon up your patience **cargársela (con todo el equipo)** to get into trouble *Ver tb* MOCHUELO, MUERTO

cargazón *nf*: *¡Qué ~ de ojos tengo!* My eyes feel really heavy.

cargo *nm* **1** (*puesto*) **(a)** (*gen*) post: *Tiene un ~ de mucha responsabilidad.* His is a very responsible post. **(b)** (*Pol*) office: *el ~ de alcalde* the office of mayor **2** (*Com, Fin*) debit: *un ~ de diez mil pesetas* a debit of ten thousand pesetas **3** (*cargamento*) cargo [*pl* cargoes] **4 cargos** (*Jur*) charges

LOC cargo de conciencia: *¿No te da ~ de conciencia haber mentido?* Don't you feel guilty about lying? **correr/estar a cargo de 1** (*ser la responsabilidad de*) to be *sb's* responsibility: *La organización está a tu ~.* The organization is your responsibility. **2** (*ser responsable de*) to be in charge of *sth/sb*: *Ana está a ~ de la exportación.* Ana is in charge of exports. **hacerse cargo de 1** (*responsabilizarse*) to take charge of *sth* **2** (*cuidar de algn*) to look after *sb* **3** (*comprender*) to understand *sth*: *Me hago ~ de la situación.* I understand the situation. **tener algo/a algn a tu cargo** to be in charge of sth/sb *Ver tb* ALTO *adj*, EJERCICIO, JURAR, PLIEGO, PRESENTAR, TESTIGO

carguero *nm* **1** (*buque*) cargo ship **2** (*avión*) cargo plane

cariacontecido, -a *adj* crestfallen

cariado, -a *pp, adj*: *Tengo una muela cariada.* I've got a hole in one of my back teeth. ◊ *Si comes demasiados dulces acabarás con todos los dientes ~s.* If you eat too many sweets you'll end up with holes in all your teeth.

Caribe *nm* Caribbean

caribeño, -a *adj* Caribbean

caricatura *nf* caricature

caricaturesco, -a *adj* ridiculous: *La escena resultó totalmente caricaturesca.* The scene was ridiculous. ◊ *una obra caricaturesca* a caricature

caricia *nf* caress: *la ~ del viento* the caress of the wind

LOC hacer caricias/una caricia 1 (*persona*) to caress *sb* **2** (*animal*) to stroke *sth Ver tb* CUBRIR

caridad *nf* charity: *obras de ~* charity work

LOC la caridad empieza por uno mismo charity begins at home **por caridad** for goodness sake

caries *nf* **1** (*enfermedad*) dental caries [*incontable, v sing*], tooth decay [*incontable*] (*más coloq*): *La ~ afecta a un alto porcentaje de la población infantil.* A high proportion of children suffer from dental caries. **2** (*agujero*) cavity, hole (*más coloq*): *Tengo ~ en la muela.* I've got a hole in my tooth.

carillón *nm* glockenspiel

cariño *nm* **1** (*afecto*) affection: *Esos niños necesitan ~.* Those children need affection. ◊ *Me miró con ~.* He looked at me affectionately. **2** (*delicadeza*) loving care: *Trata sus cosas con ~.* He treats his possessions with loving care. **3** (*apelativo*) sweetheart: *¡~ mío!* sweetheart!

LOC **coger/tomar cariño a** to become fond of *sth/sb* **con cariño** (*en cartas*) with love **hacer cariños** to cuddle *sb* **tener cariño a** to be fond of *sth/sb*: *Les tengo mucho ~.* I'm very fond of them. *Ver tb* COBRAR, SENTIR[2]

cariñoso, -a *adj* **~ (con) 1** (*gen*) affectionate (**towards** ***sth/sb***): *Son muy ~s con los niños.* They're very affectionate towards the children. **2** (*abrazo, saludo*) warm **LOC** *Ver* APELATIVO

carisma *nm* charisma

carismático, -a *adj* charismatic

caritativo, -a *adj* **~ (con)** charitable (**to/towards** ***sb***) **LOC** *Ver* ALMA

cariz *nm* look

LOC **tener buen/mal cariz** to look good/bad **tomar buen/mal cariz** to take a turn for the better/worse

carmesí *adj, nm* crimson ☛ *Ver ejemplos en* AMARILLO

carmín *nm* **1** (*maquillaje*) lipstick: *Tienes una mancha de ~ en el cuello de la camisa.* You've got lipstick on your collar. **2** (*color*) crimson ☛ *Ver ejemplos en* AMARILLO

carnada *nf* (*lit* y *fig*) bait

carnal *adj* (*sensual*) carnal **LOC** *Ver* PRIMO, TÍO

carnaval *nm* carnival: *Los ~es empiezan la semana que viene.* The carnival starts next week. **LOC** *Ver* MARTES

carnaza *nf* (*cebo*) bait

carne *nf* **1** (*Anat, Relig, fruta*) flesh ☛ *Ver ilustración en* FRUTA **2** (*alimento*) meat [*gen incontable*]: *Me gusta la ~ bien hecha.* I like my meat well done. ◊ *Aquel carnicero vende una ~ muy buena.* That butcher sells very good meat.

> En inglés se emplean distintas palabras para referirse al animal y a la carne que se obtiene del mismo, p. ej. del *cerdo* (**pig**) se obtiene **pork**; de la *vaca* (**cow**), **beef**; del *ternero* (**calf**), **veal**, y de la *oveja* (**sheep**), **mutton**. **Lamb** constituye la excepción a esta regla, ya que designa tanto al animal (el *cordero*) como a la carne que de él se obtiene.

3 carnes fat [*incontable*]: *A ver si me quito estas ~s de encima.* I'm going to try to get rid of some of this fat.

LOC **carne de cañón** (*tropa en peligro*) cannon fodder **carne de gallina** goose pimples [*pl*]: *tener la ~ de gallina* to have goose pimples **carne picada** mince **de carnes abundantes** fat ☛ *Ver nota en* FAT[1] **de pocas carnes** thin **echar carnes** to put on weight **echar/poner toda la carne en el asador** to pull out all the stops **en carne viva** raw: *Tienes la rodilla en ~ viva.* Your knee is all raw. **no ser ni carne ni pescado** to be neither fish nor fowl **ser de carne y hueso** to be only human *Ver tb* BLANDO, METIDO, PARRILLA

carné (*tb* **carnet**) *nm* card

LOC **carné de conducir** driving licence **carné de identidad** identity card

> En Gran Bretaña y en los Estados Unidos no existe un documento equivalente al carné de identidad. Para las gestiones en las que hay que identificarse de manera oficial (p. ej. al abrir una cuenta bancaria o al sacar cierta cantidad de dinero del banco) la gente utiliza el pasaporte o el carné de conducir.

Ver tb EXAMINAR, FOTO, TAMAÑO

carnero *nm* ram ☛ *Ver ilustración en* OVEJA

carnicería *nf* **1** (*tienda*) butcher's [*pl* butchers]

> Las palabras como **butcher's**, **baker's**, **newsagent's**, etc que designan establecimientos comerciales, llevan apóstrofo cuando van en singular: *Voy a la carnicería.* I'm going to the butcher's. En plural, sin embargo, dicho apóstrofo desaparece: *En la Calle Mayor hay dos carnicerías.* There are two butchers in the High Street.

2 (*en un supermercado*) meat counter **3** (*matanza*) butchery [*incontable*]: *Fue una auténtica ~.* It was sheer butchery.

carnicero, -a *nm-nf* (*lit* y *fig*) butcher

cárnico, -a *adj* meat [*n atrib*]: *productos ~s* meat products

carnívoro, -a *adj* **1** (*animal, planta*) carnivorous **2** (*persona*): *Soy carnívora.* I love meat.

■ **carnívoro** *nm* carnivore

carnoso, -a *adj* fleshy

caro, -a *adj* expensive, dear (*más coloq*): *Aquél es mucho más ~.* That one is much more expensive.

■ **caro** *adv*: *En este supermercado venden ~.* This supermarket is very expensive.

LOC **costar/pagar caro** (*fig*) to pay dear/dearly for *sth/doing sth*: *El error le costó demasiado ~.* He paid dearly for his mistake. ◊ *Pagarán ~ lo que han hecho.* They will pay dear for what they have done. *Ver tb* BARATO, COMPRAR, VENDER

carota *adj, nmf* cheeky [*adj*]: *Es un ~.* The cheeky so-and-so!

carpa[1] *nf* (*Zool*) carp [*pl* carp]

LOC **carpa dorada** goldfish [*pl* goldfish]

carpa[2] *nf* **1** (*gen*) marquee: *instalar una ~* to put up a marquee **2** (*circo*) big top

carpanta *nf*: *tener ~* to be starving

carpeta *nf* folder

LOC **carpeta de anillas** ring binder

carpetazo *nm*

LOC **dar carpetazo (a)** to shelve *sth*: *Han dado ~ al asunto.* The matter has been shelved.

carpintería *nf* **1** (*oficio*) **(a)** (*gen*) carpentry: *La ~ es mi oficio preferido.* I love carpentry. **(b)** (*Construcción, muebles empotrados*) joinery **2** (*taller*) **(a)** (*gen*) carpenter's workshop **(b)** (*Construcción, muebles empotrados*) joiner's workshop

LOC **carpintería de aluminio** aluminium frames [*v pl*]

carpintero, -a *nm-nf* **1** (*gen*) carpenter: *¿Has llamado al ~?* Have you rung the carpenter? **2** (*Construcción, muebles empotrados*) joiner

■ **carpintero, -a** *adj* **LOC** *Ver* COLA[1], PÁJARO

carpo *nm* carpals [*v pl*] ☛ *Ver ilustración en* ESQUELETO

carraca[1] *nf* (*matraca*) rattle

carraca[2] *nf* **1** (*aparato*): *Esta lavadora es una ~.* This washing machine is clapped out. **2** (*coche*) old banger

carraspear *vi* to clear your throat: *Carraspeé antes de empezar a leer.* I cleared my throat before I started to read.

carraspeo *nm*: *No pudo evitar un ~ nervioso.* She couldn't help giving a nervous cough.

carraspera *nf* hoarseness

LOC **tener carraspera** to be hoarse

carrera *nf* **1** (*corrida*) run: *Ya no estoy para ~s.* I'm not up to running any more. ☛ *Ver nota en* BACHELOR, FIRST **2** (*Dep*) **(a)** (*competición*) race: *Participaron en todas las ~s.* They took part in all the races. ◊ *una ~ de relevos/sacos* a relay/sack race ◊ *~ de vallas* hurdle race **(b)** (*Béisbol, Críquet*) run: *hacer una ~* to score a run **(c) carreras** (*caballos*) races: *ir a las ~s* to go to the races **3** (*licenciatura*) degree: *¿Qué ~ tienes?* What did you do your degree in? **4** (*profesión*) career: *Estoy en el mejor momento de mi ~.* I'm at the peak of my career. **5** (*medias*) ladder: *Tienes una ~ en las medias.* You've got a ladder in your tights. **6** (*recorrido*) route: *la ~ de un taxi/una procesión* a taxi route/the route of a procession

LOC **a la carrera** in a hurry **carrera automovilística** motor race **carrera contra el tiempo** race against time **carrera de armamentos** arms race **carrera de**

caballos horse race **carrera de obstáculos 1** (*lit*) obstacle race **2** (*empresa difícil*) obstacle course **carrera de resistencia/fondo** long-distance race **carrera pedestre 1** (*andando*) walking race **2** (*corriendo*) running race **dar carrera a algn** to finance sb's education **darse/pegarse una carrera** to run **de carreras** racing: *una bici/un coche de ~s* a racing bike/car ◊ *caballo de ~s* racehorse **hacer carrera** to get on: *Ese chico hará ~ en la vida.* That boy will get on in life. **hacer la carrera** (*prostituta*) to be/go on the game **no hacer carrera (con)** not to get anywhere with *sb*: *No pudieron hacer ~ con su hija.* They couldn't get anywhere with their daughter. *Ver tb* CABALLO, COCHE, PAGAR

carrerilla *nf*
LOC coger/tomar carrerilla to take a run **decir algo de carrerilla** to reel sth off **saberse algo de carrerilla** to know sth by heart

carreta *nf* cart **LOC** *Ver* AGUANTAR

carrete *nm* **1** (*bobina, Pesca*) reel ☛ *Ver ilustración en* REEL[1] **2** (*Fot*) film: *Se me ha velado todo el ~.* The whole film has come out blurred. **3** (*Elec*) coil: *~ de inducción* induction coil
LOC carrete de fotos film **dar carrete 1** (*persona*) to chat *to sb* **2** (*Pesca*) to pay out a line **tener carrete** to be quite a talker

carretera *nf* road: *Es una ~ muy transitada.* It's a very busy road. ◊ *Se pasa la vida en la ~.* He spends his life on the roads. ◊ *Las ~s se ponen muy peligrosas los fines de semana.* The roads are very dangerous at the weekend. ☛ *Ver nota en* CALLE
LOC auxilio/ayuda en carretera breakdown service **carretera comarcal/secundaria** B-road **carretera de acceso** approach road **carretera de circunvalación** ring road **carretera general/nacional** A-road **carretera local/vecinal** byroad **por carretera** by road *Ver tb* ASISTENCIA, LUZ, OBRA, PRUDENCIA, SEGURIDAD

carretero *nm* carter **LOC** *Ver* FUMAR, HABLAR

carretilla *nf* wheelbarrow
LOC carretilla elevadora/de horquilla fork-lift truck

carricoche *nm* covered wagon

carril *nm* **1** (*carretera*) lane: *un ~ de autobús/bicicletas* a bus/cycle lane **2** (*raíl*) rail
LOC carril de acceso (*a una carretera*) slip road

carrillo *nm* cheek **LOC** *Ver* COMER, INFLAR

carrilludo, -a *adj* chubby-cheeked

carrito *nm* trolley: *el ~ de la compra* the shopping trolley ☛ *Ver ilustración en* GOLF, TROLLEY

carro *nm* **1(a)** (*vehículo*) cart **(b)** (*carga*) cart-load **2** (*supermercado, aeropuerto*) trolley ☛ *Ver ilustración en* TROLLEY **3** (*máquina de escribir*) carriage **4 el Carro** (*Astron*) the Plough
LOC carro de asalto/combate tank *Ver tb* AGUANTAR, PARAR, TRABAJO

carrocería *nf* bodywork [*incontable*]

carromato *nm* caravan

carroña *nf* **1** (*lit*) carrion **2** (*persona*) scum: *No son más que ~.* They're scum.

carroza *nf* **1** (*tirada por caballos*) carriage **2** (*en un desfile*) float
■ **carroza** *adj, nmf* old fogey [*n*]: *¡No seas tan ~!* Don't be such an old fogey! **LOC** *Ver* DESFILE

carruaje *nm* carriage

carrusel *nm* **1** (*tiovivo*) merry-go-round **2** (*programa*) programme: *un ~ de deportes/estrellas* a sports/celebrities programme

carta *nf* **1** (*escrito*) letter: *Me escribió una ~.* She wrote me a letter. ◊ *una ~ certificada/urgente* a registered/express letter **2** (*Naipes*) card: *jugar a las ~s* to play cards ☛ *Ver nota en* BARAJA **3** (*menú*) menu ☛ *Ver nota en* MENU **4** (*documento*) charter
LOC a la carta à la carte **carta abierta** open letter **carta astral** horoscope **carta blanca** carte blanche **carta bomba** letter bomb **carta de ajuste** test card **carta de emplazamiento** summons [*pl* summonses] **carta de naturaleza/ciudadanía** naturalization papers [*v pl*] **carta de navegación** chart **carta de

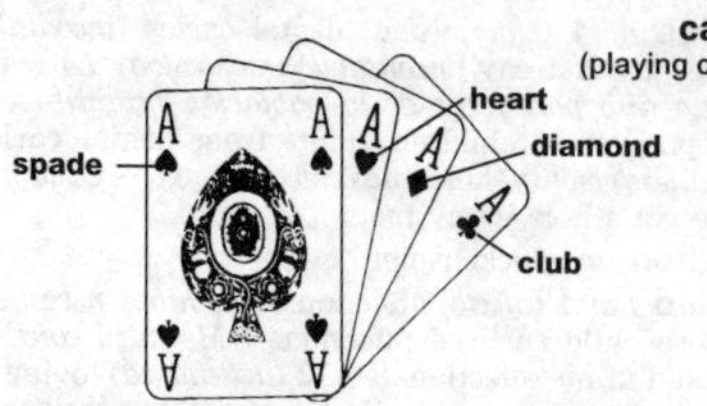

recomendación** letter of introduction **carta de vinos** wine list **Carta Magna** Magna Carta **carta meteorológica** weather-chart **cartas al director** (*en un periódico*) letters to the editor **Carta Social** Social Chapter **echar las cartas** to tell *sb's* fortune **las cartas cantan** it's in black and white **no saber a qué carta quedarse** to be in a quandary *about/over sth* **poner las cartas sobre la mesa** to lay your cards on the table **tomar cartas en el asunto** to intervene *Ver tb* BUZÓN, COMER, ECHADOR, JUEGO, JUGAR, PRESENTE

cartabón *nm* set square

cartearse *v pron* **~ con** to write **to *sb***: *Me carteo con una chica rusa.* I write to a Russian girl.

cartel[1] (*tb* **cártel**) *nm* (*acuerdo comercial*) cartel

cartel[2] *nm* (*anuncio*) poster: *poner un ~* to put up a poster
LOC cartel indicador sign **de cartel** star [*n atrib*]: *un artista de ~* a star performer **en cartel** on: *¿Qué películas hay en ~?* What films are on at the moment? ◊ *La obra lleva tres semanas en ~.* The play has been on for three weeks. *Ver tb* PROHIBIDO

cartelera *nf* **1** (*de carteles*) hoarding **2** (*sección de un periódico*) listings [*v pl*]: *la ~ teatral* theatre listings **3** (*programa de actividades*): *la amplia ~ teatral/cinematográfica del otoño* the large number of plays/films on this autumn ◊ *Echa un vistazo a la ~ del Apolo.* Go and see what's on at the Apolo.
LOC en cartelera on: *Lleva un mes en ~.* It has been on for a month.

cartera *nf* **1** (*billetero*) wallet **2** (*maletín*) briefcase ☛ *Ver ilustración en* EQUIPAJE **3** (*de colegio*) school bag **4** (*Fin, Pol*) portfolio [*pl* portfolios]: *Le han dado la ~ de Exteriores.* He's been given the post of Foreign Secretary.
LOC tener en cartera to plan *sth/to do sth*

carterista *nmf* pickpocket

cartero, -a *nm-nf* postman/woman [*pl* postmen/women]

cartílago *nm* cartilage

cartilla *nf* **1** (*Educ*) reader **2** (*libreta*) book: *una ~ de racionamiento* a ration book
LOC cartilla de la seguridad social medical card **cartilla del paro** unemployment card **cartilla escolar** record of achievement *Ver tb* AHORRO, LEER

cartografía *nf* cartography

cartógrafo, -a *nm-nf* cartographer

cartón *nm* **1** (*material*) **(a)** (*grueso*) cardboard: *cajas de ~* cardboard boxes **(b)** (*fino*) card **2** (*huevos, cigarrillos, leche*) carton **3** (*Arte*) cartoon
LOC cartón de bingo bingo card **cartón piedra** plaster of Paris *Ver tb* TRAMPA

cartoné *nm*
LOC en cartoné in hardback: *un libro en ~* a hardback book

cartuchera *nf* cartridge belt

cartucho *nm* **1** (*proyectil, recambio*) cartridge: *el ~ de la pluma* ink cartridge ☛ *Ver ilustración en* GUN **2** (*tubo de cartón*) (cardboard) tube **3** (*monedas*) roll **LOC** *Ver* QUEMAR

cartulina *nf* card

casa *nf* **1** (*vivienda*) **(a)** (*gen*) house: *Están renovando la ~.* They're doing up the house. ☛ *Ver ilustración en* HOUSE **(b)** (*piso*) flat **(c)** (*edificio*) block of flats [*pl* blocks of flats] **2** (*hogar*) home: *No hay nada como estar *en* ~. There's no place like home. ◊ *En mi* ~ *somos siete.* There are seven of us in the family. **3** (*personas en la casa*) household: *Se paga una cantidad fija por* ~. You pay a fixed amount per household. **4** (*linaje*) House: *la* ~ *de los Windsor* the House of Windsor **5(a)** (*empresa*) company: *una* ~ *de mudanzas* a removal company ◊ *una* ~ *discográfica* a record company **(b)** (*sucursal*) branch **6** (*en juegos*) home

LOC ¡ah de la casa! hello! (is) anyone at home? **aquí tienes tu casa** you're always welcome here **casa central/matriz** head office **casa comercial** firm **casa consistorial/de la villa** town hall **casa de campo** country house **casa de citas/putas** brothel **casa de comidas** café **casa de cultura** arts centre **casa de empeño(s)** pawnshop **casa de huéspedes** guest house ☛ *Ver nota en* PENSIÓN **casa de labor/labranza** small farmhouse **casa de la moneda** mint **casa de locos** madhouse **casa de modas** fashion house **casa de reposo/salud** rest home **casa de socorro** first-aid post **casa de subastas** auctioneer's [*pl* auctioneers] **casa de vecinos** tenement block **casa editorial** publishing house **casa real 1** (*familia real*) royal family **2** (*ocupantes del palacio*) royal household **casa y comida** board and lodging **como Pedro por su casa** as if he, she, etc owned the place **de andar por casa**: *unos pantalones/zapatos de andar por* ~ some old trousers/shoes **echar/tirar la casa por la ventana** to go to town **en casa** at home: *Me quedé en* ~. I stayed at home. ◊ *El equipo juega en* ~. The team's playing at home. ◊ *¿Está tu madre en* ~*?* Is your mother in? **en casa de** at *sb's* (house): *Estaré en* ~ *de mi hermana.* I'll be at my sister's house. ☛ En lenguaje informal se omite la palabra **house**: *Estaré en* ~ *de Ana.* I'll be at Ana's. **en casa de herrero cuchillo de palo** your own family always comes last **estás en tu casa** make yourself at home **esto que quede en casa** that mustn't go beyond these four walls **hacer la casa** to do the housework **ir a casa** to go home **ir a casa de** to go to *sb's* (house) ☛ En lenguaje informal se omite la palabra **house**: *Iré a* ~ *de mis padres.* I'll go to my parents'. **la Casa Blanca** the White House **los unos por los otros la casa sin barrer** sitting still never got anyone anywhere **salir de casa** to go out **ser (muy) de su casa** to be a home-bird *Ver tb* ACOMPAÑAR, ADMINISTRACIÓN, AMA, BARRER, CAMBIAR, EMPEZAR, EQUIPO, FAENA, INVITAR, LABOR, LARGAR, LLEGAR, MENTIRA, MUJER, OBSEQUIO, PARAR, ROPA, SENTIR[2], VENDER

casaca *nf* dress coat

casación *nf* annulment **LOC** *Ver* RECURSO

casadero, -a *adj* marriageable

casado, -a *pp, adj Ver* CASAR

■ **casado, -a** *nm-nf* married man/woman [*pl* married men/women]: *un partido de solteros contra* ~*s* a match between bachelors and married men

LOC estar casado (con) to be married (to *sb*) *Ver tb* RECIÉN

casamentero, -a *nm-nf* matchmaker

casamiento *nm* marriage

casar *vt* **1(a)** (*juez, sacerdote*) to marry: *¿Quién os va a* ~*?* Who's going to marry you? **(b)** (*padres*) to marry *sb* (off) **(*to sb*)**: *Casó a todas sus hijas con chicos del pueblo.* He married his daughters to local boys. **2** (*combinar*) to match *sth/sb* (**with *sth***): ~ *dos colores* to match two colours

■ **casar** *vi* ~ **(con)** to tally (**with *sth***): *Las cuentas no casaban.* The accounts didn't tally.

■ **casarse** *v pron* **1** (*gen*) to get married: *Me caso el año que viene.* I'm getting married next year. **2 casarse con** to marry *sb* [*vt*]: *Se casó con un alumno suyo.* She married one of her pupils.

LOC casarse de blanco to have a white wedding **casarse de corto/largo** to get married in a short/long dress **casarse de penalti** to have to get married **casarse en segundas nupcias/volver a casarse** to remarry **casarse por la Iglesia/lo civil** to get married in Church/a registry office **no casarse con nadie** (*fig*) not to side with anyone ☛ *Ver nota en* BODA

cascabel *nm* **1** (*campanilla*) bell **2** (*persona*) happy person

LOC poner el cascabel al gato to do the dirty work *Ver* SERPIENTE

cascabeleo *nm* jingling

cascada *nf* **1** (*catarata*) waterfall **2** (*fig*) cascade

cascado, -a *pp, adj* **1** (*persona*) worn out **2** (*cosa*) clapped out **3** (*voz*) cracked *Ver tb* CASCAR

cascajo *nm* dried fruit

LOC estar hecho un cascajo to be a wreck

cascanueces *nm* nutcrackers [*v pl*] ☛ *Ver ilustración en* NUT

cascar *vt* **1** (*gen*) to crack: ~ *un jarrón* to crack a vase **2** (*pegar*) to hit: *Me cascó sin razón.* He hit me for no reason. **3** (*cobrar*) to charge **4** (*Educ*): *Me han cascado un cero.* I got a nought.

■ **cascar** *vi* **1** (*charlar*) to chatter **2** (*morir*) to kick the bucket **3** (*averiarse*) to break down: *El coche ha cascado.* The car's broken down.

■ **cascarse** *v pron* (*quebrarse*) to crack

LOC cascarla to kick the bucket **cascar por los codos** to talk nineteen to the dozen **cascar una paliza** to beat *sb* up **cascársela** to have a wank (⚠) ☛ *Ver nota en* TABÚ

cáscara *nf* **1** (*huevo, nuez*) shell: ~*s de huevo* eggshells ☛ *Ver nota en* PEEL; *Ver ilustración en* HUEVO, NUT **2** (*fruta*) **(a)** (*limón, naranja*) peel: *la* ~ *del limón* lemon peel **(b)** (*plátano*) skin ☛ *Ver nota en* FRUTA, PEEL **3** (*cereal*) husk

■ **¡cáscaras!** *interj* well I never!

LOC no hay más cáscaras and that's all there is to it!

cascarón *nm* eggshell

LOC salir del cascarón to come out of your shell *Ver tb* RECIÉN

cascarrabias *adj* grumpy

■ **cascarrabias** *nmf* grouch

casco *nm* **1** (*cabeza*) helmet: *Llevábamos* ~. We were wearing our helmets. **2** (*botella*) empty bottle: *Tengo que devolver los* ~*s.* I've got to take these empties back. **3** (*caballo*) hoof [*pl* hoofs/hooves]: *Se oía el ruido de los* ~*s.* You could hear the clatter of horses' hooves. **4** (*cebolla*) layer **5** (*metralla*) piece of shrapnel **6** (*barco*) hull ☛ *Ver ilustración en* YACHT **7 cascos** (*auriculares*) headphones

LOC calentarse/romperse los cascos to rack your brains **casco antiguo/viejo** old town **cascos azules** blue berets **casco protector** crash helmet **casco urbano** town centre **estar mal del casco** to be off your rocker *Ver tb* LIGERO

cascote *nm* **1** (*escombros*) rubble [*incontable*]: *La calle estaba llena de* ~*s.* The street was full of rubble. **2** (*metralla*) piece of shrapnel

caserío *nm* **1** (*casa*) farmhouse **2** (*aldea*) hamlet

casero, -a *adj* **1** (*gen*) home-made: *mermelada casera* home-made jam **2** (*persona*) home-loving

■ **casero, -a** *nm-nf* landlord/landlady **LOC** *Ver* COCINA, ELABORACIÓN, EQUIPO, FABRICACIÓN, REMEDIO

caseta *nf* **1** (*playa*) beach hut **2** (*feria*) sideshow **3** (*perro*) kennel **4** (*soldado*) sentry box **5** (*vestuario*) changing room **6** (*exposición*) stand

LOC caseta de tiro shooting gallery

casete *nm* (*magnetófono*) cassette recorder, tape recorder (*más coloq*)

■ **casete** *nm o nf* (*cinta*) cassette, tape (*más coloq*)

casi *adv* **1** (*gen*) almost: *Estaba* ~ *lleno.* It was almost full. ◊ ~ *con toda seguridad* almost certainly **2** (*apenas*) hardly: ~ *no nos dejaron hablar.* They hardly let us say a word. ◊ *No la veo* ~ *nunca.* I hardly ever see her. ◊ ~ *nada/nadie* hardly anything/anybody **3** (*por poco*) almost, nearly (*más coloq*): ~ *me caigo.* I almost fell. ◊ *Me sentó tan mal que* ~ *no voy a su fiesta.* He upset me so much I almost didn't go to his party. ☛ *Ver nota en* NEARLY **4** (*expresando una opinión cautelosa*): *Yo* ~ *te diría que la vendieras.* I think it might be better to sell it.

LOC casi casi very nearly: *~ ~ llegaban a mil personas.* There were very nearly a thousand people. **¡casi nada!**: *—Me ha pedido que le preste un millón. —¡~ nada!* 'He's asked me to lend him a million.' 'Oh! Is that all he wants?' ◊ *—¡Pues si solo llegué media hora tarde! —¡~ nada!* 'I was only half an hour late!' 'Oh! Is that all?' **la casi totalidad de**: *Acudió la ~ totalidad del profesorado.* Almost all the teachers attended. **sin casi**: *Estaban ~ borrachos; bueno, sin ~.* They were almost drunk, well, actually completely drunk. ◊ *No voy ~ nunca; bueno, sin ~.* I hardly ever go. Never, in fact.

casilla *nf* **1(a)** (*Ajedrez, Damas, de papel cuadriculado*) square **(b)** (*de un formulario*) box **2** (*casillero*) pigeonhole
LOC sacar a algn de sus casillas to drive sb up the wall **salirse de sus casillas** to go up the wall

casillero *nm* **1** (*mueble*) pigeon-holes [*v pl*] **2** (*marcador*) scoreboard

casino *nm* **1** (*público*) casino [*pl* casinos] **2** (*club privado*) club

caso *nm* case: *el ~ Almería* the Almeria case ◊ *Se han dado dos ~s de intoxicación.* There have been two cases of food poisoning. ◊ *el ~ juzgado ayer* the case that was tried yesterday
LOC dado el caso in the event **el caso es que... 1** (*el hecho es que...*) the fact is (that)...: *El ~ es que no puedo ir.* The fact is, I can't go. **2** (*lo que importa*): *No importa cómo, el ~ es que vaya.* He must go somehow or other. **en caso afirmativo** if so **en caso de** in the event of *sth*: *En ~ de incendio no utilicen el ascensor.* In the event of fire, do not use the lift. **en caso de que...** if...: *En ~ de que te pregunte...* If he asks you... **en caso necesario/de necesidad** if necessary, if need be (*más formal*) **en caso negativo** if not **en tal caso** in that case **en todo caso**: *—¿Quieres que vayamos ahora? —No mujer, en todo ~, a la vuelta.* 'Do you want to go now?' 'No, we can always do it on the way back.' ◊ *Mañana no, en todo ~ el viernes.* Not tomorrow, Friday maybe. **hacer caso a/de**: *Haced ~ a la profesora.* Pay attention to the teacher. ◊ *Haz ~ a tu padre.* Listen to what your father says. ◊ *Por una vez hicieron ~ de lo que les dijimos.* They listened to us for once. **hacer caso omiso (de)** to take no notice (of *sth/sb*): *Me lo advirtió, pero yo hice ~ omiso.* He warned me, but I took no notice. **hacer/venir al caso** to be relevant **ir al caso** to get to the point **llegado/si llega el caso** if need be **¡ni caso!** take no notice: *Aunque te insista, ¡ni ~!* Even if he insists, take no notice. **para el caso... (me da/es igual)** what's the difference? **poner por caso** to assume *sth*: *Pongamos por ~ que consigue el trabajo.* Let's assume she gets the job. **poner por caso a algn** to take sb as an example **según el caso** it depends **se ha dado el caso de que...** it has happened that... **ser un caso** to be a right one **ser un caso extremo/límite** to be an extreme case **ser un caso aparte** to be something else **ser un caso clínico** (*estar loco*) to be a case **ser un caso perdido** to be a hopeless case **verse en el caso (de...)**: *Nunca me he visto en ese ~.* I've never been in that situation. ◊ *Se vieron en el ~ de tener que abandonar el país.* They found they had to leave the country. **yo en tu caso** if I were you *Ver tb* CONTRARIO, CUALQUIERA, CUYO, MEJOR, PEOR, SUPUESTO, ÚLTIMO

caspa *nf* dandruff

casquete *nm* skullcap
LOC casquete glaciar ice-cap **casquete polar** polar cap **echar un casquete** to have a bonk (⚠) ☛ *Ver nota en* TABÚ

casquillo *nm* **1** (*de bala*) cartridge case **2** (*bombilla*) light fitting: *un ~ de rosca/bayoneta* a screw-in/bayonet fitting

casquivano, -a *adj, nm-nf* flirt [*n*]: *¡Qué mujer más casquivana!* What a flirt that woman is!

casta *nf* **1** (*animal*) breed **2** (*grupo social*) caste
LOC de casta thoroughbred: *caballos de ~* thoroughbreds **me viene de casta** it's in my, your, etc blood

castaña *nf* **1** (*fruto*) chestnut ☛ *Ver ilustración en* NUT **2** (*choque*): *Me di una ~ con el coche.* I had an accident with the car. ◊ *Se dio una ~ contra la mesa.* She bumped into the table. **3** (*borrachera*): *¡Vaya ~ que lleva!* He's had quite a few! **4 castañas** (*años*): *Tengo cincuenta ~s.* I'm fifty.
LOC cogerse una castaña to get smashed **sacarle a algn las castañas del fuego** to get sb out of trouble **ser una castaña** to be a drag **¡toma castaña!** take that! *Ver tb* AGARRAR, PARECER

castañero, -a *nm-nf* chestnut seller

castañetear *vi* to chatter: *Me castañeteaban los dientes de frío.* My teeth were chattering.

castaño, -a *adj* brown: *ojos ~s* brown eyes ◊ *Tiene el pelo ~.* He's got brown hair.

La palabra **chestnut** también significa *castaño*, pero solo se usa para referirnos a uno de los tonos marrones de tinte para el pelo.

■ **castaño** *nm* chestnut tree
LOC pasar de castaño oscuro to be over the top

castañuela *nf* castanet
LOC estar/ponerse como unas castañuelas to be as happy as Larry *Ver tb* CONTENTO

castellano, -a *adj* **1** (*de Castilla*) Castilian **2** (*español*) Spanish
■ **castellano, -a** *nm-nf* (*habitante de Castilla*) Castilian
■ **castellano** *nm* (*idioma*) Spanish: *traducido al ~* translated into Spanish

castidad *nf* chastity

castigar *vt* **1(a)** (*gen*) to punish: *Me castigaron por mentir.* I was punished for telling lies. ◊ *La ley castiga ese delito con la cárcel.* That crime carries a prison sentence. **(b) ~ a algn a hacer algo** to make sb **do sth**: *Me castigó a escribirlo cien veces.* He made me write it out a hundred times. **(c)** (*atormentar*) to torment *sb* ***with sth***: *Lo castigaba con su indiferencia.* She tormented him with her indifference. **2** (*Dep*) to penalize: *El árbitro castigó la falta.* The referee penalized the foul. **3** (*viento, granizo*) to cause damage: *El granizo ha castigado mucho los campos.* The hail has caused a lot of damage to the crops.
LOC castigar a algn sin salir to gate sb: *Les han castigado tres días sin salir.* They've been gated for three days.

castigo *nm* **1** (*gen*) punishment: *Les puse un ~.* I punished them. ◊ *levantar un ~* to let sb off (a punishment) **2** (*tormento*) torture: *Esta separación es un ~ para los dos.* This separation is torture for both of us.
LOC castigo físico corporal punishment **castigo ejemplar** punishment that acts as a deterrent to others **castigo máximo** (*Dep*) spot-kick *Ver tb* ÁREA, CELDA, SAQUE

Castilla *nf* Castile **LOC** *Ver* ANCHO

castillo
(castle)

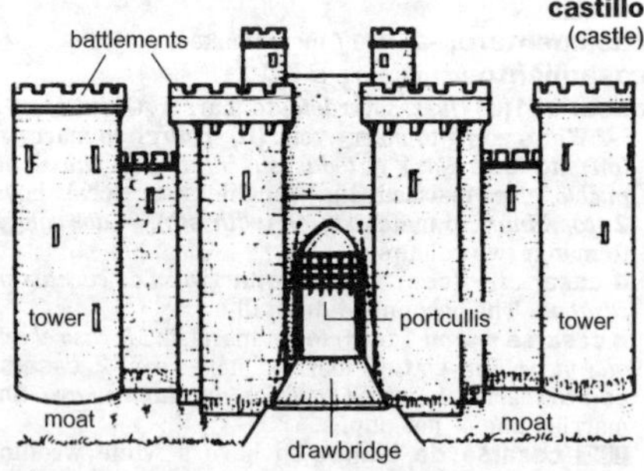

castillo *nm* castle
LOC castillo de fuegos artificiales firework display **castillo de arena** sandcastle: *hacer ~s de arena* to build sandcastles **hacer castillos en el aire** to fantasize

castizo, -a *adj* **1** (*tradicional*) traditional: *costumbres castizas* traditional customs **2** (*puro*) pure: *un lenguaje ~* a pure form of the language ◊ *sevillano ~* authentic Sevillian

■ **castizo, -a** *adj, nm-nf* nice [*adj*]: *¡Qué hombre más ~!* What a nice man! ◊ *¡Son unos ~s!* They're really nice!

casto, -a *adj* chaste

castor *nm* beaver

castración *nf* castration

castrar *vt* to castrate

castrense *adj* military

casual *adj* chance [*n atrib*]: *un encuentro ~* a chance meeting ◊ *Ocurrió de forma ~*. It happened by chance. ◊ *Fue un acierto ~*. It was a lucky guess.

■ **casual** *nm* coincidence: *Fue un ~ que nos encontrásemos.* It was a coincidence to run into each other like that.

LOC **por un casual** by any chance: *¿No habrás visto mis gafas, por un ~?* I suppose you haven't seen my glasses, by any chance?

casualidad *nf* chance: *Nos encontramos de/por pura ~*. We met by sheer chance. ◊ *¿No tendrás, por ~, su teléfono?* You wouldn't have their number by any chance?

LOC **da la casualidad de que...** it so happens that... **es/no es (una) casualidad (que...)**: *¡También es ~ que vayamos de vacaciones al mismo sitio!* We even had to go to the same place for our holiday! **¡qué casualidad!** what a coincidence!

casualmente *adv* **1** (*por casualidad*) by chance **2** (*precisamente*) actually: *~, lo empecé a escribir ayer.* Actually, I started to write it yesterday.

cata *nf* tasting: *la ~ de vinos* wine-tasting

cataclismo *nm* disaster, cataclysm (*formal*)

catacumbas *nf* catacombs

catalán, -ana *adj, nm-nf* Catalan

■ **catalán** *nm* (*idioma*) Catalan

catalizador *nm* **1** (*de coche*) catalytic converter **2** (*Quím, estímulo*) catalyst

catalizar *vt* **1** (*Quím*) to catalyse **2** (*fig*) to be the catalyst for *sth*

catalogación *nf* **1** (*confección de una lista*) cataloguing **2** (*calificación, clasificación*) classification: *Son de fácil ~*. They are easy to classify.

catalogado, -a *pp, adj Ver* CATALOGAR

LOC **estar catalogado** (*figurar en una lista*) to be in a catalogue

catalogar *vt* **1** (*elaborar una lista*) to catalogue **2** (*calificar*) to class *sth/sb* (**as sth**): *Lo catalogaron de traidor.* He was classed as a traitor.

catálogo *nm* catalogue **LOC** *Ver* VENTA

Cataluña *nf* Catalonia

catamarán *nm* catamaran

cataplines *nm* goolies

LOC **estar hasta los cataplines (de)** to be pissed off (with *sth/sb*) (⚠) ☛ *Ver nota en* TABÚ

catapulta *nf* catapult

catapultar *vt* to catapult

catapún **LOC** *Ver* AÑO

catar *vt* (*alimento, bebida*) to taste

catarata *nf* **1** (*cascada*) waterfall: *las ~s de Victoria* the Victoria Falls **2** (*Med*) cataract

catarro *nm* cold: *Tengo (un) ~*. I've got a cold. ◊ *coger un ~* to catch a cold

catástrofe *nf* catastrophe: *El terremoto fue una verdadera ~*. The earthquake was a terrible catastrophe. ◊ *una ~ natural* a natural disaster/catastrophe

catastrófico, -a *adj* catastrophic: *efectos ~s* catastrophic effects **LOC** *Ver* ZONA

catastrofismo *nm* deep pessimism

LOC **caer en el/hacer catastrofismo** to be a prophet of doom

catastrofista *adj* deeply pessimistic

■ **catastrofista** *nmf* prophet of doom

catchup *nm* ketchup

cate *nm* **1** (*suspenso*) fail: *¡Me han dado un ~!* I've failed! **2** (*golpe*) slap: *dar un ~ a algn* to slap sb

catear *vt, vi* to fail

catecismo *nm* catechism

cátedra *nf* **1** (*empleo*) **(a)** (*universidad*) chair **(b)** (*instituto*) head of department **2** (*departamento*) department: *la ~ de historia* the history department **LOC** *Ver* REGENTAR, SENTAR

catedral *nf* cathedral

LOC **como una catedral** huge

catedrático, -a *nm-nf* **1** (*universidad*) professor **2** (*instituto*) head of department: *Es el ~ de inglés.* He's the head of English.

categoría *nf* **1** (*sección*) category: *Han dividido los premios en tres ~s.* They've divided the prizes into three categories. ◊ *Es el campeón mundial en ~ juvenil.* He's the world junior champion. **2** (*nivel*) level: *un torneo de ~ intermedia* an intermediate level tournament ◊ *la máxima ~ artística* the highest artistic level **3** (*status*) status [*v sing*]: *mi ~ profesional* my professional status ◊ *tener ~* to have status

LOC **bajar/descender de categoría 1** (*Dep*) to be relegated **2** (*persona*) to be demoted **3** (*establecimiento*) to be downgraded **dar/proporcionar categoría** to give prestige (*to sth/sb*): *Aquel caso le proporcionó ~ como abogado.* The case brought him prestige as a lawyer. **de categoría 1** (*nivel, calidad*) top-class: *una nadadora/peluquería de ~* a top-class swimmer/hairdresser's **2** (*rango social*) classy **3** (*considerable*): *una bronca de ~* a terrible row **de categoría mundial** world-class **de primera/segunda/tercera categoría** first-rate/second-rate/third-rate: *una actuación de tercera ~* a third-rate performance *Ver tb* REBAJAR

categórico, -a *adj* categorical

cateto, -a *nm-nf* yokel

catolicismo *nm* Catholicism

católico, -a *adj, nm-nf* Catholic: *la Iglesia católica* the Catholic Church ◊ *Soy católica.* I'm a Catholic.

LOC **no estar muy católico** to feel under the weather *Ver tb* REY

catorce *nm, adj, pron* **1** (*gen*) fourteen **2** (*fecha, decimocuarto*) fourteenth **3** (*en títulos*) the Fourteenth ☛ *Ver ejemplos en* DIECISÉIS

catorceavo, -a (*tb* **catorzavo, -a**) *adj* ☛ *Ver ejemplos en* DIECISEISAVO

■ **catorceavo** *nm* fourteenth

catre *nm* bed

LOC **irse al catre** to hit the sack

cauce *nm* **1** (*río*) **(a)** (*recorrido*) course: *a lo largo de todo el ~ del río* all along the course of the river ◊ *El río se salió de su ~*. The river burst its banks. **(b)** (*concavidad*) (river) bed **2** (*fig*) procedure: *los ~s administrativos establecidos* the established administrative procedures **LOC** *Ver* AGUA

caucho *nm* rubber: *ruedas de ~* rubber tyres

caudal *nm* **1** (*agua*) volume of water **2** (*fig*) wealth: *un gran ~ cultural* great cultural wealth **LOC** *Ver* CAJA

caudaloso, -a *adj* **1** (*río*) great **2** (*persona*) wealthy

caudillo *nm* (*jefe militar*) commander

causa *nf* **1** (*gen*) cause: *la ~ principal del problema* the main cause of the problem ◊ *la ~ de su muerte* the cause of death ◊ *Lo abandoné todo por la ~*. I left everything for the cause. **2** (*motivo*) reason: *por esta ~* for this reason ◊ *sin ~ aparente* for no apparent reason **3** (*Jur*) case

LOC **a/por causa de** because of *sth/sb*: *a ~ del coste* because of the cost **a causa de que** because **causas mayores/de fuerza mayor** unavoidable circumstances **hacer causa común** to side *with sth/sb* **tener como causa** to be caused by *sth*: *La enfermedad tuvo como ~ un virus.* The illness was caused by a virus. *Ver tb* CONOCIMIENTO, INSTRUIR, RELACIÓN

causante *adj*: *el coche ~ del accidente* the car that caused the accident

■ **causante** *nmf*: *el ~ del siniestro* the person who

caused the accident ◊ *Son los ~s de la destrucción del bosque.* They're responsible for destroying the wood.

causar *vt* **1** (*ser la causa de*) to cause: *~ daños* to cause damage ◊ *~ gastos/problemas* to cause expense/ problems ◊ *Su decisión nos causó una gran sorpresa.* His decision came as a big surprise to us. **2** (*alegría, pena, impresión*) to make: *Me causó una gran alegría/ pena.* It made me very happy/sad. ◊ *Le causaste buena impresión.* You made a good impression on him. **LOC** *Ver* ESTRAGOS, FUROR, HASTÍO, HERIDA, HORROR, RISA, RUBOR, SENSACIÓN

cáustico, -a *adj* **LOC** *Ver* SOSA

cautela *nf* caution

LOC **con cautela** cautiously *Ver tb* PROCEDER[2]

cauteloso, -a *adj* cautious

cautivador, ~a *adj* captivating: *Tiene una sonrisa cautivadora.* He has the most captivating smile.

cautivar *vt* **1** (*privar de libertad*) to capture **2** (*atraer*) to captivate: *El libro me cautivó.* I was captivated by the book.

cautiverio *nm* captivity: *nacido en ~* born in captivity ◊ *El rehén cumple hoy un año de ~.* He has been held hostage for a year.

cautivo, -a *adj* captive: *animales ~s* captive animals ◊ *Su simpatía nos tiene ~s.* We are captivated by her. ◊ *un público ~ por su discurso* an audience held spellbound by his speech

■ **cautivo, -a** *nm-nf* captive

cauto, -a *adj Ver* CAUTELOSO

cava *nf* (*bodega*) cellar

■ **cava** *nm* (*vino espumoso*) cava

cavar *vt, vi* to dig

caverna *nf* cavern

cavernoso, -a *adj* **1** (*voz*) gruff **2** (*tos*) rasping

caviar *nm* caviar

cavidad *nf* cavity **LOC** *Ver* TORÁCICO

cavilación *nf* deliberation [*incontable*]: *Tras muchas cavilaciones...* After long deliberation... ◊ *La dejé sumida en profundas cavilaciones.* I left her deep in thought.

cavilar *vi* to think deeply (***about sth***): *Después de mucho ~...* After much thought...

cayado *nm* **1** (*pastor*) crook **2** (*obispo*) crosier

caza[1] *nm* (*avión*) fighter (plane) **LOC** *Ver* PILOTO

caza[2] *nf* **1** (*actividad*) **(a)** (*gen*) hunting: *No me gusta la ~.* I don't like hunting. ◊ *ir de ~* to go hunting **(b)** (*con escopeta*) shooting **2** (*cacería, persecución*) **(a)** (*gen*) hunt: *Veinte personas tomaron parte en la ~.* Twenty people took part in the hunt. ◊ *Salieron a la ~ del asesino.* They set off in pursuit of the murderer. **(b)** (*con escopeta*) shoot **3** (*animales, carne*) game: *Nunca he comido ~.* I've never eaten game.

LOC **andar/ir a la caza de** to be after *sth/sb* **caza de brujas** witch-hunt **caza del zorro 1** (*actividad*) fox-hunting **2** (*cacería*) fox-hunt **caza mayor 1** (*actividad*) big game hunting **2** (*animales*) game **caza menor 1** (*actividad*) shooting **2** (*animales*) game **dar caza a** to hunt *sth/sb* down: *La policía le dio ~.* The police hunted him down. *Ver tb* CUCHILLO, ESCOPETA, FURTIVO, GUARDA, PARTIDA, TEMPORADA

cazabombardero *nm* fighter-bomber

cazador, ~a *nm-nf* hunter **LOC** *Ver* FURTIVO, PARTIDA

cazadora *nf* jacket: *una ~ de piel* a leather jacket

cazar *vt, vi* **1** (*gen*) to hunt: *~ jabalíes* to hunt wild boar ◊ *Les encanta ~.* They love hunting. **2** (*con escopeta*) to shoot

■ **cazar** *vt* **1** (*cobrarse una pieza, capturar, sorprender*) to catch: *Después de dos horas conseguimos ~ un zorro.* After two hours we caught a fox. ◊ *~ mariposas* to catch butterflies ◊ *Lo cazaron cerca de la frontera.* They caught him near the border. ◊ *La cacé mintiendo.* I caught her lying. ◊ *Intentó ~me para que hiciese el trabajo.* He tried to get me to do the job. **2** (*conseguir*) to land: *~ un buen empleo* to land a good job **3** (*apercibirse de*) to get: *No cazo la idea.* I don't get it!

LOC **cazarlas al vuelo** to get it in a flash **cazarlo todo** not to miss a trick **estar cazando moscas** not to be with it

cazarrecompensas *nmf* bounty hunter

cazatalentos *nmf* talent scout

cazo *nm* **1** (*cacerola*) saucepan ☛ *Ver ilustración en* OLLA **2** (*cucharón*) ladle ☛ *Ver ilustración en* UTENSIL

LOC **ser un cazo** (*persona*) **1** (*bruto*) to be as thick as two short planks **2** (*feo*) to be as ugly as sin

cazuela *nf* casserole

LOC **a la cazuela** casseroled

cazurro, -a *adj, nm-nf*

LOC **ser un cazurro 1** (*necio*) to be as thick as two short planks **2** (*obstinado*) to be pig-headed

CE *nf, abrev de* **Comunidad Europea** *Ver* COMUNIDAD

cebada *nf* barley

cebar *vt* **1** (*engordar*) to fatten *sth/sb* up: *~ los cerdos* to fatten up the pigs **2** (*atiborrar*) to fill *sb* up: *Su madre los ceba.* Their mother fills them up with food.

■ **cebarse** *v pron* **1** (*atiborrarse*) to stuff yourself **2** **cebarse con algn** (*ensañarse*) to pick **on sb**: *Siempre se ceba con su cuñada.* He always picks on his sister-in-law. **3** **cebarse en...** (*causar daño*) to wreak havoc **in...**: *El huracán se cebó en esta región.* The hurricane wreaked havoc in the region.

cebo *nm* bait

cebolla *nf* onion **LOC** *Ver* PAPEL, REPETIR

cebolleta *nf* **1** (*fresca*) spring onion **2** (*en vinagre*) pickled onion

cebollino *nm* **1** (*Bot*) **(a)** (*cebolla tierna*) baby onion **(b)** (*cebolleta*) spring onion **(c)** (*aderezo*) chives [*v pl*] **2** (*necio*) fool

cebra *nf* zebra **LOC** *Ver* PASO

Ceca *nf*

LOC **ir de la Ceca a la Meca** to go from pillar to post

cecear *vi* to have a lisp

ceceo *nm* lisp

ceder *vt* **1** (*gen*) to transfer, to hand *sth* over (*más coloq*): *~ acciones* to transfer shares ◊ *Cedieron el edificio al ayuntamiento.* They handed the building over to the council. ◊ *~ poder* to hand over power **2** (*perder*) to lose: *Cedió el primer puesto a su rival.* He lost first place to his rival. ◊ *Los valores cedieron dos enteros.* The shares lost two points. **3** (*prestar*) to lend: *~ un cuadro a una exposición* to lend a painting to an exhibition **4** (*balón, pelota*) to pass

■ **ceder** *vi* **1** (*conceder*) **(a)** (*gen*) to give way: *No voy a ~ en este punto.* I'm not going to give way on this. **(b) ~ a** to give in **to *sth***: *No cedas a sus amenazas.* Don't give in to their threats. **2** (*intensidad, fuerza*) to ease off: *El viento cedió.* The wind eased off. **3** (*romperse*) **(a)** (*gen*) to give way: *La estantería cedió por el peso.* The shelves gave way under the weight of books. **(b)** (*abrirse, aflojarse*) to give: *La puerta cedió.* The door gave. ◊ *La piel siempre cede.* Leather always gives.

LOC **ceda el paso** give way: *No vi el ceda el paso.* I didn't see the Give Way sign. **ceder el asiento** to give up your seat *to sb* **ceder el paso** to give way: *~ el paso a los autobuses* to give way to buses ◊ *Me cedió el paso.* He let me go first. **ceder terreno 1** (*retroceder*) to give ground: *Las tropas tuvieron que ~ terreno.* The troops had to give ground. **2** (*perder terreno*) to lose ground: *El equipo sigue cediendo terreno al líder.* The team is still losing ground to their main rivals. *Ver tb* PALABRA, SITIO

cedilla *nf* cedilla

cedro *nm* cedar

cédula *nf* certificate

LOC **cédula personal/de identidad** identity card

CEE *nf, abrev de* **Comunidad Económica Europea** *Ver* COMUNIDAD

cegador, ~a *adj* blinding: *Hacía un sol ~.* The sunlight was blinding.

cegar *vt, vi* to blind *sb* [*vt*]: *La ambición puede ~.* Ambition can blind you. ◊ *Las luces me cegaron.* I was blinded by the lights.

cegato, -a *adj, nm-nf* short-sighted [*adj*]
ceguera *nf* blindness
ceja *nf* eyebrow ☛ *Ver ilustración en* OJO
LOC **metérsele algo a algn entre ceja y ceja** to get it into your head *to do sth/that...*: *Se me metió entre ~ y ~ que el vuelo era a las siete y lo perdí.* I got it into my head that the flight left at seven and I missed it. **tener algo/a algn entre ceja y ceja** not to be able to stand sb *Ver tb* LÁPIZ
cejar *vi* **~ (en)** to let up (**in** *sth*): *No cejaré en mis esfuerzos.* I won't let up (in my efforts).
cejijunto, -a *adj* beetle-browed
cejilla *nf* **1** (*instrumento*) capo **2** (*posición del dedo*) barré
cejudo, -a *adj* bushy-browed
celada *nf* **1** (*emboscada*) ambush **2** (*fig*) trap: *tender una ~* to set a trap
celador, ~a *nm-nf* **1** (*cárcel*) (prison) warder **2** (*hospital*) (hospital) porter **3** (*museo*) (museum) attendant
celda *nf* cell
LOC **celda de castigo** solitary confinement (cell): *Está en una ~ de castigo.* He's in solitary confinement.
celebración *nf* **1** (*fiesta, aniversario*) celebration: *las celebraciones de la fundación de la ciudad* the celebrations to mark the founding of the city **2** (*acontecimiento*): *seis meses antes de la ~ de la boda* six months before the wedding ◊ *La ~ de las elecciones está prevista para el mes de junio.* The election is expected to take place in June.
celebrar *vt* **1** (*festejar*) to celebrate: *~ un cumpleaños/bautizo/una boda* to celebrate a birthday/christening/wedding **2** (*llevar a cabo*) to hold: *~ una reunión/las pruebas olímpicas* to hold a meeting/the Olympic trials **3** (*misa*) to celebrate, to say (*más coloq*): *El párroco celebró la misa.* The parish priest said mass. **4** (*alabar*) to praise: *Los críticos han celebrado la obra.* The play has been praised by the critics. **5** (*alegrarse*) to be delighted: *¡Lo celebro mucho!* I'm really delighted!
■ **celebrarse** *v pron* to take place: *La manifestación se celebró ayer.* The demonstration took place yesterday.
LOC **celebrar una boda** (*cura, juez*) to officiate at a wedding: *Un cura amigo de la familia celebró la boda.* A priest who was a friend of the family officiated at the wedding.
célebre *adj* **1** (*famoso*) famous **2** (*de mala fama*) notorious: *Es ~ por sus meteduras de pata.* He's notorious for putting his foot in it.
celebridad *nf* **1** (*fama*) fame **2** (*personaje*) celebrity: *Son una ~ en su país.* They have become celebrities in their own country.
celeridad *nf* swiftness: *con ~* swiftly
celeste *adj* celestial: *cuerpos ~s* celestial bodies
LOC *Ver* AZUL, BÓVEDA
celestial *adj* heavenly **LOC** *Ver* MÚSICA
celestina *nf* matchmaker
celibato *nm* celibacy
célibe *adj* celibate
celo[1] *nm* Sellotape®
celo[2] *nm* **1** (*esmero*) zeal: *con sumo ~* with tremendous zeal ◊ *con excesivo ~* with an excess of zeal **2 celos** jealousy [*incontable, v sing*]: *La comen los ~s.* She's eaten up with jealousy. ◊ *Sentía ~s.* He felt jealous.
LOC **dar celos** to make *sb* jealous **estar en celo 1** (*hembra*) to be on heat **2** (*macho*) to be in rut **sentir/tener celos (de)** to be jealous (of *sb*) *Ver tb* COMIDO, HUELGA, PAROXISMO
celofán *nm* Cellophane®: *papel de ~* Cellophane wrapping
celosía *nf* lattice
celoso, -a *adj* **1** (*gen*) jealous: *Está ~ de su hermana.* He's jealous of his sister. **2** (*cuidadoso*) conscientious
■ **celoso, -a** *nm-nf* jealous person: *Siempre ha sido un ~ insoportable.* He's always been a very jealous person.
LOC **poner celoso** to make *sb* jealous
celta *adj* Celtic
■ **celta** *nmf* Celt
celtíbero, -a *adj, nm-nf* Celtiberian
célula *nf* cell: *una ~ fotoeléctrica* a photoelectric cell
celular *adj* cellular **LOC** *Ver* COCHE
celulitis *nf* cellulite
celuloide *nm* celluloid
celulosa *nf* cellulose
cementerio *nm* **1** (*gen*) cemetery: *El ~ está en lo alto de la colina.* The cemetery is at the top of the hill. **2** (*junto a la iglesia*) graveyard
LOC **cementerio atómico/nuclear** nuclear waste dump **cementerio de automóviles/coches** breaker's yard
cemento *nm* cement
LOC **cemento armado** reinforced concrete *Ver tb* CARA
cena *nf* dinner, supper (*más coloq*): *Siempre llama cuando estoy haciendo la ~.* She always rings when I'm in the middle of getting supper. ◊ *¿Qué hay de ~?* What's for supper? ◊ *Voy a preparar la ~.* I'm going to get (the) supper/dinner now. ☛ *Ver nota en* DINNER
LOC **cena de etiqueta** formal dinner *Ver tb* MERIENDA, ÚLTIMO
cenado, -a *pp, adj*: *Llegaron ~s a la fiesta.* They had dinner before going to the party. *Ver tb* CENAR
cenagal *nm* **1** (*barrizal*) bog **2** (*fig*) jam
cenagoso, -a *adj* boggy
cenar *vi* to have dinner, to have supper (*más coloq*): *Esta noche salimos a ~.* We're going out to dinner tonight. ◊ *¿Quién viene a ~?* Who's coming to dinner? ◊ *Como era tarde, me quedé a ~ en su casa.* As it was late I stayed and had supper with them. ☛ *Ver nota en* DINNER
■ **cenar** *vt* to have *sth* for dinner, to have *sth* for supper (*más coloq*): *~ una tortilla* to have an omelette for supper ◊ *¿Qué habéis cenado?* What did you have for dinner?
cencerro *nm* bell
LOC **estar como un cencerro** to be as mad as a hatter
cenefa *nf* **1** (*en la ropa*) border **2** (*en paredes, en techos*) frieze
cenicero *nm* ashtray
ceniciento, -a *adj* grey
■ **Cenicienta** *nf* Cinderella: *Es la Cenicienta de la compañía.* She's the Cinderella of the company.
cenit *nm* **1** (*Astron*) zenith **2** (*momento culminante*) height: *en el ~ de su carrera* at the height of his career
ceniza *nf* ash: *El edificio quedó reducido a ~s.* The building was reduced to ashes. **LOC** *Ver* MIÉRCOLES
cenizo, -a *adj* grey
LOC **ser un cenizo** to be a wet blanket
censal *adj* census [*n atrib*]: *datos ~es* census data
censar *vt* to take a census **of** *sth*
censo *nm* census [*pl* censuses]: *hacer un ~ de población* to take a census
LOC **censo electoral/de votantes** electoral register
censor, ~a *nm-nf* **1** (*libro, película*) censor: *un ~ de prensa* a press censor **2** (*crítico*): *Te has convertido en ~ de todas mis acciones.* You've become very critical of everything I do.
LOC **censor jurado de cuentas** chartered accountant
censura *nf* **1** (*libro, película*) censorship **2** (*organismo*) censor's office **3** (*desaprobación*) disapproval: *Su comportamiento fue objeto de ~ por parte del gobierno.* His behaviour attracted the government's disapproval.
LOC *Ver* SOMETER, VOTO
censurable *adj* blameworthy: *una conducta ~* blameworthy conduct
censurar *vt* **1** (*libro, película*) to censor **2** (*reprobar*) to censure
centauro *nm* centaur
centavo *nm* (*moneda*) cent
LOC **estar sin un centavo/no tener ni un centavo** to be broke
centella *nf* **1** (*chispa*) spark **2** (*rayo*) lightning

LOC como una centella like greased lightning *Ver tb* RAYO

centelleante *adj* **1** (*brillante*) sparkling: *unos diamantes/ojos ~s* sparkling diamonds/eyes **2** (*llama*) flickering **3** (*estrella*) twinkling

centellear *vi* **1** (*brillar*) to sparkle **2** (*llama*) to flicker **3** (*estrella*) to twinkle

centelleo *nm* **1** (*brillo*) sparkle **2** (*llama*) flicker **3** (*estrella*) twinkle

centena *nf* hundred: *la columna de las ~s* the hundreds column ◊ *una ~ de ejemplares* a hundred copies ☛ *Ver apéndice 3*

LOC por centenas in hundreds

centenar *nm* hundred: *La caja contiene un ~ de paquetes.* The box contains a hundred packets. ◊ *~es de personas* hundreds of people ☛ *Ver apéndice 3*

LOC medio centenar fifty

centenario, -a *adj* **1** (*de cien años*): *Mi tía es casi centenaria.* My aunt is almost a hundred years old. **2** (*muy viejo*) very old: *un árbol/edificio ~* a very old tree/building

■ **centenario, -a** *nm-nf* (*persona*) centenarian

■ **centenario** *nm* centenary: *el ~ de su fundación* the centenary of its founding ◊ *el sexto ~ de su nacimiento* the 600th anniversary of his birth

centeno *nm* rye

centésimo, -a *adj, nm-nf, pron* hundredth: *el ~ aniversario* the hundreth anniversary ◊ *tres centésimas de segundo* three hundredths of a second

LOC la/una centésima parte (de) a hundredth (of *sth*)

centígrado, -a *adj* centigrade/Celsius (*abrev* C): *treinta grados ~s* thirty degrees centigrade (30°C) ☛ *Ver nota en* FAHRENHEIT

centigramo *nm* centigram ☛ *Ver apéndice 3*

centilitro *nm* centilitre (*abrev* cl) ☛ *Ver apéndice 3*

centímetro *nm* centimetre (*abrev* cm): *300 ~s cuadrados* 300 square centimetres ◊ *250 ~s cúbicos* 250 cubic centimetres (*abrev* 250 cc) ☛ *Ver apéndice 3*

céntimo *nm* hundredth part of a peseta

LOC estar sin/no tener un céntimo to be broke

centinela *nmf* **1** (*Mil*) sentry **2** (*vigía*) lookout

LOC estar/hacer de centinela 1 (*Mil*) to be on guard duty **2** (*vigía*) to keep a lookout

centollo *nm* crab

centrado, -a *pp, adj* (*persona*) settled: *Da la impresión de estar muy ~.* He seems very settled. *Ver tb* CENTRAR

LOC estar centrado en to be concentrating on *sth*: *Estás muy poco ~ en los estudios.* You're not concentrating on your studies.

central *adj* **1** (*gen*) central: *calefacción ~* central heating ◊ *la parte ~ de las gradas* the central part of the stand **2** (*principal*) main: *el personaje ~* the main character

■ **central** *nf* **1** (*energía*) power station: *una ~ nuclear* a nuclear power station **2** (*oficina principal*) head office: *La ~ está en Madrid.* Our head office is in Madrid.

LOC central de correos general post office **central de (transmisión de) datos** data centre **central lechera** dairy **central sindical** trade union **central telefónica/de teléfonos** telephone exchange *Ver tb* CASA

centralismo *nm* centralism

centralista *adj, nmf* centralist

centralita *nf* switchboard

centralización *nf* centralization

centralizador, ~a *adj* centralizing

centralizar *vt* to centralize **LOC** *Ver* CIERRE

centrar *vt* **1** (*colocar en el centro*) to centre: *~ una fotografía en una página* to centre a photograph on a page **2** (*concentrar*) to focus *sth* **on** *sth*: *Centraron sus críticas en el gobierno.* They focused their criticism on the government. ◊ *El tema de la corrupción centra la atención del país.* Public attention is focused on corruption. ◊ *Centraba todos sus poemas en la amistad.* He made friendship the central theme of his poems. ◊ *Centró sus esfuerzos en la ayuda al Tercer Mundo.* He concentrated his efforts on aid for the Third World.

■ **centrar** *vi* (*Dep*) to cross

■ **centrarse** *v pron* **1** (*asentarse*) to settle down **2 centrarse en** (*girar en torno a*) to centre **on/round** ***sth/doing sth***: *Su vida se centra en el estudio.* His life centres round studying. **3 centrarse (en)** (*concentrarse*) to concentrate (**on *sth/doing sth***)

céntrico, -a *adj*: *un piso ~* a flat in the centre of town ◊ *varias calles céntricas* several streets in the city centre

centrifugadora *nf* centrifuge

centrifugar *vt* **1** (*lavadora*) to spin(-dry) **2** (*Ciencias*) to centrifuge

centrífugo, -a *adj* centrifugal

centrípeto, -a *adj* centripetal

centro *nm* centre: *el ~ de la cuidad* the city centre ◊ *ser el ~ de atención* to be the centre of attention ◊ *un ~ financiero/meteorológico* a financial/weather centre ◊ *un partido de ~* a centre party

LOC centro comercial shopping centre **centro cultural** arts centre **centro (de enseñanza/escolar)** school **centro del campo** midfield ☛ *Ver ilustración en* FÚTBOL **centro de planificación familiar** family planning clinic **centro hospitalario/médico/sanitario** hospital **centro laboral/de trabajo** workplace **centro neurálgico** nerve centre **centro penitenciario** prison **centro universitario** university **ir al centro** to go into town *Ver tb* ZONA

Centroamérica *nf* Central America

centroamericano, -a *adj, nm-nf* Central American

centrocampista *nmf* midfield player ☛ *Ver ilustración en* FÚTBOL

centuplicar *vt* **1** (*lit*) to multiply *sth* by a hundred **2** (*fig*) to increase *sth* enormously

centurión *nm* centurion

ceñido, -a *pp, adj* tight(-fitting): *La falda te está muy ceñida.* The skirt is very tight on you. *Ver tb* CEÑIR

ceñir *vt* to be tight: *Esa falda te ciñe mucho la cintura.* That skirt is very tight round the waist.

■ **ceñirse** *v pron* **ceñirse a** to keep **to** ***sth***: *~se al tema/presupuesto* to keep to the subject/budget

ceño *nm*

LOC arrugar/fruncir el ceño to frown

ceñudo, -a *adj* frowning

cepa *nf* **1** (*tronco de un árbol*) stump **2** (*tronco de la vid*) stock **LOC** *Ver* PURO *adj*

cepillado *nm* **1** (*gen*) brushing: *A esa melena le hace falta un buen ~.* Your hair needs brushing. **2** (*madera*) planing

cepillar *vt* **1** (*gen*) to brush: *~ una chaqueta/un sillón* to brush a jacket/an armchair **2** (*madera*) to plane

■ **cepillarse** *v pron* **1** (*gen*): *~se el pelo/la chaqueta* to brush your hair/jacket **2** (*terminar rápidamente*) to polish *sth* off **3** (*gastar*) to blow **4** (*asesinar*) to bump *sb* off **5** (*sexo*) to screw (⚠) ☛ *Ver nota en* TABÚ

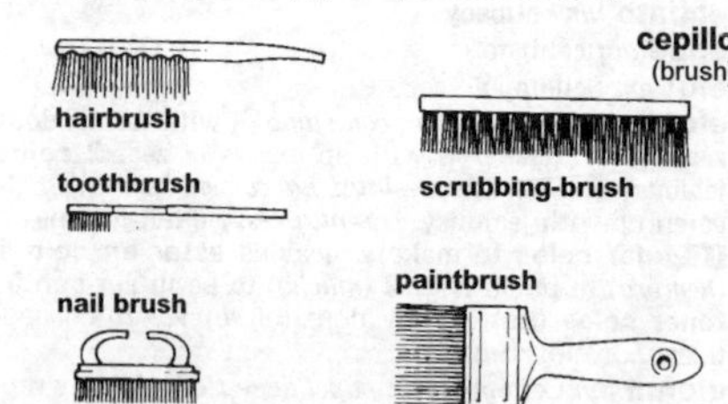

cepillo *nm* **1** (*gen*) brush: *Necesito un ~ para la ropa.* I need a clothes brush. **2** (*madera*) plane **3** (*en una iglesia*) collecting-box

LOC cepillo de dientes/pelo toothbrush/hairbrush **cepillo de uñas** nail brush *Ver tb* PELO

cepo *nm* **1** (*animal*) trap **2** (*vehículo*) (wheel-)clamp

ceporro, -a *adj* thick

■ **ceporro, -a** *nm-nf* twit
LOC estar/ponerse como un ceporro to be/get very fat *Ver tb* DORMIR

cera *nf* wax
LOC cera de abejas beeswax **cera de los oídos** earwax **cera del suelo** floor-polish **cera depilatoria/ para depilar** (hair-removing) wax **dar cera** to polish *sth*: *dar ~ a los muebles* to polish the furniture **hacerse la cera en las piernas, axilas, etc** to wax your legs, underarms, etc *Ver tb* MUSEO, PINTURA

cerámica *nf* pottery

ceramista *nmf* potter

cerbatana *nf* blowpipe

cerca¹ *nf* **1** (*valla*) fence **2** (*muro*) wall

cerca² *adv* near: *Vivimos muy ~.* We live very near. ◊ *Las vacaciones están bastante ~.* The holidays will soon be here. ☛ *Ver nota en* NEARBY
LOC cerca de 1 (*a poca distancia*) near: *~ de aquí* near here **2** (*casi*) nearly: *El tren se retrasó ~ de una hora.* The train was nearly an hour late. **de cerca** close up: *Deja que lo vea de ~.* Let me see it close up. *Ver tb* AQUÍ, CONOCER, GAFAS, PILLAR

cercado *nm* **1** (*terreno vallado*) enclosure **2** (*valla*) fence

cercanía *nf* **1** (*proximidad*) proximity: *ante la ~ de las elecciones* in view of the proximity of the elections **2 cercanías** (*afueras*) outskirts
LOC de cercanías local: *una línea de ~s* a local line **en las cercanías (de)** (*cerca de*) in the vicinity (of *sth*): *en las ~s del aeropuerto* in the vicinity of the airport *Ver tb* SERVICIO, TREN

cercano, -a *adj* **1** (*gen*) close (**to *sth***): *un amigo/ pariente ~* a close friend/relative ◊ *fuentes cercanas a la familia* sources close to the family ◊ *~ a la muerte/al fin* close to death/the end ◊ *de una edad cercana a los 40* nearly 40 **2** (*en distancia*) **(a)** (*gen*) nearby: *Visitarán los pueblos ~s.* They will visit the nearby villages. **(b) ~** (a) near (***sth*/*sb***): *el restaurante más ~* the nearest restaurant ◊ *un pueblo ~ a Londres* a village near London ☛ *Ver nota en* NEARBY **LOC** *Ver* EJEMPLO

cercar *vt* **1(a)** (*poner una cerca*) to fence *sth* in **(b)** (*rodear*) to surround: *Nuestro ejército cercó a las tropas enemigas.* Our army surrounded the enemy troops. **2** (*acosar*) to crowd round *sb*: *Los periodistas cercaban al político.* The journalists crowded round the politician. **3** (*sitiar*) to besiege

cercenar *vt* **1** (*cortar*) to cut *sth* off **2** (*reducir*) to cut

cerciorarse *v pron* to make sure (**that...**): *Me cercioré de que lo llevaba.* I made sure that I had it with me.

cerco *nm* **1** (*gen*) ring: *los ~s dejados por los vasos* the rings left by the glasses ◊ *un ~ de luz* a ring of light **2** (*marco*) frame: *el ~ de la puerta/ventana* the door/ window frame ☛ *Ver ilustración en* MARCO
LOC poner cerco a una ciudad to lay siege to a city *Ver tb* LEVANTAR

cerda *nf* bristle

cerdada *nf* **1** (*acción*) **(a)** (*guarrería*): *Niño, deja de hacer ~s.* Don't be so disgusting! **(b)** (*al hablar*) dirty remark: *Decía una ~ detrás de otra.* He kept making dirty remarks. ◊ *decir ~s* to talk dirty **2** (*mala pasada*) rotten thing (to do)

Cerdeña *nf* Sardinia

cerdito, -a *nm-nf* piglet ☛ *Ver ilustración en* PIG

cerdo, -a *nm-nf* (*animal*) pig

> **Pig** es el sustantivo genérico, mientras que **boar** se refiere solo al macho y tiene dos plurales posibles, **boar** y **boars**. Para referirse solo a la hembra se utiliza **sow**. **Piglet** es la cría del cerdo. ☛ *Ver ilustración en* PIG

■ **cerdo, -a** *adj, nm-nf* **1** (*persona sucia o grosera*) (filthy) pig [*n*] (*ofen*): *¡Qué tío más ~!* He's a filthy pig! **2** (*canalla*) swine [*n*]: *Su marido es un auténtico ~.* Her husband is a real swine.
■ **cerdo** *nm* (*carne*) pork: *lomo de ~* loin of pork ☛ *Ver nota en* CARNE **LOC** *Ver* CORTEZA, COSTILLA, GRASA, MANO, MANTECA, MARGARITA

cereal *nm* **1** (*planta, grano*) cereal **2 cereales** cereal [*gen incontable*]: *Siempre desayuno ~es.* I always have cereal for breakfast.

cerebral *adj* (*Med*) cerebral (*formal*), brain [*n atrib*]: *un tumor ~* a brain tumour
LOC ser muy cerebral not to let your heart rule your head *Ver tb* CONMOCIÓN, CORTEZA, PARÁLISIS

cerebro *nm* **1** (*Anat*) brain **2** (*persona*) brains [*v sing*]: *Es el ~ de la banda.* He's the brains behind the gang.
LOC tener cerebro to have the brains (*to do sth*) **ser un cerebro** to be brilliant (*at sth*) *Ver tb* FUGA, LAVADO, LAVAR

ceremonia *nf* **1** (*acto, solemnidad*) ceremony: *la ~ de apertura/entrega de premios* the opening/prize-giving ceremony ◊ *Le recibieron con mucha ~.* He was received with great ceremony. **2** (*cortesía exagerada*) formality: *tratar a algn con mucha ~* to treat sb very formally ◊ *Dejémonos de ~s.* Let's not stand on ceremony.
LOC andarse con ceremonias/cumplidos to stand on ceremony **sin ceremonias/cumplidos** without ceremony *Ver tb* INAUGURACIÓN, MAESTRO

ceremonial *adj, nm* ceremonial

ceremonioso, -a *adj* **1** (*muy formal*) formal: *un saludo muy ~* a very formal greeting **2** (*pomposo*) pompous: *¡Qué hombre más ~!* What an incredibly pompous man!

cereza *nf* cherry ☛ *Ver ilustración en* FRUTA
■ **cereza** *nm* (*color*) cherry red ☛ *Ver ejemplos en* AMARILLO

cerezo *nm* **1** (*árbol*) cherry tree **2** (*madera*) cherry wood

cerilla *nf* match: *encender una ~* to light/strike a match

cerner *vt* to sift
■ **cernerse** *v pron* **1** (*pájaro, avión*) to hover **2 cernerse sobre** (*peligro, incertidumbre, presagio*) to hang **over *sth*/*sb***: *El peligro se cierne sobre el país.* There's a sense of danger hanging over the country.

cernícalo *nm* **1** (*ave*) kestrel **2** (*persona*) boor

cero *nm* **1** (*gen*) nought: *un cinco y dos ~s* a five and two noughts ◊ *Saqué un ~ en Arte.* I got a nought in Art. ◊ *~ coma cinco* nought point five ☛ *Ver apéndice 3* **2** (*temperaturas, grados*) zero: *~ absoluto* absolute zero ◊ *temperaturas bajo ~* subzero temperatures ◊ *Estamos a diez grados bajo ~.* It's minus ten. **3** (*para teléfonos*) O ☛ Se pronuncia /əʊ/: *Mi teléfono es el veintinueve, ~ dos, cuarenta.* My telephone number is two nine O two four O. **4** (*Dep*) **(a)** (*gen*) nil: *uno a ~* one nil ◊ *un empate a ~* a scoreless draw **(b)** (*Tenis*) love: *quince a ~* fifteen love
■ **cero** *adj* **1** (*ningún*) no: *~ puntos/errores* no points/ mistakes **2** (*nulo*) nil, zero (*más formal*): *Nuestra capacidad para mejorar es ~.* Our ability to improve is nil. ◊ *crecimiento ~* zero growth
LOC empezar/partir de cero to start from scratch **estar a cero** (*sin dinero*) to be broke **las cero horas** midnight **ser un cero a la izquierda** to be a nobody *Ver tb* EMPATAR, MERIDIANO, PELO

cerrado, -a *pp, adj* **1** (*gen*) closed, shut (*más coloq*): *Tenía los ojos ~s.* Her eyes were shut. ◊ *~ por vacaciones/enfermedad* closed for the holidays/because of illness ◊ *El tema está ~.* The subject is closed. ◊ *El mundo del arte es muy ~.* Art is a closed world. **2** (*con llave*) locked **3** (*espacio*) enclosed **4** (*cielo*) overcast **5** (*noche*) dark **6** (*barba*) thick **7** (*lluvia*) heavy **8** (*ovación*) rapturous **9** (*acento*) broad: *Habla un inglés muy ~.* He has a very broad accent. **10** (*persona*) reserved *Ver tb* CERRAR
LOC cerrado de mollera pig-headed **cerrado por defunción** (*cartel*) closed due to bereavement **estar cerrado a 1** (*al exterior*) to be shut off from *sth* **2** (*al cambio*) to be opposed to *change* *Ver tb* CIRCUITO, CURVA, DISCO, HERMÉTICAMENTE, OJO, PUERTA

cerradura *nf* lock
LOC cerradura antirrobo/de seguridad steering/ security lock *Ver tb* OJO

cerrajería *nf* locksmith's [*pl* locksmiths] ☛ *Ver nota y ejemplos en* CARNICERÍA

cerrajero, -a *nm-nf* locksmith

cerrar *vt* **1** (*gen*) to close, to shut (*más coloq*): *Cierra la puerta.* Shut the door. ◊ *Cerré los ojos.* I closed my eyes. ◊ *~ una cuenta* to close an account **2** (*con llave*) to lock: *Cierra la caja fuerte.* Lock the safe. **3** (*bloquear*) to block: *~ un acceso/el paso* to block access/the way ◊ *~ un hueco* to block up a hole **4** (*gas, llave de paso, grifo*) to turn *sth* off **5** (*paquete, cremallera*) to do *sth* up **6** (*sobre*) to seal **7** (*botella*) to put the top on *sth* **8** (*terminar*): *Un baile cierra la función.* The function ends with a dance. ◊ *Esta charla cierra el ciclo de conferencias.* This is the closing talk of this conference. **9** (*ir detrás*) to bring up the rear: *Una banda cerraba la procesión.* A band brought up the rear.

■ **cerrar** *vi* to close, to shut (*más coloq*): *No cerramos para comer.* We don't close for lunch.

■ **cerrarse** *v pron* **1(a)** (*gen*) to close, to shut (*más coloq*): *La puerta se cerró.* The door closed. ◊ *Se me cerraban los ojos.* My eyes were closing. **(b)** (*flor*) to close up **2 cerrarse a** (*negarse*) to refuse to consider ***sth/doing sth***: *Se cerraron a todo tipo de cambio.* They refused to consider any kind or change. ◊ *El partido no se cierra a nada.* The party has an open mind on most issues. **3** (*terminar*) to finish: *El programa se cierra con una canción.* The programme finishes with a song. ◊ *El plazo de matrícula se cierra el 30 de septiembre.* Enrolment finishes on 30 September. **4** (*herida*) to heal

LOC cerrar a cal y canto to shut *sth* firmly **cerrar con cerrojo** to bolt *sth* **cerrar con pestillo** to put the latch on *sth* **cerrar con siete llaves** to lock and double-lock *sth* **cerrar el pico/la boca** to shut your mouth: *¡Cierra el pico!* Shut your mouth! **cerrar el puño** to clench your fist **cerrar filas** to close ranks **cerrar la edición 1** (*Periodismo*) to go to print **2** (*TV*) to end the programme **cerrar la puerta en las narices/dar con la puerta en las narices** to shut the door in *sb's* face **cerrar los oídos a algo** to turn a deaf ear to sth **cerrar los ojos a algo**: *~ los ojos a la pobreza* to turn a blind eye to poverty ◊ *Cerré los ojos a la realidad.* I closed my eyes to the truth. **cerrar(se) de un golpe/portazo** to slam **cerrarse en banda** to dig your heels in **cerrarse en una curva** to take a bend too tightly **sin cerrar 1** (*carta*) unsealed **2** (*puerta*) **(a)** (*abierta*) open: *Siempre que sale deja la puerta sin ~.* He always leaves the door open when he goes out. **(b)** (*sin pestillo*) unlocked

cerrazón *nf* obstinacy

LOC cerrazón mental closed mind

cerril *adj* obstinate

cerro *nm* hill

LOC irse por los cerros de Úbeda to beat about the bush

cerrojazo *nm*

LOC dar cerrojazo to bring *sth* to an abrupt end

cerrojo *nm* bolt

LOC echar/correr el cerrojo to bolt *sth Ver tb* DESCORRER

certamen *nm* competition

certero, -a *adj* accurate **LOC** *Ver* TIRADOR

certeza (*tb* **certidumbre**) *nf* certainty

LOC con la certeza de que... in the certain knowledge that... **saber con certeza que.../tener la certeza de que...** to be certain that...: *Sé con toda ~ que ganarán.* I'm absolutely certain they'll win.

certificación *nf* certification

certificado, -a *pp, adj* **1** (*documento*) certified **2** (*carta, correo*) registered: *por correo ~* by registered post *Ver tb* CERTIFICAR

■ **certificado** *nm* certificate: *un ~ de nacimiento/defunción* a birth/death certificate

LOC certificado escolar school leaving certificate

certificar *vt* **1** (*refrendar*) to certify **2** (*carta, paquete*) to register

cerval *adj* **LOC** *Ver* MIEDO

cervatillo (*tb* **cervato**) *nm* fawn ☛ *Ver nota en* CIERVO

cervecería *nf* pub

cervecero, -a *adj*: *la industria cervecera* the brewing industry

■ **cervecero, -a** *nm-nf* brewer

cerveza *nf* **1** (*gen*) beer [*gen incontable*]: *Compra ~ para la fiesta.* Buy some beer for the party. ◊ *¿Queda ~?* Is there any beer left? **2** (*vaso de cerveza*) (glass of) beer: *Dos ~s, por favor.* Two beers, please. ◊ *tomarse una ~* to drink a glass of beer

En Gran Bretaña, cuando se pide una cerveza sin especificar de qué tipo (a **beer**), se suele servir una **bitter**, que tiene un paladar un tanto amargo. Si a uno le apetece tomarse una cerveza rubia, deberá pedir una **lager**: Can I have a pint of lager, please?

LOC cerveza de barril draught beer **cerveza de/en botella** bottled beer: *Quiero una ~ en botella.* I'd like a bottle of beer. **cerveza negra** stout **cerveza sin alcohol** alcohol-free beer *Ver tb* CORTO, FÁBRICA, LEVADURA

cervical *adj* neck [*n atrib*]: *los músculos ~es* the neck muscles

■ **cervical** *nf* neck-bone: *Me duelen las ~es.* My neck hurts.

cerviz *nf* nape of the neck ☛ *Ver ilustración en* HEAD[1]

LOC bajar/doblar la cerviz to give in

cesante *adj* outgoing: *el embajador ~* the outgoing ambassador

■ **cesante** *nmf*: *los ~s* those who have lost their jobs

LOC quedar cesante 1 (*empleado*) to be made redundant **2** (*ministro, alcalde*) to be removed from office

cesar *vi* **1 ~ (de)** (*parar*) to stop (***doing sth***): *No cesaban de blasfemar.* They didn't stop swearing. **2 ~ (en)** (*dimitir*) to resign (**from *sth***): *Tendrá que ~ en su cargo.* He will have to resign from his post.

LOC sin cesar incessantly: *Hablan sin ~.* They never stop talking.

cesárea *nf* Caesarian section: *Me hicieron la ~.* I had a Caesarian.

cese *nm* **1** (*fin*) end: *el ~ de la violencia* the end of the violence **2** (*trabajo*) **(a)** (*dimisión*) resignation **(b)** (*destitución*) dismissal: *Le notificaron su ~ como coordinador.* He was dismissed from his post as coordinator. ◊ *El escándalo le costó el ~.* The scandal led to his dismissal.

cesión *nf* transfer: *la ~ de terrenos* the transfer of land

césped *nm* **1** (*gen*) grass: *Prohibido pisar el ~.* Keep off the grass. **2** (*jardín privado*) lawn ☛ *Ver ilustración en* HOUSE **3** (*Dep*) pitch **LOC** *Ver* CORTAR

cesta *nf* **1** (*gen*) basket: *una ~ con comida* a basket of food **2** (*premio, regalo*) hamper: *He ganado una ~ en la rifa.* I won a hamper in the raffle.

LOC cesta de la compra 1 (*lit*) shopping basket **2** (*fig*) average family shopping bill **cesta de Navidad** Christmas hamper

cesto *nm* (big) basket

LOC cesto de la colada/ropa sucia laundry basket

cetrino, -a *adj* sallow

cetro *nm* sceptre

chabacanería (*tb* **chabacanada**) *nf* **1** (*ordinariez*) coarseness **2** (*comentario grosero*) coarse remark

chabacano, -a *adj* **1** (*vulgar*) coarse **2** (*falto de gusto*) tasteless: *una decoración chabacana* tasteless décor ◊ *una película/obra de teatro chabacana* a film/play in poor taste **3** (*ropa*) flashy

chabola *nf* shack **LOC** *Ver* BARRIO

chabolismo *nm*: *el problema del ~* the problem of shanty towns ◊ *erradicar el ~* to eradicate shanty towns

chacal *nm* jackal

chacha *nf* **1** (*sirvienta*) maid **2** (*niñera*) nanny ☛ *Ver nota en* CHILDMINDER

cháchara *nf* chatter [*incontable*]: *¡Déjate de ~s!* That's enough chatter!

LOC de cháchara chatting: *Estuvimos de ~ hasta las tantas.* We were chatting until the early hours. ◊ *Me pasé toda la tarde de ~ con mi hermano.* I spent the whole afternoon chatting to my brother.

chachi *adj, adv* great: *¡Qué fiesta más ~!* What a great party! ◊ *pasárselo ~* to have a great time ◊ *Ese sombrero te queda ~.* That hat looks great on you.

chacinería *nf* pork butcher's [*pl* pork butchers] ☛ *Ver nota y ejemplos en* CARNICERÍA

chacota *nf*
LOC **hacer chacota de** to make fun of *sth/sb* **tomarse algo a chacota** to treat *sth* as a joke

chacotearse *v pron* **~ de** to make fun **of** ***sth/sb***

Chad *nm* Chad

chafado, -a *pp, adj* **1** (*desmoralizado*) depressed: *Mi padre se quedó muy ~ con lo de su despido.* My father was really depressed about losing his job. **2** (*agotado*) exhausted *Ver tb* CHAFAR

chafar *vt* **1** (*aplastar*) **(a)** (*hierba, plantas, pelo*) to flatten: *La gente chafa el césped al pasar.* The grass gets flattened when people walk on it. **(b)** (*algo hueco*) to crush: *~ una caja de cartón/lata vacía* to crush a cardboard box/an empty can **(c)** (*fruta*) to squash **(d)** (*huevos*) to smash **2** (*arrugar*) **(a)** (*ropa*) to crease **(b)** (*papel*) to crumple **3** (*estropear*) to upset: *Este cambio nos ha chafado el plan.* The change has upset our plan. **4** (*abatir*) to get *sb* down

chafarrinón *nm* mark

chaflán *nm* **1** (*esquina*) corner **2** (*Tec*) bevelled edge
LOC **hacer chaflán**: *la panadería que hace ~ en la calle Segovia* the baker's on the corner of Segovia St ◊ *La pared hace ~.* The corner is not square.

chal *nm* shawl: *un ~ de seda* a silk shawl

chalado, -a *pp, adj* **~ (por)** crazy (**about** ***sth/sb***): *Está ~ por Luisa.* He's crazy about Luisa.
■ **chalado, -a** *nm-nf* nutter

chaladura *nf* crazy idea: *A mi madre le ha dado la ~ de comprarse una casa en la costa.* My mother's got the crazy idea of buying a house by the sea.
LOC **tener una chaladura con/por algn** to have a crush on sb

chalán, -ana *nm-nf* **1** (*tratante*) **(a)** (*caballos*) horse dealer **(b)** (*ganado vacuno*) cattle dealer **2** (*estafador*) conman/woman [*pl* conmen/women]

chalana *nf* barge

chalé (*tb* **chalet**) *nm* **1** (*gen*) house: *Tienen un ~ en las afueras de la ciudad.* They've got a house on the outskirts of the city. **2** (*en la costa*) villa **3** (*en el campo*) cottage: *un ~ en los Pirineos* a cottage in the Pyrenees **4** (*estilo suizo*) chalet
LOC **chalé adosado/individual** semi-detached/detached house ☛ *Ver ilustración en* HOUSE

chaleco *nm* waistcoat
LOC **chaleco antibalas** bulletproof vest **chaleco salvavidas** life jacket *Ver tb* CORTO

chalupa *nf* skiff

chamarra *nf Ver* ZAMARRA

chambelán *nm* chamberlain

chambergo *nm* **1** (*sombrero*) wide-brimmed hat **2** (*chaquetón*) three-quarter length coat

chambón, -ona *adj* lucky
■ **chambón, -ona** *nm-nf* lucky devil

chamizo *nm* **1** (*choza*) thatched hut **2** (*casucha*) shack

champán (*tb* **champaña**) *nm* champagne

champiñón *nm* mushroom: *Me apetece una tortilla de champiñones.* I fancy a mushroom omelette. ☛ *Ver nota en* SETA

champú *nm* shampoo: *~ anticaspa* anti-dandruff shampoo

chamuscar *vt* to singe

chamusquina *nf* **LOC** *Ver* OLER

chancearse *v pron* **1** (*bromear*) to joke **2 ~ de** to make fun **of** ***sb***

chanchullo *nm* fiddle
LOC **hacer chanchullos** to be on the fiddle

chancla (*tb* **chancleta**) *nf* **1** (*de casa*) mule **2** (*para la playa*) flip-flop

chanclo *nm* **1** (*de madera*) clog **2** (*de goma*) galosh

chándal *nm* tracksuit **LOC** *Ver* PANTALÓN

chanquete *nm* whitebait [*pl* whitebait]

chantaje *nm* blackmail
LOC **hacer chantaje** to blackmail *sb*

chantajear *vt* to blackmail *sb* (***into doing sth***): *La chantajearon para que participara en el robo.* They blackmailed her into taking part in the robbery.

chantajista *nmf* blackmailer

chanza *nf* joke: *ser objeto de ~s* to be the butt of people's jokes
LOC **de/en chanza** as a joke **estar de chanza** to be joking **hacer/gastar chanzas** to play the fool

chapa *nf* **1** (*metal*) **(a)** (*material*) sheet metal **(b)** (*plancha*) sheet **(c)** (*carrocería*) bodywork: *abollar la ~ del coche* to dent the bodywork of the car **2** (*madera*) **(a)** (*plancha*) panel **(b)** (*lámina*) veneer: *~ de caoba* mahogany veneer **3** (*tapón*) bottle top **4** (*insignia*) badge
LOC **estar sin chapa** to be broke

chapado, -a *pp, adj Ver* CHAPAR
LOC **chapado a la antigua** old-fashioned

chapar *vt* **1** (*con metal*) to plate **2** (*con madera*) to veneer
■ **chapar** *vi* to swot

chaparro, -a *adj, nm-nf* short and squat [*adj*]: *Es un ~.* He's short and squat.

chaparrón *nm* downpour: *¡Menudo ~!* What a downpour!

chapear *vt* **1** (*con metal*) to plate **2** (*con madera*) to veneer

chapero *nm* **1** (*adulto*) male prostitute **2** (*menor de edad*) rent-boy

chapista *nmf* **1** (*de metal*) sheet metal worker **2** (*de coches*) panel-beater

chapistería *nf* **1** (*actividad*) **(a)** (*metal*) sheet metal work **(b)** (*coche*) bodywork **2** (*taller*) body shop

chapotear *vi* **1** (*en el agua*) to splash (about) **2** (*en el barro*) to squelch (around)

chapoteo *nm* **1** (*persona*) **(a)** (*en el agua*) splashing **(b)** (*en el barro*) squelching **2** (*agua*) lapping: *el ~ del agua* the lapping of the water

chapucería *nf* botched job

chapucero, -a *adj, nm-nf* (*persona*) slapdash [*adj*]: *¡Eres un ~!* You're so slapdash!
■ **chapucero, -a** *adj* (*trabajo*) **1** (*mal terminado*) shoddy **2** (*improvisado*) makeshift

chapurrear (*tb* **chapurrar**) *vt* to have a smattering **of** ***sth***: *Chapurrea el italiano.* She has a smattering of Italian.

chapuza *nf* **1** (*chapucería*) botched job: *las ~s del fontanero* the plumber's usual botched jobs **2** (*trabajillo*) odd job: *hacer ~s* to do odd jobs

chapuzarse *v pron* to dive ***into sth***

chapuzón *nm* dip
LOC **darse un chapuzón** to go for a dip

chaqué *nm* morning coat
LOC **ir de chaqué** to wear morning dress

chaqueta *nf* jacket ☛ *Ver ilustración en* AMERICANA
LOC **chaqueta de punto** cardigan *Ver tb* CAMBIAR, TRAJE, VAGO[2]

chaquetero, -a *adj, nm-nf* turncoat [*n*]: *¡Qué ~ es ese hombre!* What a turncoat that man is!

chaquetón *nm* jacket
LOC **chaquetón de tres cuartos** three-quarter length coat

charada *nf* charade

charanga *nf* brass band

charca *nf* pool

charco *nm* puddle
LOC **charco de sangre** pool of blood **cruzar/pasar el charco** to cross the Atlantic

charcutería *nf* delicatessen, deli (*coloq*)

charla *nf* **1** (*conversación*) chat **2** (*conferencia*) talk (**on** ***sth/sb***): *Dio una ~ sobre Machado.* She gave a talk on Machado.

charlar *vi* **1** (*conversar*) to chat (***to sb***) (***about sth/sb***): *Nos pusimos a ~ de los viejos tiempos.* We got chatting about the old days. **2** (*parlotear*) to chatter

charlatán, -ana *adj* **1** (*hablador*) talkative **2** (*indiscreto*): *Nuestra vecina es muy charlatana.* Our neighbour is a terrible gossip.
■ **charlatán, -ana** *nm-nf* **1** (*hablador*) chatterbox **2** (*indiscreto*) gossip **3** (*embustero*) charlatan **4** (*curandero*) quack **5** (*vendedor*) street vendor

charlatanería *nf* spiel

charlotada *nf*
LOC **hacer charlotadas** to play the fool

charnela *nf* hinge

charol *nm* patent leather: *un bolso de ~* a patent leather bag

charranada *nf* dirty trick
LOC **hacerle una charranada a algn** to play a dirty trick on sb

charretera *nf* epaulette

charro, -a (*hortera*) *adj* gaudy

chárter *adj* charter [*n atrib*]: *un vuelo ~* a charter flight

chascar (*tb* **chasquear**) *vt* **1** (*lengua*) to click **2** (*látigo*) to crack **3** (*dedos*) to snap
■ **chascar** *vi* (*madera*) to crack

chascarrillo *nm* funny story

chasco *nm* (*decepción*) let-down: *¡Vaya ~!* What a let-down!
LOC **llevarse un chasco** to be disappointed

chasis *nm* **1** (*gen*) chassis [*pl* chassis] ☛ *Ver ilustración en* CAR **2** (*de bicicleta*) frame ☛ *Ver ilustración en* BICYCLE

chasquido *nm* **1** (*látigo, madera*) crack **2** (*lengua*) click: *dar un ~ con la lengua* to click your tongue

chatarra *nf* **1** (*metal*) scrap [*incontable*]: *Este frigorífico es una ~.* This fridge is only fit for scrap. ◊ *tirar el coche a la ~* to send the car to the scrapyard **2** (*calderilla*) small change
LOC **de chatarra** cheap: *Este reloj es de ~.* This is a very cheap watch.

chatarrero, -a *nm-nf* scrap merchant

chato, -a *adj* **1** (*persona*) snub-nosed **2** (*nariz*) snub **3** (*edificio*) squat **4** (*zapatos*) square-toed
■ **chato, -a** *nm-nf* (*apelativo*) love: *¡Hola, chata!* Hello, love!
■ **chato** *nm* glass of wine: *tomarse unos ~s (de vino)* to have a few glasses of wine

chaval, ~a *nm-nf* **1** (*chico*) boy [*fem* girl] **2** (*apelativo*) love
LOC **estar hecho un chaval 1** (*parecer joven*) to look young **2** (*sentirse joven*) to feel young **ser un chaval** to be very young

chaveta *nf*
LOC **estar (mal de la) chaveta** to be nuts **perder la chaveta** to go round the bend

chavo *nm*
LOC **estar sin/no tener un chavo** to be stony-broke

checo, -a *adj, nm-nf* Czech
■ **checo** *nm* (*idioma*) Czech

chelín *nm* shilling

chepa *nf* hump LOC *Ver* SUBIR

cheque *nm* cheque: *ingresar/cobrar un ~* to pay in/cash a cheque
LOC **cheque al portador** cheque payable to bearer **cheque de viaje** traveller's cheque **cheque en blanco** blank cheque **cheque nominativo a favor de…** a cheque payable to… **cheque sin fondos** dud cheque *Ver tb* CONFORMAR, EFECTIVO, PAGAR

chequeo *nm* check-up: *hacerse un ~* to have a check-up

chic *adj, nm* chic
LOC **tener chic** to be chic

chica *nf Ver* CHICO

chicano, -a *adj, nm-nf* Mexican-American

chicha[1] *adj* LOC *Ver* CALMA

chicha[2] *nf* alcoholic drink made from fermented maize
LOC **no ser ni chicha ni limonada** to be neither one thing nor the other

chicha[3] *nf* (*carne*) meat
LOC **tener/no tener chicha** to be/not to be strong: *¡Qué poca ~ tienes!* You're not very strong, are you?

chicharra *nf* cicada

chicharro *nm* horse mackerel

chicharrón *nm* crackling [*incontable*]

chichón *nm* lump

chicle *nm* chewing gum [*incontable*]: *Cómprame un ~ de menta.* Buy me some mint chewing gum.

chico, -a *adj* small ☛ *Ver nota en* SMALL
■ **chico, -a** *nm-nf* **1** (*niño*) boy [*fem* girl]: *Tengo un ~ y dos chicas.* I've got a boy and two girls. **2** (*joven*) young man/woman [*pl* young men/women]: *un ~ de 30 años* a young man of thirty **3** (*novio*) boyfriend [*fem* girlfriend] **4** (*apelativo*): *¡Anda, chica, no te lo tomes tan a pecho!* Come on, love, don't take it so much to heart! ◊ *¡Chica! ¡Qué alegría me da verte!* Hey, it's great to see you! ◊ *Mira, ~.* Look, mate. ◊ *¡Chico! ¿Qué haces tú por aquí?* What on earth are you doing here? ◊ *¡Hasta el lunes, ~s!* See you on Monday, everybody!
■ **chica** *nf* (*criada*) maid
LOC **chica de alterne** hostess **chico de los recados** messenger boy **dejar chico** to put *sth/sb* in the shade: *El sistema nuevo deja ~ a los anteriores.* The new system puts the others in the shade. *Ver tb* BOCA, PATRIA, VIDA

chifla *nf* booing: *¡Vaya ~ que se llevó el actor!* The actor was booed off the stage.

chiflado, -a *pp, adj* touched *Ver tb* CHIFLAR
■ **chiflado, -a** *nm-nf* nutter
LOC **estar chiflado con algo/por algn** to be mad about sth/sb

chifladura *nf* **1** (*locura*) crazy idea **2 ~ (por)** (*pasión*): *La ópera es una de mis ~s.* I'm crazy about opera. ◊ *Tiene una verdadera ~ por las antigüedades.* He's mad about antiques.

chiflar *vi* **1** (*silbar*) **(a)** (*con la boca*) to whistle **(b)** (*con un silbato*) to blow a whistle **2** (*encantar*) to love *sth/sb/doing sth* [*vt*]: *Me chifla la paella.* I love paella. ◊ *A mi hermano le chifla esa chica.* My brother's mad about that girl.
■ **chiflarse** *v pron* **chiflarse con/por** to be mad **about** ***sth/sb***: *Mi prima se chifla por los dibujos animados.* My cousin is mad about cartoons.

Chile *nm* Chile

chile *nm* chilli [*pl* chillies]

chileno, -a *adj, nm-nf* Chilean

chillar *vi* **1** (*persona*) **(a)** (*gen*) to shout (***at sb***): *No me chilles, que no estoy sorda.* Don't shout at me–I'm not deaf! **(b)** (*berrear*) to scream **2** (*aves, frenos*) to screech **3** (*cerdo*) to squeal **4** (*ratón*) to squeak

chillido *nm* **1** (*persona*) scream: *Ana dio un ~.* Ana screamed. ◊ *Los ~s de los niños se oían desde la calle.* You could hear the children screaming from the street. **2** (*aves, frenos*) screech **3** (*cerdo*) squeal **4** (*ratón*) squeak

> Cuando se trata de un sonido continuo, se dice **screaming, screeching, squealing** y **squeaking.**

chillón, -ona *adj* garish: *un color ~/una camisa chillona* a garish colour/shirt

chimenea *nf* **1** (*gen*) chimney: *Vimos a Papá Noel bajando por la ~.* We saw Father Christmas coming down the chimney. ☛ *Ver ilustración en* HOUSE **2** (*de barco*) funnel **3** (*hogar*) fireplace: *¿Queréis que encienda la ~?* Shall I light the fire? ◊ *Está sobre la repisa de la ~.* It's on the mantelpiece.

chimpancé *nm* chimpanzee

China *nf* China

china *nf* **1** (*guijarro*) pebble **2** (*de hachís*) lump
LOC **me ha tocado la china** I've, you've, etc drawn the short straw

chinchar *vt* **1** (*algn*) to pester: *¡Deja de ~ a tu hermana!* Stop pestering your sister! **2** (*algo*): *Me*

chincha tener que planchar tanta ropa. I hate having to iron so many clothes.
■ **chincharse** *v pron*: *¡Te chinchas!* Hard luck!
chinche *nm o nf* bedbug
■ **chinche** *adj* fussy
■ **chinche** *nmf* fusspot
LOC caer/morir como chinches to die like flies
chincheta *nf* drawing pin
chinchilla *nf* chinchilla
chinchín *nm* music (of the band): *Ya se oye el ~ de la banda.* You can hear the music of the band already.
■ **¡chinchín!** *interj* cheers!
chinchorrero, -a *adj* irritating
■ **chinchorrero, -a** *nm-nf* pain in the neck
chinchorro *nm* **1** (*barca*) rowing boat **2** (*red*) dragnet
chinela *nf* mule
chinesco, -a *adj* **LOC** *Ver* SOMBRA
chino, -a *adj* Chinese
■ **chino, -a** *nm-nf* Chinese man/woman [*pl* Chinese men/women]: *los ~s* the Chinese
■ **chino** *nm* (*idioma*) Chinese: *hablar ~* to speak Chinese **LOC** *Ver* BARRIO, CUENTO, ENGAÑAR, FAROLILLO, JUEGO, TINTA, TRABAJO
chip *nm* chip
LOC chip de silicio silicon chip
chipirón *nm* squid [*pl* squid]: *chipirones en su tinta* squid in their own ink
Chipre *nf* Cyprus
chipriota *adj, nmf* Cypriot
chiquillada *nf* childish behaviour [*incontable*]: *¡Deja de hacer ~s!* Don't be so childish!
chiquillería *nf* kids [*v pl*]: *A la fiesta del pueblo acudió toda la ~.* All the kids were at the village fiesta.
chiquillo, -a *nm-nf* child [*pl* children], kid (*coloq*)
LOC ¡no seas chiquillo! don't be so childish!
chiquitín, -ina *adj* little ☛ *Ver nota en* SMALL
■ **chiquitín, -ina** *nm-nf* sweetheart
chiquito, -a *adj* little ☛ *Ver nota en* SMALL
■ **chiquito, -a** *nm-nf* kid
■ **chiquito** *nm* small glass of wine
LOC no andarse con chiquitas to go straight to the point **tomar unos chiquitos** to have a few drinks
chiribita *nf* **1** (*chispa*) spark **2 chiribitas** (*en la vista*) spots before the eyes **LOC** *Ver* CHISPA
chirigota *nf* joke
LOC tomarse algo a chirigota to treat sth as a joke
chirigotero, -a *adj, nm-nf* joker [*n*]: *Mi padre es muy ~.* My father is a real joker.
chirimbolo *nm* contraption
chirimiri *nm* drizzle
chirimoya *nf* custard apple
chiringuito *nm* **1(a)** (*bar*) open-air café **(b)** (*quiosco*) refreshment stall **2** (*negocio*) small shop
chiripa *nf* stroke of luck: *¡Qué ~!* What a stroke of luck!
LOC por chiripa by sheer luck
chirivía *nf* parsnip ☛ *Ver ilustración en* NABO
chirla *nf* small clam
chirona *nf* nick: *estar en ~* to be in the nick
chirriar *vi* **1** (*bicicleta*) to squeak: *La cadena de mi bici chirría.* My bicycle chain squeaks. **2** (*puerta, gozne*) to creak **3** (*frenos*) to screech **4** (*pájaro*) **(a)** (*piar*) to chirp **(b)** (*córvido*) to caw **(c)** (*loro*) to squawk
chirrido *nm* **1** (*bicicleta*) squeaking [*incontable*] **2** (*puerta, goznes*) creaking [*incontable*] **3** (*frenos*) screech [*incontable*] **4** (*ave*) **(a)** (*piar*) chirping [*incontable*] **(b)** (*córvido*) cawing [*incontable*] **(c)** (*loro*) squawking [*incontable*]
¡chis! *interj* **1** (*¡silencio!*) sh!: *¡Chis!, a callar.* Sh! Be quiet! **2** (*¡oiga!*) hey!
chisme *nm* **1** (*cotilleo*) gossip [*incontable*]: *Déjate de ~s.* Stop gossiping! **2** (*aparato*) thing: *¿Cómo funciona este ~?* How does this thing work? **3 chismes** (*trastos*) bits and pieces
chismorrear *vi* to gossip
chismorreo *nm* gossip [*incontable*]
chismoso, -a *adj* gossipy
■ **chismoso, -a** *nm-nf* gossip: *¡Es un ~!* He's such a gossip!
chispa *nf* **1** (*gen*) spark: *la ~ de la vida* the spark of life **2** (*brillo*) sparkling: *las ~s de un diamante* the sparkling of a diamond **3** (*gota*) spot (of rain): *Están cayendo unas ~s.* It's spotting with rain. **4** (*pizca*): *—¿Quieres azúcar? —Sí, una ~.* 'Do you take sugar?' 'Yes please, just a bit.' ◊ *una ~ de sal* a pinch of salt ◊ *una ~ de inteligencia* a grain of intelligence
■ **chispa** *adj* (a bit) drunk
LOC estar algn que echa chispas/chiribitas to be hopping mad **ser algn una chispa** to be very bright **tener chispa** to be witty
chispazo *nm* spark: *Este suceso fue el ~ que provocó la guerra.* That was what sparked off the war. ◊ *No tiene ni un ~ de ingenio.* He doesn't have the least spark of intelligence.
chispeante *adj* **1** (*centelleante*) sparkling: *un collar ~* a sparkling necklace **2** (*ingenioso*) witty
chispear *vi* **1** (*chisporrotear*) to give off sparks **2** (*ojos*) to sparkle
■ **chispear** *v imp* to spit (with rain)
chisporrotear *vi* (*leña*) to spit
chisquero *nm* lighter
¡chist! *interj Ver* ¡CHIS!
chistar *vi* **1** (*llamar*) to call (out): *Oí que alguien me chistaba.* I heard someone calling me. **2** (*hablar*): *No chistó en toda la tarde.* He didn't say a word all afternoon. ◊ *Salieron sin ~.* They left without a word.
chiste *nm* **1** (*hablado*) joke: *contar un ~ verde* to tell a dirty joke **2** (*dibujo*) cartoon
LOC caer en/coger el chiste to get the joke **hacer chiste de algo/tomar algo a chiste** to treat sth as a joke **no tener chiste** to be very dull **¡tiene chiste!** (*irónico*) that's rich!: *¡Tiene ~, yo hago el trabajo y tú te llevas las flores!* That's rich! I do all the work and you get all the credit! **verle el chiste a algo** to see the funny side of sth
chistera *nf* top hat ☛ *Ver ilustración en* SOMBRERO
chistoso, -a *adj, nm-nf* funny [*adj*]: *Tu hermana es una chistosa.* Your sister is very funny.
chita *nf*
LOC a la chita callando 1 (*silenciosamente*) quietly **2** (*furtivamente*) on the sly
chivar *vt, vi* to tell: *Me chivaron la última pregunta.* They told me the answer to the last question. ◊ *No le chives.* Don't tell him.
■ **chivarse** *v pron* **1** (*entre niños*) to tell (**on sb**): *Me vio copiando y se chivó al profesor.* He saw me copying and told on me. ◊ *Pienso ~me a mamá.* I'm going to tell Mummy. **2** (*a la policía*) to grass: *Esos dos fueron los que se chivaron.* Those are the two that grassed.
chivatazo *nm* tip-off
LOC dar el chivatazo to tip *sb* off
chivato, -a *adj, nm-nf* tell-tale [*n*]: *¡Qué rabia me da que seas tan ~!* I hate you, you're such a tell-tale!
■ **chivato, -a** *nm-nf* (*de la policía*) grass
■ **chivato** *nm* (*piloto*) warning light
chivo, -a *nm-nf* kid
LOC chivo expiatorio scapegoat *Ver tb* BARBA
chocante *adj* strange
chocar *vi* **1 ~ (contra)** **(a)** (*colisionar*) to collide (**with sth/sb**): *Dos camiones chocaron en la autopista.* Two lorries collided on the motorway. ◊ *El delantero chocó contra el portero.* The forward collided with the goalkeeper. **(b)** (*estrellarse*) to crash (**into sth/sb**): *El coche chocó contra una tapia.* The car crashed into a wall. **2** (*enfrentarse, discrepar*) to clash (**with sth/sb**) (**on/over sth**): *Chocamos por cuestiones políticas.* We clashed over politics. ◊ *Chocan porque tienen caracteres muy diferentes.* They clash because they're so different. **3** (*extrañar*) to surprise: *Me chocó que se presentara sin avisar.* I was surprised when he turned up without

warning. ◊ *Me chocó verlo con otra mujer.* I was very surprised to see him with another woman.
■ **chocar** *vt* to shake: *~le la mano a algn* to shake sb's hand
LOC ¡choca esa mano! put it there! **¡choca esa/esos cinco!** give me five!
chocarrería *nf* crude joke
chocarrero, -a *adj* crude
chocha (*tb* **chochaperdiz**) *nf* woodcock [*pl* woodcock]
chochear *vi* to be gaga
chochera (*tb* **chochez**) *nf* senility
chocho, -a *adj* **1** (*ido*) gaga **2 ~ por** dotty **about** ***sth/sb***
■ **chocho** *nm* cunt (⚠) ☛ *Ver nota en* TABÚ
chocolatada *nf* gathering at which hot chocolate is served
chocolate *nm* **1** (*sólido*) chocolate: *una tableta/pastilla de ~* a bar/square of chocolate **2** (*líquido*) hot chocolate **3** (*droga*) hash
chocolatería *nf* café serving hot chocolate as a speciality
chocolatina *nf* (*tb* **chocolatín** *nm*) chocolate bar
chófer *nmf* **1** (*gen*) driver: *un ~ de autobús/camión* a bus/lorry driver **2** (*de coche privado*) chauffeur
chola *nf* nut
LOC estar mal de la chola to be nuts
chollo *nm* **1** (*trabajo, actividad*) cushy number **2** (*ganga*) bargain
chopera *nf* poplar grove
chopo *nm* black poplar
choque *nm* **1** (*colisión*) crash: *un ~ de trenes/coches* a train/car crash **2** (*enfrentamiento*) clash: *Se han producido varios ~s en el seno del partido.* There have been clashes within the party. **3** (*disgusto*) shock: *Su dimisión ha sido un ~ para todos nosotros.* His resignation was a shock to us all.
LOC de choque: *medidas de ~* emergency measures ◊ *un tratamiento de ~* (a course of) intensive treatment *Ver tb* AUTO², FRONTAL
choricear (*tb* **chorizar**) *vt* to nick
chorizo *nm* spicy dry pork sausage

> A menudo las etiquetas inglesas muestran la palabra original española **chorizo** para designar este producto de charcutería.

chorizo, -a *adj, nm-nf* **1** (*ladrón*) crook [*n*]: *¡Qué tíos más ~s!* They're such crooks! **2** (*atracador*) mugger **3** (*carterista*) pickpocket
chorlito *nm* plover **LOC** *Ver* CABEZA
chorra *adj, nmf* idiot [*n*]: *¡No seas tan ~!* Don't be such an idiot!
■ **chorra** *nf* prick (⚠) ☛ *Ver nota en* TABÚ
LOC hacer el chorra to play the fool
chorrada *nf* **1** (*necedad*) stupid remark: *Eso que has dicho es una ~.* That was a stupid remark! **2** (*cosa inútil*) junk [*incontable*]: *¿Por qué compras tantas ~s?* Why do you buy so much junk?
LOC decir chorradas to talk nonsense
chorrear *vi* **1** (*gen*) to pour: *El agua chorreaba del balcón.* Water was pouring off the balcony. ◊ *Está chorreando.* It's pouring. **2** (*estar empapado*) to be dripping wet: *Estoy chorreando.* I'm dripping wet. ◊ *estar chorreando de sudor* to be dripping with sweat
■ **chorrear** *vt*: *La herida chorreaba sangre.* Blood was pouring from the wound.
chorreo *nm* **1** (*líquido*) gushing **2** (*gasto*) drain (on finances): *Esto del coche es un ~.* Running a car is a drain on your finances.
chorrera *nf* **1** (*de agua*) **(a)** (*goteo*) dribble **(b)** (*señal*) stain **2** (*adorno*) frill: *una blusa con ~s* a frilled blouse **LOC** *Ver* JAMÓN
chorrito (*tb* **chorrillo**) *nm* **1** (*chorro*) trickle **2** (*cantidad pequeña*) drop: *Échame un ~ de coñac.* Could you pour me a drop of cognac, please?
chorro *nm* **1** (*líquido*) stream: *un ~ de agua/lava* a stream of water/lava **2** (*vapor, gas*) jet **3** (*luz*) flood
LOC a chorros: *dinero a ~s* loads of money **como los chorros del oro** spotless **salir a chorros** to pour out **un chorro de voz** a strong voice *Ver tb* PROPULSIÓN, SUDAR
chotacabras *nf* nightjar
chotearse *v pron* **~ de** to make fun **of** ***sth/sb***
choteo *nm* joking: *Lo dijo de ~.* It was a joke. ◊ *¡Vaya ~ que se traen!* They're always joking.
LOC tomarse algo a choteo to treat sth as a joke
chotis (*tb* **chotís**) *nm* schottische **LOC** *Ver* AGARRADO
choto, -a *nm-nf* **1** (*ternero*) calf [*pl* calves] **2** (*cabrito*) kid
LOC estar como una chota to be crazy
chovinismo *nm* chauvinism
chovinista *adj, nmf* chauvinist
choza *nf* **1** (*cabaña*) hut **2** (*chabola*) shack
chubasco *nm* shower: *~s en el norte* showers in the north
chubasquero *nm* waterproof jacket
chuchería *nf* **1** (*gen*) knick-knack: *Te traigo una ~ de nada.* I've brought you a little knick-knack. **2 chucherías** (*golosinas*) sweets
chucho, -a *nm-nf* mongrel
chufa *nf* tiger nut
chufla *nf* joke: *estar de ~* to be joking
chulada *nf* lovely [*adj*]: *¡Qué ~ de blusa/casa!* What a lovely blouse/house! ◊ *Tu coche es una ~.* I love your car!
chulear *vt* (*fig*) to take advantage of *sb*: *¿No te das cuenta de que te están chuleando?* Can't you see they're taking advantage of you?
■ **chulear(se)** *vi, v pron* to show off: *¡Deja de ~(te)!* Stop showing off!
chulería *nf* cockiness [*incontable*]: *No soporto su ~.* I can't bear his cockiness. ◊ *Déjate de ~s.* Don't be so cocky!
chuleta *nf* **1** (*carne*) **(a)** (*cerdo, cordero*) chop **(b)** (*ternera*) T-bone steak **2** (*nota*) **(a)** (*gen*) notes [*v pl*]: *¿Llevas la ~ para el discurso?* Have you got the notes for your speech? **(b)** (*para un examen*) crib
■ **chuleta** *adj, nmf* cocky [*adj*]: *ser muy/un ~* to be (very) cocky
chuletilla *nf* cutlet: *~s de cordero* lamb cutlets
chulo, -a *adj, nm-nf* (*bravucón*) cocky [*adj*]: *Es un ~ de cuidado.* He's incredibly cocky. ◊ *ponerse* (*en plan*) *~* to get cocky
■ **chulo, -a** *adj* (*bonito*) lovely: *Me he comprado una falda muy chula.* I've bought a lovely skirt.
■ **chulo** *nm* pimp **LOC** *Ver* PATA
chumbera *nf* prickly pear
chumbo *adj* **LOC** *Ver* HIGO
chunga *nf* joke: *Te lo dijo de ~.* It was a joke. ◊ *hablar en ~* to joke
LOC estar de chunga to be joking **tomarse algo a chunga** to treat sth as a joke
chungo, -a *adj* **1** (*pocho*) rotten: *¡Qué chunga estoy!* I feel rotten. **2** (*desagradable*) nasty: *¡Qué tío más ~!* What a nasty man he is! **3** (*dudoso*) dodgy: *Se traen unos asuntos de lo más ~s.* They're involved in some dodgy business.
chupa *nf* jacket
LOC poner a algn como chupa de dómine to have a go at sb
chupa-chups® *nm* lollipop, lolly (*coloq*)
chupada *nf* **1** (*gen*) suck: *¿Me das una ~ (de tu polo)?* Can I have a suck of your ice lolly? **2** (*cigarrillo*) puff: *dar una ~ a un cigarrillo* to have a puff of a cigarette
chupado, -a *pp, adj* **1** (*persona*) skinny ☛ *Ver nota en* DELGADO **2** (*cosa*) dead easy: *un examen ~* a dead easy exam *Ver tb* CHUPAR
LOC estar chupado (*ser muy fácil*) to be a cinch **estar chupado de cara** to look haggard
chupar *vt* **1(a)** (*gen*) to suck: *~ un caramelo* to suck a sweet **(b)** (*cigarrillo*) to puff **2** (*lamer*) to lick **3** (*absorber*) to soak *sth* up: *Esta planta chupa mucha agua.*

This plant soaks up a lot of water. **4** (*soportar*) to put up with *sth* **5** (*quitar*) to get *sth* out of *sb*: *Le está chupando millones a la empresa.* He's getting millions out of the firm.

■ **chuparse** *v pron* to waste away

LOC **chupar banquillo** to sit on the bench **chupar del bote** to scrounge **chupar frío** to get cold **chuparle la sangre a algn** to squeeze sb dry **chupar rueda** (*Ciclismo*) to draft **chuparse el dedo** to suck your thumb **¡chúpate esa!** so there! **estar como para chuparse los dedos** to be delicious **no me chupo el dedo** I wasn't born yesterday

chupatintas *nmf* pen-pusher

chupete *nm* dummy

chupetón *nm* lovebite

chupi *adj, adv* great

chupinazo *nm* **1** (*fuegos artificiales*) loud bang **2** (*Dep*) hard kick

chupón, -ona *adj, nm-nf* **1** (*aprovechado*) sponger [*n*]: *¡Mira que eres ~!* You're a real sponger! **2** (*Dep*): *Es un ~, nunca pasa el balón a sus compañeros.* He hogs the ball.

chupóptero, -a *nm-nf* sponger

churrete *nm* smear

churrigueresco, -a *adj* ornate

churro *nm* **1** (*comida*) kind of doughnut **2** (*chapuza*) botched job **3** (*casualidad*) fluke: *Acertaste por ~.* You got it right by a fluke.

LOC **salir un churro**: *Me ha salido un ~.* I've messed it up. *Ver tb* FREÍR, VENDER

churruscar(se) *vt, v pron* to burn

churrusco *nm* crispy piece of bread

chusco, -a *adj* funny

■ **chusco** *nm* (*de pan*) piece of bread

chusma *nf* rabble [*v sing o pl*]

chut (*tb* **chutazo**) *nm* shot

chutar *vi* to shoot (**at** ***sth***): *Chutó a gol/puerta.* He shot at goal.

■ **chutarse** *v pron* (*drogas*) to shoot *sth* up: *~se heroína* to shoot up heroin ◊ *Empezó a ~se a los 20 años.* He began shooting up drugs when he was 20.

LOC **y va que chuta**: *Déjale 200 pesetas y va que chuta.* Give him 200 pesetas–that should do him!

chute *nm* fix

chuzo *nm*

LOC **caer chuzos de punta** to chuck it down

cianuro *nm* cyanide

cicatriz *nf* scar: *Me quedó una ~.* I was left with a scar.

cicatrizar(se) *vt, vi, v pron* to heal: *El agua salada ayuda a cicatrizar las heridas.* Salt water helps wounds to heal. ◊ *La herida (se) cicatrizó con rapidez.* The wound healed quicly.

cíclico, -a *adj* cyclical

ciclismo *nm* cycling: *hacer ~* to cycle

ciclista *adj* cycling

■ **ciclista** *nmf* cyclist **LOC** *Ver* VUELTA

ciclo *nm* **1** (*período, Educ*) cycle: *un ~ de cuatro años* a four-year cycle ◊ *el primer ~ de Primaria* the first cycle of Primary **2(a)** (*conferencias*) series [*pl* series] **(b)** (*películas, música*) season: *el ~ sobre Saura* the Saura season

ciclocross *nm* cyclo-cross

ciclomotor *nm* moped ☛ *Ver ilustración en* MOTO

ciclón *nm* cyclone

LOC **como un ciclón** like a whirlwind

ciego, -a *adj* **1 ~** (**de**) (*gen*) blind (**with** ***sth***): *quedarse ~* to go blind ◊ *Está ~ de un ojo.* He's blind in one eye. ◊ *~ de cólera* blind with rage ◊ *Tiene una fe ciega en la democracia.* He has a blind faith in democracy. **2 ~ por** (*obsesionado*) obsessed **with** ***sth***: *Están ~s por el dinero.* They're obsessed with money.

■ **ciego, -a** *nm-nf* blind person: *Ayudé a un ~ a cruzar la calle.* I helped a blind man across the road. ◊ *los ~s* blind people ◊ *una escuela para ~s* a school for blind children

LOC **a ciegas**: *Lo han comprado a ciegas.* They bought it without seeing it first. ◊ *Busqué el interruptor a ciegas.* I felt around for the light switch. ◊ *He venido por aquí tantas veces que podría hacerlo a ciegas.* I've been this way so often I could do it blindfold. ◊ *Vas a ciegas por la vida.* You go through life with your eyes shut. **cogerse/llevar un ciego** (**enorme**) (*estar borracho*) to be/get smashed (out of your mind) **más ciego que un topo** as blind as a bat **ponerse ciego** (**a/de**) **1** (*comida*) to stuff yourself (with *sth*) **2** (*alcohol*) to get smashed (on *sth*) *Ver tb* CITA, PALO

cielo *nm* **1** (*firmamento*) sky **2** (*Relig*) heaven: *No irás al ~.* You won't go to heaven! **3** (*cariño*) darling: *~ mío.* My darling.

■ **¡cielos!** *interj* good heavens!

LOC **a cielo abierto/descubierto** in the open air **poner a algn por los cielos** to praise sb to the skies **ser un cielo** to be an angel **ver el cielo abierto** to see a way out *Ver tb* CAÍDO, CLAMAR, EXPLOTACIÓN, GRITO, LLOVIDO, MINA, PACIENCIA, REMOVER, SANTO, SÉPTIMO

ciempiés *nm* centipede

cien *nm, adj, pron* **1** (*gen*) a/one hundred: *~ mil* a hundred thousand ◊ *—¿Cuántas personas había? —Cien.* 'How many people were there?' 'A hundred.' ◊ *en los últimos ~ años* in the last hundred years ◊ *Vivo en el ~.* I live at number one hundred.

> **Cien** se suele traducir por **one hundred** cuando se quiere dar énfasis a una cantidad: *Te dije cien, no doscientos.* I said one hundred, not two.

2 (*centésimo*) hundredth (*abrev* 100th): *Soy el ~ de la lista.* I'm hundredth on the list. ☛ *Ver apéndice 3*

LOC **(al) cien por cien** a hundred per cent: *aceite de oliva ~ por ~* a hundred per cent pure olive oil **andar/estar/ir con cien ojos** to be all eyes **cien (mil) veces** hundreds of times **dar cien patadas** to be a pain: *Ese tipo me da ~ patadas.* That bloke's a pain. ◊ *Me da ~ patadas tener que trabajar el domingo.* It's a pain having to work on a Sunday. **poner a cien 1** (*enfadar*) to drive *sb* mad **2** (*sexualmente*) to turn *sb* on *Ver tb* VUELTA

ciénaga *nf* marsh

ciencia *nf* **1** (*gen*) science: *una ~ exacta* an exact science ◊ *las ~s físicas* the physical sciences **2 ciencias** (*Educ*) Science [*incontable, v sing*]: *mi profesora de ~s* my Science teacher

LOC **Ciencias Empresariales** business studies [*incontable, v sing*] **ciencias naturales** (*asignatura*) Biology [*incontable, v sing*]: *Las ~s naturales se le dan muy bien.* She's very good at Biology. **por ciencia infusa** as if by magic **saber a ciencia cierta** to know *sth* for certain **tener poca ciencia/no tener ninguna ciencia** to be straightforward *Ver tb* LICENCIATURA, ORGANIZACIÓN, POZO

ciencia-ficción *nf* science fiction, sci-fi (*coloq*)

cieno *nm* silt

científico, -a *adj* scientific

■ **científico, -a** *nm-nf* scientist **LOC** *Ver* PARQUE

ciento *adj, nm* (a/one) hundred [*pl* hundred]: *~ sesenta* a hundred and sixty ◊ *en el lugar ~ veinte* a hundred and twentieth ◊ *varios ~s* several hundred ☛ *Ver apéndice 3*

LOC **a cientos** in their hundreds **cientos de...** (*muchos*) hundreds of...: *Había ~s de niños.* There were hundreds of children. **ciento y la madre** the world and his wife **por ciento** per cent (*símbolo %*): *Un 50 por ~ de los españoles opina que...* 50 per cent of Spaniards think that... ◊ *El nivel de vida ha subido un 8%.* The standard of living has risen by 8%. *Ver tb* TANTO *nm*

cierne

LOC **en cierne(s)** in the making

cierre *nm* **1** (*acción de cerrar*) closure: *el ~ temporal de la fábrica* the temporary closure of the factory ◊ *Han ordenado el ~ definitivo del local.* They've ordered the premises to be closed down. **2** (*fin*) close: *el ~ de la campaña electoral* the close of the election campaign

3 (*dispositivo*) **(a)** (*collar, bolso, cinturón*) clasp **(b)** (*puerta, caja*) lock

LOC al cierre de esta edición 1 (*Prensa*) at the time of going to press **2** (*TV*) at the end of this programme **cierre de cremallera** zip (fastener) **cierre centralizado** central locking **cierre metálico** metal blind **cierre patronal** lockout **echar el cierre** to lock (*sth*) up *Ver tb* DESPEDIDA, HORA, LIQUIDACIÓN

cierto, -a *adj* **1** (*gen*) certain: *Solo están a ciertas horas del día.* They're only there at certain times of day. ◊ *Tiene un ~ encanto.* She has a certain charm. ◊ *con cierta inquietud* with some anxiety **2** (*verdadero*) true: *No es ~.* It's not true. ◊ *De ser eso ~...* If that were true... **3** (*tiempo*) some: *con cierta antelación* some time in advance ◊ *con cierta frecuencia* fairly frequently

■ **cierto** *adv*: *—Me dijeron que ibas a venir. —~, pero al final no pude.* 'I was told you were coming.' 'I was going to, but I couldn't in the end.'

LOC de cierta edad elderly **en cierto modo/cierta medida** to a certain extent **en cierto sentido** in a sense **estar en lo cierto** to be right (*about sth*) **hasta cierto punto** up to a point **lo cierto es que...** the fact is... **por cierto** by the way **si bien es cierto que...** although... *Ver tb* ASPECTO, CIENCIA, COSA, MANERA, OCASIÓN

ciervo, -a *nm-nf* deer [*pl* deer]

Deer es el sustantivo genérico, **stag** (o **buck**) se refiere solo al ciervo macho y **doe** solo a la hembra. **Fawn** es el cervatillo. ☛ *Ver ilustración en* DEER

cifra *nf* **1** (*gen*) figure: *un número de tres ~s* a three-figure number **2** (*teléfono*) digit: *un número de teléfono de seis ~s* a six-digit number **3** (*cantidad*) **(a)** (*gen*) number: *la ~ de votantes* the number of voters **(b)** (*dinero*) figure: *una ~ de un millón de pesetas* a figure of one million pesetas ◊ *la ~ global* the overall figure ◊ *Pagaron una ~ exorbitante.* They paid a huge sum. **4** (*clave*) code: *un mensaje en ~* a coded message

LOC cifra arábiga/romana arabic/roman numeral **cifra de muertos** death toll *Ver tb* SITUAR

cifrado, -a *pp, adj* coded: *un mensaje ~* a coded message *Ver tb* CIFRAR

cifrar *vt* **1** (*calcular*) to put *sth* ***at...***: *Cifran el paro en un 30%.* Unemployment is put at 30%. **2** (*escribir en clave*) to write *sth* in code, to encode (*formal*) **3** (*centrar*) **(a)** (*esperanzas*) to pin *your hopes* ***on sth/sb*** **(b)** (*esfuerzos*) to concentrate *your efforts* ***on sth***

cigala *nf* small lobster

cigarra *nf* cicada

cigarrillo *nm* cigarette

LOC cigarrillo emboquillado/con filtro filter tip

cigarro *nm* **1** (*cigarrillo*) cigarette **2** (*puro*) cigar

LOC echar un cigarro to have a smoke *Ver tb* QUEMADURA

cigüeña *nf* stork

cilindrada *nf* cubic capacity: *un motor de gran/pequeña ~* a powerful/small engine

cilíndrico, -a *adj* cylindrical

cilindro *nm* cylinder: *un motor de seis ~s* a six-cylinder engine

cima *nf* **1(a)** (*montaña*) summit: *llegar a la ~* to reach the summit **(b)** (*colina, edificio*) top **2** (*fig*) peak: *la ~ del éxito* the peak of his success

LOC dar cima a 1 (*carrera*) to crown *sth* **2** (*ambición*) to fulfil *sth*

címbalo *nm* cymbal

cimentar *vt* **1** (*Arquit*) to lay the foundations of *sth*: *~ una casa* to lay the foundations of a house **2** (*consolidar*) to consolidate: *~ relaciones/una idea* to consolidate relations/an idea ◊ *Estas canciones cimentaron su fama.* These songs made his name.

cimientos *nm* foundations

LOC desde los cimientos from scratch: *Monté el negocio desde los ~.* I set the business up from scratch. **echar/poner los cimientos** to lay the foundations (*of/for sth*)

cinc *nm* zinc

cincel *nm* chisel

cincelar *vt* to carve

cinco *nm, adj, pron* **1** (*gen*) five **2** (*fecha, quinto*) fifth ☛ *Ver ejemplos en* SEIS

LOC (con) los cinco sentidos: *Me escuchaban con los ~ sentidos.* They were all ears. ◊ *Puse los ~ sentidos para entenderlo.* I concentrated really hard to understand it. **estar sin cinco/no tener ni cinco** to be skint **sacar un cinco pelado** to just pass *Ver tb* CHOCAR, COCHE

cincuenta *nm, adj, pron* **1** (*gen*) fifty **2** (*quincuagésimo*) fiftieth ☛ *Ver ejemplos en* SESENTA

cincuentavo, -a *adj* ☛ *Ver ejemplos en* DIECISEISAVO

■ **cincuentavo** *nm* fiftieth

cincuentenario *nm* fiftieth anniversary

cincuentón, -ona *adj, nm-nf* in my, your, etc fifties ☛ *Ver ejemplos en* CUARENTÓN

cine *nm* **1** (*arte*) film: *un actor de ~* a film actor ◊ *el mundo del ~* the film world ◊ *Me encanta el ~.* I love films. **2** (*lugar*) cinema: *Esta noche vamos al ~.* We're going to the cinema tonight.

LOC cine de aventuras/terror adventure/horror films [*v pl*] **cine de barrio** local cinema **cine de estreno** cinema where new releases are shown **cine mudo** silent films [*v pl*] **cine negro** film noir **hacer cine 1** (*director*) to make films **2** (*actor*) to be in films *Ver tb* ABARROTADO, DIRECTOR, ESTRELLA

cineasta *nmf* film-maker

cineclub (*tb* **cine-club**) *nm* film society

cinéfilo, -a *nm-nf* film-lover, film buff (*más coloq*)

cinematografía *nf* **1** (*arte de hacer películas*) film-making **2** (*obras cinematográficas*) films [*v pl*]: *la ~ de Buñuel* Buñuel's films ◊ *la ~ argentina* films from Argentina

cinematográfico, -a *adj* film [*n atrib*]: *la industria cinematográfica* the film industry ◊ *la versión cinematográfica de un libro* the film of a book **LOC** *Ver* PROGRAMACIÓN

cinética *nf* kinetics [*v sing*]

cinético, -a *adj* kinetic: *energía cinética* kinetic energy

cíngaro, -a *nm-nf* gypsy

cínico, -a *adj* **1** (*hipócrita*) hypocritical **2** (*inmoral, escéptico, Fil*) cynical

■ **cínico, -a** *nm-nf* **1** (*hipócrita*) hypocrite **2** (*inmoral, escéptico, Fil*) cynic

cinismo *nm* **1** (*hipocresía*) hypocrisy **2** (*escepticismo, inmoralidad, Fil*) cynicism

cinta *nf* **1(a)** (*casete, vídeo*) tape: *una ~ virgen* a blank tape **(b)** (*película*) film **2** (*tira*) **(a)** (*gen*) strip: *una ~ de seda* a strip of silk **(b)** (*lazo, máquina de escribir*) ribbon: *una ~ para la máquina de escribir* a typewriter ribbon **(c)** (*Costura*) trimming: *Le voy a coser una ~ de encaje en las mangas.* I'm going to put lace trimming on the sleeves.

LOC cinta adhesiva/aislante sticky/insulating tape **cinta de vídeo** videotape **cinta magnética** magnetic tape **cinta magnetofónica** tape **cinta métrica** tape-measure **cinta para el pelo** hairband **cinta transportadora** conveyor belt

cinto *nm* belt

cintura *nf* **1** (*gen*) waist: *estrecho de ~* tight round the waist ◊ *Tengo 65 cm de ~.* My waist measures 65 cm. ◊ *coger a algn por la ~* to put your arm round sb's waist **2** (*silueta*) waistline: *En seguida recuperé la ~.* I got my waistline back straight away.

LOC cintura de avispa slim waist **meter en cintura** to bring *sb* into line

cinturilla *nf* waistband

cinturón *nm* belt: *un ~ industrial/verde* an industrial/a green belt

LOC cinturón (de seguridad) seat belt ☛ *Ver ilustración en* CAR **ser cinturón negro, etc** (*Judo*) to be a black, etc belt *Ver tb* APRETAR

ciprés *nm* cypress

circense *adj* circus [*n atrib*]: *números ~s* circus acts

circo *nm* **1** (*espectáculo*) circus **2** (*anfiteatro*) amphitheatre: *un ~ romano* a Roman amphitheatre

circonita *nf* zircon

circuito *nm* **1** (*Dep*) **(a)** (*pista*) track: *un ~ ciclista* a cycle track ◊ *El piloto dio diez vueltas al ~.* The driver did ten laps of the track. **(b)** (*competición*) circuit: *el ~ tenístico* the tennis circuit **2** (*Elec*) circuit **3** (*límite*) limits [*v pl*]: *dentro del ~ de la ciudad* within the city limits
LOC **circuito cerrado de televisión** closed-circuit television

circulación *nf* **1** (*gen*) circulation: *Tengo muy mala ~.* I have very bad circulation. ◊ *en ~* in circulation ◊ *la libre ~ de mercancías* the free movement of goods **2** (*tráfico*) traffic: *la ~ aérea* air traffic ◊ *una calle de poca ~* a quiet street
LOC **circulación rodada** (vehicular) traffic **poner en circulación 1** (*producto, publicación*) to bring *sth* out **2** (*rumor*) to spread *sth* **3** (*moneda*) to issue *sth* *Ver tb* CÓDIGO, GUARDIA, IMPUESTO

circular[1] *adj, nf* circular: *una mesa ~* a circular table ◊ *enviar una ~* to send out a circular

circular[2] *vt, vi* (*gen*) to circulate: *~ una carta* to circulate a letter ◊ *La sangre circula por las venas.* Blood circulates through the veins.
■ **circular** *vi* **1** (*vehículos*) **(a)** (*coche, camión*) to drive: *~ por autopista* to drive on the motorway ◊ *Circulen con precaución.* Drive carefully. ◊ *Por aquí no circulan muchos coches.* There's not much traffic round here. ◊ *~ a gran/poca velocidad* to go very fast/slowly **(b)** (*tren, autobús*) to run **2** (*caminar*) to walk **3** (*rumor, chiste*) to go round: *Circulan rumores de que...* There's a rumour going round that...
LOC **circular por la derecha/izquierda** to keep (to the) right/left **¡circulen!** move along, please! **hacer circular 1** (*gen*) to circulate: *hacer ~ una carta* to circulate a letter **2** (*tráfico*) to keep *the traffic* moving **3** (*personas*) to move *people* along **4** (*rumor*) to spread

circulatorio, -a *adj* **1** (*de la sangre*) circulatory **2** (*del tráfico*) traffic [*n atrib*]: *problemas ~s* traffic problems
LOC *Ver* TORRENTE

círculo *nm* **1** (*gen*) circle: *formar un ~* to form a circle ◊ *un reducido ~ de amigos* a small circle of friends **2** (*asociación*) society: *el ~ de Bellas Artes* the Fine Arts Society
LOC **círculo polar ártico/antártico** Arctic/Antarctic Circle ☛ *Ver ilustración en* GLOBO **círculo vicioso** vicious circle

circuncidar *vt* to circumcise

circuncisión *nf* circumcision

circundante *adj* surrounding: *los pueblos ~s* the surrounding villages

circundar *vt* to surround

circunferencia *nf* **1** (*figura*) circle: *el diámetro de una ~* the diameter of a circle ◊ *dos ~s concéntricas* two concentric circles **2** (*perímetro*) circumference: *La Tierra tiene unos 40.000 kilómetros de ~.* The circumference of the Earth is about 40 000 kilometres.

circunflejo *adj* LOC *Ver* ACENTO

circunloquio *nm* circumlocution
LOC **andarse con circunloquios** to beat about the bush

circunnavegar *vt* to circumnavigate *sth*, to sail **round** ***sth*** [*vi*] (*más coloq*)

circunscribir *vt* **1** (*limitar*) to restrict *sth* ***to sth***: *Hablan de ~ la oferta a la zona norte de la capital.* They're thinking of restricting the offer to the northern half of the capital. **2** (*Geom*) to circumscribe

circunscripción *nf* **1** (*electoral*) constituency **2** (*Admin, Mil*) district

circunstancia *nf* circumstance: *en las ~s actuales* in the present circumstances ◊ *Si las ~s lo permiten...* If circumstances permit... ◊ *~s atenuantes* extenuating circumstances
LOC **ante las circunstancias** in the circumstances **circunstancias ambientales** background [*sing*] **circunstancias meteorológicas** weather conditions **se da la circunstancia de que...** it just so happens that... *Ver tb* ALTURA, CARA

circunstancial *adj* **1** (*que ocurre por casualidad*) accidental: *un encuentro ~* an accidental meeting **2** (*que depende de alguna circunstancia*) coincidental: *Mi relación con esta firma es puramente ~.* My connection with this firm is coincidental. LOC *Ver* COMPLEMENTO

circunvalación *nf* LOC *Ver* CARRETERA

cirio *nm* candle: *un ~ encendido* a lighted candle
LOC **armar/montar un cirio 1** (*alboroto*) to kick up a fuss **2** (*pelea*) to have a row

cirrosis *nf* cirrhosis (of the liver) [*incontable*]: *Tiene una ~ de caballo.* He's got advanced cirrhosis of the liver.

ciruela *nf* plum ☛ *Ver ilustración en* FRUTA
LOC **ciruela claudia** greengage **ciruela pasa** prune

ciruelo *nm* plum tree

cirugía *nf* surgery [*incontable*]: *hacerse la ~ estética/plástica* to have cosmetic/plastic surgery ◊ *Se ha hecho la ~.* She underwent surgery.

cirujano, -a *nm-nf* surgeon

cisco *nm*
LOC **armar/montar un cisco** to make a scene **estar hecho cisco** (*cansado*) to be shattered **hacer cisco** (*romper*) to smash *sth* to pieces **hacerse cisco** (*romperse*) to smash to pieces **tener algo hecho cisco**: *Tengo la espalda hecha ~.* My back is killing me.

cisma *nm* schism

cisne *nm* swan LOC *Ver* CANTO[2], CUELLO

cisterciense *adj, nm* Cistercian

cisterna *nf* **1** (*depósito*) tank **2** (*del wáter*) cistern
LOC *Ver* BUQUE, CAMIÓN

cistitis *nf* cystitis [*incontable*]: *tener ~* to have cystitis

cita *nf* **1(a)** (*con médico, abogado*) appointment: *El abogado me dio ~ para el lunes.* My solicitor gave me an appointment for Monday. **(b)** (*con amigo, novio*): *Mi amigo faltó a la ~.* My friend didn't turn up. ◊ *acordar una ~* to arrange to meet ◊ *La ~ es por la tarde, así es que tengo tiempo de sobra.* We arranged to meet in the afternoon, so I have plenty of time. ◊ *Tiene una ~ con su novio.* She's got a date with her boyfriend. **2** (*frase*) quotation, quote (*coloq*)
LOC **cita a ciegas** blind date **darse cita 1** (*encontrarse*) to arrange to meet: *Nos dimos ~ en el parque.* We arranged to meet in the park. **2** (*reunirse*) to meet: *Los escritores se daban ~ en el café.* The writers used to meet at the café. **3** (*coincidir*) to be on at the same time: *Tres exposiciones se dan ~ en la ciudad.* There are three exhibitions on in the city at the moment. *Ver tb* CASA

citación *nf*
LOC **citación judicial** summons [*v sing*]

citado, -a *pp, adj* in question, aforementioned (*formal*): *Se reunieron en la citada localidad.* They met in the town in question. *Ver tb* CITAR

citar *vt* **1** (*convocar*) to arrange to meet *sb* **2** (*Jur*) to summons **3** (*mencionar, aludir a*) to quote: *Le gusta ~ a Cervantes.* He likes quoting Cervantes. ◊ *por ~ solo unos casos* to quote just a few cases
■ **citarse** *v pron* **citarse con** to arrange to meet (*sb*)
LOC **citar nombres y apellidos** to name names *Ver tb* NOMBRE

cítara *nf* zither

citología *nf* (*vaginal*) smear test: *hacerse una ~* to have a smear test

cítrico, -a *adj* citrus [*n atrib*]
■ **cítricos** *nm* **1** (*árboles*) citrus trees **2** (*fruta*) citrus fruits

ciudad *nf* town, city

¿Town o city?
Town es la palabra general para referirnos a una ciudad: *Tengo que ir a la ciudad a hacer unas compras.* I've got to go to town and do some shopping.
City se refiere a una ciudad grande e importante como por ejemplo Nueva York, Madrid, etc. En Gran Bretaña

city también se refiere a una ciudad que tiene derechos especiales y que normalmente tiene catedral. Nótese que **town** también se utiliza para hablar de pueblos con una población elevada.

LOC **Ciudad del Vaticano** Vatican City **ciudad dormitorio** dormitory town **ciudad jardín** garden city **ciudad sanitaria** hospital complex **ciudad satélite** satellite town **ciudad universitaria** university campus [*pl* university campuses] *Ver tb* CERCO, SITIO

ciudadanía *nf* citizenship LOC *Ver* CARTA

ciudadano, -a *adj*: *por razones de seguridad ciudadana* for reasons of public safety ◊ *la conciencia ciudadana* public awareness ◊ *El alcalde pidió la colaboración ciudadana.* The mayor asked the people of the town to work together.

■ **ciudadano, -a** *nm-nf* citizen: *los derechos de los ~s* citizens' rights ◊ *ser ~ de la Comunidad Europea* to be a citizen of the European Community ◊ *Agradecemos la ayuda de todos los ~s de Simancas.* We'd like to thank the people of Simancas for their help. LOC *Ver* ALTERACIÓN, PIE

ciudadela *nf* citadel

cívico, -a *adj* **1** (*de buen ciudadano*) public-spirited: *sentido ~* public-spiritedness **2** (*municipal*) civic: *un centro ~* a civic centre

civil *adj* **1** (*gen*) civil: *derechos ~es* civil rights **2** (*no militar*) civilian: *la población ~* the civilian population

■ **civil** *nm* (*guardia civil*) civil guard

■ **civil** *nmf* (*no militar*) civilian LOC *Ver* CASAR, CÓDIGO, CUARTELILLO, ESTADO, GOBIERNO, GUARDIA, MATRIMONIO, PAREJA, PLEITO, PROTECCIÓN, REGISTRO

civilización *nf* civilization

civilizar *vt* to civilize

■ **civilizarse** *v pron* to become (more) civilized

civismo *nm* **1** (*conciencia comunitaria*) community spirit **2** (*educación*) civility

cizaña *nf*

LOC **meter/sembrar cizaña** to sow discord

cizañero, -a *adj, nm-nf* troublemaker [*n*]: *Son muy ~s.* They're real troublemakers.

clamar *vt, vi* (*pedir*) to cry out for *sth*: *~ venganza* to cry out for vengeance ◊ *Claman por mejoras laborales.* They are demanding improvements to their working conditions.

■ **clamar** *vi* (*protestar*) to protest ***against sth***: *~ contra una sentencia* to protest against a sentence

LOC **clama al cielo** it's outrageous *Ver tb* DESIERTO

clamor *nm* **1(a)** (*gritos*) shouts [*v pl*]: *el ~ de la muchedumbre* the shouts of the crowd **(b)** (*en un espectáculo*) cheers [*v pl*]: *el ~ del público* the cheers of the audience **2** (*demanda, protesta*) clamour: *el ~ por un gobierno estable* the clamour for a stable government

clamoroso, -a *adj* rapturous LOC *Ver* ÉXITO

clan *nm* clan

clandestinidad *nf* clandestine nature

LOC **en la clandestinidad 1** (*en secreto*) in secret **2** (*a escondidas*) in hiding

clandestino, -a *adj* **1** (*gen*) clandestine: *una organización clandestina* a clandestine organization **2** (*ilegal*) illegal: *inmigrantes ~s* illegal immigrants

claqué *nm* tap-dancing

clara *nf* **1** (*huevo*) egg white ☛ *Ver ilustración en* HUEVO **2** (*bebida*) shandy

claraboya *nf* skylight

clarear *v imp* **1** (*despejarse*) to clear up **2** (*amanecer*) to get light

■ **clarear(se)** *vi, v pron* **1** (*ropa*) to have worn thin: *Esta tela (se) ha clareado con el uso.* This material has worn thin. **2** (*pelo*) to be getting thin

LOC **al clarear el día** at dawn

clarete *adj, nm* rosé [*n*]: *una botella de vino ~* a bottle of rosé

claridad *nf* **1** (*luz*) light **2** (*nitidez*) clarity: *la ~ de su explicación* the clarity of his explanation

clarificación *nf* clarification

clarificar *vt* to clarify

clarín *nm* (*instrumento*) bugle ☛ *Ver ilustración en* BRASS

■ **clarín** *nmf* (*persona*) bugler

clarinete *nm* (*instrumento*) clarinet ☛ *Ver ilustración en* WOODWIND

■ **clarinete** (*tb* **clarinetista**) *nmf* (*persona*) clarinettist

clarividencia *nf* **1** (*lucidez*) far-sightedness **2** (*paranormal*) clairvoyance

clarividente *adj* **1** (*lúcido*) far-sighted **2** (*paranormal*) clairvoyant

claro, -a *adj* **1** (*gen*) clear: *Nos dio una explicación clara y convincente.* He gave us a clear, convincing explanation. ◊ *El asunto está muy ~.* It's perfectly clear. **2** (*color*) light: *verde ~* light green **3** (*luminoso*) bright **4** (*pelo*) fair **5** (*ojos*) **(a)** (*azules*) blue **(b)** (*verdes*) green **6** (*líquido*) **(a)** (*poco espeso*) thin **(b)** (*infusión*) weak

■ **claro** *nm* **1** (*en un bosque*) clearing **2** (*pelo, barba, césped*) bald patch **3** (*espacio*): *Había algunos ~s en las gradas.* There were some empty spaces in the stands. **4** (*Meteorología*) sunny interval: *Anuncian nubes y ~s en el sur.* The forecast for the south is cloudy with sunny intervals.

■ **claro** *adv* clearly: *No oigo ~.* I can't hear clearly.

■ **¡claro!** *interj* of course!: *—¿Vienes a tomar una copa? —¡Claro!* 'Are you coming for a drink?' 'Of course!'

LOC **(bien) a las claras** (very) clearly **claro de luna** moonlight **claro está** of course: *No quiero hablar, ~ está, de mi familia.* Of course, I don't want to talk about my family. **claro que** of course: *~ que lo saben.* Of course they know. **claro que no** of course not: *—¿Te contaron lo que pasó? —¡~ que no!* 'Did they tell you what happened?' 'Of course not!' **claro que sí** of course: *—¿Te lo dijeron? —¡~ que sí!* 'Did they tell you?' 'Of course they did!' **dejar claro** to make *sth* clear: *Y dejan bien ~ que no piensan divorciarse.* They've made it very clear they're not thinking of getting a divorce. **está claro que...** it's obvious that... **estar claro como la luz del día/más claro que el agua** to be crystal clear **lo llevas claro** (if you think that) you've got another think coming **poner en claro** to make *sth* clear **quedar claro** to be obvious: *Quedó ~ que no le interesaba.* It was obvious he wasn't interested. **sacar en claro**: *Aunque la reunión fue larguísima, no sacamos nada en ~.* Although it was a very long meeting, nothing was clear at the end of it. **tener claro** to know *sth*: *Tiene muy ~ lo que quiere ser de mayor.* He knows what he wants to be when he grows up. **ver claro** to understand *sth*: *Por fin lo veo ~.* At last I understand. *Ver tb* HABLAR

claroscuro *nm* chiaroscuro [*incontable*]

clase *nf* **1** (*gen*) class: *Estudiamos en la misma ~.* We were in the same class. ◊ *viajar en primera ~* to travel first class ◊ *la ~ media/dirigente* the middle/ruling class ◊ *~s nocturnas* evening classes **2** (*variedad*) kind: *distintas ~s de pan* different kinds of bread ◊ *toda ~ de gente* all kinds of people **3** (*lección*) lesson: *~s de conducir* driving lessons **4** (*aula*) classroom

LOC **clase de recuperación** resit class **clase obrera/trabajadora** working class(es) **clase política** politicians [*v pl*] **clase preferente/turista** business/economy class **clases pudientes** wealthy people [*v pl*] **dar clase(s) 1** (*enseñar*) to teach: *Doy ~ en un instituto.* I teach at a secondary school. ◊ *Da ~s de inglés.* He teaches English. **2** (*recibir*) to have lessons: *Estoy dando ~s de piano.* I'm having piano lessons. **de clase baja/obrera** lower-class/working-class **de clase media/alta** middle-class/upper-class: *una familia de ~ media* a middle-class family *Ver tb* MAGISTRAL, COMPAÑERO, NINGUNO, REANUDAR

clásico, -a *adj* **1** (*Arte, Hist, Mús*) classical **2** (*típico, tradicional*) classic: *Es el ~ ejemplo de infidelidad conyugal.* It's a classic case of marital infidelity. ◊ *Tiene un estilo bastante ~ en el vestir.* He wears classic clothes. **3** (*tradicional*) traditional: *Es un remedio ~ contra la jaqueca.* It is a traditional remedy for migraine.

■ **clásico** *nm* classic: *Es un ~ de la literatura.* It's a literary classic.

■ **clásicas** *nf* Classics [*v sing*]: *Clásicas es una carrera dura.* Classics is a demanding course. **LOC** *Ver* ANTIGÜEDAD

clasificación *nf* **1** (*gen*) classification: *la ~ de las plantas* the classification of plants **2** (*Dep*) **(a)** (*acción*): *la ronda de ~* the qualifying round ◊ *Una victoria supondría la ~ para la final.* A victory would put them through to the final. **(b)** (*ranking*): *el sexto puesto de la ~* the sixth place in the table ◊ *la ~ general de la liga* the league table ◊ *El tenista alemán encabeza la ~ mundial.* The German player is number one in the world ranking. **LOC** *Ver* SITUADO

clasificador *nm* **1** (*fichero*) filing cabinet **2** (*carpeta*) ring-binder

clasificar *vt* **1** (*gen*) to classify: *~ libros por materias* to classify books according to subject ◊ *~ animales/plantas* to classify animals/plants **2** (*correo*) to sort **3** (*archivar*) to file: *Clasifíqueme este informe en la letra V.* File this report under V for me. **4** (*establecimientos, personas*) to put *sth/sb* into categories: *~ hoteles en función de su categoría* to put hotels into different categories according to their facilities

■ **clasificarse** *v pron* **clasificarse (para)** to qualify (**for** ***sth***): *~se para la final* to qualify for the final

LOC **clasificarse en segundo, etc lugar** to come second, etc

clasificatorio, -a *adj* qualifying: *las pruebas clasificatorias* the qualifying rounds

clasismo *nm* class-consciousness

clasista *adj* class-conscious

■ **clasista** *nmf* snob

claudia *adj* **LOC** *Ver* CIRUELA

claudicar *vi* **1** (*ceder*) to give in (**to** ***sth***): *~ ante la evidencia* to give in to the evidence **2 ~ de** to abandon *sth* [*vt*]: *No claudicaron de sus ideas.* They never abandoned their ideas.

claustro *nm* **1** (*Arquit*) cloister **2** (*Educ*) **(a)** (*conjunto de profesores*) staff [*v sing o pl*] ☛ *Ver nota en* PLANTILLA **(b)** (*reunión*) staff meeting

claustrofobia *nf* claustrophobia: *tener/padecer ~* to suffer from claustrophobia ◊ *sentir ~* to feel claustrophobic

claustrofóbico, -a *adj* claustrophobic

cláusula *nf* clause

clausura *nf* **1** (*ceremonia*) closing ceremony **2** (*cierre*) closure: *Los jueces dispusieron la ~ del periódico.* The judges ordered the newspaper to be closed down.

LOC **de clausura** closing: *acto/discurso/sesión de ~* closing ceremony/speech/session

clausurar *vt* **1** (*terminar*) to end: *Clausuramos este ciclo de conciertos con la Novena Sinfonía.* We end this series of concerts with the Ninth Symphony. **2** (*cerrar*) to close *sth* down

clavado, -a *pp, adj* **1 ~ a** (*idéntico*) just like *sth/sb*: *Esa sonrisa es clavada a la de su madre.* That smile is just like his mother's. ◊ *Eres ~ a tu padre.* You're just like your father. **2** (*en punto*) on the dot: *las seis y media clavadas* half past six on the dot *Ver tb* CLAVAR

LOC **dejar clavado** to bewilder *sb* **estar/quedarse clavado** (*sin moverse*): *Me quedé ~ en la puerta hasta que volvió.* I stood by the door until he came back. **sacar clavado** to get *sb* to the life: *El pintor te ha sacado ~.* The painter has got you to the life. **salir clavado a** to be the spitting image of *sb*: *La niña ha salido clavada a su padre.* The little girl is the spitting image of her father.

clavar *vt* **1** (*clavo*) to hammer: *~ un clavo* to hammer a nail in ◊ *~ un clavo en la pared* to hammer a nail into the wall **2** (*cuchillo, navaja*) to stick: *~ un cuchillo* to stick a knife in ◊ *Le clavó una navaja en la espalda.* She stuck a knife in his back. **3** (*estaca*) to drive: *~ una estaca* to drive in a stake ◊ *~ una estaca en la tierra* to drive a stake into the ground **4** (*tornillo, gancho*) to screw: *~ un gancho* to screw in a hook ◊ *~ un gancho en la pared* to screw a hook into the wall **5** (*sujetar, colocar*) to put *sth* up: *Voy a ~ el cuadro en la pared.* I'm going to put the picture up. **6** (*cobrar mucho*) to rip *sb* off: *Nos clavaron en esa cafetería.* We were ripped off in that café.

■ **clavarse** *v pron* **1** (*clavo, dardo, navaja*) to stick ***in sth***: *El dardo se clavó en la pared.* The dart stuck in the wall. **2** (*algn algo*): *~se un alfiler (en el dedo)* to prick your finger ◊ *Me he clavado una astilla en el pie.* I've got a splinter in my foot. ◊ *Te vas a ~ las tijeras.* You're going to cut yourself with those scissors.

LOC **clavar los codos** to get stuck in: *Vas a tener que ~ los codos si quieres aprobar.* You'll have to get stuck in if you want to pass. **clavar los ojos** to stare *at sth/sb* **clavarse algo en el alma/corazón**: *Lo que me dijiste se me clavó en el corazón.* What you said really hurt me.

clave[1] *nm* harpsichord

clave[2] *adj* key [*n atrib*]: *el factor/la persona ~* the key factor/person

■ **clave** *nf* **1** (*código*) code: *descifrar la ~* to decipher the code **2 ~ (de/para)** (*explicación*) key **to** ***sth***: *la ~ de su éxito* the key to his success **3** (*Arquit*) keystone **4** (*Mús*) clef ☛ *Ver ilustración en* NOTACIÓN

LOC **clave de do/fa/sol** tenor/bass/treble clef **dar con/en la clave** to get to the heart *of sth* **ser clave** to be central *to sth*: *Su papel ha sido ~ en la prosperidad de la empresa.* His role has been central to the prosperity of the firm. *Ver tb* PIEZA, PUNTO

clavel *nm* carnation ☛ *Ver ilustración en* FLOR

LOC **clavel reventón** dark red carnation

clavellina *nf* (*tb* **clavelito** *nm*) pink

claveteado, -a *pp, adj* studded *Ver tb* CLAVETEAR

clavetear *vt* to decorate *sth* with studs

clavicordio *nm* clavichord

clavícula *nf* clavicle (*científ*), collarbone ☛ *Ver ilustración en* ESQUELETO

clavija *nf* **1** (*gen*) peg: *las ~s de un violín* violin pegs ☛ *Ver ilustración en* PINZA, STRING **2** (*enchufe*) pin: *un enchufe de tres ~s* a three-pin plug ☛ *Ver ilustración en* ENCHUFE **LOC** *Ver* APRETAR

clavillo *nm* pin

clavo *nm* **1(a)** (*gen*) nail: *sacar un ~* to pull out a nail **(b)** (*tachuela*) tack **(c)** (*adorno*) stud **2** (*Med*) pin: *Le tuvieron que poner un ~ en el tobillo.* They had to put a pin in his ankle. **3** (*Cocina*) clove

LOC **como un clavo** on the dot **dar en el clavo** to hit the nail on the head **no dar/pegar ni clavo**: *Este fin de semana no he pegado ni ~.* I haven't done a stroke of work this weekend. ◊ *Cuando vienen a comer no dan ni ~.* They don't do a thing to help when they come to lunch. **un clavo saca otro clavo** a new boyfriend, worry, etc helps you forget the old one *Ver tb* AGARRAR

claxon *nm* horn ☛ *Ver ilustración en* CAR

LOC **tocar el claxon** to sound the horn, to beep (*coloq*)

clemencia *nf* mercy

LOC **sin clemencia 1** (*con función adjetival*) merciless: *un inquisidor sin ~* a merciless inquisitor **2** (*con función adverbial*): *Los trató sin ~.* He showed them no mercy.

clemente *adj* merciful

clementina *nf* clementine

cleptomanía *nf* kleptomania

cleptómano, -a *adj, nm-nf* kleptomaniac [*n*]

clerical *adj* clerical

clérigo *nm* (*católico*) priest

■ **clérigo, -a** (*protestante*) clergyman [*fem* woman priest] [*pl* clergymen/women priests] ☛ *Ver nota en* PRIEST

clero *nm* clergy

clic *nm* (*Informát*) click: *Haz ~ en el icono.* Click on the icon.

cliché *nm* cliché

cliente, -a *nm-nf* **1** (*profesional, empresa*) client **2** (*tienda, restaurante*) customer

clientela *nf* **1** (*profesional, empresa*) clients [*v pl*] **2**

(*tienda*) customers [*v pl*] **3** (*bar, restaurante*) clientele [*v sing o pl*]

clima *nm* **1** (*lit*) climate: *un ~ húmedo* a damp climate **2** (*fig*) atmosphere: *un ~ de cordialidad/tensión* a friendly/tense atmosphere **LOC** *Ver* CALENTAMIENTO

climático, -a *adj* climatic

climatizado, -a *pp, adj* air-conditioned: *un local ~* air-conditioned premises **LOC** *Ver* PISCINA

climatología *nf* climatology

climatológico, -a *adj* weather [*n atrib*]: *condiciones climatológicas adversas* adverse weather conditions

clímax *nm* climax

clínico, -a *adj* clinical
■ **clínica** *nf* **1** (*centro médico*) clinic **2** (*estudios*) clinical training **LOC** *Ver* ANÁLISIS, AUXILIAR[2], CASO, CUADRO, HISTORIAL, OJO, SESIÓN

clip *nm* **1** (*papel*) paper clip ☛ *Ver ilustración en* CLIP[1] **2** (*broche, pendiente*) clip **3** (*vídeo*) video [*pl* videos] **LOC de clip** clip-on: *unos pendientes de ~* clip-on earrings

clítoris *nm* clitoris

cloaca *nf* sewer

clon *nm* clone

clónico, -a *adj* **1** (*Biol*) cloned: *una oveja clónica* a cloned sheep **2** (*Informát*) clone: *un PC ~* a PC clone
■ **clónico** *nm* clone

cloquear *vi* to cluck

cloqueo *nm* clucking

cloro *nm* chlorine

clorofila *nf* chlorophyll

cloroformo *nm* chloroform

cloruro *nm* chloride
LOC cloruro de sodio sodium chloride

club *nm* club
LOC club náutico sailing club **club nocturno** nightclub

clueca *adj* broody
■ **clueca** *nf* broody hen

coacción *nf* coercion

coaccionar *vt* to coerce *sb* (***into sth/doing sth***): *La coaccionaron para que declarara en el juicio.* She was coerced into giving evidence.

coactivo, -a *adj* coercive

coagulación *nf* coagulation

coagulante *adj* clotting
■ **coagulante** *nm* clotting agent

coagular *vt* to make *sth* clot
■ **coagular(se)** *vi, v pron* to clot

coágulo *nm* clot

coalición *nf* coalition

coartada *nf* alibi

coartar *vt* **1** (*persona*) to inhibit **2** (*libertad, voluntad*) to restrict

coautor, ~a *nm-nf* co-author

coba *nf*
LOC dar coba to soft-soap *sb*

cobalto *nm* cobalt

cobarde *adj* cowardly: *una acción ~* a cowardly action
■ **cobarde** *nmf* coward

cobardía *nf* cowardice [*incontable*]: *Es una ~.* It's an act of cowardice.

cobaya *nmf* guinea pig

cobertizo *nm* shed ☛ *Ver ilustración en* BUNGALOW

cobertura *nf* **1** (*en los medios de comunicación*) coverage: *la ~ de un acontecimiento en la prensa* press coverage of an event **2** (*Mil, seguros, protección*) cover: *~ aérea* air cover

cobijar *vt* **1** (*persona*) **(a)** (*proteger*) to shelter *sb* (***from sth***): *~ a algn del frío* to shelter sb from the cold **(b)** (*dar cobijo*) to take *sb* in: *Cobijaron a un niño abandonado.* They took in an abandoned child. **2(a)** (*sospecha*) to harbour **(b)** (*esperanza*) to cherish **(c)** (*odio*) to nurse
■ **cobijarse** *v pron* **cobijarse (de)** to shelter (**from *sth***)

cobijo *nm* shelter: *Les dimos ~ en la cabaña.* We gave them shelter in the hut.

cobista *nmf* toady

cobra *nf* cobra

cobrador, ~a *nm-nf* **1** (*deudas, recibos*) collector **2** (*autobús*) conductor [*fem* conductress]

cobrar *vt, vi* **1** (*gen*) to charge: *Me cobraron 300 pesetas por un café.* They charged me 300 pesetas for a coffee. ◊ *¿Cuánto cobran en esa peluquería?* How much do they charge at that hairdresser's? ◊ *¿Me cobra, por favor?* Could I have the bill, please? **2** (*salario, pago*): *Todavía no he cobrado la última traducción.* I still haven't been paid for the last translation. ◊ *¿Qué día cobramos?* When do we get paid?
■ **cobrar** *vt* **1** (*recibir*) to receive, to get (*más coloq*): *No sé si cobrará indemnización.* I don't know if she'll get redundancy pay. **2** (*factura, letra*) to receive payment (**for *sth***) **3** (*cheque*) to cash **4** (*adquirir*) to gain: *~ aliento/fuerza* to gain momentum/strength
■ **cobrar** *vi* to get a smack: *¡Vas a ~ !* You'll get a smack!
■ **cobrarse** *v pron* **1** (*gen*) to take the money (**for *sth***): *¿Te cobras las bebidas?* Can you take the money for the drinks, please? ◊ *¡Cóbrese, que tengo prisa!* Can I pay you? I'm in a hurry. **2** (*costar*) to cost: *La guerra se ha cobrado muchas vidas.* The war has cost many lives.
LOC cobrar afecto/cariño to grow fond *of sb* **cobrar el paro/la pensión** to draw the dole/a pension **cobrar en metálico** to be paid cash **cobrar de más/menos** to overcharge/undercharge **cobrar una barbaridad** to charge the earth **cobrar vida** to recover **cobrarse un favor** to ask *sb* to return a favour *Ver tb* AUGE, HORA, IMPORTANCIA

cobre *nm* copper **LOC** *Ver* MINERAL

cobrizo, -a *adj* coppery: *Tiene el pelo de color castaño ~.* Her hair is a coppery colour.

cobro *nm* **1** (*recaudación*) collection: *el ~ del alquiler* rent collection **2** (*factura, letra*) payment **3** (*cheque*) cashing **LOC** *Ver* LLAMADA, LLAMAR

coca *nf* **1** (*planta*) coca: *plantaciones de ~* coca plantations **2** (*cocaína*) coke: *esnifar ~* to snort coke

Coca Cola® *nf* Coca Cola®, Coke® (*más coloq*)

cocaína *nf* cocaine

cocainómano, -a *adj* addicted to cocaine
■ **cocainómano, -a** *nm-nf* cocaine addict

cocción *nf* **1** (*gen*) cooking: *Tiempo de ~: 20 minutos.* Cooking time: 20 minutes. **2** (*pan*) baking **3** (*cerámica, ladrillos*) firing

cocear *vi* to kick

cocer *vt* **1** (*hervir*) to boil: *~ la col durante seis minutos.* Boil the cabbage for six minutes. **2** (*pan*) to bake ☛ *Ver ilustración en* BAKE **3** (*cerámica, ladrillos*) to fire
■ **cocer(se)** *vi, v pron* **1** (*alimento*) to cook: *Los garbanzos llevan dos horas cociendo.* The chickpeas have been cooking for two hours. ◊ *El arroz se cocerá en 20 minutos.* The rice will take 20 minutes to cook. **2** (*líquido*) to boil: *La sopa (se) está cociendo.* The soup is boiling.
■ **cocerse** *v pron* **1** (*tener calor*) to boil: *Me estoy cociendo con este jersey.* I'm boiling in this jumper. **2** (*tramarse*) to brew: *Se está cociendo una nueva rebelión.* There's another revolt brewing. ◊ *Nadie sabe lo que se cuece en esa casa.* Nobody knows what goes on in that house.
LOC cocer a fuego lento to simmer *Ver tb* PARTE[2]

cochambre *nm o nf* **1** (*suciedad*) filth: *¡Qué ~ de cocina!* What a filthy kitchen! **2** (*basura*) rubbish [*incontable*]: *Os va a comer la ~.* You're going to be swamped by rubbish.

cochambroso, -a *adj* **1** (*sucio*) filthy **2** (*muy estropeado*) dilapidated

coche *nm* **1** (*automóvil*) car: *ir en ~* to go by car ◊ *un ~ deportivo/patrulla* a sports/police car ☛ *Ver ilustración en* AUTOMÓVIL **2** (*vagón, carruaje*) carriage **3** (*para bebé*) pram

LOC **coche antiguo** vintage car **coche bomba** car bomb **coche cama** sleeping car **coche celular** prison van **coche de alquiler** hire car **coche de bomberos** fire engine **coche de capota** pram **coche de carreras** racing car **coche descapotable** convertible **coche de tres/cinco puertas** hatchback ☛ *Ver ilustración en* AUTOMÓVIL **coche fúnebre** hearse **coche restaurante** dining car **ir en el coche de San Fernando** to go on Shanks's pony *Ver tb* ACCIDENTE, CEMENTERIO, CORREDOR, LÍNEA

cochecito *nm* **1** (*de capota*) **(a)** (*bebé*) pram **(b)** (*muñeca*) doll's pram **2** (*de juguete*) toy car

cochera *nf* **1** (*coche*) garage ☛ *Ver ilustración en* HOUSE **2** (*autobús, tranvía*) depot

cochero *nm* coachman [*pl* coachmen]

cochinada *nf* **1** (*suciedad*) filth: *¡Qué ~!* That's filthy! **2** (*asquerosidad*): *Es una ~ eructar en la mesa.* Burping at the table is disgusting. **3** (*jugada*) dirty trick: *Le hicieron una ~.* They played a dirty trick on him.
LOC **decir cochinadas** to use filthy language **hacer cochinadas 1** (*hacer porquerías*) to make a mess **2** (*hacer cosas indecentes*) to do rude things **mirar/ver cochinadas**: *No dejes a los niños que vean esas ~s.* Don't let the children watch that filth!

cochinilla *nf* **1** (*crustáceo*) woodlouse [*pl* woodlice] **2** (*insecto, colorante*) cochineal

cochinillo *nm* sucking pig

cochino, -a *adj* **1** (*gen*) filthy: *¡Vaya falda más cochina llevas!* Your skirt's filthy! ◊ *No sea ~ y deje de mirarle a las piernas.* Stop staring at her legs, you filthy pig! **2** (*maldito*) wretched: *Estoy harto de este ~ trabajo.* I'm sick of this wretched job.
■ **cochino, -a** *nm-nf* (*persona*) filthy pig
■ **cochino, -a** *nm-nf* (*animal*) pig ☛ *Ver nota en* CERDO

cocido, -a *pp, adj* cooked: *jamón ~* cooked ham *Ver tb* COCER
■ **cocido** *nm* stew

cociente *nm* quotient

cocina *nf* **1** (*lugar*) kitchen **2** (*aparato*) cooker **3** (*actividad*) **(a)** (*arte de cocinar*) cookery: *un curso de ~* a cookery course **(b)** (*gastronomía*) cooking: *la ~ inglesa/italiana* English/Italian cooking

> La palabra **cuisine** se utiliza sobre todo para hablar de la cocina francesa: *La cocina francesa es muy apreciada.* French cuisine is highly regarded.

LOC **cocina amueblada** fitted kitchen **cocina casera** home cooking **paño/trapo de cocina** tea towel *Ver tb* BATERÍA, CUCHILLO, MENAJE, MOBILIARIO, ROBOT, TIJERA

cocinar *vt, vi* to cook: *Mi madre nos cocinó un estofado.* My mother cooked us a stew. ◊ *¿Sabes ~?* Can you cook?

cocinero, -a *nm-nf* cook
LOC **haber sido cocinero antes que fraile** to know what you're talking about

cocinilla *nf* camping stove
■ **cocinilla** *nm* old woman

cocker *nm* cocker spaniel ☛ *Ver ilustración en* DOG[1]

coco *nm* **1** (*fruto*) coconut **2** (*cabeza*) nut **3** (*ser fantástico*) bogeyman [*pl* bogeymen]
LOC **andar/estar mal del coco** to be round the bend: *Ese amigo tuyo anda mal del ~.* Your friend is round the bend. **estar hasta el coco (de)** to have had it up to here (with *sth/sb*) **ser un coco** (*ser muy feo*) to be as ugly as sin **tener mucho coco** to be very brainy *Ver tb* COMER

cocodrilo *nm* crocodile **LOC** *Ver* LÁGRIMA

cocorota *nf*
LOC **estar hasta la cocorota** to have had it up to here (*with sth/sb/doing sth*)

cocotero *nm* coconut palm

cóctel *nm* **1** (*gen*) cocktail: *un ~ de champán/gambas* a champagne/prawn cocktail **2** (*fiesta*) cocktail party: *Nos han invitado a un ~ en el Hotel Londres.* We've been invited to a cocktail party at the Hotel Londres.
LOC **cóctel Molotov** petrol bomb

coctelera *nf* cocktail shaker

codazo *nm* **1** (*ligero, para llamar la atención*) nudge: *Me dio un ~.* He gave me a nudge. **2** (*para abrirse paso*): *Me abrí paso a ~s.* I elbowed my way through the crowd.

codearse *v pron* **~ con** to rub shoulders **with *sb***

codeína *nf* codeine

codera *nf* (*parche*) elbow patch
LOC **tener coderas 1** (*estar deformado*) to have baggy elbows **2** (*estar gastado*) to be thin at the elbows

códice *nm* codex [*pl* codices]

codicia *nf* **1** (*avaricia*) greed **2** **~ de** lust **for *sth***: *su ~ de poder/riquezas* their lust for power/money

codiciable *adj* **1** (*apetecible*) desirable **2** (*envidiable*) enviable

codiciar *vt* to covet: *Codiciaba el cargo de ministro.* He coveted the post of Minister.

codicioso, -a *adj* greedy
■ **codicioso, -a** *nm-nf* greedy person

codificación *nf* **1** (*mensaje*) encoding **2** (*Jur*) codification

codificar *vt* **1** (*gen*) to encode: *~ un mensaje* to encode a message **2** (*Jur*) to codify: *~ las leyes* to codify the laws

código *nm* code: *el ~ penal* the penal code
LOC **código civil** civil law **código de barras** bar code **código de entidad** sort code **código de (la) circulación** Highway Code **código mercantil** commercial law **código postal** postcode **código territorial** area code

codillo *nm* elbow

codo *nm* elbow
LOC **codo a/con codo** together: *Trabajan ~ a ~ para conseguir su objetivo.* They're working together to achieve their aim. **dar con el codo** to nudge *sb* **de codos**: *Estaba de ~s en la mesa.* He had his elbows on the table. *Ver tb* CASCAR, CLAVAR, COMIDO, EMPINAR, HABLAR, HINCAR

codorniz *nf* quail [*pl* quail/quails]

coeficiente *nm* (*Mat*) coefficient
LOC **coeficiente de inteligencia** intelligence quotient (*abrev* IQ)

coerción *nf* coercion

coercitivo, -a *adj* coercive

coetáneo, -a *adj, nm-nf* contemporary: *los ~s del poeta* the poet's contemporaries

coexistencia *nf* coexistence: *la ~ de diversas ideologías* the coexistence of different ideologies

coexistir *vi* to coexist

cofia *nf* cap

cofinanciar *vt* to fund *sth* jointly

cofradía *nf* **1** (*Relig*) brotherhood **2** (*gremio*) guild

cofre *nm* **1** (*baúl*) chest **2** (*para joyas*) jewel case

cogedor *nm* dustpan

coger *vt* **1** (*tomar*) to take: *Coge todos los libros que quieras.* Take as many books as you like. ◊ *Cogeremos las vacaciones en agosto.* We're going to take our holidays in August. ◊ *Coja la primera a la izquierda.* Take the first street on the left. ◊ *~ un trabajo* to take a job ◊ *~ apuntes* to take notes ◊ *¿Quién me ha cogido el mechero?* Who's taken my lighter? ◊ *Coge un autobús/tren que te lleve a Bilbao.* Take a bus/train to Bilbao. ◊ *La cogió del brazo para cruzar la calle.* He took her arm to cross the street. **2** (*prenda*) to take *sth* in/up: *Adelgazó y le tuve que ~ la cintura.* She lost weight and I had to take the dress in at the waist. ◊ *¿Le podrías ~ el bajo al pantalón?* Could you take up my trousers for me, please? **3** (*pillar*) to catch: *~ una pelota* to catch a ball ◊ *Los cogió robando.* He caught them stealing. ◊ *¡A que no me coges!* You can't catch me! ◊ *~ un resfriado* to catch a cold ◊ *Intentaré ~ el de las ocho.* I'll try to catch the eight o'clock bus/train. ◊ *Cogió el avión por los pelos.* She caught the plane by the skin of her teeth. **4** (*recoger, aprender, sintonizar*) to pick *sth/sb* up: *~ un fusil/libro/periódico* to pick up a gun/book/newspaper ◊ *Ha cogido un acento escocés.* He's picked up a Scottish accent. ◊ ~ *una emisora* to pick up a station ◊ *Este abrigo coge mucho polvo.* This coat picks up a lot of dust. **5** (*adquirir, entender*) to get: *Cógeme un asiento.* Get me a seat. ◊ *He cogido dos entradas.* I've bought two tickets. ◊ *Cogimos un apartamento.* We rented an apartment. ◊ ~ *un chiste* to get a joke ◊ *No lo cojo.* I don't get it. **6** (*fruta, flores*) to pick **7** (*tomar prestado*) to borrow: *¿Puedo ~ tu coche?* Can I borrow your car?; *Ver nota en* BORROW; *Ver ilustración en* PRESTAR **8** (*contratar*) to take *sb* on **9** (*toro*) to gore **10** (*empezar*) to start: *Ha cogido el inglés con muchas ganas.* He's started English with great enthusiasm.

■ **coger** *vi* to be: *El supermercado coge muy cerca de mi casa.* The supermarket is very near my house.

■ **cogerse** *v pron* **1** (*pillarse*): *~se el pie/dedo con la puerta* to get your foot/finger caught in the door **2 cogerse de** (*agarrarse*) to hold (**on to *sth*/*sb***): *~se de la barandilla* to hold on to the railing ◊ *Cógete de mi mano.* Hold my hand.

LOC cogerla/cogérsela (buena) to get plastered **cogerla con algn** to take against sb **coger y...** to up and *do sth*: *Cogí y me fui.* I upped and left.

☛ Para otras expresiones con **coger**, véanse las entradas del sustantivo, adjetivo, etc, p. ej. **coger por banda** en BANDA[1] y **coger fuerzas** en FUERZA.

cogida *nf* goring: *El torero sufrió una grave ~.* The bullfighter was badly gored.

cogido, -a *pp, adj Ver* COGER

LOC cogidos de la mano holding hands **cogidos del brazo** arm in arm ☛ *Ver ilustración en* ARM **llevar (cogido) de**: *Su madre lo llevaba ~ de la mano.* His mother was holding his hand.

cogollo *nm* **1** (*gen*) heart: *el ~ de una lechuga* the heart of a lettuce **2** (*brote*) shoot

cogorza *nf*

LOC agarrar(se)/coger(se) una cogorza to get plastered

cogote *nm* back of the neck

LOC agarrar/coger del cogote to grab *sth*/*sb* by the scruff of the neck

cohabitar *vi* to cohabit (*formal*), to live together

cohecho *nm* bribery: *La acusan de un delito de ~.* She's being accused of bribery.

coherencia *nf* **1** (*congruencia*) coherence: *un argumento de gran ~* a coherent argument **2** (*consecuencia*) consistency: *actuar con ~* to act consistently **3** (*Fís*) cohesion

LOC en coherencia con in line with *sth*

coherente *adj* **1** (*congruente*) coherent: *una explicación ~* a coherent explanation **2 ~ (con)** (*consecuente*) consistent (**with *sth***): *Mostró un comportamiento ~ con sus ideas políticas.* His behaviour was consistent with his political views.

cohesión *nf* cohesion

cohesivo, -a *adj* cohesive

cohete *nm* rocket

LOC salir como un cohete to shoot off

cohibido, -a *pp, adj* shy *Ver tb* COHIBIR

cohibir *vt* to embarrass: *Me cohíbe hablar en público.* Speaking in public embarrasses me.

■ **cohibirse** *v pron* to feel embarrassed

COI *nm, abrev de* **Comité Olímpico Internacional** *Ver* COMITÉ

coincidencia *nf* coincidence

LOC da la coincidencia de que... it just so happens that...

coincidente *adj*: *Son datos ~s con los aparecidos en la prensa.* The details coincide with those given in the press.

coincidir *vi* **1** (*estar de acuerdo*) to agree (**with *sb***) (**on/about *sth***): *En ese punto coincido con ellos.* I agree with them on that point. ◊ *Todos coinciden en que es un chico estupendo.* They all agree that he's a great lad. **2** (*ser igual*) to be the same (**as *sth***): *Mi opinión coincide con la vuestra.* My views are the same as yours. ◊ *Nuestros gustos coinciden.* We have similar tastes. **3** (*encontrarse*): *Coincidí con ella en el banco.* I ran into her at the bank. ◊ *Coincidimos en el congreso.* We were both at the conference. **4** (*ocurrir al mismo tiempo*): *Espero que la fiesta no coincida con mi examen.* I hope the party doesn't clash with my exam.

coito *nm* coitus (*cientif*), (sexual) intercourse

cojear *vi* **1** (*ser cojo*) to be lame (**in *sth***): *Cojeo del pie derecho.* I'm lame in my right leg. **2** (*por lesión*) to limp: *Todavía cojeo un poco, pero estoy mejor.* I'm still limping a bit, but I'm better than I was. **3** (*mueble*) to be wobbly **4** (*tener deficiencias, andar flojo*): *Este proyecto cojea en varios aspectos.* This project has some weak points. ◊ *Siempre he cojeado en física.* I've always been a bit behind in physics.

LOC cojear del mismo pie to have the same faults (*as sb*) *Ver tb* PIE

cojera *nf* **1** (*condición*) lameness: *La ~ no le permite hacer deporte.* His lameness prevents him taking part in sports. **2** (*por lesión*) limp: *Le quedó una leve ~ tras la lesión.* His injury left him with a slight limp.

cojín *nm* cushion

cojinete *nm* bearing: *~ de bolas* ball-bearing

cojo, -a *adj* **1** (*persona*) **(a)** (*que sufre una cojera pronunciada o permanente*) lame: *Está coja del pie derecho.* She's lame in her right leg. **(b)** (*que sufre una leve cojera*) with a limp: *Se quedó ~ después del accidente.* The accident left him with a limp. **2** (*animal, argumento*) lame **3** (*mueble*) wobbly

■ **cojo, -a** *nm-nf* cripple

LOC andar/ir cojo to limp **no ser ni cojo ni manco** to be all there *Ver tb* PATA

cojón *nm* ball (⚠)

■ **¡cojones!** *interj*: *¡Márchate ya, cojones!* Get the hell out of here!

LOC de cojones/pelotas bloody... (⚠): *Tengo un dolor de muelas de cojones.* I've got a bloody awful toothache. ◊ *Hace un frío de cojones.* It's bloody freezing. **¡tiene cojones/huevos/pelotas la cosa!** blow me! **echarle cojones/huevos a algo** to have the balls to do sth (⚠) **estar hasta los cojones (de)** to be pissed off (with *sth*/*sb*) (⚠) **no me toques los cojones** stop pissing me about (⚠) **no haber más cojones que...**: *No hubo más cojones que hacer lo que él quería.* We damn well had to do what he wanted. ◊ *No hay más cojones que trabajar.* I've got to bloody well work. (⚠) **no me sale de los cojones** I don't bloody well want to (⚠) **(porque) me sale de los cojones**: *Lo hice porque me salió de los cojones.* I did it because I bloody well felt like it. (⚠): *Lo digo porque me sale de los cojones.* I'll say what I bloody well like! (⚠) **por cojones**: *Tendremos que trabajar el sábado por cojones.* We've got no bloody choice but to work on Saturday. (⚠) **¿qué cojones...?** what the hell...?: *¿Qué cojones haces aquí?* What the hell are you doing here? ◊ *¿A ti qué cojones te importa?* What the hell has it got to do with you? **tener dos/un par de cojones** to have guts: *Tiene un par de cojones.* He's got guts. **tener los cojones bien puestos** to have guts **¡y un cojón!** no way! *Ver tb* PAR

☛ Para términos y expresiones marcados con el símbolo ⚠, véase nota en TABÚ.

cojonudo, -a *adj* amazing

col *nf* cabbage ☛ *Ver ilustración en* CABBAGE

LOC coles de Bruselas Brussels sprouts ☛ *Ver ilustración en* CABBAGE **col lombarda** red cabbage

cola[1] *nf* glue

LOC cola de carpintero wood glue **cola para empapelar** wallpaper paste **no pegar ni con cola**: *Esa pareja no pega ni con ~.* Those two are totally unsuited. ◊ *Saca esa mesa de la cocina, que no pega ni con ~.* Take that table out of the kitchen – it just doesn't go.

cola[2] *nf* **1** (*animal*) tail ☛ *Ver ilustración en* FISH[1] **2** (*vestido*) train **3** (*tren*) rear **4** (*fila*) queue: *ponerse a la ~* to get in the queue **5** (*pene*) willy

LOC ¡a la cola! get in the queue! **cola de caballo** ponytail ☛ *Ver ilustración en* TRENZA **cola de milano/pato** dovetail **estar a la cola (en algo)**: *Están a la ~*

en tecnología nuclear. They're bottom of the league when it comes to nuclear technology. **hacer cola** to queue **tener/traer cola** to have serious consequences: *Esta noticia traerá ~.* This news will have serious consequences. *Ver tb* BATA, FURGÓN, PIANO, VAGÓN

colaboración *nf* **1** (*cooperación*) collaboration: *hacer algo en ~ con algn* to do sth in collaboration with sb **2** (*donativo, Periodismo*) contribution (***to sth***)

colaboracionista *nmf* collaborator

colaborador, ~a *nm-nf* **1** (*ayudante*) collaborator: *los ~es del proyecto* those who are collaborating on the project ◊ *el Primer Ministro y sus ~es* the Prime Minister and his associates **2** (*Periodismo*) contributor (***to sth***)

colaborar *vi* **1** (*cooperar*) to collaborate (***with sb***) (***on sth***) **2** (*Periodismo*) to contribute (***to sth***)

colación *nf*
LOC **sacar/traer a colación** to bring *sth* up

colada *nf* washing: *hacer la ~* to do the washing LOC *Ver* CESTO

colado, -a *pp, adj Ver* COLAR
LOC **estar colado por algn** to be crazy about sb *Ver tb* PIÑA

colador *nm* **1** (*infusión*) strainer **2** (*verduras*) colander

colapsado, -a *pp, adj* at a standstill: *El tráfico está ~.* Traffic is at a standstill. ◊ *El centro de la ciudad ha quedado ~ por el desfile.* The centre of the city has come to a standstill because of the procession. *Ver tb* COLAPSAR

colapsar *vt* to bring *sth* to a standstill: *Las obras van a ~ el tráfico de la ciudad.* The roadworks will bring traffic in the city to a standstill.

colapso *nm* collapse: *el ~ de la economía* the collapse of the economy
LOC **sufrir un colapso/darle un colapso a algn** to collapse

colar *vt* **1** (*infusión*) to strain **2** (*café*) to filter **3** (*verduras*) to drain **4** (*billete falso, cheque*) to pass: *Trató de ~ un cheque sin fondos.* He tried to pass a dud cheque.
■ **colar** *vi* to be believed: *Esa excusa no va a ~.* Nobody is going to believe that excuse.
■ **colarse** *v pron* **1** (*líquido*) to seep **2** (*persona*) **(a)** (*gen*) to sneak in: *Vi cómo se colaban.* I saw them sneaking in. ◊ *~se en el autobús sin pagar* to sneak onto the bus without paying **(b)** (*en una cola*) to push in: *¡Oiga, no se cuele!* Hey! No pushing in! **3** (*equivocarse*) to slip up **4 colarse por** (*enamorarse*) to fall for *sb*
LOC **colarse en una fiesta** to gatecrash a party

colateral *adj* side [*n atrib*]: *varias calles ~es* several side streets

colcha *nf* bedspread

colchón *nm* mattress: *un ~ de espuma/muelles* a foam/spring mattress
LOC **colchón de agua** waterbed **colchón hinchable/neumático/de aire** air-bed

colchoneta *nf* **1** (*gimnasio*) mat **2** (*camping, playa*) air-bed

colear *vi* **1** (*perro*) to wag its tail **2** (*caballo, vaca*) to swish its tail **3** (*pez*) to wriggle **4** (*durar*) to be felt: *Aún colean las consecuencias de la crisis.* The consequences of the crisis are still being felt. LOC *Ver* VIVITO

colección *nf* collection: *una ~ de sellos/mariposas* a stamp/butterfly collection

coleccionable *adj*: *fichas ~s* cards you can collect ◊ *La serie se presenta en fascículos ~s.* You can collect the different articles in this series.

coleccionar *vt* to collect

coleccionista *nmf* collector

colecta *nf* collection

colectividad *nf* community

colectivizar *vt* to collectivize

colectivo, -a *adj* collective
■ **colectivo** *nm* collective *Ver* ANTENA, DOCENTE, HISTERIA, TRANSPORTE

colector *nm* collector
LOC **colector de aguas residuales** sewer

colega *nmf* **1** (*compañero*) colleague **2** (*homólogo*) counterpart: *el Ministro de Educación y su ~ francés* the Minister of Education and his French counterpart **3** (*amigo*) mate: *¿Qué pasa, ~?* What's the matter, mate?

colegiado, -a *pp, adj* **1** (*afiliado*) member [*n*]: *un médico ~* a member of a medical body **2** (*compartido*) joint: *un tribunal ~* a joint tribunal *Ver tb* COLEGIARSE
■ **colegiado, -a** *nm-nf* member of a professional association
■ **colegiado, -a** *nm-nf* (*árbitro*) referee

colegial, ~a *nm-nf* schoolboy [*fem* schoolgirl]

Cuando decimos *colegiales* refiriéndonos a niños de ambos sexos, utilizamos el plural **schoolchildren**.

colegiarse *v pron* to join a professional association

colegio *nm* **1** (*Educ*) school: *Los niños están en el ~.* The children are at school. ◊ *ir al ~* to go to school ☞ *Ver nota en* ESCUELA, THE **2** (*asociación*) association: *el ~ de médicos* the medical association
LOC **colegio de curas/frailes** Catholic school **colegio de monjas** convent school **colegio electoral** polling station **colegio estatal/público** state school **colegio mayor** hall of residence **colegio privado/de pago** independent school *Ver tb* COMPAÑERO, MESA

colegir *vt* to deduce *sth* (***from sth***)

coleóptero *adj, nm* coleopteron [*pl* coleoptera] [*n*]: *insectos ~s* coleoptera

cólera[1] *nm* (*enfermedad*) cholera

cólera[2] *nf* (*ira*) rage LOC *Ver* DESCARGAR, MONTAR

colérico, -a *adj* **1** (*enfurecido*) furious **2** (*irascible*) quick-tempered: *Tiene un temperamento ~.* He's a quick-tempered man.

colesterol *nm* cholesterol: *Me ha aumentado el ~.* My cholesterol level has gone up.

coleta *nf* **1** (*gen*) ponytail: *¿Me haces una ~?* Will you do my hair in a ponytail? **2** (*una de dos*) bunch: *La niña llevaba dos ~s.* The little girl had her hair in bunches. LOC *Ver* CORTAR

coletazo *nm* swish of the tail LOC *Ver* ÚLTIMO

coletilla *nf* tag

colgado, -a *pp, adj* **1** (*suspendido*) hanging ***on/from sth***: *La chaqueta está colgada en una percha en el armario.* The jacket is hanging on a coat-hanger in the wardrobe. ◊ *Han puesto el móvil ~ de la lámpara.* They've hung the mobile from the lamp. **2** (*ahorcado*) hanged **3** (*asignatura*): *Tengo dos asignaturas colgadas para septiembre.* I've got to do two resits in September. *Ver tb* COLGAR
LOC **dejar colgado** to leave *sb* in the lurch **estar colgado del teléfono** to be on the phone: *Lleva media hora colgada del teléfono.* She's been on the phone for half an hour. **mal colgado** off the hook: *Creo que tienen el teléfono mal ~.* I think they've left the phone off the hook.

colgador *nm* clothes hanger

colgante *adj* hanging
■ **colgante** *nm* **1** (*de una cadena*) pendant **2** (*de una pulsera*) charm LOC *Ver* PUENTE

colgar *vt* **1** (*gen*) to hang *sth* ***from/on sth***: *Cuelga el cuadro en la pared.* Hang the picture on the wall. **2** (*prenda de vestir*) to hang *sth* up **3** (*ahorcar*) to hang: *Lo colgaron en 1215.* He was hanged in 1215. **4** (*echar la culpa*) to blame *sb* **for** ***sth***: *Le colgaron el asesinato.* They blamed him for the murder. **5** (*suspender*) to fail: *Me colgaron en inglés.* I got a fail in English.
■ **colgar** *vi* **~ (de)** to hang (**from/on *sth***): *¿Qué es eso que cuelga?* What's that hanging there? ◊ *Había una cuerda colgando de la viga.* A rope was hanging from the beam.
■ **colgarse** *v pron* **1** (*gen*) to hang ***from/on sth***: *¡Con qué facilidad se cuelga de las espalderas!* He doesn't find hanging on the wall bars at all difficult. **2** (*droga*) to be hooked ***on sth***: *Es una lástima, se ha colgado de la heroína.* It's a shame he's got hooked on heroine.
LOC **colgar de un lado** to be uneven: *La cortina cuelga por el lado derecho.* The curtain's hanging down

on the right. **colgar (el teléfono)**: *El muy descarado me colgó el teléfono.* He had the cheek to hang up on me. ◊ *Cuelga ya, que estoy esperando una llamada.* Get off the phone, I'm expecting a call. ◊ *No cuelgue, por favor.* Hold the line, please. **colgar la etiqueta de...** to label sb (as) *sth*: *Le han colgado la etiqueta de altanero.* They've labelled him haughty. ◊ *~le la etiqueta de ladrón a algn* to label sb as a thief **colgar las botas/los guantes** to retire **colgar los hábitos/la sotana** to leave the priesthood **colgar los libros** to give up your studies *Ver tb* HILO, MOCHUELO, SAMBENITO

colibrí *nm* hummingbird

cólico *nm* colic [*incontable*]: *Le dio un ~.* She had a bad attack of colic.

LOC **cólico nefrítico/renal** renal colic

coliflor *nf* cauliflower ☛ *Ver ilustración en* CABBAGE

coligado, -a *pp, adj* allied *Ver tb* COLIGARSE

coligarse *v pron* to form an alliance (*with sb*)

colilla *nf* cigarette end

colín *nm* bread stick

colina *nf* hill

colindante *adj* **~ (con)** adjacent (**to** *sth*)

colindar *vi* **~ (con)** to be adjacent (**to** *sth*)

colirio *nm* eye drops [*v pl*]

colisión *nf* collision: *Se produjo una ~ entre dos camiones.* Two lorries collided. **LOC** *Ver* FRONTAL

colisionar *vi* **1 ~ (con)** to collide (**with** *sth*): *Dos vehículos extranjeros colisionaron en la autopista.* Two foreign vehicles collided on the motorway. **2 ~ (contra)** to crash (**into** *sth*)

colitis *nf* colitis [*incontable*]: *Le dio una ~ muy fuerte.* He had a bad attack of colitis.

collado *nm* **1** (*pequeña elevación de terreno*) hill **2** (*paso de montaña*) pass

collage *nm* collage

collar *nm* **1** (*adorno*) necklace: *un ~ de esmeraldas* an emerald necklace **2** (*perro, gato*) collar

collarín *nm* (surgical) collar

collera *nf* horse collar

colmado, -a *pp, adj* **1 ~ (de)** (*recipiente*) overflowing (**with** *sth*): *Todas las copas estaban colmadas de champán.* All the glasses were overflowing with champagne. **2** (*cucharada*) heaped *Ver tb* COLMAR

colmar *vt* **1** (*llenar*) to fill *sth* (to the brim) (**with** *sth*): *~ una copa* to fill a glass to the brim **2** (*deseos, aspiraciones*) to fulfil **3** (*persona*) to shower *sb* **with** *sth*: *La colmaron de regalos.* They showered her with presents.

LOC **colmar de atenciones** to lavish attention on *sb* *Ver tb* GOTA²

colmena *nf* beehive

colmenar *nm* apiary

colmillo *nm* **1** (*gen*) canine (tooth): *Se le ha caído un ~.* He's lost a canine tooth. ☛ *Ver ilustración en* DIENTE **2** (*elefante, jabalí*) tusk

LOC **tener el colmillo retorcido** to be crafty *Ver tb* ENSEÑAR

colmo *nm*

LOC **el colmo de** the height of *sth*: *el ~ de la belleza/elegancia/frescura/locura* the height of beauty/elegance/cheek/folly ◊ *¿Cuál es el ~ de la felicidad para ti?* What's your greatest pleasure in life? **ser el colmo (de los colmos)** to be the (absolute) limit **para colmo (de males/desgracias/desdichas)** to make matters worse

colocación *nf* **1** (*emplazamiento*) **(a)** (*gen*) placing: *la ~ de la escultura en la plaza* the placing of the sculpture in the square **(b)** (*bomba*) planting: *Fueron acusados de la ~ de artefactos explosivos.* They were accused of planting explosive devices. **2** (*puesto de trabajo*) job **LOC** *Ver* AGENCIA

colocado, -a *pp, adj Ver* COLOCAR

LOC **estar colocado 1(a)** (*estar bebido*) to be merry **(b)** (*estar drogado*) to be high **2** (*tener un trabajo*) to have a job **estar mal colocado** (*estar torcido*) to be crooked

colocar *vt* **1** (*gen*) to put: *¿Dónde quiere que coloque el ordenador?* Where shall I put the computer? ◊ *Colocó los sillones en semicírculo.* He placed the armchairs in a semicircle. ◊ *Coloca esos libros en su sitio.* Put those books away. **2** (*instalar*) to install: *Hoy me colocan la lavadora.* They're going to install the washing machine today. **3** (*colgar*) to put *sth* up: *Espero que me coloquen la estantería/los cuadros esta semana.* I hope they can put up the shelves/pictures this week. **4** (*suelo*) to lay: *Nos están colocando la moqueta/las baldosas.* They're laying the carpet/tiles. **5** (*tienda de campaña*) to pitch **6** (*bomba*) to plant **7** (*dar empleo*) to find *sb* a job **8** (*dinero*) to invest **9** (*endiñar*) to land *sb* **with** *sth/sb*: *Me han colocado a la tonta de mi cuñada.* I've been landed with my stupid sister-in-law.

■ **colocarse** *v pron* **1** (*situarse*) to stand: *Colocaos allí.* Stand over there. **2** (*en una clasificación*): *Se ha colocado a un punto de su rival.* He's now only one point behind his main rival. ◊ *~se el primero* to move into first place **3 colocarse (de)** (*conseguir empleo*) to get a job (**as** *sth*): *Se ha colocado de editora.* She's got a job as an editor. **4 colocarse (con) (a)** (*embriagarse*) to get drunk (**on** *sth*) **(b)** (*drogas*) to get high (**on** *sth*)

LOC **colocar la primera piedra** to lay the foundation stone *Ver tb* DELANTE, FILA

colofón *nm* grand finale: *el ~ de un festival* the grand finale of a festival ◊ *El Óscar supuso el ~ de su brillante carrera.* Winning the Oscar was the culmination of a brilliant career.

Colombia *nf* Colombia

colombiano, -a *adj, nm-nf* Colombian

colombofilia *nf* pigeon fancying

colombófilo, -a *nm-nf* pigeon fancier

colon *nm* colon ☛ *Ver ilustración en* DIGESTIVE

colonia¹ *nf* (eau de) cologne [*incontable*]

LOC **darse/echarse colonia** to put some cologne on *Ver tb* AGUA, VAPORIZADOR

colonia² *nf* **1** (*gen*) colony: *las ~s británicas* the British colonies **2** (*grupo de viviendas*) housing estate: *la ~ de San Francisco* the San Francisco housing estate

LOC **colonia veraniega** summer camp

colonial *adj* colonial

colonialismo *nm* colonialism

colonialista *adj, nmf* colonialist

colonización *nf* colonization

colonizador, ~a *adj* colonizing

■ **colonizador, ~a** *nm-nf* colonizer

colonizar *vt* to colonize

colono *nm* **1** (*colonia*) settler **2** (*labrador*) tenant farmer

coloquial *adj* colloquial

coloquio *nm* discussion

color *nm* **1** (*gen*) colour: *cambiar de ~* to change colour ◊ *Me gustan los ~es vivos/apagados/pastel.* I like bright/soft/pastel colours. ◊ *¿De qué ~ es tu coche nuevo?* What colour is your new car? ◊ *una bufanda de ~ azul/naranja/rojo* a blue/orange/red scarf **2** (*opinión*) shade: *grupos políticos de todos los ~es* political groups of all shades

LOC **a todo color** full-colour: *El libro tiene ilustraciones a todo ~.* The book has full-colour illustrations. **coger color 1** (*ponerse moreno*) to get a tan: *Has cogido un poco de ~.* You're beginning to get a tan. **2** (*teñirse*) to take dye: *Esta tela no coge ~.* This material won't take dye. **color butano** rust: *una blusa de ~ butano* a rust-coloured blouse ◊ *Me encanta el ~ butano.* I'm very fond of the colour rust. **colores resistentes/no resistentes** fast/non-fast colours **color limón** lemon (yellow): *Me espanta el ~ limón.* I hate lemon yellow. ◊ *un vestido de ~ limón* a lemon-yellow dress **color salmón** salmon pink: *—¿De qué ~ es tu blusa nueva? —(Color) salmón.* 'What colour is your new blouse?' 'Salmon pink.' ◊ *una chaqueta de ~ salmón* a salmon-pink jacket **dar color 1** (*lit*) to dye *sth*: *¿Te das ~ en el pelo?* Do you dye your hair? **2** (*fig*) **(a)** (*animar*) to liven *sth* up **(b)** (*hacer interesante*) to make *sth* interesting **de**

color black: *una joven de* ~ a young black girl **de color de rosa**: *ver la vida de* ~ *de rosa* to see the world through rose-coloured spectacles **de colores** coloured: *lápices de* ~*es* coloured pencils **en color** colour: *una televisión en* ~ a colour TV ◊ *una foto en* ~ a colour photo **ponerse de mil/todos los colores** to go bright red **sacarle los colores a algn** to make *sb* blush **salirle a algn los colores** to blush **sin color** colourless *Ver tb* DIAPOSITIVA, FAROLILLO, PELÍCULA, PEZ, ROPA, VIDRIERA

coloración *nf* colouration

colorado, -a *adj* red
LOC estar colorado como un tomate/pimiento to be as red as a beetroot **poner colorado a algn** to make sb blush **ponerse colorado** to blush *Ver tb* COLORÍN, OREJA

colorante *nm* colouring
LOC sin colorantes no artificial colouring

colorear (*tb* **colorar**) *vt* to colour *sth* (in): *Los niños estaban coloreando sus dibujos.* The children were colouring (in) their drawings.
■ **colorear** *vi* to change colour

colorete *nm* blusher: *Date un poco de* ~. Put on some blusher.

colorido *nm* colours [*v pl*]: *Me encanta el* ~ *de ese cuadro/vestido.* I love the colours in that picture/dress. ◊ *una ceremonia de gran* ~ a very colourful ceremony

colorín *nm* **1** (*pájaro*) goldfinch **2 colorines** bright colours: *calcetines de colorines* brightly coloured socks
LOC colorín colorado, este cuento se ha acabado and they all lived happily ever after

colosal *adj* **1** (*enorme*) colossal **2** (*excelente*) magnificent, great (*más coloq*): *una actuación* ~ a magnificent performance

coloso *nm* **1** (*estatua*) colossus [*pl* colosses/colossi] **2** (*genio*) giant: *un* ~ *de la literatura* a literary giant

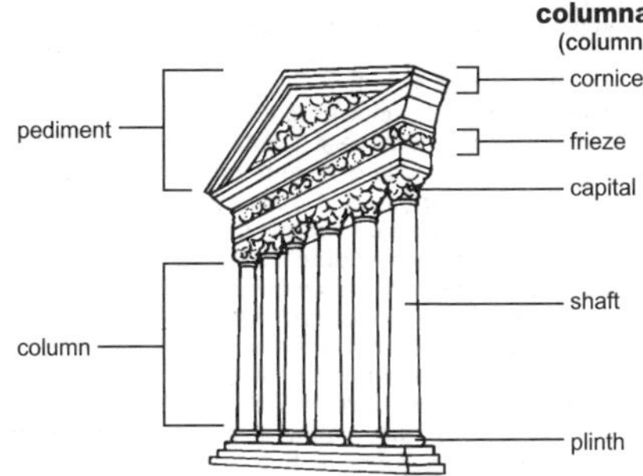

columna *nf* **1** (*gen*) column: *una* ~ *dórica/periodística* a Doric/newspaper column **2** (*Anat*) spine ☞ *Ver ilustración en* ESQUELETO
LOC columna de humo pillar of smoke **columna vertebral 1** (*Anat*) spinal column **2** (*fig*) backbone **en columnas de a dos, etc** in columns of two, etc

columnata *nf* colonnade

columnista *nmf* columnist

columpiar *vt* to push *sb* (on a swing)
■ **columpiarse** *v pron* to have a swing

columpio *nm* swing

colza *nf* (oilseed) rape **LOC** *Ver* ACEITE

coma¹ *nm* coma: *estar en* ~ to be in a coma **LOC** *Ver* ENTRAR, ESTADO

coma² *nf* **1** (*puntuación*) comma ☞ *Ver págs 592–3* **2** (*Mat*) point: *tres* ~ *cinco* (*3,5*) three point five (3.5) ☞ *Ver apéndice 3* **LOC** *Ver* PUNTO

comadre *nf* gossip

comadreja *nf* weasel

comadreo *nm*
LOC estar de comadreo to gossip

comadrona *nf* midwife [*pl* midwives]

comandancia *nf* **1** (*oficina*) command headquarters [*v sing o pl*] **2** (*jurisdicción*) command: ~ *de marina* naval command

comandante *nm* **1** (*jefe militar*) commander **2** (*oficial*) major **3** (*avión*) captain
LOC comandante en jefe/supremo commander-in-chief [*pl* commanders-in-chief]

comandar *vt* to command

comando *nm* **1** (*Mil*) commando [*pl* commandos] **2** (*terrorista*) cell **3** (*Informát*) command **4** (*abrigo*) duffel coat
LOC comando de acción active service unit **comando de información** intelligence unit **comando suicida** suicide squad

comarca *nf* region

comarcal *adj* regional **LOC** *Ver* CARRETERA

comatoso, -a *adj* comatose

comba *nf* **1** (*cuerda*) skipping rope **2** (*curvatura*) **(a)** (*viga*) bend **(b)** (*cable*) sag **(c)** (*pared*) bulge
LOC dar a la comba to turn a skipping rope **jugar/saltar a la comba** to skip **no perder comba** not to miss any opportunity

combarse *v pron* **1** (*viga*) to bend **2** (*cable*) to sag **3** (*pared*) to bulge

combate *nm* **1** (*gen*) combat: *los soldados caídos en* ~ the soldiers killed in combat ◊ *Los* ~*s de las últimas semanas han sido muy violentos.* There has been fierce fighting in the last few weeks. ◊ *Ambos ejércitos se han enfrentado en numerosos* ~*s.* The armies have faced each other on many different occasions. **2** (*Boxeo*) fight
LOC de combate fighter: *un avión/piloto de* ~ a fighter plane/pilot *Ver tb* CARRO, FUERA, ZAFARRANCHO

combatiente *nmf* **1** (*Mil*) combatant **2** (*luchador*) fighter: *un* ~ *de los derechos humanos* a fighter for human rights
LOC antiguo/ex combatiente ex-serviceman/woman [*pl* ex-servicemen/women]

combatir *vt* **1** (*gen*) to combat: ~ *la inflación/una enfermedad* to combat inflation/a disease **2** (*oponerse a*) to oppose: ~ *un proyecto* to oppose a project
■ **combatir** *vi* to fight (***against/for sth/sb***): ~ *contra los rebeldes* to fight (against) the rebels ◊ ~ *por los derechos humanos* to fight for human rights

combatividad *nf* fighting spirit

combativo, -a *adj* combative

combinación *nf* **1** (*gen*) combination: *la* ~ *de varios factores* a combination of factors ◊ *¿Sabes cuál es la* ~*?* Do you know what the combination is? **2** (*transportes*) connection: *Hay una buena* ~ *entre el aeropuerto y la ciudad.* There's a good connection between the airport and the city. ◊ *El hospital tiene muy mala* ~. The hospital is very badly served for transport. **3** (*prenda*) slip

combinado, -a *pp, adj Ver* COMBINAR
■ **combinado** *nm* (*bebida*) cocktail **LOC** *Ver* PLATO

combinar *vt* **1** (*gen*) to combine: ~ *técnicas diferentes* to combine different techniques **2** (*coordinar*) to coordinate: *Sabe* ~ *muy bien la ropa.* She coordinates her clothes very well. **3** (*alimentos, bebidas*) to mix **4** (*colores, ropa*): ~ *el verde con el amarillo* to put green and yellow together ◊ *¿Con qué puedo* ~ *esta falda?* What can I wear with this skirt?
■ **combinar** *vi* to go with *sth*: *El negro combina con cualquier color.* Black goes with any colour. ◊ *Esos zapatos no combinan con el bolso.* Those shoes don't go with the bag.
■ **combinarse** *v pron* **1** (*hechos, factores, Quím*) to combine **2 combinarse para** (*personas*) to get together ***to do sth***

combustible *adj* combustible
■ **combustible** *nm* fuel

combustión *nf* combustion **LOC** *Ver* MOTOR

comedero *nm* **1** (*gen*) trough: *un* ~ *de ganado* a cattle trough ☞ *Ver ilustración en* PIG **2** (*pájaros*) bird feeder

comedia *nf* **1** (*Teat*) **(a)** (*cualquier obra teatral*) play: *las* ~*s de Lope de Vega* Lope de Vega's plays **(b)** (*obra* *cómica*) comedy: *Shakespeare fue un autor tanto de ~s como de tragedias.* Shakespeare wrote both comedies and tragedies. **2** (*Cine, TV*) comedy

LOC **comedia de capa y espada** cloak and dagger play **comedia de costumbres** comedy of manners [*pl* comedies of manners] **comedia de enredo** comedy of intrigue [*pl* comedies of intrigue] **comedia musical** musical **hacer (la) comedia** to put on an act

comediante, -a *nm-nf* **1** (*Teat*) actor [*fem* actress] **2** (*farsante*) fraud

comedido, -a *pp, adj* moderate: *Es un hombre muy ~.* He's a moderate man. ◊ *ser ~ en el beber/fumar* to drink/smoke in moderation *Ver tb* COMEDIRSE

comedirse *v pron* to show restraint (*in sth*): *Debes comedirte al emitir un juicio.* You must show more restraint in what you say.

comedor, ~a *adj* eater [*n*]: *ser buen/mal ~* to be a good/poor eater

■ **comedor** *nm* **1(a)** (*casa, hotel*) dining room ☛ *Ver nota en* RECEPTION ROOM **(b)** (*colegio, fábrica*) canteen **(c)** (*universidad*) refectory **2** (*muebles*) dining room suite

LOC **comedor de transeúntes** soup kitchen

comensal *nmf* one of several people at table: *Los diez ~es estaban sentados al fondo del restaurante.* The ten of them were sitting together at the far end of the restaurant.

comentar *vt* **1** (*decir*) **(a)** (*algo*) to say (that…): *Comentó que había visto a Pilar.* He said he had seen Pilar. ◊ *Comentaron que llegarían tarde.* They said they'd be late. **(b)** (*algo a algn*) to tell *sb* (**about sth/that…**): *¿Te ha comentado lo de su nuevo trabajo?* Has he told you about his new job? ◊ *Me han comentado que es un libro muy bueno.* I've been told it's a very good book. **2** (*tema*) to discuss: *Comentaron temas de interés general.* They discussed matters of general interest. ◊ *Voy a ~lo con mi mujer.* I'll discuss it with my wife.

LOC **comentar un texto** to write a commentary on a text

comentario *nm* **1** (*observación*) remark: *un ~ machista/de mal gusto* a sexist remark/a remark in bad taste ◊ *Fue un ~ interesante.* It was an interesting comment. **2** (*chisme*) gossip [*incontable*]: *Se oyen muchos ~s sobre la pareja.* There's a lot of gossip about the couple.

LOC **comentario de textos** (*disciplina*) textual criticism **hacer un comentario de texto** to write a commentary *on sth* **hacer comentarios 1** (*gen*) to comment *on sth/sb*: *¿Quiere hacer algún ~ sobre el tema?* Would you like to comment (on that)? **2** (*criticar*) to gossip *about sb* **no hay/sin comentarios** no comment *Ver tb* DESLIZAR, HOLGAR

comentarista *nmf* commentator

comenzar *vt, vi* **1 ~ (a hacer algo)** to begin (**sth/doing sth/to do sth**): *El concierto comenzará a las ocho.* The concert will begin at eight. ◊ *Todos comenzaron a hablar a la vez.* They all began talking at once. ◊ *Comenzó a entrevistar a su invitado.* He began to interview his guest. **2 ~ (haciendo/por hacer algo)** to begin (**by doing sth**): *Comenzó diciendo lo agradecida que estaba.* She began by saying how grateful she was. ◊ *Comencé por exponer el caso.* I began by outlining the situation. **LOC** *Ver* ANDADURA, GESTIÓN, HERVIR

comer *vi* **1** (*gen*) to eat: *La niña no quiere ~.* My little girl won't eat. ◊ *Come más despacio, que te vas a atragantar.* Eat your food more slowly or you'll choke. ◊ *~ fuera* to eat out ◊ *Come muchísimo.* He eats a lot. **2** (*al mediodía*) to have lunch: *¿A qué hora coméis?* What time do you have lunch? ☛ *Ver nota en* DINNER

■ **comer** *vt* **1** (*tomar alimentos*) to eat: *¿Qué te apetece ~?* What would you like to eat? **2** (*hacer desaparecer*): *Ese peinado te come la cara.* That hairstyle hides your face. ◊ *Como sigáis sin limpiar, os va a ~ la porquería.* If you don't clean the house the dirt is going to take over. **3** (*ajedrez, damas*) to take: *Te voy a ~ la torre.* I'm going to take your castle.

■ **comer(se)** *vt, v pron* to eat: *¿(Te) vas a ~ todo eso?* Are you going to eat all that? ◊ *Acabo de ~(me) unos calamares.* I've just eaten some squid. ◊ *(Se) lo comió de un bocado.* He gulped it down in one mouthful.

■ **comerse** *v pron* **1** (*suprimir*) to miss *sth* out: *Te has comido la "a".* You've missed out the 'a'. ◊ *Se comen la "s" final.* They don't pronounce the final 's'. **2** (*dinero*): *Se come el sueldo en ropa.* All his money goes on clothes. ◊ *No te comas toda la paga en caramelos.* Don't spend all your pocket money on sweets. **3** (*desgastar*) **(a)** (*gen*) to eat *sth* away: *El ácido se come el metal.* Acid eats away metal. ◊ *El viento y el agua se comen la piedra.* Wind and water wear away stone. **(b)** (*colores*) to fade: *La luz se come los colores.* Light fades colours. **4** (*empequeñecer*) to make *sth* look smaller: *Los muebles se comen el salón.* The furniture makes the sitting-room look smaller. **5** (*estrellarse contra*) **(a)** (*andando*) to bump into *sth/sb*: *Iba despistada y me comí la farola.* I wasn't looking where I was going and I bumped into the lamppost. **(b)** (*en coche*) to crash into *sth/sb*

■ **comer** *nm* eating

LOC **¡a comer!**: *¡Niños! ¡A ~!* Lunchtime, everybody! ◊ *Bueno, ya basta de aperitivos, ¡a ~!* OK, that's enough drinking, let's eat! **comer a besos** to smother *sb* with kisses **comer a dos carrillos** to stuff yourself **comer a la carta** to choose from the menu **comer como una lima/fiera/vaca/por cuatro** to eat like a horse **comer como un pajarito** not to eat enough to feed a sparrow: *Comes como un pajarito.* You don't eat enough to feed a sparrow. **comer entre horas** to eat between meals **comer hasta la saciedad** to eat your fill **comerle a algn la rabia, los celos, etc** to be eaten up with rage, jealousy, etc **comerle el coco a algn 1** (*lavarle el cerebro*) to brainwash sb **2** (*insistir*) to nag sb **comer por comer/sin ganas** to eat for the sake of eating **comer(se) algo/a algn con la vista/los ojos** to gaze longingly at sth/sb: *Se la está comiendo con la vista.* He's gazing longingly at her. **comerse el coco** to worry yourself (*about sth*) **comerse el mundo** to conquer the world **comerse (los) unos a (los) otros** to be at each other's throats **comer (vivo) a algn 1** (*insecto*) to eat sb alive: *Los mosquitos me están comiendo viva.* The mosquitos are eating me alive. **2** (*echar la bronca*) to have sb's guts for garters: *Como se entere tu padre, te come.* If your father finds out, he'll have your guts for garters. **¡come y calla!** stop talking and eat your dinner! **dar/echar de comer** to feed *sth/sb* **está diciendo cómeme** it's begging to be eaten **estar para comérselo** to be good enough to eat **haber comido lengua** to be talkative **hay que echarle de comer aparte** he's an odd fish **ni comer ni dejar comer** to be a dog in the manger **no comerse una rosca 1** (*no ligar*) to have no luck with girls/boys **2** (*no entender*) not to understand a word **no tener qué comer** to have nothing to live on **ser de buen/mal comer** to be a good/poor eater **¿se te ha comido la lengua el gato?** has the cat got your tongue? **sin comerlo ni beberlo**: *Sin ~lo ni beberlo, nos echaron la culpa de todo.* We got blamed for everything although we had nothing to do with it. **¿(y) eso cómo/con qué se come? 1** (*¿qué quiere decir?*) what's that supposed to mean? **2** (*¿cómo es posible?*) I don't believe it! *Ver tb* DONDE, ENVIDIA, FELIZ, GUISAR, HORA, PALABRA, PAN, PARAR, ROSCO, TEMPLADO, TEMPLAR, UÑA

comercial *adj* commercial: *un avión ~/el sector ~* a commercial plane/the commercial sector ◊ *las relaciones ~es entre dos países* commercial relations between two countries ◊ *el departamento ~ de una empresa* the sales department of a company

■ **comercial** *nmf* salesman/saleswoman [*pl* salesmen/saleswomen] **LOC** *Ver* BALANZA, CASA, CENTRO, DÉFICIT, DIRECTOR, ESTABLECIMIENTO, EXPOSICIÓN, GALERÍA, GUERRA, PUERTO, RECINTO, ZONA

comercialización *nf* marketing

comercializar *vt* to market

comerciante *nmf* **1** (*dueño de una tienda*) shopkeeper **2** (*negociante*) trader: *los ~s de la seda* silk traders **3** (*pesetero*) money-grubber

LOC **comerciante al por mayor/mayorista** wholesaler **comerciante al por menor/minorista** retailer

comerciar *vi* to trade (***in sth***): *Comercian en todo el mundo.* They trade internationally. ◊ *~ con oro* to trade in gold ◊ *Han empezado a ~ con empresas rusas.* They've started to do business with Russian companies.

LOC **comerciar al por mayor/menor** to sell (*sth*) wholesale/retail

comercio *nm* **1** (*negocio*) trade: *el ~ exterior/de la piel* foreign trade/the fur trade ◊ *~ al por mayor/menor* wholesale/retail trade **2** (*tienda*) shop: *Tienen un pequeño ~ en la Calle Mayor.* They have a little shop in the Calle Mayor. ◊ *varios ~s del centro* several shops in the town centre **3** (*conjunto de tiendas*) shops [*v pl*]: *El ~ cierra más tarde los sábados.* The shops close later on Saturdays.

LOC **comercio de exportación/importación** import and export *Ver tb* CÁMARA, LIBERTAD

comestible *adj* edible

■ **comestibles** *nm* groceries **LOC** *Ver* TIENDA

cometa *nm* (*Astron*) comet

■ **cometa** *nf* (*juguete*) kite

cometer *vt* **1** (*delito*) to commit **2** (*error, imprudencia*) to make: *Cometí la imprudencia de contárselo a mi madre.* I made the mistake of telling my mother.

cometido *nm* task: *Cumplió con su ~.* He fulfilled his task.

comezón *nf* **1** (*picazón*) itch **2** (*desasosiego*) anxiety

cómic *nm* comic

comicidad *nf* humour

comicios *nm* elections: *Los ~ se celebraron el mes de junio.* The elections were held in June.

cómico, -a *adj* **1** (*gracioso*) funny **2** (*de comedia*) comedy [*n atrib*]: *un actor ~* a comedy actor

■ **cómico, -a** *nm-nf* **1** (*humorista*) comedian [*fem* comedienne] **2** (*actor*) comedy actor [*fem* comedy actress]

LOC **obra/película cómica** comedy *Ver tb* TIRA

comida *nf* **1** (*alimentos*) food: *Tenemos ~ suficiente para toda la semana.* We've got enough food for the week. **2** (*desayuno, comida, cena*) meal: *una ~ ligera* a light meal ◊ *Las ~s van aparte.* Meals are not included. **3** (*al mediodía*) lunch: *Voy a preparar la ~.* I'll get lunch. ☛ *Ver nota en* DINNER

LOC **algo de comida** something to eat **comida para llevar** take-away (food): *Hemos encargado ~ para llevar.* We've ordered a take-away. ◊ *En ese restaurante de allí dan ~ para llevar.* That restaurant does a take-away service. **comida preparada/precocinada** ready-made/pre-cooked meals [*v pl*]: *La ~ precocinada es muy práctica.* Pre-cooked meals are very convenient. *Ver tb* ALOJAMIENTO, BENDECIR, CAMPESTRE, CASA, HORA, PASTO, PROPASARSE, REPOSAR, VALE

comidilla *nf*

LOC **ser la comidilla de** to be the talk of *sth/sb*: *Son la ~ de todo el pueblo.* They're the talk of the village.

comido, -a *pp, adj*: *Vinieron ya ~s.* They had already eaten. *Ver tb* COMER

LOC **comido por la envidia/rabia/los celos** eaten up with envy/anger/jealousy **comido por los codos/las rodillas** worn at the elbows/knees **comido por la polilla** moth-eaten *Ver tb* PAN

comienzo *nm* beginning: *Los ~s son siempre difíciles.* It's always difficult at the beginning.

LOC **a comienzos de** at the beginning of...: *a ~s de mayo* at the beginning of May **dar comienzo (a)** to begin: *La carrera dará ~ a las dos.* The race will begin at two. ◊ *Vamos a dar ~ al acto.* The ceremony is about to begin. **desde el comienzo/los comienzos** from/since the beginning **estar en los/sus comienzos** to be in the/its early stages

comillas *nf* inverted commas ☛ *Ver págs 592–3*

LOC **entre comillas** in inverted commas

comilón, -ona *adj* greedy

■ **comilón, -ona** *nm-nf* big eater

comilona *nf* feast

LOC **darse/pegarse una comilona** to have a blow-out **ir de comilona** to go out for a meal

comino *nm* cumin **LOC** *Ver* IMPORTAR

comisaría *nf* police station

comisario *nm* **1** (*policía*) superintendent **2** (*encargado*) organizer: *el ~ de una exposición* the organizer of an exhibition

comisión *nf* **1** (*comité*) committee [*v sing o pl*] ☛ *Ver nota en* COMITÉ: *~ mixta/paritaria* joint committee **2** (*pago*) commission: *una ~ del 10%* a 10% commission **3** (*delito*) perpetration

LOC **a comisión** on commission **comisión de apelación** appeals tribunal **comisión gubernamental** government commission **comisión permanente** standing committee

comisionar *vt* to commission

comisura *nf*

LOC **la comisura de los labios** the corner of the mouth

comité *nm* committee [*v sing o pl*]

> **Committee** puede llevar el verbo en singular o plural: *El comité quiere estudiar el plan.* The committee **wants/want** to study the plan.
> El uso del singular es más frecuente, y es obligatorio cuando **committee** va precedido por *a, this* y *that.*

LOC **comité de empresa** workers' committee **comité ejecutivo** executive committee **Comité Olímpico Internacional (COI)** International Olympic Committee (*abrev* IOC)

comitiva *nf* procession: *la ~ real/fúnebre* the royal/funeral procession

como *adv* **1** (*modo*) as: *~ te iba diciendo...* As I was saying... ◊ *Me lo llevé ~ recuerdo.* I took it home as a souvenir. ◊ *Contesté ~ pude.* I answered as best I could. **2** (*comparación, ejemplo*) like: *Tienen un coche ~ el nuestro.* They have a car like ours. ◊ *infusiones ~ la manzanilla y la menta* herbal teas like camomile and peppermint ◊ *suave ~ la seda* as smooth as silk ◊ *Me dio ~ miedo.* It kind of frightened me. **3** (*aproximadamente*) about: *Llamé ~ a diez personas.* I rang about ten people.

■ **como** *conj* **1** (*causa*) as: *~ tenía la tarde libre, me fui de compras.* As I had a free afternoon, I went shopping. **2** (*condición*) if: *~ vengas tarde no podremos ir.* If you're late, we won't be able to go. **3** (*que*): *Verás ~ no viene.* She won't come, you'll see! ◊ *Se helaron las cañerías de tanto frío ~ hizo.* It was so cold the pipes froze.

LOC **como el que más** as much as anyone **como (hay) pocos/como no hay muchos** in a million: *un amigo ~ hay pocos* a friend in a million **como nadie** better than anyone **como para hacer algo** to do sth: *No tienen votos suficientes ~ para ganar.* They haven't enough votes to win. **como que...**: *Hizo ~ que no lo había oído.* He pretended he hadn't heard. **como sea 1** (*a cualquier precio*) at all costs: *Tenemos que ganar ~ sea.* We must win at all costs. **2** (*no importa*): *—¿Cómo quieres el café? —~ sea.* 'How do you like your coffee?' 'As it comes.' **como si...**: *Parece ~ si no quisieran colaborar.* It looks as if they don't want to help. ◊ *¡~ si la hubiesemos tratado mal!* As if we'd treated her badly! ◊ *Me trata ~ si fuera su hija.* He treats me like a daughter. ◊ *Vive ~ si fuera millonario.* He lives like a millionaire. **como si nada**: *Se lo he dicho, pero ~ si nada.* I told him, but he didn't take any notice. ◊ *Se quedó ~ si nada.* She didn't even bat an eyelid. ◊ *¡Me lo dices ~ si nada!* How can you say it just like that? **o como sea** or whatever

cómo *adv interr* **1** (*gen*) how: *¿~ se traduce esta palabra?* How do you translate this word? ◊ *No sabemos ~ pasó.* We don't know how it happened. ◊ *Ya sabes ~ se enfada.* You know how angry he gets. **2** (*¿por qué?*) why: *¿~ no me lo dijiste?* Why didn't you tell me? **3** (*exclamación*): *¡~ te pareces a tu padre!* You're so like your father! ◊ *¡~ resbala este suelo!* This floor is really slippery! **4** (*cuando no se ha oído o entendido algo*) pardon, sorry (*más coloq*): *¿Cómo? ¿Puedes repetir?* Pardon? Could you say that again?

■ **¡cómo!** *interj* (*enfado, asombro*) what: *¡Cómo! ¿Aún no te has vestido?* What! Aren't you dressed yet?
■ **cómo** *nm* how: *el ~ y el dónde* the how and the where
LOC **¿a cómo está?** how much is it? **¿cómo así?/¿cómo es eso?/¿cómo es que...?** why?, how come? (*coloq*): *¿~ es que no has salido?* How come you didn't go out? **¿cómo es?** (*descripción*) what is he, she, etc like? **¡cómo está de...!**: *¡~ está de caro!* It's so expensive! **¿cómo estás?** how are you? **¡cómo no!** of course!: *¡~ no lo van a saber!* Of course they know! **¿cómo que...?** (*asombro, enfado*): *¿~ que no lo sabías?* What do you mean, you didn't know? **¿cómo te va/cómo va eso?** how are things?: *¿~ van las ventas?* How are sales? **¡cómo voy a...!** how am I, are you, etc supposed *to do sth*?: *¡~ lo voy a saber si no me lo has dicho!* How am I supposed to know if you haven't told me? **¡pero cómo!** well, really!

cómoda *nf* chest of drawers

comodidad *nf* **1** (*confort*) comfort: *Estos materiales proporcionan mayor ~.* These materials are used for added comfort. **2** (*conveniencia*) convenience: *la ~ de tener el metro cerca* the convenience of having the underground nearby **3 comodidades** (*casa, hotel*) mod cons: *una casa con todas las ~es* a house with all mod cons

comodín *nm* joker ☛ *Ver nota en* BARAJA

cómodo, -a *adj* **1** (*confortable*) comfortable: *zapatos ~s* comfortable shoes ◊ *un ~ triunfo del Madrid* a comfortable win for Madrid ◊ *Me siento muy cómoda hablando con ella.* I feel comfortable talking to her. **2** (*conveniente*) convenient: *Lo más ~ sería olvidarse del asunto, ¿verdad?* Wouldn't it be terribly convenient just to forget about it? ◊ *~s plazos mensuales* convenient monthly instalments **3** (*persona*) **(a)** (*pasivo*) laid-back **(b)** (*vago*) idle
LOC **ponerse cómodo** to make yourself comfortable

Comores *nm* Comoros

compacto, -a *adj* **1** (*material*) compact **2** (*multitud*) dense
■ **compacto** *nm* **1** (*equipo de alta fidelidad*) hi-fi system **2** (*disco compacto*) compact disc (*abrev* CD)

compadecer *vt* to feel sorry **for *sb***: *Te compadezco.* I feel sorry for you. ◊ *Compadezco a mi hermano.* I feel sorry for my brother.
■ **compadecerse** *v pron* to feel sorry ***for sb***: *Se compadecían de sus compañeros.* They felt sorry for their colleagues.

compaginar *vt* to combine *sth* (**with *sth***): *~ un trabajo con las responsabilidades de madre* to combine a job with your responsibilities as a mother
■ **compaginarse** *v pron* to go together: *Se compaginan muy bien.* They go together very well.

compañerismo *nm* comradeship

compañero, -a *nm-nf* **1** (*amigo*) companion: *Son ~s inseparables.* They're inseparable companions. **2** (*en una pareja, Tenis*) partner **3** (*en trabajo*) colleague
LOC **compañero de armas** comrade-in-arms [*pl* comrades-in-arms] **compañero de asiento** the person sitting next to me, you, etc **compañero de clase** classmate **compañero de colegio/universidad**: *Fueron ~s de colegio/universidad.* They were at school/university together. **compañero de equipo** team-mate **compañero de fatigas** fellow sufferer **compañero de habitación** room-mate **compañero de juegos** playmate **compañero de piso** flatmate **compañero de viaje** travelling companion **compañero sentimental** partner

compañía *nf* company: *Le gusta tener ~.* He likes to have company. ◊ *una ~ de teatro/seguros* a theatre/insurance company
LOC **andar en malas compañías** to keep bad company **en compañía de** together with *sth/sb* **hacer compañía a algn** to keep sb company *Ver tb* AÉREO, AMOR, ANIMAL, TRANSPORTE

comparable *adj* **~ (a/con)** comparable (**to/with *sth/sb***)

comparación *nf* comparison: *hacer comparaciones* to make comparisons ◊ *No hay ~ posible entre los dos.* There is no comparison between the two.
LOC **en comparación con** compared to *sth/sb Ver tb* PUNTO

comparado, -a *pp, adj* (*análisis, literatura*) comparative *Ver tb* COMPARAR

comparar *vt* to compare *sth/sb* (**to/with *sth/sb***): *¡No compares esta ciudad con la nuestra!* Don't try to compare this town to ours!

comparativo, -a *adj* comparative
■ **comparativo** *nm* comparative **LOC** *Ver* AGRAVIO

comparecencia *nf* appearance
LOC **no comparecencia** failure to appear: *La no ~ en el juicio le costó una multa.* He was fined for failing to appear in court.

comparecer *vi* to appear: *~ ante un comité* to appear before a committee ◊ *~ personalmente* to appear in person
LOC **comparecer ante el juez/la justicia/un tribunal** to appear in court: *Comparecieron ante la justicia.* They appeared in court.

comparsa *nf* (*de carnaval*) group (in a carnival)
■ **comparsa** *nmf* (*persona sin importancia*): *Está de ~ en la oficina.* He's got no real role in the office.

compartimento (*tb* **compartimiento**) *nm* compartment: *el ~ del equipaje* the luggage compartment
LOC **compartimento estanco**: *Las diversas secciones constituyen ~s estancos.* The different departments are independent of each other.

compartir *vt* **1** (*gen*) to share: *Busco una chica para ~ piso.* I'm looking for a girl to share a flat with. ◊ *Compartimos su preocupación.* We share your anxiety. **2** (*tiempo*) to spend: *Me gusta ~ la Navidad con la familia.* I like to spend Christmas with my family.

compás *nm* **1** (*Mat*) compasses [*v pl*], compass (*más coloq*): *¿Dónde habré dejado el ~?* Where are my compasses?/Where's my compass? **2** (*Náut*) compass **3** (*Mús*) **(a)** (*tiempo*) time: *el ~ de dos/tres por cuatro* two four time/three four time ◊ *Llevaba el ~ con el pie.* He beat time with his foot. **(b)** (*símbolo que aparece en el pentagrama*) time signature **(c)** (*divisiones del pentagrama*) bar: *La orquesta interpretó los primeros compases de la sinfonía.* The orchestra played the first bars of the symphony. ☛ *Ver ilustración en* NOTACIÓN
LOC **compás de espera**: *El proyecto está en un ~ de espera.* The project is on hold. ◊ *entrar en un ~ de espera* to be put on hold *Ver tb* BINARIO, MARCAR, TERNARIO

compasión *nf* pity, compassion (*más formal*): *Le dieron el trabajo por ~.* They gave him the job out of pity. ◊ *Mostró ~ por los niños abandonados.* He showed compassion for the abandoned children.
LOC **¡por compasión!** for pity's sake! **sin compasión** without mercy: *Actuó sin ~.* He acted without mercy. **tener compasión de** to take pity on *sb Ver tb* MOVER, SENTIR[2]

compasivo, -a *adj* **~ (con)** compassionate (**towards *sb***)

compatible *adj* **~ (con)** compatible (**with *sth/sb***)
LOC **hacer compatible** to make *sth* compatible *with sth*

compatriota *nmf* fellow countryman/woman [*pl* fellow countrymen/women]

compendio *nm* **1** (*manual*) compendium [*pl* compendiums/compendia] **2** (*síntesis*) summary

compenetración *nf* rapport: *Muestran una total ~.* They have very good rapport.

compenetrarse *v pron* **~ (con)** to get on well (**with *sb***)

compensación *nf* compensation
LOC **en compensación por** as compensation for *sth*: *Le abonaron un millón en ~ por las lesiones sufridas.* She received a million pesetas as compensation for her injuries.

compensar *vt* **1** (*gen*) to make up for *sth*, to compensate **for *sth*** [*vi*] (*más formal*): *El trabajar duro lo* *compensé con unas buenas vacaciones.* I worked hard, but I made up for it by having a nice holiday. ◊ *para ~ la diferencia de precios* to compensate for the difference in price **2** (*persona*) **(a)** (*gen*) to repay *sb* (**for sth**): *No sé cómo ~les por todo lo que han hecho.* I don't know how to repay them for all they've done. **(b)** (*indemnizar*) to pay *sb* compensation (**for sth**): *Me compensaron con 200.000 pesetas por el accidente.* I received 200 000 pesetas compensation for the injuries I suffered in the accident.

■ **compensar** *vi* to pay: *Pagas más, pero a la larga compensa.* It costs more, but it pays in the long run. ◊ *No les compensa alquilar un piso.* It's not worth their while to rent a flat.

competencia *nf* **1** (*gen*) competition: *la ~ entre los equipos* the competition between the teams ◊ *La ~ acaba de lanzar una fuerte campaña publicitaria.* The competition have launched a major publicity campaign. ◊ *Es nuestra ~ más directa.* They are our closest competitors. **2** (*habilidad, conocimiento*) competence: *Nunca he puesto en duda su ~.* I've never doubted her competence. ◊ *su probada ~ en el tema* his proven expertise in the subject **3** (*responsabilidad*) responsibility: *Ese asunto no es de mi ~.* It's not my responsibility.

LOC **competencia desleal** unfair competition **hacer la competencia a** to compete with *sth/sb*

competente *adj* competent: *Es muy ~ en su trabajo.* She's very competent at her job. ◊ *el único órgano ~ para aprobar los cambios* the only body competent to approve the changes

competer *vi* to be *sb's* responsibility: *Esa decisión compete al gobierno.* That decision is the government's responsibility.

competición *nf* competition

LOC **de competición** competitive: *deporte de ~* competitive sport

competidor, ~a *adj* rival

■ **competidor, ~a** *nm-nf* competitor

competir *vi* **1** (*gen*) to compete: *Ambos equipos compiten por el título.* The two teams are competing for the title. **2 ~ en** (*estar al mismo nivel*) to rival *each other* **in sth**: *Estas dos novelas compiten en originalidad.* These two novels rival each other in originality.

competitividad *nf* competitiveness

competitivo, -a *adj* competitive

compilador, ~a *nm-nf* compiler

compilar *vt* to compile

compincharse *v pron* **~** (**con**) to team up (**with** ***sb***)

compinche *nmf* **1** (*amigo*) mate **2** (*cómplice*) accomplice

complacencia *nf* **1** (*satisfacción*) satisfaction: *Expresaron su ~ por los resultados obtenidos.* They expressed their satisfaction with the results achieved. **2** (*excesiva tolerancia*) indulgence: *tratar a algn con ~* to treat sb indulgently

complacer *vt* to please: *Eres bastante difícil de ~.* You're quite hard to please. ◊ *Nos complace informarles de que…* We are pleased to inform you that… LOC *Ver* DESHACER

complaciente *adj* kind (**to sb**): *Es muy ~ con sus invitados.* He's very kind to his guests. ◊ *una madre ~* an indulgent mother

complejidad *nf* complexity

complejo, -a *adj* complex

■ **complejo** *nm* complex: *un ~ vitamínico* a vitamin complex ◊ *Es un ~ de oficinas muy moderno.* It's a very modern office complex.

LOC **complejo de Edipo** Oedipus complex **tener complejo de**: *Tiene ~ de gordo.* He's got a complex about being fat. ◊ *tener ~ de inferioridad/superioridad* to have an inferiority/superiority complex

complementar *vt* to supplement *sth* (**with sth**): *~ una dieta con vitaminas* to supplement a diet with vitamins

■ **complementarse** *v pron* **1** (*personas*) to be well matched **2** (*cosas, hechos*) to complement each other

complementario, -a *adj* **1** (*gen*) complementary: *Tienen personalidades complementarias.* They have complementary personalities. ◊ *colores ~s* complementary colours **2** (*adicional*) supplementary

complemento *nm* **1** (*suplemento*) supplement: *como ~ a su dieta* as a dietary supplement **2** (*accesorio*) accessory: *bisutería y ~s* costume jewellery and accessories **3** (*Gram*) complement

LOC **complemento agente** agent **complemento circunstancial** (**de tiempo, lugar, etc**) adverbial **complemento directo/indirecto** direct/indirect object

completar *vt* to complete

completo, -a *adj* **1** (*entero*) complete: *las obras completas de Oscar Wilde* the complete works of Oscar Wilde **2** (*instalación*) fully-equipped: *un baño ~* a fully-equipped bathroom **3** (*lleno*) full: *El hotel está ~.* The hotel is full.

LOC **al completo** whole: *La familia al ~ asistió a la ceremonia.* The whole family attended the ceremony. **por completo** completely *Ver tb* JORNADA, PENSIÓN, RÉGIMEN, TIEMPO, TRABAJAR, TRABAJO

complexión *nf* constitution: *un hombre de ~ fuerte* a man with a strong constitution

complicación *nf* complication: *Tuvo complicaciones en el parto.* There were complications during the labour.

LOC **sin complicación/complicaciones** straightforward: *una tarea sin complicaciones* a straightforward task

complicado, -a *pp, adj* (*difícil*) complex: *Es una operación complicada.* It's a complex operation. *Ver tb* COMPLICAR

complicar *vt* **1** (*liar*) to complicate **2** (*implicar*) to involve *sb* (**in sth**)

■ **complicarse** *v pron* (*embrollarse*) to become complicated

LOC **complicarse la vida/existencia** to make life difficult for yourself

cómplice *nmf* accomplice: *Fue su ~ en el robo.* He was her accomplice in the burglary.

complicidad *nf* **~** (**en**) complicity (**in sth**)

complot (*tb* **compló**) *nm* plot LOC *Ver* TEJER

componenda *nf* (shady) deal: *¿Qué ~s os traéis?* What are you up to?

componente *adj* component

■ **componente** *nm* **1** (*gen*) component: *los ~s de una máquina* the components of a machine **2** (*miembro*) member: *los ~s de la orquesta* the members of the orchestra **3** (*grado*) level: *el alto ~ militar de la investigación* the high level of military involvement in the investigation LOC *Ver* VIENTO

componer *vt* **1** (*formar*) to make *sth* up: *Dos chilenos y tres argentinos componen el equipo.* Two Chileans and three Argentinians make up the team. **2** (*Mús*) to compose **3** (*Liter*) to write **4** (*reparar*) to repair

■ **componerse** *v pron* **componerse de** to consist **of sth**: *El curso se compone de seis asignaturas.* The course consists of six subjects.

LOC **componérselas** (**para**) to manage (*to do sth*) *Ver tb* ALLÁ

comportamiento *nm* behaviour [*incontable*]: *el ~ de los niños* the children's behaviour ◊ *el ~ de la Bolsa* the performance of the Stock Exchange ◊ *Tuvieron un ~ ejemplar.* Their behaviour was exemplary.

comportar *vt* to carry: *La operación comporta ciertos riesgos.* The operation carries some risk.

■ **comportarse** *v pron* to behave: *Se comportó muy mal con los invitados.* He behaved very badly to the guests.

LOC **comportarse como es debido** to behave properly *Ver tb* CRÍO

composición *nf* composition

LOC **hacerte/formarte tu composición de lugar** to take stock (of the situation)

compositor, ~a *nm-nf* composer

compostura *nf* **1** (*serenidad*) composure: *mantener/*

perder la ~ to keep/lose your composure **2** (*porte*) bearing

compota *nf* stewed fruit: *~ de manzana* stewed apple **LOC** *Ver* OJO

compra *nf* **1** (*adquisición*) purchase: *la ~ de un local* the purchase of premises **2** (*artículo*) buy: *Has hecho una buena ~.* That was a good buy!

LOC **hacer/ir a la compra** to do the shopping **ir/salir de compras** to go shopping *Ver tb* CAPACIDAD, CESTA, COMPROBANTE, JEFE, PRECIO

comprador, ~a *adj* purchasing: *el grupo ~* the purchasing group

■ **comprador, ~a** *nm-nf* buyer

comprar *vt* **1** (*adquirir*) to buy: *Quiero ~les un regalo.* I want to buy them a present. ◊ *¿Me compras un helado?* Will you buy me an ice-cream? ◊ *Le compré la bici a un amigo.* I bought this bike from a friend. **2** (*sobornar*) to bribe

■ **comprar** *vi* to do the shopping

LOC **comprar a plazos** to buy *sth* on hire purchase **comprar barato** to get a bargain **comprar caro** to pay top price

compraventa *nf* buying and selling: *Se dedican a la ~ de coches.* They buy and sell cars. **LOC** *Ver* CONTRATO

comprender *vt, vi* (*entender*) to understand: *Mis padres no me comprenden.* My parents don't understand me. ◊ *Como usted comprenderá...* As you will understand...

■ **comprender** *vt* **1** (*darse cuenta de*) to realize: *Han comprendido su importancia.* They realize how important it is. **2** (*incluir*) to comprise, to be made up of *sth* (*más coloq*): *El Reino Unido comprende cuatro países.* The United Kingdom is made up of four countries. **3** (*abarcar*) to cover: *El primer tomo comprende el Renacimiento y el Barroco.* The first volume covers the Renaissance and the Baroque. **LOC** *Ver* YA

comprendido, -a *pp, adj Ver* COMPRENDER **LOC** *Ver* EDAD

comprensible *adj* understandable

comprensión *nf* understanding: *falta de ~* lack of understanding

LOC **tener/mostrar comprensión** to be understanding *Ver tb* ESCAPAR(SE)

comprensivo, -a *adj* understanding, sympathetic (*más formal*)

compresa *nf* **1** (*Med*) compress **2** (*menstruación*) sanitary towel

compresión *nf* compression

compresor *nm* compressor

comprimido, -a *pp, adj Ver* COMPRIMIR

■ **comprimido** *nm* tablet **LOC** *Ver* ESCOPETA, PISTOLA

comprimir *vt* to compress

comprobable *adj* verifiable

comprobación *nf* **1** (*constatación*) verification: *la ~ de los hechos* verification of the facts **2** (*chequeo*) checking: *Procedieron a la ~ de los resultados.* They checked the results. **3** (*demostración*) proof: *la ~ de lo inefectivo de las medidas adoptadas* proof that the measures have failed

comprobado, -a *pp, adj Ver* COMPROBAR

LOC **está comprobado que...** it has been shown that...

comprobante *nm* proof

LOC **comprobante de compra/pago** receipt

comprobar *vt* **1** (*verificar*) to check: *Comprueba si el gas está apagado.* Check that the gas is turned off. **2** (*confirmar*) to confirm: *~ una hipótesis* to confirm a hypothesis **3** (*observar*) to see: *Es asombroso ~ cómo se han aprovechado de la situación.* It's amazing to see how they've taken advantage of the situation.

comprometedor, ~a *adj* compromising

comprometer *vt* **1** (*involucrar*) to compromise: *Esas pruebas nos comprometen.* The evidence compromises us. ◊ *La declaración comprometió a su socio.* The statement compromised his partner. **2** (*arriesgar*) to endanger **3** (*obligar*) to commit *sb* (**to** ***sth*/*doing sth***): *Ese documento no te compromete a nada.* This document doesn't commit you to anything. **4** (*Com*) to agree: *~ la venta de un terreno* to agree the sale of a piece of land

■ **comprometerse** *v pron* **1** (*en matrimonio*) to get engaged **2** **comprometerse (en)** (*meterse*) to get involved (**in** ***sth***): *~se en la defensa de la naturaleza* to get involved in nature conservation **3** **comprometerse (a)** (*prometer*) to commit yourself (**to** ***sth*/*doing sth***): *Intentaré terminarlo hoy, pero no me comprometo.* I'll try to finish it today, but I can't commit myself. ◊ *¿Te has comprometido a trabajar el fin de semana?* Have you committed yourself to working at the weekend? ◊ *Me comprometí a cuidar al niño.* I promised to look after the baby. **4** (*desacreditarse*) to compromise yourself

comprometido, -a *pp, adj* **1** (*escritor, intelectual*) politically committed **2** (*delicado*) awkward *Ver tb* COMPROMETER

LOC **estar comprometido con algn** to be engaged to sb

compromisario, -a *nm-nf* delegate

compromiso *nm* **1** (*gen*) commitment: *~ político* political commitment **2** (*acuerdo*) agreement **3** (*cita*) engagement: *Esta noche no te veré porque tengo otro ~.* I can't see you tonight because I've got a previous engagement. **4** (*aprieto*) awkward position: *Me pones en un ~.* You're putting me in an awkward position.

LOC **compromiso matrimonial** engagement **no tener ningún compromiso** to have nothing on **por compromiso** out of a sense of duty **sin compromiso** without obligation *Ver tb* ANILLO, SOLTERO

compuerta *nf* **1** (*gen*) sluice-gate: *abrir las ~s* to open the sluice-gates **2** (*esclusa*) lock gate

compuesto, -a *pp, adj* **1** (*gen*) compound: *los tiempos ~s de un verbo* the compound tenses of a verb ◊ *palabra compuesta/nombre ~* compound word/noun **2** **~ de/por** consisting **of** ***sth*** **3** (*arreglado*) ready *Ver tb* COMPONER

■ **compuesto** *nm* compound

LOC **quedarse compuesta y sin novio 1** (*en una boda*) to be jilted **2** (*fig*) to be left in the lurch *Ver tb* APELLIDO, PRETÉRITO, TRENZA

compulsa *nf* certification

compulsar *vt* to certify

compungido, -a *pp, adj* upset *Ver tb* COMPUNGIR

compungir *vt* to upset

computable *adj*: *años de trabajo ~s para la jubilación* years that count towards a pension

computador *nm* (*tb* **computadora** *nf*) computer

computar *vt* **1** (*contar*) to count: *~ el tiempo en semanas* to count the time in weeks **2** (*calcular*) to calculate: *~ los gastos anuales de una empresa* to calculate a company's annual expenses

computerizar *vt* to computerize

cómputo *nm* **1** (*recuento*) count: *~ silábico* syllable count **2** (*cálculo*) calculation: *un error en el ~ de los gastos* a mistake in the calculation of the expenses

comulgar *vi* **1** (*Relig*) to take Communion **2** (*estar de acuerdo*) to agree: *No comulgo con él en ese tema.* I don't agree with him on that subject. ◊ *No comulgan en sus ideas políticas.* They don't agree on politics.

LOC **comulgar con ruedas de molino** to swallow anything

común *adj* **1** (*gen*) common: *Es un problema muy ~ en la sociedad actual.* It's a common problem nowadays. ◊ *un nombre ~* a common noun ◊ *características comunes a varias especies animales* characteristics common to several animal species **2** (*compartido*) joint: *gastos comunes* joint expenses **3** (*corriente*) ordinary

LOC **en común 1** (*gen*) in common: *No tenemos nada en ~.* We have nothing in common. **2** (*compartido*) shared: *Tienen un apartamento en ~.* They share a flat. **hacer algo en común** to do sth together **poner algo en común** to discuss sth *Ver tb* ACUERDO, CÁMARA, CAUSA, DENOMINADOR, EMPRESA, FRENTE, FUERA, LUGAR, MERCADO, MÍNIMO, PUESTA, SENTIDO, TÉRMINO

comuna *nf* commune

comunal *adj* communal: *tierras ~es* communal land

comunicación *nf* **1** (*gen*) communication: *la falta de ~* lack of communication ◊ *Se han cortado las comunicaciones.* Communications have been cut. **2** (*contacto*) contact: *Nos pusieron en ~ con la embajada.* They put us in contact with the embassy. **3** (*teléfono*) connection: *De repente se cortó la ~.* We were cut off. **4** (*ponencia*) paper
LOC **ponerse en comunicación con** to get in contact with *sth/sb Ver tb* MEDIO *nm*, SATÉLITE

comunicado, -a *pp, adj* (*dotado de transporte*): *Esta zona está mal comunicada.* This area is poorly served by public transport. *Ver tb* COMUNICAR
■ **comunicado** *nm* **1** (*nota oficial*) communiqué **2** (*declaración*) statement: *difundir un ~* to issue a statement
LOC **comunicado de prensa** press release

comunicante *nmf* spokesperson [*pl* spokespersons/spokespeople] ☞ *Ver nota en* PORTAVOZ

comunicar *vt* **1** (*transmitir*) **(a)** (*gen*) to inform *sb* (**of/about** ***sth***) (*formal*), to tell *sb* (**about** ***sth***): *Les comunicó su deseo de jubilarse.* He informed them of his wish to retire. ◊ *Han comunicado sus sospechas a la policía.* They've told the police about their suspicions. **(b)** (*dar parte de*) to report: *El piloto comunicó su posición y altitud.* The pilot reported his position and altitude. **(c)** (*anunciar*) to announce: *El ministro comunicó a la prensa su dimisión.* The minister announced his resignation to the press. **2** (*unir*) to connect: *La carretera comunica varios pueblos.* The road connects several villages.
■ **comunicar** *vi* (*teléfono*) to be engaged
■ **comunicar(se)** *vi, v pron* **1 comunicar(se)** (**con**) (*lugar*) to lead **into** ***sth***: *Mi habitación comunica con la de los niños.* My room leads into the children's. ◊ *Las habitaciones se comunican.* The rooms lead into each other. **2 comunicar(se) con** (*persona*) to get in touch **with** ***sb***: *Por fin he conseguido ~(me) con mi familia.* I've finally managed to get in touch with my family.
■ **comunicarse** *v pron* (*entenderse*) to communicate: *Se comunican por gestos.* They communicate by gesture.
LOC *Ver* SEÑAL

comunicativo, -a *adj* communicative

comunidad *nf* community
LOC **comunidad autónoma** autonomous region **comunidad de vecinos** residents' association **Comunidad Económica Europea** (**CEE**) European Economic Community (*abrev* EEC) **Comunidad Europea** (**CE**) European Community (*abrev* EC)

comunión *nf* communion
LOC **hacer la comunión** to take Communion *Ver tb* PRIMERO

comunismo *nm* communism

comunista *adj, nmf* communist: *basado en una ideología ~* based on communist ideology

comunitario, -a *adj* **1** (*gen*) community [*n atrib*]: *espíritu ~* community spirit **2** (*de la CE*) (European) Community [*n atrib*]: *la normativa comunitaria* (European) Community regulations

con *prep* **1** (*compañía, instrumento*) with: *Vivo con mis padres.* I live with my parents. ◊ *¿Con qué lo limpias?* What do you clean it with? ◊ *No debes comer con las manos.* Don't eat with your hands. **2** (*combinación*) and: *pan con mantequilla* bread and butter ◊ *agua con azúcar* sugar and water **3** (*persona*) to: *¿Con quién hablabas?* Who were you talking to? ◊ *Es muy simpática con todo el mundo.* She's nice to everybody. ◊ *ser desagradable con algn* to be nasty to sb ◊ *Sus compañeros se han portado muy mal con ella.* Her colleagues have behaved very badly towards her. **4** (*contenido*) of: *un cubo con agua y jabón* a bucket of soapy water ◊ *La policía encontró un maletín con joyas robadas.* The police found a briefcase containing stolen jewellery. **5 con + inf**: *Con llorar no vas a solucionar nada.* Crying won't get you anywhere. ◊ *Con repasar te basta.* All you need to do is revise.
LOC **con lo bueno, rico, etc que...**: *¿Cómo puede estar siempre solo, con lo majo que es?* I can't understand why he's always alone when he's so nice. ◊ *Con lo rica que está la tarta, te has dejado la mitad en el plato.* Why have you left half your cake, when it's so nice? ◊ *Con lo duro que trabajan, y siguen suspendiendo.* I can't understand why they don't pass when they work so hard. **con que.../con tal de que...** as long as...: *Con tal de que vuelvas para las seis...* As long as you get back by six... **¡con (todo) lo que...!** after all...!: *¡Con todo lo que yo he hecho por vosotros!* After all I've done for you!

conato *nm* attempt: *un ~ de robo* attempted robbery ◊ *varios ~s de violencia* several outbreaks of violence

concatenación *nf* chain

concavidad *nf* (*hueco*) hollow

cóncavo, -a *adj* concave

concebible *adj* conceivable

concebir *vt* **1** (*gen*) to conceive: *~ una idea/un plan* to conceive an idea/a plan **2** (*comprender*) to understand: *No concibo que quieras volver.* I can't understand you wanting to go back.
■ **concebir** *vt, vi* (*quedarse embarazada*) to conceive
LOC **concebir esperanzas** to become hopeful **estar concebido como** to be designed to be *sth*

conceder *vt* **1** (*gen*) to grant, to give (*más coloq*): *Les han concedido permiso para iniciar las obras.* They have been granted permission to begin the work. ◊ *~ un préstamo/visado a algn* to give sb a loan/visa ◊ *¿Me concede unos minutos, por favor?* Can you spare me a couple of minutes, please? ◊ *Hay que ~les algún mérito.* You must grant them some merit. **2** (*beca, premio*) to award
LOC **conceder el honor de...** to do *sb* the honour of doing *sth*: *Me concedieron el honor de inaugurar la exposición.* They did me the honour of asking me to open the exhibition. **conceder importancia** (**a**) to attach importance to *sth Ver tb* ASILO, PALABRA

concejal, ~a *nm-nf* (town) councillor

concejo *nm* (town) council

concentración *nf* **1** (*gen*) concentration: *falta de ~* lack of concentration **2** (*política*) rally: *una ~ a favor de la paz* a peace rally
LOC **concentración deportiva** sports event **concentración urbana** urban area *Ver tb* CAPACIDAD

concentrado, -a *pp, adj Ver* CONCENTRAR
■ **concentrado** *nm* concentrate: *un ~ de uva* grape concentrate
LOC **estar concentrado** (**en**) to be concentrating (on *sth*)

concentrar *vt* **1** (*gen*) to concentrate: *Concentró sus esfuerzos en aprobar el curso.* He concentrated his efforts on passing. ◊ *~ un producto* to concentrate a product **2** (*atraer*) to bring *people* together: *El acto concentró a numerosos famosos.* The ceremony brought together many celebrities.
■ **concentrarse** *v pron* **1** (*reunirse*) to gather (together) **2 concentrarse** (**en**) to concentrate (**on** ***sth***)

concéntrico, -a *adj* concentric: *círculos ~s* concentric circles

concepción *nf* **1** (*gen*) conception: *en el momento de la ~* at the moment of conception ◊ *un plan de ~ perfecta* a plan that is brilliant in conception ◊ *Tiene una ~ muy idealista de la vida.* He has a very idealistic outlook on life. **2** (*manera de entender*) understanding: *Su charla mostró una clara ~ de los hechos.* Her talk showed a clear understanding of the facts. **LOC** *Ver* INMACULADO

concepto *nm* **1** (*idea*) concept **2** (*opinión*) opinion: *Tenemos un alto ~ del director.* We have a high opinion of the director. **3** (*Contabilidad*) heading: *cantidades ingresadas por este ~* amounts entered under this heading
LOC **en concepto de** by way of *sth* **tener** (**un**) **buen/mal concepto de algo/algn** to have a high/low opinion of sb/sth *Ver tb* NINGUNO

conceptuado, -a *pp, adj Ver* CONCEPTUAR

LOC **estar bien conceptuado 1** (*persona*) to be highly regarded **2** (*comportamiento, acción*) to be the done thing **estar mal conceptuado 1** (*persona*): *Está mal conceptuada entre sus colegas.* Her colleagues have a poor opinion of her. **2** (*comportamiento, acción*) to be frowned upon

conceptuar *vt* to regard *sth/sb* **as** *sth*: ~ *a algn de inteligente* to regard sb as intelligent

concerniente *adj* **~ a** concerning *sth/sb*

LOC **en lo concerniente a** with regard to *sth/sb*

concernir *vi* to concern: *Ese tema no me concierne.* That doesn't concern me.

LOC **en lo que concierne a** with regard to *sth/sb* **en lo que a mí concierne** as far as I am, you are, etc concerned

concertación *nf* agreement LOC *Ver* POLÍTICA, SOCIAL

concertar *vt* **1** (*acordar*) to agree *sth*/on *sth*/to do *sth* [*vt, vi*]: ~ *un precio* to agree (on) a price ◊ *Concertaron la venta del negocio.* They agreed the sale of the business. ◊ *Hemos concertado aplazar la decisión.* We've agreed to postpone the decision. **2** (*organizar*) to arrange: ~ *una asamblea extraordinaria* to arrange an extraordinary meeting

■ **concertar** *vi* to agree (***with sth***): *El adjetivo concierta con el sustantivo en género y número.* The adjective agrees with the noun in gender and number.

■ **concertarse** *v pron* **concertarse para** to get together ***to do sth***

concertina *nf* concertina

concertino *nmf* leader of the orchestra

concertista *nmf* soloist

concesión *nf* **1** (*gen*) concession: *hacer concesiones* to make concessions **2** (*adjudicación*) **(a)** (*visado, permiso, préstamo*) granting **(b)** (*beca, premio*) awarding

concesionario, -a *nm-nf* dealer: *un* ~ (*de*) *Ford* a Ford dealer

concha *nf* **1** (*Zool*) shell ☛ *Ver ilustración en* SHELLFISH **2** (*material*) tortoiseshell

LOC **meterse algn en su concha** to withdraw into your shell

conciencia *nf* **1** (*conocimiento*) **(a)** (*gen*) awareness: *No tiene ~ de lo que está sucediendo a su alrededor.* He's not aware of what's going on around him. **(b)** (*Pol, Sociol*) consciousness: ~ *de clase* class consciousness **2** (*moral*) conscience

LOC **a conciencia** thoroughly **en conciencia** honestly **tener la conciencia tranquila** to have a clear conscience **tomar conciencia de** to become aware of *sth Ver tb* CARGO, CONOCIMIENTO, ESCRÚPULO, OBJECIÓN, OBJETOR, REMORDER, REMORDIMIENTO, TOMA[2]

concienciar *vt* **1** (*gen*) to make *sb* aware (***of sth***): *Hay que ~ a los niños del peligro de los coches.* We need to make the children aware of how dangerous cars can be. **2** (*Pol, Sociol*) to raise *sb's* consciousness

■ **concienciarse** *v pron* **1** (*gen*) to become aware (***of sth***) **2** (*Pol, Sociol*) to have your consciousness raised

concienzudo, -a *adj* conscientious

concierto *nm* **1** (*Mús*) **(a)** (*recital*) concert **(b)** (*composición musical*) concerto [*pl* concertos] **2** (*acuerdo*) agreement LOC *Ver* CAFÉ, ORDEN[2], SALA

conciliación *nf* conciliation

conciliador, ~a *adj* conciliatory

conciliar *vt* to reconcile

LOC **conciliar el sueño** to get to sleep

concilio *nm* council

concisión *nf* conciseness: *Lo explicó con claridad y ~.* He explained it clearly and concisely.

conciso, -a *adj* concise

conciudadano, -a *nm-nf* fellow citizen

concluido, -a *pp, adj Ver* CONCLUIR LOC *Ver* ASUNTO

concluir *vt* **1** (*gen*) to conclude: *Concluyó la charla con una anécdota.* He concluded the speech with an anecdote. ◊ ~ *un acuerdo* to conclude an agreement ◊ *Concluyeron que era inocente.* They concluded that he was innocent. **2** (*proyecto, obra*) to complete

■ **concluir** *vi* to end

conclusión *nf* **1** (*gen*) conclusion: *He llegado a la ~ de que...* I've reached the conclusion that... **2** (*finalización*) end: *la ~ de las negociaciones* the end of the negotiations ◊ *tras la ~ de las obras* when the work is finished

LOC **en conclusión** to sum up **sacar una conclusión/sacar algo en conclusión** to draw a conclusion: *Saca tus propias conclusiones.* Draw your own conclusions.

concluyente *adj* conclusive: *pruebas ~s* conclusive proof

concomerse *v pron* **1** (*estar furioso*) to be furious **2 ~ de** to be beside yourself **with** ***sth***

concordancia *nf* agreement: *la ~ entre el sujeto y el verbo* agreement between subject and verb

concordar *vi* to agree: *Tu versión no concuerda con la suya.* Your version doesn't agree with his. ◊ *El artículo y el nombre concuerdan en género y número.* The article agrees with the noun in gender and number.

concordia *nf* harmony

concreción *nf* **1** (*realización*) realization **2** (*precisión*) precision

concretamente *adv* **1** (*exactamente*) exactly: *No recuerdo ~ cuántos estudiantes había en la clase.* I don't remember exactly how many students there were in the class. **2** (*específicamente*) particularly: *Preguntaron ~ por la salud de mi madre.* They particularly asked after my mother. **3** (*explicación*) **(a)** (*concretando*) to be precise: *—Has adelgazado mucho. —Sí, ~ 15 kilos.* 'You've lost a lot of weight.' 'Yes, 15 kilos to be precise.' **(b)** (*en particular*) in particular: *Hay muy buenos músicos: Blades, ~, es excelente.* There are some very good musicians: Blades, in particular, is excellent.

concretar *vt* **1** (*precisar*) to specify: *Concretaron los puntos a discutir.* They specified the items to be discussed. ◊ ~ *los términos de un contrato* to agree on the terms of a contract **2** (*fecha, precio*) to fix

■ **concretarse** *v pron* **1** (*cambio, proyecto*) to materialize **2 concretarse en**: *La gravedad de la crisis se concreta en una alta tasa de desempleo.* The severity of the crisis is shown in the high unemployment rate.

LOC **concretemos** let's be more specific

concreto, -a *adj* **1** (*específico*) specific: *las tareas concretas que desempeñan* the specific tasks they perform **2** (*exacto*) definite: *una fecha concreta* a definite date **3** (*Gram*) concrete: *sustantivos ~s* concrete nouns

LOC **en concreto 1** (*en particular*) in particular: *No me preocupa nada en ~.* I'm not worried about anything in particular. **2** (*para ser exacto*) to be precise: *Cogimos las vacaciones en agosto, del 15 al 31 en ~.* We took our holidays in August, from the 15th to the 31st, to be precise.

concubina *nf* concubine

concurrencia *nf* **1** (*coincidencia*) combination: *la ~ de varios hechos* a combination of events **2** (*asistencia*) attendance: *La ~ al acto fue impresionante.* There was a huge attendance. **3** (*público*) **(a)** (*al aire libre*) crowd **(b)** (*en un recinto cerrado*) audience: *La ~ aplaudió a rabiar.* The audience applauded wildly.

concurrente *adj* concurrent

concurrido, -a *pp, adj* **1** (*lleno de gente*) crowded: *El local estaba muy ~.* The place was very crowded. **2** (*frecuentado*) popular: *Es un restaurante muy ~.* It's a very popular restaurant. **3** (*conferencia, congreso*) well-attended *Ver tb* CONCURRIR

concurrir *vi* **1 ~ a** (*personas*) to attend *sth* [*vt*]: *Varios famosos concurrieron al estreno de la película.* Several celebrities attended the première. **2** (*coincidir*): *Concurren en él las cualidades para ser periodista.* He combines all the qualities needed to be a journalist. **3** (*suceder, contribuir a*) to contribute ***to sth***: *Varios factores concurrieron en el accidente.* A variety of factors contributed to the accident. ◊ *Este descubrimiento concurrirá al desarrollo del país.* This discovery will contribute to the country's development.

4 (*participar*) to compete: *los partidos que concurren a las elecciones* the parties competing in the election ◊ *Una gran variedad de títulos concurren al premio.* A large number of titles are competing for the prize.
LOC **concurrir a las urnas** to turn out to vote

concursante *nmf* contestant

concursar *vi* to take part (***in sth***): *Vamos a ~ en el Un, Dos, Tres.* We're going to take part in Un, Dos, Tres.

concurso *nm* **1** (*gen*) competition: *un ~ de cocina* a cookery competition **2** (*Radio, TV*) **(a)** (*de preguntas y respuestas*) quiz show **(b)** (*con juegos y pruebas*) game show **3** (*Admin*) open competition
LOC **concurso de belleza** beauty contest **concurso de perros de pastor** sheep-dog trials **concurso-oposición** open competition **sacar algo a concurso 1** (*puesto, plaza*) to offer *a post* in open competition **2** (*obra, servicio*) to put sth out to tender **salir a concurso** to be offered in open competition *Ver tb* HÍPICO

condado *nm* county

conde, -esa *nm-nf* count [*fem* countess]
LOC **los condes de...** the Count and Countess of...

condecoración *nf* medal LOC *Ver* IMPONER

condecorar *vt* to award *sb* a medal (***for sth***)

condena *nf* **1** (*gen*) condemnation: *la ~ del atentado* condemnation of the attack **2** (*sentencia*) sentence: *~ de muerte* death sentence
LOC **poner/imponer una condena (de)** to sentence *sb* (to...): *El juez le puso una condena de cinco años.* The judge sentenced him to five years inprisonment.

condenable *adj* reprehensible

condenación *nf* (*Relig*) damnation

condenado, -a *pp, adj* (*maldito*) wretched: *¡El muy ~ me ha timado!* The wretched man ripped me off! ◊ *¡El ~ de tu sobrino...!* That wretched nephew of yours...! *Ver tb* CONDENAR
■ **condenado, -a** *nm-nf* (*preso*) convicted prisoner
LOC **condenado a muerte** condemned man [*pl* condemned men] **estar condenado a 1** (*estar abocado a*) to be condemned to *sth/to do sth*: *Están ~s a vivir en la pobreza.* They are condemned to live in poverty. ◊ *La relación está condenada al fracaso.* The relationship is doomed to failure. **2** (*estar inmovilizado*) to be confined to *sth*: *Mi tío está ~ a una silla de ruedas.* My uncle is confined to a wheelchair. *Ver tb* SUFRIR

condenar *vt* **1** (*gen*) to condemn: *~ una acción terrorista* to condemn an act of terrorism **2** (*Jur*) **(a)** (*a una pena*) to sentence: *Lo han condenado a muerte/tres años de prisión.* He has been sentenced to death/three years in prison. **(b)** (*especificando el delito*) to convict *sb* (***of sth***): *Lo condenaron por un delito de traición.* He was convicted of treason. **3** (*Relig*) to damn **4** (*tapiar*) to brick *sth* up

condensación *nf* condensation

condensar(se) *vt, v pron* to condense

condescendencia *nf* **1** (*amabilidad*) kindness **2** (*superioridad*) condescension

condescender *vi* **~ a/en 1** (*acceder*) to agree **to *sth*/*to do sth***: *Condescendió en llevarles a casa.* He agreed to take them home. **2** (*dignarse*) to condescend ***to do sth***

condescendiente *adj* **1** (*amable*) kind (***to sb***) **2** (*tolerante*) tolerant (***of/towards sth/sb***): *Sus padres son muy ~s con él.* His parents are very tolerant (of him). **3** (*con aires de superioridad*) condescending: *una sonrisa ~* a condescending smile

condición *nf* **1** (*gen*) condition: *Esa es mi única ~.* That is my only condition. ◊ *las condiciones económicas* the economic conditions ◊ *La mercancía llegó en perfectas condiciones.* The goods arrived in perfect condition. ◊ *No sé cómo puedes vivir en estas condiciones.* I don't understand how you can live in these conditions. **2** (*status*) status: *su ~ de aristócrata/soltero* his aristocratic/bachelor status ◊ *su ~ de divorciada* the fact that she was divorced
LOC **a condición de que.../con la condición de que...** on condition that... **condiciones de trabajo** working conditions **condiciones de vida** living conditions **condición previa** prerequisite **estar/no estar en condiciones de/para 1** (*físicamente*) to be/not to be fit *to do sth* **2** (*estar/no estar en posición de*) to be in a position/to be in no position *to do sth*: *No estás en condiciones de quejarte.* You're in no position to complain. **poner como condición que...** to make it a condition that... **sin condiciones**: *Fue una rendición sin condiciones.* It was an unconditional surrender. ◊ *Aceptó sin condiciones.* He accepted unconditionally. *Ver tb* ALIMENTO, IGUALDAD, INFERIORIDAD, PENSAR, REUNIR

condicional *adj, nm* conditional [*adj*]: *Hoy vamos a ver el ~.* We're going to learn the conditional (tense) today.
LOC *Ver* LIBERTAD

condicionamiento *nm* **1** (*factor*) factor: *~s sociales* social factors **2** (*Psiq*) conditioning

condicionante *adj* determining
■ **condicionante** *nm* (determining) factor

condicionar *vt* **1** (*influir*) to condition: *La educación te condiciona.* You are conditioned by your upbringing. **2** (*determinar*) to determine: *Las circunstancias condicionan nuestra forma de vida.* Circumstances determine the way we live. **3** (*supeditar*) to make *sth* conditional ***on sth***: *Condicionó su decisión al resultado de las elecciones.* He made his decision conditional on the outcome of the elections.

condimentar *vt* to season *sth* (***with sth***)

condimento *nm* seasoning [*gen incontable*]

condiscípulo, -a *nm-nf* **1** (*universidad*) fellow student **2** (*colegio*) classmate

condolencia *nf* condolence: *Acepte mis ~s.* Please accept my condolences.

condón *nm* condom

condonar *vt* **1** (*deuda*) to cancel **2** (*castigo*) **(a)** (*gen*) to remit: *El juez se negó a ~ la pena.* The judge refused to remit the sentence. **(b)** (*pena de muerte*) to commute

cóndor *nm* condor

conducción *nf* **1** (*vehículo*) driving: *~ temeraria* reckless driving **2** (*agua, electricidad, gas*) mains [*v pl*] **3** (*cadáver*): *La ~ del cadáver tendrá lugar a las doce del mediodía.* The body will be taken to its final resting place at 12 noon.

conducir *vt* **1** (*guiar*) to lead: *Las pistas nos condujeron al ladrón.* The clues led us to the thief. **2** (*llevar*) to take: *~ un cadáver al cementerio* to take a body to the cemetery **3** (*vehículo*) **(a)** (*gen*) to drive: *Conduce un deportivo.* He drives a sports car. **(b)** (*moto*) to ride **4** (*calor, electricidad*) to conduct **5** (*gas, agua*) to carry **6** (*llevar a cabo*) to carry *sth* out: *La policía conduce una investigación sobre el caso.* The police are carrying out an investigation.
■ **conducir** *vi* **1** (*vehículo*) to drive: *Estoy aprendiendo a ~.* I'm learning to drive. ◊ *~ por la derecha/izquierda* to drive on the right/left **2 ~ a** (*llevar*) to lead **to *sth***: *Esta carretera conduce al palacio.* This road leads to the palace.
LOC **¿a qué conduce...?** what's the point of...? **conducir borracho/bebido** to drink and drive: *Lo detuvieron por ~ borracho.* He was arrested for drink-driving. **no conducir/llevar a nada/ningún lado/ninguna parte** to get you nowhere: *Estas discusiones no nos llevarán a ninguna parte.* All this arguing will get us nowhere. *Ver tb* CARNÉ, EXAMEN, EXAMINAR, PERMISO, ROMA

conducta *nf* behaviour [*incontable*]

conductibilidad (*tb* **conductividad**) *nf* conductivity

conductismo *nm* behaviourism

conductista *adj, nmf* behaviourist [*n*]

conducto *nm* **1** (*tubo*) pipe **2** (*Med*) duct: *el ~ lacrimal* the tear duct
LOC **conducto alimenticio** alimentary canal **conducto de evacuación/salida** outlet pipe **conducto hepático** bile duct ☛ *Ver ilustración en* DIGESTIVE

conductor, ~a *adj* **1** (*gen*) guiding: *principios ~es* guiding principles **2** (*Ciencias*) conductive
■ **conductor, ~a** *nm-nf* (*persona*) driver

Nótese que el término inglés **conductor** significa *cobrador* o *revisor* en español.

■ **conductor** *nm* (*dispositivo*) conductor

conectar *vt* **1** (*gen*) to connect: *~ el vídeo a la televisión* to connect the video to the television ◊ *Me van a ~ la luz/el gas.* I'm going to have the phone/gas connected. **2** (*enchufar*) to plug *sth* in
■ **conectar** *vi* **~ (con) 1** (*por televisión/radio*) to go over to *sth/sb*: *Conectamos ahora con nuestro corresponsal en Nueva York.* We're now going over to our correspondent in New York. **2** (*entenderse*) to get on (**with** *sb*)
LOC **conectar algo a tierra** to earth sth

conejera *nf* **1** (*madriguera*) burrow **2** (*jaula*) hutch **3** (*cuchitril*) rabbit hutch: *Aquella habitación era una auténtica ~.* The room was like a rabbit hutch.

conejillo *nm*
LOC **conejillo de Indias** guinea pig

conejito *nm* bunny (rabbit)

conejo, -a *nm-nf* rabbit

Rabbit es el sustantivo genérico, mientras que **buck** se refiere solo al macho y **doe** a la hembra.

■ **coneja** *nf* baby machine
■ **conejo** *nm* (*vagina*) pussy (⚠) ☛ *Ver nota en* TABÚ

conexión *nf* link, connection (*más formal*): *No existe ninguna ~ entre los dos casos.* There is no connection between the two cases. ◊ *Devolvemos la ~ a nuestros estudios centrales.* We're returning you to the main studio now.

conexo, -a *adj* related

confabulación *nf* conspiracy

confabularse *v pron* to plot

confección *nf* **1** (*gen*) making: *Se dedican a la ~ de juguetes.* They make toys. **2** (*ropa*) **(a)** (*vestidos*) dressmaking **(b)** (*trajes*) tailoring **3** (*lista*) drawing up **4** (*industria*) clothing industry
LOC **de confección** ready-to-wear, off-the-peg (*más coloq*): *ropa de ~* off-the-peg clothes *Ver tb* CORTE[2]

confeccionado, -a *pp, adj* ready-made: *un traje ~* a ready-made suit *Ver tb* CONFECCIONAR
LOC **confeccionado a (la) medida** made to measure

confeccionar *vt* **1** (*gen*) to make: *~ ropa/sombreros* to make clothes/hats **2** (*lista*) to draw up *a list*

confederación *nf* confederation

confederado, -a *pp, adj, nm-nf* confederate *Ver tb* CONFEDERARSE

confederarse *v pron* to form a confederation

conferencia *nf* **1** (*charla*) lecture **2** (*congreso*) conference **3** (*por teléfono*) long-distance call LOC *Ver* PRENSA, SALA

conferenciante *nmf* lecturer

conferir *vt* to confer *sth* (***on sb***)

confesar *vt, vi* **1** (*gen*) to confess: *~ la verdad* to confess the truth ◊ *~ un crimen/asesinato* to confess to a crime/murder ◊ *Confesó haberla besado.* He confessed he'd kissed her. ◊ *Tengo que ~ que prefiero el tuyo.* I must confess I prefer yours. **2** (*cura*) to hear (*sb's*) confession: *Los domingos no confiesan.* They don't hear confessions on Sundays. ◊ *¿Quién te confiesa?* Who's your confessor?
■ **confesarse** *v pron* **1** (*Relig*) **(a)** (*gen*) to go to confession: *Me confesé el domingo pasado.* I went to confession last Sunday. **(b) confesarse de** to confess ***sth/to doing sth***: *~te de tus pecados* to confess your sins **2** (*declararse*) to confess ***sth/to sth***: *Se confesaron culpables del crimen.* They confessed to the crime.
LOC **confesar de plano/pleno** to make a full confession

confesión *nf* confession LOC *Ver* SECRETO

confesional *adj* denominational

confesionario (*tb* **confesonario**) *nm* confessional

confesor *nm* confessor

confeti *nm* confetti

confiado, -a *pp, adj* (*crédulo*) trusting *Ver tb* CONFIAR

confianza *nf* **1 ~ (en)** (*fe*) trust (**in *sth/sb***): *Me inspiran ~.* I feel I can trust them. ◊ *Tengo ~ en mi empresa.* I feel I can trust the company I work for. **2** (*seguridad*) confidence: *Tengo plena ~ en que...* I have every confidence that... **3 confianzas** (*libertades*) liberties: *Se toma demasiadas ~s.* He's always taking liberties. ◊ *¿Qué ~s son esas?* You've got a nerve!
LOC **coger confianza (con algn)** to begin to feel at ease (with sb) **confianza en sí mismo** self-confidence: *No tiene ~ en sí mismo.* He hasn't much self-confidence. **contar con/tener la confianza de algn**: *Tengo la ~ del director.* The head of the company has full confidence in me. **de confianza 1** (*amigo*) close: *una amiga de ~* a close friend **2** (*fiable*) reliable: *Ese mecánico es de ~.* That mechanic is very reliable. **en confianza** in confidence **haber confianza**: *Entre nosotras hay ~.* We're very close. **poner tu confianza en algn** to place your trust in sb **tener confianza (con algn)** to be close (to sb) *Ver tb* ABUSO, DIGNO, HABLAR, HOMBRE, VOTO

confiar *vi* **~ en 1** (*fiarse*) to trust *sth/sb* [*vt*]: *Confía en mí.* Trust me. ◊ *No confío en los bancos.* I don't trust banks. **2** (*esperar*): *Confío en que lleguen a tiempo.* I hope they arrive on time. ◊ *Confiamos en firmar el acuerdo.* We are confident the agreement will be signed.
■ **confiar** *vt* **1** (*encargar*) to entrust *sb* **with *sth/sb***: *Le han confiado una tarea muy peligrosa.* He's been entrusted with a dangerous task. ◊ *Me confiaron el cuidado de los niños.* They entrusted their children to my care. **2** (*revelar*) to confide *sth* ***to sb***: *Me confió todos sus secretos.* He confided all his secrets to me.
■ **confiarse** *v pron* **1** (*tener excesiva confianza*): *No te confíes, que todavía puedes suspender.* Don't be too confident, you could still fail. ◊ *Uno no puede ~se nunca con el coche.* You can never relax when you're driving. **2 confiarse a** to open your heart **to *sb***
LOC **confiar algo a la suerte** to leave sth to chance **confiarse a la suerte** to trust to luck

confidencia *nf* secret
LOC **hacer una confidencia a algn** to tell sb a secret **hacer confidencias a algn** to confide in sb

confidencial *adj* confidential

confidencialidad *nf* confidentiality

confidente *nmf* **1** (*soplón*) informer: *un ~ de la policía* a police informer **2** (*amigo*) confidant

configuración *nf* **1** (*estructura*) shape **2** (*formación*) shaping **3** (*trazado*) layout
LOC **la configuración del terreno** the lie of the land

configurar *vt* to make *sth* up: *50 estados configuran el mapa estadounidense.* The US is made up of 50 states.
■ **configurarse** *v pron* to take shape: *¿Cuándo se configuró el mapa europeo actual?* When did the present map of Europe take shape? ◊ *Se configura como el próximo presidente.* He's beginning to look like the next President.

confín *nm* **1** (*parte remota*) remotest part **2 confines** (*frontera*) border [*sing*]: *en los confines de Inglaterra y Escocia* on the border between England and Scotland
LOC **en los confines del horizonte** as far as the eye can see **en los confines del universo/de la tierra** at the ends of the earth

confinamiento *nm* confinement

confinar *vt* **1(a)** (*desterrar*) to banish *sb* (**to...**): *Lo confinaron en una isla.* He was banished to an island. **(b)** (*encerrar*) to shut *sb* away **2** (*aislar*) to isolate

confirmación *nf* confirmation

confirmar *vt* to confirm: *Mañana te confirmo la fecha.* I'll confirm the date tomorrow. LOC *Ver* EXCEPCIÓN

confiscar *vt* to confiscate

confitería *nf* **1** (*tienda*) confectioner's [*pl* confectioners] ☛ *Ver nota y ejemplos en* CARNICERÍA **2** (*ramo comercial*) confectionery

confitero, -a *nm-nf* confectioner

confitura *nf* **1** (*gen*) jam: *~ de melocotón* peach jam **2** (*de cítricos*) marmalade ☛ *Ver nota en* MARMALADE

conflagración *nf* war
conflictividad *nf*: *situaciones de ~* conflict situations ◊ *~ laboral* labour disputes
conflictivo, -a *adj* **1** (*controvertido*) controversial **2** (*lugar*) troubled
conflicto *nm* **1** (*lucha*) conflict: *un ~ entre las dos potencias* a conflict between the two powers ◊ *un ~ de intereses* a conflict of interests **2** (*laboral*) dispute
LOC conflicto interno infighting
confluencia *nf* **1** (*ríos*) confluence **2** (*calles*) junction
confluir *vi* **1** (*gen*) to meet: *allí donde confluyen los dos ríos* where the two rivers meet ◊ *Miles de personas confluyeron en Le Mans para ver la carrera.* Thousands of people congregated at Le Mans for the race. **2** (*ideologías, opiniones*) to coincide
conformación *nf* shape
conformar *vt* **1** (*constituir*) to make *sth* up: *los países que conforman el continente africano* the countries that make up the African continent **2** (*dar forma a*) to shape: *~ el carácter de algn* to shape sb's character
■ **conformarse** *v pron* **1** (*estar satisfecho*) to be happy (**with *sth*/*if*…**): *Me conformo con un aprobado/aprobar.* I'll be happy with a pass/if I pass. ◊ *Se conforman con poco.* They're easily pleased. **2** (*resignarse*) to put up with *sth*: *No me gusta, pero tendré que ~me.* I don't like it, but I'll have to put up with it.
LOC conformar un cheque to authorize payment of a cheque **ser de/tener buen conformar** to be easily pleased
conforme *adj* **1 ~ (con)** (*satisfecho*) happy (**with/about *sth*/*sb***): *No estoy ~ con la nota.* I'm not happy about my mark. **2 ~ (con)** (*de acuerdo*) (**with *sth*/*sb***): *Todo el mundo está ~.* Everybody agrees. ◊ *No estaba ~ conmigo.* He didn't agree with me. **3 ~ a** (*acorde con*): *un sueldo ~ a tus responsabilidades* a salary in keeping with your responsibilities ◊ *una calificación ~ a su trabajo* a mark that's right for his standard of work ◊ *~ a la ley* in accordance with the law
■ **conforme** *nm* authorization
■ **conforme** *adv* as: *Dejaron todo ~ estaba.* They left everything as it was. ◊ *Se sentaban ~ iban entrando.* They sat down as they arrived.
■ **¡conforme!** *interj* agreed!, fine! (*más coloq*)
LOC dar el conforme to authorize *sth*
conformidad *nf* **1** (*consentimiento*) consent: *dar tu ~* to give your consent **2** (*resignación*) resignation
LOC de/en conformidad con in accordance with *sth*
conformista *adj, nmf* conformist [*n*]: *Es bastante ~.* He's quite a conformist.
confort *nm* comfort
LOC todo confort with all mod cons: *apartamentos todo ~* apartments with all mod cons
confortable *adj* comfortable
confortar *vt* **1** (*consolar*) to comfort **2** (*dar fuerzas*) to make *sb* feel better: *Un chocolate caliente nos confortará.* A hot chocolate will make us feel better.
confraternidad *nf* fraternity
confraternizar *vi* to fraternize
confrontación *nf* **1** (*enfrentamiento*) confrontation **2** (*documentos, hechos*) comparison
confrontar *vt* **1** (*comparar*) to compare *sth* (**with *sth***): *Encárgate de ~ la copia con el original.* Compare the copy with the original. ◊ *~ la declaración de dos testigos* to compare the statements of two witnesses **2** (*personas*) to bring *sb* face to face **with *sb*** **3** (*dificultades, peligros*) to face up to *sth*
■ **confrontarse** *v pron* **confrontarse (con)** to face up to *sth/sb*
confundir *vt* **1** (*mezclar*) to get *sth* mixed up: *Confunde la "l" y la "r".* He gets his 'l's and his 'r's mixed up. ◊ *No confundas las cosas.* You're always getting things mixed up. **2** (*dejar perplejo*) to confuse: *No me confundas.* Don't confuse me. **3** (*equivocar*) to mistake *sth/sb* **for *sth*/*sb***: *No confundas publicidad con información.* Don't mistake advertising for information. ◊ *Creo que me ha confundido con otra persona.* I think you've mistaken me for somebody else.
■ **confundirse** *v pron* **1 confundirse (de)** (*equivocarse*): *Todo el mundo se puede ~.* Anyone can make a mistake. ◊ *~se de puerta* to knock at the wrong door. ◊ *~se de número de teléfono* to dial the wrong number **2** (*perderse*) **(a) confundirse entre** (*persona*) to melt **into *sth***: *Nos confundimos entre la multitud.* We melted into the crowd. **(b) confundirse con** (*cosa*): *El barco se confundía con el mar.* The boat was gradually lost to sight.
confusión *nf* **1** (*equivocación*) mistake: *Fue una ~.* It was a mistake. ☛ *Ver nota en* MISTAKE[1] **2** (*falta de claridad*) confusion: *crear ~* to cause confusion **3** (*alboroto*) commotion: *Había una gran ~ en la calle.* There was a great commotion in the street. **LOC** *Ver* SUMIR
confuso, -a *adj* **1** (*poco claro*) confused: *un recuerdo/relato ~* a confused memory/account **2** (*que induce a error*) confusing: *Sus instrucciones eran muy confusas.* Her directions were very confusing. **3** (*imagen, objeto*) blurred
LOC estar/quedarse confuso (*persona*) to be confused
congelación *nf* **1** (*líquido, alimento*) freezing: *punto de ~* freezing point **2** (*Med*) **(a)** (*gen*) exposure: *muerte por ~* death from exposure **(b)** (*extremidades*) frostbite **3** (*Econ*) freeze: *la ~ salarial/de precios* a wage/price freeze
congelado, -a *pp, adj* **1** (*gen*) frozen: *productos ~s* frozen foods **2** (*muy frío*) freezing (cold) **3** (*Med*) frostbitten *Ver tb* CONGELAR
congelador *nm* freezer **LOC** *Ver* ARCÓN
congelar *vt* to freeze
■ **congelarse** *v pron* **1** (*helarse*) to freeze **2** (*tener mucho frío*) to be freezing: *Pon la calefacción, que me estoy congelando.* Turn the heating on – I'm freezing! **3** (*Med*) to be frostbitten
congénere *nmf*: *mi vecino y sus ~s* the likes of my neighbour
congeniar *vi* **~ (con)** to get on (well) (**with *sb***)
congénito, -a *adj* congenital
congestión *nf* congestion: *~ nasal* nasal congestion
congestionado, -a *pp, adj* **1** (*gen*) congested: *Las calles están congestionadas por el tráfico.* The streets are congested with traffic. **2** (*nariz*) blocked **3** (*rostro*) flushed *Ver tb* CONGESTIONAR
LOC estar congestionado (*tener catarro*) to be full of cold
congestionar *vt* to cause congestion: *El accidente congestionó el tráfico.* The accident caused traffic congestion.
■ **congestionarse** *v pron* **1** (*Med*) to become congested **2** (*tráfico*) to come to a standstill **3** (*enrojecer*) to go red in the face
conglomerado *nm* **1** (*Geol*) conglomerate **2** (*aglomeración*) conglomeration
conglomerar(se) *vt, v pron* to conglomerate
Congo *nm* Congo
congoja *nf* distress
congraciar *vt* to win *sb* over: *Su generosidad la ha congraciado con ellos.* Her generosity has won them over.
■ **congraciarse** *v pron* **congraciarse con** to ingratiate yourself **with *sb***: *Trató de ~se con sus compañeros.* He attempted to ingratiate himself with his workmates.
congratular *vt* to congratulate *sb* ***on sth***
■ **congratularse** *v pron* **congratularse de/por** to be pleased **about *sth***: *Nos congratulamos del éxito de ventas.* We're pleased about the sales figures.
congregación *nf* (*grupo de fieles*) congregation
LOC congregación religiosa (*orden*) (religious) order
congregar *vt* to bring *people* together
■ **congregarse** *v pron* to congregate
congresista *nmf* **1** (*participante*) delegate **2** (*en Estados Unidos*) congressman/woman [*pl* congressmen/women]
congreso *nm* **1** (*de profesionales*) conference: *Asistí a*

un ~ de medicina/literatura. I attended a medical/ literary conference. **2** (*Pol*) congress

LOC Congreso (de los Diputados) 1 (*España*) Chamber of Deputies **2** (*Estados Unidos*) Congress **3** (*Gran Bretaña*) Parliament ☛ *Ver págs 584–5*; *Ver tb* PALACIO

congrio *nm* conger eel

congruencia *nf* consistency

congruente *adj* consistent

cónico, -a *adj* conical

conífero, -a *adj* coniferous

■ **conífera** *nf* conifer

conjetura *nf* conjecture [*gen incontable*]: *Eso no son más que ~s.* That's pure conjecture.

LOC hacer conjeturas to speculate

conjeturar *vi* to speculate

conjugación *nf* (*Gram*) conjugation

conjugar *vt* **1** (*unir*) to combine *sth* (***with sth***) **2** (*Gram*) to conjugate

conjunción *nf* conjunction

conjuntamente *adv* together (***with sth/sb***)

conjuntar *vt* **1** (*gen*) to coordinate: *~ colores/pareceres* to coordinate colours/views **2** (*ropa*) to match *sth* (***with sth***)

conjuntivitis *nf* conjunctivitis [*incontable*]

conjuntivo, -a *adj* **1** (*Ling*) conjunctive **2** (*Biol*) connective

conjunto, -a *adj* joint: *un esfuerzo ~* a joint effort

■ **conjunto** *nm* **1** (*obras, objetos*) collection **2** (*totalidad*) whole: *el ~ de la industria alemana* German industry as a whole **3** (*Mús*) **(a)** (*música clásica*) ensemble **(b)** (*música pop*) group **4** (*ropa*) outfit **5** (*Mat*) set

LOC en conjunto on the whole **en su conjunto** as a whole **hacer conjunto con** to match *sth*

conjura (*tb* **conjuración**) *nf* conspiracy

conjurar *vt* **1** (*exorcizar*) to exorcize **2** (*peligro*) to ward *sth* off

■ **conjurar(se)** *vi, v pron* to conspire (***with sb***) (***to do sth***)

conjuro *nm* spell

conllevar *vt* **1** (*implicar*) to entail: *la responsabilidad que conlleva la paternidad* the responsibilities that being a parent entails **2** (*sentido*) to carry **3** (*soportar*) to bear

conmemoración *nf* commemoration

conmemorar *vt* to commemorate

conmemorativo, -a *adj* commemorative: *una fiesta conmemorativa de la toma de la ciudad* a fiesta commemorating the capture of the city

conmigo *pron pers* with me: *Ven ~.* Come with me. ◊ *No quiere hablar ~.* He won't talk to me.

LOC conmigo mismo with myself: *No estoy contenta ~ misma.* I'm not pleased with myself.

conmiseración *nf* commiseration

LOC tener conmiseración to commiserate *with sb*

conmoción *nf* **1** (*trastorno*) shock **2** (*Sociol*) upheaval

LOC conmoción cerebral concussion

conmocionar *vt* to shock

conmovedor, ~a *adj* moving

conmover *vt* **1** (*emocionar*) to move **2** (*sacudir*) to shake

conmutador *nm* switch

conmutar *vt* to commute *a sentence* (***to sth***): *~ la pena máxima por la de cadena perpetua* to commute a death sentence to life imprisonment

connotación *nf* connotation

cono *nm* cone

conocedor, ~a *adj* **~ de** knowledgeable **about** ***sth***

■ **conocedor, ~a** *nm-nf* **~ de** expert **on** ***sth***: *Es un gran ~ de la obra de Cervantes.* He's an expert on Cervantes.

conocer *vt* **1** (*gen*) to know: *La conozco hace años.* I've known her for years. ◊ *Conozco muy bien el centro de Madrid.* I know the centre of Madrid very well. ◊ *Conoce las técnicas más avanzadas.* He knows all the most advanced techniques. ◊ *las dos guerras mundiales que ha conocido el siglo XX* the two world wars the 20th century has known **2** (*por primera vez*) **(a)** (*persona*) to meet: *¿Cuándo la conociste?* When did you meet her? **(b)** (*lugar*) to go: *Quiero ~ Colombia.* I want to go to Colombia. ◊ *Aún no conozco Nueva York.* I've never been to New York. **3** (*noticia*) to hear: *Me llamaron nada más ~ la noticia.* They rang me as soon as they heard the news. **4** (*saber de la existencia de*) to know **of** ***sth***: *¿Conoces un buen hotel?* Do you know of a good hotel? **5** (*reconocer*) to recognize *sb/sth* (***by sth***): *El perro lo conoció por el olor.* The dog recognised him by his smell.

■ **conocerse** *v pron* to meet: *Se conocieron en la boda.* They met at the wedding.

LOC conocer al dedillo to know *sth* inside out **conocer de algo** to know *sb* from somewhere **conocer de cerca** to know *sth/sb* well: *Conocen el problema de cerca.* They know the problem well. **conocer(se) algo como la palma de la mano** to know sth like the back of your hand **conocer(se) el percal/tinglado** to know the score **dar a conocer 1** (*gen*) to make *sth* known: *Dio a ~ su decisión.* He made his decision known. ◊ *Han dado a ~ el resultado de la votación.* The result of the vote has been made public. **2** (*producto*) to launch *sth* **darse a conocer** to make your name **no conocer de nada** not to know *sb* from Adam: *No me conoce de nada.* She doesn't know me from Adam. **se conoce que...** it seems that... **¡te conozco, bacalao!** I know what you're up to! *Ver tb* CONOCIDO, ENCANTADO, LLEGAR

conocido, -a *pp, adj* well-known: *Tu padre es ~ en el barrio.* Your father is well known in the area. *Ver tb* CONOCER

■ **conocido, -a** *nm-nf* acquaintance **LOC** *Ver* MUNDIALMENTE, VALER

conocimiento *nm* **1** (*gen*) knowledge [*incontable*]: *mi ~ del francés* my knowledge of French ◊ *Pusieron a prueba sus ~s.* They put their knowledge to the test. **2** (*Med*) consciousness: *perder/recobrar el ~* to lose/ regain consciousness

LOC con conocimiento de causa in full knowledge of the facts **perder el conocimiento/la conciencia** to lose consciousness **poner algo en conocimiento de algn** to inform sb of sth **sin conocimiento** (*inconsciente*) unconscious: *Estuvo sin ~ durante media hora.* He was unconscious for half an hour. **tener/no tener conocimiento de algo** to be/not to be aware of sth *Ver tb* ARSENAL, LLEGAR

conque *conj* so: *¡~ te vas de vacaciones!* So you're off on holiday!

conquista *nf* **1** (*gen*) conquest: *la ~ del espacio* the conquest of space **2** (*logro*) achievement

LOC ir de conquista (*bien arreglado*) to be dressed to kill

conquistador, ~a *adj* conquering

■ **conquistador, ~a** *nm-nf* conqueror

■ **conquistador** *nm* **1** (*América*) conquistador [*pl* conquistadors/conquistadores] **2** (*mujeriego*) womanizer

conquistar *vt* **1** (*dominar*) to conquer **2** (*conseguir*) to achieve: *Han conquistado una buena posición social.* They have achieved high social status. ◊ *~ un título* to win a title **3** (*enamorar, atraer*) to win *sb's* heart: *Conquistó al público con su sonrisa.* His smile won the audience's hearts.

LOC conquistar el mercado to capture the market **conquistar el poder** to take power

consabido, -a *adj* same old: *la consabida historia* the same old story

consagración *nf* **1** (*Relig*) consecration **2** (*dedicación*) dedication **3** (*consolidación*): *Este éxito supuso su ~ como escritor.* This success established him as an author.

consagrar *vt* **1** (*Relig*) to consecrate **2** (*dedicar*) to devote *sth* (***to sth***): *Consagró su vida a la lucha contra la pobreza.* He devoted his life to the fight against poverty. **3** (*consolidar*) to establish *sb* (***as sth***)

consanguíneo, -a *nm-nf* blood relation

consanguinidad *nf* blood relationship

consciencia *nf Ver* CONCIENCIA

consciente *adj* **~ (de)** conscious (**of** ***sth***): *Soy ~ de la responsabilidad que el puesto conlleva.* I'm very conscious of the responsibilities of the job. ◊ *No es ~ de lo que hace.* He doesn't know what he's doing.

consecución *nf* **~ de** attainment **of** ***sth***

consecuencia *nf* **1** (*secuela*) consequence: *Ya te advertimos de las ~s.* We warned you of the consequences. **2** (*resultado*) result: *Esto es ~ de un olvido.* This is the result of an oversight.
LOC a/como consecuencia (de algo) as a result (of sth) **actuar/obrar en consecuencia** to act in accordance with your principles: *En su día tomaste una decisión. Ahora debes obrar en ~.* You made your decision and you'll have to stick with it. ◊ *creer en la igualdad de oportunidades y actuar en ~* to believe in equal opportunities and act accordingly **con todas las consecuencias** with your eyes open **en/por consecuencia** therefore **pagar/sufrir las consecuencias** to suffer the consequences **sacar algo en consecuencia** to reach a conclusion **tener/traer consecuencias** to have repercussions *Ver tb* ÚLTIMO

consecuente *adj* **~ (con)** consistent (**with** ***sth***)
LOC ser consecuente to act in line with your principles

consecutivo, -a *adj* consecutive

conseguido, -a *pp, adj* successful: *Ese retrato está muy ~.* It's a very successful portrait. *Ver tb* CONSEGUIR

conseguir *vt* **1** (*obtener*) to obtain, to get (*más coloq*): *~ un visado* to obtain a visa ◊ *~ el 50% de los votos* to get 50% of the votes **2** (*lograr*) to achieve: *para ~ nuestros objetivos* to achieve our aims ◊ *Ha conseguido un nivel de portugués muy bueno.* She's achieved a high standard in Portuguese. **3** (*premio, triunfo*) to win: *~ una medalla* to win a medal **4 ~ hacer algo** to manage **to do sth**: *Nunca consigo salir a las cinco.* I never manage to leave at five. **5 ~ que algn haga algo** to get sb **to do sth** **LOC** *Ver* MOVER, SEGUIR

consejería *nf* ministry in a regional government

consejero, -a *nm-nf* **1** (*asesor*) adviser **2** (*Pol*) minister in a regional government

consejo *nm* **1** (*recomendación*) advice [*incontable*]: *Me gustaría daros un ~.* I'd like to offer you a piece of advice. ◊ *No sigas sus ~s.* Don't follow his advice. **2** (*organismo*) council: *El ~ escolar se reúne los jueves.* The school council meets on Thursdays. **3** (*reunión*) meeting
LOC consejo asesor advisory board **consejo de administración** board of directors [*pl* boards of directors] **consejo disciplinario** disciplinary committee [*v sing o pl*] ☛ *Ver nota en* COMITÉ **consejo de guerra** court martial [*pl* courts martial] **consejo de ministros 1** (*organismo*) cabinet [*v sing o pl*] **2** (*reunión*) cabinet meeting

consenso *nm* consensus: *Por fin se logró el ~.* A consensus was finally arrived at.

consentimiento *nm* consent

consentir *vt* **1** (*permitir*) to allow *sb* **to do sth**, to let *sb* **do sth** (*más coloq*): *No consentiré que me trates así.* I won't let you treat me like this. ◊ *No se lo consientas.* Don't let him get away with it. **2** (*mimar*) to spoil
■ **consentir** *vi* **1 ~ en** agree ***to do sth***: *Espero que consientan en acompañarnos.* I hope they'll agree to come with us. **2 ~ en que** to agree ***to sb doing sth***: *No consintieron en que viajáramos solos.* They wouldn't agree to us travelling alone.

conserje *nmf* **1** (*edificio*) porter **2** (*escuela, instituto*) caretaker **3** (*hotel*) receptionist

conserjería *nf* **1** (*edificio*) porter's lodge **2** (*escuela, instituto*) caretaker's quarters [*v pl*] **3** (*hotel*) reception

conserva *nf* **1** (*en lata*) tinned food: *~s de carne/pescado* tinned meat/fish **2** (*en cristal*) bottled food **3** (*proceso*) preservation
LOC en conserva 1 (*en lata*) tinned: *tomates en ~* tinned tomatoes **2** (*en cristal*) bottled

conservación *nf* **1** (*gen*) preservation: *la ~ de obras de arte* the preservation of works of art **2** (*Ecología*) conservation **LOC** *Ver* INSTINTO

conservador, ~a *adj* conservative
■ **conservador, ~a** *nm-nf* **1** (*Pol*) **(a)** (*gen*) conservative: *los ~es alemanes* German conservatives **(b)** (*Gran Bretaña*) Conservative **2** (*museo*) curator

conservadurismo *nm* conservatism

conservante *nm* preservative

conservar *vt* **1** (*gen*) to keep: *No conservo sus cartas.* I haven't kept his letters. ◊ *Aún conserva su prodigiosa memoria.* He still has a fantastic memory. **2** (*comida*) **(a)** (*mantener fresco*) to keep *sth* fresh: *El hielo conserva el pescado.* Ice keeps fish fresh. **(b)** (*por mucho tiempo*) to preserve: *~ sardinas en aceite* to preserve sardines in oil **3** (*calor*) to retain
■ **conservarse** *v pron* (*comida*) to keep
LOC conservar la vida to stay alive **conservarse/no conservarse bien** (*persona*) to look young/old *Ver tb* CALMA

conservatorio *nm* **1** (*en países de habla inglesa*) school of music [*pl* schools of music] **2** (*en otros países*) conservatoire

conservero, -a *adj* canning [*n atrib*]: *la industria conservera* the canning industry

considerable *adj* considerable

consideración *nf* **1** (*reflexión, cuidado*) consideration **2 ~ (por/hacia)** (*respeto*) respect (**for** ***sb***): *Sentían gran ~ hacia ella.* They felt great respect for her.
LOC con/sin consideración considerately/inconsiderately: *Me trataron con poca ~.* They didn't show me much consideration. **de consideración** serious: *una herida de ~* a serious injury **on/por consideración a/hacia algn** out of consideration for sb **tener/no tener consideración con algn** to show consideration/not to show any consideration for sb **tener/tomar en consideración** to take *sth/sb* into consideration: *No tomarom en ~ su estado de salud.* They didn't take her health into consideration. *Ver tb* ESCASO

considerado, -a *pp, adj* (*amable*) considerate (***towards sb***): *Parece bastante ~ con sus empleados.* He seems to be quite a considerate employer. *Ver tb* CONSIDERAR
LOC bien/muy considerado highly regarded: *un médico bien ~* a highly regarded doctor **mal considerado**: *El apostar está mal ~ en este país.* Betting is frowned on in this country. **ser muy considerado por su parte…** to be very considerate of sb (*to do sth*): *Fue muy ~ por tu parte dejarles tu casa.* It was very considerate of you to let them have your house.

considerar *vt* **1** (*sopesar*) to weigh *sth* up, to consider (*más formal*): *~ la posibilidad de dimitir* to weigh up the possibility of resigning **2** (*ver, apreciar*) to regard *sth/sb* (**as** ***sth***): *La considero una de nuestras mejores tenistas.* I regard her as one of our top tennis players. ◊ *Lo consideramos incorrecto.* We regard it as wrong. **3 ~ que…** (*opinar*) to think (**that…**), to consider (**that…**) (*más formal*): *Consideran que esto traerá problemas.* They think (that) this will cause problems.
LOC considerar responsable to hold *sb* responsible (*for sth*)

consigna *nf* **1** (*eslogan*) slogan **2** (*orden*) order: *las ~s del capitán* the captain's orders **3** (*para equipaje*) left luggage: *Dejé las maletas en ~.* I left my cases in the left luggage.
LOC consigna automática (luggage) locker

consignar *vt* **1** (*anotar*) to record **2** (*enviar*) to consign

consignatario, -a *nm-nf* **1** (*Com*) consignee **2** (*buque*) shipping agent

consigo *pron pers* **1** (*él, ella*) with him/her: *Ana traerá ~ las fotos.* Ana will bring the photos with her. ◊ *Julián llevaba ~ los documentos.* Julián had the documents on him. **2** (*usted, ustedes*) with you **3** (*ellos, ellas*) with them

LOC consigo mismo with himself, herself, etc: *Son muy exigentes ~ mismos.* They demand a lot of themselves.

consiguiente *adj* consequent

LOC por consiguiente as a result, so (*más coloq*)

consistente *adj* **1** (*sólido*) firm: *La masa del pan debe quedar ~.* The dough should be firm for bread. **2 ~ en** consisting **of** *sth/doing sth*: *un proyecto ~ en la construcción de una autopista* a project that consists of building a motorway

consistir *vi* **1 ~ en algo/hacer algo** to entail **sth/doing sth**; to consist **in sth/doing sth** (*más formal*): *Mi trabajo consiste en atender al público.* My job entails dealing with the public. **2 ~ en algo** (*constar de*) to consist **of sth**: *El menú consiste en un plato principal, postre, pan y vino.* The set menu consists of a main course, dessert, bread and wine.

consistorial *adj* council [*n atrib*]: *sesiones ~es* council meetings **LOC** *Ver* CASA

consola *nf* **1** (*mesa*) console table **2** (*panel*) console: *una ~ de videojuegos* a video games console

consolación *nf* consolation: *premio de ~* consolation prize

consolar *vt* to console *sb* (**for/on sth**): *Traté de ~la por la pérdida de su madre.* I tried to console her for the loss of her mother.

consolidación *nf* consolidation, strengthening (*más coloq*): *la ~ de la democracia* the consolidation of democracy

consolidar *vt* to consolidate, to strengthen (*más coloq*)

■ **consolidarse** *v pron*: *El país se está consolidando como potencia económica.* The country is consolidating its economic power.

consomé *nm* consommé

consonancia *nf* **1** (*Ling, Lit*) consonance **2** (*Mús*) harmony **LOC en consonancia con** in keeping with *sth*: *Su estilo de vida está en ~ con sus ingresos.* Their lifestyle is in keeping with their income.

consonante *adj* rhyming: *versos ~s* rhyming verse

■ **consonante** *nf* consonant **LOC** *Ver* RIMA

consorcio *nm* consortium [*pl* consortiums/consortia]

consorte *nmf* consort: *la reina y su ~* the queen and her consort

conspiración *nf* conspiracy

conspirador, ~a *nm-nf* conspirator

conspirar *vi* to conspire

constancia *nf* **1** (*perseverancia*) perseverance **2** (*testimonio*) evidence: *Tienen ~ de los efectos de esa droga.* They have evidence of the effects of that drug.

LOC dejar constancia de to prove *sth*: *Dejaron ~ de su profesionalidad.* They proved their professionalism.

constante *adj* **1** (*continuo*) constant **2** (*perseverante*) hard-working: *Mi hijo es muy ~ en sus estudios.* My son works very hard at school.

■ **constante** *nf* **1** (*Mat*) constant **2** (*fig*) constant feature **LOC constantes vitales** vital functions

constar *vi* **1** (*ser cierto*) to know *sth* [*vt*]: *Me/nos consta que su situación es muy delicada.* I/we know they're in a very tricky situation. **2** (*figurar*) to appear: *El trazado de la autopista no consta en los planos.* The motorway route doesn't appear on the plans. **3 ~ de** to consist **of** *sth*: *La exposición consta de unas cincuenta obras.* The exhibition consists of about fifty works.

LOC como/según consta as can be seen: *según consta en los documentos* as can be seen from the documents **constar en acta** to be placed on record **constar por escrito** to be set down in writing **hacer constar** to place *sth* on record: *Hagan ~ todos los datos.* Place all the information on record. **(que) conste que ...**: *Y que conste que la culpa no ha sido mía.* It wasn't my fault, you know. *Ver tb* SEGÚN

constatar *vt* to confirm

constelación *nf* constellation

consternación *nf* dismay

consternado, -a *pp, adj* dismayed: *La familia está consternada por la noticia.* The family is dismayed at the news. *Ver tb* CONSTERNAR

consternar *vt* to fill *sb* with dismay

■ **consternarse** *v pron* to be dismayed

constipado, -a *pp, adj*: *La niña está muy constipada.* My little girl's got a bad cold. *Ver tb* CONSTIPARSE

■ **constipado** *nm* cold: *pillar un ~* to catch a cold

constiparse *v pron* to catch a cold

constitución *nf* constitution **LOC** *Ver* HIERRO

constitucional *adj* constitutional **LOC** *Ver* TRIBUNAL

constitucionalidad *nf* constitutionality

constituir *vt* **1** (*componer*) to make *sth* up: *Los ancianos constituyen la inmensa mayoría.* Old people make up the vast majority. **2** (*ser*) to be, to constitute (*formal*): *Eso puede ~ un riesgo para la salud.* It may be a health hazard. ◊ *La compra de acciones no constituye delito.* Purchasing shares does not constitute a crime. **3** (*crear*) to set *sth* up: *~ una comisión* to set up a commission

■ **constituirse** *v pron* **constituirse en 1** (*organizarse*) to form *sth* [*vt*]: *Se han constituido en colectivo independiente.* They've formed an independent collective. **2** (*convertirse*) to become *sth*: *Se constituyó en nuestro portavoz.* He became our spokesman.

constituyente *adj* constituent: *una asamblea ~* a constituent assembly **LOC** *Ver* CORTE[1]

construcción *nf* **1** (*gen*) building, construction (*más formal*): *~ naval/de carreteras* shipbuilding/road building ◊ *Trabajan en la ~.* They're builders. **2** (*Ling*) construction

LOC en construcción under construction *Ver tb* RECIENTE

constructivo, -a *adj* constructive

constructor, ~a *adj* construction [*n atrib*]: *una sociedad constructora* a construction company

■ **constructor, ~a** *nm-nf* builder

■ **constructora** *nf* construction company

construir *vt, vi* to build: *~ un futuro mejor para nuestros hijos* to build a better future for our children ◊ *Aún no han empezado a ~ en esta zona.* They haven't started building here yet.

■ **construir** *vt* (*Ling, teoría, obra de arte*) to construct **LOC** *Ver* ROMA

consuegro, -a *nm-nf* **1** (*varón*) your son or daughter's father-in-law **2** (*mujer*) your son or daughter's mother-in-law **3 consuegros** your son or daughter's parents-in-law

consuelo *nm* consolation, comfort (*más coloq*): *unas palabras de ~* a few words of consolation ◊ *servir de ~* to be (of) some comfort ◊ *buscar ~ en algo* to seek consolation in sth

cónsul *nmf* consul

consulado *nm* consulate

consular *adj* consular

consulta *nf* **1** (*pregunta*) enquiry: *Quisiera hacer una ~.* I'd like to make an enquiry. ◊ *¿Te puedo hacer una ~?* Can I ask you something? ☛ *Ver nota en* ENQUIRY **2** (*Med*) **(a)** (*consultorio, atención*) surgery: *La doctora tiene ~ los lunes.* The doctor has a surgery on Mondays. ◊ *horas de ~* surgery hours **(b)** (*visita*) visit: *Cada ~ me cuesta 10.000 pesetas.* It costs me 10 000 pesetas a visit.

LOC consulta electoral election **consultas externas** outpatients **de consulta** reference: *libros de ~* reference books *Ver tb* BIBLIOTECA

consultar *vt* **1** (*gen*) to consult *sth/sb* (**about sth**): *~ un libro/a un médico* to consult a book/doctor ◊ *Nos han consultado sobre ese tema.* They've consulted us about that matter. **2 ~ algo con algn** to discuss sth **with sb**: *Primero lo consultaré con el arquitecto.* I'll discuss it with the architect first. **3** (*palabra, dato*) to look *sth* up: *Consúltalo en el diccionario.* Look it up in the dictionary.

LOC consultar algo con la almohada to sleep on sth

consultivo, -a *adj* consultative: *un órgano ~* a consultative body

consultor, ~a *adj* consultative

■ **consultor, ~a** *nm-nf* consultant

consultoría *nf* (*firma*) consultancy

consultorio *nm* **1** (*de un médico*) surgery **2** (*Periodismo*) advice page **3** (*Radio, TV*) advice programme
LOC **consultorio sentimental 1** (*Periodismo*) problem page **2** (*Radio, TV*) programme dealing with people's personal problems

consumado, -a *pp, adj* accomplished *Ver tb* CONSUMAR **LOC** *Ver* HECHO

consumar *vt* **1** (*delito*) to carry *sth* out **2** (*matrimonio*) to consummate

consumición (*bebida*) *nf* drink: *una entrada con derecho a ~* a ticket entitling you to a drink

consumido, -a *pp, adj* (*demacrado*) drawn *Ver tb* CONSUMIR
LOC **estar consumido por los celos, la pena, etc** to be consumed with jealousy, grief, etc

consumidor, ~a *adj* consuming: *países ~es de petróleo* oil-consuming countries
■ **consumidor, ~a** *nm-nf* **1** (*gen*) consumer: *los derechos de los ~es* consumer rights **2** (*de droga*) user: *un ~ de cocaína* a cocaine user

consumir *vt* **1** (*gen*) to consume, to use (*más coloq*): *Este radiador consume mucha luz.* This radiator uses a lot of electricity. **2** (*comer, beber*) to consume, to eat/to drink (*más coloq*): *Consumieron doce botellas de vino.* They drank twelve bottles of wine. **3** (*destruir, concomer*) to consume: *Las llamas consumieron el bosque.* The forest was consumed by the flames. ◊ *Los celos la consumen.* She's consumed with jealousy. **4** (*poner nervioso*) to drive *sb* to distraction **5** (*debilitar*) to waste: *La fiebre le consumía.* He was wasting away with fever.
■ **consumirse** *v pron* (*debilitarse*) to waste away
LOC **consumir preferentemente antes de...** best before... *Ver tb* ENVIDIA

consumismo *nm* consumerism

consumista *adj* consumerist

consumo *nm* consumption
LOC **artículos/bienes/productos de consumo** consumer goods *Ver tb* FECHA, ÍNDICE, SOCIEDAD

contabilidad *nf* **1** (*profesión*) accountancy **2** (*conjunto de cuentas*) accounts [*v pl*]: *la ~ de una empresa* a firm's accounts
LOC **llevar la contabilidad** to do the accounts *Ver tb* LIBRO

contabilizar *vt* **1** (*Fin*) to enter **2** (*contar*) to count

contable *adj* **1** (*Ling*) countable **2** (*Fin*) accounting [*n atrib*]: *irregularidades ~s* accounting irregularities
■ **contable** *nmf* accountant

contactar *vi* **~ (con)** to contact *sb* [*vt*], to get in touch (**with *sb***) (*más coloq*): *Intenté ~ con mi familia.* I tried to contact my family.

contacto *nm* contact: *No debe entrar en ~ directo con la piel.* It shouldn't come into direct contact with the skin.
LOC **estar/mantenerse/ponerse en contacto con algn** to be/keep/get in touch with sb **poner a algn en contacto con algn** to put sb in touch with sb *Ver tb* BOTÓN, LENTE, LLAVE, TOMA[2]

contado, -a *pp, adj* (very) few: *en contadas ocasiones* on very few occasions *Ver tb* CONTAR
■ **contado** *nm*: *pagar (algo) al ~* to pay (for sth) in cash **LOC** *Ver* DÍA, HABA, HORA, VENTA, VEZ

contador *nm* (*aparato*) meter: *el ~ de la luz* the electricity meter

contagiar *vt* **1** (*enfermedad*) to infect *sb* (**with *sth***), to give *sb sth* (*más coloq*): *Le contagió la varicela a su hermana.* He gave his sister chickenpox. **2** (*entusiasmo*) to pass *sth* on: *Nos han contagiado su entusiasmo.* They've passed on their enthusiasm to us.
■ **contagiarse** *v pron* **1** (*adquirir una enfermedad*): *Me contagié en la piscina.* I caught it at the swimming pool. **2** (*ser contagioso*) to be contagious: *La viruela se contagia fácilmente.* Smallpox is highly contagious.

contagio *nm* contagion

contagioso, -a *adj* contagious

container *nm Ver* CONTENEDOR

contaminación *nf* **1** (*gen*) pollution: *~ atmosférica/acústica* atmospheric/noise pollution **2** (*radiactiva, alimenticia, de la sangre, fig*) contamination

contaminante *adj*: *energía no ~* green energy
■ **contaminante** *nm* pollutant **LOC** *Ver* PRODUCTO

contaminar *vt, vi* **1** (*gen*) to pollute: *Los vertidos de la fábrica contaminan el río.* Waste from the factory is polluting the river. **2** (*radiactividad, alimentos, sangre, fig*) to contaminate

contante *adj*
LOC **contante y sonante** in hard cash: *Aquí está el dinero, ~ y sonante.* Here's the money in hard cash.

contar *vt* **1** (*enumerar, calcular*) to count: *Contó el número de viajeros.* He counted the number of passengers. **2** (*explicar*) to tell: *Nos contaron sus problemas.* They told us their problems. ◊ *Me han contado sus vacaciones.* They've told me about their holidays. **3** (*incluir*) to count *sth/sb* **as *sth***: *La contamos entre/como una de nuestras mejores clientas.* We count you as one of our best customers. **4** (*edad*): *Cuenta cinco años.* He's five years old.
■ **contar** *vi* **1** (*gen*) to count: *Cuenta hasta 50.* Count to 50. ◊ *Su opinión no cuenta gran cosa.* His opinion doesn't count for much. **2 ~ con** (*confiar, esperar*) to count on *sth/sb*: *Cuento con ellos.* I'm counting on them. ◊ *No contaba con que aparecieran hoy.* I wasn't counting on them turning up today. **3 ~ con** (*tener*) to have *sth* [*vt*]: *Este hotel cuenta con unas estupendas instalaciones.* This hotel has wonderful facilities.
■ **contarse** *v pron* **contarse entre** to be one of...: *Esa agencia de viajes se cuenta entre las mejores.* That travel agency is one of the best.
LOC **a contar desde...** starting from... **contar con la presencia de**: *El acto contó con la presencia del alcalde.* The mayor attended the ceremony. **contar con los dedos**: *Sus amistades se podrían ~ con los dedos.* You could count his friends on the fingers of one hand. **¡cuéntaselo a tu abuela/tía!** pull the other one! **¡mira a quién se lo va a contar/decir** fancy telling me, you, etc! **quedar para contarlo** to live to tell the tale **¿qué te cuentas?** how are things? **sin contar con que...** not to mention that... *Ver tb* ATROCIDAD, BATALLITA, CONFIANZA, LARGO, MARAVILLA, PARAR

contemplación *nf* **1** (*observación*) contemplation **2** **contemplaciones**: *No deberías tener tantas contemplaciones con ellos.* You shouldn't be so soft with them. ◊ *La echó de casa sin más contemplaciones.* He threw her out of the house then and there. ◊ *No se andan con contemplaciones a la hora de despedir a la gente.* They don't think twice before giving people the sack. **LOC** *Ver* TRATAR

contemplar *vt* **1** (*observar, considerar*) to contemplate: *~ un cuadro/una posibilidad* to contemplate a painting/possibility **2** (*tener en cuenta*) to provide for *sth*: *El acuerdo contempla una subida salarial.* The agreement provides for a salary rise.

contemplativo, -a *adj* contemplative

contemporáneo, -a *adj, nm-nf* **~ (de)** contemporary (**of *sth/sb***): *arte ~* contemporary art ◊ *un ~ de Goya* a contemporary of Goya **LOC** *Ver* EDAD

contemporizar *vi* **~ con 1** (*amoldarse*) to fit in **with *sb***: *Trata de ~ con sus colegas.* He tries to fit in with his colleagues. **2** (*transigir*) to compromise (**with *sb***): *saber ~ con opiniones distintas* to be able to compromise

contención *nf* containment: *una política de ~* a policy of containment
LOC **barrera/muro de contención** retaining wall

contencioso, -a *adj* contentious
■ **contencioso** *nm* dispute: *un largo ~ laboral* a lengthy labour dispute
LOC **contencioso administrativo** court case brought against the State by an individual or organization

contender *vi* to fight, to contend (*más formal*)

contendiente *adj* contending
■ **contendiente** *nmf* contender

contenedor *nm* **1** (*de mercancías*) container **2** (*de basura*) bin ☛ *Ver nota en* BIN **3** (*de escombros*) skip

contener *vt* **1** (*gen*) to contain: *Este texto contiene* *algunos errores.* This text contains a few mistakes. **2** (*aguantar*) to hold *sth* back: *El niño no pudo ~ el llanto.* The boy couldn't hold back his tears.

LOC contener la risa to keep a straight face **no pude contener la risa** I, you, etc couldn't help laughing

contenido *nm* **1** (*gen*) contents [*v pl*]: *el ~ de un frasco/una carta* the contents of a bottle/letter **2** (*significado*) content: *preguntas vacías de ~* questions devoid of content **LOC** *Ver* VACIAR

contentar *vt* to please

■ **contentarse** *v pron* **contentarse con** to be happy **with *sth***: *Se contenta con poco.* He's happy with very little.

contento, -a *adj* **1** (*feliz*) happy: *Está contenta en ese colegio.* She's happy at that school. **2 ~ (con/de)** (*satisfecho*) pleased (**with *sth*/*sb***): *Se quedó muy contenta con el regalo.* She was very pleased with the present. ☛ *Ver nota en* GLAD

■ **contento** *nm* joy

LOC darse por contento to be satisfied **dejar/poner/tener contento a algn** to make sb happy **(estar) más contento que unas castañuelas/pascuas** (to be) as happy as a sandboy **no contento con...** not content with... *Ver tb* BOTAR, CABER

contestación *nf* answer, reply (*más formal*): *Esperamos ~.* We await your reply. ◊ *en ~ a su carta* in reply to your letter

LOC dar una mala contestación to give *sb* a curt answer

contestador *nm*

LOC contestador (automático) answering machine

contestar *vt* **~ (a)** to answer *sth*, to reply **to *sth*** [*vi*] (*más formal*): *Nunca contestas mis preguntas.* You never answer my questions. ◊ *No contestaron a mi carta.* They didn't answer my letter.

■ **contestar** *vi* **1** (*dar una respuesta*) to answer, to reply (*más formal*) **2** (*replicar*) to answer back: *¡No me contestes!* Don't answer back!

LOC sin contestar unanswered *Ver tb* AFIRMACIÓN, DÚO

contestatario, -a *adj* anti-establishment: *un grupo ~* an anti-establishment group ◊ *Es una época muy contestataria.* This is a period when traditional values are often questioned.

■ **contestatario, -a** *nm-nf* rebel

contexto *nm* context

contextura *nf* **1** (*textura*) texture **2** (*constitución*) build: *un atleta de ~ fuerte* an athlete with a strong build

contienda *nf* conflict

contigo *pron pers* with you: *¿Puedo ir ~?* Can I go with you? ◊ *Quiero hablar ~.* I want to talk to you.

LOC contigo mismo with yourself

contigüidad *nf* (*fig*) proximity

contiguo, -a *adj* **~ (a)** adjoining: *habitaciones contiguas* adjoining rooms ◊ *el parque ~ al hospital* the park adjoining the hospital

continental *adj* continental: *desayuno ~* continental breakfast

continente *nm* continent

contingencia *nf* contingency

contingente *adj* contingent

■ **contingente** *nm* **1** (*Mil*) contingent **2** (*Com*) quota: *~s de producción* production quotas

continuación *nf* continuation

LOC a continuación 1 (*ahora*) next: *A ~ les ofrecemos una película de terror.* Next we have a horror film. **2** (*después*) afterwards: *La cena se servirá a ~.* Dinner will be served afterwards.

continuador, ~a *nm-nf*: *ser el ~ de la obra de algn* to carry on with sb's work

continuar *vt* to continue *sth*, to carry on with *sth* (*más coloq*): *Se fue a Canadá a ~ sus estudios.* She went to Canada to continue her studies. ◊ *Los ministros continuarán esta tarde su reunión.* The ministers will continue their meeting this afternoon.

■ **continuar** *vi* **1** (*gen*) to continue (***with sth*/*to do sth***), to go on (***with sth*/*doing sth***) (*más coloq*): *Continúan con las negociaciones.* They are continuing with the negotiations ◊ *Continuaremos apoyándote.* We shall go on supporting you. **2** (*estar todavía*) to be still...: *Continúa haciendo mucho calor.* It's still very hot. ◊ *Continuamos muy interesados.* We are still very interested. **3** (*en un lugar, en un puesto*) to stay on: *Mi intención es ~ en Lisboa.* I intend to stay on in Lisbon. ◊ *Va a ~ como alcalde.* He is going to stay on as mayor.

LOC continuará... to be continued... **continuar sin...**: *Continúan sin luz.* They still have no electricity. ◊ *Continúan sin poder regar los jardines.* They still can't water their gardens.

continuidad *nf* continuity

continuo, -a *adj* **1** (*ininterrumpido*) continuous: *el ~ descenso de la natalidad* the continuous decline in the birth rate **2** (*repetido*) continual: *~s cambios* continual changes ☛ *Ver nota en* CONTINUAL

LOC de continuo continually *Ver tb* CORRIENTE, SESIÓN

contonearse *v pron* to wiggle your hips: *~ al andar* to wiggle your hips as you walk

contoneo *nm* wiggle

contorno *nm* **1** (*perfil*) outline **2** (*medida*) measurement: *~ de cintura/cadera* waist/hip measurement **3 contornos** (*inmediaciones*) outskirts: *en los ~s del pueblo* on the outskirts of the town

contorsión *nf* contortion

contorsionarse *v pron* to twist

contorsionista *nmf* contortionist

contra *prep* **1** (*gen*) against: *la lucha contra el crimen* the fight against crime ◊ *Ponte contra la pared.* Stand against the wall. **2** (*con verbos como lanzar, disparar, tirar*) at: *Lanzaron piedras contra las ventanas.* They threw stones at the windows. **3** (*con verbos como chocar, arremeter*) into: *Mi vehículo chocó contra la pared.* My car crashed into the wall. ◊ *Su coche se estrelló contra un árbol.* His car hit a tree. **4** (*golpe, atentado, ataque*) on: *un atentado contra el presidente* an attempt on the president's life ◊ *Se dio un buen golpe contra el asfalto.* She fell down in the road and hurt herself quite badly. **5** (*votación, resultado*) to: *Me ganaron por once votos contra seis.* I was outvoted by eleven votes to six. **6** (*cura, medicina, tratamiento, vacuna*) for: *una cura contra el cáncer* a cure for cancer **7** (*Dep, Jur*) versus (*abrev* v, vs): *el Madrid contra el Barcelona* Madrid v Barcelona

■ **contra** *nf*: *hacer/llevar la ~ a algn* to contradict sb

LOC en contra (de) against (*sth/sb*): *¿Estás a favor o en contra?* Are you for or against? ◊ *Yo también estoy en contra.* I'm against it too. ◊ *en contra de su voluntad* against their will **en contra de lo que...** contrary to...: *en contra de lo que se esperaba* contrary to expectations

contraalmirante *nm* rear admiral

contraatacar *vi* to counter-attack, to fight back (*más coloq*)

contraataque *nm* counter-attack: *El ~ fue la mejor arma del equipo.* The team's best form of defence was to counter-attack. **LOC** *Ver* JUGAR

contrabajo *nm* **1** (*instrumento*) double bass ☛ *Ver ilustración en* STRING **2** (*voz, cantante*) basso profundo

■ **contrabajo** *nmf* (*músico*) double bass player

contrabandista *nmf* smuggler

LOC contrabandista de armas gun runner

contrabando *nm* **1** (*actividad*) smuggling: *dedicarse al ~* to take up smuggling **2** (*mercancía*) contraband: *Les pillaron con el ~.* They caught them with the contraband.

LOC contrabando de armas gun running **introducir/pasar algo de contrabando** to smuggle sth in

contracción *nf* contraction

contrachapado, -a *pp, adj* plywood [*n atrib*]: *muebles ~s* plywood furniture ◊ *madera contrachapada* plywood

■ **contrachapado** *nm* plywood

contracorriente
LOC **ir a contracorriente/contra la corriente** to swim against the tide
contractual *adj* contractual
contracultura *nf* counter-culture
contradecir *vt* to contradict
contradicción *nf* contradiction
LOC **entrar/estar en contradicción** to contradict one another: *Esas dos noticias están en ~.* Those two news items contradict each other. **entrar/estar en contradicción con** to conflict with *sth*: *Está en ~ con nuestras creencias.* It conflicts with our beliefs. *Ver tb* ESPÍRITU
contradictorio, -a *adj* contradictory
contraer *vt* **1** (*gen*) to contract: *~ deudas/la malaria* to contract debts/malaria **2** (*compromisos, obligaciones, responsabilidades*) to take *sth* on
■ **contraerse** *v pron* (*materiales, músculos*) to contract
LOC **contraer matrimonio** to get married (*to sb*)
contraespionaje *nm* counter-espionage
contrafuerte *nm* (*Arquit*) buttress ☛ *Ver ilustración en* IGLESIA
contragolpe *nm* (*Fútbol*) counter-attack
contrahecho, -a *pp, adj* deformed
contraindicación *nf* contraindication
contraindicado, -a *pp, adj*: *Estas pastillas están contraindicadas durante el embarazo.* These pills shouldn't be taken during pregnancy.
contralto *nmf* contralto [*pl* contraltos]
contraluz *nm o nf*
LOC **a contraluz** against the light
contramaestre *nm* **1** (*Náut*) petty officer **2** (*encargado*) foreman [*pl* foremen]
contraofensiva *nf* counter-offensive
contraoferta *nf* counter-offer
contrapartida *nf* compensation: *como ~ de las molestias* in compensation for the disturbance
contrapeso *nm* counterweight
contrapié
LOC **a contrapié** on the wrong foot
contraponer *vt* (*comparar*) to compare *sth* (**with** ***sth***): *~ una ideología a/con otra* to compare one ideology with another
■ **contraponerse** *v pron* **contraponerse (a)** to be in opposition (**to** ***sth***)
contraportada *nf* **1** (*parte posterior de un libro*) back cover **2** (*revista, periódico*) back page
contraposición *nf* **1** (*comparación*) comparison **2** (*conflicto*) conflict
LOC **en contraposición a** as opposed to *sth*: *la literatura fantástica en ~ a la realista* fantasy, as opposed to realist, literature
contraproducente *adj* counter-productive
LOC **tener un efecto, resultado, etc contraproducente** to be counter-productive
contrapuesto, -a *pp, adj* conflicting: *intereses ~s* conflicting interests *Ver tb* CONTRAPONER
contrapunto *nm* counterpoint
contrariamente *adv*
LOC **contrariamente a…** contrary to…: *~ a lo que ocurre en estos casos…* Contrary to what happens in these cases…
contrariar *vt* **1** (*oponerse*) to go against *sth/sb*: *No me atreví a ~ sus deseos.* I didn't dare go against his wishes. **2** (*disgustar*) to upset: *Me contrarió suspender el examen.* Failing the exam upset me.
contrariedad *nf* **1** (*contratiempo*) setback **2** (*disgusto*) annoyance
contrario, -a *adj* **1** (*equipo, opinión, teoría*) opposing **2** (*dirección, lado*) opposite **3 ~ (a)** (*persona*) opposed (**to** ***sth***)
■ **contrario, -a** *nm-nf* opponent
LOC **al/por el contrario** on the contrary **al contrario de** contrary to *sth*: *al ~ de lo que pueda parecer* contrary to appearances **de lo contrario/en caso contrario** otherwise **llevar la contraria** to disagree: *Les gusta llevar siempre la ~.* They always like to disagree. **(todo) lo contrario** (quite) the opposite: *Sus profesores opinan lo ~.* Her teachers think the opposite. *Ver tb* CAMPO, SENTIDO
contrarreforma *nf* counter-reformation
LOC **La Contrarreforma** the Counter-Reformation
contrarreloj *adj* timed: *una carrera ~* a time trial
■ **contrarreloj** *nf* (*Dep*) time trial
contrarrestar *vt* to counteract
contrarrevolucionario, -a *adj, nm-nf* counter-revolutionary
contrasentido *nm*: *Parece un ~.* It doesn't make any sense. ◊ *Supone un ~ hacerlo ahora.* It makes no sense to do it now.
contraseña *nf* password
contrastar *vt, vi* to contrast: *~ unos resultados con otros* to contrast one set of results with another ◊ *El rojo contrasta con el negro.* Red contrasts with black.
■ **contrastar** *vt* (*verificar*) to check
contraste *nm* contrast
LOC **en contraste con** in contrast to *sth/sb* **hacer contraste** to contrast (*with sth*): *El negro hace ~ con el amarillo.* Black contrasts with yellow. **por contraste** by contrast
contrata *nf* contract
contratación *nf* **1** (*de personal*) taking *sb* on, contracting (*más formal*): *la ~ de nuevo personal* taking on new staff **2** (*Bolsa*) trading: *volumen de ~* trading volume
contratado, -a *nm-nf* person under contract
contratar *vt* **1** (*gen*) to take *sb* on, to contract (*más formal*): *Lo acaban de ~.* They've just taken him on. **2** (*deportista*) to sign *sb* on/up
contratiempo *nm* **1** (*problema, imprevisto*) setback: *El proyecto ha sufrido varios ~s.* The project has suffered some setbacks. ◊ *Me surgió un ~ y no pude ir.* Something came up and I couldn't go. **2** (*accidente*) mishap: *Llegamos sin ~s.* We arrived without mishap.
contratista *nmf* contractor: *un ~ de obra* a building contractor
contrato *nm* contract
LOC **contrato de alquiler 1** (*inmueble*) tenancy agreement **2** (*coche, vídeo, etc*) rental agreement **contrato de arrendamiento/compraventa** tenancy/sales agreement **contrato laboral/de trabajo** contract of employment **contrato mercantil** trading agreement *Ver tb* INCUMPLIMIENTO
contravenir *vt* to contravene
contraventana *nf* shutter
contrayente *nmf* bridegroom [*fem* bride]: *los ~s* the bride and groom
contribución *nf* contribution
LOC **contribución (urbana)** ≃ council tax (*GB*)
contribuir *vi* **1** (*gen*) to contribute (*sth*) (**to/towards** ***sth***): *Contribuyeron con diez millones a la construcción del hospital.* They contributed ten million pesetas to the construction of the hospital. **2 ~ a hacer algo** to help **to do sth**: *Contribuirá a mejorar la imagen del partido.* It will help to improve the party's image.
contribuyente *nmf* taxpayer
contrincante *nmf* rival
control *nm* **1** (*gen*) control: *~ aduanero/de armamento* customs/arms control ◊ *~ de calidad* quality control ◊ *perder el ~* to lose control **2** (*examen*) test **3** (*de policía, Dep*) checkpoint
LOC **control de natalidad** birth control **llevar el control de algo** to run sth: *Llevan el ~ de la editorial.* They run the publishing house. ◊ *llevar el ~ de los gastos* to keep an eye on expenses *Ver tb* ALCOHOLEMIA, ANTIDOPING, PALANCA, SALTAR
controlador, ~a *nm-nf*
LOC **controlador aéreo** air traffic controller
controlar *vt* **1** (*dominar*) to control: *~ a la gente/una situación* to control people/a situation **2** (*comprobar*) to check: *Debes ~ las cuentas.* You must check the accounts. **3** (*saber*) to know a lot **about** ***sth***: *No controlo las matemáticas.* I'm not very well up in maths.

controversia *nf* controversy
controvertido, -a *pp, adj* controversial
contundencia *nf* forcefulness: *actuar/hablar con ~* to act/talk forcefully
contundente *adj* **1** (*instrumento, objeto*) blunt **2** (*enérgico*) forceful: *ideas/argumentos ~s* forceful ideas/ arguments ◊ *Nos lo advirtieron en tono ~.* They warned us about it in a forceful tone. **3** (*pruebas*) conclusive **4** (*aplastante*) overwhelming: *una derrota ~* an overwhelming defeat
contusión *nf* bruise
contusionar *vt* to bruise
convalecencia *nf* convalescence
convalecer *vi* **1** (*gen*) to convalesce: *Convalece en casa de sus padres.* She's convalescing at her parents' house. **2 ~ de** to recover **from *sth***
convaleciente *adj* **1** (*gen*) convalescent [*n*]: *un soldado ~* a convalescent ◊ *Todavía está ~.* She's still convalescing. **2 ~ de** recovering **from *sth***
■ **convaleciente** *nmf* convalescent
convalidación *nf* **1** (*título*) accreditation **2** (*asignaturas*) recognition
convalidar *vt* **1** (*título*) to accredit **2** (*asignaturas*) to recognize
convencer *vt* **1** to convince *sb* (**of *sth***): *Nos convencieron de la necesidad de una nueva autopista.* They convinced us of the need for a new motorway. ◊ *El artículo me convenció de que los rumores eran ciertos.* The article convinced me that the rumours were true. **2** (*persuadir*) to persuade: *La convencí para que viniera con nosotros a la fiesta.* I persuaded her to come to the party with us.
■ **convencer** *vi* **1** (*ser convincente*) to be convincing **2** (*satisfacer*) to like *sth/sb* [*vt*]: *Eso ya me convence más.* I like that better. ◊ *Su último libro no me convence.* I don't think much of his latest book.
■ **convencerse** *v pron* **convencerse de** to get *sth* into your head: *Tienes que ~te de que se acabó.* You must get it into your head that it's all over.
LOC **¡convéncete!** believe you me!
convencido, -a *pp, adj* certain: *Están ~s de que ganarán las elecciones.* They are certain they're going to win the election. *Ver tb* CONVENCER
convencimiento *nm* conviction
LOC **tener el convencimiento de que...** to be convinced that...
convención *nf* convention
convencional *adj* conventional **LOC** *Ver* GUERRA
convencionalismo *nm* convention: *~s sociales* social conventions
conveniencia *nf* **1** (*gen*) advisability: *la ~ de iniciar negociaciones* the advisability of initiating negotiations **2** (*interés*) self-interest: *actuar por ~* to act out of self-interest **LOC** *Ver* MATRIMONIO, PABELLÓN
conveniente *adj* **1** (*oportuno*) convenient: *una hora/ un lugar ~* a convenient time/place **2** (*aconsejable*) advisable
LOC **ser conveniente** to be a good idea *to do sth*: *Creo que es ~ que salgamos de madrugada.* I think it's a good idea to leave early. ◊ *Sería ~ tener tu dirección.* It would be a good idea to have your address.
convenio *nm* agreement: *~ colectivo/comercial/ salarial* collective/trade/wages agreement
convenir *vt, vi* to agree (**on *sth*/to do *sth***): *Hay que ~ la fecha de la reunión.* We must agree on the date of the meeting. ◊ *Convinimos en comer juntos.* We agreed to have lunch together. ◊ *Convinimos en que era un amigo excelente.* We agreed he was a wonderful friend.
■ **convenir** *vi* **1** (*ser conveniente*) to suit *sb* [*vt*]: *Haz lo que más te convenga.* Do what suits you best. **2** (*ser aconsejable*): *Conviene decírselo cuanto antes.* He should be told as soon as possible. ◊ *No te conviene trabajar tanto.* You shouldn't work so hard. ◊ *No conviene que se publique eso.* It would be better not to publish this.
convento *nm* **1** (*de monjas*) convent **2** (*de monjes*) monastery
convergente *adj* convergent
converger (*tb* **convergir**) *vi* (*lit* y *fig*) to converge: *dos líneas que convergen en un punto* two lines that converge at a point
conversación *nf* **1** (*gen*) conversation: *una larga ~ telefónica* a long telephone conversation ◊ *un tema de ~* a topic of conversation ◊ *Es un hombre de ~ amena.* He's a very pleasant man to talk to. **2 conversaciones** (*Pol*) talks: *conversaciones de paz* peace talks
LOC **dar conversación** to talk *to sb* **no tener conversación/tener poca conversación** to have nothing to say for yourself: *Su marido tiene poca ~.* Her husband hasn't got much to say for himself.
conversador, ~a *adj* chatty
■ **conversador, ~a** *nm-nf* conversationalist
conversar *vi* to talk (**to *sb***) (**about *sth*/*sb***): *Conversamos sobre temas de actualidad.* We talked about current affairs. ☛ *Ver nota en* HABLAR
conversión *nf* conversion
converso, -a *adj* converted
■ **converso, -a** *nm-nf* convert
convertible *adj* **~ (en)** convertible (**into *sth***)
convertir *vt* **1** (*gen*) to turn *sth/sb* ***into sth***: *Convirtieron su casa en museo.* His house was turned into a museum. **2** (*divisas, medidas*) to convert *sth* ***to sth***: *~ millas en kilómetros* to convert miles to kilometres **3** (*Relig*) to convert *sb* (**to *sth***)
■ **convertirse** *v pron* **1 convertirse en (a)** (*llegar a ser*) to become: *~se en adulto* to become an adult **(b)** (*transformarse*) to turn into *sth*: *El príncipe se convirtió en rana.* The prince turned into a frog. **2 convertirse (a)** (*Relig*) to convert (**to *sth***): *Se han convertido al islam.* They have converted to Islam.
LOC **convertirse en realidad** to come true *Ver tb* LÍDER
convexo, -a *adj* convex
convicción *nf* conviction
convicto, -a *adj* convicted
convidar *vt* to invite *sb* (**to *sth*/to do *sth***): *Nos han convidado a su boda.* They've invited us to their wedding.
convincente *adj* convincing
LOC **poco convincente** unconvincing
convite *nm* banquet
convivencia *nf* **1** (*gen*) living ***with sb*/*together***: *Me encanta la ~ con ellos.* I love living with them. ◊ *La ~ a veces resulta difícil.* Living with someone is sometimes hard. ◊ *Llevan tres años de ~.* They've been living together for three years. **2** (*Pol*) coexistence
convivir *vi* **1** (*vivir*) to live ***with sb*/*together***: *Conviví dos años con ella.* I lived with her for two years. ◊ *Convivieron antes de casarse.* They lived together before they got married. **2** (*Pol*) to coexist
convocar *vt* **1** (*huelga, elecciones, manifestación, reunión*) to call: *Han convocado para hoy una huelga general.* A general strike has been called for today. **2** (*concurso, oposiciones*) to announce **3** (*citar*) **(a)** (*gen*) to summon: *~ a los líderes a una reunión* to summon the leaders to a meeting **(b)** (*deportista*) to call *sb* up: *No lo han convocado para el partido del domingo.* He hasn't been called up for tomorrow's match.
convocatoria *nf* **1** (*huelga, elecciones, manifestación*) call: *una ~ de huelga/elecciones* a strike call/a call for elections **2** (*reunión*) notification **3** (*concurso, oposiciones*) announcement **4** (*Educ*): *Aprobé en la ~ de junio.* I passed in June. ◊ *Lo intentaré otra vez en la ~ de septiembre.* I'll try again in the September resits. ◊ *Nos dan cinco ~s.* We get four chances to retake our exams.
convoy *nm* convoy
convulsión *nf* **1** (*Med*) convulsion **2** (*fig*) upheaval: *convulsiones sociales* social upheavals
conyugal *adj* **1** (*gen*) marital: *el domicilio/hogar ~* the marital home ◊ *infidelidad ~* marital infidelity **2** (*derechos*) conjugal **3** (*vida*) married **LOC** *Ver* DESAVENENCIA, FIDELIDAD, VIDA
cónyuge *nmf* (*gen*) spouse (*formal*): *Si trabajan los dos*

~*s*... If both husband and wife go out to work... ◊ *Cada uno de los ~s tiene derecho a la mitad.* Husband and wife are entitled to half each.

coña *nf* **1** (*burla*) joke: *Estábamos de ~.* It was a joke. **2** (*fastidio*) pain
LOC ni de coña no way: *No me deja la cámara ni de ~.* No way will he lend me his camera. **tomarse algo a coña** to take sth as a joke

coñac *nm* brandy

coñazo *nm* **1** (*persona*) pain: *¡Qué ~ de tío!* What a pain that guy is! **2** (*cosa*) bore: *¡Qué ~!* How boring! ◊ *La película me resultó un ~.* The film was really boring.
LOC dar el coñazo to pester *sb*: *No me des el ~ porque no te lo voy a comprar.* I'm not going to buy it for you, so stop pestering me.

coño *nm* (*vagina*) cunt (⚠)
■ **¡coño!** *interj*: *¡Que me lo des, ~!* Give me the bloody thing! (⚠): *¡He dicho que no vas, ~!* No, you can't bloody well go! (⚠): *¡~, cómo quema!* Bloody hell! It's hot! (⚠): *¡~, qué alegría verte!* It's bloody great to see you! (⚠)
LOC ¡ay, qué coño! bloody hell! (⚠) **estar hasta el coño** to be pissed off *with sth/sb* (⚠) **¡... ni qué coño!**: *¡Qué dinero ni qué ~!* What bloody money? (⚠) **¿qué/quién/dónde coño?** what/who/where the hell? *Ver tb* QUINTO
☛ Para términos y expresiones marcados con el símbolo ⚠, véase nota en TABÚ.

cooperación *nf* cooperation

cooperador, ~a *adj* cooperative
■ **cooperador, ~a** *nm-nf* collaborator

cooperar *vi* to cooperate (***with sb***) (***on sth***): *Se negó a ~ con ellos en el proyecto.* He refused to cooperate with them on the project.

cooperativo, -a *adj* cooperative
■ **cooperativa** *nf* cooperative: *una cooperativa de viviendas* a housing cooperative

coordenada *nf* coordinate **LOC** *Ver* EJE

coordinación *nf* coordination

coordinado, -a *pp, adj* (*Ling*) coordinate *Ver tb* COORDINAR

coordinador, ~a *adj* coordinating
■ **coordinador, ~a** *nm-nf* coordinator

coordinar *vt* to coordinate

copa *nf* **1** (*vaso*) wineglass ☛ También se puede decir **glass**. *Ver ilustración en* VASO **2** (*bebida*) drink: *Te invito a una ~.* Have a drink on me. ◊ *tomarse unas ~s* to have a few drinks **3** (*árbol*) top **4 Copa** (*Dep*) Cup: *la Copa de Europa* the European Cup **5 copas** (*Naipes*) ☛ *Ver nota en* BARAJA
LOC ir/salir de copas to go out for a drink **llevar/tener una(s) copa(s) de más** to have had one too many *Ver tb* SOMBRERO

copar *vt* **1** (*puesto*) to take: *Los atletas rusos copan los primeros puestos de la clasificación.* The Russian athletes are sweeping the board. **2** (*premio, medalla*) to win **3** (*monopolizar*) to monopolize

copartícipe *nmf* partner

Copenhague *nm* Copenhagen

copeo *nm*
LOC ir de copeo to go out for a few drinks

copete *nm* **1** (*pelo*) quiff **2** (*Ornitología*) crest **LOC** *Ver* ALTO *adj*

copia *nf* copy: *hacer/sacar una ~* to make a copy
LOC copia en limpio/sucio fair/rough copy **ser una copia de algn** to be the (living) image of sb

copiar *vt, vi* to copy: *¿Has copiado este cuadro del original?* Did you copy this painting from the original? ◊ *¿Te han pillado alguna vez copiando?* Have you ever been caught copying?
■ **copiar** *vt* (*escribir*) to write *sth* down: *Copiaban lo que el profesor iba diciendo.* They wrote down what the teacher said.

copiloto *nmf* **1** (*automóvil*) co-driver **2** (*avión*) co-pilot **LOC** *Ver* ASIENTO

copión, -ona *nm-nf* **1** (*sin personalidad*) copycat **2** (*en un examen*) cheat

copioso, -a *adj* **1** (*lluvia, nieve*) heavy **2** (*comida*) hearty

copla *nf* **1** (*Liter*) verse **2** (*Mús*) folk-song
LOC quedarse con la copla to understand

copo *nm* flake
LOC copo de nieve snowflake **copos de avena** rolled oats **copos de maíz (tostado)** cornflakes

copón *nm*
LOC del copón: *Es un libro del ~.* It's a tremendous book. ◊ *un imbécil del ~* a complete idiot

coproducción *nf* co-production

cópula *nf* **1** (*acto sexual*) copulation **2** (*Gram*) copula

copular(se) *vi, v pron* to copulate

copulativo, -a *adj* copulative

coque *nm* coke

coquetear *vi* to flirt (***with sb/sth***)

coqueteo *nm* flirting [*incontable*]: *Me molestan sus continuos ~s.* His endless flirting gets on my nerves.

coqueto, -a *adj* **1** (*presumido*): *ser ~* to be concerned about your appearance **2** (*que coquetea*) flirtatious: *Siempre ha sido muy coqueta.* She always has been a flirt. **3** (*objeto, habitación*) pretty ☛ *Ver nota en* BONITO *adj*
■ **coqueto, -a** *nm-nf* flirt

coraje *nm* **1** (*valor*) courage **2** (*rabia*) anger
LOC dar coraje: *Me dio ~ que me trataran así.* I was furious at being treated like that. **echarle coraje** to take your courage in both hands **¡qué coraje!** how annoying!

coral[1] *nm* (*Zool*) coral **LOC** *Ver* BANCO

coral[2] *adj* choral
■ **coral** *nf* (*coro*) choir
■ **coral** *nm* (*composición musical*) chorale

coraza *nf* **1** (*armadura*) cuirass **2** (*embarcación, carro de combate*) armour plating **3** (*Zool*) shell

corazón *nm* **1** (*gen*) heart: *Sufre del ~.* He has heart trouble. ◊ *en pleno ~ de la ciudad* in the heart of the city ◊ *blando/duro de ~* soft-hearted/hard-hearted **2** (*manzana, pera*) core: *Pelar y quitar el ~.* Peel and remove the core. ☛ *Ver ilustración en* FRUTA **3** (*dedo*) middle finger ☛ *Ver ilustración en* HAND[1] **4 corazones** (*Naipes*) hearts ☛ *Ver ilustración en* CARTA ☛ *Ver nota en* BARAJA
LOC con el corazón en la mano/de todo corazón from the heart: *Lo digo de todo ~.* I'm speaking from the heart. **estar con el corazón en un puño**: *Estuve con el ~ en un puño.* My heart was in my mouth. **me da/dice el corazón que...**: *Me dice el ~ que van a venir.* They'll come all right–I feel it in my bones. **no tener corazón** to be heartless **partir/romper el corazón** to break *sb's* heart: *Se les rompió el ~ cuando la vieron.* It broke their hearts to see her. **prensa/revistas del corazón** the popular press [*v sing o pl*]: *La prensa del ~ lo está acosando.* The popular press won't leave him alone. **sin corazón** heartless **tener buen corazón/un gran corazón** to be kind-hearted/big-hearted *Ver tb* ABRIR, ARREBATAR, CABER, CLAVAR, DEDO, DESGARRAR(SE), DESTROZAR, DOLOR, DUREZA, ENCOGER(SE), FONDO, HONDO, OJO, OPERACIÓN, PEDAZO, SAGRADO, TRIPA, VUELCO

corazonada *nf* feeling: *Tuve la ~ de que iba a venir.* I had a feeling he'd come.

corbata *nf* tie: *Todos iban con ~.* Everybody was wearing a tie. ☛ *Ver ilustración en* AMERICANA **LOC** *Ver* ALFILER

corbeta *nf* corvette **LOC** *Ver* CAPITÁN

Córcega *nf* Corsica

corcel *nm* steed

corchea *nf* (*Mús*) quaver ☛ *Ver ilustración en* NOTACIÓN

corchete *nm* **1** (*costura*) hook and eye **2** (*paréntesis cuadrado*) square brackets: *entre ~s* in square brackets ☛ *Ver págs 592–3*

corcho *nm* cork: *unos zuecos con tacón de corcho* a pair of clogs with cork heels ◊ *Ponle el ~ a la botella.* Put the cork in the bottle. ◊ *Han revestido los suelos de ~.* They've put cork tiles on the floors.
cordaje *nm* **1** (*Náut*) rigging ☛ *Ver ilustración en* YACHT **2** (*raqueta, instrumento musical*) strings [*v pl*]
cordel *nm* string [*incontable*]: *He atado la caja con un ~.* I've tied the box up with string.
cordero, -a *nm-nf* lamb: *~ asado/pascual* roast/spring lamb ☛ *Ver ilustración en* OVEJA

Nótese que cuando se trata del animal **lamb** es contable, mientras que cuando hablamos de su carne el sustantivo es incontable: *la exportación de corderos* the export of lambs ◊ *¿Te gusta el cordero?* Do you like lamb? *Ver tb nota en* CARNE

LOC ser un cordero to be a real softie *Ver tb* MADRE
cordial *adj* friendly, cordial (*más formal*): *relaciones ~es* cordial relations
LOC un cordial saludo de... best wishes from... ☛ *Ver págs 594–7; Ver tb* RECIBIR
cordialidad *nf* friendliness, cordiality (*más formal*)
cordialmente *adv*
LOC cordialmente (suyo)... Yours sincerely, ☛ *Ver nota en* ATENTAMENTE; *Ver tb págs 594–7; Ver tb* SALUDAR
cordillera *nf* mountain range: *la ~ Cantábrica* the Cantabrian mountains
cordón *nm* **1** (*cuerda*) cord **2** (*zapato*) (shoe)lace: *atarse los cordones de los zapatos* to do up your shoelaces ☛ *Ver ilustración en* ZAPATO **3** (*cable*) **(a)** (*plancha*) flex **(b)** (*televisión, aspiradora*) lead
LOC cordón policial police cordon **cordón umbilical** umbilical cord
cordura *nf* **1** (*salud mental*) sanity: *perder la ~* to lose your mind **2** (*sentido común*) (good) sense
Corea *nf* Korea
LOC Corea del Norte/Sur North/South Korea
coreano, -a *adj, nm-nf* Korean
corear *vt* **1** (*cantar*) to sing along **to *sth***: *Empezamos a ~ su música/las estrofas.* We started singing along to the music/song. **2** (*gritar*) to chant: *Corearon vivas al rey.* They chanted 'Long live the King'.
coreografía *nf* choreography
coreógrafo, -a *nm-nf* choreographer
corista *nf* chorus girl
cornada *nf*: *El torero sufrió tres ~s.* The bullfighter was gored three times. ◊ *Se está recuperando de la ~.* He's recovering after being gored by a bull.
LOC dar una cornada to gore *sb*
cornamenta *nf* **1** (*toro*) horns [*v pl*] **2** (*ciervo*) antlers [*v pl*] ☛ *Ver ilustración en* DEER
LOC ponerle la cornamenta a algn to cheat on sb
córnea *nf* cornea ☛ *Ver ilustración en* OJO
cornear *vt* to gore
corneja *nf* crow
córner *nm* corner: *sacar un ~* to take a corner
corneta *nf* (*instrumento*) bugle ☛ *Ver ilustración en* BRASS
■ **corneta** *nmf* (*músico*) bugler **LOC** *Ver* TOQUE
cornetín *nm* (*instrumento*) cornet
■ **cornetín** *nmf* (*músico*) cornet player
cornisa *nf* cornice ☛ *Ver ilustración en* COLUMNA
corno *nm*
LOC corno inglés cor anglais [*pl* cors anglais]
cornudo, -a *adj* (*animal*) horned
■ **cornudo** *adj, nm* cuckold [*n*] (*formal*): *un marido ~* a man whose wife is unfaithful ◊ *Le llamaban ~ a escondidas.* There was a rumour going round that his wife was cheating on him.
coro *nm* **1** (*Arquit, coral*) choir ☛ *Ver ilustración en* IGLESIA **2** (*Teat, pieza musical*) chorus
LOC a coro in chorus: *Nos contestaron a ~.* They answered in chorus.
corola *nf* corolla
corona *nf* **1** (*de un rey, monarquía, diente, moneda*) crown **2** (*flores*) wreath: *una ~ de crisantemos* a wreath of crysanthemums
coronación *nf* coronation
coronar *vt* to crown: *Lo coronaron rey/campeón.* He was crowned king/champion.
coronario, -a *adj* coronary
coronel *nmf* colonel **LOC** *Ver* TENIENTE
coronilla *nf* **1** (*parte superior de la cabeza*) crown (of the head) **2** (*calva*) bald patch
LOC andar/ir de coronilla to be rushed off your feet: *Andan de ~ con los exámenes.* They're rushed off their feet with the exams. **estar hasta la coronilla** to be sick *of sth/sb/doing sth*: *Estoy hasta la ~ de trabajar.* I'm sick of working. ◊ *Me tienes hasta la ~.* I'm sick of you! ◊ *¡Estoy hasta la ~!* I've had it up to here!
corpiño *nm* bodice
corporación *nf* **1** (*organismo oficial*) authorities [*v pl*]: *la ~ muncipal* the municipal authorities **2** (*asociación*) association: *una ~ de comerciantes* a retailers' association **3** (*empresa*) corporation
corporal *adj* **1** (*gen*) body [*n atrib*]: *una nueva loción ~* a new body lotion ◊ *lenguaje/temperatura/peso ~* body language/temperature/weight **2** (*necesidades, funciones, contacto*) bodily **3** (*físico*) physical: *bienestar/ejercicio ~* physical well-being/exercise **LOC** *Ver* HIGIENE, OLOR
corporativismo *nm* corporatism
corporativo, -a *adj* corporate
corpóreo, -a *adj* corporeal (*formal*), physical
corpulencia *nf* heftiness: *Es un joven de gran ~.* He's a hefty lad.
corpulento, -a *adj* hefty
corpus *nm* corpus [*pl* corpora/corpuses]
corral *nm* farmyard **LOC** *Ver* AVE, GALLINA
correa *nf* **1(a)** (*gen*) strap: *la ~ de una bolsa/cámara* the strap of a handbag/camera **(b)** (*perro*) lead **2** (*cinturón*) belt
LOC correa del reloj watch-strap **correa del ventilador** fan belt ☛ *Ver ilustración en* CAR
corrección *nf* correction: *hacer correcciones en un texto* to make corrections to a text ◊ *Escriben el alemán con toda ~.* They write very correct German.
LOC corrección de pruebas proofreading
correctivo, -a *adj* corrective
■ **correctivo** *nm* corrective
LOC aplicar/dar un correctivo to punish *sb*
correcto, -a *adj* **1** (*gen*) correct: *ocho respuestas correctas* eight correct answers **2** (*educado*) polite: *Tu abuelo es muy ~.* Your grandfather is very polite.
corrector, ~a *adj* corrective
LOC corrector (de pruebas) proofreader **corrector ortográfico** spellchecker *Ver tb* LÍQUIDO
corredero, -a *adj* sliding: *puerta/ventana corredera* sliding door/window
corredizo, -a *adj* **LOC** *Ver* NUDO, PUERTA, TECHO
corredor, ~a *nm-nf* **1** (*atleta*) runner: *un ~ de fondo* a long distance runner **2** (*ciclista*) cyclist
■ **corredor** *nm* (*pasillo*) corridor
LOC corredor de bolsa stockbroker **corredor (de coches)** racing driver **corredor de fincas** estate agent **corredor de seguros** insurance broker
corregir *vt* to correct: *~ exámenes/pruebas* to correct exams/proofs ◊ *Estas gafas le corregirán la vista.* These glasses will correct his sight defects. ◊ *Corrígeme cuando hablo en francés.* Correct me when I talk French.
■ **corregirse** *v pron* (*enmendarse*) to mend your ways
correlación *nf* correlation
correlativo, -a *adj* **1** (*Ling*) correlative **2** (*días, números*) consecutive
correligionario, -a *nm-nf* (*Pol*) political ally
correo *nm* **1** (*gen*) post: *recoger el ~* to collect the post ◊ *Me llegó en el ~ del jueves.* It came in Thursday's post. ☛ *Ver nota en* MAIL[1] **2** (*tren*) mail train **3** (*mensajero*) courier **4 correos** post office: *¿Dónde está ~s?* Where's the post office?

LOC **correo aéreo** airmail **correo electrónico** electronic mail (*abrev* e-mail) **correo urgente** special delivery **de correos** postal: *huelga/servicio de ~s* postal strike/service **echar algo al correo** to post sth **por correo** by post: *votar por ~* to vote by post *Ver tb* APARTADO, CENTRAL, FUNCIONARIO, GASTO, LISTA, OFICINA, SACA, SELLO, TREN, VENTA, VOTAR, VOTO, VUELTA

correr *vi* **1** (*gen*) to run: *Corrió tras los ladrones.* He ran after the thieves. ◊ *Salí corriendo.* I ran out. ◊ *Cuando vieron a la policía echaron a ~.* They ran off when they saw the police. ◊ *El río corre por el valle.* The river runs through the valley. **2** (*darse prisa*) to hurry (up): *Corre o llegaremos tarde.* Hurry up or we'll be late. ◊ *No corras, aún tienes tiempo.* There's no need to rush–there's still time. **3** (*automóvil*) to go fast: *Su moto corre mucho.* His motorbike goes very fast. **4** (*conducir deprisa*) to drive fast **5** (*líquidos*) to flow **6** (*aire*): *Corría un viento fuerte.* There was a strong wind. **7** (*tiempo*) to pass: *con el ~ del tiempo/de los años* with the passing of time/the years **8** (*noticia*): *Las noticias corren muy deprisa.* News travels fast. **9** (*sueldo, intereses*) to be payable: *Los intereses corren a partir de mañana.* Interest will be payable as from tomorrow.
■ **correr** *vt* **1** (*mover*) to move *sth* (along/over/up): *Corre un poco la máquina de escribir.* Move the typewriter along a bit. ◊ *Corrí la silla para poder pasar.* I moved the chair so that I could get past. **2** (*cortina*) to draw **3** (*Dep*) **(a)** (*distancia*) to run: *Hoy he corrido diez kilómetros.* I ran ten kilometres today. **(b)** (*prueba*) to compete **in *sth*** [*vi*]: *~ los 100 metros lisos/el Tour de Francia* to compete in the 100 metres/the Tour de France
■ **correrse** *v pron* **1** (*moverse, persona*) to move up/over: *Me corrí para que pudieran sentarse juntos.* I moved up so that they could sit together. **2** (*carga*) to shift **3** (*emborronarse, desteñirse*) to run: *Se han corrido los colores del jersey.* The colours in this jumper have run. ◊ *Se ha corrido la tinta.* The ink has run. **4** (*medias*) to get a ladder: *Me acabo de poner estas medias y ya se han corrido.* I've just put these tights on and they've got a ladder already. **5** (*tener un orgasmo*) to come
LOC **correr con 1** (*encargarse*) to be responsible for *sth*: *Corren con la organización del certamen.* They're responsible for organizing the competition. **2** (*costear*) to meet *sth* [*vt*]: *Correremos con los gastos de la boda.* We'll meet the costs of the wedding. ☛ Para otras expresiones con **correr**, véanse las entradas del sustantivo, etc, p.ej. **correr peligro** en PELIGRO y **correr prisa** en PRISA.

correría *nf* adventure

correspondencia *nf* **1** (*correo*) correspondence: *Estudian ruso por ~.* They're doing a correspondence course in Russian. **2** (*relación*) relation: *No existe ~ entre propósitos y logros.* There's no relation between aims and achievements. **3** (*transportes*): *~ con línea tres.* Change here for line three. **LOC** *Ver* AMIGO, CURSO, MANTENER, VOTAR, VOTO

corresponder *vi* **1** (*tener derecho*) to be entitled **to *sth***: *Te corresponde un tercio de las acciones.* You're entitled to a third of the shares. **2** (*incumbir*) to rest with *sb* (**to do sth**) (*formal*), to be up to *sb* (**to do sth**): *La decisión final corresponde al ministro.* The final decision rests with the minister. ◊ *Me corresponde a mí decidir sobre mi futuro.* It's up to me to decide my own future. **3** (*ser el turno*) to be *sb's* turn (**to do sth**): *Ahora les corresponde a ellos irse de vacaciones.* Now it's their turn to go on holiday. **4** (*pertenecer*): *Esa llave no corresponde a ninguna de estas cerraduras.* That key doesn't fit any of these locks. ◊ *Ponga una cruz donde corresponda.* Tick as appropriate. ◊ *Estas estadísticas corresponden a la última encuesta.* These statistics come from the latest survey. ◊ *Ese texto corresponde a otra foto.* That text goes with a different photo. **5** (*galardón, en sorteo*) to win *sth* [*vt*]: *Les ha correspondido el gordo.* They've won the lottery. **6** (*en herencia*) to receive *sth* [*vt*], to get *sth* [*vt*] (*más coloq*): *Me ha correspondido el gramófono.* I got the gramophone. **7** (*agradecer*) to repay *sth* [*vt*]: *¿Cómo puedo ~ a tu afecto/generosidad?* How can I ever repay your love/generosity? **8** (*tener los mismos sentimientos*): *Ella le quiere pero él no le corresponde.* She loves him but he doesn't feel the same way about her.
■ **corresponderse** *v pron* **corresponderse con** to correspond **with *sth*** (*formal*), to match: *Los resultados no se corresponden con las previsiones.* The results don't match the forecasts.
LOC **a quien corresponda** to whom it may concern **como corresponde a...** as befits *sth/sb*: *como corresponde a su posición social* as befits his status *Ver tb* PARTE[2]

correspondido, -a *pp, adj Ver* CORRESPONDER **LOC** *Ver* AMOR

correspondiente *adj* **1 ~ (a)** (*equivalente, consiguiente*) corresponding (**to *sth***): *¿Cuál es la expresión ~ en chino?* What's the corresponding expression in Chinese? ◊ *las palabras ~s a las definiciones* the words corresponding to the definitions ◊ *Nos advirtieron de la ~ subida de precios.* They advised us of the corresponding price rise. ◊ *Vendió la finca, con el ~ disgusto de la familia.* He sold the estate, much to his family's dismay. **2** (*propio*) own: *Cada estudiante tendrá su título ~.* The students will each get their own diploma. **3** (*pertinente*) relevant: *Deberán presentar la documentación ~.* They will have to produce the relevant documents. **4 ~ a** (*perteneciente*) for: *gastos ~s al primer trimestre* expenses for the first quarter

corresponsal *nmf* correspondent

corretear *vi* to run around

correveidile (*tb* **correvedile**) *nmf* gossip

corrida *nf*
LOC **corrida (de toros)** bullfight

corrido, -a *pp, adj Ver* CORRER
LOC **de corrido**: *Recitó el poema de ~.* He rattled off the poem. *Ver tb* LEER

corriente *adj* **1** (*normal*) ordinary: *gente ~* ordinary people ◊ *una tela muy ~* very ordinary material **2** (*común*) common: *un árbol muy ~* a very common tree ◊ *En verano es ~ echarse la siesta.* In summer it's common to have a siesta.
■ **corriente** *nf* **1** (*agua, electricidad*) current: *Fueron arrastrados por la ~.* They were swept away by the current. ◊ *Quita la ~, no vaya a darte un calambrazo.* Switch off the current or you'll get an electric shock. **2** (*aire*) draught **3** (*tendencia*) trend: *~s filosóficas* philosophical trends **4** (*facción*) wing: *la ~ reformista del partido* the reformist wing of the party
LOC **corriente alterna** alternating current (*abrev* AC) **corriente continua** direct current (*abrev* DC) **corriente de opinión/pensamiento** current of opinion/thought **corriente marina/submarina** ocean current/undercurrent **corriente y moliente** ordinary **dejarse llevar por la corriente** to follow the crowd **estar al corriente de algo** to know about sth: *Están al ~ de tu solicitud.* They know about your application. **llevar/seguir la corriente a algn** to play along with sb **mantener/tener a algn al corriente (de algo)** to keep sb informed (of sth) **poco corriente/fuera de lo corriente** out of the ordinary **poner a algn al corriente (de algo)** to fill sb in (on sth): *Me pusieron al ~ de todo.* They filled me in on everything. **ponerse al corriente** to get up to date **salirse de lo corriente** to be out of the ordinary **ser cosa/moneda corriente** to be an everyday occurrence *Ver tb* AGUA, CONTRACORRIENTE, CUENTA, GENTE, NADAR, NORMAL, TOMA[2]

corrillo *nm* small group (of people)

corrimiento *nm*
LOC **corrimiento de tierra(s)** landslide

corro *nm* **1** (*personas*) circle: *hacer (un) ~* to form a circle **2** (*juego*) ring-a-ring-a-roses: *jugar al ~* to play ring-a-ring-a-roses

corroboración *nf* corroboration

corroborar *vt* to corroborate

corroer *vt*: *Los celos la corroen.* She's eaten up with jealousy. ◊ *Desde que ocurrió el accidente me corroen los* *remordimientos.* I've been consumed with remorse ever since the accident.

■ **corroer(se)** *vt, v pron* (*metal*) to corrode

corromper *vt* to corrupt

■ **corromperse** *v pron* to become corrupted

corrosión *nf* corrosion

corrosivo, -a *adj* **1** (*lit*) corrosive: *gases ~s* corrosive gases **2** (*fig*) **(a)** (*crítica, crítico*) harsh **(b)** (*comentarios, humor*) caustic

corrupción *nf* **1** (*de la materia*) decay **2** (*depravación*) corruption: *la ~ de menores* the corruption of minors

LOC *Ver* ANTRO

corrupto, -a *adj* corrupt

corrusco *nm* crust (of bread)

corsario, -a *adj, nm-nf* pirate [*n*]: *una embarcación corsaria* a pirate ship

corsé *nm* corset

LOC **corsé ortopédico** corset

cortacésped *nm* lawnmower

cortacircuitos *nm* circuit breaker

cortado, -a *pp, adj* **1** (*cohibido*) embarrassed: *estar/quedarse ~* to be embarrassed **2** (*tímido*) shy: *De joven era muy cortada.* When she was young she was very shy. *Ver tb* CORTAR

LOC **estar cortados por el mismo patrón** to be two of a kind *Ver tb* CAFÉ

cortafuego *nm* firebreak

cortante *adj* **1** (*gen*) sharp: *un objeto ~* a sharp object **2** (*viento*) biting **3** (*frío*) bitter **4** (*actitud, persona*) brusque

cortapisa *nf* restriction: *No existen ~s al comercio entre los dos países.* There are no restrictions on trade between the two countries.

LOC **poner cortapisas (a)** to place obstacles in the way of *sth/sb* **sin cortapisas**: *Lo dijo sin ~s.* He spoke freely. ◊ *Me prestaron el dinero sin ~s.* They lent me the money with no strings attached.

cortaplumas *nm* penknife

cortapuros *nm* cigar cutter

cortar *vt* **1** (*gen*) to cut: *Córtalo en cuatro trozos.* Cut it into four pieces. ◊ *Córtalo en trozos.* Cut it up. ◊ *Cortaron la escena violenta de la película.* They cut the violent scene from the film. ◊ *Me toca ~ la baraja a mí.* It's my turn to cut the pack. **2** (*agua, luz, parte del cuerpo, rama*) to cut *sth* off: *Han cortado el teléfono/gas.* The telephone/gas has been cut off. ◊ *La máquina le cortó un dedo.* The machine cut off one of his fingers. **3** (*con tijeras*) to cut *sth* out: *Corté los pantalones siguiendo el patrón.* I cut out the trousers from the pattern. **4** (*reducir, talar*) to cut *sth* down: *Tendrás que ~ un poco el discurso.* You'll have to cut the speech down a bit. ◊ *~ un árbol* to cut down a tree **5** (*carne asada*) to carve **6** (*leña*) to chop **7** (*calle*) **(a)** (*gen*) to close: *Durante el desfile cortaron la calle Mayor.* They closed the High Street during the parade. **(b)** (*con barricada*) to block **8** (*tráfico*) to stop **9** (*piel*) to chap: *El aire me ha cortado los labios.* My lips are chapped with this cold wind. **10** (*fuego, epidemia*) to stop *sth* spreading **11** (*interrumpir*) to interrupt

■ **cortar** *vi* **1** (*gen*) to cut: *Este cuchillo no corta.* This knife won't cut. ◊ *Ten cuidado, que esas tijeras cortan mucho.* Be careful, those scissors are very sharp. ◊ *~ por la plaza* to cut through the square **2 ~ (con)** (*romper*) to split up (**with** *sb*): *Hemos cortado para siempre.* We've split up for good. **3** (*dar corte*) to embarrass *sb* [*vt*]: *Me corta ir a casa de mi novio.* It embarrasses me to go to my boyfriend's home.

■ **cortarse** *v pron* **1** (*herirse*): *Me corté la mano con los cristales.* I cut my hand on the glass. **2** (*turbarse*) to get embarrassed: *En seguida te cortas.* You get embarrassed very easily. **3** (*leche, mayonesa*) to curdle **4** (*teléfono*) to get cut off: *Estábamos hablando y de repente se cortó.* We were talking and we got cut off.

LOC **¡corta (el rollo)!** that's enough! **cortar algo por la mitad** to cut sth in half **cortar con el pasado** to make a break with the past **cortar el bacalao** to be the boss: *Aquí soy yo el que corta el bacalao.* I'm the boss around here! **cortar el césped** to mow the lawn **cortar el pelo a navaja** to razor cut *sb's* hair **cortar en cuadraditos** to dice *sth* **cortar en seco** to cut *sb* short **cortarle el cuello a algn** to slit sb's throat **cortarle las alas a algn** to clip sb's wings **cortar por lo sano** to put an end to it: *Lo mejor que puedes hacer es ~ por lo sano.* The best thing you can do is put an end to it straight away. **cortarse el pelo 1** (*uno mismo*) to cut your hair **2** (*en la peluquería*) to have your hair cut **cortarse la coleta** (*jubilarse*) to retire **cortarse las puntas** to have a trim **cortarse las venas** to cut your wrists **cortársele a algn la digestión** to get pains in your stomach **¡corten!** (*Cine*) cut! **no cortarse un pelo** not to be easily embarrassed *Ver tb* PELO, PINCHAR, RAÍZ, TELA

cortaúñas *nm* nail clippers [*v pl*]: *Necesito un ~ nuevo.* I need some new nail clippers.

corte[1] *nf* **1** (*realeza*) court **2** (*capital*) capital **3 Cortes** the Spanish parliament [*sing*]

LOC **cortes constituyentes** constituent assembly [*sing*] **hacer la corte** to woo *Ver tb* DIPUTADO, PALACIO

corte[2] *nm* **1** (*gen*) cut: *Sufrió varios ~s en el brazo.* He had several cuts on his arm. ◊ *un ~ de luz/agua* a power/water cut ◊ *Esa película tiene varios ~s.* They've made some cuts in this film. ◊ *No me gusta el ~ de esa chaqueta.* I don't like the cut of that jacket. **2** (*tela*) length **3** (*estilo*) style: *un modelo democrático de ~ occidental* a western-style democratic model **4** (*helado*) wafer: *un ~ de tres gustos* a Neapolitan wafer **5** (*comentario*) put-down: *Estoy harta de sus ~s sin sentido.* I'm sick and tired of his stupid put-downs.

LOC **corte de digestión** pains in your stomach [*v pl*]: *sufrir un ~ de digestión* to have got pains in your stomach **corte de pelo** haircut **corte (y confección)** dressmaking **dar corte** to embarrass: *Me da ~ salir con esta minifalda.* I'm embarrassed to go out in this miniskirt. **dar/hacer un corte de mangas** to stick two fingers up (*to sb*) **dar/pegar un corte 1** (*de palabra*) to put *sb* down **2** (*con un gesto*) to snub *sb* **llevarse un corte** to be embarrassed **¡qué corte!** how embarrassing!

cortejar *vt* to court

cortejo *nm* **1** (*séquito del rey*) retinue **2** (*procesión*) procession: *un ~ fúnebre* a funeral procession

cortés *adj* polite

LOC **lo cortés no quita lo valiente** courtesy costs nothing

cortesano, -a *adj*: *costumbres cortesanas* courtly manners ◊ *la vida cortesana* life at court

■ **cortesano, -a** *nm-nf* courtier

■ **cortesana** *nf* courtesan

cortesía *nf* courtesy: *por ~* out of courtesy ◊ *Tuvieron la ~ de avisarnos.* They had the courtesy to inform us. ◊ *Los bombones son ~ del restaurante.* The chocolates are courtesy of the restaurant.

LOC **de cortesía 1** (*gen*) courtesy: *una llamada de ~* a courtesy call **2** (*tiempo*) grace: *Les concedimos media hora de ~.* We gave them half an hour's grace. *Ver tb* FÓRMULA

corteza *nf* **1** (*árbol*) bark **2** (*pan*) crust ☛ *Ver ilustración en* BARRA **3** (*queso*) rind **4** (*fruta*) peel ☛ *Ver nota en* PEEL

LOC **corteza cerebral** cerebral cortex **cortezas (de cerdo)** pork scratchings **la corteza terrestre** the earth's crust

cortijo *nm* **1** (*finca*) farm **2** (*casa*) farmhouse

cortina *nf* curtain: *abrir/cerrar las ~s* to draw the curtains ◊ *una ~ de lluvia* a curtain of rain

LOC **cortina de humo** smoke screen

cortisona *nf* cortisone

corto, -a *adj* **1** (*gen*) short: *una camisa de manga corta* a short-sleeved shirt ◊ *un ~ espacio de tiempo* a short space of time ◊ *Ese pantalón te está ~.* Those trousers are too short for you. ◊ *estar ~ de dinero/tiempo* to be short of money/time **2** (*persona*) dim

■ **corto** *nm* (*Cine*) short
■ **corta** *nf* **cortas** (*de un vehículo*) dipped headlights
LOC **a la corta o a la larga** sooner or later **corto (de cerveza)** small glass of beer **corto de café** weak **corto de entendederas/luces** thick **corto de leche** with just a drop of milk **corto de vista/miras** short-sighted **de corta edad** young: *un niño de corta edad* a young child **ir de corto/largo** to wear a short/long dress **ni corto ni perezoso** without thinking twice **quedarse corto 1** (*gen*): *Nos quedamos ~s en nuestros cálculos.* Our figures were too low. ◊ *Haz más, que siempre nos quedamos ~s.* Make some more because we never have enough. ◊ *El presupuesto se ha quedado ~.* The budget has turned out to be too low. **2** (*al hablar de algo*) to be an understatement: *Decir que había estado bebiendo es quedarse ~.* To say he had been drinking is an understatement. **ser más corto que las mangas de un chaleco** to be as thick as two short planks *Ver tb* ALCANCE, ATAR, CASAR, LUZ, PANTALÓN, PLAZO

cortocircuito *nm* short circuit

cortometraje *nm* short (film)

corzo, -a *nm-nf* roe deer [*pl* roe deer]

cosa *nf* **1** (*gen*) thing: *Una ~ ha quedado clara...* One thing is clear... ◊ *Se ha llevado consigo muchas ~s.* He's taken a lot of things with him. ◊ *Me van bien las ~s.* Things are going well for me. ◊ *No es ~ fácil.* It's not easy. **2** (*algo*) something: *Te quería preguntar una ~.* I wanted to ask you something. ◊ *una ~ que no entiendo* something I don't understand **3** (*nada*) nothing/anything: *No hay ~ más impresionante que el mar.* There's nothing more impressive than the sea. ◊ *Jamás he visto ~ tan bonita.* I've never seen anything as pretty as this. **4 cosas (a)** (*asuntos*) affairs: *Intento solucionar primero mis ~s.* I'm trying to sort out my own affairs first. ◊ *Nunca habla de sus ~s.* He never talks about his personal life. **(b)** (*ocurrencias*) funny ideas: *¡Qué ~s tiene Pedro!* Pedro has some very funny ideas. ◊ *No hagas caso, son ~s de tu madre.* Don't pay any attention, it's just your mother's funny ways. ◊ *¡Qué ~s dices!* The things you come out with!
LOC **(como) cosa de** about: *Esperé como ~ de diez minutos.* I waited about ten minutes. **como la cosa más natural del mundo** as if it were the most normal thing in the world **como quien no quiere la cosa**: *Dice que no bebe, pero ayer, así como quien no quiere la ~, se tomó cinco vinos.* He says he doesn't drink, but yesterday he managed to put away five glasses of wine. **cosa que** which: *Han decidido reducir el presupuesto, ~ que realmente no entiendo.* They've decided to reduce the budget, which I simply don't understand. **cosa rara**: *No nos lo han dicho, ~ rara.* Strangely enough, they haven't told us. ◊ *¡Qué ~ más rara! Si yo juraría que lo había dejado aquí.* How strange! I'd swear I left it here. **cosas de la vida**: *¡~s de la vida!* That's life! ◊ *Por una de esas ~s de la vida...* By a quirk of fate... **darle cosa a algn 1** (*dentera*) to give sb the creeps **2** (*vergüenza*) to be embarrassed: *Me da ~ preguntárselo.* I'm embarrassed to ask. **entre una cosa y otra** what with one thing and another **¡(la cosa) no es para menos!/¡no es para menos (la cosa)!** it's hardly surprising! **las cosas como son** let's be honest **las cosas de palacio van despacio** these things take time **¡lo que son las cosas!** would you believe it! **no es cosa de broma/guasa/risa** it's no joke **no es cosa de que...** there's no reason (*to do sth*): *No es ~ de que te enfades.* There's no reason to get angry. **no es cosa mía** it's none of my, your, etc business **parecer/ser cosa de magia**: *El libro desapareció como si fuera ~ de magia.* The book disappeared as if by magic. ◊ *Esto parece ~ de magia.* It looks like magic. **poner las cosas en su sitio** to get things straight **(por cierto/oye) una cosa** by the way **por una cosa o por otra** for one reason or another **ser cosa de algn** to be sb's responsibility: *Hacer la compra es ~ mía.* The shopping is my responsibility. ◊ *Esta broma debe ser ~ de mi hermana.* This joke must be my sister's doing. ◊ *Es ~ de hombres.* It's man's work. **ser cosa fina** to be really something **ser poca/poquita cosa 1** (*persona*) to be a poor (little) thing **2** (*cosa*) not to amount to much **una cosa es...**: *Una ~ es decirlo, y otra hacerlo.* Saying is one thing, but doing is another. **¡vaya una cosa!** big deal!: *¿Se ha recorrido el país en bicicleta? ¡Vaya una ~!* So he's gone round the country on a bike? Big deal! **ver cosa igual/semejante**: *¿Has/habrase visto ~ igual?* Did you ever see anything like it? ◊ *Nunca he visto ~ semejante.* I've never seen anything like it. *Ver tb* AHÍ, ALGUNO, ASÍ, CADA, CAMBIAR, CAPAZ, CORRIENTE, CUALQUIERA, CUATRO, GRANDE, LLAMAR, OCURRIR, OFRECER, OTRO, PARECER, PICAR, QUICIO, RAÍZ, REMATAR, REÑIDO, TAL, TREMENDO

cosaco, -a *nm-nf* **LOC** *Ver* BEBER(SE)

coscorrón *nm*
LOC **darle un coscorrón a algn** to rap sb over the head **darse/pegarse un coscorrón** to bang your head

coscurro *nm Ver* CUSCURRO

cosecha *nf* **1** (*acción, época*) harvest: *durante la ~* during harvest **2** (*producto*) crop: *La sequía ha arruinado la ~.* The drought has ruined the crop. **3** (*vino*) vintage: *la ~ del 92* the 1992 vintage
LOC **de cosecha propia**: *verduras de ~ propia* home-grown vegetables ◊ *un vino/una serie televisiva de ~ propia* a home-produced wine/TV series **de mi cosecha** of my, your, etc own (invention): *Añadieron algo de su ~ a la historia.* They added something of their own to the story. *Ver tb* RECOGER

cosechadora *nf* combine harvester

cosechar *vt, vi* (*recolectar la cosecha*) to harvest: *~ cebada/los campos* to harvest barley/the fields
■ **cosechar** *vt* (*fig*) to win: *~ éxitos/aplausos* to win success/applause

coseno *nm* cosine (*abrev* cos)

coser *vt, vi* to sew: *¿Le has cosido el forro a la falda?* Have you sewn the lining into the skirt? ◊ *~ un botón* to sew a button on
■ **coser** *vt* (*herida*) to stitch
LOC **coser a balazos/tiros** to riddle *sth/sb* with bullets **coser a puñaladas** to stab *sb* repeatedly **ser coser y cantar** to be plain sailing

cosido, -a *pp, adj Ver* COSER
■ **cosido** *nm* sewing
LOC **estar cosido a las faldas de su madre** to be tied to your mother's apron strings

cosmético, -a *adj* cosmetic
■ **cosmético** *nm* cosmetic
■ **cosmética** *nf* cosmetics [*v sing*]

cósmico, -a *adj* cosmic

cosmonauta *nmf* cosmonaut

cosmopolita *adj, nmf* cosmopolitan [*adj*]: *Es un auténtico ~.* He's cosmopolitan.

cosmos *nm* cosmos

coso *nm* bullring

cosquillas *nf*
LOC **hacer cosquillas** to tickle **tener cosquillas** to be ticklish: *Tengo muchas ~ en los pies.* My feet are very ticklish. *Ver tb* BUSCAR

cosquilleo *nm* tingle: *sentir un ligero ~ en los dedos* to feel a slight tingle in your fingers
LOC **sentir/tener un cosquilleo en el estómago** to have butterflies in your stomach

costa[1] (*litoral*) *nf* coast: *Santander está en la ~ norte.* Santander is on the north coast.
LOC *Ver tb* MORO

costa[2] *nf* (*gen*) cost: *pagar las ~s de un juicio* to pay the costs of a court case
LOC **a costa ajena** at somebody else's expense **a costa de** at *sb's* expense: *Han ganado mucho dinero a ~ nuestra.* They've made a lot of money at our expense. **a costa de lo que sea/a toda costa** at all costs **a costa de su salud, vida, etc** at the cost of his health, life, etc *Ver tb* VIVIR

Costa de Marfil *nf* Côte d'Ivoire

costado *nm* side

LOC de costado: *Por aquí solo se puede pasar de ~.* You have to squeeze through sideways. ◊ *Duermo de ~.* I sleep on my side. *Ver tb* CUATRO

costal *nm* sack
LOC estar/quedarse hecho un costal de huesos to be a bag of bones *Ver tb* HARINA

costar *vi* **1** (*gen*) to cost: *El billete cuesta 30 libras.* The ticket costs £30. ◊ *El accidente costó la vida a cien personas.* The accident cost the lives of a hundred people. **2** (*tiempo*) to take: *Me costó un mes acabarme el libro.* It took me a month to read the book. **3** (*resultar difícil*) to be hard (*for sb*) (*to do sth*): *Me cuesta levantarme temprano.* I find it hard to get up early.
LOC costar la torta un pan to cost more than it's worth: *Me costó la torta un pan.* It cost (me) more than it was worth. **costar mucho/poco 1** (*dinero*) to be expensive/cheap **2** (*esfuerzo*) to be hard/easy **costar sudores** to sweat blood (*to do sth*): *Nos costó sudores terminarlo a tiempo.* We sweated blood to get it finished on time. **costar trabajo** to be hard (*to do sth*): *Cuesta trabajo creerlo.* It's hard to believe. ◊ *Me cuesta trabajo madrugar.* I find it hard to get up early. **costar un triunfo/Dios y ayuda** to be hard put *to do sth*: *Me costó un triunfo convencerles.* I was hard put to convince them. **cueste lo que cueste** at all costs *Ver tb* CARO, CUÁNTO, DISPARATE, OJO, PASTA, POTOSÍ

Costa Rica *nf* Costa Rica

costarricense *adj, nmf* Costa Rican

coste *nm* cost: *el ~ de la vida* the cost of living ◊ *a precio de ~* at cost price

costear[1] *vt* to sail along the coast of...: *Nuestro barco costeó África.* Our ship sailed along the African coast.

costear[2] *vt* to pay **for** *sth* [*vi*], to finance *sth* (*más formal*): *La empresa les costeó el viaje.* The company paid for their trip.
■ **costearse** *v pron* **1** (*tener suficiente dinero*) to afford **2** (*autofinanciarse*) to pay your way: *~se los estudios* to pay your way through college

costero, -a *adj* coastal

costilla *nf* rib ☛ *Ver ilustración en* ESQUELETO
LOC costillas (de cerdo) spare ribs

costipado, -a *pp, adj, nm Ver* CONSTIPADO

costiparse *v pron Ver* CONSTIPARSE

costo *nm* **1** (*coste*) cost: *a precio de ~* at cost price **2** (*hachís*) hash

costoso, -a *adj* **1** (*caro*) costly **2** (*difícil*) hard

costra *nf* scab

costumbre *nf* **1** (*de una persona*) habit: *Escuchamos la radio por ~.* We listen to the radio out of habit. ◊ *un cambio en las ~s de los consumidores* a change in consumer habits **2** (*de un país*) custom: *Es una ~ española.* It's a Spanish custom.
LOC coger la costumbre (de) to get into the habit (of *doing sth*) **de costumbre** usual: *las excusas de ~* the usual excuses ◊ *más simpático que de ~* nicer than usual ◊ *Llegaron tarde, como de ~.* They arrived late as usual. **perder la costumbre (de)** to get out of the habit (of *doing sth*) **quitarse la costumbre (de hacer algo)**: *¡Debes quitarte esa ~ de morderte las uñas!* You must stop biting your nails. ◊ *¡Por fin se ha quitado esa ~!* He's kicked the habit at last! **tener por costumbre/tener (la) costumbre de**: *Tienen por ~ ir al cine el fin de semana.* They usually go to the cinema at the weekend. ◊ *Teníamos la ~ de acostarnos temprano.* We used to go to bed early. *Ver tb* COMEDIA, INTRODUCIR

costura *nf* **1** (*labor*) sewing: *una caja de ~* a sewing box **2** (*confección*) dressmaking: *un taller de ~* a dressmaker's **3** (*puntadas*) seam: *No quiero que se vea la ~.* I don't want the seam to show. ◊ *Se ha descosido el abrigo por la ~.* A seam has come undone on this coat.
LOC *Ver* ALTO *adj*

costurera *nf* seamstress

costurero *nm* sewing box

cota *nf* **1** (*topografía*) height above sea level **2** (*nivel*) level: *El desempleo alcanza la ~ más baja desde 1982.* Unemployment is at its lowest (level) since 1982.

cotarro *nm*
LOC alegrar/animar el cotarro to liven things up **dirigir/organizar el cotarro** to be the boss *Ver tb* AMO

cotejar *vt* to compare: *Cotejó la fotocopia con el original.* She compared the photocopy and/with the original.

cotidiano, -a *adj* daily

cotilla *nmf* gossip

cotillear *vi* to gossip

cotilleo *nm* gossip [*incontable*]: *No quiero ~s en la oficina.* I don't want any gossip in the office. ◊ *Tengo un ~ buenísimo.* I've got a juicy piece of gossip for you.

cotillón *nm* ball: *el ~ de fin de año* the New Year's Eve ball

cotización *nf* **1** (*acciones*) price: *una fuerte caída en las cotizaciones de la Bolsa* a sharp drop in share prices **2** (*divisas*) value: *la ~ del marco respecto al dólar* the value of the mark against the dollar **3** (*seguridad social*) contribution
LOC de alta/gran cotización highly-paid

cotizado, -a *pp, adj* **1** (*persona*) sought-after: *un actor muy ~* a much sought-after actor **2** (*cosa*) valued *Ver tb* COTIZAR

cotizar *vi* **~ (a) 1** (*divisas*) to stand **at** *sth*: *El dólar cotizó a 99 pesetas.* The dollar stood at 99 pesetas. **2** (*pagar una cuota*) to pay a contribution (**to** *sth*): *~ a la seguridad social* to pay social security contributions
■ **cotizarse** *v pron* **1** (*Fin*) to be quoted ***at sth***: *La libra se cotiza a 210 pesetas.* The pound is quoted at 210 pesetas. **2** (*fig*) to be valued: *Su obra ya no se cotiza mucho.* His work isn't much valued nowadays.
LOC cotizar en bolsa to be quoted on the stock exchange **cotizar(se) al alza/a la baja** to rise/fall

coto *nm* **1** (*vedado*) preserve: *un ~ de caza* a game preserve **2** (*parque natural*) reserve
LOC poner coto a algo to put a stop to sth *Ver tb* GUARDA

cotorra *nf* **1** (*pájaro*) parrot **2** (*persona*) chatterbox

cotorrear *vi* to chatter

cotorreo *nm* chatter

COU *nm, abrev de* **Curso de Orientación Universitaria** *Ver* CURSO

coxis *nm* coccyx [*pl* coccyxes/coccyges] ☛ *Ver ilustración en* ESQUELETO

coyote *nm* coyote

coyuntura *nf* situation

coyuntural *adj* temporary

coz *nf* kick
LOC dar/pegar coces to kick **tirar una coz** to give *sth/sb* a kick

crac *nm* **1** (*Fin*) crash **2** (*sonido*) snap

crack *nm* **1** (*droga*) crack **2** (*as*) ace: *Es un ~ con la jabalina.* He's an ace javelin thrower.

crampón *nm* crampon

cráneo *nm* skull, cranium [*pl* craniums/crania] (*científ*) ☛ *Ver ilustración en* ESQUELETO
LOC ir de cráneo: *Este año voy de ~ en el colegio.* School is really getting on my nerves this year. ◊ *Vas de ~ si piensas que te van a ayudar.* You're mad if you think you'll get any help from them.

craso, -a *adj* crass

cráter *nm* crater

creación *nf* creation: *la ~ de empleo* job creation ◊ *Piden la ~ de una comisión asesora.* They are calling for an advisory committee to be set up. ◊ *creaciones artísticas* artistic creations

creado, -a *pp, adj Ver* CREAR **LOC** *Ver* INTERÉS

creador, ~a *adj* creative
■ **creador, ~a** *nm-nf* creator

crear *vt* **1** (*gen*) to create: *~ confusión/problemas* to create confusion/problems ◊ *Prometieron ~ dos mil puestos de trabajo en la zona.* They promised to create two thousand jobs in the area. **2** (*organismo, empresa, institución*) to set *sth* up
■ **crearse** *v pron*: *Se han creado muchos enemigos/*

problemas. They've made a lot of enemies/problems for themselves.
LOC crear escuela to set a trend

creatividad *nf* creativity

creativo, -a *adj* creative

crecer *vi* **1** (*gen*) to grow: *¡Cómo te ha crecido el pelo!* Your hair's really grown! ◊ *La demanda ha crecido en un 25%.* Demand has grown by 25%. **2** (*hacerse mayor*) to grow up: *Crecí en el campo.* I grew up in the country. **3** (*río, marea, precio*) to rise **4** (*luna*) to wax
■ **crecerse** *v pron* to be at your best: *Se crecen en las actuaciones en directo.* They are at their best in live performances.
LOC crecerse ante las dificultades/el peligro to rise to the occasion **crecer un palmo** to shoot up **dejarse crecer el pelo, la barba, etc** to grow your hair, a beard, etc

creces *nf*
LOC con creces: *Han cumplido su objetivo con ~.* They have more than achieved their aim. ◊ *Superamos con ~ las previsiones.* We far outstripped expectations. *Ver tb* PAGAR

crecida *nf*: *La ~ del río amenazaba con inundar la zona.* The rising river level threatened to flood the area.

crecido, -a *pp, adj* **1** (*persona*) big **2** (*pelo, uña*) long **3** (*río*) swollen: *El río va ~.* The river is swollen. *Ver tb* CRECER
LOC estar crecido para: *Está muy ~ para su edad.* He's very tall for his age. ◊ *¿No estás ya crecidita para chuparte el dedo?* Aren't you a bit too old to be sucking your thumb?

creciente *adj* increasing **LOC** *Ver* CUARTO *adj*, LUNA, MAREA

crecimiento *nm* growth: *el ~ de la población* the growth in population

credencial *nf* **credenciales** credentials

credibilidad *nf* credibility

crédito *nm* **1** (*préstamo*) loan: *un ~ bancario/hipotecario* a bank loan/a mortgage **2** (*método de pago*) credit: *cuenta de ~* credit account ◊ *comprar algo a ~* to buy sth on credit
LOC crédito fallido bad debt **dar crédito a** to believe *sth*: *No podía dar ~ a lo que estaba oyendo.* I couldn't believe my ears. *Ver tb* DIGNO, TARJETA

credo *nm* **1** (*creencias*) creed **2** (*Relig*) Creed: *rezar un ~* to say the Creed

credulidad *nf* credulity

crédulo, -a *adj* credulous, gullible (*más coloq*)

creencia *nf* belief [*pl* beliefs]

creer *vt* **1** (*gen*) to believe: *Aunque no lo creas, él me ayudó mucho.* Believe it or not, he helped me a lot. ◊ *No te creo.* I don't believe you. **2** (*pensar*) to think: *No creo que haya solución.* I don't think there's a solution. ◊ *Les creía más generosos.* I thought they were more generous than that. ◊ *Creen haber descubierto la verdad.* They think they've uncovered the truth. ◊ *—¿Lloverá? —No creo.* 'Is it going to rain?' 'I don't think so.' ◊ *¿Tú crees?* Do you think so?
■ **creer** *vi* (**en**) (*tener fe*) to believe (**in *sth*/*sb***): *No creen en Dios/la justicia.* They don't believe in God/justice.
■ **creerse** *v pron* **1** (*gen*) to believe: *Se cree todo lo que le cuentan.* He believes everything he's told. **2** (*pensar*) to think: *No es tan fácil como la gente se cree.* It's not as easy as people think. **3** (*ser engreído*) to think you are *sth*/*sb*: *Se cree Dios/muy listo.* He thinks he's God/very clever. ◊ *¿Qué se habrán creído?* Who do they think they are?
LOC creerse algo/alguien to think you're something special **creo que sí/no** I think so/I don't think so **no (te) creas**: *—Es un poco caro, ¿no? —No creas, es de oro.* 'It's rather expensive, isn't it?' 'Not really – it is gold, after all.' ◊ *Está muy enamorada, no creas.* She's very much in love, you know. **no te lo crees ni tú** come off it! **¡que te crees tú eso!** that's what you think! **se cree/creía que…** it is/was thought that…: *Se cree que murió en 1586.* He's thought to have died in 1586. **si no lo veo, no lo creo** I wouldn't have believed it if I hadn't seen it with my own eyes **¡ver para creer!** would you believe it! **¡ya lo creo!** you bet!

creíble *adj* credible

creído, -a *pp, adj, nm-nf* (*engreído*) conceited [*adj*]: *Es un ~ insoportable.* He's unbearably conceited. *Ver tb* CREER
LOC tenérselo creído to be full of yourself

crema *nf* **1** (*gen*) cream: *~ para las manos/de belleza* hand/beauty cream ◊ *una bufanda color ~* a cream(-coloured) scarf **2** (*pastelería*) confectioner's custard
LOC crema de afeitar shaving cream **crema de champiñones, espinacas, etc** cream of mushroom, spinach, etc soup **crema desmaquilladora** make-up remover **crema hidratante/limpiadora** moisturizing/cleansing cream

cremación *nf* cremation

cremallera *nf* **1** (*cierre*) zip: *No puedo subir la ~.* I can't do up my zip. ◊ *Bájame la ~ (del vestido).* Unzip my dress for me. **2** (*Tec*) rack
■ **cremallera** *nm* (*tren*) rack railway **LOC** *Ver* CIERRE

crematorio *nm* crematorium [*pl* crematoria]

cremoso, -a *adj* creamy

crepé *nm* crepe

crêpe *nf* pancake

crepitar *vi* to crackle

crepúsculo *nm* twilight

crescendo *nm* crescendo [*pl* crescendos]

crespón *nm* **1** (*tejido*) crepe **2** (*señal de luto*) armband

cresta *nf* **1** (*ave*) **(a)** (*gen*) crest: *una ~ de colores* a brightly-coloured crest **(b)** (*gallo*) comb **2** (*ola*) crest **3** (*montaña*) ridge ☛ *Ver ilustración en* MONTAÑA
LOC estar en la cresta de la ola to be on the crest of the wave

cretino, -a *adj* cretinous
■ **cretino, -a** *nm-nf* cretin

cretona *nf* cretonne

creyente *nmf* believer
LOC no creyente non-believer

cría *nf* **1** (*crianza*) breeding: *la ~ de perros* dog breeding **2** (*animal recién nacido*) baby: *una ~ de conejo* a baby rabbit **3** (*camada*) **(a)** (*mamíferos*) litter **(b)** (*aves*) brood **LOC** *Ver* AMA

criadero *nm* farm
LOC criadero de ostras oyster bed **criadero de perros** (breeding) kennels [*v sing o pl*]

criadilla *nf* testicle

criado, -a *pp, adj*: *bien/mal ~* well/badly brought up *Ver tb* CRIAR
■ **criado, -a** *nm-nf* servant

criador, ~a *nm-nf* breeder

crianza *nf* **1** (*niño*) nursing **2** (*animal*) breeding **3** (*vino*) ageing **LOC** *Ver* VINO

criar *vt* **1** (*amamantar*) **(a)** (*niño*) to feed **(b)** (*animal*) to suckle **2** (*educar*) to bring *sb* up **3** (*ganado*) to rear: *En esta región crían ganado lanar.* This is a sheep-rearing area.
■ **criarse** *v pron* to grow up: *Me crie en el campo.* I grew up in the country.
LOC cría cuervos (y te sacarán los ojos): *Después de todo lo que he hecho por él… ¡Cría cuervos!* After all I've done for him this is how he repays me! **criar al pecho/con biberón** to breastfeed/bottle-feed **criar parásitos, pulgas, etc** to have parasites, fleas, etc **criarse entre algodones** to be pampered **estar criando malvas** to be pushing up the daisies *Ver tb* MOHO

criatura *nf* **1** (*ser*) creature: *todas las ~s grandes y pequeñas* all creatures great and small **2** (*niño*) **(a)** (*recién nacido*) baby **(b)** (*de poca edad*) child [*pl* children]

criba *nf* **1** (*tamiz*) sieve **2** (*selección*) screening: *Hicieron una ~ de los candidatos.* They did an initial screening of the candidates. **3** (*prueba*) selection process: *La entrevista es parte de la ~ de solicitantes.* The interview forms part of the selection process.

LOC hacer una criba (*Educ*) to fail a lot of students: *El de matemáticas ha hecho una verdadera ~.* The maths teacher has failed almost everyone.

cribar *vt* to sift

crimen *nm* **1** (*gen*) crime: *el autor del ~* the perpetrator of the crime **2** (*asesinato*) murder *Ver tb* LUGAR

criminal *adj, nmf* criminal

criminalidad *nf* crime: *el índice de ~* the crime rate ◊ *La ~ ha aumentado en los últimos meses.* Crime has risen in recent months.

criminalista *nmf* criminal lawyer
■ **criminalista** *adj* **LOC** *Ver* ABOGADO

criminología *nf* criminology

crin (*tb* **crines**) *nf* mane

crío, -a *nm-nf* **1** (*bebé*) baby **2** (*joven*) boy [*fem* girl], kid (*más coloq*): *Son unos ~s muy majos.* They're lovely kids.
LOC actuar/comportarse como un crío to act/behave childishly **ser un crío** (*ser muy joven*) to be very young

criollo, -a *adj, nm-nf* Creole

cripta *nf* crypt

críptico, -a *adj* cryptic

críquet *nm* cricket ☛ *Ver ilustración en* CRICKET

crisantemo *nm* chrysanthemum ☛ *Ver ilustración en* FLOR

crisis *nf* crisis [*pl* crises]: *una ~ económica/de identidad* an economic/identity crisis
LOC crisis nerviosa nervous breakdown **estar en crisis** to be going through a bad patch *Ver tb* EXPEDIENTE

crisma[1] *nf* (*cabeza*) **LOC** *Ver* ROMPER

crisma[2] *nm* (*tarjeta de Navidad*) Christmas card

crisol *nm* **1** (*lit*) crucible **2** (*fig*) melting pot

crispación *nf* tension

crispar *vt* to annoy: *Me crispa que no me escuchen.* It really annoys me when people don't listen.
LOC crispar los nervios to get on *sb's* nerves

cristal *nm* **1** (*gen*) glass [*incontable*]: *un vaso de ~ tallado* a cut-glass vase ◊ *Me corté con un ~.* I cut myself on a piece of glass. **2** (*vidrio fino, mineral*) crystal: *Les regalé una licorera de ~ muy bonita.* I gave them a beautiful crystal decanter. **3** (*lámina*) pane: *El cristalero cambió el ~ de la ventana.* The glazier changed the window pane. **4** (*ventana*) window
LOC *Ver* BOLA

cristalera *nf* **1** (*vitrina*) display cabinet **2** (*puerta*) glass door **3** (*ventana*) window

cristalería *nf* **1** (*objetos de vidrio*) glass: *una exposición de ~ veneciana* an exhibition of Venetian glass **2** (*juego*) (set of) glasses: *Sacaré la ~ nueva.* I'll get out the new glasses.

cristalero, -a *nm-nf* glazier

cristalino, -a *adj* (*agua*) crystal-clear
■ **cristalino** *nm* (*ojo*) lens ☛ *Ver ilustración en* OJO

cristalización *nf* crystallization

cristalizar(se) *vi, v pron* to crystallize (***into sth***): *Sus ideas (se) cristalizaron en un plan de acción.* Her ideas crystallized into an action plan.

cristiandad *nf* Christendom

cristianismo *nm* Christianity

cristianizar *vt* to convert *sb* to Christianity

cristiano, -a *adj, nm-nf* Christian **LOC** *Ver* HABLAR

Cristo *n pr* Christ
■ **cristo** *nm* (*crucifijo*) crucifix
LOC donde Cristo perdió el gorro, sombrero, etc in the middle of nowhere **hecho un Cristo** a mess: *Tienes la cara hecha un ~.* Your face is a mess. **ni Cristo** not a soul: *No se ve ni ~ por la calle.* There isn't a soul outside. **ni Cristo que lo fundó** nobody: *No vino ni ~ que lo fundó.* Nobody came. **todo Cristo** anyone and everyone *Ver tb* ANTES, ARMAR, DESPUÉS

criterio *nm* **1** (*principio*) criterion [*pl* criteria]: *aplicar los mismos ~s a los dos grupos* to apply the same criteria to the two groups **2** (*Jur, capacidad de juzgar*) judgement: *tener buen ~* to have good judgement **3** (*opinión*) opinion: *Respetamos su ~.* We respect their opinion. ◊ *según nuestro ~* in our opinion
LOC dejar algo al criterio de algn to leave sth to sb's discretion *Ver tb* AMPLITUD

crítica *nf* **1** (*gen*) criticism [*gen incontable*]: *Estoy harta de tus ~s.* I'm fed up with your criticism. ◊ *la ~ literaria* literary criticism **2** (*reseña*) **(a)** (*en un periódico*) review, write-up (*más coloq*): *La obra ha tenido unas ~s excelentes.* The play got excellent reviews. **(b)** (*Pol*) critique **3** (*conjunto de críticos*) critics [*v pl*]: *La exposición ha sido muy bien acogida por la ~.* The exhibition has been well received by the critics.
LOC *Ver* HOLGAR, PÁBULO, PASO

criticar *vt, vi* **1** (*sacar faltas*) to criticize **2** (*cotillear*) to gossip (**about** ***sb***) [*vi*]: *Deja de ~ a la vecina.* Stop gossiping about the next-door neighbour.

crítico, -a *adj* critical: *Llegó al hospital en estado ~.* He was in a critical condition when he got to hospital.
■ **crítico, -a** *nm-nf* critic: *un ~ de cine* a film critic
LOC *Ver* EDAD, PUNTO

criticón, -ona *adj, nm-nf*: *Su tío es un ~.* His uncle finds fault with everything and everybody. ◊ *¡Qué criticona eres!* You're so critical!

Croacia *nf* Croatia

croar *vi* to croak

croata *adj, nmf* Croatian

croissant *nm Ver* CRUASÁN

crol *nm* crawl **LOC** *Ver* NADAR

cromado, -a *pp, adj* chromium-plated
■ **cromado** *nm* chromium-plating

cromático, -a *adj* chromatic

cromo *nm* **1** (*Quím*) chromium **2** (*de colección*) picture card

cromosoma *nm* chromosome

crónica *nf* **1** (*Periodismo, Radio, TV*) report: *una ~ deportiva* a sports report **2** (*de hechos históricos*) chronicle **LOC** *Ver* SOCIEDAD

crónico, -a *adj* chronic **LOC** *Ver* ENFERMEDAD

cronista *nmf* **1** (*Periodismo, Radio, TV*) reporter **2** (*de hechos históricos*) chronicler

cronología *nf* chronology

cronológico, -a *adj* chronological

cronometraje *nm* timekeeping

cronometrar *vt* to time

cronómetro *nm* **1** (*Dep*) stopwatch **2** (*Tec*) chronometer

croqueta *nf* croquette

croquis *nm* sketch: *hacer un ~* to make a sketch

cross *nm* **1** (*Dep*) cross-country (running) **2** (*carrera*) cross-country run: *participar en un ~* to take part in a cross-country run ◊ *la campeona mundial de ~* the world cross-country champion

cruasán *nm* croissant ☛ *Ver ilustración en* BARRA

cruce *nm* **1** (*gen*) junction: *Al llegar al ~, gira a la derecha.* Turn right when you reach the junction. ◊ *en el ~ de la calle Mayor con la calle Esquila* at the junction of calle Mayor and calle Esquila ◊ *~ peligroso* dangerous junction ◊ *Hay una gasolinera en el siguiente ~.* There's a petrol station at the next crossroads. **2** (*paso de peatones*) crossing **3** (*híbrido*) cross: *un ~ de bóxer y doberman* a cross between a boxer and a Doberman
LOC cruce de líneas (*teléfono*) crossed line **darle a algn un cruce de cables** to get into a huff **llevar/tener un cruce de cables** to be confused *Ver tb* LUZ

crucero *nm* **1** (*viaje*) cruise: *hacer un ~* to go on a cruise **2** (*Mil*) cruiser **3** (*Arquit*) transept ☛ *Ver ilustración en* IGLESIA **LOC** *Ver* VELOCIDAD

crucial *adj* crucial

crucificar *vt* to crucify

crucifijo *nm* crucifix

crucifixión *nf* crucifixion

crucigrama *nm* crossword

crudeza *nf* **1** (*clima*) harshness: *la ~ del invierno* the harshness of the winter **2** (*descripción, imagen, realidad*) starkness **3** (*modo de hablar*) crudeness

crudo, -a *adj* **1** (*alimento*) **(a)** (*sin cocinar*) raw **(b)** (*poco hecho*) underdone **2** (*clima*) harsh **3** (*realidad*) stark **4** (*ofensivo*) shocking: *unas escenas muy crudas* some very shocking scenes **5** (*color*) natural

■ **crudo** *nm* crude oil

LOC **tenerlo crudo** to have a hard job

cruel *adj* **~ (con)** cruel (**to** ***sth/sb***)

crueldad *nf* cruelty

crujido *nm* **1** (*papel, hojas secas, seda*) rustle **2** (*madera, huesos*) creak: *Oí ~s en el suelo.* I heard the floor creak. **3** (*pan, patatas fritas*) crunch

crujiente *adj* **1** (*seda, hojas secas*) rustling **2** (*madera, huesos*) creaky **3** (*pan, patatas fritas*) crunchy

crujir *vi* **1** (*papel, hojas secas, seda*) to rustle **2** (*madera, huesos*) to creak **3** (*gravilla, pan, patatas fritas*) to crunch **4** (*dientes*) to grind

crustáceo *nm* crustacean

cruz *nf* **1** (*gen*) cross: *Pon una ~ en la casilla que corresponda.* Put a cross in the appropriate box. ☛ *Ver ilustración en* IGLESIA **2** (*moneda*) tails [*v sing*]: *Ha salido ~ y gano yo.* Tails–I win! **3** (*carga*) burden: *¡Qué ~ tengo contigo!* What a burden you are!

LOC **cruz gamada** swastika **Cruz Roja** Red Cross **cruz y raya** and that's that **en cruz** with arms outstretched **hacerse cruces 1** (*escandalizarse*) to throw your hands up in horror **2** (*asombrarse*) to be astonished *Ver tb* CARA, FIRMAR, SEÑAL

cruzada *nf* crusade

cruzado, -a *pp, adj* **1** (*puesto de lado a lado*): *Había un coche ~ bloqueando el tráfico.* There was a car across the road blocking the traffic. **2** (*prenda de vestir*) **(a)** (*abrigo, chaqueta*) double-breasted **(b)** (*falda, vestido*) crossover **3** (*cheque*) crossed **4** (*Zool*) cross-bred *Ver tb* CRUZAR

■ **cruzado** *nm* crusader

LOC **cruzado de brazos** (*sin hacer nada*) doing nothing *Ver tb* FUEGO, PIERNA, POLINIZACIÓN

cruzar *vt* **1** (*gen*) to cross: *~ la calle/un río* to cross the street/a river ◊ *Cruzaron la calle corriendo.* They ran across the street. ◊ *~ el río a nado* to swim across the river ◊ *Cruzó las piernas/los dedos.* She crossed her legs/fingers. ◊ *~ dos razas de perro* to cross two breeds of dog ☛ *Ver ilustración en* CROSS-LEGGED **2** (*palabras, miradas*) to exchange *sth* (**with** ***sb***): *Cruzaron una mirada.* They exchanged glances.

■ **cruzar** *vi* to cross: *Cruza por el paso de peatones.* Cross at the pedestrian crossing.

■ **cruzarse** *v pron* **1 cruzarse (con)** (*encontrarse*) to pass (*sth/sb*): *Me crucé con tus padres.* I passed your parents. ◊ *Los dos coches se cruzaron en el camino.* The two cars passed each other on the way. **2** (*calles, líneas, cartas*) to cross **3** (*obstaculizar*) to cut in: *Se me cruzó una moto y casi me hizo chocar.* A motorbike cut in and nearly caused an accident.

LOC **cruzar de acera** to cross the road **cruzarle la cara a algn** to slap sb's face **cruzarse de brazos 1** (*lit*) to fold your arms **2** (*no hacer nada*) not to do a thing: *He decidido ~me de brazos y no hacer nada hasta que me dé una respuesta.* I've decided not to do a thing till she gives me an answer. **cruzársele los cables a algn** to get your wires crossed: *Se me cruzaron los cables.* I got my wires crossed. *Ver tb* CHARCO

cuaderno *nm* **1** (*para apuntar*) notebook **2** (*de ejercicios*) exercise book

LOC **cuaderno de anillas** spiral-bound notebook **cuaderno de bitácora** logbook

cuadra *nf* **1** (*de caballos*) stable: *De esta ~ han salido muchos caballos ganadores.* Many winning horses have come from this stable. ☛ *Ver nota en* STABLE[2] **2** (*lugar desordenado*) pigsty: *Su habitación es una ~.* His room is a pigsty.

cuadradito *nm* LOC *Ver* CORTAR

cuadrado, -a *adj* **1** (*cosa*) square: *200 metros ~s* 200 square metres ◊ *una mesa de forma cuadrada* a square table **2** (*persona*) stocky: *Con tanto ejercicio se ha puesto ~.* All that exercise has made him look quite stocky.

■ **cuadrado** *nm* square

LOC **al cuadrado** squared: *tres al ~* three squared *Ver tb* CABEZA, ELEVADO, ELEVAR, ESCOTE[1], RAÍZ

cuadragésimo, -a *adj, nm-nf, pron* (*tb* **cuadragésimo** *nm*) fortieth ☛ *Ver ejemplos en* SEXAGÉSIMO

cuadrangular *adj* quadrangular

cuadrante *nm* quadrant

cuadrar *vi* **1 ~ (con)** (*gen*) to tally (**with** ***sth***): *Las cuentas no cuadran.* The balances don't tally. ◊ *El reportaje no cuadra con lo ocurrido.* The report doesn't tally with what actually happened. **2** (*ser apropiado*): *No le cuadra ese novio que tiene.* That boyfriend she's got now isn't really right for her.

■ **cuadrar** *vt* (*Com*) to balance: *Hice ~ las cuentas.* I balanced the accounts.

■ **cuadrarse** *v pron* **1** (*Mil*) to stand to attention **2 cuadrarse (con)** (*ponerse serio*) to take a firm line (**with** ***sb***): *Hasta que no me cuadré allí no trabajaba nadie.* Until I began taking a firm line no one there did any work.

cuadriculado, -a *pp, adj* **1** (*lit*) squared: *papel ~* squared paper **2** (*fig*) inflexible: *¡Qué mente más cuadriculada tienes!* You're so inflexible!

cuadrilátero *nm* **1** (*Geom*) quadrilateral **2** (*Boxeo*) ring

cuadrilla *nf* **1** (*gen*) gang: *una ~ de peones/ladrones* a gang of workmen/thieves ◊ *Hoy no me apetece salir con la ~.* I don't feel like going out with the gang tonight. **2** (*Toros*) team

cuadro *nm* **1** (*Arte*) painting: *colgar/restaurar un ~* to hang/restore a painting ◊ *un ~ cubista/de Picasso* a cubist painting/a painting by Picasso ◊ *Está pintando un ~ para la exposición.* He's painting a picture for the exhibition. **2** (*escena*) sight: *¡Vaya ~ que se encontró al llegar a casa!* What a sight met his eyes when he got home! **3** (*bicicleta*) frame **4** (*colectivo*) **(a)** (*gen*) team: *un ~ de médicos/asesores* a team of doctors/advisers **(b)** (*Mil*) officers [*v pl*]: *el ~ de oficiales de la Marina* the Navy officers **(c)** (*Dep*): *Se impuso el ~ irlandés/español.* Ireland/Spain won. **5 cuadros** (*tela*) checks: *Los ~s te favorecen.* Checks suit you.

LOC **a/de cuadros** check(ed): *un pantalón de ~s* check trousers ☛ *Ver ilustración en* PATTERN **cuadro clínico** symptoms [*v pl*]: *un ~ clínico de vómitos y fiebre* symptoms of vomiting and fever **cuadro escocés/cuadros escoceses** tartan: *una capa de ~s escoceses* a tartan cape **cuadro (sinóptico)** table **ir hecho un cuadro** to look a right mess: *Fue a la fiesta hecha un ~.* She went to the party looking a right mess. *Ver tb* MANDO, ÓLEO

cuadrúpedo, -a *adj* quadruped

■ **cuadrúpedo** *nm* quadruped

cuádruple (*tb* **cuádruplo**) *nm*: *Tu coche cuesta el ~ de lo que costó el mío.* Your car costs four times as much as mine did.

cuadruplicar(se) *vt, v pron* to quadruple

cuajada *nf* pudding made with curds

cuajar(se) *vt, vi, v pron* **1** (*leche*) to curdle **2** (*flan, yogur*) to set

■ **cuajar** *vi* **1** (*gen*) to catch on: *¿Crees que la moda del teléfono portátil cuajará?* Do you think the fashion for mobile phones will catch on? ◊ *Su relación nunca acabó de cuajar.* Their relationship never really got off the ground. **2** (*nieve*) to settle

cuajo *nm* rennet

LOC **arrancar/sacar de cuajo** to pull *sth* up by the roots

cual *pron rel* **1** (*persona*) whom: *Tengo diez alumnos, de los ~es dos son ingleses.* I've got ten students, two of whom are English. ◊ *las amigas con las ~es me fui de vacaciones* the friends I went on holiday with ◊ *la familia para la ~ trabaja* the family he works for

☛ *Ver nota en* WHOM **2** (*cosa*) which: *Están luchando contra el fraude, lo ~ no es fácil.* They are trying to combat fraud, which isn't easy. ◊ *un trabajo en el ~ me siento muy cómodo* a job I feel very comfortable in ◊ *un descanso durante el ~ tomamos café* a break for coffee ☛ *Ver nota en* WHICH

LOC con/por lo cual so: *Me he gastado todo el sueldo, con lo ~ ya no salgo en un mes.* I've spent all my salary, so I won't be able to go out this month. **sea cual sea/ fuere** whatever: *Sea ~ sea el resultado de las elecciones...* Whatever the result of the election... *Ver tb* CADA

cuál *pron interr* **1** (*gen*) what: *¿~ es tu número de teléfono/la capital de Perú?* What's your telephone number/the capital of Peru? **2** (*entre varios*) which (one): *¿~ prefieres?* Which do you prefer? ◊ *¿~ de tus hermanas se fue a México?* Which of your sisters went to Mexico? ◊ *Me preguntó con ~ había salido.* He asked me which one I'd gone out with. ☛ *Ver nota en* WHAT[1], WHICH

LOC a cuál más: *Mis hermanos son a ~ más guapo.* All my brothers are very good-looking.

cualidad *nf* quality

cualificado, -a *pp, adj* skilled: *un obrero/trabajador ~* a skilled worker

LOC estar cualificado para 1 (*estar capacitado*) to be qualified *to do sth*: *Está ~ para ejercer como ginecólogo.* He's qualified to practise as a gynaecologist. **2** (*estar autorizado*) to be entitled *to do sth*

cualquiera (*tb* **cualquier**) *adj* **1** (*gen*) any: *Coge cualquier autobús que vaya al centro.* Catch any bus that goes to the centre. ◊ *a cualquier precio* at any price ☛ *Ver nota en* SOME **2** (*uno cualquiera*) any old: *un mantel ~* any old tablecloth **3** (*en tono peyorativo*): *un mentiroso/tonto ~* a terrible liar/a complete idiot

■ **cualquiera** *pron* **1** (*cualquier persona*) anybody: *~ puede equivocarse.* Anybody can make a mistake. **2** (*entre dos*) either: *~ de los dos me sirve.* Either will do. ◊ *—¿Cuál de los dos libros cojo? —Cualquiera.* 'Which of these two books shall I take?' 'Either of them.' **3** (*entre más de dos*) any: *No me importaría vivir en ~ de esas ciudades.* I wouldn't mind living in any of those cities. ◊ *—¿Qué propuesta pensáis aceptar? —Cualquiera.* 'Which proposal do you intend to accept?' 'Any of them.' ☛ *Ver nota en* ANY *adj, pron*

■ **cualquiera** *nmf* (*don nadie*) nobody: *¿Te has creído que mi jefe es un ~?* Do you think my boss is a nobody?

■ **cualquiera** *nf* (*fulana*) tart

LOC cualquier cosa que.../cualquiera que sea... whatever: *Cualquier cosa que pide, se la compran.* They buy her whatever she wants. ◊ *~ que sea su opinión...* Whatever he thinks... **cualquier día (de estos)** one of these days **cualquier (otra) cosa** anything (else) **cualquier otro** (*persona*) anyone else: *Trabajo tanto como cualquier otro.* I work as hard as anyone else. **de cualquier forma/manera/modo 1** (*sin cuidado*) any old how: *Hacen las cosas de cualquier manera.* They do things any old how. **2** (*de todos modos*) whatever happens: *De cualquier forma se aprobará el proyecto.* Whatever happens, the plan will be approved. **en cualquier caso** in any case **en cualquier lugar/parte/sitio** anywhere: *Yo duermo en cualquier sitio.* I can sleep anywhere. **en cualquier momento** at any time: *Pueden volver en cualquier momento.* They could come back at any time. **por cualquier cosa** over the slightest thing *Ver tb* CAPAZ, HIJO

cuando *adv* when: *~ llegué a la plaza me encontré con mi hermano.* When I got to the square, I met my brother. ◊ *~ venga Juan iremos al zoo.* When Juan gets here, we'll go to the zoo. ◊ *Le atacaron ~ volvía del cine.* He was attacked on his way home from the cinema.

■ **cuando** *adv rel* that: *Es ahora ~ más tienes que estudiar.* It's now that you most need to study. ◊ *Fue entonces ~ les vimos.* It was then that we saw them.

■ **cuando** *conj* if: *~ lo dicen todos los periódicos, será verdad.* If it's in all the papers it must be true.

■ **cuando** *prep*: *~ niños nos gustaban los dulces.* When we were little, we liked sweets. ◊ *~ Napoleón* in the time of Napoleon

LOC cuando el río suena, agua lleva there's no smoke without fire **cuando más/mucho** at (the) most: *Ganarán, ~ mucho, dos millones de pesetas.* I suppose they earn two million pesetas at most. **cuando menos/ poco** at least **cuando menos se espera/piensa** when you least expect it **cuando pueda, quiera, etc** whenever I, you, etc can, want, etc: *Pásese por el banco ~ quiera.* Pop into the bank whenever you like. **de cuando**: *una vajilla de ~ me casé* a dinner service from when I got married ◊ *Guardo buenos recuerdos de ~ viví en Roma.* I have very good memories of when I was living in Rome. **de cuando en cuando** from time to time: *De ~ en ~ nos llegan noticias de Teresa.* We hear from Teresa from time to time. **hasta cuando** until: *Te lo cuido hasta ~ vuelvas.* I'll look after it until you get back. *Ver tb* DIOS, JUSTO, OJO, PARECER, RABIA, SIEMPRE, VEZ

cuándo *adv interr, nm* when: *¿~ te examinas?* When's your exam? ◊ *Pregúntale ~ llegará.* Ask him when he'll be arriving. ◊ *¿Para ~ esperas el niño?* When's the baby due? ◊ *¡~ aprenderás a conducir con precaución!* When will you ever learn to drive carefully? ◊ *Lo importante no es el ~ sino el cómo.* What matters isn't when but how.

LOC ¡cuándo llegara el día de/en que...!: *¡~ me llegará el día de jubilarme!* Oh for the day I retire! ◊ *¡~ llegará el día en que os coloquéis los tres!* I long for the day when all three of you find jobs. **¿de cuándo acá?** since when? **¿desde cuándo...?** how long...?: *¿Desde ~ trabajas aquí?* How long have you been working here?

cuantía *nf* **1** (*suma*) amount: *la ~ del rescate* the amount of the ransom **2** (*alcance*) extent: *la ~ de los daños causados por las inundaciones* the extent of the flood damage

cuantificar *vt* to quantify

cuantioso, -a *adj* substantial

cuanto, -a *adj* whatever: *Haz cuantas pruebas sean necesarias.* Do whatever tests are necessary. ◊ *Utilizad ~s medios tengáis a vuestro alcance.* Use whatever means you have at your disposal. ◊ *Lo haré cuantas veces haga falta.* I'll do it as often as I have to.

■ **cuanto, -a** *pron*: *Piden la documentación a ~s salen.* They are asking to see the IDs of all those leaving. ◊ *Le dimos ~ teníamos.* We gave him everything we had. ◊ *el mejor de ~s tengo* the best I've got ◊ *Llora ~ quieras.* Cry as much as you like. ◊ *Hicimos ~ pudimos.* We did as much as we could.

LOC cuanto antes as soon as possible (*abrev* asap) **cuanto antes... mejor** the sooner... the better: *—¿Para cuándo lo necesitas? —~ antes, mejor.* 'When do you need it for?' 'The sooner the better.' ◊ *~ antes te olvides de ella, mejor.* The sooner you forget about her, the better. **cuanto más/menos... más/menos...** the more/less... the more/less...: *~ más tiene, más quiere.* The more he has, the more he wants. ◊ *~ más lo pienso, menos lo entiendo.* The more I think about it, the less I understand. ◊ *~ menos trabajas, menos te apetece trabajar.* The less you work, the less you feel like working. **cuanto más/menos... mejor** as much/little as possible: *—¿Cuánto necesitas? —~ más, mejor.* 'How much do you want?' 'As much as possible.' **cuantos más/ menos... mejor** the more/fewer... the better: *~s más alumnos se matriculen, mejor.* The more students who register, the better. **en cuanto** as soon as: *En ~ me vio, echó a correr.* As soon as he saw me, he started to run. **en cuanto a**: *En ~ al proyecto de ampliación del edificio...* As for the plan to enlarge the building... ◊ *No sabemos nada en ~ a su financiación.* We know nothing about how it's financed. **en cuanto me descuido** as soon as my, your, etc back is turned: *En ~ me descuido, las niñas ponen la tele.* As soon as my back is turned, the girls switch on the telly. **unos cuantos** a few (people): *Cené con unos ~s amigos.* I had dinner with a few friends. ◊ *Unos ~s llegaron tarde.* A few people arrived late. *Ver tb* TANTO *adj*

cuánto, -a *adj, pron*
● **uso interrogativo 1** (*referido a sustantivo incontable*) how much: *¿~ dinero te has gastado?* How much money did you spend? ◊ *¿~ te queda?* How much have you got left to do? **2** (*referido a sustantivo contable*) how many: *¿Cuántas personas asistieron a la conferencia?* How many people were at the lecture? ◊ *¿~s habéis estudiado francés?* How many of you have studied French? ◊ *¿Cuántas de las que se presentaron han aprobado?* How many of those who took the exam have passed? ☛ *Ver nota en* MANY
● **uso exclamativo**: *¡~ vino han bebido!* What a lot of wine they've drunk! ◊ *¡Con ~ afán estudian!* They do work hard! ◊ *¡Cuántas alegrías me han dado mis hijos!* My children have given me so much joy! ◊ *¡A ~s ha ayudado!* He's helped so many people!
■ **cuánto** *adv* **1** (*uso interrogativo*) how much: *¿~ os ha costado la casa?* How much did you pay for the house? **2** (*uso exclamativo*): *¡~ los quiero!* I'm so fond of them! ◊ *¡~ siento no haber podido asistir!* I'm so sorry I couldn't come. ◊ *¡~ ha cambiado!* How she's changed! ◊ *¡~ se esfuerza!* What a lot of effort he puts into it!
LOC ¿a cuánto...?: *¿A ~ está hoy la merluza?* What's the price of hake today? **¿a cuántos estamos?** what's the date today? **¿cuánto es/cuesta?** how much is it? **¿cuánto (tiempo)/cuántos días, meses, etc?** how long...?: *¿~ (tiempo) has tardado en llegar?* How long did it take you to get here? ◊ *¿~s días quedan para las vacaciones?* How long is it till the holidays? ◊ *¿~s años llevas en Londres?* How long have you lived in London? **¿por cuánto...?** how much...for?: *¿Por ~ me lo dejas?* How much will you let me have it for? *Ver tb* CADA, DEBER[2]

cuáquero, -a *adj, nm-nf* Quaker

cuarenta *adj, nm, pron* **1** (*gen*) forty **2** (*cuadragésimo*) fortieth ☛ *Ver ejemplos en* SESENTA
LOC cuarenta iguales deuce **los cuarenta principales** the top forty *Ver tb* CANTAR[2]

cuarentavo, -a *adj* ☛ *Ver ejemplos en* DIECISEISAVO
■ **cuarentavo** *nm* fortieth

cuarentena *nf* quarantine: *estar/poner a algn en ~* to be/put sb in quarantine

cuarentón, -ona *adj, nm-nf* in my, your, etc forties: *una viuda cuarentona* a widow in her forties ◊ *un matrimonio de cuarentones* a couple in their forties

cuaresma *nf* Lent

cuartear *vt* (*animal*) to cut *sth* up
■ **cuartearse** *v pron* to crack: *El techo de nuestra habitación se ha cuarteado.* Our bedroom ceiling is cracked.

cuartel *nm* barracks [*v sing o pl*]: *Atacaron un ~ del ejército.* They attacked an army barracks.
LOC cuarteles de invierno winter quarters **cuartel general** headquarters (*abrev* HQ) [*v sing o pl*] **no dar cuartel a algn** to show no mercy to sb **sin cuartel** bitter: *una lucha sin ~* a bitter struggle *Ver tb* GUERRA

cuartelillo *nm*
LOC cuartelillo (de la Guardia Civil) Civil Guard post: *Lo llevaron al ~.* He was taken to the Civil Guard post.

cuarteta *nf* quatrain with eight-syllable lines

cuarteto *nm* **1** (*Mús*) quartet: *El ~ interpretó una obra de Vivaldi.* The quartet played a work by Vivaldi. ◊ *un ~ para instrumentos de cuerda* a string quartet **2** (*Liter*) quatrain with eleven-syllable lines

cuartilla *nf* sheet of paper: *Déjame unas ~s para hacer el borrador.* Give me a few sheets of paper to write the draft.

cuarto *nm* room
LOC cuarto de aseo/baño bathroom **cuarto de estar** living room ☛ *Ver nota en* RECEPTION ROOM **cuarto oscuro** darkroom **cuarto trastero** boxroom *Ver tb* MÁQUINA

cuarto, -a *adj, nm-nf, pron* fourth ☛ *Ver ejemplos en* SEXTO
■ **cuarto** *nm* **1** (*cuarta parte*) quarter: *un ~ de hora/kilo* a quarter of an hour/a kilo ◊ *un kilo y ~ de pescado* one and a quarter kilos of fish **2 cuartos** dosh [*incontable, v sing*] (*argot*): *Sus hijos le sacan los ~s.* He spends all his dosh on the kids.
■ **cuarta** *nf* **1** (*marcha*) fourth (gear): *—¿En qué marcha vas? —En cuarta.* 'What gear are you in?' 'Fourth.' **2** (*palmo*): *Ha crecido una cuarta este mes.* He's grown several inches this month. ◊ *Levantó la piedra una cuarta del suelo.* He raised the stone a few inches from the ground.
LOC la/una cuarta parte (de) a quarter (of *sth*): *—¿Cuánto te falta por leer? —La cuarta parte.* 'How much have you got left to read?' 'A quarter.' ◊ *una cuarta parte de la población* a quarter of the population **cuarto creciente/menguante** first/last quarter **cuartos de final** quarter finals **cuartos delanteros/traseros** forequarters/hindquarters **estar sin/no tener un cuarto** to be broke **menos cuarto/y cuarto** a quarter to/a quarter past: *las diez menos ~* a quarter to ten ◊ *la una y ~* a quarter past one **tener (muchos) cuartos** to be loaded *Ver tb* CHAQUETÓN, CUATRO, PERA[2], SEIS, TRES

cuartucho *nm* miserable room

cuarzo *nm* quartz

cuaternario, -a *adj* quaternary
■ **cuaternario** *nm* Quaternary

cuatrero, -a *nm-nf* rustler

cuatrienal *adj* **1** (*que dura cuatro años*) four-year: *un plan de inversión ~* a four-year investment plan **2** (*que sucede cada cuatro años*) four-yearly

cuatrienio *nm* four years [*v pl*]

cuatrillizo, -a *nm-nf* quadruplet

cuatrimestral *adj* four-monthly: *reuniones ~es* meetings held at four-monthly intervals **LOC** *Ver* ASIGNATURA, EXAMEN

cuatrimestre *nm* **1** (*cuatro meses*) four months [*v pl*] **2** (*Educ*) term

cuatrimotor *nm* four-engined plane

cuatro *nm, adj, pron* **1** (*gen*) four **2** (*fecha, cuarto*) fourth ☛ *Ver ejemplos en* SEIS
LOC a cuatro patas on all fours: *ponerse a ~ patas* to get down on all fours ☛ *Ver ilustración en* KNEEL **caer cuatro gotas**: *Cayeron ~ gotas, pero en seguida salió el sol.* There were a few drops of rain, but very soon the sun came out. **cuatro cosas/días/palabras** a few things/days/words: *No traigo más que ~ cosas.* I've only brought a few things. ◊ *Aprendió a conducir en ~ días.* He learnt to drive in no time at all. **cuatro cuartos/perras** peanuts: *Gana ~ perras.* He earns peanuts. **cuatro gatos** hardly anyone: *Había ~ gatos.* There was hardly anyone there. **cuatro ojos ven más que dos** two heads are better than one **dar/pegar cuatro gritos/voces** to shout (at *sb*): *Dio ~ voces y todo el mundo se calló.* He shouted at them and they all stopped talking. **decir cuatro cosas a algn** to tell sb off **entre cuatro paredes**: *Llevo todo el día encerrada entre ~ paredes.* I've been shut up in here all day. **escribir/mandar cuatro letras/líneas a algn** to drop sb a line **las cuatro esquinas** puss in the corner **más de cuatro** quite a few people: *Más de ~ aceptarían esas condiciones.* Quite a few people would accept those conditions. **por cuatro duros/perras** for a song **por los cuatro costados 1** (*lit*) on all four sides **2** (*fig*) on both sides: *Soy castellano por los ~ costados.* I'm Castilian on both sides. **saber(se) las cuatro reglas** to know the basics *Ver tb* COMER, PALABRA, PLAZA, PROCLAMAR, PUBLICAR, VERDAD

cuatrocientos, -as *adj, pron* (*tb* **cuatrocientos** *nm*) four hundred ☛ *Ver ejemplos en* SEISCIENTOS

Cuba *nf* Cuba

cuba *nf* barrel
LOC estar como una cuba to be plastered *Ver tb* BORRACHO

cubalibre (*tb* **cubata**) *nm* rum/gin and Coke

cubano, -a *adj, nm-nf* Cuban

cubero *nm* **LOC** *Ver* OJO

cubertería *nf* cutlery (set): *una ~ de plata* a silver cutlery set

cubeta *nf* **1** (*balde*) bucket **2** (*Fot, laboratorio*) tray **3** (*congelador*) ice-tray **4** (*barómetro, termómetro*) bulb

cúbico, -a *adj* cubic: *dos metros ~s* two cubic metres **LOC** *Ver* RAÍZ

cubierta *nf* **1** (*libro*) **(a)** (*portada*) cover: *un libro con ~s de piel* a leather-bound book **(b)** (*sobrecubierta*) book jacket **2** (*revista*) cover **3** (*Arquit*) roof [*pl* roofs] **4** (*neumático*) tyre: *una ~ sin cámara* a tubeless tyre ☛ *Ver ilustración en* BICYCLE **5** (*Náut*) deck: *subir a ~* to go up on deck ◊ *la ~ inferior/superior/principal* the lower/upper/main deck ☛ *Ver ilustración en* YACHT

cubierto, -a *pp, adj* **1 ~ (de/por)** covered (**in/with** ***sth***): *~ de manchas* covered in stains ◊ *El sillón estaba ~ por una sábana.* The chair was covered with a sheet. ◊ *La maquinaria está cubierta por el seguro.* The machinery is covered by the insurance. **2** (*cielo, día*) overcast **3** (*puesto*) filled: *Todas las plazas están cubiertas.* All the vacancies have been filled. **4** (*instalación*) indoor: *una pista cubierta* an indoor track *Ver tb* CUBRIR

■ **cubierto** *nm* **1** (*gen*) cutlery [*incontable*]: *¿Estrenamos los ~s nuevos?* Shall we use the new cutlery? ◊ *Casi he terminado, solo me falta poner los ~s.* I've nearly finished–I've just got to put out the cutlery. ◊ *Al niño no le habéis puesto ~s.* My little boy hasn't got anything to eat his dinner with. **2** (*pieza*) knife, fork, spoon, etc: *Se me cayó un ~.* I dropped my knife/fork/spoon. ◊ *Todavía no ha aprendido a usar los ~s.* He hasn't learnt how to use a knife and fork yet. **3** (*servicio de mesa*) place-setting: *Pon dos ~s más, que vienen los Ventura.* Set two more places for the Venturas. **4** (*comida*) meal: *¿Cuánto cuesta el ~ en Arguiñano?* How much is a meal at Arguiñano's?

LOC ponerse a cubierto 1 (*lit*) to take cover (*from sth/sb*) **2** (*asegurarse*) to take out cover (*against sth*): *Nos pusimos a ~ de posibles riesgos/saboteadores.* We took out cover against all risks/the risk of sabotage. *Ver tb* PISCINA, RIÑÓN

cubilete *nm* **1** (*dados*) shaker **2** (*Cocina*) mould

cubismo *nm* cubism

cubista *adj, nmf* cubist

cubito *nm*

LOC cubito de hielo ice cube

cúbito *nm* ulna ☛ *Ver ilustración en* ESQUELETO

cubo *nm* **1** (*recipiente*) bucket **2** (*Geom, Mat*) cube **LOC al cubo** cubed: *dos al ~* two cubed **cubo de la basura** dustbin ☛ *Ver nota en* BIN *Ver tb* ELEVADO, ELEVAR

cubrecama *nm* bedspread

cubrir *vt* **1** (*gen*) to cover *sth/sb* (**with** ***sth***): *Este dinero es para ~ gastos de desplazamiento.* This sum is to cover travelling expenses. ◊ *Me ha tocado ~ las elecciones.* I'll be covering the election. ◊ *Han cubierto las paredes de propaganda electoral.* They've covered the walls with election posters. ◊ *Me cubrió con una manta.* He put a blanket over me. **2** (*plaza*) to fill

■ **cubrir** *vi* (*agua*): *Les tengo prohibido nadar donde cubre.* I've told them not to go out of their depth.

■ **cubrirse** *v pron* (*nublarse*) to cloud over

LOC cubrir de alabanzas to heap praise on *sb* **cubrir de atenciones** to overwhelm *sb* with kindness **cubrir de besos/caricias** to smother *sb* with kisses **cubrir de improperios** to hurl insults at *sb* **cubrir el expediente** to do the bare minimum **cubrir las necesidades de algn** to meet sb's needs: *Siempre trataremos de ~ las necesidades de nuestros hijos.* We'll always try to meet our children's needs. ◊ *Este plan de jubilación no cubre nuestras necesidades.* This retirement plan is inadequate for our needs. **cubrirse de gloria/honores** to cover yourself in glory *Ver tb* ESPALDA, MIERDA

cucaña *nf* greasy pole

cucaracha *nf* cockroach

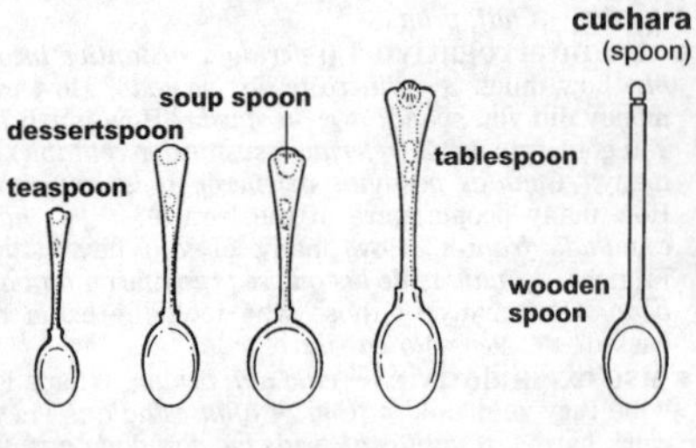

cuchara (spoon)

soup spoon

dessertspoon

teaspoon

tablespoon

wooden spoon

cuchara *nf* **1** (*cubierto*) spoon **2** (*de albañil, de una excavadora*) shovel

LOC cuchara de palo/madera wooden spoon **cuchara de servir** tablespoon **meter con cuchara** to spoonfeed *sb*

cucharada *nf* spoonful: *dos ~s de azúcar* two spoonfuls of sugar

cucharadita *nf* teaspoonful

cucharilla *nf* teaspoon

LOC cucharilla de moca coffee spoon **cucharilla de postre** dessertspoon ☛ *Ver ilustración en* CUCHARA

cucharón *nm* ladle ☛ *Ver ilustración en* UTENSIL

cuchichear *vt, vi* to whisper: *Le cuchicheé las respuestas.* I whispered the answers to him. ◊ *¿Queréis dejar de ~?* Will you stop whispering?

cuchicheo *nm* whispering [*incontable*]: *¿Qué ~s os traéis?* What are you whispering about?

cuchilla *nf* **1** (*gen*) blade: *las ~s de los patines* the skate blades **2** (*cuchillo grande*) large knife [*pl* large knives] **3** (*de carnicero*) cleaver **LOC** *Ver* AFEITAR

cuchillada *nf* **1** (*ataque*) stab: *una ~ en la espalda* a stab in the back ◊ *una escena de tiros y ~s* a scene of shooting and stabbing **2** (*herida*) stab wound: *Murió a causa de una ~.* He died of a stab wound.

LOC asestar/dar una cuchillada/dar de cuchilladas to stab *sb Ver tb* MATAR

cuchillo *nm* knife [*pl* knives] ☛ *Ver ilustración en* KNIFE

LOC cuchillo de caza/monte hunting knife **cuchillo de cocina** kitchen knife **cuchillo del pan** breadknife **cuchillo de trinchar** carving knife ☛ *Ver ilustración en* KNIFE **pasar a cuchillo** to put *sb* to the sword *Ver tb* AFILADOR, CASA

cuchitril *nm* hovel

cuclillas

LOC en cuclillas squatting ☛ *Ver ilustración en* KNEEL **ponerse en cuclillas** to squat

cuco[1] (*tb* **cuclillo**) *nm* cuckoo **LOC** *Ver* RELOJ

cuco[2] *nm* **1** (*moisés*) Moses basket **2** (*de cochecito*) carrycot

cuco, -a *adj* **1** (*mono*) cute: *La niña está de lo más cuca con ese trajecito.* The baby looks so cute in that little dress. **2** (*astuto*) crafty: *Parece tonto, pero en realidad es muy ~.* You'd think he was stupid, but he's really very crafty.

cucú *nm* **1** (*canto*) cuckoo **2** (*reloj*) cuckoo clock

cucurucho *nm* **1** (*helado*) cornet **2** (*papel*) cone **3** (*gorro*) pointed hood

cuelgue *nm*

LOC llevar/tener un cuelgue to be spaced out

cuello *nm* **1** (*gen*) neck: *Me duele el ~.* My neck hurts. ◊ *el ~ de una botella* the neck of a bottle ☛ *Ver ilustración en* HEAD[1] **2** (*prenda de vestir*) collar: *Tienes el ~ de la camisa arrugado.* Your shirt collar is creased. ◊ *el ~ de una chaqueta* a jacket collar ◊ *un ~ blando/duro/postizo* a soft/hard/detachable collar ☛ *Ver ilustración en* AMERICANA

LOC agarrar/coger a algn del/por el cuello to grab sb by the throat **apostarse/jugarse el cuello**: *Me juego el ~ a que no viene.* I bet you anything you like he won't come. **cuello alto/de cisne/vuelto** polo-neck: *un*

jersey de ~ vuelto a polo-neck jumper ☛ *Ver ilustración en* NECK **cuello de barco** boat neck **cuello del útero** cervix ☛ *Ver ilustración en* REPRODUCTOR **cuello de pico** V-neck: *Me he comprado un jersey verde con el ~ de pico.* I've bought myself a green V-neck jumper. ☛ *Ver ilustración en* NECK **cuello mao** mandarin collar **cuello redondo/de caja** crew neck ☛ *Ver ilustración en* NECK **estar hasta el cuello de algo**: *Estamos hasta el ~ de deudas.* We're up to our ears in debt. ◊ *Está hasta el ~ de trabajo.* He's snowed under with work. *Ver tb* AGUA, CORTAR, ESTIRAR, HABLAR, METIDO, RETORCER, SOGA

cuenca *nf* **1** (*Geog*) basin: *la ~ del Ebro* the Ebro basin **2** (*ojo*) (eye) socket

LOC cuenca minera coal mining area **cuenca petrolífera** oilfield

cuenco *nm* (*recipiente*) bowl

LOC cuenco de la mano hollow of the hand

cuenta *nf* **1** (*Com, Fin*) account: *una ~ bancaria/de ahorro* a bank/savings account ◊ *Apúntamelo en la ~.* Put it on my account. **2** (*factura*) bill: *¡Camarero, la ~!* Could I have the bill, please? ◊ *la ~ del teléfono* the phone bill **3** (*operación aritmética*) sum: *Mi hija está aprendiendo las ~s en el colegio.* My daughter is doing sums at school now. **4** (*rosario*) bead

LOC a cuenta on account **¿a cuenta de qué?** why on earth?: *¿A ~ de qué obedeces sus órdenes?* Why on earth do you always do what he tells you? **caer en la cuenta/darse cuenta de algo** to realize sth **coger a algn por tu cuenta** to have a word with sb **correr por cuenta de algn** to be sb's responsibility **cuenta atrás** countdown **cuenta corriente** current account **dar cuenta de algo 1** (*relatar*) to give an account of sth: *El testigo dio ~ de lo ocurrido.* The witness gave an account of what had happened. **2** (*consumir, gastar*): *Dieron buena ~ de la cena.* They polished off the meal. ◊ *dar ~ de un dinero* to get through money very fast **echar/hacer/sacar (las) cuentas** to work *sth* out: *Saca las ~s de lo que nos ha costado el viaje.* Work out what the trip cost. ◊ *Echa ~s para ver si puedes ir de vacaciones.* You'd better work out your finances and see if you can afford a holiday. **encargarse de/llevar las cuentas 1** (*profesión*) to do the accounts *for sb*: *Llevo las ~s de una compañía de seguros.* I do the accounts for an insurance company. **2** (*en casa*) to look after the money: *Mi mujer es la que se encarga de las ~s.* My wife is the one who looks after the money. **haber salido de cuentas**: *Dará a luz en cualquier momento, ya ha salido de ~s.* The baby's overdue, she could have it any time. **habida cuenta de (que)...** bearing in mind (that)... **hacer la cuenta de la vieja** to count on your fingers **hacerse (la) cuenta de algo** to assume sth: *Se hizo la ~ de que tendría trabajo hasta diciembre.* He assumed he'd have work till December. **llevar la cuenta (de algo)** to keep an account (of sth): *¿Llevas la ~ de lo que hemos gastado?* Have you kept an account of what we've spent? **más de la cuenta** too much **perder la cuenta** to lose count (*of sth*) **por la cuenta que me trae** for my, your, etc own sake **por mi cuenta (y riesgo)** off my, your, etc own bat: *Actuó por su ~ y riesgo.* He did it off his own bat. **salir a cuenta** to be worthwhile **salir de cuentas**: *Sale de ~s a finales de julio.* The baby is due at the end of July. **(tener que) dar cuentas a algn** to be answerable to sb: *No tengo que dar ~s a nadie.* I'm not answerable to anybody. **tener/tomar en cuenta 1** (*ser consciente*) to take *sth* into account: *un aspecto a tener en ~* an aspect that must be taken into account ◊ *Ten en ~ que acaba de llegar al país.* Remember he's just arrived in the country. ◊ *Tendré en ~ los consejos que me das.* I'll bear your advice in mind. **2** (*reprochar*) to take *sth* to heart: *No se lo tomes en ~.* Don't take it to heart. **traer cuenta** to be worth my, your, etc while: *No me trae ~ trabajar en esas condiciones.* It's not worth my while to work under those conditions. *Ver tb* ABONAR², AJUSTAR, AJUSTE, ANOTACIÓN, BORRÓN, CARGAR, CENSOR, EXTRACTO, FIN, FUERA, LIBRO, PAGO, RENDIR, RESUMIDO, REVISIÓN, REVISOR, SALDAR, TRABAJADOR, TRABAJAR, TRIBUNAL

cuentagotas *nm* dropper

LOC a/con cuentagotas in dribs and drabs

cuentakilómetros *nm* **1** (*de distancia*) ≃ milometer **2** (*de velocidad*) speedometer ☛ *Ver ilustración en* CAR

cuentarrevoluciones *nm* rev counter

cuentista *adj, nmf* **1** (*farsante*) fibber [*n*]: *Seguro que es mentira, porque es muy ~.* It's bound to be a lie–he's such a fibber! **2** (*exagerado*): *Si vieses cómo se queja, es más ~.* You should see the way he goes on–it's all an act, of course!

cuento *nm* **1** (*gen*) story: *Papá, ¿me cuentas un ~?* Daddy, can you tell me a story? ◊ *No me vengas con ~s.* Don't tell me such stories! ◊ *Tanto que decía que me quería y era puro ~.* All that stuff about loving me was a load of rubbish. **2** (*Liter*) short story: *los ~s de García Márquez* García Márquez's short stories

LOC ¿a cuento de qué? what for?: *¿A ~ de qué me insultas ahora?* What are you insulting me for now? **cuento chino** cock-and-bull story **cuento de hadas** fairy tale **cuentos de viejas** old wives' tales **el cuento de nunca acabar** a never-ending story **eso es como el cuento de la lechera** don't count your chickens before they're hatched **sin venir a cuento** for no reason **traer a cuento** to bring *sth* up **venir a cuento** to be relevant: *Lo que dices no viene a ~.* That's irrelevant. *Ver tb* APLICAR, LIBRO

cuerda *nf* **1** (*gen*) **(a)** (*gruesa*) rope **(b)** (*fina, Mús*) string: *las ~s de la guitarra* the guitar strings ◊ *los instrumentos de ~* stringed instruments ☛ *Ver ilustración en* STRING **2** (*mecanismo*) spring: *la ~ del reloj* the watchspring

LOC bajo cuerda: *Cobraba bajo ~.* He was getting money on the side. **cuerda de/para tender la ropa** clothes line ☛ *Ver ilustración en* BUNGALOW **cuerda floja** tightrope: *andar/bailar en la ~ floja* to be walking a tightrope **cuerdas vocales** vocal cords ☛ *Ver ilustración en* THROAT **dar cuerda** to wind *sth/sb* up: *dar ~ al reloj* to wind the watch up ◊ *Es un juguete que funciona al darle ~.* It's a wind-up toy. ◊ *¡Cómo habla!, parece que le han dado ~.* Once he gets started he never stops. **tener cuerda para rato** to go on and on: *Una vez que empieza tiene ~ para rato.* Once he starts he goes on and on. *Ver tb* ESCALERA, RELOJ

cuerdo, -a *adj* **1** (*persona*) sane: *El paciente no estaba ~.* The patient was not in his right mind. **2** (*decisión, actitud*) wise

cuerno *nm* horn ☛ *Ver ilustración en* OVEJA

LOC irse al cuerno to go down the drain: *Mis proyectos se han ido al ~.* My plans have gone down the drain. **ponerle (los) cuernos a algn** (*ser infiel a tu pareja*) to cheat on sb: *Todo el mundo sabe que le ha puesto los ~s a su mujer con su secretaria.* Everyone knows he's been cheating on his wife and having an affair with his secretary. **saber a cuerno quemado 1** (*comida*) to taste bad **2** (*fig*) to really upset *sb*: *Me supo a ~ quemado que me mintiera.* It really upset me when he lied to me. **¡vete al cuerno!** go to hell! **¡(y) un cuerno!** bollocks! (⚠) ☛ *Ver nota en* TABÚ *Ver tb* OLER, ROMPER, TORO

cuero *nm* leather: *un abrigo de ~* a leather coat

LOC cuero cabelludo scalp **dejar a algn en cueros (vivos)** (*dejar sin dinero*) to strip sb of everything **en cueros (vivos)** stark naked

cuerpo *nm* **1(a)** (*gen*) body: *el ~ humano* the human body ◊ *un ~ esférico/extraño* a spherical/foreign body ◊ *un vino de mucho ~* a full-bodied wine **(b)** (*tronco*) torso [*pl* torsos]: *Tiene el ~ regordete pero las piernas delgadas.* He has a plump torso and slim legs. **(c)** (*figura femenina*) figure **(d)** (*figura masculina*) physique **2** (*vestido*) bodice **3(a)** (*libro*) main part: *el ~ de la tesis* the main part of the thesis **(b)** (*edificio*) part **(c)** (*mueble*) section: *El armario es de tres ~s.* The wardrobe has three different sections. **4** (*colectivo*) corps [*pl* corps]: *el ~ diplomático/médico* the diplomatic/medical corps ◊ *El ~ docente reivindica una subida salarial.* The teachers are asking for a pay rise. **5** (*espesor, consistencia*) thickness: *Es una tela de mucho/poco ~.* It's a very thick/fine fabric. **6** (*en las carreras de caballos*) length: *El caballo favorito ganó por medio ~.* The favourite won by half a length.

LOC a cuerpo without a coat **a cuerpo descubierto/limpio** unarmed **cuerpo a cuerpo** hand-to-hand: *un combate ~ a ~* a hand-to-hand combat **¡cuerpo a tierra!** get down! **cuerpo de bomberos** fire brigade **cuerpo del delito 1** (*arma*) weapon **2** (*prueba*) piece of evidence **dar con el cuerpo en tierra** to fall over **dar cuerpo 1** (*a una salsa*) to thicken **2** (*fig*) to give weight (*to sth*): *Este personaje da ~ a la obra.* This character gives weight to the play. **de cuerpo entero 1** (*fotografía*) full-length **2** (*bañador*) one-piece **de medio cuerpo** half-length: *un retrato de medio ~* a half-length portrait **en cuerpo y alma** body and soul **quedarse con algo en el cuerpo** to keep quiet about sth **tener mal cuerpo** to feel sick **tomar cuerpo 1** (*salsa*) to thicken **2** (*plan*) to take shape *Ver tb* DIABLO, ESPEJO, INCLINAR, MENEAR, MISA, PEDIR, SANO, VIVIR

cuervo *nm* raven **LOC** *Ver* CRIAR

cuesta *nf* slope

LOC a cuestas on your back **cuesta arriba/abajo** uphill/downhill **cuesta de enero** January lean period **llevar/tener a cuestas** to bear: *Lleva a ~s la enfermedad de su hermana.* She is having to bear the burden of her sister's illness. ◊ *Siempre se echa todos los problemas de la familia a ~s.* He burdens himself with all the family's problems. **se me hace cuesta arriba** I, you, etc find it hard: *Se me hace ~ arriba madrugar todas las mañanas.* I find it hard to get up early every morning.

cuestión *nf* matter: *en ~ de horas* in a matter of hours ◊ *Es ~ de vida o muerte.* It's a matter of life and death. ◊ *Es solo ~ de tiempo que vengan.* They'll come – it's just a matter of time. ◊ *Esa es otra ~.* That's a different matter.

LOC cuestión candente/palpitante burning question **en cuestión** in question: *el edificio en ~* the building in question **la cuestión es (que...)** the thing is: *La ~ es que tenemos que vender más.* The thing is, we have to sell more. **poner en cuestión** to call *sth* into question *Ver tb* AHÍ, QUID

cuestionable *adj* questionable

cuestionar *vt* to question

cuestionario *nm* questionnaire

cueva *nf* cave **LOC** *Ver* LADRÓN

cuezo *nm*

LOC meter el cuezo to put your foot in it

cuidado *nm* care [*incontable*]: *los ~s médicos* medical care ◊ *el ~ de los niños* child care ◊ *productos para el ~ del cabello* hair-care products

■ **¡cuidado!** *interj* **~ (con)**: *¡~, que viene un coche!* Look out! There's a car coming. ◊ *¡~ con el escalón!* Mind the step! ◊ *¡~ con el perro!* Beware of the dog. ◊ *¡Cuidado! Recién pintado.* Wet paint.

LOC andarse con cuidado to watch your step **con (mucho) cuidado** (very) carefully **¡cuidado que...!** goodness!: *¡~ que comes!* Goodness! What an appetite you've got! ◊ *¡~ que habla!* Goodness! She does go on! **de cuidado** nasty: *Tiene un carácter de ~.* He's got a nasty temper. **déjalo a mi cuidado** leave it to me **eso queda a mi cuidado** I'll take care of that **estar al cuidado de 1** (*trabajo*) **(a)** (*ocuparse de*) to be in charge of *sth/sb*: *Estoy al ~ de la nueva sección en la oficina.* I'm in charge of the new section at the office. **(b)** (*estar a cargo de*) to be in *sb's* charge: *La vigilancia del edificio está a su ~.* Surveillance of the building is in their charge. **2** (*enfermo, niño*) **(a)** (*ocuparse de*) to look after *sb* **(b)** (*estar a cargo de*) to be looked after by *sb*: *Los niños están al ~ de la abuela.* The children are being looked after by their grandmother. **me trae sin cuidado** I'm, you're, etc not bothered **tener cuidado (con)** to be careful (with *sth/sb*) *Ver tb* ALLÁ, UNIDAD

cuidado, -a *pp, adj* **1** (*objeto, lugar*) well cared for: *La casa está muy cuidada.* The house is very well cared for. **2** (*aspecto de una persona*) well-groomed: *Tiene un aspecto muy ~.* He's very well groomed. **3** (*pronunciación*) careful *Ver tb* CUIDAR

cuidadoso, -a *adj* **1** (*gen*) careful: *Es muy ~ con sus juguetes.* He's very careful with his toys. ◊ *Son todos muy ~s con sus comentarios.* They're all very careful what they say. **2** (*que presta atención a los detalles*) thorough: *un análisis ~* a thorough analysis ◊ *Soy cuidadosa en el vestir.* I'm particular about my clothes.

cuidar *vt* to look after *sth/sb*: *Tú vete, y yo cuido a los niños.* You go. I'll look after the children.

■ **cuidar** *vi* **1 ~ de** (*atender*) to look after *sth/sb*: *Una vecina está cuidando de mi gato.* A neighbour is looking after my cat. **2 ~ de que** (*asegurarse*) to make sure **(that)**: *Cuida de que no les falte nada.* Make sure (that) they have everything they need. ◊ *Cuida de que no entren los perros en la casa.* Mind the dogs don't come indoors.

■ **cuidarse** *v pron* **cuidarse de hacer algo** to be careful **not to do sth**: *Se cuidan mucho de mencionarlo.* They're careful not to mention it. ◊ *Cuídate de criticarles.* Mind you don't criticize them. **LOC** *Ver* LÍNEA

cuita *nf* trouble: *Venga, cuéntame tus ~s.* Come on, tell me your troubles.

culada *nf*

LOC darse/pegarse una culada to land on your backside

culata *nf* butt: *la ~ del fusil* the rifle butt ☛ *Ver ilustración en* GUN **LOC** *Ver* TIRO

culatazo *nm* **1** (*golpe*) blow with a rifle butt: *Los soldados se abrieron paso a ~s.* The soldiers used their rifle butts to force their way through. **2** (*al retroceder el arma*) kick (*coloq*), recoil: *El golpe que tiene en la cara es de un ~.* He got that mark on his face when the gun recoiled.

culebra *nf* snake **LOC** *Ver* SAPO

culebrear *vi* (*carretera, río*) to wind

culebrón *nm* soap (opera)

culera *nf* **1** (*petacho*) patch **2** (*deformación*): *Le han salido ~s al pantalón.* His trousers are all baggy.

culín *nm* drop: *Quedó un ~ de cerveza en el vaso.* There was a drop of beer left in the glass.

culinario, -a *adj* culinary

culminación *nf* culmination

culminante *adj*

LOC momento/punto culminante: *en el momento ~ de su carrera* at the peak of her career ◊ *el punto ~ de la historia* the climax of the story ◊ *Las negociaciones han llegado a su punto ~.* The negotiations have reached a crucial stage.

culminar *vt* **1** (*terminar*) to complete: *Se proponen ~ pronto la primera fase de las negociaciones.* They intend to complete the first stage of the negotiations soon. **2** (*llevar al punto más alto*) to mark the high point **of *sth***: *Este éxito culmina su carrera artística.* This success marks the high point of his artistic career.

■ **culminar** *vi* **1** (*llegar al punto más alto*) to reach a high point **2 ~ en/con** to culminate **in *sth***: *El proyecto culminó en desastre.* The plan culminated in disaster. ◊ *El congreso culminó con una conferencia del presidente.* The conference ended with a speech by the president.

culo *nm* **1** (*trasero*) bottom, bum (*coloq*), arse (⚠): *Hago ejercicios para bajar ~.* I'm doing exercises to try to reduce my bottom. ◊ *Estos pantalones me hacen mucho ~.* These trousers make my bottom look big. ◊ *Te voy a dar un azote en el ~.* I'll smack your bottom! **2** (*ano*) anus **3** (*botella, vaso*) bottom **4** (*líquido*) drop: *¿Me puedo tomar el ~ de la cerveza que queda?* Can I finish off the last drop of beer?

LOC andar/estar con el culo a rastras 1 (*cansado*) to be exhausted **2** (*sin dinero*) to be skint **caerse de culo 1** (*lit*) to fall on your bottom **2** (*fig*): *Cuando vi el regalo, casi me caigo de ~.* When I saw the present, I was gobsmacked. ◊ *Tiene unos trajes que te caes de ~.* He has some amazing suits. **con el culo al aire** in a jam **culo de mal asiento**: *¡Vaya ~ de mal asiento que eres!* You can't sit still a minute! **culo de pollo** tiny bottom culo veo culo quiero you want everything you can get **dar por el culo 1** (*cópula anal*) to bugger (⚠) **2** (*jorobar*) to screw (⚠): *Están dando por el ~ a los trabajadores.* They're screwing the workers. **estar hasta el culo (de) 1** (*estar harto*) to be pissed off (with *sth/sb*) (⚠) **2** (*tener mucho trabajo*) to be up to your eyeballs (in *sth*) **ir de culo**: *Este mes en la oficina vamos todos de ~.* We're rushed off our feet in the office this month. ◊ *Si piensas que te van a dar permiso, vas de ~.* If you think they're going to give you permission, you've another think coming. ◊ *Ese matrimonio va de ~.* Their marriage is on the rocks. **¿qué tiene que ver el culo con las témporas?** what does that have to do with it? **tener culo** to have a big bottom **tener un culo como un pandero** to have a fat bottom **¡vete a tomar por culo!** fuck off! (⚠) ☛ Para términos y expresiones marcados con el símbolo ⚠, véase nota en TABÚ. *Ver tb* GAFAS, MANDAR, MENEAR, PEZ

culón, -ona *adj*: *Es muy culona.* She's got a big bottom.

culpa *nf* **1** (*gen*) fault: *No es ~ mía.* It's not my fault. **2** (*culpabilidad*) guilt: *un sentimiento de ~* a feeling of guilt

LOC echar la(s) culpa(s) de algo to blame *sth/sb* for sth **por culpa de** because of *sth/sb* **tener la culpa (de algo)** to be to blame (for sth): *El gobierno tiene la ~ de la situación.* The government is to blame for the situation. ◊ *No tengo la ~ de que se hayan marchado.* It's not my fault they've gone. *Ver tb* CARGAR

culpabilidad *nf* guilt

culpable *adj* **~ (de) 1** (*Jur*) guilty (**of *sth***): *Son ~s de asesinato.* They are guilty of murder. **2** (*responsable*) to blame (**for *sth***): *Eres ~ de que el trabajo saliese mal.* You're to blame for the work going wrong.

■ **culpable** *nmf* **1** (*Jur*) culprit **2** (*responsable*): *Juan es el ~ de que lleguemos tarde.* Juan is to blame for us being late. **LOC** *Ver* DECLARAR

culpar *vt* to blame *sth/sb* (**for *sth***): *Les culpan del asalto al Banco Central.* They are being blamed for the attack on the Banco Central. ◊ *Lo culpan de asesinar a su mujer.* He is being blamed for his wife's murder.

cultismo *nm* learned word

cultivable *adj* cultivable: *tierras ~s* cultivable land

cultivado, -a *pp, adj Ver* CULTIVAR **LOC** *Ver* PERLA

cultivar *vt* **1** (*Agricultura*) **(a)** (*tierra*) to farm **(b)** (*cultivo, planta*) to grow, to cultivate (*más formal*) **2** (*fig*) **(a)** (*memoria, inteligencia*) to develop **(b)** (*amistad, afición, arte*) to cultivate

cultivo *nm* **1** (*actividad*) **(a)** (*productos*) growing, cultivation (*más formal*): *el ~ de tomates* tomato growing **(b)** (*tierras*) farming: *el ~ de tierras desérticas* the farming of the desert **2** (*cosecha*) crop: *El año próximo sembrarán otros ~s.* Next year they'll plant different crops. **3** (*Biol*) culture

LOC cultivo de hortalizas market gardening *Ver tb* CALDO, TIERRA

culto, -a *adj* (*persona*) cultured: *un lector muy ~* a cultured reader

■ **culto** *nm* **~ (a) 1** (*Relig*) worship (**of *sth/sb***): *el ~ al sol* sun worship ◊ *libertad de ~* freedom of worship **2** (*veneración*) cult (**of *sth/sb***): *el ~ a la personalidad* personality cult **LOC** *Ver* LENGUA, RENDIR

cultura *nf* **1** (*gen*) culture: *la ~ española* Spanish culture **2** (*erudición*) education: *gente de gran ~* highly educated people **3** (*las artes*) the arts [*v pl*]: *promocionar la ~* to promote the arts

LOC no tener cultura to be ignorant *Ver tb* CASA, ORGANIZACIÓN

cultural *adj* **1** (*gen*) cultural: *la identidad ~ del país* the cultural identity of the country **2** (*de educación*): *gente con un alto nivel ~* people with a high level of education **LOC** *Ver* CENTRO, ENTIDAD, INFORMACIÓN

culturismo *nm* body-building

culturista *nmf* bodybuilder

cumbre *nf* **1** (*montaña*) summit, top (*más coloq*) **2** (*Pol*) summit **3** (*culminación*) high point: *una de las ~s del cine negro* a high point in the history of film noir

LOC libro/obra/película cumbre masterpiece *Ver tb* MOMENTO

cumpleaños *nm* birthday: *El lunes es mi ~.* It's my birthday on Monday. ◊ *¡Feliz ~!* Happy birthday!

LOC ir de cumpleaños to go to a birthday party *Ver tb* DÍA, TARJETA

cumplido, -a *pp, adj* **1** (*educado*) polite **2** (*años*): *Tengo 25 años ~s.* I'm 25 (years old). **3** (*abundante*) full: *Dieron cumplida información sobre los hechos.* They gave full information about what had happened. *Ver tb* CUMPLIR

■ **cumplido** *nm* compliment: *hacerle un ~ a algn* to pay sb a compliment

LOC hacer algo de cumplido to do sth just to be polite *Ver tb* CEREMONIA, DESHACER, RECIÉN, VISITA

cumplidor, ~a *adj* reliable

cumplimentar *vt* (*trámite*) to carry *sth* out

cumplimiento *nm* **1** (*normativa, acuerdo*) compliance ***with sth***: *Vigilarán el ~ de la normativa.* They'll check that the regulations are being complied with. ◊ *normas de difícil ~* difficult rules to comply with **2** (*orden, amenaza*) carrying out **3** (*objetivo, obligación, requisito*) fulfilment **4** (*palabra, promesa*) keeping **5** (*deber, misión, papel*) performance **6** (*condena*) serving: *jóvenes en régimen de ~ de condena* youngsters serving a sentence

LOC dar cumplimiento a to carry *sth* out **en cumplimiento de** in compliance with *sth*

cumplir *vt, vi* **~ (con) 1** (*orden, deseo, amenaza*) to carry *sth* out **2** (*condiciones, normativa*) to comply **with *sth*** [*vi*] **3** (*compromiso, obligación, requisito*) to fulfil *sth* [*vt*] **4** (*objetivo*) to achieve *sth* [*vt*] **5** (*palabra, promesa*) to keep *sth* [*vt*] **6** (*papel*) to perform *sth* [*vt*]

■ **cumplir** *vt* **1** (*condena*) to serve **2** (*edad*) to be: *Mi hermano cumplió 30 años ayer.* My brother was 30 yesterday. ◊ *Jaime cumple años la próxima semana.* It's Jaime's birthday next week. ◊ *¿Cuántos años cumples?* How old are you?

■ **cumplir** *vi* **1** (*plazo, contrato*) to expire **2** (*hacer lo que corresponde*) to do your bit: *Yo ya he cumplido con él.* I've done my bit as far as he's concerned.

■ **cumplirse** *v pron* **1** (*sueño, deseo*) to come true **2** (*aniversario, fecha*): *Hoy se cumple el quinto aniversario de nuestra boda.* Today is our fifth wedding anniversary.

LOC cumplir con tu deber to do your duty **cumplir el servicio militar** to do your military service **hacer algo por cumplir** to do sth just to be polite **hacer cumplir** to enforce: *hacer ~ una ley/orden* to enforce a law/an order **no cumplir con tu palabra** to break your word

cúmulo *nm* **1** (*montón*) load: *un ~ de propuestas* a load of suggestions **2** (*nube*) cumulus [*pl* cumuli]

cuna

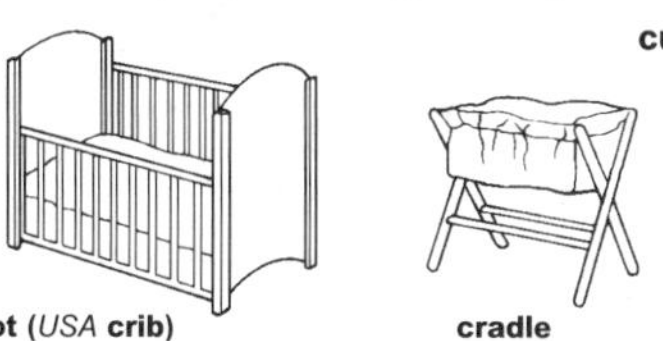

cot (*USA* **crib**) **cradle**

cuna *nf* **1** (*para bebé*) cot **2(a)** (*lugar de nacimiento*) birthplace: *Stratford, ~ de Shakespeare* Stratford, the birthplace of Shakespeare **(b)** (*origen*) cradle: *la ~ de la civilización* the cradle of civilization **3** (*linaje*) birth: *de ilustre ~* of illustrious birth

LOC de la cuna a la tumba from the cradle to the grave *Ver tb* CANCIÓN

cundir *vi* **1** (*difundirse*) to spread: *Cundió la alarma.* Alarm spread. ◊ *Que no cunda el pánico.* There's no need to panic. **2** (*rendir*) **(a)** (*alimento*) to go a long way: *Este aceite cunde poco.* This oil doesn't go very far. **(b)** (*tarea*): *Ayer me cundió mucho la lectura.* I did a lot of reading yesterday.

cuneta *nf* ditch

cuña *nf* **1** (*calza*) wedge **2** (*Med*) bedpan **3** (*Meteorología*) ridge
LOC **cuña musical** musical interlude **cuña publicitaria** commercial break

cuñado, -a *nm-nf* brother-in-law [*fem* sister-in-law] [*pl* brothers-in-law/sisters-in-law]

cuño *nm* (*en una carta, en un pasaporte*) (official) stamp: *Me pusieron el ~ en el pasaporte.* They stamped my passport.
LOC **de nuevo cuño 1** (*producto*) brand new **2** (*persona, empresa*) new-style **3** (*moneda*) newly-minted **4** (*palabra*) recently-coined

cuota *nf* **1** (*pago*) **(a)** (*gen*) fee: *una ~ anual* an annual fee ◊ *~ de admisión/socio* admission/membership fee **(b)** (*seguridad social*) contribution **2** (*proporción*) quota: *la ~ de producción de leche* the milk quota
LOC **cuota del sindicato** union dues [*v pl*] **cuota de mercado** market share

cupo *nm* quota: *un ~ de 300 plazas* a quota of 300 places
LOC *Ver* EXCEDENTE

cupón *nm* **1** (*vale*) coupon: *un ~ de pedido* an order coupon **2** (*para un sorteo*) ticket: *~ de ciegos* ticket for the lottery for the blind
LOC **cupón de regalo** token

cúpula *nf* **1** (*Arquit*) dome **2** (*dirección*) leadership [*v sing o pl*]: *la ~ militar* the top brass ◊ *la ~ directiva* the senior management

cura[1] *nm* priest: *un ~ párroco* a parish priest LOC *Ver* COLEGIO, SEÑOR

cura[2] *nf* **1** (*remedio*) cure: *Están investigando para dar con la ~ para el sida.* They're trying to find a cure for Aids. **2** (*tratamiento*) treatment [*gen incontable*]: *La ~ consiste en…* The treatment consists of… ◊ *La sometieron a una ~ contra el reúma.* She had treatment for rheumatism. **3** (*para una herida*) dressing
LOC **cura de reposo** rest cure **cura de urgencia** first aid **tener/no tener cura** to be curable/incurable

curable *adj* curable

curación *nf* recovery: *Esperamos una ~ rápida y completa.* We're hoping for a complete and rapid recovery.
LOC **tener/no tener curación** to be curable/incurable

curado, -a *pp, adj Ver* CURAR
LOC **estar curado de espanto** to be unshockable **mal curado**: *Fue a trabajar con una hepatitis mal curada.* He went back to work before he was really over his hepatitis.

curandero, -a *nm-nf* healer, quack (*pey*)

curar *vt* **1** (*sanar*) to cure: *El tratamiento homeopático me curó la úlcera.* The homeopathic treatment cured my ulcer. **2** (*aplicar tratamiento*) to treat: *Están mandando medicinas para ~ a los niños.* They are sending medicines for the children. **3** (*herida*) **(a)** (*limpiar y vendar*) to dress **(b)** (*cicatrizar*) to heal: *El tiempo curó las heridas.* Time healed the wounds. **4** (*jamón*) to cure **5** (*piel*) to tan
■ **curarse** *v pron* **curarse (de) 1** (*recuperarse*) to recover (**from** ***sth***): *El niño ya se ha curado del sarampión.* The little boy has recovered from measles. **2** (*cicatrizar*) to heal: *La herida se ha curado con rapidez.* The wound has healed quickly.
LOC **curarse en salud** to play safe *Ver tb* VALER

curativo, -a *adj* curative LOC *Ver* VIRTUD

curiosamente *adv* strangely enough: *~, los dos tienen el mismo nombre.* Strangely enough, they both have the same name.

curiosear *vi* **1** (*echar un vistazo*) **(a)** (*gen*) to look round: *Me fui a ~ por los grandes almacenes.* I went to look round the department stores. **(b)** (*en una librería*) to browse **2** (*fisgonear*) to pry (***into sth***): *~ en la vida ajena* to pry into other people's affairs ◊ *Le pillé curioseando en mi armario.* I caught him going through my wardrobe.

curiosidad *nf* **1** (*gen*) curiosity: *La ~ es muy importante a la hora de aprender.* Being curious helps you to learn. ◊ *La tienda estaba llena de ~es.* The shop was full of curiosities. **2** (*exagerada*) inquisitiveness, nosiness (*coloq*)
LOC **por curiosidad** out of curiosity **tener curiosidad (por)** to be curious (*about sth/to do sth*): *Tengo ~ por saber lo que pasó.* I'm curious to know what happened.

curioso, -a *adj* **1** (*raro*) strange: *un ~ jarrón* a strange vase ◊ *Lo ~ es que…* The strange thing is that… ◊ *¡Qué ~!* That's strange! **2** (*persona*) inquisitive, nosy (*pey*): *¡No seas tan ~!* Don't be so nosy! **3** (*limpio, ordenado*) neat and tidy: *Siempre va muy ~.* He's always neatly dressed.
■ **curioso, -a** *nm-nf* **1** (*mirón*) onlooker **2** (*indiscreto*) busybody

currante *nmf* worker

currar (*tb* **currelar**) *vi* to work

currículo *nm* **1** (*programa de estudios*) curriculum [*pl* curricula] **2** (*currículum vitae*) curriculum vitae (*abrev* CV/cv) [*gen sing*]

En el sentido de *currículum vitae*, en Estados Unidos también se puede decir **résumé**.

currículum (*tb* **currículum vitae**) *nm* curriculum vitae (*abrev* CV/cv) [*gen sing*] ☛ *Ver nota en* CURRÍCULO

curro (*tb* **curre, currele, currelo**) *nm* **1** (*trabajo*) work: *ir al ~* to go to work ◊ *Me puedes llamar al ~.* You can ring me at work. **2** (*puesto de trabajo*) job: *El mes que viene me cambio de ~.* I'm changing my job next month. ◊ *Está encantado con su nuevo ~.* He's very happy in his new job.

cursar *vt* **1** (*estudios*): *Curso la carrera de Economía.* I'm doing economics. ◊ *Cursa sus estudios en este centro.* He's at this school. ◊ *~ estudios universitarios* to be at university **2(a)** (*tramitar*) to deal with *sth*: *Estamos cursando su petición.* Your request is being dealt with. **(b)** (*enviar*) to send *sth* out: *~ un pedido urgente* to send out an urgent order

cursi *adj* **1** (*habla, estilo*) affected **2** (*cosa, ropa, persona*) twee

cursilería (*tb* **cursilada**) *nf*: *hacer una ~* to do something really twee ◊ *Eso es una ~.* That's really twee.

cursillo *nm* **1** (*curso*) course: *Estoy haciendo un ~ de informática.* I'm attending a computer course. **2** (*conjunto de conferencias*) series of lectures [*pl* series of lectures]: *Este verano ha dado varios ~s en el extranjero.* She's given a series of lectures abroad this summer.

cursiva *nf* italics [*v pl*]: *Los ejemplos aparecen en ~.* The examples are in italics.
■ **cursivo, -a** *adj* LOC *Ver* LETRA

curso *nm* **1** (*gen*) course: *el ~ de un río* the course of a river ◊ *en el ~ de una investigación* in the course of an investigation ◊ *un ~ intensivo de idiomas* an intensive language course **2** (*año escolar*) school/academic year: *a final de ~* at the end of the school year ◊ *Estoy en tercer ~.* I'm in the third year.
LOC **curso del agua** watercourse **Curso de Orientación Universitaria (COU)** ≃ A levels (*GB*) ☛ *Ver nota en* A LEVEL **curso de perfeccionamiento** advanced course: *un ~ de perfeccionamiento de inglés* an advanced English course **curso por correspondencia/a distancia** correspondence course/distance learning programme **dar curso a algo** to give free rein to sth **en curso** (*actual*) current: *el año/las negociaciones en ~* the current year/negotiations *Ver tb* DELEGADO, MONEDA, REPETIR, SEGUIR

cursor *nm* cursor

curtido, -a *pp, adj* **1** (*piel*) **(a)** (*por el viento y el sol*) weather-beaten **(b)** (*solo por el sol*) sunburnt **2** (*fig*) experienced: *Es un político ~.* He's a very experienced politician. *Ver tb* CURTIR
■ **curtido** *nm* tanning

curtir *vt* **1** (*piel*) to tan **2** (*fig*) to harden: *La experiencia lo curtió.* His experience hardened him.
■ **curtirse** *v pron* **1** (*piel*) **(a)** (*por el viento y el sol*) to become weather-beaten **(b)** (*solo por el sol*) to become tanned **2** (*fig*) to become hardened

curva *nf* **1** (*carretera, río*) bend: *~ peligrosa* dangerous bend ◊ *una ~ a la derecha* a right-hand bend **2** (*cuerpo, gráfico*) curve: *una ~ ascendente/descendente* a rising/falling curve

LOC **curva cerrada/muy cerrada** sharp/hairpin bend **curva de la felicidad** pot-belly

curvar *vt* **1** (*estante*) to make *sth* sag: *El peso de los libros ha curvado la balda.* The shelf is sagging under the weight of the books. **2** (*madera*) to warp

■ **curvarse** *v pron* **1** (*estante*) to sag **2** (*madera*) to warp: *La madera se está curvando.* The wood is becoming warped.

curvatura *nf* curvature

curvilíneo, -a *adj* **1** (*forma*) curved **2** (*mujer*) curvaceous

curvo, -a *adj* curved

cuscurro *nm* end

cuscús *nm* couscous

cúspide *nf* **1** (*montaña*) summit **2** (*cono, pirámide*) apex **3** (*torre*) top **4** (*fig*) peak: *Está en la ~ de su carrera.* She's at the peak of her career.

custodia *nf* **1** (*gen*) custody: *Han dado al padre la ~ de los hijos.* The father has been granted custody of the children. **2** (*Relig*) monstrance

LOC **bajo (la) custodia de algn** in sb's custody **custodia preventiva** protective custody

custodiar *vt* to guard

cutáneo, -a *adj* skin [*n atrib*]: *enfermedades cutáneas* skin diseases

cutícula *nf* cuticle ☛ *Ver ilustración en* HAND[1]

cutis *nm* skin: *Tengo el ~ mixto.* I've got combination skin.

LOC **un cutis como una rosa** skin as soft as silk

cutre *adj* **1** (*sucio, de pobre calidad*) grotty: *¡Vaya sitio más ~!* What a grotty place! **2** (*desaliñado*) scruffy: *Presentó un trabajo muy ~.* It was a very scruffy piece of work. **3** (*tacaño*) stingy

cuyo, -a *adj rel* whose: *Que levanten la mano los niños ~s padres no han podido venir.* Put up your hands all those whose parents weren't able to come. ◊ *El testamento, ~ contenido no ha sido desvelado, está en posesión del juez.* The will, whose contents have not been revealed, is in the hands of the judge.

LOC **en cuyo caso** in which case

Dd

dabuten (*tb* **dabuti**) *adj* brill
■ **dabuten** *adv* great: *Lo pasamos ~.* We had a great time.

daca
LOC **toma y daca** give and take

dactilar *adj* LOC *Ver* HUELLA, IMPRESIÓN

dadivoso, -a *adj* generous

dado *nm* dice [*pl* dice]: *jugar a los ~s* to play dice ◊ *echar/tirar los ~s* to roll the dice

dado, -a *pp, adj* given: *en un momento ~* at a given moment *Ver tb* DAR
LOC **dado que** since: *~ que nunca llegaron a estar en contacto…* Since they were never in contact… **ir dado** to have had it: *Vamos ~s con ese profesor.* We've had it with that teacher. **ser dado a 1** (*tener inclinación hacia*) to be into *sth*: *Es muy dada a la música.* She's really into music. **2** (*tener tendencia a*): *Es muy ~ a enfadarse.* He often loses his temper. ◊ *Soy ~ al llanto.* I often cry. **si me fuera dado** if I, you, etc could *do sth*: *Si me fuera ~ elegir…* If I could choose…

daga *nf* dagger ☛ *Ver ilustración en* KNIFE

dalia *nf* dahlia

dálmata *nmf* Dalmatian ☛ *Ver ilustración en* DOG[1]

daltónico, -a (*tb* **daltoniano, -a**) *adj* colour-blind

daltonismo *nm* colour-blindness

dama *nf* **1** (*mujer*) lady **2** (*empleada de la reina*) lady-in-waiting [*pl* ladies-in-waiting] **3** (*pieza*) **(a)** (*Ajedrez*) queen **(b)** (*juego de las damas*) king: *hacer ~* to make a king **4 damas** (*juego*) draughts [*v sing*]: *jugar a las ~s* to play draughts
LOC **dama de honor 1** (*novia*) bridesmaid **2** (*reina*) lady-in-waiting [*pl* ladies-in-waiting] *Ver tb* PRIMERO

damasco *nm* damask

damero *nm* draughtboard

damnificado, -a *pp, adj* **1** (*persona*) affected **2** (*edificios, región*) damaged
■ **damnificado, -a** *nm-nf* victim: *los ~s por las inundaciones* the flood victims

Damocles *n pr* LOC *Ver* ESPADA

dandi *nm* dandy

danés, -esa *adj* Danish
■ **danés, -esa** *nm-nf* Dane: *los daneses* the Danes
■ **danés** *nm* (*idioma*) Danish: *hablar ~* to speak Danish LOC *Ver* DOGO, GRANDE

danza *nf* dance: *la ~ contemporánea* contemporary dance
LOC **danza de la muerte** dance of death **danza del vientre** belly dance **danza guerrera** war dance **estar en danza 1** (*estar activo*) to be on the go **2** (*dando que hablar*) to be on everybody's lips **tener en danza**: *La boda nos ha tenido a todos en ~.* The wedding has meant that we haven't had a moment's peace. *Ver tb* PERRO

danzar *vt, vi* to dance: *Cuando me desperté, todo me danzaba.* When I woke up, everything was dancing before my eyes.
LOC **danzar de un lado para otro** to rush to and fro

dañar *vt* **1** (*objeto, salud, órganos internos*) to damage: *El fumar puede ~ seriamente la salud.* Smoking can seriously damage your health. ◊ *La sequía ha dañado las cosechas.* The drought has damaged the crops. ◊ *El ácido le ha dañado el estómago.* The acid has damaged his stomach. **2** (*persona*) **(a)** (*físicamente*) to hurt: *La caída me dañó la pierna.* I hurt my leg in the fall. **(b)** (*moralmente*) to harm: *Ese escándalo nos ha dañado profundamente.* The scandal has done us a lot of harm.

dañino, -a *adj* **1** (*acción, sustancia*) harmful: *una droga dañina* a harmful drug **2** (*animal, insecto*) destructive: *animales ~s* pests

daño *nm* damage [*incontable*]: *La lluvia ha ocasionado grandes ~s.* The rain has caused a lot of damage. ◊ *El ~ en la columna es irreparable.* The damage to the spine is irreparable. ◊ *~s psicológicos* psychological damage ◊ *La casa ha sufrido ~s importantes.* The house has been badly damaged.
LOC **daños físicos** physical harm [*incontable, v sing*] **daños materiales** damage (to property) [*incontable, v sing*]: *Los ~s materiales ascienden a 20 millones de pesetas.* The damage is estimated at 20 million pesetas. **daños y perjuicios** (*Jur*) damages **hacer daño 1** (*producir dolor*) to hurt: *Molesta pero no hace ~.* It's a bit uncomfortable, but it doesn't really hurt. ◊ *¡Ay, me haces ~!* Ouch, you're hurting me! ◊ *Tu respuesta me hizo ~.* I was hurt by your reply. **2** (*comida*) **(a)** (*sentar mal*) to disagree with *sb*: *La comida me hizo ~.* The meal disagreed with me. **(b)** (*ser dañino*) to be bad (for *sth/sb*): *La leche le hace ~.* Milk is bad for him. **hacerse daño**: *Me hice ~ en la mano.* I hurt my hand. **no hace daño 1** (*no duele*) it doesn't hurt **2** (*no es dañino*) it's harmless **¡qué daño!** ouch, that hurts!

dar *vt* **1** (*entregar*) **(a)** (*gen*) to give ***sth to sb/sb sth***: *Le di las maletas al mozo.* I gave the cases to the porter. ◊ *Me dio la llave.* He gave me the key. ◊ *Dáselo.* Give it to her. ◊ *¿Me das un vaso de agua?* Could you give me a glass of water? ◊ *Nos dieron un lápiz a cada uno.* We were each given a pencil. **(b)** (*pasar*) to pass ***sth to sb/sb sth***: *Dame la sal, por favor.* Could you pass me the salt, please? **(c)** (*regalar, vender*) to let *sb* have *sth*: *Te lo doy por 4.000 pesetas.* I'll let you have it for 4 000 pesetas. ◊ *No lo quiero, te lo doy.* You can have it–I don't want it. **2** (*Educ*) **(a)** (*profesor*) to teach: *el que da (clases de) geografía* the one who teaches geography ◊ *~ una clase/conferencia* to give a class/lecture **(b)** (*alumno*) to have: *Doy clases de piano los lunes.* I have piano lessons on Mondays. **3** (*olor*) to give *sth* off: *¡Qué olor más agradable dan esas rosas!* Those roses give off such a lovely smell! **4** (*calor*) **(a)** (*estufa*) to give out heat **(b)** (*ropa*): *Este jersey da demasiado calor.* This jumper is too warm. **5** (*película, espectáculo, obra de teatro*) to be on: *¿Qué dan en la televisión/el cine?* What's on television/on at the cinema? **6** (*Naipes*) to deal **7** (*decir*) to say: *~ los buenos días/las gracias* to say good morning/thank you **8** (*conectar*) to connect: *Hoy nos dan el gas.* We'll be connected up to the mains today. **9** (*encender*) to turn *sth* on: *No des la luz todavía.* Don't turn the light on yet. **10** (*reloj*) to strike: *El reloj dio las doce.* The clock struck twelve. **11** (*provocar*): *~ suerte* to bring luck **12** (*considerar*) to consider: *~ por concluido un asunto* to consider a matter closed ◊ *Daré el dinero por bien empleado.* I shall consider the money well spent.
■ **dar** *vi* **1** (*gen*) to give ***sth to sb/sb sth*** [*vt*]: *Dame, ya lo hago yo.* Give it to me, I'll do it. ◊ *No me dan ni para el autobús.* They don't even give me enough for the bus fare. **2** (*golpear*) **(a)** (*gen*) to hit *sth/sb* [*vt*]: *El palo me dio en la cabeza.* The stick hit me on the head. **(b)** (*con el pie*) to kick *sth* [*vt*]: *¡Dale al balón!* Kick the ball! **3** (*ataque, impresión*): *Le dio un calambre/ataque de epilepsia.* She had cramp/an epileptic fit. ◊ *Me da la impresión de que va a llover.* I get the feeling it's going to rain. **4 ~ a** (*mover, hacer funcionar*): *Dale a la manivela/llave.* Turn the handle/key. ◊ *~ al timbre* to ring the bell ◊ *~ al botón* to press the button **5 ~ a (a)** (*abrirse*) to overlook *sth*: *El balcón da a la plaza.* The

balcony overlooks the square. **(b)** (*estar orientado*) to face: *La casa da al sur.* The house faces south. **(c)** (*desembocar*) to lead **to *sth***: *Esta calle da a la avenida.* This street leads to the avenue. **6 ~ con (a)** (*encontrar*) to find *sth/sb* [*vt*]: *No doy con su dirección/la solución.* I can't find his address/the solution. ◊ *No pude ~ con tu hermana.* I couldn't find your sister. **(b)** (*dejar caer*) to drop *sth* [*vt*]: *Di con la televisión en el suelo.* I dropped the television on the floor. **7 ~ con/contra/en** (*chocar*) to hit *sth* [*vt*]: *El coche dio contra un árbol.* The car hit a tree. ◊ *El balón dio en la ventana.* The ball hit the window. **8** (*caer*) to fall: *~ en el suelo* to fall to the ground **9** (*luz*) to shine: *La luz me daba de lleno en los ojos.* The light was shining in my eyes. **10 ~ para** (*ser suficiente*) to be enough **for *sth***: *Ese trozo de madera va a ~ para toda la mesa.* That piece of wood will be enough for the table. ◊ *El presupuesto no da para más.* The budget isn't big enough. **11** (*hora*) to be: *¿Ya han dado las cinco?* Is it five o'clock yet?

■ **darse** *v pron* **1** (*ocurrir*) **(a)** (*fenómeno, situación*) to happen: *Se dio la situación siguiente.* This is what happened. **(b)** (*caso*): *Se han dado algunos casos.* There have been some cases. ◊ *Nunca se ha dado un caso como este.* There's never been a case like this. **2** (*encontrarse*): *Esa costumbre/especie también se da en España.* That custom/species can also be found in Spain. **3 darse a (a)** (*vicio*) to take to *sth*: *Se dio a la bebida.* He took to drink. **(b)** (*consagrarse*) to devote yourself to *sth*: *Se da mucho a su trabajo.* He is devoted to his work. **4 darse (con/contra/en)** (*golpearse*): *Se dio con la rodilla en la mesa.* He banged his knee on the table. **5** (*tomar*) to have: *Voy a ~me un respiro/baño.* I'm going to have a break/bath.

LOC ¡dale! 1 (*fastidio*) not again!: *¡Y dale con la niña!* There she goes again! **2** (*animando*) go on!: *¡Dale, que la carrera es tuya!* Go on, you're winning!

dale que te pego/dale que dale 1 (*a tope*) like mad: *Está dale que te pego con las matemáticas* He's working like mad at his maths. **2** (*dando la lata*) on and on: *Siempre está, dale que te pego, hablando de lo mismo.* He goes on and on about the same old thing.

dar de sí (*rendir*) to go a long way: *¿Sabes lo que pueden ~ de sí siete millones?* Do you know how far seven million pesetas can go? ◊ *¡Parece que el sueldo nos ha dado de sí este mes!* Our salary seems to have gone a long way this month!

darle a algn por algo/hacer algo 1 (*coger una costumbre*) to take to doing sth: *Le ha dado por llegar tarde.* He's taken to arriving late. **2** (*coger una manía*) to be into sth/doing sth: *Le ha dado por la política/levantarse a las cinco.* He's into politics/getting up at five. **3** (*reaccionar*): *Cuando me enteré me dio por llorar.* When I found out, for some reason I started to cry. ◊ *Menos mal que me dio por mirar por la ventana.* It's just as well I happened to look out of the window.

darle a algo 1 (*trabajo, estudio*) to work hard at sth: *Les estoy dando a las matemáticas.* I'm working hard at my maths. ◊ *Tenemos que ~le más al informe si queremos acabarlo a tiempo.* We'll have to get a move on with the report if we want to finish it on time. **2** (*utilizar*): *Los niños están dándole a la comba.* The children are having a great time skipping. ◊ *Le da mucho al vino.* He drinks a lot of wine. ◊ *¡Dale a la guitarra!* Let's hear you play your guitar!

dar para poco not to go very far: *El sueldo de mi marido da para poco.* My husband's salary doesn't go very far.

dar por bueno to accept *sth*: *Te doy por buena la respuesta.* I'll accept your answer.

dar por hecho to assume *sth*: *Doy por hecho que vendrás.* I'm assuming you'll come. ◊ *No des por hecho que te vamos a comprar la bici.* Don't take it for granted that we're going to buy you the bicycle.

dar que hacer to cause a lot of work

darse a ver to show your face

dar(se) de sí to stretch

dársela a algn 1 (*engañar*) to fool sb: *A mí no me la das.* You can't fool me! **2** (*ser infiel*) to cheat on sb

dárselas de 1 (*presumir de*) to boast of being *sth* **2** (*fingir*) to pretend to be *sth*: *No te las des de inocente.* Don't pretend to be innocent!

di en ello the penny dropped: *No di en ello hasta más tarde.* The penny didn't drop till later.

no dar más de sí to have had it: *El pobre no da más de sí.* The poor man has just about had it. ◊ *Esta lavadora no da más de sí.* This washing machine has had it.

no dar (ni) una not to do anything right: *Hoy no doy una.* I can't do anything right today.

para dar y tomar more than enough

se me da bien/mal 1 (*actividad, materia*) I am, you are, etc good/no good at *sth*: *Se le da muy mal el francés.* He's no good at French. ◊ *Se les da bastante bien.* They're quite good at it. **2** (*máquina, persona*) I am, you are, etc good/no good with *sth/sb*: *¿Qué tal se te dan los ordenadores/niños?* How good are you with computers/children?

☛ Para otras expresiones con **dar**, véanse las entradas del sustantivo, adjetivo, etc, p. ej. **dar calabazas** en CALABAZA y **dar la cara** en CARA.

dardo *nm* dart: *jugar a los ~s* to play darts ☛ *Ver ilustración en* DART

dársena *nf* dock

datar *vt* to date: *~ un documento* to date a document
■ **datar** *vi* **~ de** to date **from...**: *Data del siglo XVIII.* It dates from the 18th century.

dátil *nm* date

dativo *nm* dative: *Está en ~.* It's in the dative.

dato *nm* **1(a)** (*información*) information [*incontable*]: *un ~ importante* a piece of important information ◊ *Se negaron a facilitar ~s.* They refused to supply any information. ◊ *por falta de ~s* due to lack of information **(b)** (*hecho*) fact: *Es un ~ indicativo de la situación.* This fact reveals a lot about the situation. **(c)** (*cifra*) figure: *Son ~s estadísticos/del gobierno.* These are statistical/goverment figures. **2 datos** (*Ciencias, Informát*) data [*gen incontable*]: *~s científicos* scientific data ◊ *procesamiento de ~s* data processing
LOC datos personales personal details *Ver tb* ALMACENAMIENTO, BASE, CENTRAL

de *prep*

• **posesión 1** (*de algn*): *el libro de Pedro* Pedro's book ◊ *el perro de mis amigos* my friends' dog ◊ *La casa es de mi padre.* The house is my father's/belongs to my father. ◊ *Es de él/ella/ellos.* It's his/hers/theirs. **2** (*de algo*) of *sth*: *una página del libro* a page of the book ◊ *los ocupantes del piso* the inhabitants of the flat ◊ *todas las habitaciones de la casa* all the rooms in the house ◊ *la catedral de Toledo* Toledo cathedral

• **en descripciones de personas 1** (*cualidades físicas*) with *sth*: *una niña de pelo rubio/cara pecosa* a girl with fair hair/freckles **2** (*ropa*) in *sth*: *la señora del vestido verde* the lady in the green dress ◊ *de paisano* in civilian clothes ◊ *Iba de luto.* He was in mourning. **3** (*estatura, medidas*): *Es bajo de estatura.* He's short. ◊ *Es muy ancha de caderas/cintura.* She has very wide hips/a very thick waist. **4** (*empleo*): *Trabaja de camarero en un hotel.* He's working as a waiter in a hotel. ◊ *Es médico de profesión.* She's a doctor by profession. **5** (*edad*) of *sth*: *una mujer de 30 años* a woman of 30 **6** (*cualidades no físicas*) of *sth*: *una mujer de gran carácter* a woman of great character ◊ *Es un hombre de gran bondad.* He's a very kind man. **7** (*recalcando la cualidad*): *el bueno/pobre de Francisco* good/poor old Francisco

• **en descripciones de objetos 1** (*materia*): *Es una mesa de pino.* It's a pine table. ◊ *un vestido de lino* a linen dress ◊ *El vestido es de seda.* The dress is silk. **2** (*contenido*) of *sth*: *un vaso de leche* a glass of milk **3** (*medida*): *Tiene dos metros de ancho.* It's two metres wide. **4** (*clase*): *un sello de 30 pesetas* a 30-peseta stamp ◊ *una máquina de escribir* a typewriter

• **asignatura**: *la clase de francés* the French lesson

• **partitivo, comparativo, superlativo 1** (*partitivo*) of *sth/sb*: *muchos de ustedes* many of you **2** (*comparativo*) than *sth/sb*: *más de dos* more than two

3 (*superlativo*) in...: *el mejor actor del mundo* the best actor in the world ◊ *el pueblo más alto de España* the highest village in Spain ◊ *el mejor/peor día de mi vida* the best/worst day of my life

- **procedencia, referencia temporal** from...: *Son de Sevilla.* They are from Seville. ◊ *el avión procedente de Lisboa* the plane from Lisbon ◊ *ir de un lado para otro* to go from one place to another ◊ *La costumbre viene del siglo pasado.* The custom comes from the last century.
- **causa**: *morirse de hambre* to starve to death ◊ *Saltamos de alegría.* We jumped for joy. ◊ *Murió de un ataque al corazón.* He died of a heart attack. ◊ *Está loca de contenta.* She's deliriously happy.
- **modo**: *Lo rompió de un golpe.* He broke it with one blow. ◊ *de un trago* in one gulp ◊ *Entró en la habitación de espaldas.* He entered the room backwards.
- **tiempo**: *de noche/día* at night/during the day ◊ *Volvimos de madrugada.* We came back early in the morning. ◊ *a las doce del mediodía* at twelve noon ◊ *a las diez de la mañana/noche* at ten in the morning/at night
- **aposición**: *la ciudad de Salamanca* the city of Salamanca ◊ *la calle de Fuencarral* Fuencarral street ◊ *el mes de febrero* February
- **de hacer algo 1** (*condición*): *De no ser por ti no hubiera aprobado.* If it hadn't been for you, I wouldn't have passed. ◊ *De haber estado allí te hubiese ayudado.* If I'd been there I would have helped you. **2** (*razón*) from **doing sth**: *Vas a engordar de tanto comer.* You'll get fat from eating so much.
- **complemento agente** by *sth/sb*: *una novela de Sánchez Ferlosio* a novel by Sánchez Ferlosio ◊ *seguido de un grupo de jóvenes* followed by a group of young people
- **seguido de preposición/adverbio**: *la casa de al lado* the house next door ◊ *el vecino de arriba/abajo* the upstairs/downstairs neighbour
- **seguido de apellido**: *Acaban de llegar los Sres de Rodríguez.* Mr and Mrs Rodríguez have just arrived. ◊ *la Sra de López* Mrs López
- **expresando cantidad indeterminada**: *¡Te voy a dar de tortas!* I'm going to hit you!
- **en exclamaciones**: *¡Ay de mí!* Oh dear me! ◊ *¡Qué de gente/coches!* What a lot of people/cars!
- **hacia** to...: *la autopista de Bilbao* the motorway to Bilbao
- **sobre** about *sth*: *No entiendo de política.* I don't understand anything about politics. ◊ *Hablamos de fútbol.* We talked about football.
- **como**: *Te lo doy de regalo.* You can have it as a present. ◊ *¿Qué hay de postre?* What's for pudding?

LOC de ... a ... from ... to ...: *de Londres a Madrid* from London to Madrid ◊ *de seis a ocho años* from six to eight years ◊ *de hombre a hombre* man to man **de dos en dos, etc** two by two, etc **de ... en ...** from ... to ...: *ir de pueblo en pueblo* to go from village to village **de niño/mayor** as a child/an adult **uno de cada dos, etc** one out of every two, etc

deambular *vi* **~ (por)** to wander **(round...)**: *Me la encontré deambulando por las calles.* I found her wandering round the streets.

debajo *adv* **1** (*gen*) underneath: *Coge el de ~.* Take the one underneath. **2 ~ de** under(neath) *sth*: *Está ~ de la mesa.* It's under the table.
LOC por debajo underneath **por debajo de 1** (*en posición inferior a*) below *sth*: *por ~ de la media/del 50%* below average/50% ◊ *Está muy por ~ de la rodilla.* It's well below the knee. **2** (*pasar*) under *sth*: *Pasó por ~ de la valla.* He went under the fence.

debate *nm* debate: *un ~ televisivo* a televised debate **LOC** *Ver* SOMETER

debatir *vt* to debate
■ **debatirse** *v pron* to be torn between...: *~se entre dos opciones* to be torn between two options
LOC debatirse entre la vida y la muerte to be fighting for your life

debe *nm* debit (side)

deber[1] *nm* **1** (*obligación moral*) duty: *faltar a tu ~* to fail in your duty ◊ *sus ~es de ciudadano* his duties as a citizen **2 deberes** (*Educ*) homework [*incontable, v sing*]: *hacer los ~es* to do your homework ◊ *El maestro nos pone muchos ~es.* The teacher gives us a lot of homework. ◊ *¿Qué ~es os han puesto?* What homework have you got? **LOC** *Ver* CUMPLIR

deber[2] *vt* **1 ~ + sustantivo** to owe: *Te debo 3.000 pesetas/una explicación.* I owe you 3000 pesetas/an explanation. ◊ *Me debes un café.* You owe me a coffee. ◊ *Todo te lo debo a ti.* I owe it all to you. **2 ~ + infinitivo** (*obligación*) **(a)** (*en presente o futuro*) must: *Debes estudiar/obedecer las reglas.* You must study/obey the rules. ◊ *La ley deberá ser anulada.* The law must be abolished. ☛ *Ver nota en* MUST[1], OUGHT TO **(b)** (*en pasado o condicional*): *No deberías salir así.* You shouldn't go out like that. ◊ *Hace una hora que debía estar aquí.* She should have been here an hour ago.
■ **deber** *v aux* **~ (de) 1** (*en frases afirmativas*): *Ya debe de estar en casa.* He must be home by now. ◊ *Debías de pensar que estaba enfermo.* You must have thought I was ill. **2** (*en frases negativas*): *No debe de ser fácil.* It can't be easy. ◊ *No debía de saberlo porque se sorprendió.* He couldn't have known because he looked so surprised.
■ **deberse** *v pron* **deberse a 1** (*tener por causa*) to be due **to sth**: *Esto se debe a la falta de fondos.* This is due to lack of funds. **2** (*tener obligaciones*) to have a duty **to sb**: *Se debe a sus hijos.* He has a duty to his children.
LOC como debe ser as is right and proper **¿cuánto/qué se le debe?/¿cuánto/qué le debo?** how much is it? **dejar/quedar a deber** to owe: *Te dejo a ~ tres mil pesetas.* I'll owe you three thousand pesetas.

debido, -a *pp, adj* **1** (*adecuado*) proper: *a su ~ tiempo* at the proper time ◊ *con las debidas precauciones* with the proper precautions **2** (*necesario*) necessary: *Actuaron con la debida severidad.* They acted with the necessary severity. *Ver tb* DEBER[2]
LOC a su debido tiempo in due course **como es debido 1** (*con verbo*) properly: *Coge el tenedor como es ~.* Hold your fork properly. **2** (*con sustantivo*) proper: *una recepción como es ~* a proper reception **con el debido respeto** with all due respect **debido a** due to *sth* **debido a que** due to the fact that, because (*más coloq*) **más de lo debido** too much *Ver tb* COMPORTAR, PORTE

débil *adj* **1** (*gen*) weak: *un argumento/carácter muy ~* a weak argument/character ◊ *Está ~ del corazón.* He has a weak heart. **2** (*tenue*) **(a)** (*luz*) dim **(b)** (*sonido, esperanza*) faint **LOC** *Ver* PUNTO

debilidad *nf* weakness: *la ~ de la economía* the weakness of the economy ◊ *Su ~ son las mujeres.* He has a weakness for women. ◊ *Me caía de ~.* I was on the point of collapse.
LOC tener debilidad por 1 (*algo*) to have a weakness for *sth*: *Tengo ~ por las fresas.* I have a weakness for strawberries. **2** (*algn*) to have a soft spot for *sb*: *Tengo ~ por mi nieta.* I have a soft spot for my granddaughter.

debilitamiento *nm* weakening

debilitar *vt* to weaken
■ **debilitarse** *v pron* to become weak(er), to weaken (*más formal*)

débito *nm* debit **LOC** *Ver* TARJETA

debut *nm* début: *hacer su ~* to make your début

debutante *adj, nmf* new [*adj*]: *realizadores ~s* new producers ◊ *Hubo tres ~s en la selección.* There were three new players in the team.

debutar *vi* to make your début

década *nf* decade
LOC la década de los ochenta, noventa, etc the eighties, nineties, etc [*v pl*]: *La ~ de los sesenta fue revolucionaria.* The sixties were a revolutionary decade.

decadencia *nf* **1** (*proceso*) decline: *la ~ económica* the economic decline **2** (*moral*) decadence
LOC estar en decadencia to be on the decline

decadente *adj* decadent

decaer *vi* **1** (*deteriorarse*) to deteriorate, to go downhill (*más coloq*): *Su salud ha decaído.* His health has deteriorated. **2** (*reducirse*) to fall off: *Ha decaído mucho la asistencia a clase.* Attendance has fallen off. **3** (*interés, ánimo, fuerza*) to flag

decaído, -a *pp, adj* **1** (*deprimido*) depressed (**about** *sth*) **2** (*débil*) weak: *Cada vez la encuentro más decaída.* She seems weaker every time I see her. *Ver tb* DECAER

decano, -a *nm-nf* **1** (*Educ*) dean: *el ~ de la Facultad de Derecho* the Dean of the Faculty of Law **2** (*asociación profesional*) senior member **3** (*el más antiguo*) doyen [*fem* doyenne]: *el ~ de los historiadores* the doyen of historians

decantar *vt* (*vino*) to decant

■ **decantarse** *v pron* **1** (*gen*) to state a preference: *El presidente aún no se ha decantado.* The president has still not stated a preference. **2 decantarse por algo** to opt **for sth**: *Muchos alumnos se decantan por esta especialidad.* Many students opt for this specialism. **3 decantarse a favor de algn (a)** (*resolverse*) to be resolved **in favour of sb**: *La lucha se decantó a nuestro favor.* The conflict was resolved in our favour. **(b)** (*suerte*) to turn **in favour of** ***sb***: *La suerte se decantó a favor del equipo local.* Luck turned in favour of the local team.

decapitar *vt* to decapitate (*formal*), to behead

decatlón *nm* decathlon

decena *nf* **1** (*Mat, diez*) ten ☛ *Ver apéndice 3* **2** (*aproximadamente diez*) about ten: *una ~ de personas/veces* about ten people/times ◊ *dos/tres ~s* about twenty/thirty **3 decenas**: *Recibió ~s de felicitaciones.* He received many congratulations. ◊ *Hubo ~s de heridos.* There were scores of wounded.

LOC decenas de miles tens of thousands **por decenas 1** (*de diez en diez*) in tens **2** (*a montones*) dozens of *sth/sb*: *Compra los libros a ~s.* He buys dozens of books at a time.

decencia *nf* decency: *Ten la ~ de avisar, por lo menos.* At least have the decency to tell me. ◊ *Ninguna persona con cierta ~ haría eso.* No decent person would do that. ◊ *vestir con ~* to dress respectably ◊ *¡Qué falta de/poca ~!* What disgraceful behaviour!

decenio *nm* decade

decente *adj* **1(a)** (*gen*) decent: *Es una persona muy ~.* He's a very decent person. ◊ *Gano un sueldo ~.* I get a decent salary. **(b)** (*decoroso*) respectable: *Ese vestido no es muy ~ que digamos.* That dress isn't really very respectable. ◊ *¡Oye!, que yo soy muy ~.* Do you mind! I'm a respectable woman! **2** (*aseado*) respectable: *La casa estaba bastante ~.* The house was quite respectable.

decepción *nf* disappointment: *llevarse una ~* to be disappointed

decepcionante *adj* disappointing

decepcionar *vt* **1** (*desilusionar*) to disappoint: *Me decepcionó la película.* The film disappointed me. ◊ *Siento ~le, pero no ha sido elegido.* I'm sorry to disappoint you, but you haven't been selected. **2** (*fallar*) to let *sb* down: *No me fío de ellos, siempre me han decepcionado.* I don't trust them – they've let me down so often.

decibelio (*tb* **decibel**) *nm* decibel

decidido, -a *pp, adj* **1** (*persona, gesto*) determined: *Es una mujer muy decidida.* She's a very determined woman. **2** (*respuesta, propósito*) definite *Ver tb* DECIDIR

decidir *vt, vi* to decide: *Han decidido vender la casa.* They've decided to sell the house. ◊ *Aquello me decidió a dimitir.* That made me decide to resign. ◊ *Ha llegado el momento de ~.* It's time to decide.

■ **decidirse** *v pron* **1 decidirse** (**a hacer algo**) to decide (**to do sth**), to make up your mind (**to do sth**) (*más coloq*): *Aún no se ha decidido.* She hasn't made up her mind yet. ◊ *Al final me decidí a salir.* In the end I decided to go out. **2 decidirse** (**por algo**) (*elegir*) to decide (**on sth**): *Todos nos decidimos por el rojo.* We decided on the red one.

LOC ¡decídete! make up your mind!

decilitro *nm* decilitre ☛ *Ver apéndice 3*

decimal *adj* decimal: *números ~es* decimal numbers

■ **decimal** *nm* decimal place: *correcto hasta tres ~es* correct to three decimal places **LOC** *Ver* SISTEMA

decímetro *nm* decimetre ☛ *Ver apéndice 3*

décimo, -a *adj, nm-nf, pron* tenth ☛ *Ver ejemplos en* SEXTO

■ **décimo** *nm* (*lotería*) lottery ticket

LOC tener unas décimas (**de fiebre**) to have a slight temperature

decimoctavo, -a *adj, nm-nf, pron* eighteenth ☛ *Ver apéndice 3*

decimocuarto, -a *adj, nm-nf, pron* fourteenth ☛ *Ver apéndice 3*

decimonónico, -a *adj* **1** (*del siglo XIX*) nineteenth-century **2** (*anticuado*) old-fashioned

decimonoveno, -a (*tb* **decimonono, -a**) *adj, nm-nf, pron* nineteenth ☛ *Ver apéndice 3*

decimoquinto, -a *adj, nm-nf, pron* fifteenth ☛ *Ver apéndice 3*

decimoséptimo, -a *adj, nm-nf, pron* seventeenth ☛ *Ver apéndice 3*

decimosexto, -a *adj, nm-nf, pron* sixteenth ☛ *Ver apéndice 3*

decimotercero, -a (*tb* **decimotercio, -a**) *adj, nm-nf, pron* thirteenth ☛ *Ver apéndice 3*

decir[1] *nm*

LOC al decir de according to *sb* **es un decir**: *Lo de que estoy de vacaciones es un ~, porque vengo a la oficina casi todos los días.* To say I'm on holiday isn't strictly true because I come in to the office nearly every day.

decir[2] *vt*

> *Decir* se traduce generalmente por **to say**: *—Son las tres, dijo Rosa.* 'It's three o'clock,' said Rosa. ◊ *¿Qué ha dicho?* What did he say? ◊ *Dicen que no saben nada del asunto.* They say they don't know anything about it. ◊ *como dice el reglamento* as it says in the rules ◊ *¿Decías?* You were saying? ◊ *¿Cómo has dicho?* What did you say? ◊ *No sé qué decir.* I don't know what to say. ◊ *No me importa lo que digan de mí.* I don't care what they say about me. ◊ *Di(me) cuándo.* Say when. ◊ *Eso no se dice.* You shouldn't say that. ◊ *Vas a ir porque lo digo yo.* You'll go because I say so.
>
> Cuando especificamos la persona con la que se habla, es más normal utilizar **to tell**: *Me dijo que llegaría tarde.* He told me he'd be late. ◊ *¿Quién te lo ha dicho?* Who told you? ◊ *Me dijeron que no importaba.* They told me it was all right. ◊ *Alguien se lo tenía que decir.* Somebody had to tell him. ◊ *¿Quién te lo ha dicho?* Who told you?
>
> **To tell** se utiliza también para dar órdenes: *Me dijo que me lavara las manos.* She told me to wash my hands. *Ver tb nota en* SAY

1 (*gen*) to say **2(a) ~ algo a algn** to tell **sb sth (b)** (*verdad, mentira, secreto*) to tell: *¡No digas tantas mentiras!* Don't tell so many lies. ◊ *¿Te digo un secreto?* Shall I tell you a secret? **3** (*llamar*) to call: *Le dicen el callejón de los fantasmas.* They call it 'Ghost Alley'. ◊ *Eso es lo que se dice un buen coche.* That's what you call a good car.

■ **decir** *vi*: *—¿Puedo preguntarte una cosa? —Sí, dime.* 'Can I ask you something?' 'Go ahead.'

LOC a mí me lo vas a decir/dímelo a mí you're telling me!

¿cómo (lo) diría (yo)? how shall I put it?

como quien dice/como si dijéramos so to speak

con decir(te) que... suffice it to say (that)...: *La casa es enorme. Con ~te que tiene cuatro baños.* The house is huge. Suffice it to say it's got four bathrooms.

¡cualquiera diría que...! anyone would say...!

decirlo todo (*confesar*) to spill the beans

decir que sí/no to say yes/no: *¿Puedo ir? ¡Di que sí!* Can I go? Please say yes! ◊ *—¿Es suyo? —Dice que sí.* 'Is

it his?' 'He says it is.'
decir que sí/no con la cabeza to nod/shake your head
dices bien you're right
diga/dígame (*hablando por teléfono*) hello!
digamos... let's say: *Digamos tres mil pesetas.* Let's say three thousand pesetas.
digan lo que digan whatever they say
¡digo! (*para expresar sorpresa*) well now!
digo (*para corregirse*) I mean: *Veinte, digo treinta.* Twenty, I mean thirty.
dime con quién andas y te diré quién eres you can judge a man by the company he keeps
¡di que sí! (*para reforzar una decisión*) now you're talking!: *—Pues ahora voy sola. —¡Di que sí!* 'So I'm going on my own.' 'Now you're talking!'
el qué dirán what people will say: *por aquello del qué dirán* for fear of what people might say
es decir in other words
es mucho decir that's exaggerating a bit
¡he dicho! I'm not saying any more!
lo dije por decir I, he, etc just said it
lo que se dice really: *Es lo que se dice feo.* He's really ugly.
lo que tú digas whatever you say
ni que decir tiene it goes without saying
no digamos not to mention: *Y no digamos los que se colaron sin pagar.* Not to mention those who sneaked in without paying.
no digo que no: *—El otro estaba mucho mejor. —No digo que no, pero...* 'The other one was much better.' 'I'm not saying it wasn't, but...'
no digo ni que sí ni que no I wouldn't like to say
(no) lo digo por...: *Lo digo por tus padres.* I'm thinking of your parents. ◊ *No lo digo por ti.* I don't mean you.
¡no me digas!/¡qué me dices! you don't say!
no te digo nada: *Andan apurados, y no te digo nada cuando nazca el niño.* They're busy now, and it'll be even worse when the baby's born.
que digamos really: *No es muy difícil que digamos.* It's not really very difficult.
¡quién lo diría/hubiera dicho! who would have thought it!
se diría que: *Se diría que va a llover.* It looks like rain.
sin decir nada without a word: *Salió sin ~ nada.* He left without a word.
todo lo que te diga es poco I can't begin to tell you
¡tú te lo dices todo! you seem to have all the answers!
usted dirá how can I help you?
¡ya decía yo! I thought as much!
¡ya me dirás! you tell me!
¡y que lo digas! you can say that again!
☛ Para otras expresiones con **decir**, véanse las entradas del sustantivo, adjetivo, etc, p. ej. **no decir ni jota** en JOTA[2] y **decir tonterías** en TONTERÍA.

decisión *nf* **1** (*gen*) decision: *la ~ del árbitro* the referee's decision **2** (*arrojo, determinación*) determination: *Hace falta mucha ~ para hacerlo.* It takes a lot of determination to do that.
LOC tomar/adoptar una decisión to take a decision *Ver tb* CAPACIDAD, TOMA[2]

decisivo, -a *adj* decisive

declamar *vi* to declaim

declaración *nf* **1** (*gen*) declaration: *una ~ de amor/guerra* a declaration of love/war **2** (*manifestación pública*) statement: *No quiso hacer declaraciones a la prensa.* He refused to make a statement to the press.
LOC declaración de la renta/impuestos/ingresos income tax return **declaración de principios** declaration of intent **declaración jurada** affidavit **tomar declaración** to take a statement (*from sb*) *Ver tb* PRESTAR

declarado, -a *pp, adj Ver* DECLARAR **LOC** *Ver* ENEMIGO

declarante *nmf* (*Jur*) witness

declarar *vt, vi* **1** (*gen*) to declare: *¿Algo que ~?* Anything to declare? **2** (*en público*) to state: *Según declaró el ministro...* According to the minister's statement... **3** (*Jur*) to testify: *La testigo declaró que vio al acusado.* The witness testified that she saw the accused.
■ **declararse** *v pron* **1** (*gen*) to come out (**as** ***sth***): *Se declaró objetor de conciencia.* He came out as a conscientious objector. ◊ *~se a favor/en contra de algo* to come out in favour of/against sth **2** (*incendio, epidemia, guerra*) to break out **3** (*confesar amor*): *Se me declaró.* He told me he loved me.
LOC declarar culpable/inocente to find *sb* guilty/not guilty **declarar la guerra** to declare war (*on sb*) **declararse culpable/inocente** to plead guilty/innocent (*to sth*) **declararse en quiebra** to be declared bankrupt **sin declarar** undeclared **tenerle declarada la guerra a algn** to be at war with sb *Ver tb* HUELGA

declinación *nf* (*Ling*) declension

declinar *vt* to decline: *~ una oferta/invitación* to decline an offer/invitation ◊ *Declinó hacer cualquier comentario.* He declined to make any comment. ◊ *~ un verbo* to decline a verb
■ **declinar** *vi* **1** (*disminuir*) to decline **2** (*acabarse*) to draw to a close: *La tarde/lucha declinaba.* The day/struggle was drawing to a close.

declive *nm* **1** (*decadencia*) decline: *una economía en ~* an economy in decline **2** (*pendiente*) slope

decoloración *nf* **1** (*natural*) fading **2** (*química*) bleaching

decolorante *nm* bleaching agent

decolorar *vt* **1** (*rebajar el color*) to fade **2** (*quitar el color*) to bleach
■ **decolorarse** *v pron* **1** (*rebajarse el color*) to fade **2** (*quedarse sin color*) to get bleached

decoración *nf* **1** (*acción, adorno*) decoration **2** (*estilo*) décor: *una ~ un tanto peculiar* a rather unusual décor
LOC decoración de escaparates 1 (*oficio*) window dressing **2** (*ornamentación*) window displays [*v pl*] **decoración del hogar/de interiores** interior design

decorado *nm* set

decorador, ~a *nm-nf* **1** (*interiorista*) interior designer **2** (*Teat*) stage designer **3** (*Cine*) set designer
LOC decorador de escaparates window dresser

decorar *vt* to decorate
■ **decorar** *vi* to look decorative: *Esas figuritas decoran mucho en el salón.* Those statuettes look very decorative in the sitting-room.

decorativo, -a *adj* decorative **LOC** *Ver* FIGURA

decoro *nm* decorum: *comportarse/hablar/vestir con ~* to behave/speak/dress with decorum

decoroso, -a *adj* decorous

decrecer *vi* **1** (*cantidad*) to decrease **2** (*interés, popularidad*) to decline

decrépito, -a *adj* decrepit

decretar *vt* to decree

decreto *nm* decree
LOC decreto ley government decree *Ver tb* REAL[2]

dedal *nm* thimble

dedicación *nf* dedication: *Su ~ a los pacientes es admirable.* His dedication to his patients is admirable.

dedicar *vt* **1** (*gen*) to devote *sth* **to** ***sth/sb***: *Dedicó su vida a los animales.* He devoted his life to animals. ◊ *El autor dedica tres capítulos al tema de las drogas.* The author devotes three chapters to drugs. ◊ *¿A qué dedicas el tiempo libre?* How do you spend your free time? ◊ *Dedicamos los lunes a la limpieza.* We always do the cleaning on Monday. ◊ *Dedicaremos este dinero a la educación de nuestros hijos.* We're going to use this money for our children's education. **2** (*canción, poema, monumento*) to dedicate *sth* (**to** ***sb***): *Dediqué el libro a mi padre.* I dedicated the book to my father. **3** (*ejemplar*) to autograph
■ **dedicarse** *v pron* **dedicarse a**: *¿A qué te dedicas?* What do you do for a living? ◊ *Dejó el trabajo para ~se a los estudios.* He left his job to be able to study. ◊ *Se dedica a las antigüedades.* He's in antiques.
LOC dedicar unas palabras (de agradecimiento) to say a few words (of thanks) *to sb* **dedicar un home-**

naje to pay tribute *to sb* **¡dedícate a la poesía!** leave me alone! **¡dedícate a lo tuyo!** mind your own business!

dedicatoria *nf* dedication

dedillo

LOC al dedillo by heart *Ver tb* CONOCER

dedo *nm* **1(a)** (*mano*) finger ☛ *Ver ilustración en* HAND[1] **(b)** (*pie*) toe ☛ *Ver ilustración en* PIE **2** (*medida*) half an inch: *Ponga dos ~s de agua en la cazuela.* Put an inch of water in the pan.

LOC a dedo 1 (*por enchufe*) without going through formal procedure: *Le nombraron a ~.* They appointed him without going through the formal procedure. ◊ *cubrir una plaza a ~* to fill a job without going through the proper procedures **2** (*en autostop*): *Fui/Vine a ~.* I hitched there/back. **apuntar/señalar con el dedo** to point the finger at *sth/sb*: *Todo el mundo le señalaba con el ~.* Everybody pointed the finger at him. **cogerse/pillarse los dedos** to get your fingers burnt **dar un dedo de la mano por algo** to give your right arm for sth **dedo anular 1** (*mano izquierda*) ring finger **2** (*mano derecha*) third finger **dedo índice** index finger **dedo medio/corazón** middle finger **dedo meñique/pequeño 1** (*mano*) little finger **2** (*pie*) little toe **dedo pulgar/gordo 1** (*mano*) thumb **2** (*pie*) big toe ☛ *Ver ilustración en* PIE **hacer dedo** to hitch-hike **meterse el dedo en la nariz** to pick your nose **no levantar/mover un dedo** not to lift a finger **poner el dedo en la llaga** to touch a raw nerve *Ver tb* ANILLO, CHUPAR, CONTAR, DOS, ESCAPAR(SE), SENTAR

deducible *adj* **1** (*inferible*) deducible **2** (*Fin*) deductible

deducir *vt* **1** (*concluir*) to deduce *sth* (**from *sth***): *Dedujimos que no estaba en casa.* We deduced that he wasn't at home. ◊ *Deduje de su respuesta que estaba disgustada.* I deduced from her answer that she was upset. **2** (*restar*) to deduct *sth* (**from *sth***): *De los ingresos brutos hay que ~ los impuestos.* Tax is deducted from the gross income. **LOC** *Ver* DONDE

deductivo, -a *adj* deductive

defecar *vi* to defecate

defecto *nm* **1** (*gen*) defect: *Hay un ~ en el mecanismo.* There's a defect in the mechanism. ◊ *Tiene un ~ de nacimiento.* He has a birth defect. **2** (*moral*) fault: *Todo el mundo tiene (sus) ~s.* Everybody has (their) faults. ☛ *Ver nota en* FAULT **3** (*ropa, objeto delicado, obra de arte*) flaw: *La chaqueta tiene un pequeño ~ de fabricación.* The jacket has a slight flaw in it.

LOC encontrar/sacar defectos a todo to find fault with everything **en su defecto** failing that: *La mesa deberá ser de caoba o, en su ~, de roble.* The table will have to be mahogany or, failing that, oak. *Ver tb* PECAR

defectuoso, -a *adj* defective, faulty (*más coloq*)

defender *vt* to defend *sth/sb* (**against *sth/sb***): *~ una causa/un título* to defend a cause/a title ◊ *Prometo ~te de tus enemigos.* I promise I will defend you against your enemies.

■ **defenderse** *v pron* (*arreglárselas*) to get by: *No sé mucho inglés pero me defiendo.* I don't know much English but I get by.

LOC defender a capa y espada to defend *sth/sb* to the death **defenderse con uñas y dientes** to fight tooth and nail

defendible *adj* defensible

defendido, -a *nm-nf* defendant

defensa *nf* defence: *las ~s del cuerpo* the body's defences ◊ *un equipo con muy buena ~* a team with a very good defence ◊ *Hizo una ~ a ultranza de la libertad de expresión.* She vigorously defended freedom of speech.

■ **defensa** *nmf* defender ☛ *Ver ilustración en* FÚTBOL

LOC acudir/salir en defensa de to stand up for *sth/sb*: *Fue la única que salió en mi ~.* She was the only one to stand up for me. **defensa personal** self-defence **en defensa de** in defence of *sth/sb*: *en ~ de la patria* in defence of your country ◊ *Cuando vi que la golpeaba salí inmediatamente en su ~.* When I saw he was hitting her I immediately went to her defence. **en defensa propia** in self-defence *Ver tb* BAJO, LEGÍTIMO

defensivo, -a *adj* defensive

■ **defensiva** *nf*: *estar/ponerse a la defensiva* to be/go on the defensive **LOC** *Ver* JUGAR

defensor, ~a *nm-nf* **1** (*gen*) defender: *un ~ del pasado régimen* a defender of the previous regime **2** (*activista*) campaigner: *los ~es de los derechos humanos/la naturaleza* human rights/environmental campaigners

■ **defensor, ~a** *adj* **1** (*gen*): *políticos ~es de esta tesis* politicians who defend this theory **2** (*activista*): *los grupos ~es del derecho al aborto* pro-abortion campaign groups

LOC defensor del pueblo ombudsman [*pl* ombudsmen] *Ver tb* ABOGADO

deferencia *nf* deference

LOC por deferencia (a) in deference (to *sth/sb*) **tener la deferencia de** to have the courtesy *to do sth*

deficiencia *nf* **1** (*gen*) deficiency: *las ~s en el sistema de transporte público* the deficiencies of the public transport system ◊ *una ~ en vitamina A* a vitamin A deficiency **2** (*Mec*) fault: *~s en el vehículo* faults in the vehicle ☛ *Ver nota en* FAULT

deficiente *adj* **1** (*gen*) inadequate: *La calidad de su trabajo es ~.* The quality of his work is inadequate. **2 ~ en** deficient **in *sth***: *Es una dieta ~ en calcio.* It's a diet that's deficient in calcium.

■ **deficiente** *adj, nmf* mentally deficient [*adj*]: *Pareces un ~ (mental).* You're acting as if you're mentally deficient.

déficit *nm* **1(a)** (*Fin*) deficit: *el ~ público* the public deficit **(b)** (*de producción*) shortfall: *un ~ en la producción de leche* a shortfall in milk production **2 ~ de** (*falta*) shortage **of *sth***: *La región tiene un ~ de escuelas rurales.* The region suffers from a shortage of rural schools.

LOC déficit comercial trade deficit

deficitario, -a *adj* **1** (*empresa, servicio*) loss-making **2** (*balance*) negative **LOC** *Ver* PRODUCCIÓN

definición *nf* definition: *por ~* by definition

definir *vt* **1** (*gen*) to define: *~ una palabra* to define a word ◊ *los parámetros que definen su trabajo* the parameters that define his work **2** (*describir*) to describe: *Define al escritor como un innovador.* He describes the writer as an innovator.

■ **definirse** *v pron* to take a stand: *Opino que deberían ~se al respecto.* I feel they should take a stand on the matter.

definitivamente *adv* **1** (*para siempre*) for good: *Volvió ~ a su país.* He returned home for good. **2** (*con toda seguridad*) definitely: *El partido se disputará ~ el seis de marzo.* The match will definitely be played on the sixth of March.

definitivo, -a *adj* **1** (*gen*) final: *el número ~ de víctimas* the final death toll ◊ *un informe ~* the final version of a report ◊ *el resultado/fallo ~* the final result/verdict ◊ *Las normas han sido aprobadas con carácter ~.* The regulations have been finalized. **2** (*solución*) definitive **3** (*cierre*) permanent **4** (*conclusión, respuesta*) definite

LOC en definitiva in short **es definitivo** it's definite

deforestación *nf* deforestation

deformación *nf* deformity

LOC deformación profesional obsession with your job: *Lo tuyo es ~ profesional.* You're just obsessed with your job.

deformado, -a *pp, adj* (*prenda*) out of shape *Ver tb* DEFORMAR

deformar *vt* **1** (*cuerpo, miembro*) to deform **2** (*prenda*) to pull *sth* out of shape **3** (*imagen, realidad*) to distort

■ **deformarse** *v pron* **1** (*cuerpo, miembro*) to become deformed **2** (*prenda*) to lose its shape

deforme *adj* deformed

deformidad *nf* deformity

defraudar *vt* **1** (*decepcionar*) to disappoint **2** (*estafar*) to defraud

defunción *nf* death **LOC** *Ver* CERRADO

degeneración *nf* **1** (*proceso*) degeneration: *la ~ del nervio óptico* the degeneration of the optic nerve **2** (*decadencia moral, estado*) degeneracy

degenerado, -a *pp, adj, nm-nf* (*pervertido*) degenerate: *¡Eres un auténtico ~!* You're a degenerate! *Ver tb* DEGENERAR(SE)

degenerar(se) *vi, v pron* to degenerate: *El problema podría degenerar en una guerra civil.* It could degenerate into a civil war. ◊ *La situación se degenera por momentos.* The situation is deteriorating rapidly.

degenerativo, -a *adj* degenerative

degollar *vt* to cut *sth's/sb's* throat

degradación *nf* **1** (*gen*) degradation: *la ~ del medio ambiente* environmental degradation **2** (*Mil*) demotion

degradante *adj* degrading

degradar *vt* **1** (*gen*) to degrade: *Estas imágenes no intentan ~ a nadie.* These images do not set out to degrade anyone. ◊ *Es un trabajo que degrada al individuo.* This work is degrading. **2** (*deteriorar*) to be damaging **to *sth***: *una planificación urbanística que degradará la ciudad* a development which will be damaging to the city **3** (*Mil*) to demote

■ **degradarse** *v pron* (*empobrecer*) to become impoverished: *El suelo/país se está degradando.* The soil/country is becoming impoverished.

degustación *nf* tasting: *~ de vino* wine-tasting

degustar *vt* to taste

dehesa *nf* meadow

deidad *nf* deity

dejadez *nf* **1** (*actitud*) couldn't-care-less attitude **2** (*aspecto físico*) slovenliness: *Viste con mucha ~.* He's very slovenly in his appearance.

dejado, -a *pp, adj* **1** (*desordenado*) untidy: *Es muy ~. ¡Si vieses qué habitación tiene!* He's so untidy – you should see his room! **2** (*desaliñado*) unkempt *Ver tb* DEJAR

LOC **dejado de la mano de Dios** God-forsaken: *Estamos ~s de la mano de Dios.* Nobody cares about us.

dejar *vt* **1** (*gen*) to leave: *Dejó su país hace dos años.* He left his country two years ago. ◊ *Déjalo para después.* Leave it till later. ◊ *¡Déjame en paz!* Leave me alone! ◊ *Lo han dejado como nuevo.* They've left it looking like new. **2(a)** (*colocar*) to put: *¿Dónde dejo la ropa?* Where shall I put the clothes? **(b)** (*devolver a su sitio*) to put *sth* back: *Dejé el vaso donde estaba.* I put the glass back where it was. **3** (*abandonar*) to give *sth* up: *~ el tabaco/la carrera* to give up smoking/college **4** (*romper una relación*) to finish with *sb*: *Su novia acaba de ~le.* His girlfriend has just finished with him. **5** (*permitir*) to let *sb* (***do sth***): *No me dejan salir.* They won't let me go out. **6** (*prestar*) to lend: *¿Me dejas dinero para el tren?* Can you lend me the money for the train? ◊ *¿Me dejas tu coche?* Can I borrow your car? ☛ *Ver nota en* BORROW ☛ *Ver ilustración en* PRESTAR **7** (*vehículo*) to drop: *El autobús me dejó en la estación.* The bus dropped me at the station. **8** (*producir*) to bring *sth* in : *Esta tienda no deja mucho dinero.* This shop doesn't bring in much money.

■ **dejar** *vi* **~ de** to stop ***doing sth***: *Cuando dejó de nevar nos fuimos.* When it stopped snowing, we left. ◊ *No ha dejado de ir a clase de yoga ni un solo día.* She hasn't missed a single day of the yoga class.

■ **dejar** *v aux* **~ + participio**: *La carrera me dejó molido.* The race shattered me. ◊ *Esa película me dejó maravillada.* I was amazed by that film.

■ **dejarse** *v pron* **1** (*olvidar*) to leave: *Me dejé los libros en el autobús.* I left my books on the bus. ◊ *¡Siempre te dejas algo!* You always leave something behind! **2** (*abandonarse, descuidarse*) to neglect yourself: *Se ha dejado mucho después de tener el niño.* She's neglected herself since she had the baby. **3 dejarse de** to stop *sth/doing sth*: *¡Déjate de bromas!* Stop larking about! **4 dejarse + inf**: *Se ha dejado manipular.* She has let herself be manipulated. ◊ *Se dejó cortar la barba.* He let them shave off his beard.

LOC **¡deja!/¡deja eso!/¡déjalo!** leave it!: *¡Deja eso, yo lo pago!* Leave it, I'll pay!

déjalo estar let it be

dejar caer (*objeto*) to drop: *Has dejado caer las llaves.* You dropped your keys. ◊ *Dejó caer la noticia como si nada.* He casually dropped the news.

dejar pasar 1 (*oportunidad*) to let *sth* slip **2** (*error*) to let *sth* go

dejarse caer 1 (*lit*) **(a)** (*gen*) to let yourself drop: *Se acercó al borde de la piscina y se dejó caer.* He approached the edge of the pool and let himself drop. **(b)** (*por una cuesta*) to let yourself roll **2** (*visitar*) to drop in: *Me dejé caer por su oficina.* I dropped in at his office.

dejarse coger to get caught

dejar sin hacer not to do *sth*: *Dejaron el documento sin firmar.* They didn't sign the document.

dejarse llevar por 1 (*emoción*) to be overcome by/with *sth*: *Me dejé llevar por la rabia.* I was overcome with rage. **2** (*dejarse influenciar*) to be influenced by *sth/sb*: *No te dejes llevar por las apariencias.* Don't be influenced by appearances.

dejarse ver to show up: *Se dejaban ver en todos los conciertos.* They showed up at all the gigs.

¡dejen salir! stand clear of the doors!

no deja de ser, hacer, etc: *No deja de ser raro/hacer calor.* It's still strange/hot.

no dejarse ver to keep a low profile

no dejes de hacer algo make sure you do sth: *No dejes de venir a la fiesta.* Make sure you come to the party.

☛ Para otras expresiones con **dejar**, véanse las entradas del sustantivo, adjetivo, etc, p.ej. **dejar colgado** en COLGADO y **sin dejar rastro** en RASTRO.

deje *nm* slight accent: *Tiene un ~ catalán.* She's got a slight Catalan accent.

del *prep Ver* DE

delantal *nm* apron

delante *adv* **1(a)** (*lugar*) in front: *Ponte aquí ~.* Stand in front. ◊ *~ del televisor/profesor* in front of the television/teacher ◊ *Pase usted ~.* You go first. **(b)** (*cola, procesión, ropa, edificio*) at the front: *Los gaiteros van ~.* The bagpipers are at the front. **(c)** (*enfrente*) opposite: *Nuestra casa tiene un parque ~.* Our house has a park opposite. **2** (*presente*): *Me lo contó estando sus padres ~.* She told me in front of her parents.

LOC **colocarse/ponerse/situarse por delante** to go ahead **de delante**: *La culpa del choque fue del conductor de ~.* The accident was caused by the driver in front. ◊ *los asientos de ~* the front seats **hacia delante** forwards: *ir hacia ~* to go forwards **llevarse algo/a algn por delante** to run into sth/sb **por delante 1** (*lugar, en clasificación*) in front: *El coche se encontraba unos metros por ~.* The car was a few metres in front. **2** (*vestido*) at the front: *El vestido se abrocha por ~.* The dress does up at the front. **tener algo delante de las narices**: *¡Lo tienes ~ de las narices!* It's staring at you! **tener todo el año, toda la vida, etc por delante** to have a whole year, your whole life, etc ahead of you *Ver tb* INCLINAR, PARTE[2]

delantero, -a *adj* front [*n atrib*]: *la pata/rueda delantera* the front leg/wheel

■ **delantera** *nf* **1** (*gen*) front: *la delantera del coche* the front of the car **2** (*ventaja*) lead: *El corredor inglés lleva una delantera de 12 metros.* The English runner has a 12-metre lead. ◊ *Nuestros competidores nos llevan la delantera.* Our competitors are ahead of us. **3** (*Dep*) forward line **4** (*mujer*) boobs [*v pl*]

■ **delantero** *nm* **1** (*Dep*) forward: *Juega de ~ centro.* He plays centre forward. ☛ *Ver ilustración en* FÚTBOL **2** (*vestido, jersey*) front

LOC **coger/ganar/tomar la delantera 1** (*en una carrera*) to take the lead (*over sb*) **2** (*fig*) to jump in ahead *of sb*: *Iba a comprar el terreno, pero mi vecino me tomó la delantera.* I was going to buy the land, but my neighbour jumped in ahead of me. *Ver tb* CUARTO *adj*, LÍNEA

delatar *vt* to give *sb* away
delator, ~a *adj* (*mirada*) revealing
■ **delator, ~a** *nm-nf* informer
delco *nm* distributor
delegación *nf* **1** (*grupo*) delegation: *una ~ de padres* a delegation of parents ◊ *una ~ de paz* a peace delegation **2** (*de una empresa*) branch: *Me han ofrecido la ~ de Toledo.* I've been offered the Toledo branch. **3** (*de un ministerio*) department: *la ~ de Cultura de Murcia* the Department of Culture of Murcia
LOC **Delegación de Hacienda** tax office
delegado, -a *nm-nf* **1** (*gen*) representative: *el ~ sindical/del Gobierno* the Trade Union/Government representative **2** (*en un congreso político*) delegate
LOC **delegado de curso** student representative
delegar *vt* to delegate *sth* (***to sb***)
deleitar *vt* to delight
■ **deleitarse** *v pron* **deleitarse en/con** to delight **in *sth*/*doing sth***
deleite *nm* delight: *para ~ de todos* to everybody's delight
deletrear *vt* to spell
deleznable *adj* disgraceful
delfín *nm* (*Zool*) dolphin
delgado, -a *adj* thin

> **Thin** es la palabra más general para traducir *delgado*, y se puede utilizar para describir personas, animales y cosas. Puede tener connotaciones negativas, indicando debilidad o mala salud: *Se ha quedado delgadísima desde la operación.* She's gone terribly thin since her operation.
> Hay sin embargo otros muchos adjetivos que también significan delgado, los más normales son **skinny, underweight, slim** y **slender**:
> **Skinny** se usa, en general, de manera negativa: *un tío delgaducho* a skinny guy ◊ *Parece demasiado delgado para ser un levantador de peso.* He looks too skinny to be a weightlifter.
> **Underweight** es una palabra neutra que se usa normalmente en contextos médicos: *El médico dice que estoy por debajo de mi peso ideal.* The doctor says I'm underweight.
> **Slim** y **slender** se emplean para referirnos a una persona delgada y con buen tipo: *Ojalá estuviera tan delgado como tú.* I wish I was as slim as you. ◊ *Tiene una figura bonita y esbelta.* She has a beautifully slender figure.

LOC *Ver* HILAR, INTESTINO
delgaducho, -a *adj* skinny ☞ *Ver nota en* DELGADO
deliberación *nf* deliberation: *tras cuatro horas de deliberaciones* after four hours' deliberation
deliberado, -a *pp, adj* deliberate *Ver tb* DELIBERAR
deliberar *vi* **~ (sobre)** to deliberate (**on *sth***)
delicadeza *nf* **1** (*cuidado*) gentleness: *Debes tratar los libros/a las personas con ~.* Books/People must be treated gently. **2** (*tacto*) tact: *Podías decir las cosas con un poco más de ~, ¿no?* You could have put it a bit more tactfully, couldn't you? ◊ *Es una falta de ~.* It's very tactless. **3** (*finura*) delicateness: *la ~ de sus rasgos* his delicate features
LOC **tener la delicadeza de 1** (*tener la cortesía de*) to have the courtesy *to do sth*: *Ni siquiera tuvo la ~ de venir a buscarme.* He didn't even have the courtesy to come and meet me. **2** (*tener la bondad de*) to be kind enough *to do sth*: *Tuvo la ~ de prestarme el libro.* He was kind enough to lend me the book.
delicado, -a *adj* **1** (*gen*) delicate: *un asunto/mecanismo ~* a delicate matter/mechanism ◊ *Está muy ~ de salud.* His health is very delicate. **2(a)** (*remilgado*) fussy: *¡Con lo ~ que es no duerme en el suelo!* He's so fussy he won't sleep on the floor. **(b)** (*quisquilloso*) sensitive: *Es muy ~, en seguida se ofende.* He's very sensitive and is easily offended. **3** (*conducta*) considerate: *Fue muy poco ~ al no invitarnos.* It wasn't very considerate of him not to invite us.
delicia *nf* delight: *una ~ de voz* a delightful voice
LOC **hacer las delicias de algn** to delight sb
delicioso, -a *adj* **1** (*sabor, olor*) delicious **2** (*encantador*) delightful
delictivo, -a *adj* criminal **LOC** *Ver* INTENCIÓN
delimitación *nf* **1** (*territorio*) marking out **2** (*responsabilidades, tareas*) definition
delimitar *vt* **1** (*territorio*) to mark *sth* out **2** (*responsabilidades, tareas*) to define
delincuencia *nf* crime
LOC **delincuencia juvenil** juvenile delinquency
delincuente *nmf* criminal
LOC **delincuente habitual** habitual offender **delincuente juvenil** juvenile delinquent
delineación *nf* **1** (*Tec*) drawing **2** (*configuración*) outlining
delineante *nmf* draughtsman/woman [*pl* draughtsmen/women]
delinear *vt* **1** (*Tec*) to draw: *~ un plano* to draw a plan **2** (*configurar*) to outline: *~ un plan de acción* to outline a plan of action
delinquir *vi* to offend
delirante *adj* **1** (*gen*) delirious: *El enfermo estaba ~.* The invalid was delirious. ◊ *Un público ~ presenció la victoria de su equipo.* The crowd went delirious when their team won. **2** (*imaginación*) riotous
delirar *vi* **1** (*Med*) to be delirious **2** (*decir disparates*) to talk nonsense
delirio *nm* **1** (*Med*) delirium **2** (*locura*) madness
LOC **con delirio** madly **delirios de grandeza** delusions of grandeur **sentir/tener delirio por algo/algn** to be crazy about sth/sb **ser el delirio de algn**: *Es mi ~.* I'm crazy about him.
delito *nm* crime **LOC** *Ver* CUERPO, FLAGRANTE
delta *nm, nf* (*Geog, letra*) delta **LOC** *Ver* ALA, VUELO
demacrado, -a *pp, adj* **1** (*muy delgado*) emaciated **2** (*de cara*) haggard *Ver tb* DEMACRARSE
demacrarse *v pron* **1** (*adelgazar mucho*) to waste away **2** (*de cara*) to look haggard
demagogia *nf* rabble-rousing, demagogy (*más formal*)
demagógico, -a *adj* rabble-rousing, demagogic (*más formal*)
demagogo, -a *nm-nf* rabble-rouser, demagogue (*más formal*)
demanda *nf* **~ (de) 1** (*gen*) demand: *la ley de la oferta y la ~* the law of supply and demand ◊ *las ~s de los trabajadores* the workers' demands **2** (*Jur*) lawsuit: *la interposición de una ~* the bringing of a lawsuit **3** (*petición*) request (**for *sth***): *una ~ de extradición* an extradition request
LOC **demanda de divorcio** divorce petition **en demanda de** for *sth*: *Acudieron a los países vecinos en ~ de auxilio.* They approached neighbouring countries for help. **interponer/poner/presentar una demanda** to sue (*sb*) (*for sth*): *interponer una ~ por incumplimiento de contrato* to sue for breach of contract ◊ *presentar una ~ contra un periódico* to sue a newspaper
demandado, -a *pp, adj Ver* DEMANDAR
■ **demandado, -a** *nm-nf* **1** (*gen*) defendant: *El ~ no acudió al juicio.* The defendant failed to appear in court. **2** (*divorcio*) respondent **LOC** *Ver* PARTE[2]
demandante *nmf* plaintiff
■ **demandante** *adj* **LOC** *Ver* PARTE[2]
demandar *vt* **1** (*gen*) to demand: *Los trabajadores demandan la reducción de la jornada laboral.* The workers demand a reduction in the working day. **2** (*Jur*) to sue (*sb*) (**for *sth***) **3** (*solicitar*) to request
demarcación *nf* demarcation
demarcar *vt* to demarcate
demás *adj* other: *los ~ estudiantes* the other students
■ **demás** *pron* (the) others: *Sólo vino Esther; las ~ se quedaron en casa.* Only Esther came – the others stayed at home. ◊ *ayudar a los ~* to help others
LOC **lo demás** the rest: *Lo ~ no importa.* Nothing else matters. **por lo demás** (but) otherwise: *El viaje fue un poco largo; por lo ~, todo salió bien.* The journey was

rather long, but otherwise it was fine. **y demás** and so on

demasía *nf*

LOC **en demasía** too much: *comer/hablar en ~* to eat/talk too much

demasiado, -a *adj, pron* **1** (*referido a sustantivo incontable*) too much: *demasiada comida para cuatro personas* too much food for four people **2** (*referido a sustantivo contable*) too many: *demasiadas revistas* too many magazines ◊ *Somos ~s para ir en un coche.* There are too many of us for one car. ☛ *Ver nota en* MANY
■ **demasiado** *adv* **1** (*modificando a un verbo*) too much: *Fumas ~.* You smoke too much. **2** (*modificando a un adjetivo/adverbio*) too: *Estoy ~ nerviosa para conducir.* I'm too nervous to drive. ◊ *Vas ~ deprisa.* You're going too fast. ☛ *Ver nota en* ENOUGH *adv*

LOC **demasiadas veces** too often **demasiado sé que...** I, you, etc know only too well that... **demasiado tiempo** too long: *Hemos vivido ~ tiempo en esta ciudad.* We've lived in this city too long. **¡esto ya es demasiado!** this is too much! **ir demasiado lejos** to go too far **¡qué demasiado!** this is great! *Ver tb* ENTONAR, ESCOTE[1], HOLGURA, TONTERÍA

demencia *nf* madness

LOC **demencia senil** senile dementia

demencial *adj* crazy

demente *adj* insane
■ **demente** *nmf* **1** (*loco*) mental patient **2** (*como insulto*) lunatic

democracia *nf* democracy

demócrata *nmf* democrat

democrático, -a *adj* democratic

democratización *nf* democratization

democratizar *vt* to democratize

demografía *nf* demography

demográfico, -a *adj* demographic LOC *Ver* EXPLOSIÓN

demógrafo, -a *nm-nf* demographer

demoledor, ~a *adj* **1** (*lit*) demolition [*n atrib*]: *una máquina demoledora* demolition equipment **2** (*fig*) devastating: *un ataque/discurso ~* a devastating attack/speech

demoler *vt* to demolish

demolición *nf* demolition

demoniaco, -a (*tb* **demoníaco, -a**) *adj* demoniacal

demonio *nm* devil

LOC **¿cómo demonio(s)...?** how/why on earth...?: *¿Cómo ~s no me llamaste?* Why on earth didn't you ring me? **de mil/todos los demonios**: *Hace un frío de mil ~s.* It's bloody freezing out there! ◊ *Hacía un viento de mil ~s.* It was blowing a gale. **¡demonio(s)! 1** (*enfado*) damn! **2** (*asombro*) heavens! **¿dónde/qué demonio(s)...?** where/what on earth...? **¡el/ese demonio de...!** the/that wretched...!: *¡Ese ~ de tendero me ha cobrado de más!* That wretched shopkeeper has overcharged me! **llevarse el demonio/(todos) los demonios**: *Se lo llevan los ~s cuando llegamos tarde.* He sees red when we're late. **¡qué demonio(s)!** damn it! **¡qué... ni qué demonios!**: *¡Qué mansión ni qué ~s!* Mansion my foot! **saber a demonios** to taste awful **ser un demonio** to be a (little) devil *Ver tb* OLER, SUERTE

¡demontre! *interj* **1** (*enfado*) sugar! **2** (*sorpresa*) goodness!

demora *nf* delay: *una ~ de dos horas* a two-hour delay

demostrable *adj* demonstrable

demostrar *vt* **1** (*probar*) to prove: *~ una teoría/la inocencia de un acusado* to prove a theory/a person's innocence **2** (*mostrar, indicar*) to show: *Demuestra tener un gran interés en el caso.* He shows great interest in the case.

demostrativo, -a *adj* **~ de** representative **of** *sth*
■ **demostrativo** *adj, nm* (*Gram*) demonstrative

demudado, -a *pp, adj* **1** (*pálido*) pale **2** (*expresión, rostro*) contorted

denegación *nf* **1** (*gen*) refusal: *La ~ del permiso de construcción va a retrasar las cosas.* The refusal of planning permission will hold things up. **2** (*Jur*) dismissal

denegar *vt* **1** (*gen*) to refuse: *Me han denegado el permiso de trabajo.* I've been refused a work permit. **2** (*Jur*) to dismiss: *~ un recurso* to dismiss an appeal

denigrante *adj* **1** (*gen*) degrading: *Los prisioneros recibieron un trato ~.* The prisoners received degrading treatment. **2** (*palabras*) insulting

denigrar *vt* **1** (*con acciones, con hechos*) to degrade **2** (*de palabra*) to denigrate

denodado, -a *adj* **1** (*esfuerzo*) resolute: *un esfuerzo ~ por mejorar las condiciones de los presos* a resolute effort to improve the prisoners' conditions **2** (*defensor*) staunch: *un ~ defensor de los derechos humanos/la democracia* a staunch defender of human rights/democracy

denominación *nf* name

LOC **denominación de origen** Designation of Origin

denominado, -a *pp, adj* (*presunto, supuesto*) so-called: *los ~s analistas políticos* the so-called political analysts *Ver tb* DENOMINAR

denominador *nm* denominator

LOC **denominador común 1** (*Mat*) common denominator **2** (*fig*) norm

denominar *vt* to call: *el proceso que denominamos "fotosíntesis"* the process we call 'photosynthesis'

denotar *vt* to denote (*formal*), to be a sign **of** *sth*: *La vaguedad de sus explicaciones denotaba su cansancio.* His vagueness was a sign of tiredness.

densidad *nf* density: *la ~ de la niebla/del humo* the density of the fog/smoke ◊ *la ~ de población de una región* the density of population in an area

denso, -a *adj* dense: *El tráfico era muy ~ en el centro.* There was dense traffic in the city centre. ◊ *un tema/libro ~* a dense subject/book

dentado, -a *adj* serrated
■ **dentado** *nm* **1** (*gen*) teeth [*v pl*]: *el ~ de una sierra* the teeth of a saw **2** (*rueda*) cogs [*v pl*] LOC *Ver* CABALLO, RUEDA

dentadura *nf* teeth [*v pl*]: *Tengo la ~ muy estropeada.* My teeth are in a terrible state.

LOC **dentadura postiza** false teeth [*v pl*], dentures [*v pl*] (*más formal*): *Hace años que lleva ~ postiza.* He's had false teeth for years.

dental *adj, nf* dental

LOC **hilo/seda dental** dental floss *Ver tb* PLACA

dentellada *nf* **1** (*mordisco*) bite **2** (*señal*) tooth mark [*pl* tooth marks/teeth marks]

LOC **a dentelladas**: *El perro rompió el cojín a ~s.* The dog chewed the cushion to pieces. **dar una dentellada** to bite *sth/sb*

dentera *nf*

LOC **dar dentera** to set *sb's* teeth on edge

dentición *nf* **1** (*proceso*) teething: *Los niños sufren mucho durante la ~.* Babies go through a lot of pain while they're teething. **2** (*Anat*) (set of) teeth

dentífrico *nm* toothpaste

dentista *nmf* dentist LOC *Ver* MÉDICO

dentro *adv* inside: *—¿Has visto a Maite? —Sí, está ~.* 'Have you seen Maite?' 'Yes, she's inside.' ◊ *Me he dejado el bolso ~.* I've left my bag inside.

LOC **cabe/entra dentro de lo posible (que...)**: *Entra ~ de lo posible que la empresa cierre.* It's possible that the firm will close down. ◊ *—¿Te vas a marchar del país? —Cabe ~ de lo posible.* 'Are you going to leave the country?' 'It's a possibility.' **de/desde dentro** from (the) inside: *Desde ~ parece distinto.* It looks different from the inside. **dentro de 1** (*espacio*) in/inside: *~ del sobre* in/inside the envelope **2** (*tiempo*) in: *~ de una semana/un rato* in a week/little while **dentro de lo posible** as far as I, you, etc can **dentro de lo que cabe** all things considered **dentro de nada** in no time at all **dentro de poco** soon **hacia dentro** in: *Mete la tripa hacia ~.* Pull your tummy in. **por dentro 1** (*lit*) (on the) inside: *El jarrón está pintado por ~.* The vase is painted on the inside. **2** (*fig*) inside: *Está destrozada* *por* ~. She feels terrible inside. *Ver tb* AHÍ, ALLÁ, ALLÍ, AQUÍ, PROCESIÓN

dentudo, -a (*tb* **dentón, -ona**) *adj* buck-toothed

denuncia *nf* **1** (*gen*) reporting: *La ~ del caso corresponde a las víctimas.* Reporting a crime is the responsibility of the victims. **2** (*crítica*) denunciation: *la ~ de la política gubernamental por parte de la oposición* the opposition's denunciation of government policy
LOC poner/presentar una denuncia (contra algn): *¿Has presentado la ~?* Have you reported it? ◊ *Pusimos una ~ contra el dueño del bar.* We reported the bar owner.

denunciante *nmf* person who reports a crime

denunciar *vt* **1** (*accidente, delito*) to report *sth/sb* (**to** ***sb***): *Denunció el robo de su bicicleta.* He reported the theft of his bicycle. ◊ *Como vuelva a hacerlo, la denuncio a la policía.* If she does it again, I'll report her to the police. **2** (*criticar*) to denounce

deparar *vt* to bring

departamental *adj* departmental

departamento *nm* department

departir *vi* **~ (con)** to talk (**to** ***sb***)

dependencia *nf* **1 ~ (de)** (*necesidad*) dependence (**on** ***sth/sb***): *la ~ del tabaco/de la familia* dependence on nicotine/your family **2 dependencias (a)** (*gen*) premises: *Sucedió en las ~s policiales.* It happened on police premises. ◊ *El inspector abandonó las ~s del colegio a mediodía.* The inspector left the school premises at noon. **(b)** (*salas*) rooms

depender *vi* **~ de 1** (*estar condicionado por*) to depend **on** ***sth/sb/whether...***: *Depende del tiempo que haga.* It depends on the weather. ◊ *Eso depende de que me den permiso o no.* That depends on whether I get permission or not. ◊ *Dependerá de si nos conceden la subvención o no.* It depends on whether we get the grant or not. ◊ *No depende de mí.* It's not up to me. ◊ *Depende de ti el que nos vayamos de vacaciones.* Whether we go on holiday or not depends on you. ◊ *¿De quién depende que te concedan la beca?* Who decides whether you can have a grant or not? **2** (*estar bajo la jurisdicción de*) to be/come **under** ***sth/sb***: *Dependemos del departamento de finanzas.* We come under the finance department. **3** (*económicamente*) to be dependent **on** ***sth/sb***
LOC depende it/that depends

dependiente, -a *nm-nf* shop assistant
■ **dependiente** *adj* **~ de** dependent **on** ***sth/sb***

depilación *nf* **1** (*extracción de vello*) hair removal **2** (*con cera*) waxing: *¿Cuánto te cobran por la ~?* How much do they charge for waxing? **3** (*con maquinilla*) shaving **4** (*cejas*) plucking
LOC hacerse la depilación to have your legs, etc waxed

depilar *vt* **1** (*extraer vello*) to remove unwanted hair **2** (*con cera*) to wax: *¿Cuándo me puedes ~?* When can you wax my legs? **3** (*con maquinilla*) to shave **4** (*cejas*) to pluck
■ **depilar** *vi*: *¿Sabes si en esa peluquería depilan?* Do you know if they do waxing in this salon?
■ **depilarse** *v pron* **1** (*uno mismo*): *No entres, que me estoy depilando.* Don't come in, I'm shaving, waxing, etc my legs. ◊ *¿Te vas a ~ las cejas?* Are you going to pluck your eyebrows? **2** (*otra persona*): *~se las axilas* to have your underarm hair removed **LOC** *Ver* CERA

depilatorio, -a *adj* hair-removing **LOC** *Ver* CERA

deplorable *adj* deplorable

deplorar *vt* to deplore

deponer *vt* **1** (*echar de un cargo*) **(a)** (*destituir*) to dismiss **(b)** (*rey*) to depose **(c)** (*derrocar*) to overthrow **2** (*abandonar*) to abandon: *Si no depones esa actitud intransigente...* If you don't abandon that intransigent stance...
■ **deponer** *vi* to give evidence
LOC deponer las armas to lay down your arms

deportación *nf* deportation

deportar *vt* to deport

deporte *nm* sport: *¿Practicas algún ~?* Do you play any sport?
LOC deportes náuticos water sports **hacer deporte**: *Nunca he hecho ~.* I've never played any sport. *Ver tb* PALACIO, PANTALÓN, ROPA

deportista *adj* **1** (*aficionado al deporte*) keen on sport **2** (*bueno para el deporte*) good at sports
■ **deportista** *nmf* sportsman/woman [*pl* sportsmen/women]

deportividad *nf* sportsmanship

deportivo, -a *adj* **1** (*gen*) sports [*n atrib*]: *un coche ~* a sports car ◊ *una competición deportiva* a sporting event **2** (*conducta*) sporting
■ **deportivo** *nm* **1** (*coche*) sports car **2 deportivos** (*zapatos*) trainers **LOC** *Ver* CONCENTRACIÓN, ENTIDAD, PUERTO, RESUMEN, ROPA

depositar *vt* **1** (*gen*) to place *sth* ***in sth/sb***: *~ tu confianza en algn* to place your trust in sb **2** (*en el banco*) to pay *sth* in: *Depositó diez mil pesetas.* He paid in ten thousand pesetas. ◊ *Deposite el dinero en la cuenta de la compañía.* Pay the money into the company account.
■ **depositarse** *v pron* to settle

depósito *nm* **1** (*gen*) store: *un ~ de grano/cereales* a grain store **2** (*líquidos*) tank: *el ~ de la gasolina* the petrol tank ☛ *Ver ilustración en* CAR **3** (*dinero, sedimento*) deposit
LOC depósito de armas arsenal **depósito de basura(s)** rubbish dump **depósito de cadáveres** morgue

depravación *nf* depravity

depravado, -a *pp, adj* depraved

depre *adj* depressed
■ **depre** *nf* depression: *Le entró una ~ de caballo.* He got terribly depressed.

depreciación *nf* depreciation

depreciar *vt* to devalue
■ **depreciarse** *v pron* to depreciate

depredador, ~a *adj* predatory
■ **depredador, ~a** *nm-nf* predator

depresión *nf* depression
LOC depresión nerviosa nervous breakdown **depresión posparto** postnatal depression

depresivo, -a *adj* depressive **LOC** *Ver* MANÍACO

deprimente *adj* depressing

deprimir *vt* to depress
■ **deprimirse** *v pron* to get depressed

deprisa (*tb* **de prisa**) *adv* quickly
LOC deprisa y corriendo in a tearing hurry

depuración *nf* purification

depurado, -a *pp, adj* (*lenguaje*) refined *Ver tb* DEPURAR

depurador, ~a *adj* purifying
■ **depuradora** *nf* filter system **LOC** *Ver* ESTACIÓN

depurar *vt* to purify

derechazo *nm* (*Boxeo*) right

derechista *adj* right-wing
■ **derechista** *nmf* right-winger

derecho, -a *adj* **1** (*diestro*) right: *Me he roto el brazo ~.* I've broken my right arm. **2** (*recto*) straight: *Ese cuadro no está ~.* That picture isn't straight. ◊ *Pon la cabeza derecha.* Hold your head up!
■ **derecho** *nm* **1** (*anverso*) right side **2** (*permiso, facultad*) right: *¿Con qué ~ entras aquí?* What right have you to come in here? ◊ *~s humanos/de los ciudadanos* human/civil rights **3** (*legislación, estudios*) law: *~ civil* civil law ◊ *Estudió Derecho.* She read law.
■ **derecho** *adv* straight: *Vete ~ a la escuela.* Go straight to school. ◊ *ir ~ al grano* to go straight to the point
■ **derecha** *nf* **1** (*gen*) right: *Es la segunda puerta a la derecha.* It's the second door on the right. ◊ *Muévete un poco hacia la derecha.* Move to the right a little. ◊ *Vivo en el primero derecha.* My flat is on the first floor, on the right. ☛ *Ver ilustración en* FOREGROUND **2** (*mano*) right hand: *escribir con la derecha* to write with your right hand **3** (*pie*) right foot
■ **LOC a derechas** right: *Hoy no me sale nada a derechas.* Nothing's going right for me today. **con**

derecho a: *Alquilé una habitación con ~ a cocina.* I rented a room with use of kitchen. ◊ *una entrada con ~ a consumición* a ticket entitling you to a free drink **de derecha(s)** right-wing: *grupos de derechas* right-wing groups **derecho canónico** canon law **derecho de tránsito** right of way **derecho de voto** right to vote **derecho penal/político** criminal/constitutional law **derechos aduaneros/arancelarios** customs duties **derechos de autor** royalties **derechos de matrícula/examen** registration/examination fee [*sing*] **estar a la derecha (de algo/algn)** to be on/to the right (of sth/sb): *Estaba sentada a mi derecha.* She was sitting on my right. ◊ *La biblioteca está a la derecha del colegio.* The library is to the right of the school. **estoy en mi derecho (de)** I'm, you're within my, your, etc rights (*to do sth*): *Estáis en vuestro ~ de protestar.* You're within your rights to complain. **hacer algo con todo derecho** to have every right to do sth **la derecha** (*Pol*) the Right [*v sing o pl*] **¡no hay derecho!** it's not fair! **tener derecho a** to be entitled to *sth/to do sth* **todo derecho** straight on: *Siga todo ~.* Go straight on. **todos los derechos reservados** all rights reserved *Ver tb* BRAZO, CIRCULAR², HOMBRE, LIBRE, MANO, MIEMBRO, MUJER, OJO, PLENO, RESERVADO, RESERVAR, VELA²

deriva *nf*
LOC a la deriva adrift

derivación *nf* derivation: *El derecho penal es una ~ del derecho romano.* Penal Law is derived from Roman Law.

derivada *nf* derivative

derivado *nm* **1** (*Ling*) derivative **2** (*Quím*) by-product
LOC derivados lácteos/de la leche dairy products *Ver tb* PRODUCTO

derivar(se) *vi, v pron* **1 derivar(se) de** (*proceder*) to be derived **from** ***sth***, to come **from** ***sth*** (*más coloq*): *Las lenguas romances (se) derivan del latín.* The Romance languages come from Latin. **2 derivar(se) en** (*resultar*) to lead **to** ***sth***: *Se espera que las negociaciones (se) deriven en un acuerdo.* It is hoped that the negotiations will lead to an agreement.
■ **derivar** *vi* (*embarcación*) to drift

dermatología *nf* dermatology

dermatólogo, -a *nm-nf* dermatologist

derogación *nf* repeal

derogar *vt* to repeal

derramamiento *nm*
LOC derramamiento de sangre bloodshed

derramar *vt* **1** (*gen*) to spill: *~ vino* to spill wine ☛ *Ver ilustración en* POUR **2** (*lágrimas, sangre, luz*) to shed
■ **derramarse** *v pron* to spill ☛ *Ver ilustración en* POUR

derrame *nm* (*Med*) haemorrhage: *sufrir un ~* to have a haemorrhage
LOC derrame de sangre haemorrhage

derrapar *vi* to skid

derrape *nm* skid

derrengar *vt* **1** (*agotar*) to exhaust **2** (*animal*) to cripple

derretir *vt* **1** (*gen*) to melt: *Primero derrites el chocolate.* First you melt the chocolate. **2** (*metal*) to melt *sth* down
■ **derretirse** *v pron* **1** (*gen*) to melt: *La nieve ha empezado a ~se.* The snow has begun to melt. **2 derretirse por** (*estar enamorado*) to be crazy **about** ***sb***
LOC derretirse de gusto/placer to be overjoyed

derribar *vt* **1** (*demoler*) to demolish, to pull *sth* down (*más coloq*): *~ un edificio* to pull down a building **2** (*persona, animal*) to knock *sth/sb* down **3** (*árbol*) **(a)** (*viento*) to bring down *a tree* **(b)** (*leñador*) to fell **4** (*puerta*) to batter down *a door* **5** (*jinete*) to throw **6** (*avión, ave, gobierno*) to bring *sth* down

derribo *nm* **1** (*edificio*) demolition **2** (*persona, animal*) knocking down **3** (*árbol*) **(a)** (*viento*) bringing down **(b)** (*leñador*) felling **4** (*puerta*) battering down **5** (*jinete*) throwing **6** (*avión, ave*) bringing down **7** (*gobierno*) overthrow **LOC** *Ver* MATERIAL

derrocamiento *nm* overthrow

derrocar *vt* **1** (*dirigente político*) to oust **2** (*gobierno*) to overthrow

derrochador, ~a *adj* extravagant
■ **derrochador, ~a** *nm-nf* spendthrift

derrochar *vt* **1** (*dinero*) to squander **2** (*salud, energía, felicidad*) to be bursting **with** ***sth***

derroche *nm* **1** (*despilfarro*) extravagance **2 ~ de (a)** (*gen*) wasting: *el ~ de agua/medios* wasting water/resources **(b)** (*dinero*) squandering: *Tus problemas económicos son resultado del ~ de dinero.* Your financial problems are a result of the way you've squandered your money.
LOC en un derroche de in a display of *sth*: *en un ~ de fuerza física* in a display of strength ◊ *en un ~ de energía* in a burst of energy

derrota *nf* defeat

derrotar *vt* to defeat

derrotero *nm*
LOC cambiar de derroteros/ir por otros derroteros to change course: *Decidió ir por otros ~s.* She decided to change course.

derrotismo *nm* defeatism

derrotista *adj, nmf* defeatist

derruido, -a *pp, adj* ruined *Ver tb* DERRUIR

derruir *vt* to demolish

derrumbamiento (*tb* **derrumbe**) *nm* collapse

derrumbar *vt* (*edificio*) to demolish
■ **derrumbarse** *v pron* to collapse

desabastecido, -a *pp, adj* **1** (*falto de todo*) short of supplies: *este país miserable y ~* this poor country, so short of supplies **2 ~ de** short **of** ***sth***: *Quedaron ~s de agua.* They were short of water.

desabollar *vt* to remove the dents **from** ***sth***: *~ el ala* to remove the dents from the wing

desaborido, -a *adj* **1** (*comida*) tasteless **2** (*persona*) boring

desabotonar *vt* to undo
■ **desabotonarse** *v pron*: *Me desabotoné el abrigo.* I undid my coat.

desabrido, -a *adj* **1** (*comida*) tasteless **2** (*tiempo*) unsettled **3** (*persona*) brusque

desabrigado, -a *pp, adj* **1** (*persona*) **(a)** (*gen*): *Vas muy ~.* You aren't wearing very warm clothes. **(b)** (*en la cama*) uncovered **2** (*lugar*) exposed *Ver tb* DESABRIGAR

desabrigar *vt* to take *sb's coat, jumper, etc* off
■ **desabrigarse** *v pron* **1** (*quitarse la ropa*): *Me desabrigué al llegar a casa.* I took off my coat when I got home. **2** (*en la cama*) to throw off the covers

desabrochar *vt* to undo: *Desabróchale la chaqueta.* Undo his jacket.
■ **desabrocharse** *v pron* **1** (*persona*): *Me desabroché el abrigo.* I undid my coat. **2** (*prenda*) to come undone: *Se me desabrochó la falda.* My skirt came undone.

desacato *nm* **1** (*desobediencia*) disobedience: *~ a la autoridad* disobeying authority **2** (*falta de respeto*) lack of respect (***for sth/sb***): *~ a la bandera* lack of respect for the flag
LOC desacato al juez/tribunal contempt of court

desaceleración *nf* slowing down, deceleration (*formal*)

desacelerar *vt* to slow *sth* down, to decelerate (*formal*)
■ **desacelerarse** *v pron* to slow down, to decelerate (*formal*)

desacertado, -a *pp, adj* **1** (*equivocado*) wrong: *una decisión desacertada* a wrong decision **2** (*indiscreto*) tactless: *un comentario ~* a tactless remark

desacierto *nm* mistake

desacompasado, -a *adj* uneven: *un ritmo ~* an uneven rhythm

desaconsejado, -a *pp, adj* not advised: *Está ~ en casos de úlcera.* Not advised for patients with ulcers.

desacoplar *vt* **1** (*Elec*) to disconnect **2** (*Mec*) to uncouple

desacorde *adj* **1** (*sonido*) discordant **2** (*opiniones*) conflicting
LOC estar desacorde con to conflict with *sth*

desacostumbrado, -a *pp, adj* unusual: *Mostraron una seriedad desacostumbrada.* They were unusually serious.

desacreditar *vt* to discredit: *Ese acto le desacredita.* That discredits him.

desactivar *vt* to defuse

desacuerdo *nm* **1** (*disconformidad*) disagreement: *Han expresado su ~ con el gobierno.* They have expressed their disagreement with the government. **2** (*contradicción*) discrepancy: *el ~ entre ambas declaraciones* the discrepancy between the two statements
LOC estar en desacuerdo (con) to disagree (with *sth/sb*)

desafecto *nm* coldness: *Trataba a sus subordinados con ~.* He treated his subordinates coldly.

desafiante *adj* defiant

desafiar *vt* **1** (*retar*) to challenge *sb* (**to *sth*/to do *sth***): *Me desafió al parchís.* She challenged me to a game of ludo. **2** (*riesgo, peligro*) to defy

desafilado, -a *pp, adj* blunt *Ver tb* DESAFILARSE

desafilarse *vt* to get blunt

desafinado, -a *pp, adj* out of tune *Ver tb* DESAFINAR

desafinar *vi* **1** (*persona*) to sing out of tune **2** (*instrumento*) to be out of tune **3** (*instrumentista*) to play out of tune
■ **desafinarse** *v pron* to go out of tune

desafío *nm* **1** (*reto*) challenge: *el ~ de erradicar el hambre* the challenge of eradicating hunger **2 ~ (a)** (*oposición*) defiance (**of *sb***): *el ~ a los padres* defiance of your parents **3** (*Dep*) contest

desaforadamente *adv* (*gritar*) at the top of your voice

desaforado, -a *adj* **1** (*grito*) terrible **2** (*ambición*) boundless

desafortunado, -a *adj* **1** (*persona*) unlucky **2** (*desacertado*) unfortunate: *unas desafortunadas declaraciones* some unfortunate statements

desagradable *adj* **~ (con)** unpleasant (**to *sb***)
LOC *Ver* TRATO

desagradar *vi* to dislike *sth/doing sth* [*vt*]: *Me desagrada ese olor.* I dislike that smell. ◊ *No me desagrada.* I don't dislike it.

desagradecido, -a *pp, adj* (*tarea*) thankless
LOC ser (un) desagradecido to be ungrateful (*to sb*): *Siempre ha sido un ~ con su familia.* He's always been ungrateful to his family.

desagrado *nm* displeasure: *Lo dijo con ~.* He spoke with displeasure.

desagraviar *vt* to make amends (***to sb***) (***for sth***)

desagravio *nm*
LOC como/en desagravio por to make amends for *sth*

desaguar *vt* to drain
■ **desaguar** *vi* **~ en** (*río*) to flow **into *sth***

desagüe *nm* **1** (*acción*) draining **2(a)** (*tubo*) waste pipe: *el ~ del fregadero* the waste pipe from the sink **(b)** (*rejilla*) drain ☛ *Ver ilustración en* HOUSE

desaguisado *nm*
LOC hacer/montar un desaguisado to make a mess (*of sth*)

desahogado, -a *pp, adj* **1** (*espacio*) **(a)** (*amplio*) roomy **(b)** (*despejado*) uncluttered **2** (*situación económica*) comfortable *Ver tb* DESAHOGARSE
LOC andar desahogado (de dinero) to be comfortably off **andar desahogado (de tiempo)** to have plenty of time: *En verano ando más desahogada (de tiempo).* I have more time in summer.

desahogarse *v pron* to get *sth* out of your system
LOC desahogarse con algn to get sth off your chest: *Necesito desahogarme con alguien.* I need to get it off my chest. *Ver tb* BILIS

desahogo *nm* relief **LOC** *Ver* VIVIR

desahuciado, -a *pp, adj* (*enfermo*) terminally ill *Ver tb* DESAHUCIAR

desahuciar *vt* **1** (*enfermo*): *Los médicos la han desahuciado.* The doctors have said there's no hope (for her). **2** (*inquilino*) to evict

desahucio *nm* eviction: *una orden de ~* an eviction order

desairado, -a *pp, adj Ver tb* DESAIRAR
LOC dejar desairado a algn to make sb look small

desairar *vt* to snub

desaire *nm* snub
LOC hacer un desaire a algn to snub sb

desajustar *vt* **1** (*Mec*) to loosen **2** (*plan, orden*) to upset
■ **desajustarse** *v pron* **1** (*soltarse*) to come loose **2** (*estropearse*) to break down

desajuste *nm* **1** (*Mec*) maladjustment **2** (*desequilibrio*) imbalance [*gen sing*]: *Se han detectado ciertos ~s en la contabilidad.* They have found an imbalance in the accounts.

desalación *nf* **1** (*de alimentos*) soaking to remove salt **2** (*del agua del mar*) desalination

desalar *vt* **1** (*alimentos*) to soak *sth* in order to remove salt from it: *Pon el bacalao a ~.* Soak the cod to remove the salt. **2** (*agua del mar*) to desalinate

desalentador, ~a *adj* discouraging

desalentar *vt* to discourage
■ **desalentarse** *v pron* to lose heart

desaliento *nm* discouragement

desaliñado, -a *pp, adj* **1** (*pelo*) dishevelled **2** (*persona*) scruffy

desalmado, -a *adj, nm-nf* heartless [*adj*]: *Son unos ~s.* They're heartless.

desalojar *vt* **1** (*vaciar*) to clear: *La policía desalojó el local.* The police cleared the building. **2** (*abandonar*) to leave: *El público desalojó el estadio.* The audience left the stadium. **3** (*inquilinos*) to vacate. *Deben ~ el piso antes de final de mes.* You must vacate the flat by the end of the month. **4** (*Fís*) to displace: *~ aire/agua* to displace air/water

desalojo (*tb* **desalojamiento**) *nm* **1** (*gen*) evacuation: *El ~ de la discoteca se llevó a cabo sin incidentes.* The evacuation of the disco went smoothly. **2** (*inquilinos*) eviction

desamarrar *vt* **1** (*Náut*) to cast off: *Voy a ~ el barco.* I'm going to cast off. **2** (*desatar*) to untie

desamparado, -a *pp, adj* **1** (*persona*) helpless **2** (*lugar*) bleak *Ver tb* DESAMPARAR

desamparar *vt* **1** (*abandonar*) to abandon **2** (*descuidar*) to neglect

desandar *vt*
LOC desandar lo andado 1 (*lit*) to retrace your steps **2** (*fig*) to go back to square one

desangelado, -a *adj* **1** (*persona*) lifeless **2** (*lugar*) deserted

desangrarse *v pron* **1** (*perder mucha sangre*) to lose a lot of blood **2** (*perder toda la sangre*) to bleed to death

desanimado, -a *pp, adj* depressed *Ver tb* DESANIMAR

desanimar *vt* **1** (*desalentar*) to discourage: *Quieren comprarse un piso, pero estamos tratando de ~les.* They want to buy a flat, but we're trying to discourage them. **2** (*deprimir*) to depress
■ **desanimarse** *v pron* to lose heart

desánimo *nm* despondency

desanudar *vt* **1** (*desatar*) to undo **2** (*deshacer nudos*) **(a)** (*cuerda*) to untangle **(b)** (*pelo*) to get the tangles out of *your hair*

desapacible *adj* unpleasant

desaparecer *vi* **1** (*gen*) to disappear: *Desapareció en agosto de 1995.* She disappeared in August 1995. **2** (*esfumarse*) to vanish **3** (*epidemia*) to be eradicated **4** (*efectos*) to wear off **5** (*especie*) to become extinct
LOC desaparecer del mapa to vanish off the face of the earth *Ver tb* FORO

desaparecido, -a *pp, adj* **1** (*gen*) missing: *~ en combate* missing in combat **2** (*difunto*) late: *el ~ escritor colombiano* the late Colombian writer *Ver tb* DESAPARECER

■ **desaparecido, -a** *nm-nf*: *los ~s de Argentina* the 'disappeared' of Argentina ◊ *diez muertos y veinte ~s* ten dead and twenty missing
desaparición *nf* **1** (*gen*) disappearance: *La policía investiga su ~.* The police are investigating her disappearance. **2** (*muerte*) death **3** (*especie*) extinction **4** (*epidemia*) end
desapasionado, -a *pp, adj* dispassionate
desapego *nm* indifference (***towards sth/sb***)
desapercibido, -a *adj* unnoticed
LOC pasar desapercibido to go unnoticed
desaprensivo, -a *adj, nm-nf* unscrupulous [*adj*]: *Eres un ~.* You're so unscrupulous!
desaprobación *nf* disapproval
desaprobar *vt* to disapprove **of** ***sth*** [*vi*]: *Sabes que desaprueban tu estilo de vida.* You know they disapprove of your lifestyle.
desaprovechar *vt* to waste
desarbolar *vt* **1** (*desbaratar*) to weaken **2** (*barco*) to dismast
desarmar *vt* **1** (*lit*) to disarm **2** (*vencer*) **(a)** (*encandilar*) to disarm: *Nos desarmó con su dulzura.* Her charm disarmed us. **(b)** (*con argumentos*): *Siempre me desarma con sus argumentos.* She always demolishes my arguments. **3** (*desmontar*) **(a)** (*motor*) to strip *an engine* down **(b)** (*juguete, reloj*) to take *sth* apart
desarme *nm* disarmament
desarraigado, -a *pp, adj* rootless *Ver tb* DESARRAIGAR
desarraigar *vt* **1** (*gen*) to uproot: *~ un árbol* to uproot a tree **2** (*vicio, costumbre*) to eradicate
desarraigo *nm* rootlessness: *Le invadió una sensación de ~.* A feeling of rootlessness came over him.
desarreglado, -a *pp, adj* untidy *Ver tb* DESARREGLAR
desarreglar *vt* to mess *sth* up
desarreglo *nm* **desarreglos** (*Med*) trouble [*incontable, v sing*]: *Sufre ~s de estómago.* She has stomach trouble. ◊ *~s menstruales* menstrual problems
desarrollado, -a *pp, adj* **1** (*persona*) well-developed **2** (*país*) developed *Ver tb* DESARROLLAR
desarrollar *vt* **1** (*gen*) to develop: *~ una teoría* to develop a theory **2** (*plan, proyecto*) to carry *sth* out
■ **desarrollarse** *v pron* **1** (*gen*) to develop: *Los músculos se desarrollan al hacer deporte.* Sport helps your muscles develop. **2** (*tener lugar*) to take place **3** (*Cine, Teat*) to be set **4** (*chica*) to start your periods
desarrollo *nm* development: *un país en vías de ~* a developing country **LOC** *Ver* PLENO
desarropar *vt* to pull the covers off *sb*
■ **desarroparse** *v pron* to throw off the covers
desarrugar *vt* to get the creases out of *sth*
desarticulación *nf* **1** (*banda, organización*) break up **2** (*complot*) foiling **3** (*mecanismo*) taking apart **4** (*hueso*) dislocation
desarticulado, -a *pp, adj* (*razonamiento*) disjointed *Ver tb* DESARTICULAR
desarticular *vt* **1** (*banda, organización*) to break *sth* up **2** (*complot*) to foil **3** (*mecanismo*) to take *sth* apart **4** (*hueso*) to dislocate
desaseado, -a *pp, adj* **1** (*sucio*) dirty **2** (*desordenado*) untidy
desasirse *v pron* **~ (de)** to let go **(of *sth*/*sb*)**
desasosegado, -a *pp, adj* uneasy *Ver tb* DESASOSEGAR
desasosegar *vt* to disturb
desasosiego *nm* **1** (*preocupación*) worry **2** (*intranquilidad*) uneasiness **3** (*agitación*) restlessness
LOC desasosiego social social unrest
desastrado, -a *adj, nm-nf* **1** (*sucio*) dirty [*adj*]: *Es un ~ incapaz de mantener limpio su propio piso.* He's very dirty, he can't even keep his flat clean. **2** (*desordenado*) untidy [*adj*]
■ **desastrado, -a** *adj* (*proyecto*) ill-fated
desastre *nm* disaster
LOC ser un desastre to be a disaster area *Ver tb* ABOCADO
desastroso, -a *adj* disastrous
desatado, -a *pp, adj* (*persona*) out of control: *Está totalmente ~.* He's totally out of control. *Ver tb* DESATAR
desatar *vt* **1** (*soltar*) **(a)** (*nudo, cuerda*) to undo **(b)** (*animal, persona*) to untie **2** (*provocar*) **(a)** (*gen*) to unleash: *La decisión desató una tormenta política.* The decision unleashed a political storm. **(b)** (*crisis*) to provoke
■ **desatarse** *v pron* **1** (*soltarse*) **(a)** (*nudo, cuerda*) to come undone **(b)** (*animal, persona*) to get loose **2** (*crisis, tormenta*) to break
LOC desatar la lengua to loosen *sb's* tongue: *Un par de whiskies le desatarán la lengua.* A couple of whiskies will loosen his tongue. **desatarse en elogios, insultos, etc**: *Se desató en alabanzas.* He was fulsome in his praise. ◊ *~se en insultos* to fly off the handle
desatascador *nm* (*instrumento*) plunger
desatascar *vt* to unblock
desatender *vt* **1** (*persona, negocio, lugar*) to neglect **2** (*petición, demanda*) to ignore
desatento, -a *adj* **1** (*distraído*) inattentive **2** (*descortés*) rude
desatinado, -a *pp, adj* rash *Ver tb* DESATINAR
desatinar *vi* **1** (*de hecho*) to act foolishly **2** (*de palabra*) to talk nonsense
desatino *nm* **1** (*acto*) foolish act: *cometer un ~* to do something foolish **2** (*dicho*) nonsense [*incontable*]: *No dice más que ~s.* He talks a lot of nonsense.
desatornillar *vt* to unscrew
desatracar *vt, vi* to cast off: *~ (un bote)* to cast off
desatrancar *vt* **1** (*quitar la tranca*) to unbar **2** (*desatascar*) to unblock
desautorizado, -a *pp, adj* unauthorized *Ver tb* DESAUTORIZAR
desautorizar *vt* **1** (*no permitir*) to deny permission **for** ***sth***: *~ una huelga/manifestación* to deny permission for a strike/demonstration **2** (*desprestigiar*) to discredit **3** (*restar validez*) to deny: *~ una noticia/rumor* to deny a report/rumour ◊ *El presidente desautorizó las declaraciones del ministro.* The president disavowed the minister's statement.
desavenencia *nf* disagreement
LOC desavenencias conyugales marital problems
desavenido, -a *pp, adj*: *un matrimonio ~* a couple who don't get on *Ver tb* DESAVENIRSE
desavenirse *v pron* **~ (con)** to fall out **(with *sb*)**
desayunar *vt* to have *sth* for breakfast: *Solo desayuno una tostada.* I only have a piece of toast for breakfast.
■ **desayunar** *vi* to have breakfast
■ **desayunarse** *v pron* **desayunarse con** to have *sth* for breakfast: *Me desayuno con cereales.* I have cereal for breakfast.
desayuno *nm* breakfast **LOC** *Ver* ALOJAMIENTO, TAZA
desazón *nf* **1** (*desasosiego*) uneasiness **2** (*pesadumbre*) grief **3** (*malestar físico*) discomfort: *Siento una terrible ~ de estómago.* My stomach doesn't feel right. **4** (*picor*) itch
desazonar *vt* to worry
desbancar *vt* **1** (*Naipes*) to break *the bank* **2** (*sustituir*) to supplant
desbandada *nf* stampede
LOC salir/huir en desbandada to run off in all directions
desbandarse *v pron* **1** (*dispersarse*) to scatter **2** (*Mil*) to disband
desbarajuste *nm* mess
LOC ser un desbarajuste to be (in) a mess: *Esta empresa es un ~.* This company is in a mess.
desbaratamiento *nm* **1** (*desorden*) messing up **2** (*plan*) thwarting **3** (*Mil*) routing
desbaratar *vt* **1** (*estropear*) to ruin: *Me has desbaratado todos los planes.* You've ruined my plans. **2** (*desordenar*) to make a mess of *sth*: *Los pintores han desbaratado la oficina.* The painters have made a mess of the office. **3** (*Mil*) to rout

desbloquear *vt* **1** (*gen*) to clear: ~ *una carretera/entrada* to clear a road/an entrance **2** (*Fin*) to unfreeze **3** (*negociaciones*) to break the deadlock **over** ***sth***

desbloqueo *nm* **1** (*gen*) clearing: *el ~ de un acceso* clearing an access **2** (*Fin*) unfreezing **3** (*negociaciones*) breaking of the deadlock ***over sth***

desbocado, -a *pp, adj* **1** (*caballo*) runaway **2** (*cuello*) wide **3** (*persona*) **(a)** (*mal hablado*) foul-mouthed **(b)** (*descontrolado*) wild *Ver tb* DESBOCARSE

desbocarse *v pron* **1** (*caballo*) to bolt **2** (*cuello*) to stretch **3** (*persona*) **(a)** (*lenguaje*) to let out a stream of abuse **(b)** (*conducta*) to go wild

desbordado, -a *pp, adj* (*río*) overflowing *Ver tb* DESBORDAR

desbordamiento *nm* overflowing: *Hay peligro de ~ del río.* There's a danger that the river will overflow.

desbordante *adj* boundless
LOC **estar desbordante de** to be bursting with *sth*

desbordar *vt* **1** (*exceder*) to go beyond *sth*: ~ *las previsiones* to go beyond expectations **2** (*rebosar*): *El vino desborda el vaso.* The glass is brimming over with wine. ◊ *La basura desborda el cubo.* The bin is overflowing with rubbish. **3** (*emoción, entusiasmo*): *La emoción les desbordó.* They were overcome with emotion.
■ **desbordarse** *v pron* to overflow

desbravar *vt* (*caballo*) to break *a horse* in

desbrozar *vt* to clear

descabalgar *vi* to dismount

descabellado, -a *adj* crazy

descabezado, -a *pp, adj* **1** (*lit*) headless **2** (*fig*) crazy *Ver tb* DESCABEZAR

descabezar *vt* **1** (*persona*) to decapitate **2** (*organización*) to remove the head of *an organization*
LOC **descabezar un sueño** to have a nap

descafeinado, -a *adj* **1** (*café*) decaffeinated **2** (*no auténtico*) watered-down: *una versión descafeinada de la novela original* a watered-down version of the original novel
■ **descafeinado** *nm* decaffeinated coffee, decaf (*coloq*): *¿Me pones un ~?* Can I have a decaf, please?

descalabrarse *v pron* **1** (*abrirse la cabeza*) to split your head open **2** (*negocio*) to collapse

descalabro *nm* disaster

descalcificación *nf* calcium deficiency

descalificación *nf* **1** (*Dep*) disqualification **2** (*comentario despectivo*) condemnation

descalificar *vt* **1** (*Dep*) to disqualify: *Dio positivo en la prueba antidoping y lo descalificaron.* He tested positive for drugs and was disqualified. **2** (*desacreditar*) to discredit **3** (*menospreciar*) to condemn: ~ *la violencia como medio* to condemn the use of violence ◊ ~ *la opinión expresada por un político* to condemn a politician's views

descalzar *vt* **1** (*quitar el calzado*) to take *sb's* shoes off **2** (*rueda, mueble*) to remove a wedge **from** ***sth***
■ **descalzarse** *v pron* to take your shoes off

descalzo, -a *adj* barefoot: *andar ~* to go barefoot

descamarse *v pron* to flake

descambiar *vt* to exchange

descaminado, -a *pp, adj Ver* DESCAMINARSE
LOC **andar/ir descaminado** to be on the wrong track

descaminarse *v pron* **1** (*extraviarse*) to go the wrong way **2** (*descarriarse*) to go astray

descamisado, -a *pp, adj* without a shirt

descampado *nm* open ground [*incontable*]: *Abandonaron el coche en un ~.* The car was abandoned on a piece of open ground.

descansado, -a *pp, adj* **1** (*persona*) refreshed **2** (*tranquilo*) **(a)** (*oficio, trabajo*) undemanding **(b)** (*vida*) peaceful *Ver tb* DESCANSAR

descansar *vi* **1** (*gen*) to rest: *Necesitas ~.* You need to rest. ◊ *La estatua descansa sobre una base de piedra.* The statue rests on a stone base. **2** (*dormir*) to sleep **3** (*teoría, principio*) to be based ***on sth*** **4** (*hacer una pausa*) to take a break: *Descansamos cinco minutos y seguimos con los verbos.* Let's take a five minute break before we go on to the verbs. **5** (*tierra*) to lie fallow
LOC **¡descansa!** stop worrying! **descansar la vista/los ojos** to be restful: *El verde descansa la vista.* Green is a restful colour. **descanse en paz** may he/she rest in peace **¡que descanses!** sleep well! *Ver tb* PAZ

descansillo *nm* landing

descanso *nm* **1** (*gen*) rest: *Me he tomado un buen ~.* I've had a good rest. **2** (*alivio*) relief **3** (*pausa*) break **4** (*Dep*) half-time **5** (*Teat, Cine*) **(a)** (*intermedio*) interval **(b)** (*falta de representación*) no performance: *Los domingos, ~.* No performance on Sundays.
LOC **sin descanso** tirelessly *Ver tb* DÍA

descapotable *adj, nm* convertible [*n*]: *un Mercedes ~* a Mercedes convertible

descarado, -a *adj, nm-nf* **1** (*insolente*) cheeky [*adj*]: *Es una descarada.* She's very cheeky. **2** (*desvergonzado*) brazen [*adj*]
LOC **descarado que...** you (can) bet your life...: *¡~ que fueron ellos!* You (can) bet your life it was them!

descarga *nf* **1** (*mercancía*) unloading: *la carga y ~ de mercancías* the loading and unloading of goods **2** (*Elec*) **(a)** (*emisión*) discharge **(b)** (*choque*) shock **3** (*tiros*) volley

descargado, -a *pp, adj* **1** (*vacío*) empty **2** (*arma*) unloaded **3** (*batería, pila*) flat *Ver tb* DESCARGAR

descargar *vt* **1** (*gen*) to unload: ~ *un camión* to unload a lorry **2** (*disparar*) to fire: *Descargó el arma contra el ladrón.* He fired (the gun) at the thief. **3** (*Elec*) to discharge **4** (*batería*) to flatten **5** (*golpe*): *Me descargó un puñetazo/una patada a la mandíbula.* He punched/kicked me on the jaw. **6** (*nube*) **(a)** (*lluvia*) to release **(b)** (*electricidad*) to discharge **7** (*librar*) **(a)** (*deuda, obligación, preocupación*) to release *sb* ***from sth***: *Debes tratar de ~la de ciertas responsabilidades.* You should try to release her from some of her responsibilities. **(b)** (*acusación*) to clear *sb* ***of sth***
■ **descargar** *vi* **1** (*río*) to empty ***into sth*** **2** (*tormenta*) to break
■ **descargarse** *v pron* **1** **descargarse de** **(a)** (*cargo, responsabilidad*) to hand *sth* over **(b)** (*deuda*) to discharge *sth* **2** **descargarse con** (*desahogarse*) to unburden yourself **to** ***sb*** **3** (*pila, batería*) to go flat
LOC **descargar la cólera/ira** to vent your anger (*on sb*) *Ver tb* BILIS

descargo *nm*
LOC **en mi descargo** in my, your, etc defence

descarnado, -a *pp, adj* stark: *un relato ~* a stark account

descaro *nm* cheek: *¡Qué ~!* What a cheek!

descarriarse *v pron* **1** (*persona*) **(a)** (*lit*) to lose your way **(b)** (*fig*) to go off the rails **2** (*animal*) to go astray

descarrilamiento *nm* derailment

descarrilar *vi* to be derailed

descartar *vt* to rule *sth/sb* out: *No quiero ~ ninguna posibilidad/a nadie.* I don't want to rule out any possibility/rule anybody out.
■ **descartarse** *v pron* (*Naipes*) to discard

descascarillarse *v pron* **1** (*pintura*) to peel **2** (*vajilla*) to chip

descastado, -a *adj* uncaring
■ **descastado, -a** *nm-nf*: *ser un ~* not to care about your family and friends

descendencia *nf* **1** (*hijos*) descendants [*v pl*]: *la ~ del rey* the king's descendants **2** (*casta*) birth

descendente *adj* **1** (*tendencia*) downward **2** (*escala*) descending

descender *vi* **1** (*gen*) to descend (*formal*), to come/go down: *El avión descendió con rapidez.* The plane came down very fast. **2** (*temperatura, precios, fiebre*) to drop **3 ~ de** (*proceder*) to be descended **from** ***sth/sb*** **4 ~** (**a**) (*Dep*) to be relegated (**to** ***sth***): ~ *a Tercera* to be relegated to the Third Division
■ **descender** *vt* to lift *sth/sb* down

LOC descender las escaleras to walk downstairs *Ver tb* CATEGORÍA, RÁPEL

descendiente *nmf* descendant

descendimiento *nm* descent

descenso *nm* **1** (*bajada*) descent: *El ~ fue muy duro.* The descent was very difficult. **2 ~ (de)** (*temperatura, precios, fiebre*) drop (**in** *sth*): *un repentino ~ de las temperaturas* a sudden drop in temperature **3 ~ (a)** (*Dep*) relegation (**to** *sth*)
LOC durante el descenso (desde/a) on the way down (from/to...)

descentrado, -a *pp, adj* **1** (*lit*) off-centre **2** (*desorientado*) disorientated

descentralización *nf* decentralization

descentralizar *vt* to decentralize

descerebrado, -a *pp, adj* brainless

descerrajar *vt* (*forzar*) to force

descifrable *adj* decipherable

descifrar *vt* **1** (*escritura*) to decipher **2** (*mensaje*) to decode **3** (*comprender*) to understand: *No consigo ~ el significado de esta frase.* I don't understand what this sentence means. **4** (*enigma*) to solve

descinchar *vt* to loosen *a horse's* girth

descocado, -a *pp, adj*
LOC ir descocado: *¿No vas un poco descocada con esa minifalda?* Isn't that miniskirt a bit daring?

descodificador *nm* decoder

descodificar *vt* to decode

descojonarse *v pron* **1** (*reírse*) to wet yourself **2 ~ de** to make fun **of** *sth/sb*: *No te descojones de mí.* Stop making fun of me!

descojone (*tb* **descojono**) *nm* laugh: *¡Qué ~!* What a laugh!

descolgado, -a *pp, adj* (*teléfono*) off the hook: *Lo han debido de dejar ~.* They must have left it off the hook. *Ver tb* DESCOLGAR

descolgar *vt* **1** (*gen*) to take *sth* down: *~ un cuadro* to take down a picture **2** (*descender*) to lower: *~ a un montañero* to lower a climber **3** (*teléfono*) **(a)** (*contestar*) to pick up *the phone* **(b)** (*dejar descolgado*) to leave *the phone* off the hook
■ **descolgarse** *v pron* **descolgarse de** to get left behind *sth/sb*: *Se descolgó del pelotón.* He got left behind the bunch.

descollante *adj* outstanding

descollar *vi* **~ (en)** to be outstanding (**at** *sth*)

descolocar *vt* (*desordenar*) to disarrange

descolonización *nf* decolonization

descolonizar *vt* to decolonize

descolorido, -a *adj* faded

descomedido, -a *pp, adj* **1** (*insolente*) rude **2** (*excesivo*) excessive

descompaginar *vt* (*planes, sistema*) to upset

descompasado, -a *adj* **1** (*desproporcionado*) out of all proportion **2** (*desacompasado*) uneven **LOC** *Ver* HORA

descompensar *vt* to upset the balance **of** *sth*

descomponer *vt* **1** (*Ciencias*) **(a)** (*gen*) to break *sth* down (**into** *sth*): *~ una sustancia química* to break down a chemical substance **(b)** (*átomo, luz*) to split **2** (*desmontar*) to take *sth* to pieces **3** (*estropear, desordenar*) to mess *sth* up **4** (*pudrir*) to rot, to cause *sth* to decay (*más formal*): *Algunas bacterias descomponen los alimentos.* Some bacteria cause food to decay. **5** (*persona*) **(a)** (*hacer enfadar*) to make *sb* angry **(b)** (*turbar*) to take *sb* aback
■ **descomponerse** *v pron* **1** (*Ciencias*) **(a)** (*gen*) to break down (**into** *sth*): *El agua se descompone en hidrógeno y oxígeno.* Water breaks down into hydrogen and oxygen. **(b)** (*átomo, luz*) to split **2** (*desmontarse*) to come to pieces **3** (*estropearse, desordenarse*) to get messed up **4** (*pudrirse*) to rot, to decompose (*más formal*) **5** (*persona*) **(a)** (*enfadarse*) to lose your temper **(b)** (*turbarse*) to go crazy
LOC descomponérsele la cara a algn: *Al oír la noticia se le descompuso la cara.* When he heard the news, his face fell. ◊ *Se le descompuso la cara de cólera.* He went red with anger.

descomposición *nf* **1** (*Ciencias*) **(a)** (*gen*) breaking down (**of** *sth*) (**into** *sth*): *la ~ de una molécula* the breaking down of a molecule **(b)** (*átomo, luz*) splitting **2** (*destrucción*) breaking up **3** (*putrefacción*) rotting, decay (*más formal*) **4** (*diarrea*) diarrhoea [*incontable*]

descompresión *nf* decompression

descomprimir(se) *vt, v pron* to decompress

descompuesto, -a *pp, adj Ver* DESCOMPONER
LOC estar descompuesto to have diarrhoea

descomunal *adj* enormous

desconcertador, ~a (*tb* **desconcertante**) *adj* disconcerting

desconcertar *vt* to take *sb* aback, to disconcert (*más formal*): *Su falta de delicadeza nos desconcertó.* We were disconcerted by her lack of tact.

desconchado *nm* **1** (*pared*) place where paint or plaster has come off: *Hay un ~ en la pared.* The paint/plaster has come off the wall. **2** (*loza*) chip

desconcharse *v pron* **1** (*pared*): *La pared se ha desconchado con los años.* Over the years, the paint has come off the wall. **2** (*loza*) to chip

desconcierto *nm* **1** (*desorden*) disarray: *Su dimisión ha causado un gran ~ en el partido.* His resignation has thrown the party into disarray. **2** (*perplejidad*) confusion

desconectar *vt* **1** (*luz, teléfono*) to disconnect: *Nos han desconectado el teléfono.* Our phone's been disconnected. **2** (*apagar*) to switch *sth* off **3** (*desenchufar*) to unplug
■ **desconectarse** *v pron* (*persona*) to cut yourself off (**from** *sth/sb*): *Se están desconectando de la familia.* They're cutting themselves off from the family.

desconfiado, -a *pp, adj, nm-nf* suspicious [*adj*]: *Es una desconfiada.* She's a very suspicious person. *Ver tb* DESCONFIAR

desconfianza *nf* distrust

desconfiar *vi* **~ de** not to trust *sth/sb* [*vt*]: *Desconfían de la familia/justicia.* They don't trust their family/the legal system.

descongelar *vt* **1** (*lit*) **(a)** (*frigorífico, alimentos*) to defrost **(b)** (*parabrisas*) to de-ice **2** (*desbloquear*) **(a)** (*cuenta, bienes*) to unfreeze **(b)** (*salarios*): *~ los salarios* to end a wage-freeze

descongestión *nf* relief of congestion: *la ~ del tráfico* the relief of traffic congestion

descongestionar *vt* **1** (*gen*) to relieve congestion (**in** *sth*): *~ el centro de la ciudad* to relieve congestion in the city centre ◊ *una medicina para ~ el pecho* medicine to relieve (chest) congestion **2** (*nariz, cabeza*) to clear

desconocer *vt* not to know: *Desconozco sus motivos.* I don't know what their motives are.

desconocido, -a *pp, adj* **1** (*gen*) unknown: *Está en paradero ~.* Her whereabouts are unknown. **2** (*irreconocible*) unrecognizable: *Estás desconocida con ese peinado.* You're unrecognizable with that hairdo. *Ver tb* DESCONOCER
■ **desconocido, -a** *nm-nf* **1** (*no conocido*) stranger **2** (*no identificado*) unidentified person: *Dos ~s atacaron a los niños.* The children were assaulted by two unidentified persons.
LOC lo desconocido the unknown

desconocimiento *nm* ignorance: *Su ~ de la lengua era total.* He was totally ignorant of the language.

desconsideración *nf* lack of consideration: *Fue una ~ por su parte no despedirse.* It was inconsiderate of him not to say goodbye.

desconsiderado, -a *adj, nm-nf* inconsiderate [*adj*]: *Eres un ~.* You're so inconsiderate!

desconsolado, -a *pp, adj* inconsolable *Ver tb* DESCONSOLAR

desconsolador, ~a *adj* distressing

desconsolar *vt* to distress

desconsuelo *nm* distress

descontado, -a *pp, adj* reduced *Ver tb* DESCONTAR

LOC dar por descontado que... to take it for granted that... **por descontado** of course

descontaminar *vt* to decontaminate

descontar *vt* **1** (*Com*) to give a discount (**on** ***sth***): *Esta semana descuentan los juguetes un 10%.* They're giving a 10% discount on toys this week. **2** (*deducir*) to deduct: *Me descuentan un 25% del sueldo.* They're deducting 25% of my salary. **3** (*no contar*) not to count: *Si descontamos el mes de vacaciones...* If we don't count our month's holiday... **4** (*Dep*) to allow *sth* for injury time

descontento, -a *adj* dissatisfied (***with sth/sb***)

■ **descontento** *nm* discontent

descontrol *nm* lack of control

descontrolado, -a *pp, adj* out of control *Ver tb* DESCONTROLARSE

descontrolarse *v pron* to get out of control

desconvocar *vt* to call *sth* off: ~ *una huelga* to call off a strike

descorazonador, ~a *adj* disheartening

descorazonar *vt* to dishearten

■ **descorazonarse** *v pron* to get discouraged

descorchar *vt* **1** (*botella*) to uncork **2** (*alcornoque*) to strip the bark off a *cork oak*

descorche *nm* corkage

descorrer *vt* to draw *sth* back: ~ *la cortina* to draw back the curtain

LOC descorrer el cerrojo to unbolt the door

descortés *adj* rude

descortesía *nf* rudeness [*incontable*]: *Sería una ~ no invitar a los patrocinadores.* It would be rude not to invite the sponsors.

descortezar *vt* to strip the bark off a tree

descoser *vt* to unpick: ~ *un dobladillo/una costura* to unpick a hem/seam

■ **descoserse** *v pron*: *Se te ha descosido la falda.* Your skirt has split at the seam. ◊ *Se me ha descosido el dobladillo.* My hem is coming down.

descosido, -a *pp, adj* **1** (*costura*) split: *Esa costura está descosida.* This seam has split. **2** (*dobladillo*): *¿Te has dado cuenta de que llevas el dobladillo ~?* Do you know your hem has come down? *Ver tb* DESCOSER

■ **descosido** *nm* split seam

LOC como un descosido: *correr/trabajar como un ~* to run/work like mad ◊ *hablar como un ~* to talk nineteen to the dozen ◊ *comer como un ~* to eat like a horse ◊ *Gritaban como unos ~s.* They were shouting their heads off. *Ver tb* REÍR, ROTO, SIEMPRE

descoyuntado *pp, adj Ver* DESCOYUNTAR

LOC estar descoyuntado (*estar agotado*) to be knackered (*argot*)

descoyuntar *vt* to dislocate

■ **descoyuntarse** *v pron*: *Se me ha descoyuntado el hombro.* I've dislocated my shoulder.

LOC descoyuntarse de risa to split your sides laughing

descrédito *nm* discredit

LOC caer en descrédito to fall into disrepute **ir en descrédito de** to be to *sb's* discredit

descreído, -a *pp, adj* sceptical

■ **descreído, -a** *nm-nf* sceptic

descreimiento *nm* scepticism

descremado, -a *pp, adj Ver* DESCREMAR **LOC** *Ver* LECHE, YOGUR

descremar *vt* to skim

describir *vt* to describe

descripción *nf* description

descriptivo, -a *adj* descriptive

descuajaringado, -a (*tb* **descuajeringado, -a**) *pp, adj Ver* DESCUAJARINGARSE

LOC estar descuajaringado (*estar agotado*) to be shattered

descuajaringarse (*tb* **descuajeringarse**) *v pron* **1** (*hacerse trizas*) to fall to pieces **2** (*estropearse*) to break

LOC descuajaringarse de risa to fall about laughing

descuartizar *vt* **1** (*carnicero*) to quarter: ~ *un cordero* to quarter a lamb **2** (*animal salvaje*) to tear *sth/sb* to pieces **3** (*asesino*) to chop *sb's body* up: *Descuartizó a su víctima.* He chopped up the body of his victim. **4** (*fig*) to make mincemeat of *sth/sb*

descubierta *nf* reconnaissance

LOC a la descubierta openly

descubierto, -a *pp, adj* **1** (*sin tapar*) uncovered **2** (*vehículo*) open-top **3** (*cielo*) clear *Ver tb* DESCUBRIR

■ **descubierto** *nm* (*Fin*) overdraft: *estar en/tener un ~* to be overdrawn

LOC dejar/poner al descubierto (*revelar*) to bring *sth* to light **estar/quedar al descubierto** (*salir a la luz*) to come to light *Ver tb* CARA, CUERPO, PECHO

descubridor, ~a *nm-nf* discoverer

descubrimiento *nm* **1** (*gen*) discovery: *el ~ de la penicilina* the discovery of penicillin **2** (*estatua, placa*) unveiling

descubrir *vt* **1** (*gen*) to discover: ~ *una isla/vacuna* to discover an island/a vaccine ◊ *Descubrí que no tenía dinero.* I discovered I had no money. ◊ *Descubrieron irregularidades.* Irregularities were found. **2** (*poner al descubierto*) to find *sth* out: *Descubrieron una estafa.* They found out that there had been a swindle. ◊ *Por fin han descubierto al ladrón.* At long last they've found out who the thief is. **3** (*destapar*) **(a)** (*gen*) to uncover: ~ *los muebles* to uncover the furniture **(b)** (*estatua, placa*) to unveil **(c)** (*parte del cuerpo*): *Le descubrió el brazo para darle la inyección.* She pushed his sleeve up to give him the injection. ◊ *Me descubrió el hombro.* He pulled my blouse down over my shoulder. **4** (*delatar*) to give *sb/sth* away

■ **descubrirse** *v pron* **1(a)** (*quitarse el sombrero*) to take your hat off **(b)** (*para saludar*) to raise your hat **(c) descubrirse (ante)** (*con admiración*) to take your hat off (**to** ***sth/sb***): *Me descubro ante el cocinero.* I take my hat off to the chef. **2** (*saberse*) to come out: *Durante el juicio se descubrió la verdadera historia.* The true story came out at the trial.

LOC se descubrió el pastel it all came out *Ver tb* CIELO

descuento *nm* **1** (*gen*) discount: *un 10% de ~* a 10% discount **2** (*salario*) deduction

LOC hacer descuento to give (*sb*) a discount

descuidado, -a *pp, adj* **1** (*desatendido*) neglected **2** (*poco cuidadoso*) careless **3** (*desaliñado*) scruffy *Ver tb* DESCUIDAR

LOC coger/pillar a algn descuidado to catch sb off guard **tener descuidado** to neglect *sth/sb*: *Tienen ~ el negocio.* They neglect the business.

descuidar *vt* to neglect

■ **descuidar** *vi*: *Descuida, que yo cuidaré de los niños.* Don't worry, I'll look after the children.

■ **descuidarse** *v pron* **1** (*no prestar atención*): *Me descuidé y se me quemó el guisado.* I turned my back for a moment and the stew got burnt. ◊ *A poco que te descuides, te engañan.* If you don't watch out they'll cheat you. ◊ *Si me descuido pierdo el tren.* I very nearly missed the train. **2** (*aspecto físico*) to neglect your appearance, to let yourself go (*más coloq*) **LOC** *Ver* CUANTO

descuido *nm* **1** (*falta de cuidado*) carelessness: *No entiendo cómo puedes hacer las cosas con tanto ~.* I don't understand how you can be so careless. **2** (*distracción*) mistake: *Fue un ~, no volverá a ocurrir.* It was a mistake, it won't happen again. ◊ *Presta más atención, ya has tenido varios ~s.* Pay more attention, you've made several mistakes already. ◊ *por ~* by mistake **3** (*obligación, tarea*) neglect: *el ~ de las ciencias en los colegios* the neglect of science in schools **4** (*desaseo*) scruffiness: *Visten con ~.* They always look scruffy.

LOC en un descuido: *La niña se me extravió en un ~.* My attention wandered for a moment and my little girl got lost. *Ver tb* MENOR

desde *prep* **1** (*tiempo*) since: *Llevo trabajando desde las ocho.* I've been working since eight o'clock. ◊ *Vivo en* *esta casa desde 1980.* I've been living in this house since 1980. ◊ *¿Desde cuándo eres tú el jefe?* Since when have you been the boss? ◊ *Desde aquel día no han vuelto.* They haven't been back since that day. ☛ *Ver nota en* FOR, SINCE *prep* **2** (*lugar, cantidad, categoría*) from: *Desde Bristol hasta Oxford hay 120 km.* It's 120 km from Bristol to Oxford. ◊ *Desde el apartamento se veía la playa.* You could see the beach from the flat. ◊ *La llamé desde recepción.* I rang her from reception. ◊ *desde mil pesetas* from one thousand pesetas

LOC desde ... hasta ... from ... to ...: *Estaré fuera desde el 8 hasta el 15.* I'll be away from the 8th to the 15th. ◊ *desde niños hasta ancianos* from children to old people **desde que ...** (ever) since ...: *No he sabido nada de ellos desde que se fueron de la ciudad.* I haven't heard from them since they left the town. ◊ *Desde que te conozco...* (Ever) since I've known you...

desdecirse *v pron* **~ de** to take *sth* back: *Se desdijo de sus anteriores declaraciones.* He took back what he'd said.

desdén *nm* disdain

desdentado, -a *pp, adj* toothless

desdeñable *adj* insignificant: *una cantidad nada* ~ a significant amount

desdeñar *vt* to scorn

desdeñoso, -a *adj* disdainful

desdibujado, -a *pp, adj* blurred *Ver tb* DESDIBUJARSE

desdibujarse *v pron* to become blurred

desdicha *nf* **1** (*desgracia*) misfortune **2** (*tristeza*) unhappiness **3** (*persona*) hopeless [*adj*]: *Este hijo mío es una* ~. This son of mine is hopeless! **LOC** *Ver* COLMO, RIGOR

desdichado, -a *adj* **1** (*desgraciado*) unfortunate **2** (*infeliz*) unhappy

■ **desdichado, -a** *nm-nf* wretch

desdoblamiento *nm* splitting

LOC desdoblamiento de la personalidad split personality

desdoblar *vt* **1** (*desplegar*) to unfold **2** (*dividir*) to split

■ **desdoblarse** *v pron* (*dividirse en dos*) to split in two

deseable *adj* desirable: *Sería ~ que se reconciliasen.* A reconciliation would be the most desirable outcome.

deseado, -a *pp, adj* long-awaited *Ver tb* DESEAR

desear *vt* **1** (*querer*) to wish: *Si desean quedarse les prepararemos una habitación.* If you wish to stay, we'll prepare a room for you. ◊ *Como usted desee.* As you wish. **2** (*anhelar*) to wish for *sth*: *¿Qué más podría ~?* What more could I wish for? **3 ~ algo a algn** to wish *sb sth*: *Te deseo suerte.* I wish you luck. **4** (*apetecer*) to like: *¿Qué desean tomar los señores?* What would you like to drink? **5** (*sexualmente*) to desire

LOC dejar bastante/mucho que desear to leave a lot to be desired: *Este vino deja bastante que ~.* This wine leaves a lot to be desired. **estar deseando 1** (*hacer algo*) to be looking forward to *doing sth*: *Estoy deseando acabar.* I'm looking forward to finishing. **2** (*que algn haga algo*) to be looking forward to *sb doing sth*: *Estoy deseando que vengas.* I'm looking forward to you coming. **no se lo deseo a nadie/ni a mi peor enemigo** I wouldn't wish it on my worst enemy **¿qué desea?** can I help you? **(vérselas y) deseárselas para hacer algo** to find it very difficult to do sth

desecar *vt* (*pantano*) to drain

■ **desecarse** *v pron* to dry up

desechable *adj* disposable

desechar *vt* **1** (*tirar*) **(a)** (*gen*) to throw *sth* away: ~ *comida* to throw away food **(b)** (*objeto grande*) to throw *sth* out: ~ *una mesa* to throw out a table **2** (*rechazar, quitarse de la cabeza*) to reject: ~ *una solicitud/oferta* to reject an application/offer ◊ *Deseché la idea de cambiar de trabajo.* I rejected the idea of changing my job.

desecho *nm* **1** (*basura*) waste [*incontable*]: *~s industriales* industrial waste ◊ *material de* ~ waste materials **2 desechos** (*restos de comida*) leftovers: *Echaban los ~s a los animales.* They threw the leftovers to the animals.

LOC ser un desecho humano to be a wreck **el desecho de la sociedad** the dregs of society [*v pl*]

desembalar *vt* to unpack

desembarazarse *v pron* **~ de** to get rid **of** ***sth/sb***

desembarcadero *nm* landing stage

desembarcar *vt* **1** (*mercancías*) to unload **2** (*personas*) to land

■ **desembarcar** *vi* to disembark

desembarco *nm* landing **LOC** *Ver* LANCHA

desembarque *nm* **1** (*mercancías*) unloading **2** (*personas*) disembarkation

desembocadura *nf* mouth

desembocar *vi* **~ en 1** (*río*) to flow **into** ***sth*** **2** (*calle, túnel*) to lead **to** ***sth*** **3** (*acabar*) to end **in** ***sth***: *El incidente desembocó en un desastre.* The incident ended in disaster.

desembolsar *vt* to pay *sth* (out): *Ha desembolsado diez millones de pesetas.* He has paid out ten million pesetas. ◊ *~ el importe del alquiler* to pay the rent

desembolso *nm* outlay: *Tuvimos que hacer un gran ~ para poner en marcha el negocio.* Starting the business involved a large financial outlay. ◊ *La construcción del museo supone un gran ~ para la ciudad.* Building the new museum will be very expensive for the city.

LOC desembolso inicial down payment

desembragar *vi* to release the clutch, to declutch (*más formal*)

desembrollar *vt* **1** (*desenredar*) to untangle **2** (*aclarar*) to clear *sth* up

desembuchar *vt* to come clean **about** ***sth***: *Desembuchó todo lo que sabía.* She came clean about what she knew.

■ **desembuchar** *vi* to spit it out

desempacar *vt* to unpack

desempañar *vt* **1** (*con un paño*) to wipe **2** (*mediante aire*) to clear

desempapelar *vt* to strip wallpaper: ~ *la cocina* to strip the kitchen wallpaper

desempaquetar *vt* **1** (*gen*) to unwrap: ~ *un regalo* to unwrap a present **2** (*paquete voluminoso*) to unpack

desempatar *vi* to break the deadlock

desempate *nm* breakthrough: *El ~ se produjo en el minuto 70.* The breakthrough came in the 70th minute. **LOC** *Ver* PARTIDO *nm*

desempeñar *vt* **1** (*cargo*) to hold: ~ *el cargo de decano* to hold the post of dean **2** (*papel*) to play **3** (*llevar a cabo*) to carry *sth* out: *Desempeña una labor muy importante.* He's carrying out a very important task. **4** (*recuperar lo empeñado*) to redeem

■ **desempeñarse** *v pron* to clear your debts

desempeño *nm* **1** (*cargo*): *durante el ~ de su cargo como director* during his time as director **2** (*obligación, misión, función*) performance **3** (*objeto empeñado*) redemption

desempleado, -a *adj, nm-nf* unemployed [*adj*]: *los ~s* the unemployed

desempleo *nm* unemployment **LOC** *Ver* SUBSIDIO

desempolvar *vt* **1** (*lit*) to dust **2** (*fig*) to resurrect: ~ *tus conocimientos de latín* to resurrect your Latin

desencadenante *nm* immediate cause

desencadenar *vt* **1** (*quitar las cadenas*) to unchain **2** (*provocar*) **(a)** (*protestas, hostilidades, tormenta*) to spark *sth* off **(b)** (*odio, ira*) to arouse

■ **desencadenarse** *v pron* **1** (*protestas, hostilidades, violencia*) to break out **2** (*tormenta*) to break

desencajado, -a *pp, adj* **1** (*cara*) contorted **2** (*ojos*) wild **3** (*persona*) shaken: *Están ~s.* They are very shaken. **4** (*hueso*) dislocated **5** (*pieza*) out of position *Ver tb* DESENCAJARSE

desencajarse *v pron* **1** (*hueso*) to be dislocated **2** (*pieza*) to come out of position **3** (*cara*) to contort: *Se le desencajó la cara de dolor.* Her face contorted with pain.

desencantar *vt* **1** (*decepcionar*) to disillusion **2** (*deshacer un encantamiento*) to free *sth/sb* from a spell

desencanto *nm* disenchantment
desenchufar *vt* to unplug
desenfadado, -a *pp, adj* **1** (*persona*) outgoing **2** (*actitud, estilo*) carefree **3** (*película*) light-hearted **4** (*moda*) casual: *ropa desenfadada* casual clothes
desenfado *nm* **1** (*soltura*) outgoing nature **2** (*moda*) casualness: *el ~ en el vestir* wearing casual clothes
LOC con desenfado 1 (*actuar*) in a carefree way **2** (*hablar*) light-heartedly **3** (*vestir*) casually
desenfocado, -a *pp, adj* out of focus *Ver tb* DESENFOCAR
desenfocar *vt* to get *sth* out of focus
desenfrenado, -a *pp, adj* **1** (*gen*) wild: *Lleva un ritmo de vida ~.* He has a very wild lifestyle. **2** (*pasión*) unbridled *Ver tb* DESENFRENARSE
desenfrenarse *v pron* (*persona*) to run wild
desenfreno *nm*: *Llevan una vida de ~.* They have a very wild lifestyle. ◊ *el ~ en el comer/beber* overeating/heavy drinking
desenfundar *vt* to draw: *Desenfundó el arma.* He drew his gun.
desenganchar *vt* **1** (*caballos*) to unhitch **2** (*vagón*) to uncouple
■ **desengancharse** *v pron* (*droga*) to come off drugs
desengañado, -a *pp, adj* **~ (de/con)** disillusioned (**with *sth*/*sb***) *Ver tb* DESENGAÑAR
desengañar *vt* **1** (*desilusionar*) to disillusion **2** (*revelar la verdad*) to open *sb's* eyes
■ **desengañarse** *v pron* **1** (*desilusionarse*) to become disillusioned **2 desengañarse de que** to give up hope **of *sth***: *Se han desengañado de que les vayan a escuchar.* They've given up hope of anybody listening to them. **3** (*ver claro*) to face facts: *Desengáñate, no va a volver.* You may as well face facts – she's not coming back.
desengaño *nm* disappointment
LOC llevarse/sufrir un desengaño to be disappointed **sufrir/tener un desengaño amoroso** to be disappointed in love
desengrasar *vt* to clean the grease **off *sth***
desenlace *nm* **1** (*obra*) ending **2** (*resultado*) outcome
desenmascarar *vt* to unmask
desenredar (*tb* **desenmarañar**) *vt* **1** (*lit*) to untangle **2** (*asunto, confusión*) to sort *sth* out
LOC desenredarse el pelo to get the tangles out of your hair
desenrollar(se) *vt, v pron* **1** (*papel, alfombra*) to unroll **2** (*cable, hilo, venda*) to unwind
desenroscar *vt* to unscrew ☛ *Ver ilustración en* SCREW
desensillar *vt* to unsaddle
desentenderse *v pron* **~ (de)** not to want to know (**about *sth*/*sb***): *Se desentendió del tema/de su familia por completo.* He didn't want to know anything about it/his family.
desenterrar *vt* to dig *sth* up
LOC desenterrar el pasado to rake up the past
desentonado, -a *pp, adj* (*Mús*) out of tune *Ver tb* DESENTONAR
desentonar *vi* **1** (*Mús*) to be out of tune **2** (*estar fuera de lugar*) to be out of place: *Esa lámpara desentona en el salón.* That lamp is out of place in the sitting room. **3 ~ (con)** to clash (**with *sth***): *Esos calcetines desentonan con los pantalones.* Your socks clash with your trousers.
desentrañar *vt* **1** (*misterio, problema*) to get to the bottom of *sth* **2** (*significado, sentido*) to disentangle
desentrenado, -a *pp, adj* (*Dep*) out of condition
desentumecer *vt* **1** (*músculos*) to loosen *sth* up **2** (*piernas*) to stretch
■ **desentumecerse** *v pron* **1** (*estirar las piernas*) to stretch your legs **2** (*hacer calentamiento*) to warm up
desenvainar *vt* to draw
desenvoltura *nf* **1** (*gen*) ease: *dibujar/moverse con ~* to draw/move with ease **2** (*seguridad en sí mismo*) assurance
desenvolver *vt* to unwrap
■ **desenvolverse** *v pron* **1** (*apañárselas*) to cope: *Sabe ~se (en el trabajo).* He copes (with his work) very well. **2** (*vivir*) to live: *el medio en que se desenvuelven las personas* the environment in which people live
desenvuelto, -a *pp, adj* self-assured *Ver tb* DESENVOLVER
deseo *nm* **1** (*aspiración*) wish: *Espero que se realicen tus ~s.* I hope your wishes come true. **2 ~ de algo/hacer algo** desire **for sth/to do sth**: *su ~ de venganza/ayudar* his desire for vengeance/to help **3** (*determinación*) will: *el ~ de sobrevivir* the will to survive
LOC deseo sexual sexual desire **por deseo de algn** in accordance with sb's wishes *Ver tb* ABRASAR, ARDER, ASALTAR, FORMULAR, HERVIR
deseoso, -a *adj* **~ de 1** (*ansioso*) eager **for *sth*/*to do sth***: *~ de éxito/vencer* eager for success/to succeed **2** (*necesitado*) longing **for *sth*/*to do sth***: *~ de cariño/volver a casa* longing for affection/to go home
desequilibrado, -a *pp, adj* **1** (*persona*) unbalanced **2** (*mecanismo, rueda*) out of balance *Ver tb* DESEQUILIBRAR
■ **desequilibrado, -a** *nm-nf* mentally unbalanced person
desequilibrar *vt* **1** (*persona*) to unbalance **2** (*mecanismo, rueda*) to throw *sth* out of balance
■ **desequilibrarse** *v pron* **1** (*persona*) to become mentally unbalanced **2** (*mecanismo, rueda*) to go out of balance
desequilibrio *nm* **1** (*falta de equilibrio*) imbalance **2** (*Med*) instability: *~ mental* mental instability
deserción *nf* **1** (*Mil*) desertion **2** (*Pol*) defection
desertar *vi* **~ (de) 1** (*Mil*) to desert: *~ (del ejército)* to desert **2** (*Pol*) to defect (**from *sth***)
desértico, -a *adj* **1** (*zona*) desert [*n atrib*]: *una zona desértica* a desert area **2** (*clima*) arid **3** (*calle*) deserted
desertización *nf* desertification
desertor, ~a *nm-nf* **1** (*Mil*) deserter **2** (*Pol*) defector
desescombrar *vt* **1** (*calle, zona*) to clean *sth* up **2** (*edificio*) to clear *sth* out
desescombro *nm* **1** (*gen*) clean-up: *El ~ de la zona llevará varias semanas.* It'll take weeks to clean up the area. **2** (*edificio*) clear-out
desesperación *nf* **1** (*falta de esperanza*) despair: *Su muerte la hundió en la ~.* When he died she sank into despair. **2** (*angustia*) desperation: *Se echó a llorar de pura ~.* She began to cry out of sheer desperation. **3** (*irritación*) exasperation
LOC para desesperación de algn to the despair of sb: *para ~ de los médicos* to the despair of the doctors ◊ *para mi ~* to my despair **¡qué desesperación!** it's enough to drive you round the bend!: *¡Qué ~ de autobuses!* These buses drive you mad!
desesperado, -a *pp, adj* **1** (*persona*) **(a) ~ (con)** (*exasperado*): *Estoy ~ con este hijo.* I really despair of my son. **(b) ~ por** desperate ***to do sth***: *Estoy ~ por jubilarme.* I'm desperate to retire. **2** (*situación, caso*) hopeless **3** (*esfuerzo*) desperate *Ver tb* DESESPERAR
LOC a la desesperada in desperation **como un desesperado** frantically **tener a algn desesperado** to be driving sb mad
desesperante *adj* infuriating
desesperar *vt* to drive *sb* to despair
■ **desesperar(se)** *vi, v pron* to despair: *No (te) desesperes, aún puedes aprobar.* Don't despair – you can still pass!
■ **desesperarse** *v pron* **1** (*volverse loco*) to go mad: *Esta situación es para ~se.* This situation is enough to drive you mad. **2 desesperarse con (a)** (*algn*) to despair **of *sb***: *Se desesperaba con los alumnos.* He despaired of his pupils. **(b)** (*algo*) to be in despair **about *sth***: *Se está desesperando con la química.* He's in despair about his chemistry.
desestabilización *nf* destabilization
desestabilizador, ~a *adj* destabilizing
desestabilizar *vt* to destabilize
desestimar *vt* **1** (*rechazar*) to reject: *~ una demanda*

to reject an appeal **2** (*subestimar*) to underestimate: ~ *la importancia de un problema* to underestimate the importance of a problem

desfachatez *nf* cheek: *¡Qué ~ !* What (a) cheek!

desfalcador, ~a *nm-nf* embezzler

desfalco *nm* embezzlement

LOC hacer un desfalco to embezzle money

desfallecer *vi* **1 ~ (de)** to be faint **(with *sth*)**: *Desfallezco de cansancio.* I feel faint with exhaustion. **2** (*desanimarse*) to flag: *sin ~* without flagging

desfallecimiento *nm* weakness

desfasado, -a *adj* **1(a)** (*anticuado*) out of date: *ideas desfasadas* out of date ideas **(b)** (*persona*) out of touch **2** (*mecanismo*) out of sync

desfase *nm* **1** (*desajuste*): *Hay un gran ~ entre su ideología y sus acciones.* What he says and what he does are two different things. **2** (*retraso*): *el ~ económico de la región* the economic backwardness of the region ◊ *el ~ del código penal* the fact that the penal code is out of step with today's world

desfavorable *adj* unfavourable

desfavorecer *vt* to be prejudicial **to *sth*/*sb***: *La medida desfavorece al sector turístico.* This measure is prejudicial to the tourist sector.

desfavorecido, -a *pp, adj, nm-nf* underprivileged [*adj*]: *regiones desfavorecidas* underprivileged regions ◊ *los ~s* the underprivileged *Ver tb* DESFAVORECER

desfigurar *vt* **1** (*cara*) to disfigure **2** (*desdibujar*) to blur: *La niebla desfiguraba los contornos.* The fog blurred the outlines.

desfiladero *nm* gorge

desfilar *vi* **1 ~ (ante)** (*Mil*) to march past (*sth/sb*): *Las tropas desfilaron ante las autoridades.* The troops marched past the officials. ◊ *Se disponían a ~.* They were about to start the march past. **2** (*manifestación*) to march **3** (*carnaval, desfile de modelos*) to parade **4 ~ ante** to file **past *sth*/*sb***: *Miles de personas desfilaron ante el cadáver.* Thousands of people filed past the body. **5 ~ por** to pass **through *sth***: *Muchos famosos han desfilado por estas aulas.* Many famous people have passed through this school. **6** (*Relig*) to pass in procession

desfile *nm* **1** (*Mil*) march past **2** (*cabalgata*) parade **LOC desfile de carrozas** carnival parade **desfile naval** naval review **desfile/pase de modas/modelos** fashion show

desfogarse *v pron* **1** (*desahogarse*) to let off steam: *Me desfogo llorando.* I let off steam by crying. **2 ~ con** to vent your anger **on *sth*/*sb***

desfondarse *v pron* **1** (*romperse*) to give way **2** (*persona*) **(a)** (*atleta*) to run out of steam **(b)** (*desmoralizarse*) to go to pieces

desgajar *vt* **1** (*rama*) to break *a branch* off (*sth*): *Los niños desgajaron una rama del pino.* The children broke a branch off the pine tree. **2** (*página*) to tear *a page* out (*of sth*): *Desgajó varias hojas.* She tore out several pages.

■ **desgajarse** *v pron* **desgajarse (de) 1** (*rama*) to break off (*a tree*) **2** (*página*) to be torn out (of *a book*) **3** (*persona*) to break away **(from *sth*/*sb*)**: *Se desgajaron de su comunidad.* They broke away from their community.

desgana *nf* **1** (*falta de apetito*) lack of appetite: *¡Qué ~ tengo!* I don't feel at all hungry. ◊ *Estás comiendo con ~.* You don't seem very hungry. **2** (*desinterés*) reluctance: *Lo hizo con mucha ~.* He did it very reluctantly.

desganado, -a *pp, adj*

LOC estar/encontrarse/sentirse desganado to be off your food

desgañitarse *v pron* to shout yourself hoarse

desgarbado, -a *adj, nm-nf* ungainly [*adj*]: *Es un ~.* He's very ungainly.

desgarrador, ~a *adj* heart-rending

desgarrar(se) *vt, v pron* to tear

LOC me desgarra el corazón/las entrañas it breaks my, your, etc heart

desgarro *nm* tear: *sufrir un ~ muscular* to tear a muscle

desgastar *vt* **1** (*por el uso*) **(a)** (*ropa, zapatos*) to wear *sth* out **(b)** (*neumático, tacón*) to wear *sth* down **2** (*erosionar*) to wear *sth* away

■ **desgastarse** *v pron* **1** (*por el uso*) **(a)** (*ropa, zapatos*) to wear out: *Todos los jerseys se me desgastan por los codos.* All my sweaters wear out at the elbows. **(b)** (*neumático, tacón*) to wear down **2** (*erosionar*) to wear away

desgaste *nm* **1** (*por el uso*) wear: *el ~ de las ruedas* the wear on the tyres **2** (*erosión*) erosion **3** (*fuerzas, salud*) weakening **4** (*Pol*) drop in popularity: *el ~ de cuatro años de poder* the drop in popularity after four years in power **LOC** *Ver* GUERRA

desglosar *vt* (*cifras*) to break *sth* down (***into sth***): *Desglosaron los gastos en varios apartados.* They did a breakdown of the costs under different headings.

desglose *nm* breakdown

desgobierno *nm* chaos

desgracia *nf* misfortune

LOC caer en desgracia to fall from favour **desgracias personales** (*víctimas*) casualties **las desgracias nunca vienen solas** it never rains but it pours **por desgracia** unfortunately **¡qué desgracia!** what a shame! **¡qué desgracia de...!** what a terrible...!: *¡Qué ~ de gente/trabajo!* What terrible people/a terrible job! **tener la desgracia de** to be unlucky enough *to do sth* *Ver tb* COLMO

desgraciadamente *adv* unfortunately

desgraciado, -a *pp, adj* **1** (*sin suerte*) unlucky **2** (*triste*) unhappy **3** (*funesto*) unfortunate: *una decisión/elección desgraciada* an unfortunate decision/choice *Ver tb* DESGRACIAR

■ **desgraciado, -a** *nm-nf* **1** (*pobre*) wretch **2** (*mala persona*) swine

desgraciar *vt* **1** (*echar a perder*) to ruin **2** (*herir*) to damage: *Me han desgraciado un ojo.* They've damaged my eye.

■ **desgraciarse** *v pron* to do yourself an injury

desgranar *vt* (*guisantes*) to shell

desgravable *adj* tax-deductible

desgravación *nf* tax relief: *~ por hijos* child allowance

desgravar *vi* to be tax-deductible: *inversiones que desgravan en la declaración de la renta* investments which are tax-deductible

desgreñado, -a *pp, adj* dishevelled

desguace *nm* **1** (*coche, máquina*) breaking up **2** (*lugar*) scrapyard

LOC para el desguace only fit for scrap

desguazar *vt* to break *sth* up

deshabitado, -a *pp, adj* **1** (*edificio*) empty **2** (*paraje*) uninhabited **3** (*pueblo*) deserted

deshacer *vt* **1** (*gen*) to undo: *Lo hecho no se puede ~.* What's done can't be undone. **2** (*estropear*) to ruin: *Deshacen la ropa en dos días.* They ruin their clothes in no time at all. ◊ *Eso ha deshecho mis planes.* That's ruined my plans. **3** (*destrozar*) to wreck: *Los gamberros deshicieron el bar.* The vandals wrecked the bar. **4** (*descuajeringar*) to pull *sth* to pieces **5** (*desmontar*) to take *sth* apart **6** (*nudo*) to untie **7** (*paquete*) to unwrap **8** (*cama*): *Cuando duermo apenas deshago la cama.* I hardly disturb the bedclothes at all while I sleep. ◊ *Han debido de dormir fuera porque no han deshecho la cama.* They must have spent the night somewhere else, because the bed has not been slept in. ◊ *Los niños han deshecho la cama.* The children have messed up the bed. **9** (*costura*) to unpick **10** (*derretir*) to melt **11** (*sólido en líquido*) to dissolve: *~ una pastilla en agua* to dissolve a tablet in water **12** (*asociación, manifestación*) to break *sth* up **13** (*hacer trocitos*) to crumble: *~ el pan* to crumble the bread **14** (*machacar*) to crush: *Una máquina enorme deshace las rocas.* A huge machine crushes the rocks. **15** (*derrotar*) to murder (*coloq*): *Deshicieron al equipo contrario.* They murdered the opposition. **16** (*acuerdo, tratado*) to break **17** (*persona*) to leave *sb* shattered

■ **deshacerse** *v pron* **1** (*nudo*) to come undone **2** (*objeto*) **(a)** (*hacerse añicos*) to shatter **(b)** (*descoserse, descuajeringarse*) to fall apart **3** (*organización, manifestación*) to break up **4** (*derretirse*) to melt **5** (*disolverse*) to dissolve **6 deshacerse de** to get rid **of** ***sth/sb***: *~se de un líder/coche viejo* to get rid of a leader/an old car

LOC deshacer el camino/lo andado to retrace your steps **deshacerse en atenciones** to lavish attention *on sb* **deshacerse en cumplidos/elogios** to shower compliments/praise *on sb* **deshacerse en excusas** to apologize profusely **deshacerse por complacer a algn** to go out of your way to please sb **deshacer un entuerto** to right a wrong **hacer y deshacer**: *Es la que hace y deshace.* She's the boss. ◊ *Tienen poderes para hacer y ~ a su antojo.* They're the ones who make the decisions. *Ver tb* LÁGRIMA, LLANTO, MALETA

desharrapado, -a *adj* ragged

■ **desharrapado, -a** *nm-nf* down-and-out

deshecho, -a *pp, adj* **1** (*persona*) **(a)** (*agotado*) exhausted **(b)** (*apenado*) devastated **2** (*nervios*) shattered **3** (*cama*) unmade *Ver tb* DESHACER

LOC dejar deshecho 1 (*estropear*) to ruin **2** (*destrozar*) to wreck **3** (*persona*) to leave *sb* shattered **quedarse deshecho** to be shattered

deshelar *vt* **1** (*nieve*) to melt: *El sol desheló la nieve.* The sun melted the snow. **2** (*parabrisas*) to de-ice

■ **deshelarse** *v pron* to thaw (out)

desheredado, -a *pp, adj* (*pobre*) poor *Ver tb* DESHEREDAR

desheredar *vt* to disinherit

deshidratación *nf* dehydration

deshidratar *vt* to dehydrate

■ **deshidratarse** *v pron* to become dehydrated

deshielo *nm* thaw: *la época del ~* the thaw ◊ *un ~ en las relaciones* a thaw in relations

deshilacharse *v pron* to fray

deshilvanado, -a *pp, adj* (*incoherente*) disjointed *Ver tb* DESHILVANAR

deshilvanar *vt* to take the tacking **out of** ***sth***: *Tengo que ~ la blusa.* I've got to take the tacking out of the blouse.

deshinchar *vt* **1** (*desinflar*) to let *sth* down, to deflate (*más formal*) **2** (*parte del cuerpo*) to reduce the swelling in *sth*: *para ~ la rodilla* to reduce the swelling in my knee

■ **deshincharse** *v pron* **1** (*objeto inflado, hinchazón*) to go down **2** (*perder el orgullo*) to come down off your high horse **3** (*desanimarse*) to be discouraged

deshojar *vt* **1** (*libro*) to tear the pages out of *sth* **2** (*flor*) to pull the petals off *sth* **3** (*árbol*) **(a)** (*gen*) to strip the leaves off *sth*: *El huracán deshojó los naranjos.* The hurricane stripped the leaves off the orange trees. **(b)** (*con herbicida*) to defoliate

■ **deshojarse** *v pron* **1** (*flor*): *La rosa se ha deshojado.* The rose has lost its petals. **2** (*árbol*): *El manzano se está deshojando.* The apple tree is shedding its leaves.

LOC deshojar la margarita (*fig*) to be on tenterhooks

deshollinador *nm* (chimney) sweep

deshonestidad *nf* **1** (*falta de honradez*) dishonesty [*incontable*]: *Les acusan de ~.* They are accused of dishonesty. ◊ *No es una ~ hacer eso.* There's nothing dishonest about that. **2** (*indecencia*) indecency

deshonesto, -a *adj* **1** (*poco honrado*) dishonest **2** (*impúdico*) indecent **LOC** *Ver* ABUSO, PROPOSICIÓN

deshonor *nm* (*tb* **deshonra** *nf*) disgrace

deshonrar *vt* **1** (*desacreditar*) to disgrace: *~ al colegio* to disgrace the school **2** (*ofender*) to be an insult **to** ***sth/sb***: *Su presencia deshonra a nuestro país.* Their presence is an insult to our country.

deshonroso, -a *adj* disgraceful

deshora *nf*

LOC a deshora(s) 1 (*no a su debido tiempo*) at all hours: *acostarse/comer a ~s* to go to bed/eat at all hours **2** (*en momento inoportuno*) at the wrong time: *Siempre haces las cosas a ~s.* You always pick the wrong time (to do things).

deshuesar *vt* **1** (*carne*) to bone **2** (*aceituna, fruta*) to pit

deshumanizar *vt* to dehumanize

desidia *nf* carelessness

desierto, -a *adj* **1** (*sin gente*) deserted **2** (*isla*) desert **3** (*premio*): *El jurado declaró el premio ~.* The jury declared that the prize would not be awarded.

■ **desierto** *nm* desert

LOC es (como) predicar/clamar en el desierto it's a voice crying in the wilderness

designación *nf* **1** (*selección*) selection: *la ~ de candidatos* the selection of candidates **2** (*nombramiento*) **(a)** (*lugar*) designation (***as sth***): *la ~ de Madrid como capital cultural* the designation of Madrid as cultural capital **(b)** (*persona*) appointment (***as sth***): *Se habla de su ~ como director.* There's talk of him being appointed (as) headmaster.

designar *vt* **1** (*seleccionar*) to select **2** (*día, hora*) to fix **3** (*nombrar*) **(a)** (*lugar*) to designate *sth* (***as***) ***sth***: *~ a Barcelona como sede de los juegos* to designate Barcelona as the venue for the games **(b)** (*persona*) to appoint *sb* (***as/to sth***): *Ha sido designado (como) presidente.* He has been appointed (as) chairman. ◊ *Ha sido designada para el puesto.* She has been appointed to the position. **4** (*llamar*) to name: *La designaron "Operación Gorrión".* It was named 'Operation Sparrow'.

designio *nm* plan

desigual *adj* **1** (*variable, irregular*) uneven: *de calidad ~* of uneven quality ◊ *un terreno ~* uneven terrain **2** (*tiempo*) changeable **3** (*temperamento*) unpredictable **4** (*combate*) unequal **5** (*injusto*) unfair

desigualdad *nf* **1** (*diferencia*) difference: *Hay demasiada ~ de salarios.* The differences in pay are too great. **2** (*diferencia injusta*) inequality: *~es sociales* social inequalities **3** (*terreno*) unevenness

LOC desigualdad de fuerzas imbalance **desigualdad de trato** unfair treatment **desigualdad en el reparto** unequal distribution

desilusión *nf* **1** (*decepción*) disappointment **2** (*desencanto*) disillusionment

LOC llevarse una desilusión to be disappointed: *¡Qué ~ me he llevado! Yo que pensaba conseguir el trabajo…* I'm so disappointed! I thought I was going to get the job. ◊ *Se han llevado una gran ~ con su hijo.* Their son has been a great disappointment to them. ◊ *Es triste que, siendo tan joven, se haya llevado tantas desilusiones.* It's a shame she's had so many disappointments so young.

desilusionar *vt* **1** (*decepcionar*) to disappoint **2** (*desengañar*) to disillusion: *No quiero ~ a los niños.* I don't want to disillusion the children.

■ **desilusionarse** *v pron* (*desengañarse*) to become disillusioned

desinencia *nf* ending: *la ~ del femenino* the feminine ending

desinfección *nf* disinfection

desinfectante *nm* disinfectant

desinfectar *vt* to disinfect

desinflar *vt* to let the air out of *sth*, to deflate (*más formal*)

■ **desinflarse** *v pron* **1** (*lit*) **(a)** (*neumático*) to go flat **(b)** (*colchoneta, balón*): *La colchoneta se ha desinflado.* The air has gone out of the mattress. **2** (*desanimarse*) to lose heart

desinformación *nf* **1** (*falta de información*) lack of information **2** (*información manipulada*) disinformation

desintegración *nf* break-up, disintegration (*más formal*): *la ~ del imperio* the break-up of the empire

LOC la desintegración del átomo the splitting of the atom

desintegrar *vt* **1** (*fragmentar*) to break *sth* up **2** (*átomo*) to split

■ **desintegrarse** *v pron* to break up, to disintegrate (*más formal*)
desinterés *nm* **1 ~ (por)** (*apatía*) lack of interest **(in *sth/sb*) 2** (*altruismo*) disinterestedness
desinteresado, -a *pp, adj* **1** (*altruista*) disinterested **2** (*indiferente*) uninterested
desintoxicación *nf* detoxification: *un centro de ~* a detoxification centre
desintoxicar *vt* (*limpiar*) to detoxify
■ **desintoxicarse** *v pron* **1** (*limpiar el organismo*) to clean out your system **2** (*alcohólico*) to dry out (*coloq*) **3** (*drogadicto*) to follow a detoxification programme
desistir *vi* **~ (de) 1** (*gen*) to give up *sth/doing sth*: *~ de buscar trabajo* to give up looking for work **2** (*derecho*) to waive *a right* [*vt*]
deslavazado, -a *adj* **1** (*lacio*) limp **2** (*color*) faded **3** (*espectáculo*) lacklustre
desleal *adj* (*infiel*) disloyal LOC *Ver* COMPETENCIA
deslealtad *nf* disloyalty
desleír *vt* **1(a)** (*disolver*) to dissolve *sth* **(in *sth*) (b)** (*mezclar*) to mix *sth* **(with *sth*) 2** (*líquido espeso*) to thin *sth* **(with *sth*)**
deslenguado, -a *adj* foul-mouthed
desliar *vt* to undo
■ **desliarse** *v pron* to come undone
desligado, -a *pp, adj* **1** (*suelto*) loose **2 ~ (de)** (*libre*) free **(of *sth*)** *Ver tb* DESLIGAR
LOC **estar desligado de 1** (*no tener contacto con*) to have lost touch with *sth/sb*: *Están ~s de sus familias.* They've lost touch with their families. **2** (*no tener nada que ver con*) to have no connection with *sth/sb*: *Estoy totalmente ~ del club.* I've absolutely no connection with the club.
desligar *vt* **1** (*desatar*) to untie **2** (*separar*) to separate *sth* **from *sth*** **3** (*compromiso, obligación, promesa*) to release *sb* **from *sth***
■ **desligarse** *v pron* **desligarse (de) 1** (*amigos, familia*) to cut yourself off **(from *sth/sb*) 2** (*asunto, organización, socio*) to sever your connections **with *sth/sb*** **3** (*obligación*) to get out **of *sth***
deslindar *vt* **1** (*terreno*) to mark the boundaries **of *sth*** **2** (*definir*) to define: *Debemos ~ los aspectos a negociar.* We must define the areas to be negotiated. **3** (*distinguir*) to distinguish **between *sth* and *sth*** [*vi*]: *~ información y publicidad* to distinguish between information and advertising
desliz *nm* **1** (*error*) slip **2** (*imprudencia sexual*) indiscretion
LOC **tener un desliz 1** (*error*) to slip up **2** (*imprudencia sexual*) to commit an indiscretion
deslizar *vt* **1** (*gen*) to slide: *Puedes ~ el asiento hacia adelante.* You can slide the seat forward. **2** (*con disimulo*) to slip: *Deslizó la carta en su bolsillo.* He slipped the letter into his pocket. ◊ *Deslizó una nota por debajo de la puerta.* She slipped a note under the door.
■ **deslizarse** *v pron* **1** (*patinar*) to slide: *~se sobre el hielo* to slide on the ice **2** (*con disimulo*) to slip in/out/away: *Se deslizaron por la puerta trasera.* They slipped in/out/away through the back door. **3** (*con fluidez*) to glide **4** (*río*) to flow
LOC **deslizar una alusión/un comentario** to drop a hint *about sth/sb*
deslomado, -a *pp, adj* worn out *Ver tb* DESLOMARSE
deslomarse *v pron* (*trabajar mucho*) to work your guts out
deslucido, -a *pp, adj* **1** (*mediocre, sin gracia*) lacklustre: *un discurso ~* a lacklustre speech **2** (*color*) faded **3** (*metal*) tarnished *Ver tb* DESLUCIR
LOC **quedar/resultar deslucido** to be spoilt: *El acto quedó ~ debido al mal tiempo.* The ceremony was spoilt by bad weather.
deslucir *vt* **1** (*estropear*) to spoil **2** (*color*) to fade **3** (*metal*) to tarnish
deslumbrante *adj* dazzling: *una luz/actuación ~* a dazzling light/performance ◊ *Es una mujer de una belleza ~.* She is a stunningly beautiful woman.
deslumbrar *vt* to dazzle: *Su encanto me deslumbró.* I was dazzled by his charm.
desmadrado, -a *pp, adj* unruly: *una pandilla de adolescentes ~s* a gang of unruly youths *Ver tb* DESMADRARSE
LOC **estar desmadrado** to run wild: *Está muy ~ desde que se separó de su mujer.* He's been running wild since he separated from his wife.
desmadrarse *v pron* to get out of control: *La multitud se desmadró.* The crowd got out of control. ◊ *¡No te desmadres!* Behave yourself!
desmadre *nm* **1** (*caos*) chaos [*incontable*]: *Ese colegio es un ~, los chavales hacen lo que les da la gana.* It's total chaos at that school – the children do exactly what they like. **2** (*desorden*) mess: *Tienes la habitación hecha un ~.* Your room is a mess. **3** (*juerga*): *La fiesta fue el ~.* It was a wild party.
desmán *nm* (*abuso*) outrage: *los desmanes cometidos durante la dictadura* the outrages committed during the dictatorship
desmandarse *v pron* **1** (*persona*) to get out of control **2** (*animal*) to run away
desmano
LOC **a desmano** out of the way: *Nos pilla muy a ~.* It's out of our way.
desmantelamiento *nm* dismantling: *Se está procediendo al ~ de la empresa.* The firm is being dismantled.
desmantelar *vt* **1** (*gen*) to dismantle: *~ un mecanismo/una organización* to dismantle a machine/an organization **2** (*robar*) to strip: *Los ladrones desmantelaron la casa.* The thieves stripped the house bare.
desmaquillador, ~a *adj*: *crema/loción desmaquilladora* make-up remover
■ **desmaquillador** *nm* make-up remover
desmarcarse *v pron* **1 ~ de algn** to shake sb off: *Si consigues desmarcarte del grupo, te invito a cenar.* If you manage to shake the others off, I'll take you out for dinner. **2** (*escaparse*) to slip away
desmayado, -a *pp, adj*: *Estaba desmayada.* She had fainted. *Ver tb* DESMAYARSE
LOC **caer desmayado** to faint: *Cayó ~ al ver la sangre.* He fainted when he saw the blood.
desmayarse *v pron* to faint: *Me desmayé de hambre.* I fainted from hunger.
desmayo *nm* faint
LOC **darle a algn/sufrir un desmayo**: *Le dio un ~ en plena conferencia.* He fainted in the middle of the lecture. ◊ *Ha sufrido un ~.* She's fainted. **sin desmayo** tirelessly: *Trabajan sin ~ para encontrar un remedio contra la leucemia.* They are working tirelessly to find a cure for leukaemia.
desmedido, -a *pp, adj* excessive: *un gusto ~ por la bebida* an excessive fondness for drink
desmejorado, -a *pp, adj*: *La encontré un poco desmejorada.* She wasn't looking too well. ◊ *Está muy ~ desde la última vez que lo vi.* He's gone downhill since I last saw him.
desmelenado, -a *pp, adj* **1** (*enmarañado*) dishevelled **2** (*desmadrado*): *¡Hay que ver lo ~ que está David!* David's really let his hair down! *Ver tb* DESMELENARSE
desmelenarse *v pron* to let your hair down: *¡Esta vez se ha desmelenado de verdad!* He's really let his hair down this time!
desmembrar *vt* to dismember
desmemoriado, -a *pp, adj, nm-nf* forgetful [*adj*]: *Eres un ~ incorregible.* You're terribly forgetful.
desmentir *vt* **1** (*negar*) to deny: *Desmintió las acusaciones del testigo.* He denied the accusations of the witness. **2** (*contradecir*) to contradict: *Sus declaraciones parecen ~ la afirmación del Presidente.* Her statement seems to contradict what the President said.
desmenuzar *vt* **1(a)** (*pan, galletas*) to crumble **(b)** (*pollo*) to shred **(c)** (*pescado*) to flake **2** (*analizar*) to analyse *sth* in detail: *~ una teoría* to analyse a theory in detail

desmerecer *vi* ~ **(de)** to compare unfavourably **with** ***sth***: *Su actuación no desmereció de la de su maestro.* His performance was in no way inferior to that of his master.

desmesurado, -a *pp, adj* excessive: *un poder* ~ excessive power

desmigajar(se) *vt, v pron* to crumble: *¡Qué manía tienes de desmigajar el pan!* Stop crumbling the bread! ◊ *El pan estaba tan duro que se desmigajaba al partirlo.* The bread was so dry that is crumbled to pieces as you cut it.

desmilitarizar *vt* to demilitarize

desmirriado, -a *adj Ver* ESMIRRIADO

desmontable *adj* that can be taken apart: *un armario fácilmente* ~ a cupboard that can easily be taken apart

desmontar *vt* **1** (*gen*) to dismantle, to take *sth* apart (*más coloq*): ~ *la cama/mesa* to take the bed/table apart **2** (*andamio, estantería, tienda de campaña, vela de barco*) to take *sth* down **3** (*motor*) to strip *sth* down **4** (*teoría*) to demolish: *Desmontó mi teoría en un momento.* He completely demolished my theory.

■ **desmontar** *vi* to dismount

desmoralización *nf* demoralization

desmoralizador, ~a *adj* demoralizing

desmoralizar *vt* to demoralize

■ **desmoralizarse** *v pron* to become demoralized, to lose heart (*más coloq*): *Sigue adelante, no te desmoralices.* Keep going, don't lose heart.

desmoronamiento *nm* collapse: *el* ~ *de la democracia/un edificio* the collapse of democracy/a building

desmoronarse *v pron* to collapse

desmovilizar *vt* to demobilize, to demob (*más coloq*)

desnatado, -a *pp, adj* **LOC** *Ver* LECHE, YOGUR

desnivel *nm* **1** (*terreno*) difference in level: *el* ~ *entre la casa y el jardín* the difference in level between the house and the garden ◊ *un terraplén de treinta metros de* ~ a thirty metre drop **2** (*desigualdad*) gap: *El* ~ *económico entre los dos países es evidente.* The economic gap between the two countries is very obvious.

LOC en desnivel on a slope: *Los edificios de esa calle están en* ~. The buildings in that street are on a slope.

desnivelado, -a *pp, adj*: *Los cuadros que pusiste ayer están* ~*s.* The pictures you put up yesterday aren't straight. ◊ *El suelo está* ~. The ground slopes. *Ver tb* DESNIVELAR

desnivelar *vt* to upset: *La lesión del delantero ha desnivelado las fuerzas entre los dos equipos.* The forward's injury has upset the balance between the teams. ◊ *La factura del garaje nos ha desnivelado el presupuesto.* The garage bill has thrown our budget out.

desnucar *vt* to break *sb's* neck

■ **desnucarse** *v pron* to break your neck

desnudar *vt* to undress: *Tuvimos que* ~*le.* We had to undress him.

■ **desnudarse** *v pron* to get undressed: *Se desnudó y se metió en la cama.* He got undressed and climbed into bed.

desnudez *nf* nakedness

desnudo, -a *adj* **1** (*persona*) naked, nude (*formal*): *El niño está medio* ~. The child is half naked. ◊ *En esa parte del río te puedes bañar* ~. Nude bathing is permitted in that part of the river. **2** (*descubierto, vacío*) bare: *brazos* ~*s/paredes desnudas* bare arms/walls ☛ *Ver nota en* NAKED

■ **desnudo** *nm* nude: *He pintado varios* ~*s en los últimos meses.* I've painted several nudes in the last few months.

LOC desnudo integral full-frontal nudity *Ver tb* VERDAD

desnutrición *nf* malnutrition: *Los encontraron en un estado de* ~ *preocupante.* They were found to be suffering from severe malnutrition.

desnutrido, -a *pp, adj* malnourished

desobedecer *vt* to disobey: ~ *órdenes/a tus padres* to disobey orders/your parents

■ **desobedecer** *vi* to be disobedient

desobediencia *nf* disobedience: ~ *civil* civil disobedience

desobediente *adj, nmf* disobedient [*adj*]: *¡Eres una* ~*!* You're very disobedient!

desocupado, -a *pp, adj* (*vacío*) vacant (*formal*), empty: *doce viviendas desocupadas* twelve empty houses *Ver tb* DESOCUPAR

LOC estar algn desocupado 1 (*estar en paro*) to be unemployed **2** (*no tener nada que hacer*) to have nothing to do: *Esta tarde estoy* ~. I haven't anything to do this afternoon.

desocupar *vt* **1** (*casa, local*) to vacate **2** (*vaciar*) to clear *sth* out: *Vamos a* ~ *el armario, a ver si entra la batidora.* Let's clear out the cupboard and see if we can make room for the mixer.

desodorante *nm* deodorant: ~ *en barra/spray* stick/spray deodorant

desoír *vt* to ignore: ~ *las críticas de la oposición* to ignore the opposition's criticism

desolación *nf* desolation

desolado, -a *pp, adj* **1** (*gen*) desolate: *un paraje* ~ a desolate place **2** ~ **por** devastated **by** ***sth***: *Está desolada por la muerte de su hijo.* She is devastated by the death of her son. ◊ *una ciudad desolada por la guerra/un terremoto* a city devastated by war/an earthquake *Ver tb* DESOLAR

desolador, ~a *adj*: *una imagen desoladora* a picture of desolation ◊ *El barrio mostraba un aspecto* ~. The area looked desolate.

desolar *vt* to devastate: *La noticia nos desoló.* We were devastated by the news.

desollar *vt* to skin

LOC desollar vivo to tear *sb* to pieces: *Sus supuestos amigos lo desollaron vivo.* His so-called friends tore him to pieces.

desorbitado, -a *pp, adj* exorbitant: *precios* ~*s* exorbitant prices ◊ *Han dado una importancia desorbitada al tema.* They've exaggerated the importance of the matter.

desorden *nm* **1** (*gen*) disorder (*formal*), mess: *Perdona el* ~*, pero es que anoche tuvimos una fiesta.* Sorry about the mess, we had a party last night. ◊ *Ya sabes cuánto me molesta el* ~. You know how I hate mess. **2 desórdenes (a)** (*excesos*) excesses: *Está pagando ahora los desórdenes de su juventud.* He is paying for the excesses of his youth. **(b)** (*desgobierno*) disorder [*incontable, v sing*]: *desórdenes públicos* public disorder

LOC en desorden (in) a mess: *Tenía la casa en* ~. His house was a mess. ◊ *Los niños lo ponen todo en* ~. The children make a mess of everything.

desordenado, -a *pp, adj* **1** (*gen*) untidy: *¿Cómo puedes tener la casa tan desordenada?* How can you live in such an untidy house? **2** (*conducta, vida*) disorderly *Ver tb* DESORDENAR

■ **desordenado, -a** *nm-nf* untidy [*adj*]: *¡Eres un* ~*!* You untidy thing!

LOC dejar algo desordenado to leave sth in a mess **estar desordenado** to be in a mess

desordenar *vt* to make *sth* untidy, to mess *sth* up (*más coloq*): *Parece que disfrutan desordenándolo todo.* They seem to take pleasure in messing everything up.

desorganización *nf* lack of organization

desorganizado, -a *pp, adj, nm-nf* disorganized [*adj*]: *Ya sé que soy un* ~*, pero no me importa.* I know I'm disorganized but I don't care. *Ver tb* DESORGANIZAR

desorganizar *vt* to disrupt: *La huelga nos desorganizó las clases.* The classes were disrupted by the strike.

desorientado, -a *pp, adj* **1** (*perdido*) lost: *Estamos* ~*s. ¿Por dónde se va al centro?* We're lost. How do we get to the town centre? **2** (*confuso*) confused: *Me encuentro* ~*, no sé cómo salir adelante.* I feel confused and don't know how to carry on. *Ver tb* DESORIENTAR

desorientar *vt* **1** (*conducir a error*) to mislead: *Sus instrucciones para llegar al aeropuerto me desorientaron.* I was misled by his instructions on how to get to the airport. **2** (*desconcertar*) to confuse: *Tanto cambio me desorienta.* I'm confused by all these changes.

■ **desorientarse** *v pron* **1** (*perder el rumbo*) to get lost **2** (*desconcertarse*) to become confused

desovar *vi* **1** (*pez, anfibio*) to spawn **2** (*insecto*) to lay eggs

desoxirribonucleico, -a *adj* deoxyribonucleic **LOC** *Ver* ÁCIDO

despachar *vt* **1** (*atender*) to serve: *Nos ha despachado una dependienta muy agradable.* We were served by a very pleasant assistant. **2** (*solucionar*) to deal with *sth*: *Despachó el tema en media hora.* He dealt with the matter in half an hour. **3** (*enviar*) to dispatch, to send (*más coloq*): ~ *un paquete/una mercancía* to dispatch a parcel/goods **4** (*despedir*) to sack **5** (*librarse de*) to get rid of *sb*: *Despáchalas rápido, que hemos quedado a las siete.* Get rid of them quickly – we're meeting at seven.

■ **despachar** *vi* **1** (*atender*) to serve: *No despachan hasta las nueve y media.* They don't start serving until half past nine. **2 ~ con algn** to talk **to sb**: *Despachó con el ministro durante tres horas.* He spent three hours talking to the minister.

■ **despacharse** *v pron* (*desahogarse*) to let off steam: *Ayer me despaché a gusto con mi hermana.* I was able to let off steam with my sister yesterday.

despacho *nm* **1** (*oficina*) **(a)** (*comercial*) office: *Me recibió en su* ~. He saw me in his office. **(b)** (*en casa*) study **2** (*oficial, de prensa*) dispatch

LOC despacho de billetes/localidades ticket/box office *Ver tb* MESA

despacio *adv* **1** (*lentamente*) slowly: *Conduce* ~*, que me estoy mareando.* Drive slowly, I feel sick. **2** (*largo y tendido*) at length: *¿Por qué no lo hablamos más* ~ *durante la cena?* Why don't we have a longer talk about it over dinner?

■ **¡despacio!** *interj* slow down! **LOC** *Ver* COSA, TORTUGA, VESTIR

despacito *adv*

LOC despacito y buena letra slowly but surely

despampanante *adj* stunning

desparejado, -a *pp, adj* odd

desparpajo *nm* self-assurance: *Me gusta su* ~ *al hablar.* I like his self-assured way of talking.

desparramar(se) *vt, v pron* **1** (*gen*) to scatter: *Desparramó todos los documentos por el suelo.* She scattered the documents all over the floor. ◊ *Las perlas se desparramaron por toda la cocina.* The pearls rolled all over the kitchen. **2** (*líquido*) to spill

despatarrado, -a *pp, adj*: *Tropezó y se quedó* ~ *en la acera.* He tripped and went sprawling on the pavement. ◊ *Está* ~ *en el sillón.* He's sprawled out in the armchair. *Ver tb* DESPATARRARSE

despatarrarse *v pron* to sprawl: ~ *delante de la tele* to sprawl in front of the TV

despavorido, -a *pp, adj* terrified: *Quedaron* ~*s.* They were terrified. ◊ *La población huía despavorida.* The population was fleeing in terror.

despecho *nm* spite: *Los desheredó por* ~. He disinherited them out of spite.

LOC a despecho de in spite of *sth/sb*

despechugado, -a *pp, adj* **1** (*sin camisa*) **(a)** (*hombre*) bare-chested **(b)** (*mujer*) topless **2** (*con la camisa desabrochada*) with your shirt, etc undone: *Iba paseando todo* ~. He was walking down the street with his shirt undone. *Ver tb* DESPECHUGARSE

despechugarse *v pron* **1** (*quitarse la camisa*) **(a)** (*hombre*) to bare your chest, to take your shirt off (*más coloq*) **(b)** (*mujer*) to bare your breasts, to take your top, etc off (*más coloq*): *La cantante se despechugó durante la actuación.* The singer bared her breasts during the performance. **2** (*ir despechugado*) to go topless: *Está prohibido* ~ *en esta playa.* You're not allowed to go topless on this beach.

despectivo, -a *adj* **1** (*gen*) scornful: *Lo dijo en tono* ~. He spoke in a scornful voice. **2** (*palabras*) disparaging: *un comentario* ~ a disparaging remark

despedazar *vt* **1** (*animal*) to joint **2** (*papel*) to tear *sth* up **3** (*juguete, mecanismo*) to smash *sth* to pieces

despedida *nf* **1** (*adiós*) goodbye, farewell (*más formal*): *Las* ~*s son tristes.* It's sad saying goodbye. **2** (*celebración*) leaving party: *Le hicieron una* ~ *con motivo de su jubilación.* They gave him a leaving party when he retired. **3** (*carta*) ending

LOC de despedida farewell, leaving (*más coloq*): *cena/regalo de* ~ farewell dinner/leaving present **despedida de soltero/soltera** stag/hen night **despedida y cierre** close-down

despedido, -a *pp, adj Ver* DESPEDIR

LOC salir despedido to be thrown out (*of sth*): *A consecuencia del choque, el conductor salió* ~. The driver was thrown out of the car.

despedir *vt* **1** (*decir adiós*) to see *sb* off: *Fuimos a* ~*les a la estación.* We went to the station to see them off. **2** (*empleado*) to dismiss, to give *sb* the sack (*más coloq*) **3** (*emitir*) **(a)** (*calor, luz, olor*) to give *sth* off **(b)** (*volcán*) to spew *sth* out: *El volcán despedía lava.* The volcano was spewing out lava.

■ **despedirse** *v pron* **despedirse (de) 1** (*decir adiós*) to say goodbye (**to *sth/sb***) **2** (*abandonar*) to leave: *Se despidió (del trabajo) antes de que lo echaran.* He left (his job) before they could sack him. **3** (*olvidarse*) to forget: *Despídete de usar mi coche otra vez.* You can forget about using my car again.

LOC despedirse a la francesa to take French leave

despegado, -a *pp, adj* **1** (*separado*) unstuck **2** (*persona*) cold (***towards sb***): *Es muy despegada con su familia.* She's very cold towards her family. *Ver tb* DESPEGAR

despegar *vt* to unstick

■ **despegar** *vi* **1** (*gen*) to take off: *El avión/negocio está despegando.* The plane/business is taking off. **2** (*cohete*) to lift off

■ **despegarse** *v pron* **1** (*desprenderse*) to come off: *Se despegó el asa.* The handle came off. **2 despegarse de algn (a)** (*alejarse*) to leave sb behind: *El ciclista se despegó del pelotón.* The cyclist left the bunch behind. **(b)** (*apartarse*) to leave sb's side: *No se despega de su madre ni un momento.* He won't leave his mother's side for a single moment.

LOC no despegar los labios not to open your mouth

despegue *nm* **1** (*gen*) take-off: *Fue un* ~ *perfecto.* It was a perfect take-off. ◊ *el* ~ *económico* the economic take-off **2** (*cohete*) lift-off

despeinado, -a *pp, adj*: *Siempre lleva el pelo* ~. His hair is always a mess. ◊ *Estás todo* ~. Your hair's very untidy. *Ver tb* DESPEINAR

despeinar *vt* to mess *sb's* hair up: *El viento me ha despeinado.* The wind has messed my hair up.

■ **despeinarse** *v pron* to mess up your hair: *Ten cuidado, no te vayas a* ~. Careful you don't mess up your hair.

despejado, -a *pp, adj* **1** (*gen*) clear: *un cielo* ~*/una mente despejada* a clear sky/mind **2** (*frente*) broad **3** (*persona*) **(a)** (*despierto*) wide-awake **(b)** (*tras una borrachera, un mareo*) clear-headed: *¿Ya te encuentras más* ~*?* Is your head feeling a bit clearer now? *Ver tb* DESPEJAR

despejar *vt* **1** (*gen*) to clear: *¡Despejen la zona!* Clear the area! ◊ *Tómate un café, te despejará la cabeza.* Have a coffee to clear your head. ◊ *El defensa despejó el balón.* The defender cleared the ball. **2** (*duda, incógnita*) to clear *sth* up

■ **despejar** *v imp* (*tiempo*) to clear up: *Despejó a eso de las cinco.* It cleared up at about five.

■ **despejarse** *v pron* **1** (*nubes*) to clear (away) **2** (*persona*) **(a)** (*despertarse*) to wake up **(b)** (*tras una borrachera*) to sober up **(c)** (*tras un mareo*) to feel a bit brighter

despeje *nm* clearance: *El portero hizo un buen* ~. The goalkeeper made a good clearance.

despellejar *vt* **1** (*desollar*) to skin **2** (*criticar*) to tear sb to shreds: *Se pasan el día despellejándola.* They spend all day tearing her to shreds.

despelotarse *v pron* to strip off
despenalización *nf* decriminalization
despenalizar *vt* to decriminalize
despensa *nf* larder: *Siempre tiene la ~ llena.* She always has a full larder. ◊ *Guarda el jamón en la ~.* Put the ham in the larder.
despeñadero *nm* cliff
despeñarse *v pron* **1** (*persona*) to fall over a cliff: *Se rompió la barandilla y se despeñaron.* The railing broke and they fell over the cliff. **2** (*vehículo*) to run off the road
desperdiciar *vt* **1** (*gen*) to waste: *No desperdicies el tiempo/dinero.* Don't waste time/money. **2** (*oportunidad*) to throw *sth* away
desperdicio *nm* **1** (*desaprovechamiento*) waste: *Gastar dinero en joyas es un ~.* Buying jewellery is a waste of money. **2 desperdicios** scraps: *Guarda los ~s para el perro.* Keep the scraps for the dog.
LOC no tener desperdicio to be excellent: *La obra no tiene ~.* The play is excellent.
desperdigarse *v pron* to scatter
desperezarse *v pron* to stretch
desperfecto *nm* **1** (*deterioro*) damage [*incontable*]: *El cuadro ha sufrido algunos ~s.* The picture has suffered some damage. **2** (*imperfección*) flaw
despertador *nm* alarm (clock): *He puesto el ~ para las siete.* I've set the alarm for seven.
despertar *vt* **1** (*lit*) to wake *sb* (up): *Los despertó el ruido de la lluvia.* They were woken by the sound of the rain. ◊ *Haz el favor de ~ a tu hermana.* Go and wake your sister up. **2** (*fig*) **(a)** (*gen*) to arouse: *~ el interés/las sospechas de los vecinos* to arouse the interest/suspicions of the neighbours **(b)** (*esperanzas*) to raise **(c)** (*recuerdos*) to revive: *La película despertó en ellos recuerdos de juventud.* The film revived memories of their youth.
■ **despertar(se)** *vi, v pron* to wake up
■ **despertar** *nm*: *Tiene un ~ angelical.* He looks so sweet when he wakes up.
LOC tener (un) buen/mal despertar to wake up in a good/bad mood
despiadado, -a *adj* cruel
despido *nm* dismissal
LOC despido improcedente unfair dismissal
despierto, -a *pp, adj* **1** (*gen*) awake: *Me pasé toda la noche despierta.* I was awake all night. **2** (*vivo*) bright *Ver tb* DESPERTAR **LOC** *Ver* SOÑAR
despilfarrar *vt, vi* to squander *sth* [*vt*]: *Gasta cuanto te haga falta, pero no despilfarres (el dinero).* Spend as much as you need but don't squander your money.
despilfarro *nm* waste: *¡Vaya ~, comprar tanta comida para dos personas!* What a waste, buying so much food for two people!
despistado, -a *pp, adj* **1** (*distraído*) **(a)** (*por naturaleza*) absent-minded: *Es tan ~ que confunde los nombres de sus hijos.* He's so absent-minded he gets his children's names muddled up. **(b)** (*en las nubes*) miles away: *Iba ~ y no les vi.* I was miles away and didn't see them. **2** (*desorientado*) **(a)** (*perdido*) lost **(b)** (*confuso*) confused *Ver tb* DESPISTAR
■ **despistado, -a** *nm-nf* scatterbrain
LOC hacerse el despistado: *Sabes perfectamente de qué hablo, así es que no te hagas el ~.* You know perfectly well what I'm talking about, so don't pretend you don't. ◊ *Vio a su suegra pero se hizo el ~.* He pretended not to see his mother-in-law.
despistar *vt* **1** (*desconcertar, desorientar*) to mislead: *Tus explicaciones la despistaron.* Your explanations misled her. **2** (*dar esquinazo*) to shake *sb* off: *El fugitivo despistó a sus perseguidores.* The fugitive shook off his pursuers.
■ **despistarse** *v pron* to go wrong
despiste *nm* **1** (*distracción*) absent-mindedness: *Su ~ me saca de quicio.* His absent-mindedness gets on my nerves. ◊ *¡Vaya ~ que llevas!* You're so absent-minded! ◊ *en un momento de ~* in an unguarded moment **2** (*error*) slip: *Has tenido muchos ~s en el examen.* You made lots of slips in your exam. ◊ *Fue un ~.* It was a silly mistake.
desplante *nm* insolence [*incontable*]: *No tengo por qué aguantar tus ~s.* There's no reason why I should put up with your insolence.
LOC dar/hacer un desplante to reply insolently
desplazado, -a *pp, adj* (*fuera de lugar*) out of place: *Se siente desplazada entre tantos extranjeros.* She feels out of place among so many foreigners. *Ver tb* DESPLAZAR
desplazamiento *nm* **1** (*viaje*) trip **2** (*movimiento*) movement: *~s de tropas* troop movements **LOC** *Ver* GASTO
desplazar *vt* **1** (*mover*) to move: *~ las tropas* to move the troops ◊ *El coche golpeó al peatón y lo desplazó 500m.* The car hit the pedestrian and threw him 500 m along the road. **2** (*sustituir*) to replace: *El ordenador ha desplazado a la máquina de escribir.* Computers have replaced typewriters. **3** (*de un cargo*) to remove: *~ a algn de su cargo* to remove sb from office
■ **desplazarse** *v pron* **1** (*trasladarse*) **(a)** (*cosa*) to move **(b)** (*persona*) to go: *Se desplazan a todos los sitios en taxi.* They go everywhere by taxi. **2** (*voto*) to swing: *El voto joven se está desplazando hacia la derecha.* The youth vote is swinging to the right.
desplegado, -a *pp, adj Ver* DESPLEGAR **LOC** *Ver* BANDERA
desplegar *vt* **1** (*lit*) **(a)** (*mapa*) to unfold **(b)** (*velas, bandera*) to unfurl **(c)** (*alas*) to spread **2** (*tropas, policía, armamento*) to deploy **3** (*exhibir*) to display: *~ una energía renovada* to display renewed energy
LOC desplegarse en abanico to fan out
despliegue *nm* **1** (*tropas, policía, armamento*) deployment **2** (*riqueza, energía, conocimientos*) display
desplomarse *v pron* to collapse
desplome *nm* collapse
desplumar *vt* **1** (*ave*) to pluck **2** (*cobrar mucho, robar*) to fleece
despoblación *nf* depopulation: *~ rural/del campo* rural depopulation
LOC despoblación forestal deforestation
despoblado, -a *pp, adj* (*sin habitantes*) uninhabited *Ver tb* DESPOBLAR
despoblar *vt* **1** (*de personas*) to depopulate **2** (*de árboles*) to clear *sth* (**of trees**)
■ **despoblarse** *v pron* to become depopulated
despojar *vt* to strip *sth/sb* **of sth**: *La despojaron de todos sus bienes.* She was stripped of her wealth.
■ **despojarse** *v pron* **despojarse de 1** (*desvestirse*) to strip *sth* off **2** (*deshacerse*) to shed *sth* [*vt*]: *Quieren ~se de su pasado.* They're trying to shed their past.
despojos *nm* **1** (*gen*) remains: *los ~ de la herencia* the remains of the inheritance ◊ *Echaban los ~ al gato.* They threw the remains to the cat. **2** (*botín*) spoils: *Eran ~ de la guerra.* They were spoils of war.
desportilladura *nf* chip ☛ *Ver ilustración en* CHIP
desportillar *vt* to chip ☛ *Ver ilustración en* CHIP
desposar *vt* to marry
■ **desposarse** *v pron* to get married
desposeer *vt* to strip *sb* **of sth**
desposeído, -a *pp, adj, nm-nf* destitute [*adj*]: *los ~s* the destitute *Ver tb* DESPOSEER
déspota *nmf* tyrant
despótico, -a *adj* tyrannical
despotricar *vi* **~ (contra)** to rant (**about *sth/sb***)
despreciable *adj* **1** (*persona, conducta*) despicable: *comportarse de manera ~* to behave despicably **2** (*en expresiones negativas*): *un logro nada ~* no mean achievement ◊ *La oferta no es nada ~.* It's a good offer.
despreciar *vt* **1** (*menospreciar*) to despise, to look down on *sb* (*más coloq*) **2** (*rechazar*) to spurn: *Despreciaron nuestra ayuda.* They spurned our offer of help. **3** (*no tener en cuenta*) to disregard: *~ el peligro* to disregard the danger
desprecio *nm* **1** (*desconsideración*) contempt (**for *sth/***

sb): *Mostraba un gran ~ por/hacia sus subordinados.* He showed great contempt for his subordinates. **2** (*ofensa*) snub: *Aquel ~ me dolió mucho.* I was very hurt at being snubbed like that.
LOC **hacer un desprecio a** to snub *sb*

desprender *vt* **1** (*separar*) to take *sth* off, to remove (*más formal*): *Desprende la etiqueta.* Take the price tag off. **2** (*emitir*) to give *sth* off: *El agua desprende olor a lejía.* The water is giving off a smell of bleach.
■ **desprenderse** *v pron* **1 desprenderse de** (*deducirse*) to be clear **from *sth***: *Según se desprende del análisis de los datos...* As is clear from the analysis of the data... **2 desprenderse (de)** (*despegarse*) to come off (*sth*): *Se desprendió una piedra del muro.* A stone fell off the wall. **3** (*caerse*) to come down: *El accidente se produjo al ~se un cable de alta tensión.* The accident happened when a high tension cable came down. **4 desprenderse de** (*despojarse*) to part **with *sth***: *Le costaba ~se de aquellas cartas.* He found it difficult to part with those letters. **5 desprenderse de** (*emanar*) to leak **from...**: *Gases tóxicos se desprendían de los bidones.* Toxic gases were leaking from the drums.

desprendido, -a *pp, adj* (*generoso*) generous *Ver tb* DESPRENDER

desprendimiento *nm* **1** (*separación*) detachment **2** (*generosidad*) generosity
LOC **desprendimiento de retina** detached retina **desprendimiento de tierras** landslide

despreocupación *nf* lack of concern (**for *sth*/*sb***): *~ por los problemas ajenos* lack of concern for other people's problems ◊ *Muestra una total ~ por todo y todos.* He doesn't care about anything or anyone.

despreocupado, -a *pp, adj* relaxed: *una conversación despreocupada* a relaxed conversation ◊ *La crisis no debe afectarles. Se les ve ~s.* The crisis can't be affecting them – they seem quite relaxed about it. *Ver tb* DESPREOCUPARSE

despreocuparse *v pron* **~ (de) 1** (*gen*) to take no interest (**in *sth*/*sb***): *Se despreocupó totalmente de la boda.* He took no interest in the wedding. **2** (*no preocuparse*): *Los padres nunca se despreocupan de sus hijos.* Parents never stop worrying about their children.

desprestigiar *vt* to discredit
■ **desprestigiarse** *v pron* to become discredited

desprestigio *nm* **1** (*pérdida de prestigio*) loss of prestige **2** (*falta de prestigio*) lack of prestige **LOC** *Ver* CAMPAÑA

desprevenido, -a *adj* unprepared
LOC **coger/pillar desprevenido** to catch *sb* unawares

desproporción *nf* disparity

desproporcionado, -a *adj* **1** (*falto de proporción*) out of proportion: *Tiene unas dimensiones desproporcionadas.* It is out of proportion. **2** (*demasiado*) disproportionate: *un número ~ de coches* a disproportionate number of cars **3** (*no equitativo*) uneven: *un reparto ~* an uneven distribution

despropósito *nm* **1** (*dicho*) nonsense [*incontable*]: *Sólo decían ~s.* They talked a lot of nonsense. **2** (*hecho*) ridiculous thing to do

desproveer *vt* to deprive *sb* ***of sth***

desprovisto *pp, adj* **~ de** lacking **in *sth*** *Ver tb* DESPROVEER

después *adv* **1** (*más tarde*) afterwards, later (*más coloq*): *Si estudias ahora, ~ puedes ver la televisión.* If you do your homework now, you can watch TV later. ◊ *Come tú ahora, yo lo haré ~.* You eat now and I'll have something later. ◊ *mucho ~* much later/long afterwards ◊ *Llamó poco ~.* He phoned shortly afterwards/a little later. **2** (*a continuación*) next: *Mi parada viene ~.* Mine's the next stop.
■ **después** *adj*: *el año ~* the following year ◊ *el día ~* the day after
LOC **después de** after: *~ de comer iremos al parque.* After we've eaten we'll go to the park. ◊ *Se fueron poco ~ de llegar nosotros.* They left soon after we arrived. ◊ *La farmacia está ~ del banco.* The chemist's is just after the bank. ◊ *Es el que más manda ~ del presidente.* After the president, he has the most power. **después de Cristo/Jesucristo** anno domini (*abrev* AD) **después (de) que** when: *~ de que acabes los deberes prepara la mesa.* When you've finished your homework you can lay the table. **después de todo** after all *Ver tb* IMPUESTO, LOCIÓN

despuntar *vt* (*cuchillo, lápiz*) to blunt
■ **despuntar** *vi* **1** (*flores*) to come into bud **2** (*alba, día*) to break **3 ~ entre** (*destacar*) to stand out (**from *sb***)
■ **despuntarse** *v pron* (*cuchillo, lápiz*) to get blunt
LOC **al despuntar el alba** at daybreak

desquiciado, -a *pp, adj* crazy *Ver tb* DESQUICIAR
LOC **estar desquiciado de los nervios** to be a nervous wreck

desquiciar *vt* (*volver loco*) to drive *sb* mad: *Ese ruido me está desquiciando (los nervios).* That noise is driving me mad.

desquitarse *v pron* **~ (de) 1** (*compensar*) to make up **for *sth***: *Los fines de semana me desquito durmiendo hasta tarde.* At weekends I make up for lost sleep by having a lie-in. **2** (*vengarse*) to get your own back (**for *sth***): *El equipo se desquitó de la derrota anterior.* The team got their own back for their previous defeat.

desquite *nm*
LOC **tomarse el desquite** to get your own back

desriñonarse *v pron* to wear yourself out: *Me desriñoné pintando la casa.* I wore myself out painting the house.

destacado, -a *pp, adj* **1** (*gen*) outstanding: *un descubrimiento/artista ~* an outstanding discovery/artist **2** (*principal*) leading: *un miembro ~ del Partido Socialista* a leading member of the Socialist Party *Ver tb* DESTACAR

destacamento *nm* detachment: *un ~ militar* a military detachment

destacar *vt* **1** (*subrayar*) to underline: *Este conflicto destaca la necesidad del diálogo.* This conflict underlines the need for dialogue. **2** (*señalar*) to point *sth* out: *El profesor destacó varios aspectos de la obra de Bécquer.* The teacher pointed out various aspects of Bécquer's work. ◊ *Destacó que hablaba a título personal.* He pointed out that he was speaking for himself. **3** (*Mil*) to detach
■ **destacar(se)** *vi, v pron* to stand out: *El rojo destaca sobre el verde.* Red stands out against green. ◊ *Mi hija menor destaca en física.* My youngest daughter is outstanding at physics.
LOC **destacar por algo**: *Destaca por su estatura/elegancia.* He's exceptionally tall/smart.

destajo *nm* **LOC** *Ver* TRABAJAR

destapar *vt* **1** (*quitar la tapa*) **(a)** (*caja, olla*) to take the lid **off *sth*** **(b)** (*botella*) to open **2** (*descubrir*) **(a)** (*gen*) to uncover: *La investigación destapó un caso de corrupción policial.* The investigation uncovered a case of police corruption. **(b)** (*en la cama*) to pull the bedclothes **off *sb***: *No te muevas, que me vas a ~.* Don't move or you'll pull the bedclothes off me.
■ **destaparse** *v pron* **1** (*quitarse la ropa*) to strip off: *Tan pronto como llega el buen tiempo se destapan.* They strip off the moment there's a bit of sun. **2** (*en la cama*) to throw your bedclothes off: *Asegúrate de que el niño no se destapa.* Make sure the baby doesn't throw off his bedclothes.

destape *nm* nudity

destaponar(se) *vt, v pron* to unblock: *Tendrás que ir al médico para que te destapone los oídos.* You'll have to go to the doctor's to get your ears unblocked. ◊ *Por fin se me ha destaponado el oído.* My ear's unblocked at last.

destartalado, -a *pp, adj* **1** (*gen*) dilapidated: *El edificio de Correos está bastante ~.* The Post Office is rather dilapidated. **2** (*desordenado*) untidy: *¿Cómo puedes estudiar en una habitación tan destartalada?* How can you work in such an untidy room?

destello *nm* **1** (*gen*) flash: *un ~ de luz/ingenio* a flash of light/wit **2** (*estrella*) twinkle **3** (*joya*) sparkle

destemplado, -a *pp, adj* under the weather: *Me metí en la cama porque estaba un poco destemplada.* I went to bed because I was feeling a bit under the weather. **LOC** *Ver* CAJA

desteñir(se) *vt, v pron* to fade: *El sol ha desteñido las cortinas.* The sun has faded the curtains. ◊ *¡Qué pena, se te ha desteñido la falda!* Your skirt has faded. What a pity!

■ **desteñir** *vi*: *Se me ha estropeado toda la colada porque el jersey ha desteñido.* Everything's ruined–I put my jumper in the wash and the colour's run. ◊ *La camisa roja destiñe.* The colour runs in that red shirt.

desternillarse *v pron*

LOC desternillarse (de risa) to kill yourself laughing: *Me desternillo de risa con sus chistes.* I kill myself laughing at his jokes.

desterrar *vt* **1** (*expatriar*) to send *sb* into exile, to exile (*más formal*) **2** (*temores, dudas, pensamientos*) to banish: ~ *los malos pensamientos* to banish evil thoughts **3** (*costumbres, creencias*) to stamp *sth* out: ~ *el uso de las armas* to stamp out the use of arms

destetar *vt* to wean

destiempo

LOC a destiempo at the wrong moment *Ver tb* ENTRAR

destierro *nm* exile: *vivir en el* ~ to live in exile ◊ *condenar a algn al* ~ to send sb into exile

destilar *vt, vi* to distil

destilería *nf* distillery: *una* ~ *de whisky* a whisky distillery

destinado, -a *pp, adj* **~ a** destined **for *sth*/to do *sth***: *Está* ~ *al éxito.* He's destined for success. *Ver tb* DESTINAR

destinar *vt* **1** (*trasladar*) to post: *La han destinado a Vigo.* She's been posted to Vigo. ◊ *Espero que me destinen pronto.* I hope they'll give me my posting soon. ◊ *Lo han destinado a Aviación.* He's been sent into the air force. **2** (*dedicar*) to set *sth* aside **for *sth*/to do *sth***: ~ *tus ahorros a pagar los estudios de tus hijos* to set aside your savings to pay for your children's education ◊ *Han destinado el ala oeste a consultas externas.* They've earmarked the west wing for the outpatients department.

destinatario, -a *nm-nf* addressee: *El* ~ *ha cambiado de domicilio.* The addressee has moved. ◊ *¿Quién es el* ~ *de la carta?* Who is the letter addressed to?

destino *nm* **1** (*sino*) destiny **2** (*lugar*) destination: *los ~s preferidos de los turistas* the most popular tourist destinations ◊ *un tren con* ~ *a Gijón* a train to Gijón **3** (*uso*) use: *la recogida de fondos con* ~ *a los niños del tercer mundo* fund-raising for third-world children **4** (*Mil*) posting: *Su próximo* ~ *es La Coruña.* His next posting is (to) La Coruña. **5 ~ (de)** (*puesto*) post (**of *sth***): *el* ~ *de consejero comercial* the post of financial adviser **LOC** *Ver* ABANDONAR, FRANQUEAR

destitución *nf* removal from office

destituir *vt* to remove *sb* from office: *Lo han destituido de su cargo.* He has been removed from office.

destornillador

Phillips screwdriver

handle

screwdriver

destornillador *nm* screwdriver

destornillar *vt* to unscrew

LOC destornillarse (de risa) to kill yourself laughing

destreza *nf* skill

destripar *vt* **1** (*animal*) to gut **2** (*cosa*) to rip *sth* open

destronamiento *nm* overthrow

destronar *vt* **1** (*lit*) to depose **2** (*fig*) to dethrone: *El Deportivo ha destronado al Real Madrid.* Deportivo have knocked Real Madrid off the top of the table.

destrozado, - a *pp, adj* devastated: ~ *por la pérdida de su hijo* devastated by the loss of her son *Ver tb* DESTROZAR

LOC dejar destrozado to destroy *sth/sb*

destrozar *vt* **1** (*gen*) to destroy: *La bomba destrozó el edificio.* The bomb destroyed the building. **2** (*hacer añicos*) to smash: *Destrozaron los escaparates.* They smashed the shop windows. **3** (*estropear*) to ruin: ~ *la vida de algn* to ruin sb's life

LOC destrozarle el corazón a algn to break sb's heart

destrozo *nm* **~ (en)** damage (**to *sth***) [*incontable*]: *los ~s causados por el vendaval* the damage caused by the storm ◊ *La explosión ha ocasionado ~s en el edificio.* The building has been damaged by the explosion.

destrozón, -ona *adj* destructive

■ **destrozón, -ona** *nm-nf*: *¡Eres un ~!* You're always breaking things!

destrucción *nf* destruction

destructivo, -a *adj* destructive

destructor, ~a *adj* destructive

■ **destructor** *nm* (*Náut*) destroyer

destruir *vt* **1** (*gen*) to destroy: ~ *la reputación de algn* to destroy sb's reputation **2** (*demoler*) to demolish **3** (*planes*) to wreck

desunión *nf* lack of unity

desunir *vt* to cause a rift: *El tema de la herencia ha desunido a la familia.* Disagreements over the inheritance have caused a rift in the family.

desuso *nm*

LOC caer en desuso 1 (*pasar de moda*) to go out of fashion **2** (*costumbre*) to fall into disuse **en desuso** no longer used: *técnicas en* ~ techniques which are no longer used

desvalido, -a *adj* **1** (*desamparado*) helpless **2** (*indigente*) destitute

desvalijamiento *nm* ransacking

desvalijar *vt* **1** (*lugar*) to ransack **2** (*persona*) to rob *sb* of all they have

desvalorización *nf* devaluation: *la* ~ *de la moneda* (currency) devaluation ◊ *la tendencia hacia la* ~ *del trabajo intelectual* the tendency to devalue intellectual work

desvalorizar *vt* to devalue

■ **desvalorizarse** *v pron* to depreciate

desván *nm* loft

desvanecer *vt* to dispel

■ **desvanecerse** *v pron* **1** (*desmayarse*) to faint **2** (*evaporarse*) to evaporate **3** (*desaparecer*) to vanish

desvanecido, -a *pp, adj* unconscious *Ver tb* DESVANECER

LOC caer desvanecido to faint

desvanecimiento *nm* faint: *Sufrió un* ~. He fainted.

desvariar *vi* to rave

desvarío *nm* **1** (*Med*) delirium **2 desvaríos** (*insensateces*) ravings: *No hagas caso de sus ~s.* Don't listen to his ravings!

desvelado, -a *pp, adj* wide awake *Ver tb* DESVELAR

desvelar *vt* **1** (*mantener despierto*) to keep *sb* awake: *El café me desvela.* Coffee keeps me awake. **2** (*revelar*) to disclose

■ **desvelarse** *v pron* **1** (*permanecer despierto*) to lie awake: *Me desvelé y no me pude dormir en toda la noche.* I lay awake all night. **2 desvelarse (por)** (*preocuparse*) to be very worried (**about *sth***): *La salud de su mujer le hace ~se.* He's very worried about his wife's health. **3 desvelarse por** (*desvivirse*) to do your utmost (**for *sb*/to do *sth***): *Se desvelan por nosotros/complacernos.* They do their utmost for us/to please us. ◊ *Me desvelo por que descansen.* I do my best to see that they get some rest.

desvelo *nm* **1** (*insomnio*) period of sleeplessness **2 desvelos (a)** (*preocupaciones*) worries **(b)** (*esfuerzos*) efforts

desvencijado, -a *pp, adj* ramshackle *Ver tb* DESVENCIJARSE

desvencijarse *v pron* (*romperse*) to fall apart

desventaja *nf* disadvantage
LOC estar en desventaja to be at a disadvantage: *Está en ~ respecto al corredor irlandés.* He's at a disadvantage compared to the Irish runner.

desventura *nf* misfortune

desventurado, -a *adj, nm-nf* unfortunate [*adj*]

desvergonzado, -a *pp, adj, nm-nf* **1** (*que no tiene vergüenza*) shameless [*adj*]: *¡Eres un ~!* You're shameless! **2** (*insolente*) impertinent [*adj*]

desvergüenza *nf* **1** (*falta de vergüenza*) shamelessness **2** (*insolencia*) impertinence
LOC con la mayor/toda la desvergüenza quite brazenly **¡qué desvergüenza!** what cheek!, what a nerve! (*más coloq*) **ser una desvergüenza** to be a disgrace **tener la desvergüenza de** to have the cheek *to do sth*

desvestir *vt* **1** (*persona*) to undress **2** (*cama*) to take the covers off *the bed*
■ **desvestirse** *v pron* to get undressed

desviación *nf* **~ (de) 1** (*tráfico, fondos*) diversion **2** (*irregularidad*) deviation (**from** *sth*): *Se han detectado desviaciones respecto a la norma.* There have been some deviations from the norm. **3** (*Med*) curvature

desviado, -a *pp, adj Ver* DESVIAR
LOC quedar desviado to be out of the way: *El pueblo queda un poco ~.* The village is a bit out of the way.

desviar *vt* **1** (*gen*) to divert: *~ fondos/el tráfico* to divert funds/the traffic **2** (*golpe, pregunta*) to deflect
■ **desviarse** *v pron* **1** (*lit*) **(a)** (*carretera*) to branch off (*sth*): *La carretera se desvía hacia la izquierda.* The road branches off to the left. **(b)** (*coche, persona*) to turn off (*sth*): *Nos desviamos de la carretera general.* We turned off the main road. **(c)** (*barco*) to stray off course **2 desviarse (de) (a)** (*a propósito*) to deviate (**from** *sth*): *~se de la línea del partido* to deviate from the party line **(b)** (*sin querer*) to stray (**from** *sth*)
LOC desviar la mirada/vista to avert your eyes **desviarse del tema** to wander off the subject

desvinculado, -a *pp, adj* **~ (de) 1** (*asunto, socio*): *Está totalmente ~ del tema.* He has nothing to do with that now. **2** (*familia, amigos*) out of touch (**with** *sb*) *Ver tb* DESVINCULARSE

desvincularse *v pron* **~ de 1** (*asunto, socio*) to dissociate yourself **from** *sth*/*sb* **2** (*familia, amigos*) to cut your links **with** *sb*

desvío *nm* diversion

desvirtuar *vt* **1** (*quitar valor*) to detract **from** *sth* [*vi*] **2** (*tergiversar*) to distort

desvivirse *v pron* **1 ~ por algo/algn** to live **for sb/sth**: *Se desvive por sus hijos.* She lives for her children. **2 ~ por hacer algo** to go out of your way **to do sth**: *Se desvive por agradarles.* He goes out of his way to please them.
LOC desvivirse en atenciones to be very attentive *to sb*

detalladamente *adv* in detail

detallado, -a *pp, adj* detailed *Ver tb* DETALLAR

detallar *vt* to give details **of/about** *sth*: *No detalló su itinerario.* She didn't give any details about/of her itinerary.

detalle *nm* **1** (*pormenor*) detail: *Me dio todo tipo de ~s.* He gave me all the details. **2** (*atención*) gesture
LOC al/con/en detalle in detail **con todo detalle** in great detail **¡qué detalle!** how thoughtful! **tener el detalle de** to be kind enough *to do sth* **tener muchos detalles** to be very considerate *Ver tb* LUJO

detallista *adj* **1** (*meticuloso*) thorough **2** (*atento*) considerate **3** (*Com*) retail [*n atrib*]
■ **detallista** *nmf* **1** (*persona meticulosa*) perfectionist **2** (*persona atenta*) considerate person **3** (*vendedor*) retailer

detección *nf* detection

detectar *vt* to detect

detective *nmf* detective

detector *nm* detector: *un ~ de mentiras/metales* a lie/metal detector

detención *nf* arrest
LOC con detención thoroughly

detener *vt* **1** (*parar*) to stop: *~ un tren* to stop a train **2** (*arrestar*) to arrest
■ **detenerse** *v pron* **1** (*pararse*) to stop: *Siga adelante, no se detenga.* Keep going, don't stop. **2 detenerse en** (*idea, tema*) to dwell **on** *sth*

detenidamente *adv* carefully

detenido, -a *pp, adj* (*detallado*) thorough *Ver tb* DETENER
■ **detenido, -a** *nm-nf* person under arrest: *Tres de los ~s han sido puestos en libertad.* Three of the people who were under arrest have been freed.
LOC estar/quedar detenido to be under arrest

detenimiento *nm*
LOC con detenimiento carefully

detentar *vt* to hold

detergente *nm* **1** (*ropa*) detergent, washing powder (*más coloq*) **2** (*para la vajilla*) **(a)** (*gen*) detergent, washing-up liquid (*más coloq*): *¡Vaya, se me ha olvidado el ~ para los platos!* I forgot to get the washing-up liquid. **(b)** (*para lavavajillas*) dishwasher powder

deteriorado, -a *pp, adj* **1** (*estropeado*) damaged: *Su imagen ha quedado muy deteriorada.* His image has been badly damaged. **2** (*en mal estado*) in bad condition: *El interior de la casa está muy ~.* The inside of the house is in bad condition. **3** (*situación*) critical **4** (*economía*) ailing *Ver tb* DETERIORAR

deteriorar *vt* **1** (*dañar*) to damage: *La lluvia ácida deteriora los bosques.* Acid rain is damaging the forests. **2** (*situación, relación, imagen*) to affect
■ **deteriorarse** *v pron* **1** (*gen*) to deteriorate: *Su salud se deterioraba día a día.* His health was deteriorating daily. **2** (*alimento*) to go off

deterioro *nm* deterioration

determinación *nf* **1** (*actitud*) determination: *con una ~ férrea* with iron determination **2** (*decisión*) decision: *Hay que tomar una ~ cuanto antes.* We must make a decision as soon as possible.
LOC tomar la determinación de to decide *to do sth*

determinado, -a *pp, adj* certain: *en ~s casos* in certain cases *Ver tb* DETERMINAR **LOC** *Ver* ARTÍCULO, MOMENTO

determinante *adj* decisive

determinar *vt* **1** (*establecer, averiguar*) to determine: *el factor que determinó su éxito* the factor that determined his success ◊ *Las causas están aún por ~.* The causes have yet to be determined. **2** (*decidir, resolver*) to decide: *Determinó estudiar Medicina.* He decided to study medicine. **3** (*inducir*) to make *sb* decide ***to do sth***: *La vista al mar nos determinó a comprar la casa.* It was the sea view that made us decide to buy the house. **4** (*ley, reglamento*) to stipulate: *La constitución determina que…* The constitution stipulates that…

detestable *adj* **1** (*gen*) terrible: *Tiene un gusto ~.* He has terrible taste. **2** (*acto*) atrocious **3** (*persona*) hateful

detestar *vt* to detest, to hate (*más coloq*)

detonación *nf* explosion

detonador *nm* detonator

detonante *nm* **1** (*explosivo*) explosive **2** (*motivo*): *Los cambios fueron el ~ de la crisis.* The crisis was sparked off by the changes.

detonar *vt, vi* to detonate

detractor, ~a *nm-nf* detractor

detrás *adv* **1** (*gen*) behind: *El camión que iba ~ se salió de la calzada.* The lorry behind went off the road. ◊ *—¿Sois los últimos? —Sí, no queda nadie ~.* 'Are you the last?' 'Yes, there's no one after us.' **2** (*en el reverso*) on the back: *La firma aparece ~.* The signature is on the back.
LOC andar/estar/ir detrás de algo/algn to be after sth/sb: *Mi amigo anda ~ de esa chica.* My friend is after that girl. **detrás de** behind *sth/sb*: *Ponte ~ de él.* Stand behind him. **por detrás 1** (*gen*) from behind:

una foto tomada por ~ a photo taken from behind **2** (*en el reverso*) on the back: *Pon la fecha de la foto por* ~. Put the date of the photo on the back. **3** (*pasar, ir*) round the back: *Pasa por* ~. Go round the back. **por detrás de** behind *sth/sb*: *Llegó cuatro cuerpos por* ~ *del ganador*. He finished four lengths behind the winner. **un... detrás de otro**: *Comía una galleta* ~ *de otra*. He was eating the biscuits one after another. **uno detrás de otro** one after the other: *Llegaron uno* ~ *de otro*. They arrived one after the other.

detrimento *nm* detriment
LOC ir en detrimento de to be to the detriment of *sth/sb*

deuda *nf* debt: *pagar/cobrar una* ~ to pay off/collect a debt ◊ *una* ~ *a largo plazo* a long-term debt
LOC deuda externa/pública foreign/national debt **deuda fallida** bad debt **estar en deuda con algn (por algo)** to be indebted to sb (for sth) **tener una deuda con** to be in debt (to *sth/sb*): *Tengo una* ~ *con el banco*. I'm in debt to the bank. *Ver tb* CARGAR, PERDONAR, PROMETIDO

deudor, ~a *adj, nm-nf* debtor [*n*]: *la entidad deudora* the debtor

devaluación *nf* devaluation: *una nueva* ~ *de la moneda* another (currency) devaluation

devaluar *vt* to devalue

devanar *vt* to wind **LOC** *Ver* SESO

devaneo *nm* fling
LOC tener devaneos con algo to flirt with sth: *Tuvo* ~*s con las drogas*. He flirted with drugs.

devastación *nf* devastation

devastador, ~a *adj* devastating

devastar *vt* to devastate

devenir[1] *nm* evolution

devenir[2] *vi* **~ en** to give rise **to *sth***: *La situación devino en graves disturbios*. The situation gave rise to serious disturbances.

devoción *nf* **~ (por)** devotion **(to *sth/sb*)**
LOC sentir/tener (gran) devoción por algn to be (totally) devoted to sb *Ver tb* ANTES, SANTO

devolución *nf* **1** (*gen*) return: *la* ~ *de mercancías defectuosas* the return of defective goods ◊ *La* ~ *de la carta se debe a que...* The letter has been returned because... **2(a)** (*importe, precio*) refund: *Reclaman la* ~ *de la cantidad pagada*. They're demanding a refund. **(b)** (*crédito, deuda*) repayment: *la* ~ *de un préstamo* the repayment of a loan **(c)** (*impuestos*) rebate

devolver *vt* **1** (*gen*) to return *sth/sb* (***to sth/sb***), to give, bring, etc *sth/sb* back (***to sth/sb***) (*más coloq*): *¿Devolviste los libros a la biblioteca?* Did you return the books to the library? ◊ *Mañana te devuelvo el dinero*. I'll give you back the money tomorrow. ◊ *Aquel sonido le devolvió a la realidad*. That sound brought him back to reality. ◊ *Le devolví el golpe*. I punched him back. **2** (*favor, invitación, visita*) to return: *Te devolveré la visita tan pronto como pueda*. I'll return your visit as soon as I can. **3** (*importe, impuesto, precio*) to refund *sth* (***to sb***): *Se le devolverá el importe*. You will have the price refunded. **4** (*crédito, deuda*) to repay *sth* (***to sb***) **5** (*restablecer*) to restore: *El acuerdo devolvió la paz a los dos países*. The agreement restored peace to the two countries. **6** (*vomitar*) to bring *sth* up: *El niño ha devuelto toda la comida*. The baby has brought up all his food.
■ **devolver** *vi* to be sick: *Voy a* ~. I'm going to be sick.
LOC devolver algo a su sitio to put sth back **devolver la pelota** to get even *with sb*

devorador, ~a *adj* **1(a)** (*apetito*) voracious **(b)** (*hambre*) ravenous: *Tengo un hambre devoradora*. I'm ravenous. **2** (*fuego, pasión*) all-consuming
LOC devoradora de hombres man-eater

devorar *vt* to devour
LOC me devora la impaciencia, curiosidad, etc I'm, you're, etc consumed with impatience, curiosity, etc

devoto, -a *adj* **1** (*piadoso*) devout **2** (*fiel*) devoted: *los* ~*s seguidores del presidente* the president's devoted followers
■ **devoto, -a** *nm-nf* **1** (*adorador*) worshipper: *Cada* ~ *lleva una vela*. Every worshipper carries a candle. ◊ *Los* ~*s siguen a la imagen*. The faithful follow the statue. **2(a)** (*seguidor*) follower: *Tiene muchos* ~*s en el ejército*. He has many followers in the army. **(b)** (*aficionado*) fan, devotee (*más formal*): *los* ~*s de la música rusa* fans of Russian music
LOC ser devoto de la Virgen/un santo to have a special devotion to the Virgin/a saint

día *nm* **1** (*gen*) day: *Pasamos el* ~ *en Madrid*. We spent the day in Madrid. ◊ *el* ~ *anterior* the previous day **2** (*fecha*) **(a)** (*gen*) date: *¿Habéis fijado el* ~*?* Have you fixed the date? **(b)** (*exacta*): *Termina el* ~ *22*. It ends on the 22nd. ◊ *Llegaron el* ~ *10 de abril*. They arrived on the 10 of April. ☛ Se dice 'April the tenth' o 'the tenth of April'. **3** (*horas de luz*) daytime: *No se ven lechuzas durante el* ~. You don't see owls in the daytime.
LOC al caer el día at twilight **al día siguiente** (on) the following day **a los dos, etc días (de)**: *Se hartaron a los diez* ~*s*. They'd had enough after ten days. ◊ *A los tres* ~*s de empezar la temporada suspendieron las representaciones*. The show was taken off three days into its run. **al/por día** a day: *mil pesetas al* ~ a thousand pesetas a day ◊ *tres veces al* ~ three times a day **¡buenos días!** good morning! **darle a algn el día, la tarde, etc con algo**: *Me dio el* ~ *con ese asunto*. He kept on about it. **darle el día, la tarde, etc a algn** to be a pain: *¡No me des la tarde!* Don't be such a pain! **dar los buenos días** to say good morning (*to sb*) **de día 1** (*a la luz*) in daylight: *ver algo de* ~ to see something in daylight **2** (*durante el día*): *Duermen de* ~ *y estudian de noche*. They sleep during the day and study at night. **del día** (*fresco*) fresh **de un día a otro** (*cualquier día*) any day now **de un día para otro** overnight **día a día** day by day **día de Año Nuevo** New Year's Day **día de cumpleaños** birthday: *Vendrán el* ~ *de mi cumpleaños*. They'll come on my birthday. **día de diario** weekday **día de fiesta/festivo** (public) holiday ☛ *Ver nota en* BANK HOLIDAY **día de la banderita** flag day **día de la madre** Mother's Day **día del juicio (final)** Judgement Day, doomsday (*más coloq*) **día de los difuntos** All Souls' Day **día de los enamorados** St Valentine's Day **día de los (santos) inocentes** ≃ April Fool's Day (*GB*)

En Gran Bretaña el día de los inocentes se celebra el 1 de abril.

día del padre Father's Day **día de Navidad** Christmas Day **día de pago** payday **día de precepto** (holy) day of obligation: *Los domingos son* ~*s de precepto*. You have to go to church on Sundays. **día de Reyes** 6 January ☛ Se dice 'January the sixth' o 'the sixth of January'. **día de santo** saint's day: *Es el* ~ *de mi santo*. It's my saint's day. **día de todos los santos** All Saints' Day ☛ *Ver nota en* HALLOWE'EN **día hábil/laborable/de trabajo** working day **día inhábil** non-working day **día libre/de descanso** day off: *Mañana es mi* ~ *libre*. Tomorrow is my day off. **día tras día** day after day **día y noche** night and day **durante el día 1** (*de día*) in the daytime **2** (*en el curso del día*) in the course of the day **el día de mañana** (in) the future: *No sabes lo que puede pasar el* ~ *de mañana*. You never know what the future may bring. **el día menos pensado** when I, you, etc least expect it: *El* ~ *menos pensado los despiden*. They'll get the sack when they least expect it. **el día que...** the day...: *el* ~ *que seamos independientes* they day we are independent **el mismo día** (on) the same day **en el día** the same day: *Reparamos zapatos en el* ~. Shoes repaired the same day. **en su día 1** (*pasado*) at the time **2** (*futuro*) in due course **estar/mantenerse al día** to be up to date (*with sth*) **estos días** (*actualmente*) at the moment **hacer buen día**: *Hace/Hacía buen* ~. It is/was a nice day. **hacerse de día**: *Se hizo de* ~. Day dawned. **poner al día** to update *sth/sb* **ponerse al día 1** (*con trabajo atrasado*) to catch up *with sth* **2** (*en conocimientos*) to bring yourself up to date *on sth* **¡qué/**

vaya día! what a day! **ser de día** to be daylight **si algún/un día...** if I, you, etc ever...: *Si algún ~ te cansas de esto...* If you ever get tired of this... **tener días** to have good days and bad days: *Tiene ~s.* He has good days and bad days. **tener los días contados**: *Tiene los ~s contados.* His days are numbered. **todos los días** every day ☛ *Ver nota en* EVERYDAY **un buen día** one fine day **un día** (*alguna vez*) sometime: *Tenemos que comer juntos un ~.* We must have lunch together sometime. **un día de estos** one of these days **un día es un día** this is a special occasion **un día sí y otro no** every other day ☛ Para otras expresiones con **día**, véanse las entradas del sustantivo, verbo, etc, p.ej. **hoy (en) día** en HOY y **vivir al día** en VIVIR.

diabetes *nf* diabetes [*incontable, v sing*]

diabético, -a *adj, nm-nf* diabetic

diablo *nm* devil

LOC **a diablos** horrible: *Huele/Sabe/Suena a ~s.* It smells/tastes/sounds horrible. **al diablo con...** to hell with... **¿cómo diablos...?** how on earth...?: *¿Cómo ~s se abre esto?* How on earth do you open this? **como el/un diablo**: *Este pimiento pica como un ~.* This pepper is as hot as hell. **¡diablos!** hell! **¿para qué diablos...?** what on earth is the point of *doing sth*?: *¿Para qué ~s me lo dices ahora?* What on earth is the point of telling me that now? **¿qué diablos pasa?** what the hell is going on? (*ofen*) **se lo llevan los diablos** (*se encoleriza*) he, she etc gets really mad **tiene el diablo en el cuerpo** (*no para*) he, she, etc can't sit still for a minute **¡vete al diablo!** to hell with you! *Ver tb* ABOGADO, ALMA, CABALLITO, PIEL

diablura *nf* (*travesura*) prank

LOC **hacer diabluras** to get up to mischief

diabólico, -a *adj* **1** (*malvado*) evil **2** (*complicado, difícil*) fiendishly difficult

diácono *nm* deacon

diadema *nf* **1** (*cinta*) hair band **2** (*corona*) diadem **3** (*joya*) tiara

diáfano, -a *adj* **1** (*transparente*) transparent **2** (*atmósfera, día, explicación*) clear **3** (*tela*) sheer

diafragma *nm* diaphragm

diagnosis *nf* diagnosis [*pl* diagnoses]

diagnosticar *vt* to diagnose: *~ una enfermedad* to diagnose an illness ◊ *Le diagnosticaron una infección.* He was diagnosed as having an infection.

diagnóstico *nm* diagnosis [*pl* diagnoses]: *realizar un buen ~* to make the correct diagnosis

diagonal *adj, nf* diagonal

diagrama *nm* diagram

LOC **diagrama de barras** bar chart **diagrama de flujo** flow chart **diagrama de segmentos** pie chart ☛ *Ver ilustración en* GRÁFICO

dial *nm* dial

dialéctica *nf* dialectic(s) [*v sing*]

dialéctico, -a *adj* dialectical: *materialismo ~* dialectical materialism

dialecto *nm* dialect

diálisis *nf* dialysis

dialogado, -a *pp, adj* (*negociado*) negotiated: *una solución dialogada* a negotiated solution *Ver tb* DIALOGAR

dialogante *adj* open-minded

dialogar *vi* **~ (con)** **1** (*hablar*) to talk (**to** ***sb***): *Los padres deben ~ con sus hijos.* Parents must talk to their children. ☛ *Ver nota en* HABLAR **2** (*negociar*) to negotiate (**with** ***sb***): *Quieren ~ con el gobierno.* They want to negotiate with the government. LOC *Ver* SENTAR

diálogo *nm* **1** (*gen*) talking: *El ~ es preferible a la violencia.* Talking is better than violence. **2** (*conversación*) conversation: *Tuvimos un ~ interesante.* We had an interesting conversation. **3** (*novela, comedia, película*) dialogue [*incontable*]: *Escribe unos ~s muy divertidos.* He writes very funny dialogue.

LOC **diálogo de besugos/sordos** dialogue of the deaf

diamante *nm* **1** (*piedra*) diamond **2** **diamantes** (*naipes*) diamonds ☛ *Ver nota en* BARAJA ☛ *Ver ilustración en* CARTA

LOC **diamante en bruto** (*persona*) rough diamond *Ver tb* BODA

diametralmente *adv* diametrically

LOC **diametralmente opuesto** diametrically opposed (*to sth/sb*)

diámetro *nm* diameter

diana *nf* **1** (*Mil*) reveille **2** (*blanco*) bull's-eye ☛ *Ver ilustración en* DART **3** (*dardos*) dartboard ☛ *Ver ilustración en* DART

LOC **dar en la diana/hacer diana** to get a bull's-eye **tocar diana** to sound the reveille *Ver tb* TOQUE

diapasón *nm* tuning fork

diapositiva *nf* slide

LOC **diapositiva en color** colour slide

diariamente *adv* daily

diario, -a *adj* **1** (*de todos los días*) daily: *las tareas diarias* daily tasks **2** (*al día*) a day: *Estudio tres horas diarias.* I study for three hours a day.

■ **diario** *nm* **1** (*periódico*) newspaper **2** (*personal*) diary

> **Diary** es la palabra que utilizamos para referirnos al diario privado y personal de una persona: *No quiero que leas mi diario.* I don't want you reading my diary. Existe también el término **journal**, que se refiere a un tipo de diario donde se anotan acontecimientos de interés, noticias, o datos con un fin específico: *Escribió un diario de sus viajes.* He kept a travel journal.

LOC **a diario** every day **de/para diario** everyday: *ropa de ~* everyday clothes ☛ *Ver nota en* EVERYDAY **diario de a bordo/navegación** logbook **diario dominical** Sunday paper **diario hablado** news bulletin **diario matutino/vespertino** morning/evening paper *Ver tb* DÍA, VIDA

diarrea *nf* diarrhoea [*incontable*]

dibujante *nmf* **1** (*humor*) cartoonist **2** (*publicidad*) commercial artist **3** (*Tec*) draughtsman/woman [*pl* draughtsmen/women]

dibujar *vt* **1** (*Arte*) to draw **2** (*dar una idea general*) to outline

■ **dibujarse** *v pron*: *Unas inmensas montañas se dibujaban en el horizonte.* We could see some huge mountains on the horizon.

dibujo *nm* **1** (*gen*) drawing: *Le encanta el ~.* She loves drawing. ◊ *He suspendido ~.* I've failed my drawing exam. **2** (*motivo*) pattern ☛ *Ver ilustración en* PATTERN

LOC **dibujo lineal** technical drawing **dibujos (animados)** cartoons **hacer un dibujo de 1** (*gen*) to do a drawing of *sth/sb*: *Hizo un ~ de su hermana/barco.* He did a drawing of his sister/boat. **2** (*niño*) to draw a picture of *sth/sb*: *Los niños hicieron un ~ de su familia.* The children drew pictures of their families. *Ver tb* MESA, PELÍCULA

dicción *nf* diction

diccionario *nm* dictionary: *un ~ enciclopédico* an encyclopaedic dictionary

LOC **diccionario de bolsillo** pocket dictionary **diccionario ilustrado** picture dictionary **hacer un diccionario** to write a dictionary

dicha *nf* **1** (*felicidad*) joy: *Es una ~ ver a toda la familia reunida.* It's a joy to see the whole family together. **2** (*suerte*) luck: *Tuve la ~ de encontrarlos.* I was lucky enough to find them.

dicharachero, -a *adj* witty

dicho, -a *pp, adj* **1** (*gen*) that [*pl* those]: *En ~ año...* That year... ◊ *~s libros* those books **2** (*Jur*) the aforementioned: *dicha cláusula* the aforementioned clause *Ver tb* DECIR[2]

■ **dicho** *nm* (*refrán*) saying

LOC **con eso queda todo dicho** there's nothing more to be said **dejar dicho** to tell *sb sth*: *Me dejó ~ que limpiara la casa.* She told me I must clean the house. **del dicho al hecho hay/va mucho trecho** it's one thing to say something and another to actually do it **dicho de otra forma/manera** in other words **dicho sea de paso** let it be said in passing **dicho y hecho** no sooner said than done **lo dicho** that's settled: *Lo*

~, nos vemos mañana a las cinco. That's settled then, I'll see you tomorrow at five. **por todo lo dicho** so **tener dicho y redicho** to have said *sth* time and time again *Ver tb* AFIRMAR, MEJOR, NUNCA, PROPIAMENTE

dichoso, -a *adj* **1** (*feliz*) happy **2** (*maldito*) blessed: *ese ~ perro* that blessed dog
LOC **¡dichosos los ojos que te ven!** I'm so pleased to see you!

diciembre *nm* December (*abrev* Dec) ☛ *Ver ejemplos en* ENERO

dicotomía *nf* dichotomy

dictado *nm* **1** (*lit*) dictation **2 dictados** dictates: *los ~s de la moda* the dictates of fashion
LOC **al dictado de** dictated by *sth/sb*

dictador, ~a *adj* dictatorial
■ **dictador, ~a** *nm-nf* dictator **LOC** *Ver* MORIR(SE)

dictadura *nf* dictatorship

dictáfono® *nm* Dictaphone®

dictamen *nm* **1** (*opinión*) opinion (***on sth***) **2** (*informe*) report (***on sth***)
LOC **dictamen médico** medical report

dictaminar *vt* **1** (*gen*) to decide: *El pueblo dictamina el futuro del país.* The people decide the future of the country. **2** (*tribunal*) to rule
■ **dictaminar** *vi* (*Jur*) to pass judgement

dictar *vt, vi* to dictate
LOC **dictar una orden** to issue an order *Ver tb* SENTENCIA

dictatorial *adj* dictatorial

didáctico, -a *adj* **1** (*gen*) teaching [*n atrib*]: *métodos ~s* teaching methods **2** (*juego, programa*) educational
■ **didáctica** *nf* educational methodology: *Es una experta en didáctica.* She's an expert in educational methodology. **LOC** *Ver* MATERIAL

diecinueve *nm, adj, pron* **1** (*gen*) nineteen **2** (*fecha, decimonoveno*) nineteenth **3** (*en títulos*) the Nineteenth ☛ *Ver ejemplos en* DIECISÉIS

diecinueveavo, -a *adj* ☛ *Ver ejemplos en* DIECISEISAVO
■ **diecinueveavo** *nm* nineteenth

dieciochesco, -a *adj* eighteenth-century

dieciocho *nm, adj, pron* **1** (*gen*) eighteen **2** (*fecha, decimoctavo*) eighteenth **3** (*en títulos*) the Eighteenth ☛ *Ver ejemplos en* DIECISÉIS **LOC** *Ver* PELÍCULA

dieciochoavo, -a (*tb* **dieciochavo, -a**) *adj* ☛ *Ver ejemplos en* DIECISEISAVO
■ **dieciochoavo** *nm* eighteenth

dieciséis *nm, adj, pron* **1** (*gen*) sixteen: *el número ~* number sixteen ◊ *Pon un ~.* Put down a sixteen. ◊ *El ~ sigue al quince.* Sixteen comes after fifteen. ◊ *16 y 3 son diecinueve.* 16 and 3 are/make 19. ◊ *16 por 2 son 32.* Two sixteens are thirty-two. ◊ *Vivo en el número 16.* I live at number 16. ◊ *~ personas* sixteen people ◊ *Los ~ permanecen incomunicados.* The sixteen are still cut off. **2** (*fecha, decimosexto*) sixteenth (*abrev* 16th): *Fuimos el 16 de mayo.* We went on the 16th of May. ◊ *en el minuto ~* in the sixteenth minute **3** (*en títulos*) the Sixteenth: *Luis XVI* Louis XVI ☛ Se dice 'Louis the Sixteenth'. ☛ *Ver apéndice 3*

dieciseisavo, -a *adj*: *Me corresponde la dieciseisava parte de la herencia.* I'm entitled to a/one sixteenth of the inheritance.
■ **dieciseisavo** *nm* sixteenth: *cinco ~s* five sixteenths ☛ *Ver apéndice 3*

diecisiete *nm, adj, pron* **1** (*gen*) seventeen **2** (*fecha, decimoséptimo*) seventeenth **3** (*en títulos*) the Seventeenth ☛ *Ver ejemplos en* DIECISÉIS

diecisieteavo, -a *adj* ☛ *Ver ejemplos en* DIECISEISAVO
■ **diecisieteavo** *nm* seventeenth

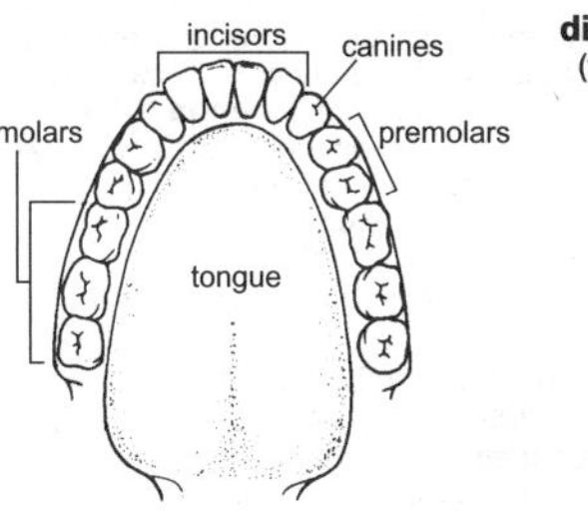

diente (tooth)

diente *nm* **1** (*gen*) tooth [*pl* teeth]: *La niña ya tiene cuatro ~s.* My little girl's got four teeth already. ◊ *los ~s de una sierra* the teeth of a saw **2** (*tenedor*) prong **3** (*Mec*) sprocket
LOC **caerse un diente**: *Se me cayó un ~.* One of my teeth fell out. **dar diente con diente**: *Tenía tanto frío que daba ~ con ~.* He was so cold his teeth were chattering. **diente de ajo** clove of garlic **diente de leche** milk tooth **diente de león** (*Bot*) dandelion ☛ *Ver ilustración en* FLOR **diente postizo** false tooth [*pl* false teeth] **decir algo entre dientes** to mutter sth **echar los dientes** to cut your teeth **ponérsele los dientes largos a algn**: *Se me están poniendo los ~s largos con ese viaje.* I really fancy going on that trip. **sacarse un diente** to have a tooth out *Ver tb* APRETAR, CANTO[1], CEPILLO, DEFENDER, HABLAR, HINCAR, LAVAR, MONDAR, OJO, PARTIR, PASTA, REFUNFUÑAR

diéresis *nf* **1** (*gen*) diaeresis [*pl* diaereses]: *Bilingüe lleva ~ en la u.* 'Bilingüe' has a diaeresis on the u. **2** (*en lenguas germánicas*) umlaut

diesel *nm* **1** (*motor*) diesel engine **2** (*coche*) diesel car: *Tengo un ~.* I've got a diesel car. ◊ *un Ford Escort ~* a Ford Escort diesel

diestro, -a *adj* **1** (*derecho*) right **2** (*persona*) **(a)** (*que utiliza la mano derecha*) right-handed **(b) ~ (en)** (*hábil*) skilful (***at sth***)
■ **diestro** *nm* bullfighter
■ **diestra** *nf* (*mano derecha*) right hand
LOC **a diestro y siniestro** left, right and centre **a la diestra de algn** on sb's right hand

dieta[1] *nf* diet: *una ~ equilibrada* a balanced diet ◊ *estar/ponerse a ~* to be/go on a diet ◊ *El médico le ha puesto a ~.* The doctor has put him on a diet.

dieta[2] *nf* **dietas** expenses: *Cobra cinco mil pesetas al día en concepto de ~s.* He gets five thousand pesetas a day for expenses.

dietético, -a *adj* health [*n atrib*]: *productos ~s* health food
■ **dietética** *nf* dietetics [*v sing*] **LOC** *Ver* TIENDA

diez *nm, adj, pron* **1** (*gen*) ten **2** (*fecha, décimo*) tenth ☛ *Ver ejemplos en* SEIS
LOC **sacar un diez** to get top marks

diezmar *vt* to decimate

difamación *nf* **1** (*de palabra*) slander **2** (*por escrito*) libel

difamador, ~a *adj* **1** (*de palabra*) slanderous **2** (*por escrito*) libellous
■ **difamador, ~a** *nm-nf* slanderer

difamar *vt* **1** (*de palabra*) to slander **2** (*por escrito*) to libel

difamatorio, -a *adj* **1** (*de palabra*) slanderous **2** (*por escrito*) libellous

diferencia *nf* **1** (*gen*) difference (***between...***): *¿Qué ~ hay?* What's the difference? ◊ *Madrid tiene una hora de ~ con Londres.* There's an hour's difference between Madrid and London. ◊ *Quisiera saber cuál es la ~ entre una tela y otra.* Can you tell me what the difference is between one material and the other? **2 ~ (de)** difference (***in/of sth***): *una ~ de opiniones* a difference of opinion ◊ *la ~ de precio* the difference in price
LOC **a diferencia de** unlike *sth/sb*: *La segunda reunión, a ~ de la primera, acabó muy tarde.* The

second meeting, unlike the first, ended very late. **con diferencia** by far: *Es, con ~, el más importante.* It's by far the most important. **con la diferencia de que...** except that... **de diferencia**: *Ganaron por un voto de ~.* They won by one vote. **diferencia de edad** age difference *Ver tb* PARTIR

diferenciación *nf* differentiation

diferencial *adj* **1** (*distintivo*) distinctive **2** (*Mat*) differential

■ **diferencial** *nm* differential (gear) ☛ *Ver ilustración en* CAR **LOC** *Ver* ECUACIÓN

diferenciar *vt* **1** (*percibir la diferencia*) to differentiate **between *sth* (and *sth*)** [*vi*]: *Trata de ~ ambas especies.* Try to differentiate between the two species. ◊ *~ un método de otro* to differentiate between one method and another **2** (*hacer diferente*) to make *sth/sb* different (***from sth/sb***): *Lo que diferencia los dos casos es el motivo.* What makes the two cases different is the motive.

■ **diferenciarse** *vi* to be different (***from sth/sb***)

diferente *adj* **1** (*distinto*) different (***from/to sth/sb***): *Su educación es muy ~ a la nuestra.* Her background is very different from/to ours. **2 diferentes** (*varios*) various: *por ~s razones* for various reasons

■ **diferente** *adv* differently: *hablar ~* to speak differently

diferido, -a *pp, adj Ver* DIFERIR

LOC en diferido pre-recorded

diferir *vi* (*estar en desacuerdo*) to differ: *Difiero de su opinión.* My view differs from yours. ◊ *Difieren en tres puntos.* They differ on three points.

difícil *adj* **1** (*gen*) difficult: *un problema/niño ~* a difficult problem/child **2** (*cara*) unfortunate **3** (*improbable*) unlikely: *Me parece ~ que vengan.* I think it's unlikely they'll come.

LOC lo veo difícil I doubt it *Ver tb* ARREGLO, PARTO, SILENCIO, TRATO

difícilmente *adv*: *~ podrá clasificarse.* He'll have difficulty qualifying.

dificultad *nf* **1** (*concepto*) difficulty: *la ~ de la tarea* the difficulty of the task **2** (*problema*) problem: *Han surgido ~es.* Some problems have come up.

LOC tener dificultad en/para hacer algo to have difficulty doing sth *Ver tb* CRECER

dificultar *vt* **1** (*hacer difícil*) to hinder: *~ los avances de la ciencia* to hinder scientific progress **2** (*circulación*) to hold up *the traffic*

dificultoso, -a *adj* awkward

difteria *nf* diphtheria

difuminar *vt* (*Arte*) to blur

■ **difuminarse** *v pron* **1** (*perder nitidez*) to grow blurred **2** (*perder intensidad*) to fade

difumino *nm* (*Arte*) stump

difundir *vt* **1** (*luz*) to cast **2** (*noticia*) to spread **3** (*documento*) to circulate

■ **difundirse** *v pron* (*luz, noticia*) to spread **LOC** *Ver* MANCHA

difunto, -a *adj* late: *el ~ presidente* the late president

■ **difunto, -a** *nm-nf* deceased [*pl* deceased] **LOC** *Ver* DÍA, MISA

difusión *nf* **1** (*ideas*) spreading **2** (*programas*) broadcasting **3** (*prensa*) circulation: *una revista de gran ~* a magazine with a large circulation **LOC** *Ver* MEDIO *nm*

difuso, -a *adj* **1** (*borroso*) blurred **2** (*idea*) vague **3** (*luz*) dim

digerible *adj* digestible

digerir *vt* to digest

digestión *nf* digestion

LOC hacer la digestión: *Todavía estoy haciendo la ~.* I've only just eaten. ◊ *Hay que hacer la ~ antes de bañarse.* You shouldn't go swimming straight after a meal. *Ver tb* CORTAR, CORTE[2]

digestivo, -a *adj* digestive: *el aparato ~* the digestive system ☛ *Ver ilustración en* DIGESTIVE **LOC** *Ver* TUBO

digital *adj* digital

■ **digital** *nf* foxglove ☛ *Ver ilustración en* FLOR **LOC** *Ver* IMPRESIÓN, RELOJ

dígito *nm* digit

dignamente *adv* **1** (*honradamente*) honourably: *ganarse la vida ~* to earn your living honourably **2** (*correctamente*) decently: *tratar a algn ~* to treat sb decently

dignarse *v pron* **~ a** to deign ***to do sth***

dignatario, -a *nm-nf* dignitary

dignidad *nf* **1** (*gen*) dignity: *la ~ de las personas* people's dignity **2** (*integridad*) integrity: *poner en entredicho la ~ del autor* to cast doubt on the author's integrity

dignificar *vt* to dignify

digno, -a *adj* **1** (*decoroso*) honourable: *una muerte/profesión digna* an honourable death/profession **2** (*decente*) decent: *un salario ~/una vivienda digna* a decent salary/house **3 ~ de** worthy (**of *sth***): *~ de atención* worthy of attention

LOC digno de alabanza/mención praiseworthy **digno de confianza/crédito** trustworthy **digno de verse** worth seeing

digresión *nf* digression

dilación *nf* delay: *sin ~* without delay

dilapidar *vt* to squander

dilatación *nf* **1** (*Fís*) expansion **2** (*Med*) dilation

dilatado, -a *pp, adj* **1** (*poros, pupila*) dilated **2** (*amplio*) wide *Ver tb* DILATAR

dilatar *vt* **1** (*agrandar, ampliar*) to expand: *Quieren ~ su imperio/mercado.* They want to expand their empire/market. ◊ *El calor lo dilató.* The heat caused it to expand. **2** (*poros, pupila*) to dilate **3** (*prolongar*) to prolong: *~ el conflicto* to prolong the conflict **4** (*demorar*) to postpone

■ **dilatarse** *v pron* **1** (*agrandarse*) to expand: *Se dilatan los pulmones.* The lungs expand. **2** (*poros, pupila*) to dilate **3** (*durar mucho*) to go on for a long time **4 dilatarse hasta** (*terreno*) to extend **as far as *sth***

dilatorio, -a *adj* delaying: *tácticas dilatorias* delaying tactics

dilema *nm* dilemma

diletante *nmf* dilettante

diligencia *nf* **1** (*aplicación, esmero*) diligence **2** (*carruaje*) stagecoach **3 diligencias** (*Jur*) proceedings

LOC abrir/instruir diligencias to start proceedings **diligencias informativas/previas** inquiries **hacer las diligencias necesarias (para)** to take the necessary steps (*to do sth*) *Ver tb* JUEZ

diligente *adj* diligent

dilucidar *vt* **1** (*aclarar*) to clarify: *Quedan varios puntos por ~.* Several points remain to be clarified. **2** (*duda, misterio*) to resolve

diluir *vt* **1** (*sólido*) to dissolve **2** (*líquido*) to dilute **3** (*salsa, pintura*) to thin **4** (*ruido*) to absorb **5** (*luz*) to filter **6** (*legislación, decisión, ideología*) to water *sth* down **7** (*diferencias*) to blur **8** (*tensión, posibilidades*) to reduce

diluviar *v imp* to pour with rain: *Ha estado diluviando toda la tarde.* It's been pouring with rain all afternoon.

diluvio *nm* **1** (*lluvia*) deluge: *Me ha cogido el ~.* I got caught in the deluge. **2** (*inundación*) flood: *un ~ de cartas/quejas* a flood of letters/complaints

LOC caer un diluvio: *Cayó un ~.* It poured with rain. **el diluvio universal** the Flood

dimensión *nf* dimension: *la ~ internacional del conflicto* the international dimension of the conflict ◊ *¿Qué dimensiones tiene la sala?* What are the dimensions of the room? ◊ *Las dimensiones del problema son alarmantes.* The size of the problem is alarming. ◊ *un animal de enormes dimensiones* a huge animal

LOC tomar las dimensiones de algo to measure sth

dimes

LOC dimes y diretes gossip [*incontable, v sing*]

diminutivo, -a *adj* diminutive

dimensiones (dimensions)

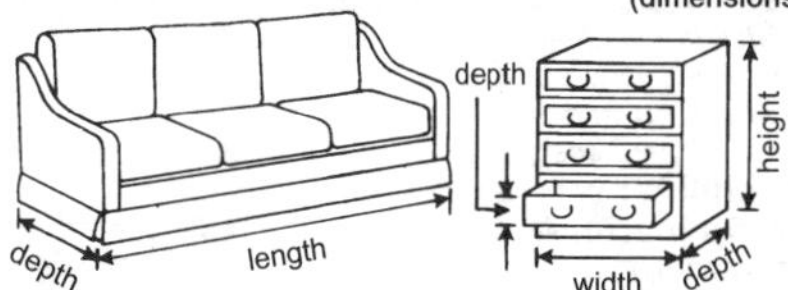

■ **diminutivo** *nm* diminutive

diminuto, -a *adj* tiny

dimisión *nf* resignation: *Su discurso de ~ fue muy impactante.* Her resignation speech caused quite an impact. ◊ *Forzaron su ~.* He was forced to resign.

dimitir *vi, vt* **~ (de)** to resign **(from *sth*)**: *Se vio obligada a ~.* She was forced to resign. ◊ *~ (de) un cargo* to resign (from) a post ◊ *Dimitieron de delegados.* They resigned as delegates.

Dinamarca *nf* Denmark

dinámico, -a *adj* dynamic

■ **dinámica** *nf* **1** (*Fís, Mec*) dynamics [*v sing*] **2** (*funcionamiento*) dynamic: *la dinámica de esta organización* the dynamic of this organization

dinamismo *nm* dynamism

dinamita *nf* dynamite

dinamitar *vt* to dynamite

dinamo (*tb* **dínamo**) *nf* dynamo [*pl* dynamos] ☛ *Ver ilustración en* BICYCLE, CAR

dinastía *nf* dynasty

dinástico, -a *adj* dynastic

dineral *nm* fortune: *Cuesta un ~.* It costs a fortune.

dinero *nm* **1** (*gen*) money [*incontable*]: *Ganan mucho ~.* They earn a lot of money. **2** (*riqueza*) wealth: *El ~ no está bien distribuido.* Wealth is unfairly distributed.

LOC andar/estar bien de dinero to be all right for money **andar/estar mal de dinero** to be short of money **de dinero** (*rico*) wealthy: *gente de ~* wealthy people **dinero contante y sonante** (hard) cash **dinero negro** undeclared income **dinero suelto** loose change **sacar dinero del banco** to get money out of the bank **tener dinero en antigüedades, cuadros, sellos, etc** to have a fortune in antiques, pictures, stamps, etc *Ver tb* APRETADO, APURADO, DESAHOGADO, ESCATIMAR, HINCHAR, NADAR, PODEROSO, PODRIDO

dinosaurio *nm* dinosaur

dintel *nm* **1** (*parte superior*) lintel ☛ *Ver ilustración en* HOUSE **2** (*umbral*) threshold

diñar *vt*

LOC diñarla to kick the bucket

diocesano, -a *adj* diocesan

diócesis *nf* diocese

dioptría *nf* dioptre (*cientif*): *unas gafas de muchas ~s* very strong glasses ◊ *¿Cuántas ~s tienes?* How strong are your glasses?

dios, ~a *nm-nf* god [*fem* goddess]: *el ~ del mar* the god of the sea ◊ *Le tratan como a un ~.* They treat him like a god.

■ **Dios** *nm* God

LOC a la buena de Dios 1 (*sin cuidado*) any old how: *Hizo el trabajo a la buena de Dios.* He did the job any old how. **2** (*sin planes*) without making any plans: *Se fue al extranjero a la buena de Dios.* He went abroad without making any plans. **como Dios manda** proper: *una comida como Dios manda* a proper meal **como Dios me da a entender** as best I, you, etc can **cuando Dios quiera** all in good time **Dios dirá/que sea lo que Dios quiera** let's hope for the best: *Haremos lo que podamos y luego Dios dirá.* We'll do what we can and hope for the best. **¡Dios lo quiera!** let's hope so! **Dios los cría (y ellos se juntan)** birds of a feather (flock together) **¡Dios me libre!** God forbid! **¡Dios mío!** good God! **Dios Padre** God the Father **Dios quiera/quiera Dios que...** I hope to God...: *Dios quiera que lleguemos a tiempo.* I hope to God we get there on time. **Dios sabe/sabe Dios** God knows: *Dios sabe cuándo llegarán.* God knows when they'll arrive. **¡Dios santo/santo Dios!** Good Lord! **Dios te lo pague** God bless you **¡Dios te oiga!** please God you're right! **estar/quedarse como Dios** to be blissfully happy **ni Dios** not a soul: *Aquí no trabaja ni Dios.* Not a soul works here. **no hay dios que lo aguante/entienda** nobody could bear/understand it **no quiera Dios** God forbid!: *No quiera Dios que suceda.* God forbid! **poner a Dios por testigo**: *Pongo a Dios por testigo de que esta es la primera vez.* As God is my witness, this is the first time. **¡por Dios!** for God's sake: *¡Por Dios, dime lo que te pasa!* For God's sake, tell me what's wrong! **que Dios nos coja confesados** let's hope I am, you are, etc ready for it **si Dios quiere/Dios mediante** God willing **todo dios** everybody **¡vaya por Dios!** would you believe it!: *¡Vaya por Dios! No tenemos pan.* Would you believe it! We're out of bread. *Ver tb* ALABAR, AMOR, ARMAR, BENDICIÓN, BENDITO, COSTAR, DEJADO, GRACIA, MADRE, MADRUGAR, MUNDO, PEDIR, TEMER, TEMEROSO, TEMOR, VALER, VIVIR

dióxido *nm* dioxide: *~ de carbono* carbon dioxide

diploma *nm* diploma: *Gané una copa y un ~.* I won a cup and a diploma.

diplomacia *nf* diplomacy

diplomado, -a *pp, adj* qualified: *una enfermera diplomada* a qualified nurse *Ver tb* DIPLOMARSE

■ **diplomado, -a** *nm-nf* **~ (en)**: *Se presentaron varios licenciados y ~s.* Several people with degrees and diplomas applied. ◊ *Es ~ en traducción.* He has a diploma in translation.

diplomarse *v pron* **1** (*título universitario*) to graduate (*in sth*) (*from...*): *~ en literatura por la Sorbona* to graduate in literature from the Sorbonne **2** (*otro título*) to get a diploma (*in sth*) (*from...*)

diplomático, -a *adj* diplomatic

■ **diplomático, -a** *nm-nf* diplomat

LOC representación/sede diplomática embassy *Ver tb* RELACIÓN, VALIJA

dipsomanía *nf* dipsomania

dipsómano, -a *nm-nf* dipsomaniac

diptongo *nm* diphthong

diputación *nf* delegation

LOC diputación provincial/regional provincial/regional council *Ver tb* PALACIO

diputado, -a *nm-nf* deputy ≃ Member of Parliament (*abrev* MP) (*GB*)

LOC diputado a Cortes member of the Spanish Parliament **diputado autonómico** member of a regional parliament *Ver tb* CONGRESO

dique *nm* **1** (*defensa*) dike **2** (*dársena*) dock

LOC estar en el dique seco to be (temporarily) out of action **poner un dique a la corrupción, delincuencia, etc** to check corruption, crime, etc

dirección *nf* **1** (*gen*) direction: *Se dispersaron en varias direcciones.* They went off in different directions. ◊ *Trabajan bajo mi ~.* They work under my direction. ◊ *la brillante ~ de Saura* Saura's brilliant direction **2** (*señas*) address: *nombre y ~* name and address **3** (*gerencia*) management: *puestos de alta ~* top management posts **4** (*trabajo*) supervision: *la ~ de una obra arquitectónica* supervision of a construction project **5** (*liderazgo*) leadership: *la ~ del sindicato* the union leadership **6** (*autoridades*) authorities [*v pl*]: *la ~ de la universidad* the university authorities **7** (*directiva*) **(a)** (*gen*) management committee [*v sing o pl*] ☛ *Ver nota en* COMITÉ **(b)** (*Dep*) (board of) directors: *la ~ del club* the directors of the club **8** (*vehículo*) steering

LOC bajo la dirección de (*coro, orquesta*) conducted by **con dirección a**: *salir con ~ a Madrid* to set off in the direction of Madrid ◊ *el tren con ~ a Oviedo* the Oviedo train **de dirección norte/sur/este/oeste** (*viento*) north/south/east/west **dirección asistida** power steering **dirección general** department: *la ~ general de tráfico* the Traffic Department **dirección prohibida** no entry: *Es ~ prohibida.* It's one way. **dirección única** one-way: *Esa calle es de ~ única.* It's a

one-way street. ir en dirección norte/sur/este/oeste to head north/south/east/west **llevar/ocupar la dirección 1** (*dirigir*) to be director (*of sth*) **2** (*publicación*) to be the editor (*of sth*) *Ver tb* INDICADOR, LIBRETA

direccional *adj* directional

directamente *adv* **1** (*gen*) directly: ~ *controlado por el gobierno* directly controlled by the government **2 ~ a/a por** (*sin parar, sin desviarse, sin vacilar*) straight **to/for** ***sth/sb***: *Volvimos ~ a Madrid.* We went straight back to Madrid. ◊ *Fueron ~ a por mí.* They went straight for me.

directivo, -a *adj* management [*n atrib*]: *el equipo ~* the management team

■ **directivo, -a** *nm-nf* **1** (*empresa*) executive **2** (*club*) director

■ **directiva** *nf* **1** (*comité*) **(a)** (*gen*) management committee [*v sing o pl*] ☛ *Ver nota en* COMITÉ: *Esperamos que la directiva apruebe nuestra propuesta.* We hope the management committee will approve our proposal. **(b)** (*Dep*) (board of) directors **2** (*directriz*) directive: *las últimas directivas de la UE* the latest EU directives **LOC** *Ver* JUNTA

directo, -a *adj* direct: *Están en contacto ~ con el Pentágono.* They're in direct contact with the Pentagon. ◊ *el camino más ~* the most direct way ◊ *una respuesta directa* a direct answer

■ **directa** *nf* top gear

LOC en directo (*actuación/emisión*) live *Ver tb* ALUSIÓN, COMPLEMENTO, ESTILO, MEMORIA, MÚSICA, POLINIZACIÓN, TRADUCCIÓN, TREN, VUELO

director, ~a *nm-nf* **1** (*gen*) director: *un ~ artístico/financiero* an artistic/a financial director **2** (*gerente*) manager: *la directora de recursos humanos* the personnel manager **3** (*jefe*) head: *el ~ de planificación* the head of planning **4** (*colegio*) head teacher, head (*coloq*) **5** (*publicación*) editor **6** (*orquesta*) conductor **7** (*cárcel*) governor **8** (*residencia*) warden

LOC director comercial sales/marketing manager **director de cine** film director **director general** director general **director gerente** managing director *Ver tb* CARTA

directorio *nm* directory

directriz *nf* **1** (*pauta*) guideline: *directrices económicas* economic guidelines **2** (*instrucción*) directive: *directrices de la UE* EU directives

dirigente *adj* (*Pol*) ruling

■ **dirigente** *nmf* **1** (*Pol*) leader **2** (*empresa*) manager **LOC** *Ver* EQUIPO, MÁXIMO

dirigido, -a *pp, adj* **1 ~ a/contra** aimed **at/against** ***sb***: *publicidad dirigida a los jóvenes* advertising aimed at young people **2 ~ a hacer algo** aimed **at doing sth**: *un plan ~ a evitar accidentes* a plan aimed at preventing accidents *Ver tb* DIRIGIR **LOC** *Ver* ECONOMÍA

dirigir *vt* **1** (*gen*) to direct: ~ *el tráfico/una película* to direct the traffic/a film ◊ *Dirigen nuestra atención hacia el problema.* They direct our attention to the problem. ◊ *Dirigimos nuestros esfuerzos a resolverlo.* We directed our efforts towards solving it. **2** (*comentario, mensaje, carta*) to address *sth* ***to sth/sb***: *Dirigió sus comentarios a los estudiantes.* He addressed his remarks to the students. **3** (*arma, manguera*) to point *sth* ***at sth/sb*** **4** (*vehículo*) to steer **5** (*debate, campaña, expedición, partido*) to lead **6** (*negocio*) to run, to manage (*más formal*) **7** (*publicación*) to edit **8** (*coro, orquesta*) to conduct

■ **dirigirse** *v pron* **dirigirse a/hacia 1(a)** (*ir*) to go **towards** ***sth***: *~se hacia la salida* to go towards the exit **(b)** (*encaminarse*) to head **for** ***sth***: *~se hacia la frontera* to head for the border **2** (*hablar*) to address *sb* (*formal*), to speak **to** ***sb***: *~se a la multitud* to address the crowd ◊ *Me dirijo a ustedes…* I'm speaking to you… ☛ *Ver nota en* HABLAR **3** (*por carta*) to write **to** ***sb***

LOC dirigir insultos to hurl insults *at sb* **dirigir la mirada/vista** to look *at/towards sth/sb* **dirigir la palabra** to speak *to sb* **dirigir los pasos** to turn your steps *towards sth/sb* *Ver tb* COTARRO

discal *adj* **LOC** *Ver* HERNIA

discernimiento *nm* discernment (*formal*), judgement

discernir *vt, vi* to distinguish: ~ *lo bueno de lo malo/entre lo bueno y lo malo* to distinguish good from bad/between good and bad

disciplina *nf* **1** (*gen*) discipline: *mantener la ~* to keep discipline **2** (*asignatura*) subject **LOC** *Ver* FALTA

disciplinar *vt* (*controlar*) to discipline

disciplinario, -a *adj* disciplinary **LOC** *Ver* CONSEJO, EXPEDIENTE

discípulo, -a *nm-nf* **1** (*seguidor*) disciple **2** (*alumno*) pupil

disco *nm* **1** (*gen*) disc: *un ~ compacto* a compact disc **2** (*Informát*) disk ☛ *Ver ilustración en* ORDENADOR **3** (*Mús*) record: *grabar/poner un ~* to make/play a record ◊ *una casa de ~s* a record company **4** (*Dep*) discus **5** (*semáforo*) traffic light **6** (*ferrocarril*) signal **7** (*teléfono*) dial **8** (*rollo*) same old story: *Siempre me suelta el mismo ~.* It's always the same old story.

LOC disco duro hard disk **disco flexible** floppy disk ☛ *Ver ilustración en* ORDENADOR **pasar con el disco cerrado/en rojo** to go through a red light *Ver tb* HERNIA, MÁQUINA

discografía *nf* discography, recordings [*v pl*] (*más coloq*): *la ~ de los Beatles* the Beatles' recordings

discográfico, -a *adj* record [*n atrib*]: *una compañía/casa discográfica* a record company

díscolo, -a *adj* **1** (*niño*) mischievous **2** (*rebelde*) unruly: *una facción díscola* an unruly faction

disconforme *adj*

LOC estar disconforme to disagree (*with sth/sb*) **mostrarse disconforme** to express your disagreement (*with sth/sb*)

disconformidad *nf* **~ (con/por)** (*desacuerdo*) disagreement **(with** ***sth/sb*****)**

discontinuidad *nf* lack of continuity

discordancia *nf* **1** (*falta de armonía*) lack of harmony **2** (*opiniones*) divergence **3** (*colores*) clash **4** (*Mús*) dissonance

discordante *adj* discordant

discorde *adj* **1** (*diferente*) conflicting: *opiniones ~s* conflicting opinions **2 ~ con** not in agreement **with** ***sth/sb***: *una posición ~ con la línea del partido* a position that disagrees with the party line **3** (*colores, estilos*) clashing **4** (*sonidos*) discordant

discordia *nf* discord **LOC** *Ver* MANZANA, SEMBRAR

discoteca *nf* disco [*pl* discos], discotheque (*formal*)

discotequero, -a *adj* **1** (*música*) disco [*n atrib*]: *un ritmo ~* a disco beat **2** (*persona*) fond of discos

discreción *nf* **1** (*reserva, tacto*) discretion: *mantener la máxima ~* to exercise maximum discretion ◊ *actuar con ~* to act with discretion **2** (*secreto*) secrecy: *envuelto en una bruma de ~* cloaked in secrecy

LOC a discreción: *Sirvieron café a ~.* You could have as much coffee as you wanted. ◊ *¡Fuego a ~!* Fire when you're ready.

discrecional *adj* discretionary **LOC** *Ver* PARADA, SERVICIO

discrepancia *nf* **1** (*desacuerdo*) disagreement **2** (*falta de coincidencia*) discrepancy

discrepante *adj* **1** (*opiniones*) dissenting **2** (*datos*) differing

discrepar *vi* **1 ~ (en)** (*disentir*) to disagree **(on/over** ***sth*****)**: *Discrepan en los límites territoriales.* They disagree over territorial limits. **2** (*diferir*) to differ: *opiniones que discrepan* differing opinions

discreto, -a *adj* **1** (*prudente, reservado*) discreet **2** (*traje*) sober **3** (*razonable*) reasonable: *un sueldo ~* a reasonable salary **4** (*mediano*) average **5** (*mediocre*) unremarkable: *una actuación discreta* an unremarkable performance

discriminación *nf* discrimination (***against sth/sb/between…***): *la ~ de la mujer/entre las regiones* discrimination against women/between regions

discriminado, -a *pp, adj Ver* DISCRIMINAR

LOC estar discriminado to be discriminated against *Ver tb* SENTIR[2]

discriminar *vt* **1** (*marginar*) to discriminate **against** ***sth/sb*** [*vi*]: *La ley discrimina a nuestro sector.* The law discriminates against our industry. **2** (*diferenciar*) to discriminate **between** ***sth*** **and** ***sth*** [*vi*]: *Hay que ~ las noticias importantes del mero cotilleo.* We must discriminate between important news and gossip.

discriminatorio, -a *adj* discriminatory **LOC** *Ver* TRATO

disculpa *nf* **1** (*justificación, pretexto*) excuse: *Esto no tiene ~.* There is no excuse for this. **2** (*pidiendo perdón*) apology: *Le ruego que acepte mis ~s.* Please accept my apologies.

LOC **poner una disculpa** to make an excuse *Ver tb* PEDIR

disculpable *adj* excusable

disculpar *vt*: *Disculpa que llegue tarde.* I'm sorry I'm late! ◊ *Disculpa que no te haya llamado.* I'm sorry I didn't ring you. ◊ *Disculpe la interrupción.* Excuse the interruption.

■ **disculparse** *v pron* **1** (*pedir perdón*) to apologize: *Deberías ~te.* You should apologize. ◊ *Me disculpé con ella por no haber escrito.* I apologized to her for not writing. **2** (*presentar tus excusas*) to make an excuse: *Se disculpó y se fue.* He made an excuse and left.

LOC **disculpe(n)** **1** (*lo siento*) I'm sorry **2** (*preguntando, pidiendo permiso*) excuse me ☛ *Ver nota en* EXCUSE **disculpen las molestias** we apologize for any inconvenience

discurrir *vi* **1** (*pensar*) to think: *Se nota que discurres poco.* You just never think, do you? **2** (*transcurrir*) **(a)** (*tiempo, vida*) to go by, to pass (*más formal*): *El verano discurrió sin incidentes.* The summer went by without incident. ◊ *Discurría el año 1767.* It was 1767. **(b)** (*evento, reunión*) to go off **3 ~ por (a)** (*gen*) to go **through…**: *La carrera discurre por Gales.* The race goes through Wales. **(b)** (*carretera, ferrocarril, río*) to run **across, along, through, etc…**: *El río discurre por un paisaje idílico.* The river runs through an idyllic landscape.

■ **discurrir** *vt* to think **of** ***sth*** [*vi*]: *Tenemos que ~ algo.* We must think of something.

LOC **no discurrir nada bueno** to be up to something

discurso *nm* speech

LOC **discurso de apertura/inauguración** opening/inaugural speech **discurso de clausura** closing speech **discurso electoral** election speech **echar/pronunciar un discurso** to give/deliver a speech

discusión *nf* **1** (*debate, diálogo*) discussion **2** (*disputa*) argument **3 discusiones** (*negociaciones*) talks

LOC **en discusión** (*que se está discutiendo*) under discussion *Ver tb* PASILLO, VALER

discutible *adj* **1** (*cuestión de opinión*) debatable: *Eso es ~.* That's debatable. **2** (*refutable*) questionable: *una ~ decisión del árbitro* a questionable decision by the referee

discutido, -a *pp, adj* controversial *Ver tb* DISCUTIR

discutir *vt* **1** (*hablar*) to discuss: *~ un problema* to discuss a problem **2** (*cuestionar*) to question: *~ una decisión* to question a decision

■ **discutir** *vi* **1 ~ (de/sobre)** (*hablar*) to discuss *sth* [*vt*]: *Discutieron de varios temas.* They discussed several subjects. **2 ~ (con algn) (por algo)** (*reñir*) to argue **(with sb) (about/over sth)**: *No quiero ~ (contigo).* I don't want to argue (with you). ◊ *Por mil pesetas no vamos a ~.* We won't argue over a thousand pesetas.

disecar *vt* **1** (*animal*) to stuff **2** (*flor, hoja*) to press **3** (*hacer la disección*) to dissect

disección *nf* dissection

diseminación *nf* spreading, dissemination (*más formal*)

diseminar *vt* **1** (*idea, noticia*) to spread, to disseminate (*más formal*) **2** (*semillas*) to scatter **3** (*multitud, nubes*) to disperse

■ **diseminarse** *v pron* **1** (*idea, noticia*) to spread **2** (*multitud, nubes*) to disperse

disensión *nf* **1** (*desacuerdo*) disagreement **2** (*disputa*) quarrel

disentería *nf* dysentery

disentir *vi* **1 ~ de/sobre** (*gen*) to disagree **(with/on** ***sth*****)**: *Disiento de su opinión.* I disagree with his opinion. ◊ *Disentimos sobre el precio.* We disagree on the price. **2 ~ de** (*doctrina, régimen*) to oppose *sth* [*vt*]: *~ de la dictadura* to oppose the dictatorship

diseñador, ~a *nm-nf* designer

diseñar *vt* **1** (*gen*) to design: *~ un decorado* to design a set **2** (*plan*) to draw *sth* up

diseño *nm* **1** (*gen*) design: *~ gráfico* graphic design **2** (*dibujo*) sketch **3** (*resumen*) outline: *Hizo un ~ de la reforma.* He gave an outline of the reform.

LOC **diseño asistido por ordenador** computer-aided design (*abrev* CAD)

disertación *nf* **1** (*conferencia*) lecture **2** (*escrito*) dissertation

disertar *vi* **~ sobre** to lecture **on** ***sth*** (*formal*), to speak **on/about** ***sth***

disfraz *nm* **1** (*vestido*) **(a)** (*en fiestas*) fancy dress [*incontable*]: *un concurso de disfraces* a fancy dress competition ◊ *un ~ de cosmonauta* a cosmonaut's costume **(b)** (*para pasar inadvertido*) disguise **2** (*disimulo*) front: *Su sonrisa es solo un ~.* His smile is just a front.

LOC **bajo/con el disfraz de** under the guise of *sth* *Ver tb* BAILE

disfrazado, -a *pp, adj Ver* DISFRAZAR

LOC **ir disfrazado** to go in fancy dress: *Mi amigo iba ~ de Charlot.* My friend went as Charlie Chaplin.

disfrazar *vt* **1** (*intenciones, verdad*) to disguise **2** (*persona*) **(a)** (*para una fiesta*) to dress *sb* up **(as** ***sth/sb*****)**: *La disfrazaron de Caperucita.* They dressed her up as Little Red Riding Hood. **(b)** (*para esconder la identidad*) to disguise *sb* **(as** ***sth/sb*****)**

■ **disfrazarse** *v pron* **disfrazarse (de)** (*para una fiesta*) to dress up **(as** ***sth/sb*****)**

disfrutar *vi* **1** (*gen*) to enjoy yourself, to have a good time (*más coloq*): *¡Cómo estoy disfrutando!* I'm really enjoying myself! ◊ *¡Vosotros a ~!* Enjoy yourselves! ◊ *Disfruto mucho en la playa.* I have a great time when I go to the beach. **2 ~ con algo/haciendo algo** to enjoy *sth/doing sth*: *Roberto disfruta bailando/con el fútbol.* Roberto enjoys dancing/football. **3 ~ de** (*tener derecho*) to enjoy *sth* [*vt*]: *Los clientes disfrutan de aparcamiento gratuito.* Customers enjoy free parking.

■ **disfrutar** *vt* to enjoy: *~ el sol/una casa* to enjoy the sun/a house

disfrute *nm* enjoyment

disgregación *nf* disintegration, break-up (*más coloq*)

disgregar *vt* to break *sth* up

■ **disgregarse** *v pron* to disintegrate, to break up (*más coloq*)

disgustado, -a *pp, adj* upset *Ver tb* DISGUSTAR

disgustar *vt* to upset: *El suspenso disgustó a sus padres.* His parents were upset that he'd failed.

■ **disgustar** *vi* not to like *sth/doing sth* [*vt*]: *A los espectadores les disgustan estas escenas.* Viewers don't like scenes like this. ◊ *Este cuadro no me disgusta.* I quite like this picture.

■ **disgustarse** *v pron* **1** (*enfadarse*) to get upset **2** (*enemistarse*) to fall out: *Se disgustaron por la herencia.* They fell out over the will.

disgusto *nm* **1** (*enfado*) annoyance: *No ocultaba su ~ con los responsables.* He didn't hide his annoyance with those responsible. **2** (*desgracia, aflicción*): *Se le notaba el ~ que tenía.* You could see how upset he was. ◊ *La pérdida del reloj fue un gran ~ para ella.* Losing the watch really upset her.

LOC **dar disgustos/un disgusto a** to upset *sb* **estar/sentirse a disgusto** to be/feel ill-at-ease **hacer algo a disgusto** to do sth reluctantly **llevarse/recibir un disgusto** to get upset: *Me he llevado un ~ enorme.* I got really upset. **tener un disgusto con algn** to have a row with sb **vas a tener un disgusto** you, they, etc are going to have an accident: *Conduces tan deprisa que un día vamos a tener un ~.* You drive so fast, one day we're going to have an accident. *Ver tb* CARA, MATAR

disidencia *nf* dissidence
disidente *adj, nmf* dissident
disimuladamente *adv* furtively
disimulado, -a *pp, adj* **1** (*cosa*) disguised: *Reaccionó con mal disimulada indignación.* He reacted with ill-disguised indignation. **2** (*persona*) discreet: *No eres nada ~, se te nota mucho.* You're not being very discreet. *Ver tb* DISIMULAR
disimular *vt* to hide: *No disimularon su contrariedad.* They didn't hide their annoyance.
■ **disimular** *vi* to pretend: *Dime la verdad, conmigo no vale ~.* Tell me the truth–it's no good pretending with me.
disimulo *nm*
LOC **con disimulo** surreptitiously **sin disimulo** openly
disipación *nf* (*libertinaje*) dissipation
disipar *vt* **1** (*nubes, niebla*) to disperse (*formal*), to drive *sth* away **2** (*dudas, temores*) to dispel **3** (*energías*) to dissipate **4** (*dinero*) to squander
■ **disiparse** *v pron* (*nubes, niebla*) to disperse
diskette *nm Ver* DISQUETE
dislexia *nf* dyslexia
disléxico, -a *adj, nm-nf* dyslexic
dislocación *nf* dislocation
dislocarse *v pron* to dislocate: *Me disloqué el brazo.* I dislocated my arm.
disminución *nf* decrease
disminuido, -a *pp, adj* handicapped *Ver tb* DISMINUIR
■ **disminuido, -a** *nm-nf* handicapped person: *los ~s físicos* people with a physical disability
LOC **disminuido mental/psíquico** mentally handicapped (person)
disminuir *vt* to reduce: *~ la velocidad* to reduce your speed
■ **disminuir** *vi* to fall (***by sth***): *La inflación disminuyó en un 0,5%.* Inflation fell by 0.5%.
disolución *nf* **1** (*parlamento, matrimonio*) dissolution **2** (*producto*) **(a)** (*acción*) dissolving **(b)** (*mezcla*) solution **3** (*manifestación, reunión*) breaking up
disolvente *nm* solvent
LOC **disolvente de pintura** thinner
disolver *vt* **1** (*gen*) to dissolve: *~ el parlamento/una aspirina* to dissolve Parliament/an aspirin **2** (*manifestación, reunión*) to break *sth* up
■ **disolverse** *v pron* **1** (*gen*) to dissolve: *Remuévelo bien para que se disuelva.* Stir it well to make it dissolve. **2** (*manifestación, grupo*) to break up
dispar *adj* diverse
disparadero *nm*
LOC **poner en el disparadero**: *Hablarle a mi hermano de deudas es ponerle en el ~.* Talking to my brother about debts is like a red rag to a bull.
disparado, -a *pp, adj Ver* DISPARAR
LOC **salir disparado (de)** to dash out (of...): *Salió disparada de la reunión.* She dashed out of the meeting. **irse disparado** to dash off *Ver tb* BAJAR, ENTRAR
disparar *vt* to fire: *~ un tiro/una bala* to fire a shot/a bullet
■ **disparar** *vi* **1** (*arma*) **(a)** (*gen*) to shoot (***at sth/sb***): *¡Alto! No disparen.* Don't shoot! ◊ *~ a matar* to shoot to kill ◊ *Los guardias dispararon contra el automóvil.* The police shot at the car. **(b) ~ sobre** to fire **on *sth/sb***: *Los soldados dispararon sobre la población civil/la flota.* The soldiers fired on the civilian population/the ships. **2** (*Dep*) to shoot
■ **dispararse** *v pron* **1** (*arma, dispositivo*) to go off **2** (*aumentar*) to shoot up: *La inflación se ha disparado.* Inflation has shot up. **3** (*desmadrarse*) to go wild
LOC **disparar al aire** to fire into the air *Ver tb* ALARMA
disparatado, -a *adj* ridiculous
disparate *nm* **1** (*dicho*) nonsense [*incontable*]: *¡No digas ~s!* Don't talk nonsense! ◊ *¡Qué/Vaya ~!* What nonsense! **2** (*hecho*) stupid thing: *Es un ~ conducir después de beber alcohol.* It's stupid to drink and drive.
LOC **costar/valer un disparate** to cost a fortune: *El viaje a Japón nos ha costado un ~.* The trip to Japan cost us a fortune. *Ver tb* SARTA
disparo *nm* shot: *Se produjeron tres ~s.* Three shots rang out. ◊ *Murió a consecuencia de un ~.* He died of a gunshot wound. ◊ *un ~ a puerta* a shot at goal ◊ *dar el ~ de salida* to fire the starting pistol ◊ *Los ~s cesaron bruscamente.* The shooting stopped abruptly.
LOC **disparo de advertencia/aviso/intimidación** warning shot *Ver tb* EFECTUAR, RECIBIR
dispensar *vt* **1** (*gen*) to give: *Les dispensaron un magnífico recibimiento.* They were given a wonderful welcome. ◊ *Me dispensaron el honor de inaugurar la exposición.* I was given the honour of opening the exhibition. **2** (*justicia, medicamentos*) to dispense **3** (*eximir*) **(a)** (*gen*) to excuse *sb* (***from sth/doing sth***): *Te dispensan la asistencia a clase.* You are excused from (attending) class. ◊ *Dispense mi atrevimiento...* If I could just say a word... **(b)** (*legalmente*) to exempt *sb* (***from sth/doing sth***): *Me han dispensado del servicio militar.* I am exempt from military service.
LOC **dispense/dispénseme usted** excuse me ☛ *Ver nota en* EXCUSE
dispersar(se) *vt, v pron* to disperse: *La policía dispersó a los manifestantes.* The police dispersed the demonstrators. ◊ *La multitud se dispersó tras el acto.* The crowd dispersed after the event.
LOC **dispersar la atención, los esfuerzos, etc** to get distracted: *Concéntrate en un solo tema, sin dispersar tus energías.* Concentrate on one thing at a time–don't let yourself get distracted.
disperso, -a *adj* scattered: *chubascos ~s* scattered showers
disponer *vt* **1** (*arreglar*) to arrange: *~ las sillas/a los invitados* to arrange the chairs/seat the guests ◊ *Ya lo he dispuesto todo para poder jubilarme.* I've made all the arrangements for my retirement. **2** (*mandar*) to stipulate: *El Código Civil dispone que...* The law stipulates that...
■ **disponer** *vi* **~ de 1** (*tener*) to have *sth* [*vt*]: *Disponemos de muy poco tiempo.* We have very little time. **2** (*utilizar*) to use *sth* [*vt*]: *~ de tus ahorros* to use your savings
■ **disponerse** *v pron* **disponerse a** to prepare **for *sth/to do sth***, to get ready **for *sth/to do sth*** (*más coloq*): *Se disponía a salir cuando llegó su suegra.* She was getting ready to leave when her mother-in-law arrived. ◊ *Dispónganse para el aterrizaje.* Prepare for landing.
disponible *adj* available: *Hay dos plazas ~s.* There are two places available. ◊ *Me llamará cuando esté ~.* He'll phone me when he's free. LOC *Ver* TIEMPO
disposición *nf* **1** (*colocación*) arrangement: *la ~ de las luces/los muebles* the lighting/furniture arrangement **2** (*norma*) regulation: *disposiciones urbanísticas* town planning regulations
LOC **a disposición de algn** available: *Estamos a su entera ~.* We are available at all times. ◊ *Tiene todos los medios técnicos de la empresa a su ~.* All the company's technical resources are available to him. ◊ *Tenemos el descapotable a nuestra ~.* We have the use of the convertible. **disposición (de ánimo)** frame of mind **estar en disposición de** to be prepared *to do sth*: *No estoy en ~ de responder a esa pregunta.* I'm not prepared to answer that question. **poner a disposición de algn** to put *sth/sb* at sb's disposal: *Pongo mi casa a su ~.* I'm putting my house at their disposal. **poner a disposición judicial**: *El detenido fue puesto a ~ judicial.* A man was arrested and will appear in court. **tener disposición para** to have a talent for *sth*: *Tiene ~ para la música.* He has a talent for music. *Ver tb* ÚLTIMO
dispositivo *nm* device: *un ~ electrónico* an electronic device
LOC **dispositivo de alarma/alerta** alarm **dispositivo de seguridad 1** (*lit*) safety device **2** (*medidas de protección*) security measures [*v pl*]: *Han montado un importante ~ de seguridad.* Comprehensive security

measures have been put in place. **dispositivo intrauterino (DIU)** intra-uterine device (*abrev* IUD), coil (*más coloq*)

dispuesto, -a *pp, adj* **1** (*ordenado*) arranged: *Los libros están ~s en orden alfabético.* The books are arranged in alphabetical order. **2 ~ (para)** (*preparado*) ready (**for** ***sth***): *Todo está ~ para la ceremonia de clausura.* Everything is ready for the closing ceremony. **3** (*servicial*) willing: *un hombre ~ y trabajador* a willing worker **4 ~ a** (*decidido*) prepared ***to do sth***: *Estamos ~s a ir a la huelga.* We're prepared to go on strike. *Ver tb* DISPONER

LOC bien dispuesto well disposed (*towards sth/sb*): *Está bien ~ para atender tu petición.* He is well disposed towards your request. **mal dispuesto** reluctant (*to do sth*)

disputa *nf* dispute

disputable *adj* debatable

disputado, -a *pp, adj* hard-fought: *un partido muy ~* a hard-fought match *Ver tb* DISPUTAR

disputar *vt* **1** (*asunto*) to debate **2** (*posesión*) to fight *sb* **over** ***sth***: *Le disputa el chalé a su hermano.* He's fighting his brother over the house. **3** (*Dep*) to play

■ **disputar** *vi* to argue: *~ por nimiedades* to argue about nothing

■ **disputarse** *v pron* to compete **for** ***sth***: *Tres atletas se disputan el primer puesto.* Three athletes are competing for first place.

disquete *nm* floppy disk ☛ *Ver ilustración en* ORDENADOR

disquisición *nf* **1** (*análisis*) analysis [*pl* analyses] (**of** ***sth***): *una ~ sobre la explotación de los recursos naturales* an analysis of the way natural resources are exploited **2** (*digresión*) digression: *No vamos a entrar en disquisiciones.* Stop digressing.

distancia *nf* **1** (*espacio*) distance: *una ~ de 20 kilómetros* a distance of 20 kilometres ◊ *¿A qué ~ está la próxima gasolinera?* How far is it to the next petrol station? **2** (*tiempo*) interval: *Los hechos se produjeron con una ~ de veinte años.* There were 20 years between the two events.

LOC a distancia/en la distancia in the distance: *Oímos el tren a ~.* We heard the train in the distance. ◊ *llevar una relación a ~* to have a long-distance relationship ☛ *Ver ilustración en* FOREGROUND **a mucha/poca distancia de ...** a long way/not far from ...: *a mucha ~ del hotel* a long way from our hotel ◊ *a poca ~ de Oxford* not far from Oxford **distancia focal** focal length **guardar/mantener las distancias** to keep your distance *Ver tb* ACORTAR, CURSO, EDUCACIÓN, GRANDE, LLAMADA, MANDO, MANTENER, SALVAR

distanciado, -a *pp, adj*: *Fuimos grandes amigas, pero ahora estamos muy distanciadas.* We used to be great friends but we've grown apart. *Ver tb* DISTANCIAR

distanciamiento *nm* rift

distanciar *vt* to cause a rift **between ...**: *La envidia las ha distanciado.* Envy has caused a rift between them.

■ **distanciarse** *v pron* **distanciarse (de)** **1** (*gen*) to distance yourself (**from** ***sth/sb***): *Intenta ~te de tus problemas.* Try to distance yourself from your problems. ◊ *El ganador se distanció desde el principio.* The winner took a commanding lead right from the start. **2** (*enfadarse*) to grow apart (**from** ***sb***): *¡Qué pena que os hayáis distanciado así!* What a pity you've grown apart!

distante *adj* distant

distar *vi* **~ de 1** (*lit*): *La urbanización dista 15 kilómetros del centro.* The housing estate is 15 kilometres from the city centre. ◊ *La oficina no dista mucho de su casa.* The office is not far from his house. **2** (*fig*) to be far **from** ***sth***: *Dista mucho de ser un profesional.* He's far from being a professional. ◊ *Ese dato dista mucho de ser cierto.* That's far from certain.

distenderse *v pron* (*ambiente, relaciones*) to become less tense

distendido, -a *pp, adj* **1** (*ambiente*) relaxed **2** (*vientre*) distended *Ver tb* DISTENDERSE

distensión *nf* **1** (*de los músculos*) relaxation **2** (*Pol*) easing of tension, détente (*más formal*): *El nuevo clima de ~ favorece las relaciones comerciales.* The recent easing of tension favours commercial relations. ◊ *la ~ de las relaciones Este/Oeste* East/West détente

LOC clima/espíritu de distensión relaxed atmosphere

distinción *nf* **1** (*gen*) distinction: *hacer distinciones* to make distinctions ◊ *Escucharé a todos sin ~.* I shall listen to everyone without distinction. ◊ *un científico de gran ~* a scientist of great distinction ◊ *Tuvo la ~ de ser campeón dos veces.* He had the distinction of being champion twice. **2** (*premio*) award: *Recibió la ~ al mejor actor.* He received the award for best actor. ◊ *Recibió la ~ de miembro honorario.* He was made an honorary member. **3** (*refinamiento*) refinement

LOC no hacer distinciones to treat everybody alike: *No hacen distinciones entre ricos y pobres.* They treat rich and poor alike. **sin distinción de raza, sexo, etc** regardless of race, sex, etc

distinguido, -a *pp, adj* distinguished *Ver tb* DISTINGUIR

distinguir *vt* **1(a)** to distinguish *sth/sb* (**from** ***sth/sb***): *Ponle una cruz para ~lo.* Put a cross on it to distinguish it. ◊ *~ los machos de las hembras* to distinguish the males from the females **(b)** (*caracterizar*) to distinguish *sth/sb* **as** ***sth/sb***: *lo que nos distingue como seres humanos* what distinguishes us as human beings **2** (*con dificultad*) to tell *things/people* apart: *No distingo a las gemelas.* I can't tell the twins apart. **3** (*identificar*) to identify: *~ dos posibilidades* to identify two possibilities **4** (*reconocer*) to recognize: *~ las diferentes notas* to recognize the different notes ◊ *Lo distinguiría entre millones.* I'd recognize it anywhere. **5** (*divisar*) to make *sth* out: *~ una silueta* to make out an outline **6** (*honrar*) to honour: *Nos distinguió con su presencia.* He honoured us with his presence.

■ **distinguir** *vi* **~ entre** to distinguish **between ...**: *~ entre consumidores y traficantes* to distinguish between users and dealers

■ **distinguirse** *v pron* **1** (*divisarse*) to be visible: *Desde aquí se distingue la costa.* The coastline is visible from here. **2 distinguirse (por)** (*destacar*) to be known (**for** ***sth***): *Se distingue por su tenacidad.* He is known for his tenacity. **3 distinguirse (por)** (*merecer gloria*) to distinguish yourself (**by** ***sth***): *Se distinguió por su valor.* He distinguished himself by his bravery. **4 distinguirse (de algo/algn) (por algo)** (*ser diferente*) to differ (**from** ***sth/sb***) (**in** ***sth***): *Los machos se distinguen de las hembras por su tamaño.* The males differ in size from the females.

LOC no distinguir el blanco del negro to be as thick as two short planks **(saber) distinguir** to be able to tell the difference: *Yo sé ~.* I can tell the difference. ◊ *No les des el coñac bueno porque no distinguen.* Don't give them the good brandy because they can't tell the difference.

distintivo, -a *adj* distinctive: *los rasgos ~s de una especie* the distinctive features of a species ◊ *un signo ~* a distinctive sign ◊ *Son características distintivas de esta institución.* They are the distinguishing characteristics of this institution. ◊ *Señalaron varios factores ~s del conflicto.* They identified several distinguishing factors.

■ **distintivo** *nm* **1(a)** (*insignia*) emblem **(b)** (*alfiler*) badge **2** (*sello*) hallmark: *Es el ~ de un verdadero artesano.* It is the hallmark of a true craftsman.

distinto, -a *adj* **1 ~ (a/de)** different (**to/from** ***sth/sb***): *otro ~* a different one ◊ *opiniones distintas a/de las mías* different opinions from mine ◊ *un sistema ~ al que tenemos* a different system from the one we have **2 distintos (a)** (*varios*) several: *Lo consulté con ~s expertos.* I asked several experts. **(b)** (*diversos*) various: *por distintas razones* for various reasons

distorsión *nf* distortion

distorsionar *vt* to distort

distracción *nf* **1** (*pasatiempo*) pastime: *Su ~ favorita es leer.* His favourite pastime is reading. ◊ *Hay pocas distracciones realmente.* There isn't much to do, really.

2 (*descuido*) inattention: *La ~ puede causar un accidente.* A moment's inattention can cause an accident. **LOC** *Ver* MENOR

distraer *vt* **1(a)** (*divertir*) to entertain: *una película que distrae al público* an entertaining film **(b)** (*tener ocupado*) to keep *sb* amused: *Les conté cuentos para ~los.* I told them stories to keep them amused. **2** (*apartar la atención*) to distract *sb* (***from sth***): *No me distraigas* (*de mi labor*). Don't distract me (from my work). **3** (*fondos*) to embezzle
■ **distraerse** *v pron* **1 distraerse haciendo algo** (*pasar el tiempo*): *Nos distraemos jugando a las cartas.* We play cards to pass the time. **2 distraerse con** (*disfrutar*) to enjoy *sth/doing sth* [*vt*]: *Se distrae mucho con sus nietos.* He enjoys being with his grandchildren. **3** (*despistarse*): *Me distraje un momento.* My attention wandered for a moment.
LOC que distrae entertaining: *un espectáculo que distrae* an entertaining show

distraído, -a *pp, adj* **1** (*despistado*) absent-minded **2** (*divertido*) enjoyable *Ver tb* DISTRAER
■ **distraído, -a** *nm-nf* (*despistado*) scatterbrain
LOC estar distraído to be miles away **hacerse el distraído**: *Le llamé pero se hizo el ~.* I called out to him but he pretended not to hear. ◊ *Nos vio pero se hizo la distraída.* She saw us but she pretended not to.

distribución *nf* **1** (*gen*) distribution: *la ~ de la riqueza/carga* the distribution of wealth/the load **2** (*tareas*) allocation **3** (*a domicilio*) delivery **4** (*casa, piso*) layout
LOC cables/cañerías de distribución supply cables/pipes **empresa/sector de distribución** retail firm/sector

distribuidor, ~a *nm-nf* **1** (*gen*) distributor: *un ~ de prendas deportivas/libros* a sports clothes/book distributor **2** (*agente*) dealer: *un ~ de IBM* an IBM dealer
■ **distribuidora** *nf* distributors [*v pl*]: *la distribuidora de MGM en España* the distributors of MGM films in Spain

distribuir *vt* **1** (*gen*) to distribute *sth* (***to/among sth/sb***): *una carga bien distribuida* an evenly distributed load ◊ *Distribuirán alimentos a/entre los refugiados.* They will distribute food to/among the refugees. **2** (*tareas*) to allocate **3** (*a domicilio*) to deliver **4** (*clasificar*) to sort *sth* (***by sth***): *~ los libros por materias* to sort the books by subject
■ **distribuirse** *v pron* (*repartirse*) to share: *El resto se lo distribuirán los socios.* The rest will be shared by/among the members.
LOC distribuir en grupos to divide *sth/sb* into groups

distrito *nm* district
LOC distrito electoral 1 (*ayuntamientos*) ward **2** (*parlamento*) constituency ☛ *Ver págs 584–5*

disturbio *nm* **1** (*alboroto*) disturbance: *Se produjeron ~s en la capital.* There were disturbances in the capital. ◊ *Los hinchas provocaron ~s.* The fans caused a disturbance and did a lot of damage. **2** (*violento*) riot: *Los ~s causaron graves daños.* The riots caused serious damage.

disuadir *vt* to dissuade *sb* (***from sth/doing sth***): *~les de sus planes/del uso del coche* to dissuade them from their plans/using the car

disuasión *nf* deterrent: *Sirve de ~.* It acts as a deterrent. ◊ *medidas de ~* measures that act as a deterrent

disuasorio, -a (*tb* **disuasivo, -a**) *adj* deterrent: *medidas disuasorias* deterrent measures

disyuntiva *nf* dilemma
LOC estar ante una disyuntiva to be facing a dilemma **poner en una disyuntiva** to place *sb* in a dilemma

DIU *nm, abrev de* **dispositivo intrauterino** *Ver* DISPOSITIVO

diurético, -a *adj* diuretic
■ **diurético** *nm* diuretic

divagación *nf* digression

divagar *vi* **1** (*salirse del tema*) to digress (*formal*), to wander off the point **2** (*hablar sin sentido*) to ramble

diván *nm* couch

divergencia *nf* disagreement

divergente *adj* divergent: *opiniones/caminos ~s* divergent opinions/paths

divergir *vi* **1** (*caminos, líneas*) to diverge **2** (*opiniones, personas*) to differ

diversidad *nf* variety

diversificación *nf* diversification

diversificar(se) *vt, v pron* to diversify: *Debemos diversificar nuestra oferta comercial.* We must diversify our range. ◊ *Los intereses de la juventud se van diversificando.* Young people's interests are diversifying.

diversión *nf* **1** (*pasatiempo*) pastime: *Mi ~ favorita es el cine.* My favourite pastime is the cinema. **2** (*placer*) fun: *Pinto por ~.* I paint for fun. **3** (*actividad, espectáculo*) entertainment: *lugares de ~* places of entertainment

diverso, -a *adj* **1** (*variado*) varied : *estilos de vida muy ~s* very varied lifestyles **2** (*diferente*) different: *personas de ~ origen* people from different backgrounds **3 diversos (a)** (*varios*) several: *en diversas ocasiones* on several occasions **(b)** (*distintos*) various: *las diversas tribus del Amazonas* the various Amazonian tribes
LOC en diversos grados in/to varying degrees

divertido, -a *pp, adj* **1** (*gracioso*) funny, amusing (*más formal*): *comentarios ~s* amusing comments **2** (*agradable*) enjoyable: *unas vacaciones divertidas* an enjoyable holiday *Ver tb* DIVERTIR
LOC fue/estuvo muy divertido (*actividad, fiesta*) it was great fun

divertir *vt* **1** (*gen*) to entertain: *~ al público* to entertain the public **2** (*tener ocupado*) to keep *sb* amused: *~ a los niños* to keep the children amused
■ **divertirse** *v pron* (*pasarlo bien*) to enjoy yourself
LOC ¡que te diviertas! have a good time!

dividendo *nm* dividend

dividir *vt* **1** (*gen*) to divide: *~ el trabajo/una tarta* to divide (up) the work/a cake ◊ *Lo voy a ~ en tres partes.* I'll divide it into three (parts). ◊ *Lo dividieron entre sus hijos.* They divided it between/among their children. ◊ *Divide treinta entre/por tres.* Divide thirty by three. **2** (*beneficios*) to share *sth* (out): *Dividieron los beneficios entre los seis socios.* The six partners shared the profits. **3** (*separar*) to separate: *El río divide a los dos países.* The river separates the two countries. **4** (*escindir*) to split: *Ese asunto ha dividido a la familia.* That affair has split the family.
■ **dividirse** *v pron* **dividirse (en)** (*grupos, facciones*) to split **into *sth***: *~se en dos facciones* to split into two factions
LOC divide y vencerás divide and conquer **no me puedo dividir** I can't be in two places at once

divieso *nm* boil

divinamente *adv* beautifully
LOC pasarlo divinamente to have a wonderful time *Ver tb* TRATAR

divinidad *nf* divinity

divino, -a *adj* divine
■ **divino** *adv*: *Ese vestido te queda ~.* That dress looks wonderful on you. ◊ *Lo pasamos ~.* We had a wonderful time.

divisa *nf* (*dinero*) (foreign) currency: *pagar en ~s* to pay in foreign currency ◊ *el mercado de ~s* the currency markets ◊ *la ~ alemana, francesa, etc* the German mark, French franc, etc **LOC** *Ver* CAMBIO, MERCADO, SALIDA

divisar *vt* to make *sth/sb* out: *Desde aquí se divisa la costa.* You can just make out the coast from here.

división *nf* **1** (*gen*) division: *la ~ del trabajo* the division of labour ◊ *Hay divisiones en el comité.* There are divisions in the committee. ◊ *un equipo de primera ~* a first division team **2** (*de un país*) partition
LOC hacer divisiones (*Aritmética*) to do division

divisorio, -a *adj* **1** (*gen*) dividing: *una pared divisoria* a dividing wall **2** (*política*) divisive
divo, -a *nm-nf* (*estrella*) star: *un ~ de la ópera* an opera star
■ **divo, -a** *adj, nm-nf* (*exigente, presuntuoso*) prima donna [*n*]: *¡No seas tan ~!* Stop behaving like a prima donna!
divorciado, -a *pp, adj Ver* DIVORCIARSE
■ **divorciado, -a** *nm-nf* divorcee
LOC estar divorciado to be divorced
divorciarse *v pron* **~ (de)** to get divorced **(from *sb*)**: *Se van a divorciar.* They're getting divorced.
divorcio *nm* **1** (*Jur*) divorce **2** (*división*) gap **LOC** *Ver* DEMANDA, MOTIVO, PLEITO, TRAMITAR, TRÁMITE
divulgación *nf*: *El objetivo es la ~ de la historia de la ciudad.* The aim is to teach people about the history of the city. ◊ *Contribuyó a la ~ de la ópera.* It added to the popularity of opera. ◊ *una obra de gran ~* a widely read/known work ◊ *un libro/una revista de ~ científica* a popular science book/magazine
divulgar *vt* **1** (*noticia*) to spread **2** (*estilo, moda*) to popularize **3** (*revelar*) to divulge
■ **divulgarse** *v pron* (*noticia*) to spread
do *nm* **1** (*nota de la escala*) doh **2** (*tonalidad*) C ☛ *Ver ejemplos en* SOL[1]
LOC dar el do de pecho to pull out all the stops **do de pecho** high C *Ver tb* CLAVE[2]
dobladillo *nm* hem: *bajar/subir el ~ de una falda* to let down/take up the hem on a skirt
doblado, -a *pp, adj* (*cansado*) worn out: *Vengo ~.* I'm worn out. *Ver tb* DOBLAR
doblaje *nm* (*Cine*) dubbing
doblar *vt* **1** (*duplicar*) to double: *Doblaron la oferta.* They doubled their offer. **2** (*ser/tener el doble*): *Le dobla en altura/edad/peso.* He's twice her height/age/weight. **3** (*plegar*) to fold **4** (*torcer, flexionar*) to bend: *~ la rodilla/una barra de hierro* to bend your knee/an iron bar **5** (*esquina*) to turn **6** (*película*) to dub *a film* **(*into sth*)**: *La vimos en versión doblada.* We saw it in a dubbed version. ◊ *La van a ~ al castellano.* It's going to be dubbed into Spanish.
■ **doblar** *vi* **1** (*girar*) to turn: *~ a la derecha/izquierda* to turn right/left **2** (*campanas*) to toll
■ **doblarse** *v pron* **1** (*cantidad*) to double **2** (*torcerse*) to bend **3** (*doblegarse*) to give in
LOC doblar a palos to beat *sb* up **doblar el espinazo** to put your back into it *Ver tb* CERVIZ, ESQUINA, MUERTO
doble *adj* **1** (*gen*) double: *agente/habitación/whisky ~* double agent/room/Scotch ◊ *tela de ~ ancho* double width fabric **2** (*cuerda, tela*) extra thick
■ **doble** *nm* **1(a)** (*cantidad*) twice as much: *Cuesta el ~.* It costs twice as much. ◊ *Necesitas el ~ de harina.* You need double the amount of flour. ◊ *el ~ de harina que de mantequilla* twice as much flour as butter **(b)** (*número*) twice as many: *Había el ~ de gente.* There were twice as many people. ◊ *el ~ de libros* twice as many books **(c)** (*tiempo*) twice as long: *Se tarda el ~.* It takes twice as long. **(d)** (*de + adj*) twice as...: *el ~ de ancho, grande, etc* twice as wide, big, etc **2** (*persona parecida*) **(a)** (*gen*) double: *Ese chico es tu ~.* He's your double. **(b)** (*de un famoso*) lookalike: *una ~ de Madonna* a Madonna lookalike **3** (*Cine*) stand-in **4 dobles** (*Tenis*) doubles: *~s masculinos* men's doubles
LOC a doble turno in two shifts **de doble sentido** (*chiste, palabra*) with a double meaning **de doble sentido/vía** two-way: *una calle de ~ sentido* a two-way street **doble acristalamiento/ventana** double glazing **doble amonestación** (*Fútbol*) two yellow cards **doble espacio** (*en un texto*) double spacing: *mecanografiado a ~ espacio* typed in double spacing **doble fondo** (*en una maleta*) false bottom **doble moral** double standards [*v pl*] **doble nacionalidad** dual nationality **doble o nada** double or quits **llevar un doble juego** to play a double game **v doble/uve doble** w ☛ Se pronuncia /ˈdʌbljuː/. **ver doble** to see double *Ver tb* APARCAR, ARMA, ESCALERA, LAZADA, PARTIDA, PROGRAMA
doblegar *vt* **1** (*resistencia, voluntad*) to break **2** (*pueblo, rebeldes*) to subdue
■ **doblegarse** *v pron* **doblegarse (a/ante)** to give in **to *sth/sb***: *~se a/ante las amenazas/exigencias de algn* to give in to sb's threats/demands
doblez *nm* **1** (*pliegue*) fold **2** (*hipocresía*) deviousness
doblón *nm* doubloon
doce *nm, adj, pron* **1** (*gen*) twelve **2** (*fecha, decimosegundo*) twelfth **3** (*en títulos*) the Twelfth ☛ *Ver ejemplos en* DIECISÉIS
doceavo, -a (*tb* **dozavo, -a**) *adj* ☛ *Ver ejemplos en* DIECISEISAVO
■ **doceavo** *nm* twelfth
docena *nf* dozen: *una ~ de personas* a dozen people ◊ *media ~* half a dozen
LOC a docenas by the dozen
docente *adj* teaching: *labor ~/tareas ~s* teaching duties ◊ *un centro ~* an educational institution
LOC colectivo/personal/plantilla docente teaching staff [*v sing o pl*] ☛ *Ver nota en* PLANTILLA
dócil *adj* docile
docilidad *nf* docility
docto, -a *adj* **1** (*gen*) learned: *el ~ profesor* the learned professor **2 ~ en** well versed **in *sth***
doctor, ~a *nm-nf* doctor
LOC doctor honoris causa doctor honoris causa [*pl* doctors honoris causa]
doctorado *nm* doctorate (*abrev* PhD): *La universidad de Salamanca ofrece cursos de ~ en varias disciplinas.* The University of Salamanca offers a variety of PhD courses. ◊ *Empecé a hacer el ~ en 1995.* I began my PhD in 1995.
doctoral *adj* doctoral
doctorarse *v pron* **~ (en) (por)** to get a doctorate/PhD **(in *sth*) (from...)**: *Se doctoró en Lingüística por la Complutense.* She got her PhD in Linguistics from the Complutense University in Madrid.
doctrina *nf* doctrine
doctrinario, -a *adj* doctrinaire
documentación *nf* **1** (*documentos*) documents [*v pl*]: *la ~ del coche* the car documents ◊ *la ~ que acompaña al envío* the documents accompanying the shipment **2** (*identificación*) papers [*v pl*]: *Iba sin ~.* I had no papers. ◊ *Su ~, por favor.* Your papers, please. **3** (*información*) information: *centro de ~* information centre
documentado, -a *pp, adj Ver* DOCUMENTAR
LOC bien documentado 1 (*estudio*) well-documented **2** (*persona*) well-informed **estar documentado**: *Están ~s ciertos contactos entre ellos.* There is documentary evidence of meetings between them.
documental *adj, nm* documentary: *un ~ de la BBC* a BBC documentary
documentar *vt* **1** (*dar pruebas*) to provide evidence for *sth*: *No pueden ~ sus afirmaciones.* They cannot provide evidence for their claims. **2** (*ser prueba de*) to be evidence of *sth*: *Esto documenta su presencia en Madrid.* This is evidence of his presence in Madrid. **3** (*informar*) to brief: *~ al ministro* to brief the minister
■ **documentarse** *v pron* **documentarse (en/sobre)** to do research **(on *sth/sb*)**
documento *nm* document
LOC Documento (Nacional) de Identidad (DNI) identity card ☛ *Ver nota en* CARNÉ **(los/sus) documentos, por favor** (your) papers please *Ver tb* RESUMEN
dogal *nm* (*cabestro*) halter
dogma *nm* dogma
dogmático, -a *adj* dogmatic
dogmatismo *nm* dogmatism
dogo, -a *nm-nf*
LOC dogo alemán/danés Great Dane
dólar *nm* dollar (*símbolo* $) **LOC** *Ver* MONTADO
dolencia *nf* **1** (*enfermedad*) illness **2** (*no grave*) ailment
LOC dolencia de estómago, riñón, etc stomach, kidney, etc trouble
doler *vi* **1** (*gen*) to hurt: *Esto no te va a ~ nada.* This won't hurt at all. ◊ *Me duelen los riñones.* My back hurts. ◊ *Me dolió que no me apoyaran.* I was hurt by

their lack of support. **2** (*cabeza, muela*) to ache: *Me duele la cabeza.* I've got a headache.

■ **dolerse** *v pron* **dolerse de 1** (*estar apenado*) to be hurt **that...**: *Se duelen de que nadie les informara/de la falta de información.* They are hurt that nobody told them. **2** (*lamentar*) to regret *sth/doing sth* [*vt*]: *Se duelen de haber perdido el tiempo.* They regret having wasted their time.

LOC me duele tener que... I'm sorry to have to... **me duele todo** I'm aching all over *Ver tb* AHÍ, VERDAD

dolido, -a *pp, adj Ver* DOLER

LOC estar dolido 1 (*por algo*) to be hurt: *Está ~ porque no le invitaron.* He's hurt because he wasn't invited. **2** (*con algn*) to be upset: *Está ~ contigo por lo que dijiste.* He's upset with you because of what you said.

dolmen *nm* dolmen

dolor *nm* **1** (*Med*) pain: *~es de parto* labour pains ◊ *gritos de ~* cries of pain ◊ *Tengo mucho ~.* I'm in a lot of pain. ◊ *Las aspirinas quitan el ~.* Aspirins relieve pain. **2** (*pena*) grief: *el ~ de los familiares* the grief of the relatives

LOC algo contra/para el dolor something for the pain **con gran/harto dolor (de mi corazón)** with great regret **dolor de barriga/tripas/vientre** tummy ache **dolor de cabeza** headache **dolor de espalda** backache **dolor de estómago** stomach ache **dolor de garganta** a sore throat **dolor de muelas** toothache **dolor de oídos** earache **quitarse el dolor**: *No se me quita el ~ de tripas.* My tummy ache won't go away. *Ver tb* GRITAR, LOCO

dolorido, -a *adj* **1** (*que duele*) sore: *Tengo la espalda dolorida.* I've got a sore back. **2** (*apenado*) hurt

doloroso, -a *adj* **1** (*gen*) painful: *un parto muy ~* a very painful labour ◊ *Por muy ~ que sea, hay que tomar una decisión.* We must take a decision, however painful it may be. **2** (*escena, espectáculo*) distressing

domable *adj* (*pelo*) manageable

domador, ~a *nm-nf* (*de fieras*) tamer: *un ~ de leones* a lion tamer

domar *vt* **1(a)** (*fiera, persona*) to tame **(b)** (*caballo, zapatos nuevos*) to break *sth* in **2** (*pasiones, rebelión*) to curb

domesticado, -a *pp, adj* tame *Ver tb* DOMESTICAR

domesticar *vt* **1** (*amansar*) to tame **2** (*educar*) to train

doméstico, -a *adj* domestic **LOC** *Ver* ECONOMÍA, EMPLEADO, FAENA, LABOR, QUEHACER, TAREA

domiciliación *nf* payment by direct debit

domiciliado, -a *pp, adj* **~ (en...) 1** (*persona*) **(a)** (*gen*) resident **in...**: *alumnos ~s en Madrid* students resident in Madrid **(b)** (*con dirección*) of...: *Ruiz, ~ en Mayor 5* Ruiz, of 5 Calle Mayor **2** (*empresa, organización*) based **in...**: *una firma domiciliada en Berlín* a firm based in Berlin *Ver tb* DOMICILIAR

domiciliar *vt* **1** (*pagos*) to pay *sth* by direct debit **2** (*sueldo*) to have *your salary* paid direct into your bank account

domiciliario, -a *adj* **1** (*visita*) home [*n atrib*] **2** (*arresto, registro*) house [*n atrib*]: *tres meses de arresto ~* three months' house arrest **LOC** *Ver* SOMETER, SUFRIR

domicilio *nm* address: *cambio de ~* change of address

LOC domicilio familiar home **domicilio particular** private house **domicilio social** registered office **reparto/servicio a domicilio** delivery service ☛ *Ver nota en* MILKMAN **sin domicilio fijo** of no fixed abode *Ver tb* ENTREGA, ENVÍO, FIJAR, VENDEDOR, VENDER, VENTA

dominación *nf* domination, rule (*más coloq*): *bajo la ~ árabe* under Arab rule

dominado, -a *pp, adj* **~ por** ruled **by** *sth*: *Está ~ por la ambición/envidia.* He's ruled by ambition/envy. *Ver tb* DOMINAR

LOC tener a algn dominado to have sb under your thumb

dominante *adj* **1** (*gen*) dominant: *el sabor/la ideología ~* the dominant flavour/ideology ◊ *Ocupa una posición ~.* It stands in a dominant position. **2** (*viento, opinión*) prevailing **3** (*clase, élite*) ruling **4** (*autoritario*) domineering **LOC** *Ver* NOTA

dominar *vt* **1** (*gen*) to dominate: *El castillo domina la ciudad.* The castle dominates the city. ◊ *Ruiz dominó la carrera.* Ruiz dominated the race. ◊ *Trata de ~ a los demás.* He tries to dominate other people. **2** (*territorio*) to rule **over** *sth*: *Dominan la mitad del globo.* They rule over half the world. **3** (*controlar*) to control: *~ el balón/los nervios/un caballo* to control the ball/your nerves/a horse **4** (*epidemia, incendio*) to bring *sth* under control **5** (*rebelión*) to put *sth* down, to suppress (*más formal*) **6(a)** (*materia, tema*) to master: *Se nota que domina el tema.* You can see he has mastered the subject. **(b)** (*idioma*) to be fluent **in** *sth* **7** (*abarcar con la vista*): *Desde aquí dominas toda la ciudad.* You can see the whole city from here.

■ **dominar** *vi* **1** (*gen*) to dominate: *Dominaron en el segundo tiempo.* They dominated the second half. **2** (*predominar*) to predominate: *Domina el rojo.* Red predominates. **3** (*destacar*) to stand out: *La figura de Jiménez es la que domina.* Jiménez stands out.

■ **dominarse** *v pron* to stay calm

LOC dominar la situación to have the situation under control

dómine *nm* **LOC** *Ver* CHUPA

domingo *nm* Sunday (*abrev* Sun) ☛ *Ver ejemplos en* LUNES ☛ *Ver nota en* REMEMBRANCE SUNDAY

LOC Domingo de Pascua/Resurrección Easter Sunday **Domingo de Pentecostés** Whit Sunday **Domingo de Ramos** Palm Sunday

dominguero, -a *adj* Sunday [*n atrib*]: *un conductor ~* a Sunday driver

■ **dominguero, -a** *nm-nf* (*conductor*) Sunday driver

Dominica *nf* Dominica

dominical *adj* Sunday [*n atrib*]: *la edición ~* the Sunday edition **LOC** *Ver* DIARIO

dominicano, -a *adj, nm-nf* Dominican

dominico, -a *adj, nm-nf* Dominican

dominio *nm* **1** (*dominación*) dominion (**over** *sth/sb*): *el ~ del hombre sobre la naturaleza* man's dominion over nature ◊ *Hubo ~ azulgrana en el primer tiempo.* Barcelona dominated the first half. **2 ~ (de)** (*control*) control (**of/over** *sth*): *su ~ del balón/de la organización* his control of/over the ball/organization **3(a)** (*lengua*) command **of** *sth* **(b)** (*técnica*) mastery **of** *sth* **4** (*ámbito, terreno*) realm: *el ~ de la fantasía* the realm of fantasy

LOC dominio del aire/naval air/naval supremacy **dominio de sí mismo** self-control **ser del dominio público** (*noticia*) to be common knowledge

dominó *nm* **1** (*juego*) dominoes [*v sing*]: *jugar al ~* to play dominoes **2** (*ficha*) domino [*pl* dominoes] **3** (*estuche y fichas*) set of dominoes ☛ *Ver ilustración en* DOMINO

don *nm* **1 ~ (de)** (*cualidad, regalo*) gift (**of** *sth*): *el ~ de la inteligencia* the gift of intelligence **2 ~ para algo** (*talento*) gift **for** *sth/doing sth*: *tener un ~ para la pintura* to have a gift for painting

LOC tener don de gentes to have a way with people **tener don de mando** to have qualities of leadership **tener el don de la palabra** to have a way with words **tener el don de la ubicuidad** to be everywhere at once

don, doña *nm-nf* (*tratamiento de cortesía*)

> Los tratamientos **Mr, Mrs, Ms** y **Miss** se utilizan cuando se proporciona el nombre y apellido completos de una persona: *Don José Ruiz* Mr José Ruiz ◊ *Doña Carmen García* Mrs Carmen García.
> Cuando *don* o *doña* van seguidos tan solo de un nombre de pila, el inglés seguirá mencionando el apellido: *los pacientes de don José* Mr Ruiz's patients ◊ *Doña Carmen* Mrs García

LOC don perfecto, puntual, etc Mr Perfection, Punctuality, etc **ser un don nadie** to be a nobody *Ver tb* FULANO, PODEROSO, QUIJOTE

donación *nf* donation

LOC hacer donación de algo to donate sth

donante *nmf* donor: *un ~ de sangre* a blood donor
donar *vt* to donate: *~ un riñón* to donate a kidney ◊ *~ sangre* to give blood
donativo *nm* donation
donde *adv rel* **1** (*gen*) where: *la ciudad ~ nací* the city where I was born ◊ *Siempre vamos ~ tú quieres.* We always go where you want. ◊ *Escribió una novela, ~ lo menciona.* He wrote a novel where he mentions it. ◊ *un lugar ~ vivir* a place to live **2** (*en cualquier parte, en todas partes*) wherever: *Iremos ~ sea preciso.* We'll go wherever is necessary. ◊ *Siéntate ~ quieras.* Sit where/ wherever you like. **3** (*con preposición*): *la ciudad a ~ se dirigen* the town they're heading for ◊ *un alto de/desde ~ se ve el mar* a hill from which you can see the sea ◊ *la calle por ~ pasa el autobús* the street the bus goes along ◊ *el pueblo de ~ son* the village they come from **4** (*a casa de, allí donde está*): *ir ~ Juan/mi hermana* to go to Juan's/my sister's (house) ◊ *allí arriba, ~ la iglesia* up by the church
LOC de donde se deduce que... from which it can be deduced that... **donde comen dos comen tres** there's always room for one more **donde hay patrón no manda marinero** the boss is the boss **donde las dan las toman** two can play at that game **donde sea** anywhere: *Podemos dormir ~ sea.* We can sleep anywhere. **esté donde esté** wherever he, she, etc may be **hasta donde alcanza la vista** as far as the eye can see **meterte donde no te llaman** to interfere **¡métetelo por donde te quepa!** you can stick it! (*vulg*) **vayas donde vayas** wherever you go *Ver tb* ALLÁ, ALLÍ, CRISTO, ESPALDA, MUERTO, PARECER, RABIA, SITIO, SOL[2]
dónde *adv interr* **1** (*gen*) where: *¿~ lo has puesto?* Where have you put it? ◊ *No sé ~ está.* I don't know where it is. **2** (*con preposición*): *¿De ~ eres?* Where are you from? ◊ *¿De ~ lo has sacado?* Where did you get it from? ◊ *¿Por ~ pasa el autobús?* Which way does the bus go? ◊ *¿Por ~ pasa la procesión?* What route does the procession take?
LOC ¿dónde habrá ido a parar?: *¿~ habrán ido a parar mis guantes?* Where on earth can my gloves have got to? **¿dónde quieres ir a parar?** what are you getting at? **¿dónde iremos/vamos a ir a parar?** where will it all end? **¡dónde vas a parar!** there's no comparison **¿hacia dónde?** which way?: *¿Hacia ~ han ido?* Which way did they go? **¿hasta dónde?** how far? **mira por dónde**: *Mira por ~ los acontecimientos han venido a darme la razón.* Just see how events have proved me right! ◊ *Mira por ~ compramos en la misma tienda.* You know what, we go to the same shop! **no hay por dónde cogerlo** it's a very tricky problem **¿por dónde se va a...?** could you tell me the way to...? *Ver tb* COÑO, DEMONIO, OÍR, PUÑETA, TIRO
dondequiera *adv* wherever
LOC dondequiera que esté wherever he, she, etc is
donjuán *nm* womanizer
donut *nm* doughnut
doña *nf Ver* DON
dopar *vt* to drug
■ **doparse** *v pron* to take drugs
doping *nm* drug-taking
dorada *nf* gilthead (bream)
dorado, -a *pp, adj* **1** (*gen*) gold [*n atrib*]: *unos pendientes ~s* gold earrings **2** (*cabellos, época*) golden **3** (*marco*) gilt *Ver tb* DORAR
■ **dorado** *nm* **1** (*baño*) gilt: *Se le fue el ~.* The gilt wore off. **2 dorados** brass fittings **LOC** *Ver* CARPA[1], SUEÑO
dorar *vt* **1** (*con oro*) to gild **2** (*Cocina*) to brown
■ **dorarse** *v pron* (*Cocina*) to brown
LOC dorar la píldora to sweeten the pill
dormido, -a *pp, adj* asleep *Ver tb* DORMIR
LOC quedarse dormido to fall asleep ☛ *Ver nota en* ASLEEP
dormilón, -ona *adj, nm-nf* sleepyhead [*n*]
dormir *vi* **1(a)** (*gen*) to sleep: *No puedo ~.* I can't sleep. ◊ *No dormí nada.* I didn't sleep a wink. **(b)** (*estar dormido*) to be asleep: *mientras mi madre dormía* while my mother was asleep ☛ *Ver nota en* ASLEEP **2** (*pasar la noche*) to spend the night: *Dormimos en Burgos.* We spent the night in Burgos.
■ **dormir** *vt* **1(a)** (*niño*) to get *sb* off to sleep **(b)** (*de aburrimiento*) to send *sb* to sleep: *Esta música me duerme.* This music sends me to sleep. **2** (*anestesiar*) **(a)** (*persona*) to give *sb* a general anaesthetic **(b)** (*parte del cuerpo*) to give *sb* a local anaesthetic: *Te duermen el brazo.* they give you a local anaesthetic (in the arm).
■ **dormirse** *v pron* **1** (*conciliar el sueño*) to fall asleep **2** (*despertarse tarde*) to oversleep: *Me dormí y llegué tarde a trabajar.* I overslept and was late for work. **3** (*parte del cuerpo*) to go to sleep: *Se me ha dormido la pierna.* My leg has gone to sleep.
LOC ¡a dormir! to bed! **dormir a pierna suelta/como un ceporro/lirón/tronco** to sleep like a log **dormir como un bendito** to sleep like a baby **dormir de un tirón** to sleep right through the night **dormir la mona/ dormirla** to sleep it off **dormirse en los laureles** to rest on your laurels **no dejar dormir** to keep *sb* awake **¡no te duermas!** wake up! **ser de poco dormir** to need very little sleep *Ver tb* SACO, SIESTA
dormitar *vi* to doze
dormitorio *nm* **1(a)** (*habitación*) bedroom **(b)** (*en un colegio*) dormitory **2** (*muebles*) bedroom suite **LOC** *Ver* CIUDAD
dorsal *adj* (*Anat*) dorsal: *la aleta ~* the dorsal fin ☛ *Ver ilustración en* FISH[1]
■ **dorsal** *nm* (*Dep*): *Jimeno, con el ~ tres* Jimeno, wearing number three **LOC** *Ver* ESPINA
dorso *nm* back
LOC en el/al dorso on the back: *en el ~ de la tarjeta* on the back of the card **véase/ver al dorso** see overleaf *Ver tb* SEGUIR
dos *nm, adj, pron* **1** (*gen*) two **2** (*fecha, segundo*) second (*abrev* 2nd) ☛ *Ver ejemplos en* SEIS
LOC dos puntos colon ☛ *Ver págs 592–3* **dos veces** twice **en un dos por tres** in no time (at all) **estar/ quedarse a dos velas** to be skint **los/las dos** both: *Enséñame las ~ manos.* Show me both hands. ◊ *Fuimos las ~.* We both went. **no hay dos sin tres** things always come in threes **no tener dos dedos de frente** to be as thick as two short planks **ser como dos gotas de agua** to be as like as two peas in a pod *Ver tb* ARMA, CADA, CANTAR[2], CARA, COJÓN, COMER, CUATRO, DONDE, HOMBRE, PALABRA, PASO, PLAZA, TORTOLITO, TROPEZAR(SE)
doscientos, -as *adj, pron* two hundred
■ **doscientos** *nm* two hundred ☛ *Ver ejemplos en* SEISCIENTOS
dosificar *vt* **1** (*medir*) to measure *sth* (out) **2** (*equilibrar*) to balance: *~ el tiempo dedicado a artes y ciencias* to balance the time spent on arts and science **3** (*racionar*) to ration: *~ el esfuerzo/los viajes* to ration your effort/trips
dosis *nf* **1** (*gen*) dose: *No exceder la ~ recomendada.* Do not exceed the recommended dose. **2** (*droga*) fix: *drogadictos en busca de su ~ diaria* drug addicts in search of their daily fix
LOC una buena dosis de comprensión, paciencia, etc a good deal of understanding, patience, etc
dossier *nm* file, dossier (*formal*)
dotación *nf* **1** (*provisión*) provision: *la ~ de plazas hoteleras* the provision of hotel places ◊ *Hay falta de dotaciones para atender a los niños.* There isn't enough child care provision. **2** (*asignación*) allocation: *Piden mayor ~ presupuestaria/de personal.* They are demanding a larger budget/staff allocation. **3(a)** (*plantilla*) staff: *Sería necesaria una ~ de 250 personas.* A staff of 250 would be needed. **(b)** (*policía*) squad **(c)** (*bomberos, marinos*) crew
LOC la dotación del premio/de la beca es de... the prize/scholarship is worth... **la dotación es insuficiente 1** (*personal*) we, you, etc are under-staffed **2** (*presupuesto*) we, you, etc are under-funded
dotado, -a *pp, adj* **1 ~ (con)** (*Fin*): *la fundación mejor dotada de España* the wealthiest foundation in Spain ◊ *el concurso literario mejor ~* the major literary competition in money terms ◊ *una competición dotada con un*

millón de pesetas a competition with a prize of one million pesetas ◊ *un premio ~ con un millón de pesetas* an award worth one million pesetas **2 ~ (para)** (*con talento*) gifted (**at** ***sth***): *el mejor ~ de mis alumnos* my most gifted pupil ◊ *~ para el canto* gifted at singing **3 ~ de** (*poseedor*) endowed **with** ***sth***: *~ de inteligencia* endowed with intelligence ◊ *un edificio ~ de un teatro* a building with its own theatre ◊ *un rostro ~ de una expresión socarrona* a face with a mocking expression **4 ~ (de)** (*equipado*) equipped **with** ***sth***: *laboratorios bien ~s* well-equipped labs ◊ *vehículos ~s de radio* vehicles equipped with radio *Ver tb* DOTAR

LOC bien dotado (*persona*) well-endowed

dotar *vt* **1** (*proveer*) to provide *sth/sb* **with** ***sth***: *~ a la ciudad de transporte público* to provide the city with public transport **2** (*equipar*) to equip *sth/sb* ***with sth***: *~ al piso de los últimos adelantos* to equip the flat with the latest appliances **3** (*Dios, la naturaleza*) to give: *Dios nos ha dotado de inteligencia.* God has given us intelligence. **4** (*conceder*) to grant: *~ de autonomía a las regiones* to grant autonomy to the regions **5** (*Fin*): *Dotaron el concurso con cinco millones de pesetas.* Five million pesetas was allocated for prizes.

dote *nf* dowry

LOC dotes de mando leadership qualities **tener dotes de...** to have a gift for *doing sth*: *tener ~s de cómico* to have a gift for making people laugh

Down *n pr* **LOC** *Ver* SÍNDROME

dragar *vt* **1** (*puerto, río*) **(a)** (*para limpiar*) to dredge **(b)** (*buscando algo*) to drag **2** (*minas*) to sweep

dragón *nm* dragon

drama *nm* drama

LOC hacer un drama de algo to make a drama out of sth

dramático, -a *adj* dramatic **LOC** *Ver* ARTE

dramatizar *vt* to dramatize

dramaturgo, -a *nm-nf* playwright

drástico, -a *adj* drastic

drenaje *nm* drainage

drenar *vt* to drain

driblar *vt, vi* to dribble

droga *nf* drug: *~s blandas/duras* soft/hard drugs ◊ *el problema de la ~* the drug problem

LOC caer en la droga/drogadicción to become a drug addict **la droga** drugs [*v pl*]: *la lucha contra la ~* the fight against drugs *Ver tb* EFECTO, TRÁFICO

drogadicción *nf* drug addiction **LOC** *Ver* DROGA

drogadicto, -a *adj* addicted to drugs

■ **drogadicto, -a** *nm-nf* drug addict

drogado *pp, adj Ver* DROGAR

LOC estar drogado to be under the influence of a drug/drugs

drogar *vt* to drug: *La drogaron para que no opusiera resistencia.* She was drugged to prevent her resisting.

■ **drogarse** *v pron* to take drugs: *~se con heroína* to take heroin

drogata (*tb* **drogota**) *nmf* junkie

drogodependencia *nf* drug dependency

drogodependiente *adj* addicted to drugs

■ **drogodependiente** *nmf* drug addict

droguería *nf* shop selling household items and cleaning materials

dromedario *nm* dromedary

dual *adj* dual

Dublín *nm* Dublin

ducado *nm* (*territorio*) duchy

ducha *nf* shower

LOC darse/tomar una ducha to have/take a shower **ducha de agua fría 1** (*lit*) cold shower **2** (*fig*) shock (*to sb*): *El resultado fue una ~ de agua fría para sus seguidores.* The result was a shock to his followers. *Ver tb* GEL, TELÉFONO

duchar *vt* **1** (*dar una ducha*) to give *sb* a shower **2** (*empapar*) to drench

■ **ducharse** *v pron* to (have/take a) shower

ducho, -a *adj* expert

LOC ser ducho en la materia to be an expert on the subject

duda *nf* **1** (*incertidumbre*) doubt: *Tengo mis ~s.* I have my doubts. **2** (*algo que no se entiende*): *¿Tienen alguna ~?* Has anyone any questions? ◊ *¿Me puede aclarar una ~?* Can you clear up a point for me? **3** (*reparo, sospecha*) misgiving: *Tengo mis ~s sobre sus intenciones.* I have some misgivings about their intentions.

LOC ante/en la duda if/when in doubt: *Ante la ~, no vayas.* If in doubt, don't go. **estar en duda** to be in doubt: *Su sinceridad no está en ~.* His sincerity is not in doubt. **estar en la duda** to be doubtful **la duda ofende** how can you even think such a thing? **me queda la duda** I can't be sure **no tener la menor/ninguna duda**: *No tengo la menor ~ que...* I haven't the slightest doubt that... **poner en duda** cast doubt on *sth* **sacar de dudas** to dispel *sb's* doubts **salir de dudas** to know for certain **¡sin duda!** of course! **sin duda (alguna)** without a doubt *Ver tb* ARROJAR, ASOMO, CABER, FUERA, LUGAR

dudar *vt* **1** (*gen*) to doubt: *Lo dudo.* I doubt it. **2** (*vacilar*) to hesitate: *Acepté después de ~lo mucho.* I hesitated a long time before accepting.

■ **dudar** *vi* **1 ~ (de)** (*gen*) to doubt (*sth*): *Aquello me hizo ~.* That made me doubt. ◊ *Dudo si fue ella.* I doubt if it was her. ◊ *Dudo que me ayuden/sea fácil.* I doubt if they'll help me/that it'll be easy. ◊ *¿Dudas de mi palabra?* Do you doubt my word? **2 ~ de** (*desconfiar*) to mistrust *sb* [*vt*]: *Dudo de todos.* I don't trust anyone. **3** (*vacilar*) **~ en** to hesitate ***to do sth***: *No dudes en preguntar.* Don't hesitate to ask. **4 ~ entre**: *Estamos dudando entre los dos coches.* We can't make up our minds between the two cars.

dudoso, -a *adj* **1** (*gen*) doubtful: *Estoy algo ~.* I am a bit doubtful. **2** (*incierto*) uncertain: *El futuro de la empresa es ~.* The future of the business is uncertain. ◊ *Su asistencia es dudosa.* It's not certain that they will attend. **3** (*discutible*) debatable: *un penalti ~* a debatable penalty **4** (*malo, sospechoso, uso irónico*) dubious: *de gusto ~* in dubious taste ◊ *de procedencia dudosa* of dubious origin ◊ *Tuve el ~ honor de...* I had the dubious honour of...

duelo *nm* **1** (*enfrentamiento*) duel **2** (*dolor*) grief: *manifestaciones de ~* expressions of grief **3** (*luto*) mourning: *día de ~ nacional* day of national mourning

LOC duelo a muerte duel to the death

duende *nm* **1** (*personaje de cuento*) elf **2** (*encanto*) magical quality

LOC que tiene/con duende 1 (*artista, cantante*) with a certain magical quality **2** (*lugar*) enchanting

dueño, -a *nm-nf* **1** (*gen*) owner: *Llamen al ~.* Fetch the owner. **2** (*bar, pensión*) landlord [*fem* landlady] **3** (*que domina*) master: *Son los ~s de los mares.* They are masters of the sea.

LOC dueña de prostíbulo madame (of a brothel) **dueño y señor** lord and master **hacerse (el) dueño (de la situación)** to take control (of the situation) **ser dueño de la situación** to have things under control **soy muy dueño (de hacer lo que quiera)** I, you, etc can do as I, you, etc like

dueto *nm* duet

dulce *adj* **1** (*gen*) sweet: *un pastel muy ~* a very sweet cake ◊ *vino ~* sweet wine ◊ *un carácter ~* a sweet nature **2** (*persona, voz*) gentle

■ **dulce** *nm* sweet: *Se pasa el día comiendo ~s.* He's always eating sweets.

LOC dulce de membrillo quince jelly *Ver tb* AGUA, ALGODÓN, AMARGAR, FLAUTA, HOGAR, JAMÓN, MARINERO, PERA[2]

dulzón, -ona *adj* sickly (sweet)

dulzura *nf* sweetness

LOC con dulzura (*con suavidad*) gently

duna *nf* dune

dúo *nm* **1** (*composición*) duet **2** (*cantantes, instrumentos*) duo [*pl* duos] **3** (*cómicos*) double act

LOC **contestar/responder a dúo** to answer in unison *Ver tb* CANTAR[2]

duodécimo, -a *adj, nm-nf, pron* twelfth

■ **duodécimo** *nm* twelfth

duodeno *nm* duodenum ☛ *Ver ilustración en* DIGESTIVE LOC *Ver* ÚLCERA

dúplex *nm* maisonette

duplicación *nf* **1** (*gen*) duplication: *evitar la ~ de esfuerzos* to avoid duplication of effort **2** (*de cantidad*) doubling: *Esperan la ~ de las ventas.* They expect sales to double.

duplicado *nm* duplicate, copy (*más coloq*)

LOC **el duplicado de una llave** a duplicate key **por duplicado** in duplicate: *una solicitud por ~* an application in duplicate

duplicar *vt* **1** (*aumentar*) to double: *~ el presupuesto* to double the budget **2** (*ser el doble*) to be twice: *Nuestra tasa de paro duplica la media.* Our rate of unemployment is twice the average. ◊ *Me duplica la edad.* He's twice my age. **3** (*copiar*) to copy

■ **duplicarse** *v pron* to double: *Los accidentes se han duplicado.* Accidents have doubled.

duque, -esa *nm-nf* duke [*fem* duchess]

LOC **los duques (de...)** the Duke and Duchess (of...)

duración *nf* **1** (*gen*) length, duration (*más formal*): *la excesiva ~ de la película* the excessive length of the film ◊ *una carrera de tres años de ~* a course of three years duration **2** (*bombilla, coche, pila*) life: *la ~ de una pila* battery life

LOC **de dos minutos, horas, etc de duración** lasting two minutes, hours, etc **tener una duración de...** to last for... *Ver tb* LARGO

duradero, -a *adj* **1** (*gen*) lasting: *una relación duradera* a lasting relationship **2** (*ropa, zapatos*) hard-wearing

duramente *adv* **1** (*severamente*) harshly **2** (*trabajar*) hard

durante *prep* during, for

¿During o for?

During se utiliza para referirse al tiempo o al momento en que se desarrolla una acción y contesta a la pregunta **When...?**: *Me empecé a encontrar mal durante la reunión.* I began to feel ill during the meeting. ◊ *durante el concierto* during the concert

For se utiliza cuando se especifica la duración de la acción y contesta a la pregunta **How long...?**: *Anoche llovió durante tres horas.* Last night it rained for three hours. ◊ *durante dos años/una hora* for two years/one hour

LOC **durante todo el concierto, discurso, etc** throughout the concert, speech, etc **durante todo el día, toda la semana, todo el año, etc** all day, all week, all year, etc

durar *vi* to last: *La charla duró una hora.* The talk lasted an hour. ◊ *La crisis dura ya dos años.* The crisis has already lasted two years.

LOC **dura más/menos** it lasts longer/it doesn't last as long **dura mucho/poco** it lasts a long time/it doesn't last long **todavía me dura...** I, you, etc have still got...: *Todavía le dura el catarro.* He's still got that cold.

dureza *nf* **1** (*agua, material, trabajo*) hardness **2** (*carne*) toughness **3** (*severidad*) harshness **4** (*callosidad*) hard skin

LOC **dureza de corazón** hardheartedness

durmiente *adj* sleeping LOC *Ver* BELLO

duro, -a *adj* **1** (*gen*) hard: *La mantequilla está dura.* The butter is hard. ◊ *una vida muy dura* a very hard life ◊ *Me fue ~ aceptarlo.* I found it hard to accept. **2** (*castigo, clima, crítica, disciplina*) harsh **3** (*conflicto*) bitter **4** (*difícil, fuerte, resistente, carne*) tough: *Hay que ser ~ para sobrevivir.* You need to be tough to survive. ◊ *unas botas duras* tough boots **5** (*pan*) stale **6** (*juego*) rough **7** (*mecanismo*) stiff

■ **duro** *nm* **1(a)** (*moneda*) five peseta coin **(b)** (*cantidad pequeña de dinero*) farthing: *No gastan un ~ en reparaciones.* They won't spend a farthing on repairs. **2** (*Cine*) tough guy

■ **duro** *adv* hard: *trabajar ~* to work hard

LOC **a duras penas** with great difficulty **anda y que te den dos duros** get lost **duro como un pedernal/una piedra**: *El pan estaba ~ como un pedernal.* The bread was rock hard. ◊ *Tiene el corazón más ~ que una piedra.* He has a heart of stone. **duro de corazón** hard-hearted **duro de mollera 1** (*tonto*) thick **2** (*tozudo*) pig-headed **duro de oído** hard of hearing **duro de pelar/roer 1** (*problema*) tough **2** (*persona*) a hard nut (to crack) **estar a las duras y a las maduras** to take the rough with the smooth **estar/quedarse sin un duro** to be broke *Ver tb* CABEZA, CANTO[3], CARA, CUATRO, DISCO, EDICIÓN, FALTAR, HAMBRE, HUESO, HUEVO, LIBRO, MANO

Ee

e *conj* and: *Miguel e Inés* Miguel and Inés

¡ea! *interj* **1** (*ánimo*) come on! **2** (*rechazo*) so there!: *Que no voy, ¡ea!* I'm not going, so there!

LOC **¡ea pues!** right then!

ebanista *nmf* cabinet-maker

ebanistería *nf* **1** (*oficio*) cabinet-making **2** (*taller*) cabinet-maker's (workshop) [*pl* cabinet-makers] ☛ *Ver nota y ejemplos en* CARNICERÍA

ébano *nm* ebony

ebrio, -a *adj* **1** (*borracho*) intoxicated **2 ~ de** beside yourself **with** *sth*: *~ de cólera/júbilo* beside yourself with rage/joy

ebullición *nf* **1** (*lit*) boiling: *punto de ~* boiling point **2** (*agitación*) ferment **LOC** *Ver* ENTRAR

eccema *nm* eczema

echado, -a *pp, adj Ver* ECHAR

LOC **estar echado** to be lying down **ser muy echado para adelante** to have a lot of get-up-and-go

echador, ~a *nm-nf*

LOC **echador de cartas** fortune-teller

echar *vt* **1** (*lanzar*) **(a)** (*gen*) to throw: *Echa el dado.* Throw the dice. ◊ *~ algo por la borda* to throw sth overboard **(b)** (*anzuelo, redes*) to cast: *~ el anzuelo* to cast your line **2** (*servir*) **(a)** (*gen*) to give: *Échale un poco más de salsa.* Give her a bit more sauce. **(b)** (*bebida*) to pour: *¿Me echas un poco de agua?* Could you pour me some water, please? ☛ *Ver ilustración en* POUR **3** (*añadir*) to put *sth* ***in/on*** **(*sth*)**: *Échale sal (a la sopa).* Put some salt in (the soup). ◊ *Voy a ~ más leña.* I'm going to put some more logs on the fire. **4** (*persona*) **(a)** (*gen*) to throw *sb* out: *Nos echaron del bar.* We were thrown out of the bar. **(b)** (*escuela, instituto*) to expel: *Han echado al alborotador del colegio.* The trouble-maker has been expelled. **(c)** (*universidad*) to send *sb* down **(d)** (*trabajo*) to sack **5** (*carta*) to post: *No se te olvide ~ la tarjeta (al correo).* Don't forget to post the card. **6** (*olor*) to give off *a smell* **7** (*flores, hojas*): *La planta que me regalaste está echando flores/hojas.* The plant you gave me is coming into flower/leaf. **8** (*película, programa*): *Echan una película muy buena esta noche.* There's a very good film on tonight. ◊ *¿En qué cine echan "My Fair Lady"?* What cinema is 'My Fair Lady' on at? **9** (*cigarro, trago, siesta*) to have: *Voy a ~ una cabezada/un cigarro.* I'm going to have a nap/smoke. **10** (*jugar*) to have: *¡Vamos a ~ una partida de cartas/ajedrez!* Let's have a game of cards/chess! ◊ *~ un partido de fútbol/baloncesto* to play a game of football/basketball **11** (*tripa, culo*) to get: *Estás echando barriga/culo.* You're getting a big belly/bottom. **12** (*calcular*): *¿Cuántos kilos me echas?* How much do you think I weigh? ◊ *Échale media hora en coche.* It's about half an hour by car. **13** (*condenar a*): *Le han echado dos años.* He's been given two years. **14** (*vomitar*) to bring *sth* up: *Echó bilis.* He brought up some bile. **15** (*mover*): *~ la cabeza hacia atrás* to lean your head back

■ **echar** *vi* **~ a** to start ***doing sth/to do sth***: *Echaron a correr.* They started to run.

■ **echarse** *v pron* **1** (*tumbarse*) to lie down ☛ *Ver nota en* LIE[2] **2** (*lanzarse*) to jump: *Se echó al agua.* She jumped into the water. **3** (*moverse*) to move: *~se a un lado/hacia atrás* to move over/back **4** (*cigarro, trago, siesta*) to have: *~se la siesta* to have a nap **5 echarse a** (*comenzar*) to start ***doing sth/to do sth***: *Se echó a reír.* She started laughing.

LOC **echar a perder 1** (*estropear*) to ruin: *Has echado todo a perder.* You've ruined everything. **2** (*desperdiciar*) to waste: *Están echando a perder lo mejor de su vida.* They are wasting the best years of their lives. **echarse a perder** to go off: *Los huevos se han echado a perder.* The eggs have gone off. ☛ Para otras expresiones con **echar**, véanse las entradas del sustantivo, adjetivo, etc, p.ej. **echar el anzuelo** en ANZUELO y **echar las campanas al vuelo** en CAMPANA.

echarpe *nm* **1** (*gen*) scarf [*pl* scarves]: *Llevaba un ~ negro.* She was wearing a black scarf. **2** (*grande, de punto*) shawl

eclesiástico, -a *adj* ecclesiastical (*formal*), church [*n atrib*]

■ **eclesiástico** *nm* priest **LOC** *Ver* MATRIMONIO

eclipsar *vt* (*lit* y *fig*) to eclipse

■ **eclipsarse** *v pron* to disappear

eclipse *nm* (*lit* y *fig*) eclipse

eclosión *nf*: *Al final de este proceso se produce la ~ de la flor.* At the end of this process the flowers come out. ◊ *la ~ del huevo* hatching ◊ *la ~ del pacifismo* the emergence of pacifism

eco *nm* **1** (*gen*) echo [*pl* echoes]: *Había ~ en la cueva.* The cave had an echo. **2** (*rumor*) rumour

LOC **despertar/tener eco** to evoke a response **hacerse eco de una opinión** to echo an opinion *Ver tb* SOCIEDAD

ecografía *nf* scan: *hacerse una ~* to have a scan

ecología *nf* ecology

ecológico, -a *adj* ecological

ecologismo *nm* environmentalism

ecologista *adj* environmental: *grupos ~s* environmental groups

■ **ecologista** *nmf* environmentalist

ecólogo, -a *nm-nf* ecologist

economato *nm* staff discount store

LOC **economato militar** ≃ Navy, Army and Air Force Institute (*abrev* NAAFI) (*GB*)

economía *nf* **1** (*gen*) economy: *la ~ del país* the country's economy **2** (*ciencia*) economics [*v sing*]: *un profesor de ~ internacional* a lecturer in international economics **3** (*finanzas*) finances [*v pl*]: *llevar la ~ de la empresa* to look after the firm's finances **4 economías** (*ahorros*) savings

LOC **economía aplicada** applied economics [*v sing*] **economía de (libre) mercado** (free) market economy **economía dirigida/planificada** planned economy **economía doméstica** (*asignatura*) home economics [*v* sing] **economía familiar** household budget **economía negra/sumergida** black/underground economy **economías de escala** economies of scale **hacer economías** to economize *Ver tb* RELANZAR

económico, -a *adj* **1** (*Econ*) economic: *el crecimiento ~* the economic growth **2** (*que gasta poco*) economical: *un coche muy ~* a very economical car ☛ *Ver nota en* ECONOMICAL **3** (*barato*) inexpensive **LOC** *Ver* AHOGO, BIENESTAR, COMUNIDAD, EXPLOSIÓN, MEDIO *nm*

economista *nmf* economist

economizar *vt* to save: *para ~ tiempo/recursos* to save money/resources

■ **economizar** *vi* **~ (en)** to economize **(on *sth*)**: *Este mes tenemos que ~ (en comida).* This month we'll have to economize (on food). **LOC** *Ver* MEDIO *nm*

ecosistema *nm* ecosystem

ECU *nm, abrev de* **European Currency Unit** ECU/ecu

ecuación *nf* equation

LOC **ecuación de primer/segundo/tercer grado** simple/quadratic/cubic equation: *hacer una ~ de* *tercer grado* to solve a cubic equation **ecuación diferencial/exponencial** differential/exponential equation

Ecuador *nm* Ecuador

ecuador *nm* equator ☛ *Ver ilustración en* GLOBO
LOC **pasar el ecuador** to be more than half-way through *sth*: *pasar el ~ de la carrera* to be more than half-way through your course *Ver tb* PASO

ecualizador *nm* equalizer

ecuánime *adj* **1** (*sereno*) calm: *de carácter ~* calm by nature **2** (*imparcial*) impartial: *una actitud/un juicio ~* an impartial attitude/judgment

ecuanimidad *nf* **1** (*serenidad*) equanimity **2** (*imparcialidad*) impartiality: *con la máxima ~* with the utmost impartiality

ecuatorial *adj* equatorial

ecuatoriano, -a *adj, nm-nf* Ecuadorian

ecuestre *adj* equestrian

ecuménico, -a *adj* ecumenical

eczema *nm Ver* ECCEMA

edad *nf* age: *a tu ~* at your age ◊ *personas con una ~ superior a 50 años* people over 50 (years of age) ◊ *Acudió gente de todas las ~es.* People of all ages came. ◊ *¿Qué ~ tienen?* How old are they? ☛ *Ver nota en* OLD
LOC **de edad (avanzada)** elderly: *una mujer de ~ avanzada* an elderly woman **de edades comprendidas entre los dos y los cinco años** aged between two and five (years) **de mi edad** (of) my, your, etc age: *la gente de tu ~* people of your age ◊ *No había nadie de mi ~.* There was no-one my age. **Edad Antigua** antiquity **edad contemporánea** contemporary period **Edad de Bronce/Hierro/Piedra** Bronze/Iron/Stone Age **edad de la razón/del juicio** age of discretion **Edad de Oro** Golden Age **edad límite** age limit: *La ~ límite para participar en la carrera son 12 años.* The age limit for competitors in this race is 12. **Edad Moderna** Modern Age **(en) edad crítica** (at) a difficult age **(en) edad escolar** (of) school age **estar en edad adulta** to be an adult **(estar) en edad de** (to be) old enough *to do sth*: *Está en ~ de casarse.* He's old enough to get married. **(estar en la) edad del pavo** (to be at an) awkward age **la Edad Media** the Middle Ages [*v pl*]: *la Alta/Baja Edad Media* the Early/Late Middle Ages **no estar en edad de** to be too old for *sth/to do sth*: *Ya no está en ~ de hacer tonterías.* He's too old for that sort of nonsense. **no tener edad para** to be too young/old for *sth/to do sth* **tener edad para** to be old enough for *sth/to do sth Ver tb* AÑO, CIERTO, CORTO, DIFERENCIA, LLEGAR, MAYOR, MAYORÍA, MEDIANO, MENOR, TERCERO

Edén *nm* **1** (*Biblia*) Eden **2** (*fig*) earthly paradise

edición *nf* **1** (*preparación de texto*) editing: *la ~ y diseño del libro* the editing and layout of the book **2** (*tirada, versión*) edition (*abrev* ed): *He conseguido la primera ~ del libro.* I managed to get hold of the first edition of the book. ◊ *una ~ limitada* a limited edition **3** (*programa*) edition: *En próximas ediciones hablaremos de...* In later editions we'll be discussing... **4** (*concurso, certamen*): *No participarán en la próxima ~.* They won't take part next time round. ◊ *Esta es la tercera ~ del premio.* This is the third time the prize has been awarded. **5 Ediciones** (*editorial*) publishers: *lo último de Ediciones Anaya/Grijalbo* Anaya's/Grijalbo's latest publications
LOC **edición de bolsillo** pocket edition **edición de la mañana/tarde** morning/evening edition **edición de lujo** luxury edition **edición de tapas blandas/en rústica** paperback edition **edición de tapas duras** hardback edition **edición pirata** pirate edition **edición príncipe** first edition **edición semanal** weekly edition *Ver tb* CERRAR, CIERRE, TELEDIARIO

edicto *nm* edict

edificable *adj* suitable for building: *parcelas de suelo ~* building plots

edificación *nf* **1** (*acción*) construction **2** (*edificio*) building

edificante *adj* edifying: *un espectáculo poco ~* an unedifying spectacle

edificar *vt, vi* **1** (*lit*) to build **2** (*dar buen ejemplo*) to edify

edificio *nm* **1** (*lit*) building: *un ~ de nueva construcción* a new building **2** (*fig*) edifice
LOC **edificio anejo 1** (*vivienda*) annexe **2** (*establo, almacén*) outbuilding

Edimburgo *nm* Edinburgh

Edipo *n pr* **LOC** *Ver* COMPLEJO

editar *vt* **1** (*preparar texto o imágenes, Informát*) to edit: *Todavía están editando el vídeo.* The video is still being edited. **2** (*publicar*) **(a)** (*libro, periódico, revista*) to publish **(b)** (*folleto, catálogo*) to print **(c)** (*disco, cassette, compact*) to issue

editor, ~a *adj* publishing: *una sociedad editora* a publishing company
■ **editor, ~a** *nm-nf* **1** (*empresa, empresario*) publisher **2** (*textos, Periodismo, Radio, TV*) editor

editorial *adj* **1** (*sector*) publishing: *el mundo ~ de hoy* the publishing world of today **2** (*tendencia, estilo*) editorial: *la nueva línea ~* the new editorial line
■ **editorial** *nm* leading article, editorial (*más formal*)
■ **editorial** *nf* publishing house: *¿De qué ~ es?* Who are the publishers? **LOC** *Ver* CASA, ÉXITO

editorialista *nmf* leader-writer

edredón *nm* quilt
LOC **edredón (nórdico)** duvet: *Ponle la funda al ~.* Put the cover on the duvet.

educación *nf* **1** (*enseñanza*) education **2** (*crianza*) upbringing: *Han tenido una buena ~.* They've been well brought up.
LOC **educación a distancia** distance learning **educación de la voz** voice training **educación especial** education for children with special needs **educación física** physical education (*abrev* PE) **educación media** secondary education **educación mixta** co-education **educación permanente** continuing education **Educación Secundaria Obligatoria (ESO)** secondary school **educación sexual** sex education **ser de buena/mala educación** to be good/bad manners *Ver tb* FALTA, ORGANIZACIÓN

educado, -a *pp, adj* polite *Ver tb* EDUCAR
LOC **bien/mal educado** polite/rude: *No seas tan mal ~.* Don't be so rude.

educador, ~a *nm-nf* educator

educar *vt* **1** (*enseñar*) to educate **2** (*criar*) to bring *sb* up: *Es difícil ~ bien a los hijos.* It's difficult to bring your children up well. **3** (*adiestrar*) to train: *~ a un perro* to train a dog
LOC **educar el oído** to train your ear **educar el paladar** to educate your palate

educativo, -a *adj* **1** (*gen*) educational: *juguetes ~s* educational toys **2** (*sistema*) education [*n atrib*]: *la reforma del sistema ~* the reform of the education system **LOC** *Ver* MATERIAL

edulcorante *adj* sweetening: *sustancias ~s* sweetening agents
■ **edulcorante** *nm* sweetener

EEUU *nm, abrev de* **Estados Unidos** *Ver* ESTADOS UNIDOS (DE AMÉRICA)

efectivamente *adv* **1** (*como confirmación*) in fact: *El resultado del análisis fue, efectivamente, negativo.* The result of the test was in fact negative. ◊ *La reunión, efectivamente, se celebró el pasado viernes.* The meeting did in fact take place last Friday. **2** (*como respuesta*) that's right: *—¿Dice que lo vendió ayer? —Efectivamente.* 'Did you say you sold it yesterday?' 'That's right.'

efectividad *nf* effectiveness
LOC **de gran/poca efectividad** very/not very effective

efectivo, -a *adj* **1** (*eficaz*) effective: *un método ~* an effective method **2** (*verdadero*) real: *el triunfador ~ de las elecciones* the real winner in the election
■ **efectivo** *nm* **1** (*dinero*) cash: *pagar algo en ~* to pay cash for sth **2** (*miembro*) member: *varios ~s de la banda terrorista* several members of the terrorist group

LOC efectivo de la policía policeman/woman [*pl* policemen/women]: *Numerosos ~s de la policía vigilan la zona.* The police are out in force. **efectivo del cuerpo de bomberos** firefighter: *Me atendió un ~ del cuerpo de bomberos.* A firefighter came to my aid. **efectivo del ejército** soldier [*pl* army]: *Los ~s del ejército lograron controlar la rebelión.* The army succeeded in putting down the rebellion. **hacer efectivo un cheque** to cash a cheque **hacerse/ser efectivo** to come into effect: *El reglamento será ~ el 1 de enero.* The regulations come into effect on 1 January.

efecto *nm* **1** (*gen*) effect: *El medicamento no le ha hecho ~.* The medicine had no effect. ◊ *Las pastillas me hicieron ~ en seguida.* I noticed the effect of the tablets straight away. ◊ *con ~ retroactivo* with retrospective effect ◊ *La nueva ley tendrá ~s beneficiosos/perjudiciales.* The new law will have good/bad effects. **2** (*impresión*) impression: *No hagas eso, es de mal ~.* Don't do that, it creates a bad impression. ◊ *Les causó muy mal ~.* He made a bad impression on them. **3** (*pelota*) spin: *La pelota iba con ~.* The ball had (a) spin on it. **4** (*finalidad*): *al/a tal ~* for that purpose ◊ *a ~s legales* for legal purposes ◊ *a todos los ~s* in every sense

LOC bajo los efectos de la anestesia under the anaesthetic **bajo los efectos del alcohol/de las drogas** under the influence of alcohol/drugs **de efecto retardado** delayed action **efecto invernadero** greenhouse effect **efectos especiales/visuales** special/visual effects **efectos personales** personal effects (*formal*), belongings **efectos secundarios** side effects **en efecto** indeed **llevar a/poner en efecto** to put *sth* into effect **quedar sin efecto** to be ineffective *Ver tb* GRANDE, RELACIÓN, SURTIR

efectuar *vt* to carry *sth* out: *~ una prueba/controles* to carry out a test/checks

LOC efectuar la entrega de un premio to present a prize **efectuar un adelantamiento** to overtake **efectuar un cambio** to make a change **efectuar un disparo** to fire a shot *Ver tb* PAGO, PARADA

efervescencia *nf* effervescence

LOC en efervescencia in a ferment

efervescente *adj* effervescent

eficacia *nf* **1** (*efectividad*) effectiveness: *la ~ del tratamiento* the effectiveness of the treatment **2** (*eficiencia*) efficiency: *la ~ del sistema* the efficiency of the system

eficaz *adj* **1** (*efectivo*) effective: *un remedio ~* an effective remedy **2** (*eficiente*) efficient

eficiencia *nf* efficiency

eficiente *adj* efficient: *un ayudante muy ~* a very efficient assistant

efímero, -a *adj* ephemeral

efusión *nf* **1** (*calor*) warmth **2** (*en sentido peyorativo*) effusiveness

efusivo, -a *adj* **1** (*cálido*) warm: *un recibimiento ~* a warm welcome **2** (*en sentido peyorativo*) effusive

egipcio, -a *adj, nm-nf* Egyptian

Egipto *nm* Egypt

egocéntrico, -a *adj* self-centred, egocentric (*formal*)

egoísmo *nm* selfishness, egoism (*formal*)

egoísta *adj* selfish, egoistic (*formal*): *No seas tan ~.* Don't be so selfish.

■ **egoísta** *nmf* egoist, selfish [*adj*] (*más coloq*): *Son unos ~s.* They're really selfish.

¡eh! *interj* hey!: *¡Eh, cuidado!* Hey, watch out!

LOC ¿eh? eh?: *Ni una palabra, ¿eh?* Not a word, eh? ◊ *Hace calor, ¿eh?* It's hot, isn't it?

eje *nm* **1** (*Mec*) **(a)** (*ruedas*) axle: *el ~ delantero/trasero* the front/rear axle **(b)** (*árbol*) shaft: *el ~ de transmisión* the transmission shaft ☛ *Ver ilustración en* CAR **2** (*Geom, Geog, Pol*) axis [*pl* axes] **3** (*ruta*) main route: *el ~ Madrid-Sevilla* the main route from Madrid to Seville **4** (*idea clave*) core: *el ~ argumental* the core of the argument **5** (*tema*) focal point: *el ~ de las conversaciones* the focal point of the talks

LOC eje de abscisas x axis **eje de coordenadas** x and y axes [*v pl*] **eje de ordenadas** y axis **eje de rotación** rotational axis *Ver tb* PARTIR

ejecución *nf* **1** (*realización*) carrying out: *problemas en la ~ del proyecto* problems in carrying out the project ◊ *de difícil ~* difficult to carry out **2** (*Jur, pena de muerte, testamento*) execution **3** (*Mús*) performance: *La ~ de la obra fue perfecta.* It was a superb performance.

LOC en ejecución de una orden/sentencia in compliance with an order/judgement (**estar**) **en ejecución**: *Los planes están en ~.* The plans are being implemented. ◊ *obras en ~* work in progress **poner en ejecución** to carry *sth* out *Ver tb* PELOTÓN, PLAZO

ejecutar *vt* **1** (*realizar*) to carry *sth* out: *~ una amenaza/operación* to carry out a threat/an operation **2** (*Jur, pena de muerte, testamento*) to execute **3** (*baile, Mús, Gimnasia*) to perform: *~ un salto mortal* to perform a somersault

ejecutivo, -a *adj, nm-nf* executive: *el órgano ~* the executive body ◊ *un ~ importante* an important executive

■ **ejecutiva** *nf* executive (body): *la ejecutiva del partido* the party executive **LOC** *Ver* COMITÉ, PODER[1], VÍA

ejecutor, ~a *nm-nf*: *el ~ testamentario* the executor (of a will)

¡ejem! *interj* ahem!

ejemplar *adj* exemplary: *Mostró un comportamiento ~.* Her behaviour was exemplary.

■ **ejemplar** *nm* **1** (*texto, disco*) copy **2** (*espécimen*) specimen: *un ~ único del arte clásico* a unique example of classical art

LOC ejemplar de regalo complimentary copy *Ver tb* CASTIGO

ejemplificar *vt* to exemplify

ejemplo *nm* example: *Su valentía nos sirve de ~.* Their courage is an example to us. ◊ *por citar/poner un ~* to give an example

LOC dar/sentar ejemplo to set an example **por ejemplo** for example (*abrev* eg) **todo un ejemplo de** a perfect example of *sth* **tomar algo/a algn como ejemplo** to take sth/sb as an example **un ejemplo cercano** a familiar example *Ver tb* PREDICAR, VIVO

ejercer *vt* **1** (*profesión*) to practise: *Lleva 30 años ejerciendo la medicina.* She's been practising medicine for the last 30 years. ◊ *~ la enseñanza* to be in teaching **2** (*autoridad, poder, derechos*) to exercise: *~ el derecho de voto* to exercise the right to vote **3** (*presión, influencia*) to exert

■ **ejercer** *vi* **1** (*gen*) to be in practice: *Ya no ejerzo.* I am no longer in practice. **2 ~ de** to practise **as *sth***: *~ de arquitecto* to practise as an architect **LOC** *Ver* ABOGACÍA

ejercicio *nm* **1** (*gen*) exercise: *hacer un ~ de matemáticas* to do a maths exercise ◊ *el ~ de la autoridad/un derecho* the exercise of authority/a right ◊ *Deberías hacer más ~.* You should take more exercise. **2** (*profesión*) practice: *el ~ de la abogacía* the practice of law ◊ *cinco años de ~* five years in practice **3** (*Fin*) financial year: *en este ~* (*contable*) in the current financial year **4 ejercicios** (*Mil*) exercises

LOC ejercicio antiaéreo air-raid drill **ejercicios de tiro** shooting practice [*sing*] **en ejercicio 1** (*en activo*) practising: *un abogado en ~* a practising lawyer **2** (*actual*) in office: *el presidente en ~* the chairman in office **en el ejercicio de mis funciones** while carrying out my, your, etc duties **en el ejercicio de su cargo** while in the post **estar de ejercicios espirituales** to be on a retreat *Ver tb* BICICLETA

ejercitar *vt* **1** (*ejercer*) **(a)** (*facultad, derecho*) to exercise: *El pueblo ejercitará su derecho a la autodeterminación.* The people will exercise their right to self-determination. **(b)** (*poder, influencia*) to exert **(c)** (*virtud*) to practise **2** (*adiestrar*) **(a)** (*facultad, cuerpo*) to exercise: *La natación ejercita todo el cuerpo.* Swimming exercises the whole body. **(b)** (*enseñar*) to drill *sb* (***in sth***): *Ejercitaba a sus alumnos en el uso del subjuntivo.* He drilled his students in the use of the subjunctive.

■ **ejercitarse** *v pron* **ejercitarse (en)** to practise (*sth*): *~se en artes marciales* to practise martial arts

ejército *nm* army [*v sing o pl*]: *El ~ se dirigía hacia Varsovia.* The army was/were advancing on Warsaw. ◊ *Su hermano es general del ~.* His brother is a general. ◊ *un ~ de hormigas* an army of ants

LOC **ejército del aire** air force [*v sing o pl*] **ejército de tierra** army [*v sing o pl*]

el *art def* the: *El tren llegó tarde.* The train was late. ◊ *No te imaginas el frío que pasé.* You can't imagine how cold I was. ☛ *Ver nota en* THE

LOC **el de...** **1** (*posesión*): *El de Marisa es mejor.* Marisa's is better. **2** (*característica*) the one with...: *el de los ojos verdes/la barba* the one with the green eyes/beard ◊ *Prefiero el de lunares.* I prefer the spotted one. **3** (*vestido de*) the one in...: *el del abrigo gris* the one in the grey coat ◊ *el de rojo* the one in red **4** (*localización, procedencia*): *el de la derecha* the one on the right ◊ *el de arriba/del tercer piso* the one above/on the third floor ◊ *el de París* the one from Paris **el que...** **1** (*persona*) the one (who/that)...: *Ese no es el que vi.* He isn't the one I saw. ◊ *El que tiene razón es tu hermano, no tú.* The one who's right is your brother, not you. **2** (*cosa*) the one (which/that)...: *El que compramos ayer era mejor.* The one (that) we bought yesterday was better. **3** (*con preposición*): *el avión en el que viajaban los periodistas* the plane the journalists were travelling in ◊ *un compañero con el que he trabajado durante muchos años* a colleague I've worked with for many years ◊ *un hombre del que nadie había oído hablar* a man nobody had ever heard of **4** (*quienquiera que*) whoever: *El que llegue primero que haga café.* Whoever gets there first has to make the coffee. **5** (*refranes*) he who...: *El que ríe último ríe mejor.* He who laughs last laughs longest.

él *pron pers* **1** (*persona*) **(a)** (*sujeto*) he: *Elena y él son primos.* Elena and he are cousins. **(b)** (*complemento, con preposición, en comparaciones*) him: *Es para él.* It's for him. ◊ *Eres más alta que él.* You're taller than him. **2** (*cosa*) it: *He perdido el reloj y no puedo estar sin él.* I've lost my watch and I can't do without it.

LOC **de él** his: *No son de ella, son de él.* They're not hers, they're his. **¿él?** him?: *¿Quién dices? ¿Él?* Who do you mean? Him? **él sí/no**: *Yo no podré ir, pero él sí.* I won't be able to go, but he will. ◊ *Ella está muy contenta pero él no.* She's very happy but he's not. **es él** it's him

elaboración *nf* **1** (*fabricación*) production: *el proceso de ~ del vino* the wine production process **2** (*preparación*) preparation: *la ~ de un plato* the preparation of a dish **3** (*plan, documento, presupuesto*) drawing up

LOC **de elaboración artesanal** handmade **de elaboración casera/propia** home-made

elaborado, -a *pp, adj* **1(a)** (*fabricado*) made: *~ en España* made in Spain **(b)** (*transformado*) processed: *alimentos no ~s* unprocessed foodstuffs **2(a)** (*minucioso*) thorough: *un estudio muy ~* a thorough study **(b)** (*estilo*) elaborate: *una sintaxis muy elaborada* very elaborate syntax *Ver tb* ELABORAR

elaborar *vt* **1** (*fabricar*) to produce: *~ conservas/productos caseros* to produce tinned/homemade food **2** (*informe, estudio*) to prepare: *Me han pedido que elabore un informe de ventas.* I've been asked to prepare a sales report. **3** (*plan, documento, presupuesto*) to draw *sth* up: *Han elaborado un documento de protesta contra los vertidos nucleares.* They've drawn up a document protesting against the dumping of nuclear waste.

elasticidad *nf* **1** (*lit*) elasticity **2** (*fig*) flexibility

elástico, -a *adj* **1** (*lit*) elastic: *un tejido ~* elastic fabric **2** (*fig*) flexible

■ **elástico** *nm* **1** (*goma*) elastic **2** (*punto*) ribbing

LOC *Ver* CAMA

elección *nf* **1** (*gen*) choice: *Lo dejo a su ~.* The choice is yours. ◊ *no tener ~* to have no choice **2** **elecciones** election(s): *convocar elecciones* to call elections/an election

El singular es la forma más común en inglés, sobre todo cuando nos referimos a las elecciones legislativas del Reino Unido (a **general election**). El uso del singular es obligatorio en el caso de elecciones parciales (a **by-election**). *Ver tb nota en* BY-ELECTION ☛ *Ver págs 584–5*

LOC **elecciones autonómicas** regional elections **elecciones generales/legislativas** general election [*sing*] **elecciones municipales** local elections

electivo, -a *adj* **1** (*cargo*) elective **2** (*persona*) elected: *miembros ~s de un comité* elected members of a committee

electo, -a *pp, adj* elect: *el presidente ~ de un país* the president elect *Ver tb* ELEGIR ☛ Nótese que el adjetivo **elect** siempre se coloca detrás del sustantivo al que acompaña.

elector, ~a *nm-nf* voter

electorado *nm* electorate [*v sing o pl*]: *El ~ está desilusionado.* The electorate is/are disillusioned.

electoral *adj* electoral: *la campaña ~* the electoral campaign **LOC** *Ver* CABINA, CENSO, COLEGIO, CONSULTA, DISCURSO, DISTRITO, LISTA, MESA, PACTO, PROGRAMA

electricidad *nf* electricity

electricista *nmf* electrician **LOC** *Ver* PERITO

eléctrico, -a *adj* electric, electrical

¿Electric o electrical?

Electric se emplea para describir electrodomésticos y otros aparatos que funcionan con electricidad, por ejemplo *electric razor/car/fence*, así como en frases hechas del tipo *an electric shock* y con un sentido figurado en expresiones como *The atmosphere was electric.*

Electrical, por su parte, se utiliza para hablar de la electricidad en un sentido más general; es el caso de *electrical engineering, electrical goods* y *electrical appliances.*

LOC *Ver* APARATO, CAFETERA, HERVIDORA, INSTALACIÓN, TENDIDO

electrizante *adj* (*lit* y *fig*) electrifying: *Fue un espectáculo ~.* It was an electrifying sight.

electrizar *vt* (*lit* y *fig*) to electrify

electrocardiograma *nm* electrocardiogram

electrocutar *vt* to electrocute

electrodo *nm* electrode

electrodoméstico *nm* electrical appliance

electrólisis (*tb* **electrolisis**) *nf* electrolysis

electromotor, -ora (*tb* **electromotor, -triz**) *adj* electromotive: *fuerza electromotriz* electromotive force

electrón *nm* electron

electrónico, -a *adj* electronic

■ **electrónica** *nf* electronics [*v sing*] **LOC** *Ver* AGENDA, CORREO, MICROSCOPIO

elefante, -a *nm-nf* elephant

LOC **como un elefante en una cacharrería** like a bull in a china shop **elefante marino** sea elephant/elephant seal *Ver tb* MEMORIA

elegancia *nf* elegance

LOC **con elegancia** elegantly

elegante *adj* elegant: *Esta noche quiero estar ~.* I want to look elegant this evening.

LOC **poco elegante** **1** (*carente de elegancia*) not very elegant: *¡Hay que ver qué poco ~ eres!* You certainly don't look very elegant! **2** (*carente de delicadeza*) indelicate: *Fue poco ~ por su parte.* It was indelicate of them.

elegía *nf* elegy

elegíaco, -a (*tb* **elegiaco, -a**) *adj* elegiac

elegir *vt, vi* to choose: *Has elegido el mejor.* You've chosen the best one. ◊ *Elegimos este coche por su fácil manejo.* We chose this car for its manoeuvrability. ◊ *Tengo que ~ entre matemáticas y latín.* I have to choose between Maths and Latin. ◊ *Tuvimos que ~ de una lista de cinco candidatos.* We had to choose from a list of five candidates.

■ **elegir** *vt* **1** (*votar*) to elect: *Van a ~ un nuevo presidente.* They are going to elect a new president. **2** (*seleccionar*) to select *sth/sb* (**as/for** *sth*): *Quieren ~ al mejor contable como tesorero.* They want to select the best accountant as treasurer. ◊ *La han elegido para el cargo.* She has been selected for the post.

LOC a elegir: *Te dan a ~ sopa o ensalada.* There is a choice of soup or salad. ◊ *No me dieron a ~.* They didn't let me choose.

elemental *adj* elementary: *Está en el nivel ~.* She's doing the elementary course.

elemento *nm* **1** (*gen*) element: *un ~ clave del debate* a key element in the debate ◊ *los ~s de la tabla periódica* the elements of the periodic table **2 elementos** (*nociones, fuerzas de la naturaleza*) elements: *~s de psicología* elements of psychology ◊ *La tormenta parecía una venganza de los ~s.* The storm was like the vengeance of the elements.

LOC elementos de juicio evidence [*incontable, v sing*]: *No tengo suficientes ~s de juicio para opinar.* I don't have enough evidence to offer an opinion.

elemento, -a *nm-nf* **1** (*tiparraco*) type: *Es un ~ indeseable.* He's an undesirable type. **2** (*niño travieso*) little horror: *¡Menuda elementa está hecha!* What a little horror she is!

elenco *nm* (*Teat*) cast

elepé *nm* long-playing record (*abrev* LP)

elevación *nf* **1** (*acción de elevar*) **(a)** (*gen*) raising: *la ~ de los tipos de interés* the raising of interest rates **(b)** (*a un cargo superior*): *Su ~ a primer ministro se debió a circunstancias especiales.* He became Prime Minister in very special circumstances. **2** (*efecto de elevar, terreno*) rise: *una ~ de las temperaturas* a rise in temperatures **3** (*ideas, sentimientos*) loftiness

LOC la Elevación (*Relig*) the Elevation (of the Host)

elevado, -a *pp, adj* **1** (*gen*) high: *un terreno/rango ~* high ground/a high rank ◊ *temperaturas elevadas* high temperatures **2** (*estilo, ideas*) lofty *Ver tb* ELEVAR

LOC elevado a la cuarta, etc potencia to the power of four, etc: *dos ~ a la cuarta potencia* two to the power of four **elevado al cuadrado/cubo** squared/cubed: *Tres ~ al cuadrado igual a nueve.* Three squared equals nine. *Ver tb* PASO

elevador *nm* elevator

■ **elevador, ~a** *adj* **LOC** *Ver* CARRETILLA

elevalunas *nm*: *Este modelo viene equipado con ~ eléctrico.* This model is fitted with electric windows.

elevar *vt* **1** (*subir*) to raise: *~ el nivel de vida* to raise living standards **2** (*presentar*) to submit *sth* ***to sb***: *Elevaremos el caso al consejo.* We shall submit the matter to the board.

■ **elevarse** *v pron* **1** (*alzarse*) to rise: *La torre se elevaba majestuosa a lo lejos.* The tower rose majestically in the distance. **2 elevarse (en)** (*subir*) to rise (**by ...**): *Los costos se elevaron en un 5%.* Costs rose by 5%. **3 elevarse a** to amount **to...**: *Los ingresos se elevan a 500 millones de francos.* Revenue amounts to 500 million francs.

LOC elevar una propuesta a acuerdo to approve a proposal **elevar un número a la cuarta, etc potencia** to raise a number to the power of four, etc **elevar un número al cuadrado/cubo** to square/cube a number *Ver tb* ESPIRAL

eliminación *nf* **1** (*gen*) elimination: *Su ~ en la semifinal sorprendió a los expertos.* Her elimination in the semifinal surprised the experts. **2** (*manchas*) removal

eliminar *vt* **1** (*gen*) to eliminate: *Me eliminaron en los cuartos de final.* I was eliminated in the quarter finals. **2** (*manchas, temores*) to remove

eliminatorio, -a *adj* (*examen*) qualifying: *El examen tiene carácter ~.* It is a qualifying exam.

■ **eliminatoria** *nf* **1** (*concurso*) (qualifying) round: *la primera ~ de la Copa Davis* the first round of the Davis Cup **2** (*Fútbol*) tie: *Ayer jugaron la eliminatoria.* They replayed the tie yesterday. **3** (*Atletismo, Natación*) heat(s) [*se utiliza mucho en plural*]: *la eliminatoria de los 100 metros mariposa* the heats of the 100 metres butterfly **LOC** *Ver* EXAMEN

elipse *nf* ellipse

elipsis *nf* ellipsis [*pl* ellipses]

elíptico, -a *adj* elliptical

élite (*tb* **elite**) *nf* elite

elitista *adj, nmf* elitist

elixir (*tb* **elíxir**) *nm* (*lit* y *fig*) elixir

ella *pron pers* **1** (*persona*) **(a)** (*sujeto*) she: *Ya está ~ metiendo bulla.* She's making a terrible racket. **(b)** (*complemento, con preposición, en comparaciones*) her: *Es para ~.* It's for her. ◊ *Eres más alto que ~.* You're taller than her. **2** (*cosa*) it: *¡Esa silla! Siempre tropiezo con ~.* That chair! I'm forever tripping over it.

LOC de ella hers: *No es mío, es de ~.* It's not mine, it's hers. **¿ella?** her?: *¿Quién dices? ¿Ella?* Who do you mean? Her? **ella sí/no**: *Juan no puede venir, pero ~ sí.* Juan can't come, but she can. ◊ *Puedes contárselo a él. A ~ no.* You can tell him about it. Not her. **es ella** it's her

elle *nf* double l ☛ Se pronuncia /dʌbl ˈel/.

ello *pron* **1** (*sujeto*) that **2** (*complemento*) it: *Todavía estamos con ~.* We're still grappling with it.

ellos, -as *pron pers* **1** (*sujeto*) they **2** (*complemento, con preposición, en comparaciones*) them: *Me levanté temprano por ~.* I got up early for them.

LOC de ellos theirs: *No estoy segura de que esa maleta sea de ~.* I'm not sure that case is theirs. **¿ellos?** them? **ellos sí/no**: *A ti puede que no te guste. Pero a ellas sí.* Maybe you don't like it. But they do. ◊ *Nosotros hemos estado en París y ~ no.* We've been to Paris and they haven't. **son ellos** it's them

elocuencia *nf* eloquence

elocuente *adj* **1** (*lit*) eloquent **2** (*fig*) revealing: *Las cifras son ~s.* The figures are revealing.

elogiar *vt* to praise

elogio *nm* praise [*incontable*]: *No escatimaron ~s.* They were unstinting in their praise. ◊ *Solo tuvieron ~s para ti.* They had nothing but praise for you. **LOC** *Ver* DESHACER, MERECEDOR, PARCO

El Salvador *nm* El Salvador

elucidar *vt* to elucidate

elucubración *nf* **1** (*reflexión*) reflection (*formal*), thought: *Estaba absorta en elucubraciones.* She was lost in thought. **2** (*conjetura*) speculation **3** (*divagación*) rambling: *¡Déjate de elucubraciones!* Stop rambling!

elucubrar *vt* **1 ~ (sobre)** (*reflexionar*) to think *sth* over **2** (*hacer conjeturas*) to speculate **3** (*divagar*) to ramble

eludir *vt* **1** (*gen*) to avoid ***sth/sb/doing sth***: *Eludieron toda publicidad.* They avoided any kind of publicity. **2** (*obligaciones*) to shirk

emanación *nf* emission: *emanaciones de gas* gas emissions

emanar *vt* **1** (*emitir*) to emit: *~ radiactividad* to emit radioactivity **2** (*transmitir*) to emanate: *Su cara emanaba antipatía.* An air of unfriendliness emanated from him.

■ **emanar** *vi* **~ de 1** (*originarse*) to emanate **from *sth/sb***: *El poder emana del pueblo.* Power emanates from the people. **2** (*escaparse*) to leak **from *sth***

emancipación *nf* emancipation

emancipado, -a *pp, adj* **1** (*liberado, no oprimido*) emancipated **2** (*independizado*) independent *Ver tb* EMANCIPAR

emancipar *vt* to emancipate (*formal*), to set *sb* free

■ **emanciparse** *v pron* **1** (*independizarse*) to become independent: *Me emancipé a los 18 años.* I became independent of my parents at 18. **2** (*liberarse*) to become emancipated

embadurnar *vt* **1** (*manchar*) to smear *sth* (***with sth***): *Estás embadurnando todo con tus manos grasientas.* You're smearing everything with your greasy hands. **2** (*cubrir*) to plaster *sth* (***with sth***): *Me embadurnaron el coche de barro.* They plastered my car with mud. **3** (*pintarrajear*) to daub

embajada *nf* **1** (*edificio*) embassy **2** (*cargo*) ambassadorship **3** (*misiva*) message **4** (*encargo impertinente*): *Ahora no estoy para ~s.* I'm not in the mood for your silly requests.

embajador, ~a *nm-nf* **1** (*diplomático*) ambassador **2** (*emisario*) envoy: *~es de la paz* peace envoys

embalado, -a *pp, adj Ver* EMBALAR[1], EMBALAR[2]

LOC ir embalado 1 (*coche*) to race along: *El coche iba ~.* The car was racing along the road. **2** (*persona*) to drive very fast

embalaje *nm* packing **LOC** *Ver* FRANCO *adj*, GASTO

embalar[1] *vt* (*empaquetar*) to pack **LOC** *Ver* PAPEL

embalar[2] *vt* (*motor*) to race
■ **embalarse** *v pron* **1** (*conduciendo*) to drive too fast: *No te embales.* Slow down! **2** (*deportista*) to race **3** (*entusiasmarse*) to get carried away

embaldosado *nm* **1** (*suelo*) tiled floor **2** (*acción*) tiling

embaldosar *vt* to tile

embalsamar *vt* to embalm

embalsar *vt* **1** (*empantanar*) to store: *Quieren ~ más agua para los riegos.* They want to store more water for irrigation. **2** (*contener*) to contain: *El pantano embalsa 100 millones de metros cúbicos.* The reservoir contains 100 million cubic metres of water.

embalse *nm* **1** (*pantano*) reservoir **2** (*acción*) storage: *el ~ de agua* water storage

embancarse *v pron* to run aground

embarazada *adj* pregnant: *Está ~ de cinco meses.* She is five months pregnant.
■ **embarazada** *nf* pregnant woman [*pl* pregnant women]
LOC dejar embarazada to get *sb* pregnant **quedarse embarazada** to get pregnant

embarazar *vt* to get *sb* pregnant

embarazo *nm* **1** (*gestación*) pregnancy **2** (*cohibimiento*) awkwardness
LOC embarazo extrauterino ectopic pregnancy **embarazo psicológico** phantom pregnancy *Ver tb* INTERRUPCIÓN

embarazoso, -a *adj* awkward

embarcación *nf* craft [*pl* craft]
LOC embarcación de recreo pleasure craft [*pl* pleasure craft]

embarcadero *nm* **1** (*muelle*) **(a)** (*pasajeros*) quay **(b)** (*mercancías*) wharf [*pl* wharfs/wharves] **2** (*plataforma*) landing-stage

embarcar *vt* **1** (*introducir*) **(a)** (*pasajeros*) to embark **(b)** (*mercancías*) to load **2** (*involucrar*) to get *sb* involved ***in sth***: *Nos embarcaron en un negocio dudoso.* They got us involved in a shady deal.
■ **embarcar** *vi* to board: *listos para ~* ready for boarding ◊ *Embarcamos hacia Cuba a las cinco.* We boarded the plane for Cuba at five. ◊ *Embarcaron en el mismo avión que yo.* They got on the same plane as me.
■ **embarcarse** *v pron* **1** (*pasajeros*) to embark, to go on board (*a ship*) (*más coloq*) **2** (*tripulación*) to join *a ship*: *Los marineros se embarcaron por tres meses.* The sailors joined their ship at the start of a three months spell of duty. **3 embarcarse en** (*fig*) to embark **on *sth***: *~se en una aventura* to embark on an adventure
LOC embarcando (*aviso*) (now) boarding

embargar *vt* **1** (*Jur*) to seize: *Van a ~ las cuentas de los infractores.* The offenders' accounts are going to be seized. **2** (*abrumar*) to overcome: *Me embarga la emoción.* I'm overcome with emotion. **3** (*ocupar*) to take *sth* up: *Ese trabajo embarga todo su tiempo.* That job takes up all her time.

embargo *nm* **1** (*Jur*) seizure: *Pesa un ~ sobre todos mis bienes.* A seizure order has been placed on all my property. **2** (*bloqueo*) embargo [*pl* embargoes]: *el ~ de armas* the arms embargo
LOC sin embargo however, nevertheless (*más formal*): *Sin ~, cuando se trata de política...* However, when it comes to politics... ◊ *Reconocieron, sin ~, que tenías razón.* They acknowledged, nevertheless, that you were right. **y sin embargo...** and yet...

embarque *nm* **1** (*acción de embarcar*) **(a)** (*pasajeros*) boarding: *puerta/tarjeta de ~* boarding gate/card **(b)** (*mercancías*) loading **2** (*carga*) shipment **LOC** *Ver* SALA

embarrado, -a *pp, adj* (*sucio*) muddy *Ver tb* EMBARRAR

embarrancar(se) *vi, v pron* **1** (*gen*) to get bogged down: *El coche (se) embarrancó en el fango.* The car got bogged down in the mud. **2** (*Náut*) to run aground: *El pesquero (se) embarrancó.* The fishing boat ran aground.

embarrar *vt* to get *sth* muddy: *¡Ya has embarrado las botas!* You've got your boots muddy now!

embarullar *vt* **1** (*algo*) **(a)** (*enredar*) to complicate: *Estás embarullando el tema.* You're complicating matters. **(b)** (*chapucear*) to botch **2** (*a algn*) to confuse: *Les has embarullado con tu explicación.* You've confused them with your explanation.
■ **embarullarse** *v pron* to get confused: *Me estoy embarullando.* I'm getting confused.

embastar *vt* (*hilvanar*) to tack

embaste *nm* (*hilvanado*) tacking

embate *nm* **1** (*mar*) pounding **2** (*fig*) onrush: *un ~ de pasión* an onrush of passion
LOC los embates de la fortuna the blows of fate

embaucador, ~a *nm-nf* con artist

embaucar *vt* to take *sb* in, to deceive (*formal*): *Te han embaucado con sus promesas.* You've been taken in by their promises.

embeber *vt* **1** (*absorber*) to absorb **2** (*empapar*) to soak: *Embeba el pan en leche y huevo.* Soak the bread in milk and egg.
■ **embeberse** *v pron* **1 embeberse en** to become absorbed **in *sth*** **2 embeberse de** to immerse yourself **in *sth***: *Se embebieron de arte.* They immersed themselves in art.

embeleco *nm* guile [*incontable*]: *A mí no me engañas con tus ~s.* Don't try to get round me!

embelesado, -a *pp, adj* **1** (*fascinado*) spellbound: *Le escuchaban ~s.* They listened spellbound. **2** (*enamorado*) besotted *Ver tb* EMBELESAR

embelesar *vt* to charm

embellecedor *nm* **1** (*tapacubos*) hubcap **2** (*adorno*) trim

embellecer *vt* to beautify: *~ una ciudad* to beautify a city
■ **embellecer** *vi* to become better looking

embestida *nf* **1** (*ataque*) attack **2** (*toro*) charge

embestir *vt, vi* (*toro*) to charge (**at *sth*/*sb***): *El toro embistió al/contra el torero.* The bull charged (at) the bullfighter.
■ **embestir** *vi* **~ (contra) 1** (*abalanzarse*) to crash **into *sth*/*sb*** **2** (*fig*) to be on the attack: *La dirección vuelve a ~.* The management are on the attack again.

emblema *nm* **1** (*gen*) emblem: *el ~ de la paz* the emblem of peace **2** (*logotipo*) logo [*pl* logos]

embobar *vt* to fascinate

embocadura *nf* **1** (*río*) mouth **2** (*freno de caballería*) bit **3** (*vino*) taste **4** (*Mús*) mouthpiece ☛ *Ver ilustración en* WOODWIND **5** (*Teat*) proscenium arch

embocar *vt* **1** (*entrar*) to enter: *~ una calle* to enter a street **2** (*Dep*) **(a)** (*Golf*) to hole **(b)** (*Billar*) to pot **3** (*Mús*) to raise *sth* to your lips: *Embocó la trompeta.* He raised the trumpet to his lips.

embolado *nm* **1** (*mentira*) fib: *Nos han metido un ~ enorme.* They told us a whopping fib. **2** (*faena*) chore: *¡Menudo ~!* What a chore!

embolia *nf* embolism (*científ*), blood clot: *Le dio una ~ cerebral.* He suffered a cerebral embolism.

émbolo *nm* (*motor*) piston

embolsar(se) *vt, v pron* to pocket: *La compañía acaba de embolsar 500 millones.* The company has just pocketed 500 million pesetas. ◊ *Se embolsaron un dineral.* They pocketed a fortune.

emboquillado, -a *pp, adj* (filter-)tipped *Ver tb* EMBOQUILLAR **LOC** *Ver* CIGARRILLO

emboquillar *vt* to put filter tips **on *cigarettes***

emborrachar *vt* **1** (*a algn*) to get *sb* drunk: *¿Estás tratando de ~me?* Are you trying to get me drunk? **2** (*éxito, poder*) to go to *sb's* head **3** (*Cocina*) to steep: *Emborrache los bizcochos en moscatel.* Steep the biscuits in muscatel. **4** (*fig*) to intoxicate: *El perfume de los jazmines emborracha los sentidos.* Jasmine has an intoxicating scent.

■ **emborracharse** *v pron* to get drunk (***on sth***): *En seguida se emborracha.* He gets drunk very quickly. ◊ *En cuanto bebo una copa de vino me emborracho.* I get drunk on one glass of wine.

emborrascarse *v pron* to turn stormy

emborronar *vt* **1(a)** (*manchar*) to smudge **(b)** (*cubrir de garabatos*) to cover *sth* with scribbles **2** (*escribir deprisa*) to scribble

emboscada *nf* ambush **LOC** *Ver* TENDER

emboscar *vt* to conceal

■ **emboscarse** *v pron* **1** (*tender una emboscada*) to lie in ambush **2** (*esconderse*) to hide

embotado, -a *pp, adj Ver* EMBOTAR **LOC** *Ver* CABEZA

embotar *vt* **1** (*debilitar*) to dull: *El alcohol embota los sentidos.* Alcohol dulls the senses. **2** (*despuntar*) to blunt

■ **embotarse** *v pron* to get confused

embotellado *nm* bottling

embotellamiento *nm* traffic jam

embotellar *vt* **1** (*envasar*) to bottle **2** (*colapsar*) to jam: *El tráfico embotella los ejes principales.* There are traffic jams on all the main roads. **3** (*gente*) to cram *sb* ***into sth***: *Embotellaron a 70 turistas en un autobús.* They crammed 70 tourists into one bus.

embozo *nm* **1** (*sábana*) top fold of a sheet **2** (*capa*) collar

embragar *vi* to engage the clutch

embrague *nm* clutch: *pisar/soltar el* ~ to engage/ release the clutch ☛ *Ver ilustración en* CAR

embravecerse *v pron* **1** (*mar*) to get rough: *El mar se ha embravecido.* The sea has got very rough. **2 ~ (con)** to get furious (**with *sb***)

embravecido, -a *pp, adj* **1(a)** (*mar*) rough **(b)** (*viento*) wild **2** (*animal, persona*) enraged *Ver tb* EMBRAVECERSE

embrear *vt* **1** (*gen*) to tar: *Embrearon todas las maromas del barco.* They tarred all the ship's ropes. **2** (*calle*) to tarmac: *Han embreado mi calle.* My street has been tarmacked.

embriagado, -a *pp, adj* **1** (*borracho*) drunk, intoxicated (*más formal*) **2** (*fig*) intoxicated: *Estaban ~s por el triunfo.* They were intoxicated by their triumph. ◊ *Están ~s de su propia verbosidad.* They are intoxicated by their own verbosity. *Ver tb* EMBRIAGAR

embriagador, ~a *adj* **1** (*lit*) intoxicating **2** (*fig*) intoxicating, heady (*más coloq*)

embriagar *vt* **1** (*persona*) to get *sb* drunk: *Nos embriagaron con whisky.* They got us drunk on whisky. **2** (*éxito, poder*) to go to *sb's* head **3** (*fig*) to intoxicate: ~ *los sentidos* to be intoxicating

■ **embriagarse** *v pron* **embriagarse (con)** to get drunk (**on *sth***)

embrión *nm* (*lit* y *fig*) embryo [*pl* embryos]: *Ese sistema existe ya en* ~. That system already exists in embryo.

embrionario, -a *adj* embryonic: *en estado* ~ in an embryonic state

embrollar *vt* **1** (*situación*) to complicate **2** (*involucrar*) to involve *sb* (***in sth***): *No sé por qué me has tenido que ~ en esto.* I don't know why you had to involve me in this. **3(a)** (*hilos*) to tangle: *Has embrollado la madeja.* You've got the wool all tangled up. **(b)** (*papeles*) to mix *sth* up

■ **embrollarse** *v pron* (*persona*) to get in a muddle: *No te embrolles tanto.* Try not to get in such a muddle.

embrollo *nm* **1** (*hilos*) tangle **2** (*lío*) mess [*gen sing*]: *Me has metido en un ~ de campeonato.* You've got me into a real mess. **3** (*mentira*) lie **4** (*chanchullo*) shady deal

embrujado, -a *pp, adj* **1** (*persona*) bewitched **2** (*lugar*) **(a)** (*gen*) haunted: *una casa embrujada* a haunted house **(b)** (*en los cuentos de hadas*) enchanted *Ver tb* EMBRUJAR

embrujar *vt* **1** (*hechizar*) to cast a spell on *sth/sb*: *La han embrujado.* She is under a spell. **2** (*fascinar*) to bewitch: *Tu sonrisa me ha embrujado.* I'm bewitched by your smile.

embrujo *nm* **1** (*maleficio*) curse: *estar bajo un* ~ to be under a curse ◊ *levantar un* ~ to lift a curse **2** (*encantamiento*) spell **3** (*encanto*) charm: *el ~ de sus palabras* the charm of his words

embrutecerse *v pron*: *Me parece que te estás embruteciendo de tanto jugar con los chicos.* I think all that playing with the boys is making you as rough as they are.

embuchar *vt* **1** (*Cocina*) to stuff **2** (*ave*) to force-feed **3** (*comer*) to wolf *sth* down: *Embuchan todo lo que les eches.* They wolf down anything you give them.

embudo *nm* **1** (*utensilio*) funnel ☛ *Ver ilustración en* FILTER **2** (*calle*) bottleneck: *Esa calle es un* ~. That street's a bottleneck. **LOC** *Ver* LEY

embuste *nm* lie **LOC** *Ver* SARTA, TEJER

embustero, -a *adj, nm-nf* liar [*n*], fibber [*n*] (*más coloq*): *¡Qué ~ eres!* You're such a fibber!

embutido, -a *pp, adj*: *Voy ~ con estos pantalones.* These trousers are very tight-fitting. *Ver tb* EMBUTIR

■ **embutido** *nm* cold meat

embutir *vt* **1** (*Cocina*) to stuff: ~ *morcillas* to make black pudding **2** (*apretujar*) to stuff *sth* ***into sth***: *Embutieron toda su ropa en la mochila.* They stuffed all their clothes into the rucksack.

■ **embutirse** *v pron* **1 embutirse (de)** (*atiborrarse*) to scoff (*argot*), to devour **2 embutirse en** to squeeze **into** ***sth***: *~se en un corsé* to squeeze into a corset

eme *nf*: *¡Y una ~!* You must be joking! ◊ *Esta tela es una* ~. This material is rubbish.

LOC ¡vete a la eme! get lost!

emergencia *nf* **1** (*salida a la superficie*) emergence **2** (*urgencia*) emergency **LOC** *Ver* BOTIQUÍN

emerger *vi* **1** (*salir a la superficie*) to surface: *El submarino emergió del fondo del mar.* The submarine surfaced after a deep dive. **2** (*astro*) to come out **3 ~ de** (*fig*) to come **from** ***sth***: *Su bondad emerge de una profunda espiritualidad.* Her kindness comes from a deep sense of spirituality.

emérito *adj* **LOC** *Ver* PROFESOR

emigración *nf* **1** (*acción*) emigration **2** (*emigrantes*) emigrants [*v pl*]: *la ~ española en Alemania* Spanish emigrants in Germany **3** (*dentro de un país, animales*) migration

emigrado, -a *nm-nf* **1** (*gen*) emigrant: *varios ~s rusos* several Russian emigrants **2** (*Pol*) émigré [*fem* émigrée]

emigrante *adj, nmf* emigrant [*n*]: *trabajadores ~s* emigrant workers

emigrar *vi* **1** (*gen*) to emigrate: *Emigraron al comienzo de la guerra.* They emigrated at the beginning of the war. **2** (*dentro de un mismo país, animales*) to migrate

eminencia *nf* **1** (*cualidad*) eminence **2** (*persona*) leading figure **3 Eminencia** Eminence: *Vuestra Eminencia* Your Eminence

LOC eminencia gris éminence grise

eminente *adj* eminent

emir *nm* emir

emirato *nm* emirate

emisario, -a *nm-nf* emissary

emisión *nf* **1** (*emanación*) emission: *emisiones tóxicas* toxic emissions **2** (*Radio, TV*) **(a)** (*programa*) programme **(b)** (*acción de emitir*) broadcasting **(c)** (*Tec*) transmission **3** (*billetes, Fin, Admin*) issue: *una nueva ~ de bonos del Tesoro* a new issue of Treasury bonds

emisor, ~a *adj* **1** (*Fís*): *aparatos ~es de radiactividad* equipment that emits radiation **2** (*Radio, TV*) **(a)** (*gen*) broadcasting: *centros ~es* broadcasting stations **(b)** (*aparato*) transmitting: *una avería en el aparato ~* a fault in the transmitter **3** (*Fin, Admin*) issuing

■ **emisor** *nm* transmitter

■ **emisora** *nf* **1** (*gen*) broadcasting station: *La emisora está situada en el monte Igueldo.* The broadcasting station is on monte Igueldo. **2** (*Radio*) radio station **3** (*TV*) television station: *Van a instalar una nueva emisora.* They're opening a new television station.

emitir *vt* **1** (*emanar*) to emit, to give *sth* out (*más coloq*):

Las máquinas emitían un ruido ensordecedor. The noise of the machines was deafening. **2** (*grito, suspiro*) to let *sth* out **3** (*publicar, lanzar*) to issue: ~ *monedas/sellos* to issue coins/stamps **4(a)** (*opinión*) to give **(b)** (*sentencia*) to pass: *El juez emitirá su sentencia mañana.* The judge will pass sentence tomorrow. **5** (*voto*) to cast

■ **emitir** *vt, vi* (*Radio, TV*) to broadcast

emoción *nf* **1** (*sentimiento*) emotion **2** (*apasionamiento*) excitement: *El partido tuvo buenas dosis de* ~. The game was full of excitement. **3** (*tensión*) suspense: *Fue un momento de gran* ~. It was a moment of suspense.

emocionado, -a *pp, adj* **1** ~ **(con/por) (a)** (*conmovido*) moved (**by *sth***): *Estaban visiblemente* ~*s.* They were visibly moved. **(b)** (*ilusionado*) excited (**about *sth***) **2** (*apasionado*) enthusiastic: *un largo y* ~ *aplauso* prolonged and enthusiastic applause *Ver tb* EMOCIONAR

emocional *adj* emotional: *Sufre una fuerte crisis* ~. She's going through an emotional crisis.

emocionante *adj* **1** (*conmovedor*) moving **2** (*apasionante*) exciting

emocionar *vt* **1** (*conmover*) to move: *Sus palabras me emocionaron.* I was moved by his words. **2** (*apasionar*) to thrill

■ **emocionarse** *v pron* **1** (*conmoverse*) to be moved (***by sth***) **2** (*apasionarse*) to get excited (***about sth***)

emotividad *nf* emotion: *Fue una escena cargada de* ~. It was an emotional scene.

emotivo, -a *adj* **1** (*persona*) emotional: *un carácter* ~ an emotional nature **2** (*conmovedor*) moving

empacadora *nf* baler

empacar *vt* (*Agricultura*) to bale

■ **empacar** *vi* (*hacer las maletas*) to pack

empachado, -a *pp, adj* ~ **(de) 1** (*con indigestión*): *estar* ~ to have indigestion ◊ *Estoy empachada de chocolate.* I've got indigestion from eating too much chocolate. **2** (*harto*) sick (**of *sth*/*doing sth***): ~ *de quejas* sick of listening to complaints *Ver tb* EMPACHAR

empachar *vt* **1** (*causar indigestion*) to give *sb* indigestion **2** (*hartar*) to bore

■ **empachar** *vi* **1** (*causar indigestion*) to cause indigestion **2** (*hartar*) to be boring

■ **empacharse** *v pron* to get indigestion: *Se empacharon de tanto comer.* They got indigestion from overeating.

empacho *nm* **1** (*indigestión*) indigestion [*incontable*] **2** (*hartura*): *¡Vaya* ~ *de fútbol que tengo!* I'm fed up with all this football.

empachoso, -a *adj* **1** (*alimento*) **(a)** (*indigesto*) indigestible **(b)** (*muy dulce*) sickly sweet **2** (*fig*) **(a)** (*empalagoso*) cloying **(b)** (*cargante*) tiresome

empadronar(se) *vt, v pron* to register: *¿Todavía no has empadronado a tus hijos en Madrid?* Haven't you registered your children as residents of Madrid yet? ◊ *Me empadroné hace tres años.* I put my name on the register three years ago.

empalagar *vt, vi*: *Este licor empalaga.* This liqueur is sickly sweet. ◊ *Me empalagó la música de la película.* I found the music in the film sickly sweet. ◊ *Tanto dulce empalaga.* You can feel sickened if you eat too many sweets.

empalagoso, -a *adj* **1** (*lit*) sickly sweet **2** (*persona*) smarmy

empalizada *nf* fence

empalmar *vt* **1** (*gen*) to connect *sth* (***to sth***): ~ *un cable con otro* to connect one lead to another **2** (*cintas, películas, cuerdas*) to splice **3** (*fig*) to combine *sth* ***with sth***: *He empalmado las vacaciones con la baja por maternidad.* I've combined my holiday with my maternity leave.

■ **empalmar** *vi* ~ **con 1** (*unirse*) to link up **with *sth***: *Esta carretera empalma con la autopista.* This road links up with the motorway. **2** (*seguir*) to follow on **from *sth* 3** (*transportes*) to connect **with *sth***

■ **empalmarse** *v pron* to get a hard-on (*coloq*)

empalme *nm* **1** (*gen*) connection: *Comprueba el* ~. Check the connection. **2** (*cintas, películas, cuerdas*) splice **3** (*ferrocarril, carreteras*) junction

empanada *nf* **1** (*Cocina*) pie ☛ *Ver nota en* TART[2] **2** (*fig*) shady business

LOC tener una empanada mental to be in a terrible muddle

empanadilla *nf* pasty

empanado, -a *pp, adj* breaded: *una pechuga empanada* a breaded chicken breast *Ver tb* EMPANAR

empanar *vt* to coat *sth* with breadcrumbs

empantanado, -a *pp, adj Ver* EMPANTANAR

LOC dejar empantanado to walk out on *sth/sb* **quedarse empantanado** to be in a fix **tener algo empantanado 1** (*lleno*) to take sth over: *Tienes el comedor* ~ *con todos tus papeles.* You've taken over the dining room with all your papers. **2** (*abandonado*): *Tengo la tesis empantanada.* I'm bogged down in the thesis.

empantanar *vt* **1** (*inundar*) to flood **2** (*retrasar, estancar*) to hold *sth* up

empañar *vt* **1** (*vapor*) to cloud **2** (*deslustrar*) **(a)** (*gen*) to detract **from *sth***: *El resultado no empañó su brillante intervención.* The result did not detract from her brilliant performance. **(b)** (*deshonrar*) to tarnish: *Un escándalo empañaría tu nombre.* A scandal would tarnish your reputation.

■ **empañarse** *v pron* to steam up **LOC** *Ver* OJO

empapado, -a *pp, adj Ver* EMPAPAR

LOC estar empapado to be soaked through *Ver tb* HUESO

empapar *vt* **1** (*mojar*) to soak: ~ *el bizcocho en almíbar* to soak the sponge in syrup ◊ *El último chaparrón nos acabó de* ~. We got soaked in that last shower. **2** (*absorber*) to soak *sth* up, to absorb (*más formal*): *La esponja empapó el agua.* The sponge soaked up the water.

■ **empaparse** *v pron* **1** (*mojarse*) to get soaked (through) **2 empaparse (de)** to steep yourself **in *sth***: *Solía ir al museo para* ~*me de historia antigua.* I used to visit the museum to steep myself in ancient history.

empapelar *vt* **1** (*pared*) to (wall)paper **2** (*persona*) to have *sb* up (***for doing sth***): *Les empapelaron por robar coches.* They were had up for stealing cars. **LOC** *Ver* COLA[1]

empaque[1] *nm* (*acción de empacar, envoltorio*) packing

empaque[2] *nm* **1** (*presencia*) presence **2** (*seriedad*) solemnity

empaquetar *vt* **1** (*gen*) to pack: *Aún me quedan varias cosas por* ~. I still have a few things to pack. **2** (*personas*) to pack *people* together

emparedado *nm* sandwich

emparejar *vt* **1** (*personas, animales*) to pair *sth/sb* (***with sth*/*sb***) **2** (*cosas*) to match *sth* (***with sth***): ~ *las preguntas con las respuestas* to match the questions with the answers

■ **emparejar** *vi* ~ **(con)** to match *sth* [*vt*]: *Este calcetín empareja con el otro.* This sock matches the other one.

■ **emparejarse** *v pron* **emparejarse (con) 1** (*formar pareja*) to pair up (**with *sb***): *Nos emparejamos para jugar al tenis.* We paired up for tennis. **2** (*ligar*) to pair off (**with *sb***)

emparentado, -a *pp, adj Ver* EMPARENTAR

LOC estar emparentado (con) to be related (to *sb*)

emparentar *vi* ~ **(con)** to become related (to *sb*) by marriage: *Las dos familias han emparentado.* The two families are related by marriage. ◊ *Emparenté con los Gómez.* I married into the Gómez family.

empastado, -a *pp, adj*: *Tengo tres dientes* ~*s/muelas empastadas.* I've got three fillings. *Ver tb* EMPASTAR

empastar *vt* **1** (*diente, muela*) to have *a tooth* filled: *Me tienen que* ~ *dos muelas.* I've got to have two teeth filled. **2** (*libro*) to bind *sth* (in hard covers)

empaste *nm* filling

empatado, -a *pp, adj Ver* EMPATAR

LOC ir empatados: *Cuando me fui iban* ~*s.* They were even when I left. ◊ *Van* ~*s a cuatro.* It's four all.

quedar/terminar empatados 1 (*en un partido*): *Quedaron ~s* (*a tres*). It was a (three-all) draw. **2** (*en una carrera*) to be a dead heat

empatar *vi* **1** (*Dep*) **(a)** (*resultado final*) to draw: *Empataron con el Manchester United.* They drew with Manchester United. ◊ *Estábamos decididos a ganar, pero solo conseguimos ~.* We were determined to win, but we only managed a draw. **(b)** (*resultado parcial*) to equalize: *~ antes del descanso* to equalize before half-time **2** (*voto, concurso*) to tie

■ **empatar** *vt* (*Dep*) to draw: *~ un partido* to draw a match

LOC empatar a cero to draw nil nil **empatar a uno, dos, etc** to draw one all, two all, etc

empate *nm* **1 ~** (**a**) (*Dep*) draw: *un ~ a dos* a two-all draw **2** (*voto, concurso*) tie **3** (*carrera*) dead heat

LOC *Ver* GOL

empedernido, -a *adj* **LOC** *Ver* FUMADOR, SOLTERÓN

empedrado *nm* **1** (*acción*) laying cobbles **2** (*adoquinado*) cobbles [*v pl*]: *El ~ ha quedado un tanto irregular.* The cobbles are a bit uneven.

empedrar *vt* to cobble

empeine *nm* instep ☛ *Ver ilustración en* PIE, ZAPATO

empellón *nm* shove

LOC a empellones: *entrar/salir a empellones* to push your way in/out ◊ *Nos trataron a empellones.* They pushed us around.

empeñado, -a *pp, adj Ver* EMPEÑAR

LOC estar empeñado (*endeudado*) to be in debt: *estar ~ hasta las pestañas* to be up to your eyes in debt **estar empeñado (en hacer algo)** to be determined (to do sth)

empeñar *vt* to pawn

■ **empeñarse** *v pron* **1 empeñarse (en/en que...)** to insist (**on *sth*/*doing sth*/*that*...**): *Se empeñaron en salir a las ocho.* They insisted on leaving at eight. **2** (*endeudarse*) to get into debt

empeño *nm* **1** (*para obtener dinero*) pawning **2 ~ (en/por)** determination (***to do sth***): *Su ~ por aprender me admira.* I'm amazed at her determination to learn. **3** (*ambición*) ambition: *Todo su ~ es llegar a la cumbre.* His one ambition is to reach the top. **4** (*esfuerzo*) effort: *Tienes que poner más ~.* You must put more effort into it.

LOC con empeño 1 (*trabajar*) hard **2** (*perseguir*) doggedly **3** (*introduciendo una oración*) if I, you, etc persevere: *Con ~ acabarás tus estudios.* If you persevere you'll finish the course. **poner todo el empeño (para)** to do your utmost (*to do sth*) *Ver tb* CASA

empeorar *vt* to make *sth* worse

■ **empeorar(se)** *vi, v pron* to worsen (*formal*), to get worse

empequeñecer *vt* **1** (*lit*) to make *sth* smaller **2** (*menospreciar*) to belittle

■ **empequeñecer(se)** *vi, v pron* **1** (*lit*) to shrink **2** (*acomplejarse*) to feel overshadowed (***by sth*/*sb***) **3** (*sentirse pequeño*) to feel dwarfed (***by sth***): *Uno se empequeñece ante estos edificios.* You feel dwarfed by these buildings. **4** (*acobardarse*) to feel bashful (***in front of sth*/*sb***)

emperador, -triz *nm-nf* emperor [*fem* empress]

emperifollar *vt* to deck *sth* out

■ **emperifollarse** *v pron* to get dolled up (*coloq*)

emperrarse *v pron* **1 ~ en** (*empeñarse*) to be (dead) set **on *doing sth* 2 ~ con** (*encapricharse*) to set your heart **on *sth***

empezar *vi* **~ (a)** to start (*doing sth/to do sth*), to begin (*doing sth/to do sth*) (*más formal*): *La película empieza a las diez.* The film starts at ten. ◊ *Empezó a cantar.* She started singing. ◊ *De repente empezó a llover.* It suddenly began to rain. ◊ *Está empezando a hacer frío.* It's starting to get cold. ◊ *Todos, empezando por mí.* Everybody, starting with myself. ◊ *Hay que ~ por pintar la cocina.* We'll have to start by painting the kitchen. ☛ *Ver nota en* BEGIN

■ **empezar** *vt* to start, to begin (*más formal*): *¿Cuándo empiezas el nuevo trabajo?* When are you starting your new job?

LOC empezar la casa por el tejado to put the cart before the horse **ir empezando** to start: *Id empezando, que vuelvo en seguida.* You can start – I'll be with you in a minute. **para empezar** to start with **todo es empezar** the main thing is to get started *Ver tb* CARIDAD, CERO, PALO

empinado, -a *pp, adj* (*cuesta*) steep *Ver tb* EMPINAR

empinar *vt* **1** (*enderezar*) to stand *sth* up **2** (*levantar*) to lift *sb/sth* (up)

■ **empinarse** *v pron* **1** (*erguirse*) to stand on tiptoe **2** (*levantarse por un lado*) to tip up

LOC empinar el codo to booze: *Empina el codo más de la cuenta.* He's a real boozer.

empírico, -a *adj* empirical

■ **empírico, -a** *nm-nf* empiricist

empirismo *nm* empiricism

empizarrado, -a *pp, adj* slate [*n atrib*]: *un tejado ~* a slate roof *Ver tb* EMPIZARRAR

■ **empizarrado** *nm* slate roof

empizarrar *vt* to slate

emplastar *vt* to poultice

emplasto *nm* **1** (*Med*) poultice **2** (*chapuza*) botch

LOC estar hecho un emplasto to be sickly

emplazamiento[1] *nm* (*Jur*) summons [*pl* summonses]

LOC *Ver* CARTA

emplazamiento[2] *nm* (*lugar*) **1** (*gen*) location: *Encontraron el ~ ideal para la tienda.* They found the ideal location for the shop. **2** (*Mil*) emplacement

emplazar[1] *vt* (*citar, Jur*) to summon

emplazar[2] *vt* (*situar*) **1** (*colocar*) to locate **2** (*Mil*) to position

empleado, -a *pp, adj*: *Todos están bien ~s.* They all have good jobs. *Ver tb* EMPLEAR

■ **empleado, -a** *nm-nf* **1** (*gen*) worker, employee (*más formal*): *Es un ~ de confianza.* He is a reliable employee. **2** (*oficina*) clerk

LOC dar por bien empleado to consider *sth* well spent **empleada doméstica/del hogar** cleaner **empleado municipal** council employee **¡te está bien empleado!** it serves you right! *Ver tb* SEGURIDAD

emplear *vt* **1** (*dar trabajo*) to employ **2** (*utilizar*) to use: *Emplean materiales de construcción de gran calidad.* They use high-quality building materials. **3** (*tiempo, dinero*) to spend: *Han empleado demasiado tiempo en esto.* They've spent too long on this. **4** (*tono*) to adopt: *El orador empleó un tono moderado.* The speaker adopted a restrained tone.

■ **emplearse** *v pron* **emplearse como/de** to get a job **as *sth***

LOC emplear bien to put *sth* to good use **emplear mal** (*tiempo, dinero*) to waste **emplearse a fondo (en)** to throw yourself into *sth*

empleo *nm* **1** (*Econ*) employment: *la política de ~* the employment policy **2** (*trabajo*) job: *Es mi primer ~.* It's my first job. ☛ *Ver nota en* WORK[1] **3** (*uso*) use

LOC estar sin empleo to be unemployed *Ver tb* AGENCIA, INSTITUTO, MODO, OFERTA, OFICINA, PROMOCIÓN, REGULACIÓN, SUSPENDER, SUSPENSIÓN

emplumar *vt* **1** (*adornar*) to decorate *sth* with feathers **2** (*arrestar*) to nick: *Le emplumaron por robar radiocasetes de coche.* He was nicked for stealing car radios. **3** (*encasquetar*) to saddle *sb* **with *sth***: *Nos emplumaron al perro.* They saddled us with their dog.

■ **emplumar** *vi* to grow feathers

empobrecer *vt* to impoverish

■ **empobrecer(se)** *vi, v pron* to become poor(er): *Su música empobreció a raíz de su éxito.* Her music suffered from her success.

empobrecimiento *nm* impoverishment

empollado, -a *pp, adj* **~ (en)** well up (**in *sth***) (*coloq*): *estar muy ~ en mecánica* to be well up in mechanics *Ver tb* EMPOLLAR

■ **empollada** *nf*: *darse/pegarse una empollada* to swot

empollar *vt, vi* **1** (*ave*) to sit (**on *sth***) [*vi*]: *Las gallinas* *empollan casi todo el día.* The hens sit for most of the day. **2** (*estudiar*) to swot (**up *sth***) [*vi*]: *Tengo que ~ un montón esta noche.* I've got to do a lot of swotting tonight. ◊ *Acabo de ~ treinta páginas.* I've swotted up thirty pages.

empollón, -ona *adj, nm-nf* swot [*n*]: *Es muy empollona.* She's a real swot.

empolvar *vt* to powder: *~ a un bebé* to powder a baby ■ **empolvarse** *v pron* **1** (*darse polvos*): *~se las mejillas* to powder your cheeks **2** (*coger polvo*) to get dusty: *Forra los libros si no quieres que se empolven.* Put covers on the books to stop them getting dusty.

emporio *nm* (trading/cultural) centre: *Hong Kong es un gran ~ del oriente.* Hong Kong is a major centre for trade with the Far East.

emporrado, -a *pp, adj* stoned: *Esos ya van ~s.* They're stoned already. *Ver tb* EMPORRARSE

emporrarse *v pron* to get stoned

empotrado, -a *pp, adj* built-in *Ver* EMPOTRAR **LOC** *Ver* ARMARIO

empotrar *vt* to build *sth* in: *Queremos ~ todas las tuberías.* We want to build the pipes in.
■ **empotrarse** *v pron*: *El coche se empotró en el árbol.* The car embedded itself in the tree.

emprendedor, ~a *adj, nm-nf* enterprising [*adj*]: *Siempre ha sido un/muy ~.* He's always been very enterprising.

emprender *vt* **1** (*acometer*) to undertake: *~ reformas* to undertake reform(s) **2** (*iniciar*) **(a)** (*gen*) to begin: *~ la búsqueda* to begin the search **(b)** (*negocio*) to start *sth* (up) **(c)** (*viaje*) to embark **on *sth*** (*formal*), to set off **on *sth***: *El presidente emprendió una gira por Europa.* The president embarked on a tour of Europe.
LOC **emprenderla a** to lash out *at sth/sb* with *sth*: *La emprendieron a puñetazos.* They lashed out at each other with their fists. **emprenderla con algn** to pick a fight with sb **emprender la marcha (hacia)** to set out (for...): *Emprendimos la marcha hacia la montaña.* We set out for the mountain. *Ver tb* ANDADURA, FUGA, VUELO

empresa *nf* **1** (*Com*) company [*v sing o pl*]: *una ~ de seguridad* a security company **2** (*dirección*) management [*v sing o pl*]: *La ~ siente comunicarles que...* The management regrets to inform you that... **3** (*proyecto*) enterprise: *una ~ ardua* a difficult enterprise
LOC **empresa común** joint effort **empresa estatal/pública** state-owned company **empresa familiar** family business **empresa mixta** joint venture **empresa privada 1** (*compañía*) private company **2** (*sistema económico*) private enterprise *Ver tb* ADMINISTRACIÓN, COMITÉ, DISTRIBUCIÓN, LIBERTAD, MUDANZA, TRANSPORTE

empresariado *nm* employers [*v pl*]

empresarial *adj* **1** (*de las empresas*) business [*n atrib*]: *sentido ~* business sense **2** (*de los empresarios*) employers': *una confederación ~* an employers' organization.
■ **Empresariales** *nf* business studies [*incontable, v sing*]: *~es una carrera dura.* Business Studies is a difficult course.

empresario, -a *nm-nf* **1** (*gen*) businessman/woman [*pl* businessmen/women]: *una reunión de ~s* a business meeting **2** (*patrono*) employer: *~s y empleados firmarán el acuerdo mañana.* Employers and workers will sign the agreement tomorrow. **3** (*espectáculo*) impresario [*pl* impresarios] **4** (*Boxeo*) promoter

empréstito *nm* (public) loan

empujar *vt, vi* to push: *¡No me empujes!* Don't push me! ◊ *Se nos paró el coche y tuvimos que ~lo.* The car stopped and we had to push it. ◊ *¡Oiga, joven, sin ~!* Hey, no pushing! ☛ *Ver ilustración en* PUSH
■ **empujar** *vt* **1** (*carretilla*) to wheel: *Empujé el carrito hasta la caja.* I wheeled my trolley to the checkout. **2** (*Fís, Mec*) to drive: *Los gases empujan el émbolo.* The gas drives the piston. **3** (*mover*) **(a)** (*impulsar*) to drive *sb* ***to sth***: *¿Qué empuja a tantos jóvenes a la droga?* What drives so many young people to drugs? **(b)** (*instar*) to urge *sb* ***to do sth*** **(c)** (*obligar*) to push *sb* ***into sth/doing sth***: *Su familia la empujó a estudiar periodismo.* Her family pushed her into studying journalism.

empuje *nm* **1** (*presión*) pressure: *La barrera cedió al ~ de la multitud.* The barrier gave under the pressure of the crowd. **2** (*Arquit, Aeronáut, Mec*) thrust **3** (*entusiasmo*) drive

empujón *nm* push: *dar un ~ a algn* to give sb a push ◊ *Me sacaron de un ~.* They pushed me out. ◊ *Otro ~ y acabamos el jardín.* One last push and the garden will be finished.
LOC **a empujones 1** (*a empellones*): *Salieron a empujones.* They pushed their way out. ◊ *Se abrió paso a empujones.* She pushed her way through. **2** (*con interrupciones*) by/in fits and starts: *avanzar a empujones* to progress by fits and starts

empuñadura *nf* **1** (*espada*) hilt ☛ *Ver ilustración en* SWORD **2** (*cuchillo, bastón*) handle **3** (*herramienta, pistola*) grip

empuñar *vt* **1** (*coger*) to take (hold of *sth*): *Empuñó el taladro.* He took hold of the drill. **2** (*sostener*) to hold **3** (*blandir*) to brandish: *Se me acercó empuñando un cuchillo.* He came at me brandishing a knife.

emulación *nf* emulation

emular *vt* **1** (*imitar*) to emulate: *Los niños siempre tratan de ~ a sus héroes.* Children always emulate their heroes. **2** (*estar al mismo nivel*) to rival: *Su técnica emula la de los grandes maestros.* His technique rivals that of the great masters.

emulsión *nf* emulsion

en *prep*
● **lugar 1** (*dentro de*) in: *La sartén está en el armario.* The frying pan is in the cupboard. **2** (*dentro, con movimiento*) into: *hincar un palo en el suelo* to drive a stick into the ground **3** (*sobre*) on: *Está en la mesa.* It's on the table. **4** (*sobre, con movimiento*) onto: *Está goteando agua en el suelo.* Water is dripping onto the floor. **5** (*ciudad, país, campo*) in: *Trabajan en Vigo/el campo.* They work in Vigo/the country. **6** (*hospital*) **(a)** (*ingresado*) in: *Mi padre está en el hospital.* My father is in hospital. **(b)** (*para consulta, de visita*) at: *Pasé tres horas en el hospital.* I spent three hours at the hospital. **7** (*punto de referencia*) at

> Cuando queremos indicar un lugar concreto que sirve como punto de referencia, utilizamos la preposición **at**: *Espérame en la esquina/el cruce.* Wait for me at the corner/crossroads. ◊ *Nos encontraremos en la estación.* We'll meet at the station. También se utiliza **at** para referirse a edificios en los que la gente trabaja, estudia o se divierte: *Trabaja en el supermercado/la biblioteca municipal.* He works at the supermarket/local library. ◊ *Están en el colegio.* They're at school. ◊ *Me los encontré en el teatro.* I saw them at the theatre.

8 (*trabajo*) **(a)** (*para*) for: *Trabajo en una multinacional.* I work for a multinational company. **(b)** (*especialidad*) in: *Trabaja en la minería/el teatro.* He works in mining/the theatre. **9** (*mesa, durante la comida*) at: *Te he dicho que no leas en la mesa.* I've told you not to read at (the) table.

● **tiempo 1** (*periodo largo*) in: *en verano* in summer ◊ *en enero/el siglo XII* in January/the twelfth century **2** (*día concreto*) on: *en aquella ocasión* on that occasion ◊ *en una noche de verano* on a summer's evening **3** (*dentro de*) in: *Te veo en una hora/semana.* I'll see you in an hour/a week. **4** (*Navidad, Semana Santa*) at: *Siempre voy a casa en Navidades.* I always go home at Christmas.

● **otras construcciones 1** (*medio de transporte*) by: *en tren/avión/barco/bici/coche* by train/plane/boat/bike/car **2** (*situación*) in: *en buena posición* in a good position ◊ *ropa en buen estado* clothes in good condition **3** (*obra, película, ópera*) in: *Interpreta al burgomaestre en Coppelia.* He's playing the burgomaster in Coppelia. **4** (*proporción, porcentaje*) by: *El desempleo ha aumentado en un dos por ciento.* Unemployment has gone up by two per cent. **5 en + infinitivo** to: *Fueron los primeros en llegar.* They were the first (ones) to arrive.

LOC en eso… at that point…: *En eso llegaron los invitados.* At that point the guests arrived. **en que 1** (*donde*) where: *el restaurante en que nos conocimos* the restaurant where we met **2** (*cuando*) (when): *el año en que me casé* the year I got married

enagua (*tb* **enaguas**) *nf* petticoat [*sing*]: *Se te ven las ~s.* Your petticoat is showing.

enajenación *nf* (*propiedad*) transfer

LOC enajenación mental insanity

enajenado, -a *pp, adj* deranged *Ver tb* ENAJENAR

enajenar *vt* **1** (*propiedad*) to transfer **2** (*volver loco*) to drive *sb* mad: *Los celos la enajenaron.* Jealousy drove her mad.

■ **enajenarse** *v pron* **1** (*enloquecer*) to go mad **2 enajenarse de** (*apartarse*) to become estranged **from *sb***: *Se enajenó de su familia.* He became estranged from his family.

enaltecer *vt* **1** (*ennoblecer*) to do *sb* credit: *Su comportamiento la enaltece.* Her conduct does her credit. **2** (*alabar*) to praise

■ **enaltecerse** *v pron* to sing your own praises

enamoradizo, -a *adj*: *Es muy ~.* He's always falling in love.

enamorado, -a *pp, adj* in love *Ver tb* ENAMORAR

■ **enamorado, -a** *nm-nf* **~ de** (*aficionado*) lover: *un ~ del arte/de la música* an art/music lover **LOC** *Ver* DÍA

enamorar *vt* to make *sb* fall in love: *Su sonrisa me enamoró.* I fell in love with her smile.

■ **enamorarse** *v pron* **enamorarse (de)** to fall in love **(with *sth/sb*)**

enanismo *nm* dwarfism

enano, -a *adj* **1** (*gen*) tiny: *un piso ~* a tiny flat **2** (*Bot, Zool*) dwarf [*n atrib*]: *una conífera enana* a dwarf conifer

■ **enano, -a** *nm-nf* **1** (*gen*) dwarf [*pl* dwarfs/dwarves]: *Blancanieves y los siete enanitos* Snow White and the Seven Dwarfs **2** (*apelativo de niño*) shrimp: *Ven aquí, ~.* Come here, shrimp.

enarbolar *vt* **1** (*levantar*) to raise: *~ una bandera* to raise a flag ◊ *~ la doctrina marxista* to raise the banner of Marxism **2** (*blandir*) to brandish

enardecer *vt* **1** (*gen*) to stir *sth/sb* up: *~ los ánimos* to stir up feelings **2** (*sexual*) to arouse

■ **enardecerse** *v pron* **1** (*exaltarse*) to get worked up ***about sth/doing sth*** **2** (*disputa*) to become heated

encabalgamiento *nm* (*Liter*) enjambment

encabezamiento *nm* heading

encabezar *vt* to head

encabritarse *v pron* **1** (*caballo, moto*) to rear (up): *De repente se me encabritó la moto.* My motorbike suddenly reared up. **2** (*persona*) to lose your temper

encabronarse *v pron* to go spare (*coloq*)

encadenado *nm* (*Cine*) fade

encadenamiento *nm* (*tb* **encadenación** *nf*) chaining

encadenar *vt* **1** (*atar*) to chain *sth* (***to sth***): *Encadené la bici a una farola.* I chained my bike to a lamp-post. **2** (*obligaciones*) to tie *sb* down **3** (*relacionar*) to link *sth* (***with sth***): *~ todas las pistas* to link up all the clues

encajar *vt* **1** (*colocar, meter*) to fit *sth* (***into sth***): *El carpintero encajó las ventanas en los tabiques.* The joiner fitted the windows into the openings in the walls. **2** (*juntar*) to fit *sth* together: *Estoy tratando de ~ las piezas del puzzle.* I'm trying to fit the pieces of the jigsaw together. **3** (*hueso*) to put *a bone* back (in place) **4** (*noticia, suceso*) to take: *Encajaron la noticia con resignación.* They took the news philosophically. ◊ *Todavía no lo he encajado del todo.* I still haven't entirely come to terms with it. **5** (*arrear*) to give: *Me encajó un tortazo en la cara.* He gave me a slap in the face. **6** (*gol*) to let *a goal* in **7** (*endosar*) to palm *sth* off **on *sb***: *Nos encajaron una escritura de propiedad falsa.* They palmed off a false title-deed on us.

■ **encajar** *vi* (*lit* y *fig*) to fit (***into sth/in with sth***): *La puerta encaja perfectamente.* The door fits perfectly. ◊ *El nuevo jugador no encajó en el equipo.* The new player didn't fit in with the team.

■ **encajarse** *v pron* **1 encajarse (en)** (*atascarse*) to get stuck (**in *sth***): *Esta puerta se ha encajado.* This door has stuck. **2** (*ponerse*) to put *sth* on: *Se encajó la boina.* He put on his beret.

encaje *nm* **1** (*tejido*) lace: *un sujetador/una blusa de ~* a lace bra/blouse **2** (*puntilla*) lace border

LOC encaje de bolillos handmade lace

encajonado, -a *pp, adj* boxed in: *No puedo sacar el coche, estoy ~.* I can't get my car out, I'm boxed in. *Ver tb* ENCAJONAR

encajonar *vt* **1** (*meter*) to squeeze *sth/sb* ***into sth***: *Encajonó el camión en un pasadizo.* He squeezed the lorry into an alley. **2** (*animal*) to crate

■ **encajonarse** *v pron* **encajonarse en** to squeeze **into *sth***: *Se encajonaron en el ascensor.* They squeezed into the lift.

encalado *nm* whitewashing

encalar *vt* to whitewash

encallar *vi* **1** (*Náut*) to run aground **2** (*negocio, asunto*) to founder: *Las negociaciones encallaron.* The talks foundered.

encallecerse *v pron* **1** (*piel*) to get calloused **2** (*insensibilizarse*) to become hardened

encallecido, -a *pp, adj* **1** (*piel*) calloused **2** (*insensible*) hardened *Ver tb* ENCALLECERSE

encaminado, -a *pp, adj* **~ a** designed ***to do sth***: *medidas encaminadas a esclarecer la situación* measures designed to clarify the situation *Ver tb* ENCAMINAR

encaminar *vt* **1** (*indicar el camino*) to direct *sb* (***to…***), to tell *sb* the way (***to…***) (*más coloq*): *Los encaminé hacia el centro.* I told them the way to the city centre. **2** (*esfuerzos, recursos*) to channel *sth* (***into sth***): *Encaminó sus esfuerzos a hacerse famoso.* He channelled his energy into becoming famous.

■ **encaminarse** *v pron* **encaminarse a/hacia** to head (**for…**): *Se encaminaron hacia el despacho del jefe.* They headed for the manager's office.

encandilar *vt* **1** (*deslumbrar*) to dazzle: *El mago encandiló a los niños.* The magician dazzled the children. ◊ *Su sonrisa me encandiló.* I was dazzled by her smile. **2** (*enamorar*) to charm

■ **encandilarse** *v pron* to fall in love (***with sb***)

encanecer *vi* to go grey

encantado, -a *pp, adj* **1 ~ (con)** very pleased (**with *sth/sb***), delighted (**with *sth/sb***) (*más formal*): *Estamos ~s con el nuevo parque.* We're very pleased with the new park. **2 ~ de/de que** (very) pleased ***to do sth/that…***, delighted ***to do sth/that…*** (*más formal*): *Estoy encantada de que hayan venido.* I'm delighted (that) you've come. **3** (*hechizado*) **(a)** (*gen*) enchanted: *un castillo ~/una princesa encantada* an enchanted castle/princess **(b)** (*casa*) haunted *Ver tb* ENCANTAR

LOC encantado (de conocerle) I'm very pleased to meet you

encantador, ~a *adj* lovely, delightful (*más formal*): *Es una gente encantadora.* They're lovely people.

■ **encantador, ~a** *nm-nf* magician

LOC encantador de serpientes snake-charmer

encantamiento *nm* spell

encantar *vt* to cast a spell **on *sth/sb***: *El hada encantó al príncipe.* The fairy cast a spell on the prince.

■ **encantar** *vi* to love *sth/sb/doing sth* [*vt*]: *Me encanta ese vestido.* I love that dress. ◊ *Les encanta ir al cine.* They love going to the cinema.

encanto *nm* **1** (*atractivo*) charm: *Es un chico con mucho ~.* That boy has a lot of charm. ◊ *La actriz lucía sus ~s.* The actress displayed her charms. **2** (*cariño*) darling: *Ven aquí, ~.* Come here, darling.

LOC como por encanto as if by magic **ser un encanto** to be lovely

encañado[1] *nm* (*enrejado*) trellis

encañado[2] *nm* (*agua*) pipes [*v pl*]

encañar[1] *vt* (*plantas*) to stake

encañar² *vt* (*agua*) to install pipes **in sth**: *Han encañado la fuente.* They've installed pipes in the fountain.

encañonar *vt* **1** (*apuntar*) to point a gun **at sth/sb**: *Uno de los ladrones encañonó al cajero.* One of the robbers pointed a gun at the cashier. **2** (*agua*) to channel
■ **encañonar** *vi* (*aves*) to grow feathers

encapotado, -a *pp, adj* (*nublado*) overcast: *El cielo está ~.* The sky is overcast today. *Ver tb* ENCAPOTARSE

encapotarse *v pron* (*nublarse*) to cloud over

encapricharse *v pron* **~ (con/de)** to take a fancy **to sth/sb**: *Se ha encaprichado con ese vestido.* She's taken a fancy to that dress.

encapuchado, -a *pp, adj* hooded: *un monje ~* a hooded monk ◊ *Los ladrones iban ~s.* The robbers wore hoods.
■ **encapuchado, -a** *nm-nf* hooded man/woman [*pl* hooded men/women]

encaramarse *v pron* **~ a** (*lit* y *fig*) to climb (up): *~ a un árbol* to climb (up into) a tree ◊ *Se encaramó al tejado.* She climbed (up) onto the roof. ◊ *~ a las más altas esferas de la sociedad* to scale the social ladder

encarar *vt* **1** (*afrontar*) to face up to *sth*: *~ una dificultad* to face up to a difficulty **2** (*costura*): *~ la parte de delante con la de atrás e hilvanar.* Place right sides together and tack.
■ **encararse** *v pron* **encararse con** to confront *sb* [*vt*]: *Tendré que ~me con ellos.* I'll have to confront them.

encarcelamiento *nm* (*tb* **encarcelación** *nf*) imprisonment

encarcelar *vt* to imprison, to put *sb* in prison (*más coloq*): *Los encarcelaron por robar un banco.* They were imprisoned for robbing a bank.

encarecer *vt* **1** (*subir*) to put up the price of *sth* **2** (*alabar*) to praise **3** (*insistir en*) to urge *sb* **to do sth**: *Nos encareció que tuviésemos cuidado.* He urged us to be careful.
■ **encarecer(se)** *vi, v pron* to go up (in price)

encarecidamente *adv* earnestly

encarecimiento *nm* **1** (*subida*) rise: *un ~ de los precios* a price rise ◊ *el ~ de la materia prima* the rise in the cost of the raw material **2** (*insistencia*) insistence

encargado, -a *pp, adj* **~ de** in charge **of sth/doing sth**: *el juez ~ del caso* the judge in charge of the case *Ver tb* ENCARGAR
■ **encargado, -a** *nm-nf* **1 ~ (de)** (*gen*) (person/body) in charge (**of sth/doing sth**): *¿Quién es el ~?* Who's in charge? ◊ *Es la encargada de recoger el dinero.* She's in charge of collecting the money. ◊ *El Parlamento es el ~ de elegir al jefe del estado.* Parliament is responsible for electing the head of state. **2** (*Com*) manager
LOC **encargado de negocios** chargé d'affaires [*pl* chargés d'affaires]

encargar *vt* **1** (*mandar*) to ask *sb* **to do sth**: *Encargó a su hija que regara el jardín.* She asked her daughter to water the garden. **2** (*producto*) to order: *Ya hemos encargado el sofá a la tienda.* We've already ordered the sofa from the shop.
■ **encargarse** *v pron* **1 encargarse (de)** **(a)** (*actividad*) to take charge (**of sth/doing sth**): *Su hijo se encarga del negocio familiar.* Their son is in charge of the family business. ◊ *El ayuntamiento se encargará de la restauración.* The council will be responsible for the restoration work. ◊ *Prometieron ~se de hacer las reservas.* They promised to make the bookings. **(b)** (*persona*) to look after *sb*: *¿Quién se encarga del niño?* Who will look after the baby? **2 encargarse de que** (*asegurarse*) to make sure **that...**, to ensure **that...** (*más formal*): *Encárguese de que lleguen a tiempo.* Please make sure they arrive on time. LOC *Ver* CUENTA

encargo *nm* **1** (*recado*) errand: *hacer un ~* to run an errand **2** (*Com*) order: *hacer/anular un ~* to place/cancel an order
LOC **como hecho de encargo**: *Esta falda me viene como hecha de ~.* This skirt fits me perfectly. **de encargo** (made) to measure **¡ni hecho de encargo!** it's a perfect fit *Ver tb* LIBRO, TONTO

encariñado, -a *pp, adj Ver* ENCARIÑARSE
LOC **estar encariñado con** to be fond of *sth/sb*: *Están muy ~s con sus sobrinos.* They are very fond of their nephews and nieces.

encariñarse *v pron* **~ con** to get attached **to sth/sb**

encarnación *nf* **1** (*personificación*) embodiment **2** (*Relig*) incarnation

encarnado, -a *pp, adj* **1** (*personificado*) incarnate: *la maldad encarnada* evil incarnate **2** (*color*) **(a)** (*de color carne*) flesh-pink: *una tela encarnada* flesh-pink material **(b)** (*rosado*) red: *Tienes las mejillas encarnadas del frío.* Your cheeks are red with cold. *Ver tb* ENCARNAR
■ **encarnado** *nm* (*color*) **1** (*carne*) flesh colour **2** (*rojo*) red: *Me regaló unos claveles ~s.* He gave me some red carnations.

encarnar *vt* **1** (*simbolizar*) to embody: *Los niños encarnan la inocencia.* Children are the embodiment of innocence. **2** (*Cine, Teat*) to play
■ **encarnarse** *v pron* **1** (*Relig*) to become incarnate **2** (*uña*) to become ingrown

encarnizado, -a *pp, adj* fierce

encarrilado, -a *pp, adj Ver* ENCARRILAR
LOC **estar encarrilado** to be on the right track

encarrilar *vt* **1** (*vehículo*) to put *sth* back on the rails **2** (*plan, negocio*) **(a)** (*empezar*) to get *sth* off to a good start **(b)** (*enderezar*) to get *sth* back on the right track **3** (*persona*) to keep *sb* on the rails: *No consigue ~ a sus hijas.* He can't keep his daughters on the rails.

encartarse *v pron* (*Naipes*) to lead

encarte *nm* **1** (*Naipes*) lead **2** (*Imprenta*) insert

encasillar *vt* **1** (*documentos, objetos*) to put *sth* into pigeon-holes **2** (*persona*) **(a)** (*estereotipar*) to pigeon-hole **(b)** (*actor*) to type-cast

encasquetar *vt* **1** (*calar*) to pull *sth* on: *El anciano se encasquetó la boina.* The old man pulled on his beret. **2(a)** (*trabajo*) to palm *sth* off **on sb**: *Ya me ha vuelto a ~ su trabajo.* He's palmed his work off on me again. **(b)** (*discurso*) to force *sb* to listen to *sth* **(c)** (*bronca*) to give *sb sth*: *Me encasquetó una bronca tremenda.* He gave me a terrible row.

encasquillarse *v pron* to jam

encausado, -a *nm-nf* defendant

encausar *vt* to prosecute *sb* (**for sth/doing sth**)

encauzamiento *nm* (*río*) channelling

encauzar *vt* **1** (*agua, esfuerzos*) to channel **2** (*asunto*) to conduct: *~ las negociaciones por la vía del diálogo* to conduct a dialogue with the other side **3** (*persona*) to guide
■ **encauzarse** *v pron* to return to normal

encebollado, -a *pp, adj* cooked with onions

encefalograma *nm* encephalogram

encelar *vt* to make *sb* jealous
■ **encelarse** *v pron* **1** (*ponerse celoso*) to become jealous **2** (*animal*) **(a)** (*hembra*) to come on heat **(b)** (*macho*) to rut

encendedor *nm* lighter

encender *vt* **1** (*con llama*) **(a)** (*gen*) to light: *Encendimos una hoguera para calentarnos.* We lit a bonfire to warm ourselves. **(b)** (*cerilla*) to strike **(c)** (*material combustible*) to ignite: *Roció la habitación con gasolina y la encendió.* He sprayed the room with petrol and ignited it. **2** (*aparato, luz*) to turn *sth* on: *~ la televisión* to turn the TV on **3** (*provocar*) to spark *sth* off: *Aquello encendió el odio en la familia.* That sparked off hatred in the family. **4** (*enardecer*) to stir *sth* up: *Sus palabras encendieron la ira de la multitud.* His words stirred up the anger of the crowd.
■ **encenderse** *v pron* **1** (*fuego*) to start: *El fuego se encendió a causa de una colilla mal apagada.* The fire started as a result of a cigarette stub. **2** (*aparato, luz*) to come on: *Se ha encendido la luz de alarma.* The warning light has come on. **3** (*iniciarse*) to break out: *Se han encendido nuevos disturbios.* Fresh riots have broken out. **4** (*inflamar*) to flare up: *Sentía encendérsele la ira.* He felt his anger flare up. **5** (*cara*) **(a)** (*de ira, de rubor*)

to go red **(b)** (*de placer*) to light up: *Sus caritas se encendieron al ver al payaso.* Their little faces lit up when they saw the clown.

LOC **me enciende la sangre** my, your, etc blood boils

encendido, -a *pp, adj* **1** (*con llama*) **(a)** (*precedido del verbo estar*) lit: *Vi que el fuego estaba* ~. I noticed that the fire was lit. **(b)** (*detrás de un sustantivo*) lighted: *un cigarrillo* ~ a lighted cigarette **2** (*aparato, luz*) on: *Tenían la tele encendida.* They had the telly on. **3** (*pasión*) fervent *Ver tb* ENCENDER

■ **encendido** *nm* (*Mec*) ignition ☛ *Ver ilustración en* CAR

encerado *nm* **1** (*de muebles, de pavimentos*) polishing **2** (*pizarra*) blackboard

enceradora *nf* floor polisher

encerar *vt* to polish: ~ *el suelo* to polish the floor

encerrado, -a *pp, adj Ver* ENCERRAR LOC *Ver* GATO *nm-nf*

encerrar *vt* **1** (*gen*) to shut *sth/sb* up: *Te encerrarán en tu habitación.* They'll shut you up in your room. **2** (*con llave, encarcelar*) to lock *sth/sb* up: *Los encerraron por atraco.* They locked them up for robbery. **3** (*implicar*) to involve: ~ *muchas incógnitas* to involve great uncertainty **4** (*contener*) to contain: *Tus palabras encierran una gran verdad.* Your words contain a lot of truth. **5** (*texto*) to put *sth in sth*: ~ *una frase entre comillas* to put a phrase in inverted commas **6** (*ajedrez, damas*) to block **7** (*acorralar*) to trap: *Nos han encerrado en la disyuntiva de pagar más o irnos.* We are trapped in the situation of having to pay more or having to leave.

LOC **encerrarse entre cuatro paredes** to shut yourself up indoors **encerrarse en uno mismo** to shut yourself off *Ver tb* CAPARAZÓN

encerrona *nf*

LOC **¡vaya encerrona!** what a choice! *Ver tb* TENDER

encestar *vt, vi* to score

enceste *nm* basket

encharcado, -a *pp, adj* **1** (*terreno*) covered with puddles **2** (*pulmón*): *tener los pulmones ~s* to have fluid in your lungs *Ver tb* ENCHARCAR

encharcar *vt* (*terreno*) to cover *sth* with puddles

■ **encharcarse** *v pron* (*pulmón*): *Se le han encharcado los pulmones.* He's got fluid in his lungs.

enchironar *vt* to put *sb* away (***for sth/doing sth***): *Los enchironaron por robo.* They were put away for robbery.

enchufado, -a *pp, adj* well in: *Seguro que está* ~. He must be well in. *Ver tb* ENCHUFAR

■ **enchufado, -a** *nm-nf* pet: *Es el ~ del profesor.* He's the teacher's pet.

enchufar *vt* **1** (*aparato*) to plug *sth* in **2** (*recomendar, colocar*) to pull strings **for *sb*** **3** (*linterna, manguera*) to turn *sth* on

■ **enchufarse** *v pron* to make useful contacts: *Lo único que busca es ~se.* He's always on the lookout for useful contacts.

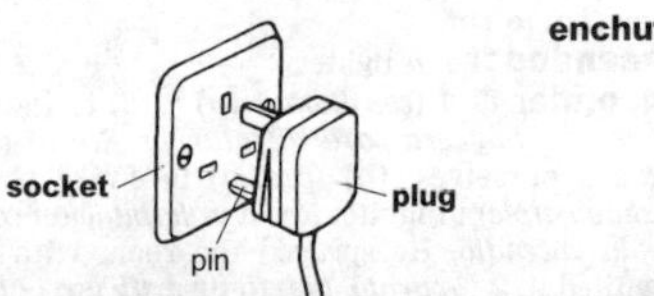

enchufe *nm* **1** (*macho*) plug **2** (*hembra*) socket ☛ *Ver nota en* PLUG

LOC **tener enchufe 1** (*tener contactos*) to have contacts **2** (*tener pelota*): *La profesora le tiene* ~. He's the teacher's pet.

enchufismo *nm* favouritism

encía *nf* gum

encíclica *nf* encyclical

enciclopedia *nf* encyclopedia

LOC **ser una enciclopedia ambulante/viviente** to be a walking encyclopedia

enciclopédico, -a *adj* encyclopedic

encierro *nm* **1** (*protesta*) sit-in: *Han emprendido un ~ indefinido.* They're staging an indefinite sit-in. **2** (*confinamiento*) seclusion: *¿Cuándo van a salir de su ~?* When are they going to emerge from their seclusion? **3** (*Toros*) running of bulls through the streets

encima *adv* **1** (*sobre, tocando*) on top: *Pon la maleta grande debajo, y la pequeña* ~. Put the big case underneath and the small one on top. ◊ *Se le cayó la librería* ~. The bookcase fell on top of him. **2** (*además*) on top of everything: *¡Y ~ te ríes!* And on top of everything, you stand there laughing! **3** (*cerca*) looming: *Los exámenes ya están* ~. Exams are looming. ◊ *Ya tenemos las Navidades* ~. Christmas is just around the corner. **4** (*consigo*) on *sb*: *No llevo un duro* ~. I haven't got a penny on me.

LOC **de encima**: *Coge el de* ~. Take the one on top. ◊ *La sábana de ~ está sucia.* The top sheet is dirty. **echarse algo encima** to take *sth* on: *Se ha echado ~ demasiado trabajo.* He's taken on too much work. **echarse encima (de) 1** (*abalanzarse*) to go for *sb*: *El ladrón se echó ~ de ella.* The thief went for her. **2** (*sorprender*) to come upon *sb*: *La noche se nos echó* ~. Night came upon us. ◊ *El alud se les echó ~ de repente.* The avalanche was suddenly upon them. **encima de 1** (*sobre, tocando*): *Déjalo ~ de la mesa.* Leave it on the table. ◊ *Siéntate ~ de tu hermano.* Sit on your brother's knee. **2** (*arriba del todo*): *Lo he dejado ~ de los otros discos.* I've put it on top of the other records. **3** (*cubriendo algo*): *Pon esta manta ~ del sofá para protegerlo.* Put this blanket over the sofa to protect it. ◊ *echarse algo ~ de los hombros* to put sth over your shoulders **estar encima de algn** to be on sb's back **estar encima de algo** to follow sth closely **estar por encima de** to be above *sth/sb*: *Nuestra amistad está por ~ de eso.* Our friendship is above all that. ◊ *Este pintor está por ~ de los demás.* He is a painter who is above the rest. **estar por encima de las posibilidades de algn** to be beyond sb's capacity **hacer algo (muy) por encima** to do sth (very) superficially: *He leído los apuntes por* ~. I've skimmed through the notes. **llevar una borrachera, un cansancio, etc encima** to be really drunk, tired, etc **mirar por encima** to glance through *sth*: *mirar un documento por* ~ to glance through a document **mirar por encima del hombro** to look down your nose *at sb* **pasar por encima de** to tread on *sb*: *Ha pasado por ~ de mucha gente para llegar donde está.* He has trodden on a lot of people to get where he is now. **por encima de 1** (*sobre, sin tocar*) over *sth*: *Los aviones pasan por ~ de mi casa.* Planes fly over my house. **2** (*más arriba de*): *El agua nos llegaba por ~ de las rodillas.* The water came above our knees. **¡por encima de mi cadáver!** over my dead body! **por encima de todo** above all (else): *Por ~ de todo, soy actor.* I'm an actor above all else. ◊ *Quiero, por ~ de todo, que recojas la habitacón.* Most of all, I want you to tidy your room. **quitarse algo/a algn de encima** to get rid of sth/sb *Ver tb* CACA, MIEDO, MONA[2], MUERTO, MUNDO, PESO, PIPÍ, TONTERÍA, VISTA, VIVIR

encimero, -a *adj* top: *sábana encimera* top sheet

■ **encimera** *nf* (*cocina*) work top

encina *nf* holm-oak

encinar *nm* holm-oak wood

encinta *adj* pregnant

enclaustrarse *v pron* to shut yourself away

enclavado, -a *pp, adj* situated: ~ *en el viejo Madrid* (situated) in the old part of Madrid *Ver tb* ENCLAVAR

enclavar *vt* to site: *Enclavaron el edificio en el casco antiguo.* The building was sited in the old quarter.

enclave *nm* enclave

enclenque *adj* sickly

■ **enclenque** *nmf* weakling

encoger(se) *vi, v pron* to shrink: *Tus pantalones (se) han encogido al lavar.* Your trousers have shrunk in the wash. ◊ *En agua fría no encoge.* It won't shrink if washed in cold water. ◊ *Se me ha encogido la falda.* My skirt has shrunk.

■ **encogerse** *v pron* **1** (*contraerse*) to contract: *Sus músculos se encogieron por el frío.* His muscles contracted with cold. **2** (*acobardarse*) to be bashful (***with sb***)
LOC **encogerse de hombros** to shrug your shoulders **se me encogió el corazón** my, your, etc heart sank

encolar *vt* **1** (*engomar*) to glue *sth* (together): *Encolé los pedazos rotos de la vasija.* I glued the broken pieces of the jug together. **2** (*superficie*) to size

encolerizar *vt* to anger
■ **encolerizarse** *v pron* to get angry

encomendar *vt* to entrust: *Le encomendaron el cuidado del negocio.* They entrusted the business to him. ◊ *Me encomendaron a los niños.* They left the children in my care.
■ **encomendarse** *v pron* **encomendarse a** to place your trust **in *sb***

encomiable *adj* praiseworthy

encontradizo, -a *adj*
LOC **hacerse el encontradizo** to contrive a meeting

encontrado, -a *pp, adj* conflicting: *posturas encontradas* conflicting positions *Ver tb* ENCONTRAR

encontrar *vt* to find: *No encuentro mi reloj.* I can't find my watch. ◊ *Encontré a tu padre mucho mejor.* I found your father looking much better. ◊ *La encuentro muy graciosa.* I find her very funny.
■ **encontrarse** *v pron* **1** (*con algn*) **(a)** (*citarse*) to meet: *Decidimos ~nos en la librería.* We decided to meet in the bookshop. **(b)** (*por casualidad*) to run into *sb*: *Siempre me la encuentro cuando menos me apetece.* I always run into her when I least feel like it. **2** (*estar*) to be: *Se encuentran en la oficina.* They are in the office. ◊ *~se en buen estado* to be in good condition **3** (*sentirse*) to feel: *Se encuentra sola/enferma.* She feels lonely/ill. ◊ *Me encuentro a tope de energía.* I feel full of energy. **4** (*cruzarse*) to meet: *Sus miradas se encontraron.* Their eyes met.
LOC **encontrárselo todo hecho** to find everything easy **no encontrarse** to feel lost *Ver tb* ABOTAGADO, AUSENTE, DEFECTO, DESGANADO, GRACIA, PALABRA, PERFECTAMENTE, PISTA, SENTIDO

encontronazo *nm* **1** (*choque*) collision **2** (*disputa*) clash

encoñado, -a *pp, adj* obsessed with a woman *Ver tb* ENCOÑARSE

encoñarse *v pron* to become obsessed with a woman

encopetado, -a *adj* **1** (*de alto copete*) high-class **2** (*acicalado*) dolled up **3** (*engreído*) haughty

encorbatado, -a *adj* wearing a tie

encorchar *vt* to cork

encordar *vt* to string

encornado, -a *adj*: *bien/mal ~* with long/short horns

encornadura *nf* **1** (*toro*) horns [*v pl*] **2** (*ciervo*) antlers [*v pl*] ☛ *Ver ilustración en* DEER

encorsetamiento *nm* narrow-mindedness

encorsetar *vt* **1** (*corsé*) to put a corset on *sb* **2** (*limitar*) to restrict

encorvadura *nf* (*tb* **encorvamiento** *nm*) stoop

encorvar *vt* to bend
■ **encorvarse** *v pron* **1** (*persona*) to stoop **2** (*madera, plástico*) to warp

encrespado, -a *pp, adj* **1** (*pelo*) sticking out **2** (*mar*) rough *Ver tb* ENCRESPAR

encrespar *vt* **1** (*mar*) to whip *sth* up: *La tormenta encrespó las olas.* The storm whipped up the waves. **2** (*enfurecer*) to infuriate: *Los insultos acabaron por ~ al abogado.* The lawyer was finally infuriated by their insults.
■ **encresparse** *v pron* **1** (*mar*) to get rough **2** (*asunto*) to become stormy **3** (*animal*) to bristle **4** (*persona*) to get cross

encrucijada *nf* **1** (*cruce*) crossroads [*pl* crossroads] **2** (*dificultad*) quandary: *estar en una ~* to be in a quandary
LOC **poner en una encrucijada** to place *sb* in a dilemma

encuadernación *nf* **1** (*libro*) binding: *~ en piel/tela* leather/cloth binding **2** (*taller*) (book)binder's [*pl* (book)binders]
LOC **encuadernación en pasta** hardback **encuadernación en rústica** paperback

encuadernador, ~a *nm-nf* bookbinder

encuadernar *vt* to bind

encuadrar *vt* **1** (*Cine, Fot, enmarcar*) to frame **2** (*clasificar*) to place: *Yo lo encuadraría dentro de la literatura fantástica.* I would place it in the category of fantastic literature. **3** (*televisor*) to set: *El técnico encuadró la imagen.* The television engineer set the picture control.

encuadre *nm* **1** (*Cine, Fot*) framing **2** (*televisor*) picture control

encubierto, -a *pp, adj* (*clandestino*) undercover: *actividades encubiertas* undercover activities *Ver tb* ENCUBRIR

encubrimiento *nm* **1** (*gen*) concealment: *el ~ de los hechos* concealing the facts **2** (*delincuente*) harbouring

encubrir *vt* **1** (*gen*) to conceal: *~ la verdad/un delito* to conceal the truth/a crime **2** (*delincuente*) to harbour

encuentro *nm* **1** (*gen*) meeting: *Fue un ~ muy agradable.* It was a very pleasant meeting. **2** (*discusión, Fil, Mil*) encounter **3** (*Dep*) match
LOC **salir al encuentro de** to come/go to meet *sth/sb*: *Salieron a mi ~.* They came to meet me. ◊ *Alguien saldrá a su ~.* Someone will meet you.

encuesta *nf* **1(a)** (*gen*) survey: *Han efectuado una ~ sobre la salud.* A health survey has been carried out. **(b)** (*sondeo*) (opinion) poll: *según las últimas ~s* according to the latest polls **2** (*investigación*) enquiry: *una comisión de ~* a commission of enquiry ☛ *Ver nota en* ENQUIRY

encuestado, -a *nm-nf*: *el 30% de los ~s* 30% of those polled

encuestador, ~a *nm-nf*: *He contestado al anuncio para ~es.* I've replied to an advertisement to take round survey forms. ◊ *Un ~ me paró en la calle.* Somebody stopped me in the street and asked me to fill in a survey form.

encuestar *vt* to poll

encurtidos *nm* pickles

endeble *adj* **1** (*gen*) flimsy: *una caja/excusa ~* a flimsy box/excuse **2** (*persona*) frail

endecasílabo, -a *adj* hendecasyllabic
■ **endecasílabo** *nm* hendecasyllable

endémico, -a *adj* (*lit* y *fig*) endemic (***in/to sth***)

endemoniadamente (*tb* **endiabladamente**) *adv* incredibly: *Es ~ inteligente.* She's incredibly intelligent.

endemoniado, -a (*tb* **endiablado, -a**) *pp, adj* **1** (*poseso*) possessed **2** (*malvado*) evil **3** (*terrible*) terrible: *Tu madre tiene un genio ~.* Your mother's got a terrible temper. **4** (*fastidioso*) wretched: *¡Este ~ coche!* This wretched car!

enderezar *vt* **1** (*poner derecho*) to straighten: *Endereza la espalda.* Straighten your back. **2** (*enmendar*) **(a)** (*situación*) to put *sth* right **(b)** (*persona*) to correct: *Hay que ~ a los niños desde pequeños.* Children should be corrected from a very early age.
■ **enderezarse** *v pron* **1** (*erguirse*) to straighten (up): *¡Enderézate!* Stand up straight! **2** (*arreglarse*) to recover: *La economía empieza a ~se.* The economy is starting to recover.

endeudarse *v pron* to get into debt

endibia *nf* chicory [*incontable*]: *~s con roquefort* chicory with Roquefort

endilgar *vt* **1** (*tarea*) to lumber *sb* **with *sth***: *Ya me ha endilgado otro trabajito.* I've been lumbered with yet another job. **2** (*mote, calificativo*) to label *sth/sb* **as *sth***: *Le han endilgado el calificativo de ambicioso.* He's been labelled as ambitious.

endiñar *vt* **1** (*propinar*) to hit: *Me endiñó un golpe en la cabeza.* He hit me on the head. **2** (*endosar*) to lumber *sb* **with *sth***

endiosado, -a *pp, adj* conceited *Ver tb* ENDIOSAR
endiosamiento *nm* conceit
endiosar *vt* to praise *sth/sb* to the skies: *Han endiosado su estilo musical.* They've praised his musical technique to the skies.
■ **endiosarse** *v pron* to get conceited
endocardio *nm* endocardium
endocarpio (*tb* **endocarpo**) *nm* endocarp
endocrino, -a *adj* endocrine
■ **endocrino, -a** *nm-nf* endocrinologist
endogamia *nf* endogamy (*científ*), inbreeding
endoplasma *nm* endoplasm
endosar *vt* **1** (*Com*) to endorse **2** (*endilgar*) to offload *sth* **on/onto** *sb*: *Me han endosado cientos de libros.* They've offloaded hundreds of books onto me.
endoscopio *nm* endoscope
endrino *nm* blackthorn
■ **endrina** *nf* sloe
endulzar *vt* **1** (*azucarar*) to sweeten **2** (*aliviar*) to make *sth* better: *Tu carta endulzó mi pena.* Your letter made me feel better.
endurecer *vt* **1** (*gen*) to harden: *~ tu corazón/actitud* to harden your heart/attitude **2** (*músculos*) to firm *sth* up: *ejercicios para ~ los músculos* exercises to firm up the muscles **3** (*persona*) **(a)** (*volver insensible*) to toughen *sb* (up): *La mili le ha endurecido.* Army life has toughened him up. **(b)** (*volver cruel*) to make *sb* hard
■ **endurecerse** *v pron* **1** (*gen*) to harden: *Las arterias se endurecen con la edad.* The arteries harden with age. **2** (*persona*) **(a)** (*volverse insensible*) to toughen up **(b)** (*volverse cruel*) to become hard
endurecimiento *nm* hardening
ene *nf*: *tres elevado a la ~* three to the power of n ◊ *Tenemos que hacer ~ ejercicios.* We have to do x number of exercises.
enea *nf* bulrush: *una silla con asiento de ~* a rush-seated chair
enebro *nm* juniper
enema *nm* enema
enemigo, -a *adj, nm-nf* enemy [*n*]: *el ejército ~* the enemy army
LOC **enemigo declarado** avowed enemy **pasarse al enemigo** to go over to the enemy **ser enemigo de** to dislike *sth*: *Soy enemiga de las ceremonias.* I dislike ceremonies. *Ver tb* DESEAR
enemistad *nf* enmity
enemistar *vt* to set *sb* at odds (*with sb*): *Ciertas diferencias políticas nos enemistaron.* Political differences set us at odds.
■ **enemistarse** *v pron* **enemistarse con** to fall out **with** *sb*
energético, -a *adj* energy [*n atrib*]: *la crisis energética* the energy crisis
energía *nf* (*gen*) energy [*incontable*]: *~ nuclear/cinética* nuclear/kinetic energy ◊ *No tengo ~s ni para levantarme de la cama.* I haven't even the energy to get out of bed.
LOC **con energía** energetically **energía eólica** wind energy/power **energía hidráulica** hydroelectric power
enérgico, -a *adj* **1** (*persona*) energetic **2** (*carácter, habla*) forceful: *Tiene una forma de hablar muy enérgica.* He has a very forceful way of speaking. **3** (*medidas*) tough **4** (*ataque, defensa*) vigorous **5** (*producto*) potent
energúmeno, -a *nm-nf* lunatic: *Gritaban como ~s.* They were screaming like lunatics.
LOC **ponerse como un energúmeno** to go mad
enero *nm* January (*abrev* Jan): *Los exámenes son en ~.* The exams are in January. ◊ *A partir de ~ cobraré 20.000 pesetas más.* From January (on) I'll be getting 20 000 pesetas more. ◊ *El período de reclamaciones va de ~ a mayo.* Claims can be put in between January and May. ◊ *desde noviembre hasta ~* from November to January ◊ *Se conocieron en (el mes de) ~.* They met in January. ◊ *La guerra del golfo estalló en ~ de 1991.* The Gulf War broke out in January 1991. ◊ *Nació el 23 de ~.* He was born on 23 January. ◊ *Mi cumpleaños es el 6 de ~.* My birthday is on the sixth of January. ◊ *El museo fue inaugurado el 12 de ~ de 1996.* The museum opened on 12 January 1996. ◊ *Su pasaporte tiene validez hasta el (día) 30 de ~.* Your passport is valid until 30 January.

Nótese que **on 12 January 1996** se dice 'on the twelfth of January' o 'on January (the) twelfth', y **until 30 January** se dice 'until the thirtieth of January' o 'until January (the) thirtieth'. *Ver tb nota en* FECHA

LOC **enero pasado/el pasado mes de enero** last January: *desde el pasado mes de ~* since last January **enero próximo/el próximo mes de enero** next January: *Comenzará en ~ próximo.* It begins next January. ◊ *hasta ~ próximo* until next January ◊ *a partir del próximo (mes de) ~* from next January (on) *Ver tb* CUESTA
enervar *vt* **1** (*debilitar*) to enervate **2** (*irritar*) to irritate
enésimo, -a *adj* (*Mat*) nth: *elevado a la enésima potencia* to the nth degree
LOC **por enésima vez** for the umpteenth time
enfadadizo, -a *adj* quick-tempered
enfadado, -a *pp, adj* angry (***with sb***) (***at/about sth***): *Estoy ~ con mi primo.* I am angry with my cousin. ◊ *Está muy ~ por lo de ayer.* He's very angry about what happened yesterday. *Ver tb* ENFADAR
enfadar *vt* to make *sb* angry
■ **enfadarse** *v pron* **enfadarse (con) (por)** to get angry (**with *sb***) (**at/about *sth***): *No te enfades por esa tontería.* Don't get angry about such a trifling matter. ◊ *¿Por qué os habéis enfadado esta vez?* What are you angry about now?
enfado *nm* **1** (*ira*) anger **2** (*irritación*) annoyance
enfangar *vt* to cover *sth* with mud
■ **enfangarse** *v pron* **1** (*lit*) to get muddy **2 enfangarse en** (*fig*) to get (yourself) mixed up **in *sth***: *Se han enfangado en el contrabando.* They've got themselves mixed up in a smuggling racket.
énfasis *nm* emphasis [*pl* emphases]
LOC **poner énfasis en** to stress *sth*: *poner ~ en la última sílaba/un concepto* to stress the last syllable/a point
enfático, -a *adj* emphatic: *hablar con tono ~* to speak emphatically ◊ *Hizo una enfática defensa del acusado.* He delivered a spirited defence of the accused.
enfatizar *vt* to emphasize
enfermar *vi* **~ (de)** to fall ill (**with *sth***)
■ **enfermar** *vt* to make *sb* sick: *Me enferma la gente que llega tarde.* People who arrive late make me sick.
enfermedad *nf* **1** (*gen*) illness: *Acaba de salir de una ~ gravísima.* He has just recovered from a very serious illness. **2** (*Med, infecciosa, contagiosa*) disease: *una ~ hereditaria* a hereditary disease ◊ *la ~ de Parkinson* Parkinson's disease ◊ *coger una ~* to catch a disease **3** (*Admin*) sickness: *ausentarse por ~* to be off sick **4** (*fig*) ill: *una de las ~es de la sociedad de consumo* one of the ills of the consumer society ☛ *Ver nota en* DISEASE
LOC **enfermedad crónica** chronic illness **enfermedad del sueño** sleeping sickness *Ver tb* PEOR, SEGURO, SUBSIDIO
enfermería *nf* infirmary
enfermero, -a *nm-nf* nurse ☛ A veces se utiliza **male nurse** para el masculino.
enfermizo, -a *adj* **1** (*gen*) sickly: *Es un niño bastante ~.* He's a rather sickly child. **2** (*morboso*) morbid: *Sufre unos celos ~s.* He suffers from morbid jealousy.
enfermo, -a *adj* ill, sick

Tanto **ill** como **sick** significan *enfermo*, pero no son intercambiables. **Ill** aparece siempre detrás de un verbo: *estar/caer enfermo* to be/fall ill ◊ *Está gravemente enferma.* She is seriously ill. **Sick** suele ir delante de un sustantivo: *cuidar a un niño enfermo* to look after a sick child, y se utiliza mucho para referirse a ausencias en la escuela o en el lugar de trabajo: *Dos de mis compañeros están enfermos.* Two of my colleagues are off sick. ◊ *Está de baja por enfermedad.*

He's off (work) sick.
Nótese que **sick** también puede significar *tener ganas de vomitar*: *Tengo ganas de vomitar.* I feel sick.

■ **enfermo, -a** *nm-nf* **1** (*gen*) sick person: *cuidar de los ~s* to look after sick people **2** (*de una enfermedad concreta*) sufferer: *dos ~s de asma* two asthma sufferers **3** (*paciente*) patient: *Atendemos a unos 20 ~s al día.* We see about 20 patients a day.
LOC **enfermo mental** mentally ill (person): *Cuidamos a ~s mentales.* We look after the mentally ill. **poner enfermo a algn** to make sb sick *Ver tb* FASE, SEGUIR

enfilar *vt, vi* (*encaminarse*) to make for...: *Los jugadores enfilaron (el camino) hacia los vestuarios.* The players made for the dressing rooms.
■ **enfilar** *vt* **1** (*apuntar*) to train *sth* **on sth/sb**: *Enfilaron las escopetas hacia la pieza.* They trained their shotguns on their prey. **2** (*asunto, negocio*) to conduct **3** (*tomar antipatía*) to take a dislike **to sb**: *En cuanto me vio me enfiló.* He took an immediate dislike to me.

enflaquecer *vt* **1** (*adelgazar*) to make *sb* thin **2** (*debilitar*) to weaken
■ **enflaquecer** *vi* **1** (*adelgazar*) to get thin **2** (*flaquear*) to weaken

enfocar *vt* **1** (*ajustar*) **(a)** (*lente*) to focus (*sth*) **on sth/sb**: *No me enfoques a mí, que estoy muy fea.* Focus on someone else–I look terrible! ◊ *Enfocaron un aspecto concreto del problema.* They focused on a specific aspect of the problem. **(b)** (*imagen*) to get *sth* in focus **2** (*iluminar*) to shine *sth* (**on sth/sb**): *Enfoca el camino, que me voy a caer.* Shine the torch on the path–I'm going to fall! **3** (*analizar*) to look at *sth*: *Van a ~ el proyecto desde una nueva perspectiva.* They're going to look at the project from a different angle.

enfoque *nm* **1** (*ajuste*) focusing: *El movimiento dificultaba el ~.* The movement made it difficult to focus. **2** (*en un aparato óptico*) focus: *una cámara con ~ automático* a camera with an automatic focus **3** (*planteamiento*) approach *to sth*: *Prefiero un ~ científico del problema.* I prefer a scientific approach to the problem.

enfrascar *vt* to bottle
■ **enfrascarse** *v pron* **enfrascarse en** to bury yourself **in** *sth*

enfrentamiento *nm* confrontation

enfrentar *vt* **1** (*encarar*) to bring *sb* face to face **with sth/sb** **2** (*enemistar*) to set *sb* **against sb**: *Con sus habladurías enfrentaron a las dos hermanas.* Their gossiping set the two sisters against each other.
■ **enfrentarse** *v pron* **enfrentarse a/con** **1** (*gen*) to face *sth* [*vt*]: *El país se enfrenta a una profunda crisis.* The country is facing a serious crisis. ◊ *España se enfrentará a Austria en el Campeonato de Europa.* Spain will face Austria in the European Championships. **2** (*problemas, dificultades*) to face up to *sth*: *Debes aprender a ~te a los problemas.* You must learn to face up to your problems. **3** (*oponerse*) to confront *sth/sb* [*vt*]: *El sindicato se enfrenta al gobierno.* The trade union is confronting the government.

enfrente *adv* **~ (de)** opposite: *la chica que estaba sentada ~* the girl sitting opposite ◊ *Mi casa está ~ del estadio.* My house is opposite the stadium. ◊ *El hospital está ahí ~.* The hospital is across the road.
LOC **de enfrente** opposite: *la vecina de ~* the lady who lives opposite *Ver tb* ACERA

enfriamiento *nm* **1** (*reducción de la temperatura*) cooling **2** (*resfriado*) cold

enfriar *vt* to cool *sth* (down): *~ la salsa* to cool the sauce ◊ *Mi indiferencia no logró ~ su pasión.* My indifference failed to cool his ardour.
■ **enfriar** *vi* **1** (*gen*) to cool (down): *Deja ~ el pollo.* Leave the chicken to cool down. **2** (*tiempo*) to get cooler: *Está empezando a ~.* It's starting to get cooler. **3** (*frigorífico*) to keep things cool: *El frigorífico no enfría bien.* The fridge doesn't keep things cool enough.
■ **enfriarse** *v pron* **1** (*acatarrarse*) to catch a cold: *El niño se enfriará si sale sin abrigo.* That child will catch a cold if he goes out without a coat. **2** (*fig*) to grow cold: *Su amor se enfrió con los años.* Over the years their love grew cold.

enfundar *vt* **1** (*gen*) to cover: *~ una almohada* to cover a pillow **2** (*espada*) to sheathe **3** (*instrumento*) to put *sth* in its case **4** (*pistola*) to put *a gun* in its holster

enfurecer *vt* to infuriate
■ **enfurecerse** *v pron* to get furious: *Se enfureció porque le mentí.* He got furious because I lied to him. ◊ *Se enfureció con su marido.* She got furious with her husband.

enfurecimiento *nm* rage

enfurruñamiento *nm* sulk: *Todavía no se les ha pasado el ~.* They're still sulking.

enfurruñarse *v pron* to sulk

engalanar *vt* to decorate: *Engalanaron la iglesia con flores.* They decorated the church with flowers.
■ **engalanarse** *v pron* to dress up

enganchado, -a *pp, adj* (*drogas*) hooked on drugs *Ver tb* ENGANCHAR

enganchar *vt* **1** (*acoplar*) to hitch: *~ un remolque al tractor* to hitch a trailer to the tractor **2** (*en un garfio, en un anzuelo*) to hook **3** (*rasgar*) to snag: *Acabo de ~ el jersey nuevo con el rosal.* I've just snagged my new sweater on the rose bush. **4** (*toro*) to gore **5** (*engatusar*) to rope *sb* in (**to do sth**): *Me engancharon para cuidar a los niños.* They roped me in to look after the children.
■ **enganchar(se)** *vt, v pron* (*conquistar*): *(Se) ha enganchado a un niño bien.* She's got herself a rich boyfriend.
■ **engancharse** *v pron* **1** (*atascarse*) to get caught: *Se me ha enganchado el zapato en la alcantarilla.* My shoe has got caught in the grating. **2** (*rasgar*) to get snagged: *Se me han vuelto a ~ las medias.* My tights have got snagged again. **3** (*Mil*) to join: *~se a la marina* to join the navy **4** **engancharse (a)** (*drogas*) to get hooked (**on sth**)

enganche *nm* **1** (*acción de enganchar*) hitching: *Las vagonetas están preparadas para el ~.* The wagons are ready for hitching. **2** (*electricidad, teléfono*) connection **3** (*gancho*) hook **4** (*Mil*) recruitment **LOC** *Ver* BANDERÍN

enganchón *nm* snag: *Tienes un ~ en la media.* Your tights are snagged.

engañabobos *nmf* con artist: *¡Vaya un ~ de hombre!* What a con artist he is! ◊ *Convéncete de que son unos ~.* You know they're con men.
■ **engañabobos** *nm* con trick

engañadizo, -a *adj* (*persona*) gullible

engañar *vt* **1** (*con mentiras*) to lie **to sb** [*vi*]: *Engañaron a su madre diciendo que iban al colegio.* They lied to their mother and told her they were going to school. **2** (*timar*): *¿De oro? ¡Te han engañado!* Gold? You've been had! ◊ *Nos engañaron diciéndonos que el apartamento estaba en primera línea de playa.* They told us the flat was on the seafront, but it wasn't. **3** (*engatusar*) to take *sb* in **4** (*ser infiel*) to cheat on *sb*
■ **engañar** *vi* to be deceptive: *Este río engaña, es más profundo de lo que parece.* This river is deceptive–it's deeper than it looks.
■ **engañarse** *v pron* to fool yourself
LOC **engañar como a un chino/tonto**: *Te han engañado como a una tonta.* You've been had! **engañar el sueño/la sed**: *Nos tomamos una limonada para engañar la sed.* We drank some lemonade because we were so thirsty. ◊ *Tómate un café para ~ el sueño.* Have a coffee to keep you awake. *Ver tb* APARIENCIA, HAMBRE

engañifa *nf* gimmick

engaño *nm* **1** (*farsa*) sham: *La alianza fue un ~.* The alliance was a sham. **2** (*timo*) swindle: *ser víctima de un ~* to be the victim of a swindle **3** (*ilusión*) illusion: *Vive en el ~ de que su hijo sanará.* He lives under the illusion that his son will get better. ◊ *No debemos llevarnos a ~.* Let's not kid ourselves. **4** (*Tauromaquia*) cape
LOC **sacar a algn del engaño** to open sb's eyes *Ver tb* INDUCIR, LLAMAR

engañoso, -a *adj* **1** (*persona*) deceitful **2** (*apariencia*) deceptive: *Las apariencias son engañosas.* Appearances can be deceptive. **3** (*publicidad, consejo*) misleading

engarce *nm* **1** (*engaste*) setting **2** (*montura*) mount **3** (*perlas*) stringing

engarzar *vt* **1** (*gen*) to set *sth* (**in** *sth*): *Engarzó los brillantes en oro.* He set the diamonds in gold. **2** (*perlas*) to string **3** (*fig*): *~ unas ideas con otras* to put some ideas together

engastar *vt* to set *sth* **in/into** *sth*: *El joyero engastó brillantes en la pulsera.* The jeweller set diamonds into the bracelet.

engaste *nm* **1** (*engarce*) setting **2** (*montura*) mount

engatusar *vt* to butter *sb* up

engendrar *vt* **1** (*concebir*) to conceive **2** (*causar*) to breed: *La violencia solo engendra odio.* Violence always breeds hatred.

engendro *nm* **1** (*persona*) freak **2** (*cosa*) mess

englobar *vt* **1** (*abarcar*) to embrace **2** (*incluir*) to include

engomar *vt* to glue

engominar(se) *vt, v pron* to put hair gel on *sth*: *Se empeñó en engominarme el pelo para la fiesta.* She insisted on putting gel on my hair for the party. ◊ *Le encanta engominarse el poco pelo que le queda.* He likes to slick down what little hair he's got left with hair gel.

engordar *vt* **1** (*cebar*) to fatten *sth/sb* (up): *~ cerdos* to fatten the pigs (up) **2** (*fig*) to inflate: *~ las cifras* to inflate the figures

■ **engordar** *vi* **1** (*personas*) to put on weight: *Cuando dejé de fumar engordé mucho.* When I gave up smoking I put on a lot of weight. **2** (*alimentos*) to be fattening: *Los dulces engordan.* Sweets are fattening.

engorde *nm* fattening

engorro *nm* nuisance

engorroso, -a *adj* annoying

engranaje *nm* **1** (*maquinaria*) **(a)** (*Mec*) gears [*v pl*]: *Tengo que reparar el ~.* I need to get the gearbox repaired. **(b)** (*ruedas dentadas*) cogwheels [*v pl*] **2** (*fig*) machinery: *el ~ del partido* the party machinery

engranar *vt* **1** (*Mec*) to engage **2** (*fig*) to weave *sth* together

■ **engranar** *vi* **~ (con)** to engage (**with** *sth*)

engrandecer *vt* **1** (*agrandar*) to enlarge **2** (*honrar*) to do *sb* credit: *Tu perseverancia te engrandece.* Your perseverance does you credit.

■ **engrandecerse** *v pron* to grow (larger)

engrasar *vt* **1** (*con grasa*) to grease **2** (*con aceite*) to oil

engrase *nm* **1** (*con grasa*) greasing **2** (*con aceite*) oiling

engreído, -a *pp, adj, nm-nf* conceited [*adj*]: *No eres más que un ~.* You're so conceited! *Ver tb* ENGREÍRSE

engreírse *v pron* to get conceited

engrescarse *v pron* **~ en** to get into *sth*: *Se engrescaron en una pelea.* They got into a fight.

engrosar *vt* to swell: *2.000 personas más han pasado a ~ la lista de parados.* 2000 more people have swelled the ranks of the jobless.

■ **engrosar** *vi* **1** (*aumentar*) to swell: *El río ha engrosado con las últimas lluvias.* The river has swollen with the recent rains. **2** (*engordar*) to put on weight

engrudo *nm* paste

enguarrar *vt* to make a mess (**of** *sth*)

enguatar *vt* to pad

engullir *vt* to gobble *sth* (up/down): *Engullimos todo lo que nos pusieron.* We gobbled up everything they gave us to eat.

enharinar *vt* to flour

enhebrar *vt* **1** (*aguja*) to thread **2** (*fig*): *Me admira su capacidad para ~ los hechos.* I'm amazed at the way she jumps from one subject to another.

enhorabuena *nf* **~ (por)** congratulations (**on** *sth*/ *doing sth*) [*v pl*]: *Su ~ no fue sincera.* His congratulations weren't very sincere. ◊ *¡~ por los exámenes!* Congratulations on passing your exams!

LOC **dar la enhorabuena** to congratulate *sb* (*on sth/ doing sth*) **estar de enhorabuena** to be in luck *Ver tb* RECIBIR

enigma *nm* enigma

enigmático, -a *adj* enigmatic

enjabonado *nm* wash: *Esta ropa necesita un buen ~.* These clothes need a good wash.

enjabonar *vt* **1** (*gen*) to soap: *Enjabónale bien la espalda.* Make sure you soap his back well. **2** (*hacer la pelota*) to soft-soap

■ **enjabonarse** *v pron* to soap: *Primero me gusta ~me las piernas.* I like to soap my legs first.

enjalbegar *vt* to whitewash

enjambrar *vi* to swarm

enjambre *nm* (*lit* y *fig*) swarm

enjaretar *vt* **1** (*gen*) to reel *sth* off: *Nos enjaretó una lista de cosas que teníamos que hacer.* He reeled off a list of things we had to do. **2** (*tarea*) to lumber *sb* **with** *sth*: *¿A quién le podemos ~ este trabajo?* Who can we lumber with this job?

enjaular *vt* **1** (*animal*) to put *sth* in a cage **2** (*encarcelar*) to lock *sb* up

enjoyar *vt* to put jewellery on *sb*

■ **enjoyarse** *v pron* to wear jewellery: *Se enjoyaron para ir a la recepción.* They wore their jewellery to the reception.

enjuagar *vt* to rinse

■ **enjuagarse** *v pron* to rinse (out) your mouth

enjuague *nm* **1** (*acción*) rinse: *Estos vasos necesitan un ~.* These glasses need a rinse. **2** (*líquido*) mouthwash

enjugarse *v pron* (*sudor, lágrimas*) to wipe *sth* (away): *Se enjugó el sudor de la frente.* She wiped the sweat from her brow.

enjuiciamiento *nm* **1** (*acción de enjuiciar*) judgment **2** (*procesamiento*) prosecution **3** (*demanda*) lawsuit

enjuiciar *vt* **1** (*gen*) to judge: *No deberías ~ sus actos.* It's not your place to judge her. **2** (*Jur*) **(a)** (*procesar*) to prosecute *sb* (**for** *sth*) **(b)** (*demandar*) to sue *sb* (**for** *sth*)

enjuto, -a *adj* thin

enlace *nm* **1** (*gen*) link: *Están construyendo un nuevo ~ de carreteras.* They're building a new road link. **2** (*autobuses, trenes*) connection: *¿Nos dará tiempo a tomar el ~ para Málaga?* Will we have time to catch the connection to Málaga? **3** (*intermediario*) intermediary **4** (*Quím*) **(a)** (*interacción*) bonding **(b)** (*vínculo*) bond

LOC **enlace matrimonial** wedding

enladrillado *nm* brick paving

enladrillar *vt* to pave *sth* with bricks

enlatar *vt* to can: *~ mejillones* to can mussels

enlazar *vt* **1** (*gen*) to link: *Traté de ~ los dos hechos al explicar el caso.* I tried to link the two events when I explained the case. **2** (*atar*) to tie *sth* (**to** *sth*)

■ **enlazar** *vi* **~ (con)** to connect (**with** *sth*)

■ **enlazarse** *v pron* (*emparentarse*) to become related by marriage

enloquecedor, ~a *adj* maddening

enloquecer *vi* **1** (*volverse loco*) to go mad: *Si sigues preocupándote así vas a ~.* If you don't stop worrying you'll go mad. **2 ~ (de)** (*exaltarse*) to go wild (**with** *sth*): *El público enloqueció (de entusiasmo) con su actuación.* The audience went wild (with excitement) at his performance. **3** (*gustar mucho*) to be crazy **about** *sth/ sb*: *Esa cantante me enloquece.* I'm crazy about that singer.

■ **enloquecer** *vt* to drive *sb* mad

enlosado *nm* paving ☛ *Ver ilustración en* BUNGALOW

enlosar *vt* to pave

enlucido *nm* **1** (*mejora*) **(a)** (*con yeso*) plaster **(b)** (*con cemento*) rendering **(c)** (*con cal*) whitewash **2** (*abrillantado*) polishing

enlucir *vt* **1** (*mejorar el aspecto*) **(a)** (*enyesar*) to plaster **(b)** (*cubrir con cemento*) to render **(c)** (*blanquear*) to whitewash **2** (*dar brillo*) to polish

enmadrado, -a *pp, adj Ver* ENMADRAR

LOC **estar enmadrado** to be a mummy's boy/girl

enmadrar *vt* to make *sb* into a mummy's boy/girl

enmarañar *vt* **1** (*lit*) to tangle: *El viento me enmarañó*

el pelo. The wind tangled my hair. ◊ ~ *los hilos* to get the threads tangled up **2** (*fig*) to complicate: *Tu intervención solo ha enmarañado el asunto.* Your interference has only complicated matters.
■ **enmarañarse** *v pron* (*pelo, lana*) to get tangled

enmarcar *vt* **1(a)** (*encuadrar*) to frame **(b)** (*rodear*) to surround **2** (*clasificar*) to classify: *Enmarcan su obra en el movimiento romántico.* His work is classified within the Romantic movement.
■ **enmarcarse** *v pron* to fit ***into sth***: *Esta medida se enmarca dentro de su política general.* This measure fits into their general policy.

enmascarado, -a *nm-nf* masked person: *Dos ~s asesinaron al alcalde.* Two masked men murdered the mayor.

enmascarar *vt* to mask
■ **enmascararse** *v pron* to put on a mask

enmendable *adj* rectifiable

enmendar *vt* **1** (*comportamiento*): *Debes ~ tu proceder.* You must learn to behave better. **2** (*error, defecto*) to correct
■ **enmendarse** *v pron* to mend your ways

enmienda *nf* **1** (*comportamiento*) improvement **2** (*error, defecto*) correction **3** (*Jur, Pol*) amendment: *El Parlamento ha aprobado varias ~s constitucionales.* Parliament has approved a number of constitutional amendments.
LOC **no tener enmienda** to be incorrigible *Ver tb* PROPÓSITO

enmohecer(se) *vi, v pron* to go mouldy: *El pan (se) está enmoheciendo.* This bread is going mouldy.

enmoquetar *vt* to lay fitted carpet: *¿Quién te ha enmoquetado el salón?* Who laid your sitting room carpet? ◊ *Vamos a ~ nuestro dormitorio.* We're going to have fitted carpet in our bedroom.

enmudecer *vi* **1** (*perder el habla*) to go dumb **2** (*callar*) to go quiet **3 ~ (de)** to be speechless (**with *sth***): *~ de dolor* to be speechless with pain
■ **enmudecer** *vt* to silence: *Enmudeció a la concurrencia con un gesto.* He silenced the assembly with a gesture.

enmugrecer *vt* to make *sth* filthy

ennegrecer *vt* to blacken
■ **ennegrecerse** *v pron* **1** (*lit*) to go black **2** (*fig*) to darken

ennoblecer *vt* **1** (*honrar*) to do *sb* credit: *Tus buenos propósitos te ennoblecen.* Your good intentions do you credit. **2** (*engalanar*) to enhance

enojar *vt* to irritate
■ **enojarse** *v pron* to get annoyed: *Se enoja por cualquier cosa.* He's easily annoyed.

enojo *nm* irritation

enojoso, -a *adj* irritating

enología *nf* oenology

enorgullecer *vt* to make *sb* proud: *Tu labor me enorgullece.* I'm proud of your achievements.
■ **enorgullecerse** *v pron* **enorgullecerse (de) 1** (*gen*) to be proud **of *sth*/*sb***: *Nos enorgullecemos de nuestro patrimonio.* We are proud of our heritage. **2** (*logro, éxito*) to take pride **in *sth***

enorme *adj* **1** (*gen*) enormous: *Tienen un jardín ~.* Their garden is enormous. **2** (*estupendo*) great
LOC **estar enorme** (*tener una buena actuación*) to be in great form *Ver tb* CIEGO

enormemente *adv*: *Me alegra ~ que hayáis venido.* I'm so pleased you've come. ◊ *Es una comedia ~ aburrida.* It's a terribly boring play. ◊ *Nos ayudó ~.* She was a tremendous help to us.

enormidad *nf* hugeness
LOC **una enormidad** (*muchísimo*) a great deal

enquistarse *v pron* **1** (*Med*) to form a cyst **2** (*fig*) to become entrenched (***in sth***): *La violencia parece haberse enquistado en la sociedad.* Violence seems to have become entrenched in our society.

enraizar(se) *vi, v pron* (*lit* y *fig*) to take root (***in sth***)

enranciarse *v pron* **1** (*lit*) to go sour **2** (*fig*) to become embittered: *~ con los años* to become embittered over the years

enrarecer *vt* **1** (*contaminar*) to pollute **2** (*fig*) to make *sth* tense
■ **enrarecerse** *v pron* **1** (*atmósfera*) to get thinner **2** (*fig*) to become tense

enrarecido, -a *pp, adj* **1** (*aire*) stuffy **2** (*fig*) tense: *Se notaba un ambiente ~.* The atmosphere was tense. *Ver tb* ENRARECER

enredadera *nf* creeper

enredar *vt* **1** (*pelo, cuerda*) to get *sth* tangled (up) **2** (*complicar*) to complicate: *No lo enredes más.* Please don't complicate matters further. **3** (*involucrar*) to involve *sb* (**in *sth***): *¿Intentó enredaros en sus negocios sucios?* Did he try to get you involved in his shady deals? **4** (*entretener*) to hold *sb* up: *No me enredes, que tengo prisa.* Please don't hold me up, I'm in a hurry.
■ **enredar** *vi* **1 ~ (con)** to mess about (**with *sth***): *¡Siempre estás enredando!* You're always messing about! ◊ *No enredes con la lavadora.* Don't mess about with the washing machine. **2 ~ (en)** to poke about (**in ...**): *¿Qué haces enredando en los cajones?* What are you doing poking about in my drawers?
■ **enredarse** *v pron* **1** (*pelo, cuerda*) to get tangled (up) **2 enredarse en** (*planta*) to twist **round *sth*** **3 enredarse (con)** (*amorío*) to get involved (**with *sb***) **4 enredarse (en)** (*disputa, asunto*) to get involved (**in *sth***) **5** (*embarullarse*) to get muddled: *Con tantas prisas te estás enredando.* You're in such a hurry you're getting all muddled.

enredo *nm* **1** (*lío*) mess: *¿Y cómo salgo de este ~?* How do I get out of this mess? **2** (*chanchullo*) shady business **3** (*Liter*) intrigue: *una comedia de ~* a comedy of intrigue **4** (*lío amoroso*) (love) affair **5 enredos** (*chismes*) gossip [*incontable, v sing*]: *¡Calla, eso no son más que ~s de viejas!* Shush! That's just malicious gossip!
LOC *Ver* COMEDIA

enrejado *nm* **1** (*jaula, ventana*) bars [*v pl*]: *Voy a pintar el ~ de las ventanas de verde.* I'm going to paint the windows green. **2** (*cerca*) **(a)** (*hierro*) railings [*v pl*] **(b)** (*alambre*) wire fence **3** (*para plantas*) trellis ☛ *Ver ilustración en* HOUSE

enrejar *vt* **1** (*ventana*) to bar **2** (*encarcelar*) to put *sb* behind bars

enrevesado, -a *pp, adj* **1** (*complicado*) complicated **2** (*persona*) awkward

enriquecer *vt* **1** (*lit*) to make *sth/sb* rich: *El petróleo enriquecerá la zona.* Oil will make the area rich. **2** (*fig*) to enrich: *Enriqueció su vocabulario con la lectura.* He enriched his vocabulary through reading.
■ **enriquecerse** *v pron* to get rich

enriquecimiento *nm* enrichment

enristrar *vt* (*ajos, cebollas*) to string

enrojecer *vt*: *Estaba tan pálida que me tuvieron que ~ las mejillas con colorete.* I was so pale they had to put rouge on my cheeks.
■ **enrojecer(se)** *vi, v pron* to go red (**with *sth***): *Enrojeció de ira.* He went red with anger

enrojecimiento *nm* **1** (*acción de enrojecer*) reddening **2** (*mancha en la piel*) red mark

enrolar *vt* **1** (*Mil*) to enlist **2** (*buque mercante*) to sign *sb* on
■ **enrolarse** *v pron* **enrolarse (en) 1** (*Mil*) to enlist (**in *sth***): *~se en la marina* to enlist in the navy **2** (*buque mercante*) to sign on (**with *sth***): *~se en un buque* to sign on with a ship

enrollado, -a *pp, adj Ver* ENROLLAR
LOC **estar enrollado con** to be involved with *sb* **estar enrollado en** to be into *sth*: *Están ~s en muchas cosas.* They're into lots of different things **ser muy enrollado** to be great

enrollar *vt* **1** (*enroscar*) **(a)** (*gen*) to roll *sth* up: *Enrolla* *la manguera cuando acabes.* Roll up the hose when you've finished. **(b)** (*hilo*) to wind *sth* up **2** (*convencer*) to talk *sb* ***into doing sth***: *Me han enrollado para ir al cine.* I've been talked into going to the cinema.

■ **enrollar** *vi*: *Esta canción me enrolla cantidad.* This song is really great.

■ **enrollarse** *v pron* **1** (*con explicaciones*) to go on: *No te enrolles, ya lo hemos entendido.* There's no need to go on, we've got it. **2 enrollarse (con) (a)** (*ponerse a charlar*) to get talking (**to *sb***): *No me quiero ~, es conferencia.* I don't want to get talking, it's a long-distance call. **(b)** (*llevarse bien*) to get on well (**with *sb***) **3 enrollarse en** (*implicarse*) to get involved **in *sth*** **4 enrollarse con** (*amorío*) to get involved **with *sb***

LOC enrollarse como las persianas to go on and on: *Se enrolla como las persianas.* He goes on and on.

enroscar *vt* **1** (*tapón*) to screw *sth* **on** (***sth***): *Enroscó el tapón del dentífrico.* He screwed the top on the toothpaste. ◊ *Enróscalo bien.* Screw it on tight. ☛ *Ver ilustración en* SCREW **2** (*piezas, tuercas*) to screw *sth* together: *Hay que ~ las tres partes de la tubería.* The three sections of tubing have to be screwed together.

■ **enroscarse** *v pron* **1** (*enrollarse*) to wind round *sth*: *El cable se me enroscó en los pies.* The lead got itself wound round my feet. **2** (*tapón, tuerca*) to screw: *Esta tuerca se enrosca girando hacia la derecha.* This nut screws on clockwise.

ensalada *nf* salad

LOC ensalada de lechuga/mixta green/mixed salad

ensaladera *nf* salad bowl

ensaladilla *nf*

LOC ensaladilla (rusa) Russian salad

ensalzar *vt* **1** (*alabar*) to praise **2** (*enaltecer*) to do credit **to *sth*/*sb***: *una labor que ensalza la profesión* an effort that does credit to the profession

ensamblar *vt* to assemble

ensanchar *vt* to widen: *Han ensanchado la calle.* They've widened the street.

■ **ensanchar** *vi* **~ (de) 1** (*caderas*): *Estoy ensanchando de caderas.* My hips are getting bigger. **2** (*hombros*): *Has ensanchado de hombros.* Your shoulders have got broader.

■ **ensancharse** *v pron* **1** (*ampliarse*) to widen **2** (*dar de sí*) to stretch: *Estos zapatos se han ensanchado.* These shoes have stretched. **3** (*envanecerse*) to get bigheaded

ensanche *nm* **1** (*ampliación*) widening **2** (*ciudad*) development

ensangrentado, -a *pp, adj* bloodstained *Ver tb* ENSANGRENTAR

ensangrentar *vt* **1** (*manchar*) to get blood on *sth*: *La sangre que brotaba de la herida le ensangrentó la chaqueta.* He got blood on his jacket from where he'd been shot. **2** (*matar*) to cause bloodshed: *La batalla ensangrentó la ciudad.* The battle caused a lot of bloodshed.

ensañarse *v pron* **~ con** to torment *sth/sb* [*vt*]

ensartar *vt* **1** (*engarzar*) to string **2** (*disparates, mentiras*) to reel *sth* off: *Nos ensartó una retahíla de disparates.* He reeled off a string of nonsense.

ensayar *vt, vi* (*Mús, Teat*) to rehearse: *Tenemos que ~ para el concierto.* We have to rehearse for the concert.

■ **ensayar** *vt* (*método*) to test

■ **ensayar** *vi* (*Rugby*) to score a try

ensayista *nmf* essayist

ensayo *nm* **1** (*Mús, Teat*) rehearsal **2** (*prueba, experimento*) test: *un tubo de ~* a test tube **3** (*Liter*) essay **4** (*Rugby*) try ☛ *Ver ilustración en* RUGBY

LOC ensayo general dress rehearsal *Ver tb* VUELO

enseguida *Ver* SEGUIDA

ensenada *nf* inlet

enseña *nf* **1** (*bandera*) flag **2** (*símbolo*) emblem

enseñado, -a *pp, adj Ver* ENSEÑAR

LOC bien enseñado 1 (*gen*) well-trained: *¡Hay que ver lo bien ~ que tiene al marido!* You should see what a well-trained husband she's got! **2** (*animal de compañía*) house-trained **mal enseñado** spoilt: *Los tienes muy mal ~s.* They're very spoilt.

enseñante *nmf* teacher

enseñanza *nf* **1** (*gen*) teaching: *La ~ es una profesión muy dura.* Teaching is a very demanding profession. ◊ *las ~s del profeta* the prophet's teachings **2** (*sistema nacional*) education: *~ superior/universitaria* higher/ university education ◊ *~ primaria* primary education ◊ *~ privada/pública* private/state education

LOC enseñanza gratuita free education **enseñanza media** secondary education *Ver tb* CENTRO, INSTITUCIÓN

enseñar *vt, vi* to teach: *Enseña ciencias en el instituto.* He teaches science at the secondary school. ◊ *Me encanta ~.* I love teaching. ◊ *Esto te enseñará.* That'll teach you! ◊ *Les está enseñando a bailar.* He's teaching them to dance.

■ **enseñar** *vt* (*mostrar*) to show: *El vendedor nos enseñó el piso.* The owner showed us the flat.

LOC enseñar los colmillos to show your teeth

enseres *nm* **1** (*posesiones*) belongings **2** (*utensilios*) kit [*sing*]: *El doctor traía consigo todos sus ~.* The doctor brought his medical kit with him. **LOC** *Ver* MUEBLE

ensillada *nf* saddle ☛ *Ver ilustración en* MONTAÑA

ensillar *vt* to saddle *sth* (up)

ensimismado, -a *pp, adj* **1** (*pensativo*) lost in thought **2** (*embebido*) engrossed ***in sth***: *Estaba ensimismada leyendo el libro.* She was engrossed in her book. *Ver tb* ENSIMISMARSE

ensimismarse *v pron* **1** (*abstraerse*) to become lost in thought **2 ~ (en)** (*concentrarse*) to become engrossed **in *sth***

ensombrecer *vt* **1** (*lit*) to darken **2** (*fig*) to cast a shadow **over *sth***: *Tantas desgracias ensombrecieron su existencia.* Misfortune cast a shadow over her life.

■ **ensombrecerse** *v pron* to darken: *Su rostro se ensombreció al oír la noticia.* His face darkened when he heard the news.

ensordecedor, ~a *adj* deafening: *un ruido ~* a deafening noise

ensordecer *vt* **1** (*dejar sordo*) to deafen **2** (*atenuar*) to muffle

■ **ensordecer** *vi* **1** (*quedarse sordo*) to go deaf: *Corres el peligro de ~.* You run the risk of going deaf. **2** (*hacerse el sordo*) to turn a deaf ear (**to *sth*/*sb***): *~ a una petición* to turn a deaf ear to a request

ensortijarse *v pron* **1** (*pelo*) to curl: *Con el agua del mar se me ensortija el pelo.* My hair curls if I get it wet in the sea. **2** (*ponerse sortijas*) to wear rings

ensuciar *vt* to get *sth* dirty: *No me ensucies la mesa.* Don't get the table dirty.

■ **ensuciarse** *v pron* **1** (*gen*) to get dirty: *Se ensuciaron jugando en el jardín.* They got dirty playing in the garden. ◊ *~se las manos* to get your hands dirty **2** (*necesidades corporales*) **(a)** (*adulto*) to soil yourself **(b)** (*bebé*) to have a dirty nappy: *El bebé se ha ensuciado.* The baby has a dirty nappy. **3** (*asuntos sucios*) to get mixed up ***in sth***: *La compañía no quiso ~se con aquel asunto.* The firm didn't wish to get mixed up in that business.

LOC ensuciar(se) algo de aceite, vino, etc to get oil, wine, etc on sth: *Te has ensuciado el vestido de chocolate.* You've got chocolate on your dress.

ensueño *nm*

LOC de ensueño dream: *un coche/una casa de ~* a dream car/house

entablar *vt* **1** (*comenzar*) to start **2** (*tapiar*) to board *sth* up **3** (*Ajedrez, Damas*) to set *the board* up

■ **entablarse** *v pron* (*comenzar*) to start

LOC entablar un suelo to lay floorboards: *~ el suelo de la cocina* to lay floorboards in the kitchen *Ver tb* AMISTAD

entablillar *vt* to put *sth* in a splint: *Le entablillaron el brazo.* They put her arm in a splint.

entallar *vt* (*ajustar*) to take *sth* in: ~ *un vestido* to take a dress in

entarimado *nm* wooden flooring

entarimar *vt* to lay wooden flooring in...: ~ *el comedor* to lay wooden flooring in the dining room

ente *nm* **1** (*Fil*) entity **2** (*organismo*) organization **3** (*compañía*) company: *un* ~ *público* a state-owned company

LOC ente autonómico (autonomous) regional authority **ente oficial** official body

entendederas *nf*

LOC tener buenas/malas entendederas to be bright/ thick *Ver tb* CORTO

entendedor, ~a *nm-nf*

LOC a buen entendedor... a word to the wise

entender *vt* **1** (*gen*) to understand: *No entendí la película.* I didn't understand the film. ◊ *No hay quien te entienda, hijo.* I just don't understand you. **2 ~ que** (*opinar*) to feel (**that...**): *Entendemos que la subida es insuficiente.* We feel the increase is not enough.

■ **entender** *vi* **1** (*gen*) to understand: *fácil/difícil de* ~ easy/difficult to understand ◊ *Si he entendido bien...* If I understand this correctly... ◊ *No entiendo.* I don't get it. **2 ~ de** to know a lot **about *sth***: *Carlos entiende de ordenadores.* Carlos knows a lot about computers. ◊ *No entiendo nada de mecánica.* I don't know anything about mechanics.

■ **entenderse** *v pron* **entenderse (con) 1** (*llevarse bien*) to get on (**with *sb***): *Nos entendemos muy bien.* We get on very well. **2** (*amorío*) to have an affair (**with *sb***) **3** (*aclararse*): *Bueno, yo me entiendo.* Well, I know what I mean.

LOC a mi entender in my, your, etc opinion **¿cómo se entiende que...?** I don't understand how...: *¿Cómo se entiende que se compren un piso sin tener un duro?* I don't understand how they can buy a flat when they've got no money. **dar a entender que ...** to imply that... **entender mal** to misunderstand: *A lo mejor he entendido mal, pero...* I may have misunderstood but... **entendérselas con algn** to sort things out with sb **entenderse por señas** to use sign language **hacerse entender** to make yourself understood **no entender ni jota**: *No entendí ni jota de lo que dijo.* I didn't understand a word he said. ◊ *No entiendo ni jota de ordenadores.* I haven't got a clue about computers. *Ver tb* ALLÁ, HOSTIA, PATATA

entendido, -a *pp, adj* **~ en** well up **in *sth*** *Ver tb* ENTENDER

■ **entendido, -a** *nm-nf* expert: *Es un* ~ *en la materia.* He's an expert on the subject. ◊ *Necesitamos un* ~ *en informática para solucionar el problema.* We need a computer expert to solve the problem.

■ **¡entendido!** *interj* right!

LOC ¿entendido? understand? **se da por entendido que...** it goes without saying that... **tengo entendido que...** I understand (that ...): *Tengo* ~ *que llega mañana.* I understand she's arriving tomorrow. *Ver tb* SEGÚN

entendimiento *nm* **1** (*comprensión*) understanding **2** (*acuerdo*) agreement: *una falta de* ~ a lack of agreement

enterado, -a *pp, adj Ver* ENTERARSE

■ **enterado, -a** (*tb* **enteradillo, -a**) *nm-nf* know-all

LOC darse por enterado to get the message **estar enterado (de)** to know (about *sth*) **no darse por enterado** to take no notice: *Le dije que se marchara, pero no se dio por* ~. I told him to go, but he took no notice.

enterarse *v pron* **~ (de) 1** (*descubrir*) to find out (**about *sth***): *No quiero que mis padres se enteren.* I don't want my parents to find out. **2** (*saber*) to hear (**about *sth/sb***): *Ya me he enterado de lo de tu abuelo.* I heard about your grandfather. **3** (*asimilar*) to take *sth* in: *Estoy tan cansado que ya no me entero de nada.* I'm so tired I'm just not taking anything in. **4** (*comprender*) to understand: *Si hablas tan deprisa no me entero.* I don't understand when you talk so fast. **5** (*darse cuenta*) to notice: *¡Si no me había enterado de que estabas ahí!* I hadn't even noticed you were there!

LOC enterarse de lo que vale un peine: *¡Se va a* ~ *de lo que vale un peine!* I'm going to teach him what's what! **para que te enteres/lo sepas** so there!: *Para que te enteres, me van a ascender.* I've been offered promotion, so there! ◊ *Ese no vuelve a entrar en esta casa, para que lo sepas.* I tell you, he's not setting foot in this house again.

entereza *nf* **1** (*serenidad*) fortitude: *Recibió la noticia con* ~. He received the news with fortitude. **2** (*firmeza*) strength (of character): *una mujer de gran* ~ a strong woman

enternecedor, ~a *adj* touching

enternecer *vt* to move: *Sus lágrimas enternecieron al público.* The audience were moved by her tears.

entero, -a *adj* **1** (*completo*) whole, entire (*más formal*): *Se tragó el programa* ~. He sat through the whole programme. ◊ *Quedo a su entera disposición.* I am entirely at your disposal. **2** (*intacto*) intact: *Las estatuas llegaron enteras al museo.* The statues reached the museum in one piece. **3** (*leche*) full-cream **4** (*persona*) **(a)** (*sereno*) composed: *La familia parecía bastante entera.* The family looked quite composed. **(b)** (*firme*) firm **5** (*Mat*) whole

■ **entero** *nm* **1** (*Mat*) integer **2** (*Fin*) point: *La Bolsa subió dos* ~*s.* The Stock Exchange rose two points.

LOC por entero completely *Ver tb* BOTA[2], CUERPO, ESPEJO, MUNDO

enterrador, ~a *nm-nf* gravedigger

enterrar *vt* (*lit* y *fig*) to bury

LOC enterrar el hacha de guerra to bury the hatchet **enterrarse en vida** to shut yourself away: *Al morir su marido se enterró en vida.* She shut herself away when her husband died.

entibiar *vt* **1** (*enfriar*) to cool *sth* (down) **2** (*calentar*) to warm *sth* (up)

■ **entibiarse** *v pron* **1** (*enfriarse*) to cool (down): *Deja que se entibie.* Let it cool (down). **2** (*calentarse*) to warm up

entidad *nf* **1(a)** (*Com*) company: *una* ~ *aseguradora/ privada* an insurance/a private company **(b)** (*Fin*): *una* ~ *financiera* a financial institution ◊ *una* ~ *bancaria* a bank **(c)** (*Admin*) organization: ~*es culturales/ juveniles* cultural/youth organizations **2** (*importancia*) importance: *un problema de gran* ~ a very important issue **3** (*Fil*) entity

LOC entidad benéfica charity ☛ *Ver nota en* CHARITY SHOP **entidad cultural** cultural association **entidad deportiva** sports club **entidad patrocinadora** sponsor *Ver tb* CÓDIGO

entierro *nm* **1** (*funeral*) funeral: *Había mucha gente en el* ~. There were a lot of people at the funeral. **2** (*inhumación*) burial **LOC** *Ver* VELA[2]

entonación *nf* intonation

entonado, -a *pp, adj* **1** (*recuperado*) better: *Esta vez la he encontrado más entonada.* She was much better today. **2** (*achispado*) merry *Ver tb* ENTONAR

entonar *vt* **1** (*Mús*) **(a)** (*cantar*) to sing **(b)** (*dar el tono correcto*) to pitch **2** (*reanimar*) to buck *sb* up

■ **entonar** *vi* **1** (*Mús*) to sing in tune **2 ~ (con)** to go (**with *sth***): *La colcha no entona con la moqueta.* The bedspread doesn't go with the carpet.

■ **entonarse** *v pron* to perk up: *Date un baño, verás como te entonas.* Have a bath and you'll soon perk up.

LOC entonar demasiado alto/bajo to pitch your voice too high/low

entonces *adv* then: *Solo* ~ *me dejó salir.* Only then did he let me leave. ◊ *Para* ~ *ya estará resuelto.* It'll be solved by then. ◊ *el* ~ *ministro de Defensa* the then Minister of Defence ◊ *¿Pues* ~ *qué quieres?* What do you want, then?

LOC en/por aquel entonces at that time **entonces...** (*en ese caso*) in that case...: ~ *lo mejor que puedes hacer es hablar con ella.* In that case, the best thing to do is talk to her. *Ver tb* LLOVER

entornado, -a *pp, adj* **1** (*ventana*) slightly open: *Deja la ventana entornada.* Leave the window slightly open. **2** (*puerta*) ajar **3** (*ojos*) half-closed *Ver tb* ENTORNAR

entornar *vt* **1** (*gen*) to half close: ~ *los ojos/una ventana* to half close your eyes/a window **2** (*puerta*) to leave *the door* ajar

entorno *nm* **1** (*ambiente*) environment: *el ~ económico/urbanístico* the economic/urban environment **2** (*círculo*) circle: *en su ~ familiar* in her family circle ◊ *según fuentes de su ~* according to sources close to him **3** (*alrededores*): *en el ~ de la ciudad* in and around the city ◊ *los países del ~* the neighbouring countries **4** (*Liter*) setting

entorpecer *vt* **1** (*obstaculizar*) to hinder **2** (*retardar*) to hold *sth* up, to delay (*más formal*): *La lluvia entorpeció las obras.* Rain held up building work. **3** (*físicamente, mentalmente*) to slow *sb* down: *La edad entorpece a las personas.* People slow down as they get older.
■ **entorpecerse** *v pron* to get slower

entorpecimiento *nm* **1** (*obstrucción*) hindrance **2** (*retraso*) hold-up, delay (*más formal*) **3** (*físico, mental*) slowing down

entrada *nf* **1 ~ (en)** (*acción de entrar*) **(a)** (*gen*) entry (**into** ***sth***): *Prohibida la ~.* No entry. ◊ *la ~ de España en el Mercado Común* Spain's entry into the Common Market ◊ *hacer una ~ triunfal* to make a triumphal entry **(b)** (*ceremonias, Teat*) entrance: *El héroe hizo su ~ en escena en el segundo acto.* The hero made his entrance in the second act. **(c)** (*afluencia*) influx (**into** ***sth***): *la ~ de inmigrantes/capital en el país* the influx of immigrants/capital into the country **(d)** (*espectáculo, club, asociación*) admission (**to** ***sth***): *No cobran ~ a los socios.* Admission is free for members. **2** (*billete*) ticket: *Voy a sacar las ~s.* I'm going to buy the tickets. ◊ *No hay ~s.* Sold out. **3** (*público*) **(a)** (*gen*) audience [*v sing o pl*]: *Había menos de media ~ en el teatro.* The theatre was less than half full. **(b)** (*Dep*) gate **4** (*taquilla*) **(a)** (*Cine, Teat*) takings [*v pl*]: *la ~ de hoy* the day's takings **(b)** (*Dep*) gate (money) **5 ~** (a) (*acceso*) **(a)** (*puerta*) entrance (**to** ***sth***): *Te espero en la ~ principal.* I'll wait for you at the main entrance. **(b)** (*vestíbulo*) hall: *Hay un paragüero en la ~.* There is an umbrella stand in the hall. **(c)** (*carretera*): *Había atascos en todas las ~s a Madrid.* There were traffic jams on all roads leading into Madrid. **6** (*primer pago*) deposit (***on sth***): *dar una ~ del 20%* to pay a 20% deposit **7** (*primer plato*) starter: *Nos pusieron de ~ una ensaladilla.* We had potato salad as a starter. **8** (*diccionario, cuentas, registro*) entry **9** (*Dep*) tackle (***on sb***): *hacerle una ~ a algn* to tackle sb **10** (*Mec*) inlet: *válvula de ~* inlet valve **11** (*Informát*) input: *datos de ~* input data **12 entradas** receding hairline [*sing*]: *Cada vez tienes más ~s.* Your hairline is receding fast.
LOC de entrada 1 (*al principio*) at first **2** (*para empezar*) to start with **entrada en vigor** coming into force **entrada gratuita/libre** admission free *Ver tb* REGISTRO, SERVICIO

entrado, -a *pp, adj* well into: *La huelga duró hasta bien ~ septiembre.* The strike lasted until well into September. *Ver tb* ENTRAR
LOC entrada la noche late (at night): *La reunión acabó bien entrada la noche.* The meeting ended very late. *Ver tb* AÑO

entramado *nm* **1** (*lit* y *fig*) fabric: *el ~ social* the social fabric **2** (*Tec*) truss

entrante *adj* next: *la semana/el año ~* next week/year
■ **entrante** *nm* (*primer plato*) starter

entrañable *adj* **1** (*querido*) much-loved **2** (*cordial*) warm: *Nos hicieron un recibimiento muy ~.* They gave us a very warm welcome. **3** (*relación*) close: *Mantenemos una amistad ~ desde hace años.* We've been close friends for years. **4** (*recuerdos*) fond: *Tengo unos recuerdos ~s de mi visita.* I have fond memories of my visit.

entrañar *vt* **1** (*conllevar*) to entail: *Su misión entraña graves riesgos.* Their mission entails serious risks. **2** (*contener*) to contain: *Ese dicho entraña una gran verdad.* This saying contains an important truth.

entrañas *nf* **1** (*Anat*) entrails **2** (*lo más profundo*) heart [*sing*]: *en las ~ de la selva* in the heart of the jungle
LOC de mis entrañas precious: *el hijo de mis ~s* my precious child **echar (hasta) las entrañas** to throw up **las entrañas de la tierra** the bowels of the earth **no tener entrañas** to be heartless **¡te voy a arrancar/sacar las entrañas!** I'll kill you! *Ver tb* DESGARRAR(SE)

entrar *vi* **1(a)** (*gen*) to go in: *No me atreví a ~.* I didn't dare go in. ◊ *El clavo no ha entrado bien.* The nail hasn't gone in properly. **(b)** (*pasar*) to come in: *Hazle ~.* Ask him to come in. **(c)** (*lograr acceso*) to get in: *Al final entré por la azotea.* In the end I got in through the roof. **2 ~ en (a)** (*gen*) to go into *sth*, to enter *sth* [*vt*] (*más formal*): *No entres en mi habitación cuando no estoy.* Don't go into my bedroom when I'm not there. ◊ *La policía entró en el local.* The police entered the premises. ◊ *~ en detalles* to go into detail **(b)** (*pasar*) to come into *sth*, to enter *sth* [*vt*] (*más formal*): *No entres en mi oficina sin llamar.* Knock before you come into my office. ◊ *Eso nunca entró en mis planes.* That never came into my plans. **(c)** (*lograr acceso*) to get into *sth*: *¡Verás como entro gratis en la discoteca!* Watch me get into the disco for nothing! **(d)** (*carretera*) to get onto *sth*: *~ en la M30* to get onto the M30 **3** (*caber*) **(a)** (*ropa*) to fit (*sb*): *Esta falda no me entra.* This skirt doesn't fit (me). **(b) ~ (en)** to fit (**in/into** ***sth***): *No creo que entre en el maletero.* I don't think it'll fit in the boot. **(c)** (*medidas*): *En un kilo entrarán unas cinco manzanas.* You get about five apples to the kilo. **4 ~ en** (*empezar*) to begin *sth/doing sth* [*vt*]: *~ en campaña/negociaciones* to begin campaigning/talks **5 ~ en** (*ingresar*) **(a)** (*profesión, esfera social*) to enter *sth* [*vt*]: *~ en la universidad* to enter university **(b)** (*institución*) to join *sth* [*vt*]: *~ en el ejército* to join the army **6** (*marchas*) to engage: *La primera nunca entra bien.* First never seems to engage properly. **7** (*tiempo*) **(a)** (*estación*) to begin: *El otoño entra el 21 de septiembre.* Autumn begins on 21 September. **(b) ~ en** (*época*) to enter *sth* [*vt*]: *~ en el siglo XXI* to enter the 21st century **8** (*comida, bebida*) to go down: *¡Qué bien entra este vino!* This wine goes down very nicely. **9** (*sobrevenir*): *Me está entrando sueño/miedo/hambre.* I'm getting sleepy/scared/hungry. ◊ *Me entró una gran alegría cuando me lo dijiste.* I was really happy to hear your news. ◊ *Me está entrando una pereza terrible.* I'm starting to feel terribly lazy. **10 ~ (en)** (*Informát*) to access *sth* [*vt*]: *~ en un programa* to access a program
■ **entrar** *vt* **1(a)** (*llevar*) to take *sth* in/into…: *¿Puedes ~ mi maleta?* Can you take my suitcase in? **(b)** (*traer*) to bring *sth* in/into…: *Éntralo en el salón.* Bring it into the living room. **2** (*abordar, Dep*) to tackle: *A ver cómo le entramos a mi madre.* How shall we tackle my mother? ◊ *~le a un delantero* to tackle a forward
LOC entrar a destiempo (*Mús*) **1** (*adelantarse*) to come in too soon **2** (*retrasarse*) to come in too late **entrar a puerto** to enter port **entrar a saco** (*fig*) to launch straight *into sth* **entrar disparado/como un torbellino** to burst in/into… **entrar en barrena** to go into a spin **entrar en caja** (*Mil*) to join up **entrar en calor** to warm up **entrar en coma** to fall into a coma **entrar en ebullición** to come to the boil **entrar en el precio** to be included in the price **entrar en los cuarenta, etc**: *Acaba de ~ en los 60.* He's just turned 60. **entrar en materia** to get started **entrar en razón** to see reason: *Espero que al final entre en razón.* I hope she will see reason eventually. ◊ *Habrá que hacerles ~ en razón.* We'll have to make them see reason. **entrar en vigor** to come into force **entrar por los ojos** to catch *sb's* eye **entrar por un oído y salir por otro** to go in one ear and out the other **ni entro ni salgo** that has nothing to do with me **no me entra (en la cabeza)…** I just don't understand… *Ver tb* CONTRADICCIÓN, DENTRO, GANA, GUSANILLO, HOLGADO, HUELGA, HURTADILLAS, PÁNICO, RAYO, RISA, TIRITONA, VEREDA

entre *prep* **1** (*dos cosas*) between: *entre la tienda y el cine* between the shop and the cinema ◊ *entre febrero y mayo/las siete y las nueve* between February and May/ seven and nine ◊ *entre los dos* between the two of them **2** (*más de dos cosas*) among: *Nos sentamos entre los árboles.* We sat among the trees. ☛ *Ver nota en* AMONG **3** (*a medio camino entre*) somewhere between: *Tienes los ojos entre grises y azules.* Your eyes are somewhere between grey and blue.
LOC **entre nosotros** (*confidencialmente*) between ourselves **entre sí 1** (*entre dos*) to each other: *Hablaban entre sí.* They were talking to each other. ◊ *similares entre sí* similar to each other **2** (*entre varias personas*) among themselves: *Los muchachos lo discutían entre sí.* The boys were discussing it among themselves. **entre tanto** *Ver* ENTRETANTO **entre todos** together: *Lo podéis hacer entre todos.* You can do it together. ◊ *Lo hicimos entre todos.* We all did our bit.

entreabierto, -a *pp, adj* **1** (*gen*) half-open: *Duerme con los ojos ~s.* He sleeps with his eyes half open. **2** (*puerta*) ajar

entreacto *nm* interval

entrecejo *nm* space between the eyebrows **LOC** *Ver* ARRUGAR

entrechocar *vt* (*dientes*) to chatter

entrecortado, -a *pp, adj* **1** (*voz*) faltering **2** (*frases*) broken **3** (*respiración*) laboured: *con la respiración entrecortada* gasping for breath

entrecot *nm* fillet steak

entrecruzar *vt* to intertwine
■ **entrecruzarse** *v pron* **1** (*carreteras*) to intersect **2** (*ideas*) to be interconnected

entredicho *nm*
LOC **estar en entredicho** to be in doubt **poner en entredicho** to call *sth* into question

entredós *nm* (*Costura*) insertion

entrega *nf* **1** (*gen*) handing over: *la ~ del dinero* the handing over of the money ◊ *Hicieron ~ de sus armas a la policía.* They handed over their weapons to the police. **2** (*mercancía*) delivery **3** (*fascículo*) instalment: *La enciclopedia se publicará por ~s.* The encyclopedia will be published in instalments. **4** (*devoción, interés*) commitment: *con total ~* with total commitment
LOC **entrega a domicilio** home delivery (service) **entrega contra reembolso** cash on delivery (*abrev* COD) **entrega de medallas 1** (*acción de entregar*): *hacer la ~ de medallas* to present the medals **2** (*ceremonia*) medal ceremony **entrega de premios 1** (*acción de entregar*): *hacer la ~ de premios* to present the prizes **2** (*ceremonia*) prize-giving **entrega inicial** down payment *Ver tb* EFECTUAR

entregado, -a *pp, adj Ver* ENTREGAR
LOC **estar entregado a** to be devoted to *sth/sb*

entregar *vt* **1** (*gen*) to hand *sth/sb* over (***to sb***): *~ los documentos/las llaves* to hand over the documents/ keys ◊ *~ a algn a las autoridades* to hand sb over to the authorities **2** (*premios, medallas*) to present *sth* (***to sb***) **3** (*mercancía*) to deliver
■ **entregarse** *v pron* **entregarse** (**a**) **1** (*rendirse*) to give yourself up (**to *sb***), to surrender (**to *sb***) (*más formal*): *Se entregaron a la policía.* They gave themselves up to the police. **2** (*dedicarse*) to devote yourself **to *sth/sb*** **3** (*abandonarse*) to give way **to *sth***: *~se a la desesperación* to give way to despair

entreguerras
LOC **de entreguerras** interwar

entrelazado, -a *pp, adj Ver* ENTRELAZAR(SE) **LOC** *Ver* MANO

entrelazar(se) *vt, v pron* to interweave: *Entrelazaba los hilos con mucha habilidad.* She interwove the threads with great skill. ◊ *Las ideas se entrelazaban.* The ideas were interwoven.

entremedias *adv* **1** (*entretanto*) in the meantime **2 ~** (**de**) **(a)** (*dos cosas*) between **(b)** (*más de dos cosas*) among ☛ *Ver ilustración en* ENTRE

entremés *nm* **1** (*Teat*) interlude **2 entremeses** hors d'oeuvres

entremeter *vt* **1** (*intercalar*) to put *sth* ***between...*** **2** (*ropa*) to tuck *sth* in: *~ la camisa/manta* to tuck your shirt/the blanket in
■ **entremeterse** *v pron* **entremeterse** (**en**) to interfere (**in *sth***): *Siempre se entremete donde no le llaman.* He always interferes where he's not wanted.

entremezclar(se) *vt, v pron* to intermingle: *El autor entremezcla el presente y el futuro.* The author intermingles the present and future.

entrenador, ~a *nm-nf* **1** (*gen*) trainer: *un ~ de perros/caballos* a dog/horse trainer ◊ *La gimnasta confía plenamente en su ~.* The gymnast has full confidence in her trainer. **2** (*Atletismo, deportes de balón/pelota*) coach: *el nuevo ~ del tenista/equipo* the tennis player's/team's new coach

entrenamiento *nm* training: *faltar a los ~s* to miss training ◊ *una sesión de ~* a training session

entrenar *vt* to coach: *~ a un atleta/un equipo de primera división* to coach an athlete/a first division team
■ **entrenar(se)** *vi, v pron* to train: *(Se) están entrenando para la final.* They're in training for the final.

entreoír *vt* to half hear

entrepierna *nf* crotch: *Se te ha roto el pantalón por la ~.* Your trousers have split at the crotch.

entresacar *vt* **1** (*escoger*) to pick *sth* out (***from sth***) **2** (*monte*) to clear **3** (*pelo, planta*) to thin *sth* out

entresijos *nm* ins and outs: *conocer los ~ de algo* to know the ins and outs of sth
LOC **tener muchos entresijos** to be very complicated

entresuelo *nm* **1** (*edificio*) first floor **2** (*Cine, Teat*) dress circle

entretanto (*tb* **entre tanto**) *adv* in the meantime

entretejer *vt* to interweave

entretela *nf* (*refuerzo*) interlining

entretener *vt* **1** (*demorar*) to keep: *No quiero ~te demasiado.* I won't keep you long. **2** (*divertir*) to keep *sb* amused: *Es fácil ~ a los niños.* It's easy to keep children amused. **3** (*distraer*) to keep *sb* busy: *Entreténle mientras yo entro.* Keep him busy while I go in.
■ **entretenerse** *v pron* **1 entretenerse** (**con**) **(a)** (*disfrutar*) to pass the time (***doing sth***): *Lo hago por ~me.* I do it to pass the time. ◊ *Yo me entretengo con cualquier cosa.* I'm easily amused. ◊ *No se entretiene con nada.* He is always bored. **(b)** (*charlar*) to get talking (**to *sb***) **2(a)** (*distraerse*) to lose track of time **(b)** (*detenerse*) to hang about (**doing *sth***): *No os entretengáis y venid a casa en seguida.* Don't hang about–come home straight away.
LOC **entretener la espera** to while away the time *Ver tb* HAMBRE

entretenido, -a *pp, adj* **1** (*divertido*) entertaining, good (*más coloq*) **2** (*tarea*) time-consuming *Ver tb* ENTRETENER

entretenimiento *nm* **1** (*distracción, diversión*) entertainment **2** (*pasatiempo*) pastime: *El golf es un buen ~.* Golf is a good pastime.

entretiempo *nm*
LOC **de entretiempo** lightweight: *una chaqueta de ~* a lightweight jacket

entrever *vt* **1** (*divisar*) to make *sth* out **2** (*sospechar*) to sense: *Me pareció ~ un distanciamiento entre los socios.* I thought I sensed some tension among the members.

LOC **dejar entrever 1** (*lit*) to give a glimpse of *sth*: *Su vestido dejaba ~ una combinación de encaje.* Her dress gave a glimpse of a lace petticoat. **2** (*fig*) to hint at *sth*: *El discurso dejó ~ un posible acuerdo.* The speech hinted at a possible agreement.

entrevista *nf* **1** (*reunión*) meeting: *mantener una ~ con algn* to have a meeting with sb **2** (*trabajo, Periodismo*) interview: *El actor se ha negado a dar ~s.* The actor has refused to give interviews.

entrevistado, -a *nm-nf* interviewee

entrevistador, ~a *nm-nf* interviewer

entrevistar *vt* to interview

■ **entrevistarse** *v pron* **entrevistarse (con)** to meet (*sb*): *Se entrevistaron en el hotel.* They met in the hotel.

entristecedor, ~a *adj* saddening

entristecer *vt* **1** (*apenar*) to sadden **2** (*ensombrecer*) to make *sth* gloomy

■ **entristecerse** *v pron* **entristecerse (por)** to be sad **(because of/about *sth*)**: *No veo razón para ~se.* I can't see any reason for you to be sad.

entrometerse *v pron* **~ (en)** to interfere **(in *sth*)**

entrometido, -a *pp, adj* (*fisgón*) meddlesome *Ver tb* ENTROMETERSE

■ **entrometido, -a** *nm-nf* meddler

entromparse *v pron* to get sozzled

entroncar *vt* to link *sth/sb* **(*with sth/sb*)**

■ **entroncar** *vi* **~ (con) 1** (*emparentar, estar relacionado*) to be related **(to *sth/sb*)**: *El inglés entronca con las lenguas germánicas.* English is related to Germanic languages. **2** (*medios de transporte*) to connect **(with *sth*)**

entronque (*tb* **entroncamiento**) *nm* **1** (*parentesco*) relationship **2** (*Ferrocarril*) junction

entubar *vt* **1** (*poner tubos*) to pipe **2** (*Med*) to intubate (*científ*)

entuerto *nm* **1** (*injusticia*) injustice **2** (*dolor posparto*) afterpains [*v pl*]: *Les tengo pánico a los ~s.* I'm terrified of the afterpains. LOC *Ver* DESHACER

entumecerse *v pron* **1** (*perder sensibilidad*) to go numb **(*with sth*) 2** (*agarrotarse*) to go stiff **(*with sth*)**: *Los músculos se van entumeciendo con la edad.* Muscles go stiff with age.

entumecido, -a *pp, adj* **1** (*insensible*) numb **2** (*agarrotado*) stiff *Ver tb* ENTUMECERSE

entumecimiento *nm* **1** (*insensibilidad*) numbness **2** (*agarrotamiento*) stiffness

enturbiar *vt* **1** (*líquido*) to make *sth* cloudy **2** (*estropear*) to spoil: *La noticia enturbió la fiesta.* The news spoilt the party. **3** (*perturbar*) **(a)** (*relaciones, ánimos, asunto, juicio*) to cloud: *La noticia enturbió nuestra alegría.* The news clouded our happiness. **(b)** (*ambiente*) to sour **(c)** (*imagen*) to tarnish

■ **enturbiarse** *v pron* **1** (*lit*) to become cloudy **2** (*fig*) to become confused: *Este asunto se está enturbiando mucho.* This matter is becoming very confused.

entusiasmado, -a *pp, adj* **~ (con)** thrilled **(at/about *sth*/to do *sth*)**: *Estamos ~s con lo de tu embarazo.* We're thrilled about the baby. ◊ *Está ~ con lo de ir a esquiar.* He's very excited about going skiing. *Ver tb* ENTUSIASMAR

entusiasmar *vt* **1** (*emocionar*) to thrill: *Las piruetas entusiasmaron al público.* The pirouettes thrilled the audience. **2** (*encantar*) to love *sth/doing sth* [*vt*]: *Nos entusiasma viajar/el teatro.* We love travelling/the theatre. ◊ *No me entusiasma, pero no está mal.* I'm not crazy about it, but it's all right.

■ **entusiasmarse** *v pron* **entusiasmarse (con/por)** to get excited **(about/over *sth*)**

entusiasmo *nm* **~ (por)** enthusiasm **(for *sth*)**: *sin excesivo ~* without too much enthusiasm ◊ *mostrar mucho ~* to show great enthusiasm

LOC **con entusiasmo** enthusiastically

entusiasta *adj* **1** (*gen*) enthusiastic: *un público ~* an enthusiastic audience **2 ~ con** enthusiastic **(about *sth*)**, keen **(on *sth*)** (*más coloq*): *Se mostraron muy ~s con la idea.* They were very enthusiastic about the idea.

■ **entusiasta** *nmf* **~ de** enthusiast: *Son unos ~s del cine de terror.* They are horror film enthusiasts.

enumeración *nf* enumeration

enumerar *vt* to enumerate (*formal*), to list: *Enumere tres actividades por orden de preferencia.* List three activities in order of preference.

enunciación *nf* enunciation

enunciado *nm* **1** (*problema, teoría, ley*) wording **2** (*Ling*) statement

enunciar *vt* to enunciate

envainar *vt* to sheathe

envalentonarse *v pron* to become daring

envasado, -a *pp, adj Ver* ENVASAR

■ **envasado** *nm* (*acción*) **1** (*en paquetes*) putting *sth* in packets: *el ~ del azúcar/arroz* putting sugar/rice in packets **2** (*en latas*) canning **3** (*en botellas*) bottling

LOC **envasado al vacío** vacuum-packed

envasar *vt* **1** (*poner en cajas*) to package **2** (*enlatar*) to can **3** (*embotellar*) to bottle

envase *nm* **1** (*proceso*) **(a)** (*empaquetado*) packaging **(b)** (*enlatado*) canning **(c)** (*embotellado*) bottling **2** (*recipiente*) **(a)** (*paquete*) packet ☛ *Ver nota en* PARCEL **(b)** (*lata*) can **(c)** (*botella*) bottle

LOC **envase ahorro** economy pack **envase de plástico** plastic container

envejecer *vi* **1** (*persona*) to grow old **2** (*vino*) to mature

■ **envejecer** *vt* (*persona, vino*) to age: *La enfermedad lo ha envejecido.* The illness has aged him.

envejecimiento *nm* ageing

envenenado, -a *pp, adj* poisoned **(*by sth*)**: *Sus palabras estaban envenenadas de odio.* Her words were poisoned by hatred. *Ver tb* ENVENENAR

envenenamiento *nm* poisoning

envenenar *vt* (*lit* y *fig*) to poison

envergadura *nf* **1** (*importancia*) importance **2** (*tamaño*) magnitude **3** (*ave, avión*) wingspan

LOC **de envergadura** important: *un proyecto de gran ~* a major project

enviado, -a *nm-nf* **1** (*emisario*) envoy **2** (*Periodismo*) correspondent: *un reportaje de nuestro ~ especial en Moscú* a report from our special correspondent in Moscow

enviar *vt* **1** (*gen*) to send: *~ un mensaje* to send a message ◊ *Enviaron ayuda a los refugiados.* They sent help to the refugees. **2** (*mercancía*) to deliver: *¿Quiere que se lo enviemos?* Would you like it delivered? LOC *Ver* ACUSE

enviciar *vt* to get *sb* hooked **(*on sth*)**

■ **enviciarse** *v pron* **enviciarse (con) 1** (*viciarse*) to become addicted **(to *sth*)**, to get hooked **(on *sth*)** (*más coloq*): *Os estáis enviciando con el chocolate.* You're becoming real chocolate addicts. **2** (*deformarse*) to become warped

envidar *vi* to bid

LOC **envidar en falso** to bluff

envidia *nf* envy: *Son la ~ de todo el vecindario.* They're the envy of the whole neighbourhood. ◊ *¡Qué ~!* I really envy you!

LOC **comer/consumir a algn la envidia**: *Le consumía la ~.* He was eaten up with envy. **dar envidia** to make *sb* jealous **envidia sana** friendly rivalry **por envidia** out of envy **tener envidia (de)** to be jealous (of *sth/sb*) *Ver tb* COMIDO, MORIR(SE), MUERTO, RABIAR, RECONCOMERSE, VERDE

envidiable *adj* enviable: *Goza de una posición ~.* He's in an enviable position.

envidiar *vt* to envy: *Siempre te ha envidiado.* He's always envied you.

LOC **no tener nada que envidiar** to have no reason to envy *sth/sb*: *Bristol no tiene nada que ~ a Bath.* Bristol has no reason to envy Bath.

envidioso, -a *adj, nm-nf* envious [*adj*]: *Eres un ~.* You're a very envious person.

envío *nm* **1(a)** (*acción*) sending **(b)** (*paquete*) parcel **2** (*Com*) consignment **3** (*Náut*) shipment **4** (*dinero*) remittance

LOC envío a domicilio home delivery (service) **envío contra reembolso** cash on delivery (*abrev* COD): *pagar un ~ contra reembolso* to pay cash on delivery *Ver tb* GASTO

envite *nm* **1** (*Naipes*) stake **2** (*empujón*) push: *Me tiraron al suelo de un ~.* They pushed me to the floor.

enviudar *vi* to be widowed: *Enviudó hace dos años.* She was widowed two years ago.

envoltorio *nm* **1** (*envoltura*) **(a)** (*gen*) wrapping: *Traté de no estropear el ~ cuando le enseñé el regalo a Elena.* I tried not to spoil the wrapping when I showed Elena the present. **(b)** (*Com*) wrapper: *Envíe tres ~s al apartado...* Send three wrappers to PO box... **2** (*fardo*) bundle

envolver *vt* **1** (*empaquetar, abrigar*) to wrap *sth/sb* (up) (*in sth*): *¿Se lo envolvemos?* Would you like it wrapped? ◊ *~ a un niño en una manta* to wrap a child (up) in a blanket **2** (*abrazar, cubrir*) to envelop *sth/sb* (*in sth*): *El humo envolvía el pueblo.* Smoke enveloped the village. ◊ *el ánimo que envuelve a todo el país* the mood that envelops the country **3** (*involucrar*) to involve *sb* (*in sth*)

LOC envolver para regalo to gift-wrap *sth*: *¿Me lo envuelve para regalo?* Can you gift-wrap it for me, please? *Ver tb* PAPEL

envuelto, -a *pp, adj Ver* ENVOLVER

LOC verse envuelto en to find yourself involved in *sth*

enyesado, -a *pp, adj* (*Med*) in plaster *Ver tb* ENYESAR
■ **enyesado** *nm* **1** (*Construcción*) plastering **2** (*Med*) plaster cast

enyesar *vt* **1** (*Construcción*) to plaster **2** (*Med*) to put *sth* in plaster

enzarzar *vt* to set *sb* against *sb*: *~ a la gente* to set people against each other
■ **enzarzarse** *v pron* **enzarzarse en** (*riña, negocio*) to get involved **in** *sth*

enzima *nm o nf* enzyme

eólico, -a *adj* wind [*n atrib*] **LOC** *Ver* ENERGÍA

epicentro *nm* epicentre

épico, -a *adj* epic
■ **épica** *nf* epic poetry

epidemia *nf* epidemic: *una ~ de cólera* a cholera epidemic ◊ *una ~ de huelgas* an epidemic of strikes

epidémico, -a *adj* epidemic

epidermis *nf* epidermis

Epifanía *nf* Epiphany

epígrafe *nm* **1** (*encabezamiento*) heading **2** (*inscripción*) epigraph, inscription (*más coloq*) **3** (*resumen*) summary

epigrama *nm* **1** (*inscripción*) inscription **2** (*poema, pensamiento*) epigram

epilepsia *nf* epilepsy

epiléptico, -a *adj, nm-nf* epileptic: *sufrir un ataque ~* to have an epileptic fit

epílogo *nm* epilogue

episcopado *nm* episcopate

episodio *nm* **1** (*gen*) episode: *Solo he visto dos ~s de la serie.* I've only watched two episodes of the series. **2** (*libro*) chapter **3** (*aventura*) adventure: *Fue todo un ~.* It was quite an adventure.

epístola *nf* epistle

epistolar *adj* epistolary

epitafio *nm* epitaph

epíteto *nm* epithet

época *nf* **1** (*gen*) time: *en aquella ~* at that time ◊ *la ~ más fría del año* the coldest time of the year **2** (*días*) day: *En nuestra ~ no se hacían esas cosas.* They didn't do things like that in our day. ◊ *en mi ~ de profesora* in my teaching days **3** (*era*) age: *la ~ de Felipe II* the age of Philip II **4** (*Geol*) epoch

LOC adelantarte/anticiparte a tu época to be ahead of your time **de época 1** (*gen*) period: *mobiliario de ~* period furniture **2** (*coche*) vintage **época de esplendor 1** (*económico*) very prosperous period **2** (*político, espiritual*) glorious time **hacer época** to go down in history *Ver tb* GLACIAR, OTRO, TRAJE

epopeya *nf* **1** (*poema*) epic **2** (*fig*) heroic effort

equidad *nf* fairness: *actuar con ~* to act fairly

equidistante *adj* **~ (de)** equidistant **(from...)**

equidistar *vi* **~ (de)** to be equidistant **(from...)**

equilátero, -a *adj* equilateral: *un triángulo ~* an equilateral triangle ☛ *Ver ilustración en* TRIANGLE

equilibrar *vt* to balance: *~ un peso* to balance a weight ◊ *~ la balanza de pagos* to restore the balance of payments

equilibrio *nm* **1** (*gen*) balance: *~ de fuerzas* balance of power ◊ *mantener/perder el ~* to keep/lose your balance **2** (*Fís*) equilibrium: *estar en ~* to be in equilibrium

LOC hacer equilibrios to perform a balancing act

equilibrismo *nm* **1** (*gen*) acrobatics: *Lleva mucho tiempo dominar el arte del ~.* It takes a long time to learn to do acrobatics. ◊ *Hizo unos ejercicios de ~ sensacionales.* His acrobatics were marvellous. ◊ *un número de ~* a balancing act **2** (*en la cuerda floja*) tightrope walking

equilibrista *nmf* **1** (*acróbata*) acrobat **2** (*funámbulo*) tightrope walker

equino, -a *adj* equine (*científ*), horse [*n atrib*]: *peste equina* equine flu **LOC** *Ver* CABAÑA, GANADO

equinoccio *nm* equinox

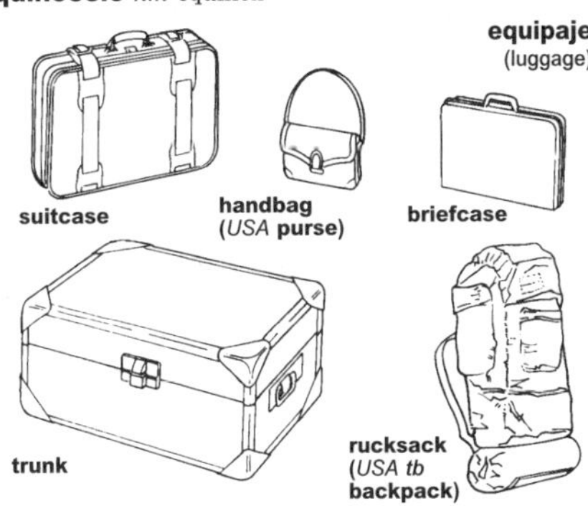

equipaje *nm* luggage [*incontable*]: *No llevo mucho ~.* I haven't got much luggage. ◊ *~ de mano* hand luggage

LOC hacer el equipaje to pack *Ver tb* RECOGIDA

equipamiento *nm* **1** (*acción*) **(a)** (*gen*) equipping: *El ~ del laboratorio ha costado una fortuna.* It has cost a fortune to equip the lab. **(b)** (*oficina*) fitting out **2** (*objetos*) **(a)** (*gen*) equipment: *Han instalado un ~ muy caro.* They've installed very expensive equipment. **(b)** (*coche*) fittings [*v pl*]: *un coche con un moderno ~ interior* a car with the latest interior fittings

equipar *vt* **1** (*gen*) to equip *sth/sb* (*with sth*): *~ la cocina con electrodomésticos* to equip the kitchen with appliances **2** (*ropa, Náut*) to fit *sth/sb* out (*with sth*): *Tenemos que ~ a los niños para el invierno.* We've got to fit the children out for the winter.

equiparable *adj* **~ a/con** comparable **to/with** ***sth/sb***

equiparación *nf* parity: *~ salarial* pay parity

equiparar *vt* to put *sth/sb* on a par (*with sth/sb*): *Esa medida nos equipara a nuestros colegas franceses.* This measure puts us on a par with our French colleagues.
■ **equipararse** *v pron* **equipararse (a/con)** to be on a par **(with** ***sth/sb*****)**

equipo *nm* **1** (*grupo de personas, Dep*) team [*v sing o pl*]: *un ~ de expertos* a team of experts

Team puede llevar el verbo en singular o plural: *El equipo italiano ha ganado por dos goles a uno.* The Italian team **has/have** won by two goals to nil.

El uso del singular es más frecuente y es obligatorio cuando **team** va precedido por *a, each, every, this* y *that*.
Nótese que cuando lleva el verbo en plural, se utiliza un pronombre o un adjetivo posesivo en plural (p. ej. 'they' y 'their'): *Es el único equipo que ha perdido todos sus partidos.* **They** are the only team who have lost all **their** matches.

2(a) (*equipamiento*) equipment: *un ~ de laboratorio* laboratory equipment **(b)** (*herramientas, utensilios*) kit: *un ~ de reparación* a repair kit **(c)** (*Dep*) gear [*incontable*]: *un ~ de caza/pesca* hunting/fishing gear
LOC **equipo casero/de casa** (*Dep*) home team **equipo de fuera** (*Dep*) away team **equipo de música** hi-fi (system) [*pl* hi-fis/hi-fi systems] **equipo de novia** trousseau [*pl* trousseaus/trousseaux] **equipo de sonido** sound system **equipo de televisión** television crew **equipo directivo** management board **equipo dirigente** (*Pol*) leaders [*v pl*]: *el ~ dirigente de un partido* the leaders of a party **equipo titular** (*Dep*) first team *Ver tb* CARGAR, COMPAÑERO, ESPÍRITU, LABOR, TRABAJO

equis *nf* x: *Supón que tienes ~ acciones.* Let's suppose you've got X (number of) shares.

equitación *nf* horseriding

equitativo, -a *adj* fair

equivalencia *nf* equivalence

equivalente *adj* **~ a** equivalent **to *sth***
■ **equivalente** *nm* **~ (a/de)** equivalent (**of *sth***): *el ~ a dos meses de trabajo* the equivalent of two months' work

equivaler *vi* **~ a 1** (*valer*) to be equivalent **to *sth*** **2** (*significar*) to amount **to *sth*/*doing sth***: *Eso equivaldría a rendirse.* That would amount to giving in.

equivocación *nf* **1** (*error*) mistake: *cometer una ~* to make a mistake ☛ *Ver nota en* MISTAKE[1] **2** (*malentendido*) misunderstanding
LOC **por equivocación** by mistake

equivocadamente *adv* by mistake

equivocado, -a *pp, adj* wrong: *tomar una decisión equivocada* to take the wrong decision ◊ *dar una impresión equivocada* to give the wrong impression ◊ *Podría estar ~, pero...* I may be wrong, but... *Ver tb* EQUIVOCAR **LOC** *Ver* INTERPRETACIÓN

equivocar *vt* **1** (*errar*) to get *sth* wrong **2** (*confundir*) to mistake *sth/sb* ***for sth/sb***: *Equivocó a tu hermano con el mío.* He mistook your brother for mine.
■ **equivocarse** *v pron* **1 equivocarse (en)** (*confundirse*) to be wrong (**about *sth*/to do *sth*/in *doing sth***): *Se equivocan en insistir tanto.* They are wrong to go on about it. ◊ *En eso te equivocas.* You're wrong about that. **2 equivocarse (de)**: *Se ha equivocado de número.* You've got the wrong number. ◊ *~se de carretera* to take the wrong road

equívoco *nm* **1** (*ambigüedad*) ambiguity **2** (*malentendido*) misunderstanding: *por si hay ~s* in case there are any misunderstandings
LOC **andarse/jugar con equívocos** to play on words

era[1] *nf* (*Agricultura*) threshing floor

era[2] *nf* era
LOC **la era atómica** the atomic age **la era espacial/glacial** the space/ice age

erario *nm*
LOC **el erario público** the Treasury

erección *nf* (*Anat, monumento*) erection

erecto, -a *adj* erect

eremita *nm* hermit

ergio *nm* erg

erguido, -a *pp, adj* **1** (*gen*) erect: *caminar ~* to walk erect **2** (*cabeza*): *con la cabeza erguida* with your head up **3** (*espalda*) straight: *Siéntate con la espalda erguida.* Sit with your back straight. *Ver tb* ERGUIR

erguir *vt* **1** (*cabeza*) to hold *your head* up **2** (*espalda*) to straighten **3** (*orejas*) to prick up *your ears*: *El perro erguía las orejas.* The dog pricked up its ears.
■ **erguirse** *v pron* (*edificio*) to rise (up)

erigir *vt* **1** (*monumento, edificio*) to erect (*formal*), to put *sth* up **2** (*fundar*) to found: *~ una universidad* to found a university
■ **erigirse** *v pron* **erigirse en 1** (*proclamarse*) to set yourself up **as *sth***: *Se erigió en líder de la banda.* He set himself up as the leader of the gang. **2** (*convertirse*) to become: *~se en símbolos de una época* to become symbols of an era

Eritrea *nf* Eritrea

erizado, -a *pp, adj*: *Tengo el pelo ~.* My hair's standing on end. *Ver tb* ERIZARSE

erizarse *v pron* **1** (*pelo de animal*) to bristle: *Al gato se le erizaron los pelos al ver al perro.* The cat's fur bristled when it saw the dog. **2** (*cabello de persona*) to stand on end: *Se me erizaron los pelos.* My hair stood on end.

erizo *nm* (*Zool*) hedgehog
LOC **erizo de mar** sea urchin

ermita *nf* hermitage

ermitaño, -a *nm-nf* (*lit* y *fig*) hermit: *Llevas una vida de ~.* You lead the life of a hermit.
■ **ermitaño** *nm* hermit crab

erógeno, -a *adj* erogenous: *zonas erógenas* erogenous zones

erosión *nf* (*lit* y *fig*) erosion

erosionar *vt* (*lit* y *fig*) to erode

erosivo, -a *adj* erosive

erótico, -a *adj* erotic

erotismo *nm* eroticism: *Fueron imágenes de gran ~.* They were highly erotic pictures.

erradicación *nf* eradication

erradicar *vt* to eradicate

errante *adj* wandering: *El viajero caminaba ~ por el casco antiguo.* The traveller wandered through the old quarter.

errar *vt* to miss: *Erró el tiro.* He missed his shot.
■ **errar** *vi* **1 ~ (en)** (*equivocarse*) to be wrong (**about *sth***) **2** (*vagar, fig*) to wander: *~ por la ciudad* to wander through the city **LOC** *Ver* GOLPE, TIRO

errata *nf* mistake
LOC **errata de imprenta** erratum [*pl* errata] (*téc*), misprint *Ver tb* FE

errático, -a *adj* erratic

erre *nf*
LOC **estar/seguir erre que erre** to be as stubborn as ever (*about sth/doing sth*): *Está ~ que ~ con lo de comprarse una moto.* He's as stubborn as ever about getting a motorbike.

erróneo, -a *adj*: *La información era errónea.* The information was incorrect. ◊ *una creencia errónea* a mistaken belief ◊ *Tomaron la decisión errónea.* They made the wrong decision. **LOC** *Ver* IDENTIDAD, INTERPRETACIÓN

error *nm* **1** (*gen*) mistake: *cometer un ~* to make a mistake **2** (*Mat*) error: *margen de ~* margin of error ☛ *Ver nota en* MISTAKE[1]
LOC **error de bulto** serious mistake **error de cálculo** error of judgement [*pl* errors of judgement] **error de imprenta/máquina** printing/typing error **estar en un error** to be wrong (*about sth*) **por error** by mistake *Ver tb* INCURRIR, INDUCIR

eructar *vi* to belch, to burp (*coloq*)

eructo *nm* belch, burp (*coloq*)

erudición *nf* erudition (*formal*), learning: *una persona con mucha ~* a very learned person

erudito, -a *adj* erudite (*formal*), learned
■ **erudito, -a** *nm-nf* **1** (*gen*) scholar: *Es un auténtico ~.* He is a true scholar. **2 ~ (en)** expert (**in *sth***)

erupción *nf* **1** (*gen*) eruption: *una ~ volcánica* a volcanic eruption **2** (*Med*) rash

esbeltez *nf* **1** (*figura*) slenderness **2** (*elegancia*) gracefulness

esbelto, -a *adj* **1** (*delgado*) slender ☛ *Ver nota en* DELGADO **2** (*elegante*) graceful

esbozar *vt* **1** (*dibujar*) to sketch **2** (*proyecto, discurso*) to outline

LOC esbozar una sonrisa to give a faint smile

esbozo *nm* **1** (*boceto*) sketch **2** (*esquema*) outline **3** (*sonrisa*) ghost

escabechar *vt* to marinade

escabeche *nm* marinade

LOC en escabeche in brine

escabechina *nf* **1** (*matanza*) massacre **2** (*destrozo*) havoc [*incontable*]: *hacer una ~* to wreak havoc **3** (*examen*): *El examen ha sido una ~.* Loads of people failed the exam.

escabroso, -a *adj* **1** (*terreno*) rugged **2** (*delicado*) delicate: *Es un asunto ~.* It's a delicate matter. **3** (*obsceno*) risqué

escabullirse *v pron* **1** (*irse*) to slip away **2 ~ (entre)** (*esconderse*) to slip in (**among** ***sth/sb***): *Se escabulleron entre la multitud.* They slipped in among the crowd. **3 ~ de/de entre** to slip **from/out of** ***sth***: *El pez se le escabulló de entre las manos.* The fish slipped out of his hands. **4 ~ por entre** to slip **through** ***sth***

escacharrar *vt* to wreck

escafandra *nf* **1** (*submarinismo*) diving suit **2** (*Aeroesp*) spacesuit

escala *nf* **1** (*gen*) scale: *en una ~ de uno a diez* on a scale of one to ten ◊ *reproducciones a ~* reproductions to scale ◊ *a ~ europea/mundial* on a European/global scale **2** (*escalera*) ladder: *una ~ de cuerda* a rope ladder **3** (*viajes*) **(a)** (*gen*) stopover: *un vuelo con ~ en Santo Domingo* a flight with a stopover in Santo Domingo **(b)** (*Náut*) port of call

LOC a escala reducida/a gran escala small-scale/large-scale: *un programa de inversión a gran ~* a large-scale investment programme **escala de valores** scale of values **escala musical** scale **escala técnica** refuelling stop **hacer escala (en) 1** (*gen*) to stop (over) in ...: *Haremos ~ en Nueva York.* We'll stop over in New York. **2** (*barco*) to call at ... *Ver tb* ECONOMÍA, VUELO

escalabrarse *vt Ver* DESCALABRARSE

escalada *nf* **1** (*montaña*) ascent (*formal*), climb **2 ~ de (a)** (*conflicto*) escalation **of/in** ***sth***: *una grave ~ de violencia* a serious escalation of/in violence **(b)** (*Econ, Fin*) rise **in** ***sth***: *una ~ de precios* a rise in prices

escalador, ~a *nm-nf* climber

escalafón *nm* **1** (*gen*): *ascender en el ~* to go up the ladder ◊ *encabezar el ~* to be at the top of the tree ◊ *Es el tercero en el ~ del partido.* He's number three in the party. **2** (*salarios*) salary scale

escalar *vt, vi* to climb: *Continúa escalando la lista de éxitos.* It's still climbing the charts.

escaldado, -a *pp, adj Ver* ESCALDAR

LOC salir escaldado to get your fingers burnt *Ver tb* GATO *nm-nf*

escaldar *vt* **1** (*gen*) to pour boiling water **over** ***sth***: *~ un pollo* to pour boiling water over a chicken **2** (*verduras*) to blanch

■ **escaldarse** *v pron* (*quemarse*): *Se escaldó con café hirviendo.* The coffee scalded him. ◊ *Ten cuidado, que te vas a ~ la mano.* Be careful, or you'll scald your hand.

escaleno, -a *adj* scalene: *un triángulo ~* a scalene triangle

escalera *nf* **1** (*de un edificio*) stairs [*v pl*], staircase (*más formal*): *La casa tiene una ~ antigua.* The house has an antique staircase. ◊ *Me caí por las ~s.* I fell down the stairs. ◊ *al pie de la ~* at the bottom of the stairs ☛ *Ver nota en* STAIRCASE **2** (*Naipes*) **(a)** (*gen*) run: *En tres jugadas me hice una ~.* I got a run in three goes. **(b)** (*póquer*) straight flush: *Ganó la partida al hacer una ~.* He won the game with a straight flush. **3** (*pelo*): *Menudas ~s llevas en el pelo.* Your hair's all uneven.

LOC bajar/subir las escaleras to go downstairs/upstairs: *Bajaron las ~s corriendo.* They ran downstairs. **escalera de caracol** spiral staircase **escalera de cuerda** rope-ladder **escalera de incendios** fire escape **escalera de mano** ladder **escalera doble/de tijera** stepladder **escalera mecánica** escalator *Ver tb* DESCENDER, HUECO, RODAR

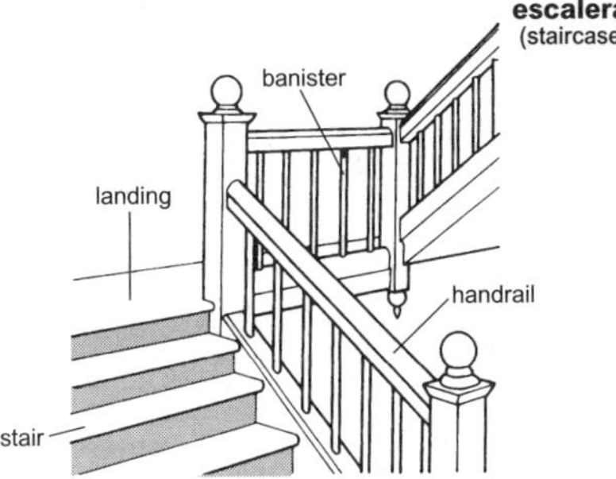

escalerilla *nf* steps [*v pl*]: *Saludó desde la ~ del avión.* He waved from the steps of the plane.

escalfado *pp, adj Ver* ESCALFAR **LOC** *Ver* HUEVO

escalfar *vt* to poach

escalinata *nf* flight of steps

escalofriante *adj* horrifying

escalofrío *nm* shiver

LOC dar escalofríos to send shivers down your spine **tener/sentir escalofríos** to shiver

escalón *nm* **1** (*peldaño*) step: *Cuidado con el ~.* Mind the step. **2** (*travesaño*) rung **3** (*terreno*) terrace **4** (*paso*) stage: *un ~ más en la confrontación* a further stage in the confrontation **5** (*en el escalafón*) grade: *Me han ascendido un ~.* I've been put up a grade.

escalonado, -a *pp, adj* **1** (*gradual*) gradual: *Los precios han subido de forma escalonada.* Prices have gradually risen. ◊ *Hay que disminuir la dosis al paciente de manera escalonada.* The dose must be gradually reduced. **2** (*terreno*) terraced: *terreno ~* terraced land *Ver tb* ESCALONAR

escalonar *vt* **1** (*en el espacio*) to space *sth/sb* out: *La policía fue escalonada a lo largo del recorrido.* The police were spaced out along the route. **2** (*en el tiempo*) to stagger: *Habrá que ~ el aumento de precios.* The price rise will have to be staggered.

escalope *nm* escalope

escalpelo *nm* scalpel

escama *nf* **1** (*pez, reptil, piel*) scale ☛ *Ver ilustración en* FISH[1] **2** (*jabón*) flake

escamado, -a *pp, adj* (*desconfiado*) wary *Ver tb* ESCAMAR

escamar *vt* **1** (*pez*) to take the scales off *sth* **2** (*sospechar*) to make *sb* suspicious: *Lo que dijo ayer me escama.* What he said yesterday sounds fishy to me.

■ **escamarse** *v pron* to get suspicious

escamoso, -a *adj* scaly

escampada *nf* clear spell

escampar *v imp* to clear up: *Esperaremos a que escampe.* We'll wait for it to clear up.

escanciar *vt* to pour

escandalizar *vt* to shock: *El chiste escandalizó al público.* The joke shocked the audience.

escándalo *nm* **1** (*asunto*) scandal: *Todos los periódicos hablan del ~.* All the papers are talking about the scandal. **2** (*alboroto*) racket

LOC de escándalo scandalous: *unos precios de ~* scandalous prices **organizar/montar un escándalo** to make a scene

escandaloso, -a *adj* **1** (*vida, comportamiento*) scandalous **2** (*risa, color*) loud

■ **escandaloso, -a** *adj, nm-nf* (*alborotador*) rowdy [*adj*]: *Estos niños son unos ~s.* These kids are very rowdy.

Escandinavia *nf* Scandinavia

escandinavo, -a *adj, nm-nf* Scandinavian

escáner *nm* **1** (*aparato*) scanner **2** (*ecografía*) scan: *hacerse un ~* to have a scan

escaño *nm* seat ☛ *Ver págs 584–5*
escapada *nf* **1** (*fuga*) escape **2** (*viaje*) short break: *Haremos una ~ a Roma.* We're going to Rome for a short break. ◊ *una ~ de fin de semana* a weekend break **3** (*Dep*) breakaway
escapado, -a *pp, adj Ver* ESCAPAR(SE)
LOC ir escapado (*ciclista*) to have broken away from the bunch
escaparate *nm* **1** (*tienda*) shop window **2** (*fig*) showcase
LOC ir de escaparates to go window-shopping *Ver tb* DECORACIÓN, DECORADOR
escaparatista *nmf* window dresser
escapar(se) *vi, v pron* **escapar(se)** **(de)** **1** (*lograr salir*) to escape (**from *sth/sb***): *El loro (se) escapó de la jaula.* The parrot escaped from its cage. **2** (*evitar*) to escape *sth* [*vt*]: *Se exilió para escapar(se) de la justicia.* He went into exile to escape arrest. **3** (*escabullirse*) to slip away (**from *sth/sb***): *(Me) escapé de la oficina en cuanto pude.* I slipped away from the office as soon as I could.
■ **escaparse** *v pron* **1** (*gas, líquido*) to leak **2** (*involuntariamente*): *Se le escapó un taco/pedo.* He accidentally swore/farted. **3** (*secreto*): *Se me escapó que estaba embarazada.* I let (it) slip that she was pregnant. ◊ *—Te dije que no lo dijeras. —Perdona, se me escapó.* 'I told you not to say anything.' 'Sorry, it just slipped out.' **4** (*detalles, oportunidad, medio de transporte*) to miss: *No se te escapa nada.* You don't miss a thing. ◊ *Se nos escapó el último tren.* We missed the last train. ◊ *Tiene 90 años pero no se le escapa ni una.* He's 90 but he's still got all his wits about him. **5** (*punto*) to drop: *Se me ha escapado un punto.* I've dropped a stitch.
LOC dejar escapar 1 (*persona*) to let *sb* get away **2** (*ruido*) to let *sth* out: *Dejé escapar un suspiro.* I let out a sigh. ◊ *Dejó escapar una carcajada.* He burst out laughing. **3** (*oportunidad*) to let *sth* slip: *Has dejado escapar la mejor ocasión de tu vida.* You've let slip the chance of a lifetime. **escapa a mi comprensión** it's beyond me, you, etc **escaparse de las manos/de entre los dedos** to slip out of your hands/through your fingers: *El partido se les escapaba de las manos.* The game was slipping out of their hands. **se le escapa la mano**: *Se le escapa la mano con demasiada facilidad.* She's too quick to let fly at people.
escapatoria *nf* way out: *Ocultar la verdad es nuestra única ~.* Our only way out is to hide the truth.
escape *nm* **1** (*gas, líquido*) leak: *El depósito de agua tiene un ~.* The water tank has a leak. **2** (*solución, salida*) way out: *No hay otro ~.* There's no other way out. ◊ *Hay que encontrar un ~ antes de llegar a la quiebra.* A way out must be found before we go bankrupt. **LOC** *Ver* TUBO
escapulario *nm* scapular
escaquearse *v pron* **1** (*gen*) to skive: *Siempre intenta ~.* He's always skiving. **2 ~ de** to get out of *sth/doing sth*
escarabajo *nm* beetle
escaramuza *nf* **1** (*Mil*) skirmish **2** (*discusión*) brush: *Tuve una ~ con mi jefe.* I had a brush with my boss.
escarapela *nf* rosette
escarbar *vi, vt* **~ (en) 1** (*gen*) to dig (**in *sth***): *No dejes que el perro escarbe en el jardín.* Don't let the dog dig in the garden. **2** (*hurgar*) to delve **into *sth*** [*vi*]: *~ en un asunto* to delve into a matter
LOC escarbar en el pasado to rake up the past
escarceo *nm* **1** (*tanteo*) dabbling **2** (*galanteo*) fling
escarcha *nf* frost
escarchado, -a *pp, adj* **1** (*con escarcha*) frost-covered **2** (*copas*) sugar-frosted *Ver tb* ESCARCHAR **LOC** *Ver* FRUTA
escarchar *vt* (*fruta*) to crystallize
■ **escarchar** *v imp*: *Anoche escarchó.* There was a frost last night.
escarlata *adj, nf* scarlet ☛ *Ver ejemplos en* AMARILLO
escarlatina *nf* scarlet fever
escarmentado, -a *pp, adj Ver* ESCARMENTAR
LOC estar escarmentado to have learnt your lesson
escarmentar *vt* to teach *sb* a lesson
■ **escarmentar** *vi* to learn your lesson: *No escarmientas, ¿eh?* Will you never learn?
LOC escarmentar en cabeza ajena to learn from other people's mistakes
escarmiento *nm* **1** (*lección*) lesson: *Esto te servirá de ~.* Let this be a lesson to you. **2** (*castigo*) punishment
LOC dar un escarmiento to teach *sb* a lesson
escarnecedor, ~a *adj* insulting
escarnio *nm* insult
escarola *nf* (*Bot*) endive **LOC** *Ver* PELO
escarpado, -a *adj* steep
escarpia *nf* hook
escasamente *adv* (*apenas*) barely: *Acabó hace ~ dos minutos.* It finished barely two minutes ago.
escasear *vi* to be scarce: *El agua escasea por esta zona.* There is a water shortage in this area.
escasez *nf* **1** (*gen*) shortage: *~ de divisas* shortage of hard currency ◊ *~ de personal* staff shortages **2** (*pobreza*) want: *pasar/sufrir escaseces* to suffer want
escaso, -a *adj* **1(a)** (*+ sustantivo incontable*) little: *La ayuda que recibieron fue muy escasa.* They received very little help. ◊ *debido al ~ interés* due to lack of interest **(b)** (*+ sustantivo contable en plural*) few: *a ~s metros de distancia* a few metres away ◊ *Nuestros recursos son ~s.* Our resources are scarce. **2** (*apenas*): *La mesa tiene una altura de medio metro ~.* The table is barely 18 inches high. ◊ *Tiene tres años ~s.* She's only just three. **3(a)** (*calidad, visibilidad, cosecha*) poor **(b)** (*público, número, proporción*) small **(c)** (*nivel, ingresos*) low **4(a)** (*riesgo*) slight: *~ riesgo de precipitaciones* a slight risk of rain **(b)** (*posibilidad*) slim: *Tienen escasas posibilidades de ganar.* Their chances of winning are very slim. **5** (*margen*) narrow
LOC andar/estar escaso de to be short of *sth* **de escasa importancia** unimportant **de escasa población** sparsely populated **de escasa/poca consideración/gravedad 1** (*heridas*) minor **2** (*daños*) slight: *daños de escasa consideración* slight damage
escatimar *vt* to be sparing **with *sth***
LOC no escatimar dinero/esfuerzos to spare no expense/effort
escayola *nf* plaster: *Mañana me quitarán la ~.* They're going to take the plaster off tomorrow. ◊ *un busto de ~* a plaster bust
escayolado, -a *pp, adj* in plaster: *Tengo el brazo ~.* I've got my arm in plaster. *Ver tb* ESCAYOLAR
escayolar *vt* (*Med*) to put *sth* in plaster
escena *nf* **1** (*gen*) scene: *al final de la segunda ~* at the end of the second scene ◊ *la ~ literaria/política* the literary/political scene **2** (*escenario, mundo del teatro*) stage
LOC hacer una escena to make a scene **llevar a/poner en escena** to stage *sth* **salir a escena** to appear on stage *Ver tb* PUESTA
escenario *nm* **1(a)** (*teatro, auditorio*) stage **(b) ~ de** (*marco*) setting **for *sth***: *El pueblo sirvió como ~ del rodaje.* The film was set in the village. **2** (*escena*) scene: *el ~ de una encarnizada batalla* the scene of a bloody battle ◊ *el ~ del crimen* the scene of the crime **LOC** *Ver* PISAR
escénico, -a *adj* **LOC** *Ver* ARTE
escenificación *nf* **1** (*representación*) staging **2** (*adaptación*) dramatization
escenificar *vt* **1** (*representar*) to stage **2** (*adaptar*) to dramatize
escenografía *nf* **1** (*arte, técnica*) set design **2** (*decorado*) set
escenógrafo, -a *nm-nf* set designer
escepticismo *nm* scepticism
escéptico, -a *adj* sceptical (**of/about *sth***): *Se mostró ~ sobre la victoria de la oposición en las elecciones.* He was sceptical of an opposition victory in the election.

■ **escéptico, -a** *nm-nf* sceptic

escindir *vt* to split

■ **escindirse** *v pron* **1 escindirse (en)** to split up (**into** ***sth***) **2 escindirse de** to split away/off **from** ***sth***

escisión *nf* split

esclarecedor, ~a *adj* illuminating

esclarecer *vt* **1** (*explicar*) to clarify: ~ *una situación* to clarify a situation **2** (*delito*) to clear *sth* up: ~ *un asesinato* to clear up a murder

■ **esclarecer** *vi* to dawn (*formal*), to get light

LOC esclarecer la verdad to establish the truth

esclarecimiento *nm* **1** (*clarificación*) clarification **2** (*delito*) clearing up

esclavitud *nf* **1** (*gen*) slavery: *la abolición de la* ~ the abolition of slavery **2 ~ (de)** (*adicción*) addiction (**to** ***sth***): *la* ~ *del alcohol* addiction to alcohol

esclavizado, -a *pp, adj Ver* ESCLAVIZAR

LOC tener esclavizado a algn to treat sb like a slave

esclavizar *vt* **1** (*convertir en esclavo*) to enslave **2** (*en el trabajo*) to be a slave-driver: *El jefe nos esclaviza.* Our boss is a slave-driver.

esclavo, -a *adj, nm-nf* **~ (de)** slave (**to** ***sth/sb***) [*n*]: *Os tratan como a ~s.* You are treated like slaves. ◊ *ser ~ del dinero* to be a slave to money

LOC ser esclavo del tabaco, alcohol, etc to be addicted to tobacco, alcohol, etc *Ver tb* TRABAJAR

esclerosis *nf* sclerosis: ~ *múltiple* multiple sclerosis

esclusa *nf* lock

escoba *nf* **1** (*gen*) broom: *Pásame la ~.* Could you pass me the broom, please? **2** (*bruja*) broomstick

LOC estar como una escoba to be as thin as a rake *Ver tb* VENDER

escobazo *nm*: *Me dio un ~.* He hit me with the broom.

LOC echar a escobazos to throw *sb* out

escobilla *nf* **1** (*escoba pequeña*) brush **2** (*de cuarto de baño*) toilet brush

escobón *nm* **1** (*escoba grande*) broom **2** (*cepillo*) brush

escocedura *nf* sore

escocer *vi* to sting: *Esa crema no, que escuece.* Don't use that cream, it stings.

■ **escocerse** *v pron* (*piel*) to get sore

escocés, -esa *adj* Scottish ☛ *Ver nota en* SCOTTISH

■ **escocés, -esa** *nm-nf* Scotsman/woman [*pl* Scotsmen/women]: *los escoceses* the Scots

■ **escocés** *nm* (*dialecto*) Scots **LOC** *Ver* CUADRO, FALDA, WHISKY

Escocia *nf* Scotland ☛ *Ver nota e ilustración en* GREAT BRITAIN

escoger *vt, vi* to choose: *Escogió el blanco.* She chose the white one. ◊ *Escoge tú.* You choose. ◊ *Tendrás que ~ entre el rojo y el azul.* You'll have to choose between the red one and the blue one. ◊ ~ *del menú* to choose from the menu

escogido, -a *pp, adj* (*selecto*) **1** (*producto*) choice **2** (*clientela*) select *Ver tb* ESCOGER

escolar *adj* **1** (*gen*) school [*n atrib*]: *estar en edad ~* to be of school age ◊ *el comienzo de las vacaciones ~es* the start of the school holidays ◊ *El curso ~ empieza en septiembre.* The school year starts in September. **2** (*sistema*) education [*n atrib*]: *el sistema ~* the education system

■ **escolar** *nmf* schoolboy/girl

Si queremos referirnos a un escolar sin especificar si se trata de un niño o una niña, utilizamos el término genérico **schoolchild** [*pl* **schoolchildren**].

LOC *Ver* ABSENTISMO, BOLETÍN, CALENDARIO, CARTILLA, CENTRO, CERTIFICADO, EDAD, GRADUADO, JUNTA, RETRASO

escolaridad *nf* schooling: ~ *obligatoria* compulsory schooling

escolarización *nf*: *Este curso hemos llegado a la ~ del 80% de los niños.* 80% of children of school age are now attending school.

escolarizar *vt, vi* to provide *schools* (**for** ***sb***): *Quedan pocos niños sin ~.* Most children go to school.

escolástica *nf* (*tb* **escolasticismo** *nm*) scholasticism

escolástico, -a *adj* scholastic

escollera *nf* breakwater

escollo *nm* **1** (*arrecife*) reef **2** (*obstáculo*) obstacle

escolta *nf, nmf* escort: *Siempre viajan con ~.* They are always accompanied by an escort.

escoltar *vt* to escort

escombrera *nf* (*lugar*) tip

escombro *nm* rubble [*incontable*]: *reducir algo a ~s* to reduce sth to rubble

esconder *vt* to hide *sth* (**from** ***sb***): *Escondieron el explosivo en latas de conserva.* They hid the explosives in tins of food. ◊ *Esconde el regalo para que no lo vea mi madre.* Hide the present from my mother.

■ **esconderse** *v pron* **esconderse (de)** to hide (**from** ***sth/sb***): *¡Escóndete en el armario!* Hide in the wardrobe! ◊ *¿Os estáis escondiendo de mí?* Are you hiding from me? **LOC** *Ver* PIEDRA

escondidas

LOC a escondidas 1 (*en secreto*) in secret: *Fuman a ~.* They smoke in secret. **2 de** without *sb* knowing: *Lo hicieron a ~ de Juan.* They did it without Juan knowing.

escondido, -a *pp, adj* (*recóndito*) secluded *Ver tb* ESCONDER

escondite *nm* **1** (*escondrijo*) hiding place: *Los niños nos enseñaron su ~.* The children showed us their hiding place. **2** (*juego*) hide-and-seek: *jugar al ~* to play hide-and-seek

escondrijo *nm* hiding place

escoñar *vt* to wreck

■ **escoñarse** *v pron* **1** (*mecanismo*) to pack up **2** (*parte del cuerpo*) to do *sth* in: *Creo que me he escoñado la pierna.* I think I've done my leg in.

escopeta *nf* shotgun ☛ *Ver ilustración en* GUN

LOC escopeta de aire comprimido airgun **escopeta de caza 1** (*caza menor*) shotgun **2** (*caza mayor*) hunting rifle **escopeta de dos cañones** double-barrelled shotgun **escopeta recortada/de cañones recortados** sawn-off shotgun

escopetado, -a *adj*

LOC irse/salir escopetado to rush out

escopetazo *nm* **1** (*tiro, ruido*) shot: *Se oyeron varios ~s.* We heard several shots. **2** (*herida*) gunshot wound **3** (*noticia*) bombshell

escora *nf* **1** (*puntal*) shore **2** (*inclinación*) list

escorar *vt* to shore *sth* up

■ **escorar** *vi* **1** (*barco*) to list: ~ *a babor/estribor* to list to port/starboard **2** (*marea*) to reach the low-water mark

■ **escorarse** *v pron* **escorarse a/hacia 1** (*desviarse*) to go over **to ...**: *El jugador se escoró a la banda derecha.* The player went over to the right wing. **2** (*inclinarse*) to lean **towards** ***sth***: *~se a la izquierda* to lean towards the left

escorbuto *nm* scurvy

escoria *nf* **1** (*carbón, volcán*) slag **2** (*gente despreciable*) scum: *ser la ~ de la nación* to be the scum of the nation

escornarse *v pron* **~ (a/para)** to break your neck (***doing sth/to do sth***): *Casi me escuerno con esa piedra.* I almost broke my neck on that rock. ◊ *~se a trabajar* to break your neck working

escorpión *nm* (*alacrán*) scorpion

■ **escorpión** (*tb* **Escorpión**, **escorpio**, **Escorpio**) *nm, nmf* (*Astrología*) Scorpio [*pl* Scorpios] ☛ *Ver ejemplos en* AQUARIUS; *Ver ilustración en* ZODIACO

escorzo *nm* foreshortening

escotado, -a *pp, adj* low-cut: *Llevaba un jersey de cuello ~.* She was wearing a jumper with a low neckline. ◊ *Es demasiado ~.* It's too low-cut. ◊ *un vestido ~ por detrás* a dress wih a low back *Ver tb* ESCOTAR[1]

LOC ir muy escotado to be wearing a low-cut dress, blouse, etc

escotar[1] *vt* (*prenda*) to lower the neckline of *sth*: *Hay que ~lo un poco más.* The neckline needs to come down a bit more.

escotar[2] *vi* to club together (***to do sth***): *Toda la oficina escotó para comprar el regalo.* Everyone in the office clubbed together to buy the present.

escote[1] *nm* **1** (*prenda*) neckline: *¡Menudo ~!* That's some neckline! **2** (*pecho*) chest

LOC escote cuadrado/redondo square/round neck **escote en pico** V-neck **tener demasiado escote** to be too low-cut

escote[2] *nm*

LOC ir/pagar a escote 1 (*gen*) to chip in (*to do sth*): *Pagamos el regalo a ~.* We all chipped in to buy the present. **2** (*entre dos*) to go Dutch (with *sb*): *Siempre vamos a ~.* We always go Dutch.

escotilla *nf* hatch

escotillón *nm* trapdoor

escozor *nm* sting: *Esta pomada te quitará el ~.* This ointment will take away the sting.

escriba *nm* scribe

escribir *vt, vi* **1** to write: *~ un libro* to write a book ◊ *~ bien/mal* to write well/badly ◊ *Han escrito para decir que no vienen.* They've written to tell me they're not coming. **2** (*deletrear*) to spell: *No sé ~lo.* I don't know how to spell it. ◊ *Es difícil ~ "Shakespeare" correctamente.* 'Shakespeare' is a difficult name to spell correctly.

■ **escribirse** *v pron* **1** (*deletrearse*): *¿Cómo se escribe?* How do you spell it? **2 escribirse (con)** (*mantener correspondencia*): *Nos escribimos todos los meses.* We write to each other once a month. ◊ *Me gustaría ~me con un inglés.* I'd like to have an English pen friend.

LOC escribir a mano to write *sth* in longhand *Ver tb* CUATRO, MÁQUINA

escrito, -a *pp, adj* written: *instrucciones escritas* written instructions ◊ *Lo llevas ~ en la cara.* It's written all over your face. *Ver tb* ESCRIBIR

■ **escrito** *nm* **1(a)** (*carta*) letter: *el firmante del ~* the person who signed the letter **(b)** (*documento*) document **2** (*petición*) petition **3 escritos** writings

LOC escrito a mano handwritten **escrito a máquina** typewritten **estar escrito** (*fig*) to be written in the stars **poner por escrito** to put *sth* in writing *Ver tb* CONSTAR, EXPRESIÓN, GUSTO

escritor, ~a *nm-nf* writer

escritorio *nm* **1** (*mesa*) desk **2** (*buró*) bureau [*pl* bureaux/bureaus] **LOC** *Ver* ARTÍCULO

escritura *nf* **1** (*gen*) writing: *lectura y ~* reading and writing **2** (*caligrafía*) handwriting **3** (*documento*) document **4 Escritura(s)** Scripture: *las Sagradas Escrituras* the Holy Scriptures

LOC escritura de venta bill of sale **escritura(s) de propiedad** title-deed(s)

escriturar *vt* to register

escroto *nm* scrotum [*pl* scrotums/scrota] ☛ *Ver ilustración en* REPRODUCTOR

escrúpulo *nm* **1** (*moral*) scruple: *Estos no tienen ningún ~.* These people have no scruples. **2** (*repugnancia*): *Déjame tu vaso, no tengo ~s.* I'll use your glass, I'm not fussy.

LOC escrúpulos de conciencia qualms **sin escrúpulos** unscrupulous: *una persona sin ~s* an unscrupulous person

escrupuloso, -a *adj* **1** (*honrado*) scrupulous **2** (*aprensivo*) fussy **3** (*meticuloso*) meticulous

escrutar *vt* **1** (*documento, persona*) to scrutinize **2** (*votos*) to count **3** (*horizonte*) to scan

escrutinio *nm* **1** (*inspección*) scrutiny: *Están haciendo un ~ de sus cuentas bancarias.* His bank accounts are under scrutiny. **2** (*recuento*) count

escuadra *nf* **1** (*regla*) **(a)** (*dibujo*) set square **(b)** (*carpintería*) try-square **2** (*pieza*) angle-iron **3** (*portería*): *El balón entró por la ~.* The ball went into the net. ◊ *la ~ izquierda de la portería* the top left-hand corner of the net **4** (*Mil*) squad **5** (*flota*) squadron

escuadrilla *nf* **1** (*Náut*) flotilla **2** (*Aeronáut*) squadron

escuadrón *nm* squadron

LOC escuadrón de la muerte death squad

escuálido, -a *adj* **1** (*persona, animal*) skinny ☛ *Ver nota en* DELGADO **2** (*planta*) puny

escucha *nf* listening: *Adelante, estamos a la ~.* Go ahead!

■ **escucha** *nm* (*centinela*) scout

LOC escucha telefónica telephone tapping

escuchar *vt* to listen **to** ***sth/sb*** [*vi*]: *Me gusta ~ la radio por la mañana.* I like to listen to the radio in the morning. ◊ *Si me hubieses escuchado…* If you'd listened to me…

■ **escuchar** *vi* to listen: *¡Es que no escuchas!* You just don't listen!

■ **escucharse** *v pron*: *¡Cómo le gusta ~se!* He really likes the sound of his own voice!

escuchimizado, -a *adj* skinny ☛ *Ver nota en* DELGADO

LOC estar escuchimizado to be (all) skin and bone

escudarse *v pron* **~ en**: *Se escudan en que no tienen dinero.* They say they haven't got any money but that's just an excuse.

escudería *nf* team [*v sing o pl*] ☛ *Ver nota en* EQUIPO

escudero *nm* squire

escudilla *nf* bowl

escudo *nm* **1** (*gen*) shield: *un ~ protector* a protective shield **2** (*nación, familia*) coat of arms: *el ~ nacional* the national coat of arms **3** (*insignia*) emblem **4** (*moneda*) escudo [*pl* escudos]

LOC escudo de armas coat of arms

escudriñar *vt* **1** (*gen*) to scrutinize: *El comité escudriñó los documentos.* The committee scrutinized the documents. **2** (*horizonte*) to scan **3** (*lugar*) to scour

escuela *nf* **1** (*gen*) school: *ir a la ~* to go to school ◊ *la ~ impresionista* the Impressionist school ◊ *la ~ Superior de Arquitectura* the School of Architecture ◊ *No tuvo otra ~ que la vida misma.* He was educated in the school of life. ☛ *Ver nota en* THE **2** (*academia*) college: *una ~ militar/de policía* a military/police college **3** (*entrenamiento*) training: *Tienes buenas aptitudes pero necesitas ~.* You have ability but you need training.

LOC Escuela de Magisterio teacher training college **escuela estatal/pública** state school **escuela naval** naval academy **escuela infantil/primaria** nursery/primary school **escuela privada** independent school

> En Gran Bretaña hay escuelas estatales o públicas, **state schools**, y escuelas privadas, **independent schools**. Dentro de este segundo grupo están los llamados **public schools**, un tipo de colegios privados muy tradicionales y conocidos, como por ejemplo Eton y Harrow. A los centros públicos de enseñanza secundaria se les llama **comprehensive schools**.

Ver tb BARCO, CREAR, GRANJA, MAESTRO

escueto, -a *adj* **1** (*conciso*) succinct: *Sus declaraciones fueron muy escuetas.* Her statements were very much to the point. **2** (*sencillo*) plain

esculpir *vt, vi* **1** (*gen*) to sculpt: *~ (un busto) a cincel* to sculpt (a bust) with a chisel ◊ *Me gustaría ~ en piedra/mármol.* I'd like to sculpt in stone/marble. **2** (*madera*) to carve: *Ha esculpido varias figuras en madera.* She has carved several figures in wood.

escultor, ~a *nm-nf* sculptor [*fem* sculptress]

escultórico, -a *adj* sculptural

escultura *nf* sculpture

escultural *adj* **1** (*relativo a la escultura*) sculptural **2** (*bello y perfecto*) statuesque: *Tiene un cuerpo ~.* She has a statuesque figure.

escupidera *nf* spittoon

escupir *vi* to spit: *¡Qué asco me da que la gente escupa por la calle!* It's disgusting to spit in the street.

■ **escupir** *vt* **1** (*gen*) to spit *sth* (out): *Escupió la espina que se había tragado.* He spat out the bone he'd swallowed. **2** (*sangre*) to spit

■ **escupir** *vt, vi* (*desahogarse*) to spit *sth* out [*vt*]: *Sé que te pasa algo, así es que escupe/escúpelo de una vez.* I know there's something the matter, so why not spit it out?

LOC escupir a la cara to spit in *sb's* face

escupitajo *nm* spit [*incontable*]: *El suelo está lleno de ~s.* The floor is covered in spit. ◊ *Me echó un ~.* He spat at me.

escurrecubiertos *nm* drainer

escurreplatos *nm* plate rack ☛ *Ver ilustración en* RACK

escurridero *nm* draining board

escurridizo, -a *adj* **1** (*lit*) slippery **2** (*fig*) **(a)** (*difícil*) awkward: *un asunto/problema ~* an awkward matter/problem **(b)** (*evasivo*) evasive: *contestaciones escurridizas* evasive answers **(c)** (*difícil de agarrar*) elusive: *un jugador hábil y ~* a skilful and elusive player

LOC **hacerse el escurridizo** to slip away

escurrido, -a *pp, adj Ver* ESCURRIR

LOC **ser escurrido de caderas** to be narrow-hipped

escurridor *nm* (*tb* **escurridora** *nf*) **1** (*platos*) plate rack ☛ *Ver ilustración en* RACK **2** (*verduras*) colander

escurrir *vt* **1** (*ropa*) to wring *sth* (out): *Escurre bien los calcetines.* Wring out the socks well. **2** (*platos, verduras, legumbres*) to drain

■ **escurrir** *vi* **1** (*gen*) to drain: *Pon los platos a ~.* Leave the dishes to drain. **2** (*ropa*) to drip: *Deja el impermeable que escurra ahí afuera.* Leave your raincoat out there to drip.

■ **escurrirse** *v pron* **1** (*gen*) to slip (***from/through sth***): *Se escurrió y se cayó por las escaleras.* He slipped and fell down the stairs. ◊ *El jabón se le escurría de entre las manos.* The soap slipped through her fingers. **2** (*escabullirse*) to slip (away): *El ladrón se escurrió entre la muchedumbre.* The thief slipped (away) through the crowd.

LOC **escurrir el bulto** to dodge the issue

esdrújulo, -a *adj* stressed on the antepenultimate syllable: *Las palabras esdrújulas siempre llevan tilde.* Words stressed on the antepenultimate syllable always carry an accent.

ese *nf*

LOC **en ese/haciendo una ese**: *una curva en ~* an S-bend **hacer eses** **1** (*gen*) to zigzag: *El coche iba haciendo ~s por la carretera.* The car zigzagged along the road. **2** (*persona*) to stagger

ese, -a *adj* that [*pl* those]: *a partir de ~ momento* from that moment on ◊ *esa misma noche* that same night ◊ *Estoy harta de las mocosas esas.* I've had it up to here with those kids.

ese, -a *pron* **1** (*cosa*) that one [*pl* those]: *Ese no lo quiero.* I don't want that one. ◊ *Esa fue su única recomendación.* That was his only recommendation. ◊ *Me llevo esos.* I'll take those. ☛ *Ver nota en* ONE[1] *n* **2** (*persona*): *Ese no sabe distinguir.* He can't tell the difference. ◊ *¡Ha sido esa!* It was her! ◊ *Esos vienen todos los veranos.* They come every summer.

esencia *nf* (*gen*) essence: *~ de vainilla* vanilla essence ◊ *la ~ misma de la democracia* the very essence of democracy

LOC **en esencia** in essence

esencial *adj* **1 ~ (para)** (*gen*) essential (**to**/**for** ***sth***): *la cuestión ~* the essential question ◊ *Es ~ para la salud del paciente.* It's essential for the patient's health. ◊ *Es ~ que vengas.* You just have to come. **2** (*principal*) main: *el motivo ~ de su gira europea* the main reason for her European tour

LOC **lo esencial** the most important thing

esfera *nf* **1** (*gen*) sphere: *el centro de una ~* the centre of a sphere ◊ *Es un personaje reconocido en muy variadas ~s.* He's well known in very different spheres. **2** (*reloj*) face

LOC **esfera terrestre** globe *Ver tb* ALTO *adj*

esférico, -a *adj* spherical

■ **esférico** *nm* ball

esferoide *nm* spheroid

esfinge *nf* sphinx

esfínter *nm* sphincter

esforzarse *v pron* **~ (por/en/para)** to try (hard) (***to do sth***): *Nos esforzamos por satisfacer al cliente.* We try hard to satisfy our customers. ◊ *Se esforzó mucho para aprobar el examen.* She did her very best to pass the exam.

esfuerzo *nm* **1** (*gen*) effort: *Tuve que hacer un verdadero ~ para no gritarle.* I had to make a real effort not to shout at him. ◊ *El médico me ha prohibido hacer ~s.* The doctor has told me not to overdo it. **2** (*intento*) attempt (***at sth/doing sth/to do sth***): *en un último ~ por evitar el desastre* in a final attempt to avoid disaster

LOC **sin esfuerzo** effortlessly *Ver tb* AHORRAR, ESCATIMAR, LEY, RECOGER, REGATEAR

esfumarse *v pron* **1** (*de repente*) to vanish: *Cuando miré se había esfumado.* When I looked round she had vanished. **2** (*poco a poco*) to fade away

LOC **¡esfúmate!** get lost!

esgrima *nf* (*Dep*) fencing

esgrimir *vt* **1** (*arma*) to wield **2 ~ que** to maintain: *Esgrimieron que carecía de pasaporte.* They maintained he didn't have a passport. **3** (*argumento, razón*) to use: *los argumentos que esgrime el político* the arguments used by the politician

esguince *nm* sprain: *un ~ de muñeca* a sprained wrist ◊ *Tengo un ~ de tobillo.* I've sprained my ankle.

eslabón *nm* (*lit* y *fig*) link

eslalon *nm* slalom

eslavo, -a *adj* Slavic, Slavonic

■ **eslavo, -a** *nm-nf* Slav

eslip *nm Ver* SLIP

eslogan *nm* slogan

eslora *nf* length: *de apenas cinco metros de ~* barely five metres long

eslovaco, -a *adj, nm-nf* Slovak

Eslovaquia *nf* Slovakia

Eslovenia *nf* Slovenia

esloveno, -a *adj, nm-nf* Slovene

esmaltado *nm* **1** (*arte, proceso*) enamelling **2** (*adorno*) enamelwork

esmaltar *vt* to enamel

esmalte *nm* enamel: *Estropea el ~ de los dientes.* It destroys tooth enamel.

LOC **esmalte de uñas** nail varnish

esmerado, -a *pp, adj* **1** (*cuidado, trabajado*) neat: *un dibujo ~* a neat drawing ◊ *escritura esmerada* neat handwriting **2 ~ (con/en)** (*persona*) careful (**about/with** ***sth***): *Es un chico muy ~ con su ropa.* He's very careful with his clothes. ◊ *Son bastante ~s en el trabajo.* They are conscientious about their work. *Ver tb* ESMERARSE

esmeralda *nf* emerald: *un collar de ~s* an emerald necklace

esmerarse *v pron* **~ (en/por)** to try (very) hard (***to do sth***): *Se esmera por ser siempre el primero de la clase.* He always tries very hard to be top of the class. ◊ *Esmérate un poco más.* Try a bit harder.

esmero *nm* care

LOC **con esmero** (very) carefully **poner esmero** to take great care (*over sth/to do sth*)

esmirriado, -a *adj* **1** (*gen*) puny: *una planta esmirriada* a puny plant **2** (*persona*) skinny: *Estas chicas están demasiado esmirriadas.* These girls are too skinny. ☛ *Ver nota en* DELGADO

esmoquin *nm* dinner jacket

esnifada *nf* **1** (*de pegamento*) sniff **2** (*de cocaína*) snort

esnifar *vt* **1** (*gen*) to sniff: *Les pillaron esnifando pegamento.* They were caught sniffing glue. **2** (*cocaína*) to snort

esnob *adj* snobbish

■ **esnob** *nmf* snob

esnobismo *nm* snobbery

ESO *nf, abrev de* **Educación Secundaria Obligatoria** *Ver* EDUCACIÓN

eso *pron* that: *Y ~ fue todo.* And that was all. ◊ *~ es lo que importa.* That is what matters. ◊ *¿~ qué es?* What's that? ◊ *~ es.* That's it.

LOC **¡de eso nada!** certainly not! **eso de...** that business of...: *~ de la enfermedad es un cuento.* That business about being ill is pure invention. **eso de que**: *No es cierto ~ de que los ingleses sean flemáticos.* It's not true that English people are unemotional. ◊ *¿Es normal ~ de que la novia pague la boda?* Is it usual for the bride to pay for her own wedding? **¡eso, eso!** exactly!

esófago *nm* oesophagus [*pl* oesophaguses/oesophagi] ☛ *Ver ilustración en* DIGESTIVE, THROAT

esotérico, -a *adj* esoteric

espabilado, -a *pp, adj* bright *Ver tb* ESPABILAR
■ **espabilado, -a** *nm-nf* clever dick: *Ahora te pones al final de la cola, por ~.* Go to the end, clever dick.
LOC estar espabilado to be wide awake

espabilar *vt* **1** (*gen*) to wake *sb* up: *Tomar un poco de aire fresco nos espabiló.* The fresh air woke us up. ◊ *Vivir sola te espabilará.* Living alone will make you wake up your ideas. **2** (*quitar el sueño*) to keep *sb* awake: *El té nos espabiló.* The tea kept us awake.
■ **espabilar** *vi* **1** (*gen*) to buck your ideas up: *¡A ver si espabilas de una vez!* It's about time you bucked your ideas up! **2** (*apresurarse*) to get a move on: *Espabila o perderás el tren.* Get a move on or you'll miss the train.
■ **espabilarse** *v pron* to wake up: *Antes tenía sueño, pero ya me he espabilado.* I was tired but I've woken up now.

espachurrar *vt* to squash: *¡Me estás espachurrando!* You're squashing me!
■ **espachurrarse** *v pron* to get squashed

espaciado *nm* spacing

espaciador *nm* space bar

espacial *adj* **1** (*gen*) space [*n atrib*]: *una misión ~* a space mission **2** (*Geom*) spatial
LOC *Ver* AERONAVE, BASE, ERA[2], PLATAFORMA, SONDA, TRAJE, TRANSBORDADOR, VEHÍCULO, VUELO

espaciar *vt* to space *sth* out: *Espacia los distintos párrafos.* Space out the paragraphs. ◊ *~ las tomas de un bebé* to space out a baby's feeds

espacio *nm* **1** (*gen*) space: *viajar por el ~* to travel through space ◊ *El "do" se coloca en el tercer ~.* C is in the third space of the stave. **2** (*sitio*) room: *En mi maleta hay ~ para tu jersey.* There is room for your jumper in my suitcase. **3** (*área*) area: *~s verdes y urbanizados* green spaces and residential areas **4** (*Radio, TV*) programme
LOC a un espacio single spacing: *Escríbelo a un ~.* Type it in single spacing **espacio aéreo** airspace **espacio informativo** newscast **espacio vital** living space **por espacio de dos horas, etc** for two hours, etc *Ver tb* DOBLE, ODISEA

espacioso, -a *adj* spacious

espada *nf* **1** (*arma*) sword ☛ *Ver ilustración en* SWORD **2 espadas** (*Naipes*) ☛ *Ver nota en* BARAJA
■ **espada** *nm* matador
LOC espada de Damocles sword of Damocles **estar entre la espada y la pared** to be between the devil and the deep blue sea **ser un buen/primer espada 1** to be an authority *on sth* **2** leading bullfighter *Ver tb* COMEDIA, DEFENDER, PEZ

espadachín *nm* expert swordsman

espagueti *nm* spaghetti [*incontable*]: *Me encantan los ~s.* I love spaghetti.
LOC estar hecho un espagueti to be as thin as a rake

espalda *nf* **1** (*gen*) back: *Me duele un poco la ~.* My back hurts a bit. ◊ *Me dio unas palmadas en la ~.* He patted me on the back. ◊ *Recibió un disparo en la ~.* He was shot in the back. **2** (*natación*) backstroke: *100 metros ~* 100 metres backstroke
LOC caerse de espaldas to fall backwards **cubrirse/guardarse las espaldas** to look out for yourself **dar/volver la espalda** to turn your back *on sth/sb* **de espaldas**: *Ponte de ~s a la pared.* Stand with your back to the wall. ◊ *No la vi porque estaba de ~s.* I didn't see her because she had her back to me. ◊ *ver a algn de ~s* to see sb from behind **donde la espalda pierde su nombre** where the sun never shines **echarse algo a la(s) espalda(s)** (*despreocuparse*): *Tú te lo echas todo a la ~ y a correr.* It's like water off a duck's back. **hacer algo a espaldas de algn** to do sth behind sb's back **por la espalda** from behind: *La bala le alcanzó por la ~.* The bullet got him from behind. **tener buenas espaldas/las espaldas muy anchas** to have broad shoulders **tener las espaldas (bien) cubiertas/guardadas** to have friends in high places **tirar de espaldas** (*apestar*) to stink to high heaven: *Esa colonia tira de ~s.* That perfume stinks to high heaven. *Ver tb* CABALGAR, CARA, CARGADO, DOLOR, ESTILO, NADAR, PECHO, POLVO

espaldarazo *nm* accolade: *El premio supuso el ~ definitivo para el artista.* The prize was the ultimate accolade for the artist. ◊ *Los críticos aún no le han dado el ~.* The critics have yet to accept him.

espaldera *nf* **1** (*enrejado*) trellis ☛ *Ver ilustración en* HOUSE **2 espalderas** wall bars

espaldilla *nf* **1** (*omoplato*) shoulder blade ☛ *Ver ilustración en* ESQUELETO **2** (*animal*) shoulder

espantada *nf* stampede: *El lobo provocó la ~ de las ovejas.* The wolf caused the sheep to panic.
LOC dar/pegar la espantada (*persona*) **1** (*huir*) to take to your heels **2** (*asustarse*) to get cold feet

espantado, -a *pp, adj* appalled: *Se quedó ~ al verlo.* He was appalled when he saw it. *Ver tb* ESPANTAR

espantajo *nm* **1** (*espantapájaros*) scarecrow **2** (*persona*) sight

espantapájaros *nm* scarecrow

espantar *vt* **1** (*asustar*) to terrify **2** (*ahuyentar*) to drive *sth/sb* away: *El caballo espantaba las moscas con la cola.* The horse was swishing its tail to drive away the flies. **3** (*sentimiento*) to banish: *~ los malos recuerdos* to banish unhappy memories
■ **espantar** *vi* **1** (*detestar*) to hate *sth/doing sth* [*vt*]: *Me espanta viajar sola.* I hate travelling alone. ◊ *Me espanta esa camisa que llevas.* What a terrible shirt you're wearing. **2** (*horrorizar*) to appal *sb* [*vt*]: *Nos espantaron las condiciones del hospital.* We were appalled by conditions at the hospital.

espanto *nm* **1** (*miedo*) fear: *un estremecimiento de ~* a shiver of fear **2** (*consternación*) dismay: *Escuché la noticia con ~.* I listened to the news in dismay.
LOC de espanto 1 (*mucho*) terrible: *Hace un calor de ~.* It's terribly hot. **2** (*horrible*) appalling: *La situación era de ~.* It was an appalling situation. **para espanto de algn** to sb's horror **¡qué espanto!** how awful! **¡qué espanto de...!** what an awful...! *Ver tb* CURADO

espantosamente *adv* (*muy*) very: *Te está ~ grande.* It's very big on you.

espantoso, -a *adj* **1** (*horroroso*) dreadful: *Ha tenido una vida espantosa.* He has had a dreadful life. **2** (*enorme*): *Los chavales tenían un hambre espantosa.* The kids were starving. ◊ *Me entraron unas ganas espantosas de llorar.* I felt an overwhelming desire to cry.

España *nf* Spain

español, ~a *adj* Spanish
■ **español, ~a** *nm-nf* Spaniard: *los ~es* the Spanish
■ **español** *nm* (*idioma*) Spanish: *hablar ~* to speak Spanish **LOC** *Ver* ALTO *adj*, RED

esparadrapo *nm* plaster

esparcido, -a *pp, adj* (*difundido*) widespread: *una creencia muy esparcida* a widespread belief *Ver tb* ESPARCIR

esparcimiento *nm* **1** (*pasatiempo*) hobby **2** (*descanso*) relaxation: *Pasamos unas horas de ~ en la playa.* We spent some time relaxing on the beach.
LOC lugar/zona de esparcimiento leisure area

esparcir *vt* **1** (*gen*) to scatter: *Deja de ~ los papeles por el suelo.* Stop scattering those bits of paper around. **2** (*difundir*) to spread
■ **esparcirse** *v pron* **1** (*divulgarse*) to spread **2** (*distraerse*) to enjoy yourself **3** (*relajarse*) to relax

espárrago *nm* (*Bot*) asparagus [*incontable*]: *De primero me tomé una sopa de ~s.* I had asparagus soup to start with.
LOC espárragos trigueros green/wild asparagus [*incontable*]: *De primero pedí unos ~s trigueros.* I asked

for green asparagus to start with. **estar hecho un espárrago** to be as thin as a rake *Ver tb* FREÍR

esparto *nm*

LOC alpargatas/zapatillas de esparto espadrilles

espasmo *nm* spasm

espatarrarse *v pron* to sprawl

espátula *nf* spatula ☛ *Ver ilustración en* UTENSIL

especia *nf* spice

especial *adj* **1** (*gen*) special: *nada ~* nothing special ◊ *Es una ocasión muy ~.* It's a special occasion. **2** (*persona*) **(a)** (*raro*) strange: *Es un niño bastante ~.* He's a rather strange boy. **(b) ~ (con)** (*remilgado*) fussy (**about** *sth*): *Es muy ~ para la comida.* He's very fussy about his food. **3** (*sabor, color, olor*) distinctive

LOC en especial 1 (*gen*) especially: *Estaban registrando todos los vehículos, en ~ los camiones.* They were searching all vehicles, especially lorries. **2** (*en concreto*) in particular: *Sospecho de uno de ellos en ~.* I suspect one of them in particular. *Ver tb* EDUCACIÓN, EFECTO

especialidad *nf* speciality

especialista *adj* specialist [*n atrib*]

■ **especialista** *nmf* **1** (*gen*) specialist (**in sth**): *un ~ en informática* a computer specialist ◊ *un ~ del corazón* a heart specialist **2** (*Cine*) stuntman/woman [*pl* stuntmen/women]

especialización *nf* specialization

especializado, -a *pp, adj* **1** (*para especialistas*) specialist [*n atrib*]: *revistas especializadas* specialist magazines **2 ~ en** specializing **in** *sth*: *Es una agencia especializada en viajes para jóvenes.* It's an agency specializing in holidays for young people. *Ver tb* ESPECIALIZARSE

especializarse *v pron* to specialize

especialmente *adv* **1** (*sobre todo*) especially: *Me encantan los animales, ~ los gatos.* I love animals, especially cats. **2** (*expresamente*) specially: *~ diseñado para minusválidos* specially designed for disabled people **3** (*en particular*) particularly; especially: *Estoy ~ preocupada por el abuelo.* I'm particularly/especially concerned about grandfather. ◊ *No es un hombre ~ corpulento.* He's not a particularly fat man. ☛ *Ver nota en* ESPECIALLY

especie *nf* **1** (*Biol*) species [*pl* species] **2** (*clase*) kind: *Todos son de la misma ~.* They are all the same kind. ◊ *Es una ~ de jarra.* It's a kind of jug.

LOC en especie(s) in kind *Ver tb* PAGAR

especiero *nm* spice rack

especificación *nf* specification

especificar *vt* to specify

específico, -a *adj* specific **LOC** *Ver* PESO

espécimen *nm* specimen

espectacular *adj* spectacular

espectacularidad *nf*: *Las imágenes fueron de gran ~.* The pictures were very spectacular.

espectáculo *nm* **1** (*gen*) spectacle: *Fue un ~ impresionante.* It was an impressive spectacle. **2** (*función*) show

LOC dar/montar un espectáculo (*llamar la atención*) to make a scene **espectáculo musical** musical *Ver tb* GUÍA, MUNDO

espectador, ~a *nm-nf* **1** (*Mús, Teat*) member of the audience: *Los ~es aplaudieron la actuación del cantante.* The audience applauded the singer. **2** (*Dep*) spectator: *Hubo 10.000 ~es.* There were 10 000 spectators.

espectral *adj* ghostly

espectro *nm* **1** (*fantasma*) spectre **2** (*Fís, gama*) spectrum [*pl* spectra]: *el ~ político* the political spectrum

LOC *Ver* AMPLIO

especulación *nf* speculation: *~ inmobiliaria* property speculation

especulador, ~a *nm-nf* speculator

especular *vi* **1 ~ (sobre)** to speculate (***about sth/sb***) **2** (*Com*) **~ (con)** to speculate (***in sth***)

especulativo, -a *adj* speculative

espejismo *nm* mirage

espejo *nm* mirror: *mirarse en el ~* to look at yourself in the mirror

LOC espejo de cuerpo entero full-length mirror **espejo de mano** hand mirror **espejo retrovisor** rear-view mirror ☛ *Ver ilustración en* CAR

espeleología *nf* potholing

espeleólogo, -a *nm-nf* potholer

espeluznante *adj* hair-raising

espeluznar *vt* to horrify

espera *nf* wait: *La ~ ha merecido la pena.* It was worth the wait.

LOC estar a la/en espera de to be waiting for *sth*: *Está a la ~ de una oportunidad.* He's waiting for an opportunity. ◊ *Quedo en ~ de sus noticias.* Looking forward to hearing from you. *Ver tb* COMPÁS, ENTRETENER, LISTA, SALA

esperanto *nm* Esperanto

esperanza *nf* hope: *Te telefoneó con la ~ de que la ayudaras.* She phoned you in the hope that you'd help her. ◊ *Tiene grandes ~s en el éxito de la serie.* He's very hopeful that the series will be successful. ◊ *Los médicos no nos han dado muchas ~s.* The doctors haven't given us much hope.

LOC esperanza de vida life expectancy **perder la esperanza** to lose hope (*of sth/doing sth*) **tener la esperanza puesta en** to pin your hopes on *sth/sb Ver tb* ABRIGAR, CONCEBIR, ESTADO, FORJAR, RESQUICIO, TELÉFONO

esperanzado, -a *pp, adj* hopeful *Ver tb* ESPERANZAR

esperanzador, ~a *adj* encouraging

esperanzar *vt* to encourage: *Los buenos resultados la esperanzaron.* She was encouraged by the good results.

■ **esperanzarse** *v pron* to be hopeful: *No os esperancéis demasiado.* Don't be too hopeful.

esperar *vt* to wait, to expect, to hope

> Los tres verbos **to wait**, **to expect** y **to hope** significan *esperar*, pero no deben confundirse:
> **To wait** indica que una persona espera, sin hacer otra cosa, a que alguien llegue o a que algo suceda por fin: *Esperadme, por favor.* Wait for me, please. ◊ *Estoy esperando al autobús.* I'm waiting for the bus. ◊ *Estamos esperando a que deje de llover.* We are waiting for the rain to stop.
> **To expect** se utiliza cuando lo esperado es lógico y muy probable: *Había más tráfico de lo que yo esperaba.* There was more traffic than I expected. ◊ *Esperaba carta suya ayer, pero no la recibí.* I was expecting a letter from him yesterday, but I didn't receive one.
> Si una mujer está embarazada, también se dice **to expect**: *Está esperando un bebé.* She's expecting a baby.
> **To hope** expresa el deseo de que algo suceda o haya sucedido: *Espero volver a verte pronto.* I hope to see you again soon. ◊ *Espero que sí/no.* I hope so/not.

LOC como era de esperar as was to be expected **es de esperar que...** it's to be hoped that... **esperar con (mucha) ilusión** to look forward to *sth*: *Esperaban el gran día con ilusión* They were looking forward to the great day **poder esperar sentado** to be in for a long wait: *Si crees que se va a ofrecer a ayudarte, puedes ~ sentado.* If you think he's going to offer to help, I'm afraid you're in for a long wait. *Ver tb* AQUÍ, CUANDO

esperma *nm o nf* sperm

espermatozoide (*tb* **espermatozoo**) *nm* spermatozoid

espermicida *nm* spermicide

esperpéntico, -a *adj* **1** (*grotesco*) grotesque **2** (*absurdo*) absurd

esperpento *nm* **1** (*Liter*) theatre of the grotesque, created by Valle-Inclán **2** (*adefesio*) sight: *Está hecho un ~.* He looks a sight. ◊ *Sus esculturas son unos ~s horrorosos.* His sculptures are grotesque.

espesar *vt* to thicken

■ **espesarse** *v pron* **1** (*líquido*) to thicken **2** (*bosque*) to get denser

espeso, -a *adj* **1** (*gen*) thick: *La salsa está muy espesa.*

This sauce is very thick. **2** (*denso*) dense: *una espesa cortina de humo* a dense cloud of smoke
espesor *nm* thickness
LOC tener un espesor de dos centímetros, etc to be two centimetres, etc thick: *El muro tiene un ~ de 20 cm.* The wall is 20 cm thick.
espesura *nf*: *Se perdieron en la ~ del bosque.* They got lost in the depths of the wood.
espetar *vt* to let *sth* out: *Espetó una retahíla de maldiciones.* He let out a string of insults.
espía *nmf* spy
espiar *vt, vi* to spy (**on** *sb*) [*vi*]: *Nos espían desde hace años.* They've been spying on us for years. ◊ *¡Deja ya de ~!* Stop spying!
espichar *vi*
LOC espicharla to kick the bucket: *La espichó el mes pasado.* He kicked the bucket last month.
espiga *nf* **1** (*cereal*) ear **2** (*flor*) spike
LOC de espiga herringbone: *un chaquetón de ~* a herringbone jacket ☛ *Ver ilustración en* PATTERN
espigado, -a *pp, adj* tall and slim
espigón *nm* **1** (*rompeolas, dique*) breakwater **2** (*herramienta, clavo*) point
espín LOC *Ver* PUERCO
espina *nf* **1** (*Bot*) **(a)** (*gen*) thorn: *las ~s de una rosa* a rose's thorns ☛ *Ver ilustración en* FLOR **(b)** (*cactus*) spine **2** (*pez*) bone **3** (*preocupación*) nagging worry: *Es como una ~ para ellos.* It's a continual nagging worry to them.
LOC dar mala espina to make *sb* (feel) uneasy: *Ese asunto me da mala ~.* It makes me uneasy. **espina bífida** spina bifida **espina dorsal** spine ☛ *Ver ilustración en* ESQUELETO **sacarse una/la espina 1** (*juego, competición*) to get even (with sb): *Me saqué la ~ al ganar el partido.* I got even with him by winning the match. **2** (*desahogarse*) to get something off your chest: *Te has sacado la ~ diciéndole lo que piensas.* You've got it off your chest now.
espinaca *nf* spinach [*incontable*]: *Me encantan las ~s.* I love spinach.
espinal *adj* spinal: *médula ~* spinal cord
espinazo *nm* spine
LOC romperse/partirse el espinazo 1 (*lit*) to break your back **2** (*fig*) to work yourself into the ground *Ver tb* DOBLAR
espineta *nf* spinet
espinilla *nf* **1** (*pierna*) shin **2** (*grano*) blackhead
espinillera *nf* shinpad
espino *nm* hawthorn **LOC** *Ver* ALAMBRE
espinoso, -a *adj* **1** (*gen*) thorny: *un tema ~* a thorny subject **2** (*cactus*) prickly
espionaje *nm* spying, espionage (*formal*): *~ industrial* industrial espionage ◊ *una novela de ~* a spy novel
espiral *adj* spiral
■ **espiral** *nf* **1** (*gen*) spiral: *una ~ de violencia* a spiral of violence **2** (*Med*) intra-uterine device (*formal*), coil
LOC ascender/elevarse en espiral to spiral upwards: *El humo ascendía en ~.* Smoke was spiralling upwards.
espirar *vi* to breathe out
espiritismo *nm* spiritualism
LOC hacer espiritismo to attend a séance *Ver tb* SESIÓN
espiritista *nmf* spiritualist
espíritu *nm* **1** (*gen*) spirit: *un ~ rebelde* a rebellious spirit **2** (*alma*) soul
LOC espíritu de equipo/grupo team spirit **espíritu maligno** evil spirit **Espíritu Santo** Holy Spirit **ser el espíritu de la contradicción**: *¡Eres el ~ de la contradicción!* You always have to be different! *Ver tb* DISTENSIÓN, EXHALAR, OBRA, POBRE
espiritual *adj* spiritual: *valores ~es* spiritual values
LOC *Ver* EJERCICIO, GUÍA, SALUD
espiritualidad *nf* spirituality
espiritualismo *nm* spiritualism
espita *nf* tap: *Cierra la ~ de la bombona de gas.* Turn off the gas.
espitoso, -a *adj, nm-nf*
LOC estar espitoso to be hyped up **ser un espitoso** to be hyperactive
espléndido, -a *adj* **1** (*magnífico*) splendid: *una cena espléndida* a splendid dinner **2** (*generoso*) generous: *Eres muy ~ con las cosas de los demás.* You're very generous with other people's things.
esplendor *nm* splendour
LOC en todo su esplendor in all his, her, etc glory *Ver tb* ÉPOCA
esplendoroso, -a *adj* magnificent
espliego *nm* lavender
espolear *vt* **1** (*animal*) to spur **2** (*impulsar*) to spur *sb* on: *La necesidad les espolea para trabajar duro.* They're spurred on by necessity.
espoleta *nf* fuse
espolón *nm* **1** (*ave, montaña*) spur **2** (*mar*) breakwater
LOC tener más espolones que un gallo to be as old as the hills: *Tu jefe tiene más espolones que un gallo.* Your boss is as old as the hills.
espolvorear *vt* to sprinkle *sth* (**with** *sth*): *Espolvoree un poco de azúcar sobre el bizcocho.* Sprinkle the cake with sugar.
esponja *nf* sponge
LOC esponja de baño bath sponge **ser una esponja/beber como una esponja** to drink like a fish
esponjosidad *nf* **1** (*pastel*) lightness **2** (*lana, pan*) softness
esponjoso, -a *adj* **1** (*pastel*) light **2** (*lana, pan*) soft
espontaneidad *nf* spontaneity: *con ~* spontaneously
espontáneo, -a *adj* spontaneous
esporádicamente *adv* sporadically
esporádico, -a *adj* sporadic: *luchas esporádicas* sporadic fighting ◊ *Realizan visitas esporádicas a Inglaterra.* They visit England from time to time.
esposar *vt* to handcuff
esposas *nf* handcuffs
LOC ponerle (las) esposas a algn to handcuff sb
esposo, -a *nm-nf* husband [*fem* wife, *pl* wives]
LOC los esposos the couple [*v sing o pl*]: *Los ~s sonríen felices en la fotografía.* The couple are smiling happily in the photograph. *Ver tb* MALTRATADO
esprintar *vi Ver* SPRINTAR
espuela *nf* **1** (*caballo*) spur **2** (*última copa*) one for the road: *Vamos a tomar la ~.* Let's have one for the road.
espuerta *nf* basket
LOC a espuertas: *ganar dinero a ~s* to earn pots of money
espulgar *vt* to delouse
espuma *nf* **1** (*gen*) foam: *~ de afeitar* shaving foam ◊ *un colchón de ~* a foam mattress **2** (*cerveza*) froth **3** (*jabón, champú*) lather **4** (*pelo*) (styling) mousse **5** (*impurezas*) scum
LOC echar espuma (por la boca) to foam at the mouth **hacer espuma** (*jabón*) to lather *Ver tb* SUBIR
espumar *vt* to skim *sth* off *sth*: *~ el cocido* to skim the fat off the stew
espumarajo (*tb* **espumajo**) *nm*
LOC echar espumarajos (por la boca) to foam (at the mouth)
espumoso, -a *adj* **1** (*baño*) foaming **2** (*cerveza*) frothy **3** (*vino*) sparkling
■ **espumoso** *nm* sparkling wine
esqueje *nm* cutting
esquela *nf* death notice
LOC esquela mortuoria obituary
esquelético, -a *adj* skinny ☛ *Ver nota en* DELGADO

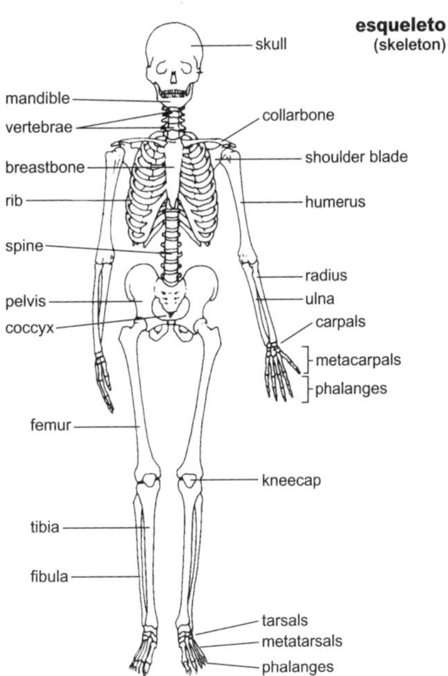

esqueleto *nm* **1** (*Anat*) skeleton **2** (*edificio*) framework ☛ *Ver ilustración en* MARCO
LOC **estar hecho un esqueleto** to be nothing but skin and bone **menear/mover el esqueleto** to bop

esquema *nm* **1** (*diagrama*) diagram **2** (*resumen*) outline
LOC **esquema de juego** game plan *Ver tb* ROMPER

esquemático, -a *adj* **1** (*dibujo, gráfico*) schematic **2** (*conciso*) brief

esquí *nm* **1** (*tabla*) ski [*pl* skis] **2** (*Dep*) skiing: *practicar el ~* to go skiing
LOC **esquí alpino/de fondo** downhill/cross-country skiing **esquí acuático/náutico** water-skiing *Ver tb* BASTÓN, ESTACIÓN, PISTA

esquiador, ~a *nm-nf* skier

esquiar *vi* to ski: *Están esquiando en Navacerrada.* They're skiing in Navacerrada. ◊ *Esquía de maravilla.* She's a really good skier. **LOC** *Ver* PANTALÓN

esquijama *nm* pyjamas similar to a track suit ☛ *Ver nota en* PIJAMA

esquila[1] *nf* (*acción*) shearing

esquila[2] *nf* **1** (*cencerro*) (cow)bell **2** (*convento, iglesia*) bell

esquilador, ~a *nm-nf* shearer
■ **esquiladora** *nf* shears [*v pl*]: *Se nos ha estropeado la esquiladora.* The shears have broken.

esquilar *vt* to shear

esquimal *adj* Eskimo [*n atrib*]: *mujeres ~es* Eskimo women
■ **esquimal** *nmf* Eskimo [*pl* Eskimo/Eskimos] **LOC** *Ver* PERRO

esquina *nf* corner: *la ~ superior/inferior* the top/bottom corner ☛ *Ver ilustración en* FOREGROUND
LOC **doblar/volver la esquina** to turn the corner: *Al doblar la ~ veréis el restaurante.* When you turn the corner you'll see the restaurant. ◊ *Nada más volver la ~ está el hotel.* The hotel is just round the corner. **esquina con** on the corner of *sth*: *Está en la calle Lérida, ~ con la calle Ávila.* It's in Lérida Street, on the corner of Ávila Street. **hacer esquina con** (to be) on the corner of *sth*: *el edificio que hace ~ con Murillo* the house on the corner of Murillo Street **hacer la esquina** to walk the streets **por todas las esquinas** all over the place *Ver tb* CUATRO, SAQUE, VUELTA

esquinazo *nm*
LOC **dar esquinazo a algn** to give sb the slip

esquirla *nf* splinter

esquirol, ~a *nm-nf* blackleg

esquivar *vt* **1** (*gen*) to dodge: *~ una bala* to dodge a bullet **2** (*persona*) to avoid

esquivo, -a *adj* standoffish

esquizofrenia *nf* schizophrenia

esquizofrénico, -a *adj, nm-nf* schizophrenic

esquizoide *adj, nmf* schizoid [*adj*]

estabilidad *nf* stability

estabilización *nf* stabilization

estabilizador, ~a *adj* stabilizing
■ **estabilizador** *nm* stabilizer

estabilizante *nm* stabilizer

estabilizar *vt* to stabilize
■ **estabilizarse** *v pron* **1** (*gen*) to stabilize: *Los precios se están estabilizando.* Prices are stabilizing. **2** (*persona*) to settle down

estable *adj* **1** (*gen*) stable: *una relación ~* a stable relationship ◊ *Es una mujer muy ~.* She's a very stable person. **2** (*trabajo*) steady

establecer *vt* to establish: *~ contacto con algn* to establish contact with sb ◊ *Tratan de ~ la identidad de la víctima.* They're trying to establish the identity of the victim. ◊ *~ una compañía/un comité* to set up a company/committee ◊ *~ las normas de un club* to draw up the regulations of a club ◊ *La ley establece que...* The regulations lay down that...
■ **establecerse** *v pron* **1** (*afincarse*) to settle **2** (*en un negocio*) to set up (in business): *Quiere ~se como abogado.* He wants to set up as a lawyer. ◊ *~te por tu cuenta* to set up on your own
LOC **establecer un récord** to set a record

establecimiento *nm* establishment
LOC **establecimiento comercial** business **establecimiento penitenciario** penal institution **establecimiento público** public building

establo *nm* stable

estaca *nf* stake

estacada *nf* stockade
LOC **dejar en la estacada** to leave *sb* in the lurch **quedarse en la estacada** to be up the creek

estación *nf* **1** (*gen*) station: *~ de autobuses* bus station **2** (*del año*) season
LOC **estación de esquí/invierno** ski resort **estación depuradora de aguas residuales** sewage treatment plant **estación de servicio** petrol station **estaciones del calvario/vía crucis** Stations of the Cross **estación meteorológica** weather station **la estación de las lluvias** the rains [*v pl*] *Ver tb* JEFE, RECIBIR

estacionamiento *nm* **1** (*vehículos*) parking **2** (*tropas*) stationing
LOC **estacionamiento en batería** parking at an angle

estacionar *vt, vi* to park
■ **estacionar** *vt* (*tropas*) to station
■ **estacionarse** *v pron* (*fiebre*) to stabilize

estacionario, -a *adj* **1** (*gen*) stable: *El estado del enfermo es ~.* The patient's condition is stable. **2** (*inmóvil*) stationary

estadio *nm* **1** (*Dep*) stadium [*pl* stadiums/stadia] **2** (*fase*) stage

estadista *nmf* **1** (*Pol*) statesman/woman [*pl* statesmen/women] **2** (*Mat*) statistician

estadística *nf* **1** (*ciencia*) statistics [*v sing*] **2** (*dato*) statistic

estadístico, -a *adj* statistical
■ **estadístico, -a** *nm-nf* statistician **LOC** *Ver* GRÁFICO

estado *nm* **1** (*gen*) state: *la seguridad del ~* state security ◊ *Dejaron la casa en un ~ lamentable.* They left the house in a terrible state. **2** (*condición*) condition: *El ~ de los heridos no reviste gravedad.* The condition of the injured is not serious. ◊ *el ~ de la mar* conditions at sea

LOC en buen/mal estado de salud in good/poor health **en estado de coma** in a coma **en mal estado**: *alimentos en mal* ~ food that's unfit to eat **estado anímico** state of mind **estado civil** marital status **estado de excepción** state of emergency **estado de sitio** state of siege **Estado Mayor** general staff [*v sing o pl*] **estar en estado (de buena esperanza/ interesante)** to be expecting *Ver tb* ABOGADO, BONO, FISCAL, FUNCIONARIO, GOLPE, HOMBRE, JEFE, OBLIGACIÓN, SECRETARIO

Estados Unidos (de América) *nm* (the) United States (of América) (*abrev* US/USA) [*v sing o pl*]

estadounidense *adj, nmf* American

estafa *nf* **1** (*timo*) swindle **2** (*Jur*) fraud

estafador, ~a *nm-nf* swindler

estafar *vt* to swindle *sb* (**out of** ***sth***): *Ha estafado millones de pesetas a los inversores.* He has swindled the investors out of millions of pesetas. ◊ *Nos han estafado en el precio.* We've been swindled.

estafeta *nf* post office

estalactita *nf* stalactite

estalagmita *nf* stalagmite ☛ *Ver ilustración en* ESTALACTITA

estalactita

estallar *vi* **1** (*bomba*) to explode, to go off (*más coloq*) **2** (*neumático, globo, prenda*) to burst: *Me va a* ~ *la falda.* My skirt is bursting at the seams. **3** (*vidrio, porcelana*) to shatter **4** (*edificio, vehículo*) to blow up **5** (*guerra, epidemia*) to break out **6** (*crisis, escándalo, tormenta*) to break **7** (*persona, situación*) to explode: *Cualquier día estalla.* One of these days she'll explode.

LOC estallar en aplausos/llanto to burst into applause/tears **estallar en carcajadas** to burst out laughing **hacer estallar algo 1** (*bomba*) to explode **2** (*neumático*) to burst **3** (*vidrio, porcelana*) to shatter **4** (*crisis, guerra, polémica*) to spark *sth* off *Ver tb* SOLLOZO

estallido *nm* **1** (*bomba*) explosion **2** (*neumático, globo*) bursting **3** (*vidrio, porcelana*) shattering **4** (*guerra, epidemia*) outbreak **5** (*aplausos*) burst **6** (*ira, júbilo*) outburst

estambre *nm* stamen

Estambul *nm* Istanbul

estamento *nm* social class

estampa *nf* **1** (*dibujo*) picture: *¡Qué* ~ *tan tierna, ver a toda la familia reunida!* What a pretty picture, all the family together! ◊ *Es la* ~ *de la felicidad.* She's the picture of happiness. **2** (*Relig*) holy picture **3** (*porte*) appearance: *un animal de bella* ~ a magnificent-looking animal

LOC ser la propia/viva estampa de algn to be the spitting image of sb

estampado, -a *pp, adj* (*tela*) patterned *Ver tb* ESTAMPAR

■ **estampado** *nm* **1** (*acción*) printing **2** (*dibujo*) pattern ☛ *Ver ilustración en* PATTERN

estampar *vt* **1** (*imprimir*) to print **2** (*huella*) to leave **3** (*arrojar*) to throw *sth/sb* (***against sth***): *Estampó el jarrón contra la pared.* He threw the vase against the wall. **4** (*dar*) **(a)** (*beso*) to plant *a kiss* ***on sb's cheek, etc***: *Me estampó un beso en la frente.* He planted a kiss on my forehead. **(b)** (*bofetada*) to fetch *sb a slap* **(c)** (*golpe*) to land *sb a blow* **5** (*inculcar*) to stamp *sth* ***on sb's mind***

■ **estamparse** *v pron* **estamparse (contra/en)** to smash (**into** ***sth***)

LOC estampar la firma en algo to sign sth **estamparse en la memoria** to be engraved on your memory

estampida *nf* stampede

LOC salir en estampida to rush out

estampido *nm* bang

estancado, -a *pp, adj* (*lit*) stagnant: *aguas estancadas* stagnant water *Ver tb* ESTANCARSE

LOC estar estancado 1 (*persona*) to be stagnating **2** (*negociaciones*) to be at a standstill

estancamiento *nm* stagnation

estancarse *v pron* **1** (*gen*) to stagnate: *Se ha estancado en ese trabajo.* He's stagnating in that job. **2** (*negociaciones*) to come to a standstill

estancia *nf* **1** (*gen*) stay: *su* ~ *en el hospital* his stay in hospital **2** (*gastos*) living expenses [*v pl*]: *Me pagan el viaje y la* ~. They pay my travel and living expenses. **3** (*sala*) room **LOC** *Ver* GASTO

estanco *nm* tobacconist's [*pl* tobacconists] ☛ *Ver nota y ejemplos en* CARNICERÍA

En Gran Bretaña no existen estancos al estilo español. Los sellos se venden en **post offices** (*oficinas de correos*), en las cuales también se pueden llevar a cabo ciertas gestiones administrativas, p. ej. el pago del impuesto de circulación y de la 'TV licence', el cobro de la pensión, etc. Los **newsagents** también venden sellos, además de prensa, caramelos y cigarrillos. Ya quedan pocos **tobacconists**, establecimientos especializados en artículos para el fumador. Tampoco existen quioscos de prensa propiamente dichos, sino puestos de periódicos o **news-stands**.

■ **estanco, -a** *adj* **LOC** *Ver* COMPARTIMENTO

estándar *adj, nm* standard

estandarización *nf* standardization

estandarizar *vt* to standardize

estandarte *nm* banner

estanque *nm* pond

estanquero, -a *nm-nf* tobacconist

estante *nm* shelf [*pl* shelves]

estantería *nf* **1** (*gen*) (set of) shelves: *He comprado una* ~ *para el salón.* I've bought a set of shelves for the sitting-room. **2** (*para libros*) bookcase

estaño *nm* **1** (*elemento*) tin **2** (*para soldar*) solder **LOC** *Ver* PAPEL

estar *vi* **1** (*gen*) to be: *Están en Burgos.* They're in Burgos. ◊ *Estoy agotada.* I'm exhausted. ◊ *Tú no estás bien.* You're not well. ☛ *Ver nota en* BE *vi* **2** (*estar presente*) **(a)** (*aquí*) to be here: *El director no está.* The manager's not here. **(b)** (*allí*) to be there: *¿Está el Sr. Martín?* Is Mr Martín there? ◊ *Me han dicho que no está.* I've been told he isn't there. **(c)** (*en casa, en el trabajo*) to be in: *¿Está Ana?* Is Ana in? **3** (*preparado*) to be ready: *Estoy en dos minutos.* I'll be ready in two minutes. ◊ *¡Ya está!* Ready! **4** (*quedarse*) to stay: *Estaré unos días con mi madre.* I'll be staying with my mother for a few days. **5** (*aspecto*) to look: *Hoy estás muy guapa.* You're looking very nice today.

■ **estar** *v aux* **~ haciendo algo** to be **doing sth**: *Estaban jugando.* They were playing. ◊ *¿Estabas durmiendo?* Were you asleep?

■ **estarse** *v pron*: *Estate callada.* Be quiet. ◊ *Diles que se estén quietos.* Tell them to keep still. ◊ *Estate atento.* Pay attention.

LOC está bien all right: *—¿Me compras la muñeca? —Está bien.* 'Will you buy me the doll?' 'All right.' **¿estamos?** all right? **¡estamos buenos!** that's all we need! **estar a 1** (*fecha, temperatura*): *Estamos a tres de mayo.* It's the third of May. ◊ *¿A cuánto estamos?* What's the date today? ◊ *En Canarias están a 30°.* It's 30° in the Canaries. **2** (*precio*) to be: *El besugo está a 3.000 pesetas el kilo.* Bream is 3 000 pesetas a kilo. **estar a bien/mal con algn** to be on good/bad terms with sb **estar al caer** to be due any time now: *Tienen que* ~ *al caer.* They're due any time now. **estar algo por hacer**: *La casa está por limpiar.* The house has to be cleaned. ◊ *Esta factura está por pagar.* This bill has to be paid. **estar bien/mal**: *La suma está bien.* The sum's right. ◊ *La redacción está bien/mal.* It's a good/poor essay. ◊ *Esa escuela está muy bien.* It's a good school. ◊ *La chaqueta no está mal.* The jacket's not too bad. ◊ *Está mal que contestes a tu madre.* You shouldn't answer back.

estar con algn 1 (*estar de acuerdo*) to agree with sb **2** (*apoyar*) to be behind sb: *¡ánimo, estamos contigo!* Go for it, we're behind you!
estar de 1 (*trabajar de*) to be working as a *sth*: *Está de cajera.* She's working as a cashier. **2** (*celebrar*) to be at a *sth*: *Están de boda/bautizo.* They're at a wedding/christening.
estar de buenas/malas to be in a good/bad mood
estar de dos, etc semanas/meses to be two, etc weeks/months pregnant
estar de más 1 (*ser innecesario*) to be unnecessary: *Ese comentario está de más.* That remark is unnecessary. ◊ *Está de más decir que...* Needless to say... **2** (*estorbar*) to be in the way: *Me dijeron que allí estaba de más.* They told me I wasn't wanted there.
estar en 1 (*precio*) to cost about: *Está en las 5.000 pesetas.* It costs about 5 000 pesetas. **2** (*consistir*) to lie in *sth*: *La solución está en aprovechar bien el tiempo.* The answer lies in making the most of your time.
estar en todo to be on top of things: *Tengo que ~ en todo para que la oficina funcione.* I've got to be on top of things if the office is to function properly.
estar en que... to be pretty sure...: *Estoy en que vendrán el lunes.* I'm pretty sure they'll come on Monday.
¡estaría bien (que...)! it'd be great (if...)!
¡estaría bueno (que...)!: *¡Estaría bueno!* That's all we need! ◊ *¡Estaría bueno que tuviera que trabajar el día de Navidad!* All I need now is to have to work on Christmas Day!
estarle bien algo a algn to fit sb: *Este abrigo no me está bien.* This coat doesn't fit me.
estar por 1 (*idea*) to support *sth* [*vt*]: *Estamos por la paz.* We support peace. **2** (*persona*) **(a)** (*apoyar a*) to be on *sb's* side **(b)** (*gustar*) to fancy *sb* [*vt*]
estar por hacer algo to have a good mind to do sth: *Estoy por dejar el trabajo.* I've a good mind to throw in the job.
estar tras/detrás de algo/algn to be after sth/sb
estoy en ello I'm, he's, etc seeing to it
no estaría de más que there'd be no harm in *doing sth*: *No estaría de más que lo comprobaras otra vez.* There'd be no harm in checking it again.
no estar para not to be in the mood for *sth*: *No estoy para chistes.* I'm not in the mood for jokes.
☛ Para otras expresiones con **estar**, véanse las entradas del sustantivo, adjetivo, etc, p.ej. **estar al día** en DÍA y **estar de acuerdo** en ACUERDO.

estárter *nm* choke ☛ *Ver ilustración en* CAR

estatal *adj* state [*n atrib*]: *una escuela ~* a state school **LOC** *Ver* COLEGIO, EMPRESA

estático, -a *adj* static **LOC** *Ver* BICICLETA

estatua *nf* statue

estatuilla *nf* statuette

estatura *nf* **1** (*lit*) height: *una mujer de mediana ~* a woman of average height ◊ *Tiene una ~ de dos metros.* He's two metres tall. **2** (*fig*) stature: *un personaje de gran ~ política* a person of great political stature
LOC de estatura (*altura*) tall: *un atleta de 1,90m de ~* an athlete 1·90m tall

estatus *nm Ver* STATUS

estatutario, -a *adj* statutory

estatuto *nm* statute

este *nm* **1** (*gen*) east (*abrev* E): *en el ~* in the east ◊ *Queda al ~ de León.* It's east of León. ◊ *Europa del Este* Eastern Europe **2** (*con función adjetiva*) **(a)** (*frontera, región*) eastern [*adj*]: *la mitad ~ del país* the eastern half of the country **(b)** (*lado, viento*) east: *la fachada ~ del palacio* the east front of the palace ◊ *Veranean en la costa ~.* They spend their holidays on the east coast. **LOC** *Ver* DIRECCIÓN, ZONA

este, -a *adj* **1** (*gen*) this [*pl* these]: *~ año/mes* this year/month ◊ *Estos zapatos me están matando.* These shoes are killing me. **2 ~ + nombre propio** that: *Esta Laura es un caso.* That Laura's a case. **3** (*tras un sustantivo*): *¿Qué se habrá creído la niña esta?* Who does that silly girl think she is?

este, -a *pron* **1** (*cosa*) this one [*pl* these]: *Prefiero aquel traje que ~.* I prefer that suit to this one. ◊ *¿Te gustan más estas?* Do you prefer these? ☛ *Ver nota en* ONE[1] *n* **2** (*persona*): *¿Quién es ~?* Who's this? ◊ *La entrada se la he dado a esta.* I've given the ticket to her. ◊ *Estos no quieren ir al cine.* My friends don't want to go to the cinema. **3** (*este último*) the latter: *Picasso y Dalí, aquel nacido en Málaga y ~ en Figueras,...* Picasso and Dalí, the former born in Málaga and the latter in Figueras,... ◊ *Jugaban Rosa y Javier, y ~ se cayó.* Rosa and Javier were playing, and Javier fell over.
■ **esta** *nf* **1** (*situación*): *Espero que nunca te veas en otra como esta.* I hope you'll never be in a situation like this again. **2** (*oportunidad*): *Esta es la mía.* Now's my chance.

estela *nf* **1** (*gen*) trail: *una ~ de humo/destrucción* a trail of smoke/destruction **2** (*embarcación*) wake **3** (*avión*) vapour trail

estelar *adj* **1** (*Astron*) stellar **2** (*fig*) star [*n atrib*]: *un papel ~ en la nueva película* a star part in the new film

estepa *nf* steppe

estera *nf* mat

estercolero *nm* **1** (*lit*) dung heap **2** (*lugar sucio*) pigsty **3** (*lugar corrupto*) den of iniquity

estéreo *adj* stereo
■ **estéreo** *nm* stereo [*pl* stereos]

estereofónico, -a *adj* stereophonic

estereotipado, -a *pp, adj* stereotyped

estereotípico, -a *adj* stereotyped

estereotipo *nm* stereotype

estéril *adj* **1** (*gen*) sterile: *Las mulas son ~es.* Mules are sterile. **2** (*tierra*) barren **3** (*inútil*) fruitless

esterilidad *nf* **1** (*infertilidad*) sterility **2** (*tierra*) barrenness **3** (*inutilidad*) futility

esterilización *nf* sterilization

esterilizar *vt* to sterilize

esterlina *adj* **LOC** *Ver* LIBRA[2]

esternón *nm* breastbone, sternum [*pl* sternums/sterna] (*científ*) ☛ *Ver ilustración en* ESQUELETO

esteroide *nm* steroid

estertor *nm* death rattle

esteta *nmf* aesthete

esteticismo *nm* aestheticism

esteticista *nmf* (*tb* **esthéticien, -cienne** *nm-nf*) beautician

estético, -a *adj* **1** (*gen*) aesthetic: *los cánones ~s* aesthetic standards **2** (*Med*) cosmetic: *Se ha hecho la cirugía estética.* He's had cosmetic surgery.
■ **estética** *nf* **1** (*Fil*) aesthetics [*v sing*]: *Es una cuestión de estética.* It's a question of aesthetics. **2** (*criterio artístico*) aesthetic: *la estética de un artista* an artist's aesthetic

estetoscopio *nm* stethoscope

estibador *nm* docker

estiércol *nm* manure, dung (*más coloq*)

estigma *nm* **1** (*marca*) mark **2** (*Bot, deshonra*) stigma **3 estigmas** (*Relig*) stigmata

estilarse *v pron* to be fashionable: *Ya no se estilan esos zapatos.* Those shoes aren't fashionable any more.

estilete *nm* stiletto [*pl* stilettos]

estilista *nmf* stylist

estilístico, -a *adj* stylistic
■ **estilística** *nf* stylistics [*v sing*] **LOC** *Ver* RECURSO

estilizar *vt* **1** (*gen*): *El autor estiliza las figuras en este cuadro.* In this painting, the figures are stylized. **2** (*persona*) to make *sb* look slim: *Este vestido te estiliza la figura.* That dress makes you look very slim.
■ **estilizarse** *v pron* to lose weight

estilo *nm* **1** (*forma*) style: *el ~ de los sesenta* sixties style ◊ *Son ~s de enseñanza diferentes.* They're different teaching styles. **2 estilos** (*Natación*) medley [*sing*]: *400 metros ~s* 400 metres medley
LOC con estilo 1 (*con un sustantivo*) stylish: *una mujer con ~* a stylish woman **2** (*con un verbo*) stylishly

estilo braza breaststroke **estilo espalda** backstroke **estilo de vida** lifestyle **estilo directo/indirecto** direct/indirect speech **estilo libre** freestyle **estilo mariposa** butterfly stroke **estilo propio** a style of my, your, etc own (**o**) **algo por el estilo** (or) something like that **por el estilo** about the same: *Los dos cuestan por el ~.* They cost about the same.

estilográfico, -a *adj* **LOC** *Ver* PLUMA

estiloso, -a *adj* stylish

estima *nf* regard: *Le tengo mucha ~.* I have a high regard for him.

estimable *adj* considerable

estimación *nf* **1** (*aprecio*) respect: *Se han ganado la ~ de todos.* They have earned everyone's respect. **2** (*valoración*) estimate: *Una primera ~ indica que...* A preliminary estimate indicates that...

estimado, -a *pp, adj* **Estimado** (*en una carta*) Dear: *~ Señor* Dear Sir *Ver tb* ESTIMAR ☛ *Ver págs 594–7*

estimar *vt* **1** (*valorar*) to appreciate: *Estimo mucho vuestra ayuda.* I really appreciate your help. **2** (*persona*) **(a)** (*querer*) to be fond of *sb* **(b)** (*respetar*) to think highly of *sb* **3** (*calcular*) to estimate: *Estimo que va a costar unas diez mil pesetas.* I estimate it will cost about ten thousand pesetas. ◊ *Estiman en cien millones los gastos de reconstrucción.* They estimate the costs of rebuilding at a hundred million pesetas. **4** (*considerar*) to consider: *si usted lo estima conveniente* if you consider it suitable

■ **estimarse** *v pron* to have a good opinion of yourself

estimativo, -a *adj* approximate

estimulante *adj* stimulating

■ **estimulante** *nm* stimulant

estimular *vt* **1** (*gen*) to stimulate: *~ el apetito* to stimulate the appetite **2** (*animar*) to encourage: *~ a los alumnos para que lean* to encourage the students to read

estímulo *nm* stimulus [*pl* stimuli]: *un ~ a la inversión* a stimulus to investment

estío *nm* summertime

estipulación *nf* stipulation

estipular *vt* to stipulate

estirado, -a *pp, adj, nm-nf* (*arrogante*) snooty [*adj*]: *Tu jefe es un ~.* Your boss is very snooty. *Ver tb* ESTIRAR

estirar *vt* **1** (*gen*) to stretch: *~ una cuerda/un cable* to stretch a rope/cable tight **2** (*pierna, brazo*) to stretch *sth* out **3** (*hacer durar*) to spin *sth* out: *~ el sueldo/la comida* to spin out your salary/the food **4** (*tensar*) to tighten: *~ las cuerdas de un violín* to tighten the strings of a violin **5** (*alisar*) to smooth *sth* out: *Estira bien las sábanas.* Smooth the sheets out. **6** (*prenda de vestir*) **(a)** (*vestido, falda*) to pull *sth* down: *~ la falda para cubrir las rodillas* to pull your skirt down over your knees **(b)** (*calcetines, medias*) to pull *sth* up

■ **estirar(se)** *vi, v pron* to shoot up: *¡Hay que ver cómo (se) ha estirado tu hija!* Your daughter has really shot up!

■ **estirarse** *v pron* **1** (*desperezarse, ropa*) to stretch: *No te estires en la mesa.* Don't stretch at the table. **2** (*mostrarse generoso*) to be generous **3** (*tenderse*) to stretch out: *Estírate en la camilla.* Stretch out on the bed.

LOC **estirar el cuello** to crane your neck **estirar la cama** to pull up the bedclothes **estirar la pata** to snuff it **estirar las piernas** to stretch your legs **estirarse la cara** to have a facelift: *Se ha estirado la cara.* She's had a facelift.

estirón *nm*

LOC **dar/pegar un estirón 1** (*gen*) to pull: *Me dio un ~ de pelo.* He pulled my hair. **2** (*crecer*) to shoot up: *¡Vaya ~ que has pegado!* You've shot up! *Ver tb* OREJA

estirpe *nf* lineage

estival *adj* summer [*n atrib*]: *una gira ~* a summer tour

esto *pron* **1** (*gen*) this: *Hay que terminar con ~.* We've got to put a stop to this. ◊ *Por si ~ fuera poco...* As if this wasn't enough... ◊ *que si ~, que si lo otro* this, that, and the other **2** (*vacilación*) er: *Quería decirte que, ~...* I wanted to tell you, er...

LOC **en esto** at that moment: *En ~ llegó mi suegra.* At that moment my mother-in-law arrived. **esto de...** this business of...: *~ de cerrar las puertas con llave* this business of locking doors **esto es** that is to say

estocada *nf* **1** (*golpe*) sword thrust **2** (*herida*) sword wound

Estocolmo *nm* Stockholm

estofado *nm* stew

estofar *vt* to stew

estoicismo *nm* stoicism

estoico, -a *adj* stoical

■ **estoico, -a** *nm-nf* stoic

estola *nf* stole

estomacal *adj* stomach [*n atrib*]: *una afección ~* stomach trouble

estomagante *adj* sickening

estómago *nm* stomach: *Me duele mucho el ~.* I've got (a) terrible stomach-ache. ☛ *Ver ilustración en* DIGESTIVE

LOC **echarse algo al estómago** to have sth to eat **tener buen estómago**: *Tiene buen ~.* He can eat anything. **tener mucho estómago** (*tener aguante*) to have a strong stomach *Ver tb* ACIDEZ, ARDOR, BOCA, BOLA, COSQUILLEO, DOLOR, LAVADO, PATADA, REVOLVER, REVUELTO, VACÍO

Estonia *nf* Estonia

estoniano, -a *adj, nm-nf* Estonian

estopa *nf* tow

estoque *nm* **1** (*espada*) rapier ☛ *Ver ilustración en* SWORD **2** (*Toros*) sword used for killing bulls

estor *nm* **1** (*gen*) blind **2** (*con láminas*) Venetian blind

estorbar *vi, vt*: *Mueve el coche, que está estorbando.* Move your car, it's in the way. ◊ *Aparta, que estorbas.* Get out of my way. ◊ *~ el paso* to be in the way

estorbo *nm* **1** (*obstáculo*) obstacle **2** (*molestia*) nuisance

estornino *nm* starling

estornudar *vi* to sneeze

estornudo *nm* sneeze **LOC** *Ver* AGUANTAR

estrabismo *nm*

LOC **tener estrabismo** to have a squint: *Mi hijo tiene ~.* My son has a squint.

estrado *nm* **1** (*gen*) platform: *Subió al ~ para recoger el premio.* She went up to the platform to receive her prize. **2** (*Jur*) witness box

estrafalario, -a *adj* **1** (*ideas, estilo*) outlandish **2** (*persona*) eccentric

estragón *nm* tarragon

estragos *nm*

LOC **causar/hacer estragos 1** (*causar daños*) to cause devastation: *La epidemia ha causado ~ entre la población infantil.* The epidemic has caused devastation among the child population. ◊ *El temporal causó ~ en la región.* The storm caused widespread devastation in the area. **2** (*atraer*) to drive *sb* wild: *El cantante causa ~ entre sus fans.* The singer drives his fans wild.

estrambótico, -a *adj* **1** (*ideas, estilo*) outlandish **2** (*persona*) eccentric

estrangulación *nf* strangling

estrangulado, -a *pp, adj* (*hernia*) strangulated *Ver tb* ESTRANGULAR

estrangulador, ~a *nm-nf* strangler

estrangulamiento *nm* **1** (*asfixia*) strangling **2** (*vena, conducto*) constriction

estrangular *vt* **1** (*asfixiar*) to strangle **2** (*vena, conducto*) to constrict

estraperlista *nmf* black marketeer

estraperlo *nm* black market

LOC **de estraperlo** on the black market

estratagema *nf* stratagem

estratega *nmf* strategist

estrategia *nf* strategy: *~s comerciales* commercial strategies

estratégico, -a *adj* strategic

estratificación *nf* stratification: *la ~ de la sociedad* the stratification of society

estratificado, -a *pp, adj* stratified *Ver tb* ESTRATIFICAR

estratificar *vt* to divide *sth* up: *~ a la población en función de sus ingresos* to divide up the population into income groups

■ **estratificarse** *v pron* to become stratified

estrato *nm* **1** (*Geol, Sociol*) stratum [*pl* strata] **2** (*nube*) stratus [*pl* strati]

estratosfera *nf* stratosphere

estratosférico, -a *adj* stratospheric

estrechamente *adv* closely: *colaborar ~ con algn* to work closely with sb

estrechamiento *nm* **1** (*lit*) narrowing **2** (*relaciones*) strengthening: *el ~ de las relaciones entre ambas ciudades* strengthening of the bonds between the two cities

estrechar *vt* **1** (*hacer más estrecho*) **(a)** (*gen*) to narrow: *~ la brecha entre el Norte y el Sur* to narrow the gap between North and South **(b)** (*ropa*) to take *sth* in **2** (*persona*) to embrace **3** (*lazos*) to strengthen

■ **estrecharse** *v pron* **1** (*río, carretera*) to narrow **2** (*lazos*) to grow stronger **3** (*apretarse*) to squeeze up: *¿Podéis ~os un poco?* Can you squeeze up a little? **LOC** *Ver* MANO

estrechez *nf* **1** (*lit*) narrowness **2** (*Med*) constriction

LOC **estrechez de miras** narrow-mindedness **pasar estrecheces** to be hard up

estrecho, -a *adj* **1** (*gen*) narrow: *una calle muy estrecha* a very narrow street **2** (*prenda, calzado*) tight: *Esa falda te queda estrecha.* That skirt's too tight (for you). **3** (*colaboración, vigilancia, amistad*) close **4** (*apretado*) squashed: *¿No estáis un poco ~s en ese sillón?* Aren't you a bit squashed in that chair? **5** (*remilgado*) strait-laced

■ **estrecho** *nm* strait(s) [*se utiliza mucho en plural*]: *el ~ de Bering* the Bering Straits

LOC **estrecho de miras** narrow-minded **hacerse el estrecho** to be strait-laced *Ver tb* FERROCARRIL, HORMA, MENTALIDAD, VÍA

estrechura *nf* narrowness

LOC **con estrechuras 1** (*de espacio*) in cramped conditions **2** (*económicas*) hard up

estrella *nf* **1** (*gen*) star: *la ~ polar* the pole star ◊ *Fue la ~ de la representación.* She was the star of the show. **2** (*en función adjetival*): *Éste es el pabellón ~ de la exposición.* This pavilion is the star attraction of the exhibition. ◊ *el programa/presentador ~ de la televisión* the most popular television programme/presenter **3** (*fortuna*) luck: *la mala ~ del Presidente* the President's bad luck

LOC **de dos, etc estrellas** two-star, etc: *un hotel de cinco ~s* a five-star hotel **estrella de cine** film star **estrella de mar** starfish [*pl* starfish] **estrella fugaz** shooting star **estrella invitada** celebrity guest **ver las estrellas** to see stars *Ver tb* NACER

estrellado, -a *pp, adj* **1** (*noche, cielo*) starry **2** (*en forma de estrella*) star-shaped *Ver tb* ESTRELLAR

LOC *Ver* NACER

estrellar *vt* **1** (*gen*) to smash: *Estrelló el jarrón en el suelo/contra la pared.* I smashed the vase on the floor/against the wall. **2** (*coche*) to crash: *Estrelló el coche contra un árbol.* He crashed the car into a tree.

■ **estrellarse** *v pron* **1 estrellarse (contra/en)** (*chocarse*) to crash (**into *sth***): *~se contra otro vehículo* to crash into another vehicle **2** (*fracasar*) to fail

estremecedor, ~a *adj* hair-raising

estremecer *vt* to shake: *La noticia estremeció a toda la familia.* The news shook the whole family.

■ **estremecerse** *v pron* **estremecerse (de) 1** (*frío*) to shiver (**with *cold***) **2** (*emoción, miedo*) to tremble (**with *sth***)

estremecimiento *nm* shiver

estrenado, -a *pp, adj Ver* ESTRENAR **LOC** *Ver* RECIÉN

estrenar *vt* **1** (*gen*): *Hoy estreno zapatos.* I'm wearing new shoes today. ◊ *¿Estrenas coche?* Is that a new car you're driving? ◊ *El país estrena gobierno de coalición.* The country has its first coalition government. ◊ *~ trabajo* to start a new job **2** (*película, obra de teatro*): *¿Cuándo estrenan la película?* When is the première of the film? ◊ *Hoy estrenan "Yerma".* It's the first night of 'Yerma' tonight.

■ **estrenar** *vi* to open: *Estrenamos en el Teatro Calderón.* We open at the Teatro Calderón.

■ **estrenarse** *v pron* **1 estrenarse (como)** to start work (**as a *sth***): *Todavía no se ha estrenado como mecánico.* He hasn't started work as a mechanic yet. **2** (*Dep*) to score (the first goal): *El equipo visitante solo tardó dos minutos en ~se.* The visiting team only took two minutes to score (the first goal).

estreno *nm* **1** (*película*) première: *el ~ mundial de una película* the world première of a film **2** (*obra de teatro*) first night

LOC **estar de estreno** to be wearing something new *Ver tb* CINE, PELÍCULA

estreñido, -a *pp, adj* constipated *Ver tb* ESTREÑIR

estreñimiento *nm* constipation

estreñir *vt* to make *sb* constipated

■ **estreñirse** *v pron* to become constipated

estrépito *nm* loud crash: *Los platos se cayeron de la bandeja con gran ~.* The plates fell off the tray with a deafening crash.

estrepitoso, -a *adj* **1** (*lit*) noisy: *una caída estrepitosa* a noisy fall ◊ *un choque ~* a deafening crash **2** (*fig*) **(a)** (*éxito*) resounding **(b)** (*error*) spectacular

estreptococo *nm* streptococcus [*pl* streptococci]

estrés *nm* stress

LOC **tener estrés** to be suffering from stress

estresado, -a *adj* stressed (out): *Están muy ~s.* They're under great stress.

estresante *adj* stressful

estría *nf* **1** (*columna, madera*) groove **2** (*piel*) stretch mark

estriado, -a *pp, adj* **1** (*columna, madera*) grooved **2** (*piel*) with stretch marks *Ver tb* ESTRIARSE

estriarse *v pron* (*piel*) to get stretch marks

estribaciones *nf* foothills

estribar *vi* **~ en** to lie in *sth*: *El éxito de la obra estriba en la caracterización de los personajes.* The success of the play lies in the characterization.

estribillo *nm* **1** (*canción, poema*) chorus **2** (*muletilla*) catchphrase

estribo *nm* **1** (*caballo, hueso del oído*) stirrup ☛ *Ver ilustración en* OÍDO **2** (*automóvil*) running-board

LOC **perder los estribos** to lose control

estribor *nm* starboard: *a ~* to starboard

estricto, -a *adj* strict

estridente *adj* **1** (*sonido*) shrill **2** (*color*) gaudy

estrofa *nf* verse

estrógeno *nm* oestrogen

estropajo *nm* scourer

LOC **estropajo de aluminio** scouring pad

estropajoso, -a *adj* (*pelo*) wiry

estropear *vt* **1** (*gen*) to spoil: *~ una comida/partida/a un niño* to spoil a meal/match/child **2** (*aparato*) to break **3** (*ajar, envejecer*) to age: *El dormir poco la ha estropeado.* Lack of sleep has aged her.

■ **estropearse** *v pron* **1** (*ropa*) to get spoilt **2** (*persona*) to age **3** (*averiarse*) to break down **4** (*proyecto*) to go wrong **5** (*comida*) to go off

estropicio *nm* damage [*incontable*]

LOC **hacer/montar un estropicio** to cause damage

estructura *nf* **1** (*gen*) structure: *una ~ de hormigón* a concrete structure ◊ *la ~ de una novela* the structure of a novel **2** (*armazón*) framework ☛ *Ver ilustración en* MARCO

estructural *adj* structural

estructuralismo *nm* structuralism

estructuralista *adj, nmf* structuralist

estructurar *vt* to structure
estruendo *nm* **1** (*gen*) deafening noise: *El coche se estrelló con gran ~.* There was a deafening noise when the car crashed. **2** (*trueno*) clap **3** (*avión*) roar
estruendoso, -a *adj* deafening
estrujar *vt* **1** (*gen*) to squeeze: *¡Deja de ~me la mano!* Stop squeezing my hand! **2** (*papel*) to crumple *sth* up **3** (*ropa*) to wring *sth* out **4** (*persona*) to hug
■ **estrujarse** *v pron* to squeeze up
LOC estrujarse la cabeza/el melón/los sesos to rack your brains
estrujón *nm* **1** (*mano*) squeeze **2** (*abrazo*) hug
estuario *nm* estuary
estuche *nm* **1** (*libro, pinturas, joyas*) box **2** (*collar, pulsera, lápices, instrumento musical*) case
estuco *nm* stucco
estudiado, -a *pp, adj* elaborate *Ver tb* ESTUDIAR
estudiante *nmf* student **LOC** *Ver* MEDICINA, RESIDENCIA
estudiantil *adj* student [*n atrib*]: *una asociación ~* a student union ◊ *durante su etapa ~* during his time as a student
estudiar *vt, vi* to study: *~ italiano* to study Italian ◊ *Estudia en Harvard.* She's studying at Harvard. ◊ *Estudia mucho.* He works hard.
■ **estudiarse** *v pron* to study: *¿Te has estudiado los verbos?* Have you learnt your verbs?
LOC estudiar de memoria to learn *sth* by heart *Ver tb* MATAR
estudio *nm* **1** (*gen*) study: *realizar un ~ sobre la contaminación* to carry out a study on pollution ◊ *Tiene todos los libros en el ~.* All her books are in the study. **2** (*actividad*) studying: *No les gusta el ~.* They don't like studying. **3** (*Cine, Fot, TV*) studio [*pl* studios]: *un ~ de grabación* a recording studio **4** (*apartamento*) studio flat
LOC estar en estudio to be under consideration **estudio(s) de mercado** market research [*incontable*] **estudios superiores** higher education [*incontable, v sing*]: *No tiene ~s superiores.* He doesn't have a degree. **tener estudios** to be educated *Ver tb* BOLSA², JEFE, PAGAR, PLAN, PROGRAMA, VIABILIDAD
estudioso, -a *adj* hard-working, studious (*formal*)
■ **estudioso, -a** *nm-nf* **~ (de)** scholar: *Es un ~ de la obra de Lope.* He's a Lope scholar.
estufa *nf* **1** (*abierta*) fire: *una ~ de gas* a gas fire **2** (*cerrada*) stove
estupefacción *nf* amazement
LOC con estupefacción in amazement
estupefaciente *adj* narcotic
■ **estupefaciente** *nm* drug **LOC** *Ver* TRÁFICO
estupefacto, -a *adj* speechless
estupendamente *adv* **1** (*gen*) brilliantly: *Funciona ~.* It works brilliantly. ◊ *El examen me salió ~.* The exam went really well. **2** (*salud*) great: *Me siento ~.* I feel great. ◊ *Se te ve ~.* You look great.
estupendo, -a *adj* fantastic
estupidez *nf* **1** (*cualidad*) stupidity **2** (*error*) silly mistake
estúpido, -a *adj* **1** (*tonto*) stupid **2** (*desagradable*) horrible
■ **estúpido, -a** *nm-nf* **1** (*tonto*) idiot **2** (*desagradable*) unpleasant person: *Es una estúpida, nunca saluda en la calle.* She's a very unpleasant person–she never says hello if you meet her in the street.
estupor *nm* **1** (*sorpresa*) amazement **2** (*susto*) shock: *Acogieron con ~ la noticia del atentado.* They were shocked at the news of the bombing.
esturión *nm* sturgeon
esvástica *nf* swastika
ETA *nf, abrev de* **Euskadi Ta Alkartasuna** ETA
etapa *nf* **1** (*gen*) stage: *El proyecto ha pasado por varias ~s.* The project has gone through several stages. **2** (*período*) time: *durante la ~ del anterior alcalde* during the previous mayor's time
LOC por etapas in stages
etarra *adj* ETA [*n atrib*]: *los dirigentes ~s* the ETA leaders
■ **etarra** *nmf* member of ETA
etcétera *nm* etcetera (*abrev* etc)
éter *nm* ether
eternamente *adv* forever: *Les estaré ~ agradecido.* I'll be forever grateful to you.
eternidad *nf* eternity
LOC hasta la eternidad forever **una eternidad** ages: *Has tardado una ~.* You've been ages.
eternizarse *v pron*: *Se eterniza en el cuarto de baño.* He spends ages in the bathroom. ◊ *Me eternicé esperándole.* I waited for him for ages.
eterno, -a *adj* **1** (*gen*) eternal: *mi ~ dilema/rival* my eternal dilemma/rival **2** (*interminable*) **(a)** (*positivo*) everlasting: *la eterna esperanza* the everlasting hope **(b)** (*negativo*) neverending: *luchas eternas* neverending struggles **LOC** *Ver* SUEÑO
ético, -a *adj* ethical
■ **ética** *nf* **1** (*Fil*) ethics [*v sing*] **2** (*norma de conducta, moral*) ethics [*v pl*]: *ética profesional* professional ethics
LOC tener/no tener ética to be ethical/unethical
etílico, -a *adj* **1** (*gen*) alcohol [*n atrib*]: *intoxicación etílica* alcohol poisoning **2** (*Quím*) ethyl
etimología *nf* etymology
etimológico, -a *adj* etymological
Etiopía *nf* Ethiopia
etiqueta *nf* **1** (*gen*) label: *Compra ~s de colores.* Buy some coloured labels. ◊ *No puede evitar la ~ de niño bien.* He can't avoid being labelled upper-class. **2** (*con el precio*) price tag **3** (*normas*) etiquette
LOC ir de etiqueta to wear formal dress: *Todos iban de ~.* They were all wearing formal dress. *Ver tb* BAILE, CENA, COLGAR, ROPA, TRAJE
etiquetado *nm* labelling
etiquetar *vt* to label
etnia *nf* ethnic group
étnico, -a *adj* ethnic
etnografía *nf* ethnography
etnográfico, -a *adj* ethnographic
etnógrafo, -a *nm-nf* ethnographer
etnología *nf* ethnology
etnológico, -a *adj* ethnological
etnólogo, -a *nm-nf* ethnologist
eucalipto *nm* eucalyptus [*pl* eucalyptus/eucalyptuses]
eucaristía *nf* eucharist: *la santa ~* the Holy Eucharist
eufemismo *nm* euphemism
eufemístico, -a *adj* euphemistic
euforia *nf* euphoria [*incontable*]: *Déjate de ~s.* Don't be so euphoric.
eufórico, -a *adj* euphoric
eunuco *nm* eunuch
euro *nm* euro [*pl* euros]
eurocheque *nm* eurocheque
eurodiputado, -a *nm-nf* Member of the European Parliament (*abrev* MEP)
Europa *nf* Europe
europeísmo *nm* Europeanism
europeísta *adj, nmf* pro-European [*adj*]
europeización *nf* Europeanization
europeo, -a *adj, nm-nf* European **LOC** *Ver* ÁMBITO, COMUNIDAD, PARLAMENTARIO, UNIÓN
Euskadi *nm* the Basque Country
euskaldún, -una *adj, nm-nf* Basque
euskara (*tb* **euskera**) *nm* Basque
eutanasia *nf* euthanasia
evacuación *nf* **1** (*traslado*) evacuation **2** (*defecación*) bowel movement **LOC** *Ver* CONDUCTO
evacuado, -a *nm-nf* evacuee
evacuar *vt* **1** (*lugar*) to vacate: *El público evacuó el cine.* The public vacated the cinema. **2** (*personas*) to evacuate: *~ a la población* to evacuate the population
LOC evacuar (el vientre) to have a bowel movement

evadido, -a *nm-nf*
LOC **evadido (de la justicia)** escapee

evadir *vt* **1** (*capital*) to smuggle *money* out of the country **2** (*impuestos*) to avoid paying *taxes*
■ **evadirse** *v pron* **evadirse de** to escape **from *sth***

evaluación *nf* assessment: ~ *continua* continuous assessment

evaluador, ~a *adj* assessment [*n atrib*]: *una comisión evaluadora* an assessment committee

evaluar *vt* to assess *sth* (***at sth***): ~ *los daños/el rendimiento de un empleado* to assess the damage/sb's work ◇ *Han evaluado las pérdidas en 50 millones de pesetas.* The losses have been assessed at 50 million pesetas.

evangélico, -a *adj* evangelical

evangelio *nm* gospel

evangelista *nm* evangelist

evangelizar *vt* to evangelize

evaporación *nf* evaporation

evaporar(se) *vt, v pron* to evaporate: *El calor evaporó la gasolina que quedaba en el depósito.* The heat evaporated all the petrol left in the tank. ◇ *La colonia se había evaporado.* The cologne had evaporated.

evasión *nf* escape
LOC **de evasión** escapist: *literatura de* ~ escapist literature **evasión de capital** flight of capital **evasión de impuestos/fiscal/tributaria** tax evasion

evasivo, -a *adj* evasive
■ **evasiva** *nf*: *No me vengas con evasivas.* Stop trying to avoid the issue.
LOC **dar evasivas** to prevaricate

evasor, ~a *nm-nf*
LOC **evasor de impuestos** tax evader

evento *nm* (unforeseen) event

eventual *adj* **1** (*temporal*) temporary **2** (*hipotético*) possible: *un* ~ *encuentro* a possible meeting

eventualidad *nf* eventuality
LOC **en la eventualidad de...** in the event of...: *en la* ~ *de un nuevo terremoto* in the event of another earthquake

eventualmente *adv* **1** (*temporalmente*) on a temporary basis **2** (*posiblemente*) possibly

evidencia *nf* evidence
LOC **poner en evidencia 1** (*resaltar*) to highlight *sth* **2** (*ridiculizar*) to show *sb* up *Ver tb* RENDIR

evidenciar *vt* to show

evidente *adj* obvious

evitable *adj* avoidable

evitar *vt* **1** (*gen*) to avoid *sth/sb/doing sth*: ~ *un enfrentamiento/a tu vecino* to avoid a confrontation/your neighbour **2** (*impedir*) to prevent: *Su rápida reacción evitó una catástrofe.* Her quick reaction prevented a disaster. **3** (*ahorrar*) to spare: *Solo trataba de ~te preocupaciones.* I was trying to spare you worry.
LOC **no puedo evitar...** I, you, etc can't help *doing sth*: *No pudo* ~ *las lágrimas.* He couldn't help crying. **si puedo evitarlo** if I, you, etc can help it

evocación *nf* evocation

evocador, ~a *adj* evocative

evocar *vt* to evoke

evolución *nf* **1** (*Biol*) evolution **2** (*desarrollo*) development **3** (*Med*) progress **4 evoluciones (a)** (*ave, avión*) circling [*incontable, v sing*] **(b)** (*bailarín, gimnasta*) movements

evolucionar *vi* **1** (*Biol*) to evolve **2** (*desarrollarse*) to develop **3** (*Med*) to progress

evolucionista *adj* evolutionary
■ **evolucionista** *nmf* evolutionist

exabrupto *nm* brusque remark: *lanzar ~s* to make brusque remarks

exacerbado, -a *pp, adj* exaggerated *Ver tb* EXACERBAR

exacerbar *vt* to make *sth* worse, to exacerbate (*más formal*)
■ **exacerbarse** *v pron* to get worse

exactitud *nf* accuracy
LOC **con exactitud** exactly: *No se sabe con* ~. We don't know exactly. ◇ *Es imposible calcular el número con* ~. It's impossible to give the exact number.

exacto, -a *adj* **1** (*no aproximado*) exact: *Necesito las medidas exactas.* I need the exact measurements. ◇ *Dos kilos ~s.* Exactly two kilos. **2** (*descripción, reloj*) accurate
■ **¡exacto!** *interj* exactly! LOC *Ver* HORA

exageración *nf* exaggeration: *Decir que estás arruinado es una* ~. To say you're ruined is an exaggeration. ◇ *Lo que piden por el coche es una* ~. They're asking far too much for the car.

exageradamente *adv* much too: *Es* ~ *lujoso.* It's much too luxurious.

exagerado, -a *pp, adj* **1** (*gen*) exaggerated: *un cálculo un tanto* ~ a rather exaggerated estimate ◇ *No seas* ~. Don't exaggerate. **2** (*excesivo*) excessive: *El precio me parece* ~. I think the price is excessive. *Ver tb* EXAGERAR

exagerar *vt, vi* to exaggerate: ~ *la importancia de algo* to exaggerate the importance of sth ◇ *No le hagas caso, siempre exagera.* Take no notice of him, he always exaggerates.

exaltación *nf* praise: *la* ~ *de los valores democráticos* praise of democratic values

exaltado, -a *pp, adj* worked up (***about sth***): *Están muy ~s por las injusticias cometidas.* They are very worked up about the injustice committed. ◇ *Los ánimos están ~s.* Feelings are running very high. *Ver tb* EXALTAR
■ **exaltado, -a** *nm-nf* hothead

exaltar *vt* **1** (*alabar*) to praise **2** (*enojar*) to get *sb* worked up
■ **exaltarse** *v pron* to get worked up

examen *nm* examination, exam (*más coloq*): *presentarse a/hacer un* ~ to sit/do an exam ☛ *Ver nota en* A LEVEL, GCSE
LOC **estar de exámenes** to be sitting exams **examen cuatrimestral/trimestral** end-of-term exam **examen de conducir** driving test **examen de ingreso** entrance exam **examen eliminatorio** competitive exam **examen final** end-of-year exam **examen parcial** mid-course assessment exam **examen tipo test** multiple-choice exam **hacer un examen de** to study *sth*: *hacer un* ~ *de la situación* to study the situation *Ver tb* ACCESO, DERECHO

examinador, ~a *nm-nf* examiner

examinar *vt* to examine: ~ *un documento/a un paciente* to examine a document/patient
■ **examinarse** *v pron* **examinarse (de)**: *¿Cuándo te examinas?* When are you sitting your exam? ◇ *Esta tarde me examino de francés.* I've got my French exam this afternoon.
LOC **examinarse del carné de conducir** to take your driving test **examinarse por libre** to sit as an independent candidate

exasperación *nf* exasperation

exasperante *adj* exasperating

exasperar *vt* to exasperate
■ **exasperarse** *v pron* to get exasperated

excarcelación *nf* release

excarcelar *vt* to release

excavación *nf* excavation
LOC **excavación arqueológica** archaeological dig

excavador, ~a *adj* excavating
■ **excavador, ~a** *nm-nf* digger
■ **excavadora** *nf* excavator

excavar *vt* **1** (*cavar*) to dig: ~ *un túnel* to dig a tunnel ◇ ~ *la tierra* to dig in the earth **2** (*Arqueología*) to excavate
■ **excavar** *vi* to dig

excedencia *nf* extended leave of absence [*incontable*]: *pedir/tomarse una* ~ to ask for/take extended leave of absence ◇ *¿Cuántas ~s puedes solicitar?* How many times can you ask for extended leave of absence?

excedente *adj* surplus
■ **excedente** *nm* surplus [*pl* surpluses]

LOC excedente de cupo: *Mi hermano se libró de la mili por ~ de cupo.* My brother got out of doing his military service because the quota had already been met.

exceder *vt* **1** (*gen*) to exceed: *Su equipaje no puede ~ el peso permitido.* Your luggage must not exceed the limit. ◊ *Las ventas exceden en un 5% las del año pasado.* Sales are 5% up on last year. ◊ *Este libro excede a mi comprensión.* This book is beyond my comprehension. **2** (*a una persona*): *Excede a todos en ingenio.* He's the wittiest of all.

■ **excederse** *v pron* **1 excederse (en)** to go too far (**in** ***sth***): *Se excedieron en sus críticas.* They went too far in their criticism. **2** (*positivo*) to excel yourself: *Siempre es generosa, pero esta vez se ha excedido.* She's always generous, but this time she's excelled herself.

excelencia *nf* excellence

LOC Excelencia (*dirigiéndose a una persona*) Your Excellency **por excelencia** par excellence

excelente *adj* excellent

excentricidad *nf* eccentricity: *¡Déjate de ~es!* Don't be so eccentric!

excéntrico, -a *adj, nm-nf* eccentric

excepción *nf* exception

LOC a/con excepción de except for *sth/sb* **de excepción 1** (*excepcional*) exceptional **2** (*de emergencia*) emergency **3** (*privilegiado*) special **la excepción confirma la regla** the exception proves the rule *Ver tb* ESTADO

excepcional *adj* exceptional

excepto *prep* except: *Vinieron todos excepto Andrés.* They all came except Andrés. ◊ *Sabe hacer de todo excepto cocinar.* She can do everything except cook.

exceptuar *vt* to except: *Exceptuando a uno, el resto son pilotos.* Except for one, they are all pilots.

excesivamente *adv* far too: *Es ~ caro.* It's far too expensive.

excesivo, -a *adj* excessive: *gastos ~s* excessive expenditure ◊ *Tienen una excesiva afición por la bebida.* They're much too fond of drinking.

exceso *nm* **~ (de)** excess: *~ de equipaje* excess luggage ◊ *cometer ~s en la alimentación* to eat to excess

LOC con/en exceso too much: *beber en ~* to drink too much **exceso de velocidad** speeding *Ver tb* PECAR

excitación *nf* excitement

excitante *adj* (*emocionante*) exciting

■ **excitante** *adj, nm* stimulant [*n*]: *El café es una bebida ~.* Coffee is a stimulant.

excitar *vt* **1** (*emocionar*) to excite **2** (*poner nervioso*) to make *sb* nervous **3** (*sexualmente*) to arouse

■ **excitarse** *v pron* **1** (*emocionarse*) to get excited (***about/over sth***) **2** (*ponerse nervioso*) to get nervous (***about sth***) **3** (*sexualmente*) to get aroused (***by sth***)

exclamación *nf* **1** (*interjección*) exclamation **2 ~ de** cry **of** ***sth***: *Dio una ~ de alegría.* She gave a cry of joy. **3** (*signo ortográfico*) exclamation mark ☛ *Ver págs 592–3*

exclamar *vt, vi* to exclaim

excluir *vt* **1** (*no incluir*) to exclude **2** (*descartar*) to rule *sth* out

exclusión *nf* exclusion

exclusive *adv* exclusive

exclusividad *nf* exclusiveness

exclusivismo *nm* exclusiveness

exclusivista *adj, nmf* exclusivist [*adj*]

exclusivo, -a *adj* **1** (*distintivo*) exclusive (***to sth/sb***): *un rasgo ~ de esta especie* a feature that is exclusive to this species **2** (*total*) total: *una dedicación exclusiva a la música* total dedication to music **3** (*único*) sole: *con el ~ fin de reunirlos* with the sole aim of bringing them together

■ **exclusiva** *nf* (*reportaje*) exclusive

excluyente *adj* (mutually) exclusive: *propuestas complementarias y no ~s* proposals that are complementary, not mutually exclusive

excombatiente *nmf* ex-serviceman/woman [*pl* ex-servicemen/women]

excomulgar *vt* to excommunicate

excomunión *nf* excommunication

excreción *nf* excretion

excremento *nm* excrement

excretar *vt* to excrete

excretor, ~a *adj* excretory

exculpación *nf* **1** (*perdón*) exoneration **2** (*Jur*) acquittal

exculpar *vt* **1** (*perdonar*) to exonerate **2** (*Jur*) to acquit

excursión *nf* excursion: *ir/salir de ~* to go on an excursion ◊ *una ~ del colegio* a school outing ◊ *Están organizando una ~ a Toledo.* They're organizing a trip to Toledo.

LOC excursión a pie walk

excursionismo *nm* rambling: *hacer ~* to go rambling

excursionista *nmf* rambler

excusa *nf* excuse

LOC poner una excusa to make an excuse (*for not doing sth*) **presentar/ofrecer tus excusas** to make your apologies: *Presentó sus ~s y se marchó.* She made her apologies and left. *Ver tb* DESHACER, VALER

excusado, -a *pp, adj* exempt (***from sth***) *Ver tb* EXCUSAR

■ **excusado** *nm* toilet ☛ *Ver nota en* TOILET

excusar *vt* **1** (*gen*) to excuse: *~ a algn de una tarea* to excuse sb from doing sth ◊ *Eso no excusa sus acciones.* That doesn't excuse her conduct. **2** (*considerar innecesario*): *Excuso decirte que...* I don't need to tell you (that)...

■ **excusarse** *v pron* **1** (*disculparse*) to apologize (***to sb***) (***for sth/doing sth***): *Se excusó con su jefe por no poder asistir a la reunión.* He apologized to his boss for not being able to attend the meeting. **2** (*poner pretextos*) to decline (***to do sth***): *Me excusé de conceder la entrevista.* I declined to give an interview.

execrable *adj* execrable

exención *nf* exemption (***from sth***)

exento, -a *pp, adj* **~ de** exempt **from** ***sth***: *Está ~ de la mili.* He's exempt from military service. ◊ *Estoy exenta de gimnasia.* I'm excused from gym. *Ver tb* EXIMIR

LOC exento de aranceles duty-free **exento de impuestos** tax-free **no exento de** not without *sth*: *una observación no exenta de ironía* a comment not without irony

exequias *nf*

LOC exequias (fúnebres) funeral [*sing*]

exhalación *nf* breath

LOC pasar como una exhalación to shoot past **salir como una exhalación** to dash out

exhalar *vt* **1** (*gas, vapor*) to give *sth* off **2** (*suspiro*) to give: *~ un suspiro de alivio* to give a sigh of relief **3** (*queja*) to utter

■ **exhalar** *vi* to breathe out, to exhale (*más formal*)

LOC exhalar el espíritu/último suspiro to breathe your last **exhalar un olor** to smell (*of sth*)

exhaustivo, -a *adj* **1** (*gen*) thorough, exhaustive (*más formal*): *una investigación exhaustiva* a thorough investigation **2** (*lista*) comprehensive

exhausto, -a *adj* exhausted

exhibición *nf* **1** (*gen*) display: *una ~ gimnástica* a gymnastics display ◊ *una sorprendente ~ de fuerza física* an amazing display of physical strength **2** (*película*) showing

exhibicionismo *nm* **1** (*deseo de exhibirse*) exhibitionism **2** (*sexual*) indecent exposure

exhibicionista *adj, nmf* exhibitionist [*n*]: *¿Cómo puede ser tan ~?* Why is he such an exhibitionist?

■ **exhibicionista** *nmf* (*sexual*) flasher

exhibir *vt* **1** (*gen*) to show: *El pintor exhibe su obra en una galería londinense.* The painter is showing his work at a London gallery. ◊ *~ una película* to show a film **2** (*sonrisa*) to wear

■ **exhibir** *vi* to exhibit

■ **exhibirse** *v pron* **1** (*presumir*) to show off **2** (*obra artística*) to be on show

exhortación *nf* exhortation (***to sth/to do sth***)
exhortar *vt* to exhort *sb* ***to sth/to do sth***
exhumación *nf* exhumation
exhumar *vt* to exhume
exigencia *nf* **1** (*requerimiento*) requirement **2** (*excesiva*) demand: *¡No me vengas con ~s!* Don't come to me with your demands!
exigente *adj* **1** (*estricto*) strict **2** (*que pide mucho*) demanding
exigir *vt* **1** (*requerir*) to require: *Ese trabajo exige una preparación especial.* That job requires special training. **2** (*reclamar*) to demand: *Exijo una explicación.* I demand an explanation.
exiliado, -a (*tb* **exilado, -a**) *nm-nf* exile
exiliar (*tb* **exilar**) *vt* to exile
■ **exiliarse** *v pron* **exiliarse (a/en)** to go into exile (**in ...**)
exilio *nm* exile
eximir *vt* **1** (*impuestos, servicio militar*) to exempt *sb* (***from sth***) **2** (*responsabilidades, culpa*) to clear *sb* (***of sth***)
existencia *nf* **1** (*hecho de existir*) existence **2** (*vida*) life [*pl* lives] **3 existencias** stocks: *Se nos están acabando las ~s de carne.* Our meat stocks are running low. ◊ *agotar ~s* to be out of stock **LOC** *Ver* COMPLICAR, ROTACIÓN
existencial *adj* existential
existencialismo *nm* existentialism
existencialista *adj, nmf* existentialist
existente *adj* existing
existir *vi* **1** (*gen*) to exist: *Esa palabra no existe.* That word doesn't exist. **2** (*estar vivo*) to be alive **3** (*haber*): *No existe una voluntad de colaboración.* There is no spirit of cooperation.
éxito *nm* **1** (*gen*) success: *~ profesional* professional success **2** (*disco, canción*) hit: *Ese disco ha sido un ~.* That record is a hit.
LOC de éxito successful: *un autor/una serie de ~* a successful author/series **éxito editorial** best-seller **ser un éxito de ventas** to sell in large numbers **tener éxito** to be successful **un éxito clamoroso** a resounding success *Ver tb* TAQUILLA
exitoso, -a *adj* successful
éxodo *nm* exodus
exorbitante *adj* exorbitant
exorcismo *nm* exorcism
exorcista *nmf* exorcist
exorcizar *vt* to exorcize
exótico, -a *adj* exotic
exotismo *nm* exoticism
expandir *vt* **1** (*gen*) to expand: *La sociedad ha expandido sus actividades comerciales.* The company has expanded its commercial activities. **2** (*Ciencias*) to make *sth* expand: *El calor expande el metal.* Heat makes metal expand. **3** (*rumor*) to spread
■ **expandirse** *v pron* **1** (*gen*) to expand: *La ciudad se expande con rapidez.* The city is expanding rapidly. **2** (*rumor*) to spread
expansión *nf* **1(a)** (*gen*) expansion: *la ~ de una compañía* the expansion of a company **(b)** (*rumor*) spread **2** (*diversión*) relaxation
expansionarse *v pron* **1** (*aumentar de tamaño*) to expand **2(a)** (*relajarse*) to relax **(b) ~ con** (*desahogarse*) to unburden yourself **to *sb***
expansionista *adj* expansionist
expansivo, -a *adj* **1** (*política*): *una política expansiva* a policy of expansion **2** (*persona*) expansive **LOC** *Ver* ONDA
expatriación *nf* expatriation
expatriado, -a *pp, adj, nm-nf* expatriate [*n*]: *varios españoles ~s* some expatriate Spaniards *Ver tb* EXPATRIAR
expatriar *vt* to exile
■ **expatriarse** *v pron* **1** (*emigrar*) to emigrate **2** (*exiliarse*) to go into exile

expectación *nf* (sense of) expectancy
LOC con expectación expectantly
expectante *adj* expectant: *Su familia le esperaba ~.* His family were waiting expectantly.
expectativa *nf* expectation: *El resultado supera nuestras ~s.* The result has exceeded our expectations. ◊ *las ~s electorales de un partido* a party's electoral prospects
LOC estar a la expectativa (de) to be waiting (for *sth to happen*)
expectorante *adj, nm* expectorant [*n*]: *un jarabe ~* a cough mixture containing an expectorant
expedición *nf* **1** (*viaje*) expedition **2** (*documento*) issuing **3** (*mercancías*) dispatch
expedicionario, -a *adj* expeditionary
■ **expedicionario, -a** *nm-nf* member of an expedition
expedientado, -a *pp, adj* under investigation: *los funcionarios ~s* the officials under investigation *Ver tb* EXPEDIENTAR
■ **expedientado, -a** *nm-nf* person under investigation
expedientar *vt* to take disciplinary action **against *sb***
expediente *nm* **1** (*documentación*) file: *los ~s municipales* the council files **2** (*empleado, estudiante*) record **3** (*investigación*) investigation
LOC expediente de crisis statement of financial difficulties **expediente de expulsión** expulsion order **expediente disciplinario** disciplinary action: *Le van a abrir un ~ disciplinario.* They're going to take disciplinary action against him. *Ver tb* ABRIR, CUBRIR, TRASLADO
expedir *vt* **1** (*enviar*) to dispatch: *~ una mercancía* to dispatch goods **2** (*emitir*) to issue: *~ un pasaporte* to issue a passport
expeditivo, -a *adj* expeditious: *por la vía más expeditiva* by the most expeditious means
expeler *vt* to expel
expendedor, ~a *adj*: *una máquina expendedora de tabaco/bebidas* a cigarette/drinks (vending) machine ◊ *un establecimiento ~ de lotería/tabaco* a lottery outlet/tobacconist's
expendeduría *nf*
LOC expendeduría de lotería lottery outlet **expendeduría de tabaco** tobacconist's [*pl* tobacconists]
☛ *Ver nota y ejemplos en* CARNICERÍA
expender *vt* to sell
expensas *nf* expenses
LOC a expensas de at my, your, etc expense: *a nuestras ~* at our expense ◊ *a ~ del municipio* at the council's expense
experiencia *nf* **1** (*gen*) experience: *~ docente* teaching experience **2** (*experimento*) experiment
experimentación *nf* experimentation
experimentado, -a *pp, adj* experienced *Ver tb* EXPERIMENTAR
experimental *adj* experimental
experimentar *vi* **~ (con)** to experiment (**with *sth***)
■ **experimentar** *vt* **1** (*ensayar*) to test (*cientif*), to try *sth* out **2** (*sentir*) to feel **3** (*mostrar*) to show: *El enfermo ha experimentado una gran mejoría.* The patient has shown a big improvement. **4** (*cambio*) to undergo **LOC** *Ver* CAÍDA
experimento *nm* experiment
experto, -a *adj, nm-nf* **~ (en)** expert (**at/in *sth/doing sth***): *un ~ en química* a chemical expert ◊ *Es un ~ en reparación de automóviles.* He's an expert mechanic. **LOC** *Ver* ASESORAR
expiatorio, -a *adj* **LOC** *Ver* CHIVO
expirar *vi* to expire
explanada *nf* **1** (*terreno llano*) open area **2** (*junto al mar*) esplanade
explicable *adj* easily explained
explicación *nf* explanation
LOC dar explicaciones (de/sobre) to explain *sth* (*to sb*): *No tengo por qué darte explicaciones.* I don't have to explain anything to you. ◊ *Tuvo que dar explicaciones de sus actos.* He had to explain his behaviour.

explicar *vt* **1** (*gen*) to explain *sth* (***to sb***): *Me explicó el caso.* He explained the case to me. ☛ *Ver nota en* EXPLAIN **2** (*enseñar*) to teach *sb* (***about sth***): *Está explicando la revolución industrial.* He is teaching us about the industrial revolution.
■ **explicarse** *v pron* (*comprender*) to understand: *No me explico cómo ha podido ocurrir.* I can't understand how it happened.
LOC **¿me explico?** do you see what I mean? *Ver tb* SÍNTESIS

explicativo, -a *adj* explanatory

explicitado, -a *pp, adj* set out *Ver tb* EXPLICITAR

explicitar *vt* to make *sth* clear

explícito, -a *adj* explicit

exploración *nf* **1** (*gen*) exploration: *la ~ del espacio* space exploration **2** (*Mil*) reconnaissance **3** (*Med*) examination

explorador, ~a *nm-nf* **1** (*descubridor*) explorer **2** (*Mil*) scout

explorar *vt* **1** (*gen*) to explore: *~ una región* to explore an area **2** (*situación, posibilidades*) to investigate **3** (*Mil*) to reconnoitre **4** (*Med*) to examine

exploratorio, -a *adj* **1** (*gen*) exploratory: *una operación exploratoria* an exploratory operation **2** (*Mil*) reconnaissance [*n atrib*]: *en misión exploratoria* on a reconnaissance mission

explosión *nf* **1** (*gen*) explosion: *Hubo varios muertos en la ~.* Several people died in the explosion. **2** (*violencia, entusiasmo*) outburst
LOC **explosión atómica/nuclear** nuclear explosion **explosión demográfica** population explosion **explosión económica** economic boom **hacer explosión** to explode

explosionar *vt, vi* to explode

explosivo, -a *adj* **1** (*que puede explotar*) explosive **2** (*Ling*) plosive
■ **explosivo** *nm* explosive LOC *Ver* MEZCLA

explotable *adj* workable

explotación *nf* **1** (*mina*) working **2** (*industria, negocio*) running **3** (*tierra*) farming **4** (*recursos, personas*) exploitation
LOC **de explotación familiar** family: *un negocio de ~ familiar* a family business **en explotación** in operation **explotación a cielo abierto 1** (*mina*) opencast mine **2** (*actividad*) opencast mining **explotación agrícola 1** (*granja*) farm **2** (*actividad*) farming **explotación forestal 1** (*plantación*) forestry plantation **2** (*actividad*) forestry **explotación ganadera** livestock farming **explotación industrial** industrial concern **explotación minera 1** (*mina*) mine **2** (*actividad*) mining **explotación petrolífera** oil installations [*v pl*]

explotador, ~a *adj*: *la cooperativa explotadora de la granja* the co-operative that runs the farm
■ **explotador, ~a** *nm-nf* slave-driver

explotar *vt* **1** (*obtener beneficio*) **(a)** (*mina*) to work **(b)** (*industria, negocio*) to run **(c)** (*tierra*) to farm **2** (*aprovechar, abusar de*) to exploit: *~ los recursos de una región* to exploit the resources of a region. ◊ *~ a los trabajadores* to exploit the workers
■ **explotar** *vi* **1** (*explosivo*) to go off, to explode (*más formal*): *La bomba explotó a las tres de la mañana.* The bomb went off at 3am. **2** (*edificio, local, recipiente*) to blow up **3** (*persona*) to explode

expolio *nm* plunder
LOC **armarle/montarle un expolio a algn** to give sb a row **armar/montar un expolio** to kick up a fuss

exponencial *adj* exponential LOC *Ver* ECUACIÓN

exponente *nm* exponent

exponer *vt* **1** (*presentar*) **(a)** (*proyecto, teoría*) to present **(b)** (*condiciones, problema*) to set *sth* out **2** (*exhibir*) to display: *~ algo en un escaparate* to display sth in a shop window **3** (*a fenómenos meteorológicos*) to expose *sth/sb* ***to sth***: *~ algo al frío/sol* to expose sth to the cold/sun **4** (*vida, reputación*) to risk
■ **exponer** *vt, vi* (*Arte*) to exhibit
LOC **exponerse a que...** to risk *sth/doing sth*: *Te expones a que te multen.* You're risking a fine. *Ver tb* SÍNTESIS

exportación *nf* export: *las exportaciones a Estados Unidos* exports to the United States ◊ *estimular la ~* to boost exports
LOC **de exportación** export: *artículos/productos de ~* export goods *Ver tb* COMERCIO, IMPORTACIÓN, PERMISO

exportador, ~a *adj* export [*n atrib*]: *una empresa exportadora* an export company ◊ *países ~es de petróleo/carbón* oil/coal exporting countries
■ **exportador, ~a** *nm-nf* exporter LOC *Ver* ORGANIZACIÓN

exportar *vt* to export

exposición *nf* **1** (*Arte*) exhibition **2** (*exhibición*) show: *una ~ agrícola/de flores* an agricultural/flower show **3** (*tema, asunto*) presentation **4** (*a fenómenos meteorológicos*) exposure **5** (*Fot*) exposure
LOC **exposición comercial** trade fair **hacer una exposición** to give a presentation (*on sth*) *Ver tb* PALACIO

expositivo, -a *adj* explanatory

expositor, ~a *nm-nf* exhibitor
■ **expositor** *nm* display stand

exprés *adj* express LOC *Ver* CAFÉ, CAFETERA, OLLA

expresamente *adv* **1** (*explícitamente*) specifically: *Me pidió ~ que lo hiciera.* He specifically asked me to do it. **2** (*ex profeso*) especially: *Vino ~ a verte.* He came especially to see you. ☛ *Ver nota en* ESPECIALLY

expresar *vt* **1** (*gen*) to express: *~ una opinión* to express an opinion **2** (*razones, datos*) to give

expresión *nf* expression
LOC **expresión oral/escrita** speaking/writing **sin expresión** expressionless *Ver tb* LIBERTAD, PERMITIR, REDUCIR, VALER

expresionismo *nm* expressionism

expresionista *adj, nmf* expressionist

expresividad *nf* expressiveness: *una obra de gran ~* a highly expressive work

expresivo, -a *adj* **1** (*gen*) expressive: *lenguaje ~* expressive language ◊ *un silencio ~* an eloquent silence **2 ~ de** expressing: *un resultado ~ de la voluntad popular* a result expressing the will of the people **3** (*de expresión*) of expression: *nuevas técnicas expresivas* new forms of expression

expreso, -a *pp, adj* express *Ver tb* EXPRESAR
■ **expreso** *nm* express LOC *Ver* TREN

exprimidor *nm* **1** (*manual*) lemon-squeezer **2** (*eléctrico*) juice extractor

exprimir *vt* **1** (*fruta*) to squeeze **2** (*persona*) to exploit

ex profeso *adv* **1** (*especialmente*) especially ☛ *Ver nota en* ESPECIALLY **2** (*a propósito*) on purpose

expropiación *nf* expropriation

expropiar *vt* to expropriate

expuesto, -a *pp, adj* **1 ~ (a)** (*lugar, cosa*) exposed (**to** *sth*) **2** (*mencionado*) stated: *las razones ya expuestas* the reasons already stated **3** (*arriesgado*) risky **4** (*en exposición*) on display: *las joyas expuestas* the jewels on display *Ver tb* EXPONER

expulsar *vt* **1** (*gen*) to expel *sb* (***from...***): *La van a ~ del colegio.* They're going to expel her (from the school). **2** (*de un local*) to throw *sb* out **3** (*Dep*) to send *sb* off: *Fue expulsado del terreno de juego.* He was sent off (the pitch).

expulsión *nf* **1** (*gen*) expulsion: *su ~ del partido* his expulsion from the party **2** (*de un local*) ejection **3** (*Dep*) sending-off [*pl* sendings-off] LOC *Ver* EXPEDIENTE

exquisitez *nf* exquisiteness: *la ~ de sus modales* her exquisite manners

exquisito, -a *adj* **1** (*gen*) exquisite: *una belleza exquisita* exquisite beauty **2** (*comida, bebida*) delicious

extasiarse *v pron* **~ (con)** to go into raptures (**over** *sth*)

éxtasis *nm* ecstasy

extático, -a *adj* ecstatic

extemporáneo, -a (*tb* **extemporal**) *adj* **1** (*impropio de la estación*) unseasonable **2** (*inoportuno*) untimely

extender *vt* **1** (*gen*) to extend *sth* (**to sb**): ~ *una mesa* to extend a table ◊ ~ *la invitación a todos* to extend the invitation to everyone **2(a)** (*brazo*) to stretch out *your arm* **(b)** (*mano*) to hold out *your hand* **3** (*alas, mantequilla, pintura, noticia*) to spread **4** (*desplegar*) to spread *sth* out: *Extendió el mapa sobre la mesa.* He spread the map out on the table. **5** (*documento*) to issue: ~ *un pasaporte a algn* to issue sb with a passport **6** (*cheque, receta médica*) to write

■ **extenderse** *v pron* **1** (*costumbre, noticia, epidemia*) to spread **2** (*abarcar*) **(a)** (*en el espacio*) to stretch: *El jardín se extiende hasta el lago.* The garden stretches down to the lake. **(b)** (*en el tiempo*) to last: *El debate se extendió durante horas.* The debate lasted for hours. **3 extenderse a** to extend **to** ***sth/sb***: *Su influencia/autoridad se extiende a toda la zona.* His influence/authority extends to the whole area. **4 extenderse (sobre)** to speak/write at length (**about** ***sth***) **5** (*tenderse*) to stretch out **LOC** *Ver* MANCHA, PÓLVORA

extendido, -a *pp, adj* **1** (*brazos*) outstretched **2** (*costumbre, epidemia, uso*) widespread: *una costumbre muy extendida* a widespread custom ◊ *una palabra de uso* ~ a widely used word **3** (*duda*) widely shared **4** (*idioma*) widely spoken *Ver tb* EXTENDER

extensamente *adv* at length

extensible *adj* **1** (*gen*) extending: *una escalera* ~ extending ladder **2 ~ a** (*aplicable*) applicable **to** ***sth/sb***

extensión *nf* **1** (*superficie*) area **2** (*longitud, duración*) length: *Tiene 30 cm de* ~. It is 30 cm long. **3** (*teléfono, plazo*) extension: *Pregunta por la* ~ *343.* Ask for extension 343. **4** (*cable*) extension lead

LOC en toda la extensión de la palabra in every sense of the word

extensivo, -a *adj*

LOC hacer extensivo to extend *sth to sb*: *Hizo extensiva su gratitud a todos los empleados.* He extended his gratitude to all his staff. **ser extensivo a** to apply to *sth/sb*: *La oferta es extensiva a todos.* The offer applies to everyone.

extenso, -a *pp, adj* **1** (*grande*) extensive: *un vocabulario* ~ an extensive vocabulary **2** (*informe*) long *Ver tb* EXTENDER

extenuante *adj* exhausting

extenuar *vt* to wear *sb* out, to exhaust (*más formal*)

exterior *adj* **1** (*externo*) **(a)** (*gen*) outer: *la capa* ~ the outer layer **(b)** (*temperatura, bolsillo, mundo*) outside **2** (*extranjero*) **(a)** (*ayuda, deuda, comercio*) foreign **(b)** (*déficit*) external

■ **exterior** *nm* **1** (*gen*) outside: *el* ~ *de la casa* the outside of the house **2 exteriores** (*Cine*) location shots

LOC en el exterior (*en el extranjero*) abroad *Ver tb* MERCADO, MINISTERIO

exteriorizar *vt* to show

exterminación *nf* extermination

exterminador, ~a *adj* exterminating

■ **exterminador, ~a** *nm-nf* exterminator

exterminar *vt* to exterminate

exterminio *nm* extermination

externo, -a *adj* **1** (*gen*) outside: *influencias externas* outside influences **2** (*señal*) outward **3** (*extranjero*) foreign: *la deuda externa* the foreign debt **4** (*Med*) external: *de uso* ~ for external use

■ **externo, -a** *nm-nf* day pupil **LOC** *Ver* CONSULTA

extinción *nf* **1** (*fuego*) putting out, extinguishing (*más formal*): *Tres vehículos participaron en la* ~ *del incendio.* Three appliances were involved in extinguishing the fire. **2** (*especie*) extinction **3** (*enfermedad, virus*) eradication

extinguir *vt* **1** (*fuego*) to put *sth* out, to extinguish (*más formal*) **2** (*especie*) to wipe *sth* out **3** (*enfermedad, virus*) to eradicate

■ **extinguirse** *v pron* **1** (*fuego, luz*) to go out **2** (*especie, volcán*) to become extinct **3** (*cultura*) to die out **4** (*vida*) to come to an end **5** (*amor, emoción*) to die

extinto, -a *adj* extinct

extintor *nm* fire extinguisher

extirpación *nf* removal

extirpar *vt* **1** (*Med*) to remove: *Le han extirpado un quiste de un ovario.* She's had an ovarian cyst removed. **2** (*mal, vicio*) to stamp *sth* out, to eradicate (*más formal*)

extorsión *nf* **1** (*delito*) extortion **2** (*molestia*) inconvenience

extra *adj* **1** (*superior*) top quality **2** (*adicional*) extra: *una capa* ~ *de barniz* an extra coat of varnish

■ **extra** *nf* bonus [*pl* bonuses]: *la* ~ *de Navidad* the Christmas bonus

■ **extra** *nm* additional expense: *La empresa me paga los* ~*s.* The company pays my additional expenses.

■ **extra** *nmf* (*Cine, TV*) extra **LOC** *Ver* HORA, PAGA

extracción *nf* **1** (*Med*) **(a)** (*muela*) extraction **(b)** (*quirúrgica*) removal **(c)** (*sangre*) taking: *Me tienen que hacer una* ~ *de sangre.* I've got to have a blood sample taken. **2** (*recursos naturales*) **(a)** (*piedra*) quarrying **(b)** (*carbón, diamantes*) mining **(c)** (*petróleo, gas*) extraction **3** (*lotería*) draw **4** (*clase social*) extraction: *de* ~ *social baja* of humble extraction

extracto *nm* **1** (*libro, carta*) summary **2** (*Quím*) **(a)** (*gen*) extract: ~ *de malta* extract of malt **(b)** (*esencia*) essence: ~ *de lavanda* essence of lavender

LOC extracto (de cuenta) (bank) statement

extractor, ~a *adj*: *una máquina extractora de aire* an extractor fan

■ **extractor** *nm* extractor: *un* ~ *de humo* a smoke extractor

extracurricular *adj* extra-curricular

extradición *nf* extradition

extraditar *vt* to extradite

extraer *vt* **1** (*Med*) **(a)** (*muela*) to extract **(b)** (*quirúrgicamente*) to remove **(c)** (*sangre*) to take blood (***from sb***): *Le extrajeron medio litro de sangre.* They took half a litre of blood from him. ◊ ~ *sangre* (*para un análisis*) to take a blood sample **2** (*recursos naturales*) **(a)** (*piedra*) to quarry **(b)** (*carbón, diamantes*) to mine **(c)** (*petróleo, gas*) to extract **3** (*información, dinero*) to extract **4** (*lotería, conclusión*) to draw

extraescolar *adj* out-of-school

extralimitarse *v pron*

LOC extralimitarse (en sus funciones): *Creo que se está extralimitando en sus funciones.* I think he's exceeding his authority.

extramarital *adj* extramarital

extramuros *adv* outside the town

extranjería *nf* **LOC** *Ver* LEY

extranjerismo *nm* foreign expression

extranjero, -a *adj* foreign

■ **extranjero, -a** *nm-nf* foreigner

LOC al/en el extranjero abroad

extranjis

LOC de extranjis on the sly

extrañar *vt* **1** (*sorprender*) to surprise: *Me extraña ver tanta gente.* I'm surprised to see so many people. **2** (*echar de menos*) to miss

LOC extrañarse de algo/de que... to be surprised at sth/(that...): *Se extrañó de que no vinierais.* She was surprised (that) you didn't turn up.

extrañeza *nf* surprise: *Su ausencia causó* ~. Her absence caused surprise. ◊ *mirar a algn con* ~ to look at sb in surprise

extraño, -a *adj* **1** (*anormal*) strange **2** (*ajeno*) outside: *influencias extrañas* outside influences ◊ *personas extrañas* strangers

■ **extraño, -a** *nm-nf* stranger

LOC no es extraño que... no wonder...: *No es* ~ *que la gente se queje.* No wonder people complain.

extraoficial *adj* unofficial

extraordinario, -a *adj* **1** (*fuera de lo normal*) extraordinary: *en circunstancias extraordinarias* in extraordinary circumstances **2** (*maravilloso*) excellent: *un* *actor* ~ an excellent actor **3** (*especial*) special: *un sorteo* ~ a special draw

■ **extraordinaria** *nf* extra month's pay: *la extraordinaria de Navidad* the extra month's pay due at Christmas

LOC *Ver* HORA, PAGA, PREMIO

extrapolación *nf* extrapolation ☛ *Ver ilustración en* GRÁFICO

extrapolar *vt* to extrapolate

extrarradio *nm* outskirts [*v pl*]: *Viven en el ~ de Barcelona.* They live in the outskirts of Barcelona.

extrasensorial *adj* extrasensory

extraterrestre *adj* extraterrestrial

■ **extraterrestre** *nmf* extraterrestrial, alien (*más coloq*)

extrauterino, -a *adj* **LOC** *Ver* EMBARAZO

extravagancia *nf* eccentricity: *Me tiene harta con sus ~s.* I'm fed up with the eccentric way he behaves.

extravagante *adj* **1** (*persona, comportamiento*) eccentric **2** (*aspecto, ropa*) outlandish

■ **extravagante** *nmf* eccentric

extraviado, -a *pp, adj* **1** (*persona, objeto*) lost **2** (*animal*) stray *Ver tb* EXTRAVIAR

extraviar *vt* (*objeto*) to mislay

■ **extraviarse** *v pron* **1** (*perderse*) **(a)** (*persona*) to get lost **(b)** (*animal*) to stray **(c)** (*objeto*) to disappear: *Se me han extraviado las gafas.* My glasses have disappeared. **2** (*pervertirse*) to stray from the straight and narrow

extravío *nm* loss

extremado, -a *pp, adj* extreme *Ver tb* EXTREMAR

extremar *vt*: ~ *las precauciones* to take extra precautions ◊ ~ *las medidas de control* to implement tight controls

■ **extremarse** *v pron* **extremarse (en)** to take great care (**over *sth*/*doing sth***): *~se en los detalles de un informe* to take great care over the details of a report

extremaunción *nf* extreme unction

extremidad *nf* **1** (*extremo*) end **2 extremidades** extremities

extremismo *nm* extremism

extremista *adj, nmf* extremist [*n*]: *grupos ~s* extremist groups ◊ *No seas tan ~.* You go too far.

extremo, -a *adj* extreme: *la extrema derecha* the extreme right

■ **extremo** *nm* **1** (*gen*) end: *Coge la cuerda por un ~.* Hold the end of the rope. **2** (*límite*) edge: *en el ~ norte de la ciudad* at the northern edge of the city **3** (*punto más alto/bajo*) extreme: *Los ~s son peligrosos.* Extremes are dangerous. **4** (*cuestión*) point: *No nos ponemos de acuerdo en ese ~.* We are not agreed on that point.

■ **extremo** *nmf* (*Dep*) winger: *un ~ izquierdo muy habilidoso* a skilful left winger

LOC el Extremo Oriente the Far East **en extremo** in the extreme: *Es humillante en ~.* It is humiliating in the extreme. ◊ *Me arrepiento en ~.* I am extremely sorry. **hasta el extremo** in the extreme **ir/pasar de un extremo a otro** to go from one extreme to the other **los extremos se tocan** extremes meet *Ver tb* CASO, FACILIDAD, GRADO, IMPORTANCIA, LLEGAR, TAL, ÚLTIMO

extrínseco, -a *adj* extrinsic

extroversión (*tb* **extraversión**) *nf* extroversion

extrovertido, -a (*tb* **extravertido, -a**) *adj, nm-nf* extrovert

exuberancia *nf* **1** (*estilo*) exuberance **2** (*vegetación*) luxuriance **3** (*mujer*) voluptuousness

exuberante *adj* **1** (*estilo*) exuberant **2** (*vegetación*) lush **3** (*mujer*) voluptuous

exudar *vt, vi* to ooze: *La bodega exuda humedad.* The cellar oozes damp.

exultación *nf* exultation

exultante *adj* exultant: *Está ~ de gozo.* She is exultant.

eyaculación *nf* ejaculation

LOC eyaculación precoz premature ejaculation

eyacular *vt, vi* to ejaculate

eyectar *vt* to eject

eyector *nm* ejector

Ff

fa *nm* **1** (*nota de la escala*) fah **2** (*tonalidad*) F ☛ *Ver ejemplos en* SOL[1] **LOC** *Ver* CLAVE[2]

fabada *nf* bean and pork stew

fábrica *nf* **1** (*gen*) factory: ~ *de conservas* canning factory **2** (*cemento, ladrillos, acero*) works [*v sing o pl*]: ~ *de cemento* cement works ◊ ~ *de acero* steelworks
LOC **fábrica de cerveza** brewery **fábrica de harina/papel** flour/paper mill **Fábrica Nacional de Moneda y Timbre** ≃ Royal Mint (*GB*) **fábrica textil/de tejidos** textile factory

fabricación *nf* manufacture, making (*más coloq*): *la* ~ *de aviones* aircraft manufacture
LOC **de fabricación casera** home-made **de fabricación española, holandesa, etc** made in Spain, Holland, etc **de fabricación propia** our, your, etc own make **fabricación en serie** mass production *Ver tb* SECRETO

fabricado, -a *pp, adj Ver* FABRICAR
LOC **fabricado en...** made in...

fabricante *nmf* manufacturer

fabricar *vt* to manufacture, to make (*más coloq*): ~ *coches* to manufacture cars
LOC **fabricar en serie** to mass-produce

fábula *nf* **1** (*cuento*) fable **2** (*mito*) myth
LOC **de fábula** fabulous

fabuloso, -a *adj* fantastic

facción *nf* **1** (*grupo*) faction: *facciones rivales* rival factions **2 facciones** (*cara*) features

faceta *nf* **1** (*gen*) facet: *las* ~*s de un problema* the facets of a problem ◊ *Es su* ~ *menos conocida.* It's her least-known facet. **2** (*profesional*) role: *su nueva* ~ *como director* his new role as director ◊ *en su* ~ *de pintor* as a painter

facha[1] *adj, nmf* fascist

facha[2] *nf* **1** (*aspecto*) look, appearance (*más formal*): *No me gusta mucho su* ~. I don't much like the look of him. ◊ *un chico con una* ~ *imponente* a fantastic-looking boy **2** (*adefesio*) sight: *Con ese traje estás hecho una* ~. You look a real sight in that suit.
LOC **tener buena/mala facha** to look good/to be nasty-looking **tener facha de** to look like *sth/sb*: *Tiene* ~ *de banquero.* He looks like a banker.

fachada *nf* **1** (*Arquit*) **(a)** (*cara*) front, façade (*más formal*): *la* ~ *sur del hospital* the south front of the hospital **(b)** (*dimensión*) frontage: *una* ~ *de 20 metros* a frontage of 20 metres **2** (*apariencia*) show: *No tienen más que* ~. They're all show.

facial *adj* facial

fácil *adj* **1** (*gen*) easy: *Llevo una vida* ~. I have an easy life. ◊ *No es nada* ~. It's really hard. ◊ *de* ~ *comprobación/solución* easy to check/easily solved **2** (*probable*) likely: *Es/no es* ~ *que nieve.* It's likely/unlikely to snow. **3** (*mujer*) loose
■ **fácil** *adv* easily: *Eso se soluciona* ~. That's easily solved. ◊ *Tendrá* ~ *cincuenta años.* He's easily fifty.
LOC **fácil de...** easy *to* ...: *Eso es* ~ *de creer.* That's easy to believe. **fácil de manejar/usar** user-friendly *Ver tb* PALABRA, TRATO

facilidad *nf* **1** (*cualidad de fácil*) ease: *debido a la* ~ *de contagio* due to the ease with which the disease spreads ◊ *Ahora tengo más* ~ *para estudiar.* I find it easier to study now. **2** ~ **para** (*habilidad*) gift **for *sth/doing sth***: *tener* ~ *para dibujar* to have a gift for drawing **3 facilidades (a)** (*ayuda*) help [*incontable, v sing*]: *Me dieron todo tipo de* ~*es.* I was given every help. **(b)** (*Fin*) credit (facilities): *dar* ~*es a algn* to provide sb with credit
LOC **con extrema/suma facilidad** with the greatest of ease **con facilidad** easily: *Se quema con* ~. It burns easily. **facilidades de pago** easy payment terms **tener facilidad de palabra** to have a way with words

facilitar *vt* **1** (*hacer fácil*) to make *sth* easier, to facilitate (*formal*): *No les voy a* ~ *el asunto.* I'm not going to make things easier for them. **2** (*proporcionar*) to provide *sb* **with *sth***: *Nos facilitan datos.* They provide us with data.

facilón, -ona *adj* **1** (*muy sencillo*): *una vida facilona* a cushy life ◊ *El examen fue* ~. The exam was a push-over. ◊ *Me lo has puesto muy* ~. You've made it very easy for me. **2** (*música*) bland

facistol *nm* lectern ☛ *Ver ilustración en* IGLESIA

facsímil (*tb* **facsímile**) *nm* facsimile

factible *adj* feasible

factor *nm* factor: *el* ~ *primordial/clave* the prime/key factor ◊ *el* ~ *de riesgo* the risk factor ◊ ~ *común* common factor
LOC **factor sorpresa/suerte** element of surprise/luck

factoría *nf* factory

factura *nf* bill, invoice (*más formal*)

> **Bill** se usa en el lenguaje cotidiano, por ejemplo en un restaurante o una tienda. **Invoice** es una palabra más formal que se suele usar en el mundo de los negocios: *la factura del gas/del teléfono/de la luz* the gas/phone/electricity bill ◊ *hacer la factura* to make out the bill/invoice ◊ *según factura* as per invoice.

LOC **pasar factura** (*fig*) to make *sb* pay *for sth*: *Me está pasando* ~ *por lo que le hice.* She's making me pay for what I did.

facturación *nf* **1** (*acción*) invoicing: *la sección de* ~ the invoicing department **2** (*volumen de ventas*) turnover: *la* ~ *anual* the annual turnover **3** (*en aeropuerto*) check-in: *mostrador de* ~ check-in desk

facturar *vt* **1** (*cobrar*) to invoice (*formal*), to bill *sb* (**for *sth***): *No le facturo los gastos.* I won't invoice you for the costs. **2** (*volumen de ventas*) to have a turnover of...: *La compañía facturó 20 millones de dólares.* The firm had a turnover of 20 million dollars. **3** (*aeropuerto*) to check *sth* in: *¿Has facturado el equipaje?* Have you checked in your luggage yet?
■ **facturar** *vi* (*aeropuerto*) to check in

facultad *nf* **1** (*capacidad*) faculty: *en plena posesión de mis* ~*es mentales* in full possession of my mental faculties ◊ *Ha perdido* ~*es.* He's lost his faculties. ◊ *la* ~ *de hablar/ver* the faculty of speech/sight **2** ~ **(de/para)** (*poder*) authority (***to do sth***): *No tienen la* ~ *de poner multas.* They haven't got the authority to charge fines. **3** (*Educ*) **(a)** (*centro universitario*) university: *un compañero de la* ~ a friend of mine from university **(b) Facultad** Faculty: *Facultad de Filosofía y Letras* Arts Faculty

facultar *vt* **1** (*autorizar*) to authorize *sb* ***to do sth*** **2** (*dar derecho*) to entitle *sb* ***to do sth***: *Este título le faculta para ejercer periodismo.* This qualification entitles her to work as a journalist.

facultativo, -a *adj* **1** (*opcional*) optional: *La medida es facultativa.* The measure is optional. **2** (*Med*) medical: *un parte* ~ a medical bulletin
■ **facultativo, -a** *nm-nf* doctor **LOC** *Ver* PRESCRIPCIÓN

faena *nf* **1** (*tarea*) job: *No le dediques mucho tiempo a esa* ~. Don't spend a lot of time on that job. **2** (*contratiempo*) nuisance: *Es una* ~, *pero qué se le va a hacer.*

It's a nuisance, but it can't be helped. **3** (*jugarreta*) dirty trick: *¡Vaya ~ que me han hecho!* What a dirty trick! **4** (*Tauromaquia*) performance: *Realizó una mala ~ con el segundo toro.* He performed poorly with the second bull.

LOC estar en plena faena to be hard at work **estar metido en faena**: *Una vez metido en ~, lo mismo me da pintar una habitación que dos.* While I'm about it, I might as well paint the other room as well. **faenas agrícolas/del campo** farm work [*incontable, v sing*] **faenas domésticas/de la casa** household chores **ropa/traje de faena** work clothes [*v pl*]

faenar *vi* **1** (*pescar*) to fish **2** (*en el campo*) to work

fagot *nm* (*instrumento*) bassoon ☛ *Ver ilustración en* WOODWIND

■ **fagot** *nmf* (*músico*) bassoonist

faisán *nm* pheasant

faja *nf* **1** (*banda en la cintura*) **(a)** (*gen*) (waist)band **(b)** (*de uniforme*) sash **2** (*ropa interior*) girdle **3** (*terreno*) strip

LOC faja pantalón panty girdle

fajín *nm* sash

fajo *nm* **1** (*gen*) bundle: *un ~ de periódicos* a bundle of newspapers **2** (*billetes*) wad

falacia *nf* **1** (*mentira*) lie **2** (*argumento falso*) fallacy

falange *nf* phalanx [*pl* phalanxes/phalanges] ☛ *Ver ilustración en* ESQUELETO

falaz *adj* **1** (*falso*) false: *una doctrina/promesa ~* a false doctrine/promise **2** (*engañoso*) deceitful: *palabras falaces* deceitful words

falda *nf* **1** (*prenda*) skirt **2** (*montaña*) lower slope: *en las ~s del volcán* on the slopes of the volcano **3** (*carne*) brisket: *~ de vaca* brisket of beef **4** (*regazo*) lap **5 faldas** (*mujer*): *Está metido en una cuestión de ~s.* He's involved with a woman.

LOC estar pegado a las faldas de tu madre to be tied to your mother's apron strings **falda escocesa 1** (*gen*) tartan skirt: *Las ~s escocesas vuelven a estar de moda.* Tartan skirts are in fashion again. **2** (*traje típico escocés*) kilt **falda pantalón** culottes [*v pl*] **falda tubo** tight skirt *Ver tb* COSIDO

faldero, -a *adj* **LOC** *Ver* PERRO

faldón *nm* (*de bebé*) robe

fálico, -a *adj* phallic: *un símbolo ~* a phallic symbol

falla[1] *nf* **1** (*Geol*) fault **2** (*en una tela*) flaw

falla[2] *nf* **1** (*figura*) cardboard figure burnt at the festival of San José **2 las Fallas** the festival of San José in Valencia

fallar[1] *vt* **1** (*Jur*) to pronounce **2** (*premio literario*) to award

LOC fallar a favor/en contra de (*Jur*) to find for/against *sb*

fallar[2] *vi* **1** (*gen*) to fail: *Me falla la vista.* My eyesight's failing. ◊ *El plan falló.* The plan failed. **2** (*defraudar, desilusionar*) to let *sb* down: *Me ha fallado mi mejor amigo.* My best friend has let me down.

LOC ¡no falla! it, he, etc is always the same: *Seguro que llega tarde, no falla nunca.* He's bound to be late; he's always the same. **si no me falla la memoria** if I remember rightly *Ver tb* TIRO

fallecer *vi* to pass away (*eufemismo*), to die

fallecimiento *nm* passing (*eufemismo*), death

fallido, -a *adj* **1** (*gen*) unsuccessful: *un intento ~ de rescatar al rehén* an unsuccessful attempt to rescue the hostage **2** (*tiro*) missed

LOC *Ver tb* CRÉDITO, DEUDA

fallo[1] *nm* **1** (*Jur*) ruling: *El juez emitió el ~.* The judge read out his ruling. **2** (*premio*) decision

fallo[2] *nm* **1** (*error*) mistake, error (*más formal*): *~ humano/informático* human/computer error ◊ *¡Qué ~ no haberlo preguntado!* How silly of me not to have asked! ☛ *Ver nota en* MISTAKE[1] **2** (*defecto*) fault: *un ~ en los frenos* a fault in the brakes ☛ *Ver nota en* FAULT **3** (*golpe, tiro*) miss: *tres aciertos y dos ~s* three hits and two misses **4** (*memoria*) lapse

LOC fallo cardiaco heart failure **no tener fallos** to be faultless

falo *nm* phallus [*pl* phalluses/phalli]

falsear *vt* **1** (*gen*) to falsify: *~ las pruebas/la realidad* to falsify the evidence/the truth **2** (*cuentas, resultado*) to fiddle

falsedad *nf* **1** (*argumento, persona*) falseness **2** (*mentira*) lie

falsete *nm* falsetto: *cantar en ~* to sing falsetto

falsificación *nf* **1** (*acción*) forging **2** (*objeto falsificado*) forgery: *estos billetes son una ~* these notes are forgeries **3** (*objeto de imitación*) fake: *No son brillantes, son una ~.* They're not diamonds, they're fakes.

falsificador, ~a *nm-nf* forger

falsificar *vt* to forge: *~ dinero* to forge money

falso, -a *adj* **1** (*gen*) false: *Utilizó un nombre ~.* He gave a false name. ◊ *Fue una falsa alarma.* It was a false alarm. ◊ *Lo que dices es ~.* What you say is not true. **2** (*falsificado*) forged: *un sello/billete ~* a forged stamp/note **3** (*de imitación*) fake: *diamantes ~s* fake diamonds

LOC *Ver* JURAMENTO, JURAR, MOVIMIENTO

falta *nf* **1 ~ de** (*carencia*) lack **of** ***sth***: *su ~ de ambición/respeto* his lack of ambition/respect ◊ *por ~ de dinero* due to lack of money **2** (*defecto*) flaw: *Este vestido tiene una ~.* This dress has a flaw. **3** (*error*) mistake: *Cometes muchas ~s (de ortografía).* You make a lot of (spelling) mistakes. **4** (*Fútbol*) **(a)** (*infracción*) foul: *hacer una ~* to commit a foul **(b)** (*saque*) free kick: *Sacó la ~.* He took the free kick. **5** (*Tenis*) fault **6** (*menstruación*) missed period: *He tenido tres ~s.* I've missed three periods.

LOC a falta de 1 (*por carecer de*) for want of *sth*: *A ~ de vino, bebimos agua.* For want of wine, we drank water. **2** (*quedando*) with ... to go: *a ~ de tres minutos para el final* with three minutes to go **echar en falta 1** (*echar de menos*) to miss: *Echo en ~ el mar.* I miss the sea. **2** (*notar que falta algo*) to notice *sth* is/was missing: *Eché en ~ mi monedero.* I noticed my purse was missing. **3** (*necesitar*) to need: *Se echa en ~ una introducción.* We need an introduction. **falta (de asistencia)** absence: *Ya tienes tres ~s este mes.* That's three times you've been absent this month. ◊ *No quiero que me pongan ~.* I don't want to be marked absent. **falta de disciplina** act of disobedience **falta de educación** rudeness/tactlessness: *¡Qué ~ de educación!* How rude! **falta de formalidad** unreliability: *¡Qué ~ de formalidad!* How rude! **falta de pago** non-payment **falta de seriedad**: *Es una ~ de seriedad.* It's very unbusinesslike. **hacer falta 1** (*gen*) to need *sth/sb* [*vt*]: *Me hace ~ un coche.* I need a car. ◊ *Hacen ~ cuatro sillas más.* We need four more chairs. ◊ *Llévatelo, no me hace ~.* Take it, I don't need it. ◊ *Hace ~ alguien de confianza.* We need someone we can trust. **2 + inf** to need to do sth: *Hace ~ limpiar la casa.* We need to clean the house./The house needs cleaning. ◊ *Te hace ~ estudiar más.* You need to study harder.

En frases negativas *no hace falta* se puede traducir también por **there's no need to ...** o **you don't have to ...**: *No hace falta venir mañana.* There's no need to come tomorrow. ◊ *No hace falta que vayas.* You don't have to go.

poner/sacar faltas to find fault *with sth/sb* **sin falta** without fail *Ver tb* PITAR, SAQUE

faltar *vi*

● **no haber 1** (*carecer*) to lack *sth* [*vt*]: *Les falta cariño.* They lack affection. ◊ *En el mundo falta justicia.* There's a lack of justice in the world. ◊ *No le faltan motivos para estar enfadado.* He's got quite enough reason to be angry. **2** (*necesitar*) to need *sth/sb* [*vt*]: *Nos falta alguien que tenga las ideas claras.* We need somebody with clear ideas. ◊ *Aquí falta un director que lo organice todo.* We need a manager who can organize everything. ◊ *Hacen falta medidas más estrictas.* There is a need for stricter measures. **3** (*no tener suficiente*) to be short of *sth*: *Me faltan dos monedas para poder llamar.* I'm short of two coins to make a phone call.

Nótese que cuando en la frase española aparece el complemento indirecto, este se transforma en sujeto en inglés: **Les** falta cariño. **They** lack affection. Sin embargo, cuando la frase no tiene complemento indirecto en español, el inglés suele preferir las estructuras **there is a lack of…, there is a need for…** y **there is a shortage of…**: *Faltan medicinas.* There is a shortage of medicines..

• **quedar 1** (*con expresiones de tiempo*): *Faltan diez minutos (para que se termine la clase).* There are ten minutes to go (till the end of the lesson). ◊ *Faltan cinco minutos para las siete.* It's five to seven. ◊ *Falta poco para que vengan.* It's not long till they come. ◊ *¿Falta mucho para comer?* Is it long till lunch? ◊ *¿Os falta mucho para terminar?* Are you going to be much longer? **2 ~ (por) hacer** to still have **to do** ***sth***: *Aún faltan las maletas por hacer.* We still have to do the packing. ◊ *Falta instalar la máquina.* The machine still has to be installed. ◊ *¿Qué falta?* What do we still have to do? ◊ *Solo falta plancharlo.* All I've got to do is iron it.
• **no estar 1** (*gen*) to be missing: *¿Falta alguien?* Is there anybody missing? ◊ *Faltan mil pesetas de la caja.* A thousand pesetas is missing from the till. ◊ *Te espero mañana, no faltes.* I'll see you tomorrow. Make sure you're there. **2** (*por enfermedad*) to be away: *¿Cuántos niños faltan hoy?* How many children are away today? **3 ~ a** (*no acudir a un sitio*) to miss *sth* [*vt*]: *~ a una cita* to miss an appointment ◊ *Falta a menudo a clase.* He misses a lot of school.
• **ofender** to offend *sth/sb* [*vt*]: *No quise ~te en nada.* I didn't want to offend you in any way!
• **incumplir 1 ~ a** (*promesa*) to break *sth*: *Faltaste a tu palabra.* You broke your word. **2 ~ a** (*deber, obligación*) to fail **in** ***sth***: *Nunca he faltado a mi obligación.* I've never failed in my duties. **3 ~ a** (*principios*) to betray *sth* [*vt*]

LOC falta (por) saber it remains to be seen **faltar a la verdad** not to tell the truth **faltar al respeto** to be disrespectful *(to sb)* **faltarle a algn un tornillo/una tuerca** to have a screw loose **faltar un pelo/el canto de un duro** to be a hair's breadth away (*from sth/doing sth*): *Ha faltado un pelo para que perdiéramos el tren.* We were a hair's breadth away from missing the train. **faltó poco para que…** I, you, etc almost…: *Faltó poco para que me marchase.* I almost walked out. **¡lo que (me) faltaba!** that's all I, you, etc needed! **ni falta ni sobra** it's just right **¡no faltaba más!/¡faltaría más! 1** (*naturalmente*) certainly: *—¿Podría ayudarme? —¡No faltaba más!* 'Could you help me?' 'Certainly!' **2** (*ni pensarlo*) not likely!: *Pretende que pague yo. ¡No faltaba más!* She wants me to pay. Not likely! **por si faltaba poco** to top it all

falto, -a *adj* **~ de** lacking (**in**) *sth*: *Estuvo ~ de apoyo.* He was lacking (in) support.
LOC falto de personal short-staffed

fama *nf* **1** (*celebridad*) fame: *Alcanzó la ~ a los 30 años.* He achieved fame at the age of 30. ◊ *Aquella película les dio la ~.* That film made them famous. **2 ~ (de)** (*reputación*) reputation (**for** ***sth/doing sth***): *tener buena/mala ~* to have a good/bad reputation ◊ *El incidente me creó ~ de protestón.* The incident gave me a reputation for being argumentative. ◊ *Tiene ~ de no callarse lo que piensa.* He has a reputation for speaking his mind.
LOC de fama famous: *una actriz de ~ internacional* a world-famous actress **de mala fama** of ill repute *Ver tb* LANZAR, PEDESTAL

famélico, -a *adj* (*esmirriado*) skinny ☛ *Ver nota en* DELGADO

familia *nf* **1** (*gen*) family [*v sing o pl*]: *Es de buena ~.* He's from a good family. ◊ *una ~ numerosa* a large family ◊ *la ~ de lenguas* the family of languages

Cuando en inglés se habla de la familia considerándola como una unidad, **family** lleva el verbo en singular: *¿Cómo está tu familia?* How's your family? Si por el contrario se la considera como un grupo de individuos, el verbo va en plural: *En mi familia todos son muy altos.* My family are all very tall.
Por otro lado, hay dos formas posibles de expresar el apellido de la familia en inglés: con la palabra **family** ('the Robertson family'), o poniendo el apellido en plural ('the Robertsons', 'the Joneses', etc).

2 (*hijos*) children [*v pl*]: *Todavía no han tenido ~.* They still haven't got any children. **3** (*parientes*) relatives [*v pl*]: *Tengo ~ en Inglaterra.* I've got relatives in England.
LOC en familia 1 (*con miembros de la familia*) with the family **2** (*a gusto*) at ease: *Con ellos me siento como en ~.* I feel very much at ease with them. **3** (*entre amigos*) among friends: *No te preocupes, estamos en ~.* Don't worry, you're among friends. **familia monoparental** single-parent family ☛ *Ver nota en* SINGLE **familia política** in-laws [*v pl*]

Aunque **in-laws** se puede emplear para referirse a toda la familia política, su uso más general es como equivalente de *suegros*.

ser como de la familia to be like one of the family **venir de familia** to run in the family: *El genio le viene de ~.* His bad temper runs in the family. *Ver tb* ACORDAR, CABEZA, HOGAR, PADRE, RECUERDO, SENO

familiar *adj* **1** (*de la familia, grande*) family [*n atrib*]: *lazos ~es* family ties ◊ *un paquete de tamaño ~* a family size packet **2** (*conocido*) familiar: *Su nombre es ~ a muchos.* His name is familiar to many. ◊ *Su cara me resulta ~.* His face is familiar. **3** (*informal*) informal: *estilo ~* informal style **4** (*lenguaje*) colloquial: *una expresión ~* a colloquial expression
■ **familiar** *nmf* (*pariente*) relative **LOC** *Ver* CENTRO, DOMICILIO, ECONOMÍA, EMPRESA, EXPLOTACIÓN, PANTEÓN, SUBSIDIO

familiaridad *nf* **~ (con)** familiarity (**with** ***sth/sb***)

familiarizado, -a *pp, adj* **~ con** familiar **with** ***sth*** *Ver tb* FAMILIARIZARSE

familiarizarse *v pron* **~ con** to get used **to** ***sth***: *~ con las costumbres* to get used to the customs ◊ *~ con el inglés* to get used to English

famoso, -a *adj* **~ (por) 1** (*célebre*) famous (**for** ***sth***): *hacerse ~* to become famous **2** (*de mala fama*) notorious (**for** ***sth***): *Es ~ por su genio.* He's notorious for his bad temper.
■ **famoso, -a** *nm-nf* celebrity **LOC** *Ver* MUNDIALMENTE

fan *nmf* fan

fanático, -a *adj* fanatical (***about sth***)
■ **fanático, -a** *nm-nf* fanatic: *un ~ de la religión* a religious fanatic

fanatismo *nm* fanaticism

fandango *nm* (*danza, cante*) fandango [*pl* fandangoes]

fanfarrón, -ona *adj, nm-nf* **1** (*por la forma de actuar*) show-off [*n*]: *Es un ~.* He's such a show-off. **2** (*por la forma de hablar*) boaster [*n*]: *No le hagas caso, es muy ~.* Don't listen to him, he's such a boaster.

fanfarronada (*tb* **fanfarronería**) *nf* **1** (*acto*) showing-off [*incontable*]: *Hizo una de sus ~s.* He did a typical bit of showing-off. **2** (*al hablar*) boasting [*incontable*]: *¡Vaya ~!* What an incredible bit of boasting!

fanfarronear *vi* **~ (de) 1** (*al actuar*) to show off (**about** ***sth***): *En cuanto hay un par de chicas cerca se pone a ~.* As soon as there are any girls around he starts to show off. **2** (*al hablar*) to boast (**about** ***sth***): *Siempre estás fanfarroneando de tu dinero.* You're always boasting about your money.

fango *nm* mud

fantasear *vi* to fantasize (***about sth***)

fantasía *nf* **1** (*cosa imaginada*) fantasy: *Son ~s suyas.* Those are just fantasies of his. ◊ *un mundo de ~* a fantasy world **2** (*facultad de imaginar*) imagination: *tener una ~ desbordante* to have an unbridled imagination
LOC de fantasía (*con adornos*) fancy: *medias de ~* fancy tights *Ver tb* JOYA

fantasioso, -a *adj*: *Este niño es muy ~.* This child has a lively imagination.

fantasma *adj, nm* **1** (*gen*) ghost: *un relato de ~s* a ghost story ◊ *un buque/pueblo ~* a ghost ship/town **2** (*chulo*) show-off: *ser (un) ~* to be a show-off
■ **fantasma** *adj* bogus: *un golpe de Estado ~* a bogus coup d'état
■ **fantasma** *nm* (*amenaza*) spectre: *el ~ de la recesión* the spectre of recession
LOC **el fantasma de la ópera** the Phantom of the Opera
fantasmada *nf* bravado [*incontable*]: *Es una ~ suya.* That's a bit of bravado on his part.
fantasmal *adj* ghostly
fantástico, -a *adj* fantastic
fantoche *nm* **1** (*presumido*) poser **2** (*mequetrefe*) prat
LOC **ir hecho un fantoche** to look a sight
faraón *nm* Pharaoh
fardar *vi* **1 ~ (de)** (*presumir*) to show off (**about *sth***): *Le encanta ~ de coche.* He loves to show off about his car. **2** (*impresionar*) to be cool: *Esta moto farda mucho.* This motorbike is really cool.
fardo *nm* bundle
fardón, -ona *adj* cool
faringe *nf* pharynx [*pl* pharynxes/pharynges] ☛ *Ver ilustración en* THROAT
faringitis *nf* pharyngitis [*incontable*], very sore throat (*más coloq*): *Tengo ~.* I've got a very sore throat.
farmacéutico, -a *adj* pharmaceutical
■ **farmacéutico, -a** *nm-nf* pharmacist, chemist (*más coloq*)
farmacia *nf* **1** (*tienda*) chemist's [*pl* chemists] ☛ *Ver nota y ejemplos en* CARNICERÍA

Aunque **chemist's** es la palabra normal que usa la gente, en el exterior de las farmacias se suele escribir **pharmacy**.

2 (*ciencia*) pharmacy
LOC **farmacia de guardia** duty chemist's [*pl* duty chemists]
fármaco *nm* drug
faro *nm* **1** (*torre*) lighthouse **2** (*luz*) **(a)** (*gen*) headlight: *Se me ha roto el ~ derecho.* My right headlight's broken. ☛ *Ver ilustración en* CAR **(b)** (*bicicleta*) (bicycle) lamp LOC *Ver* ANTINIEBLA
farol *nm* **1** (*luz*) lantern **2** (*Naipes*) bluff
LOC **marcarse/tirarse un farol** to bluff
farola *nf* **1** (*luz*) street light **2** (*poste*) lamp-post ☛ *Ver ilustración en* HOUSE
farolillo *nm* paper lantern
LOC **farolillo chino** Chinese lantern **farolillos de colores** fairy lights
farruco, -a *adj* cocky: *ponerse ~* to get cocky
farsa *nf* **1** (*Teat*) farce **2** (*engaño*) sham: *Su dolor era una ~.* Her pain was all a sham.
farsante *adj, nmf* fraud [*n*]: *¡Qué ~s son!* What a bunch of frauds!
fascículo *nm* instalment: *publicar algo en/por ~s* to publish sth in instalments
fascinación *nf* **~ (por)** fascination (**for/with *sth/sb***)
fascinante *adj* fascinating
fascinar *vi* to love *sth/doing sth* [*vt*]: *Me fascina ese vestido.* I love that dress.
■ **fascinar** *vt* to fascinate: *Aquellos trucos fascinaron a los niños.* The children were fascinated by those tricks.
fascismo *nm* fascism
fascista *adj, nmf* fascist [*n*]
fase *nf* stage, phase (*más formal*): *la ~ previa/clasificatoria* the preliminary/qualifying stage ◊ *las ~s de la luna* the phases of the moon
LOC **en fase de...** at the...stage: *en ~ de borrador* at the draft stage ◊ *Está en ~ de estudio/montaje.* It's in the process of being studied/assembled. **enfermo/paciente en fase terminal** terminally-ill patient
fastidiado, -a *pp, adj*: *Tengo el estomago ~.* I've got an upset stomach. *Ver tb* FASTIDIAR
LOC **andar/estar fastidiado** (*no encontrarse bien de salud*) not to be very well
fastidiar *vt* **1** (*molestar*) to annoy: *Deja de ~ a los niños.* Stop annoying the children. **2** (*estropear*) to ruin: *He fastidiado el vestido.* I've ruined the dress. ◊ *La lluvia nos fastidió los planes.* The rain ruined our plans. **3** (*hacer daño*) to hurt: *Estos zapatos me están fastidiando los pies.* These shoes are hurting my feet.
■ **fastidiar** *vi*: *¿No te fastidia madrugar tanto?* Doesn't it bother you having to get up so early? ◊ *Me fastidia mucho tener que ir.* I'm really annoyed that I've got to go.
■ **fastidiarse** *v pron* **1** (*aguantarse*): *Tuve que ~me y hacerlo.* I just had to grit my teeth and get on with it. **2** (*estropearse*) **(a)** (*gen*) to be ruined: *Se nos fastidiaron las vacaciones.* Our holidays were ruined. **(b)** (*mecanismo, máquina*) to break down: *Se ha fastidiado el coche.* The car's broken down.
LOC **¡fastídiate/te fastidias!** tough! **¡hay que fastidiarse!** it's unbelievable! **¡la hemos fastidiado!** that's done it! **¡no fastidies!** you're kidding! **¡no te fastidia!**: *Iré si me parece, ¡no te fastidia!* I'll go if I want, and that's all there is to it. ◊ *Como si él fuera el único que puede hacerlo ¡no te fastidia!* As if he were the only one who could do it - that's a laugh! **para que te fastidies** so there!
fastidio *nm* nuisance, pain (*coloq*): *¡Qué ~!* What a nuisance/pain! ◊ *Este niño es un ~.* This child is a pain. ◊ *un gesto de ~* a look of annoyance
fastidioso, -a *adj* tiresome
fastuoso, -a *adj* luxurious
fatal *adj* **1** (*muy malo*) terrible: *Tuvieron un año ~.* They had a terrible year. ◊ *Me encuentro ~.* I feel terrible. **2** (*irreparable, muy perjudicial*) fatal: *un accidente/error ~* a fatal accident/mistake **3** (*fatídico*) fateful: *un encuentro ~* a fateful meeting
■ **fatal** *adv* really badly: *Se portaron ~.* They behaved really badly. ◊ *Veo ~.* My eyesight is really bad. ◊ *Come ~.* He eats very little.
LOC **caer fatal 1** (*persona*): *Me cae ~ la dependienta nueva.* I can't stand the new shop assistant. **2** (*comida*) to disagree with *sb* **estar fatal** to be in a bad way **me viene fatal** it's very inconvenient for me, you, etc (*to do sth*) **quedar fatal 1** (*gen*) to look terrible: *Si lo pintas de verde quedará ~.* It'll look terrible if you paint it green. **2** (*persona*) to make a bad impression: *Juan quedó ~ con los padres de su novia.* Juan went down very badly with his girlfriend's parents. *Ver tb* MUJER, OLER
fatalidad *nf* **1** (*desgracia*) misfortune **2** (*destino*) fate
fatalismo *nm* fatalism
fatalista *adj* fatalistic
■ **fatalista** *nmf* fatalist
fatídico, -a *adj* fateful: *aquel día ~* on that fateful day
fatiga *nf* **1** (*cansancio*) fatigue **2** (*al respirar*) breathlessness: *tener ~* to suffer from breathlessness ◊ *¡Qué ~!* I'm so out of breath! **3 fatigas** difficulties LOC *Ver* COMPAÑERO
fatigar *vt* to tire *sb* out: *Me fatiga mucho andar.* Walking tires me out.
■ **fatigarse** *v pron* **1** (*cansarse*) to get tired **2** (*quedarse sin aliento*) to get breathless
fauces *nf* jaws
fauna *nf* fauna
favor *nm* favour: *pedirle un ~ a algn* to ask sb a favour ◊ *¿Me haces un ~?* Can you do me a favour? ◊ *disfrutar/gozar del ~ de algn* to be in favour with sb ◊ *Siempre me están pidiendo ~es.* They're always asking me for favours.
LOC **a favor** for: *14 votos a ~, 12 en contra.* 14 votes for, 12 against. ◊ *Tenían el marcador a ~.* They were ahead. **a favor de** in favour of *sth/sb/doing sth*: *Estamos a ~ de actuar.* We're in favour of taking action. ◊ *El resultado fue 3-0 a su ~.* They won 3-0. ◊ *votar a ~ de algo/algn* to vote for sth/sb **haz/haga el favor (de) 1** (*gen*) please (do sth): *Firme aquí si (me) hace el ~.* Sign here, please. **2** (*con enfado*) will you please: *Haz el ~ de comerte la cena.* Will you please eat your dinner! **por favor** please: *Compruébalo, por ~.* Please check it. ◊

Pidió por ~ que la ayudáramos. She asked us to help her. ◊ *¡Hombre, por ~! ¿Estás loco?* Come off it! Are you mad? **tener a/en su favor** to have the advantage *of sth*: *Tiene en su ~ que es rico.* He has the advantage of being rich. *Ver tb* CHEQUE, COBRAR, FALLAR[1], JUGAR, PREDISPUESTO, REDUNDAR, RESOLVER, SIGUIENTE, TANTO *nm*, TRATO

favorable *adj* favourable: *un diagnóstico ~* a favourable diagnosis ◊ *La propuesta contó con los votos ~s de la izquierda.* The proposal had the support of the left.
LOC **favorable a** in favour of *sth/sb*: *mostrarse ~ a algo* to be in favour of sth

favorecedor, ~a *adj* **1** (*situación, influencia*) favourable **2** (*traje, peinado*) flattering: *Es un color poco ~.* It's not a very flattering colour. ◊ *Llevaba un traje muy ~.* She was wearing a very flattering dress.

favorecer *vt* **1** (*gen*) to favour: *Estas medidas nos favorecen.* These measures favour us. **2** (*ropa, peinado*) to suit: *Te favorece el rojo.* Red suits you.
■ **favorecer** *vi* to be flattering: *Es un color que favorece mucho.* It's a very flattering colour.

favorecido, -a *pp, adj* (*atractivo*): *Me encuentro poco favorecida con esta blusa.* This blouse doesn't suit me. ◊ *Está muy poco ~ con el nuevo corte de pelo.* His new haircut doesn't suit him. *Ver tb* FAVORECER

favoritismo *nm* favouritism

favorito, -a *adj, nm-nf* favourite: *Siempre fue el ~ de su madre.* He was always his mother's favourite.

fax *nm* fax: *poner un ~* to send a fax ◊ *Lo mandaron por ~.* They faxed it.

faz *nf* face

fe *nf* **1** (*Relig, creencia*) faith (*in sth/sb*): *la fe cristiana* the Christian faith ◊ *Tengo mucha fe en ellos.* I have great faith in them. ◊ *perder la fe* to lose your faith **2** (*certificado*) certificate: *fe de nacimiento* birth certificate
LOC **dar fe** to testify (*to sth*) **de buena/mala fe** in good/bad faith **fe de erratas** errata

fealdad *nf* ugliness

febrero *nm* February (*abrev* Feb) ☛ *Ver ejemplos en* ENERO

febril *adj* feverish

fecal *adj* faecal **LOC** *Ver* HECES

fecha *nf* **1** (*gen*) date: *¿A qué ~ estamos?* What's the date today? ◊ *Tiene ~ del 3 de mayo.* It is dated 3 May. ◊ *No pusiste (la) ~ en la carta.* You didn't put the date on the letter.

> **Las fechas en inglés, cómo escribirlas y cómo decirlas**
> **5/4/95:** *the fifth of the fourth ninety five*
> **5(th) April 1995:** *the fifth of April nineteen ninety five*
> **April 5(th) 1995:** *April the fifth nineteen ninety five.*
> Nótese que en los Estados Unidos se escribe **4/5/95** o **April 5(th) 1995:** *April fifth nineteen ninety five.*

2 fechas time (of year) [*sing*]: *Son ~s muy malas, los hoteles estarán llenos.* It's a bad time of year. The hotels will be full. ◊ *en/por estas ~s* at/around this time (of year)
LOC **en fecha próxima** in the near future **fecha de adquisición** date of purchase **fecha de caducidad 1** (*alimento*) use-by date **2** (*medicamento*) to be used before... **fecha de consumo preferente** 'best before' date **fecha tope/límite 1** (*solicitud*) closing date **2** (*proyecto*) deadline **hasta la fecha** to date **para esas fechas** by then **sin fecha** undated

fechar *vt* to date

fechoría *nf* (*travesura*) mischief [*incontable*]: *cometer ~s* to cause mischief

fécula *nf* starch

fecundación *nf* fertilization
LOC **fecundación artificial** artificial insemination *Ver tb* VITRO

fecundar *vt* **1** (*engendrar*) to fertilize **2** (*hacer fértil*) to make *sth/sb* fertile

fecundidad *nf* **1** (*fertilidad*) fertility **2** (*productividad*) productivity

fecundizar *vt* to make *sth/sb* fertile

fecundo, -a *adj* **1** (*gen*) fertile: *terreno ~* fertile land **2** (*novelista*) prolific **3** (*fig*) **(a) ~ (en)** (*abundante*) rich (*in sth*): *una década fecunda en músicos* a decade rich in musicians **(b)** (*fructífero*) fruitful: *un diálogo ~* a fruitful dialogue

federación *nf* federation

federal *adj* federal

federalismo *nm* federalism

felicidad *nf* **1** (*dicha*) happiness: *con cara de ~* looking happy **2 felicidades (a)** (*gen*) best wishes (*on sth*): *Te deseo muchas ~es por tu cumpleaños.* Best wishes on your birthday. **(b)** (*enhorabuena*) congratulations (*on sth/doing sth*): *~es por tu nuevo trabajo/por haber aprobado.* Congratulations on your new job/on passing your exams.
LOC **¡felicidades! 1** (*cumpleaños*) happy birthday! **2** (*Navidad*) happy Christmas! *Ver tb* CURVA

felicitación *nf* **1** (*tarjeta*) card: *una ~ de Navidad* a Christmas card **2 felicitaciones** congratulations: *mis más sinceras felicitaciones* my sincerest congratulations
LOC *Ver* TARJETA

felicitar *vt* **1** (*gen*) to congratulate *sb* (*on sth/doing sth*): *Le felicité por el ascenso/su buen gusto.* I congratulated him on his promotion/his good taste. ◊ *¡Te felicito por el premio!* Congratulations on winning the prize! **2** (*las fiestas*) to wish *sb* (a) happy...: *Me felicitaron las Navidades/por mi cumpleaños.* They wished me a happy Christmas/happy birthday.

feligrés, -esa *nm-nf* parishioner

felino, -a *adj* feline
■ **felino** *nm* feline

feliz *adj* **1** (*gen*) happy: *un final ~* a happy ending ◊ *Me haces ~.* You make me happy. ☛ *Ver nota en* GLAD **2** (*afortunado*) lucky: *una coincidencia ~* a lucky coincidence **3** (*con éxito*) successful: *Llevé a ~ término el trabajo.* I brought the task to a successful conclusion. **4** (*ocurrencia*) clever: *una ~ idea* a clever idea
LOC **¡Feliz cumpleaños!** Happy birthday! **¡Feliz Navidad/Felices Pascuas!** Happy/Merry Christmas! **fueron felices y comieron perdices** they lived happily ever after *Ver tb* PROMETER, TÉRMINO, VIAJE[2]

felpa *nf* (*para toallas*) towelling

felpudo *nm* doormat

femenino, -a *adj* **1** (*gen*) female: *el sexo ~* the female sex ◊ *la clientela femenina* the female customers **2** (*Dep*) women's: *el equipo ~* the women's team **3** (*característico de la mujer*) feminine: *Lleva ropa muy femenina.* She wears very feminine clothes. ◊ *de aspecto ~* feminine-looking ☛ *Ver nota en* FEMALE, FEMININE **4** (*Gram*) feminine: *un nombre ~* a feminine noun
■ **femenino** *nm* (*Gram*) feminine: *El ~ de león es leona.* The feminine of lion is lioness.

feminidad *nf* femininity

feminismo *nm* feminism

feminista *adj, nmf* feminist

fémur *nm* femur [*pl* femurs/femora] ☛ *Ver ilustración en* ESQUELETO

fénix *nm* phoenix **LOC** *Ver* AVE

fenomenal *adj* **1** (*estupendo*) fantastic **2** (*enorme*) huge: *un susto ~* a huge fright
■ **fenomenal** *adv*: *pasarlo ~* to have a fantastic time ◊ *Habla inglés ~.* Her English is fantastic. ◊ *Últimamente duermo ~.* I've been sleeping really well recently.

fenómeno *nm* **1** (*gen*) phenomenon [*pl* phenomena]: *~s climatológicos* climatic phenomena **2** (*prodigio*) fantastic [*adj*]: *Este actor es un ~.* This actor is fantastic. **3** (*espécimen monstruoso*) freak: *un ~ de feria* a circus freak
■ **fenómeno** *adj* fantastic: *Es un coche ~.* It's a fantastic car.
■ **fenómeno** *adv*: *Baila ~.* She dances really well. ◊ *Lo pasamos ~.* We had a fantastic time.

feo, -a *adj* **1** (*aspecto*) ugly: *una persona/casa fea* an ugly person/house ◊ *Es un poco ~.* He's not very good-looking. **2** (*desagradable*) nasty, unpleasant (*más* *formal*): *Esa es una costumbre muy fea.* That's a very nasty habit. **3** (*deshonesto*) **(a)** (*jugada*) dirty (*coloq*), underhand **(b)** (*asunto*) shady

■ **feo** *nm* (*desprecio*) insult: *hacerle un* ~ *a algn* to insult sb

LOC **feo con avaricia/más feo que un pecado** as ugly as sin **ponerse feo** (*asunto, tiempo*) to turn nasty: *El tiempo se está poniendo muy* ~. The weather's turning nasty. **ser/estar feo** (*de mala educación*): *Es muy* ~ *mentir.* It's not nice to tell lies. ◊ *Estuvo muy* ~ *que te fueses sin despedirte.* It wasn't very nice of you to go without saying goodbye. *Ver tb* BAILAR

féretro *nm* coffin

feria *nf* **1** (*comercial*) fair: ~ *del libro/de arte* book/art fair **2** (*de casetas y carruseles*) (fun)fair: *Ayer fuimos a la* ~. We went to the fair yesterday. **3** (*festival*) festival: *La ciudad está en* ~*s.* The town is holding its festival. ◊ *la* ~ *de Sevilla* the April Fair in Seville

LOC **feria de muestras** trade fair *Ver tb* REAL[2]

ferial *adj* exhibition [*n atrib*]: *el recinto* ~ the exhibition area

■ **ferial** *nm* (*lugar*) fairground

ferino, -a *adj* LOC *Ver* TOS

fermentación *nf* fermentation

fermentar *vt, vi* to ferment

fermento *nm* **1** (*vino, cerveza*) fermenting agent **2** (*fig*) catalyst

Fernando *n pr* LOC *Ver* COCHE

ferocidad *nf* ferocity

feroz *adj* fierce: *competencia* ~ fierce competition

> También se puede decir **ferocious**: *un animal feroz* a ferocious beast.

LOC *Ver* LOBO

férreo, -a *adj* **1** (*gen*) iron [*n atrib*]: *voluntad/disciplina férrea* iron will/discipline **2** (*control, oposición*) fierce LOC *Ver* LÍNEA, VÍA, VOLUNTAD

ferretería *nf* ironmonger's [*pl* ironmongers] ☛ *Ver nota y ejemplos en* CARNICERÍA LOC *Ver* ARTÍCULO

ferrocarril *nm* railway, train (*más coloq*): *estación de* ~ railway/train station ◊ *la red de* ~*es* the railway network ◊ *viajar en/por* ~ to travel by train

LOC **ferrocarril de vía estrecha** narrow gauge railway **ferrocarril de vía única** single track railway *Ver tb* GUÍA, RED

ferroviario, -a *nm-nf* railway worker

■ **ferroviario, -a** *adj* rail [*n atrib*]: *la red ferroviaria* the rail network LOC *Ver* ACCIDENTE

ferry *nm* ferry

fértil *adj* **1** (*gen*) fertile: *una imaginación muy* ~ a fertile imagination ◊ *un terreno muy* ~ very fertile land **2** (*novelista*) prolific

fertilidad *nf* fertility

fertilizante *nm* fertilizer

fertilizar *vt* to fertilize

ferviente *adj* fervent

fervor *nm* **1** (*gen*) fervour: ~ *religioso/político* religious/political fervour ◊ *Rezaban con* ~. They were praying fervently. **2** (*entusiasmo*) enthusiasm: *Pone mucho* ~ *en su trabajo.* He works with great enthusiasm.

fervoroso, -a *adj* fervent

festejar *vt* to celebrate: *Festejaron el triunfo.* They celebrated the victory.

festejo *nm* celebration: *Los* ~*s comenzarán a las seis de la tarde.* The celebrations will begin at six in the evening. ◊ *Soy poco amigo de* ~*s.* I don't really like parties.

festín *nm* feast: *pegarse un gran* ~ to have a real feast

festival *nm* festival: *un* ~ *de cine* a film festival

festividad *nf* **1** (*día festivo*) holiday: *la* ~ *del primero de mayo* the May Day holiday **2** (*Relig*) feast **3 festividades** (*fiestas*) festivities

festivo, -a *adj* **1** (*ambiente*) festive **2** (*no laborable*) holiday [*n*]: *El lunes que viene es* ~. Next Monday is a holiday. ☛ *Ver nota en* BANK HOLIDAY

■ **festivo** *nm* holiday LOC *Ver* DÍA

fetal *adj* foetal: *en posición* ~ in foetal position

fetiche *nm* fetish

fetichismo *nm* fetishism

fetichista *nmf* fetishist

fétido, -a *adj* foul LOC *Ver* BOMBA[2]

feto *nm* **1** (*Biol*) foetus [*pl* foetuses] **2** (*adefesio*) monster

feudal *adj* feudal

feudalismo *nm* **1** (*sistema*) feudalism **2** (*época*) feudal times [*v pl*]

feudo *nm* (*fig*) domain

fez *nm* fez ☛ *Ver ilustración en* SOMBRERO

fiabilidad *nf* reliability: *de una* ~ *absoluta* totally reliable

fiable *adj* reliable

fiador, ~a *nm-nf* guarantor

fiambre *nm* **1** (*alimento*) cold meat: ~*s variados* a selection of cold meats **2** (*cadáver*) stiff (*argot*)

LOC **dejar fiambre a algn** to do sb in

fiambrera *nf* lunch box

fianza *nf* **1** (*Jur*) bail [*incontable*]: *una* ~ *de tres millones de pesetas* bail of three million pesetas ◊ *pagar la* ~ *de algn* to stand bail for sb **2** (*Com*) deposit: *dar una* ~ to pay a deposit

LOC **bajo fianza** on bail *Ver tb* LIBERTAD

fiar *vt* to let *sb* have *sth* on credit: *Me fiaron el pan.* They let me have the bread on credit.

■ **fiar** *vi* to give credit

■ **fiarse** *v pron* **fiarse de** to trust *sth/sb* [*vt*]: *No me fío de que lo hagas.* I don't trust you to do it. ◊ *No te fíes de las apariencias.* Don't trust appearances.

LOC **no fiarse ni de su sombra** not to trust your own mother **no fiarse un pelo de algn** not to trust sb an inch **¡no te fíes!** don't be so sure! **ser de fiar 1** (*gen*) to be reliable: *Estas cifras son de* ~. These figures are reliable. ◊ *Son muy poco de* ~, *seguro que no vienen.* They're very unreliable. I'm sure they won't come. **2** (*ser honesto*) to be trustworthy

fiasco *nm* fiasco [*pl* fiascos]

fibra *nf* fibre: *una alimentación rica en* ~ a high fibre diet ◊ ~ *muscular* muscle fibre

LOC **fibra artificial/sintética** man-made/synthetic fibre **fibra de vidrio** fibreglass **fibra óptica** optical fibre **tocar la fibra sensible 1** (*conmover*) to touch the right chord **2** (*irritar*) to touch a sore point

ficción *nf* fiction

ficha *nf* **1** (*de datos*) **(a)** (*tarjeta*) (index) card: *la* ~ *de un libro* the index card for a book **(b)** (*hoja de papel*) form: *rellenar una* ~ to fill in a form **2** (*información*) details [*v pl*]: ~ *biográfica/técnica* biographical/technical details **3** (*equivalente al dinero*) **(a)** (*gen*) token: *una* ~ *de teléfono* a telephone token **(b)** (*Naipes, ruleta*) chip **4** (*pieza de juego*) counter: *Se ha perdido una* ~. We've lost a counter. ◊ ~*s de dominó* dominoes **5** (*tarjeta horaria*) clocking-in card **6** (*Dep*) **(a)** (*contrato*) contract **(b)** (*paga*) (signing-on) fee

LOC **ficha de inscripción** registration card/form **ficha médica/policial** medical/police record

fichado, -a *pp, adj Ver* FICHAR

LOC **estar fichado por la policía** to be on police files **tener fichado a algn** to have sb taped

fichaje *nm* **1** (*Dep*) signing: *el nuevo* ~ *del Madrid* Madrid's new signing **2** (*en una organización*): *el último* ~ *de la compañía* the latest person the company has taken on

fichar *vt* **1** (*policía*) to open a file on *sb* **2** (*contratar*) **(a)** (*Dep*) to sign *sb* (up) **(b)** (*trabajo, partido*) to recruit: *Han fichado nuevos miembros del club.* The club has recruited new members. **3** (*desconfiar*) to have *sb* taped: *La jefa lo ha fichado.* The boss has got him taped.

■ **fichar** *vi* **1** ~ **(por)** (*Dep*) to sign (**for** *sb*): ~ *por el Real Madrid* to sign for Real Madrid **2** (*en el trabajo*) **(a)** (*al entrar*) to clock in **(b)** (*al salir*) to clock off

fichero *nm* **1** (*archivador*) **(a)** (*mueble*) filing cabinet **(b)** (*caja*) card index **2** (*Informát, conjunto de fichas*) file: ~ *de datos* data file

ficticio, -a *adj* fictitious
ficus *nm* rubber plant
fidedigno, -a *adj* reliable
fidelidad *nf* **1** (*lealtad*) loyalty (***to sth/sb***): *jurar ~ a una causa* to swear loyalty to a cause **2** (*entre pareja*) faithfulness (***to sth/sb***) **3** (*exactitud*) accuracy: *la ~ de una traducción* the accuracy of a translation
LOC fidelidad conyugal marital fidelity *Ver tb* ALTO *adj*
fideo *nm* noodle: *sopa de ~s* noodle soup
LOC estar hecho un fideo to be as thin as a rake
fiebre *nf* **1** (*temperatura anormal*) temperature: *Le dio mucha ~.* His temperature got very high. ◊ *Te ha bajado/subido la ~.* Your temperature has gone down/up. ◊ *Tiene 38° de ~.* He's got a temperature of 38°. **2** (*enfermedad, fig*) fever: *~ amarilla* yellow fever ◊ *la ~ del oro* gold fever
LOC darle a algn la fiebre de la lectura, la costura, etc to go crazy reading, sewing, etc **fiebre(s) palúdica(s)** malaria **fiebre tifoidea** typhoid *Ver tb* DÉCIMO
fiel *adj* **~ (a)** **1** (*leal*) loyal (**to *sth/sb***): *~ al rey* loyal to the king **2** (*entre una pareja*) faithful (**to *sth/sb***): *Prometo serte ~.* I promise I'll be faithful to you. **3** (*creencias, palabra*) true **to *sth***: *Soy ~ a mis ideas.* I am true to my ideas. **4** (*exacto*) exact: *una copia ~ del original* an exact copy of the original
■ **fiel** *nm* **1** (*balanza*) needle **2 los fieles** (*Relig*) the faithful [*v pl*]
LOC ser el fiel retrato de algn to be the spitting image of sb
fieltro *nm* felt
fiera *nf* **1** (*Zool*) wild animal **2** (*mujer*) dragon
LOC estar/ponerse hecho una fiera to be furious/to blow your top **ser una fiera** to be terrific (*at sth/doing sth*): *Es una ~ en matemáticas.* She's terrific at maths. *Ver tb* COMER
fiereza *nf* fierceness
fiero, -a *adj* fierce
fiesta *nf* **1** (*celebración*) **(a)** (*gen*) party: *dar una ~ de cumpleaños* to hold a birthday party ◊ *La ciudad entera era una ~.* The city was one big party. **(b)** (*reunión más formal*) celebration: *una ~ familiar* a family celebration ◊ *Habrá una ~ en su honor.* There'll be a celebration in her honour. **2** (*día festivo*) holiday: *la ~ de la Constitución* Constitution Day ◊ *Mañana es ~.* Tomorrow is a public holiday. ☛ *Ver nota en* BANK HOLIDAY **3 fiestas** festival [*sing*]: *las ~s navideñas* the Christmas festivities ◊ *El barrio está en ~s.* Our district is celebrating its festival.
LOC fiesta de gala black-tie occasion **fiesta de guardar/precepto** Holy Day of Obligation **fiesta nacional 1** (*fiesta oficial*) public holiday ☛ *Ver nota en* BANK HOLIDAY **2** (*Tauromaquia*) bullfighting **hacer/tener fiesta** to have a day off **no estar para fiestas** not to be in the mood for jokes **tengamos la fiesta en paz** don't push it *Ver tb* AGUAR, COLAR, DÍA, FIN, SALA
figura *nf* **1** (*gen*) figure: *una ~ política* a political figure ◊ *una ~ de plastilina* a plasticine figure ◊ *Cuida mucho su ~.* She looks after her figure. **2** (*Naipes*) picture card **3** (*Mús*) note
LOC figura decorativa: *El jefe está allí de ~ decorativa.* The boss doesn't do anything. **figura geométrica** geometric shape **figura retórica** figure of speech
figuración *nf*: *Los ruidos solo eran figuraciones mías.* The noises were all in my mind.
figurado, -a *pp, adj* figurative: *en sentido ~* in a figurative sense *Ver tb* FIGURAR
figurar *vi* **1** (*hallarse*) **(a)** (*gen*) to be: *España figura entre los países de la UE.* Spain is one of the EU countries. **(b)** (*en documentos*) to appear: *No figuran en el libro/la lista electoral.* They don't appear in the book/on the electoral register. **2** (*destacar*) to stand out from the crowd: *Les encanta ~.* They love standing out from the crowd.
■ **figurarse** *v pron* to imagine: *No te puedes ~ lo difícil que es.* You can't imagine how difficult it is. ◊ *Me figuro que ya habrán salido.* I imagine they must have left by now. ◊ *Ya me lo figuraba yo.* I thought as much.
LOC ¡figúrate! would you believe it!
figurilla *nf* statuette
figurín *nm* **1** (*Moda*) design **2** (*revista*) fashion magazine
LOC ir/estar hecho un figurín to dress like a model
fijación *nf* (*obsesión*) fixation
fijamente *adv*
LOC mirar fijamente to stare at *sth/sb* [*vi*]: *Me miró ~.* He stared at me.
fijar *vt* to fix: *Fijé unas escarpias al muro.* I fixed some hooks to the wall. ◊ *~ un precio/una fecha* to fix a price/date
■ **fijarse** *v pron* **fijarse (en)** **1** (*percatarse*) to notice: *¿Te fijas cómo lo tratan?* Have you noticed how they treat him? **2** (*prestar atención*) to pay attention (**to *sth***): *Nunca te fijas en lo que te digo.* You never pay attention to what I say. ◊ *sin ~se en los detalles* without paying attention to details **3** (*mirar*) to look **at *sth/sb***: *Se fijaba mucho en ti.* He was looking at you a lot.
LOC fijar el domicilio/la residencia en ... to settle in ... **fijar la mirada/vista en** to fix your gaze on *sth/sb* **¡fíjate! 1** (*énfasis*) look!: *¡Fíjate qué casa más grande!* Look at the size of that house! **2** (*desengaño*): *Me da igual, fíjate.* I honestly don't care. **3** (*sorpresa*) wow!: *—Lo he hecho yo sóla.—¡Fíjate!* 'I did it all by myself.' 'Wow!' **fíjate lo que te digo** mark my words *Ver tb* PROHIBIDO
fijo, -a *adj* **1** (*gen*) fixed: *Las patas están fijas al suelo.* The legs are fixed to the ground. ◊ *un precio ~* a fixed price **2** (*firme*) steady: *La escalera está bien fija.* The ladder is nice and steady. **3** (*preciso*) exact: *No sé el día ~.* I don't know the exact date. **4** (*permanente*) permanent: *un puesto/contrato ~* a permanent post/contract ◊ *Estoy ~ en la empresa.* I've got a permanent job in the company.
■ **fijo** *adv* definitely: *Aprobaré, ~.* I'll definitely pass. ◊ *~ que viene.* He's definitely coming.
LOC de fijo definitely *Ver tb* BARRA, DOMICILIO, IMAGEN, MIRADA, PLAZO, RESIDENCIA
fila *nf* **1** (*uno al lado de otro*) row: *~s de chalés* rows of houses ◊ *Se sentaron en la primera/última ~.* They sat in the front/back row. **2** (*uno detrás de otro*) line: *una ~ de coches* a line of cars ◊ *Formad una ~.* Get in line. **3** (*cola*) queue: *la ~ del cine* the queue for the cinema **4 filas** (*Mil, Pol*) ranks: *incorporarse a ~s* to join the ranks ◊ *las ~ s del partido* the ranks of the party
LOC de primera/segunda fila first-rate/second-rate: *un político de primera ~* a first-rate politician **(colocarse/ponerse) en fila** (to get) in line **(en) fila india** (in) single file **en primera fila** right at the front: *Me planté en primera ~ para verlo bien.* I stood right at the front to get a good view. **formar/romper filas** to fall in/out: *¡Rompan ~s!* Fall out! **salirse de la fila** to step out of line *Ver tb* APARCAR, CERRAR, LLAMAR
filamento *nm* filament
filantropía *nf* philanthropy
filántropo, -a *nm-nf* philanthropist
filarmónico, -a *adj* philharmonic
filatelia *nf* stamp collecting, philately (*más formal*)
filatélico, -a *adj* stamp [*n atrib*], philatelic (*más formal*): *una exposición filatélica* a stamp exhibition
filete *nm* **1** (*fino*) fillet: *~s de bacalao* cod fillets **2** (*grueso*) steak
filiación *nf* **1** (*Pol*) affiliation **2** (*datos*) (personal) details [*v pl*]: *El policía tomó el nombre y la ~ de los presentes.* The police took down everyone's name and personal details.
filial *adj* (*amor*) filial
■ **filial** *adj, nf* (*Com*) subsidiary
filigrana *nf* **1** (*orfebrería*) filigree **2** (*en un papel*) watermark **3 filigranas** (*florituras*) miracles: *Hacen ~s con la madera.* They work miracles with wood. ◊ *Tuve que hacer todo tipo de ~s para que me dejasen entrar.* I had to perform all kinds of miracles to get them to let me in.

Filipinas *nf* (the) Philippines
filipino, -a *adj* Filipino
■ **filipino, -a** *nm-nf* Filipino [*pl* Filipinos]
filmación *nf* filming
filmar *vt* to film **LOC** *Ver* VÍDEO
filme (*tb* **film**) *nm* film
filmografía *nf* films [*v pl*]: *La ~ de este director es ampliamente conocida.* This director's films are widely known.
filmoteca *nf* **1** (*lugar*) film library **2** (*colección*) film collection
filo *nm* cutting edge
LOC al filo de (*alrededor de*): *al ~ de la madrugada* in the very early morning ◊ *Marcaron un gol al ~ del descanso.* They scored just before half-time. **dar filo** to sharpen *sth* [*vt*] **estar/mantenerse en el filo de la navaja** to be on a tightrope **tener mucho/poco filo** to be very/not very sharp *Ver tb* ARMA
filología *nf* philology

Nótese que *Filología Hispánica* se dice **Spanish**, *Filología Inglesa* **English**, etc: *Soy licenciado en Filología Francesa.* I've got a degree in French.

filón *nm* **1** (*mineral*) seam **2** (*negocio, persona*) gold mine
filosofal *adj* **LOC** *Ver* PIEDRA
filosofar *vi* to philosophize (***about/on sth***)
filosofía *nf* philosophy
LOC Filosofía y Letras Arts **tomarse algo con filosofía** to be philosophical about sth
filosófico, -a *adj* philosophical
filósofo, -a *nm-nf* philosopher
filtración *nf* **1** (*gen*) filtering, filtration (*téc*): *sistema de ~ de agua* water filtration system **2** (*fuga*) leak: *una ~ de información* an information leak
filtrar *vt* **1** (*gen*) to filter: *~ el café/la luz* to filter the coffee/light **2** (*rezumar*) to let *sth* in: *Este material filtra el agua.* This material lets in water. **3** (*información*) to leak
■ **filtrarse** *v pron* **1** (*gen*) to filter in/out/through: *La luz se filtraba por los resquicios.* Light was filtering in through the cracks. ◊ *Empezaba a ~se la noticia de la muerte del Presidente.* News of the President's death started to filter through. **2** (*líquido*) to leak in/out: *Se ha filtrado agua por la pared.* Water has leaked in through the wall. **3** (*secreto*) to leak out
filtro *nm* **1** (*gen*) filter: *~ del aire* air filter ☛ *Ver ilustración en* CAR **2** (*papel*) filter paper ☛ *Ver ilustración en* FILTER
LOC filtro solar sunscreen *Ver tb* CIGARRILLO
fimosis *nf* phimosis
fin *nm* **1** (*final*) **(a)** (*gen*) end: *el ~ de la guerra* the end of the war ◊ *a ~ de mes* at the end of the month ◊ *No es el ~ del mundo.* It's not the end of the world. **(b)** (*película, novela*) the end **2** (*finalidad*) purpose
LOC a este/ese/tal fin with this aim in mind **a fin de/con el fin de** in order *to do sth* **a fin de cuentas** after all **a fin de que/con el fin de que...** so that... **al fin y al cabo** after all **al/por fin** at last **con fines...** for... purposes: *con ~es militares* for military purposes ◊ *una organización con ~es no lucrativos* a non-profit-making organization **dar fin** to finish *sth* **el buen fin de** the success of *sth* **en fin 1** (*bien*) well: *En ~, así es la vida.* Well, that's life. **2** (*en resumen*) in short **fin de año** end of the year: *antes de ~ de año* before the end of the year ◊ *la noche de ~ de año* New Year's Eve **fin de fiesta** grand finale **fin de semana** weekend: *irse de ~ de semana* to go away for the weekend ◊ *Solo nos vemos los ~es de semana.* We only see each other at weekends. **llegar/tocar a su fin** to come to an end **llevar algo a buen fin** to bring sth to a successful conclusion **no tener fin** to be endless **poner fin** to put an end *to sth*: *El gobierno puso ~ a la huelga.* The government put an end to the strike. ◊ *El accidente que puso ~ a su vida.* The accident which put an end to his life. **sin fin** endless **tocar a su fin** to be drawing to a close
final *adj* final: *la decisión ~* the final decision
■ **final** *nm* **1** (*gen*) end: *a dos minutos del ~* two minutes from the end ◊ *El suceso tuvo un ~ trágico.* The incident had a tragic end. **2** (*novela, película*) ending: *un ~ feliz* a happy ending
■ **final** *nf* final: *la ~ de copa* the Cup Final
LOC a finales de... at the end of...: *a ~es de año* at the end of the year **al final** at the end *Ver tb* APOTEOSIS, BROCHE, CUARTO *adj*, EXAMEN, JUICIO, OCTAVO, PUNTO, RECTA, RESULTADO, TOQUE
finalidad *nf* purpose
LOC con la finalidad de for the purpose of *sth/doing sth*
finalista *adj, nmf* finalist [*n*]: *Quedó ~ del torneo.* He reached the final. ◊ *los equipos ~s* the finalists
finalizado, -a *pp, adj*: *una vez ~ el encuentro* once the match was over *Ver tb* FINALIZAR
LOC dar por finalizado: *La policía dio por ~ el caso.* The police concluded the case. ◊ *El presidente dio por finalizada la reunión.* The chairman brought the meeting to a close.
finalizar *vt* to finish: *~ los estudios* to finish your studies
■ **finalizar** *vi* to end: *Hoy finaliza el plazo de inscripción.* Registration ends today. ◊ *antes de que finalice el año* before the end of the year
financiación *nf* (*tb* **financiamiento** *nm*) financing
financiar *vt* to finance
financiero, -a *adj* financial
■ **financiero, -a** *nm-nf* (*persona*) financier
■ **financiera** *nf* (*empresa*) finance company
finanzas *nf* finance [*incontable, v sing*]: *el mundo de las ~* the world of finance
finca *nf* **1** (*casa en el campo*) country estate **2** (*terreno de cultivo*) (plot of) land **3** (*en la ciudad*) property **LOC** *Ver* CORREDOR
fingir(se) *vt, vi, v pron* to pretend, to feign (*formal*)

To pretend se usa con 'to be + adj' o con '(that) + oración': *Fingí sorpresa.* I pretended to be surprised. ◊ *Fingieron no vernos.* They pretended (that) they hadn't seen us. ◊ *Seguro que está fingiendo.* He's probably just pretending. ◊ *Se fingió muerto.* He feigned death/pretended to be dead.

finiquito *nm* **1** (*deuda, disputa*) settlement **2** (*en empleo*) final payslip
LOC dar el finiquito a algn to give sb his/her cards **dar el finiquito a algo** to settle sth *Ver tb* RECIBIR
finito, -a *adj* finite
LOC ¡finito! finished!
finlandés, -esa *adj* Finnish
■ **finlandés, -esa** *nm-nf* Finn
■ **finlandés** *nm* (*idioma*) Finnish
Finlandia *nf* Finland
fino, -a *adj* **1** (*gen*) fine: *un lápiz ~* a fine pencil ◊ *oro ~* fine gold ◊ *lluvia fina* fine rain **2** (*dedos, talle*) slender ☛ *Ver nota en* DELGADO **3** (*suave*) soft: *una tela/piel fina* soft material/skin **4** (*elegante*) posh (*coloq*): *¡Qué ~ te has vuelto!* You've become very posh! **5** (*educado*) polite: *Es un chico muy ~ con las chicas.* He's very polite with the girls. **6** (*vista, oído*) keen **7** (*ironía, observación, humor*) subtle **8** (*intensificador*) real: *Tiene un genio ~.* He's got a real temper. **9** (*sucio*) messy: *Has dejado el baño ~.* You've left the bathroom really messy.
■ **fino** *nm* (*vino*) dry 'fino' sherry
LOC finas hierbas fines herbes, herbs (*más coloq*) **ponerse fino de algo** to be covered in sth: *Te has puesto ~ de chocolate.* You're covered in chocolate. **ser fino** (*persona*): *Tu padre es ~.* Watch out for your father. *Ver tb* BOLÍGRAFO, COSA, GRANO, HILAR, SAL
finolis *adj, nmf* la-di-da [*adj*]: *Son unos ~.* They're very la-di-da.
finura *nf* **1** (*gen*) fineness: *la ~ del encaje/hilo* the fineness of the lace/thread **2** (*dedos, talle*) slenderness **3** (*refinamiento*) refinement [*incontable*]: *No te andes con tantas ~s.* There's no need for such refinement.

fiordo *nm* fiord

firma *nf* **1(a)** (*nombre*) signature: *Han recogido cien ~s.* They've collected a hundred signatures. ◊ *Échale una ~ a la carta.* Sign the letter. **(b)** (*acto*) signing: *Hoy es la ~ del contrato.* The signing of the contract takes place today. **2** (*empresa*) firm **LOC** *Ver* ESTAMPAR

firmamento *nm* firmament

firmante *adj, nmf* **~ (de)** signatory (**to *sth***) [*n*]: *las partes ~s del contrato* the signatories to the contract **LOC** *Ver* ABAJO

firmar *vt, vi* to sign: *Firme en la línea de puntos.* Sign on the dotted line.

■ **firmar** *vi* **~ (por) 1** (*Dep*) to sign **for/with *sb***: *Ha firmado por el Atlético.* He's signed for Atlético. **2** (*conformarse*): *¿Una semana en la nieve? ¡Yo firmo!* A week skiing? I'm all for that! ◊ *Con esas condiciones yo firmaría sin dudarlo.* If those are the conditions, I wouldn't think twice.

LOC **firmar algo con una cruz** to make your mark on sth **firmar la paz** to sign a peace treaty

firme *adj* **1** (*gen*) firm: *un colchón ~* a firm mattress ◊ *Me mostré ~.* I stood firm. ◊ *Tienen la ~ intención de ir.* They fully intend to go. **2** (*estable*) secure: *La escalera está ~.* The ladder's secure. **3** (*tenaz*) staunch: *una ~ defensa de la libertad* a staunch defence of freedom

■ **firme** *nm* (*pavimento*) road surface

LOC **de firme** hard: *trabajar de ~* to work hard **en firme** firm: *Me hizo una oferta en ~.* He made me a firm offer. **¡firmes!** attention! **poner firme** to sort *sb* out: *Cuando venga vuestro padre os pondrá ~s.* When your father comes home he'll sort you out. **ponerse firme** to stand to attention *Ver tb* MANTENER, PISAR, TIERRA

firmeza *nf* strength: *~ de carácter* strength of character **LOC** **con firmeza** firmly

fiscal *adj* fiscal (*formal*), tax [*n atrib*]: *el fraude ~* tax fraud ◊ *los impuestos ~es* taxes

■ **fiscal** *nmf* public prosecutor

LOC **fiscal general del Estado** Director of Public Prosecutions (*abrev* DPP) *Ver tb* AÑO, BENEFICIO, CARGA, EVASIÓN, LICENCIA, MINISTERIO, PARAÍSO, PLAN, SISTEMA

fiscalizar *vt* **1** (*Fin*) to investigate **2** (*fig*) to check up on *sth/sb*: *Su familia no hace más que ~la.* Her family is always checking up on her.

fisco *nm* Inland Revenue

fisgar (*tb* **fisgonear**) *vt, vi* **~ (en)** to poke around (**in *sth***): *No me fisgues las cartas.* Don't poke around in my letters. ◊ *Alguien ha estado fisgando en mis cosas.* Somebody has been poking around in my things.

fisgón, -ona *adj* nosey

■ **fisgón, -ona** *nm-nf* busybody, Nosey Parker (*más coloq*)

física *nf* physics [*v sing*]: *un examen de ~* a physics exam

físico, -a *adj* physical

■ **físico, -a** *nm-nf* (*científico*) physicist

■ **físico** *nm* **1** (*cuerpo*) **(a)** (*hombre, deportista*) physique **(b)** (*mujer*) figure **2** (*aspecto*) appearance: *El ~ es importante.* Appearance is very important. **LOC** *Ver* CASTIGO, DAÑO, EDUCACIÓN, IMPEDIMENTO, IMPUESTO, INCAPACIDAD, INTEGRIDAD, PERSONA, PREPARADOR

fisiología *nf* physiology

fisiológico, -a *adj* physiological

fisión *nf* fission

fisioterapeuta *nmf* physiotherapist, physio [*pl* physios] (*más coloq*)

fisioterapia *nf* physiotherapy, physio (*más coloq*)

fisonomía *nf* **1** (*persona*) face **2** (*cosa*) appearance: *la ~ de una ciudad* the appearance of a city

fisonomista *adj, nmf*

LOC **ser un buen/mal fisonomista** to have a good/bad memory for faces

fisura *nf* crack, fissure (*formal*)

Fiyi *nm* Fiji

flacidez (*tb* **flaccidez**) *nf* flabbiness

flácido, -a (*tb* **fláccido, -a**) *adj* flabby

flaco, -a *adj* **1** (*delgado*) thin, skinny (*coloq*) ☛ *Ver nota en* DELGADO **2** (*débil*) weak

■ **flaco** *nm* (*debilidad*) weak point

LOC **ser flaco de memoria** to have a poor memory *Ver tb* PERRO, PUNTO, VACA

flagrante *adj* flagrant

LOC **en flagrante delito/in fraganti** in the act

flamante *adj* **1** (*espléndido*) splendid: *La novia estaba ~.* The bride was splendid. **2** (*nuevo*) **(a)** (*cosa*) brand new **(b)** (*persona*) new

flamenco, -a *adj* **1** (*cante y baile*) flamenco **2** (*de Flandes*) Flemish

■ **flamenco** *nm* **1** (*cante y baile*) flamenco **2** (*idioma*) Flemish **3** (*ave*) flamingo [*pl* flamingos]

LOC **ponerse flamenco** to get cocky *Ver tb* TABLAO

flan *nm* **1** (*postre*) crème caramel **2** (*de pescado*) terrine

LOC **estar como/hecho un flan** to be shaking like a leaf **flan de arena** sand pie

flanco *nm* flank

flanquear *vt* to flank

flaquear *vi* **1** (*fallar*) **(a)** (*gen*) to fail: *Le flaquea la vista.* His eyesight is failing. **(b)** (*fuerzas, ánimos*) to flag: *Me flaquean las fuerzas.* My strength is flagging. **2 ~ en** (*asignaturas*) to be weak **at *sth***: *Flaqueo en física.* I'm weak at physics.

flaqueza *nm* weakness **LOC** *Ver* FUERZA

flash *nm* **1** (*Fot*) flash **2** (*noticia*) newsflash: *un ~ de última hora* a newsflash **3** (*sorpresa*) shock: *¡Vaya ~!* What a shock! **4** (*por drogas*) buzz

LOC **me dio el/un flash**: *Le dio el ~ y dejó el trabajo.* He suddenly upped and left his job.

flato *nm* **1** (*flatulencia*) wind **2** (*tras ejercicio*) stitch: *No puedo correr más que me da el ~.* I can't run any more or I'll get a stitch.

flatulencia *nf* flatulence

flauta *nf* (*instrumento*) flute ☛ *Ver ilustración en* WOODWIND

■ **flauta** *nmf* (*músico*) flautist

LOC **flauta dulce** recorder ☛ *Ver ilustración en* WOODWIND *Ver tb* PITO, SONAR[2]

flautín *nm* (*instrumento*) piccolo [*pl* piccolos] ☛ *Ver ilustración en* WOODWIND

■ **flautín** *nmf* (*músico*) piccolo (player)

flautista *nmf* flautist

flecha *nf* arrow

LOC **salir como una flecha** to shoot out

flechazo *nm* **1** (*enamoramiento*) love at first sight [*incontable*]: *Lo nuestro fue un ~.* In our case it was love at first sight. **2** (*herida*) arrow wound

fleco *nm* **flecos 1** (*adorno*) fringe [*gen sing*]: *una cazadora con ~s* a fringed leather jacket **2** (*borde deshilachado*) frayed edge: *A la alfombra le han salido ~s.* The carpet is frayed.

flema *nf* **1** (*mucosidad*) phlegm **2** (*calma*) phlegm (*formal*), cool

LOC **la flema (inglesa)** (British) stiff upper lip: *Los ingleses se caracterizan por su ~.* The British are renowned for their stiff upper lip. **tener mucha flema** to be very cool

flemático, -a *adj* (*carácter*) phlegmatic (*formal*), even-tempered

flemón *nm* abscess: *Me ha salido un ~.* I've got an abscess.

flequillo *nm* fringe ☛ *Ver ilustración en* PELO

fletar *vt* **1** (*barco, avión*) to charter **2** (*autobús*) to hire

flete *nm* **1(a)** (*precio de alquiler*) charter fee **(b)** (*precio de envío*) freight costs [*v pl*] **2** (*carga*) freight

flexibilidad *nf* flexibility

flexibilizar *vt* to make *sth* more flexible: *~ la normativa* to make the regulations more flexible ◊ *Han flexibilizado su actitud.* Their attitude has become more flexible.

flexible *adj* flexible **LOC** *Ver* DISCO, HORARIO

flexión *nf* **1** (*gen*): *hacer unas flexiones de piernas* to do leg exercises **2** (*de brazos*) press-up: *Tienes que hacer 50* *flexiones.* You've got to do 50 press-ups. **3** (*Ling*) inflection

flexionar(se) *vt, v pron* to bend: *flexionar el tronco* to bend your body ◊ *Con los años a uno le resulta más difícil flexionarse.* You find it difficult to bend as you get older.

flexo *nm* reading lamp

flipado, -a *pp, adj* **1** (*drogado*) stoned **2** (*loco*) crazy *Ver tb* FLIPAR

flipante *adj* wild

flipar *vi* **1** (*encantar*) to be mad **about/on** *sth*: *Me flipan los tebeos.* I'm mad about comics. **2 ~ (con)** (*sorprenderse*) to be amazed (**at/by** ***sth/sb***): *Flipo contigo, no hay quien te entienda.* You amaze me. You're impossible to understand. **3** (*soñar*): *¿Que te lo regale? Tu flipas tío.* Give it to you? You must be joking!

■ **fliparse** *v pron* **1** (*drogarse*) to get stoned **2** (*entusiasmarse*) to be mad ***about/on sth***: *Se flipa por las motos.* He's mad about bikes.

flipe *nm*: *¡Que ~ de casa!* What an amazing house!

flirtear *vi* to flirt (***with sth/sb***)

flojear *vi* **1** (*debilitarse*) to flag: *Me flojea la voluntad.* My will is flagging. **2 ~ (en)** (*asignatura*) to be weak (**at** ***sth***): *Flojeo en matemáticas.* I'm weak at maths. **3** (*decaer*) to drop off: *Flojean las ventas.* Sales are dropping off.

flojera *nf*: *Tengo ~.* I've got no energy. ◊ *Me entró la ~.* I went all weak.

flojo, -a *adj* **1** (*poco apretado*) **(a)** (*gen*) loose: *un tornillo ~* a loose screw **(b)** (*goma, cuerda*) slack **2** (*sin fuerza*) weak: *Me encuentro muy ~.* I feel very weak. ◊ *un café ~* a weak coffee **3** (*sin calidad*) poor: *Tus deberes están bastante ~s.* Your homework is quite poor. **4** (*viento*) light **5** (*escaso*) scarce: *Este año el trabajo está ~.* Work's scarce this year.

LOC **andar/estar flojo en algo** to be weak at sth: *Estoy muy ~ en historia.* I'm very weak at history. **me la trae floja** I couldn't give a damn *Ver tb* CUERDA

flor *nf* **1** (*gen*) flower: *~es secas* dried flowers ◊ *Llevaba un vestido de ~es.* She was wearing a flowery dress. **2** (*árbol frutal, arbusto*) blossom [*incontable*]: *las ~es del almendro* the almond blossom

LOC **a flor de tierra** at ground level **echar flores** to bloom **echar flores a algn** to pay sb compliments **en flor** in (full) bloom **estar en la flor de la vida** to be in your prime **ir de flor en flor** to flit from one thing/person to another **la flor de la juventud** the prime of youth **la flor (y nata)** the crème de la crème **¡ni flores!** no idea! **tener algo a flor de piel**: *Tengo la sensibilidad a ~ de piel.* I'm very sensitive. ◊ *Tienes los nervios a ~ de piel.* You're a bundle of nerves. *Ver tb* RAMILLETE

flora *nf* flora

floral *adj* floral

floreado, -a *pp, adj* flowery

florecer *vi* **1** (*Bot*) **(a)** (*planta*) to flower **(b)** (*árbol frutal, arbusto*) to blossom **2** (*fig*) to flourish: *La industria está floreciendo.* Industry is flourishing.

floreciente *adj* flourishing

florecimiento *nm* **1** (*Bot*) **(a)** (*flor*) flowering **(b)** (*árbol frutal, arbusto*) blossoming **2** (*fig*) flourishing

florero *nm* vase

florido, -a *adj* **1** (*con flores*) full of flowers: *un campo ~* a field full of flowers **2** (*lenguaje*) flowery

LOC **lo más florido** the crème de la crème

floristería *nf* florist's [*pl* florists] ☛ *Ver nota y ejemplos en* CARNICERÍA

floritura *nf* **1** (*cosa muy elaborada*) fancy thing: *No tengo tiempo de hacer ~s.* I haven't got the time to do anything fancy. ◊ *una firma con mucha ~* a fancy signature **2** (*de lenguaje*) flowery expression

flota *nf* fleet

LOC **flota de arrastre/pesquera** fishing fleet **flota de guerra** battle fleet **flota petrolera** tanker fleet

flotación *nf* flotation

flotador *nm* **1** (*para nadar*) **(a)** (*de cintura*) rubber ring **(b)** (*manguito*) water wings [*v pl*] **(c)** (*de corcho*) float **2** (*de cisterna*) ballcock **3** (*de pesca*) float

flotante *adj* floating

flotar *vi* **1** (*gen*) to float: *El balón flotaba en el agua.* The ball was floating on the water. **2** (*ondear*) to flutter: *Las banderas flotaban al viento.* The flags were fluttering in the wind. **3** (*percibirse*) to hang: *Flotaba en el ambiente una amenaza de guerra.* The threat of war hung in the air.

flote

LOC **a flote** afloat: *El barco/negocio sigue a ~.* The ship/business is still afloat. **poner/sacar a flote 1** (*barco*) to refloat **2** (*negocio, país*) to put *sth* back on its feet **ponerse/salir a flote 1** (*gen*) to come to the surface: *Los restos del barco salieron a ~.* The wreckage of the ship came to the surface. **2** (*superar los apuros*) to pull through: *Salieron a ~, a pesar de las deudas.* They pulled through in spite of their debts. *Ver tb* MANTENER

flotilla *nf* flotilla

fluctuación *nf* fluctuation

fluctuar *vi* to fluctuate

fluidez *nf* **1** (*Fís, Quím*) fluidity **2** (*tráfico*) smooth flow: *El tráfico circulaba con ~.* The traffic was flowing smoothly. **3** (*movimiento, lenguaje*) fluency: *Habla con ~ el inglés.* He speaks English fluently.

fluido, -a *pp, adj* **1** (*sustancia*) fluid **2** (*tráfico, diálogo*) free-flowing **3** (*movimiento, lenguaje, estilo*) fluent *Ver tb* FLUIR

■ **fluido** *nm* **1** (*líquido*) fluid **2** (*electricidad*) electricity: *Hubo un corte en el ~.* There was a power cut.

fluir *vi* to flow

flujo *nm* **1** (*gen*) flow: *el ~ de divisas/pensamientos* the flow of funds/thoughts ◊ *el ~ menstrual/sanguíneo* the menstrual/blood flow ◊ *~ y reflujo* ebb and flow **2** (*secreción*) discharge: *~ vaginal* vaginal discharge

LOC *Ver* DIAGRAMA

flúor *nm* **1** (*gas*) fluorine **2** (*dentífrico*) fluoride

fluorescencia *nf* fluorescence

fluorescente *adj* fluorescent

■ **fluorescente** *nm* fluorescent light

fluoruro *nm* fluoride

fluvial *adj* river [*n atrib*], fluvial (*téc*): *el transporte ~* river transport ◊ *residuos ~es* fluvial deposits **LOC** *Ver* VÍA

fobia *nf* phobia: *una ~ a las arañas* a phobia about spiders ◊ *Le tengo ~.* I can't stand him.

foca *nf* **1** (*Zool*) seal **2** (*piel*) sealskin: *un abrigo de ~* a sealskin coat **3** (*persona*): *Es una ~.* He's as fat as a pig.

focal *adj* focal **LOC** *Ver* DISTANCIA

foco *nm* **1** (*gen*) focus [*pl* focuses/foci]: *el ~ de una lente/cámara* the focus of a lens/camera ◊ *Eres el ~ de todas las miradas.* You're the focus of attention. ◊ *un ~ de delincuencia* a focus for delinquency **2** (*origen*) source: *un ~ de luz* a light source ◊ *un ~ infeccioso/de cólera* a source of infection/cholera **3** (*lámpara*) **(a)** (*gen*) spotlight: *Varios ~s iluminaban el monumento.* Several spotlights lit up the monument. **(b)** (*estadio*) floodlight ☛ *Ver ilustración en* FÚTBOL

fofo, -a *adj* flabby: *Tengo las piernas fofas.* My legs are flabby.

fogata *nf* bonfire: *hacer una ~* to make a bonfire

fogón *nm* **1** (*cocina*) stove: *un ~ de leña* a wood stove **2** (*quemador*) burner

fogonazo *nm* flash

fogosidad *nf* passion

fogoso, -a *adj* **1** (*gen*) fiery: *un carácter ~* a fiery personality **2** (*discusión*) heated

fogueo *nm*

LOC **de fogueo** blank [*n*]: *munición de ~* blanks ◊ *Utilizaban balas/cartuchos de ~.* They were firing blanks.

foie-gras *nm* foie gras

folclore (*tb* **folclor**, **folklore**) *nm* **1** (*tradiciones*) folklore **2** (*música*) folk: *grupos de ~ mallorquín* Majorcan folk groups

Algunas de las flores más comunes en Gran Bretaña y Estados Unidos

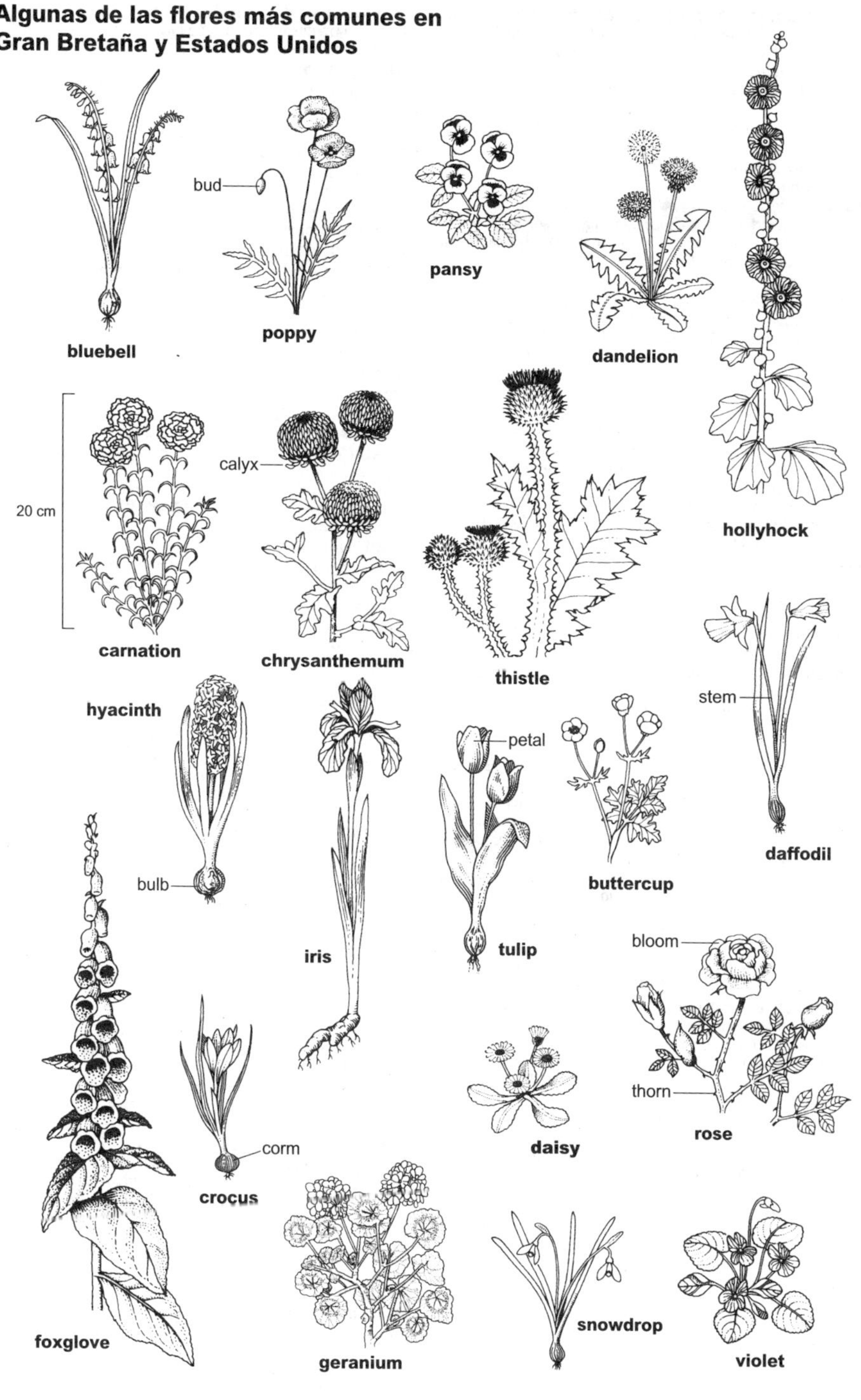

folclórico, -a (*tb* **folklórico, -a**) *adj* **1** (*gen, tradicional*) folk [*n atrib*]: *un festival* ~ a folk festival **2** (*pintoresco*) over the top: *Lleva un vestido muy* ~. That dress she's wearing is way over the top.
■ **folclórico, -a** *nm-nf* flamenco singer

folio *nm* **1** (*hoja suelta*) sheet (of paper) **2** (*libro, bloc*) page: *un informe de 75* ~*s* a 75-page report **LOC** *Ver* TAMAÑO

folk *nm* folk music

follaje *nm* foliage

follar *vt, vi* to fuck (⚠) ☛ *Ver nota en* TABÚ

folletín *nm* **1** (*publicación*) newspaper serial **2** (*melodrama*) **(a)** (*TV, Radio*) tear-jerker **(b)** (*fig*) saga: *Su vida es un* ~. Their life is a real saga.

folletinesco, -a *adj* melodramatic

folleto *nm* **1** (*librito*) **(a)** (*de publicidad*) brochure: *un* ~ *de viajes* a holiday brochure **(b)** (*de información, de instrucciones*) booklet: *el* ~ *explicativo* the instruction booklet ◊ *un* ~ *sobre alimentación y salud* a booklet about food and health **2** (*hoja*) leaflet: *Cogí un* ~ *con el horario.* I picked up a leaflet with the timetable.

follón *nm* **1** (*escándalo*) fuss: *Me montó un* ~ *por llegar tarde.* He kicked up a terrible fuss because I got in late. **2** (*ruido*) racket: *¡Qué* ~ *arman los vecinos!* The neighbours are making a terrible racket! **3** (*desorden, confusión*) mess: *Me hice un* ~ *con los nombres.* I got into a real mess with their names. **4** (*problema*) trouble [*incontable*]: *Siempre te metes en follones.* You always get into trouble.

follonero, -a *nm-nf* troublemaker

fomentar *vt* **1** (*promocionar*) to promote: ~ *el uso del transporte público* to promote the use of public transport **2** (*aumentar*) to boost: ~ *la producción/las ventas* to boost production/sales **3** (*odio, rivalidades*) to stir *sth* up

fomento *nm* **1** (*promoción*) promotion: *el* ~ *del deporte entre los jóvenes* the promotion of sport amongst young people **2** (*aumento*): *unas medidas para el* ~ *del empleo* measures to boost employment

fondear *vt, vi* to anchor

fondo *nm* **1** (*gen*) bottom: *el* ~ *de un pozo/vaso* the bottom of a well/glass ◊ *llegar al* ~ *del asunto* to get to the bottom of things **2** (*mar, río*) bed **3(a)** (*calle, pasillo*) end: *Está al* ~ *del pasillo a la derecha.* It's on the right at the end of the corridor. **(b)** (*habitación, escenario*) back: *al* ~ *del restaurante* at the back of the restaurant ◊ *la habitación del* ~ the back room **4** (*segundo plano*) background: *una figura sobre* ~ *negro* a figure on a black background ☛ *Ver ilustración en* FOREGROUND **5** (*profundidad*) depth: *Este canal tiene mucho* ~. This canal is very deep. **6** (*bote*) kitty: *poner/hacer un* ~ (*común*) to have a kitty **7** (*museo, archivo*) holding: *los* ~*s de la biblioteca* the library holdings **8 fondos** (*dinero*) funds: *recaudar* ~*s* to raise funds **9** (*contenido*) content: *el* ~ *de un poema* the content of a poem **10** (*resistencia física*) staying power
LOC a fondo 1 (*gen*) thorough: *una revisión a* ~ a thorough review ◊ *Límpialo a* ~. Clean it thoroughly. **2** (*de forma intensiva*) flat out: *trabajar a* ~ to work flat out **andar mal de/estar sin fondos** to be short of money/to be broke **de fondo 1** (*Dep*) **(a)** (*Atletismo*) distance: *un corredor de* ~ a distance/long-distance runner ◊ *las pruebas de medio* ~ the middle-distance events **(b)** (*Esquí*) cross-country: *un esquiador de* ~ a cross-country skier **2** (*fundamental*) fundamental: *problemas de* ~ fundamental problems **en el fondo 1** (*a pesar de las apariencias*) deep down: *Dices que no, pero en el* ~ *sí que te importa.* You say you don't mind, but deep down you do. **2** (*en realidad*) basically: *En el* ~ *todos pensamos lo mismo.* We are basically in agreement. **en el fondo del alma/corazón** in my, your, etc heart of hearts **fondo de pensiones** pension fund **sin fondo** bottomless **tener buen/mal fondo** to be good/bad natured **tener poco fondo** to be shallow **tocar fondo** to reach rock-bottom **un fondo de verdad** an element of truth: *Hay un* ~ *de verdad en lo que dices.* There's an element of truth in what you're saying. *Ver tb* BAJO, CARRERA, CHEQUE, DOBLE, EMPLEAR, ESQUÍ, LÍNEA, MALVERSACIÓN, MAQUILLAJE, MAR, MÚSICA, POZO, RUIDO, SOLICITACIÓN, TELÓN

fondón, -ona *adj* podgy

fonema *nm* phoneme

fonética *nf* phonetics [*v sing*]

fonético, -a *adj* phonetic **LOC** *Ver* ACENTO

fonología *nf* phonology

fonoteca *nf* **1** (*de música*) music library **2** (*de documentos sonoros*) sound archive

fontanería *nf* plumbing: *Es un problema de* ~. It's a plumbing problem.

fontanero, -a *nm-nf* plumber

footing *nm* jogging: *hacer* ~ to go jogging

foque *nm* (*Náut*) jib ☛ *Ver ilustración en* YACHT

forajido, -a *nm-nf* outlaw

forastero, -a *nm-nf* stranger

forcejear *vi* to struggle

forcejeo *nm* struggle

fórceps *nm* forceps [*v pl*]

forense *adj* forensic
■ **forense** *nmf* forensic scientist **LOC** *Ver* MÉDICO

forestal *adj* **1** (*relativo al bosque*) forest [*n atrib*]: *un incendio* ~ a forest fire **2** (*relativo al cultivo del bosque*) forestry [*n atrib*]: *la producción* ~ forestry production ◊ *la explotación* ~ forestry **LOC** *Ver* CAMINO, DESPOBLACIÓN, GUARDA, REPOBLACIÓN

forfait *nm* (*Esquí*) ski pass

forja *nf* **1** (*fragua*) forge **2** (*acto*) forging: *la* ~ *de un cuchillo/líder* the forging of a knife/leader

forjado, -a *pp, adj Ver* FORJAR **LOC** *Ver* HIERRO

forjar *vt* **1** (*metal*) to forge **2** (*fig*) to build: ~ *un futuro/imperio* to build a future/an empire
■ **forjarse** *v pron* to build: ~*se un porvenir* to build (yourself) a future
LOC forjarse esperanzas/ilusiones to get your hopes up

forma *nf* **1** (*gen*) form: *la* ~ *y el fondo de una novela* the form and content of a novel **2** (*contorno*) shape: *¿De qué* ~ *es?* What shape is it? ◊ *en* ~ *de cruz* in the shape of a cross ◊ *La sala tiene* ~ *rectangular/de L.* The room is rectangular/L-shaped. **3** (*modo*) way: *Si lo haces de esta* ~ *es más fácil.* It's easier if you do it this way. ◊ *Es su* ~ *de ser.* It's just the way he is. ◊ *¡Vaya* ~ *de conducir!* What a way to drive! ◊ *No había* ~ *de volverse atrás.* There was no way of going back. **4 formas (a)** (*modales*) manners: *cuidar/guardar las* ~*s* to mind/watch your manners ◊ *No me parecieron* ~*s.* That was no way to behave. **(b)** (*mujer*) figure [*sing*]
LOC dar forma 1 (*material*) to shape *sth* [*vt*] **2** (*proyecto, idea*) to give substance *to sth* **de forma espontánea, indefinida, etc** spontaneously, indefinitely, etc **de forma que...** so (that)... **de todas formas** anyway **de una forma u otra** one way or another **estar/mantenerse en forma** to be/keep fit: *Es importante mantenerse en* ~. It's important to keep fit. **no estar en forma** not to be on form *Ver tb* AISLADO, CUALQUIERA, DICHO, ESE *adj*, GUARDAR, OTRO, PAGO, PLENO, SAGRADO, SIGUIENTE

formación *nf* **1** (*gen*) formation: *la* ~ *de un gobierno* the formation of a government **2(a)** (*educación*) education **(b)** (*para un trabajo*) training: *cursos para la* ~ *del personal* staff training courses **3** (*Pol*) grouping: *todas las formaciones parlamentarias* all the parliamentary groupings
LOC formación profesional vocational training *Ver tb* INSTITUTO

formado, -a *pp, adj Ver* FORMAR
LOC estar formado por to consist of *sth/sb*: *El comité está* ~ *por diez parlamentarios.* The committee consists of ten MPs.

formal *adj* **1** (*gen*) formal: *un noviazgo* ~ a formal engagement ◊ *Lleva ropa muy* ~. He dresses very formally. **2** (*persona*) **(a)** (*de fiar*) reliable **(b)** (*juicioso*) responsible: *Soy demasiado* ~ *para irme de juerga.* I'm far too responsible to go out on the town. **(c)** (*que se porta bien*) well-behaved: *un niño muy ~* a very well-behaved child **(d)** (*novio*) serious

LOC **¡sé formal!** behave yourself!

formalidad *nf* **1** (*gen*) formality: *cumplir las ~es legales* to comply with the legal formalities **2** (*fiabilidad*) reliability: *No tienen ninguna ~.* They're not at all reliable.

LOC **¡tengamos formalidad!** let's be serious! *Ver tb* FALTA

formalizar *vt* **1** (*noviazgo, relación*) to make *sth* official **2** (*contrato*) to formalize

■ **formalizarse** *v pron* (*persona*) to settle down

formar *vt* **1** (*crear, establecer*) to form: *~ un grupo/gobierno* to form a group/government ◊ *los países que forman la UE* the countries which form the EU **2** (*educar*) **(a)** (*alumnos*) to educate **(b)** (*músico, trabajador*) to train **(c)** (*hijos*) to bring *sb* up **3** (*carácter*) to shape **4** (*soldados*) to muster

■ **formar** *vi* **1** (*educar*) to be character-building: *Estas experiencias forman.* These experiences are character-building. **2** (*Mil*) to fall in: *¡A ~!* Fall in!

■ **formarse** *v pron* **1** (*gen*) to form: *Se formó una cola muy larga delante de la embajada.* A long queue formed outside the embassy. **2** (*Mil*) to fall in **3** (*desarrollarse*) to develop: *Esos niños aún están formándose.* Those children are still developing. **4** (*educarse*) **(a)** (*gen*) to be educated **(b)** (*profesionalmente*) to train

LOC **formar filas** to fall in **formar pareja(s)** **1** (*ponerse de dos en dos*) to get into pairs: *¡Niños, formad parejas!* OK, children, get into pairs! **2** (*cosas*) to go together: *Indica las palabras que forman pareja.* Indicate the words that go together. **formar parte de** to be part of *sth* *Ver tb* ÁNGULO, COMPOSICIÓN, FILA, GRUMO

formatear *vt* to format

formativo, -a *adj* formative: *los años ~s* the formative years

formato *nm* format: *una película de ~ de 35 milímetros* a 35 millimetre film

formica® *nf* Formica®

formidable *adj* **1** (*enorme, estupendo*) tremendous: *¿Vienen? ¡Formidable!* Are they coming? That's tremendous! **2** (*temible*) formidable: *un ~ ejército* a formidable army

formol *nm* formaldehyde

fórmula *nf* formula [*pl* formulas/formulae]

Formulae es la forma del plural que se suele usar en contextos más técnicos: *fórmulas químicas* chemical formulae.

LOC **fórmula de cortesía** polite expression **Fórmula 1** Formula One **por pura fórmula** as a matter of form

formulación *nf* formulation

formular *vt* to formulate: *~ una hipótesis/un programa político* to formulate a hypothesis/political programme

LOC **formular una pregunta** to ask a question **formular una queja** to make a complaint **formular un deseo** to express a wish

formulario *nm* form: *rellenar un ~* to fill in a form

fornicar *vi* to fornicate

fornido, -a *adj* brawny

foro *nm* forum [*pl* forums]

LOC **desaparecer/irse por el foro** to make yourself scarce *Ver tb* MUTIS

forofo, -a *nm-nf* fan: *un ~ del cine* a film fan

LOC **ser forofo de** to be mad about/on *sth/sb*

forrado, -a *pp, adj* *Ver* FORRAR

LOC **estar forrado** (*tener dinero*) to be rolling in it

forraje *nm* (*alimento*) fodder

forrar *vt* **1** (*el interior*) to line *sth* (**with sth**): *~ una caja de terciopelo* to line a box with velvet **2** (*el exterior*) to cover *sth* (**with sth**): *~ un libro con papel* to cover a book with paper

■ **forrarse** *v pron* to make a packet: *Se han forrado vendiendo helados.* They've made a packet selling ice creams.

LOC **forrar a algn (a golpes)** to beat sb up

forro *nm* **1** (*interior*) lining: *poner un ~ a un abrigo* to put a lining in a coat **2** (*exterior*) cover: *~s de plástico para libros* plastic covers for books

LOC **ni por el forro** at all: *No me suena ni por el ~.* It doesn't ring a bell at all. ◊ *No coge un libro ni por el ~.* He doesn't do any study at all.

fortachón, -ona *adj* tough

fortalecedor, ~a *adj* fortifying

fortalecer *vt* **1** (*cosa*) to strengthen: *~ la peseta/una viga* to strengthen the peseta/a beam **2** (*persona*) to give *sb* strength

■ **fortalecerse** *v pron* to get stronger

fortalecimiento *nm* strengthening

fortaleza *nf* **1** (*gen*) strength: *la ~ física* physical strength **2** (*moral*) fortitude **3** (*Mil, fortificación*) fortress

fortificación *nf* fortification

fortificar *vt* **1** (*Mil*) to fortify **2** (*dar fuerza*) to strengthen: *~ la salud/el cabello* to strengthen your health/hair

fortuito, -a *adj* fortuitous

fortuna *nf* **1** (*riqueza*) fortune: *Amasaron una enorme ~.* They amassed a huge fortune. ◊ *Debe de haberte costado una ~.* It must have cost you a fortune. **2** (*suerte*) fortune, luck (*más coloq*): *probar ~* to try your luck ◊ *¡Qué mala ~!* What bad luck! **3** (*destino*) fate: *La ~ lo quiso.* It was fate.

LOC **hacer fortuna** to make your fortune **por fortuna** fortunately **tener la fortuna de** to have the good fortune *to do sth* *Ver tb* EMBATE, RUEDA

forzado, -a *pp, adj* forced *Ver tb* FORZAR

LOC **verse forzado a** to be forced *to do sth* *Ver tb* ALIMENTACIÓN, MARCHA, TRABAJO

forzar *vt* **1** (*gen*) to force: *~ la cerradura* to force the lock ◊ *Les forzaron a firmar.* They forced them to sign. **2** (*violar*) to rape: *La forzaron.* She was raped. ☛ *Ver nota en* VIOLATE

LOC **forzar la vista** to strain your eyes

forzoso, -a *adj*

LOC **ser forzoso** to have *to do sth*: *Para ir a su casa es ~ pasar por allí.* You have to go that way to get to his house. ◊ *Es ~ reconocer que…* You have to admit that… *Ver tb* ALIMENTACIÓN, ATERRIZAJE, JUBILACIÓN, VACACIÓN

forzudo, -a *adj* strapping

■ **forzudo, -a** *nm-nf* strong man/woman [*pl* strong men/women]

fosa *nf* **1** (*hoyo*) ditch **2** (*sepultura*) grave: *~ común* common grave

LOC **fosa marina/oceánica** marine trench **fosa séptica** septic tank **fosas nasales** nasal cavities ☛ *Ver ilustración en* THROAT

fosfato *nm* phosphate

fosforescencia *nf* phosphorescence

fosforescente *adj* phosphorescent **LOC** *Ver* ROTULADOR

fósforo *nm* **1** (*Quím*) phosphorus **2** (*cerilla*) match

fósil *nm* fossil

fosilizarse *v pron* to become fossilized

foso *nm* **1** (*hoyo*) ditch **2** (*de castillo*) moat ☛ *Ver ilustración en* CASTILLO **3** (*Teat*) pit: *el ~ de la orquesta* the orchestra pit **4** (*en un taller*) inspection pit

foto *nf* photo [*pl* photos]: *un álbum de ~s* a photo album ◊ *Me hizo/sacó una ~.* He took my photo.

LOC **foto ampliada** enlargement **foto de carné** passport photo **foto de frente** full face photo **sacarse una foto** to have your photo taken: *Tengo que sacarme unas ~s.* I've got to have some photos taken. *Ver tb* CÁMARA, CARRETE, MÁQUINA, PIE

fotocopia *nf* photocopy: *hacer/sacar una ~ de algo* to photocopy sth

fotocopiadora *nf* photocopier

fotocopiar *vt* to photocopy

fotogénico, -a *adj* photogenic

fotografía *nf* **1** (*técnica*) photography: *Estudia ~.* He studies photography. **2** (*retrato*) photograph: *~s en blanco y negro* black and white photographs ◊ *sacar una ~* to take a photograph *Ver tb* FOTO
fotografiar *vt* to photograph
fotográfico, -a *adj* photographic **LOC** *Ver* MONTAJE
fotógrafo, -a *nm-nf* photographer
fotograma *nm* still
fotomatón *nm* photo booth
fotómetro *nm* (*Fot*) exposure meter
fotonovela *nf* photo-story
fotosíntesis *nf* photosynthesis
frac *nm* tails [*v pl*]: *Iban de ~ y con sombrero de copa.* They were dressed in top hat and tails. **LOC** *Ver* CAMISA
fracasado, -a *nm-nf* failure: *ser un ~* to be a failure
fracasar *vi* **1** (*gen*) to fail: *~ en la vida/como actor* to fail in life/as an actor **2** (*planes*) to fall through: *Fracasaron nuestros planes.* Our plans fell through. **3** (*película*) to flop
fracaso *nm* failure: *Las negociaciones están abocadas al ~.* Negotiations are bound to fail. ◊ *tener un ~ sentimental* to be disappointed in love **LOC** *Ver* TAQUILLA
fracción *nf* **1** (*porción, Mat*) fraction: *una ~ de segundo* a fraction of a second **2** (*Pol*) faction
fraccionar *vt* to divide
■ **fraccionarse** *v pron* to fragment
fraccionario, -a *adj* fractional **LOC** *Ver* MONEDA
fractura *nf* fracture
fracturar(se) *vt, v pron* to fracture: *La caída me fracturó la muñeca.* I fractured my wrist when I fell. ◊ *Se fracturó la clavícula.* He fractured his collarbone.
fragancia *nf* fragrance
fragante *adj* fragrant
fragata *nf* frigate **LOC** *Ver* CAPITÁN
frágil *adj* fragile
fragilidad *nf* fragility
fragmentación *nf* fragmentation
fragmentar *vt* to break *sth* up: *~ un territorio* to break up a territory
■ **fragmentarse** *v pron* to break up, to fragment (*más formal*)
fragmentario, -a *adj* fragmentary
fragmento *nm* **1** (*trozo*) fragment: *~s de un poema/jarrón* fragments of a poem/vase **2** (*Liter, Mús, Cine, extracto*) excerpt **3** (*conversación*) snatch
fragor *nm* **1** (*batalla*) din **2** (*tempestad, río*) roar
fragua *nf* forge
fraguar *vt* **1** (*metal*) to forge **2** (*conspiración*) to hatch: *~ un complot* to hatch a plot **3** (*proyecto*) to conceive
■ **fraguar** *vi* **1** (*endurecerse*) to set **2** (*tener éxito*) to come to something: *El plan no llegó a ~.* The plan didn't come to anything.
fraile *nm* monk **LOC** *Ver* COCINERO, COLEGIO
frailecillo *nm* puffin
frambuesa *nf* raspberry
francamente *adv* **1** (*con sinceridad*) honestly: *Dime ~ si te gusta.* Tell me honestly if you like it. ◊ *Hablando ~, lo dudo.* To be honest, I doubt it. **2** (*sumamente*) really: *Es ~ difícil.* It's really difficult. ☛ *Ver nota en* HOPEFULLY
francés, -esa *adj* French
■ **francés, -esa** *nm-nf* Frenchman/woman [*pl* Frenchmen/women]: *los franceses* the French
■ **francés** *nm* (*idioma*) French: *hablar ~* to speak French **LOC** *Ver* DESPEDIR
Francia *nf* France
franciscano, -a *adj, nm-nf* Franciscan
franco *nm* (*moneda*) franc
franco, -a *adj* **1(a)** (*sincero*) frank: *Voy a ser ~.* I'll be frank. ◊ *Si he de ser ~…* To be frank… **(b)** (*natural*) natural: *Es una persona de trato ~.* He's a very natural person. **2** (*patente*) marked: *un ~ deterioro* a marked decline **3** (*Com*) free: *artículos ~s de aduana* duty-free articles ◊ *puerto ~* free port ◊ *~ a bordo* free on board **LOC franco de porte y embalaje** postage and packing free *Ver tb* PISO
francófilo, -a *nm-nf* francophile
francófono, -a *adj, nm-nf* francophone, French-speaking (person) (*más coloq*)
francotirador, ~a *nm-nf* sniper
franela *nf* flannel
franja *nf* **1** (*zona*) strip: *una ~ de terreno* a strip of land ◊ *los países de la ~ mediterránea* the countries around the Mediterranean **2** (*adorno*) band: *La manga tiene una ~ dorada.* The sleeve has a band of gold trimming. **3** (*bandera*) stripe **4** (*luz*) shaft
Frankfurt *nm* Frankfurt **LOC** *Ver* SALCHICHA
franquear *vt* **1** (*dejar libre*) to clear: *~ el paso* to clear the way **2** (*atravesar*) to cross: *Franquearon el río a nado.* They swam across the river. **3** (*carta, paquete*) **(a)** (*poner el sello*) to pay the postage **on *sth*** **(b)** (*con franqueador*) to frank
LOC a franquear en destino post-paid
franqueo *nm* postage
LOC franqueo pagado pre-paid (postage)
franqueza *nf* frankness: *Hablemos con ~.* Let's be frank.
franquicia *nf* **1** (*exención*) exemption: *~ aduanera* exemption from customs duty **2** (*negocio*) franchise
frasco *nm* **1** (*colonia, medicina*) bottle **2** (*conservas, mermelada*) jar
frase *nf* **1** (*oración*) sentence **2** (*locución*) phrase: *~s adverbiales* adverbial phrases
LOC frase hecha set phrase **frase lapidaria** memorable comment
fraternal (*tb* **fraterno, -a**) *adj* brotherly, fraternal (*más formal*): *el amor ~* brotherly love
fraternidad *nf* fraternity
fraternizar *vi* to fraternize (***with sb***)
fratricida *adj* fratricidal
■ **fratricida** *nmf* fratricide
fraude *nm* fraud: *~ del IVA* VAT fraud ◊ *~ fiscal* tax fraud
fraudulento, -a *adj* fraudulent
fray *nm* brother: *Fray Luis* Brother Luis
frecuencia *nf* frequency: *~s de radio* radio frequencies ◊ *El fenómeno está adquiriendo una ~ preocupante.* The phenomenon is becoming alarmingly frequent.
LOC con frecuencia often, frequently (*más formal*): *Nos visita con mucha ~.* They visit us very often. ◊ *¿Con qué ~ vas al cine?* How often do you go to the cinema? ☛ *Ver nota en* ALWAYS **frecuencia modulada** frequency modulation (*abrev* FM) *Ver tb* ALTO *adj*, BANDA[2]
frecuentar *vt* **1** (*lugar*) to frequent: *~ un restaurante* to frequent a restaurant **2** (*amigos, grupo*) to go around with *sb*: *Ya no frecuento ese grupo de amigos.* I don't go around with that group of friends any more.
frecuente *adj* **1** (*reiterado*) frequent: *Tengo ~s ataques de asma.* I have frequent asthma attacks. **2** (*habitual*) common: *Es una práctica ~ en estos países.* It is (a) common practice in these countries.
frecuentemente *adv* frequently, often (*más coloq*) ☛ *Ver nota en* ALWAYS
fregadero *nm* (kitchen) sink
fregado *nm* **1** (*lavado*): *Di un ~ a la cocina.* I gave the cooker a clean. **2** (*embrollo*) pickle: *meterse en un ~* to get into a pickle **3** (*pelea*) to-do: *Se armó un buen ~.* There was a right to-do. **LOC** *Ver* BARRIDO
fregar *vt* **1** (*gen*) to wash: *~ los cacharros* to wash the pots **2** (*restregar*) to scrub
■ **fregar** *vi* to do the washing-up: *Hoy te toca ~ a ti.* It's your turn to do the washing up today.
LOC fregar el suelo to mop the floor **fregar los platos** to do the washing-up *Ver tb* AGUA
fregona *nf* (*utensilio*) mop
freidora *nf* fryer
freiduría *nf* fried-fish shop
freír *vt* **1** (*Cocina*) to fry ☛ *Ver ilustración en* BAKE **2** (*exasperar*) to plague: *Nos frieron a preguntas.* They plagued us with questions. **3** (*acribillar*) to shoot *sb* full of holes

■ **freírse** *v pron* to fry: *Mientras se fríen las sardinas...* While the sardines are frying...

LOC ¡(vete) a freír churros/espárragos! get lost!

frenado *nm* **1** (*accion de frenar*) braking **2** (*frenos*) brakes [*v pl*]: *Deben mejorar el sistema de ~.* They must improve the brakes.

frenar *vi* to brake: *Frené de golpe.* I slammed on the brakes.

■ **frenar** *vt* **1** (*coche, bicicleta*) to apply the brakes on *sth* **2** (*fig*) **(a)** (*gen*) to curb: *~ la inflación/tus impulsos* to curb inflation/your impulses **(b)** (*persona*) to stop: *Cuando te pones a comer hay que ~te.* You take some stopping once you start eating.

■ **frenarse** *v pron* to restrain yourself **LOC** *Ver* SECO

frenazo *nm* **1** (*lit*) (sudden) braking: *Se oyó un ~.* There was a screech of brakes. ◊ *Pegué un ~.* I slammed on the brakes. **2** (*fig*) sharp reduction: *Ha habido un ~ en las subvenciones.* There has been a sharp reduction in subsidies.

frenesí *nm* frenzy

frenético, -a *adj* **1** (*exaltado*) frenzied: *una frenética actividad* frenzied activity **2** (*furioso*) wild: *poner ~ a algn* to make sb mad ◊ *ponerse ~* to go berserk

frenillo *nm*

LOC tener frenillo to have a speech defect

freno *nm* **1** (*vehículo*) brake: *Me fallaron los ~s.* My brakes failed. ◊ *poner/quitar el ~* to put on/release the brake(s) ☛ *Ver ilustración en* BICYCLE **2** (*reducción*) curb (**on sth**): *un ~ a las exportaciones* a curb on exports **3** (*caballo*) bit

LOC freno de mano handbrake ☛ *Ver ilustración en* CAR **poner freno a algn** to hold sb back **poner freno a algo** to put a brake on sth *Ver tb* LUZ

frente *nf* (*Anat*) forehead ☛ *Ver ilustración en* HEAD[1]

■ **frente** *nm* front: *un ~ frío* a cold front ◊ *un ~ de batalla/único* a battle/united front

LOC al frente 1 (*hacia delante*) forward: *Di un paso al ~.* I took a step forward. **2** (*en el marcador*) ahead: *El gol puso al Barcelona al ~.* The goal put Barcelona ahead. **3** (*al mando*) in charge: *Creó la empresa y se puso al ~.* He created the company and put himself in charge. **al frente de 1** (*que va delante*) at the head of *sth* **2** (*al mando*) in charge of *sth* **con la frente muy alta** with your head held high **de frente 1** (*hacia delante*) forward: *¡De ~! ¡Marchen!* Forward, march! **2** (*uno frente a otro*) head-on: *Nos topamos de ~.* We collided head-on. **frente a 1** (*enfrente de*) opposite *sth/sb*: *El ayuntamiento queda ~ a la iglesia.* The town hall is opposite the church. **2** (*delante de*) in front of *sth/sb*: *El coche está ~ a la entrada.* The car's in front of the entrance. **3** (*costa*) off: *~ a la costa francesa* off the French coast **4** (*contra*) against *sth/sb*: *España empató ~ a Inglaterra.* Spain drew against England. **5** (*en comparación con*) as opposed to *sth*: *fomentar la exportación ~ a la importación* to encourage exports as opposed to imports **6** (*cara a cara con*) faced with *sth*: *Nos encontramos ~ a un difícil problema.* We are faced with a difficult problem. **frente a frente** face to face **hacer frente a algn** to stand up to sb **hacer frente a algo 1** (*problema*) to face up to sth **2** (*gastos, obligaciones*) to meet sth: *hacer ~ a un pago* to meet a payment **hacer un frente común** to form a united front *Ver tb* ARRUGAR, DOS, FOTO, LIMPIAR, SECAR, SUDOR

fresa *nf* **1** (*fruta*) strawberry: *~s con nata* strawberries and cream **2** (*planta*) strawberry plant

■ **fresa** *nm* (*color*) strawberry (pink) ☛ *Ver ejemplos en* AMARILLO

fresco, -a *adj* **1** (*gen*) fresh: *huevos ~s* fresh eggs ◊ *su cutis ~ y joven* his fresh, young skin **2** (*temperatura*) cool: *El día está algo ~.* It is rather cool today. ☛ *Ver nota en* FRÍO **3** (*noticia*) latest: *noticias frescas* the latest news **4** (*descarado*) cheeky: *El muy ~ me timó.* The cheeky so-and-so swindled me.

■ **fresco, -a** *nm-nf* (*persona*) cheeky so-and-so [*pl* cheeky so-and-so's]

■ **fresco** *nm* **1** (*Arte*) fresco [*pl* frescos/frescoes]: *pintura al ~* fresco painting **2** (*frescor*) coolness

■ **fresca** *nf* **1** (*frescor*) cool of the morning/evening: *Salimos con la fresca.* We set off in the cool of the morning. **2** (*insolencia*) cheeky remark: *Me soltó una fresca.* He made a cheeky remark to me. ◊ *Le dije cuatro frescas.* I gave him a piece of my mind.

LOC al fresco outdoors **estar fresco** to be kidding yourself: *Están ~s si piensan que es fácil.* They're kidding themselves if they think it's easy. **estar más fresco que una lechuga** to be as fresh as a daisy **estar/quedarse tan fresco** not to bat an eyelid **hacer fresco** to be chilly: *Por la noche hace ~.* It's chilly at night. **tomar el fresco** to get some fresh air **traer al fresco** not to give a damn about *sth/sb*: *Tus problemas me traen al ~.* I couldn't give a damn about your problems. ◊ *Me trae al ~ lo que hagan.* I don't give a damn what they do. *Ver tb* BOCANADA, LARGAR, PINTURA, VIENTO

frescor *nm* **1** (*temperatura*) cool(ness): *el ~ de la mañana* the cool of the morning **2** (*lozanía*) freshness: *el ~ de su voz* the freshness of her voice

frescura *nf* **1** (*temperatura*) coolness **2** (*lozanía*) freshness: *la ~ de su cutis* the freshness of her skin **3** (*insolencia*) cheek: *Tuvieron la ~ de invitarse.* They had the cheek to invite themselves.

fresno *nm* ash

fresón *nm* strawberry

frialdad *nf* coldness: *la ~ de sus manos* the coldness of his hands ◊ *tratar a algn con ~* to be cold towards sb ◊ *Me recibieron con ~.* I got a cold reception.

fricción *nf* **1** (*desavenencia, rozamiento*) friction [*incontable*]: *Fue una reunión llena de fricciones.* There was a lot of friction at the meeting. **2** (*frote*): *Me di unas fricciones con la toalla.* I rubbed myself down with the towel. ◊ *Date unas fricciones con este ungüento tres veces al día.* Rub this cream in three times a day.

friccionar *vt, vi* to rub

friega *nf* rub: *Date unas ~s en la espalda con este aceite.* Rub this oil into your back.

friegaplatos *nm* (*lavavajillas*) dishwasher

■ **friegaplatos** *nmf* (*persona*) washer-up

frigidez *nf* frigidity

frígido, -a *adj* frigid

frigorífico *nm* fridge, refrigerator (*más formal*)

■ **frigorífico, -a** *adj* **LOC** *Ver* CÁMARA, CAMIÓN

frío, -a *adj* cold: *Está tan ~ que no lo puedo beber.* It's so cold I can't drink it. ◊ *Los ingleses tienen fama de ser ~s.* English people are said to be cold.

> **¿Cold o cool?**
> **Cold** indica una temperatura más baja que **cool** y muchas veces desagradable: *Ha sido un invierno muy frío.* It's been a terribly cold winter. ◊ *La cena se te va a quedar fría.* Your dinner'll get cold.
> **Cool** significa *fresco* más que frío: *Fuera hace calor, pero aquí se está fresquito.* It's hot outside but it's nice and cool in here.

■ **frío** *nm* cold: *Cierra la puerta que entra ~.* Shut the door, you're letting the cold in.

LOC coger frío to catch cold **en frío 1** (*sin preparación*): *Me pillas en ~.* I wasn't expecting that. ◊ *Así en ~ no se me ocurre nada.* I can't think of anything off the top of my head. **2** (*sin presiones*) calmly: *Al pensarlo en ~, cambié de idea.* When I thought it over calmly, I changed my mind. **hacer frío** to be cold: *Hace mucho ~ en la calle.* It's very cold outside. ◊ *¡Hace un ~ que pela!* It's freezing! **no dar ni frío ni calor** to leave *sb* cold **pasar/tener frío** to be/feel cold: *Tengo ~ en las manos.* My hands are cold. *Ver tb* ATERIDO, CHUPAR, DUCHA, INVERNAL, JARRO, MORIR(SE), MUERTO, RÍGIDO, SANGRE, SUDOR, TIESO

friolero, -a *adj, nm-nf*: *¿Eres muy ~?* Do you feel the cold a lot?

■ **friolera** *nf*: *la friolera de 40 millones* a mere 40 million

friso *nm* **1** (*Arquit*) frieze ☛ *Ver ilustración en* COLUMNA **2** (*rodapié*) skirting board

fritanga *nf* greasy food [*incontable*]

frito, -a *pp, adj* fried: *pescado* ~ fried fish *Ver tb* FREÍR
■ **frito** *nm* **fritos** fried food [*gen incontable*]
LOC **estar frito 1** (*harto*) to be fed up **2** (*dormido*) to be fast asleep **3** (*muerto*) to be a goner **quedarse frito** to doze right off **tener/traer frito a algn**: *Nos tienen ~s con sus quejas.* We're fed up to the back teeth with their complaints. ◇ *¡Me traes ~!* I'm fed up with you! *Ver tb* BOLSA², HUEVO, PATATA, TOMATE

fritura *nf* fried food [*gen incontable*]: *Pidieron una ~ de pescado.* They ordered some fried fish.

frivolidad *nf* frivolity

frívolo, -a *adj* frivolous

frondoso, -a *adj* luxuriant

frontal *adj* **1** (*ataque, Med*) frontal **2** (*oposición, rechazo*) outright
LOC **choque/colisión frontal** head-on collision *Ver tb* LAVADORA

frontalmente *adv* (*atacar, chocar, enfrentarse*) head-on: *Se chocaron ~.* They had a head-on collision.

frontera *nf* border, frontier

¿Border o frontier?
Utilizamos **border** para hablar de la división entre países, de fronteras naturales y de las divisiones entre estados, provincias o condados dentro de un mismo país: *pasar la frontera* to cross the border ◇ *en la frontera francesa* on the French border ◇ *El río constituye la frontera entre los dos condados.* The river forms the border between the two counties.
Frontier se utiliza para hablar de la división entre países, aunque es un poco más formal que **border**. Por otro lado, solo **frontier** tiene un uso figurado: *ampliar las fronteras de la ciencia* to push back the frontiers of science.

fronterizo, -a *adj* **1** (*gen*) border [*n atrib*]: *guardia/región fronteriza* border police/area **2 ~ (con)** (*limítrofe*) bordering (**on *sth***): *dos países ~s* two bordering countries

frontón *nm* **1** (*Dep*) **(a)** (*juego*) pelota **(b)** (*cancha*) pelota court **2** (*Arquit*) pediment ☛ *Ver ilustración en* COLUMNA

frotar(se) *vt, v pron* to rub: *Frótalo con un poco de aceite.* Rub it with a little bit of oil. ◇ *Deja de frotarte los ojos.* Stop rubbing your eyes.
LOC **frotarse las manos** to rub your hands together

fructífero, -a (*tb* **fructuoso, -a**) *adj* productive

fructificar *vi* to be fruitful

frugal *adj* frugal

frunce (*tb* **fruncido**) *nm* gather: *hacer unos ~s a la falda* to put some gathers in a skirt

fruncir *vt* (*Costura*) to gather LOC *Ver* CEÑO

frustración *nf* frustration

frustrado, -a *pp, adj* **1** (*persona*) frustrated: *Me siento ~.* I feel frustrated. **2(a)** (*intento*) failed **(b)** (*delito*) attempted *Ver tb* FRUSTRAR LOC *Ver* HOMICIDIO

frustrante *adj* frustrating

frustrar *vt* **1** (*gen*) to frustrate: *Me frustra muchísimo que no me escuches.* It really frustrates me that you won't listen. ◇ *La vida lo ha frustrado.* Life has left him frustrated. **2** (*plan, investigación, robo*) to thwart **3** (*esperanzas*) to dash
■ **frustrarse** *v pron* **1** (*plan, proyecto*) to come to nothing **2** (*persona*) to get frustrated

fruta *nf* fruit [*incontable*]: *¿Quieres ~?* Do you want some fruit? ◇ *una pieza de ~* a piece of fruit

El sustantivo **fruit** también puede ser contable cuando se refiere a varios tipos de fruta: *frutas del bosque* fruits of the forest.

LOC **fruta del tiempo** fruit in season **fruta escarchada** crystallized fruit *Ver tb* MACEDONIA, PAPILLA, SAL

frutal *adj* fruit [*n atrib*]: *un árbol ~* a fruit tree
■ **frutal** *nm* fruit tree

frutería *nf* greengrocer's [*pl* greengrocers] ☛ *Ver nota y ejemplos en* CARNICERÍA

frutero, -a *nm-nf* (*persona*) greengrocer

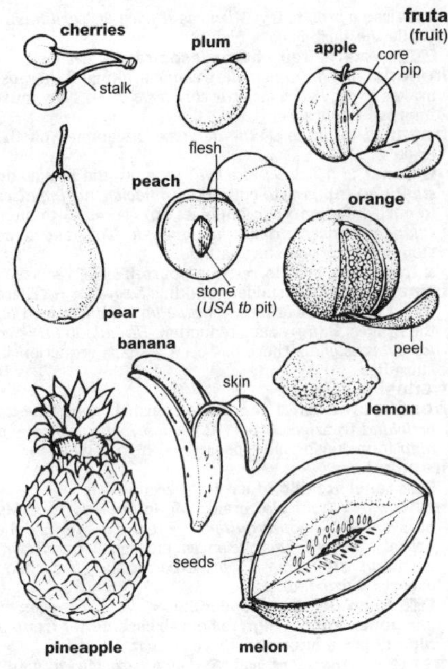

■ **frutero** *nm* (*recipiente*) fruit bowl

fruto *nm* fruit
LOC **dar fruto** (*lit* y *fig*) to bear fruit **fruto prohibido** forbidden fruit **frutos secos 1** (*de cáscara dura*) nuts ☛ *Ver ilustración en* NUT **2** (*fruto desecado*) dried fruit [*incontable, v sing*] **sacar fruto (de)** to reap the benefit (of *sth*) **ser fruto de** to be the result of *sth Ver tb* RECOGER

fu
LOC **ni fu ni fa** so-so

fucsia *nf, nm* (*Bot, color*) fuchsia: *un jersey ~* a fuchsia jumper ☛ *Ver ejemplos en* AMARILLO

fuego *nm* **1** (*gen*) fire: *encender el ~* to light the fire ◇ *el ~ enemigo* enemy fire ◇ *abrir ~* to open fire ◇ *apagar un ~* to put out a fire **2** (*cocina a gas*) **(a)** (*quemador*) burner: *una cocina de tres ~s* a cooker with three burners **(b)** (*llama*) heat: *Baja el ~.* Turn the heat down. **3** (*para cigarro*) light: *pedir ~* to ask for a light ◇ *¿Me da ~?* Have you got a light?
LOC **a fuego lento/vivo** over a low/high heat **dar/pegar/prender fuego a** to set fire to *sth* **echar fuego por los ojos** to be blazing with anger **fuego cruzado** crossfire **fuegos artificiales** fireworks *Ver tb* ALTO *nm*, ARMA, BARRERA, BAUTISMO, CASTAÑA, CASTILLO, COCER, HERVIR, JUGAR, LEÑA, LÍNEA, MANO, PRUEBA, RESISTENTE, TORO

fuel (*tb* **fuel-oil**) *nm* (fuel) oil: *calefacción de ~* oil-fired heating

fuelle *nm* **1** (*para el fuego, de un acordeón*) bellows [*v pl*] **2** (*aguante*) energy: *tener mucho ~* to have a lot of energy ◇ *Se me ha acabado el ~.* I've run out of steam.

fuente *nf* **1** (*manantial*) spring **2** (*fabricada*) fountain: *Van a poner una ~ en la plaza.* They're going to build a fountain in the square. **3** (*bandeja*) (serving) dish: *una ~ de carne* a dish of meat **4** (*origen*) source: *~s cercanas al gobierno* sources close to the government

fuera *adv* **1 ~ (de)** outside: *Se oían ruidos ~.* You could hear noises outside. ◇ *~ de España* outside Spain ◇ *Hay grietas por ~.* There are cracks on the outside. **2(a)** (*no en casa*) out: *cenar/salir ~* to eat/go out ◇ *Se pasan todo el día ~.* They're out all day. **(b)** (*de la ciudad*) away: *Está ~ en viaje de negocios.* He's away on business. **(c)** (*del país*) abroad: *Estudié ~.* I studied abroad. **(d)** (*Dep*) away: *Jugamos ~ la semana que viene.* We're playing away next week. ◊ *una victoria ~ de casa* an away win **3 ~ de** (*fig*) out **of *sth***: *~ de peligro/lugar/control* out of danger/place/control ◊ *Cae ~ de mis atribuciones.* That falls outside my authority.

■ **¡fuera!** *interj* **1** (*echando a algn*) get out! **2** (*protesta*) out!: *¡~ Don José!* Don José out!

LOC dejar/poner fuera de combate 1 (*Boxeo*) to knock *sb* out **2** (*fig*) to deal *sb* a fatal blow **estar fuera de combate 1** (*Boxeo*) to be knocked out **2** (*fig*) to be out of action **estar fuera de cuentas**: *Ya está ~ de cuentas.* The baby's overdue. **estar fuera de uso** to be obsolete **fuera de bromas** joking apart **fuera de horas** outside normal hours **fuera de juego** offside **fuera del alcance de 1** (*que no se puede obtener*) out of reach of *sb*: *Mantener ~ del alcance de los niños.* Keep out of reach of children. **2** (*que no se puede comprar*) beyond the price range of *sb* **3** (*de disparos*) out of range of *sth/sb* **fuera de la ley** illegal **fuera de lo común/normal** out of the ordinary **fuera de lugar** out of place: *Sus críticas estaban completamente ~ de lugar.* His criticisms were completely out of place. ◊ *En esta fiesta me siento ~ de lugar.* I feel out of place at this party. **fuera de plazo** after the closing date **fuera de serie** outstanding [*adj*]: *Es un ~ de serie.* He's outstanding. **fuera de servicio 1** (*estropeado*) out of service **2** (*no en uso*) not in service **3** (*policía*) off-duty **fuera de sí** beside himself, herself, etc **fuera de (toda) duda** beyond (all) doubt **fuera de tono** inappropriate: *hacer un comentario ~ de tono* to make an inappropriate remark **los de fuera 1** (*extranjeros*) foreigners **2** (*de otros lugares*) outsiders *Ver tb* AHÍ, ALLÁ, ALLÍ, BALÓN, CORRIENTE, EQUIPO, LENGUA

fueraborda *nm* **1** (*motor*) outboard motor **2** (*embarcación*) boat with an outboard motor

fuero *nm* **1** (*privilegio*) privilege **2** (*Hist*) charter: *los ~s de Navarra* the charter of Navarra

LOC en mi fuero interno in my, your, etc heart of hearts **volver algn por sus fueros** to be back on form

fuerte *adj* **1** (*gen*) strong: *una economía ~* a strong economy ◊ *un queso/olor muy ~* a very strong cheese/smell **2** (*intenso, golpe*) heavy: *bajo una ~ vigilancia policial* under heavy police surveillance ◊ *un ~ ritmo de trabajo* a heavy work schedule ◊ *Cayó una ~ nevada.* There was a heavy fall of snow. ◊ *Me dio una ~ patada.* He kicked me really hard. **3** (*dolor, crisis, descenso*) severe: *Su pérdida ha sido un golpe muy ~.* His loss has been a very severe blow. **4** (*violento*) disturbing: *La película tiene escenas muy ~s.* The film contains some disturbing scenes. **5** (*abrazo, comida*) big: *un desayuno ~* a big breakfast **6** (*cantidad*) large: *una ~ cantidad de dinero* a large amount of money **7** (*sonido, música*) loud **8** (*apretado*) tight: *La tuerca está muy ~.* The screw is very tight. **9** (*increíble*): *¡Cómo viste! ¡Qué ~!* Have you seen the clothes he wears? Amazing! ◊ *Es ~ lo del accidente.* That business about the accident was awful. **10** (*Ling*) stressed

■ **fuerte** *adv* **1** (*con fuerza, intensamente*) hard: *tirar ~ de una cuerda* to pull a rope hard **2** (*firmemente*) tight/tight(ly): *¡Agárrate ~!* Hold on tight! ☛ *Ver nota en* TIGHTLY **3** (*en gran cantidad*) **(a)** (*invertir, apostar*) heavily **(b)** (*comer*): *cenar ~* to have a big evening meal **4** (*sonido*) loud(ly): *No hables tan ~.* Don't talk so loud. ◊ *Habla más ~.* Speak up.

■ **fuerte** *nm* **1** (*fortaleza*) fort **2** (*punto sobresaliente*) strong point, forte (*más formal*): *El arte es mi ~.* Art is my forte.

LOC estar fuerte en to be good at *sth* **fuerte como una roca** (as) solid as a rock **fuerte como un toro** (as) strong as an ox **hacerse el fuerte** to put on a brave face *Ver tb* ABRAZO, CAJA, LEY, PISAR, PLATO, PLAZA, PUNTO

fuertemente *adv* **1** (*gen*) strongly: *~ impactado por la noticia* strongly affected by the news **2** (*firmemente*) tightly: *Se agarró ~ a mi brazo.* He held my arm tightly. ☛ *Ver nota en* TIGHTLY **3** (*empujar, golpear, llover*) hard: *Se golpeó ~ en la cabeza.* He banged his head hard. **4** (*armado*) heavily **5** (*vigilado*) closely

fuerza *nf* **1** (*gen*) strength [*incontable*]: *la ~ física/moral* physical/moral strength ◊ *recobrar las ~s* to get your strength back ◊ *No tengo ~s para continuar.* I don't have the strength to carry on. **2** (*Fís, Mil, Pol, potencia*) force: *la ~ de la gravedad* the force of gravity ◊ *~ bruta* brute force ◊ *hacer uso de la ~* to use force ◊ *por la ~ de la costumbre* through force of habit

LOC a fuerza de by *sth/doing sth*: *a ~ de insistir* by insisting ◊ *Lo consiguieron a ~ de trabajar y trabajar.* They managed it by dint of hard work. **a la fuerza 1** (*forzando*) by force: *Los sacaron a la ~.* They removed them by force. **2** (*por necesidad*): *Tengo que hacerlo a la ~.* I've no choice but to do it **coger fuerzas** to gather your strength **con fuerza** strongly **fuerza de voluntad** will-power **fuerza pública/fuerzas de orden público** police force [*sing*] **fuerzas aéreas** air force [*sing*] **fuerzas armadas** armed forces **hacer fuerza** to try hard **por la fuerza** by force **no tener fuerzas** not to be strong enough (*to do sth*): *Todavía no tiene ~ para comer solo.* He's not strong enough to feed himself yet. **sacar fuerzas de flaqueza** to gather all your strength **se le va la fuerza por la boca** he's, she's, etc all talk *Ver tb* AHORRAR, CAMISA, CAUSA, DESIGUALDAD, MAÑA, MEDIR, PALPITAR, REUNIR

fuga *nf* **1** (*huida*) **(a)** (*gen*) flight **(b)** (*preso*) escape **2** (*gas, agua*) leak **3** (*Mús*) fugue

LOC darse a/emprender la fuga 1 (*persona*) to run off **2** (*vehículo*) to drive off **fuga de cerebros** brain drain

fugado, -a *pp, adj* **1** (*gen*) fugitive: *un empresario ~* a fugitive businessman **2** (*por razones políticas*): *un atleta ~ de su país* an athlete who has fled his country **3** (*de casa*) runaway: *fotos de los (niños) ~s* photos of the runaways *Ver tb* FUGARSE

fugarse *v pron* **1** (*del país*) to flee *sth* [*vt*]: *El escritor se ha fugado del país.* The writer has fled the country. **2** (*de la cárcel*) to escape (***from prison***) **3** (*de casa*) to run away (***from home***) **4** (*para casarse*) to elope

fugaz *adj* **1** (*gen*) fleeting: *una sombra ~* a fleeting shadow **2** (*encuentro*) brief **LOC** *Ver* ESTRELLA

fugitivo, -a *adj, nm-nf* fugitive

fulano, -a *nm-nf* so-and-so: *Imagínate que viene ~…* Just suppose so-and-so comes…

■ **fulana** *nf* (*prostituta*) whore (*ofen*)

LOC señor/don Fulano de Tal Mr So-and-so **fulano, mengano y zutano** every Tom, Dick and Harry

fular *nm* (chiffon) scarf [*pl* (chiffon) scarves]

fulgor *nm* **1** (*brillo*) brilliance: *el ~ de las estrellas* the brilliance of the stars **2** (*ojos*) gleam

fulgurante *adj* brilliant

fulminante *adj* **1** (*instantáneo*) immediate: *un éxito/una respuesta ~* an immediate success/reply ◊ *de manera ~* immediately **2** (*enfermedad*) devastating **3** (*muerte*) sudden **4** (*mirada*) withering

fulminar *vt* **1** (*causar daño*) to strike: *Un relámpago fulminó el árbol.* The lightning struck a tree. **2** (*matar*) to kill, to strike *sb* down (*más formal*): *Un rayo/un infarto la fulminó.* She was struck down by lightning/a heart attack.

LOC fulminar con la mirada to give *sb* a withering look

fumado, -a *pp, adj* stoned (*coloq*) *Ver tb* FUMAR

fumador, ~a *nm-nf* smoker: *un ~ pasivo* a passive smoker ◊ *un billete de no ~es* a non-smoking ticket ◊ *¿~ o no ~?* smoking or non-smoking?

LOC fumador empedernido heavy smoker *Ver tb* VAGÓN

fumar *vt, vi* to smoke: *~ en pipa* to smoke a pipe ◊ *Deberías dejar de ~.* You should give up smoking.

■ **fumarse** *v pron* **1** (*clase, reunión*) to skip **2** (*dinero*) to blow

LOC fumar como un carretero to smoke like a chimney *Ver tb* PAPEL, PITILLO, PROHIBIDO

fumigar *vt* **1** (*cosecha*) to spray **2** (*edificio*) to fumigate

funámbulo, -a *nm-nf* tightrope walker

función *nf* **1** (*gen*) function: *Nuestra ~ es informar.* Our function is to inform. **2** (*Cine*) show: *~ de tarde* early

evening show **3** (*Teat*) performance: *una ~ de gala* a gala performance **4 funciones** (*cargo*) duties: *en el ejercicio de sus funciones* while performing his duties
LOC en función de according to *sth*: *en ~ de tus aptitudes* according to your ability ◊ *Todo está pensado en ~ de la seguridad.* Everything's been done with safety in mind. **en funciones** acting: *el alcalde en funciones* the acting mayor **estar/entrar en funciones** to be in/to assume office **función de tarde** (*Teat*) evening performance *Ver tb* EJERCICIO, EXTRALIMITARSE

funcional *adj* functional

funcionamiento *nm* **1** (*marcha*) operation: *poner algo en ~* to put sth into operation ◊ *La reforma entró en ~ en 1992.* The reform came into operation in 1992. ◊ *Nos explicó el ~ del ordenador.* He explained to us how the computer worked. **2** (*gestión*): *el mal ~ de la guardería* problems in the way the nursery is run **LOC** *Ver* PUESTA

funcionar *vi* **1** (*gen*) to work: *La alarma no funciona.* The alarm doesn't work. **2 ~ (con)** to run (**on *sth***): *El coche funciona con gasoil.* The car runs on diesel. **3** (*empresa*) to operate: *La fábrica empezó a ~ en 1985.* The factory began operating in 1985.
LOC no funciona (*en un cartel*) out of order *Ver tb* SEDA

funcionario, -a *nm-nf* **1** (*gen*) government employee **2** (*administración pública central*) civil servant **3** (*administración local*) local government employee **4** (*organización internacional*) official: *altos ~s de la ONU* high-ranking UN officials
LOC funcionario de aduanas/de la policía customs/police officer **funcionario de correos** Post Office employee **funcionario público/del Estado** civil servant

funda *nf* **1** (*estuche*) case: *una ~ de gafas* a glasses case **2** (*disco*) sleeve **3** (*raqueta, cojín, sillón, edredón*) cover **4** (*revólver*) holster ☛ *Ver ilustración en* GUN **5** (*machete*) sheath ☛ *Ver ilustración en* KNIFE
LOC funda de almohada pillowcase

fundación *nf* **1** (*creación*) founding **2** (*institución*) foundation: *la Fundación Miró* the Miró Foundation

fundado, -a *pp, adj* well-founded: *Existen sospechas fundadas.* There are well-founded suspicions. *Ver tb* FUNDAR

fundador, ~a *adj, nm-nf* founder [*n*]: *los miembros ~es* the founder members **LOC** *Ver* SOCIO

fundamental *adj* fundamental
LOC es fundamental que... it is essential that...

fundamentalismo *nm* fundamentalism

fundamentalista *adj, nmf* fundamentalist

fundamentalmente *adv* **1** (*principalmente*) mainly: *Exportan ~ a Alemania.* They mainly export to Germany. **2** (*esencialmente*) fundamentally: *opiniones ~ opuestas* fundamentally opposed views

fundamentar *vt* to base *sth* ***on sth***

fundamento *nm* **1** (*base*) foundation: *los ~s de un edificio* the foundations of a building **2** (*sensatez*) common sense: *¡Qué poco ~ tienes a veces!* Sometimes you've got no common sense! ◊ *hacer las cosas con ~* to use your head to do something **3 fundamentos** (*principios básicos*) fundamentals, basics (*más coloq*): *los ~s de la lingüística* the fundamentals of linguistics **LOC** *Ver* CARECER, RUMOR

fundar *vt* **1** (*gen*) to found: *~ una ciudad/empresa* to found a city/company **2** (*basar*) to base *sth* ***on sth***: *Fundé mi afirmación en los hechos.* I based my statement on the facts.
■ **fundarse** *v pron* (*persona*): *¿En qué te fundas para pensar eso?* What are your grounds for thinking that? **LOC** *Ver* CRISTO

fundición *nf* **1** (*proceso*) smelting **2** (*fábrica*) foundry: *una ~ de acero* a steel foundry

fundido, -a *pp, adj Ver* FUNDIR(SE) **LOC** *Ver* HIERRO

fundir(se) *vt, v pron* **1** (*derretir, derretirse*) to melt: *~ queso/acero* to melt cheese/steel **2** (*fusible, bombilla*) to blow: *Se fundieron los plomos.* The fuses blew. ◊ *Esa bombilla se ha fundido otra vez.* That bulb has blown again. **3** (*fusionar, fusionarse*) to merge: *Las dos empresas se fundirán.* The two firms will merge. **4** (*gastar*) to blow: *Me he fundido toda la paga en ropa.* I've blown all my pay on clothes.
■ **fundir** *vt* **1** (*mineral de hierro*) to smelt **2** (*moldear*) to cast: *fundir campanas en bronce* to cast bells in bronze **LOC fundirse en un abrazo** to clasp each other in an embrace

fúnebre *adj* (*triste*) mournful **LOC** *Ver* COCHE, EXEQUIAS, HONRA, MARCHA, POMPA

funeral *adj* funeral [*n atrib*]
■ **funeral** (*tb* **funerales**) *nm* funeral [*sing*]: *los ~es de un vecino* a neighbour's funeral

funerala *nf* **LOC** *Ver* OJO

funerario, -a *adj* funeral [*n atrib*]: *los rituales ~s* the funeral rites
■ **funeraria** *nf* undertaker's [*pl* undertakers] ☛ *Ver nota y ejemplos en* CARNICERÍA

funesto, -a *adj* terrible

funicular *nm* **1** (*ferrocarril*) funicular railway **2** (*teleférico*) cable car

furcia *nf* tart (*ofen*)

furgón *nm* **1** (*gen*) van: *un ~ postal* a post van ◊ *un ~ del reparto* a delivery van **2** (*tren*) goods van
LOC furgón de cola guard's van

furgoneta *nf* van

furia *nf* **1** (*gen*) rage, fury (*formal*): *la ~ del ciclón* the fury of the cyclone ◊ *Descargó su ~ contra mí.* He vented his rage on me. ◊ *pintar con ~* to paint furiously **2** (*moda*) craze: *la ~ de los videojuegos* the craze for video games ◊ *Esta moda se ha impuesto con ~.* This fashion's all the rage.
LOC estar hecho una furia to be furious **ponerse hecho una furia** to fly into a rage

furibundo, -a *adj* furious

furioso, -a *adj* furious (***with sb***)/(***at sth***): *Estaba ~ con ella.* I was furious with her. ◊ *Estoy furiosa por su comportamiento.* I'm furious at his behaviour.

furor *nm* **1** (*gen*) fury: *el ~ de la tempestad* the fury of the storm ◊ *Escribía con verdadero ~.* He was writing really furiously. **2** (*moda*) craze: *el ~ de las videocámaras* the craze for camcorders
LOC causar/hacer furor to be all the rage: *Los ordenadores están causando ~.* Computers are all the rage. **furor uterino** nymphomania **tener furor por** to be crazy about *sth/sb*

furtivo, -a *adj* furtive
LOC cazador/pescador furtivo poacher **caza/pesca furtiva** poaching

fusa *nf* (*Mús*) demisemiquaver ☛ *Ver ilustración en* NOTACIÓN

fuselaje *nm* fuselage

fusible *nm* fuse: *Han saltado los ~s.* The fuses have blown. **LOC** *Ver* CAJA

fusil *nm* rifle
LOC fusil de repetición automatic rifle

fusilado, -a *pp, adj Ver* FUSILAR **LOC** *Ver* MORIR(SE)

fusilamiento *nm* execution (by firing squad) **LOC** *Ver* PELOTÓN

fusilar *vt* **1** (*ejecutar*) to shoot *sb* (by firing squad) **2** (*copiar*) to copy

fusión *nf* **1** (*gen*) fusion: *la ~ nuclear* nuclear fusion **2** (*metal, hielo*) melting: *punto de ~* melting point **3** (*empresas, partidos políticos*) merger: *la ~ de los dos bancos* the merger of the two banks

fusionar(se) *vt, v pron* to merge: *Tratan de fusionar ambas empresas.* They are trying to merge the two firms. ◊ *Se han fusionado ficción y realidad.* Fiction and reality have merged.

fusta *nf* riding crop

fuste *nm* **1** (*columna*) shaft ☛ *Ver ilustración en* COLUMNA **2** (*fundamento*): *Hace cosas con muy poco ~.* He does stupid things. **3** (*importancia*) importance: *una empresa de ~* an important firm

fustigar *vt* **1** (*caballería*) to whip **2** (*criticar*) to attack

futbito (*tb* **fulbito**) *nm* five-a-side football

fútbol (football)

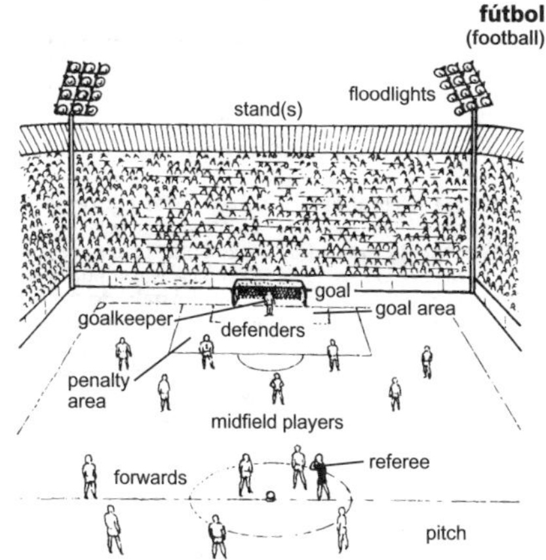

fútbol *nm* football, soccer (*más coloq*): *un equipo de ~* a football team

LOC fútbol americano American football **fútbol sala** five-a-side football

futbolín *nm* **1** (*juego*) table football **2 futbolines** (*local*) amusement arcade [*sing*]

futbolista *nmf* footballer

futbolístico, -a *adj* football [*n atrib*]: *la quiniela futbolística* the football pools

fútil *adj* trivial

futurista *adj* futuristic: *un plan/diseño ~* a futuristic plan/design

futuro, -a *adj* future [*n atrib*]: *el ~ presidente* the future president

■ **futuro** *nm* future: *un ~ prometedor* a promising future

■ **futuro, -a** *nm-nf* (*prometido*) intended: *Tengo que conocer a tu ~.* I must meet your intended.

LOC en el futuro 1 (*próximamente*) in the future: *Se producirá en el ~.* It will take place in the future. **2** (*la próxima vez*) in future: *En el ~ no vengas tarde.* In future don't be late. **en un futuro próximo** in the near future **futura mamá/madre** mother-to-be [*pl* mothers-to-be] *Ver tb* VIDA, VISIÓN

Gg

gabán *nm* coat
gabardina *nf* **1** (*impermeable*) raincoat **2** (*tela*) gabardine
gabarra *nf* barge
gabinete *nm* **1** (*despacho*) **(a)** (*gen*) office: *El abogado me recibió en su ~.* The lawyer saw me in his office. **(b)** (*médico, dentista*) surgery **2** (*Pol*) cabinet [*v sing o pl*] ☛ *Ver págs 584–5*
LOC **gabinete de prensa** press office **gabinete médico/de abogados** medical/legal practice
Gabón *nm* Gabon
gacela *nf* gazelle [*pl* gazelle/gazelles]
gaceta *nf* gazette
gacetilla *nf* (*Periodismo*) short item: *En el periódico local apareció una ~ sobre la muerte del poeta.* The local paper carried a short item on the poet's death.
gachí *nf* chick: *¡Mira qué ~ más guapa!* What a stunner!
gacho, -a *adj* bowed: *Caminaba con la cabeza gacha.* He was walking along with his head bowed. LOC *Ver* OREJA
gachó *nm* bloke
gaélico, -a *adj* Gaelic
■ **gaélico** *nm* Gaelic
gafar *vt* **1** (*traer mala suerte*) to put a jinx **on** *sth/sb*: *¡Oye, no me vayas a ~ la fiesta!* Hey, don't put a jinx on my party! **2** (*estropear*) to mess *sth* up: *¡No toques eso, que lo vas a ~!* Don't touch it–you'll mess it up!
gafas *nf* **1** (*gen*) glasses: *~ de montura metálica* steel-rimmed glasses ◊ *un chico rubio, con ~* a fair boy with glasses ◊ *No le vi porque no llevaba ~.* I couldn't see him because I didn't have my glasses on. ◊ *Me tienen que poner ~.* I've got to have glasses. **2** (*motociclista, esquiador, submarinista*) goggles
LOC **gafas bifocales** bifocals **gafas de cerca/de aumento/para leer/para vista cansada** reading glasses **gafas de culo de vaso** pebble glasses **gafas de sol** sunglasses **gafas graduadas** corrective glasses **gafas para lejos** glasses for long-distance vision
gafe *adj, nmf*
LOC **ser/tener gafe** to be jinxed: *Es tan ~ que todo le sale mal.* He seems to be jinxed–nothing turns out right for him.
gag *nm* gag
gaita *nf* **1** (*Mús*) bagpipes [*v pl*]: *La ~ es mi instrumento favorito.* Bagpipes are my favourite instrument. **2** (*inconveniente*) pain: *¡Vaya ~ tener que ir a la reunión!* What a pain it is having to go to the meeting!
LOC **andar con gaitas**: *Estoy harta de que se anden con tantas ~s.* I'm fed up with their excuses. **dejarse de gaitas** to stop messing about **estar hecho una gaita** to be sickly
gaitero, -a *nm-nf* piper
gajes *nm*
LOC **gajes del oficio** occupational hazards
gajo *nm* segment: *los ~s de una naranja* the segments of an orange
gala *nf* **1** (*recepción, ceremonia*) gala: *Asistiremos a la ~ inaugural.* We'll attend the gala opening. ◊ *una ~ benéfica a favor de algo/algn* a gala performance in aid of sth/sb ◊ *una cena/comida de ~* a gala dinner/lunch **2** (*actuación musical*) concert: *El grupo tiene proyectadas 20 ~s para este verano.* The group has 20 concerts planned for this summer. **3** (*certamen*) awards ceremony: *la ~ de los Premios Nobel* the Nobel Prize awards ceremony **4 galas (a)** (*vestidos*) best clothes: *Llevaré mis mejores ~s.* I'll wear my best clothes. **(b)** (*adornos*) decorations: *El teatro estaba decorado con vistosas ~s.* The theatre was lavishly decorated.
LOC **estar de gala** to be decked out: *La ciudad estaba de ~ durante la coronación.* The city was all decked out in honour of the coronation. **hacer gala de 1** (*demostrar*) to display *sth* [*vt*]: *La actriz hizo ~ de un excelente sentido del humor.* The actress displayed a great sense of humour. **2** (*jactarse*) to pride yourself on *sth*: *Aún estoy por ver esa paciencia de la que haces ~.* I haven't seen much sign of that famous patience of yours! **ir/vestir de gala** to be dressed up *Ver tb* FIESTA, UNIFORME, VESTIDO
galáctico, -a *adj* galactic
galán *nm* **1** (*adonis*) heart-throb: *¡Vaya un ~ que se ha echado por novio!* Her new boyfriend's a real heart-throb! **2** (*Cine, Teat*) (romantic) hero
LOC **galán de noche** clothes stand
galante *adj* gallant
galantería *nf* **1** (*caballerosidad*) gallantry **2** (*piropo*) compliment: *Le agradaba oír sus ~s.* She enjoyed his compliments.
galápago *nm* turtle ☛ *Ver ilustración en* TORTUGA
galardón *nm* award
galardonado, -a *pp, adj* prizewinning: *un autor/libro ~* a prizewinning author/book *Ver tb* GALARDONAR
■ **galardonado, -a** *nm-nf* prizewinner: *El público aplaudió a los ~s.* The audience clapped the prizewinners.
galardonar *vt* to give *sb* an award: *El compositor fue galardonado por su aportación a la ópera.* The composer was given an award for his contribution to opera.
galaxia *nf* galaxy LOC *Ver* GUERRA
galbana *nf* laziness: *¡Tengo una ~!* I feel incredibly lazy.
galena *nf* lead sulphide
galeón *nm* galleon
galeote *nm* galley slave
galera *nf* galley
galería *nf* **1** (*gen*) gallery: *una ~ de arte* an art gallery ◊ *una explosión en una de las ~s de la mina* an explosion in one of the galleries in the mine ◊ *La ~ del teatro estaba abarrotada.* The gallery of the theatre was packed. **2** (*balcón*) balcony: *Tomaban el sol en la ~ acristalada.* They were sunbathing on the enclosed balcony.
LOC **galerías comerciales** shopping mall [*sing*]: *Han abierto unas ~s comerciales en la Calle Mayor.* A new shopping mall has opened off the Calle Mayor. **hacer algo de cara a la galería** to play to the gallery
galerista *nmf* **1** (*dueño*) gallery owner **2** (*director*) gallery director
galerna *nf* gale
Gales *nm* Wales ☛ *Ver nota e ilustración en* GREAT BRITAIN
galés, -esa *adj* Welsh
■ **galés, -esa** *nm-nf* Welshman/woman [*pl* Welshmen/women]: *los galeses* the Welsh
■ **galés** *nm* (*idioma*) Welsh
galgo *nm* greyhound ☛ *Ver ilustración en* DOG[1]
LOC **correr como un galgo** to run like a hare
galicismo *nm* Gallicism
galimatías *nm* **1** (*lenguaje incomprensible*) gibberish [*incontable*]: *Me contestó con un ~ indescifrable.* His answer was gibberish. **2** (*lío*) shambles [*v sing*]: *La*

escena era un ~ horroroso. The scene was a terrible shambles.

gallardete *nm* pennant ☛ *Ver ilustración en* FLAG[1]

gallardía *nf* gallantry: *pelear con ~* to fight gallantly

gallardo, -a *adj* **1** (*distinguido*) distinguished-looking: *un hombre de aspecto ~* a distinguished-looking man **2** (*valiente, noble*) gallant

gallego, -a *adj, nm-nf* Galician

■ **gallego** *nm* (*idioma*) Galician

galleta *nf* **1** (*lit*) biscuit **2** (*fig*) slap: *Me dio una buena ~.* She slapped me hard. ◊ *Me he dado una ~ contra la mesa.* I banged into the table. ◊ *Se pegaron una ~ con el coche.* They crashed the car.

LOC **a toda galleta** at top speed: *Iban a toda ~.* They were going at top speed. ◊ *tomar las curvas a toda ~* to race round the bends

gallina *nf* hen: *una ~ clueca/ponedora* a broody/laying hen

■ **gallina** *adj, nmf* (*cobarde*) chicken: *¡No seas tan ~!* Don't be chicken!

LOC **estar como gallina en corral ajeno** to be like a fish out of water **la gallina/gallinita ciega** blind man's buff *Ver tb* ACOSTAR, CARNE, PIEL

gallinero *nm* **1** (*lit*) hen-house **2** (*griterío*) madhouse: *La clase era un ~.* The classroom was a madhouse. **3** (*Teat*) the gods [*v pl*] (*coloq*), gallery: *No los vi, pero sé que estaban en el ~.* I didn't see them, but I know they were in the gods.

gallito *adj, nm* **1** (*bravucón*) cocky [*adj*]: *ponerse ~* to be cocky ◊ *¡Tu hermano es un ~ insoportable!* Your brother is incredibly cocky! **2** (*presumido*) show-off [*n*]: *Es muy ~ delante de las mujeres.* He likes to show off in front of the ladies.

gallo *nm* **1** (*ave*) cock: *una pelea de ~s* a cockfight **2** (*pescado*) John Dory **3** (*gallito*) **(a)** (*bravucón*) cocky person **(b)** (*presumido*) show-off **4** (*nota desafinada*) wrong note: *Le salió un ~.* He hit a wrong note.

LOC **gallo de pelea** fighting cock **gallo silvestre** woodcock *Ver tb* CANTO[2], ESPOLÓN, MENOS, MISA, OTRO, PATA, PESO

galón[1] *nm* (*medida*) gallon: *un ~ de gasolina* a gallon of petrol ☛ *Ver apéndice 3*

galón[2] *nm* (*uniforme*) stripe: *Lleva los galones de capitán.* He's got his captain's stripes.

galopada *nf* gallop: *El caballo quedó agotado tras la ~.* The horse was exhausted after the gallop.

galopante *adj* (*lit* y *fig*) galloping: *una inflación/un cáncer ~* galloping inflation/cancer

galopar *vi* to gallop: *Esta tarde saldré a ~.* I'm going for a gallop this afternoon.

galope *nm* gallop

LOC **a galope tendido/a todo galope** at full gallop **al galope**: *Huyeron al ~.* They galloped off. ◊ *El caballo se puso al ~.* The horse started to gallop.

galvanizar *vt* (*lit* y *fig*) to galvanize

gama *nf* range: *una amplia ~ de colores/productos* a wide range of colours/products

gamada *adj* **LOC** *Ver* CRUZ

gamba *nf* prawn

LOC **hacer el gamba** to muck about: *Deja de hacer el ~, que me estás avergonzando.* Stop mucking about, you're embarrassing me. **meter la gamba** to put your foot in it

gamberrada *nf* **1** (*acto vandálico*) hooliganism [*incontable*]: *Lo de la bomba fétida fue una auténtica ~.* Letting off a stink bomb was sheer hooliganism. ◊ *Deja de hacer ~s.* Don't be such a hooligan. **2** (*grosería*) loutishness [*incontable*]

LOC **hacer gamberradas** to make trouble: *Estos chavales se divierten haciendo ~s.* These kids are always making trouble.

gamberrismo *nm* **1** (*vandalismo*) hooliganism **2** (*grosería*) loutishness

gamberro, -a *adj* **1** (*vándalo, alborotador*) rowdy **2** (*grosero*) loutish

■ **gamberro, -a** *nm-nf* **1** (*vándalo, alborotador*) hooligan **2** (*grosero*) lout

LOC **hacer el gamberro** to make trouble

Gambia *nf* (the) Gambia

gambito *nm* gambit

gameto *nm* gamete

gamma *nf* gamma: *rayos ~* gamma rays

gamo *nm* fallow deer [*pl* fallow deer] ☛ *Ver nota en* CIERVO

gamuza *nf*: **1** (*animal*) chamois [*pl* chamois] **2** (*piel, trapo*) chamois leather

gana *nf*: *La encontré con ~s de hacer cosas nuevas.* I found her keen to try out new ideas. ◊ *sin ~s de vivir* lacking the will to live

LOC **dar ganas de vomitar** to make *sb* feel sick: *Aquel olor me dio ~s de vomitar.* That smell made me feel sick. ◊ *Le dieron ~s de vomitar.* He felt sick. **darle a algn la (maldita/real) gana** to want *to do sth*: *Lo hago por que me da la ~.* I'm doing it because I want to. ◊ *No me da la ~ de llamarle.* I really don't want to phone him. ◊ *—Ven aquí, niño. —No me da la ~!* 'Come here, darling.' 'Don't want to.' ◊ *Dijo que no lo hacía porque no le daba la real ~.* He said he wasn't going to do it because he really didn't want to. **darle/entrarle ganas de hacer algo** to suddenly feel like sth/doing sth: *Le entraron ~s de explicárselo todo.* He suddenly felt like telling them everything. **hacer algo con/sin ganas** to do sth enthusiastically/half-heartedly: *Se ve que estudian con ~s.* You can see they're enthusiastic about their work. ◊ *Cuando las cosas se hacen sin ~s, el resultado es muy pobre.* When you do things half-heartedly they never turn out right. **hacer algo de buena/mala gana** to do sth willingly/reluctantly: *Lo hizo de mala ~.* She did it reluctantly. **hacer lo que me da la gana/viene en gana** to do as I, you, etc please: *Siempre hacen lo que les viene en ~.* They do as they please. ◊ *Haz lo que te dé la ~.* Do what you like. **¡las ganas!** you wish! **quedarse con las ganas** not to be able *to do sth*: *Querían irse al Caribe, pero se quedaron con las ~s.* They wanted to go to the Caribbean but they weren't able to. **quedarse con las ganas de** to never get *to do sth*: *Se agotaron las entradas y me quedé con las ~s de ir al concierto.* The tickets were sold out, so I never got to go to the concert. **quitarle/quitársele a algn las ganas de hacer algo** not to feel like doing sth: *Este tiempo me quita las ~s de salir.* I don't feel like going out in this weather. ◊ *Se me han quitado las ~s de ir al cine.* I don't feel like going to the cinema. **ser feo, tonto, etc con ganas** to be really ugly, stupid, etc **tener ganas de que algn haga algo** to be longing for sb to do sth: *Tengo muchas ~s de que vengáis a visitarnos.* I'm longing for you to come and see us. **tenerle ganas a algn** to have a grudge against sb **tener/sentir ganas (de hacer algo)** to feel like (sth/doing sth): *No, hoy no tengo ~s.* No, I don't feel like it today. ◊ *Tengo ~s de fumar/comer algo.* I feel like a cigarette/something to eat. **tener unas ganas locas de hacer algo** to be dying to do sth: *Tengo unas ~s locas de irme de vacaciones.* I'm dying to go on holiday. *Ver tb* AGUANTAR, COMER, MORIR(SE), PELEA, RABIAR, REVENTAR

ganadería *nf* **1** (*actividad*) livestock farming: *La ~ es la mayor fuente de ingresos de la región.* Livestock farming is the region's main source of income. ◊ *Se dedican a la ~.* They're livestock farmers. **2** (*conjunto de ganado*) livestock: *la ~ de un país* a country's livestock **3** (*toros de un ganadero*): *Se lidiaron toros de la ~ de Vitorino.* There were bulls from the Vitorino herd in the bullfight.

ganadero, -a *adj* livestock [*n atrib*]: *el sector ~/la industria ganadera* the livestock industry

■ **ganadero, -a** *nm-nf* **1** (*gen*) livestock farmer: *Los ~s están preocupados por la nueva legislación.* Livestock farmers are worried about the new legislation. **2** (*vacas y toros*) cattle farmer **3** (*ovejas*) sheep farmer **4** (*cerdos*) pig farmer

ganado *nm* livestock: *el ~ de la finca* the livestock on the farm
LOC ganado caballar/equino horses [*v pl*] **ganado lanar/ovino** sheep [*v pl*] **ganado porcino** pigs [*v pl*] **ganado (vacuno)** cattle [*v pl*] *Ver tb* CABEZA, VAGÓN

ganador, ~a *adj* winning
■ **ganador, ~a** *nm-nf* winner

ganancia *nf* **1** (*gen*) gain: *~s a corto plazo* short-term gains **2** (*Fin*) profit: *un aumento en las ~s anuales* an increase in annual profits **LOC** *Ver* MARGEN, PÉRDIDA

ganancial *adj* **LOC** *Ver* BIEN[3]

ganar *vt* **1** (*sueldo*) to earn: *Gana tres mil pesetas a la hora.* He earns three thousand pesetas an hour. **2** (*vencer*) **(a)** (*gen*) to win: *¿Quién ha ganado el partido/ la guerra?* Who won the match/the war? **(b) ~ a** to beat: *Inglaterra ganó a Alemania.* England beat Germany. **3** (*conseguir*) to gain: *~ peso/terreno* to gain weight/ground ◊ *¿Qué ganamos con decírselo?* What do we gain by telling him?
■ **ganar** *vi* **1** (*dinero*) to earn: *En ese trabajo gana bien.* He earns a good salary in that job. **2** (*vencer*) to win: *¡Hemos ganado!* We've won! **3** (*mejorar*) **(a) ~ (con)** (*gen*) to gain **(from** ***sth*****/by** ***doing sth*****)** : *El sistema educativo ganará con la reforma.* The education system will gain from the reforms. **(b)** (*en aspecto*): *Ganas mucho con ese vestido.* That dress does a lot for you. **4 ~ en** (*aumentar*): *~ en belleza/importancia* to become more beautiful/important
■ **ganarse** *v pron* **1** (*respeto, admiración, fama*) to earn **2** (*castigo*) to deserve: *¡Te lo has ganado!* You deserved that!
LOC dejarse ganar/llevar por algo to let *sth* get the better of you: *dejarse ~ por la pereza* to let laziness get the better of you **ganar a algn en algo**: *Me gana en edad.* She's older than me. ◊ *No hay quien te gane en inteligencia.* No one is brighter than you! **ganar de dos, etc puntos** to be ahead by two, etc points **ganar lo justo para vivir** to scrape by **ganar puntos** (*fig*) to improve your standing **ganarse algo a pulso** to fully deserve sth **ganarse el pan/la vida/los garbanzos** to earn your living **ganarse la simpatía de algn** to endear yourself to sb **ganarse la vida honradamente** to earn an honest living **ganar tiempo** to save time **llevar las de ganar** to be likely to win **no ganar para sustos, disgustos, etc**: *Contigo no gano para sustos.* With you it's just one fright after another. ◊ *Con los chavales uno no gana para disgustos.* With children it's nothing but worry. **que gane el mejor** may the best man win **salir ganando (con)** to do well out of *sth*: *Has salido ganando.* You've done well out of it. **¡te la vas a ganar!** you're for it! *Ver tb* BRONCA, DELANTERO, HINCHAR, TERRENO

ganchillo *nm* **1** (*aguja*) crochet hook **2** (*labor*) crochet: *hacer ~* to crochet

gancho *nm* **1** (*gen*) hook: *Lo colgó de un ~.* He hung it on a hook. ☛ *Ver ilustración en* HOOK **2** (*cebo*) bait
LOC echar el gancho a algn 1 (*detener*) to catch *sb*: *La policía le ha echado el ~.* The police have caught him. **2** (*conquistar*) to snap sb up: *¿Todavía no te ha echado el ~ ninguna chica?* Hasn't any girl snapped you up yet? **tener gancho 1** (*atractivo*) **(a)** (*persona*) to be charismatic **(b)** (*libro, película*) to be gripping **2** (*sexual*) to be sexy

gandul, ~a *adj* lazy
■ **gandul, ~a** *nm-nf* layabout

gandulear *vi* to laze around

gandulería *nf* laziness

gandulitis *nf* laziness: *Padece ~ aguda.* He suffers from chronic laziness.
LOC tener gandulitis to feel lazy

ganga *nf* bargain

ganglio *nm* lump

gangoso, -a *adj* nasal
■ **gangoso, -a** *nm-nf* person who speaks through his/ her nose

gangrena *nf* gangrene

gangrenarse *v pron* to become gangrenous

gangrenoso, -a *adj* gangrenous

gángster *nm* gangster

gansada *nf* silly thing
LOC dejarse de gansadas to stop messing about

ganso, -a *nm-nf* **1** (*Zool*) goose [*pl* geese]

> Si se quiere especificar que se trata de un ganso macho, se utiliza la palabra **gander**. La cría del ganso se llama **gosling**.

2 (*persona*) fool
LOC hacer el ganso to play the fool

ganzúa *nf* picklock

garabatear *vt, vi* **1** (*dibujar*) to doodle **2** (*escribir*) to scribble

garabato *nm* **1** (*dibujo*) doodle **2** (*escritura*) scribble

garaje *nm* garage ☛ *Ver ilustración en* HOUSE

garantía *nf* guarantee: *La ~ se me acaba dentro de tres meses.* The guarantee runs out in three months.
LOC de garantía reputable **en garantía** under guarantee: *El coche está en ~.* The car is under guarantee.

garantizar *vt* **1** (*gen*) to guarantee: *Garantizamos la calidad del producto.* We guarantee the quality of the product. **2** (*asegurar*) to assure: *Vendrán, te lo garantizo.* They'll come, I assure you.

garbanzo *nm* chickpea **LOC** *Ver* GANAR

garbeo *nm*
LOC dar(se) un garbeo to go for a stroll

garbo *nm* **1** (*salero*) grace **2** (*elegancia*) elegance
LOC andar con garbo to walk gracefully **hacer algo con garbo** to do sth stylishly **tener garbo** to be graceful: *Tienen mucho ~ para el baile.* They dance very gracefully.

garboso, -a *adj* **1** (*saleroso*) graceful: *movimientos ~s* graceful movements **2** (*elegante*) elegant

gardenia *nf* gardenia

garete *nm*
LOC irse al garete to go to pot: *El negocio se fue al ~.* The business went to pot.

garfio *nm* hook

gargajo *nm* gob of spit
LOC echar/tirar un gargajo to spit

garganta *nf* **1** (*Anat*) throat: *Me duele la ~.* I've got a sore throat. ☛ *Ver ilustración en* HEAD[1], THROAT **2** (*Geog*) **(a)** (*río*) gorge **(b)** (*montaña*) pass
LOC tener buena garganta to have a good voice *Ver tb* DOLOR, NUDO

gargantilla *nf* necklace

gárgaras *nf*
LOC hacer gárgaras to gargle **¡vete a hacer gárgaras!** push off!

gargarismo *nm* (*líquido*) gargle

gárgola *nf* gargoyle

garita *nf* **1** (*centinela*) sentry box **2** (*portería*) porter's lodge

garito *nm* **1** (*de juego*) gambling den **2** (*lugar de mala fama*) dive

garra *nf* **1** (*animal*) **(a)** (*gen*) claw: *las ~s de un lobo* a wolf's claws **(b)** (*ave de rapiña*) talon **2** (*mano*) paw: *¡Quítame las ~s de encima!* Take your paws off me! **3 garras** (*dominio*) clutches: *Cayó en las ~s de la burocracia.* He fell into the clutches of the bureaucracy.
LOC con garra 1 (*persona*) fascinating **2** (*novela, película*) gripping **sin garra** wishy-washy **tener garra** to be powerful: *Esta canción tiene mucha ~.* It's a very powerful song.

garrafa *nf* demijohn

garrafal *adj* terrible: *una falta ~* a monumental mistake
■ **garrafal** *adv*: *Cantó ~.* His singing was terrible.

garrapata *nf* tick

garrido, -a *adj* **1** (*mozo*) handsome **2** (*moza*) pretty

garrotazo *nm* a blow with a stick/club: *Lo mataron a ~s.* They clubbed him to death.

garrote *nm* **1** (*palo*) **(a)** (*para andar*) stick **(b)** (*para pegar*) club **2** (*de ejecución*) garrotte

garza *nf* heron

gas *nm* **1** (*gen*) gas: ~ *butano* butane gas ◊ *Huele a* ~. It smells of gas. ◊ *¿Has dado el* ~*?* Have you turned on the gas? **2 gases** (*Anat*) wind [*incontable*]: *El bebé tiene* ~*es.* The baby's got wind.

LOC a todo gas at full speed **con/sin gas** fizzy/still: *agua mineral con/sin* ~ fizzy/still mineral water **gases lacrimógenos** tear gas [*incontable*] *Ver tb* TOMA[2]

gasa *nf* **1** (*tejido*) gauze **2** (*para hacer prendas*) chiffon: *una blusa de* ~ a chiffon blouse **3** (*vendaje*) bandage

gaseoducto (*tb* **gasoducto**) *nm* gas pipeline

gaseosa *nf* lemonade

gaseoso, -a *adj* (*Quím*) gaseous **LOC** *Ver* BEBIDA

gasóleo (*tb* **gasoil**) *nm* diesel

gasolina *nf* petrol: *Nos paramos a echar* ~. We stopped to get some petrol. ◊ ~ *súper/sin plomo* four-star/unleaded petrol **LOC** *Ver* INDICADOR

gasolinera *nf* petrol station **LOC** *Ver* MOZO

gasómetro *nm* gasometer

gastado, -a *pp, adj* **1** (*desgastado*) **(a)** (*neumático*) worn **(b)** (*ropa, zapatos*) worn out **(c)** (*superficie, terreno*) worn away: *terreno* ~ *por la erosión* land that has been worn away by erosion **(d)** (*persona*) worn out: *Se le ve* ~ *y viejo.* He looks old and worn out. **2** (*tema, chiste*) well-worn *Ver tb* GASTAR

gastador, ~a *adj, nm-nf* spendthrift [*n*]: *ser muy* ~ to be a spendthrift

gastar *vt, vi* **1** (*dinero*) to spend: *¿Cuánto gastas en comida?* How much do you spend on food? **2** (*consumir*) to use *sth* [*vt*]: *Estamos intentando* ~ *menos electricidad.* We're trying to use less electricity. ◊ *Este coche gasta.* This car uses a lot of petrol.

■ **gastar** *vt* **1** (*usar*) **(a)** (*ropa*) to wear: *Siempre gasta ropa cara.* He always wears expensive clothes. **(b)** (*talla, número*) to take: ~ *la talla 40 de zapatos* to take a size 40 shoe **2** (*neumático, ropa, zapatos*) to wear *sth* out: *Los niños gastan mucho la ropa.* Children wear their clothes out very fast. **3** (*debilitar*) to wear *sb* out: *Trabajar en la mina lo gastó mucho.* Working in the mine wore him out. **4** (*terminar*) to use *sth* up: *Me has gastado la colonia.* You've used up all my cologne. **5** (*malgastar*) to waste: *No gastes electricidad.* Don't waste electricity.

■ **gastarse** *v pron* **1** (*comida, gas*) to run out: *Se ha gastado el azúcar.* The sugar has run out. **2** (*desgastarse*) **(a)** (*ropa, zapatos, neumático*) to wear out **(b)** (*superficie*) to wear away **3** (*persona*) to become worn out

LOC gastarlas: *Ya sabemos como las gastas.* We all know what you're like. **gastar saliva** to waste your breath **gastar una broma** to play a joke (*on sb*) *Ver tb* CHANZA, HUMO, INOCENTADA

gasto *nm* **1** (*dinero*) expense: *Tener coche supone mucho* ~. Owning a car means a lot of expense. ◊ *No gano ni para* ~*s.* I don't earn enough to cover my expenses. **2** (*agua, energía, gasolina*) consumption

LOC gasto público public spending **gastos de alojamiento y manutención** board and lodging [*incontable, v sing*] **gastos de correo** postage [*incontable, v sing*] **gastos de desplazamiento** travelling expenses **gastos de envío (y embalaje)** postage (and packaging) [*incontable, v sing*] **gastos de estancia/viaje** living/travel expenses **gastos de mantenimiento** maintenance costs **gastos de transporte** delivery charges **gastos generales** overheads **gastos ordinarios** everyday expenses ☛ *Ver nota en* EVERYDAY **hacer gasto** to spend: *Apenas hacen* ~. They spend hardly anything.

gástrico, -a *adj* gastric

gastritis *nf* gastritis [*incontable*]

gastronomía *nf* gastronomy (*formal*), cooking: *la* ~ *vasca* Basque cooking ◊ *Me interesa mucho la* ~. I'm very interested in gastronomy.

gastronómico, -a *adj* gastronomic (*formal*), food [*n atrib*]: *un programa* ~ a food programme ◊ *Conocen sus gustos* ~*s.* They know his tastes in food.

gastrónomo, -a *nm-nf* gourmet

gatear *vi* to crawl

gatera *nf* cat flap

gatillo *nm* trigger: *apretar el* ~ to pull the trigger ☛ *Ver ilustración en* GUN

gato *nm* (*para coche*) jack

gato, -a *nm-nf* cat

> **Cat** es el término genérico utilizado para referirse a los gatos; ahora bien, si se quiere especificar que se trata de un gato macho, también se pueden utilizar los términos **tom-cat** o **tom**. La cría del gato (o *gatito*) se llama **kitten**.

LOC andar/avanzar a gatas to crawl: *Avanzamos a gatas por el túnel.* We crawled through the tunnel. **dar gato por liebre** to take *sb* in **el gato con botas** Puss in Boots **gato callejero** stray cat **gato montés** wild cat **gato siamés** Siamese cat **haber gato encerrado**: *Aquí hay* ~ *encerrado.* There's something fishy going on here. **llevarse el gato al agua** to pull it off **ser gato escaldado** once bitten, twice shy *Ver tb* BUSCAR, CASCABEL, COMER, CUATRO, LAVAR, PERRO

gaucho *nm* gaucho [*pl* gauchos]

gavilán *nm* sparrowhawk

gaviota *nf* seagull

gay *adj, nm* gay

gazapo[1] *nm* (*error*) mistake

gazapo[2] *nm* (*cría del conejo*) young rabbit

gazmoñería *nf* prudishness

gazmoño, -a *adj* prudish

■ **gazmoño, -a** *nm-nf* prude

gaznate *nm* gullet

LOC echarse algo al gaznate to knock sth back

gazpacho *nm* gazpacho

gazuza *nf* ravenous hunger

LOC tener gazuza to be ravenous

géiser *nm* geyser

gel *nm* gel

LOC gel de baño/ducha shower gel

gelatina *nf* **1** (*ingrediente*) gelatine **2** (*de fiambre, postre*) jelly

gelatinoso, -a *adj* gelatinous

gélido, -a *adj* icy

gema *nf* gem

gemelo, -a *adj, nm-nf* twin [*n*]: *hermanas gemelas* twin sisters

■ **gemelo** *nm* **1** (*camisa*) cuff-link: *unos* ~*s de oro* gold cuff-links **2** (*Anat*) calf muscle **3 gemelos** (*prismáticos*) **(a)** (*gen*) binoculars: *¿Me prestas los* ~*s?* Can I borrow your binoculars? **(b)** (*en un teatro*) opera glasses **LOC** *Ver* ALMA

gemido *nm* **1** (*persona*) groan: *Se oían los* ~*s del enfermo.* You could hear the sick man groaning. **2** (*animal*) whine: *Los* ~*s del perro nos despertaron.* We were woken up by the dog whining.

géminis (*tb* **Géminis**) *nm, nmf* (*Astrología*) Gemini ☛ *Ver ejemplos en* AQUARIUS; *Ver ilustración en* ZODIACO

gemir *vi* **1** (*de dolor*) to groan **2** (*lloriquear*) to whine: *El niño/perro no paraba de* ~. The child/dog wouldn't stop whining.

gen *nm* gene

genealogía *nf* genealogy

genealógico, -a *adj* genealogical **LOC** *Ver* ÁRBOL

generación *nf* generation: *las futuras generaciones* future generations ◊ *medidas para la* ~ *de empleo* measures to generate employment

generacional *adj*: *la lucha* ~ the struggle between the generations ◊ *un rasgo* ~ a feature common to a generation **LOC** *Ver* BARRERA

generador, ~a *adj* generating: *una industria* ~*a de riqueza* a wealth-generating industry

■ **generador** *nm* (*Mec*) generator

general *adj* general: *El problema es* ~. It's a general problem.

■ **general** *nmf* general
LOC en general/por lo general in general *Ver tb* ASAMBLEA, CAPITÁN, CAPITANÍA, CARRETERA, CUARTEL, DIRECCIÓN, DIRECTOR, ELECCIÓN, ENSAYO, FISCAL, GASTO, LIMPIEZA, LÍNEA, MEDICINA, PRESUPUESTO, SECRETARIO, TENIENTE

generalidad *nf* **1** (*mayoría*) most: *La ~ de las personas está satisfecha con el nuevo reglamento.* Most people are satisfied with the new regulations. **2 generalidades** (*vaguedades*) generalities: *Déjate de ~es.* Cut out the generalities.
LOC en su generalidad as a whole

generalización *nf* **1** (*afirmación*) generalization: *Es una ~ decir que todos los andaluces son alegres.* It's a generalization to say that all Andalusians are cheerful. **2** (*propagación*) spread: *la ~ de los valores democráticos* the spread of democratic ideas

generalizado, -a *pp, adj* widespread: *una creencia generalizada* a widespread belief *Ver tb* GENERALIZAR

generalizar *vt, vi* to generalize: *No se puede ~ de esa forma.* You can't generalize like that.
■ **generalizarse** *v pron* to spread: *Su uso se generalizó en los años sesenta.* Its use became widespread in the sixties.

generar *vt* to generate: *~ energía* to generate energy ◊ *una actividad que genera muchos ingresos* an income-generating activity

genérico, -a *adj* generic

género *nm* **1** (*tipo*) kind: *problemas de ese ~* problems of that kind **2(a)** (*Arte, Liter*) genre **(b)** (*Mús*) form **3** (*mercancía*) goods [*v pl*]: *~ de calidad* quality goods **4** (*Gram, Biol*) gender **5** (*tela*) material
LOC el género humano mankind ☛ *Ver nota en* MANKIND **el género novelesco/novelístico** the novel **el género policiaco** crime writing **géneros de punto** knitwear [*incontable, v sing*] **todo género de** all kinds of *sth/sb* [*v pl*]

generosidad *nf* generosity (**to sb**)

generoso, -a *adj* generous (**to sb**): *Es muy ~ con sus amigos.* He is very generous to his friends. ◊ *una ración generosa* a generous portion

génesis *nf* genesis

genética *nf* genetics [*v sing*]

genético, -a *adj* genetic

genial *adj* brilliant: *una idea/pianista ~* a brilliant idea/pianist

genialidad *nf* **1** (*cualidad*) genius **2** (*idea*) brilliant idea: *Sus ideas son siempre una ~.* His ideas are always brilliant.

genio *nm* **1** (*persona, talento*) genius (***at sth/doing sth***) [*pl* geniuses]: *Eres un ~ haciendo arreglos.* You're a genius at repairing things. **2** (*carácter*) temperament: *un ~ difícil* a difficult temperament **3** (*mal humor*) temper: *¡Qué ~ tienes!* What a temper you've got! **4** (*ser imaginario*) genie [*pl* genies/genii]: *el ~ de la lámpara* the genie of the lamp
LOC estar/ponerse de mal genio to be/get in a bad mood **tener mal/mucho genio** to be bad-tempered *Ver tb* VIVO

genital *adj* genital
■ **genitales** *nm* genitals

genocidio *nm* genocide

genotipo *nm* genotype

gente *nf* **1** (*gen*) people [*v pl*]: *Había mucha ~.* There were a lot of people. ◊ *La ~ lloraba de alegría.* People were crying with joy. **2** (*Náut, Mil*) men [*v pl*]: *Sargento, reúna a su ~.* Sergeant, assemble your men. **3** (*familia*) family [*v sing o pl*]: *¿Cuándo vas a venir a conocer a mi ~?* When are you coming to meet my family? ☛ *Ver nota en* FAMILIA **4** (*amigos*) friends [*v pl*]
LOC gente bien well-off people [*v pl*] **gente de bien** decent people [*v pl*] **gente gorda** fat cats [*v pl*] **gente menuda** children [*v pl*] **gente normal (y corriente)/de la calle** ordinary people [*v pl*]: *Son ~ de la calle.* They're just ordinary people. ◊ *La ~ normal no hace esas cosas.* Normal people don't do that kind of thing. **¡qué gente!**: *¡Qué ~! Vienen a pasar un día y se quedan una semana.* Would you believe it! They came for a day and stayed for a week. ◊ *¡Qué ~ tan encantadora!* What lovely people! *Ver tb* ABARROTADO, AGITAR, DON, HERVIDERO, HORMIGUERO, PIE

gentil *adj* kind: *un gesto/una palabra ~* a kind gesture/word

gentileza *nf* kindness: *tratar a algn con gran ~* to treat sb with great kindness
LOC (por) gentileza de (by) courtesy of *sth/sb* **tener la gentileza de** to be so kind as *to do sth*: *¿Tendría usted la ~ de preguntar?* Would you be so kind as to ask?

gentío *nm* crowd

gentuza *nf* riff-raff

genuflexión *nf* genuflexion: *hacer una ~* to genuflect

genuino, -a *adj* genuine

geofísica *nf* geophysics [*v sing*]

geofísico, -a *adj* geophysical
■ **geofísico, -a** *nm-nf* geophysicist

geografía *nf* geography: *~ física/humana* physical/human geography ◊ *recorrer la ~ de un país* to travel round a country

geográfico, -a *adj* geographical

geógrafo, -a *nm-nf* geographer

geología *nf* geology

geológico, -a *adj* geological

geólogo, -a *nm-nf* geologist

geometría *nf* geometry

geométrico, -a *adj* geometric **LOC** *Ver* FIGURA

Georgia *nf* Georgia

geranio *nm* pelargonium, geranium (*más coloq*) ☛ *Ver ilustración en* FLOR

gerencia *nf* **1** (*gen*) management: *la ~ de un restaurante* the management of a restaurant **2** (*despacho*) manager's office **3** (*período*) time as manager: *Ocurrió durante mi ~.* That happened during my time as manager.
LOC llevar la gerencia de algo to manage sth

gerente *nmf* **1** (*compañía*) manager **2** (*restaurante, tienda*) manager [*fem* manageress] ☛ *Ver nota en* MANAGERESS **LOC** *Ver* DIRECTOR

geriatra *nmf* geriatrician

geriatría *nf* geriatrics [*v sing*]

geriátrico, -a *adj* geriatric

germánico, -a *adj* Germanic

germano, -a *adj* **1** (*alemán*) German **2** (*germánico*) Germanic

germen *nm* germ
LOC germen de trigo wheatgerm

germinación *nf* germination

germinar *vi* to germinate

gerundio *nm* gerund

> Cuando nos referimos al gerundio español, utilizamos el término **gerund**.
> En el contexto de la gramática inglesa, hablamos de la **-ing form**, que comprende el **gerund**, con función sustantiva, p. ej. **Smoking** is bad for you y el **present participle**, con función verbal o adjetiva, p. ej. You're **smoking** too much these days.

gesta *nf* heroic deed **LOC** *Ver* CANCIÓN, CANTAR[1]

gestación *nf* **1** (*gen*) gestation: *periodo de ~* gestation period **2** (*embarazo*) pregnancy

gestar *vt* to gestate
■ **gestarse** *v pron* to develop: *Se estaba gestando la crisis económica.* The economic crisis was developing.

gesticulación *nf* gesticulation

gesticular *vi* **1** (*con las manos*) to gesticulate **2** (*con la cara*) to pull a face

gestión *nf* **1** (*administración*) management: *~ de empresa* business management ◊ *una buene/mala ~* good/bad management ◊ *llevar la ~ de una empresa* to manage a firm **2** (*trámite*) business [*incontable*]: *Tengo que hacer una ~ en el Ayuntamiento.* I have to attend to some business at the Town Hall. ◊ *Hicimos las gestiones necesarias para la compra del piso.* We made the necessary arrangements to buy the flat. **3 gestiones** (*negociaciones*) negotiations: *gestiones de paz* peace negotiations

LOC comenzar/iniciar gestiones to take the first steps (*towards doing sth*)

gestionar *vt* **1(a)** (*tramitar*) to arrange: *Me están gestionando la solicitud de la beca.* My grant application is being processed. **(b)** (*negociar*) to negotiate: *~ una mayor ayuda económica* to negotiate greater economic aid **2** (*administrar*) to manage: *~ un negocio* to manage a business

gesto *nm* **1** (*gen*) gesture: *un ~ simbólico* a symbolic gesture ◊ *comunicarse/hablar por ~s* to communicate by gesture **2** (*cara*) expression: *con ~ pensativo* with a thoughtful expression

LOC hacer un gesto 1 (*con la mano*) to signal (*to sb*): *Me hizo un ~ para que entrara.* He signalled to me to come in. **2** (*con la cara*) to make a face (*at sb*) *Ver tb* TORCER

gestor, ~a *adj* managing: *el órgano ~* the managing body

■ **gestor, ~a** *nm-nf* **1** (*administrador*) manager **2** (*negociador*) person who works in an agency dealing with official and legal documents

■ **gestora** *nf* committee [*v sing o pl*] ☛ *Ver nota en* COMITÉ

gestoría *nf* agency dealing with official and legal documents

Ghana *nf* Ghana

giba *nf* hump

Gibraltar *nm* Gibraltar

gibraltareño, -a *adj, nm-nf* Gibraltarian

gigante *adj* giant [*n atrib*]: *un olmo ~* a giant elm

■ **gigante, -a** *nm-nf* giant [*fem* giantess]

LOC gigantes y cabezudos carnival figures: *¿Vienes a los ~s y cabezudos?* Are you coming to the carnival?

gigantesco, -a *adj* gigantic

gigoló *nm* gigolo [*pl* gigolos]

gilí *adj, nmf* idiot [*n*]

gilipollas (*tb* **gilipuertas**) *adj, nmf* prat [*n*]: *¡Qué ~ es tu hermano!* What a prat your brother is!

LOC hacer el gilipollas to mess about/around

gilipollez *nf* **1** (*dicho*) bullshit [*incontable*] (⚠) ☛ *Ver nota en* TABÚ: *¡Vaya gilipolleces que dice el tío!* That bloke's talking a load of bullshit. **2** (*acción*): *¡Darle ese dinero fue una ~!* Giving him that money was bloody stupid! (⚠) ☛ *Ver nota en* TABÚ

gimnasia *nf* **1** (*gen*) gymnastics [*v pl*]: *un campeonato de ~* a gymnastics tournament **2** (*en el colegio*) physical education (*abrev* PE): *un profesor de ~* a PE teacher

LOC hacer gimnasia (*hacer ejercicios*) to exercise: *Hago dos horas de ~ cada mañana.* I exercise for two hours every morning.

gimnasio *nm* gymnasium [*pl* gymnasiums/gymnasia], gym (*más coloq*)

gimnasta *nmf* gymnast

gimnástico, -a *adj* gymnastic

gimotear *vi* to whine

gimoteo *nm* whining

ginebra *nf* gin

ginecología *nf* gynaecology

ginecólogo, -a *nm-nf* gynaecologist

gira *nf* tour: *una ~ mundial* a world tour ◊ *Hicimos una ~ por Europa.* We toured round Europe.

LOC estar/ir de gira to be/go on tour

girar *vt* **1** (*gen*) to turn: *~ el volante hacia la derecha* to turn the steering-wheel to the right **2** (*dinero*) to send

■ **girar** *vi* **1** (*dar vueltas*) to revolve: *La Tierra gira alrededor del Sol.* The earth revolves round the sun. ◊ *Se cree que el mundo gira a su alrededor.* She thinks the world revolves around her. ◊ *La conversación giró en torno a la crisis.* The conversation revolved around the crisis. **2** (*torcer*) to turn: *Cuando llegues al cruce, giras a la izquierda.* You turn left at the crossroads.

LOC girar en torno a to be about *sth*: *La reunión giró en torno a los cambios experimentados por la empresa.* The meeting was about the recent changes in the firm. *Ver tb* REDONDO

girasol *nm* sunflower **LOC** *Ver* ACEITE

giratorio, -a *adj* revolving: *una puerta giratoria* a revolving door **LOC** *Ver* SILLA

giro *nm* **1** (*gen*) turn: *un ~ a la izquierda* a left turn ◊ *La situación ha experimentado un ~ favorable/desfavorable.* The situation has taken a turn for the better/worse. ◊ *Esta política ha tomado un ~ radical.* Their policy has taken a radical turn. **2** (*Ling*) (idiomatic) expression

LOC dar/hacer un giro 1 (*lit*) to make a turn: *El coche dio un ~ repentino.* The car made a sudden turn. **2** (*fig*) to move: *Han dado un claro ~ a la izquierda.* They've made a decisive move to the left. **giro bancario** banker's draft **giro postal** postal order

gitano, -a *adj, nm-nf* **1** (*de raza calé*) gypsy [*n*]: *una costumbre gitana* a gypsy custom ◊ *los ~s* the gypsies **2** (*zalamero*) charmer [*n*]: *Esta niña es una gitana.* This girl is a real charmer. **3** (*estafador*) crook [*n*]: *En esa tienda son muy ~s.* They're a bunch of crooks in that shop.

LOC ir hecho un gitano to look a real mess *Ver tb* BRAZO

glaciación *nf* glaciation

glacial *adj* **1** (*viento, temperatura, acogida*) icy **2** (*zona*) glacial **LOC** *Ver* ERA[2]

glaciar *adj* glacial

■ **glaciar** *nm* glacier

LOC época/período glaciar Ice Age *Ver tb* CASQUETE

gladiador *nm* gladiator

gladiolo (*tb* **gladíolo**) *nm* gladiolus [*pl* gladioli/gladioluses]

glándula *nf* gland

glas *adj* **LOC** *Ver* AZÚCAR

glasé *adj* **LOC** *Ver* PAPEL

glaucoma *nm* glaucoma

glicerina *nf* glycerine

global *adj* **1** (*gen*) global: *cambios/sanciones ~es* global changes/sanctions **2** (*total*) overall: *el coste ~ de las obras* the overall cost of the repairs ◊ *una mejora ~* an overall improvement **3** (*investigación, informe, estudio*) comprehensive **LOC** *Ver* CALENTAMIENTO

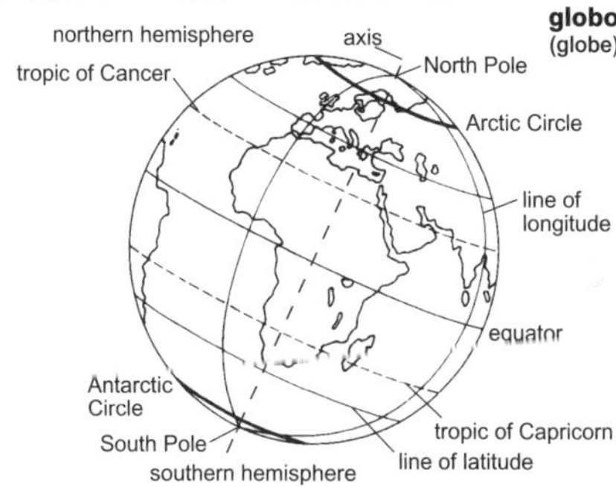

globo *nm* **1** (*aeróstato, de niño*) balloon **2** (*esfera, planeta*) globe **3** (*lámpara*) **(a)** (*solo pantalla*) round lampshade **(b)** (*lámpara completa*) lamp **4** (*Tenis*) lob

LOC globo ocular eyeball ☛ *Ver ilustración en* OJO **globo terráqueo/terrestre** globe

glóbulo *nm* corpuscle: *~s blancos* white corpuscles

gloria *nf* **1** (*gen*) glory: *fama y ~* fame and glory **2** (*delicia*) delight: *Este lugar es una ~.* This place is delightful. **3** (*cielo*) Heaven

LOC da gloria it's a pleasure **estar en la gloria** to be in Heaven **huele/sabe a gloria** it smells/tastes delicious **que en gloria esté** God rest his/her soul *Ver tb* CUBRIR, PENA, VIEJO

glorieta *nf* **1** (*de tráfico, plaza*) roundabout **2** (*en un jardín*) arbour

glorificación *nf* glorification

glorificar *vt* to glorify

glorioso, -a *adj* glorious

glosa *nf* gloss

glosar *vt* to gloss

glosario *nm* glossary

glotón, -ona *adj* greedy

■ **glotón, -ona** *nm-nf* glutton, greedy pig (*coloq*)

glotonear *vi* to stuff yourself

glotonería *nf* gluttony

glucosa *nf* glucose

gluten *nm* gluten

glúteo *nm* buttock

gnomo *nm* gnome

gobernable *adj* **1** (*Pol*): *difícilmente ~* hard to govern **2** (*negocio*) manageable

Gobernación *nf* (*Ministerio*) Ministry of the Interior

gobernador, ~a *nm-nf* governor: *el ~ civil/militar* the civil/military governor

gobernante *adj* **1** (*dirigente*) governing **2** (*mandón*) bossy

■ **gobernante** *nmf* leader

gobernar *vt* **1** (*país*) to govern **2** (*ayuntamiento, persona, caballo*) to control **3** (*empresa*) to run **4** (*barco*) to steer

gobierno *nm* **1** (*Pol*) government [*v sing o pl*]: *el ~ autónomo/central* the autonomous/central government

> **Government** puede llevar el verbo en singular o plural: *El Gobierno está estudiando el plan.* The Government **is/are** studying the plan.
> El uso del singular es más frecuente y es obligatorio cuando **government** va precedido por *a, each, every, this* y *that.*
> Nótese que cuando lleva el verbo en plural, se utiliza un pronombre o un adjetivo posesivo en plural (p.ej. 'they' y 'their'): *El gobierno ha decidido mejorar su imagen.* The government **have** decided to improve **their** image.

2 (*empresa, casa, asunto*) running

LOC Gobierno Civil civil government *Ver tb* JEFATURA

goce *nm* pleasure

godo, -a *adj* Gothic

■ **godo, -a** *nm-nf* Goth: *los ~s* the Goths

gofre *nm* waffle

gol *nm* goal

LOC gol del empate equalizer **marcar/meter un gol (a algn) 1** (*Dep*) to score a goal (against sb) **2** (*fig*) to score a point (against sb)

goleada *nf* feast of goals

goleador, ~a *adj* high-scoring

■ **goleador, ~a** *nm-nf* goal-scorer: *el máximo ~* the top goal-scorer

golear *vt* to thrash: *El Madrid goleó al rival.* Madrid thrashed their rivals.

golf *nm* golf: *un palo de ~* a golf club ☛ *Ver ilustración en* GOLF **LOC** *Ver* CAMPO

golfante *nmf* rascal

golfear *vi* to get up to no good

golfería *nf* louts [*v pl*]: *toda la ~ del barrio* all the louts in the area

LOC hacer golferías to get up to no good

golfista *nmf* golfer

golfo *nm* (*Geog*) gulf

golfo, -a *adj* **1** (*niño*) little devil [*n*]: *¡Qué niños más ~s!* What little devils they are! **2** (*sinvergüenza*) scoundrel [*n*]

■ **golfo** *nm* scoundrel

■ **golfa** *nf* (*prostituta*) tart

golondrina *nf* **1** (*pájaro*) swallow **2** (*embarcación*) passenger launch

golosina *nf* **1** (*dulce*) sweet **2** (*manjar, cosa tentadora*) treat

goloso, -a *adj* (*oferta, posición*) attractive

LOC ser (un) goloso to have a sweet tooth: *¡Qué golosa eres!* You've got a sweet tooth!

golpe *nm* **1** (*gen*) blow: *un buen ~ en la cabeza* a severe blow to the head ◊ *Lo mataron a ~s.* They beat him to death. ◊ *Me dio un ~ con el bolso.* She hit me with her handbag. ◊ *Su muerte fue un duro ~ para nosotros.* His death was a heavy blow. **2** (*puñetazo*) punch **3** (*para llamar la atención, por enfado*) bang: *Dio un ~ en la mesa/puerta.* She banged on the table/door. **4** (*ruido sordo*) thud: *El saco de cemento se cayó con un ~.* The bag of cement fell with a thud. **5** (*cardenal*) bruise **6** (*abolladura*) dent: *un coche viejo lleno de ~s* an old car covered in dents **7** (*Dep*) stroke **8** (*ocurrencia*) witty remark **9** (*atraco*) hold-up: *Han dado un ~ en el banco.* There's been a hold-up at the bank.

LOC a golpe de with *sth*: *Nos abrimos paso a ~ de machete.* We cut a way through with a machete. **a golpes** in fits and starts **dar el golpe** to cause a sensation **darse/pegarse un golpe 1** (*a pie*) to hurt yourself: *Te vas a pegar un ~.* You'll hurt yourself. ◊ *Me he dado un ~ contra el armario* I banged my head on the cupboard. **2** (*en un vehículo*) to have an accident: *No corras o nos daremos un ~.* Slow down or we'll have an accident. ◊ *Se dieron un ~ contra el árbol.* They crashed into a tree. **de golpe (y porrazo)** out of the blue **de un golpe** in one go **errar/fallar el golpe** to miss **golpe bajo** a blow below the belt **golpe de estado** coup: *Han dado un ~ de estado.* They've staged a coup. **golpe de mano** sudden attack **golpe de mar** tidal wave **golpe de risa/tos** fit of laughter/coughing **golpe de suerte** stroke of luck **golpe de viento** gust of wind **no dar/pegar (ni) golpe** not to do a stroke **tener buenos golpes** to be very funny *Ver tb* ABRIR, CERRAR, FORRAR, MAESTRO, PROPINAR

golpear *vt* **1** (*gen*) to hit: *Golpéalo con el martillo.* Hit it with the hammer. ◊ *¡No la golpees!* Don't hit her! ◊ *El balón le golpeó la cabeza.* The ball hit him on the head. **2** (*repetidamente*) to beat: *El granizo golpeaba los cristales.* The hail was beating against the windows. **3** (*suavemente*) to tap **4** (*puerta, ventana*) to bang **against *sth***: *La ventana golpeaba la pared.* The window was banging against the wall. **5** (*para llamar la atención*) to bang **on *sth***

■ **golpearse**: *~se la cabeza/el codo* to bang your head/elbow

LOC golpear con el puño to punch

golpetazo *nm* bump

LOC darse un golpetazo (con/contra) to bump into *sth*: *Me di un ~ contra la puerta.* I bumped into the door.

golpetear *vt, vi* **1** (*con fuerza*) to bang: *Las ventanas golpeteaban movidas por el viento.* The windows were banging in the wind. **2** (*dedos, tacones*) to tap **on *sth*** [*vi*]: *Deja de ~ (en) el suelo.* Stop tapping on the floor. **3** (*lluvia*) to patter **on *sth*** [*vi*]: *La lluvia golpeteaba en los cristales.* The raindrops pattered on the window.

golpeteo *nm* **1** (*lluvia*) patter **2** (*puerta, ventana*) banging **3** (*mano, pie*) tapping **4** (*martillo*) banging **5** (*máquina*) clunking

golpismo *nm*: *El nuevo gobierno ha prometido combatir el ~.* The new government has promised to combat any military coups. ◊ *la amenaza del ~* the threat of a military coup

golpista *adj*: *un intento ~* an attempted coup

■ **golpista** *nmf* person who takes part in a coup

LOC *Ver* INTENTONA

goma *nf* **1** (*material*) rubber: *guantes de ~* rubber gloves **2** (*de borrar*) rubber, eraser (*formal*): *Bórralo con una ~.* Rub it out. **3** (*pegamento*) glue **4** (*banda* *elástica*) elastic band **5** (*en una costura*) elastic **6** (*neumático*) inner tube **7** (*Bot*) gum

LOC goma 2 plastic explosive *Ver tb* BALA, BOTA[2], PELOTA

gomaespuma *nf* foam rubber

gomina *nf* gel

gomoso, -a *adj* rubbery

góndola *nf* gondola

gondolero *nm* gondolier

gonorrea *nf* gonorrhoea

gordinflón, -ona *adj* chubby

■ **gordinflón, -ona** *nm-nf* fatty

gordo, -a *adj* **1** (*lit*) **(a)** (*persona, animal*) fat: *Se ha puesto muy ~*. He's got very fat. ☛ *Ver nota en* FAT[1] **(b)** (*cosa*) thick: *una tela muy gorda* a very thick material **2** (*grave*) serious: *un error ~* a serious error ◊ *El asunto es muy ~*. It's a serious matter.

■ **gordo, -a** *nm-nf* fat person

■ **gordo** *nm* **1** (*de la carne*) fat **2** (*de la lotería*) jackpot

■ **gorda** *nf* old Spanish coin worth ten cents

LOC caer gordo: *Ese tipo me cae ~*. I can't stand that man. **estar sin gorda** to be skint **lo gordo es que...** the worst thing is that... **ni gorda**: *No entendí ni ~*. I didn't understand a thing. *Ver tb* ARMAR, DEDO, GENTE, PERRA, PEZ, PINTOR, SAL, SUDAR, VACA, VISTA

gordura *nf* fatness [*incontable*]: *Esta falda me disimula las ~s.* This skirt hides how fat I am.

gorila *nm* **1** (*Zool*) gorilla **2** (*persona*) **(a)** (*grandullón*) big ape **(b)** (*guardaespaldas*) bodyguard **(c)** (*en una discoteca*) bouncer

gorjeo *nm* **1** (*pájaro*) chirp: *el ~ de los pájaros* the chirping of the birds **2** (*niño*) gurgle: *los ~s del pequeño* the baby's gurgles

gorra *nf* cap: *~ de béisbol/visera* baseball/peaked cap ☛ *Ver ilustración en* BASEBALL, SOMBRERO

LOC de gorra 1 (*gratis*) free: *A ver si entramos de ~*. Let's see if we can get in free. **2** (*aprovechándose*) scrounging: *Viven de ~*. They're always on the scrounge ◊ *comer/beber/fumar de ~* to scrounge food/drink/cigarettes **pasar la gorra/el platillo/sombrero** to pass the hat round

gorrinada (*tb* **gorrinería**) *nf* **1** (*cerdada*) disgusting thing: *Deja de hacer ~s.* Don't be so disgusting! **2** (*mala pasada*) dirty trick: *Le han hecho una ~*. They played a dirty trick on him.

gorrino, -a *adj, nm-nf* pig [*n*]: *¡Que chico más ~!* What a pig that boy is!

gorrión *nm* sparrow

gorro *nm* **1** (*de adulto*) hat: *un ~ de lana/cocinero* a woollen/chef's hat ☛ *Ver ilustración en* SOMBRERO **2** (*de bebé*) bonnet

LOC estar hasta el gorro to be fed up to the back teeth (*with sth/sb*) **gorro de baño 1** (*para la piscina*) bathing cap **2** (*para la ducha*) shower cap

gorrón, -ona *adj, nm-nf* scrounger [*n*]: *¡Qué gorrona es!* She's a real scrounger!

gorronear *vt* to scrounge

gorronería *nf* scrounging: *¡Qué ~ la suya la de invitarse a comer!* What a scrounger he is, inviting himself to lunch like that!

gota[1] *nf* (*enfermedad*) gout

gota[2] *nf* drop: *unas ~s de agua/sudor* a few drops of water/sweat

LOC gota a gota 1 (*lit*) drop by drop **2** (*lentamente*) gradually **el gota a gota** (*Med*) drip: *Le han puesto el ~ a ~*. They put him on a drip. **la gota que colma el vaso** the last straw **gota de rocío** dewdrop **ni gota de 1** (*sólido*): *No me queda ni ~ de arroz.* I haven't any rice left. **2** (*líquido*): *No tenemos ni ~ de leche.* We haven't got a drop of milk in the house. **3** (*fig*): *No tienes ni ~ de sentido común.* You have absolutely no sense. ◊ *No tengo ni ~ de hambre/sueño.* I'm not in the least hungry/tired. *Ver tb* CUATRO, PARECER, SUDAR

gotear *vi* **1** (*gen*) to drip: *Ese grifo gotea.* That tap's dripping. **2** (*filtrarse*) to leak: *Este cubo gotea.* This bucket leaks.

■ **gotear** *v imp* (*llover*) to spit

goteo *nm* dripping

gotera *nf* **1** (*filtración*) leak: *Cuando llueve siempre tenemos ~s.* We always get leaks when it rains. **2** (*mancha*) damp stain

gótico, -a *adj* Gothic

■ **gótico** *nm* Gothic **LOC** *Ver* LETRA

gourmet *nmf* gourmet

gozada *nf* fantastic [*adj*]: *Este jardín es una ~*. This garden's fantastic. ◊ *¡Qué ~!* That's fantastic! ◊ *una ~ de moto* a fantastic motorbike

gozar *vi* **1 ~ (con/de)** (*disfrutar*) to enjoy ***sth/doing sth***: *Gozan fastidiando a la gente.* They enjoy annoying people. ◊ *~ de buena salud* to enjoy good health **2** (*pasárselo bien*) to enjoy yourself: *Los niños gozan mucho en la playa.* Children really enjoy themselves on the beach. **LOC** *Ver* SITUACIÓN

gozne *nm* hinge

gozo *nm* **1** (*alegría*) joy: *para mayor ~ de los estudiantes* to the joy of the students **2** (*placer*) pleasure

LOC mi gozo en un pozo that's just my, your, etc luck *Ver tb* CABER

gozoso, -a *adj* joyful

grabación *nf* recording

grabado *nm* **1** (*técnica artística, reproducción*) engraving **2** (*en un libro*) illustration

LOC grabado en madera woodcut

grabado, -a *pp, adj Ver* GRABAR

LOC se me quedó grabado it was something I, you, etc will never forget **tener algo grabado en la memoria** to have sth engraved on your memory

grabador, ~a *nm-nf* engraver

■ **grabadora** *nf* tape recorder

grabar *vt* **1** (*sonido, imagen*) to record **2** (*Arte*) **(a)** (*metal, piedra*) to engrave **(b)** (*madera*) to carve

LOC grabar en relieve to emboss **grabarse en la memoria** to be engraved on *sb's* memory: *Se me grabó en la memoria.* It's engraved on my memory. *Ver tb* VÍDEO

gracia *nf* **1** (*encanto, simpatía*) charm: *Tiene una ~ inigualable.* She is absolutely charming. **2** (*elegancia, Relig*) grace: *la ~ de sus movimientos* the grace of her movements ◊ *en estado de ~* in a state of grace **3** (*indulto*) **(a)** (*gen*) pardon **(b)** (*pena de muerte*) reprieve: *Se le concedió la ~ al condenado a muerte.* The condemned man was granted a reprieve. **4 gracias** (*bromas*) witty remarks: *Soltó una de sus ~s.* He made one of his witty remarks. ◊ *No le rías las ~s.* Don't encourage him.

LOC caer en gracia: *Les has caído en ~*. They've taken a liking to you. **coger la gracia** (*a un chiste*) to get it **dar las gracias** to thank *sb* (***for sth/doing sth***): *Se fueron sin darme las ~s.* They left without thanking me. ◊ *Doy ~s que no he perdido mi empleo.* Thank goodness I haven't lost my job. **¡gracias!** thank you, thanks (*coloq*): *muchas ~s* thank you very much **gracias a...** thanks to *sth/sb*: *~s a ti, me han dado el puesto.* Thanks to you, I got the job. **gracias a Dios/a Dios gracias** thank goodness **hacer gracia**: *Ese chiste no me ha hecho ninguna ~*. I don't find that joke at all funny. ◊ *Tu novio no me hace ni pizca de ~*. I don't like your boyfriend at all. ◊ *No me hace ninguna ~ tener que ir.* I really don't want to go. **la gracia es/está en...** the whole point is...: *La ~ está en que lo haga él solo.* The whole point is for him to do it himself. **no le encuentro/veo (maldita) la gracia** I don't find it the slightest bit funny **¡qué gracia!** how funny! **tener gracia** to be funny: *Tiene ~ que nos llamemos igual.* It's funny we've got the same name. **tener gracia para** to be good at *sth/doing sth* **¡vaya (una) gracia!** that's great!: *¡Vaya ~! Ahora tendremos que ir a pie.* That's great! We'll have to walk now. **¡y gracias!** and that's that! *Ver tb* ACCIÓN, MILLÓN, OBRA, TIRO

grácil *adj* graceful

gracioso, -a *adj* funny, amusing (*más formal*): *Lo ~ es que...* The funny thing is...

LOC hacerse el gracioso to clown around

grada *nf* **1** (*Fútbol*) stand: *Las ~s estaban llenas.* The stands were full. ☛ *Ver ilustración en* FÚTBOL **2** (*en una plaza de toros*) row of seats

gradación *nf* gradation

graderío *nm* stand ☛ *Ver ilustración en* FÚTBOL

grado *nm* **1** (*gen*) degree: *Estamos a dos ~s bajo cero.* It's two degrees below zero. ◊ *un amplio ~ de ignorancia* a high degree of ignorance ◊ *quemaduras de tercer ~* third-degree burns ◊ *en mayor o menor ~* to a greater or lesser degree **2** (*Mil*) rank **3 grados** (*alcohol*) ≃ proof: *Este vino tiene 12 ~s.* This wine is 12% by volume. ◊ *Esa cerveza tiene muchos/pocos ~s.* It's a strong/weak beer. ☛ *Ver nota en* PROOF
LOC de buen/mal grado willingly/unwillingly **en grado extremo/sumo** extremely: *Es desconfiada en ~ sumo.* She is extremely suspicious. *Ver tb* DIVERSO, ECUACIÓN

graduable *adj* adjustable

graduación *nf* graduation

graduado, -a *pp, adj Ver* GRADUAR
■ **graduado, -a** *nm-nf* graduate
LOC estar graduado to be a graduate **graduado escolar** school-leaving certificate *Ver tb* GAFAS

gradual *adj* gradual

graduar *vt* **1** (*regular*) to adjust: *Gradúa la temperatura, por favor.* Please adjust the temperature. **2** (*escalonar*) to grade: *~ los estudios según la capacidad de los alumnos* to grade the work according to the pupils' ability
■ **graduarse** *v pron* (*Educ*) to graduate
LOC graduar la vista to test *sb's* eyesight **graduarse la vista** to have your eyes tested

graffiti *nm* graffiti [*v pl*]

grafía *nf* spelling

gráfico (chart)

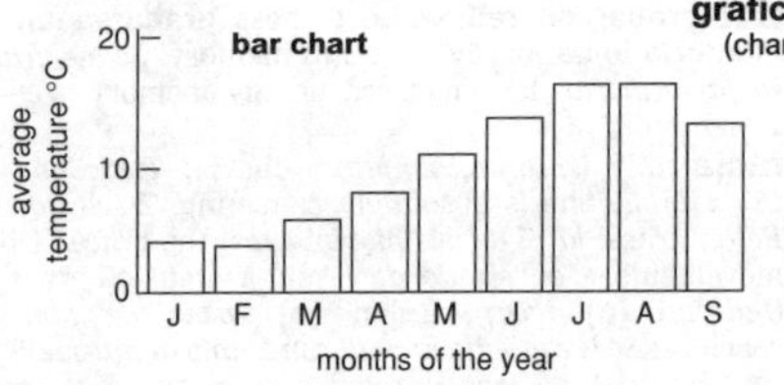

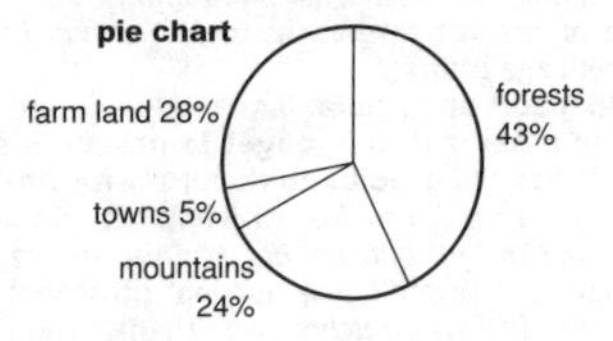

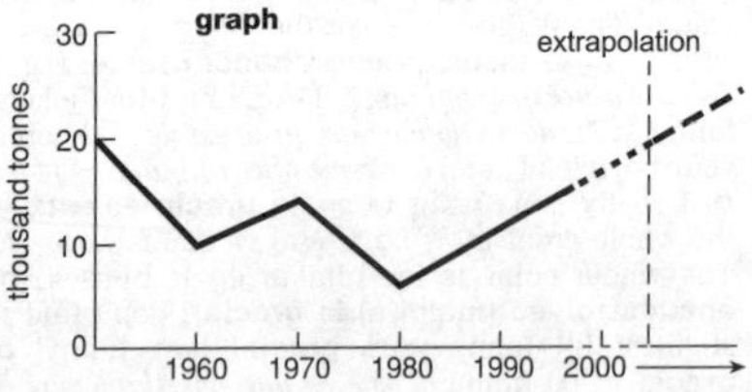

gráfico, -a *adj* graphic: *diseño ~* graphic design ◊ *una descripción muy gráfica* a graphic description
■ **gráfico** *nm* (*tb* **gráfica** *nf*) graph
LOC gráfica estadística/de barras bar chart **gráfica proporcional** pie chart *Ver tb* REPORTAJE, REPORTERO, TALLER

gragea *nf* pill

grajo, -a *nm-nf* rook

gramática *nf* grammar

gramatical *adj* grammatical: *los elementos ~es del lenguaje* the grammatical elements of language ◊ *un resumen ~* a grammar summary

gramático, -a *nm-nf* grammarian

gramo *nm* gram (*abrev* g)

> Nótese que la abreviatura *g* no varía en plural: 300 g. ☛ *Ver apéndice 3*

gran *adj Ver* GRANDE

Granada *nf* (*país caribeño*) Grenada

granada *nf* **1** (*fruta*) pomegranate **2** (*Mil*) hand grenade

granate *adj, nm* maroon ☛ *Ver ejemplos en* AMARILLO

Gran Bretaña *nf* Great Britain ☛ *Ver nota e ilustración en* GREAT BRITAIN

grande *adj* **1** (*lit*) **(a)** (*tamaño*) big, large (*más formal*): *una casa/ciudad ~* a big house/city ◊ *¿~ o pequeño?* Large or small? ◊ *un paquete ~* a large packet **(b)** (*demasiado grande*) too big: *Estos pantalones me quedan ~s.* These trousers are too big for me. **2** (*fig*) big: *un gran problema/momento* a big problem/moment **3** (*número, cantidad*) large: *una gran cantidad de personas* a large number of people ◊ *Recibieron gran cantidad de solicitudes.* They received a great many applications. **4** (*importante, notable*) great: *un gran peligro/desastre* a great danger/disaster ◊ *un gran músico* a great musician ◊ *una gran idea* a great idea **5** (*ruido*) loud: *un gran ruido* a loud noise
■ **grande** *nmf* great (man/woman): *los ~s de Hollywood* the Hollywood greats
LOC a grandes males, grandes remedios this calls for desperate measures **a grandes rasgos** in broad terms: *Esto es, a ~s rasgos, lo que sucedió.* In broad terms, that's what happened. **a gran distancia** far away (*from sth/sb*) **a lo grande** in style **a gran velocidad** at high speed **con gran efecto** to great effect **de gran belleza, importancia, etc** very beautiful, important, etc **de gran tamaño** very big **el gran público** the general public [*v sing o pl*] **en gran parte/medida** to a large extent **gran angular** wide-angle lens **gran cosa**: *No espero gran cosa de la reunión.* I don't expect much from the meeting. ◊ *No es feo, pero tampoco es gran cosa.* He's not ugly, but he's nothing special either. **gran danés** Great Dane **grande como una montaña** as big as a house **grandes almacenes** department store [*sing*] **ir/venir grande 1** (*prenda*) to be too big *for sth/sb* **2** (*fig*) to be too much *for sth/sb*: *El puesto de director le viene ~.* The post of manager is too much for him. **(la/una) gran parte de** most of *sth*: *Una gran parte de la audiencia eran niños.* Most of the audience were children. **pasarlo en grande** to have a great time *Ver tb* ACTIVIDAD, BOMBA[2], CALIBRE, CORAZÓN, COTIZACIÓN, DEVOCIÓN, DOLOR, EFECTIVIDAD, ESCALA, HUMANIDAD, PANTALLA, PARCIALIDAD, POLVAREDA, POTENCIA, PRECISIÓN, PUERTA, SENCILLEZ, SORPRESA, STANDING, TALENTO, VALÍA

grandeza *nf* **1** (*majestuosidad*) grandeur: *la ~ de las pirámides* the grandeur of the pyramids **2** (*importancia*) greatness **LOC** *Ver* DELIRIO

grandilocuente *adj* grandiloquent

grandiosidad *nf* grandeur

grandioso, -a *adj* magnificent: *un estadio/espectáculo ~* a magnificent stadium/show

granel
LOC a granel 1 (*vino, aceite*) from the barrel: *vino a ~* wine from the barrel **2** (*azúcar, caramelos*) loose: *bombones a ~* loose chocolates

granero *nm* barn

granito *nm* **1** (*roca*) granite **2** (*Med*) spot

granizada *nf* hailstorm

granizado *nm* drink with crushed ice: *~ de naranja* iced orange

granizar *v imp* to hail: *Anoche granizó.* It hailed last night. **LOC** *Ver* MANERA

granizo *nm* hail **LOC** *Ver* TEMPESTAD

granja *nf* farm
LOC **granja avícola** poultry farm **granja de rehabilitación** rehabilitation centre **granja escuela** educational farm

granjero, -a *nm-nf* farmer

grano *nm* **1** (*gen*) grain: *un ~ de arena/arroz* a grain of sand/rice ◇ *el ~ del papel/de la madera* the grain of the paper/wood **2** (*semilla*) seed **3** (*café*) bean **4** (*en la piel*) spot: *Me han salido ~s.* I've come out in spots. ◇ *Te ha salido un ~ en la nariz.* You've got a spot on your nose.
LOC **aportar/poner tu grano de arena** to do your bit **de grano fino/grueso** fine-grained/coarse-grained **grano de pimienta** peppercorn **grano de uva** grape **ir al grano** to get to the point *Ver tb* CAFÉ, SEPARAR

granuja *adj, nmf* **1** (*timador*) swindler [*n*] **2** (*niño*) rascal [*n*]

granujada *nf* dirty trick
LOC **hacer granujadas** to get up to mischief

granulado, -a *pp, adj* granulated: *azúcar ~* granulated sugar
■ **granulado** *nm* medicine in the form of granules

gránulo *nm* granule

grapa *nf* staple

grapadora *nf* stapler

grapar *vt* to staple

grasa *nf* **1** (*gen*) fat: *Fríe las tortas con un poco de ~.* Fry the pancakes in a little fat. ◇ *reducir ~s* to get rid of some fat ◇ *~ animal/vegetal* animal/vegetable fat **2** (*suciedad*) grease: *Está la cocina que da pena de ~.* The kitchen is covered in grease. **3** (*lubricante*) oil: *Pon un poco de ~ en el motor.* Put some oil in the engine.
LOC **grasa de caballo** dubbin **grasa de cerdo** lard **tener mucha(s) grasa(s)** to be very fat

grasiento, -a *adj* greasy

graso, -a *adj* **1** (*gen*) greasy: *pelo ~* greasy hair **2** (*con alto contenido en grasas*) fatty: *alimentos ~s* fatty foods

gratamente *adv*: *muy ~ impresionado* very favourably impressed ◇ *~ sorprendido* pleasantly surprised

gratificación *nf* **1** (*en el trabajo*) bonus [*pl* bonuses] **2** (*como recompensa*) reward

gratificante *adj* gratifying

gratificar *vt* **1** (*recompensar*) to reward **2** (*empleado*) to give *sb* a bonus **3** (*dar alegría*) to give *sb* pleasure
LOC **se gratificará** reward offered: *Se gratificará la información.* A reward is offered for information.

gratis *adv* **1** (*sin pagar*) free: *Los jubilados viajan ~.* Pensioners travel free. **2** (*sin cobrar, sin esfuerzo*) for nothing: *trabajar ~* to work for nothing
■ **gratis** *adj* free: *Te dan una consumición ~.* You get a free drink.

gratitud *nf* gratitude

grato, -a *adj* **1** (*placentero*) pleasing: *~ al oído* pleasing to the ear ◇ *una impresión grata* a pleasing impression **2** (*agradable*) pleasant: *una grata sorpresa* a pleasant surprise
LOC **me/nos es grato informarle(s) que...** I am/we are pleased to inform you (that)... *Ver tb* PERSONA

gratuidad *nf*: *la ~ de la enseñanza/del transporte público* free education/public transport

gratuitamente *adv* free

gratuito, -a *adj* **1** (*gratis*) free: *aparcamiento ~* free parking **2** (*innecesario, injustificado*) gratuitous
LOC *Ver* ENSEÑANZA, ENTRADA, MATRÍCULA

grava *nf* gravel

gravar *vt* (*impuesto*) to tax: *el impuesto que grava la compra de vehículos de importación* the tax on the sale of imported vehicles

grave *adj* **1** (*gen*) serious: *un problema/delito/riesgo ~* a serious problem/offence/risk ◇ *una enfermedad/herida ~* a serious illness/injury **2** (*solemne*) solemn: *una expresión ~* a solemn expression **3** (*sonido, nota*) low: *El bajo produce sonidos ~s.* The bass guitar produces low notes. **4** (*voz*) deep **5** (*Ling*) **(a)** (*palabra*) stressed on the penultimate syllable **(b)** (*tilde*) grave
■ **graves** *nm* (*en un equipo de música*) bass [*incontable*]: *Baja un poco los ~s.* Turn the bass down.
LOC **estar grave** to be seriously ill *Ver tb* ACENTO, PRONÓSTICO

gravedad *nf* **1** (*gen*) seriousness: *la ~ del asunto* the seriousness of this matter **2** (*solemnidad*) solemnity **3** (*Fís*) gravity
LOC **de gravedad** seriously: *Está herida de ~.* She's seriously injured. *Ver tb* ESCASO, REVESTIR

gravilla *nf* (fine) gravel

gravitación *nf* gravitation

gravitatorio, -a *adj* gravitational: *el campo ~ de la tierra* the earth's gravitational field

gravoso, -a *adj* **1** (*caro*) costly **2** (*obligación, trabajo*) onerous

graznar *vi* **1** (*cuervo*) to caw **2** (*pato*) to quack **3** (*ganso*) to cackle

graznido *nm* **1** (*cuervo*) caw **2** (*pato*) quack **3** (*ganso*) cackle

> Nótese que cuando se trata de un sonido continuado, se utilizan las palabras **cawing**, **quacking** y **cackling**: *Me despertó el graznido de los patos.* The quacking of the ducks woke me up.

greca *nf* frieze

Grecia *nf* Greece

Greenwich *nm* **LOC** *Ver* MERIDIANO

gregario, -a *adj* gregarious
■ **gregario** *nm* team-mate **LOC** *Ver* INSTINTO

gregoriano, -a *adj* Gregorian: *calendario/canto ~* Gregorian calendar/chant

greguería *nf* **1** (*alboroto*) hubbub **2** (*Liter*) witty comment about life

grelos *nm* turnip greens

gremio *nm* **1** (*oficio*) trade **2** (*artesanos, artistas*) guild

greña *nf* **greñas** tangled hair [*incontable*]: *¡Vaya ~s llevas!* Your hair's a terrible mess!
LOC **andar a la greña** to spend all your time quarrelling

greñudo, -a *adj* dishevelled
■ **greñudo, -a** *nm-nf* unkempt person

gres *nm* **1** (*material*) stoneware **2** (*balsosas para el suelo*) tiles [*v pl*]: *un suelo de ~* a tiled floor

gresca *nf* row

grial *nm* **LOC** *Ver* SANTO

griego, -a *adj* Greek
■ **griego, -a** *nm-nf* Greek man/woman [*pl* Greek men/women]: *los ~s* the Greeks
■ **griego** *nm* (*idioma*) Greek: *hablar ~* to speak Greek
LOC *Ver* I

grieta *nf* **1** (*gen*) crack: *Hay varias ~s en la pared.* There are some cracks in the wall. ☛ *Ver ilustración en* CHIP **2** (*roca*) crevice **3** (*glaciar*) crevasse **4** (*fig*) split: *una ~ en el partido de la oposición* a split in the opposition

grifa *nf* hash

grifería *nf* tap fittings [*v pl*]

grifo *nm* tap: *abrir/cerrar el ~* to turn the tap on/off
LOC *Ver* AGUA, BEBER(SE)

grillado, -a *pp, adj* barmy

grilletes *nm* shackles

grillo *nm* **1** (*Zool*) cricket **2** **grillos** (*grilletes, ataduras*) shackles [*v pl*] **LOC** *Ver* OLLA

grima *nf*
LOC **dar grima** **1** (*dar dentera*) to set your teeth on edge **2** (*dar asco*) to be disgusting

gripal *adj* flu [*n atrib*]: *una afección ~* flu

gripe *nf* flu [*incontable*], influenza [*incontable*] (*formal*): *coger la ~* to catch flu ◇ *Estoy con/Tengo ~.* I've got (the) flu.

griposo, -a *adj*
LOC **estar griposo** to have a bit of flu

gris *adj* **1** (*color*) grey ☛ *Ver ejemplos en* AMARILLO **2** (*monótono, triste*) dull: *Hace un día ~.* It's a dull day.
■ **gris** *nm* grey

LOC **gris marengo/perla** dark/pearl grey *Ver tb* EMINENCIA, SUSTANCIA

grisáceo, -a *adj* greyish

gritar *vt, vi* ~ **(a)** to shout (**at** *sb*) [*vi*]: *¡Oye, a mí no me grites!* Don't you shout at me! ◊ *El profesor nos gritó para que nos calláramos.* The teacher shouted at us to be quiet. ◊ *Gritaron pidiendo ayuda.* They shouted for help. ◊ *Gritaban en contra del gobierno.* They were shouting protests against the government. ☛ *Ver nota en* SHOUT

LOC **gritar de alegría** to shout with joy **gritar de dolor** to cry out in pain **gritar de miedo** to scream with fear *Ver tb* VERDULERO

grito *nm* **1** (*gen*) shout: *Oímos un ~.* We heard a shout. ◊ *dar/lanzar ~s* to shout ◊ *Daban ~s de alegría.* They were shouting with joy. **2** (*dolor, para pedir ayuda*) cry: *un ~ de angustia* a cry of anguish ◊ *un ~ pidiendo socorro* a cry for help

LOC **a gritos/a grito limpio/pelado** at the top of your voice **andar a gritos** to be shouting at each other **dar/pegar un grito a algn** to shout at sb **grito de guerra** war cry **poner el grito en el cielo** to scream blue murder *Ver tb* CUATRO, LIAR, LLAMAR, PEDIR, ÚLTIMO, VOZ

gritón, -ona *adj, nm-nf*: *¡Eres un ~!* You have such a loud voice!

grogui *adj* groggy: *estar ~* to feel groggy

grosella *nf* redcurrant

LOC **grosella negra** blackcurrant

grosería *nf*: *Es una ~ empujar a la gente.* It's rude to push people. ◊ *decir ~s* to be rude

grosero, -a *adj, nm-nf* rude [*adj*]: *Eres un ~.* You're so rude!

grosor *nm* thickness: *Esta madera tiene dos centímetros de ~.* This wood is two centimetres thick.

grosso modo roughly

grotesco, -a *adj* grotesque

grúa *nf* **1** (*obra, muelle*) crane **2** (*para vehículos*) **(a)** (*para coche averiado*) breakdown truck **(b)** (*para coche mal estacionado*): *Avisamos ~.* Vehicles will be towed away. ◊ *Me ha llevado el coche la ~.* My car has been towed away.

grueso, -a *adj* **1** (*gen*) thick: *un trazo ~* a thick line ◊ *tela gruesa* thick material **2** (*persona*) obese **3** (*grande*) big: *~s copos de nieve* big snowflakes **4** (*mar*) rough

■ **grueso** *nm* **1** (*grosor*) thickness **2** (*lo principal*) most: *El ~ de mi sueldo se va para la hipoteca de la casa.* Most of my salary goes on the mortgage. **LOC** *Ver* GRANO, INTESTINO

grulla *nf* crane

grumete *nm* cabin boy

grumo *nm* lump: *Esta salsa tiene ~s.* This sauce is lumpy.

LOC **hacerse/formarse grumos** to go lumpy

gruñido *nm* **1** (*cerdo*) grunt: *Oímos los ~s del cerdo.* We heard the pig grunting. **2** (*perro*) growl: *El perro dio un ~ cuando abrí la verja.* The dog growled when I opened the gate. **3** (*persona*) **(a)** (*ruido seco*) grunt **(b)** (*queja*) grumble: *Soltó un ~ y me dio el periódico.* He grumbled, but he gave me the paper.

gruñir *vi* **1** (*cerdo*) to grunt **2** (*perro*) to growl **3** (*persona*) **(a)** (*emitir un sonido*) to grunt: *Gruñó entre sueños.* He grunted in his sleep. **(b)** (*refunfuñar, quejarse*) to grumble: *Se levantó de la cama gruñendo.* He started the day grumbling.

gruñón, -ona *adj, nm-nf* grumpy [*adj*]: *Es una gruñona.* She's really grumpy.

grupa *nf* hindquarters [*v pl*]

grupo *nm* group: *un ~ reducido* a small group ◊ *Nos pusimos en ~s de seis.* We got into groups of six. ◊ *el trabajo en ~* group work

LOC **de grupo** group: *una fotografía de ~* a group photograph **grupo mixto** (*Pol*) group formed by minority parties *Ver tb* DISTRIBUIR, ESPÍRITU, TERRORISTA

grupúsculo *nm* faction

gruta *nf* **1** (*natural*) cave **2** (*construida por el hombre*) grotto [*pl* grottoes/grottos]

guadaña *nf* scythe

guagua *nf* bus

gualdo, -a *adj* yellow

guantada *nf* (*tb* **guantazo** *nm*) smack: *Te voy a dar una ~.* You'll get a smack!

LOC **a guantazos** : *Acabaron/Se liaron a ~s.* They came to blows. ◊ *Nos abrimos paso a ~s.* We forced our way through.

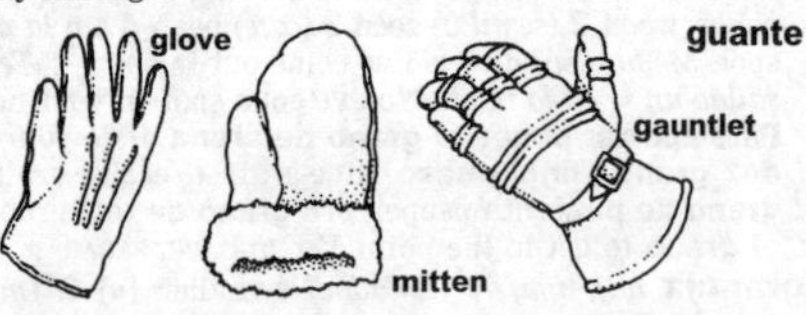

guante *nm* **1** (*gen*) glove: *~s de boxeo* boxing gloves ◊ *~s de goma/lana* rubber/woollen gloves ☛ *Ver ilustración en* BASEBALL **2** (*de puño largo*) gauntlet

LOC **como un guante/más suave que un guante** as nice as pie **echar el guante a algn** to catch sb **estar/sentar como un guante** to fit *sb* like a glove *Ver tb* COLGAR

guantera *nf* glove compartment ☛ *Ver ilustración en* CAR

guaperas *adj* (*atractivo*) good-looking

■ **guaperas** *adj, nm* show-off [*n*]: *¡Qué ~ es!* He's such a show-off!

guapo, -a *adj* **1** (*persona*) **(a)** (*hombre*) good-looking **(b)** (*mujer*) pretty ☛ *Ver nota en* BONITO *adj* **2** (*objeto, lugar*) great: *una peli muy guapa* a great film

■ **guapo, -a** *nm-nf* **1** (*expresando cariño*) dear: *Toma, guapa.* Here you are, dear. **2** (*expresando irritación*): *Oye ~, que yo iba antes.* Hey, I was before you! ◊ *De eso nada, guapa.* No way! **3** (*como piropo*) gorgeous: *¡Hola, guapa!* Hello, gorgeous!

LOC **dárselas de guapo** to be a real show-off **estar/ir guapo** to look good: *Estás muy guapa con ese vestido.* You look really good in that dress. **¿quién es el guapo que...?** who's going to be the one *to do sth*?: *¿Quién es el ~ que se lo va a decir?* Who's going to be the one to tell him?

guarda *nmf* **1** (*gen*) guard: *un ~ de seguridad* a security guard **2** (*zoo*) keeper **3** (*museo*) attendant

■ **guarda** *nf* custody

LOC **guarda de caza/coto** gamekeeper **guarda forestal** forest ranger **guarda jurado** security guard **guarda y tutela** care and custody *Ver tb* ÁNGEL

guardabarros *nm* mudguard ☛ *Ver ilustración en* BICYCLE

guardabosque (*tb* **guardabosques**) *nmf* forester

guardacoches *nmf* car park attendant

guardacostas *nm* coastguard vessel

guardaespaldas *nmf* bodyguard

guardameta *nmf* goalkeeper

guardapelo *nm* locket

guardapolvo *nm* **1** (*bata*) overall **2** (*funda*) dust sheet

guardar *vt* **1** (*gen*) to keep: *Guardo tu foto en esta cajita.* I keep a photo of you in this box. ◊ *Guarda la entrada.* Keep your ticket. ◊ *Si vuelves en septiembre, te guardamos el puesto.* We'll keep your job open for you till September. ◊ *¿Me puede ~ la vez?* Could you please keep my place in the queue? ◊ *Se guarda su opinión para sí.* He keeps his opinions to himself. ◊ *~ un secreto* to keep a secret ◊ *Me guardarán las maletas en el hotel.* The hotel will keep my luggage for me. ◊ *¿Me guarda la camisa hasta el jueves?* Could you keep this shirt for me till Thursday? ◊ *Guardo un grato recuerdo de mi juventud.* I have fond memories of my youth. **2** (*recoger*) to put *sth* away: *Ya he guardado toda la ropa de invierno.* I've put away all my winter clothes. ◊ *Guárdalo en el armario.* Put it in the cupboard. **3** (*ahorrar*) to save: *Guarda tus fuerzas para la carrera del domingo.* Save your energy for the race on Sunday. ◊ *No guardo ni un duro.* I don't save a penny. **4** (*custodiar*) to guard: *Dos* *soldados guardan la entrada del cuartel.* Two soldiers guard the entrance to the barracks. **5** (*sentimientos*) to have: *Te guardan un gran respeto.* They have great respect for you. ◊ *Les guardamos mucho cariño.* We're very fond of them.

■ **guardarse** *v pron* **guardarse de 1** (*algo/algn*) to be on your guard **against** ***sth/sb***: *Guárdate de los que te alaban sin cesar.* Be on your guard against flatterers. **2** (*hacer algo*) to be careful not to do sth: *Me guardo muy mucho de llevarle la contraria.* I'm very careful not to contradict him. ◊ *Guárdate de decirles nada a tus padres.* Mind you don't say anything to your parents. **LOC** **guardar algo en el buche** to keep sth under your hat **guardar cama** to stay in bed: *Tuvo que ~ cama durante gran parte del embarazo.* She had to stay in bed most of the time she was pregnant. **guardar el anonimato** to remain anonymous **guardar las apariencias/formas** to keep up appearances **guardar parecido/similitud con** to be like *sth/sb*: *Este niño guarda un enorme parecido con su padre.* That boy is very like his father. **guardársela a algn**: *¡Esta te la guardo!* I'll remember that! **guardar silencio** to keep quiet *Ver tb* DISTANCIA, ESPALDA, FIESTA, INCÓGNITO, NADAR, RELACIÓN, RENCOR, SECRETO

guardarropa *nm* (*en locales públicos*) cloakroom: *Deja los abrigos en el ~.* Leave your coats in the cloakroom.

guardarropía *nf* (*teatro*) wardrobe

guardería *nf*

LOC **guardería (infantil)** nursery: *Mi hija va a la ~.* My daughter goes to nursery. ◊ *En este pueblo hay dos ~s.* There are two nurseries in this town.

En Gran Bretaña existen diversas instituciones, la mayoría de ellas privadas, que se dedican al cuidado de los niños:
Nursery o **day nursery** es una guardería donde los padres dejan a sus hijos pequeños (de 0 a 5 años) durante sus horas de trabajo. El personal de las **nurseries** tiene que estar cualificado, ya que los niños pasan muchas horas al día en el centro, desarrollando todo tipo de actividades.
Nursery school o **nursery class** equivale a lo que conocemos como "parvulitos". Las clases se imparten a menudo en el recinto de una escuela de primaria.
Playgroup o **play school** es un sitio donde los padres llevan a sus hijos menores de cinco años durante unas horas a la semana para que se relacionen y jueguen con otros niños. Los que organizan los **playgroups** son voluntarios, normalmente los mismos padres.
Crèche es una guardería donde los padres pueden dejar a sus hijos mientras hacen alguna actividad, ya sea ir a clase, ir de compras, hacer deporte o trabajar. En general se encuentran en el mismo edificio donde se lleva a cabo esta actividad: *Durante el concierto habrá un servicio de guardería.* A crèche will be provided for parents attending the concert. ◊ *una clase de aerobic con guardería* an aerobics class with a crèche.

guardia *nmf* policeman/woman [*pl* policemen/women]: *Hay tres ~s en la entrada principal.* There are three policemen at the main entrance.

■ **guardia** *nf* guard: *la ~ de honor del presidente* the President's guard of honour ◊ *Hay tres cambios de ~ al día.* The guard is changed three times a day. **LOC** **de guardia** (on) duty: *el médico de ~* the doctor on duty ◊ *estar de ~* to be on duty ◊ *el oficial de ~* the duty officer/the officer on duty **estar/ponerse en guardia** to be on your guard: *estar en ~ contra nuevos virus* to be on your guard against new viruses ◊ *Está en ~ desde que la asaltaron.* She's been on her guard since she was attacked. **guardia civil 1** (*individuo*) civil guard **2 Guardia Civil** Civil Guard **guardia de tráfico/de la circulación** traffic warden **guardia marina** midshipman **guardia real** royal guard **hacer/montar guardia** (*Mil*) to mount guard **poner en guardia a algn** to put sb on their guard *Ver tb* BAJAR, CAMBIO, CUARTELILLO, FARMACIA, JUZGADO, MUNICIPAL, PAREJA, RELEVAR, RELEVO, SEGURIDAD, VAGO[2]

guardián, -ana *nm-nf* guardian: *El parlamento es el ~ de la democracia.* Parliament is the guardian of democracy. **LOC** *Ver* PERRO

guarecer *vt* to shelter *sb* (***from sth***): *Aquel cobertizo nos guarecerá del viento.* That shed will shelter us from the wind.

■ **guarecerse** *v pron* to take shelter (***from sth***): *Debemos ~nos de la lluvia.* We must take shelter from the rain.

guarida *nf* **1** (*gen*) den **2** (*ladrones, guerrilleros*) hideout

guarismo *nm* figure

guarnición *nf* **1** (*Mil*) garrison **2** (*Cocina*) garnish: *Tomamos cordero con una ~ de verduras.* We had lamb with a vegetable garnish. **3** (*espada*) guard **4** (*joya*) setting **5 guarniciones** (*caballerías*) harness [*sing*]

guarrada (*tb* **guarrería**) *nf* **1** (*suciedad*) filth: *¡Qué ~ de cocina!* What a filthy kitchen! **2** (*asquerosidad*): *Esa revista es una ~.* That magazine is disgusting. **3** (*jugada*) dirty trick: *¡Que ~, nos han dejado encerrados!* What a dirty trick! They've locked us in!

LOC **decir guarradas** to use filthy language: *¡Deja de decir ~s!* Don't use such filthy language! **hacer guarradas 1** (*porquerías*) to make a mess: *No hagas ~s con la comida.* Don't make a mess with your food. **2** (*cosas indecentes*) to do rude things: *La profesora sorprendió a los alumnos haciendo ~s.* The teacher caught the pupils doing rude things. **mirar/ver guarradas** to look at/ watch porn

guarro, -a *adj* filthy: *¡Qué ~ tienes el coche!* Your car's filthy!

■ **guarro, -a** *nm-nf* **1** (*animal*) pig ☛ *Ver nota en* CERDO **2** (*persona*) **(a)** (*masculino*) dirty pig **(b)** (*femenino*) slut

guasa *nf* **1** (*burla*) joke: *Déjate de ~s, esto es muy serio.* Don't joke, this is very serious. **2** (*ironía*) mockery: *Noto cierta ~ en tu voz.* I detect a mocking tone in your voice.

LOC **andar/estar de guasa** to be joking: *Estos dos siempre están de ~.* Those two are always joking. **decir algo con guasa** to say something in a mocking tone **tomarse algo a guasa** to treat sth as a joke *Ver tb* COSA

guasón, -ona *adj* **1** (*gracioso*) humorous **2** (*burlón*) satirical

■ **guasón** *nm-nf* joker: *Ese ~ se burla de todo el mundo.* That joker makes fun of everyone.

guata *nf* padding

guatear *vt* to pad

Guatemala *nf* Guatemala

guatemalteco, -a *adj, nm-nf* Guatemalan

guateque *nm* party

guau *interj* **1** (*ladrido*) woof! **2** (*admiración*) wow!: *¡~, qué moto!* Wow! What a bike!

guay *adj* great: *¡Qué ~ que nos vamos de vacaciones!* Isn't it great? We're off on our holidays!

■ **guay** *adv*: *Lo estamos pasando ~.* We're having a great time.

■ **guay** *interj* great

guayaba *nf* guava

gubernamental (*tb* **gubernativo, -a**) *adj* government [*n atrib*]: *fuentes gubernativas* government sources **LOC** *Ver* COMISIÓN

guerra *nf* war: *estar en ~* to be at war ◊ *en la Primera Guerra Mundial* during the First World War ◊ *preparativos de ~* preparations for war

LOC **dar guerra** to give *sb* trouble: *Estos niños dan una ~...* These kids are a real handful. **guerra abierta** open warfare **guerra a muerte** fight to the death **guerra bacteriana/bactereológica** germ warfare **guerra biológica/convencional** biological/ conventional warfare **guerra comercial** trade war **guerra de desgaste** war of attrition **guerra de guerrillas** guerrilla warfare **guerra de las galaxias** Star Wars **guerra de precios** price war **guerra de trincheras** trench warfare **guerra química** chemical warfare **guerra sin cuartel/total** all-out war *Ver tb* BARCO,

BUQUE, CONSEJO, DECLARAR, ENTERRAR, FLOTA, GRITO, MARINA, PARTE[1], PIE

guerrero, -a *adj* **1** (*bélico*) warlike **2** (*peleón*) boisterous

■ **guerrero, -a** *nm-nf* warrior

■ **guerrera** *nf* military jacket **LOC** *Ver* DANZA

guerrilla *nf* **1** (*grupo*) guerrillas [*v pl*] **2** (*tipo de guerra*) guerrilla warfare **LOC** *Ver* GUERRA

guerrillero, -a *adj* guerrilla [*n atrib*]: *acción guerrillera* guerrilla action

■ **guerrillero, -a** *nm-nf* guerrilla: *Su hijo es un ~.* Her son is a guerrilla.

gueto *nm* ghetto [*pl* ghettoes]

guía *nmf* (*persona*) guide: *un ~ turístico* a tourist guide

■ **guía** *nf* **1** (*gen*) guide: *una ~ de hoteles* a hotel guide **2** (*estudios*) prospectus: *La universidad publica una ~ anual.* The university publishes a yearly prospectus.

LOC guía de espectáculos/del ocio entertainment guide **guía del viajero/turista** guidebook **guía espiritual** spiritual leader **guía (oficial) de ferrocarriles** railway timetable **guía (telefónica/de telefónos)** telephone directory, phone book (*más coloq*) *Ver tb* PERRO

guiar *vt* to guide: *No sé quién nos va a ~ por la ciudad.* I don't know who our guide is today. ◊ *Necesito que alguien me guíe en la vida.* I need somebody to guide me through life.

LOC guiarse por to go by *sth*: *Nunca me guío por lo que dicen los demás.* I never go by what other people say. ◊ *No deberías ~te por las apariencias.* You can't go by appearances.

guijarral *nm* stony ground

guijarro *nm* pebble

guillotina *nf* guillotine

guillotinar *vt* to guillotine

guinda *nf* **1** (*Bot*) morello cherry **2** (*de pastelería*) glacé cherry

LOC poner la guinda a algo to put the icing on the cake

guindar *vt* to nick

guindilla *nf* chilli [*pl* chillies]

guindo *nm* morello cherry tree

LOC caer del guindo: *¡A ver si caes del ~ de una vez!* Hasn't the penny dropped yet? **caerse de un guindo** to be born yesterday: *¿Te crees que me he caído de un ~?* Do you think I was born yesterday?

Guinea-Bissau *nf* Guinea-Bissau

Guinea Ecuatorial *nf* Equatorial Guinea

guiñapo *nm* **1** (*andrajo*) rag: *Quítate esos ~s y ponte algo decente.* Take off those old rags and put on something decent. **2** (*piltrafa*) wreck: *Desde que le dejó su mujer está hecho un ~.* He's a wreck now his wife has left him.

LOC poner a algn como un guiñapo to pull sb to pieces

guiñar *vt, vi* to wink (*at sb*) [*vi*]: *Me guiñó el ojo.* He winked at me.

guiño *nm* wink

guiñol *nm* puppet show *Ver* TEATRO

guion *nm* **1** (*cine*) script **2** (*esquema*) plan **3** (*Ortografía*) **(a)** (*gen*) hyphen: *"Part-time" se escribe con ~.* 'Part-time' is spelt with a hyphen. **(b)** (*diálogo*) dash ☛ *Ver págs 592–3*

guionista *nmf* scriptwriter

guipar *vt* (*ver*) to see: *Desde aquí no guipo nada.* I can't see anything from here.

guiri *nmf* foreigner

guirigay *nm*

LOC montarse/ser un guirigay to be bedlam: *Se ha montado un buen ~ en la cocina.* It's bedlam in the kitchen.

guirnalda *nf* garland

guisado *nm* stew

guisante *nm* pea

guisar *vi* to cook: *Me encanta ~.* I love cooking.

■ **guisar** *vt* to stew: *Voy a ~ la ternera.* I'm going to stew the beef.

■ **guisarse** *v pron* **1** (*Cocina*): *Mira a ver si se han guisado las patatas.* See if the potatoes are cooked yet. **2** (*fig*) to be cooking: *Presentí que allí se guisaba algo.* I had an idea that something was cooking.

LOC tú te lo guisas y tú te lo comes you've made your bed and now you must lie on it

guiso *nm* **1** (*gen*) dish: *unos ~s exquisitos* some delicious dishes **2** (*estofado*) stew

guitarra *nf* guitar

■ **guitarra** *nmf* (*guitarrista*) guitarist: *El ~ del grupo es inglés.* The guitarist in the group is English.

guitarrero, -a *nm-nf* guitar maker

guitarrista *nmf* guitarist

gula *nf* greed, gluttony (*formal*)

gurmet *nmf* gourmet

gurú *nmf* guru

gusanillo *nm*

LOC entrarle/picarle a algn el gusanillo (de algo) to be/get bitten by the bug: *Le ha entrado el ~ del tenis.* He's been bitten by the tennis bug. **matar el gusanillo** to keep *sb* going: *Me comí una manzana para matar el ~.* I ate an apple to keep me going.

gusano *nm* **1** (*gen*) worm: *¡Los ~s me dan un asquito…!* Worms give me the creeps. ◊ *Ese tipo no es más que un ~.* That guy is a real worm. **2** (*alimentos, cebo*) maggot: *Había un ~ en la manzana.* My apple had a maggot in it. **3** (*larva de insecto*) **(a)** (*gen*) grub: *Al levantar el madero aparecieron cientos de ~s.* When I lifted the log I saw a lot of grubs. **(b)** (*mariposa*) caterpillar

LOC gusano de seda silkworm

gustar *vi* **1** (*gen*) to like *sth/sb/doing sth* [*vt*]: *¿A quién le puede ~ esta música?* Who on earth could like this kind of music? ◊ *Me gusta cómo trata a los niños.* I like the way he treats children. ◊ *No me gusta.* I don't like it. ◊ *Nos gusta mucho la vida en el campo.* We love country life. ◊ *No les gustan las aglomeraciones.* They don't like big cities. ◊ *¿Te gustaría venirte a Jamaica?* Would you like to come to Jamaica? **2** (*tener aceptación*) to be popular (***with sb***): *una serie televisiva que gusta mucho* a very popular television series ◊ *La obra no gustó a la crítica.* The play was not popular with the critics. **3** (*atraer sentimentalmente*) to fancy *sb* [*vt*]: *¿Sabes quién le gusta?* Who do you think he fancies? **4** (*tratamiento de cortesía*) to wish: *como/cuando guste* as/when you wish **5 ~ de** to enjoy *sth* [*vt*]: *Gustan de la buena cocina.* They enjoy good food.

LOC gustar con locura to adore *sth/sb* [*vt*]: *Este trabajo/chico me gusta con locura.* I adore my job/that young man. **me gusta más** I, you, etc, prefer *sth/doing sth*: *Me gusta más el vestido rojo.* I prefer the red dress.

gustativo, -a *adj* **LOC** *Ver* PAPILA

gustazo *nm* great pleasure: *Me permití el ~ de decirle lo que pensaba de él.* I took great pleasure in telling him what I thought of him. ◊ *¡Qué ~ no tener que trabajar mañana!* It's wonderful not having to go to work tomorrow!

LOC darse/pegarse el gustazo de to treat yourself to *sth*: *Nos dimos el ~ de ir a cenar al Ritz.* We treated ourselves to dinner at the Ritz.

gustillo *nm* **1** (*gen*) (slight) taste: *un ~ amargo* a slightly bitter taste ◊ *un ~ a naranja* a hint of orange **2** (*malicioso*) malicious pleasure: *sentir una especie de ~* to feel a kind of malicious pleasure

gusto *nm* **1** (*gen*) taste: *La comida tiene poco ~.* The food hasn't got much taste. ◊ *Ese chico no tiene ni pizca de ~.* That boy's got no taste. ◊ *el ~ por las películas violentas* the taste for violent films ◊ *~ en el vestir* taste in clothes ◊ *Hizo un comentario de mal ~.* His remark was in bad taste. ◊ *Tenemos ~s totalmente diferentes.* Our tastes are completely different. ◊ *para todos los ~s* to suit all tastes **2** (*satisfacción*) pleasure: *Da ~ ver que tus hijos crecen sanos y fuertes.* It's a pleasure to see your children growing up strong and healthy. ◊ *Lo haré con mucho ~.* I'll do it with pleasure. ◊ *leer por ~* to read for pleasure

LOC al gusto to taste: *sal y pimienta al ~* salt and pepper to taste **a(l) gusto de**: *a ~ del consumidor* to suit the consumer ◊ *No es posible hacer las cosas a ~ de todos.* You can't please everyone. ◊ *Paga a tu ~, al contado o con tarjeta de crédito.* You can pay as you like, in cash or by credit card. **coger/tomar gusto a** to get to like *sth/doing sth* **el gusto es mío** it's my pleasure **estar/sentirse a gusto** to feel comfortable: *En casa de mis suegros estoy muy a ~.* I feel very comfortable at my in-laws'. ◊ *Se está muy a ~ a la sombra.* It's nice here in the shade. **¡mucho/tanto gusto!** pleased to meet you! **que da gusto 1** (*bien*): *Canta que da ~.* She's a wonderful singer. **2** (*agradable*) wonderful: *unos amigos que dan ~* wonderful friends **3** (*mucho*): *Llueve que da ~.* It's pouring with rain. ◊ *Estudian que da ~.* They work terribly hard. **sobre gustos no hay nada escrito** there's no accounting for tastes **tengo el gusto de.../mucho gusto en...** to have great pleasure in *doing sth*: *Tengo el ~ de presentarles al campeón del mundo.* I have great pleasure in introducing the World Champion. **tener gusto a** to taste of *sth*: *¿Qué le pasa a este pollo? Tiene ~ a pescado.* What's the matter with this chicken? It tastes of fish. *Ver tb* ALABAR, DERRETIR, PLATO, VARIEDAD

gustosamente *adv* with pleasure

gustoso, -a *adj* (*complacido*) with pleasure: *Aceptamos ~s su invitación.* We accept your invitation with pleasure.

gutural *adj* guttural

Guyana *nf* Guyana

haba *nf* broad bean
LOC son habas contadas there's no doubt about it *Ver tb* PARTE[2], TONTO

habano *nm* Havana (cigar)

haber[1] *nm* **1** (*cuenta*) credit side **2 haberes** (*bienes*) assets

haber[2] *v aux* **1** (*tiempos compuestos*) to have: *He terminado.* I've finished. ◊ *Me habían dicho que vendrían.* They had told me they would come. ◊ *¿Qué habrán pensado?* What must they have thought? ◊ *Habrían podido evitarlo.* They could have avoided it. ◊ *sin ~lo visto* without having seen it **2 ~ que + inf** (*ser necesario*): *Hay que ser valiente.* You must be brave. ◊ *No hay que perder la cabeza.* You mustn't lose your head. ◊ *Esto hay que aclararlo.* This must be cleared up. ◊ *Eso es lo primero que hay que solucionar.* That's the first problem we have to solve. ◊ *Había que conformarse.* We had to resign ourselves. **3 ~ de + inf** (*deber*): *Han de conseguir el premio.* They must get the prize! ◊ *No veo por qué siempre he de ser yo la que ceda.* I don't see why I should always be the one to give way.
■ **haber** *v imp* there is, there are

There is se utiliza con sustantivos en singular e incontables: *Hay una botella de vino en la mesa.* There's a bottle of wine on the table. ◊ *No hay pan.* There isn't any bread. ◊ *No había nadie.* There wasn't anybody. ◊ *No va a haber suficiente vino.* There won't be enough wine.
There are se utiliza con sustantivos en plural: *¿Cuántas botellas de vino hay?* How many bottles of wine are there? ◊ *Había mucha gente.* There were a lot of people.

LOC de haberlo... if...: *De ~lo sabido no le habría dicho nada.* If I'd known, I wouldn't have told him.
de lo que no hay unbelievable: *¡Eres de lo que no hay!* You really are unbelievable!
haber algo: *Al no contestar mis cartas, supuse que había algo.* When she didn't answer my letters I guessed there was something the matter. ◊ *Te digo yo que entre esos dos hay algo.* There's something going on between those two, I'm telling you.
haberla hecho buena: *La has hecho buena.* Now you've done it!
¡haberlo dicho, hecho, etc! you should have said so, done it, etc: *¡~lo dicho antes de salir!* You should have said so before we left!
habérselas con algn to have it out with sb
habido y por haber under the sun: *Tienen todos los aparatos habidos y por ~.* They've got everything under the sun.
¡habrase visto! did you ever see such a thing?
habría que ver... I'd like to see...: *Dice que él no abusará del poder, pero habría que verlo.* He says he won't abuse power, but I'd like to see it for myself.
¡hay que ver... it's amazing...: *¡Hay que ver lo cambiada que estás!* It's amazing how you've changed!
hay quien dice que... some say (that)...: *Hay quien dice que el dólar subirá.* Some say the dollar will go up.
los hay: *Los hay con muy poco dinero.* Some of them have very little money. ◊ *Las hay en varios colores.* They come in several colours.
los hay que... some people...: *Los hay que son capaces de todo.* Some people are capable of anything. ◊ *Los hay que no tienen vergüenza.* Some people have no shame.
no hay como... there's nothing like...: *No hay como un café después de comer.* There's nothing like a cup of coffee after a meal.
no hay de qué you're welcome: *—Muchas gracias. —No hay de qué.* 'Thank you very much.' 'You're welcome.'
no hay por qué (hacer algo) there is no need (to do sth)
no hay quien...: *No hay quien entienda a esa chica.* No one can understand that girl.
¿qué hay? how are things?
☛ Para otras expresiones con **haber**, véanse las entradas del sustantivo, adjetivo, etc, p.ej. **no hay derecho** en DERECHO y **no hay mal que por bien no venga** en MAL[1].

habichuela *nf* bean

hábil *adj* **1** (*diestro*) **(a)** (*gen*) skilful: *un jugador muy ~* a very skilful player **(b) ~ (en/para)** very good (**at *sth*/*doing sth***): *Es muy ~ para los negocios.* He's a very good businessman. ◊ *Es muy ~ con la raqueta.* He's very good with the racquet. **2** (*astuto*) clever: *una maniobra muy ~* a clever move **LOC** *Ver* DÍA

habilidad *nf* skill
LOC con habilidad skilfully

habilidoso, -a *adj* **1** (*diestro*) handy **2** (*listo*) clever

habilitación *nf* conversion (***into sth***): *la ~ del palacio para oficinas* the conversion of the palace into offices

habilitar *vt* **1** (*edificio, local*) to convert: *Han habilitado la casa para utilizarla como oficina.* The house has been converted for use as an office. **2** (*proveer*) to provide: *~ ayudas para las víctimas del temporal* to provide aid for the storm victims **3** (*autorizar*) to authorize: *La licencia la habilita para abrir su propio negocio.* The licence authorizes her to start her own business.

habitabilidad *nf* habitability

habitable *adj* habitable

habitación *nf* **1** (*cuarto*) room: *un piso de cuatro habitaciones* a four-roomed flat **2** (*dormitorio*) bedroom
LOC habitación individual single room *Ver tb* COMPAÑERO

habitáculo *nm* interior

habitado, -a *pp, adj* **1** (*casa, zona*) inhabited **2** (*base espacial, satélite*) manned *Ver tb* HABITAR

habitante *nmf* inhabitant

habitar *vt, vi* **~ (en)** to live **in...** [*vi*]: *la fauna que habita (en) los bosques* the animals that live in the woods
LOC sin habitar uninhabited

hábitat *nm* habitat

hábito *nm* habit
LOC adquirir/coger el hábito (de) to get into the habit (of *doing sth*) **el hábito no hace al monje** fine feathers don't make fine birds **romper con el hábito (de)** to break the habit (of *doing sth*) **tener el hábito de** to be in the habit of *doing sth* **tomar el/los hábito(s) 1** (*hombre*) to take holy orders **2** (*mujer*) to take the veil *Ver tb* COLGAR

habituado, -a *pp, adj* **~ (a)** used **to *sth*/*doing sth***: *Estamos habituadas.* We're used to it. ◊ *Estoy ~ al ruido/a trabajar.* I'm used to noise/working. *Ver tb* HABITUAR

habitual *adj* **1** (*acostumbrado*) usual: *más tarde de lo ~* later than usual ◊ *Esa conducta no es ~ en ellos.* That's not the way they usually behave. **2** (*cliente, lector, visitante*) regular
LOC ser habitual de un sitio to be a regular *Ver tb* DELINCUENTE, RESIDENCIA

habituar *vt* to get *sb* used ***to sth*/*doing sth***: *Hay que ~*

a los niños a comer verdura. We must get the children used to eating vegetables.
■ **habituarse** *v pron* **habituarse (a)** to get used **to *sth/doing sth***: *~se al calor* to get used to the heat ◊ *Terminarás por ~te.* You'll get used to it eventually.

habla *nf* **1** (*facultad*) speech **2** (*modo de hablar*) way of speaking: *el ~ andaluza* the Andalusian way of speaking
LOC **¡al habla!** speaking! **de habla francesa, hispana, etc** French-speaking, Spanish-speaking, etc **estar/ponerse al habla con algn** to be/get in touch with sb **sin habla** speechless: *Me dejó sin ~.* It left me speechless. ◊ *Cuando les vi me quedé sin ~.* When I saw them I was speechless.

hablado, -a *pp, adj* spoken: *el inglés ~* spoken English *Ver tb* HABLAR
LOC **ser bien/mal hablado** to be well/badly spoken *Ver tb* DIARIO

hablador, ~a *adj* **1** (*charlatán*) talkative **2** (*indiscreto*) indiscreet
■ **hablador, ~a** *nm-nf* chatterbox

habladurías *nf* **1** (*rumores*) rumours **2** (*chismes*) idle gossip [*incontable*] LOC *Ver* PÁBULO

hablante *nmf* speaker

hablar *vt* **1** (*idioma*) to speak: *¿Hablas ruso?* Do you speak Russian? **2** (*tratar*) to talk **about *sth***: *Ya lo hablaremos.* We'll talk about it. **3** (*acordar*) to say: *Eso no es lo que habíamos hablado.* That's not what we said.
■ **hablar** *vi* **~ (con) (de/sobre)** to speak, to talk **(to *sb*) (about *sth/sb*)**

> ¿To speak o to talk?
> **To speak** y **to talk** tienen prácticamente el mismo significado, aunque **to speak** es el término más general: *Habla más despacio.* Speak more slowly. ◊ *hablar en público* to speak in public ◊ *¿Puedo hablar con Juan?* Can I speak to Juan? ◊ *Me toca hablar a mí.* It's my turn to speak. ◊ *Le he hablado de ti al director del banco.* I've spoken to the bank manager about you.
> **To talk** se utiliza más cuando nos referimos a una conversación entre dos o más personas, a un comentario, o bien cuando nos referimos a varios hablantes: *hablar de política* to talk about politics ◊ *Están hablando de nosotros.* They're talking about us. ◊ *Hablan de mudarse.* They're talking about moving. ◊ *Estuvimos hablando toda la noche.* We talked all night. ◊ *No lo hagas si no quieres que la gente hable.* If you don't want people to talk, don't do it. ◊ *No habla mucho.* He doesn't talk much.

LOC **dar que hablar** to set tongues wagging **es hablar como quien habla a la pared** it's like talking to a brick wall **habla/hable más alto/bajo** speak up/lower your voice **hablando del rey de Roma...** talk of the devil **hablando en confianza** between you and me **hablando en plata** to put it plainly **hablar bien** (*correctamente*) to speak properly **hablar bien de** (*alabar*) to speak well of *sth/sb*: *Todo el mundo habla bien de ella.* Everybody speaks very well of her. **hablar claro** to talk plainly **hablar consigo mismo/para sí** to talk to yourself **hablar en broma** to be joking **hablar en cristiano** to talk clearly **hablar en serio** to be serious **hablar entre dientes/para el cuello de la camisa** to mutter **hablar mal/como un carretero** (*jurar*) to be foul-mouthed **hablar mal de** (*criticar*) to criticize *sth/sb* **hablar/no hablar bien un idioma**: *¡Qué bien habla en italiano!* He speaks very good Italian. ◊ *No hablan demasiado bien en inglés.* Their English isn't very good. **hablar por hablar** to talk for the sake of talking: *Eso es ~ por ~.* That's just talk. **hablar por la nariz** to talk with a nasal twang **hablar por los codos/más que siete** to talk nineteen to the dozen **hablar por sí mismo** to speak for itself: *Los hechos hablan por sí mismos.* The facts speak for themselves. **hablar por teléfono (con algn)**: *El domingo hablé por teléfono con mi madre.* I phoned my mother on Sunday. ◊ *Estaba hablando por teléfono con Miguel.* I was on the phone to Miguel. **¡ni hablar (del peluquín)!** no way! **no hablarse con algn** not to be on speaking terms with sb: *No me hablo con Carlos.* I'm not on speaking terms with Carlos. **no se hable más/no hay más que hablar (del tema)** there's nothing more to be said **¡quién fue a hablar!** look who's talking! **se habla alemán, francés, etc** (*en un cartel*) German, French, etc spoken **sin hablar de...** not to mention... *Ver tb* OJO, RODEO, VERDULERO

hacendado, -a *nm-nf* landowner

hacendoso, -a *adj* hard-working, industrious (*más formal*)

hacer *vt*
● se traduce por **to make** en los siguientes casos: **1** (*fabricar, crear, escribir, transformar*): *~ bicicletas/una blusa* to make bicycles/a blouse ◊ *~ una escultura* to make a sculpture ◊ *Dios hizo el mundo.* God made the world. ◊ *~ una lista* to make a list ◊ *Dicen que los sufrimientos te hacen más fuerte.* They say suffering makes you stronger. **2** (*dinero, ruido, cama*): *Nunca haces la cama por la mañana.* You never make your bed in the morning. ◊ *¿Tienes que ~ tanto ruido?* Do you have to make such a noise? **3** (*comentario, promesa, esfuerzo, oferta, concesión, recomendación, objeción, progresos*): *Tienes que ~ un esfuerzo.* You must make an effort. ◊ *~ grandes progresos* to make good progress **4** (*amor*): *Haz el amor y no la guerra.* Make love, not war. **5** (*comida, bebida*): *¿Quieres que te haga un café?* Shall I make you a coffee? **6** (*apuesta*): *A veces hago apuestas con mi padre.* I sometimes make bets with my father. **7** (*humo*): *Esta leña hace mucho humo.* This wood makes a lot of smoke. **8** (*totalizar*): *Con esta hacen cinco.* That makes five. **9** (*dar cierto aspecto*): *El pelo corto te hace más joven.* Short hair makes you look younger. ☛ *Ver ejemplos en* MAKE[1]
● se traduce por **to do** en los siguientes casos: **1** (*cuando hablamos de una actividad sin decir de qué se trata*): *¿Qué hacemos esta tarde?* What shall we do this afternoon? ◊ *Hago lo que puedo.* I do what I can. ◊ *Cuéntame lo que haces en el cole.* Tell me what you do at school. **2** (*cuando nos referimos a actividades como lavar, planchar, limpiar y comprar*): *¿Cuándo haces la compra?* When do you do the shopping? ◊ *Si tú haces el baño, yo haré la cocina.* If you do the bathroom I'll do the kitchen. **3** (*deberes, estudios, examen*): *¿Siempre haces los deberes tan tarde?* Do you always do your homework so late? ◊ *~ un curso de inglés* to do an English course **4** (*favor*): *¿Me haces un favor? ¿Me echas esta carta?* Will you do me a favour and post this letter? **5** (*operaciones matemáticas, crucigramas*): *~ sumas y restas* to do sums **6** (*negocios*): *Nunca hago negocios en los bares.* I never do business in pubs. **7** (*cuentas*): *Al ~ el balance esperamos que el saldo sea positivo.* When we do the accounts I hope we'll find we're in credit. ☛ *Ver ejemplos en* DO[1]
● **hacer (que...)** to get *sb* **to do *sth***: *Nos hacen venir todos los sábados.* They're getting us to come in every Saturday. ◊ *Hice que cambiaran el neumático.* I got them to change the tyre.
● **otros usos: 1** (*música, redacción, trabajo*) to write: *Hice un trabajo sobre Cervantes.* I wrote an essay on Cervantes. **2** (*cuadro*) to paint: *Haces unos cuadros muy bonitos.* You paint beautiful pictures. **3** (*raya, dibujo*) to draw: *Haz una raya de un lado a otro de la página.* Draw a line across the page. **4** (*lazo, nudo*) to tie: *~ dos nudos* to tie a double knot ◊ *¿Me puedes ~ el nudo de la corbata?* Could you tie my tie for me, please? **5** (*punto*) to knit: *Mi abuela me ha hecho un jersey de lana.* Granny's knitted me a woolly jumper. **6** (*ganchillo*) to crochet **7** (*distancia*) **(a)** (*en coche*) to drive: *Todos los días hago 50 km.* I drive 50 km a day. **(b)** (*en tren*) to travel **(c)** (*a pie*) to walk **(d)** (*en bicicleta*) to ride **8** (*pregunta*) to ask: *¿Por qué haces tantas preguntas?* Why do you ask so many questions? **9** (*cumplir*): *¿Cuántos años haces?* How old are you today? **10** (*papel*) to play: *Hice el papel de Julieta.* I played the part of Juliet. **11** (*deportes*): *~ judo/aerobic* to do judo/aerobics ◊ *~ ciclismo/alpinismo* to go cycling/climbing

12 (*universidad*) to read, to do (*más coloq*): *Voy a ~ Derecho.* I'm going to read law. **13** (*construir*) to build: *~ una casa/escuela/carretera/un nido* to build a house/ school/road/nest **14** (*imaginarse*): *Te hacía en Barcelona.* I thought you were in Barcelona. **15** (*rebaja*): *Me hicieron rebaja porque el abrigo tenía un defecto.* They reduced the coat because it was imperfect. **16** (*visita*): *Antonio está en el hospital, le tenemos que ~ una visita.* Antonio's in hospital, we must visit him. **17** (*encuesta, investigación*) to carry out: *Estamos haciendo una encuesta sobre el nuevo producto.* We're carrying out a survey on the new product. **18** (*profesión*) to work **in *sth***: *¿Sabes que Carmen hace cine ahora?* Did you know that Carmen's working in films now?

■ **hacer** *vi* **1 ~ de (a)** (*oficio*) to work **as *sth***: *Hago de jardinero.* I'm working as a gardener. **(b)** (*ejercer*) to act **as if...**: *No hagas de padre conmigo.* Don't act as if you were my father. **(c)** (*cosa*) to serve **as *sth***: *Una caja de cartón hacía de mesa.* A cardboard box served as a table. **2 ~ por** to try ***to do sth***: *¿Harás por venir a la fiesta?* Will you try to come to the party?

■ **hacer** *v imp* **1** (*tiempo meteorológico*): *Hace frío/ viento/sol.* It's cold/windy/sunny. ◊ *Hacía demasiado calor.* It was too hot. ◊ *El verano pasado hizo muy bueno.* We had very nice weather last summer. ◊ *Espero que mañana haga bueno.* I hope it's a nice day tomorrow. **2** (*tiempo cronológico*): *Me casé hace diez años.* I got married ten years ago. ◊ *Se habían conocido hacía pocos meses.* They had met a few months earlier. ◊ *¿Hace mucho que vives aquí?* Have you been living here long? ◊ *Hacía mucho tiempo que no nos veíamos.* We hadn't seen each other for a long time. ◊ *Hace años que nos conocemos.* We've known each other for ages. ☛ *Ver nota en* AGO, IN[1] *prep*

■ **hacerse** *v pron* **1 hacerse + sustantivo** to become: *Se hizo taxista.* He became a taxi driver. ◊ *Rita y yo nos hicimos amigas a los seis años.* Rita and I have been friends since we were six. ◊ *Quiere ~se médico.* He wants to be a doctor. **2 hacerse + adj (a)** (*acabar siendo*) to become, to get (*más coloq*): *Nuestra relación se está haciendo imposible.* Our relationship is becoming impossible. ◊ *Me estoy haciendo viejo.* I'm getting old. **(b)** (*resultar*): *La última clase se me hace eterna.* The last lesson seems to go on for ever. ◊ *Se nos hace muy duro tener que madrugar tanto.* We find it very hard to get up so early. ◊ *Este ruido se hace insoportable.* This noise is unbearable. **3 hacerse el/la + adj** to pretend to be *sth*: *No te hagas el sordo.* It's no good pretending to be deaf. ◊ *No te hagas la lista conmigo.* Don't try and be clever with me. **4** (*algo manual*) **(a)** (*uno mismo*): *Me gusta ~me las uñas todas las semanas.* I like to do my nails every week. ◊ *Este vestido me lo hice cuando estaba aprendiendo corte y confección.* I made this dress when I was learning dressmaking. **(b)** (*cuando otra persona realiza la acción*) to have *sth* done: *Me hice esta foto delante del Coliseo.* I had this photo taken outside the Coliseum. ◊ *Se están haciendo una casa.* They're having a house built. **5 hacerse a** to get used **to *sth*/*doing sth***: *No me hago a la nueva escuela.* I can't get used to my new school. **6 hacerse con (a)** (*conseguir*) to get: *Nos hicimos con el control de la empresa.* We got control of the firm. ◊ *Me hice con su autógrafo.* I managed to get her autograph. **(b)** (*manejar*): *~se con la situación* to get to grips with the situation ◊ *Me es imposible ~me con esta máquina.* I can't get on with this machine. **7** (*moverse*): *¡Hazte a un lado!* Get out of the way!

LOC **desde hace/hacía...** for...: *Viven aquí desde hace dos años.* They've been living here for two years. ☛ *Ver nota en* FOR, IN[1] *prep*

hace dos años, etc de eso it's been two years, etc since then: *Va a ~ tres años de eso.* It's nearly three years since then.

¿hace/hacen...?: *¿Hace ir al cine?* How about seeing a film?

hacer algo por hacer to do sth for the sake of it

hacer bien a algn to do sb good: *El sol me hace bien.* The sun does me good.

hacer bien/mal to be right/wrong (*to do sth*): *¿Hice bien en ir?* Was I right to go?

hacer como que/si... to pretend *sth/to do sth*: *Hizo como que no me había visto.* He pretended he hadn't seen me. ◊ *Hacen como que están estudiando.* They're pretending to work.

hacer pasar to show *sb* in: *—El paciente ya está aquí. —Hágale pasar.* 'The patient is here.' 'Show him in.' ◊ *Hazle pasar a mi despacho.* Show him into my office.

hacer saber que... to inform *sb* that...: *Por la presente, les hago saber que...* I hereby inform you that... ◊ *Nos hicieron saber que la matrícula se cerraba el viernes.* They informed us that registration closed on Friday.

hacerse a todo: *Me hago a todo.* I can get used to anything.

hacérsela a algn to let sb down: *Sé que tarde o temprano me la vas a ~.* I know you'll let me down sooner or later.

hacerse pasar por to pass yourself off as *sth/sb*: *Se hizo pasar por el hijo del dueño.* He passed himself off as the owner's son.

hacerse querer por algn to endear yourself to sb: *Se ha hecho querer por todos.* He has endeared himself to everybody.

hacer (una/otra) de las mías to be up to my, your, etc old tricks: *Nacho ha vuelto a ~ una de las suyas.* Nacho's been up to his old tricks again.

hacer venir to send *for sb*: *¿Por qué me has hecho venir?* Why did you send for me?

hacer ver to make *sb* understand *sth*: *Habrá que ~le ver la gravedad del asunto.* We need to make him understand how serious it is.

no hacer nada (*no hacer daño*) not to hurt: *No tengas miedo, que no hace nada.* Don't be afraid, he won't hurt you.

¿qué haces, hace, etc? 1 (*profesión*) what do you, does he, etc do?: *—¿Qué hace?—Es profesora.* 'What does she do?' 'She's a teacher.' **2** (*en este instante*) what are you, is he, etc doing?: *—Hola, ¿qué haces? —Ver una película.* 'Hi, what are you doing?' 'Watching a film.' ☛ Para otras expresiones con **hacer**, véanse las entradas del sustantivo, adjetivo, etc, p.ej. **hacer el tonto** en TONTO y **hacer trampa(s)** en TRAMPA.

hacha *nf* axe

LOC **ser un hacha (en/para)** to be brilliant (at *sth/ doing sth*): *Es un ~ en matemáticas.* She's brilliant at maths. ◊ *Es un ~ imitando a los políticos.* He's brilliant at impersonating politicians. *Ver tb* ENTERRAR

hachazo *nm* axe stroke

hache *nf* aitch ☛ Se pronuncia /eɪtʃ/.

LOC **por hache o por be** for one reason or another

hachís *nm* hashish

hacia *prep* **1** (*dirección*) towards: *ir hacia algo/algn* to go towards sth/sb ◊ *Me acompañó hacia el restaurante.* She walked with me in the direction of the restaurant. ◊ *encaminarse hacia la victoria* to be heading for victory **2** (*aproximación*) at about: *Llegaré hacia las tres.* I'll be there at about three. ◊ *hacia principios de verano* in early summer **3** (*actitud, tendencia*) to: *deferencia hacia algn* deference to sb ◊ *una predisposición hacia la violencia* a predisposition to violence ◊ *respeto hacia la mujer* respect for women

hacienda *nf* **1** (*finca*) estate **2 Hacienda** the Treasury: *funcionarios de Hacienda* Treasury officials

LOC **hacienda pública** government finances [*v pl*] *Ver tb* DELAGACIÓN, MINISTERIO

hacinamiento *nm* **1** (*personas, animales*) crush: *el ~ de gente en un autobús* a crush of people on a bus **2** (*cosas*) heap: *¡Qué ~ de trastos!* What a heap of junk!

hacinar *vt* **1** (*personas, animales*) to cram *sth/sb* (**into *sth***): *Nos hacinaron en una celda.* They crammed us into a cell. **2** (*cereal, leña*) to stack *sth* up

■ **hacinarse** *v pron* to be crowded together: *Los soldados se hacinaban en sucios barracones.* The soldiers were crowded together in dirty sheds.

hada *nf* fairy: *el ~ madrina* the fairy godmother **LOC** *Ver* CUENTO

hado *nm* fate

Haití *nm* Haiti

¡hala! *interj* **1** (*¡venga!*) come on!: *¡Hala, ponte a trabajar, que ya es hora!* Come on! It's time you started working! **2** (*fastidio*) oh no!: *¡Hala, ya has estropeado la televisión!* Oh no! You've broken the television! **3** (*¡qué barbaridad!*) Good Heavens!: *¡Hala, cuánta comida!* Good Heavens, what a lot of food! **4** (*al terminar algo*) right!: *¡Hala! Ya está listo.* Right! It's ready now. **5** (*énfasis*) so there!: *Pues yo me voy, ¡hala!* Well, I'm going, so there!

halagador, ~a *adj* flattering

halagar *vt* to flatter: *Deja de ~me.* Stop flattering me. ◊ *Me halaga que me hayáis propuesto como candidato.* I'm flattered that you've proposed me as a candidate.

halago *nm* flattery [*incontable*]: *Me estáis cohibiendo con tantos ~s.* You're embarrassing me with all that flattery.

halagüeño, -a *adj* **1** (*halagador*) flattering: *palabras halagüeñas* flattering words **2** (*prometedor*) **(a)** (*perspectiva, noticia*) encouraging **(b)** (*impresión*) favourable

halcón *nm* falcon

hall *nm* **1** (*casa*) hall **2** (*hotel, teatro*) foyer

hallar *vt* to find

■ **hallarse** *v pron* to be: *~se indispuesto* to be indisposed

LOC **no hallarse (en un lugar)** to feel out of place: *No me hallo en esta ciudad.* I feel out of place in this city. *Ver tb* PISTA

hallazgo *nm* **1** (*descubrimiento*) discovery: *Los científicos han hecho un gran ~.* Scientists have made an important discovery. ◊ *El ~ del cadáver se produjo al amanecer.* The body was discovered at dawn. **2** (*persona, cosa*) find: *La nueva bailarina ha sido un auténtico ~.* The new dancer is a real find.

halo *nm* **1** (*lit*) halo [*pl* haloes/halos] **2** (*fig*) aura: *un ~ de magnetismo* an aura of magnetism

halógeno, -a *adj* halogen [*n*]: *faros ~s* halogen lamps

■ **halógeno** *nm* (*Quím*) halogen

halterofilia *nf* weightlifting

hamaca *nf* **1** (*gen*) hammock: *Los turistas se echaban la siesta en sus cómodas ~s.* The tourists were lying in their hammocks having a siesta. **2** (*de playa*) deckchair ☛ *Ver ilustración en* BUNGALOW

hambre *nf* hunger, starvation, famine

> Estos términos expresan tres conceptos distintos de *hambre* en inglés, y por lo tanto no deben confundirse. **Hunger** es el término general y se utiliza en frases como *hacer huelga de hambre* to go on (a) hunger strike, o cuando la palabra *hambre* se emplea en español como sinónimo de *deseo*: *hambre de conocimiento/poder* hunger for knowledge/power.
>
> **Starvation** se refiere al hambre sufrida durante un periodo prolongado de tiempo: *Le dejaron morir de hambre.* They let him die of starvation. La expresión **to be starving** (*morir de hambre*) se utiliza también de forma figurada: *Me muero de hambre.* I'm starving.
>
> **Famine** es el hambre que afecta a un gran número de personas, generalmente como consecuencia de una catástrofe natural: *una población debilitada por el hambre* a population weakened by famine ◊ *A la larga sequía siguieron meses de hambre.* The long drought was followed by months of famine.

LOC **a buen hambre no hay pan duro** beggars can't be choosers **engañar/entretener/matar el hambre** to stave off hunger **pasar hambre** to go hungry **tener/no tener (mucha) hambre** to be/not to be (very) hungry **quedarse con hambre** to be still hungry **tener un hambre canina** to be ravenous *Ver tb* LISTO, MORIR(SE), MUERTO, SUFRIR, VIVO

hambriento, -a *adj* **1** (*gen*) hungry: *La niña está hambrienta.* The baby is hungry. **2** (*muerto de hambre*) starving

hamburguesa *nf* hamburger, burger (*más coloq*) ☛ *Ver nota en* BURGER

hamburguesería *nf* hamburger bar

hampa *nf* underworld

hámster *nm* hamster

hándicap *nm* handicap

hangar *nm* hangar

haragán, -ana *adj* lazy

■ **haragán, -ana** *nm-nf* layabout

haraganear *vi* to loaf about

haraganería *nf* laziness

harakiri *nm* hara-kiri

LOC **hacerse el harakiri** to commit hara-kiri

harapiento, -a *adj* ragged

harapo *nm* rag: *un mendigo vestido con ~s* a beggar dressed in rags

hardware *nm* hardware

harén *nm* harem

harina *nf* flour

LOC **eso es harina de otro costal** that's a different kettle of fish **hacerse harina** (*romperse*) to be smashed to pieces **harina de avena/maíz** oatmeal/cornflour *Ver tb* FÁBRICA

hartar *vt* **1** (*atiborrar*): *En el colegio nos hartaban a lentejas.* At school they fed us on nothing but lentils. **2** (*fastidiar*) to annoy: *Me estás hartando.* You're annoying me.

■ **hartarse** *v pron* **1** (*llenarse*) **(a)** (*gen*) to be full (up): *Comí hasta ~me.* I ate till I was full (up). **(b) hartarse de** to stuff yourself **with *sth***: *Me harté de pasteles.* I stuffed myself with cakes. **2 hartarse (de)** (*enfadarse*) to be fed up (**with *sth*/*sb*/*doing sth***): *Ya me he hartado de tus quejas.* I'm fed up with your complaints. **3 hartarse a hacer algo** (*trabajo, actividad*): *Me harté a trabajar.* I worked and worked. ◊ *Nos hartamos a marcar goles.* We scored goal after goal.

LOC **hartar a palos** to shower blows *on sb*

harto, -a *adj* **~ (de)** **1** (*gen*) fed up (**with *sth*/*sb*/*doing sth***): *Estoy ~ de este trabajo.* I'm fed up with this job. ◊ *Me tienes ~.* I'm fed up with you. ◊ *Estoy ~ de hablar en público, pero todavía me pongo nervioso.* I've spoken in public a million times, but I still get nervous. **2** (*atiborrado*) full (**of *sth***)

■ **harto** *adv* rather: *El problema es ~ difícil de solucionar.* This problem is rather difficult to solve. ☛ *Ver nota en* FAIRLY **LOC** *Ver* DOLOR

hasta *prep* **1** (*tiempo*) until, till (*más coloq*): *hasta conocer los resultados* until we know the results ◊ *No llegaré hasta las siete.* I won't be there till seven. ◊ *¿Hasta cuándo te quedas?* How long are you staying? ☛ *Ver nota en* UNTIL **2** (*espacio*) **(a)** (*distancia*) as far as...: *Vinieron conmigo hasta Barcelona.* They came with me as far as Barcelona. ◊ *Te acompaño hasta la puerta.* I'll come to the door with you. **(b)** (*altura, longitud, cantidad*) up to...: *El agua llegó hasta aquí.* The water came up to here. ◊ *contar hasta diez* to count up to ten ◊ *Se come hasta diez manzanas al día.* He eats as many as ten apples a day. **(c)** (*hacia abajo*) down to...: *La falda me llega hasta los tobillos.* The skirt comes down to my ankles. **3** (*en expresiones de despedida*) see you...: *¡Hasta la vista!* See you later! ◊ *¡Hasta pronto!* See you soon! ◊ *¡Hasta ahora!* See you in a minute! ◊ *¡Hasta mañana/el lunes!* See you tomorrow/on Monday! ◊ *¡Hasta luego!* Bye!

■ **hasta** *adv* even: *Hasta lloré.* I even cried. ◊ *Hasta los niños lo saben.* Even children know that.

LOC **hasta que...** until...: *Decidieron esperar hasta que tuviesen suficiente dinero.* They decided to wait until they had enough money.

hastiar *vt* **1** (*aburrir*) to bore **2** (*asquear*) to disgust

■ **hastiarse** *v pron* **hastiarse (de)** to get fed up (**with *sth*/*doing sth***): *Se había hastiado de vivir sola.* She'd got fed up with living on her own.

hastío *nm*

LOC **causar/producir hastío** **1** (*aburrir*) to bore *sb* **2** (*repugnar*) to disgust *sb*

hatajo *nm* **1** (*personas*) bunch: *un ~ de sinvergüenzas* a bunch of scoundrels **2** (*disparates, tonterías*) load

hatillo *nm* bundle of belongings [*pl* bundles of belongings]

haya *nf* beech (tree)

haz *nm* **1** (*fajo*) bundle: *un ~ de leña/hierba* a bundle of firewood/grass **2** (*trigo*) sheaf [*pl* sheaves] **3** (*luz*) beam

hazaña *nf* exploit: *Solía contarme las ~s del abuelo.* She used to tell me about my grandfather's exploits.
LOC **ser toda una hazaña** to be quite a feat: *Aprobar el examen ha sido toda una ~.* Passing the exam was quite a feat.

hazmerreír *nm* laughing stock: *Eres el ~ de todo el pueblo.* You're the laughing stock of the whole village.

hebilla *nf* buckle

hebra *nf* (piece of) thread: *tres ~s de hilo rojo* three pieces of red thread
LOC **pegar la hebra** to get talking

hebreo, -a *adj, nm-nf* Hebrew
■ **hebreo** *nm* (*idioma*) Hebrew

hecatombe *nf* disaster

heces *nf*
LOC **heces (fecales)** faeces

hechicería *nf* **1** (*práctica*) witchcraft **2** (*maleficio*) spell

hechicero, -a *adj* bewitching
■ **hechicero, -a** *nm-nf* wizard [*fem* witch]

hechizado, -a *pp, adj* **1** (*cautivado*) bewitched: *~ por su encanto* bewitched by her charm **2** (*boquiabierto*) spellbound: *Mantuvo ~s a los niños.* He held the children spellbound. *Ver tb* HECHIZAR

hechizar *vt* **1** (*con magia*) to cast a spell (**on** ***sb***): *La bruja hechizó al príncipe.* The witch cast a spell on the Prince. **2** (*cautivar*) to captivate: *Nos hechizó con su encanto.* We were captivated by her charm.

hechizo *nm* **1** (*maleficio*) spell: *estar bajo un ~* to be under a spell ◊ *No creo en los ~s.* I don't believe in witchcraft. **2** (*atractivo*) charm

hecho, -a *pp, adj* **1** (*manufacturado*) made: *¿De qué está ~?* What's it made of? ◊ *~ a mano/máquina* handmade/machine-made **2** (*cocinado*) done: *El pollo no está ~ todavía.* The chicken isn't done yet. **3** (*listo*) ready: *La comida ya está hecha.* The meal's ready now. **4** (*persona*) mature **5 ~ a** (*acostumbrado*) used **to** ***sth***: *un hombre ~ al trabajo* a man who is used to work *Ver tb* HACER
■ **hecho** *nm* **1** (*acción, obra*) action: *Queremos ~s y no promesas.* We want actions, not words. **2** (*acontecimiento*) event: *su versión de los ~s* his version of the events **3** (*realidad, verdad*) fact: *en vista de los ~s* in view of the facts ◊ *El ~ es que…* The fact (of the matter) is that… ◊ *el ~ de que no me quieras* the fact that you don't love me
LOC **a lo hecho, pecho** what's done is done **bien hecho 1** (*cosa*) well made **2** (*filete*) well done **¡bien hecho!** well done! **de hecho** in fact **¡eso está hecho!** of course!: *¿Que si aprobaré? ¡Eso está ~!* Will I pass? Of course I will! **estar hecho…** to be…: *El cristal está ~ pedazos/trizas.* The glass is shattered. ◊ *Está hecha una fiera.* She's in a rage. ◊ *Estáis ~s unos vagos.* You're such lazy slobs! ◊ *La cocina está hecha una porquería/un asco.* The kitchen is filthy. **hecho consumado** fait accompli **Hechos de los Apóstoles** Acts of the Apostles **mal hecho 1** (*persona*) deformed **2** (*cosa*) badly made **3** (*sentido ético*): *Si se lo dijiste, mal ~.* You shouldn't have said that to him. **muy hecho** (*filete*) well done **poco hecho 1** (*sin cocinar*) undercooked: *Este pescado está poco ~.* This fish is undercooked. **2** (*filete*) rare: *Me gusta la carne poco hecha.* I like my meat rare. *Ver tb* CRISTO, DICHO, FRASE, HOMBRE, LUGAR, MUJER, TRATO

hechura *nf* **1** (*corte*) cut: *un abrigo de ~ amplia* a generously cut coat **2** (*confección*): *¿Cuánto has pagado por la ~?* How much did you pay to have it made?

hectárea *nf* hectare (*abrev* ha) ☛ *Ver apéndice 3*

hectogramo *nm* 100 grams

hectolitro *nm* 100 litres

hectómetro *nm* 100 metres

hediondo, -a *adj* **1** (*maloliente*) stinking **2** (*repugnante*) repulsive

hedonista *adj* hedonistic
■ **hedonista** *nmf* hedonist

hedor *nm* stench: *Despide un ~ insoportable.* It gives off an unbearable stench.

hegemonía *nf* dominance

hegemónico, -a *adj* dominant

helada *nf* frost: *Anoche cayó una buena ~.* There was a heavy frost last night.

heladería *nf* ice cream parlour

heladero, -a *nm-nf* ice cream vendor

helado, -a *pp, adj* **1** (*congelado*) frozen: *un estanque ~* a frozen pond **2** (*frío*) freezing (cold): *Esta habitación está helada.* It's freezing in here. ◊ *Esta bebida está helada.* This drink is freezing cold. ☛ Cuando nos referimos a personas también se puede decir **frozen**: *Estoy helada.* I'm frozen. **3** (*mirada, tono*) cold *Ver tb* HELAR
■ **helado** *nm* ice cream: *~ de chocolate* chocolate ice cream

> En Gran Bretaña hay furgonetas que van por las calles vendiendo helados (**ice cream vans**). Estas furgonetas tocan una música especial para que la gente sepa que se acercan.

LOC **dejar helado a algn** to leave sb stunned: *Las noticias de su muerte nos dejaron ~s.* The news of his death left us stunned. **quedarse helado 1** (*de frío*) to freeze: *Me estoy quedando ~ aquí fuera.* I'm freezing out here. **2** (*asombrado*) to be stunned: *Se quedó ~ cuando se lo conté.* He was stunned when I told him. **3** (*asustado*) to be paralysed (with fear): *Nos quedamos ~s cuando vimos a los atracadores.* We were paralysed with fear when we saw the robbers. *Ver tb* TARTA

helador, ~a *adj* icy: *un viento ~* an icy wind

heladora *nf* ice cream maker

helar *vt* to freeze: *El frío ha helado las cañerías.* The pipes are frozen.
■ **helar** *v imp* to freeze: *El año pasado heló en abril.* It froze in April last year. ◊ *Anoche heló.* There was a frost last night.
■ **helarse** *v pron* **1** (*gen*) to freeze: *Cierra la puerta, que me estoy helando.* Shut the door, I'm freezing. ◊ *Nos vamos a ~ de frío.* We're going to freeze to death. ◊ *Se nos han helado las plantas.* The plants have been killed by the frost. **2** (*ventana, río, estanque*) to freeze over
LOC **helar(se) la sangre**: *Las imágenes de la guerra me hielan la sangre.* Pictures of the war make my blood run cold. ◊ *Solo de pensarlo se me hiela la sangre.* It makes my blood run cold just to think about it.

helecho *nm* fern

hélice *nf* **1** (*avión, barco*) propeller: *un avión de ~* a propeller plane **2** (*espiral*) helix [*pl* helices]

helicóptero *nm* helicopter

helio *nm* helium

helipuerto *nm* heliport

hematología *nf* haematology

hematoma *nm* **1** (*moratón*) bruise: *¿Has visto el ~ que tengo en la rodilla?* Have you seen the bruise on my knee? **2** (*Med*) haematoma

hembra *nf* **1** (*gen*) female: *un tejón ~* a female badger **2** (*ave*) hen **3** (*enchufe*) socket ☛ *Ver ilustración en* ENCHUFE

hemeroteca *nf* newspaper archives [*v pl*]

hemiciclo *nm* (*Pol*) chamber

hemiplejia (*tb* **hemiplejía**) *nf* hemiplegia

hemipléjico, -a *adj* hemiplegic

hemisferio *nm* hemisphere
LOC **hemisferio norte/sur** northern/southern hemisphere ☛ *Ver ilustración en* GLOBO

hemofilia *nf* haemophilia

hemofílico, -a *nm-nf* haemophiliac

hemoglobina *nf* haemoglobin

hemorragia *nf* haemorrhage (*cientif*), bleeding [*incon-*

table]: *Ha sufrido dos ~s en tres días.* She's had two haemorrhages in three days. ◊ *una ~ interna* internal bleeding

LOC hemorragia nasal nosebleed

hemorroides *nf* haemorrhoids (*científ*), piles

henchir *vt* to fill *sth* (**with** ***sth***): *~ los pulmones de aire* to fill your lungs with air

■ **henchirse** *v pron* **henchirse de** (*fig*) to swell **with** ***sth***: *~se de orgullo* to swell with pride

hendidura *nf* **1** (*gen*) crack: *una ~ en la madera* a crack in the wood **2** (*acantilado, montaña*) cleft

heno *nm* hay

hepático, -a *adj* hepatic (*científ*), liver [*n atrib*]: *trastornos ~s* liver disorders **LOC** *Ver* CONDUCTO

hepatitis *nf* hepatitis [*incontable*]: *coger (una) ~* to get hepatitis

heráldica *nf* heraldry

herbáceo, -a *adj* herbaceous

herbicida *nm* weedkiller

herbívoro, -a *adj* herbivorous

■ **herbívoro** *nm* herbivore

herbolario, -a *nm-nf* herbalist

■ **herbolario** *nm* herbalist's [*pl* herbalists] ☛ *Ver nota y ejemplos en* CARNICERÍA

herboristería *nf* health food shop

hercio *nm Ver* HERTZIO

heredar *vt* to inherit *sth* (**from** ***sb***): *A su muerte heredé sus propiedades.* On his death I inherited all his property.

heredero, -a *adj*: *países ~s de la cultura griega* countries that have inherited Greek culture

■ **heredero, -a** *nm-nf* **~ (de)** heir (**to** ***sth***): *~ de una gran fortuna* heir to a great fortune ◊ *el ~/la heredera del trono* the heir to the throne

También existe el femenino **heiress**, pero solo se usa para referirnos a una *rica heredera*.

LOC heredero universal sole heir *Ver tb* PRÍNCIPE, PRESUNTO

hereditario, -a *adj* hereditary

hereje *nmf* heretic

herejía *nf* heresy

herencia *nf* **1** (*gen*) inheritance: *Ese genio es ~ de su madre.* He has inherited his temper from his mother. **2** (*legado*) legacy: *nuestra ~ cultural* our cultural legacy **3** (*Biol*) heredity

LOC dejar algo en herencia to leave sth (*to sb*): *Me dejó la casa de campo en ~.* She left me her house in the country.

herida *nf* **1** (*en un accidente*) injury **2** (*en una lucha, aflicción*) wound

Es difícil saber cuándo utilizar **wound** y cuándo **injury**, así como sus verbos correspondientes **to wound** y **to injure**.
Wound y **to wound** se utilizan para referirse a heridas causadas por un arma (p. ej. una navaja o una pistola) de forma deliberada, o bien para hacer referencia a aflicciones y penas: *heridas de bala* gunshot wounds ◊ *La herida no tardará en cicatrizar.* The wound will soon heal. ◊ *Lo hirieron en la guerra.* He was wounded in the war. ◊ *Los soldados dispararon e hirieron al terrorista.* Soldiers shot and wounded the terrorist. ◊ *No conviene abrir viejas heridas.* Don't open old wounds. En este sentido también se puede utilizar **injury** o **to injure** cuando la persona herida no es el objetivo específico del ataque: *La bomba mató a cinco personas e hirió a otras tres.* The bomb killed five and injured three.
Si la herida es resultado de un accidente se emplean los términos **injury** o **to injure**, que también se pueden traducir en ocasiones por *lesión* o *lesionarse*: *Sufrió heridas leves/graves en el acidente.* He sustained minor/serious injuries in the accident. ◊ *Los trozos de cristal hirieron a varias personas.* Several people were injured by flying glass. ◊ *El casco protege a los jugadores de posibles lesiones cerebrales.* Helmets protect players from brain injuries.
Nótese que cuando **to injure** significa *lesionarse* se puede utilizar en voz activa seguido de **myself**, **yourself**, etc, o seguido de la parte del cuerpo afectada: *Se lesionó jugando al tenis.* He injured himself playing tennis. ◊ *Se lesionó el hombro.* She injured her shoulder.

LOC causar/producir heridas 1 (*gen*) to injure : *La explosión causó ~s a decenas de personas.* The explosion injured scores of people. **2** (*bala, navaja*) to wound **recibir/sufrir heridas 1** (*gen*) to be injured: *El policía sufrió ~s en una pierna.* The policeman was injured in the leg. **2** (*con bala, con navaja*) to be wounded

herido, -a *nm-nf* **1** (*en un accidente*) injured person: *Hubo varios ~s.* Several people were injured. ◊ *un muerto y tres ~s* one person dead and three injured **2** (*en una lucha*) wounded person: *tres ~s de bala* three people with bullet wounds ◊ *El helicóptero recogió a los ~s.* The helicopter picked up the wounded.

herir *vt* **1** (*en accidente*) to injure: *Los trozos de cristal hirieron a varias personas.* Several people were injured by flying glass. **2** (*en una lucha*) to wound ☛ *Ver nota en* HERIDA **3** (*ofender*) to hurt: *~ a alguien en lo más hondo* to hurt somebody very deeply

LOC herir la sensibilidad de algn to hurt sb's feelings

hermafrodita *adj, nmf* hermaphrodite

hermanar *vt* **1** (*unir*) to unite: *~ a los pueblos* to unite the countries **2** (*ciudades*) to twin

hermanastro, -a *nm-nf* stepbrother [*fem* stepsister]

Para referirnos a hermano solo por parte de padre o de madre, decimos **half-brother** y **half-sister**: *Son hermanos por parte de padre.* They're half-brothers. *Ver tb nota en* HERMANO

hermandad *nf* **1** (*entre hombres*) brotherhood: *la ~ de los hombres* the brotherhood of man **2** (*entre mujeres*) sisterhood **3** (*gremio*) association

hermano, -a *nm-nf* **1** (*pariente*) brother [*fem* sister]: *Tengo un ~ mayor/menor.* I've got an older/younger brother. ◊ *mi hermana la pequeña/mayor* my youngest/oldest sister ◊ *Son dos ~s y tres hermanas.* There are two boys and three girls. ◊ *Son ~s gemelos.* They're twins. ◊ *los ~s Marx* the Marx brothers

A veces decimos *hermanos* refiriéndonos a hermanos y hermanas, en cuyo caso debemos decir en inglés **brothers and sisters**: *¿Tienes hermanos?* Have you got any brothers and sisters? ◊ *Somos seis hermanos.* I've got five brothers and sisters. ☛ *Ver nota en* SIBLING

2 (*comunidad religiosa*) brother [*fem* sister]: *el ~ Francisco* Brother Francis

LOC culturas, lenguas, etc hermanas related cultures, languages, etc **hermano político** brother-in-law [*fem* sister-in-law] [*pl* brothers-in-law/sisters-in-law] **hermano por parte de padre/madre** half-brother [*fem* half-sister] ☛ *Ver nota en* HERMANASTRO **hermanos siameses** Siamese twins *Ver tb* PRIMO

herméticamente *adv* hermetically

LOC herméticamente cerrado hermetically sealed

hermético, -a *adj* **1** (*cosa*) **(a)** (*aire*) airtight **(b)** (*agua*) watertight **2** (*persona*) **(a)** (*rostro, expresión*) inscrutable **(b)** (*carácter*) very reserved

hermetismo *nm* **1** (*gen*) secrecy: *el ~ que rodea este tema* the secrecy surrounding this matter **2** (*persona*) reticence

hermoso, -a *adj* **1** (*bello*) beautiful **2** (*bueno*) fine: *un ~ caballo/día* a fine horse/day **3** (*amplio*) spacious: *una cocina muy hermosa* a spacious kitchen **4** (*ración, trozo*) generous **5** (*sano*) bonny: *¡Qué niño más ~!* What a bonny baby! **6** (*gesto*) noble

hermosura *nf* beauty: *¡Qué ~!* How beautiful! ◊ *Esa mujer es una ~.* She's a beautiful woman.

LOC ¡qué hermosura de...! what (a) beautiful ...!: *¡Qué ~ de jardín!* What a beautiful garden! ◊ *¡Qué ~ de flores!* What beautiful flowers!

hernia *nf* hernia

LOC hernia discal/de disco slipped disc

herniarse *v pron* to rupture yourself
LOC **no te vayas a herniar** mind you don't strain yourself

héroe, heroína *nm-nf* hero [*fem* heroine] [*pl* heroes/heroines]

heroico, -a *adj* heroic

heroína *nf* **1** (*droga*) heroin: *una sobredosis de ~* a heroin overdose **2** *Ver* HÉROE

heroinómano, -a *nm-nf* heroin addict

heroísmo *nm* heroism

herpes (*tb* **herpe**) *nm* herpes [*incontable*]

herradura *nf* horseshoe: *Al caballo se le cayó una ~.* The horse lost a shoe.

herraje *nm* ironwork

herramienta *nf* **1** (*instrumento*) tool **2** (*conjunto*) (set of) tools: *Tengo la ~ en el coche.* My tools are in the car.
LOC *Ver* CAJA, JUEGO

herrar *vt* **1** (*caballo*) to shoe **2** (*ganado*) to brand

herrería *nf* (*taller*) forge

herrerillo *nm* tit

herrero, -a *nm-nf* blacksmith **LOC** *Ver* CASA

herrumbre *nf* **1** (*óxido*) rust **2** (*sabor*) iron (taste): *Sabe a ~.* It tastes of iron.

hertzio *nm* hertz (*abrev* Hz)

hervidero *nm* **1** (*discordia, intriga*) hotbed ***of sth***: *un ~ de intrigas* a hotbed of intrigue **2** (*actividad*) hive ***of sth***
LOC **ser un hervidero de gente** to be swarming with people: *La estación era un ~ de gente.* The station was swarming with people.

hervidora *nf* (*para agua*) kettle
LOC **hervidora eléctrica** electric kettle

hervir *vi* **1** (*líquido*) to boil: *La leche está hirviendo.* The milk is boiling. ☛ *Ver ilustración en* BAKE **2 ~ de** to teem **with *sth*/*sb***: *El hotel hervía de actividad/gente.* The hotel was teeming with activity/people.
■ **hervir** *vt* to boil: *Primero hay que ~ las patatas.* First boil the potatoes. ☛ *Ver ilustración en* BAKE
LOC **comenzar/romper a hervir** to come to the boil **hervir a borbotones** to be bubbling away **hervir a fuego lento** to simmer **hervir en deseos de** to be dying *to do sth* **hervirle la sangre a algn**: *Me hierve la sangre cuando me acuerdo.* Just thinking about it makes my blood boil.

heterodoxo, -a *adj* unorthodox

heterogéneo *adj* mixed, heterogeneous (*más formal*): *un público ~* a mixed audience

heterosexual *adj, nmf* heterosexual

heterosexualidad *nf* heterosexuality

hexaedro *nm* hexahedron

hexagonal *adj* hexagonal

hexágono *nm* hexagon

hibernación *nf* hibernation

hibernar *vi* to hibernate

híbrido, -a *adj, nm-nf* hybrid

hidalgo *nm* nobleman [*pl* noblemen]

hidra *nf* hydra

hidratante *adj* **LOC** *Ver* CREMA, LECHE

hidratar *vt* (*piel*) to moisturize

hidrato *nm* hydrate
LOC **hidratos de carbono** carbohydrates

hidráulico, -a *adj* **1** (*de agua*) water [*n atrib*]: *reservas hidráulicas* water reserves **2** (*que funciona con agua*) hydraulic: *una bomba hidráulica* a hydraulic pump
LOC *Ver* ENERGÍA

hidroavión *nm* seaplane

hidrocarburo *nm* hydrocarbon

hidroeléctrico, -a *adj* hydroelectric

hidrófilo, -a *adj* absorbent **LOC** *Ver* ALGODÓN

hidrógeno *nm* hydrogen

hidróxido *nm* hydroxide
LOC **hidróxido de carbono** carbon hydroxide

hiedra *nf* ivy

hiel *nf* **1** (*bilis, rabia*) bile **2 hieles** bitterness [*incontable*]: *probar las ~es de la derrota* to taste the bitter cup of defeat

hielo *nm* **1** (*gen*) ice [*incontable*]: *Saca unos ~s del congelador.* Get some ice out of the freezer. ◊ *una bandeja para el ~* an ice cube tray **2** (*helada*) frost
LOC **de hielo** icy: *una mirada de ~* an icy look ◊ *parecer/ser de ~* to be icy *Ver tb* BANCO, CUBITO, HOCKEY, PATINAJE, PISTA, PLACA, ROMPER

hiena *nf* hyena
LOC **ponerse como una hiena** to go wild with anger

hierba *nf* **1** (*gen*) grass: *Nos tumbamos en la ~.* We lay down on the grass. **2** (*Cocina, Med*) herb **3** (*marihuana*) grass ☛ También se dice **pot**.
LOC **mala hierba** weed: *El jardín está lleno de malas ~s.* The garden is full of weeds. **mala hierba nunca muere** the devil looks after his own *Ver tb* FINO, HOCKEY

hierbabuena *nf* mint

hierbajo *nm* weed

hierro *nm* **1** (*gen*) iron: *una barra de ~* an iron bar ◊ *pastillas de ~* iron tablets **2 hierros** wreckage [*incontable, v sing*]: *Quedaron atrapados entre los ~s del tren.* They were trapped in the wreckage of the train.
LOC **hierro forjado/fundido** wrought/cast iron **quien a hierro mata a hierro muere** he who lives by the sword, dies by the sword **quitar hierro** to make light *of sth*: *Trató de quitarle ~ al asunto.* He tried to make light of it. **tener una constitución/naturaleza/salud de hierro** to have an iron constitution *Ver tb* AMASIJO, EDAD, MANO, MINERAL, VOLUNTAD

hígado *nm* liver ☛ *Ver ilustración en* DIGESTIVE
LOC **echar los hígados** to slog your guts out **hay que tener hígados para...** you need a strong stomach to...

higiene *nf* hygiene: *falta de ~* lack of hygiene
LOC **higiene bucal** oral hygiene **higiene corporal/íntima** personal hygiene *Ver tb* SEGURIDAD

higiénico, -a *adj* hygienic **LOC** *Ver* PAPEL

higienista *nmf* hygienist

higo *nm* fig: *~s secos* dried figs
LOC **de higos a brevas** once in a blue moon **estar hecho un higo** (*arrugado*) to be all crumpled up **higo chumbo** prickly pear *Ver tb* IMPORTAR

higuera *nf* fig tree
LOC **estar en la higuera 1** (*distraído*) to be miles away **2** (*ignorante*) to have no idea what's going on

hijastro, -a *nm-nf* stepson [*fem* stepdaughter]

> A veces decimos *hijastros* refiriéndonos a hijastros e hijastras, en cuyo caso debemos decir **stepchildren** en inglés.

hijo, -a *nm-nf* **1** (*gen*) son [*fem* daughter]: *Tienen dos hijas y un ~.* They have two daughters and a son. ◊ *Pons e Hijos.* Pons and Sons.

> A veces decimos *hijos* refiriéndonos a hijos e hijas, en cuyo caso debemos decir **children** en inglés: *¿Cuántos hijos tienen?* How many children have they got?

2 (*bebé*) baby: *Va a tener un ~.* She's expecting a baby. **3** (*precedido del apellido o nombre de pila*) junior: *¿Juan padre o ~?* Juan senior or junior? **4** (*consecuencia*) fruit: *La osadía es hija de la ignorancia.* Daring is the fruit of ignorance. **5** (*en exclamaciones*): *¡~, qué torpe eres!* Honestly, you are clumsy! ◊ *Pues ~, ya es hora de que vayas.* Listen, I think it's time you left. ◊ *¡Ay hija, no digas esas cosas!* Don't say things like that, for goodness' sake! **6** (*Bot*) sucker
LOC **cualquier/todo hijo de vecino 1** (*cualquiera*) anybody (else): *Tengo el mismo derecho que cualquier ~ de vecino.* I have as much right as anybody. **2** (*todo el mundo*) everybody (else): *Cualquier ~ de vecino gana más que nosotros.* Everybody else earns more than we do. **hijo adoptivo 1** (*lit*) adopted child **2** (*título honorífico*) honorary citizen: *~ adoptivo de Cuenca* honorary citizen of Cuenca **¡hijo de mi alma!** darling! **hijo de papá** spoilt rich kid **hijo (de) puta/de su madre** bastard (⚠) ☛ *Ver nota en* TABÚ **hijo ilegítimo/**

natural illegitimate child **hijo pródigo** prodigal son **hijo varón** son **ser hijo único** to be an only child: *Soy ~ único.* I'm an only child. *Ver tb* CADA, SALUD

hilandero, -a *nm-nf* spinner

hilar *vt* **1** (*fibras*) to spin **2** (*frases, ideas*) to string *sth* together **3** (*araña*) to spin

LOC **hilar delgado/fino** **1** (*ser minucioso*) to be meticulous **2** (*ser quisquilloso*) to split hairs

hilaridad *nf* hilarity

hilera *nf* **1** (*uno al lado de otro*) row: *una ~ de árboles/niños* a row of trees/children **2** (*uno detrás de otro*) line **3** (*cifras, soldados, vehículos*) column

LOC **en hilera/hileras** in a line/lines **ponerse en hilera** to stand in line

hilo *nm* **1** (*gen*) thread: *~ y aguja* needle and thread ◊ *un carrete de ~* a reel of thread ◊ *bordado con ~ de oro* embroidered with gold thread ◊ *un ~ de luz* a thread of light **2** (*marioneta, judías verdes*) string **3** (*alambre, cable*) wire: *~ de acero/cobre* steel/copper wire **4** (*líquido*) trickle: *un ~ de agua* a trickle of water **5** (*lino*) linen: *una chaqueta de ~* a linen jacket

LOC **colgar/pender de un hilo** to hang by a thread **con un hilo de voz** in a tiny little voice **hilo musical** piped music **hilo narrativo** storyline **no tocarle un hilo de la ropa a algn** not to touch a hair on sb's head: *Te guardarás de tocarle un ~ de la ropa.* Don't you dare touch a hair on his head. **perder el hilo** to lose the thread (*of sth*) *Ver tb* ALMA, DENTAL, MOVER

hilván *nm* tacking

hilvanar *vt* **1** (*Costura*) to baste **2** (*ideas, frases*) to string *sth* together **3** (*discurso, plan, proyecto*) to cobble *sth* together

himen *nm* hymen

himno *nm* **1** (*Relig*) hymn **2** (*de un colegio*) song, anthem (*más formal*)

LOC **himno nacional** national anthem

hincapié *nm*

LOC **hacer hincapié en algo** to stress sth

hincar *vt* **1** (*estaca, clavo*) to drive *sth* (**into** *sth*): *Hincó las estacas en la tierra.* He drove the stakes into the ground. **2** (*puñal*) to plunge *sth* (**into** *sth*/*sb*): *Le hincó el puñal en el pecho.* She plunged the dagger into his chest. **3** (*dientes*) to sink *your teeth* (**into** *sth*): *Hincó los dientes en la chuleta.* He sank his teeth into the chop.

LOC **hincar el codo/los codos** to swot like mad **hincarle el diente a algo** (*fig*) to get to grips with sth: *~le el diente a un asunto* to get to grips with a question **hincarse de rodillas** to kneel (down)

hincha *nmf* supporter, fan (*más coloq*): *los ~s del Atlético* Atlético fans/supporters

hinchable *adj* **LOC** *Ver* COLCHÓN, MUÑECA

hinchada *nf* fans [*v pl*]: *la ~ del Barcelona* Barcelona's fans

hinchado, -a *pp, adj* **1** (*gen*) swollen: *un brazo/pie ~* a swollen arm/foot **2** (*estómago*) bloated **3** (*estilo, lenguaje*) pompous *Ver tb* HINCHAR

hinchar *vt* **1** (*soplando*) to blow *sth* up, to inflate (*más formal*): *~ un balón/globo* to blow up a ball/balloon **2** (*con una bomba*) to pump *sth* up, to inflate (*más formal*): *~ los neumáticos* to pump up the tyres **3** (*asunto, noticia*) to blow *sth* up, to exaggerate (*más formal*): *Habían hinchado la noticia de una forma impresionante.* The news was blown up out of all proportion.

■ **hincharse** *v pron* **1** (*madera, parte del cuerpo*) to swell (up): *Se me hinchan los tobillos.* My ankles swell (up). **2** (*envanecerse*) to swell with pride **3** **hincharse (a/de)** (*comer mucho*) to stuff yourself (**with** *sth*): *Me hinché de pasteles.* I stuffed myself with cakes.

LOC **hinchar a hostias/palos** to beat *sb* to a pulp **hincharle las narices a algn** to get up sb's nose: *Esos niños me están hinchando las narices.* Those children are really getting up my nose. **hincharle un ojo a algn** to give sb a black eye **hincharse a hacer algo** to do nothing but...: *Me he hinchado a cocinar/escribir cartas.* I've done nothing but cook/write letters. **hincharse a ganar dinero** to make a fortune **hinchársele las narices a algn** to lose your temper: *Como se me hinchen las narices...* If I lose my temper...

hinchazón *nf* (*Med*) swelling: *Parece que ha bajado la ~.* The swelling seems to have gone down.

hindi *nm* Hindi

hindú *adj, nmf* **1** (*de la India*) Indian **2** (*Relig*) Hindu

hinduismo *nm* Hinduism

hinojo *nm* (*Bot*) fennel

hiperactividad *nf* hyperactivity

hiperactivo, -a *adj* hyperactive

hipercrítico, -a *adj* hypercritical

hipermercado *nm* superstore

hipermétrope *adj* long-sighted

hipermetropía *nf* long-sightedness: *tener ~* to be long-sighted

hipersensible *adj* hypersensitive

hipertensión *nf* high blood pressure, hypertension (*científ*)

hípico, -a *adj* equestrian, riding [*n atrib*] (*más coloq*): *pruebas hípicas* equestrian events ◊ *una escuela hípica* a riding school

■ **hípica** *nf* riding

LOC **concurso/torneo hípico** showjumping competition

hipnosis *nf* hypnosis

hipnótico, -a *adj* hypnotic

hipnotismo *nm* hypnotism

hipnotizador, ~a *nm-nf* hypnotist

hipnotizar *vt* **1** (*causar hipnosis*) to hypnotize **2** (*fascinar*) to mesmerize

hipo *nm* hiccup

LOC **de quitar el hipo/que quita el hipo** **1** (*cosa*) fabulous: *un traje que quita el ~* a fabulous dress **2** (*persona*) gorgeous: *Tiene un novio de quitar el ~.* She has a gorgeous boyfriend. **tener hipo** to have (the) hiccups: *Tengo ~.* I've got the hiccups.

hipocondría *nf* hypochondria

hipocondriaco, -a (*tb* **hipocondríaco, -a**) *adj, nm-nf* hypochondriac

hipocresía *nf* hypocrisy

hipócrita *adj* hypocritical

■ **hipócrita** *nmf* hypocrite

hipodérmico, -a *adj* hypodermic: *jeringuilla hipodérmica* hypodermic syringe

hipódromo *nm* racecourse

hipopótamo *nm* hippo [*pl* hippos]

Hippopotamus es la palabra científica, su plural es **hippopotamuses** o **hippopotami**.

hipoteca *nf* mortgage

hipotecar *vt* **1** (*propiedad*) to mortgage **2** (*poner en peligro*) to endanger: *~ la salud* to endanger your health

hipotenusa *nf* hypotenuse ☛ *Ver ilustración en* TRIANGLE

hipotermia *nf* hypothermia

hipótesis *nf* hypothesis [*pl* hypotheses]

hipotético, -a *adj* hypothetical: *Están en alerta en previsión de un ~ accidente.* They're on alert in case of an accident.

hippy (*tb* **hippie**) *adj, nmf* hippie [*n*]

hiriente *adj* (*palabras*) cutting

hirviendo *adj* boiling: *desinfectar una jeringuilla en agua ~* to sterilize a syringe in boiling water

hispánico, -a *adj* **1** (*de los países de habla hispana*) Hispanic **2** (*de España*) Spanish

hispanista *nmf* Hispanist

hispano, -a *adj* Spanish: *de habla hispana* Spanish-speaking

■ **hispano, -a** *adj, nm-nf* (*en EEUU*) Hispanic: *barrios ~s* Hispanic districts

Hispanoamérica *nf* Spanish America

hispanoamericano, -a *adj, nm-nf* Spanish American

hispanohablante *adj* Spanish-speaking
■ **hispanohablante** *nmf* Spanish speaker

histerectomía *nf* hysterectomy

histeria *nf* hysteria: *Le dio un ataque de ~.* He became hysterical.
LOC **histeria colectiva** mass hysteria

histérico, -a *adj, nm-nf* hysterical [*adj*]
LOC **no te pongas histérico** calm down **ponerse histérico** to have a fit **ser un histérico** to get worked up about things

histerismo *nm* hysteria

historia *nf* **1** (*gen*) history: *un libro de ~* a history book ◊ *He aprobado ~.* I've passed history. ◊ *la ~ del rock* the history of rock ◊ *~ antigua/natural* ancient/natural history ◊ *~ universal* world history **2** (*relato, cuento*) story: *Cuéntanos una ~.* Tell us a story. ◊ *una ~ de fantasmas* a ghost story **3** (*excusa*) excuse: *Déjate de ~s y haz lo que te mando.* Stop making excuses and do as I tell you. **4** (*chisme*) tale: *Andan por ahí contando ~s.* They're going around telling tales. **5** (*asunto*) business: *Están metidos en no sé qué ~.* They're involved in some business or other. ◊ *Es una ~ de locos.* It's a mad business. **6** (*vida*) life: *una época capital en la ~ del artista* a vital period in the artist's life
LOC **hacer historia** to go down in history **historia de amor** love story **pasar a la historia** to become a thing of the past *Ver tb* PANTALLA

historiador, ~a *nm-nf* historian

historial *nm* record: *un oficial con un ~ excelente* an officer with an excellent record
LOC **historial clínico/médico** medical history **historial (profesional)** curriculum vitae (*abrev* CV/cv) [*gen sing*]: *Han recibido cientos de ~es para el puesto.* Hundreds of people have sent in their CVs. ☛ *Ver nota en* CURRÍCULO **tener un historial de accidentes, problemas, etc** to have a history of accidents, trouble, etc

histórico, -a *adj* **1** (*gen*) historical: *hechos/personajes ~s* historical facts/characters ◊ *por razones históricas* for historical reasons **2** (*importante*) historic: *un triunfo/acuerdo ~* a(n) historic victory/agreement ☛ *Ver nota en* HISTORIC **3** (*sin precedente*) all-time: *un récord ~* an all-time record LOC *Ver* PATRIMONIO

historieta *nf* **1** (*anécdota*) story **2** (*tebeo, cómic*) comic strip

hito *nm* milestone: *un ~ histórico* a milestone in history
LOC **mirar de hito en hito** to stare *at sth/sb*

hobby *nm* hobby
LOC **hacer algo por hobby** to do sth as a hobby

hocico *nm* **1** (*perro*) muzzle **2** (*cerdo*) snout ☛ *Ver ilustración en* PIG
LOC **caer/darse de hocicos** to fall flat on your face **estar/ponerse de hocicos** to pout **meter el hocico** to poke your nose *into sth*

hockey *nm* hockey ☛ *Ver ilustración en* HOCKEY
LOC **hockey sobre hielo** ice hockey **hockey sobre hierba** hockey ☛ *Ver ilustración en* HOCKEY

hogar *nm* **1** (*casa*) home: *Muchas mujeres trabajan fuera del ~.* Many women work outside the home. ◊ *Han perdido sus ~es.* They've lost their homes. **2** (*familia*) family: *casarse y fundar un ~* to get married and start a family **3** (*chimenea*) fireplace
LOC **familias/personas sin hogar** homeless families/people **hogar del jubilado** senior citizen's club **hogar dulce hogar** home sweet home *Ver tb* DECORACIÓN, EMPLEADO, TAREA

hogareño, -a *adj* **1** (*persona*) home-loving: *ser muy ~* to love being at home **2** (*ambiente, escena*) homely

hogaza *nf* large (round/oval) loaf [*pl* large (round/oval) loaves] ☛ *Ver ilustración en* BARRA

hoguera *nf* bonfire: *hacer una ~* to make a bonfire ☛ *Ver nota en* BONFIRE NIGHT LOC *Ver* MORIR(SE)

hoja *nf* **1** (*Bot, biombo, mesa, puerta*) leaf [*pl* leaves]: *En otoño se caen las ~s.* Leaves fall off the trees in autumn. **2** (*lámina, papel*) sheet: *una ~ en blanco* a clean sheet of paper ◊ *Escríbelo en una ~ aparte.* Write it on a separate sheet of paper. **3** (*libro, periódico*) page: *pasar la ~* to turn the page **4** (*octavilla*) leaflet **5** (*arma, herramienta*) blade ☛ *Ver ilustración en* SWORD
LOC **de hoja caduca/perenne** deciduous/evergreen: *árboles de ~ perenne* evergreen trees **echar hojas** to come into leaf **hoja de cálculo** spreadsheet **hoja de la nómina** payslip **hoja de parra** (*en escultura*) fig leaf [*pl* fig leaves] **hoja de servicios** service record **hoja parroquial** parish newsletter *Ver tb* AFEITAR, CAÍDA, VUELTA

hojalata *nf* tin plate

hojaldre *nm* puff pastry: *un pastel de ~ y nata* a cream puff

hojear *vt* **1** (*pasar las hojas*) to flick through *sth*: *~ una revista* to flick through a magazine **2** (*mirar por encima*) to glance **at** ***sth***: *~ el periódico* to glance at the paper

hojuela *nf* LOC *Ver* MIEL

¡hola! *interj* hello!, hi! (*coloq*)

Holanda *nf* Holland

holandés, -esa *adj* Dutch
■ **holandés, -esa** *nm-nf* Dutchman/woman [*pl* Dutchmen/women]: *los holandeses* the Dutch
■ **holandés** *nm* (*idioma*) Dutch: *hablar ~* to speak Dutch

holding *nm* holding company

holgadamente *adv* **1** (*caber, vivir*) comfortably **2** (*llegar, terminar*) in plenty of time

holgado, -a *pp, adj* **1** (*prenda*) loose(-fitting): *Me gusta la ropa holgada.* I like loose-fitting clothes. ◊ *El pantalón me queda un poco ~.* These trousers are a bit loose. **2** (*mayoría, situación económica, victoria*) comfortable *Ver tb* HOLGAR
LOC **caber/entrar holgados** to fit comfortably *into/on sth*: *En el sofá caben tres bastante ~s.* Three people can sit quite comfortably on the sofa. **ir holgados** to have plenty of room: *Fuimos muy ~s en el coche.* We had plenty of room in the car.

holgar *vi* (*no trabajar*) to be at leisure
LOC **esa crítica/ese comentario huelga** that criticism/remark was quite unnecessary **huelga añadir que…** there's no need to add that… **huelga decir que…** it goes without saying that… **huelgan los comentarios** what can you say?

holgazán, -ana *adj* lazy
■ **holgazán, -ana** *nm-nf* lazybones [*pl* lazybones]: *Es un ~.* He's a lazybones.

holgazanear *vi* to laze around

holgazanería *nf* laziness

holgura *nf*
LOC **con holgura** comfortably: *Ganaron con ~.* They won comfortably. ◊ *Sacó el curso con ~.* She sailed through the course. **tener (demasiada) holgura** (*estar flojo*) to be (too) loose

hollín *nm* soot

holocausto *nm* holocaust: *un ~ nuclear* a nuclear holocaust

holograma *nm* hologram

hombre *nm* **1** (*gen*) man [*pl* men]: *ropa/zapatos de ~* men's clothes/shoes ◊ *el ~ de la calle* the man in the street ◊ *Te has portado como un ~.* You behaved like a man. **2** (*la humanidad*) mankind: *la evolución del ~* the evolution of mankind ◊ *construido por el ~* man-made ☛ *Ver nota en* MANKIND
■ **¡hombre!** *interj* **1** (*duda*) well: *~, es posible.* Well, it's possible. **2** (*sorpresa*) well I never!: *¡Hombre! ¿Qué haces aquí?* Well I never! What are you doing here? **3** (*protesta*) come on!: *~, ya está bien de bromas.* Come on, that's enough of your jokes. ◊ *¡Pero ~, no corras tanto!* Hey! Slow down! ◊ *¡Pero ~, lávate!* Do hurry up and get washed. ◊ *¡Pero, ~! ¿Para qué te has molestado con un regalo?* Honestly! You didn't have to get me a present. **4** (*alegría*) great!: *¡~, qué bien que has venido!* Great! You've come!
LOC **de hombre a hombre** man to man: *tener una conversación de ~ a ~* to have a man-to-man talk **el hombre del saco** the bogeyman **estar hecho un**

hombre to be quite grown up **hacer a/de algn un hombre** to make a man of sb **¡hombre al agua!** man overboard! **hombre anuncio** sandwich-man [*pl* sandwich-men] **hombre de bien** honest man [*pl* honest men] **hombre de campo** countryman [*pl* countrymen] **hombre de confianza** right-hand man [*pl* right-hand men] **hombre de Estado** statesman [*pl* statesmen] **hombre del tiempo** weatherman [*pl* weathermen] **hombre de pro/provecho** worthy man [*pl* worthy men] **hombre lobo** werewolf [*pl* werewolves] **hombre prevenido vale por dos** forewarned is forearmed **hombre rana** frogman [*pl* frogmen] **ser otro hombre** to be a changed man **ser todo un hombre/toda una mujer** to be quite a man/woman **un hombre con toda la barba/de pelo en pecho** a real man [*pl* real men] **un hombre hecho y derecho** a (grown) man [*pl* (grown) men]: *Ya eres un ~ hecho y derecho.* You're a (grown) man now. *Ver tb* DEVORADOR, LETRA, MEDIDA, MEJOR, MUNDO, NEGOCIO, PAJA, POBRE, VIDA

hombrera *nf* **1** (*Costura*) shoulder-pad **2** (*Mil*) epaulette

hombro *nm* shoulder: *Llevaba el bolso al ~.* She had her handbag over her shoulder.
LOC **echarse algo al hombro** (*obligación, responsabilidad*) to shoulder **hombro con hombro** shoulder to shoulder **llevar/sacar a hombros** to carry *sth/sb* (on your shoulders): *Sus amigos llevaron el féretro a ~s.* The coffin was carried by his friends. ◊ *Lo sacaron del estadio a ~s.* He was carried shoulder-high from the stadium. **ponerse algo por los hombros** to wrap sth around your shoulders **salir a hombros** to be carried shoulder-high (*from…*): *El torero salió de la plaza a ~s.* The bullfighter was carried shoulder-high from the ring. *Ver tb* ARRIMAR, CABEZA, CAÍDO, CARGADO, ENCIMA, ENCOGER(SE), MANGA

hombruno, -a *adj* mannish

homenaje *nm* tribute: *rendir ~ a algn* to pay tribute to sb
LOC **en homenaje a** in honour of *sth/sb* *Ver tb* DEDICAR

homenajeado, -a *nm-nf* guest of honour [*pl* guests of honour]: *Los ~s dieron las gracias a los organizadores.* The guests of honour thanked the organizers of the event.

homenajear *vt* **1** (*con palabras*) to pay tribute **to *sb*** **2** (*con una fiesta, ceremonia, etc*): *Les homenajearon en todas partes.* They were fêted wherever they went. ◊ *Le homenajearon con una cena.* A dinner was given in his honour.

homeópata *nmf* homeopath

homeopatía *nf* homeopathy

homeopático, -a *adj* homeopathic

homicida *adj* murder [*n atrib*]: *el arma ~* the murder weapon
■ **homicida** *nmf* murderer [*fem* murderess]

homicidio *nm* homicide
LOC **homicidio frustrado** attempted murder

homilía *nf* homily

homogeneidad *nf* homogeneity

homogeneizar *vt* to homogenize

homogéneo, -a *adj* homogeneous

homologación *nf* **1** (*estandarización*) standardization: *la ~ de métodos/normas* the standardization of methods/norms ◊ *la ~ de los sistemas de seguridad social* bringing social security systems into line **2** (*equiparación*) parity: *Piden la ~ de sus salarios con los del sector privado.* They're asking for parity in pay with the private sector. **3** (*aprobación*) approval: *la ~ por las autoridades competentes* approval by the appropriate authorities **4** (*entidad, récord, título*) recognition

homologar *vt* **1** (*estandarizar*) to standardize **2** (*equiparar*) **(a)** (*sueldo*) to bring *sth* into line ***with sth*** **(b)** (*considerar igual*) to put *sth* on a par ***with sth***: *~ la guitarra flamenca con la clásica* to put the flamenco guitar on a par with the classical guitar **3** (*aprobar*) to approve: *Los aparatos deben ser homologados por el organismo competente.* Appliances must be approved by the appropriate authority. **4** (*entidad, récord, título*) to recognize

homólogo, -a *nm-nf* (*persona*) counterpart: *El ministro recibió a su ~ japonés.* The Minister welcomed his Japanese counterpart.

homónimo *nm* (*Ling*) homonym

homosexual *adj, nmf* homosexual

homosexualidad *nf* homosexuality

honda *nf* sling

hondo, -a *adj* **1** (*gen*) deep: *Es un pozo muy ~.* It's a very deep well. **2** (*sentimiento*) deep, profound (*más formal*): *un ~ malestar* a deep unease
■ **hondo** *adv* deeply: *respirar ~* to breathe deeply ◊ *cavar ~* to dig deep
LOC **en lo más hondo de mi alma/corazón** deep in my, your, etc heart **tener dos, etc metros de hondo** to be two, three, etc metres deep *Ver tb* PLATO, RAIGAMBRE

hondonada *nf* hollow

hondura *nf* depth

Honduras *nf* Honduras

hondureño, -a *adj, nm-nf* Honduran

honestidad *nf* honesty: *Nadie duda de su ~.* Nobody doubts his honesty.

honesto, -a *adj* **1** (*honrado, decente*) honest: *una persona honesta* an honest person **2** (*intención*) honourable

Hong Kong *nm* Hong Kong

hongo *nm* **1** (*organismo*) fungus [*pl* fungi/funguses] **2** (*sombrero*) bowler hat ☛ *Ver ilustración en* SOMBRERO **3 hongos** (*Med*) **(a)** (*infección*) fungal infection [*sing*]: *coger ~s* to catch a fungal infection **(b)** (*en los pies*) athlete's foot [*incontable, v sing*]
LOC **aparecer/brotar como hongos** to spring up everywhere **hongo atómico/nuclear** mushroom cloud *Ver tb* VENENOSO

honor *nm* **1** (*gen*) honour: *la invitada de ~* the guest of honour ◊ *Es un gran ~ para mí estar hoy aquí.* It's a great honour for me to be here today. ◊ *Tuve el ~ de conocerles.* I had the honour of meeting them. **2** (*reputación*) good name: *El ~ del banco está en peligro.* The good name of the bank is at stake.
LOC **en honor a la verdad** to be fair **hacer honor a tu fama, nombre, etc** to live up to your reputation, name, etc **hacer los honores 1** (*atender a los invitados*) to do the honours **2** (*hacer aprecio*) to do justice *to sth* *Ver tb* CABER, CONCEDER, CUBRIR, DAMA, MATRÍCULA, PALABRA, PALCO, TRIBUNA, VUELTA

honorable *adj* honourable

honorario, -a *adj* honorary
■ **honorarios** *nm* fees

honorífico, -a *adj* (*cargo*) honorary

honoris causa **LOC** *Ver* DOCTOR

honra *nf* **1** (*honor*) honour **2** (*fama*) good name, reputation (*más formal*)
LOC **honras fúnebres** funeral rites **tener algo a mucha honra** to be very proud of sth **¡y a mucha honra!** and proud of it!: *Sí, soy ecologista ¡y a mucha ~!* Yes, I'm an environmentalist, and (I'm) proud of it!

honradamente *adv* honestly **LOC** *Ver* GANAR

honradez *nf* honesty

honrado, -a *pp, adj* (*honesto*) honest *Ver tb* HONRAR

honrar *vt* **1** (*respetar, venerar, distinguir*) to honour *sth/sb* (**with sth**): *~ los compromisos internacionales* to honour international commitments ◊ *~ la memoria de un héroe* to honour the memory of a hero ◊ *Nos honran con su presencia.* They honour us with their presence. **2** (*actitud, comportamiento*) to do *sb* credit: *Tu generosidad te honra.* Your generosity does you credit.
■ **honrarse** *v pron* to be honoured ***by sth/to do sth***: *Me honro en tenerles por colegas.* I am honoured to have them as colleagues.

honroso, -a *adj* honourable

hora *nf* **1** (*periodo de tiempo*) hour (*abrev* hr, *pl* hrs): *La* *clase dura dos ~s.* The class lasts two hours. ◊ *120 km por ~* 120 km an hour ◊ *200 pesetas la ~* 200 pesetas an hour ◊ *Nos pagarán por ~s.* They'll pay us by the hour. ◊ *una semana de cuarenta ~s* a forty-hour week ◊ *paros de una ~ (de duración)* hour-long strikes ◊ *a una ~ de Madrid* an hour from Madrid ◊ *El tren se detuvo tres cuartos de ~.* The train stopped for three quarters of an hour. ◊ *Se tarda una ~ en coche.* The journey takes an hour by car. ◊ *Lo hacen en menos de una ~.* They do it in under an hour. **2** (*indicación horaria, momento, reloj*) time: *¿Qué ~ es?* What time is it? ◊ *~ local* local time ◊ *¿A qué ~ vienen?* What time are they coming? ◊ *a cualquier ~ del día* at any time of the day ◊ *~s de consulta/oficina* surgery/office hours ◊ *a la ~ de la cena* at dinner time ◊ *la ~ fijada para la reunión* the time agreed for the meeting ◊ *No es ~ de discutir.* This is no time to argue. **3** (*cita*) appointment: *Me han dado ~ para el martes.* I've got an appointment for Tuesday. ◊ *pedir ~ para el médico* to ask for an appointment to see the doctor ◊ *¿Me puedes coger ~?* Can you get me an appointment? ◊ *Tengo ~ en el dentista.* I've got a dental appointment.

LOC **abrir, llegar, etc a la/su hora** to open, arrive, etc on time **¡a buenas horas...!**: *A buenas ~s vienes, ya se han ido todos.* A fine time to arrive when everyone has left. ◊ *¡A buenas ~s me lo dices!* Now you tell me! **¡a buenas horas (mangas verdes)!** and about time too! **a estas horas**: *A estas ~s deben estar saliendo de Bilbao.* They must be leaving Bilbao about now. **a horas descompasadas** at an unearthly hour **a la hora de hacer algo 1** (*cuando hay/haya que hacer algo*) when it comes to doing sth: *a la ~ de pagar* when it comes to paying **2** (*cuando se hizo*) when doing sth: *Esto se tuvo en cuenta a la ~ de seleccionar el personal.* This was taken into account when selecting staff. **a las dos, etc horas (de)**: *A las dos ~s nos dijeron que nos fuéramos.* After two hours, we were told to go. ◊ *La casa se derrumbó a las tres ~s de producirse el incendio.* Three hours after the fire started, the house collapsed. **antes de la hora** early **a todas horas** at all hours (of the day): *Masca chicle a todas ~s.* He chews gum at all hours of the day. **dar la hora** (*reloj*) to strike **en buena/mala hora**: *En buena/mala ~ lo hice.* I'm glad/sorry I did it. ◊ *En buena ~ aceptaste este trabajo.* It was a good thing you took this job. ◊ *En mala ~ compramos este coche.* We should never have bought this car. **hora de almorzar/comer** lunchtime **hora de cierre** closing time **hora del recreo** playtime **hora límite** deadline: *La ~ límite para entregar el artículo es la una.* The deadline for handing in the article is one o'clock. **hora punta 1** (*tráfico*) rush hour **2** (*TV*) peak (viewing) time **horas de comidas** mealtimes **horas de trabajo/visita** working/visiting hours **horas extras/extraordinarias** overtime [*incontable, v sing*]: *hacer ~s extras* to do overtime ◊ *tres ~s extras* three hours overtime ◊ *Las ~s extras se pagan el doble.* Overtime is paid at double the rate. **horas y horas** for hours and hours **la hora de la verdad** the moment of truth **la hora exacta** the right time: *¿Puedes decirme la ~ exacta?* Can you tell me the right time? **no da ni la hora** he wouldn't give you the time of day **no veo la hora de...** I, you, etc can't wait *to do sth*: *No veo la ~ de salir de aquí.* I can't wait to get out of here. **pasarse las horas muertas haciendo algo** to spend hours doing sth: *Se pasa las ~s muertas dibujando.* He spends hours and hours drawing. **poner en hora un reloj** to put a clock/watch right **poner horas en algo** to put hours into sth: *Puse muchas ~s en la preparación de la charla.* I put a lot of hours into preparing the talk. **¿qué horas son estas de llegar, venir a comer, etc?** what time do you call this? **ser hora de** to be time...: *Es ~ de irse a la cama.* It's time for bed. ◊ *Creo que ya es ~ de que nos vayamos.* I think it's time we were going. ◊ *Ya es ~ de que lo arreglen.* It's about time they repaired it. **tiene las horas contadas** his/her days are numbered **trabajar/cobrar por horas** to work/be paid by the hour *Ver tb* ALTO *adj*, CERO, COMER, FUERA, PRIMERO, ÚLTIMO, YA

horario *nm* **1** (*transporte, clases*) timetable **2** (*apertura, consulta, trabajo*) hours [*v pl*]: *El ~ de oficina es de nueve a tres.* Office hours are nine to three. ◊ *~ de visitas* visiting hours

LOC **horario al público** opening hours [*v pl*] **horario de verano 1** (*de apertura*) summer opening hours [*v pl*] **2** (*de trabajo*) summer working hours [*v pl*] **horario flexible** flexitime: *Tienen un ~ flexible.* They work flexitime. **horario partido** split shift **tener horario nocturno** (*trabajo*) to work nights *Ver tb* HUSO

horca *nf* **1** (*cadalso*) gallows [*pl* gallows] **2** (*Agricultura*) pitchfork

horcajadas

LOC **a horcajadas** astride

horchata *nf* tiger nut milk **LOC** *Ver* SANGRE

horda *nf* horde

horizontal *adj* horizontal

horizonte *nm* **1** (*gen*) horizon: *Un barco apareció en el ~.* A ship appeared on the horizon. ◊ *Debemos ampliar nuestros ~s.* We must broaden our horizons. **2** (*perspectiva*) prospect: *un ~ oscuro/prometedor* a bleak/promising prospect **LOC** *Ver* AMPLITUD, CONFÍN, LÍNEA

horma *nf* last

LOC **de horma ancha/estrecha** wide-fitting/narrow-fitting: *zapatos de ~ancha* wide-fitting shoes **encontrar la horma de tu zapato** to meet your match

hormiga *nf* ant

LOC **ser una hormiga 1** (*trabajador*) to be hardworking **2** (*ahorrador*) to be thrifty

hormigón *nm* concrete

LOC **hormigón armado** reinforced concrete

hormigonera *nf* cement mixer

hormigueo *nm* (*cosquilleo*) pins and needles [*incontable*]: *Siento un ~ en las yemas de los dedos.* I've got pins and needles in my fingers.

hormiguero *nm* **1** (*nido*) ants' nest **2** (*montón*) anthill

LOC **ser un hormiguero (de gente)** to be swarming with people *Ver tb* OSO

hormona *nf* hormone

hormonal *adj* hormonal

hornacina *nf* niche

hornada *nf* **1** (*Cocina*) batch **2** (*de personas*) generation, crop (*más coloq*): *los políticos de la nueva ~* the new crop/generation of politicians

horno *nm* **1** (*gen*) oven: *un ~ de gas* a gas oven ◊ *encender el ~* to turn the oven on ◊ *Esta habitación es un ~.* It's like an oven in here. **2** (*de fundición*) furnace **3** (*cerámica, ladrillos*) kiln **4** (*crematorio*) crematorium

LOC **al horno** roast: *pollo al ~* roast chicken ☛ *Ver nota e ilustración en* BAKE **no está el horno para bollos** it's not the right moment *Ver tb* ALTO *adj*

horóscopo *nm* horoscope

horquilla *nf* **1** (*para el pelo*) hairgrip **2** (*bicicleta*) fork ☛ *Ver ilustración en* BICYCLE **3** (*herramienta agrícola*) pitchfork

LOC **horquilla de moño** hairpin *Ver tb* CARRETILLA

horrendo, -a *adj Ver* HORROROSO

horrible *adj* **1** (*gen*) terrible: *un tiempo ~* terrible weather ◊ *Fue una tragedia ~.* It was a terrible tragedy. ◊ *Tengo un hambre/sueño ~.* I'm terribly hungry/sleepy. **2** (*accidente*) horrific **3** (*feísimo*) hideous

horripilante *adj* hair-raising

horror *nm* **1** (*espanto*) horror: *un grito de ~* a cry of horror ◊ *los ~es de la guerra* the horrors of war ◊ *Nos estremecimos de ~.* We shuddered with horror. **2** (*cosa espantosa*) terrible thing: *No sabes los ~es que nos han contado.* You cannot imagine the terrible things we've been told. **3** (*mucho*): *Había un ~ de coches.* There were loads of cars. ◊ *Ha debido de costar un ~.* It must have cost a bomb. ◊ *Me gusta ~es.* I like it/her/him a lot. ◊ *Sabe ~es del tema.* He knows tons about the subject.

LOC **da/causa horror** it's horrible **¡qué horror!** how awful! **tenerle horror a** to have a horror of *sth/doing sth*: *tenerle ~ al avión* to have a horror of flying

horrorizar *vt* to frighten: *Me horroriza la oscuridad.* I'm frightened of the dark.

■ **horrorizar** *vi* to hate *sth/doing sth* [*vt*]: *Me horroriza ese vestido.* I hate that dress.

■ **horrorizarse** *v pron* **horrorizarse de** to be horrified **at/by** *sth*: *Se horrorizaron de nuestra falta de respeto.* They were horrified by our lack of respect.

horroroso, -a *adj* **1** (*aterrador*) horrific: *un incendio ~* a horrific fire **2** (*muy feo*) hideous: *Tiene una nariz horrorosa.* He's got a hideous nose. **3** (*malo*) awful: *Hace un tiempo ~.* The weather is awful.

LOC tener un hambre, una sed, etc horrorosa to be terribly hungry, thirsty, etc

hortaliza *nf* vegetable **LOC** *Ver* CULTIVO

hortelano, -a *nm-nf* (market) gardener **LOC** *Ver* PERRO

hortensia *nf* hydrangea

hortera *adj* naff (*argot*)

■ **hortera** *nmf*: *ser un ~* to have really naff taste

horterada *nf* naff [*adj*] (*argot*): *Ese vestido es una ~.* That's a naff dress. ◊ *El espectáculo oscila entre el buen gusto y la ~.* The show alternates between good taste and vulgarity.

horticultor, ~a *nm-nf* **1** (*hortelano*) market gardener **2** (*especialista en plantas*) horticulturalist

horticultura *nf* horticulture

hosco, -a *adj* **1** (*persona, gesto, mirada*) surly **2** (*cielo, tiempo*) gloomy

hospedar *vt* to put *sb* up: *Nos hospedaron en su casa.* They put us up in their house.

■ **hospedarse** *v pron* **hospedarse en** to stay **at…**: *¿Dónde se hospedan?* Where are they staying? ◊ *Se hospedan en el Plaza.* They're staying at the Plaza.

hospital *nm* hospital ☛ *Ver nota en* THE

hospitalario, -a *adj* **1** (*acogedor*) hospitable **2** (*de hospital*) hospital [*n atrib*]: *ingreso ~* hospital admission **LOC** *Ver* CENTRO

hospitalidad *nf* hospitality

hospitalización *nf* hospital admission: *Varios de los heridos precisaron ~.* Several of the injured had to be admitted to hospital.

hospitalizado, -a *nm-nf* patient in hospital [*pl* patients in hospital]: *Los ~s se recuperan con normalidad.* Patients in hospital have a normal recovery.

■ **hospitalizado, -a** *pp, adj* in hospital: *Están ~s en Zaragoza.* They are in hospital in Zaragoza. *Ver tb* HOSPITALIZAR

hospitalizar *vt* to admit *sb* to hospital, to hospitalize (*más formal*): *Recibieron tratamiento pero no fueron hospitalizados.* They were given treatment, but not admitted to hospital.

hostal *nm* (small) hotel ☛ *Ver nota en* PENSIÓN

hostelería *nf* **1** (*industria*) hotel and catering industry **2** (*estudios*) hotel and catering (management)

hostia *nf* **1** (*Relig*) host **2** (*bofetón, golpe*) thump

■ **¡hostia(s)!** *interj* Christ! (⚠)

LOC dar hostias to rain blows (*on sb*): *dar ~s a los manifestantes* to rain blows on the demonstrators **dar/pegar una hostia** to thump *sb* **darse una hostia** (*chocar*) to have a bad smash **de la hostia**: *Se acaba de comprar un coche de la ~.* She's just bought herself an amazing car. ◊ *Hace un frío de la ~.* It's bloody freezing (⚠) **estar de mala hostia** to be in a foul mood **ir echando hostias** to run like hell **la hostia de…** a hell of a lot of…: *Había la ~ de gente.* There were a hell of a lot of people. **no veo/entiendo ni hostias** I can't see/understand a bloody thing (⚠) **¿qué hostias quieres?** what the hell do you want? (⚠) **ser la hostia 1** (*el colmo*) to be the bloody limit (⚠): *Es la ~ que tengamos que trabajar el fin de semana.* Having to work at the weekend is the bloody limit. **2** (*estupendo*) to be bloody great (⚠): *Mi equipo de música nuevo es la ~.* My new hi-fi is bloody great. **tener mala hostia** to have a foul temper *Ver tb* CARA, HINCHAR

☛ Para términos y expresiones marcados con el símbolo ⚠, véase nota en TABÚ.

hostiar *vt* to thump

hostigamiento *nm* harassment

hostigar *vt* **1** (*dar la lata*) to pester **2** (*caballo*) to whip **3** (*Mil*) to harass

hostil *adj* hostile

hostilidad *nf* hostility: *la ~ de los alumnos* the hostility of the students

hotel *nm* hotel: *un ~ de dos estrellas* a two-star hotel ☛ *Ver nota en* PENSIÓN

hotelero, -a *adj* hotel [*n atrib*]: *una cadena hotelera* a hotel chain ◊ *el sector ~* the hotel industry

■ **hotelero, -a** *nm-nf* hotelier

hoy *adv* **1** (*gen*) today: *¿A cuánto estamos ~?* What's the date today? ◊ *a partir de ~* from today ◊ *en la madrugada de ~* early this morning ◊ *Hay que terminarlo ~.* We've got to get it finished today. ◊ *el periódico de ~* today's paper ◊ *Este pan no es de ~.* This bread isn't fresh. **2** (*en la actualidad*) nowadays: *~ no pasan esas cosas.* Such things don't happen nowadays.

LOC basta/ya está bien por hoy let's call it a day **de hoy en adelante** from now on **de hoy (en día)** (*actual*) present-day: *la música de ~* present-day music ◊ *la juventud de ~ en día* young people today **de hoy en ocho, quince, etc días** a week, a fortnight, etc (from) today **de hoy no pasa** today without fail: *—¿Cuándo vas a llamar a Manolo? —De ~ no pasa.* 'When are you going to ring Manolo up?' 'Today without fail.' **hoy (en) día** nowadays **¡hoy no es mi día!** it's not my day today! **hoy por hoy** at the present time **hoy por ti, mañana por mí** you scratch my back and I'll scratch yours

hoyo *nm* **1** (*gen*) hole: *hacer/cavar un ~* to dig a hole ◊ *un campo de nueve ~s* a nine hole course ☛ *Ver ilustración en* GOLF **2** (*sepultura*) grave **LOC** *Ver* MUERTO, PIE

hoyuelo *nm* dimple

hoz[1] *nf* (*desfiladero*) gorge

hoz[2] *nf* (*herramienta*) sickle

LOC la hoz y el martillo the hammer and sickle

hucha *nf* **1** (*caja*) money box **2** (*ahorros*) nest egg: *Debéis tener buena ~.* You must have a nice little nest egg.

hueco, -a *adj* **1** (*no sólido, sonido*) hollow: *un árbol ~* a hollow tree ◊ *Este muro está ~.* This wall is hollow. ◊ *sonar a ~* to sound hollow **2** (*palabras, promesas*) empty **3** (*persona*) conceited **4** (*lana, cojín, pelo*) fluffy **5** (*mangas*) puffed **6** (*estilo*) superficial

■ **hueco** *nm* **1** (*agujero, cavidad*) hollow **2** (*abertura, espacio en blanco*) gap: *un ~ entre los arbustos/en el mercado* a gap in the bushes/market ◊ *Completa los ~s con preposiciones.* Fill in the gaps with prepositions. **3** (*espacio*) space: *En este ~ puede ir la mesa.* The table can go in this space. ◊ *un ~ para aparcar* a parking space **4** (*sitio*) room [*incontable*]: *¿Me hacéis un ~?* Can you make room for me? ◊ *Nunca tendrán un ~ en esta organización.* There's no room for them in this organization. **5** (*tiempo*) time [*incontable*]: *Esta tarde tengo un ~.* I've got some time this afternoon. ◊ *Hizo un ~ en su apretada agenda.* He found time in his tight schedule.

LOC hueco de la escalera stairwell **hueco del ascensor** lift shaft **ir muy hueco** to look very proud *Ver tb* CABEZA

huelga *nf* strike: *una ~ general/de hambre/mineros* a general/hunger/miners' strike ◊ *una jornada de ~* a one-day strike ◊ *tras un mes de ~* after a month on strike ◊ *convocar una ~* to call a strike

LOC declararse/entrar en huelga to go on strike **estar/ponerse en huelga** to be/go on strike **huelga de brazos caídos** sit-down strike **huelga de celo** work-to-rule **huelga salvaje** wildcat strike

huelguista *nmf* striker

huella *nf* **1** (*pisada*) **(a)** (*persona, ave*) footprint **(b)** (*pata*) paw print **(c)** (*pezuña*) hoof mark **2 huellas (a)** (*animal, vehículo*) tracks: *~s de oso* bear tracks **(b)** (*señales*) signs: *Se notan las ~s de la edad/del sufrimiento.* You can see signs of ageing/suffering.

LOC dejar huella to leave your, its, etc mark *on sth/sb*: *civilizaciones que han dejado su ~ en la nuestra* civilizations which have left their mark on ours ◊ *una* *educación que deja ~* a type of education that leaves its mark **huella (dactilar)** fingerprint **sin dejar huella** without trace: *Desaparecieron sin dejar ~.* They disappeared without trace.

huérfano, -a *adj, nm-nf* orphan [*n*]: *~s de guerra* war orphans ◊ *ser ~* to be an orphan
LOC quedarse huérfano to lose your parents **ser huérfano de madre/padre** to have lost your mother/father: *Es ~ de madre.* He has lost his mother.

huero, -a *adj* (*discurso, palabras*) empty

huerta *nf* **1** (*huerto*) **(a)** (*para casa*) vegetable garden ☛ *Ver ilustración en* BUNGALOW **(b)** (*para vender*) market garden **2** (*Murcia, Valencia*) fertile (irrigated) plain

huerto *nm* **1** (*verduras*) vegetable garden **2** (*frutales*) orchard

hueso *nm* **1** (*Anat*) bone **2** (*de fruta*) stone ☛ *Ver ilustración en* FRUTA **3** (*color*) ivory
LOC calado/empapado hasta los huesos soaked to the skin **dar/pinchar en hueso** to hit a snag **estar por los huesos de algn** to be crazy about sb **estar/quedarse en los huesos** to be nothing but skin and bone **no poder con sus huesos** to be shattered **ser un hueso 1** (*persona*) to be strict: *Mi profesor es un ~.* My teacher is strict. **2** (*asignatura, libro*) to be a hard grind **ser un hueso duro de roer** to be a hard nut to crack *Ver tb* ACEITUNA, CALAR, CARNE, COSTAL, MORIR(SE), ROMPER

huésped, ~a *nm-nf* (*invitado, cliente*) guest **LOC** *Ver* CASA

huestes *nm* (*seguidores*) followers

huesudo, -a *adj* bony

hueva *nf* **huevas 1** (*Zool*) spawn [*incontable, v sing*]: *~s de rana* frog spawn **2** (*Cocina*) roe [*incontable, v sing*]

huevera *nf* **1** (*caja*) egg box **2** (*para servir huevos*) eggcup ☛ *Ver ilustración en* HUEVO

huevo *nm* **1** (*gen*) egg: *Me apetecen unos ~s con jamón.* I fancy some ham and eggs. **2 huevos** (*testículos*) balls (⚠) ☛ *Ver nota en* TABÚ
LOC huevo de Pascua Easter egg **huevo duro/escalfado/frito** hard-boiled/poached/fried egg **huevo pasado por agua** (soft) boiled egg **huevos revueltos** scrambled eggs **lo tienes/te lo han puesto a huevo** they've handed it to you on a plate **poner un huevo** to lay an egg **un huevo** a hell of a lot: *Sabe un ~ de matemáticas.* He knows a hell of a lot about maths. ◊ *Esa maleta pesa un ~.* That suitcase weighs a ton. *Ver tb* PAR, PARECER, QUINTO; *Ver tb* COJÓN

huevón, -ona *nm-nf* lazy bastard [*fem* lazy bitch] (⚠) ☛ *Ver nota en* TABÚ

huida *nf* flight: *En su ~ abandonaron las armas.* In their flight they abandoned their weapons. ◊ *Tratan de evitar la ~ de sus jóvenes jugadores.* They are trying to prevent the loss of their young players to other clubs.

huidizo, -a *adj* **1** (*esquivo*) elusive: *un personaje ~* an elusive character **2** (*asustadizo, tímido*) shy

huir *vi* **~ (de)** (*escapar*) to flee (**from** *sth*/*sb*), to escape (**from** *sth*/*sb*) (*más coloq*): *Iban huyendo de la policía.* They fled from the police. ◊ *Lograron ~.* They managed to escape. ◊ *Huyeron de la prisión.* They escaped from prison.
■ **huir** *vt, vi* **~ (de)** (*evitar*) to avoid *sth/sb* [*vt*]: *Conseguimos ~ de la prensa.* We managed to avoid the press. ◊ *¿Por qué me huyes?* Why are you avoiding me?
LOC huir de algo/algn como de la peste to avoid sth/sb like the plague **huir de la quema** to get out before things get too hot **salir huyendo** to flee *Ver tb* DESBANDADA

hule *nm* oilcloth
LOC va a haber hule there's going to be trouble

humanamente *adv* (*con benevolencia*) humanely: *tratar ~ a los prisioneros* to treat prisoners humanely
LOC hacer (todo) lo humanamente posible to do all that is humanly possible

humanidad *nf* **1** (*gen*) humanity: *para beneficio de la ~* for the benefit of humanity ◊ *Hay que tratarles con ~.* They must be treated with humanity. ☛ *Ver nota en* MANKIND **2** (*mole*) weight: *Se apoyó en mí con toda su ~.* He leaned his whole weight against me. **3 humanidades** (*estudios*) humanities
LOC tener/ser de una gran humanidad to be very humane *Ver tb* OLOR

humanismo *nm* humanism

humanista *nmf* humanist

humanístico, -a *adj* humanistic

humanitario, -a *adj* humanitarian: *ayuda humanitaria* humanitarian aid

humanizar *vt* to humanize, to make *sth/sb* more humane (*más coloq*)
■ **humanizarse** *v pron* to become more human

humano, -a *adj* **1** (*gen*) human: *el cuerpo ~* the human body ◊ *la naturaleza humana* human nature ◊ *los derechos ~s* human rights **2** (*benévolo*) humane: *un sistema judicial más ~* a more humane judicial system
■ **humano** *nm* human being **LOC** *Ver* DESECHO, GÉNERO, RESTO, VIRUS

humanoide *adj, nmf* humanoid

humareda *nf* cloud of smoke

humeante *adj* **1** (*comida, líquido*) steaming **2** (*cenizas*) smouldering

humear *vi* **1** (*echar humo*) to smoke **2** (*comida, líquido*) to steam

humedad *nf* **1** (*gen*) damp: *Esta pared tiene ~.* This wall is damp. ◊ *Se ha podrido con la ~.* It has rotted away with the damp. **2** (*atmósfera*) humidity ☛ *Ver nota en* MOIST **LOC** *Ver* RESISTENTE

humedecer *vt* to dampen: *~ la ropa para plancharla* to dampen clothes before ironing them
■ **humedecerse** *v pron* to get damp
LOC se me humedecieron los ojos my, your, etc eyes filled with tears

humedecido, -a *pp, adj* damp: *un algodón/paño ~* a damp piece of cotton wool/cloth *Ver tb* HUMEDECER

húmedo, -a *adj* **1** (*gen*) damp: *Estos calcetines están ~s.* These socks are damp. **2** (*ojos, labios, tierra de tiesto*) moist ☛ *Ver nota en* MOIST **3** (*atmósfera, calor*) humid **4** (*clima, región*) wet: *un país ~* a wet country

húmero *nm* humerus [*pl* humeri] ☛ *Ver ilustración en* ESQUELETO

humildad *nf* **1** (*sumisión*) humility **2** (*pobreza*): *a pesar de la ~ de su origen* despite his humble origins

humilde *adj* **1** (*gen*) humble: *una casa/comida ~* a humble home/meal ◊ *de origen ~* of humble origins **2** (*no arrogante, sencillo*) modest: *A pesar de ser premio Nobel es muy ~.* Despite being a Nobel prizewinner, he's very modest.

humillación *nf* humiliation

humillante *adj* humiliating

humillar *vt* to humiliate
■ **humillarse** *v pron* **1** (*tragarse el orgullo*) to swallow your pride **2 humillarse ante algn** to grovel **to sb 3 humillarse a hacer algo** to demean yourself **to do sth**
LOC me humilla tener que... I find it humiliating to have to...

humo *nm* **1** (*de combustión*) smoke: *~ de cigarrillos* cigarette smoke ◊ *Había demasiado ~.* There was too much smoke. **2** (*gas*) fumes [*v pl*]: *El ~ de la fábrica es malo para la salud.* The fumes from the factory are bad for your health. **3** (*vapor*) steam **4 humos** (*arrogancia*): *una persona con muchos ~s* a very arrogant person ◊ *Lo exigió con muchos ~s.* He demanded it very arrogantly.
LOC darse/gastar/tener muchos humos to give yourself/put on airs **echar/hacer humo** to smoke: *El motor echaba ~.* Smoke was coming from the engine. **estar algn que echa humo** to be fuming *Ver tb* BAJAR, BOTE[3], COLUMNA, CORTINA, SEÑAL, SUBIR

humor *nm* **1** (*estado de ánimo*) mood: *¿De qué ~ está hoy?* What mood is he in today ? ◊ *No estoy de ~ para esas cosas.* I'm not in the mood for such things. ◊ *¡Qué ~ tienes, ponerte a planchar ahora!* You must be mad to start ironing at this time of night! **2** (*gracia*) humour: *tener sentido del ~* to have a sense of humour ◊ *el ~ inglés* the English sense of humour ◊ *~ negro* black humour ◊ *una historia llena de ~* a humorous story
LOC **estar de buen/mal humor** to be in a good/bad mood **estar de un humor de perros** to be in a foul mood **película/programa/serie de humor** comedy film/programme/series **poner a algn de buen humor** to put sb in a good mood **poner a algn de mal humor** to make sb angry **tener buen/mal humor** to be good-tempered/bad-tempered *Ver tb* CAFÉ

humorismo *nm* humour

humorista *nmf* **1** (*escritor*) humorist **2** (*dibujante*) cartoonist **3** (*cómico*) comedian

humorístico, -a *adj* humorous

humus *nm* humus

hundido, -a *pp, adj* **1** (*barco, mejillas, ojos*) sunken **2** (*persona*) depressed *Ver tb* HUNDIR

hundimiento *nm* **1** (*de un barco*) sinking **2** (*del terreno*) subsidence **3** (*derrumbamiento, caída, fracaso*) collapse

hundir *vt* **1** (*barco*) to sink: *Una bomba hundió el barco.* A bomb sank the boat. **2** (*edificio, terreno, gobierno*) to cause the collapse of *sth*: *Los últimos escándalos hundirán al gobierno.* The most recent scandals will bring the government down. **3** (*arruinar*) to ruin: *Han hundido el país/la compañía.* They've ruined the country/company. **4** (*persona*) **(a)** (*desmoralizar*) to demoralize **(b)** (*deprimir, destrozar*) to devastate **5** (*enterrar, esconder*) to bury: *~ los pies en la arena* to bury your feet in the sand ◊ *Hundió la cara entre las manos.* She buried her face in her hands.
■ **hundirse** *v pron* **1** (*en agua/arena/barro/nieve*) to sink (*into sth*): *Las ruedas se hundieron en el barro.* The wheels sank into the mud. **2** (*caer, derrumbarse, fracasar*) to collapse: *El puente se hundió.* The bridge collapsed. **3** (*terreno*) to cave in **4** (*desmoralizarse*) to go to pieces **5** (*negocio*) to go under: *Muchas empresas se han hundido.* A lot of firms have gone under.
LOC **aunque se hunda el mundo** come what may **no va a hundirse el mundo (por eso)** it's not the end of the world **se hundía el teatro con los aplausos** they brought the house down

húngaro, -a *adj, nm-nf* Hungarian
■ **húngaro** *nm* (*idioma*) Hungarian

Hungría *nf* Hungary

huracán *nm* hurricane

huracanado, -a *adj* (*viento*) gale-force

huraño, -a *adj* surly

hurgar *vi* **~ en 1** (*bolsa, cajón*) to rummage **in/through** ***sth***: *No hurgues en mis cosas.* Don't rummage through my things. **2** (*asuntos, vida*) to poke your nose **into** ***sth***
■ **hurgarse** *v pron*
LOC **hurgarse la nariz** to pick your nose

hurón *nm* **1** (*animal*) ferret **2** (*persona huraña*) loner

¡hurra! *interj* hurray!

hurtadillas
LOC **a hurtadillas** on the sly **entrar/salir a hurtadillas** to sneak in/out

hurtar *vt* (*robar*) to steal ☛ *Ver nota en* ROB

hurto *nm* theft ☛ *Ver nota en* THEFT

husmear *vt* (*oler, olfatear*) to sniff: *~ una farola* to sniff a lamp-post
■ **husmear** *vi* **1** (*perro*) to sniff around: *~ en la basura* to sniff around in the rubbish **2** (*curiosear*) to snoop around: *La policía ha estado husmeando por aquí.* The police have been snooping around here.

huso *nm* spindle
LOC **huso horario** time zone

Ii

i *nf*
LOC i griega y ☛ Se pronuncia /waɪ/. *Ver tb* PUNTO
ibérico, -a *adj* Iberian: *la península ibérica* the Iberian Peninsula
ibero, -a (*tb* **íbero, -a**) *adj, nm-nf* Iberian: *los ~s* the Iberians
Iberoamérica *nf* Latin America
iberoamericano, -a *adj, nm-nf* Latin American
iceberg *nm* iceberg
icono *nm* (*Relig, Informát*) icon
iconoclasta *adj* iconoclastic
■ **iconoclasta** *nmf* iconoclast
ictericia *nf* jaundice
ida *nf* outward journey: *durante la ~* on the way there
LOC idas y venidas comings and goings **ida y vuelta** there and back: *Son tres horas ~ y vuelta.* It's three hours there and back. *Ver tb* BILLETE, PARTIDO *nm*
idea *nf* **1** (*ocurrencia*) idea: *Tengo una ~.* I have an idea. **2** (*concepto*) concept: *la ~ de la democracia* the concept of democracy **3** (*intención*) intention: *Se habían hecho a la ~ de venir mañana.* They had intended to come tomorrow. **4** (*opinión*) opinion: *formarse una ~ de algo/algn* to form an opinion of sth/sb ◊ *No sé qué ~ tienes de mí.* I don't know what you think of me. **5 ideas** (*ideología*) convictions: *~s políticas/religiosas* political/religious convictions
LOC darse/hacerse una idea to get some idea *of sth*: *Iré para hacerme una ~ de cómo funciona.* I'll go to get some idea of how it works. **hacerse a la idea** to get used to the idea (*of sth/doing sth*): *Todavía no me he hecho a la ~ de que te vas.* I still haven't got used to the idea that you're leaving. **hacerse idea** to imagine: *No te haces ~ de lo que me cuesta.* You can't imagine how hard it is. **mala idea**: *No lo hice con mala ~.* I meant well. ◊ *¡Qué mala ~ tiene!* What a swine he is! **¡ni idea!** I haven't a clue! **no tener mucha idea de** not to be much good at *sth/doing sth* **tener ideas de bombero** to have strange ideas *Ver tb* ACARICIAR, AMPLITUD, APARTAR, ASALTAR, REMOTO, ZORRA
ideal *adj, nm* ideal: *Eso sería lo ~.* That would be ideal/the ideal thing. ◊ *Es un hombre sin ~es.* He's a man without ideals.
idealismo *nm* idealism
idealista *adj* idealistic
■ **idealista** *nmf* idealist
idealizar *vt* to idealize
idear *vt* **1** (*concebir*) to think *sth* up, to conceive (*más formal*): *Ideó un nuevo plan de ataque.* He thought up a new plan of attack. **2** (*inventar*) to devise: *Han ideado un nuevo dispositivo antirrobo.* They've devised a new burglar alarm.
ideario *nm* ideology: *No comulgo con su ~.* I can't go along with their ideology.
ídem *pron* **1** (*en una lista*) ditto ☛ *Ver nota en* DITTO **2** (*en notas a un texto*) idem
LOC ídem de ídem: *Es un fresco, y el hijo ~ de ~.* He has a real cheek and the same goes for his son.
idéntico, -a *adj* **~ (a) 1** (*gen*) identical (**to** *sth/sb*): *gemelos ~s* identical twins ◊ *Es ~ al mío.* It's identical to mine. **2** (*en carácter*) just like: *En eso eres ~ a tu padre.* In that respect you're just like your father.
identidad *nf* identity: *una crisis de ~* an identity crisis
LOC identidad errónea mistaken identity *Ver tb* CARNÉ, CÉDULA, DOCUMENTO
identificación *nf* identification
identificar *vt* **1** (*gen*) to identify *sth/sb* (**as** *sth/sb*): *Le identificaron como el autor del atraco.* He was identified as the robber. **2** (*asociar*) to equate *sth* **with** *sth*
■ **identificarse** *v pron* **identificarse con** to identify **with** *sth/sb*: *No acababa de ~me con el personaje principal.* I couldn't quite identify with the main character.
LOC sin identificar unidentified
ideología *nf* ideology
ideológico, -a *adj* ideological
idílico, -a *adj* idyllic
idilio *nm* love affair
idioma *nm* language **LOC** *Ver* HABLAR, LABORATORIO
idiomático, -a *adj* idiomatic: *un giro ~* an idiomatic expression
idiosincrasia *nf* character: *Los dos pueblos son muy similares en su ~.* The two peoples have a very similar character.
idiosincrásico, -a *adj* characteristic: *uno de sus rasgos más ~s* one of his most characteristic features
idiota *adj* stupid: *¡Qué ~ eres!* You stupid thing!
■ **idiota** *nmf* idiot: *Es un ~.* He's an idiot.
idiotez *nf* stupidity: *el colmo de la ~* the height of stupidity
LOC decir idioteces to talk nonsense/rubbish **hacer idioteces**: *Ese chico hace muchas idioteces en la moto.* That lad does (some) stupid things on his motorbike. ◊ *¡Deja de hacer idioteces!* Stop being (so) silly!
idiotizar *vt* to turn *sb* into a zombie: *Esos programas idiotizan a la gente.* Those programmes turn people into zombies.
ido, -a *pp, adj* **1** (*distraído*) absent-minded **2** (*loco*) crazy: *No le hagas caso, ese tío está ~.* Take no notice - he's a bit crazy. *Ver tb* IR
idolatrar *vt* **1** (*Relig*) to worship **2** (*fig*) to idolize: *Idolatraban a sus padres.* They idolized their parents.
ídolo *nm* idol
idoneidad *nf* suitability
idóneo, -a *adj* suitable: *el candidato ~ (al puesto)* the right person (for the post)
iglesia *nf* (*institución, edificio*) church: *la Iglesia católica* the Catholic Church ☛ *Ver nota en* THE
LOC ¡con la Iglesia hemos topado! now we're in trouble! *Ver tb* CASAR
iglú *nm* igloo
ignominioso, -a *adj* ignominious (*formal*), disgraceful
ignorado, -a *pp, adj* **1** (*desatendido*) ignored **2** (*desconocido*) unknown *Ver tb* IGNORAR
ignorancia *nf* ignorance: *La ~ de la ley no exime de su cumplimiento.* Ignorance of the law is no excuse.
LOC ignorancia supina abysmal ignorance
ignorante *adj* **1** (*inculto*) ignorant **2** (*carente de información*) unaware: *Les noté ~s de lo que se avecinaba.* I realized they were unaware of what was coming.
■ **ignorante** *nmf* ignoramus [*pl* ignoramuses]
ignorar *vt* **1** (*desconocer*) not to know: *Ignoro si han salido ya.* I don't know if they've already left. **2** (*hacer caso omiso*) to ignore
LOC no ignoro que... I do realize that...
igual *adj* **1** (*gen*) equal: *Todos los ciudadanos son ~es.* All citizens are equal. ◊ *A es ~ a B.* A is equal to B. ◊ *~es en graduación de alcohol* equal in alcoholic strength **2 ~ (a/que)** (*idéntico*) the same (**as** *sth/sb*): *Esa falda es ~ que la tuya.* That skirt is the same as yours. **3** (*uniforme*) **(a)** (*terreno*) even **(b)** (*clima*) equable

iglesia
(church)

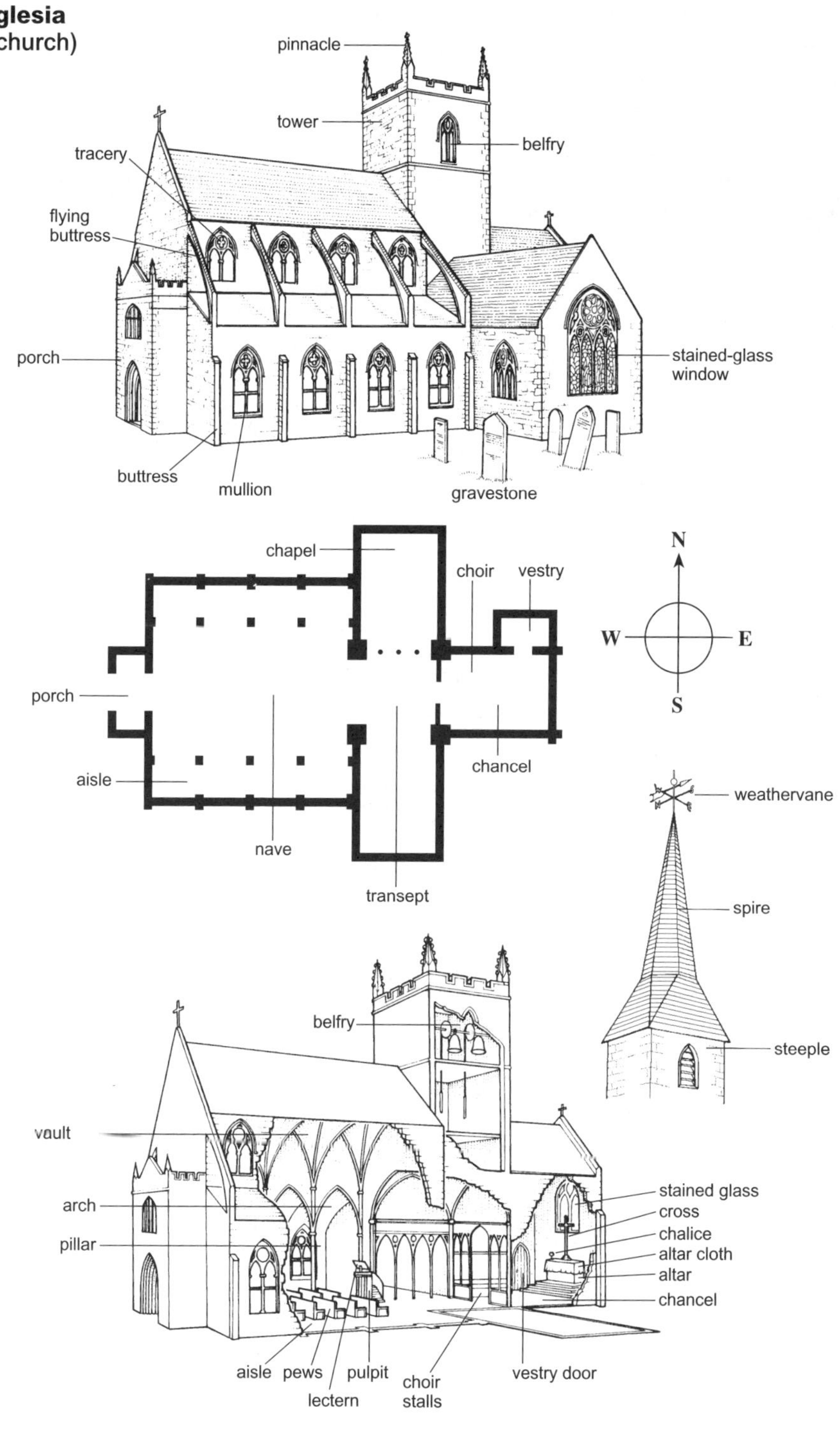

pinnacle
tower
belfry
tracery
flying buttress
porch
stained-glass window
buttress
mullion
gravestone
chapel
choir
vestry
N
W
E
S
porch
aisle
chancel
nave
transept
weathervane
spire
steeple
belfry
vault
arch
pillar
stained glass
cross
chalice
altar cloth
altar
chancel
aisle
pews
pulpit
lectern
choir stalls
vestry door

■ **igual** *nmf* equal: *Les gusta estar entre ~es.* They like being with their equals.
■ **igual** *nm* **1** (*Mat*) equals sign **2 iguales** (*Dep*): *Van treinta ~es.* It's thirty all.
■ **igual** *adv* **1 ~ de** equally: *Son ~ de culpables.* They are equally guilty. **2 ~ de...que** as...as: *Son ~ de responsables que nosotros.* They are as responsible as we are. **3** (*probablemente*) probably: *~ no vienen.* They probably won't come. **4** (*de la misma manera*) the same: *No lo haces ~ que yo.* You don't do it the same as me.
LOC **al igual que** (just) like **dar/ser igual**: *Da ~ que sean tuyos o míos.* It doesn't matter whether they're yours or mine. ◊ *Me da ~ que me pagues en libras o pesetas.* I don't mind whether you pay me in pounds or pesetas. **de igual a igual**: *Hablaban de ~ a ~.* They spoke as equals. ◊ *Hablo a mi padre de ~ a ~.* I speak to my father as an equal. **de igual manera/modo** in the same way **en igual medida** in equal measure **ir iguales** to be neck and neck **o lo que es igual...** or in other words... **por igual**: *Pagan a todos por ~.* They pay everyone equally. ◊ *Trato de repartir la pintura por ~.* I'm trying to spread the paint evenly. **sin igual 1** (*cualidad*) matchless: *heroísmo sin ~* matchless heroism **2** (*persona*) incomparable **3** (*acontecimiento*) unparalleled *Ver tb* COSA, CUARENTA, PARTE[2]

igualada *nf* equalizer: *marcar el gol de la ~* to score the equalizer

igualado, -a *pp, adj* **1** (*gen*) even: *El combate estaba muy ~.* The fight was very even. **2** (*césped, pelo*) well trimmed *Ver tb* IGUALAR
LOC **ir igualados** to be neck and neck: *Iban muy ~s en los sondeos.* They were neck and neck in the polls.

igualar *vt* **1** (*hacer iguales*) to make *sth/sb* the same: *~ los sueldos de dos personas* to make two people's salaries the same **2** to compare *sth/sb* **to/with *sth/sb***: *No puedo ~ tu trabajo al de un profesional.* I can't compare your work to a professional's. ◊ *Sus últimas películas no igualan a las anteriores.* You can't compare his latest films with the earlier ones. **3** (*alisar*) **(a)** (*terreno*) to level *sth* (off) **(b)** (*césped, pelo*) to trim
■ **igualar** *vi* (*Dep*) to equalize

igualdad *nf* equality: *libertad, ~, fraternidad* liberty, equality, fraternity
LOC **en igualdad de condiciones** on equal terms: *competir en ~ de condiciones* to compete on equal terms **igualdad de oportunidades** equal opportunities [*v pl*] *Ver tb* PIE, SIGNO

igualmente *adv* equally: *Los dos son ~ difíciles.* The two are equally difficult.
LOC **¡igualmente!**: *—¡Que aproveche! —¡Igualmente!* 'Enjoy your meal!' 'You too!' ◊ *—¡Que lo pases bien! —¡Igualmente!* 'Enjoy yourself!' 'You too!' ◊ *—¡Feliz Navidad! —¡Igualmente!* 'Happy Christmas!' 'The same to you!'

ilación *nf* **1** (*cohesión*) cohesion **2** (*inferencia*) inference

ilegal *adj* illegal

ilegalidad *nf* illegality

ilegible *adj* **1** (*lit*) illegible: *un texto ~* an illegible piece of writing **2** (*fig*) unreadable

ilegitimidad *nf* illegitimacy

ilegítimo, -a *adj* (*ilegal*) illegal LOC *Ver* HIJO

ileso, -a *adj* unharmed: *salir/resultar ~* to escape unharmed

ilícito, -a *adj* **1** (*ilegal*) illegal: *tenencia ilícita de armas* illegal possession of weapons **2** (*indebido*) illicit: *relaciones ilícitas* illicit relations *Ver* APROPIACIÓN

ilimitado, -a *adj* unlimited

ilógico, -a *adj* illogical

iluminación *nf* **1** (*gen*) lighting: *~ indirecta* indirect lighting **2** (*estadio*) floodlighting

iluminado, -a *pp, adj* lit (up): *La cocina estaba iluminada con velas.* The kitchen was lit (up) with candles. *Ver tb* ILUMINAR

iluminar *vt* **1(a)** (*gen*) to light *sth* up, to illuminate (*más formal*): *~ un monumento* to light up a monument **(b)** (*estadio*) to floodlight **2** (*Arte*) **(a)** (*manuscrito*) to illuminate **(b)** (*grabado*) to colour **3** (*fig*) to enlighten: *Aquello me iluminó acerca de sus intenciones.* That enlightened me as to their intentions.

ilusión *nf* **1** (*noción falsa, imagen falsa*) illusion: *una ~ óptica* an optical illusion **2** (*sueño*) dream: *Era la ~ de su vida.* It was his dream. **3** (*entusiasmo*): *gracias a su ~ y esfuerzo* thanks to their enthusiastic efforts
LOC **hacerse ilusiones** to build up your hopes **hacerse la ilusión de que...** to (fondly) imagine that... **me hace mucha ilusión** I am, you are, etc really looking forward *to sth/doing sth*: *Le hace mucha ~ montar en avión.* She's really looking forward to going on a plane. **me hizo mucha ilusión** I was, you were, etc delighted (*with sth/to do sth*) **¡qué ilusión!** how lovely! *Ver tb* ESPERAR, FORJAR, VIVIR

ilusionado, -a *pp, adj* **1** (*esperanzado*) enthusiastic: *Vine muy ~ al puesto.* I was very enthusiastic when I started. **2 ~ con** excited **about *sth/doing sth***: *Están muy ~s con el viaje.* They're really excited about the trip. *Ver tb* ILUSIONAR

ilusionar *vt* **1** (*hacer ilusión*): *Me ilusiona mucho hacer un crucero.* I'm very excited about the cruise. **2** (*crear falsas esperanzas*) to build up *sb's* hopes: *Les ilusionó con vanas promesas.* He built up their hopes with empty promises.
■ **ilusionarse** *v pron* **1** (*esperanzarse*) to get excited (***about sth***): *En seguida se ilusiona con nuevos proyectos.* He gets very excited about new projects. **2** (*crearse falsas esperanzas*) to build up your hopes: *No te ilusiones mucho.* Don't build up your hopes too high.

ilusionismo *nm* conjuring

ilusionista *nmf* conjurer

iluso, -a *adj* **1** (*demasiado optimista*) dreamer **2** (*crédulo*) gullible
■ **iluso, -a** *nm-nf* mug (*coloq*), simpleton: *Es un auténtico ~.* He's a real mug.
LOC **¡qué iluso eres!** if you believe that you'll believe anything

ilusorio, -a *adj* **1** (*falso*) false **2** (*imaginario*) imaginary

ilustración *nf* illustration
LOC **la Ilustración** the Enlightenment

ilustrado, -a *pp, adj* **1** (*con láminas*) illustrated **2** (*culto*) well educated *Ver tb* ILUSTRAR LOC *Ver* DICCIONARIO

ilustrar *vt* **1** (*gen*) to illustrate: *~ un libro/una revista* to illustrate a book/magazine ◊ *Trataré de ~ el concepto mediante ejemplos.* I'll attempt to illustrate the concept by giving examples. **2** (*aclarar*) to enlighten: *No sé nada del tema, vas a tener que ~me.* I don't know anything about it – you'll have to enlighten me.
■ **ilustrarse** *v pron* to learn (***about sth***): *Estoy intentando ~me en temas de medio ambiente.* I'm trying to learn about the environment.

ilustrativo, -a *adj* illustrative

ilustre *adj* illustrious: *personalidades ~s* illustrious figures

imagen *nf* **1** (*gen*) image: *Los espejos distorsionaban su ~.* The mirrors distorted his image. ◊ *la ~ de España en el extranjero* Spain's image abroad ◊ *Me apetece un cambio de ~.* I'd like to change my image. **2** (*Cine, TV*) picture: *La ~ de este televisor es buena.* The picture on this TV set is good. **3** (*Liter*) imagery [*incontable*]: *las imágenes de su poesía* the imagery in her poetry
LOC **a imagen y semejanza de**: *Fuimos creados a ~ y semejanza de Dios.* God created us in his own image. **imagen fija 1** (*Cine*) still **2** (*TV*) freeze frame *Ver tb* ASESOR, VIVO

imaginable *adj* imaginable: *todo lo ~* everything imaginable

imaginación *nf* **1** (*fantasía*) imagination: *No te dejes llevar por la ~.* Don't let your imagination run away with you. **2** (*mente*) mind: *Solo son imaginaciones tuyas.* It's all in your mind. LOC *Ver* CABEZA

imaginario, -a *adj* imaginary

imaginar(se) *vt, v pron* to imagine: *(Me) imagino que sí.* I imagine so. ◊ *¡Imagínate!* Just imagine!
imaginativo, -a *adj* imaginative
imán¹ *nm (piedra)* magnet
imán² *nm (musulmán)* imam
imantar (*tb* **imanar**) *vt* to magnetize
imbatible *adj* unbeatable
imbatido, -a *adj* unbeaten
imbécil *adj* stupid: *No seas ~.* Don't be stupid.
■ **imbécil** *nmf* idiot: *¡Es una ~!* She's an idiot!
LOC hacer el imbécil to muck about
imbecilidad *nf* **1** *(cualidad)* stupidity: *el colmo de la ~* the height of stupidity **2** *(acción, dicho)* stupid thing: *¡Vaya ~ que acabas de decir!* What a stupid thing to say!
imberbe *adj* **1** *(lit)* beardless **2** *(joven)* rather young
imborrable *adj* indelible: *un recuerdo/una huella ~* an indelible memory/mark
imitación *nf* **1** *(falsificación)* imitation: *una cartera ~ cuero* an imitation leather wallet **2** *(parodia)* impersonation: *Hizo una ~ muy buena del profesor.* He did a great impersonation of the teacher.
LOC de imitación fake *Ver tb* MONO
imitador, ~a *nm-nf* **1** *(gen)* imitator: *Es un excelente ~.* He's a very good imitator. **2** *(cómico)* mimic
imitar *vt* **1** *(copiar)* to imitate: *Deja de ~ a los demás y haz lo que tú creas mejor.* Stop imitating other people and do what you think is best. ◊ *Esta tela imita a terciopelo.* This material is imitation velvet. **2** *(parodiar)* to impersonate: *Imita fenomental a los profesores.* He's really good at impersonating the teachers. **3** *(falsificar)* to forge: *Tu firma es fácil de ~.* Your signature is easy to forge.
impaciencia *nf* impatience: *¡Qué ~!* You are impatient!
impacientar *vt* to exasperate
■ **impacientarse** *v pron* **1 impacientarse (por)** to get worked up (**about** ***sth***) **2 impacientarse (con)** to lose your patience (**with** ***sb***)
impaciente *adj* impatient
LOC estar impaciente to be anxious: *Estoy ~ por llegar.* I'm anxious to get there.
impactante *adj* **1** *(gen)* striking: *un complejo urbanístico ~* a striking building complex **2** *(noticia)* shocking
impactar *vt, vi* **~ (en)** *(lit y fig)* to hit *sth/sb* [*vt*]: *La bala impactó en el cristal.* The bullet hit the window pane. ◊ *La noticia nos impactó.* The news hit us hard.
impacto *nm* **1** *(colisión, impresión, repercusión)* impact: *el ~ ambiental* the impact on the environment **2** *(huella)* mark: *dos ~s de bala* two bullet marks
impagable *adj* **1** *(lit)* impossible to pay **2** *(fig)* invaluable: *Su ayuda fue ~.* Their help was invaluable.
impago *nm* non-payment
impar *adj* odd: *el tres es un número ~* three is an odd number
■ **impar** *nm* odd number: *pares e ~es* odd and even numbers
imparable *adj* unstoppable
imparcial *adj* unbiased, impartial *(más formal)*: *una opinión ~* an unbiased opinion
imparcialidad *nf* impartiality
impartir *vt* to give: *~ clases de filosofía* to give philosophy classes
impasible *adj* impassive: *Escucharon la noticia ~s.* They received the news impassively.
impasse *nm* deadlock: *llegar a un ~* to reach deadlock ◊ *superar un ~* to break a deadlock
impávido, -a *adj* **1** *(valiente)* fearless **2** *(tranquilo)* unperturbed
impecable *adj* impeccable
LOC ir impecable to be impeccably dressed: *Siempre van ~s.* They're always impeccably dressed.
impedido, -a *pp, adj, nm-nf* disabled [*adj*]: *ser un ~* to be disabled ◊ *encontrarse ~ de las dos piernas* to be crippled in both legs *Ver tb* IMPEDIR
LOC verse impedido to be prevented *from doing sth*
impedimento *nm* **1** *(obstáculo)* obstacle **2** *(Jur)* impediment
LOC impedimento físico physical handicap
impedir *vt* **1** *(imposibilitar)* to prevent *sth/sb* (***from doing sth***), to stop *sth/sb* (***from doing sth***) *(más coloq)*: *La lluvia impidió que se celebrase la boda.* The rain prevented the wedding from taking place. ◊ *No pude ~ que se cayese.* I couldn't prevent him from falling over. ◊ *Nada te lo impide.* There's nothing stopping you. ◊ *El muro impide ver a los presos.* The wall stops you from seeing the prisoners. **2** *(dificultar)* to impede: *~ el tráfico* to impede the traffic ◊ *La cuerda impedía sus movimientos.* The rope impeded his movement. **3** *(paso)* to block: *~ la entrada* to block the entrance
impeler *vt* to drive: *La droga le impelió al delito.* Drugs drove him to crime. ◊ *El velero avanza impelido por el viento.* The sailing-boat is being driven along by the wind.
impenetrable *adj* impenetrable
impenitente *adj* **1** *(bebedor, fumador, jugador)* inveterate **2** *(pecador)* unrepentant
impensable *adj* unthinkable
impensado, -a *adj* unexpected
impepinable *adj* undeniable
LOC es impepinable que... there's no doubt at all that... **eso es impepinable** that's for sure
imperante *adj* **1** *(tendencias, viento)* prevailing **2** *(régimen)* ruling
imperar *vi* to prevail
imperativo, -a *adj* imperative
■ **imperativo** *nm* imperative
LOC hacer algo por imperativo legal to be legally obliged to do sth
imperceptible *adj* imperceptible
imperdible *nm* safety pin
imperdonable *adj* inexcusable
imperecedero, -a *adj* **1** *(sentimientos)* undying **2** *(música, fama)* immortal **3** *(alimentos)* non-perishable
imperfección *nf* **1** *(cualidad)* imperfection: *La naturaleza está llena de imperfecciones.* Nature is full of imperfections. **2** *(tela, cerámica)* flaw **3** *(piel)* blemish
imperfecto, -a *adj* imperfect **LOC** *Ver* PRETÉRITO
imperial *adj* imperial **LOC** *Ver* ÁGUILA
imperialismo *nm* imperialism
imperialista *adj, nmf* imperialist
impericia *nf* lack of skill
imperio *nm* **1** *(gen)* empire: *el ~ romano* the Roman Empire **2** *(mando)* rule: *el ~ de la ley* the rule of law
LOC *Ver* VALER
imperioso, -a *adj* **1** *(ademán, tono)* imperious **2** *(urgente)* urgent: *una necesidad imperiosa* an urgent need
impermeable *adj* **1** *(lit)* waterproof **2** *(fig)* impervious: *~ al paso del tiempo* impervious to the passage of time
■ **impermeable** *nm* mac

Mac es la abreviatura de **mackintosh**, pero esta última forma se utiliza mucho menos.

impersonal *adj* impersonal
impertérrito, -a *adj* **1** *(impasible)* unperturbed: *Aguantamos ~s los insultos.* We were unperturbed by their insults. **2** *(carácter)* imperturbable
impertinencia *nf* impertinence [*incontable*]: *Ha sido una ~ preguntarle la edad.* It was impertinent of you to ask his age.
impertinente *adj, nmf* impertinent [*adj*]: *Eres un ~.* You're very impertinent.
imperturbable *adj* **1** *(sereno)* unperturbed **2** *(expresión)* impassive
ímpetu *nm* **1** *(impulso)* impetus **2** *(brío)* energy: *Se pusieron a trabajar con mucho ~.* They set to work energetically. **3** *(fuerza)* force: *el ~ del viento/de las olas* the force of the wind/waves

impetuoso, -a *adj* impetuous

implacable *adj* implacable: *un enemigo ~* an implacable enemy ◊ *el ~ paso del tiempo* the relentless passage of time

implantación *nf* **1** (*introducción*) introduction: *la ~ de un nuevo impuesto* the introduction of a new tax **2** (*arraigo*): *un sindicato con gran ~ en Andalucía* a union that's well-established in Andalusia **3** (*Med*) implantation

implantar *vt* **1** (*introducir*) to introduce: *Quieren ~ un nuevo sistema.* They want to introduce a new system. **2** (*Med*) to implant: *~ un embrión* to implant an embryo

implicación *nf* **1** (*participación*) involvement (**in *sth***): *su ~ en el caso* his involvement in the case **2** (*consecuencia*) implication: *las implicaciones de la nueva política* the implications of the new policy

implicar *vt* **1** (*incluir*) to involve: *Nos implicaron en el proyecto.* They involved us in the project. **2** (*en un delito*) to implicate: *Le implicaron en el asesinato.* He was implicated in the murder. **3** (*conllevar*) to imply: *Su actitud implica una cierta hipocresía.* His attitude implies a certain hypocrisy.

implícito, -a *adj* implicit: *de modo ~* implicitly

implorar *vt* to beg (*sb*) (**for *sth***): *~ perdón* to beg for forgiveness ◊ *Me imploró que le ayudara.* He begged me to help him.

impoluto, -a *adj* spotless

imponderable *adj* **1** (*difícil de medir*) imponderable **2** (*valioso*) invaluable: *cualidades ~s* invaluable qualities
■ **imponderable** *nm* imponderable

imponente *adj* amazing: *una actuación ~* an amazing performance ◊ *Tienen una casa ~.* They've got an amazing house. **LOC** *Ver* LLENO

imponer *vt* **1** (*gen*) to impose *sth* (**on *sth*/*sb***): *~ condiciones/una multa* to impose conditions/a fine **2** (*tarea*) to set **3** (*temor, respeto*) to inspire *sth* (***in sb***): *Su apariencia imponía respeto.* His appearance inspired respect. **4** (*dinero*) to deposit
■ **imponer** *vi* to be imposing: *Su presencia impone.* He has an imposing presence.
■ **imponerse** *v pron* **1** (*gen*) to prevail (**over *sth*/*sb***): *La justicia se impuso.* Justice prevailed. **2** (*ser necesario*) to be necessary: *Se impone una solución drástica.* A drastic solution is necessary. **3** (*obligación*): *Me he impuesto levantarme a las siete todos los días.* I've decided to get up at seven every day. **4** (*hacerse respetar*) to show *sb* you're the boss: *Tienes que ~te.* You've got to show them you're the boss. ◊ *Con los niños tienes que ~te, si no te toman el pelo.* You have to get children to respect you, otherwise they'll run rings round you. **5** (*ponerse de moda*) to come into fashion
LOC **imponer una condecoración** to decorate *sb* (*for sth*) *Ver tb* CONDENA

imponible *adj* taxable: *renta ~* taxable income **LOC** *Ver* BASE

impopular *adj* unpopular

importación *nf* import: *una licencia de ~* an import licence ◊ *la ~ de trigo* the import of wheat ◊ *reducir la ~* to reduce imports
LOC **de importación** imported: *un coche de ~* an imported car **de importación y exportación** import-export: *un negocio de ~ y exportación* an import-export business *Ver tb* COMERCIO, PERMISO

importador, ~a *nm-nf* importer

importancia *nf* importance
LOC **adquirir/cobrar importancia** to become important **dar/no dar importancia a algo** to attach/not to attach importance to sth **darse importancia** to put on airs **de extrema/suma importancia** of the utmost importance **de importancia 1** (*herida, daños*) serious **2** (*persona, tema*) important **3** (*gastos*) considerable **no tiene importancia** it doesn't matter **quitar/restar importancia a algo** to play sth down: *Es muy modesta, siempre quita ~ a sus triunfos.* She's very modest–she always plays down her achievements. **sin importancia** unimportant **tener importancia** to be important *Ver tb* CONCEDER, ESCASO

importante *adj* **1** (*gen*) important: *Es ~ que asistas a clase.* It's important for you to attend lectures. **2** (*considerable*) considerable: *un número ~ de ofertas* a considerable number of offers **3** (*grave*) serious: *La lluvia creó ~s problemas de circulación.* The rain caused serious traffic problems.
LOC **dárselas de importante** to be full of self importance **lo importante** the important thing: *Lo ~ es participar.* The important thing is to take part.

importar *vi* **1** (*tener importancia*) to matter: *Lo que importa es la salud.* Health is what matters most. ◊ *No importa.* It doesn't matter. ◊ *No importa que llegues un poco tarde.* It doesn't matter if you're a bit late. **2** (*preocupar*) to care (**about *sth*/*sb***): *No me importa lo que piensen.* I don't care what they think. ◊ *No parece ~le la educación de sus hijos.* He doesn't seem to care about his children's education. ◊ *¡Claro que me importa!* Of course I care!
■ **importar** *vt* to import: *España importa carne de Argentina.* Spain imports meat from Argentina.
LOC **¿a ti qué te importa?** what's it to you? **me importa un bledo, comino, pimiento, pito, etc** I, he, etc couldn't care less!: *Me importa un rábano lo que digan.* I couldn't care less what they say. **no me importa** I, you, etc don't mind (*sth/doing sth*): *No me importa levantarme temprano.* I don't mind getting up early. **¿te importa/importaría...?** do you/would you mind...?: *¿Te importa que abra la ventana?* Do you mind if I open the window? ◊ *Te importaría cerrar la puerta?* Would you mind shutting the door?

importe *nm* **1** (*cantidad*): *El ~ de la deuda asciende a un millón de pesetas.* The debt amounts to a million pesetas. ◊ *el ~ de las ventas de este año* the value of sales this year **2** (*coste*) cost: *el ~ de las reparaciones* the cost of the repairs
LOC **por un importe de** for the sum of

importunar *vt* to bother

imposibilidad *nf* impossibility: *una ~ física* a physical impossibility

imposibilitado, -a *pp, adj* disabled: *una escuela para niños ~s* a school for disabled children *Ver tb* IMPOSIBILITAR
LOC **(estar/verse) imposibilitado para** (to be) unable *to do sth*: *~ para caminar* unable to walk

imposibilitar *vt* **1** (*hacer imposible*) to make it impossible (***for sb to do sth***): *La falta de movilidad me imposibilita para el trabajo.* Lack of mobility makes it impossible for me to work. ◊ *La niebla imposibilitó el aterrizaje.* Fog made it impossible for us to land. **2** (*Med*) to disable

imposible *adj* impossible: *Resulta ~ de entender.* It's impossible to understand.
■ **imposible** *nm* impossibility
LOC **hacer lo imposible** to do your very best (*to do sth*): *Hice lo ~ para contentarla.* I did my very best to make her happy. **pedir imposibles/lo imposible** to ask the impossible *Ver tb* PARECER

imposición *nf* **1** (*condiciones, multa, obligación*) imposition **2** (*Fin*) deposit

impositivo, -a *adj* tax [*n atrib*]: *tipo ~ básico* basic tax rate **LOC** *Ver* SISTEMA

impostor, ~a *nm-nf* impostor

impotencia *nf* **1** (*falta de poder*) powerlessness **2** (*Med*) impotence

impotente *adj* **1** (*sin poder*) powerless: *Se sentía ~ ante la problemática de la droga.* He felt powerless in the face of the drug problem. **2** (*Med*) impotent

impracticable *adj* **1** (*irrealizable*) impracticable **2** (*terreno de juego*) unplayable

imprecisión *nf* **1** (*concepto*) lack of precision **2** (*error*) inaccuracy: *un documento lleno de imprecisiones* a document full of inaccuracies

impreciso, -a *adj* imprecise

impredecible *adj* unpredictable

impregnar *vt* to saturate *sth* ***with sth***: ~ *un pañuelo de perfume* to saturate a handkerchief with perfume

imprenta *nf* **1** (*actividad*) printing **2** (*taller*) printer's **3** (*máquina*) printing press **LOC** *Ver* ERRATA, ERROR, LETRA

imprescindible *adj* essential
LOC lo imprescindible the essentials [*v pl*]: *Solo voy a coger lo* ~. I'm only going to take the essentials.

impresentable *adj* not presentable
■ **impresentable** *nmf*: *¡Eres un* ~*!* I can't take you anywhere!

impresión *nf* **1** (*sensación*) impression **2** (*proceso*) printing: *listo para* ~ ready for printing **3** (*tipografía*) **(a)** (*letra*) print **(b)** (*edición*) impression **4** (*huella*) imprint
LOC dar impresión: *No entres en el agua, te va a dar* ~. Don't go in, the water's freezing. ◊ *La sangre me da* ~. I can't stand the sight of blood. **causar/producir una buena, mala, etc impresión** to make a good, bad, etc impression (*on sb*) **de impresión** excellent **impresión dactilar/digital** fingerprint **me da/tengo la impresión de que...** I get/have the feeling (that)...: *Tengo la* ~ *de que van a perder el partido.* I have the feeling they're going to lose the match. *Ver tb* CAMBIAR, CAMBIO

impresionable *adj* impressionable

impresionante *adj* **1** (*gen*) impressive: *un logro* ~ an impressive achievement **2** (*espectacular*) striking: *una belleza* ~ striking beauty **3** (*asombroso*) amazing: *Hemos tenido una cantidad* ~ *de problemas.* We've had an amazing number of problems. **4** (*conmovedor*) moving

impresionar *vt* **1** (*gen*) to impress: *Me impresiona su eficiencia.* I'm impressed by her efficiency. **2** (*conmover*) to move: *El final me impresionó mucho.* The ending was very moving. **3** (*horrorizar*) to shock: *Nos impresionó el accidente.* We were shocked by the accident. **4** (*Fot*) to expose: *una película sin* ~ an unexposed film **5** (*sonidos*) **(a)** (*gen*) to record: ~ *una melodía* to record a tune **(b)** (*disco*) to cut

impresionista *adj, nmf* Impressionist

impreso, -a *pp, adj* printed *Ver tb* IMPRIMIR
■ **impreso** *nm* form: *rellenar un* ~ *de solicitud* to fill in an application form

impresor, ~a *nm-nf* (*persona*) printer
■ **impresora** *nf* printer: *impresora matricial/láser* dot matrix/laser printer

imprevisible *adj* unpredictable

imprevisto, -a *adj* unforeseen
■ **imprevisto** *nm*: *Ha surgido un* ~. Something unexpected has come up. ◊ *Tengo un dinero ahorrado para* ~*s.* I've got some money put aside for a rainy day.

imprimir *vt* **1** (*Imprenta*) to print **2** (*huella*) to imprint **3** (*fig*) to stamp *sth* ***on sth***: *Imprimió su propio estilo dentro de la compañía.* He stamped his own style on the firm. **LOC** *Ver* CARÁCTER

improbable *adj* unlikely

improcedente *adj* improper **LOC** *Ver* DESPIDO

improductivo, -a *adj* unproductive

impronunciable *adj* unpronounceable

improperio *nm* insult
LOC lanzar/proferir improperios to let out a string of abuse *Ver tb* CUBRIR

impropio, -a *adj* inappropriate
LOC es impropio de ti it's not like you, him, etc

improvisación *nf* improvisation

improvisado, -a *pp, adj* impromptu *Ver tb* IMPROVISAR

improvisar *vt, vi* to improvise: ~ *una melodía* to improvise a tune ◊ *Es un actor al que le gusta* ~. He's an actor who likes to improvise. ◊ *Improvisamos una cena con cuatro latas.* We rustled up a meal from a few cans.

improviso
LOC coger/pillar de improviso to take *sb* by surprise: *Su llegada me cogió de* ~. Their arrival took me by surprise. **de improviso 1** (*sin avisar*) unexpectedly **2** (*de repente*) suddenly

imprudencia *nf* **1** (*falta de cuidado*) imprudence [*incontable*]: *El accidente se debió a una* ~ *del piloto.* The accident was caused by the pilot's imprudence. ◊ *Es una* ~ *cruzar con el semáforo en rojo.* It's silly to cross on a red light. **2** (*indiscreción*) indiscretion: ~*s juveniles* youthful indiscretions ◊ *No sé cómo pudiste cometer semejante* ~. I don't know how you could have been so careless.
LOC imprudencia temeraria criminal negligence

imprudente *adj* **1** (*gen*) rash: *una decisión* ~ a rash decision **2** (*conductor*) careless **3** (*indiscreto*) indiscreet

impúdico, -a *adj* **1** (*indecente*) indecent **2** (*persona*) shameless

impuesto *nm* tax
LOC antes/después de impuestos pre-tax/after tax: *beneficios antes/después de* ~*s* pre-tax profits/profits after tax **impuesto de circulación** road tax **impuesto de lujo** luxury tax **Impuesto sobre la Renta de las Personas Físicas (IRPF)** ≃ income tax (*GB*) **Impuesto sobre el Valor Añadido (IVA)** value added tax (*abrev* VAT) *Ver tb* DECLARACIÓN, EVASIÓN, EVASOR, EXENTO, LIBRE

impugnar *vt* to contest

impulsar *vt* **1** (*gen*) to drive: *La curiosidad le impulsó a entrar.* Curiosity drove him to enter. **2** (*animar*) to encourage: *Sus amigos le impulsaron a pedir el trabajo.* His friends encouraged him to apply for the job. **3** (*estimular*) to stimulate: ~ *la producción* to stimulate production

impulsivo, -a *adj* impulsive

impulso *nm* **1** (*deseo*) impulse: *actuar por* ~ to act on impulse ◊ *Sigo mis* ~*s.* I follow my impulses. **2** (*empujón*) boost: *El buen tiempo ha dado gran* ~ *al turismo.* The good weather has given tourism a boost. **3** (*hélice, motor*) thrust **4** (*estímulo, determinación*) drive: *Les falta* ~ *para luchar.* They lack the will to fight.
LOC dar impulso a algo to get sth going: *Empujamos el coche para darle* ~. We pushed the car to get it going. **coger/tomar impulso** to take a run-up

impulsor, ~a *adj* driving: *la fuerza impulsora* the driving force ◊ *el equipo* ~ *de la reforma* the team behind the reform
■ **impulsor, ~a** *nm-nf* driving force ***behind sth***: *El gobierno fue el* ~ *de la iniciativa de paz.* The Government was the driving force behind the peace initiative.

impune *adj* unpunished

impunemente *adv* with impunity

impunidad *nf* impunity

impuro, -a *adj* impure

imputable *adj* attributable ***to sth/sb***

imputar *vt* **1** (*acusar*) to accuse *sb* (**of sth**): *los cargos que se le imputan* the crimes he's accused of **2** (*atribuir*) to attribute *sth* (**to sth/sb**): *Imputan al gobierno el caos económico actual.* They attribute the present economic chaos to the Government.

inabarcable *adj*: *una materia* ~ *para un solo curso* too big a subject to cover in one course

inabordable *adj* **1** (*persona*) unapproachable **2** (*tema*) inaccessible

inacabable *adj* endless

inacabado, -a *adj* unfinished

inaccesible *adj* **1** (*gen*) inaccessible: *un terreno* ~ inaccessible land ◊ *un profesor* ~ *a sus alumnos* a teacher who is inaccessible to his pupils ◊ *La física es* ~ *para él.* Physics is beyond him. **2** (*precios*) prohibitive

inacción *nf* inaction

inaceptable *adj* unacceptable

inactividad *nf* inactivity

inactivo, -a *adj* **1** (*persona, animal*) inactive **2** (*mercado*) flat
LOC estar inactivo to be out of work *Ver tb* VOLCÁN

inadaptable *adj* unadaptable

inadaptación *nf* inability to adapt

LOC **inadaptación social** maladjustment

inadaptado, -a *adj* maladjusted

■ **inadaptado, -a** *nm-nf* misfit

inadecuación *nf* discrepancy: *Hay una ~ entre sus palabras y sus actos.* There is a discrepancy between his words and his actions.

inadecuado, -a *adj* inappropriate: *un comportamiento ~* inappropriate behaviour

inadmisible *adj* **1** (*inaceptable*) unacceptable **2** (*Jur*) inadmissible

inadvertido, -a *adj* unnoticed

LOC **pasar inadvertido** to go unnoticed: *Su presencia pasó inadvertida.* His presence went unnoticed.

inagotable *adj* **1** (*inacabable*) inexhaustible **2** (*incansable*) tireless

inaguantable *adj* **1** (*insoportable*) unbearable: *un dolor ~* unbearable pain **2** (*intolerable*) intolerable: *una insolencia ~* intolerable cheek

inalámbrico, -a *adj* (*teléfono*) cordless

in albis

LOC **estar in albis** not to have a clue **quedarse in albis** to be in the dark

inalcanzable *adj* unattainable

inalienable *adj* inalienable

inalterable *adj* **1** (*actitud, condiciones, propuesta*) unalterable **2** (*brillo, color*) permanent **3** (*país, paisaje*) unchanging **4** (*persona, gesto*) impassive **5** (*amistad, lealtad*) undying

inalterado, -a *adj* unchanged

inamovible *adj* immovable: *Mantiene una postura ~.* He is immovable.

inanimado, -a *adj* inanimate

LOC **ser inanimado** inanimate object

inapelable *adj* final: *La decisión del jurado es ~.* The decision of the jury is final.

inapetencia *nf* lack of appetite

LOC **inapetencia sexual** lack of sexual desire

inapetente *adj*: *La niña está ~.* The little girl has a poor appetite.

inaplazable *adj*: *una reunión ~* a meeting that can't be postponed

inaplicable *adj* inapplicable

inapreciable *adj* **1** (*imperceptible*) imperceptible **2** (*valioso*) invaluable: *gracias a su ~ ayuda* thanks to her invaluable help ◊ *Es un cuadro de un valor ~.* It is a priceless painting.

inasequible *adj* **1** (*meta*) unattainable: *un objetivo ~* an unattainable goal **2** (*caro*) beyond your means: *Ese coche es totalmente ~ para ellos.* That car is way beyond their means. **3** (*persona, tema*) inaccessible

inaudible *adj* inaudible

inaudito, -a *adj* **1** (*increíble*) extraordinary **2** (*escandaloso*) outrageous

inauguración *nf* opening, inauguration (*formal*): *Nos han invitado a la ~ del restaurante.* We've been invited to the opening of the restaurant. ◊ *Había unas cien personas en la ~.* There were a hundred people at the inauguration.

LOC **acto/ceremonia de inauguración** opening ceremony *Ver tb* DISCURSO

inaugural *adj* opening, inaugural (*formal*): *el discurso ~* the opening speech

inaugurar *vt* to open, to inaugurate (*formal*) LOC *Ver* MARCADOR

inca *adj, nmf* Inca

incalculable *adj* incalculable

incalificable *adj* unspeakable

incandescencia *nf* incandescence

incandescente *adj* incandescent

incansable *adj* tireless

incapacidad *nf* inability (**to do sth**): *su ~ para hacerse cargo de la situación* their inability to take control of the situation ◊ *~ laboral* inability to work

LOC **incapacidad física** physical disability

incapacitado, -a *pp, adj* **~ (para) 1** (*gen*) unfit (**for sth/to do sth**): *~ para el servicio militar* unfit for military service **2** (*minusválido*) disabled *Ver tb* INCAPACITAR

incapacitar *vt* **1** (*gen*) to incapacitate: *La enfermedad le incapacitó.* He was incapacitated by his illness. ◊ *El accidente me ha ~ para caminar.* The accident has left me unable to walk. **2** (*Jur*) to disqualify *sb* ***from sth/doing sth***

incapaz *adj* **~ de** incapable **of *sth/doing sth***: *Son incapaces de prestar atención.* They're incapable of paying attention.

incautación *nf* seizure

incautarse *v pron* **~ de** to seize *sth* [*vt*]: *La policía se incautó de 10 kg de cocaína.* The police seized 10 kg of cocaine.

incauto, -a *adj, nm-nf* **1** gullible [*adj*]: *Eres un ~.* You're so gullible. **2** (*descuidado*) careless [*adj*]

incendiar *vt* to set fire **to *sth***: *Un loco ha incendiado la escuela.* A madman has set fire to the school.

■ **incendiarse** *v pron* **1** (*prender fuego*) to catch fire: *El establo se incendió.* The stable caught fire. **2** (*quemarse*) to burn (down): *La fábrica se ha incendiado.* The factory has burnt down.

incendiario, -a *adj* **1** (*bomba*) incendiary **2** (*discurso, escrito*) inflammatory

■ **incendiario, -a** *nm-nf* arsonist LOC *Ver* BOMBA[2]

incendio *nm* fire: *apagar un ~* to put out a fire

LOC **incendio provocado** arson *Ver tb* ALARMA, BOCA, ESCALERA, MEDIDA, NORMATIVA, SEGURO

incentivado, -a *pp, adj Ver* INCENTIVAR LOC *Ver* BAJA

incentivar *vt* to provide an incentive (***for sth/sb***) (***to do sth***): *Las medidas incentivan al público a ahorrar.* The measures provide an incentive for the public to save.

incentivo *nm* incentive

incertidumbre *nf* uncertainty

incesante *adj* incessant

incesto *nm* incest

incestuoso, -a *adj* incestuous

incidencia *nf* **1** (*repercusión*) effect **2** (*frecuencia*) incidence **3 incidencias** (*sucesos*) details: *las ~s del proceso* the details of the trial

incidente *nm* incident: *El ~ se produjo en el séptimo juego del cuarto set.* The incident occurred in the seventh game of the fourth set.

LOC **sin incidentes** peacefully: *La jornada de huelga transcurrió sin ~s.* The strike passed off peacefully.

incidir *vi* **~ en 1** (*repercutir*) to affect *sth* [*vt*]: *Estas medidas han incidido en la economía.* These measures have affected the economy. **2** (*en un tema*) to emphasize *sth* [*vt*]: *Todos los entrevistados incidieron en este punto.* All the interviewees emphasized this point.

incienso *nm* incense

incierto, -a *adj* uncertain

incinerar *vt* **1** (*gen*) to incinerate: *~ basura* to incinerate rubbish **2** (*cadáver*) to cremate

incipiente *adj* incipient

incisión *nf* incision

incisivo, -a *adj* **1** (*arma*) sharp **2** (*comentario*) incisive

■ **incisivo** *nm* incisor ☛ *Ver ilustración en* DIENTE

inciso *nm* digression

LOC **hacer un inciso** to digress *Ver tb* MODO

incitante *adj* provocative

incitar *vt* **1** (*gen*) to incite *sb* ***to sth***: *El general incitó al ejército a rebelarse.* The general incited the army to rebel. **2** (*tentar*) to tempt *sb* (***to do sth***): *—Mira qué pastel. —No me incites.* 'Look at that cake.' 'Don't tempt me.'

incivilizado, -a *adj* uncivilized

inclasificable *adj* unclassifiable

inclemencia *nf* inclemency

LOC **las inclemencias del tiempo** the inclemency of the weather

inclinación *nf* **1** (*cuesta, plano*) slope **2** (*para asentir*) nod: *hacer una ~ de cabeza* to nod (your head) **3** (*reverencia*) bow: *hacer una ~* to bow ☛ *Ver nota en* CURTSY **4 ~** (**hacia/por**) (*fig*) leaning (**towards *sth***): *inclinaciones artísticas* artistic leanings

inclinado, -a *pp, adj* **1** (*camino, suelo, escritura*) sloping **2** (*pared, torre*) leaning *Ver tb* INCLINAR

inclinar *vt* **1** (*gen*) to tilt: *Inclina un poco el barril.* Tilt the barrel forward a bit. **2** (*cabeza*) **(a)** (*para asentir, para saludar*) to nod **(b)** (*para hacer una reverencia*) to bow **(c)** (*de vergüenza*) to hang

■ **inclinarse** *v pron* **1** (*gen*) to lean: *Se inclinaron sobre los microscopios.* They leant over their microscopes. ◊ *El edificio se inclina hacia un lado.* The building leans over to one side. **2** (*mostrar tendencia*) **(a) inclinarse a** to be inclined ***to do sth***: *Me inclino a pensar que...* I'm inclined to think that... **(b) inclinarse por**: *Nos inclinamos por el partido verde.* Our sympathies lie with the Green Party. ◊ *Yo me inclino por la primera alternativa.* I'm in favour of the first alternative.

LOC inclinar el cuerpo hacia adelante/atrás to lean forward/backwards

incluido, -a *pp, adj* including: *Son 15.000 pesetas ~ el desayuno.* It's 15 000 pesetas including breakfast. ◊ *con el IVA ~* including VAT *Ver tb* INCLUIR

LOC todo incluido all in: *Son 10.000 pesetas todo ~.* It's 10 000 pesetas all in.

incluir *vt* to include: *El precio incluye el servicio.* The price includes service.

LOC sin incluir not including

inclusión *nf* inclusion

inclusive *adv* inclusive: *del 3 al 7, ambos ~* from the 3rd to the 7th inclusive ◊ *hasta el sábado ~* up to and including Saturday

incluso *adv* even: *~ me dio dinero.* He even gave me money. ◊ *Eso sería ~ mejor.* That would be even better.

LOC *Ver* ASÍ

incoar *vt* to initiate: *~ expediente contra algn* to initiate proceedings against sb

incobrable *adj* irrecoverable

incógnito, -a *adj* unknown

■ **incógnita** *nf* **1** (*misterio*) mystery: *Sus motivos siguen siendo una incógnita.* His motives remain a mystery. **2** (*Mat*) unknown quantity

LOC de incógnito incognito: *Viajaba de ~.* She travelled incognito. **guardar/mantener el incógnito** to remain incognito

incoherencia *nf* **1** (*dicho confuso*) incoherence [*incontable*]: *Murmuraba ~s.* She was mumbling something incoherent. **2** (*falta de lógica*) inconsistency: *Es una ~ condenar la violencia de unos y no la de los otros.* It is inconsistent to condemn violence in some cases and not others.

LOC decir incoherencias to speak incoherently

incoherente *adj* **1** (*confuso*) incoherent: *palabras ~s* incoherent words **2** (*ilógico*) inconsistent: *un comportamiento ~* inconsistent behaviour

incoloro, -a *adj* colourless

incombustible *adj* fireproof, incombustible (*más formal*)

incomible *adj* inedible

incomodar *vt* **1** (*molestar*) to bother, to inconvenience (*formal*): *Siento ~le.* Sorry to bother you. **2** (*causar malestar*) to make *sb* (feel) uncomfortable: *Su presencia me incomoda.* His presence makes me feel uncomfortable.

■ **incomodarse** *v pron* to get angry (***with sb***)

incomodidad *nf* **1** (*falta de comodidad*) discomfort: *la ~ de viajar en tren* the discomfort of travelling by train ◊ *un viaje lleno de ~es* a very uncomfortable journey **2** (*molestia*) inconvenience: *la ~ que causan las obras* the inconvenience caused by the roadworks

incómodo, -a *adj* **1** (*gen*) uncomfortable: *Me sentía ~.* I felt uncomfortable. ◊ *un viaje ~* an uncomfortable journey **2** (*fastidioso, molesto*) inconvenient: *Es ~ compartir el baño.* It's inconvenient sharing a bathroom.

incomparable *adj* incomparable

incompatibilidad *nf* **1** (*gen*) incompatibility: *Existe una ~ entre los dos sistemas.* The two systems are incompatible. **2 incompatibilidades** (*puesto*): *las ~es del puesto de concejal* the positions a town councillor may not hold

LOC incompatibilidad de caracteres incompatibility

incompatible *adj* incompatible

incompetencia *nf* incompetence

incompetente *adj, nmf* incompetent [*adj*]: *despedido por ~* sacked for incompetence ◊ *ser un ~* to be incompetent

incompleto, -a *adj* **1** (*fragmentario*) incomplete: *información incompleta* incomplete information **2** (*sin acabar*) unfinished: *una sinfonía incompleta* an unfinished symphony

incomprendido, -a *adj* misunderstood

LOC ser un incomprendido: *Soy/Eres un ~.* No one understands me/you.

incomprensible *adj* incomprehensible

incomprensión *nf* lack of understanding

incomunicación *nf* **1** (*falta de diálogo*) lack of communication: *La ~ es un gran problema en la actualidad.* Lack of communication is one of today's biggest problems. **2** (*aislamiento*): *Se habla de una total ~ de la zona norte del país.* Apparently, the north of the country is completely cut off. **3** (*Jur*) solitary confinement

incomunicado, -a *pp, adj* **1** (*aislado*) cut off: *Nos quedamos ~s por la nieve.* We were cut off by the snow. **2** (*detenido*) **(a)** (*para ser interrogado*) held incommunicado: *El detenido permaneció ~ durante 24 horas.* After his arrest he was held incommunicado for 24 hours. **(b)** (*como castigo*) in solitary confinement

inconcebible *adj* inconceivable

incondicional *adj* unconditional

■ **incondicional** *nmf* (staunch) supporter

inconexo, -a *adj* unconnected

inconformista *adj, nmf* nonconformist

inconfundible *adj* unmistakable

incongruente *adj* **1** (*dislocado*) incongruous: *una propuesta ~* an incongruous proposal **2** (*inconexo*) inconsistent: *un razonamiento ~* an inconsistent argument

inconmensurable *adj* immense

inconmovible *adj* unmoved

inconsciente *adj* unconscious: *El paciente está ~.* The patient is unconscious. ◊ *un gesto ~* an unconscious gesture

■ **inconsciente** *adj, nmf* irresponsible [*adj*]: *Eres un ~.* You're so irresponsible.

■ **inconsciente** *nm* (*Psiq*) unconscious: *el ~* the unconscious

LOC dejar inconsciente to knock *sb* out **quedar inconsciente** to pass out

inconsecuente *adj* inconsistent

inconsistente *adj* weak

inconsolable *adj* inconsolable

inconstante *adj* **1** (*persona*) lacking application **2** (*fenómeno*) inconstant

inconstitucional *adj* unconstitutional

inconstitucionalidad *nf* unconstitutional nature: *la ~ de una ley* the unconstitutional nature of a law

incontable *adj* **1** (*incalculable*) countless: *en ~s ocasiones* on countless occasions **2** (*Ling*) uncountable

incontenible *adj* **1** (*gen*) uncontrollable: *una risa ~* uncontrollable laughter **2** (*avance, subida*) unstoppable

incontestable *adj* **1** (*innegable*) undeniable: *una verdad ~* the undeniable truth **2** (*argumento, acusación*) irrefutable

incontinencia *nf* incontinence

incontinente *adj* incontinent

incontrolable *adj* uncontrollable

incontrolado, -a *adj* uncontrolled: *un comportamiento* ~ uncontrolled behaviour

■ **incontrolado, -a** *nm-nf* rioter: *La policía detuvo a un grupo de ~s.* The police arrested a group of rioters.

inconveniencia *nf* inconvenience

inconveniente *adj* **1** (*inoportuno, molesto*) inconvenient: *una hora* ~ an inconvenient time **2** (*no apropiado*) inappropriate: *un comentario* ~ an inappropriate comment

■ **inconveniente** *nm* **1** (*dificultad, obstáculo*) problem: *Han surgido algunos ~s.* Some problems have arisen. **2** (*desventaja*) disadvantage: *Tiene ventajas e ~s.* It has its advantages and disadvantages.

LOC **no hay inconveniente en...** there's no problem about... **no tengo inconveniente (en)** I don't mind (*doing sth*): *No tengo ~ en verles.* I don't mind seeing them. **no veo inconveniente** I can't see why not **poner inconvenientes** to raise objections **si te ponen inconvenientes...** if you have any problems... **¿tiene/tienes (algún) inconveniente...?** would you mind...?: *¿Tienes algún ~ en firmar en su nombre?* Would you mind signing this document on her behalf?

incordiar *vt* to bother

■ **incordiar** *vi* to be a nuisance: *¡No incordies!* Don't be such a nuisance!

incordio *nm* nuisance

incorporación *nf* **~ (a)** **1** (*gen*) incorporation (**in/into** ***sth***): *la ~ de la mujer al mundo laboral* the incorporation of women into the workforce **2** (*entrada*) entry (**into** ***sth***): *la ~ de España a la CE* Spain's entry into the EC

incorporado, -a *pp, adj* **1 ~ a** (*gen*) incorporated **into** ***sth***: *nuevos vocablos ~s al idioma* new words incorporated into the language **2** (*Tec*) built-in: *una antena incorporada* a built-in aerial *Ver tb* INCORPORAR

LOC **estar incorporado** (*persona*) to be sitting up

incorporar *vt* **1** (*agregar*) to incorporate *sth* (***in/into sth***): *~ una nueva tecnología al sistema* to incorporate new technology in the system **2** (*persona*) to include *sb* (***in sth***): *Me han incorporado al equipo.* I've been included in the team. **3** (*Cocina*) to mix *sth* in: *Se va incorporando la harina poco a poco.* Gradually mix in the flour, little by little. **4** (*territorio*) to annex **5** (*persona tumbada*) to sit *sb* up: *Lo incorporé para que no se ahogara.* I sat him up so he wouldn't choke.

■ **incorporarse** *v pron* **1 incorporarse (a)** (*grupo, empresa*) to join (*sth*): *Se incorporó a la empresa como contable.* He joined the firm as an accountant. **2 incorporarse (a)** (*trabajo, puesto*) **(a)** (*gen*) to start (*sth*): *El lunes me incorporo a mi nuevo empleo.* I start my new job on Monday. ◊ *~se a un cargo* to take up a post **(b)** (*tras una huelga/enfermedad*) to go back to *work* **3** (*persona tumbada*) to sit up

incorrecto, -a *adj* **1** (*erróneo*) incorrect **2** (*descortés*) discourteous

incorregible *adj* **1** (*persona*) incorrigible: *¡Eres ~!* You'll never change! **2** (*defecto*) irremediable

incorruptible *adj* incorruptible

incorrupto, -a *adj* uncorrupted

incredulidad *nf* incredulity

incrédulo, -a *adj* incredulous

■ **incrédulo, -a** *nm-nf* sceptic

increíble *adj* incredible

incrementar(se) *vt, v pron* to increase: *Esa inversión incrementará el presupuesto del próximo año.* This investment will increase next year's budget. ◊ *El precio del oro se está incrementando.* The price of gold is increasing.

incremento *nm* **~ (de)** increase (**in** ***sth***): *un ~ de los precios* an increase in prices **LOC** *Ver* LINEAL, SALARIAL

increpar *vt* **1** (*reprender*) to rebuke **2** (*insultar*) to shout abuse **at** ***sb***

incriminar *vt* to incriminate

incrustación *nf* inlay [*incontable*]: *una caja con incrustaciones de oro* a box with a gold inlay

incrustar *vt* **1** (*una piedra preciosa*) to set *sth* ***in sth*** **2** (*empotrar*): *Del golpe casi me incrustó contra la pared.* He hit me so hard I nearly went through the wall.

■ **incrustarse** *v pron*: *La bala se incrustó en la pared.* The bullet embedded itself in the wall.

incubación *nf* incubation

incubadora *nf* incubator

incubar *vt* **1** (*huevos*) to incubate **2** (*enfermedad*) to be getting: *~ la varicela* to be getting chickenpox

■ **incubar(se)** *vi, v pron* (*enfermedad*) to develop: *Esa enfermedad (se) incuba con gran rapidez.* This illness develops very quickly.

incuestionable *adj* unquestionable

inculcar *vt* to instil *sth* ***in/into sb***

inculpado, -a *pp, adj, nm-nf* accused *Ver tb* INCULPAR

inculpar *vt* to accuse *sb* (***of sth***)

inculto, -a *adj, nm-nf* ignorant [*adj*]: *Eres un ~.* You're so ignorant.

incultura *nf* lack of culture

incumbencia *nf* concern: *Ese asunto no es de mi ~.* That's no concern of mine.

incumbir *vi* to be the concern **of** ***sb***: *Esto no te incumbe.* It's no concern of yours.

incumplimiento *nm* **1** (*promesa*) failure to keep *a promise* **2 ~ de** (*reglamento, ley*) non-observance **of** ***sth***

LOC **incumplimiento de contrato** breach of contract

incumplir *vt* **1** (*promesa, reglamento, ley*) to break **2** (*previsión*) to fail to carry *sth* out

incurable *adj* incurable

incurrir *vi* **~ en 1** (*deuda, desgracia, gastos*) to incur *sth* [*vt*]: *Esto le hizo ~ en gastos excesivos.* This made him incur heavy costs. **2** (*delito, pecado*) to commit *sth* [*vt*]

LOC **incurrir en un error** to make a mistake

incursión *nf* **1** (*Mil*) incursion **2** (*fig*) foray: *una ~ en el mundo del cine* a foray into the world of cinema

indagación *nf* inquiry ☛ *Ver nota en* ENQUIRY

LOC **hacer indagaciones** to make inquiries

indagar *vt, vi* **~ (acerca de/sobre)** to investigate: *~ acerca del paradero de algn* to investigate sb's whereabouts

indebidamente *adv* **1** (*injustamente*) wrongfully: *Le despidieron ~.* He was wrongfully dismissed. **2** (*sin autorización*) without authorization: *Se apropió ~ de los fondos del banco.* He appropriated the bank's funds without authorization. **3** (*mal*) improperly: *envases precintados ~* improperly sealed containers

indebido, -a *adj* **1** (*injusto*) unjust: *un castigo ~* an unjust punishment **2** (*no autorizado*) unauthorized: *aparcamiento ~* unauthorized parking **3** (*incorrecto*) incorrect: *Utilizaron una contraseña indebida.* They used an incorrect password. **LOC** *Ver* APROPIACIÓN

indecencia *nf* indecency: *escenas de una ~ escandalosa* scenes of great indecency

LOC **estar hecho una indecencia** (*sucio*) to be filthy **ser una indecencia** to be obscene

indecente *adj* **1** (*sucio*) filthy: *Esta cocina está ~.* This kitchen is filthy. **2** (*espectáculo, gesto, lenguaje*) obscene **3** (*ropa*) indecent

■ **indecente** *nmf* (*persona*) shameless [*adj*]: *¡Eres un ~!* You're really shameless!

indecible *adj* indescribable: *una alegría ~* indescribable joy ◊ *Sufrió lo ~.* You can't imagine how much he suffered.

indecisión *nf* indecision

indeciso, -a *adj, nm-nf* indecisive [*adj*]: *ser un ~* to be indecisive/unable to make up your mind

indecoroso, -a *adj* immodest

indefendible *adj* indefensible

indefenso, -a *adj* defenceless

indefinible *adj* indefinable

indefinido, -a *adj* **1** (*período, Ling*) indefinite: *una huelga indefinida* an indefinite strike ◊ *el artículo ~* the indefinite article **2** (*color, edad, forma*) indeterminate

LOC *Ver* PRETÉRITO

indemne *adj* **1** (*persona*) unharmed **2** (*cosa*) undamaged

indemnización *nf* **1** (*compensación*) compensation: *Cobramos una buena ~.* We received generous compensation. **2** (*por despido*) redundancy pay

indemnizar *vt* to pay *sb* compensation (***for sth***): *Indemnizaron a los propietarios por los perjuicios causados.* The owners received compensation for the damage.

independencia *nf* independence

LOC con independencia de irrespective of *sth*: *Con ~ de lo que digan los demás, nosotros vamos a la huelga.* Irrespective of what the others say, we're going on strike.

independiente *adj, nmf* independent: *presentarse como ~* to stand as an independent

LOC independientes entre sí independent of each other

independientemente *adv* **~ de**: *~ de que nos paguen o no* whether we get paid or not ◊ *Iremos, ~ del tiempo que haga.* Whatever the weather, we'll go.

independizarse *v pron* **1** (*individuo*) to leave home **2** (*país, colonia*) to gain independence

indescifrable *adj* **1** (*escritura, lenguaje*) indecipherable **2** (*misterio, problema, intenciones*) impenetrable

indescriptible *adj* indescribable: *de una belleza ~* indescribably beautiful

indeseable *adj, nmf* undesirable

indestructible *adj* indestructible

indeterminado, -a *adj* **1** (*gen*) indeterminate: *un número ~* an indeterminate number **2** (*Ling*) indefinite

LOC *Ver* ARTÍCULO

India *nf* India

Indias *nf* **LOC** *Ver* CONEJILLO

indicación *nf* **1** (*gen*) sign, indication (*más formal*): *Fue la primera ~ de que íbamos a ganar.* It was the first indication that we were going to win. **2 indicaciones (a)** (*instrucciones*) instructions: *Siga las indicaciones del folleto.* Follow the instructions in the leaflet. ◊ *las indicaciones del médico* the doctor's instructions **(b)** (*camino*) directions

LOC hacer una indicación (con la mano) to signal **por indicación de** at *sb's* suggestion: *Fui por ~ de un amigo.* I went at a friend's suggestion. *Ver tb* USO

indicado, -a *pp, adj* **1** (*conveniente*) suitable: *los tonos más ~s para el verano* the most suitable colours for summer ◊ *un traje poco ~ para la ocasión* a dress unsuited to the occasion ◊ *el momento menos ~* the worst possible moment **2** (*convenido*) specified: *la fecha indicada en el documento* the date specified in the document **3** (*aconsejable*) advisable: *Este tipo de tratamiento está ~ en los siguientes casos...* This course of treatment is advisable in the following cases... *Ver tb* INDICAR

LOC el más/menos indicado the best/the last: *No soy el más ~ para esa tarea.* I am not the best person for that task. ◊ *Eres la menos indicada para hablar.* You're the last person to talk! **lo más/menos indicado** the best/worst thing

indicador, ~a *adj* warning

■ **indicador** *nm* indicator: *~es económicos* economic indicators

LOC indicador de carretera road sign **indicador de dirección** indicator **indicador de gasolina/presión** petrol/pressure gauge **indicador de velocidad** speedometer ☛ *Ver ilustración en* CAR *Ver tb* CARTEL[2], VARILLA

indicar *vt* **1** (*mostrar*) to show, to indicate (*más formal*): *Su silencio indica aprobación.* His silence indicates assent. ◊ *~ el camino* to show the way ◊ *¿Me puede ~ dónde está la estación?* Can you direct me to the station? **2** (*señalar*) to point *sth* out (***to sb***): *Indicó que se trataba de un error.* He pointed out that it was a mistake.

indicativo, -a *adj* indicative (***of sth***)

■ **indicativo** *nm* **1** (*Gram*) indicative **2** (*teléfono*) dialling code

índice *nm* **1** (*gen*) index: *~ alfabético* alphabetical index ◊ *el ~ del coste de vida* the cost of living index **2** (*biblioteca*) catalogue **3** (*Mat*) index [*pl* indices] **4** (*dedo*) index finger ☛ *Ver ilustración en* HAND[1]

LOC índice de audiencia audience ratings [*v pl*] **índice (de materias)** table of contents **índice de natalidad** birth rate **Índice de Precios al Consumo (IPC)** Retail Price Index (*abrev* RPI) *Ver tb* DEDO, PARO

indicio *nm* **1** (*gen*) sign: *~s de deterioro* signs of deterioration **2** (*Jur, prueba*) circumstantial evidence [*incontable*]

LOC mostrar/ofrecer indicios to show signs *of sth*

índico, -a *adj* Indian

■ **Índico** *nm* Indian Ocean

indiferencia *nf* indifference (***to sth/sb***)

indiferente *adj* **~ (a)** indifferent (**to *sth/sb***), not interested (**in *sth/sb***) (*más coloq*): *Es ~ a la moda.* She is not interested in fashion. ◊ *El gobierno parece ~ a las críticas.* The government appears indifferent to criticism.

LOC ser (algo) indiferente: *Es ~ que sea blanco o negro.* It doesn't matter whether it's black or white. ◊ *Es ~ a efectos legales.* Legally, it makes no difference. **me es indiferente** it makes no difference to me, you, etc: *Me es ~ quién presida la reunión.* It makes no difference to me who chairs the meeting.

indígena *adj* indigenous

■ **indígena** *nmf* native

indigencia *nf* poverty

indigestarse *v pron* **1** (*lit*): *Se me indigestó la comida.* The meal gave me indigestion. **2** (*fig*): *Se me ha indigestado el francés/mi jefe.* I can't stand French/my boss.

indigestión *nf* indigestion

indigesto, -a *adj* indigestible: *un plato/libro ~* an indigestible dish/book

indignación *nf* indignation

LOC con indignación indignantly

indignado, -a *pp, adj* indignant (***at/about/over sth***): *~s por la falta de ayuda* indignant about the lack of aid *Ver tb* INDIGNAR

indignante *adj* outrageous

indignar *vt* to infuriate

■ **indignarse** *v pron* **indignarse (con) (por)** to get angry (**with *sb***) (**about *sth***): *Ante eso no puedo por menos de ~me.* I can't help getting angry about that.

LOC es para indignarse it's outrageous

indigno, -a *adj* **1 ~ de** unworthy **of *sth/sb***: *una conducta indigna de una persona como tú* behaviour unworthy of a person like you **2** (*despreciable*) contemptible

indio, -a *adj, nm-nf* Indian

LOC hacer el indio to mess around: *Deja ya de hacer el ~ y ven a comer.* Stop messing around and come and eat. *Ver tb* FILA

indirecta *nf* hint

LOC coger la indirecta to take the hint **echar/lanzar/soltar una indirecta** to drop a hint

indirecto, -a *adj* indirect **LOC** *Ver* COMPLEMENTO, ESTILO

indisciplinado, -a *adj* undisciplined

indiscreción *nf*: *Fue una ~ por su parte preguntarlo.* She shouldn't have asked. ◊ *si no es ~* if you don't mind my asking ◊ *Fue una ~ decirlo.* It was a tactless thing to say.

indiscreto, -a *adj* indiscreet

indiscriminado, -a *adj* indiscriminate

indiscutible *adj* indisputable

indisoluble *adj* **1** (*unión*) indissoluble **2** (*Quím*) insoluble

indispensable *adj* indispensable, essential (*más coloq*)

LOC lo indispensable the bare essentials [*v pl*]

indisponer *vt* **1** (*Med*) to make *sb* feel unwell: *Los viajes me indisponen.* Travelling makes me feel unwell. **2** (*enemistar*) to set *sb* ***against sb***: *Su suegra le indispuso con la familia.* His mother-in-law set him against the family.

■ **indisponerse** *v pron* **1** (*Med*) to fall ill **2** (*enfadarse*) to fall out (***with sb***): *Se ha indispuesto con todos sus colegas.* He has fallen out with all his colleagues.
indisposición *nf* indisposition
indispuesto, -a *pp, adj* not well, indisposed (*más formal*): *No ha venido a clase porque está indispuesta.* She hasn't come to school because she's not well. *Ver tb* INDISPONER
indisputable *adj* indisputable
indistintamente *adv* both: *Los bonos valen ~ para el metro y el autobús.* Season tickets are valid for both the underground and the buses. ◊ *Puedes usar uno u otro diccionario ~.* You can use either dictionary, it doesn't matter.
individual *adj* individual
■ **individual** *nm* (*Dep*) singles [*v sing*] **LOC** *Ver* CAMA, CHALÉ, HABITACIÓN, MANTEL
individualidad *nf* individuality
individualismo *nm* individualism
individualista *adj* individualistic
■ **individualista** *nmf* individualist
individualizar *vt* to personalize
individuo, -a *nm-nf* individual
indivisible *adj* indivisible
indocumentado, -a *adj*: *Iba ~.* He didn't have any identification (papers).
indoeuropeo, -a *adj* Indo-European
índole *nf* kind: *Tienen problemas de toda ~.* They have all kinds of problems.
indolencia *nf* indolence, laziness (*más coloq*)
indolente *adj* indolent, lazy (*más coloq*)
indoloro, -a *adj* painless
indomable *adj* **1** (*animal*) untameable **2** (*espíritu, carácter*) indomitable **3** (*niño*) uncontrollable
indómito *adj* **1** (*animal*) **(a)** (*no domado*) untamed **(b)** (*que no se puede domar*) untameable **2** (*espíritu, carácter*) indomitable **3** (*niño*) uncontrollable
Indonesia *nf* Indonesia
inducción *nf* induction
inducir *vt* **1** (*gen*) to lead *sb* ***to do sth***, to induce *sb* ***to do sth*** (*formal*): *¿Qué fue lo que le indujo a escribir este libro?* What led you to write this book? **2** (*Elec*) to induce
LOC **inducir a error/engaño** to lead to error; to lead *sb* into error
inductivo, -a *adj* inductive
indudable *adj* undoubted
LOC **es indudable que...** there's no doubt that...
indulgencia *nf* **1** (*tolerancia*) indulgence **2** (*en castigos*) leniency: *El juez no tuvo ninguna ~ con el acusado.* The judge showed no leniency towards the defendant.
indulgente *adj* **1** (*tolerante*) indulgent (***towards sb***): *Es muy ~ con sus hijos.* He's very indulgent towards his children. **2** (*en castigos*) lenient (***with sb***)
indultar *vt* to pardon
indulto *nm* **1** (*gen*) pardon, exemption (*formal*): *una petición de ~* a plea for exemption **2** (*pena de muerte*) reprieve: *El juez le concedió el ~.* He was granted a reprieve.
indumentaria *nf* attire
industria *nf* industry: *la ~ ligera/pesada* light/heavy industry ◊ *la ~ pesquera* the fishing industry
LOC **industria artesanal** cottage industry **industria automovilística** motor industry **industria militar** arms industry
industrial *adj* industrial
■ **industrial** *nmf* industrialist *Ver* CANTIDAD, PROPIEDAD, REGISTRO
industrialización *nf* industrialization
industrializar *vt* to industrialize
■ **industrializarse** *v pron* to become industrialized
inédito, -a *adj* **1** (*sin publicar*) unpublished **2** (*desconocido*) previously unknown
ineficacia *nf* **1** (*falta de resultado*) ineffectiveness **2** (*falta de rendimiento*) inefficiency
ineficaz *adj* **1** (*que no produce el resultado esperado*) ineffective: *medidas ineficaces* ineffective measures **2** (*que no rinde, que no funciona bien*) inefficient: *una persona ~* an inefficient person
ineficiencia *nf* (*falta de rendimiento*) inefficiency
ineficiente *adj* (*persona*) inefficient
ineludible *adj* unavoidable
INEM *nm, abrev de* **Instituto Nacional de Empleo** *Ver* INSTITUTO
ineptitud *nf* ineptitude
inepto, -a *adj, nm-nf* inept [*adj*]: *Es un ~, no lo quiero en esta empresa.* I'm not going to employ him, he's totally inept.
inequívoco, -a *adj* unequivocal
inercia *nf* inertia
LOC **por inercia** through force of habit: *Seguían juntos por ~.* They stayed together through force of habit.
inerte *adj* inert
inescrutable *adj* **1** (*cosa*) unfathomable: *un misterio ~* an unfathomable mystery **2** (*persona, carácter*) inscrutable: *una mirada ~* an inscrutable expression
inesperado, -a *adj* unexpected
inestabilidad *nf* instability
inestable *adj* **1** (*gen*) unstable: *Tiene un carácter muy ~.* He's very unstable. **2** (*tiempo*) changeable
inestimable *adj* invaluable: *una ayuda ~* invaluable help ◊ *de un valor ~* of inestimable value
inevitable *adj* inevitable
inexacto, -a *adj* inaccurate
inexcusable *adj* (*imperdonable*) inexcusable
inexistencia *nf* non-existence, lack (*más coloq*): *La ~ de pruebas dificulta la investigación.* The lack of evidence makes the investigation difficult.
inexistente *adj* non-existent
inexorable *adj* (*inevitable*) inexorable: *el ~ paso del tiempo* the inexorable passage of time
inexperiencia *nf* lack of experience
inexperto, -a *adj, nm-nf* inexperienced [*adj*]: *Se nota que es una inexperta en su forma de hablar.* You can tell she's inexperienced from the way she talks.
inexplicable *adj* inexplicable
inexpresable *adj* inexpressible: *una alegría/un dolor ~* inexpressible joy/sorrow
inexpresivo, -a *adj* **1** (*sin expresión*) expressionless: *Esta niña tiene unos ojos ~s.* That girl's eyes are expressionless. **2** (*reservado*) reserved: *Es muy ~.* He's very reserved.
infalible *adj* **1** (*gen*) infallible: *Nadie es ~.* Nobody is infallible. ◊ *Si lo ha dicho él, será cierto: es ~.* If he said that, it must be true: he's never wrong. ◊ *Tómate estas pastillas, son ~s contra la tos.* Try these cough pastilles, they're guaranteed to work. **2** (*puntería*) unerring
infame *adj* **1** (*ruin*) disgraceful: *una conducta ~* disgraceful behaviour **2** (*muy malo*) abysmal: *En ese restaurante dan una comida ~.* The food in that restaurant is abysmal.
■ **infame** *nmf* despicable person
infamia *nf* **1** (*gen*) wrong: *Han cometido una gran ~ con él.* They have done him a terrible wrong. **2** (*cualidad de infame*) infamy
infancia *nf* childhood **LOC** *Ver* AMIGO, JARDÍN, TIERNO
infante, -a *nm-nf* prince [*fem* princess]
■ **infante** *nm* (*Mil*) infantryman [*pl* infantrymen]
infantería *nf* infantry [*v sing o pl*]
LOC **infantería de marina** marines [*v pl*]
infanticida *nmf* child killer
infanticidio *nm* infanticide
infantil *adj* **1** (*de niño*) children's: *literatura/programación ~* children's books/programmes ◊ *enfermedades ~es* childhood illnesses **2** (*adulto*) **(a)** (*aspecto, mentalidad*) childlike: *una sonrisa ~* a childlike smile **(b)** (*peyorativo*) childish, infantile (*más formal*): *No seas ~.* Don't be childish. **LOC** *Ver* CANCIÓN, GUARDERÍA
infarto *nm* heart attack

LOC infarto de miocardio heart attack *Ver tb* AMAGO

infatigable *adj* tireless, indefatigable (*más formal*)

infección *nf* infection

infeccioso, -a *adj* infectious

infectar *vt* to infect

■ **infectarse** *v pron* to become infected, to go septic (*más coloq*): *Se le ha infectado la herida.* The wound has become infected.

infelicidad *nf* unhappiness

infeliz *adj* unhappy

■ **infeliz** *nmf* **1** (*desgraciado*) unlucky person **2** (*inocentón*) fool: *Eres un ~, crees que la gente te va a ayudar.* You're a fool if you think people will help you.

inferior *adj* **~** **(a)** **1** (*gen*) lower (**than *sth***): *el labio ~* the lower lip ◊ *una tasa de natalidad ~ a la del año pasado* a lower birth rate than last year ◊ *temperaturas ~es a 10°C* temperatures below 10°C ◊ *el piso/cajón ~* the bottom floor/drawer ◊ *en la esquina ~ derecha* in the bottom right-hand corner ☛ *Ver ilustración en* FOREGROUND **2** (*calidad, en una jerarquía*) inferior **to *sth*/*sb***: *seres ~es* inferior beings ◊ *El jersey es de una calidad ~ a la de la falda.* The quality of the jumper is inferior to that of the skirt.

■ **inferior** *nmf* inferior

inferioridad *nf* inferiority

LOC estar en inferioridad de condiciones to be at a disadvantage

infernal *adj* infernal: *Los vecinos hacen un ruido ~.* The neighbours make an infernal racket. ◊ *¡Qué tiempo tan ~!* What appalling weather! ◊ *trabajar a un ritmo ~* to work like hell **LOC** *Ver* CALOR

infidelidad *nf* infidelity: *~ conyugal* marital infidelity

infiel *adj*

LOC ser infiel a algn to be unfaithful to sb: *Le ha sido ~.* He has been unfaithful to her. **ser infiel a algo** to betray sth: *Han sido ~es a la causa.* They have betrayed the cause.

infiernillo *nm* camping stove

infierno *nm* hell: *Esto es un ~.* This is hell. ◊ *¡Vete al ~!* Go to hell! **LOC** *Ver* MANDAR, QUINTO

infiltración *nf* infiltration

infiltrado, -a *nm-nf* infiltrator

infiltrarse *v pron* **1** (*líquido*) to seep **2** **~ (en)** (*espía*) to infiltrate (*sth*): *Se ha infiltrado un espía en la organización.* A spy has infiltrated the organization.

ínfimo, -a *adj* **1** (*bajo*) extremely low: *niveles ~* extremely low levels **2** (*malo*) very poor: *de ínfima calidad* of very poor quality

infinidad *nf* **1** (*multitud*) a great many [*v pl*]: *Había una ~ de gente/cosas.* There were a great many people/things. **2** (*mucho tiempo*) ages [*incontable*]: *Tardó una ~.* He was ages.

LOC infinidad de veces/en infinidad de ocasiones countless times

infinitesimal *adj* infinitesimal

infinitivo *nm* infinitive

infinito, -a *adj* **1** (*múltiple, sin límites*) infinite: *Las posibilidades son infinitas.* The possibilities are infinite. ◊ *Se necesita una paciencia infinita.* You need infinite patience. **2** (*número*) huge: *un número ~ de coches* a huge number of cars

■ **infinito** *nm* **1** (*Mat, Fís*) infinity **2 el infinito** (*el espacio*) the infinite

■ **infinito** *adv* ever so: *Te lo agradezco ~.* I'm ever so grateful to you.

LOC hasta el infinito ad infinitum **mirar al infinito** to stare into the distance

inflación *nf* inflation

inflacionista (*tb* **inflacionario, -a**) *adj* inflationary

inflamable *adj* inflammable; flammable

Nótese que **inflammable** y **flammable** son sinónimos.

inflamación *nf* **1** (*Med*) swelling, inflammation (*formal*) **2** (*combustible*) combustion

inflamar *vt* **1** (*ánimos, pasiones*) to inflame **2** (*prender fuego*) to ignite: *Una chispa inflamó el combustible.* A spark ignited the fuel.

■ **inflamarse** *v pron* **1** (*encenderse*) to catch fire: *Se inflamó el depósito de la gasolina.* The petrol tank caught fire. **2** (*ánimos, pasiones*) to become heated **3** (*Med*) to swell (up): *Se me ha inflamado un poco el tobillo.* My ankle is a bit swollen.

inflamatorio, -a *adj* inflammatory

inflar *vt* **1** (*hinchar*) **(a)** (*gen*) to blow *sth* up, to inflate (*más formal*): *~ un globo* to blow up a balloon **(b)** (*pulmones, velas*) to fill **2** (*exagerar*) to blow *sth* up, to exaggerate (*más formal*): *Inflan las cifras para engañar al público.* They are exaggerating the figures in order to fool the public.

■ **inflarse** *v pron* (*comer mucho*) to stuff yourself (***with sth***): *No te infles de pasteles.* Don't stuff yourself with cakes. ◊ *Nos inflamos a comer.* We stuffed ourselves.

LOC inflar los carrillos to puff your cheeks out

inflexible *adj* **1** (*carácter, actitud*) inflexible **2** (*autoridad, norma, orden*) strict **3** (*material*) rigid

inflexión *nf* inflection

infligir *vt* to inflict *sth* ***on sb***

influencia *nf* influence (**on/over *sth*/*sb***): *No tengo ~ sobre él.* I've got no influence over him. ◊ *la ~ de la alimentación sobre la salud* the influence of diet on health

LOC tener influencias to have contacts *Ver tb* TRÁFICO

influenciable *adj* easily influenced

influenciar *vt* to influence

influir *vi* **~ (en)** to influence *sth/sb* [*vt*]: *Su consejo influyó en mi decisión.* His advice influenced my decision. ◊ *Este hecho influyó (para que vendieran las acciones).* This had an influence (in making them sell their shares).

influjo *nm* influence

influyente *adj* influential

información *nf* **1** (*gen*) information (**on/about *sth*/*sb***) [*incontable*]: *pedir ~* to ask for information ◊ *Nos dio ~ detallada.* He gave us detailed information. ◊ *Según mis informaciones...* According to my information... **2** (*noticias*) news [*incontable, v sing*]: *La televisión ofrece mucha ~ deportiva.* There's a lot of sports news on television. **3** (*telefónica*) directory enquiries [*incontable, v sing*]: *No está en la guía, tendrás que llamar a ~.* She's not in the telephone book – you'll have to ring directory enquiries. **4** (*Mil*) intelligence: *el servicio de ~* the intelligence service **5** (*Informát*) data [*v sing o pl*] ☛ *Ver nota en* DATA **6 Información** (*en aeropuerto, congreso, hotel*) information desk

LOC información cultural (*en un periódico*) arts section *Ver tb* ALMACENAMIENTO, ARSENAL, COMANDO, OFICINA

informador, ~a *nm-nf* **1** (*gen*) informant: *No quiero comprometer a mis ~es.* I don't want to compromise my informants. **2** (*periodista*) reporter: *un ~ de actualidad* a news reporter **3** (*soplón*) informer: *un ~ de la policía* a police informer

informal *adj* (*acto*) informal: *una reunión ~* an informal gathering

■ **informal** *adj, nmf* **1** (*poco responsable*) unreliable [*adj*]. *Es un ~, siempre llega tarde.* He's very unreliable; he's always late. **2** (*poco profesional*) unbusinesslike [*adj*]: *Son unos ~es, prometen una fecha y no la cumplen.* They're very unbusinesslike; they give a date and don't keep to it. **LOC** *Ver* ROPA

informalidad *nf* **1** (*acto, ceremonia, conducta*) informality: *Su presencia dio al acto un toque de ~.* His presence gave the ceremony a touch of informality. **2** (*persona*) **(a)** (*falta de responsabilidad*) unreliability: *Cada día me molesta más su ~.* I find his unreliability more and more annoying. **(b)** (*falta de profesionalidad*) unbusinesslike attitude

informar *vt* **1** (*notificar*) to inform *sb* (***of/about sth***): *Debemos ~ a la policía del accidente.* We must inform the police of the accident. **2** (*anunciar*) to announce: *La* *radio ha informado que…* It was announced on the radio that…

■ **informar** *vi* **~** (**de/acerca de**) (*dar un informe*) to report (**on** *sth*): *~ de lo decidido en la reunión* to report on what was decided at the meeting

■ **informarse** *v pron* **informarse** (**de/sobre/acerca de**) to find out (**about** ***sth*****/*****sb***): *Tengo que ~me de lo sucedido.* I've got to find out what happened. ◊ *Infórmese en recepción.* Details available from reception. **LOC** *Ver* GRATO

informático, -a *adj* computer [*n atrib*]: *un centro ~* a computer centre

■ **informático, -a** *nm-nf* computer specialist

■ **informática** *nf* **1** (*ciencia*) computing: *Trabajo en informática.* I work in computing. **2** (*carrera*) computer science **LOC** *Ver* MATERIAL, PAQUETE, PIRATA, PIRATERÍA

informativo, -a *adj* **1** (*explicativo*) informative: *Este libro es muy ~.* This book is very informative. **2** (*panfleto, campaña*) information [*n atrib*]: *un centro ~* an information centre **3** (*referido a noticias*) news [*n atrib*]: *un resumen ~* a news summary **4** (*comisión*) advisory

■ **informativo** *nm* news [*incontable, v sing*]: *el ~ de las nueve* the nine o'clock news **LOC** *Ver* AVANCE, BOLETÍN, DILIGENCIA, ESPACIO, TÍTULO

informatización *nf* computerization

informatizar *vt* to computerize

informe[1] *adj* shapeless

informe[2] *nm* **1** (*documento, exposición oral*) report: *el ~ anual de la compañía* the company's annual report ◊ *un ~ escolar/médico* a school/medical report **2 informes (a)** (*información*) information [*incontable, v sing*]: *de acuerdo con sus ~s* according to their information **(b)** (*referencias*) reference [*sing*]: *pedir ~s* to ask for a reference

LOC **informe de ventas** sales brief

infortunado, -a *adj* unfortunate

infracción *nf* **1** (*gen*) offence: *una ~ de tráfico* a traffic offence **2** (*acuerdo, contrato, regla*) breach (***of sth***): *una ~ de la ley* a breach of the law

infractor, ~a *nm-nf* offender

infraestructura *nf* infrastructure

in fraganti *Ver* FLAGRANTE

infrahumano, -a *adj* subhuman

infranqueable *adj* **1** (*defensa, muralla*) impassable **2** (*dificultades*) insurmountable

infrarrojo, -a *adj* infrared **LOC** *Ver* RAYO

infravalorar *vt* **1** (*importancia*) to underestimate **2** (*precio*) to undervalue

infrecuente *adj* infrequent

infringir *vt* to infringe

infructuosamente *adv* in vain

infructuoso, -a *adj* fruitless: *un esfuerzo ~* a fruitless effort

infundado, -a *adj* unfounded: *temores/rumores ~s* unfounded fears/rumours

infundir *vt* **1** (*miedo*) to instil *fear* (***in/into sb***) **2** (*sospechas*) to arouse *sb's suspicions*: *Su comportamiento infundió sospechas a la policía.* Their behaviour aroused the suspicions of the police. **3** (*respeto, confianza*) to inspire *sth* (***in sb***): *Tu padre infunde respeto a todo el mundo.* Your father inspires respect in everyone. **4** (*vida*) to inject *life* (***into sth***): *Ha infundido nueva vida al centro.* She has injected new life into the school.

LOC **infundir ánimos** to cheer *sb* up

infusión *nf* herbal tea: *¿Quieres una ~?* Would you like some/a herbal tea? ◊ *Dos infusiones de menta, por favor.* Two peppermint teas, please.

infuso, -a *adj* **LOC** *Ver* CIENCIA

ingeniar *vt* to think *sth* up, to devise (*más formal*): *Por fin ingeniaron la manera de escaparse.* Finally they devised a way to escape.

LOC **ingeniárselas** to find a way (*to do sth/of doing sth*): *Nos las ingeniamos para entrar en la fiesta.* We found a way to get into the party. ◊ *Ingéniatelas como puedas.* You'll have to manage somehow.

ingeniería *nf* engineering: *~ genética* genetic engineering

ingeniero, -a *nm-nf* engineer

LOC **ingeniero agrónomo** agronomist **ingeniero de caminos, canales y puertos** civil engineer **ingeniero de minas/montes** mining/forestry engineer **ingeniero de sonido** sound technician **ingeniero naval** marine engineer **ingeniero técnico** engineer

ingenio *nm* **1** (*inventiva*) ingenuity **2** (*humor*) wit **3** (*máquina, aparato*) device

LOC **afilar/aguzar el ingenio** to sharpen your wits

ingenioso, -a *adj* **1** (*gen*) ingenious: *un invento ~* an ingenious invention **2** (*perspicaz*) witty

ingente *adj* huge

ingenuidad *nf* **1** (*inocencia*) innocence **2** (*credulidad*) naivety

ingenuo, -a *adj, nm-nf* **1** (*inocente*) innocent: *una mirada ingenua* an innocent look **2** (*crédulo*) naive [*adj*]: *¡Eres un ~!* You're so naive!

ingerir *vt*: *estar dos días sin ~ alimentos sólidos* to go two days without solids ◊ *Había ingerido más alcohol del permitido.* He was over the limit.

ingestión *nf* consumption

Inglaterra *nf* England

ingle *nf* groin ☛ *Ver nota en* GROIN

inglés, -esa *adj* English

■ **inglés, -esa** *nm-nf* Englishman/woman [*pl* Englishmen/women]: *los ingleses* the English

■ **inglés** *nm* (*idioma*) English: *hablar ~* to speak English **LOC** *Ver* CORNO, FLEMA, LLAVE

ingrato, -a *adj* **1** (*poco provechoso*) thankless: *un trabajo ~* a thankless task **2** (*desagradable*) unpleasant: *una experiencia ingrata* an unpleasant experience

■ **ingrato, -a** *adj, nm-nf* (*desagradecido*) ungrateful [*adj*]: *¡No seas ~ y acepta el regalo!* Don't be so ungrateful. Accept the present! ◊ *ser un ~* to be ungrateful **LOC** *Ver* TAREA

ingrávido, -a *adj* **1** (*ligero*) very light **2** (*Fís*) weightless

ingrediente *nm* ingredient

ingresar *vi* **~** (**en**) **1** (*Mil, club*) to join *sth* [*vt*]: *~ en el ejército* to join the army **2** (*centro sanitario*): *Ingreso mañana.* I'm going into hospital tomorrow. ◊ *Ingresó en La Paz a las 4.* He was admitted to La Paz at 4. **3** (*orden religiosa*): *Ingresó en los jesuitas.* He became a Jesuit.

■ **ingresar** *vt* **1** (*hospital*): *Me tuvieron que ~.* They had to take me to hospital. ◊ *Les ingresaron en el hospital local.* They took them to the local hospital. ◊ *Lo ingresan mañana.* They're admitting him tomorrow. **2** (*dinero*) to pay *sth* in: *Ingresaron un millón.* They paid in a million pesetas. ◊ *~ dinero en una cuenta bancaria* to pay money into a bank account

LOC **ingresar cadáver** to be dead on arrival

ingreso *nm* **1** (*entrada*) **(a)** (*ejército*) enlistment (***in sth***) **(b)** (*organización*) entry (***into sth***): *el ~ de España en la CE* Spain's entry into the EC **(c)** (*hospital, institución*) admission (***to sth***): *su ~ en un centro de rehabilitación* his admission to a rehabilitation centre ◊ *El juez ha declarado su ~ en prisión.* The judge has sent him to prison. **2** (*dinero*) deposit **3 ingresos (a)** (*persona, institución*) income [*sing*] **(b)** (*Estado, municipio*) revenue [*incontable, v sing*] **LOC** *Ver* DECLARACIÓN, EXAMEN

inhábil *adj* **LOC** *Ver* DÍA

inhabilitación *nf* disqualification

inhabilitar *vt* to disqualify *sb* (***from sth/doing sth***): *Lo han inhabilitado para el desempeño de la medicina.* He's been disqualified from practising medicine.

inhabitable *adj* uninhabitable

inhabitado, -a *adj* uninhabited

inhabitual *adj* unusual

inhalación *nf* inhalation: *Murió por ~ de gases tóxicos.* He died from inhaling toxic gases.

inhalador *nm* inhaler
inhalar *vt* to inhale
inherente *adj* **~ (a)** inherent (**in** *sth/sb*): *problemas ~s al cargo* problems inherent in the job
inhibición *nf* inhibition
inhibir *vt* **1** (*gen*) to inhibit: *Su presencia me inhibe.* His presence inhibits me. **2** (*Jur*) to suspend
■ **inhibirse** *v pron* **inhibirse (de) 1** (*gen*) to fight shy (**of** *sth*/*doing sth*): *No te inhibas de tus responsabilidades.* Don't fight shy of your responsibilities. **2** (*Jur*) to defer (**to** *sth*): *~se a favor de una instancia superior* to defer to a higher court
inhóspito, -a *adj* inhospitable
inhumación *nf* burial
inhumano, -a *adj* **1** (*cruel*) inhuman **2** (*injusto*) inhumane
inhumar *vt* to inter
iniciación *nf* **~ (a) 1** (*gen*) introduction (**to** *sth*): *~ a la música* an introduction to music **2** (*rito*) initiation (**into** *sth*): *una ceremonia de ~* an initiation ceremony
iniciado, -a *nm-nf* initiate: *para los ~s/no ~s* for the initiated/uninitiated
iniciador, ~a *nm-nf* originator
inicial *adj, nf* initial LOC *Ver* DESEMBOLSO, ENTREGA, PAGO
iniciar *vt* **1** (*comenzar*) **(a)** (*gen*) to begin: *~ la reunión* to begin the meeting **(b)** (*reformas*) to initiate **2 ~ a algn en algo** to introduce sb **to sth**: *~ a algn en una materia* to introduce sb to a subject
■ **iniciarse** *v pron* **iniciarse en** (*adiestrarse*) to start learning *to do sth*: *Se inició en el arte de la pintura.* He started learning to paint. LOC *Ver* ANDADURA, GESTIÓN
iniciativa *nf* initiative: *tomar la ~* to take the initiative
LOC **iniciativa privada** private enterprise **por iniciativa propia** on your own initiative **tener iniciativa** to show initiative
inicio *nm* **1** (*principio*) beginning: *desde los ~s de su carrera* right from the beginning of his career **2** (*guerra, enfermedad*) outbreak
inigualable *adj* **1** (*gen*) matchless: *una belleza ~* matchless beauty **2** (*precio, oferta*) unbeatable
inimaginable *adj* unimaginable
inimitable *adj* inimitable
ininteligible *adj* unintelligible
ininterrumpido, -a *adj* uninterrupted
injerencia *nf* interference
injerirse *v pron* **~ en** to interfere **in** *sth*
injertar *vt* to graft *sth* (**onto** *sth*)
injerto *nm* (*tallo, Med*) graft: *un ~ de piel* a skin graft
injuria *nf* **1** (*insulto*) insult **2 injurias** (*Jur*) slander [*incontable*]: *Está acusado de un delito de ~s.* He's accused of slander.
injuriar *vt* **1** (*insultar*) to insult **2** (*Jur*) to slander
injurioso, -a *adj* **1** (*insultante*) insulting **2** (*Jur*) slanderous
injusticia *nf* **1** (*falta de justicia*) injustice: *Hay mucha ~ en el mundo.* There's a lot of injustice in the world. **2** (*falta de ecuanimidad*) unfairness
injustificable *adj* unjustifiable
injustificado, -a *adj* unjustified
injusto, -a *adj* **~ (con/para)** unfair (**on/to** *sb*): *Es ~ para los demás.* It's unfair on the others.
inmaculado, -a *adj* immaculate
LOC **la Inmaculada (Concepción)** the Immaculate Conception
inmadurez *nf* immaturity
inmaduro, -a *adj, nm-nf* (*persona*) immature [*adj*]: *Es un ~.* He's very immature.
inmaterial *adj* immaterial
inmediaciones *nf*
LOC **en las inmediaciones (de)** in the vicinity (of *sth*): *en las ~ del estadio* in the vicinity of the stadium
inmediato, -a *adj* **1** (*tiempo*) immediate: *una respuesta inmediata* an immediate response **2 ~ a** (*espacio*) next to *sth*: *la oficina inmediata a la mía* the office next to mine
LOC **de inmediato** immediately
inmejorable *adj* **1** (*resultado, referencia, tiempo*) excellent: *un examen ~* an excellent exam **2** (*calidad, nivel*) top **3** (*precio, récord*) unbeatable
inmemorial *adj* LOC *Ver* TIEMPO
inmensidad *nf* **1** (*enormidad*) immensity **2** (*multitud*) enormous number
inmenso, -a *adj* **1** (*gen*) immense: *de una importancia inmensa* of immense importance **2** (*sentimientos*) great: *una alegría/pena inmensa* great happiness/sorrow **3** (*edificio*) huge
LOC **la inmensa mayoría** the vast majority: *La inmensa mayoría de los alumnos piensa que…* The vast majority of students think that…
inmerecido, -a *adj* undeserved
inmersión *nf* **1** (*gen*) immersion: *una ~ total en la lengua* total immersion in the language **2** (*buzo, ballena, submarino*) dive LOC *Ver* CAMPANA
inmerso, -a *adj* (*sumergido, abstraído*) immersed (**in** *sth*)
inmigración *nf* immigration
inmigrante *nmf* (*tb* **inmigrado, -a** *nm-nf*) immigrant
inmigrar *vi* to immigrate
inminencia *nf* imminence
inminente *adj* imminent
inmiscuirse *v pron* to meddle (**in** *sth*): *Deja de inmiscuirte en mis asuntos.* Stop meddling in my affairs.
inmobiliario, -a *adj* property [*n atrib*]: *La venta inmobiliaria está en auge.* Property sales are increasing.
■ **inmobiliaria** *nf* estate agent's [*pl* estate agents]
☛ *Ver nota y ejemplos en* CARNICERÍA
LOC **(sociedad) inmobiliaria** property developer *Ver tb* AGENCIA, AGENTE, OFERTA, PROMOTOR
inmodesto, -a *adj* immodest
inmoral *adj* immoral
inmoralidad *nf* immorality
inmortal *adj* immortal
inmortalidad *nf* immortality
inmortalizar *vt* to immortalize
inmotivado, -a *adj* **1** (*sin motivación*) unmotivated **2** (*infundado*) groundless
inmóvil *adj* still: *permanecer ~* to stand still
inmovilidad *nf* immobility
inmovilismo *nm* resistance to change
inmovilista *adj* opposing change: *sectores ~s* sectors opposing change
inmovilizar *vt* **1(a)** (*industria, país*) to bring *sth* to a standstill **(b)** (*persona, animal, vehículo*) to immobilize **2** (*Fin*) to tie *sth* up: *~ un capital* to tie up capital
inmueble *nm* building
■ **inmueble** *adj* LOC *Ver* BIEN[3]
inmundicia *nf* **1** (*suciedad*) filth: *Esta habitación es una ~.* This room is filthy. **2** (*inmoralidad*) disgrace
inmundo, -a *adj* **1** (*gen*) filthy: *un local ~* a filthy place **2** (*lenguaje*) foul
inmune *adj* immune
inmunidad *nf* immunity: *gozar de/tener ~ diplomática* to have diplomatic immunity
inmunizar *vt* to immunize *sb* (**against** *sth*)
inmunodeficiencia *nf* immune deficiency LOC *Ver* SÍNDROME, VIRUS
inmutable *adj* **1** (*que no cambia*) immutable **2** (*impasible*) impassive: *Aguantó, ~, el rapapolvos.* He endured the ticking off impassively.
inmutarse *v pron* **~ (ante)** to be perturbed (**by** *sth*): *No pareció ~ cuando le dieron la noticia.* He didn't seem at all perturbed when they told him the news. ◊ *Ni se inmutaron.* They didn't turn a hair.
LOC **sin inmutarse** without turning a hair, unperturbed (*más formal*): *Escuchó la noticia sin ~.* He listened to the news without turning a hair.
innato, -a *adj* innate

innecesario, -a *adj* unnecessary
innegable *adj* undeniable
innegociable *adj* non-negotiable
innoble *adj* ignoble
innovación *nf* innovation: *El presupuesto de este año no presenta ninguna ~.* There's nothing new about this year's budget.
innovador, ~a *adj* innovative
■ **innovador, ~a** *nm-nf* innovator
innovar *vt* to modernize: *~ un sistema* to modernize a system
■ **innovar** *vi* to innovate
innumerable *adj* innumerable
inobservancia *nf* non-observance
inocencia *nf* innocence
inocentada *nf* practical joke
LOC gastar/hacer una inocentada to play a joke *on sb*
inocente *adj, nmf* innocent: *hacerse el ~* to play the innocent ◊ *Soy ~.* I'm innocent.
■ **inocente** *adj* **1** (*ingenuo*) naive **2** (*broma*) harmless **LOC** *Ver* DECLARAR, DÍA
inocular *vt* to inoculate
inocuo, -a *adj* innocuous
inodoro, -a *adj* odourless
■ **inodoro** *nm* lavatory
inofensivo, -a *adj* inoffensive, harmless (*más coloq*)
inolvidable *adj* unforgettable
inoperante *adj* ineffective
inopia *nf*
LOC estar en la inopia to be daydreaming
inoportuno, -a *adj* **1** (*gen*) inconvenient, inopportune (*más formal*): *un momento ~* an inopportune moment **2** (*comentario*) ill-timed: *una crítica inoportuna* an ill-timed criticism
LOC ¡qué inoportuno! what a nuisance!
inorgánico, -a *adj* inorganic
inoxidable *adj* **LOC** *Ver* ACERO
inquebrantable *adj* unshakeable
inquietante *adj* **1** (*preocupante*) worrying: *un retraso ~* a worrying delay **2** (*que perturba*) disturbing: *un libro ~* a disturbing book
inquietar *vt* to worry
■ **inquietarse** *v pron* **inquietarse (por)** to worry (**about** ***sth/sb***)
inquieto, -a *adj* **1** (*agitado, activo*) restless: *un niño ~* a restless child **2** (*interesado, emprendedor*) enterprising **3 ~ (por)** (*preocupado*) worried (**about** ***sth/sb***): *Estoy ~ por los niños.* I'm worried about the children.
inquietud *nf* **1** (*preocupación*) worry **2** (*impaciencia, desasosiego*) restlessness **3** (*interés*) interest: *Siempre ha tenido muchas ~es.* She's always been interested in everything. ◊ *Es una persona sin ~es.* He's got no interest in anything.
inquilino, -a *nm-nf* tenant
inquisición *nf*
LOC la Inquisición The Spanish Inquisition
inquisidor, ~a *adj* inquiring
inquisitivo, -a *adj* inquisitive
inri *nm*
LOC para más/mayor inri to add insult to injury
insaciable *adj* insatiable
insalubre *adj* **1** (*antihigiénico*) insanitary **2** (*ambiente, clima*) unhealthy
insalvable *adj* insuperable
insano, -a *adj* unhealthy
insatisfacción *nf* dissatisfaction
insatisfactorio, -a *adj* unsatisfactory
insatisfecho, -a *adj* **1** (*descontento*) dissatisfied (***with sth/sb***) **2** (*hambre, sed, deseo*) unsatisfied
inscribir *vt* **1** (*dar el nombre*) **(a)** (*registro*) to register: *~ un nacimiento* to register a birth **(b)** (*matricular*) to enrol *sb* (***in sth***): *Voy a ~ a mi hijo en el colegio.* I'm going to enrol my son in school. **(c)** (*competición, concurso*) to enter *sb* (***for sth***) **2** (*grabar*) to inscribe
■ **inscribirse** *v pron* **1** (*curso*) to enrol (***for/on sth***) **2** (*organización, partido*) to join **3** (*competición, concurso*) to enter **4** (*pertenecer a*) to belong **to** ***sth***: *Esta obra se inscribe en la corriente surrealista.* This work belongs to the surrealist school.
inscripción *nf* **1** (*grabado*) inscription **2(a)** (*registro*) registration **(b)** (*curso*) enrolment **LOC** *Ver* FICHA
insecticida *nm* insecticide
insectívoro, -a *adj* insectivorous
insecto *nm* insect
inseguridad *nf* **1** (*falta de confianza*) insecurity **2** (*tiempo, trabajo, proyecto*) uncertainty **3** (*peligro*) lack of safety: *la ~ ciudadana* the lack of safety on the streets
inseguro, -a *adj* **1** (*peligroso*) unsafe: *un coche muy ~* a very unsafe car **2** (*incierto*) uncertain: *un futuro ~* an uncertain future **3** (*paso, voz*) unsteady **4** (*falto de confianza*) insecure: *Me pareció un chico muy ~.* He seemed very insecure to me.
inseminación *nf* insemination: *por ~ artificial* by artificial insemination
inseminar *vt* to inseminate
insensatez *nf* foolishness [*incontable*]: *¡Deja ya de decir insensateces!* Don't talk such nonsense!
insensato, -a *adj* foolish
■ **insensato, -a** *nm-nf* fool
insensibilidad *nf* **1** (*referido a emociones*) insensitivity **2** (*parte del cuerpo*) numbness
insensible *adj* **1 ~ (a)** insensitive (**to** ***sth***): *~ al frío/sufrimiento* insensitive to cold/suffering **2** (*miembro, nervio*) numb
inseparable *adj* inseparable
insertar *vt* to insert
■ **insertarse** *v pron*: *El concierto se inserta en el marco de la Quincena Musical.* The concert is part of the music festival.
inservible *adj* useless
insidioso, -a *adj* insidious
insigne *adj* renowned
insignia *nf* **1** (*de solapa*) badge **2** (*bandera*) banner **LOC** *Ver* BUQUE
insignificancia *nf* **1** (*poca importancia*) insignificance **2** (*poco*) very little: *Ha comido una ~.* He has eaten very little. **3** (*nimiedad*) trifle: *Siempre discutimos por ~s.* We always argue over trifles.
insignificante *adj* insignificant
LOC ser/parecer insignificante to pale into insignificance
insinuación *nf* **1** (*indirecta*) hint **2** (*ofensiva*) insinuation
LOC hacer insinuaciones 1 (*gen*) to hint: *Hizo varias insinuaciones sobre la venta del negocio.* He hinted that the business might be up for sale. **2** (*ofensivas*) to insinuate **insinuaciones (amorosas)** (sexual) advances
insinuante *adj* suggestive
insinuar *vt* **1** (*sugerir*) to hint: *Insinuó que había aprobado.* He hinted that I'd passed. **2** (*algo desagradable*) to insinuate: *¿Insinúas que estoy mintiendo?* Are you insinuating that I'm lying?
■ **insinuarse** *v pron* **1** (*notarse*) to begin to show: *Las arrugas comenzaban a ~se en su rostro.* The lines were beginning to show on her face. **2 insinuarse (a)** (*cortejar*) to make advances (**to** ***sb***)
insípido, -a *adj* **1** (*sin sabor*) tasteless **2** (*fig*) insipid
insistencia *nf* insistence (***on sth/doing sth***): *Mostró gran ~ en asistir a la conferencia.* He insisted on attending the conference.
insistente *adj* **1** (*con palabras*) insistent **2** (*actitud, lluvia, ruido*) persistent
insistir *vi* **~ (en/sobre)** to insist (***on sth/doing sth***): *Si insisten, me quedaré.* If they insist, I'll stay. ◊ *Insistió en que fuéramos.* He insisted that we went. ◊ *Insistieron en llevarme a casa.* They insisted on driving me home.

insobornable *adj* incorruptible
insociable *adj* unsociable
insolación *nf* sunstroke [*incontable*]: *cogerse una ~* to get sunstroke
insolencia *nf* insolence: *Me molesta su ~.* I can't stand his insolence.
insolente *adj* insolent
insolidario, -a *adj*: *Tuvo un gesto ~.* He was totally lacking in sympathy. ◊ *una persona insolidaria para con los presos* a person who is unsympathetic towards prisoners ◊ *Vivimos en un mundo ~ e injusto.* We live in an uncaring and unfair world.
insólito, -a *adj* unusual: *un hecho ~* an unusual event ◊ *un panorama ~* an amazing panorama
insoluble *adj* insoluble
insolvente *adj* insolvent
insomnio *nm* insomnia: *Mi mujer tiene ~.* My wife suffers from insomnia.
insondable *adj* **1** (*muy profundo*) bottomless **2** (*indescifrable*) unfathomable
insonorización *nf* soundproofing
insonorizado, -a *pp, adj* soundproof *Ver tb* INSONORIZAR
insonorizar *vt* to soundproof
insonoro, -a *adj* silent
insoportable *adj* unbearable **LOC** *Ver* PLAN
insoslayable *adj* unavoidable
insospechable *adj* impossible to predict: *La despenalización de las drogas, ~ en aquel momento...* The legalizing of drugs, impossible to predict at that time...
insospechado, -a *adj* **1** (*no previsto*) unforeseen: *El hecho tuvo consecuencias insospechadas.* It had unforeseen consequences. **2** (*sorprendente*) surprising: *Tuvo una reacción insospechada.* He had a surprising reaction.
insostenible *adj* untenable
inspección *nf* inspection
LOC Inspección Técnica de Vehículos (ITV) ≃ MOT (test) (*GB*): *Este mes me toca pasar la ITV.* I've got to get my car MOT'd this month.
inspeccionar *vt* to inspect
inspector, ~a *nm-nf* inspector
inspiración *nf* **1** (*gen*) inspiration: *Hay que esperar a que le venga la ~.* We'll have to wait until he feels inspired. ◊ *Los adornos son de ~ barroca.* The decorations are in the baroque style. **2** (*Med*) inhalation
inspirado, -a *pp, adj* **~ (en/por)** inspired (**by** ***sth/sb***): *una ópera inspirada en Wagner* an opera inspired by Wagner *Ver tb* INSPIRAR
inspirador, ~a *adj* inspirational
■ **inspirador, ~a** *nm-nf*: *Fue la ~a de sus poemas.* She was the inspiration for his poems.
inspirar *vt* **1** (*gen*) to inspire *sb* **with** ***sth***: *Ese médico no me inspira ninguna confianza.* That doctor doesn't inspire me with confidence. **2** (*libro, obra*) to be the inspiration **for** ***sth***: *los hechos que inspiraron la novela* the events which were the inspiration for the novel **3** (*Med*) to inhale
■ **inspirarse** *v pron* **inspirarse (en)** to get inspiration (**from** ***sth***): *El autor se inspiró en un suceso real.* The author got his inspiration from a real-life event.
LOC inspirar simpatía: *Es una persona que inspira simpatía.* She's a very likeable person. ◊ *Su marido no me inspira ninguna simpatía.* I don't like her husband at all. **inspirar temor/terror** to fill *sb* with fear/horror: *La muerte le inspira terror.* The thought of death fills him with fear.
instalación *nf* **1** (*gen*) installation: *costes de ~* installation costs ◊ *la ~ de una fábrica de automóviles* the setting up of a car factory **2 instalaciones (a)** (*gen*) facilities: *~s deportivas* sports facilities **(b)** (*edificios*) premises
LOC instalación eléctrica (electrical) wiring
instalar *vt* to install: *~ aire acondicionado* to install air conditioning ◊ *~ un teléfono* to put in a telephone
■ **instalarse** *v pron* **1** (*ciudad, país*) to settle (down) **2** (*casa*) to move ***into sth***: *Acabamos de ~nos en la nueva casa.* We've just moved into our new house.
instancia *nf* application
LOC a instancias de at the request of *sb Ver tb* JUEZ, ÚLTIMO
instantáneamente *adv* instantaneously: *La muerte se produjo ~.* Death occurred instantaneously. ◊ *Me reconoció ~.* He recognised me immediately.
instantáneo, -a *adj* instantaneous
■ **instantánea** *nf* snap **LOC** *Ver* CAFÉ
instante *nm* moment: *en ese mismo ~* at that very moment
LOC al instante straightaway *Ver tb* CADA
instar *vt* to urge *sb* ***to do sth***: *Le instaron a que aceptara la presidencia.* They urged him to accept the presidency.
instaurar *vt* to establish
instigación *nf* instigation: *Dijo que había mentido a la policía por ~ de su socio.* He said he had lied to the police at his partner's instigation.
instigador, ~a *nm-nf* instigator
instigar *vt* to incite *sb* (***to sth***): *~ al pueblo a la rebelión* to incite the people to rebel
instintivo, -a *adj* instinctive **LOC** *Ver* ACTO
instinto *nm* instinct
LOC instinto de conservación survival instinct **instinto gregario** herd instinct **por instinto** instinctively
institución *nf* **1** (*acto*) establishment, setting up (*más coloq*) **2** (*organismo*) institution
LOC institución benéfica charity ☛ *Ver nota en* CHARITY SHOP **institución de enseñanza** educational establishment **institución penitenciaria** prison **institución psiquiátrica** psychiatric hospital **ser (toda) una institución** to be an institution
institucional *adj* institutional
institucionalizar *vt* to institutionalize
instituir *vt* **1** (*derecho, ley*) to institute **2** (*norma*) to establish **3** (*premio, organismo*) to found
instituto *nm* **1** (*gen*) institute: *el Instituto de la Mujer* the Institute of Women's Affairs **2** (*Educ*) secondary school
LOC instituto de belleza beauty salon **instituto de formación profesional** ≃ technical college (*GB*) **Instituto Nacional de Empleo (INEM)** ≃ Department of Employment (*GB*)
institutriz *nf* governess
instrucción *nf* **1** (*educación*) education **2** (*Mil*) training **3** (*Jur*) proceedings [*v pl*] **4 instrucciones** instructions: *instrucciones de uso* instructions for use
LOC instrucciones (de funcionamiento) operating instructions *Ver tb* JUEZ
instructivo, -a *adj* **1** (*informativo*) instructive **2** (*educativo*) educational: *juguetes ~s* educational toys
instructor, ~a *nm-nf* instructor
instruido, -a *pp, adj* educated *Ver tb* INSTRUIR
instruir *vt* **1** (*adiestrar*) to train *sb* ***in sth*** **2** (*Jur*): *el juez que instruye el caso* the judge who is conducting the case
■ **instruirse** *v pron* to learn ***sth***/(***how***) ***to do sth***: *~se en el manejo de las armas* to learn how to handle arms
LOC instruir una causa judicial to start proceedings (*against sb/sth*) *Ver tb* DILIGENCIA
instrumentación *nf* instrumentation
instrumental *adj* instrumental
■ **instrumental** *nm* instruments [*v pl*]: *el ~ médico* medical instruments
instrumentista *nmf* instrumentalist
instrumento *nm* instrument: *~s de precisión/música* precision/musical instruments
insubordinación *nf* insubordination
insubordinado, -a *adj* insubordinate, rebellious (*más coloq*)
■ **insubordinado, -a** *nm-nf* rebel

insuficiencia *nf* **1** (*deficiencia*) inadequacy: *la ~ de nuestros recursos* the inadequacy of our resources **2** (*Med*) failure: *~ cardiaca/renal* heart/kidney failure

insuficiente *adj* **1** (*escaso*) insufficient (**for *sth*/to do *sth***): *pruebas ~s para acusar al sospechoso* insufficient evidence to charge the suspect **2** (*deficiente*) inadequate: *La infraestructura actual es ~.* The present infrastructure is inadequate.

■ **insuficiente** *nm* (*nota*) fail: *He sacado un ~ en física.* I failed physics. **LOC** *Ver* DOTACIÓN

insufrible *adj* unbearable

insular *adj* **1** (*de una isla*) island [*n atrib*]: *una economía ~* an island economy ◊ *política ~* island politics **2** (*aislacionista*) insular: *Se nos achaca el tener una mentalidad ~.* We're accused of having an insular mentality.

insulina *nf* insulin

insulso, -a *adj* **1** (*gen*) dull: *una conferencia/película/persona insulsa* a dull conference/film/person **2** (*comida*) bland **3** (*chiste*) unfunny

insultante *adj* insulting

insultar *vt* to insult

insulto *nm* insult **LOC** *Ver* DIRIGIR, TANDA, VOMITAR

insumiso, -a *adj* unsubdued

■ **insumiso** *nm* person who refuses to do military or social service

insuperable *adj* **1** (*hazaña, belleza*) matchless **2** (*dificultad*) insuperable **3** (*calidad, oferta*) unbeatable

insurrección *nf* insurrection, uprising (*más coloq*)

insustancial *adj* **1** (*sin sustancia*) insubstantial: *una comida ~* an insubstantial meal **2** (*trivial*) superficial

■ **insustancial** *nmf*: *ser un ~* to be a shallow person

insustituible *adj* irreplaceable

intachable *adj* irreproachable

intacto, -a *adj* **1** (*no tocado*) untouched: *Dejó el postre ~.* He left his pudding untouched. **2** (*no dañado*) intact: *Su reputación permaneció intacta.* His reputation remained intact.

intangible *adj* intangible

integración *nf* **~ (en)** integration (**into *sth***): *la ~ de los refugiados en la sociedad* the integration of the refugees into society

integrado, -a *pp, adj Ver* INTEGRAR

LOC estar integrado por to be made up of *sth/sb*

integral *adj* **1** (*total*) comprehensive: *una reforma ~* a comprehensive reform ◊ *Es un idiota ~.* He's a complete idiot. **2** (*pan*) wholemeal

■ **integral** *nf* (*Mat*) integral **LOC** *Ver* DESNUDO

íntegramente *adv* completely

integrante *adj* integral: *una parte ~ de la exposición* an integral part of the exhibition

■ **integrante** *nmf* member

integrar *vt* **1** (*componer*) to make *sth* up: *los países que integran la UE* the countries that make up the EU **2** to integrate *sth/sb* (**into *sth***): *~ a los recién llegados en la clase* to integrate the new pupils into the class

■ **integrarse** *v pron* **1 integrarse (en) (a)** (*adaptarse*) to integrate (**into *sth***): *Algunos gitanos se han integrado en la comunidad.* Some gypsies have become integrated into the community. **(b) integrarse (en)** (*unirse a*) to join *sth*: *Se niegan a ~se en el comité.* They refuse to join the committee. **2 integrarse en** (*formar parte de*) to belong **to *sth***: *Su obra se integra en el marco de la escuela surrealista.* His work belongs to the surrealist school.

integridad *nf* integrity: *la ~ territorial de un país* the territorial integrity of a country ◊ *El político mostró una gran ~ (moral).* The politician showed great integrity.

LOC en su integridad in its entirety **integridad física** safety: *Han garantizado la ~ física de los detenidos.* The prisoners' safety has been guaranteed.

integrismo *nm* fundamentalism

integrista *adj, nmf* fundamentalist

íntegro, -a *adj* **1** (*gen*) whole: *mi sueldo ~* my whole salary **2(a)** (*libro*) unabridged **(b)** (*película*) uncut **3** (*honrado*) upright

intelectual *adj, nmf* intellectual **LOC** *Ver* PROPIEDAD, REGISTRO

inteligencia *nf* intelligence **LOC** *Ver* COEFICIENTE

inteligente *adj* intelligent

inteligible *adj* intelligible

intemperie *nf*

LOC a la intemperie out in the open

intempestivo, -a *adj* **1** (*fuera de estación*) unseasonal: *lluvias intempestivas* unseasonal rain **2** (*hora*) ungodly: *Llegaron a horas intempestivas.* They arrived at an ungodly hour.

intención *nf* intention: *Vino con (la) ~ de quedarse.* He arrived with the intention of staying. ◊ *No tengo la menor ~ de disculparme.* I haven't the slightest intention of apologizing.

LOC con (mala) intención maliciously **hacer algo con buena intención** to mean well: *Lo hizo con buena ~.* He meant well. **intención delictiva** criminal intent **llevar/tener malas intenciones** to have evil intentions **sin mala intención** without malice **tener intención de** to intend *to do sth*: *Tenemos ~ de comprar un piso.* We intend to buy a flat. *Ver tb* SEGUNDO

intencionado, -a *adj* deliberate

LOC bien/mal intencionado well-meaning/malicious

intensamente *adv* **1** (*padecer, odiar*) intensely **2** (*disfrutar*) immensely **3** (*trabajar, estudiar*) very hard **4** (*vigilar, patrullar*) closely **5** (*combatir, competir*) fiercely **6** (*llover*) heavily

intensidad *nf* **1** (*gen*) intensity: *la ~ de la lluvia/luz/lucha* the intensity of the rain/light/struggle **2** (*corriente eléctrica, viento, voz*) strength

intensificación *nf* intensification

intensificar(se) *vt, v pron* to intensify: *El incidente intensificó el odio entre las facciones.* This incident intensified the hatred between the factions. ◊ *El conflicto se intensifica por momentos.* The conflict is intensifying.

intensivo, -a *adj* intensive **LOC** *Ver* JORNADA, UNIDAD

intenso, -a *adj* **1** (*gen*) intense: *sentimientos ~s* intense emotions ◊ *una ola de frío/calor ~* intense cold/heat ◊ *un dolor ~* an intense pain **2** (*competencia, enfrentamiento*) fierce **3** (*fuego, lluvia, tráfico*) heavy **4** (*olor, sabor*) strong **5** (*vigilancia*) close **6** (*negociaciones*) intensive

intentar *vt* to try (*sth/to do sth*) [*vt, vi*]: *Inténtalo.* Just try. ◊ *Intentaremos llegar antes de que anochezca.* We will try to arrive before nightfall.

LOC con/por intentarlo no pierdes nada nothing ventured, nothing gained *Ver tb* AGRADAR

intento *nm* attempt: *un ~ de suicidio* a suicide attempt

LOC al primer, segundo, etc intento at the first, second, etc attempt **intento de robo/asesinato/violación** attempted robbery/murder/rape

intentona *nf* try: *¿Por qué no hacemos otra ~?* Why don't we try again?

LOC intentona golpista attempted coup

interactivo, -a *adj* interactive

intercalar *vt* to insert *sth* (**in/into *sth***): *~ ilustraciones en el texto* to insert illustrations in(to) the text

intercambiar *vt* to exchange, to swap (*coloq*): *~ prisioneros* to exchange prisoners ◊ *~ cromos* to swap stickers

intercambio *nm* exchange: *un ~ de estudiantes/cultural* a student/cultural exchange ◊ *un ~ de ideas* an exchange of ideas **LOC** *Ver* VIAJE[2]

interceder *vi* **~ (a favor de/por)** to intervene (**on *sb's* behalf**): *Intercedieron por mí.* They intervened on my behalf.

interceptar *vt* **1** (*gen*) to intercept: *~ un mensaje* to intercept a message ◊ *La policía interceptó un alijo de droga.* The police intercepted a consignment of drugs. **2** (*carretera*) to block

interés *nm* **1** (*gen*) interest: *Decayó el ~ del público.*

The audience lost interest. ◊ *Debemos defender nuestros intereses.* We need to protect our own interests. ◊ *un conflicto de intereses* a conflict of interests **2** (*egoísmo*) self-interest: *Lo hicieron por puro ~.* They did it purely out of self-interest. **3** (*Fin*) interest [*incontable*]: *cobrar intereses* to charge interest ◊ *a un 10% de ~* at 10% interest

LOC de interés of interest: *un acontecimiento de ~ cultural* an event of cultural interest **en interés de...** for the sake of... **hacer algo con interés/poner interés en algo** to take an interest in sth **hacer algo sin ningún interés** to show no interest in sth: *Trabajan sin ningún ~.* They show no interest in their work. **intereses creados** vested interests **por mi propio interés** for my, your, etc sake **por el interés te quiero Andrés** he, she, etc is only after my, your, etc money **tener interés 1** (*ser interesante*) to be interesting: *El asunto tiene su ~, ¿verdad?* It's an interesting business, isn't it? **2** (*sentir interés*) to be interested: *Tengo ~ en saber cómo lo descubrieron.* I'm interested in finding out how they discovered it. ◊ *Eso demuestra que tiene ~ por ti.* That shows he's interested in you. **tener interés en/por que...** to be very keen for...: *Tienen ~ en que esos niños salgan adelante.* They are very keen for the children to do well. *Ver tb* MATRIMONIO, TIPO, VIVO

interesado, -a *pp, adj* **1 ~ (en/por)** (*aficionado*) interested (**in *sth*/*doing sth***): *Estoy ~ en conocerle.* I am interested in meeting him. **2** (*egoísta*) self-interested: *Actuó de manera interesada.* He acted out of self-interest. *Ver tb* INTERESAR

■ **interesado, -a** *nm-nf* **1** (*aludido*) person concerned [*pl* those concerned]: *Yo no soy el ~.* I'm not the person concerned. ◊ *Tendrá que venir el (propio) ~.* He'll have to come in person. ◊ *Los ~s deben acudir a la reunión.* Those concerned should come to the meeting. **2 ~ (en/por)** (*aficionado*) person interested [*pl* those interested] (**in *sth*/*doing sth***): *los ~s en solicitar una beca* those interested in applying for grants **LOC** *Ver* PARTE[2]

interesante *adj* interesting

■ **interesante** *nmf*: *Se notaba que quería hacerse la ~.* You could see that she wanted to be the centre of attention. **LOC** *Ver* ESTADO

interesar *vi* **1** (*estar interesado*): *Nos interesa el arte.* We're interested in art. ◊ *¿Te interesa participar?* Are you interested in taking part? **2** (*convenir*): *Nos interesa saberlo cuanto antes.* We need to know as soon as possible. ◊ *Este cambio nos interesa a todos.* This change is good for us all. ◊ *Interesaría que vinieras.* It would be a good idea if you came.

■ **interesar** *vt* to interest *sb* (***in sth***): *No consiguió ~ al público en la reforma.* He didn't manage to interest the public in the reforms.

■ **interesarse** *v pron* **interesarse (por) 1** (*mostrar interés*) to show (an) interest (**in *sth***): *El director del museo se interesó por mis cuadros.* The director showed (an) interest in my work. **2** (*preocuparse*) to ask **after *sth*/*sb***: *Se interesó por mi salud.* He asked after my health.

interfaz *nf* interface

interferencia *nf* interference [*incontable*]: *Se han producido ~s en la emisión.* The programme has been affected by interference. ◊ *Hay muchas ~s.* We're getting a lot of interference.

interferir(se) *vi, v pron* **interferir(se) (en)** to meddle (**in *sth***), to interfere (**in *sth***) (*más formal*): *Deja de interferir(te) en mis asuntos.* Stop meddling in my affairs.

interfono *nm* **1** (*portero automático*) entryphone **2** (*para bebé*) baby alarm

interino, -a *adj* **1** (*trabajador, medida, solución*) temporary **2** (*profesor*) supply **3** (*director, presidente*) acting **4** (*gobierno*) interim **LOC** *Ver* MÉDICO

interior *adj* **1** (*gen*) inner: *una habitación ~* an inner room ◊ *la vida ~* the inner life **2** (*bolsillo*) inside **3** (*comercio, política*) domestic **4** (*comunicaciones, relaciones*) internal

■ **interior** *nm* interior: *el ~ de un edificio/país* the interior of a building/country

LOC en el interior de 1 (*lugar*) inside *sth*: *en el ~ del museo/coche* inside the museum/car **2** (*organización*) within *sth*: *Hay tensiones en el ~ del partido.* There are tensions within the party. **en mi, etc interior** deep down *Ver tb* DECORACIÓN, MERCADO, MINISTERIO, PLANTA, PRODUCTO, ROPA, VUELO

interjección *nf* interjection

interlocutor, ~a *nm-nf* **1** (*en una conversación*): *mi ~* the person I am/was speaking to ◊ *Habla tan rápido que deja sin aliento a sus ~es.* He talks so fast he leaves you breathless. **2** (*en un debate*) speaker: *Los ~es se enzarzaron en una discusión.* The speakers got involved in an argument.

LOC interlocutor válido delegate

intermediario, -a *nm-nf* **1** (*mediador*) mediator: *La ONU actuó de ~ en el conflicto.* The UN acted as mediator in the conflict. **2** (*mensajero*) go-between [*pl* go-betweens] **3** (*Com*) middleman [*pl* middlemen]

LOC intermediario financiero broker

intermedio, -a *adj* **1** (*gen*) intermediate: *niveles ~s* intermediate levels ◊ *estudiantes de nivel ~* intermediate students **2** (*calidad, tamaño*) medium: *una casa de tamaño ~* a medium-sized house ◊ *un coche de un precio ~* a medium-priced car

■ **intermedio** *nm* break, intermission (*más formal*)

LOC *Ver* MANDO, SOLUCIÓN

interminable *adj* endless, interminable (*más formal*)

intermitente *adj* intermittent: *una lluvia ~* intermittent rain ◊ *Trabajé de forma ~ durante diez años.* I worked on and off for ten years.

■ **intermitente** *nm* (*coche*) indicator ☛ *Ver ilustración en* CAR

LOC dar el intermitente to indicate *Ver tb* LUZ

internacional *adj* international **LOC** *Ver* ÁMBITO, COMITÉ, RELACIÓN

internado *nm* boarding school

■ **internada** *nf* (*Dep*) run **LOC** *Ver* RÉGIMEN

internar *vt* **1** (*en un centro médico*) **(a)** (*cuando los especialistas toman la decisión*) to admit *sb* **to *sth***: *Lo internaron en el hospital.* He was admitted to hospital. **(b)** (*cuando los familiares, etc piden que se admita al paciente*) to put *sb* **into *sth***: *La familia lo internó en una clínica privada.* The family put him into a private hospital. **2** (*en un centro psiquiátrico*) to commit *sb* **to *sth***: *Los especialistas han decidido ~la.* The board has decided to commit her. ◊ *Habrá que ~lo en un psiquiátrico.* We'll have to get him committed and sent to a psychiatric hospital.

■ **internarse** *v pron* **internarse en 1** (*gen*) to go deep **into *sth***: *Se internaron en la jungla.* They went deep into the jungle. **2** (*Dep*) to make a run **into *sth***: *~se en el área contraria* to make a run into the opposing penalty area **LOC** *Ver* PACIENTE

Internet *nm o nf* (the) Internet: *buscar algo en ~* to search for sth on the Internet

interno, -a *adj* **1** (*gen*) internal: *órganos ~s* internal organs **2** (*dentro de un país*) domestic: *el comercio ~* domestic trade ◊ *política/legislación interna* domestic politics/legislation **3** (*cara, parte*) inner: *la parte interna del muslo* the inner thigh

■ **interno, -a** *nm-nf* **1** (*alumno*) boarder **2** (*cárcel, psiquiátrico*) inmate **3** (*residencia*) resident

LOC estar interno to be a boarder *Ver tb* ALUMNO, CONFLICTO, FUERO, MÉDICO, MOTOR, VÍA

interponer *vt* **1** (*obstáculo, barrera*) to put: *Deja de ~ obstáculos en mi camino.* Stop putting obstacles in my way. **2** (*demanda, denuncia, recurso*) to lodge

■ **interponerse** *v pron* to get in the way: *No te interpongas en mi camino.* Don't get in my way. ◊ *La política se interpone entre nosotros.* Politics come between us.

LOC *Ver* DEMANDA

interpretación *nf* **1** (*gen*) interpretation: *una correcta ~ de la ley* a correct interpretation of the law **2** (*Cine, Teat*) performance **3** (*idiomas*) interpreting

LOC interpretación equivocada/errónea misinterpretation

interpretar *vt* **1** (*gen*) to interpret: ~ *la ley* to interpret the law **2** (*Cine, Teat, Mús*) to play: *Interpretó el papel de Romeo/un estudio de Chopin.* He played Romeo/a Chopin étude.

intérprete *nmf* **1** (*traductor*) interpreter **2** (*Teat, Cine, Mús*) performer

interprofesional *adj* **LOC** *Ver* SALARIO

interrogación *nf* **1** (*de la policía*) interrogation **2** (*pregunta*) question **3** (*signo*) question mark ☛ *Ver págs 592–3*

interrogante *nm o nf* (*incógnita*) question: *Esto plantea un serio* ~. This raises a serious question.

interrogar *vt* **1** (*hacer preguntas*) to question **2** (*policía*) to interrogate **3** (*en un juicio*) to cross-examine

interrogatorio *nm* **1** (*policía*) interrogation **2** (*en un juicio*) cross-examination

interrumpir *vt* **1** (*gen*) to interrupt: *No me interrumpas.* Don't interrupt me. ◊ ~ *la emisión* to interrupt the programme **2** (*tráfico, clase*) to disrupt: *Las obras están interrumpiendo el tráfico.* The roadworks are disrupting the traffic. **3** (*servicio, juicio*) to suspend: *Han interrumpido el servicio de autobuses.* The bus service has been suspended. **4** (*vacaciones, viaje*) to cut *sth* short **5** (*negociaciones*) to break *sth* off **6** (*suministro*) to cut *sth* off: ~ *el suministro de gas* to cut off the gas

LOC interrumpir el juego to stop play

interrupción *nf* **1** (*gen*) interruption: *Se produjeron tres interrupciones durante la reunión.* There were three interruptions during the meeting. **2** (*tráfico, clase*) disruption: *la* ~ *de las clases* the disruption of the classes **3** (*servicio, juicio*) suspension **4** (*vacaciones, viaje*): *La* ~ *de las vacaciones del presidente ha sorprendido al país.* The country was surprised when the Prime Minister cut short his holiday. **5** (*negociaciones*) temporary breakdown **6** (*emisión, transmisión*) break

LOC interrupción (voluntaria) del embarazo termination (of pregnancy)

interruptor *nm* switch

intersección *nf* intersection

interurbano, -a *adj* **1** (*gen*) inter-city: *servicios* ~*s* inter-city services **2** (*llamada*) long-distance

intervalo *nm* interval: ~*s de sol* sunny intervals ◊ *Del do al mi hay un* ~ *de tercera.* There is an interval of a third between doh and mi. ◊ *a* ~*s de media hora* at half-hourly intervals

LOC a intervalos every so often **en un intervalo de...** in (the space of)...: *Ha sufrido cuatro operaciones en un* ~ *de dos años.* He's had four operations in (the space of) two years.

intervención *nf* **1** (*gen*) intervention: *la rápida* ~ *de los bomberos* the speedy intervention of the firemen ◊ *seguir una política de no* ~ to pursue a policy of non-intervention **2** (*Dep*) move **3** (*discurso*) speech **4** (*en un debate*) contribution **5** (*en el juzgado, en los medios de comunicación*) appearance **6** (*armas, contrabando, droga*) seizure **7** (*teléfono*) tapping **LOC** *Ver* QUIRÚRGICO

intervencionista *adj, nmf* interventionist: *una política* ~ interventionist policies

intervenir *vi* **1** ~ **(en)** (*gen*) to intervene (**in** *sth*): *Tuvo que* ~ *la policía.* The police had to intervene. ◊ ~ *en un conflicto* to intervene in a conflict ◊ *Intervino para que liberaran a los rehenes.* He intervened on behalf of the hostages. **2** ~ **(en)** (*participar*) to take part (**in** *sth*): ~ *en un torneo* to take part in a tournament **3** ~ **(en)** (*influir*) to play a part (**in** *sth*/*doing sth*): *Diversos factores intervinieron en la unificación alemana.* Various factors played a part in the unification of Germany. **4** (*hablar*) to speak: *Si desea* ~, *tendrá que esperar su turno.* If you wish to speak you must wait your turn.

■ **intervenir** *vt* **1** (*operar*) to operate (**on** *sb*) [*vi*]: *Fue intervenida anoche.* They operated (on her) last night. **2** (*armas, contrabando, droga*) to seize **3** (*teléfono*) to tap **4** (*bienes, cuenta bancaria*) to freeze

LOC intervenir quirúrgicamente to operate

interventor, ~a *nm-nf* inspector

interviú *nf* interview

LOC hacer una interviú a algn to interview sb

intestino *nm* intestine

LOC intestino delgado/grueso small/large intestine ☛ *Ver ilustración en* DIGESTIVE

intimidación *nf* intimidation **LOC** *Ver* DISPARO

intimidad *nf* **1** (*amistad*) intimacy **2** (*vida privada*) private life: *No le gusta que se metan en su* ~. He doesn't like people interfering in his private life. ◊ *el derecho a la* ~ the right to privacy **3 intimidades** secrets

LOC en la intimidad: *La ceremonia se celebró en la* ~. It was a private ceremony. ◊ *Cenaron en la* ~ *familiar.* They dined in the privacy of their own home.

intimidar *vt* to intimidate

íntimo, -a *adj* **1** (*gen*) intimate: *una fiesta/conversación íntima* an intimate gathering/conversation **2** (*rincón, ambiente*) cosy **3** (*amistad, relación*) close: *una amistad íntima* a close friendship **4** (*sentimientos, emociones, pensamientos*) innermost **LOC** *Ver* HIGIENE, PRENDA, RELACIÓN

intocable *adj* **1** (*sagrado*) sacrosanct: *Su colección de muñecas es* ~. Her collection of dolls is sacrosanct. **2** (*tema*) taboo

■ **intocable** *nmf* (*Sociol*) untouchable

intolerable *adj* intolerable

intolerancia *nf* intolerance

intolerante *adj* intolerant: *Es muy* ~ *con sus hijos.* He's very intolerant when it comes to his children.

intoxicación *nf* poisoning: ~ *por alimentos en mal estado* food poisoning

intoxicar *vt* to poison

■ **intoxicarse** *v pron* to get food poisoning

intramuscular *adj* intramuscular

intranquilidad *nf* uneasiness

intranquilizar *vt* to make *sb* uneasy

■ **intranquilizarse** *v pron* to become anxious

intranquilo, -a *adj* **1** ~ **(por)** (*preocupado*) worried (**about** *sth*/*sb*): *Está* ~ *por los niños.* He's worried about the children. **2** (*agitado*) restless: *El enfermo pasó la noche un tanto* ~. The patient had a restlesss night.

intransigente *adj, nmf* intransigent [*adj*]: *Tu jefa es una* ~. You have a very intransigent boss.

intransitivo, -a *adj* intransitive

intrascendente *adj* unimportant

intrauterino, -a *adj* intra-uterine **LOC** *Ver* DISPOSITIVO

intravenoso, -a *adj* intravenous

intrépido, -a *adj* intrepid, daring (*más coloq*): *un soldado* ~ a daring soldier ◊ *una actitud intrépida* an intrepid attitude

intriga *nf* **1** (*maquinación*) intrigue: ~*s amorosas/políticas* amorous/political intrigues **2** (*Teat*) plot **3** (*suspense*) suspense: *una película con mucha* ~ a film full of suspense **4** (*curiosidad*): *Chico, ¡qué* ~*! Cuéntamelo.* Come on, don't keep me in suspense! Tell me about it.

intrigante *adj* intriguing

■ **intrigante** *nmf* schemer

intrigar *vt* to intrigue: *Ese hombre me intriga.* I'm intrigued by that man.

■ **intrigar** *vi* to plot: ~ *contra el gobierno* to plot against the government

introducción *nf* ~ **(a)** introduction (**to** *sth*): *una* ~ *a la filosofía* an introduction to philosophy ◊ *Me han pedido que escriba una* ~ *para el libro.* They've asked me to write the introduction to the book.

introducir *vt* **1** (*implantar, presentar*) to introduce: ~ *cambios en una empresa* to introduce changes in a company ◊ *Me introdujo en el mundo de la moda.* He introduced me to the world of fashion. **2** (*insertar*) to put *sth* **in**/**into** *sth*, to insert *sth* **in**/**into** *sth* (*más formal*): *Introduje la llave en la cerradura.* I put the key in the lock. ◊ *Introduzca una moneda de 100 pesetas en*

la ranura. Insert a 100 peseta coin in the slot. **3** (*Informát*) to input
■ **introducirse** *v pron* **introducirse (en)** to join (*sth*): *~se en un grupo pacifista* to join a pacifist group
LOC **introducir una costumbre** to start a trend *Ver tb* CONTRABANDO

introductor, ~a *adj* introductory
■ **introductor, ~a** *nm-nf*: *los ~es de la patata en Europa* those who introduced the potato into Europe

introductorio, -a *adj* introductory

introvertido, -a *adj* introverted
■ **introvertido, -a** *nm-nf* introvert

intrusión *nf* intrusion

intruso, -a *nm-nf* intruder

intuición *nf* intuition: *Contesté por ~*. I answered intuitively.

intuir *vt* to sense: *Los animales intuyen cuándo hay peligro*. Animals can sense danger. ◊ *Intuí que me ocultaba algo*. I could sense he was hiding something from me.

intuitivo, -a *adj* intuitive

inundación *nf* flood

inundar *vt* to flood: *~ el mercado de ofertas* to flood the market with special offers ◊ *Los turistas inundan las playas*. The beaches are swarming with tourists.
■ **inundarse** *v pron* to flood: *Se inundaron los campos*. The fields flooded. ◊ *Se me inundaron los ojos de lágrimas*. My eyes filled with tears.

inusitado, -a *adj* unusual

inútil *adj* **1** (*inservible*) useless: *cacharros ~es* useless junk ◊ *Es un esfuerzo ~*. It's a waste of time. **2** (*innecesario*) pointless: *una explicación/un sufrimiento ~* a pointless explanation/pointless suffering
■ **inútil** *nmf* good-for-nothing
LOC **es inútil (que...)**: *Es ~ que intentes convencerle*. It's pointless trying to convince him. ◊ *Es ~ que grites*. There's no point in shouting.

inutilidad *nf* **1** (*cualidad*) uselessness **2** (*persona*) good-for-nothing: *Su yerno es una ~*. Their son-in-law is a good-for-nothing.

inutilizar *vt* to put *sth* out of action: *~ una red informática* to put a computer network out of action

invadir *vt* **1** (*gen*) to invade: *Los turistas invaden la ciudad en verano*. Tourists invade the city in the summer. **2** (*irrumpir*) to encroach **on *sth***: *~ el espacio aéreo de un país* to encroach on a country's air space **3** (*estado de ánimo*) to overcome: *Me invadió una profunda tristeza*. I was overcome by a feeling of great sadness.

invalidar *vt* to invalidate

invalidez *nf* **1** (*Med*) disability **2** (*documento, argumento*) invalidity
LOC **invalidez permanente** permanent disability

inválido, -a *adj* (*Med*) disabled
■ **inválido, -a** *nm-nf* disabled person

invariable *adj* invariable

invasión *nf* invasion

invasor, ~a *adj* invading
■ **invasor, ~a** *nm-nf* invader

invencible *adj* **1** (*enemigo, contrincante*) invincible **2** (*obstáculo*) insuperable **LOC** *Ver* ARMADA

invención *nf* **1** (*gen*) invention: *la ~ de la máquina de vapor* the invention of the steam engine ◊ *Ese chiste es de su propia ~*. He made that joke up. **2** (*mentira*) fabrication

inventar *vt* (*descubrir*) to invent: *Gutenberg inventó la imprenta*. Gutenberg invented the printing press.
■ **inventar(se)** *vt, v pron* to make *sth* up: *inventar(se) una excusa/un cuento* to make up an excuse/a story

inventario *nm* inventory
LOC **hacer inventario** (*lit*) to make an inventory

inventiva *nf* inventiveness

invento *nm* invention: *Este postre es un ~ mío*. This pudding is an invention of mine. **LOC** *Ver* JODER

inventor, ~a *nm-nf* inventor

invernadero *nm* greenhouse **LOC** *Ver* EFECTO

invernal *adj* winter [*n atrib*]: *Lleva una ropa muy ~*. He's wearing winter clothes.
LOC **hacer un frío invernal** to be bitterly cold

invernar *vi* **1** (*hibernar*) to hibernate **2** (*pasar el invierno*) to spend the winter

inverosímil *adj* unlikely

inversión *nf* **1** (*Fin, tiempo*) investment **2** (*imagen, objeto*) inversion **3** (*función, orden, papeles*) reversal: *La ~ de los papeles en la familia sigue resultando chocante*. Role reversal in the family is still not generally accepted.

inverso, -a *adj* **1** (*proporción, razón*) inverse: *Los resultados están en proporción inversa al esfuerzo realizado*. The results are in inverse proportion to the effort that was put in. **2** (*orden*) reverse **3** (*dirección*) opposite: *en sentido ~ a la rotación* in the opposite direction to the rotation
LOC **a la inversa 1** (*de manera opuesta*) the other way round **2** (*hacia atrás*) backwards: *contar a la ~* to count backwards *Ver tb* TRADUCCIÓN

inversor, ~a *adj*: *un esfuerzo ~ importante* a substantial investment ◊ *La empresa inversora arriesga 1.000 millones en la obra*. The company is investing 1 000 million pesetas in the project.
■ **inversor, ~a** *nm-nf* investor

invertebrado, -a *adj* invertebrate
■ **invertebrado** *nm* invertebrate

invertir *vt* **1** (*Fin, dedicar*) to invest *sth* (**in *sth*/doing *sth***): *Han invertido diez millones en la compañía*. They've invested ten million pesetas in the company. ◊ *Invertí mucho tiempo en aprender el idioma*. I invested a lot of time in learning the language. **2** (*cambiar*) **(a)** (*gen*) to invert: *~ una imagen* to invert an image **(b)** (*orden, papeles*) to reverse: *~ el orden de las palabras* to reverse the word order
■ **invertir** *vi* **~ (en)** to invest (**in *sth***): *Es buen momento para ~*. It's a good time to invest. ◊ *~ en acciones* to invest in shares

investidura *nf*
LOC **(acto/sesión de) investidura** investiture

investigación *nf* **~ (de/sobre) 1** (*gen*) investigation (**of/into *sth***): *Habrá una ~ sobre el accidente*. There'll be an investigation into the accident. ◊ *La ~ del caso corresponde a la policía*. The police are investigating the case. ◊ *Se están llevando a cabo dos investigaciones paralelas*. They're carrying out two parallel investigations. ◊ *métodos de ~* investigative methods **2** (*científica, académica*) research [*incontable*] (**into/on *sth***): *un centro de ~ y desarrollo* a research and development centre ◊ *Está haciendo un trabajo de ~ sobre la malaria*. He's doing research on malaria. ◊ *investigaciones sobre el efecto del tabaco en el feto* research into the effects of smoking on the foetus
LOC **investigación de mercados** market research [*incontable*] **investigación judicial** judicial enquiry

investigador, ~a *adj* **1** (*gen*): *Están llevando a cabo una decisiva labor investigadora*. They're carrying out a crucial investigation. ◊ *el departamento ~ del caso* the department investigating the case **2** (*científico, académico*) research [*n atrib*]: *un equipo ~* a research team
■ **investigador, ~a** *nm-nf* **1** (*gen*) investigator: *los ~es del fraude fiscal* the investigators of the tax fraud ◊ *El ~ del caso hará mañana públicas sus conclusiones*. The results of the enquiry will be released tomorrow. **2** (*científico, académico*) researcher
LOC **investigador privado** private detective

investigar *vt, vi* **1** (*gen*) to investigate: *~ un caso* to investigate a case **2** (*científico, académico*) to do research (**into/on *sth***): *Están investigando sobre el virus del SIDA*. They're doing research on the Aids virus.

investir *vt*: *~ a algn con poderes especiales* to invest sb with special powers ◊ *~ a algn doctor honoris causa/caballero* to give sb an honorary doctorate/a knighthood ◊ *Lo van a ~ presidente*. He's going to be inaugurated as President.

inviable *adj* non-viable
invicto, -a *adj* **1** (*Dep*) unbeaten **2** (*Mil*) undefeated
invidente *adj* sightless, blind (*más coloq*)
■ **invidente** *nmf* blind person: *una asociación de ~s* an association for the blind
invierno *nm* winter: *ropa de ~* winter clothes ◊ *Nunca uso la bicicleta en ~.* I never ride my bike in the winter. **LOC** *Ver* CAMPANILLA, CUARTEL, ESTACIÓN, OLIMPIADA
inviolable *adj* **1** (*templo, promesa*) inviolable **2** (*fortaleza*) impregnable
invisible *adj* invisible: *el hombre ~* the invisible man **LOC** *Ver* TINTA
invitación *nf* invitation (**to sth**/**to do sth**): *invitaciones de boda* wedding invitations ◊ *Me han mandado una ~ para el estreno.* I've received an invitation to the première.
invitado, -a *pp, adj, nm-nf* guest [*n*]: *el artista ~* the guest artist ◊ *Los ~s llegarán a las siete.* The guests will arrive at seven. *Ver tb* INVITAR **LOC** *Ver* ESTRELLA
invitar *vt* **1** (*gen*) to invite *sb* (**to sth**/**to do sth**): *Me ha invitado a su fiesta de cumpleaños.* She's invited me to her birthday party. ◊ *El presentador invitó a los oyentes a que dieran su opinión.* The presenter invited listeners to give their views. ◊ *El dueño les invitó a abandonar el local.* The owner asked them to leave the premises. **2** (*fuera de casa*) to take *sb* (out): *Nos invitaron a un restaurante chino.* They took us out to a Chinese restaurant. ◊ *Te invito al cine.* I'd like to take you to the cinema.
■ **invitar** *vi* **1** (*pagar*): *Tómate algo bueno, que hoy invito yo.* I'll get this – have something nice! **2 ~ a** (*incitar*) to make you feel like *sth/doing sth*: *Estos días tan fríos invitan a quedarse en casa.* Cold days like this make you feel like staying at home.
LOC invita la casa it's on the house
invocar *vt* to invoke
involucrar *vt* to involve *sb* **in sth**: *Debes evitar que te involucren en la disputa.* Make sure they don't involve you in the dispute.
■ **involucrarse** *v pron* **involucrarse (en)** to get involved (**in sth**)
involuntario, -a *adj* **1** (*accidente, error*) unintentional: *hacer algo de modo ~* to do something unintentionally **2** (*movimiento, reacción*) involuntary
invulnerable *adj* invulnerable
inyección *nf* injection: *poner una ~ a algn* to give sb an injection **LOC** *Ver* BOMBA[1]
inyectar *vt* **1** (*gen*) to inject *sth* (**into sth**): *~ adrenalina en la sangre* to inject adrenalin into the bloodstream ◊ *~ dólares en el mercado monetario* to inject dollars into the money market **2** (*poner una inyección*) to give *sb* an injection: *El médico le inyectó morfina.* The doctor gave him a morphine injection.
■ **inyectarse** *v pron*: *Me tengo que ~ insulina dos veces al día.* I have to inject myself with insulin twice a day. ◊ *Se inyectaba heroína, pero ya lo ha dejado.* He used to inject heroin, but he's stopped now. ◊ *Es diabética y se tiene que ~ a menudo.* She's diabetic and she has to give herself regular injections.
ion *nm* ion
ionizar *vt* to ionize
ionosfera *nf* ionosphere
IPC *nm, abrev de* **Índice de Precios al Consumo** *Ver* ÍNDICE
ir *vi* **1** (*gen*) to go: *Esta tarde iremos al cine.* We'll go to the cinema this afternoon. ◊ *la autopista que va de Madrid a Burgos* the motorway (that goes) from Madrid to Burgos ◊ *ir en coche/tren/avión* to go by car/train/plane ◊ *Algunos fueron a pie, otros a caballo.* Some went on foot, others on horseback. ◊ *En el Reino Unido los coches van por la izquierda.* In Britain cars drive on the left. ◊ *¿Cómo te va (con tu novio)?* How are things going (with your boyfriend)? ◊ *Tiene la costumbre de irle a la vecina con sus problemas.* He keeps running to the neighbour with his problems. **2** (*estar, haber diferencia*): *Íbamos sedientos.* We were thirsty. ◊ *ir bien/mal vestido* to be well/badly dressed ◊ *De nueve a doce van tres.* Nine from twelve is three. ◊ *¡Lo que va de vivir en un bajo a vivir en un ático!* There's a world of difference between a ground floor flat and an attic apartment. ◊ *De un modelo a otro va un abismo.* There's a huge difference between the two models. **3** (*sentar bien*) to suit *sb* [*vt*]: *Te va el pelo corto.* Short hair suits you. ◊ *No me va la hipocresía.* I can't stand hypocrisy. **4** (*apostar*): *Va lo que quieras a que no levantas esa caja.* I bet you anything you like you can't lift that box. ◊ *Van 500 pesetas a que llega tarde.* I bet you 500 pesetas he'll be late. **5** (*funcionar*) to work: *El ascensor no va.* The lift's not working. **6** (*gustar*): *Le va la música pop.* She's really into pop.
■ **ir** *v aux* **1 ~ a hacer algo (a)** (*en el futuro, al hacer planes*) to be going **to do sth**: *Te vamos a echar de menos.* We're going to miss you. ◊ *Iba a venir a la fiesta, pero le ha surgido un compromiso.* He was going to come to the party, but something has come up. **(b)** (*estar a punto de hacer algo*) to be about **to do sth**: *Íbamos a comer cuando sonó el teléfono.* We were about to eat when the phone rang. **(c)** (*sugerencia*): *¡Vamos a comer!* Let's go and eat! ◊ *¿Vamos a pasear?* Shall we go for a walk? **(d)** (*en órdenes*) to go **and do sth**: *¡Ve a hablar con tu padre!* Go and talk to your father. **2 ~ haciendo algo** to start *doing sth/to do sth*: *Id preparando la mesa.* Start laying the table. ◊ *Id picando, que ahora llega el plato fuerte.* Start eating, the main course is just coming. ◊ *Va llegando el momento de preparar los exámenes.* It's time we started preparing for the exams. ◊ *Ya va amaneciendo más temprano.* It's starting to get light earlier. ◊ *Id saliendo, que en seguida voy.* You go on, I'll be with you right away. ◊ *La situación va complicándose día a día.* The situation is getting more complicated every day.
■ **irse** *v pron* **1** (*marcharse*) to leave: *Mañana me voy a España.* I'm leaving for Spain tomorrow. ◊ *Se fue de casa a los 16 años.* He left home when he was 16. ◊ *Muy pronto se irán de viaje.* They're going away very soon. ◊ *Vámonos, que se hace tarde.* Let's go, it's getting late. ◊ *Me voy.* I'm off. **2** (*dinero, dolor, mancha*) to go: *Se me va el sueldo en comida.* My salary goes on buying food. ◊ *No se me va el dolor de cabeza.* My headache won't go away. ◊ *No te preocupes, esa mancha se va con agua y jabón.* Don't worry, the mark will come out with soap and water. **3** (*luz*) to go off: *Se ha ido la luz.* The electricity's gone off. **4** (*morirse*) to pass away: *Se fue sin sufrir demasiado.* He passed away peacefully. ◊ *irse al otro mundo* to pass away **5** (*líquido, gas*) to leak: *El aceite se va por ese agujerito.* The oil is leaking out throught that little hole.
LOC (a mí) ni me va ni me viene that's nothing to do with me, you, etc: *Lo del aumento de sueldo ni nos va ni nos viene.* The pay rise is nothing to do with us.
ir a dar a 1 (*gen*): *La pelota fue a dar al coche de mi vecina.* The ball hit my neighbour's car. ◊ *Resbalé y fui a dar al suelo.* I slipped and landed on the ground. **2** (*calle*) to lead to *sth*: *Este camino va a dar al pueblo.* This road leads to the village.
ir a lo suyo to think only of yourself: *Tú siempre vas a lo tuyo.* You only think of yourself.
ir a por to go and get *sth/sb*: *Tengo que ir a por pan.* I've got to go and get some bread. ◊ *Iré a por Cristina.* I'll go and get Cristina.
ir a por todas to go for it: *Esta vez voy a por todas.* This time I'm really going to go for it.
ir con to match *sth*, to go with *sth* (*coloq*): *Esos calcetines no van con estos zapatos.* Those socks don't go with these shoes.
ir contra/en contra de to go against *sth/sb*: *ir contra corriente* to go against the tide ◊ *Esa medida va contra el sentir de la población.* This measure goes against public opinion.
ir de 1 (*aspecto físico*) **(a)** (*disfrazado*) to go as *sth/sb*: *Yo iba de payaso.* I went as a clown. ◊ *Tenemos que ir de los años setenta.* We have to go in 70s clothes. **(b)** (*color*) to wear: *La novia iba de blanco.* The bride wore white.

◊ *Todos van de negro.* Everybody is wearing black. **2** (*aparentar*): *¡Es que le gusta ir de mártir!* He likes to act the martyr. ◊ *Tu hermano va de liberal por la vida.* Your brother makes out he's a liberal. ◊ *¿De qué vas?* What are you playing at? **3** (*conversación, película, libro*) to be about *sth*: *¿De qué va la película?* What's the film about?

ir para 1 (*profesión*): *La mayor va para actriz.* My eldest daughter is going to be an actress. ◊ *Dicen que va para cura.* They say he's going to be a priest. **2** (*edad*) to be getting on for *sth*: *Va para (los) treinta.* She's getting on for thirty. ◊ *Hazte a la idea de que vamos para viejos.* You have to realize we're getting on.

ir por 1 (*buscar*) to get: *Vé por el médico.* Get the doctor! **2** (*haber alcanzado*) to be on *sth*: *Ya van por la tercera vuelta.* They're on the third lap. ◊ *¿Por qué página/capítulo vas?* What page/chapter are you on? ◊ *Ya va por la mitad de la novela.* He's half-way through the novel. **3** (*escoger*) to go in for *sth*: *Va por ciencias.* He's going in for science.

ir sin: *Va sin abrigo/maquillaje.* She isn't wearing a coat/any make-up. ◊ *Voy sin peinar.* I haven't combed my hair.

ir tirando: *Vamos tirando con mi sueldo.* We get by on my salary. ◊ *—¿Qué tal está tu madre? —Va tirando.* 'How's your mother?' ' Not too bad.'

ir tras/detrás de algo/algn to be after sth/sb: *La policía va tras los traficantes.* The police are after the drug dealers. ◊ *Hace meses que va tras esa chica.* He's been after that girl for months.

ir y... to just go and do sth: *Fue y le pegó un puntapié.* He just went and gave him a kick.

ir y venir: *Con tanto ir y venir se me pasa el tiempo volando.* With all this rushing around, the time just flies. ◊ *Voy y vengo.* I'll be right back.

me va a dar algo I, you, etc will explode!

no irás a decirme que... you're not going to tell me that...

no vaya a ser que.../no vaya a... in case: *Llevaos el impermeable, no vaya a ser que llueva.* Take your coat in case it rains. ◊ *Les llamaré, no vayan a creer que me he olvidado.* I'll give them a ring in case they think I've forgotten.

¿qué le vamos a hacer? there's nothing we can do about it

¿qué tal/cómo va, vas etc?: *¿Qué tal va tu nuevo trabajo?* How's your new job going? ◊ *¿Cómo van las obras?* How's the building going? ◊ *¿Cómo vas? ¿Te falta mucho para terminar?* How are you getting on? Have you got much left to do?

¡qué va! no way!

vamos well: *Estaba ofendida. Vamos, a mí me pareció que lo estaba.* She was offended. Well, I think she was. ◊ *Vamos, que me parece una falta de educación por su parte.* Well, I think it's bad manners on his part.

¡vamos! come on!: *Vamos, mujer, que no es el fin del mundo.* Come on, it's not the end of the world! ◊ *¡Vamos, que perdemos el tren!* Come on or we'll miss the train! ◊ *¡Vamos, hombre! ¡No nos pagan y aún quieren que acabemos el trabajo!* What a cheek! We haven't been paid, yet they expect us to finish the job!

vamos a ver let's see: *Vamos a ver, ¿dónde la viste por última vez?* Let's see; where did you last see her? ◊ *Vamos a ver, ¿tú cuántos tienes?* Let's see. How many have you got?

¡vaya! 1 (*sorpresa*) good heavens!: *¡Vaya! No esperaba encontrarte aquí.* Good heavens! I never expected to find you here! **2** (*compasión*) oh dear!: *¡Vaya, cuánto lo siento!* Oh dear, I'm terribly sorry! **3** (*énfasis*) what/what a(n)...!: *¡Vaya una película más mala!* What an awful film! ◊ *¡Vaya cara dura!* What a cheek! **4** (*enfado*) damn!: *¡Vaya! Se me ha vuelto a pinchar la rueda.* Damn! I've got another puncture.

vaya usted a saber/vete a saber who knows?

☛ Para otras expresiones con **ir**, véanse las entradas del sustantivo, adjetivo, etc, p.ej. **ir empatados** en EMPATADO e **ir al grano** en GRANO.

ira *nf* **1** (*gen*) rage [*incontable*]: *un arrebato de ~* a fit of rage ◊ *Estaba ciego de ~.* He was blind with rage. ◊ *La suspensión del recital suscitó las ~s del público.* When the recital was cancelled, the audience was furious. **2** (*Liter*) wrath [*incontable*]: *la ~ divina* the wrath of God **LOC** *Ver* DESCARGAR

iracundo, -a *adj* irate: *Estaba ~.* He was irate.

Irak *nm* Iraq

Irán *nm* Iran

iraní *adj, nmf* Iranian

iraquí *adj, nmf* Iraqi

irascible *adj* irascible

iris *nm* iris ☛ *Ver ilustración en* OJO **LOC** *Ver* ARCO

Irlanda *nf* Ireland: *la República de ~* the Republic of Ireland ☛ *Ver nota e ilustración en* GREAT BRITAIN **LOC Irlanda del Norte** Northern Ireland ☛ *Ver nota e ilustración en* GREAT BRITAIN

irlandés, -esa *adj* Irish

■ **irlandés, -esa** *nm-nf* Irishman/woman [*pl* Irishmen/women]: *los irlandeses* the Irish

■ **irlandés** *nm* (*idioma*) Irish **LOC** *Ver* CAFÉ

ironía *nf* irony: *el uso de la ~ en Valle Inclán* Valle Inclán's use of irony ◊ *Se detectaba cierta ~ en sus palabras.* You could sense a certain irony in his words. ◊ *una de las ~s de la vida* one of life's little ironies **LOC con ironía** ironically

irónico, -a *adj* **1** (*gen*) ironic: *una sonrisa irónica* an ironic smile **2** (*persona*) sarcastic

ironizar *vi* **~ (sobre)** to satirize *sth* [*vt*]: *~ sobre la sociedad de consumo* to satirize the consumer society

IRPF *nm, abrev de* **Impuesto sobre la Renta de las Personas Físicas** *Ver* IMPUESTO

irracional *adj* irrational: *un miedo ~* an irrational fear

irradiar *vt* (*lit* y *fig*) to radiate: *El sol irradia calor.* The sun radiates heat. ◊ *Irradian simpatía y alegría.* They radiate kindness and happiness.

irreal *adj* unreal

irrealizable *adj* **1** (*gen*) impracticable: *Este es un proyecto ~.* This project is impracticable. **2** (*aspiraciones, deseos*) unattainable

irrebatible *adj* irrefutable

irreconciliable *adj* irreconcilable

irreconocible *adj* unrecognizable

irrecuperable *adj* irretrievable

irreducible (*tb* **irreductible**) *adj* **1** (*precio, tamaño, cantidad*) irreducible **2** (*invencible*) **(a)** (*castillo, fortaleza*) impregnable **(b)** (*persona, actitud*) unyielding

irreemplazable *adj* irreplaceable

irreflexivo, -a *adj* impetuous: *un joven ~* an impetuous young man

irrefrenable *adj* **1** (*sentimientos e impulsos positivos*) irrepressible: *un entusiasmo/optimismo ~* irrepressible enthusiasm/optimism **2** (*sentimientos e impulsos negativos*) uncontrollable: *una angustia/un llanto ~* uncontrollable anguish/weeping

irrefutable *adj* irrefutable

irregular *adj* **1** (*gen*) irregular: *verbos ~es* irregular verbs ◊ *un latido ~* an irregular heartbeat **2** (*anormal*) abnormal: *un comportamiento/una situación ~* abnormal behaviour/an abnormal situation

irregularidad *nf* irregularity

irrelevante *adj* unimportant

irremediable *adj* irremediable: *una pérdida/un error ~* an irremediable loss/mistake ◊ *Eso ya es ~.* Nothing can be done about it now.

irrenunciable *adj*: *responsabilidades/creencias ~s* responsibilities/beliefs that cannot be renounced

irreparable *adj* irreparable

irrepetible *adj* (*excelente*) unique: *una experiencia/obra de arte ~* a unique experience/work of art

irreprimible *adj Ver* IRREFRENABLE

irreprochable *adj* irreproachable

irresistible *adj* irresistible: *un atractivo/una fuerza ~* an irresistible attraction/force ◊ *Tenían unas ganas ~s de verse.* They were dying to see each other.

irrespetuoso, -a *adj* ~ **(con/para con)** disrespectful (**to/towards** ***sth/sb***): *¡No seas tan ~ con tu madre!* Don't be so disrespectful to your mother!
irrespirable *adj* **1** (*aire*) unbreathable **2** (*ambiente*) unbearable
irresponsabilidad *nf* irresponsibility
irresponsable *adj, nmf* irresponsible [*adj*]: *¡Eres un ~!* You're so irresponsible!
irreverencia *nf* **1** (*gen*) disrespect [*incontable*]: *Sus ~s le costaron el cargo.* His lack of respect cost him his job. **2** (*Relig*) irreverence [*incontable*]
irreverente *adj* **1** (*gen*) disrespectful **2** (*Relig*) irreverent
irreversible *adj* irreversible
irrevocable *adj* irrevocable
irrigar *vt* to irrigate
irrisorio, -a *adj* derisory: *Nos ofrecen un sueldo ~.* They're offering a derisory salary. ◊ *precios ~s* ridiculous prices
irritabilidad *nf* irritability
irritable *adj* irritable
irritación *nf* **1** (*enfado*) irritation: *El corredor dio muestras de ~.* The athlete showed signs of irritation. **2** (*sarpullido*) rash: *Las pastillas me produjeron una ~ en la piel.* The pills brought me out in a rash.
irritante *adj* irritating
irritar *vt* to irritate
■ **irritarse** *v pron* **1 irritarse (con) (por)** to get annoyed (**with** ***sb***) (**about** ***sth***): *Se irrita por nada.* He gets annoyed very easily. **2** (*Med*) to be/get irritated: *Con el humo se le irritan los ojos.* His eyes get irritated by smoke.
irrompible *adj* unbreakable
irrumpir *vi* ~ **en** to burst **into** ***sth***: *La directora irrumpió en la sala de profesores.* The headmistress burst into the staffroom.
irrupción *nf* sudden appearance, irruption (*más formal*): *La ~ de la policía pilló desprevenidos a los traficantes.* The sudden appearance of the police caught the dealers unawares. ◊ *la ~ del modernismo* the irruption of modernism
isabelino, -a *adj* **1** (*España*): *la España isabelina* Spain under Isabella ◊ *moneda isabelina* coins from the reign of Isabella **2** (*Inglaterra*) Elizabethan
isla *nf* island: *las Islas Canarias* the Canary Islands ☛ *Ver nota en* ISLE
LOC **las Islas Británicas** the British Isles ☛ *Ver ilustración y nota en* GREAT BRITAIN
Islam *nm*
LOC **el Islam** Islam
islámico, -a *adj* Islamic
islandés, -esa *adj* Icelandic
■ **islandés, -esa** *nm-nf* Icelander
■ **islandés** *nm* (*idioma*) Icelandic
Islandia *nf* Iceland

isleño, -a *adj* island [*n atrib*]: *una economía isleña* an island economy
■ **isleño, -a** *nm-nf* islander
isleta *nf* (*tráfico*) traffic island
islote *nm* islet
isobara *nf* isobar
isósceles *adj* isosceles: *un triángulo ~* an isosceles triangle ☛ *Ver ilustración en* TRIANGLE
isoterma *nf* isotherm
isótopo *nm* isotope
Israel *nm* Israel
israelí *adj, nmf* Israeli
istmo *nm* isthmus: *el ~ de Panamá* the Isthmus of Panama
Italia *nf* Italy
italiano, -a *adj, nm-nf* Italian: *los ~s* the Italians
■ **italiano** (*idioma*) Italian: *hablar ~* to speak Italian
itinerante *adj* travelling [*n atrib*]: *un circo/una exposición ~* a travelling circus/exhibition
itinerario *nm* itinerary, route (*más coloq*)
ITV *nf, abrev de* **Inspección Técnica de Vehículos** *Ver* INSPECCIÓN
IVA *nm, abrev de* **Impuesto sobre el Valor Añadido** *Ver* IMPUESTO
izar *vt* to hoist: *~ una bandera/las velas* to hoist a flag/the sails
izquierdista *adj* leftist: *ideas/tendencias ~s* leftist ideas/tendencies
■ **izquierdista** *nmf* left-winger
izquierdo, -a *adj* left: *Me he roto el brazo ~.* I've broken my left arm. ◊ *la orilla izquierda del Támesis* the left bank of the Thames
■ **izquierda** *nf* **1** (*lado*) left: *Cuando llegue al semáforo, tuerza a la izquierda.* Turn left at the traffic-lights. ◊ *Siga por la izquierda.* Keep left. ◊ *conducir por la izquierda* to drive on the left ◊ *la casa de la izquierda* the house on the left ◊ *La carretera se desvía hacia la izquierda.* The road bears left. ◊ *Vivo en el tercero izquierda.* My flat is on the third floor, on the left. ☛ *Ver ilustración en* FOREGROUND **2** (*mano*) left hand: *escribir con la izquierda* to write with your left hand **3** (*pie*) left foot
LOC **de izquierda(s)** left-wing: *grupos de izquierdas* left-wing groups **estar a la izquierda (de algo/algn)** to be on/to the left (of sth/sb): *Estaba sentada a mi izquierda.* She was sitting on my left. ◊ *La panadería está a la izquierda de la farmacia.* The baker's is to the left of the chemist's. **la izquierda** (*Pol*) the Left [*v sing o pl*]: *La izquierda ha ganado las elecciones generales.* The Left has/have won the election. **la izquierda radical** (*Pol*) the extreme Left *Ver tb* CERO, CIRCULAR[2], LEVANTAR, MANO

Jj

¡ja! *interj* ha! ha!
jabalí, -ina *nm-nf* (*Zool*) wild boar [*pl* wild boar/wild boars]
jabalina *nf* (*Dep*) javelin: *lanzamiento de ~* javelin throwing
jabato *nm* young wild boar [*pl* young wild boar]
LOC **estar hecho un jabato** to be as brave as a lion
jabón *nm* soap [*incontable*]: *una pastilla de ~* a bar of soap ◊ *~ de afeitar/tocador* shaving/toilet soap
LOC **dar jabón a algn** to butter sb up **jabón de escamas** soap flakes [*v pl*] **jabón en polvo** washing powder
jabonada (*tb* **jabonadura**) *nf* wash: *Ese jersey necesita otra ~.* That jumper needs another wash.
jabonar *vt Ver* ENJABONAR
jaboncillo *nm* (*sastre*) French chalk
jabonera *nf* soap dish
jabonoso, -a *adj* soapy
jaca *nf* mare
jacinto *nm* hyacinth
LOC **jacinto silvestre** bluebell ☛ *Ver ilustración en* FLOR
jacobeo, -a *adj*: *la ruta jacobea* the road to Santiago de Compostela
jactancia *nf* boastfulness
jactancioso, -a *adj* boastful
jactarse *v pron* **~ de** to boast **about** ***sth/doing sth***: *Siempre se jactan de su dominio del francés.* They're always boasting about how good their French is.
jade *nm* jade
jadeante *adj* panting
jadear *vi* to pant
jadeo *nm* panting
jaguar *nm* jaguar
jalar(se) *vt, v pron Ver* JAMAR(SE)
jalea *nf* jelly
LOC **jalea real** royal jelly
jalear *vt* to cheer *sb* on
jaleo *nm* **1** (*ruido*) row: *No puedo dormir con todo este ~.* I can't sleep with all this row. **2** (*desorden*) mess: *¡Vaya ~ que tienes en el despacho!* What a mess your office is in!
LOC **armar/montar jaleo** to make a racket
jalonado, -a *pp, adj Ver* JALONAR
LOC **estar jalonado de** to be dotted with *sth*
jalonar *vt* to mark: *las desgracias que jalonaron su vida* the misfortunes that marked his life
Jamaica *nf* Jamaica
jamaicano, -a *adj, nm-nf* Jamaican
jamar(se) *vt, v pron* to wolf *sth* down
LOC **no jamarse una rosca** not to understand a thing about sth *Ver tb* ROSCO
jamás *adv* **1** (*nunca*) never: *~ he conocido a alguien así.* I've never known anyone like him. ☛ *Ver nota en* NUNCA **2** (*con superlativo*) ever: *el mejor libro que se haya escrito ~* the best book ever written ☛ *Ver nota en* ALWAYS
LOC **¡jamás de los jamases!** never! *Ver tb* NUNCA, SIEMPRE
jamón *nm* **1** (*cerdo*) ham **2** (*muslo de persona*) fat thigh
LOC **jamón cocido/de York** cooked ham **jamón (en) dulce** honey-glazed ham **jamón serrano** cured ham **¡y un jamón (con chorreras)!** you must be joking!
jamona *nf* big woman
Japón *nm* Japan
japonés, -esa *adj* Japanese
■ **japonés, -esa** *nm-nf* Japanese man/woman [*pl* Japanese men/women]: *los japoneses* the Japanese
■ **japonés** *nm* (*idioma*) Japanese: *hablar ~* to speak Japanese
jaque *nm* check
LOC **dar jaque a la reina** to attack the queen **dar jaque al rey/adversario** to put the king/your opponent in check **jaque mate** checkmate: *dar/hacer ~ mate* to checkmate **jaque (al rey)** check **poner/tener/traer en jaque a algn** to constantly harass sb: *Los rebeldes tienen en ~ al ejército.* The rebels are constantly harassing the army.
jaqueca *nf* migraine
LOC **dar jaqueca a algn** to give sb a headache
jara *nf* rock rose
jarabe *nm* mixture: *~ para la tos* cough mixture
LOC **dar jarabe a algn** to butter sb up **jarabe de palo** a good beating
jarana *nf*
LOC **estar/ir(se) de jarana** to be/go out on the town
jarcia *nf* rigging ☛ *Ver ilustración en* YACHT
jardín *nm* garden: *el ~ botánico* the botanical gardens
LOC **jardín de infancia** nursery school ☛ *Ver nota en* GUARDERÍA *Ver tb* CIUDAD
jardinera *nf* (*macetero*) window box
jardinería *nf* gardening
jardinero, -a *nm-nf* gardener
jareta *nf* tuck
jarra *nf* **1** (*de leche, de agua*) jug **2** (*de cerveza*) beer mug ☛ *Ver ilustración en* VASO **3** (*de metal*) tankard ☛ *Ver ilustración en* TAZA
LOC **ponerse en jarras** to put your hands on your hips: *Se puso en ~s.* He put his hands on his hips. ☛ También existe la expresión **arms akimbo**. *Ver ilustración en* ARM
jarro *nm* (large) jug
LOC **echar un jarro de agua fría** to drop a bombshell *on sb Ver tb* LLOVER
jarrón *nm* vase
jaspe *nm* jasper
jaspeado, -a *pp, adj* flecked
jauja *nf*
LOC **¡esto es jauja!**: *¡Oye, que esto no es ~, aquí se viene a trabajar!* Hey, this isn't a holiday camp! There's work to be done! ◊ *Una semana tirado al sol sin nada que hacer. ¡Esto es ~!* A lazy week in the sun. Bliss!
jaula *nf* cage
jauría *nf* pack (of dogs)
jazmín *nm* jasmine
jazz *nm* jazz
jeep® *nm* Jeep®
jefatura *nf* **1** (*liderato*) leadership: *la ~ del partido* the party leadership **2** (*oficina central*) headquarters (*abrev* HQ) [*v sing o pl*]: *La ~ de policía está al final de la calle.* The police headquarters is/are at the end of the street.
LOC **ocupar/ostentar la jefatura de gobierno** to be at the head of the government
jefe, -a *nm-nf* **1** (*superior*) boss: *ser el ~* to be the boss **2** (*de un colectivo*) head: *~ de departamento/Estado/gobierno* head of department/State/government **3** (*de una asociación*) leader: *el ~ de un partido* the party leader **4** (*de una tribu*) chief
LOC **jefe de bomberos** chief fire officer **jefe de compras/ventas** buyer/sales manager **jefe de esta-**

ción station master **jefe de Estado Mayor** Chief of Staff **jefe de estudios 1** (*en un colegio*) deputy head **2** (*en una academia*) director of studies [*pl* directors of studies] **jefe de personal** personnel manager **jefe de planta** floor manager **jefe de prensa/propaganda/seguridad** press/publicity/security officer **jefe de realización** production manager **jefe de redacción** editor-in-chief **¡sí, jefe!** yes, sir! *Ver tb* COMANDANTE, REDACTOR

Jehová *n pr* Jehovah **LOC** *Ver* TESTIGO

jengibre *nm* ginger

jeque *nm* sheikh

jerarca *nmf* leader

jerarquía *nf* hierarchy

jerárquico, -a *adj* hierarchical

jerez *nm* (*vino*) sherry

jerga *nf* **1** (*habla especializada*) jargon: *No comprendo la ~ futbolística.* I don't understand football jargon. **2** (*argot*) slang

jergón *nm* straw mattress

jeringa *nf* (*Med*) syringe

jeringar *vt* (*fastidiar*) to pester
■ **jeringarse** *v pron*: *¡Te jeringas!* Too bad!

jeringuilla *nf* syringe

jeroglífico, -a *adj* hieroglyphic
■ **jeroglífico** *nm* hieroglyph

jersey *nm* jumper ☛ *Ver nota en* SWEATER

Jesucristo *n pr* Jesus Christ **LOC** *Ver* ANTES, DESPUÉS

jesuita *adj, nm* Jesuit

Jesús *n pr* Jesus
LOC ¡en un (decir) Jesús! before you can say Jack Robinson! **irse/morir(se) sin decir Jesús** to die suddenly **¡Jesús! 1** (*al estornudar*) bless you! ☛ *Ver nota en* ACHÍS **2** (*exclamación*) God!: *¡Jesús!, qué pesado eres.* God, you're a pain!

jet *nm* (*avión*) jet
■ **jet** *nf* (*alta sociedad*) jet set

jeta *nf* **1** (*cara*) mug **2** (*descaro*) cheek: *¡Qué ~ tienes!* You've got a cheek!
■ **jeta** *nmf* scrounger
LOC estar con/poner una jeta to be/look really cross **por la jeta 1** (*gratis*) without paying **2** (*sin problemas*) on a plate: *No te van a dar el puesto por la ~.* They won't hand you the job on a plate. *Ver tb* CARA

¡ji! *interj*
LOC ¡ji, ji! hee, hee!

jibia *nf* cuttlefish [*pl* cuttlefish]

jilguero *nm* goldfinch

jinete *nmf* **1** (*persona que va a caballo*) rider **2** (*profesional*) jockey

jirafa *nf* **1** (*animal, persona alta*) giraffe **2** (*micrófono*) boom

jirón *nm* shred
LOC en jirones/hecho jirones in shreds: *El perro me dejó el pantalón hecho jirones.* The dog tore my trousers to shreds.

¡jo! *interj*: *¡Jo!, qué rollo.* What a pain!

Job *n pr* **LOC** *Ver* PACIENCIA

¡jobar! *interj* for goodness' sake: *¡Jobar!, que no me dejas oír.* For goodness' sake! I can't hear.

jockey *nmf* jockey

jocoso, -a *adj* jocular

joder *vt* **1** (*acto sexual*) to fuck (⚠) **2** (*estropear*) to bugger *sth* up (⚠): *Ya has jodido la televisión.* Now you've gone and buggered up the television.
■ **joder** *vi* to piss *sb* off (⚠): *Me jodió mucho que cambiaras de planes.* You really pissed me off changing your plans like that. ◊ *Jode que no le tengan a uno en cuenta.* It really pisses you off when they don't bother about you.
■ **¡joder!** *interj* **1** (*enfado*) shit! (⚠) **2** (*sorpresa*) bloody hell! (⚠)
LOC ¡hay que joderse! I don't bloody well believe it! (⚠) **¡jódete y baila!** bloody hell! (⚠) **¡que te jodan!** piss off! (⚠) **¡no me jodas!** bloody hell! (⚠) **¿no te jode?**: *Vas a venir, quieras o no, ¿no te jode?* You're bloody well coming, whether you like it or not. (⚠) **¡que se joda!** he/she can piss off! (⚠) **¡se jodió el invento!** that's buggered it! (⚠)

☛ Para términos y expresiones marcados con el símbolo ⚠, véase nota en TABÚ.

jodido, -a *pp, adj* **1** (*maldito*) bloody (⚠) ☛ *Ver nota en* TABÚ: *El ~ niño nos tuvo en vela hasta las cuatro.* The bloody kid kept us awake until four. **2** (*difícil*) bloody hard (⚠) ☛ *Ver nota en* TABÚ: *Nos puso un examen muy ~.* It was a bloody hard exam. ◊ *Es ~ leer con esta luz.* It's bloody hard to read in this light. **3(a)** (*estropeado, dañado*) knackered (*coloq*): *El coche está ~.* The car is knackered. ◊ *Estoy un poco jodida de la espalda.* My back is knackered. **(b)** (*enfermo*): *Está pero que bien ~.* He's in a really bad way. *Ver tb* JODER

jodienda *nf* pain: *Es una ~ que no puedas venir.* It's a pain you can't come.

jofaina *nf* washbasin

jogging *nm Ver* FOOTING

jolgorio *nm* celebrations [*v pl*]: *El ~ continuó hasta bien entrada la noche.* The celebrations went on well into the night. ◊ *Están de ~.* They're celebrating.

jolín (*tb* **jolines**, **jopé**) *interj* heck!

Jordania *nf* Jordan

jornada *nf* **1** (*día*) day: *una ~ de ocho horas* an eight-hour day ◊ *una ~ de huelga* a day's strike ◊ *al final de la ~* at the end of the day ◊ *Ya he acabado la ~.* I've finished my day's work. ◊ *Tras varias ~s de camino…* After several days' travel… **2** (*Dep*): *los partidos jugados en la ~ del domingo* Sunday's matches ◊ *la 21 ~ de Liga* the 21st round of matches ◊ *la ~ futbolística* the weekend's matches **3 jornadas** (*congreso*) conference [*sing*]
LOC jornada completa/media jornada full-time/part-time **jornada de reflexión** (*Pol*) the day before an election when campaigning is banned **jornada intensiva**: *En verano nos dan la ~ intensiva.* In summer you can work right through the lunch break and finish early. **jornada partida** split shift **jornada reducida** short-time working *Ver tb* ASUETO, TRABAJAR, TRABAJO

jornal *nm* daily wage: *Nos han subido el ~.* They've increased our daily wage.

jornalero, -a *nm-nf* casual labourer

joroba *nf* hump
■ **¡joroba!** *interj* for goodness' sake!: *¡Deja al niño en paz, ~!* Leave the child alone for goodness' sake!
LOC ser una joroba to be a pain

jorobado, -a *pp, adj* hunchbacked *Ver tb* JOROBAR
■ **jorobado, -a** *nm-nf* hunchback
LOC estar jorobado 1 (*persona*) not to be feeling too good: *Hoy estoy ~.* I'm not feeling too good today. ◊ *Tengo el estomago ~.* My stomach is playing me up. **2** (*cosa*) to be ruined

jorobar *vt* **1** (*fastidiar*) to get on *sb's* nerves: *¡Deja ya de ~me!* You're getting on my nerves! **2** (*estropear*) to muck *sth* up: *Alguien ha jorobado el vídeo.* Somebody's mucked up the video.
■ **jorobarse** *v pron* **1** (*aguantarse*) to put up with it **2** (*estropearse*) to be ruined
LOC ¡a jorobarse! there's nothing I, you, etc can do about it! **¡hay que jorobarse!** it's unbelievable! **¡no te joroba!**: *Así también lo hago yo, ¡no te joroba!* Well, I could have done that! ◊ *Iré si me da la gana, ¡no te joroba!* I'll go if I want to. So, tough!

jota[1] *nf* Aragonese folk dance/song

jota[2] *nf* (*Naipes*) jack ☛ *Ver nota en* BARAJA
LOC no decir ni jota not to say a word **no saber ni jota** not to know a thing (*about sth*): *No sabe ni ~ de mecánica.* She doesn't know a thing about mechanics. ◊ *No sé ni ~ de francés.* I don't know a word of French. *Ver tb* ENTENDER

joven *adj* young
■ **joven** *nmf* **1** (*chico*) young man [*pl* young men]

2 *(chica)* girl, young woman [*pl* young women] *(más formal)* **3 jóvenes** young people
LOC de joven when I was, you were, etc young: *De ~ viajó mucho.* He travelled a lot when he was young. *Ver tb* ASPECTO

jovencito, -a *nm-nf* youngster

jovial *adj* cheerful

jovialidad *nf* cheerfulness: *un ambiente lleno de ~* a very cheerful atmosphere

joya *nf* **1** *(gen)* jewellery [*incontable, v sing*]: *Las ~s estaban en la caja fuerte.* The jewellery was in the safe. ◊ *~s robadas* stolen jewellery ◊ *un ladrón de ~s* a jewel thief **2** *(cosa, persona)* treasure: *Eres una ~, no sé que haría sin ti.* You're a treasure. I don't know what I'd do without you.
LOC joyas de fantasía costume jewellery [*incontable*]

joyería *nf* jeweller's [*pl* jewellers] ☛ *Ver nota y ejemplos en* CARNICERÍA

joyero, -a *nm-nf (persona)* jeweller
■ **joyero** *nm (caja)* jewellery box

juanete *nm* bunion

jubilación *nf* **1** *(retiro)* retirement **2** *(pensión)* pension
LOC jubilación anticipada/forzosa early retirement *Ver tb* ACOGER

jubilado, -a *pp, adj* retired: *estar ~* to be retired *Ver tb* JUBILAR
■ **jubilado, -a** *nm-nf* pensioner **LOC** *Ver* HOGAR

jubilar *vt* **1** *(trabajador)* to pension *sb* off: *Acabamos de ~ a media plantilla.* We have just pensioned off half the staff. **2** *(coche, electrodoméstico)* to get rid of *sth*: *Vamos a ~ el seiscientos.* We're going to get rid of the Fiat 600. ◊ *Este ordenador ya está para que lo jubilen.* This computer is on its last legs.
■ **jubilarse** *v pron* to retire

júbilo *nm* joy: *con ~* joyfully

jubiloso, -a *adj* jubilant

judaísmo *nm* Judaism

judas *nm* traitor

judería *nf* Jewish quarter

judía *nf* bean: *~s pintas* pinto beans ◊ *~s verdes* green beans
LOC judía blanca haricot bean

judiada *nf*
LOC hacer judiadas *(niños)* to be naughty: *Estos niños no dejan de hacer ~s.* These children are vey naughty.

judicatura *nf* **1** *(cuerpo de jueces)* judiciary **2** *(tiempo)* term of office

judicial *adj* judicial
LOC por lo judicial through the courts *Ver tb* CITACIÓN, DISPOSICIÓN, INSTRUIR, INVESTIGACIÓN, MANDATO, ORDEN[1], PODER[1], REGISTRO, REQUERIMIENTO, RESOLUCIÓN, TUTELA

judío, -a *adj* Jewish
■ **judío, -a** *nm-nf* Jew

judo *nm* judo

judoka *nmf* person who practises judo

juego *nm* **1** *(gen)* game: *~s de pelota* ball games ◊ *El tenista español gana tres ~s a uno.* The Spanish player is winning by three games to one. **2** *(actividad lúdica, encuentro deportivo)* play: *Los pedagogos recomiendan el ~ en la educación.* Experts recommend education through play. ◊ *interrumpir el ~* to interrupt play **3** *(práctica de los juegos de azar)* gambling: *países donde el juego está prohibido* countries where gambling is banned **4** *(conjunto)* set: *un ~ de llaves* a set of keys ◊ *un ~ de café/té* a coffee/tea set **5** *(movilidad)* **(a)** *(articulaciones del cuerpo)* movement: *La operación le ha dañado el ~ de la rodilla.* The operation has left him with very little movement in his knee. **(b)** *(mecanismo)* play
LOC a juego matching: *Lleva falda y chaqueta a ~.* She's wearing a skirt and matching jacket. **estar en juego** to be at stake: *Está en ~ tu credibilidad.* Your credibility is at stake. **hacer juego con** to match *sth*: *Los pendientes hacen ~ con el collar.* The earrings match the necklace. **hacer/seguir el juego a algn** to go along with sb **¡hagan juego!** place your bets! **juego de azar** game of chance **juego de cama** (matching) sheets and pillowcases [*v pl*] **juego de cartas** card game **juego defensivo** *(Dep)* defensive play: *El equipo llevó a cabo un ~ defensivo.* The team played defensively. **juego de herramientas** tool kit **juego de las damas** draughts [*v sing*] **juego de las prendas** forfeits [*v sing*] **juego de los bolos** ten-pin bowling **juego de los chinos** guessing game in which pebbles or coins are hidden in clenched fists **juego de luces** lighting effects [*v pl*] **juego de manos** sleight of hand **juego de mesa/salón** board game **juego de niños** child's play **juego de palabras** pun **juego ofensivo/de ataque** *(Dep)*: *El equipo mostró un ~ ofensivo en la segunda mitad.* The team went on the attack in the second half. **juego limpio/sucio** fair/foul play **juegos malabares** juggling [*incontable*] **Juegos Olímpicos** Olympic Games **poner en juego** to put *sth* at stake: *No pongas en ~ nuestras vidas.* Don't put our lives at stake. *Ver tb* BOBO, COMPAÑERO, DOBLE, ESQUEMA, FUERA, INTERRUMPIR, MESA, TERRENO

juerga *nf*: *Salimos de ~ todos los sábados por la noche.* We go out (on the town) every Saturday night. ◊ *Montamos una gran ~ el día de la boda.* We had a big party on the day of the wedding. ◊ *Están de ~.* They've gone out on the town.
LOC correrse una juerga to go out (for a good time) **juergas nocturnas** nights on the town

juerguista *adj, nmf*: *¡Mira que eres ~!* You like having a good time, don't you?

jueves *nm* Thursday *(abrev* Thur(s)) ☛ *Ver ejemplos en* LUNES
LOC Jueves Santo Maundy Thursday *Ver tb* MEDIO *nm*, OTRO

juez *nmf* **1** *(Jur)* judge **2** *(Educ)* examiner
LOC juez de diligencias/instrucción examining magistrate **juez de línea 1** *(Fútbol)* linesman [*pl* linesmen] **2** *(Tenis)* line judge **juez de llegada/meta** judge **juez de paz** Justice of the Peace *(abrev* JP) **juez de primera instancia/ordinario** judge of the first instance **juez de salida** starter **juez de silla** umpire ☛ *Ver ilustración en* TENNIS **ser juez y parte** to be judge and jury *Ver tb* COMPARECER, DESACATO

jugada *nf* move
LOC hacerle una jugada a algn to play a dirty trick on sb

jugador, ~a *nm-nf* **1** *(competidor)* player ☛ *Ver ilustración en* DART, HOCKEY, SNOOKER **2** *(aficionado al juego)* gambler
LOC jugador titular/suplente first team/reserve player

jugar *vt* **1** *(gen)* to play: *~ un partido de fútbol/una partida de cartas* to play a game of football/cards ◊ *El equipo está jugando a la defensiva.* The team are playing defensively. **2** *(dinero)* to put *money* **on** *sth*: *~ 30.000 pesetas a un caballo* to put 30 000 pesetas on a horse
■ **jugar** *vi* **1 ~ (a)** *(gen)* to play: *Siempre que podemos, jugamos con los niños.* We play with the children whenever we can. ◊ *~ al fútbol/a las cartas* to play football/cards ◊ *Juega de medio.* He plays in midfield. ◊ *~ a ser la hija perfecta* to play the model daughter ◊ *~ a la lotería* to play the lottery **2** *(apostar)* to gamble: *Siempre le ha gustado ~.* He's always liked gambling.
■ **jugarse** *v pron* **1** *(apostar)* to stake *sth* (**on** *sth*): *Se jugó todo lo que tenía al póquer.* He staked all he had at poker. **2** *(arriesgarse)* to risk: *~se la vida* to risk your life
LOC jugar a la defensiva to play defensively **jugar al contraataque** to counter-attack **jugar a favor/en contra de algn** to work in sb's favour/against sb: *factores que juegan a nuestro favor* factors that work in our favour **jugar con fuego** to play with fire **jugar limpio/sucio** to play fair/dirty **jugarse el tipo/la piel** to risk your neck: *Haciendo esto me estoy jugando el tipo.* I'm risking my neck doing this. **jugarse el todo**

por el todo to go all out *to do sth*: *Se jugó el todo por el todo para conseguir el trabajo.* He went all out to get the job. **jugársela**: *¡Te la estás jugando!* Watch it! **jugársela a algn** to play a dirty trick on sb **jugárselo todo a una carta** to stake everything on one move **jugar tus bazas** to play your cards right: *El empresario ha sabido ~ sus bazas para conseguir lo que quería.* The businessman played his cards right and got what he wanted. **jugar una mala pasada a algn 1** (*gen*) to play a dirty trick on sb: *La empresa le ha jugado una mala pasada.* The company has played a dirty trick on him. **2** (*nervios*): *Los nervios me jugaron una mala pasada.* My nerves played me up. **jugar un papel** to play a part (*in sth*): *Su presencia juega un papel importante en mi vida.* She plays an important part in my life. **¿qué te juegas?** what do you bet?: *¿Qué os jugáis a que no viene?* What do you bet he won't come? *Ver tb* COMBA, CUELLO, EQUÍVOCO, PELLEJO, QUINIELA

jugarreta *nf*
LOC hacer una jugarreta a algn to play a dirty trick on sb

juglar, ~esa *nm-nf* minstrel

jugo *nm* **1** (*gen*) juice: *~s digestivos/gástricos* digestive/ gastric juices **2** (*salsa*) gravy **3** (*meollo*) substance: *un artículo con mucho ~* an article with a lot of substance ◊ *Ese tema tiene mucho ~.* It's a very meaty topic.
LOC sacar jugo a algo to get the most out of sth

jugoso, -a *adj* juicy: *Esta pera/carne está muy jugosa.* This peach/meat is very juicy. ◊ *un cotilleo ~* some juicy gossip

juguete *nm* **1** (*lit*) toy **2** (*fig*) plaything
LOC de juguete toy: *un camión de ~* a toy lorry

juguetear *vi* to play: *Los niños andan jugueteando en la plaza.* The children are out playing in the square. ◊ *~ con el pelo* to play with your hair

juguetería *nf* **1** (*tienda*) toy shop **2** (*Com*) toy business

juguetero, -a *nm-nf* **1** (*vendedor*) toy seller **2** (*fabricante*) toy manufacturer

juguetón, -ona *adj* playful

juicio *nm* **1** (*cualidad*) judgement: *Confío en el ~ de las personas.* I trust people's judgement. ◊ *reservarse un ~* to reserve judgement **2** (*sensatez*) (common) sense: *Careces totalmente de ~.* You're totally lacking in common sense. **3** (*opinión*) opinion: *emitir un ~* to give an opinion **4** (*Jur*) trial
LOC a mi juicio in my, your, etc opinion **hacer un juicio de valor** to make a value judgement **Juicio Final** Last Judgement **llevar a juicio** to take *sth/sb* to court: *La vamos a llevar a ~.* We're going to take her to court. **perder el juicio/la cabeza/la razón** to lose your mind *Ver tb* DÍA, EDAD, ELEMENTO, MUELA, SANO, SUSPENDER, TELA

juicioso, -a *adj* sensible

juliana *nf* **LOC** *Ver* SOPA

julio[1] *nm* (*Fís*) joule

julio[2] *nm* (*mes*) July (*abrev* Jul) ☛ *Ver ejemplos en* ENERO

junco *nm* reed

jungla *nf* jungle

junio *nm* June (*abrev* Jun) ☛ *Ver ejemplos en* ENERO

junior *adj* **1** (*nombre*) Junior (*abrev* Jr) **2** (*Dep*) junior: *el campeonato ~* the junior championship

junta *nf* **1** (*reunión*) meeting **2** (*comité*) committee [*v sing o pl*] ☛ *Ver nota en* COMITÉ **3** (*Tec*) **(a)** (*ensambladura*) join: *en la ~ que forman las paredes con el techo* where the walls join the ceiling **(b)** (*arandela*) seal
LOC junta directiva board of directors **junta escolar** school governing body **junta militar** military junta **junta municipal** town council *Ver tb* SALA

juntamente *adv* **~ con** together **with** ***sth/sb***

juntar *vt* **1** (*poner juntos*) to put *sth* together: *¿Juntamos las mesas?* Shall we put the tables together? **2** (*unir*) **(a)** (*piezas*) to join *sth* (together): *He juntado los dos trozos.* I've joined the two pieces (together). **(b)** (*países, partidos, intereses*) to unite: *Han juntado los dos partidos.* They have united the two parties. **(c)** (*ideas*) to combine **3** (*reunir*) **(a)** (*gente*) to get *people* together: *Anoche juntamos a toda la familia.* Last night we got the whole family together. **(b)** (*dinero, firmas, sellos*) to collect
■ **juntarse** *v pron* **1** (*gen*) to join: *Se juntó a nuestra expedición.* He joined our expedition. ◊ *Los dos caminos se juntan.* The two paths join. **2** (*congregarse*) to meet, to get together (*más coloq*) **3** (*vivir juntos*) to live together
LOC juntarse con algo to be faced with sth: *Nos juntamos con una enorme cantidad de trabajo.* We're faced with a huge amount of work.

juntillas LOC *Ver* PIE

junto, -a *adj* **1** (*reunido*) together: *todos ~s* all together ◊ *Siempre estudiamos ~s.* We always study together. **2** (*próximo*) close together: *Los árboles están muy ~s.* The trees are very close together.
■ **junto** *adv* **1 ~ a** next **to** ***sth/sb***: *El cine está ~ al café.* The cinema is next to the café. **2 ~ con** with *sth/sb*: *Este paquete llegó ~ con el otro.* This parcel arrived with the other one.
LOC juntos pero no revueltos together but not on top of each other

Júpiter *nm* Jupiter

jura *nf*
LOC jura de (la) bandera oath of allegiance

jurado, -a *pp, adj* sworn: *un traductor ~* a sworn translator *Ver tb* JURAR
■ **jurado** *nm* **1** (*en un juicio, en un concurso*) jury [*v sing o pl*]

> **Jury** puede llevar el verbo en singular o plural: *El jurado está a punto de adjudicar el premio.* The jury **is/are** about to award the prize.
> El uso del singular es obligatorio cuando **jury** va precedido por *a, each, every, this* y *that.*
> Nótese que cuando lleva el verbo en plural, se utiliza un pronombre o un adjetivo posesivo en plural (p.ej. 'they' y 'their'): *El jurado ha salido para deliberar.* The jury **have** retired to consider **their** verdict.

2 (*en un examen*) board of examiners [*v sing o pl*]
■ **jurado** *nmf* (*miembro de un tribunal*) member of the jury
LOC tenérsela jurada a algn to have it in for sb *Ver tb* CENSOR, DECLARACIÓN, GUARDA, PRESTAR, VIGILANTE

juramento *nm* **1** (*promesa*) oath **2** (*palabrota*) swearword
LOC bajo juramento on oath **decir/soltar juramentos** to swear (*at sb*) **hacer un juramento** to take an oath **juramento falso** perjury **tomar juramento a algn** to swear sb in *Ver tb* PRESTAR

jurar *vt, vi* to swear
LOC jurar bandera to swear allegiance to the flag **jurar el cargo** to take the oath of office **jurar en falso** to commit perjury **jurar lealtad a algo/algn** to swear allegiance to sth/sb **jurar y perjurar** to swear blind: *Jura y perjura que él no lo rompió.* He swears blind that he didn't break it. **lo juro por Dios, mi madre, etc** I swear to God

jurídico, -a *adj* legal: *el sistema ~* the legal system
LOC *Ver* PERSONA

jurisdicción *nf* jurisdiction

jurisprudencia *nf* jurisprudence

justamente *adv* **1** (*con justicia*) fairly: *El árbitro actuó ~.* The referee acted fairly. **2** (*exactamente*) just, exactly (*más formal*): *¡Es ~ lo que me faltaba!* That's just what I needed! ◊ *Eso es ~ lo que yo dije.* That's exactly what I said.

justicia *nf* **1** (*gen*) justice: *Pido ~.* I'm asking for justice. ◊ *Espero que se haga ~.* I hope justice is done. ◊ *Le trataron con ~.* They treated him justly. **2** (*organización estatal*) law: *No te tomes la ~ por tu mano.* Don't take the law into your own hands.
LOC en justicia by rights **hacer justicia** to do justice *to sth/sb*: *La película no hace ~ al libro.* The film doesn't do justice to the book. *Ver tb* COMPARECER, EVADIDO, PALACIO

justiciero, -a *adj* vengeful

justificable *adj* justifiable

justificación *nf* justification

justificante *nm* receipt
LOC **justificante de asistencia** certificate of attendance **justificante de ausencia** absence note

justificar *vt* to justify

justo, -a *adj* **1** (*razonable*) fair: *una decisión justa* a fair decision ◊ *Me parece ~ que quieras divertirte.* I think it's fair enough that you should want to enjoy yourself. **2** (*más apropiado*) right: *el precio ~* the right price ◊ *Compró las acciones en el momento ~.* He bought the shares at just the right time. **3** (*exacto*) exact: *Le di la cantidad justa.* I gave him the exact amount. ◊ *3.000 pesetas justas.* Exactly 3000 pesetas. **4** (*solo suficiente*) just enough: *Tenemos los platos ~s.* We have just enough plates. **5** (*apretado*) tight: *Estos zapatos me quedan demasiado ~s.* These shoes are too tight for me. ■ **justo** *adv* **1** (*sin que sobre*): *Me queda ~ para pintar esta pared.* I've got just enough paint for this wall. **2** (*precisamente*) just, exactly (*más formal*): *Es ~ lo que necesito.* It's just what I need.
LOC **justo cuando...** just as...: *Llegaron ~ cuando me iba.* They arrived just as I was leaving. **justo medio** happy medium *Ver tb* GANAR, SIEMPRE, TIEMPO, VIVIR

juvenil *adj* **1(a)** (*carácter*) youthful: *una actitud ~* a youthful outlook **(b)** (*aspecto*) young: *A sus cuarenta años, sigue teniendo un aspecto muy ~.* She looks very young for a woman of forty. **2** (*de jóvenes*) youth [*n atrib*]: *cultura ~* youth culture **3** (*para jóvenes*) for young people: *una revista ~* a magazine for young people ◊ *la moda ~* young people's fashion **4** (*Dep*) junior: *el campeón ~* the junior champion ◊ *el equipo ~* the youth team **5** (*conducta, delincuencia*) juvenile LOC *Ver* DELINCUENCIA, DELINCUENTE

juventud *nf* **1** (*los jóvenes*) young people [*v pl*]: *A la ~ de hoy en día le gusta tener libertad.* The young people of today like to have their freedom. **2** (*edad*) youth: *A pesar de su ~ era muy maduro.* Despite his youth he was very mature. **3** (*aspecto*) youthfulness LOC *Ver* FLOR

juzgado *nm* court
LOC **juzgado de guardia** police court **ser de juzgado de guardia** to be outrageous

juzgar *vt* **1** (*gen*) to judge: *~ a un criminal* to judge a criminal ◊ *No me juzgues sin saber lo que pasó.* Don't judge me before you hear what happened. **2** (*considerar*) to think: *No lo juzgo oportuno.* I don't think it's a good idea.
LOC **a juzgar por** judging by *sth* **juzgar mal** to misjudge

kafkiano, -a *adj* Kafkaesque
kaki *nm Ver* CAQUI[1]
kamikaze *nmf* **1** (*lit*) kamikaze pilot **2** (*fig*) suicidal maniac
kaput *adj* kaput (*coloq*): *El coche está ~*. The car's kaput.
karaoke *nm* karaoke
karate (*tb* **kárate**) *nm* karate: *hacer ~* to do karate
kart *nm* go-kart
katiusca *nf* wellington (boot)
kayak *nm* kayak
Kazajstán *nm* Kazakhstan
kechup (*tb* **ketchup**) *nm Ver* CATCHUP
Kenia *nf* Kenya
kibutz *nm* kibbutz [*pl* kibbutzim]
kilo *nm* **1** (*kilogramo*) kilo [*pl* kilos] (*abrev* kg): *dos ~s de tomates* two kilos of tomatoes ☛ *Ver apéndice 3* **2** (*dinero*) million (*pesetas*): *Cuesta seis ~s*. It costs six million.
kilobyte *nm* kilobyte (*abrev* Kb)
kilogramo *nm* kilogram (*abrev* kg) ☛ *Ver apéndice 3*
kilometraje *nm* mileage: *un coche con mucho/poco ~* a car with a high/low mileage
kilométrico, -a *adj* very long: *unas distancias kilométricas* very long distances **LOC** *Ver* MOJÓN
kilómetro *nm* kilometre (*abrev* km) ☛ *Ver apéndice 3*
kilovatio *nm* kilowatt (*abrev* kw)
kimono *nm Ver* QUIMONO
kiosco *nm Ver* QUIOSCO
Kirguizistán *nm* Kirgyzstan
Kiribati *nm* Kiribati
kirsch *nm* kirsch
kitsch *adj, nm* kitsch [*n*]
kiwi *nm* kiwi fruit [*pl* kiwi fruit]
kleenex® *nm* tissue
K.O. *abrev de* **knock-out** knock-out: *ganar por K.O.* to win by a knockout
LOC **dejar K.O.** to knock *sb* out
koala *nm* koala (bear)
kung fu *nm* kung fu
Kuwait *nm* Kuwait

Ll

la[1] *nm* **1** (*nota de la escala*) lah **2** (*tonalidad*) A ☛ *Ver ejemplos en* SOL[1]

la[2] *art def* the: *La casa es vieja.* The house is old. ◊ *Se puso la corbata.* He put on his tie. ◊ *la señora González* Mrs González ◊ *la chica esa* that girl ◊ *la María* Mary ◊ *en la España de hoy* in today's Spain ◊ *en la cárcel* in prison ◊ *Es la una.* It's one (o'clock). ☛ *Ver nota en* THE
■ **la** *pron pers* **1** (*ella*) her: *La sorprendió.* It surprised her. **2** (*cosa*) it: *Déjame que la vea.* Let me see it. **3** (*usted*) you: *La vi a usted ayer.* I saw you yesterday. **4** (*intensificación*): *¡La han fastidiado!* They've made a real mess of it!
LOC **la de…** **1** (*posesión*): *La de Ana es mejor.* Ana's is better. **2** (*característica*) the one with…: *la de los ojos castaños* the one with the brown eyes **3** (*vestido de*) the one in…: *la del vestido azul* the one in the blue dress **4** (*localización, procedencia*): *la de la derecha* the one on the right ◊ *la de París* the one from Paris **5** (*mucho*): *¡La de gente que vino!* Lots of people came! ◊ *¡La de cerveza que tomamos!* We drank lots of beer! **la que…** **1** (*persona*) the one (who/that)…: *Esa no es la que vi.* She's not the one I saw. (*aquella que*) **2** (*cosa*) the one (which/that)…: *la que cogí yo* the one (that) I took **3** (*con preposición*): *la cama en la que dormiste ayer* the bed you slept in last night ◊ *la profesión a la que he dedicado toda mi vida* the profession I've devoted my life to ◊ *la ventana desde la que se ve el reloj de la torre* the window you can see the church clock from ◊ *la única persona en la que se puede confiar* the only person you can trust **4** (*quienquiera*) whoever: *La que conteste primero gana.* Whoever answers first wins. **5** (*intensificación*): *¡La que se lio!* There was such a row! ◊ *¡La (paliza) que le di!* I gave him such a hiding! ◊ *¡La (borrachera) que cogimos!* We got so drunk!

laberíntico, -a *adj* labyrinthine

laberinto *nm* **1** (*gen*) labyrinth: *un ~ de normas y regulaciones* a labyrinth of rules and regulations **2** (*en un jardín*) maze

labia *nf* gift of the gab: *tener mucha ~* to have the gift of the gab

labio *nm* lip: *~ superior/inferior* upper/lower lip ☛ *Ver ilustración en* HEAD[1] **LOC** *Ver* BARRA, COMISURA, DESPEGAR, LÁPIZ, LEER, MIEL, PINTAR, SONRISA

labor *nf* **1** (*trabajo*) work [*incontable*]: *Llevaron a cabo una gran ~.* They did great work. **2** (*Costura*) **(a)** (*de aguja*) needlework [*incontable*]: *Tengo empezadas dos ~es.* I've got two pieces of needlework on the go. **(b)** (*de punto*) knitting [*incontable*]: *hacer ~es de punto* to knit
LOC **labor de equipo** teamwork **labores domésticas/de la casa** housework [*incontable, v sing*] **labores agrícolas/del campo** agricultural/farm work [*incontable, v sing*] **sus labores**: *De profesión: sus ~es.* Occupation: housewife. *Ver tb* CASA, TIERRA

laborable *adj* working: *los días no ~s* non-working days
■ **laborable** *nm* working day **LOC** *Ver* DÍA

laboral *adj* **1** (*gen*) labour [*n atrib*]: *costes ~es* labour costs ◊ *mercado/derecho ~* labour market/law **2** (*ámbito, condiciones, jornada*) working: *la gente en edad ~* people of working age ◊ *la jornada ~* the working day **LOC** *Ver* ABSENTISMO, ACCIDENTE, CALENDARIO, CENTRO, CONTRATO, RELACIÓN, SEMANA

laboralista *adj* **LOC** *Ver* ABOGADO

laboratorio *nm* laboratory, lab (*más coloq*): *pruebas de ~* laboratory tests
LOC **laboratorio de idiomas** language laboratory

laboriosamente *adv* **1** (*con mucho trabajo*) laboriously **2** (*con gran dificultad*) with great difficulty

laborioso, -a *adj* **1** (*persona*) industrious, hard-working (*más coloq*) **2** (*tarea, proceso*) laborious

labrador, ~a *nm-nf* **1** (*propietario*) small farmer **2** (*jornalero*) farm labourer

labranza *nf* farming: *aperos de ~* farm implements ◊ *Las tareas de ~ son muy duras.* Farm work is very hard. **LOC** *Ver* CASA, TIERRA

labrar *vt* **1** (*gen*) to work: *~ la tierra* to work the land ◊ *~ en oro* to work in gold **2** (*piedra, madera*) to carve **3** (*reputación, nombre*) to carve *sth* out
LOC **labrar(se) su ruina** to cause your own downfall **labrarse un porvenir** to build a future (for yourself)

laca *nf* **1** (*para el pelo*) hairspray [*incontable*] **2** (*barniz*) lacquer
LOC **laca de uñas** nail varnish

lacayo *nm* servant

lacerante *adj* **1** (*dolor*) excruciating **2** (*palabras*) cutting **3** (*grito*) harrowing

lacerar *vt* **1** (*herir*) to lacerate **2** (*causar mucha pena*) to hurt *sb* deeply

lacio, -a *adj* **1** (*pelo*) straight: *Tiene el pelo muy ~.* He's got straight hair. ☛ *Ver ilustración en* PELO **2** (*planta, flor*) lifeless

lacón *nm* cured shoulder of pork

lacónico, -a *adj* laconic

lacra *nf* **1** (*señal*) mark: *las ~s de una enfermedad* the marks of an illness **2** (*fig*) blight: *una ~ en mi carrera profesional* a blight on my professional career

lacre *nm* sealing wax

lacrimógeno, -a *adj* tear-jerking: *Es una escena de lo más lacrimógena.* The scene is a real tear-jerker. **LOC** *Ver* GAS

lactancia *nf* **1** (*natural*) breastfeeding **2** (*artificial*) bottle-feeding

lácteo, -a *adj* **1** (*gen*) milk [*n atrib*]: *una dieta láctea* a milk diet **2** (*hecho con leche*) dairy [*n atrib*]: *productos ~s* dairy products **LOC** *Ver* DERIVADO, VÍA

lactosa *nf* lactose

ladear *vt* to tilt
■ **ladearse** *v pron* **1** (*inclinarse*) to tilt: *El poste se había ladeado.* The post had tilted. **2** (*girar de lado*) to turn sideways: *Se ladeó un poco para dejarme pasar.* He turned sideways to let me pass.

ladera *nf* slope: *Las ~s estaban cubiertas de nieve.* The slopes were covered with snow. ◊ *~ abajo/arriba* downhill/uphill

ladino, -a *adj* cunning

lado *nm* **1** (*gen*) side: *Un triángulo tiene tres ~s.* A triangle has three sides. ◊ *el ~ derecho de la casa* the right-hand side of the house ◊ *el ~ de acá/allá* the near/far side ◊ *mirar las cosas por el ~ bueno/malo* to look on the bright/dark side of things **2** (*lugar*) place: *de un ~ para otro* from one place to another ◊ *por todos ~s* all over the place ◊ *¿Nos vamos a otro ~?* Shall we go somewhere else? ◊ *en algún/ningún ~* somewhere/nowhere **3** (*dirección*) way: *Fueron por otro ~.* They went a different way. ◊ *Fue cada uno por su ~.* Each went his own way. ◊ *Mira al otro ~.* Look the other way. ◊ *mirar a todos ~s* to look in all directions
LOC **al lado** **1** (*cerca*) really close: *Está aquí al ~.* It's really close. ◊ *Los niños van al colegio de al ~.* The children go to the school down the road. **2** (*contiguo*) next door: *el edificio de al ~* the building next door ◊ *Me llevo bien con los vecinos de al ~.* I get on well with my next-door neighbours. **al lado de** **1** (*junto a*) next to

sth/sb: *Vivimos al ~ de la iglesia.* We live next to the church. ◊ *Se sentó a mi ~.* He sat down next to me. **2** (*con*) (side by side) with *sb*: *Trabajaba al ~ de mi tío.* I worked (side by side) with my uncle. **3** (*comparado con*) compared with *sth/sb*: *A su ~, soy millonario.* Compared with him, I'm a millionaire. **a un lado y (a) otro** on both sides **dar de lado a algn** to give sb the cold shoulder **de lado 1** (*torcido*) at an angle: *Lleva el sombrero de ~.* He wears his hat at an angle. **2** (*de costado*) sideways: *volverse/ponerse de ~* to turn sideways **3** (*dormir*) on your side **de lado a lado 1** (*a lo largo de*) from one side to the other **2** (*atravesando*) right through **dejar a un/de lado 1** (*cosa*) to put *sth* aside: *Dejemos a un ~ nuestras diferencias.* Let's put our differences aside. **2** (*persona*) to leave *sb* out **echarse/hacerse a un lado** to stand aside **estar/ponerse del lado de algn** to be on/take sb's side **ir de lado** to have another think coming: *Va de ~ si piensa eso.* If he thinks that he's got another think coming. **me da de lado** I, you, etc don't care **pasar por al lado de** to go past *sth/sb* **poner a un lado** to put *sth* to one side **por mi lado** for my, your, etc part **por otro lado 1** (*en cambio*) on the other hand **2** (*además*) besides **por todos lados 1** (*en todas partes*) everywhere: *Había basura por todos ~s.* There was rubbish everywhere. **2** (*desde todas partes*) from all sides: *Nos atacaban por todos ~s.* They were attacking us from all sides. **por un lado... por otro (lado)** on the one hand... on the other (hand) **tirar para (el lado de) algn** to side with sb: *Siempre tira para el ~ de su madre.* He always sides with his mother. *Ver tb* CADA, COLGAR, CONDUCIR, DANZAR, OTRO, PASEAR(SE)

ladrador, ~a *adj* **LOC** *Ver* PERRO

ladrar *vi* to bark

■ **ladrar** *vt* to bark *sth* (out): *Más que contestar me ladró la respuesta.* He didn't really reply, he just barked out the answer.

LOC está que ladra he/she is in a terrible mood

ladrido *nm* **1** (*perro*) bark: *Oímos los ~s de un perro.* We could hear a dog barking. **2** (*gritos*) shouting [*incontable*]: *Nos metió un par de ~s y se fue.* He shouted at us and off he went.

ladrillo *nm* brick ☛ *Ver ilustración en* HOUSE

LOC ser un ladrillo to be deadly dull

ladrón, -ona *nm-nf* (*persona*) **1** (*gen*) thief [*pl* thieves]: *Los de esa frutería son unos ladrones.* They're a bunch of thieves in that greengrocer's. **2** (*en una casa*) burglar **3** (*en un banco*) robber ☛ *Ver nota en* THIEF

■ **ladrón** *nm* (*Elec*) adaptor

LOC ¡al ladrón! stop thief! **cueva/nido de ladrones** den of thieves *Ver tb* PENSAR, PRUEBA

ladronzuelo, -a *nm-nf* petty thief [*pl* petty thieves]

lagartija *nf* small lizard **LOC** *Ver* MOVER

lagarto, -a *nm-nf* (*reptil*) lizard

■ **lagarta** *nf* (*mujer*) bitch (⚠) ☛ *Ver nota en* TABÚ

LOC ¡lagarto, lagarto! don't mention that!

lago *nm* lake

lágrima *nf* tear: *Me miró con ~s en los ojos.* He looked at me with tears in his eyes.

LOC anegarse/deshacerse en lágrimas to dissolve into tears **lágrimas de cocodrilo** crocodile tears *Ver tb* LLENAR, LLORAR, MAR, PAÑO, SALTAR, SANGRE, TRAGAR

laguna *nf* **1** (*lago pequeño*) (small) lake **2** (*fig*) gap: *El ensayo tiene varias ~s.* The essay has several gaps in it.

laico, -a *adj* **1** (*no eclesiástico*) lay: *una organización laica dentro de la Iglesia* a lay organization within the Church **2** (*no religioso*) secular: *la enseñanza laica* secular education

■ **laico, -a** *nm-nf* layman/woman [*pl* laymen/women]

lama *nm* (*Relig*) lama

lamé *nm* lamé

lameculos *nmf* arse-licker (⚠) ☛ *Ver nota en* TABÚ

lamentable *adj* **1** (*deplorable*) appalling: *Diste un espectáculo ~.* You made an appalling exhibition of yourself. **2** (*aspecto, condición*) pitiful: *El jardín ofrece un aspecto ~.* The garden is a pitiful sight. **3** (*desafortunado*) regrettable: *La acción de la policía fue necesaria, aunque ~.* The police action was necessary, though regrettable.

lamentación *nf* **1** (*pesar profundo*) lamentation **2** (*descontento*) complaint: *Me vuelves loca con tus lamentaciones.* You're driving me mad with your constant complaining.

lamentar *vt* **1** (*gen*) to regret *sth/doing sth*: *Lamentamos haberos causado tanto trastorno.* We regret having caused you so much trouble. ◊ *Lamentamos comunicarle que...* We regret to inform you that... ◊ *Es de ~ que...* It is regrettable that... ◊ *Lamentamos mucho su muerte.* We are very sorry to hear about his death. **2** (*pérdidas, desgracias*): *Tenemos que ~ pérdidas cuantiosas.* Unfortunately, we suffered many losses. ◊ *No hay bajas que ~.* Fortunately, there were no casualties.

■ **lamentarse** *v pron* **lamentarse (de) 1** (*por un pesar profundo*) to lament: *Se lamentaba de su suerte.* He lamented his fate. **2** (*por descontento*) to complain (**about** *sth*): *Ahora no sirve de nada ~se.* It's no good complaining now!

lamento *nm* **1** (*por un dolor moral*) lament: *los ~s de las madres por sus hijos muertos* mothers' laments for their dead sons **2** (*por un dolor físico*) moan: *Se oyen sus ~s en toda la casa.* His moans can be heard all over the house.

lamentoso, -a *adj* pitiful: *Está en un estado ~.* She's in a pitiful state.

lamer *vt* **1** (*con la lengua*) to lick **2** (*olas*) to lap **on/against** *sth*: *Las olas lamían la arena.* The waves were lapping on the beach.

LOC que no me lamo: *Tengo un sueño que no me lamo.* I'm dreadfully tired. ◊ *Tiene un problemón encima que no se lame.* He's got an incredibly difficult problem to cope with.

lametón *nm* lick: *El perro me dio un ~ en la mano.* The dog licked my hand.

lámina *nf* **1** (*hoja*) **(a)** (*gen*) sheet: *acero en ~s* sheet steel **(b)** (*de oro*) leaf: *un marco recubierto de ~s de oro* a gilt frame **2** (*ilustración*) plate: *~s en color* colour plates

lámpara *nf* **1** (*de luz*) **(a)** (*gen*) lamp: *una ~ de mesa* a table lamp **(b)** (*foco*) light: *una ~ halógena* a halogen light **2** (*mancha*) dirty mark

LOC lámpara de pie standard lamp **lámpara solar** sun-lamp **lámpara de techo** ceiling light *Ver tb* LUZ

lamparón *nm* dirty mark

lana *nf* wool

LOC de lana woollen: *un jersey de ~* a woollen jumper ◊ *una manta de pura ~* a pure wool blanket ◊ *Son de ~, no de nailon.* They're wool, not nylon. ◊ *una gorra de ~* a woolly hat ☛ *Ver ilustración en* SOMBRERO **lana virgen** new wool: *pura ~ virgen* pure new wool *Ver tb* PERRO, PUNTO

lanar *adj* **LOC** *Ver* CABAÑA, GANADO, RES

lance *nm* **1** (*suceso*) incident **2** (*riña*) row

lancha *nf* launch

LOC lancha de desembarco landing-craft [*pl* landing-craft] **lancha de pesca** fishing boat **lancha motora** speedboat **lancha patrullera** patrol boat **lancha salvavidas** lifeboat *Ver tb* NEUMÁTICO

langosta *nf* **1** (*de mar*) lobster ☛ *Ver ilustración en* SHELLFISH **2** (*insecto*) locust

langostino *nm* king prawn

languidecer *vi* **1** (*perder vigor*): *La industria languidece por falta de inversión.* The industry is suffering from a lack of investment. **2** (*de amor, de tristeza*) to pine (away) **3** (*conversación, interés, entusiasmo*) to flag

languidez *nf* languor

lánguido, -a *adj* languid

lanolina *nf* lanolin

lanudo, -a *adj* long-haired

lanza *nf* spear **LOC** *Ver* ROMPER

lanzacohetes *nm* rocket launcher

lanzado, -a *pp, adj* go-ahead *Ver tb* LANZAR

LOC estar lanzado to be ready for anything **ir lanzado** to tear along

lanzador, ~a *nm-nf* (*persona*) thrower: *un ~ de jabalina* a javelin thrower
■ **lanzador** *nm* (*de misiles*) launcher
LOC lanzador de peso shot-putter

lanzagranadas *nm* grenade launcher

lanzallamas *nm* flame-thrower

lanzamiento *nm* **1** (*gen*) **(a)** (*acción*) throwing: *el ~ de jabalina* javelin throwing **(b)** (*efecto*) throw: *Su último ~ le permitió ganar la competición.* She won the competition with her last throw. **2** (*misil, satélite, promoción*) launch: *el ~ del transbordador* the launch of the shuttle ◊ *la campaña de ~ de un producto* the launch of a product **3** (*desde un avión*) dropping: *el ~ de la bomba* the dropping of the bomb **4** (*penalti, saque de falta*) taking: *hacer un ~ de penalti* to take a penalty kick
LOC lanzamiento de peso shot-put **lanzamiento en paracaídas** parachute jump *Ver tb* PLATAFORMA, RAMPA

lanzamisiles *nm* missile launcher

lanzar *vt* **1** (*arrojar*) to throw: *~ piedras/la jabalina* to throw stones/the javelin **2** (*ataque, misil, campaña, productos*) to launch **3** (*desde un avión*) to drop: *El bombardero lanzó una bomba.* The plane dropped a bomb. **4** (*penalty, saque de falta*) to take **5** (*proferir*) **(a)** (*acusación, amenaza, propuesta*) to make **(b)** (*insultos*) to hurl **(c)** (*grito*) to give **(d)** (*mensaje*) to broadcast **(e)** (*desafío*) to throw down *a challenge* **(f)** (*indirecta*) to drop
■ **lanzarse** *v pron* **1(a) lanzarse** (**a**) (*gen*) to throw yourself: *Me lancé al suelo/agua.* I threw myself to the ground/into the water. ◊ *Se lanzó al vacío desde la ventana/el acantilado.* He threw himself out of the window/off the cliff. **(b) lanzarse sobre** (*abalanzarse*) to pounce **on** ***sth/sb***: *Se lanzaron sobre mí/el dinero.* They pounced on me/the money. **2 lanzarse** (**a**) (*ir con prisa*) to rush (***to do sth***): *Me lancé a la escalera de incendios.* I rushed down the fire escape. ◊ *Se lanzó a venderlo sin pensárselo.* He was keen to sell it and rushed into it without thinking. **3 lanzarse** (**a**) (*empezar*) to start (***to do sth***): *~se a andar/correr* to start to walk/run **4 lanzarse** (**a**) (*carrera, negocios*) to go into *sth*: *Me lancé al mundo del teatro.* I went into the theatre. **5** (*decidirse*) to take the plunge: *Nos lanzamos y compramos el piso.* We took the plunge and bought the flat.
LOC lanzar a la fama to shoot *sb* to fame **lanzar peso** to shot-put **lanzarse al ataque** to launch an attack **lanzarse contra algn** to fly at sb **lanzarse en persecución de** to set off after *sth/sb* **lanzar un SOS** to send an SOS *Ver tb* CALLE, IMPROPERIO, INDIRECTA, MIRADA, PARACAÍDAS, PLANCHA

Laos *nm* Laos

lapa *nf* limpet: *Tu prima es una ~.* Your cousin is impossible to get rid of.
LOC pegarse (**como una lapa**) to stick *to sth/sb* like a leech

lapicero *nm* pencil

lápida *nf* memorial tablet
LOC lápida mortuoria gravestone ☛ *Ver ilustración en* IGLESIA

lapidario, -a LOC *Ver* FRASE

lápiz *nm* pencil: *lápices de colores* coloured pencils
LOC a lápiz in pencil **lápiz de cejas/ojos** eyebrow/eye pencil **lápiz de labios 1** (*barra*) lipstick **2** (*perfilador*) lip pencil

lapo *nm* gob (*argot*): *echar un ~* to gob

lapso *nm* **1** (*período*): *un breve ~ de tiempo* a short space of time ◊ *tras un ~ de quince días* after a fortnight **2** (*lapsus*) slip

lapsus *nm* slip: *tener un ~* to make a slip

larga *nf*
LOC a la larga in the long run **dar largas a** to put *sth/sb* off *Ver tb* CORTO

largamente *adv* at length

largar *vt* **1** (*dar*) to slip: *Le largué un billete al portero.* I slipped the doorman a note. **2** (*discurso, secreto*) to come out with *sth*: *Nos largó un rollo increíble.* He came out with an incredible spiel. **3** (*deshacerse de*) to give *sb* the boot: *Nos largó sin pagarnos.* He gave us the boot and didn't pay us. **4** (*endosar*) to dump *sth/sb* **on** ***sb***: *Nos largaron el perro y se fueron.* They dumped the dog on us and went off.
■ **largar** *vi* **1** (*hablar*) to prattle on **2** (*delatar*) to blab
■ **largarse** *v pron* to clear off: *Se largaron sin pagar.* They cleared off without paying. ◊ *¡Lárgate de aquí!* Clear off! ◊ *Yo me largo porque es tarde.* It's late–I'm off!
LOC largar una bofetada a algn to land sb one **largarse de casa** to leave home *Ver tb* MOCHUELO, PARRAFADA, PUERTA, ROLLO, VIENTO

largo, -a *adj* **1** (*gen*) long: *un libro/viaje ~* a long book/journey ◊ *El abrigo te está muy ~.* That coat is too long for you. ◊ *Hablaron ~ rato.* They talked for a long time. **2** (*persona*) lanky **3** (*con expresiones de tiempo o distancia*) good: *Son diez minutos/tres metros ~s.* It's a good ten minutes/three metres.
■ **largo** *nm* length: *nadar seis ~s* to swim six lengths ◊ *dos ~s de tela* two lengths of material ◊ *¿Cuánto mide de ~ esta pared?* How long is this wall? ◊ *Tiene cincuenta metros de ~.* It's fifty metres long. ☛ *Ver ilustración en* DIMENSIÓN
LOC a lo largo lengthways **a lo largo de 1** (*referido al espacio*) along...: *a lo ~ de la frontera/del camino* along the frontier/track **2** (*referido a tiempo*) throughout...: *a lo ~ de todo el festival* throughout the festival **a lo largo y ancho de...** the length and breadth of... **caer cuan largo eres** to fall flat on your face **de larga duración 1** (*gen*) lengthy: *una visita/operación de larga duración* a lengthy visit/operation **2** (*pila, bombilla*) long-life **3** (*disco*) long-play **4** (*vuelo*) long-haul **es largo de contar** it's a long story **hacerse largo** to drag: *Este trimestre se me ha hecho muy ~.* This term has really dragged. **¡largo (de aquí)!** clear off! **largo y tendido** at great length **pasar de largo** to go straight past *sth/sb* **tener para largo**: *Yo aquí tengo para ~.* I'm going to be a long time. *Ver tb* ALCANCE, ANCHO, CALZONCILLO, CARA, CASAR, CORTO, DIENTE, LENGUA, LLAMADA, LUZ, MANO, PLAZO, PUESTA, RATO, TIRO, TREN

largometraje *nm* feature film

larguero *nm* **1(a)** (*puerta*) jamb **(b)** (*cama*) side **2** (*Dep*) crossbar

largura *nf* length

laringe *nf* larynx ☛ *Ver ilustración en* THROAT

laringitis *nf* laryngitis [*incontable*]

larva *nf* larva [*pl* larvae]

las *art def, pron pers Ver* LOS

lasaña *nf* lasagne

lascivia *nf* lechery

lascivo, -a *adj* **1** (*persona*) lecherous **2** (*mirada, palabras*) lewd

láser *nm* laser **LOC** *Ver* RAYO

lástima *nf* pity: *Sentí ~ por él.* I felt pity for him. ◊ *Es una ~ tirarlo.* It's a pity to throw it away. ◊ *¡~ que no te hayan seleccionado!* It's a pity they haven't picked you!
LOC me da lástima 1 (*me da pena*) I'm, you're, etc sorry: *Me dio mucha ~ dejarlos solos.* I was sorry I had to leave them on their own. **2** (*no me gusta*) I, you, etc feel bad about *sth/doing sth*: *Siempre te da ~ tirar cosas.* You always feel bad when you throw things away. **estar hecho una lástima** to be in a sorry state **¡qué lástima!** what a pity! **tener lástima de** to feel sorry for *sb Ver tb* MOVER

lastimar *vt* to hurt
■ **lastimarse** *v pron*: *Se lastimó el brazo.* She hurt her arm.

lastimero, -a *adj* pitiful

lastimoso, -a *adj* **1** (*que produce pena*) pitiful: *Lo dijo con una voz lastimosa.* He spoke in a pitiful voice. **2** (*en mal estado*) dreadful: *El coche quedó en un estado ~.* The car ended up in a dreadful state.

lastre *nm* **1** (*de un barco, de un globo*) ballast: *tirar ~* to shed ballast **2** (*fig*) burden: *Esto es un ~ para la empresa.* This is a burden for the company.

lata *nf* **1** (*envase*) can, tin ☛ *Ver ilustración en* CAN[1]

¿Can o tin?
Can se utiliza para hablar de bebidas en lata: *una lata de Coca Cola* a can of Coke. Para otros alimentos se puede usar **can** o **tin**: *una lata de atún* a can/tin of tuna.

2 (*material*) tin **3** (*molestia*) pain: *Es una ~ tener que salir.* It's a pain having to go out. ◊ *¡Vaya una ~!* What a pain! ◊ *¡Qué ~ de tío!* He's such a pain!
LOC **dar la lata 1** (*molestar*) to be a pain: *Nos dieron la ~ toda la noche con la música.* They were a real pain last night with their music. ◊ *¡Cuánta ~ das!* You're such a pain! **2** (*pedir con insistencia*) to pester: *Nos estuvo dando la ~ para que le compráramos la bici.* He kept pestering us to get him the bike. **de/en lata** canned/tinned: *comida de/en ~* tinned food **lata de anilla** ring-pull can *Ver tb* SARDINA

latente *adj* latent

lateral *adj* side [*n atrib*]: *una puerta/salida ~* a side door/exit
■ **lateral** *nm* **1** (*iglesia, plaza, patio de butacas*) side **2** (*Fútbol*) full back: *~ derecho/izquierdo* right-back/left-back **LOC** *Ver* VOLTERETA

lateralmente *adv* sideways, laterally (*formal*): *Se movían ~.* They moved sideways.

latido *nm* **1** (*corazón*) **(a)** (*un latido*) beat **(b)** (*serie de latidos*) beating: *Sentí el ~ de su corazón.* I could feel his heart beating. **2** (*golpe, herida*) throbbing

latifundio *nm* large estate

latifundista *nmf* owner of a large estate

latigazo *nm* **1** (*golpe*) lash: *Daba ~s al caballo.* He was lashing the horse. **2** (*chasquido*) crack: *El domador dio un ~.* The lion tamer cracked his whip.

látigo *nm* whip

latín *nm* Latin
LOC **saber latín** (*ser muy listo*) to be (pretty) sharp

latino, -a *adj* **1** (*gen*) Latin: *la gramática latina* Latin grammar ◊ *el temperamento ~* the Latin temperament **2** (*latinoamericano*) Latin American: *música latina* Latin American music

Latinoamérica *nf* Latin America

latinoamericano, -a *adj, nm-nf* Latin American

latir *vi* **1** (*corazón, pulso*) to beat: *El pulso me latía con rapidez.* My pulse was beating rapidly. **2** (*herida*) to throb

latitud *nf* latitude: *situado a 20 grados de ~ sur* situated at latitude 20 degrees south ☛ *Ver ilustración en* GLOBO
LOC **en/por estas latitudes** in these parts

latón *nm* brass

latoso, -a *adj, nm-nf* pain [*n*]: *¡Qué niño más ~!* What a pain that child is!

laúd *nm* lute

laureado, -a *pp, adj* prize-winning: *una novela laureada* a prize-winning novel
■ **laureado, -a** *nm-nf* prize-winner

laurel *nm* **1** (*árbol*) bay tree **2** (*condimento*) bay leaves [*v pl*]: *El ~ se utiliza mucho en la cocina tradicional.* Bay leaves are used a lot in traditional dishes. **3 laureles** (*honores*) laurels **LOC** *Ver* DORMIR

lava *nf* lava **LOC** *Ver* RÍO

lavable *adj* washable

lavabo *nm* **1** (*pila*) washbasin **2** (*cuarto de baño*) toilet: *¿Los ~s, por favor?* Where are the toilets, please?
LOC **el lavabo de señoras** the ladies ☛ *Ver nota en* TOILET

lavada *nf* wash: *A esos pantalones les hace falta una ~.* Those trousers need a wash. ◊ *Me di una ~ antes de salir.* I had a wash before I went out.

lavado *nm* washing: *programa de ~ para tejidos delicados* washing programme for delicate fabrics
LOC **lavado a mano/máquina** hand/machine wash **lavado de cerebro** brainwashing: *Ha sufrido un ~ de cerebro.* He has been brainwashed. **lavado de estómago**: *Me tuvieron que hacer un ~ de estómago.* I had to have my stomach pumped. *Ver tb* TREN, TÚNEL

lavadora *nf* washing machine: *Se ha comprado una ~ nueva.* She's bought a new washing machine. ◊ *Pongo dos ~s al día.* I do two loads of washing a day.
LOC **lavadora de carga frontal/superior** front-loading/top-loading washing machine

lavanda *nf* lavender

lavandería *nf* **1** (*servicio*) laundry: *El hotel tiene servicio de ~.* The hotel has a laundry service. **2** (*establecimiento*) launderette: *Voy a la ~.* I'm going to the launderette.

lavaplatos *nm, nmf* dishwasher

lavar *vt* **1** (*gen*) to wash: *~ la ropa* to wash the clothes **2** (*herida*) to bathe ☛ Se pronuncia /beɪð/. *Ver nota en* BATH
■ **lavar** *vi* to do the washing: *Hoy me toca ~.* It's my turn to do the washing today.
■ **lavarse** *v pron*: *Me gusta ~me con agua caliente.* I like to wash in hot water. ◊ *~se los pies* to wash your feet ◊ *Lávate bien.* Give yourself a good wash. ◊ *Me lavé antes de acostarme.* I had a wash before I went to bed.
LOC **lavar a mano/máquina** to hand wash/machine wash **lavar en seco** to dry-clean **lavarle el cerebro a algn** to brainwash sb **lavarle la cara a algo** to give sth a facelift **lavar y marcar** to shampoo and set **lavarse como los gatos** to have a lick and a promise **lavarse la cabeza** to wash your hair **lavarse las manos** (*fig*) to wash your hands *of sth/sb*: *Sus padres se lavaron las manos en el asunto.* His parents washed their hands of the matter. **lavarse los dientes** to brush your teeth *Ver tb* ROPA

lavativa *nf* enema

lavavajillas *nm* **1** (*máquina*) dishwasher **2** (*detergente*) washing-up liquid

laxante *adj, nm* laxative

lazada *nf* bow
LOC **lazada doble** double knot

lazo *nm* **1** (*lazada*) bow **2** (*cinta*) ribbon **3** (*para coger caballos*) lasso [*pl* lassos/lassoes] **4 lazos** (*vínculos*) ties: *~s de amistad* ties of friendship
LOC **echar el lazo a algn** to get sb in your clutches: *Me echó el ~ cuando era joven.* He got me in his clutches when I was young. **lazo de zapato** shoelace: *Se te ha soltado el ~ del zapato.* Your shoelace is undone. *Ver tb* PARENTESCO

le *pron pers* **1** (*él/ella/ello*) **(a)** (*complemento*) him/her/it: *Le vi el sábado por la tarde.* I saw him on Saturday afternoon. ◊ *No le dije la verdad.* I didn't tell him the truth. ◊ *Vi a mi jefa pero no le hablé.* I saw my boss but I didn't speak to her. ◊ *Le vamos a comprar un vestido.* We're going to buy her a dress. ◊ *No le des importancia.* Ignore it. **(b)** (*partes del cuerpo, efectos personales*): *Le quitaron el carné.* They took away his identity card. ◊ *Le han arreglado la falda.* She's had her skirt mended. **2** (*usted*) **(a)** (*complemento*) you: *Le he hecho una pregunta.* I asked you a question. **(b)** (*partes del cuerpo, efectos personales*): *Tenga cuidado, o le robarán el bolso.* Be careful or someone will steal your bag.

leal *adj* **1** (*persona*) loyal (***to sth/sb***) **2** (*animal*) faithful (***to sb***)

lealtad *nf* loyalty (***to sth/sb***)
LOC **con lealtad** loyally *Ver tb* JURAR

lebrel *nm* greyhound ☛ *Ver ilustración en* DOG[1]

lección *nf* lesson
LOC **dar una lección a algn** to teach *sb* a lesson **preguntar/tomar la lección** to test *sb* (*on sth*): *Repasa los verbos, que luego te tomaré la ~.* Revise your verbs and then I'll test you (on them). *Ver tb* APRENDER, MAGISTRAL, SERVIR

lechal *adj*: *cordero ~* young lamb

lechazo *nm* young lamb

leche *nf* milk: *~ condensada* condensed milk ☛ *Ver nota en* MILKMAN

LOC **¡leche(s)! 1** (*enfado*) for God's sake!: *Déjame en paz, ¡~!* For God's sake! Leave me alone. **2** (*sorpresa*) well I'm blessed!: *¡Leche!, vaya sorpresa.* Well I'm blessed! Look who's here! **a toda leche/máquina/pastilla/velocidad** flat out **dar una leche a algn** to wallop sb **darse/pegarse una leche**: *Me acabo de dar una ~ contra la farola.* I've just banged into the lamp-post. ◊ *Se dieron una ~ con el coche.* They had a smash. **echando leches** like a bat out of hell **estar de mala leche/uva** to be in a foul mood **hacer algo a/con mala leche/uva** to be nasty about sth **leche descremada/desnatada** skimmed milk **leche en polvo** powdered milk **leche entera/sin desnatar** full-cream milk **leche hidratante** moisturizer **leche limpiadora** cleansing lotion **leche semidesnatada** semi-skimmed milk **¿qué leches quieres?** what the hell do you want? **ser la leche 1** (*fuera de lo corriente*) to be bloody marvellous **2** (*molesto*) to be a pain: *¡Es la ~, he vuelto a perder las llaves!* What a pain, I've lost my keys again! **tener mala leche/uva** to be bad-tempered **¡y una leche!** You must be joking! *Ver tb* AMA, ARROZ, BLANCO, CAFÉ, CARA, CORTO, DERIVADO, DIENTE, OVEJA, PASTILLA, TERNERO

lechería *nf* dairy

lechero, -a *adj* **1** (*ganado, industria*) dairy: *una vaca lechera* a dairy cow **2** (*producción*) milk [*n atrib*]: *la cuota lechera* the milk quota

■ **lechero, -a** *nm-nf* milkman/woman [*pl* milkmen/women] ☛ *Ver nota en* MILKMAN LOC *Ver* CENTRAL, CUENTO

lecho *nm* bed

LOC **lecho del mar/marino** seabed **lecho del río** river-bed **lecho de muerte** deathbed *Ver tb* VIDA

lechón, -ona *nm-nf* sucking pig

lechoso, -a *adj* milky

lechuga *nf* lettuce LOC *Ver* FRESCO

lechuza *nf* barn owl

lectivo, -a *adj*: *27 horas lectivas* 27 hours of lessons ◊ *un año ~* an academic year

lector, ~a *adj* reading: *el público ~* the reading public

■ **lector, ~a** *nm-nf* **1** (*que lee*) reader **2** (*profesor*) foreign language assistant: *Trabajó de ~ en la Universidad de Stirling.* He worked as a language assistant at Stirling University.

lectorado *nm* (foreign language) assistantship

lectura *nf* reading: *Uno de mis pasatiempos favoritos es la ~.* One of my favourite hobbies is reading. ◊ *Es una ~ amena.* It makes pleasant reading. ◊ *Esta semana toca la ~ del contador de gas.* They'll be coming to read the gas meter this week. ◊ *Este texto se puede someter a muchas ~s.* This text can be read in many different ways.

LOC **dar lectura a un documento, una ponencia, etc** to read sth out *Ver tb* LIBRO

leer *vt, vi* to read: *~ música/un poema/el contador* to read music/a poem/the meter ◊ *Léeme la lista.* Read me the list. ◊ *Me gusta ~.* I like reading.

LOC **leer de corrido** to read well **leer el pensamiento/la mano** to read *sb's* thoughts/palm **leer entre líneas/renglones** to read between the lines **leer en voz alta** to read aloud **leerle la cartilla a algn** to tell sb off **leer los labios** to lip-read **leer para sí** to read to yourself *Ver tb* GAFAS, SENTIDO

legado *nm* legacy

legal *adj* **1** (*Jur*) legal **2** (*persona*) trustworthy LOC *Ver* IMPERATIVO, MONEDA

legalidad *nf* **1** (*concepto*) legality: *defender la ~ de una propuesta* to defend the legality of a proposal **2** (*legislación*) legislation: *Su acción está dentro de la ~ vigente.* Their action complies with existing legislation.

legalista *adj* legalistic

legalización *nf* legalization

legalizar *vt* **1** (*autorizar*) to legalize: *~ un partido* to legalize a party **2** (*documento, firma*) to authenticate

legaña *nf* sleep [*incontable*]: *Tengo los ojos llenos de ~s.* I've got sleep in my eyes.

legañoso, -a *adj* bleary-eyed

legar *vt* to bequeath

legendario, -a *adj* legendary

legible *adj* legible

legión *nf* legion LOC *Ver* TERCIO

legionario *nm* legionnaire

legislación *nf* legislation: *la ~ sobre estupefacientes* the narcotics legislation

legislador, ~a *adj* legislative

■ **legislador, ~a** *nm-nf* legislator

legislar *vi* to legislate (***on sth***): *~ sobre el consumo de drogas* to legislate on drug consumption

legislativo, -a *adj* **1** (*gen*) legislative **2** (*calendario*) parliamentary LOC *Ver* ELECCIÓN, PODER[1]

legislatura *nf* term

legitimar *vt* **1** (*documento, firma*) to authenticate **2** (*actuación*) to authorize **3** (*situación, persona*) to give legitimacy *to sth/sb*

legitimidad *nf* legitimacy

legítimo, -a *adj* legitimate

LOC **en legítima defensa** in self-defence

lego, -a *adj, nm-nf*

LOC **ser (un) lego en algo** to know nothing about sth

legrado *nm* **1** (*para analizar*) scrape **2** (*para limpiar el útero*) d and c

legua *nf* league

LOC **notarse/verse a la legua** to stand out a mile

legumbre *nf* pulse

leída *nf*

LOC **dar una leída** to read *sth* through **de una leída** in one go

leído, -a *pp, adj Ver* LEER

LOC **ser muy leído 1** (*libro*) to be widely read **2** (*persona*) to be well-read

lejanía *nf* distance: *en la ~* in the distance ☛ *Ver ilustración en* FOREGROUND

lejano, -a *adj* distant: *un lugar/pariente ~* a distant place/relative ◊ *en un futuro ~* in the distant future ◊ *en una época no muy lejana* not so very long ago

lejía *nf* bleach

lejos *adv* **1 ~ (de)** (*distancia*) far (away) (**from *sth*/*sb***): *¿Está ~ (de aquí)?* Is it far (from here)? ◊ *No queda muy ~.* It's not far. ◊ *Ponte un poco más ~.* Stand a bit further away. ◊ *Todavía estamos ~ del pueblo.* We're still a long way from the village. ☛ *Ver nota en* FURTHER **2** (*tiempo*) **(a)** (*en el futuro*) far off: *Su cumpleaños no anda ~.* His birthday isn't far off. **(b)** (*en el pasado*) a long time ago

LOC **a lo lejos** in the distance ☛ *Ver ilustración en* FOREGROUND **de/desde lejos**: *Desde ~ parece más pequeño.* From a distance, it looks smaller. ◊ *Me saludó de ~.* She waved to me from a long way off. **lejos de** far from *sth/sb/doing sth* **lejos del mundanal ruido** away from it all **nada más lejos de...** nothing could be further from ...: *Nada más ~ de la verdad/mi intención.* Nothing could be further from the truth/my mind. **sin ir más lejos** for instance *Ver tb* DEMASIADO, LLEGAR, PILLAR

lelo, -a *adj* drip [*n*]: *Pareces ~.* You're a real drip.

lema *nm* **1** (*Com, Pol*) slogan: *un ~ publicitario* an advertising slogan **2** (*regla de conducta*) motto [*pl* mottoes]: *Mi ~ es la perfección.* My motto is perfection. **3** (*en un diccionario*) headword

lencería *nf* **1** (*ropa interior*) lingerie **2** (*ropa blanca*) linen **3** (*departamento en almacenes*) **(a)** (*ropa interior*) lingerie department **(b)** (*ropa blanca*) household textiles [*v pl*]

lengua *nf* **1** (*Anat*) tongue: *Me sacó la ~.* He stuck out his tongue at me. ☛ *Ver ilustración en* DIENTE, THROAT **2** (*idioma*) language

LOC **darle a la lengua** to natter away **estar con/llevar la lengua fuera** to be dead beat **irse de la lengua** to let the cat out of the bag **las malas lenguas** gossip [*incontable*]: *Dicen las malas ~s que...* Gossip has it that... **lengua culta/vulgar 1** (*históricamente*)

latin/the vernacular **2** (*según el registro*) educated/common speech **lengua de tierra** spit of land **lengua de trapo** baby talk **lengua materna** mother tongue **lengua viperina/de víbora** evil tongue **no tener lengua** to have lost your tongue **tener la lengua larga** to talk too much **tirar de la lengua 1** (*sonsacar*) to make *sb* talk **2** (*provocar*) to wind *sb* up *Ver tb* COMER, PELO, SUELTO, TRABAR

lenguado *nm* sole [*pl* sole]

lenguaje *nm* **1** (*gen*) language: ~ *comercial* business language ◊ ~ *corporal* body language **2** (*hablado*) speech: ~ *vulgar* common speech

LOC lenguaje periodístico journalese

lengüeta *nf* **1** (*de un zapato*) tongue ☛ *Ver ilustración en* ZAPATO **2** (*de un instrumento musical*) reed ☛ *Ver ilustración en* WOODWIND

lengüetazo *nm* (*tb* **lengüetada** *nf*) lick: *El perro limpió el plato a ~s.* The dog licked the plate clean. ◊ *dar ~s* to lick

lente *nf* (*Fot*) lens [*pl* lenses]: *la ~ de la cámara* the camera lens ☛ *Ver ilustración en* MICROSCOPIO

■ **lentes** *nm* (*gafas*) spectacles

LOC lente de aumento magnifying glass **lentes de contacto** contact lenses **lentes de mucho/poco aumento** strong/weak lenses

lenteja *nf* lentil

lentejuela *nf* sequin

lentilla *nf* contact lens [*pl* contact lenses]

LOC ponerse las lentillas to put in your contact lenses

lentitud *nf* slowness

LOC con lentitud slowly

lento, -a *adj* slow

■ **lento** *adv* slowly: *Andas muy ~.* You walk very slowly.

LOC lento pero seguro slow but sure *Ver tb* CÁMARA, COCER, FUEGO, HERVIR, TORTUGA

leña *nf* firewood

LOC echar leña al fuego (*fig*) to add fuel to the fire **dar/repartir leña 1** (*en una pelea*): *Entraron en el bar y empezaron a repartir ~.* They went into the bar and began to lay into people. **2** (*Fútbol*) to play dirty

leñador, ~a *nm-nf* woodcutter

leñazo *nm* crash

LOC darse/pegarse un leñazo 1 (*gen*) to bump *into sth*: *Me di un ~ con la puerta.* I bumped into the door. **2** (*coche*) to crash: *Nos dimos un ~ con el coche.* We crashed the car.

¡leñe! *interj* for heaven's sake!

leñera *nf* wood store

leño *nm* log

leo (*tb* **Leo**) *nm, nmf* (*Astrología*) Leo [*pl* Leos] ☛ *Ver ejemplos en* AQUARIUS; *Ver ilustración en* ZODIACO

león, -ona *nm-nf* (*Zool*) lion [*fem* lioness]

■ **leona** *nf* **1** (*valiente*) brave woman **2** (*dominadora*) formidable woman

LOC león marino sea lion *Ver tb* DIENTE

leonera *nf* **1** (*madriguera*) lion's den **2** (*habitación*) mess [*incontable*]: *No puedo vivir en esta ~.* I can't live in this mess.

leopardo *nm* leopard

leotardos *nm* **1** (*medias de lana*) tights ☛ *Ver nota en* PANTIS **2** (*para gimnasia*) leotard [*sing*]

Lepe

LOC saber más que Lepe to be very sharp

lepra *nf* leprosy

leproso, -a *nm-nf* leper

lerdo, -a *adj* slow

les *pron pers* **1** (*a ellos, a ellas*) **(a)** (*complemento*) them: *Les di todo lo que tenía.* I gave them everything I had. ◊ *Les compré un pastel.* I bought them a cake./I bought a cake for them. ◊ *Les pedimos prestado algo de dinero.* We borrowed some money from them. **(b)** (*partes del cuerpo, efectos personales*): *Les robaron la maleta.* Their case was stolen. **2** (*a ustedes*) **(a)** (*complemento*) you: *¿Les apetece un café?* Would you like a coffee? ◊ *Quiero invitarles a mi casa.* I'd like to invite you to my house. **(b)** (*partes del cuerpo, efectos personales*): *¿Les quito los abrigos?* Shall I take your coats?

lesbiano, -a *adj* lesbian

■ **lesbiana** *nf* lesbian

lesión *nf* **1** (*daño accidental, Dep*) injury: *lesiones graves* serious injuries **2** (*herida*) wound: *lesiones de bala* bullet wounds **3** (*hígado, riñon, cerebro*) damage [*incontable*] **4 lesiones** (*término jurídico*) assault and battery ☛ *Ver nota en* HERIDA

lesionarse *v pron* to be injured: *El portero se lesionó en el partido del domingo.* The goalkeeper was injured in the match on Sunday.

Lesoto *nm* Lesotho

letal *adj* lethal

letanía *nf* litany

letárgico, -a *adj* lethargic

letargo *nm* **1** (*sopor*) lethargy **2** (*hibernación*) hibernation

letón, -ona *adj, nm-nf* Latvian

Letonia *nf* Latvia

letra *nf* **1** (*abecedario, grafía*) letter: ~ *minúscula/mayúscula* lower case/capital letter **2** (*de otros alfabetos*) character: *las ~s chinas* Chinese characters **3** (*escritura*) (hand)writing: *Tengo muy mala ~.* My writing is very bad. ◊ *Haces la ~ muy pequeña.* Your writing is very small. **4** (*canción*) lyrics [*v pl*], words [*v pl*] (*más coloq*): *¿Qué dice la ~ de esta canción?* How do the words of the song go? **5** (*pago*) **(a)** (*documento*) bill: *Ya ha llegado la ~ del coche.* The bill for the car has arrived. **(b)** (*cantidad de dinero*) instalment: *Me quedan solo tres ~s para pagar el coche.* I've only got three instalments left to pay on this car. **6 Letras** (*estudios*) Arts

LOC letra cursiva/gótica italic/Gothic script **letra de cambio** bill of exchange **letra de imprenta** print **letra de molde** block letters [*v pl*] **letra menuda/pequeña** small print: *No te olvides de leer la ~ pequeña antes de firmar.* Don't forget to read the small print before you sign. **hombre/mujer de letras** man/woman of letters *Ver tb* CUATRO, DESPACITO, FILOSOFÍA, LICENCIATURA, PIE, PUÑO, TIPO

letrado, -a *nm-nf* lawyer

letrero *nm* notice

leucemia *nf* leukaemia

leva *nf* **LOC** *Ver* ÁRBOL

levadizo, -a *adj* **LOC** *Ver* PUENTE

levadura *nf* yeast

LOC levadura de cerveza brewer's yeast **levadura en polvo** baking powder

levantador, ~a *nm-nf*

LOC levantador de pesas weightlifter

levantamiento *nm* **1** (*insurrección*) uprising **2** (*castigo, prohibición*) lifting: *Las autoridades han decretado el ~ de las sanciones.* The authorities have decided to lift the ban.

LOC levantamiento del cadáver removal of the body **levantamiento de pesas** weightlifting

levantar *vt* **1** (*gen*) to raise: ~ *la voz/el brazo* to raise your voice/arm ◊ *La noticia le levantó la moral.* The news raised her spirits. **2** (*peso, tapa*) to lift *sth* up: *Levanta esa caja.* Lift up that box. **3** (*recoger*) to pick *sth/sb* up: *Levanta el jarrón, que se me ha caído.* Please pick up the vase–I've dropped it. **4** (*poner vertical*) to stand *sth* up **5** (*pared, monumento*) to put *sth* up **6** (*empresa, país*) to build *sth* up **7** (*castigo, prohibición*) to lift **8** (*despertar*) to get *sb* up: *La levanté a las siete.* I got her up at seven. **9** (*polémica, duda, temor*) to arouse **10** (*rebelar*) to stir *sb* up (***against sth/sb***)

■ **levantarse** *v pron* **1** (*ponerse de pie*) to stand up **2** (*de la cama*) to get up: *Me levanto temprano.* I get up early. **3** (*erguirse, rebelarse*) to rise (up): *El castillo se levanta en medio de las casas.* The castle rises up among the houses. **4(a)** (*niebla*) to lift **(b)** (*viento*) to get up

LOC levantar acta to read the minutes **levantar calumnias** to heap calumny *on sb* **levantar el campamento** to raise camp **levantar el cerco** to lift the siege **levantar la liebre** to take the lid off *sth* **levantarle la mano a algn** to raise your hand to sb **levantar la mirada/vista/los ojos** to look up: *sin ~ la vista* without looking up **levantar la sesión 1** (*cerrar*) to close the proceedings **2** (*posponer*) to adjourn **levantarse con el pie izquierdo** to get out of bed on the wrong side **levantarse de la mesa** to leave the table **levantarse de un salto 1** (*de la cama*) to jump out of bed **2** (*de una silla*) to jump up **levantarse la tapa de los sesos** to blow your brains out **no levantar cabeza**: *Desde que le despidieron no ha levantado cabeza.* It's been one thing after another since he got the sack. **sin levantar cabeza** non-stop: *Lleva trabajando toda la mañana, sin ~ cabeza.* He's been working non-stop all morning. *Ver tb* DEDO, POLVAREDA, VISTA, VOZ, VUELO

levar *vt*
LOC levar anclas to weigh anchor

leve *adj* **1** (*gen*) slight: *un movimiento/incremento ~* a slight movement/increase **2** (*golpe, pena*) light
LOC *Ver* PRONÓSTICO

levita *nf* frock coat

levitar *vi* to levitate

léxico, -a *adj* lexical
■ **léxico** *nm* lexicon

lexicografía *nf* lexicography

lexicógrafo, -a *nm-nf* lexicographer

ley *nf* law: *la ~ del divorcio* the divorce law ◊ *Eso va contra la ~.* That is against the law. ◊ *El Parlamento ha aprobado la ~.* Parliament has passed the law. ◊ *la ~ de la gravedad* the law of gravity
LOC aplicar/seguir la ley del mínimo esfuerzo to do as little as possible **con todas las de la ley** down to the last detail **la ley del embudo** there's one law for the rich and another for the poor **la ley del más fuerte** might is right **la ley del talión** an eye for an eye **ley de extranjería** immigration laws [*v pl*] **ley orgánica** organic law **oro/plata de ley** hallmarked gold/sterling silver *Ver tb* ACATAMIENTO, ANTEPROYECTO, DECRETO, FUERA, PROPOSICIÓN, PROYECTO

leyenda *nf* **1** (*relato*) legend **2** (*foto*) caption

liado, -a *pp, adj Ver* LIAR
LOC estar liado con algo to be busy with sth **estar liado con algn** to be having an affair with sb

liar *vt* **1** (*lit*) **(a)** (*atar*) to tie *sth* (up): *Líe esos fardos.* I tied up those bundles. **(b)** (*envolver*) to wrap *sth* (up): *He liado el paquete.* I've wrapped up the parcel. **(c)** (*cigarrillo*) to roll **(d)** (*cuerda*) to roll *sth* up **2** (*fig*) **(a)** (*confundir*) to confuse: *No me líes, que antes lo tenía claro.* You're confusing me! I was clear about it before. **(b)** (*complicar*) to complicate: *Ha liado aún más el asunto.* He's complicated things even more. **(c)** (*engatusar*): *Lie al jefe para que me diera vacaciones.* I talked my boss into giving me some time off. **(d)** (*mezclar a algn en algo*) to get *sb* involved ***in sth***: *El dueño me lio en el desfalco.* The owner got me involved in the embezzlement.
■ **liarse** *v pron* **1** (*enredarse*) **(a)** (*lit*) to get tangled up (***with/in sth***): *Se lio con el cable.* He got tangled up in the flex. **(b)** (*fig*) to get confused (***about/over sth***): *Se lía un poco con las fechas.* He gets a bit confused over dates. **2** (*complicarse*) to get complicated **3 liarse en** (*involucrarse*) to get involved **in *sth***: *~se en política* to get involved in politics **4 liarse con** (*hacerse amante de*) to get involved **with *sb***
LOC liarse a to start *doing sth*: *Nos liamos a hablar.* We got talking. **liarse a bofetadas, palos, puñetazos etc**: *Empezaron a discutir y al final se liaron a puñetazos.* They started arguing and in the end they came to blows. ◊ *Se lio a palos con el ladrón.* He laid into the thief with a stick. **liarse a gritos** to yell *at sb* **liarse la manta a la cabeza** to take the plunge *Ver tb* MARIMORENA, MENUDO, TRASTO

Líbano *nm* Lebanon

libelo *nm* libel

libélula *nf* dragonfly

liberación *nf* **1** (*país*) liberation **2** (*prisionero*) release
LOC la liberación de la mujer women's lib *Ver tb* TEOLOGÍA

liberador, ~a *adj* liberating

liberal *adj* **1** (*gen*) liberal: *el partido ~* the Liberal party ◊ *profesiones ~es* liberal professions **2** (*actitud*) open-minded, liberal (*más formal*): *Mi padre es muy ~.* My father is very open-minded.
■ **liberal** *nmf* liberal

liberalismo *nm* liberalism

liberalización *nf* **1** (*régimen, sociedad*) liberalization **2** (*mercado*) deregulation: *la ~ de los precios* the deregulation of prices

liberalizar *vt* **1** (*régimen, sociedad*) to liberalize **2** (*mercado*) to deregulate

liberar *vt* **1** (*país*) to liberate **2** (*prisionero*) to free

Liberia *nf* Liberia

libertad *nf* freedom: *Le dieron ~ para hacer llamadas telefónicas.* He was free to make phone calls. ◊ *~ de culto* freedom of worship
LOC con libertad freely: *Se expresó con mucha ~ sobre el tema.* He spoke very freely about the issue. ◊ *Puedes hablar con toda ~.* Feel free to say what you like. **libertad bajo fianza/provisional** bail: *salir en ~ bajo fianza* to be let out on bail **libertad condicional** parole: *poner a algn en ~ condicional* to put sb on parole **libertad de comercio/empresa** free trade/enterprise **libertad de expresión** freedom of speech **libertad de prensa** freedom of the press **poner en libertad** to release *sb* **tomarse la libertad de hacer algo** to take the liberty of doing sth **tomarse libertades** to take liberties *Ver tb* PUESTA

libertador, ~a *nm-nf* liberator

libertar *vt* to release

libertinaje *nm* licentious behaviour

Libia *nf* Libya

libidinoso, -a *adj* lecherous: *una mirada libidinosa* a lecherous glance

libido *nf* libido

libio, -a *adj, nm-nf* Libyan

libra[1] (*tb* **Libra**) *nm, nmf* (*Astrología*) Libra ☛ *Ver ejemplos en* AQUARIUS; *Ver ilustración en* ZODIACO

libra[2] *nf* **1** (*dinero*) pound (*símbolo* £): *cincuenta ~s* fifty pounds (£50) ☛ *Ver apéndice 3* **2** (*peso*) pound (*abrev* lb): *tres ~s* three pounds (3 lb) ☛ *Ver apéndice 3*
LOC libra esterlina pound sterling [*pl* pounds sterling]

librado, -a *pp, adj Ver* LIBRAR
LOC salir bien/mal librado (de algo) to come out (of sth) well/badly: *Salió mal ~ del negocio/de la pelea.* He came out of the deal/the fight very badly.

librar *vt* **1** (*salvar*) to save *sb* ***from sth/doing sth***: *Esta circunstancia me libró de perecer en el incendio.* That is what saved me from dying in the fire. **2** (*preocupación*) to take *sth* off *sb's* mind: *Me has librado de una preocupación.* You've taken one worry off my mind. **3** (*obligación, deber*) to release *sb* ***from sth/doing sth*** **4** (*batalla*) to fight
■ **librar** *vi* (*tener el día libre*) to have the day off: *Libro los lunes.* I have Mondays off.
■ **librarse** *v pron* **librarse (de) 1** (*escaparse*): *Me libré de la mili.* I got out of doing military service. ◊ *Nos libramos del choque por escasos segundos.* We missed crashing by seconds. **2** (*desembarazarse*) to get rid of *sth/sb*: *Quiero ~me de él.* I'd like to get rid of him.
LOC librarse de una buena to have a lucky escape **librarse por los pelos** to escape by the skin of your teeth *Ver tb* DIOS

libre *adj* **1** (*gen*) free: *Soy ~ de hacer lo que quiera.* I'm free to do as I like. ◊ *El cuarto de baño está ~.* The bathroom's free. ◊ *¿Les queda alguna habitación ~?* Have you any vacancies? **2** (*taxi*) for hire **3 ~ de** (*exento*) exempt **from *sth/doing sth***: *estar ~ de hacer la mili* to be exempt from military service **4** (*Natación*) freestyle: *la final de los 100 metros ~s* the final of the 100 metres freestyle

LOC hacer algo por libre to do sth independently **libre albedrío** free will **libre de derechos de aduanas** duty-free **libre de impuestos** tax-free: *una tienda ~ de impuestos* a duty-free shop *Ver tb* ABORTO, ACTIVIDAD, AIRE, BUFÉ, CAMPO, DÍA, ECONOMÍA, ENTRADA, ESTILO, EXAMINAR, LUCHA, RATO, TIEMPO, VÍA, VUELO

librea *nf* livery (*formal*), uniform

librería *nf* **1** (*tienda*) bookshop: *una ~ de libros usados* a secondhand bookshop **2** (*estantería*) bookcase

librero, -a *nm-nf* bookseller

libreta *nf* notebook
LOC libreta de direcciones address book *Ver tb* AHORRO

libreto *nm* libretto [*pl* librettos/libretti]

libro *nm* book: *Siempre leo varios ~s durante las vacaciones.* I always read several books during the holidays. ◊ *El contable comprobó los ~s.* The accountant checked the books.
LOC libro de actas minute book **libro de bolsillo/pasta blanda/en rústica** paperback **libro de consulta** reference book **libro de contabilidad/cuentas** accounts book **libro de cuentos 1** (*de relatos cortos*) book of short stories **2** (*para niños*) story book **libro de encargos** order book **libro de lectura** reading book **libro de pasta dura/en cartoné** hardback **libro de reclamaciones** complaints book **libro de texto** textbook **libro de visitas** visitors book **llevar los libros** to do the books *Ver tb* COLGAR, CUMBRE, SUSPENSE

licencia *nf* **1** (*documento*) licence: *~ de pesca/armas* fishing/gun licence **2** (*permiso*) permission: *Han dado ~ para la demolición del edificio.* They've granted permission for the building to be demolished. ☛ *Ver nota en* LICENCE
LOC estar de licencia to be on leave **licencia fiscal** business permit **tomarse licencias** to take liberties

licenciado, -a *pp, adj*: *un joven ~ en Ciencias Biológicas* a young Biology graduate *Ver tb* LICENCIAR
■ **licenciado, -a** *nm-nf* **~ (en)** graduate (**in** ***sth***)
LOC *Ver* UNIVERSIDAD

licenciar *vt* **1** (*Educ*) to confer a degree **on** ***sb*** **2** (*Mil*) to discharge
■ **licenciarse** *v pron* **1** (*Educ*) to graduate: *Me acabo de ~ en Farmacia.* I've just graduated in Pharmacy. ◊ *Se licenció en Filosofía por la Universidad de Salamanca.* She's a Philosophy graduate from the University of Salamanca. **2** (*Mil*) to be discharged

licenciatura *nf* **1** (*título*) degree **2** (*estudios*) degree course
LOC licenciatura en Ciencias Bachelor of Science degree (*abrev* BSc) **licenciatura en Letras** Bachelor of Arts degree (*abrev* BA) ☛ *Ver nota en* BACHELOR, FIRST

licencioso, -a *adj* dissolute

lícito, -a *adj* **1** (*justo*) justifiable: *Algunos de sus métodos pedagógicos no resultan ~s.* Some of his teaching methods are unacceptable. **2** (*legal*) lawful: *No es ~ fumar marihuana.* It's against the law to smoke marijuana.

licor *nm* **1** (*aromático, de hierbas*) liqueur: *un ~ de manzana* an apple liqueur **2 licores** spirits: *vinos y ~es* wines and spirits
LOC licor de menta crème de menthe

licuadora *nf* liquidizer

licuar *vt* **1** (*Quím*) to liquefy **2** (*alimentos*) to liquidize

líder *nmf* leader: *el ~ del partido laborista* the leader of the Labour Party
■ **líder** *adj* leading: *las naciones ~es* the leading nations ◊ *una marca ~* a brand leader
LOC convertirse en líder/pasar a ser el líder to take the lead

liderar *vt* to lead

liderato (*tb* **liderazgo**) *nm* **1** (*posición de líder*): *El equipo local ratificó su ~ en la Liga.* The local team maintained its position at the top of the league. ◊ *Recuperó su ~ en la clasificación.* He regained the lead. **2** (*altos mandos*) leadership: *el ~ comunista* the Communist leadership

lidia *nf* (*Tauromaquia*) bullfighting **LOC** *Ver* TORO

lidiar *vt, vi* to fight

liebre *nf* hare **LOC** *Ver* GATO *nm-nf*, LEVANTAR, SALTAR

Liechtenstein *nm* Liechtenstein

liendre *nf* nit

lienzo *nm* canvas

liga *nf* **1** (*gen*) league: *la ~ de baloncesto* the basketball league **2** (*para medias*) garter

ligado, -a *pp, adj* connected (***with sth/sb***) *Ver tb* LIGAR

ligadura *nf* tie: *Se desató las ~s.* He untied himself.
LOC ligadura de trompas sterilization: *Me voy a hacer una ~ de trompas.* I'm going to be sterilized.

ligamento *nm* ligament: *Sufre una rotura de ~s.* He has a torn ligament.

ligar *vt* **1** (*atar, Mús*) to tie: *Le ligaron las manos.* They tied his hands. ☛ *Ver ilustración en* NOTACIÓN **2** (*unir*) to join: *~ las dos secciones de la arteria* to join the two sections of the artery **3** (*vincular*) to bind: *Los liga el mismo interés.* They're bound together by a common interest. **4** (*salsa*) to thicken
■ **ligar** *vi* **~ (con) 1** (*intentarlo*) to chat *sb* up: *Ese tío siempre intenta ~ con las chicas.* That chap is always chatting up the girls. **2** (*conseguirlo*) to have a lot of success with the boys/girls: *¡Hay que ver cómo ligan los extranjeros!* Foreigners have a lot of success with the girls!
■ **ligarse** *v pron* to get off with *sb*: *Se ligó a la sueca.* He got off with the Swedish girl.

ligazón *nf* link

ligeramente *adv* **1** (*con levedad*) lightly: *Me tocó ~ en la mano.* He touched my hand lightly. **2** (*un poco*) slightly: *La conozco solo ~.* I only know her slightly. ◊ *El tiempo continúa siendo ~ inestable.* The weather is still rather unsettled.

ligereza *nf* **1** (*falta de peso*) lightness **2** (*agilidad*) speed: *Saltó con ~ hacia un lado.* He quickly jumped aside. **3** (*frivolidad*) frivolousness

ligero, -a *adj* **1** (*gen*) light: *una comida ligera* a light meal ◊ *Yo llevaba la carga más ligera.* I was carrying the lightest weight. **2** (*ágil*) nimble **3** (*que casi no se nota, de poca importancia*) **(a)** (*gen*) slight: *un ~ acento andaluz* a slight Andalusian accent ◊ *un ~ contratiempo* a slight setback **(b)** (*ruido*) faint: *un ~ rumor de voces* a faint sound of voices **4** (*poco serio*) frivolous: *una conversación ligera* a frivolous conversation **5** (*tela*) lightweight
■ **ligero** *adv* quickly: *Anda ligerito.* Hurry up now!
LOC hacer algo a la ligera to do sth hastily **ligero de cascos 1** (*hombre*) scatty **2** (*mujer*) flirtatious **ir ligero de ropa** not to be wearing much **tomarse algo a la ligera** to take sth lightly *Ver tb* PASO, PESO, PIE, SUEÑO

light *adj* (*refresco*) diet [*n atrib*]: *un refresco ~* a diet soft drink

ligón, -ona *adj, nm-nf*: *Eres un ~.* You have a way with the women/men.

ligue *nm* boyfriend/girlfriend: *Se ha echado un ~.* She's got a boyfriend now.
LOC ir de ligue to go out on the prowl

liguero *nm* suspender belt

lija *nf* sandpaper **LOC** *Ver* PAPEL

lijar *vt* to sand *sth* (down)

lila[1] *nmf* (*tonto*) fool

lila[2] *nf* (*Bot*) lilac
■ **lila** *nm* (*color*) lilac ☛ *Ver ejemplos en* AMARILLO

lima[1] *nf* **1** (*fruta*) lime **2** (*árbol*) lime tree

lima[2] *nf* (*herramienta*) file: *una ~ de uñas* a nail file
LOC *Ver* COMER

limaduras *nf* filings

limar *vt* **1** (*madera, uñas*) to file **2** (*escrito*) to polish
LOC limar asperezas to smooth things over

limbo *nm* limbo
LOC estar en el limbo (*en las nubes*) to have your head in the clouds

limitación *nf* limitation: *Conoce sus limitaciones.* He knows his limitations.

limitado, -a *pp, adj Ver* LIMITAR **LOC** *Ver* SERIE, SOCIEDAD

limitar *vt* to limit: *Esta ley limita los poderes del presidente.* This law limits the president's powers.
■ **limitar** *vi* **~ con** to have a border **with...**: *España limita con Portugal.* Spain has a border with Portugal.
■ **limitarse** *v pron* **limitarse a**: *Limítese a responder a la pregunta.* Just answer the question.

límite *nm* **1** (*gen*) limit: *El ~ de peso es...* The weight limit is... ◊ *Está llegando al ~ de sus fuerzas.* He has very nearly reached the limit of his strength. **2** (*de un bosque, de una llanura*) edge **3** (*de un país, de una parcela*) boundary
■ **límite** *adj*
LOC **poner un límite** to set a limit *on/to sth* **salirse de los límites** to be unacceptable **sin límite** unlimited *Ver tb* CASO, EDAD, FECHA, HORA, TIEMPO, VELOCIDAD

limítrofe *adj* bordering: *países ~s* bordering countries ◊ *la zona ~* the border area
LOC **ser limítrofe con** to border on...

limón *nm* lemon: *un kilo de limones* a kilo of lemons ◊ *granizado de ~* iced lemon ☛ *Ver ilustración en* FRUTA
LOC *Ver tb* AGUA, AMARILLO, COLOR, RALLADURA

limonada *nf* lemonade **LOC** *Ver* CHICHA[2]

limonero *nm* lemon tree

limosna *nf*: *Vive de la ~ que le dan.* He lives on charity. ◊ *Le dimos una ~.* We gave him some money. ◊ *Deme una ~, por favor.* Could you spare some change, please? **LOC** *Ver* PEDIR

limpiabotas *nmf* shoeshine boy/girl

limpiacristales *nmf* (*persona*) windowcleaner
■ **limpiacristales** *nm* (*producto*) Windolene®

limpiador, ~a *adj* cleaning: *una gama de productos ~es* a range of cleaning products
■ **limpiador** *nm* cleaner **LOC** *Ver* CREMA, LECHE

limpiamente *adv* **1** (*claramente*) cleanly: *Saltó la valla ~.* She cleared the fence. **2** (*honradamente*) fairly

limpiametales *nm* metal polish

limpiaparabrisas *nm* windscreen wiper ☛ *Ver ilustración en* CAR

limpiar *vt* **1** (*gen*) to clean: *Tengo que ~ los cristales.* I must clean the windows. ◊ *Limpia bien los armarios.* Give the cupboards a good clean. **2** (*sacar brillo*) to polish **3(a)** (*pasar un trapo*) to wipe: *Limpia la mesa.* Wipe the table. **(b)** (*algo que se había derramado*) to wipe *sth* up: *He limpiado el café que había caído.* I've wiped up the coffee. **4(a)** (*judías*) to do: *Ayúdame a ~ las judías.* Can you help me do the beans? **(b)** (*pollo, pescado*) to gut **5** (*despejar*) to clear *sth* (**of sth/sb**): *La policía limpió la calle de maleantes.* The police cleared the street of vagrants. ◊ *~ un terreno de hierbas* to clear a site of weeds **6** (*robar*) **(a)** (*cartera, dinero*) to nick (*coloq*) **(b)** (*casa*) to burgle **7** (*nombre, honor*) to restore
■ **limpiarse** *v pron* (*nariz, boca*) to wipe: *Límpiate la boca.* Wipe your mouth. ◊ *Límpiate esa mancha de la mejilla.* Rub that mark off your cheek.
LOC **limpiar en seco** to dry-clean **limpiarse el sudor de la frente** to mop your brow **limpiarse los zapatos 1** (*con betún*) to clean your shoes **2** (*en un felpudo*) to wipe your feet *Ver tb* MOCO, POLVO

limpieza *nf* **1** (*acción de limpiar*) cleaning: *productos de ~* cleaning products ◊ *Tengo que hacerle una buena ~ a esta cocina.* I'll have to give this kitchen a good clean. **2** (*pulcritud*) cleanliness
LOC **con limpieza 1** (*ágilmente*) cleanly **2** (*honradamente*) honestly **hacer la limpieza** to do the cleaning **hacer (la/una) limpieza general** to spring-clean **limpieza de la vía pública** street-cleaning **limpieza en seco** dry-cleaning **limpieza étnica** ethnic cleansing **mujer/señora de la limpieza** cleaning lady *Ver tb* MATERIAL, TAREA

limpio, -a *adj* **1** (*gen*) clean: *El hotel está muy ~.* The hotel is very clean. ◊ *Investigaron su pasado, pero está ~.* They investigated his past, but he's clean. ◊ *con medios de actuación nada ~s* with very shady methods **2** (*neto*) net: *Gana al mes unas 150.000 pesetas limpias.* He earns 150 000 pesetas a month net of tax. **3** (*claro*) clear: *un cielo ~* a clear sky **4** (*sin dinero*) skint
■ **limpio** *adv* fair: *jugar ~* to play fair
LOC **a puñetazo, etc limpio**: *Me los encontré a puñetazo ~.* I found them tearing into each other. ◊ *Se pasó toda la tarde a martillazo ~.* He spent the whole afternoon hammering away. **limpio como una patena** sparkling clean **pasar a/poner en limpio**: *¿Me pasas esta carta a ~?* Can you make a fair copy of this letter for me? **sacar en limpio 1** (*entender*) to understand *sth*: *Al menos hemos sacado un par de cosas en ~.* We understood a few things at least. **2** (*dinero*) to clear *sth*: *Sacó cinco millones de pesetas en ~.* He cleared five million pesetas. *Ver tb* COPIA, CUERPO, GRITO, JUEGO, JUGAR, TIRO, TRIGO

limusina *nf* limousine

linaje *nm* lineage

linaza *nf* linseed

lince *nm* lynx
LOC **ser un lince** (**con/para**) to be razor sharp (at *sth*) *Ver tb* OJO, VISTA

linchamiento *nm* lynching

linchar *vt* to lynch

lindante *adj* **~ con** bordering **on sth**: *un aplomo ~ con la frialdad* self-assurance bordering on coldness

lindar *vi* **~ con** to border **on sth**

linde *nm o nf* boundary

linderos *nm* outskirts

lindezas *nf* (*insultos*) unpleasant remarks

lindo, -a *adj* lovely
LOC **de lo lindo**: *divertirse de lo ~* to have a great time

línea *nf* **1** (*gen*) line: *en ~ recta* in a straight line ◊ *Le escribí unas ~s a mi madre.* I wrote my mother a few lines. ◊ *seguir la ~ oficial del partido* to follow the party line ◊ *Se ha cortado la ~.* We were cut off. **2** (*talle*) figure: *guardar la ~* to keep your figure
LOC **autobús/coche de línea** coach **cantar línea** (*Bingo*) to call a line **cuidar/mantener la línea** to watch your weight **en líneas generales** broadly speaking **línea adicional** (*Mús*) leger line ☛ *Ver ilustración en* NOTACIÓN **línea de banda** touchline **línea de fondo** baseline ☛ *Ver ilustración en* TENNIS **línea de fuego/tiro** firing line **línea delantera/de ataque** forward line **línea del horizonte** skyline **línea de medio campo** halfway line **línea de meta** finishing line **línea de montaje** assembly line **línea férrea** (railway) line **por línea materna/paterna** on my, your, etc mother's/father's side *Ver tb* AÉREO, ARGUMENTAL, CRUCE, CUATRO, GUARDAR, JUEZ, LEER, PRIMERO

lineal *adj* linear
LOC **aumento/subida/incremento lineal** across-the-board increase *Ver tb* DIBUJO

linfa *nf* lymph

linfático, -a *adj* lymphatic

lingotazo *nm* shot

lingote *nm* ingot: *dos ~s de oro/plata* two gold/silver ingots
LOC **en lingotes de oro/plata** in gold/silver bullion: *Los ladrones se llevaron 12 millones en ~s de oro.* The thieves took 12 million pesetas in gold bullion.

lingüista *nmf* linguist

lingüística *nf* linguistics [*v sing*]: *La ~ no es mi fuerte.* Linguistics is not my forte.
LOC **lingüística aplicada** applied linguistics [*v sing*]

lingüístico, -a *adj* linguistic

linimento *nm* liniment

lino *nm* **1** (*Bot*) flax **2** (*tela*) linen

linóleo (*tb* **linóleum**) *nm* linoleum, lino (*más coloq*)

linterna *nf* **1** (*con pilas*) torch **2** (*farolillo*) lantern

lío *nm* **1** (*desorden*) mess [*incontable*]: *¡Qué ~!* What a mess! ◊ *¡Vaya ~ de papeles!* What a mess these papers are in! **2** (*asunto enredoso*) trouble [*incontable*]: *Siempre te metes en ~s.* You're always getting into trouble. ◊ *No sé qué ~s se trae con su hermana.* I don't know what he and his sister are up to. **3** (*relación amorosa*) affair:

Tiene un ~ con el vecino. She's having an affair with the neighbour. **4** (*fardo*) bundle
LOC armar/montar un lío to kick up a fuss **armarse/hacerse un lío** to get confused: *Me hago un ~ con tantos nombres.* I get confused with all these names. **estar hecho un lío** to be in a muddle

liofilizado, -a *pp, adj* freeze-dried: *café ~* freeze-dried coffee

lioso, -a *adj* complicated

lipotimia *nf* faint: *Me dio una ~.* I fainted.

liquen *nm* lichen

liquidación *nf* **1** (*factura, deuda*) settlement: *Hemos pagado la ~.* We've settled the bill. ◊ *hacer efectiva la ~ de una deuda* to settle a debt **2** (*rebajas*) sale
LOC hacer liquidación to go into liquidation **liquidación por cese/cierre de negocio** closing-down sale

liquidar *vt* **1** (*deuda, factura, asunto*) to settle: *Tenemos que ~ este asunto.* We must settle this matter. **2** (*vender barato*) to sell *sth* off **3** (*matar*) to kill
■ **liquidar** *vi* to sell up

liquidez *nf* liquidity

líquido, -a *adj* **1** (*fluido*) liquid **2** (*neto*) net
■ **líquido** *nm* **1** (*fluido*) liquid **2** (*dinero*) liquid assets [*v pl*]
LOC líquido corrector correcting fluid *Ver tb* BENEFICIO

lira[1] *nf* (*Mús*) lyre

lira[2] *nf* (*moneda*) lira

lírica *nf* lyric poetry

lírico, -a *adj* lyrical

lirio *nm* iris ☛ *Ver ilustración en* FLOR

lirón *nm* dormouse [*pl* dormice] **LOC** *Ver* DORMIR

Lisboa *nf* Lisbon

lisiado, -a *pp, adj* crippled
■ **lisiado, -a** *nm-nf* cripple

liso, -a *adj* **1** (*llano*) flat **2** (*suave*) smooth **3** (*sencillo, de un solo color*) plain **4** (*pelo*) straight ☛ *Ver ilustración en* PELO **5** (*Dep*) sprint: *los 100m ~s* the 100m sprint
LOC lisa y llanamente purely and simply

lisonja *nf* flattery [*incontable*]: *todas aquellas ~s* all that flattery

lisonjear *vt* to flatter

lisonjero, -a *adj* flattering

lista *nf* **1** (*gen*) list: *una ~ de bodas/direcciones* a wedding/mailing list ◊ *la ~ de la compra/precios* the shopping/price list **2** (*banda*) stripe: *Las ~s te hacen más delgada.* Stripes make you look slimmer.
LOC a/de listas striped ☛ *Ver ilustración en* PATTERN **lista de correos** poste restante **lista electoral** (*de candidatos*) list of candidates **lista de espera** waiting-list **lista negra** blacklist **listas electorales** (*censo electoral*) electoral roll/register [*sing*] **pasar lista 1** (*en un colegio*) to take the register **2** (*en un cuartel*) to call the roll

listado *nm* list

listillo, -a *nm-nf* smart alec: *dárselas de ~* to be a smart alec

listín *nm* (telephone) directory

listo, -a *adj* **1** (*inteligente*) clever **2** (*preparado*) ready: *Estamos ~s para salir.* We're ready to leave. **3** (*terminado*) finished: *~, ya hemos terminado.* That's it! We've finished.
LOC hacerse el listo to try to be clever **estar/ir listo 1** (*estar equivocado*) to have a hope: *¡Están ~s! No les pienso ayudar.* They've got a hope! I'm not helping them. **2** (*estar apañado*) to be in a real mess: *¡Estamos ~s con el Gobierno!* With the government we've got we're in a real mess! **más listo que el hambre** as smart as they come **pasarse de listo** to be too clever by half: *No te pases de ~ conmigo.* Don't try and be clever with me. *Ver tb* PREPARADO

listón *nm* **1** (*madera*) strip (of wood) **2** (*salto de altura*) bar **3(a)** (*nivel*) level: *Estamos poniendo el ~ cada vez más alto.* We're raising the level all the time. **(b)** (*con números*) mark: *superar el ~ de los 100 goles* to pass the 100-goal mark

litera *nf* **1** (*en casa*) bunk (bed): *Los niños duermen en ~s.* The children have got bunk beds. **2** (*en un barco*) bunk **3** (*en un tren*) couchette

literal *adj* literal

literario, -a *adj* literary **LOC** *Ver* RECURSO

literatura *nf* literature: *la ~ infantil* children's literature

litigar *vi* to be in dispute (***over sth***)

litigio *nm* lawsuit
LOC en litigio in dispute

litoral *adj* coastal
■ **litoral** *nm* coast

litro *nm* litre (*abrev* l): *medio ~* half a litre

> Nótese que la abreviatura *l* no varía en plural: 12l.
> ☛ *Ver apéndice 3*

Lituania *nf* Lithuania

lituano, -a *adj, nm-nf* Lithuanian

liturgia *nf* liturgy

litúrgico, -a *adj* liturgical

liviano, -a *adj* **1** (*gen*) light: *un material ~* a light material **2** (*inconstante*) fickle

lívido, -a *adj* **1** (*pálido*) ashen(-faced) **2** (*por el frío*) blue **3** (*sin poder reaccionar*) speechless

liza *nf*
LOC en liza involved: *los intereses en ~* the interests involved **entrar en liza** to enter a dispute

llaga *nf* **1** (*en la boca*) ulcer: *Tengo una ~ en la boca.* I've got a mouth ulcer. **2** (*en el resto del cuerpo, fig*) wound: *las ~s de Cristo* the wounds of Christ **LOC** *Ver* DEDO

llama[1] *nf* (*animal*) llama

llama[2] *nf* (*lit* y *fig*) flame: *la ~ del amor/deseo* the flame(s) of love/desire ◊ *un edificio en ~s* a blazing building ◊ *mantener viva la ~ de la esperanza/del recuerdo* to cherish a hope/memory
LOC estar en llamas to be on fire: *Toda la casa estaba en ~s.* The house was on fire. **salir de las llamas y caer en las brasas** to jump out of the frying pan into the fire *Ver tb* ARDER, PASTO

llamada *nf* **1** (*gen*) call: *hacer una ~ telefónica* to make a phone call ◊ *la ~ del deber* the call of duty ◊ *la ~ al sacerdocio* the call to the priesthood **2** (*a la puerta*) **(a)** (*un solo golpe*) knock: *Oí una ~.* I heard a knock at/on the door. **(b)** (*varios golpes*) knocking **3** (*timbre*) **(a)** (*un solo timbrazo*) ring **(b)** (*varios timbrazos*) ringing **4** (*en un libro*) reference mark
LOC hacer una llamada a algo to call for sth: *hacer una ~ a la huelga* to call for strike action **llamada a cobro revertido** reverse charge call **llamada a larga distancia/interurbana** long-distance call **llamada al orden** call to order **llamada de socorro** distress call **poner una llamada** to place a call (*to sb*) *Ver tb* SEÑAL

llamado, -a *pp, adj* **1** (*conocido como*) known as: *Juana, llamada la Loca* Juana, known as la Loca ◊ *~ vulgarmente...* commonly known as... **2** (*supuesto*) so-called: *las llamadas organizaciones independientes* the so-called independent organizations *Ver tb* LLAMAR
LOC estar llamado a to be destined for *sth/to do sth.*

llamamiento *nm*: *El ~ a la huelga fue unánime.* The strike call was unanimous. ◊ *un ~ al orden* a call to order ◊ *Su ~ a la calma no dio ningún resultado.* Their appeal for calm went unheeded.
LOC hacer un llamamiento a: *Hicieron un ~ a la calma.* They appealed for calm. ◊ *hacer un ~ a la huelga* to call a strike

llamar *vt* **1** (*gen*) to call: *~ un taxi/a la policía* to call a taxi/the police ◊ *En el pueblo le llaman "El Bomba".* Back home they call him 'the Bomb' ◊ *Nos llamaron a declarar.* We were called to give evidence. **2** (*atraer*) to appeal **to *sb***: *Nunca me ha llamado el viajar.* Travelling has never appealed to me.
■ **llamar** *vi* **1** (*puerta*) to knock (***at sth***): *La oportunidad llama a su puerta.* Opportunity knocks. **2** (*campanilla, timbre*) to ring (*the bell*): *Llamaron al timbre con insistencia.* They rang the bell repeatedly. **3 ~ a** (*convocar*)

to call **for *sth***: ~ *a la huelga/serenidad* to call for strike action/to appeal for calm

■ **llamarse** *v pron*: *¿Cómo te llamas?* What's your name? ◊ *Me llamo Ana.* My name is Ana. ◊ *No sé cómo se llama.* I don't know her name.

LOC como me llamo... as sure as eggs is eggs... **eso es lo que se llama...** that's what you call... **¡eso sí que se llama...!** that's what I call...! **llamar a algn con un ademán/por señas** to beckon (to) sb **llamar a algn de todo** to call sb all the names under the sun **llamar a cobro revertido** to reverse the charges **llamar a filas** to call *sb* up **llamar a gritos/voces** to shout (*to sb*) **llamar a las cosas por su nombre** to call a spade a spade **llamar al orden** to call *sb* to order **llamar de tú/usted 1** (*hablando español*) to call *sb* 'tu'/ 'usted' **2** (*hablando inglés*) to be on familiar/formal terms *with sb* **llamar la atención 1** (*sobresalir*) to attract attention: *Se viste así para* ~ *la atención.* He dresses like that to attract attention. **2** (*sorprender*) to surprise *sb*: *Nos llamó la atención que volvieras sola.* We were surprised (that) you came back alone. **3** (*reprender*) to tell *sb* off: *Le llamaron la atención por llegar tarde.* They told her off for being late. **llamar (por teléfono)** to ring *sb*: *Llámame mañana.* Ring me tomorrow. ◊ *¿Has llamado a tu hermana?* Have you rung your sister? ◊ *¿Por qué no le llamas?* Why don't you ring him? **llamarse a engaño** to claim you've been deceived **¿quién llama? 1** (*puerta*) who is it? **2** (*teléfono*) who shall I say is calling? *Ver tb* DONDE, MANDAR, PAN

llamarada *nf* **1** (*fuego*) flames [*v pl*]: *Surgían grandes ~s del edificio.* Flames leapt up from the building. ◊ *envuelto en una* ~ enveloped in flames **2** (*rubor*) flush: *Sentí una* ~ *en el rostro.* I felt my face flush. **3** (*fig*) blaze: *una* ~ *de pasión/ira* a blaze of passion/anger

llamativo, -a *adj* **1** (*impresionante*) striking: *la novedad más llamativa* the most striking new feature ◊ *un rostro* ~ a striking face **2** (*color*) bright **3** (*ostentoso*) flashy: *un coche nuevo muy* ~ a flashy new car ◊ *ropa llamativa* flashy clothes

llamear *vi* to blaze

llanamente *adv* **LOC** *Ver* SIMPLE

llaneza *nf* **1** (*naturalidad*) straightforwardness **2** (*franqueza*) directness **3** (*informalidad*) informality **4** (*claridad, sencillez*) clarity

llano, -a *adj* **1** (*superficie*) **(a)** (*plano*) flat **(b)** (*liso*) smooth **(c)** (*sin desniveles*) even **2** (*persona*) unassuming **3** (*trato*) straightforward **4** (*lenguaje*) plain **5** (*palabra*) with the stress on the penultimate syllable

■ **llano** (*llanura*) *nm* plain

■ **llana** *nf* plasterer's trowel

LOC de llano openly *Ver tb* PLATO

llanta *nf* wheel rim: *~s de aleación* alloy wheels ☛ *Ver ilustración en* BICYCLE

llantera (*tb* **llantina**) *nf Ver* LLORERA

llanto *nm* **1** (*gen*) crying: *Me despertó el* ~ *de la niña.* The baby woke me up with its crying. ◊ *con la voz entrecortada por el* ~ choking back the tears ◊ *Ahora no me vengas con ~s.* It's no use crying! **2** (*animal*) whimpering

LOC anegarse/deshacerse en llanto to sob your heart out **prorrumpir/romper en llanto** to burst into tears *Ver tb* ESTALLAR, RIENDA

llanura *nf* plain

llave *nf* **1** (*cerradura, para dar cuerda, fig*) key (***to sth***): *la* ~ *de la puerta* the (front) door key ◊ *las ~s del coche* the car keys ◊ *la* ~ *del armario* the key to the wardrobe ◊ *la* ~ *del éxito* the key to success **2** (*grifo*) tap **3** (*interruptor*) switch **4** (*Mec*) spanner ☛ *Ver ilustración en* SPANNER **5** (*Mús*) **(a)** (*clave*) clef: ~ *de fa/sol* bass/treble clef **(b)** (*clarinete, saxofón*) key **6** (*Dep*) hold: *hacer una* ~ *a algn* to put an armlock on sb **7** (*rifle*) lock

LOC bajo llave under lock and key **echar la llave** to lock up **llave de contacto** ignition key ☛ *Ver ilustración en* CAR **llave de paso** (*del agua*) stopcock: *cerrar la* ~ *del paso* to turn the water off at the mains **llave en mano** with vacant possession **llave inglesa** adjustable spanner ☛ También se puede decir **monkey wrench**. *Ver ilustración en* SPANNER **llave maestra** master key *Ver tb* AMA, CERRAR, DUPLICADO

llavero *nm* key-ring

llegada *nf* arrival: *El vuelo tiene prevista su* ~ *para las once.* The flight is due to arrive at eleven. **LOC** *Ver* JUEZ

llegado, -a *pp, adj Ver* LLEGAR **LOC** *Ver* CASO, RECIÉN

llegar *vi* **1** (*gen*) to arrive: *El tren está a punto de* ~. The train is about to arrive. ◊ *Llegué a Inglaterra hace un mes.* I arrived in England a month ago. ☛ *Ver nota en* ARRIVE **2** (*alcanzar*) to reach: ~ *a la cima* to reach the top ◊ *¿Llegas?* Can you reach? ◊ ~ *a una conclusión/decisión/un acuerdo* to reach a conclusion/decision/to reach agreement **3** (*conseguir*) to achieve: *Todos quieren* ~ *a la fama.* Everyone wants to achieve fame. **4** (*bastar*) to be enough: *La comida no llegó para todos.* There wasn't enough food for everybody. ◊ *No sé si me va a* ~ *para el vino.* I'm not sure if I'll have enough for the wine. ◊ *El sueldo no me llega a fin de mes.* My salary doesn't last to the end of the month. **5** (*sumar*) to come to: *Los gastos llegaron a las 100.000 pesetas.* It came to 100 000 pesetas. **6** (*altura*) to come up/down *to sth*: *Mi hija ya me llega al hombro.* My daughter comes up to my shoulder. ◊ *La melena le llega a la cintura.* Her hair comes down to her waist. **7** (*extensión*) to stretch **as far as...**: *La finca llega hasta el río.* The estate stretches as far as the river. ◊ *Mi paciencia no llega tan lejos.* My patience doesn't stretch that far. **8** (*tiempo*): *cuando llegue la primavera* when spring comes ◊ *Ha llegado el momento de...* The time has come to... **9** ~ **a (a)** (*lograr*) to manage *to do sth*: *Llegó a dominar el idioma en un año.* He managed to learn the language in a year. **(b)** (*poder*) to be able *to do sth*: *No creo que llegue a verle.* I don't think I'll be able to see him. ◊ *Desde aquí llegas a ver hasta la bahía.* You can see as far as the bay from here. ◊ *No llego a entender qué has visto en él.* I can't understand what you see in him. **(c)** (*incluso*): *Llegué a sospechar de mi marido.* I even began to suspect my husband.

■ **llegarse** *v pron*: *Si tienes tiempo llégate a la tintorería.* If you have time, pop into the cleaner's.

LOC al llegar la noche at nightfall **estar al llegar** to be due any time (now): *Deben estar al* ~. They are due any minute now. **hacer llegar** to send **hacer llegar el sueldo** to make ends meet **llegar a casa** to arrive home, to get home (*más coloq*) **llegar a conocer a algn** to get to know sb **llegar a conocimiento/oídos de algn**: *El suceso llegó a oídos de mi padre.* My father got to hear about it. ◊ *Haré que llegue a sus oídos.* I'll make sure he hears about this! **llegar al alma** to move *sb* deeply: *Su sufrimiento me llegó al alma.* I was deeply moved by their suffering. **llegar a la mayoría (de edad)** to come of age **llegar a las manos** to come to blows **llegar al extremo de...** to reach the point of...: *Han llegado al extremo de no hablarse.* They reached the point of not speaking to each other. **llegar a los postres** to be very late **llegar al poder** to come to power **llegar a manos de** to come into *sb's* possession **llegar a poder de** to fall into *sb's* hands **llegar a puerto** to come through safely **llegar a tanto**: *—¿Te insultó? —No, no llegó a tanto.* 'Did he insult you?' 'No, he didn't go that far.' **llegar a saber** to find out **llegar a ser** to become **llegar a ser alguien** to be somebody **llegar a tiempo** to be on time **llegar lejos** to go far **llegar tarde/temprano** to be late/early: *Llegó por la mañana temprano.* He arrived early in the morning. **no llegarle a algn a la suela de los zapatos** not to be able to hold a candle to sb: *Mi madre es una estupenda cocinera. Yo no le llego a la suela del zapato.* My mother is a superb cook – I can't hold a candle to her. **¡si llego a saberlo!** if only I'd, he'd, etc known! **si no llega a ser por**: *Si no llega a ser por él me mato.* If it hadn't been for him, I would have died. **todo llega** every dog has its day *Ver tb* AHÍ, CASO, FIN, SANGRE

llenar *vt* **1** (*gen*) to fill *sth/sb* (***with sth***): *Llena la jarra de agua.* Fill the jug with water. ◊ *Su comentario me* *llenó de indignación.* What he said filled me with indignation. **2** (*cubrir*) to cover *sth/sb* (***in/with sth***): *El viento lo llenó todo de arena.* The wind covered everything in sand. **3** (*satisfacer*) to satisfy: *Aquel estilo de vida no me llenaba.* That lifestyle didn't satisfy me.

■ **llenarse** *v pron* **1 llenarse (de)** (*gen*) to fill (up) (**with** ***sth***): *La piscina tardó cinco horas en ~se.* The pool took five hours to fill. ◊ *La casa se llenó de invitados.* The house filled (up) with guests. **2 llenarse de** (*cubrirse*) to get covered **in** ***sth***: *Me llené de grasa.* I got covered in grease. **3** (*comiendo*): *Me he llenado con tanto pollo.* I'm full up with chicken. ◊ *Se llena en seguida.* She can't eat very much.

LOC llenársele a algn los ojos de lágrimas: *Se me llenaron los ojos de lágrimas.* My eyes filled (with tears). *Ver tb* MIERDA

llenito, -a *adj* plump

lleno, -a *adj* **1** (*gen*) full (**of** ***sth***): *una habitación llena de gente* a room full of people ◊ *~ de humo/posibilidades/vitalidad* full of smoke/potential/vitality ◊ *No quiero más, estoy ~.* I don't want any more, I'm full. ◊ *Tienes la cara más llena.* Your face is fuller. **2** (*cubierto*) covered ***in/with sth***: *El techo estaba ~ de telarañas.* The ceiling was covered in cobwebs.

■ **lleno** *nm* **1** (*gen*) full attendance: *¡~ en el congreso de los diputados!* Full attendance in the Chamber of Deputies! **2** (*Cine, Teat*) full house: *La noche del estreno hubo ~ en el cine.* On the opening night there was a full house.

LOC dar de lleno 1 (*azotear*): *La pelota me dio de ~ en la cara.* The ball hit me full in the face. ◊ *Resbalé y me di de ~ contra la puerta.* I slipped and went straight into the door. **2** (*sol*): *Nos daba el sol de ~.* We had the sun full on us. ◊ *El sol da de ~ en la sala de estar.* The sun shines straight into the sitting-room. **de lleno** fully: *Estamos metidos de ~ en las obras de restauración.* We are fully involved with the restoration work. ◊ *entregarse de ~ a algo* to throw yourself into sth **estar lleno hasta rebosar** to be full to bursting **un lleno imponente** a packed house *Ver tb* LUNA, MANO, PÁJARO

llevadero, -a *adj* bearable

llevar *vt* **1** (*gen*) to take: *Lleva las sillas a la cocina.* Take the chairs into the kitchen. ◊ *Llevé el perro al veterinario.* I took the dog to the vet. ◊ *El taxista nos llevó al hotel.* The taxi driver took us to the hotel. ◊ *No lleves mucho dinero en metálico.* Don't take much cash with you. ◊ *Este camino te lleva al río.* This path takes you to the river. ◊ *Me llevó un par de días arreglarle el coche.* It took me a couple of days to fix his car. ◊ *Supo ~ su enfermedad con resignación.* He bore his illness patiently. ☛ *Ver ilustración en* TAKE[1] **2** (*traer*) ☛ Cuando el hablante se ofrece a llevarle algo al oyente, se utiliza **to bring**: *No hace falta que vengas, yo te lo llevo el viernes.* You don't need to come, I'll bring it on Friday. *Ver tb nota en* BRING **3** (*portar*) to carry: *Se ofreció a ~le la maleta.* He offered to carry her suitcase. ◊ *Llevaba un bebé envuelto en una manta.* She was carrying a baby wrapped in a blanket. ☛ *Ver nota en* WEAR[1] **4** (*gafas, peinado, ropa*) to wear: *No me gusta ~ joyas.* I don't like wearing jewellery. ◊ *En verano llevo el pelo corto.* I wear my hair short in summer. ◊ *No me lo envuelva, me lo llevo puesto.* Don't bother to wrap it up, I'll wear it. ☛ *Ver nota en* WEAR[1] **5** (*sostener en la mano*) to hold: *Llevaba una pistola/un paraguas.* He was holding a gun/an umbrella. **6** (*vida*) to lead: *Llevas una vida demasiado ajetreada.* You lead too hectic a life. **7** (*conducir*) **(a)** (*vehículo*) to drive: *Prefiero ~ yo el coche.* I prefer to drive myself. **(b)** (*animal*) to lead: *El muchacho llevaba al caballo de las riendas.* The boy was leading the horse. **8** (*causar*) to bring: *Lleva la mala suerte por donde va.* He brings bad luck wherever he goes. ◊ *Las guerras llevan muchos sufrimientos a personas inocentes.* Wars bring great suffering to innocent people. **9** (*tener*) to have: *¿Llevas suelto?* Have you any change? ◊ *No llevaba dinero encima.* I didn't have any cash on me. ◊ *Este abrigo no lleva botones.* This coat hasn't got any buttons. ◊ *El niño llevaba la mano vendada.* The little boy's hand was bandaged. **10** (*tener a su cargo*) **(a)** (*administrar*) to run: *Llevamos el negocio en forma de cooperativa.* We run the business as a cooperative. ◊ *~ la casa* to do the housekeeping ◊ *~ las cuentas* to keep the books **(b)** (*dirigir*) to be in charge of *sth*: *El que lleva este programa está de vacaciones.* The man who's in charge of the programme is on holiday. **(c)** (*ocuparse de*) to deal with *sth*: *Mi secretario es el que lleva todas mis citas de negocios.* My secretary deals with all my business engagements. **11** (*cobrar*) to charge *sth* (***for sth***): *¿Cuánto te llevó la modista por el traje?* How much did the dressmaker charge you for that dress? **12** (*nombre*) to be called: *No sé qué nombre lleva pero lo he visto en la tele.* I don't know what it's called but I've seen it on TV. ◊ *Lleva el nombre de su padre.* He's called after his father. **13** (*tratar*) to get on with *sb*: *Sabe ~ muy bien a sus empleados/su suegra.* He gets on well with his employees/mother-in-law. **14** (*camino, dirección*) to go: *Llevo el mismo camino que tú.* I'm going the same way as you.

■ **llevar** *v aux* **1 ~ + participio** to have *done sth*: *Llevo redactada media carta.* I've written half the letter. ◊ *Llevamos hechos varios viajes al extranjero.* We've been abroad several times. ◊ *Ya llevaba bebidas tres jarras de cerveza.* He'd had three tankards of beer already. ◊ *Llevan cuatro años casados.* They've been married for four years. ◊ *El piso llevaba tiempo cerrado.* The flat had been shut up for some time. **2** (*haber pasado*) to have been: *Llevan dos horas esperando.* They've been waiting for two hours ◊ *Lleva ya una semana en el hospital.* He's been in hospital a week now. ◊ *¿Cuánto tiempo llevas en Madrid?* How long have you been in Madrid? ◊ *Llevo dos días intentando hablar con ella.* I've been trying to get hold of her for two days. ◊ *El actual gobierno lleva cinco años en el poder.* The present government has been in power for five years. ◊ *Llevaba dos meses en Inglaterra cuando la conocí.* I'd been in England for two months when I met her.

■ **llevarse** *v pron* **1** (*gen*) to take: *El ladrón se llevó el vídeo y unas cuantas joyas.* The thief took the video and some jewellery. ◊ *Me llevé tus llaves por equivocación.* I took your keys by mistake. ◊ *Mi madre se ha llevado a la niña al parque.* My mother has taken my daughter to the park. ◊ *No vayas sola, llévate a una amiga.* Don't go on your own, take a friend with you. **2** (*arrancar*) to blow *sth* down/off/away: *El huracán se llevó todas las chabolas.* The hurricane blew down all the shacks. ◊ *El viento se llevó parte del tejado de la casa.* The wind blew part of the roof away. **3** (*arrastrar*) to sweep *sth* away: *Las olas se llevaron la barca.* The waves swept the boat away. **4** (*susto, regañina*) to get: *¡Qué susto me llevé!* What a fright I got!

LOC llevar a algn a algo: *Nos vas a ~ a la ruina.* You'll be the ruin of us! ◊ *La pérdida de su madre la llevó a la depresión.* She became depressed after her mother died.

llevar a algn a hacer algo to lead sb to do sth: *La política gubernamental llevó al electorado a votar por la oposición.* Government policy led the electorate to vote for the opposition.

llevar consigo 1 (*tener como consecuencia*) to entail: *Esas medidas llevan consigo varios cambios.* These measures entail a number of changes. **2** (*tener*) to have *sth* on you: *No llevaba conmigo las llaves.* I didn't have my keys on me.

llevarle a algn dos años, etc to be two years, etc older than sb: *Mi hermana mayor me lleva tres años.* My sister is three years older than me. ◊ *Mis dos hijos mayores se llevan cuatro años.* There are four years between my first two children.

llevar mal algo 1 (*detestar*) to hate sth/doing sth: *Llevo muy mal lo de madrugar.* I hate getting up early. **2** (*padecer*) to take sth badly: *Lleva mal la enfermedad de su madre.* He's taking his mother's illness very badly.

llevarse bien/mal to get on well/badly (*with sb*)

para llevar to take away: *una pizza para ~* a pizza to take away

llevar/tener (todas) las de perder to have no chance ☛ Para otras expresiones con **llevar**, véanse las entradas del sustantivo, adjetivo, etc, p.ej. **llevar la voz cantante** en voz y **llevarse un disgusto** en DISGUSTO.

llorar *vi* **1** (*gen*) to cry: ~ *de dolor/hambre* to cry with pain/hunger ◊ ~ *de alegría/rabia* to weep for joy/cry with rage **2 ~ por** to cry over *sth/sb*: *Estuve llorando por él toda la noche.* I cried all night over him. **3** (*quejarse*) to moan (**about *sth***): *Siempre anda llorando de que no tiene dinero.* He's always moaning about having no money. **4** (*ojos*) to water: *Estaba pelando cebollas y me lloraban los ojos.* I was peeling onions and my eyes started watering.

■ **llorar** *vt* **1** (*muerte, pérdida*) to mourn: *Todos lloraron la muerte de la abuela.* They all mourned the death of their grandmother. **2** (*lágrimas*) to weep: ~ *lágrimas de alegría/dolor* to weep tears of happiness/pain **3** (*sufrir*) to be sorry (**for *sth*/*doing sth***): *El día de mañana lloraréis vuestra irresponsabilidad.* One day you'll be sorry you were so irresponsible.

LOC el que no llora no mama if you don't ask you don't get **llorar a lágrima viva/mares** to cry your eyes out **llorar a moco tendido** to cry uncontrollably *Ver tb* MAGDALENA, ROMPER

llorera *nf*

LOC darle/entrarle la llorera a algn to get (all) weepy: *Le entra la ~ cuando se siente sola.* She gets weepy when she feels lonely. ◊ *¡Vaya ~ tan tonta que me ha entrado!* How silly, I've suddenly come over all weepy! ◊ *Esta película es de las de ~ garantizada.* This film is a real weepy.

llorica *adj* snivelling: *niños ~s y mal criados* snivelling, spoilt brats

■ **llorica** *nmf* cry-baby

lloriquear *vi* to whine

lloriqueo *nm* whining [*incontable*]: *No me vengas con ~s.* Don't come whining to me!

lloro *nm* crying [*incontable*]: *entre ~s y lamentos* crying and sobbing

llorón, -ona *adj*: *No seas tan ~.* Don't be such a cry-baby! ◊ *No puedo ver ese tipo de películas porque soy muy llorona.* I can't watch films like that–I cry very easily.

■ **llorón, -ona** *nm-nf* cry-baby **LOC** *Ver* SAUCE

lloroso, -a *adj* tearful

llover *v imp* **1** (*gen*) to rain: *Estuvo lloviendo toda la tarde.* It was raining all afternoon. ◊ *¿Llueve?* Is it raining? ◊ *si deja de ~* if it stops raining **2** (*fig*) to be inundated **with *sth***: *Nos llueven las ofertas.* We've been inundated with offers. ◊ *A mi pobre hermano le están lloviendo las desgracias.* My poor brother has had a lot of very bad luck recently.

LOC ha llovido mucho desde entonces there's been a lot of water under the bridge since then **llover a cántaros/jarros/mares** to pour: *Llueve a cántaros.* It's pouring. **llueve sobre mojado** it never rains but it pours *Ver tb* MANERA, OÍR, PARECER

llovido, -a *pp, adj Ver* LLOVER

LOC como llovido del cielo a godsend: *El préstamo me vino como ~ del cielo.* The loan was a godsend.

llovizna *nf* drizzle

lloviznar *vi* to drizzle

llueca *adj Ver* CLUECA

lluvia *nf* **1** rain [*gen incontable*]: *un día de ~* a rainy day ◊ *Se esperan ~s torrenciales y fuertes vientos.* Torrential rain and wind is forecast. ◊ *Estas botas son buenas para la ~.* These are good boots for wet weather. ◊ *el nivel de ~ alcanzado este invierno* the rainfall this winter **2 ~ de (a)** (*billetes, regalos, polvo*) shower **of *sth*** **(b)** (*balas, piedras, golpes, insultos*) hail **of *sth***: *El árbitro fue recibido con una ~ de insultos.* The referee was greeted with a hail of insults. **(c)** (*críticas, preguntas*) barrage **of *sth***: *Fuimos acosados con una ~ de preguntas.* We were subjected to a barrage of questions. **(d)** (*disparos*) volley **of *sth***: *Se produjo una ~ de disparos.* A volley of shots rang out.

LOC bajo la lluvia in the rain **lluvia ácida** acid rain **lluvia artificial** cloud seeding **lluvia menuda** drizzle: *Caía una ~ menuda pero persistente.* There was a persistent drizzle. **lluvia radiactiva** radioactive fallout *Ver tb* ESTACIÓN, PRUEBA, TEMPORAL

lluvioso, -a *adj* **1** (*zona, país, temporada*) wet: *Hemos tenido una primavera muy lluviosa.* We've had a very wet spring. **2** (*día, tarde, tiempo*) rainy

lo *art def* **1** (*para sustantivar*) the…thing: *Lo interesante/difícil es…* The interesting/difficult thing is… ◊ *lo salado/bueno* savoury/good things ◊ *En lo físico se parece a mí.* Physically, he is like me. **2** (*enfático, en exclamaciones*): *¿Has visto lo cara que está la vida allí?* Did you see how expensive everything is over there? ◊ *¡Es increíble lo poco que cuesta!* I can't believe how cheap it is!

■ **lo** *pron pers* **1** (*él*) him: *Lo eché de casa.* I threw him out. **2** (*cosa*) it: *Cómpralo.* Buy it. ◊ *No me lo creo.* I don't believe it.

Cuando *lo* se usa como complemento directo de algunos verbos como *decir*, *saber* y *ser* no se traduce: *Te lo diré mañana.* I'll tell you tomorrow. ◊ *Todavía no eres médico pero lo serás.* You're not a doctor yet but you will be one day. ◊ *Amable sí que lo es.* He's undoubtedly very nice.

3 (*usted*) you: *Lo veo cansado.* You look tired.

LOC lo cual which: *lo cual no es cierto* which isn't true **lo de… 1** (*posesión*): *Lo de Juan está ahí.* Juan's things are over there. **2** (*asunto*): *Lo del viaje fue muy inesperado.* The journey came as a real surprise. ◊ *Lo de ayer fue un desastre.* What happened yesterday was a disaster. **lo de que…**: *En esa carta me comentabas lo de que Pedro no está de acuerdo.* You mentioned in your letter that Pedro is against it. ◊ *Lo de que la tirasen a la piscina vestida no tuvo ninguna gracia.* Throwing her into the pool fully dressed just wasn't funny. **lo que…** what: *No te imaginas lo que fue aquello.* You can't imagine what it was like. ◊ *¡Lo que has tardado!* You've been ages! ◊ *Haría lo que fuera por aprobar.* I'd do anything to pass!

loa *nf* praise [*incontable*]: *El artículo es una ~ a la nación.* The article praises the nation.

loable *adj* laudable

lobato (*tb* **lobezno**) *nm* wolf cub

lobo, -a *nm-nf* wolf [*pl* wolves]

Si se quiere especificar que se trata de una hembra, se dice **she-wolf**.

LOC el lobo feroz the Big Bad Wolf **lobo de mar** sea dog **lobo marino** seal *Ver tb* HOMBRE, OSCURO, PERRO

lobotomía *nf* lobotomy

lóbrego, -a *adj* gloomy

lóbulo *nm* lobe: *el ~ de la oreja* the ear lobe ☛ *Ver ilustración en* HEAD[1]

local *adj* local

■ **local** *nm* **1** (*recinto*) premises [*v pl*]: *El ~ es bastante grande.* The premises are quite large. **2** (*sede*) offices [*v pl*]: *El ~ del partido está en la calle Goya.* The party offices are in Goya street.

LOC local nocturno 1 (*discoteca*) nightclub **2** (*pub*) bar **local público** public place *Ver tb* CARRETERA, POLICÍA

localidad *nf* **1(a)** (*pueblo*) village **(b)** (*ciudad pequeña*) town **2** (*Cine, Teat*) **(a)** (*asiento*) seat **(b)** (*entrada*) ticket

LOC no hay localidades sold out *Ver tb* DESPACHO

localización *nf* location

localizar *vt* **1** (*encontrar*) to locate: *Por fin lo hemos localizado.* We've located him at last. **2** (*contactar*) to get hold of *sb*: *Llevo toda la mañana tratando de ~te.* I've been trying to get hold of you all morning.

loción *nf* lotion

LOC loción capilar hair lotion **loción desmaquilladora** make-up remover **loción para después del afeitado** aftershave

loco, -a *adj* **1** (*gen*) mad: *volverse* ~ to go mad ◊ *Tengo una prisa loca.* I'm in a mad rush. **2** (*éxito*) huge
■ **loco, -a** *nm-nf* madman/woman [*pl* madmen/women]
■ **loca** *nf* (*homosexual*) queen
LOC andar como loco (*ocupado*) to be in a mad rush **estar como loco (con)** (*encantado*) to be crazy about *sth/sb* **estar loco de** to be beside yourself with *sth*): *Estaba loca de angustia/alegría.* She was beside herself with anxiety/wild with joy. **estar loco de dolor (por)** to be distraught (about *sth*) **estar loco perdido/de atar** to be round the bend **estar más loco que una cabra** to be off your rocker **hacer algo a lo loco** to do sth in a rush **hacer el loco** to act the fool **hacerse el loco** to pretend not to notice **no lo hago ni loco** no way will I do that **ser para volverse loco** to be enough to drive you crazy **tomar por loco, tonto, etc** to take *sb* for a fool, an idiot etc **traer/tener/volver loco a algn 1** (*gen*) to drive sb crazy: *Este hombre me va a volver loca.* This man is driving me crazy. **2** (*gustar*): *Me vuelve loca la paella.* I'm crazy about paella. *Ver tb* ALEGRÍA, CADA, CASA, GANA, REÍR, REMATADO, REMATE, SUERTE, TONTO

locomoción *nf* locomotion

locomotora *nf* locomotive, engine (*más coloq*): *una ~ de vapor* a steam engine

locuaz *adj* talkative, loquacious (*formal*)

locución *nf* **1** (*expresión fija*) expression **2** (*Gram*) phrase: *~ adverbial/adjetiva* adverbial/adjectival phrase

locura *nf* **1** (*cualidad de loco*) madness: *un ataque de ~* an attack of madness **2** (*disparate*) crazy thing: *He hecho muchas ~s.* I've done a lot of crazy things. ◊ *la mayor ~ de todas* the craziest thing of all ◊ *Es una ~ ir solo.* It's crazy to go alone.
LOC con locura (*mucho*) madly: *La amaba con ~.* He was madly in love with her. ◊ *Me gustan los dulces con ~.* I'm mad on sweets. **de locura 1** (*maravilloso*) wonderful **2** (*terrible*) terrible *Ver tb* GUSTAR

locutor, ~a *nm-nf* **1** (*que anuncia programas*) announcer **2** (*que lee noticias*) newsreader

lodo *nm* mud

logaritmo *nm* logarithm (*abrev* log)

logia *nf* (*masónica*) lodge

lógico, -a *adj* **1** (*normal*) natural: *Es ~ que te preocupes.* It's only natural that you should be worried. ◊ *No es ~ que te enfades.* There's no need for you to get cross. **2** (*razonable*) sensible: *Lo más ~ sería esperar.* The most sensible thing would be to wait. **3** (*Fil, Mat*) logical: *argumentos ~s* logical arguments
■ **lógica** *nf* logic: *Es de una ~ aplastante.* The logic is overwhelming.
LOC como es lógico naturally **¡(es) lógico!** it's only natural!

logística *nf* logistics [*v sing o pl*]

logístico, -a *adj* logistical

logopeda *nmf* speech therapist

logotipo *nm* logo [*pl* logos]

logrado, -a *pp, adj* successful: *uno de los aspectos más ~s de la obra* one of the most successful aspects of the work ◊ *una frase lograda* a well-chosen phrase *Ver tb* LOGRAR

lograr *vt* **1** (*gen*) to get, to achieve (*más formal*): *Logré buenos resultados.* I got good results. **2 ~ hacer algo** to manage **to do sth**: *Logré convencerles.* I managed to persuade them. **3 ~ que...** to get *sb* **to do sth**: *No lograrás que vengan.* You'll never get them to come.
LOC *Ver* PARAR

logro *nm* achievement

loma *nf* hillock

lombarda *nf* red cabbage **LOC** *Ver* COL

lombriz *nf* worm
LOC lombriz de tierra earthworm

lomo *nm* **1** (*Anat*) back **2** (*Cocina*) **(a)** (*carne*) loin: *~ de cerdo* loin of pork ◊ *filetes de ~* sirloin steaks **(b)** (*embutido*) cured loin of pork **3** (*libro*) spine
LOC a lomos de on the back of *sth*: *a ~s de un caballo* on horseback *Ver tb* CABALGAR, TOMO

lona *nf* canvas: *zapatos de ~* canvas shoes

loncha *nf* **1** (*chorizo, queso*) slice **2** (*bacon*) rasher
LOC en lonchas sliced

Londres *nm* London

longaniza *nf* spicy pork sausage

longevidad *nf* longevity: *la memoria y ~ de los elefantes* the memory and longevity of elephants

longitud *nf* **1** (*gen*) length: *Tiene 20 metros de ~.* It's 20 metres long. ☛ *Ver ilustración en* DIMENSIÓN **2** (*Geog*) longitude ☛ *Ver ilustración en* GLOBO
LOC longitud de onda wavelength *Ver tb* SALTADOR, SALTO

longitudinal *adj* lengthways, longitudinal (*formal*): *Haz un corte ~.* Cut it lengthways.

longitudinalmente *adv* lengthways

longui (*tb* **longuis**)
LOC hacerse el longui(s) to pretend not to know about *sth*: *Cuando le pregunté por Alberto se hizo la ~s.* When I asked her about Alberto, she pretended not to know about it.

lonja *nf*
LOC lonja de pescado fish market **lonja de grano** corn exchange

loquero, -a *nm-nf* shrink
■ **loquero** (*manicomio*) *nm* loony-bin

lord *nm* lord **LOC** *Ver* CÁMARA

loro *nm* **1** (*papagayo*) parrot **2** (*persona*) windbag **3** (*radio*) ghetto blaster
LOC ¡al loro! watch out! **como un loro** parrot-fashion: *recitar algo como un ~* to recite sth parrot-fashion **estar al loro 1** (*observando*) to keep your eyes peeled **2** (*informado*) to know your way around: *Está muy al ~ de la movida madrileña.* He knows his way around the Madrid scene. **3** (*al día*) to keep abreast *of sth*: *estar al ~ de lo que piensan los jóvenes* to keep abreast of young people's thinking *Ver tb* REPETIR

los, las *art def* the: *las revistas que compré ayer* the magazines I bought yesterday ◊ *los Brown* the Browns ◊ *Me gustan las naranjas.* I like oranges. ◊ *todas las mañanas* every morning ◊ *Tiene los ojos azules.* He's got blue eyes. ☛ *Ver nota en* THE
■ **los, las** *pron pers* **1** (*ellos/ellas*) them: *Las vi en el cine.* I saw them at the cinema. **2** (*ustedes*) you
LOC de los/las de...: *un terremoto de los de verdad* a really violent earthquake ◊ *El diseño del coche es de los de antes.* The car is an old-fashioned design. **los/las de... 1** (*posesión*): *los de mi abuela* my grandmother's ◊ *las de usted* yours **2** (*característica*) the ones with...: *Prefiero los de punta fina.* I prefer the ones with a fine point. ◊ *Me gustan las de cuadros.* I like the check ones. **3** (*vestido de*) the ones in...: *las de rojo* the ones in red **4** (*localización, procedencia*): *los del segundo* the people who live on the second floor ◊ *los de Pamplona* the people from Pamplona **los/las que... 1** (*personas*): *los que se encontraban en la casa* the ones who were in the house ◊ *los que tenemos que madrugar* those of us who have to get up early ◊ *Entrevistamos a todos los que se presentaron.* We interviewed everyone who applied. ◊ *Los que te contaron esa historia te mintieron.* The people who told you that were lying. ◊ *Somos nosotros los que lo propusimos.* We were the ones to suggest it. **2** (*cosa*) the ones (which/that)...: *las que compramos ayer* the ones we bought yesterday **3** (*con preposición*): *Los chicos con los que fuiste a pescar ayer han sufrido un accidente.* The boys you went fishing with yesterday have had an accident. ◊ *La mayoría de las películas en las que intervino no eran buenas.* Most of the films he appeared in weren't very good. ◊ *las razones por las que me fui a México* the reasons why I went to Mexico

losa *nf* flagstone

loseta *nf* tile

lote *nm* **1** (*conjunto*) lot: *Mañana entrevistaremos al primer ~ de estudiantes.* We'll interview the first lot of students tomorrow. ◊ *~ 46: seis sillas.* Lot 46: six chairs.

2 (*parte*) share: *Cada uno recibió su ~ de la herencia.* Each one received his share of the inheritance. **3** (*sorteo*) prize

LOC darse/pegarse el lote to neck: *Se estaban pegando el ~ en el metro.* They were necking in the metro.

lotería *nf* lottery: *jugar a la ~* to play the lottery ◊ *El matrimonio es una ~.* Marriage is a lottery. ◊ *Ganó dos millones en la ~.* She won two million pesetas in the lottery.

LOC lotería primitiva state lottery **tocarle a uno la lotería 1** (*lit*) to win the lottery **2** (*fig*) to hit the jackpot *Ver tb* ADMINISTRACIÓN, EXPENDEDURÍA

loto *nm* **1** (*gen*) lotus [*pl* lotuses]: *la flor de ~* the lotus flower ◊ *sentado en la posición del ~* sitting in the lotus position **2** (*lotería*) lottery

loza *nf* china: *unas tazas de ~* some china cups

lozano, -a *adj* healthy-looking

lubina *nf* sea bass [*pl* sea bass]

lubricante *nm* lubricant

■ **lubricante** *adj* lubricating **LOC** *Ver* ACEITE

lubricar *vt* to lubricate

lucerna *nf* skylight

lucero *nm* **1** (*estrella*) bright star: *~ del alba/de la tarde* morning/evening star **2** (*en la frente de un animal*) star

lucha *nf* **1** (*gen*) fight: *entablar una ~* to get into a fight ◊ *la ~ por la supervivencia* the fight for survival ◊ *la ~ por la igualdad racial* the struggle for racial equality ◊ *la ~ de clases* the class struggle **2** (*Dep*) wrestling

LOC lucha libre all-in wrestling

luchador, ~a *adj* fighter [*n*]: *Es una persona muy luchadora.* She's a real fighter.

■ **luchador, ~a** *nm-nf* **1** (*gen*) fighter: *un ~ por la libertad* a freedom fighter **2** (*Dep*) wrestler

luchar *vi* **1** (*gen*) to fight: *~ contra el terrorismo/los prejuicios raciales* to fight terrorism/racial prejudice ◊ *Luchan denodadamente por la democracia/justicia.* They are fighting for democracy/justice. ◊ *Luché contra mi marido para ganar la custodia de mis hijos.* I had to fight my husband for custody of the children. ◊ *Debemos ~ contra el SIDA.* We must combat AIDS. **2** (*Dep*) to wrestle **LOC** *Ver* BRAZO

lucidez *nf* lucidity: *Habló con gran ~.* He spoke very lucidly.

lucido, -a *pp, adj* **1** (*bien ejecutado*) brilliant: *Tuvo una actuación muy lucida en el partido.* He had a brilliant game. ◊ *El espectáculo resultó muy ~.* The show was a brilliant success. **2** (*que permite lucirse*): *Le dieron un papel muy lucido.* They gave him a role he could shine in. *Ver tb* LUCIR

LOC quedar/resultar lucido to turn out very well

lúcido, -a *adj* **1** (*estilo, mente*) lucid **2** (*persona*) clear-headed

luciente *adj* (*estrella*) bright

luciérnaga *nf* **1** (*con alas*) firefly **2** (*sin alas*) glow-worm

lucimiento *nm*

LOC para el lucimiento de algn as a vehicle for sb: *La escena solo está ahí para el ~ de la soprano.* The scene is only there as a vehicle for the soprano.

lucio *nm* pike [*pl* pike]

lucir *vt* **1** (*presumir de*) to show *sth* off: *Le gusta ~ su talento artístico.* He likes to show off his artistic talents. **2** (*llevar*) to wear, to sport (*joc*): *El presentador lucía una corbata de flores.* The presenter was sporting a flowery tie. ◊ *Luce un magnífico bronceado.* He has a magnificent tan.

■ **lucir** *vi* **1** (*astro*) to shine **2** (*bombilla*) to give light: *Esta farola no luce mucho.* That street lamp doesn't give much light. **3** (*resaltar*) to look nice: *Esa lámpara luciría mucho en el salón.* That lamp would look very nice in the sitting room. **4** (*quedar bien*) to sound good: *Luce mucho decir que hablas cinco idiomas.* It sounds good to say you speak five languages. **5** (*notarse*) to show: *Lo limpio todos los días, pero no luce nada.* I clean it every day, but it doesn't show.

■ **lucirse** *v pron* **1** (*presumir*) to show off: *Solo viene a vernos para ~se.* He only comes to see us so that he can show off. **2** (*tener éxito*) to do very well: *~se en un examen* to do very well in an exam ◊ *El solista se lució en el concierto.* The soloist gave a wonderful performance. **3** (*meter la pata*): *¡Te has lucido haciéndoles sentarse juntos!* You really put your foot in it by making them sit together. ◊ *¡Te has lucido con el sombrero!* You've really overdone it with that hat!

lucrativo, -a *adj* lucrative: *un negocio muy ~* a very lucrative business ◊ *una organización no lucrativa* a non-profitmaking organization

lucro *nm* **1** (*Fin*) profit **2** (*beneficio*) gain **LOC** *Ver* ÁNIMO

lucubración *nf* *Ver* ELUCUBRACIÓN

lucubrar *vt* *Ver* ELUCUBRAR

lúdico, -a *adj* playful: *un sentido ~ de la vida* a playful attitude to life ◊ *actividades lúdicas* play activities

luego *adv* **1** (*más tarde*) later: *Te lo cuento ~.* I'll tell you later. **2** (*a continuación*) then: *Primero fuimos al cine y ~ a cenar.* First we went to the cinema and then we went for a meal. ◊ *~ se añade el azúcar.* Next you add the sugar.

■ **luego** *conj* therefore: *Pienso, ~ existo.* I think, therefore I am.

LOC desde luego of course: *¡Desde ~ que no!* Of course not! **¡hasta luego!** bye! **luego es tarde** time is running out

lugar *nm* **1** (*gen*) place: *Hay muchos ~es desconocidos en esta costa.* There are lots of undiscovered places on this coast. ◊ *Este no es ~ para hablar del tema.* This is not the time or place to talk about it. **2** (*posición, puesto*) position: *Ocupa un ~ importante en la empresa.* She has an important position in the firm. **3** (*pueblo*) village: *todos los del ~* everyone in the village **4** (*parte*) section: *Aparece en el ~ destinado a la invasión visigoda.* It's in the section on the Visigothic invasion.

LOC dar lugar a to cause *sth* **dejar a algn en mal lugar** to make sb look small **el lugar del crimen/de los hechos** the scene of the crime **en lugar de** instead of *sth/sb/doing sth* **en primer, segundo, etc lugar 1** (*posición*) first, second, etc: *El tenista español quedó clasificado en tercer ~.* The Spanish tennis player came third. **2** (*en un discurso*) first, secondly, etc **lugar común** cliché **lugar de nacimiento 1** (*gen*) birthplace: *Hoy vamos a hablar de Andalucía, ~ de nacimiento de numerosos poetas.* Today we're going to talk about Andalusia, birthplace of many poets. **2** (*en impresos*) place of birth **lugar de perdición** den of vice **lugar de residencia 1** (*en impresos*) place of residence **2** (*hogar*) home: *Mallorca fue su ~ de residencia en los últimos años de su vida.* Majorca was his home for the last years of his life. **no dejar lugar a dudas** to leave no room for doubt **no hay lugar para** there is no reason *to do sth*: *El capitán anunció que no había ~ para que cundiese el pánico.* The captain announced that there was no reason to panic. **ocupar/tomar el lugar de algn** to take sb's place **poner algo en su lugar/sitio** to put sth in the right place **saber estar en tu lugar** to know your place **sin lugar a dudas** without doubt **tener lugar** to take place **yo, en tu lugar** if I were you... *Ver tb* ADVERBIO, ALGUNO, COMPOSICIÓN, CUALQUIERA, ESPARCIMIENTO, FUERA, HALLAR, OTRO, SABER[1], SITUADO

lugareño, -a *adj* village: *según la tradición lugareña* according to village tradition

■ **lugareño, -a** *nm-nf* villager

lugarteniente *nmf* lieutenant

lúgubre *adj* **1** (*gen*) gloomy: *un lugar/futuro ~* a gloomy place/future **2** (*tono*) lugubrious: *Lo dijo en tono ~.* He spoke in a lugubrious voice.

lujo *nm* **1** (*gen*) luxury: *Nos podemos permitir algunos ~s.* We can afford a few luxuries. **2** (*pompas*) style: *Se casó con mucho ~.* He got married in style. ◊ *Vivís con más ~s de los que os podéis permitir.* You certainly live in style! Can you really afford it? **3** (*categoría*) first-class: *La película tiene un reparto de ~.* The film has a first-class cast.

LOC con todo lujo de detalles with a wealth of detail **de lujo** luxury: *un apartamento de ~* a luxury apartment *Ver tb* ARTÍCULO, EDICIÓN, IMPUESTO

lujosamente *adv* **1** (*gen*) luxuriously: *El chalé está ~ amueblado.* The house is furnished luxuriously. **2** (*de modo ostentoso*) ostentatiously

lujoso, -a *adj* luxurious

lujuria *nf* lust

lujurioso, -a *adj* lascivious

lulú *adj* long-haired
■ **lulú** *nm* Pomeranian

lumbago *nm* lumbago

lumbar *adj* lumbar

lumbre *nf* **1** (*gen*) fire: *La ~ seguía encendida cuando volvimos.* The fire was still burning when we got back. **2** (*Cocina*) stove: *Tengo la comida en la ~.* I have the food ready on the stove. **3** (*luz, para cigarrillo*) light: *Por favor, ¿tiene ~?* Have you got a light, please? **LOC** *Ver* AMOR

lumbrera *nf* **1** (*gen*) genius [*pl* geniuses]: *Mi hermano es una ~.* My brother is a genius. **2** (*Arquit*) skylight

luminaria *nf* **1** (*iglesia*) sanctuary lamp **2 luminarias** illuminations

luminosidad *nf* **1** (*lit*) brightness **2** (*fig*) clarity

luminoso, -a *adj* **1** (*gen*) bright: *una habitación/sonrisa luminosa* a bright room/smile **2** (*que despide luz*) luminous: *un reloj ~* a luminous watch **3** (*idea, ocurrencia*) brilliant **LOC** *Ver* ANUNCIO

luminotecnia *nf* artificial lighting

luna *nf* **1** (*gen*) moon: *un viaje a la Luna* a trip to the moon **2** (*espejo*) mirror **3** (*cristal*) glass **4** (*hoja de vidrio*) pane: *una de las ~s de la ventana* one of the window-panes ☛ *Ver ilustración en* HOUSE **5** (*lente*) lens **6** (*manía*) whim
LOC darle a algn la luna to take it into your head *to do sth*: *Le ha dado la ~ de invitar a todo el mundo.* She's taken it into her head to invite everyone. **estar de buena/mala luna** to be in a good/bad mood **estar en la luna** to be miles away **luna creciente/menguante** waxing/waning moon **luna delantera** (*coche*) windscreen ☛ *Ver ilustración en* CAR **luna de miel** honeymoon: *Fueron de ~ de miel a Madeira.* They went to Madeira for their honeymoon. **luna llena/nueva** full/new moon **luna trasera** (*coche*) rear window ☛ *Ver ilustración en* CAR **media luna** half moon *Ver tb* CARA, CLARO, LUZ, RAYO

lunar *adj* lunar
■ **lunar** *nm* **1** (*piel*) mole **2** (*dibujo*) spot **3** (*defecto*) flaw
LOC de lunares polka-dot: *una falda de ~es* a polka-dot skirt ☛ *Ver ilustración en* PATTERN **lunar postizo** beauty spot

lunático, -a *adj* crazy
■ **lunático, -a** *nm-nf* lunatic

lunch *nm* lunch

lunes *nm* Monday (*abrev* Mon): *Ven el ~.* Come on Monday. ◊ *de ~ a viernes* (from) Monday to Friday ◊ *El ~ no fui.* I didn't go on Monday. ◊ *el ~ 20 de enero* Monday 20th January ☛ Se dice 'Monday the twentieth of January'.
LOC caer en lunes to fall on a Monday: *Este año Navidad cae en ~.* This year Christmas falls on a Monday. **del lunes**: *la edición/el atentado del ~* Monday's edition/attack ◊ *la reunión del ~* the meeting on Monday ◊ *Llegaron la noche del ~.* They arrived on Monday night. ◊ *La mañana del ~ es la más apropiada.* Monday morning is the best time. **de los lunes** Monday: *la tradicional manifestación de los ~* the traditional Monday demonstration **el lunes de madrugada/en la madrugada del lunes** in the early hours of Monday (morning) **el lunes pasado/pasado lunes** last Monday: *El museo fue inaugurado el pasado ~.* The museum had its official opening last Monday. **el lunes por la mañana/tarde/noche** on Monday morning/afternoon/evening/night: *Se marcharon el ~ por la mañana.* They left on Monday morning. **el lunes próximo/próximo lunes** next Monday **en la mañana/tarde/noche del lunes** on Monday morning/afternoon/evening/night **hace dos lunes** the Monday before last **hace tres, etc lunes** three, etc Mondays ago **los lunes**: *Escribe los ~ en El País.* He has a column every Monday in El País. ◊ *Realizan concentraciones los ~ y los viernes.* They organize marches on Mondays and Fridays. **los lunes por la mañana/tarde/noche** on Monday mornings/afternoons/evenings/nights **todos los lunes** every Monday **un lunes sí y otro no** every other Monday

luneta *nf* **1** (*gafas*) lens **2** (*ventanilla*) window: *la ~ trasera del coche* the rear window of the car ☛ *Ver ilustración en* CAR

lupa *nf* magnifying glass

lúpulo *nm* hop

lustre *nm* **1** (*brillo*) shine **2** (*fig*) splendour: *el ~ de las colecciones privadas* the splendour of the private collections
LOC dar/sacar lustre a 1 (*lit*) to polish **2** (*fig*) to add splendour to *sth* **tener lustre** to be shiny

lustro *nm* five years [*v pl*]: *dos/cuatro ~s de democracia* two/four years of democracy
LOC hace lustros que... it's ages since...: *Hace ~s que no nos vemos.* It's ages since we saw each other.

lustroso, -a *adj* **1(a)** (*gen*) shiny: *¡Vaya suelo tan ~!* What a shiny floor! **(b)** (*pelo*) glossy **2** (*cara*) healthy-looking

luto *nm* mourning: *una jornada de ~* a day of mourning ◊ *Como señal de ~ suspendieron las celebraciones.* As a sign of respect they postponed the festivities.
LOC estar de/llevar luto to be in mourning (*for sb*) **ir/vestir de luto** to be dressed in mourning **luto riguroso** deep mourning

luxación *nf* dislocation: *Sufrió una ~ de hombro.* He suffered a dislocated shoulder.

Luxemburgo *nm* Luxembourg

luz *nf* **1** (*gen*) light: *encender/apagar la ~* to turn the light on/off ◊ *En este piso entra mucha ~.* This flat gets a lot of light. ◊ *Esta lamparita da mucha ~.* This little lamp gives a lot of light. ◊ *El mecánico me arregló las luces.* The mechanic mended my lights. ◊ *A la ~ de estas pruebas...* In the light of this evidence... **2** (*electricidad*) electricity: *el recibo de la ~* the electricity bill ◊ *Con la tormenta se fue la ~.* The electricity went off during the storm. **3** (*día*) daylight **4** (*piedra preciosa*) sparkle **5 luces** (*inteligencia*): *una muchacha con luces* a bright girl ◊ *tener muchas/pocas luces* to be bright/dim
LOC a la luz de la luna in the moonlight **a la luz de la lámpara/las velas** in the lamplight/by candlelight **a media luz** dimly lit: *Bailaban a media ~.* They were dancing in a dimly lit room. **a todas luces** clearly **dar a luz** to give birth (*to sb*): *Dio a ~ a una niña.* She gave birth to a baby girl. **dar las luces** to flash: *Me dio las luces para que saliera.* He flashed me to come out. **dar luz verde** to give the green light (*to sth*) **luces cortas/de cruce** dipped headlights: *Puse las luces cortas.* I dipped my headlights. **luces de aterrizaje** landing lights **luces de avería** hazard lights **luces de freno** brake lights **luces de posición** sidelights ☛ *Ver ilustración en* CAR **luces largas/de carretera** headlights: *Llevas las luces largas.* You've got your headlights on (full beam). **luces traseras** rear lights ☛ También se puede decir **tail-lights**. *Ver ilustración en* CAR **luz del sol** sunlight: *a/con la ~ del sol* in the sunlight **luz intermitente** indicator **quitar la luz** to block the light: *Muévete un poco porque me quitas toda la ~.* Move over a bit–you're blocking the light. **sacar a la luz 1** (*libro*) to bring *sth* out **2** (*secreto*) to bring *sth* to light **salir a la luz 1** (*libro*) to appear **2** (*secreto*) to come to light: *Su relación ha salido a la ~.* Their love affair has come to light. **ver la luz** to see the light of day *Ver tb* ANTINIEBLA, AÑO, ARROJAR, CLARO, CORTO, JUEGO, PLENO, REGULADOR, SIGLO, TRAJE

Mm

macabro, -a *adj* macabre

macanudo, -a *adj, interj* great: *¡Macanudo!, nos vamos de excursión.* Great! We're going on a trip.

macarra *adj* flashy

■ **macarra** *nm* **1** (*camorrista*) lout **2** (*chulo*) pimp

macarrón *nm* **macarrones** macaroni [*incontable, v sing*]: *Los macarrones son muy fáciles de hacer.* Macaroni is very easy to cook.

macarrónico, -a *adj* terrible: *Habla un inglés ~.* His English is terrible.

macedonia *nf*

LOC macedonia (de frutas) fruit salad

macerar *vt, vi* **1** (*fruta, legumbres*) to soak: *Antes de hacer la mezcla, ponga la fruta a ~.* Before combining the ingredients, soak the fruit. **2** (*carne*) to marinade: *Dejar la carne a ~ durante tres horas.* Marinade the meat for three hours.

maceta *nf* (*tiesto*) flowerpot ☛ *Ver ilustración en* POT

macetero *nm* flowerpot holder

machacar *vt* **1** (*aplastar*) **(a)** (*gen*) to crush: *~ ajo/nueces* to crush garlic/nuts **(b)** (*fruta, patata, zanahoria*) to mash **2** (*romper*) to smash **3** (*vencer*) to thrash

■ **machacar** *vt, vi* **1** (*empollar, asignatura*) to swot (**up** ***sth***) [*vi*]: *Ha estado machacando francés todo la semana.* He's been swotting up his French all week. ◊ *~ para un examen* to swot for an exam **2(a)** (*insistir*) to go on (and on) ***about sth***: *Nos machacaron con lo de la reforma educativa.* They went on and on about the educational reforms. ◊ *Deja de ~ sobre tu divorcio.* Stop going on about your divorce. **(b)** (*repetir*) to go over (and over) *sth*: *La profesora machacó la lección hasta que nos la aprendimos.* The teacher kept going over the lesson until we had learnt it. **3** (*agotar*) to do *sb* in: *Subir y bajar las escaleras (te) machaca.* Going up and down stairs does you in.

LOC machacar los oídos to do *sb's* head in: *Me estás machacando los oídos con esa música.* You're doing my head in with that music. **machacar los pies**: *Estas botas me están machacando los pies.* These boots are killing me. **machacársela** to wank (⚠) ☛ *Ver nota en* TABÚ

machacón, -ona *adj* **1** (*fastidioso*) tiresome: *unos padres muy machacones* very tiresome parents ◊ *¡Haz el favor de no ser tan ~!* Please don't keep on (about it). **2** (*melodía, ritmo*) monotonous

■ **machacón, -ona** *nm-nf*: *¡Eres un auténtico ~!* You do go on!

machaconería *nf*: *Me molesta tu ~.* The way you keep going on really annoys me.

LOC con machaconería: *insistir con ~ sobre un tema* to keep insisting on sth

machada *nf*: *¡Vaya una ~, bañarse en un estanque helado!* What a show-off he is, swimming in that freezing water!

LOC hacer una machada to show off

machamartillo *nm*

LOC a machamartillo 1 (*creer*) firmly **2** (*cumplir*) to the letter

machete *nm* machete ☛ *Ver ilustración en* KNIFE

machismo *nm* machismo

machista *adj* sexist: *una publicidad/sociedad ~* sexist advertising/a sexist society

■ **machista** *nm* (male) chauvinist: *Mi jefe es un ~ de tomo y lomo.* My boss is a real male chauvinist.

macho *adj, nm* **1** (*animal*) male: *una camada de dos ~s y tres hembras* a litter of two males and three females ◊ *¿Es ~ o hembra?* Is it male or female? ☛ *Ver nota en* FEMALE **2** (*machote*) macho [*adj*]: *Ese tío va de ~.* He's a bit of a macho man.

■ **macho** *nm* **1** (*amigo*) mate: *—¿Qué tal andas, ~?* 'How're you doing, mate?' **2** (*enchufe*) plug ☛ *Ver ilustración en* ENCHUFE

■ **¡macho!** *interj* crikey!

LOC macho cabrío billy goat ☛ *Ver nota e ilustración en* CABRA

machote, -a *adj, nm-nf*: *¡Aguanta, ~, que ya falta poco!* Keep going, mate, we're nearly there! ◊ *No me asusto porque soy muy ~.* I'm not scared; I'm really tough.

macizo, -a *adj* **1** (*objeto*) solid: *una pulsera de oro ~* a solid gold bracelet **2** (*persona*) **(a)** (*hombre*) hunky: *Ese tío está ~.* That chap is really hunky. **(b)** (*mujer*) gorgeous

■ **macizo** *nm* massif [*pl* massifs]

LOC macizo montañoso massif *Ver tb* ROBLE

macramé *nm* macramé: *hacer ~* to do macramé

macrobiótico, -a *adj* macrobiotic

■ **macrobiótica** *nf* macrobiotics [*v sing*]: *La macrobiótica es muy interesante.* Macrobiotics is very interesting.

macrocosmos (*tb* **macrocosmo**) *nm* macrocosm

macroeconomía *nf* macroeconomics [*v sing*]: *La ~ es un aburrimiento.* Macroeconomics is boring.

macroeconómico, -a *adj* macroeconomic

macuto *nm* rucksack ☛ *Ver ilustración en* EQUIPAJE

Madagascar *nm* Madagascar

madalena *nf Ver* MAGDALENA

madeja *nf* skein

madera *nf* **1** (*material*) wood [*gen incontable*]: *El roble es una ~ de gran calidad.* Oak is a high quality wood. ◊ *~ procedente de Noruega* wood from Norway ◊ *hecho de ~* made of wood **2** (*tabla*) piece of wood: *Esa ~ puede servir para tapar el agujero.* That piece of wood could be used to block up the hole. **3** (*de construcción*) timber: *las ~s del tejado* the roof timbers ☛ *Ver nota en* TIMBER

LOC de madera wood(en): *una silla/viga de ~* a wooden chair/beam ◊ *Me gustan los suelos de ~.* I like wood floors. **madera contrachapada** plywood **madera de roble, pino, caoba, etc** oak, pine, mahogany, etc: *una mesa de ~ de pino* a pine table ◊ *Me gusta la ~ de roble.* I like oak. **madera maciza** solid wood **maderas nobles** hardwood [*incontable, v sing*]: *el gusto por las ~s nobles en la decoración moderna* the modern taste for hardwood **tener madera de artista, líder, etc** to be a born artist, leader, etc **tener madera de santo** to be a saint **tocar madera** to touch wood: *Toca/toquemos ~.* Touch wood. *Ver tb* CUCHARA, GRABADO

maderero, -a *adj* timber [*n atrib*]: *la industria maderera* the timber industry

■ **maderero, -a** *nm-nf* timber merchant

madero *nm* **1** (*tronco*) log **2** (*tablón*) piece of timber ☛ *Ver nota en* TIMBER **3** (*persona*) blockhead **4** (*poli*) pig (*ofen*)

madrastra *nf* stepmother

madraza *nf* doting mother

madre *nf* **1** (*gen*) mother: *ser ~ de dos hijos* to be the mother of two children ☛ *Ver nota en* MAMÁ, SINGLE *adj* **2** (*de vicios, de males*) source

LOC ahí está/esa es la madre del cordero that's the crux of the matter **como su madre lo echó/trajo al mundo** stark naked **hacer de madre 1** (*lit*) to bring *sb*

up **2** (*fig*) to interfere *in sb's life*: *¡Deja de hacer de ~ conmigo, que ya soy mayorcita!* Stop interfering in my life, I'm a big girl now! **madre alquilada/de alquiler** surrogate mother **¡madre de Dios!** good God! **¡madre mía/mi madre!** good heavens! **madre natural/biológica** biological mother **madre no hay más que una** you've only got one mother **madre patria** motherland **madre soltera** single mother **madre superiora** Mother Superior **salirse de madre** to go too far *Ver tb* ACORDAR, CADA, CIENTO, COSIDO, DÍA, FALDA, FUTURO, HERMANO, HIJO, HUÉRFANO, PARTE², PUTO

madreperla *nf* mother-of-pearl

madreselva *nf* honeysuckle

madrigal *nm* madrigal

madriguera *nf* **1** (*gen*) den: *una ~ de león/lobo* a lion's/wolf's den **2** (*conejo*) burrow **3** (*zorro*) earth

madrina *nf* **1(a)** (*bautizo*) godmother **(b)** (*boda*) woman who accompanies the groom, usually his mother ☛ *Ver nota en* BODA **(c)** (*confirmación*) sponsor **2** (*patrocinadora*) patron

madroño *nm* strawberry tree

madrugada *nf* early morning: *en la ~ del viernes al sábado* in the early hours of Saturday morning
LOC de la madrugada in the morning: *a las dos de la ~* at two in the morning **de madrugada**: *Aparecieron de ~.* They arrived in the early morning. ◊ *No me esperes despierta, llegaré de ~.* Don't wait up for me, I won't be home until after midnight. *Ver tb* ALTO *adj*

madrugador, ~a *adj, nm-nf* early riser, early bird (*joc*) [*n*]: *una persona madrugadora* an early riser ◊ *Mi abuelo es muy ~.* My grandfather is a very early riser.

madrugar *vi* to get up early
LOC a quien madruga Dios le ayuda the early bird catches the worm **no por mucho madrugar amanece más temprano** there's no point rushing

madrugón *nm*
LOC darse/pegarse un madrugón to get up at crack of dawn

madurar *vt* (*plan, idea*) to think *sth* through
■ **madurar** *vi* **1** (*fruta*) to ripen **2** (*persona*) to mature: *Luisa ha madurado mucho desde entonces.* Luisa has matured a lot since then.

madurez *nf* maturity: *alcanzar/llegar a la madurez* to reach maturity

maduro, -a *adj* **1** (*fruta*) ripe **2** (*plan, idea*) properly thought through: *El proyecto no está suficientemente ~.* The plan hasn't been properly thought through. **3** (*persona*) **(a)** (*de mediana edad*) middle-aged: *El presidente era una persona ya madura.* The chairman was a middle-aged man. **(b)** (*sensato*) mature: *Javier es muy ~ para su edad.* Javier is very mature for his age.
LOC *Ver* DURO

maestría *nf* **~ (en)** mastery (**of** *sth*): *su ~ en el arte de la guitarra* his mastery of the guitar
LOC con maestría very skilfully: *Salió del apuro con notable ~.* He got out of the mess very skilfully.

maestro, -a *adj* **1** (*viga, pared*) structural **2** (*idea, plan*) master
■ **maestro, -a** *nm-nf* **1** (*educador*) teacher: *La experiencia es una gran maestra.* Experience is a great teacher. **2 ~ de/en (a)** (*entendido*) expert **in** *sth*: *un ~ de la escenografía* an expert in stage design **(b)** (*figura destacada*) master: *un ~ del ajedrez* a chess master **3** (*oficio*) master: *~ albañil/de taller* master builder/craftsman **4** (*Mús*) maestro [*pl* maestros] **5** (*torero*) matador
LOC golpe/toque maestro master-stroke **maestro de ceremonias** Master of Ceremonies **maestro de escuela** primary school teacher **obra/producción maestra** masterpiece *Ver tb* ABEJA, LLAVE, PREFERIDO

mafia *nf* (*fig*) mafia: *la ~ de la droga* the drugs mafia
LOC la Mafia the Mafia

mafioso, -a *adj* mafia [*n atrib*]: *actividades mafiosas* mafia activities
■ **mafioso, -a** *nm-nf* **1** (*miembro de la mafia*) member of the Mafia **2** (*estafador*) crook

magdalena *nf* (*dulce*) fairy cake
LOC estar hecho/llorar como una Magdalena to cry your eyes out

magia *nf* magic: *~ blanca/negra* white/black magic
LOC *Ver* ARTE, COSA

mágico, -a *adj* **1** (*ilusionismo*) magic: *poderes ~s* magic powers **2** (*fascinante*) magical: *un fin de semana ~ en Venecia* a magical weekend in Venice **LOC** *Ver* ALFOMBRA, VARITA

magisterio *nm* **1** (*enseñanza*) teaching: *una vida dedicada al ~* a life devoted to teaching **2** (*estudios*) teacher training: *Elena estudió Magisterio en Valencia.* Elena trained as a teacher in Valencia. **LOC** *Ver* ESCUELA

magistrado, -a *nm-nf* magistrate

magistral *adj* superb: *un concierto ~* a superb concert
LOC clase/lección magistral lecture

magistratura *nf* magistracy: *la ~ española* the Spanish magistracy
LOC magistratura de trabajo industrial tribunal

magma *nm* magma

magnánimo, -a *adj* magnanimous

magnate *nm* tycoon, magnate (*más formal*): *un ~ del petróleo* an oil magnate ◊ *un ~ de la prensa* a newspaper tycoon

magnesio *nm* magnesium

magnético, -a *adj* magnetic **LOC** *Ver* BANDA², CINTA

magnetismo *nm* magnetism

magnetizar *vt* to magnetize

magnetofón (*tb* **magnetófono**) *nm* tape recorder

magnetofónico, -a *adj* tape [*n atrib*]: *una grabación magnetofónica* a tape recording **LOC** *Ver* CINTA

magnicida *nmf* assassin

magnicidio *nm* assassination

magnificar *vt* **1** (*agrandar*) to magnify **2** (*ensalzar*) to extol

magnificencia *nf* magnificence

magnífico, -a *adj, interj* **1** (*excelente, admirable*) wonderful: *Hizo un tiempo ~.* The weather was wonderful. ◊ *una magnífica nadadora/actriz* a wonderful swimmer/actress ◊ *¡Magnífico!, he aprobado.* Wonderful! I've passed. **2** (*suntuoso*) magnificent: *un edificio/monumento ~* a magnificent building/monument

magnitud *nf* magnitude: *un descubrimiento de primera ~* a discovery of the first magnitude

magno, -a *adj* great **LOC** *Ver* AULA, CARTA

magnolia *nf* magnolia

mago, -a *nm-nf* **1** (*ilusionista*) magician **2** (*fig*) wizard: *un ~ de la política/las finanzas* a political/financial wizard **LOC** *Ver* REY

Magreb *nm* North Africa

magrebí *adj, nmf* North African

magro, -a *adj* lean
■ **magro** *nm* loin

magulladura *nf* bruise: *El conductor presentaba numerosas ~s.* The driver had a lot of bruises.

magullar(se) *vt, v pron* to bruise: *Me magullé la mano al bajar la maleta.* I bruised my hand getting the case down. ◊ *Levántalo un poco más, que me vas a magullar la rodilla.* Lift it up a bit or you'll bruise my knee.

mahometano, -a *adj, nm-nf Ver* MUSULMÁN

mahonesa *nf Ver* MAYONESA

maicena® *nf* cornflour

maillot *nm* **1** (*Ciclismo*) jersey: *el ~ amarillo* the yellow jersey **2** (*Ballet, Gimnasia*) leotard

maitines *nm* matins [*v sing o pl*]

maître *nmf* head waiter [*fem* head waitress]

maíz *nm* **1** (*planta*) maize **2** (*grano*) sweetcorn: *una ensalada de atún con ~* a tuna and sweetcorn salad ☛ *Ver nota en* MAIZE **LOC** *Ver* COPO, HARINA, PALOMITA

maizal *nm* maize field

majadería *nf* silliness [*incontable*]: *Deja de hacer ~s.* Stop being so silly!
LOC decir/soltar majaderías to talk nonsense

majadero, -a *adj* foolish
■ **majadero, -a** *nm-nf* twit
majara (*tb* **majareta**) *adj* crazy: *No le tomes en serio, que está un poco ~.* You can't take him seriously, he's a bit crazy. ◊ *volverse ~* to go round the bend
■ **majara** *nmf* nutcase (*argot*): *Es un auténtico ~.* He's a complete nutcase.
majestad *nf* majesty: *Su Majestad* His/Her/Your Majesty ◊ *Sus Majestades los Reyes asistieron al acto de clausura.* Their Majesties the King and Queen were present at the closing ceremony. ◊ *la ~ de su porte* the majesty of her bearing
majestuoso, -a *adj* majestic
majo, -a *adj* nice: *una casa/persona muy maja* a very nice house/person ☛ *Ver nota en* BONITO *adj*
LOC **¡mira/oye, majo!** look!/listen!
mal[1] *adj Ver* MALO
■ **mal** *nm* **1** (*daño*) harm: *No te deseo ningún ~.* I don't wish you any harm. **2** (*problema*) problem: *~es físicos y psicológicos* physical and psychological problems ◊ *La venta de la casa nos salvó de ~es mayores.* The sale of the house saved us any further problems. ◊ *los grandes ~es que asolan el país* the serious problems the country faces ◊ *un ~ endémico de la economía* an endemic weakness in the economy **3** (*Fil*) evil: *el bien y el ~* good and evil
LOC **no hay mal que por bien no venga** every cloud has a silver lining **tener mal de amores** to be lovesick
mal[2] *adv* **1** (*gen*) badly: *portarse/hablar ~* to behave/speak badly ◊ *un trabajo ~ pagado* a badly/poorly paid job ◊ *un hombre ~ vestido* a badly dressed man ◊ *Por muy ~ que dibujes, siempre lo harás mejor que yo.* However badly you draw, you'll always be better than me. ◊ *¡Qué ~ lo hemos pasado!* What a terrible time we had! ◊ *Mi abuela oye muy ~.* My grandmother's hearing is very bad. ◊ *Dos de cada tres niños leen ~.* Two out of three children have difficulty with reading. ◊ *Veo ~ con estas gafas.* I can't see at all well with these glasses. **2** (*calidad, aspecto*) bad: *Esa chaqueta no está ~.* That jacket's not bad. **3** (*equivocadamente*) wrong: *Deletreó ~ mi nombre.* He spelt my name wrong. ◊ *Has escogido ~.* You've made the wrong choice. ◊ *contestar ~ a una pregunta* to give the wrong answer ◊ *Esta ficha está ~ clasificada.* This card's in the wrong place. ◊ *Está ~ que contestes a tu madre.* It's wrong to answer your mother back.
LOC **andar/estar mal de** to be short of *sth*
estar/encontrarse/sentirse mal to be/feel ill
estar/ponerse a mal con algn to be on bad terms with sb
mal que bien somehow or other: *~ que bien, consiguió pasar la prueba.* Somehow or other he managed to pass the test.
☛ Para otras expresiones con **mal**, véanse las entradas del sustantivo, adjetivo, etc, p.ej. **quien mal anda, mal acaba** en ACABAR y **menos mal** en MENOS.
malabares *adj* LOC *Ver* JUEGO
malabarismos *nm*
LOC **hacer malabarismos 1** (*lit*) to juggle **2** (*fig*) to do a juggling act: *Tenemos que hacer ~s para llegar a fin de mes.* We have to do a juggling act every month to make ends meet.
malabarista *nmf* juggler
malagana *nf*: *Qué ~ tengo, no me apetece hacer nada.* I haven't got the energy to do anything. ◊ *Un paseo te quitará la ~.* A walk will snap you out of it.
Malaisia *nf* Malaysia
malaria *nf* malaria
Malaui *nm* Malawi
malcarado, -a *adj* **1** (*sospechoso*) shifty-looking: *un individuo ~* a shifty-looking character **2** (*enfadado*) angry-looking
malcomer *vi*: *—¿Has comido? —Bueno, he malcomido en el tren.* 'Have you had anything to eat?' 'I haven't eaten properly but I had a snack on the train.'
malcriado, -a *pp, adj* spoilt *Ver tb* MALCRIAR
■ **malcriado, -a** *nm-nf* spoilt brat
malcriar *vt* to spoil
maldad *nf* **1(a)** (*cualidad*) evil: *¡Cómo puedes decir que no existe la ~ en el mundo!* How can you say there is no evil in the world? **(b)** (*malignidad*) wickedness: *Siempre se han caracterizado por su ~.* Their wickedness is notorious. **2** (*acción*): *Ha sido una ~ por su parte.* It was a wicked thing to do.
maldecir *vt* to curse: *Maldigo el día en que te conocí.* I curse the day I met you. ◊ *Maldigo al que me vendió este coche.* Curse the person who sold me this car!
■ **maldecir** *vi* **~ de** (*criticar*) to run *sth/sb* down: *Siempre está maldiciendo de sus alumnos.* He's forever running his pupils down.
maldición *nf* curse: *Nos ha caído una ~.* There's a curse on us. ◊ *No paraba de soltar maldiciones.* He kept cursing and swearing.
■ **¡maldición!** *interj* damn!
LOC **echarle una maldición a algn** to lay a curse on sb
maldito, -a *pp, adj* **1** (*lit*) damned: *almas malditas* damned souls **2** (*fig*) wretched: *¡Estos ~s zapatos me aprietan!* These wretched shoes are too tight for me! *Ver tb* MALDECIR
■ **maldito, -a** *nm-nf* wretch
LOC **maldita la falta, gana, gracia, etc**: *Maldita la falta que me hace su ayuda.* He can keep his help! ◊ *Malditas las ganas que tengo de levantarme a las seis.* I haven't the slightest desire to get up at six. ◊ *Maldita la gracia que nos hizo su visita.* His visit was a real nuisance. **¡maldita sea!**: *¡Maldita sea!, he perdido el tren.* Damn! I've missed the train. ◊ *¡Maldita sea la hora en que le conocí!* I wish to God I'd never met him! *Ver tb* GANA, GRACIA
Maldivas *nf* (the) Maldives
maleante *nmf* criminal
malecón *nm* **1** (*rompeolas*) breakwater **2** (*embarcadero*) jetty
maleducado, -a *pp, adj, nm-nf* rude [*adj*]: *¡Que niños tan ~s!* What rude children! ◊ *Eres un ~.* You're so rude!
maleficio *nm* (evil) spell: *romper un ~* to break a spell
malentendido *nm* misunderstanding: *Ha habido un ~.* There's been a misunderstanding.
malestar *nm* **1** (*indisposición*): *Siento un ~ general.* I don't feel very well. **2** (*inquietud*) unease: *Sus palabras causaron ~ en medios políticos.* His words caused unease in political circles. **3** (*conflictividad*) unrest: *Los despidos han provocado el ~ de los trabajadores.* The dismissals have caused a lot of unrest among the workers.
maleta *nf* **1** (*bolsa*) (suit)case: *Necesito una ~ más grande.* I need a bigger suitcase. **2 maletas** (*equipaje*) luggage: *Mis ~s se han perdido.* My luggage has got lost. ◊ *facturar las ~s* to check in your luggage ☛ *Ver ilustración en* EQUIPAJE
■ **maleta** *nmf* (*persona*): *Ese portero es un ~, le han metido cinco goles.* The goalkeeper is useless – he's let in five goals.
LOC **hacer/deshacer la(s) maleta(s)** to pack/unpack
maletero *nm* (*coche*) boot ☛ *Ver ilustración en* CAR
■ **maletero, -a** *nm-nf* (*mozo de equipajes*) porter
maletín *nm* **1** (*documentos*) briefcase ☛ *Ver ilustración en* EQUIPAJE **2** (*médico*) (doctor's) bag
malévolo, -a *adj* malevolent
maleza *nf* (*vegetación*) undergrowth: *abrirse paso entre la ~* to force your way through the undergrowth
malformación *nf* malformation
malgastar *vt* to waste
malhablado, -a *adj, nm-nf* foul-mouthed [*adj*]: *ser un ~* to be foul-mouthed
malhechor, ~a *nm-nf* **1** (*delincuente*) criminal **2** (*gamberro*) hooligan **3** (*persona violenta*) thug
malherido, -a *pp, adj* badly injured: *Los pasajeros quedaron ~s.* The passengers were badly injured. ◊ *Encontramos un perro ~.* We found a badly injured dog.

malhumorado, -a *pp, adj* bad-tempered
Malí *nm* Mali
malicia *nf* **1** (*mala intención*) malice: *Su comentario no tenía ninguna ~.* His remark contained no malice. **2** (*picardía*) mischievousness: *una sonrisa llena de ~* a mischievous smile
LOC con malicia maliciously
malicioso, -a *adj, nm-nf* malicious [*adj*]: *un comentario ~* a malicious remark ◊ *Siempre ha sido un ~.* He's always been malicious.
maligno, -a *adj* **1** (*Med*) malignant: *un tumor ~* a malignant tumour **2** (*malo*) evil: *una sonrisa maligna* an evil smile **LOC** *Ver* ESPÍRITU
malintencionado, -a *adj, nm-nf* spiteful [*adj*]: *palabras malintencionadas* spiteful words ◊ *Es una malintencionada.* She's very spiteful.
malinterpretar *vt* to misinterpret
malla *nf* **1** (*Gimnasia*) leotard **2** (*red*) mesh: *~ de alambre* wire mesh
LOC de malla net: *medias de ~* fishnet stockings
Mallorca *nf* Majorca
malnacido, -a *nm-nf* swine
malo, -a *adj* **1** (*gen*) bad: *una mala persona* a bad person ◊ *~s modales/mala conducta* bad manners/behaviour ◊ *Nos hizo muy mal tiempo.* We had very bad weather. ◊ *un mal comienzo* a bad start ◊ *un dedo/ojo ~* a bad finger/eye **2** (*inadecuado*) poor: *mala alimentación/visibilidad* poor food/visibility ◊ *mal servicio* poor service ◊ *debido al mal estado del terreno* due to the poor condition of the ground **3** (*travieso*) naughty: *No seas ~ y bébete la leche.* Stop being naughty and drink up your milk. **4** (*equivocado*) wrong: *una mala solución* the wrong solution **5 ~ de ...** (*difícil*) difficult **to ...**: *un pueblo ~ de gobernar* a difficult nation to govern **6 ~ en/para** (*torpe*) bad **at *sth*/*doing sth***: *Soy muy ~ para el cálculo mental.* I'm very bad at mental arithmetic. ◊ *Es malísima en matemáticas.* She's hopeless at maths.
■ **malo, -a** *nm-nf* villain, baddy (*coloq*): *El ~ muere en el último acto.* The villain dies in the last act. ◊ *Al final luchan los buenos contra los ~s.* At the end there's a fight between the goodies and the baddies.
■ **¡malo!** *interj* that's not a good sign!: *Aún no ha llegado... ¡malo!* He hasn't arrived yet. That's not a good sign!
LOC estar de malas 1 (*malhumorado*) to be in a bad mood: *Esta tarde está de malas.* He's in a bad mood this afternoon. **2** (*enemistado*) to be on bad terms: *Están de malas desde que repartieron la herencia.* They've been on bad terms since they divided up the inheritance.
estar/ponerse malo to be/get ill
estar/ponerse mala to have/get your period
lo malo es que... the trouble is (that)...: *Lo ~ es que se nos ha ido la secretaria.* The trouble is we've lost our secretary.
☛ Para otras expresiones con **malo**, véanse las entradas del sustantivo, p. ej. **mala hierba nunca muere** en HIERBA y **tener mala sombra** en SOMBRA.
malogrado, -a *pp, adj* (*difunto*) late: *el ~ compositor vasco* the late Basque composer *Ver tb* MALOGRARSE
malograrse *v pron* (*plan, proyecto*) to fail
maloliente *adj* foul-smelling, smelly (*coloq*)
malparado, -a *adj*
LOC dejar malparado to leave *sth/sb* in a bad way
salir malparado to come off badly (*in sth*): *Salió ~ de la discusión.* He came off badly in the argument.
malpensado, -a *adj, nm-nf* **1** (*que siempre sospecha*) suspicious [*adj*]: *Eres un ~.* What a suspicious mind you've got! **2** (*obsceno*) dirty-minded [*adj*]: *¡Qué ~ eres!* You've got a really dirty mind!
malsano, -a *adj* unhealthy
malsonante *adj* coarse
Malta *nf* Malta
malta *nf* malt
maltés, -esa *adj, nm-nf* Maltese
maltraer *vt*
LOC llevar/traer a algn a maltraer to make sb's life impossible
maltratado, -a *pp, adj Ver* MALTRATAR
LOC mujer/esposa maltratada battered wife
maltratar *vt* **1** (*persona*): *Dijeron que les habían maltratado.* They said they'd been maltreated. ◊ *Nos maltrataron física y verbalmente.* We were subjected to physical and verbal abuse. **2** (*objeto*) to damage
maltrato *nm* mistreatment (**of *sth*/*sb***)
maltrecho, -a *adj* **1** (*persona*) injured **2** (*cosa*) battered
LOC dejar maltrecho to leave *sth/sb* in a sorry state
malucho, -a *adj* under the weather: *Está algo ~.* He's a bit under the weather.
malva (*flor*) *nf* mallow
■ **malva** *nm* (*color*) mauve ☛ *Ver ejemplos en* AMARILLO
LOC malva real hollyhock ☛ *Ver ilustración en* FLOR
ser/estar como una malva to be as meek as a lamb *Ver tb* CRIAR
malvado, -a *adj, nm-nf* wicked [*adj*]: *Es una malvada.* She's wicked.
malvender *vt* to sell *sth* (off) cheap
malversación *nf*
LOC malversación (de fondos) embezzlement
malvivir *vi* to survive (**on *sth***): *Mi sueldo apenas nos da para ~.* We can barely survive on my salary. ◊ *Malviven con 50.000 pesetas al mes.* They just about survive on 50 000 pesetas a month. ◊ *Más que vivir, malvivimos.* You call this living!
mama *nf* (*persona*) breast: *cáncer de ~* breast cancer
mamá *nf* mum

Los niños pequeños a menudo utilizan el diminutivo **mummy**.

LOC *Ver* FUTURO
mamado, -a *pp, adj* (*borracho*) pissed (⚠) ☛ *Ver nota en* TABÚ *Ver tb* MAMAR
mamar *vt* **1** (*leche*) to suck **2** (*aprender desde pequeño*) to be born **to *sth***: *Eso hay que ~lo.* You have to be born to it.
■ **mamar** *vi* to feed: *En cuanto termina de ~ se duerme.* She falls asleep as soon as she's finished feeding.
■ **mamarse** *v pron* (*emborracharse*) to get pissed (⚠) ☛ *Ver nota en* TABÚ
LOC dar de mamar to breastfeed *Ver tb* LLORAR
mamarrachada *nf*
LOC hacer mamarrachadas to play the fool **ser algo una mamarrachada** to be absolute rubbish
mamarracho *nm* **1** (*idiota*) clown **2** (*birria*) rubbish [*incontable*]: *Esa escultura es un ~.* That sculpture is rubbish.
LOC ir hecho un mamarracho to look a sight
mamífero, -a *adj* mammalian
■ **mamífero** *nm* mammal **LOC** *Ver* ANIMAL
mamografía *nf* mammogram: *Me hicieron una ~.* I had a mammogram.
mamón, -ona *nm-nf* **1** (*sinvergüenza, cerdo*) swine **2** (*idiota*) idiot: *¡So ~!* You great idiot! **3** (*afectuosamente*) old devil
mamotreto *nm* **1** (*libraco*) hefty tome **2** (*armatoste*) monstrosity
mampara *nf* **1** (*para esconder o proteger*) screen **2** (*para dividir*) partition
mamporro *nm*
LOC atizar/dar un mamporro to thump *sb* **darse un mamporro con/contra algo** to bang into sth: *Me di un ~ contra la mesa.* I banged into the table.
mampostería *nf* masonry: *un muro de ~* a masonry wall
mamut *nm* mammoth
manada *nf* **1** (*animales*) **(a)** (*gen*) herd: *una ~ de elefantes* a herd of elephants **(b)** (*leones*) pride **(c)** (*lobos, perros*) pack **2** (*gente*) crowd
LOC en manada(s) (*gente*) in droves: *La gente salía en ~s.* The crowd left in droves.

manager *nmf* manager
manantial *nm* **1** (*de agua*) spring: *agua de ~* spring water **2** (*origen*) source: *un ~ de sabiduría* a source of knowledge
manar *vi* **~** (**de**) to flow (**from** ***sth/sb***)
manazas *adj, nmf* (*persona*) clumsy [*adj*]: *¡Eres una ~!* You're so clumsy!
mancha *nf* **1** (*gen*) stain: *una ~ de grasa/vino* a grease/wine stain ◊ *una ~ en la reputación de la familia* a stain on the family's reputation **2(a)** (*en la piel de una persona, en la tierra*) patch: *Me salen ~s en la piel con el sol.* The sun brings out brown patches on my skin. ◊ *una ~ en el césped* a dry patch on the lawn **(b)** (*leopardo*) spot
LOC **difundirse/extenderse como una mancha de aceite** to spread like wildfire **mancha de nacimiento** birthmark **mancha negra/de petróleo** oil slick **sin mancha** spotless
manchado, -a *pp, adj* **1 ~** (**de**) (*sucio*) stained (**with** ***sth***): *Llevas la camisa manchada de vino.* You've got a wine stain on your shirt. ◊ *una carta manchada de sangre/tinta* a bloodstained/an ink-stained letter **2(a)** (*piel, pelaje*) blotchy **(b)** (*leopardo*) spotted **(c)** (*plumaje*) speckled *Ver tb* MANCHAR **LOC** *Ver* MANO
manchar *vt* **1** (*ensuciar*) to get *sth* dirty: *¡Cuidado!, no manches el mantel.* Careful! Don't get the tablecloth dirty! ◊ *Has manchado el suelo de barro.* You've got mud on the floor. **2** (*reputación*) to stain
■ **mancharse** *v pron* **mancharse** (**de**) **1** (*barro*) to get muddy **2** (*vino, tinta*) to get stained (**with** ***sth***): *Se me ha manchado la falda de vino.* My skirt's got stained with wine.
mancillar *vt* to sully
manco, -a *adj* **1** (*sin un brazo*) one-armed: *Es ~.* He's lost an arm. **2** (*sin una mano*) one-handed
LOC **no quedarse manco** to be pretty good too: *A mi madre le sale la paella fenomenal, pero mi hermana no se queda manca.* My Mum makes a great paella, and my sister is pretty good too. *Ver tb* COJO
mancomunidad *nf* association
mandado, -a *pp, adj Ver* MANDAR
■ **mandado, -a** *nm-nf*: *No soy más que un ~.* I just do what I'm told.
mandamás *nmf* boss
mandamiento *nm* (*Relig*) commandment: *los diez ~s* the Ten Commandments
mandanga *nf*: *Venga , dejaros de ~s y poneros a trabajar.* Right, stop messing around and get down to some work. ◊ *No me vengas con ~s.* I don't want to hear your stories.
mandar *vt* **1** (*ordenar*) to order *sb* ***to do sth*** (*formal*), to tell *sb* ***to do sth***: *La maestra mandó a los niños que se callaran.* The teacher told the children to be quiet. ◊ *He mandado que me suban el desayuno a la habitación.* I've asked to have breakfast sent up to my room. ☛ *Ver nota en* ORDER[2] **2** (*enviar*) to send: *Te he mandado una carta.* I've sent you a letter. ◊ *El ministerio mandó a un inspector.* The Ministry sent an inspector. ◊ *Manda a los niños a la cama.* Send the children to bed. ◊ *Me han mandado a por el pan.* I've been sent to get the bread. **3** (*Mil*) to command: *~ un regimiento* to command a regiment **4** (*recetar*) to prescribe: *El médico le ha mandado unas gotas.* The doctor has prescribed some drops.
■ **mandar** *vi* **1** (*gobernar*) to be in power **2** (*monarca*) to rule **3** (*ser el jefe*) to be the boss (*coloq*), to be in charge: *¿Quién manda aquí?* Who's in charge here?
LOC **mandar a algn** to boss sb around: *A mí nadie me manda.* Nobody bosses me around. **mandar a algn a freír espárragos, monas, hacer gárgaras, puñetas, etc** to tell *sb* to get lost **mandar al infierno/a la mierda 1** (*persona*) to tell *sb* to go to hell **2** (*cosa*): *¡Voy a ~ este proyecto a la mierda!* To hell with this project! **mandar a la porra, paseo, al carajo, etc 1** (*persona*) to tell *sb* to get lost **2** (*cosa*) to have had it (with *sth*): *Voy a ~ este libro a la porra.* I've had it with this book. **mandar algo a acortar, limpiar, arreglar, etc** to have sth shortened, cleaned, repaired, etc: *Lo voy a ~ a limpiar.* I'm going to have it cleaned. **mandar llamar a algn** to send for sb **mandar al otro barrio** to do *sb* in **mandar a tomar por culo 1** (*persona*) to tell sb to fuck off (⚠) ☛ *Ver nota en* TABÚ **2** (*cosa*): *¡Me dan ganas de ~lo todo a tomar por culo!* I feel like saying to hell with the whole thing! **mandar a tomar por saco 1** (*persona*) to tell *sb* to get stuffed **2** (*cosa*): *¡Uno de estos días mando este trabajo a tomar por saco!* One of these days I'm going to tell them to stuff it! *Ver tb* ACUSE, CANON, CUATRO, DONDE, ORDENAR, RODAR, VIENTO
mandarina *nf* mandarin (orange)
mandatario *nm* leader: *Asistieron ~s de varios países.* Several world leaders attended.
mandato *nm* mandate: *~ constitucional* a constitutional mandate ◊ *durante el ~ del anterior jefe de gobierno* during the mandate of the previous head of government
LOC **mandato judicial** writ
mandíbula *nf* jaw, mandible (*científ*) ☛ *Ver ilustración en* ESQUELETO, HEAD[1] **LOC** *Ver* REÍR
mandil *nm* apron
mando *nm* **1(a)** (*liderazgo*) leadership: *tener don de ~* to be a born leader ◊ *Bajo su ~, el equipo ganó la Liga.* With him as their manager the team won the league. **(b)** (*Mil*) command: *entregar/tomar el ~* to hand over/take command **2** (*oficial del ejército*) senior officer **3** (*Tec*) control: *No toques los ~s.* Don't touch the controls.
LOC **al mando de 1** (*empresa, gobierno*) at the head of *sth* **2** (*Mil*) **(a)** (*oficial*) in command of *sth* **(b)** (*soldado*) under *sb's* command **cuadro/tablero de mandos 1** (*avión*) control panel **2** (*coche*) dashboard ☛ *Ver ilustración en* CAR **hacerse con el mando de** to take control of *sth* **mando a distancia** remote control **mandos intermedios** middle management [*v sing o pl*] **poner a algn al mando de** to put sb in command of *sth/sb Ver tb* ALTO *adj*, BASTÓN, DON, DOTE, PALANCA, PUENTE, VOZ
mandón, -ona *adj, nm-nf* bossy [*adj*]: *Eres una mandona.* You're really bossy.
manecilla *nf* hand: *la ~ grande del reloj* the big hand on the clock
manejable *adj* **1** (*gen*) easy to use: *Los ordenadores cada vez son más ~s.* Computers are getting easier and easier to use. **2** (*automóvil*) easy to handle
manejar *vt* **1** (*cosas*) **(a)** (*gen*) to handle: *~ sustancias nocivas/una herramienta* to handle harmful substances/a tool ◊ *~ datos/dinero* to handle data/money **(b)** (*balón*) to control **(c)** (*máquina*) to operate **(d)** (*diccionario*) to use **2** (*dirigir*) to run: *~ una empresa* to run a company **3** (*personas*) **(a)** (*tratar*) to handle: *Sabe ~ al personal.* He knows how to handle his staff. **(b)** (*manipular*) to manipulate: *No te dejes ~.* Don't let yourself be manipulated.
■ **manejarse** *v pron* to manage, to get by (*más coloq*): *Se manejan bien sin ayuda.* They are managing very well without any help. ◊ *Me manejo en francés.* I get by in French. **LOC** *Ver* FÁCIL
manejo *nm* **1(a)** (*gen*) handling: *el ~ ilegal de divisas* the illicit handling of foreign currency ◊ *Es una máquina de sencillo ~.* The machine is easy to use. **(b)** (*casa, empresa*) running **2 manejos** (*chanchullos*) underhand dealings
manera *nf* **1** (*modo*) way (**of** ***doing sth***): *Prefiero que lo hagas de esta ~.* I'd rather you did it this way. ◊ *de igual ~* in the same way ◊ *su ~ de hablar/vestir* her way of speaking/dressing **2 maneras** (*modales*) manners: *buenas ~s* good manners ◊ *Pídelo de buenas ~s.* Ask nicely. ◊ *Esas no son ~s.* That's not very nice.
LOC **a la manera de** in the style of *sth/sb*: *a la ~ de Lope* in Lope's style **a mi manera** my, your, etc way **de manera clara, concisa, etc** clearly, briefly, etc **de manera que 1** (*finalidad*) so that: *Se situó de ~ que no le pudieran ver.* He placed himself so that no one could see him. **2** (*entonces*) so: *¿De ~ que te niegas a contestar?* So you refuse to answer? **de tal/una manera...**: *¡En la*

oficina trabajamos de una ~ ...! We work so hard in the office! **de todas (las) maneras** anyway: *De todas ~s se lo voy a preguntar.* I'll ask him anyway. **en cierta manera** in some ways **manera de ser**: *Tiene esa ~ de ser.* That's just the way he is. **no haber manera de** to be impossible *to do sth*: *No ha habido ~ de arrancar el coche.* It was impossible to start the car. **¡qué manera de...!**: *¡Qué ~ de hablar!* What a talker she is! ◊ *¡Qué ~ de decir las cosas!* What a way to talk! **¡qué manera de llover/nevar/granizar/tronar!** look at the rain/snow/hail/listen to the thunder! *Ver tb* AISLADO, CUALQUIERA, DICHO, IGUAL, MIL, NINGUNO, OTRO

manga *nf* **1** (*ropa*) sleeve: *una camisa de ~ larga/corta* a long-sleeved/short-sleeved shirt ☛ *Ver ilustración en* AMERICANA **2** (*Dep*) leg **3** (*pastelería*) forcing bag **LOC en mangas de camisa** in your shirtsleeves **manga por hombro** (in) a mess: *Tienen la casa ~ por hombro.* Their house is a mess. **manga riega/de riego** hosepipe ☛ *Ver ilustración en* HOUSE **sacarse algo de la manga** to make sth up **sin mangas** sleeveless **tener manga ancha** to be tolerant *Ver tb* CORTE², CORTO, HORA, RECOGER

manganeso *nm* manganese

mangante *adj* crooked

■ **mangante** *nmf* crook

mangar *vt* to nick: *Le han mangado la cartera.* His wallet's been nicked.

mango¹ *nm* (*asa*) handle **LOC** *Ver* SARTÉN

mango² *nm* (*fruta, árbol*) mango [*pl* mangos/mangoes]

mangoneador, ~a *adj* **1** (*entrometido*) interfering **2** (*mandón*) bossy

mangonear *vi* **1** (*mandar*) to boss *people* around **2** (*entrometerse*) to interfere

mangoneo *nm* meddling [*incontable*]: *Ya estoy harto de estos ~s.* I'm fed up with all the meddling that's going on.

manguera *nf* hose: *una ~ de incendios* a fire hose ☛ *Ver ilustración en* HOUSE

manguito *nm* (*de mujer*) muff

manía *nf* **1** (*obsesión*) obsession (*with sth*): *¡Qué ~!* You're getting obsessed about it! ◊ *tener la ~ de limpiarlo todo* to be obsessed with cleanliness ◊ *Tiene la ~ de olerlo todo.* She's got the strange habit of smelling everything. **2** (*moda, afición*) craze (*for sth*): *la ~ del baloncesto* the basketball craze **3** (*hábito*) quirk: *Todo el mundo tiene sus pequeñas ~s.* Everybody's got their little quirks.

LOC cogerle/tenerle manía a algn to have got it in for sb: *El profesor me ha cogido ~.* The teacher's got it in for me. **cogerle/tenerle manía a algo**: *¡Qué ~ le tengo a esta comida!* I can't stand this food. ◊ *Le ha cogido ~ al inglés.* I've taken against English. ◊ *¿Por qué le tienes tanta ~ a este sitio?* Why do you dislike this place so much? **manía persecutoria** persecution mania

maníaco, -a (*tb* **maniaco, -a**) *nm-nf* maniac: *un ~ sexual* a sex maniac

LOC maníaco depresivo manic-depressive

maniatar *vt* to tie *sb's* hands

maniático, -a *adj, nm-nf* (*quisquilloso*) fussy [*adj*]: *Reconozco que soy un ~ del orden.* I must admit I'm fussy about tidiness.

manicomio *nm* **1** (*lit*) psychiatric hospital **2** (*fig*) madhouse: *Esta casa es un ~.* This is a madhouse.

manicura *nf* manicure

LOC hacerle la manicura a algn to give sb a manicure (*formal*), to do sb's nails **hacerse la manicura 1** (*uno mismo*) to do your nails **2** (*en un salón de belleza*) to have a manicure *Ver tb* TIJERA

manido, -a *adj* hackneyed: *temas ~s* hackneyed topics

manifestación *nf* **1** (*protesta*) demonstration: *una ~ por la paz* a peace demonstration ◊ *convocar una ~ en contra del gobierno* to call a demonstration against the government **2** (*expresión*) expression: *una ~ de apoyo/alegría* an expression of support/joy ◊ *manifestaciones artísticas* forms of artistic expression **3** (*declaración*) statement: *No ha hecho ninguna ~ al respecto.* He's made no statement about the matter.

manifestante *nmf* demonstrator

manifestar *vt* **1** (*verbalmente*) to express: *Manifestaron su horror ante el crimen.* They expressed their outrage at the crime. **2** (*mediante gestos/actitudes*) to show: *Manifestaron su pésame enviando flores.* They showed their sympathy by sending flowers.

■ **manifestarse** *v pron* **1** (*protestar*) to demonstrate: *~se en contra/a favor de algo* to demonstrate against/in favour of sth **2** (*mostrarse*): *Sus simpatías se manifiestan del lado de los verdes.* His sympathies are for the Greens. ◊ *En su charla se manifestó una clara ansiedad.* His speech showed obvious anxiety. ◊ *Las consecuencias no se manifestaron hasta más tarde.* The consequences only became clear later. **3** (*declararse*) to declare: *Se manifestó partidario de la nueva ley.* He declared his support for the new law.

manifiesto, -a *adj* evident

■ **manifiesto** *nm* manifesto [*pl* manifestos/manifestoes]: *el ~ comunista* the Communist Manifesto **LOC poner de manifiesto** to make *sth* clear

Manila *nf* **LOC** *Ver* MANTÓN

manilla *nf* **1** (*puerta*) handle ☛ *Ver ilustración en* CAR **2** (*reloj*) hand: *la ~ grande/pequeña* the minute/hour hand

manillar *nm* handlebars [*v pl*] ☛ *Ver ilustración en* BICYCLE

maniobra *nf* manoeuvre: *una ~ complicada/difícil* a complicated/difficult manoeuvre ◊ *Hice una brusca ~ para no atropellarla.* I swerved to avoid her. ◊ *~s políticas* political manoeuvres

LOC estar de maniobras to be on manoeuvres **hacer maniobras** to manoeuvre: *Tuve que hacer muchas ~s para salir del aparcamiento.* I had to do a lot of manoeuvring to get out of the car park. *Ver tb* CAMPO

maniobrar *vi* to manoeuvre: *Maniobró para entrar en la calle.* He manoeuvred to get into the street.

manipulación *nf* **1** (*con las manos*) handling: *normas para la ~ de los alimentos* regulations for handling food **2** (*interferencia*) manipulation: *~ informativa/de la prensa* manipulation of the news/press

manipular *vt* **1** (*con las manos*) to handle: *~ alimentos/un arma* to handle food/a weapon **2** (*mangonear*) to manipulate: *~ los resultados de las elecciones* to manipulate the election results ◊ *Han manipulado a mi madre.* They've manipulated my mother.

■ **manipular** *vi* **~ con** to handle *sth* [*vt*]: *~ con un explosivo* to handle an explosive

maniquí *nm* (*muñeco*) dummy

■ **maniquí** *nmf* (*modelo*) model

manirroto, -a *adj, nm-nf* spendthrift [*n*]

manitas *adj, nmf* handy [*adj*]: *Mi hermana es la ~ de la casa.* My sister's the handy one around the house.

El sustantivo **handyman** se refiere solo a un hombre: *Mi marido es un/muy manitas.* My husband's a handyman.

LOC hacer manitas to hold hands *Ver tb* MANO

manivela *nf* handle, crank (*téc*)

manjar *nm* delicacy

mano *nf* **1** (*gen*) hand: *Levanta la ~.* Put up your hand. ◊ *Vamos a echar una ~ al bridge.* Let's play another hand of bridge. ☛ *Ver ilustración en* HAND¹ **2** (*animal*) **(a)** (*gen*) front foot [*pl* front feet]: *la ~ de un elefante* an elephant's front foot **(b)** (*caballo*) front hoof [*pl* front hoofs/front hooves] **(c)** (*gato, perro*) forepaw **3** (*pintura*) coat **4** (*Fútbol*) handball: *El árbitro pitó ~ de Bakero.* The referee awarded a handball against Bakero. **5 manos (a)** (*dominio, posesión*) hands: *Murió a ~s del enemigo.* He died at the hands of the enemy. ◊ *No quiero que la carta llegue a sus ~s.* I don't want the letter to get into his hands. ◊ *estar en buenas ~s* to be in good hands ◊ *Lo dejo en tus ~s.* I'll leave it in your hands. ◊ *poner un asunto en ~s de un abogado* to put a matter into the hands of a lawyer **(b)** (*recursos humanos*) people: *Nos faltan ~s.* We need more people.

LOC a mano 1 (*cerca*) to hand: *¿Tienes un diccionario a ~?* Have you got a dictionary to hand? **2** (*manualmente*): *Hay que lavarlo a ~.* It needs washing by hand. ◊ *hecho/elaborado/fabricado a ~* handmade ◊ *pintado/tejido a ~* hand-painted/hand-woven ☛ *Ver nota en* HANDMADE **a mano derecha/izquierda** on the right/left: *la primera puerta a ~ derecha* the first door on the right **a manos llenas** generously **atraco/robo a mano armada 1** (*lit*) armed robbery **2** (*fig*) daylight robbery: *¿Cinco mil pesetas? Eso es un robo a ~ armada.* Five thousand pesetas? That's daylight robbery. **bajo mano** secretly/in secret **coger/pillar a algn con las manos en la masa** to catch sb red-handed **con las manos entrelazadas** hand in hand ☛ *Ver ilustración en* ARM **con las manos vacías** empty-handed **dar la mano** to hold *sb's* hand: *Dame la ~.* Hold my hand. **dar(se)/estrechar(se) la mano** to shake hands (*with sb*): *No quise darle la ~.* I didn't want to shake hands with him. ◊ *Se estrecharon la ~.* They shook hands. **de la mano** hand in hand: *Iban de la ~.* They were walking along hand in hand. ☛ *Ver ilustración en* ARM **de la mano de algn 1** (*lit*) hand in hand with sb: *de la ~ de su madre* hand in hand with his mother **2** (*fig*) with the help of sb **de mano** hand: *un bulto de ~* a piece of hand luggage ◊ *Me ha regalado un espejo de ~.* She gave me a hand mirror. **echar mano a** to lay your hands on *sth/sb*: *No han conseguido echarle ~.* They haven't managed to lay their hands on him. **echar mano de** to use *sth*: *Tuvimos que echar ~ de los ahorrillos.* We had to use our savings. **echarse/llevarse las manos a la cabeza** to throw up your hands in horror **echar una mano/tender la mano** to give *sb* a hand **en mano** in person: *Entrégueselo en ~.* Give it to him in person. **entre manos**: *llevarse/traerse algo entre ~s* to be up to sth ◊ *Tengo un asunto entre ~s.* I've got a deal going. **estar en mi mano** to be up to me, you, etc: *Está en su ~ el tomar esa decisión.* It's up to him to make the decision. ◊ *Hice cuanto estaba en mi ~.* I did all I could. **ir a echar mano de** to go to get *sth*: *Fui a echar ~ de la cartera y me la habían robado.* I went to get out my wallet and found it had been stolen. **ir de/darse la mano** (*dos cosas*) to go hand in hand (*with sth*): *La inversión de capital y el crecimiento industrial van de la ~.* Capital investment goes hand in hand with industrial expansion. **ir/pasar de mano en mano** to go/pass from hand to hand **irse de las manos 1** (*oportunidad*) to slip through your fingers **2** (*situación*) to get out of hand **írsele a algn la mano (con algo)** to put too much (sth) in: *Se me ha ido la ~ con la pimienta.* I've put too much pepper in. **la mano asesina** the murderer **¡las manos quietas!** keep your hands to yourself! **les das la mano y se toman el codo, pie, etc** give them an inch and they'll take a mile **mano a mano 1** (*entre dos*) between the two of us: *En un ~ a ~ nos comimos toda la tarta.* We polished off the whole cake between the two of us. **2** (*en colaboración*) together: *Trabajaron ~ a ~ toda la noche.* They worked together all night. **3** (*enfrentamiento*) confrontation: *un ~ a ~ entre dos políticos* a confrontation between two politicians **mano de hierro** rod of iron: *Dirigió el país con ~ de hierro.* He ruled the country with a rod of iron. **mano de obra** labour: *~ de obra barata* cheap labour ◊ *Necesitan más ~ de obra.* They need more workers. **mano derecha** (*colaborador*) right-hand man **mano dura** a firm hand: *Este niño necesita ~ dura.* This boy needs a firm hand. **¡manos a la obra!** let's get on with it! **manos/manitas de cerdo** (pig's) trotters **meter mano 1** (*a una persona*) to touch *sb* up **2** (*a un asunto*) to tackle *sth* [*vt*] **pasar la mano por** to run your hand over *sth* **poner la mano en el fuego 1** (*por algo*) to stake your life *on sth*: *Pondría la ~ en el fuego.* I'd stake my life on it. **2** (*por algn*) to vouch *for sb* **ponerle la mano encima a algn** to lay a finger on sb **ponerse en manos de algn** to place yourself in sb's hands **ser mano** (*Naipes*): *¿Quién es ~?* Whose lead is it? ◊ *Soy ~.* It's my lead. **ser mano de santo** to work wonders: *Esas pastillas fueron ~ de santo.* Those pills worked wonders. **tener buena/mala mano** to be good/hopeless *at sth/doing sth*: *Tiene muy buena ~ para el bricolaje.* He's very good at DIY. **tener la(s) mano(s) larga(s) 1** (*pegar*) to be fond of a scrap **2** (*robar*) to be light-fingered **3** (*tocar*) to have wandering hands **tener las manos manchadas de sangre** to have blood on your hands **tener mano izquierda 1** (*para los negocios*) to know what you're doing **2** (*con la gente*) to be good at handling people **tener mano (para)** to be good at *sth/doing sth* **(tener) manos de mantequilla/trapo** (to be a) butter-fingers **venir a las manos** to land in *sb's* lap: *El dinero le vino a las ~s.* The money just landed in his lap. ☛ Para otras expresiones con **mano**, véanse las entradas del sustantivo, verbo, etc, p.ej. **golpe de mano** en GOLPE y **pedir la mano** en PEDIR.

manojo *nm* bunch: *un ~ de espárragos/llaves* a bunch of asparagus/keys

LOC estar hecho/ser un manojo de nervios to be a bundle of nerves

manómetro *nm* pressure gauge

manopla *nf* mitten ☛ *Ver ilustración en* GUANTE

manoseado, -a *pp, adj* (*tema*) hackneyed *Ver tb* MANOSEAR

manosear *vt* **1** (*objeto*) to touch **2** (*persona*) to touch *sb* up **3** (*tema*) to go on **about** *sth*: *¡Deja ya de ~ ese asunto!* Stop going on about it!

manotazo *nm* (*tb* **manotada** *nf*): *dar un ~ en la mesa* to bang the table ◊ *Me dio un ~ en la cara.* She slapped my face. ◊ *Mató la mosca de un ~.* He swatted the fly.

mansalva

LOC a mansalva loads of *sth*: *He recibido cartas a ~.* I've had loads of letters.

mansión *nf* mansion

manso, -a *adj* **1** (*animal*) **(a)** (*gen*) tame: *Es un ganado muy ~.* These cattle are very tame. **(b)** (*caballo*) gentle **(c)** (*perro*) friendly **2** (*persona*) meek: *más ~ que un cordero* as meek as a lamb

manta *nf* blanket: *Ponle una ~.* Put a blanket over him. ■ **manta** *adj, nmf*: *¡Qué ~ es para los trabajos manuales!* He's useless with his hands.

LOC a manta: *Tienen dinero a ~.* They've got lots of money. ◊ *Llovía a ~.* It was pouring with rain. **manta de viaje** travelling rug **tirar de la manta** to let the cat out of the bag *Ver tb* LIAR

mantear *vt* to toss *sb* in a blanket

manteca *nf* fat

LOC manteca (de cerdo) lard

mantecado *nm* **1** (*helado*) vanilla ice cream **2** (*polvorón*) sweet biscuit

mantecoso, -a *adj* greasy

mantel *nm* **1** (*mesa*) tablecloth **2** (*altar*) altar cloth

LOC mantel individual place mat

mantelería *nf* table linen [*incontable*]: *Me regalaron una ~.* They gave me some table linen.

mantener *vt* **1** (*gen*) to keep: *~ la comida caliente/viva a una persona* to keep food hot/a person alive ◊ *~ el equilibrio/orden público* to keep your balance/the peace ◊ *~ una promesa* to keep a promise ◊ *Mantenga limpia su ciudad.* Keep Oxford, etc tidy. **2** (*afirmar*) to maintain: *El acusado mantiene que él no es el asesino.* The accused maintains (that) he is not the murderer. **3** (*económicamente*) to support: *~ a una familia de ocho* to support a family of eight **4** (*conversaciones, reunión*) to hold **5** (*sostener*) **(a)** (*viga, columna*) to hold *sth* up, to support (*más formal*) **(b)** (*en la mano, en los brazos*) to hold: *Mantén bien sujeta la botella.* Hold the bottle tight.

■ **mantenerse** *v pron* **1** (*conservarse*) to stay, to remain (*más formal*): *~se fiel a algo/algn* to remain faithful to sth/sb **2** (*sobrevivir*) to survive: *No sé cómo se mantiene.* I don't know how he manages to survive. **3** (*alimentarse*) to live ***on sth***: *~se a base de latas* to live on tinned food **4 mantenerse en** to stick to *sth*: *~se en una opinión/unas creencias* to stick to an opinion/your beliefs

LOC **mantener correspondencia con algn** to correspond with sb **mantener relaciones** to have a relationship (*with sb*) **mantenerse a distancia** to keep your distance (*from sth/sb*) **mantenerse a flote** to stay afloat **mantener(se) al margen**: *Mantiene su trabajo al margen de su vida privada.* He keeps his work and his private life separate. ◊ *Prefiero ~me al margen.* I'd rather not get involved. **mantenerse apartado (de)** to keep away (from *sth*): *Procuro ~me apartado de esos líos.* I try to keep away from such problems. **mantenerse en pie** to stand (up): *Ha bebido tanto que ya no puede ~se en pie.* He's had so much to drink that he can't stand up. ◊ *el único edificio que se ha mantenido en pie* the only building which is still standing **mantenerse firme** to stand firm **mantener vivo** to keep *sth* alive *Ver tb* AMISTAD, ANONIMATO, CALLADO, CALMA, CONTACTO, CORRIENTE, DÍA, DISTANCIA, FILO, FORMA, INCÓGNITO, LÍNEA, RAYA[2], SECRETO, TRECE

mantenimiento *nm* maintenance **LOC** *Ver* GASTO

mantequería *nf* delicatessen

mantequilla *nf* butter: *Unta un poco de ~ en el pan.* Spread some butter on the bread. **LOC** *Ver* MANO, PAN

mantilla *nf* mantilla

manto *nm* mantle: *un ~ de nieve* a mantle of snow
LOC **coger bajo tu manto** to take *sb* under your wing

mantón *nm* shawl
LOC **mantón de Manila** embroidered silk shawl

manual *adj, nm* manual: *un ~ de instrucciones* an instruction manual **LOC** *Ver* TRABAJO

manualidad *nf* craft: *la cerámica y otras ~es* pottery and other crafts

manualmente *adv* by hand

manubrio *nm* (*manivela*) handle, crank (*téc*)

manufacturar *vt* to manufacture

manufacturero, -a *adj* manufacturing [*n atrib*]: *la industria manufacturera* the manufacturing industry

manuscrito, -a *adj* handwritten
■ **manuscrito** *nm* manuscript

manutención *nf* maintenance **LOC** *Ver* GASTO

manzana *nf* **1** (*fruta*) apple ☛ *Ver ilustración en* FRUTA **2** (*de casas*) block: *a pocas ~s de aquí* a few blocks away from here ◊ *dar la vuelta a la ~* to go round the block
LOC **la manzana de la discordia** the apple of discord

manzanilla *nf* **1(a)** (*planta*) camomile **(b)** (*infusión*) camomile tea **2** (*vino*) manzanilla

manzano *nm* apple tree

maña *nf* **1** (*habilidad*) skill **2 mañas** cunning [*incontable*]: *Empleó todas sus ~s para que lo ascendieran.* He used all his cunning to get promoted.
LOC **malas mañas** evil means: *Consiguió el puesto con malas ~s.* He got the job by unfair means. **tener/darse maña** to be good *at sth/doing sth*: *tener ~ para la carpintería* to be good at woodwork ◊ *No puedo abrir la lata: a ver si tú te das más ~.* I can't open the tin: let's see if you're better at it than me. *Ver tb* VALER

mañana *nf* morning: *Se marcha esta ~.* He's leaving this morning. ◊ *a la ~ siguiente* the following morning ◊ *a las dos de la ~* at two (o'clock) in the morning ◊ *El examen es el lunes por la ~.* The exam is on Monday morning. ◊ *Salimos ~ por la ~.* We're leaving tomorrow morning. ◊ *Solo trabaja por las ~s.* He only works mornings. ☛ *Ver nota en* MORNING, PM
■ **mañana** *nm* future: *No pienses en el ~.* Don't think about the future.
■ **mañana** *adv* tomorrow: *~ es sábado ¿no?* Tomorrow is Saturday, isn't it? ◊ *el periódico de ~* tomorrow's paper
LOC **de la mañana a la noche** from morning till night **¡hasta mañana!** see you tomorrow! **mañana será otro día** tomorrow is another day **mañana temprano** early tomorrow morning **muy de mañana/temprano por la mañana** very early in the morning *Ver tb* DÍA, EDICIÓN, HOY, NOCHE, PASADO, TRABAJAR

mañanero, -a *adj* early morning: *tos mañanera* early morning coughing
■ **mañanero, -a** *adj, nm-nf* early riser [*n*]: *Mi padre es muy ~.* My father is a very early riser.

mañanita *nf* bedjacket

mañoso, -a *adj* handy

Mao *n pr* **LOC** *Ver* CUELLO

mapa *nm* **1** (*lit*) map: *un ~ en relieve/de carreteras* a relief/road map ◊ *Me hizo un ~ del pueblo.* He drew me a map of the village. ◊ *Está en el ~.* It's on the map. **2** (*fig*) scene: *el ~ político actual* the current political scene **LOC** *Ver* BORRAR, DESAPARECER

mapamundi *nm* world map

maqueta *nf* **1** (*edificio*) model **2** (*libro*) dummy **3** (*disco*) rough cut

maquiavélico, -a *adj* machiavellian

maquillador, ~a *nm-nf* make-up artist

maquillaje *nm* make-up [*incontable*]: *Ana se compra unos ~s carísimos.* Ana buys very expensive make-up.
LOC **maquillaje de fondo** foundation *Ver tb* BASE

maquillar *vt* **1** (*lit*) to make *sb* up **2** (*fig*) to dress *sth* up
■ **maquillarse** *v pron* to put on your make-up : *No he tenido tiempo de ~me.* I haven't had time to put on my make-up. ◊ *Se maquilla mucho.* She wears a lot of make-up.

máquina *nf* **1** (*gen*) machine: *una ~ de coser* a sewing machine ◊ *la ~ gubernamental* the government machine **2** (*tren*) engine
LOC **a máquina**: *coser algo a ~* to sew sth by machine ◊ *fabricado/hecho a ~* machine made **a toda máquina/pastilla** flat out: *trabajar a toda ~* to work flat out ◊ *Íbamos a toda ~ por la autopista.* We were going down the motorway at top speed. **escribir/pasar/poner a máquina** to type *sth* **máquina de discos** jukebox **máquina de escribir** typewriter **máquina (de fotos)** camera **máquina de vapor** steam engine **máquina expendedora** vending machine **máquina recreativa** arcade game **máquina tragaperras** fruit machine **sala/cuarto de máquinas** engine room *Ver tb* ERROR, ESCRITO, LAVADO, LAVAR, LECHE

maquinar *vt* to plot: *Me pregunto qué estarán maquinando.* I wonder what they're up to.

maquinaria *nf* **1** (*gen*) machinery: *~ agrícola/pesada* farm/heavy machinery ◊ *la ~ política* the political machinery **2** (*mecanismo*) mechanism

maquinilla *nf*
LOC **maquinilla (de afeitar)** (*eléctrica*) electric razor

maquinista *nmf* (*locomotora*) train driver

mar *nm o nf* sea: *el agua del ~* sea water ◊ *Este verano quiero ir al ~.* I want to go to the seaside this summer.

En inglés **sea** se escribe con mayúscula cuando aparece con el nombre de un mar: *el mar Negro* the Black Sea.

LOC **hacerse a la mar** to put to sea **la mar de 1** (*muchos*) lots of *sth*: *la ~ de niños* lots of children **2** (*muy*) terribly: *Estuvo la ~ de amable conmigo.* She was terribly nice to me! **mar adentro** out to sea: *tres kilómetros ~ adentro* three kilometres out to sea **mar de fondo** (*lit* y *fig*) ground swell **perderse en (un mar de)** to get bogged down in (a sea of) *sth*: *~se en discusiones inútiles* to get bogged down in pointless arguments **por mar** by sea **un mar de dudas/lágrimas**: *envuelto en un ~ de dudas* beset by doubts ◊ *en un ~ de lágrimas* in floods of tears *Ver tb* ALTO *adj*, ANGUILA, BORDE[2], BUEY, CABALLITO, ERIZO, ESTRELLA, GOLPE, LECHO, LOBO, LLORAR, LLOVER, ORILLA, PUERTO, ROBAR, SUDAR

maraca *nf* maraca: *Me trajeron unas ~s de México.* They brought me some Mexican maracas.

maracuyá *nf* passion fruit

maraña *nf* **1** (*hilos, pelos*) tangle **2** (*embrollo*) jumble

maratón *nm o nf* marathon

maratoniano, -a *adj* marathon [*n atrib*]: *una jornada maratoniana* a marathon session

maravilla *nf* wonder: *las siete ~s del mundo* the seven wonders of the world
LOC **a las mil maravillas/de maravilla**: *Esta guitarra suena de ~.* This guitar sounds marvellous. ◊ *El aparato funciona a las mil ~s.* The machine works

wonderfully well. **contar/decir maravillas** to sing the praises *of sth/sb* **hacer maravillas/milagros 1** (*ser muy bueno*) to work wonders: *Este jarabe hace ~s.* This syrup works wonders. ◊ *Hace ~s con el balón.* He's a wizard with the ball. **2** (*verse apurado*) to perform miracles: *Tuvimos que hacer ~s para comer.* We had to perform miracles in order to eat. **¡qué maravilla!** how wonderful! **¡qué maravilla de ...!** what (a) wonderful ...!: *¡Qué ~ de tiempo está haciendo!* What wonderful weather we're having! ◊ *¡Qué ~ de cocina!* What a wonderful kitchen! **ser una maravilla** to be wonderful *Ver tb* MIL, PAÍS

maravillar *vt* to amaze: *La actuación del músico maravilló al público.* The musician's performance amazed the audience. ◊ *Me maravilla su sangre fría.* I'm amazed at his cold-bloodedness.

■ **maravillarse** *v pron* **maravillarse (de)** to be amazed **(at** ***sth*)**

maravilloso, -a *adj* wonderful

marca *nf* **1** (*señal*) **(a)** (*gen*) mark: *una ~ de carmín* a lipstick mark **(b)** (*dedos*) fingermark **(c)** (*pisada*) footprint **2** (*Com*) **(a)** (*productos de uso doméstico, alimentos, ropa*) brand: *¿Qué ~ de detergente usas?* What brand of detergent do you use? **(b)** (*productos con maquinaria*) make: *¿Qué ~ de coche tienes?* What make of car have you got? **3** (*récord*) record: *batir/establecer una ~* to beat/set a record

LOC de marca: *Muchos supermercados tienen productos de ~ propia.* Many supermarkets have own brand goods. ◊ *ropa de ~* designer clothes **de marca mayor**: *Esa es una tontería de ~ mayor.* That is absolute nonsense. **marca (registrada)** (registered) trade mark *Ver tb* PERSONAL

marcado, -a *pp, adj* (*fuerte*) strong: *hablar con ~ acento andaluz* to speak with a strong Andalusian accent *Ver tb* MARCAR

■ **marcado** *nm* (*pelo*) set

marcador *nm* (*Dep*) scoreboard: *Sigue el cero a cero en el ~.* The scoreboard still reads nil nil.

LOC abrir/inaugurar el marcador to open the scoring

marcaje *nm* marking [*incontable*]: *Los ~s del Celta dejaron mucho que desear.* Celta's marking left a lot to be desired.

marcapasos *nm* pacemaker

marcar *vt* **1** (*gen*) to mark: *~ el suelo con tiza* to mark the ground with chalk ◊ *Se debe ~ toda la ropa de los alumnos.* All the pupils' clothes should be marked with their names. ◊ *Aquello le marcó para el resto de su vida.* It marked him for the rest of his life. ◊ *Ese bombardeo marcó el inicio de la guerra.* That bombing marked the beginning of the war. ◊ *~ al delantero centro* to mark the centre forward ◊ *~ un campo de fútbol* to mark out a football pitch **2(a)** (*de un navajazo*) to leave a scar ***on sth***: *El atracador le marcó la cara de un navajazo.* The mugger attacked him with a knife and left a scar on his face. **(b)** (*de un golpe*) to leave a mark ***on sth*** **3** (*ganado*) to brand **4** (*indicar*) to say: *El reloj marcaba las cinco.* The clock said five. ◊ *La etiqueta marcaba 3.000 pesetas.* The label said 3 000 pesetas. **5** (*hacer resaltar*) to make *sth* stand out: *Esa falda me marca demasiado las caderas.* That skirt makes my hips look big.

■ **marcar** *vt, vi* **1** (*Dep*) to score: *Marcaron en el segundo tiempo.* They scored in the second half. **2** (*teléfono*) to dial: *Marqué el 61643.* I dialled 61643. ◊ *Has marcado mal.* You've dialled the wrong number. **3** (*pelo*) to set

LOC marcar el compás/ritmo 1 (*lit*) to beat time/the rhythm **2** (*fig*) to set the pace **marcar el paso** to set the pace **marcar la pauta** to set an example **marcarse un tanto** (*fig*) to improve your standing *Ver tb* FAROL, GOL, LAVAR, PRECEDENTE, SEÑAL

marcha *nf* **1** (*Mil, Mús, manifestación*) march: *la ~ nupcial* the wedding march ◊ *una ~ contra el aborto* an anti-abortion march **2** (*caminata*) hike: *Hicimos una ~ de 15 km.* We went on a 15 km hike. **3** (*Dep*) walk: *Ganó la prueba de mil metros ~.* He won the thousand metre walk. **4** (*salida*) departure: *Tras la ~ del presidente...* After the departure of the president... **5** (*bicicleta, coche*) gear: *cambiar de ~* to change gear ☛ *Ver ilustración en* BICYCLE **6** (*velocidad*) speed: *reducir la ~* to reduce speed ◊ *No puedo ir a esa ~.* I can't go that fast. **7** (*curso*) progress: *Se alegró de la buena ~ de las negociaciones.* He was pleased that the negotiations were making good progress. ◊ *la ~ de los acontecimientos* the course of events **8** (*animación*): *¡Qué ~ tenía el tío!* That guy was all go! ◊ *una fiesta con mucha ~* a very lively party ◊ *la ~ nocturna de Torremolinos* the night life in Torremolinos

LOC a marchas forzadas against the clock: *Terminamos el proyecto a ~s forzadas.* We worked against the clock to finish the project. **a toda marcha** at top speed **coger la marcha (de algo)** to get into the swing (of sth) **dar marcha atrás 1** (*en un vehículo*) to reverse **2** (*cambiar de idea*) to back out (*of sth*) **¡en marcha!** forward march!, let's go! (*más coloq*) **en marcha 1** (*vehículo*) moving: *Quiso subirse al autobús en ~.* He tried to get onto the bus while it was moving. **2** (*motor*) running: *Deja el motor en ~.* Leave the engine running. **3** (*plan*) under way: *Los planes para la construcción de viviendas ya están en ~.* Plans are under way to build new houses. **marcha atrás** reverse (gear): *meter la ~ atrás* to put a car into reverse **marcha fúnebre** funeral march **poner en marcha 1** (*motor*) **(a)** (*gen*) to turn *sth* on: *Pon la lavadora en ~.* Turn the washing machine on. **(b)** (*coche*) to start **2** (*fig*) to launch: *poner en ~ un negocio* to launch a business ◊ *La policía puso en ~ la operación Ogro.* The police launched Operation Ogro. **sobre la marcha** as I, you, etc go (along): *Lo decidiremos sobre la ~.* We'll decide as we go along. *Ver tb* AFLOJAR, ALIGERAR, AVIVAR, CAMBIO, EMPRENDER, PUESTA, REEMPRENDER

marchante, -a *nm-nf* art dealer

marchar *vi* **1** (*soldados*) to march **2** (*caminar*) to walk **3** (*funcionar*) **(a)** (*reloj*) to work **(b)** (*máquina, vehículo*) to run **4** (*fig*) to go: *El nuevo negocio marcha muy bien.* The new business is going very nicely. ◊ *¿Cómo marchan las cosas?* How are things going?

■ **marchar(se)** *vi, v pron* **marchar(se) (de)** to leave (*sth*): *~se de casa* to leave home ◊ *¿Os marcháis ya?* Are you leaving already? ◊ *Hace un mes que se marcharon a la ciudad.* They moved to the city a month ago. ◊ *Nos marchamos de vacaciones mañana.* We're off on holiday tomorrow.

LOC ¡marchando! 1 (*en un bar*) coming up right away! **2** (*¡en marcha!*) let's go! *Ver tb* RUEDA, VIENTO

marchitar *vt* to make *sth* wither

■ **marchitarse** *v pron* **1** (*flor*) to wither **2** (*belleza*) to fade **3** (*piel*) to age

marchito, -a *adj* **1** (*flor*) withered **2** (*belleza*) faded **3** (*piel*) wrinkled

marchoso, -a *adj* lively

■ **marchoso, -a** *nm-nf* raver

marcial *adj* martial

marcianitos *nm* (*juego*) space invaders

marciano, -a *adj, nm-nf* Martian

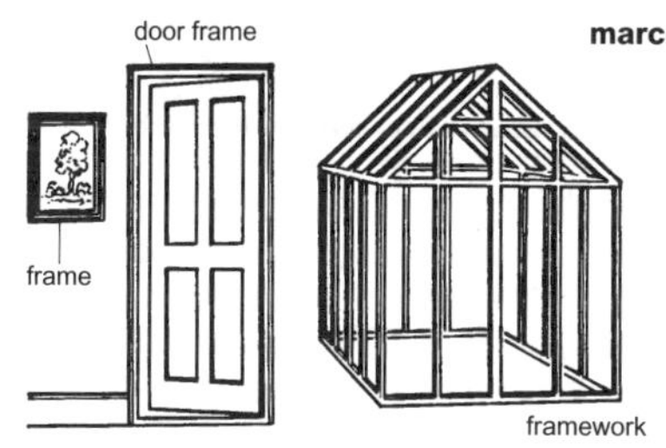

marco *nm* **1** (*cuadro, puerta*) frame **2** (*portería*) goal-post ☛ *Ver ilustración en* RUGBY **3** (*moneda*) mark **4** (*ambiente*) setting: *un ~ acogedor* a friendly setting **5** (*contexto*) framework: *dentro del ~ de la constitución* within the framework of the constitution ◊ *en el ~ europeo* within the European context LOC *Ver* ACUERDO

marea *nf* tide: *~ alta/baja* high/low tide ◊ *Ha subido/bajado la ~.* The tide's come in/gone out.

LOC **marea creciente/menguante** rising/ebb tide **marea negra** oil slick *Ver tb* AGUANTAR, VIENTO

mareado, -a *pp, adj* **1** (*Med*) **(a)** (*con náuseas*) sick: *Estoy un poco ~.* I'm feeling rather sick. ☛ *Ver nota en* ENFERMO **(b)** (*perdiendo el equilibrio*) dizzy **2** (*bebido*) tipsy **3** (*harto*) sick and tired: *Me tiene ~ con la idea de la moto.* I'm sick and tired of him going on about that motorbike. *Ver tb* MAREAR LOC *Ver* PATO

marear *vt* **1** (*gen*) to make *sb* feel sick: *Ese olor me marea.* That smell makes me feel sick. **2(a)** (*cansar*) to wear *sb* out: *Procura no ~ al enfermo.* Try not to wear the patient out. **(b)** (*hartar*) to get on *sb's* nerves: *Me están mareando con esa música.* Their music is getting on my nerves. **(c)** (*insistir*) to pester: *Me mareó hasta conseguir lo que quería.* He pestered me until he got what he wanted. ◊ *¡No me marees!* Don't go on at me!

■ **marearse** *v pron* **1** (*sentir náuseas*) **(a)** (*gen*) to get sick: *Se marea en seguida.* He gets sick very easily. **(b)** (*en un coche*) to get carsick: *Me mareo en el asiento de atrás.* I get carsick if I sit in the back seat. **(c)** (*en un barco*) to get seasick **2** (*perder el equilibrio*) to feel dizzy **3** (*desmayarse*) to faint **4** (*aturdirse*) to get confused

marejada *nf* **1** (*lit*) rough sea: *Había ~.* There was a rough sea. **2** (*fig*) wave of unrest

marejadilla *nf* slight swell

maremágnum (*tb* **maremagno**) *nm* sea: *un ~ de gente* a sea of people

maremoto *nm* tidal wave

mareo *nm* **1** (*náuseas*) **(a)** (*gen*) sickness [*incontable*]: *Me dio un ~ y tuve que salir.* I felt sick and had to leave. **(b)** (*en un coche/avión*) travel-sickness [*incontable*] **(c)** (*en un barco*) seasickness [*incontable*] **2** (*pérdida del equilibrio*) dizziness [*incontable*]: *¿Se te ha pasado el ~?* Have you stopped feeling dizzy? **3** (*desvanecimiento*) faint: *Llevaba sin comer dos días y le dio un ~.* He hadn't eaten for two days and he fainted. **4** (*aturdimiento*): *¡Qué ~ de gente!* I feel quite overwhelmed by all these people! ◊ *¡Qué ~ de música!* That music's getting on my nerves. LOC *Ver* PASTILLA

marfil *nm* ivory LOC *Ver* TORRE

margarina *nf* margarine, marge (*más coloq*)

margarita *nf* **1** (*flor*) daisy ☛ *Ver ilustración en* FLOR **2** (*Tec*) daisy wheel

■ **margarita** *nm* (*cóctel*) margarita

LOC **echar margaritas a los cerdos** to cast pearls before swine *Ver tb* DESHOJAR

margen *nf* bank: *en la ~ derecha del Sena* on the right bank of the Seine

■ **margen** *nm* **1** (*gen*) margin: *Dejad bastante ~ en la hoja del examen.* Leave a wide margin on the exam paper. ◊ *un ~ de error del 3%* a 3% margin of error ◊ *Ganaron las elecciones por un escaso ~* . They won the elections by a narrow margin. ◊ *Me han dado de ~ hasta mañana.* They have given me until tomorrow. **2** (*libertad*) room (*for sth*): *~ de duda/maniobra* room for doubt/manoeuvre ◊ *~ de acción* scope for action

LOC **al margen**: *Nadie debe quedarse al ~.* Nobody should remain on the sidelines. ◊ *Al ~ de estas consideraciones...* These considerations aside... ◊ *Vivía al ~ de la sociedad.* He lived cut off from society. ◊ *Le dejan al ~ de todo.* They leave him out of everything. ◊ *Siempre se queda al ~ de las discusiones.* He always stays out of arguments. **margen de beneficios/ganancias** profit margin *Ver tb* MANTENER

marginación *nf* **1** (*discriminación*) marginalization: *la ~ de los gitanos* the marginalization of gypsies **2** (*pobreza*) deprivation: *una zona marcada por la pobreza y la ~* an area affected by poverty and deprivation

marginado, -a *pp, adj* **1** (*persona*) left out, alienated (*más formal*): *Dice que se siente marginada.* She says she feels left out. **2** (*zona*) deprived *Ver tb* MARGINAR

■ **marginado, -a** *nm-nf* outcast

LOC **dejar a algn marginado** to leave sb out in the cold

marginal *adj* **1** (*gen*) marginal: *una nota/diferencia ~* a marginal note/difference **2** (*zona*) outlying **3** (*grupo*) fringe **4** (*trabajo*) low-paid LOC *Ver* BENEFICIO

marginar *vt* **1** (*excluir*) to shun **2** (*discriminar*) to discriminate **against** *sb*: *Se le acusa de ~ a los grupos minoritarios.* He is accused of discriminating against minority groups.

María *n pr* LOC *Ver* BAÑO

maría *nf* (*asignatura fácil*) easy subject

marica *nm* **1** (*homosexual*) poof [*pl* poofs] (*ofen*) **2** (*blandengue*) sissy

Maricastaña *n pr* LOC *Ver* TIEMPO

maricón *nm* **1** (*homosexual*) poof (*ofen*) **2** (*cabrón*) bastard

mariconada *nf* **1** (*gen*): *Esa camisa es una ~.* That's a poofy shirt. ◊ *¡Déjate de ~s!* Don't be such a wimp! **2** (*faena*) dirty trick

mariconera *nf* men's handbag ☛ *Ver ilustración en* EQUIPAJE

marido *nm* husband

LOC **marido y mujer** man and wife **pegársela al marido** to cheat on your husband

marihuana (*tb* **mariguana**) *nf* marijuana

marimacho *adj, nf* **1** (*mujer*) butch [*adj*] **2** (*niña*) tomboy

marimandón, -ona *adj* bossy

■ **marimandón, -ona** *nm-nf* bossy-boots [*pl* bossy-boots]: *¡Vaya par de marimandonas!* What a pair of bossy-boots they are!

marimorena *nf*

LOC **armarse/liarse la marimorena**: *Se armó la ~.* All hell was let loose.

marina *nf* **1** (*flota naval*) navy [*v sing o pl*]: *Es oficial de la ~ mercante.* He's an officer in the Merchant Navy. **2** (*navegación*) navigation: *La mayoría son términos de ~.* Most of them are navigational terms. **3** (*cuadro*) seascape

LOC **marina de guerra** navy [*v sing o pl*] *Ver tb* GUARDIA, INFANTERÍA, SOLDADO

marinero, -a *adj* **1** (*gen*) seafaring: *la gente/vida marinera* seafaring folk/life ◊ *un pueblo ~* a fishing village **2** (*prenda*) sailor [*n atrib*]: *una gorra marinera* a sailor hat **3** (*barco*) seaworthy

■ **marinero** *nm* sailor

LOC **a la marinera** marinière: *mejillones a la marinera* moules marinière **marinero de agua dulce** landlubber *Ver tb* DONDE

marino, -a *adj* **1** (*gen*) marine: *vida/contaminación marina* marine life/pollution **2** (*ave, brisa, sal*) sea [*n atrib*]

■ **marino** *nm* **1** (*gen*) sailor: *Mi cuñado es ~.* My brother-in-law's a sailor. **2** (*militar*) naval officer

LOC *Ver* AZUL, CORRIENTE, ELEFANTE, FOSA, LECHO, LEÓN, LOBO, VACA

marioneta *nf* **1** (*lit* y *fig*) puppet **2 marionetas** puppet show [*sing*]: *Fuimos a ver las ~s.* We went to see the puppet show.

mariposa *nf* **1** (*gen*) butterfly: *cazar ~s* to chase butterflies ◊ *los 200 metros ~* the 200 metres butterfly **2** (*tuerca*) wing nut LOC *Ver* ESTILO, NADAR

mariposear *vi* **1** (*ser inconstante*) to flit (around): *Siempre anda mariposeando de un trabajo a otro.* He's always flitting from one job to another. ◊ *Deja de ~.* Stop flitting around. **2** (*galantear*): *No tiene novia, prefiere ~.* He doesn't have a steady girlfriend, he prefers to play the field. **3** (*revolotear*) to hover (*around sth/sb*): *Lleva tiempo mariposeando alrededor de mi familia.* He's been hovering around my family for some time.

mariquita *nf* ladybird

■ **mariquita** *nm o nf Ver* MARICA

marisabidilla *nf* know-all

mariscal *nm* marshal: *~ de campo* field marshal

marisco *nm* shellfish [*incontable*] ☛ *Ver ilustración en* SHELLFISH

marisma *nf* marsh

marisquería *nf* **1** (*restaurante*) seafood restaurant **2** (*tienda*) seafood shop

marital *adj* marital

marítimo, -a *adj* **1** (*pueblo, zona*) coastal **2** (*puerto, transporte*) sea [*n atrib*]: *un puerto ~* a seaport **3** (*agente, comercio, ruta*) shipping [*n atrib*] **LOC** *Ver* PASEO, VÍA

marketing *nm* marketing

mármol *nm* marble

marmota *nf* **1** (*Zool*) marmot **2** (*dormilón*) sleepyhead

maroma *nf* (thick) rope

marqués, -esa *nm-nf* marquis [*fem* marchioness]: *los marqueses de Urquijo* the Marquis and Marchioness of Urquijo

marquesina *nf* **1** (*andén, parada de autobús*) shelter **2** (*toldo*) awning

marquetería *nf* marquetry

marranada *nf* **1** (*suciedad*) filthy [*adj*]: *La calle quedó hecha una ~.* The street was filthy. **2** (*asquerosidad*) disgusting [*adj*]: *Lo que estás haciendo con la comida es una ~.* What you're doing with your food is disgusting. **3** (*jugada*) dirty trick: *El despido de ese obrero fue una ~.* Sacking that worker was a dirty trick.
LOC **decir marranadas** to use filthy language **hacer marranadas 1** (*porquerías*) to make a mess: *Los niños estaban haciendo ~s en la mesa.* The children were making a mess at the table. **2** (*cosas indecentes*) to do rude things **mirar/ver marranadas** to look at/watch porn

marrano, -a *adj* filthy
■ **marrano, -a** *nm-nf* **1** (*Zool*) pig ☛ *Ver nota en* CERDO **2** (*persona sucia o grosera*) **(a)** (*hombre*) filthy pig (*ofen*) **(b)** (*mujer*) slut (*ofen*)

marras
LOC **de marras**: *el hombre de ~* the man in question

marrón *adj, nm* brown ☛ *Ver ejemplos en* AMARILLO

marroquí *adj, nmf* Moroccan

Marruecos *nm* Morocco

marsopa (*tb* **marsopla**) *nf* porpoise

marsupial *adj, nm* marsupial

marta *nf* marten

Marte *nm* Mars

martes *nm* Tuesday (*abrev* Tue(s)) ☛ *Ver ejemplos en* LUNES
LOC **Martes de Carnaval** Shrove Tuesday

El Martes de Carnaval también se llama **Pancake Day**, ya que es típico comer crêpes con zumo de limón y azúcar.

martes y trece ≈ Friday the thirteenth (*GB*)

En Gran Bretaña el día que supuestamente trae mala suerte es el viernes 13.

martillazo *nm*: *destrozar algo a ~s* to smash sth to pieces with a hammer ◊ *Dale un ~.* Hit it with a hammer. ◊ *Los ~s no me dejaron dormir.* I couldn't sleep with all the hammering.

martillear *vt, vi* **1** (*golpear con un martillo*) to hammer **2** (*ruido, palabras*) to ring **in** *sth* [*vi*]: *Su maldición martilleaba todavía (en) mis oídos.* His curse was still ringing in my ears.

martilleo *nm* hammering

martillo *nm* **1** (*herramienta, oído, Dep*) hammer ☛ *Ver ilustración en* OÍDO **2** (*subastador, juez*) gavel
LOC **martillo neumático** pneumatic drill *Ver tb* HOZ[2], PEZ

martín pescador *nm* kingfisher

mártir *nmf* martyr
LOC **hacerse el mártir** to act the martyr

martirio *nm* **1** (*lit*) martyrdom **2** (*fig*) **(a)** (*experiencia*) torture [*incontable*]: *La experiencia fue un verdadero ~.* The experience was sheer torture. **(b)** (*persona*) pain: *Estos niños son un ~.* These children are a real pain.

martirizar *vt* **1** (*lit*) to martyr **2** (*fig*) to torment

marxismo *nm* Marxism

marxista *adj, nmf* Marxist

marzo *nm* March (*abrev* Mar) ☛ *Ver ejemplos en* ENERO

mas *conj* but

más *adv*

• **uso comparativo** more (**than** *sth*/*sb*): *Es ~ alta/inteligente que yo.* She's taller/more intelligent than me. ◊ *Tú has viajado ~ que yo.* You've travelled more than I have. ◊ *~ de cuatro semanas* more than four weeks ◊ *Necesito ~ gente/tiempo.* I need more people/time. ◊ *¿Quieres un poco ~?* Would you like some more? ◊ *Me gusta ~ que el tuyo.* I like it better than yours. ◊ *durar/trabajar ~* to last longer/work harder ◊ *Ganaron porque eran ~.* They won because there were more of them. ◊ *Pide dos cafés ~.* Ask for two more coffees. ◊ *Tenemos que caminar un kilómetro ~.* We have to walk another kilometre. ◊ *Son ~ de las dos.* It's gone two.

En comparaciones como *más blanco que la nieve, más sordo que una tapia*, etc, el inglés utiliza la construcción **as…as**: 'as white as snow', 'as deaf as a post'.

• **uso superlativo** most (**in**/**of…**): *el edificio ~ antiguo de la ciudad* the oldest building in the town ◊ *el ~ simpático de todos* the nicest one of all ◊ *la tienda que ~ libros ha vendido* the shop that has sold most books

Cuando el superlativo se refiere solo a dos cosas o personas, se utiliza la forma **more** o **-er**. Compárense las frases siguientes: *¿Cuál es la cama más cómoda (de las dos)?* Which bed is more comfortable? ◊ *¿Cuál es la cama más cómoda de la casa?* Which is the most comfortable bed in the house? *Ver tb nota en* MOST[1]

• **con pronombres negativos, interrogativos e indefinidos** else: *Si tienes algo ~ que decirme…* If you've got anything else to tell me… ◊ *¿Alguien ~?* Anyone else? ◊ *nada/nadie ~* nothing/nobody else ◊ *¿Qué ~ puedo hacer por vosotros?* What else can I do for you?

• **otras construcciones 1** (*exclamaciones*): *¡Qué paisaje ~ hermoso!* What lovely scenery! ◊ *¡Qué tipo ~ odioso!* What a hateful man! ◊ *¡Es ~ aburrido…!* He's (ever) so boring! ◊ *¡Nos hemos divertido ~…!* We've enjoyed ourselves so much! **2** (*negaciones*) only: *No sabemos ~ que lo que ha dicho la radio.* We only know what it said on the radio. ◊ *Esto no lo sabe nadie ~ que tú.* Only you know this. ◊ *No veo ~ solución que…* I see no other solution than…

■ **más** *nm, prep* plus: *Dos ~ dos, cuatro.* Two plus two is four. ◊ *Se le te ha colado el ~.* You left out the plus (sign).

LOC **a lo más** at (the) most: *Te costará, a lo ~, diez dólares.* It will cost you ten dollars at (the) most.
a más… the more…: *A ~ altura, menos calor.* The higher you get, the colder it is.
a más no poder: *Gritamos a ~ no poder.* We shouted as loud as we could. ◊ *Corrí a ~ no poder.* I ran for all I was worth. ◊ *Llenaron el camión a ~ no poder.* They filled the lorry right up.
de lo más… really: *una cara de lo ~ desagradable* a really nasty face
de más 1 (*demasiado(s)*) too much/many: *Pagaste tres libras de ~.* You paid three pounds too much. ◊ *Hay dos sillas de ~.* There are two chairs too many. **2** (*de sobra*) spare: *No te preocupes, yo llevo un bolígrafo de ~.* Don't worry. I've got a spare pen.
lo más que puedo: *Estudio lo ~ que puedo.* I study as much as I can. ◊ *Me esforcé lo ~ que pude para no perder la calma.* I tried as hard as I could not to get ruffled.
lo más que puede pasar es que… the worst that can happen is that…
más bien rather: *Es ~ bien feo, pero muy simpático.* He's rather ugly, but very nice. ◊ *¿Gorda? ¡Qué va! Es ~ bien delgada.* Her fat? No way! If anything, she's rather slim. ☛ *Ver nota en* FAIRLY
más que nada particularly: *Lo digo, ~ que nada, para*

los que son nuevos. I'm saying this particularly for those who are new here. ◊ *Te lo digo, ~ que nada, para que no te pille de sorpresa.* I'm really telling you so that it won't come as a surprise.
por más que however much: *Por ~ que grites...* However much you shout...
sin más ni más just like that
(y) más especially: *Me apetece muchísimo, y ~ si me acompañas tú.* I'd really like to go, especially if you come too.
☛ Para otras expresiones con **más**, véanse las entradas del adjetivo, adverbio, etc, p. ej. **más callado que un muerto** en CALLADO y **más que nunca** en NUNCA.

masa *nf* **1** (*gen*) mass: *una ~ de nubes* a mass of clouds ◊ *~ átomica* atomic mass ◊ *la rebelión de las ~s* the revolt of the masses ◊ *una ~ enfurecida* an angry mob **2** (*Cocina*) **(a)** (*pan*) dough **(b)** (*tarta*) pastry **(c)** (*bizcocho*) mixture **(d)** (*crêpes*) batter **3** (*argamasa*) mortar
LOC **acudir/ir en masa** to go en masse **de masas** mass: *cultura/movimientos de ~s* mass culture/ movements **en masa**: *detenciones/producción en ~* mass arrests/production ◊ *Rechazaron la propuesta en ~.* The proposal was overwhelmingly rejected. **masa de hojaldre** puff pastry **masa quebrada** short crust pastry *Ver tb* MANO

masacrar *vt* to massacre

masacre *nf* massacre

masaje *nm* massage
LOC **darle un masaje/masajes a algn** to give sb a massage: *¿Quieres que te dé un ~?* Would you like me to give you a massage? ◊ *Me están dando ~s.* I'm having massage. ◊ *¿Me das un ~ en la espalda?* Can you massage my back for me?

masajear *vt* to massage

masajista *nmf* masseur [*fem* masseuse]

mascado, -a *pp, adj Ver* MASCAR
LOC **dárselo todo mascado a algn** to spoon-feed sb

mascar *vt, vi* to chew

máscara *nf* mask ☛ *Ver ilustración en* MASK
LOC **arrancarle/quitarle la máscara a algn** to unmask sb *Ver tb* ANTIGÁS, BAILE

mascarada *nf* (*farsa*) farce

mascarilla *nf* **1** (*de protección*) mask ☛ *Ver ilustración en* MASK **2** (*cosmética*) face mask

mascota *nf* mascot

masculino, -a *adj* **1** (*gen*) male: *un coro ~* a male voice choir ◊ *la población masculina* the male population **2** (*Dep, moda*) men's: *la prueba masculina de los 100 metros* the men's 100 metres **3** (*característico del hombre*) masculine: *Esa chica lleva ropa muy masculina.* That girl wears very masculine clothes. ☛ *Ver nota en* MALE **4** (*Gram*) masculine: *un nombre ~* a masculine noun
■ **masculino** *nm* (*Gram*) masculine: *El ~ de leona es león.* The masculine of lioness is lion.

mascullar *vt* to mumble

masificación *nf* (*apiñamiento*) overcrowding

masificado, -a *pp, adj* overcrowded

masilla *nf* **1** (*para ventanas*) putty **2** (*para agujeros*) filler

masivo, -a *adj* **1** (*enorme*) huge, massive (*más formal*): *una afluencia masiva de turistas* a huge influx of tourists ◊ *una dosis masiva* a massive dose **2** (*de masas, general*) mass [*n atrib*]: *emigración/protesta masiva* mass emigration/protest

masón *nm* Mason

masónico, -a *adj* Masonic

masoquismo *nm* masochism

masoquista *adj* masochistic
■ **masoquista** *nmf* masochist

mastectomía *nf* mastectomy

máster *nm* Master's degree

masticar *vt, vi* to chew: *Hay que ~ bien la comida.* You should chew your food thoroughly.

mástil *nm* **1** (*barco*) mast ☛ *Ver ilustración en* YACHT **2** (*bandera*) flagpole

mastín *nm* mastiff

mastodonte *nm* **1** (*Zool*) mastodon **2** (*fig*) **(a)** (*persona*) great brute **(b)** (*cosa*) monstrosity

masturbación *nf* masturbation

masturbar(se) *vt, v pron* to masturbate

mata *nf* bush: *detrás de unas ~s* behind some bushes
LOC **mata de pelo** mop of hair *Ver tb* SALTO

matadero *nm* slaughterhouse, abattoir (*formal*)

matador, ~a *adj* exhausting: *un trabajo ~* exhausting work
■ **matador** *nm* matador
LOC **estar matador** to look hideous

matamoscas *nm* **1** (*pulverizador*) fly-spray **2** (*paleta*) fly swatter

matanza *nf* slaughter

matar *vt, vi* to kill: *Trataron de ~me.* They tried to kill me. ◊ *¡Te voy a ~!* I'll kill you! ◊ *~ el tiempo* to kill time ◊ *hombres dispuestos a ~* men prepared to kill ◊ *Me mata tener que levantarme a estas horas.* It's killing me having to get up at this ungodly hour. ◊ *hay miradas que matan* if looks could kill
LOC **estar/llevarse a matar** to be at daggers drawn **las mata callando** he's a wolf in sheep's clothing **matar a cuchilladas/navajazos** to stab *sb* to death **matar a disgustos** to make *sb's* life a misery **matar al mensajero** to shoot the messenger **matar a palos 1** (*lit*) to beat *sth/sb* to death **2** (*fig*) to beat *sth/sb*: *Su marido la mataba a palos.* Her husband used to beat her. **matar a pedradas** to stone *sth/sb* to death **matar a preguntas** to plague *sb* with questions **matar a tiros/de un tiro** to shoot *sb* (dead) **matar de aburrimiento** to bore *sb* to death **matar de hambre** to starve *sb* (to death) **matar dos pájaros de un tiro** to kill two birds with one stone **matar el rato** to kill time **matar el sabor**: *El azúcar mata el sabor del café.* Sugar spoils the taste of coffee. **matarse a estudiar/trabajar** to work like mad **me van a matar** they'll be the death of me: *Estos niños me van a ~.* These children will be the death of me. **¡no me mates!** you don't say! **¡que me maten si...!**: *¡Que me maten si lo entiendo!* I'm blowed if I understand it! **tirar a matar** to shoot to kill *Ver tb* AQUÍ, GUSANILLO, HAMBRE, HIERRO

matarratas *nm* **1** (*veneno*) rat poison **2** (*licor*) rot-gut

matasanos *nmf* quack

matasellos *nm* postmark

matasuegras *nm* blowout

mate[1] *adj* (*sin brillo*) matt

mate[2] *nm* (*Ajedrez*) mate **LOC** *Ver* JAQUE

matemáticas *nf* mathematics [*v sing o pl*], maths [*v sing o pl*] (*más coloq*): *Se le dan bien las ~.* He's good at maths.

matemático, -a *adj* mathematical
■ **matemático, -a** *nm-nf* mathematician
LOC **es matemático** it's always the same: *Es ~: siempre que salgo sin paraguas se pone a llover.* It's always the same: whenever I go out without my umbrella, it starts to rain.

materia *nf* **1** (*gen*) matter: *la teoría aristotélica de la forma y la ~* the Aristotelian theory of form and matter ◊ *~ orgánica* organic matter ◊ *Esa es una ~ muy delicada.* That's a very delicate matter. **2** (*asignatura, tema*) subject: *cinco ~s obligatorias y dos optativas* five compulsory and two optional subjects ◊ *Es un experto en la ~.* He's an expert on the subject.
LOC **en materia de** as regards *sth*: *en ~ de religión* as regards religion **materia prima** raw material: *un país rico en ~s primas* a country rich in raw materials *Ver tb* DUCHO, ENTRAR, ÍNDICE

material *adj* **1** (*gen*) material: *el mundo ~* the material world **2** (*real*) absolute: *la imposibilidad ~ de finalizar la obra* the absolute impossibility of completing the work **3** (*persona*) actual: *los autores ~es del atraco* the actual perpetrators of the robbery **4** (*económico*) financial: *No tienen dificultades ~es.* They don't have any financial worries.

■ **material** *nm* **1** (*materia, datos*) material: *un ~ resistente al fuego* fire-resistant material ◊ *Tiene todo el ~ que necesita para el artículo.* He's got all the material he needs for his article. **2** (*equipo*) equipment [*incontable*]: *~ de laboratorio/deportivo* laboratory/sports equipment
LOC **de material** leather: *calzado/suela de ~* leather shoes/sole **material bélico** weaponry **material de derribo** rubble **material de limpieza** cleaning materials [*v pl*] **material de oficina 1** (*objetos de escritorio*) office stationery **2** (*mobiliario*) office equipment **material didáctico/educativo** teaching materials [*v pl*] **material informático** (computer) hardware and software *Ver tb* DAÑO

materialismo *nm* materialism

materialista *adj* materialistic
■ **materialista** *nmf* materialist

materializar *vt* to put *sth* into practice: *Lo difícil es ~ estas teorías.* The hard part is to put the theories into practice.
■ **materializarse** *v pron* to materialize: *La crisis no acabó de ~se.* The crisis didn't materialize.

materialmente *adv* (*totalmente*) absolutely: *Me es ~ imposible asistir a la reunión.* It's absolutely impossible for me to attend the meeting.

maternal *adj* motherly, maternal (*formal*)

maternidad *nf* **1** (*condición*) motherhood, maternity (*formal*) **2** (*sala*) maternity ward: *Trabaja de enfermera en ~.* She's a nurse in the maternity ward. LOC *Ver* BAJA

materno, -a *adj* **1** (*de la madre*) mother's: *la familia materna* your mother's family **2** (*maternal*) motherly: *amor ~* motherly love LOC *Ver* ABUELO, LENGUA, LÍNEA, SENO

matinal *adj* morning [*n atrib*]: *un vuelo ~* a morning flight ◊ *Anuncian lluvias ~es para mañana.* They've forecast rain tomorrow morning.
■ **matinal** *nf* morning session

matiz *nm* **1** (*color*) shade: *distintos matices de azul* different shades of blue **2** (*rasgo*): *matices de significado* nuances of meaning ◊ *La crítica alabó la riqueza de matices de su interpretación.* The critics praised the subtlety of his performance. ◊ *un ~ irónico* a touch of irony ◊ *El artículo muestra un claro ~ político.* The article has political overtones.

matización *nf* clarification

matizar *vt* **1** (*colores*) to blend **2** (*puntualizar*) to clarify: *El entrevistador le pidió que matizara sus palabras.* The interviewer asked him to clarify his statement.

matón *nm* **1** (*gen*) bully: *Tu primo es un ~.* Your cousin is a bully. **2** (*guardaespaldas*) bodyguard

matorral *nm* scrub [*incontable*]: *Estábamos escondidos en unos ~es.* We were hidden in the scrub.

matraca *nf* rattle
LOC **dar la matraca a algn** to pester sb

matriarca *nf* matriarch

matriarcado *nm* matriarchy

matriarcal *adj* matriarchal

matricidio *nm* matricide

matrícula *nf* **1** (*inscripción*) registration: *Se ha abierto la ~.* Registration has begun. **2** (*vehículo*) **(a)** (*número*) registration number: *Apunté la ~.* I wrote down the registration number. **(b)** (*placa*) number plate ☛ *Ver ilustración en* CAR
LOC **matrícula de honor** ≃ distinction (*GB*) **matrícula gratuita** waiving of fees *Ver tb* DERECHO

matricular *vt* **1** (*persona*) to enrol *sb* (**in** *sth*): *Voy a ~ a mi hermano en un cursillo de judo.* I'm going to enrol my brother in a judo course. **2** (*vehículo*) to register
■ **matricularse** *v pron* to enrol (**in** *sth*): *Todavía no me he matriculado.* I still haven't enrolled. ◊ *Se ha matriculado en Medicina.* He has enrolled in the Faculty of Medicine.

matrimonial *adj* marital LOC *Ver* AGENCIA, CAPITULACIÓN, COMPROMISO, ENLACE

matrimonio *nm* **1** marriage, matrimony (*formal*) **2** (*pareja*) married couple
LOC **el matrimonio Fernández, etc** Mr and Mrs Fernández, etc **matrimonio civil** civil wedding **matrimonio de conveniencia/interés** marriage of convenience **matrimonio eclesiástico/religioso** church wedding **matrimonio por poderes** marriage by proxy *Ver tb* CAMA, CONTRAER, PROPOSICIÓN, SANTO

matriz *nf* **1** (*Anat*) womb, uterus [*pl* uteruses] (*científ*) ☛ *Ver ilustración en* REPRODUCTOR **2** (*Tec, molde*) mould **3** (*Mat*) matrix [*pl* matrices/matrixes] **4** (*de un talonario*) stub **5** (*de un documento*) original LOC *Ver* CASA

matrona *nf* (*comadrona*) midwife [*pl* midwives]

matusalén *nm* LOC *Ver* VIEJO

matutino, -a *adj* morning [*n atrib*]: *al final de la sesión matutina* at the end of the morning session
■ **matutino** *nm* morning paper LOC *Ver* DIARIO

maullar *vi* to miaow

maullido *nm* miaow: *Nos despertaron los ~s de un gato.* We were woken by a cat miaowing.
LOC **dar maullidos** to miaow

Mauricio *nm* Mauritius

Mauritania *nf* Mauritania

mausoleo *nm* mausoleum

maxilar *nm* jaw(bone)

máxima *nf* (*frase proverbial*) maxim

máxime *adv* especially ☛ *Ver nota en* ESPECIALLY

máximo, -a *adj* **1** (*gen*) maximum: *la anchura máxima* the maximum width ◊ *Tenemos un plazo ~ de siete días para pagar.* We've got a maximum of seven days in which to pay. **2** (*puntuación, goleador, cargo*) top: *el ~ goleador de la liga* the top scorer in the league **3** (*principal*) greatest: *Es el ~ exponente del arte surrealista.* He is the greatest exponent of surrealist art.
■ **máximo** *nm* maximum [*pl* maxima]: *un ~ de diez personas* a maximum of ten people
■ **máxima** *nf* (*Meteorología*) maximum temperature: *Sevilla dio la máxima con 35°C.* Seville had the highest temperature with 35°C.
LOC **al máximo**: *Debemos aprovechar los recursos al ~.* We must make maximum use of our resources. ◊ *Aceleré al ~ .* I accelerated as hard as I could. ◊ *Me esforcé al ~.* I tried my best. **como máximo 1** (*como muy tarde*) at the latest **2** (*como mucho*) at most **lo máximo** the most **máximo dirigente** leader **máximo responsable 1** (*jefe*) head **2** (*culpable*): *el ~ responsable del fracaso* the person who was most responsible for the failure **poner al máximo** (*volumen, radio*) to turn *sth* right up *Ver tb* ALCANZAR, ALERTA, ALTURA, CASTIGO, VELOCIDAD

maya *adj, nmf* Maya

mayo *nm* May ☛ *Ver ejemplos en* ENERO ☛ *Ver nota en* MAY DAY
LOC *Ver tb* AGUA

mayonesa *nf* mayonnaise [*incontable*]

mayor *adj*

● **uso comparativo 1** (*tamaño*) bigger (**than** *sth*): *Londres es ~ que Madrid.* London is bigger than Madrid. ◊ *Es ~ de lo que parece.* It's bigger than it looks. **2** (*edad*) older (**than** *sb*): *Soy ~ que mi hermano.* I'm older than my brother. ☛ *Ver nota en* ELDER[1] **3** (*importancia*) greater (**than** *sth*): *un factor de ~ relevancia que el resto* a factor of greater importance than the rest

● **uso superlativo 1** (*tamaño*) biggest (**in...**): *la ~ reserva ecológica del país* the biggest nature reserve in the country **2** (*edad*) oldest (**in...**): *Es el alumno ~ de la clase.* He's the oldest student in the class. ☛ *Ver nota en* ELDER[1] **3** (*importancia*) greatest: *Su ~ preocupación es...* His greatest concern is...

● **otros usos 1(a)** (*adulto*) adult, grown-up (*más coloq*): *Sus hijos son ya ~es.* Their children are grown-up now. **(b)** (*entrado en años*) getting on: *Tuvieron el hijo siendo ya ~es.* They were getting on a bit when they had their son. **(c)** (*anciano*) old **2** (*principal*) **(a)** (*gen*) major: *el terrorismo y otros problemas ~es* terrorism and other major problems **(b)** (*plaza*) main: *la plaza ~* the main square **(c)** (*calle, altar, misa*) high: *la Calle Mayor* the High Street **3** (*Mús*) major: *en do ~* in C major

■ **mayor** *nmf* **1 ~ (de)** (*que tiene más años*) **(a)** (*entre dos*) older (**of...**): *el ~ de los dos políticos* the older of the two politicians ◊ *Es el ~ de los dos hermanos.* He's the elder of the two brothers. ☛ *Ver nota en* ELDER[1] **(b)** (*entre varios*) oldest (**in/of...**): *El ~ tiene quince años.* The oldest is fifteen. ◊ *la ~ de las tres hermanas* the eldest of the three sisters ☛ *Ver nota en* ELDER[1] **2** (*adulto*) grown-up: *Los ~es no llegarán hasta las ocho.* The grown-ups won't be here till eight.

■ **mayor** *nm* (*comandante*) major

LOC al por mayor wholesale **con la mayor naturalidad (del mundo)** as if it were the easiest thing in the world **de mayor** when I, you, etc grow up: *De ~ quiero ser médico.* I want to be a doctor when I grow up. **en su mayor parte** on the whole **hacerse mayor** to grow up **la mayor parte (de)** most (of *sth/sb*): *La ~ parte son católicos.* Most of them are Catholics. ◊ *la ~ parte del electorado/de los políticos* most of the electorate/most politicians **pasar a mayores** to become serious: *El problema no ha pasado a ~es.* The problem didn't become serious. **ser mayor de edad**: *Ahora que soy ~ de edad ya puedo votar.* Now I'm 18 I can vote. ◊ *Puede sacarse el carné de conducir porque es ~ de edad.* He can get a driving licence because he is over 18. *Ver tb* ARRESTO, CAUSA, CAZA[2], COLEGIO, COMERCIANTE, COMERCIAR, DESVERGÜENZA, ESTADO, INRI, JEFE, MARCA, OSO, PALABRA, PALO, PELÍCULA, PERSONA, SEGURIDAD, VELA[1], VENTA

mayordomo *nm* butler

mayoría *nf* majority: *obtener la ~ absoluta* to get an absolute majority

LOC en su mayoría: *Mis amigos son en su ~ estudiantes.* Most of my friends are students. **la mayoría de...** most (of...): *la ~ de ellos* most of them ◊ *La ~ de los ingleses prefieren vivir en el campo.* Most English people prefer to live in the country. ☛ *Ver nota en* MOST[1] **la mayoría de las veces** usually ☛ *Ver nota en* ALWAYS **mayoría de edad** age of majority: *alcanzar la ~ de edad* to reach the age of majority *Ver tb* APROBAR, INMENSO, LLEGAR

mayorista *nmf* wholesaler **LOC** *Ver* COMERCIANTE

mayoritariamente *adv* mainly

mayoritario, -a *adj* majority [*n atrib*]: *el partido ~* the majority party

mayormente *adv* mainly

mayúsculo, -a *adj* **1** (*enorme*) tremendous **2** (*letra*) capital, upper case (*más formal*)

■ **mayúscula** *nf* capital letter, upper case letter (*más formal*)

LOC con mayúscula with a capital letter **en mayúsculas** in capitals *Ver tb* TECLA

maza *nf* **1** (*Cocina*) **(a)** (*carne*) meat tenderizer **(b)** (*mortero*) pestle **2** (*arma*) mace **3** (*bombo*) drumstick

mazacote *nm* **1** (*comida*) **(a)** (*gen*): *Este bizcocho es un ~.* This sponge is as hard as a brick. **(b)** (*pasta, arroz*): *El arroz está hecho un ~.* The rice is all stuck together. **2** (*libro*) **(a)** (*grueso*) hefty tome **(b)** (*difícil*): *Este libro es un ~.* This book is heavy going. **3** (*objeto antiestético*) eyesore

mazapán *nm* marzipan

mazmorra *nf* dungeon

mazo *nm* **1** (*martillo*) mallet **2** (*mortero*) pestle

mazorca *nf* corn cob

me *pron pers* **1** (*complemento*) me: *¿No me viste?* Didn't you see me? ◊ *¡Dámelo!* Give it to me. ◊ *¡Cómpramelo!* Buy it for me. **2** (*partes del cuerpo, efectos personales*): *Me voy a lavar las manos.* I'm going to wash my hands. **3** (*reflexivo*) (myself): *Me vi en el espejo.* I saw myself in the mirror. ◊ *Me vestí en seguida.* I got dressed straight away. **4** (*uso enfático*): *Me fumé un puro.* I smoked a cigar. ◊ *A ver si no me llegáis tarde esta noche.* Try not to be late tonight.

meada *nf* **1** (*orina*) pee **2** (*mancha*) urine stain

LOC echar una meada to have a pee

meadero *nm* bog (*vulg*)

meado *nm* pee

meandro *nm* meander

mear *vi* to pee

■ **mear** *vt* to pee **on** *sth* [*vi*]: *El perro me ha meado la alfombra.* The dog's peed on my carpet.

■ **mearse** *v pron* **1** (*tener ganas de ir al baño*) to be dying for a pee **2** (*hacerse pis encima*) to wet yourself: *Se meó de miedo.* He was so frightened he wet himself. ◊ *~se de risa* to wet yourself laughing

LOC mearse (en) los pantalones, las bragas, etc to wet your pants, knickers, etc

Meca *nf* **LOC** *Ver* CECA

¡mecachis! *interj* sugar!: *¡~ en la mar!* Oh, sugar!

mecánica *nf* **1** (*gen*) mechanics [*v sing*]: *La ~ es lo que mejor se le da.* Mechanics is what he's best at. **2** (*funcionamiento*) mechanics [*v pl*]: *No entiendo la ~ del sistema legal.* I don't understand the mechanics of the legal system.

mecánico, -a *adj* **1** (*gen*) mechanical: *un problema ~* a mechanical problem **2** (*con motor*) power [*n atrib*]: *una sierra mecánica* a power saw

■ **mecánico, -a** *nm-nf* mechanic **LOC** *Ver* ESCALERA

mecanismo *nm* mechanism: *el ~ de un reloj* a watch mechanism

mecanización *nf* mechanization

mecanizar *vt* to mechanize

mecanografía *nf* typing

mecanografiado, -a *pp, adj* typewritten *Ver tb* MECANOGRAFIAR

mecanografiar *vt* to type

mecanógrafo, -a *nm-nf* typist

mecedora *nf* rocking chair

mecenas *nmf* patron

mecer *vt* (*bebé*) to rock

■ **mecer(se)** *vt, v pron* **1** (*columpio*) to swing **2** (*cuna, barca*) to rock

mecha *nf* **1(a)** (*lámpara, vela*) wick **(b)** (*bomba*) fuse **2 mechas** (*tinte*) highlights: *Voy a ponerme ~s.* I'm going to have some highlights put in.

LOC a toda mecha: *Salió a toda ~.* She rushed out. ◊ *Iban a toda ~.* They were racing along. *Ver tb* AGUANTAR

mechero *nm* **1** (*encendedor*) lighter **2(a)** (*lámpara*) lamp: *un ~ de alcohol* a spirit lamp **(b)** (*laboratorio*) Bunsen burner

mechón *nm* (*pelo*) lock (of hair)

medalla *nf* **1** (*condecoración*) medal: *~ de oro* gold medal **2** (*joya*) medallion **LOC** *Ver* ACAPARAR, ENTREGA

medallista *nmf* medallist

medallón *nm* medallion

media[1] *nf* **medias 1** (*enteras*) tights ☛ *Ver nota en* PANTIS **2** (*con liga*) stockings: *~s con costura* stockings with seams **3** (*calcetines largos*) socks **LOC** *Ver* CALCETÍN

media[2] *nf* **1** (*promedio*) average: *la ~ europea* the European average ◊ *una ~ diaria de...* a daily average of... **2** (*Mat*) mean **3** (*reloj*): *Son las tres y ~.* It's half past three. ◊ *Tardamos dos horas y ~.* It took us two and a half hours. **LOC** *Ver* MISA, SEIS

mediación *nf* mediation

LOC por mediación de through *sth/sb*: *Lo conocí por ~ de mi hermano.* I met him through my brother.

mediado, -a *pp, adj* halfway through: *~ el segundo tiempo del partido...* Halfway through the second half... *Ver tb* MEDIAR

LOC a/hacia mediados de... in/around the middle of...

mediador, ~a *nm-nf* mediator

medianamente *adv*: *Es ~ bueno.* He's fairly good. ◊ *El examen me salió ~.* I didn't do too well in the exam.

medianero, -a *adj* **LOC** *Ver* PARED

mediano *adj* **1** (*intermedio*) medium: *de tamaño ~* medium-sized ◊ *Uso la talla mediana.* I take a medium size. ◊ *una mujer de mediana estatura/inteligencia* a woman of average height/intelligence **2** (*de escasa calidad*) not very good: *Es una novela de calidad mediana.* It's not a very good novel.

LOC de mediana edad middle-aged

medianoche *nf* midnight: *Llegaron a ~.* They arrived at midnight. **LOC** *Ver* SOL[2]

mediante *prep* **1** (*técnica, instrumento*) by means of: *mediante un tubo* by means of a tube ◊ *Lograron aislar el virus mediante una nueva técnica.* They succeeded in isolating the virus by using a new technique. **2** (*gracias a*) thanks to: *mediante su ayuda/apoyo* thanks to his help/support ◊ *Ha conseguido el ascenso mediante un soborno.* He got his promotion through bribery.

mediar *vi* **1** (*alcanzar la mitad*) to be halfway through: *Mediaba el mes de mayo.* It was halfway through May. **2(a)** (*tiempo*) to elapse, to go by (*más coloq*): *Mediaron seis años entre los dos nombramientos.* Six years elapsed between the two appointments. **(b)** (*distancia*): *Median 200 kilómetros entre ambas capitales.* The capitals are 200 kilometres apart. **3** (*intervenir*) to intervene: *~ en un conflicto/entre facciones rivales* to intervene in a conflict/between opposing factions **4** (*interceder*) to intercede (***with sb***) (***on sb's behalf***): *Debe ~ con el Presidente para que indulten al condenado.* You must intercede with the President on the prisoner's behalf.

LOC sin mediar provocación completely unprovoked

medicación *nf* medication

medicamento *nm* medicine

medicarse *v pron* to treat yourself: *No debes medicarte sin consultar al médico.* You shouldn't treat yourself without consulting a doctor.

medicina *nf* medicine: *recetar una ~* to prescribe a medicine ◊ *Toman demasiadas ~s.* They take too many medicines. ◊ *Estudia Medicina.* She's studying medicine.

LOC alumno/estudiante de Medicina medical student **medicina general** general practice

medicinal *adj* medicinal

médico, -a *adj* medical: *un problema ~* a medical problem

■ **médico, -a** *nm-nf* doctor: *un ~ rural* a country doctor ◊ *ir al ~* to go to the doctor's

LOC médico de cabecera general practitioner (*abrev* GP) **médico dentista** dental surgeon **médico forense** forensic scientist **médico interino/suplente** locum **médico (interno) residente** ≃ houseman [*pl* housemen] (*GB*) *Ver tb* ASISTENCIA, CENTRO, DICTAMEN, FICHA, GABINETE, HISTORIAL, REVISIÓN, VISITA, VISITADOR

medida *nf* **1** (*extensión*) measurement: *¿Qué ~s tiene esta habitación?* What are the measurements of this room? ◊ *El sastre me tomó las ~s.* The tailor took my measurements. **2** (*unidad, norma*) measure: *pesos y ~s* weights and measures ◊ *~s disciplinarias* disciplinary measures ◊ *Habrá que tomar ~s al respecto.* Something must be done about it. **3** (*mesura*) moderation: *Come con ~.* He's a moderate eater. ◊ *Gastan dinero sin ~.* They spend money like water.

LOC a la medida de algo suited to sth: *Quiere un trabajo a la ~ de su talento/preparación.* He's looking for a job suited to his abilities/qualifications. **a la medida del hombre** on a human scale **a medida que** as: *Gastan el dinero a ~ que lo van ganando.* They spend money as fast as they earn it. **en la medida de lo posible** as far as possible **en la medida en que...** as long as...: *Les apoyaré en la ~ en que se mantengan dentro de la ley.* I'll support them as long as they act within the law. **(hecho) a (la) medida 1** (*ropa*) made-to-measure: *un vestido hecho a ~* a made-to-measure dress **2** (*muebles*) made to order: *un mueble hecho a la ~* a piece of furniture made to order **3** (*fig*): *El trabajo parece hecho a su ~.* It seems the perfect job for him. **medidas contra incendios** fire prevention (measures) *Ver tb* CIERTO, CONFECCIONADO, GRANDE, TRAJE

medieval *adj* medieval

medio *nm* **1** (*centro*) middle: *Es una plaza enorme, con un kiosko en el ~.* It's a huge square with a newspaper kiosk in the middle. ☛ *Ver ilustración en* FOREGROUND **2** (*entorno*) environment: *El ~ urbano le resulta muy hostil.* He finds an urban environment very unfriendly. ◊ *Los sapos viven en un ~ acuoso.* Toads live in a damp environment. **3** (*círculo*) circle: *en ~s financieros/oficiales* in financial/official circles **4** (*Mat*) half [*pl* halves]: *Dos ~s suman un entero.* Two halves make a whole. **5** (*procedimiento, recurso*) means [*pl* means]: *La bicicleta es su único ~ de transporte.* A bicycle is his only means of transport. ◊ *No hay ~ de saberlo.* There's no means of knowing. ◊ *El fin no justifica los ~s.* The end doesn't justify the means. ◊ *No tienen ~s para comprar una casa.* They lack the means to buy a house.

LOC de en medio in the middle: *la silla de en ~* the chair in the middle **de medio a medio** completely: *Se equivocan de ~ a ~.* They've got it completely wrong. **(de) por medio** involved: *Hay muchos intereses de por ~.* There are a lot of interests involved. **en medio 1 (de) (a)** (*cosas*) in the middle (of *sth*): *un socavón en ~ del camino* a hole in the middle of the road **(b)** (*personas*) among: *Se encuentra incómodo en ~ de tanto militar.* He feels uncomfortable among so many soldiers. **2 (de)** (*entre dos*) between: *Iba con mis dos hermanas y me senté en ~.* I was with my two sisters and I sat down between them. **3 de** (*fig*) amid: *en ~ de tanta confusión* amid the confusion **estar algn en su, etc medio** to be in your element: *Rodeado de libros el chico está en su ~.* Surrounded by books, the boy is in his element. **estar en medio como el jueves** to be in the way **estar/ponerse en medio** to be/get in the way: *No puedo pasar, siempre estás en ~.* I can't get by; you're always getting in the way. **medio ambiente** environment **medio (de comunicación/difusión)** medium [*pl* media]: *un ~ tan poderoso como la TV* a powerful medium like TV ◊ *Los ~s de comunicación nos mantienen informados.* The media keep us informed. ☛ *Ver nota en* DATA **medios audiovisuales** audiovisual aids **medios económicos** means **medios periodísticos** the press [*v sing o pl*] **meterse/ponerse por medio 1** (*obstaculizar*) to get in the way **2** (*interponerse*) to intervene: *Se tuvo que meter por ~ el director.* The director had to intervene. **no ahorrar/economizar medios 1** (*dinero*) to spare no expense: *No ahorraron ~s para dar a sus hijos una buena educación.* They spared no expense to give their children a good education. **2** (*esfuerzo*) to spare no effort **no haber medio de** to be impossible *to do sth*: *No hay ~ de hacer callar a este niño.* It's impossible to get that child to be quiet. **poner (todos) los medios** to do your best: *Puse todos los ~s para encontrarle un trabajo.* I did my best to find him a job. **por medio de 1** (*a través de*) through *sth/sb*: *Lo supe por ~ de su padre.* I found out through his father. **2** (*utilizando*) by (means of) *sth*: *Sacaron la mercancía del barco por ~ de una grúa.* The ship was unloaded by crane. **por todos los medios** by all possible means **quitar algo/a algn de en medio 1** (*apartar*) to push sth/sb out of the way: *Ayúdame a quitar de en ~ esta rama.* Help me push this branch out of the way. **2** (*deshacerse de*) to get rid of sth/sb: *Quítame de en medio esta lavadora, que está estropeada.* Get rid of this washing machine for me — it's broken. **quitarse de en medio** to get out of the way: *¡Quítate de en ~!* Get out of the way! *Ver tb* CALLE, JUSTO, PARED, PARTIR, PROPIO, REGATEAR, TIERRA

medio, -a *adj* **1(a)** (*la mitad de*) half a(n): *media botella de vino* half a bottle of wine ◊ *media hora/docena* half an hour/a dozen **(b)** (*casi todo*) half (the): *Acudió al entierro ~ Madrid.* Half Madrid attended the funeral. ◊ *Ya lo sabe ~ pueblo.* Half the village knows already. **2** (*promedio, normal*) average: *temperatura/velocidad media* average temperature/speed ◊ *un chico de inteligencia media* a boy of average intelligence

■ **medio** *adv* half: *Cuando llegó estábamos ~ dormidos.* When he arrived we were half asleep. ◊ *Está ~ loco.* He's a bit mad.

LOC a media mañana, tarde, etc half way through the morning, afternoon, etc: *Me encanta tomarme un café a media mañana.* I like a cup of coffee half way through the morning. ◊ *Haremos un descanso a media tarde.* We'll have a break half way through the afternoon.
a medias 1 (*no del todo*): *Hace las cosas a medias.* He only half does things. ◊ *Esa es una verdad a medias.* It's a half-truth. ◊ *—¿Estás contento? —A medias.* 'Are you happy?' 'Kind of.' **2** (*entre dos*): *En los gastos de la casa vamos a medias.* We share the household expenses. ◊ *Compramos el coche a medias.* We bought the car between us.
a medio acabar, hacer, etc: *La carne está a ~ hacer.* This meat is half-cooked. ◊ *Dejaron la habitación a ~ pintar.* They left the room half-decorated.
ni medio bien pretty bad: *Esa redacción no está ni ~ bien.* This essay is pretty bad.
y medio and a half: *kilo y ~ de tomates* one and a half kilos of tomatoes
☛ Para otras expresiones con **medio**, véanse las entradas del sustantivo, p. ej. **a media voz** en VOZ y **dar (la) media vuelta** en VUELTA.

mediocre *adj* second-rate: *una película/un actor ~* a second-rate film/actor

mediocridad *nf* mediocrity

mediodía *nm* midday: *la comida del ~* the midday meal ◊ *Llegaron al ~.* They arrived at lunchtime.

mediopensionista *adj* **LOC** *Ver* ALUMNO

medir *vt* **1(a)** (*gen*) to measure: *~ la cocina* to measure the kitchen **(b)** (*terreno*) to survey **2** (*verso*) to scan **3** (*sopesar*) to weigh *sth* (up), to consider (*más formal*): *Debes ~ las ventajas e inconvenientes.* You must weigh up the pros and cons.
■ **medir** *vi*: *—¿Cuánto mide? —Alrededor de dos metros.* 'How tall is he?' 'About two metres.' ◊ *La mesa mide 1,50m de largo por 1m de ancho.* The table is 1·50m long by 1m wide.
LOC medir las palabras to choose your words carefully **medir por el mismo rasero** to judge *sth/sb* by the same yardstick **medirse con algn** to pit yourself against sb **medir tus fuerzas** to test yourself

meditabundo, -a *adj* pensive, thoughtful (*más coloq*)

meditación *nf* meditation: *~ trascendental* transcendental meditation
LOC hacer meditación to meditate

meditar *vt* to think **about** ***sth*** [*vi*]: *Meditó su respuesta.* He thought about his answer.
■ **meditar** *vi* to meditate (***on sth***)

mediterráneo, -a *adj* Mediterranean
■ **Mediterráneo** *nm* Mediterranean

médium *nmf* medium [*pl* mediums]

medrar *vi* to do well

medroso, -a *adj* fearful

médula (*tb* **medula**) *nf* **1** (*hueso*) marrow: *la ~ ósea* bone marrow **2** (*meollo*) core: *Es inglés hasta la ~.* He's English to the core.
LOC médula espinal spinal cord

medusa *nf* jellyfish [*pl* jellyfish]

megafonía *nf* public-address system

megáfono *nm* megaphone

megalomanía *nf* megalomania

megalómano, -a *adj, nm-nf* megalomaniac

mejicano, -a *adj, nm-nf Ver* MEXICANO

Méjico *nm Ver* MÉXICO

mejilla *nf* cheek ☛ *Ver ilustración en* HEAD[1]

mejillón *nm* mussel ☛ *Ver ilustración en* SHELLFISH

mejor *adj, adv*
● **uso comparativo** better (***than sth/sb***): *Tienen un piso ~ que el nuestro.* Their flat is better than ours. ◊ *¿No tienes otro ~?* Do you have a better one? ◊ *cuanto antes ~* the sooner the better ◊ *Desde aquí se ve ~.* You can see better from here. ◊ *Me siento mucho ~.* I feel much better. ◊ *Cantas ~ que yo.* You're a better singer than me. ◊ (*Es*) *~ no decir nada.* We'd better not say anything. ◊ *Resultó ~ de lo que esperaba.* It turned out better than I expected.
● **uso superlativo ~ (de)** best (**in...**): *mi ~ amiga* my best friend ◊ *Es el ~ alumno de la clase.* He's the best student in the class. ◊ *No lo puedo hacer ~.* That's the best I can do. ◊ *el jardín ~ cuidado* the best-kept garden
■ **mejor** *nmf* **~ (de) 1** (*entre dos*) better (**of...**): *¿Cuál es la ~ de las dos?* Which is the better of the two? **2** (*entre varios*) best (**in...**): *Son los ~es de la liga.* They're the best in the league. ◊ *Es la ~ de la clase.* She's the best in the class. ◊ *el ~ de todos* the best of all
LOC a lo mejor maybe: *A lo ~ os toca la lotería.* Maybe you'll win the lottery. ◊ *—¿Crees que vendrán? —A lo ~.* 'Do you think they'll come?' 'Maybe!' ◊ *A lo ~ tienen razón.* They may be right. **dar lo mejor de ti mismo** to give of your best **de lo mejor (que hay) 1** (*persona*) the tops: *Ese marido tuyo es de lo ~ que hay.* Your husband is the tops. **2** (*cosa*) the best thing: *La manzanilla es de lo ~ para el estómago.* Camomile tea is the best thing for upset stomachs. **el mejor amigo del hombre** man's best friend **en el mejor de los casos** at the very least: *Tendrán que pagar los desperfectos, eso, en el ~ de los casos.* At the very least, they'll have to pay for the damage. **(es) mejor...que no...** it's better...than...: *~ que sobre que no que falte.* It's better to have too much than too little. **estar algn en su mejor momento** to be at my, your, etc peak: *El futbolista está en su ~ momento.* The footballer is at his peak. **hacer algo lo mejor posible** to do your best: *Preséntate al examen y hazlo lo ~ posible.* Take the exam and do your best. **llevarse la mejor tajada** to take the lion's share (*of sth*) **lo mejor**: *Todavía no te he contado lo ~.* I still haven't told you the best bit. ◊ *Lo ~ es no decir nada.* The best thing is to say nothing. **lo que es mejor** even better: *Y, lo que es ~, he aprobado.* And, even better, I've passed. **¡mejor!** good! **mejor dicho** I mean: *Cinco, ~ dicho, seis.* Five, I mean six. **mejor o peor** one way or another **mejor que mejor/nada mejor que...** (there's) nothing like...: *Nada ~ que un baño caliente para relajarse.* there's nothing like a hot bath for making you feel relaxed. **pasar a mejor vida** to pass on **tanto mejor** so much the better *Ver tb* CADA, CAMBIAR, CAMBIO, CUANTO, GANAR, PARTE[2], TANTO *adj*

mejora *nf* **1** (*gen*) improvement: *la ~ de la calidad* the improvement in quality **2** (*sueldo*) increase **LOC** *Ver* ADMITIR

mejorar *vt* **1** (*gen*) to improve: *~ las condiciones de trabajo* to improve working conditions **2** (*enfermo*) to make *sb* feel better: *A ver si esto te mejora.* See if this makes you feel better. **3** (*sueldo*) to increase **4** (*récord*) to break **5** (*ser mejor*) to be better **than** ***sth***: *Este sistema mejora el anterior.* This system is better than the previous one.
■ **mejorar** *vi* to improve: *si las cosas no mejoran* if things don't improve ◊ *El enfermo ha mejorado algo.* The patient is a little better.
■ **mejorarse** *v pron* to get better: *¡Que te mejores!* Get well soon!
LOC mejorando lo presente present company excepted **mejorar la suerte de algn** to improve sb's lot: *~ la suerte de los países tercermundistas* to improve the lot of Third World countries

mejoría *nf* improvement: *Se observa una clara ~ en su estado de salud.* The improvement in his health is very obvious.

mejunje *nm* concoction

melancolía *nf* sadness, melancholy (*más formal*)

melancólico, -a *adj* **1** (*aspecto, estado de ánimo*) sad, melancholy (*más formal*): *Me pongo ~ al oír esa canción.* I get sad when I hear that song. **2** (*carácter*) melancholy: *un chico ~* a melancholy youth

melanina *nf* melanin

melena *nf* **1(a)** (*pelo*) (long) hair: *llevar ~ suelta* to wear your hair loose ◊ *Recógete esa ~.* Tie your hair

back. ◊ *Mi hermana lleva una ~ corta.* My sister has her hair cut in a bob. ◊ *No me gustan los hombres con ~.* I don't like men with long hair. **(b)** (*león*) mane **2 melenas** (*greñas*) mop of hair [*sing*]
■ **melenas** *nm* long-haired guy
melenudo, -a *adj* long-haired
■ **melenudo** *nm* man with long hair
melindre *nm*
LOC andarse con/hacer melindres: *Cómetelo ya y deja de hacer ~s.* Eat your food and stop making such a fuss. ◊ *No andes con ~s porque aquí estás como en tu casa.* Don't stand on ceremony; make yourself at home.
mella *nf* **1** (*hoja de cuchillo*) nick **2** (*porcelana*) chip ☛ *Ver ilustración en* CHIP
LOC hacer mella to make an impression *on sb*: *Nada de lo que le digo le hace ~.* Nothing I say makes any impression on him. ◊ *La soledad hizo ~ en su rostro.* Loneliness left its mark on him.
mellar *vt* **1(a)** (*plato*) to chip ☛ *Ver ilustración en* CHIP **(b)** (*cuchillo, sierra*) to make a nick **in *sth*** **2** (*fig*) to damage: *~ la credibilidad de algn* to damage sb's credibility
■ **mellarse** *v pron* **1** (*dañar*) to get damaged **2** (*plato*) to get chipped
mellizo, -a *adj, nm-nf* twin [*n*]: *mi hermano ~* my twin brother
melocotón *nm* peach ☛ *Ver ilustración en* FRUTA
melocotonero *nm* peach tree
melodía *nf* tune, melody (*más formal*): *tararear una ~* to hum a tune
melódico, -a *adj* melodic
melodioso, -a *adj* tuneful, melodious (*más formal*)
melodrama *nm* melodrama
melodramático, -a *adj* melodramatic
melón *nm* **1** (*fruta*) melon ☛ *Ver ilustración en* FRUTA **2** (*cabeza*) head: *Aparta el ~, que no veo.* Move your head, I can't see a thing. **3** (*tonto*) idiot **4 melones** (*senos*) boobs **LOC** *Ver* ESTRUJAR
meloso, -a *adj* smarmy
membrana *nf* membrane
membrete *nm* letterhead
membrillo *nm* **1** (*árbol*) quince tree **2** (*fruto*) quince **3** (*confitura*) quince jelly **LOC** *Ver* DULCE
memez *nf* stupid thing
LOC decir memeces to talk nonsense
memo, -a *adj, nm-nf* daft [*adj*]: *Eres un ~.* You daft thing.
memorable *adj* memorable
memorándum (*tb* **memorando**) *nm* **1** (*cuaderno*) notebook **2** (*nota*) memorandum [*pl* memoranda], memo [*pl* memos] (*más coloq*)
memoria *nf* **1** (*gen*) memory: *Tienes buena ~.* You've got a good memory. ◊ *perder la ~* to lose your memory ◊ *a la ~ de algn* in memory of sb **2** (*informe*) report **3** (*Educ*) essay **4 memorias** (*autobiografía*) memoirs
LOC de memoria by heart: *saberse algo de ~* to know sth by heart **haber/tenerse memoria de algo**: *Es el primer mayo con nieve del que se tiene ~.* This is the first time in living memory that it has snowed in May. **hacer memoria** to try to remember **memoria de acceso aleatorio/directo** random-access memory (*abrev* RAM) **memoria de lectura** read-only memory (*abrev* ROM) **tener (una) memoria de elefante** to have a memory like an elephant **traer algo a la memoria** to remind *sb* of sth: *Me trae a la ~ los buenos ratos que hemos pasado juntos.* It reminds me of the good times we've had together. **venir a la memoria** to come to mind *Ver tb* BORRAR, ESTAMPAR, ESTUDIAR, FALLAR², FLACO, GRABADO *adj*, GRABAR, PROFANAR
memorización *nf* memorizing
memorizar *vt* to memorize
menaje *nm* household goods [*v pl*]
LOC menaje de cocina kitchenware [*incontable*]
mención *nf* mention: *una ~ honorífica* an honourable mention
LOC hacer mención de algo to mention sth *Ver tb* DIGNO
mencionado, -a *pp, adj* aforementioned *Ver tb* MENCIONAR
mencionar *vt* to mention
LOC sin mencionar not to mention *Ver tb* NOMBRE
menda *pron pers* (*yo*) yours truly: *A este ~ no le manda nadie.* Yours truly is not going to be bossed around by anybody.
■ **menda** *nmf* (*tipo*) guy [*fem* woman, *pl* women]: *El ~ ese me quería echar.* That guy wanted to throw me out.
mendicidad *nf* begging: *el problema de la ~* the problem of begging ◊ *vivir de la ~* to beg for a living
mendigar *vt, vi* to beg (**for *sth***) [*vi*]: *Mendigaba algo que comer.* He was begging for food.
mendigo, -a *nm-nf* beggar
mendrugo *nm* crust
menear *vt* **1** (*sacudir*) to shake **2** (*orejas, caderas, trasero*) to wiggle: *¡Mira cómo menea las caderas!* Look at the way she's wiggling her hips! **3** (*cabeza*) **(a)** (*para decir que sí*) to nod **(b)** (*para decir que no*) to shake **4** (*rabo*) **(a)** (*perro*) to wag **(b)** (*caballo*) to swish
■ **menearse** *v pron* **1** (*moverse*) **(a)** (*gen*) to move: *Esa chica se menea bien.* That girl moves well. **(b)** (*barca*) to roll **2** (*apresurarse*) to get a move on
LOC de no te menees tremendous: *un barullo de no te menees* a tremendous racket **¡menea el cuerpo!/ ¡menéate!** get a move on! **¡menea el culo!** move over! **menear el bigote** to munch away **meneársela** to wank (⚠) ☛ *Ver nota en* TABÚ *Ver tb* ESQUELETO
meneo *nm* **1** (*movimiento brusco*) shaking: *¡Me dio un ~ que me dejó temblando!* He gave me a real shaking. **2** (*cabeza*) **(a)** (*verticalmente*) nod **(b)** (*horizontalmente*) shake **3** (*caderas*) swing **4** (*de rabo*) **(a)** (*perro*) wag **(b)** (*caballo*) swish
LOC darle/pegarle un meneo a algn to shake sb up
menester *nm* occupation
LOC es menester... it's essential (*to do sth*)
menestra *nf* vegetable stew
mengano, -a *nm-nf* so-and-so [*pl* so-and-so's] **LOC** *Ver* FULANO
mengua *nf* decrease: *Esto supuso una ~ en sus ganancias.* This meant a decrease in his profits.
LOC mengua personal discredit **sin mengua** complete
menguante *adj* (*luna*) waning **LOC** *Ver* CUARTO *adj*, LUNA, MAREA
menguar *vt* **1** (*disminuir*) to reduce **2** (*labor de punto*) to decrease **3** (*reputación*) to damage
■ **menguar** *vi* **1** (*disminuir*) to diminish **2** (*estatura*) to waste away **3** (*punto*) to decrease **4** (*luna*) to wane
meningitis *nf* meningitis [*incontable*]
menisco *nm* cartilage: *Me van a operar del ~.* I'm going to have a cartilage operation.
menopausia *nf* menopause
menor *adj*
• **uso comparativo 1** (*tamaño*) smaller (***than sth***): *Mi jardín es ~ que el tuyo.* My garden is smaller than yours. **2** (*edad*) younger (***than sb***): *Soy ~ que ella.* I'm younger than her. ◊ *Es ~ de lo que parece.* He's younger than he looks. **3** (*precio*) lower (***than sth***) **4** (*intensidad*) less (***than sth***)
• **uso superlativo 1 ~ (de)** (*edad*) youngest (**in...**): *el hijo ~ de la familia* the youngest (child) in the family ◊ *el hermano ~ de María* María's youngest brother **2** (*el más mínimo*) slightest: *El ~ ruido me despierta.* I wake up at the slightest noise. ◊ *No tengo la ~ idea.* I haven't the faintest idea.
• **música, algo poco importante** minor: *una sinfonía en mi ~* a symphony in E minor ◊ *cambios ~es* minor changes
■ **menor** *nmf* **1 ~ (de)** (*el más joven*) **(a)** (*entre dos*) younger (**of...**): *el ~ de los dos hermanos* the younger of the two brothers **(b)** (*entre varios*) youngest (**in/of...**): *el ~ de la clase* the youngest in the class ◊ *el ~ de todos*

the youngest of all **2** (*menor de edad*) minor: *No se sirve alcohol a ~es.* Alcohol will not be served to minors.
LOC al menor descuido/la menor distracción: *Al ~ descuido te roban el bolso.* Your attention only has to wander for a minute and your bag gets stolen. **al por menor** retail: *ventas al por ~* retail sales **en menor medida, grado, etc** to a lesser extent **mal menor** lesser evil **menor de 18, etc años**: *Prohibida la entrada a los ~es de 18 años.* Under-18s not admitted. ◊ *los trabajadores ~es de 50 años* workers under 50 years of age **menor de edad** minor: *No puedes votar porque todavía eres ~ de edad.* You can't vote because you're still a minor. *Ver tb* ARRESTO, CAZA², COMERCIANTE, COMERCIAR, DUDA, OSO, PAÑO, PELÍCULA, TRIBUNAL, VENTA

Menorca *nf* Minorca

menos *adv*

● **uso comparativo** less (***than sth/sb***): *Es ~ caro.* It's less expensive. ◊ *Tardé ~ de lo que yo pensaba.* It took me less time than I thought it would. ◊ *a ~ de dos kilómetros de aquí* less than two kilometres from here ◊ *A mí sírveme ~.* Give me less. ◊ *No por ello me gustan ~.* I don't like them any the less for it. ◊ *Aquí hace ~ frío.* It's not so cold here.

Con sustantivos contables es más correcta la forma **fewer**, aunque **less** se está generalizando cada vez más: *Había menos gente/coches que ayer.* There were fewer people/cars than yesterday. *Ver tb nota en* LESS.

● **uso superlativo** least (***in/of…***): *Es la persona ~ sofisticada del mundo.* He's the least sophisticated person in the world. ◊ *la ~ habladora de la familia* the least talkative member of the family ◊ *el que ~ dinero gana* the one who earns the least money ◊ *el alumno que ~ trabaja* the student who works the least

Con sustantivos contables es más correcta la forma **fewest**, aunque **least** se está generalizando cada vez más: *la clase con menos alumnos* the class with (the) fewest pupils.
Cuando el superlativo se refiere solo a dos cosas o personas, se utiliza la forma **less**. Compárense las frases siguientes: *¿Cuál es la cama menos cómoda (de las dos)?* Which is the less comfortable bed? ◊ *¿Cuál es la cama menos cómoda de la casa?* Which is the least comfortable bed in the house?

■ **menos** *prep* **1** (*excepto*) except: *Fueron todos ~ yo.* Everyone went except me. **2** (*hora*) to: *Son las doce ~ cinco.* It's five to twelve. **3** (*Mat, temperatura*) minus: *Estamos a ~ diez grados.* It's minus ten. ◊ *Cinco ~ tres, dos.* Five minus three is two.
■ **menos** *nm* (*signo matemático*) minus (sign)
LOC algo más/menos de just over/under: *Me costó algo más/~ de 20.000 pesetas.* It cost just over/under 20 000 pesetas. **al menos** at least **a menos que** unless: *a ~ que deje de llover* unless it stops raining **cual más cual menos/el que más el que menos/quien más quien menos** everyone: *Quien más quien ~ se ha emborrachado alguna vez.* Everyone has got drunk at some time or other. **de menos**: *Me dieron mil pesetas de ~.* They gave me a thousand pesetas too little. ◊ *tres tenedores de ~* three forks too few ◊ *Hay un plato de ~ en la mesa.* We're one plate short. **echar de menos** to miss *sth/sb/doing sth*: *Echaremos de ~ el ir al cine.* We'll miss going to the cinema. **en menos de nada/que canta un gallo** in no time at all **ir/venir(se) a menos** to come down in the world: *una familia venida a ~* a family that's come down in the world **lo de menos** the least of your worries: *El precio es lo de ~.* The cost is the least of my worries. **lo menos**: *¡Es lo ~ que puedo hacer!* It's the least I can do! ◊ *lo ~ interesante de la película* the least interesting aspect of the film ◊ *lo ~ posible* as little as possible ◊ *Había lo ~ 50 personas.* There were at least 50 people. **menos aún/y menos** particularly: *No quiero ir, y ~ si llueve.* I don't want to go, particularly if it's raining. **menos da una piedra/es nada** it's better than nothing **menos mal**: *¡~ mal!* Thank goodness! ◊ *~ mal que todo ha salido bien.* It's a good job everything has turned out all right. **(nada más y) nada menos que… 1** (*persona*) none other than…: *Ese señor es nada ~ que el Presidente.* That gentleman is none other than the President. **2** (*cantidad*) no less than…: *Consiguieron nada más y nada ~ que el 80% de los votos.* They received no less than 80% of the votes. **nada menos** no less: *Piden nada ~ que 500 libras.* They're asking 500 pounds, no less. **ni más ni menos** exactly: *Le pagué lo que le debía, ni más ni ~.* I paid him exactly what I owed him. ◊ *¡Ni más ni ~!* Exactly! **ni mucho menos**: *—¿Te molestaste? —¡Ni mucho ~!* 'Did you get annoyed?' 'Far from it!' ◊ *No es ni mucho ~ tan guapa como su madre.* She's by no means as attractive as her mother. **no poder menos que…**: *Uno no puede ~ que sentirse halagado.* You can't help feeling flattered. ◊ *No pudo ~ que reconocer que teníamos razón.* He had to admit we were right. **no ser menos que algn** to be as good as sb: *¡No soy ~ que ella!* I'm as good as she is! **(poco) más o menos** more or less: *una opinión más o ~ objetiva* a more or less objective opinion ◊ *Necesito un metro de tela, poco más o ~.* I'll need roughly a metre of cloth. **poco menos que**: *El nuevo jefe es poco ~ que tonto.* Our new boss is quite stupid. ◊ *Poco ~ que le arrancó un diente.* He nearly knocked his tooth out. **por lo menos** at least **por (menos de) nada** over nothing at all: *Se enfada por ~ de nada.* He gets angry over nothing at all. **por no ser menos** not to be outdone **¡qué menos!**: *—Me dijo que me pagarían los daños. —¡Hombre, qué ~!* 'He said they would pay me compensation.' 'It's the least they could do!' ◊ *¡Qué ~ que comprarles algo!* The least you can do is buy them something! **si al menos…** if only… **¡sí, pero menos!/¡ya será menos!** oh, yeah? **sus más y sus menos 1** (*pros y contras*) pros and cons: *Todos los trabajos tienen sus más y sus ~.* Every job has its pros and cons. **2** (*roces*) differences of opinion: *En la reunión hubo sus más y sus ~.* There were some differences of opinion at the meeting. **uno más, uno menos** give or take…: *Cuesta un millón, mil pesetas más, mil pesetas ~.* It costs a million pesetas, give or take the odd thousand. *Ver tb* ABULTAR, CADA, COBRAR, COSA, CUANDO, CUANTO, DÍA, DURAR, MOMENTO

menospreciar *vt* **1** (*despreciar*) to despise **2** (*subestimar*) to underestimate

mensaje *nm* message

mensajería *nf*: *empresa/servicio de ~* courier firm/service

mensajero, -a *nm-nf* **1** (*gen*) messenger: *los ~s de la reina* the Queen's messengers **2** (*Com*) courier
■ **mensajero, -a** *adj* **LOC** *Ver* MATAR, PALOMA

menstruación *nf* menstruation

menstrual *adj* menstrual

menstruar *vi* to menstruate

mensual *adj* monthly: *un salario ~ de…* a monthly salary of… ◊ *diez mil pesetas ~es* ten thousand pesetas a month **LOC** *Ver* PUBLICACIÓN, REMUNERACIÓN

mensualidad *nf* (*plazo*) monthly instalment

menta *nf* **1** (*hierba*) mint **2** (*infusión*) peppermint tea
LOC caramelo/pastilla de menta mint *Ver tb* LICOR

mental *adj* mental: *una enfermedad ~* a mental illness ◊ *un desequilibrado ~* a mentally unbalanced person **LOC** *Ver* BLOQUEO, CACAO², CACHONDO, CÁLCULO, CERRAZÓN, DISMINUIDO, EMPANADA, ENAJENACIÓN, ENFERMO, PAJA

mentalidad *nf* mentality
LOC tener una mentalidad abierta/estrecha to be open-minded/narrow-minded

mentalización *nf* **1** (*concienciación*) heightened awareness: *una campaña de ~ ciudadana* a campaign to heighten public awareness **2** (*convencimiento*) mental preparation: *Les falta ~ para ganar la copa.* They lack the mental preparation to win the cup.

mentalizar *vt* **1** (*preparar*) to prepare *sb* mentally (***for sth***): *~ a los futbolistas antes de un partido* to prepare the footballers mentally for a match **2** (*concienciar*) to make *sb* aware (***of sth***): *~ a la población de la necesidad de cuidar del medio ambiente* to make people aware of the need to look after the environment

■ **mentalizarse** *v pron* (*aceptar*) to come to terms ***with sth***: *Estoy intentando ~me para ser padre.* I'm trying to come to terms with the idea of being a father. ◊ *Tienes que ~te de que tienes que trabajar.* You must get it into your head that you've got to work.

mentalmente *adv* mentally: *calcular una suma ~* to work out a sum in your head

mente *nf* mind: *Aquella imagen no se me va de la ~.* I can't get the image out of my mind.
LOC **quedarse/tener la mente en blanco**: *Se me quedó la ~ en blanco.* My mind went blank. **tener algo en mente** to have sth in mind: *¿Tienes algo en ~?* Do you have anything in mind? ◊ *Tenemos en ~ remodelar la empresa.* We have it in mind to restructure the business. **traer a la mente** to bring *sth* back **venir a la mente**: *Su nombre me vino a la ~.* I (suddenly) remembered her name. *Ver tb* APARTAR, CABEZA

mentir *vi* to lie: *No me mientas sobre lo que pasó.* Don't lie to me about what happened. ◊ *No me gusta que mientas.* I don't like you telling lies. ◊ *Miente más que habla.* He's a terrible liar. ☛ *Ver nota en* LIE[2]
LOC **¡miento!** I tell a lie!

mentira *nf* lie: *¡Eso es ~!* That's a lie! ◊ *contar/decir ~s* to tell lies ◊ *Estoy harta de tus ~s.* I've had enough of your lying.
LOC **de mentira** pretend: *Es una pistola de ~.* It's a pretend gun. **¡mentira!** (it's) not true! **una mentira como una casa/un templo** a whopper **una mentira piadosa** a white lie *Ver tb* PARECER, SARTA, TEJER, VERDAD

mentiroso, -a *adj, nm-nf* liar [*n*]: *¡No seas tan ~!* Don't be such a liar! ◊ *Lo calificaron de ~.* They called him a liar.

mentón *nm* chin

mentor *nm* mentor

menú *nm* (*Cocina, Informát*) menu: *Las ostras no estaban en el ~.* The oysters weren't on the menu. ☛ *Ver nota en* MENÚ
LOC **menú (del día)** set menu

menudencia *nf*: *No vamos a discutir ahora por esas ~s.* Let's not argue over such trivial details.

menudillos *nm* giblets

menudo, -a *adj* **1** (*pequeño*) small ☛ *Ver nota en* SMALL **2** (*sin importancia*) trivial **3** (*en exclamaciones*): *¡Menuda suerte tienes!* You're so lucky! ◊ *¡~ regalo!* What an incredible present! ◊ *¡Menuda gracia me hace tener que cocinar a estas horas!* It's not much fun having to cook at this time of the day!
LOC **a menudo** often ☛ *Ver nota en* ALWAYS **¡menuda la has armado/hecho/liado!** a fine mess you've made! **¡menuda te va a caer!** now you're for it! *Ver tb* CARBÓN, GENTE, LETRA, LLUVIA

meñique *nm* **1** (*de la mano*) little finger ☛ *Ver ilustración en* HAND[1] **2** (*del pie*) little toe

meollo *nm* heart: *el ~ de la cuestión* the heart of the matter

meón, -ona *adj, nm-nf*: *Este niño es un ~.* This little boy is always wetting himself. ◊ *ser muy ~* to have a weak bladder

mequetrefe *nmf* good-for-nothing

mercachifle *nm* **1** (*quincallero*) tinker **2** (*vendedor ambulante*) hawker **3** (*usurero*) money-grubber

mercadillo *nm* street market

mercado *nm* market: *Lo compré en el ~.* I bought it at the market. ◊ *el ~ libre* the free market
LOC **el Mercado Común** the Common Market **mercado bursátil/de valores** stock market **mercado de divisas** foreign exchange market **mercado exterior** overseas market **mercado interior/nacional** domestic/home market **mercado negro** black market **sacar al mercado** to put *sth* on the market **salir al mercado** to come on the market *Ver tb* CONQUISTAR, CUOTA, ECONOMÍA, ESTUDIO, INVESTIGACIÓN, PROSPECCIÓN

mercadotecnia *nf* marketing

mercancía *nf* **1** (*gen*) goods [*v pl*]: *La ~ estaba defectuosa.* The goods were damaged. ◊ *la libre circulación de ~s y servicios* the free movement of goods and services ◊ *El petróleo es una ~ muy poderosa.* Oil is a very powerful commodity. **2** (*contrabando*) loot **3** (*droga*) stuff
■ **mercancías** *nm* goods train **LOC** *Ver* VAGÓN

mercante *adj* merchant: *la flota ~* the merchant fleet
■ **mercante** *nm* (*barco*) merchant ship

mercantil *adj* commercial: *derecho ~* commercial law
LOC *Ver* CÓDIGO, CONTRATO, PERITO, REGISTRO, SOCIEDAD

merced *nf*
LOC **estar a merced de** to be at the mercy of *sth/sb*

mercenario, -a *adj, nm-nf* mercenary

mercería *nf* haberdashery

mercurio *nm* **1** (*Quím*) mercury **2 Mercurio** (*planeta*) Mercury

merecedor, ~a *adj* worthy (***of sth***): *una persona merecedora de confianza* a person worthy of trust
LOC **ser merecedor de** to deserve *sth*: *Estas irregularidades son merecedoras de sanción.* These irregularities deserve to be punished. **(ser) merecedor de elogios 1** (*acción*) (to be) praiseworthy **2** (*persona*) (to be) worthy of praise

merecer *vt* (*valer*) to earn: *Su honradez le mereció nuestro respeto.* His honesty earned him our respect.
■ **merecer(se)** *vt, v pron* to deserve: *(Te) mereces un castigo.* You deserve to be punished. ◊ *El equipo mereció perder.* The team deserved to lose. **LOC** *Ver* PENA

merecido, -a *pp, adj* well deserved: *una victoria merecida* a well deserved victory *Ver tb* MERECER
LOC **darle a algn su merecido**: *Le dieron su ~.* He got what he deserved. **lo tienes bien merecido** it serves you right

merendar *vt* to have *sth* for tea: *¿Qué queréis ~?* What do you want for tea?
■ **merendar** *vi* **1** (*gen*) to have tea: *Merendamos a las seis.* We have tea at six o'clock. ☛ *Ver nota en* DINNER **2** (*al aire libre*) to have a picnic
■ **merendarse** *v pron* **1** (*acabar rápidamente*) to go through *sth* very quickly: *~se un libro en una tarde* to go through a book in an afternoon **2** (*ganar*) to thrash: *Se merendó a su rival.* He thrashed his rival.

merendero *nm* **1** (*chiringuito*) open-air bar **2** (*área*) picnic area

merendola *nf* feast

merengue *nm* **1** (*Cocina*) meringue **2** (*baile, música*) merengue

meridiano, -a *adj* **1** (*de mediodía*) midday [*n atrib*]: *el calor ~* the midday heat **2** (*evidente*) crystal-clear: *Se expresó con una claridad meridiana.* He spoke with absolute clarity.
■ **meridiano** *nm* meridian
LOC **meridiano cero/de Greenwich** Greenwich Meridian

meridional *adj* southern

merienda *nf* **1** (*gen*) tea: *¿Qué hay de ~?* What's for tea? ◊ *Termínate la ~.* Eat up your tea. ☛ *Ver nota en* DINNER **2** (*al aire libre*) picnic: *Fueron de ~ al campo.* They went for a picnic in the country.
LOC **merienda-cena** early evening meal ≃ tea ☛ *Ver nota en* DINNER **merienda de negros** free-for-all *Ver tb* CAMPESTRE

merino, -a *adj, nm-nf* merino [*pl* merinos] [*n*]: *lana merina* merino wool

mérito *nm* merit: *Obtuvo el puesto por ~s propios.* He got the job on his own merits. ◊ *Los críticos no le ven especial ~ al cuadro.* The critics see no special merit in this painting.
LOC **hacer méritos**: *Está haciendo ~s para que le asciendan.* He's working hard to get promotion. **no quitar mérito**: *No le quito ningún ~, pero creo que debería pasar más tiempo con sus hijos.* I don't like to criticize, but I really think he should spend more time with his children. **quitar/restar méritos 1 a algo** to detract from sth **2 a algn** to take the credit away from sb **tener mérito** to be praiseworthy

meritorio, -a *adj* praiseworthy

merluza *nf* hake [*pl* hake]: ~ *rebozada* battered hake **LOC coger una merluza** to get plastered

merluzo, -a *adj, nm-nf* twit [*n*]: *¡No seas ~!* Don't be such a twit!

merma *nf* reduction: *la ~ del consumo* the reduction in consumption

mermar *vi* **1** (*agua*) to evaporate **2** (*salud*) to get worse **3** (*encoger*) to shrink **4** (*labor de punto*) to decrease
■ **mermar** *vt* **1** (*gen*) to decrease: *La vejez ha mermado su capacidad de raciocinio.* Old age has decreased his reasoning powers. ◊ *Tienes que ~ tres puntos en cada vuelta.* Decrease three stitches in each row. **2** (*autoridad, reputación*) to undermine

mermelada *nf* **1** (*gen*) jam: ~ *de melocotón* peach jam **2** (*de cítricos*) marmalade ☛ *Ver nota en* MARMALADE

mero *nm* **1** (*del Mediterráneo*) grouper **2** (*del Atlántico*) halibut [*pl* halibut]

mero, -a *adj* mere: *Es un ~ trámite.* It is merely a bureaucratic procedure. ◊ *Fue una mera casualidad.* It was just coincidence. ◊ *Le han despedido por el ~ hecho de llegar tarde.* He's been fired simply for being late.

merodeador, ~a *nm-nf* prowler

merodear *vi* to prowl (***around...***): *Siempre hay gente merodeando por allí.* There are always people prowling around there.

mes *nm* **1** (*gen*) month: *Dentro de un ~ empiezan las vacaciones.* The holidays start in a month. ◊ *el ~ pasado/que viene* last/next month ◊ *a primeros de ~* at the beginning of the month ◊ *Tiene cuatro ~es.* He's four months old. **2** (*pago*) **(a)** (*sueldo*) month's salary: *Todavía no he cobrado este ~.* I haven't had this month's salary yet. **(b)** (*alquiler*) month's rent: *Pagué un ~ por adelantado.* I paid a month's rent in advance. **(c)** (*a plazos*) (monthly) instalment **3** (*menstruación*) period: *Estoy con el ~.* I've got my period.
LOC al mes (*cada mes*) a month: *¿Cuánto gastas al ~?* How much do you spend a month? **al mes de**: *Al ~ de empezar enfermó.* Within a month of starting he fell ill. **a los dos, etc meses (de)**: *A los seis ~es la ascendieron.* She was promoted after six months. ◊ *A los tres ~es de llegar al país se cambiaron de casa.* They moved house three months after arriving in the country. **estar de dos, etc meses** to be two, etc months pregnant **por meses** monthly: *Nos pagan por ~es.* We're paid monthly. **un mes sí y otro no** every other month *Ver tb* ÚLTIMO

mesa *nf* **1** (*gen*) table: *una ~ de billar/café* a billiard/coffee table ◊ *No pongas los pies en la ~.* Don't put your feet on the table. ◊ *¿Nos sentamos a la ~?* Shall we sit at the table? **2** (*junta directiva*) committee [*v sing o pl*] ☛ *Ver nota en* COMITÉ
LOC ¡a la mesa! lunch, dinner, etc is ready! **atender/servir la mesa** to wait at table **buena mesa** good food **mesa auxiliar/supletoria** side table **mesa camilla** round occasional table **mesa con alas abatibles** drop-leaf table **mesa (de despacho/colegio)** desk **mesa de dibujo** drawing board **mesa de juego** gaming table **mesa de operaciones** operating table **mesa electoral** people in charge of supervising a polling station **mesa negociadora/de negociación 1** (*conjunto de personas*) negotiating body **2** (*lugar*) negotiating table **mesa redonda** (*lit* y *fig*) round table: *una ~ redonda sobre el tema de la drogadicción* a round table (discussion) on drug addiction **poner la mesa** to lay/set the table *Ver tb* BENDECIR, CARTA, JUEGO, LEVANTAR, RECOGER, SENTAR, SERVICIO, TENIS

meseta *nf* plateau [*pl* plateaus/plateaux]

Mesías *nm* Messiah

mesilla (*tb* **mesita**) *nf*
LOC mesilla (de noche) bedside table

mesón *nm* inn

mesonero, -a *nm-nf* innkeeper

mestizaje *nm* racial mix

mestizo, -a *adj* of mixed race
■ **mestizo, -a** *nm-nf* person of mixed race

mesura *nf* **1** (*compostura*) composure: *conservar/perder la ~* to keep/lose your composure **2** (*moderación*) moderation: *beber con ~* to drink in moderation

meta *nf* **1** (*Dep*) **(a)** (*Atletismo*) finishing line: *el primero en cruzar la ~* the first across the finishing line **(b)** (*Fútbol*) goal **(c)** (*Hípica*) winning post **2** (*objetivo*) aim

> En el sentido de *objetivo* también se puede decir **goal**: *perseguir/alcanzar una meta* to pursue/achieve an aim/a goal.

■ **meta** *nmf* (*portero*) goalkeeper ☛ *Ver ilustración en* FÚTBOL **LOC** *Ver* JUEZ, LÍNEA, PROPIO

metabolismo *nm* metabolism

metacarpo *nm* metacarpals [*v pl*] ☛ *Ver ilustración en* ESQUELETO

metafísica *nf* metaphysics [*v sing*]

metafísico, -a *adj* metaphysical

metáfora *nf* **~ (de)** metaphor (**for *sth***): *una ~ de la vida humana* a metaphor for human life

metafórico, -a *adj* metaphorical

metal *nm* **1** (*gen*) metal: *un ~ noble/precioso* a precious metal ◊ *Los ~es son buenos conductores del calor.* Metals are good conductors of heat. **2** (*Mús*) brass (section) ☛ *Ver ilustración en* BRASS **LOC** *Ver* VIL

metalenguaje *nm* metalanguage

metálico, -a *adj* **1** (*gen*) metal [*n atrib*]: *una barra/puerta metálica* a metal bar/door **2** (*color, sonido*) metallic
■ **metálico** *nm* cash
LOC en metálico cash: *pagar (algo) en ~* to pay (for sth) in cash ◊ *un premio en ~* a cash prize *Ver tb* CIERRE, COBRAR, TELA

metalizado, -a *pp, adj* metallic

metalurgia *nf* metallurgy

metalúrgico, -a *adj* metal [*n atrib*]: *la industria metalúrgica* the metal industry
■ **metalúrgico, -a** *nm-nf* metalworker

metamorfosis (*tb* **metamórfosis**) *nf* metamorphosis [*pl* metamorphoses]

metano *nm* methane

metatarso *nm* metatarsals [*v pl*] ☛ *Ver ilustración en* ESQUELETO

metedura *nf*
LOC metedura de pata blunder: *Fue simplemente una ~ de pata.* It was just a blunder. ◊ *¡Vaya ~ de pata!* You've really put your foot in it this time!

meteórico, -a *adj* meteoric

meteorito *nm* **1** (*cuando llega a la atmósfera*) meteor **2** (*cuando cae a la Tierra*) meteorite

meteoro *nm* weather phenomenon [*pl* weather phenomena]

meteorología *nf* meteorology

meteorológico, -a *adj* weather [*n atrib*], meteorological (*formal*): *un mapa ~* a weather map **LOC** *Ver* BOLETÍN, CARTA, CIRCUNSTANCIA, ESTACIÓN, PARTE[1], SATÉLITE

meteorólogo, -a *nm-nf* meteorologist

metepatas *nmf*: *Tu hermana es una ~.* Your sister always puts her foot in it.

meter *vt* **1** (*gen*) to put: *Mete el coche en el garaje.* Put the car in the garage. ◊ *¿Por dónde meto la moneda?* Where do I put the coin in? ◊ *¿Dónde has metido mis llaves?* Where have you put my keys? ◊ *~ los datos en el ordenador* to put data onto the computer ◊ *~ a algn en la cárcel* to put sb in jail ◊ *Metí 2.000 pesetas en mi cuenta.* I put 2000 pesetas into my account. ◊ *Han metido muchas horas en este negocio.* They've put a lot of hours into this business. ◊ *Me metió el dedo en el ojo.* He stuck his finger in my eye. **2** (*persona*) **(a)** (*actividad, colegio*) to send *sb* **to do *sth*/to...**: *Sus padres lo metieron a estudiar música.* His parents sent him to study music. ◊ *~ a algn en un internado* to send sb to boarding school **(b)** (*empleo*) to get *sb* a job: *Ha metido a su sobrino en el Ministerio.* He has got his nephew a job at the Ministry. **3** (*implicar*) to involve *sb* (***in sth***): *Queremos ~les en el negocio.* We want to involve them in the business. ◊ *A mí no me metas, es cosa vuestra.*

Don't drag me in – it's your affair. ◊ *¡En menudo lío me has metido!* A fine mess you've landed me in! **4** (*en un coche*): ~ *la primera/marcha atrás* to put a car into first gear/reverse **5** (*Costura*) **(a)** (*de ancho*) to take *sth* in: ~ *un vestido de cintura* to take a dress in at the waist **(b)** (*de largo*) to take *sth* up **6** (*gol, canasta*) to score

■ **meterse** *v pron* **1** (*introducirse*) to get into *sth*: *No me apetece ~me en el agua.* I don't fancy getting into the water. ◊ *~se en la cama/ducha* to get into bed/the shower ◊ *Se me ha metido una piedra en el zapato.* I've got a stone in my shoe. **2** (*entrar*) to go into...: *Me metí en un bar a tomar café.* I went into a bar for a coffee. **3** (*estar*) to be: *¿Dónde se habrá metido mi cuaderno?* Where can my notebook be? **4** (*involucrarse, interesarse*) to get involved (*in sth*): *~se en negocios sucios* to get involved in dirty business ◊ *No quiero ~me en gastos.* I don't want to get involved in a lot of expense. ◊ *Le ha dado por ~se en política.* He's got involved in politics. **5** (*en los asuntos de otro*) to interfere (*in sth*): *Son problemas entre ellos dos. ¿Por qué te metes?* It's their problem, so why interfere? ◊ *Se mete en todo.* He interferes in everything. **6 meterse (a)** (*en un empleo*): *~se (a) cura* to become a priest **7 meterse a** (*empezar*) to start ***doing sth*/*to do sth***: *Se metió a ordenar el salón justo cuando nos teníamos que marchar.* She started tidying up the sitting room just when we had to leave. **8 meterse con (a)** (*tomar el pelo*) to tease *sb* [*vt*] **(b)** (*buscando pelea*) to pick on *sb*

LOC meterse en uno mismo to withdraw into yourself

☛ Para otras expresiones con **meter**, véanse las entradas del sustantivo, adjetivo, etc, p. ej. **meter los perros en danza** en PERRO y **meterse a redentor** en REDENTOR.

meticón, -ona *nm-nf* busybody

meticuloso, -a *adj* meticulous, thorough (*más coloq*)

metido, -a *pp, adj* **1** (*encerrado*) shut up: *Se pasa el día ~ en la cocina.* He spends the day shut up in the kitchen. **2** (*concentrado, interesado*) involved *in sth*: *Está muy ~ en el mundillo del fútbol.* He's very involved in the world of football. *Ver tb* METER

LOC estar metido en algo hasta el cuello to be in sth up to your neck **metido en carnes** plump **tener a algn metido en un puño** to have sb in the palm of your hand *Ver tb* AÑO, FAENA

metilo *nm* methyl

metódico, -a *adj* methodical

metodista *adj, nmf* Methodist

método *nm* method: *~s de enseñanza de idiomas* language teaching methods ◊ *un buen ~ para dormir a los niños* a good way of getting children to go to sleep

metodología *nf* methodology

metodológico, -a *adj* methodological

metomentodo *nmf* busybody

metralla *nf* shrapnel

metralleta *nf* sub-machine gun

métrico, -a *adj* metric

■ **métrica** *nf* metrics [*v sing*] **LOC** *Ver* CINTA, SISTEMA, TONELADA

metro¹ *nm* underground: *Podemos ir en ~.* We can go there on the underground.

> El metro de Londres se conoce también con el nombre de **tube**: *Cogimos el último metro.* We caught the last tube.

metro² *nm* **1** (*medida*) metre (*abrev* m): *600 ~s cuadrados* 600 square metres

> Nótese que la abreviatura *m* no varía en plural: the 200 m breast-stroke. ☛ *Ver apéndice 3*

2 (*Poesía*) metre **3** (*cinta para medir*) tape-measure

LOC por metros by the metre: *Se vende por ~s.* It's sold by the metre. *Ver tb* ALTURA, HONDO, PROFUNDIDAD

metrónomo *nm* metronome

metrópoli (*tb* **metrópolis**) *nf* metropolis

metropolitano, -a *adj* metropolitan

mexicano, -a *adj, nm-nf* Mexican

México *nm* (*país*) Mexico

mezcla *nf* **1** (*gen*) mixture: *una ~ de aceite y vinagre* a mixture of oil and vinegar **2** (*tabaco, alcohol, café, té*) blend **3** (*racial, social, musical*) mix

LOC mezcla explosiva (*lit* y *fig*) explosive mixture

mezclador *nm* (*tb* **mezcladora** *nf*) mixer: *un ~ de cemento* a cement mixer

■ **mezclador, ~a** *nm-nf* (*persona*) mixer: *un ~ de imagen/sonido* an image/a sound mixer

mezclar *vt* **1** (*gen*) to mix: *Hay que ~ bien los ingredientes.* Mix the ingredients well. **2** (*café, tabaco, alcohol*) to blend **3** (*desordenar*) to get *sth* mixed up: *No mezcles las fotos.* Don't get the photos mixed up. **4** (*involucrar*) to involve *sb* (*in sth*): *Lo mezclaron en un lío de drogas.* They involved him in a drugs deal.

■ **mezclarse** *v pron* **1 mezclarse con (a)** (*alternar*) to mix **with *sb***: *No quiere ~se con la gente del pueblo.* He doesn't want to mix with people from the village. **(b)** (*juntarse con gente de mala reputación*) to get mixed up **with *sb***: *Se mezcló con una pandilla de gamberros.* He got mixed up with a gang of hooligans. **2 mezclarse (en)** (*meterse*) to get involved (**in *sth***): *No quiero ~me en asuntos familiares.* I don't want to get involved in family matters.

mezquindad *nf* **1** (*tacañería*) meanness **2** (*acto*) mean trick

mezquino, -a *adj* **1** (*tacaño*) mean **2** (*pequeño*) miserable: *dar una propina mezquina* to give a miserable tip

mezquita *nf* mosque

mi¹ *adj pos* my: *mis amigos* my friends

mi² *nm* **1** (*nota de la escala*) mi **2** (*tonalidad*) E ☛ *Ver ejemplos en* SOL¹

mí *pron pers* me: *¿Es para mí?* Is it for me? ◊ *No me gusta hablar de mí mismo.* I don't like talking about myself.

miaja *nf* (tiny) bit: *una ~ de queso* a (tiny) bit of cheese ◊ *—¿No te da lástima? —Ni una ~.* 'Doesn't it make you feel sorry?' 'Not a bit.'

miau *nm* miaow: *El gato hizo ~.* The cat went miaow.

michelín *nm* spare tyre

mico, -a *nm-nf* **1** (*Zool*) monkey **2** (*niño*) little monkey **3** (*feo*) ugly brute

LOC volverse mico: *Me estoy volviendo ~ con las instrucciones del vídeo.* The video instructions are driving me crazy. ◊ *Se ha vuelto ~ buscando las gafas.* He's looked for his glasses high and low.

micro *nm* **1** (*micrófono*) mike **2** (*microbús*) minibus

microbio *nm* microbe, germ (*más coloq*): *un desinfectante que mata los ~s* a disinfectant that kills germs

microbiología *nf* microbiology

microbús *nm* minibus

microcosmos (*tb* **microcosmo**) *nm* microcosm

microfilme *nm* microfilm

micrófono *nm* microphone, mike (*más coloq*)

microondas *nm* microwave (oven): *Hazlo en el ~.* Cook it in the microwave.

microorganismo *nm* micro-organism

microscópico, -a *adj* microscopic

microscopio *nm* microscope

LOC microscopio electrónico electron microscope **mirar algo al/por el microscopio** to look at sth under the microscope

miedica *adj, nmf* chicken [*adj*]: *Venga, no seas ~.* Come on, don't be chicken.

mieditis *nf* the jitters: *tener ~* to have the jitters ◊ *Da un poco de ~ pasar por este túnel por la noche.* Going through this tunnel at night gives you the jitters.

miedo *nm* fear (**of *sth*/*sb*/*doing sth***): *perder el ~ a volar* to lose your fear of flying/ ◊ *paralizado por el ~* paralysed with fear

LOC coger miedo to become scared *of sth/sb/doing sth*: *Les he cogido ~ a los perros.* I've become scared of dogs. **dar miedo** to frighten, to scare (*más coloq*): *Sus amenazas no me dan ningún ~.* His threats don't frighten me. ◊ *Me da ~ que le pase algo.* I'm scared of something happening to him. **de miedo 1** (*tremendo*) dreadful: *un ruido de ~* a dreadful noise **2** (*estupendo*) fantastic: *Lo pasamos de ~.* We had a fantastic time. ◊ *El equipo jugó de ~.* The team played fantastically well. **meter miedo** to frighten *sb* **pasar miedo** to be frightened: *Pasé un ~ espantoso.* I was terribly frightened. **por miedo a/de** for fear of *sth/sb/doing sth*: *por ~ a las represalias/meter la pata* for fear of reprisals/putting your foot in it ◊ *No lo hice por ~ a que me riñeran.* I didn't do it for fear of being scolded. **que da/mete miedo** frightening: *una mirada que mete ~* a frightening look **¡qué miedo!** how scary! **quitar el miedo** to help *sb* get over their fear: *Hemos conseguido quitarle el ~ a las inyecciones.* We've helped him get over his fear of injections. **quitarse el miedo de encima** to overcome your fear: *No podía quitarme el ~ de encima.* I couldn't overcome my fear. **tener miedo** to be afraid (*of sth/sb/doing sth*): *Tiene ~ a los perros.* He's afraid of dogs. ◊ *¿Tenías ~ de que llegáramos tarde?* Were you afraid (that) we'd be late? ◊ *Tenía ~ de que le robaran.* He was afraid of being robbed. **tener miedo hasta de tu sombra** to be scared of your own shadow **tener un miedo atroz/cerval** to be scared stiff *Ver tb* CAGAR(SE), GRITAR, MORIR(SE), MUERTO, PELÍCULA

miedoso, -a *adj*: *¡No seas ~! El dentista no te hará daño.* Be brave! The dentist isn't going to hurt you. ◊ *Siempre ha sido un niño ~.* He's never been a very brave little boy.
■ **miedoso, -a** *nm-nf* coward: *¡Eres un ~!* You're such a coward!

miel *nf* honey
LOC dejar a algn con la miel en los labios: *Guardó el vino y me dejó con la ~ en los labios.* He snatched the wine away from under my nose. **las mieles del triunfo** the fruits of success **¡miel sobre hojuelas!** even better! *Ver tb* LUNA

miembro *nm* **1** (*gen*) member: *hacerse ~* to become a member ◊ *los países ~s* the member countries **2** (*Anat*) limb
LOC miembro de pleno derecho fully paid-up member **miembro (viril)** (male) member

mientras *adv* in the meantime: *~ prepararé la comida.* I'll get lunch in the meantime.
■ **mientras** *conj* **1** (*simultaneidad*) while: *Acostumbra a leer el periódico ~ come.* He usually reads the paper while he eats. **2** (*tanto tiempo como, siempre que*) as long as: *Aguanta ~ te sea posible.* Put up with it as long as you can. **3** (*hasta que*) until: *No salgas ~ no te den permiso.* Don't leave until they give you permission. ☛ *Ver nota en* UNTIL
LOC mientras más/menos ... the more/less ...: *~ más lo pienso menos lo entiendo.* The more I think about it, the less I understand it. **mientras que** whereas **mientras tanto** in the meantime/meanwhile

miércoles *nm* Wednesday (*abrev* Wed(s)) ☛ *Ver ejemplos en* LUNES
LOC miércoles de ceniza Ash Wednesday

mierda *nf* **1** (*excremento, droga*) shit (⚠) **2** (*suciedad*) muck **3** (*cosa sin valor*) crap [*incontable*] (⚠): *Esta novela es una ~.* This novel is crap.
■ **mierda** *nmf* (*persona*) shit (⚠)
■ **¡mierda!** *interj* shit! (⚠)
LOC agarrar(se)/pillar(se) una mierda to get pissed (⚠) **cubrirse/llenarse de mierda** (*fig*) to land yourself in the shit (⚠) **de mierda 1** (*malo*) crappy (⚠): *una película de ~* a crappy film **2** (*maldito*) bloody (⚠): *¡Políticos de ~!* Bloody politicians! **hecho una mierda 1** (*sucio*) filthy **2** (*estropeado*) wrecked **irse a la mierda** (*fracasar*) to go to pot **¿qué/dónde mierda ...?** what/where the hell ...? **¡(vete) a la mierda!** go to hell! **¡(y) una mierda!** like hell!: *—¿Me dejas tu coche? —¡Una ~!* 'Will you lend me your car?' 'Like hell I will!' *Ver tb* MANDAR
☛ Para términos y expresiones marcados con el símbolo ⚠, véase nota en TABÚ.

mies *nf* **1** (*cereal*) corn **2 mieses** (*campos*) cornfields

miga *nf* **1** (*gen*) crumb: *~s de galleta* biscuit crumbs ◊ *Este pan tiene poca ~.* This bread is all crust. **2** (*sustancia*) substance: *una película con mucha ~* a film of real substance **3 migas** fried breadcrumbs
LOC hacer buenas/malas migas to get on well/badly (*with sb*) **hacerse migas** to shatter: *La estatuilla se hizo ~s.* The statuette shattered. **tener miga** (*intríngulis*): *Esto tiene su ~.* There's more to this than meets the eye.

migaja *nf* **1** (*trocito*) (tiny) bit **2** (*pan, galleta*) crumb **3 migajas** (*restos*) scraps

migración *nf* migration

migraña *nf* migraine

migratorio, -a *adj* migratory

mil *nm, adj, pron* **1** (*millar*) (a) thousand: *~ personas* a thousand people ◊ *un billete de cinco ~* a five thousand peseta note

> **Mil** se puede traducir también por **one thousand** cuando va seguido de otro número: *mil trescientos sesenta* one thousand three hundred and sixty, o bien para dar énfasis a una cantidad: *Te dije mil, no dos mil.* I said one thousand, not two.
> De 1.100 a 1.900 es muy normal, especialmente en un contexto informal, utilizar las formas **eleven hundred, twelve hundred**, etc: *una carrera de mil quinientos metros* a fifteen hundred metre race.

2 (*años*): *en 1603* in 1603 ☛ Se dice 'sixteen o three' /ˌsɪkstiːn əʊ ˈθriː/: *~ seiscientos (1600)* sixteen hundred ◊ *~ seiscientos trece (1613)* sixteen thirteen ◊ *el año dos ~* the year two thousand ☛ *Ver apéndice 3* **3** (*milésimo*) thousandth: *el turista ~* the thousandth tourist
LOC a/por miles in their thousands **con/de mil amores** with great pleasure **de mil maneras** in thousands of ways **ir/venir a las mil maravillas** to be just what the doctor ordered **miles de ...** thousands of ...: *~es de moscas* thousands of flies **mil millones** (a) billion: *Ha costado tres ~ millones de pesetas.* It cost three billion pesetas. ☛ *Ver nota en* BILLION **pasar las mil y una** to have all sorts of difficulties *doing sth*: *Pasé las ~ y una para obtener un visado.* I had all sorts of difficulties getting a visa. *Ver tb* CIEN, COLOR, DECENA, DEMONIO, MARAVILLA, SUERTE, TROPECIENTOS

milagro *nm* miracle: *Es un ~ que haya venido.* It's a miracle he's here.
LOC de milagro: *Sigue vivo de ~.* It's a miracle he's still alive. ◊ *Me salvé de ~.* I had a miraculous escape. **ni de milagro** no way: *A mí no me aprueban ni de ~.* There's no way I can pass. *Ver tb* MARAVILLA, VIDA

milagroso, -a *adj* miraculous

milano *nm* (*pájaro*) kite **LOC** *Ver* COLA[2]

milenario, -a *adj* ancient
■ **milenario** *nm* thousandth anniversary

milenio *nm* millennium [*pl* millennia/millenniums]

milésimo, -a *adj, nm-nf, pron* thousandth: *el ~ aniversario* the thousandth anniversary ◊ *una milésima de segundo* a thousandth of a second ☛ *Ver apéndice 3*
LOC la/una milésima parte (de) a thousandth (of *sth*)

milhojas *nm* millefeuille

mili *nf* military service: *hacer la ~* to do your military service ◊ *Está en la ~.* He's doing his military service.

milicia *nf* militia
LOC milicias universitarias university military service

miliciano, -a *nm-nf* member of a militia

miligramo *nm* milligram (*abrev* mg) ☛ *Ver apéndice 3*

mililitro *nm* millilitre (*abrev* ml) ☛ *Ver apéndice 3*

milimetrado, -a *adj* **LOC** *Ver* PAPEL

milímetro *nm* millimetre (*abrev* mm) ☛ *Ver apéndice 3*

militancia *nf* **1** (*afiliación, conjunto de militantes*) membership: *su ~ en el partido* his membership of the party ◊ *el partido, cuya ~ se cifra en miles* the party, which has a membership of thousands **2** (*actitud*) militancy

militante *adj* **1** (*activo*) (politically) active **2** (*agresivo*) militant

■ **militante** *nmf* activist
militar¹ *vi* ~ **(en)** (*Pol*) to be an activist (**in** ***sth***): *Milita en el partido comunista.* He is a communist party activist.
militar² *adj* military: *disciplina/uniforme* ~ military discipline/uniform
■ **militar** *nmf* **1** (*gen*) soldier: *Mi padre era* ~. My father was in the army. **2 los militares** the military [*v sing o pl*]: *Los ~es han dado un golpe de estado.* The military have mounted a coup. **LOC** *Ver* ACCIÓN, CUMPLIR, ECONOMATO, INDUSTRIA, JUNTA, PARADA, POLICÍA, SERVICIO, TRIBUNAL
militarismo *nm* militarism
militarizar *vt* to militarize
milla *nf* mile ☛ *Ver apéndice 3*
millar *nm* thousand [*pl* thousand]: *dos ~es de libros* two thousand books ☛ *Ver apéndice 3*
LOC a millares in their thousands **millares de...** thousands of...: *~es de personas* thousands of people *Ver tb* PIEDRA
millón *nm* million [*pl* million]: *dos millones trescientas quince mil* two million three hundred and fifteen thousand ◊ *Tengo un ~ de cosas pendientes.* I've got a million things to do. ☛ *Ver apéndice 3*
LOC a millones by the million **millones de...** millions of...: *millones de partículas* millions of particles **un millón de gracias** thanks a million *Ver tb* MIL
millonada *nf* fortune: *Vale una* ~. It's worth a fortune.
millonario, -a *adj* (*premio, beneficios*) huge
■ **millonario, -a** *adj, nm-nf* (*persona*) millionaire [*fem* millionairess] [*n*]

Nótese que aunque el femenino de **millionaire** es **millionairess**, este término solo se usa para describir a una mujer de alta sociedad con una gran fortuna familiar: *ser millonario/millonaria* to be a millionaire ◊ *un futbolista millonario* a millionaire footballer ◊ *Se ha hecho millonaria.* She's become a millionaire.

millonésimo, -a *adj, nm-nf* millionth *Ver tb* MILÉSIMO
mimar *vt* **1** (*niño*) to spoil **2** (*ropa, coche, planta*) to lavish care ***on sth***
mimbre *nm* **1** (*material*) wicker: *un cesto de* ~ a wicker basket **2** (*planta*) willow
mimetismo *nm* mimicry
mímica *nf* **1** (*Teat*) mime **2** (*lenguaje*) sign language
LOC hacer mímica to mime
mimo *nm* **1** (*cuidado*) care: *tratar la ropa con* ~ to treat your clothes with great care **2 mimos (a)** (*cariño*) fuss [*incontable*]: *Los niños necesitan ~s de vez en cuando.* Children need to be made a fuss of from time to time. ◊ *Dame ~s, estoy malita.* Make a fuss of me, I'm ill. **(b)** (*excesiva tolerancia*): *No le des tantos ~s.* Don't spoil him. ◊ *Estoy harta de sus ~s.* I'm fed up with him being so spoilt. **3** (*género teatral*) mime
■ **mimo** *nmf* mime artist
mimosa *nf* mimosa
mimoso, -a *adj, nm-nf* **1** (*cariñoso*): *Es muy ~ con los abuelos.* He's very affectionate towards his grandparents. ◊ *una gatita mimosa* a playful kitten **2** (*caprichoso*): *Está muy ~ desde que lo operaron.* He's been very fussy since his operation. ◊ *Ese niño es un* ~. That little boy is spoilt.
mina *nf* **1** (*yacimiento, explosivo, de información*) mine: *una ~ de carbón* a coal mine **2** (*lápiz*) lead **3** (*fig*) **(a)** (*negocio*) gold mine **(b)** (*persona*) asset: *Fue una ~ para su equipo.* He was a great asset to his team.
LOC mina a cielo abierto opencast mine *Ver tb* INGENIERO
minado, -a *pp, adj Ver* MINAR **LOC** *Ver* CAMPO
minar *vt* **1** (*Mil*) to mine **2** (*fig*) to undermine: ~ *la autoridad/salud de algn* to undermine sb's authority/health
LOC minarle el terreno a algn to cut the ground from under sb's feet
minarete *nm* minaret
mineral *adj, nm* mineral
LOC mineral de cobre/hierro copper/iron ore *Ver tb* AGUA
mineralogía *nf* mineralogy
minería *nf* **1** (*actividad*) mining: *un experto en* ~ a mining expert **2** (*industria*) mining industry
minero, -a *adj* mining [*n atrib*]: *varias empresas mineras* several mining companies
■ **minero, -a** *nm-nf* miner: *un ~ del carbón* a coal miner **LOC** *Ver* CUENCA
miniatura *nf* miniature
LOC de/en miniatura miniature: *un coche de* ~ a miniature car
minifalda *nf* miniskirt
minifundio *nm* smallholding
minigolf *nm* minigolf
minimalista *adj, nmf* minimalist
mínimamente *adv*: *Cualquier persona ~ inteligente lo entendería.* Anyone with the slightest intelligence would understand it. ◊ *Exigimos un nivel de vida ~ decente.* We're asking for a half decent standard of living.
minimizar *vt* **1** (*reducir*) to minimize: ~ *los costes* to minimize costs **2** (*infravalorar*) to play *sth* down: ~ *los efectos de la recesión* to play down the effects of the recession
mínimo, -a *adj* **1** (*menor*) minimum: *la tarifa mínima* the minimum charge **2** (*insignificante*) minimal: *La diferencia entre ellos era mínima.* The difference between them was minimal.
■ **mínimo** *nm* minimum [*pl* minima]: *reducir la contaminación al* ~ to cut pollution to a minimum
■ **mínima** *nf* minimum temperature
LOC como mínimo at least **el/lo más mínimo** the slightest: *El más ~ ruido la despierta.* The slightest noise wakes her up. ◊ *La noticia no le afectó en lo más* ~. The news didn't affect him in the slightest. ◊ *No me importa lo más* ~. I couldn't care less. **lo mínimo** the least: *Es lo ~ que podrías hacer.* It's the least you could do. **mínimo común múltiplo** lowest common multiple *Ver tb* LEY, REDUCIR, SALARIO, SERVICIO
minino, -a *nm-nf* puss
minipímer® *nm o nf* blender
ministerial *adj* ministerial **LOC** *Ver* ORDEN¹, REAJUSTE
ministerio *nm* (*Pol, Relig*) ministry: *el ~ de defensa* the Ministry of Defence ☛ *Ver págs 584–5*
LOC Ministerio de Asuntos Exteriores Ministry of Foreign Affairs ≃ Foreign Office (*GB*) **Ministerio de Hacienda** Ministry of Finance ≃ Treasury (*GB*) **Ministerio del Interior** Ministry of the Interior ≃ Home Office (*GB*) **ministerio fiscal/público** public prosecutor
ministro, -a *nm-nf* minister

Al hablar de un país que no sea Gran Bretaña, *ministro* se traduce por **minister**: *el Ministro español de Educación y Ciencia* the Spanish Minister for Education; en Gran Bretaña, sin embargo, el jefe de un ministerio se llama normalmente **Secretary of State** o simplemente **Secretary**, por ejemplo: *el Ministro de Defensa* the Defence Secretary ◊ *el Ministro de Asuntos Exteriores* the Foreign Secretary ◊ *el Ministro del Interior* the Home Secretary. *El ministro de Hacienda* se denomina **the Chancellor of the Exchequer**.
Nótese que en Gran Bretaña los **ministers** son los secretarios: *el Secretario de Educación* the Minister of Education. ☛ *Ver tb págs 584–5*

LOC *Ver* CONSEJO, PRIMERO
minoría *nf* minority [*v sing o pl*]
LOC ser (una) minoría to be in the minority
minorista *nmf* retailer **LOC** *Ver* COMERCIANTE
minoritario, -a *adj* minority [*n atrib*]: *un gobierno* ~ a minority government
minucia *nf* minor detail
minuciosidad *nf* detail: *Revisé el texto con* ~. I went through the text in detail.
minucioso, -a *adj* **1** (*detallado*) detailed **2** (*meticuloso*) meticulous

minúsculo, -a *adj* **1** (*diminuto*) tiny **2** (*letra*) small, lower case (*más formal*): *una "m" minúscula* a small 'm'
■ **minúscula** *nf* small letter, lower case letter (*más formal*)
minusvalía *nf* **1** (*depreciación*) depreciation **2** (*Med*) disability
minusvalidez *nf* disablement
minusválido, -a *adj, nm-nf* disabled [*adj*]: *asientos reservados para los ~s* seats for the disabled
minuta *nf* (*cuenta*) bill
minutero *nm* minute hand
minuto *nm* minute (*abrev* min, *pl* mins): *un ~ de silencio* a minute's silence ◊ *Espere un ~.* Just a minute.
LOC **al minuto** a minute later **a los dos, etc minutos (de)**: *Se fue a los cinco ~s.* He left after five minutes. ◊ *Llegaron a los veinte ~s de marcharte tú.* They arrived twenty minutes after you'd left. *Ver tb* PULSACIÓN
mío, -a *adj pos, pron pos* mine: *Estos libros son ~s.* These books are mine. ◊ *—Mi casa no es muy grande. —La mía tampoco.* 'My house isn't very big.' 'Neither is mine.' ◊ *un compañero ~* a colleague of mine ☛ *Ver nota en* SUYO
LOC **a lo mío**: *Yo estaba a lo ~ y no me enteré.* I was in a world of my own and didn't notice. **de las mías**: *¡Ya sabes, una/otra de las mías!* You know what I'm like! **lo mío 1** (*posesión*) my things: *Puse lo ~ en el maletero.* I put my things in the boot. ◊ *Lo ~ es tuyo.* What's mine is yours. **2** (*afición*) my thing: *Lo ~ es la música.* Music is my thing. **los míos 1** (*mi familia*) my family [*v sing o pl*] ☛ *Ver nota en* FAMILIA **2** (*mis amigos*) my friends
miope *adj, nmf* (*lit* y *fig*) short-sighted [*adj*]: *Es un ~.* He's short-sighted.
miopía *nf* short-sightedness
mira *nf* **1** (*fusil, telescopio*) sight: *~ telescópica* telescopic sight ☛ *Ver ilustración en* GUN **2** (*intención*) aim
LOC **con miras a** with a view to *sth/doing sth* **tener la mira puesta en** to have your sights set on *sth/doing sth* *Ver tb* AMPLITUD, ANCHO, CORTO, ESTRECHEZ, ESTRECHO, PUNTO
mirada *nf* **1** (*gen*) look: *tener una ~ inexpresiva* to have a blank look (on your face) ◊ *Su manera de vestir atrae muchas ~s.* Her clothes attract looks from other people. **2** (*vistazo*) glance: *Solo me dio tiempo a echar una ~ rápida al periódico.* I only had time to have a quick glance at the newspaper. ◊ *una ~ furtiva/de soslayo* a furtive/sidelong glance
LOC **con la mirada fija/perdida en** staring at *sth/sb*: *Permanecía allí con la ~ fija en el horizonte.* He stood staring at the horizon. **echar/lanzar una mirada** to glance *at sth/sb* *Ver tb* AGUANTAR, APARTAR, BAJAR, BLANCO, DESVIAR, DIRIGIR, FIJAR, FULMINAR, LEVANTAR, RECORRER(SE), REPASAR, RETIRAR, SOSTENER
mirado, -a *pp, adj* **1** (*cauto*) careful: *Es muy ~ con el dinero.* He's very careful with his money. **2** (*considerado*) considerate *Ver tb* MIRAR
LOC **bien mirado** (*si bien se mira*) all things considered **estar bien/mal mirado** to be/not to be well thought of
mirador *nm* **1** (*atalaya*) viewpoint **2** (*balcón*) enclosed balcony
miramiento *nm* **1** (*consideración*) consideration [*incontable*]: *No deberías tener tantos ~s con ese gandul.* You shouldn't be so considerate with that layabout. ◊ *despedir a un empleado sin ~s* to sack a worker unceremoniously **2** (*melindre*) fussiness [*incontable*]: *No tengas tantos ~s y cómetelo.* Stop being so fussy and eat it up.
LOC *Ver* TRATAR
mirar *vt* **1** (*gen*) to look **at *sth/sb*** [*vi*]: *~ el reloj* to look at the clock ◊ *¿Por qué me miras así?* Why are you looking at me like that? **2** (*observar*) to watch: *Estaban mirando cómo jugaban los niños.* They were watching the children play. **3** (*registrar*) to look through *sth*: *Me miraron el equipaje.* They looked through my luggage. **4** (*considerar*) to think **about *sth*** [*vi*]: *sin ~ las dificultades* without thinking about the difficulties ◊ *¡Mira bien lo que haces!* Think carefully about what you're doing! ◊ *Me miraban como algo especial.* They regarded me as something special. **5** (*comprobar*) to check: *Voy a ~ el aire de las ruedas.* I'm going to check the air in the tyres. ◊ *Mira si has cogido el pasaporte.* Make sure you've got your passport. **6** (*consultar*) to look *sth* up: *Miré su número en la guía telefónica.* I looked his number up in the phone book. **7** (*prestar atención*) to pay attention **to *sth***: *Tienes que ~ más lo que haces.* You must pay more attention to what you do. **8** (*tener cuidado*) to watch out: *¡Mira bien que no te engañen!* Watch out that they don't take you for a ride!
■ **mirar** *vi* **1** (*gen*) to look: *~ hacia arriba/abajo* to look up/down ◊ *~ por una ventana/un agujero* to look out of a window/through a hole ◊ *Mira a ver qué hacen los niños.* Take a look and see what the children are up to. **2** (*estar orientado*) to face: *Mi casa mira al mediodía.* My house faces south.
■ **mirarse** *v pron* **1** (*reflexivo*) to look at yourself: *~se en el espejo* to look at yourself in the mirror **2** (*recíproco*) to look at each other: *Nos miramos y sonreímos* We look at each other and smiled.
LOC **de mírame y no me toques** very delicate
¡mira! 1 (*¡oye!*) look (here)! **2** (*¡imagínate!*) fancy!: *¡~ la mosquita muerta!* Fancy, what a dark horse!
mirándolo bien/si bien se mira all things considered
¡mira que...!: *¡Mira que casarse con ese sinvergüenza!* Fancy marrying that good-for-nothing! ◊ *¡Mira que eres despistado!* You're so absent-minded! ◊ *¡Mira que se lo hemos prometido!* We did promise him, you know. ◊ *Mira que no te compro el regalo, ¿eh?* Be careful or I won't buy you the present!
mira que si... just suppose...: *Mira que si nos tocara la lotería...* Just suppose we won the lottery...
mirar por to look after *sth/sb*: *~ por uno mismo* to look after number one
mirar si... to see if...: *Ve a ~ si están llamando a la puerta.* Go and see if there's someone at the door.
mira si... que: *Mira si será sinvergüenza que...* He's such a villain that... ◊ *Mira si tenía ganas de cambiar de trabajo que...* He was so keen to change his job that...
se mire como/por donde se mire whichever way/however you look at it
☛ Para otras expresiones con **mirar**, véanse las entradas del sustantivo, adjetivo, etc, p.ej. **mirar de reojo** en REOJO y **mirar fijamente** en FIJAMENTE.
mirilla *nf* spyhole
mirlo *nm* blackbird
mirón, -ona *adj* **1** (*fisgón*) nosey **2** (*voyeur*) voyeuristic (*formal*): *¡No seas ~!* No peeping!
■ **mirón, -ona** *nm-nf* **1** (*espectador*) onlooker **2** (*fisgón*) Nosey Parker **3** (*voyeur*) Peeping Tom, voyeur (*más formal*)
mirra *nf* myrrh
mirto *nm* myrtle
misa *nf* mass
LOC **como en misa** (as) quiet as a mouse **ir a misa 1** (*ser verdad*) to be the gospel truth **2** (*cumplirse*): *Lo que él dice va a ~.* What he says goes. **misa de cuerpo presente/difuntos** funeral/requiem mass **misa del gallo** midnight mass **no saber de la misa la media/mitad** not to know the half of it **por mí que diga(n) misa** I couldn't care less **tocar a misa** to ring the bells for mass *Ver tb* OÍR
misal *nm* missal
misceláneo, -a *adj* miscellaneous
■ **miscelánea** *nf* **1** (*mezcla*) miscellany **2 misceláneas** (*en un periódico*) leisure section [*sing*]
miserable *adj* **1** (*sórdido, escaso*) miserable: *un cuartucho/sueldo ~* a miserable room/salary **2** (*persona, vida, estado*) wretched **3** (*tacaño*) mean
■ **miserable** *nmf* **1** (*malvado*) wretch **2** (*tacaño*) miser
miseria *nf* **1** (*pobreza*) poverty: *La familia quedó en la ~.* The family was reduced to poverty. **2** (*cantidad pequeña*) pittance: *Gana una ~.* He earns a pittance. ◊

una ~ de propina a stingy tip **3 miserias** (*penas*) miseries: *las ~s del desempleo* the miseries of unemployment ◊ *Siempre me cuenta sus ~s.* He always tells me his troubles.

misericordia *nf* mercy: *No tuvieron ~ con él.* They showed him no mercy.

misericordioso, -a *adj* merciful

mísero, -a *adj* miserable

misil *nm* missile: *un ~ tierra-aire* a ground-to-air missile

misión *nf* **1** (*gen*) mission: *una ~ espacial/de paz* a space/peace mission ◊ *~ cumplida* mission accomplished **2** (*tarea*) role: *¿Cuál es tu ~ en el proyecto?* What's your role in the project?

misionero, -a *adj, nm-nf* missionary [*n*]: *varias órdenes misioneras* several missionary orders

mismísimo, -a *adj*: *Ha estado aquí el ~ rey.* The king has been here in person. ◊ *El restaurante está en el ~ centro.* The restaurant is right in the centre of town.
LOC estar hasta los mismísimos to be really fed up

mismo, -a *adj* **1** (*idéntico*) same: *al ~ tiempo* at the same time ◊ *Vivo en la misma casa que él.* I live in the same house as him. ◊ *en el ~ barrio de siempre* in the same part of town as usual ◊ *Son del ~ tamaño.* They're the same size. ☛ *Ver nota en* SAME[1] **2** (*uso enfático*) **(a)** (*referido a personas*): *Yo ~ lo vi.* I saw it myself. ◊ *Ni nosotros ~s lo sabemos.* We don't know ourselves. ◊ *Ya tienes edad para hacerlo por ti ~.* You're old enough to do it for yourself. ◊ *estar en paz consigo ~* to be at peace with yourself **(b)** (*referido a cosas*): *Les he referido sus mismas palabras.* I've told you his actual words. ◊ *Yo soy de la misma Sevilla.* I'm from Seville itself. ◊ *Tu hermana es la honradez misma.* Your sister is honesty itself. ◊ *Eso ~ pienso yo.* That's just what I think. **3** (*por ejemplo*) for example: *Cualquiera de vosotros, venga, tú ~.* One of you lot – come on, you for example.
■ **mismo, -a** *pron*: *Es la misma que vino ayer.* It's the same woman who came yesterday. ◊ *Juan ya no es el ~ de antes.* Juan isn't the same any more. ◊ *Siempre son los ~s los que protestan.* It's always the same people who complain. ◊ *Los que no puedan ir al concierto podrán ver un vídeo del ~.* Those unable to go to the concert will be able to see a video of it.
■ **mismo** *adv* **1** (*énfasis*): *delante ~ de mi casa* right in front of my house ◊ *Ayer ~ estuvo aquí el inspector.* The inspector was here only yesterday. ◊ *Te prometo hacerlo hoy ~.* I promise you I'll get it done today. **2** (*por ejemplo*) for example: *cualquier día, mañana ~* any day, tomorrow for example
LOC ¡eso mismo! exactly! **la misma canción, cantinela, copla, etc** the same old story **lo mismo 1** (*gen*) the same: *Póngame lo ~ de siempre.* I'll have the same as usual. ◊ *Yo gasté lo ~ que tú.* I spent the same as you (did). ◊ *No es lo ~ trabajar en casa que en una oficina.* It isn't the same working at home as in an office. **2** (*a lo mejor*) maybe: *Lo ~ no han recibido mi carta.* Maybe they haven't got my letter. **lo mismo... que...** both... and...: *Lo ~ ella que su marido se han portado muy mal.* She and her husband have both behaved very badly. **lo mismo que**: *Te tratan lo ~ que si fueras del pueblo.* They treat you just as if you were one of the locals. **lo mismo si...** whether...: *lo ~ si llueve como si no* whether it rains or not **me da lo mismo**: *—¿Café o té? —Me da lo ~.* 'Coffee or tea?' 'I don't mind.' ◊ *Les daba lo ~ ir en tren o en autobús.* They didn't care whether they went by train or bus. **o lo que es lo mismo** in other words **ver algo con los mismos ojos** to have the same attitude to sth: *Los jóvenes no ven la vida con los ~s ojos.* Young people have a different attitude to life. ☛ Para otras expresiones con **mismo**, véanse las entradas del adverbio, verbo, etc, p. ej. **aquí mismo** en AQUÍ y **el mismo que viste y calza** en VESTIR.

misógino *nm* misogynist

miss *nf* Miss: *~ Universo* Miss Universe ☛ *Ver nota en* MISS[1] sentido 3

míster *nm* **1** (*entrenador*) coach **2** (*en un concurso de belleza*) Mister: *~ Universo* Mister Universe

misterio *nm* mystery: *una novela de ~* a mystery novel ◊ *Para mí es un ~ de dónde sacas el tiempo.* It's a mystery to me where you get the time. ◊ *¡Dejaos ya de tanto ~!* Stop being so mysterious!

misterioso, -a *adj* mysterious

misticismo *nm* mysticism

místico, -a *adj, nm-nf* mystic
■ **mística** *nf* **1** (*Relig*) mysticism **2** (*Liter*) mystical writing

mistificar *vt* to mistify

mitad *nf* half [*pl* halves]: *~ ángel ~ demonio* half angel half devil ◊ *Se pasa la ~ del tiempo bebiendo.* He spends half his time drinking. ◊ *La ~ de los diputados votó en contra.* Half the MPs voted against. ◊ *en la primera ~ del partido* in the first half of the match ◊ *—¿Has leído el libro?—Solo la ~.* 'Have you read the book?' 'Only half of it.' ◊ *partir algo por la ~* to cut sth in half ◊ *reducir la inflación a la ~* to cut inflation by half
LOC a/por (la) mitad (de): *Ya he llegado a la ~ del libro.* I'm halfway through the book. ◊ *Haremos una parada a ~ de camino.* We'll stop half way. ◊ *He dejado el trabajo por la ~.* I've left the job half done. ◊ *Se me ha roto el mapa por la ~.* The map has torn down the middle. **a mitad de precio** half-price: *Lo compré a ~ de precio.* I bought it half-price. **mitad y mitad**: *—¿Cómo dividieron la herencia? —~ y ~.* 'How did they divide up the inheritance?' 'Half and half.' *Ver tb* CORTAR, MISA

mítico, -a *adj* mythical

mitigar *vt* **1** (*dolor, sed, hambre*) to relieve **2** (*efectos, consecuencias*) to mitigate

mitin *nm* **1** (*Pol*) (political) meeting: *El líder nacionalista participó en el ~.* The nationalist leader spoke at the meeting. **2** (*sermón*) lecture: *Me soltó un ~ sobre los efectos del tabaco durante el embarazo.* He gave me a lecture on the effects of smoking during pregnancy.

mito *nm* **1** (*leyenda, fábula*) myth **2** (*estrella*) legend: *Es un ~ del fútbol español.* He's a Spanish football legend.

mitología *nf* mythology

mitológico, -a *adj* mythological

mitra *nf* mitre

mixto, -a *adj* **1** (*gen*) mixed: *un instituto ~* a mixed school **2** (*comisión, reunión*) joint: *comisión mixta* joint committee
■ **mixto** *nm* (*sandwich*) toasted ham and cheese sandwich **LOC** *Ver* EDUCACIÓN, EMPRESA, ENSALADA, GRUPO

moaré *nm* moiré

mobiliario *nm* furniture
LOC mobiliario de baño/cocina bathroom/kitchen fittings [*v pl*]

moca *nm* mocha: *un pastel de ~* a mocha cake **LOC** *Ver* CUCHARILLA

mocasín *nm* moccasin

mocetón, -ona *nm-nf* strapping lad [*fem* strapping girl]

mochales *adj* crazy: *Está ~ por mi hermana.* He's crazy about my sister.

mochila *nf* **1** (*gen*) rucksack: *Necesito una ~ más grande.* I need a bigger rucksack. ☛ *Ver ilustración en* EQUIPAJE **2** (*Mil*) pack **3** (*bebé*) (baby) sling

mochuelo *nm* (*pájaro*) little owl
LOC cargarle/colgarle/largarle el mochuelo a algn to land sb with it: *Siempre me largan a mí el ~.* I always get landed with it. *Ver tb* CADA

moción *nf* motion: *presentar una ~ de censura* to table a censure motion

mocito, -a *adj, nm-nf*: *Es una mocita encantadora.* She's a lovely young lady. ◊ *¡Hay que ver qué ~ estás!* You're so grown-up! ◊ *Encontré a la niña hecha una mocita.* She had grown into a young lady.

moco *nm* **mocos 1** (*gen*) mucus [*incontable*], snot [*incontable*] (*más coloq*): *Los ~s le están bloqueando la nariz.* He's got a blocked-up nose. ◊ *Tiene un ~ pegado en la nariz.* He's got a piece of snot stuck to his nose. **2** (*babosa, caracol*) slime

LOC limpiarse/quitarse los mocos to blow your nose **tener mocos** to have a runny nose **no ser moco de pavo**: *5.000 pesetas no son ~ de pavo.* 5 000 pesetas aren't to be sniffed at. *Ver tb* LLORAR

mocoso, -a *adj* (*con mocos*) runny-nosed

■ **mocoso, -a** *adj, nm-nf* (*pequeñajo*) kid [*n*]: *No es más que una mocosa y ya quiere ponerse zapatos de tacón.* She's just a kid and she wants to wear high heels.

moda *nf* fashion: *seguir la ~* to follow fashion ◊ *la última ~ en zapatos* the latest fashion in shoes ◊ *la ~ de los 60* 60's fashions

LOC ir/vestir a la moda to be trendy **(estar/ponerse) de moda** (to be/become) fashionable: *un bar de ~* a fashionable bar ◊ *Entonces estaba de moda la minifalda.* Miniskirts were fashionable then. **pasarse de moda** to go out of fashion **ponerse a la moda** to get up to date *Ver tb* CASA, DESFILE, PASADO, TIENDA

modal *adj* modal

■ **modales** *nm* manners: *tener buenos ~es* to have good manners

modalidad *nf* **1** (*tipo*) kind: *distintas ~es de préstamos* different kinds of loans **2** (*categoría*) category: *el primer premio en la ~ de poesía* the first prize in the poetry category **3** (*método*) method **LOC** *Ver* PAGO

modelado *nm* modelling

modelar *vt, vi* (*Arte*) to model

■ **modelar** *vt* (*fig*) to mould: *~ el carácter de un niño* to mould a child's character

modelo *nm* **1** (*gen*) model: *un ~ a escala* a scale model ◊ *una empresa ~* a model firm **2** (*estilo*) style: *Tenemos varios ~s de chaqueta.* We've got several styles of jacket.

■ **modelo** *nmf* (*persona*) model **LOC** *Ver* DESFILE

módem *nm* modem

moderación *nf* moderation: *comer con ~* to eat in moderation

LOC moderación salarial wage restraint

moderado, -a *pp, adj, nm-nf* moderate *Ver tb* MODERAR

moderador, ~a *adj* moderating

■ **moderador, ~a** *nm-nf* chairman/woman [*pl* chairmen/woman]: *Actué de ~ en el debate.* I chaired the debate. ☛ *Ver nota en* PRESIDENTE

moderar *vt* **1** (*genio, lenguaje*) to mind: *Modera tus palabras.* Mind your language. **2** (*reducir*) to reduce: *~ el consumo/la velocidad* to reduce consumption/your speed **3** (*debate*) to chair

■ **moderarse** *v pron* **1** (*suavizarse*) to calm down: *Últimamente se ha moderado bastante.* He's calmed down a lot recently. **2 moderarse en** to tone *sth* down: *Se ha moderado en las palabras.* He's toned down his language.

modernidad *nf* **1** (*cualidad*) modernity **2** (*edad moderna*) modern age

modernismo *nm* modernism

modernista *adj, nmf* modernist

modernización *nf* modernization

modernizar *vt* to modernize, to bring *sth* up to date (*más coloq*)

■ **modernizarse** *v pron* to modernize, to get up to date (*más coloq*)

moderno, -a *adj* **1** (*gen*) modern, up-to-date (*más coloq*): *música moderna* modern music **2** (*a la moda*) trendy

■ **moderno, -a** *nm-nf* trendy **LOC** *Ver* EDAD

modestia *nf* modesty: *falsa ~* false modesty

LOC modestia aparte: *La más guapa soy yo, ~ aparte.* I'm the prettiest, though I say it myself.

modesto, -a *adj* modest

módico, -a *adj* reasonable

modificación *nf* change: *la ~ del Código Penal* changes to the Penal Code ◊ *Ha habido varias modificaciones en el calendario de negociaciones.* There have been some changes to the agenda for the talks.

modificar *vt* **1** (*gen*) to change, to modify (*más formal*): *~ un proyecto/el texto de un acuerdo* to modify a project/the text of an agreement ◊ *Debes ~ tu comportamiento.* You must change your behaviour. **2** (*Ling*) to modify

modismo *nm* idiom

modisto, -a *nm-nf* (*diseñador*) designer

■ **modista** *nf* (*costurera*) dressmaker

modo *nm* **1** (*manera*) way (**of doing sth**): *un ~ especial de reír* a special way of laughing ◊ *de un ~ u otro* one way or another ◊ *Lo hace del mismo ~ que yo.* He does it the same way as me. ◊ *De ese ~ no conseguirás nada.* You won't get anywhere like that. **2** (*Gram*) mood: *el ~ indicativo* the indicative mood **3** (*Mús, Informát*) mode **4 modos** (*modales*) manners: *malos ~s* bad manners

LOC al modo de like **a mi modo** my, your, etc way: *Dejadles que lo hagan a su ~.* Let them do it their way. **a mi modo de ver** in my, your, etc opinion **a modo de** by way of *sth*: *a ~ de introducción* by way of introduction **a modo de inciso** in passing **con/de buenos/malos modos** politely/rudely **de modo que 1** (*de tal manera*) in such a way that: *Lo hizo de ~ que todos quedaron contentos.* He did it in such a way that everyone was pleased. **2** (*finalidad*) so that: *Se situó de ~ que nadie lo pudiera ver.* He positioned himself so that no one could see him. **3** (*por tanto*) so: *Has estudiado poco, de ~ que no puedes aprobar.* You haven't studied much, so you won't pass. ◊ *¿De ~ que te niegas a contestar, eh?* So you refuse to answer, do you? **de todos modos** anyway: *De todos ~s, ellos nunca consentirán en venir.* They'll never agree to come, anyway. **de un modo...** in such a way: *¡Me miraban de un ~...!* They were looking at me in such a way! **modo de empleo** instructions for use [*v pl*] **modo de ser** character **no haber modo** to be impossible (*to do sth*): *No ha habido ~ de arrancar el coche.* It was impossible to start the car. **¡qué modos son esos!** what a way to behave! *Ver tb* ADVERBIO, CIERTO, CUALQUIERA, IGUAL, NINGUNO, OTRO

modorra *nf*: *¡Vaya ~ que tengo!* I feel so sleepy! ◊ *Le entró mucha ~.* He got very sleepy.

modoso, -a *adj* **1** (*recatado*) demure **2** (*educado*) well-mannered

modulado, -a *pp, adj Ver* MODULAR[2] **LOC** *Ver* FRECUENCIA

modular[1] *adj* modular

modular[2] *vt, vi* to modulate

módulo *nm* **1** (*gen*) module: *un ~ espacial* a space module **2** (*muebles*) unit

mofa *nf* mockery: *¡Basta ya de ~s!* Stop mocking people! ◊ *Seguro que lo dijo en tono de ~.* He probably meant it as a joke.

mofarse *v pron* **~ de** to make fun **of** ***sth/sb***

mofeta *nf* skunk

moflete *nm* chubby cheek

mofletudo, -a *adj* chubby-cheeked

mogollón *nm* **1** (*gran cantidad*) an awful lot (**of sth**): *un ~ de dinero* an awful lot of money ◊ *Con esa gente se aprende (un) ~.* You learn an awful lot with those people. ◊ *—¿Te gustó? —¡Mogollón!* 'Did you like it?' 'I loved it!' **2** (*lío*) commotion: *¡Vaya ~ se armó en el aeropuerto!* What a commotion at the airport!

mohair *nm* mohair

mohín *nm* face: *Hizo un ~ de desacuerdo.* He pulled a face to show his disagreement.

mohíno, -a *adj* **1** (*deprimido*) depressed **2** (*malhumorado*) sulky

moho *nm* mould

LOC criar/tener moho to go/be mouldy

mohoso, -a *adj* mouldy

moisés *nm* Moses basket

mojado, -a *pp, adj* wet *Ver tb* MOJAR **LOC** *Ver* LLOVER, PAPEL

mojama *nf* dried salted tuna

mojar *vt* **1** (*gen*) to get *sth/sb* wet: *No mojes el suelo.* Don't get the floor wet. **2** (*pringar*) to dip: *~ el pan en la sopa* to dip your bread in the soup **3** (*celebrar*) to celebrate *sth* with a drink: *Esto hay que ~lo.* This calls for a drink.

■ **mojarse** *v pron* **1** (*gen*) to get (*sth*) wet: *~se los pies* to get your feet wet ◊ *¿Te has mojado?* Did you get wet? ◊ *Mójate el pelo.* Wet your hair. **2 mojarse (en)** to get involved (**in *sth***): *Ya es hora de que empieces a ~te en la campaña.* It's time you got involved in the campaign.

LOC *Ver* PEZ

mojigatería *nf* prudishness [*incontable*]: *Estoy harto de tus ~s.* I'm fed up with your prudishness.

mojigato, -a *adj* prudish, strait-laced (*más coloq*)

■ **mojigato, -a** *nm-nf* prude

mojón *nm* **1** (*piedra*) boundary stone **2** (*poste*) boundary post

LOC mojón (kilométrico) ≃ milestone

molar¹ *nm* (*muela*) molar ☛ *Ver ilustración en* DIENTE

molar² *vi* **1** (*gustar*) to like *sth/sb* [*vt*]: *Me mola mucho tu camisa.* I really like your shirt. ◊ *Esa chavala me mola cantidad.* I really fancy that girl. **2** (*estar de moda*) to be in: *Ese modelo de coche ya no mola.* That car's not the in model any more.

Moldavia *nf* Moldova

molde *nm* **1** (*Cocina*) **(a)** (*pan, tarta*) tin **(b)** (*gelatina*) mould: *un ~ para hacer gelatina* a jelly mould **2** (*industria*) mould **3** (*de yeso*) cast: *un ~ de yeso* a plaster cast

LOC *Ver* LETRA, PAN, ROMPER

moldeado *nm* soft perm: *Quisiera hacerme un ~.* I'd like a soft perm.

moldear *vt* **1** (*barro, plástico, carácter*) to mould: *~ una figura en arcilla* to mould a figure in clay **2** (*en metal*) to cast: *~ piezas de bronce* to cast objects in bronze

mole *nf*: *una ~ de hormigón* a mass of concrete ◊ *Se lanzó al agua con su inmensa ~.* He dived into the water with his full weight.

LOC ser una mole to be massive

molécula *nf* molecule

molecular *adj* molecular

moler *vt* **1(a)** (*café, pimienta, trigo*) to grind **(b)** (*machacar*) to crush: *~ un diente de ajo* to crush a clove of garlic **(c)** (*aceituna*) to press **2** (*cansar*) to wear *sb* out

LOC moler a palos to give *sb* a beating

molestar *vt* **1** (*importunar*) to bother: *Siento ~la a estas horas.* I'm sorry to bother you so late. **2** (*interrumpir*) to disturb: *No quiere que la molesten mientras trabaja.* She doesn't want to be disturbed while she's working. **3** (*ofender*) to upset

■ **molestar** *vi* **1** (*importunar*) to bother *sb* [*vt*]: *Apaga ese cigarro, que el humo molesta.* Put that cigarette out – the smoke is bothering me. **2** (*irritar*): *¡No sabes cómo molesta que te mientan!* I hate it when they tell you lies. **3** (*interrumpir*) to disturb *sb* [*vt*]: *No quise entrar por miedo a ~.* I didn't want to go in in case I disturbed you. ◊ *Baja el volumen de la radio, que puede ~.* Turn the radio down – it might disturb other people. **4** (*estorbar*) to be in the way: *¿Molesta esta silla?* Is this chair in your way? **5** (*producir dolor*): *Me molestan los tirantes.* I find braces uncomfortable. ◊ *Los puntos me están molestando.* My stitches are hurting.

■ **molestarse** *v pron* **1 molestarse (en)** (*tomarse trabajo*) to bother (**to do sth**): *Ni se molestó en contestar mi carta.* He didn't even bother to reply to my letter. **2** (*ofenderse*) to get annoyed (**with sb**) (**over sth**): *Se molestó por lo que dije.* He got annoyed over what I said. ◊ *~se con algn* to get annoyed with sb

LOC no molestar (*cartel*) Do Not Disturb **¿te molesta que…?** do you mind if…?: *¿Te molesta que fume?* Do you mind if I smoke?

molestia *nf* **1(a)** (*fastidio*) nuisance: *Es una ~ tener que salir ahora.* It's a nuisance having to go out now. **(b)** (*trastorno*) inconvenience [*incontable*]: *Están causado grandes ~s.* They're causing a great deal of inconvenience. **2** (*dolor*) discomfort [*incontable*]: *Desde que se cayó padece ~s en la pierna.* Since he fell over he's been having some discomfort in his leg.

LOC no es molestia it's no trouble **si no es molestia** if it's no bother **tomarse la molestia de** to take the trouble *to do sth* *Ver tb* DISCULPAR

molesto, -a *adj* **1** (*que fastidia*) annoying: *Estas interrupciones son muy molestas.* These interruptions are very annoying. ◊ *¡Qué ~s están hoy los niños!* The children are very trying today! **2** (*disgustado*) annoyed (**with sb**): *Está muy ~ conmigo por lo del coche.* He's very annoyed with me about the car. **3** (*violento*) awkward: *Es ~ tener que decirles que se vayan.* It's awkward having to tell them to leave. ◊ *Me sentí ~ delante de tanta gente.* I felt awkward in front of so many people.

molido, -a *pp, adj* (*cansado*) shattered: *El viaje me dejó ~.* The trip left me feeling shattered. *Ver tb* MOLER

moliente *adj* **LOC** *Ver* CORRIENTE

molinero, -a *nm-nf* miller

molinillo *nm* (*juguete*) windmill

LOC molinillo (de café) coffee grinder **molinillo de pimienta/sal** pepper/salt mill

molino *nm* mill

LOC molino de agua/viento watermill/windmill *Ver tb* COMULGAR, PIEDRA, RUEDA

molla *nf* **1(a)** (*fruta*) flesh **(b)** (*pan*): *Solo le gusta la ~ del pan.* He doesn't like the crust. **(c)** (*carne*) lean **2** (*michelín*) spare tyre

molleja *nf* **1** (*ave*) gizzard **2** (*res*) sweetbread

mollera *nf* brains [*v pl*]: *¡Estrújate un poco la ~!* Use your brains! **LOC** *Ver* CABER, CERRADO, DURO

Molotov *n pr* **LOC** *Ver* CÓCTEL

molusco *nm* mollusc

momentáneo, -a *adj* momentary

momento *nm* **1** (*gen*) moment: *en el último ~* at the last moment ◊ *Espera un ~.* Hold on a moment. ◊ *No se puede estar quieto ni un ~.* He can't keep still for a moment. ◊ *En el ~ en que llegué al andén…* The moment I reached the platform… ◊ *Este es tu ~: aprovéchalo.* Now's your chance: seize it. **2** (*período, ocasión*) time: *Fueron ~s difíciles.* They were hard times. ◊ *en estos ~s de crisis* at this time of crisis ◊ *atravesar un mal ~* to be going through a bad patch ◊ *Este no es el ~ de protestar.* Now is not the right time to complain. ◊ *Llega un ~ en que…* There comes a time when… ◊ *El paciente no se ha quejado en ningún ~.* At no time has the patient complained.

LOC al momento immediately **del momento** contemporary: *el mejor cantante del ~* the best contemporary singer **de momento** for the moment: *De ~ tengo bastante trabajo.* I've got enough work for the moment. **desde el momento en que** (*puesto que*) since: *Desde el ~ en que no ha contestado, es que no le interesa.* Since he failed to reply, he clearly isn't interested. **de un momento a otro** (*en seguida*) at any moment **en buen/mal momento**: *Llegas en buen ~.* You've come just at the right time. ◊ *Me pillas en mal ~, estaba a punto de salir.* You've caught me at a bad time, I was just going out. **en el momento menos pensado** when I, you, etc least expect it **en su momento 1** (*en el futuro*) in due course: *Ya lo decidiremos en su ~.* We'll make a decision in due course. **2** (*en el pasado*) at the time: *Este asunto ya se trató ampliamente en su ~.* This matter was fully dealt with at the time. **en todo momento** at all times **en un momento dado/determinado** at some point **estar en un buen momento**: *Está en un buen ~ (de su carrera).* Things are going well for him (in his career). **hasta el momento** up to now **momento cumbre** peak: *Tuvo su ~ cumbre en los años 60.* It was at its peak in the 60s. **por momentos** by the minute *Ver tb* ÁLGIDO, ALGUNO, CADA, CUALQUIERA, CULMINANTE, MEJOR, NINGUNO, PRECISO, PRIMERO

momia *nf* mummy

mona¹ *nf* (*pastel*)

LOC mona de Pascua Easter cake

mona² *nf* (*borrachera*)

LOC coger/pillar una mona to get drunk **llevar una mona encima** to be drunk *Ver tb* DORMIR

monacal *adj* monastic

Mónaco *nm* Monaco

monada *nf* **1** (*niño, animal, cosa*): *¡Vaya ~ de novia que te has echado!* What a pretty girlfriend you've got! ◊

¡Qué ~ de jardín/niño! What a lovely garden/baby! ◊ *una ~ de perrito* a cute little dog **2(a)** (*gracia*) antic: *Le hacen mucha gracia las ~s de su hijo.* He finds his son's antics very amusing. **(b)** (*tontería*): *Deja ya de hacer ~s.* Stop fooling around.

monaguillo *nm* altar boy

monarca *nmf* monarch

monarquía *nf* monarchy

monárquico, -a *adj* (*sistema*) monarchical
■ **monárquico, -a** *adj, nm-nf* (*a favor de la monarquía*) monarchist [*n*]: *los partidos ~s* the monarchist parties

monasterio *nm* **1** (*de monjes*) monastery **2** (*de monjas*) convent

monástico, -a *adj* monastic

monda (*tb* **mondadura**) *nf* **1** (*frutas*) peel [*incontable*] ☛ *Ver nota en* PEEL ☛ *Ver ilustración en* FRUTA **2** (*hortalizas*) peeling: *~s de patata* potato peelings
LOC **ser la monda 1** (*ser gracioso*) to be a scream **2** (*ser el colmo*) to be the limit

mondadientes *nm* toothpick

mondar *vt* (*fruta, patatas*) to peel
LOC **mondarse (de risa)** to kill yourself laughing: *Cuando le vimos disfrazado nos mondábamos de risa.* When we saw him in fancy dress we killed ourselves laughing. ◊ *Sus chistes son para ~se.* His jokes are a scream. **mondarse los dientes** to pick your teeth

moneda *nf* **1** (*pieza*) coin: *¿Tienes una ~ de 50?* Have you got a 50 peseta coin? ◊ *Necesito ~s para llamar por teléfono.* I need some coins to make a phone call. ◊ *Echamos una ~ al aire para ver quién barría.* We tossed a coin to see who would sweep up. **2** (*unidad monetaria, sistema*) currency: *la ~ francesa* the French currency ◊ *un país con una ~ fuerte* a country with a strong currency
LOC **moneda de curso legal/en curso** legal tender **moneda fraccionaria** coins [*v pl*] *Ver tb* CASA, CORRIENTE, FÁBRICA, OTRO, PAGAR, PAPEL

monedero *nm* purse

monetario, -a *adj* **1** (*gen*) monetary: *la política/unión monetaria* monetary policy/union **2** (*mercado, oferta*) money [*n atrib*]: *la oferta monetaria* the money supply **3** (*problemas, regulación*) financial

Mongolia *nf* Mongolia

mongólico, -a *adj* Down's syndrome [*n atrib*]: *un niño ~* a Down's syndrome child
■ **mongólico, -a** *nm-nf* person with Down's syndrome

mongolismo *nm* Down's syndrome

monigote *nm* **1** (*muñeco*) **(a)** (*juguete*) rag doll **(b)** (*representación grotesca*) effigy: *Los manifestantes llevaban un ~ del rey.* The demonstrators were carrying an effigy of the king. **2** (*dibujo mal hecho*) daub **3** (*niño*) little monkey: *¡Mira cómo nada ese ~!* Look how that little monkey's swimming! **4** (*persona insignificante*) nobody: *No es más que un ~.* He's just a nobody. ◊ *¡Pero qué se habrá creído ese ~!* Who does he think he is?

monitor, ~a *nm-nf* instructor: *un ~ de gimnasia* a gym instructor
■ **monitor** *nm* (*Elec, Informát*) monitor ☛ *Ver ilustración en* ORDENADOR

monja *nf* nun **LOC** *Ver* COLEGIO

monje *nm* monk **LOC** *Ver* HÁBITO

mono, -a *adj* **1** (*gen*) lovely: *Siempre va muy mona.* She always looks lovely. ◊ *¡Qué niño más ~!* What a lovely baby! ◊ *Tienen un piso muy ~.* They've got a lovely flat. **2** (*como apelativo*) dear: *Oye, ~...* Listen, dear...
■ **mono, -a** *nm-nf* (*animal*) monkey
■ **mono** *nm* (*prenda de vestir*) **1** (*de obrero*) overalls [*v pl*]: *Llevaba un ~ azul.* He was wearing blue overalls. **2** (*de moda*) jump suit
LOC **aunque la mona se vista de seda... (mona se queda)** you can't make a silk purse out of sow's ear **¿(es que) tengo monos en la cara?** is there something wrong with me? **estar con el mono 1** (*drogas*) to have gone cold turkey: *—¿Qué le pasa? —Está con el ~.* 'What's the matter with him?' 'He's gone cold turkey.' **2** (*alcohol, tabaco, costumbres, etc*) to be suffering from withdrawal symptoms: *No ha ido al fútbol y está con el ~.* He hasn't gone to the match and he's suffering from withdrawal symptoms. **hacer el mono** to play the fool **¡mira qué mono!** (*¡mira qué fresco!*) what a cheek! **mono de imitación/repetición** copycat *Ver tb* ÚLTIMO

monocromo, -a *adj* monochrome

monóculo *nm* monocle

monogamia *nf* monogamy

monógamo, -a *adj* monogamous

monografía *nf* monograph

monográfico, -a *adj*: *un estudio ~* a monograph ◊ *un número ~ dedicado a Gaudí* a special issue devoted to Gaudí

monograma *nm* monogram

monolingüe *adj* monolingual: *un diccionario ~* a monolingual dictionary

monolítico, -a *adj* monolithic

monolito *nm* monolith

monologar *vi* to soliloquize

monólogo *nm* monologue

monoparental *adj* **LOC** *Ver* FAMILIA

monopatín *nm* skateboard

monoplaza *adj, nm* single-seater

monopolio *nm* monopoly: *Quieren tener el ~ del poder.* They want to have a monopoly of power.

monopolizar *vt* to monopolize

monorraíl *adj, nm* monorail

monosilábico, -a *adj* monosyllabic

monosílabo, -a *adj* monosyllabic
■ **monosílabo** *nm* monosyllable

monoteísta *adj* monotheistic
■ **monoteísta** *nmf* monotheist

monotonía *nf* **1** (*rutina*) monotony **2** (*sonido, voz*) monotonous sound: *No soporto la ~ de esa canción.* I can't stand the monotonous sound of that song.

monótono, -a *adj* monotonous

monóxido *nm* monoxide: *~ de carbono* carbon monoxide

monserga *nf*: *No me vengas con ~s.* I don't want to hear your stories. ◊ *Déjate de ~s y ponte a hacer los deberes.* Stop fooling around and get down to your homework.
LOC **dar la monserga 1** (*aburrir*) to bore *sb*: *Nos dio la ~ con su discurso de siempre.* He bored us stiff with his usual spiel. **2** (*molestar*) to go on (*at sb*): *No me des la ~. Te he dicho que no y es que no.* Stop going on at me. I've said no and that's that.

monstruo *nm* **1** (*gen*) monster: *un ~ de tres ojos* a three-eyed monster ◊ *un ~ de piano* a monster piano ◊ *Esos ~s lo torturaron hasta matarlo.* Those monsters tortured him to death. **2** (*ser/objeto feo*): *un ~ de edificio* a monstruous building **3** (*genio*) genius [*pl* geniuses]: *Einstein fue un ~ de las matemáticas.* Einstein was a mathematical genius. ◊ *un ~ del rock* a rock star
■ **monstruo** *adj* fantastic: *un proyecto ~* a fantastic project

monstruosidad *nf* **1** (*gen*) monstrosity: *¡Qué ~ de edificio!* What a monstrosity that building is! **2** (*crueldad*) atrocity: *Ese crimen fue una auténtica ~.* That crime was a real atrocity.

monstruoso, -a *adj* monstrous: *un crimen ~* a monstrous crime

monta *nf* riding
LOC **de poca monta 1** (*asunto, negocio*) of little importance **2** (*delincuente, ladrón*) petty

montacargas *nm* service lift

montado, -a *pp, adj*: *Iba ~ en una moto.* He was riding a motorbike. ◊ *Me hablaba montada en su bicicleta.* She was sitting on her bicycle talking to me. ◊ *Cuando llegué, ya estaban ~s en el coche.* When I arrived, they were already in the car. *Ver tb* MONTAR
LOC **estar montado (en el dólar)** (*tener mucho dinero*) to be loaded **montado a caballo** on horseback *Ver tb* POLICÍA

montador, ~a *nm-nf* **1** (*maquinaria*) fitter **2** (*Cine*) film editor

montaje *nm* **1** (*máquina, coche*) assembly: *la cadena de ~* the assembly line **2** (*Teat*) production: *un nuevo ~ de "Nabucco"* a new production of 'Nabucco' **3** (*Cine, TV, selección*) editing **4** (*truco*) set-up: *Seguro que todo es un ~.* I bet it's all a set-up.
LOC **montaje fotográfico** photomontage *Ver tb* CADENA, LÍNEA

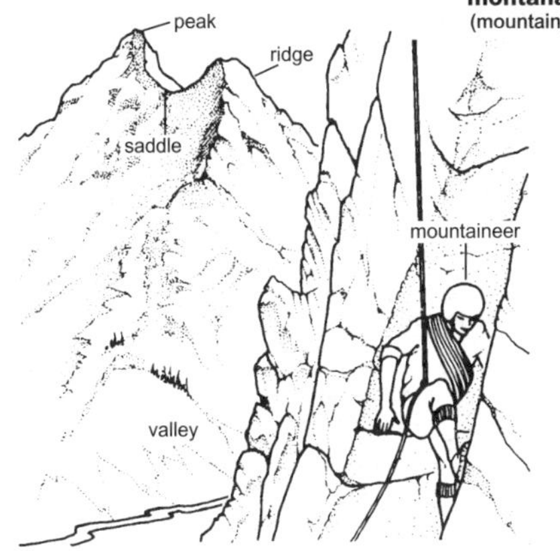

montaña *nf* **1** (*gen*) mountain: *en lo alto de una ~* at the top of a mountain ◊ *un pueblo de ~* a mountain village **2** (*tipo de paisaje*) mountains [*v pl*]: *Prefiero la ~ a la playa.* I prefer the mountains to the beach.
LOC **montaña rusa** roller-coaster **tener montañas de ropa, trabajo, etc** to have loads of clothes, work, etc *Ver tb* ALBERGUE, BICICLETA, GRANDE, PASO

montañero, -a *nm-nf* **1** (*de alta montaña*) mountaineer ☛ *Ver ilustración en* MONTAÑA **2** (*caminante*) hill walker

montañismo *nm* **1** (*de alta montaña*) mountaineering **2** (*marchas*) hill walking

montañoso, -a *adj* mountainous LOC *Ver* MACIZO, SISTEMA

montar *vt, vi* (*caballo, bici*) to ride: *Montaba el caballo de su padre.* He was riding his father's horse. ◊ *Me gusta ~ a caballo.* I like riding. ◊ *~ en bici* to ride a bike
■ **montar** *vt* **1** (*subir*) to put *sb* **on** *sth*: *¿Me montas en el columpio?* Can you put me on the swing? **2** (*establecer*) to set *sth* up: *~ un negocio* to set up a business **3** (*campaña, ofensiva, guardia, piedra preciosa, diapositiva*) to mount **4** (*coche, máquina*) to assemble **5** (*andamio, tienda de campaña*) to put *sth* up, to erect (*más formal*): *Mañana van a ~ el andamio.* They're putting up the scaffolding tomorrow. **6** (*obra de teatro*) to put *sth* on **7** (*película*) to edit **8** (*nata*) to whip
■ **montar(se)** *vi, v pron* **montar(se) (en) 1** (*avión, autobús, tren*) to get on (*sth*): *(Se) montaron dos pasajeros.* Two passengers got on. ◊ *Nunca (me) he montado en avión.* I've never been on a plane. **2** (*coche*) to get in(to *sth*): *(Se) montó en un taxi.* He got into a taxi. ◊ *¡Monta/Móntate!* Get in!
LOC **botas/traje de montar** riding boots/clothes **montar a lo amazona** to ride side-saddle **montar en cólera** to get very angry **montárselo bien**: *¡Qué bien se lo montan!* They've really got it made! **montar un número** to make a scene *Ver tb* BELÉN, BOCHINCHE, BOLLO[1], BRONCA, CIRIO, CISCO, DESAGUISADO, ESCÁNDALO, ESPECTÁCULO, ESTROPICIO, GUARDIA, GUIRIGAY, JALEO, LÍO, PANTALÓN, SILLA, TANTO *adj*, TINGLADO

monte *nm* **1** (*gen*) mountain: *los ~s de Escocia* the Scottish mountains **2** (*tipo de paisaje*) mountains [*v pl*]: *Siempre me ha gustado el ~.* I've always liked the mountains. **3** (*con nombre propio*) Mount: *el ~ Everest* Mount Everest
LOC **monte bajo** scrubland **no todo el monte es orégano** you have to take the rough with the smooth *Ver tb* BOTA[2], CABRA, CUCHILLO, INGENIERO, PERITO

montés, -esa *adj* wild: *un gato ~* a wild cat LOC *Ver* CABRA

montículo *nm* mound

montón *nm* **1** (*pila*) pile: *un ~ de arena/libros* a pile of sand/books **2(a)** (*mucho*): *Me duele un ~ la cabeza.* My head really hurts. ◊ *Me gusta un ~ el cine.* I really love going to the cinema. **(b) ~ de** (*muchos*) lot **of...**: *un ~ de problemas* a lot of problems ◊ *Asistieron un ~ de jóvenes.* A lot of young people turned up. ◊ *Tengo un ~ de cosas que contarte.* I've got loads to tell you.
LOC **a montones** loads of...: *dinero/ropa a montones* loads of money/clothes **del montón** ordinary: *una chica del ~* an ordinary girl **hace un montón (de años, tiempo, etc)**: *No nos vemos desde hace un ~.* We haven't seen each other for ages. ◊ *¿El paraguas rojo? Lo perdí hace un ~ de tiempo.* The red umbrella? I lost it ages ago. *Ver tb* PELA

Montserrat *nm* Montserrat

montura *nf* (*gafas*) frame

monumental *adj* **1** (*Arquit*): *un arco ~* a monumental arch ◊ *una ciudad ~* a historic city **2** (*descomunal*): *un error/esfuerzo ~* a monumental blunder/effort ◊ *un dolor de cabeza ~* a terrible headache

monumento *nm* **1** (*gen*) monument: *un ~ dedicado a Colón* a monument to Colombus **2** (*obra importante*) landmark: *un ~ de la literatura* a literary landmark
LOC **monumento a los caídos** war memorial

monzón *nm* monsoon

moño *nm* (*de pelo*) bun: *Siempre va peinada con ~.* She always wears her hair in a bun.
LOC **estar hasta el moño** to be sick of *sth/sb*): *Estoy hasta el ~ de sus impertinencias.* I'm sick of his cheek. *Ver tb* AGARRAR, HORQUILLA

moqueo *nm* runny nose

moquero *nm* hanky

moqueta *nf* (fitted) carpet: *Mañana me limpian las ~s.* They're coming to clean the carpets tomorrow. ◊ *Vamos a poner ~ en el dormitorio.* We're having a fitted carpet in the bedroom.

mora *nf* **1** (*del moral*) mulberry **2** (*de la zarzamora*) blackberry

morada *nf* dwelling LOC *Ver* ALLANAMIENTO

morado, -a *adj* purple
■ **morado** *nm* **1** (*color*) purple ☛ *Ver ejemplos en* AMARILLO **2** (*moratón*) bruise
LOC **pasarlas moradas** to have a rough time **ponerse morado (de algo)** to stuff yourself (with sth) *Ver tb* OJO

moral[1] *nm* mulberry tree

moral[2] *adj* **1** (*gen*) moral: *valores/normas ~es* moral values/standards **2** (*sufrimiento, tortura*) mental
■ **moral** *nf* **1** (*principios*) morality: *la religión y la ~* religion and morality **2** (*ánimo*) morale: *La ~ es baja en el frente.* Morale is low on the battlefront. LOC *Ver* BAJO, DOBLE, SOLVENCIA

moraleja *nf* moral

moralidad *nf* morality

moralizar *vi* **~ (sobre)** to moralize (**about** *sth*)

morapio *nm* plonk
LOC **darle al morapio** to be fond of a drink

moratón *nm* bruise

morbo *nm* morbid fascination: *Esa historia les da ~.* That story has a morbid fascination for them.

morboso, -a *adj* **1** (*gen*) morbid: *una imaginación/persona morbosa* a morbid imagination/person **2** (*escena, película*) gruesome

morcilla *nf* (*Cocina*) black pudding
LOC **¡que te den morcilla!** go to hell! **¡que le(s) den morcilla!** to hell with him/them!

mordaz *adj* **1** (*persona*) sarcastic **2** (*comentario*) scathing: *críticas mordaces* scathing criticism

mordaza *nf* gag
LOC ponerle una mordaza a algo/algn to gag sth/sb: *Los ladrones le pusieron una ~.* The robbers gagged him. ◊ *ponerle una ~ a la prensa* to gag the press

mordedor, ~a *adj* **LOC** *Ver* PERRO

mordedura *nf* bite

morder *vt, vi* to bite (*into/through sth*): *El perro me mordió en la pierna.* The dog bit my leg. ◊ *Mordió un trozo grande.* He bit off a large chunk. ◊ *Mordí la manzana.* I bit into the apple. ◊ *Los ratones mordieron el cable.* The mice bit through the cable. ◊ *Este perro no muerde.* This dog doesn't bite.
■ **morderse** *v pron*: *~se las uñas/la lengua* to bite your nails/tongue
LOC estar que muerde: *No le preguntes, está que muerde.* Don't ask him – he'll bite your head off. *Ver tb* ANZUELO

mordisco *nm* bite: *Dame un ~ de tu bocadillo.* Give me a bite of your sandwich.
LOC dar/pegar un mordisco to bite

mordisquear (*tb* **mordiscar**) *vt* to nibble

moreno, -a *adj* **1** (*pelo, piel*) dark: *Mi hermana es mucho más morena que yo.* My sister's much darker than me. **2** (*bronceado*) tanned **3** (*azúcar, pan*) brown
■ **moreno, -a** *nm-nf* (*persona*) dark-haired man [*fem* brunette]: *una morena muy guapa* a very pretty brunette
■ **moreno** *nm* (*bronceado*) tan
LOC ponerse moreno to get a tan: *Estoy deseando ponerme morena.* I want to get a tan. **ser moreno de pelo/piel** to have dark hair/skin *Ver tb* AZÚCAR

morfina *nf* morphine

morfología *nf* morphology

moribundo, -a *adj* dying

morir(se) *vi, v pron* **1 morir(se) (de)** (*fallecer*) to die (**of** *sth*): *Murieron en un accidente.* They died in an accident. ◊ *Ciertas costumbres están muriendo.* Some of the old customs are dying out. ◊ *Murió de un infarto.* He died of a heart attack. ◊ *Se les murió la madre.* Their mother died. **2** (*camino, línea de ferrrocarril, época*) to end: *La carretera muere al pie del monte.* The road ends at the foot of the mountain.
LOC ¡así se muera! damn him! **moría el día/la tarde** night was falling **morir abrasado/carbonizado** to be burnt to death **morir ahogado** to drown **morir ahorcado/fusilado** to be hanged/shot **morir de muerte natural** to die of natural causes **morir de viejo** to die of old age **morir en acto de servicio** to die in action **morir en la hoguera** to be burnt at the stake **morirse de aburrimiento** to be bored stiff **morirse de envidia** to be green with envy **morirse de frío** to be freezing: *¡Cierra la ventana, que me muero de frío!* Shut the window – I'm freezing! **morirse de hambre 1** (*lit*) to die of starvation **2** (*tener mucha hambre*) to be starving: *¿Todavía no es hora de comer? ¡Me estoy muriendo de hambre!* Isn't it dinner time yet? I'm starving! **morirse de miedo** to be scared stiff **morirse de pena**: *Me muero de pena al ver niños maltratados.* It breaks my heart to see children ill-treated. **morirse de risa** to kill yourself laughing **morirse de sed** to be really thirsty **morirse por hacer algo/de ganas de hacer algo** to be dying to do sth **morirse por (los huesos de) algn** to be crazy about sb **¡muera el dictador/rey!** down with the dictator/king! **¡que me muera si…!** I swear…!: *¡Que me muera si lo que digo no es verdad!* I swear it's true! *Ver tb* CANSANCIO, CHINCHE, HIERBA, HIERRO, JESÚS, MOSCA, RENOVAR

morisco, -a *adj* Moorish
■ **morisco, -a** *nm-nf* Morisco [*pl* Moriscos/Moriscoes]

mormón, -ona *adj, nm-nf* Mormon

moro, -a *adj* **1** (*del norte de áfrica*) Moorish **2** (*machista*) sexist
■ **moro, -a** *nm-nf* **1** (*del norte de áfrica*) Moor **2** (*machista*) (male) chauvinist
LOC hay/no hay moros en la costa: *Puedes salir, no hay ~s en la costa.* You can come out, the coast is clear. ◊ *Mañana te lo cuento, ahora hay ~s en la costa.* I'll tell you tomorrow, there are people listening now. *Ver tb* ORO

moroso, -a *adj*: *un arrendatario ~* a tenant who's behind with his rent ◊ *clientes ~s* bad payers
■ **moroso, -a** *nm-nf* bad payer

morral *nm* **1** (*mochila*) haversack **2** (*caza*) game bag **3** (*caballo*) nosebag

morralla *nf* (*cosa de poco valor*) junk [*incontable*]

morrearse *v pron* to snog

morreo *nm* snogging: *Se estaban dando un ~.* They were snogging.

morriña *nf* homesickness: *Tengo ~ de mi tierra.* I'm (feeling) homesick.

morrito *nm*
LOC poner morritos to pout

morro *nm* **1** (*animal*) snout **2** (*avión, coche*) nose **3** (*cara dura*) cheek: *¡Qué ~ tienes!* You've got a cheek! ◊ *Me pidió el coche por el ~.* He had the cheek to ask me for the car. ◊ *Entramos en la discoteca por el ~.* We got in the disco for free. **4 morros** (*persona*) **(a)** (*labios*) lips: *un beso en los ~s* a kiss on the lips **(b)** (*boca*) mouth [*sing*]: *Límpiate esos ~s.* Wipe your mouth.
LOC de morros 1 (*de mal humor*) in a bad mood: *Lleva toda la mañana de ~s.* She's been in a bad mood all morning. **2 con algn** angry with sb: *Lleva una semana de ~s con su hermana.* He's been angry with his sister all week. **partirle/romperle los morros a algn** to punch sb's face in: *Si no te callas, te parto los ~s.* If you don't shut up, I'll punch your face in. **poner morro(s)** to look cross *Ver tb* BEBER(SE), BRUCES, CARA, TORCER

morrocotudo *adj* **1** (*estupendo*) fantastic: *Fue una fiesta morrocotuda.* It was a fantastic party. **2** (*enorme*) terrible: *Se llevó un susto ~.* It was a terrible shock to him.

morrón *adj* **LOC** *Ver* PIMIENTO

morrudo, -a *adj* thick-lipped

morsa *nf* walrus

morse *nm* Morse (code) **LOC** *Ver* ALFABETO

mortadela *nf* mortadella

mortaja *nf* shroud

mortal *adj* **1** (*gen*) mortal: *Los seres humanos son ~es.* Human beings are mortal. **2** (*enfermedad, accidente*) fatal: *El torero recibió una cornada ~.* The bullfighter was fatally gored. **3** (*frío, palidez, silencio, veneno*) deadly **4** (*aburrimiento, ruido, trabajo*) dreadful: *La película es de una pesadez ~.* The film is dreadfully boring.
■ **mortal** *nmf* mortal **LOC** *Ver* ODIO, PECADO, RESTO, SALTO, VÍCTIMA

mortalidad *nf* mortality: *el índice de ~ infantil* the infant mortality rate

mortandad *nf*: *la ~ por accidente* the high number of road deaths ◊ *Los pesticidas fueron la causa de la ~ de las aves.* Pesticides were responsible for the enormous loss of bird life.

mortecino, -a *adj* **1** (*luz*) dim **2** (*color, brillo*) dull

mortero *nm* mortar

mortífero, -a *adj* lethal

mortificación *nf* **1** (*tormento*) torture [*incontable*]: *Es una ~ para ella el ver a su hijo en estado de coma.* It's torture for her to see her son in a coma. **2** (*física*) mortification

mortificar *vt* **1** (*atormentar*) to torture: *Me mortificaba dándome celos.* He tortured me by making me jealous. **2** (*físicamente*) to mortify

mortuorio, -a *adj* **LOC** *Ver* ESQUELA, LÁPIDA

moruno, -a *adj* **LOC** *Ver* PINCHO

mosaico *nm* mosaic: *~s romanos* Roman mosaics ◊ *un ~ de tradiciones y leyendas* a mosaic of traditions and legends

mosca *nf* **1** (*insecto*) fly: *una ~ tse-tse* a tsetse fly **2** (*persona pesada*) pain: *¡Qué ~ de hombre!* What a pain that man is!
■ **mosca** *adj* **1** (*enfadado*) annoyed: *Está ~ conmigo porque cree que le oculto algo.* He's annoyed with me

because he thinks I'm hiding something from him. **2** (*inquieto*) edgy

LOC **aflojar/soltar la mosca** to cough up **caer/morir como moscas** to drop like flies **estar con/tener la mosca detrás de la oreja** to smell a rat **mosca borriquera** horsefly **por si las moscas** just in case **¿qué mosca te ha picado?** what's eating you? *Ver tb* CAZAR, OÍR, PESO

moscarda *nf* (*tb* **moscardón** *nm*) bluebottle

moscatel *adj, nf, nm* muscat [*n*]: *Compra medio kilo de uva ~.* Buy half a kilo of muscat grapes. ◊ *¿Te gusta el ~?* Do you like muscat wine?

Moscú *nm* Moscow

mosquear *vt* **1** (*molestar*) to annoy **2** (*hacer sospechar*) to make *sb* suspicious

■ **mosquearse** *v pron* **1** (*enfadarse*) to get annoyed **2** (*sospechar*) to get suspicious

mosqueo *nm*: *¡Menudo ~ se agarró!* He got really annoyed!

mosquetero *nm* musketeer

mosquita *nf*

LOC **hacerse la mosquita muerta/parecer una mosquita muerta** to look as if butter wouldn't melt in your mouth

mosquitera *nf* (*tb* **mosquitero** *nm*) **1** (*cama*) mosquito net **2** (*puerta, ventana*) mosquito netting [*incontable*]: *Había ~s en todas las ventanas.* There was mosquito netting at all the windows.

mosquito *nm* mosquito [*pl* mosquitoes]

mostaza *nf* mustard

■ **mostaza** *nm* (*color*) mustard: *una blusa ~* a mustard-coloured blouse ☛ *Ver ejemplos en* AMARILLO

mosto *nm* grape juice: *Dos ~s, por favor.* Two glasses of grape juice, please.

mostrador *nm* **1** (*tienda, aeropuerto*) counter **2** (*bar*) bar

mostrar *vt* to show: *Muéstreme lo que lleva en la maleta.* Show me what you have in your case. ◊ *Mostró mucho interés por ella.* He showed great interest in her. ◊ *Les mostré por dónde se iba a la estación.* I showed them the way to the station. ◊ *Dejadme que os muestre el cortijo.* Let me show you (round) the estate. ◊ *~ preferencia por algo/algn* to show a preference for sth/sb

■ **mostrarse** *v pron* to seem: *Se mostró algo pesimista.* She seemed rather pessimistic. ◊ *Si las circunstancias se muestran favorables...* If the circumstances are favourable... ◊ *Se mostró partidario de una reforma legislativa.* He was in favour of legal reform. **LOC** *Ver* ARREPENTIDO, COMPRENSIÓN, DISCONFORME, INDICIOS

mota *nf* **1** (*polvo*) speck **2** (*lunar*) dot

mote *nm* nickname

LOC **poner como/de mote** to nickname *sb sth*: *Me pusieron de ~ "la flaca".* They nicknamed me 'Skinny'.

moteado, -a *adj* speckled

motel *nm* motel

motín *nm* **1** (*tropa, tripulación*) mutiny **2** (*cárcel*) riot

motivación *nf* **1** (*incentivo*) motivation: *falta de ~* lack of motivation **2** (*motivo*) motive (***for sth***): *Se desconoce la ~ del asesinato.* The motives for the murder are unknown.

motivar *vt* **1** (*causar*) to cause: *No se sabe qué motivó el incendio.* No one knows what caused the fire. **2** (*incentivar*) to motivate

motivo *nm* **1** (*causa*) reason (***for sth***): *el ~ de nuestro viaje* the reason for our trip ◊ *Se ha enfadado conmigo sin ~ alguno.* He got angry with me for no reason. ◊ *Dimitió por ~s de salud.* He resigned for health reasons. ◊ *Sus ~s tendrán.* They must have their reasons. ◊ *un crimen sin ~* a motiveless crime **2** (*Arte, Mús*) motif: *un ~ decorativo* a decorative motif

LOC **con este/ese/tal motivo** to mark the occasion: *Con este ~ hemos organizado un concierto.* To mark the occasion we have arranged a concert. **con motivo de** on the occasion of *sth*: *Conoció a su mujer con ~ de una boda.* He met his wife at a wedding. **motivo de divorcio** grounds for divorce [*v pl*] **motivo más que sobrado** more than enough reason *to do sth* **no es motivo de risa** it's no laughing matter (**no tener**) **motivo de queja** (to have no) cause for complaint

moto

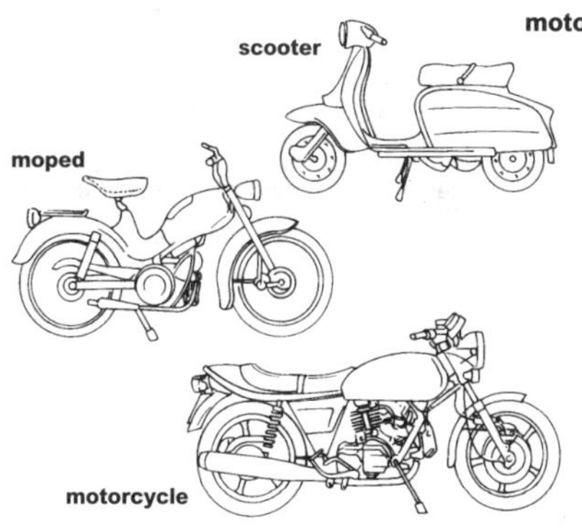

moto *nf* motorbike: *ir en ~* to ride a motorbike

LOC **estar como una moto** to be on edge *Ver tb* PASADA

motocicleta *nf* motorcycle

motociclismo *nm* motorcycling

motociclista *nmf* motorcyclist

motocross *nm* motocross

motonáutica *nf* motorboating

motonave *nf* motor boat

motor, -a *adj* motive: *fuerza/potencia motora* motive force/power

■ **motor** *nm* **1** (*Mec*) **(a)** (*vehículo*) engine: *un avión de cuatro ~es* a four-engined plane **(b)** (*electrodomésticos*) motor: *el ~ de un lavaplatos* the motor of a dishwasher ☛ *Ver nota en* ENGINE **2** (*promotor*) driving force (***behind sth***): *el ~ de la revolución cubista* the driving force behind the Cubist revolution

■ **motora** *nf* motor boat

LOC **motor de arranque** starter motor **motor de combustión interna/reacción** internal combustion/jet engine **motor fuera borda** outboard motor *Ver tb* LANCHA, VUELO

motorismo *nm* motorcycling

motorista *nmf* **1** (*motociclista*) motorcyclist **2** (*de la policía*) police motorcyclist

motorizar *vt* to motorize

■ **motorizarse** *v pron* to get yourself a car

motriz *adj* (*Tec*) motive: *fuerza ~* motive force

movedizo, -a *adj* **LOC** *Ver* ARENA

mover *vt* **1** (*gen*) to move: *~ los párpados/una pieza de ajedrez* to move your eyelids/a chess piece ◊ *No nos moverán.* We shall not be moved. **2** (*cola*) **(a)** (*perro*) to wag **(b)** (*caballo*) to swish **3** (*Mec*) to drive: *Un motor diesel mueve la locomotora.* A diesel engine drives the locomotive. **4** (*agilizar*): *Hay que empezar a ~ el asunto.* We must get things moving. **5** (*dinero*): *En este departamento movemos mucho dinero.* We handle a lot of money in this department. ◊ *El negocio de la droga mueve muchísimo dinero.* A lot of money is involved in drug-trafficking. **6** (*motivar*) to motivate: *Lo único que le mueve es el propio interés.* The only thing that motivates him is self-interest. **7** (*inducir*) to prompt *sb* ***to do sth***: *No sé lo que me movió a actuar de esa manera.* I don't know what prompted me to act like that.

■ **mover** *vi* (*en juegos*) to move: *Te toca ~.* It's your move.

■ **moverse** *v pron* **1** (*gen*) to move: *¡Que nadie se mueva o disparo!* Nobody move or I'll shoot! ◊ *Muévete un poco para que me siente.* Move up a bit so I can sit down. ◊ *~se en círculos literarios* to move in literary circles ◊ *Es muy nervioso: siempre se está moviendo.* He's very restless: he's always fidgeting. **2** (*hojas*) to shake **3** (*embar-*

cación) to roll **4** (*mar*) to be rough **5** (*hacer gestiones*) to get moving: *Si quieres el visado tienes que empezar a ~te.* If you want the visa, you'd better get moving. **6** (*apresurarse*) to get a move on: *Venga, muévete, que tenemos que coger el tren.* Get a move on, we've got a train to catch. **7** (*animarse*) to warm up: *Menos mal que esto ya empieza a ~se.* It's a good job that things are starting to warm up.

LOC **mover (a algn) a compasión/lástima** to move (sb) to pity **mover la cabeza 1** (*asintiendo*) to nod (your head) **2** (*negando*) to shake your head **mover los hilos** to pull the strings **moverse más que el rabo de una lagartija** to be like a cat on a hot tin roof **moverse para conseguir algo** to pull out all the stops to get sth **saber moverse** to know your way around: *Un relaciones públicas tiene que saber ~se.* A PR man must know his way around. *Ver tb* DEDO, ESQUELETO, PIEDRA

movible *adj* movable

movida *nf*: *la ~ madrileña* the Madrid scene ◊ *Está muy metido en la ~ ecológica.* He's really into the ecology thing.

movido, -a *pp, adj* **1(a)** (*animado*) lively: *una fiesta/niña muy movida* a very lively party/little girl **(b)** (*ajetreado*) busy: *Hemos tenido un mes muy ~.* We've had a very busy month. **(c)** (*inquieto, nervioso*) restless **2** (*mar*) rough **3** (*Fot*) blurred *Ver tb* MOVER

móvil *adj* mobile

■ **móvil** *nm* **1** (*motivo*) motive (**for sth**): *el ~ del crimen* the motive for the crime **2** (*objeto para colgar*) mobile

LOC *Ver* PARQUE, TELÉFONO

movilidad *nf* mobility

movilización *nf* **1** (*Mil*) mobilization **2** (*protesta*) action: *Los estudiantes organizaron una ~ de protesta.* The students organized a demonstration. ◊ *un calendario de movilizaciones obreras* a programme of industrial action

movilizar(se) *vt, v pron* to mobilize: *Es preciso movilizar a la población contra la droga.* We must mobilize the population in the fight against drugs. ◊ *Los vecinos se movilizaron contra el proyecto de la nueva urbanización.* The residents mobilized to oppose the new development.

movimiento *nm* **1** (*gen*) movement: *un leve ~ de la mano* a slight movement of the hand ◊ *el ~ obrero/romántico* the labour/Romantic movement ◊ *una sinfonía en cuatro ~s* a symphony in four movements **2** (*manera de moverse, marcha*) motion: *el ~ ondulante de un barco* the swaying motion of a ship ◊ *El coche estaba en ~.* The car was in motion. ◊ *poner algo en ~* to set sth in motion **3** (*actividad*) activity: *Hay mucho ~ en la Bolsa/las universidades.* There is a lot of activity on the Stock Exchange/in the universities. **4** (*circulación*) turnover: *~ de plantilla* staff turnover **5** (*compás*) tempo [*pl* tempos/tempi]

LOC **movimiento de cabeza 1** (*asintiendo*) nod **2** (*negando*) shake **movimiento de caja** transaction **movimiento en falso** false move: *hacer un ~ en falso* to make a false move **movimiento sísmico** tremor

moviola® *nf*: *La jugada fue examinada en la ~.* The move was studied on the action replay.

mozalbete *nm* young lad

Mozambique *nm* Mozambique

mozo, -a *nm-nf* lad [*fem* lass]

■ **mozo** *nm* (*estación, hotel*) porter

■ **mozo, -a** *adj*: *en mis años ~s* in my youth

LOC **buen mozo** good-looking lad [*fem* good-looking lass] **mozo de gasolinera** petrol pump attendant

mu moo

LOC **no decir ni mu** not to say a word: *No dije ni mu.* I didn't say a word.

muaré *nm Ver* MOARÉ

muchacho, -a *nm-nf* **1** (*gen*) boy, lad (*más coloq*) [*fem* girl]: *Es un buen ~.* He's a good lad. **2 muchachos** (*chico y chica, chicos y chicas*) youngsters: *Había un grupo de ~s a la entrada del cine.* There was a group of youngsters at the entrance to the cinema.

■ **muchacha** *nf* (*criada*) maid

muchedumbre *nf* crowd

mucho, -a *adj*

• **en oraciones afirmativas** a lot of *sth*, lots of *sth* (*más coloq*): *Tengo ~ trabajo.* I've got a lot of work. ◊ *Había ~s coches.* There were lots of cars. ◊ *Eso es ~ dinero para mí.* That's a lot of money for me. ◊ *Se ve ~ extranjero por las calles.* You see lots of foreigners in the streets.

• **en oraciones interrogativas y negativas 1** (+ *sustantivo incontable*) much, a lot of *sth* (*más coloq*): *¿Tomas ~ café?* Do you drink a lot of coffee? ◊ *No tiene mucha suerte.* He doesn't have much luck. **2** (+ *sustantivo contable*) many, a lot of *sth* (*más coloq*): *No había ~s ingleses.* There weren't many English people.

• **otras construcciones**: *¿Tienes mucha hambre?* Are you very hungry? ◊ *Hoy no hace ~ calor.* It's not very hot today. ◊ *Hacía ~ tiempo que no nos veíamos.* We hadn't seen each other for a long time. ◊ *Es mucha casa para nosotros tres.* It's too big a house for the three of us. ◊ *Era ~ jugador para un equipo de segunda.* He was too good a player for a second division team.

■ **mucho, -a** *pron* **1** (*uso singular*) **(a)** (*en oraciones afirmativas*) a lot (**of sth**): *Hay ~ de verdad en lo que dices.* There's a lot of truth in what you say. ◊ *Eso es ~ esperar de él.* That's expecting a lot from him. **(b)** (*en oraciones interrogativas y negativas*) much, a lot (**of sth**) (*más coloq*): *¿Te parece ~ viajar/andar?* Do you think it's too far to travel/go? ◊ *Si no es ~ pedir...* If it's not too much to ask... **2** (*uso plural*) many, a lot (**of sth**) (*más coloq*): *Muchas de sus películas tratan de la pobreza.* Many of his films deal with poverty. ◊ *Se han retirado ~s de la competición.* A lot of people have withdrawn from the competition. ☛ *Ver nota en* MANY

■ **mucho** *adv* **1** (*gen*) a lot: *Ha viajado/Sabe ~.* He's travelled/He knows a lot. ◊ *Se parece ~ a su padre.* He's a lot like his father. ◊ *La pobre trabaja ~.* The poor thing works hard. ◊ *Le gusta correr ~.* He likes driving fast. ◊ *Tu amigo viene ~ por aquí.* Your friend comes round here a lot. ◊ *Has andado ~ para lo débil que estás.* You've walked a long way considering how weak you are. **2** (*con formas comparativas*) much: *Eres ~ mayor/más guapa que ella.* You're much older/prettier than her. ◊ *~ más interesante* much more interesting **3** (*mucho tiempo*) a long time: *¿Tienes para ~?* Are you going to take (a) long (time)? ◊ *Llegaron ~ antes que nosotros.* They got here a long time before us. ◊ *Ocurrió hace ~.* It happened a long time ago. ☛ *Ver nota en* LONG[1] **4** (*en respuestas*): *—¿Estás cansado? —No ~.* 'Are you tired?' 'Not very.' ◊ *—¿Te gustó? —Mucho.* 'Did you like it?' 'Very much.'

LOC **como mucho** at most **con mucho** by far: *Es con ~ la más lista de la clase.* She's by far the cleverest girl in the class. **mucho será que...** it will be a wonder if... **muchos pocos hacen un mucho** every little helps **ni mucho menos** far from it **no por mucho...**: *No por ~ correr llegas antes.* No matter how fast you run, you won't get there any quicker. **por mucho que...** however much...: *Por ~ que insistas...* However much you insist... ☛ Para otras expresiones con **mucho**, véanse las entradas del sustantivo, verbo, etc, p. ej. **mucho ruido y pocas nueces** en RUIDO y **no por mucho madrugar amanece más temprano** en MADRUGAR.

mucosidad *nf* mucus [*incontable*]

mucoso, -a *adj* mucous

■ **mucosa** *nf* mucus: *mucosa nasal* nasal mucus

muda *nf* change of underwear: *Métete varias ~s en la maleta.* Put a few changes of underwear in your suitcase.

mudanza *nf* move: *El jarrón se rompió en la ~.* The vase got broken in the move.

LOC **casa/empresa de mudanzas** removal firm **estar de mudanza** to be moving (house) *Ver tb* CAMIÓN

mudar *vt, vi* **~ (de) 1** (*plumas, pelo*) to moult [*vi*]: *El perro está mudando el pelo.* The dog's moulting. **2**

(*serpiente*) to shed *sth* [*vt*]: *Empieza a ~ de piel.* It's beginning to shed its skin.

■ **mudar(se)** *vt, vi, v pron* to change: *Hay que ~ al bebé cada dos horas.* The baby needs changing every two hours. ◊ *~ de opinión* to change your mind ◊ *Se le mudó el color al oír la noticia.* He changed colour when he heard the news.

■ **mudar(se)** *vt, v pron* **mudarse de** (*trasladarse*) to move: *~se de casa* to move house **LOC** *Ver* AIRE

mudez *nf* dumbness

mudo, -a *adj* **1** (*Med*) dumb: *Es ~ de nacimiento.* He was born dumb. ◊ *Se quedó ~ como consecuencia de un trauma.* He became dumb as a result of a trauma. **2** (*Cine, Ling, callado*) silent: *En español, la "h" es muda.* 'H' is silent in Spanish. ◊ *Permaneció ~ durante toda la comida.* He was silent throughout the meal.

■ **mudo, -a** *nm-nf* dumb person

LOC quedarse mudo (*fig*) to be speechless (*with sth*): *Se quedó ~ del susto.* He was speechless with fright. **quedarse mudo de asombro** to be dumbfounded *Ver tb* CINE, PAPEL, PELÍCULA

mueble *nm* **1** (*objeto*) piece of furniture: *dos ~s de caoba* two pieces of mahogany furniture **2 muebles** (*mobiliario*) furniture [*incontable, v sing*]: *~s de época/cocina* period/kitchen furniture ◊ *Los ~s estaban cubiertos de polvo.* The furniture was covered in dust.

LOC con/sin muebles furnished/unfurnished: *Alquilan la casa con ~s.* They are renting the house furnished. **mueble bar** cocktail cabinet **mueble cama** foldaway bed **muebles y enseres** furniture and fittings

mueca *nf* grimace: *una ~ de dolor* a grimace of pain ◊ *Hizo una ~ de disgusto.* He gave a grimace of disgust.

LOC hacer muecas to make/pull faces (*at sb*)

muela *nf* **1** (*diente*) molar (*científ*), (back) tooth [*pl* (back) teeth]: *Me han empastado cuatro ~s.* I've had four teeth filled. ◊ *tener una ~ picada* to have a bad tooth ☛ *Ver ilustración en* DIENTE **2** (*molino*) millstone **3** (*para afilar*) whetstone

LOC muela del juicio wisdom tooth *Ver tb* DOLOR

muelle *nm* **1** (*resorte*) spring: *un colchón de ~s* a spring mattress **2** (*Náut*) wharf [*pl* wharves]: *El barco atracó en el ~.* The ship tied up at the wharf.

muérdago *nm* mistletoe

muermo *nm* **1** (*aburrimiento*): *¡Vaya ~ de obra!* What a boring play! ◊ *Ese tío es un ~.* He's a real bore. **2** (*somnolencia*): *¡Qué ~ me está entrando!* I feel really sleepy.

muerte *nf* **1** (*lit*) death: *a la ~ del dictador* on the death of the dictator ◊ *~ violenta/cerebral* violent/brain death ◊ *~ por asfixia/sobredosis* death by asphyxiation/from an overdose ◊ *Fueron condenados a ~.* They were condemned to death. **2** (*fig*) demise: *la ~ del imperialismo* the demise of imperialism

LOC a muerte: *luchar a ~* to fight to the death **dar muerte a algo/algn** to kill sth/sb **de mala muerte**: *un pueblo de mala ~* a godforsaken town ◊ *un sueldo de mala ~* a pathetic salary ◊ *Viven en un barrio de mala ~.* They live in a run-down neighbourhood. **de muerte** terrible: *Me llevé un susto de ~.* I got a terrible fright. **estar a dos pasos/las puertas de la muerte** to be at death's door **ser la muerte** (*aburrido*) to be deadly boring *Ver tb* BORDE[2], CONDENADO, DANZA, DEBATIR, DUELO, ESCUADRÓN, GUERRA, LECHO, MORIR(SE), ODIAR, PELIGRO, PENA, REO, SENTENCIA, SUSTO, VIDA

muerto, -a *pp, adj* **1** (*gen*) dead: *Encontraron a cinco personas muertas bajo los escombros.* Five people were found dead under the debris. ◊ *El pueblo se queda ~ durante el invierno.* The town is dead in winter. ◊ *Resultó ~ a consecuencia del incendio.* He died as a result of the fire. **2** (*color*) dull *Ver tb* MORIR(SE)

■ **muerto, -a** *nm-nf*: *Hubo al menos tres ~s en el accidente.* At least three people were killed in the accident. ◊ *los ~s durante la guerra* the war dead ◊ *Los familiares velaban al ~.* The relatives were watching over the body.

■ **muerto** *nm* **1** (*bulto pesado*) dead weight **2** (*tarea ingrata*): *Me tocó el ~ de contárselo a la familia.* I was landed with having to tell the family.

LOC caer muerto to drop dead **cargarle/echarle el muerto a algn 1** (*culpa, responsabilidad*) to pass the buck to sb **2** (*trabajo*): *Nadie quería hacer ese trabajo y me cargaron a mí el ~.* Nobody wanted to do the job so I got landed with it. **dar por muerto** to give *sb* up for dead: *La habían dado por muerta.* They had given her up for dead. **el muerto al hoyo y el vivo al bollo** let's look to the future **hacer el muerto** to float **hacerse el muerto** to play dead **más muerto que vivo** (*asustado*) scared stiff **(medio) muerto (de cansancio/sueño)** dead tired **muerto de envidia** green with envy **muerto de frío** freezing (cold) **muerto de hambre** starving (hungry) **muerto de miedo** scared to death **muerto de risa 1** (*lit*) helpless with laughter **2** (*fig*) gathering dust: *Tiene los patines ~s de risa en el armario.* The skates are in the cupboard gathering dust. **muerto de sed** dying of thirst **no tener donde caerse muerto** not to have a penny to your name **quitarse el muerto de encima** to get out of sth: *Siempre consigue quitarse el ~ de encima.* He always manages to get out of things. **tocar/doblar a muerto**: *Tocaban a ~.* The bells were ringing for a funeral. *Ver tb* ÁNGULO, APARECER, CALLADO, CALLAR, CIFRA, HORA, MOSQUITA, NACER, NATURALEZA, PÁLIDO, PESAR[2], PUNTO, RESUCITAR, REY, TIEMPO, VÍA, VIVO

muesca *nf* **1** (*ranura*) groove **2** (*señal*) notch

muestra *nf* **1** (*gen*) sample: *una ~ de sangre* a blood sample ◊ *Nos enseñó varias ~s de tela.* She showed us some samples of cloth. ◊ *una ~ aleatoria* a random sample **2** (*demostración*) token: *una ~ de amor* a token of love **3** (*señal*) sign: *dar ~s de cansancio* to show signs of fatigue ◊ *Convocaron una huelga como ~ de solidaridad.* They called a strike in solidarity. **4(a)** (*Arte*) exhibition **(b)** (*feria*) fair: *una ~ de ganado/juguetes* a cattle/toy fair **(c)** (*Cine, Teat*) festival

LOC *Ver* BOTÓN, FERIA

muestrario *nm* **1** (*lit*) **(a)** (*gen*) collection of samples **(b)** (*papeles pintados*) pattern book **(c)** (*telas, alfombras*) swatch **(d)** (*colores*) colour chart **2** (*fig*) showcase: *un ~ de nuestra diversidad cultural* a showcase of our cultural diversity

muestreo *nm* sampling [*incontable*]: *técnicas de ~* sampling techniques ◊ *Se han utilizado más de 4.000 ~s.* They took more than 4 000 samples.

mugido *nm* **1** (*vaca*) moo: *Me asustaron los ~s de las vacas.* I was startled by the mooing of the cows. **2** (*toro*) bellow

mugir *vi* **1** (*vaca*) to moo **2** (*toro*) to bellow

mugre *nf* filth: *La cocina está llena de ~.* The kitchen is filthy.

mugriento, -a *adj* filthy

mujer *nf* **1** (*gen*) woman [*pl* women]: *la incorporación de la ~ al trabajo* the incorporation of women into the workforce ◊ *Ya está hecha toda una ~.* She's a grown woman now. **2** (*esposa*) wife [*pl* wives]: *su futura ~* his wife-to-be **3** (*como apelativo*): *Pero venga, ~, que vamos a llegar tarde.* Come on, we're going to be late.

LOC mujer de la vida streetwalker **mujer fatal** femme fatale [*pl* femmes fatales] **mujer objeto** sex object **mujer policía** policewoman [*pl* policewomen] **pegársela a la mujer** to cheat on your wife **ser muy mujer de su casa** to be very houseproud **ser toda una mujer** to be quite a woman **una mujer hecha y derecha** a grown woman *Ver tb* LETRA, LIBERACIÓN, LIMPIEZA, MALTRATADO, MARIDO, MUNDO, NEGOCIO, VIDA

mujeriego *adj, nm* womanizer [*n*]: *Su tío es muy ~.* His uncle's a real womanizer.

mujerzuela *nf* slut

mújol *nm* grey mullet [*pl* grey mullet]

mulato, -a *adj, nm-nf* mulatto [*pl* mulattos/mulattoes] [*n*]

muleta *nf* **1** (*lit y fig*) crutch: *andar con ~s* to walk on crutches **2** (*Tauromaquia*) red cape attached to stick

muletilla *nf* **1** (*de relleno*) filler: *~s como "o sea",* *"bueno", etc* fillers like 'so', 'well', etc **2** (*expresión utilizada a menudo*) pet expression: *Su ~ favorita es "divinamente".* His pet expression is 'divinely'. **3** (*cómica*) catchphrase

mullido, -a *pp, adj* **1** (*cama, almohada*) soft **2** (*hierba*) springy

mulo, -a *nm-nf* mule: *Es más tozudo que una mula.* He's as stubborn as a mule. **LOC** *Ver* TERCO

multa *nf* **1** (*gen*) fine: *A los del bar de abajo les han puesto una ~ por tener la música demasiado alta.* The people in the bar below us have been fined for playing loud music. **2** (*de tráfico*) ticket (*coloq*)

LOC meter/poner una multa 1 (*gen*) to fine *sb* (*for sth/doing sth*: *Le han puesto una ~.* He's been fined. **2** (*de tráfico*) to give *sb* a ticket (*coloq*): *Me pusieron una ~ de aparcamiento.* I got a parking ticket.

multar *vt* to fine *sb* (**for *sth*/doing *sth***): *~ a algn con 10.000 pesetas por exceso de velocidad* to fine sb 10 000 pesetas for speeding

multicine *nm* multiplex (cinema)

multicolor *adj* multicoloured

multidisciplinario, -a *adj* multidisciplinary

multigrado *adj* multigrade

multilateral *adj* multilateral

multimillonario, -a *adj, nm-nf* (*persona*) multimillionaire [*n*]: *un tenista ~* a multimillionaire tennis player

■ **multimillonario, -a** *adj* (*objeto, actividad*) multimillion peseta, pound, etc [*n atrib*]: *una campaña publicitaria multimillonaria* a multimillion peseta advertising campaign

multinacional *adj* multinational

■ **multinacional** *nf* multinational company

multipartidismo *nm* multi-party system

múltiple *adj* **1** (*no simple*) multiple: *una fractura ~* a multiple fracture **2** (*numerosos*) numerous: *en ~s ocasiones* on numerous occasions

multiplicación *nf* multiplication

multiplicador *nm* multiplier

multiplicando *nm* multiplicand

multiplicar *vt, vi* (*Mat*) to multiply: *~ dos por cuatro* to multiply two by four ◊ *¿Ya has aprendido a ~?* Do you know how to do multiplication yet?

■ **multiplicar(se)** *vt, v pron* (*aumentar*) to increase: *Con la edad se multiplica el riesgo de enfermedad.* The risk of disease increases with age.

■ **multiplicarse** *v pron* (*reproducirse*) to multiply

multiplicidad *nf* multiplicity

múltiplo, -a *adj* multiple

■ **múltiplo** *nm* multiple **LOC** *Ver* MÍNIMO

multirracial *adj* multiracial

multitud *nf* **1** (*muchedumbre*) crowd [*v sing o pl*]: *una ~ de periodistas* a crowd of journalists **2 ~ de** (*muchos*) numerous [*adj*]: *un sistema con ~ de aplicaciones* a system with numerous applications **LOC** *Ver* OLOR

multitudinario, -a *adj* **1** (*mitin, manifestación*) mass [*n atrib*]: *una manifestación multitudinaria* a mass demonstration **2** (*espectáculo, reunión*) well-attended: *un encuentro de fútbol ~* a well-attended football match

multiuso *adj* multi-purpose

mundanal *adj* **LOC** *Ver* LEJOS

mundano, -a (*tb* **mundanal**) *adj* **1** (*terrenal*) worldly: *problemas/placeres ~s* worldly problems/pleasures **2** (*de la alta sociedad*) (high) society [*n atrib*]: *su gusto por la vida mundana* his taste for high society ◊ *Es muy conocida en los ámbitos ~s.* She is well-known in fashionable circles.

mundial *adj* **1** (*gen*) world [*n atrib*]: *el récord ~* the world record ◊ *la política ~* world politics **2** (*universal*) worldwide: *la importancia de la paz a escala ~* the worldwide importance of peace

■ **mundial** *nm* world championship(s) [*se utiliza mucho en plural*]: *el Mundial de fútbol* the World Cup ◊ *los Mundiales de Atletismo* the World Athletics Championships **LOC** *Ver* CATEGORÍA

mundialmente *adv* throughout the world

LOC mundialmente conocido/famoso world-famous

mundillo *nm* world: *el ~ teatral* the theatre world

mundo *nm* world: *dar la vuelta al ~* to go round the world ◊ *el ~ occidental/de los negocios* the Western/business world

LOC como vino al mundo stark naked **correr/ver mucho mundo**: *Mi hermano ha corrido mucho ~.* My brother has knocked around a lot. **desde que el mundo es mundo** since time began **echar/traer al mundo** to bring *sb* into the world **el mundo del espectáculo** show business **el mundo es un pañuelo** it's a small world **en todo el mundo/el mundo entero** throughout the world **hombre/mujer de mundo** man/woman of the world [*pl* men/women of the world] **medio mundo** lots of people [*v pl*] **por esos mundos de Dios** here, there and everywhere **por nada del mundo** for all the tea in China: *Yo no la vendería por nada del ~.* I wouldn't sell it for all the tea in China. **se me cayó el mundo encima** my, his, etc world fell to pieces **tener mucho mundo** to have been around **todo el mundo** everyone, everybody: *Tienes que esperar tu turno como todo el ~.* Wait your turn like everybody else.

> Nótese que **everyone** y **everybody** llevan el verbo en singular, pero suelen ir seguidos de un pronombre o adjetivo posesivo en plural (p.ej. 'they' y 'their'): Everyone has **their** own room.

venir al mundo to come into the world *Ver tb* ALEJADO, ASÍ, BOLA, COMER, COSA, HUNDIR, MADRE, MAYOR, OTRO, RECORRER(SE), TERCERO, VALER, VISTA, VIVIR

munición *nf* ammunition [*incontable*]: *quedarse sin municiones* to run out of ammunition

municipal *adj* municipal

LOC guardia/policía municipal 1 (*individuo*) policeman/woman [*pl* policemen/women] **2** (*cuerpo*) local police force *Ver tb* ELECCIÓN, EMPLEADO, JUNTA, ORDENANZA, PISCINA, TASA, TÉRMINO

municipio *nm* **1** (*unidad territorial*) municipality **2** (*ayuntamiento*) town council

muñeca *nf* **1** (*juguete*) doll: *¿Te gusta jugar con ~s?* Do you like playing with dolls? **2** (*como apelativo*) sweetie **3** (*Anat*) wrist: *fracturarse la ~* to fracture your wrist ☛ *Ver ilustración en* HAND[1]

LOC muñeca hinchable inflatable doll, blow-up doll (*más coloq*)

muñeco *nm* **1** (*juguete*) doll: *un ~ de trapo* a rag doll **2(a)** (*ventrílocuo, pruebas*) dummy **(b)** (*representación grotesca*) effigy: *Llevaban un ~ del presidente.* They were carrying an effigy of the president. **3** (*marioneta, fig*) puppet: *Es un ~ en manos de su mujer.* He's putty in the hands of his wife.

LOC muñeco de nieve snowman [*pl* snowmen] **muñeco de peluche** soft toy

muñequera *nf* wristband

muñón *nm* stump

mural *adj* wall [*n atrib*]: *una pintura/un mapa ~* a wall painting/map

■ **mural** *nm* mural

muralla *nf* wall(s) [*se utiliza mucho en plural*]: *la ~ medieval* the medieval walls

murciélago *nm* bat

murga *nf* (*tostón*) nuisance: *¡Vaya ~ de vecinos!* What a nuisance our neighbours are!

LOC dar la murga to be a nuisance

murmullo *nm* **1** (*gen*) murmur: *el ~ de su voz/del viento* the murmur of his voice/the wind **2** (*hojas*) rustle [*sing*]

murmuración *nf* gossip [*incontable*]: *Su divorcio suscitó murmuraciones.* Their divorce gave rise to a great deal of gossip.

murmurador, ~a *adj, nm-nf* gossip [*n*]: *Como es tan ~, la gente le da de lado.* As he's such a gossip, people avoid him.

murmurar *vt, vi* (*hablar en voz baja*) to mutter: *Siempre anda murmurando.* He goes round muttering all the time. ◊ *¿Qué murmuras?* What are you muttering about?

■ **murmurar** *vi* **1 ~ (de) (a)** (*cotillear*) to gossip (**about sth/sb**): *~ de la vida de los demás* to gossip about other people's lives **(b)** (*criticar*) to run *sth/sb* down: *Siempre anda murmurando del jefe a sus espaldas.* He's always running down the boss behind his back. **2** (*agua, viento*) to murmur

muro *nm* wall **LOC** *Ver* CONTENCIÓN

murria *nf* depression

LOC tener murria to be depressed

musa *nf* muse

musaraña *nf* (*Zool*) shrew

LOC mirar a las musarañas to daydream *Ver tb* PENSAR

muscular *adj* **1** (*dolor, esfuerzo*) muscular **2** (*contracción, tejido, lesión, desarrollo*) muscle [*n atrib*]: *una lesión ~* a muscle injury

musculatura *nf* muscles [*v pl*]

LOC tener (mucha) musculatura to be (very) muscular

músculo *nm* muscle: *contraer/relajar los ~s* to tense/relax your muscles

LOC hacer músculos to build (up your) muscles *Ver tb* CALENTAR

musculoso *adj* muscular

muselina *nf* muslin

museo *nm* museum: *Ese cuadro está en el Museo del Prado.* That painting is in the Prado Museum.

Al hablar de galerías de arte y museos de Gran Bretaña, utilizamos el término **museum** para referirnos a museos en los que se exponen esculturas, piezas de valor histórico, científico, etc (*the British Museum, the Natural Science Museum*), y **gallery** o **art gallery** para aquellos que exponen principalmente cuadros y esculturas: *the National Gallery, the Tate Gallery.*

LOC museo de cera waxworks [*v sing o pl*]

musgo *nm* moss

música *nf* music: *Me gusta la ~ clásica/de cámara.* I like classical/chamber music. ◊ *Puso ~ a una poesía de Celaya.* He set one of Celaya's poems to music.

LOC con la música a otra parte: *Vámonos con la ~ a otra parte.* Let's get out of here. ◊ *La mandé con la ~ a otra parte.* I sent her packing. **música ambiental** canned music (*pey*) **música de fondo** background music **música en directo/vivo** live music **no estar para músicas** to be in no mood for nonsense **sonar a/ser música celestial** to be music to my, your, etc ears *Ver tb* CADENA, CAJA, EQUIPO, PALACIO, QUIOSCO

musical *adj, nm* musical: *actividades/actuaciones ~es* musical activities/performances ◊ *tener buen oído ~* to have a good ear (for music) ◊ *montar un ~* to stage a musical **LOC** *Ver* COMEDIA, CUÑA, ESCALA, ESPECTÁCULO, HILO

musicalidad *nf* musicality

músico *nm* musician

musitar *vt* to murmur

muslo *nm* **1** (*gen*) thigh: *Me están engordando los ~s.* My thighs are getting fat. **2** (*ave*) leg: *¿Qué quieres, ~ o pechuga?* What do you want? Leg or breast?

mustio, -a *adj* **1(a)** (*planta*) wilted: *Las flores están mustias.* The flowers have wilted. **(b)** (*piel, manzana*) wrinkled **2** (*deprimido*) down (*coloq*), depressed

musulmán, -ana *adj, nm-nf* Muslim

mutación *nf* **1** (*cambio*) change: *mutaciones cromáticas* changes in colour **2** (*Biol*) mutation: *una ~ genética* a genetic mutation

mutante *adj, nmf* mutant

mutilación *nf* mutilation

mutilado, -a *pp, adj Ver* MUTILAR

■ **mutilado, -a** *nm-nf*: *~s de guerra* disabled ex-servicemen

mutilar *vt* **1** (*persona, estatua, texto*) to mutilate **2** (*miembro*) to cut *sth* off, to sever (*más formal*) : *El tren le mutiló la pierna.* His leg was severed by the train.

mutis *nm* (*Teat*) exit

■ **¡mutis!** *interj* silence!

LOC hacer mutis por el foro to make yourself scarce

mutismo *nm* silence

mutua *nf* friendly society

mutualidad *nf* **1** (*asociación*) friendly society **2** (*reciprocidad*) mutuality

mutualista *nmf* member of a friendly society

mutuamente *adv* **1** (*con verbo*) each other ☛ *Ver nota en* EACH OTHER: *Se odian ~.* They hate each other. **2** (*con adjetivo*) mutually: *un acuerdo ~ satisfactorio* a mutually satisfactory agreement

mutuo, -a *adj* mutual: *el apoyo/respeto ~* mutual support/respect ◊ *tenerse mutua simpatía* to have a liking for each other **LOC** *Ver* ACUERDO

muy *adv* **1** (*gen*) very: *Están ~ bien/cansados.* They're very well/tired. ◊ *~ despacio/temprano* very slowly/early ◊ *un poeta ~ admirado* a greatly admired poet ◊ *una persona ~ solicitada* a person in great demand ◊ *un objeto ~ apreciado* a highly prized object ◊ *Van ~ por delante de nosotros.* They're a long way in front of us. **2** (*con sustantivo*): *el ~ tonto* the great fool ◊ *El ~ sinvergüenza se ha marchado sin pagar.* The swine's gone off without paying. ◊ *Es ~ hombre.* He's a real man.

LOC muy bien (*de acuerdo*) OK: *—Vendré a recogerte a las siete. —~ bien.* 'I'll pick you up at seven.' 'OK.' **¡(muy) bien!** (very) good!: *¡~ bien, le respondiste como se merecía!* Good for you, he deserved that! **muy mucho**: *Me lo pensaría ~ mucho antes de gastar tanto dinero.* I'd think it over very carefully before spending so much money. ◊ *Ya se guardará ~ mucho de intentar engañarnos.* He won't try and cheat us again. **Muy Sr mío/Sra mía** Dear Sir/Madam ☛ *Ver págs 594–7* **por muy ... que ...** however ...: *Por ~ simpático que sea ...* However nice he is ...

Myanmar *nm* Myanmar

Nn

n *nf*: *3n* three to the power of x ◊ *una cantidad n de alumnos* x number of students

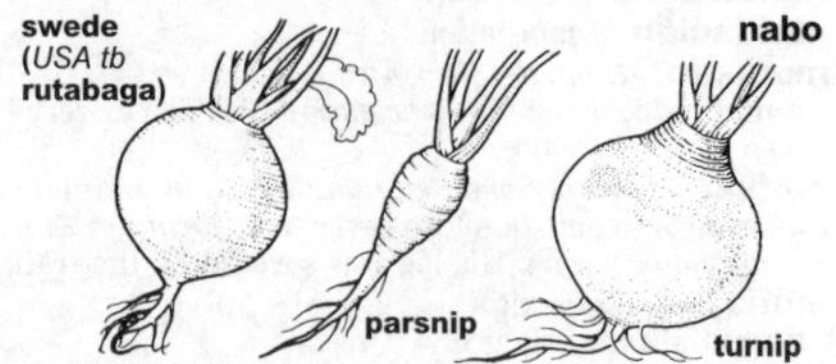

nabo *nm* turnip
LOC nabo sueco swede

nácar *nm* mother-of-pearl: *botones de ~* mother-of-pearl buttons

nacer *vi* **1** (*persona, animal*) to be born: *¿Dónde naciste?* Where were you born? ◊ *Nací en 1971.* I was born in 1971. ◊ *¿Te crees que nací ayer?* Do you think I was born yesterday? **2** (*ave, insecto*) to hatch: *Los pollitos nacieron la semana pasada.* The chicks hatched last week. **3** (*planta, pelo, plumas*) to grow: *Las plantas nacen de las semillas.* Plants grow from seeds. ◊ *Ya le volverá a ~ el pelo.* Her hair will soon grow back. **4** (*río*) to rise **5** (*carretera*) to start: *El camino nace al pie del monte.* The road starts at the foot of the mountain. **6** (*proceder, deberse*) to spring ***from sth***: *Su socialismo nació del odio a la injusticia.* His socialism springs from a hatred of injustice. ◊ *valores que nacen de cierto tipo de educación* values that spring from a particular kind of education **7** (*sentimiento*) to spring up: *Ha nacido una fuerte amistad entre ellos.* A great friendship has sprung up between them.
LOC al nacer at birth **nacer antes de tiempo** to be born prematurely **nacer con estrella** to be born under a lucky star **nacer de pie** to be born lucky **nacer muerto** to be stillborn **nacer para actor, cantante, etc** to be a born actor, singer, etc **no he nacido para pobre** I wasn't, you weren't, etc born to be poor **unos nacen con estrella y otros estrellados** fortune smiles on some but not on others **volver a nacer** to have a lucky escape: *Tras el accidente volví a ~.* I had a lucky escape.

nacido, -a *pp, adj* born *Ver tb* NACER
■ **nacido, -a** *nm-nf*: *los ~s este año* those born this year
LOC ser un mal nacido to be a bastard *Ver tb* RECIÉN

naciente *adj* **LOC** *Ver* SOL[2]

nacimiento *nm* **1** (*gen*) birth: *fecha de ~* date of birth ◊ *el ~ de una nación* the birth of a nation ◊ *el ~ de una estrecha amistad* the start of a close friendship **2** (*ave*) hatching **3** (*río*) source **4** (*pelo*) root **5** (*belén*) crib
LOC de nacimiento: *Es sordo de ~.* He was born deaf. ◊ *Esa es tonta de ~.* She's a born idiot. ◊ *Es español de ~, pero ha vivido toda su vida en Inglaterra.* He's Spanish by birth, but he's always lived in England. ◊ *Cristina es madrileña de ~.* Cristina was born in Madrid. **nacimiento del pecho** cleavage *Ver tb* LUGAR, MANCHA

nación *nf* nation: *El presidente se dirigió a la ~.* The president addressed the nation. **LOC** *Ver* ORGANIZACIÓN

nacional *adj* national: *un héroe/una campaña ~* a national hero/campaign ◊ *la bandera ~* the national flag ◊ *El gobierno español aconseja consumir productos ~es.* The government is advising people to buy Spanish products.
■ **nacional** *nmf* (*en la Guerra Civil española*) Nationalist: *los ~es* the Nationalists **LOC** *Ver* ÁMBITO, ASAMBLEA, AUDIENCIA, CARRETERA, DOCUMENTO, FÁBRICA, FIESTA, HIMNO, INSTITUTO, MERCADO, PARADOR, PRODUCTO, RED, VUELO

nacionalidad *nf* **1** (*gen*) nationality: *¿Cuál es su ~?* What nationality are you? ◊ *representantes de varias ~es* representatives of different nationalities **2** (*ciudadanía*) citizenship: *solicitar/obtener la ~ británica* to apply for/be granted British citizenship **LOC** *Ver* DOBLE

nacionalismo *nm* nationalism

nacionalista *adj, nmf* nationalist

nacionalización *nf* **1** (*gen*) nationalization: *la ~ de la industria del petróleo* the nationalization of the oil industry **2** (*persona*) naturalization

nacionalizar *vt* to nationalize
■ **nacionalizarse** *v pron* to become a British, Spanish, etc citizen: *Se ha nacionalizado inglés.* He has become a British citizen.

nada *pron* **1** (*gen*) nothing, anything

> **Nothing** se utiliza cuando el verbo va en forma afirmativa en inglés: *No queda nada.* There's nothing left. ◊ *No tengo nada que perder.* I've got nothing to lose. **Anything** se emplea cuando el verbo va en negativa: *No quiero nada.* I don't want anything. ◊ *No tienen nada en común.* They haven't got anything in common. ◊ *¿No quieres nada?* Don't you want anything?

2 (*Tenis*) love: *treinta, ~* thirty love
■ **nada** *adv* at all: *No está ~ claro.* It's not at all clear. ◊ *No estoy ~ contento.* I'm not at all happy. ◊ *No me importa ~.* I don't mind at all. ◊ *No he dormido ~.* I didn't sleep a wink.
■ **nada** *nf* **1** (*gen*) nothing: *Subieron de la ~.* They started from nothing. **2** (*Fil*) nothingness
LOC de nada 1 (*sin importancia*) little: *Es un arañazo de ~.* It's only a little scratch. **2** (*exclamación*) you're welcome!: *—Gracias por la cena. —¡De ~!* 'Thanks for the meal.' 'You're welcome!' **nada de** no: *~ de excusas.* No excuses, please. ◊ *~ de protestar.* Let's have no complaints. **nada de nada** not a thing: *No veo/oigo ~ de ~.* I can't see/hear a thing. **nada más 1** (*gen*) nothing else, anything else: *~ más, gracias.* Nothing else, thanks. ◊ *No me acuerdo de ~ más.* I can't remember anything else. **2** (*eso es todo*) that's all: *Solo pido justicia; ~ más.* All I'm asking for is justice. **3** (*solo*) only: *Tengo un hijo ~ más.* I only have one son. **nada más...**: *Le reconocí ~ más verle.* I recognized him as soon as I saw him. ◊ *Llegó a casa ~ más terminadas las noticias.* He got home just after the news finished. *Ver tb* RECOMENDABLE

nadador, ~a *nm-nf* swimmer

nadar *vi* to swim: *No sabe ~.* He can't swim. ◊ *Solemos ir a ~ los sábados.* We usually go swimming on Saturday.
LOC nadar a braza to do (the) breaststroke **nadar a crol** to do the crawl **nadar a espalda** to do backstroke **nadar a mariposa** to do (the) butterfly **nadar contra corriente** (*fig*) to go against the tide **nadar en dinero/la abundancia** to be rolling (in money) **nadar y guardar la ropa** to have your cake and eat it

nadería *nf* silly little thing: *No te enfades por esa ~.* Don't get annoyed about a little thing like that. ◊ *discutir por ~s* to argue over nothing

nadie *pron* **1** (*gen*) nobody, anybody

> **¿Nobody o anybody?**
> **Nobody** se utiliza cuando el verbo va en forma afirma-

tiva en inglés: *Eso no lo sabe nadie.* Nobody knows that. ◊ *No había nadie más.* There was nobody else there.
Anybody se emplea cuando el verbo va en negativa: *Está enfadado y no habla con nadie.* He's angry and won't talk to anybody. *Ver tb nota en* EVERYBODY

2 (*persona insignificante*): *Cállate, que tú aquí no eres ~.* Shut up, you've got no say in the matter. ◊ *Él no es ~ para dar órdenes.* He's got no right to give orders. ◊ *¡No somos ~!* Life is so uncertain.
LOC nadie más nobody else: *No había ~ más.* There was nobody else there.

nado
LOC a nado: *Cruzaron/pasaron el río a ~.* They swam across the river.

naftalina *nf* **LOC** *Ver* BOLA

naif *adj* naive

nailon *nm* nylon

naipe *nm* (playing) card ☛ *Ver nota en* BARAJA

nalga *nf* buttock

Namibia *nf* Namibia

nana *nf* lullaby **LOC** *Ver* AÑO

napia (*tb* **napias**) *nf* conk (*coloq*)

naranja *nf* (*fruta*) orange ☛ *Ver ilustración en* FRUTA
■ **naranja** *nm* (*color*) orange ☛ *Ver ejemplos en* AMARILLO
LOC media naranja other half: *¡Chica, vienes sola! ¿Dónde está tu media ~?* On your own, then? Where's your other half? **¡naranjas de la China!** not on your nelly! *Ver tb* AGUA, RALLADURA

naranjada *nf* orangeade

naranjo *nm* orange tree

narcisista *adj* narcissistic
■ **narcisista** *nmf* narcissist

narciso[1] *nm* (*narcisista*) narcissist

narciso[2] *nm* (*flor*) **1** (*blanco*) narcissus [*pl* narcissi] **2** (*amarillo*) daffodil ☛ *Ver ilustración en* FLOR

narcótico, -a *adj* narcotic
■ **narcótico** *nm* drug, narcotic (*más formal*)

narcotraficante *nmf* drug dealer

narcotráfico *nm* drug trafficking

narigudo, -a *adj, nm-nf*: *una mujer nariguda* a woman with a big nose

nariz *nf* nose: *una ~ chata/respingona* a snub/turned-up nose ◊ *Suénate la ~.* Blow your nose. ☛ *Ver ilustración en* HEAD[1]
LOC ¿cómo narices...? how on earth...? **darse de narices** (*dos personas*) to bump into each other **darse de narices contra algo/alguien** to bump into sth/sb **darse de narices contra el suelo** to fall flat on your face **de narices 1** (*muy bueno*) fantastic: *una moto/casa de narices* a fantastic bike/house **2** (*mucho*): *Pasamos un frío de narices.* We were incredibly cold. ◊ *Tengo un resfriado de narices.* I've got a terrible cold. **estar con/tener la nariz pegada a un libro, periódico, etc** to have your nose in a book, newspaper, etc **estar hasta las narices de** to be sick of *sth/sb/doing sth* **me da en la nariz que...** I've got a feeling that... **meter la nariz/las narices** to poke your nose *into sth* **me toca las narices** he, she, etc gets up my nose **¡narices! 1** (*contradiciendo*) rubbish! **2** (*enfadado*) damn! **no me sale de las narices** I, you, etc don't feel like doing it **no ver más allá de tus narices** not to be able to see further than the end of your nose **por narices** whatever happens **¿por qué narices...?** why on earth...? **¡qué narices!** no way!: *Pues no voy, ¡qué narices!* There's no way I'm going! **tener la nariz tapada** to have a blocked-up nose **¡tiene narices (la cosa)!** it's ridiculous! **tocarse la nariz/las narices** (*fig*) to laze around *Ver tb* CERRAR, DEDO, DELANTE, HABLAR, HINCHAR, HURGAR, PALMO, PAR, PROPIO, REÍR, SANGRAR

narizotas *nmf*: *Es un ~.* He's got a big nose.

narración *nf* **1** (*relato*) story **2** (*acción de contar*) account: *Interrumpió su ~.* He interrupted his account. **3** (*prosa*) narrative: *la ~ y el diálogo* narrative and dialogue

narrador, ~a *nm-nf* narrator

narrar *vt* to tell, to narrate (*más formal*): *El escritor narra la novela en primera persona.* The writer tells the story in the first person.

narrativo, -a *adj* narrative: *el estilo ~* narrative style
■ **narrativa** *nf* narrative **LOC** *Ver* HILO

nasal *adj* nasal **LOC** *Ver* FOSA, HEMORRAGIA, TABIQUE

nasalizar *vt* to nasalize

nata *nf* **1** (*gen*) cream: *~ montada* whipped cream **2** (*de leche hervida*) skin
LOC nata líquida 1 (*para salsas, cremas*) single cream **2** (*para montar*) double cream *Ver tb* FLOR

natación *nf* swimming: *La ~ es un deporte muy completo.* Swimming is a sport which exercises all your muscles.

natal *adj* **1** (*ciudad*) home [*n atrib*]: *nuestra ciudad ~* our home town **2** (*país*) native **LOC** *Ver* SUELO

natalidad *nf* birth rate **LOC** *Ver* CONTROL, ÍNDICE

natillas *nf* (egg) custard [*incontable*]: *—¿Qué queréis de postre? —Natillas.* 'What would you like for pudding?' 'Egg custard, please.'

natividad *nf* nativity

nativo, -a *adj, nm-nf* native

nato, -a *adj* born: *un músico ~* a born musician

natura *nf* nature

natural *adj* **1** (*gen*) natural: *causas ~es* natural causes ◊ *zumo ~* natural fruit juice ◊ *¡Es ~!* It's only natural! **2** (*fruta, flor*) fresh **3** (*espontáneo*) unaffected: *un gesto ~* an unaffected gesture
■ **natural** *nmf* **~ de** born **in...**: *La víctima, ~ de Segovia,...* The victim, born in Segovia,...
■ **natural** *nm*: *pintar del ~* to paint from life
LOC al natural 1 (*fruta*) fresh: *fresas al ~* fresh strawberries **2** (*persona*) **(a)** (*sin maquillaje*) without make-up **(b)** (*en la vida real*) in the flesh: *Es más guapo al ~ que en las películas.* He is better looking in the flesh than on screen. **como es natural** naturally **nada más natural que...** it's understandable that... **¡natural!** of course! **ser natural de...** to come from... *Ver tb* ALIMENTO, CIENCIA, COSA, HIJO, MADRE, MORIR(SE), TAMAÑO

naturaleza *nf* nature: *las fuerzas de la ~* the forces of nature ◊ *vivir en plena ~* to live right out in the country
LOC naturaleza muerta still life **por naturaleza** by nature **ser de naturaleza débil/fuerte** to have a weak/strong constitution *Ver tb* CARTA, HIERRO

naturalidad *nf* naturalness
LOC con (toda) naturalidad (very) naturally *Ver tb* MAYOR

naturalista *nmf* naturalist

naturalizarse *v pron* to become naturalized: *Tras vivir diez años en España, acabó naturalizándose.* After living in Spain for ten years he became naturalized.

naturalmente *adv* **1** (*lógicamente*) of course: *~ que no.* Of course not. **2** (*de modo natural*) naturally

naturista *nmf* **1** (*Med*) naturalist **2** (*nudista*) naturist

naufragar *vi* **1** (*sufrir un naufragio*) **(a)** (*barco*) to be wrecked **(b)** (*persona*) to be shipwrecked **2** (*plan*) to fall through

naufragio *nm* **1** (*barco*) shipwreck **2** (*fracaso*) failure

náufrago, -a *nm-nf* castaway

Nauru *nm* Nauru

náusea *nf* nausea
LOC dar náuseas to make *sb* feel sick **sentir/tener náuseas** to feel sick

nauseabundo, -a *adj* nauseating

náutico, -a *adj* nautical **LOC** *Ver* CLUB, DEPORTE, ESQUÍ, ROSA

navaja *nf* **1** (*multiusos*) penknife [*pl* penknives] ☛ *Ver ilustración en* KNIFE **2** (*arma*) knife [*pl* knives]: *Me sacaron una ~ en la calle.* They pulled a knife on me in the street.
LOC navaja automática flick knife [*pl* flick knives] **navaja de afeitar** cut-throat razor **navaja multiuso**

Swiss Army knife [*pl* Swiss Army knives] *Ver tb* CORTAR, FILO, PUNTA

navajazo *nm* (*tb* **navajada** *nf*) knife wound: *Tenía un ~ en la cara.* He had a knife wound on his face.
LOC **dar/pegar un navajazo** to stab *sth/sb* *Ver tb* MATAR

navajero, -a *nm-nf* criminal armed with a knife

naval *adj* naval **LOC** *Ver* DESFILE, DOMINIO, ESCUELA, INGENIERO

nave *nf* **1** (*Náut*) ship **2** (*de una iglesia*) **(a)** (*central*) nave **(b)** (*lateral*) aisle ☛ *Ver ilustración en* IGLESIA **3** (*de otros edificios*) main body
LOC **nave espacial** spaceship **nave industrial** industrial unit

navegación *nf* **1** (*gen*) navigation: *sistemas de ~* navigation systems **2** (*tráfico*) shipping
LOC **navegación a vela** sailing *Ver tb* CARTA, DIARIO

navegador *nm* (*Informát*) browser

navegante *nmf* navigator

navegar *vi* **1** (*barco, marinero*) to sail **2** (*avión, piloto*) to fly **3 ~ en/por** (*Informát*) to surf *sth* [*vt*]: *~ por internet* to surf the net/Internet
LOC **navegar rumbo a...** to be bound for...

Navidad *nf* **Navidades** Christmas [*sing*]: *¡Feliz ~!* Happy/Merry Christmas! ◊ *felicitar a algn las ~es* to wish sb a happy/merry Christmas ◊ *Siempre nos reunimos en ~.* We always get together at Christmas. ◊ *Las últimas ~es fueron muy divertidas.* Last Christmas was great fun.

En Gran Bretaña apenas se celebra el día de Nochebuena o **Christmas Eve**, el día más importante es el 25 de diciembre, llamado **Christmas Day**. La familia se levanta por la mañana y todos abren los regalos que ha traído **Father Christmas**. Hacia las tres de la tarde habla la Reina por la televisión, y después se toma el **Christmas dinner**: pavo y **Christmas pudding** (una especie de pastel de frutos secos). **Boxing Day** es el día después de Navidad y es fiesta nacional.

LOC *Ver* CESTA, DÍA, PAGA, TARJETA

navideño, -a *adj* Christmas [*n atrib*]: *adornos ~s* Christmas decorations

naviero, -a *adj* shipping [*n atrib*]: *una compañía naviera* a shipping company
■ **naviero, -a** *nm-nf* shipowner
■ **naviera** *nf* shipping company

navío *nm* ship
LOC **navío de carga** cargo ship *Ver tb* CAPITÁN

nazi *adj, nmf* Nazi

neblina *nf* mist

neblinoso, -a *adj* misty

nebulosa *nf* nebula [*pl* nebulae/nebulas]

nebulosidad *nf* **1** (*nubes*) cloudiness **2** (*neblina*) haze

nebuloso, -a *adj* **1** (*lit*) **(a)** (*por nubes*) cloudy **(b)** (*por niebla*) misty **2** (*fig*) nebulous

necedad *nf* **1** (*cualidad*) foolishness **2** (*acto, dicho*) silly thing: *Fue una ~ por su parte.* It was a silly thing to do/say. **LOC** *Ver* SOLTAR

necesariamente *adv*: *No tiene que ser ~ así.* It doesn't necessarily have to be like this. ◊ *Tienen que seguir esta ruta ~.* They've simply got to follow this route. ◊ *Tienes que presentarte ~ .* You simply must put in an appearance.

necesario, -a *adj* necessary: *Haré lo que sea ~.* I'll do whatever's necessary. ◊ *Es ~ que me escuches.* You must listen to me. ◊ *No es ~ que vengas.* You don't have to come.
LOC **de ser/si es necesario** if necessary **lo necesario 1** (*todo lo que haga falta, enseres imprescindibles*) what's necessary: *Haremos lo ~.* We'll do what's necessary. ◊ *Coge solo lo ~.* Only take what you need. **2** (*lo inevitable*): *Uso el coche lo ~.* I use the car only when necessary. **3** (*importante*): *Ya sabes lo ~ que es aprender inglés.* You know how important it is to learn English. *Ver tb* CASO

neceser *nm* sponge bag

necesidad *nf* **1** (*gen*) necessity: *La calefacción es una ~.* Heating is a necessity. **2** (*menester*) need: *No hay ~ de que vengas.* There's no need for you to come. ◊ *No veo la ~ de ir en coche.* I don't see the need to go by car. **3** (*pobreza*) poverty: *Viven en la ~.* They live in poverty.
LOC **estar en una necesidad** to be in a tight spot **hacer tus necesidades** to go to the toilet **pasar necesidades** to suffer hardship **por necesidad** of necessity: *Se acostumbraron por ~.* Of necessity, they got used to it. **tener necesidad de algo/hacer algo** to need sth/to do sth *Ver tb* ARTÍCULO, CASO, CUBRIR, PRIMERO

necesitado, -a *pp, adj* needy: *gente necesitada* needy people ◊ *niños ~s* children in need *Ver tb* NECESITAR
■ **necesitado** *nm-nf*: *ayudar a los ~s* to help the poor
LOC **estar necesitado de** to need *sth*: *Está necesitada de cariño.* She needs love.

necesitar *vt* to need
LOC **necesitar Dios y ayuda** to need all the help you can get *to do sth* **se necesita dependiente, repartidor, etc** (*en anuncios*) wanted: salesperson, delivery person, etc *Ver tb* ABUELO

necio, -a *adj* foolish
■ **necio, -a** *nm-nf* fool **LOC** *Ver* PALABRA

necrología *nf* (*escrito*) obituary

necrológicas *nm* (*sección del periódico*) obituaries **LOC** *Ver* NOTA

néctar *nm* **1** (*gen*) nectar **2** (*zumo de frutas*) sweetened fruit juice: *~ de melocotón* sweetened peach juice

neerlandés, -esa *adj, nm-nf, nm Ver* HOLANDÉS

nefasto, -a *adj* **1** (*muy malo*) dreadful **2** (*desgraciado*) ill-fated: *aquel amor ~* that ill-fated love

nefrítico, -a *adj* **LOC** *Ver* CÓLICO

negación *nf* **1** (*gen*) denial: *la ~ de uno mismo* self-denial **2** (*Ling*) negative
LOC **ser la negación de algo** to be the antithesis of sth

negado, -a *pp, adj, nm-nf* useless [*adj*]: *¡Eres un ~!* You're useless! *Ver tb* NEGAR
LOC **ser (un) negado** to be no good *at sth/doing sth*: *Soy un ~ para las matemáticas.* I'm useless at maths.

negar *vt* **1** (*gen*) to deny *sth/doing sth/that...*: *Negó haber robado el cuadro.* He denied stealing the picture. **2** (*permiso, petición*) to refuse: *El banco me ha negado el préstamo.* The bank has refused me the loan. ◊ *Me negaron la entrada.* I was refused entry.
■ **negarse** *v pron* **negarse a** to refuse ***to do sth***: *Se negaron a pagar.* They refused to pay.
LOC **negar con la cabeza** to shake your head **negarle el saludo a algn** to ignore sb *Ver tb* AFIRMAR

negativa *nf* **1** (*gen*) refusal (***to do sth***): *su ~ a participar* her refusal to participate **2** (*ante una acusación*) denial, no (*más coloq*): *una enérgica ~* an emphatic denial
LOC **contestar/responder con una negativa** to reply in the negative *Ver tb* RECIBIR

negativamente *adv* negatively: *Reaccionó ~.* He reacted negatively. ◊ *Contestó ~.* He answered in the negative. **LOC** *Ver* AFECTAR

negativo, -a *adj* **1** (*gen*) negative: *El análisis dio ~.* The test result was negative. **2** (*Mat*) negative, minus (*más coloq*): *un número ~* a minus number
■ **negativo** *nm* (*Fot*) negative **LOC** *Ver* CASO, PUNTO, SALDO, SIGNO, VOTO

negligencia *nf* negligence

negligente *adj* negligent

negociable *adj* negotiable ☛ *Ver nota en* ONO

negociación *nf* negotiation: *El convenio está en ~.* The agreement is being negotiated. **LOC** *Ver* PASILLO

negociador, ~a *adj* negotiating: *una comisión negociadora* a negotiating committee
■ **negociador, ~a** *nm-nf* negotiator **LOC** *Ver* MESA

negociante *adj* **1** (*buen comerciante*): *Es muy ~.* She's got very good head for business. **2** (*pesetero*) money-grubbing

■ **negociante** *nmf* **1** (*comerciante*) businessman/woman [*pl* businessmen/women] **2** (*pesetero*) money-grubber

LOC negociante al por mayor/menor wholesaler/retailer

negociar *vt* to negotiate

■ **negociar** *vi* **1** (*hacer tratos*) to negotiate **2 ~ (con/en)** (*Com*) **(a)** (*tratar*) to deal (**in** ***sth***): *~ con divisas* to deal in currency **(b)** (*comerciar*) to trade (**in** ***sth***): *~ con café* to trade in coffee ◊ *~ al por mayor/por menor* to trade wholesale/retail **LOC** *Ver* SENTAR

negocio *nm* **1** (*comercio, asunto*) business: *hacer ~s* to do business ◊ *Muchos ~s han fracasado.* A lot of businesses have gone bust. ◊ *Los ~s son los ~s.* Business is business. ◊ *el sector de los ~s* the business sector ◊ *Estoy aquí por/de ~s.* I'm here on business. **2(a)** (*trato*) deal: *Hicieron un buen/mal ~.* It was a good/bad deal for them. **(b)** (*ganancia*) profit: *hacer ~* to make a profit **(c)** (*irónicamente*) bargain: *¡Vaya ~ que hemos hecho!* Some bargain we got there!

LOC hombre/mujer de negocios businessman/woman [*pl* businessmen/women] **negocio redondo**: *hacer un ~ redondo con algo* to make a packet out of sth ◊ *¡Vaya vacaciones, han sido un ~ redondo!* What a holiday! That was a really great deal! **negocio sucio** dodgy business *Ver tb* ENCARGADO, LIQUIDACIÓN, OJO

negra *nf* **1** (*Mús*) crotchet ☛ *Ver ilustración en* NOTACIÓN **2** (*ajedrez, damas*) **(a)** (*pieza*) black piece **(b)** **negras** black [*sing*]: *Yo juego con ~s.* I'll be black.

LOC tener la negra to be out of luck **tocarle a uno la negra**: *Me ha tocado la ~ en este trabajo.* I've drawn the short straw where this job is concerned.

negrero, -a *nm-nf* **1** (*comerciante de esclavos*) slave trader **2** (*fig*) slave-driver: *Mi jefe es un ~.* My boss is a slave-driver.

negrita *nf* bold (type): *Escríbelo en ~.* Type it in bold.

negro, -a *adj* (*color*) black

■ **negro** *nm* **1** (*color*) black ☛ *Ver ejemplos en* AMARILLO **2** (*escritor*) ghost-writer

■ **negro, -a** *nm-nf* black man/woman [*pl* black men/women]: *los ~s* black people

LOC estar negro con algn to be furious with sb: *Estoy ~ con mi hermana.* I'm furious with my sister. **hacérselas pasar negras a algn** to give sb a hard time **negro como el azabache/carbón** jet-black **negro como la boca del lobo** pitch-black **pasarlas negras** to have a rough time **ponerse negro** (*ponerse moreno*) to get very brown **poner/tener negro a algn** to drive sb mad **verlo todo negro/ver las cosas negras** to be very pessimistic about things **verse negro para hacer algo** to have a hard time doing sth: *Me vi ~ para terminarlo.* I had a hard time finishing it. ☛ Para otras expresiones con **negro**, véanse las entradas del sustantivo, etc, p. ej. **marea negra** en MAREA y **oveja negra** en OVEJA.

negruzco, -a *adj* blackish

nene, -a *nm-nf* **1** (*bebé*) baby **2** (*muchacho*) boy [*fem* girl] **3** (*apelativo cariñoso*) darling

nenúfar *nm* water lily

neoclásico, -a *adj* neoclassical

neolítico, -a *adj* neolithic

■ **neolítico** *nm* Neolithic period

neologismo *nm* neologism (*formal*), new word

neón *nm* neon: *luces de ~* neon lights

neopreno *nm* **LOC** *Ver* TRAJE

Nepal *nm* Nepal

Neptuno *nm* Neptune

nervio *nm* **1** (*gen*) nerve: *~s de acero* nerves of steel ◊ *Los ~s le impidieron hablar.* Nerves prevented him from speaking. **2** (*carne*) gristle: *Esta carne tiene mucho ~.* This meat is very gristly. **3** (*hoja*) vein

LOC con nervio 1 (*persona*) energetic: *Es una mujer con mucho ~.* She's a very energetic woman. **2** (*música*) lively **pasar/tener nervios** to be nervous **perder los nervios** to lose control **poner los nervios de punta** to set *sb's* nerves on edge **sin nervio 1** (*persona*) spineless: *una persona sin ~* a spineless person **2** (*música*) dull **tener los nervios a flor de piel** to be on edge **tener los nervios bien templados** to have steady nerves **tener los nervios destrozados** to be a nervous wreck *Ver tb* ALTERAR, ATACAR, ATAQUE, CRISPAR, DESQUICIADO, MANOJO, PADECER

nerviosismo *nm* nervousness

nervioso, -a *adj* **1** (*gen*) nervous: *el sistema ~* the nervous system ◊ *ser ~* to be a nervous person **2** (*célula, fibra, impulso*) nerve [*n atrib*]: *tejido ~* nerve tissue

LOC poner nervioso a algn (*irritar*) to get on sb's nerves **ponerse nervioso** to get worked up *Ver tb* CRISIS, DEPRESIÓN

neto, -a *adj* net: *peso ~* net weight ◊ *ingresos ~s* net income **LOC** *Ver* BENEFICIO

neumático, -a *adj* pneumatic

■ **neumático** *nm* tyre

LOC bote neumático/lancha neumática rubber dinghy **neumático recauchutado/rueda recauchutada** retread *Ver tb* BARCA, BOMBA[1], COLCHÓN, MARTILLO

neumonía *nf* pneumonia [*incontable*]: *coger una ~* to catch pneumonia

neura *nf*: *Me dio la ~ y empecé a limpiar.* I took it into my head to start cleaning.

LOC estar con la neura to be uptight

neuralgia *nf* neuralgia

neurálgico, -a *adj* **LOC** *Ver* CENTRO, PUNTO

neurasténico, -a *adj*

LOC estar neurasténico to be overwrought

neurocirugía *nf* neurosurgery

neurología *nf* neurology

neurólogo, -a *nm-nf* neurologist

neurona *nf* neuron (*formal*), nerve-cell

neurosis *nf* neurosis [*pl* neuroses]

neurótico, -a *adj*, *nm-nf* neurotic

neutral *adj* neutral

neutralidad *nf* neutrality

neutralizar *vt* to neutralize

neutro, -a *adj* **1** (*gen*) neutral: *El gris es un color ~.* Grey is a neutral colour. **2** (*Biol, Gram*) neuter: *un pronombre ~* a neuter pronoun **LOC** *Ver* ABEJA

neutrón *nm* neutron

nevada *nf* snowfall: *una fuerte ~* a heavy snowfall

nevado, -a *pp*, *adj* (*cubierto de nieve*) snow-covered *Ver tb* NEVAR

nevar *v imp* to snow: *Nevó durante la noche.* It snowed during the night. **LOC** *Ver* MANERA, PARECER

nevera *nf* **1** (*electrodoméstico*) refrigerator, fridge (*más coloq*) **2** (*portátil*) cool box

nexo *nm* link

ni *conj* **1** (*en doble negación*) neither ... nor ...: *No vino ni su padre ni su madre.* Neither her father nor her mother came. ◊ *Ni lo sabe ni le importa.* He neither knows nor cares. ◊ *No me gusta ni uno ni otro.* I don't like either of them. ◊ *No ha estudiado ni piensa estudiar.* He hasn't studied and he doesn't intend to either. ◊ *No ha dicho ni que sí ni que no.* He hasn't said either yes or no. ◊ *No vengáis ni antes ni después.* Don't come either any earlier or any later. **2** (*ni siquiera*) not even: *Ni él mismo sabe lo que gana.* Even he doesn't know how much he earns. ◊ *Perdona, pero es que ni se me había ocurrido.* I'm sorry, but it hadn't even crossed my mind.

LOC ni aunque even if: *No lo vendería ni aunque me ofrecieras un millón.* I wouldn't sell it even if you offered me a million pesetas. **ni nada** or anything: *Ni me dio las gracias ni nada.* He didn't say thank you, or anything. ◊ *¡No es listo ni nada!* He's so clever! **ni por esas** even so: *Le presté mi coche, pero ni por esas llegó a tiempo.* I lent her my car but she was late even so. **ni un...** not a single ...: *No me queda ni una peseta/un sello.* I haven't got a single peseta/stamp left. **ni**

un ... más: *ni una palabra, peseta, etc más* not a word, penny, etc more ◊ *ni un día, minuto, etc más* not a day, minute, etc longer **ni yo (tampoco)** neither am I, do I, have I, etc: *—Yo no voy a la fiesta. —Ni yo tampoco.* 'I'm not going to the party.' 'Neither am I.'

Nicaragua *nf* Nicaragua

nicaragüense *adj, nmf* Nicaraguan

nicho *nm* niche

nicotina *nf* nicotine

nidada *nf* **1** (*huevos*) clutch **2** (*polluelos*) brood

nido *nm* **1** (*gen*) nest: *hacer un* ~ to build a nest ◊ *abandonar/dejar el* ~ to leave the nest **2** (*en un hospital*) baby unit **3** (*fig*) hotbed: *un* ~ *de murmuraciones* a hotbed of gossip

LOC **nido de víboras** nest of vipers *Ver tb* CAMA, LADRÓN, VOLAR

niebla *nf* fog: ~*s dispersas* fog patches ◊ *Hay* ~. It's foggy. ◊ *un día de* ~ a foggy day

nieto, -a *nm-nf* grandson [*fem* granddaughter]

A veces decimos *nietos* refiriéndonos a nietos y nietas, en cuyo caso debemos decir en inglés **grandchildren**: *¿Cuántos nietos tienen?* How many grandchildren have they got?

LOC *Ver* SOBRINO

nieve *nf* snow: ~ *copiosa en las montañas* thick snow on the mountains

LOC **nieve carbónica** dry ice **nieve dura/(en) polvo** hard-packed/powder snow *Ver tb* BANCO, BLANCO, BOLA, COPO, MUÑECO, PUNTO, TEMPESTAD, TEMPORAL

Níger *nm* Niger

Nigeria *nf* Nigeria

nihilista *adj* nihilistic

■ **nihilista** *nmf* nihilist

niki *nm Ver* NIQUI

nilón *nm Ver* NAILON

nimiedad *nf* triviality

nimio, -a *adj* trivial

ninfa *nf* nymph

ninfómana *nf* nymphomaniac

ninfomanía *nf* nymphomania

ningún *adj Ver* NINGUNO

ninguno, -a *adj* no, any

Se utiliza **no** cuando el verbo va en forma afirmativa en inglés: *Aún no ha llegado ningún alumno.* No pupils have arrived yet. ◊ *No mostró ningún entusiasmo.* He showed no enthusiasm. ◊ *No es ninguna broma.* It's no joke. **Any** se emplea con el verbo en negativa: *No le dio ninguna importancia.* He didn't pay any attention to it. ◊ *No nos dieron nigún regalo.* We didn't get any presents.

■ **ninguno, -a** *pron* **1** (*entre dos personas o cosas*) neither, either

Neither se utiliza cuando el verbo va en forma afirmativa en inglés: *Ninguno de los dos quiere ir.* Neither of them want to go. ◊ *—¿Cuál de los dos prefieres? —Ninguno.* 'Which one do you prefer?' 'Neither (of them).' **Either**, por su parte, se emplea con el verbo en negativa: *No reñí con ninguno de los dos.* I didn't argue with either of them. *Ver tb nota en* NEITHER

2 (*entre más de dos personas o cosas*) none: *Había tres, pero no queda* ~. There were three, but there are none left now. ◊ ~ *de los concursantes acertó.* None of the participants got the right answer. **3** (*nadie*) nobody, anybody

Se utiliza **nobody** cuando el verbo va en forma afirmativa en inglés: *Todos lo sabían, pero ninguno me lo dijo.* They all knew but nobody told me. **Anybody** se utiliza con el verbo en negativa: *No he visto a ninguno.* I haven't seen anybody.

LOC **bajo ningún concepto/en ningún caso** under no circumstances: *En ningún caso debes arriesgarte.* Under no circumstances take any risks. **¡de ninguna manera/ningún modo!** no way! (*coloq*), certainly not!: *—Esto lo pago yo. —¡De ninguna manera!* 'This is on me.' 'No way!' ◊ *No quiso quedarse de ninguna manera.* He absolutely refused to stay. **de ningún tipo/ninguna clase**: *Lo hizo sin ayuda de ninguna clase.* He did it without any help. ◊ *No tiene complejos de ningún tipo.* He has no complexes of any kind. **en ningún momento** never: *En ningún momento pensé que lo harían.* I never thought they would do it. **ningún lado/sitio/ninguna parte** nowhere, anywhere

Nowhere se utiliza cuando el verbo va en afirmativa en inglés: *No se les ve por ningún sitio.* They're nowhere to be seen. **Anywhere** se emplea con el verbo en negativa: *No lo encuentro por ninguna parte.* I can't find it anywhere.

ninguna (otra) cosa nothing (else), anything (else) **no ir a ninguna parte**: *Dos mil pesetas no van a ninguna parte.* Two thousand pesetas won't get us anywhere. **no ser ninguna bobada/tontería 1** (*ser serio*) to be no laughing matter: *Este asunto no es ninguna tontería.* It's no laughing matter. **2** (*tener sentido*) to make sense: *Lo que acabas de decir no es ninguna bobada.* What you said makes sense. **sin dar ninguna explicación** without any explanation *Ver tb* CIENCIA, COMPROMISO, CONDUCIR, DUDA, PRETEXTO, RECATO

niña[1] *nf Ver* NIÑO

niña[2] *nf* (*del ojo*) pupil

LOC **ser (como) la niña de sus ojos** to be the apple of *sb's* eye

niñato, -a *nm-nf* brat

niñera *nf* nanny ☛ *Ver nota en* CHILDMINDER

niñería *nf* childish thing: *¡Qué ~!* How childish!

niñez *nf* childhood

niño, -a *nm-nf* **1** (*jovencito*) **(a)** (*sin distinción de sexo*) child [*pl* children]: *¡~s, portaos bien!* Children! Behave yourselves! **(b)** (*chico*) boy: *Tienen dos ~s y una niña.* They've got two boys and a girl. **(c)** (*chica*) girl **2** (*bebé*) **(a)** (*sin distinción de sexo*) baby: *tener un* ~ to have a baby **(b)** (*chico*) baby boy **(c)** (*chica*) baby girl: *Dio a luz a una niña.* She had a baby girl.

■ **niño, -a** *adj* **1** (*en edad*) young: *Todavía es muy niña.* She's still very young. **2** (*en madurez*) childish: *No seas tan* ~, *te lo ha dicho en broma.* Don't be so childish – it was only a joke!

LOC **de/desde niño** when/since I was a child, you were a child, etc: *Nos conocemos desde ~s.* We've known each other since we were children. **estar como un niño con zapatos nuevos** to be like a kid with a new toy **mi niño** my dear **niño bien/pera/pijo** rich kid **niño de meses/pecho** babe in arms [*pl* babes in arms] **niño Jesús** baby Jesus **niño prodigio** child prodigy [*pl* child prodigies] **niño superdotado** gifted child [*pl* gifted children] **¡...ni qué niño muerto!**: *¡Pero qué regalo ni qué ~ muerto!* Present? What on earth are you talking about? **ser el niño bonito/mimado** to be *sb's* favourite *Ver tb* JUEGO, PROBETA

níquel *nm* nickel

niquelado, -a *pp, adj* nickel-plated

niqui *nm* T-shirt

níspero *nm* medlar

nitidez *nf* clarity

nítido, -a *adj* **1** (*voz, explicación*) clear **2** (*imagen*) sharp

nitrato *nm* nitrate

nitrógeno *nm* nitrogen

nitroglicerina *nf* nitroglycerine

nivel *nm* **1** (*gen*) level: *el ~ del agua/mar* the water/sea level ◊ *contactos de alto ~* high-level contacts ◊ *a todos los ~es* in every respect **2** (*calidad, preparación*) standard: *un excelente ~ de juego* an excellent standard of play

LOC **al nivel de** on the same level as *sth/sb* **a nivel de** as far as *sth* goes: *A ~ de estadísticas...* As far as statistics go... **nivel de vida** standard of living **no estar al nivel de algo** not to be up to sth: *No está al ~ del puesto.* He's not up to the job. *Ver tb* PASO

nivelar *vt* **1** (*superficie, terreno*) to level **2** (*desigualdades*) to even *sth* out **3** (*Fin*) to balance *sth* (***against sth***):

~ *los gastos con los ingresos* to balance income against expenditure

no *adv* **1** (*respuesta*) no: *He dicho que no.* I said no. ◊ *¡No al cierre de las minas!* No to pit closures! ◊ *No, gracias.* No, thank you. ☛ *Ver nota en* SÍ[2], YES **2** (*referido a verbos, adverbios, frases*) not: *Me pidió que no lo hiciera.* He asked me not to do it. ◊ *No habléis.* Don't talk. ◊ *No lo sé.* I don't know. ◊ *No es un buen ejemplo.* It isn't a good example. ◊ *¿Empezamos ya o no?* Are we starting now or not? ◊ *Por supuesto que no.* Of course not. ◊ *Todavía no.* Not yet. ◊ *Que yo sepa, no.* Not as far as I know. ☛ *Ver nota en* NOT **3** (*doble negación*): *No sale nunca.* He never goes out. ◊ *No sabe nada de lingüística.* He doesn't know anything about linguistics. **4** (*con verbos como creer, imaginar, pensar, etc*): *—¿Vendrán? —Creo que no.* 'Will they come?' 'I don't think so.'/'I think not.' ◊ *Me temo que no.* I'm afraid not. ☛ *Ver nota en* SO *adv* sentido 6 **5** (*palabras compuestas*) non-: *países no alineados* non-aligned countries ◊ *no fumador* non-smoker ◊ *fuentes no oficiales* unofficial sources

■ **no** *nm* no [*pl* noes]: *un no categórico* a categorical no

LOC ¿a que no...? 1 (*confirmando*): *¿A que no han venido?* They haven't come, have they? **2** (*desafío*) I bet...: *¿A que no ganas?* I bet you don't win.

¿no?: *Hoy es jueves, ¿no?* Today is Thursday, isn't it? ◊ *Lo compraste, ¿no?* You did buy it, didn't you?

no ser..., sino... not to be..., just...: *No es insociable, sino tímido.* He's not unsociable, just shy.

☛ Para otras expresiones con **no**, véanse las entradas del verbo, sustantivo, etc, p.ej. **no entender ni jota** en ENTENDER y **no obstante** en OBSTANTE.

nobiliario, -a *adj* noble **LOC** *Ver* TÍTULO

noble *adj* noble: *una actitud* ~ a noble attitude

■ **noble** *nmf* nobleman/woman [*pl* noblemen/women]: *los ~s* the nobility **LOC** *Ver* MADERA

nobleza *nf* nobility

noche *nf* **1** (*gen*) night: *Llevo dos ~s sin dormir.* I haven't slept for two nights. ◊ *un vuelo de* ~ a night flight ◊ *el lunes por la* ~ on Monday night ◊ *las diez de la* ~ ten o'clock at night ☛ *Ver nota en* MORNING **2** (*oscuridad*) dark: *Me asusta la* ~. I'm frightened of the dark.

LOC a la noche/esta noche tonight **al caer la noche** at nightfall **¡buenas noches!** goodnight!

> **Goodnight** se utiliza solo como fórmula de despedida. Si se quiere saludar con *buenas noches*, decimos **good evening**: *Buenas noches, damas y caballeros.* Good evening, ladies and gentlemen.

dar las buenas noches to say goodnight **de la noche a la mañana** overnight **de noche 1** (*trabajar, estudiar*) at night: *Esa tienda siempre está abierta de* ~. That shop is always open at night. **2** (*función*) **(a)** (*hasta las nueve*) evening [*n atrib*] **(b)** (*después de las nueve*) late: *la sesión de* ~ the late showing **hacer noche en...** to spend the night in ...: *Hicimos ~ en Zarauz.* We spent the night in Zarauz. **hacerse de noche** to get dark **¡hasta la noche!** see you tonight! **la noche del estreno** the first night **media noche** *Ver* MEDIANOCHE **noche de fin de año** New Year's Eve **Noche de Reyes** Twelfth Night **Noche de San Juan** Midsummer's Night **pasar buena/mala noche/pasar bien/mal la noche** to have a good/bad night **pasarse la noche en blanco/vela 1** (*estar despierto*) to be awake all night: *Si tomas otro café te pasarás la ~ en vela.* If you have any more coffee you'll be awake all night. **2** (*estar levantado*) to be up all night: *Me pasé la ~ en vela con el niño.* I was up all night with the baby. **por la noche** at night **ser como la noche y el día** to be like chalk and cheese **ser de noche** to be dark: *Ya es de* ~. It's already dark. *Ver tb* AUTO[3], AYER, CAÍDA, DÍA, ENTRADO, GALÁN, LLEGAR, MAÑANA, MESILLA, TRABAJAR, TRAJE

Nochebuena *nf* Christmas Eve: *El día de ~ nos reunimos todos.* We all get together on Christmas Eve. ☛ *Ver nota en* NAVIDAD

Nochevieja *nf* New Year's Eve: *¿Que hiciste en ~?* What did you on on New Year's Eve?

noción *nf* notion, idea (*más coloq*)

LOC perder la noción del tiempo to lose all sense of time **tener nociones de algo 1** (*materia*) to have a basic grasp of sth **2** (*idioma*) to have a smattering of sth

nocivo, -a *adj* ~ **(para)** harmful **(to *sth/sb*)**

noctámbulo, -a *nm-nf* night-owl

nocturnidad *nf*: *cobrar un extra por* ~ to receive an allowance for night work

LOC con nocturnidad y alevosía under cover of darkness

nocturno, -a *adj* **1(a)** (*gen*) night [*n atrib*]: *servicio ~ de autobuses* night bus service **(b)** (*clases*) evening [*n atrib*]: *clases nocturnas* evening classes **2** (*animal*) nocturnal **LOC** *Ver* AVE, CLUB, HORARIO, JUERGA, LOCAL, VIGILANTE

nodo *nm* node

Noé *n pr* **LOC** *Ver* ARCA

nogal *nm* walnut (tree)

nómada *adj* nomadic

■ **nómada** *nmf* nomad

nombrado, -a *pp, adj* **1** (*famoso*) renowned: *un artista muy* ~ a renowned artist **2** (*citado*) mentioned above: *El ya ~ arquitecto...* The architect mentioned above... *Ver tb* NOMBRAR

nombramiento *nm* appointment: *el ~ del Sr. Melero como director* the appointment of Mr Melero as a director

nombrar *vt* **1** (*designar*) **(a)** (*gen*) to name: *Me nombró su heredero.* He named me as his heir. **(b)** (*para un cargo*) to appoint: *Le nombraron embajador.* He was appointed ambassador. **2** (*citar*) to mention *sb's* name: *sin ~la* without mentioning her name

nombre *nm* **1(a)** (*gen*) name: *el ~ de la compañía* the name of the company ◊ *¿Qué ~ le vais a poner?* What are you going to call him? **(b)** (*en formularios*) first name, forename (*más formal*) ☛ *Ver nota en* NAME[1] **2** (*Gram*) noun: *un ~ común* a common noun

LOC a nombre de 1 (*gen*) in *sb's* name: *La casa está a mi* ~. The house is in my name. **2** (*cheque*) payable to *sb* **3** (*correo*) addressed to *sb* **de nombre 1** (*no verdadero*) in name only: *Es director solo de* ~. He's manager in name only. **2** (*llamado*) called: *de ~ Javier Quintana* called Javier Quintana **en nombre de 1** (*en representación de*) in the name of *sth/sb*: *en ~ de la ley* in the name of the law **2** (*de parte de*) on behalf of *sth/sb*: *Les dio las gracias en ~ del presidente.* He thanked them on behalf of the president. **nombre artístico** stage name **nombre comercial** trade name **nombre compuesto** compound **nombre de pila** Christian name, first name, forename ☛ *Ver nota en* NAME[1] **nombre de soltera** maiden name **nombre propio** proper name **nombre y apellidos** full name [*sing*] **no tener nombre** to be despicable: *Lo que me habéis hecho no tiene* ~. The way you have treated me is despicable. **poner por nombre** to call *sb sth*: *Le pusieron por ~ Elena.* They called her Elena. **sin citar/dar/mencionar nombres** without naming names *Ver tb* ATENDER, ESPALDA, LLAMAR, RESPONDER

nomenclatura *nf* nomenclature (*formal*), terminology

nómina *nf* **1** (*plantilla*) payroll: *estar en* ~ to be on the payroll **2** (*notificación de sueldo*) payslip **3** (*sueldo*) pay **LOC** *Ver* HOJA

nominación *nf* nomination: *las nominaciones al óscar* the Oscar nominations

nominal *adj* **1** (*gen*) nominal: *valor* ~ nominal value **2** (*Gram*) noun [*n atrib*]: *sintagma* ~ noun phrase

nominar *vt* to nominate *sth/sb* (**for *sth***): *Fue nominada al Óscar.* She was nominated for an Oscar.

nominativo, -a *adj* nominative

■ **nominativo** *nm* nominative **LOC** *Ver* CHEQUE

non *adj* odd

■ **non** *nm* odd number

LOC estar de non to be the odd one out *Ver tb* PAR

nonagésimo, -a *adj, nm-nf, pron* (*tb* **nonagésimo** *nm*) ninetieth ☛ *Ver ejemplos en* SEXAGÉSIMO

nones *adv* no, nope (*coloq*): *Dijo que* ~. He said no.

nono, -a *adj, nm-nf, pron Ver* NOVENO

noquear *vt* to knock *sb* out

nórdico, -a *adj* Nordic

■ **nórdico, -a** *nm-nf* Northern European **LOC** *Ver* EDREDÓN

noreste (*tb* **nordeste**) *nm* **1** (*gen*) north-east (*abrev* NE): *en el ~ de Europa* in north-east Europe ◊ *la costa ~* the north-east coast **2** (*dirección, viento*) north-easterly: *un viento del ~* a north-easterly wind

noria *nf* **1** (*para agua*) waterwheel **2** (*feria*) big wheel: *montar en la ~* to go on the big wheel

norma *nf* **1** (*regla*) rule **2** (*lo normal*) norm: *ser la ~* to be the norm **3 normas** regulations: *~s de higiene/para prevenir incendios* hygiene/fire (prevention) regulations

LOC normas de ética profesional professional code of conduct [*sing*] **tener por norma hacer/no hacer algo** to always/never do sth: *Tengo por ~ no comer entre horas.* I never eat between meals.

normal *adj* **1** (*común*) normal: *el curso ~ de los acontecimientos* the normal course of events ◊ *Es lo ~.* That's the normal thing. **2** (*corriente*) ordinary: *un empleo ~* an ordinary job **3** (*estándar*) standard: *el procedimiento ~* the standard procedure **4** (*gasolina*) two-star

LOC normal y corriente ordinary *Ver tb* FUERA, GENTE

normalidad *nf* normality

LOC con (toda) normalidad as normal *Ver tb* RECOBRAR

normalización *nf* **1** (*vuelta a la normalidad*) normalization **2** (*Tec, Ling*) standardization

normalizar *vt* **1** (*relaciones, situación*) to restore *sth* to normal, to normalize (*formal*) **2** (*Tec, Ling*) to standardize

■ **normalizarse** *v pron* to return to normal

normativa *nf* regulations [*v pl*]: *la ~ vigente* current regulations

LOC normativa de incendios fire regulations [*v pl*]

noroeste *nm* **1** (*gen*) north-west (*abrev* NW): *en el ~ de España* in north-west Spain ◊ *la costa ~* the north-west coast **2** (*dirección, viento*) north-westerly: *un viento del ~* a north-westerly wind

norte *nm* **1** (*gen*) north (*abrev* N): *en el ~ de España* in the north of Spain ◊ *un pueblo al ~ de Lima* a village north of Lima **2** (*con función adjetiva*) **(a)** (*frontera, región*) northern [*adj*]: *en la frontera ~* on the northern border **(b)** (*lado, viento*) north: *en la costa ~* on the north coast **3** (*fig*) aim

LOC perder el norte to lose direction *Ver tb* ABETO, DIRECCIÓN, HEMISFERIO, ORGANIZACIÓN, POLO, VIENTO, ZONA

Norteamérica *nf* **1** (*América del Norte*) North America **2** (*Estados Unidos*) (the) United States (*abrev* US/USA)

norteamericano, -a *adj, nm-nf* **1** (*de América del Norte*) North American **2** (*estadounidense*) American

norteño, -a *adj* northern

■ **norteño, -a** *nm-nf* northerner

Noruega *nf* Norway

noruego, -a *adj, nm-nf* Norwegian

■ **noruego** *nm* (*idioma*) Norwegian

nos *pron pers* **1** (*complemento*) us: *Nos han visto.* They've seen us. ◊ *Nunca nos dices la verdad.* You never tell us the truth. ◊ *A menudo nos hablan de su país.* They often talk to us about their country. ◊ *Nos han preparado la cena.* They've made supper for us. **2** (*partes del cuerpo, efectos personales*): *Nos hemos cortado el pelo.* We've had our hair cut. ◊ *Nos quitamos el abrigo.* We took our coats off. **3** (*reflexivo*) (ourselves): *Nos divertimos mucho.* We enjoyed ourselves very much. ◊ *Nos acabamos de bañar.* We've just had a bath. ◊ *¡Vámonos!* Let's go! **4** (*recíproco*) each other, one another: *Nos queremos mucho.* We love each other very much. ◊ *Nos copiamos las ideas.* We copy each other's ideas. ☛ *Ver nota en* EACH OTHER **5** (*uso enfático*): *No nos llegues tarde otra vez.* Don't be late again. ◊ *Nos hemos comido lo que quedaba.* We finished up what was left. ◊ *Nos está haciendo buen tiempo.* We're having nice weather.

nosotros, -as *pron pers* **1** (*sujeto*) we: *Lo haremos ~.* We'll do it. **2** (*complemento, con preposición, en comparaciones*) us: *Nos lo ha dado a ~.* He gave it to us. ◊ *¿Vienes con ~?* Are you coming with us? ◊ *Hacen menos deporte que ~.* They do less sport than us. ◊ *Os conoce tan bien como nosotras.* She knows you as well as we do.

LOC ¿nosotros? us? **nosotros sí/no**: *Tú no lo sabes. ~ sí.* You don't know but we do. ◊ *—¿Quién lo ha visto? —~ no.* 'Who saw it?' 'Not us.' **somos nosotros** it's us

nostalgia *nf* **1** (*gen*) nostalgia (***for sth***): *~ del pasado/de la juventud* nostalgia for the past/your youth **2** (*hogar, país*) homesickness: *sentir ~ del país* to be homesick

nostálgico, -a *adj* nostalgic

nota *nf* **1** (*gen*) note: *Te dejé una ~ en la cocina.* I left you a note in the kitchen. ◊ *una secuencia de ~s musicales* a sequence of (musical) notes ☛ *Ver ilustración en* NOTACIÓN **2** (*Educ*) mark: *sacar buenas/malas ~s* to get good/bad marks **3** (*comunicado*) memo **4** (*en un restaurante*) bill **5** (*detalle*) touch: *una ~ de humor* a touch of humour

LOC dar la nota to stand out (for the wrong reasons) **las notas** report [*sing*]: *El jueves me dieron las ~s.* I got my report on Thursday. **nota a pie de página** footnote **nota de prensa** press release **nota discordante** wrong note **nota dominante** dominant feature **nota marginal/al margen 1** (*lit*) marginal note **2** (*fig*) comment(s) **nota oficial** statement **notas necrológicas** obituaries **tomar nota (de algo)** to take note (of sth) *Ver tb* SOCIEDAD

notable *adj* **1** (*destacado*) notable **2** (*considerable*) considerable: *un aumento ~* a considerable increase

■ **notable** *nm* (*Educ*) very good: *He sacado un ~ en historia.* I got 'very good' for history.

notación
(musical notation)

notes **rests**

semibreve (*USA* whole note)
minim (*USA* half note)
crotchet (*USA* quarter note)
quaver (*USA* eighth note)
semiquaver (*USA* 1/16 note)
demisemiquaver (*USA* 1/32 note)

sharp natural flat

time signature tie leger line

key signature bar

notación *nf* notation

notar *vt* **1** (*advertir*) to notice: *No he notado ningún cambio.* I haven't noticed any change. **2** (*encontrar*): *Lo noto muy triste.* He seems very sad.

■ **notarse** *v pron* **1** (*sentirse*) to feel: *Me noto cansado* I feel tired. ◊ *Se nota la tensión.* You can feel the tension. **2** (*verse*) to show: *Se notan las puntadas.* The stitches show. ◊ *No se le notan los años.* He doesn't look his age.

LOC hacer notar to point *sth* out **hacerse notar** to draw attention to yourself **notar la falta de 1** (*echar de menos*) to miss *sth/sb*: *Noto la falta de mis padres.* I miss my parents. **2** (*darse cuenta de que falta*) to notice *sth* is missing: *Al entrar en la habitación noté la falta del cuadro.* When I went into the room I noticed the picture was missing. **se nota que ...** you can tell ...: *Se notaba que estaba nerviosa.* You could tell she was nervous. *Ver tb* LEGUA

notarial *adj* (*documento*) certified by a notary **LOC** *Ver* ACTA

notario, -a *nm-nf* notary public, solicitor ☛ *Ver nota en* ABOGADO

noticia *nf* **1** (*gen*) news [*incontable, v sing*]: *Te tengo que dar una buena/mala ~.* I've got some good/bad news for you. ◊ *Las ~s son alarmantes.* The news is alarming. ☛ *Ver nota en* NEWS **2** (*Periodismo, TV*) news item **LOC las noticias** the news [*v sing*]: *Lo han dicho en las ~s de las tres.* It was on the three o'clock news. **noticia bomba** bombshell **tener noticias de algo** to hear about/of sth: *Es la primera ~ que tengo al respecto.* It's the first time I've heard of it. **tener noticias de algn** to hear from sb: *¿Tienes ~s de tu hermana?* Have you heard from your sister? *Ver tb* ANTICIPO, BLOQUE, BOLETÍN, PORTADOR

noticiable *adj* newsworthy

noticiario *nm* **1** (*Radio, TV*) news (bulletin) **2** (*Cine*) newsreel

notificar *vt* to notify *sb* **of** *sth*: *Notificamos el robo a la policía.* We notified the police of the theft.

notoriedad *nf* fame: *Adquirió ~ como activista político.* He became well-known as a political activist.

notorio, -a *adj* **1** (*evidente*) obvious: *un error ~* an obvious mistake **2** (*conocido*) well-known

Nótese que el adjetivo inglés **notorious** no significa *notorio*, sino *de mala reputación*: *un individuo de mala reputación* a notorious individual.

novatada *nf* **1** (*broma pesada*) unpleasant trick played on a new student, recruit, etc **2** (*acción de novato*) elementary blunder **LOC** *Ver* PAGAR

novato, -a *adj* inexperienced

■ **novato, -a** *nm-nf* **1** (*gen*) novice, beginner (*más coloq*): *Soy un ~ en esto de cambiar pañales.* I'm a beginner when it comes to changing nappies. **2** (*colegio*) new pupil **3** (*cuartel*) new recruit

novecientos, -as *adj, pron* (*tb* **novecientos** *nm*) nine hundred ☛ *Ver ejemplos en* SEISCIENTOS

novedad *nf* **1(a)** (*gen*) novelty: *El ordenador es para mí una ~.* Computers are a novelty for me. ◊ *la gran ~ de la temporada* the latest thing ◊ *la ~ de la situación* the newness of the situation **(b)** (*elemento nuevo*) new feature: *las ~es de un modelo de coche* the new features of a car **2** (*cambio*) change: *No hay ~ en el estado del enfermo.* There's no change in the patient's condition. **3** (*noticia*) news [*incontable, v sing*]: *¿Alguna ~?* Any news?

LOC sin novedad 1 (*como siempre*) much the same **2** (*Mil*) all quiet: *sin ~ en el frente* all quiet on the front line

novedoso, -a *adj* novel

novel *adj* new

novela *nf* novel

LOC novela de aventuras/ciencia ficción/espionaje adventure/science fiction/spy novel **novela negra/rosa** Gothic/romantic novel **novela por entregas** serialized novel **novela radiofónica** radio serial *Ver tb* PANTALLA

novelado, -a *adj* fictional: *una biografía novelada* a fictional biography

novelar *vt* to make *sth* into a novel

novelesco, -a *adj* **1** (*Liter*) fictional **2** (*como de novela*) fantastic **LOC** *Ver* GÉNERO

novelista *nmf* novelist

novelística *nf*

LOC la novelística the novel

noveno, -a *adj, nm-nf, pron* (*tb* **noveno** *nm*) ninth ☛ *Ver ejemplos en* SEXTO

noventa *adj, nm, pron* **1** (*gen*) ninety **2** (*nonagésimo*) ninetieth ☛ *Ver ejemplos en* SESENTA

noventavo, -a *adj* ☛ *Ver ejemplos en* DIECISEISAVO

■ **noventavo** *nm* ninetieth

noviazgo *nm*: *Llevan tres años de ~.* They've been going out together for three years.

novicio, -a *nm-nf* novice

noviembre *nm* November (*abrev* Nov) ☛ *Ver ejemplos en* ENERO

novillada *nf* bullfight with young bulls

novillero, -a *nm-nf* bullfighter who fights young bulls

novillo *nm* young bull

LOC hacer novillos to play truant

novio, -a *nm-nf* **1** (*gen*) boyfriend [*fem* girlfriend]: *¿Tienes novia?* Have you got a girlfriend? **2** (*prometido*) fiancé [*fem* fiancée] **3** (*en la boda, recién casados*) (bride)groom [*fem* bride] ☛ *Ver nota en* BODA

LOC los novios 1 (*gen*) the couple [*v pl*] **2** (*prometidos*) the (engaged) couple [*v pl*] **3** (*en la boda*) the bride and groom **4** (*recién casados*) the newly-weds **novio formal** fiancé [*fem* fiancée] **ser novios**: *Cuando teníamos diez años éramos ~s.* She was my girlfriend when we were ten. ◊ *Hace dos años que somos ~s.* We've been going out together for two years. **traje/vestido de novia** wedding dress *Ver tb* BENDICIÓN, COMPUESTO, PAREJA, VIAJE[2]

nubarrón *nm* storm cloud

nube *nf* **1** (*gen*) cloud: *una ~ de tormenta* a storm cloud **2(a)** (*polvo, humo*) cloud **(b)** (*gente, insectos*) swarm **3** (*Med*) film: *Se le está formando una ~ en el ojo.* A film is forming over his eye.

LOC estar en las nubes to have your head in the clouds **estar/ponerse por las nubes** to be/go sky high: *Los precios están por las ~s.* Prices are sky-high. **nube de verano 1** (*chaparrón*) passing shower **2** (*fig*) difficult patch **poner por las nubes** to praise *sth/sb* to the skies

nublado, -a *pp, adj* cloudy: *tiempo ~* cloudy weather ◊ *El cielo está completamente ~.* The sky is overcast. *Ver tb* NUBLAR

nublar *vt* to cloud: *Aquella decepción nubló su alegría.* The disappointment clouded his happiness.

■ **nublarse** *v pron* **1** (*gen*) to cloud over: *El cielo se está nublando.* The sky is clouding over. **2** (*razón, alegría*) to be clouded: *Se les nubló la razón.* Their judgement was clouded. **3** (*vista*) to be blurred **LOC** *Ver* OJO

nubloso, -a *adj* cloudy

nubosidad *nf* cloudiness: *~ abundante* a lot of cloud

LOC nubosidad variable patchy cloud

nuca *nf* nape (of the neck) ☛ *Ver ilustración en* HEAD[1]

nuclear *adj* nuclear **LOC** *Ver* CEMENTERIO, EXPLOSIÓN, HONGO, REACTOR, REFUGIO

núcleo *nm* nucleus [*pl* nuclei]

LOC núcleo central core **núcleo rural** village **núcleo urbano** town

nudillo *nm* knuckle ☛ *Ver ilustración en* HAND[1]

nudismo *nm* nudism

nudista *adj, nmf* nudist [*n*]: *una playa ~* a nudist beach

nudo *nm* **1** (*gen*) knot: *hacer/deshacer un ~* to tie/undo a knot **2** (*tallo*) joint **3** (*Liter*) development

LOC nudo corredizo slip-knot **nudo de carreteras** intersection **nudo de comunicaciones** communications centre **nudo ferroviario** railway junction **tener un nudo en la garganta** to have a lump in your throat

nudoso, -a *adj* **1** (*madera*) knotty **2** (*tronco, manos*) gnarled

nuera *nf* daughter-in-law [*pl* daughters-in-law]

nuestro, -a *adj pos* our: *nuestra familia* our family ◊ *un conocido ~* an acquaintance of ours ☛ *Ver nota en* SUYO

■ **nuestro, -a** *pron pos* ours: *Vuestro coche es mejor que el ~.* Your car is better than ours.

LOC de las nuestras our old tricks: *hacer (una/otra) de las nuestras* to be up to our old tricks **lo nuestro 1** (*posesión*) our things **2** (*afición*) our thing **los nuestros 1** (*nuestra familia*) our family [*v sing o pl*] **2** (*nuestros amigos*) our friends **3** (*nuestro equipo, nuestros soldados*) our lads (*coloq*) **4** (*nuestros partidarios*) our side: *¿Seguro que son de los ~s?* Are you sure they're on our side? **(vamos) a lo nuestro** let's get on with it

nueva *nf* **nuevas** (*noticias*) news [*incontable, v sing*]: *¿Qué ~s me traes?* Have you got any news for me?
LOC coger/pillar de nuevas to take *sb* by surprise **hacerse de nuevas** to pretend not to know

Nueva York *nf* New York

Nueva Zelanda *nf* New Zealand

nueve *nm, adj, pron* **1** (*gen*) nine **2** (*fecha, noveno*) ninth ☛ *Ver ejemplos en* SEIS

nuevo, -a *adj* **1 ~ (en)** (*gen*) new (**to** *sth*): *un kilo de patatas nuevas* a kilo of new potatoes ◊ *¿Son ~s esos zapatos?* Are those new shoes? ◊ *Es ~ en el puesto.* He's new to the job. **2** (*adicional*) further: *Se han presentado ~s problemas.* Further problems have arisen.
LOC de nuevo again **de nueva incorporación, creación, etc** newly elected, created, etc **el nuevo mundo** the New World **estar/quedar (como) nuevo** to be as good as new **la nueva ola** the new wave **nuevo rico** nouveau riche [*pl* nouveaux riches] **quedarse algn como nuevo** to feel refreshed **¿qué hay de nuevo?** what's new? *Ver tb* AÑO, CUÑO, DÍA, LUNA, PLANTA

nuez *nf* **1** (*fruto*) walnut ☛ *Ver ilustración en* NUT **2** (*Anat*) Adam's apple ☛ *Ver ilustración en* THROAT
LOC nuez moscada nutmeg *Ver tb* RUIDO

nulidad *nf* nullity
LOC ser una nulidad (en/para algo) to be a dead loss (at sth): *Es una ~ para las matemáticas.* He's hopeless at maths.

nulo, -a *adj* **1** (*inválido*) invalid: *un acuerdo ~* an invalid agreement ◊ *Han declarado ~ el matrimonio.* Their marriage was declared null and void. **2** (*inexistente*) non-existent: *Las posibilidades de curación son prácticamente nulas.* His chances of recovering are almost non-existent. **3 ~ en/para** hopeless **at** *sth/doing sth*: *Soy ~ para el deporte.* I'm hopeless at sport. **LOC** *Ver* SALIDA, VOTO

numeración *nf* **1** (*acción*) numbering **2** (*números*) numbers [*v pl*]
LOC numeración arábiga/romana Arabic/Roman numerals [*v pl*]

numeral *nm* numeral

numerar *vt* to number: *~ una página* to number a page
■ **numerarse** *v pron* to number off: *Numérense del uno al cien.* One to a hundred: number off.

numerario, -a *adj* **1** (*socio*) full **2** (*profesor*) permanent

numérico, -a *adj* numerical **LOC** *Ver* TECLADO

número *nm* **1** (*gen*) number (*abrev* No/no, *pl* Nos/nos): *un ~ de dos cifras* a two-figure number ◊ *un ~ de teléfono* a telephone number ◊ *un ~ par/impar* an even/odd number **2** (*de calzado*) size: *¿Qué ~ calzas?* What size shoe do you take? **3** (*publicación*) issue (*formal*), number: *el ~ de septiembre* the September issue ◊ *un ~ extraordinario* a special issue ◊ *un ~ atrasado* a back number **4** (*espectáculo*) act: *un ~ circense* a circus act **5** (*suceso absurdo*) palaver (*coloq*): *Organizar a todos fue un ~.* It was a real palaver to get them all organized. **6** (*persona*) twit: *¡Eres un ~!* You're such a twit!
LOC el número uno: *Fue el ~ uno de su promoción.* He was top of his year. ◊ *el ~ uno portugués* the Portuguese leader **en gran/buen número** in large numbers **en números redondos** in round figures **estar en números rojos** to be in the red **hacer números** to do sums **número de la policía** policeman [*pl* policemen] **número de matrícula** registration number ☛ *Ver ilustración en* CAR **número de serie** serial number **número entero/fraccionario** whole number/fraction **número primo** prime number **números arábigos/romanos** Arabic/Roman numerals **sin número** unnumbered *Ver tb* AUTOBÚS, ELEVAR, MONTAR

numeroso, -a *adj* **1** (*grande*) large: *un grupo/una familia ~* a large group/family **2** (*muchos*) numerous: *en numerosas ocasiones* on numerous occasions

nunca *adv* never, ever

> **Never** se utiliza cuando el verbo va en forma afirmativa en inglés: *Nunca he estado en París.* I've never been to Paris.
> **Ever** se emplea bien con el verbo en negativa, o bien con conceptos que implican una idea negativa: *No nos vemos casi nunca.* We hardly ever see each other. ◊ *Nunca pasa nada.* Nothing ever happens. ◊ *sin ver nunca el sol* without ever seeing the sun*Ver tb nota en* ALWAYS

LOC como nunca better than ever: *Cantó como ~*: She sang like never before. **¡hasta nunca!** good riddance! **más que nunca** more than ever: *Hoy hace más calor que ~.* It's hotter than ever today. **nunca digas de esa agua no beberé** never say never **nunca es tarde si la dicha es buena** it's never too late **nunca jamás** never ever: *~ jamás volveré a dejarle nada.* I'll never ever lend him anything again. **nunca más** never again **nunca más se supo de algo/algn** that was the last that was heard of sth/sb **nunca mejor dicho** too true **nunca se sabe** you never know **ser lo nunca visto** to be unheard of *Ver tb* ACABAR, CUENTO, DESGRACIA, HIERBA, VALER

nupcial *adj* wedding [*n atrib*]: *cortejo/marcha ~* wedding procession/march **LOC** *Ver* BENDICIÓN, PARADA, SUITE, TARTA

nupcias *nf* marriage [*sing*]: *hijos de segundas ~* children of a second marriage **LOC** *Ver* CASAR

nutria *nf* otter

nutrición *nf* nutrition

nutrido, -a *pp, adj* **1** (*grupo, público*) large **2 ~ de** (*lleno*) full **of** *sth*: *un relato ~ de ocurrencias* an account full of witticisms *Ver tb* NUTRIR
LOC bien nutrido well-nourished **mal nutrido** undernourished

nutrir *vt* **1** (*alimentar*) to nourish: *~ la piel* to nourish the skin **2** (*suministrar*) to supply *sth/sb* (**with** *sth*) **3** (*llenar*) to fill: *los estudiantes que nutrirán las aulas* the students who will fill the lecture halls
■ **nutrirse** *v pron* **nutrirse de 1** (*alimentarse*) to feed **on** *sth* **2** (*fig*) to draw **on** *sth*: *Esta ideología se nutre del descontento popular.* This ideology draws on popular discontent.

nutritivo, -a *adj* **1** (*gen*) nutritious: *alimentos ~s* nutritious foods **2** (*valor*) nutritional
■ **nutritiva** *nf* (*crema*) nourishing cream

nylon *nm Ver* NAILON

ñam *interj*
LOC **¡ñam, ñam!** yum-yum!

ñoñería (*tb* **ñoñez**) *nf* **1** (*cursilería, remilgo*) affectation [*incontable*]: *Compórtate con naturalidad, sin ~s.* Behave naturally, don't be so affected. **2** (*mojigatería, puritanismo*) prudishness [*incontable*] **3** (*quejas*) whingeing [*incontable*]: *¡No soporto sus ~s!* I can't stand his whingeing.

ñoño, -a *adj* **1** (*remilgado*) affected **2** (*puritano*) prim **3** (*quejica*) wet: *Deja de ser tan ñoña y ayuda como los demás.* Stop being so wet and help the others.
■ **ñoño, -a** *nm-nf* **1** (*remilgado, cursi*) affected person **2** (*puritano*) prude: *Es una ñoña, le espanta ver desnuda a la gente.* She's a prude–naked people shock her. **3** (*quejica*) drip: *No seas ~, no te has podido hacer daño.* Don't be such a drip, it can't have hurt.

ñoqui (*Cocina*) *nm* gnocchi [*v pl*]

ñu *nm* wildebeest [*pl* wildebeest]

Oo

o *conj* or: *¿Té o café?* Tea or coffee?
LOC **o ... o ...** either ... or ...: *O te lo comes todo, o no sales a jugar.* Either you eat it all or you can't go out to play.

oasis *nm* oasis [*pl* oases]

obcecar *vt* **1** (*cegar*) to blind: *No dejes que las ansias de poder te obcequen.* Don't let your desire for power blind you to the facts. **2** (*obsesionar*) to obsess: *Le obceca el temor a perder su trabajo.* He's obsessed with fear of losing his job.
■ **obcecarse** *v pron* **obcecarse** (**con**) to become obsessed (**with** ***sth/sb***): *Se está obcecando con el tema.* She's becoming obsessed with it.

obedecer *vt* to obey: *~ una orden/a los padres* to obey an order/your parents
■ **obedecer** *vi* **1** (*cumplir órdenes*) to do as you are told: *¡Obedece!* Do as you're told! **2 ~ a** (*deberse*) to be due **to** ***sth***: *Estos atascos obedecen a una mala planificación.* These traffic jams are due to bad planning. **3 ~** (**a**) (*responder*) to respond (**to** ***sth***): *El enfermo está obedeciendo al tratamiento.* The patient is responding to the treatment.

obediencia *nf* obedience

obediente *adj* obedient

obelisco *nm* obelisk

obertura *nf* overture

obesidad *nf* obesity

obeso, -a *adj* obese, fat (*más coloq*) ☛ *Ver nota en* FAT[1]

obispado *nm* **1** (*cargo, diócesis*) bishopric **2** (*edificio*) bishop's palace

obispo *nm* bishop

objeción *nf* objection
LOC **objeción de conciencia** conscientious objection **poner objeciones** to object (*to sth*): *Puso objeciones a sus continuas visitas.* He objected to their constant visits.

objetar *vt* to object: *Mi marido objetó que era muy caro.* My husband objected that it was very expensive. ◊ *¿Tienen algo que ~?* Are there any objections?
■ **objetar** *vi* to become a conscientious objector

objetividad *nf* objectivity

objetivo, -a *adj* objective
■ **objetivo** *nm* **1** (*finalidad*) objective, aim (*más coloq*): *~s a largo plazo* long-term objectives ◊ *un plan cuyo ~ es la creación de empleo* a plan aimed at creating employment **2** (*Mil*) target **3** (*Fot, Óptica*) lens: *un ~ gran angular* a wide-angle lens

objeto *nm* **1** (*gen*) object: *~s metálicos/personales* metal objects/personal possessions ◊ *Identifica el sujeto, el verbo y el objeto.* Identify the subject, verb, and object. **2** (*propósito*) purpose, object (*más formal*): *La acción tenía como ~ ...* The object of the action was ... ◊ *Y con tal ~ solicité una entrevista.* And with that object in mind I requested an interview.
LOC **al/con objeto de** in order *to do sth*: *con ~ de evitar fraudes* in order to prevent fraud **no tener objeto** to be pointless (*to do sth*): *No tiene ~ que sigamos esperando.* It's pointless to go on waiting. **objeto de arte** objet d'art [*pl* objets d'art] **objeto de valor** item of value **objeto volante no identificado** (**OVNI**) unidentified flying object (*abrev* UFO) ☛ Se pronuncia /ˌjuː ef ˈəʊ/. **objetos perdidos** lost property [*incontable, v sing*] **ser objeto de** (*ser víctima de*) to be subjected to *sth*: *Fue ~ de varias agresiones.* He was subjected to assault. **sin objeto** pointless: *Fue un viaje sin ~.* It was a pointless journey. *Ver tb* MUJER

objetor, ~a *nm-nf*
LOC **objetor** (**de conciencia**) conscientious objector: *Son ~es.* They are conscientious objectors.

oblicuo, -a *adj* **1** (*Geom*) oblique **2** (*posición*) at an angle: *Mantén el poste en posición oblicua.* Hold the post at an angle.

obligación *nf* **1** (*gen*) obligation: *Has cumplido con tu ~.* You have fulfilled your obligation. ◊ *faltar a las obligaciones* to fail in your duties **2** (*Fin*) bond: *obligaciones convertibles* convertible bonds
LOC **obligaciones del estado** government bonds **sentir/tener** (**la**) **obligación de** to feel/be obliged *to do sth*: *Sintieron la ~ de ayudarla.* They felt obliged to help her. *Ver tb* ANTES

obligado, -a *pp, adj Ver* OBLIGAR
LOC **es obligado ...** you are expected *to do sth*: *Es ~ llevar corbata.* You are expected to wear a tie. **estar obligado a** to have *to do sth*: *Estamos ~s a renovar los pasaportes cada diez años.* We have to renew our passports every ten years. **sentirse/verse obligado** to feel obliged *to do sth*: *No quería asistir a la fiesta pero me vi ~.* I didn't want to go to the party but I felt obliged to.

obligar *vt* **1** (*gen*) to make *sb* ***do sth***, to force *sb* ***to do sth*** (*más formal*): *No la obligues a comer si no quiere.* Don't make her eat it if she doesn't want to. ◊ *Me obligaron a entregar el maletín.* They forced me to hand over the case. **2** (*ley, norma*) to require *sb* ***to do sth***: *La ley obliga a conducir por la izquierda.* The law requires you to drive on the left. **3** (*implicar*) to mean ***doing sth***: *La niebla obligó a cancelar tres vuelos.* The fog meant cancelling three flights.
■ **obligarse** *v pron* **obligarse a** (*comprometerse*) to undertake ***to do sth***: *Me obligué a mantener a mis sobrinos.* I undertook to support my nephews.

obligatoriedad *nf*: *La ley establece la ~ de llevar cinturón de seguridad.* The law makes it compulsory to wear a seat belt.

obligatorio, -a *adj* compulsory: *la enseñanza obligatoria* compulsory education ◊ *Es ~ presentar el pasaporte en la frontera.* You have to show your passport at the border. **LOC** *Ver* EDUCACIÓN, SEGURO

oboe *nm* (*instrumento*) oboe ☛ *Ver ilustración en* WOODWIND
■ **oboe** *nmf* (*músico*) oboist

obra *nf* **1** (*gen*) work: *una ~ de arte/ficción* a work of art/fiction ◊ *~s de restauración* restoration works ◊ *la ~ completa de Machado* the complete works of Machado **2** (*acción*) deed: *realizar buenas ~s* to do good deeds **3** (*lugar en construcción*) site: *Hubo un accidente en la ~.* There was an accident at the site.
LOC **de obra**: *un muro de ~* a brick, stone, etc wall **estar en obras**: *Este tramo está en ~s.* There are roadworks on this stretch. ◊ *Estamos en ~s en el piso.* We are having some work done on the flat. **obra benéfica/de beneficiencia** charity [*incontable*]: *instituciones dedicadas a ~s benéficas* charitable institutions **obra de teatro/teatral** play **obras de acondicionamiento** improvements: *Las ~s de acondicionamiento del local han costado una fortuna.* The improvements to the building have cost a fortune. **obras** (**de carretera**) roadworks: *Las ~s afectarán seriamente al tráfico de la ciudad.* The roadworks will seriously affect traffic in the town. **obras son amores, que no buenas razones** actions speak louder than words **por obra y gracia del Espíritu Santo** (*fig*): *El*

dinero no viene por ~ y gracia del Espíritu Santo. Money doesn't grow on trees. **ser obra de...** to be the work of *sb*: *Muchos incendios forestales son ~ de pirómanos.* Many forest fires are the work of arsonists. ◊ *El estropicio fue ~ tuya.* The damage was your own doing. *Ver tb* CÓMICO, CUMBRE, MAESTRO, MANO, PRECIO

obrar *vi* to act

LOC obrar en manos/poder de to be in *sb's* possession: *Los documentos obran en mi poder.* The documents are in my possession. **obrar bien/mal** to do the right/wrong thing *Ver tb* CONSECUENCIA, PARCIALIDAD

obrero, -a *adj* **1** (*familia, barrio*) working-class **2** (*comisión, delegado, grupo*) workers': *miembros de la comisión obrera* members of the workers' committee **3** (*movimiento, sindicato*) labour [*n atrib*]: *el movimiento ~* the labour movement

■ **obrero, -a** *nm-nf* worker: *~s autónomos/de la construcción* self-employed/construction workers

LOC *Ver* ABEJA, CLASE

obscenidad *nf* obscenity

obsceno, -a *adj, nm-nf* obscene [*adj*]: *¡Es un ~!* He's obscene!

obscurecer *vt Ver* OSCURECER

obscurecimiento *nm Ver* OSCURECIMIENTO

obscuridad *nf Ver* OSCURIDAD

obscuro, -a *adj Ver* OSCURO

obsequiar *vt* **1** (*regalar*) to present *sb* ***with sth***: *Fueron obsequiados con entradas gratuitas.* They were presented with free tickets. **2** (*banquete, fiesta*) to hold *sth* ***for sb***: *Me obsequiaron con una fiesta cuando me jubilé.* They held a party for me when I retired.

obsequio *nm* **1** (*regalo*) **(a)** (*gen*) gift: *Es un ~ del embajador británico.* It's a gift from the British ambassador. **(b)** (*de promoción*) free gift **2** (*agasajo*) treat: *La fiesta fue un ~ que no esperábamos.* The party was an unexpected treat.

LOC obsequio de la casa/del autor (*libro, disco, etc*): *Nos dieron un ejemplar como ~ de la casa/del autor.* We were given a complimentary copy.

observación *nf* **1** (*gen*) observation: *capacidad de ~* powers of observation ◊ *Tendrá que pasar un par de días en ~.* He'll be under observation for a couple of days. **2** (*ley*) observance: *la estricta ~ de las normas* strict observance of the rules **3** (*comentario*) **(a)** (*verbal*) remark, observation (*más formal*) **(b)** (*escrito*) note

LOC estar en observación to be under observation

observador, ~a *adj* observant

■ **observador, ~a** *nm-nf* observer

observancia *nf* observance

observar *vt* **1** (*examinar, mirar*) to observe, to watch (*más coloq*): *~ el comportamiento de algn* to observe sb's behaviour ◊ *Observaba a la gente desde mi ventana.* I was watching the people from my window. **2** (*cumplir*) to observe: *~ las leyes* to observe the law **3** (*comentar*) to remark, to observe (*más formal*): *Observó que probablemente llovería.* He remarked that it would probably rain. **4** (*notar*) to notice: *¿Has observado algo extraño en él?* Have you noticed anything odd about him?

observatorio *nm* observatory

obsesión *nf* obsession (***with sth/sb/doing sth***): *una ~ por las motos/ganar* an obsession with motorbikes/winning

LOC tener la obsesión de que... to be obsessed with the idea that... **tener obsesión por** to be obsessed with *sth/sb/doing sth*

obsesionar *vt* to obsess: *Le obsesionan los libros.* He's obsessed with books.

■ **obsesionarse** *v pron* to become obsessed (***with sth/sb/doing sth***): *Llegó a ~se por ella.* He became obsessed with her

obsesivo, -a *adj* obsessive

obseso, -a *adj, nm-nf* obsessed [*adj*]: *Mi hermano es un ~ del trabajo.* My brother's obsessed with work.

obsoleto, -a *adj* obsolete

obstaculizar *vt* **1** (*estorbar*) to obstruct, to block (*más coloq*): *El camión obstaculizaba el paso.* The lorry was obstructing the road. ◊ *~ la aprobación de una ley* to block the passing of a law ◊ *Las maletas obstaculizaban la salida de emergencia.* The cases were blocking the emergency exit. **2** (*retrasar*) to hold *sth* up: *El mal tiempo está obstaculizando las operaciones de rescate.* Bad weather is holding up rescue operations.

obstáculo *nm* obstacle: *un ~ para su carrera política* an obstacle to his political career ◊ *salvar ~s* to overcome obstacles

LOC poner obstáculos to place obstacles *in sb's path*: *Me pusieron muchos ~s.* They placed many obstacles in my path. **ser un obstáculo para algo** to stop *sth/sb* from doing sth: *No fue ~ para que se divirtieran.* It didn't stop them from having fun. *Ver tb* CARRERA

obstante

LOC no obstante nevertheless, however (*más coloq*)

obstetricia *nf* obstetrics [*v sing*]

obstinación *nf* obstinacy

obstinado, -a *pp, adj* obstinate *Ver tb* OBSTINARSE

obstinarse *v pron* **~ (en)** to insist (**on *doing sth***): *¿Por qué te obstinas en llevarme la contraria?* Why do you always insist on contradicting me?

obstrucción *nf* **1** (*gen*) obstruction: *la ~ de la vía pública/un vaso sanguíneo* obstruction of the public highway/a blood vessel **2** (*cañería, lavabo*) blockage

obstruccionismo *nm* obstructionism

obstruir *vt* **1** (*gen*) to obstruct: *~ una salida/la justicia* to obstruct an exit/justice **2** (*cañería, lavabo*) to block

obtención *nf* **1** (*gen*) obtaining: *El reconocimiento médico es indispensable para la ~ del carné de conducir.* A medical examination is required before you can obtain a driving licence. **2** (*premio*) winning: *la ~ de un premio* winning a prize

obtener *vt* **1** (*gen*) to obtain, to get (*más coloq*): *~ un préstamo/el apoyo de algn* to get a loan/sb's support ◊ *~ información* to obtain information ◊ *~ gasolina del petróleo* to get petrol from oil **2** (*premio, victoria*) to win

obturador *nm* (*Fot*) shutter

obtuso, -a *adj* (*Geom, torpe*) obtuse

obvio, -a *adj* obvious

oca *nf* **1** (*Zool*) goose [*pl* geese] **2** (*juego*) ≃ snakes and ladders (*GB*) [*v sing*]

ocasión *nf* **1** (*vez*) occasion: *en numerosas ocasiones* on numerous occasions **2** (*oportunidad*) opportunity (***to do sth***), chance (***to do sth***) (*más coloq*): *Aprovechó una ~ única para ganar dinero.* He took advantage of a unique opportunity to earn money. ◊ *El viaje a París me dio ~ de visitar el Louvre.* The trip to Paris gave me the chance to visit the Louvre. ◊ *No dejes escapar la ~.* Don't let the opportunity slip through your fingers. ☞ *Ver nota en* OCCASION

LOC con ocasión de on the occasion of *sth* **de ocasión**: *precios de ~* bargain prices ◊ *coches de ~* secondhand cars **en cierta/una ocasión** once: *En cierta ~ me contó que se quería marchar del país.* She once told me she wanted to leave the country. **la ocasión la pintan calva** strike while the iron is hot *Ver tb* ALGUNO, INFINIDAD, REITERADO, REPETIDO

ocasional *adj* **1** (*no habitual*) occasional: *chubascos ~es* occasional showers **2** (*eventual*) casual: *un trabajo ~* a casual job **3** (*fortuito*) chance [*n atrib*]: *un encuentro ~ con un viejo amigo* a chance meeting with an old friend

ocasionar *vt* to cause

ocaso *nm* **1** (*del sol*) sunset **2** (*decadencia*) decline

occidental *adj* **(a)** (*gen*) western: *el mundo ~* the western world ◊ *Europa Occidental* Western Europe ◊ *áfrica Occidental* West Africa **(b)** (*costa*) west

■ **occidental** *nmf* westerner

occidentalizar *vt* to westernize

occidente *nm* west: *las diferencias entre Oriente y Occidente* the differences between East and West

occipital *adj* occipital

oceánico, -a *adj* oceanic **LOC** *Ver* FOSA

océano *nm* ocean

En inglés **ocean** se escribe con mayúscula cuando aparece con el nombre de un océano: *el océano Índico* the Indian Ocean.

oceanografía *nf* oceanography

ocelote *nm* ocelot

ochenta *nm, adj, pron* **1** (*gen*) eighty **2** (*octogésimo*) eightieth ☛ *Ver ejemplos en* SESENTA

ochentavo, -a *adj* ☛ *Ver ejemplos en* DIECISEISAVO
■ **ochentavo** *nm* eightieth

ocho *nm, adj, pron* **1** (*gen*) eight **2** (*fecha, octavo*) eighth ☛ *Ver ejemplos en* SEIS
LOC **ocho días** a week: *~ días es mucho.* A week is too long. ◊ *dentro de ~ días* in a week's time

ochocientos, -as *adj, pron* (*tb* **ochocientos** *nm*) eight hundred ☛ *Ver ejemplos en* SEISCIENTOS

ocio *nm* leisure: *tiempo de ~* leisure time **LOC** *Ver* GUÍA

ocioso, -a *adj* idle

ocre *adj, nm* ochre ☛ *Ver ejemplos en* AMARILLO

octagonal *adj* octagonal

octágono *nm* octagon

octava *nf* octave

octavilla *nf* (*propaganda*) leaflet

octavo, -a *adj, nm-nf, pron* (*tb* **octavo** *nm*) eighth ☛ *Ver ejemplos en* SEXTO
LOC **octavos de final** last sixteen

octeto *nm* octet

octogenario, -a *adj* octogenarian (*formal*), in his/her eighties: *el ~ primer ministro* the octogenarian Prime Minister ◊ *un grupo de jubilados ~s* a group of people in their eighties
■ **octogenario, -a** *nm-nf* octogenarian

octogésimo, -a *adj, nm-nf, pron* (*tb* **octogésimo** *nm*) eightieth ☛ *Ver ejemplos en* SEXAGÉSIMO

octógono *nm Ver* OCTÁGONO

octubre *nm* October (*abrev* Oct) ☛ *Ver ejemplos en* ENERO

ocular *adj* **1** (*gen*) eye [*n atrib*]: *una infección ~* an eye infection **2** (*inspección*) visual **LOC** *Ver* GLOBO, TESTIGO

oculista *nmf* eye specialist

ocultar *vt* to conceal *sth/sb* (**from** ***sth/sb***) (*formal*), to hide *sth/sb* (**from** ***sth/sb***): *Me ocultaron de la policía.* They hid me from the police. ◊ *No tengo nada que ~.* I have nothing to hide. ◊ *Ocultaba su cara.* He hid his face. ◊ *~ la verdad/to hide the truth*
■ **ocultarse** *v pron* to hide (**from** ***sth/sb***): *el lugar donde se ocultaban* the place where they were hiding
LOC **no oculto que...** I admit, he admits, etc that...

ocultismo *nm* the occult: *un experto en ~* an expert on the occult ◊ *Le interesa el ~.* He's interested in the occult.

oculto, -a *adj* concealed (*formal*), hidden: *con el rostro ~ por un velo* with her face concealed by a veil ◊ *motivos ~s* hidden motives **LOC** *Ver* CARA

ocupación *nf* **1** (*gen*) occupation: *Tengo muchas ocupaciones.* I have many occupations. ◊ *la ~ ilegal de una finca* the illegal occupation of an estate **2** (*hoteles, apartamentos*) occupancy rate: *una ~ cercana al 100% de las plazas* an occupancy rate of almost 100% **3** (*nivel de empleo*) employment ☛ *Ver nota en* WORK[1]

ocupado, -a *pp, adj* **1** (*persona*) busy: *Estoy muy ocupada con lo de la fiesta.* I'm very busy with the party. ◊ *Está ~ corrigiendo exámenes.* He's busy marking exams. **2** (*teléfono, wáter*) engaged **3** (*asiento, taxi*) taken: *¿Está ~ este asiento?* Is this seat taken? **4** (*aparato, ascensor, ordenador*) in use **5** (*país, casa*) occupied *Ver tb* OCUPAR
LOC **tener ocupadas las manos** to have your hands full *Ver tb* SEÑAL

ocupante *nmf* occupant: *Los ~s del vehículo resultaron ilesos.* The occupants of the vehicle were unharmed.

ocupar *vt* **1** (*gen*) to take *sth* up: *Ocupa media página.* It takes up half a page. ◊ *Ocupa todo mi tiempo libre.* It takes up all my spare time. ◊ *Acudirán a ~ sus escaños.* They will be taking up their seats. **2** (*habitación, despacho*) to have: *Ocupan habitaciones contiguas.* They have adjoining rooms. **3** (*cargo, puesto*) to hold **4** (*vacante*) to fill **5** (*país, casa*) to occupy **6** (*puesto en la clasificación, estar situado*) to be **in**...: *Ocupa el cuarto lugar.* He's in fourth place. ◊ *El cuadro ocupa su lugar habitual.* The painting is in its usual place. **7** (*dar que hacer*) to keep *sb* busy **8** (*droga, armas ilegales*) to seize
■ **ocuparse** *v pron* **ocuparse de 1** (*persona*) to look after *sb* **2** (*prestar atención*): *La prensa no se ocupó mucho del asunto.* The press showed little interest in the matter. ◊ *Se ocupa poco de sus hijos.* He doesn't give much time to his children. **3** (*asunto, problema*) to deal **with** ***sth***: *Ese programa se ocupa de la salud.* That programme deals with health.
LOC **¡ocúpate de lo tuyo!** mind your own business! *Ver tb* DIRECCIÓN, JEFATURA, LUGAR, SABER[1]

ocurrencia *nf* **1** (*idea*) idea **2** (*golpe, salida*) witticism **LOC** **¡qué ocurrencia(s)!** what will you, he, etc think of next?

ocurrente *adj* witty

ocurrido, -a *pp, adj Ver* OCURRIR
LOC **lo ocurrido** what (has) happened: *lo ~ en Madrid* what (has) happened in Madrid

ocurrir *vi* to happen, to occur (*más formal*): *Lo que ocurrió fue que...* What happened was that... ◊ *No quiero que vuelva a ~.* I don't want it to happen again.
■ **ocurrirse** *v pron* to occur ***to sb***: *No se me ocurre otra cosa.* It's the only thing that occurs to me. ◊ *¿Se te ocurre algo?* Can you think of anything? ◊ *No se le ocurriría hacerlo.* It would never occur to her to do that. ◊ *Se le ocurrió irse a un kibutz.* He took it into his head to go to a kibbutz.
LOC **lo que ocurre es que...** the thing is that... **¡ni se te ocurra!** don't even think of it! **no se le ocurrió otra cosa que...** he, they, etc couldn't think of anything better to do than... **ocurra lo que ocurra** whatever happens **por lo que pueda ocurrir** just in case **puede ocurrir que...** it's possible that... **¡se te ocurre cada cosa!** you get, he gets, etc the strangest ideas!

oda *nf* ode

odiar *vt* to hate *sth/sb/doing sth*: *Odia cocinar.* He hates cooking. ◊ *Odio que me digan lo que tengo que hacer.* I hate it when people tell me what to do. ◊ *La odio por lo que hizo.* I hate her for what she did.
LOC **odiar a muerte** to detest *sth/sb*

odio *nm* hatred: *una relación de amor y ~* a love-hate relationship ◊ *Manifestó su ~ al fascismo.* He showed his hatred of fascism.
LOC **odio mortal** deep hatred **tenerle odio a algo/algn** to hate sth/sb

odioso, -a *adj* horrible

odisea *nf*: *la ~ de los refugiados* the refugees' ordeal ◊ *¡Qué ~! Tardamos 20 horas en llegar.* What a terrible journey! It took us 20 hours to get there.
LOC **fue toda una odisea** it was quite an adventure **odisea del espacio** space odyssey

odontología *nf* dentistry

odontólogo, -a *nm-nf* dental surgeon

oeste *nm* **1** (*gen*) west (*abrev* W): *en el ~* in the west ◊ *más al ~* further west **2** (*con función adjetiva*) **(a)** (*frontera, región*) western [*adj*]: *la región/parte ~* the western region/part **(b)** (*lado, viento*) west: *la costa ~* the west coast **LOC** *Ver* DIRECCIÓN, PELÍCULA, VIENTO, ZONA

ofender *vt* to offend
■ **ofenderse** *v pron* **ofenderse (por)** to take offence (**at** ***sth***)
LOC **ofende a la vista** it's an eyesore *Ver tb* DUDA

ofendido, -a *pp, adj Ver* OFENDER
LOC **darse por ofendido** to take offence

ofensa *nf* offence

ofensivo, -a *adj* offensive: *un comentario/documento ~* an offensive remark/document

■ **ofensiva** *nf* offensive: *lanzar una ofensiva* to launch an offensive
LOC **estar a la ofensiva** to be on the offensive **tomar la ofensiva** to go on the offensive

oferta *nf* **1** (*ofrecimiento*) offer **2** (*provisión*) supply: *La demanda supera a la ~.* Demand outstrips supply. **3** (*selección*) range: *una variada ~ de artículos* a wide range of goods **4** (*propuesta*) tender: *Se ha abierto el plazo de ~s.* Tenders have been invited. **5** (*subasta*) bid: *una ~ inicial* a starting bid **6** (*ganga*) special offer
LOC **de/en oferta** on offer **oferta inmobiliaria** property on the market **ofertas de empleo** job vacancies **oferta turística** tourist provision

ofertar *vt* to offer

off LOC *Ver* VOZ

oficial *adj* official
■ **oficial** *nmf* **1** (*gen*) officer: *~ administrativo* administrative officer ◊ *un ~ de la policía/aduanas* a police/customs officer ☛ *Ver nota en* POLICE OFFICER **2** (*en trabajos manuales*) skilled worker
LOC **no oficial** unofficial *Ver tb* BOLETÍN, ENTE, GUÍA, VÍA

oficiar *vt* to officiate **at *sth*** [*vi*]: *Ofició la misa de las cinco.* He officiated at the five o'clock mass.
■ **oficiar** *vi* **~ de** to act **as *sth/sb***: *~ de asesor* to act as a consultant

oficina *nf* office
LOC **oficina bancaria** branch (of a bank) **oficina de correos** Post Office **oficina de empleo** employment office (*formal*), job centre **oficina de (información y) turismo** tourist (information) office **oficina pública** government office *Ver tb* MATERIAL, TORRE

oficinista *nmf* office worker, white-collar worker (*más formal*)

oficio *nm* **1(a)** (*profesión*) job: *Conocen a fondo su ~.* They know their job inside out. **(b)** (*artesano*) trade: *aprender un ~* to learn a trade ☛ *Ver nota en* WORK[1] **2** (*función*) function: *Tienen el ~ de informar.* Their function is to give information. **3** (*comunicación oficial*) official letter **4** (*Relig*) **(a)** (*gen*) service: *~ de difuntos* funeral service **(b)** (*misa*) mass
LOC **de oficio 1** (*con carácter oficial*) officially **2** (*manual*) by trade: *carpintero de ~* a carpenter by trade **sin oficio ni beneficio** without two pennies to rub together *Ver tb* ABOGADO, ARTE, GAJES, SANTO, TURNO

oficiosidad *nf* officiousness

oficioso, -a *adj* (*información, fuente*) unofficial

ofrecer *vt* **1** (*gen*) to offer: *Nos ofrecen un buen precio por la casa.* They are offering us a good price for the house. ◊ *Me ofreció ayuda.* He offered to help me. **2** (*presentar*) **(a)** (*aspecto*) to present **(b)** (*espectáculo*) to put *sth* on: *Ofrecieron un pobre espectáculo futbolístico.* They put on a poor display of football. **3** (*dar*) **(a)** (*datos*) to supply **(b)** (*fiesta*) to arrange: *Mis amigos me ofrecieron una fiesta.* My friends arranged a party for me. **4** (*pujar*) to bid
■ **ofrecerse** *v pron* **1(a) ofrecerse (a/para)** to offer (***to do sth***): *Me ofrecí a llevarles a casa.* I offered to take them home. **(b) ofrecerse (de/como)** to offer your services (**as *sth***): *Se ofreció de entrenador.* He offered his services as a coach. **2** (*situación*) to present itself
LOC **¿qué se le ofrece?** may I help you? **¿se le ofrece algo?** is there anything I can do for you? **¿se le ofrece algo más/alguna cosa más?** would you like anything else? *Ver tb* EXCUSA, INDICIO, VOLUNTARIO

ofrecimiento *nm* offer

ofrenda *nf* offering

ofrendar *vt* to offer

oftalmólogo, -a *nm-nf* ophthalmologist

ofuscación (*tb* **ofuscamiento**) *nf* confusion

ofuscar *vt* **1** (*aturdir*) to confuse **2** (*deslumbrar*) to dazzle
■ **ofuscarse** *v pron* to get confused

ogro *nm* ogre

ohmio *nm* ohm

oída *nf*
LOC **de oídas**: *—¿La conoces? —Solo de ~s.* 'Do you know her?' 'No, but I've heard of her.'

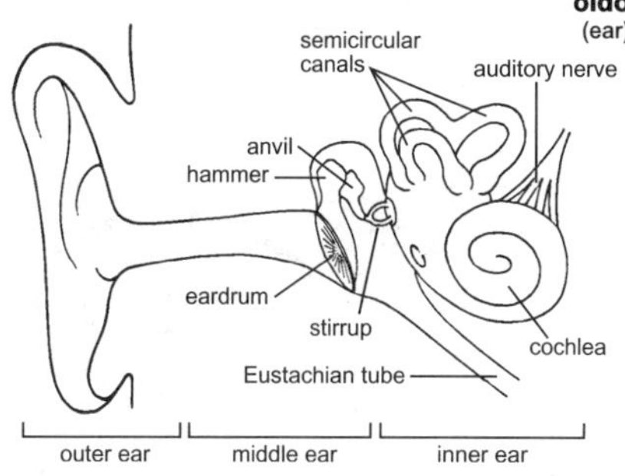

oído *nm* **1** (*Anat*) ear: *~ interno/medio* inner/middle ear **2** (*sentido*) hearing: *Está perdiendo ~.* She's losing her hearing.
LOC **al oído**: *Dímelo al ~.* Whisper it in my ear. **de oído** by ear **hacer oídos sordos a algo** to turn a deaf ear to sth **no tener buen oído** to be tone deaf **ser todo oídos** to be all ears **tener buen oído** to have a good ear *Ver tb* AGRADABLE, AGUZAR, ALARGAR, ALCANCE, BASTONCILLO, CERA, CERRAR, DOLOR, DURO, EDUCAR, ENTRAR, LLEGAR, MACHACAR, PALABRA, PARCHE, REGALAR, TALADRAR, TAPAR, ZUMBAR

oír *vt* **1** (*percibir sonidos*) to hear: *No oyeron el despertador.* They didn't hear the alarm. ◊ *¿Me oyes?* Do you hear me? ◊ *Me oyeron salir.* They heard me go out. **2** (*escuchar*) to listen **to *sth/sb***: *~ la radio* to listen to the radio
■ **oír** *vi* to hear: *No oigo bien.* I can't hear. ◊ *No consiguió hacerse ~.* He couldn't make himself heard.
LOC **como lo oyes/como usted lo oye** that's right **(es) como el que/quien oye llover**: *Es como el que oye llover, siempre hace lo quiere.* It's (like) water off a duck's back – he always does exactly as he pleases. ◊ *Estuve llamando al timbre, pero nada, como quien oye llover.* I was ringing the bell but nobody took a blind bit of notice. **lo que oyes** believe it or not **no se oía una mosca** you could have heard a pin drop **¡oiga! 1** (*para llamar la atención*) excuse me! ☛ *Ver nota en* EXCUSE **2** (*hablando por teléfono*) hello? **¡oiga Ud!/¡oye tú!** hey, you! **oír campanas y no saber dónde** to get hold of the wrong end of the stick **oír decir que...** to hear (that)...: *Oí decir que te vas a casar.* I heard you're getting married. **oír de refilón** to overhear **oír hablar de** to hear about *sth/sb*: *He oído hablar mucho de ti.* I've heard a lot about you. **oír misa** to go to mass **oír, ver y callar** to keep your mouth shut **¡oye!** hey! *Ver tb* COSA, MAJO, PARED, RICO

ojal *nm* buttonhole ☛ *Ver ilustración en* AMERICANA

¡ojalá! *interj* **1** (*espero que*) I hope...: *¡~ ganen!* I hope they win! ◊ *—¡Verás como apruebas! —¡Ojalá!* 'I'm sure you'll pass.' 'I hope so!' **2** (*ya quisiera yo*): *¡~ pudiera ir!* I wish I could go! ◊ *¡~ vivierais más cerca!* I wish you lived nearer! ◊ *¡~ le hubiera conocido hace 20 años!* If only I'd met him 20 years ago! ☛ *Ver nota en* WISH

ojeada *nf* glance: *con una sola ~* at a glance
LOC **dar/echar una ojeada** to have a (quick) look (*at sth*)

ojear *vt* to have a (quick) look **at *sth***

ojeras *nf* rings under the eyes: *Por las ~s se le nota que está cansada.* You can tell she's tired by the rings under her eyes.

ojeriza *nf* grudge
LOC **coger ojeriza a algn** to take against sb **tener ojeriza a algn** to have a grudge against sb

ojeroso, -a *adj* tired-looking
LOC **estar ojeroso** to have rings under your eyes

ojete *nm* **1** (*costura*) eyelet **2** (*ano*) arsehole (*vulg*)

ojival *adj* LOC *Ver* ARCO

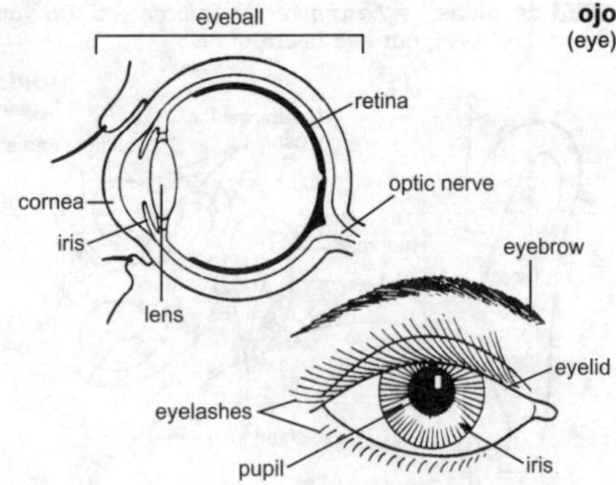

ojo (eye)

ojo *nm* **1** (*gen*) eye: *Es morena con los ~s verdes.* She has dark hair and green eyes. ☛ *Ver ilustración en* HEAD[1] **2** (*puente*) span **3** (*queso, pan*) hole

■ **¡ojo!** *interj* (be) careful!: *¡~ con esa jarra!* (Be) careful with that jug! ◊ *¡Ojo!, que te puedes resbalar.* Be careful you don't slip. ◊ *¡Mucho ~ con lo que haces!* Be careful what you do! ◊ *¡Ojo!, que yo no estoy diciendo eso.* Hold on, that's not what I'm saying. ◊ *¡~ con contestarme!* Don't you dare answer back!

LOC **a (los) ojos de mi padre, del comité, etc** in my father's eyes, in the eyes of the committee, etc **andar(se)/ir con ojo** to be careful **ante mis ojos** before my, your, etc (very) eyes **a ojo (de buen cubero)**: *Lo calculé a ~.* I worked it out roughly. ◊ *Así a ~ tendrá unos cinco metros.* At a guess, it's about five metres long. **a ojos cerrados/con los ojos cerrados 1** (*con toda facilidad*) with your eyes closed **2** (*sin dudar*) without hesitation: *Aceptó la oferta a ~s cerrados.* He accepted the offer without any hesitation. **a ojos vista** visibly **con los ojos fuera de las órbitas** with your eyes popping out of your head **con los ojos vendados** blindfold **costar/valer un ojo de la cara** to cost/be worth a fortune **daría un ojo de la cara** I'd give my right arm *for sth/to do sth* **echarle el ojo a algo/algn** to have your eye on sth/sb: *Le tengo echado el ~.* I've got my eye on it/him. **echarle un ojo a algo/algn** to have a quick look at sth/sb **echarle un ojo a algo/algn de vez en cuando** to keep an eye on sth/sb **empañarse/nublarse los ojos**: *Se le empañaron los ~s.* His eyes filled with tears. **(estar) ojo alerta/avizor**: *~ avizor con los ladrones.* Watch out for thieves. **ir con/tener los ojos bien abiertos** to keep your eyes open **írsele a algn los ojos detrás de algo/algn**: *Se le van los ~s detrás de las chicas/motos.* He can't take his eyes off the girls/bikes. **mal de ojo** the evil eye **mirar a los ojos** to look into *sb's* eyes: *Le miró a los ~s y le dijo que la quería.* He looked into her eyes and told her that he loved her. **mirarse a los ojos** to look into each other's eyes **mirar/ver con buenos ojos** to approve of *sth/sb* **mirar/ver con malos ojos** to disapprove of *sth/sb* **no pegar ojo** not to sleep a wink **no quitar los ojos (de encima)** not to take your eyes off *sth/sb* **ojo a la funerala/virulé/en compota/morado** black eye **ojo clínico** sharp eye: *Tiene un ~ clínico para estas cosas.* He's got a sharp eye for such things. **ojo de buey** (*ventana*) porthole **ojo de la cerradura** keyhole **ojo por ojo, diente por diente** an eye for an eye and a tooth for a tooth **ojos que hablan** expressive eyes **ojos que no ven, corazón que no siente** what the eye doesn't see, the heart doesn't grieve over **ojos saltones/de besugo** bulging eyes **sacarse los ojos** to scratch each other's eyes out **salir por un ojo de la cara** to cost an arm and a leg **ser el ojo derecho de algn** to be the apple of sb's eye **ser todo ojos** to be all eyes **tener a algn entre ojos** to have it in for sb **tener (buen) ojo para los negocios** to have a flair for business **tener ojo de lince** to have eyes like a hawk **tener puestos los ojos en algo** to have set your heart on sth **tener un ojo torcido** to have a squint **ver algo con ojos de español, niño, etc** to see sth through Spanish, a child's, etc eyes ☛ Para otras expresiones con **ojo**, véanse las entradas del verbo, sustantivo, etc, p. ej. **clavar los ojos** en CLAVAR y **rabillo del ojo** en RABILLO.

okupa *nmf* squatter

ola *nf* wave: *Aquí es donde rompen las ~s.* This is where the waves break. ◊ *una ~ de protestas* a wave of protests ◊ *la ~ de criminalidad* the crime wave ◊ *una ~ de robos* a spate of robberies

LOC **hacer la ola mexicana** to do a Mexican wave **ola de calor** heatwave *Ver tb* CRESTA

¡olé! (*tb* **¡ole!**) *interj* bravo!

oleada *nf* (*avalancha*) wave

oleaje *nm* swell: *un fuerte ~* a heavy swell

óleo *nm* **1** (*sustancia*) oil **2** (*cuadro*) oil-painting

LOC **cuadro/pintura al óleo** oil painting *Ver tb* PINTAR

oleoducto *nm* (oil) pipeline

oler *vi* **~ (a) 1** (*despedir olor*) to smell (**of *sth***): *~ a pintura/quemado* to smell of paint/burning **2** (*parecer*): *Este asunto huele a engaño.* It looks as though there's been a swindle. ◊ *Me huele que se van a echar atrás.* I wouldn't be surprised if they decided to back out.

■ **oler** *vt* to smell: *Olíamos el aroma del café a cien metros.* We could smell the coffee a hundred yards off. ☛ *Ver nota en* SMELL

■ **olerse** *v pron* (*sospechar*) to suspect: *Lo raro es que nadie se oliera nada.* The surprising thing was that nobody suspected anything. ◊ *Ya me lo olía.* I thought as much.

LOC **oler a chamusquina/cuerno quemado** to smell/sound/look fishy **oler bien 1** (*gen*) to smell nice: *Ese perfume huele muy bien.* That perfume smells very nice. **2** (*comida*) to smell good **oler fatal/a demonios/tigre/que apesta** to stink (to high heaven): *En el metro huele fatal.* It stinks in the underground. **oler mal 1** (*lit*) to smell horrible **2** (*ser sospechoso*) to smell/sound/look fishy: *Este asunto me huele mal.* It looks fishy to me. **olerse la tostada** to smell a rat *Ver tb* GLORIA, RAYO

olfatear *vt* **1** (*oler*) to sniff **2** (*seguir el rastro*) to scent

olfato *nm* **1** (*sentido*) smell **2** (*intuición*) instinct

LOC **tener olfato para algo** to have a nose for sth: *Tienen ~ para las antigüedades.* They have a nose for antiques.

olimpiada (*tb* **olimpíada**) *nf* Olympics [*v pl*], Olympic Games [*v pl*] (*más formal*): *Fue una ~ conflictiva.* The Olympics were marred by conflict.

LOC **las Olimpiadas** the Olympic Games: *Las ~s se celebrarán en Australia en el año 2000.* The Olympic Games will be held in Australia in the year 2000. **olimpiada de invierno** Winter Olympics

olímpico, -a *adj* **1** (*Dep*) Olympic **2** (*desprecio*) utter

LOC *Ver* COMITÉ, JUEGO, PISCINA, VILLA

olisquear (*tb* **oliscar**) *vt, vi* (*olfatear*) to sniff

■ **olisquear** *vi* **~ (en)** (*husmear*) to poke your nose **into *sth***: *Deja ya de ~ (en mis asuntos).* Stop poking your nose into my business.

oliva *nf* olive: *verde ~* olive green LOC *Ver* ACEITE

olivar *nm* olive grove

olivarero, -a *adj* **1** (*región*) olive-growing **2** (*industria, producción*) olive [*n atrib*]: *la cosecha olivarera* the olive harvest

■ **olivarero, -a** *nm-nf* olive grower

olivicultor, ~a *nm-nf* olive grower

olivicultura *nf* olive growing

olivo *nm* olive tree LOC *Ver* CADA

olla *nf* **1** (*recipiente*) (cooking) pot **2** (*guiso*) casserole

LOC **olla (exprés/a presión)** pressure cooker **olla de grillos** pandemonium [*incontable*]: *La clase se convirtió en una ~ de grillos.* Pandemonium broke out in the classroom. **olla podrida** meat and vegetable stew

olmeda *nf* (*tb* **olmedo** *nm*) elm grove

olmo *nm* elm (tree) LOC *Ver* PEDIR

olor *nm* **1** (*gen*) smell (**of *sth***): *un ~ a rosas/quemado* a smell of roses/burning **2** (*rastro*) scent: *Los perros*

olla

seguían el ~ del zorro. The dogs were following the scent of the fox.
LOC **en olor de multitudes**: *El equipo fue recibido en ~ de multitudes.* The team was received by a huge crowd. **olor corporal/a humanidad** body odour (*abrev* BO) *Ver tb* EXHALAR

oloroso, -a *adj* sweet-smelling
■ **oloroso** *nm* (*vino*) oloroso: *¿Os apetece un ~ con el aperitivo?* Would you like an oloroso before the meal?

olvidadizo, -a *adj* forgetful

olvidado, -a *pp, adj Ver* OLVIDAR(SE)
LOC **dejarse algo olvidado**: *Me dejé el monedero ~ en casa.* I left my purse at home. ◊ *No te lo dejes ~.* Don't leave it behind!

olvidar(se) *vt, v pron* **1** (*gen*) to forget: *Olvidó comprar el detergente.* She forgot to buy the washing powder. ◊ *Se me ha olvidado su nombre.* I've forgotten his name. **2** (*dejar, dejarse*) to leave *sth*...: *Olvidé el paraguas en el autobús/bar.* I left my umbrella on the bus/in the bar. ◊ *No te vayas a olvidar el bolso.* Don't forget your bag!
LOC **¡olvídame!** leave me alone!

olvido *nm* (*descuido*) oversight: *Por error u ~ faltaban cuatro cajas.* By mistake or due to an oversight, there were four boxes missing.
LOC **caer en el olvido** to be forgotten: *El grupo/escándalo cayó en el ~.* The band/scandal was forgotten. *Ver tb* RELEGAR

Omán *nm* Oman

ombligo *nm* **1** (*lit*) navel, tummy button (*coloq*) **2** (*fig*) centre: *el ~ del mundo* the centre of the world

omega *nf* omega LOC *Ver* ALFA

ominoso, -a *adj* **1** (*abominable*) appalling **2** (*de mal agüero*) ominous

omisión *nf* omission

omiso *adj* LOC *Ver* CASO

omitir *vt* **1** (*palabras, nombres*) to omit, to leave *sth* out (*más coloq*): *Omitieron los detalles del accidente.* They left out the details of the accident. **2** (*no hacer algo*) to fail ***to do sth***: *Omitieron conectar la alarma.* They failed to connect the alarm.

omnipotencia *nf* omnipotence

omnipotente *adj* omnipotent

omnipresente *adj* omnipresent

omnisciente (*tb* **omnisapiente**) *adj* omniscient

omnívoro, -a *adj* omnivorous
■ **omnívoro** *nm* omnivore

omoplato (*tb* **omóplato**) *nm* shoulder blade, scapula [*pl* scapulas/scapulae] (*científ*) ☛ *Ver ilustración en* ESQUELETO

once *nm, adj, pron* **1** (*gen*) eleven **2** (*fecha, decimoprimero*) eleventh **3** (*en títulos*) the Eleventh ☛ *Ver ejemplos en* DIECISÉIS LOC *Ver* CAMISA

onceavo, -a (*tb* **onzavo, -a**) *adj* ☛ *Ver ejemplos en* DIECISEISAVO
■ **onceavo** *nm* eleventh

oncología *nf* oncology

oncólogo, -a *nm-nf* oncologist (*científ*), cancer specialist

onda *nf* **1** (*gen*) wave: *~ corta/media* short/medium wave ◊ *~ sonora* sound wave ◊ *Lleva una ~ sobre la frente.* She has a wave coming down over her forehead. **2** (*agua*) ripple **3** (*festón*) scallop: *un remate en forma de ~s* a scalloped edge
LOC **captar/coger/pillar la onda** to catch on: *Captó la ~ y cambió de tema.* He caught on and started talking about something else. ◊ *¿Pillas la ~?* Do you get it? **estar en la onda** (*estar al día*) to be up to date (*with sth*): *estar en la ~ del jazz* to be up to date with the jazz scene **onda expansiva/sísmica** shock wave *Ver tb* LONGITUD

ondear *vt* to wave: *Los manifestantes hacían ~ sus pancartas.* The demonstrators were waving their banners.
■ **ondear** *vi* **1** (*bandera*) to flutter: *La bandera ondeaba al viento.* The flag was fluttering in the wind. **2** (*llama*) to flicker

ondulación *nf* **1** (*agua*) ripple: *La corriente formaba ondulaciones en el agua.* The current was making ripples in the water. **2** (*superficie*) undulation

ondulado, -a *pp, adj* **1** (*pelo*) wavy ☛ *Ver ilustración en* PELO **2** (*superficie*) undulating **3** (*cartón, papel*) corrugated *Ver tb* ONDULAR

ondulante *adj* undulating

ondular *vt*: *rulos para ~ el pelo* rollers to make your hair wave
■ **ondularse** *v pron*: *Me encanta cómo se le ondula la melena.* I love the way her hair waves. ◊ *Quiero ~me el pelo.* I'd like to get my hair waved.

onomástica *nf* saint's day

onomatopeya *nf* onomatopoeia

onomatopéyico, -a *adj* onomatopoeic

ONU *nf, abrev de* **Organización de las Naciones Unidas** *Ver* ORGANIZACIÓN LOC *Ver* ASAMBLEA

onza *nf* **1** (*peso*) ounce ☛ *Ver apéndice 3* **2** (*chocolate*) square

opaco, -a *adj* **1** (*cristal*) opaque **2** (*color, luz, personalidad*) dull

ópalo *nm* opal

opción *nf* **1** (*gen*) option: *una ~ de compra/venta* an option to buy/sell ◊ *No me queda otra ~ que mudarme de casa.* I have no option but to move house. **2** (*derecho*) right: *Tu experiencia te da ~ al puesto.* Your experience gives you a right to the job.

opcional *adj* optional

open *nm* open: *el Open de Australia* the Australian Open

OPEP *nf, abrev de* **Organización de Países Exportadores de Petróleo** *Ver* ORGANIZACIÓN

ópera *nf* **1** (*gen*) opera: *un cantante de ~* an opera singer **2** (*edificio*) opera house
LOC **ópera bufa** comic opera *Ver tb* FANTASMA, TEATRO

operación *nf* **1** (*gen*) operation: *una ~ de corazón/cataratas* a heart/cataract operation ◊ *una ~ policial/de rescate* a police/rescue operation **2** (*Fin*) transaction: *varias operaciones bancarias* several bank transactions
LOC **operación a corazón abierto** open-heart surgery [*incontable*]: *Ha tenido dos operaciones a corazón abierto.* He's had open-heart surgery on two occasions. **operación retorno**: *Mañana empieza la ~ retorno.* The roads will be busy tomorrow with people coming back from holiday. *Ver tb* MESA, QUIRÚRGICO, SOMETER

operacional *adj* operational

operador, ~a *nm-nf* **1** (*telefonista, técnico*) operator: *un ~ turístico* a tour operator **2** (*Cine*) **(a)** (*rodaje*) cameraman/woman [*pl* cameramen/women] **(b)** (*proyección*) projectionist

operar *vt* **1** (*Med*) to operate (**on *sb***) [*vi*]: *Puede que le tengan que ~.* They may have to operate (on him). ◊ *¿Cuándo operan a tu padre?* When is your father having his operation? ◊ *La han operado de cáncer.* She's had an operation for cancer. **2** (*producir*) to bring *sth* about: *~ cambios en la empresa* to bring about changes in the company

■ **operar** *vi* **1** (*gen*) to operate: *La empresa opera en Roma y Londres.* The company operates in Rome and London. ◊ *Está muy grave; hay que ~ de inmediato.* His condition is serious: he needs an immediate operation. **2** (*Com*) to trade: *~ en el mercado japonés* to trade in the Japanese market

■ **operarse** *v pron* to have an operation: *Tengo que ~me del pie.* I've got to have an operation on my foot. ◊ *Se operó del corazón/de una hernia.* He had a heart/hernia operation.

LOC **operar de anginas/apendicitis** to take *sb's* tonsils/appendix out: *El lunes la operan de apendicitis.* She's going to have her appendix out on Monday. ◊ *el cirujano que me operó de las anginas* the surgeon who who took my tonsils out

operario, -a *nm-nf* worker

operativo, -a *adj* **1** (*efectivo*) effective **2** (*sistemas, técnicas*) operating: *el sistema ~ de un ordenador* the operating system of a computer

LOC **ser operativo** (*entrar en funcionamiento*) to be operational: *El proyecto será ~ en junio.* The project will be operational in June.

opereta *nf* operetta

opinar *vt, vi* to think: *¿Qué opinas de la censura?* What do you think of censorship? ◊ *Mis padres opinan que deberíamos asistir al acto.* My parents think we should attend the event. ◊ *Ya sabes que él no opina así.* You know he thinks differently.

■ **opinar** *vi* (*emitir una opinión*) to express an opinion: *En la encuesta un 30% no opina.* In the survey 30% expressed no opinion.

opinión *nf* opinion: *sondeos de ~* opinion polls ◊ *en mi ~* in my opinion ◊ *en ~ de los expertos* in the opinion of the experts ◊ *Son de la ~ de que…* They are of the opinion that…

LOC **opinión pública** public opinion: *cambios en la ~ pública* changes in public opinion **tener buena/mala opinión de** to have a high/low opinion of *sth/sb* *Ver tb* ABUNDAR, CAMBIAR, CORRIENTE, PÁGINA, RESERVAR

opio *nm* opium

opíparo, -a *adj* sumptuous

oponente *adj* opposing

■ **oponente** *nmf* opponent

oponer *vt*: *las razones que opusimos al plan* the objections we raised to the plan ◊ *~ la razón a la violencia* to counter violence with reason

■ **oponerse** *v pron* **1** **oponerse a** to oppose *sth* [*vt*]: *~se a la dictadura* to oppose dictatorship ◊ *~se a las órdenes de un superior* to oppose the orders of a superior **2** (*poner objeciones*) to object: *Iré a la fiesta si mis padres no se oponen.* I'll go to the party if my parents don't object.

LOC **oponer resistencia** to offer resistence (*to sth/sb*)

oporto *nm* port

oportunamente *adv* (*en el momento oportuno*) at the right time: *Llegas muy ~.* You've arrived at just the right time. ◊ *Les avisaremos ~.* We will inform you at the appropriate time.

oportunidad *nf* **1** (*gen*) opportunity (***to do sth***), chance (***to do sth***) (*más coloq*): *No desaproveches esta ~.* Don't waste this opportunity. ◊ *Dame una segunda ~.* Give me a second chance. ◊ *Me surgió la ~ de ir a Canadá.* I got the chance to go to Canada. ☛ *Ver nota en* OCCASION **2** (*ganga*) bargain: *~es de última hora* last-minute bargains **LOC** *Ver* IGUALDAD

oportunismo *nm* opportunism

oportunista *adj* opportunistic

■ **oportunista** *nmf* opportunist

oportuno, -a *adj* **1** (*en buen momento*) timely, opportune (*más formal*): *una visita oportuna* a timely visit ◊ *Llegaron en el momento ~.* They arrived at a very opportune moment. **2** (*adecuado, conveniente*) appropriate: *Tu respuesta no fue muy oportuna.* Your reply wasn't very appropriate. ◊ *Llamaré cuando lo estime ~.* I shall phone when I think it's the right time. ◊ *Lo más ~ sería marcharnos a casa.* The best thing would be to go home. ◊ *Creímos ~ llamarle la atención.* We thought it best to warn him. **3** (*ingenioso*) witty

oposición *nf* **1** (*gen*) opposition (***to sth/sb***): *la enérgica ~ de los residentes al campo de tiro* the residents' strong opposition to the firing range ◊ *el líder de la ~* the leader of the opposition **2** (*concurso*): *Saqué la plaza por ~.* I had to take an exam to get the post. ◊ *Se va a presentar a las oposiciones.* She's going to take her professional exams.

LOC **hacer oposiciones**: *Hizo las oposiciones a funcionario.* He took the Civil Service exam. *Ver tb* CONCURSO

opositor, ~a *adj* opposition [*n atrib*]: *grupos ~es* opposition groups

■ **opositor, ~a** *nm-nf* **1** (*oponente*) opponent: *el más firme ~ a nuestro plan* the fiercest opponent of our plan **2** (*candidato*) candidate

opresión *nf* oppression

opresivo, -a *adj* oppressive

opresor, ~a *adj* oppresive

■ **opresor, ~a** *nm-nf* oppressor

oprimir *vt* **1** (*tiranizar*) to oppress **2** (*apretar*) to be too tight: *La cinturilla de la falda me oprimía.* The waistband on my skirt was too tight.

optar *vi* **1 ~ por** to opt **for *sth*/*to do sth***: *Optaron por la guerra/seguir estudiando.* They opted for war/to carry on studying. **2 ~ a (a)** (*solicitar*) to apply **for *sth***: *~ a una plaza en el ayuntamiento* to apply for a job with the council **(b)** (*competir*) to compete **for *sth***: *~ a un puesto en el ministerio de defensa* to compete for a post in the Ministry of Defence

optativo, -a *adj* optional

óptico, -a *adj* **1** (*gen*) optical: *un efecto ~* an optical effect **2** (*nervio*) optic ☛ *Ver ilustración en* OJO

■ **óptico, -a** *nm-nf* optician

■ **óptica** *nf* **1** (*ciencia*) optics [*v sing*] **2** (*establecimiento*) optician's [*pl* opticians] ☛ *Ver nota y ejemplos en* CARNICERÍA ☛ *Ver nota en* OPTICS **LOC** *Ver* FIBRA

optimismo *nm* optimism

optimista *adj* optimistic

■ **optimista** *nmf* optimist

optimizar (*tb* **optimar**) *vt* to optimize

óptimo, -a *adj* optimum

opuesto, -a *pp, adj* **1** (*extremo, lado, dirección, sexo*) opposite: *en el lado ~ de la calle* on the opposite side of the street ◊ *Iban en direcciones opuestas.* They were going in opposite directions. **2** (*dispar*) different: *Mis dos hermanos son totalmente ~s.* My two brothers are totally different. **3** (*contradictorio*) contradictory: *versiones opuestas de los hechos* contradictory versions of events **4 ~ a** (*enemigo*) opposed **to *sth*/*sb***: *fuerzas opuestas al presidente* forces opposed to the president *Ver tb* OPONER **LOC** *Ver* DIAMETRALMENTE, POLO

opulencia *nf* opulence

opulento, -a *adj* opulent

oración *nf* **1** (*Relig*) prayer: *rezar una ~* to say a prayer **2** (*Gram*) **(a)** (*gen*) sentence: *una ~ simple/compuesta* a simple/complex sentence **(b)** (*proposición*) clause: *la ~ principal/subordinada* the main/subordinate clause **LOC** *Ver* PARTE[2]

oráculo *nm* oracle

orador, ~a *nm-nf* speaker, orator (*formal*) **LOC** *Ver* TRIBUNA

oral *adj* oral **LOC** *Ver* EXPRESIÓN, VÍA, VISTA

orangután *nm* orang-utan

orar *vi* to pray

oratoria *nf* **1** (*arte*) oratory **2** (*hablar en público*) public speaking: *un concurso de ~* a public speaking competition

orbe *nm* orb

órbita *nf* **1** (*Astron, ámbito*) orbit: *estar en ~ alrededor de la Tierra* to be orbiting the Earth ◊ *poner un satélite en ~* to put a satellite into orbit ◊ *la ~ de su vida social* their social orbit **2** (*ojo*) socket **LOC** *Ver* OJO

orca *nf* killer whale

órdago *nm*

LOC **de órdago**: *Fue una pelea de ~.* It was a hell of a fight. ◊ *Tengo una sed de ~.* I'm dying of thirst.

orden[1] *nf* **1** (*gen*) order: *por ~ del juez* by order of the judge ◊ *la ~ franciscana* the Franciscan Order ◊ *El árbitro dio ~ de reanudar el encuentro.* The referee gave the order for the match to be restarted. ◊ *Tenemos ~ de no aceptar propinas.* We have been ordered not to accept tips. **2** (*Jur*) warrant: *una ~ de registro/detención* a search warrant/warrant for arrest

LOC **¡a la orden!** yes, sir! **a la orden de** (*en un cheque*) payable to *sb* **estar a la orden del día** to be the order of the day **orden de busca y captura** warrant for arrest **órdenes sagradas** holy orders **orden judicial** court order **orden ministerial** ministerial decree *Ver tb* DICTAR, EJECUCIÓN

orden[2] *nm* **1** (*gen*) order: *Todo está en ~.* Everything is in order. ◊ *mantener el ~ en la clase* to keep order in the classroom ◊ *en/por ~ alfabético/cronológico* in alphabetical/chronological order ◊ *por ~ de importancia* in order of importance ◊ *artesanía de primer ~* craftsmanship of the highest order ◊ *el nuevo ~ mundial* the new world order **2** (*tipo*) nature: *problemas de ~ jurídico* problems of a legal nature

LOC **con orden** (*de manera ordenada*) in an orderly fashion **del orden de** in the order of: *Ganan del ~ de 200.000 pesetas al mes.* They earn in the order of 200 000 pesetas a month. **orden del día** agenda **orden público** law and order: *agentes del ~ público* forces of law and order ◊ *mantener el ~ público* to keep the peace **poner orden** to establish order **sin orden ni concierto** without rhyme or reason *Ver tb* ALTERACIÓN, ALTERAR, FUERZA, LLAMADA, LLAMAR, PERTURBACIÓN, SERVICIO

ordenación *nf* **1** (*puesta en orden*) arrangement **2** (*planificación*) planning: *un proyecto de ~ del tráfico* a traffic planning scheme **3** (*Relig*) ordination

ordenada *nf* ordinate LOC *Ver* EJE

ordenado, -a *pp, adj* **1** (*habitación, persona*) tidy: *una niña poco ordenada* an untidy girl **2** (*bien organizado*) orderly: *Salieron de forma ordenada.* They left in an orderly fashion. *Ver tb* ORDENAR

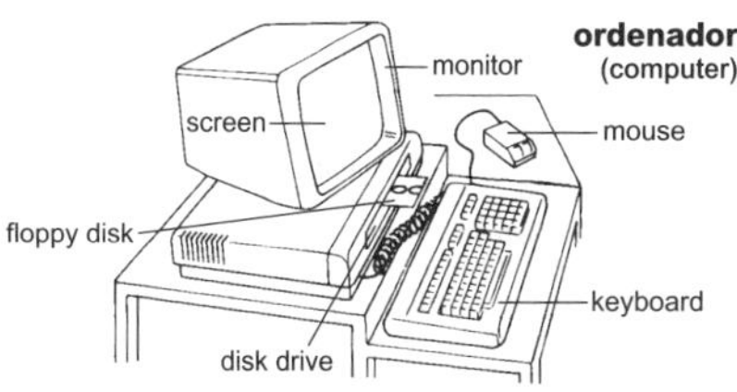

ordenador *nm* computer

LOC **ordenador personal** personal computer (*abrev* PC) **ordenador portátil** laptop *Ver tb* DISEÑO

ordenamiento *nm* (*Jur*) code: *el ~ jurídico* the legal code

ordenanza *nf* regulations [*v pl*]: *la ~ urbanística* planning regulations

■ **ordenanza** *nm* **1** (*en una oficina*) office boy **2** (*Mil*) orderly

LOC **ordenanza municipal** by-law: *De acuerdo a lo establecido en las ~s municipales...* In accordance with the by-law...

ordenar *vt* **1** (*arreglar*) **(a)** (*habitación, escritorio*) to tidy *sth* (up): *¿Podrías ~ tu habitación?* Could you tidy your room (up), please? **(b)** (*apuntes, carpetas*) to put *sth* in order, to arrange (*más formal*): *~ las tarjetas alfabéticamente* to put the cards in alphabetical order ◊ *Habría que ~ los libros por materias.* The books should be arranged according to subject. **2** (*mandar*) to order: *Ordenaron la compra de dos aviones.* They ordered the purchase of two aircraft. ◊ *Ordenó a su secretaria que mecanografiara las cartas.* He ordered his secretary to type the letters. ☛ *Ver nota en* ORDER[2] **3** (*Relig*) to ordain

LOC **ordeno y mando**: *Me fastidia su actitud de ordeno y mando.* His dictatorial attitude annoys me.

ordeñadora (*máquina*) *nf* milking machine

ordeñar *vt* (*lit* y *fig*) to milk

ordinal *adj, nm* ordinal

ordinario, -a *adj* **1** (*habitual*) ordinary: *acontecimientos ~s* ordinary events **2** (*de poca calidad*) poor-quality: *paño ~* poor-quality material

■ **ordinario, -a** *adj, nm-nf* (*vulgar*) vulgar [*adj*], common [*adj*] (*más coloq*): *Son unos ~s.* They're common.

LOC **de ordinario** usually ☛ *Ver nota en* ALWAYS **más/menos de lo ordinario** more/less than usual *Ver tb* GASTO, JUEZ, PRESUPUESTO

orégano *nm* oregano LOC *Ver* MONTE

oreja *nf* **1** (*Anat*) ear ☛ *Ver ilustración en* HEAD[1] **2** (*sillón*) wing

LOC **dar un tirón/estirón de orejas a algn 1** (*para reprender*) to clip sb round the ear: *Me dieron un tirón de ~s por llegar tarde.* I got a clip round the ear for being late. **2** (*para felicitar*) to pull sb's ears

> Nótese que en el Reino Unido no existe la costumbre de tirar a la gente de las orejas por su cumpleaños.

estar hasta las orejas/los ojos de algo to be up to your eyes in sth: *Estoy hasta las ~s de trabajo.* I'm up to my eyes in work. **irse, volver, etc con las orejas gachas** to go away, to come back, etc with your tail between your legs **llevarse/cortar una oreja** (*Tauromaquia*) to be awarded an ear **ponerle las orejas coloradas a algn** to embarrass sb *Ver tb* CALENTAR, GACHO, PABELLÓN, SONRISA

orejera *nf* ear flap

orejudo, -a *adj*: *Mi hermano era muy ~.* My brother had very big ears.

orfanato (*tb* **orfelinato**) *nm* orphanage

orfebre *nm* **1** (*oro*) goldsmith **2** (*plata*) silversmith

orfebrería *nf*: *la ~ española del siglo XVI* 16th century Spanish gold and silverwork ◊ *La ~ de la capilla es muy valiosa.* The gold and silver pieces in the chapel are very valuable.

organdí *nm* organdie

orgánico, -a *adj* organic LOC *Ver* LEY

organigrama *nm* **1** (*gráfico*) flow chart **2** (*estructura*) structure: *El ~ de la empresa ha cambiado en los últimos años.* The structure of the company has changed over the last few years.

organillo *nm* barrel organ

organismo *nm* **1** (*Biol*) **(a)** (*ser vivo*) organism **(b)** (*conjunto de órganos*) system: *Se encontraron restos de heroína en su ~.* Traces of heroin were found in his system. **2** (*organización*) organization

organista *nmf* organist

organización *nf* **1** (*gen*) organization: *la ~ de un festival* the organization of a festival ◊ *organizaciones internacionales* international organizations **2** (*agrupación*) group: *una ~ juvenil/terrorista/ecologista* a youth/terrorist/an environmental group

LOC **Organización de las Naciones Unidas** (**ONU**) United Nations Organization (*abrev* UN) **Organización de las Naciones Unidas para la Educación, la Ciencia y la Cultura** United Nations Educational, Scientific and Cultural Organization (*abrev* UNESCO) **Organización del Tratado del Atlántico Norte** (**OTAN**) North Atlantic Treaty Organization (*abrev* NATO/Nato) **Organización de Países Exportadores de Petróleo** (**OPEP**) Organization of Petroleum Exporting Countries (*abrev* OPEC/Opec)

organizado, -a *pp, adj* *Ver* ORGANIZAR LOC *Ver* VIAJE[2]

organizador, ~a *adj* organizing: *el comité ~* the organizing committee

■ **organizador, ~a** *nm-nf* organizer

organizar *vt* **1** (*gen*) to organize, to arrange (*más coloq*): *~ una cena/un horario* to arrange a dinner party/work out a timetable **2** (*escándalo, lío*) to cause

■ **organizarse** *v pron* **1** (*una persona*) to get yourself organized: *Debería ~me mejor.* I should get myself better organized. **2** (*disturbio, pelea*) to break out: *¡Menuda la que se organizó!* All hell was let loose. **LOC** *Ver* CACAO², COTARRO, ESCÁNDALO

órgano *nm* **1** (*Anat, Mús, medio de difusión*) organ: *trasplantes de ~s* organ transplants ◊ *el ~ oficial del partido* the official organ of the party **2** (*organismo*) body: *los ~s de gobierno de las universidades* the universities' governing bodies

orgasmo *nm* orgasm

orgía *nf* orgy

orgullo *nm* pride: *herir el ~ de algn* to hurt sb's pride ◊ *Tuve que tragarme el ~.* I had to swallow my pride.
LOC **reventar/no caber en sí de orgullo** to be bursting with pride **ser el orgullo de algn** to be sb's pride and joy

orgulloso, -a *adj, nm-nf* proud [*adj*]: *Está orgullosa de sí misma/pertenecer al equipo.* She's proud of herself/of belonging to the team. ◊ *Están muy ~s de que su hija haya hecho una carrera.* They're very proud of their daughter because she's got a degree. ◊ *Está muy ~ de que lo hayan llamado para el equipo olímpico.* He's proud that he's been chosen for the Olympic team. ◊ *Son unos ~s.* They're very proud.

orientación *nf* **1** (*aspecto, posición*): *¿Qué ~ tiene la casa?* Which way does the house face? ◊ *La ~ de la antena influye en la imagen.* The position of the aerial affects the picture. **2** (*tendencia*) orientation: *~ sexual* sexual orientation ◊ *la ~ política de un partido* the political orientation of a party **3** (*dirección*): *Los acontecimientos políticos han tomado una ~ inesperada.* Political events have taken an unexpected turn. **4** (*guía, consejo*) guidance
LOC **orientación profesional** vocational guidance, careers advice (*más coloq*) **perder la orientación** to lose your bearings *Ver tb* CURSO, SENTIDO

orientado, -a *pp, adj Ver* ORIENTAR
LOC **estar orientado a/hacia** (*edificio, habitación*) to face: *El balcón está ~ hacia el sureste.* The balcony faces southeast.

oriental *adj* **1(a)** (*gen*) eastern: *el mercado ~* the eastern market ◊ *Europa Oriental* Eastern Europe **(b)** (*costa*) east: *la costa ~* the east coast **2** (*del Extremo Oriente*) **(a)** (*objeto*) oriental: *la artesanía ~* oriental crafts **(b)** (*persona*) from the Far East
■ **oriental** *nmf* Oriental

El sustantivo **Oriental** designa a personas procedentes del Extremo Oriente, pero es preferible no utilizarlo, ya que puede resultar ofensivo. Es más aceptable decir **a lady, a student, people, etc from the Far East.**

orientar *vt* **1** (*colocar*) **(a)** (*gen*) to position: *~ la antena de una televisión* to position a television aerial **(b)** (*edificio*): *~ una casa hacia el sur* to build a house facing south **2** (*dirigir*) to direct: *El policía les orientó.* The policeman directed them. **3** (*guiar*) to advise: *El profesor les orientó en la bibliografía que debían leer.* The teacher advised them what books to read.
■ **orientarse** *v pron* **1** (*encontrar el camino*) to find your way around **2** (*volverse*) to turn: *Los girasoles se orientan hacia el sol.* Sunflowers turn towards the sun.

orientativo, -a *adj*: *La cifra de cinco mil pesetas es orientativa.* Five thousand pesetas is just a guide.

oriente *nm* east
LOC **el Oriente Medio** the Middle East **el Oriente Próximo** the Near East *Ver tb* EXTREMO

orificio *nm* orifice (*formal*), hole

origen *nm* **1** (*gen*) origin: *su país de ~* her country of origin ◊ *una familia de ~ italiano/humilde* a family of Italian/humble origin **2** (*fuente, causa*) cause: *el ~ de un fuego/una enfermedad* the cause of a fire/disease ◊ *los orígenes del conflicto* the causes of the conflict
LOC **dar origen a algo** to give rise to sth *Ver tb* DENOMINACIÓN

original *adj, nm* original: *¡Qué vestido tan ~!* What an original dress! ◊ *Tú te quedas con el ~ y yo con la copia.* You keep the original and I'll have the copy. ◊ *Leí el libro en su idioma ~.* I read the book in the original.
LOC *Ver* VERSIÓN

originalidad *nf* originality

originar *vt* to lead to *sth*: *La orden judicial originó varias detenciones.* The court order led to several arrests. ◊ *La enfermedad fue originada por un virus.* The illness was caused by a virus.
■ **originarse** *v pron* to start: *Se originó un incendio en el bosque.* A fire started in the woods.

originario, -a *adj* **1** (*inicial*) original **2** (*procedente*): *Mis antepasados son ~s de Escocia.* My ancestors came from Scotland. ◊ *Mi país ~ es México.* My native country is Mexico.

orilla *nf* **1** (*borde*) edge: *a la ~ del agua/camino* at the water's edge/the edge of the path **2(a)** (*río*) bank: *a ~s del Sena* on the banks of the Seine **(b)** (*lago, mar*) shore
LOC **a la orilla del mar/río** by the sea/river: *Se han comprado una casita a la ~ del mar.* They've bought a little house by the sea.

orina *nf* urine **LOC** *Ver* ANÁLISIS

orinal *nf* **1** (*de dormitorio*) chamber pot **2** (*enfermo*) bedpan **3** (*niño*) potty (*coloq*)

orinar *vi* to urinate
■ **orinar** *vt*: *~ sangre* to pass blood
■ **orinarse** *v pron* to wet yourself: *~se en la cama* to wet the bed

oriundo, -a *adj, nm-nf* native: *El oso panda es ~ de China.* The panda is native to China. ◊ *Soy ~ de Toledo.* I'm from Toledo.

orla *nf* **1** (*franja*) border **2** (*fotografía*) graduation photograph

ornamentación *nf* ornamentation: *objetos de ~* ornamental objects

ornamental *adj* ornamental

ornamento *nm* **1** (*gen*) ornament: *un ~ de porcelana* a china ornament **2** **ornamentos** (*de sacerdote*) vestments

ornitología *nf* ornithology

oro *nm* **1** (*gen*) gold: *nuestras reservas de ~* our gold reserves ◊ *tener un corazón de ~* to have a heart of gold ◊ *una falda de color ~ viejo* a skirt the colour of old gold **2** **oros** (*Naipes*) ☛ *Ver nota en* BARAJA
LOC **cuidar, guardar, etc algo como oro en paño** to treasure sth **de oro 1** (*lit*) gold [*n atrib*]: *una medalla/mina de ~* a gold medal/gold-mine **2** (*fig*) golden: *una ocasión/voz de ~* a golden opportunity/voice **ni por todo el oro del mundo** for anything in the world: *No lo haría ni por todo el ~ del mundo.* I wouldn't do it for anything in the world. **no es oro todo lo que reluce** all that glitters is not gold **oro batido** gold leaf [*incontable*] **pedir/prometer el oro y el moro** to ask/promise the earth *Ver tb* BAÑADO, BODA, BROCHE, BUSCADOR, CHORRO, EDAD, LEY, LINGOTE, PAN, PESO, SIGLO, TIEMPO, VALER

orondo, -a *adj* **1** (*gordo*) very fat: *Se está poniendo oronda.* She's getting really fat. **2** (*satisfecho*) smug: *Se quedó tan ~.* He was very pleased with himself.

oropel *nm* (*ostentosidad*) glitter
LOC **con/de oropel** flashy: *joyas de ~* flashy jewellery

orquesta *nf* **1(a)** (*de música clásica*) orchestra: *una ~ de cámara/sinfónica* a chamber/symphony orchestra **(b)** (*de música ligera*) band: *una ~ de baile/jazz* a dance/jazz band **2** (*Teat*) orchestra pit

orquestar *vt* (*lit* y *fig*) to orchestrate

orquídea *nf* orchid

ortiga *nf* nettle

ortodoxia *nf* orthodoxy

ortodoxo, -a *adj* **1** (*gen*) orthodox **2** (*Relig*) Orthodox
■ **ortodoxo, -a** *nm-nf* member of the Orthodox Church

ortografía *nf* spelling: *faltas de ~* spelling mistakes

ortográfico, -a *adj* **LOC** *Ver* ACENTO

ortopeda (*tb* **ortopedista**) *nmf* orthopaedist

ortopedia *nf* orthopaedics [*v sing*]

ortopédico, -a *adj* orthopaedic **LOC** *Ver* APARATO, CORSÉ

oruga *nf* **1** (*Zool*) caterpillar **2** (*vehículo militar*) caterpillar track

orzuelo *nm* sty(e): *Me ha salido un ~.* I've got a sty(e).

os *pron pers* **1** (*complemento*) you: *Os invito a cenar.* I'll take you out for a meal. ◊ *Os lo di ayer.* I gave it to you yesterday. ◊ *Os lo compro yo.* I'll buy it for you/from you. ◊ *¿Puedo pediros un favor?* Can I ask you a favour? **2** (*partes del cuerpo, efectos personales*): *Quitaos el abrigo* Take your coats off. **3** (*reflexivo*) (yourselves): *¿Os divertisteis?* Did you enjoy yourselves? ◊ *¿Os sabéis vestir solitos?* Can you get dressed on your own? **4** (*recíproco*) each other, one another: *¿Os veis con mucha frecuencia?* Do you see each other very often? ☛ *Ver nota en* EACH OTHER **5** (*uso enfático*): *¿Os hizo buen tiempo?* Did you have good weather?

osadía *nf* **1** (*audacia*) daring **2** (*insolencia*) insolence

osado, -a *pp, adj* **1** (*audaz*) daring **2** (*insolente*) insolent *Ver tb* OSAR

osar *vt* to dare (***to***) ***do sth***: *¿Cómo osas levantarme la mano?* How dare you raise your hand to me? ◊ *Osó hablar mal de ella.* He dared to speak ill of her. ☛ *Ver nota en* DARE

óscar *nm* Oscar: *Le dieron un ~.* He won an Oscar. ◊ *la ceremonia de los ~s* the Oscar awards ceremony ◊ *Obtuvo el ~ a la mejor película extranjera.* It won an Oscar for the best foreign film.

oscilación *nf* **1** (*vaivén*) swing: *la ~ de un péndulo* the swing of a pendulum ◊ *las oscilaciones de la moda* swings in fashion **2** (*Fís*) oscillation **3** (*luz, llama*) flickering [*incontable*] **4** (*precios, temperatura, humor*) fluctuation: *la ~ de los precios en la Bolsa* the fluctuation of prices on the Stock Exchange

oscilante *adj* **1** (*gen*) swinging, oscillating (*más formal*): *un péndulo ~* a swinging pendulum **2** (*luz, llama*) flickering **3** (*precios, temperatura, humor*) fluctuating

oscilar *vi* **1** (*lámpara, péndulo*) to swing **2** (*Fís*) to oscillate **3** (*llama, luz*) to flicker **4 ~ entre** to vary **between *sth* and *sth***: *El precio oscila entre las cinco y las siete libras.* The price varies between five and seven pounds. ◊ *~ entre el buen humor y el mal genio* to fluctuate between cheerfulness and bad temper

oscurecer *vt* **1** (*lit*) to darken: *El eclipse oscureció algunas zonas.* During the eclipse it got dark in some areas. **2** (*deslucir*) to put *sth/sb* in the shade **3** (*hacer poco inteligible*) to make *sth* difficult to understand: *Los tecnicismos oscurecen el ensayo.* The technical terms make the essay difficult to understand. **4** (*Arte*) to shade *sth* (in): *~ el fondo de un cuadro* to shade in the background of a painting

■ **oscurecer(se)** *v imp, v pron* to get dark

oscurecimiento *nm* darkening

oscuridad *nf* **1** (*gen*) dark: *perdido en la ~* lost in the dark ◊ *Me da miedo la ~.* I'm afraid of the dark. **2 ~** (**de**) (*cualidad*) darkness (**of *sth***): *la ~ de la noche* the darkness of the night **3** (*anonimato, de un texto*) obscurity: *vivir en/salir de la ~* to live in/emerge from obscurity **4** (*misterio*) mystery: *la ~ que rodeó la explosión* the mystery surrounding the explosion

oscuro, -a *adj* **1** (*color, habitación, noche*) dark: *azul ~* dark blue **2** (*pesimista*) gloomy: *un futuro ~* a gloomy future **3** (*poco claro, poco conocido*) obscure: *un ~ poeta* an obscure poet ◊ *oscuras intenciones* obscure intentions ◊ *Tienen un pasado algo ~.* They've got a rather murky past. **4** (*poco honesto*) dubious: *una fuente oscura de ingresos* a dubious source of income

LOC **a oscuras** (*lit* y *fig*) in the dark: *Nos quedamos a ~s.* We were left in the dark. **estar oscuro como boca de lobo** to be pitch dark **ir/vestir de oscuro** to wear dark clothes *Ver tb* CASTAÑO, CUARTO *nm*

óseo, -a *adj* bone [*n atrib*]: *téjido ~* bone tissue

osito *nm*

LOC **osito de peluche** teddy (bear)

ósmosis (*tb* **osmosis**) *nf* osmosis

oso, -a *nm-nf* bear: *un ~ pardo/polar* a brown/polar bear

LOC **hacer el oso** (*hacer el tonto*) to fool around **Osa Mayor/Menor** Great/Little Bear **oso hormiguero** anteater (**oso**) **panda** panda

ostentación *nf* ostentation

LOC **hacer ostentación de** to flaunt *sth*: *hacer ~ de tus millones* to flaunt your millions

ostentar *vt* **1** (*cargo, récord*) to hold **2** (*hacer gala de*) to flaunt LOC *Ver* JEFATURA

ostentoso, -a *adj* ostentatious

ostra *nf* oyster ☛ *Ver ilustración en* SHELLFISH

LOC **¡ostras! 1** (*sorpresa*) good heavens! **2** (*enfado*) sugar! *Ver tb* ABURRIR, CRIADERO, VIVERO

OTAN *nf, abrev de* **Organización del Tratado del Atlántico Norte** *Ver* ORGANIZACIÓN

otitis *nf* otitis [*incontable*], ear infection (*más coloq*): *Tiene ~.* He's got an ear infection.

otoñal *adj* **1** (*de otoño*) autumn [*n atrib*]: *el suave sol ~* the gentle autumn sunshine **2** (*colores, clima, romance*) autumnal: *Hace un tiempo ~.* The weather is autumnal.

otoño *nm* autumn: *la moda de ~* autumn fashions ◊ *desde el ~ pasado* since last autumn

otorgar *vt* **1** (*beca, medalla, premio, título*) to award *sth* (***to sb***): *Le otorgaron el título de Doctor Honoris Causa.* He was awarded an honorary degree. **2** (*ayuda, favor, permiso, derechos*) to grant *sth* (***to sb***): *~ ayuda/un visado* to grant aid/a visa **3** (*contrato, testamento*) to draw *sth* up LOC *Ver* CALLAR

otorrino *nmf* **otorrinolaringólogo** ear, nose, and throat specialist

otro, -a *adj* another, other

Another se utiliza con sustantivos en singular: *No hay otro tren hasta las cinco.* There isn't another train until five. ◊ *en otra ocasión* on another occasion ◊ *¿Me trae otro café?* Can you bring me another coffee, please?
También se utiliza **another** cuando tiene el sentido de "más" y va seguido de un número y un sustantivo en plural: *Me quedan otros cinco días de vacaciones.* I've got another five days holiday. ◊ *Le quedan otros tres exámenes.* She's got another three exams (to do). En estos casos también se suele emplear la estructura 'two, etc more days/exams': 'I've got five more days holiday.' 'She's got three more exams (to do)'.
Other se utiliza con sustantivos en plural: *Tenemos otras tallas.* We have other sizes.
También se utiliza con sustantivos precedidos de *the, some* y *any*: *la otra noche/semana* the other night/week ◊ *otro día* some other day ◊ *¿Quieres algún otro periódico?* Would you like any other newspapers? ◊ *No quiero ningún otro trabajo.* I don't want any other job.
Cuando *otro* va precedido de un adjetivo posesivo o demostrativo, también se traduce por **other**: *mis otros hermanos* my other brothers ◊ *estos otros amigos de mi hermana* those other friends of my sister's.

■ **otro, -a** *pron* **1** (*en singular*) **(a)** (*cosa*) another (one): *¿Tienes ~?* Have you got another one? ☛ *El otro* y *la otra* se traducen por **the other one**: *¿Dónde está el otro?* Where's the other one? **(b)** (*persona*) someone else: *¡Que limpie ~!* Get someone else to clean up! ◊ *Su marido se fue con otra.* Her husband went off with another woman. ☛ *El otro* y *la otra* se traducen por **the other one**: *¿Qué hace la otra?* What does the other one do? **2** (*en plural*) others. *Los ~s tendrán que esperar.* The others will have to wait. ◊ *No me gustan. ¿Tienes ~s?* I don't like them. Have you any others? ◊ *~s muchos/pocos* many/a few others

LOC (**a/en**) **otra parte/otro lugar/otro sitio** somewhere else: *Guardé el pasaporte en ~ lugar.* I put my passport somewhere else. ◊ *¿En qué ~ lugar?* Where else? ◊ *Se van a vivir a ~ sitio.* They're going to live somewhere else. ☛ *Ver nota en* ALGUNO, SOME **al otro día** (on) the following day **a otro perro con ese hueso** pull the other one **de otra forma/manera/otro modo 1** (*de forma distinta*): *No puede ser de ~ modo.* It can't be any other way ◊ *Ahora se hace de otra forma.* They do it a different way now. **2** (*si no es así*) otherwise **el otro barrio/mundo**: *en el ~ mundo* in the next world ◊

Se fue al ~ mundo. He passed away. ◊ *irse al ~ barrio* to kick the bucket **en otra época/otros tiempos** in the past **eso es otro cantar** that's a different matter **la otra cara de la moneda** (*lit* y *fig*) the other side of the coin **lo otro 1** (*la otra cosa*) the other thing **2** (*lo demás*) the rest: *Lo ~ no importa.* The rest doesn't matter. **mirar/ver con otros ojos** to look at *sth/sb* in a new light **no hacer otra cosa que...** to do nothing but...: *No podemos hacer otra cosa que esperar.* We can do nothing but wait. **no ser nada del otro jueves/mundo** to be nothing to write home about **no ser otra cosa/otro que...** to be simply...: *Su objetivo no es ~ que ganar las elecciones.* His aim is simply to win the election. ◊ *No es otra cosa que envidia.* It's sheer envy. **¡otra!** (*Teat*) encore! **otra cosa/persona** something/someone else: *¿No podrías darle otra cosa?* Couldn't you give him something else? **otra vez 1** (*de nuevo*) again: *He suspendido otra vez.* I've failed again. ◊ *¡Una multa! ¡Otra vez!* A ticket! Not again! **2** (*en el futuro*) next time: *Otra vez estarás más atenta en clase.* Next time, you'll pay more attention in class. **otro gallo me cantara** things would be different **otro que (no fuera) yo** anyone but me, you, etc: *Otra que ella te habría despedido.* Anyone but her would have given you the sack. **¡otro que tal (baila)!** just as bad: *¡Tu hermano es ~ que tal!* Your brother's just as bad! **otro tanto 1** (*lo mismo*) the same: *No le culpes porque tú hiciste ~ tanto.* Don't blame him because you did the same. **2** (*la misma cantidad*) as much again [*pl* as many again]: *Me ha pagado 5.000 y aún me debe ~ tanto.* He's given me 5000 pesetas and he owes me as much again. ◊ *~s tantos tuvieron que ir a pie.* Just as many had to go on foot. **por otra parte/otro lado** on the other hand **ser otra cosa 1** (*ser distinto*) to be different: *Otra cosa sería si él estuviera enfermo.* It would be different if he were ill. **2** (*ser mejor*) to be better: *Bueno, eso ya es otra cosa.* That's better! *Ver tb* ALGUNO, CANCIÓN, CUALQUIERA, DANZAR, DERROTERO, DETRÁS, DÍA, DICHO, HOMBRE, MAÑANA, MÚSICA, NINGUNO, PARTE[2], PARTICULAR, VIDA

ovación *nf* ovation

ovacionar *vt* to give *sb* an ovation

oval (*tb* **ovalado, -a**) *adj* oval

óvalo *nm* oval

ovario *nm* ovary ☛ *Ver ilustración en* REPRODUCTOR

oveja *nf* sheep [*pl* sheep]: *un rebaño de ~s* a flock of sheep

oveja (sheep)

LOC **leche/queso de oveja** ewes' milk/ewes' milk cheese **oveja negra** black sheep *Ver tb* CADA

ovillo *nm* ball: *un ~ de lana* a ball of wool

LOC **hacerse un ovillo** to curl up: *Se hizo un ~ en el sofá.* He curled up on the sofa.

ovino, -a *adj* LOC *Ver* CABAÑA, GANADO

ovíparo, -a *adj* oviparous

OVNI *nm, abrev de* **Objeto Volante No Identificado** *Ver* OBJETO

ovulación *nf* ovulation

ovular *vi* to ovulate

óvulo *nm* **1** (*de mujer, de animal*) ovum [*pl* ova], egg (*más coloq*) ☛ *Ver ilustración en* REPRODUCTOR **2** (*Bot*) ovule **3** (*medicamento*) pessary

oxidado, -a *pp, adj* rusty: *La carrocería estaba oxidada.* The bodywork was rusty. *Ver tb* OXIDAR

oxidar *vt* **1** (*Quím*) to oxidize **2** (*hierro*) to rust

■ **oxidarse** *v pron* (*hierro*) to go rusty: *Se han oxidado las tijeras.* The scissors have gone rusty.

óxido *nm* **1** (*Quím*) oxide: *~ de aluminio* aluminium oxide **2** (*herrumbre*) rust

oxigenado, -a *pp, adj Ver* OXIGENAR LOC *Ver* AGUA, RUBIO

oxigenar *vt* (*Quím*) to oxygenate

■ **oxigenarse** *v pron* **1** (*pelo*) to bleach **2** (*respirar oxígeno*) to get some fresh air

oxígeno *nm* oxygen: *Al accidentado le pusieron ~.* The injured man was given oxygen. LOC *Ver* BALÓN

oyente *adj* unregistered: *un alumno ~* an unregistered student

■ **oyente** *nmf* **1** (*Radio*) listener: *Esta canción se la dedicamos a nuestros ~s.* This song is dedicated to our listeners. **2** (*Educ*) unregistered student: *Voy de ~ a la universidad.* I sit in on lectures.

ozono *nm* ozone: *la capa de ~* the ozone layer

Pp

pabellón *nm* **1** (*edificio*) **(a)** (*exposición*) pavilion: *el ~ de Francia* the French pavilion **(b)** (*Dep*) sports hall **(c)** (*hospital*) block **(d)** (*jardín*) summer house **2** (*bandera de barco*) pennant ☛ *Ver ilustración en* FLAG[1]
LOC **de pabellón liberiano, etc** Liberian-registered, etc **pabellón auditivo/de la oreja** outer ear **pabellón de conveniencia** flag of convenience

pábulo *nm*
LOC **dar pábulo a habladurías/críticas** to expose *sb* to gossip/criticism

paca *nf* (*fardo*) bale

pacato, -a *adj* (*mojigato*) prudish

pacer *vi, vt* to graze

pachá *nm* LOC *Ver* VIVIR

pachanguero, -a *adj* (*música*) catchy

pachorra *nf*
LOC **con su santa, típica, etc pachorra** as slow as ever **tener pachorra** to be easygoing

pachucho, -a *adj* **1** (*persona*) poorly **2** (*planta, verdura*) limp

paciencia *nf* patience: *Se me está acabando la ~.* My patience is running out.
LOC **con paciencia se gana el cielo** everything comes to those who wait **¡paciencia!** be patient! **perder la paciencia/serenidad** to lose patience/your composure **probar, tentar, etc la paciencia de algn** to try sb's patience **tener más paciencia que Job** to have the patience of Job **tener paciencia/tomar algo con paciencia** to be patient: *Hay que tener ~.* You must be patient. *Ver tb* ARMAR, CARGAR

paciente *adj, nmf* patient
LOC **paciente internado** in-patient *Ver tb* FASE

pacificación *nf* pacification LOC *Ver* PROCESO

pacificador, ~a *adj* peace-making
■ **pacificador, ~a** *nm-nf* peacemaker

pacificar *vt* to pacify
■ **pacificarse** *v pron* **1** (*gen*) to calm down **2** (*mar*) to become calm **3** (*viento*) to drop
LOC **pacificar los ánimos** to calm people down

Pacífico *nm* (*océano*) Pacific (Ocean)

pacífico, -a *adj* **1** (*sin violencia, tranquilo*) peaceful: *una manifestación pacífica* a peaceful demonstration ◊ *por la vía pacífica* by peaceful means ◊ *un hotelito tranquilo y ~* a small, peaceful hotel **2** (*que no le gusta pelear*) peace-loving, peaceable (*más formal*): *Tiene un caracter ~.* He's a peace-loving man.

pacifismo *nm* pacifism

pacifista *adj, nmf* pacifist

pacotilla *nf*
LOC **de pacotilla** second-rate: *Es un actor de ~.* He is a second-rate actor.

pactar *vt* to agree *sth/on sth/to do sth* [*vi, vt*]. *Intentan ~ los aumentos salariales.* They are trying to agree (on) salary increases. ◊ *Pactaron un alto el fuego.* They agreed (on) a ceasefire. ◊ *Han pactado no subir los precios.* They've agreed not to raise prices.
■ **pactar** *vi* to enter into an agreement (***with sb***): *Aseguran que no pactarán con ninguna otra fuerza política.* They say they won't enter into an agreement with any other political party.

pacto *nm* agreement: *incumplir un ~* to break an agreement
LOC **pacto de/entre caballeros** gentleman's agreement **pacto de no agresión** non-agression pact **pacto electoral** electoral pact *Ver tb* SOCIAL

padecer *vt, vi* **~ (de)** to suffer (**from *sth***) [*vi*]: *Ya hemos padecido bastante.* We've suffered enough. ◊ *Padece continuos dolores de cabeza.* He suffers from continual headaches. ◊ *la sequía que padece la zona* the drought the area is suffering from ◊ *la crisis que padece el país* the crisis the country is going through ◊ *No padezcas mujer, seguro que están bien.* Don't worry, I'm sure they're fine.
LOC **padecer de la espalda, del corazón, del riñón, etc** to have back, heart, kidney, etc trouble **padecer de los nervios** to suffer with your nerves **padecer por algn** to suffer on sb's account

padecimiento *nm* **1** (*sufrimiento*) suffering **2** (*enfermedad*) ailment

padrastro *nm* **1** (*marido de la madre*) stepfather

> A veces decimos *padrastros* refiriéndonos a padrastros y madrastras, en cuyo caso debemos decir **step-parents**: *la relación entre padrastros e hijastros* the relationship between step-parents and children.

2 (*pellejo*) hangnail

padrazo *nm* indulgent father

padre *nm* **1** (*gen*) father: *Es ~ de dos hijos.* He is the father of two children. ◊ *el ~ de la medicina moderna* the father of modern medicine ◊ *el ~ García* Father García

> Nótese que cuando hablamos de los *padres* refiriéndonos al padre y la madre decimos **parents**: *Mis padres se alegraron mucho.* My parents were very pleased. *Ver tb nota en* PAPÁ y SINGLE

2 (*precedido del apellido o nombre de pila*) senior: *¿Pons ~ o hijo?* Pons senior or Pons junior?
■ **padre** *adj* terrible: *un susto ~* a terrible fright
LOC **de padre y muy señor mío** terrible: *un catarro de ~ y muy señor mío* a terrible cold **¡eres mi padre!** you're wonderful **¡mi/tu/su padre!** Jesus! **padre de familia** family man **¡que lo haga su padre!** to hell with it! *Ver tb* ASOCIACIÓN, CADA, DÍA, HERMANO, HUÉRFANO, PARTE[2], SANTO, SUSTO, VIDA

padrenuestro *nm* Our Father: *rezar dos ~s* to say two Our Fathers

padrino *nm* **1** (*bautizo*) godfather

> Nótese que el plural *padrinos* referido al padrino y a la madrina se traduce por **godparents**: *¿Quiénes serán los padrinos?* Who are the godparents going to be?

2 (*boda*) man who accompanies the bride, usually her father ☛ *Ver nota en* BODA **3** (*confirmación*) sponsor **4** (*patrocinador*) patron
LOC **tener buenos padrinos** to have good contacts

padrón *nm* list of the inhabitants of a town

paella *nf* paella

paga *nf* **1** (*sueldo*) pay **2** (*dinero semanal*) pocket money
LOC **paga extra(ordinaria)** extra month's salary paid twice a year **paga de Navidad** extra month's salary paid at Christmas

pagadero, -a *adj* payable: *~ a 30 días* payable within 30 days

pagado, -a *pp, adj Ver* PAGAR LOC *Ver* FRANQUEO, PORTE, VACACIÓN

pagador, ~a *nm-nf* payer: *ser mal ~* to be a bad payer

paganismo *nm* paganism

pagano, -a *adj, nm-nf* pagan

pagar *vt* **1(a)** (*cantidad, cuenta, alquiler, sueldo, deuda, impuesto*) to pay: *Tengo que ~ el alquiler/la factura.* I must pay the rent/bill. ◊ *~ las deudas/los impuestos* to pay your debts/taxes ◊ *Nos pagaban 1.500 pesetas por hora.* They paid us 1500 pesetas an hour. ◊ *Nos pagan* *mensualmente.* We are paid monthly. ◊ *Todavía tenemos que ~ la luz.* We still have to pay the electricity bill. **(b)** (*cosa, comida, mercancía*) to pay **for** ***sth***: *Pagamos las obras de la cocina (al albañil).* We paid (the builder) for the new kitchen. ◊ *Mi abuelo me paga los estudios.* My grandfather is paying for my education. ◊ *Pagó su error con la vida.* He paid for his mistake with his life. **2** (*favor, sacrificios*) to repay *sb* **for** ***sth***: *¿Así me pagas lo que he hecho por ti?* Is that how you repay me for all I've done for you?

■ **pagar** *vi* to pay: *Pagan bien.* They pay well.

LOC el que la hace la paga you must face the consequences (of your actions) **¡me las pagarás!** you'll pay for this! **no lo puedo pagar** (*no me llega*) I, you, etc can't afford it **no pagar 1** (*viajar gratis*) to travel free: *Los menores de 5 años no pagan.* Under-fives travel free. **2** (*entrar gratis*): *Los niños no pagan.* Children don't pay. **pagar a algn con creces** to more than repay sb: *Nos han pagado con creces el favor.* They've more than repaid us. **pagar con cheque/tarjeta** to pay (*for sth*) by cheque/credit card **pagar con/en la misma moneda** to pay *sb* back in their own coin **pagar el pato/los platos rotos** to carry the can: *Siempre soy el que paga el pato.* I'm always the one who carries the can. **pagar en especie** to pay in kind **pagar la novatada** to learn the hard way **pagarse los estudios/la carrera** to pay for your own education **por pagar** unpaid *Ver tb* CARO, CONSECUENCIA, SIEMPRE

pagaré *nm* promissory note, IOU (*más coloq*) ☛ IOU se pronuncia /ˌaɪ əʊ ˈjuː/.

página *nf* **1** (*lit*) page (*abrev* p, *pl* pp): *en la ~ tres* on page three ◊ *pasar la ~* to turn the page **2** (*fig*) chapter: *una nueva ~ de mi vida/la historia del país* a new chapter in my life/the country's history

LOC página de opinión leader page **páginas amarillas** yellow pages *Ver tb* PIE, REFERENCIA

pago *nm* **1** (*gen*) payment: *Autorizaron el ~.* They authorized the payment. ◊ *Fueron condenados al ~ de una multa.* They were ordered to pay a fine. ◊ *~ adelantado* payment in advance **2** (*devolución*) repayment

LOC atrasarse/retrasarse en los pagos to be in arrears (*formal*), to be/get behind with (your) payments **como/en pago a/de 1** (*dinero*) as payment for *sth*: *Adjunto cheque por valor de 6.000 pesetas como/en ~ de sus servicios.* I enclose a cheque for 6 000 pesetas as payment for the work you have done. **2** (*recompensa*) in recognition of *sth* **efectuar/hacer un pago** to make a payment **¿ese es el pago que me das?** so this is how you repay me? **forma/modalidad de pago** method of payment **mediante/previo pago de** on payment of *sth*: *previo ~ de 10.000 pesetas* upon payment of 10 000 pesetas **pago a cuenta** payment on account **pago inicial** down payment *Ver tb* APARCAMIENTO, BALANCE, BALANZA, COLEGIO, COMPROBANTE, DÍA, FACILIDAD, FALTA, PLAZO, SUSPENSIÓN

pagoda *nf* pagoda

país *nm* country: *los ~es en vías de desarrollo* the developing countries ◊ *su ~ natal* his native land

LOC el país de las maravillas wonderland **queso, vino, etc del país** local cheese, wine, etc *Ver tb* ORGANIZACIÓN, PATRIMONIO

paisaje *nm* **1** (*gen*) scenery [*incontable*], landscape

La palabra **scenery** tiene un fuerte matiz positivo, tiende a emplearse con adjetivos como *beautiful, spectacular, stunning*, etc, y se utiliza fundamentalmente para describir paisajes naturales: *un paisaje espectacular* spectacular scenery ◊ *Con la niebla no se aprecia el paisaje.* You can't appreciate the scenery with this fog. **Landscape** suele referirse a paisajes construidos por el hombre: *un paisaje urbano/industrial* an urban/industrial landscape ◊ *Los árboles y los setos son rasgos típicos del paisaje británico.* Trees and hedges are typical features of the British landscape.

2 (*Arte*) landscape: *pintar ~s* to paint landscapes

paisano, -a *nm-nf* **1** (*compatriota*) fellow countryman/woman [*pl* fellow countrymen/women] **2** (*del mismo lugar/región*): *Ese es vasco, es ~ mío.* He's a Basque like me. **3** (*pueblerino*) country person [*pl* country people] **4** (*civil*) civilian

LOC de paisano 1 (*militar*) in civilian dress: *Cuando le vi iba de ~.* He was in civilian dress when I saw him. **2** (*policía*) in plain clothes *Ver tb* VESTIR

Países Bajos *nm* Netherlands

País Vasco *nm* Basque Country

paja *nf* **1** (*gen*) straw: *un bolso de ~* a straw bag ◊ *beber con ~* to drink through a straw **2** (*cosa poco importante*) **(a)** (*en un texto*) padding **(b)** (*en un discurso*) waffle

LOC candidato/hombre de paja man of straw **hacerse una paja** to wank (⚠) ☛ *Ver nota en* TABÚ **hacerse una paja mental**: *Parece que le gusta hacerse ~s mentales.* He likes to complicate things. **meter/poner paja 1** (*en un texto*) to pad *sth* out **2** (*en un discurso*) to waffle (on) **por un quítame allá esas pajas** about nothing *Ver tb* SEPARAR, SOMBRERO

pajar *nm* hay loft **LOC** *Ver* BUSCAR

pájara *nf* **1** (*mujer de malas intenciones*) bitch (⚠) ☛ *Ver nota en* TABÚ: *Esa es una ~ de mucho cuidado.* She's a dangerous bitch. **2** (*desvanecimiento*) collapse: *El ciclista sufrió una ~ a 100 metros de la meta.* The cyclist collapsed 100 metres from the finish. **3** (*hembra del pájaro*) female bird

LOC agarrarse/cogerse una pájara (*de frío*) to catch your death of cold

pajarera *nf* aviary

pajarería *nf* pet shop

pajarero, -a *nm-nf* **1** (*vendedor*) bird dealer **2** (*criador*) bird breeder

pajarita *nf* **1** (*corbata*) bow tie **2** (*de papel*) ≃ paper aeroplane (*GB*)

pajarito *nm* **1** (*gen*) little bird: *Me lo ha dicho un ~.* A little bird told me. **2** (*Fotografía*) birdie: *¡Así, así: mira al ~!* Watch the birdie! That's lovely! **3** (*pene*) willy

LOC quedarse como un pajarito to pass away peacefully *Ver tb* COMER

pájaro *nm* **1** (*Ornitología*) bird **2** (*granuja*) nasty piece of work: *Es un ~ de cuidado.* He's a nasty piece of work.

LOC pájaro carpintero woodpecker **tener (muchos) pájaros en la cabeza/tener la cabeza llena de pájaros** to be scatterbrained *Ver tb* AGÜERO, MATAR, VALER

pajarraco *nm* big ugly bird

paje *nm* **1** (*gen*) page: *el caballero y el ~* the knight and the page **2** (*boda*) page-boy

pajizo, -a *adj* **1** (*color*) straw-coloured: *un pelo rubio ~* straw-coloured hair **2** (*tacto*) like straw: *Se te está quedando el pelo ~ de tanto lavártelo.* Your hair's like straw, you wash it so often.

Pakistán *nm* Pakistan

pala *nf* **1** (*gen*) shovel **2** (*playa*) spade: *jugar con el cubo y la ~* to play with your bucket and spade **3** (*Cocina*) fish slice ☛ *Ver ilustración en* UTENSIL **4** (*diente*) front tooth [*pl* front teeth] **LOC** *Ver* PUNTA

palabra *nf* **1** (*vocablo, promesa*) word: *Dijo unas ~s.* He said a few words. ◊ *Te doy mi ~.* I give you my word. ◊ *una ~ de tres letras* a three-letter word ◊ *un hombre de pocas ~s* a man of few words ◊ *en otras ~s* in other words **2** (*facultad*) speech: *recobrar la ~* to recover your speech

LOC a palabras necias oídos sordos treat that remark with the contempt it deserves **coger/tomar la palabra a algn** to take sb up *on sth*, to hold sb to their word (*más formal*): *Si se ofrece a ayudarte, tómale la ~.* If he offers to help you, take him up on it. ◊ *Te tomo la ~.* I'll take you up on that. **comerse/tragarse las palabras** to eat your words: *Ten cuidado con lo que dices, no vaya a ser que te tengas que tragar las ~s.* Be careful what you say, you may have to eat your words. **dar/ceder/conceder la palabra** to hand over *to sb* **de palabra 1** (*oralmente*) verbally: *El contrato es solo de ~.* It's only a verbal agreement. **2** (*de boquilla*): *Es muy generoso de ~, pero no en sus actos.* It's all talk with him. **3** (*persona*): *un hombre de ~* a man of his word ◊ *una mujer de ~* a woman who keeps her word **dejar a**

algn con la palabra en la boca to cut sb off in mid-sentence **en dos/cuatro/pocas/unas palabras** briefly: *Lo explicaré en dos ~s.* I'll explain briefly. **en palabras de** in the words of *sb*: *en ~s del ministro* in the words of the minister **las palabras se las lleva el viento** actions speak louder than words **medias palabras** insinuations **ni una palabra más** that's enough of that **no decir/soltar (ni) palabra** not to say a word: *No dijo ni ~.* He didn't say a word. ◊ *No digas ni ~ de esto a nadie.* Don't say a word to anybody about this. **no encontrar/tener palabras para ...**: *No encontraba ~s para describir su belleza.* He couldn't find words to describe her beauty. ◊ *No tengo ~s para agradecer lo que has hecho por mí.* I can't thank you enough for what you've done for me. **no son más que palabras** it's just talk **¡palabra (de honor)!** honest! (*coloq*), I swear! **palabras mayores** a serious matter [*sing*]: *Lo del trasplante de riñón son ~s mayores.* Having a kidney transplant is a serious matter. ◊ *¿Un chalé en Ibiza? ¡Eso son ~s mayores!* A house in Ibiza? That needs thinking about! **quitar la(s) palabra(s) de la boca** to take the words out of *sb's* mouth: *Me has quitado las ~s de la boca.* You've taken the words out of my mouth. **ser de palabra fácil** to have the gift of the gab **tener la palabra 1** (*ir a hablar*) to have the floor **2** (*depender de uno*) to be up to sb **tomar la palabra** to speak *Ver tb* ANTICIPAR, ANUNCIO, BREVE, CUATRO, CUMPLIR, DEDICAR, DIRIGIR, DON *nm*, EXTENSIÓN, FACILIDAD, JUEGO, MEDIR, PARCO, PEDIR, RESPETAR, RETIRAR, SENTIDO, ÚLTIMA, USO

palabreja *nf* funny word

palabrería *nf* talk [*incontable*]: *¡Déjate de ~s!* That's enough talk!

palabrota *nf* swear-word: *decir ~s* to use swear-words ◊ *¿Se puede saber por qué sueltas tantas ~s?* Why do you swear such a lot?

palacete *nm* **1** (*palacio pequeño*) (small) palace **2** (*casa lujosa*) mansion

palaciego, -a *adj* **1** (*de palacio*) palace [*n atrib*]: *etiqueta palaciega* palace etiquette **2** (*suntuoso*) palatial: *una casa palaciega* a palatial house

palacio *nm* **1** (*rey, duque, presidente*) palace: *el ~ real/presidencial* the royal/presidential palace ◊ *el ~ de Buckingham* Buckingham Palace **2** (*mansión*) mansion: *un ~ renacentista* a Renaissance mansion ◊ *La casa es todo un ~.* The house is palatial.

LOC **palacio de los deportes** sports centre **palacio de congresos (y exposiciones)** conference (and exhibition) centre **palacio de justicia** law courts [*v pl*] **palacio de la diputación** ≃ County Hall (*GB*) **palacio de la música** concert hall **Palacio de las Cortes** ≃ Houses of Parliament (*GB*) [*v pl*] ☛ *Ver pág* 584 *Ver tb* COSA

paladar *nm* **1** (*Anat*) palate, roof of the mouth (*más coloq*) ☛ *Ver ilustración en* THROAT **2** (*gusto*) palate: *un ~ refinado* a refined palate LOC *Ver* BÓVEDA, EDUCAR, VELO

paladear *vt* to savour

palanca *nf* lever: *En caso de emergencia, tirar de la ~.* In an emergency, pull the lever. ◊ *~ de freno* brake lever

LOC **palanca de cambio** gear lever ☛ *Ver ilustración en* BICYCLE, CAR **palanca de control/mando 1** (*gen*) control lever: *Acciónese la ~ de control.* Pull the control lever. **2** (*Aeronáut, Informát*) joystick

palangana *nf* bowl: *una ~ de plástico* a plastic bowl

palatal *adj, nf* palatal

palatino, -a *adj* LOC *Ver* BÓVEDA

palco *nm* box: *Hemos comprado entradas de ~ para la ópera.* We've got a box for the opera.

LOC **palco de autoridades/honor** ≃ Royal Box (*GB*) **palco de platea** ground-floor box

paleolítico, -a *adj* palaeolithic

■ **paleolítico** *nm* Palaeolithic period

palestra *nf*

LOC **salir/saltar a la palestra 1** (*tema*) to come out: *El asunto ha saltado por fin a la ~.* It all came out in the end. **2** (*persona*) to come to the fore

paleta *nf* **1** (*albañil*) trowel **2** (*pintor*) palette **3** (*cocina*) fish slice ☛ *Ver ilustración en* UTENSIL **4** (*turbina, ventilador*) blade **5** (*Pimpón*) table tennis bat **6** (*diente frontal*) front tooth [*pl* front teeth]

paletilla *nf* (*carne*) shoulder

paleto, -a *adj, nm-nf* **1** (*pueblerino*) country bumpkin [*n*]: *Es tan ~ que siempre se pierde en el Metro.* He's such a country bumpkin he always gets lost in the underground. **2** (*ignorante*) yob [*n*]

paliar *vt* **1** (*gen*) to reduce: *~ los gastos* to reduce expenses **2** (*problema, efecto*) to alleviate: *medidas para ~ la crisis* measures to alleviate the crisis **3** (*dolor*) to relieve

paliativo *nm* palliative

LOC **sin paliativos**: *un fracaso sin ~s* a total failure ◊ *Lo condeno sin ~s.* I utterly condemn it.

palidecer *vi* to go pale: *Palideció al oír la noticia.* He went pale when he heard the news.

palidez *nf* paleness

pálido, -a *adj* pale: *Estás muy pálida.* You're looking very pale. ◊ *rosa ~* pale pink

LOC **pálido como un muerto** deathly pale **ponerse/quedarse pálido** to go pale

palillo *nm* **1** (*Cocina*) **(a)** (*de dientes*) toothpick **(b)** (*para aperitivos*) cocktail stick **2 palillos (a)** (*para tambor*) drumsticks ☛ *Ver ilustración en* PERCUSSION **(b)** (*para comida*) chopsticks

LOC **estar hecho un palillo** to be as thin as a rake **tener los brazos/las piernas como palillos** to have arms/legs like matchsticks

palio *nm* canopy: *bajo ~* under a canopy LOC *Ver* RECIBIR

palique *nm* chat: *Le gusta mucho el ~.* He loves to chat.

LOC **dar palique a algn** to chat to sb **estar de palique** to be chatting **tener (mucho) palique** to be a chatterbox: *¡Esa amiga tuya tiene un ~!* That friend of yours is a terrible chatterbox!

paliza *nf* **1** (*vapuleo*) beating: *Fue objeto de una ~.* He was beaten up. **2** (*derrota*) thrashing: *El Atlético les metió una buena ~.* Atlético gave them a good thrashing.

■ **paliza** *adj, nmf* **palizas 1** (*pelmazo*) bore [*n*]: *Ese tío es un ~s.* What a bore that man is! **2** (*rollista*) pain [*n*]: *No seas tan ~s y déjame estudiar.* Don't be such a pain, go away and let me do some work.

LOC **dar la paliza**: *Deja de dar la ~ con lo de tu ascenso.* Stop going on about your promotion. ◊ *Siempre está dando la ~ para que le dejen salir.* He keeps pestering his parents to let him go out. **dar/pegar una paliza a algn 1** (*pegar*) **(a)** (*atacar*) to beat sb up **(b)** (*como castigo*) to give sb a beating: *Le dio una ~ al niño.* He gave the boy a beating. ◊ *¡Como te coja, te doy una ~!* If I catch you, you're for it! **2** (*Dep*) to thrash sb **darse una paliza (a)** to wear yourself out (*doing sth*): *Nos dimos una buena ~ a estudiar.* We worked so hard we were worn out. **ser algo una paliza** to be exhausting: *No me apetece hacer ese viaje, va a ser una ~.* I don't really want to go, it'll be exhausting. *Ver tb* CASCAR

palma *nf* **1** (*mano*) palm ☛ *Ver ilustración en* HAND[1] **2** (*Bot*) **(a)** (*árbol*) palm (tree) **(b)** (*hoja*) palm leaf [*pl* palm leaves] **3 palmas** clapping [*incontable, v sing*]

LOC **batir/dar palmas 1** (*aplaudir, de alegría*) to clap **2** (*acompañamiento*) to clap in time *to sth/with sb*: *Le acompañaban dando ~s.* They clapped in time to the music. **llevarse la palma 1** (*en sentido positivo*) to win hands down: *Esta ciudad se lleva la ~ en temas culturales.* When it comes to culture, this city wins hands down. **2** (*en sentido irónico*) to take the biscuit: *Entre sinvergüenzas, tú te llevas la ~.* I thought I'd seen everything, but you really take the biscuit! *Ver tb* CONOCER

palmada *nf* (*en la espalda, en la cara*) pat: *Me dio una ~ en la espalda.* He patted me on the back.

LOC **dar palmadas** to clap (your hands): *Dio tres ~s.* He clapped three times. ◊ *Cuando yo dé una ~, todos* *empezáis a bailar.* When I clap my hands, everybody start dancing.

palmar[1] *nm* palm grove

palmar[2] *vi*

LOC **palmar(la)** to kick the bucket

palmarés *nm* **1** (*ganadores*) list of prizewinners: *figurar en el ~* to be among the prizewinners. **2** (*historial*) record: *tener un buen ~* to have a good track record ◊ *Tiene tres óscars en su ~.* He has won three Oscars.

palmera *nf* palm (tree)

palmípedo, -a *adj* web-footed

palmitas *nf*

LOC **llevar/tener a algn en palmitas** to wait on sb hand and foot

palmo *nm*: *Es un ~ más alto que yo.* He's several inches taller than me. ◊ *Les faltó un ~ para chocar.* They came within an inch of crashing. ◊ *Registraron la casa ~ a ~.* They searched every inch of the house.

LOC **dejar (a algn) con un palmo de narices** to let sb down **no hay (ni) un palmo (de uno a otro) 1** (*de distancia*): *De mi pueblo al tuyo no hay ni un ~.* My village is very near yours. **2** (*de diferencia*): *No hay ni un ~ de un producto al otro.* There's nothing to choose between them. *Ver tb* CRECER

palmotear *vi* to clap (your hands): *Empezó a ~ de alegría.* He began to clap his hands with joy.

palmoteo *nm* clapping

palo *nm* **1** (*estaca*) **(a)** (*gen*) stick: *Lanzó el ~ y el perro lo recogió.* He threw the stick and the dog brought it back. **(b)** (*escoba*) (broom) handle **2** (*mástil*) **(a)** (*bandera*) flagpole **(b)** (*barco*) mast **3** (*Dep*) **(a)** (*Golf*) (golf) club ☛ *Ver ilustración en* GOLF **(b)** (*Hockey*) (hockey) stick ☛ *Ver ilustración en* HOCKEY **(c)** (*Fútbol*) post: *El balón dio en el primer/segundo ~.* The ball hit the near/far post. **4** (*Naipes*) suit: *cartas del mismo ~* cards of the same suit **5** (*disgusto*) blow: *Su muerte ha sido un gran ~ para mí.* His death has come as a great blow to me.

LOC **a palos**: *Nos echaron a ~s.* They kicked us out. ◊ *Nos educaban a ~s.* We were taught the hard way. **andar a palos** to be always arguing (*about sth*) **a palo seco** on its own **dar de palos** to beat *sb* **dar palos de ciego** to grope in the dark: *No entienden el problema, están dando ~s de ciego.* They don't understand the problem–they're groping in the dark. **dar/pegar un palo 1** (*lit*) to hit *sb*: *Aparta que te doy un ~.* Get out of the way or I'll hit you. **2** (*cobrar mucho*) to charge a fortune: *¡Vaya ~ le han pegado por el vídeo!* They charged him a fortune for the video. **de palo** wooden: *cuchara/pata de ~* wooden spoon/leg **echar un palo** to have a screw (⚠) ☛ *Ver nota en* TABÚ **empezar/liarse a palos** to come to blows: *Se liaron a ~s por una tontería.* They came to blows over nothing. **estar hecho un palo** to be as thin as a rake **no dar/pegar un palo al agua** to do nothing: *No da un ~ al agua en todo el día.* He doesn't do anything all day. **palo de rosa** rosewood **palo mayor** mainmast **que cada palo aguante su vela** we all have our cross to bear *Ver tb* CARA, CASA, CUCHARA, DOBLAR, HARTAR, HINCHAR, JARABE, MATAR, MOLER, PATA, TAL, TANDA

paloma *nf* **1** (*gen*) pigeon: *alimentar a las ~s* to feed the pigeons **2** (*blanca*) dove: *la ~ de la paz* the dove of peace

LOC **paloma mensajera** carrier pigeon **paloma torcaz** wood pigeon

palomar *nm* dovecote

palometa *nf* **1** (*pez*) horse mackerel **2** (*tuerca*) wing-nut

palomina *nf* pigeon droppings [*v pl*]

palomino *nm* **1** (*cría de paloma*) young pigeon **2** (*excremento*) bird droppings [*v pl*] **3** (*pedo*) skid mark (*argot*)

palomita *nf*

LOC **palomitas (de maíz)** popcorn [*incontable*]

palpable *adj* palpable (*formal*), clear: *una necesidad ~* a clear necessity

palpar(se) *vt, v pron* to feel: *El médico me palpó el vientre.* The doctor felt my stomach. ◊ *Se palpó los bolsillos.* He felt his pockets.

palpitación *nf* palpitation: *Últimamente le dan palpitaciones.* He's been having palpitations recently.

palpitante *adj* **1** (*corazón*) pounding **2** (*interés, tema*) burning LOC *Ver* CUESTIÓN

palpitar *vi* **1** (*corazón*) to beat: *Mi corazón palpitaba de alegría.* My heart was beating with joy. **2** (*fig*) to throb (***with sth***): *En sus versos palpita la emoción.* His verses throb with emotion.

LOC **palpitar con fuerza** to pound: *El corazón empezó a ~le con fuerza.* His heart began to pound.

palúdico, -a *adj* LOC *Ver* FIEBRE

paludismo *nm* malaria

palurdo, -a *adj, nm-nf* uncouth [*adj*]: *¡Estoy harta de tratar con ~s!* I'm sick of having to deal with such uncouth people!

pamela *nf* **1** (*sombrero*) picture hat **2** (*de playa*) sun-hat

pamema *nf* **1** (*insignificancia*) triviality **2** (*halago*) sweet talk [*incontable*]: *No dejes que te engatuse con sus ~s.* Don't let him get round you with his sweet talk. **3** (*aspaviento, melindre*) fuss

pampa *nf* pampas [*v sing*]

pamplina *nf* **1** (*disparate, tontería*) nonsense [*incontable*]: *No le des importancia, eso son ~s.* Don't pay any attention, it's a load of nonsense. **2** (*insignificancia*) triviality: *¡No te entretengas con esas ~s!* Don't waste your time on such trivialities! **3** (*aspaviento, melindre*) fuss [*incontable*]: *Déjate de ~s y come.* Eat up and stop fussing. **4** (*halago*) sweet talk [*incontable*]: *hacerle ~s a algn* to sweet-talk sb

pan *nm* **1** (*gen*) bread [*gen incontable*]: *~ blanco/integral* white/wholemeal bread ◊ *Me gusta el ~ recién hecho.* I like freshly-baked bread. ◊ *Dame un poco de ~.* Pass me a piece of bread, please. ◊ *~ duro* stale bread ☛ *Ver nota en* BREAD; *Ver ilustración en* BARRA **2** (*pieza*) **(a)** (*barra*) baguette: *¿Me da tres ~es?* Could I have three baguettes, please? **(b)** (*hogaza*) (round) loaf [*pl* (round) loaves]

LOC **a pan y agua** on bread and water **con su pan se lo coma** that's his/her look-out **el pan nuestro de cada día** (*fig*) an everyday occurrence: *Los robos son el ~ nuestro de cada día.* Robbery is an everyday occurrence. **(llamar) al pan pan y al vino vino** to call a spade a spade **pan con mantequilla** bread and butter **pan de molde** sliced bread ☛ *Ver ilustración en* BARRA **pan de oro** gold leaf [*incontable*] **pan negro** wholemeal bread **pan rallado** breadcrumbs [*v pl*] **pan tostado** toast: *Los domingos desayunamos ~ tostado.* We have toast for breakfast on Sunday. **ser (como) un pan sin sal** to be dull (as ditchwater) **(ser) pan comido** (to be) a piece of cake: *Ese ejercicio es ~ comido.* That exercise is a piece of cake. **ser un cacho/pedazo de pan 1** (*adulto*) to have a heart of gold, to be a (real) sweetie (*más coloq*) **2** (*niño*) to be as good as gold *Ver tb* BARRA, BOLLO[1], BUENO, COSTAR, CUCHILLO, GANAR, HAMBRE, PLATO

pana *nf* corduroy: *una chaqueta de ~* a corduroy jacket ◊ *Ponte los pantalones de ~.* Wear your cords/corduroy trousers.

panadería *nf* **1** (*tienda*) baker's [*pl* bakers] ☛ *Ver nota y ejemplos en* CARNICERÍA **2** (*taller*) bakery

panadero, -a *nm-nf* baker

panal *nm* honeycomb

Panamá *nm* (*país*) Panama

panameño, -a *adj, nm-nf* Panamanian

pancarta *nf* **1** (*de cartón*) placard: *Los manifestantes portaban ~s.* The demonstrators were carrying placards. **2** (*de tela*) banner ☛ *Ver ilustración en* FLAG[1]

pancho, -a *adj* placid: *un niño muy ~* a very placid little boy

LOC **(estar) tan pancho**: *Tiene un examen esta tarde, y está tan pancha.* She's got an exam this afternoon, but she doesn't seem at all worried. ◊ *Va a salir el tren, y él tan ~.* The train's about to leave, but he's in no hurry. **quedarse tan pancho** not to bat an eyelid: *Vio que la* *grúa se llevaba su coche y se quedó tan ~.* He saw them towing his car away, but he didn't bat an eyelid.

páncreas *nm* pancreas ☛ *Ver ilustración en* DIGESTIVE

panda¹ *nm* LOC *Ver* OSO

panda² (*tb* **pandilla**) *nf* **1** (*amigos*) (group of) friends: *la ~ de mi novia* my fiancée's friends ◊ *Tiene una ~ muy grande.* He has a very big group of friends. **2** (*malhechores, ladrones*) gang

LOC **ser una panda de...**: *No son más que una ~ de gamberros.* There're a bunch of hooligans.

pandemónium *nm* pandemonium: *La noticia causó un verdadero ~.* The news caused pandemonium.

pandereta *nf* tambourine

pandero *nm* **1** (*Mús*) tambourine **2** (*culo*) bum LOC *Ver* CULO

panecillo *nm* roll

panel *nm* panel: *~es solares* solar panels

panera *nf* bread bin

pánfilo, -a *adj* **1** (*tonto*) stupid **2** (*lento*) slow

■ **pánfilo, -a** *nm-nf* **1** (*tonto*) idiot **2** (*lento*) slowcoach

panfletario, -a *adj* inflammatory

panfleto *nm* **1** (*hoja*) leaflet: *Repartieron ~s con lemas pacifistas.* They distributed leaflets with pacifist slogans. **2** (*folleto*) pamphlet: *un ~ de 15 páginas* a 15-page pamphlet

pánico *nm* panic: *El ~ se apoderó del público.* Panic spread through the audience.

LOC **dar pánico** to scare *sb* stiff: *Solo pensarlo me da ~.* Just thinking of it scares me stiff. **entrarle a algn el pánico** to be panic-stricken: *Me entró el ~.* I was panic-stricken. **estar de pánico** to be a knock-out: *Esa tía está de ~.* She's an absolute knock-out. **tenerle pánico a algo/algn** to be scared stiff of sth/sb: *Le tienen ~ al mar.* They're scared stiff of the sea. *Ver tb* PRESA

panificadora *nf* bakery

panocha *nf* corn-cob

panorama *nm* **1** (*vista*) view: *contemplar un hermoso ~* to look at a lovely view **2** (*visión de conjunto*) panorama: *un ~ de la historia de Gran Bretaña* a panorama of British history **3** (*escena*) scene: *el ~ musical/internacional* the music/international scene **4** (*perspectiva*) prospect: *Mi madre enferma y yo sin trabajo... ¡Menudo ~!* My mother ill and me out of work – what a prospect! ◊ *El ~ es verdaderamente preocupante.* It's a worrying prospect.

panorámico, -a *adj* panoramic

■ **panorámica** *nf* panoramic view: *una panorámica del arte moderno/de la ciudad* a panoramic view of modern art/the city

pantalla *nf* **1** (*gen*) screen: *despachos separados por ~s* offices partitioned by screens ◊ *una ~ de radar* a radar screen ◊ *una ~ de ordenador* a computer screen ☛ *Ver ilustración en* ORDENADOR **2** (*lámpara*) (lamp) shade

LOC **estar en pantalla** to be (shown) on television: *El programa estuvo en ~ un año.* The programme was on television for a year. **llevar a la pantalla una historia/novela** to film a story/novel **la pequeña pantalla/pantalla grande** the small/big screen **poner en pantalla** to screen *Ver tb* ASOMAR

pantalón *nm* **pantalones** trousers [*v pl*]: *No encuentro el ~ del pijama.* I can't find my pyjama trousers. ◊ *Ponte los pantalones verdes.* Put on your green trousers. ◊ *Estos pantalones me quedan demasiado prietos.* These trousers are too tight for me.

> **Trousers** es una palabra plural en inglés, por lo tanto para referirnos a *un pantalón* o *unos pantalones* utilizamos **some/a pair of trousers**: *Llevaba un pantalón viejo.* He was wearing some old trousers/an old pair of trousers. ◊ *Necesito unos pantalones negros.* I need a pair of black trousers. *Ver tb nota en* PAIR

LOC **llevar los pantalones** to wear the trousers **pantalón corto/de deporte** shorts [*v pl*] **pantalón de chándal** track suit bottoms [*v pl*] **pantalones de esquiar** ski pants **pantalones de montar** jodhpurs **pantalones de pata ancha** bell-bottoms **pantalones de peto** dungarees **pantalones vaqueros** jeans *Ver tb* BAJAR, FAJA, FALDA, RECOGER

pantano *nm* **1** (*embalse*) reservoir **2** (*terreno*) marsh

pantanoso, -a *adj* marshy

panteón *nm* **1** (*tumba*) mausoleum **2** (*dioses*) pantheon

LOC **panteón familiar** family vault

pantera *nf* panther

pantis (*tb* **panties**) *nm* tights

> **Tights** es una palabra plural en inglés, por lo tanto para referirnos a *unos pantis* utilizamos **some/a pair of tights**: *Quería unos pantis negros.* I wanted some black tights/a pair of black tights. *Ver tb nota en* PAIR

pantomima *nf* **1** (*Teat*) pantomime **2** (*simulación*) play-acting [*incontable*]: *Déjate de ~s.* Stop play-acting.

pantorrilla *nf* calf [*pl* calves]

pantufla *nf* slipper

panza *nf* belly: *Como sigas bebiendo así, te va a salir una buena ~.* If you go on drinking like this you're going to get a beer belly.

LOC **echar panza** to get a paunch: *Desde que se casó ha echado mucha ~.* He's got quite a paunch since he got married.

panzada *nf*

LOC **darse/pegarse una panzada 1** (*excederse*) **(a)** (*gen*) to do an awful lot (*of sth*): *Hoy me he pegado una ~ a trabajar.* I did an awful lot of work today. ◊ *Ayer me di una buena ~ a contestar cartas.* I answered an awful lot of letters yesterday. **(b)** (*comiendo*) to stuff yourself full *of sth* **2** (*al caer al agua*) to do a bellyflop

panzudo, -a *adj* pot-bellied

pañal *nm* nappy: *cambiar el ~ a un niño* to change a baby's nappy ◊ *un niño de ~es* a baby in nappies

LOC **dejar en pañales** to leave *sth/sb* standing: *Han dejado en ~s a la competencia.* They left the competition standing. **estar en pañales** (*ser incipiente*) to be in its infancy: *La investigación espacial está aún en ~es.* Space research is still in its infancy.

paño *nm* **1** (*bayeta*) cloth: *Limpia la mesa con un ~ húmedo.* Wipe the table with a damp cloth. **2** (*tejido*) wool: *un traje de ~ inglés* an English wool suit **3** (*en la piel*) patches of brown pigmentation on the face

LOC **en paños menores** in your underwear **ser el paño de lágrimas de algn** to give sb a shoulder to cry on *Ver tb* COCINA, ORO

pañuelo *nm* **1** (*moquero*) handkerchief [*pl* handkerchiefs/handkerchieves], hanky (*más coloq*): *agitar el ~* to wave your handkerchief **2** (*cabeza, cuello*) scarf [*pl* scarves]

LOC **pañuelo de papel** tissue *Ver tb* MUNDO

papa¹ *nm* pope: *el ~ Juan Pablo II* Pope John Paul II

LOC *Ver* PAPISTA

papa² *nf* potato [*pl* potatoes]

LOC **ni papa**: *No entendí ni ~.* I didn't understand a thing. ◊ *No sabes ni ~.* You haven't got a clue.

papá *nm* **1** (*padre*) dad: *Pregúntaselo a ~.* Ask your dad.

> Los niños pequeños suelen llamar a su padre **daddy**.

2 papás mum and dad

LOC **Papá Noel** Father Christmas ☛ *Ver nota en* NAVIDAD *Ver tb* HIJO

papada *nf* double chin: *¡Qué horror, me está saliendo ~!* Oh no, I'm getting a double chin!

papagayo *nm* parrot

LOC **como un papagayo** parrot-fashion: *Lo aprendí/recité como un ~.* I learnt/recited it parrot-fashion. *Ver tb* REPETIR

papanatas *nmf* fool

papaya *nf* papaya

papear *vi* to eat

papel *nm* **1** (*material*) paper [*incontable*]: *una hoja de ~* a sheet of paper ◊ *envolver algo en/con ~* to wrap sth (up) in paper ◊ *flores/gorros de ~* paper flowers/hats **2** (*cuartilla, recorte*) piece of paper: *anotar algo en un ~* to note sth down on a piece of paper ◊ *dos ~es blancos* *y uno rojo* two pieces of white paper and one of red **3** (*papelito*) (bit of) paper: *La acera está llena de ~es.* The pavement is covered in bits of paper. ◊ *Se comieron los caramelos y tiraron los ~es al suelo.* They ate the sweets and threw the papers on the ground. **4** (*rol*) **(a)** (*Teat, Cine*) part: *Conseguí un pequeño ~ en la obra.* I got a small part in the play. **(b)** (*función*) role: *un ~ clave* a key role **5 papeles** (*documentos, prensa*) papers: *tener los ~es en regla* to have your papers in order ◊ *No me gusta salir en los ~es.* I don't like having my name in the papers.

LOC de papel de fumar/como el papel de fumar paper thin: *Las paredes son de ~ de fumar.* The walls are paper thin. **en papel** in notes: *10.000 pesetas en ~* 10 000 pesetas in notes **hacer algn (un) buen/mal papel** to do well/badly: *Los italianos han hecho un buen ~ en la prueba de eslalon.* The Italians did well in the slalom. **hacer algo buen papel** to be useful: *El impermeable que me dejaste me hizo muy buen ~.* The raincoat you lent me was very useful. **hacer el papel de 1** (*gen*) to act as *sth*: *El comedor hace también el ~ de despacho.* The dining room also acts as an office. ◊ *Mi madre hizo el ~ de intermediaria.* My mother acted as intermediary. **2** (*Teat*) to play the part of *sb*: *Hizo el ~ de Otelo.* He played the part of Othello. **hacer, jugar etc un papel** to play a part: *La nueva ley jugará un ~ importante en la reforma.* The new law will play an important part in the reform of the system. **hacer su papel** to serve a purpose: *Esta cuna ya ha hecho su ~, la podemos tirar.* This cot has served its purpose. I suggest we throw it out. **papel carbón** carbon paper **papel cebolla/de calco** tracing paper **papel de aluminio/estaño/plata** foil **papel de celo** Sellotape® **papel de embalar** brown paper **papel de envolver/regalo** wrapping paper **papel de lija** sandpaper **(papel de) periódico**: *Envuelve los zapatos sucios en ~ de periódico.* Wrap your dirty shoes in newspaper. **papel de seda** tissue paper **papel glasé** glazed paper **papel higiénico** toilet paper **papel milimetrado** graph paper **papel mojado**: *Un documento sin sello oficial es ~ mojado.* A document without an official stamp is worthless. ◊ *Todo quedó en ~ mojado.* It turned out to be worthless. **papel moneda** notes [*v pl*] **papel mudo** (*Teat*) walk-on part **papel pinocho** crepe paper **papel pintado** wallpaper **papel principal/secundario** leading/supporting role: *Me han dado el ~ principal.* I've been given the leading role. ◊ *Interpretó el ~ femenino principal.* She was the female lead. **papel secante** blotting paper **papel usado/reciclado** waste/recycled paper **sobre el papel** on paper *Ver tb* FÁBRICA, JUGAR, PAÑUELO, PROHIBIDO, REPARTIR, TRITURADORA, VASO

papeleo *nm* paperwork: *Elena se encarga del ~.* Elena deals with the paperwork. ◊ *Presenté todo el ~.* I handed in all the papers.

papelera *nf* **1** (*cesto*) **(a)** (*en casa, en la oficina*) waste-paper basket **(b)** (*en la calle*) litter bin ☛ *Ver nota en* BIN **2** (*fábrica*) paper mill

papelería *nf* stationer's [*pl* stationers] ☛ *Ver nota y ejemplos en* CARNICERÍA **LOC** *Ver* ARTÍCULO

papelero, -a *adj* paper [*n atrib*]: *la industria papelera* the paper industry

papeleta *nf* **1** (*Pol*) ballot paper **2** (*Educ*): *entregar la ~ del examen* to hand in your examination slip ◊ *Todavía no han salido las ~s.* The results aren't out yet. **3** (*para un sorteo*) ticket: *la ~ ganadora* the winning ticket **4** (*situación difícil*): *¡Vaya ~, quedarse viuda y con cuatro hijos!* What a terrible situation, to be left a widow with four children! ◊ *Me ha tocado la ~ de comunicarle la triste noticia.* I've been landed with the job of breaking the bad news to him.

papelillo *nm* cigarette paper

papelina *nf* sachet: *una ~ de cocaína* a sachet of cocaine

papelón *nm*

LOC hacer un papelón 1 (*actuar bien*) to act brilliantly **2** (*hacer el ridículo*) to make a fool of yourself

papelote *nm* bit of paper: *Tienes la mesa llena de ~s.* Your desk is covered in bits of paper.

papeo *nm* nosh

paperas *nf* mumps [*v sing*]: *Los niños sufren a menudo de ~.* Mumps is a common childhood illness. ◊ *¿Ha pasado las ~?* Has he had mumps?

papila *nf*

LOC papila gustativa taste bud

papilla *nf* **1** (*de bebé*) baby food [*gen incontable*] **2** (*Med*) barium meal

LOC echar (hasta) la (primera) papilla to throw up **estar hecho papilla** (*estar cansado*) to be shattered **hacer papilla/puré** (*romper*) to smash *sth* to pieces **papilla de frutas** fruit purée

papiro *nm* papyrus [*pl* papyri]

papista *adj, nmf* papist

LOC ser más papista que el papa to be very extreme in your views

papo *nm* **1** (*persona*) double chin **2** (*pájaro*) crop **LOC** *Ver* CARA

Papua Nueva Guinea *nf* Papua New Guinea

paquete *nm* **1** (*comida, tabaco*) packet: *un ~ de cigarrillos* a packet of cigarettes ◊ *un ~ de azúcar* a packet of sugar **2** (*bulto*) parcel: *mandar un ~ por correo* to post a parcel ◊ *hacer un ~* to wrap up a parcel ◊ *~s que contienen documentos* packages containing documents ☛ *Ver nota en* PARCEL **3** (*Econ, Fin*) package: *un ~ de acciones/medidas económicas* a package of shares/economic measures **4** (*genitales*) bulge: *Siempre va marcando ~.* He wears very tight trousers.

LOC ir de paquete to ride pillion **meterle un paquete a algn** to come down heavily on sb **paquete bomba** parcel bomb **paquete informático/de software** software package *Ver tb* METER

paquetería *nf*: *servicio de ~* parcel service

par *adj* even: *números ~es* even numbers

■ **par** *nm* **1** (*pareja*) pair: *un ~ de gemelos/calcetines* a pair of cuff-links/socks ☛ *Ver nota en* PAIR **2** (*número indefinido*) couple: *hace un ~ de meses* a couple of months ago ◊ *Ha ocurrido un ~ de veces.* It's happened once or twice. **3** (*Golf*) par: *bajo ~* under par

■ **par** *nf* (*Fin*) par

LOC a la par 1 (*a la vez*) at the same time: *Pidió la dimisión a la ~ que yo.* He resigned at the same time as me. **2** (*al mismo nivel*) on a par *with sth/sb*: *Los niños y las niñas están a la ~ en matemáticas.* The boys are on a par with the girls in maths. ◊ *situarse a la ~ de los mejores* to be on a par with the best **3** (*y además*) both: *valiente y cortés a la ~* both brave and courteous **a pares** two at a time: *Qué chico más fuerte, sube las maletas a ~es.* He's so strong he can carry the cases up two at a time. **con un par de cojones/huevos/narices/pelotas** with balls (⚠) ☛ *Ver nota en* TABÚ **de par en par** wide open: *dejar la puerta de ~ en ~* to leave the door wide open **pares y nones** (*juego*) odds and evens **sin par/que no tiene par** unrivalled: *una belleza sin ~* unrivalled beauty ◊ *una generosidad que no tiene ~* unrivalled generosity *Ver tb* COJÓN, SOLTAR, TORTOLITO

para *prep* **1** (*gen*) for: *muy útil para la lluvia* very useful for the rain ◊ *ahorrar para el coche* to save up for a car ◊ *medicina para la tos* cough medicine ◊ *demasiado complicado para mí* too complicated for me ◊ *viviendas para obreros* houses for workers ◊ *No es un libro para niños.* It isn't a book for children. **2** (+ *infinitivo*): *Han venido para quedarse.* They've come to stay. ◊ *Se fue para no volver nunca más.* She left, never to return. ◊ *Lo hice así para no molestarte.* I did it like that so as not to bother you. **3** (*tiempo*) **(a)** (*periodo, momento*) for: *Se ha marchado para un par de meses.* He's gone away for a couple of months. ◊ *reservar lo mejor para el final* to save the best till last **(b)** (*futuro*) by: *El puente estará acabado para el otoño.* The bridge will be finished by autumn. **4** (*dirección*): *Ahora mismo voy para casa.* I'm going home now. ◊ *salir para la capital* to leave for the city **5** (*teniendo en cuenta*) considering: *Gana poco para* *lo mucho que trabaja.* He earns very little considering how hard he works.

LOC **para con** to: *Es muy buena para con su sobrino.* She's very good to her nephew. **para eso**: *Para eso me habría quedado en casa.* I might just as well have stayed at home. **para mí (que)** if you ask me: *Para mí que ya no vienen.* If you ask me, they're not coming. **para que** so (that): *Les reprendió para que no lo volvieran a hacer.* He told them off so they wouldn't do it again. ◇ *para que me lo devuelvas* so that you'll give it back to me **¿para qué...?** what...for?: *¿Para qué te has casado?* What did you get married for? **para sí** to yourself: *hablar para sí* to talk to yourself **que para qué**: *El nuevo director es un despistado que para qué.* The new director is dreadfully absent-minded. ◇ *Tengo unas ganas de ir a la playa que para qué.* I'm dying to go to the beach.

parábola *nf* **1** (*Geom*) parabola **2** (*Biblia*) parable

parabólico, -a *adj* parabolic
■ **parabólica** *nf* satellite dish LOC *Ver* ANTENA

parabrisas *nm* windscreen ☛ *Ver ilustración en* CAR

paracaídas *nm* parachute
LOC **lanzarse/tirarse en paracaídas** to parachute *Ver tb* LANZAMIENTO, SALTAR

paracaidismo *nm* parachuting

paracaidista *adj* parachute [*n atrib*]: *sección ~* parachute battalion
■ **paracaidista** *nmf* **1** (*Dep*) parachutist **2** (*Mil*) paratrooper

parachoques *nm* **1** (*coche, autobús*) bumper ☛ *Ver ilustración en* CAR **2** (*tren*) buffer

parada *nf* **1** (*gen*) stop: *Bájate en la ~ de al lado de mi casa.* Get off at the stop outside my house. ◇ *la última ~ del metro* the last stop on the underground ◇ *pasarse de ~* to miss your stop **2** (*Dep*) save: *El guardameta hizo una ~ fantástica.* The goalkeeper made a spectacular save.
LOC **efectuar/hacer/realizar una parada** to stop: *hacer una ~ de cinco minutos* to stop for five minutes ◇ *hacer una ~ en seco* to stop dead ◇ *El tren efectúa varias paradas.* The train stops at several stations. **parada de autobús** bus stop **parada de taxis** taxi rank **parada discrecional** request stop **parada militar** military parade **parada nupcial** courtship ritual **tener parada** to stop: *Este tren tiene ~ en todas las estaciones de su recorrido.* This train stops at every station.

paradero *nm* whereabouts [*v sing o pl*]: *Las autoridades desconocen el ~ del presidente.* The authorities are ignorant of the President's whereabouts. ◇ *Se encuentra en ~ desconocido.* No one knows where he is.

paradisiaco, -a (*tb* **paradisíaco, -a**) *adj* heavenly

parado, -a *pp, adj* **1** (*sin empleo*) unemployed: *Dejaron ~s a más de doscientos obreros.* More than two hundred workers lost their jobs. **2** (*atascado, paralizado*) at a standstill: *Las obras están paradas desde hace dos meses.* The roadworks have been at a standstill for two months. **3** (*carácter*) **(a)** (*tímido*) shy **(b)** (*sin iniciativa*) lacking in initiative: *No creo que llegue muy lejos, es bastante ~.* I don't think he'll go very far, he hasn't got much about him. *Ver tb* PARAR
■ **parado, -a** *nm-nf* unemployed person: *ayuda a los ~s* help for the unemployed ◇ *Continúa aumentando el número de ~s.* The unemployment figures are still going up.
LOC **dejar bien/mal parado a algn** to show sb in a good/bad light: *Sus declaraciones dejaron mal ~ a su ex marido.* Her statements showed her ex-husband in a bad light. **estar/quedarse parado** to stand: *¡No te quedes ahí parada! Ayúdame a cambiar la rueda.* Don't just stand there! Help me change the wheel. **resultar/salir bien/mal parado** to come off well/badly: *Salió mal ~ en el reparto.* He came off badly in the shareout.

paradoja *nf* paradox

paradójico, -a *adj* paradoxical

parador *nm*
LOC **parador (nacional/de turismo)** parador: *Pasamos la noche en el Parador Nacional de Segovia.* We stayed the night at the parador in Segovia.

parafernalia *nf* **1** (*objetos*) paraphernalia ☛ *Ver nota en* DATA **2** (*montaje*) hype (*coloq*): *la ~ publicitaria que rodea el lanzamiento de una película* the publicity hype surrounding the launch of a film

parafina *nf* **1** (*sólida*) paraffin wax **2** (*combustible*) paraffin

parafrasear *vt* to paraphrase

paráfrasis *nf* paraphrase

paraguas *nm* umbrella: *abrir/cerrar el ~* to put up/put down your umbrella

Paraguay *nm* Paraguay

paraguayo, -a *adj, nm-nf* Paraguayan

paragüero *nm* umbrella stand

paraíso *nm* paradise: *Esas islas son el ~ de los jubilados.* Those islands are a pensioners' paradise.
LOC **paraíso fiscal** tax haven **paraíso terrenal** heaven on earth

paraje *nm* spot

paralelamente *adv* **1** (*simultáneamente*) at the same time **2 ~ a** in parallel **with *sb***: *Una agencia de detectives está investigando el caso ~ a la policía.* A detective agency is investigating the case in parallel with the police.

paralelas *nf* parallel bars

paralelismo *nm* parallel

paralelo, -a *adj* **~ (a)** parallel **(to *sth*)**: *La calle Mayor es paralela a la calle Alcalá.* The Calle Mayor runs parallel to the Calle Alcalá. ◇ *líneas paralelas* parallel lines
■ **paralelo** *nm* parallel LOC *Ver* BARRA

paralelogramo *nm* parallelogram

parálisis *nf* paralysis [*incontable*]: *sufrir una ~ facial* to suffer facial paralysis ◇ *una ~ total de la economía* total paralysis of the economy
LOC **parálisis cerebral** cerebral palsy

paralítico, -a *adj, nm-nf* paralysed [*adj*]: *Se ha quedado ~.* He's been left paralysed. ◇ *atender a un ~* to care for a paralysed person

paralización *nf* **1** (*lit*) paralysis: *la ~ de un miembro* paralysis of a limb **2** (*interrupción*): *El tribunal ordenó la ~ de las obras.* The court ordered the work to be halted. ◇ *La ~ del tráfico en el centro es casi total.* Traffic in the city centre is virtually at a standstill.

paralizado, -a *pp, adj* **1** (*lit*) paralysed **2** (*interrumpido*) at a standstill *Ver tb* PARALIZAR

paralizar *vt* **1** (*lit*) to paralyse **2** (*interrumpir*) to bring *sth* to a halt: *~ el tráfico/una actividad* to bring the traffic/an activity to a halt

parámetro *nm* parameter

paramilitar *adj* paramilitary

páramo *nm* moor

parangón *nm*
LOC **no admitir/tener parangón** to be beyond compare **sin parangón** incomparable

paraninfo *nm* assembly hall

paranoia *nf* paranoia

paranoico, -a *adj, nm-nf* paranoid

paranormal *adj* paranormal: *fenómenos ~es* paranormal phenomena

parapente *nm* **1** (*deporte*) paragliding **2** (*aparato*) paraglider

parapetarse *v pron* **~ tras 1** (*lit*) to take cover **behind *sth***: *Se parapetaron tras la barricada* They took cover behind the barricade. **2** (*fig*) to take refuge **in *sth*** : *~ tras cualquier excusa* to take refuge in excuses

parapeto *nm* parapet

parapléjico, -a *adj, nm-nf* paraplegic

parar *vt* **1** (*gen*) to stop: *Pare aquí, por favor.* Stop here, please. **2** (*Dep*) **(a)** (*pase*) to intercept **(b)** (*gol*) to save **3** (*peligro, amenaza*) to ward *sth* off
■ **parar(se)** *vi, v pron* **1** (*gen*) to stop: *El tren no paró.*

The train didn't stop. ◊ *Se pararon delante del escaparate.* They stopped in front of the shop-window. ◊ *Me paré a hablar con una amiga.* I stopped to talk to a friend. ◊ *Se me ha parado el reloj.* My watch has stopped. **2** (*hospedarse*) to stay (***at/in...***)
LOC **comida, trabajo, etc para parar un tren** loads of food, work, etc **¿en qué parará todo esto?** where is all this going to end? **ir a parar 1** (*gen*) to end up: *El muchacho fue a ~ a la cárcel.* The boy ended up in prison. ◊ *El documento fue a ~ a manos del gobierno.* The document ended up in the hands of the government. ◊ *¿Dónde habrá ido a ~?* Where can it have got to? **2** (*calle, camino*) to lead to *sth*: *Este sendero va a ~ al río.* This path leads to the river. **¡no hay quien le pare!** there's no stopping him **no parar** to be always on the go **no parar en casa**: *No paras en casa.* You're never at home. **no parar hasta lograr algo** not to give up until you get sth **¡para el carro!** hold your horses! **parar a comer** to stop for lunch **parar los pies a algn** to stop sb: *A ese hay que ~le los pies antes de que cause un desastre.* We've got to stop him before he does any more harm. **sin parar** non-stop: *trabajar sin ~* to work non-stop **sin pararse a pensar** without stopping to think **y para de contar** and that's it *Ver tb* ADÓNDE, DÓNDE, SECO, TRABAJO

pararrayos *nm* lightning conductor

parásito, -a *adj* parasitic
■ **parásito** *nm* **1** (*gen*) parasite **2 parásitos** (*Radio*) interference [*incontable, v sing*]

parasol *nm* **1** (*gen*) parasol **2** (*coche*) sun visor

parcela *nf* **1** (*terreno*) plot **2** (*aspecto, área*) area: *una ~ del conocimiento* an area of knowledge

parche *nm* patch
LOC **¡ojo/oído al parche!** watch out! **poner parches a algo** (*fig*) to paper over the cracks: *El gobierno debe dar soluciones y no poner ~s.* The government should introduce reforms and stop trying to paper over the cracks.

parchís *nm* ludo: *Vamos a echar un ~.* Let's have a game of ludo.

parcial *adj* **1** (*incompleto*) partial: *una solución ~* a partial solution **2** (*resultado*) provisional **3** (*partidista*) biased
■ **parcial** *nm* (*examen*) mid-course assessment exam
LOC *Ver* EXAMEN, TIEMPO, TRABAJAR, TRABAJO

parcialidad *nf* bias
LOC **actuar/obrar con parcialidad** to be biased **de gran parcialidad** very biased

parco, -a *adj* meagre: *ingresos ~s* a meagre income
LOC **ser parco en elogios** to be sparing with your compliments **ser parco en palabras**: *Es un hombre ~ en palabras.* He's a man of few words.

pardillo *nm* (*pájaro*) linnet

pardo, -a *adj* **1** (*ojos, oso*) brown **2** (*marrón grisáceo*) brownish-grey **3** (*nube*) grey **LOC** *Ver* PICO

parecer *vi* **1** (*dar la impresión*) to seem: *Parecen* (*estar*) *seguros.* They seem certain. ◊ *Parece que nunca duermen.* They never seem to sleep. ◊ *Parece que fue ayer.* It seems like yesterday. ◊ *Parecían preocupados.* They seemed worried. ☛ *Ver nota en* THERE **2** (*tener aspecto*) **(a) ~ + adj** to look: *Parece más joven de lo que es.* She looks younger than she really is. ◊ *No pareces español.* You don't look Spanish. **(b) ~ + sustantivo** to look like *sth/sb*: *Parece cuero.* It looks like leather. ◊ *Parece una actriz.* She looks like an actress. **3** (*opinar*): *Me parece que estás perdiendo el tiempo.* I think you're wasting your time. ◊ *Me pareció que no tenía razon* I thought he was wrong. ◊ *¿Qué te parecieron mis primos?* What did you think of my cousins?
■ **parecerse** *v pron* **1** (*dos o más personas*) to be alike; to be like *sb*: *Esas dos chicas se parecen mucho.* Those two girls are very much alike. ◊ *Te pareces mucho a tu hermana.* You're very like your sister. ◊ *No se parecen nada.* They're not in the least alike. ◊ *No se llevan bien porque se parecen mucho.* They don't get on because they're so much alike. ◊ *En eso te pareces a tu padre.* You're like your father in that. ◊ *No nos parecemos en nada.* We're not in the least alike. **2** (*dos o más cosas*) to be similar (***to sth***): *Estos cuadros se parecen mucho.* These pictures are very similar. ◊ *Vuestra casa se parece bastante a la nuestra.* Your house is quite similar to ours.
■ **parecer** *nm* opinion: *a mi ~* in my opinion
LOC **al parecer** apparently **así/eso parece** so it would seem **aunque no lo parezca** although it might not look like it **como me parezca** how I, you, etc want: *Que lo haga como le parezca.* Let him do it how he wants. **cuando me parezca** when I, you, etc like: *Venid cuando os parezca.* Come when you like. **de buen parecer** good-looking **donde me parezca** wherever I, you, etc want **haz lo que te parezca** do what you like **me parece bien** (**que...**): *Me parece bien.* That's fine by me. ◊ *Me parece bien que te compres el coche.* I'm pleased you're buying the car. **me parece mal** (**que...**): *Me parece mal.* I'm not happy about it. ◊ *Nos pareció mal que se marchara sin decir adiós.* We didn't like him leaving without saying goodbye. **ni cosa/nada que se le parezca** or anything like it **no lo parece** you wouldn't think so **no parecerse ni en el blanco de los ojos** to be as different as chalk and cheese **parece imposible** that's incredible **parece mentira** (**que...**): *¡Parece mentira!* That's hard to believe. ◊ *Parece mentira que seas tan ingenuo/despistado.* How can you be so naive/absentminded? **parece que va a llover/nevar** it looks like rain/snow **parecerse como un huevo a una castaña** to be as different as chalk and cheese **parecerse/ser como dos gotas de agua** to be as like as two peas in a pod **¿qué te parece si...?**: *¿Qué te parece si vamos al cine?* Would you like to go to the cinema? ◊ *¿Qué te parece si le llamo y le invito cenar?* Shall I ring him and ask him to come to supper? **si te parece** (**bien**) if it's all right with you *Ver tb* ARREPENTIDO, CAMBIAR, COSA, INSIGNIFICANTE, MOSQUITA, SEGÚN

parecido, -a *pp, adj* **1** (*personas*) alike; like *sb*: *Los tres hermanos son muy ~s.* The three brothers are very alike. ◊ *Todo el mundo dice que es muy ~ a su abuelo.* Everybody says he is very like his grandfather. **2** (*cosas*) similar (***to sth***): *Los pintores tienen estilos ~s.* The painters have similar styles. ◊ *Aquel coche es ~ al vuestro.* That car is similar to yours. *Ver tb* PARECER
■ **parecido** *nm* **1** (*personas*) resemblance: *un ~ asombroso* a striking resemblance **2** (*cosas*) similarity
LOC **algo parecido** something like that **bien parecido** good-looking **ni nada parecido** or anything like it **tener mucho parecido** (**a/con algn**): *Las dos hermanas tienen mucho ~.* The two sisters are very alike. ◊ *Tienes mucho ~ a tu padre.* You're very like your father. *Ver tb* GUARDAR

pared *nf* wall: *Hay varios carteles en la ~.* There are several posters on the wall. ☛ *Ver ilustración en* HOUSE
LOC **darse contra la pared** to bang your head against a brick wall **estar/vivir pared por medio** to be/live next door **las paredes oyen** walls have ears **pared medianera/divisoria** party/dividing wall *Ver tb* BLANCO, CABEZA, CABEZAZO, CUATRO, ENCERRAR, ESPADA, HABLAR, SUBIR

pareja *nf* **1** (*hombre y mujer, dos personas del mismo sexo*) couple: *la vieja ~* the old couple ◊ *Son ~.* They're a couple. **2** (*animales, equipo*) pair: *la ~ vencedora del torneo* the winning pair **3** (*compañero, cónyuge*) partner: *Nureyev y su ~* Nureyev and his partner ◊ *No puedo jugar porque no tengo ~.* I can't play because I haven't got a partner. ◊ *Ana vino con su ~.* Ana came with her partner.

> Nótese que **partner** es el término correcto para situaciones donde no se sabe si alguien está casado, o si la pareja es hombre o mujer: *Tráete a tu pareja.* Bring your partner.

4 (*guante, pendiente, zapato*): *El izquierdo me queda bien. ¿Me das la ~?* The left one is fine. Can I try the other one? ◊ *No encuentro la ~ de este guante.* I can't find my other glove.

LOC en/por parejas in pairs: *Entraron en ~s.* They went in in pairs. **hacer buena pareja (con algn)** to be well matched: *Haces buena ~ con Miguel.* You and Miguel are well-matched. **una pareja de la policía/ guardia civil** two policemen/civil guards **una pareja de novios** a courting couple *Ver tb* CADA, FORMAR

parejo, -a *adj (semejante)*: *Los niños están ~s en altura.* The children are about the same height. ◊ *un aumento de la oferta y un descenso ~ de los precios* an increase in supply and a corresponding decrease in price.
LOC andar/correr/ir parejo to go hand in hand (*with sth*)

parentela *nf* relations [*v pl*]

parentesco *nm* relationship
LOC lazos/relaciones de parentesco family ties **tener parentesco con algn** to be related to sb *Ver tb* VÍNCULO

paréntesis *nm* **1** (*signo*) brackets [*v pl*]: *Ponlo entre ~.* Put it in brackets. ◊ *abrir/cerrar un ~* to open/close brackets ☛ *Ver págs 592–3* **2** (*frase intercalada*) parenthesis [*pl* parentheses] **3** (*alto, descanso*) break: *después de un largo ~* after a long break ◊ *Con esto se cierra el ~ de las negociaciones.* This means that negotiations can be restarted.
LOC entre paréntesis 1 (*lit*) in brackets **2** (*por cierto*) by the way **hacer un paréntesis 1** (*en trabajo*) to take a break **2** (*en discurso*) to digress

pareo *nm* (*prenda*) sarong

paria *nmf* pariah
LOC hacer el paria to muck about

parida *nf* **1** (*tontería*) rubbish [*incontable*] **2** (*idea, invento*) crazy idea
LOC decir paridas to talk rubbish

paridad *nf* parity
LOC paridad (de cambio) parity of exchange

parienta *nf* (*esposa*) wife [*pl* wives]

pariente *nmf* relation: *un ~ cercano/lejano* a close/ distant relation

> También se puede decir **relative**: *Invitó a amigos y parientes.* She invited friends and relatives.

LOC parientes políticos in-laws

paripé *nm*
LOC hacer el/un paripé to put on an act

parir *vt, vi* to give birth (*to sth/sb*)
LOC éramos pocos y parió la abuela that's all we needed **poner a algn a parir** to call sb all the names under the sun

París *nm* Paris

paritario, -a *adj* (*comité*) joint: *comisión paritaria* joint committee

parking *nm* car park: *~ subterráneo* underground car park

parlamentar *vi* to negotiate

parlamentario, -a *adj* parliamentary
■ **parlamentario, -a** *nm-nf* Member of Parliament (*abrev* MP) ☛ *Ver págs 584–5*
LOC parlamentario europeo Member of the European Parliament (*abrev* MEP) *Ver tb* ARCO

parlamento *nm* **1** (*asamblea*) parliament [*v sing o pl*] **2** (*edificio*) **(a)** (*gen*) parliament building **(b)** (*Gran Bretaña*) Houses of Parliament [*v pl*] ☛ *Ver nota en* PEER[2]; *Ver tb págs 584–5*

parlanchín, -ina *adj* **1** (*hablador*) talkative **2** (*indiscreto*) indiscreet
■ **parlanchín, -ina** *nm-nf* **1** (*hablador*) chatterbox **2** (*indiscreto*) gossip

parlante *adj* talking

parlotear *vi* to chatter

paro *nm* **1** (*desempleo*) unemployment **2** (*huelga*) strike
LOC (estar) en paro (to be) unemployed **índice/tasa de paro** unemployment rate *Ver tb* APUNTAR, CARDIACO, CARTILLA, COBRAR, SUBSIDIO

parodia *nf* parody (**of sth/sb**), take-off (**of sth/sb**) (*más coloq*): *Hizo una ~ del Primer Ministro.* He did a take-off of the Prime Minister.

parodiar *vt* to take *sth/sb* off, to parody: *~ políticos* to take off politicians

parón *nm* (*parada*) sudden stop

paroxismo *nm* paroxysm
LOC hacer algo hasta el paroxismo to do sth to the point of obsession **paroxismo de celos** fit of jealousy

parpadear *vi* **1** (*ojos*) to blink **2** (*luz*) to flicker **3** (*estrella*) to twinkle

parpadeo *nm* **1** (*ojos*) blinking **2** (*luz*) flickering **3** (*estrella*) twinkling

párpado *nm* eyelid ☛ *Ver ilustración en* OJO

parque *nm* **1** (*jardín*) park **2** (*almacén, garaje*) depot **3** (*bebé*) playpen
LOC parque automovilístico number of cars (on the road): *El ~ automovilístico español ha aumentado.* The number of cars on the Spanish roads has increased. **parque de atracciones/temático** amusement/theme park **parque de bomberos** fire station **parque eólico** wind farm **parque móvil** fleet: *el ~ móvil de la policía* the police car fleet **parque nacional/natural** national park/nature reserve **parque tecnológico/científico** business/science park **parque zoológico** zoo

parqué *nm* **1** (*tarima*) parquet **2** (*Bolsa*) floor

parquímetro *nm* parking meter

parra *nf* (climbing) vine **LOC** *Ver* HOJA, SUBIR

parrafada *nf*
LOC echar una parrafada (con algn) to have a chat (with sb) **largarle/soltarle una parrafada a algn** to give sb a lecture (*on/about sth*): *Me largó una ~ sobre los riesgos que conlleva fumar.* He gave me a lecture about the risks of smoking.

párrafo *nm* paragraph

parranda *nf*
LOC andar/ir de parranda to go out on the town

parricida *nmf* parricide

parricidio *nm* parricide

parrilla *nf* **1** (*Cocina*) grill **2** (*restaurante*) grill room
LOC carne/pescado a la parrilla grilled meat/fish **parrilla de salida** starting grid *Ver tb* ASADO, ASAR(SE)

parrillada *nf* grill

párroco *nm* parish priest

parroquia *nf* **1** (*iglesia*) parish church **2** (*comunidad*) parish

parroquial *adj* parochial **LOC** *Ver* HOJA

parsimonia *nf* calmness: *Admiro tu ~.* I admire your calmness.

parsimonioso, -a *adj* calm

parte[1] *nm* report: *un ~ médico* a medical report
LOC dar parte to inform *sb* (*of sth*) **parte (de guerra)** communiqué **parte meteorológico** weather forecast

parte[2] *nf* **1** (*gen*) part: *tres ~s iguales* three equal parts ◊ *una ~ de los obreros* part of the workforce ◊ *mi ~ de la herencia* my share of the inheritance ◊ *la segunda ~ de una novela* the second half of a novel ◊ *la vigésima ~ de un todo* a twentieth of something ◊ *las dos terceras ~s* two thirds **2** (*lugar*): *¿En qué ~ de la ciudad vives?* What part of the town do you live in? **3** (*persona*) party: *las ~s en conflicto* the parties in dispute ◊ *la ~ contraria* the opposing party **4 partes** (*genitales*) private parts
LOC a partes iguales: *En lo referente al alquiler, vamos a ~s iguales.* We each pay our share of the rent. **de dos años, meses, etc a esta parte** for the last two years, months, etc **de parte de 1** (*en representación de*): *de ~ de todos nosotros* on behalf of us all ◊ *Recuerdos a tu mujer de mi ~.* My regards to your wife. ◊ *De ~ de mi padre que os paséis cuando queráis.* My father says to call on him whenever you like. **2** (*a favor*) on sb's side: *los que están de mi ~* those who are on my side **¿de parte de quién? 1** (*por teléfono*) who's speaking? **2** (*en persona*) who shall I say it is? **en parte 1** (*parcialmente*) in part: *pagar una deuda en ~* to pay part of what you owe **2** (*en cierto modo*) in a way: *En ~ me alegro de haber perdido el tren.* In a way I'm glad I missed the train. **en parte...y en parte.../por una**

parte... por (la) otra parte... in one way... and in another...: *Por una ~ me alegro, pero por otra ~ me da pena.* In one way I'm pleased and in another I'm sorry. **en/por todas partes** everywhere **en todas partes cuecen habas** it's the same the world over **la parte de abajo/arriba/atrás/delante** the bottom/top/back/front ☛ *Ver ilustración en* FOREGROUND **la parte que me corresponde** my, your, etc share: *No me han dado la ~ que me corresponde.* I haven't been given my share. **llevarse la mejor/peor parte** to come off best/worst: *El hijo mayor se llevó la mejor ~.* The eldest child came off best. **parte demandada** defendant **parte demandante/querellante** plaintiff: *La ~ demandante exige una indemnización.* The plaintiff is suing for damages. **partes de la oración** parts of speech **partes pudendas** private parts **poner (algo) de tu parte** to pull your weight: *Todos debemos poner algo de nuestra ~.* We must all pull our weight. ◊ *No pones nada de tu ~.* You're not pulling your weight. **por mi parte 1** (*por lo que a mí respecta*) as far as I am, you are, etc concerned: *Por nuestra ~ no hay ningún problema.* As far as we're concerned there's no problem. **2** (*mío*) on my part: *Fue un error por mi ~.* It was a mistake on my part. **por parte de madre/padre**: *Tiene sangre escocesa por ~ de madre.* He's of Scottish extraction on his mother's side. **por partes** bit by bit: *Estamos arreglando el tejado por ~s.* We're repairing the roof bit by bit. **ser parte interesada 1** (*gen*) to be biased **2** (*Jur*) to be an interested party **tener a algn de tu parte** to have sb on your side **tomar parte** to take part (*in sth*): *2.000 personas tomaron ~ en la carrera de ayer.* 2000 people took part in the race yesterday. **¡vamos/vayamos por partes!** one thing at a time! *Ver tb* ALGUNO, ARTE, CENTÉSIMO, CONDUCIR, CONSIDERADO, CUALQUIERA, CUARTO *adj*, FORMAR, GRANDE, JUEZ, MAYOR, MILÉSIMO, MÚSICA, NINGUNO, OTRO, SALUDAR, SALVO *adj*, TIEMPO

parteluz *nm* mullion ☛ *Ver ilustración en* IGLESIA

participación *nf* **1** (*intervención*) participation (***in sth***): *la ~ del público* audience participation ◊ *un elevado índice de ~ electoral* a high turn-out of voters ◊ *Su ~ en el asesinato ha quedado probada.* There is proof of his involvement in the murder. ◊ *una alta ~ en la maratón* a big entry in the marathon ◊ *Su ~ en la carrera es decisiva para el equipo español.* It's vital for the Spanish team that he should take part in the race. **2** (*Fin*) share: *~ en el mercado* market share ◊ *La compañía venderá su ~ en la empresa japonesa.* The company will sell its shares in the Japanese firm. **3** (*Lotería*) stake: *Este año las participaciones son de 1.000 pesetas.* This year the stakes are 1000 pesetas. ◊ *He comprado una ~ para la Lotería del Niño.* I've bought a ticket for the Lotería del Niño.

participante *adj* participating: *Los equipos ~s llegan mañana a Londres.* The participating teams will be arriving in London tomorrow. ◊ *los ciclistas ~s* the cyclists taking part

■ **participante** *nmf* **1** (*gen*) participant: *ser un ~ activo* to be an active participant **2** (*Dep*) entrant: *los ~s del torneo de tenis* the entrants in the tennis tournament

participar *vi* **1 ~ (en)** (*intervenir*) **(a)** (*gen*) to participate (**in *sth***), to take part (**in *sth***) (*más coloq*): *~ en un proyecto* to participate in a project **(b)** (*concurso, prueba deportiva, sorteo*) to enter *sth* [*vt*]: *Voy a ~ en el sorteo.* I'm going to enter the draw. **2 ~ de** (*tener parte*) to share **in *sth***: *~ de las ganancias y las pérdidas* to share in the profits and losses

■ **participar** *vt* (*comunicar*) to notify

partícipe *adj, nmf*

LOC **ser partícipe de algo** to share sth: *ser ~ de la alegría de algn* to share sb's joy **hacer partícipe de algo 1** (*información*) to inform *sb* of sth **2** (*sentimientos*) to share sth with *sb*: *Quiero hacerte ~ de mi felicidad.* I want to share my happiness with you.

participio *nm* participle

partícula *nf* particle

particular *adj* **1** (*gen*) characteristic: *Cada vino tiene su sabor ~.* Every wine has its own characteristic taste. **2** (*privado*) private: *clases ~es* private tuition

■ **particular** *nmf* (private) individual: *Asistió a la reunión como ~.* He attended the meeting as a private individual.

■ **particular** *nm* matter

LOC **en particular** in particular: *Hablamos de la vida en general y del trabajo en ~.* We talked about life in general and work in particular. **no tener nada de particular** to be nothing special: *La casa no tiene nada de ~.* The house is nothing special. **sin otro particular**: *Sin otro ~ por el momento, le saluda atentamente...* Yours faithfully... ☛ *Ver nota en* ATENTAMENTE *Ver tb* DOMICILIO, PROFESOR, SECRETARIO

particularidad *nf* **1** (*persona*) peculiarity: *Cada cual tiene sus ~es.* Everyone has their peculiarities. **2** (*cosa*) special feature: *una ~ de los coches alemanes* a special feature of German cars

particularizar *vi* **1** (*personalizar*) to single *sb* out: *No particularices si no quieres ofender a nadie.* Don't single out individuals or you'll cause offence. **2** (*pormenorizar*) to go into detail(s): *Se limitó a teorizar, sin ~ en ningún momento.* He spoke in general terms, without going into detail.

particularmente *adv* particularly: *un tema ~ complejo* a particularly complex matter

partida *nf* **1** (*juego*) game: *echar una ~ de ajedrez* to have a game of chess **2** (*certificado*) certificate: *~ de nacimiento/defunción* birth/death certificate **3** (*mercancía*) consignment **4** (*salida*) departure

LOC **partida de caza/cazadores** shooting party **por partida doble** twice over *Ver tb* PUNTO

partidario, -a *adj* **~ de** in favour **of *sth/doing sth***: *No soy ~ de hacer eso.* I'm not in favour of (doing) that. ◊ *No son ~s de los cambios.* They're not in favour of the changes.

■ **partidario, -a** *nm-nf* supporter: *Ruiz y sus ~s* Ruiz and his supporters

partidismo *nm* partisanship

partidista *adj, nmf* partisan

partido *nm* **1** (*Pol*) party **2** (*Dep*) match: *un ~ de fútbol* a football match

LOC **partido amistoso** friendly **partido de desempate** play-off **partido de ida/vuelta** first/second leg **sacar partido a/de algo** to make the most of sth: *Es una chica muy espabilada que de todo saca ~.* She's a bright girl who makes the most of every opportunity. ◊ *sacar ~ de una situación* to take advantage of a situation **tomar partido** (*apoyar a una parte*) to take sides

partido, -a *pp, adj Ver* PARTIR LOC *Ver* BRAZO, HORARIO, JORNADA

partir *vt* **1(a)** (*con cuchillo*) to cut *sth* (up): *Partió la pera en dos.* He cut the pear in half. ◊ *~ la tarta* to cut up the cake **(b)** (*con las manos*) to break *sth* (off) : *Partió el palo en dos.* He broke the stick in two. ◊ *¿Me partes un pedazo de pan?* Could you break me off a piece of bread? **2** (*rajar*) to split: *El rayo partió el árbol por la mitad.* The lightning split the tree in two. ◊ *~ un coco* to split open a coconut **3** (*frutos secos*) to crack **4** (*leña*) to chop **5** (*fastidiar*) to mess *sth* up: *La huelga nos ha partido las vacaciones.* The strike has messed up our holiday.

■ **partir** *vi* **1** (*marchar*) to leave (**for...**): *Parten mañana hacia Madrid.* They're leaving for Madrid tomorrow. **2 ~ de** (*basarse, empezar*) **(a)** (*de algo*) to start **from *sth***: *partiendo de ese supuesto* starting from that assumption **(b)** (*de algn*) to come **from *sb*** : *La iniciativa partió del ministro.* The initiative came from the minister.

■ **partirse** *v pron* to split: *Estaba intentando arreglarlo y se partió la madera.* I was trying to mend it and the wood split.

LOC **a partir de 1** (*tiempo, lugar, cantidad*) from... (on): *a ~ de las nueve de la noche* from 9 pm on ◊ *a ~ de entonces* from then on ◊ *a ~ de mañana* starting from tomorrow ◊ *A ~ de aquí sigue solo.* From here on he's on his own. ◊ *a ~ de ciertos ingresos* above a certain income **2** (*utilizando*) from: *Lo pintó a ~ de un boceto.* He painted it from a sketch. ◊ *a ~ de los resultados electorales se deduce que…* from the election results it would appear that… **me parte por el eje/el medio** it messes things up for me, you, etc **partir la diferencia 1** (*lit*) to split the difference **2** (*fig*) to meet *sb* halfway **partirle la boca a algn** to knock sb's teeth out **partirle la cabeza a algn** to split sb's head open **partirse de risa** to split your sides laughing **partírsele el alma a algn** to break sb's heart **partirse un diente** to break a tooth **que me/nos parta un rayo** what about me/us?: *Y a mí que me parta un rayo, ¿verdad?* What about me? **¡que te, le, etc parta un rayo!** to hell with you, him, etc! *Ver tb* CARA, CERO, CORAZÓN, ESPINAZO, MORRO

partitura *nf* score

parto *nm* **1** (*contracciones*) labour: *dolores de ~* labour pains ◊ *un ~ fácil* an easy labour **2** (*alumbramiento*) birth: *Fue un ~ difícil.* It was a difficult birth.
LOC estar de parto to be in labour **ser algo un parto difícil**: *La novela ha sido un ~ difícil.* I sweated blood over that novel.

parvulario *nm* nursery school ☛ *Ver nota en* GUARDERÍA

párvulos *nm* infants

pasa *nf* raisin
LOC estar como una pasa to be wrinkled *Ver tb* CIRUELA

pasable *adj* passable

pasada *nf*
LOC dar una pasada: *Los muebles necesitan una ~.* The furniture could do with a polish. ◊ *Voy a darles una ~ a estos pantalones.* I'm going to run the iron over these trousers. **de pasada** in passing **¡qué pasada de moto!** what a fantastic motorbike! *Ver tb* JUGAR

pasadizo *nm* passage: *un ~ secreto* a secret passage

pasado, -a *pp, adj* **1** (*año, día, semana, verano, temporada*) last: *el martes ~* last Tuesday ◊ *Ya estuvimos allí el año ~.* We were there last year. **2** (*reciente*) recent: *las pasadas elecciones* the recent elections **3** (*Gram, años, época, ocasión*) past: *siglos ~s* past centuries **4** (*transcurrido*) after: *~s los primeros momentos* after the first few minutes ◊ *Llegaron pasadas las diez.* They arrived after ten o'clock. **5** (*comida*) **(a)** (*demasiado hecha*) overdone **(b)** (*fruta*) overripe **(c)** (*estropeada*) off **6** (*noticia*) stale **7** (*anticuado*) old-fashioned *Ver tb* PASAR
■ **pasado** *nm* past: *El ~ no importa, lo que cuenta es el futuro.* Don't keep dwelling on the past – what matters is the future.
LOC en años/tiempos pasados in days gone by **lo pasado, pasado está** let bygones be bygones **pasado de moda** (*ropa*) old-fashioned: *Esos pantalones están ~s de moda.* These trousers are old-fashioned. **pasado mañana** the day after tomorrow *Ver tb* AGUA, CORTAR, DESENTERRAR, ESCARBAR, HUEVO, REVOLVER

pasador *nm* **1** (*pelo*) hairclip **2** (*pestillo*) bolt

pasaje *nm* **1** (*gen, Liter, Mús*) passage: *un ~ subterráneo* an underground passage **2** (*viajes*) **(a)** (*billete*) ticket: *He pagado los ~s.* I've paid for the tickets. **(b)** (*travesía*) crossing: *un ~ muy agitado* a very rough crossing

pasajero, -a *adj* passing: *una moda pasajera* a passing fashion ◊ *apuros ~s* temporary difficulties
■ **pasajero, -a** *nm-nf* passenger: *un barco de ~s* a passenger boat **LOC** *Ver* VAGÓN

pasamano(s) *nm* (hand)rail: *agarrarse al ~(s)* to hold on to the rail ◊ *deslizarse por el ~* to slide down the banisters

pasamontañas *nm* balaclava

pasaporte *nm* passport
LOC dar (el) pasaporte 1 (*despedir*) to give *sb* the boot **2** (*matar*) to bump *sb* off

pasapuré(s) *nm* food mill

pasar *vi* **1 ~ (por)** (*gen*) to pass: *Esperaron a que pasara la tormenta.* They waited for the storm to pass. ◊ *Recoge el paquete si pasas por allí.* Pick the parcel up if you're passing. ◊ *La compañía pasó a manos de la multinacional.* The company passed into the hands of a multinational. ◊ *El título pasa al hijo mayor.* The title passes to the eldest son. ◊ *Pasaron tres horas.* Three hours passed/went by. ◊ *¡Cómo pasa el tiempo!* How time flies! ◊ *¿Me dejan ~?* Can I get past, please? ◊ *Los coches no podían ~.* The cars were unable to get through. ◊ *El autobús pasa por aquí.* The bus comes this way. ◊ *Ese autobús pasa por el museo.* That bus goes past the museum. ◊ *Para llegar a Madrid tienes que ~ por Burgos.* You go through Burgos on the way to Madrid. ◊ *Miles de personas pasan por esta biblioteca.* Thousands of people pass through this library. ◊ *La carretera pasa por nuestro barrio.* The main road goes through our district. ◊ *~ por un túnel* to go through a tunnel ◊ *El proyecto pasó por varias fases.* The project went through several stages. **2** (*ocurrir*) to happen: *A mí me pasó lo mismo.* The same thing happened to me. ◊ *¿Qué pasó con aquel coche?* What happened about that car? **3** (*venir*) to come: *Puedes ~ a recogerlo mañana.* You can come and collect it tomorrow. ◊ *Pase por aquí por favor.* This way, please. **4** (*entrar*): *¿Puedo ~?* May I come in? ◊ *Pase usted.* Do come in. ◊ *Ya puede ~.* You can go in now. ◊ *¿Pasamos al comedor?* Shall we go into the dining room? **5** (*ir*) to go **to sth**: *Mañana pasaré por el banco.* I'll go to the bank tomorrow. ◊ *Pase por caja.* Please go to the cash desk. ◊ *Luego pasaron a Francia.* Then they went to France. **6 ~ a** (*ser seleccionado, ser aprobado*) to go through **to sth**: *El que gane pasa a la final.* The winner goes through to the finals. **7 ~ a hacer algo** to go on **to do sth**: *Pasó a explicar los detalles.* He went on to explain the details. ◊ *Pasó a ocupar la cátedra de historia.* He went on to become Professor of History. **8 ~ a ser** to become: *Ha pasado a ser el consejero del Rey.* He has become adviser to the King. **9 ~ de** (*superar*): *Mi tía pasa de los noventa.* My aunt is over ninety. ◊ *Los alumnos pasan de 50.* There are over 50 students. ◊ *Los aprobados no pasan de 20.* There were only 20 passes. ◊ *El presupuesto pasa de los 100 millones.* The budget exceeds 100 million pesetas. **10 ~ (de) (a)** (*indicando indiferencia*): *Pasa de todo.* He doesn't give a damn about anything. ◊ *Pasan de la política.* They couldn't care less about politics. ◊ *Paso de ir a la reunión.* I think I'll give the meeting a miss. ◊ *—¿Vienes al cine? —No, creo que hoy paso.* 'Are you coming to the cinema?' 'No, I don't think I will today.' ◊ *Dice que sus hijos pasan de él.* He says that his children don't give a damn about him. **(b)** (*en juegos*) to pass: *¡Paso!* (I) pass. **11 ~ de…a…** (*progresión*) to go **from…to…**: *Pasó de (ser) ayudante a (ser) director.* He went from assistant to manager. ◊ *Los socios han pasado de diez a mil.* The membership has gone up from ten to a thousand. **12 ~ con** (*Teléfono*): *Espere un momento que le paso con mi secretaria.* Hold on, please, I'll put you through to my secretary. ◊ *Bueno, te paso con mamá, un beso.* Here's Mummy, OK? Lots of love.
■ **pasar** *vt* **1** (*gen*) to pass: *¿Me pasas ese libro?* Can you pass me that book, please? ◊ *Pasó información al enemigo.* He passed information to the enemy. ◊ *Esa película no pasará la censura.* That film will never pass the censors. ◊ *Después de ~ Correos doble a la derecha.* Turn right after (you pass) the Post Office. ◊ *Hago punto para ~ el tiempo.* I knit to pass the time. **2** (*recado, conocimientos, ropa usada*) to pass *sth* on (**to sb**): *Le pasa mucha ropa a su hermana.* She passes a lot of clothes on to her sister. **3** (*período de tiempo*) to spend: *Pasamos la tarde charlando.* We spent the afternoon chatting. **4** (*prueba, inspección, reconocimiento médico*) **(a)** (*someterse*) to have: *Este mes me toca ~ el reconocimiento médico.* I'm due to have a medical this month. **(b)** (*superar*) to pass: *Han pasado la prueba oral.* They've passed the oral. **5** (*hacer entrar*) to show *sb* in; to show *sb* into…: *Nos pasaron al despacho.* We were shown into the office. **6** (*enfermedad*) **(a)** (*contagiar*) to give: *Me has pasado el catarro.* You've given me your cold. **(b)** (*haber tenido*) to have had: *No he pasado la rubeola.* I haven't had German measles.

7 (*trasladar*) to move: *Me van a ~ a otra clase.* They're going to move me to another class. ◊ *Podemos ~ esta mesa a la cocina.* We can move this table to the kitchen. **8** (*atravesar, cruzar*) **(a)** (*puente, río, montañas*) to cross **(b)** (*aduana, dificultades*) to go through *sth*: *Están pasando un mal momento.* They're going through a bad patch. **9** (*contrabando*) to smuggle **10** (*página*) to turn *sth* over **11** (*cuenta, factura*) to send: *Todavía no me han pasado la cuenta.* They haven't sent me the bill yet. **12** (*diapositivas, película*) to show **13** (*tolerar*) to tolerate: *No puedo ~ la injusticia* I can't tolerate injustice ◊ *La próxima vez no te lo voy a ~.* Next time I shan't let it pass. **14** (*triturar*) to put *sth* through a food mill/a sieve: *Pasa bien las lentejas, que si no no se las come.* You need to put the lentils through a food mill/a sieve, or he won't eat them. ◊ *Pase la salsa* Blend the sauce till smooth.

■ **pasarse** *v pron* **1 pasarse (de)** (*excederse*): *Te pasas comiendo.* You eat too much. ◊ *Te has pasado con la sal.* You've overdone the salt. ◊ *Me toman el pelo, pero sin ~se.* They pull my leg, but they're careful not to go too far. ◊ *~se del límite* (*de velocidad/alcohol*) to be over the limit **2 pasarse a** (*cambiar de bando*) to go over **to *sth***: *Se pasó a los liberales.* He went over to the Liberals. **3** (*comida*) **(a)** (*ponerse mala*) to go off: *Se ha pasado la leche.* The milk has gone off. **(b)** (*hacerse demasiado*) to be overcooked: *Se te ha pasado el arroz.* The rice is overcooked. **4** (*quedar atrás, perder*): *Se me pasó el turno/la oportunidad.* I missed my turn/opportunity. ◊ *Ya se ha pasado el momento de reclamar.* It's too late to complain. **5** (*olvidarse*) to forget: *Se me pasó por completo que tenía que llamarle.* I completely forgot I had to ring him. ◊ *Se me pasó decírselo.* I forgot to tell him. **6** (*semáforo*): *~se un semáforo en rojo* to go through a red light

LOC lo que pasa es que... the thing is...: *Lo que pasa es que no tengo mucho tiempo.* The thing is, I don't have much time.
no se le pasa ni una he doesn't miss a thing
¿pasa algo? is there anything wrong?
pasando por... (*incluso*) not forgetting...: *Vendemos de todo, desde joyas hasta ropa, pasando por vajillas.* We sell everything from jewellery to clothes, not forgetting china.
pasarlo bien to have a good time
pasarlo mal 1 (*tener problemas*) to have a hard time: *Cuando se quedó en paro lo pasó muy mal.* When he lost his job he had a very hard time. **2** (*aburrirse*) not to enjoy yourself
pasar por algo/algn to pass for sth/sb: *Esa chica pasa por italiana.* That girl could easily pass for Italian. ◊ *Pasa por inteligente, pero no lo es tanto.* He is generally considered to be intelligent, but he isn't really.
pasarse de bueno to be too good
pasar sin to manage without *sth/sb*: *No puedo ~ sin coche/mi familia* I can't manage without a car/my family.
pase lo que pase come what may
¿qué pasa? 1 (*saludo*) how are things? **2** (*¿qué sucede?*) what's happening? **3** (*¿hay problemas?*) what's the matter?
¿qué te pasa? what's the matter with you, him, etc?
☛ Para otras expresiones con **pasar**, véanse las entradas del sustantivo, adjetivo, etc, p.ej. **pasar factura** en FACTURA y **pasar desapercibido** en DESAPERCIBIDO.

pasarela *nf* **1** (*puente*) footbridge **2** (*de barco*) gangway **3** (*desfile de modelos*) catwalk

pasatiempo *nm* **1** (*afición*) hobby **2** (*distracción*) pastime **3 pasatiempos** puzzles: *página de ~s* puzzle page **LOC** *Ver* REVISTA

pascua *nf* **1** (*Semana Santa*) Easter: *el domingo de Pascua* Easter Sunday ◊ *huevo de Pascua* Easter egg **2 pascuas** (*navidades*) Christmas: *¡Felices Pascuas!* Happy Christmas!
LOC de Pascuas a Ramos once in a blue moon **estar como unas pascuas** to be over the moon **hacerle la pascua a algn** to mess sb up: *Han cancelado las vacaciones y me han hecho la ~.* They've cancelled the holiday and it's really messed me up. *Ver tb* CONTENTO, MONA[1], SANTO

pase *nm* **1** (*gen*) pass: *No puedes entrar sin ~.* You can't get in without a pass. ◊ *un ~ brillante de Ruiz.* a brilliant pass from Ruiz **2** (*película*) showing: *El segundo ~ es a las nueve.* The second showing is at nine. **LOC** *Ver* DESFILE

paseante *nmf* **1** (*que pasea*) walker: *El parque estaba lleno de ~s.* There were a lot of people (out walking) in the park. **2** (*transeúnte*) passer-by [*pl* passers-by]

pasear(se) *vi, v pron* **1** (*a pie*) to (go for a) walk: *pasear(se) por la ciudad* to walk round the city ◊ *Paseaba acompañado de su esposa.* He was out for a walk with his wife. ◊ *Todos los días salgo a pasear.* I go for a walk every day. **2** (*en coche*) to go for a drive **3** (*en bicicleta, en moto, a caballo*) to go for a ride **4** (*en barco*) to go on a boat trip
■ **pasear** *vt* to walk: *pasear al perro* to walk the dog
LOC pasear la vista por un sitio to look round... **pasearse de un lado a otro/de arriba abajo** to pace up and down **sacar a pasear** to take *sb/sth* for a walk: *Voy a sacar a la niña a pasear.* I'm going to take the little girl for a walk.

paseo *nm* **1** (*a pie*) walk: *durante nuestros largos ~s* during our long walks together **2** (*en coche*) drive **3** (*en bicicleta, en moto, a caballo*) ride **4** (*en barco*) boat trip **5** (*avenida*) avenue ☛ *Ver nota en* CALLE **6** (*distancia corta*) short walk
LOC dar un/ir de paseo 1 (*andando*) to go for a walk **2** (*en coche*) to go for a drive **3** (*en moto*) to go for a ride **llevar/sacar de paseo** to take *sth/sb* for a walk **paseo marítimo** promenade, prom (*más coloq*) **¡vete a paseo!** get lost!

pasillo *nm* **1** (*corredor*) corridor **2** (*teatro, iglesia, avión*) aisle
LOC discusión/negociación de pasillo behind-the-scenes discussion/negotiation

pasión *nf* passion: *en un arrebato de ~* in a fit of passion ◊ *Tiene una ~ por el golf.* He has a passion for golf. ◊ *Siente ~ por ella.* He's passionately in love with her.
LOC la Pasión the Passion

pasional *adj*: *un crimen ~* a crime of passion

pasividad *nf* passiveness

pasivo, -a *adj* passive
■ **pasivo** *nm* **1** (*deudas, obligaciones*) liabilities [*v pl*]: *El ~ de la compañía es superior al activo.* The company's liabilities are greater than its assets. **2** (*debe de una cuenta*) debit side
■ **pasiva** *nf* passive (voice)

pasmado, -a *pp, adj* amazed ***at/by sth***: *Me quedé ~ ante su insolencia.* I was amazed at their insolence. ◊ *¡No te quedes ahí ~!* Don't stand there like a dummy! *Ver tb* PASMAR
■ **pasmado, -a** *nm-nf* half-wit

pasmar *vt* to amaze: *Me pasma tu atrevimiento.* I'm amazed at your cheek.
■ **pasmarse** *v pron* to be amazed, to be stunned (*más coloq*)

pasmo *nm* amazement: *Cuando llegó la cuenta de la luz me dio un ~.* I nearly had a fit when I saw the electricity bill.
LOC te va a dar un pasmo you'll catch your death of cold

pasmoso, -a *adj* incredible: *Es de una insolencia pasmosa.* He's incredibly insolent.

paso *nm* **1** (*gen*) step: *dos ~s a la derecha* two steps to the right ◊ *dar los primeros ~s* to take your first steps ◊ *dar un ~ adelante/atrás* to step forward/back ◊ *El baile tiene cuatro ~s diferentes.* The dance has four different steps. ◊ *un ~ hacia la paz* a step towards peace ◊ *Hemos dado los ~s necesarios.* We have taken the necessary steps. **2** (*acción de pasar*) passage: *el ~ del tiempo* the passage of time ◊ *Se oponen al ~ de camiones por el pueblo.* They are opposed to lorries going through the village. ◊ *Contemplaban el ~ de la cabalgata.* They watched the parade pass. ◊ *A su ~ por la ciudad, el río se ensancha.* The river widens as it flows through the city. **3** (*salida, espacio*) way (through): *Por aquí no hay ~.* There's no way through. ◊ *El ~ está libre.* The way is clear. ◊ *cortar el ~* to block the way **4** (*medida*) pace: *a unos diez ~s de la entrada* about ten paces from the entrance **5** (*trabajo, universidad, cárcel*) time: *Recuerdan su ~ por el ejército.* They remember their time in the army. **6** (*teléfono, contador*) unit **7** (*Náut*) straits [*v pl*] **8** (*Semana Santa*) float **9 pasos (a)** (*ruido*) footsteps **(b)** (*huellas*) footprints: *Seguimos sus ~s en la nieve.* We followed their footprints in the snow.

LOC abrir/dejar/hacer paso to make way (for *sth/sb*): *¡Dejen ~ a la ambulancia!* Make way for the ambulance! ◊ *Dimitió para dejar ~ al otro candidato.* He resigned to make way for the other candidate. ◊ *¡(Hagan) ~!* Let us through!
a cada paso at every turn
a este paso/al paso que vamos at this rate
a paso de tortuga at a snail's pace
a paso ligero 1 (*rápidamente*) quickly **2** (*Mil*) at the double
a pasos agigantados by leaps and bounds
a un paso/dos pasos (*cerca*) just around the corner
con el paso del tiempo as time goes by
dar paso a 1 (*cosa*) to proceed *to do sth*: *Dieron ~ a la lectura del informe.* They proceeded to read the report. **2** (*persona*): *Damos ~ a nuestro corresponsal en Washington.* This report from our Washington correspondent.
dar un mal paso 1 (*lit*) to stumble **2** (*fig*) to make a false move
de paso 1 (*en el camino*) on the way: *La oficina de Correos me pilla de ~.* The Post Office is on my way. **2** (*al mismo tiempo*): *Lleva esto a la oficina y de ~ habla con la secretaria.* Take this to the office, and while you're there have a word with the secretary. **3** (*de viaje*) passing through: *turistas de ~ por Santander* tourists passing through Santander
dicho sea de paso incidentally
estar a un paso de to be on the verge of *sth*: *estar a un ~ de la jubilación* to be on the verge of retirement
llevar/seguir el paso 1 (*gen*) to keep in time **2** (*soldados*) to keep in step
no dar un paso: *No dan un ~ sin consultarme.* They never do anything without consulting me first.
no se puede dar un paso you can't move
paso a nivel level crossing
paso a paso step by step
paso de cebra/peatones zebra/pedestrian crossing
paso del ecuador excursion made by third year university students
paso de montaña mountain pass
paso elevado 1 (*para vehículos*) flyover **2** (*para peatones*) footbridge
paso subterráneo 1 (*para vehículos*) underpass **2** (*para peatones*) subway
salir al paso de críticas/rumores to forestall criticism/rumours
salir del paso to get by: *Estudian lo justo para salir del ~.* They do just enough work to get by. *Ver tb* ABRIR, ACELERAR, AFLOJAR, ALARGAR, ALIGERAR, AVE, AVIVAR, CEDER, DIRIGIR, LLAVE, MARCAR, MUERTE, PREFERENCIA, PRIORIDAD, PROHIBIDO, SEGUIR, SENTIR[2]

pasota *adj, nmf*
LOC ser (un) pasota: *Es un ~, no se preocupa ni de sus propios hijos.* He doesn't give a damn about anything, not even his own children. ◊ *No seas tan ~, empieza a estudiar un poco.* Don't be so lazy, it's high time you started doing some work.

pasta *nf* **1** (*gen*) paste: *Mézclese hasta que la ~ quede espesa.* Mix to a thick paste. **2** (*masa*) **(a)** (*con levadura*) dough **(b)** (*de tarta*) pastry **3** (*fideos, macarrones*) pasta **4** (*galleta*) fancy biscuit **5** (*papel*) pulp **6** (*encuadernación*) binding **7** (*dinero*) dosh (*argot*) **8** (*modo de ser*) nature: *Juan es de buena ~.* Juan is very good-natured. ◊ *Su hermano es de otra ~.* His brother is totally different.
LOC aflojar/soltar la pasta to cough up **costar/valer una pasta** to cost a bomb **pasta de dientes** toothpaste *Ver tb* ENCUADERNACIÓN, LIBRO

pastar *vt, vi* to graze

pastel[1] *nm* (*Arte*) pastel: *dibujar al ~* to work in pastels ◊ *colores ~* pastel colours

pastel[2] *nm* **1** (*dulce*) **(a)** (*gen*) cake: *una bandeja de ~es* a tray of cakes ◊ *~ de cumpleaños* birthday cake **(b)** (*de frutas*) tart ☛ *Ver nota en* TART[2] **2** (*salado*) pie **LOC** *Ver* DESCUBRIR, REPARTIR

pastelería *nf* **1** (*tienda*) cake shop, confectioner's (*más formal*) **2** (*pasteles*) pastries [*v pl*]

pastelero, -a *nm-nf* confectioner
■ **pastelero, -a** *adj*: *ser muy ~* to have a sweet tooth

pasterizar (*tb* **pasteurizar**) *vt* to pasteurize

pastilla *nf* **1** (*píldora*) pill **2** (*caramelo*) sweet **3** (*chocolate*) square **4** (*jabón*) bar
LOC ir a toda pastilla to go like the clappers **pastilla contra el mareo** travel-sickness pill **pastilla de café con leche** toffee **pastilla para la tos** cough sweet *Ver tb* LECHE, MÁQUINA, MENTA

pasto *nm* **1** (*campo*) pasture: *En esta zona hay suficiente ~ para el ganado.* There's enough pasture for the cattle in this area. ◊ *Han delimitado los ~s de los distintos ganaderos.* They have marked out the pastures belonging to the different farms. ◊ *los ~s que rodean la finca* the pasture round the farm **2** (*pienso*) feed
LOC comida/vino a todo pasto masses of food/wine **ser pasto de las llamas** to be consumed by the flames

pastor, ~a *nm-nf* shepherd [*fem* shepherdess]
■ **pastor** *nm* (*Relig*) minister ☛ *Ver nota en* PRIEST
LOC el Buen Pastor the Good Shepherd **pastor alemán** (*perro*) Alsatian ☛ *Ver ilustración en* DOG[1] *Ver tb* CONCURSO, PERRO

pastoral (*tb* **pastoril**) *adj* pastoral
■ **pastoral** *nf* (*Relig*) pastoral letter **LOC** *Ver* BÁCULO

pastoso, -a *adj* **1** (*gen*) thick: *La pintura se ha quedado pastosa.* This paint has gone very thick. **2** (*arroz*) sticky **3** (*boca, lengua*) furred

pata *nf* **1** (*gen*) leg: *Juan se cayó y se rompió la ~.* Juan fell and broke his leg. ◊ *las ~s de una mesa/de un animal* the legs of a table/an animal ◊ *¿Prefieres ~ o pechuga?* Do you prefer leg or breast? **2** (*pie*) foot [*pl* feet] **3** (*mano o pie de animal con garras*) paw **4** (*pezuña*) hoof [*pl* hoofs/hooves]: *las ~s de una cebra/un caballo* a zebra's/horse's hooves **5** (*animal*) *Ver* PATO
LOC andar a la pata coja to hop (along) **a pata** on foot **mala pata** bad luck: *¡Qué mala ~ tienen!* They're really unlucky. **meter la pata** to put your foot in it **pata chula 1** (*gen*) gammy leg **2** (*pierna escayolada*) leg in plaster **pata de gallo** (*tela*) houndstooth **pata de palo** wooden leg **pata negra** top-class **patas arriba 1** (*objeto, casa*) upside-down: *La casa estaba ~s arriba.* The house was upside-down. **2** (*animal*) on its back **patas de gallo** (*arrugas*) crow's-feet **tener buena/mala pata** to be lucky/unlucky *Ver tb* CUATRO, ESTIRAR, METEDURA, PANTALÓN

patada *nf* **1** (*puntapié*) kick **2** (*en el suelo*) stamp
LOC a patadas (*en abundancia*) loads of *sth*. *Hay tomates a ~s.* There are loads of tomatoes. **caer/sentar como una patada (en el estómago)** to be like a kick in the teeth **dar la patada a algn** to give sb the boot **dar/pegar una patada** to kick: *Le dio una ~ a la mesa.* He kicked the table. **dar una patada/patadas en el suelo** to stamp (your foot/feet) **echar a algn a patadas** to kick sb out *Ver tb* CIEN

patalear *vi* **1** (*en el suelo*) to stamp (your feet) **2** (*en el aire*) to kick (your feet)

pataleo *nm* stamping

pataleta *nf* tantrum: *agarrarse una ~* to throw a tantrum

patán *adj, nm* lout [*n*]

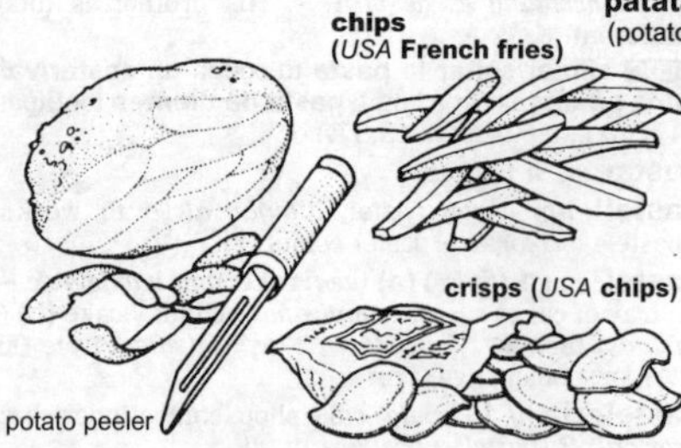

patata *nf* potato [*pl* potatoes]
LOC **no saber/entender ni patata (de algo)** not to know/understand a thing (about sth) **patatas bravas** potatoes with a spicy tomato sauce **patatas fritas 1** (*de bolsa*) crisps **2** (*Cocina*) chips **ser una patata** to be rubbish: *Me vendieron un coche que resultó ser una ~.* They sold me a car that turned out to be a dud. *Ver tb* BOLSA², PURÉ, TORTILLA

patatán **LOC** *Ver* PATATÍN

patatín
LOC **que (si) patatín que (si) patatán** and so on and so forth

patatús *nm*
LOC **darle a algn un patatús 1** (*desmayo*) to faint **2** (*disgusto*) to have a fit: *Le va a dar un ~ a tu madre cuando se entere.* Your mother will have a fit when she finds out.

paté *nm* pâté

patear *vi* **1** (*espectáculo*) to stamp your feet: *El público pateó al final de la obra.* The audience stamped their feet at the end of the play. **2** (*Golf*) to putt
■ **patear(se)** *vt, vi, v pron* (*andar mucho*) to walk round (*sth*), to traipse round (*sth*) (*más coloq*): *~ una ciudad* to walk round a town ◇ *Llevamos todo el día pateando.* We've been traipsing round all day.

patena *nf* **LOC** *Ver* LIMPIO

patentar *vt* to patent

patente¹ *adj* obvious: *Su inquietud quedó ~.* His anxiety was obvious.
LOC **dejar/hacer patente** to make *sth* clear: *Dejaron ~ que no lo tolerarían.* They made it clear they wouldn't put up with it.

patente² *nf* patent: *obtener/sacar una ~* to take out a patent

pateo *nm* (*en espectáculo*) stamping

paternal *adj* fatherly, paternal (*formal*): *consejos ~es* fatherly advice

paternalismo *nm* paternalism

paternalista *adj* **1** (*empresa, gobierno*) paternalistic **2** (*trato*) patronizing

paternidad *nf* paternity (*formal*), fatherhood: *La ~ te sienta muy bien.* Being a father really suits you.

paterno, -a *adj* **LOC** *Ver* ABUELO, LÍNEA

patético, -a *adj* **1** (*conmovedor*) moving **2** (*lamentable*) pathetic

patíbulo *nm* scaffold

patidifuso, -a *adj* flabbergasted, gobsmacked (*argot*): *Me quedé/me dejó ~.* I was flabbergasted.

patilla *nf* **1** (*pelo*) sideboard: *Se ha dejado ~s.* He's grown sideboards. ☛ *Ver ilustración en* PELO **2** (*gafas*) arm

patín *nm* **1** (*con ruedas*) roller-skate **2** (*con cuchilla*) ice-skate ☛ *Ver ilustración en* HOCKEY **3** (*hidropedal*) pedal-boat **LOC** **patín en línea** Rollerblade®

patinador, ~a *nm-nf* skater

patinaje *nm* skating
LOC **patinaje artístico** figure skating **patinaje de velocidad** speed skating **patinaje sobre hielo** ice skating *Ver tb* PISTA

patinar *vi* **1** (*persona*) to skate **2** (*vehículo*) to skid

patinazo *nm* **1** (*de vehículo*) skid **2** (*error*) slip
LOC **dar/pegar un patinazo 1** (*vehículo*) to skid **2** (*meter la pata*) to slip up: *Pegué un ~ en la tercera pregunta.* I slipped up on the third question.

patinete *nm* scooter

patio *nm* **1** (*gen*) courtyard: *Las ventanas dan a un ~.* The windows overlook a courtyard. **2** (*cárcel*) exercise yard
LOC **¡cómo está el patio!**: *No veas como está el ~, todo el mundo anda nervioso.* You can see what it's like–everyone is on edge. ◇ *¡Cómo está el ~! ¡No se acuerda ni de cuantos años tiene!* You can see how it is–he can't even remember how old he is! **patio de butacas** stalls [*v pl*]: *El ~ de butacas está lleno.* The stalls are full. **patio de recreo** playground *Ver tb* BUTACA

patita *nf*
LOC **poner a algn de patitas en la calle** to kick sb out

patitieso, -a *adj* **1** (*de miedo*) scared stiff **2** (*de frío*) frozen: *Con este frío nos vamos a quedar ~s.* We'll freeze to death in this cold. **3** (*estupefacto*) flabbergasted: *Cuando me enteré de que había ganado, me quedé ~.* I was flabbergasted when I heard I'd won.

patito, -a *nm-nf* duckling: *el ~ feo* the ugly duckling

patizambo, -a *adj* knock-kneed

pato, -a *nm-nf* duck

Duck es el sustantivo genérico y femenino. Para referirnos solo al macho decimos **drake**. A los patitos se les llama **ducklings**.

LOC **ser (un) pato (mareado)** to be clumsy *Ver tb* COLA², PAGAR

patochada *nf* stupid thing: *Lo que han hecho es una ~.* It was a stupid thing to do.
LOC **decir patochadas** to talk nonsense **hacer patochadas** to fool around

patología *nf* pathology

patológico, -a *adj* pathological

patoso, -a *adj* clumsy
■ **patoso, -a** *nm-nf* clumsy oaf: *Eres un ~.* You're a clumsy oaf!

patraña *nf* fabrication: *Eso es pura ~.* That's a complete fabrication.

patria *nf* (native) country: *volver a la ~* to return to your own country
LOC **hacer patria** to wave the flag **patria adoptiva/segunda patria** country of adoption **patria chica 1** (*pueblo*) home town **2** (*región*) native region **patria potestad** custody, care, and control (of children): *Tiene la ~ potestad de sus hijos.* She has custody of the children. *Ver tb* MADRE, SERVIR

patriarca *nm* patriarch: *Es el ~ de la familia.* He's the patriarch of the family. ◇ *un ~ del jazz* a grand old man of jazz

patriarcado *nm* (*sistema social*) patriarchy: *una sociedad con sistema de ~* a patriarchal society

patriarcal *adj* patriarchal

patrimonio *nm* **1** (*gen*) assets [*v pl*]: *~ nacional/personal* national/personal assets ◇ *Están investigando el origen de su ~.* Their assets are being investigated. **2** (*herencia colectiva*) heritage: *~ cultural/artístico* cultural/artistic heritage ◇ *Segovia ha sido declarada ~ de la humanidad.* Segovia has been declared a world heritage site.
LOC **patrimonio histórico-artístico (de un país)** national heritage

patriota *nmf* patriot

patriótico, -a *adj* patriotic

patriotismo *nm* patriotism

patrocinador, ~a *nm-nf* sponsor: *El Ayuntamiento es el ~ .* The local council are the sponsors. **LOC** *Ver* ENTIDAD

patrocinar *vt* to sponsor

patrocinio *nm* sponsorship: *bajo el ~ de una compañía* de seguros under the sponsorship of an insurance company

patrón, -ona *nm-nf* **1** (*jefe, empleador*) boss (*coloq*), employer **2** (*de una casa con inquilinos*) landlord [*fem* landlady] **3** (*Relig*) patron saint: *San Isidro es el ~ de Madrid.* San Isidro is the patron saint of Madrid.

■ **patrón** *nm* (*Costura*) pattern: *el ~ de una falda* a skirt pattern

LOC **patrón de barco** skipper *Ver tb* CORTADO, DONDE

patronal *nf* employers' organization: *un acuerdo entre la ~ y los sindicatos* an agreement between the employers and the unions **LOC** *Ver* CIERRE

patronato *nm* trust: *un ~ benéfico* a charitable trust

patronazgo *nm* patronage

patrono, -a *nm-nf* **1** (*empresario*) employer **2** (*Relig*) patron saint

patrulla *nf* patrol: *una ~ del ejército de tierra* an army patrol ◊ *un coche ~* a patrol car

LOC **patrulla de rescate** search party

patrullar *vt, vi* to patrol

patrullera *nf* (*lancha*) patrol boat

paulatino, -a *adj* gradual: *un incremento ~ de la productividad* a gradual increase in productivity

paupérrimo, -a *adj* very poor

pausa *nf* pause: *tras una breve ~* after a short pause

LOC **con pausa** slowly **hacer una pausa** to have a (short) break: *Haremos una ~ y seguiremos trabajando después.* We'll have a short break and then carry on. ◊ *Hacemos una breve ~ para la publicidad.* There will now be a short commercial break. *Ver tb* PRISA

pausado, -a *adj* **1** (*lento*) slow: *Trabajamos a un ritmo más ~ que antes.* We work at a slower pace now. ◊ *Habla más ~.* Speak more slowly. **2** (*tranquilo*) calm: *un hombre inteligente y ~* a calm, intelligent man

pauta *nf* **1** (*norma*) norm: *establecer ~s de conducta* to establish norms of behaviour **2** (*ejemplo*) example: *seguir la ~ marcada por algn* to follow sb's example

LOC *Ver* MARCAR

pavimentar *vt* **1** (*con asfalto*) to tarmac **2** (*con adoquines*) to pave

pavimento *nm* **1** (*gen*) surface: *un ~ de asfalto/adoquín* a tarmac/paved surface ◊ *El ~ está fatal.* The road surface is terrible. **2** (*acera*) pavement

pavo, -a *nm-nf* turkey

■ **pavo** *nm* five pesetas: *veinte ~s* 100 pesetas

LOC **pavo real** peacock [*fem* peahen] **ser (un) pavo** to be a drip *Ver tb* EDAD, MOCO, SUBIR

pavonearse *v pron* **1** (*hacer ostentación*) to show off: *Anda pavoneándose con su nueva moto.* He's showing off on his new motorbike. **2** (*presumir hablando*) to boast (***of/about sth***)

pavor *nm* terror

LOC **tener pavor a algo/algn** to be terrified of sth/sb: *Les tengo pavor a las inyecciones.* I'm terrified of injections.

pavoroso, -a *adj* terrifying

payasada *nf* (*farsa*) joke: *Ese programa es una ~.* That programme is a joke.

LOC **hacer payasadas** to act the fool: *Siempre está haciendo ~s.* He's always acting the fool.

payaso, -a *nm-nf* clown: *Mi sobrino es un ~.* My nephew is a real clown.

LOC **hacer el payaso** to act the clown

payo, -a *nm-nf* term used by gypsies to refer to non-gypsies

paz *nf* peace: *trabajar por la ~* to work for peace ◊ *plan/propuesta de ~* peace plan/proposal ◊ *la ~ del campo* the peace of the countryside ◊ *en tiempo(s) de ~* in peacetime

LOC **dejar en paz** to leave *sth/sb* alone: *No me dejan en ~.* They won't leave me alone. **estar/quedar en paz** **1** (*sin guerra*) to be at peace **2** (*sin deudas, igualado*) to be quits: *Toma las mil pesetas que te debo y estamos en ~.* Here are the thousand pesetas I owe you and that makes us quits. **hacer las paces** to make it up: *Han hecho las paces.* They've made it up. **¡haya paz!** that's enough! **poner paz** to make peace: *Siempre soy yo la que pongo ~ (entre ellos).* I'm always the one who has to make peace between them. **que en paz descanse** God rest his/her soul: *Mi abuela, que en ~ descanse, cocinaba muy bien.* My granny, God rest her soul, was a wonderful cook. **y en paz** and that's that *Ver tb* APUESTA, DESCANSAR, FIESTA, FIRMAR, JUEZ, REMANSO

pazguato, -a *adj, nm-nf* fool [*n*]: *¡Qué ~ eres!* What a fool you are!

pe *nf*

LOC **de pe a pa** from beginning to end

peaje *nm* toll

peatón, -ona *nm-nf* pedestrian **LOC** *Ver* PASO, PUENTE

peatonal *adj* pedestrian [*n atrib*]: *calle ~* pedestrian street

peca *nf* freckle: *Me han salido muchas ~s* I've come out in freckles.

pecado *nm* sin: *Desperdiciar la comida es un ~.* It's a sin to waste food.

LOC **pecado capital/mortal** deadly/mortal sin *Ver tb* FEO, PERDONAR

pecador, ~a *nm-nf* sinner **LOC** *Ver* SIEMPRE

pecar *vi* to sin

LOC **pecar de**: *Peca de confiado/ingenuo.* He's too trusting. ◊ *Peca de tacaño.* He's a bit mean. **pecar por defecto/exceso** : *En cuestión de paciencia, este chico peca por defecto.* That young man doesn't have a lot of patience. ◊ *A la hora de preparar un banquete, es mejor ~ por exceso que por defecto.* For a special meal, it's better to have too much than too little.

pecera *nf* **1** (*pequeña y redonda*) fishbowl **2** (*cuadrada*) fish tank

pechera *nf* **1** (*camisa*) **(a)** (*delantera*) shirt front **(b)** (*chorrera*) frill **2** (*de mujer*) boobs [*v pl*]: *una buena ~* big boobs

pecho *nm* **1** (*gen*) chest: *Tengo catarro de ~.* I've got a cold on my chest. **2** (*sólo mujer*) **(a)** (*busto*) bust: *contorno de ~* bust measurement ◊ *90 de pecho, 60 de cintura* 36 bust, 24 waist ◊ *tener mucho/poco ~* to have a big/small bust **(b)** (*mama*) breast: *Le han operado del ~ izquierdo.* She's had an operation on her left breast.

LOC **a pecho descubierto** fearlessly: *Se enfrentó con ellos a pecho descubierto.* He faced up to them fearlessly. **dar el pecho a un bebé** to breast-feed a baby **quedarse con algo en el pecho** to keep sth bottled up: *Nos quedamos con una cosa en el pecho cuando fuimos incapaces de decirle la verdad.* We had to keep our feelings bottled up because we couldn't tell him the truth. **meterse algo entre pecho y espalda** to put *sth* away: *Se metió un litro de vino entre ~ y espalda.* He put away a litre of wine. **tomar(se) algo a pecho** **1** (*en serio*) to take sth seriously: *Se toma el trabajo demasiado a ~.* He takes his work too seriously. **2** (*ofenderse*) to take sth to heart: *Era una broma, no te lo tomes a ~.* It was a joke–don't take it to heart. **sacar pecho** **1** (*lit*) to stick out your chest **2** (*fig*) to show off: *Deben de haber llegado las nenas, porque está sacando~.* The girls must be here–he's showing off! *Ver tb* ABRIR, CABER, CRIAR, DO, HECHO, HOMBRE, PISTOLA, PUÑAL

pechuga *nf* **1** (*ave*) breast: *~ de pollo* chicken breast **2** (*mujer*) boobs [*v pl*]

pechugona *adj* buxom

pécora *nf*

LOC **mala pécora** cow

pecoso, -a *adj* freckled: *brazos ~s* freckled arms ◊ *Es muy ~.* He has a lot of freckles. ◊ *una chica pecosa* a girl with freckles

pectoral *adj* **1** (*músculo*) pectoral **2** (*medicamento*) cough [*n atrib*]: *jarabe/pastilla ~* cough medicine/sweet

■ **pectoral** *nm* **1** (*músculo*) pectoral (muscle) **2** (*medicamento*) cough medicine

peculiar *adj* (*característico*) characteristic: *Eso es algo* *muy ~ en él.* That's characteristic of him. ◊ *un sabor ~* a characteristic flavour

Nótese que en inglés **peculiar** significa *extraño, especial*: *Es un hombre muy extraño.* He's a very peculiar man. ◊ *Tiene un sabor especial.* It's got a peculiar taste.

peculiaridad *nf* distinctive feature

pedagogía *nf* education: *~ para la paz* education for peace ◊ *un experto en ~* an educational expert ◊ *La ~ musical ha avanzado mucho en los últimos años.* The last few years have seen major advances in the teaching of music.

pedagógico, -a *adj* educational: *métodos ~s* educational methods

pedagogo, -a *nm-nf* teacher

pedal *nm* pedal: *~ del acelerador/freno/embrague* accelerator/brake/clutch pedal ☛ *Ver ilustración en* BICYCLE, CAR

pedalear *vi* to pedal

pedaleo *nm* pedalling

pedante *adj* pedantic

■ **pedante** *nmf* pedant

pedazo *nm* piece, bit (*más coloq*): *¿Me das un ~ de tarta?* Could you give me a piece of cake, please? ☛ *Ver nota en* PIECE

LOC **caerse a pedazos** to fall to pieces: *Esto se está cayendo a ~s.* It's falling to pieces. **estar/quedar hecho pedazos 1** (*persona*) to be shattered **2** (*cosa*) to be wrecked: *El coche ha quedado hecho ~s.* The car's a wreck. ◊ *Su carrera cinematográfica ha quedado hecha ~s tras el fracaso de su última película.* His career is in ruins since the failure of his latest film. **hacerse pedazos** to smash to pieces: *El vaso se cayó de la mesa y se hizo ~s.* The glass fell off the table and smashed to pieces. **¡pedazo de alcornoque!** you idiot! **pedazo de mi alma/corazón** my love *Ver tb* PAN, ROTO, SALTAR

pedernal *nm* flint LOC *Ver* DURO

pedestal *nm* pedestal

LOC **pedestal para la fama/para triunfar** stepping-stone to fame

pedestre *adj* (*ordinario*) pedestrian LOC *Ver* CARRERA

pediatra *nmf* paediatrician

pediatría *nf* paediatrics [*v sing*]

pediátrico, -a *adj* paediatric

pedicuro, -a *nm-nf* chiropodist

pedida *nf* **1** (*petición de mano*) (formal) proposal of marriage **2** (*celebración familiar*) engagement party: *Mañana es la ~ de mi hermana.* It's my sister's engagement party tomorrow. LOC *Ver* ANILLO

pedido *nm* order: *hacer un ~* to place an order ◊ *~s pendientes* outstanding orders

pedigrí *nm* pedigree

pedigüeño, -a *adj, nm-nf* pest [*n*]: *Pues por ser tan ~ no te voy a comprar nada.* You've been such a pest I'm not going to buy you anything.

pedir *vt* **1** (*gen*) to ask (*sb*) **for *sth***: *~ pan/la cuenta* to ask for bread/the bill ◊ *~ ayuda a los vecinos* to ask the neighbours for help ◊ *Piden ocho millones por el piso.* They are asking eight million pesetas for the flat. ◊ *Te quiero ~ un favor.* I want to ask you a favour. ◊ *~ permiso para hacer algo* to ask permission to do sth ◊ *Estoy harta de que me pidas favores.* I'm fed up with you asking favours. **2 ~ a algn que haga algo** to ask sb **to do sth**: *Me pidió que esperara.* She asked me to wait. ◊ *Solo pido que me dejen en paz.* All I ask is to be left in peace. **3** (*encargar*) to order: *~ género/una comida* to order goods/a meal **4** (*exigir*) to call for *sth*: *La situación pide medidas urgentes.* The situation calls for urgent measures. ◊ *Esto pide un brindis.* This calls for a toast.

LOC **¡no pides nada!** you don't want much, do you?: *Una mesa, un ordenador... ¡No pides nada!* A desk, a computer... You don't want much, do you? **pedir (a gritos/voces)** to need *sth* (badly): *Este niño está pidiendo a voces un corte de pelo.* This child badly needs a haircut. **pedir disculpas/perdón** to apologize (*to sb*) (*for sth/doing sth*): *Me pidió disculpas por llegar tarde.* He apologized for being late. ◊ *Tendrás que ~le disculpas.* You'll have to apologize to her. **pedir hora** to make an appointment: *Pide hora en la peluquería para mañana.* Make an appointment with the hairdresser for tomorrow. **pedir la mano** to ask for *sb's* hand (in marriage) **pedir la palabra** to ask (permission) to speak: *El delegado pidió la ~.* The delegate asked permission to speak. ◊ *¡Pido la palabra!* May I speak? **pedir la vez** (*en una tienda*) to ask whose turn it is **pedirle a algn algo el cuerpo** to be longing for sth: *Tras una semana de entrenamiento intensivo el cuerpo le pedía descanso.* After a week of intensive training he was longing for a rest. **pedir (limosna)** to beg **pedir peras al olmo** to ask the impossible **pedir socorro** to call for help **¿qué más se puede pedir?** what more could you ask? **salir a pedir de boca** to go like a dream: *Todo salió a ~ de boca.* It went like a dream. **si no es mucho pedir** if it's not too much to ask **te pido por Dios que...** I beg you to...: *Te pido por Dios que no digas nada.* I beg you not to say anything. *Ver tb* ASILO, IMPOSIBLE, MANO, ORO, PRESTADO, REFERENCIA, RODILLA

pedo *nm* (*gases*) fart

LOC **echarse/tirarse un pedo** to fart **llevar/tener un pedo 1** (*borrachera*) to be pissed (⚠) ☛ *Ver nota en* TABÚ: *¡Vaya ~ que tiene!* He's pissed out of his mind! **2** (*drogado*) to be stoned

pedorreta *nf*

LOC **hacer una pedorreta** (*insultando a alguien*) to blow a raspberry **hacer pedorretas** (*bebé*) to blow bubbles

pedrada *nf* blow with a stone: *Me dio una ~ en la cabeza.* He hit me on the head with a stone. ◊ *Lo recibieron a ~s.* They threw stones at him. ◊ *Lo derribaron de una ~.* They threw a stone and knocked him down. LOC *Ver* MATAR

pedregoso, -a *adj* stony

pedrisco *nm* hail: *El ~ arruinó la cosecha.* The hail spoilt the crop.

Pedro *n pr* LOC *Ver* CASA

pega *nf* **1** (*inconveniente*) drawback: *La mayor ~ es tener que viajar todos los días.* The main drawback is having to commute every day. **2** (*problema*) problem, snag (*más coloq*): *Surgieron algunas ~s.* There were a few snags.

LOC **de pega** (*falso*) fake **poner pegas**: *¿Crees que me pondrán ~s para conseguir un permiso de trabajo?* Do you think I'll have trouble getting a work permit?

pegadizo, -a *adj* (*música*) catchy

pegado, -a *pp, adj* **1** (*sin habla*) speechless: *quedarse ~* to be speechless **2** (*comida*) stuck *Ver tb* PEGAR

LOC *Ver* TRENZA

pegajoso, -a *adj* **1** (*pringoso*) sticky **2** (*cargante*) tiresome: *una persona pegajosa* a tiresome person

pegamento *nm* glue

pegar *vt* **1** (*golpear*) to hit: *No me pegues.* Don't hit me! **2** (*adherir*) **(a)** (*gen*) to stick: *~ una etiqueta en un paquete* to stick a label on a parcel ◊ *~ una taza rota* to stick a broken cup together ◊ *~ un cartel en la pared* to stick a poster up on the wall **(b)** (*con pegamento*) to glue: *~ la pata a una mesa* to glue the leg onto a table **3** (*acercar*) to put *sth* ***against sth***: *Pega la mesa a la pared.* Put the table against the wall. ◊ *Pegó el oído a la pared.* He put his ear to the wall. **4** (*contagiar*) to give: *Me has pegado la gripe.* You've given me your flu. **5** (*botón*) to sew *sth* on

■ **pegar** *vi* **1 ~ contra** to hit *sth* [*vt*]: *Pegamos contra un árbol.* We hit a tree. **2** (*armonizar*) to go with *sth*: *La chaqueta no pega con la falda.* The jacket doesn't go with the skirt. ◊ *Esa lámpara no pega en el salón.* That lamp doesn't look right in the sitting-room. **3** (*sol, droga, bebida*) to be strong: *El sol pega que da gusto.* The sun is very strong. **4** (*hacerse popular*) to catch on: *Esta canción ha pegado fuerte entre el público.* That song has really caught on with the public.

■ **pegarse** *v pron* **1** (*pelearse*) to fight: *No os peguéis* *por esa tontería.* Don't fight over a little thing like that. **2** (*adherirse*) to stick: *Las etiquetas se han pegado.* The labels have stuck together. **3** (*comida*) to stick **4** (*acento, gestos, enfermedad*) to be catching

LOC **estar pegando a** to be right next to *sth*: *Mi casa está pegando al banco/parque.* My house is right next to the bank/park.

pegarle a algo to like sth: *Mi hermano le pega al whisky.* My brother likes his whisky.

pegársela to have a crash

pegársela a algn to take sb in: *Esta vez no me la pegan.* I'll make sure I don't get taken in this time.

☛ Para otras expresiones con **pegar**, véanse las entradas del sustantivo, adjetivo, etc, p. ej. **pegarse un atracón** en ATRACÓN y **no dar/pegar un palo al agua** en PALO.

pegatina *nf* sticker

pego *nm*

LOC **dar el pego** to be a good imitation: *No es de oro pero da el ~.* It's not gold but it's a very good imitation.

pegote *nm* **1** (*parche*) patch: *¿Qué es ese ~ que hay en la pared?* What is that patch on the wall? **2** (*Cocina*) sticky mess: *El arroz está hecho un ~.* This rice is a sticky mess. **3** (*chapuza*) mess: *La parte nueva es un ~.* The new extension is a mess. **4** (*persona*) pest

LOC **poner un pegote a algo** to patch sth up: *En vez de hacer la pared nueva le han puesto un ~.* They've patched up the wall instead of rebuilding it.

peinado, -a *pp, adj*: *¿Todavía no estás peinada?* Haven't you done your hair yet? *Ver tb* PEINAR

■ **peinado** *nm* **1** (*estilo*) hairstyle: *los ~s de los 50* 50s hairstyles **2** (*rastreo*): *La policía ha hecho un minucioso ~ de la zona.* The police have combed the area.

LOC **ir bien/mal peinado**: *Iba muy bien ~.* His hair looked nice. ◊ *Siempre va muy mal peinada.* Her hair always looks a mess. **ir peinado a lo afro, etc** to have an Afro, etc hairstyle

peinar *vt* **1** (*pelo*) to comb *sb's* hair: *Ven que te peine.* Come here and let me comb your hair. **2** (*zona*) to comb: *Peinaron la zona.* They combed the area. **3** (*peluquero*) to do *sb's* hair: *¿Quién te peina?* Who does your hair? ◊ *Voy a que me peinen.* I'm going to have my hair done.

■ **peinarse** *v pron* **1** (*gen*) to comb your hair: *Péinate antes de salir.* Comb your hair before you go out. **2** (*arreglarse el pelo*) to do your hair **3** (*en peluquería*) to have your hair done

peine *nm* comb

LOC **pasarse el peine** to run a comb through your hair *Ver tb* ENTERARSE

peineta *nf* comb

pela *nf* peseta

LOC **un montón de/muchas pelas**: *Te va a costar muchas ~s.* It'll cost you a fortune. ◊ *Tiene muchas ~s.* He's loaded.

peladilla *nf* sugared almond

pelado, -a *pp, adj* **1** (*gen*) peeled: *gambas/patatas peladas* peeled prawns/potatoes ◊ *Tengo la espalda pelada.* My back is peeling. **2** (*vacío*) bare: *Me han dejado la nevera pelada.* They've left the fridge bare. ◊ *un monte ~* a bare mountain **3** (*escaso*): *Tengo mil pesetas peladas.* I've got exactly a thousand pesetas. ◊ *Hago horas extras porque no puedo vivir con el sueldo ~.* I do overtime because I can't manage on my wages. **4** (*con pelo muy corto*): *Esta vez la peluquera me ha dejado ~.* The hairdresser just about scalped me this time. *Ver tb* PELAR

LOC **dejar a algn pelado** to clean *sb* out: *Los de Hacienda me han dejado ~.* The income tax people have cleaned me out. **dejar algo pelado** to strip sth (bare): *Los ladrones dejaron la casa pelada.* The thieves stripped the house. **estar pelado** (*sin dinero*) to be broke *Ver tb* ALMENDRA, CABEZA, CINCO, GRITO

peladura *nf* peelings [*v pl*]: *~s de patata* potato peelings

pelagatos *nmf* nobody: *Cuando le conocí era un ~.* When I first met him he was a nobody.

pelaje *nm* **1** (*animal*) coat: *~ abundante* a thick coat **2** (*mal aspecto*): *No me gustó el ~ de aquel individuo.* I didn't like the look of him.

pelambrera *nf* mop (of hair): *Haz el favor de recogerte esa ~.* Tie back that untidy mop of yours.

pelar *vt* **1** (*gen*) to peel: *~ una naranja/unas patatas* to peel an orange/potatoes **2** (*guisantes, mariscos*) to shell **3** (*ave*) to pluck **4** (*caramelo*) to unwrap **5** (*pelo*) to cut *sb's* hair very short: *¡No me peles demasiado!* Don't cut it too short. ◊ *¡Cómo te han pelado!* They've scalped you! **6** (*dejar sin dinero*) to clean *sb* out

■ **pelarse** *v pron* (*caerse la piel*) to peel: *Te vas a ~.* You'll peel! ◊ *Se te va a ~ la nariz.* Your nose will peel.

LOC **pelárselas 1** (*correr*) to run like the wind: *La canadiense corre que se las pela.* The Canadian girl runs like the wind. **2** (*hacer algo deprisa*) to do sth very fast: *Cuando le interesa, corre que se las pela.* He can do things very fast when he wants to. *Ver tb* DURO

peldaño *nm* **1** (*escalón*) step **2** (*escalera de mano*) rung

pelea *nf* fight: *meterse en una ~* to get into a fight ◊ *Siempre están de ~.* They're always fighting. ◊ *La vida es una ~ constante.* Life is a constant struggle.

LOC **tener ganas de pelea/estar buscando pelea** to be looking for a fight *Ver tb* GALLO

peleado, -a *pp, adj Ver* PELEAR(SE)

LOC **estar peleado con algn** not to be speaking to sb: *Estoy ~ con mi hermana.* I'm not speaking to my sister.

pelear(se) *vi, v pron* **1** (*luchar*) to fight (***for/against/over sth/sb***): *Los niños (se) peleaban por los juguetes.* The children were fighting over the toys. **2 pelear(se)** (*reñir*) to quarrel (***with sb***) (***about/over sth***): *(Se) peleó con su hermana a causa de la herencia.* He quarrelled with his sister over the will. LOC *Ver* BRAZO, PERRO

pelele *nm* **1** (*persona*) wimp **2** (*traje de niño*) Babygro® [*pl* Babygros]

peleón, -ona *adj* **1** (*persona*) quarrelsome **2** (*vino*) cheap

peletería *nf* (*tienda*) furrier's, fur shop (*más coloq*)

peletero, -a *nm-nf* furrier

peliagudo, -a *adj* tricky

pelícano (*tb* **pelicano**) *nm* pelican

película *nf* film: *Ponen una ~ muy buena en el cine.* There's a very good film on at the cinema. ◊ *¿Qué ~ echan esta noche?* What's the film tonight?

LOC **de película** fantastic: *Tiene una casa de ~.* She has a fantastic house. **(película) apta para mayores de quince años** not recommended for under-15s **(película) apta para mayores de dieciocho años** not recommended for under-18s/X-certificate **(película) apta para menores acompañados** parental guidance (film) (*abrev* PG) **(película) apta para todos los públicos/tolerada** U-certificate (film) **película de dibujos animados** cartoon **película del oeste** western **película de miedo/terror** horror film **película de reciente estreno/recién aparecida** new release **película de suspense** thriller **película en blanco y negro** black and white film **película en color** colour film **película muda** silent film **ser el malo de la película** (*fig*) to get the blame for everything: *Estoy harta de ser la mala de la ~.* I'm fed up with getting the blame for everything. *Ver tb* ALLÁ, CÓMICO, CUMBRE, HUMOR, RISA

peligrar *vi* to be in danger

LOC **hacer peligrar algo** to put sth at risk: *Los cambios hacen ~ la viabilidad del proyecto.* The changes have put the project at risk.

peligro *nm* danger: *Su vida está en ~.* His life is in danger. ◊ *El enfermo ya está fuera de ~.* The patient is out of danger.

LOC **correr peligro** to be in danger **¡peligro de muerte!** (*en un cartel*) danger! **poner algo/a algn en peligro** to put sth/sb at risk: *Puso a su familia en ~.* He put his family at risk. *Ver tb* CRECER

peligroso, -a *adj* dangerous LOC *Ver* PISAR

pelirrojo, -a *adj* **1** (*persona*) red-haired: *un bebé ~* a red-haired baby ◊ *Todos sus hermanos son ~s.* All his

brothers have red hair. **2** (*pelo de persona*) red: *Se ha puesto el pelo* ~. She's dyed her hair red. **3** (*barba, gato*) ginger
■ **pelirrojo, -a** *nm-nf* redhead

pellejo *nm* **1** (*piel*) skin **2** (*para vino*) wineskin
LOC arriesgar/jugarse el pellejo to risk your neck **estar en el pellejo de algn** to be in sb's shoes: *No quisiera estar en su* ~. I wouldn't like to be in his shoes. **no tener más que el pellejo** to be all skin and bone *Ver tb* SALVAR

pelliza *nf* (*de piel de oveja*) sheepskin coat

pellizcar *vt* **1** (*persona*) to pinch **2** (*comida*) to nibble: *Deja de* ~ *el pan.* Stop nibbling the bread.

pellizco *nm* **1** (*gen, condimentos*) pinch: *Siempre le pongo un* ~ *de sal/canela.* I always add a pinch of salt/ cinnamon. **2** (*hierbas*): *un* ~ *de perejil* a little parsley **3** (*pedacito*) little bit: *un* ~ *de pan* a little bit of bread
LOC cogerse/darse un pellizco (con algo): *darse un* ~ *con los alicates* to pinch your finger with the pliers ◇ *darse un* ~ *con la puerta* to shut your fingers in the door **dar/pegar un pellizco a algn** to pinch sb **un buen pellizco** a tidy sum

pelma (*tb* **pelmazo, -a**) *adj, nmf* pain [*n*]: *¡No seas (tan)* ~*!* Don't be such a pain!

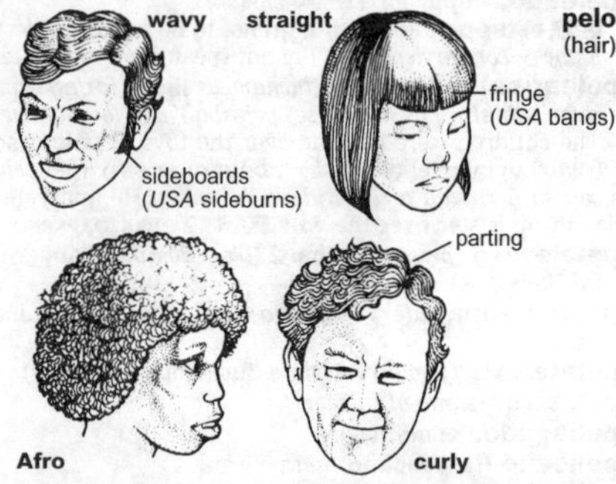

pelo *nm* **1** (*gen*) hair: ~ *rizado/liso* curly/straight hair ◇ *Me encontré un* ~ *en la sopa.* I found a hair in my soup. ☛ *Ver ilustración en* HEAD[1] **2** (*piel de animal*) coat: *Ese perro tiene un* ~ *muy suave.* That dog has a silky coat. **3** (*alfombra*) pile **4** (*jersey*) fluff: *Este jersey tiene mucho* ~. This jersey is very fluffy.
LOC a pelo off the cuff **con pelos y señales** chapter and verse: *Lo explicó con* ~*s y señales.* He gave us chapter and verse. **cortarse/tener el pelo a cepillo** to have a crew cut **cortarse/tener el pelo al rape/cero** to have a skinhead haircut **dejarse tomar el pelo/ dejar que te tomen el pelo** to let sb get the better of you: *No dejes que te tome el* ~. Don't let him get the better of you. **me queda al pelo** it suits me, you, etc: *Te queda al* ~. It really suits you. **me viene al pelo** it's just what I, you, etc need **no tener pelos en la lengua** not to mince your words **no tener un pelo de tonto** to be no fool **no verle el pelo a algn** not to set eyes on sb: *Hace tiempo que no le vemos el* ~. It's ages since we set eyes on him. **pelo de camello** camel hair **pelo rasta** dreadlocks [*v pl*] ☛ *Ver ilustración en* TRENZA **ponerle los pelos de punta a algn** to make sb's hair stand on end: *Se me pusieron los* ~*s de punta cuando vi el reportaje.* My hair stood on end when I saw the news report. **por los pelos** by the skin of your teeth: *librarse/salvarse por los* ~*s* to escape by the skin of your teeth **se me va a caer el pelo** I'll, you'll, etc be in trouble **tener el pelo como una escarola** to have frizzy hair **tener mucho pelo 1** (*en la cabeza*) to have thick hair **2** (*en el cuerpo*) to be very hairy **tirarse de los pelos 1** (*pelearse*) to tear each other's hair out: *Me los encontré tirándose de los* ~*s.* I found them tearing each other's hair out. **2** (*desesperarse*) to tear your hair out: *Cuando me enteré me tiraba de los* ~*s.* I felt like tearing my hair out when they told me. **tomarle el pelo a algn** to pull sb's leg **traído por los pelos** far-fetched *Ver tb* CEPILLO, CINTA, CORTAR, CORTE[2], DESENREDAR, FALTAR, FIAR, HOMBRE, LIBRAR, MATA, MORENO, PUNTA, RECOGER, SOLTAR, TEÑIR, TOMADURA

pelón, -ona *adj*: *Ana era muy pelona cuando nació.* Ana had very little hair when she was born. ◇ *Está totalmente* ~. He's completely bald.

pelota *nf* **1** (*gen*) ball: *una* ~ *de tenis* a tennis ball ☛ *Ver ilustración en* HOCKEY **2** (*cabeza*) head **3 pelotas** balls (⚠) ☛ *Ver nota en* TABÚ; Ver *tb* COTÓN
■ **pelota** *adj* smarmy: *No seas tan* ~. Don't be so smarmy.
■ **pelota** *nmf* crawler: *Odio a los* ~*s.* I hate crawlers.
LOC dejar a algn en pelotas (*dejar sin dinero*) to clean sb out **en pelotas** stark naked **hacer la pelota/ rosca** to suck up to *sb* **pasarse la pelota** to pass the buck **pelota de goma** (*antidisturbios*) rubber bullet **pelota vasca** pelota *Ver tb* BOLA, DEVOLVER, PAR

pelotazo *nm* **1** (*golpe*) blow with a ball: *Rompió el cristal de un* ~. He threw a ball and broke the window. **2** (*bebida alcohólica*) drink: *Se tomó tres* ~*s y se quedó KO.* He had three drinks and he was out for the count.

pelotear *vi* (*Tenis*) to knock up

pelotera *nf* row

pelotilla *nf* ball of dirt
LOC hacer la pelotilla a algn to suck up to sb **hacer pelotillas** to pick your nose

pelotillero, -a *adj, nm-nf*
LOC ser (un) pelotillero to suck up to people

pelotón *nm* **1** (*Ciclismo*) bunch **2** (*gente*) crowd
LOC pelotón de ejecución/fusilamiento firing squad

peluca *nf* wig

peluche *nm* plush **LOC** *Ver* MUÑECO, OSITO

peludo, -a *adj* **1** (*gen*) hairy: *unos brazos* ~*s* hairy arms **2** (*animal*) long-haired, shaggy (*más coloq*)

peluquería *nf* **1** (*de señoras, hombres y unisex*) hairdresser's [*pl* hairdressers] ☛ *Ver nota y ejemplos en* CARNICERÍA **2** (*solo de hombres*) barber's [*pl* barbers] ☛ *Ver nota en* BARBER **LOC** *Ver* SALÓN, TIJERA

peluquero, -a *nm-nf* **1** (*de señoras, hombres y unisex*) hairdresser **2** (*solo de hombres*) barber ☛ *Ver nota en* BARBER **LOC** *Ver* TIJERA

peluquín *nm* toupee **LOC** *Ver* HABLAR

pelusa (*tb* **pelusilla**) *nf* **1** (*cara, fruta*) down **2** (*tela, suciedad*) ball of fluff
LOC tener pelusa to be jealous (*of sb*)

pelvis *nf* pelvis ☛ *Ver ilustración en* ESQUELETO

pena *nf* **1** (*tristeza*) sorrow: *la* ~ *que nos produjo su muerte* our sorrow at his death ◇ *ahogar las* ~*s* to drown your sorrows ◇ *Siente una* ~ *muy grande.* He feels very sad. **2** (*lástima*) pity: *Es una* ~ *tirarlo.* It's a pity to throw it away. ◇ *¡Qué* ~ *que no puedas venir!.* What a pity you can't come! **3** (*condena*) sentence: *una* ~ *de tres años de prisión* a three-year prison sentence **4 penas** (*penalidades*) hardship [*incontable*]: *Pasaron muchas* ~*s durante la guerra.* They endured great hardship during the war. **5 penas** (*problemas*) troubles: *Se pasó la tarde contándonos sus* ~*s.* He spent all afternoon telling us his troubles.
LOC bajo/so pena de on/under pain of *sth* **dar pena 1** (*persona*) to feel sorry *for sb*: *Esos niños me dan mucha* ~. I feel very sorry for those children. **2** (*cosa, situación*): *Da* ~ *ver tanta miseria en el mundo.* It's sad to see so much poverty in the world. ◇ *Me da* ~ *que os tengáis que marchar.* I'm sorry you have to go. **de pena**: *—¿Cómo te fue en el examen? —De* ~. 'How did your exam go?' 'It was terrible.' ◇ *Conduce de* ~. He's a terrible driver. ◇ *La comida estaba de* ~. The food was terrible. **estar que da pena/estar hecho una pena 1** (*persona*) to be in a sorry state **2** (*sucio, destartalado*) to be in a mess **merecer/valer la pena** to be worth (*doing sth*): *La espera mereció la* ~. It was worth waiting. ◇ *Vale la* ~ *leerla/verla.* It's worth reading/seeing. ◇ *Merece la* ~ *que lo intentes.* It's worth trying. ◇ *No merece la* ~. It's not worth it. ◇ *una experiencia que vale*

la ~ a worthwhile experience **pena capital** capital punishment **pena de muerte** death penalty **sin pena ni gloria** without making much of an impact: *Pasó por la vida sin ~ ni gloria.* He went through life without making much of an impact. **so pena de muerte** on pain of death *Ver tb* AHOGAR, ALLÁ, DURO, MORIR(SE), PUTO, SENTIR[2], VAGAR

penacho *nm* **1** (*de plumas*) plume **2** (*ave*) crest

penal *adj* penal: *el código ~* the penal code
■ **penal** *nm* prison **LOC** *Ver* ANTECEDENTE, DERECHO

penalidad *nf* **1** (*Jur*) penalty **2 penalidades** hardship [*incontable*]: *pasar ~es* to suffer hardship

penalizar *vt* **1** (*imponer una pena*) to make *sth* punishable (by law): *~ el consumo de drogas* to make drug-taking punishable by law **2** (*castigar*) to penalize: *Han penalizado al club por las acciones de sus hinchas.* The club has been penalized for the actions of its fans.

penalti (*tb* **penalty**) *nm* penalty: *meter un gol de ~* to score a penalty ☛ *Ver ilustración en* FÚTBOL
LOC **tirar un penalti** to take a penalty *Ver tb* CASAR, PITAR, PUNTO, TANDA

penar *vt* (*castigar*) to punish *sb* (**by/with *sth***)
■ **penar** *vi* **1** (*sufrir*) to suffer **2 ~ por** (*desear*) to long **for *sth***: *Pena por un ascenso.* He's longing for a rise.

pendenciero, -a *adj* quarrelsome

pender *vi* to hang: *~ del techo* to hang from the ceiling ◊ *la amenaza que pende sobre ellos* the threat that's hanging over them **LOC** *Ver* HILO

pendiente *adj* **1** (*asunto, factura, problema*) outstanding **2** (*decisión, veredicto*) pending **3** (*colgado*) hanging (***from sth***)
■ **pendiente** *nm* (*adorno*) earring: *llevar ~s* to wear earrings
■ **pendiente** *nf* **1** (*cuesta, de tejado*) slope: *una ~ suave/pronunciada* a gentle/steep slope **2** (*grado de inclinación*) gradient: *una cuesta con una ~ del 25%* a hill with a gradient of 1 in 4
LOC **dejar algo pendiente** to leave sth (till later): *Lo dejo ~ hasta después de las vacaciones.* I'm going to leave it till after the holidays. **en pendiente** sloping: *un jardín en ~* a sloping garden **estar pendiente (de algo/algn) 1** (*vigilar*) to keep an eye on *sth/sb*: *Está ~ de la hora/los niños.* He's keeping an eye on the time/the children. **2** (*estar atento*) to be attentive (to sth/sb): *Estuvo muy ~ de sus invitados.* She was very attentive to her guests ◊ *Estaban ~s de las noticias/de sus palabras* They were listening attentively to the news/his words. **3** (*estar alerta*) to be watching out (for sth/sb): *Estoy ~ por si llegan.* I'm watching out for them. **4** (*estar esperando*) to be waiting (for sth): *Estamos ~s de su decisión.* We're waiting for his decision. **pendiente de** awaiting *sth*: *~ de aprobación/discusión/juicio* awaiting approval/discussion/trial ◊ *~ de envío/pago* awaiting dispatch/payment *Ver tb* ASIGNATURA

pendón *nm* (*bandera*) banner

pendón, -ona *nm-nf* (*juerguista*) raver
■ **pendón** (*tb* **pendona**) *nm o nf* (*golfa*) flighty [*adj*]: *Se dice que su mujer es un ~/una pendona de mucho cuidado.* They say his wife is very flighty.

pendonear *vi* **1** (*ir de juerga*) to live it up **2** (*actuar como una golfa*) to act like a tart

péndulo *nm* pendulum

pene *nm* penis ☛ *Ver ilustración en* REPRODUCTOR

penetración *nf* **1** (*gen*) penetration: *la ~ japonesa en Europa* Japanese penetration into Europe **2** (*Meteorología*) arrival: *la ~ de un frente frío por el norte* the arrival of a cold front in the north **3** (*agudeza*) insight: *un análisis de gran ~* an analysis that shows great insight

penetrante *adj* **1** (*gen*) penetrating: *una mirada ~* a penetrating look **2** (*sonido*) piercing **3** (*olor*) pungent **4** (*frío, viento*) bitter **5** (*ironía, humor*) biting

penetrar *vt, vi* **~ (en) 1** (*entrar*) to get into *sth*, to enter *sth* [*vt*] (*más formal*): *El alcohol penetra (en) la sangre.* Alcohol gets into the bloodstream. ◊ *Penetró en el piso por una ventana.* He entered the flat through a window. **2** (*bala, flecha, sonido agudo*) to pierce *sth* [*vt*]: *La bala le penetró el corazón.* The bullet pierced his heart. ◊ *El sonido penetró en mis oídos.* The noise was ear-splitting. **3** (*misterio, secreto*) to fathom *sth* [*vt*]
■ **penetrar** *vt* (*acto sexual*) to penetrate

penicilina *nf* penicillin

península *nf* peninsula

peninsular *adj* **1** (*Geog*) peninsular **2** (*de la Península Ibérica*) (Spanish) mainland [*n atrib*]: *las tres de la tarde, hora ~* 3 pm, mainland time
■ **peninsular** *nmf*: *los ~es* the mainland Spanish

penique *nm* penny [*pl* pence] (*abrev* p): *una moneda de diez ~s* a ten pence piece ☛ *Ver nota en* PENNY ☛ *Ver apéndice 3*

penitencia *nf* penance: *hacer ~* to do penance

penitenciario, -a *adj* prison [*n atrib*]: *las autoridades penitenciarias* the prison authorities **LOC** *Ver* CENTRO, ESTABLECIMIENTO, INSTITUCIÓN

penitente *nmf* penitent

penoso, -a *adj* **1** (*lamentable*) distressing: *Es ~ ver tanta miseria.* It's distressing to see so much poverty. **2** (*duro*) difficult: *un trabajo/viaje ~* a difficult job/journey **3** (*muy malo*) dreadful: *Fue una fiesta penosa.* It was a dreadful party.

pensado, -a *pp, adj*: *un papel ~ para ella* a part written specially for her ◊ *un negocio ~ para lavar dinero* a business set up to launder money ◊ *un edificio ~ para el club* a building specially designed for the club *Ver tb* PENSAR
LOC **bien/muy pensado** well thought out: *Se ve que el proyecto está bien ~.* You can see that the project has been well thought out. **mal pensado** (*persona*): *¡Qué mal pensada eres! seguro que no quería ofenderte.* You always think the worst of people–I'm sure she didn't mean to offend you. ◊ *No seas mal ~, solo me acompañó a casa.* Don't leap to conclusions–he saw me home, that's all. **pensándolo bien…** on second thoughts… **poco pensado**: *una decisión poco pensada* a decision that has not been thought through **tener pensado hacer algo**: *Tenemos ~ salir a cenar esta noche.* We thought we'd go out for a meal this evening. *Ver tb* DÍA, MOMENTO

pensador, ~a *nm-nf* thinker

pensamiento *nm* **1** (*gen*) thought: *Mi primer ~ fue…* My first thought was… ◊ *el ~ científico* scientific thought **2** (*flor*) pansy ☛ *Ver ilustración en* FLOR
LOC **con el pensamiento puesto en algo/algn** with sth/sb on your mind: *con el ~ puesto en la victoria* with victory on their minds *Ver tb* ABSORTO, ADIVINAR, BORRAR, CORRIENTE, LEER

pensar *vt, vi* **1 ~ (en)** to think (**about/of *sth/sb***) [*vi*] to think (**about/of *doing sth***) [*vi*]: *Déjame ~lo.* Let me think about it. ◊ *Pienso que tiene razón.* I think she's right ◊ *¿Piensas que vendrán?* Do you think they'll come? ◊ *¿En qué piensas?* What are you thinking about? ◊ *Debes ~ en el futuro.* You must think of the future. ◊ *Pienso en ti día y noche.* I think of you night and day. ◊ *Estoy pensando en venderlo.* I'm thinking of selling it. ◊ *Hay que ~ algo para animar la fiesta.* We must think of something to make the party go. **2** (*opinar*) to think *sth* **of *sth/sb***: *¿Qué piensas de Juan?* What do you think of Juan? ◊ *No pienses mal de ellos.* Don't think badly of them. **3** (*tener decidido*): *Pensábamos irnos mañana.* We were going to go tomorrow. ◊ *No pienso ir.* I'm not going. ◊ *¿Piensas venir?* Are you going to come?
LOC **dar que pensar 1** (*hacer desconfiar*) to make you wonder: *Su comentario me dio que pensar.* What he said made me wonder. **2** (*preocupar*) to be worrying **¡ni pensarlo!** no way! **no quiero ni pensar(lo)** (it) doesn't bear thinking about: *No quiero ni ~ lo que podría haber pasado.* What might have happened doesn't bear thinking about. **pensándolo bien** on second thoughts **pensar en las musarañas** to daydream **piensa el ladrón que todos son de su condición** don't judge other people by your own standards **piénsalo/piénsatelo** think it over **pienso que sí/no** I think so/I don't think so **sin pensar 1** (*sin reflexionar*) without

thinking: *Lo dije sin ~.* I said it without thinking. **2** (*sin querer*): *Lo hice sin ~.* I didn't mean to do it. **y pensar que...** to think that... *Ver tb* CUANDO, PARAR

pensativo, -a *adj* **1** (*absorto en un pensamiento*) thoughtful: *¿Estás muy ~? ¿Te preocupa algo?* You're looking very thoughtful. Is there something the matter? **2** (*triste*) pensive: *Se quedó pensativa cuando le dieron la noticia.* She looked pensive when she heard the news.

pensión *nf* **1** (*jubilación, subsidio*) pension: *~ de viudedad* widow's pension ◊ *un plan de pensiones* a pension plan **2** guest house, boarding house (*antic*): *Nos alojamos en una ~.* We stayed at a guest house.

En Gran Bretaña cuando se sale de viaje es muy normal alojarse en un **bed and breakfast** (*abrev* B & B). La mayoría son casas particulares que alquilan habitaciones y sirven el desayuno típico del país, a un precio generalmente más barato que los hoteles.

LOC **pensión (alimenticia)** maintenance **pensión completa/media pensión** full/half board *Ver tb* COBRAR, FONDO, RÉGIMEN

pensionista *nmf* (*jubilado*) pensioner

pentágono *nm* pentagon

LOC **el Pentágono** (*Pol*) the Pentagon

pentagrama *nm* staff

pentatlón (*tb* **pentathlon**) *nm* pentathlon

pentecostés *nm* Whitsun **LOC** *Ver* DOMINGO

penúltimo, -a *adj* penultimate, last *sth/sb* but one (*más coloq*): *el ~ capítulo* the penultimate chapter ◊ *la penúltima parada* the last stop but one

■ **penúltimo, -a** *nm-nf* last but one

penumbra *nf* semi-darkness: *La habitación estaba en la ~.* The room was in semi-darkness.

penuria *nf* poverty, penury (*formal*): *Viven en la más absoluta ~.* They live in absolute poverty.

LOC **pasar/sufrir penurias** to suffer hardship

peña *nf* **1** (*roca*) crag **2** (*amigos*) gang **3** (*Dep*) supporters' club: *una ~ del Real Madrid* a Real Madrid supporters' club ◊ *una ~ taurina* a bullfighting supporters' club

peñasco *nm* crag

peñazo *nm* bore: *Este hermano tuyo es un ~.* That brother of yours is a real bore.

■ **peñazo** *adj* boring

peñón *nm* rock: *el Peñón (de Gibraltar)* the Rock (of Gibraltar)

peón *nm* **1** (*obrero*) labourer **2** (*Ajedrez*) pawn ☛ *Ver ilustración en* AJEDREZ

peonza *nf* **1** (*juguete*) top: *bailar una ~* to spin a top **2** (*persona*) busy bee

peor *adj, adv* (*uso comparativo*) worse (***than sth/sb***): *Este coche es ~ que aquel.* This car is worse than that one. ◊ *Fue ~ de lo que me esperaba.* It was worse than I had expected. ◊ *Hoy me encuentro mucho ~.* I feel much worse today. ◊ *Actuó ~ que nunca.* His acting was worse than ever. ◊ *Cocina aún ~ que su madre.* She's an even worse cook than her mother.

■ **peor** *adj, adv, nmf* (*uso superlativo*) **~ (de)** worst (**in/of/that...**): *Ese pescado es el ~ que he probado.* That fish is the worst (that) I've ever tasted. ◊ *Soy el ~ corredor del mundo.* I'm the worst runner in the world. ◊ *la ~ de todas* the worst of all ◊ *el que ~ canta* the worst singer

LOC **de mal en peor** from bad to worse **en el peor de los casos** if the worst comes to the worst **es peor el remedio que la enfermedad** the cure is worse than the disease **lo peor (del caso/de todo)** the worst thing about it: *Y lo ~ es que encima lo niegan.* And the worst thing about it is that they deny it. **llevarse/tocarle a algn lo peor** to come off worst (*in sth*): *Yo me he llevado lo peor en la herencia.* I've come off worst under the will. **peor para ti** so much the worse for you, him, etc **peor que peor** so much the worse (*for him, her, etc*) **y lo que es peor...** and what's worse... *Ver tb* CADA, CAMBIAR, CAMBIO, DESEAR, MEJOR, PARTE², TANTO *adj*, TEMER

pepinazo *nm* **1** (*explosión*) bang **2** (*Fútbol*) boot: *pegarle un ~ al balón* to boot the ball

pepinillo *nm* gherkin: *~s en vinagre* pickled gherkins

pepino *nm* cucumber

■ **pepino** *adj* (*melón*) tasteless **LOC** *Ver* IMPORTAR, REPETIR

pepita *nf* **1** (*semilla*) **(a)** (*tomate, melón, sandía*) seed **(b)** (*cítricos, manzana*) pip ☛ *Ver ilustración en* FRUTA

¿Seed o pip?

Utilizamos **seed** cuando la fruta tiene muchas pepitas (p.ej. tomate, sandía, etc) y **pip** cuando tiene pocas (p.ej. manzana, uva, mandarina, etc). Sin embargo, cuando hablamos de variedades de fruta "sin pepitas" siempre utilizamos el término **seedless**: *uvas sin pepita* seedless grapes.

Nótese que cuando hablamos de *pepita* refiriéndonos a la semilla, hay que decir **seed**: *aceite de semilla de lino* linseed oil.

2 (*oro*) nugget: *~s de oro* gold nuggets

pepito *nm* (meat) baguette

pepitoria *nf*: *pavo en ~* turkey in an egg and almond sauce

peque *nmf* kid

pequeñez *nf* **1** (*gen*): *Se quedó pasmado ante la ~ de la habitación.* He was shocked at how small the room was. ◊ *Fíjate qué ~ de persona.* Look how small he is. **2** (*mezquindad*) meanness **3** (*nimiedad*) triviality: *No os peleéis por esas pequeñeces.* Don't fight over nothing.

pequeño, -a *adj* **1** (*gen*) small: *un ~ problema/detalle* a small problem/detail ◊ *La habitación es pequeña para todos nosotros.* The room is too small for us. ◊ *la pequeña y mediana empresa* small and medium-sized businesses ◊ *¡Qué ~ es el mundo!* It's a small world! ☛ *Ver nota en* SMALL **2** (*referido a edad*) **(a)** (*joven*) little: *cuando yo era ~* when I was little ◊ *los niños ~s* little children **(b)** (*el más joven*) youngest: *mi hijo ~* my youngest son **3** (*referido a tiempo*) short: *Dimos un ~ paseo por el parque.* We went for a short walk in the park. **4** (*débil*) faint: *un ~ ruido* a faint noise **5** (*poco importante*) minor: *Necesita unos ~s cambios.* It needs a few minor changes.

■ **pequeño, -a** *nm-nf* **1 ~ (de)** (*el más joven*) youngest (**in/of...**): *La pequeña está estudiando Derecho.* The youngest is studying law. ◊ *el ~ de la casa* the youngest in the family **2 pequeños (a)** (*niños*) children: *un juego para ~s* a game for children **(b)** (*cachorros*) young [*v pl*]: *una leona con sus ~s* a lioness and her young

LOC **de pequeño** when I was little, when you were little, etc **dejar pequeño a algo/algn** to put sth/sb in the shade **en pequeño** in miniature *Ver tb* DEDO, LETRA, PANTALLA

pequinés, -esa *adj, nm-nf* Pekinese ☛ *Ver ilustración en* DOG¹

pera¹ *adj* posh **LOC** *Ver* NIÑO, POLLO

pera² *nf* **1** (*fruto*) pear ☛ *Ver ilustración en* FRUTA **2** (*interruptor*) switch **3** (*para enemas*) bulb

LOC **pera de agua** dessert pear **poner las peras a cuarto 1** (*reñir*) to tear a strip off *sb* **2** (*obligar*) to twist *sb's* arm **ser la pera 1** (*como crítica*) to be the limit **2** (*buenísimo*) to be the tops **tocarse la pera** to sit on your backside **una pera en dulce** a peach: *Esa chica es una ~ en dulce.* She's a real peach of a girl. *Ver tb* PEDIR

peral *nm* pear tree

peralte *nm* (*curva*) banking

perca *nf* perch [*pl* perch]

percal *nm* (*tela*) cheap cotton **LOC** *Ver* CONOCER

percance *nm* **1** (*accidente*) incident: *un viaje sin ~s* an incident-free journey **2** (*contratiempo*) set-back

percatarse *v pron* **~ de** to realize *sth* [*vt*]: *El niño no se percató de la llegada del tren.* The boy didn't realize the train had arrived.

percebe *nm* **1** (*Zool*) barnacle **2** (*tonto*) oaf

percepción *nf* perception

perceptible *adj* **1** (*sensible*) perceptible: *un murmullo* *apenas* ~ a barely perceptible murmur **2** (*comprensible*) comprehensible **3** (*cobrable*) payable

perceptivo, -a *adj* perceptive

perceptor, ~a *nm-nf* recipient: *el ~ de un premio/una pensión* the recipient of a prize/pension

percha *nf* **1** (*colgador*) **(a)** (*de pie*) coat stand **(b)** (*de pared*) coat hook ☛ *Ver ilustración en* HOOK **2** (*de armario*) (coat-)hanger: *Cuelga el traje en una ~.* Put your suit on a hanger. **3** (*para aves*) perch **4** (*tipo*) figure: *tener buena ~* to have a good figure ◊ *Lo importante es la ~.* It all depends on the person wearing it.

perchero *nm* **1** (*de pie*) coat stand **2** (*de pared*) coat rack

percibir *vt* **1** (*captar*) to perceive: *A ver si percibes este sonido tenue.* See if you can hear this sound – it's very faint. ◊ *No percibo la diferencia entre ambos.* I can't tell the difference between the two. **2** (*recibir*) to receive, to get (*más coloq*): *~ un sueldo* to receive a salary

percusión *nf* percussion: *instrumentos de ~* percussion instruments ☛ *Ver ilustración en* PERCUSSION

percusionista *nmf* percussionist

perdedor, ~a *adj* losing: *el equipo ~* the losing team

■ **perdedor, ~a** *nm-nf* loser: *ser un buen/mal ~* to be a good/bad loser

perder *vt* **1** (*gen*) to lose: *~ altura/peso* to lose height/weight ◊ *No pierdes nada con intentarlo.* There's no harm in trying. ◊ *He perdido el reloj.* I've lost my watch. ◊ *Creo que está perdiendo facultades.* I think he's losing his faculties. ◊ *~ soltura en un idioma* to lose fluency in a language **2** (*medio de transporte, información, oportunidad*) to miss: *~ el autobús/avión* to miss the bus/plane ◊ *No perdieron ni palabra de cuanto les dijo el maestro.* They didn't miss a word the teacher said. ◊ *¡No pierda esta oportunidad!* Don't miss this chance! **3** (*olvidar*) to forget: *He perdido todo el francés.* I've forgotten all my French. ◊ *No hay que ~ los buenos modales.* You musn't forget your manners. **4** (*desperdiciar*) to waste: *~ tiempo* to waste (your) time ◊ *sin ~ un minuto* without wasting a minute **5** (*perjudicar*) to be *sb's* downfall: *La bebida es lo que le perdió.* Drink was his downfall.

■ **perder** *vi* **1 ~ (a)** to lose (**at** *sth*): *Están furiosos porque han perdido.* They're furious that they've lost. ◊ *~ al ajedrez* to lose at chess **2** (*empeorar*) to go downhill, to deteriorate (*más formal*): *La ciudad ha perdido mucho.* The city has gone downhill fast. ◊ *Era muy guapa, pero ha perdido mucho.* She was very pretty, but she's going downhill fast. **3** (*salir perjudicado*) to lose out

■ **perder** *vt, vi* **1** (*líquido, gas*) to leak: *El depósito pierde (gasolina).* The tank is leaking (petrol). ◊ *~ aceite/gas* to have an oil/gas leak **2** (*neumático*) to go down: *Creo que el neumático pierde.* I think the tyre is going down.

■ **perderse** *v pron* **1** (*gen*) to get lost: *Si no llevas mapa te perderás.* If you don't take a map with you you'll get lost. ◊ *Con el profesor de matemáticas siempre me pierdo.* I can never follow the Maths teacher. **2** (*desaparecer*) to disappear: *Su silueta se perdió en la oscuridad.* Her silhouette disappeared into the darkness. **3** (*película, espectáculo*) to miss: *Es una película estupenda. No te la pierdas.* It's a wonderful film. Don't miss it. **4** (*descarriarse*) to be ruined: *Se perdió por su afición inmoderada a la bebida.* Drink was his ruin.

LOC (no) habérsele perdido nada a algn: *No se te ha perdido nada en mi habitación.* You've got no business being in my room. ◊ *¿Qué se te ha perdido aquí?* What business have you got to be here?

perderse por to be mad about *sth/sb*

¡piérdete! get lost!

☛ Para otras expresiones con **perder**, véanse las entradas del sustantivo, adjetivo, etc, p. ej. **perder los nervios** en NERVIO y **perder de vista** en VISTA.

perdición *nf* **1** (*ruina*) undoing: *Ese error fue mi ~.* That mistake was/proved my undoing. **2** (*Relig*) perdition

LOC llevar a la perdición to be *sb's* undoing *Ver tb* ANTRO, LUGAR

pérdida *nf* **1** (*gen*) loss: *la ~ de peso/apetito* weight loss/loss of appetite ◊ *~s económicas* financial losses **2** (*de tiempo*) waste: *una ~ de tiempo* a waste of time **3** (*escape*) leak: *una ~ de aceite* an oil leak **4 pérdidas** (*daños*) damage [*incontable*]: *Las ~s a causa de la tormenta son cuantiosas.* The storm damage is extensive.

LOC no tiene pérdida you can't miss it **pérdidas y ganancias** profit and loss

perdidamente *adv* hopelessly: *enamorarse ~ de algn* to fall hopelessly in love with sb

perdido, -a *pp, adj* **1** (*bala, perro*) stray **2** (*remoto*) remote: *un pueblo ~* a remote village **3** (*idiota*) utter: *un tonto ~* an utter twit **4** (*sucio*) filthy: *Vino del colegio ~.* He was filthy when he got home from school. **5** (*enamorado*) crazy: *Está ~ por ella/las motos.* He's crazy about her/motorbikes. **6** (*derrotado*) done for: *El campeón está ~.* The champion's done for. *Ver tb* PERDER

■ **perdido** *nm* (*vicioso*) degenerate

■ **perdida** *nf* (*mujer de mala vida*) slut

LOC dar por perdido to give *sth/sb* up for lost **ponerse perdido de...**: *Te has puesto los zapatos ~s de barro.* Your shoes are covered in mud. ◊ *¡Te has puesto ~ de chocolate!* You're covered in chocolate! *Ver tb* BORRACHO, CASO, LOCO, OBJETO, RATO

perdigón *nm* (*munición*) pellet

perdiguero, -a *adj, nm-nf* **LOC** *Ver* PERRO

perdiz *nf* partridge **LOC** *Ver* FELIZ

perdón *nm* **1** (*gen*) forgiveness: *el ~ de los pecados* the forgiveness of sins **2** (*Jur*) pardon

■ **¡perdón!** *interj* **1** (*para disculparse*) sorry! **2** (*para llamar la atención*) excuse me! ☛ *Ver nota en* EXCUSE

LOC con perdón 1 (*con permiso*) if you'll excuse me: *Con ~, voy a ausentarme unos minutos.* If you'll excuse me, I have to leave you for a few moments. **2** (*por algo que se ha dicho*) if you'll pardon the expression: *Era una mierda, con ~.* It was shit, if you'll pardon the expression. **no tener perdón** to be unforgivable *Ver tb* PEDIR

perdonable *adj* forgivable

perdonar *vt* **1** (*gen*) to forgive *sb* (**for** *sth*/*doing sth*): *¿Me perdonas?* Will you forgive me? ◊ *Jamás le perdonaré lo que me hizo.* I'll never forgive him for what he did. **2** (*deuda, obligación, condena*) to let *sb* off *sth*: *Me perdonó las mil pesetas que le debía.* He let me off the thousand pesetas I owed him. **3** (*perderse*) to miss: *No perdona ocasión de criticarla.* He never misses a chance to criticize her. **4** (*detalle, esfuerzo, vida*) to spare: *Perdonaron la vida a las mujeres y los niños.* They spared the lives of the women and children.

■ **perdonar** *vi* to forgive: *Debes aprender a ~.* You must learn to forgive.

LOC perdona, perdone, etc 1 (*para disculparse, para preguntar*) sorry, I beg your pardon (*más formal*): *¿Perdona? ¿Qué has dicho?* Sorry?/I beg your pardon? What did you say? ◊ *Perdone que le moleste, pero...* Sorry to bother you but... ◊ *Perdonen las molestias ocasionadas.* We apologize for any inconvenience. **2** (*para llamar la atención*) excuse me: *Perdone, pero estaba yo primero.* Excuse me, but I was here first. ☛ *Ver nota en* EXCUSE **perdónanos nuestras deudas** forgive us our trespasses **perdona nuestros pecados** forgive us our sins

perdurable *adj* enduring

perdurar *vi* **1** (*situación, efecto, relación*) to last **2** (*recuerdo, espíritu, tradición*) to live on

perecedero, -a *adj* **1** (*vida, alegría*) short-lived **2** (*mortal*) mortal **3** (*alimentos*) perishable

perecer *vi* to perish (*formal*), to die

peregrinación *nf* (*tb* **peregrinaje** *nm*) pilgrimage: *ir en ~ a La Meca* to go on a pilgrimage to Mecca

peregrinar *vi* to make a pilgrimage (**to...**)

peregrino, -a *nm-nf* (*Relig*) pilgrim

■ **peregrino, -a** *adj* **1** (*ave*) migratory **2** (*raro*) strange: *una idea/pregunta peregrina* a strange idea/question

perejil *nm* parsley

perenne *adj* (*Bot, fig*) perennial **LOC** *Ver* HOJA

perentorio, -a *adj* **1** (*urgente*) urgent: *una necesidad perentoria* an urgent need **2** (*plazo*) fixed: *un plazo ~ de un mes* a fixed term of one month

Pérez *n pr* **LOC** *Ver* RATÓN

pereza *nf* laziness: *No lo hice por ~.* I was too lazy to do it.

LOC **me da pereza** I, you, etc can't be bothered (*to do sth*): *Me da ~ ponerme a trabajar.* I can't be bothered to start work. ◊ *¡Qué ~ me da ducharme!* What a drag to have to have a shower! **tener/sentir pereza** to feel lazy *Ver tb* SACUDIR

perezoso, -a *adj, nm-nf* lazy [*adj*]: *Mi hermano es un ~.* My brother's a lazy slob. ◊ *Venga, levántate ~.* Get up, you lazy thing. **LOC** *Ver* CORTO

perfección *nf* perfection

LOC **a la perfección**: *Hablan ruso a la ~.* They speak perfect Russian. ◊ *Lo entiende a la ~.* He understands it perfectly.

perfeccionamiento *nm* improvement **LOC** *Ver* CURSO

perfeccionar *vt* **1** (*mejorar*) to improve: *Quiero ~ mi alemán.* I want to improve my German. **2** (*hacer perfecto*) to perfect: *~ un sistema* to perfect a system

perfeccionista *nmf* perfectionist

perfectamente *adv* perfectly

LOC **estar/encontrarse perfectamente** to be perfectly fine

perfecto, -a *adj* **1** (*gen*) perfect: *estar en perfectas condiciones* to be in perfect condition ◊ *Es un ~ caballero.* He is a perfect gentleman. **2** (*completo*): *un ~ imbécil* an utter fool **LOC** *Ver* PRETÉRITO

perfidia *nf* perfidy

perfil *nm* **1** (*edificio, montaña*) outline: *el ~ de un castillo en lontananza* the outline of a castle in the distance **2** (*dibujo, foto, descripción*) profile: *Solo dibuja ~es.* He only draws profiles. ◊ *el ~ de la mujer española* the profile of the Spanish woman **3** (*rasgo*) feature: *una catedral de claros ~es góticos* a cathedral with clearly-identifiable Gothic features

LOC **de perfil**: *Está más guapo de ~.* He's better looking in profile. ◊ *La foto está tomada de ~.* The photo was taken from the side. ◊ *una vista de ~ de la escuela* a side view of the school

perfilado, -a *pp, adj* **1** (*boca, nariz*) well-shaped **2** (*detallado*) detailed *Ver tb* PERFILAR

perfilar *vt* **1** (*dibujo*) to draw the outline **of *sth*** **2** (*describir*) to outline: *Perfiló los planes del nuevo centro.* She outlined the plans for the new centre. **3** (*dar forma*) to shape: *Estos hechos fueron perfilando mi carrera.* These events shaped my career. **4** (*rematar*) to put the finishing touches **to *sth***: *Está perfilando los últimos detalles de su nueva película.* He is putting the finishing touches to his latest film.

■ **perfilarse** *v pron* **1** (*verse*): *Se perfilaba un barco en altamar.* The outline of a ship could be seen out at sea. **2** (*aparecer*) to emerge: *Se perfila como el único candidato.* He is emerging as the only candidate.

perforación *nf* **1** (*Med, papel*) perforation **2** (*terreno*) **(a)** (*acción*) drilling: *Mañana comienza la ~ de la zona.* Drilling begins tomorrow in the area. **(b)** (*agujero*) borehole

perforadora *nf* **1** (*terreno*) drill **2** (*papel*) punch

perforar *vt* **1** (*gen*) to pierce: *Me perforaron las orejas.* I had my ears pierced. **2** (*Med*) to perforate **3** (*con un taladro o instrumento similar*) to drill: *Quieren ~ la zona en busca de petróleo.* They want to drill for oil in the area.

perfumado, -a *pp, adj* scented *Ver tb* PERFUMAR

perfumar *vt* to perfume

■ **perfumarse** *v pron* to put on perfume: *Le encanta ~se después del baño.* She loves putting on perfume after her bath.

perfume *nm* perfume **LOC** *Ver* VAPORIZADOR

perfumería *nf* perfumery

pergamino *nm* parchment

pericia *nf* **1** (*habilidad*) skill (**at/in *sth*/doing *sth***) **2** (*experiencia, saber*) expertise

periferia *nf* **1** (*ciudad*) outskirts [*v pl*]: *en la ~ de Londres* on the outskirts of London **2** (*país, continente*) edge

periférico, -a *adj* outlying: *regiones periféricas* outlying regions ◊ *la situación periférica de Portugal* Portugal's peripheral location

perilla *nf* goatee **LOC** *Ver* PERLA

perímetro *nm* perimeter

periódico, -a *adj* **1** (*gen*) periodic: *revisiones periódicas* periodic check-ups **2** (*Mat*) recurring

■ **periódico** *nm* **1** (*diario*) (news)paper **2** (*revista*) periodical **LOC** *Ver* PAPEL, PUESTO, QUIOSCO, REPARTIDOR, TABLA, VENDEDOR

periodismo *nm* journalism

periodista *nmf* journalist

periodístico, -a *adj* **1** (*estilo, objetividad, investigación*) journalistic: *diversos géneros ~s* different types of journalism ◊ *los medios ~s* the press **2** (*empresa, premio*) newspaper: *cobertura/entrevista periodística* newspaper coverage/interview **LOC** *Ver* LENGUAJE, MEDIO *nm*

periodo (*tb* **período**) *nm* period: *el ~ de vacaciones* the holiday period ◊ *un ~ de cinco años de cárcel* a five-year prison term

LOC **estar con/tener el periodo** to have your period **periodo de prácticas** probationary period **periodo de sesiones** session *Ver tb* GLACIAR

peripecia *nf* event

peripuesto, -a *adj* well-groomed

periquete *nm*

LOC **en un periquete** in a jiffy

periquito *nm* budgerigar, budgie (*coloq*)

periscopio *nm* periscope

peritaje *nm* **1** (*Educ*) (*officially recognised*) *technical training* **2** (*informe*) expert's report

perito, -a *nm-nf* **1 ~ en** (*experto*) expert (**in *sth***) **2** (*titulado*) technician

LOC **perito agrónomo** agronomist **perito de montes** forestry expert **perito electricista** qualified electrician **perito mercantil** person holding a business diploma **ser perito en** to be an expert in *sth*

peritonitis *nf* peritonitis [*incontable*]

perjudicado, -a *pp, adj Ver* PERJUDICAR

LOC **salir perjudicado** to lose out

perjudicar *vt* **1** (*fama, salud*) to damage **2** (*derechos, intereses*) to prejudice

perjudicial *adj* **~ (para) 1** (*gen*) bad (**for *sth*/*sb***): *El tabaco es ~ para la salud.* Cigarettes are bad for your health. **2** (*derechos, intereses*) prejudicial **to *sth***

perjuicio *nm* **1** (*gen*) damage [*incontable*]: *Las lluvias ocasionaron graves ~s a la agricultura.* The rain did a great deal of damage to the crops. ◊ *Esos rumores suponen un gran ~ para mi reputación.* These rumours are damaging my reputation. **2** (*Fin, Com*) loss: *Esta medida entraña un grave ~ para nuestro presupuesto.* This measure will have an adverse effect on our budget.

LOC **en perjuicio de** to the detriment of *sth/sb*: *en ~ suyo* to his detriment **ir en perjuicio de** to be detrimental to *sth/sb Ver tb* DAÑO, REVERTIR

perjurar *vi* to commit perjury **LOC** *Ver* JURAR

perjurio *nm* perjury

perla *nf* pearl

LOC **ir/venir de perlas/perillas 1** (*ser útil, oportuno*) to come in (very) handy: *Un martillo me iría de ~s.* A hammer would come in very handy. ◊ *Este pago de atrasos me viene de ~s.* This back pay will come in very handy. **2** (*quedar bien*) to suit *sb* perfectly: *Me probé el abrigo y me iba de ~s.* I tried on the coat and it suited me perfectly. **perla artificial** imitation pearl **perla cultivada** cultured pearl *Ver tb* GRIS

permanecer *vi* **1** (*gen*) **(a)** (*sitio*) to stay: *Permaneceré en Londres todo este año.* I'll be staying in London all year. **(b)** (*estado*) to remain: ~ *pensativo/sentado* to remain thoughtful/seated ◊ *Permanecí despierta toda la noche.* I stayed awake all night. **2** (*estar todavía*) to be still...: *La carretera permanece cortada.* The road is still closed. **LOC** *Ver* AFERRADO, ANONIMATO

permanencia *nf* **1** (*estancia*) stay: *durante su ~ en París* during his stay in Paris **2** (*continuidad*) permanence: *Discutirán la ~ del sistema.* They will discuss whether to make the system permanent.

permanente *adj* **1** (*gen*) permanent: *en alerta ~* on permanent stand-by **2** (*comité, ejército*) standing
■ **permanente** *nf* perm
LOC **hacerse la permanente** to have your hair permed *Ver tb* COMISIÓN, EDUCACIÓN, INVALIDEZ, SERVICIO, VADO

permanganato *nm* permanganate

permeabilidad *nf* permeability

permeable *adj* permeable

permisible *adj* permissible

permisividad *nf* **1** (*gen*) permissiveness **2** (*laxitud*) laxity

permisivo, -a *adj* **1** (*gen*) permissive: *crecer en una sociedad ~* to grow up in a permissive society ◊ *Sus padres son demasiado ~s.* His parents are too permissive. **2 ~ (con)** lax (**with *sb***): *~ con sus alumnos* lax with his pupils

permiso *nm* **1** (*autorización*) **(a)** (*gen*) permission (***to do sth***): *¿Has pedido ~?* Have you asked (for) permission? ◊ *¿Me das ~ para salir esta noche?* Can I have permission to go out tonight? ◊ *tener ~ de algn para hacer algo* to have permission from sb to do sth ☛ *Ver nota en* PERMISSION **(b)** (*oficial*) authorization (***for sth***)/(***to do sth***): *No le han concedido el ~ que solicitaba.* He hasn't been given the authorization he was seeking. **2** (*documento*) permit: *~ de entrada/residencia/trabajo* entry/residence/work permit ☛ *Ver nota en* LICENCE **3** (*vacación*) leave: *estar de ~* to be on leave ◊ *un ~ de una semana* a week's leave ◊ *Pidió un ~ de dos horas.* He asked if he could take two hours off.
LOC **con su permiso 1** (*gen*) if I may: *Me siento aquí, con su ~.* I'll sit here, if I may. **2** (*antes de irse*) if you'll excuse me: *Con su ~, me retiro a mi habitación.* If you'll excuse me, I'm going to my room. **permiso de conducir** driving licence **permiso de exportación/importación** export/import licence ☛ *Ver nota en* LICENCE

permitido, -a *pp, adj Ver* PERMITIR **LOC** *Ver* VELOCIDAD

permitir *vt* to let *sb* ***do sth***; to allow *sb* ***to do sth***; to permit

> **¿Let, allow o permit?**
> **Let** es el más utilizado de estos verbos: *La escuela nos permite usar su campo de juego.* The school lets us use their playing-field. Se utiliza sobre todo en el inglés hablado y muy a menudo aparece en modo imperativo: *Permítame ayudarle.* Let me help you. ◊ *No dejes que me olvide de llamar.* Don't let me forget to phone.
> **Allow** se emplea tanto en lenguaje formal como informal, siendo muy corriente su uso en la forma pasiva **be allowed**: *No está permitido entrar sin corbata.* You are not allowed in without a tie. ◊ *Este pase me permite viajar a mitad de precio.* This pass allows me to travel half price. ◊ *No se permiten perros.* Dogs are not allowed. ◊ *Este sistema nos permitirá ahorrar espacio.* This system will allow us to save space.
> **Permit** también significa *permitir*, pero es un término muy formal y se utiliza fundamentalmente en lenguaje escrito, técnico u oficial: *No se permite fumar.* Smoking is not permitted.

■ **permitirse** *v pron* **1** (*libertad*) to take: *Se permite demasiadas confianzas con ellos.* He takes too many liberties with them. ◊ *Me permito escribirle para...* I am writing to... **2** (*económicamente*) to afford: *No nos podemos ~ comer fuera todos los días.* We can't afford to eat out every day. ◊ *No me puedo ~ viajar en primera.* I can't afford to travel first class. **3** (*autorizarse*) to be allowed: *No se permite fumar en las clases.* Smoking in class is not allowed. ◊ *No se permite la entrada a menores.* No under-18s (allowed).
LOC **¿me permite? 1** (*perdone*) excuse me **2** (*para ayudar*): *¿Me permite que la ayude?* Allow me to help you. **3** (*permiso*) may I?: *¿Me permite fumar?* Do you mind if I smoke? **me permito recordarle que...** may I remind you that... **si se me permite la expresión** if you'll excuse/pardon the expression *Ver tb* TIEMPO

permuta *nf* exchange

permutación *nf* permutation

permutar *vt* **1** (*cambiar*) to exchange **2** (*Mat*) to permute

pernera *nf* trouser leg

pernicioso, -a *adj* very damaging (***to sth/sb***)

pernil *nm* haunch

pernio *nm* hinge

perno *nm* bolt

pero *conj* but: *lento ~ seguro* slowly but surely ◊ *¿~ tú por aquí?* What are you doing here?
■ **pero** *nm* **1** (*defecto*) fault: *Siempre le pones/encuentras ~s a todo.* You find fault with everything. ☛ *Ver nota en* FAULT **2** (*objeción*) objection: *Le puso muchos ~s a mi plan.* He raised all kind of objections to my plan. **3** (*inconveniente*) snag: *El único ~ es que estoy trabajando gratis.* The only snag is that I'm working for nothing.
LOC **¡no hay peros que valgan!** I don't want any excuses! **¡pero...!** well...!: *¡~ qué guapa te has puesto!* Well! How pretty you look! ◊ *¡~ bueno! ¡Qué se habrá creído el mocoso ese!* Well! Who does that creep think he is! **¡pero que muy...!** and I (do) mean...: *Estoy harta, ~ que muy harta.* I'm fed up, and I mean fed up. **pero si...** but: *¡~ si está riquísimo!* But it's delicious!

perogrullada *nf* truism

Perogrullo *n pr* **LOC** *Ver* VERDAD

perol *nm* saucepan

peroné *nm* fibula [*pl* fibulae] ☛ *Ver ilustración en* ESQUELETO

perorar *vi* **1** (*dar un discurso*) to give a speech **2** (*soltar una perorata*) to spout

perorata *nf* rambling speech

peróxido *nm* peroxide

perpendicular *adj* perpendicular (***to sth***), at right angles (***to sth***) (*más coloq*): *una línea ~ a otra* a line perpendicular to another ◊ *La carretera es ~ a la autopista.* The road is at right angles to the motorway.
■ **perpendicular** *nf* perpendicular: *la ~ a un plano* the perpendicular to a plane

perpendicularmente *adv* at right angles: *El coche se atravesó ~ en la carretera.* The car was stuck across the road at right angles.

perpetración *nf* perpetration

perpetrar *vt* to perpetrate

perpetuación *nf* perpetuation

perpetuar *vt* to perpetuate

perpetuidad *nf* perpetuity
LOC **a perpetuidad** for life: *El atleta fue sancionado a ~.* The athlete was banned for life. ◊ *un empleo a ~* a job for life

perpetuo, -a *adj* perpetual **LOC** *Ver* CADENA

perplejidad *nf* bewilderment

perplejo, -a *adj* bewildered: *Su reacción nos dejó ~s.* We were totally bewildered by her reaction.

perra *nf* **1** (*rabieta*) tantrum: *cogerse una ~* to throw a tantrum **2** (*obsesión*) bee in your bonnet (*coloq*), obsession: *¡Qué ~ con viajar en tren!* He's got a bee in his bonnet about travelling by train. **3** (*mujer*) bitch (⚠) ☛ *Ver nota en* TABÚ **4** (*animal*) *Ver* PERRO **5 perras** cash [*incontable*]: *ganar unas ~s* to earn a little cash
LOC **no tener una perra** to be broke **¡para ti la perra gorda!** on your head be it! *Ver tb* CUATRO

perrera *nf* **1** (*caseta*) kennel **2** (*residencia para perros*) kennels [*v sing o pl*]: *Cuando nos vamos dejamos al* *perro en una* ~. We put the dog in kennels when we go away. **3** (*de perros callejeros*) dog pound **4** (*trenes*) guard's van

perrería *nf* dirty trick: *hacer* ~*s* to play dirty tricks
LOC **decir perrerías** to bitch (*about sb*)

perrito, -a *nm-nf* **1** (*cachorro*) puppy **2** (*pequeño*) little dog: *¡Mira que* ~ *más bonito!* Look at that pretty little dog!
LOC **perrito caliente** hot dog

perro, -a *nm-nf* dog: *un* ~ *policía/callejero* a police/stray dog ◊ *Cuidado con el* ~. Beware of the dog. ☛ *Ver ilustración en* DOG[1]

Para referirnos solo a la hembra, decimos **bitch**. A los cachorros se les llama **puppies**.

LOC **andar/llevarse/pelearse como el perro y el gato** to fight like cats and dogs **a perro flaco todo son pulgas** it never rains but it pours **de perros** lousy: *un día de* ~*s* a lousy day **echar los perros a algn** to give sb hell **meter los perros en danza** to set the cat among the pigeons **perro de lanas** poodle **perro del hortelano** dog in the manger **perro de san bernardo** St Bernard **perro esquimal** husky **perro faldero** (*lit* y *fig*) lapdog **perro guardián** guard dog **perro-guía** guide dog **perro ladrador, poco mordedor** his bark is worse than his bite **perro lobo** Alsatian **perro pastor** sheepdog **perro perdiguero** hound **perro rastreador** sniffer dog **perro salchicha** dachshund **ser perro viejo** to be an old hand *Ver tb* CONCURSO, CRIADERO, HUMOR, OTRO, VIDA

persa *adj, nmf* Persian
■ **persa** *nm* (*idioma*) Persian

persecución *nf* **1** (*animal, ladrón*) chase **2** (*Pol, Relig*) persecution **3** (*acoso*) harassment
LOC **ir en persecución de** (*fig* y *lit*) to pursue *sth/sb* *Ver tb* LANZAR

persecutorio, -a *adj* **LOC** *Ver* MANÍA

perseguidor, ~a *nm-nf* **1** (*gen*) pursuer **2** (*Pol, Relig*) persecutor

perseguir *vt* **1** (*gen*) to pursue (*formal*), to chase: ~ *un coche* to chase a car ◊ ~ *un objetivo* to pursue an aim **2** (*Pol, Relig*) to persecute **3** (*acosar*) to hound: *Le persiguen sus acreedores.* He is being hounded by his creditors. **4** (*combatir*) to crack down ***on sth***: ~ *las infracciones contra el medio ambiente* to crack down on environmental pollution **5** (*fig*) to seek: ~ *la promoción de los intereses de clase* to seek to promote class interests

perseverancia *nf* perseverance

perseverante *adj* persevering

perseverar *vi* to persevere (***at/in/with sth***)

persiana *nf* shutter(s) [*se utiliza mucho en plural*]: *subir/bajar la* ~ to open/close the shutters **LOC** *Ver* ENROLLAR

persignarse *v pron* to cross yourself

persistencia *nf* persistence

persistente *adj* persistent

persistir *vi* to persist (***in sth/doing sth***)

persona *nf* (*gen*) person [*pl* people]: *cinco/varias* ~*s* five/several people ◊ *miles de* ~*s* thousands of people ◊ *la tercera* ~ *del singular* the 3rd person singular ☛ *Ver nota en* PERSON
LOC **en persona 1** (*estando presente*) in person: *Hay que recogerlo en* ~. You must collect it in person. **2** (*personalmente*) personally: *Lo conozco en* ~. I know him personally. ☛ *Ver nota en* HOPEFULLY **persona física** individual **persona jurídica** legal entity **persona mayor 1** (*adulto*) grown-up **2** (*anciano*) old person **persona no grata** persona non grata **por persona** per head (*formal*), each: *5.000 ptas por* ~ 5000 pesetas a head **(ser) buena persona** (to be) a good sort: *Es muy buena* ~. She's a very good sort. *Ver tb* AMARGURA, APRETUJADO, BELLO, HOGAR, IMPUESTO, OTRO

personaje *nm* **1** (*Cine, Liter*) character: *el* ~ *principal de la novela* the main character in the novel **2** (*personalidad*) personality

personal *adj* personal: *en el plano* ~ on a personal level
■ **personal** *nm* **1** (*plantilla*) staff [*v sing o pl*], personnel [*v pl*] (*más formal*): *el* ~ *de limpieza* the cleaning staff ◊ *reducir* ~ to reduce the number of staff ◊ *escasez/exceso de* ~ shortage/surplus of staff ☛ *Ver nota en* PLANTILLA **2** (*gente*) people [*v pl*]: *¡Madre, cuánto* ~*!* Goodness! Look at all those people! ◊ *El* ~ *estaba enfadado.* People were angry.
LOC **marca/récord personal** personal best **personal de tierra/vuelo** ground/flight crew [*v sing o pl*] **quedarse con el personal** to have sb on: *No te quedes con el* ~. Stop having us on. *Ver tb* ALUSIÓN, ASEO, CÉDULA, DATO, DEFENSA, DESGRACIA, DOCENTE, EFECTO, FALTO, JEFE, MENGUA, ORDENADOR, PRESTACIÓN, TÍTULO

personalidad *nf* personality: *con gran/mucha* ~ with a strong personality ◊ ~*es del mundo del espectáculo* show business personalities **LOC** *Ver* DESDOBLAMIENTO

personalismo *nm* **1** (*favoritismo*) favouritism **2 personalismos** personalities: *Dejémonos de* ~*s.* Let's keep personalities out of it.

personalizar *vt* to personalize: ~ *una cuestión* to personalize an issue
■ **personalizar** *vi* to name names

personalmente *adv* personally ☛ *Ver nota en* HOPEFULLY

personarse *v pron* **~ en 1** (*gen*) to go (in person) **to...**: *El alcalde se personó en el lugar de los hechos.* The mayor went in person to the scene. **2** (*comparecer*) to report **to...**: *Por favor persónese en las oficinas de Iberia.* Please report to the Iberia desk. **3** (*Jur*) to appear **in...**: ~ *en el juzgado* to appear in court

personificación *nf* personification

personificar *vt* to personify

perspectiva *nf* **1** (*gen, lit* y *fig*) perspective: *un cuadro sin* ~ a picture without perspective ◊ *examinar un problema desde otra* ~ to examine a problem from another angle **2** (*vista*) view **3** (*punto de vista*) standpoint: *desde una* ~ *comercial* from a commercial standpoint **4 perspectivas** prospects: *Se presentan buenas* ~*s para este negocio.* There are good prospects for this business.
LOC **en perspectiva 1** (*Arte*) in perspective **2** (*en proyecto*) in the offing: *Hay algunas reformas en* ~. There are a number of reforms in the offing **tener algo en perspectiva** to have sth in mind

perspicacia *nf* insight
LOC **con perspicacia** perceptively

perspicaz *adj* perceptive

persuadir *vt* to persuade *sb* (***of sth/to do sth/that...***): *Me persuadió de la necesidad de contratar a una secretaria.* He persuaded me (that I needed) to hire a secretary. ◊ *Al final le persuadimos para que nos acompañara.* We finally persuaded him to come with us.
■ **persuadirse** *v pron* to become convinced (***of sth/that...***)

persuasión *nf* persuasion

persuasivo, -a *adj* persuasive: *dotes persuasivas* powers of persuasion

pertenecer *vi* **~ a 1** (*gen*) to belong **to *sth/sb***: *Los libros te pertenecen.* The books belong to you. ◊ *No pertenezco a ningún sindicato.* I don't belong to a union. ◊ *¿A qué clase pertenecen las margaritas?* What species do daisies belong to? **2** (*incumbir*) to be *sb's* responsibility: *Eso pertenece al departamento de finanzas.* That's the finance department's responsibility.

perteneciente *adj* **~ a 1** (*gen*) belonging **to *sth/sb***: *los países* ~*s a la UE* countries belonging to the EU **2** (*de la incumbencia de*) concerning: *asuntos* ~*s al departamento de personal* matters concerning the personnel department

pertenencia *nf* **1** (*gen*): *Los muebles son de su* ~. The furniture belongs to him. ◊ *las cosas de mi* ~ my belongings ◊ *La* ~ *del monumento al patrimonio nacional está en debate.* Whether or not the monument is part of our national heritage is debatable. **2** (*asociación*) membership **of sth**: *la ~ de España a la UE* Spain's membership of the EU **3 pertenencias** possessions (*formal*), belongings: *Recogió sus ~s y se marchó.* She collected her belongings and left.

pértiga *nf* pole **LOC** *Ver* SALTADOR, SALTO

pertinaz *adj* **1** (*obstinado*) obstinate, stubborn (*más coloq*) **2** (*dolor, insomnio, ruido*) persistent

pertinencia *nf* relevance (**to sth**)

pertinente *adj* **1** (*oportuno*) appropriate: *iniciar las investigaciones ~s* to put in train the appropriate investigations **2** (*relevante*) relevant: *Su comentario no me parece ~ en este momento.* I don't find his remark very relevant to the matter in hand.

LOC en lo pertinente a as regards...

pertrechar *vt* to supply *sb* (**with sth**): *~ de armamento una unidad militar* to supply a military unit with arms

■ **pertrecharse** *v pron* **pertrecharse (de/con)** (*proveerse*) to stock up (**on/with sth**): *~se de alimentos* to stock up on food

pertrechos *nm* equipment [*incontable, v sing*]

perturbación *nf* **1** (*gen*) disturbance: *perturbaciones callejeras* street disturbances ◊ *Eso me produjo cierta ~.* It rather disturbed me. **2** (*interrupción*) disruption: *La huelga creó ~ en el tráfico.* The strike caused traffic disruption.

LOC perturbación del orden público breach of the peace

perturbado, -a *nm-nf* mentally disturbed person

perturbador, ~a *adj* **1** (*inquietante*) disturbing: *síntomas ~es* disturbing symptoms **2** (*alborotador*) disruptive: *elementos ~es* disruptive elements

perturbar *vt* **1** (*trastornar*) to disturb: *~ el orden público* to disturb the peace **2** (*interrumpir*) to disrupt: *La huelga perturbó las habituales actividades comerciales.* The strike disrupted normal business.

Perú *nm* Peru

peruano, -a *adj, nm-nf* Peruvian

perversidad *nf* wickedness

perversión *nf* (*sexual*) perversion

perverso, -a *adj, nm-nf* evil [*adj*]: *Es un ~.* He's evil.

pervertido, -a *nm-nf* pervert

pervertir *vt* to pervert

pesa *nf* weight

LOC hacer pesas to do weight training *Ver tb* LEVANTADOR, LEVANTAMIENTO

pesabebés *nm* scales (for wieighing babies) [*v pl*]

pesadez *nf* **1** (*cuerpo, tiempo*) heaviness: *sentir ~ de estómago* to have a heavy feeling in your stomach ◊ *Se nota cierta ~ en la atmósfera.* There's a heaviness in the air. **2** (*aburrimiento*) boring [*adj*]: *¡Qué ~ de película!* What a boring film! **3** (*molestia*) nuisance: *Estas moscas son una ~.* These flies are a nuisance. ◊ *Es una ~ tener que salir ahora.* It's a nuisance having to go out now.

pesadilla *nf* nightmare: *una experiencia de ~* a nightmare experience ◊ *Últimamente tengo muchas ~s.* I've been getting a lot of nightmares lately.

pesado, -a *pp, adj* **1** (*gen*) heavy: *una maleta/comida pesada* a heavy suitcase/meal ◊ *artillería/industria pesada* heavy artillery/industry ◊ *Tengo la cabeza pesada.* My head feels heavy. **2** (*aburrido*) boring **3** (*molesto*) annoying **4** (*que cansa*) tiring: *un viaje muy ~* a very tiring journey *Ver tb* PESAR[2]

■ **pesado, -a** *nm-nf* pain [*incontable*]: *Son unos ~s.* They're a pain. **LOC** *Ver* BROMA, PESO, SUEÑO, TÍO

pesadumbre *nf* sorrow

pesaje *nm* (*Dep*) weigh-in

pésame *nm* condolences [*v pl*], sympathy (*más coloq*): *Mi más sentido ~.* My deepest sympathy.

LOC dar el pésame to offer your condolences

pesar[1] *nm* **1** (*tristeza*) sorrow: *Su muerte me llenó de un profundo ~.* His death filled me with deep sorrow. **2** (*arrepentimiento*) regret: *Siento ~ por no haberlo hecho.* I regret not having done it.

LOC a pesar de in spite of *sth/doing sth*: *a ~ del frío/de no conocerla* in spite of the cold/not knowing her **a pesar de los pesares/todo** in spite of everything **a pesar de que...** although **(muy) a pesar mío** much to my, your, etc regret: *Tuvo que dimitir, a ~ suyo.* He had to resign, much to his regret.

pesar[2] *vt* **1** (*lit*) to weigh: *~ una maleta/a un bebé* to weigh a suitcase/a baby **2** (*fig*) to weigh *sth* up: *~ las ventajas y los inconvenientes* to weigh up the advantages and disadvantages

■ **pesar** *vi* **1** (*gen*) to weigh: *¿Cuánto pesas? Peso 54 kilos.* How much do you weigh? I weigh 54 kilos. ◊ *¡No pesa nada!* It doesn't weigh a thing! ◊ *¡Cómo pesa!* It weighs a ton! **2** (*tener mucho peso*) to be heavy: *Peso más de lo que parezco.* I'm heavier than I look. ◊ *¡Este paquete sí que pesa!* This parcel's really heavy! ◊ *¿Te pesa la maleta?* Is the suitcase too heavy for you? **3** (*años, responsabilidad*) to weigh heavily **on sb**: *Le pesa tanta responsabilidad.* So much responsibility weighs heavily upon him. **4** (*arrepentirse*) to be sorry (**for/about sth**): *No me pesa lo que hice.* I'm not sorry for what I did. ◊ *¡Ya te pesará!* You'll be sorry! **5 ~ (en)** (*influir*) to count for a lot (**with sth/sb**): *Sus opiniones pesan mucho en el comité.* His opinions count for a lot with the committee.

LOC mal que me pese like it or not **pesar como un muerto** to weigh a ton **pese a** in spite of *sth/doing sth*: *Pese al mal tiempo...* In spite of the bad weather... **pese a que...** although: *pese a que implicaba riesgos* although it was risky **pese a quien pese** no matter who I have to upset *Ver tb* VALER

pesca *nf* **1** (*gen*) fishing: *la ~ submarina/del bacalao* underwater/cod fishing ◊ *Prohibida la ~.* No fishing. **2** (*lo pescado*) catch: *una ~ mala* a poor catch **3 Pesca** Fisheries: *el Ministerio español de Agricultura , ~ y Alimentación* the Spanish Ministry of Agriculture, Food and Fisheries

LOC ir de pesca to go fishing **pesca de altura/bajura** inshore/deep-sea fishing **pesca de arrastre** trawling **...y toda la pesca** and everything: *hermanos, primos y toda la ~* brothers, sisters, cousins and what have you ◊ *Tengo que hacer todavía la maleta y toda la ~.* I've still got to pack and what have you. *Ver tb* ARTE, BARCO, FURTIVO, LANCHA

pescadería *nf* **1** (*tienda*) fishmonger's [*pl* fishmongers] ☛ *Ver nota y ejemplos en* CARNICERÍA **2** (*en un supermercado*) fish counter

pescadero, -a *nm-nf* fishmonger

pescadilla *nf* small hake [*pl* small hake]

pescado *nm* fish [*incontable*]: *Me encanta el ~.* I love fish. ☛ *Ver ilustración en* FISH[1] ☛ *Ver nota en* FISH[1]

LOC pescado azul oily/blue fish **pescado blanco** white fish *Ver tb* CARNE, LONJA, PARRILLA

pescador, ~a *nm-nf* fisherman/woman [*pl* fishermen/women]: *~es de bacalao* cod fishermen **LOC** *Ver* FURTIVO

pescar *vt* **1** (*ir a capturar peces*) to fish **for sth** [*vi*]: *Las barcas salieron a ~ sardinas.* The boats went out to fish for sardines. **2** (*coger*) to catch: *Pesqué dos truchas.* I caught two trout. ◊ *~ una pulmonía/a un ladrón* to catch pneumonia/a thief **3** (*contrato, trabajo, marido*) to land: *Pescó un marido rico.* She landed a wealthy husband. **4** (*entender*) to get: *No pescaba ni un chiste.* He didn't get a single joke. ◊ *Le guiñé un ojo, pero no lo pescó.* I winked at him, but he didn't get my meaning. **5** (*encontrar*) to find: *Buscaban en los cubos de la basura a ver qué pescaban.* They were looking through the dustbins to see what they could find.

■ **pescar** *vi* to fish: *Habían salido a ~.* They'd gone out fishing.

LOC pescar al arrastre to trawl **pescar en río revuelto** to fish in troubled waters **pescar una borrachera** to get drunk: *¡Vaya borrachera que ha pescado!* He's well and truly drunk! *Ver tb* CAÑA

pescozón *nm* blow on the neck: *dar un ~ a algn* to slap sb on the neck

pescuezo *nm* neck

LOC agarrar/coger a algn del pescuezo to grab sb by the scruff of the neck *Ver tb* RETORCER

pesebre *nm* crib

peseta *nf* **1** (*lit*) peseta **2** (*fig*) money [*incontable*]: *No tengo tantas ~s como tú.* I haven't got as much money as you. ◊ *Tengo que mirar la ~.* I have to watch what I spend. **LOC** *Ver* SEIS

pesetero, -a *adj* money-grubbing

■ **pesetero, -a** *nm-nf* money-grubber

pesimismo *nm* pessimism

pesimista *adj* pessimistic

■ **pesimista** *nmf* pessimist

pésimo, -a *adj* dreadful

peso *nm* **1** (*gen*) weight: *~s y medidas* weights and measures ◊ *ganar/perder ~* to put on/lose weight ◊ *~ bruto/neto* gross/net weight ◊ *Venden el arroz a ~.* Rice is sold by weight. ◊ *El médico me ha prohibido levantar ~s.* The doctor has forbidden me to lift heavy weights. ◊ *Yo sentía como un ~ en el estómago.* I felt a kind of heaviness in my stomach. **2** (*responsabilidad, preocupación*) burden: *el ~ de tanta responsabilidad* the burden of so much responsibility ◊ *El pago de la hipoteca es un gran ~.* The mortgage is a great burden. **3** (*balanza*) scales [*v pl*]: *Es un ~ de gran precisión.* These scales are very accurate. **4** (*Atletismo*) shot: *lanzar el ~* to put the shot **5** (*moneda*) peso [*pl* pesos]

LOC a peso de oro: *Hemos pagado ese cuadro a ~ de oro.* We paid the earth for that picture. **de mucho/poco peso** (*lit*) heavy/light **de peso 1** (*persona, grupo*) influential **2** (*argumento, asunto, decisión*) weighty **3** (*motivo*) sound **el peso de los años** the burden of the years **peso específico** specific gravity **peso gallo/mosca/pluma** bantamweight/flyweight/featherweight **peso ligero/medio/pesado** lightweight/middleweight/heavyweight **quitar un peso de encima** to take a weight off *sb's* mind: *El aprobar latín me ha quitado un ~ de encima.* Passing Latin has taken a weight off my mind. **tener peso** (*tener influencia*) to carry weight: *Tiene poco ~ en el ministerio.* He doesn't carry much weight at the ministry. *Ver tb* LANZADOR, LANZAMIENTO, LANZAR, PROPIO, VALER

pespunte *nm* backstitch

pespuntear *vt* to backstitch

pesquero, -a *adj* fishing [*n atrib*]: *un puerto ~* a fishing port

■ **pesquero** *nm* fishing boat **LOC** *Ver* BARCO, FLOTA

pesquisa *nf* investigation: *las ~s policiales* police investigations

pestaña *nf* **1** (*ojo*) eyelash ☛ *Ver ilustración en* OJO **2** (*borde saliente*) rim

LOC dejarse/quemarse las pestañas to burn the midnight oil *Ver tb* RIZADOR

pestañear *vi* to blink

LOC sin pestañear without batting an eyelid: *Escuchó la noticia sin ~.* He heard the news without batting an eyelid.

pestañeo *nm* blinking

peste *nf* **1** (*enfermedad, fig, plaga*) plague: *la ~ bubónica* bubonic plague ◊ *una ~ de cucarachas* a plague of cockroaches **2** (*mal olor*) stink: *¡Qué ~ hay aquí!* What a stink! **3** (*incordio*) nuisance: *Hay un par de chicos en la clase que son la ~.* There are a couple of kids in the class who are a real nuisance.

LOC decir/echar pestes (**de**) to curse (*sth/sb*): *Los turistas decían ~s del servicio del hotel.* The tourists were cursing the service in the hotel. ◊ *Dio un portazo y salió de la oficina echando ~s.* He slammed the door and left the office cursing. **peste negra** Black Death *Ver tb* HUIR

pesticida *nm* pesticide

pestilencia *nf* (*olor*) stench

pestilente *adj* foul-smelling

pestillo *nm* **1** (*cerrojo*) bolt: *El ~ estaba echado.* The door was bolted. **2** (*de una cerradura*) catch: *¿Has echado el ~?* Have you put the catch on the door? **LOC** *Ver* CERRAR

petaca *nf* **1** (*para tabaco*) tobacco pouch **2** (*para licores*) hip-flask

LOC hacer la petaca to make an apple-pie bed *for sb*

pétalo *nm* petal ☛ *Ver ilustración en* FLOR

petanca *nf* pétanque: *jugar a la ~* to play pétanque

petardear *vi* (*coche*) to backfire

petardo *nm* **1** (*explosivo*) banger: *tirar ~s* to throw bangers **2** (*plomo*) bore: *Es un ~ de película.* The film is dead boring.

petenera *nf*

LOC salir(se) por peteneras to go off at a tangent

petición *nf* **1** (*gen*) request: *formular/hacer una ~ de ayuda* to put in a request for aid ◊ *una ~ de indulto* a plea for exemption **2** (*reivindicación*) demand: *peticiones para la dimisión del Primer Ministro* demands for the Prime Minister's resignation **3** (*instancia*) petition: *Redactaron una ~ para la reapertura de la piscina.* They drew up a petition to reopen the swimming-pool. ◊ *una ~ de divorcio* a petition for divorce

LOC a petición de at the request of *sb* **petición de mano** (*fiesta*) engagement party *Ver tb* PREVIO

petirrojo *nm* robin

peto *nm* **1** (*pantalón*) dungarees [*v pl*] **2** (*armadura*) breastplate **LOC** *Ver* PANTALÓN

pétreo, -a *adj* **1** (*de piedra*) stone [*n atrib*]: *un soporte ~* a stone support **2** (*mirada, silencio*) stony

petrificar *vt* (*lit* y *fig*) to petrify

■ **petrificarse** *v pron* (*lit*) to petrify, to turn to stone (*más coloq*)

petrodólar *nm* petrodollar

petróleo *nm* **1** (*crudo*) oil: *un pozo de ~* an oil well **2** (*parafina*) paraffin: *una lámpara de ~* a paraffin lamp **LOC** *Ver* MANCHA, ORGANIZACIÓN, YACIMIENTO

petrolero, -a *adj* oil [*n atrib*]: *la industria petrolera* the oil industry

■ **petrolero** *nm* oil tanker **LOC** *Ver* FLOTA

petrolífero, -a *adj* **1** (*gen*) oil [*n atrib*]: *una compañía petrolífera* an oil company **2** (*país, región*) oil-producing **LOC** *Ver* CAMPO, CUENCA, PLATAFORMA, YACIMIENTO

petroquímico, -a *adj* petrochemical

petunia *nf* petunia

peyorativo, -a *adj* derogatory, pejorative (*más formal*)

pez *nm* fish [*pl* fish/fishes] ☛ *Ver nota e ilustración en* FISH[1]: *peces de agua dulce* freshwater fish ◊ *las aves y los peces* birds and fish

LOC como pez en el agua in your element: *Se desenvuelve en los negocios como ~ en el agua.* He's in his element when doing business. **el que quiera peces que se moje el culo** you don't get anything for nothing **estar pez en** not to know the first thing about *sth*: *Estoy ~ en química.* I don't know the first thing about chemistry. **pez de colores** goldfish [*pl* goldfish] **pez espada** swordfish [*pl* swordfish] **pez gordo** (*fig*) big shot **pez martillo** hammerhead shark [*pl* hammerhead sharks] **pez sierra** sawfish [*pl* sawfish]

pezón *nm* **1** (*persona*) nipple **2** (*biberón, animal*) teat ☛ *Ver ilustración en* COW[1] **3** (*Bot*) stalk

pezuña *nf* **1** (*animal*) hoof [*pl* hooves/hoofs] **2** (*persona*) foot [*pl* feet]: *¡Quita las ~s de encima de la mesa!* Take your feet off the table!

piadoso, -a *adj* **1** (*devoto*) devout **2** (*compasivo*) kind: *Lo más ~ que se podría decir es...* The kindest thing you could say is... **LOC** *Ver* MENTIRA

pianista *nmf* pianist

pianístico, -a *adj* piano [*n atrib*]: *la obra pianística de un compositor* a composer's piano works

piano *nm* piano [*pl* pianos]: *tocar una pieza al ~* to play a piece of music on the piano

■ **piano** *adv* piano

LOC como un piano: *una mentira/un constipado como un ~* a whopper/a dreadful cold **piano de cola/vertical** grand/upright piano

piar *vi* to chirp

PIB *nm, abrev de* **Producto Interior Bruto** *Ver* PRODUCTO

pica *nf* **1** (*Mil*) pike **2** (*Tauromaquia*) lance **3 picas** (*Naipes*) spades ☛ *Ver nota en* BARAJA ☛ *Ver ilustración en* CARTA

picadero *nm* (riding) school: *Están construyendo un ~ cubierto.* They're building an indoor school.

picadillo *nm* **1** (*gen*): *un ~ de cebolla/jamón* chopped onion/ham ◊ *un ~ de carne, cebolla y hierbas* minced meat, onions and herbs **2** (*de cerdo*) pork hash [*incontable*]

picado, -a *pp, adj* **1** (*mar*) choppy **2** (*diente*) bad: *Tengo una muela picada.* I've got a bad tooth. **3** (*tabaco*) loose **4** (*vino*) vinegary **5** (*por la polilla*) moth-eaten **6** (*enfadado*) cross (***with sb***) (***about sth***): *Creo que están ~s conmigo.* I think they're cross with me. *Ver tb* PICAR
■ **picado** *nm* (*avión, ave*) dive
LOC **bajar/caer en picado 1** (*avión*) to nosedive **2** (*ave*) to dive **3** (*fig*) to plummet: *Las ventas han caído en ~.* Sales have plummeted. **picado de viruela** pock-marked *Ver tb* CAÍDA, CARNE

picador *nm* (*Tauromaquia*) picador

picadora *nf* mincer

picadura *nf* **1** (*mordedura*) **(a)** (*hormiga, mosquito, serpiente*) bite **(b)** (*abeja, escorpión, medusa*) sting: *una ~ de avispa* a wasp sting **(c)** (*ave*) peck **2** (*diente*): *Tiene un par de ~s.* A couple of his teeth are starting to decay. **3** (*agujero*) hole: *~s de polilla/carcoma* moth/woodworm holes **4** (*en espejo*) spot

picajoso, -a *adj* touchy

picante *adj* **1** (*Cocina*) hot: *una salsa ~* a hot sauce **2(a)** (*chiste*) risqué **(b)** (*película, detalles*) spicy
■ **picante** *nm* (*Cocina*) spicy food [*gen incontable*]

picapedrero *nm* stonemason

picapica *nm o nf* **1** (*de rascar*) itching powder **2** (*de estornudar*) sneezing powder **3** (*golosina*) sherbet
LOC *Ver* POLVO

picapleitos *nmf* shyster lawyer

picaporte *nm* **1** (*pestillo*) latch **2** (*tirador*) door handle **3** (*aldaba*) knocker ☛ *Ver ilustración en* HOUSE

picar *vt, vi* **1** (*morder*) **(a)** (*hormiga, mosquito, serpiente*) to bite **(b)** (*abeja, escorpión, medusa*) to sting **2** (*comer*) to nibble: *Hemos picado unos cacahuetes.* We've nibbled a few peanuts. ◊ *No piquéis que se os quitará el hambre.* If you start nibbling you'll ruin your meal.
■ **picar** *vt* **1** (*perforar*) to make holes **in** ***sth***: *La polilla ha picado el jersey.* The moths have made holes in this jumper. **2** (*ave*) **(a)** (*comida*) to peck **at** ***sth*** [*vi*]: *El pájaro picaba la lechuga.* The bird was pecking at the lettuce. **(b)** (*para defenderse*) to peck: *¡Me ha picado el brazo!* It's pecked my arm! **(c)** (*agujerear*) to peck holes **in** ***sth*** **3** (*billete*) to punch **4** (*carbón*) to dig **5** (*piedra*) to quarry **6** (*Cocina*) **(a)** (*carne*) to mince **(b)** (*ajo, cebolla, verdura*) to chop *sth* (up) **7** (*curiosidad*): *Me picó la curiosidad y lo abrí.* I was curious so I opened it. **8** (*toro*) to goad **9** (*Mús*) to play *sth* staccato
■ **picar** *vi* **1(a)** (*producir picor*) to itch: *Me pica mucho la herida.* The wound is itching a lot. ◊ *Este jersey pica.* This jumper is very itchy. **(b)** (*ojos*) to sting: *Me pican los ojos.* My eyes are stinging. **(c)** (*lengua*) to burn: *Todavía me pica la boca del curry.* My tongue's still burning from the curry. **2** (*ser picante, sol*) to be hot: *¡Esta salsa pica a rabiar!* This sauce is fiendishly hot! ◊ *Hoy pica mucho el sol.* The sun is really scorching today. **3** (*caer en la trampa*) to fall for it. *Le conté una mentira y picó.* I told him a lie and he fell for it.
■ **picarse** *v pron* **1** (*diente, fruta*) to go bad **2** (*por la polilla*) to get moth-eaten **3** (*vino*) to go off **4** (*mar*) to get choppy **5** (*enfadarse*) to get annoyed (***with sb***) (***at/about sth***): *Mi hermana se picó un poco con aquella broma.* My sister got quite annoyed at/about that joke.
LOC **algo/cosas para picar** nibbles **picar (muy) alto** to aim high *Ver tb* BICHO, GUSANILLO, MOSCA

picardía *nf* cunning
LOC **con picardía** mischievously: *Lo dijo con ~.* He said it mischievously. ◊ *La miró con ~.* He gave her a mischievous glance. **tener (mucha) picardía 1** (*gen*) to be cunning **2** (*niño*) to be a little rascal

picardías *nm* baby doll pyjamas [*v pl*]

picaresco, -a *adj* picaresque
■ **picaresca** *nf* **1** (*gen*) cunning: *La pobreza propicia la picaresca.* Poverty breeds cunning. **2** (*Liter*) the picaresque

pícaro, -a *adj* cunning: *Es muy ~ y consigue todo lo que quiere.* He's very cunning and gets everything he wants. ◊ *una mirada pícara* a mischievous glance
■ **pícaro, -a** *nm-nf* **1** (*gen*) rogue **2** (*niño*) little rascal: *Mi nieto está hecho un ~.* My grandson's a little rascal.

picatoste *nm* **1** (*gen*) fried bread **2** (*cuscurro*) crouton

picazón *nf* itch
LOC **dar picazón** to make *sb* itch: *Este jersey me da ~.* This jumper makes me itch.

picha *nf* cock (⚠) ☛ *Ver nota en* TABÚ

pichi *nm* pinafore dress

pichón *nm* young pigeon

picnic *nm* picnic: *ir de ~* to go for a picnic

pico *nm* **1** (*pájaro*) beak **2** (*boca*) mouth: *No abrió el ~ en toda la tarde.* He didn't open his mouth all afternoon. **3** (*vasija*) spout **4** (*punta*) corner: *el ~ de la mesa* the corner of the table **5** (*Costura*): *El chaleco termina en ~.* The waistcoat tapers to a point. **6** (*montaña*) peak: *los ~s cubiertos de nieve* the snow-covered peaks ☛ *Ver ilustración en* MONTAÑA **7** (*herramienta*) pick **8** (*dineral*) fortune: *Nos costó un buen ~.* It cost us a fortune. ◊ *El coche le ha salido por un ~.* The car cost him a fortune.
LOC **darse el pico** (*besuquearse*) to smooch **estar/irse de picos pardos** to be/go out on the town **irse del pico**: *Se fue del ~.* He couldn't keep his mouth shut. ◊ *No te vayas del ~.* Keep your mouth shut. **tener mucho pico** to talk a lot **y pico 1** (*gen*) odd: *dos mil y ~ pesetas/personas* two thousand odd pesetas/people ◊ *Tiene treinta y ~ años.* He's thirty something. **2** (*hora*) just after: *Eran las dos y ~.* It was just after two. *Ver tb* CERRAR, CUELLO, ESCOTE[1], SOMBRERO

picor *nm* **1** (*picazón*) itch: *Tengo ~ en la espalda.* My back's itching. ◊ *Los síntomas son ~ e inflamación.* The symptoms are itchiness and inflammation. **2** (*escozor*) stinging **3** (*garganta*) tickle **4** (*ardor*) burning sensation: *Todavía tengo ~ en la lengua.* My tongue's still burning.

picotazo *nm* **1** (*ave*) peck **2** (*hormiga, mosquito, reptil*) bite **3** (*abeja, escorpión, medusa*) sting: *un ~ de medusa* a jellyfish sting

picotear *vt* (*ave*) to peck (at) *sth*
■ **picotear** *vt, vi* to nibble: *¡Deja ya de ~ el pan!* Stop nibbling the bread!

pictórico, -a *adj* **1** (*gen*): *el mundo ~ del siglo XVIII* the world of 18th century painting ◊ *una exposición pictórica compuesta de óleos y acuarelas* an exhibition of oil-paintings and water-colours **2** (*obra*) graphic: *la obra pictórica de Picasso* Picasso's graphic works **3** (*pintoresco*) picturesque

picudo, -a *adj* pointed: *el sombrero ~ de una bruja* a witch's pointed hat

pídola *nf* leapfrog: *jugar/saltar a la ~* to play leapfrog ☛ *Ver ilustración en* LEAPFROG

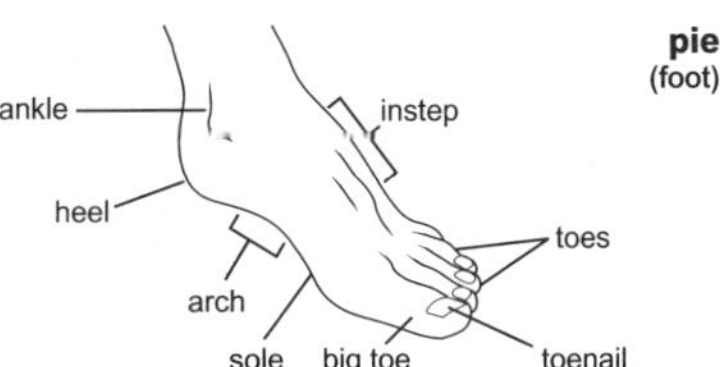

pie *nm* **1** (*gen*) foot [*pl* feet]: *el ~ derecho* your right foot ◊ *tener los ~s planos* to have flat feet ◊ *Límpiate los ~s al entrar en la casa.* Wipe your feet before you go indoors. **2** (*columna, estatua*) pedestal **3** (*copa*) base **4** (*lámpara*) stand
LOC **a pie** on foot **al pie de** at the foot of *sth*: *al ~ de la cama/montaña* at the foot of the bed/mountain **al pie**

de la letra literally **andar con pies de plomo** to tread carefully **a pie de página** at the foot of the page **a pies juntillas** beyond a shadow of doubt **caer de pie** to land on your feet **ciudadano/gente de a pie** ordinary person/people **con buen/mal pie**: *Han entrado en este trabajo con buen/mal ~.* They've got off to a good start/started off on the wrong foot. **con pie ligero** at a brisk pace **con un pie en el hoyo** with one foot in the grave **dar pie a** to give rise to *sth* **de (los) pies a (la) cabeza/de la cabeza a los pies** from head to foot **de pie** on your feet: *Paso mucho tiempo de ~.* I spend a lot of time on my feet. ◊ *localidades de ~* standing tickets ◊ *No aguanto mucho de ~.* I can't stand for very long. **en pie de igualdad** on an equal footing **estar al pie del cañón** to hold the fort **estar de pie** to be standing (up) **estar en pie 1** (*gen*) to stand: *El puente aún está en ~.* The bridge is still standing. ◊ *My invitación está aún en ~.* My invitation still stands. **2** (*sin acostarse*) to be on your feet **estar en pie de guerra 1** (*lit*) to be on a war footing **2** (*fig*) to be up in arms **hacer algo con los pies** to do sth very badly **hacer pie** (*piscina*): *No hago ~.* I can't touch the bottom. ◊ *No vayas donde no haces ~.* Don't go out of your depth. **ir a pie** to walk **no dar pie con bola** not to get anything right **no poner los pies en…** not to set foot in…: *Hace tres años que no he puesto los ~s en mi pueblo.* I haven't set foot in my home town for three years. **no tener ni pies ni cabeza** to be absurd **pie de foto** caption **¡pies para qué os quiero!** let's beat it! **poner algo de pie** to stand sth up: *Pongamos la caja de~.* Let's stand the box up. **poner pie en tierra** to set foot on land **poner pies en polvorosa** to show a clean pair of heels **ponerse de pie** to stand up **saber de qué pie cojea algn** to know sb's weaknesses **se me fue el pie** I, you, etc slipped **tener los pies en la tierra** to have your feet on the ground *Ver tb* BUSCAR, COJEAR, EXCURSIÓN, LÁMPARA, LEVANTAR, MACHACAR, MANTENER, NACER, NOTA, PARAR, PROPIO, RECORRER(SE), REFERENCIA, RELOJ, SEGUIR, SOLDADO

piedad *nf* **1(a)** (*sentimiento de compasión*) pity: *sentir ~ por algn* to feel pity for sb ◊ *tener ~ de algn* to have pity on sb **(b)** (*misericordia*) mercy: *Señor ten ~.* Lord, have mercy. ◊ *una lucha sin ~* a merciless struggle ◊ *Lo castigaron sin ~.* They punished him mercilessly. **2** (*devoción*) piety **3** (*Arte*) pietà

LOC ¡por piedad! for pity's sake!

piedra *nf* **1** (*gen*) stone: *un muro de ~* a stone wall ◊ *una ~ preciosa* a precious stone **2** (*encendedor*) flint

LOC no dejar piedra por mover to leave no stone unturned **no dejar piedra sobre piedra** not to leave a stone standing **no ser de piedra** to be only human **piedra angular** cornerstone **piedra de afilar** whetstone **piedra de molino** millstone **piedra filosofal** philosopher's stone **piedra millar** milestone **piedra pómez** pumice-stone **quedarse de piedra** to be taken aback **tirar la piedra y esconder la mano** to be very sneaky **tirar piedras al propio tejado** to shoot yourself in the foot *Ver tb* ABLANDAR, AGUA, CALLAR, CARTÓN, COLOCAR, DURO, EDAD, MENOS, PRIMERO, TIRO, TROPEZAR (SE)

piel *nf* **1** (*de persona*) skin: *Tiene la ~ blanca/morena.* She's got fair/dark skin. **2** (*de animal*) **(a)** (*gen*) skin: *una ~ de tigre/conejo* a tiger/rabbit skin ◊ *un bolso de ~ de cocodrilo* a crocodile-skin handbag **(b)** (*con pelo*) fur: *~ de zorro* fox fur ◊ *un abrigo de ~es* a fur coat **(c)** (*cuero*) leather: *~ sintética* synthetic leather ◊ *zapatos/artículos de ~* leather shoes/goods **3** (*fruta, vegetal*) **(a)** (*plátano, cebolla, uva*) skin: *Quítale la ~ a las uvas.* Peel the grapes. **(b)** (*manzana, patata, cítricos*) peel ☛ *Ver nota en* PEEL ☛ *Ver ilustración en* FRUTA

LOC dejarse la piel to nearly kill yourself (*doing sth*): *Se dejaron la ~ en el proyecto.* They nearly killed themselves working on that project. **piel de borrego** sheepskin **piel de gallina** goose-pimples [*v pl*]: *Se me puso la ~ de gallina.* I came out in goose-pimples. **ser de la piel del diablo** to be a monster *Ver tb* ACEITUNADO, FLOR, JUGAR, MORENO

pienso *nm* **1** (*para ganado*) fodder **2** (*para perros*) dry dog food

pierna *nf* leg: *Se rompió una ~.* He broke his leg. ◊ *cruzar/estirar las ~s* to cross/stretch your legs ◊ *tener las ~s largas* to have long legs ◊ *una ~ de cordero* a leg of lamb

LOC con las piernas cruzadas cross-legged ☛ *Ver ilustración en* CROSS-LEGGED **hacer piernas** to do some walking **tener las piernas arqueadas** to be bandy-legged *Ver tb* CALCETÍN, DORMIR, ESTIRAR, PALILLO, RABO

pieza *nf* **1** (*gen, Ajedrez, Mús*) piece: *dos ~s de fruta* two pieces of fruit ◊ *un traje de dos ~s* a two-piece suit ◊ *La bicicleta es una verdadera ~ de museo.* The bicycle is a museum piece. **2** (*Mec*) part: *una ~ de recambio* a spare part **3** (*ejemplar*) specimen: *Ese salmón es una estupenda ~.* That salmon is a very fine specimen. **4** (*Caza, Pesca*) bird, rabbit, fish, etc: *¿Cuántas ~s hay?* How many birds have we got? **5(a)** (*pillo*) little devil: *¡Menuda ~ estás tú hecha!* You're a right little devil! **(b)** (*canalla*) swine

LOC dejar a algn de una pieza to leave sb speechless **pieza clave** linchpin **pieza por pieza** bit by bit **quedarse de una pieza** to be (left) speechless: *Nos quedamos todos de una pieza cuando nos anunció que se casaba.* We were left speechless when he announced his engagement.

pigmentación *nf* pigmentation

pigmento *nm* pigment

pigmeo, -a *adj, nm-nf* pygmy

pijada *nf* **1** (*estupidez*): *Lo que ha hecho es una ~.* He's done something really stupid. ◊ *¡Vamos, no digas ~s!* Come off it, don't be stupid! **2** (*objeto pequeño, insignificancia*) silly little thing

pijama *nm* pyjamas [*v pl*]: *Ese ~ te queda pequeño.* Those pyjamas are too small for you.

> **Pyjamas** es una palabra plural en inglés, por lo tanto para referirnos a *un pijama* utilizamos **some/a pair of pyjamas**: *Te he comprado un pijama.* I've bought you some pyjamas. ◊ *Mete dos pijamas en la maleta.* Pack two pairs of pyjamas. *Ver tb nota en* PAIR, PYJAMAS

pijo, -a *adj* **1** (*gen*) posey: *su manera pija de hablar* his posey way of talking ◊ *¡Qué chico más ~!* What a posey little twerp! **2** (*estilo*) posh

■ **pijo, -a** *nm-nf* poser: *un bar frecuentado por ~s* a real posers' bar **LOC** *Ver* NIÑO

pijotero, -a *adj, nm-nf* pain [*n*]: *Este trabajo es muy ~.* This job is a real pain.

pila[1] *nf* **1** (*montaña de cosas*) pile: *una ~ de maletas/periódicos* a pile of suitcases/newspapers **2** (*gran cantidad*) load: *una ~ de trabajo* a load of work ◊ *Ese tío tiene ya una ~ de años.* That bloke's getting on.

pila[2] *nf* **1** (*fregadero*) sink **2** (*Elec*) battery: *un juguete de ~s* a battery toy ◊ *Se han acabado las ~s.* The batteries have run out.

LOC con las pilas cargadas (*fig*) raring to go **pila bautismal** baptismal font **pila de agua bendita** (holy water) stoup *Ver tb* NOMBRE

pilar *nm* pillar ☛ *Ver ilustración en* IGLESIA

píldora *nf* pill: *¿Está tomando la ~?* Is she on the pill? **LOC** *Ver* DORAR

pillaje *nm* **1** (*por una muchedumbre*) looting **2** (*por un ejército*) pillaging

pillar *vt* **1** (*gen*) to catch: *¡A que no me pillas!* You can't catch me! ◊ *~ una pulmonía* to catch pneumonia ◊ *Le pillé robando.* I caught him stealing. ◊ *Me has pillado por casualidad.* You were lucky to catch me. ◊ *Te he pillado la falda con la puerta.* You've got your dress caught in the door. **2** (*atropellar*) to run *sth/sb* over: *Le pilló un coche.* He got run over by a car. **3** (*conseguir*): *Ha pillado un buen puesto en el ministerio.* He's got himself a nice job in the ministry.

■ **pillarse** *v pron* to get *sth* caught (*in sth*): *Me pillé el dedo en la puerta.* I got my finger caught in the door.

LOC me pilla el toro I'm, you're, etc pushed for time **me pilla cerca** it's near: *No creo que le importe ir, le pilla cerca.* I don't think he'll mind going, it's very near. **me pilla de camino** it's on my, your, etc way **pillar cerca/lejos de...** to be near.../to be a long way away from...: *El colegio me pilla muy cerca de casa.* The school is very near my house. **pillar en bragas, pelotas, etc** to catch *sb* napping **pillar una borrachera/ mona** to get plastered *Ver tb* DEDO, DESCUIDADO, DESPRE-VENIDO, IMPROVISO, MANO, MIERDA, ONDA, RENUNCIO, SORPRESA, TAJADA, TORRIJA

pillastre *nm* rogue

pillín, -ina (*tb* **pilluelo, -a**) *nm-nf* little devil

pillo, -a *adj* **1** (*pícaro*) cunning: *El muy ~ ha conseguido otra semana de vacaciones.* The cunning old so-and-so has got another week's holiday. **2** (*travieso*) naughty

■ **pillo, -a** *nm-nf* **1** (*niño*) rascal **2** (*listillo*) wily devil

pilón *nm* **1(a)** (*abrevadero*) drinking trough **(b)** (*fuente*) basin **2** (*pilar*) pylon

pilotar *vt* **1** (*avión*) to fly **2** (*coche*) to drive **3** (*moto*) to ride **4** (*barco*) to sail

piloto *nm* **1(a)** (*avión, barco*) pilot **(b)** (*coche*) (racing) driver: *un ~ de Fórmula 1* a Formula One driver ◊ *un ~ de pruebas* a test driver **2** (*indicador*) **(a)** (*Elec*) indicator light **(b)** (*calentador de gas*) pilot-light **3** (*automóvil*) **(a)** (*posterior*) rear light ☛ También se puede decir **tail-light**. *Ver ilustración en* CAR **(b)** (*lateral*) sidelight

■ **piloto** *adj* **1** (*chalé, piso*) show [*n atrib*]: *una casa piloto* a show house **2** (*grupo, programa*) pilot [*n atrib*]: *Se ha puesto en marcha un programa ~.* A pilot project has been set up.

LOC **piloto automático** automatic pilot: *El avión iba con el ~ automático.* The plane was on automatic pilot. **piloto de caza** fighter pilot **piloto de pruebas** test pilot *Ver tb* PROYECTO

piltrafa *nf* **1(a)** (*cosa estropeada*) wreck: *una ~ de sillón* a real wreck of a chair **(b)** (*cosa de mala calidad*) rubbish [*incontable*]: *Solo venden ~s.* Everything they sell is rubbish. **2 piltrafas** (*comida*) scraps: *Nos dieron de comer unas ~s.* They gave us a few scraps to eat.

LOC **estar hecho una piltrafa 1** (*gen*) to be in a terrible state: *Volvieron a casa hechos una ~.* They came home in a terrible state. ◊ *Los pantalones quedaron hechos una ~.* The trousers were in a terrible state. **2** (*delgado*) to be really skinny

pimentero *nm* **1** (*Bot*) pepper plant **2** (*recipiente*) pepper-pot

pimentón *nm* paprika

pimienta *nf* **1** (*Bot, Cocina*) pepper: *Te has pasado en la ~.* You've used too much pepper. **2** (*fig*) spice: *A la historia le falta un poco de ~.* The story lacks spice.

LOC **pimienta blanca/negra** white/black pepper *Ver tb* GRANO, MOLINILLO

pimiento *nm* pepper

LOC **pimiento morrón** red pepper *Ver tb* COLORADO, IMPORTAR

pimpante *adj* **1** (*garboso*) **(a)** (*chica*) trim **(b)** (*chico*) spruce: *Iba más ~ que un clavel.* He was all spruced up. **2** (*satisfecho de sí mismo*) pleased with yourself

pimplar *vt* to down

■ **pimplar** *vi* to booze: *Tengo un amigo que pimpla bastante* I've got a friend who's quite a boozer.

■ **pimplarse** *v pron* to get drunk

pimpollo *nm* **1** (*tallo*) shoot **2(a)** (*chica*) pretty young woman **(b)** (*chico*) handsome young man

LOC **hecho un pimpollo 1** (*muy arreglado*) dressed up to the nines: *Todos los invitados iban hechos unos ~s.* All the guests were dressed up to the nines. **2** (*joven*) young: *¿Viejo? ¡Pero si estás hecho un ~!* Old? You don't look a day over 21!

pimpón *nm* table tennis, ping-pong (*más coloq*)

pinacoteca *nf* art gallery

pináculo *nm* pinnacle ☛ *Ver ilustración en* IGLESIA

pinar *nm* pine wood

pincel *nm* paintbrush

pincelada *nf* **1** (*lit*) brush stroke: *dar ~s rápidas* to paint with quick brush strokes **2** (*fig*) (deft) phrase

pinchadiscos *nmf* disc jockey (*abrev* DJ)

pinchar *vt* **1** (*con objeto punzante*) **(a)** (*gen*) to prick: *~ a algn con un alfiler* to prick sb with a pin **(b)** (*balón, neumático*) to puncture: *Unos gamberros me han pinchado una rueda.* Some louts have slashed one of my tyres. **(c)** (*globo*) to burst **2** (*Med*) to give *sb* an injection: *Voy al dispensario dos veces por semana a que me pinchen.* I go to the clinic twice a week to have an injection. **3** (*con navaja*) to stab **4** (*estimular*) to prod: *Hay que ~le mucho para que se decida a hacer deporte.* He has to be prodded into playing sport. **5** (*provocar para hacer enfadar*) to needle **6** (*disco*) to play

■ **pinchar** *vi* **1** (*planta espinosa*) to be prickly: *Ten cuidado con esas ramas, que pinchan.* Be careful of those branches, they're very prickly. **2** (*inyectar*) to give injections **3** (*tener un pinchazo*) to have a puncture: *En lo que va de año he pinchado ya tres veces.* I've already had three punctures this year.

■ **pincharse** *v pron* **1** (*rueda*) to puncture: *Me parece que se me ha pinchado una rueda.* I think I've got a puncture. **2 pincharse (con)** to prick yourself (**on *sth***): *Me he pinchado con la aguja.* I've pricked my finger on the needle. ◊ *No te acerques a los rosales que te vas a ~.* Don't get too close to the rose bushes or you'll prick yourself. **3(a)** (*inyección*) to inject yourself **(b)** (*droga*) to shoot *sth* (up): *A los 15 años ya se pinchaba.* He was already shooting drugs when he was 15.

LOC **ni pincha ni corta** it cuts no ice *Ver tb* HUESO

pinchazo *nm* **1** (*balón, neumático*) puncture: *tener un ~ en una rueda* to have a puncture **2(a)** (*dedo*) prick: *Me he pegado un ~ con un alfiler.* I've pricked myself on a pin. **(b)** (*inyección*) jab **(c)** (*droga*) fix **(d)** (*con navaja*) stabbing **3** (*dolor agudo*) stabbing pain: *Me dan unos ~s horribles en el costado izquierdo.* I get terrible stabbing pains in my left side. **4** (*herida*) needle mark

pinche *nmf* kitchen boy [*fem* kitchen maid]

pincho *nm* **1** (*punta aguda*) spike **2** (*de una planta*) prickle **3** (*para asar carne*) skewer **4** (*aperitivo*): *tomar un ~* to have a snack ◊ *un ~ de tortilla* a small portion of Spanish omelette

LOC **pincho moruno** (shish) kebab

pineda *nf Ver* PINAR

pingajo *nm* rag

pingo *nm*: *No compras más que ~s baratos.* You never buy anything but cheap clothes. ◊ *No tengo ni un ~ que ponerme.* I've got nothing to wear.

LOC **ir hecho un pingo** to look awful **poner a algn como un pingo** to slag sb off

pingonear *vi* to loaf about

ping-pong *nm Ver* PIMPÓN

pingüe *adj* large

pingüino *nm* penguin

pinitos *nm*

LOC **hacer pinitos** to dabble *in sth*: *De vez en cuando hace ~s como poeta.* From time to time he dabbles in poetry. **hacer sus (primeros) pinitos 1** (*niño*) to take his/her first steps **2** (*convaleciente*) to start to get about again **3** (*trabajo*) to find your feet *in...*: *Mi sobrino está haciendo sus ~ en el mundo del marketing.* My nephew is finding his feet in the world of marketing.

pino *nm* pine (tree)

LOC **hacer el pino 1** (*apoyando las manos*) to do a handstand **2** (*apoyando la cabeza*) to stand on your head **pino piñonero** stone pine *Ver tb* QUINTO

Pinocho *n pr* Pinocchio **LOC** *Ver* PAPEL

pinta[1] *nf* (*medida*) pint ☛ *Ver apéndice 3*

pinta[2] *nf* **1** (*aspecto*) look: *No me gusta la ~ de ese pescado.* I don't like the look of that fish. **2** (*mancha*) spot

■ **pinta** *nm* rogue: *¡Vaya ~ que está hecho tu hermano!* What a rogue your brother is!

LOC **tener buena pinta** to look good: *Estos pasteles tienen muy buena ~.* Those cakes look very good. **tener mala pinta 1** (*alimento*): *Ese pescado tiene muy mala ~.* I don't like the look of that fish. **2** (*situación*) to look bad **tener pinta de**: *Tiene ~ de inteligente.* She looks intelligent. ◊ *Con ese traje tienes ~ de payaso.* You look like a clown in that suit.

pintada *nf* **1** (*gen*) graffiti [*incontable*]: *Había ~s por toda la pared.* There was graffiti all over the wall. ◊ *Había una ~ que decía...* There was graffiti saying... **2** (*política*) (political) slogan: *realizar una ~ subversiva* to write a subversive slogan (on a wall)

pintado, -a *pp, adj*: *No me gusta ir pintada a la oficina.* I don't like wearing make-up to the office. ◊ *Iba muy mal pintada.* Her make-up was awful. *Ver tb* PINTAR

LOC el más pintado anyone: *Esa metedura de pata la puede tener el más ~.* Anyone could make the same mistake. **ir/sentar/venir que ni pintado** to be just right: *Ese trabajo me iría que ni ~.* A job like that would be just right for me. **pintado de...** painted: *Las paredes están pintadas de azul.* The walls are (painted) blue. **salir/ser pintado a** to be the spitting image of *sb* *Ver tb* PAPEL, RECIÉN

pintalabios *nm* lipstick

pintar *vt, vi* **1** (*gen*) to paint: *~ una pared de rojo* to paint a wall red ◊ *~ una situación de color de rosa* to paint a rosy picture of a situation ◊ *Este fin de semana voy a ~ la cocina.* I'm going to decorate the kitchen this weekend. ◊ *No sé ~.* I'm no good at painting. **2** (*dibujar*) draw: *Papá, píntame un coche* Daddy, draw me a car.

■ **pintar** *vt* (*colorear*) to colour *sth* (in): *El niño había pintado la casa de azul.* The little boy had coloured the house blue. ◊ *Dibujó una pelota y luego la pintó.* He drew a ball and then coloured it in.

■ **pintar** *vi* **1** (*marcar*) to write: *Este boli no pinta.* This biro doesn't write. **2** (*Naipes*) to be trumps: *Pintan corazones.* Hearts are trumps.

■ **pintarse** *v pron* **1** (*gen*) to paint: *Para la danza ritual, se pintan la cara.* They paint their faces for the ritual dance. ◊ *~se las uñas* to paint your nails **2** (*maquillarse*) to put on your make-up: *No he tenido tiempo de ~me.* I haven't had time to put on my make-up. ◊ *Siempre se pinta, vaya a salir de casa o no.* She always wears make-up, whether she's going out or not. **3** (*mancharse*): *Me he pintado el pantalón sin darme cuenta.* I've gone and got paint on my trousers. ◊ *Te has vuelto a ~ las manos de rotulador.* You've got felt-tip all over your hands again.

LOC como lo pintan as it, he, etc is made out to be: *No es tan fácil como lo pintan.* It's not as easy as it's made out to be. ◊ *No son tan mandonas como las pintan.* They're not as bossy as they're made out to be. **no pintar nada**: *Cállate que tú no pintas nada aquí.* You don't have any say in the matter, so you can shut up. ◊ *Vámonos que aquí no pintamos nada.* Let's go, it's nothing to do with us. **pintan bastos** (*fig*) things are getting very tense **pintar al óleo/a la acuarela** to paint in oils/watercolours **pintárselas solo** to be a dab hand (*at doing sth*): *Se las pinta solo para organizar fiestas.* He's a dab hand at arranging parties **pintarse los labios/ojos** to put on your lipstick/eye make-up **¿qué pintas tú en esto?** what have you got to do with this, what has he got to do with this, etc? *Ver tb* OCASIÓN, RAYA[2]

pintarrajear (*tb* **pintarrajar**) *vt, vi* **1** (*con lápiz, bolígrafo*) to scribble (**all over** ***sth***) [*vi*]: *Mi hermano me ha pintarrajeado el diccionario.* My brother has scribbled all over my dictionary. ◊ *~ en un folio* to scribble on a sheet of paper **2** (*con pintura*) to daub *sth* [*vt*]

■ **pintarrajearse** *v pron* (*maquillarse*) to plaster make-up on your face

Pinto *nm*

LOC estar entre Pinto y Valdemoro to be in two minds (*about sth/doing sth*)

pinto, -a *adj* pinto: *judías pintas* pinto beans **LOC** *Ver* CABALLO

pintor, ~a *nm-nf* painter

LOC pintor de brocha gorda 1 (*de oficio*) (house) painter **2** (*mal pintor*) bad painter

pintoresco, -a *adj* **1** (*atractivo*) picturesque: *un paisaje ~* picturesque scenery **2** (*llamativo, extravagante*) colourful: *un lenguaje ~* a colourful style ◊ *Mi abuelo era un tipo muy ~.* My grandfather was a very colourful character.

pintura *nf* **1** (*gen*) painting: *La ~ es una de mis aficiones.* Painting is one of my hobbies. ◊ *una ~ a la acuarela/al óleo* a watercolour/an oil painting ◊ *una colección de ~s* a collection of paintings **2** (*producto*) paint: *una mano de ~* a coat of paint **3 pinturas (a)** (*lápices de colores*) crayons **(b)** (*maquillaje*) make-up [*incontable, v sing*]: *un neceser para las ~s* a make-up bag

LOC no poder ver a algn ni en pintura: *No puede ver a su ex-marido ni en ~.* She can't stand the sight of her ex-husband. **pintura fresca** wet paint **pinturas de cera** wax crayons *Ver tb* DISOLVENTE, ÓLEO

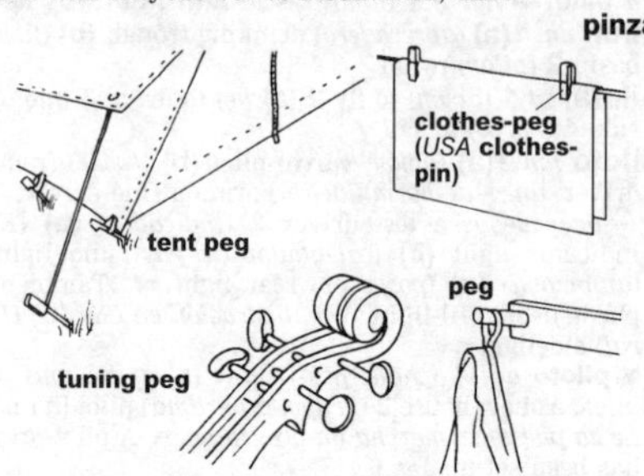

pinza *nf* **1** (*de tender*) clothes-peg **2** (*pelo*) clip **3** (*sujetapapeles*) paper clip **4** (*cangrejo, langosta*) pincer ☛ *Ver ilustración en* SHELLFISH **5** (*Costura*) dart **6 pinzas (a)** (*gen*) tweezers: *unas ~s para las cejas* eyebrow tweezers

Para referirnos a *unas pinzas* utilizamos **some/a pair of tweezers**: *Lo que necesitamos son unas pinzas.* What we need is a pair of tweezers. *Ver tb nota en* PAIR

(b) (*azúcar, hielo, carbón*) tongs **(c)** (*cirujano*) forceps

LOC no sacar algo a algn ni con pinzas: *Hay que sacarle la información con ~s.* You have to drag things out of him. **estar para cogerlo con pinzas** to be absolutely filthy

piña *nf* **1** (*pino*) pine cone **2** (*fruta tropical*) pineapple ☛ *Ver ilustración en* FRUTA **3** (*fig*): *una ~ de bicicletas/mochilas* a heap of bikes/rucksacks ◊ *A la entrada del cine había una ~ de niños.* There was a bunch of kids at the entrance to the cinema. **4** (*golpe*) crash: *Se dio una ~ contra el árbol.* He crashed into the tree.

LOC piña colada piña colada

piñón *nm* **1** (*Bot*) pine nut **2** (*Tec*) **(a)** (*gen*) pinion **(b)** (*bicicleta*) sprocket ☛ *Ver ilustración en* BICYCLE

piñonero *adj* **LOC** *Ver* PINO

pío *nm* cheep

LOC no decir ni pío not to say a word

pío, -a[1] *adj* (*devoto*) pious

pío, -a[2] *adj* (*caballo*) piebald

piocha *nf* pickaxe

piojo *nm* louse [*pl* lice]

piojoso, -a *adj* **1** (*con piojos*) infested with lice: *un niño ~* a child infested with lice **2** (*sucio*) filthy: *un hotel ~* a filthy hotel

■ **piojoso, -a** *nm-nf* down and out

pionero, -a *adj* pioneering: *una orden religiosa pionera* a pioneering religious order ◊ *un país ~ en la lucha contra la contaminación* a country at the forefront of the fight against pollution

■ **pionero, -a** *nm-nf* pioneer (*in sth*): *un ~ de la cirugía estética* a pioneer in cosmetic surgery

pipa *nf* **1** (*fumar*) pipe: *fumar en ~* to smoke a pipe ◊ *Fumaron la ~ de la paz.* They smoked the pipe of peace. **2** (*semilla de girasol*) sunflower seed

LOC no tener ni para pipas to be skint **pasarlo pipa** to have a whale of a time

pipeta *nf* pipette

pipí *nm* wee-wee: *hacer (un)* ~ to do a wee-wee
LOC **hacerse pipí encima** to wet yourself

pippermint *nm* crème de menthe

pique *nm* **1** (*resentimiento*): *Aún no se le ha pasado el* ~. She still hasn't got over her fit of pique. ◊ *No me llamó porque estaba de* ~. He didn't phone me because he was in a huff. ◊ *pequeños* ~*s entre amigos* petty quarrels between friends **2** (*rivalidad*) rivalry
LOC **irse/venirse a pique 1** (*barco*) to sink **2** (*fracasar*) **(a)** (*negocio*) to go bust **(b)** (*plan, proyecto*) to fall through

piquete *nm* **1** (*obreros*) picket: ~*s de huelga* strike pickets **2** (*soldados*) squad

pira *nf* pyre

pirado, -a *pp, adj* nuts: *Dicen que está* ~. They say he's nuts. ◊ *Estoy* ~ *por aquella chica.* I'm nuts about that girl. *Ver tb* PIRARSE
■ **pirado, -a** *nm-nf* nutcase

piragua *nf* canoe

piragüismo *nm* canoeing

piragüista *nmf* canoeist

pirámide *nf* pyramid

piraña *nf* piranha

pirarse *v pron* **1** (*irse*) to clear off: *Son las cinco. Yo me piro.* It's five o'clock. I'm off. **2** (*no ir a clase*) to skive off *sth*: *Dice que si nos piramos la física.* He wants us to skive off Physics. **3** (*enloquecer*) to go mad
LOC **pirárselas** to leg it

pirata *adj, nmf* pirate [*n*]: *un barco* ~ a pirate ship ◊ *una emisora* ~ a pirate radio station
LOC **pirata aéreo** hijacker **pirata informático** hacker *Ver tb* EDICIÓN

piratear *vt* **1** (*disco, vídeo*) to pirate **2** (*avión*) to hijack **3** (*entrar en un sistema informático*) to hack **into *sth***
■ **piratear** *vi* to commit acts of piracy

piratería *nf* piracy
LOC **piratería aérea** hijacking **piratería informática** hacking

pirenaico, -a *adj* Pyrenean

piripi *adj* tiddly

pirita *nf* pyrites [*v sing*]

piro *nm*
LOC **darse el piro** to split

pirómano, -a *nm-nf* **1** (*delincuente*) arsonist **2** (*maníaco*) pyromaniac

piropear *vt*: *Me molesta que me piropeen por la calle.* I hate men calling out at me in the street. ◊ *El público piropeaba a la cantante.* The audience shouted out flattering remarks about the singer.

piropo *nm* **1** (*en la calle*) suggestive remark **2** (*cumplido*) compliment: *Es el* ~ *más bonito que he oído en mi vida* That's the nicest compliment I've ever heard.
LOC **decir/echar piropos** to call out *at sb*: *Los hombres echaban* ~*s a las chicas.* The men were calling out at the girls walking past.

pirotecnia *nf* pyrotechnics [*v sing*]

pirrarse *v pron* **~ por** to be crazy **about *sth*/*sb*/*doing sth***

pirueta *nf* pirouette
LOC **hacer piruetas 1** (*lit*) to pirouette **2** (*fig*) to do some fancy footwork: *hacer* ~*s para salir airoso de una situación* to do some fancy footwork to get yourself out of a tricky situation

pirulí *nm* lollipop

pis *nm* pee
LOC **hacer pis** to have a pee

pisada *nf* **1** (*sonido*) footstep **2** (*huella*) footprint

pisapapeles *nm* paperweight

pisar *vt* **1** (*gen*) to step **on *sth*/*sb*** [*vi*]: *Perdone, le he pisado sin darme cuenta.* Sorry, I didn't mean to step on your foot. ◊ ~ *una mierda de perro* to step in dog shit ◊ *Prohibido* ~ *el césped.* Keep off the grass. ◊ *Cuidado no pises a la niña.* Mind the baby. **2** (*tierra*) to tread *sth* down: *Pisé un poco la arena para allanarla.* I trod the sand down to flatten it a bit. **3** (*uvas*) to tread **4** (*pedal, botón*) to press **5** (*acelerador, freno*) to put your foot **on *sth***: *Pisa el freno, que viene un semáforo.* Put your foot on the brake, there are traffic lights ahead. ◊ *¡Písale!* Step on it! **6** (*visitar*) to set foot in/on…: ~ *el suelo español/la luna* to set foot on Spanish soil/the moon **7** (*dominar*) to walk all over *sb*: *No te dejes* ~. Don't let people walk all over you. **8** (*idea*) to pinch: ~*le a algn una idea* to pinch an idea from sb
■ **pisar** *vi* to tread: ~ *con fuerza/suave* to tread heavily/lightly
LOC **pisar fuerte** to do well: *El Barcelona empezó pisando fuerte.* Barcelona started off well. **pisar las tablas/un escenario** to tread the boards **pisarle los talones a algn** to be hot on sb's heels: *La policía iba pisándoles los talones.* The police were hot on their heels. **pisar terreno firme** to be on safe ground **pisar terreno peligroso** to be on dangerous ground **pisar tierra firme** to reach dry land

piscicultura *nf* fish farming

piscifactoría *nf* fish farm

piscina *nf* swimming pool
LOC **piscina climatizada/cubierta** heated/indoor pool **piscina municipal** public swimming pool **piscina olímpica** Olympic-sized pool

piscis (*tb* **Piscis**) *nm, nmf* (*Astrología*) Pisces [*pl* Pisces] ☛ *Ver ejemplos en* AQUARIUS; *Ver ilustración en* ZODIACO

piscolabis *nm* snack

piso *nm* **1** (*suelo, planta*) floor: *Vivo en el tercer* ~. I live on the third floor. **2** (*apartamento*) flat: *un* ~ *de dos habitaciones* a two-bedroomed flat ◊ *Se alquila* ~. Flat to let. ◊ *el* ~ *de abajo/arriba* the downstairs/upstairs flat **3** (*Geol*) stratum [*pl* strata] **4** (*pastel, teatro*) tier: *un pastel de cuatro* ~*s* a four-tier cake
LOC **de dos, tres, etc pisos** (*edificio*) two-storey, three-storey, etc: *un bloque de cinco* ~*s* a five-storey block **piso franco** safe house *Ver tb* AUTOBÚS, COMPAÑERO

pisotear *vt* **1** (*pisar*) to stamp ***on sth*** [*vi*]: *Pisoteó la carta con rabia.* He stamped on the letter. **2** (*fig*) to trample ***on sth*** [*vi*]: ~ *los derechos/sentimientos de algn* to trample on sb's rights/feelings

pisotón *nm*: *aguantar empujones y pisotones* to put up with being pushed and trodden on
LOC **dar un pisotón a algn** to tread on sb's foot

pista *nf* **1** (*huella*) track: *estar sobre la* ~ *de algn* to be on sb's track ◊ *seguir la* ~ *de un animal* to follow an animal's tracks ◊ *Dejaron* ~*s falsas.* They left a false trail. **2** (*dato*) clue: *Dame más* ~*s.* Give me more clues. **3** (*terreno*) **(a)** (*carreras*) track: *una* ~ *al aire libre/cubierta* an outdoor/indoor track **(b)** (*circo*) ring **(c)** (*bolos*) lane **4** (*Aeronáut*) runway
LOC **encontrar/hallar la pista de algn** to pick up sb's trail **estar sobre la pista** to be on the right track **perder la pista de algn** to lose track of sb: *Le he perdido la* ~ *a Manolo.* I've lost track of Manolo. **pista de baile** dance floor **pista de esquí** ski slope, piste (*más formal*) **pista de hielo/patinaje** ice-/skating-rink ☛ *Ver ilustración en* HOCKEY **pista de squash/tenis** squash/tennis court ☛ *Ver ilustración en* SQUASH[1], TENNIS *Ver tb* SALTAR, VÍA

pistacho *nm* pistachio [*pl* pistachios]

pistilo *nm* pistil

pisto *nm* (*Cocina*) ≃ ratatouille

pistola *nf* **1** (*arma*) pistol (*téc*), gun ☛ *Ver ilustración en* GUN **2** (*pulverizador*) spray-gun: *pintar un coche a* ~ to put the paint on a car with a spray-gun **3** (*de soldar*) soldering iron **4** (*surtidor de gasolina*) nozzle
LOC **pistola de agua** water pistol **pistola de aire comprimido** airgun **poner una pistola en el pecho a algn** (*fig*) to hold a gun to sb's head *Ver tb* PUNTA

pistolera *nf* holster ☛ *Ver ilustración en* GUN

pistolero *nm* gunman [*pl* gunmen]

pistoletazo *nm* gun shot
LOC **pistoletazo (de salida)** starting signal: *Los atletas esperaban el ~ de salida.* The athletes were waiting for the starting signal.

pistón *nm* **1** (*Mec*) piston **2** (*instrumento musical*) valve ☛ *Ver ilustración en* BRASS

pita *nf* (*fibra*) agave fibre
LOC **¡pitas, pitas!** (*gallinas*) chuck! chuck!

pitada *nf* **1** (*abucheo*) booing [*incontable*]: *La ~ del público fue ensordecedora.* The booing of the crowd was deafening. ◊ *El jugador fue recibido con ~s.* The player was greeted with boos. **2** (*pitido*) whistle

pitar *vt* (*abuchear*) to boo
■ **pitar** *vi* **1** (*policía, árbitro*) to blow your whistle (***at sth/sb***): *El guardia nos pitó.* The policeman blew his whistle at us. **2** (*con claxon*) to hoot (***at sth/sb***): *¿Por qué me pita?* Why is he hooting at me? **3** (*tren*) to whistle: *Vamos a subir, ya ha pitado el tren.* The whistle's gone, so let's get on the train. **4** (*funcionar*) to work: *Este aparato no pita.* This machine doesn't work.
LOC **irse/salir pitando** to dash off: *Me voy pitando.* I must dash. **pitar un penalti/una falta** to award a penalty/free kick

pitido *nm* **1** (*tren, árbitro, policía*) whistle: *los ~s del tren* the whistle of the train ◊ *El árbitro dio tres ~s muy audibles.* The referee gave three loud blasts on his whistle. **2** (*claxon*) hoot **3** (*de un aparato*) beep

pitillera *nf* cigarette case

pitillo *nm* fag, cigarette (*más formal*)
LOC **echarse/fumarse un pitillo** to have a smoke

pito *nm* **1** (*silbato*) whistle ☛ *Ver ilustración en* HOCKEY **2** (*claxon*) horn ☛ *Ver ilustración en* CAR **3** (*cigarrillo*) fag, cigarette (*más formal*) **4** (*pene*) willy **5 pitos** (*abucheo*) booing: *El equipo fue despedido con ~s.* The team was booed off the pitch.
LOC **cuando no son pitos, son flautas** if it's not one thing it's another **entre pitos y flautas** what with one thing and another **por pitos o por flautas** for one reason or another **tocar el pito 1** (*árbitro*) to blow the whistle **2** (*conductor*) to hoot **tomar a algn por el pito del sereno** to treat sb like something the cat's brought in *Ver tb* IMPORTAR, VOZ

pitón *nm* **1** (*serpiente*) python **2** (*toro*) horn **3** (*pitorro*) spout

pitonisa *nf* fortune-teller

pitorrearse *v pron* to make fun ***of sth/sb***, to take the mickey ***out of sth/sb*** (*más coloq*)

pitorreo *nm* joking: *¡Menos ~!* That's enough joking! ◊ *¡Se traen un ~ con mis zapatos!* They're always making jokes about my shoes.
LOC **estar de pitorreo** to be clowning around **tomarse algo a pitorreo** not to take sth seriously

pitorro *nm* spout

pitote *nm* row: *armar un ~* to kick up a row

pituitario, -a *adj* pituitary

pívot *nmf* (*Baloncesto*) pivot

pivote *nm* (*pieza*) pivot

pizarra *nf* **1** (*roca*) slate: *un tejado de ~* a slate roof **2** (*Educ*) **(a)** (*tablero negro o verde*) (black)board: *La maestra me sacó a la ~.* The teacher asked me to come out to the board. ◊ *salir a la ~* to go up to the board **(b)** (*para rotulador*) (white)board **LOC** *Ver* BORRAR

pizca *nf*: *una ~ de sal* a pinch of salt ◊ *una ~ de lana/pan* a scrap of wool/bread ◊ *una ~ de humor* a touch of humour ◊ *Le ha faltado una ~ para no dar al coche de delante.* He missed the car in front by a hair's breadth.
LOC **ni pizca**: *Hoy no hace ni ~ de frío.* It's not at all cold today. ◊ *No tiene ni ~ de gracia.* It's not the least bit funny.

pizpireta *adj* bubbly

pizza *nf* pizza

pizzería *nf* pizzeria

placa *nf* **1** (*lámina, Fot, Geol*) plate: *~s de acero* steel plates ◊ *En la puerta hay una ~ que dice "dentista".* There's a brass plate on the door saying 'dentist' **2** (*conmemorativa*) plaque: *una ~ conmemorativa* a commemorative plaque **3** (*policía*) badge **4** (*identificación*) tag: *Cada pájaro lleva una ~ en la pata.* Each bird has a tag on its leg. **5** (*de cocina*) hotplate: *una ~ eléctrica* an electric hotplate **6** (*matrícula*) number plate ☛ *Ver ilustración en* CAR
LOC **placa dental** plaque **placas de hielo** black ice [*incontable, v sing*]

placaje *nm* tackle

placar *vt* to tackle

placenta *nf* placenta

placentero, -a *adj* pleasant

placer[1] *vi* to please: *cuando te plazca* whenever you please ◊ *Me place poder ayudarla.* I am pleased to be able to help you.

placer[2] *nm* pleasure: *un viaje de ~* a pleasure trip ◊ *los ~es mundanos* worldly pleasures ◊ *con sumo ~* with great pleasure ◊ *El ~ es mío.* The pleasure is mine. ◊ *Tengo el ~ de presentarles al Dr García.* It's a great pleasure to introduce Dr García. ◊ *Es un ~ no tener que trabajar.* It is a pleasure not to have to work. ◊ *¿Vas por ~ o por negocios?* Are you going on business or for pleasure?
LOC **a placer**: *Podéis comer y beber a ~.* You can eat and drink to your hearts' content. ◊ *Me reí a ~.* I laughed heartily. *Ver tb* DERRETIR

placidez *nf* placidity (*formal*), calmness

plácido, -a *adj* placid (*formal*), calm

plaga *nf* **1** (*gen*) plague: *una ~ de mosquitos/langostas* a plague of mosquitos/locusts ◊ *En verano nos invade una ~ de turistas.* In summer we're invaded by tourists. **2** (*azote*) scourge: *la ~ del terrorismo* the scourge of terrorism

plagado, -a *pp, adj* **~ de 1** (*gen*) full **of *sth***: *un relato ~ de vivas imágenes* a story full of vivid images **2** (*de faltas*) riddled **with *sth***: *un dictado ~ de errores* a dictation riddled with errors **3** (*de animales*) infested **with *sth***: *El mar está ~ de medusas.* The sea is infested with jellyfish. **4** (*de gente*) swamped **with *sb***: *La playa está plagada de turistas.* The beach is swamped with tourists.

plagiar *vt* to plagiarize

plagio *nm* plagiarism

plan *nm* **1** (*gen*) plan: *el ~ de acción/paz* the plan of action/peace plan ◊ *el ~ maestro* the master plan ◊ *¿Has hecho ~es para las vacaciones?* Have you made any plans for the holidays? ◊ *He cambiado de ~es.* I've changed my plans. ◊ *¿Tienes ~ para el sábado?* Are you doing anything on Saturday? **2(a)** (*actitud*) attitude: *¡No te pongas en ese ~ conmigo!* Don't you take that attitude with me! **(b)** (*humor*) mood: *Si sigues en ese ~ me voy.* If you're in that kind of a mood I'll be off. ◊ *estar en ~ melancólico/de broma* to be in a gloomy/jokey mood **3** (*ligue*) date: *Se ha buscado un ~ para esta noche.* He's found a date for tonight. ◊ *Parece que le ha salido un ~.* It looks like he's got off with someone.
LOC **decir/hacer algo en plan de broma** to say/do sth as a joke **en plan**: *Pasé el domingo en ~ gandul.* I lazed around all day on Sunday. ◊ *Me apetece visitar España en ~ turista.* I'd like to go to Spain just for a holiday. ◊ *Iba vestido en ~ señor.* He was dressed like a real gentleman. **en plan barato** on the cheap **no ser plan** not to be on: *Esto no es ~. Tenemos que levantarnos antes.* That just isn't on. We need to get up earlier. **plan de estudios 1** (*establecido por el ministerio*) curriculum [*pl* curricula] **2** (*temario de una asignatura*) syllabus [*pl* syllabuses/syllabi] **ponerse en plan borde/insoportable** to get stroppy **ponerse en plan fiscal** to find fault (*with sb*) **según los planes** according to plan *Ver tb* TEJER

plana *nf* page: *noticias de primera ~* front page news ◊ *anuncios a toda ~* full-page advertisements **LOC** *Ver* PRIMERO

plancha *nf* **1(a)** (*electrodoméstico*) iron: *una ~ de vapor/de viaje* a steam/travel iron **(b)** (*acción, ropa*) ironing: *Hoy hay mucha ~.* There's a lot of ironing to do today. ◊ *El martes es día de ~.* Tuesday is ironing day. ◊ *la tabla de la ~* the ironing board **2** (*lámina*) **(a)** (*gen*) plate: *una ~ de acero* a steel plate **(b)** (*madera*) board **3** (*Cocina*) grill **4** (*surf*) surfboard **5** (*metedura de pata*) clanger: *¡Vaya ~!* What a clanger!

LOC a la plancha grilled **hacer la plancha** to float (on your back) **lanzarse/tirarse en plancha** to dive headlong *Ver tb* ASAR(SE)

planchar *vt* **1** (*gen*) to iron: *~ una camisa* to iron a shirt **2** (*en tintorería*) to press

■ **planchar** *vi* to do the ironing: *Hoy me toca ~.* I've got to do the ironing today.

planchazo *nm* **1** (*metedura*) clanger: *¡Vaya ~ que se llevó!* He dropped a terrible clanger. **2** (*golpe*) bellyflop: *Se dio un ~.* He did a bellyflop.

plancton *nm* plankton

planeado, -a *pp, adj Ver* PLANEAR[1]

LOC tener planeado: *Lo siento, hoy no puedo, tenemos ~ ir al cine.* I'm sorry, I can't today, we're going to the cinema. ◊ *—¿Qué hacéis este fin de semana? —No sé, no tenemos nada ~.* 'What are you doing this weekend?' 'I don't know, we haven't got any plans.'

planeador *nm* glider

planear[1] *vt* to plan: *~ una fuga* to plan an escape

planear[2] *vi* **1** (*avión, ave*) to glide **2** (*sombra, peligro*) to hover

planeta *nm* planet

planetario, -a *adj* planetary

■ **planetario** *nm* planetarium [*pl* planetariums/ planetaria]

planicie *nf* plain

planificación *nf* planning: *el comité de ~* the planning commitee ◊ *la ~ urbanística* town planning **LOC** *Ver* CENTRO

planificador, -a *nm-nf* planner

planificar *vt* to plan

plano, -a *adj* **1** (*superficie*) flat: *un terreno ~* flat ground ◊ *tener los pies ~s* to have flat feet **2** (*figura, ángulo*) plane

■ **plano** *nm* **1** (*nivel*) level: *Las casas están construidas en distintos ~s.* The houses are on different levels. ◊ *personas del mismo ~ social* people from the same social level ◊ *en el ~ personal* on a personal level **2** (*Geom*) plane **3** (*mapa*) map **4** (*Cine*) shot **5** (*Arquit*) plan

LOC de plano 1 (*rechazar, negar*) outright: *La junta ha rechazado de ~ su propuesta.* The council has rejected his proposal outright. **2** (*sol, luz*): *El sol le daba de ~.* The sun was shining directly on him. ◊ *A estas horas el sol da de ~ en el comedor.* At this time of day the sun is on the dining-room. **en (un) primer/ segundo plano** in the foreground/background: *En el primer ~ del cuadro está la casa.* In the foreground of the picture is the house. ◊ *El problema del tráfico quedó relegado a un segundo ~.* The traffic problem was forced into the background. ◊ *poner algo en primer ~* to bring sth to the fore ◊ *Ese problema ocupa un primer ~ en la actualidad.* The problem is in the spotlight at the moment. ☛ *Ver ilustración en* FOREGROUND *Ver tb* CANTAR[2], CONFESAR, RELEGAR

planta *nf* **1** (*Bot*) plant **2** (*pie*) sole ☛ *Ver ilustración en* PIE **3** (*piso*) floor: *Vivo en la ~ baja.* I live on the ground floor. ◊ *la segunda/última ~* the second/top floor ◊ *un edificio de cinco ~s* a five-storey building **4** (*industrial*) plant **5** (*aspecto*): *¡Qué ~ tiene ese chico!* That bloke's really good-looking! ◊ *una mujer de buena ~* a good-looking woman

LOC de nueva planta brand new: *edificios de nueva ~* brand new buildings **planta de interior** house plant **planta rastrera** creeper **planta sótano** basement *Ver tb* JEFE

plantación *nf* plantation

plantado, -a *pp, adj Ver* PLANTAR

LOC dejar plantado 1 (*no acudir a cita*) to stand *sb* up: *Habíamos quedado a las seis y me dejó plantada.* We'd arranged to meet at six but he stood me up. **2** (*no ayudar*) to let *sb* down: *Me dejó ~ cuando el negocio empezó a venirse abajo.* He let me down when the business began to flag. **3** (*novio*) to dump **estar plantado 1** (*de pie*) to be standing **2** (*sentado*) to be sitting **no te quedes ahí plantado** don't just stand there!

plantar *vt* **1** (*gen*) to plant: *~ un árbol* to plant a tree ◊ *~ un campo de frutales* to plant a field with fruit trees ◊ *Plantaron la bandera en medio del campo.* They planted the flag in the centre of the pitch. ◊ *Me plantó un par de besos.* He planted a couple of kisses on my cheek. **2** (*tienda de campaña*) to pitch **3** (*colocar*) to stick: *¡Vaya sombrero le han plantado en la cabeza!* Look at the hat they've stuck on his head! ◊ *Han plantado un coche delante de mi garaje.* They've gone and stuck a car right in front my garage. **4** (*novio*) to dump

■ **plantarse** *v pron* **1** (*colocarse*) **(a)** (*de pie*) to stand: *El policía se plantó en la puerta.* The policeman stood in the doorway. **(b)** (*sentado*) to sit **2** (*llegar*) to make it: *En un santiamén se plantó en la oficina.* He made it to his office in double quick time. **3** (*Naipes*) to stick: *Me planto.* I'm sticking. **4** (*en un precio*): *Se plantó en 5.000 pesetas.* He wouldn't come down from 5000 pesetas. ◊ *25.000 y me planto.* 25000 pesetas and that's my last word.

LOC plantarle cara a algn to stand up to sb **plantar una bofetada a algn** to slap sb *Ver tb* ARROYO, CALLE

planteamiento *nm* **1** (*gen*) analysis [*pl* analyses]: *Su ~ de la situación es muy simplista.* His analysis of the situation is too simplistic. ◊ *Hizo un ~ histórico de la situación.* He made a historical analysis of the situation. ◊ *No comparto tu ~ moralista del problema.* I do not share your moralistic approach to the problem. **2** (*Mat*) setting out: *El resultado del problema es incorrecto, pero el ~ está bien hecho.* The answer is wrong, but you've set it out correctly.

plantear *vt* **1** (*gen*) to set *sth* out: *~ las cosas bien claras* to set things out very clearly ◊ *El libro plantea temas muy importantes.* The book deals with very important issues. **2** (*suscitar*) to raise: *~ interrogantes/ dudas* to raise questions/doubts **3** (*causar*) to create: *Su decisión plantea problemas.* His decision is creating problems. **4** (*sugerir*) to put *sth* **to** *sb*: *Le planteé esa posibilidad al jefe y él accedió.* I put the suggestion to the boss and he accepted it.

■ **plantearse** *v pron* **1** (*contemplar*) to contemplate ***sth/ doing sth***, to think about *sth/doing sth* (*más coloq*): *¡Eso ni me lo planteo!* I refuse to even think about that! **2** (*surgir*) to arise: *Se han planteado problemas de última hora.* Last-minute problems have arisen. ◊ *Ahora se me plantea este problema.* This is the problem I'm faced with.

plantel *nm* team: *un buen ~ de actores* a good team of actors

plantilla *nf* **1** (*zapato*) insole **2** (*para dibujar*) template **3** (*personal*) staff [*v sing o pl*]

Staff puede llevar el verbo en singular o plural: *Estuvo presente toda la plantilla de trabajadores.* The staff **was/were** present.

Nótese que cuando **staff** va con un pronombre o adjetivo posesivo, este tiene que ser plural (p.ej. 'they' y 'their'): *una reunión con la plantilla para hablar de sus problemas* a meeting with the staff to discuss **their** problems

4 (*Dep*) squad [*v sing o pl*]

LOC de/en plantilla on the payroll: *La empresa tiene 200 personas en ~.* There are 200 people on the payroll. *Ver tb* DOCENTE, REFORZAR, REGULACIÓN

plantón *nm* long wait

LOC dar (un) plantón 1 (*tardar*) to keep *sb* waiting: *Nos dieron un ~ de más de una hora.* They kept us waiting more than an hour. **2** (*no acudir*) to stand *sb* up **estar de plantón** to be kept waiting

plañidero, -a *adj* plaintive

plasma *nm* plasma

plasmar *vt* to give shape to *sth*

■ **plasmarse** *v pron* to take shape

plasta *nf* (*masa*) gooey mess
■ **plasta** *nmf, adj* (*persona*) pain in the neck [*n*]: *¡Qué ~ eres!* You're a pain in the neck!
plástico, -a *adj* **1** (*gen*) plastic: *hecho con materiales ~s* made of plastic ◊ *la cirugía plástica* plastic surgery ◊ *las artes plásticas* the plastic arts **2** (*descripción*) expressive
■ **plástico** *nm* **1** (*material*) plastic: *un envase de ~* a plastic container **2** (*trozo*) plastic sheet: *Tápalo con un ~.* Cover it with a plastic sheet. **3** (*explosivo*) plastic explosive
■ **plástica** *nf* plastic arts [*v pl*] **LOC** *Ver* VASO
plastificar *vt* (*documento*) to laminate
plastilina *nf* Plasticine®
plata *nf* **1** (*gen*) silver: *un anillo de ~* a silver ring ◊ *el medallista de ~* the silver medallist **2** (*cubertería*) silverware [*incontable*] **LOC** *Ver* BAÑADO, BODA, HABLAR, LEY, LINGOTE, PAPEL
plataforma *nf* platform: *una ~ electoral* an electoral platform
LOC **plataforma de lanzamiento** launch pad **plataforma espacial** space station **plataforma petrolífera** oil rig
platanero *nm* banana tree
plátano *nm* **1** (*fruta*) banana ☛ *Ver ilustración en* FRUTA **2** (*árbol frutal*) banana tree **3** (*árbol de sombra*) plane tree
platea *nf* stalls [*v pl*]: *una butaca de ~* a seat in the stalls **LOC** *Ver* PALCO
plateado, -a *pp, adj* **1** (*color*) silver: *la pintura plateada* silver paint **2** (*revestido de plata*) silver-plated
plática *nf* chat: *estar de ~* to be chatting
platillo *nm* **1** (*taza*) saucer ☛ *Ver ilustración en* TAZA **2** (*balanza*) pan **3 platillos** cymbals ☛ *Ver ilustración en* PERCUSSION
LOC **platillo volante** flying saucer *Ver tb* BOMBO, GORRA
platina *nf* tape deck
platino *nm* **1** (*metal*) platinum: *un anillo de ~* a platinum ring ◊ *pelo rubio ~* platinum blond hair **2 platinos** points
plato *nm* **1** (*gen*) plate: *¡Ya se ha roto otro ~!* There goes another plate! ◊ *llenarse el ~ hasta arriba* to heap your plate up ◊ *Dale un ~ de potaje.* Give him a plate of stew. ◊ *Me comí dos ~s de paella.* I polished off two platefuls of paella. **2** (*para debajo de la taza*) saucer ☛ *Ver ilustración en* TAZA **3** (*guiso*) dish: *el ~ del día* the dish of the day ◊ *un ~ típico del país* a national dish **4** (*parte de la comida*) course: *De primer ~ comí sopa.* I had soup for my first course. ◊ *el ~ principal* the main course ◊ *Sirvieron un menú de tres ~s.* They served a three-course meal. **5** (*de una balanza*) pan **6** (*de un tocadiscos*) turntable **7** (*Dep*) clay pigeon
LOC **no es plato de gusto para nadie** it's not not a pleasant thing to have to do **plato combinado** different foods served on one plate **plato del pan** side plate **plato fuerte 1** (*comida*) main course **2** (*fig*) main item: *La entrevista fue el ~ fuerte del programa.* The interview was the main item in the programme. **plato hondo/sopero** soup plate **plato llano/de postre** dinner/dessert plate *Ver tb* FREGAR, PAGAR, ROMPER, SECAR, TIRO
plató *nm* set
platónicamente *adv* platonically
platónico, -a *adj* platonic
playa *nf* **1** (*orilla del mar*) beach: *una ~ de arena/guijarros* a sandy/pebbly beach **2** (*costa*) seaside: *Están de vacaciones en la ~.* They're on holiday at the seaside.
playeras *nf* **1** (*gen*) plimsolls **2** (*para deportes*) trainers
playero, -a *adj* beach [*n atrib*]: *Llevaba un vestido ~.* She was wearing a beach outfit. ◊ *el ambiente ~* the atmosphere of the seaside
plaza *nf* **1** (*espacio abierto*) square: *la ~ del pueblo* the village square ◊ *la ~ mayor* the main square **2** (*mercado*) market (place) **3** (*asiento*) seat: *Compramos un sofá de tres ~s.* We bought a three-seater settee. ◊ *¿Queda alguna ~ en el autobús?* Are there any seats left on the bus? **4** (*en aparcamiento*) parking space **5** (*puesto*) post: *No tiene ~ fija.* He doesn't have a permanent post.
LOC **plaza de toros** bullring **plaza fuerte** stronghold **plaza vacante** situation vacant **un dos/cuatro plazas** a two-seater/four-seater
plazo *nm* **1** (*periodo*) period: *el ~ de solicitud/matrícula* the application/enrolment period ◊ *durante este ~ de tiempo* during this period of time

Nótese que cuando la palabra *plazo* se utiliza con una expresión numérica, no se traduce: *en el plazo de un año* within a year ◊ *Tienen un plazo de una hora para desalojar la embajada.* They have one hour to evacuate the embassy.

2 (*pago*) instalment: *Ya he pagado la mitad de los ~s.* I've already paid half the instalments.
LOC **a corto/medio/largo plazo**: *un préstamo a corto ~* a short-term loan ◊ *Me interesa a largo ~.* I'm interested in the long term. **a plazo fijo** fixed-term: *Puse un millón a plazo ~.* I invested a million pesetas in a fixed-term account. **a plazos** in instalments: *pagar algo a ~s* to pay (for sth) in instalments **a plazo vencido** on expiry **cerrarse/vencer un plazo**: *Se ha cerrado el ~ de matrícula.* The deadline for enrolment has passed. ◊ *Mañana vence el ~ de solicitud.* Tomorrow is the deadline for applications. **plazo de ejecución** completion date: *Las obras tienen un ~ de ejecución de 20 meses.* The completion date for the work is in 20 months time. *Ver tb* COMPRAR, FUERA, VENTA
plebe *nf* plebs [*v pl*]
plebiscito *nm* plebiscite
plegable *adj* folding: *una silla ~* a folding chair
LOC *Ver* CAMA
plegar *vt* to fold
■ **plegarse** *v pron* **plegarse a** to give in **to *sth/sb***, to yield **to *sth/sb*** (*más formal*): *~se a sus exigencias* to yield to his demands
plegaria *nf* prayer
pleitear *vi* to litigate (***against sb***)
pleito *nm* lawsuit: *entablar/ganar/perder un ~* to bring/win/lose a lawsuit
LOC **pleito civil** civil action **pleito de divorcio** divorce proceedings [*v pl*] **ponerle un pleito a algn** to take sb to court **tener un pleito con algn** to be involved in legal action against sb
plenario, -a *adj* plenary
plenitud *nf* **1** (*apogeo*) peak: *En esa época alcanzó su máxima ~ creativa.* He was at the peak of his creative powers at that time. ◊ *estar en la ~ de fuerzas/facultades físicas* to be in peak condition **2** (*cualidad de completo*) fulfilment: *Expresó un sentimiento de ~.* He said he felt a sense of fulfilment.
LOC **en la plenitud de la vida** in the prime of life
pleno, -a *adj* **1** (*completo, lleno*) full (***of sth***): *el ~ empleo* full employment ◊ *El presidente tiene ~ conocimiento de ello.* The president is fully aware of it. **2** (*dedicación*) total **3** (*en medio de*) in the middle of *sth*: *en ~ invierno/Atlántico* in the middle of winter/the Atlantic ◊ *en ~ centro de la ciudad* right in the centre of the city
■ **pleno** *nm* **1** (*asamblea*) plenary session: *un ~ municipal* a full council meeting **2** (*Juegos*) **(a)** (*quinielas*) maximum points [*v pl*] **(b)** (*casino*) full house
LOC **a plena luz del día/en pleno día** in broad daylight **a pleno pulmón** at the top of your voice: *gritar a ~ pulmón* to shout at the top of your voice **a pleno rendimiento** to full capacity: *estar/funcionar a ~ rendimiento* to be working to full capacity ◊ *La fábrica trabaja a ~ rendimiento.* The factory is working to full capacity. **a pleno sol** in the heat of the sun **de pleno**: *El sol me da de ~.* The sun's shining directly on me. ◊ *Tiró el balón y me dio de ~.* He kicked the ball straight at me. **en plena cara** full in the face: *El palo le dio en plena cara.* The stick hit him full in the face. **en**

pleno entire: *la universidad en ~* the entire university **estar en plena forma** to be in top form **estar en pleno desarrollo** to be fully under way **hacer algo con pleno derecho** to be fully entitled to do sth *Ver tb* CONFESAR, FAENA, MIEMBRO

pletórico, -a *adj* **1** (*lleno*) full ***of sth***: *estar ~ de fuerzas* to be full of energy **2** (*eufórico*) euphoric

pliego *nm* sheet (of paper/card)
LOC pliego de cargos list of charges

pliegue *nm* **1** (*tela, papel, tierra*) fold: *La tela caía formando ~s.* The material hung in folds. **2** (*falda*) pleat

plin
LOC ¡a mí plin! I couldn't care less!

plinto *nm* **1** (*Gimnasia*) box **2** (*Arquit*) plinth

plisar *vt* to pleat

plomada *nf* plumb line

plomazo *adj, nm* boring [*adj*]: *¡Qué tía más ~!* That girl's so boring!

plomizo, -a *adj* leaden

plomo *nm* **1** (*metal, balas*) lead: *un objeto de ~* a lead object ◊ *Llenaron de ~ al delator.* They shot the informer full of lead. **2** (*persona*) bore: *No seas ~.* Don't be such a bore. **3 plomos** fuses: *Se han fundido los ~s.* The fuses have blown.
LOC sin plomo unleaded: *gasolina sin ~* unleaded petrol *Ver tb* PIE, SOLDADITO

pluma *nf* **1** (*de ave*) feather: *Es ligera como una ~.* She's as light as a feather. ◊ *un colchón de ~s* a feather mattress **2** (*de adorno*) plume **3** (*para escribir*) **(a)** (*estilográfica*) fountain pen **(b)** (*antigua*) quill **4** (*escritor, estilo*) pen: *la ~ de Balzac* Balzac's pen
■ **plumas** *nm* (*cazadora*) down jacket
LOC pluma estilográfica fountain pen *Ver tb* PESO

plumaje *nm* plumage

plumazo *nm*
LOC de un plumazo at a stroke

plum-cake *nm* fruit cake

plumero *nm* feather duster
LOC se le ve el plumero you can see what he/she's up to

plumier *nm* pencil-case

plumífero *nm* (*cazadora*) down jacket

plumilla *nf* (*tb* **plumín** *nm*) nib

plumón *nm* down

plural *adj, nm* plural: *segunda persona del ~* second person plural ◊ *en ~* in the plural

pluralidad *nf* plurality

pluralismo *nm* pluralism

pluralista *adj* pluralist

pluralizar *vi* to generalize: *No pluralices.* Don't generalize.

pluriempleado, -a *adj, nm-nf*: *Está ~.* He's got more than one job. ◊ *los ~s* people with more than one job

pluriempleo *nm* having more than one job

pluripartidismo *nm* multi-party system

pluripartidista *adj* multiparty: *un sistema ~* a multi-party system

plus *nm* bonus [*pl* bonuses]: *cobrar un ~ de productividad* to receive a productivity bonus

pluscuamperfecto, -a *adj* pluperfect **LOC** *Ver* PRETÉRITO

plusmarca *nf* record

plusmarquista *nmf* record holder

plusvalía *nf* **1** (*aumento de valor*) appreciation **2** (*impuesto*) capital gains tax

Plutón *nm* Pluto

plutonio *nm* plutonium

pluvial *adj* rain [*n atrib*]: *las aguas ~es* the rainwater

PNB *nm, abrev de* **Producto Nacional Bruto** *Ver* PRODUCTO

poblacho *nm* one-horse town: *un ~ de mala muerte* a godforsaken one-horse town

población *nf* **1** (*gen*) population: *la ~ activa/flotante* the working/floating population **2(a)** (*ciudad grande*) city **(b)** (*ciudad pequeña*) town **(c)** (*pueblo*) village
LOC *Ver* ESCASO

poblado, -a *pp, adj* **1** (*habitado*) populated: *densamente ~* densely populated **2** (*barba, cejas*) bushy **3** (*pestañas*) thick *Ver tb* POBLAR
■ **poblado** *nm* village

poblador, ~a *nm-nf* settler

poblar *vt* **1** (*colonizar*) to settle **2** (*habitar*) to live ***in sth*** [*vi*]: *las especies que pueblan los mares* the species that live in the sea **3** (*de plantas*) to plant *sth* (***with sth***): *~ un monte de pinos* to plant a hill with pines **4** (*de animales*) to stock *sth* (***with sth***)

pobre *adj* poor: *una familia ~* a poor family ◊ *el ~ muchacho* the poor lad
■ **pobre** *nmf* **1** (*gen*) poor person: *Hay muchos ~s en esta ciudad.* There are a lot of poor people in this city. ◊ *los ricos y los ~s* the rich and the poor **2** (*desgraciado*) poor thing: *¡~! Tiene hambre.* He's hungry, poor thing!
LOC más pobre que las ratas (as) poor as a church mouse **pobre de espíritu** small-minded **¡pobre de mí!** poor me! **¡pobre de ti como...!** you'll be sorry if... **sacar de pobre** to make *sb* rich **ser un pobre hombre/mujer** to be a poor devil

pobreza *nf* **1** (*gen*) poverty: *Viven en absoluta ~.* They live in absolute poverty. **2 ~ de** (*escasez*) lack ***of sth***: *la ~ de recursos* lack of resources

pocho, -a *adj* **1** (*desmejorado*) poorly **2** (*flor*) faded **3** (*fruta*) overripe

pocilga *nf* pigsty ☛ *Ver ilustración en* PIG

pócima *nf* **1** (*Farmacia*) potion **2** (*fig*) concoction

poco, -a *adj*

● **+ sustantivo incontable** little, not much (*más coloq*): *Tengo ~ dinero.* I don't have much money. ◊ *Queda ~ café.* There's not much coffee left. ◊ *Eso es poca comida para todos los que somos.* That's not much food for all of us. ◊ *Tienen muy ~ interés.* They have very little interest. ☛ *Ver nota en* LITTLE, LESS

● **+ sustantivo contable** few, not many (*más coloq*): *en muy pocas ocasiones* on very few occasions ◊ *~s días más tarde* a few days later ◊ *Tiene ~s amigos.* He hasn't got many friends. ◊ *Hay poca gente.* There aren't many people. ☛ *Ver nota en* FEW[2], LESS

● **otras construcciones**: *Debe de tener ~s más años que yo.* He can't be much older than me. ◊ *Hacía ~ calor.* It wasn't very warm. ◊ *Tengo pocas ganas de trabajar.* I don't feel much like working.
■ **poco, -a** *pron* little [*pl* few]: *Es feliz con ~.* He's happy with very little. ◊ *Todo le parece ~.* He's never satisfied. ◊ *Vinieron muy ~s.* Very few came. ◊ *—¿Has leído sus novelas? —Pocas.* 'Have you read his novels?' 'Not many.'
■ **poco** *adv* **1** (*gen*) not much: *Dormí ~.* I didn't get much sleep. ◊ *Come ~ para lo alto que está.* He doesn't eat much for his size. ◊ *Lo veo ~ últimamente.* I haven't seen much of him recently. **2** (*poco tiempo*) not long: *El autobús tardó ~.* The bus didn't take long. ◊ *La vi hace ~.* I saw her not long ago. ◊ *Esa empresa hace ~ que funciona.* That firm hasn't been going long. ◊ *~ antes de que terminara la guerra* shortly before the war ended **3** (*con adjetivo*) not very: *Es ~ inteligente.* He's not very intelligent. ◊ *~ amable/probable* unpleasant/unlikely
LOC a poco de shortly after: *a ~ de irte* shortly after you left
a/por poco que... however little...: *Por ~ que ganes, siempre es otro sueldo.* However little you earn, it's always another wage.
como (hay) pocos as... as they come: *Es honesto como ~s.* He's as honest as they come.
lo poco que...: *Lo ~ que sé se lo debo a ella.* What little I know I owe to her. ◊ *¡Hay que ver lo ~ que come esta chica!* She hardly eats a thing!
¡no poco!: *—No te pido mucho. —¡No ~!* 'I'm not asking you for much.' 'Aren't you, now?'
poco a poco gradually
poco más/menos (de) just over/under: *~ menos de*

5.000 personas just under 5 000 people ◊ *500 pesetas o ~ más* 500 pesetas or just over
por poco nearly: *Por ~ me atropellan.* I was nearly run over.
un poco 1 (*gen*) a little, a bit (*más coloq*): *un ~ de canela* a little cinnamon ◊ *un ~ más/mejor* a little more/better ◊ *¿Quieres un ~ de vino/pan?* Would you like some wine/bread? ◊ *Es un ~ lo que me pasó a mí.* That's a little like what happened to me. ☛ *Ver nota en* LITTLE **2** (*tiempo*): *Dormí un ~ en el avión.* I slept for a while on the plane. ◊ *Espera un ~.* Wait a minute.
unos pocos a few: *unos ~s claveles* a few carnations ◊ *—¿Cuántos quieres? —Dame unos ~s.* 'How many would you like?' 'Just a few.' ◊ *Solo vinieron unos ~s.* Only a few people came. ☛ *Ver nota en* FEW[2]
☛ Para otras expresiones con **poco**, véanse las entradas del sustantivo, adjetivo, etc, p. ej. **ser poco ahorrador** en AHORRADOR y **de poca monta** en MONTA.

poda *nf* pruning

podadera *nf* shears [*v pl*] ☛ *Ver ilustración en* TIJERAS

podar *vt* to prune LOC *Ver* TIJERA

poder[1] *nm* **1** (*gen*) power: *tomar el ~* to seize power ◊ *mantenerse en el ~* to stay in power ◊ *el partido que está en el ~* the ruling party ◊ *Tiene ~ para vender la empresa si quiere.* He's entitled to sell the firm if he wants. ◊ *con gran ~ absorbente* with great powers of absorbency **2** (*Jur*) power of attorney [*incontable*] ☛ *Ver nota en* ABOGADO
LOC **caer en poder de algn** to fall into sb's hands **el poder ejecutivo/judicial/legislativo** the executive/ judiciary/legislature **estar en poder de algn** to be in sb's hands **los poderes públicos** the authorities **poder adquisitivo** purchasing power **por poderes** by proxy **tener en su poder 1** (*algo*) to have *sth* in your possession: *Tengo la carta en mi ~.* I have the letter in my possession. **2** (*hacer algo*) to be empowered *to do sth*: *Tengo en mi ~ contratar empleados.* I'm empowered to contract workers. *Ver tb* ACCEDER, CONQUISTAR, OBRAR, REPARTO

poder[2] *vt, vi*
● **capacidad, posibilidad** can, could; to be able to: *Puedo escoger el día que me venga mejor.* I can choose the day that suits me best. ◊ *Uno hace lo que puede.* You do what you can. ◊ *Mañana no podré.* I can't tomorrow. ◊ *Podías habérmelo dicho.* You could have told me. ◊ *Al menos podría lavar los platos.* He could at least do the washing up. ◊ *Pueden llegar de un momento a otro.* They could arrive any minute now. ◊ *Desde entonces no ha podido andar.* He hasn't been able to walk since then. ☛ *Ver nota y ejemplos en* CAN[2] ☛ *Ver nota en* ABLE[1]
● **permiso** can, could, may: *¿Podría hablar con don Jesús?* Could I speak to don Jesús, please? ◊ *¿Se puede fumar?* May I smoke? ◊ *¿Se puede?* May I come in? ◊ *No se puede entrar.* You can't come in. ◊ *Me preguntó si podía ir a la fiesta.* He asked me if he could go to the party. ☛ *Ver nota y ejemplos en* MAY[1]
● **probabilidad** may, might, could: *Podría ser que no estuviera en casa.* He may/might not be at home. ◊ *Podría ser peligroso.* It could be dangerous. ◊ *¿Cuántos años puede tener?* How old do you think he is?

El uso de **may**, **might** y **could** depende del grado de probabilidad de que se realice la acción.
May indica una mayor probabilidad de que algo vaya a ocurrir en el futuro o esté ocurriendo en el presente: *Puede que vaya mañana.* I may go tomorrow. ◊ *Puede que ya esté allí.* He may already be there.
Might indica un grado de probabilidad más remoto que **may**: *Nunca se sabe, puede que me caiga bien.* You never know, I might like him. ◊ *Puede que ya esté muerta.* She might be dead already.
Could expresa el grado mayor de improbabilidad: *Puede que se haya ido, pero no lo creo.* She could have left but I don't think so. ◊ *Puede que mañana haga sol, pero lo dudo.* It could be sunny tomorrow, but I doubt it. ☛ *Ver tb nota en* MIGHT[1]

● **sugerencias, ofrecimientos y peticiones** can, could: *¿Puedo ayudarles en algo?* Can I help you? ◊ *Si queréis podéis dormir aquí.* You can sleep here if you like. ◊ *¿Me puedes echar una mano con esto?* Could you help me with this?
■ **poder** *vt* to be stronger than *sb*: *No te metas conmigo, que te puedo.* Don't pick on me – I'm stronger than you. ◊ *No hay quien le pueda.* He's unbeatable.
■ **poder** *vi*: *El corazón pudo más que la razón.* His heart ruled his head. ◊ *Al final él pudo más que los demás.* He was the strongest in the end. ◊ *El dinero puede mucho.* Money talks.
LOC **a/de poder ser** if possible
no poder con algn/no poder (ni) ver a algn (*no aguantar*): *No puedo con ese tipo.* I can't stand that chap. ◊ *No se podían ver.* They couldn't stand each other.
no poder más 1 (*estar cansado*) to be exhausted **2** (*estar lleno*): *No, gracias, estoy que no puedo más.* No, thank you. I couldn't eat another thing. **3** (*no aguantar más*) to be desperate: *No puedo más. Tengo que ir al servicio.* I'm desperate to go to the loo. ◊ *Estaba que no podía más de sed.* He was desperate with thirst. ◊ *¡No puedo más! Me voy.* I can't take any more. I'm off.
no puede ser (que...) I can't believe...: *¡No puede ser!* I can't believe it! ◊ *No puede ser que no lo sepa.* I can't believe he doesn't know.
poder con to cope with *sth/sb*: *No puedo con tantos niños.* I can't cope with so many children. ◊ *¿Puedes con esa maleta?* Can you manage with that suitcase?
puede (que...) maybe: *—¿Estará ofendida? —Puede.* 'Do you think she's offended?' 'Maybe.' ◊ *Puede que sí, puede que no.* Maybe, maybe not.
¡quién pudiera/pudiese! If only I could...: *¡Quién pudiera vivir sin trabajar!* If only I could survive without working!
☛ Para otras expresiones con **poder**, véanse las entradas del sustantivo, adjetivo, etc, p. ej. **¡sálvese quien pueda!** en SALVAR y **no lo puedo remediar** en REMEDIAR.

poderhabiente *nmf* proxy

poderío *nm* power

poderoso, -a *adj* powerful
LOC **poderoso caballero es don dinero** money talks

podio (*tb* **pódium**) *nm* podium: *subir al ~* to go up onto the podium

podología *nf* chiropody

podólogo, -a *nm-nf* chiropodist

podredumbre *nf* **1** (*estado*) rottenness: *olor a ~* a rotten smell **2** (*fig*) corruption

podrido, -a *pp, adj* **1** (*gen*) rotten: *una manzana podrida* a rotten apple **2** (*corrupto*) corrupt: *una sociedad podrida* a corrupt society *Ver tb* PUDRIRSE
LOC **estar podrido de dinero** to be stinking rich *Ver tb* OLLA

podrir *vi Ver* PUDRIRSE

poema *nm* **1** (*Liter*) poem **2** (*cosa cómica*) laugh: *Verla bailar es todo un ~.* Seeing her dance is a real laugh.

poesía *nf* **1** (*gen*) poetry: *la ~ renacentista* Renaissance poetry ◊ *Me cautivó la belleza y ~ de aquel paraje.* I was captivated by the beauty and poetry of the place. **2** (*poema*) (short) poem LOC *Ver* DEDICAR

poeta *nmf* poet: *Fue novelista y ~.* She was a novelist and poet.

poético, -a *adj* poetic

poetisa *nf* (woman) poet ☛ También se puede decir poetess.

poetizar *vt* to poeticize

pógrom (*tb* **pogromo**) *nm* pogrom

poker *nm Ver* PÓQUER

polaco, -a *adj* Polish
■ **polaco, -a** *nm-nf* Pole: *los ~s* the Poles
■ **polaco** *nm* (*idioma*) Polish

polaina *nf* **1** (*hasta la rodilla*) gaiter **2 polainas** (*para bebé*) woolly tights

polar *adj* polar **LOC** *Ver* CASQUETE, CÍRCULO
polaridad *nf* polarity
polarización *nf* (*Fís, fig*) polarization
polarizar *vt* **1** (*Fís, dividir*) to polarize: *El incidente polarizó a las dos alas del partido.* The incident polarized the two wings of the party. **2** (*fig*) **(a)** (*atraer*) to attract **(b)** (*centrar*) to focus: *Polarizaron sus esfuerzos en salvar el negocio.* They focused their efforts on rescuing the business.
■ **polarizarse** *v pron* **1** (*centrarse*) to centre ***on sth/sb***: *La atención se polarizó en la nueva cantante.* Attention centred on the new star. **2** (*dividirse*) to become polarized
polca *nf* polka **LOC** *Ver* AÑO
polea *nf* pulley
polémico, -a *adj* controversial, polemical (*formal*): *un penalti/libro ~* a controversial penalty/book
■ **polémica** *nf* controversy: *La jugada fue objeto de ~.* The move gave rise to controversy.
polemizar *vi* to argue (***about sth***): *No me gusta ~.* I don't like getting involved in arguments.
polen *nm* pollen: *el nivel de ~ en la atmósfera* the pollen count
poleo *nm* **1** (*Bot*) pennyroyal **2** (*bebida*) pennyroyal tea
poli *nmf* cop
LOC **la poli** the cops [*v pl*]
poliamida *nf* polyamide
policía *nmf* policeman/woman [*pl* policemen/women]
LOC **la policía** the police [*v pl*]: *La ~ está investigando el caso.* The police are investigating the case. ◊ *un coche de la ~* a police car **policía autonómica** regional police [*v pl*] **policía de tráfico/local** traffic/municipal police [*v pl*] **policía militar/secreta** military/secret police [*v pl*] **policía montada** mounted police [*v pl*] *Ver tb* AGENTE, FICHADO, FUNCIONARIO, MUJER, MUNICIPAL, PAREJA, RENDIR
policiaco, -a (*tb* **policíaco, -a**) *adj* detective: *una novela policiaca* a detective story **LOC** *Ver* GÉNERO
policial *adj* police: *fuentes ~es* police sources **LOC** *Ver* CORDÓN, FICHA
policlínica *nf* clinic
policromado, -a *adj* polychrome
policromo, -a (*tb* **polícromo, -a**) *adj* many-coloured, polychromatic (*formal*)
polideportivo *nm* sports complex
poliedro *nm* polyhedron
poliéster *nm* polyester
poliestireno *nm* polystyrene
polietileno *nm* polythene
polifacético, -a *adj* versatile: *un artista/escritor ~* a versatile artist/writer
polifónico, -a *adj* polyphonic
poligamia *nf* polygamy
polígamo, -a *adj* polygamous
polígloto, -a (*tb* **poligloto, -a**) *adj, nm-nf* polyglot
poligonal *adj* polygonal
polígono *nm* **1** (*Geom*) polygon **2** (*zona*) estate: *~ industrial/residencial* industrial/residential estate
polilla *nf* moth: *La ~ ha picado este jersey.* The moths have been at this jumper. **LOC** *Ver* COMIDO
polímero *nm* polymer
polimorfo, -a *adj* polymorphous
polinización *nf* pollination
LOC **polinización cruzada** cross-pollination **polinización directa** self-pollination
polinizar *vt* to pollinate
polinomio *nm* polynomial
polio *nf* polio: *la vacuna contra la ~* polio vaccine
poliomielitis *nf* poliomyelitis
pólipo *nm* polyp
polisemia *nf* polysemy
polisémico, -a *adj* polysemous
polisílabo, -a *adj* polysyllabic
■ **polisílabo** *nm* polysyllable
polista *nmf* polo player
politécnico, -a *adj* technical
politeísmo *nm* polytheism
política *nf* **1** (*Pol*) politics [*v sing*]: *hablar de ~* to talk politics ◊ *La ~ era su vida.* Politics was his life. ◊ *meterse en ~* to get involved in politics **2** (*postura, programa*) policy: *la ~ económica/exterior/interna/internacional* economic/foreign/domestic/international policy ◊ *una ~ de negociación/represión* a policy of negotiation/repression ◊ *~ de empleo* employment policy **3** (*diplomacia*) diplomacy: *Necesitamos un hombre con más ~.* We need someone more diplomatic.
LOC **política de café** armchair politics **política de concertación** consensus politics **política de rentas** incomes policy *Ver tb* AVESTRUZ
político, -a *adj* **1** (*Pol*) political: *sistema/partido ~* political system/party **2** (*diplomático*) diplomatic **3** (*referido a miembros de la familia política*) **(a)** (*gen*) in-law: *padre ~* father-in-law **(b)** (*primo, sobrino, tío*) by marriage

> Aunque en inglés existe la posibilidad de decir *a nephew, niece*, etc *by marriage*, es mucho más corriente decir *nephew, niece*, etc sin más aclaraciones: *Es sobrino político mío.* He's a nephew of mine (by marriage).

■ **político, -a** *nm-nf* politician: *un ~ de izquierdas* a left-wing politician **LOC** *Ver* ASILO, CLASE, DERECHO, FAMILIA, HERMANO, HIJO, PARIENTE
politiquear *vi* to dabble in politics
politiqueo *nm* dabbling in politics
politizar *vt* to politicize
polivalencia *nf* (*adaptabilidad*) versatility
polivalente *adj* **1** (*con varios usos*) multi-purpose **2** (*flexible*) flexible: *cursos ~s que ofrezcan más salidas laborales* flexible courses which would offer more job opportunities
póliza *nf* **1** (*seguros*) policy: *hacerse una ~* to take out a policy **2** (*sello*) duty stamp: *una ~ de 1.000 ptas* a 1 000 peseta duty stamp
polizón *nm* stowaway: *colarse de ~* to stow away
polla *nf* **1** (*gallina*) pullet **2** (*pene*) cock (⚠)
LOC **¡qué... ni que pollas!** my arse (⚠): *¡Qué millonario ni que ~s!* Millionaire, my arse! **¡(y) una polla!** bollocks! (⚠)
☛ Para términos y expresiones marcados con el símbolo ⚠, véase nota en TABÚ.
pollada *nf* brood
pollería *nf* poulterer's [*pl* poulterers] ☛ *Ver nota y ejemplos en* CARNICERÍA
pollero, -a *nm-nf* poultry farmer
pollino, -a *adj* daft: *¡Cómo se puede ser tan ~!* How can anyone be so daft?
■ **pollino, -a** *nm-nf* (*necio*) pillock
pollito, -a (*tb* **polluelo, -a**) *nm-nf* chick
■ **pollita** *nf* (*mujer*) young woman
pollo *nm* **1** (*animal*) chicken: *~ asado* roast chicken **2** (*joven*) (my) lad **3** (*escupitajo*) gob
LOC **pollo pera** rich kid *Ver tb* CULO
polo *nm* **1** (*Geog, Fís, Elec*) pole: *~ negativo/positivo* negative/positive pole **2** (*helado*) ice lolly **3** (*prenda*) polo shirt **4** (*Dep*) polo
LOC **Polo Norte/Sur** North/South Pole ☛ *Ver ilustración en* GLOBO **ser el polo opuesto** to be the complete opposite (*of sth/sb*) **ser polos opuestos 1** (*carácter*) to be like chalk and cheese **2** (*ideología*) to be poles apart
Polonia *nf* Poland
poltrona *nf* easy chair
polución *nf* pollution: *la ~ de la atmósfera* atmospheric pollution
polucionar *vt* to pollute
polvareda *nf* **1** (*lit*) cloud of dust **2** (*fig*) scandal
LOC **armar/levantar una gran polvareda 1** (*lit*) to raise a great cloud of dust **2** (*fig*) to create a huge scandal

polvera *nf* powder compact

polvo *nm* **1** (*suciedad*) dust: *estar lleno de ~* to be covered in dust ◊ *Estás levantando ~.* You're kicking up the dust. ◊ *una nube de ~* a cloud of dust **2** (*Cocina, Quím*) powder [*incontable*]: *~ de almidón* powdered starch ◊ *~(s) de arroz* rice flour **3** (*acto sexual*) screw (⚠) ☛ *Ver nota en* TABÚ **4 polvos (a)** (*Med*) powders: *Me recetaron unos ~s para el estómago.* I was prescribed some stomach powders. **(b)** (*tocador*) powder [*incontable*]: *ponerse ~s en la cara* to powder your face

LOC echar un polvo to have a fuck (⚠) ☛ *Ver nota en* TABÚ **en polvo 1** (*leche*) powdered **2** (*pulverizado*) ground: *arroz en ~* ground rice **hacer algo polvo** to smash sth to bits **hacer polvo a algn 1** (*vencer*) to thrash: *El Barcelona hizo ~ al Zaragoza.* Barcelona thrashed Zaragoza. **2** (*cansar*) to kill sb: *Este calor me está haciendo ~.* This heat is killing me. **3** (*perjudicar*) to mess sb about **4** (*deprimir*) to devastate sb: *La muerte de su padre le ha hecho ~.* She is devastated by her father's death. **hacerse polvo la espalda** to do your back in **hacerse polvo la vista** to ruin your eyesight **hecho polvo 1** (*agotado*) shattered: *El partido de tenis me dejó hecho ~.* The game of tennis left me shattered. ◊ *Viene hecho ~ del trabajo.* He comes back from work shattered. **2** (*deprimido, triste*): *Desde que lo despidieron está hecho ~.* He's been very low since he lost his job. **3** (*destrozado*): *El coche quedó hecho ~.* The car was a write-off. **limpiar/quitar el polvo** to dust (*sth*) **polvos de picapica** itching powder [*incontable, v sing*] **polvos de talco** talcum powder [*incontable, v sing*] *Ver tb* CANELA, JABÓN, LECHE, LEVADURA, NIEVE, SACUDIR, TRAPO

pólvora *nf* gunpowder

LOC extenderse/propagarse como la pólvora (*rumor, popularidad*) to spread like wildfire *Ver tb* REGUERO

polvoriento, -a *adj* dusty

polvorín *nm* **1** (*almacén*) (powder) magazine **2** (*fig*) powder-keg: *Las tensiones han convertido la zona en un ~.* Tension has turned the area into a powder-keg.

polvorón *nm* typical Christmas biscuit

polvoroso, -a *adj* **LOC** *Ver* PIE

pomada *nf* ointment

pomelo *nm* **1** (*fruta*) grapefruit **2** (*árbol*) grapefruit tree

pómez *nf* **LOC** *Ver* PIEDRA

pomo *nm* **1** (*puerta*) doorknob **2** (*cajón*) knob **3** (*espada*) pommel

pompa *nf* **1** (*burbuja*) bubble: *hacer ~s de jabón* to blow bubbles **2** (*solemnidad*) pomp: *una ceremonia sencilla, sin ~ ni protocolo* a simple ceremony without pomp or formality ◊ *una boda celebrada con gran ~* a wedding celebrated with great ceremony

LOC pompas fúnebres 1 (*entierro*) funeral [*sing*] **2** (*funeraria*) undertaker's

pompis *nm* bottom

pompón *nm* pom-pom

pomposidad *nf* **1** (*lenguaje*) bombast: *hablar con ~* to use pompous language **2** (*ostentación*) showiness

pomposo, -a *adj* **1** (*exagerado*) pompous: *un lenguaje retórico y ~* rhetorical, pompous language **2** (*lujoso*) very grand: *un banquete ~* a grand dinner **3** (*ostentoso*) flashy

pómulo *nm* cheekbone: *~s salientes* high cheekbones

ponche *nm* punch

ponchera *nf* punch-bowl

poncho *nm* poncho [*pl* ponchos]

ponderación *nf* **1** (*encomio*) high praise [*incontable*]: *El libro recibió las ponderaciones de todos.* The book was highly praised by everyone. **2** (*reflexión*) deliberation: *actuar con ~* to act with deliberation

ponderado, -a *pp, adj* **1** (*persona*) calm **2** (*palabras, acciones*) well-balanced *Ver tb* PONDERAR

ponderar *vt* **1** (*alabar*) to praise: *Han ponderado mucho la obra.* They've praised the play very highly. **2** (*sopesar*) to weigh *sth* up: *Hemos ponderado todas las implicaciones.* We've weighed up all the implications.

ponedero *nm* nesting box

ponedora *adj* laying: *gallinas ~s* laying hens

ponencia *nf* **1** (*conferencia*) paper: *presentar una ~ sobre Joyce* to give a paper on Joyce **2** (*equipo*) panel

ponente *nmf* speaker

poner *vt* **1** (*gen*) to put: *Pondré estos libros en tu escritorio/en esa caja.* I'll put these books on your desk/ in that box. ◊ *Ponga su firma al dorso.* Put your signature on the back. ◊ *Pon el póster un poco más arriba.* Put the poster a bit higher up. ◊ *Pon dos huevos más a la tortilla.* Put two more eggs in the omelette. **2** (*colgar*) to put *sth* up: *Quiero ~ un cuadro en el salón.* I want to put up a picture in the living-room. **3** (*hacer funcionar*) to put *sth* on: *~ la radio/la calefacción/el freno* to put on the radio/heating/brake **4** (*disco*) to play **5** (*reloj*) to set: *Te he puesto el despertador a las seis.* I've set your alarm for six. **6 ~ + adj** to make: *No me pongas de mal humor.* Don't make me angry. ◊ *Le estás poniendo nervioso.* You're making him nervous. **7** (*vestir*) to put *sth* on (**for sb**): *Ponle la bufanda al abuelo.* Put Grandad's scarf on for him. **8** (*servir*) to give: *Ponme un poco más de sopa ¿quieres?* Give me some more soup, please. **9** (*huevos*) to lay **10** (*teléfono*) to put *sb* through (***to sth*/*sb***): *Le pongo (con la extensión tres).* I'm putting you through (to extension three). **11** (*comunicar*) to say: *La nota/el periódico pone que…* The note/the paper says that… **12** (*enviar*) to send: *Ponle un fax en seguida.* Send him a fax straight away. **13** (*llamar*) to call: *Le pusieron (de/por nombre) Susana.* They called her Susana. **14** (*precio, condiciones, términos, deberes*) to set: *~ precio a algo* to set a price on sth **15** (*tienda, negocio*) to open: *Iberia ha puesto una oficina en el centro.* Iberia has opened an office in town. **16** (*decorar*) to do *sth* up: *Me falta ~ el dormitorio de los niños.* I've still got to do up the children's room. **17** (*obra de teatro*) to put *sth* on **18** (*película, programa*) to show: *¿Qué ponen esta noche?* What's on tonight? ◊ *Mañana ponen "Mujercitas".* They're showing 'Little Women' tomorrow. **19** (*apostar*) to put *sth* (**on *sth***): *~lo todo a un caballo* to put all your money on a horse **20** (*contribuir*) **(a)** (*dinero*) to contribute: *¿Cuánto ponemos para el regalo?* How much shall we contribute towards the present? **(b)** (*cosa*) to supply: *Yo pongo el coche y tú pones la gasolina.* I'll supply the car and you supply the petrol. **21** (*sábana, mantel*) to put *sth* on: *Mañana pondremos sábanas limpias.* We'll put clean sheets on tomorrow. **22** (*obligar*) to get *sb* ***to do sth***: *Mamá nos puso a recoger los juguetes.* Mum got us to pick up our toys. **23** (*llamar*) to call *sb sth*: *Me puso de mentiroso.* He called me a liar.

■ **poner** *vi* (*gallinas*) to lay

■ **ponerse** *v pron* **1** (*colocarse de pie*) to stand: *Ponte a mi lado.* Stand next to me. **2** (*sentarse*) to sit **3** (*vestirse*) to put *sth* on: *¿Qué me pongo?* What shall I put on? **4** (*sol*) to set **5 ponerse + adj**: *Se puso enfermo.* He got ill. ◊ *¡No te pongas chulo conmigo!* Don't get cheeky with me! ◊ *Me voy a ~ guapa.* I'm going to make myself look nice. **6 ponerse a** to start ***doing sth*/*to do sth***: *Se ha puesto a nevar.* It's started snowing. ◊ *Me voy a ~ a estudiar/trabajar un poco.* I'm going to get down to some work. **7 ponerse de** to get covered **in *sth***: *¡Cómo te has puesto de pintura!* You're covered in paint! **8 ponerse (de)** (*atiborrarse*) to stuff yourself (**with *sth***) **9 ponerse de** (*trabajar*) to get a job **as *sth***: *Me puse de secretaria.* I got a job as a secretary. **10 ponerse en** to get to…: *Nos pusimos en Valencia en media hora.* We got to Valencia in half an hour.

LOC ¡no te pongas así! just calm down!

poner algo (a asar, hervir, etc) to put sth on to roast, boil, etc: *¿Has puesto el agua (a hervir)?* Have you put the water on to boil?

poner bien/mal to praise/criticize *sth/sb*

ponerle un negocio, piso, etc a algn to set sb up in a business, flat, etc: *Su padre le puso una farmacia.* Her father set her up in her own pharmacy.

pon/pongamos que... suppose...: *Pongamos que somos diez.* Suppose there are ten of us.
ponerse a bien con algn to make up with sb
☛ Para otras expresiones con **poner**, véanse las entradas del sustantivo, adjetivo, etc, p.ej. **poner pegas** en PEGA y **ponerse rojo** en ROJO.

poni (*tb* **poney**) *nm* pony

poniente *nm* **1** (*oeste*) west **2** (*viento*) west wind **LOC** *Ver* SOL[2]

pontificado *nm* papacy

pontificar *vi* (*fig*) to pontificate

pontífice *nm* pontiff: *el Sumo Pontífice* the Supreme Pontiff

pontificio, -a *adj* papal

pontón *nm* **1** (*puente*) pontoon bridge **2** (*barco*) pontoon

ponzoña *nf* poison

pop *adj, nm* pop [*n*]

popa *nf* stern ☛ *Ver ilustración en* YACHT **LOC** *Ver* PROA, VIENTO

popelín *nm* poplin

populachero, -a *adj* **1** (*Pol*): *medidas populacheras* populist measures ◊ *un político* ~ a politician who plays to the gallery **2** (*gustos, aficiones*) vulgar

populacho *nm* rabble

popular *adj* popular: *cultura/música* ~ popular culture/music ◊ *uno de los deportes más ~es del mundo* one of the most popular sports in the world **LOC** *Ver* SUSCRIPCIÓN

popularidad *nf* popularity

popurrí *nm* **1** (*Mús*) medley **2** (*gente, cosas*) mixture

póquer *nm* poker: *jugar al* ~ to play poker

por *prep*
● **lugar 1** (*lugar aproximado*): *un chalé allá por la Costa Brava* a house (somewhere) on the Costa Brava ◊ *Eso está por Madrid.* That's (somewhere) near Madrid. ◊ *Sujétalo por abajo.* Hold it from underneath. **2** (*con verbos de movimiento*): *circular por la derecha/izquierda* to drive on the right/left ◊ *¿Quién pasa por una farmacia?* Is anyone going past a chemist's? ◊ *Tuvimos que pasar por el centro de París.* We had to go through the centre of Paris. ◊ *Iba por la calle.* I was walking down the street. ◊ *viajar por Europa* to travel round Europe **3** (*con verbos como coger, agarrar*) by: *Los gatos cogen a sus crías por el cuello.* Cats pick up their kittens by the neck. ◊ *Lo cogí por el brazo.* I took him by the arm.
● **tiempo 1** (*tiempo aproximado*): *Por aquel entonces no había televisión.* At that time television didn't exist. ◊ *Creo que se casaron por julio.* I think they got married sometime round July. **2** (*tiempo determinado*): *por la mañana/tarde* in the morning/afternoon ◊ *por la noche* at night ◊ *mañana por la mañana/noche* tomorrow morning/night **3** (*duración*) for: *Será solo por unos días.* It will only be for a few days. ☛ *Ver nota en* DURANTE
● **causa**: *Se suspende por el mal tiempo.* It's been cancelled because of bad weather. ◊ *Dices eso por despecho.* You're saying that out of spite. ◊ *Lo despidieron por robar/vago.* He was sacked for stealing/being lazy. ◊ *Eso te pasa por bueno.* That's what you get for being too kind. ◊ *hacer algo por dinero* to do sth for money ◊ *comer por comer* to eat for the sake of eating
● **finalidad**: *Por ti haría cualquier cosa.* I'd do anything for you. ◊ *Pondré la tele por ver las noticias.* I'll put on the TV to watch the news. ◊ *Salió corriendo por no perder el autobús.* He ran out so as not to miss the bus.
● **agente** by: *Fue pintado por El Greco.* It was painted by El Greco. ◊ *No te dejes guiar por el odio.* Don't let yourself be ruled by hatred.
● **hacia/en favor de** for: *sentir cariño por algn* to feel affection for sb ◊ *Dio la vida por su patria.* He gave his life for his country. ◊ *sentir entusiasmo por algo* to feel enthusiastic about sth ◊ *¡Vote por nosotros!* Vote for us!
● **con expresiones numéricas**: *Multiplica el resultado por 5.* Multiply the result by 5. ◊ *4 por 3 son 12.* 4 times 3 is 12. ◊ *Mide 3 por 4.* It measures 3 by 4. ◊ *90 latidos por minuto* 90 beats a minute ◊ *Gana 600 pesetas por hora.* He earns 600 pesetas an hour. ◊ *200 pesetas por libra esterlina* 200 pesetas to the pound ◊ *dos libros por asignatura* two books per subject
● **otras construcciones 1** (*medio, instrumento*): *Conseguí el puesto por un primo.* I got the job through a cousin. ◊ *La suscripción se paga por banco.* Please pay the subscription through a bank. ◊ *enviar algo por correo/mar* to send sth by post/sea **2** (*sustitución*): *Mi hermano irá por mí.* My brother will go instead of me. ◊ *No puedo firmar por ti.* I can't sign on your behalf. ◊ *Cámbialo por una camisa.* Exchange it for a shirt. ◊ *Compré el coche por dos millones.* I paid two million pesetas for the car. **3** (*sucesión*) by: *uno por uno* one by one ◊ *paso por paso* step by step **4** (*referido al futuro*): *Aún tengo las camas por hacer.* I've still got the beds to make. ◊ *Me quedan varias cartas por contestar.* I've still got some letters to answer. **5 ~ + adj/adv** however: *Por simple que parezca...* However simple it looks... ◊ *Por mucho que trabajes...* However hard you work...
LOC ¿por? why (not)?: *—¿Vas a salir? —No. ¿Por?* 'Are you going out?' 'No. Why? ' ◊ *—Mañana no me esperes. —¿Por?* 'Don't expect me tomorrow.' 'Why not?'
por eso 1 (*por esa razón*) therefore (*formal*), so: *Estaba lloviendo, por eso no salieron.* It was raining, so they didn't go out. **2** (*por eso mismo*) that's why: *Por eso (mismo) no quiero que vengas.* That's why I don't want you to come. **3 ¡por eso!** exactly!
por mí, etc as far as I'm concerned, as far as you're concerned, etc: *Por nosotros, puedes irte cuando quieras.* As far as we're concerned, you can leave when you like.
por que (*finalidad*) *Ver* PORQUE
por qué why: *Me pregunto por qué no habrá llamado.* I wonder why she hasn't rung. ◊ *¿Por qué no?* Why not?
por si... in case...: *Llévatelo por si te hace falta.* Take it in case you need it.

porcelana *nf* porcelain [*incontable*]: *una figura de* ~ a porcelain figure ◊ *una colección de ~s chinas* a collection of Chinese porcelain

porcentaje *nm* percentage **LOC** *Ver* SITUAR

porcentual *adj* percentage [*n atrib*]: *aumento/punto* ~ percentage rise/point

porche *nm* **1** (*de una casa*) porch ☛ *Ver ilustración en* HOUSE **2** (*soportal*) arcade

porcino, -a *adj* pig [*n atrib*]: *una granja porcina* a pig farm **LOC** *Ver* CABAÑA, GANADO

porción *nf* **1** (*trozo*) piece: *seis porciones de pastel* six pieces of cake **2** (*ración*) portion: *una ~ de arroz* a portion of rice ◊ *mermelada/queso en porciones* individual portions of jam/cheese **3** (*Cocina*) part: *una ~ de harina por dos de leche* one part flour to two of milk

pordiosero, -a *nm-nf* beggar

pormenor *nm* detail: *los ~es de un suceso* the details of an incident ◊ *Cuéntame lo que pasó con todos los ~es.* Tell me all the details.

pormenorizar *vt* to describe *sth* in detail

porno *adj* porno: *el cine* ~ porno films
■ **porno** *nm* porn

pornografía *nf* pornography

pornográfico, -a *adj* pornographic

poro *nm* pore

porosidad *nf* porosity

poroso, -a *adj* porous

porque *conj* because: *No viene ~ no puede.* She's not coming because she can't. **LOC** *Ver* SÍ[2]

porqué *nm* **~ (de)** reason (**for** ***sth***): *el ~ de la huelga* the reason for the strike ◊ *No consigo comprender el ~ de su rencor.* I can't understand what makes him so resentful.
LOC ¿por qué? *Ver* POR

porquería *nf* **1** (*suciedad*) dirt [*incontable*]: *En esta cocina hay mucha ~.* This kitchen is very dirty. **2** (*trasto*) junk [*incontable*]: *Tenemos el garaje lleno de ~s.* Our garage is full of junk. ◊ *Esta lavadora es una ~.*

This washing machine is useless. **3** (*novela, película*) rubbish [*incontable*]: *Esa película es una ~*. That film is rubbish. **4 porquerías** (*comida*) junk food [*incontable, v sing*]: *No comas tantas ~s*. You shouldn't eat so much junk food.

porqueriza *nf* pigsty ☛ *Ver ilustración en* PIG

porra *nf* **1** (*palo*) club **2** (*arma*) truncheon
LOC ¡a la porra con…! down with…!: *¡A la ~ con los deberes!* Down with homework! **¡porras!** damn! **¡vete a la porra!** get lost! **¡(y) una porra!** you must be joking!

porrada *nf*
LOC una porrada de loads of *sth*: *una ~ de dinero* loads of money

porrazo *nm*
LOC dar/pegar un porrazo to hit *sth/sb* **darse/pegarse un porrazo** to give yourself a nasty bump: *Me resbalé y me di un ~ fenomenal*. I slipped and gave myself a nasty bump. *Ver tb* GOLPE

porrillo
LOC a porrillo loads of *sth*: *Tenemos problemas a ~*. We've got loads of problems.

porro *nm* joint: *liar un ~* to roll a joint

porrón *nm* drinking vessel with a long spout used for wine

portaaviones *nm* aircraft carrier

portada *nf* **1** (*página*) **(a)** (*libro*) title page **(b)** (*periódico*) front page **2** (*cubierta*) **(a)** (*libro, revista*) cover **(b)** (*disco*) sleeve **3** (*edificio*) façade (*formal*), front

portador, ~a *adj* carrier [*n*]: *un organismo ~ de infecciones* a carrier of infection
■ **portador, ~a** *nm-nf* bearer
LOC ser portador de buenas noticias to be the bearer of glad tidings *Ver tb* CHEQUE

portaequipajes *nm* **1** (*maletero*) boot **2** (*baca*) roof-rack ☛ *Ver ilustración en* CAR, RACK

portaestandarte *nm* standard bearer

portafolios *nm* **1** (*carpeta*) file **2** (*maletín*) briefcase ☛ *Ver ilustración en* EQUIPAJE

portahelicópteros *nm* helicopter carrier

portal *nm* **1** (*entrada*) entrance **2 portales** (*soportales*) arcade [*sing*]
LOC portal de Belén crib

portalón *nm* large gateway

portamaletas *nm* boot

portaminas *nm* propelling pencil

portar *vt* to carry: *Los manifestantes portaban pancartas*. The demonstrators were carrying banners.
■ **portarse** *v pron* to behave: *~se bien/mal* to behave well/badly ◊ *Me porté como un estúpido*. I behaved like an idiot.
LOC portarse bien/mal con algn to treat sb well/badly

portarretratos *nm* photo frame

portátil *adj* portable: *una televisión/máquina de escribir ~* a portable television/typewriter **LOC** *Ver* ORDENADOR, TELÉFONO

portavoz *nmf* spokesperson [*pl* spokespersons/spokespeople]: *los portavoces de la oposición* spokespersons for the opposition

> Si se quiere especificar el sexo de la persona, existen las formas **spokesman** [*pl* spokesmen] y **spokeswoman** [*pl* spokeswomen].

portazo *nm* bang: *Me despertó un ~*. The door banged and woke me up.
LOC dar/pegar un portazo to slam the door *Ver tb* CERRAR

porte *nm* **1** (*distinción*) bearing **2 portes** (*Com*) **(a)** (*Correos*) postage [*incontable, v sing*]: *¿Cuánto cuestan los ~s?* How much is the postage? **(b)** (*agencia de transportes*) (cost of) carriage [*incontable, v sing*]: *¿Quién paga los ~s?* Who is paying the cost of carriage?
LOC portes debidos carriage forward **portes pagados** carriage paid *Ver tb* FRANCO *adj*

porteador, ~a *nm-nf* bearer

portear *vt* to transport

portento *nm*: *un ~ en física* a physics genius ◊ *Esta mujer es un ~ de belleza*. The woman is extraordinarily beautiful. ◊ *Este puente es un ~ de la arquitectura*. This bridge is an architectural marvel.

portentoso, -a *adj* marvellous: *una voz portentosa* a marvellous voice

portería *nf* **1** (*garita*) porter's lodge **2** (*vivienda del portero*) caretaker's flat **3** (*Dep*) goal **LOC** *Ver* SAQUE

portero, -a *nm-nf* **1** (*de un edificio público*) caretaker **2** (*de un edificio privado*) porter **3** (*Dep*) goalkeeper ☛ *Ver ilustración en* FÚTBOL, HOCKEY
LOC portero automático Entryphone®

pórtico *nm* **1** (*atrio*) portico [*pl* porticos]: *un ~ griego* a Greek portico **2** (*arcada*) arcade

portuario, -a *adj* port [*n atrib*]: *tráfico ~* port traffic **LOC** *Ver* RECINTO

Portugal *nm* Portugal

portugués, -esa *adj* Portuguese
■ **portugués, -esa** *nm-nf* Portuguese man/woman [*pl* Portuguese men/women]: *los portugueses* the Portuguese
■ **portugués** *nm* (*idioma*) Portuguese: *hablar ~* to speak Portuguese

porvenir *nm* future: *¿Qué nos deparará el ~?* What does the future have in store for us? ◊ *Tiene un buen ~*. She's got a good future ahead of her. ◊ *sin ~* with no future **LOC** *Ver* LABRAR

pos *prep*
LOC en pos de in pursuit of *sth/sb*

posada *nf* inn
LOC dar posada a to take *sb* in

posaderas *nf* bum [*sing*]: *Levanta tus lindas ~ de la silla*. Could you get your bum off that chair, please?

posadero, -a *nm-nf* innkeeper

posar *vt* **1** (*mano*) to place **2** (*vista, mirada*) to rest **3** (*carga*) to put *sth* down
■ **posar** *vi* to pose
■ **posarse** *v pron* **1** (*aterrizar*) to land (***on sth***): *La gaviota se posó en el tejado*. The seagull landed on the roof. **2** (*polvo, sedimento*) to settle

posavasos *nm* coaster

posdata *nf* postscript (*abrev* PS)

pose *nf* pose: *¡Vaya ~ más elegante!* What an elegant pose!

poseedor, ~a *adj, nm-nf* **1** (*bienes*) possessor [*n*] **2** (*boleto, título*) holder [*n*]: *la persona poseedora del boleto ganador* the holder of the winning ticket

poseer *vt* **1** (*ser dueño de*) to own: *~ tierras* to own land **2** (*disponer de*) to have: *Posee una gran fortuna*. She has a big fortune. ◊ *El país posee una gran variedad de recursos naturales*. The country has a range of natural resources. **3** (*dominar*): *No te dejes ~ por el miedo*. Don't let fear get the better of you. **4** (*sexualmente*) to take

poseído, -a *pp, adj* possessed: *una mujer poseída por los celos* a woman possessed by jealousy *Ver tb* POSEER

posesión *nf* possession: *estar en ~ de la verdad* to be in possession of the truth ◊ *Dejó todas sus posesiones a sus hijos*. He left all his possessions to his children.
LOC estar en posesión de to hold *sth*: *¿Quién está en ~ del récord?* Who holds the record? **tomar posesión de** to take *sth* over: *tomar ~ de un cargo* to take over a post *Ver tb* TOMA²

posesivo, -a *adj* possessive

poseso, -a *adj, nm-nf* possessed [*adj*]: *Salió corriendo como un ~*. He ran out of the house like one possessed.

posgrado *nm*: *un curso de ~ de educación física* a postgraduate course in physical education

posgraduado, -a *adj, nm-nf* postgraduate

posguerra *nf* postwar period

posibilidad *nf* **1** (*opción*) possibility: *Entre todas las ~es, escogiste la mejor*. Out of all the possibilities, you made the best choice. ◊ *Tienes dos ~es, ir a la fiesta o quedarte en casa*. You have two options: you can either go to the party or stay at home. **2 ~ (de)** (*oportunidad*) chance (**of sth/doing sth**): *Tiene muchas ~es de conseguir el empleo.* Her chances of getting the job are high. **3 posibilidades** (*medios económicos*) means: *vivir de acuerdo con tus ~es* to live within your means ◊ *~es económicas* economic means **LOC** *Ver* BARAJA, ENCIMA, VIVIR

posibilitar *vt* to make *sth* possible

posible *adj* **1** (*gen*) possible: *Es ~ que ya hayan llegado.* It's possible that they've already arrived. ◊ *¡Cómo es ~, si estaba aquí hace un minuto!* It's not possible – it was here a minute ago! **2** (*potencial*) potential: *un ~ candidato* a potential candidate
LOC **¿es/será posible?** I can't believe it!: *¿Pero es ~ que aún no te hayas levantado?* I can't believe you're not up yet! **hacer (todo) lo posible por/para** to do everything you can *to do sth*: *Hice lo ~ por hacerla feliz.* I did all I could to make her happy. **lo más objetivo, claro, etc posible** as objective, clear, etc as possible **lo más posible** as much as I, you, etc can: *Tienes que descansar lo más ~.* You must rest as much as you can. *Ver tb* ANTES, DENTRO, HUMANAMENTE, MEDIDA, MEJOR

posiblemente *adv*: *El jefe volverá ~ la semana que viene.* The boss may be back next week. ◊ *–¿Crees que vendrán? –Posiblemente.* 'Do you think they'll come?' 'They might.'

posición *nf* position: *una ~ cómoda* a comfortable position ◊ *su ~ económica* their economic position ◊ *Quiero dejar clara mi ~.* I wish to make my position clear. **LOC** *Ver* LUZ, TERMINAR, ÚLTIMO

positivo, -a *adj* positive: *La prueba del embarazo dio positiva.* The pregnancy test was positive.
LOC **dar positivo en la prueba de alcoholemia** to be over the limit *Ver tb* PUNTO, SALDO, SIGNO

posnatal *adj* postnatal

poso *nm* **1** (*sedimento*) dregs [*v pl*]: *el ~ del vino/café* the dregs of the wine/coffee **2** (*fig*) trace: *un ~ de amargura* a trace of bitterness

posoperatorio, -a *adj* post-operative
■ **posoperatorio** *nm* post-operative period

posparto *nm* postnatal period **LOC** *Ver* DEPRESIÓN

posponer *vt* to postpone: *~ un viaje* to postpone a trip

posta
LOC **a posta** deliberately

postal *adj* postal: *un giro ~* a postal order
■ **postal** *nf* postcard **LOC** *Ver* BUZÓN, CAJA, CÓDIGO, TARJETA

postdata *nf Ver* POSDATA

poste *nm* **1** (*gen*) pole: *un ~ telegráfico* a telegraph pole **2** (*Dep*) (goal)post: *El balón dio en el ~.* The ball hit the post.

póster *nm* poster

postergar *vt* **1** (*aplazar*) **(a)** (*acto*) to postpone: *~ una reunión* to postpone a meeting **(b)** (*decisión*) to delay **2** (*persona*) **(a)** (*en la familia, entre los amigos*) to neglect **(b)** (*en el trabajo*) to pass *sb* over

posteridad *nf* posterity: *pasar a la ~* to go down to posterity

posterior *adj* **1 ~** (**a**) (*en el tiempo*) subsequent: *un suceso ~* a subsequent event ◊ *los años inmediatamente ~es a la guerra* the years immediately after the war ◊ *una rueda de prensa ~ al desastre* a press conference following the disaster **2** (*en el espacio*) back: *la puerta/fila ~* the back door/row ◊ *en la parte ~* at the back
LOC **ser posterior a**: *'La Tempestad' es ~ a 'Otelo'.* 'The Tempest' is a later work than 'Othello'.

posterioridad *nf*
LOC **con posterioridad** subsequently **con posterioridad a** after: *con ~ al plazo oficial* after the official deadline

posteriormente *adv* subsequently

postgrado *nm Ver* POSGRADO

postgraduado, -a *adj, nm-nf Ver* POSGRADUADO

postigo *nm* **1** (*puerta pequeña*) small gate **2** (*contraventana*) shutter

postín *nm*
LOC **darse postín** to give yourself airs **de postín** posh: *una mujer/un restaurante de ~* a posh lady/restaurant

postizo, -a *adj* **1** (*gen*) false: *Lleva pestañas postizas.* She's wearing false eyelashes. **2** (*cuello, puño*) detachable
■ **postizo** *nm* hairpiece **LOC** *Ver* DENTADURA, DIENTE, LUNAR

postnatal *adj Ver* POSNATAL

postoperatorio *Ver* POSOPERATORIO

postor *nm* bidder: *Vendieron el cuadro al mejor ~.* The picture was sold to the highest bidder.

postparto *Ver* POSPARTO

postración *nf* deep depression

postrado, -a *pp, adj* prostrate: *~ por el dolor* prostrate with grief *Ver tb* POSTRAR

postrar *vt* **1** (*físicamente*) to confine *sb* to bed **2** (*moralmente*) to devastate
■ **postrarse** *v pron* to go down on your knees: *~se ante algn* to go down on your knees before sb

postre *nm* pudding: *¿Qué hay de ~?* What's for pudding?

También se puede decir **dessert** o **sweet**: *el menú de los postres* the dessert menu ◊ *¿Les apetece un postre?* Would you like a sweet?

LOC **a la postre** after all **para postre** to crown it all *Ver tb* LLEGAR

postrero, -a *adj* last

postrimerías *nf* end [*sing*]: *en las ~ de la Edad Media* towards the end of the Middle Ages ◊ *en las ~ del partido* in the final minutes of the match

postulación *nf* collection

postulado *nm* postulate

postulante, -a *nm-nf* collector

postular *vi* to collect: *~ para una asociación contra el cáncer* to collect for a cancer charity
■ **postular** *vt* to call for *sth*: *~ un cambio de gobierno* to call for a change of government

póstumo, -a *adj* posthumous **LOC** *Ver* TÍTULO

postura *nf* **1** (*física*) position: *dormir en mala ~* to sleep in an awkward position **2** (*actitud*) stance: *Esperamos que reconsideren su ~.* We hope they will reconsider their stance. ◊ *Tienen ~s encontradas.* They have different stances. ◊ *Es una ~ muy cómoda por tu parte.* That's very convenient for you. ◊ *Dejó muy clara su ~.* He made his position very clear. **LOC** *Ver* TOMA[2]

potabilizar *vt* to make *sth* fit to drink: *~ el agua* to make water fit to drink

potable *adj* **1** (*bebible*) drinkable **2** (*aceptable*) passable
LOC *Ver* AGUA

potaje *nm* **1** (*Cocina*) vegetable stew: *~ de garbanzos* chick pea stew **2** (*lío*) fuss: *¡Vaya ~ se montó!* What a fuss!

potasa *nf* potash

potasio *nm* potassium

pote *nm* (*olla*) pot
LOC **darse pote** to show off

potencia *nf* power: *~ atómica/económica* nuclear/economic power ◊ *elevar un número a la quinta ~* to raise a number to the power of five ◊ *La bombilla tiene una ~ de 100 vatios.* It's a 100 watt bulb.
LOC **de alta/gran potencia** powerful **en potencia** potential: *Es un criminal en ~.* He's a potential criminal. **potencia (en caballos)** horsepower (*abrev* hp) *Ver tb* ELEVADO, ELEVAR

potencial *adj* potential
■ **potencial** *nm* **1** (*gen*) potential: *el ~ intelectual de un niño* a child's intellectual potential **2** (*Ling*) conditional

potenciar *vt* to promote: *~ el transporte público/turismo* to promote public transport/tourism ◊ *~ las cualidades artísticas de un alumno* to foster a student's artistic talent

potentado, -a *nm-nf* tycoon

potente *adj* powerful
potestad *nf* authority **LOC** *Ver* PATRIA
potestativo, -a *adj* optional
potingue *nm* **1** (*brebaje*) concoction **2** (*cosmético*) warpaint [*incontable*]: *¿Por qué te das tantos ~s?* Why do you wear so much warpaint?
potito *nm* baby food [*gen incontable*]: *Hoy ha comido un ~.* She's had a jar of baby food today.
potosí *nm*
LOC costar/valer un potosí to cost/be worth a fortune
potra *nf*
LOC tener potra to be jammy: *¡Qué ~ tienes!* You're so jammy!
potranco, -a *nm-nf* colt [*fem* filly]
potro, -a *nm-nf* **1** (*recién nacido*) foal **2** (*caballo joven de hasta 4 años*) colt [*fem* filly]
■ **potro** *nm* (*Gimnasia*) vaulting horse
poza *nf* (*río*) deep part
pozo *nm* **1** (*gen*) well: *un ~ de petróleo* an oil well **2** (*mina*) shaft
LOC pozo negro cesspit **pozo sin fondo** bottomless pit **ser un pozo de ciencia/sabiduría** to be a fount of knowledge *Ver tb* GOZO
práctica *nf* **1** (*gen*) practice: *He perdido ~.* I'm out of practice. ◊ *poner algo en ~* to put sth into practice ◊ *—¿Cómo te sale tan bien?—Es ~.* 'How come you're so good?' 'It's practice.' ◊ *Aquí no es frecuente la ~ del voleibol.* They don't play much volleyball here. **2** (*experiencia*) experience: *Me falta ~.* I lack experience. ◊ *Ya tengo mucha ~.* I've got a lot of experience. **3** (*Educ*) practical: *las ~s de laboratorio* laboratory practicals
LOC en la práctica in practice *Ver tb* PERIODO, PUESTA
practicable *adj* **1** (*posible*) viable **2** (*camino*) passable
prácticamente *adv* practically (*formal*), almost: *Es ~ imposible.* It's almost impossible.
practicante *adj* practising
■ **practicante** *nmf* **1** (*gen*): *los ~s del budismo* practising Buddhists **2** (*Med*) nurse
practicar *vt* **1** (*ensayar, ejercer*) to practise: *~ inglés/una pieza de música* to practise English/a piece of music ◊ *Tengo la carrera de Derecho pero no la practico.* I am a qualified lawyer but I don't practise. **2** (*costumbre, deporte*) to do: *El médico me ha recomendado que practique algún deporte.* The doctor has advised me to do some sport. ◊ *~ el fútbol* to play football ◊ *~ el esquí* to go skiing ◊ *~ la caridad* to be charitable **3** (*operación*) to perform **4** (*detención*) to make **LOC** *Ver* ABOGACÍA
práctico, -a *adj* **1** (*gen*) practical: *No sería ~ ir en coche.* It wouldn't be practical to go by car. ◊ *Debemos ser ~s.* We must be practical. ◊ *clases prácticas* practicals **2** (*útil*) handy: *Es muy ~ tener el metro al lado.* It's very handy to have the underground nearby. ◊ *una herramienta práctica* a useful tool
pradera *nf* meadow

> Para referirnos a las grandes praderas de Norteamérica utilizamos **prairie**.

prado *nm* **1** (*para ganado*) field **2** (*de hierba*) meadow
Praga *nf* Prague
pragmático, -a *adj* pragmatic
■ **pragmático, -a** *nm-nf* pragmatist
pragmatismo *nm* pragmatism
preámbulo *nm* **1** (*prólogo*) introduction **2** (*rodeo*): *Tanto ~ para nada.* All this build-up for nothing. ◊ *Déjate de ~s.* Get on with it!
LOC sin (más) preámbulos without further ado
preaviso *nm* notice: *un mes de ~* a month's notice
precalentamiento *nm* warm-up
precario, -a *adj* precarious
precaución *nf* **1** (*medida*) precaution: *por ~* as a precaution ◊ *tomar medidas de ~* to take precautionary measures **2** (*actitud*) caution: *Proceda con ~.* proceed with caution. ◊ *Circulen con ~.* Drive carefully. ◊ *Ten ~ al cruzar la calle.* Take care when crossing the road.
precaverse *v pron* to protect yourself (***against sth***)
precavido, -a *pp, adj* **1** (*no arriesgado*) cautious: *Se mostró muy ~ en sus pronósticos.* He was very cautious in his predictions. **2** (*bien preparado*) well-prepared: *¡Qué ~ vienes!* You're very well prepared! *Ver tb* PRECAVERSE
precedente *adj* preceding
■ **precedente** *nm* precedent
LOC marcar/sentar precedente to set a precedent (*for sth*) **sin precedentes** unprecedented
preceder *vt* to precede: *El adjetivo precede al nombre.* The adjective precedes the noun.
preceptivo, -a *adj* prescribed
precepto *nm* precept **LOC** *Ver* DÍA, FIESTA
preces *nf* invocations
preciado, -a *pp, adj* prized *Ver tb* PRECIARSE
preciarse *v pron* **~ de** to pride yourself **on *sth*/*doing sth***: *Se precia de ser el mejor museo del mundo.* It prides itself on being the best museum in the world.
LOC que se precie self-respecting: *toda persona que se precie* any self-respecting person
precintar *vt* **1** (*gen*) to seal: *~ el envase* to seal the container **2** (*edificio, zona*) to seal *sth* off
precinto *nm* seal
precio *nm* price: *a ~ de fábrica/coste* at factory/cost price ◊ *a cualquier ~* at any price ◊ *¿Qué ~ tiene este vestido?* How much is this dress? ◊ *Han subido mucho de ~.* They've gone up a lot. ◊ *Se venderá al ~ de 19.000 pesetas.* It will sell for 19 000 pesetas.
LOC el precio de la mano de obra labour costs [*v pl*] **no tener precio** to be priceless **poner precio a algo** to price sth **precio de adquisición/compra** purchase price **tirar los precios** to give things away dirt cheap *Ver tb* ENTRAR, GUERRA, ÍNDICE, MITAD, RELACIÓN
preciosidad *nf* **1** (*gen*) lovely [*adj*]: *Ese niño/vestido es una ~.* That child/dress is lovely. **2** (*mujer hermosa*) beautiful [*adj*]: *Es una ~ de chica.* She's a beautiful girl.
precioso, -a *adj* **1** (*valioso*) precious: *el ~ don de la libertad* the precious gift of freedom **2** (*bello*) lovely: *¡Qué gemelos tan ~s!* What lovely twins!
precipicio *nm* **1** (*lit*) precipice **2** (*fig*) slippery slope: *Un ~ se abría a sus pies.* It was the start of the slippery slope.
precipitación *nf* **1** (*prisa, irreflexión*) rush [*incontable*]: *Hay que hacer las cosas sin precipitaciones.* You shouldn't do things in such a rush. **2** (*Meteorología*): *Las precipitaciones serán abundantes.* There will be heavy rain. ◊ *Habrá precipitaciones en forma de nieve.* There will be some snow. **3** (*Quím*) precipitation
LOC con precipitación in a rush
precipitadamente *adv* hurriedly, in a rush (*más coloq*): *Salí ~.* I rushed out.
precipitado, -a *pp, adj* **1** (*irreflexivo*) hasty **2** (*apresurado*) rushed: *Fue una boda muy precipitada.* It was a rushed wedding. *Ver tb* PRECIPITAR
■ **precipitado** *nm* (*Quím*) precipitate
precipitar *vt* **1** (*provocar*) to precipitate: *La noticia precipitó la dimisión del ministro.* The news precipitated the minister's resignation. **2** (*arrojar*) to hurl **3** (*Quím*) to precipitate
■ **precipitarse** *v pron* **1** (*apresurarse, obrar sin reflexionar*) to rush (***into doing sth***): *No te precipites a firmar el contrato.* Don't rush into signing the contract. ◊ *Me precipité a volver a casa.* I rushed home. ◊ *Todos se precipitaron hacia la salida.* They all rushed towards the exit. **2** (*arrojarse*) to throw yourself: *Se precipitó al vacío desde el sexto piso.* He threw himself out of a sixth-floor window. **3** (*caerse*) to plunge: *El coche se precipitó al río.* The car plunged into the river. **4** (*adelantarse*) to happen quickly: *Los acontecimientos se precipitaron debido al malestar general.* Things happened quickly due to the general discontent.
LOC *Ver* VACÍO
precisado, -a *pp, adj Ver* PRECISAR
LOC verse precisado a to have *to do sth*

precisamente *adv* **1** (*gen*) precisely, just (*más coloq*): *Eso es ~ lo que quiero decir.* That's precisely what I mean! ◊ *~ en este momento no puedo recibirte.* I can't see you just now.

Las frases negativas se traducen por **not exactly**: *No estaban precisamente encantados.* They weren't exactly delighted.

2 (*de hecho*) actually: *Fuiste ~ tú el que lo sugirió.* Actually it was you who suggested it. **3** (*expresamente*): *Te riño ~ porque quiero tu bien.* I'm telling you off for your own good. ◊ *He venido ~ a aclarar este asunto.* I've come here to sort this matter out.

LOC **¡precisamente!** exactly!

precisar *vt* **1** (*requerir*): *Empresa precisa mecánicos.* Mechanics required. **2** (*especificar*) to specify: *Han precisado hasta el más mínimo detalle.* They've specified every detail.

■ **precisar** *vi* **1 ~ de** (*necesitar*) to need, to require (*más formal*): *Ya no precisaban de mis servicios.* They didn't require my services any longer. **2** (*detallar*): *Se negaron a ~ si será aceptado o no.* They refused to say if it will be accepted or not. **3** (*determinar*) to determine: *No han podido ~ si el arma fue disparada.* They haven't been able to determine if the weapon was fired.

precisión *nf* **1** (*exactitud*) precision **2 precisiones** (*especificaciones*) details: *sin más precisiones* without further details ◊ *hacer unas precisiones* to point out a few details ◊ *con toda clase de precisiones* in great detail **LOC** **con precisión** accurately **de precisión** precision: *un instrumento de ~* a precision instrument **ser de poca/gran precisión** to be inaccurate/very accurate *Ver tb* BALANZA

preciso, -a *adj* **1** (*necesario*) necessary: *Es ~ incrementar la seguridad.* It's necessary to increase security. ◊ *Es ~ que vayas.* You must go. ◊ *La película tiene los elementos ~s para ser un éxito.* The film has the necessary elements to be a hit. **2** (*exacto*) precise: *una descripción precisa* a precise description

LOC **en ese preciso momento** at that precise moment: *En ese ~ momento apareció él.* He turned up at that precise moment. *Ver tb* TIEMPO

precocidad *nf* precocity

precocinado, -a *pp, adj* *Ver* PRECOCINAR **LOC** *Ver* COMIDA

precocinar *vt* to pre-cook

preconcebido, -a *pp, adj* preconceived

precoz *adj* **1** (*anticipado*) early: *un diagnóstico/verano ~* an early diagnosis/summer **2** (*persona*) precocious: *Era una niña muy ~.* She was a very precocious child. ◊ *Fue un político ~ comparado con los de su generación.* He was a politician who was way ahead of his time. **LOC** *Ver* EYACULACIÓN

precursor, ~a *nm-nf* precursor

predecesor, ~a *nm-nf* predecessor

predecir *vt* to predict

predestinación *nf* predestination

predestinado, -a *pp, adj*

LOC **estar predestinado a** to be predestined for *sth*

predicado *nm* predicate

predicador, ~a *nm-nf* preacher

predicar *vi, vt* (*Relig, sermonear*) to preach: *El profesor ese me sigue predicando.* That teacher keeps on preaching at me.

■ **predicar** *vt* (*revelar*) to tell *sb* **about** *sth*: *Se ve que se enteró y lo predicó por allí.* It's clear that he found out and told everyone about it.

LOC **predicar con el ejemplo** to practise what you preach *Ver tb* DESIERTO

predicción *nf* prediction: *hacer predicciones* to make predictions

LOC **predicción del tiempo** weather forecasting *Ver tb* REFUTAR

predilección *nf* preference

LOC **tener predilección por**: *Tiene gran ~ por la ópera.* He likes opera very much. ◊ *¿Sientes ~ por alguno de tus nietos?* Have you got a favourite grandchild?

predilecto, -a *adj* favourite

predisponer *vt* **1** (*influir a favor*) to influence *sb* ***in favour of sth/sb*** **2** (*influir en contra*) to prejudice *sb* ***against sth/sb*** **3** (*tendencia*) to predispose *sb* ***to sth***: *El exceso de peso le predispone a problemas cardiacos.* His obesity predisposes him to heart trouble.

predisposición *nf* **1 ~ a favor de** bias **towards** ***sth/sb*** **2 ~ en contra de** prejudice **about/against** ***sth/sb*** **3 ~** a tendency **to** ***sth***: *una ~ a la obesidad* a tendency to fat

predispuesto, -a *pp, adj* **1** (*propenso*) prone ***to sth***: *~ a la indigestión* prone to indigestion **2 ~ a favor de/contra** biased **in favour of/against** ***sth/sb*** *Ver tb* PREDISPONER

predominante *adj* predominant

predominar *vi* **~** (**sobre**) to predominate (**over** ***sth/sb***)

predominio *nm* predominance

preeminencia *nf* pre-eminence

preeminente *adj* pre-eminent

preescolar *adj* pre-school [*n atrib*]: *niños en edad ~* pre-school children

■ **preescolar** *nm* nursery (school): *Este año va a ~.* He's going to nursery this year. ☛ *Ver nota en* GUARDERÍA

preexistencia *nf* pre-existence

prefabricado, -a *pp, adj* prefabricated

prefacio *nm* preface

preferencia *nf* **1** (*gen*) preference: *orden de ~* order of preference ◊ *tener ~ por algo* to have a preference for sth ◊ *Mi abuelo siempre tuvo ~ por mí.* I was always my grandfather's favourite. **2** (*localidad*) terraces [*v pl*]: *¿Quieres entradas de tribuna o de ~?* Do you want seat or terrace tickets?

LOC **dar preferencia a 1** (*persona, asunto*) to give priority to *sth/sb* **2** (*vehículo*) to give way to *sth/sb* **preferencia de paso** right of way

preferente *adj* **1** (*gen*) preferential: *trato ~* preferential treatment **2** (*lugar*) privileged **LOC** *Ver* CLASE, FECHA, TRATO

preferentemente *adv* preferably **LOC** *Ver* CONSUMIR

preferible *adj* **~** (**a**) preferable (**to** ***sth/doing sth***)

LOC **es preferible**: *Es ~ que no entres ahora.* It would be better not to go in now.

preferido, -a *pp, adj, nm-nf* favourite *Ver tb* PREFERIR

LOC **el preferido del maestro** the teacher's pet

preferir *vt* to prefer *sth/sb* (***to sth/sb***)

¿Prefer, would prefer o would rather?

Prefer se utiliza cuando estamos hablando de nuestras preferencias en general, como costumbres: *Prefiero el azul al rojo.* I prefer blue to red. ◊ *Prefiero estudiar por las mañanas.* I prefer to study in the morning.

Para hablar de lo que prefiere una persona en este momento, utilizamos **would prefer sth/to do sth** o **would rather do sth. Would prefer** se puede usar si se trata de dos cosas o de dos acciones, y **would rather** solo si se trata de dos acciones, por ejemplo: *—¿Prefieres té o café? —Prefiero té, gracias.* 'Would you prefer tea or coffee?' 'I'd prefer tea.' ◊ *—¿Prefieres ir al cine o ver un vídeo? —Prefiero sacar un vídeo.* 'Would you rather go to the cinema or watch a video?' 'I'd rather watch a video.' ◊ *—¿Prefieres salir o quedarte en casa?—No, prefiero quedarme en casa esta noche.* 'Would you prefer to go out or stay in?' 'I'd prefer to stay in tonight.'

Nótese que 'would rather' siempre va seguido de infinitivo sin 'to'.

LOC **prefiero ... que ...** I'd rather ... than ...: *Prefiero ayunar que comer esa bazofia.* I'd rather go hungry than eat that pigswill.

prefijo *nm* **1** (*Ling*) prefix **2** (*teléfono*) code: *¿Cuál es el ~ de España?* What's the code for Spain?

pregón *nm* speech: *el ~ de las fiestas* the opening speech

pregonar *vt* **1** (*gen*) to proclaim: *Siempre va pregonando las virtudes de este método.* He's always proclaiming the virtues of this system. **2** (*divulgar*) to give *sth* away: *Pregona los secretos de todos.* He gives away everyone's secrets.

pregunta *nf* question: *contestar a una ~* to answer a question

LOC hacer una pregunta to ask (*sb*) a question **pregunta capciosa** trick question *Ver tb* ASAR(SE), BOMBARDEAR, FORMULAR, MATAR, RUEGO, TURNO

preguntar *vt, vi* to ask: *Se lo voy a ~.* I'll ask him.

■ **preguntar** *vi* **~ por 1** (*buscando algo/a algn*) to ask for ***sth/sb***: *Vino un señor preguntando por ti.* A man came round asking for you. **2** (*interesándose por algn*) to ask **after *sb***: *Llamé para ~ por el pequeño.* I phoned to ask after the little boy. **3** (*interesándose por algo*) to ask **about *sth***: *Le pregunté por el examen.* I asked him about the exam.

■ **preguntarse** *v pron* to wonder: *Me pregunto si habrá llegado ya.* I wonder if he's got there yet. **LOC** *Ver* LECCIÓN

preguntón, -ona *adj* nosey

prehistoria *nf* prehistory

prehistórico, -a *adj* prehistoric

prejuicio *nm* prejudice: *Tiene ~s hacia las mujeres.* He's prejudiced against women. ◊ *Estás cargado de ~s.* You're so prejudiced.

prejuzgar *vt* to prejudge

preliminar *adj, nm* preliminary

preludio *nm* **~ (de)** prelude **(to *sth*)**

prematrimonial *adj* premarital

prematuro, -a *adj* premature

premeditación *nf* premeditation

LOC con premeditación y alevosía with intent

premeditado, -a *pp, adj* premeditated *Ver tb* PREMEDITAR

premeditar *vt* to plan

premiado, -a *pp, adj* prizewinning *Ver tb* PREMIAR

■ **premiado, -a** *nm-nf* prizewinner

LOC salir premiado: *¿Qué número ha salido ~?* What's the winning number?

premiar *vt* **1** (*dar un premio*) to award *sb* a prize: *Premiaron al novelista.* The novelist was awarded a prize. ◊ *Lo premiaron con un óscar.* He was awarded an Oscar. **2** (*recompensar*) to reward *sb* (***for sth***): *El organismo pretende ~ la creatividad de los educadores.* The organization aims to reward teachers' creativity.

premier *nmf* premier

premio *nm* **1** (*gen*) prize: *Gané el primer ~ al mejor cortometraje.* I won first prize for the best short film. ◊ *el ~ Nobel de Literatura* the Nobel Prize for Literature ◊ *~ de consolación* consolation prize ◊ *un ~ en metálico* a cash prize **2** (*recompensa*) reward: *como ~ a tu esfuerzo* as a reward for your efforts **3** (*ganador*) prizewinner: *Es un ~ Nobel.* He is a Nobel prizewinner.

LOC llevar premio 1 (*número, boleto*) to be a prizewinning ticket/number **2** (*producto*) to come with a free offer: *Muchos productos llevan ~s de promoción.* Lots of products come with a free offer. **premio extraordinario** (*Educ*) distinction *Ver tb* ACAPARAR, DOTACIÓN, EFECTUAR, ENTREGA, REPARTO

premisa *nf* premise

premolar *adj, nm* premolar ☛ *Ver ilustración en* DIENTE

premonición *nf* premonition

premonitorio, -a *adj* ominous

premura *nf* urgency

LOC con premura in a rush: *con excesiva ~ de tiempo* in too much of a rush

prenatal *adj* antenatal

prenda *nf* **1** (*ropa*) garment: *una ~ de moda/punto* a fashion/woollen garment **2** (*apelativo cariñoso*) treasure **3 prendas** (*juego*) forfeits: *jugar a las ~s* to play forfeits

LOC en prenda 1 (*lit*) as surety: *Dejé mi collar en ~.* I gave my necklace as surety. **2** (*fig*) as proof (*of sth*): *en ~ de mi amistad* as proof of my friendship **prenda de abrigo** warm clothing [*incontable*]: *Tráete ~s de abrigo.* Bring some warm clothing. **prenda de vestir** item of clothing **prendas íntimas** underwear [*incontable, v sing*] *Ver tb* JUEGO, SOLTAR

prendar *vt* to captivate

■ **prendarse** *v pron* **prendarse de** to fall in love **with *sth/sb***

prender *vt* **1** (*capturar*) to catch **2** (*sujetar*) **(a)** (*con broche*) to fasten *sth* (***to sth***) **(b)** (*con alfileres*) to pin *sth* (***on/to sth***)

■ **prender** *vi* **~ (en)** to set light (**to *sth***): *Una chispa prendió en la alfombra.* A spark set light to the carpet. ◊ *Si está mojado no prende.* If it's wet it won't light.

■ **prenderse** *v pron* to catch fire **LOC** *Ver* FUEGO

prendido, -a *pp, adj Ver* PRENDER **LOC** *Ver* ALFILER

prensa *nf* **1** (*Téc, Imprenta*) press: *~ hidráulica* hydraulic press **2** (*periódicos*) papers [*v pl*]: *No te olvides de comprar la ~.* Don't forget to buy the papers. **3 la prensa** (*periodistas*) the press [*v sing o pl*]: *Acudió toda la ~ internacional.* All the international press was/were there.

LOC conferencia/rueda de prensa press conference: *en una rueda de ~ celebrada en Madrid* at a press conference in Madrid **en prensa** at the printer's **prensa amarilla/sensacionalista** tabloid press **tener buena/mala prensa** to get a good/bad press *Ver tb* BOLETÍN, COMUNICADO, CORAZÓN, GABINETE, JEFE, LIBERTAD, RECORTE, TRIBUNA

prensar *vt* to press

preñado, -a *pp, adj* **1** (*embarazada*) pregnant: *Está preñada de dos meses.* She's two months' pregnant. **2 ~ de** (*fig*) full **of *sth***: *una mirada preñada de odio* a look full of hatred

preocupación *nf* worry: *No es motivo de ~.* It is nothing to worry about.

preocupante *adj* worrying

preocupar *vt* to worry, to concern (*más formal*): *La situación me preocupa.* The situation worries me. ◊ *Me preocupa la salud de mi padre.* I'm worried about my father's health.

■ **preocuparse** *v pron* **1 preocuparse (por)** to worry (**about *sth/sb***): *No te preocupes.* Don't worry. ◊ *Te preocupas por tonterías.* You're worrying about nothing. **2 preocuparse de** (*encargarse de*) to take care **of *sth/sb***: *Preocúpate tú de los asuntos del banco.* You take care of the bank details. ◊ *No te preocupes de hacer las maletas, yo las haré luego.* Don't bother packing–I'll do it later.

preparación *nf* **1** (*gen*) preparation: *la ~ de las clases* class preparation **2** (*conocimientos teóricos*) qualifications [*v pl*]: *una persona con mucha ~* a highly qualified person **3** (*conocimientos prácticos, entrenamiento deportivo*) training: *~ física/técnica* physical/technical training

preparado, -a *pp, adj* **1** (*listo*) ready: *La cena está preparada.* Dinner's ready! **2** (*con educación*) qualified *Ver tb* PREPARAR

■ **preparado** *nm* (*Med*) preparation

LOC ¡preparados, listos, ya! ready, steady, go! *Ver tb* COMIDA

preparador, ~a *nm-nf* coach

LOC preparador físico trainer

preparar *vt* **1** (*gen*) to prepare *sth*, to get *sth* ready (*más coloq*): *He preparado la comida.* I've prepared lunch. **2** (*estudios*) to prepare: *He preparado las matemáticas a conciencia.* I've prepared my maths thoroughly. ◊ *Su padre le prepara para el examen.* His father is preparing him for the exam.

■ **prepararse** *v pron* **1** (*arreglarse*) to get ready: *Espérame abajo mientras yo me preparo.* Wait downstairs while I get ready. **2 prepararse para** (*examen*) to prepare **for *sth***: *Se prepara para el carné de conducir.* He's preparing for his driving test. **3** (*tormenta, crisis*) to brew: *Parece que se prepara una tormenta.* I think there's a storm brewing.

LOC preparar el terreno to pave the way (*for sth/sb*)

preparativos *nm* preparations: *los ~ del vuelo* the preparations for the flight
preparatorio, -a *adj* preparatory
preponderancia *nf* preponderance
preponderante *adj* predominant
preposición *nf* preposition
preposicional *adj* prepositional
prepotencia *nf* imperiousness: *Lo dijo con una ~...* He was so imperious...
prepotente *adj* imperious
prepucio *nm* foreskin ☛ *Ver ilustración en* REPRODUCTOR
prerrogativa *nf* prerogative
presa *nf* **1(a)** (*gen*) prey: *las aves de ~* birds of prey **(b)** (*Caza, Pesca*) bird, rabbit, fish, etc: *El perro llevó la ~ al cazador.* The dog took the bird to its master. **2** (*embalse*) **(a)** (*muro*) dam **(b)** (*para agua*) reservoir **LOC hacer presa en** to grip *sb*: *La angustia hizo ~ en él.* Anguish gripped him. **ser presa de** to fall prey to *sth* **ser presa del pánico** to be panic-stricken
presagiar *vt* to predict
presagio *nm* **1** (*augurio*) omen: *un mal ~* a bad omen ◇ *un discurso lleno de ~s* a very ominous speech **2** (*presentimiento*) premonition
presbiterio *nm* chancel ☛ *Ver ilustración en* IGLESIA
prescindir *vi* **~ de 1** (*privarse de*) to do without *sth/sb*: *No puedo ~ del ordenador.* I can't do without the computer. **2** (*deshacerse de, omitir*) to dispense with *sth/sb*: *Prescinda de los detalles.* Dispense with the details. **3** (*no tener en cuenta*) to disregard: *Mi hijo prescinde de mis consejos.* My son disregards my advice.
prescribir *vt* to prescribe
prescripción *nf* prescription: *~ médica* (medical) prescription
LOC por prescripción facultativa on doctor's orders
preselección *nf*
LOC hacer una preselección to draw up a short-list
preseleccionar *vt* to short-list
presencia *nf* **1** (*gen*) presence: *detectar la ~ de microbios* to check for the presence of germs **2** (*apariencia*) appearance: *una persona de buena/mala ~* a person with a smart/an unattractive appearance
LOC en presencia de in the presence of *sb* **presencia de ánimo** presence of mind *Ver tb* ACTO, CONTAR
presencial *adj* **LOC** *Ver* TESTIGO
presenciar *vt* **1** (*ser testigo*) to witness: *Mucha gente presenció el accidente.* Many people witnessed the accident. **2** (*estar presente*) to attend: *los que presenciaron el partido* those who attended the match
presentable *adj* presentable
presentación *nf* **1** (*gen*) presentation: *la ~ de un libro* the presentation of a book ◇ *la ~ de los platos* the presentation of the dishes ◇ *El plazo para la ~ de candidaturas finaliza hoy.* The deadline for applications is today. **2 presentaciones** introductions: *No has hecho las presentaciones.* You haven't introduced us.
presentador, ~a *nm-nf* presenter
presentar *vt* **1** (*gen*) to present *sth* (**to** *sb*): *~ un programa/producto* to present a programme/product ◇ *Presentó las pruebas ante el juez.* He presented the evidence in court. ◇ *~ armas* to present arms **2** (*persona*) to introduce: *¿Cuándo nos la presentarás?* When are you going to introduce her to us? ◇ *Os presento a mi marido.* This is my husband.

Hay varias formas de presentar a la gente en inglés, dependiendo del grado de formalidad de la situación, por ejemplo 'John, meet Mary.' (*informal*); 'Mrs Smith, this is my daughter Jane.' (*informal*); 'Sir, may I introduce Mr Jones? Mr Jones, this is Mr Willis.' (*formal*). Cuando te presentan a alguien, se puede responder 'Hello' o 'Nice to meet you' si la situación es informal, o 'How do you do?' si es formal.
Nótese que a 'How do you do?' se responde 'How do you do?'

3 (*mostrar*) to show: *La ventana presentaba señales de haber sido forzada.* The window showed signs of having been forced. **4** (*denuncia, demanda, queja*) to file **5** (*dimisión*) to tender **6** (*respetos*) to pay
■ **presentarse** *v pron* **1 presentarse (a) (a)** (*Pol*) to stand (**for** *sth*): *~ a diputado/la reelección* to stand for parliament/reelection ◇ *~ a las elecciones municipales* to stand in the local elections **(b)** (*a un examen*) to sit: *Al final, me presenté a las oposiciones.* I sat the competitive exam in the end. **(c)** (*a un trabajo*) to apply (**for** *sth*) **2** (*aparecer*) **(a)** (*gen*) to turn up: *Se presenta cuando le da la gana.* He turns up whenever he feels like it. **(b)** (*ante una autoridad*) to report: *Se presentó a la policía.* He reported to the police. **3** (*oportunidad, dificultad, problema*) to come up **4** (*tener aspecto*) to look: *La cosa se presentaba fea.* Things looked nasty. **5** (*hacerse conocer*): *Me voy a ~.* Let me introduce myself.
LOC presentar batalla to draw up in battle array **presentar los cargos** to bring charges **presentar una solicitud** to make an application **presentar un aspecto** to look: *El edificio presenta un aspecto lamentable.* The building looks in a terrible condition. *Ver tb* DEMANDA, DENUNCIA, EXCUSA, VOLUNTARIO
presente *adj, nm* present: *el ~ del verbo* the present tense of the verb ◇ *los ~s en el acto* those present at the ceremony ◇ *las circunstancias ~s* present circumstances ◇ *el ~ trimestre* this term
LOC hacer presente to remind *sb* of *sth*: *Sus palabras me hicieron ~ lo delicado de la situación.* His words reminded me of the delicacy of the situation. **la presente** (**carta**) this letter **¡presente!** present! **tener presente** to remember: *Ten ~ que los invitados llegarán a las seis.* Remember, the visitors arrive at six. *Ver tb* AQUÍ, MEJORAR, MISA
presentimiento *nm* premonition
presentir *vt* to have a feeling that...
preservar *vt* **1** (*mantener*) to preserve: *~ la calidad del producto* to preserve the quality of the product **2** (*proteger*) to protect *sth/sb* ***against/from sth***: *Tiene una capa aislante para ~lo del frío.* It has an insulating layer to protect it against the cold.
preservativo *nm* condom
presidencia *nf* **1** (*de un país*) presidency **2** (*asamblea, organización*) chairmanship
presidencial *adj* presidential
presidente, -a *nm-nf* **1** (*del país*) president: *el ~ de los Estados Unidos* the President of the United States

Cuando nos referimos al presidente del gobierno español, se suele utilizar el término **Prime Minister**.

2 (*asamblea, organización*) chairman/woman [*pl* chairmen/women]

En la actualidad, y para evitar un lenguaje sexista, se han empezado a utilizar los términos **chair** o **chairperson**.

LOC *Ver* SEÑOR
presidiario, -a *nm-nf* convict
presidio *nm* **1** (*cárcel*) prison **2** (*condena*) imprisonment
presidir *vt* **1** (*Gobierno*) to be the president of *sth* **2** (*empresa*) to be the chairman/woman of *sth* **3** (*reunión, asamblea, comité*) to chair **4** (*jurado, Cortes*) to preside **at/over** ***sth*** [*vi*]
presión *nf* pressure: *comprobar la ~ de los neumáticos* to check the tyre pressure
LOC a presión under pressure: *El gas va metido a ~ en las bombonas.* The gas is bottled under pressure. **hacer presión** to put pressure (*on sth/sb*) **presión arterial/sanguínea** blood pressure *Ver tb* CAFETERA, INDICADOR, OLLA
presionar *vt* **1** (*apretar*) to press: *Presiona el botón.* Press the button. **2** (*coaccionar*) to put pressure on *sth/sb* (***to do sth***): *No dejaron de ~me.* They continued to put pressure on me.
■ **presionar** *vi* to press
preso, -a *pp, adj* **1** (*encarcelado*) imprisoned **2 ~ (de)**

(*dominado*) stricken (**by/with *sth***): ~ *del terror* panic-stricken ◊ ~ *del remordimiento* stricken with remorse *Ver tb* PRENDER

■ **preso, -a** *nm-nf* prisoner: *Fue ~ político durante la dictadura.* He was a political prisoner during the dictatorship.

LOC estar preso to be in prison **llevar preso a algn 1** (*Policía*) to take *sb* away **2** (*Mil*) to take *sb* prisoner *Ver tb* PRIMERO

prestación *nf* **1** (*ayuda económica*) benefit: *prestaciones de viudedad/desempleo* widow's/unemployment benefit ◊ *prestaciones de la Seguridad Social* Social Security benefits **2** (*asistencia*) provision: *No reciben ningún tipo de ~ sanitaria.* There is a total lack of health service provision. **3 prestaciones** (*Tec*) features: *las prestaciones del coche* the car's features

LOC prestación personal obligatory service

prestado, -a *pp, adj Ver* PRESTAR

LOC coger/pedir algo prestado to borrow sth: *Tuvo que pedir ~ dinero.* He had to borrow some money. ◊ *Le pedí su coche ~, pero no me lo dejó.* I asked if I could borrow his car, but he wouldn't let me. ☛ *Ver nota en* BORROW **dejar prestado** to lend **ir/vestir de prestado**: *Voy de ~ con un vestido de mi madre.* I'm borrowing one of my mother's dresses.

prestamista *nmf* moneylender

préstamo *nm* **1** (*dinero*) loan: *un ~ bancario/hipotecario* a bank loan/mortgage **2** (*Ling*) loanword

prestancia *nf* distinction

prestar

She's **lending** her son some money. He's **borrowing** some money from his mother.

prestar *vt* **1** (*objeto, dinero*) to lend: *Le presté mis libros.* I lent him my books. ◊ *¿Me prestas 100 pesetas?* Can you lend me 100 pesetas?/Can I borrow 100 pesetas? **2** (*ayuda, protección, servicio*) to provide

■ **prestarse** *v pron* **prestarse a 1** (*brindarse*) to offer ***to do sth***: *Me presté a llevar a los niños al colegio.* I offered to take the children to school. **2** (*acceder*) to consent **to *sth***: *Es la última vez que me presto a tus tejemanejes.* It's the last time I consent to your plans. **3** (*inducir*) to lend itself **to *sth***: *Esta actitud se presta a malentendidos.* Your attitude is open to misunderstanding.

LOC prestar declaración to give evidence **prestar juramento** to swear an oath **prestar una declaración jurada** to testify under oath

presteza *nf* promptness

LOC con presteza promptly

prestidigitación *nf* conjuring

prestidigitador, ~a *nm-nf* conjurer

prestigio *nm* prestige

LOC de prestigio prestigious

prestigioso, -a *adj* prestigious

presto, -a *adj* prompt

presumiblemente *adv* probably

presumido, -a *pp, adj* **1** (*arrogante*) conceited **2** (*coqueto*) vain *Ver tb* PRESUMIR

■ **presumido, -a** *nm-nf* show-off

presumir *vt* to presume: *Se debe ~ su inocencia.* We must presume he is innocent.

■ **presumir** *vi* **1** (*gen*) to show off: *Le encanta ~.* He loves showing off. **2 ~ de**: *Presume de listo.* He thinks he's clever. ◊ *Siempre están presumiendo de coche.* They're forever bragging about their car.

presunción *nf* **1** (*Jur*) presumption **2** (*arrogancia*) pretentiousness

presunto, -a *pp, adj* alleged: *el ~ autor del atraco* the alleged mugger *Ver tb* PRESUMIR

LOC presunto heredero prospective heir

presuntuoso, -a *adj* conceited

presupuestar *vt* to budget **for *sth*** [*vi*]: ~ *el proyecto* to budget for the project ◊ ~ *el proyecto en 100.000 pesetas* to budget 100 000 pesetas for the project

presupuestario, -a *adj* budgetary

presupuesto *nm* **1** (*Com*) **(a)** (*exacto*) quotation **(b)** (*aproximado*) estimate: *He pedido que me den un ~ para el cuarto de baño.* I've asked for an estimate for the bathroom. **2** (*fondos*) budget: *No quiero pasarme del ~.* I don't want to exceed the budget. **3** (*supuesto*) assumption: *una teoría basada en unos ~s erróneos* a theory based on erroneous assumptions

LOC presupuesto general/ordinario general budget

presuroso, -a *adj* hurried: *Salió ~.* He hurried out.

pretencioso, -a *adj* pretentious

pretender *vt* **1** (*tener la intención de*) to expect: *Pretendemos averiguar lo sucedido.* We expect to find out what happened. ◊ *No pretenderás que me lo crea, ¿no?* You don't expect me to believe that, do you? **2** (*aspirar a*) to aim: *El entrenador pretende que sus jugadores sean los mejores.* The trainer aims for his players to be the best. **3** (*querer*) to want (***to do sth***): *¿Qué pretendes de mí?* What do you want from me? **4** (*intentar*) to try ***to do sth***: *¿Qué pretende decirnos/hacer?* What's he trying to tell us/to do?

pretendido, -a *pp, adj* **1** (*gen*) so-called: *El ~ inspector resultó ser un ladrón.* The so-called inspector turned out to be a thief. **2** (*Jur*) alleged: *Fue detenido por un ~ uso de drogas.* He was arrested for allegedly using drugs. *Ver tb* PRETENDER

pretendiente *nm* **1** (*a un trono*) pretender **2** (*de una mujer*) suitor

pretensión *nf* **1** (*intención*) intention: *su ~ de hacerse con la empresa* his intention to take control of the company **2** (*demanda*) claim: *con pretensiones a la corona* with claims on the crown **3 pretensiones** (*aspiración desmedida*) pretensions: *tener muchas/pocas pretensiones* to have high/few pretensions

LOC sin pretenciones unpretentious

pretérito, -a *adj* past

■ **pretérito** *nm* past (tense)

LOC pretérito imperfecto imperfect (tense) **pretérito perfecto (compuesto)** perfect (tense) **pretérito perfecto simple/pretérito indefinido** preterite (tense) **pretérito pluscuamperfecto** pluperfect (tense)

Nótese que los términos **imperfect**, **perfect**, **preterite** y **pluperfect** hacen referencia únicamente a la gramática española.
Los tiempos de pasado en inglés son el **past simple** (*I worked*), **past continuous** (*I was working*), **present perfect** (*I have worked*), **present perfect continuous** (*I have been working*), **past perfect** (*I had worked*), y **past perfect continuous** (*I had been working*).

pretextar *vt* to claim: *Siempre pretexta dolor de espalda.* He always claims that he has a bad back.

pretexto *nm* excuse (***for sth*/*doing sth***), pretext (***for sth*/*doing sth***) (*más formal*)

LOC bajo el/so pretexto de under the pretext of *sth/doing sth* **bajo ningún pretexto** under no circumstances: *No debes hablar con él bajo ningún ~.* You mustn't talk to him under any circumstances.

prevalecer *vi* to prevail (***over sth*/*sb***)

prevaleciente *adj* prevailing

prevaricación *nf* corruption

prevención *nf* **1** (*previsión*) prevention: *la ~ de accidentes* the prevention of accidents **2 ~ contra** (*prejuicio*) prejudice **against *sth*/*sb***

LOC en prevención de as a precaution against *sth* **tener prevención contra** to be prejudiced against *sth/sb*

prevenido *pp, adj (prudente)* prudent *Ver tb* PREVENIR **LOC** *Ver* HOMBRE

prevenir *vt* **1** *(precaver)* to prevent: *El ayuntamiento intenta ~ incidentes graves.* The Council is trying to prevent serious incidents. ◇ *normas para ~ incendios* fire-prevention regulations **2** *(preparar)* to prepare: *~ todo lo necesario para una operación* to prepare everything needed for an operation **3** *(advertir)* to warn *sb* (*about sth*): *Te previne de lo que planeaban.* I warned you about what they were planning. **4** *(predisponer)* to prejudice *sb* (*against sth/sb*): *Esto les prevenía contra los extranjeros.* This prejudiced them against foreigners.

■ **prevenirse** *v pron* **prevenirse contra** to take preventive measures **against** *sth* **LOC** *Ver* VALER

preventivo, -a *adj* preventive **LOC** *Ver* CUSTODIA, PRISIÓN

prever *vt* **1** *(pronosticar)* to anticipate: *La empresa prevé abrir otra sucursal.* The firm anticipates opening another branch. **2** *(disponer)* to plan: *Han previsto todo lo necesario para las próximas elecciones.* They've got everything planned for the coming elections.

LOC como se preveía as predicted **se prevé** it is anticipated: *Se prevé que la exposición genere más tráfico.* It is anticipated that the exhibition will generate more traffic.

previamente *adv* previously

previo, -a *adj* **1** *(anterior)* prior (*to sth*): *el jueves ~ a los comicios* the Thursday prior to the elections ◇ *sin ~ aviso* without prior warning ◇ *Se atenderá previa cita.* You will only be seen if you have a prior appointment. ◇ *experiencia previa* previous experience **2** *(una vez que)*: *previa firma de los documentos* once the documents have been signed **3** *(experiencia)* previous **LOC** *Ver* CONDICIÓN, DILIGENCIA, PAGO, REQUISITO

previsible *adj* foreseeable, likely *(más coloq)*: *Es ~ que lo rechacen.* It's likely that they will reject him.

previsión *nf* **1** *(pronóstico, cálculo)* forecast: *~ del tiempo/de ventas* weather/sales forecast **2** *(proyecto)* plan: *Existe una ~ de aumentar los puestos.* There is a plan to increase the number of jobs. **3** *(precaución)* precaution: *en ~ de posibles atentados* as a precaution against possible attacks **4** *(anticipación de posibles problemas)* foresight: *la falta de ~ de las autoridades* the authorities' lack of foresight

previsor, ~a *adj* farsighted

previsto, -a *pp, adj* **1** *(esperado)* anticipated: *Pasamos más apuros de los ~s.* We had more trouble than we'd anticipated. **2** *(planificado)* planned: *la reunión prevista para hoy* the meeting planned for today ◇ *Está ~ un concierto de rock.* A rock concert is planned. *Ver tb* PREVER

LOC tener previsto to plan: *No teníamos ~ hacer tanto gasto.* We didn't plan to spend so much.

prieto, -a *adj* tight: *Estos zapatos me quedan muy ~s.* These shoes are very tight.

prima *nf* bonus [*pl* bonuses]

LOC prima de seguro insurance premium

primacía *nf* **1** *(supremacía)* supremacy: *la ~ del presidente* the supremacy of the president **2** *(prioridad)* priority: *Se dará ~ a las escuelas.* Priority will be given to schools. **3** *(Relig)* primacy

LOC tener primacía (sobre) to take precedence (over *sth/sb*)

primada *nf* mistake

LOC hacer la primada to be stupid enough *to do sth*

primado *nm (Relig)* primate

primar *vi* **~ sobre** to take precedence **over** *sth/sb*: *La educación tradicional prima sobre la moderna.* Traditional education takes precedence over modern methods.

■ **primar** *vt (premiar)* to reward *sb* (*for sth/doing sth*)

primario, -a *adj* **1** *(gen)* primary: *color/sector ~* primary colour/sector ◇ *enseñanza primaria* primary education **2** *(básico, primitivo)* basic: *necesidades primarias* basic necessities ◇ *instintos ~s* basic instincts

■ **primaria** *nf* **1** *(escuela)* primary school: *maestra de primaria* primary school teacher **2** *(era)* Primary era **3 primarias** *(elecciones)* primaries **LOC** *Ver* ESCUELA

primate *nm (Zool)* primate

primavera *nf* **1** *(estación)* spring: *en la ~ de 1952* in the spring of 1952 ☛ *Ver nota en* MAY DAY **2** *(edad)*: *Tiene quince ~s.* She's fifteen years old. **3** *(Bot)* primrose

LOC la primavera de la vida the prime of life *Ver tb* ROLLO

primaveral *adj* **1** *(de primavera)* spring [*n atrib*]: *un vestido ~* a spring dress **2** *(cálido)* spring-like: *Hoy hace un día ~.* The weather's very spring-like today.

primer *adj Ver* PRIMERO

primeramente *adv* first

primerizo, -a *adj* inexperienced

■ **primerizo, -a** *nm-nf* beginner

■ **primeriza** *nf* first-time mother

primero, -a *adj, nm-nf, pron* **1** *(gen)* first *(abrev* 1st) ☛ *Ver ejemplos en* SEXTO

Nótese que el sustantivo *los primeros* se traduce por **the first**, pero lleva el verbo en plural: *¿Quiénes fueron los primeros en llegar?* Who were the first to arrive?

2 *(principal)* main, principal *(más formal)*: *el primer país azucarero del mundo* the principal sugar-producing country in the world **3** *(mejor)* top [*adj*]: *Eres el ~ de la clase.* You're top of the class.

■ **primera** *nf* **1** *(marcha)* first (gear): *Puse la primera y salí zumbando.* I put it into first and sped off. **2** *(clase)* first class: *viajar en primera* to travel first class

■ **primero** *nm (primer plato)* first course: *De ~ tomé una sopa.* I had soup for my first course.

■ **primero** *adv* **1** *(gen)* first: *~ vamos al súper y luego a casa.* First we'll go to the supermarket and then home. **2** *(antes)* rather: *~ me voy de casa que le pido perdón.* I'd rather leave home than apologize.

LOC a la primera first time: *Me salió bien a la primera.* I got it right first time. **a la(s) primera(s) de cambio 1** *(a la primera oportunidad)* (at) the first opportunity: *A la primera de cambio te engañará.* He'll trick you the first opportunity he gets. **2** *(de repente)* suddenly **a primera hora** first thing: *Salieron a primera hora (de la tarde).* They set off first thing (in the afternoon). **a primeros de...** at the beginning of...: *a ~s de mes* at the beginning of the month. **de buenas a primeras** out of the blue **de primera**: *un desayuno de primera* a first class breakfast ◇ *Me siento de primera.* I feel great. **de primera mano** first-hand: *información de primera mano* first-hand information **de primera necesidad** essential **desde el primer momento**: *La casa me gustó desde el primer momento.* I liked the house from the moment I saw it. ◇ *Se enamoraron desde el primer momento.* They fell in love the moment they met. **en primer lugar** firstly **en un primer momento** at first: *En un primer momento no lo reconocí.* I didn't recognize him at first. **estar en primera línea de** to be at the forefront of *sth* **estar en primera plana de la actualidad** to be headline news **hacer la primera comunión** to make your First Communion **pasa tú/pase usted primero** after you! **poner la primera piedra** to lay the foundation stone **preso/recluso de primer grado** high security prisoner **primera dama** leading lady **primeras necesidades** basic necessities **primer ministro** prime minister **primeros auxilios** first aid [*incontable, v sing*] **primer plano** close-up: *un primer plano de la actriz* a close-up of the actress **venir de primera** to be just what I, you, etc need: *Unas vacaciones me vendrían de primera.* A holiday is just what I need. *Ver tb* APROBAR, ARTÍCULO, CALIDAD, CATEGORÍA, COLOCAR, ECUACIÓN, ESPADA, FILA, PAPILLA, PINITOS, PLANO, QUINCENA, SEIS, VISTA

primicia *nf* **1** *(noticia)* scoop **2 primicias** *(lit y fig)* first fruits

primitivo, -a *adj* **1** (*gen*) primitive: *arte ~* primitive art **2** (*original*) original: *la fachada primitiva* the original façade **LOC** *Ver* LOTERÍA

primo, -a *nm-nf* **1** (*pariente*) cousin: *un ~ segundo* a second cousin ◊ *mis ~s y primas* my cousins **2** (*ingenuo*) fool: *Siempre lo toman por ~.* They're always taking him for a fool.
LOC **hacer el primo** to be taken for a fool: *Estoy harta de hacer el ~.* I'm fed up of being taken for a fool. **primo carnal/hermano** first cousin **ser primos hermanos** (*fig*) **1** (*personas*) to be incredibly alike **2** (*cosas*) to be incredibly similar *Ver tb* MATERIA, NÚMERO

primogénito, -a *adj, nm-nf* first-born

primor *nm* **1** (*cosa*) exquisite [*adj*]: *Vuestra casa es un ~.* Your house is exquisite. ◊ *un ~ de vestido* an exquisite dress **2** (*persona*) treasure: *Tu hijo es un ~.* Your son's a treasure.
LOC **con primor** wonderfully well **que es un primor** **1** (*muy bien*) very well **2** (*mucho*) a lot: *Nevaba que era un ~.* It was snowing heavily. ◊ *Este queso huele que es un ~.* This cheese smells terrible.

primordial *adj* essential

primoroso, -a *adj* **1** (*cosa*) exquisite **2** (*persona*) skilful

princesa *nf* princess

principado *nm* principality

principal *adj* main, principal (*más formal*): *comida/oración ~* main meal/clause ◊ *Lo ~ sería...* The main thing would be...
■ **principal** *nm* **1** (*piso*) first floor **2** (*Fin*) principal
LOC *Ver* ACTOR, BAILARÍN, CUARENTA, PAPEL, PUERTA

príncipe *nm* prince

El plural de **prince** es **princes**, excepto cuando nos referimos a la pareja, en cuyo caso diremos **the prince and princess**: *Los príncipes nos recibieron en palacio.* The prince and princess received us at the palace.

LOC **príncipe azul** Prince Charming **Príncipe de las Tinieblas** Prince of Darkness **príncipe heredero** crown prince *Ver tb* EDICIÓN

principesco, -a *adj* princely

principiante, -a *adj*: *conductor ~* learner driver
■ **principiante, -a** *nm-nf* beginner

principio *nm* **1** (*comienzo*) beginning: *al ~ de la novela* at the beginning of the novel ◊ *desde el ~* from the beginning **2** (*origen*) source: *el ~ del incendio* the source of the fire **3** (*concepto, moral*) principle: *el ~ de igualdad* the principle of equality ◊ *un hombre sin ~s* a man without principles
LOC **al principio/en un principio** at first **a principio(s) de...** at the beginning of...: *a ~s del año* at the beginning of the year ◊ *a ~s de enero* in early January **desde el principio hasta el final** from start to finish **en principio** in principle **por principio** on principle *Ver tb* ACUERDO, DECLARACIÓN

pringar *vt* **1** (*ensuciar*) to get *sth* dirty: *No me pringues la mesa.* Don't get the table dirty. ◊ *Los críos pringaron la mesa de chocolate.* The children got chocolate all over the table. **2** (*pan*) to dip *bread* ***into sth*** **3** (*comprometer*) to get *sb* involved ***in sth***: *La pringaron en un contrabando de heroína.* They got her involved in smuggling heroin.
■ **pringar** *vi* **1** (*pagarla*) to get the blame: *Los otros rompieron el cristal y pringué yo.* The others broke the window and I got the blame **2** (*trabajar*) to slave away: *Pringa como un tonto en el negocio.* He slaves away at the business. **3** (*mojar*) to dip bread ***into sth***
■ **pringarse** *v pron* **1** **pringarse** (**con/de**) to get covered **in** ***sth***: *Se pringaron de pintura.* They got covered in paint. **2** **pringarse** (**en**) to get involved (***in sth***): *No quiero ~me en el fraude.* I don't want to get involved in the fraud.
LOC **pringarla** **1** (*meter la pata*) to put your foot in it: *¡Ya la pringué!* I've gone and put my foot in it! **2** (*morir*) to kick the bucket

pringoso, -a *adj* sticky: *No me toques, estás todo ~.* Don't touch me, you're all sticky.

pringue *nm* **1** (*grasa*) fat **2** (*suciedad*) dirt: *¡Menudo ~!* What a mess! ◊ *La cocina está llena de ~.* The kitchen's filthy.

prior, ~a *nm-nf* prior [*fem* prioress]

prioridad *nf* priority
LOC **tener prioridad de paso** to have right of way **tener prioridad** (**sobre**) to take precedence (over *sth/sb*)

prioritario, -a *adj* priority [*n atrib*]: *Se le dará carácter ~.* It will be given priority status. ◊ *Uno de nuestros objetivos ~s es...* One of our prime objectives is...

prisa *nf* hurry [*incontable*]: *No hay ~.* There's no hurry. ◊ *¿Por qué estas ~s?* What's the hurry? ◊ *hacer algo sin ~s* to take your time over sth ◊ *Con las ~s se me olvidó desenchufarlo.* I was in such a hurry that I forgot to unplug it.
LOC **a prisa** *Ver* APRISA **a toda prisa** in a hurry **correr prisa** to be urgent: *¿Te corre ~?* Is it urgent? **darse prisa** to hurry up **de prisa** *Ver* DEPRISA **ir con/tener prisa** to be in a hurry: *¿Dónde vas con tanta ~?* Where are you off to in such a hurry? ◊ *No tengo ~ en marcharme.* I'm in no hurry to leave. **meter prisa** to rush *sb*: *No me metas ~.* Don't rush me. **sin prisa, pero sin pausa** slowly but surely *Ver tb* VESTIR

prisión *nf* **1** (*cárcel*) prison **2** (*encarcelamiento*) imprisonment: *tres años de ~* three years' imprisonment
LOC **prisión de alta seguridad** top-security prison **prisión preventiva** preventive detention *Ver tb* AUTO[3]

prisionero, -a *nm-nf* prisoner: *campo de ~s* prison camp
LOC **hacer prisionero** to take *sb* prisoner

prisma *nm* **1** (*Geom*) prism **2** (*fig*) perspective: *bajo este ~* from this perspective

prismáticos *nm* binoculars

privacidad *nf* privacy

privación *nf* **1** (*gen*) loss: *~ de libertad/del oído* loss of liberty/hearing **2** (*necesidad*) privation: *pasar/sufrir privaciones* to suffer privations

privado, -a *pp, adj* private: *en ~* in private *Ver tb* PRIVAR **LOC** *Ver* COLEGIO, EMPRESA, ESCUELA, INICIATIVA, INVESTIGADOR

privar *vt* **1** (*despojar*) to deprive *sb* **of** ***sth***: *Una explosión lo privó del oído.* An explosion deprived him of his hearing. **2** (*de un permiso, de un beneficio*) to take *sth* away ***from sb***: *Lo privaron del permiso de trabajo.* They took away his work permit. **3** (*prohibir*) to prevent *sb* ***from doing sth***: *Sus padres la privaron de verme.* Her parents prevented her from seeing me.
■ **privar** *vi* **1** (*gustar*) to love *sth/doing sth* [*vt*]: *Me privan los bombones.* I love sweets. **2** (*estar de moda*) to be in fashion
■ **privarse** *v pron* **privarse de** to give up ***sth/doing sth***: *Tengo que ~me de las grasas.* I have to give up fatty foods.

privatización *nf* privatization

privatizar *vt* to privatize

privilegiado, -a *pp, adj* **1** (*gen*) privileged: *las clases privilegiadas* the privileged classes ◊ *información privilegiada* privileged information **2** (*excepcional*) exceptional: *una inteligencia/memoria privilegiada* exceptional intelligence/an exceptional memory
■ **privilegiado, -a** *nm-nf* privileged person: *Somos unos ~s.* We're privileged people.

privilegio *nm* privilege

pro[1] *prep* for: *la organización pro ciegos* the society for the blind
LOC **en pro de** in favour of *sth/sb*

pro[2] *nm o nf*
LOC **los pros y los contras** the pros and cons *Ver tb* HOMBRE

proa *nf* **1** (*barco*) bow(s) [*se utiliza mucho en plural*] ☛ *Ver ilustración en* YACHT **2** (*avión*) nose
LOC **de proa a popa** from stem to stern **poner proa** to set course (*for...*): *El barco puso ~ hacia el Caribe.* The boat set course for the Caribbean.

probabilidad *nf* **1 ~** (**de**) chance (**of** ***sth/doing sth***)

There's still a chance of finding them. ◊ *Tiene pocas ~es.* He hasn't got much chance. ◊ *Tiene muchas ~es de salir reelegida.* She's got a good chance of being reelected. **2** (*Mat*) probability
LOC con mucha/toda probabilidad in all probability

probable *adj* likely, probable (*más formal*): *la menos ~ de las soluciones* the least likely solution ◊ *la causa más ~ del accidente* the most likely cause of the accident
LOC poco probable unlikely **ser probable que...**: *Es ~ que no esté en casa.* He probably won't be in. ◊ *Es muy ~ que llueva.* It will most probably rain.

probado, -a *pp, adj* proven: *Es hecho ~ que...* It's a proven fact that... *Ver tb* PROBAR ☛ *Ver nota en* PROVE

probador *nm* fitting room

probar *vt* **1** (*demostrar*) to prove: *Esto prueba que yo tenía razón.* This proves I was right. ☛ *Ver nota en* PROVE **2** (*poner a prueba*) to test: *Probemos la lavadora.* Let's test the washing machine. **3** (*comida, bebida*) **(a)** (*catar*) to taste: *Probamos un vino dulce delicioso.* We tasted a delicious sweet wine. **(b)** (*tomar*) to touch: *No prueba el alcohol.* He doesn't touch alcohol.
■ **probar** *vi* **~ (a)** to try (***doing sth***): *¿Has probado a abrir la ventana?* Have you tried opening the window? ◊ *He probado con todo y no hay manera.* I've tried everything but with no success.
■ **probar(se)** *vt, v pron* (*ropa*) to try *sth* on
LOC no probar bocado: *Llevo días sin ~ bocado.* I haven't eaten anything for days. ◊ *No quiso ~ bocado.* He refused to eat anything. **probar fortuna/suerte** to try your luck: *Quiso ~ suerte en la ruleta.* He wanted to try his luck at roulette. ◊ *Decidí ~ suerte emigrando.* I decided to emigrate and try my luck.

probeta *nf* test-tube
LOC bebé/niño probeta test-tube baby

problema *nm* problem: *el ~ de la vivienda* the housing problem

problemático, -a *adj* **1** (*asunto*) problematic **2** (*persona*) difficult
■ **problemática** *nf* problems [*v pl*]: *La problemática del país se agrava.* The country's problems are getting worse.

procaz *adj* indecent: *lenguaje/comportamiento ~* indecent language/behaviour

procedencia *nf* **1** (*origen*) origin: *de ~ española* of Spanish origin ◊ *Nadie sabía su ~.* Nobody knew where it came from. **2** (*Náut*) port of origin

procedente *adj* (*oportuno*) proper
LOC procedente de... from...: *el tren ~ de Bilbao* the train from Bilbao

proceder¹ *nm* behaviour

proceder² *vi* **1 ~ de** to come **from *sth*/from...**: *La sidra procede de la manzana.* Cider comes from apples. ◊ *¿De dónde procedes?* Where do you come from? **2** (*obrar*) to act **3 ~ a** to proceed ***to do sth***: *Procedieron a la elección del presidente.* They proceeded to elect the president. **4** (*convenir*) to be a good idea (***to do sth***): *No procede aumentar los gastos.* It's not a good idea to increase expenditure. ◊ *Tache lo que no proceda.* Cross out what does not apply. **5 ~ contra** to take (legal) proceedings **against *sb***
LOC proceder con cautela to proceed with caution

procedimiento *nm* **1** (*gestiones*) procedure: *de conformidad con los ~s establecidos* in accordance with established procedure(s) **2** (*método*) method
LOC por procedimiento de urgencia as a matter of urgency

procesado, -a *nm-nf* accused [*pl* accused]: *Los ~s serán juzgados mañana.* The accused will be tried tomorrow.

procesador *nm* processor: *~ de datos/textos* data/word processor

procesal *adj* legal: *sistema ~* legal system

procesamiento *nm* **1** (*Jur*) prosecution **2** (*industrial, Informát*) processing: *~ de textos* word processing
LOC *Ver* AUTO³

procesar *vt* **1** (*enjuiciar*) to prosecute *sb* (**for *sth*/*doing sth***) **2** (*acusar*) to accuse *sb* (**of *sth*/*doing sth***) **3** (*producto, Informát*) to process

procesión *nf* procession
LOC la procesión va por dentro: *Parece muy tranquila pero me imagino que la ~ va por dentro.* She looks very calm on the surface, but she must be suffering inside.

proceso *nm* **1** (*gen*) process: *el ~ de cambio* the process of change ◊ *un ~ químico* a chemical process **2** (*enfermedad*) progress **3** (*Jur*) proceedings [*v pl*]: *abrir un ~ contra algn* to take proceedings against sb **4** (*Informát*) processing
LOC en el proceso de un mes, etc in the course of a month, etc **proceso de pacificación** peace process *Ver tb* TEXTO

proclama *nf* **1** (*Pol, Mil*) statement: *lanzar una ~* to issue a statement **2** (*comunicado*) official announcement

proclamación *nf* **1** (*gen*) declaration: *la ~ del estado de emergencia* the declaration of a state of emergency **2** (*monarca, presidente, república*) proclamation

proclamar *vt* **1** (*publicar*) to announce: *Los diarios proclamaron la subida de impuestos.* The papers announced that taxes were going up. **2** (*monarca, presidente, república*) to proclaim **3** (*designar*) to declare: *La proclamaron ganadora.* They declared her the winner.
LOC proclamar algo a los cuatro vientos to shout sth from the rooftops **proclamarse campeón** to become champion: *Se proclamó campeón del torneo.* He won the tournament.

proclive *adj* **~ a** prone **to *sth*/*doing sth***

procreación *nf* **1** (*personas*) procreation **2** (*animales*) breeding

procrear *vi, vt* **1** (*personas*) to procreate **2** (*animales*) to breed

procurador, ~a *nm-nf* ≃ solicitor (*GB*) ☛ *Ver nota en* ABOGADO

procurar *vt* **1 ~ hacer algo** to try **to do sth**: *Procuremos descansar.* Let's try to rest. **2 ~ que...** to make sure (**that...**): *Procura que todo esté en orden.* Make sure everything's OK. ◊ *Procuraré que vengan.* I'll make sure they come. **3** (*proporcionar*) to get *sth* **for *sb***: *Le procuré un buen trabajo.* I got him a good job.
■ **procurarse** *v pron* to get yourself *sth*

prodigalidad *nf* **1** (*generosidad*) generosity **2** (*despilfarro*) extravagance

prodigar *vt* **1** (*dar mucho*) to give *sb* a lot of *sth*: *Mi madre nos prodigó consejos útiles.* My mother gave us a lot of useful advice. **2** (*derrochar*) to squander
■ **prodigarse** *v pron* **1** (*ser generoso*) to be generous (***to sb***): *No te prodigues tanto con tus nietos.* You're too generous to your grandchildren. **2** (*lucirse*) to show off (***to sb***): *Se prodigaba con las compañeras de clase.* He used to show off to the girls in his class.
LOC prodigar atenciones/prodigarse en atenciones to lavish attention (*on sth/sb*)

prodigio *nm* **1** (*cosa*) miracle: *Fue un ~ que no muriesen en el incendio.* It was a miracle they didn't die in the fire. **2** (*persona*) prodigy: *un ~ musical* a musical prodigy
LOC hacer prodigios to do wonders (*with sth*) *Ver tb* NIÑO

prodigioso, -a *adj* wonderful

pródigo *adj* **1** (*generoso*) generous **2** (*artista*) prolific **3** (*naturaleza*) bountiful
LOC (ser) pródigo en algo (to be) full of sth: *una vida pródiga en éxitos* a life full of success *Ver tb* HIJO

producción *nf* **1** (*gen*) production: *la ~ del acero* steel production ◊ *una ~ televisiva* a TV production **2** (*total producido*) **(a)** (*agrícola*) harvest: *la ~ de fruta de este año* this year's fruit harvest **(b)** (*industrial, artística*) output: *la ~ media de nuestra fábrica* our factory's average output
LOC producción deficitaria shortfall **producción en serie** mass production *Ver tb* CADENA, MAESTRO

producir *vt* **1** (*gen*) to produce: *~ aceite/papel* to produce oil/paper **2** (*causar*) to cause: *La nueva ley produjo reacciones violentas.* The new law caused violent reactions. **3** (*enfermedad, dolor*) to give: *Me produjo dolor de cabeza.* It gave me a headache. **4** (*Fin*) to yield: *Esta cuenta produce un 8% de interés.* This account yields interest at 8%.

■ **producirse** *v pron* **1** (*ocurrir*) to occur **2** (*confusión, dificultad, problema*) to arise **LOC** *Ver* HASTÍO, HERIDA, IMPRESIÓN, RUBOR, TRISTEZA

productividad *nf* productivity

productivo, -a *adj* **1** (*que produce*) productive **2** (*relacionado con la producción*) production [*n atrib*]: *sector* ~ production sector **3** (*rentable*) profitable

producto *nm* **1** (*gen*) product: *~s de belleza/limpieza* beauty/cleaning products ☛ *Ver nota en* PRODUCT **2** (*resultado*) result: *Fue ~ de un malentendido.* It was the result of a misunderstanding. **3** (*beneficio*) profit

LOC Producto Interior Bruto (**PIB**) gross domestic product (*abrev* GDP) **Producto Nacional Bruto** (**PNB**) gross national product (*abrev* GNP) **producto no contaminante** non-pollutant **productos agrícolas/del campo** agricultural/farm produce [*incontable, v sing*] **productos derivados** by-products *Ver tb* ALIMENTICIO, ASEO, CONSUMO, TIENDA

productor, ~a *adj* producing: *países ~es de petróleo* oil-producing countries

■ **productor, ~a** *nm-nf* producer: *~ asociado/ejecutivo* associate/executive producer

■ **productora** *nf* production company

proeza *nf* feat: *una ~ de la ingeniería* a feat of engineering

profanación *nf* desecration

profanar *vt* to defile

LOC profanar la memoria de algn to desecrate sb's memory

profano, -a *adj* **1** (*laico*) profane **2** (*no entendido*) lay: *el observador ~* the lay observer

■ **profano, -a** *nm-nf* layman/woman [*pl* laymen/women]

LOC ser (un) profano en algo to know nothing about sth

profecía *nf* prophecy

proferir *vt* **1** (*gritos, blasfemias*) to utter **2** (*insultos*) to hurl **3** (*amenazas*) to issue **LOC** *Ver* IMPROPERIO

profesar *vt* **1** (*doctrina, fe*) to profess: *~ la religión católica* to profess the Catholic faith **2** (*sentimientos*) to have: *Le profeso una gran admiración.* I have great admiration for him. **3** (*profesión*) to practise **as** ***sth***: *~ la abogacía* to practise as a lawyer

profesión *nf* profession ☛ *Ver nota en* WORK[1]

profesional *adj, nmf* professional: *un ~ del ajedrez* a professional chess player

LOC poco profesional unprofessional *Ver tb* DEFORMACIÓN, FORMACIÓN, HISTORIAL, INSTITUTO, ORIENTACIÓN, RECONVERSIÓN, SECRETO

profesionalidad *nf* professionalism

profesionalismo *nm* professional status

profesor, ~a *nm-nf* **1** (*gen*) teacher: *~ de geografía/piano* geography/piano teacher ◊ *~ de primaria* primary school teacher **2** (*de universidad*) **(a)** (*gen*) lecturer: *Es ~ de geología.* He's a lecturer in geology. **(b)** (*catedrático*) professor: *Les presento al ~ Blanco.* I'd like to introduce Professor Blanco.

LOC profesor emérito emeritus professor **profesor particular** private tutor

profesorado *nm* **1** (*gen*) teachers [*v pl*]: *El ~ está muy descontento.* The teachers are very unhappy. ◊ *la formación del ~* teacher training **2** (*de universidad*) lecturers [*v pl*]

profeta, -isa *nm-nf* prophet [*fem* prophetess]

LOC nadie es profeta en su tierra a prophet is without honour in his own country

profético, -a *adj* prophetic

profetizar *vt, vi* to prophesy

prófugo, -a *nm-nf* **1** (*fugitivo*) fugitive **2** (*servicio militar*) draft dodger

profundidad *nf* depth: *Se encuentra a gran ~.* It's at a great depth. ◊ *a 400 metros de ~* at a depth of 400 metres ◊ *las ~es del océano* the ocean depths ◊ *tener un metro de ~* to be one metre in depth ☛ *Ver ilustración en* DIMENSIÓN

LOC en profundidad: *un estudio del medio ambiente en ~* an in-depth study of the environment ◊ *Investigaron el caso en ~.* They investigated the case in depth. **poca profundidad** shallowness **tener dos metros, etc de profundidad** to be two metres, etc deep

profundizar *vi* **~ (en)** to go deeply (**into** ***sth***): *Nunca profundizas en ningún tema.* You never go deeply into any subject. ◊ *Me gustaría ~ un poco más.* I'd like to go a bit deeper.

profundo, -a *adj* **1** (*hondo*) deep: *una voz profunda* a deep voice ◊ *sumirse en un sueño ~* to fall into a deep sleep **2** (*intenso*) profound: *un ~ amor/desprecio* profound love/contempt

LOC poco profundo shallow

profusión *nf* **~ (de)** wealth (**of** ***sth***): *con ~ de detalles* with a wealth of detail

profuso, -a *adj* profuse

progenitor, ~a *nm-nf* father [*fem* mother] [*pl* parents]

programa *nm* **1** (*gen*) programme: *~ electoral/de televisión* electoral/TV programme ◊ *¿Qué ~ tenemos para el domingo?* What's the programme for Sunday? **2** (*Informát*) program ☛ *Ver nota en* PROGRAMME **3** (*temario de una asignatura*) syllabus [*pl* syllabuses/syllabi]

LOC programa de estudios curriculum [*pl* curricula] **programa doble** (*Cine*) double bill **programa electoral** election manifesto [*pl* election manifestos] *Ver tb* HUMOR, RISA

programación *nf* **1** (*conjunto de programas/acontecimientos*) programmes [*v pl*]: *la ~ infantil* children's programmes **2** (*Informát*) programming

LOC programación cinematográfica 1 (*en el cine*) what's on at the cinema **2** (*en la televisión*) films on TV [*v pl*]

programador, ~a *nm-nf* (*Informát*) programmer

■ **programador** *nm* timer: *Se ha roto el ~ del vídeo.* The timer's broken on the video.

programar *vt* **1** (*elaborar*) to plan **2** (*TV*) to schedule: *~ un ciclo de teatro clásico* to schedule a season of classical drama **3** (*aparato*) to programme

■ **programar** *vt* (*Informát*) to program

progre *adj, nmf* trendy

progresar *vi* to make progress: *Ha progresado mucho.* He's made good progress. ◊ *Si progresan nuestros planes…* If our plans go ahead…

progresión *nf* **1** (*gen*) progress [*incontable*]: *una ~ asombrosa* remarkable progress **2** (*Mat*) progression: *~ aritmética* arithmetic progression

progresista *adj, nmf* progressive

progresivo, -a *adj* progressive

progreso *nm* progress [*incontable*]: *el ~ tecnológico* technological progress ◊ *Han hecho muchos ~s.* They've made great progress.

prohibición *nf* ban (***on sth/doing sth***): *la ~ de fumar en la oficina* the ban on smoking in the office

LOC prohibición de riego hosepipe ban

prohibido, -a *pp, adj*: *Queda terminantemente ~ vender en las calles.* Street trading is strictly forbidden. ◊ *circular por dirección prohibida* to drive the wrong way ◊ *~ entrar sin permiso.* No entry without authorization. *Ver tb* PROHIBIR

LOC prohibido asomarse por la ventanilla do not lean out of the window **prohibido arrojar papeles** drop no litter **prohibido el paso** no entry **prohibido fijar anuncios/carteles** bill sticking prohibited **prohibido fumar** no smoking *Ver tb* ACCESO, DIRECCIÓN, FRUTO

prohibir *vt* **1** (*gen*) to forbid *sb* (***to do sth***): *Mi padre me ha prohibido salir de noche.* My father has forbidden me to go out at night. ◊ *Le han prohibido los dulces.* She's been forbidden to eat sweets. **2** (*oficialmente*) to ban *sth/sb* (***from doing sth***): *Han prohibido la circula-*

ción por el centro. Traffic has been banned in the town centre.

■ **prohibirse** *v pron*: *Se prohíbe tirar basura.* No dumping.

prohibitivo, -a *adj* prohibitive: *precios ~s* prohibitive prices

prójimo *nm* neighbour: *amar al ~* to love your neighbour

prole *nf* offspring [*v pl*]

proletariado *nm* proletariat

proletario, -a *adj, nm-nf* proletarian

proliferación *nf* proliferation

proliferar *vi* to proliferate

prolífico, -a *adj* prolific

prólogo *nm* **1** (*lit*) **(a)** (*gen*) preface **(b)** (*poema, novela*) prologue **2 ~ a/de** (*fig*) prelude **to *sth***: *Su encuentro fue el ~ de un gran amor.* Their meeting was the prelude to a great love affair. **3** (*etapa ciclista*) prologue

prolongación *nf* extension

prolongado, -a *pp, adj* lengthy *Ver tb* PROLONGAR

prolongar *vt* **1** (*duración*) to prolong: *Prolongaron su visita una semana.* They prolonged their visit by a week. **2** (*longitud*) to extend: *~ la línea del ferrocarril* to extend the railway line

■ **prolongarse** *v pron* **1** (*duración*) to continue, to go on (*más coloq*): *en caso de ~se el conflicto* if the conflict goes on **2** (*longitud*) to extend: *Este camino se prolonga hasta el río.* This road extends to the river.

promedio *nm* average: *El ~ de edad supera los 26 años.* The average age is over 26.

LOC como promedio on average

promesa *nf* **1** (*gen*) promise: *cumplir/hacer una ~* to keep/make a promise ◊ *Faltó a su ~.* He didn't keep his promise. **2** (*persona*) hope: *la nueva ~ del ciclismo español* the new hope of Spanish cycling ◊ *ser una verdadera ~* to show real promise

prometedor, ~a *adj* promising

prometer *vt* to promise: *Te lo prometo.* I promise. ◊ *Me prometió que volvería.* He promised me he would return. ◊ *Promete ser un buen médico.* He promises to be a good doctor.

■ **prometer** *vi* to be promising: *Este chico promete mucho.* He's a very promising chap.

■ **prometerse** *v pron* (*para casarse*) to get engaged

LOC me las prometía (muy) felices I, you, etc had great expectations *Ver tb* ORO

prometido, -a *pp, adj* (*para casarse*) engaged: *Estamos ~s.* We're engaged. *Ver tb* PROMETER

■ **prometido, -a** *nm-nf* fiancé [*fem* fiancée]

LOC lo prometido es deuda a promise is a promise

prominente *adj* prominent

promiscuidad *nf* promiscuity

promiscuo, -a *adj* promiscuous

promoción *nf* **1** (*gen*) promotion: *la ~ de una película* the promotion of a film ◊ *~ de ventas* sales promotion **2** (*curso*) year: *un compañero de mi ~* a lad in my year ◊ *Mi vecina y yo éramos de la misma ~.* My neighbour and I were in the same year at school/university.

LOC promoción de empleo job creation

promocionar *vt* to promote

promontorio *nm* **1** (*montículo*) hill **2** (*en el mar*) headland

promotor, ~a *nm-nf* promoter: *~ de ventas* sales promoter

LOC promotor inmobiliario/urbanístico property developer

promover *vt* **1** (*instigar*) to promote: *~ el diálogo/la investigación* to promote dialogue/research **2** (*causar*) to provoke: *Sus palabras promovieron una salva de aplausos.* His words provoked a burst of applause. **3** (*expediente, juicio*) to bring: *Promovieron un juicio contra el estafador.* They brought a case against the con man.

promulgar *vt* to promulgate

pronombre *nm* pronoun

pronominal *adj* pronominal

pronosticar *vt* **1** (*gen*) to forecast: *~ el futuro/tiempo* to forecast the future/weather **2** (*Med*) to make a prognosis: *El médico me pronosticó una recuperación lenta.* The doctor's prognosis was that my recovery would be slow.

pronóstico *nm* **1** (*predicción*) forecast: *¿Tienes un ~ para la final?* What's your forecast for the final? ◊ *el ~ del tiempo* the weather forecast **2** (*Med*) opinion, prognosis [*pl* prognoses] (*formal*)

LOC de pronóstico grave/leve serious/minor: *heridas de ~ grave/leve* serious/minor injuries **pronóstico reservado**: *Su estado es de ~ reservado.* The doctors are reserving judgment.

prontitud *nf* promptness (*formal*), speed

LOC con prontitud speedily

pronto, -a *adj* prompt: *una pronta respuesta* a prompt reply ◊ *Su política obtuvo pronta aceptación.* His policy was accepted promptly.

■ **pronto** *adv* **1(a)** (*en seguida*) soon: *Vuelve ~.* Come back soon. ◊ *lo más ~ posible* as soon as possible **(b)** (*rápidamente*) quickly: *Por favor, doctor, venga ~.* Please, doctor, come quickly. **2** (*temprano*) early: *Comemos ~.* We eat early.

■ **pronto** *nm* **1** (*de enfado*) outburst: *Tiene unos ~s demasiado violentos.* He's got a violent temper. **2** (*decisión repentina*): *Me dio el ~ y fui a verla.* I decided on an impulse to go and see her.

LOC de pronto suddenly **¡hasta pronto!** see you soon! **por lo pronto** to start with **que se dice pronto**: *Gana un millón al mes, que se dice ~.* He earns a million pesetas a month, which isn't peanuts. *Ver tb* BOTE[2]

pronunciación *nf* pronunciation: *palabras de difícil ~* words which are difficult to pronounce

pronunciado, -a *pp, adj* **1** (*curva*) sharp **2** (*pendiente*) steep **3** (*facciones*) pronounced **4** (*acento*) strong *Ver tb* PRONUNCIAR

pronunciamiento *nm* **1** (*rebelión*) military uprising **2** (*declaración*) pronouncement **3** (*sentencia*) judgement

pronunciar *vt* **1** (*vocalizar*) to pronounce: *¿Cómo se pronuncia?* How do you pronounce it? **2** (*palabras*) to say: *Pronunció unas palabras de agradecimiento.* He said a few words of thanks. **3** (*discurso*) to deliver (*formal*), to give **4** (*Jur, sentencia*) to pronounce (*formal*), to pass

■ **pronunciar** *vi*: *Pronuncias muy bien.* Your pronunciation is very good.

■ **pronunciarse** *v pron* **1 pronunciarse (sobre)** (*hacer declaraciones*) to comment **(on *sth*)**: *No quiso ~se sobre el caso.* He refused to comment on the case. **2 pronunciarse (sobre)** (*definirse*) to have your say **(on *sth*)**: *El pueblo se pronunciará en un referéndum.* The people will have their say in a referendum. **3 pronunciarse en contra/a favor de** to come out **against/in favour of *sth*** **4** (*rebelarse*) to revolt **5** (*acentuarse*) to become more pronounced: *Las sombras se pronunciaban.* The shadows were becoming more pronounced.

propagación *nf* **1** (*difusión*) spread: *la ~ de la epidemia* the spread of the epidemic **2** (*especie, fe*) propagation

propaganda *nf* **1** (*publicidad*) advertising: *hacer ~ de un producto* to advertise a product **2** (*material publicitario*) publicity: *Estaban repartiendo ~ de la nueva discoteca.* They were handing out publicity for the new disco. **3** (*Pol*) propaganda: *~ electoral* election propaganda **LOC** *Ver* JEFE

propagandístico, -a *adj* propagandist: *fines ~s* propagandist aims ◊ *una campaña/maniobra propagandística* a propaganda campaign/exercise

propagar *vt* **1** (*gen*) to spread: *El viento propagó las llamas.* The wind spread the flames. **2** (*especie, fe*) to propagate

■ **propagarse** *v pron* **1** (*difundir, difundirse*) to spread: *La epidemia se propagará.* The epidemic will spread. **2** (*especie*) to propagate **LOC** *Ver* PÓLVORA

propano *nm* propane

propasarse *v pron* to go too far: *Creo que te propasas* *alabándolo.* I think you go too far in your praise of him. ◊ *Intentó ~ conmigo.* He tried to go too far with me.

LOC propasarse con la bebida/comida to drink/eat too much

propensión *nf* **~ a** tendency **to *sth*/to do *sth***: *Tengo ~ a engordar.* I have a tendency to put on weight.

propenso, -a *adj* **~ a** prone **to *sth*/to do *sth***

propiamente *adv* exactly

LOC propiamente dicho proper: *La reunión ~ dicha no empezó hasta las nueve.* The meeting proper didn't start till nine. ◊ *No se trata de una celda ~ dicha.* It's not a cell as such.

propiciar *vt* **1** (*favorecer*) to encourage: *~ la investigación científica* to encourage scientific research **2** (*provocar*) to lead **to *sth***: *El desempleo propicia la delincuencia.* Unemployment leads to delinquency.

propiciatorio, -a *adj* **LOC** *Ver* VÍCTIMA

propicio, -a *adj* **1** (*favorable*) favourable: *crear un clima ~ para la inversión* to create a favourable climate for investment **2** (*oportuno*) right: *en el momento ~* at the right moment **3** (*fortuna*) kind: *Esperemos que la suerte nos sea propicia.* Let's hope that fate will be kind to us. **LOC** *Ver* TERRENO

propiedad *nf* property: *~ particular/privada* private property ◊ *las ~es medicinales de las plantas* the medicinal properties of plants

LOC con propiedad correctly: *hablar un idioma con ~* to speak a language correctly **en propiedad 1** (*terreno*): *Tenemos la casa en ~.* We own the house. **2** (*puesto*) for life: *El juez tiene su cargo en ~.* The office of judge is for life. **propiedad industrial** patent rights [*v pl*] **propiedad intelectual** intellectual property **(ser) propiedad de algn** to belong to sb: *Muchos museos son de ~ del Estado.* Many museums belong to the State. ◊ *las emisoras ~ de grupos religiosos* radio stations belonging to religious groups ◊ *los terrenos de nuestra ~* the land belonging to us *Ver tb* ESCRITURA, REGISTRO, TÍTULO

propietario, -a *adj*: *la firma propietaria del edificio* the firm which owns the building

■ **propietario, -a** *nm-nf* **1** (*gen*) owner **2** (*que alquila*) landlord [*fem* landlady]

propina *nf* **1** (*gen*) tip: *¿Dejamos ~?* Shall we leave a tip? ◊ *Le di tres libras de ~.* I gave him a three pound tip **2** (*paga semanal*) pocket money

LOC de propina: *El tenor cantó un aria de ~.* The tenor sang an aria as an encore. ◊ *Tres pellizcos de sal y uno más de ~.* Three pinches of salt and one for luck.

propinar *vt* to give: *~ una paliza/regañina a algn* to give sb a beating/a telling-off

LOC propinar un golpe to hit *sth/sb*

propio, -a *adj* **1** (*de uno*) my, your, etc own: *por tu ~ bien* for your own good. ◊ *Tenemos casa propia.* We've got our own house. ◊ *Todo lo que haces es en beneficio ~.* Everything you do is for your own benefit. ◊ *Lo vi con mis ~s ojos.* I saw it with my own eyes. **2** (*mismo*) himself [*fem* herself] [*pl* themselves]: *El ~ pintor inauguró la exposición.* The painter himself opened the exhibition. **3** (*característico*) typical **of *sb***: *Llegar tarde es ~ de ella.* It's typical of her to be late. **4** (*apropiado*) suitable **for *sb***: *Esta película no es propia para niños.* This film isn't suitable for children. ◊ *una comida propia de un rey* a meal fit for a king

LOC caer por su propio peso to be obvious **en propia meta/puerta**: *marcar en propia meta* to score an own goal ◊ *un gol en propia puerta* an own goal **en su (propio) campo** (*Dep*) at home: *Perdieron en su ~ campo.* They lost at home. ◊ *un triunfo en su ~ campo* a home win **hacer algo en las propias narices de algn** to do sth right under sb's nose: *Robó el reloj en las propias narices del vendedor.* He stole the watch right under the shopkeeper's nose. **hacer lo propio** to do the same **por mis propios medios** through my, your, etc own means: *Compraron la casa por sus ~s medios.* They bought the house through their own means. **por su propio pie**: *Estaba herido, pero salió por su ~ pie.* He was hurt but he managed to get out. *Ver tb* AMOR, BENEFICIO, COSECHA, DEFENSA, ELABORACIÓN, ESTAMPA, ESTILO, FABRICACIÓN, INICIATIVA, INTERÉS, NOMBRE, PIEDRA, REÍR, TRABAJADOR, TRABAJAR, VENCER, VOLUNTAD

proponer *vt* **1** (*gen*) to suggest ***doing sth*/(*that...*)**: *Propongo ir al cine esta tarde.* I suggest going to the cinema this evening. ◊ *Nos han propuesto que trabajemos con ellos.* They've suggested that we work with them. ◊ *Propuso que nos marchásemos.* He suggested (that) we should leave. **2** (*medida, plan*) to propose: *Te propongo un trato.* I've got a deal for you. **3** (*recomendar*) to nominate *sb* (**as/for *sth***): *Lo propusieron para alcalde.* They nominated him for mayor.

■ **proponerse** *v pron* to set out ***to do sth***: *Me propuse acabar la tesis en dos años.* I set out to finish my thesis in two years. ◊ *Este niño se ha propuesto darnos la noche.* That child has deliberately set out to ruin our evening.

proporción *nf* **1** (*relación, tamaño*) proportion: *El largo debe estar en ~ con el ancho.* The length must be in proportion to the width. ◊ *un puente de proporciones gigantescas* a bridge of huge proportions **2** (*Mat*) ratio: *La ~ de niños y niñas es de 1 a 3.* The ratio of boys to girls is 1 to 3. **3 proporciones** (*fig*) extent [*sing*]: *Las proporciones del desastre son incalculables.* The extent of the disaster cannot be calculated.

proporcionado, -a *pp, adj* proportioned *Ver tb* PROPORCIONAR

proporcional *adj* proportional (***to sth***): *Su velocidad es ~ a la potencia del motor.* Their speed is proportional to the engine power. **LOC** *Ver* GRÁFICO

proporcionar *vt* **1** (*suministrar*) to provide *sb* ***with sth***: *La compañía me proporciona un coche.* The company provides me with a car. **2** (*causar*) to give: *Aquello les proporcionó una inmensa alegría.* It gave them great joy. **LOC** *Ver* CATEGORÍA

proposición *nf* **1** (*propuesta*) proposal **2** (*Ling*) clause **3** (*Mat, Lógica*) proposition

LOC hacer proposiciones deshonestas to make improper suggestions **proposición de matrimonio** proposal (of marriage): *hacerle una ~ de matrimonio a algn* to propose to sb **proposición no de ley** motion

propósito *nm* **1** (*intención*) intention: *buenos ~s* good intentions **2** (*objetivo*) purpose: *El ~ de esta reunión es...* The purpose of this meeting is...

LOC a propósito 1 (*adrede*) on purpose **2** (*por cierto*) by the way: *A ~, ¿qué sabes de David?* By the way, have you heard from David? **3** (*adecuado*) suitable (*for sth*): *un vestido muy a ~ para una boda* a very suitable dress for a wedding **a propósito de**: *Oye, a ~ de nuestra conversación con tu jefe...* Talking of our conversation with your boss... ◊ *La idea salió a ~ de un anuncio de televisión.* The idea came from a TV advert. **hacer/tener propósito de enmienda** to resolve to mend your ways **tener el propósito de** to intend *to do sth*: *Tengo el ~ de montar una peluquería.* I intend to open a hairdressing salon.

propuesta *nf* **1** (*proposición, proyecto*) proposal: *Desestimaron la ~.* The proposal was turned down. **2** (*recomendación*) nomination: *Aceptaron mi ~ al puesto de secretario.* My nomination for the post of secretary was accepted. **LOC** *Ver* ELEVAR

propugnar *vt* to advocate

propulsar *vt* **1** (*Mec*) to propel **2** (*impulsar*) to boost: *~ la economía* to boost the economy

propulsión *nf* propulsion

LOC propulsión a chorro jet propulsion: *aviones de ~ a chorro* jet-propelled aircraft

propulsor *nm* (*Tec*) propulsion mechanism

■ **propulsor, ~a** *nm-nf* (*persona*) promoter

prorrata *nf*: *Pagaron los gastos a ~.* They paid on a proportional basis.

prórroga *nf* **1** (*plazo*) extension: *una ~ de quince días* a two-week extension **2** (*Dep*) extra time: *Si empatan habrá ~.* If it's a draw they'll have to go into extra time. ◊ *En la ~ nos metieron dos goles.* They got two goals in extra time. **3** (*Mil*) deferment

prorrogable *adj*: *un contrato ~ a tres años* a contract which can be extended to three years

prorrogar *vt* to extend

prorrumpir *vi* **~ en**: *~ en aplausos* to burst into applause ◇ *~ en carcajadas/risas* to burst out laughing ◇ *~ en suspiros/sollozos* to start sighing/sobbing **LOC** *Ver* LLANTO

prosa *nf* prose

prosaico, -a *adj* prosaic (*formal*), mundane

proscribir *vt* **1** (*prohibir*) to ban **2** (*expatriar*) to exile

proscrito, -a *nm-nf* exile

proseguir *vt* to proceed **with** ***sth*** [*vi*]: *Prosiguieron la conversación.* They proceeded with the conversation.
■ **proseguir** *vi* **1** (*gen*) to proceed: *Prosiguió sin escucharme.* He proceeded without listening to me. **2** (*lluvias, tormentas*) to persist

prosista *nmf* prose writer

prosódico, -a *adj* **LOC** *Ver* ACENTO

prospección *nf* prospecting: *~ petrolífera* oil prospecting
LOC **prospección de mercado** market research

prospecto *nm* directions for use [*v pl*]: *Este ~ no está claro.* These directions for use are not clear.

prosperar *vi* to prosper

prosperidad *nf* prosperity

próspero, -a *adj* prosperous

próstata *nf* prostate ☛ *Ver ilustración en* REPRODUCTOR

prostíbulo *nm* brothel **LOC** *Ver* DUEÑO

prostitución *nf* prostitution

prostituir *vt* to prostitute

prostituto, -a *nm-nf* male prostitute [*fem* prostitute]

protagonismo *nm* high profile: *dar mayor ~ a algo* to give sth a higher profile **LOC** *Ver* AFÁN

protagonista *adj*: *el papel ~* the leading role
■ **protagonista** *nmf* **1** (*Cine, Liter, Teat*) main character, protagonist (*formal*): *La película tiene como ~ a un niño.* The main character in the film is a child. **2** (*fig*): *Nuestro presidente fue el ~ de la reunión.* Our president played a leading role at the meeting.

protagonizar *vt* **1** (*Cine, Teat*) to play the leading role **in** ***sth***, to star **in** ***sth*** (*más coloq*) **2** (*fig*) **(a)** (*originar*): *El diputado protagonizó el primer incidente.* The MP was at the centre of the incident. **(b)** (*tomar parte en*) to take part **in** ***sth***: *~ una huelga/un debate* to take part in a strike/a debate **(c)** (*llevar a cabo*) to carry *sth* out: *Protagonizó numerosos atracos.* He carried out a lot of robberies. **(d)** (*dominar*) to dominate: *El terremoto protagonizó el día de hoy.* The earthquake dominated the news today.

protección *nf* **1** (*gen*) protection: *Sigue bajo ~ policial.* He remains under police protection. **2** (*Seguridad Social*) benefit: *~ por desempleo* unemployment benefit
LOC **protección civil** civil defence

proteccionista *adj* protectionist

protector, ~a *adj* protective: *un traje ~* protective clothing
■ **protector, ~a** *nm-nf* benefactor
■ **protector** *nm* (*de dientes*) gumshield **LOC** *Ver* CASCO, SOCIEDAD

protectorado *nm* protectorate

proteger *vt* **1** (*gen*) to protect *sth/sb* (**from/against** ***sth/sb***): *Esta crema te protege de los rayos ultravioleta.* This cream protects you from ultraviolet light. **2** (*artista, artes*) to be a patron **of** ***sth/sb***

protegido, -a *pp, adj* protected *Ver tb* PROTEGER
■ **protegido, -a** *nm-nf* protégé [*fem* protégée]

proteína *nf* protein

prótesis *nf* prosthesis [*pl* prostheses]: *Le han puesto una ~ en la cadera.* She's had a hip replacement.

protesta *nf* protest: *una manifestación de ~* a protest march
LOC **en protesta por** in protest against *sth* **hacer una protesta** to protest (about/against *sth*)

protestante *adj, nmf* Protestant

protestantismo *nm* Protestantism

protestar *vi* **1 ~** **(por)** (*quejarse*) to complain (**about** ***sth***): *Deja ya de ~.* Stop complaining. **2 ~** **(contra/de/por)** to protest (**against/about/at** ***sth***) (*reivindicar*): *Protesté por la falta de higiene.* I protested about the lack of hygiene. ◇ *~ contra una ley* to protest against a law **3 ~ de** (*proclamar*) to protest *sth* [*vt*]: *El acusado protestó de su inocencia.* The defendant protested his innocence.

protestón, -ona *adj, nm-nf* whinger [*n*]: *¡Qué hombre tan ~!* What a whinger!

protocolario, -a *adj* formal

protocolo *nm* **1** (*ceremonial*) protocol **2** (*fig*) formality: *En su familia se tratan con mucho ~.* They are so formal in that family.
LOC **es de protocolo** protocol demands it **sin protocolo(s)** informal: *Es una cena sin ~s.* It's an informal dinner. ◇ *Nos trataron sin ~.* They treated us informally.

protón *nm* proton

prototipo *nm* **1** (*modelo*) prototype: *el ~ de las nuevas locomotoras* the prototype for the new locomotives **2** (*paradigma*) epitome: *el ~ de empresaria moderna* the epitome of the modern businesswoman

protuberancia *nf* bulge

provecho *nm* benefit
LOC **¡buen provecho!** enjoy your meal! **de provecho** beneficial **en provecho de** for the benefit of *sth/sb* **hacer provecho** to do *sb* good **no ser de provecho** to be no use **sacar provecho de** to make the most of *sth* *Ver tb* HOMBRE

provechoso, -a *adj* profitable

proveedor, ~a *nm-nf* supplier

proveer *vt* **1** (*proporcionar*) to provide *sb* (**with** ***sth***): *~ a los niños de ropa* to provide the children with clothes **2** (*Com*) to supply *sth/sb* (**with** ***sth***)
■ **proveer** *vi* to provide: *Dios proveerá.* The Lord will provide.
■ **proveerse** *v pron* **proveerse de** **1** (*de víveres, de combustible*) to stock up **on/with** ***sth*** **2** (*de herramientas, de equipo*) to equip yourself **with** ***sth***

proveniente *adj* **~ de** from ...: *el tren ~ de Londres* the train from London

provenir *vi* **~ de** to come **from ...**

proverbial *adj* proverbial

proverbio *nm* proverb

providencia *nf* providence: *la Divina Providencia* Divine Providence

providencial *adj* providential

provincia *nf* province: *vivir en ~s* to live in the provinces

provincial *adj* provincial **LOC** *Ver* DIPUTACIÓN

provinciano, -a *adj* provincial

provisión *nf* provision: *Se nos han acabado las provisiones.* We've run out of provisions.
LOC **hacer provisión de** to get in a supply of *sth*

provisional *adj* provisional **LOC** *Ver* LIBERTAD

provisto, -a *pp, adj* **~ de** **1** (*alimentos, combustible*) supplied **with** ***sth***: *Iban bien ~s de alimentos.* They were well supplied with food. **2** (*instrumental, equipo*) equipped **with** ***sth*** **3** (*llevando en la mano*): *Todo el mundo debe ir ~ de un pase especial.* Everyone must carry a special pass. *Ver tb* PROVEER

provocación *nf* **1** (*acción*) provocation: *No hubo ~ por mi parte para que me pegara.* There was no provocation on my part. ◇ *La ~ del incendio se debió a un pirómano.* The fire was started by an arsonist. **2** (*dicho*) provocative remark **LOC** *Ver* MEDIAR

provocado, -a *pp, adj*: *Fue un accidente ~.* The accident was caused deliberately. *Ver tb* PROVOCAR **LOC** *Ver* INCENDIO

provocador, ~a *adj* provocative
■ **provocador, ~a** *nm-nf* agitator

provocar *vt* **1** (*incitar a luchar o discutir*) to provoke

2 (*causar*) **(a)** (*gen*) to cause: ~ *dificultades/un accidente* to cause problems/an accident **(b)** (*cambio, guerra*) to start **(c)** (*parto*) to induce: *Le tuvieron que ~ el parto.* She had to be induced. **3** (*sexualmente*) to lead *sb* on

■ **provocar** *vi* to be provocative: *¡Cómo te gusta ~!* You really enjoy being provocative! **LOC** *Ver* RISA

provocativo, -a *adj* provocative

próximamente *adv* shortly

proximidad *nf* **1** (*en espacio*) nearness, proximity (*más formal*) **2** (*en tiempo*) closeness, proximity (*más formal*)

LOC en las proximidades (de) in the vicinity (of *sth*)

próximo, -a *adj* **1** (*siguiente*) next: *la próxima parada* the next stop ◊ *el martes ~* next Tuesday ◊ *el ~ 1 de diciembre* the 1st of December next ◊ *el ~ año* next year **2** (*cercano*) **(a)** (*en tiempo*) soon: *La Navidad está próxima.* It will soon be Christmas. **(b)** (*en el espacio*) near: *Mi casa está próxima a la estación.* My house is near the station.

LOC de próxima aparición forthcoming: *libros/títulos de próxima aparición* forthcoming books/titles **de próxima apertura** coming soon **el próximo día...**: *Tienes de plazo hasta el ~ día 18 para reclamar.* You've got until the 18th to claim. *Ver tb* FECHA, FUTURO, ORIENTE

proyección *nf* **1** (*Cine*) screening: *La ~ dura 90 minutos.* The screening lasts 90 minutes. **2** (*previsión*) projection: *proyecciones de crecimiento* projections of growth **3** (*importancia*): *la enorme ~ del turismo en la historia del país* the enormous importance of tourism for the country ◊ *Quieren dar ~ internacional al producto.* They're pushing the product worldwide. ◊ *un jugador de ~ internacional* an established international player **4** (*Geom, Psiq*) projection

proyectado, -a *pp, adj Ver* PROYECTAR

LOC tener proyectado to plan: *Tengo ~ escribir un libro.* I'm planning to write a book.

proyectar *vt* **1** (*planear*) to plan: *Aún no hemos proyectado casarnos.* We aren't planning to get married yet. **2** (*película, diapositivas*) to show **3** (*imagen*) to project *an image* (***onto sth***) **4** (*luz, sombra*) to cast *sth* (***on/over sth***) **5** (*Arquit, Ingeniería*) to design **6** (*Psiq*) to project: *Proyecta sus conflictos en su pintura.* He projects his conflicts in his painting.

proyectil *nm* projectile

proyecto *nm* **1** (*gen*) project: *Estamos casi al final del ~.* We've almost finished the project. **2** (*plan*) plan: *¿Tienes algún ~ para el futuro?* Have you any plans for the future?

LOC proyecto de ley bill **proyecto de reforma** reform bill **proyecto piloto** pilot scheme **tener en proyecto** to be planning: *Tengo en ~ un viaje.* I'm planning a trip.

proyector *nm* **1** (*Cine*) projector **2** (*foco*) **(a)** (*edificio, estadio*) floodlight ☛ *Ver ilustración en* FÚTBOL **(b)** (*Teat, monumento*) spotlight

prudencia *nf* **1** (*sensatez*) good sense: *Su ~ salvó el negocio.* His good sense saved the business. ◊ *¡Prudencia!* Be sensible! **2** (*cautela*) caution: *mostrar ~ al tomar una decisión* to be cautious about reaching a decision

LOC con prudencia 1 (*con sensatez*) sensibly **2** (*con cautela*) cautiously: *actuar con ~* to act cautiously **prudencia en la carretera** careful driving

prudencial *adj* reasonable: *un tiempo ~* a reasonable length of time **LOC** *Ver* CÁLCULO

prudente *adj* **1** (*sensato*) sensible: *Lo más ~ sería llamar al médico.* The most sensible thing would be to call the doctor. ◊ *un conductor ~* a sensible driver ◊ *ser ~ en el beber/comer* to drink/eat sensibly **2** (*precavido*) cautious: *mostrarse ~* to be cautious ◊ *una reacción ~* a cautious reaction

prueba *nf* **1** (*gen*) test: *~ oral/escrita* oral/written test ◊ *~ de embarazo* pregnancy test **2** (*Jur*) evidence [*incontable*]: *No hay ~s contra mí.* There's no evidence against me. **3** (*Dep*) event: *Hoy comienzan las ~s de salto de altura.* The high jump competition begins today. ◊ *la última ~ del decatlón* the last event in the decathlon ◊ *la ~ de 400 metros* the 400 metres **4** (*Tec, Ingeniería*) trial: *En la ~ se veía que la máquina tenía defectos.* In the trial it was clear that there were defects in the machine. **5** (*Ciencias, Quím*) experiment **6** (*Mat*) proof **7** (*Costura*) fitting **8 pruebas** (*tipografía, diseño*) proofs

LOC a las pruebas me remito the facts speak for themselves **a prueba** on trial: *Me admitieron en la fábrica a ~.* I was taken on at the factory for a trial period. **a prueba de agua/lluvia** waterproof/rainproof **a prueba de balas/bomba(s)** bulletproof/bomb-proof **a prueba de ladrones** burglar-proof **en prueba de** as a token of *sth* **poner a prueba** to test **prueba de fuego** acid test **prueba de resistencia** endurance test **prueba puntuable**: *una ~ puntuable para el Mundial* a match/an event which counts towards the World Championship **ser prueba de algo** to be proof of sth *Ver tb* ACCESO, ALCOHOLEMIA, ANTIDOPING, APORTAR, CORRECCIÓN, CORRECTOR, PILOTO, POSITIVO, SUFICIENCIA, VUELO

psicoanálisis *nm* psychoanalysis

psicoanalista *nmf* psychoanalyst

psicología *nf* psychology

psicológico, -a *adj* psychological **LOC** *Ver* EMBARAZO

psicólogo, -a *nm-nf* psychologist

psicópata *nmf* psychopath

psicosis *nf* **1** (*enfermedad*) psychosis [*pl* psychoses] **2** (*miedo obsesivo*) fixation: *Tiene una verdadera ~ con lo de los robos.* He has a fixation about being robbed.

psicoterapia *nf* psychotherapy: *someterse a ~* to have psychotherapy

psique *nf* psyche

psiquiatra *nmf* psychiatrist

psiquiatría *nf* psychiatry

psiquiátrico, -a *adj* psychiatric

■ **psiquiátrico** *nm* psychiatric hospital **LOC** *Ver* INSTITUCIÓN

psíquico, -a *adj* psychic **LOC** *Ver* DISMINUIDO

púa *nf* **1** (*gen*) spike **2** (*planta*) prickle **3** (*erizo*) spine **4** (*peine*) tooth [*pl* teeth] **5** (*de guitarra*) plectrum [*pl* plectrums/plectra] **LOC** *Ver* ALAMBRE

pub *nm* bar

pubertad *nf* puberty

pubis *nm* pubis

publicación *nf* publication

LOC de publicación semanal/mensual weekly/monthly: *una revista de ~ semanal* a weekly (magazine) *Ver tb* RECIENTE

publicar *vt* **1** (*gen*) to publish: *~ una novela/los resultados* to publish a novel/the results **2** (*divulgar*) to tell: *¡No lo publiques mucho!* Don't go telling everyone!

LOC publicar algo a los cuatro vientos to tell all and sundry about sth

publicidad *nf* **1** (*gen*) publicity: *Han dado mucha ~ al caso.* The case has been given a lot of publicity. **2** (*propaganda*) **(a)** (*actividad*) advertising: *la campaña de ~* the advertising campaign ◊ *~ gratuita* free advertising **(b)** (*material*) advertising material

LOC dar publicidad to publicize **hacer publicidad de** to advertise *sth*

publicista *nmf* advertising executive

publicitario, -a *adj* advertising [*n atrib*]: *una campaña publicitaria en televisión* a TV advertising campaign

■ **publicitario, -a** *nm-nf* advertising executive

LOC anuncio/spot publicitario advertisement, commercial ☛ *Ver nota en* ANUNCIO *Ver tb* CUÑA, RECLAMO, TRUCO, VALLA

público, -a *adj* **1** (*gen*) public: *la opinión pública* public opinion ◊ *el orden ~* public order ◊ *el sector ~* the public sector ◊ *una figura pública* a public figure **2** (*empresa, escuela*) state [*n atrib*]: *enseñanza pública* state education

■ **público** *nm* **1** (*colectividad*) public [*v sing o pl*]: *abierto al ~ de 9 a 1* open to the public from 9 till 1 ◊ *El*

~ *está a favor de la nueva ley.* The public is/are in favour of the new law. ◊ *el gran* ~ the general public **2** (*espectadores*) **(a)** (*en un cine/teatro*) audience [*v sing o pl*]: *El* ~ *aplaudió con ganas.* The audience clapped enthusiastically. ◊ *El actor sabe agradar a su* ~. The actor knows how to please the audience. ◊ *El teatro se llenó de* ~. The theatre filled with people. **(b)** (*en un acontecimiento deportivo, en un concierto de rock*) crowd [*v sing o pl*]: *Acudió mucho* ~. There was a big crowd. ◊ *El* ~ *estaba dispuesto a pasarlo bien.* The crowd were in the mood to enjoy themselves. **3** (*lectores*) readership
LOC **hacer público** to publish ☛ Para otras expresiones con **público**, véanse las entradas del sustantivo, verbo, etc, p. ej. **horario al público** en HORARIO y **relaciones públicas** en RELACIÓN.

pucherazo *nm* (electoral) rigging: *Hubo* ~ *en las elecciones.* The elections were rigged.
LOC **dar pucherazo** to rig an election: *Han dado* ~ *en las últimas elecciones.* They rigged the last elections.

puchero *nm* **1** (*recipiente*) (cooking) pot: ~*s de barro* earthenware pots **2** (*cocido*) stew
LOC **hacer pucheros** to pout

pudendo, -a *adj* **LOC** *Ver* PARTE[2]

púdico, -a *adj* modest

pudiente *adj* wealthy **LOC** *Ver* CLASE

pudin (*tb* **pudín**) *nm* **1** (*salado*) terrine: ~ *de espárragos* asparagus terrine **2** (*dulce*) type of bread pudding

pudor *nm* **1** (*vergüenza*) (sense of) embarrassment: *Su* ~ *le impedía nombrarlo.* She was too embarrassed to name it. **2** (*recato*) modesty: *Su* ~ *le impedía ir en traje de baño.* She was so modest she refused to wear a swimsuit. **3** (*remordimiento*) compunction: *Falsificó la firma sin ningún* ~. He had no compunction about forging the signature.

pudoroso, -a *adj* modest

pudrirse *v pron* **1** (*carne, pescado*) to rot, to go off (*más coloq*) **2** (*consumirse*) **(a)** (*en la cárcel*) to rot away **(b)** (*en un pueblo pequeño*) to waste your life
LOC **¡así/ojalá te pudras!** I hope you rot in hell! **¡que se pudra!** tell him/her to go to hell!

pueblerino, -a *adj* countrified
■ **pueblerino, -a** *nm-nf* country bumpkin

pueblo *nm* **1** (*gente*) people [*v pl*]: *El* ~ *español estaba en contra.* The Spanish people were against it. **2** (*poblado*) **(a)** (*con población pequeña*) village **(b)** (*con población grande*) town: *un* ~ *de mala muerte* a godforsaken town ☛ *Ver nota en* CIUDAD **3** (*nación*) people: *Son un* ~ *indígena.* They are an indigenous people. ◊ *los* ~*s nómadas* nomad peoples
LOC **ser de pueblo** **1** (*lit*) to be from the country **2** (*ser pueblerino*) to be a country bumpkin *Ver tb* DEFENSOR, TONTO

puente *nm* **1** (*gen*) bridge: *un* ~ *de piedra* a stone bridge **2** (*vacaciones*) long weekend: *Hicieron* ~. They had a long weekend. ◊ *Dan* ~ *en tu empresa?* Do you have an extra day off at your firm? ◊ *el* ~ *de la Constitución* the Constitution Day holiday weekend ☛ *Ver nota en* BANK HOLIDAY **3** (*pie*) arch ☛ *Ver ilustración en* PIE
LOC **el puente de mando** the bridge **puente aéreo** **1** (*aviación civil*) (air) shuttle **2** (*Mil*) airlift **puente colgante** suspension bridge **puente levadizo** drawbridge ☛ *Ver ilustración en* CASTILLO **puente para peatones** footbridge

puenting *nm* bungee jumping

puerco, -a *nm-nf* (*animal*) pig ☛ *Ver nota en* CERDO
■ **puerco, -a** *adj, nm-nf* (*persona*) **1** (*persona sucia, grosera*) filthy pig [*n*]: *¡Qué chico más* ~*!* What a filthy pig! **2** (*canalla*) swine [*n*]: *No seas* ~ *y déjamelo.* Don't be a swine – give it to me!
LOC **puerco espín** porcupine

puericultor, ~a *nm-nf* child care expert

puericultura *nf* child care

pueril *adj* childish

puerro *nm* leek

puerta *nf* **1** (*gen*) door: *la* ~ *trasera* the back door ◊ *Llaman a la* ~. There's somebody at the door. ◊ *El autobús nos deja en la* ~. The bus drops us right outside our house. ◊ *Quedamos en la* ~ *del colegio.* Let's meet at the entrance to the school. ◊ *Le acompañé a la* ~. I saw him out. ☛ *Ver ilustración en* BUNGALOW, CAR, HOUSE **2** (*en aeropuerto*) gate: ~ *de embarque* boarding gate **3** (*de una ciudad, palacio*) gate **4** (*Dep*) goal: *Tiró a* ~. He had a shot at goal.
LOC **a las puertas de** (*fig*) on the verge of *sth/doing sth* **a puerta cerrada** **1** (*gen*) behind closed doors: *La reunión se celebró a* ~ *cerrada.* The meeting was held behind closed doors. **2** (*Jur*) in camera **coger/tomar la puerta** (**y largarse**) to leave in a huff **dejar la puerta abierta a** (*fig*) to leave the way open (for *sth/sb*) **de puertas adentro** behind closed doors **de puertas afuera** in public **por la puerta grande** triumphantly **puerta de la calle** main door **puerta corrediza** sliding door **puerta giratoria** revolving door **puerta principal** **1** (*de piso, de casa*) front door **2** (*de edificio*) main door **tener las puertas abiertas** to be welcome: *Aquí siempre tienes las* ~*s abiertas.* You're always welcome here. *Ver tb* ABRIR, ACOMPAÑAR, CERRAR, COCHE, MUERTE, PROPIO, SAQUE, SERVICIO

puerto *nm* **1** (*de mar*) **(a)** (*gen*) port: *un* ~ *pesquero/franco* a fishing/free port **(b)** (*natural, pequeño*) harbour **2** (*de montaña*) pass
LOC **puerto comercial** port **puerto de mar** seaport **puerto deportivo** marina *Ver tb* ENTRAR, INGENIERO, LLEGAR

pues *conj* **1** (*gen*) well: ~, *como íbamos diciendo,...* Well, as we were saying,... ◊ ~, *chico, no sé qué aconsejarte.* Well, I really don't know what to advise. ◊ *¿Que no te apetece salir?,* ~ *no salgas.* You don't feel like going out? Well, don't. **2** (*por lo tanto*) so: *La pelea,* ~, *fue por tu culpa.* So the row was your fault.
LOC **pues bien** well: ~ *bien, ¿cómo vamos a solucionar este problema?* Well, how are we going to solve this problem? **¡pues claro!** of course! **¡pues nada!** **1** (*bien*) OK: ~ *nada, Alejandro, hasta otra.* OK, Alejandro, see you. **2** (*nada nuevo*) nothing new: *—¿Qué tal hoy? —~ nada, lo de siempre.* 'How are things today?' 'Nothing new, the same as ever.' **3** (*no ocurrir algo*): *Iba a decírselo, pero como al final no la vi,* ~ *nada.* I was going to tell her, but, because I didn't manage to see her, I didn't. **pues si...** if...: ~ *si tanto le quieres, cásate con él.* If you love him so much, marry him. **pues sí** **1** (*afirmando*) yes: *—¿Lo querías tú? —~ sí.* 'Did you want it?' 'Yes, I did.' ◊ *—¿Te parece mal? —~ sí.* 'Don't you like it?' 'No, I don't.' **2** (*como muletilla*) well: ~ *sí, aquí estamos.* Well, here we are. **¡pues sí que estamos bien!** well, that's done it!

puesta *nf*
LOC **puesta al día** updating: *Hicimos la* ~ *al día en media hora.* We updated everything in half an hour. **puesta a punto** **1** (*gen*) adjustment: *la* ~ *a punto del programa* the adjustment to the programme **2** (*coche, motor*) tuning **puesta de largo** coming-out party **puesta de sol** sunset **puesta en común** round table **puesta en escena** production **puesta en funcionamiento** **1** (*central eléctrica*) bringing into operation **2** (*reforma*) implementation **puesta en libertad** release: *la* ~ *en libertad provisional* release on bail **puesta en marcha** **1** (*lit*) starting up: *La* ~ *en marcha del negocio resultó fácil.* Starting up the business proved to be easy. **2** (*mecanismo de arranque*) starter motor **puesta en práctica** implementation *Ver tb* ANTENA

puesto, -a *pp, adj* **1** (*gen*): *Dejaré la mesa puesta.* I'll leave the table laid. ◊ *Estuvo toda la mañana con el sombrero* ~. He had his hat on all morning. **2** (*bien arreglado*) smart: *¡Qué* ~ *vienes!* You're very smart today! *Ver tb* PONER
■ **puesto** *nm* **1** (*lugar*) **(a)** (*gen*) place: *Ocupan el primer* ~. They're in first place. ◊ *llegar en tercer* ~ to finish third ◊ *¡Todo el mundo a sus* ~*s!* Places, everyone! **(b)** (*asiento*) seat: *Cedió el* ~ *a un anciano.* He gave up his seat to an elderly person. **2** (*trabajo*) **(a)** (*empleo*) job: *solicitar un* ~ *de trabajo* to apply for a job

(b) (*cargo*) position: *un ~ directivo* a management position **3** (*tenderete*) **(a)** (*en un mercado*) stall **(b)** (*en una feria*) stand: *un ~ de información* an information stand **4** (*Mil*) post: *un ~ fronterizo/de mando* a border/command post **5** (*caza*) hide

LOC con lo puesto: *Salí con lo ~.* I went out just as I was. **estar (muy) puesto en algo** to know a lot about sth **llevar puesto** to wear *sth*: *¿Qué vas a llevar ~?* What are you going to wear? ◊ *Me lo llevo ~.* I'll wear it. **puesto de periódicos** news-stand **puesto de socorro** first aid post **puesto que ...** since ... **tenerlos bien puestos** to have guts *Ver tb* COJÓN, REY, SEIS

¡puf! *interj* **1** (*cansancio*) phew!: *¡Puf! ¡qué ganas tenía de sentarme!* Phew, I was dying to sit down! **2** (*asco*) ugh!: *¡Puf! qué mal huele.* Ugh, it smells awful!

púgil *nm* boxer

pugilístico, -a *adj* boxing [*n atrib*]: *el campeón ~* the boxing champion

pugna *nf* struggle

pugnar *vi* **~ por 1** (*batallar*) to battle ***for sth/to do sth***: *Dos grupos pugnan por quedarse con esa cadena hotelera.* Two groups are battling to take over the hotel chain. **2** (*esforzarse*) to strive ***for sth/to do sth***: *Pugnaban por conseguir un puesto en la final.* They were striving to get to the final.

puja *nf* **1** (*acción*) bidding: *La ~ empezó con diez millones.* The bidding started at ten million. **2** (*una oferta*) bid

pujante *adj* **1** (*persona*) up-and-coming **2** (*nación, industria*) booming

pujanza *nf* vigour

pujar *vi* to bid

pulcritud *nf* neatness: *con ~* neatly

pulcro, -a *adj* immaculate

pulga *nf* flea

LOC estar de/tener malas pulgas to be in/to have a bad temper *Ver tb* PERRO

pulgada *nf* inch ☛ *Ver apéndice 3*

pulgar *nm* thumb ☛ *Ver ilustración en* HAND[1] **LOC** *Ver* DEDO

Pulgarcito *n pr* Tom Thumb

pulido, -a *pp, adj* **1** (*mueble, suelo*) polished **2** (*lenguaje*) refined *Ver tb* PULIR

pulir *vt* **1** (*mueble, suelo*) to polish **2** (*refinar*) to make *sth/sb* refined

■ **pulirse** *v pron* **1** (*dinero*) to squander **2** (*refinarse*) to become more refined

pulla *nf* quip: *Me tiró una ~.* He made a quip at my expense.

pulmón *nm* lung: *el cáncer de ~* lung cancer

LOC pulmón de acero/artificial iron lung **¡vaya pulmones!** he's/she's got a good pair of lungs! *Ver tb* PLENO

pulmonar *adj* pulmonary, lung [*n atrib*] (*más coloq*): *una infección ~* a lung infection

pulmonía *nf* pneumonia [*incontable*]: *coger una ~* to catch pneumonia

pulpa *nf* pulp

púlpito *nm* pulpit ☛ *Ver ilustración en* IGLESIA

pulpo *nm* **1** (*animal*) octopus [*pl* octopuses] **2** (*persona*): *Ese tío es un ~.* That bloke can't keep his hands to himself.

pulsación *nf* **1** (*Anat*) pulse: *El número de pulsaciones es muy alto.* Your pulse rate is very high. **2** (*escribiendo a máquina*) keystroke

LOC pulsaciones por minuto (*escribiendo a máquina*): *160 pulsaciones por minuto* 40 words per minute

pulsar *vt* **1** (*botón*) to press **2** (*tecla*) to strike

pulsera *nf* bracelet

pulso *nm* **1** (*Anat*) pulse: *Tienes el ~ muy débil.* Your pulse is very weak. **2** (*mano firme*) (steady) hand: *tener buen/mal ~* to have a steady/unsteady hand ◊ *A mí me tiembla mucho el ~.* My hand trembles a lot.

LOC a pulso: *¡No pretenderás que lo levante a ~!* You surely don't expect me to lift that all by myself? ◊ *Levantó el coche a ~.* He lifted the car without any help. **echar un pulso 1** (*juego*) to arm-wrestle **2 ~ (a/con)** (*fig*) to engage in a trial of strength (with *sb*): *La oposición le ha echado un ~ al gobierno.* The opposition has engaged in a trial of strength with the government. **tomar el pulso** to take *sb's* pulse: *El médico me tomó el ~.* The doctor took my pulse. *Ver tb* GANAR

pulular *vi* to swarm

pulverizador *nm* spray: *Me doy perfume con un ~.* I use a perfume spray.

pulverizar *vt* **1** (*convertir en polvo*) to pulverize (*formal*), to reduce *sth* to a powder **2** (*rociar un líquido*) to spray **3** (*destrozar*) **(a)** (*objeto*) to smash *sth* to pieces: *Pulverizamos el jarrón.* We smashed the vase to pieces. **(b)** (*persona*) to annihilate: *Vamos a ~ al otro equipo.* We're going to annihilate the other team.

¡pum! *interj* bang!

puma *nm* puma

¡pumba! *interj* bang!

punción *nf* puncture: *hacer una ~ lumbar* to perform a lumbar puncture

pundonor *nm* pride

punible *adj* punishable

punki (*tb* **punk**) *adj, nmf* punk [*n*]: *el movimiento ~* the punk movement

punta *nf* **1** (*cuchillo, arma, pluma, lápiz, promontorio*) point: *una estrella de cinco ~s* a five-pointed star **2** (*lengua, dedo, isla, iceberg*) tip: *Tengo su nombre en la ~ de la lengua.* His name is on the tip of my tongue. **3** (*extremo, pelo*) end: *~s estropeadas* split ends ◊ *en la otra ~ de la mesa* at the other end of the table **4** (*clavo*) tack **5** (*pizca*): *una ~ de sal* a pinch of salt ◊ *una ~ de orgullo* a touch of pride **6** (*Fútbol*) **(a)** (*posición*) forward position **(b)** (*jugador*) striker **7 puntas** (*Ballet*) point shoes [*v pl*]: *Todavía no sabe bailar con las ~s.* She hasn't learnt to dance on points yet.

LOC a punta de navaja at knife-point **a punta de pistola** at gunpoint **a punta pala** loads of *sth*: *tener dinero a ~ pala* to have loads of money **de punta a punta**: *de ~ a ~ de Madrid* from one side of Madrid to the other **de punta en blanco** all dressed up: *Se pusieron de ~ en blanco para la boda.* They got all dressed up for the wedding. **estar hasta la punta de los pelos** to have had it up to here (*with sth/sb/doing sth*) **sacar punta 1** (*afilar*) to sharpen *sth* **2** (*enredar*) to read something *into sth*: *Le sacas ~ a todo lo que te dicen.* You read something into everything you're told. *Ver tb* BOLÍGRAFO, CHUZO, CORTAR, HORA, NERVIO, PELO, TECNOLOGÍA, VELOCIDAD

puntada *nf* stitch: *Dale una ~ a ese dobladillo.* Put a stitch in the hem.

puntal *nm* support

puntapié *nm* kick: *Le di un ~ en el culo.* I kicked him up the backside.

puntear *vt* **1** (*dibujar puntos*) to mark *sth* with dots **2** (*instrumento musical*) to pluck **3** (*lista, cuenta*) to check

punteo *nm* plucking

puntera *nf* **1** (*media*) toe **2** (*zapato*) toe-cap ☛ *Ver ilustración en* ZAPATO

puntería *nf* shot: *¡Qué ~ la mía!* What a good/terrible shot! ◊ *Con esa ~ podrías ganar el campeonato.* You're such a good shot you could win the championship. ◊ *Tienes que mejorar la ~.* You must improve your aim.

LOC tener buena/mala puntería to be a good/bad shot: *Tiene una ~ maravillosa.* He's a great shot. *Ver tb* AFINAR

puntero, -a *adj* leading

■ **puntero, -a** *nm-nf* (*persona*) leader

■ **puntero** *nm* (*para señalar*) pointer

puntiagudo, -a *adj* pointed

puntilla *nf* **1** (*adorno*) lace edging: *una blusa con ~s* a lace-edged blouse **2** (*puñal*) dagger

LOC dar la puntilla (*animal*) to finish *sth* off **de puntillas** on tiptoe: *andar de ~s* to walk on tiptoe ◊ *entrar/salir de ~s* to tiptoe in/out **ser la puntilla** to be the last straw: *Aquello fue ya la ~.* That really was the last straw.

puntilloso, -a *adj* fussy, punctilious (*formal*)

punto *nm* **1** (*gen*) point: *en todos los ~s del país* all over the country ◊ *Pasemos al siguiente ~.* Let's go on to the next point. ◊ *Perdimos por dos ~s.* We lost by two points. ◊ *~ de ebullición/fusión/congelación* boiling/melting/freezing point **2** (*signo de puntuación*) full stop ☛ *Ver págs 592–3* **3** (*grado*) extent: *¿Hasta qué ~ es cierto?* To what extent is that true? ◊ *hasta el ~ de pedirles dinero* to the extent of asking them for money ◊ *Tienes razón hasta cierto ~.* You're right up to a point. **4** (*costura, sutura*) stitch: *¿Cuándo te quitan los ~s?* When are you having your stitches out? **5** (*señal*) dot: *Márcalo con un ~.* Put a dot on it.

LOC al/en su punto (*carne*) medium rare **a punto** ready: *tener la cámara a ~* to have your camera at the ready **a punto de caramelo 1** (*azúcar*) caramelized: *Cuando el azúcar esté a ~ de caramelo...* When the sugar caramelizes... **2** (*fig*): *Le tengo a ~ de caramelo.* I've got him well softened up. **a punto de nieve** stiffly beaten: *batir/montar las claras a ~ de nieve* to whip egg whites until they are stiff **con puntos y comas** down to the last detail **de punto (de lana)** knitted: *un vestido de ~ (de lana)* a knitted dress **de todo punto** totally **en punto** precisely: *Son las dos en ~.* It's two o'clock precisely. **estar a punto de hacer algo 1** (*gen*) to be about to do sth: *Están a ~ de llegar.* They'll be here any minute. **2** (*por poco*) to nearly do sth: *Estuvo a ~ de perder la vida.* He nearly lost his life. **estar en su punto** to be just right: *El arroz está en su ~.* The rice is just right. **hacer punto** to knit **ir dos, etc puntos arriba** to be ahead by two, etc points **no haber/tener (ni) punto de comparación**: *Este es mucho mejor, vamos, no hay ni ~ de comparación.* This one is much better – there's no comparison. **perder puntos** to lose face **poner a punto** (*Mec*) to tune *sth* (up) **poner los puntos sobre las íes** to dot your i's and cross your t's **poner punto final** to put an end *to sth* **punto cardinal** cardinal point **punto clave/crítico** key/critical point **punto de apoyo 1** (*lit*) fulcrum [*pl* fulcrums/fulcra] **2** (*fig*): *Su argumento carecía de ~ de apoyo.* There was no basis to his argument. **punto de arranque/partida** starting point **punto débil/flaco** weak point **punto de mira 1** (*fusil*) sights [*v pl*] **2** (*objetivo*) focus of attention: *La actriz está en el ~ de mira de los periodistas.* The actress is the focus of attention of the journalists. **punto de penalti** penalty spot ☛ *Ver ilustración en* FÚTBOL **punto de sutura** stitch: *Me dieron tres ~s de sutura.* I had three stitches. **punto de venta** (retail) outlet **punto de vista** point of view: *desde un ~ de vista teórico* from a theoretical point of view **punto en boca** not another word **punto final** full stop ☛ *Ver págs 592–3* **punto fuerte** strong point **punto muerto 1** (*vehículo*) neutral: *Déjalo en ~ muerto.* Leave it in neutral. **2** (*negociaciones*) deadlock: *Las negociaciones están en un ~ muerto.* The negotiations have reached deadlock. **punto negro** black spot **punto neurálgico** busy spot **punto por punto** in detail **puntos positivos y negativos** pros and cons **puntos suspensivos** dot dot dot, ellipsis (*formal*) ☛ *Ver págs 592–3* **punto y aparte 1** (*lit*) full stop, new paragraph ☛ *Ver págs 592–3* **2** (*fig*) turning point **punto y coma** semicolon ☛ *Ver págs 592–3* **y punto** and that's that! *Ver tb* AGUJA, ÁLGIDO, APUNTAR, ARCO, BATIR, CHAQUETA, CIERTO, CULMINANTE, DOS, GENERO, PUESTA, TAL, TEJIDO

puntuable *adj* **LOC** *Ver* PRUEBA

puntuación *nf* **1** (*lingüística*) punctuation **2** (*competición, examen*) mark: *Obtuvo la ~ más alta de todos.* He got the highest mark of all. **LOC** *Ver* SIGNO

puntual *adj* **1** (*personas*) punctual: *Me gusta ser ~.* I like to be punctual. ◊ *Procura llegar ~.* Try to be on time. **2** (*detallado*) detailed: *Dio una información muy ~.* He gave very detailed information. **3** (*circunstancial*) specific: *Las críticas fueron meramente ~es.* The criticism were directed at specific points.

puntualidad *nf* punctuality

puntualización *nf* clarification

LOC hacer una puntualización to make *sth* clear

puntualizar *vt* to make *sth* clear: *Puntualizaron que fueron ellos quienes lo habían sugerido.* They made it clear that they were the ones who had suggested it.

puntuar *vt* **1** (*escritura*) to punctuate ☛ *Ver págs 592–3* **2** (*calificar*) to mark

■ **puntuar** *vi* **1** (*deportista*) to finish among the points: *Si puntuaras te clasificarías automáticamente.* As long as you finish among the points you will qualify automatically. **2** (*Fútbol*) to get a result: *La selección no sabe ~ en campo ajeno.* The national team can't get a result away from home. **3** (*examen, prueba*) to count: *Este examen no puntúa para el final.* This exam doesn't count towards the final mark.

LOC puntuar alto/bajo to mark *sth/sb* leniently/harshly: *Me parece que me han puntuado muy bajo este ejercicio.* I think I've been marked harshly on this exercise.

punzada *nf* **1** (*dolor*) sharp pain: *Siento ~s en el costado.* I've got sharp pains in my side. **2** (*angustia, tristeza*) twinge

punzante *adj* **1** (*arma*) sharp **2** (*dolor*) piercing

punzar *vt* to prick

puñado *nm* handful: *un ~ de arroz* a handful of rice

LOC a puñados: *Tiene libros a ~s.* He's got loads of books. ◊ *Se me caía el pelo a ~s.* My hair was coming out in handfuls.

puñal *nm* dagger ☛ *Ver ilustración en* KNIFE

LOC poner un puñal en el pecho a algn to hold a gun to sb's head

puñalada *nf* **1** (*golpe*) stab: *Le dio nueve ~s.* He stabbed him nine times. ◊ *Lo mató a ~s.* He stabbed him to death. **2** (*herida*) stab wound

LOC puñalada trapera stab in the back *Ver tb* ASESTAR, COSER

puñeta *nf* drag: *Es una ~ tener que madrugar los domingos.* It's a drag having to get up early on a Sunday. ◊ *Tengo un examen de inglés que es una ~.* I've got an English exam – it's a real drag.

■ **¡puñetas!** *interj* damn!

LOC dejarse de puñetas to stop messing around **hacer la puñeta a 1** (*molestar, hacer daño*) to give *sb* a hard time: *Estos zapatos me están haciendo la ~.* These shoes are giving me a hard time. **2** (*jorobar*) to screw things up for *sb* (*vulg*): *Me has hecho la ~.* You've screwed things up for me. **irse a hacer puñetas** to go for a burton: *Sus planes se fueron a hacer ~s.* His plans went for a burton. **¿por qué/dónde puñetas...?** why/where the heck...? **¡qué puñetas!** what the hell!

puñetazo *nm* punch: *Le tiró al suelo de un ~.* He floored him with one punch.

LOC dar a algn de puñetazos to beat sb up **dar/pegar un puñetazo** to punch *sth/sb*: *Le dio un ~ en la cara.* He punched him in the face.

puñetero, -a *adj* **1** (*molesto, fastidioso*) bloody (⚠) ☛ *Ver nota en* TABÚ: *Este ~ coche nos va a dejar tirados.* The bloody car is going to pack up on us. **2** (*difícil*) bloody awkward ☛ *Ver nota en* TABÚ

■ **puñetero, -a** *adj, nm-nf* (*malintencionado*) spiteful bastard [*fem* spiteful cow]: *El muy ~ se lo contó todo a mis padres.* The spiteful bastard told my parents about it.

puño *nm* **1** (*mano cerrada*) fist: *con el ~ cerrado* with a clenched fist **2** (*manga de camisa*) cuff ☛ *Ver ilustración en* AMERICANA **3** (*mango*) **(a)** (*bastón, paraguas, herramienta*) handle **(b)** (*espada*) hilt ☛ *Ver ilustración en* SWORD

LOC como puños/como un puño great big...: *mentiras como ~s* great big lies **de su puño y letra** in his/her own handwriting: *una carta escrita por Darwin de su ~ y letra* a letter in Darwin's own handwriting **tener en un puño a algn** to have sb under your thumb *Ver tb* CERRAR, CORAZÓN, GOLPEAR, METIDO, VERDAD

pupa *nf* cold sore

LOC hacerse pupa to hurt yourself: *Mami, mami, me he hecho ~ en la pierna.* Mummy, Mummy I've hurt my leg.

pupila *nf* (*del ojo*) pupil ☛ *Ver ilustración en* OJO

pupilo, -a *nm-nf* **1** (*huérfano*) ward of court **2** (*alumno*) pupil

pupitre *nm* desk

purasangre *nm* thoroughbred: *El ganador fue un ~ árabe.* The winner was an Arab thoroughbred.

puré *nm* **1** (*muy espeso*) purée [*incontable*]: *~ de tomate* tomato purée ◊ *~ de verduras* vegetable purée **2** (*sopa cremosa*) soup [*gen incontable*]: *~ de lentejas* lentil soup ◊ *Voy a hacer un ~.* I'm going to make some soup.
LOC estar hecho puré (*cansado*) to be shattered **puré de patatas** mashed potato [*incontable*]

pureza *nf* purity

purga *nf* **1** (*laxante*) laxative **2** (*Pol*) purge

purgante *adj, nm* laxative

purgar *vt* **1** (*Med*) to loosen *sb's* bowels, to purge (*antic*) **2** (*Pol, expiar*) to purge **3** (*radiadores, frenos*) to bleed **4** (*tubería*) to drain

purgatorio *nm* purgatory

purificación *nf* purification

purificador, ~a *adj* purifying: *central purificadora de aguas* water purification plant
■ **purificador** *nm* purifier: *un ~ de aire* an air purifier

purificar *vt* to purify

purismo *nm* purism

purista *adj, nmf* purist

puritanismo *nm* puritanism

puritano, -a *adj* **1** (*ñoño*) puritanical **2** (*Relig*) Puritan
■ **puritano, -a** *nm-nf* Puritan

puro *nm* **1** (*cigarro*) cigar **2** (*castigo*): *Me cayó un buen ~ por no pagar los impuestos.* I got into real trouble for not paying my taxes. ◊ *meterle un ~ a algn* to come down heavily on sb

puro, -a *adj* **1** (*gen*) pure: *ciencias puras* pure science ◊ *por pura casualidad* purely by chance ◊ *oro ~* solid gold **2** (*enfático*) simple: *la pura verdad* the simple truth
LOC de pura cepa through and through: *Es un alemán de pura cepa.* He's a German through and through. **de puro ...**: *Me quedé dormido de ~ cansado que estaba.* I fell asleep from sheer exhaustion. ◊ *De ~ idiota le suspendieron el examen.* He failed the exam through sheer stupidity. **pura sangre** *Ver* PURASANGRE *Ver tb* FÓRMULA, RAZA

púrpura *nf* purple

purpurina *nf* glitter

pus *nm* pus

pusilánime *adj* faint-hearted

pústula *nf* pustule

putada *nf*: *Me hicieron una ~.* They really dropped me in it. ◊ *¡Qué ~!* What a bugger! (⚠) ☛ *Ver nota en* TABÚ

putativo, -a *adj* putative (*formal*), reputed

puteado, -a *pp, adj Ver* PUTEAR
LOC estar puteado: *Dejó la oficina porque estaba muy ~.* He left the office because he'd been badly messed about.

putear *vt* to mess *sb* about: *Su jefe le está puteando mucho.* His boss is really messing him about.

puteo *nm*
LOC irse de puteo to go whoring

puterío *nm* **1** (*prostitución*) prostitution: *dedicarse al ~* to turn to prostitution **2** (*prostitutas*) prostitutes [*v pl*]

puticlub *nm* brothel

puto, -a *adj* **1** (*maldito*) bloody (⚠): *Ya he perdido otra vez las putas llaves.* I've lost my bloody keys again. ◊ *No tengo ni puta idea.* I haven't got a bloody clue. **2** (*difícil*) bloody awful (⚠) **3** (*persona*): *La muy puta...* The stupid bitch... (⚠)
■ **puto** *nm* (*homosexual*) rent boy, male prostitute (*más formal*)
■ **puta** *nf* **1** (*prostituta*) tart, prostitute (*más formal*) **2** (*insulto*) bitch (⚠)
LOC como puta por rastrojo like dirt: *Me tratan como puta por rastrojo.* They treat me like dirt. **de puta madre**: *una ciudad de puta madre* a terrific city ◊ *Tocan de puta madre.* They're brilliant musicians. **de puta pena**: *Llevo un día de puta pena.* I've had a bloody awful day. (⚠): *Viste de puta pena.* He dresses appallingly. **ir de putas** to go whoring **pasarlas putas** to have a bloody awful time (⚠) *Ver tb* CASA, HIJO
☛ Para términos y expresiones marcados con el símbolo ⚠, véase nota en TABÚ.

putrefacción *nf* putrefaction

putrefacto, -a *adj* rotting

puya *nf* **1** (*vara*) pointed stick **2** (*sarcasmo*) gibe: *Me echó una buena ~.* He made a gibe at me.

puyazo *nm* **1** (*golpe*) jab **2** (*puya*) gibe

puzzle *nm* jigsaw: *hacer un ~* to do a jigsaw

pyrex® *nm* Pyrex®

Qatar *nm* Qatar

que¹ *pron rel* **1** (*sujeto*) **(a)** (*personas*) who: *el hombre ~ vino ayer* the man who came yesterday ◊ *Mi hermana, ~ vive allí, dice que es precioso.* My sister, who lives there, says it's lovely. **(b)** (*cosas*) that: *el coche ~ está aparcado en la plaza* the car that's parked in the square ◊ *Vi un vestido ~ me gustó mucho.* I saw a dress I really liked.

> Cuando **que** equivale a *el cual, la cual*, etc, se traduce por **which**: *Este edificio, que antes fue sede del Gobierno, hoy es una biblioteca.* This building, which previously housed the Government, is now a library. *Ver tb nota en* THAT²

2 (*complemento*)

> **Que** no se suele traducir cuando funciona como complemento, aunque es correcto utilizar **that/who** para personas y **that/which** para cosas: *el chico que conociste en Roma* the boy you met in Rome ◊ *la revista que me prestaste ayer* the magazine you lent me yesterday ◊ *la película/chica de que te hablé* the film/girl I told you about ◊ *la casa en que vivo* the house I live in ◊ *Es la chica más guapa que he visto.* She's the prettiest girl (that) I've ever seen.

LOC *Ver* EL, LA², LOS

que² *conj* **1** (*en oraciones subordinadas*) (that): *Dijo ~ vendría esta semana.* He said (that) he would come this week. ◊ *Me di cuenta de ~ estaba casado.* I realized (that) he was married. ◊ *Quiero ~ viajes en primera.* I want you to travel first class. ◊ *Estaba tan cansada ~ me quedé dormida.* I was so tired (that) I fell asleep. **2** (*en comparaciones*): *Mi hermano es más alto ~ tú.* My brother is taller than you. ◊ *Prefiero estar sola ~ mal acompañada.* I'd rather be alone than in bad company. ◊ *Yo pienso igual ~ ellos.* I think the same as them. ◊ *el mismo nombre ~ yo* the same name as me ☛ *Ver notas en* THAN **3** (*en órdenes, para expresar un deseo*): *¡~ te calles!* Shut up! ◊ *¡~ lo paguen ellos!* Let them pay! ◊ *~ me pidan un taxi.* Get them to order a taxi for me. ◊ *¡~ lo paséis bien!* Have a good time! **4** (*repetitivo*): *Estuvimos habla ~ te habla/come ~ te come.* We were chattering/eating away. **5** (*otras construcciones*): *~ vienen, bien; ~ no, pues nada.* If they come, fine; if not, I don't really mind. ◊ *Sube la radio, ~ no la oigo.* Turn the radio up–I can't hear it. ◊ *Cuando lavo el coche se queda ~ parece nuevo.* When I wash the car, it looks like new. ◊ *No hay día ~ no llueva.* There isn't a day when it doesn't rain.

LOC que si...: *~ si el recibo de la luz, ~ si los uniformes de los críos...* What with the electricity bill, the children's uniforms... ◊ *Empezó a contarme ~ si fue, ~ si vino.* He started telling me this, that and the other. **¡que sí/no!** yes/no!

qué *adj* **1** (*gen*) what: *¿~ hora es?* What time is it? ◊ *¿En ~ piso vives?* What floor do you live on? ◊ *¿~ edad tienes?* How old are you?

> Nótese que cuando solo existe un número limitado de posibilidades se suele utilizar **which**: *¿Qué coche cogemos hoy? ¿El tuyo o el mío?* Which car shall we take today–yours or mine? *Ver tb nota en* WHAT¹

2 (*exclamación*) **(a)** (+ *sustantivos contables en plural e incontables*) what: *¡~ casas más bonitas!* What lovely houses! ◊ *¡~ valor!* What courage! ◊ *¡~ tiempo más malo!* What awful weather! **(b)** (+ *sustantivos contables en singular*) what a: *¡~ perro tan salado!* What a cute dog! ◊ *¡~ vida!* What a life! **(c)** (*cuando traduce por adjetivo*) how: *¡~ rabia/horror!* How annoying/awful!

■ **qué** *pron interr* what: *¿Qué? Habla más alto.* What? Speak up. ◊ *¿~ te parece?* What do you think? ◊ *No sé ~ quieres.* I don't know what you want. ◊ *¿De ~ estás hablando?* What are you talking about? ◊ *Dime de ~ va la película.* Tell me what the film's about. ◊ *—Tengo que dar una charla. —¿Sobre ~?* 'I've got to give a talk.' 'What on?' ◊ *¿Qué? ¿Lo conseguiste o no?* Well? Did you get it or not?

■ **qué** *adv* how: *¡~ interesante!* How interesting! ◊ *¡Bombones! ¡~ deliciosos!* Chocolates! How delicious! ◊ *¡~ rápido pasa el tiempo!* Doesn't time fly!

LOC en qué grado/medida to what extent: *Debes considerar en ~ medida puedes ayudarles.* You should consider how much help you are able to give them. **¡qué bien!** great! **¡qué de...!** what a lot of...!: *¡~ de turistas!* What a lot of tourists! **¡qué mal!** oh no! **¡qué más da!** what difference does it make? **¡qué... ni qué carajo(s)!** my arse! (⚠) ☛ *Ver nota en* TABÚ: *¡~ problemas ni ~ carajos!* Problems, my arse! **¡qué... ni qué gaitas/porras!**: *¡~ moto ni ~ porras!* A motorbike? You must be joking! ◊ *¡~ vacaciones ni ~ gaitas! Te quedas en casa y estudias.* You can forget about holidays! You'll stay here and work. **¡qué remedio!** I've got to, he's got to, etc: *—¿Tienes que trabajar esta noche? —¡~ remedio!* 'Are you working tonight?' 'I've got to!' **¿qué tal? 1** (*saludo*) how are things? **2** (*¿cómo está?*) how is...?: *¿~ tal (están) tus padres?* How are your parents? **3** (*¿cómo es?*) what is *sth/sb* like?: *¿~ tal la película?* What was the film like? ◊ *¿~ tal son sus hermanas?* What are his sisters like? **4** (*¿cómo resultó?*) how did *sth* go?: *¿~ tal la boda?* How did the wedding go? **5** (*¿cómo te va?*): *¿~ tal con el nuevo jefe?* How are you getting on with your new boss? **¿qué tal si...?** how about...?: *¿~ tal si comemos fuera?* How about going out for a meal? **¿qué tienes?** what's wrong? **¡qué va!** no way! **¿y a mí qué?** what's it to me, you, etc?

quebradero *nm*

LOC quebradero de cabeza problem

quebradizo, -a *adj* fragile: *una salud quebradiza* fragile health

quebrado, -a *pp, adj* **1** (*terreno*) rough **2** (*línea*) zigzag **3** (*arruinado*) bankrupt *Ver tb* QUEBRAR

■ **quebrado** *nm* fraction **LOC** *Ver* MASA

quebradura *nf* (*grieta*) crack

quebrantamiento *nm* **1** (*ley*) breaking: *Les acusaron de ~ de las leyes electorales.* They were accused of breaking the electoral laws. ◊ *un ~ de los derechos humanos* a violation of human rights **2** (*acuerdo, promesa, orden público*) breach (**of sth**)

quebrantar *vt* **1** (*romper, incumplir*) to break: *~ una ley/promesa* to break a law/promise **2** (*salud, moral*) to undermine

■ **quebrantarse** *v pron* (*salud*) to break down

quebrar *vi* to go bankrupt, to go bust (*coloq*): *Quebraron docenas de pequeños negocios.* Dozens of small businesses went bankrupt.

■ **quebrarse** *v pron* to break: *Se le quebró la voz.* His voice broke.

quechua *adj* Quechua

■ **quechua** *nmf* (*persona*) Quechuan

■ **quechua** *nm* (*idioma*) Quechua

queda *nf* **LOC** *Ver* TOQUE

quedar *vi* **1** (*resultar, estar situado*) to be: *Quedé muy impresionada.* I was very impressed. ◊ *El pastel te ha quedado fenomenal.* Your cake is perfect! ◊ *La sala ha* quedado mucho más acogedora. The living room is a lot cosier now. ◊ *¿Dónde queda tu hotel?* Where is your hotel? ◊ *Eso queda un poco lejos.* It's some way away. **2** (*haber, existir*) to be left: *Creo que todavía queda café.* I think there's still some coffee left. ◊ *Ya no queda nada del pueblo original.* Nothing is left of the original village. **3** (*tener*) to have *sth* left: *Todavía nos quedan dos botellas.* We've still got two bottles left. ◊ *No me queda dinero para el autobús.* I've no money left for the bus. ◊ *Todavía nos queda el derecho a protestar.* We still have the right to protest. **4** (*citarse*) to meet: *¿A qué hora quedamos?* What time shall we meet? ◊ *Me gustaría ~ para discutir lo del alquiler.* I'd like to meet and discuss the rent. ◊ *He quedado con ella a las tres.* I've arranged to meet her at three. **5** (*ropa*): *¿Qué tal me queda la chaqueta?* How does this jacket look on me? ◊ *La falda me quedaba grande/pequeña.* The skirt was too big/small for me. **6 ~ en** (*acordar*) to agree ***to do sth***: *Quedaron en verse a la salida del trabajo.* They agreed to meet after work. ◊ *Quedamos en que iríamos.* We agreed to go. **7 ~ por/sin hacer**: *Aún quedan varios puntos por aclarar.* There are still several points to be cleared up. ◊ *uno de los problemas que quedan sin resolver* one of the problems still to be resolved ◊ *Eso queda por ver.* That remains to be seen. **8 ~ (para)** (*tiempo, distancia*): *Quedan tres días para las vacaciones.* It's three days till the holidays. ◊ *¿Cuánto queda para que te jubiles?* How long is it till you retire? ◊ *Solo queda tiempo para un dictado.* There's just enough time for a dictation. ◊ *Quedan cinco kilómetros para (llegar a) Madrid.* It's five kilometres to Madrid. **9 ~ (en)** (*terminar*) to end **(in *sth*)**: *Así quedaron las cosas.* That's how it all ended. ◊ *El partido quedó en empate a cero.* The game ended in a goalless draw.

■ **quedarse** *v pron* **1** (*en un sitio*) **(a)** (*gen*) to stay: *~se en casa/la cama* to stay at home/in bed ◊ *¿Vienes o te quedas?* Are you coming or staying? ◊ *Anoche me quedé trabajando hasta tarde.* I stayed up late last night working. **(b)** (*inmóvil*) to stand: *No te quedes ahí sin hacer nada.* Don't just stand there! Do something! **2** (*en un estado*): *A raíz del accidente se quedó paralítico.* The accident left him paralysed. ◊ *~se calvo/ciego* to go bald/blind ◊ *Se quedó pálida.* She turned pale. ◊ *No quiero ~me sola.* I don't want to be left on my own. ◊ *Se quedaron en la más absoluta miseria.* They were left in complete poverty. **3 quedarse (con algo) (a)** (*retener*) to keep: *Quédese con el cambio.* Keep the change. ◊ *Quedaos los libros si queréis.* Keep the books if you like. ◊ *Lo siento, me quedé con tu pluma sin darme cuenta.* Sorry, I seem to have walked off with your pen. **(b)** (*llevarse, elegir*) to take: *Me quedo con este.* I'll take this one. ◊ *Envuélvamelo, que me lo quedo.* Wrap it for me please – I'll take it. **4 quedarse con algn (a)** (*tomar el pelo*) to pull sb's leg **(b)** (*enamorarse*) to fancy sb **5 quedarse sin (a)** (*acabarse*) to run out **of *sth***: *Me he quedado sin cambio.* I've run out of change. **(b)** (*no disponer de algo/algn*): *Nos hemos quedado sin coche/ayudante.* We don't have a car/an assistant any more.

LOC con eso queda todo dicho that says it all
¿en qué quedamos? 1 (*¿qué hacemos?*) what have we decided, then? **2** (*¡decídete!*) make up your mind!
por mí que no quede I'll do as much as I can
quedar bien/mal 1 (*con algn*): *Lo dijo solo por ~ bien.* He just said it to look good. ◊ *No quiero ~ mal con ellos.* I don't want to let them down. ◊ *No me hagas ~ mal con su padre.* Don't show me up in front of her father. **2** (*ropa*) to suit/not to suit *sb*: *La falda te queda bien/mal.* That skirt suits/doesn't suit you. **3** (*hacer juego*) to go/not to go (*with sth*): *Yo creo que quedan bien.* I think they go well together. ◊ *¿No quedaría mejor con la corbata azul?* Wouldn't it look better with your blue tie?
quedar como un egoísta, tonto, etc to look selfish, a fool, etc
quedar(se) en nada 1 (*reducirse*) to be reduced to nothing: *Las espinacas se quedaron en nada.* The spinach was reduced to nothing. ◊ *La fortuna que heredó se quedó en nada.* The fortune he inherited was reduced to nothing. **2** (*ser poco*) to go nowhere: *Un pastel entre los que somos se va a quedar en nada.* One cake between so many will go nowhere. **3** (*fracasar*) to come to nothing: La reforma se quedó en nada. The reform came to nothing.
quedar segundo, etc to come second, etc: *Quedé tercera en el concurso.* I came third in the competition.
quedarse sin nada to lose everything
☛ Para otras expresiones con **quedar**, véanse las entradas del sustantivo, adjetivo, etc, p. ej. **quedarse de piedra** en PIEDRA y **quedarse tan ancho** en ANCHO.

quehacer *nm* work [*incontable*]: *Ella siempre con sus ~es.* She's always got so much work.
LOC atender/ir a tus quehaceres to go about your business **quehaceres domésticos** household chores

queja *nf* **1** (*protesta*) complaint: *presentar una ~* to make a complaint **2** (*quejido de dolor*) moan
LOC dar queja(s) to make a complaint (*about sth/sb*) **no tener queja** to have no complaints (*about sth/sb*) *Ver tb* FORMULAR, MOTIVO

quejarse *v pron* **1 ~ (de/por)** (*protestar*) to complain **(about *sth/sb*)**, to moan **(about *sth/sb*)** (*más coloq*): *Se quejaron de la brutalidad de la policía.* They complained about police brutality. ◊ *Se queja de todo.* He's always moaning about something or other. **2** (*soltar quejidos*) to moan
LOC quejarse de vicio to grumble for the sake of it **quejarte de tu suerte** to bemoan your fate

quejica *adj* whingeing
■ **quejica** *nmf* whinger

quejido *nm* **1** (*de dolor*) moan: *soltar un ~* to give a moan **2** (*lamento, suspiro*) sigh **3** (*animal*) whine

quejoso, -a *adj* (*tono*) whining
LOC estar quejoso de algo/algn to be dissatisfied with sth/sb

quema *nf* **1** (*acción*) burning: *la ~ de basuras* the burning of rubbish **2** (*fuego*) fire **LOC** *Ver* HUIR, SALVAR

quemado, -a *pp, adj* **1** (*agotado*) burnt-out **2** (*harto, enfadado*) fed up: *Estoy muy ~ con ellos.* I'm fed up with them. *Ver tb* QUEMAR
■ **quemado, -a** *nm-nf*: *la unidad de ~s* the burns unit
LOC saber a quemado to taste burnt *Ver tb* CUERNO, OLER

quemador *nm* burner

quemadura *nf* **1** (*gen*) burn: *~s de segundo grado* second-degree burns **2** (*con líquido hirviendo*) scald **3** (*señal*) burn mark
LOC quemadura de cigarro cigarette burn **quemadura de(l) sol** sunburn [*incontable*]: *Esta crema es para las ~s del sol.* This cream is for sunburn.

quemar *vt* **1(a)** (*gen*) to burn: *Vas a ~ la tortilla.* You're going to burn the omelette. ◊ *El sol me ha quemado la piel.* The sun has burnt my skin. **(b)** (*edificio, bosque*) to burn *sth* down: *Ha quemado tres edificios.* He's burnt down three buildings. **(c)** (*con la plancha*) to scorch **2** (*fusible*) to blow **3** (*fastidiar*): *Me quema mucho que no me tomen en serio.* I hate it when people don't take me seriously. **4** (*imagen*) to destroy **5** (*vida, juventud*) to waste
■ **quemar** *vi* **1** (*comida*) to be very hot: *La sopa quema.* The soup's very hot. ☛ *Ver nota en* CALIENTE **2** (*sol*) to burn
■ **quemarse** *v pron* **1** (*persona*) **(a)**: *Me quemé la lengua con el café.* The coffee burnt my tongue. **(b)** (*por el sol*) to get burnt: *No me suelo ~ cuando tomo el sol.* I don't usually get burnt when I sunbathe. **2** (*cosa*) **(a)** (*gen*) to get burnt: *Se quemó la alfombra.* The carpet got burnt. **(b)** (*motor*) to burn out **(c)** (*con la plancha*) to get scorched: *La camisa se quemó cuando dejé la plancha encima.* The shirt got scorched when I left the iron on it. **(d)** (*destrozarse*) to burn down: *El bosque se quemó completamente.* The whole wood burnt down. **3** (*agotarse*) to burn yourself out: *La última producción teatral fue tan intensa que se quemaron.* The last production was so hectic they burnt themselves out.
LOC quemar el último cartucho to play your last card **¡(que) te estás quemando!/¡(que) te quemas!** (*en un juego*) you're getting very warm! *Ver tb* PESTAÑA

quemarropa *adv*
LOC a quemarropa at point-blank range
quemazón *nf* burning sensation
querella *nf* **1** (*discordia*) dispute **2** (*Jur*) **(a)** (*civil*) action **(b)** (*criminal*) charge
LOC poner una querella contra algn to sue sb
querellado, -a *nm-nf* defendant
querellante *nmf* plaintiff **LOC** *Ver* PARTE[2]
querellarse *v pron* **~ contra** to sue *sb* [*vt*]
querer[1] *nm* love: *las penas y las alegrías del ~* the ups and downs of love
querer[2] *vt* **1** (*a algn*) **(a)** (*amar*) to love: *Quiero mucho a mi padre/novio.* I love my father/boyfriend very much. **(b)** (*tener aprecio*) to like: *una amiga a la que quiero mucho* a friend I like very much **2** (*algo*) to want *sth/to do sth*: *Quiere una bici para su cumpleaños.* She wants a bike for her birthday. ◊ *Queremos libertad.* We want our freedom. ◊ *¿Qué quieren tomar los señores?* What would you like? ◊ *De primero quiero sopa de pescado.* I'd like fish soup to start with. ◊ *Lo que más querría es viajar.* What I'd most like to do is travel. ◊ *No quiso ayudarnos.* He wouldn't help us. ☛ *Ver nota en* WANT[1] **3 ~ que...** to want *sb **to do sth***: *Quiere que vayamos a su casa.* She wants us to go to her house. **4** (*intentar*) to try: *Quiso convencernos.* He tried to convince us. **5** (*buscar*) to be asking for *sth*: *Tu hermana quiere que le echen la bronca.* Your sister is asking for trouble. **6** (*requerir*) to need: *Esta habitación quiere más luz.* This room needs more light.
■ **querer** *vi* **1** (*desear*) to want to: *¡Pues claro que quiere!* Of course she wants to! ◊ *No quiero.* I don't want to. **2** (*en una boda*): *¡Sí, quiero!* I do.
■ **querer** *v imp*: *Parece que quisiera nevar.* It looks as if it might snow.
LOC ¡por lo que más quieras! for heaven's sake!: *Te lo pido por lo que más quieras.* I'm begging you.
¡qué quieres/queréis! what do you expect?
¿qué quieres (que yo le haga)? what am I supposed to do (about it)?
querer decir to mean: *¿Qué quiere decir esta palabra?* What does this word mean?
querer es poder where there's a will there's a way
queriendo (*a propósito*) on purpose: *Lo hizo queriendo.* She did it on purpose.
quieras o no whether you want to or not
quieras que no like it or not
quisiera... I, he, etc would like *to do sth*: *Quisiera saber por qué siempre llegas tarde.* I'd like to know why you're always late.
sin querer: *Lo hice/dije sin ~.* I didn't mean to do/say it. ◊ *Perdona, ha sido sin ~.* Sorry, it was an accident.
☛ Para otras expresiones con **querer**, véanse las entradas del sustantivo, verbo, etc, p.ej. **no querer tratos con algn** en TRATO y **no quiero ni pensar(lo)** en PENSAR.
querido, -a *pp, adj* **1** (*gen*) dear: *Querido Jaime: te escribo para recordarte que...* Dear James, I'm writing to remind you that... ☛ *Ver págs 594–7* **2** (*recuerdo*) fond *Ver tb* QUERER[2]
■ **querido, -a** *nm-nf* **1** (*apelación*) darling **2** (*amante*) lover **LOC** *Ver* SER[1]
queroseno *nm* paraffin
querubín (*tb* **querube**) *nm* **1** (*Relig*) cherub [*pl* cherubim] **2** (*niño*) cherub
quesería *nf* cheese factory
quesero, -a *adj* cheese [*n atrib*]: *la industria quesera española* the Spanish cheese industry
■ **quesera** *nf* cheesedish
quesito *nm* cheese portion
queso *nm* cheese [*gen incontable*]: *un sandwich de ~* a cheese sandwich ◊ *~ de cabra* goat's cheese ◊ *~ rallado* grated cheese ◊ *Póngame ~.* Can I have some cheese, please? ◊ *una selección de ~s franceses* a selection of French cheeses
LOC dársela(s) a algn con queso to pull a fast one on sb **queso de bola** round cheese *Ver tb* OVEJA, TABLA, TARTA

quibutz *nm* kibbutz [*pl* kibbutzim]
quicio *nm* frame: *el ~ de la puerta* the door frame ☛ *Ver ilustración en* MARCO
LOC sacar a algn de quicio to drive sb mad **sacar las cosas de quicio** to blow things up out of proportion
quico *nm*
LOC ponerse como el quico to stuff yourself (*coloq*)
quid *nm*
LOC el quid de la cuestión the crux of the matter
quiebra *nf* **1** (*bancarrota*) bankruptcy: *presentar un expediente de ~* to file for bankruptcy **2(a)** (*valores morales, espirituales*) collapse **(b)** (*tradiciones*) disappearance **LOC** *Ver* DECLARAR
quien *pron rel* **1** (*sujeto*) who: *Fue mi hermano ~ me lo dijo.* It was my brother who told me. ◊ *Aquí no hay ~ trabaje.* It's impossible to work here. **2** (*complemento*)

> El inglés tiende a no traducir *quien* cuando funciona como complemento, aunque también es correcto utilizar **who** o **whom**: *Es a mi madre a quien quiero ver.* It's my mother I want to see. ◊ *Fue a él a quien se lo dije.* He was the one I told. ◊ *El chico con quien la vi ayer es su primo.* The boy I saw her with yesterday is her cousin. ◊ *la actriz de quien se ha escrito tanto* the actress about whom so much has been written

3 (*cualquiera*) whoever: *Invita a ~ quieras.* Invite whoever you want. ◊ *~ esté a favor, que levante la mano.* Those in favour, raise your hands.
quién *pron interr* who: *¿~ es?* Who is it? ◊ *¿A ~ viste?* Who did you see? ◊ *No sé a ~ decírselo.* I don't know who to tell. ◊ *¿Para ~ es este regalo?* Who is this present for? ◊ *¿De ~ hablas?* Who are you talking about? ☛ *Ver nota en* WHICH
LOC ¿de quién...? (*posesión*) whose...?: *¿De ~ es esto?* Whose is this?
quienquiera *pron* whoever: *~ que sea el culpable* whoever is responsible
quieto, -a *adj* still: *aguas quietas* still waters
LOC dejar quieto to leave *sth/sb* alone: *Deja quietas las tijeras que te vas a cortar.* Leave the scissors alone – you'll cut yourself. **estarse quieto** to keep still **¡quieto! 1** (*gente*) keep still! **2** (*perro*) down, boy! *Ver tb* MANO
quietud *nf* stillness
quijada *nf* jaw
quijotada *nf*: *Lo que hizo fue una ~.* What he did was really ludicrous.
quijote *nm* idealist
LOC don Quijote don Quixote
quilate *nm* carat (*abrev* ct): *oro de 18 ~s* 18-carat gold
quilla *nf* (*Mar*) keel
quilo *nm Ver* KILO
quimera *nf* pipe dream
quimérico, -a *adj* fanciful
químico, -a *adj* chemical
■ **químico, -a** (*persona*) *nm-nf* chemist
■ **química** *nf* chemistry **LOC** *Ver* GUERRA
quimioterapia *nf* chemotherapy
quimono *nm* kimono [*pl* kimonos]
quincalla *nf* trinket
quince *nm, adj, pron* **1** (*gen*) fifteen **2** (*fecha, decimoquinto*) fifteenth **3** (*en títulos*) the Fifteenth ☛ *Ver ejemplos en* SEIS, DIECISÉIS
LOC quince días a fortnight [*sing*]: *Solo vamos ~ días.* We're only going for a fortnight. *Ver tb* PELÍCULA
quinceañero, -a *adj* teenage
■ **quinceañero, -a** *nm-nf* teenager
quinceavo, -a (*tb* **quinzavo, -a**) *adj* ☛ *Ver ejemplos en* DIECISEISAVO
■ **quinceavo** *nm* fifteenth
quincena *nf* two weeks [*v pl*]
LOC primera/segunda quincena first/last two weeks [*v pl*]: *Estaré fuera la segunda ~ de agosto.* I'll be away the last two weeks in August.
quincenal *adj* fortnightly: *una publicación ~* a fortnightly publication

quincuagésimo, -a *adj, nm-nf, pron* (*tb* **quincuagésimo** *nm*) fiftieth ☛ *Ver ejemplos en* SEXAGÉSIMO

quiniela *nf* **1** (*boleto*) pools coupon: *hacer una* ~ to fill in a pools coupon **2** **quinielas** (*apuestas*) (football) pools

LOC **jugar a/hacer las quinielas** to do the pools

quinientos, -as *adj, pron* (*tb* **quinientos** *nm*) five hundred ☛ *Ver ejemplos en* SEISCIENTOS

quinina *nf* quinine

quinqué *nm* oil lamp

quinquenal *adj* **1** (*que dura cinco años*) five-year: *un plan* ~ a five-year plan **2** (*que sucede cada cinco años*) five-yearly: *un acontecimiento* ~ a five-yearly event

quinquenio *nm* five years [*v pl*]: *durante el último* ~ during the last five years

quinqui *nmf* petty thief [*pl* petty thieves]

quintaesencia *nf* quintessence

quinteto *nm* quintet

quintillizos, -as *nm-nf* quintuplets

Quintín *n pr* **LOC** *Ver* ARMAR

quinto, -a *adj, nm-nf, pron* (*tb* **quinto** *nm*) fifth ☛ *Ver ejemplos en* SEXTO

■ **quinto** *nm* (*recluta*) conscript

■ **quinta** *nf* (*marcha*) fifth (gear): *Voy en quinta.* I'm in fifth.

LOC **en el quinto coño** bloody miles away (⚠) ☛ *Ver nota en* TABÚ **en el quinto infierno/huevo/pino** miles away: *La parada del autobus está en el* ~ *pino.* The bus stop is miles away.

quíntuple (*tb* **quíntuplo**) *nm*: *Cincuenta es el* ~ *de diez.* Ten goes into fifty five times. ◊ *La asistencia de este año fue un* ~ *más alta.* Five times as many people came as last year.

quiosco *nm* stand: *un* ~ *de golosinas* a confectionery stand

LOC **quiosco de música** bandstand **quiosco de periódicos** news-stand ☛ *Ver nota en* ESTANCO

quiosquero, -a *nm-nf* stall holder

quiquiriquí *nm* cock-a-doodle-doo

quirófano *nm* operating theatre

LOC **pasar por el quirófano** to have an operation

quirúrgicamente *adv* **LOC** *Ver* INTERVENIR

quirúrgico, -a *adj* surgical

LOC **intervención/operación quirúrgica** operation: *una operación quirúrgica muy delicada* a difficult operation ◊ *Fue sometida a una intervención quirúrgica.* She underwent surgery.

quisque (*tb* **quisqui**)

LOC **cada/todo quisque** everyone

quisquilla *nf* (*camarón*) shrimp ☛ *Ver ilustración en* SHELLFISH

quisquilloso, -a *adj* **1** (*exigente, puntilloso*) fussy **2** (*susceptible*) touchy

■ **quisquilloso, -a** *nm-nf* **1** (*chinchorrero*) fusspot **2** (*susceptible*) touchy person

quiste *nm* cyst: *un* ~ *sebáceo* a sebaceous cyst

quitaesmalte *nm* nail varnish remover

quitamanchas *nm* stain remover

quitanieves *nm* snowplough

quitar *vt* **1** (*gen*) to remove, to take *sth* away/off/down/out (*más coloq*): *Quítale el jersey.* Take his jumper off. ◊ *Quita tus cosas de mi escritorio/armario.* Take your things off my desk/out of my wardrobe. ◊ *Quitó el cartel.* He took down the poster. **2** (*Mat, robar, retirar*) to take *sth* (away): *Si a tres le quitas uno…* Take one from three… ◊ *Me quitaron el carné de conducir.* I had my driving licence taken away. ◊ *Me han quitado la pluma.* Someone's taken my pen. ◊ *Me quitaron la cartera.* I had my wallet taken. ◊ *Pueden* ~*le votos a la derecha.* They may take votes from the right. **3** (*mancha*) to remove, to get *sth* out (*más coloq*): *No puedo* ~ *esta mancha.* I can't get this stain out. **4** (*tiempo*) to take up *time*: *Los niños me quitan mucho tiempo.* The children take up a lot of my time. **5** (*película, obra*) to take *sth* off: *Quiero ver esa película antes de que la quiten.* I want to see the film before they take it off.

■ **quitarse** *v pron* **1** (*ropa, gafas, maquillaje*) to take *sth* off: ~*se la camisa/los zapatos* to take your shirt/shoes off **2** (*abandonar*) to give *sth* up: ~*se el café/tabaco* to give up coffee/smoking **3** (*mancha*) to come out: *Esta mancha no se quita.* This stain won't come out.

LOC **de quita y pon** detachable **(eso) no quita que…** that doesn't alter the fact that…: *Eso no quita que sea un inútil.* That doesn't alter the fact that he's completely useless. **¡quita (de ahí)!** get out of the way! **quitando…** except (for)…: *Quitando el inglés, he aprobado todo.* I've passed in everything except English.

☛ Para otras expresiones con **quitar**, véanse las entradas del sustantivo, adjetivo, etc, p. ej. **de quitar el hipo** en HIPO y **quitarse años** en AÑO.

quite *nm*

LOC **andar/estar al quite** to be on hand

quizá (*tb* **quizás**) *adv* perhaps: ~ *sea mejor dejarlo.* Perhaps we'd better leave it. ◊ ~ *sospechan.* They may suspect something. ◊ *—¿Vas a venir mañana? — Quizá.* 'Are you coming tomorrow?' 'I might.'

quórum *nm* quorum

Rr

rabadilla *nf* **1** (*Anat*) bottom of the spine **2** (*de animal*) rump

rábano *nm* radish
LOC **¡(y) un rábano!** not likely! *Ver tb* IMPORTAR

rabia *nf* **1** (*ira*) anger: *Me mordía los labios de* ~. I was biting my lips in anger. ◊ *Lo dijo con* ~. He said it angrily. **2** (*Med*) rabies [*v sing*]: *El perro tenía la* ~. The dog had rabies.
LOC **cuando/donde/el que más rabia te dé** whenever/wherever/whatever you like **dar rabia** to drive *sb* mad: *Me da verdadera* ~ *ver cómo te tratan.* It really drives me mad to see how they treat you. **¡qué rabia!** how infuriating! **tener rabia a 1** (*persona*) to have it in for *sb* **2** (*cosa*) to dislike *Ver tb* BUFAR, COMIDO, RECONCOMERSE

rabiar *vi* **1** (*estar enfadado*) to be furious: *Está que rabia.* He's furious. ◊ *Déjala que rabie y llore lo que quiera.* Let her shout and scream as much as she wants. **2** **~ por** (*desear*) to be dying ***to do sth***: *Están que rabian por saber lo que pasó.* They're dying to know what happened.
LOC **a rabiar**: *Llovía a* ~. It was raining like mad. ◊ *Las gambas me gustan a* ~. I'm mad on prawns. ◊ *Me dolía la cabeza a* ~. I had a splitting headache. **estar a rabiar** to be furious (*with sb*) (*about sth*): *Estoy a* ~ *con ella por lo que hizo.* I'm furious with her. **hacer rabiar** to annoy: *No le hagas* ~. Don't annoy her. **¡para que rabies/rabie!** so there! **rabiar de envidia** to be green with envy **rabiar de ganas** to be dying *to do sth*

rabieta *nf* tantrum: *cogerse una* ~ to throw a tantrum ◊ *En cuanto le dicen que no, le da una* ~. As soon as they say no, he throws a tantrum.
■ **rabietas** *nmf*: *Mi hermano es un* ~*s.* My brother is always throwing tantrums.

rabillo *nm*
LOC **rabillo del ojo** the corner of your eye: *La miraba por el* ~ *del ojo.* He was watching her out of the courner of his eye.

rabino *nm* rabbi [*pl* rabbis]

rabiosamente *adv* **1** (*furiosamente*) furiously: *Me contestó gritando* ~. She at me furiously. **2** (*intensamente*) like mad: *Sus fans aplaudían* ~. His fans applauded like mad.

rabioso, -a *adj* **1** (*furioso*) furious: *Están* ~*s.* They're furious. ◊ *Me contestó* ~. He replied furiously. **2** (*Med*) rabid: *un perro* ~ a rabid dog **3** (*enorme*) **(a)** (*gen*) raging: *Me desperté con una sed/un hambre rabiosa.* I woke up with a raging thirst/hunger. **(b)** (*ganas, deseo*) burning: *unas ganas rabiosas de triunfar* a burning desire to succeed
LOC **de rabiosa actualidad** very topical: *un tema de rabiosa actualidad* a highly topical subject ◊ *una moda de rabiosa actualidad* a really trendy fashion

rabo *nm* **1** (*Zool*) tail: *sopa de* ~ *de buey* oxtail soup **2** (*Bot*) stalk: *Lava las fresas y quítales el* ~. Wash the strawberries and pull off the stalks. ☛ *Ver ilustración en* FRUTA **3** (*trozo que cuelga*): *Corta esos* ~*s.* Cut off those ends. **4** (*pene*) prick (⚠) ☛ *Ver nota en* TABÚ
LOC **con el rabo entre las piernas** with your tail between your legs *Ver tb* CABO, MOVER

racanear *vi* to be stingy: *No racanees tanto.* Don't be so stingy.

racanería *nf* stinginess: *¡Qué* ~ *la suya!* How stingy of him! ◊ *con la* ~ *que le caracteriza* with his usual stinginess

rácano, -a *adj* **1** (*tacaño*) stingy **2** (*vago*) lazy
■ **rácano, -a** *nm-nf* **1** (*tacaño*) skinflint **2** (*vago*) lazybones [*pl* lazybones]

racha *nf* **1** (*periodo*) **(a)** (*gen*) run: *una* ~ *de victorias/suerte* a run of victories/good luck ◊ *Sigue la pésima* ~ *de la empresa.* The firm's bad run continues. ◊ *Últimamente llevamos una* ~ *de mala suerte increíble.* We've been incredibly unlucky lately. **(b)** (*robos, accidentes*) series [*v sing*]: *una* ~ *de desgracias* a series of misfortunes **2** (*viento*) gust
LOC **a/por rachas** in bursts: *Lo del trabajo va por* ~*s.* work comes in bursts. ◊ *Este mes nos han llegado los encargos a* ~*s.* This month orders have been arriving in bursts. **tener/pasar una buena/mala racha** to be going through a good phase/a bad patch **¡vaya racha!** **1** (*de buena suerte*) what a run of good luck! **2** (*de mala suerte*) what a run of bad luck!: *¡Vaya* ~ *que llevamos!* What a run of bad luck we're having!

racial *adj* **1** (*gen*) racial: *la discriminación/tensión* ~ racial discrimination/tension **2** (*disturbios, relaciones*) race [*n atrib*]: *mejorar las relaciones* ~*es* to improve race relations

racimo *nm* bunch: *un* ~ *de uvas/plátanos* a bunch of grapes/bananas

raciocinio *nm* **1** (*facultad*) reason: *un animal carente de* ~ an animal lacking reason **2** (*acto*) reasoning: *un proceso de* ~ a process of reasoning

ración *nf* **1** (*comida*) portion, helping (*más coloq*): *Media* ~ *de calamares, por favor.* A small portion of squid please. ◊ *Se sirvieron unas buenas raciones.* They took big helpings. ◊ *Encarga una paella de cinco raciones.* Order paella for five. **2** (*Mil*) ration: *Las raciones de los presos eran insuficientes.* The prisoners' rations were insufficient.

racional *adj* rational

racionalidad *nf* rationality

racionalización *nf* rationalization

racionalizar *vt* to rationalize

racionamiento *nm* rationing: *el* ~ *del agua* water rationing

racionar *vt* to ration

racismo *nm* racism

racista *adj, nmf* racist

radar *nm* radar [*incontable*]: *los* ~*es enemigos* enemy radar

radiación *nf* radiation

radiactividad *nf* radioactivity

radiactivo, -a *adj* radioactive **LOC** *Ver* BASURA, LLUVIA

radiador *nm* radiator ☛ *Ver ilustración en* CAR

radial *adj* radial

radiante *adj* **1** (*brillante*) bright: *un* ~ *día de primavera* a bright, sunny spring day ◊ *Lucía un sol* ~. There was bright sunlight. **2** **~ (de)** radiant (**with** *sth*): *Estaba* ~ *de alegría.* She was radiant with happiness.

radiar *vt* **1** (*gen*) to radiate: *El objeto radiaba una extraña luz.* The object radiated a strange light. **2** (*Radio*) to transmit **3** (*Med*) to give *sb* radiation treatment

radicado, -a *pp, adj* based: *una artista radicada en Nueva York* an artist based in New York *Ver tb* RADICAR

radical *adj, nmf* radical: *ideas* ~*es* radical views
■ **radical** *nm* **1** (*Ling*) root **2** (*Mat*) square root sign
LOC *Ver* IZQUIERDO

radicalismo *nm* radicalism

radicalizar *vt* to make *sth* more radical
■ **radicalizarse** *v pron* to become more radical

radicar *vi* ~ **en** to lie **in** ***sth***: *El éxito del grupo radica en su originalidad.* The group's success lies in their originality.

■ **radicarse** *v pron* to settle: *Aquí se radicaron muchos inmigrantes.* Many immigrants settled here.

radio[1] *nm* (*Quím*) radium

radio[2] *nf* radio [*pl* radios]: *oír/escuchar la* ~ to listen to the radio

LOC **en/por la radio** on the radio: *Lo he oído en la* ~. I heard it on the radio. ◊ *El alcalde está hablando por la* ~. The mayor is speaking on the radio.

radio[3] *nm* **1** (*Geom, Anat*) radius [*pl* radii] ☛ *Ver ilustración en* ESQUELETO **2** (*rueda*) spoke ☛ *Ver ilustración en* BICYCLE

LOC **radio de acción 1** (*gen*) sphere of action: *Han ampliado su* ~ *de acción.* They have widened their sphere of action. **2** (*avión*) range

radioaficionado, -a *nm-nf* radio ham

radiocasete *nm* radio cassette player

radiodespertador *nm* radio alarm (clock)

radiodifusión *nf* broadcasting

radiofónico, -a *adj* radio [*n atrib*]: *un programa* ~ a radio programme

radiografía *nf* X-ray [*pl* X-rays]: *Me han hecho una* ~ *de la pierna.* They've taken an X-ray of my leg.

radiografiar *vt* to X-ray

radiología *nf* radiology

radiólogo, -a *nm-nf* radiologist

radionovela *nf* radio serial

radiotaxi *nm* taxi

radioteléfono *nm* radio transceiver

radiotelegrafista *nmf* radio operator

radioterapia *nf* radiotherapy

radioyente *nmf* listener

raedura *nf* **raeduras** scraping(s) [*se utiliza mucho en plural*]

raer *vt* to scrape *sth* off; to scrape *sth* off *sth*

ráfaga *nf* **1** (*viento*) gust **2** (*luz*) flash: *dar la* ~ to flash your lights **3** (*disparos*) burst: *Una* ~ *de disparos rompió el silencio.* A burst of gunfire broke the silence.

LOC **a ráfagas 1** (*viento*): *El viento soplaba a* ~*s.* The wind was gusting. **2** (*disparar*) in bursts

rafia *nf* raffia

rafting *nm* rafting

raglan (*tb* **raglán**) *adj* raglan

raído, -a *pp, adj* threadbare *Ver tb* RAER

raigambre *nf* roots [*v pl*]

LOC **de** (**honda/mucha**) **raigambre** with deep roots: *una familia de* ~ a family with deep roots

raíl *nm* rail

raíz *nf* root

LOC **a raíz de** as a result of *sth*: *a* ~ *de aquel incidente* as a result of that incident **arrancar/cortar algo de raíz 1** (*lit*) to pull sth up by the roots **2** (*fig*) to root sth out: *Hay que arrancar el favoritismo de* ~. We must root out favouritism. **echar raíz/raíces 1** (*planta, ideología*) to take root **2** (*persona*) to put down roots **ir a la raíz de las cosas** to get to the bottom of things **raíz cuadrada/cúbica** square/cube root: *La* ~ *cuadrada de 49 es 7.* The square root of 49 is 7. *Ver tb* TRENZA

raja *nf* **1** (*fisura*) crack ☛ *Ver ilustración en* CHIP **2** (*herida*) cut **3** (*salchichón, melón*) slice **4** (*falda*) slit

LOC **a raja tabla** *Ver* RAJATABLA

rajá *nm* rajah LOC *Ver* VIVIR

rajado, -a *pp, adj, nm-nf* **1** (*cobarde*) coward [*n*]: *¡No seas tan* ~ *y salta!* Don't be such a coward–jump! **2** (*que se echa atrás*): *¡Eres un* ~*!* You're always copping out! *Ver tb* RAJAR

rajar *vt* **1** (*cortar*) **(a)** (*gen*) to cut: *Por poco me rajas el dedo.* You almost cut my finger. **(b)** (*prenda*) to tear **(c)** (*neumático*) to slash **2** (*cristal, cerámica*) to crack **3** (*apuñalar*) to stab

■ **rajar** *vi* (*hablar*) to chat: *Estuvimos raja que raja toda la noche.* We stayed up chatting all night.

■ **rajarse** *v pron* **1** (*romperse*) to crack: *El espejo se ha rajado.* The mirror has cracked. ☛ *Ver ilustración en* CHIP **2** (*cortarse*) to cut: *Me rajé un dedo cortando el pan.* I cut my finger slicing the bread. **3** (*echarse atrás*) to back out

rajatabla

LOC **a rajatabla** to the letter

ralea *nf* **1** (*clase*) sort: *No me trato con gente de esa* ~. I don't have anything to do with people of that sort. **2** (*genio*) mood: *El jefe está hoy de una* (*mala*) ~. The boss is in a bad mood today.

ralentí *nm*

LOC **al ralentí 1** (*motor, vehículo*) ticking over: *con el motor* (*funcionando*) *al* ~ with the engine ticking over **2** (*Cine*) in slow motion **tener alto/bajo el ralentí** (*vehículo*) to run fast/slow

rallado, -a *pp, adj Ver* RALLAR LOC *Ver* PAN

rallador *nm* grater

ralladura *nf*

LOC **ralladura de limón** grated lemon **ralladura de naranja** orange rind

rallar *vt* to grate

rally *nm* rally

ralo, -a *adj* **1** (*pelo*) thin **2** (*vegetación*) sparse

RAM *nf, abrev de* **random-access memory** RAM

rama *nf* **1** (*gen*) branch: *la* ~ *de un árbol* the branch of a tree ◊ *Es una* ~ *de la filosofía.* It's a branch of philosophy. **2** (*actividad*) **(a)** (*negocio*) sector: *empresas de la misma* ~ firms in the same sector **(b)** (*Pol*) arm: *la* ~ *política de la organización* the political arm of the organization

LOC **andarse/irse por las ramas** to beat about the bush *Ver tb* CANELA

ramaje *nm* branches [*v pl*]

ramal *nm* **1** (*carretera*) side road **2** (*ferrocarril*) branch line

ramalazo *nm* **1** (*inspiración, ingenio*) flash **2** (*locura, depresión*) fit: *Le dio un* ~ *de locura.* He had a fit of madness.

LOC **tener un ramalazo** (*ser amanerado*) to be camp

ramera *nf* prostitute

ramificación *nf* (*de un asunto*) ramification

ramificarse *v pron* to branch out

ramillete *nm* **1** (*pequeño ramo*) bunch: *un* ~ *de violetas* a bunch of violets **2** (*selección, conjunto*) collection

LOC **ramillete de flores** posy: *Le entregaron un* ~ *de flores.* She was presented with a posy.

ramita *nf* twig

ramo *nm* **1** (*flores*) bunch, bouquet (*más formal*): *un* ~ *de rosas* a bunch of roses **2** (*sector*) sector: *el* ~ *de la construcción* the construction sector LOC *Ver* DOMINGO, PASCUA

rampa *nf* ramp

LOC **en rampa** sloping: *El camino ascendía en* ~. The road sloped up. **rampa de lanzamiento** launch pad

ramplón, -ona *adj* vulgar

rana *nf* frog

LOC **salir rana 1** (*cosa*) to turn out badly: *Esperaba ganar mucho dinero con ese negocio pero le ha salido* ~. He was hoping to make a lot of money with that business but it turned out badly. **2** (*persona*) to be a disappointment: *Parecía que iba a ser la secretaria ideal, pero nos salió* ~. We thought she was going to be the ideal secretary, but we were disappointed in her. *Ver tb* ANCA, HOMBRE

ranchero, -a *nm-nf* rancher

■ **ranchera** (*coche*) estate car ☛ *Ver ilustración en* AUTOMÓVIL

rancho *nm* **1** (*comida*) meal **2** (*granja*) ranch

LOC **hacer rancho aparte** to form a clique: *Como siempre, los del departamento de ventas hicieron* ~ *aparte en la fiesta de Navidad.* As always, the sales department formed a little clique at the office Christmas party.

rancio, -a *adj* **1** (*pasado*) **(a)** (*mantequilla*) rancid

(b) (*pan, galletas*) stale **2** (*antiguo*) **(a)** (*estirpe*) ancient **(b)** (*ideas*) old-fashioned **3** (*persona antipática*) unfriendly
■ **rancio** *nm* **1** (*sabor*) rancidness: *Esta mantequilla sabe a ~.* The butter tastes rancid. **2** (*olor*) mustiness: *El sótano olía a ~.* The basement smelt musty.
ranglan (*tb* **ranglán**) *adj* raglan
rango *nm* rank
LOC **de rango 1** (*social*) upper-class **2** (*Mil*) high-ranking
ranking *nm* (*Dep*) ranking: *ser primero en el ~ mundial* to be No 1 in the world ranking
ranúnculo *nm* buttercup ☛ *Ver ilustración en* FLOR
ranura *nf* **1** (*teléfono, máquina de tabaco*) slot: *Hay que introducir la moneda por la ~.* You have to put the coin in the slot. **2** (*puerta, ventana*) gap: *Miró por la ~ de la puerta.* He looked through the gap in the door.
rapado, -a *pp, adj Ver* RAPAR LOC *Ver* CABEZA
rapapolvo *nm* telling-off [*pl* tellings-off]
LOC **echar un rapapolvo** to give *sb* a telling-off
rapar *vt* **1** (*barba*) to give *sb* a close shave **2** (*pelo*) to crop *sb's* hair very short
■ **raparse** *v pron* **1** (*barba*) to shave **2** (*pelo*) to have your hair cut very short LOC *Ver* CABEZA
rapaz *nf* (*ave*) bird of prey
■ **rapaz, ~a** *nm-nf* kid
rape *nm* monkfish LOC *Ver* PELO
rápel (*tb* **rappel**) *nm* abseiling
LOC **bajar/descender en rápel** to abseil
rapidez *nf* speed
LOC **con rapidez** quickly
rápido, -a *adj* **1** (*breve*) quick: *¿Puedo hacer una llamada rápida?* Can I make a quick phone call? **2** (*veloz*) fast: *un corredor ~* a fast runner ☛ *Ver nota en* FAST[1]
■ **rápido** *adv* quickly
■ **rápido** *nm* **1** (*tren*) express **2 rápidos** (*de río*) rapids
rapiña *nf* LOC *Ver* AVE
raposo, -a *nm-nf* fox [*fem* vixen]
rapsodia *nf* rhapsody
raptar *vt* **1** (*para pedir rescate*) to kidnap **2** (*con fines sexuales*) to abduct
rapto *nm* **1** (*secuestro*) **(a)** (*para pedir rescate*) kidnapping **(b)** (*con fines sexuales*) abduction **2** (*arrebato*) **(a)** (*sentimiento*) outburst: *un ~ de emoción* an emotional outburst **(b)** (*cólera, ira*) fit
raptor, ~a *nm-nf* **1** (*para pedir rescate*) kidnapper **2** (*con fines sexuales*) abductor
raqueta *nf* **1** (*Dep*) **(a)** (*Tenis, Squash, Bádminton*) racket: *una ~ de tenis* a tennis racket ☛ *Ver ilustración en* SQUASH[1], TENNIS **(b)** (*Pimpón*) table tennis bat **2** (*nieve*) snowshoe **3** (*carretera*) turning lane
raquetazo *nm* **1** (*golpe*): *Pegó un ~ en el suelo.* He banged his racket on the ground. ◊ *Me dio un ~ en toda la nariz.* He hit me on the nose with his racket. **2** (*al golpear la pelota*) shot: *los ~s de la tenista* the tennis player's shots
raquítico, -a *adj* **1** (*de crecimiento interrumpido*) stunted: *niños ~s* stunted children **2** (*muy pequeño*) measly: *Nos dieron unos trozos ~s.* They gave us really measly portions.
raquitismo *nm* rickets [*v sing*]
rareza *nf* **1** (*gen*) rarity: *un material muy apreciado por su ~* material that is highly prized because of its rarity **2** (*manía*) little quirk: *Todo el mundo tiene sus ~s.* We all have our little ways.
raro, -a *adj* **1** (*poco común*) rare: *una planta rara* a rare plant **2** (*extraño*) strange, odd (*más coloq*): *¡Qué ~!* How odd! ◊ *una manera muy rara de hablar* a very strange way of talking
LOC **rara vez/raras veces** rarely, seldom (*más formal*) ☛ *Ver nota en* ALWAYS *Ver tb* BICHO, COSA
ras *nm*
LOC **al ras** very short **a ras del suelo** at ground level: *Tienen que llegar justo a ~ del suelo.* They'll have to go down to ground level.
rasante *nf* gradient
■ **rasante** *adj* LOC *Ver* CAMBIO, VUELO
rasar *vt*
LOC **pasar rasando** to skim past/over *sth/sb*
rascacielos *nm* skyscraper
rascar *vt* **1** (*con las uñas*) to scratch **2** (*con un utensilio*) to scrape *sth* (***off sth***): *Rascamos la pintura del suelo.* We scraped the paint off the floor. **3** (*instrumento musical*) to scrape away **at/on** ***sth***: *Rascaba la guitarra.* He was scraping away on the guitar.
■ **rascar** *vi* to be rough: *Estas toallas rascan.* These towels are rough.
■ **rascarse** *v pron* to scratch: *Se rascaba la nariz.* He was scratching his nose.
LOC **rascarse el bolsillo** to put your hand in your pocket *Ver tb* BARRIGA
rasero *nm* measuring stick LOC *Ver* MEDIR
rasgado *pp, adj* (*ojos*) almond-shaped *Ver tb* RASGAR(SE)
rasgadura *nf* (*tb* **rasgón** *nm*) tear
rasgar(se) *vt, v pron* to tear: *Me rasgó la camisa sin querer.* He accidentally tore my shirt. ◊ *Esta tela se rasga fácilmente.* This material tears easily.
LOC **rasgarse las vestiduras** to tear your hair out *Ver tb* ROMPER
rasgo *nm* **1** (*gen*) feature: *los ~s distintivos de su obra* the distinctive features of his work ◊ *Tiene un rostro de ~s europeos.* Her features are European. **2** (*personalidad*) characteristic **3** (*lápiz, pluma*) stroke LOC *Ver* GRANDE
rasguear *vt* to strum
rasguño *nm* scratch
raso, -a *adj* **1** (*llano*) flat **2** (*cucharada, medida*) level: *una cucharada rasa de azúcar* a level tablespoonful of sugar **3** (*tiro, disparo, balón*) low **4** (*despejado*) clear: *Las noches eran rasas.* The nights were clear
■ **raso** *nm* satin
LOC **al raso** in the open air *Ver tb* SOLDADO, TABLA, VUELO
raspa *nf* (fish) bone
raspado *nm* (*del útero*) d and c
raspadura *nf* **1** (*señal*) scratch **2 raspaduras** (*de pintura, metal*) scrapings
raspar *vt* **1** (*arañar*) to scratch: *Los niños han raspado la pared.* The children have scratched the wall. **2** (*quitar*) to scrape *sth* (***off sth***): *Raspa la pintura de la pared.* Scrape the paint off the wall.
■ **raspar** *vi* **1** (*ropa*) to be rough: *Estas toallas raspan.* These towels are very rough. **2** (*licor*) to make you gasp
■ **rasparse** *v pron* to graze yourself
raspón *nm* scratch: *Me hice un ~.* I scratched myself.
rastra *nf*
LOC **a rastras 1** (*arrastrándose*) crawling: *Iba a ~s.* He was crawling. ◊ *Se acercó a ~s.* She crawled forward. **2** (*arrastrando algo*): *Trajo la bolsa a ~s.* He dragged the bag in. **3** (*a la fuerza*): *No querían irse, los tuve que sacar a ~s.* They didn't want to leave and in the end I had to drag them away. ◊ *He tenido que traerla a ~s.* I had to drag her along. **4** (*asignatura*): *Aún llevo las mates a ~s.* I'm still trying to pass Maths. *Ver tb* CULO
rastreador, ~a *adj, nm-nf* LOC *Ver* PERRO
rastrear *vt* **1** (*seguir*) to follow: *Los perros rastreaban el olor.* The dogs were following the scent. **2** (*indagar*) to investigate: *~ el paradero de algn* to investigate sb's whereabouts **3** (*río, fondo del mar*) to drag **4** (*bosque, zona*) to comb
rastreo *nm* search: *Realizaron un ~ de los bosques.* They carried out a search of the woods.
rastrero, -a *adj* **1** (*comportamiento*) despicable **2** (*Bot*) creeping LOC *Ver* PLANTA
rastrillo *nm* **1** (*herramienta*) rake **2** (*mercado*) **(a)** (*gen*) street market **(b)** (*con fines benéficos*) jumble sale **3** (*fortaleza*) portcullis ☛ *Ver ilustración en* CASTILLO
rastro *nm* **1** (*pista*) trail: *seguir/perder el ~* to follow/lose the trail **2** (*vestigio, señal*) trace: *Se encontraron ~s de droga.* Traces of drugs were found. ◊ *Desaparecieron*

sin dejar ~. They disappeared without trace. ◊ *No había ni* ~ *de ella.* There was no trace of her. **3** (*mercadillo*) flea market

rastrojo *nm* stubble **LOC** *Ver* PUTO

rasurar(se) *vt, v pron* to shave

rata *nf* rat

■ **rata** *adj, nmf* (*tacaño*) mean [*adj*]: *¡Eres un* ~! You mean thing! **LOC** *Ver* POBRE

ratear *vt* to pinch

ratero, -a *nm-nf* (petty) thief [*pl* (petty) thieves]

raticida *nm* rat poison

ratificación *nf* ratification

ratificar *vt* **1** (*tratado, acuerdo*) to ratify **2** (*noticia, decisión*) to confirm

rato *nm* while: *Un* ~ *más tarde sonó el teléfono.* A little while later the telephone rang. ◊ *Hace ya un* ~ *que llegó.* He arrived a little while ago. ◊ *¿Cuánto* ~ *hace que te escribió?* How long is it since he wrote to you? ◊ *Tuve que esperar un* ~. I had to wait a few minutes. ◊ *dentro de un* ~ in a while

LOC al (poco) rato a little while later **a ratos** sometimes **a ratos perdidos**: *Lo iré corrigiendo a* ~*s perdidos.* I can check it in odd moments. ◊ *Toco la guitarra a* ~*s perdidos.* I sometimes play the guitar. **estar/quedarse un rato más** to stay a bit longer **haber/tener para rato**: *Vete tú porque nosotros aún tenemos para* ~. You go–we'll be here for some time yet. ◊ *Como se ponga a hablar de fútbol tenemos para* ~. When he gets talking about football he goes on and on. **¡hasta otro rato!** see you! **pasar el rato** to pass the time **pasar un buen rato** to have a good time **pasar un mal rato 1** (*preocuparse*) to be worried: *¿Por qué no nos has dicho dónde estabas? Nos has hecho pasar un mal* ~. Why didn't you tell us where you were? We were really worried. **2** (*pasar miedo*) to be scared **ratos libres** free time [*incontable, v sing*]: *Le gustaba pintar en sus* ~*s libres.* He used to paint in his free time. **un buen rato** quite a while: *Me hicieron esperar un buen* ~. I had to wait quite a while. **un rato (largo)** (*mucho*) a lot: *Sabe un* ~ *de matemáticas.* He knows a lot about maths. *Ver tb* CADA, CUERDA, MATAR, TEMA

ratón *nm* (*Zool, Informát*) mouse [*pl* mice] ☛ *Ver ilustración en* ORDENADOR

LOC el ratón/ratoncito Pérez the tooth fairy **ratón de biblioteca** bookworm **ratón de campo** field mouse [*pl* field mice]

ratonera *nf* **1** (*trampa*) mousetrap **2** (*madriguera*) mousehole **3** (*fig*) trap: *No podrán salir de esta* ~. They won't be able to get out of this trap.

raudal *nm* **1** (*de agua*) torrent **2** (*de luz, emociones*) flood

LOC a raudales: *Su alegría le salía a* ~*es.* His joy poured out. ◊ *Nos llegan cartas de queja a* ~*es.* Letters of complaint are flooding in.

raviolis (*tb* **ravioles**) *nm* ravioli [*incontable, v sing*]

raya¹ *nf* (*pez*) skate

raya² *nf* **1** (*gen*) line: *marcar una* ~ to draw a line **2** (*guion*) dash ☛ *Ver págs 592–3* **3** (*tela, camisa*) stripe **4** (*pelo*) parting: *Lleva la* ~ *en medio.* He wears his hair parted in the middle. ☛ *Ver ilustración en* PELO **5** (*pantalón*) crease: *hacer la* ~ *en un pantalón* to make a crease in a pair of trousers **6** (*droga*) line: *una* ~ *de cocaína* a line of coke

LOC a rayas (*papel*) lined **a/de rayas** (*tela, camisa*) striped: *una camisa de* ~*s* a striped shirt ☛ *Ver ilustración en* PATTERN **hacerse/pintarse la raya (de los ojos)** to put on eyeliner **pasarse de la raya** to go too far: *Esta vez te has pasado de la* ~. This time you've gone too far. **tener/mantener a algn a raya** to keep a tight rein on sb *Ver tb* CRUZ, TRES

rayado, -a *pp, adj* **1** (*con rayas*) **(a)** (*papel*) lined **(b)** (*tela*) striped **2** (*disco*) **(a)** (*con marcas*) scratched **(b)** (*que repite siempre lo mismo*) stuck *Ver tb* RAYAR

rayar *vt* (*arañar*) to scratch: *Unos gamberros me han rayado la pintura del coche.* Vandals have scratched the paintwork on my car.

■ **rayar** *vi* **1** (*marcar*) to scratch **2** ~ **en/con** (*bordear*) to border **on** *sth*: *Mi admiración por el futbolista rayaba en devoción.* My admiration for the footballer bordered on devotion.

■ **rayarse** *v pron* to get scratched

LOC al rayar el alba/día at daybreak

rayo *nm* **1** (*gen*) ray: *un* ~ *de sol* a ray of sunlight ◊ *los* ~*s del sol* the sun's rays **2** (*Meteorología*) (flash of) lightning: *Un* ~ *iluminó el cielo.* A flash of lightning lit up the sky. ◊ *Los* ~*s y los truenos me asustan.* Thunder and lightning scare me.

LOC entrar/salir como un rayo to shoot into/out (*of sth*): *Salió de la casa como un* ~. He shot out of the house. **oler/saber a rayos** to smell/taste terrible **rayo de luna** moonbeam **rayos infrarrojos/ultravioleta** infrared/ultraviolet radiation [*incontable*]: *para absorber los* ~*s infrarrojos* to absorb infrared radiation **rayo láser** laser beam **rayos (X)** X-rays: *Me tienen que mirar por* ~*s (X).* I've got to have an X-ray. **rayos y centellas 1** (*lit*) thunder and lightning **2** (*expresando disgusto*) damn and blast! *Ver tb* PARTIR, VELOCIDAD

rayón *nm* rayon

raza *nf* **1** (*humana*) race **2** (*animal*) breed: *¿De qué* ~ *es?* What breed is it?

LOC de (pura) raza 1 (*caballo*) thoroughbred: *un caballo de pura* ~ a thoroughbred horse **2** (*perro, ganado*) pedigree: *¿Es de* ~*?* Is it a pedigree dog/cow? **no ser de raza** (*perro*) to be a mongrel

razón *nf* **1** (*gen*) reason (*for sth/doing sth*): *La* ~ *de su dimisión es obvia.* The reason for his resignation is obvious. ◊ *La* ~ *por la cual no vino fue que…* The reason why he didn't come was that… **2** (*en anuncios*) enquire (at…): *Se alquila piso.* ~*: portería.* Flat to let. Enquire at caretaker's office.

LOC a razón de at a rate of *sth*: *a* ~ *de 10 000 pesetas mensuales* at the rate of 10 000 pesetas per month **atender/avenirse a razones** to listen to reason: *No atendía a razones.* He wouldn't listen to reason. **con razón** with good reason: *¡Con* ~ *no quiso sentarse aquí!* She had good reason not to sit here! **dar la razón a algn** to say that sb is right: *Algún día me darán la* ~. One day they'll have to admit I was right. **dar razón de** to give information about *sth/sb*: *Nadie ha sabido dar* ~ *de la niña desaparecida.* Nobody has been able to give any information about the missing girl. **en razón de** (*Mat*) in a ratio of…: *en* ~ *de cuatro a uno* in a ratio of four to one **llevar/tener razón** to be right **meter en razón/hacer entrar en razón** to make *sb* see reason **no llevar/no tener razón** to be wrong **no sin razón** understandably **no tener razón de ser** to make no sense: *No sé por qué te iban a despedir, no tiene* ~ *de ser.* I can't understand why they should want to sack you–it makes no sense. **quitar la razón** (*contradecir*) to contradict *sb* **razón de más** all the more reason: ~ *de más para que lo intentes.* All the more reason for you to try. **razón de ser** raison d'être: *Sus hijos son su única* ~ *de ser.* The children are her raison d'être. **razón social** registered name *Ver tb* CARGADO, EDAD, ENTRAR, JUICIO, OBRA

razonable *adj* reasonable

razonado, -a *pp, adj* considered *Ver tb* RAZONAR

razonamiento *nm* reasoning

razonar *vt* (*explicar*) to give reasons **for sth**: *Razona tu respuesta.* Give reasons for your answer.

■ **razonar** *vi* (*pensar*) to think: *No razonaba con claridad.* He wasn't thinking clearly.

re *nm* **1** (*nota de la escala*) ray **2** (*tonalidad*) D ☛ *Ver ejemplos en* SOL¹

reabastecer *vt* **1** (*de gasolina*) to refuel **2** (*de alimentos*) to restock

■ **reabastecerse** *v pron* **reabastecerse (de) 1** (*de gasolina*) to refuel (**with** *sth*) **2** (*de comida*) to stock up (**on/with** *sth*)

reabastecimiento *nm* **1** (*gasolina*) refuelling **2** (*comida*) restocking

reabrir *vt* to reopen

reacción *nf* reaction: ~ *en cadena* chain reaction
LOC *Ver* AVIÓN, MOTOR

reaccionar *vi* to react

reaccionario, -a *adj, nm-nf* reactionary

reacio, -a *adj* reluctant: *Se mostró ~ a colaborar.* He was reluctant to help.

reactivar *vt* to revive

reactor *nm* **1** (*motor*) jet engine **2** (*avión*) jet
LOC **reactor atómico/nuclear** nuclear reactor

readmisión *nf* **1** (*en club, en país*) readmission (***to sth***) **2** (*en empresa*) reinstatement (***in sth***)

readmitir *vt* **1** (*en club, en país*) to readmit *sb* (***to sth***) **2** (*en empresa*) to reinstate *sb* (***in sth***)

reafirmar *vt* **1** (*voluntad, creencia, postura*) to restate **2** (*apoyo*) to reaffirm
■ **reafirmarse** *v pron* **reafirmarse en** to reaffirm *sth* [*vt*]: *Se ha reafirmado en sus anteriores declaraciones.* He has reaffirmed his previous statements.

reagrupar(se) *vt, v pron* to regroup

reajuste *nm* **1** (*reorganización*) reorganization **2** (*precios, salarios*) readjustment
LOC **reajuste ministerial** cabinet reshuffle: *hacer un ~ ministerial* to reshuffle the cabinet

real[1] *adj* **1** (*gen*) real: *El peligro era ~.* The danger was real. ◊ *No tiene importancia ~.* It isn't really important. **2** (*caso, historia*) true

real[2] *adj* **1** (*de reyes*) royal **2** (*grande*): *Eso es una ~ estupidez.* That's a really stupid mistake.
■ **real** *nm*: *Esa pulsera no vale un ~.* That bracelet is worthless. ◊ *No gané un ~.* I didn't win anything.
LOC **el real de la feria** the fairground **real decreto** ≃ Order in Council (*GB*) *Ver tb* ÁGUILA, ALTEZA, CASA, GANA, GUARDIA, JALEA, MALVA, PAVO

realce *nm*
LOC **dar realce a** to enhance

realeza *nf* **1** (*individuos*) royal family: *miembros de la ~* members of the royal family **2** (*cualidad*) royalty: *un aura de ~* an aura of royalty

realidad *nf* reality
LOC **en realidad** actually **hacer algo realidad** to make sth come true **hacerse realidad** to come true **la realidad es que…** the truth is that… *Ver tb* ALEJADO, CONVERTIR

realismo *nm* realism: *el ~ mágico* magic realism ◊ *Está filmado con gran ~.* It's filmed very realistically.

realista *adj* **1** (*gen*) realistic: *Los efectos especiales son muy ~s.* The special effects are very realistic. **2** (*autor, novela*) realist
■ **realista** *nmf* realist

realización *nf* **1** (*proyecto, trabajo*) carrying out: *Yo me encargaré de la ~ del plan.* I'll take charge of carrying out the plan. ◊ *La ~ de las obras tendrá lugar el próximo año.* The building work will be carried out next year. ◊ *trabajos en ~* work in progress **2** (*aspiración, objetivo, sueño*) fulfilment **3** (*Cine, Radio, TV*) production LOC *Ver* JEFE

realizador, ~a *nm-nf* producer

realizar *vt* **1** (*llevar a cabo*) **(a)** (*gen*) to carry *sth* out: *~ un análisis/proyecto* to carry out an analysis/a project **(b)** (*tarea, milagro, operación*) to perform **(c)** (*compra, viaje, esfuerzo*) to make **(d)** (*ejercicio*) to do **2** (*sueño, objetivo*) to fulfil **3** (*Cine*) to produce
■ **realizarse** *v pron* **1** (*hacerse realidad*) to come true: *Mis sueños se realizaron.* My dreams came true. **2** (*persona*) to fulfil yourself: *~se profesionalmente* to fulfil yourself in your job LOC *Ver* PARADA, TRANSBORDO

realmente *adv* really: *Está ~ enfermo.* He's really ill. ◊ *~, no me lo creí.* I didn't really believe it. ☛ *Ver nota en* HOPEFULLY

realojar *vt* to rehouse

realzar *vt* to enhance

reanimación *nf* (*Med*) resuscitation: *La llevaron a la unidad de ~.* She was taken to the resuscitation unit.

reanimar *vt* **1(a)** (*devolver las fuerzas*) to revive: *Me reanimaron con unas sales.* They revived me with smelling salts. ◊ *Intentaron ~ la conversación.* They tried to revive the conversation. **(b)** (*a alguien a punto de morir*) to resuscitate: *Consiguieron ~ a la víctima.* They managed to resuscitate the victim. **2** (*alentar*) to comfort: *Tus cartas me reanimaban.* Your letters comforted me.
■ **reanimarse** *v pron* **1** (*fortalecerse*) to get your strength back: *Necesitas comer para ~te.* You need to eat to get your strength back. **2** (*volver en sí*) to regain consciousness

reanudación *nf* resumption

reanudar *vt* **1** (*gen*) to resume: *~ las obras/negociaciones* to resume the building work/negotiations **2** (*amistad, relación*) to renew
LOC **reanudar las clases 1** (*alumno*) to go back to school **2** (*profesor*) to start lessons again

reaparecer *vi* **1** (*gen*) to reappear: *Desapareció ayer y aún no ha reaparecido.* He disappeared yesterday and hasn't reappeared yet. **2** (*actor, deportista, político*) **(a)** (*gen*) to return: *El jugador reapareció tras una larga lesión.* The player returned after a long absence due to injury. **(b)** (*después de retirarse*) to make a comeback

reaparición *nf* **1** (*gen*) reappearance: *la ~ de los sentimientos nacionalistas* the reappearance of nationalist sentiment **2** (*actor, deportista, político*) **(a)** (*gen*) return: *La ~ del cantante ha despertado gran expectación.* The singer's return has raised great expectations. **(b)** (*después de retirarse*) comeback: *hacer su ~* to make a comeback

rearme *nm* rearmament

reavivar *vt* to rekindle

rebaja *nf* **1** (*descuento*) discount: *una ~ del 20% en las prendas marcadas* a 20% discount on all marked garments ◊ *Nos hicieron una ~.* They gave us a discount. **2** (*reducción*) reduction: *una ~ de los tipos de interés* a reduction in interest rates **3 rebajas (a)** (*en una sola tienda*) sale [*sing*]: *Tu tienda favorita está de ~s.* Your favourite shop is having a sale. **(b)** (*en muchas tiendas*) sales: *~s de verano/enero* summer/January sales

rebajar *vt* **1** (*gen*) to reduce: *~ una condena* to reduce a sentence ◊ *Nos rebajó un 15% del precio.* He gave us a 15% reduction. **2** (*peso*) to lose: *Tengo que ~ dos kilos.* I need to lose two kilos. **3** (*techo, terreno*) to lower (the level of) *sth* **4** (*color, tono*) to soften **5** (*solución, líquido*) to dilute: *Rebájalo con un poco de agua.* Dilute it with some water. **6(a)** (*humillar*) to humiliate: *Me rebajó delante de todos.* He humiliated me in front of everyone. **(b)** (*desacreditar, deshonrar*) to debase: *Esa acción le rebajó ante mis ojos.* What he did debased him in my eyes. **7** (*Mil*) to exempt *sb* **from** ***sth***: *Lo han rebajado de servicio.* They have exempted him from active service.
■ **rebajarse** *v pron* **1 rebajarse (a hacer algo)** to lower yourself (**by doing sth**): *No me rebajaría a aceptar tu dinero.* I wouldn't lower myself by accepting your money. **2 rebajarse ante algn** to bow down **to sb**: *Yo no me rebajo ante ella.* I'm not going to bow down to her.
LOC **rebajar de categoría** to relegate

rebanada *nf* slice ☛ *Ver ilustración en* BARRA

rebanar *vt* to slice

rebaño *nm* flock

rebasar *vt* **1** (*sobrepasar*) **(a)** (*gen*) to exceed: *La cifra rebasa los 15 millones.* The figure exceeds 15 million. **(b)** (*agua*) to rise **above** ***sth*** **(c)** (*frontera, meta*) to cross **(d)** (*punto*) to go beyond *sth* **2** (*adelantar*) to overtake: *El coche me rebasó por la izquierda.* The car overtook me on the inside.

rebatir *vt* to refute

rebeca *nf* cardigan

rebelarse *v pron* to rebel (***against sth/sb***)

rebelde *adj* **1** (*gen*) rebel [*n atrib*]: *el general ~* the rebel general **2** (*espíritu, actividades*) rebellious **3** (*difícil*) **(a)** (*niño*) difficult **(b)** (*pelo, rizo*) unruly **(c)** (*mancha*) stubborn **(d)** (*tos*) persistent

■ **rebelde** *nmf* rebel
rebeldía *nf* rebelliousness
rebelión *nf* rebellion
reblandecer(se) *vt, v pron* to soften
reblandecimiento *nm* softening
rebobinar *vt* to rewind
reborde *nm* border
rebosadero *nm* overflow
rebosante *adj* **~ (de)** overflowing (**with *sth***)
LOC rebosante de salud brimming with health
rebosar *vi* to be overflowing ***with sth***: *La sala rebosaba de público.* The hall was overflowing with people.
LOC rebosar de salud to be brimming with health *Ver tb* LLENO
rebotar *vi* **~ (en) 1** (*gen*) to rebound (**off *sth***), to bounce (**off *sth***) (*más coloq*): *La pelota rebotó en la pared.* The ball rebounded off the wall. **2** (*bala*) to ricochet (**off *sth***)
■ **rebotarse** *v pron* (*enfadarse*) to get in a huff
rebote *nm* rebound: *dar/pegar un ~ en algo* to rebound off sth
LOC de rebote 1 (*lit*): *Fue un gol de ~.* They scored on the rebound. ◊ *La pelota me dio de ~.* As the ball rebounded it struck me. **2** (*fig*): *De ~ consiguieron un día extra de vacaciones.* As a result, they got an extra day's holiday.
rebozado, -a *pp, adj* **1** (*con pan rallado*) (fried) in breadcrumbs **2** (*con harina*) (fried) in batter *Ver tb* REBOZAR
■ **rebozado** *nm* (*de harina*) batter: *No me gusta el ~.* I don't like food fried in batter.
rebozar *vt* **1** (*con pan rallado*) to roll *sth* in breadcrumbs **2** (*con harina*) to dip *sth* in batter
rebrotar *vi* **1** (*planta*) to sprout **2** (*problema, enfermedad*) to re-emerge
rebrote *nm* **1** (*planta*) shoot **2** (*problema, enfermedad*) re-emergence
rebujo *nm* **1** (*de ropa, de papeles*) heap **2** (*de hilo*) tangle
rebuscado, -a *pp, adj* **1** (*estilo, lenguaje*) elaborate **2** (*examen, persona*) difficult *Ver tb* REBUSCAR
rebuscar *vi* to search: *Rebusqué en los cajones para encontrar el papel.* I searched through the drawers to find the piece of paper.
rebuznar *vi* to bray
rebuzno *nm* braying [*incontable*]: *Se oían unos ~s.* You could hear braying.
recabar *vt* **1** (*conseguir*) to obtain **2** (*reclamar, solicitar*) to ask **for *sth***
recadero, -a *nm-nf* errand boy/girl
recado *nm* **1** (*mensaje*) message: *dejar ~* to leave a message **2** (*encargo*): *Tengo que hacer unos ~s.* I've got a few things to do. **LOC** *Ver* CHICO
recaer *vi* **1** (*Med*) to have a relapse **2 ~ (en)** (*en vicio*) to be back **to/on *sth***: *Estuvo unos meses sin probar la bebida pero ahora ha recaído.* He kept off the drink for a few months but he's back on it again now. **3 ~ (en/sobre) (a)** (*culpa, responsabilidad, sospecha*) to fall (**on *sb***): *Todas las sospechas recayeron sobre mí.* Suspicion fell on me. **(b)** (*premio*) to go (**to *sth*/*sb***): *El premio recayó en mi grupo.* The prize went to my group.
recaída *nf* relapse
recalcar *vt* to stress
recalcitrante *adj* recalcitrant
recalentamiento *nm* overheating
recalentar *vt* **1** (*comida*) to reheat **2** (*motor*) to overheat
■ **recalentarse** *v pron* (*motor*) to overheat
recámara *nf* **1** (*habitación*) dressing room **2** (*arma*) chamber
recambio *nm* **1** (*gen*) spare (part): *Tenemos ~s para todos los modelos.* We have spare parts for all models. **2** (*bolígrafo, pluma*) refill **LOC** *Ver* RUEDA
recapacitar *vt* to think *sth* over
■ **recapacitar** *vi* to think things over
recapitulación *nf* summary
recapitular *vt, vi* to summarize
recargable *adj* refillable
recargado, -a *pp, adj* **1** (*estilo*) overelaborate: *una habitación recargada de adornos* a room that's really over the top **2** (*estética*): *Iba un poco recargada para mi gusto.* She was a bit overdressed for my taste. *Ver tb* RECARGAR
recargar *vt* **1** (*cargar de nuevo*) **(a)** (*pila, batería*) to recharge **(b)** (*arma*) to reload **(c)** (*pluma*) to refill **2** (*Fin*) **(a)** (*cobrar de más*) to surcharge **(b)** (*subir*) to increase **3** (*poner demasiado peso*) to overload : *~ un camión* to overload a lorry **4** (*adornar demasiado, exagerar*) to overdo: *No recargues el maquillaje.* Don't overdo the make-up. ◊ *~ una habitación* to overdo the decoration in a room
■ **recargarse** *v pron* **1** (*pilas, batería*) to recharge **2 recargarse de** (*trabajo, responsabilidades*): *Este mes se ha recargado de trabajo.* He's taken on too much work this month.
recargo *nm* surcharge
LOC sin recargo at no extra cost
recatado, -a *adj* **1** (*modesto, pudoroso*) modest **2** (*cauteloso*) restrained
recato *nm* **1** (*modestia*) modesty: *¡Qué falta de ~, besarse en público!* Outrageous, kissing like that in public! **2** (*cautela*) restraint
LOC sin (ningún) recato openly
recauchutado *nm* retread **LOC** *Ver* NEUMÁTICO
recaudación *nf* **1** (*acción*) **(a)** (*impuestos, cuotas*) collection: *~ fiscal* tax collection **(b)** (*fondos*) raising **2** (*cantidad*) **(a)** (*por ventas*) takings [*v pl*] **(b)** (*en cine*) box-office receipts [*v pl*] **(c)** (*impuestos*) (tax) revenue [*incontable*]
recaudador, ~a *nm-nf* collector: *~ de impuestos* tax collector
recaudar *vt* **1** (*fondos*) to raise **2** (*impuestos, cuotas*) to collect
recaudo *nm*
LOC a buen recaudo in a safe place
recelar *vi* **~ (de)** to be suspicious (**of *sth*/*sb***)
recelo *nm* mistrust [*incontable*]: *Existen ~s entre ellos.* They don't trust each other. ◊ *El plan me inspira cierto ~.* I'm uneasy about the plan.
receloso, -a *adj* suspicious (**of *sth*/*sb***): *Me miró recelosa.* She looked at me suspiciously.
recepción *nf* **1** (*gen*) reception: *Pasen por ~.* Go to reception. ◊ *La ~ era deficiente en frecuencia modulada.* Reception on FM was poor. ◊ *una ~ triunfal* a magnificent reception ◊ *Hubo una ~ en la embajada española.* There was a reception at the Spanish embassy. **2** (*carta, aviso, pedido*) receipt
recepcionista *nmf* receptionist
receptivo, -a *adj* receptive (***to sth***)
receptor, ~a *nm-nf* (*persona*) recipient
■ **receptor** *nm* (*aparato*) receiver
recesión *nf* (*Econ*) recession: *la ~ turística* the recession in the tourist industry
receta *nf* **1** (*Cocina, fig*) recipe (***for sth***): *Tienes que darme la ~ de este plato.* You must give me the recipe for this dish. ◊ *la ~ del éxito* the recipe for success **2** (*Med*) prescription: *Solo se vende con ~.* Only available on prescription.
recetar *vt* to prescribe
rechazar *vt* **1** (*gen*) to turn *sth/sb* down, to reject (*más formal*): *Rechazaron nuestra propuesta.* Our proposal was rejected. ◊ *Tus amigos no te rechazarán.* Your friends will not reject you. ◊ *Su cuerpo rechazó el nuevo riñón.* His body rejected the new kidney. **2** (*acusación*) to deny **3** (*enemigo*) to repulse
rechazo *nm* **1 ~ (a/de)** (*gen*) rejection (**of *sth*/*sb***): *Comunicaron su ~ de la oferta.* They signalled their rejection of the offer. ◊ *Su ~ me hirió.* I was hurt that he rejected me. **2 ~ (de)** (*de acusaciones*) denial (**of *sth***)
rechinar *vi* **1** (*ventana, puerta*) to squeak **2** (*dientes*) to grind

rechistar *vi*: *¡A mí ni me rechistes!* Don't answer back! ◊ *¡Hazlo sin ~!* Shut up and get on with it!

rechoncho, -a *adj* **1** (*cara, labios*) plump **2** (*persona, dedos*) podgy

rechupete
LOC **de rechupete** delicious: *Esta tarta está de ~.* This cake's delicious.

recibidor *nm* (*vestíbulo*) (entrance) hall

recibimiento *nm* welcome, reception (*más formal*): *un caluroso ~* a warm welcome

recibir *vt* **1** (*gen*) to receive, to get (*más coloq*): *Recibí tu carta.* I got your letter. ◊ *Reciben una subvención.* They receive a subsidy. ◊ *~ un regalo/premio* to receive a present/an award **2** (*persona, palabras*) to receive: *Nos recibió la reina.* We were received by the queen. ◊ *Salió a ~nos.* He came out to welcome us. ◊ *Sus palabras fueron recibidas con aplausos.* His words were warmly received. **3** (*Med*) to have: *Ha recibido una transfusión de sangre.* He's had a blood transfusion.
LOC **reciba mi enhorabuena** please accept my congratulations **reciba un atento/cordial saludo** Yours sincerely... ☛ *Ver nota en* ATENTAMENTE **recibe un abrazo/beso de** (with) love from *sb* **recibe un caluroso saludo** best wishes **recibir a algn en el aeropuerto/la estación** to meet sb at the airport/the station **recibir bajo palio** to give *sb* a royal welcome **recibir con los brazos abiertos** to welcome *sth/sb* with open arms **recibir el calificativo de** to be labelled (as) *sth* **recibir el finiquito** to get your cards **recibir la/una negativa (de)** to be turned down (by *sb*): *La propuesta recibió una negativa de la comisión.* The proposal was turned down by the committee. **recibir sepultura** to be laid to rest **recibir un disparo/tiro** to be shot *Ver tb* DISGUSTO, HERIDA, TESTIMONIO

recibo *nm* **1** (*comprobante*) receipt: *Para cambiarlo necesita el ~.* You need the receipt if you want to change it. **2** (*factura*) bill: *el ~ de la luz* the electricity bill LOC *Ver* ACUSAR, ACUSE

reciclado, -a *pp, adj Ver* RECICLAR
■ **reciclado** *nm* recycling LOC *Ver* PAPEL

reciclaje *nm* **1** (*materiales*) recycling **2** (*persona*) retraining: *un curso de ~* a retraining course

reciclar *vt* **1** (*material*) to recycle **2** (*profesional*) to retrain
■ **reciclarse** *v pron* to retrain: *Todos los profesionales deberían ~se cada cierto tiempo.* All professionals should retrain from time to time. ◊ *Necesito un año para ~me.* I need a year to retrain.

recién *adv* newly: *~ creado/elegido* newly formed/elected ◊ *un joven ~ salido del hospital* a young man who'd just left hospital
LOC **los recién casados** the newly-weds **recién cumplidos**: *Mi hija tiene 15 años ~ cumplidos.* My daughter has just turned 15. **recién estrenado** new: *un piso ~ estrenado* a new flat ◊ *una obra de teatro ~ estrenada* a new play **recién hecho 1** (*gen*) freshly cooked **2** (*pan*) freshly baked **recién llegado** newcomer **recién nacido** newborn: *su hijo ~ nacido* their newborn baby son ◊ *un ~ nacido* a newborn baby **recién pintado** (*cartel*) wet paint **recién puesto 1** (*ropa*) clean **2** (*huevo*) new-laid **recién salido del cascarón** (still) wet behind the ears *Ver tb* PELÍCULA

reciente *adj* **1** (*gen*) recent: *un ejemplo ~* a recent example **2** (*fresco*) fresh
LOC **de reciente apertura/construcción/publicación** recently opened/built/published *Ver tb* PELÍCULA

recientemente *adv* recently

recinto *nm* **1** (*zona*) area: *el ~ de la universidad* the university area ◊ *el ~ de la exposición* the exhibition site **2** (*cercado*) enclosure: *un ~ amurallado* a walled enclosure ◊ *dentro del ~ del palacio* in the palace grounds **3** (*edificio*) building
LOC **recinto comercial** shopping complex **recinto portuario** docks [*v pl*] **recinto zoológico** zoo

recio, -a *adj* strong

recipiente *nm* container

recíproco, -a *adj* mutual

recital *nm* **1** (*Mús*) recital **2** (*de poesía*) reading

recitar *vt* to recite LOC *Ver* SENTIDO

reclamación *nf* **1** (*queja*) complaint: *hacer/presentar una ~* to make/lodge a complaint **2** (*demanda*) claim: *reclamaciones por daños* claims for damages LOC *Ver* LIBRO

reclamar *vt* **1** (*exigir*) to demand: *Reclaman justicia.* They're demanding justice. ◊ *Reclamó su parte de la herencia.* He claimed his share of the inheritance. **2** (*requerir la presencia de algn*) to want: *Te reclaman en recepción.* You're wanted in reception. ◊ *La policía les reclama.* They are wanted for questioning by the police. **3** (*situación, problema*) to require: *Este tema reclama nuestra atención.* This matter requires attention.
■ **reclamar** *vi* to complain: *Deberías ~, no funciona.* It doesn't work – you should complain.

reclamo *nm* **1** (*sonido que emite un ave*) (bird) call **2** (*para atraer la caza*) lure **3** (*aliciente*) attraction: *La oferta es un excelente ~ para atraer clientes.* The offer will attract more customers. ◊ *Acuden al ~ del dinero fácil.* Easy money is the attraction.
LOC **reclamo publicitario** advertisement

reclinable *adj* reclining

reclinar *vt* to lean *sth* (**on** *sth/sb*): *Reclinó la cabeza en mi hombro.* He leant his head on my shoulder.
■ **reclinarse** *v pron* (*persona*) to lean back (***against sth/sb***)
LOC **reclinar el asiento** to put the back of your seat down

recluir *vt* **1** (*gen*) to confine *sb* ***to sth***: *~ a algn en una institución psiquiátrica* to confine sb to a mental institution **2** (*en una prisión*) to imprison
■ **recluirse** *v pron* to shut yourself away

reclusión *nf* imprisonment

recluso, -a *nm-nf* prisoner LOC *Ver* PRIMERO

recluta *nmf* recruit

reclutamiento *nm* recruitment LOC *Ver* CAJA

reclutar *vt* to recruit

recobrar *vt* **1** (*conocimiento, control*) to regain: *~ el conocimiento/control* to regain consciousness/control **2** (*salud, memoria, energía, confianza*) to recover, to get *sth* back (*más coloq*): *~ la salud* to recover your health ◊ *~ la memoria* to get your memory back **3** (*Mil*) to recapture
■ **recobrarse** *v pron* **recobrarse (de) 1** (*gen*) to recover (**from** *sth*), to get over *sth* (*más coloq*): *~se de una enfermedad/de un susto* to recover from an illness/a shock **2** (*volver en sí*) to come round (**from** ***sth***): *~se de la anestesia* to come round from the anaesthetic
LOC **recobrar/recuperar la normalidad** to return to normal

recochineo *nm*: *Me lo dijo con mucho ~.* He was taking the mickey.
LOC **basta/ya está bien de recochineo(s)** stop taking the mickey

recodo *nm* bend: *en un ~ del camino* at a bend in the road

recogedor *nm* dustpan

recogepelotas *nmf* ballboy [*fem* ballgirl]

recoger *vt* **1** (*objeto caído*) to pick *sth* up: *Recoge el pañuelo/los cristales del suelo.* Pick up your handkerchief/the pieces of glass. **2** (*reunir*) to collect: *~ firmas/donativos/la basura* to collect signatures/donations/the rubbish **3** (*ir a buscar*) to pick *sth/sb* up, to collect (*más formal*): *~ un paquete* to pick up a parcel ◊ *Voy a ~ a los niños del colegio.* I'm going to pick the children up from school. ◊ *Vino un coche a ~nos.* A car came to collect us. **4** (*Agricultura*) **(a)** (*fruta, guisantes, alubias*) to pick **(b)** (*cereales*) to harvest: *~ el trigo/la cebada* to harvest the wheat/barley **5** (*ropa tendida, cuerda, animal, persona*) to take *sth/sb* in: *Recogimos a un perro abandonado.* We took in a stray dog. **6** (*agua*) to mop *sth* up: *Me pasé una hora recogiendo el agua de la lavadora.* I spent an hour mopping up the water from the washing machine. **7** (*ordenar*) to tidy: *~ la casa/habitación* to tidy the house/room **8** (*mostrar, registrar*) to show: *tal como recoge el acta de la reunión* as shown by the minutes of the meeting **9** (*incluir*) to include: *La exposición recoge casi 100 cuadros.* The exhibition includes nearly 100 pictures. **10** (*tomar en consideración*) to take account of *sth*: *El comité recogió las demandas de los empleados.* The committee took account of the workers' demands.

■ **recoger** *vi* to tidy up: *El salón está hecho un asco. ¿Me ayudas a ~?* The sitting-room is a disgrace. Can you help me tidy up?

■ **recogerse** *v pron* **1** (*irse a casa*) to go home **2** (*acostarse*) to go to bed **3** (*recluirse*) to withdraw: *~se a un convento* to withdraw to a convent

LOC **recoger el fruto de tu trabajo/tus esfuerzos** to reap the reward of your efforts **recoger la cosecha** to get the harvest in **recoger la mesa** to clear the table **recogerse el pelo 1** (*en una coleta*) to tie your hair back **2** (*en un moño*) to put your hair up **recogerse las mangas/los pantalones** to roll your sleeves/trousers up *Ver tb* SEMBRAR, VELA[1]

recogida *nf* **1** (*gen*) collection: *~ de basura* rubbish collection **2** (*cosecha*) harvest

LOC **recogida de equipajes** baggage reclaim

recogido, -a *pp, adj* **1** (*tranquilo*) quiet **2** (*pequeño*) compact: *un cuarto de baño muy ~* a compact bathroom **3** (*pelo*) **(a)** (*en una coleta*) tied back **(b)** (*en un moño*) up: *Estás mejor con el pelo ~.* You look better with your hair up. *Ver tb* RECOGER

recolectar *vt* **1** (*cosechar*) **(a)** (*cereales*) to harvest **(b)** (*fruta, guisantes, alubias*) to pick **2** (*reunir*) to collect

recomendable *adj* advisable

LOC **ser poco recomendable/no ser nada recomendable** to be no good: *Ese libro/chico no es nada ~.* That book/boy is no good.

recomendación *nf* recommendation: *Fuimos a ese hotel por ~ de mi hermano.* We went to that hotel on my brother's recommendation. ◊ *Conseguí el puesto por ~ de mi antiguo jefe.* I was recommended for the job by my former boss. LOC *Ver* CARTA

recomendado, -a *pp, adj* recommended: *lecturas recomendadas* recommended reading ◊ *muy ~* highly recommended *Ver tb* RECOMENDAR

■ **recomendado, -a** *nm-nf*: *Es el ~ del director.* He's the director's protégé. ◊ *Ese es un ~.* He's got a lot of contacts.

recomendar *vt* to recommend: *Una amiga nos recomendó este colegio.* A friend recommended this school. ◊ *¿Qué nos recomienda?* What do you recommend? ◊ *No te recomiendo que lo hagas.* I don't recommend you to do it. ◊ *El médico me ha recomendado descanso.* The doctor has advised me to rest.

recomerse *v pron Ver* RECONCOMERSE

recompensa *nf* reward

LOC **en recompensa** as a reward (*for sth*)

recompensar *vt* to reward *sb* (***for sth***)

recomponer *vt* (*arreglar*) to rebuild

reconciliación *nf* reconciliation

reconciliar *vt* to reconcile

■ **reconciliarse** *v pron* to make (it) up (***with sb***), to be reconciled (***with sb***) (*más formal*): *Riñeron pero se han reconciliado.* They quarrelled but they've made (it) up now. ◊ *No quiere ~se con su hermana.* He refuses to be reconciled with his sister.

reconcomerse *v pron*

LOC **reconcomerse de envidia/rabia** to be consumed with jealousy/rage

recóndito, -a *adj* (*lugar*) remote

LOC **en lo más recóndito de** in the depths of *sth*: *en lo más ~ del bosque/de mi corazón* in the depths of the forest/deep in my heart

reconfortante *adj* comforting: *un pensamiento ~* a comforting thought

reconfortar *vt* to comfort: *Tus palabras me reconfortan.* Your words are a great comfort to me. ◊ *Un buen tazón de chocolate te reconfortará.* A cup of hot chocolate will make you feel better.

reconocer *vt* **1** (*gen*) to recognize: *No me reconoció.* He didn't recognize me. ◊ *Han reconocido al nuevo gobierno.* They've recognized the new government. **2** (*cadáver, delincuente*) to identify **3** (*admitir*) to admit: *~ un error* to admit a mistake **4** (*examinar*) to examine: *~ a un paciente/un documento* to examine a patient/a document

■ **reconocerse** *v pron* to admit: *Se reconocieron culpables.* They admitted their guilt.

LOC **reconocer el terreno 1** (*Mil*) to reconnoitre **2** (*fig*) to see how the land lies

reconocible *adj* recognizable

reconocido, -a *pp, adj* (*apreciado*) *adj* well-known: *un ~ sociólogo* a well-known sociologist *Ver tb* RECONOCER

reconocimiento *nm* **1** (*gen*) recognition: *en ~ por sus servicios* in recognition of his services **2** (*cadáver, sospechoso*) identification **3** (*admisión*) admission **4** (*inspección*) check **5** (*Mil*) reconnaissance: *un avión/vuelo de ~* a reconnaissance plane/flight

LOC **reconocimiento de la voz** (*Informát*) voice recognition **reconocimiento (médico)** medical: *Tienes que hacerte un ~ médico antes de empezar el trabajo.* You have to have a medical before you start the job. *Ver tb* RUEDA

reconquista *nf* reconquest

LOC **la Reconquista** the Reconquest

reconquistar *vt* (*lit* y *fig*) to win *sth* back

reconsiderar *vt* to reconsider

reconstituyente *nm* tonic

reconstrucción *nf* reconstruction: *la ~ de la economía* economic reconstruction ◊ *una ~ de los hechos por parte de la policía* a police reconstruction

reconstruir *vt* **1** (*gen*) to rebuild **2** (*hechos, suceso*) to reconstruct

reconversión *nf* (*de industria*) restructuring

LOC **reconversión profesional** retraining **reconversión urbana** urban renewal

reconvertir *vt* **1** (*industria*) to restructure **2** (*trabajador*) to retrain

recopilación *nf* collection

recopilar *vt* to collect: *~ material* to collect material ◊ *El informe recopila toda la información esencial sobre la compañía.* The report includes all the essential information on the company.

récord *nm* record: *velocidad ~* record speed ◊ *batir/tener un ~* to break/to hold a record

LOC **en un tiempo récord** in record time *Ver tb* ESTABLECER, PERSONAL

recordar *vt* **1 recordarle algo a algn** to remind *sb* **(about sth/to do sth)**: *Recuérdame que compre pan.* Remind me to buy some bread. ◊ *Recuérdamelo mañana o se me olvidará.* Remind me tomorrow or I'll forget. ◊ *Me permito ~les que…* May I remind you that… ☛ *Ver nota en* REMIND **2** (*por asociación*) to remind *sb* **of *sb/sth***: *Me recuerda a mi hermano.* He reminds me of my brother. ◊ *¿Sabes a qué/quién me recuerda esta canción?* Do you know what/who this song reminds me of? ◊ *un estilo que recuerda a Picasso* a style reminiscent of Picasso **3** (*acordarse*) to remember ***sth/doing sth***: *No recuerdo su nombre.* I can't remember his name. ◊ *Recuerdo que los vi.* I remember seeing them. ◊ *Que yo recuerde…* As far as I remember… ☛ *Ver nota en* REMEMBER

LOC **si mal no recuerdo** if I'm not mistaken **te recuerdo que…** remember…: *Te recuerdo que mañana tienes un examen.* Remember you've got an exam tomorrow.

recorrer(se) *vt, v pron* **1** (*gen*) to go **round/through** ***sth***: *Recorrimos Francia en tren.* We went round France by train. ◊ *La exposición recorrerá España.* The exhibition will travel round Spain. ◊ *El desfile recorrerá el centro.* The parade will go through the centre. ◊ *Me gusta recorrer la costa en coche.* I like driving along the coast. ◊ *Me he recorrido todas las tiendas.* I've been

round all the shops. **2** (*distancia*) to cover, to do (*más coloq*): *Tardamos tres horas en ~(nos) un kilómetro.* It took us three hours to do one kilometre.
LOC **recorrer algo con la mirada/vista (a)** (*habitación, edificio*) to look round sth **(b)** (*documento*) to look through sth **recorrer a pie** to walk round/through *sth* **recorrer mundo** to see the world

recorrido *nm* **1** (*trayecto*) route: *el ~ del autobús* the bus route **2** (*viaje*) journey: *un ~ de 500 kilómetros* a 500 kilometre journey ◊ *Hicimos un ~ por Andalucía.* We went on a trip round Andalusia. **3** (*visita*) tour: *el ~ de la reina por los estudios* the Queen's tour of the studios **4** (*Golf, cartero, repartidor*) round **LOC** *Ver* TREN

recortable *nm* cut-out

recortado, -a *adj* (*borde, costa*) jagged **LOC** *Ver* ESCOPETA

recortar *vt* **1** (*artículo, cupón, figura*) to cut *sth* out: *Recorté la foto de una revista vieja.* I cut the photo out of an old magazine. **2** (*pelo, barba, sobrante*) to trim **3** (*gastos, personal, tasa de interés*) to cut
■ **recortarse** *v pron* (*silueta*) to stand out (***against sth***)

recorte *nm* **1** (*gen*) cut: *~s en los gastos/sueldos* spending/wage cuts **2** (*libertad, derechos*) curtailment
LOC **recorte de prensa** press cutting

recostado, -a *pp, adj Ver* RECOSTAR
LOC **estar recostado 1** (*estar apoyado*) to be leaning *against/on sth* **2** (*estar tumbado*) to be lying (down)

recostar *vt* **1** (*apoyar*) to lean *sth* ***against/on sth***: *Recosté la escalera contra la pared.* I leant the ladder against the wall. ◊ *La niña recostó la cabeza sobre el hombro de su padre.* The little girl leant her head on her father's shoulder. **2** (*tumbar*) to lay *sth/sb* (down): *La recostaron en el diván.* They laid her down on the sofa.
■ **recostarse** *v pron* **1** (*reclinarse*) to lie back: *Le ayudé a ~se sobre los almohadones.* I helped him lie back on the cushions. **2** (*tumbarse*) to lie down

recoveco *nm* **1** (*rincón*) corner: *Exploré todos los ~s del barrio viejo.* I explored every corner of the old city **2** (*memoria, conciencia*) recess

recreación *nf* recreation

recrear *vt* (*ambiente*) to recreate
■ **recrearse** *v pron* **1** (*gen*) to enjoy yourself: *Aquí se pueden ~ los invitados.* The guests can enjoy themselves here. **2 recrearse (con/en)** to take pleasure (**in *sth*/*doing sth***): *~se con las desgracias ajenas* to take pleasure in other people's misfortunes
LOC **recrear la vista** (*paisaje, obra de arte*) to be a joy to behold

recreativo, -a *adj* recreational **LOC** *Ver* MÁQUINA

recreo *nm* (*Educ*) break: *A las once saldremos al ~.* We'll have a break at eleven.
LOC **de recreo** recreational: *instalaciones de ~* recreational facilities *Ver tb* BARCO, EMBARCACIÓN, HORA, PATIO, VIAJE[2]

recriminación *nf* recrimination

recriminar *vt* to reproach *sb* (**for *sth*/*doing sth***)

recrudecer(se) *vt, vi, v pron* to intensify: *El último ataque ha recrudecido el conflicto.* This latest attack has intensified the conflict. ◊ *La lucha (se) ha recrudecido en los últimos días.* The fighting has intensified over the last few days.

recrudecimiento *nm* intensification

recta *nf* straight line
LOC **recta final 1** (*Dep*) home straight **2** (*fig*) final stages [*v pl*]: *Estamos en la ~ final del proyecto.* We're in the final stages of the project.

rectal *adj* **LOC** *Ver* VÍA

rectangular *adj* rectangular ☛ Existe también el término **oblong**, *ver nota en* OBLONG

rectángulo *adj* right-angled: *un triángulo ~* a right-angled triangle ☛ *Ver ilustración en* TRIANGLE
■ **rectángulo** *nm* rectangle, oblong (*más coloq*)

rectificable *adj* rectifiable

rectificación *nf* **1** (*de errores*) rectification **2** (*Jur*) retraction

rectificar *vt* **1** (*gen*) to rectify: *~ el error* to rectify the mistake **2** (*actitud, conducta*) to improve **3** (*información*) to correct **4** (*carretera, trazado*) to straighten
■ **rectificar** *vi* to correct yourself

rectilíneo, -a *adj* rectilinear

recto, -a *adj* **1** (*gen*) straight: *una línea recta* a straight line **2** (*persona, comportamiento*) upright
■ **recto** *nm* (*Anat*) rectum [*pl* rectums/recta] ☛ *Ver ilustración en* DIGESTIVE
LOC **todo recto** straight on *Ver tb* ÁNGULO

rector, ~a *adj* **1** (*principio*) guiding **2** (*consejo, junta*) governing
■ **rector, ~a** *nm-nf* **1** (*universidad*) vice-chancellor **2** (*Relig*) rector

rectorado *nm* **1** (*cargo*) vice-chancellorship **2** (*despacho*) vice-chancellor's office

recuadro *nm* (*casilla*) box

recubrir *vt* to cover *sth* (***with sth***)

recuento *nm*: *hacer un ~ del dinero* to count the money again ◊ *hacer un ~ de los votos* to do a recount

recuerdo *nm* **1** (*memoria*) memory: *Guardo/tengo un buen ~ de nuestra amistad.* I have happy memories of our friendship. **2** (*objeto*) **(a)** (*gen*) memento [*pl* mementos/mementoes]: *Me lo dio de ~.* She gave it to me as a memento. **(b)** (*souvenir*) souvenir: *un ~ de Mallorca* a souvenir of Majorca **3 recuerdos** (*saludos*) regards: *Dale ~s de mi parte.* Give him my regards. ◊ *Mi madre te manda ~s.* My mother sends her regards.
LOC **en recuerdo de** in memory of *sth/sb* **estar en el recuerdo de todos** to be in everybody's thoughts **pasar al recuerdo 1** (*olvidarse*) to be a distant memory **2** (*morir*) to pass away **recuerdo de familia** heirloom *Ver tb* BORRAR

recuperación *nf* **1** (*gen*) recovery: *Le desearon una pronta ~.* They wished him a speedy recovery. **2** (*examen*) resit: *hacer la ~ de matemáticas* to do the maths resit ◊ *No se presentó al examen de ~.* He didn't do the resit. **3** (*Informát*) retrieval: *la ~ de datos* data retrieval **LOC** *Ver* CLASE

recuperar *vt* **1** (*gen*) to recover: *Recuperó el conocimiento/la vista.* He recovered consciousness/his sight. **2** (*tiempo, clases*) to make *sth* up: *Tienes que ~ tus horas de trabajo.* You'll have to make up the time. **3** (*Educ*) to pass a resit: *He recuperado historia.* I passed the history resit.
■ **recuperarse** *v pron* **1 recuperarse (de)** (*de lesiones, de una sorpresa*) to recover (**from *sth***) **2** (*volver en sí*) to come round **LOC** *Ver* ACTUALIDAD, RECOBRAR

recurrir *vt* (*sentencia*) to appeal **against *sth*** [*vi*]
■ **recurrir** *vi* **1 ~ a** to resort **to *sth***: *Al final recurrieron a la violencia.* In the end they resorted to violence. ◊ *~ al ingenio* to rely on your wits **2 ~ a** (*pedir ayuda*) to turn **to *sb***: *No tenía a quién ~.* I had no one to turn to. **3 ~ (ante)** (*Jur*) to appeal (**to *sth*/*sb***)

recurso *nm* **1** (*medio*) resort: *como último ~* as a last resort **2** (*Jur*) appeal **3 recursos** resources: *~s humanos/económicos* human/economic resources
LOC **de recursos** resourceful: *una mujer de ~s* a resourceful woman **recurso de amparo** appeal to the Constitutional Court [*pl* appeals to the Constitutional Court] **recurso de apelación** appeal: *presentar un ~ de apelación* to appeal **recurso de casación** appeal for annulment [*pl* appeals for annulment] **recursos estilísticos/literarios** stylistic/literary devices

recusar *vt* (*Jur*) to challenge

red *nf* **1** (*Dep, de caza, pesca*) net ☛ *Ver ilustración en* TENNIS **2** (*Informát, Comunicaciones, Transportes, espionaje*) network: *la ~ de ferrocarriles/carreteras* the rail/road network **3** (*agua, electricidad, gas*) mains [*v pl*] **4** (*tiendas, bancos*) chain **5** (*traficantes*) ring
LOC **caer en las redes de algn** to fall into sb's clutches **red barredera** trawl(-net) **Red Nacional de los Ferrocarriles Españoles (RENFE)** Spanish national railway company

redacción *nf* **1** (*ejercicio escolar*) essay: *hacer una ~ sobre tu ciudad* to write an essay on your town **2** (*carta, artículo*) writing: *La ~ de la carta me llevó más de una hora.* It took me more than an hour to write the letter. **3** (*leyes, documento*) drafting **4** (*estilo*) wording: *una carta de ~ cuidada* a carefully worded letter **5** (*Periodismo*) **(a)** (*oficina*) editorial office **(b)** (*plantilla*) editorial team **LOC** *Ver* JEFE

redactar *vt* **1** (*gen*) to write **2** (*documento*) to draw *sth* up: *~ un testamento* to draw up a will **3** (*leyes*) to draft
■ **redactar** *vi* to write: *Para ser tan pequeño redacta bien.* He writes well for his age.

redactor, ~a *adj* (*Periodismo*) editorial: *equipo ~* editorial team
■ **redactor, ~a** *nm-nf* **1** (*Periodismo*) editor **2** (*leyes, documento*) drafter
LOC **redactor jefe 1** (*gen*) editor in chief [*pl* editors in chief] **2** (*de un periódico*) editor

redada *nf* raid: *efectuar una ~* to carry out a raid

redecilla *nf* hairnet

redentor *nm* **el Redentor** the Redeemer
■ **redentor, ~a** *nm-nf* (*fig*) saviour
LOC **meterse a redentor** to poke your nose in

redicho, -a *adj* affected
■ **redicho, -a** *nm-nf* know-all **LOC** *Ver* DICHO

redil *nm* fold: *volver al ~* to return to the fold

redimir *vt* to redeem

redistribución *nf* redistribution

redistribuir *vt* to redistribute

rédito *nm* interest

redoblar *vt* to redouble: *El general ordenó ~ la guardia.* The general ordered the guard to be redoubled.
■ **redoblar** *vi* (*tambor*) to roll

redoble *nm* (drum) roll: *el ~ de los tambores* the roll of the drums

redoma *nf* flask

redomado, -a *adj* out and out: *un mentiroso ~* an out and out liar

redonda *nf* **1** (*tipografía*) roman type **2** (*Mús*) semibreve ☛ *Ver ilustración en* NOTACIÓN

redondear *vt* **1** (*gen*) to round *sth* off: *~ un negocio* to round off a business deal **2** (*precio, cifra*) **(a)** (*añadiendo*) to round *sth* up **(b)** (*quitando*) to round *sth* down

redondel *nm* ring: *los ~es de un roble* the rings of an oak tree

redondilla *nf* (*Liter*) quatrain

redondo, -a *adj* **1** (*gen*) round: *en números ~s* in round figures **2** (*perfecto*) perfect: *un viaje ~* a perfect journey **3** (*negocio*) successful
■ **redondo** *nm* (*carne*) round of beef
LOC **a la redonda**: *No había ninguna casa en diez kilómetros a la redonda.* There was no house within ten kilometres. ◊ *El estruendo se oyó en un kilómetro a la redonda.* The noise was heard a kilometre away. **caer redondo** (*dormirse*) to fall fast asleep **caerse redondo** (*desmayarse*) to collapse **en redondo**: *Han rechazado en ~ las propuestas.* They've turned the proposals down flat. ◊ *Me negué en ~.* I flatly refused. **girar/volverse en redondo** to spin round **salir redondo** to turn out perfectly: *Nos salió todo ~.* It all turned out perfectly for us. *Ver tb* CUELLO, ESCOTE[1], MESA

reducción *nf* reduction: *una ligera ~ de los tipos de interés* a slight reduction in interest rates ◊ *reducciones de armamentos* arms reductions ◊ *Exigen una ~ de la plantilla actual.* They're calling for staff reductions.

reducido, -a *pp, adj* (*pequeño*) small: *un grupo/espacio ~* a small group/space *Ver tb* REDUCIR
LOC **quedar/verse reducido a la nada** to come to nothing *Ver tb* ESCALA, JORNADA

reducir *vt* **1** (*gen, Quím*) to reduce: *~ la velocidad* to reduce speed ◊ *~ una salsa* to reduce a sauce ◊ *~ los gastos al mínimo* to reduce costs to the minimum ◊ *El fuego redujo la casa a cenizas.* The fire reduced the house to ashes. ◊ *~ a algn al silencio* to reduce sb to silence **2** (*Mat*) to convert **3** (*oponente*) to subdue
■ **reducir** *vi* (*en un coche*) to change down: *~ a segunda* to change down to second gear
■ **reducirse** *v pron* **reducirse a** (*limitarse*) to limit yourself **to sth/doing sth**
LOC **reducir a la mínima expresión** to cut *sth* right back: *He reducido mis gastos a la mínima expresión.* I've cut my expenses right back. ◊ *faldas reducidas a la mínima expresión* skirts shortened to the bare minimum **se reduce a...** it comes down to...: *La cuestión se redujo a...* The issue came down to... ◊ *Todo se reduce a...* It all boils down to...

reducto *nm* **1** (*gen*) stronghold: *el último ~ de una lengua* the last stronghold of a language **2** (*Mil*) redoubt

redundancia *nf* **1** (*gen*) redundancy **2** (*Ling*) tautology **LOC** *Ver* VALER

redundante *adj* redundant

redundar *vi* **~ en** to lead to *sth*: *~ en una mejora de la calidad de vida* to lead to an improvement in the quality of life
LOC **redundar en beneficio/favor de algo/algn**: *Redundará en tu propio beneficio.* It will be to your advantage. ◊ *~ en favor del proyecto* to be to the advantage of the project

reduplicar *vt* **1** (*gen*) to redouble **2** (*Ling*) to reduplicate

reedición *nf* reissue

reeditar *vt* to reissue

reeducación *nf* **1** (*Sociol*) re-education **2** (*Med*) rehabilitation

reeducar *vt* **1** (*Sociol*) to re-educate **2** (*Med*) to rehabilitate

reelección *nf* re-election

reelegir *vt* to re-elect: *Le han reelegido como su representante.* They've re-elected him as their representative

reembolsable *adj* refundable
LOC **no reembolsable** non-refundable

reembolsar *vt* **1** (*cantidad pagada*) to refund **2** (*gastos*) to reimburse

reembolso *nm* **1** (*cantidad pagada*) refund **2** (*gastos*) reimbursement
LOC **contra reembolso** cash on delivery (*abrev* COD) *Ver tb* ENTREGA, ENVÍO

reemplazable *adj* replaceable

reemplazar *vt* to replace *sth/sb* (**with** *sth*/*sb*): *~ a un jugador por otro* to replace one player with another ◊ *El Sr. Gómez me reemplazará en el cargo.* Sr. Gómez will replace me.

reemplazo *nm* **1** (*sustitución*) replacement **2** (*servicio militar*) year's intake of conscripts **LOC** *Ver* SOLDADO

reemprender *vt* to start *sth/doing sth* again: *~ la elaboración de la novela* to start working on the novel again
LOC **reemprender la marcha** to set off again

reencarnación *nf* reincarnation

reencarnarse *v pron* **~ (en)** to be reincarnated (**as/in** *sth*/*sb*)

reencontrar *vt* **1** (*gen*) to find *sth* again: *~ el amor* to find love again **2** (*persona*) to meet *sb* again
■ **reencontrarse** *v pron* **reencontrarse (con)** to meet (*sb*) again: *Nos reencontramos tras diez años de separación.* We met again after being apart for ten years.

reencuentro *nm* reunion

reestrenar *vt* **1** (*película*) to re-release **2** (*obra de teatro*) to revive

reestreno *nm* **1** (*película*) re-release **2** (*obra de teatro*) revival

reestructuración *nf* restructuring

reestructurar *vt* to restructure

reevaluación *nf* (*Fin*) revaluation: *la ~ de una propiedad* the revaluation of a property

reevaluar *vt* (*Fin*) to revalue

reexpedir *vt* to forward: *~ una carta* to forward a letter

refectorio *nm* refectory

referencia *nf* reference: *Hizo una ~ a su familia.* He made a reference to his family. ◊ *Con ~ a su carta...* With reference to your letter... ◊ *Eso nos sirve como punto de ~.* That will serve as a reference point. ◊ *tener buenas ~s* to have good references ◊ *Me dieron muy buenas ~s sobre ella.* Her references were very good.
LOC **hacer referencia a** to refer to *sth/sb* **pedir referencias a algn** to ask sb for a reference **referencia a pie de página** footnote

referéndum (*tb* **referendo**) *nm* **~ (sobre)** referendum [*pl* referendums/referenda] **(on** ***sth*****)**: *el ~ sobre la OTAN* the referendum on NATO **LOC** *Ver* SOMETER

referente *adj* **~ a** regarding *sth*: *en lo ~ a su situación económica...* regarding her economic situation...
■ **referente** *nm* referent

referido, -a *pp, adj* aforementioned *Ver tb* REFERIR

referir *vt* **1** (*relatar*) to tell **2** (*enviar*) to refer *sb* ***to sth***: *Una nota refiere al lector al apéndice B.* A note refers the reader to section B of the appendix.
■ **referirse** *v pron* **referirse a** to refer **to** ***sth/sb***: *Se refirió a un eminente físico.* He referred to a famous physicist. ◊ *¿A qué te refieres?* What do you mean?
LOC **en/por lo que se refiere a** as far as *sth* is concerned: *excelente en lo que se refiere a la música* brilliant as far as the music is concerned

refilón
LOC **de refilón**: *Me miraba de ~.* She was looking at me out of the corner of her eye. ◊ *Solo los vi de ~.* I only caught a glimpse of them. *Ver tb* OÍR

refinado *nm* refining: *el ~ del azúcar* sugar refining

refinamiento *nm* refinement

refinar *vt* to refine

refinería *nf* refinery

reflectante *adj* reflective

reflector, ~a *adj* reflective
■ **reflector** *nm* **1** (*pantalla reflectante*) reflector ☛ *Ver ilustración en* BICYCLE **2** (*foco*) searchlight

reflejar *vt* to reflect

reflejo, -a *adj* **1** (*acto, movimiento*) reflex **2** (*dolor*) secondary **3** (*onda, luz*) reflected **4** (*Ling*) reflexive
■ **reflejo** *nm* **1** (*gen*) reflection: *el ~ de la luz sobre una pantalla* the reflection of light on a screen **2 reflejos (a)** (*musculares*) reflexes: *ser lento de ~s* to have slow reflexes **(b)** (*en el pelo*) streaks
LOC **perder reflejos** to slow down *Ver tb* ACTO

reflexión *nf* **1 ~ (sobre)** (*consideración*) reflection **(on** ***sth*****)**, thought **(about** ***sth*****)** (*más coloq*): *Sus palabras invitan a la ~.* His words give food for thought. ◊ *Urge una profunda ~ sobre el tema.* We need to reflect deeply on this subject. **2** (*luz*) reflection
LOC **hacer una reflexión sobre algo** to reflect on sth *Ver tb* JORNADA

reflexionar *vi* **~ (sobre)** to reflect **(on** ***sth*****)**, to think **(about** ***sth*****)** (*más coloq*): *Debes ~ antes de tomar una decisión.* You must think before you decide.
■ **reflexionar** *vt* to think *sth* over

reflexivo, -a *adj* **1** (*gen*) thoughtful: *una persona/actitud reflexiva* a thoughtful person/approach **2** (*Ling*) reflexive

reflotar *vt* **1** (*lit*) to refloat **2** (*fig*) to relaunch

refluir *vi* to flow back

reflujo *nm* ebb

reforestación *nf* reafforestation

reforestar *vt* to replant

reforma *nf* **1** (*cambio*) reform **2** (*obras*) renovation: *Cerrado por ~s.* Closed for renovation.
LOC **la Reforma 1** (*Relig*) the Reformation **2** (*Educ*) educational reforms *Ver tb* PROYECTO

reformador, ~a *adj* reforming
■ **reformador, ~a** *nm-nf* reformer

reformar *vt* **1** (*modificar*) to change **2** (*renovar*) to renovate
■ **reformarse** *v pron* to mend your ways

reformatorio *nm* detention centre

reformismo *nm* (spirit of) reform: *Se respira una ola de ~.* Reform is in the air.

reformista *adj* reformist: *un grupo/movimiento ~* a reformist group/movement ◊ *el proceso ~* the process of reform
■ **reformista** *nmf* reformer

reforzamiento *nm* **1** (*fortalecimiento*) reinforcement **2** (*medidas de seguridad*) tightening: *Se va a proceder a un ~ de la vigilancia.* There's going to be a tightening of security.

reforzar *vt* **1** (*lit*) to reinforce *sth* **(*with sth*)**: *~ una pared/costura* to reinforce a wall/seam **2** (*medidas de seguridad*) to tighten **3** (*Fot*) to intensify
LOC **reforzar la plantilla** to boost numbers

refractario, -a *adj* fireproof

refrán *nm* saying: *Como dice el ~...* As the saying goes...

refregar *vt* to scrub

refrenar *vt* **1** (*furia, emoción*) to contain **2** (*deseos, impaciencia, impulso*) to curb
■ **refrenarse** *v pron* to restrain yourself

refrendar *vt* **1** (*decisión, acuerdo*) to endorse **2** (*documento*) to approve

refrescante *adj* refreshing **LOC** *Ver* BEBIDA

refrescar *vt, vi* to cool: *Pon las bebidas a ~.* Put the drinks to cool.
■ **refrescar** *vt* **1** (*memoria*) to refresh **2** (*conocimientos*) to brush *sth* up: *Voy a ~ mis conocimientos de inglés.* I'm going to brush up my English.
■ **refrescar** *v imp* to get cooler: *Coge una chaqueta, que ya empieza a ~.* Take a cardigan, it's getting cooler.
■ **refrescarse** *v pron* (*asearse*) to freshen up
LOC **refrescarse la cara** to give your face a quick wash

refresco *nm* (soft) drink: *un ~ de naranja* an orange drink
LOC **de refresco** substitute

refriega *nf* **1** (*Mil*) skirmish **2** (*pelea*) brawl

refrigeración *nf* **1** (*sistema*) cooling system **2** (*alimentos*) refrigeration

refrigerado, -a *pp, adj* **1** (*alimento, camión*) refrigerated **2** (*local*) air-conditioned *Ver tb* REFRIGERAR
LOC **refrigerado por agua/aire** water-cooled/air-cooled

refrigerador, ~a *adj* cooling
■ **refrigerador** *nm* refrigerator, fridge (*más coloq*)

refrigerante *adj* cooling

refrigerar *vt* **1** (*alimentos*) to refrigerate **2** (*local*) to make *sth* cooler

refrigerio *nm* snack: *Nos sirvieron un ~.* We were given a snack.

refrito *nm* tomato, onion, etc fried in oil

refuerzo *nm* reinforcement: *La estantería necesita un ~.* We need to reinforce the shelves.
LOC **de refuerzo** back-up: *un equipo de ~* a back-up team

refugiado, -a *nm-nf* refugee

refugiar *vt* to shelter *sth/sb* **(*from sth/sb*)**
■ **refugiarse** *v pron* **refugiarse (de)** to take refuge **(from** ***sth*****)**: *Se refugiaron en un granero/los EEUU.* They took refuge in a barn/the USA. ◊ *~se de una tormenta* to shelter from a storm

refugio *nm* **1** (*gen*) refuge: *un ~ de montaña* a mountain refuge **2** (*en una guerra*) shelter
LOC **refugio atómico/nuclear** (nuclear) shelter

refundir *vt* **1** (*fundir*) to melt *sth* down **2** (*obra, ideas*) to revise: *~ una obra literaria* to revise a literary work **3** (*juntar*) to merge

refunfuñar *vi* **~ (por)** to grumble **(about** ***sth*****)**
LOC **refunfuñar entre dientes/por lo bajo** to mutter under your breath

refunfuñón, -ona *adj, nm-nf* grumpy [*adj*]: *Estás hecho un ~.* You're very grumpy!

refutable *adj* easily refuted: *alegaciones fácilmente ~s* allegations that are easy to refute

refutar *vt* to refute, to prove *sth* wrong (*más coloq*)
LOC **refutar una predicción** to upset a prediction

regadera *nf* watering can ☛ *Ver ilustración en* CAN[1]
LOC estar como una regadera to be as mad as a hatter

regadío *nm* **1** (*riego*) irrigation **2** (*tierra*) irrigated land
LOC de regadío: *tierras de ~* irrigated land

regalado, -a *pp, adj* dirt cheap: *Esta semana el atún está ~.* Tuna is dirt cheap this week. ◊ *Me lo dejó ~.* He let me have it for next to nothing. *Ver tb* REGALAR
LOC ¡está regalado! it's an absolute gift! **¡ni regalado!** not for anything: *¡No lo quiero ni ~!* I wouldn't have it for anything! *Ver tb* CABALLO

regalar *vt* **1** (*obsequiar*) to give: *Me regaló un jersey.* She gave me a jumper. **2** (*vender muy barato*) to sell *sth* dirt cheap: *En esa tienda regalan los discos.* Records are dirt cheap in that shop.
LOC regalar la vista/el oído to be a joy to behold/to listen to **regalarle los oídos a algn** to flatter sb

regaliz *nm* liquorice [*incontable*]: *Compra unos regalices.* Buy some liquorice.

regalo *nm* **1** (*obsequio*) **(a)** (*gen*) present: *¿Ya has comprado los ~s de Navidad?* Have you bought your Christmas presents yet? **(b)** (*fig*) gift: *Estas medidas son un ~ para la oposición.* These measures are a gift to the opposition. **2** (*deleite*) pleasure: *un ~ para la vista/el oído* a pleasure to see/listen to
LOC dar de regalo: *Si compra dos le damos uno de ~.* If you buy two, you get one free. **¡es un regalo!** (*muy barato*) they're giving it away: *A ese precio el coche es un ~.* At that price they're giving it away! *Ver tb* CUPÓN, EJEMPLAR, ENVOLVER, PAPEL, TIENDA

regañadientes
LOC a regañadientes reluctantly

regañar *vt* to tell *sb* off (***for sth/doing sth***): *La regañaron por llegar tarde.* They told her off for being late.
■ **regañar** *vi* (*pelearse*) to quarrel

regañina *nf* row

regañón, -ona *adj, nm-nf* grumpy [*adj*]: *Es una regañona.* She's so grumpy!

regar *vt* **1** (*gen*) to water: *~ el jardín/las plantas* to water the garden/plants **2** (*tierra, cosecha*) to irrigate **3** (*esparcir*) **(a)** (*gen*) to scatter: *Regaron el suelo de pétalos de rosa.* They scattered rose petals on the ground. **(b)** (*líquido, café, azúcar*) to spill: *Regó la mesa de aceite.* He spilt oil all over the table.

regata[1] *nf* (*canal*) irrigation channel

regata[2] *nf* **1** (*carrera*) **(a)** (*de yates*) yacht race **(b)** (*de traineras*) boat race **2** (*varias carreras*) regatta

regate *nm* **1** (*quiebro*): *Con un rápido ~ evitó el golpe.* He ducked to avoid the blow. **2** (*Fútbol*): *Practica bien el ~.* He's very good at dribbling.

regatear *vi* **1** (*discutir el precio*) to haggle **2** (*Fútbol*) to dribble
■ **regatear** *vt* **1** (*precio*) to haggle **over/about *sth*** [*vi*]: *~ el precio de un reloj* to haggle over the price of a watch **2** (*Fútbol*) to dribble *the ball* **past *sb***: *Regateó con habilidad al defensa.* He dribbled the ball past the defender.
LOC no regatear esfuerzos/medios to spare no effort *to do sth*

regazo *nm* lap

regencia *nf* regency

regeneración *nf* regeneration
LOC regeneración del cabello hair restoration

regenerador, ~a *adj* restorative
■ **regenerador** *nm* tonic: *un ~ de la piel/del cabello* hair/skin tonic

regenerar *vt* **1** (*gen*) to regenerate: *~ la industria* to regenerate industry **2** (*persona*) to get *sb* to mend their ways
■ **regenerarse** *v pron* **1** (*gen*) to regenerate: *Las células cerebrales no se regeneran una vez destruidas.* Once destroyed, brain cells do not regenerate. **2** (*persona*) to mend your ways: *Prometí ~me.* I promised to mend my ways.

regentar *vt* to run
LOC regentar la cátedra de... to have the chair of...

regente *adj* regent [*n*]: *la reina ~* the Regent
■ **regente** *nmf* **1** (*Pol*) regent **2** (*local, negocio*) manager

regidor, ~a *adj* governing: *principios ~es* governing principles
■ **regidor, ~a** *nm-nf* **1** (*Pol*) ruler **2(a)** (*Cine, Teat*) stage manager **(b)** (*TV*) studio manager **3** (*concejal*) (town) councillor

régimen *nm* **1** (*Pol, normas*) regime: *El colegio tiene un ~ muy liberal.* The school has a very liberal regime. ◊ *llevar un ~ de comidas muy irregular* to eat at very irregular hours **2** (*lluvias, vientos*) pattern: *el ~ de lluvias de una región* the rainfall pattern in an area **3** (*dieta*) diet: *Estoy a ~.* I'm on a diet. ◊ *ponerse a ~* to go on a diet
LOC de régimen abierto open: *prisión de ~ abierto* open prison **en régimen de internado**: *400 alumnos en ~ de internado* 400 boarders **en régimen de media pensión/pensión completa** half/full board **régimen de vida** lifestyle **régimen de visitas** visiting hours *Ver tb* SOMETER

regimiento *nm* regiment

regio, -a *adj* regal

región *nf* region

regional *adj* regional **LOC** *Ver* DIPUTACIÓN

regionalismo *nm* **1** (*Pol*) regionalism **2** (*Ling*) regional expression

regir *vt* **1** (*país, sociedad*) to rule **2** (*empresa, proyecto*) to run **3** (*regular*) to govern: *las leyes que rigen el comportamiento humano/la economía* the laws that govern human behaviour/the economy **4** (*Ling*) to take: *"Tender" rige la preposición "a".* 'Tender' takes the preposition 'a'.
■ **regir** *vi* **1** (*estar vigente*) to be in force: *El convenio rige desde el pasado día 15.* The agreement has been in force since the 15th. **2** (*estar cuerdo*) to be all there: *Esa chica no rige.* That girl isn't all there.
■ **regirse** *v pron* **regirse por** to go by *sth*: *Yo me rijo por lo que dice Ana.* I'm going by what Ana says.
LOC que rige current: *el mes/año que rige* the current month/year

registrado, -a *pp, adj Ver* REGISTRAR **LOC** *Ver* MARCA

registrador, ~a *adj* recording: *un aparato ~ de movimientos sísmicos* an instrument for recording earth movements
■ **registrador, ~a** *nm-nf* registrar **LOC** *Ver* CAJA

registrar *vt* **1** (*inspeccionar*) to search **2** (*inscribir*) to register **3** (*grabar, hacer constar*) to record: *~ información* to record information ◊ *El mercado apenas ha registrado variación.* There has been hardly any change in the market.
■ **registrarse** *v pron* **1** (*inscribirse*) to register **2** (*en un hotel*) to check in

registro *nm* **1** (*inscripción*) registration: *El ~ de la defunción se realizó ese mismo día.* The death was registered the same day. **2** (*oficina*) registry **3** (*libro*) register **4** (*inspección*) search: *~ domiciliario* house search **5** (*medida*) reading: *el ~ alcanzado por el terremoto* the reading produced by the earthquake **6** (*tapa*) **(a)** (*en el suelo*) manhole **(b)** (*puerta*) inspection hatch **7** (*tono*) register: *~ grave/agudo* lower/upper register ◊ *~ formal/informal* formal/informal register **8** (*órgano*) (organ) stop
LOC registro civil 1 (*libro*) register of births, marriages, and deaths **2** (*oficina*) registry office **registro de entrada/salida** log **registro de la propiedad** land registry **registro de la propiedad industrial** patent office **registro de la propiedad intelectual** copyright office **registro judicial** police search **registro mercantil** companies register **tocar muchos/todos los registros** to pull out all the stops

regla *nf* **1** (*gen*) rule: *Va contra las ~s del colegio.* It's against the school rules. ◊ *Por ~ general...* As a general rule... **2** (*instrumento*) ruler **3** (*menstruación*) period: *Tengo la ~.* I've got my period.
LOC en regla in order **por esa/la misma regla de tres** by the same token **¿por qué regla de tres...?**

who says...? **regla de cálculo** slide rule *Ver tb* CUATRO, EXCEPCIÓN, SALTAR

reglaje *nm* adjustment

reglamentación *nf* **1** (*regulación*) regulation **2** (*conjunto de reglas*) regulations [*v pl*]: *la ~ actual* current regulations

reglamentar *vt* to regulate

reglamentario, -a *adj* **1** (*preceptivo*) regulation: *el uniforme ~* regulation uniform **2** (*que reglamenta*) regulatory: *una comisión reglamentaria* a regulatory body

reglamento *nm* regulations [*v pl*]: *cumplir el ~* to obey the regulations

LOC reglamento de tráfico/vial ≃ Highway Code (*GB*)

reglar *vt* to regulate

regocijar *vt* to delight

■ **regocijarse** *v pron* **regocijarse (de/por) 1** (*gen*) to be pleased (**with *sth***): *Se regocijaban por la buena marcha del negocio.* They were very pleased with the way the business was going. ◊ *Se regocija planeando las vacaciones.* She's very happy planning her holiday. **2** (*desgracia ajena*) to take a delight **in *sth***: *Sé que en el fondo se regocijaba por nuestro fracaso.* I'm sure that, deep down, he took a delight in our failure.

regocijo *nm* delight: *ante el ~ del público* to the audience's delight

regodearse *v pron* **1 ~ haciendo algo** to enjoy **doing sth**: *Se regodea contando chistes.* He enjoys telling jokes. **2 ~ en** to take a delight **in *sth***

regodeo *nm* delight

regordete, -a *adj* chubby

regresar *vi* **1** (*viniendo*) to return, to come back (*más coloq*): *Mi cantante favorita regresa a Barcelona.* My favourite singer is coming back to Barcelona. **2** (*yendo*) to return, to go back (*más coloq*): *Los refugiados no quieren ~ a su país.* The refugees don't want to go back to their own country. ◊ *~ al hogar* to go home ◊ *No regresaré hasta las diez.* I won't be back till ten. ◊ *Fue secuestrado cuando regresaba al hotel.* He was kidnapped on the way back to the hotel.

regresión *nf* **1** (*gen*) regression: *una ~ hacia la infancia* regression to childhood **2** (*disminución*) decline

regresivo, -a *adj* regressive: *un comportamiento ~* regressive behaviour

regreso *nm* return: *Celebramos su ~ con champán.* We celebrated her return with champagne.

LOC de regreso return: *viaje/vuelo de ~* return journey/flight **de regreso a/de...** on the way back to/from... **estar de regreso** to be back

reguera *nf* irrigation channel

reguero *nm* **1** (*chorro*) trickle: *un ~ de agua/aceite* a trickle of water/oil **2** (*marca o señal que deja algo*) trail: *un ~ de sangre/humo* a trail of blood/smoke **3** (*reguera*) irrigation channel

LOC como un reguero de pólvora like wildfire

regulable *adj* adjustable: *asientos de altura ~* adjustable seats

regulación *nf* **1** (*de un objeto*) adjustment **2** (*de un proceso*) control: *la ~ de precios/del tráfico* price/traffic control

LOC regulación de empleo/plantilla rationalization

regulador, ~a *adj* regulatory

■ **regulador** *nm* control: *el ~ del volumen* the volume control

LOC regulador de la luz dimmer (switch)

regular[1] *vt* **1** (*reglamentar, controlar*) to regulate: *~ los salarios/la temperatura* to regulate salaries/the temperature **2** (*Tec*) to adjust

regular[2] *adj* **1** (*gen*) regular: *verbos ~es* regular verbs ◊ *a intervalos ~es* at regular intervals **2** (*mediocre*) poor: *Sus notas han sido muy ~es.* His marks have been very poor. **3** (*mediano*) medium: *de altura ~* of medium height ◊ *de dimensiones ~es* medium-sized

■ **regular** *adv*: *—¿Qué tal te va? —Regular.* 'How are things?' 'So-so.' ◊ *El negocio va ~.* Business isn't going too well. ◊ *La abuela está ~ (de salud).* Granny is poorly. ◊ *La cena quedó ~.* The meal wasn't bad.

LOC por lo regular as a rule *Ver tb* VUELO

regularidad *nf* regularity

LOC con regularidad regularly

regularización *nf* regularization

regularizar *vt* to regularize

regurgitar *vt* to regurgitate

rehabilitación *nf* **1** (*gen*) rehabilitation: *la ~ de delincuentes/alcohólicos* the rehabilitation of offenders/alcoholics **2** (*honor*) restoration **3 ~ en** (*cargo*) reinstatement (**in *sth***): *Han acordado su ~ en el cargo.* They've decided to reinstate him (in the post). **4** (*Arquit*) renovation **LOC** *Ver* GRANJA

rehabilitar *vt* **1** (*gen*) to rehabilitate: *~ a un drogadicto* to rehabilitate a drug addict **2** (*honor*) to restore **3** (*reinstaurar*) to reinstate *sb* (***in sth***): *~ a algn en su cargo* to reinstate sb (in a post) **4** (*Arquit*) to renovate

rehacer *vt* to redo: *~ un experimento* to redo an experiment ◊ *Rehizo la carta.* She rewrote the letter.

■ **rehacerse** *v pron* **rehacerse (de)** to recover (**from *sth***)

LOC rehacer la vida to rebuild your life

rehén *nm* hostage: *La amenazaron con llevársela como ~.* They threatened to take her hostage.

rehogar *vt* to fry *sth* lightly

rehuir *vt* to avoid *sth/sb/doing sth*: *Rehuyó mi mirada.* She avoided my gaze. ◊ *Rehuyeron hablar del asunto.* They avoided talking about the matter.

rehusar *vt* to refuse *sth/to do sth*: *Rehusaron venir.* They refused to come. ◊ *Rehusé su invitación.* I refused his invitation.

reimplantar *vt* **1** (*reintroducir*) to reintroduce: *~ la pena capital* to reintroduce capital punishment **2** (*Med*) to sew *sth* back on: *Le reimplantaron el dedo.* His finger was sewn back on.

reimpresión *nf* reprint

reimprimir *vt* to reprint

reina *nf* **1** (*gen*) queen: *la ~ Isabel II* Queen Elizabeth II ◊ *la ~ de la belleza* the beauty queen ☛ *Ver ilustración en* AJEDREZ **2** (*apelativo*) my sweet **LOC** *Ver* ABEJA, JAQUE, TRATAR

reinado *nm* reign

LOC bajo el reinado de in the reign of *sb*

reinante *adj* **1** (*gobernante*) reigning: *la dinastía ~* the reigning family **2** (*actual*) prevailing: *el viento/la confusión ~* the prevailing wind/confusion

reinar *vi* **1** (*gobernar*) to reign **2** (*prevalecer*) to prevail

reincidencia *nf* **~ (en) 1** (*vicio, hábito*) relapse (**into *sth***) **2** (*delito*) recidivism: *Se da un alto grado de ~ entre los delincuentes.* There is a high rate of recidivism.

reincidente *adj* **1** (*delito*) recidivist: *tendencias ~s* recidivist tendencies **2** (*vicio, hábito*) inveterate: *fumadores ~s* inveterate smokers

■ **reincidente** *nmf* recidivist

reincidir *vi* **1 ~ (en)** (*delito, vicio*) to relapse (**into *sth*/*doing sth***) **2** (*volver a delinquir*) to reoffend

reincorporación *nf* return

reincorporar *vt* to reinstate *sb* (***in sth***): *Lo han reincorporado a su cargo.* He has been reinstated.

■ **reincorporarse** *v pron* **1 reincorporarse a** (*ejército, club, asociación*) to rejoin *sth* [*vt*]: *~ a filas* to rejoin the army **2 reincorporarse (a)** (*volver*) to return (**to *sth***): *Se reincorpora en marzo.* He returns to work in March.

reineta *nf* pippin

reingresar *vi* to return: *Reingresó en el cuerpo de funcionarios.* He returned to his civil service job.

■ **reingresar** *vt* (*enfermo*) to readmit

reingreso *nm* **~ (en) 1** (*reincorporación*) return (**to *sth***) **2** (*hospital*) readmission (**to *hospital***): *El doctor ha ordenado su ~.* The doctor has asked for him to be readmitted.

reiniciar *vt* **1** (*gen*) to resume **2** (*Informát*) to reboot

reinicio *nm* resumption

reino *nm* **1** (*gen*) kingdom **2** (*ámbito*) realm

Reino Unido *nm* United Kingdom (*abrev* UK) ☞ *Ver nota e ilustración en* GREAT BRITAIN

reinserción *nf* (*Sociol*) rehabilitation: *programas de ~ social* rehabilitation programmes

reinsertar *vt* to rehabilitate

reinstalarse *v pron* **1** (*vivienda*) to move back in **2 ~ en** to move back **into sth**

reintegración *nf* **1 ~ (en)** (*sociedad*) reintegration (**into sth**) **2 ~ (a)** (*puesto*) reinstatement (**in sth**)

reintegrar *vt* **1** (*sociedad*) to reintegrate *sb* (**into sth**) **2** (*dinero*) to refund

■ **reintegrarse** *v pron* **reintegrarse (a)** (*trabajo*) to return (**to sth**)

reintegro *nm* **1** (*de una cantidad pagada*) refund: *el ~ de los gastos* a refund of expenses ◊ *Me ha tocado el ~.* I've got back the money I put into the lottery. **2** (*de un préstamo*) repayment **3 ~ a** (*trabajo*) return **to sth**

reintroducir *vt* **1** (*gen*) to reintroduce: *Están tratando de ~ viejas costumbres.* They're trying to reintroduce old traditions. **2** (*moneda, tarjeta*) to reinsert

reinvertir *vt, vi* to reinvest

reír *vi* to laugh: *echarse a ~* to burst out laughing ◊ *¡No me hagas ~!* Don't make me laugh!

■ **reír** *vt* to laugh **at sth** [*vi*]: *Le ríen todas las gracias.* They laugh at all his jokes.

■ **reírse** *v pron* **1 reírse con algn** to have a laugh **with sb 2 reírse con algo** to laugh **at sth 3 reírse de algo/algn** (*mofarse*) to laugh **at sth/sb**: *¡De mí no se ríe nadie!* Nobody laughs at me!

LOC reírse a carcajadas/mandíbula batiente to split your sides (laughing) **reírse como un loco/descosido** to roar with laughter **reírse de algn en su cara/sus barbas/narices** to laugh in sb's face **reírse hasta de su propia sombra** not to take anything seriously *Ver tb* ROMPER

reiteración *nf* repetition

reiterado, -a *pp, adj* repeated *Ver tb* REITERAR

LOC en reiteradas ocasiones repeatedly

reiterar *vt* to reiterate

reiterativo, -a *adj* repetitive

reivindicación *nf* **1** (*demanda*) demand: *las reivindicaciones de los trabajadores* the workers' demands **2 ~ (de)** (*tierras, posesiones, daños*) claim (**for sth**) **3 ~ (de)** (*atentado*): *No se ha producido una ~ del asesinato.* Nobody has admitted responsibility for the murder.

reivindicar *vt* **1** (*reclamar*) to demand **2** (*tierras, posesiones, daños*) to claim **3** (*atentado*) to admit responsibility **for sth**

reivindicativo, -a *adj*: *una nota reivindicativa del atentado* a note admitting responsibility for the attack ◊ *Portaban pancartas reivindicativas.* They were carrying placards with slogans on them. ◊ *un acto ~* a petition

reja *nf* **1** (*ornamental*) grille **2** (*protectora*) bars [*v pl*]: *Los ladrones cortaron la ~ para entrar.* The thieves got in by cutting the bars.

LOC (estar) entre rejas (to be) behind bars

rejilla *nf* **1(a)** (*ventilación, aire acondicionado*) grille **(b)** (*alcantarilla*) grating **2** (*mueble*) cane: *un asiento de ~* a cane-seated chair

rejón *nm* lance

rejuvenecedor, ~a *adj* rejuvenating

rejuvenecer *vt, vi* to make *sb* look/feel younger: *Dicen que este tratamiento (te) rejuvenece.* They say this treatment makes you look younger.

rejuvenecimiento *nm* rejuvenation: *Este producto favorece el ~ de la piel.* This product rejuvenates the skin.

relación *nf* **1 ~ (con)** (*trato*) relationship (**with sth/sb**): *Tiene una buena ~ con sus hermanos.* She has a good relationship with her brothers. **2 ~ (entre)** (*conexión*) connection (**between ...**): *Han establecido la ~ entre los robos.* They've established a connection between the robberies. **3** (*Mat*) ratio **4** (*lista*) list **5** (*relato*) account

LOC con/en relación a in relation to *sth/sb* **hacer relación a** to refer to *sth/sb* **no guardar/tener relación con** to bear no relation to *sth*: *La opinión popular no guarda ~ alguna con los hechos.* The popular view bears little relation to the facts. **relación amorosa/sentimental** relationship **relación calidad-precio** value for money **relación causa-efecto** relationship of cause and effect **relaciones internacionales/diplomáticas** international/diplomatic relations **relaciones íntimas/sexuales** sexual relations **relaciones laborales** labour relations **relaciones públicas** public relations (*abrev* PR) *Ver tb* GUARDAR, MANTENER, PARENTESCO

relacionado, -a *pp, adj* **~ (con)** related (**to sth**): *Las dos familias están relacionadas.* The two families are related. ◊ *Este hecho está ~ con lo que discutíamos ayer.* This is related to what we were talking about yesterday. *Ver tb* RELACIONAR

LOC estar bien relacionado to have a lot of contacts

relacionar *vt* to link *sth* (**to/with sth**), to relate *sth* (**to/with sth**) (*más formal*): *Los médicos relacionan los problemas del corazón con el estrés.* Doctors link heart disease to stress.

■ **relacionarse** *v pron* **relacionarse (con) 1** (*cosa*) to be connected (**to sth**): *Los dos sucesos se relacionan entre sí.* The two events are interconnected. **2** (*persona*) to mix (**with sb**)

LOC relacionarse bien/saber relacionarse to mix with the right people

relajación *nf* (*tb* **relajamiento** *nm*) relaxation: *técnicas de ~* relaxation techniques

relajado, -a *pp, adj* **1** (*tranquilo*) relaxed: *con la mente relajada* in a relaxed frame of mind ◊ *Es un trabajo bastante ~.* It's an easy job. **2** (*disciplina, vigilancia, costumbres*) lax *Ver tb* RELAJAR

relajante *adj* relaxing

relajar *vt* **1** (*gen*) to relax: *~ los músculos/la disciplina* to relax your muscles/the rules **2** (*tensión*) to relieve

■ **relajar** *vt, vi* to help *sb* relax: *La música (te) relaja.* Music helps you relax.

■ **relajarse** *v pron* **1** (*persona*) to relax: *Tienes que ~te.* You must relax. **2** (*vigilancia, normas, disciplina*) to get lax **3** (*tensión*) to ease

relajo *nm* **1** (*descanso*) relaxation: *Nos tomamos un fin de semana de ~.* We spent the weekend relaxing. **2** (*alivio*) relief

relamer *vt* to lick *sth* clean

■ **relamerse** *v pron* to lick your lips: *Se relamía de gusto pensando en las vacaciones.* She was licking her lips in anticipation of the holiday.

relamido *pp, adj* affected *Ver tb* RELAMER

relámpago *nm* **1** (*tormenta*) lightning [*incontable*]: *Acabo de ver un ~.* I've just seen a flash of lightning. ◊ *truenos y ~s* thunder and lightning ◊ *Me asustan los ~s.* I'm scared of lightning. **2** (*fig*) flash: *un ~ de ira* a flash of anger **3** (*rápido*) lightning [*n atrib*]: *un viaje ~* a lightning trip

LOC como un relámpago in a flash *Ver tb* VISITA

relampagueante *adj* **~ (de)** flashing (**with sth**)

relampaguear *v imp*: *Relampagueaba a lo lejos.* There were lightning flashes in the distance.

■ **relampaguear** *vi* **~ (de)** to flash (**with sth**)

relampagueo *nm* **1** (*Meteorología*) lightning **2** (*centelleo*) flashing

relanzamiento *nm* relaunch: *el ~ de una compañía/un producto* the relaunch of a company/product ◊ *Están elaborando un plan para el ~ de la economía.* They're drawing up a plan to get the economy back on its feet.

relanzar *vt* to relaunch

LOC relanzar la economía to get the economy back on track

relatar *vt* **1** (*gen*) to relate: *Relató los hechos con gran serenidad.* She related the facts very calmly. ◊ *Un testigo nos relató el suceso.* A witness told us what had happened. **2** (*en un informe*) to give an account **of sth**

relatividad *nf* relativity

relativismo *nm* relativism

relativista *adj* relativistic

■ **relativista** *nmf* relativist

relativo, -a *adj* **1** (*no absoluto, Gram*) relative: *un pronombre ~* a relative pronoun ◊ *un ambiente de relativa calma* an atmosphere of relative calm ◊ *Hombre, eso es ~.* Well, that depends. **2 ~ a** (*referido*) relating **to *sth***: *datos ~s al crecimiento económico* data relating to economic growth

relato *nm* **1** (*cuento*) story **2** (*relación*) account: *el ~ de los hechos* an account of the facts

relax *nm*: *¡Qué ~!* How relaxing this is! ◊ *Conviene dedicar tiempo al ~.* You need to spend time relaxing. ◊ *Pintar me sirve de ~.* Painting relaxes me. ◊ *No tengo ni un momento de ~.* I don't get a moment's rest.

releer *vt* to read *sth* again

relegación *nf* relegation

relegar *vt* to relegate

LOC **relegar al olvido** to consign *sth/sb* to oblivion **relegar a un segundo plano** to push *sth/sb* into the background

relente *nm* cold, damp night air

relevancia *nf* importance

relevante *adj* important

relevar *vt* **1** (*sustituir*) to take over (**from *sb***): *Estuve de guardia hasta que me relevó un compañero.* I was on duty until a colleague took over from me. **2** (*de un cargo*) to relieve *sb* (**of *sth***): *Lo han relevado del cargo.* He has been relieved of his duties.

■ **relevarse** *v pron* to take it in turns (***to do sth***): *Nos relevamos para cuidar al enfermo.* We took it in turns to look after the patient.

LOC **relevar la guardia** to change the guard

relevo *nm* **1** (*sustitución*) replacement: *Está previsto el ~ del actual gobernador.* The present governor is to be replaced. **2** (*turno*) shift: *el ~ de noche* the night shift **3** (*cambio*) relief: *hacerle el ~ a un compañero* to relieve a colleague **4 relevos** (*Dep*) relay [*sing*]: *los 400m ~s* the 400m relay

LOC **hacer relevos** to do shift work **relevo de la guardia** changing of the guard **tomar el relevo** to take over (*from sb*)

relicario *nm* **1** (*Relig*) reliquary **2** (*joya*) locket

relieve *nm* **1** (*importancia*) significance: *El incidente adquirió ~ internacional.* The incident took on international significance. **2** (*Arte, Geog*) relief: *figuras en ~* figures in relief ◊ *Es una región de ~ accidentado.* It's a rugged area.

LOC **dar relieve a algo** to give sth a high profile **de relieve** significant **poner de relieve** to highlight: *Este suceso ha puesto de ~ la gravedad del problema.* This event has highlighted the seriousness of the problem. *Ver tb* GRABAR

religión *nf* religion

religiosidad *nf* religiousness

religioso, -a *adj* religious

■ **religioso, -a** *nm-nf* monk [*fem* nun] **LOC** *Ver* CONGREGACIÓN, MATRIMONIO

relinchar *vi* to neigh

relincho *nm* neigh

reliquia *nf* **1** (*gen*) relic: *Las ruinas son una ~ del pasado.* The ruins are a relic of the past. ◊ *las ~s de Santa Teresa* the relics of Saint Teresa **2** (*de la familia*) heirloom **3** (*recuerdo*) memento [*pl* mementos/mementoes]: *~s de sus numerosos viajes* mementoes of his many trips **4** (*cosa valiosa*) collector's item: *Este coñac es una ~.* This brandy is a collector's item.

rellano *nm* landing

rellenar *vt* **1** (*gen*) to fill *sth* (***with sth***): *Rellenaron las grietas con cemento.* They filled in the cracks with cement. **2** (*Cocina*) to stuff *sth* (***with sth***) **3** (*volver a llenar*) to refill: *No hacía más que ~ los vasos.* He kept on refilling people's glasses. **4** (*formulario, impreso*) to fill *sth* in: *Por favor rellene este formulario.* Fill in this form, please.

relleno, -a *adj* **1** (*Cocina*) **(a)** (*gen*) stuffed (***with sth***): *aceitunas rellenas/pimientos ~s* stuffed olives/peppers **(b)** (*pastel*): *un pastel ~ de chocolate* a chocolate cake ◊ *rollitos de hojaldre ~s de nata* cream puffs **2** (*cara, brazos*) chubby

■ **relleno** *nm* **1** (*gen*) filling: *El anorak/saco de dormir tiene un ~ de plumas.* This anorak/sleeping bag has a feather filling. ◊ *pasteles con ~ de nata* cream cakes **2** (*Cocina*) **(a)** (*gen*) stuffing **(b)** (*pasteles*) filling: *¿Qué ~ vas a poner?* What kind of filling are you going to have? **3** (*para grietas*) filler **4** (*para cojines*) stuffing **5** (*parte innecesaria*) padding: *El discurso tiene mucho ~.* There's a lot of padding in the talk.

LOC **de relleno** **1** (*gen*): *En el programa metieron muchas entrevistas de ~.* They included a lot of interviews to pad the programme out. **2** (*para hacer bulto*): *El grupo tiene a unas cuantas chicas de ~.* The girls in the group are only there to make up the numbers.

reloj *nm* **1** (*de pared, de mesa*) clock: *¿Qué hora tiene el ~ de la cocina?* What's the time by the kitchen clock? ◊ *El ~ de la iglesia se adelanta diez minutos.* The church clock is ten minutes fast. **2** (*de pulsera, de bolsillo*) watch: *Tengo el ~ atrasado.* My watch is slow. ◊ *Me regalaron un ~ de pulsera.* They gave me a wristwatch.

LOC **contra reloj**: *Mañana es la contra ~.* It's the time trial tomorrow. ◊ *Es una verdadera carrera contra ~.* It's a race against the clock. **reloj de arena** hour glass **reloj de bolsillo** pocket watch **reloj de cuco** cuckoo clock **reloj de cuerda** wind-up watch **reloj de pie** grandfather clock **reloj de sol** sundial **reloj despertador** alarm clock **reloj digital** digital clock/watch *Ver tb* CORREA, HORA, SENTIDO

relojería *nf* **1** (*técnica*) watchmaking: *la industria de la ~* the watchmaking industry **2** (*taller*) watchmaker's **LOC** *Ver* BOMBA[2]

relojero, -a *nm-nf* watchmaker

reluciente *adj* **1** (*gen*) shiny: *zapatos limpios y ~s* clean, shiny shoes **2** (*mejillas, rostro*) shining

relucir *vi* to shine

LOC **sacar a relucir** to bring *sth* up **salir a relucir** to come up *Ver tb* ORO, TRAPO

relumbrante *adj* dazzling

relumbrar *vi* to dazzle

remachar *vt* **1** (*Dep*) to finish *sth* off: *Cantona remachó la jugada.* Cantona finished off the move. **2** (*recalcar*) to hammer *sth* home: *Le remaché lo importante que era.* I hammered home to him how important it was.

remache *nm* stud: *una cazadora llena de ~s* a studded jacket

remanente *nm* surplus

remangar(se) *vt, v pron* **1** (*manga, pantalón*) to roll *sth* up: *Se remangó los pantalones.* He rolled up his trousers. **2** (*falda*) to hitch *your skirt* up

remanso *nm* pool

LOC **remanso de paz** oasis of peace

remar *vi* to row

remarcar *vt* to emphasize

rematado, -a *pp, adj Ver* REMATAR

LOC **un loco/tonto rematado** a complete madman/idiot

rematar *vt* **1** (*gen*) to finish *sth/sb* off: *Los remataron con un tiro en la nuca.* They finished them off with a bullet in the back of the neck. ◊ *Remataré el informe este fin de semana.* I'll finish off the report this weekend. ◊ *Si no lo rematas se va a descoser.* If you don't finish it off, it'll come undone. **2** (*Arquit*) to crown: *Una cruz remataba la torre.* The tower was crowned with a cross. **3** (*Com*) to sell *sth* off: *Estos artículos los rematan a mitad de precio.* They're selling off these items at half price. **4** (*Dep*) to shoot: *La pelota pasó al capitán, que remató la jugada.* The ball went to the captain, who shot at goal.

■ **rematar** *vi* **1** (*Dep*) **(a)** (*marcar un gol*) to finish: *Remató con precisión.* He finished very accurately. ◊ *Remató de cabeza.* He headed the ball home.

(b) (*chutar*) to shoot **2 ~ en** (*terminar*) to end **in *sth***: *La torre remata en un campanario.* The tower ends in a belfry. **3** (*Costura*) to finish off

LOC para rematar (las cosas/el asunto) to cap it all

remate *nm* **1** (*término*) end: *Como ~ a su actuación...* To end his performance... **2** (*Dep*) shot: *El portero evitó el ~.* The goalkeeper saved the shot. ◊ *El ~ salió fuera.* The shot missed the goal. **3** (*extremo*) top: *el ~ de una torre* the top of a tower **4** (*borde*) edging: *un ~ de encaje* a lace edging **5** (*Costura*) final stitch

LOC dar/poner remate to finish *sth* off **estar loco de remate** to be completely mad **para remate** to cap it all **remate de cabeza** header

rembolsar *vt Ver* REEMBOLSAR

remediable *adj*: *Eso es fácilmente ~.* That's easily put right. ◊ *Ya no es ~.* Nothing can be done about it now.

remediar *vt* **1** (*solucionar*) to remedy: *~ la situación* to remedy the situation **2** (*daño*) to repair: *Quisiera ~ el daño que he causado.* I'd like to repair the damage I've caused. **3** (*evitar*) to do something **about sth**: *Si no lo remediamos va a convertirse en un delincuente.* If we don't do something about it, he'll become a delinquent.

LOC no lo puedo remediar I, you, etc can't help it

remedio *nm* **~ (para/contra)** remedy (**for *sth***): *un ~ contra la tos* a cough remedy

LOC no haber más remedio que...: *No hay más ~ que pagarlo.* There's nothing for it but to pay. **no tener/quedar más remedio (que...)** to have no choice (but *to*...): *No me quedó más ~ que ir.* I had no choice but to go. **no tener remedio algn** to be a hopeless case: *Es un infeliz, el pobre no tiene ~.* The poor chap is a hopeless case. **no tener remedio algo** to be hopeless: *La situación no tiene ~.* It's a hopeless situation. **poner remedio a algo** to do sth about sth: *poner ~ a la crisis* to do sth about the crisis **remedio casero** traditional remedy **sin remedio 1** (*inevitablemente*) inexorably **2** (*persona*) hopeless: *una romántica sin ~* a hopeless romantic ◊ *Me enamoré sin ~.* I fell hopelessly in love. *Ver tb* GRANDE, PEOR, ÚLTIMO

rememoración *nf* remembrance

rememorar *vt* to recall: *~ viejos tiempos* to recall old times

remendar *vt* **1** (*gen*) to mend: *~ la ropa* to mend clothes **2** (*calcetines*) to darn

remendón *adj* **LOC** *Ver* ZAPATERO

remero, -a *nm-nf* oarsman/woman [*pl* oarsmen/women]

remesa *nf* consignment

remeter *vt* to tuck *sth* in: *~ la sábana/camisa* to tuck the sheet/your shirt in

remiendo *nm* patch: *ponerles un ~ a los pantalones* to put a patch on a pair of trousers ◊ *Este coche tiene muchos ~s.* You can see that this car has been patched up.

remilgado, -a *adj, nm-nf* fussy [*adj*]: *Eres un ~.* You're so fussy!

remilgo *nm* fuss [*incontable, v sing*]: *¡Déjate de ~s!* Don't be such a fusspot!

LOC andarse con remilgos to make a fuss **(no) hacer remilgos a algo** (not) to turn your nose up at sth

reminiscencia *nf* memory

LOC tener reminiscencias to be reminiscent *of sth/sb*: *El poema tiene ~s Lorquianas.* The poem is reminiscent of Lorca.

remirado, -a *pp, adj* (*prudente*) cautious *Ver tb* REMIRAR

remirar *vt*: *Miro y remiro, pero no lo encuentro.* I've looked everywhere, but I can't find it.

remisión *nf* **1** (*pena*) remission **2** (*atenuación*) abatement: *la ~ del conflicto/temporal* the abatement of the conflict/storm **3** (*referencia*) reference

LOC sin remisión 1 (*persona*) incorrigible **2** (*sin duda*) inevitably

remiso, -a *adj* **~ (a)** reluctant (***to do sth***)

remite *nm* **1** (*persona*) sender **2** (*dirección*) return address

remitente *nmf* sender: *Devuélvase al ~.* Return to sender.

remitir *vt* **1** (*enviar*) to send **2** (*referir*) to refer *sb* ***to sth***: *La nota te remite a la página 157.* The footnote refers you to page 157. **3** (*condena*) to remit

■ **remitir** *vi* **1** (*perder intensidad*) to abate **2 ~ a** (*referir*) to refer **to *sth*** **3 ~ a** (*recordar*) to be reminiscent **of *sth***: *Su estilo remite a los años sesenta.* His style is reminiscent of the sixties.

■ **remitirse** *v pron* **remitirse a** to refer **to *sth*** **LOC** *Ver* PRUEBA

remo *nm* **1** (*pala*) oar **2** (*Dep*) rowing: *practicar el ~* to row ◊ *un club de ~* a rowing club

LOC a remo: *Cruzaron el estrecho a ~.* They rowed across the straits. *Ver tb* BARCA, BATIR

remodelación *nf* **1** (*Urbanismo*) redevelopment **2** (*edificios, instalaciones*) redesigning **3** (*reorganización*) **(a)** (*gen*) restructuring: *la ~ de la compañía* the restructuring of the company **(b)** (*ministerial*) reshuffle

remodelar *vt* **1** (*Urbanismo*) to redevelop **2** (*edificios, instalaciones*) to redesign **3** (*reorganizar*) **(a)** (*gen*) to restructure: *~ una organización* to restructure an organization **(b)** (*gabinete*) to reshuffle

remojar *vt* **1** (*poner en remojo*) to soak **2** (*celebrar*): *¡Esto hay que ~lo!* This calls for a drink!

remojo *nm*: *Pon las lentejas a ~.* Put the lentils to soak.

remojón *nm*

LOC darse un remojón 1 (*empaparse*) to get soaked **2** (*bañarse*) to take a dip

remolacha *nf* beetroot

LOC remolacha azucarera sugar beet

remolcador, ~a *adj*: *una grúa remolcadora* a breakdown truck

■ **remolcador** *nm* tug

remolcar *vt* to tow: *Me tuvieron que ~ hasta la gasolinera.* They had to tow me to the petrol station.

remolino *nm* **1** (*suave*) eddy: *Las hojas formaban ~s en el aire.* The leaves were eddying around. **2** (*violento*) **(a)** (*en un río*) whirlpool **(b)** (*de viento*) whirlwind **3** (*pelo*) cow-lick **4** (*gente*) swarm **5** (*fig*) whirl: *Su cabeza era un ~ de ideas.* Her head was in a whirl.

remolón, -ona *adj, nm-nf* lazy [*adj*]: *Eres un ~.* You're so lazy!

LOC hacerse el remolón to be lazy: *No te hagas el ~ y ponte a trabajar.* Don't be so lazy. Get on with some work!

remolonear *vi* to laze around

remolque *nm* **1** (*acción*) towing **2** (*vehículo*) **(a)** (*gen*) trailer: *Se ha comprado un tractor con ~.* He's bought a tractor and trailer. **(b)** (*caravana*) caravan

LOC a remolque 1 (*vehículo*): *llevar un coche a ~* to tow a car **2** (*persona*): *hacer algo a ~* to do sth unwillingly **ir a remolque de algn** to tag along with sb *Ver tb* CABLE

remontar *vt* **1** (*superar*) to overcome: *~ un obstáculo* to overcome an obstacle **2** (*cuesta, río*) to go up *sth* **3** (*posiciones*) to move up: *~ tres puestos en la clasificación* to move up three places ◊ *El corredor ~ posiciones hasta quedar segundo.* The runner moved up to second place. **4** (*partido, marcador*) to turn *sth* round: *~ el partido* to turn the match round **5** (*elevar*) to fly: *~ una cometa* to fly a kite

■ **remontar** *vi* to pull back: *No consiguieron ~ hasta la segunda parte.* They weren't able to pull back until the second half.

■ **remontarse** *v pron* **1** (*volar*) to fly (off): *El pájaro se remontó.* The bird flew off. **2 remontarse a** (*hecho, tradición*) to go back **to...**: *Esta costumbre se remonta a la Edad Media.* This tradition goes back to the Middle Ages.

LOC remontar el vuelo to fly off

rémora *nf* **~ (en/para)** hindrance (**to *sth***): *una ~ en/para su carrera* a hindrance to his career

remorder *vt*: *Me remuerde el no haberle ayudado.* I feel guilty about not helping him.

LOC remorderle la conciencia a algn to have a guilty conscience

remordimiento *nm* remorse [*incontable*]: *Los ~s le estaban volviendo loco.* Remorse was driving him mad.

LOC tener remordimientos (de conciencia) to feel guilty *Ver tb* SENTIR[2]

remotamente *adv* **1** (*gen*) remotely: *No son ni ~ parecidos.* They're not remotely alike. **2** (*recordar*) vaguely

remoto, -a *adj* **1** (*gen*) remote: *Existe una remota posibilidad de que...* There's a remote possibility that... ◊ *un suceso ~* something that happened long ago **2** (*país*) far-off **3** (*recuerdo*) vague

LOC ¡ni por lo más remoto!: *¿Pedirle perdón? ¡Ni por lo más ~!* Me say sorry to him? No way! ◊ *No pienses ni por lo más ~ que te voy a dejar ir.* If you think I'm going to let you go you'd better think again! **no tener ni la más remota idea** not to have the faintest idea

remover *vt* **1** (*líquido*) to stir: *~ el café* to stir the coffee **2** (*ensalada*) to toss **3** (*tierra*) to turn *sth* over **4** (*asunto*) to stir *sth* up

■ **remover** *vi* **~ en** to bring *sth* up again: *Deja ya de ~ en ese asunto.* Don't bring that up again!

■ **removerse** *v pron* to move about

LOC remover cielo y tierra to move heaven and earth **remover las aguas** to rock the boat: *El escándalo removió las aguas de la vida política.* The scandal rocked the political boat.

remozar *vt* to renovate

remplazar *vt Ver* REEMPLAZAR

remuneración *nf* pay, remuneration (*formal*)

LOC remuneración mensual (monthly) salary **remuneración semanal** (weekly) pay

remunerar *vt* to pay

remunerativo, -a *adj* pay [*n atrib*]: *incrementos ~s bajos* low pay increases

renacentista *adj* Renaissance [*n atrib*]: *un pintor ~* a Renaissance painter

renacer *vi* **1** (*volver a nacer*) to be reborn **2** (*recobrar fuerzas*) to revive **3** (*Bot*) **(a)** (*árbol*) to sprout **(b)** (*planta*) to come up again **(c)** (*flor*) to bloom again

LOC hacer renacer to revive *sth*

renaciente *adj* renewed

renacimiento *nm* revival

LOC el Renacimiento the Renaissance

renacuajo *nm* **1** (*Zool*) tadpole **2** (*niño*) shrimp

renal *adj* renal (*científ*), kidney [*n atrib*]: *un problema ~* a kidney problem **LOC** *Ver* CÓLICO

rencilla *nf* row: *~s familiares* family rows

rencor *nm* resentment

LOC con rencor resentfully **dejarse de rencores** to let bygones be bygones **guardarle/tenerle rencor a algn** to bear sb a grudge: *Me hizo sufrir mucho, pero no le guardo ningún ~.* He caused me a lot of pain, but I don't bear him any grudge.

rencoroso, -a *adj, nm-nf* resentful [*adj*]

rendición *nf* surrender

rendido, -a *pp, adj* **1** (*cansado*) worn out, exhausted (*más formal*) **2** (*enamorado*) devoted: *su ~ admirador* your devoted admirer *Ver tb* RENDIR

rendija *nf* **1** (*grieta*) crack **2** (*abertura*) slot

rendimiento *nm* **1** (*gen*) performance: *el ~ de una máquina* the performance of a machine ◊ *Su ~ en los estudios es muy satisfactorio.* His academic performance is very satisfactory. **2 ~ (de)** (*beneficio*) yield (**from** *sth*): *el ~ de un terreno/una inversión* the yield from a field/an investment **LOC** *Ver* ALTO *adj*, PLENO

rendir *vt* **1** (*homenaje, tributo*) to pay **2** (*cansar*) to wear *sb* out: *¡Rindes a cualquiera!* You'd wear anyone out!

■ **rendir** *vi* **1** (*gen*): *Rindo mucho mejor por la mañana.* I work much better in the morning. ◊ *La nueva máquina rinde el doble.* The new machine produces twice as much. **2** (*campo, inversión*) to yield

■ **rendirse** *v pron* **1 rendirse (a)** (*gen*) to surrender (**to** *sth/sb*): *Se rindió a sus encantos.* He surrendered to her charms. **2** (*tirar la toalla*) to give up: *No te rindas.* Don't give up!

LOC rendir cuentas to account (*to sb*) *for sth* **rendir culto a** to worship *sth/sb* **rendirse (a la policía)** to give yourself up **rendirse ante la evidencia** to give in

renegado, -a *pp, adj, nm-nf* renegade [*n*]: *un cura ~* a renegade priest *Ver tb* RENEGAR

renegar *vi* **~ (de) 1** (*ideas*) to renounce *sth* [*vt*]: *~ de tu religión* to renounce your religion **2** (*personas*) to disown *sb* [*vt*]: *~ de tu familia* to disown your family **3** (*quejarse*) to grumble (**about** *sth/sb*): *Deja ya de ~.* Stop grumbling!

RENFE *nf, abrev de* **Red Nacional de los Ferrocarriles Españoles** *Ver* RED

renglón *nm* line

LOC a renglón seguido immediately afterwards *Ver tb* LEER

reniego *nm* grumble: *Déjate de ~s y ayuda a tu madre.* Stop grumbling and help your mother.

reno *nm* reindeer [*pl* reindeer]

renombrado, -a *adj* well-known

renombre *nm*

LOC de renombre well-known

renovable *adj* renewable

renovación *nf* **1** (*gen*) renewal: *la ~ de un contrato* the renewal of a contract **2** (*modernización*): *la ~ económica* the restructuring of the economy ◊ *una total ~ cultural/social* a cultural/social revolution **3** (*arreglo*): *La ~ del dormitorio nos ha costado una fortuna.* It cost a lot to have the bedroom done up. **4** (*mobiliario, decoración*) change **5** (*edificio*) renovation: *Están haciendo renovaciones en el edificio.* They're doing renovation work in the building.

renovado, -a *pp, adj* renewed: *con ~ interés* with renewed interest *Ver tb* RENOVAR **LOC** *Ver* AIRE

renovador, ~a *adj* reformist

■ **renovador, ~a** *nm-nf* reformer

renovar *vt* **1** (*documento, suscripción*) to renew: *~ un contrato/una suscripción* to renew a contract/subscription **2** (*modernizar*) to modernize: *~ una organización* to modernize an organization ◊ *Tengo que ~ mi vestuario.* I must buy some new clothes. **3** (*arreglar*) to do *sth* up: *Vamos a ~ el salón.* We're going to do up the sitting-room. **4** (*mobiliario, decoración*) to change **5** (*edificio*) to renovate

LOC renovarse o morir you have to move with the times

renquear *vi* **1** (*cojear*) to limp **2** (*fig*) to struggle

renta *nf* **1** (*Fin, ingresos*) income: *una ~ anual elevada* a high annual income **2** (*alquiler*) rent: *Pagamos una ~ de 100.000 pesetas.* We pay 100 000 pesetas rent.

LOC renta pública government revenue **renta vitalicia** (life) annuity *Ver tb* DECLARACIÓN, IMPUESTO, POLÍTICA, VIVIR

rentabilidad *nf* profitability

rentabilizar *vt* to make *sth* profitable

rentable *adj* profitable

LOC no/poco rentable unprofitable

renuncia *nf* **~ (a) 1** (*rechazo*) renunciation **of** *sth/sb*: *su ~ al trono* his renunciation of the throne **2** (*dimisión*) resignation

renunciar *vi* **1 ~ a** (*algo que te corresponde*) to renounce *sth* [*vt*]: *~ a una herencia/un derecho* to renounce an inheritance/a right **2 ~ (a)** (*puesto*) to resign (**from** *sth*): *Ha renunciado al puesto.* He's resigned from the post. **3 ~ a** (*abandonar*) to give *sth* up: *~ a un proyecto/sueño* to give up a project/dream

renuncio *nm* (*Naipes*) failure to follow suit

LOC coger/pillar en un renuncio to catch *sb* out

reñido, -a *pp, adj* hard-fought: *El partido estuvo muy ~.* It was a hard-fought match. *Ver tb* REÑIR

LOC estar reñido (con algn) to have fallen out (with sb) **estar reñida una cosa con otra**: *La valentía no está reñida con el miedo.* Courage and fear are not mutually exclusive.

reñir *vt* to tell *sb* off (**for** *sth*/**doing** *sth*), to scold *sb* (**for** *sth*/**doing** *sth*) (*más formal*): *Me riñó por no haber* *regado las plantas.* He told me off for not watering the plants.

■ **reñir** *vi* **1** (*discutir*) to argue (**with sb**) (**about/over sth**): *No riñáis por esa tontería.* Don't argue over a little thing like that! **2** (*enemistarse*) to fall out (**with sb**) (**about/over sth**: *Ha reñido con su novia.* He's fallen out with his girlfriend.

reo *nmf* **1** (*acusado*) accused **2** (*culpable*) convicted prisoner

LOC **reo de muerte** condemned person

reoca *nf*

LOC **ser la reoca** to be the limit: *Tu hermana es la ~.* Your sister is the limit.

reojo

LOC **mirar de reojo 1** (*con disimulo*) to look at *sth/sb* out of the corner of your eye **2** (*con recelo*) to look at *sb* askance

reordenación *nf* **1** (*gen*) reorganization: *la ~ del tráfico/de la administración* the reorganization of the traffic system/administration **2** (*económica*) restructuring **3** (*monetaria*) realignment

reorganización *nf* reorganization

reorganizar *vt* **1** (*gen*) to reorganize: *~ un departamento* to reorganize a department **2** (*gabinete ministerial*) to reshuffle

■ **reorganizarse** *v pron* to reorganize

reorientar *vt* to give *sth* a new direction

repanchingarse (*tb* **repantingarse**) *v pron* to sprawl

reparable *adj* repairable

reparación *nf* **1** (*avería*) repair: *reparaciones en el acto* repairs while you wait ◊ *La ~ costará 3.000 pesetas.* It will cost 3000 pesetas to repair. ◊ *Esta casa necesita reparaciones.* This house is in need of repair. **2** (*compensación*) compensation: *un millón en concepto de ~ de daños* a million pesetas in compensation **LOC** *Ver* TALLER

reparador, ~a *adj* refreshing

reparar *vt* **1** (*avería, daño*) to repair **2(a)** (*ofensa*) to make amends **for sth**: *Intentaron ~ su falta de cortesía.* They tried to make amends for their rudeness. **(b)** (*error*) to put *sth* right **3** (*fuerzas*) to restore

■ **reparar** *vi* **~ en 1** (*notar*) to notice *sth/sb/(that...)* [*vt*]: *No reparó en mí.* He didn't notice me. ◊ *Reparé en que habían pintado la cocina.* I noticed that they'd decorated the kitchen. **2** (*considerar*) to think **about sth**: *No repara en gastos/las consecuencias.* She doesn't think about the expense/consequences.

LOC **no reparar en nada** to stop at nothing: *No reparará en nada para conseguir lo que quiere.* He'll stop at nothing to get what he wants.

reparo *nm* objection: *No puso ~s a nuestro plan.* He raised no objections to our plan.

LOC **dar reparo** to be embarrassed (*about doing sth*) **no tener reparo(s) en** to have no qualms about *sth/doing sth*: *No tuvo ~ en gastarse el dinero de sus padres.* He had no qualms about spending his parents' money.

repartición *nf* sharing out: *la ~ del dinero/botín* the sharing out of the money/loot

repartidor, ~a *nm-nf* delivery man/woman [*pl* delivery men/women]

LOC **repartidor de periódicos** paper boy [*fem* paper girl]

repartir *vt* **1** (*dividir*) to share *sth* out: *~ el trabajo/pastel* to share out the work/cake **2** (*distribuir*) **(a)** (*gen*) to distribute: *~ panfletos* to distribute leaflets **(b)** (*correo, mercancías*) to deliver **(c)** (*naipes, golpes*) to deal **(d)** (*premio, dividendo*) to pay *sth* out **(e)** (*suerte*) to spread: *Ha repartido la suerte en el pueblo.* He has spread good fortune round the village.

■ **repartir** *vi* (*Naipes*) to deal

■ **repartirse** *v pron* to share *sth* out: *Nos repartimos las ganancias.* We shared out the profits.

LOC **repartir los papeles** (*Cine, Teat*) to cast a play **repartirse el pastel** to each get a share of the cake *Ver tb* LEÑA

reparto *nm* **1** (*partición, distribución*) distribution: *El ~ de alimentos resultó dificultoso.* Food distribution was very difficult. **2** (*mercancías, correo*) delivery **3** (*Naipes*) dealing **4** (*Cine, Teat*) cast

LOC **reparto de beneficios** profit-sharing **reparto del poder** power-sharing **reparto de premios** prize-giving *Ver tb* CAMIÓN, DESIGUALDAD, DOMICILIO

repasar *vt* **1** (*revisar*) to check: *~ una lista/las cuentas* to check a list/the accounts **2** (*estudiar*) to revise: *~ una asignatura* to revise a subject **3** (*leer por encima*) to look through *sth* **4** (*aclarar, repetir*) to go over *sth* again: *El profesor repasó el adverbio.* The teacher went over the adverb again. ◊ *Volvamos a ~ el plan.* Let's go over the plan again. **5** (*retocar*) **(a)** (*limpiar*) to go over *sth*: *~ los muebles con un trapo* to go over the furniture with a duster **(b)** (*planchar*) to run *an iron* over *sth*: *~ una blusa* to run an iron over a blouse **(c)** (*coser*) to strengthen: *Voy a ~ las costuras de la falda.* I'm going to strengthen the seams on this skirt.

LOC **repasar algo con la vista/la mirada** to look *sth* over **repasar a algn de arriba abajo** to look *sb* up and down

repaso *nm* **1** (*revisión, inspección*) check: *Este coche necesita un buen ~.* This car needs checking over. **2** (*Educ, estudio*) revision: *clases/cursos de ~* revision lessons/courses **3** (*lectura rápida*) look through **4** (*retoque*) **(a)** (*gen*) quick going-over: *Dale un ~ a la cocina/al pantalón.* Give the kitchen/trousers a quick going-over. **(b)** (*Costura*) strengthening: *A esos ojales les vendría bien un ~.* These buttonholes need strengthening. ◊ *Estos calcetines necesitan un ~.* These socks need mending.

LOC **dar un (buen) repaso a algn 1** (*regañar*) to give sb a good talking to **2** (*demostrar superioridad*) to wipe the floor with sb

repatear *vi* to hate *sth/doing sth* [*vt*]: *Me repatea que aparezca sin avisar.* I hate it when he turns up unannounced.

repatriación *nf* repatriation

repatriado, -a *pp, adj, nm-nf* repatriated [*adj*]: *Los ~s llegaron sanos y salvos a su país.* Those who had been repatriated arrived home safely.

repatriar *vt* to repatriate

repeinado, -a *pp, adj*: *Siempre va muy ~.* He never has a hair out of place.

repelente *adj* repellent: *un olor ~* a repellent smell

■ **repelente** *adj, nmf* (*persona*) **1** (*repulsivo*) repulsive [*adj*]: *Es un ~ asqueroso.* He's repulsive. **2** (*sabelotodo*) know-all [*n*]: *¡Qué ~ es!* She's such a know-all.

■ **repelente** *nm* insect repellent

repeler *vt* to repel

■ **repeler** *vi*: *Ese tío me repele.* I find that man repellent.

repelús (*tb* **repeluzno**) *nm*

LOC **dar repelús 1** (*dar miedo*) to give you the creeps **2** (*dar escalofríos*) to send a shiver down your spine

repente *nm*

LOC **de repente** suddenly

repentino, -a *adj* sudden

repercusión *nf* **1** (*trascendencia*) impact: *El suceso ha tenido una gran ~ en los medios políticos.* The event has had a great impact in political circles. **2** (*consecuencia*) repercussion: *las repercusiones sociales y económicas de la guerra* the social and economic repercussions of the war

repercutir *vi* **1** (*sonido*) to reverberate **2 ~ en** (*tener repercusiones*) to have repercussions **on sth**

repertorio *nm* repertoire

repesca *nf* resit: *He dejado las matemáticas para la ~.* I've got to do a Maths resit.

repetición *nf* **1** (*gen*) repetition: *un discurso lleno de repeticiones* a speech full of repetitions ◊ *evitar las repeticiones* to avoid repetition **2** (*elecciones, prueba*) rerun **3** (*jugada*) replay **LOC** *Ver* ARMA, FUSIL, MONO

repetido, -a *pp, adj* (*duplicado*): *Te lo doy porque lo tengo ~.* You can have it because I've got two of them. *Ver tb* REPETIR

LOC **en repetidas ocasiones** on many occasions **repetidas veces** again and again

repetidor, ~a *adj, nm-nf (Educ)* student who is repeating a year: *En mi clase hay tres ~es.* In my class three people are repeating the year.

■ **repetidor** *nm* relay station

repetir *vt* to repeat: *~ un experimento* to repeat an experiment ◊ *Repitió la pregunta.* He repeated the question. ◊ *Lo voy a tener que ~.* I'm going to have to do it again. ◊ *No te lo pienso ~.* I'm not going to tell you again! ◊ *¿Puede repetírmelo?* Could you repeat that, please?

■ **repetir** *vi* **1** (*volver a hacer*): *Grecia me gustó tanto que este verano voy a ~.* I loved Greece so much I'm going again this summer. **2** (*servirse otro poco*) to have some more: *¿Te ha gustado la carne? ¿Quieres ~?* Did you like the meat? Would you like some more? **3** (*alimento*) to repeat (**on** *sb*): *Me está repitiendo el ajo.* The garlic is repeating on me.

■ **repetirse** *v pron* (*hecho*) to happen again: *¡Y que no se repita!* And don't let it happen again!

LOC **repetir algo como un loro/papagayo** to repeat sth parrot-fashion **repetir algo hasta la saciedad** to repeat sth over and over again **repetir (curso)** (*Educ*) to repeat a year **repetirse como el ajo/pepino/la cebolla** to go on and on about *sth*

repetitivo, -a *adj* repetitive

repicar *vt, vi* to ring

repintar *vt* to repaint

■ **repintarse** *v pron* to put on a lot of make-up

repipi *adj, nmf* **1** (*afectado*) prissy [*adj*]: *Es una ~.* She's so prissy! **2** (*sabelotodo*) know-all [*n*]: *¡Qué niño más ~!* What a little know-all he is!

repique *nm* ringing

repiquetear *vi* **1** (*campanas*) to peal **2** (*gotas*) to patter **3** (*dedos*) to tap

repiqueteo *nm* **1** (*campanas*) ringing **2** (*gotas*) patter **3** (*dedos*) tapping

repisa *nf* **1** (*balda*) shelf [*pl* shelves] **2** (*chimenea*) mantelpiece **3** (*ventana*) window sill ☛ *Ver ilustración en* HOUSE

replantar *vt* **1** (*terreno, jardín*) to replant *sth* (**with** *sth*): *~ un campo con manzanos* to replant a field with apple trees **2** (*planta*) **(a)** (*en la tierra*) to transplant: *Tienes que ~ esos tomates.* You'll have to transplant those tomatoes. **(b)** (*en una maceta*) to repot

replanteamiento *nm* reconsideration: *un ~ del tema* a reconsideration of the question ◊ *un ~ del papel de la mujer* a complete rethink of the role of women

replantear *vt* **1** (*reconsiderar*) to reconsider **2** (*mencionar de nuevo*) to bring *sth* up again

■ **replantearse** *v pron* to think again about *sth*

replegar *vt* **1** (*alas*) to fold **2** (*tren de aterrizaje*) to retract

■ **replegarse** *v pron* to withdraw: *~te en ti mismo* to withdraw into yourself

repleto, -a *adj* **1** (*gen*) packed: *El tren iba ~.* The train was packed. **2 ~ de** full **of** *sth*/*sb*: *El texto está ~ de metáforas.* The text is full of metaphors. **LOC** *Ver* BOLSA[2]

réplica *nf* **1** (*copia*) copy **2(a)** (*contestación*) reply **(b)** (*objeción*) retort: *una ~ airada* an angry retort **LOC** *Ver* TURNO

replicar *vt* **1** (*contestar*) to reply **2** (*con una objeción*) to retort: *—¡Claro que no!—replicó.* 'Of course not!' she retorted.

■ **replicar** *vi* to answer back: *¡A mí no me repliques!* Don't answer me back!

repliegue *nm* (*Mil*) withdrawal

repoblación *nf* **1** (*gente*) repopulation **2** (*Agricultura, Piscicultura*) restocking

LOC **repoblación forestal** reafforestation

repoblar *vt* **1** (*con personas*) to repopulate **2** (*Agricultura, Piscicultura*) to restock

repollo *nm* cabbage

reponer *vt* **1** (*reemplazar*) to replace: *Asegúrate de ~ las tazas/el azúcar.* You'll have to replace those cups/that sugar. **2** (*combustible, provisiones*) to replenish **3** (*poner otra vez*) **(a)** (*Cine*) to rerun **(b)** (*Teat*) to put *sth* on again **(c)** (*TV*) to repeat **4** (*replicar*) to reply

■ **reponerse** *v pron* **reponerse (de)** to recover (**from** *sth*)

reportaje *nm* **1** (*TV*) (special) report: *un ~ sobre las elecciones* a special report on the elections **2** (*periódico, revista*) article

LOC **reportaje de boda 1** (*álbum*) wedding album **2** (*vídeo*) wedding video **reportaje gráfico** illustrated feature

reportar *vt* to bring: *El asunto no me reportó más que disgustos.* The affair only brought me trouble.

reportero, -a *nm-nf* reporter

LOC **reportero gráfico** press photographer

reposabrazos *nm* armrest

reposacabezas *nm* headrest ☛ *Ver ilustración en* CAR

reposado, -a *pp, adj* **1** (*tranquilo*) calm: *una mirada reposada* a calm expression **2** (*lento*) unhurried: *con paso ~* without hurrying *Ver tb* REPOSAR

reposapiés *nm* footrest

reposar *vi* **1** (*descansar*) to rest: *Necesitas ~.* You need to rest. **2** (*yacer*): *Sus restos reposan en este cementerio.* He is buried in this cemetery.

■ **reposar** *vt* to rest *sth* (**on** *sth*/*sb*): *Reposa la cabeza en mi hombro.* Rest your head on my shoulder.

■ **reposar(se)** *vi, v pron* **1** (*comida*) to leave *sth* to stand **2** (*líquido*) to settle

LOC **reposar la comida** (*para digerirla*) to let your meal go down

reposición *nf* **1** (*Cine*) rerun **2** (*Teat*) revival **3** (*TV*) repeat

reposo *nm* **1** (*descanso*) rest: *Necesitas ~.* You need to rest. **2** (*tranquilidad*) peace

LOC **dejar en reposo** to leave *sth* to stand **en reposo** at rest: *el peso de un cuerpo en ~* the weight of a body when it's at rest **hacer reposo** to rest *Ver tb* CASA, CURA[1]

repostar *vi* to refuel

repostería *nf* **1** (*Cocina*) confectionery **2** (*tienda*) confectioner's [*pl* confectioners] ☛ *Ver nota y ejemplos en* CARNICERÍA

repostero, -a *nm-nf* confectioner

reprender *vt* to scold *sb* (**for** *sth*/*doing sth*), to tell *sb* off (**for** *sth*/*doing sth*) (*más coloq*)

reprensible *adj* reprehensible

reprensión *nf* reprimand

represalia *nf* reprisal (**for** *sth*): *tomar ~s por el asesinato* to take reprisals for the murder ◊ *en ~ por el ataque* in reprisal for the attack

representación *nf* **1** (*gen*) representation: *~ diplomática/proporcional* diplomatic/proportional representation. **2** (*teatral*) performace

LOC **en representación de** on behalf of *sth*/*sb*: *El ministro acudió en ~ del Presidente.* The minister attended on behalf of the President. **tener la representación de**: *Tiene la ~ de una marca de perfume.* She sells a particular make of perfume. *Ver tb* DIPLOMÁTICO

representante *nmf* **1** (*gen*) representative: *el ~ del partido/de la compañía* the party/company representative

En el mundo comercial se utiliza mucho el término **rep**: *nuestro representante de ventas* our sales rep.

2 ~ (de) (*Cine, Teat*) agent (**for** *sb*): *Yo soy el ~ de la actriz.* I'm the actress's agent. **3** (*en un concurso de belleza*) contestant

representar *vt* **1 ~ a** (*organización, compañía, país*) to represent: *Represento a una importante firma financiera.* I represent a major finance company. ◊ *Representaron a España en las Olimpiadas.* They represented Spain in the Olympics. **2** (*significar, suponer*) to mean: *Este premio representa mucho para mí.* This prize means a lot to me. ◊ *El cambio representa un problema*

aparato reproductor
(reproductive system)

male

bladder
seminal vesicle
prostate gland
pubic hair
urethra
penis
foreskin
testicle
scrotum

female

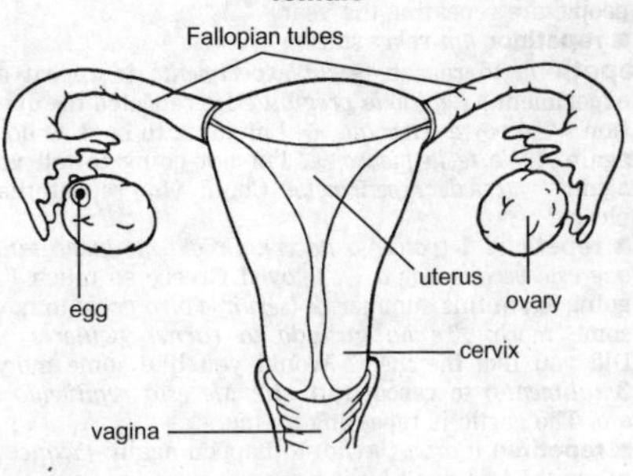

económico para el país. The change means economic problems for the country. **3** (*cuadro, estatua*) to depict: *El cuadro representa una batalla.* The painting depicts a battle. **4** (*simbolizar*) to symbolize: *El verde representa la esperanza.* Green symbolizes hope. **5** (*Teat*) **(a)** (*obra*) to perform **(b)** (*papel*) to play: *Representó el papel de Otelo.* He played the part of Otello. **6** (*edad*) to look: *No representas la edad que tienes.* You don't look your age.

representativo, -a *adj* representative

represión *nf* repression

represivo, -a *adj* repressive

represor, ~a *adj* repressive
■ **represor, ~a** *nm-nf* repressor

reprimenda *nf* reprimand: *Me cayó/Me echaron una buena ~.* I was given a sharp reprimand.

reprimido, -a *pp, adj, nm-nf* repressed [*adj*]: *Son unos ~s.* They're very repressed. *Ver tb* REPRIMIR

reprimir *vt* **1** (*gen*) to suppress: *La policía reprimió la manifestación de forma violenta.* The police suppressed the demonstration violently. ◊ *Reprimió la risa.* He suppressed his laughter. **2** (*a un individuo*) to repress: *Su familia le reprimía.* His family used to repress him.
■ **reprimirse** *v pron* **reprimirse (de)** to stop yourself (*doing sth*): *No pude ~me por más tiempo y se lo dije.* I couldn't stop myself telling her.

reprise *nm* acceleration: *El coche tiene un motor de mucho ~.* The car has very good acceleration.

reprobable *adj* reprehensible

reprobación *nf* disapproval: *El jefe me dirigió una mirada de ~.* My boss gave me a disapproving look.

reprobar *vt* to criticize

reprochable *adj* reprehensible

reprochar *vt* to reproach *sb* **for** ***sth/doing sth***: *Me reprochó que se lo hubiese ocultado.* He reproached me for hiding it from him. ◊ *A él no se le puede ~ nada.* He's beyond reproach.

reproche *nm* reproach: *Mis padres me hicieron duros ~s.* My parents reproached me bitterly.

reproducción *nf* reproduction: *una ~ de la obra* a reproduction ◊ *los órganos de ~* the reproductive organs

reproducir *vt* **1** (*gen*) to reproduce: *~ el sonido/la imagen con fidelidad* to reproduce the sound/image faithfully **2** (*volver a decir*) to repeat: *No me atrevo a ~ sus palabras.* I daren't repeat his words.
■ **reproducirse** *v pron* **1** (*Biol*) to reproduce **2** (*repetirse*) to recur: *La situación se ha reproducido.* The situation has recurred.

reproductor, ~a *adj* reproductive: *los órganos ~es* the reproductive organs

reptar *vi* **1** (*serpiente*) to slither **2** (*persona*) to crawl

reptil *nm* reptile

república *nf* republic

República Centroafricana *nf* Central African Republic

República Checa *nf* Czech Republic

República Dominicana *nf* Dominican Republic

republicano, -a *adj, nm-nf* republican

República Surafricana *nf* (the Republic of) South Africa

repudiar *vt* to repudiate

repuesto *nm* **1** (*gen*) replacement: *un ~ para las cuchillas de la batidora* replacement blades for the blender **2** (*coche*) spare part **3** (*bolígrafo*) refill **LOC** *Ver* RUEDA

repugnancia *nf* revulsion: *Lo bebí con ~.* I drank it with revulsion. ◊ *Sentía ~ con solo pensarlo.* I found the very thought of it revolting. ◊ *Daba ~ verlos comer.* It was revolting to watch them eat.

repugnante *adj* revolting

repugnar *vi* **1** (*físicamente*) to be revolting: *un olor que repugna* a revolting smell ◊ *Su aspecto me repugna.* I find his appearance revolting. **2** (*moralmente*) to be disgusting: *Es tal su egoísmo que repugna.* His selfishness is disgusting. ◊ *Ese es un tema del que me repugna hablar.* I can hardly bring myself to talk about it.

repujado, -a *pp, adj* embossed

repulsa *nf* condemnation: *Expresaron su ~ contra el atentado.* They condemned the attack.

repulsivo, -a *adj* repulsive

reputación *nf* reputation: *Aquello dañó su ~.* That damaged his reputation. ◊ *tener buena/mala ~* to have a good/bad reputation ◊ *Tiene mucha ~ como abogado.* He's got a very good reputation as a lawyer.

reputado, -a *pp, adj* renowned

requemar *vt* **1** (*gen*) to burn: *~ las tostadas* to burn the toast **2** (*planta*) to scorch
■ **requemarse** *v pron* (*comida*) to get burnt
LOC **requemarle la sangre a algn** to make sb's blood boil

requerimiento *nm* request
LOC **requerimiento judicial** summons [*pl* summonses]

requerir *vt* **1** (*necesitar*) to require: *La ley requiere la presencia de un abogado.* The law requires a lawyer to be present. ◊ *Este tema requiere atención.* This matter requires attention. **2** (*solicitar*) to ask *sb* (***to do sth***): *La requirieron para que participase en una competición benéfica.* They asked her to take part in a charity event. **3** (*Jur*) to summon *sb* to appear in court: *El juez requiere su presencia.* He's been summoned to appear in court.
LOC **requerir de amores** to court

requesón *nm* curd cheese

réquiem *nm* requiem

requisa *nf* **1** (*incautación*) **(a)** (*gen*) seizure **(b)** (*Mil*) requisition: *bienes de* ~ requisitioned goods **2** ~ **(a)** (*inspección*) inspection (**of** ***sth***)

requisar *vt* **1** (*policía*) to seize: *La policía les requisó los documentos.* The police seized their papers. **2** (*Mil*) to requisition

requisito *nm* requirement: *cumplir/reunir los ~s legales* to meet all the legal requirements

LOC **requisito previo** prerequisite **requisitos:** (*en anuncios de trabajo*) the successful candidate will...: *~s: dominar un idioma extranjero...* The successful candidate will be proficient in a foreign language.

requisitoria *nf* **1** (*citación*) summons [*pl* summonses] **2** (*busca y captura*) warrant

res *nf* (farm) animal

LOC **res lanar** sheep [*pl* sheep] **res vacuna** cow [*pl* cattle]: *2.000 ~es vacunas* 2000 head of cattle

resabiado, -a *pp, adj*

LOC **estar resabiado** to have got into bad habits

resabido, -a *adj, nm-nf* know-all [*n*]: *¡Qué chica más resabida!* What a know-all she is!

resabio *nm* **1** (*sabor, fig*) (unpleasant) after-taste **2** (*mala costumbre*) bad habit

resaca *nf* **1** (*mar*) undertow **2** (*borrachera*) hangover

resalado, -a *adj* witty

resaltar *vt* **1** (*color*) to bring *sth* out: *El verde resalta el color de sus ojos.* Green brings out the colour of her eyes. **2** (*poner énfasis*) to stress: ~ *la importancia de algo* to stress the importance of sth

■ **resaltar** *vi* to stand out

LOC **hacer resaltar** **1** (*color*) to bring *sth* out **2** (*poner énfasis*) to stress

resalte (*tb* **resalto**) *nm* ledge

resarcimiento *nm* compensation

resarcir *vt* to compensate *sb* (**for** ***sth***): *Fue resarcido por los daños sufridos.* He received compensation for the damage caused.

■ **resarcirse** *v pron* **resarcirse de** **1** (*gen*) to make up for *sth*: *Se resarció de la penalización marcando un tanto.* He made up for the penalty by scoring a goal. **2** (*vengarse*) to pay *sb* back (**for** ***sth***)

resbaladizo, -a *adj* **1** (*superficie*) slippery **2** (*tema, asunto*) delicate: *Estamos en un terreno ~.* We're on delicate ground.

resbalar *vi* **1** (*vehículo*) to skid **2** (*superficie*) to be slippery **3** ~ **(por)** (*líquido*) to slide (**along/down** ***sth***): *La lluvia resbalaba por los cristales.* The rain slid down the windows. **4** (*fig*) to slip up: *Ahí resbalaste; no se lo tenías que haber dicho.* That's where you slipped up! You shouldn't have told him.

■ **resbalar(se)** *vi, v pron* to slip (**on** ***sth***): (*Se*) *resbaló con una mancha de aceite.* He slipped on a patch of oil.

LOC **resbalarle algo a algn** not to care about sth: *A mí lo que ellos digan me resbala.* I don't care what they say.

resbalón *nm* slip

LOC **dar/pegarse un resbalón** **1** (*lit*) to slip **2** (*meter la pata*) to slip up

rescatar *vt* **1** (*salvar*) to rescue *sb*: *un plan para ~ a los rehenes* a plan to rescue the hostages **2** (*recobrar*) **(a)** (*gen*) to recover: *Pude ~ el dinero.* I was able to recover the money. ◊ *Un cuerpo sin vida fue rescatado del incendio.* A body was recovered from the fire. **(b)** (*tierras inundadas*) to reclaim

rescate *nm* **1** (*salvación*) rescue: *labores de ~* rescue work **2** (*pago*) ransom: *demandar un elevado ~* to demand a high ransom ◊ *Quieren pedir ~ por él.* They are holding him to ransom. **3(a)** (*recuperación*) recovery **(b)** (*de tierras inundadas*) reclamation **(c)** (*propiedad, póliza*) redemption **4** (*ciudad*) recapture **LOC** *Ver* PATRULLA

rescindible *adj*: *El contrato es ~ por ambas partes.* The contract may be terminated by either party.

rescindir *vt* to terminate

rescisión *nf* termination

rescoldo *nm* embers [*v pl*]

resección *nf* removal

reseco, -a *adj* very dry

resentido, -a *pp, adj* **1** (*dolorido*) painful **2** (*persona*) **(a)** (*dolido*) upset: *Está un poco ~ por lo que le hiciste.* He's upset about the way you behaved. **(b)** ~ **con** annoyed **with** ***sb***: *Me pareció que estaba resentida con Belén.* I think she was annoyed with Belén. *Ver tb* RESENTIRSE

resentimiento *nm* resentment

resentirse *v pron* **1** (*deteriorarse*) to deteriorate: *Su salud empieza a ~.* His health is starting to deteriorate. ◊ *Su trabajo no se ha resentido.* His work hasn't suffered. **2** (*dolerse*) to hurt: *La pierna aún se resiente de la caída.* My leg still hurts from the fall. **3** (*disgustarse*) to get upset (***with sb***) (***about sth***): *Se resintió con ella porque le mintió.* He was upset with her because she'd lied to him.

reseña *nf* ~ **(de)** **1** (*gen*) report (**on** ***sth***): *una ~ del congreso* a report on the conference **2** (*libro, película*) review (**of** ***sth***) **3** (*descripción*) description (**of** ***sb***): *La policía hizo una ~ del sospechoso.* The police provided a description of the suspect.

reseñar *vt* **1** (*hacer una reseña de*) to report **on** ***sth*** **2** (*libro, película*) to review **3** (*destacar*) to point *sth* out: *El artículo reseña que...* The article points out that...

reserva *nf* **1** (*hotel, viaje, restaurante*) reservation: *¿Has hecho la ~?* Have you made a reservation? **2** ~ **(de)** reserve(s) [*se utiliza mucho en plural*]: *una buena ~ de carbón* good coal reserves ◊ *las ~s de divisas* foreign currency reserves **3** (*gasolina*) reserve tank: *Hemos entrado en ~.* We're on the reserve tank. **4** (*animales, plantas*) reserve **5** (*Mil*) reserves [*v pl*]: *Ha pasado a la ~ activa.* He's in the reserves now. **6** (*pueblos indígenas*) reservation **7** (*duda*) reservation (**about** ***sth***): *Mostró sus ~s sobre el acuerdo.* He expressed a few reservations about the agreement. ◊ *Puedes hablar sin ~s sobre el asunto.* You can speak freely.

■ **reserva** *nmf* (*Dep*) reserve: *los tres ~s* the three reserves

■ **reserva** *nm* (*vino*) wine aged for at least three years

LOC **de reserva** in reserve: *tener un dinero de ~* to keep some money in reserve

reservadamente *adv* in confidence

reservado, -a *pp, adj* **1** (*confidencial*) confidential **2** (*persona*) reserved *Ver tb* RESERVAR

■ **reservado** *nm* private room

LOC **reservado el derecho de admisión** the management reserves the right to refuse admission *Ver tb* DERECHO, PRONÓSTICO

reservar *vt* **1** (*guardar*) to save: *Resérvame un sitio.* Save me a place. **2** (*pedir con antelación*) to book: *Quiero ~ una mesa para tres.* I'd like to book a table for three.

■ **reservarse** *v pron* **reservarse (para)**: *Me estoy reservando para el postre.* I'm leaving room for the pudding.

LOC **reservarse el derecho de** to reserve the right *to do sth* **reservarse la opinión** to reserve judgement

reservista *nm* reservist

resfriado, -a *pp, adj*: *estar* (*muy*) ~ to have a (bad) cold *Ver tb* RESFRIARSE

■ **resfriado** *nm* cold: *coger un ~* to catch a cold

resfriarse *v pron* to catch a cold

resguardar *vt* to protect *sth/sb* ***against/from sth***: *El toldo nos resguardará de la lluvia.* The awning will protect us from the rain.

■ **resguardarse** *v pron* **resguardarse (de)** to shelter (**from** ***sth***): *~se de una tormenta* to shelter from a storm

resguardo *nm* **1** (*justificante*) **(a)** (*recibo*) ticket **(b)** (*cheque*) stub **2** ~ **(contra)** **(a)** (*de la lluvia, del viento*) shelter (**from** ***sth***) **(b)** (*de un peligro*) protection (**from/against** ***sth***)

LOC **al resguardo de** **1** (*lluvia, viento*) sheltered from *sth* **2** (*peligro*) safe from *sth*

residencia *nf* **1** (*acción de residir, casa*) residence: *solicitar la ~ en un país* to apply for residence in a country ◊ *Conservo buenos recuerdos de mi ~ en*

Londres. I have happy memories of when I lived in London. ◊ *la ~ del presidente* the president's residence **2** (*lugar donde se reside*) place of residence

LOC residencia de estudiantes hall of residence **residencia habitual** ordinary place of residence **residencia sanitaria** hospital **sin residencia fija** of no fixed abode **tener la residencia en...** to have settled in... *Ver tb* ANCIANO, FIJAR, LUGAR

residencial *adj* residential

residente *adj, nmf* resident **LOC** *Ver* MÉDICO

residir *vi* **~ (en) 1** (*vivir*) to live (**in...**): *¿Dónde reside el embajador?* Where does the ambassador live? **2** (*radicar*) to lie **in** ***sth***: *El problema reside en la falta de organización.* The problem lies in poor organization.

residual *adj* residual **LOC** *Ver* AGUA, COLECTOR, ESTACIÓN

residuo *nm* **1** (*resto*) trace: *un ~ de arsénico* a trace of arsenic **2** (*Quím*) residue **3 residuos** waste [*incontable, v sing*]: *~s industriales/tóxicos* industrial/toxic waste

resignación *nf* resignation: *Lo lleva con mucha ~.* He's quite resigned to it.

resignarse *v pron* **1** (*gen*) to resign: *No me queda más remedio que resignarme.* I have no choice but to resign. **2 ~ a** to be resigned ***to sth/doing sth***: *No se resigna a perderla.* He is not resigned to losing her.

resina *nf* resin

resistencia *nf* **1** (*oposición, Fís*) resistance: *~ pasiva* passive resistance **2** (*aguante*) stamina: *Es una mujer de una gran ~ física.* She has a lot of stamina. **3** (*Elec*) resistor **4** (*hervidora eléctrica, hornillo eléctrico*) element **LOC** *Ver* CARRERA, OPONER, PRUEBA

resistente *adj* **1** (*fuerte*) **(a)** (*material*) strong **(b)** (*tela*) hard-wearing **2** (*persona, animal, planta*) hardy **3 ~ (a)** resistant (**to** ***sth***): *~ al frío/calor* resistant to cold/heat-resistant

LOC resistente al agua waterproof **resistente a la humedad** damp-proof **resistente al fuego** fireproof *Ver tb* COLOR

resistir *vt* **1** (*aguantar*) **(a)** (*gen*) to withstand: *Las chabolas no resistieron el vendaval.* The shanty town didn't withstand the hurricane. ◊ *~ un golpe* to withstand a shock ◊ *No puedo ~ el dolor.* I can't stand the pain. **(b)** (*peso*) to take: *El puente no resistirá el peso de ese camión.* The bridge won't take the weight of that lorry. **2** (*no sucumbir*) **(a)** (*idea, propuesta, tentación*) to resist: *No lo pude ~ y me comí todos los bombones.* I couldn't resist eating all the chocolates. **(b)** (*curiosidad*) to contain

■ **resistir** *vi* **1** (*soportar*): *Ya no resisto más.* I can't stand it any longer! **2** (*puente, arco*) to hold up **3** (*sobrevivir*) to survive **4** (*contenerse*) to contain yourself **5** (*ejército*) to resist

■ **resistirse** *v pron* **1** (*gen*) to resist: *Alguna gente se resiste.* Some people are resisting. ◊ *No hay quien se le resista.* He's irresistible. **2 resistirse a** to refuse ***to do sth***: *Se resistía a creerlo.* She refused to believe it.

resma *nf* ream

resol *nm* **1** (*reflejo*) reflected sunlight **2** (*que deslumbra*) glare

resollar *vi* to pant

resolución *nf* **1 ~ (de)** (*solución*) solution (**to** ***sth***): *Colaboraron en la ~ del problema.* They helped solve the problem. **2** (*decisión*) decision: *tomar una ~* to take a decision **3** (*cualidad*) determination **4** (*Tec*) resolution: *una pantalla de alta/baja ~* a high/low resolution screen

LOC resolución judicial legal ruling

resolutivo, -a *adj* **1** (*gen*) able to make decisions: *un director muy ~* a director who is able to make decisions **2** (*eficaz*) effective

resoluto, -a *adj* determined

resolver *vt* **1** (*problema, misterio, caso*) to solve **2** (*duda, diferencias*) to settle **3** (*situación*) to resolve **4** (*decidir*) to decide: *Hemos resuelto no decirle nada.* We've decided not to tell her anything. ◊ *el gol que resolvió el partido* the goal that decided the match

■ **resolverse** *v pron* **1 resolverse a** to bring yourself ***to do sth***: *No me resolvía a preguntárselo.* I couldn't bring myself to ask him. **2 resolverse en** to come down to *sth*: *Se resolvió en una regañina sin importancia.* It all came down to a bit of a telling-off.

LOC resolver a favor de to rule in favour of *sth/sb*

resonancia *nf* **1** (*Fís, Mús*) resonance **2** (*eco*) echo [*pl* echoes]: *~s del pasado* echoes from the past **3** (*noticia, suceso*): *La noticia ha tenido una amplia ~.* The news has aroused widespread interest. **LOC** *Ver* CAJA

resonante *adj* **1** (*sonido*) resonant **2** (*fig*) resounding: *un éxito ~* a resounding success

resonar *vi* **1** (*sonar fuerte*) to ring out: *Las campanas resonaban en la aldea.* The bells rang out across the village. **2** (*en la memoria, hacer eco*) to echo: *Sus palabras aún resuenan en mi mente.* Her words still echo in my mind. ◊ *La calle desierta resonaba con sus pisadas.* The deserted street echoed to the sound of his footsteps. **3** (*noticia*) to reverberate

resoplar *vi* **1** (*dar resoplidos*) to puff and pant: *Deja de ~.* Stop puffing and panting. **2** (*con enojo, animal*) to snort

resoplido *nm* **1** (*resuello*): *Dejó caer el bulto con un ~.* He was panting when he put the load down. **2** (*mala contestación*) snort (of annoyance)

LOC dar resoplidos to puff and pant

resorte *nm* **1** (*muelle*) spring **2** (*medio*) device: *El autor recurre al ~ de lo cómico.* The author uses the device of comedy.

LOC tocar (todos los, muchos, etc) resortes to pull out all the stops

respaldar *vt* to back *sth/sb* up: *Mis padres siempre me respaldaron.* My parents always backed me up.

■ **respaldarse** *v pron* **respaldarse en 1** (*algn*) to lean **on** ***sb***: *Se repalda en su familia.* He leans on his family (for support). **2** (*algo*) to base your case **on** ***sth***

respaldo *nm* **1** (*silla*) back **2** (*apoyo*) support

respectar *vi*

LOC en/por lo que respecta a: *en/por lo que respecta a temas sanitarios...* with regard to health... ◊ *solo en lo que respecta a reparaciones* in repairs alone ◊ *Por lo que a mí respecta...* As far as I am concerned...

respectivo, -a *adj* respective

LOC en lo respectivo a as regards *sth*

respecto *nm*

LOC al respecto about it: *No sé nada al ~.* I know nothing about it. **(con) respecto a/de 1** (*en relación con*) as regards *sth*: *Con ~ a la política sanitaria...* As regards health policy... ◊ *Supone el 27% ~ a la inversión total.* It represents 27% of the total investment. **2** (*a diferencia de*): *Lleva una diferencia de tres puntos ~ a su más directo competidor.* He's three points ahead of his nearest rival. *Ver tb* REDUCIR

respetabilidad *nf* respectability

respetable *adj* **1** (*decente, honrado*) respectable **2** (*digno de consideración*) worthy of respect: *Sus opiniones son perfectamente ~s.* His opinions are worthy of respect. **3** (*considerable*) fair: *una distancia/suma ~* a fair distance/amount

■ **respetable** *nm* **1** (*Teat*) audience **2** (*espectáculo*) spectators [*v pl*]: *El ~ aplaudió al torero.* The spectators cheered the bullfighter.

respetar *vt* **1** (*gen*) to respect: *~ a tus padres* to respect your parents ◊ *Debes ~ las opiniones de los demás.* You should respect other people's opinions. **2** (*código, signo*) to obey: *~ las señales de tráfico* to obey road signs

LOC hacerse respetar to inspire respect **respetar el turno de palabra** to wait your turn to speak

respeto *nm* **1 ~ (a/hacia)** (*consideración*) respect (**for** ***sth/sb***): *el ~ a los demás/la naturaleza* respect for others/nature **2 respetos (a)** (*presentar*) respects: *Presentó sus ~s al ministro.* He paid his respects to the minister. **(b)** (*enviar*) regards: *Envíe mis ~s a su esposa.* Give my regards to your wife.

LOC perder el respeto to lose respect *for sb* **por respeto (a/hacia)** out of respect (for *sth/sb*) **tenerle**

respeto a algo to be afraid of sth: *Le tengo mucho ~ al mar.* I'm afraid of the sea. *Ver tb* DEBIDO, FALTAR

respetuoso, -a *adj* **~** (**con**) respectful (**to/towards** ***sb*/of *sth***): *Es muy respetuosa con sus compañeros/las normas.* She's very respectful to her colleagues/of the rules. **LOC** *Ver* SALUDO

respingar *vi* (*caballo*) to buck
■ **respingar(se)** *vi, v pron* (*falda*) to ride up

respingo *nm*
LOC dar un respingo (*persona*) to jump **hacer un respingo** (*falda*) to ride up

respingón, -ona *adj* turned-up

respiración *nf* **1** (*acción*) breathing **2** (*aliento*) breath: *contener la ~* to hold your breath
LOC respiración artificial artificial respiration **respiración boca a boca** mouth-to-mouth resuscitation **sin respiración 1** (*lit*) out of breath: *Llegó sin ~.* She was out of breath when she arrived. **2** (*asombrado*): *El público se quedó sin ~.* The audience gasped in amazement. *Ver tb* AGUANTAR

respiradero *nm* **1** (*chimenea*) flue **2** (*mina*) ventilation shaft

respirar *vt, vi* to breathe: *~ aire puro* to breathe pure air ◊ *Respira hondo.* Take a deep breath. ◊ *El enfermo respira con dificultad.* The patient has difficulty breathing.
■ **respirar** *vt* to exude: *Respira alegría por todos los poros.* She exudes happiness.
■ **respirar** *vi*: *Necesito (parar a) ~ un momento.* I need to stop for a breather.
LOC no dejar a algn ni respirar not to give sb a minute's peace: *Los niños no me dejan ni ~.* The children don't give me a minute's peace. **no poder (ni) respirar** not to have a minute **no respirar** not to make a sound **respirar (tranquilo)** to relax: *Respira tranquilo, lo peor ya ha pasado.* You can relax now, the worst is over. **se respira**: *Aún se respira un ambiente de tensión.* There is still a feeling of tension in the air. **sin respirar** (*sin parar*) without pausing for breath

respiratorio, -a *adj* breathing [*n atrib*], respiratory (*formal*): *dificultades respiratorias* breathing difficulties ◊ *las vías respiratorias* the respiratory tract

respiro *nm* **1** (*descanso físico*) break: *tomarse un ~* to take a break ◊ *No hemos tenido ni un momento de ~.* We haven't had a second's break. **2** (*alivio*) respite: *La empresa no ha dado un ~ a su rival.* The firm hasn't given its rivals any respite.

resplandecer *vi* to shine: *Su cara resplandecía de alegría.* His face was shining with joy.

resplandeciente *adj* shining: *ojos ~s de felicidad* eyes shining with happiness

resplandor *nm* **1** (*gen*) brightness: *El ~ de los focos le cegó.* The brightness of the lights dazzled him. ◊ *Vimos el ~ de las luces del campamento.* We saw the lights of the camp shining. **2** (*fuego*) blaze **3** (*mirada, rostro*) radiance

responder *vt, vi* **~** (**a**) (*contestar*) to answer, to reply (**to *sth***) [*vi*] (*más formal*): *Tengo que ~ a esta pregunta.* I have to answer this question. ◊ *~ a una carta* to reply to a letter ◊ *Me respondió una grosería.* She gave me a very rude answer. ◊ *Nadie responde.* There's no answer.
■ **responder** *vi* **1** (*replicar*) to answer (*sb*) back: *¡Y tú no respondas a tu madre!* Don't you answer your mother back! **2** (*reaccionar*) to respond (***to sth***): *~ al tratamiento/a los mandos* to respond to treatment/the controls **3** (*corresponder*) to correspond ***to sth***: *Las agrupaciones responden a intereses muy diversos.* The groups correspond to very different interests. **4** (*imagen, descripción*) to fit *sth* [*vt*]: *El sujeto no responde a la descripción que se ha hecho.* He doesn't fit the description. **5** (*exigencia, necesidades*) to meet *sth* [*vt*]: *No responde a nuestras necesidades.* It doesn't meet our needs. **6 ~ de/por** (*hacerse responsable de*) to answer **for *sth*/*sb***: *¡No respondo de mí!* I can't answer for my actions. ◊ *Yo respondo por él.* I'll answer for him.
LOC responder al/por el nombre de to answer to the name of *sth Ver tb* AFIRMACIÓN, DÚO

respondón, -ona *adj* cheeky

responsabilidad *nf* **1** (*gen*) responsibility: *un trabajo de mucha ~* a job with a lot of responsibility **2** (*Jur*) liability

responsabilizar *vt* to hold *sb* responsible (***for sth***)
■ **responsabilizarse** *v pron* **responsabilizarse (de) 1** (*hacerse responsable*) to accept responsibility (**for *sth***): *Me responsabilizo de mis decisiones.* I accept responsibility for my decisions. **2** (*reconocerse culpable*) to admit responsibility (**for *sth***): *Ningún grupo se ha responsabilizado del atentado.* No group has admitted responsibility for the attack. **3** (*aceptar una responsabilidad*) to take responsibility (**for *sth***): *¿Quién quiere ~se de este área del trabajo?* Who would like to take responsibility for this area of work?

responsable *adj* **1** (*juicioso, culpable*) responsible (***for sth***): *una actitud muy ~* a very responsible attitude **2** (*encargado*) in charge (**of *sth***): *Pide permiso a la persona ~.* Ask permission from the person in charge. **3** (*Jur*) liable
■ **responsable** *nmf* **1** (*culpable*) person responsible: *¿Quién es el ~ de este barullo?* Who is (the person) responsible for this row? **2** (*encargado*) person in charge: *el ~ del proyecto* the person in charge of the project
LOC hacerse responsable de algo to assume responsibility for sth *Ver tb* CONSIDERAR, MÁXIMO

responso *nm* **1** (*rezo*) prayer for the dead **2** (*reprimenda*) lecture: *Le eché un buen ~.* I gave him a lecture.

respuesta *nf* **1** (*contestación*) answer (***to sth*/*sb***), reply (***to sth*/*sb***) (*más formal*): *No hemos obtenido ~.* We haven't received a reply. ◊ *una ~ clara a la pregunta* a clear answer to the question **2** (*reacción*) response (***to sth*/*sb***): *La sugerencia obtuvo una ~ favorable.* The suggestion received a favourable response.
LOC dar respuesta a to answer

resquebrajadura *nf* crack

resquebrajar(se) *vt, v pron* to crack: *El peso de la estantería acabará por resquebrajar la pared.* The weight of the bookshelf will eventually crack the wall. ◊ *El muro se está resquebrajando.* The wall is cracking.

resquemor *nm* resentment

resquicio *nm* **1** (*abertura*) gap **2** (*grieta*) crack
LOC resquicio de esperanza glimmer of hope

resta *nf* **1** (*operación*) subtraction: *La profesora me puso unas ~s.* The teacher gave me some subtractions to do. **2** (*resto*) remainder

restablecer *vt* **1** (*gen*) to restore: *~ la normalidad* to restore normality **2** (*diálogo, negociaciones*) to resume
■ **restablecerse** *v pron* **1** (*recuperarse*) to recover (**from *sth***): *Tardó varias semanas en ~se.* He took several weeks to recover. **2** (*reinstaurarse*) **(a)** (*gen*) to return: *Hasta el mediodía no se restableció la normalidad.* Things did not return to normal until midday. **(b)** (*servicio*) to resume: *El servicio aéreo se restableció a las dos.* Flights resumed at two o'clock.

restablecimiento *nm* **1(a)** (*reinstauración*) restoration: *La opinión pública desea el ~ de las relaciones diplomáticas.* Public opinion is in favour of restoring diplomatic relations. **(b)** (*negociaciones, diálogo*) resumption **2** (*curación*) recovery

restallar *vt* to crack

restante *adj* remaining
LOC lo restante the remainder: *Lo ~ te lo pago mañana.* I will pay you the remainder tomorrow. **los/las restantes** the rest [*v pl*]: *Los ~s, que vengan en coche.* The rest will have to come by car.

restar *vt* **1** (*Mat*) to subtract (*formal*), to take *sth* away: *~ 3 de 7* to take 3 away from 7 **2** (*quitar*) to detract: *Este detalle no le resta mérito al libro.* This detail doesn't detract from the merit of the book. ◊ *La cicatriz le restaba atractivo a su rostro.* The scar spoilt her looks.
■ **restar** *vi* to remain, to be left (*más coloq*): *Restan apenas tres minutos para el final.* There are barely

three minutes left. ◊ *Solo me resta despedirme.* All that remains is for me to say goodbye. ◊ *Al equipo solo le resta ganar una prueba para clasificarse.* The team only has to win one event to qualify. **LOC** *Ver* IMPORTANCIA, MÉRITO

restauración *nf* restoration

restaurador, ~a *nm-nf* restorer

restaurante *nm* restaurant **LOC** *Ver* COCHE, VAGÓN

restaurar *vt* to restore

restituir *vt* **1** (*gen*) to restore: *Han restituido el edificio a su estado original.* They've restored the building to its original state. **2** (*trabajador*) to reinstate: *El director les ha restituido en su cargo.* The manager has reinstated them.

resto *nm* **1** (*lo que queda*) rest: *El ~ te lo contaré mañana.* I'll tell you the rest tomorrow. **2** (*Mat*) remainder: *¿Qué ~ te da?* What's the remainder? **3 restos (a)** (*comida*) leftovers **(b)** (*Arqueología*) remains
LOC **echar el resto** to go flat out: *El ciclista echó el ~ en la recta final.* The cyclist went flat out on the home straight. **restos humanos/mortales** human/mortal remains

restregar *vt* **1** (*frotar*) to scrub **2** (*insistir*) to rub it in about *sth*: *Le restregué bien lo de mi aumento de sueldo.* I really rubbed it in about my pay rise.
■ **restregarse** *v pron* to rub: *Se restregaba los ojos.* He was rubbing his eyes.

restregón *nm*
LOC **pegar unos restregones** to scrub *sth* hard

restricción *nf* restriction

restrictivo, -a *adj* restrictive

restringir *vt* to restrict

resucitar *vt* **1** (*muerto*) to resurrect (*formal*), to raise *sb* from the dead **2** (*idea, plan*) to resurrect (*formal*), to revive
■ **resucitar** *vi* **1** (*muerto*) to rise from the dead **2** (*fig*) to revive
LOC **resucitar a un muerto** (*fig*) to work wonders: *Esta bebida resucita a un muerto.* This drink works wonders.

resuelto, -a *pp, adj* determined: *Es una chica muy resuelta.* She's a very determined girl. *Ver tb* RESOLVER
LOC **estar resuelto a** to be determined *to do sth*

resulta *nf*
LOC **a/como/de resultas (de)** as a result (of *sth/doing sth*)

resultado *nm* result: *como ~ de la pelea* as a result of the fight ◊ *otro ~ adverso para el equipo* another bad result for the team
LOC **dar/no dar resultado** to be successful/unsuccessful: *Las investigaciones no dieron ~.* The investigations were unsuccessful. **resultado final** (*Dep*) final score **sin resultado** without success: *Intentó localizarles, aunque sin ~.* He tried to find them, but without success.

resultante *adj* **1** (*gen*) resulting: *la empresa ~* the resulting company **2 ~ de** (coming) **from** ***sth***: *los beneficios ~s de la fusión* the profits from the merger
■ **resultante** *adj, nf* (*Mat*) resultant

resultar *vi* **1** (*ser, quedar*) to be: *Resultó herido.* He was wounded. ◊ *Su cara me resulta familiar.* His face is familiar to me. ◊ *~ en beneficio/perjuicio de algn* to be to sb's advantage/disadvantage ◊ *Resulta difícil de creer.* It's hard to believe. **2** (*parecer*) to find: *Este libro me está resultando una pesadez.* I'm finding this book very boring. ◊ *Les resulta curioso que….* They find it odd that… **3 ~ de** to come **of/from** ***sth/doing sth***: *¡Dios sabe lo que resultará de todo esto!* God knows what will come of all this! **4 ~ que** to turn out **(that)**: *Resultó que se conocían.* It turned out that they knew each other. **5** (*funcionar*) to work: *Mi plan no resultó.* My plan didn't work. **6** (*ser atractivo*) to be attractive: *Es una chica que resulta mucho.* She is a very attractive girl.
LOC **resultar bien/mal** to turn out well/badly **resultar ser** to turn out to be: *Resultó ser todo mentira.* It all turned out to be untrue. *Ver tb* ATRACTIVO, DESLUCIDO, LUCIDO, PARADO, VICTORIOSO

resultón, -ona *adj* attractive

resumen *nm* summary: *~ informativo* news summary
LOC **documento/texto resumen** summary **en resumen** in short **hacer el resumen de algo** to sum sth up **resumen deportivo** sporting highlights [*v pl*]

resumido, -a *pp, adj Ver* RESUMIR
LOC **en resumidas cuentas** in short

resumir *vt* **1** (*gen*) to summarize: *Tenemos que ~ este libro.* We have to summarize this book. **2** (*concluir*) to sum *sth* up: *Resumiendo,…* To sum up,… ◊ *Resumió diciendo que…* He summed up by saying that…

resurgimiento *nm* resurgence

resurgir *vi* **1** (*reaparecer*) to re-emerge **2** (*surgir con más fuerza*) to revive: *Ha resurgido la esperanza.* Hopes have revived.

resurrección *nf* resurrection **LOC** *Ver* DOMINGO

retablo *nm* **1** (*altar*) altarpiece **2** (*Teat*) tableau [*pl* tableaux]

retaco *nm* shorty

retaguardia *nf* **1** (*soldados*) rearguard **2** (*zona, trasero*) rear: *Nos atacan por la ~.* We're under attack from the rear. ◊ *El balón le dio en la ~.* The ball hit him from the rear.
LOC **estar en/ir a la retaguardia** (*fig*) to lag behind

retahíla *nf* string

retal *nm* remnant

retama *nf* broom

retar *vt* to challenge *sb* ***to sth/to do sth***

retardado, -a *pp, adj Ver* RETARDAR **LOC** *Ver* ACCIÓN, EFECTO

retardar *vt* **1** (*aplazar*) to delay: *Intentó ~ su partida.* He tried to delay his departure. **2** (*aminorar*) to slow *sth* down: *El estado de las vías retardó la marcha del tren.* The state of the track slowed down the train.

retazo *nm* **1** (*tela*) remnant **2** (*conversación, escrito*) snippet

retén *nm* (*bomberos, militares, policía*) reserve force

retención *nf* **1** (*gen*) retention: *~ de orina* retention of urine ◊ *facilitar la ~ de vocabulario* to aid the retention of new words **2** (*detención*) holding: *la ~ de rehenes* holding hostages **3** (*Fin*) deduction: *retenciones fiscales* tax deductions **4** (*tráfico*) hold-up

retener *vt* **1** (*guardar*) to keep, to retain (*más formal*): *No puedes ~ el libro más de dos semanas.* You can't keep the book for more than two weeks. ◊ *~ la atención del oyente* to retain the listeners' attention ◊ *un material que retiene el calor* a heat-retaining substance **2** (*detener*) to hold: *~ a algn en contra de su voluntad* to hold sb against their will **3** (*memorizar*) to remember **4** (*Fin*) to deduct: *Me retienen más de un 20% del sueldo.* Over 20% of my salary is deducted. **5** (*tráfico*) to hold *sth* up

retentivo, -a *adj* retentive

reticencia *nf* **1** (*resistencia*) reluctance: *Han mostrado ~ a participar.* They showed reluctance to take part. **2 reticencias** reservations: *Hay algunas ~s respecto al plan.* There are some reservations about the plan.

reticente *adj* reluctant (***to do sth***): *Se mostró ~ a hacer declaraciones.* He was reluctant to make a statement. ◊ *~ a la generosidad* reluctant to be generous

retina *nf* retina ☛ *Ver ilustración en* OJO **LOC** *Ver* DESPRENDIMIENTO

retintín *nm* **1** (*sonido*) ringing **2** (*sarcasmo*) sarcastic tone: *preguntar con ~* to ask sarcastically

retirada *nf* **1** (*gen*) withdrawal: *Se sanciona con la ~ del carné.* It's punishable by withdrawal of your licence. **2** (*de una profesión*) retirement: *Ayer anunció su ~ del fútbol.* Yesterday he announced his retirement from football. **3** (*de soldados vencidos*) retreat: *El general ordenó la ~.* The general ordered a retreat.
LOC **tocar a retirada** to sound the retreat *Ver tb* BATIR

retirado, -a *pp, adj* **1(a)** (*remoto*) remote **(b) ~ de**: *La escuela está bastante retirada del pueblo.* The school is quite a distance from the town. **2** (*vida*) solitary ☛ *Ver nota en* LONELY **3** (*jubilado*) retired *Ver tb* RETIRAR

retirar *vt* **1** (*gen*) to withdraw *sth/sb* (***from sth***): *~ una revista de la circulación* to withdraw a magazine from circulation ◊ *~ el carné a algn* to withdraw sb's licence ◊ *~ las tropas* to recall the troops **2** (*acusación*) to take *sth* back: *Retira lo que acabas de decir.* Take back what you just said. **3** (*recoger*) to clear: *Puedes ~ los platos.* You can clear the table. **4** (*apartar*) to move *sth* (***away from sth***): *Retira la mano.* Move your hand. ◊ *~ una silla de la pared* to move a chair away from the wall

■ **retirarse** *v pron* **1** (*irse*) to withdraw (***from sth***): *Se han retirado de la mesa de negociaciones.* They've withdrawn from the negotiating table. ◊ *~se de una lucha* to withdraw from a fight **2** (*apartarse*) to move (***away from sth***): *Retiraos de la chimenea.* Move away from the fireplace. **3** (*jubilarse, aislarse*) to retire: *Se retiró de la política.* He retired from politics. ◊ *~se a un monasterio* to retire to a monastery **4** (*irse a dormir*) to go to bed **5** (*recogerse en casa*) to go home **6** (*Mil*) to retreat

LOC **no se retire** (*al teléfono*) hold on **retirar el saludo/la palabra a algn** to stop speaking to sb **retirar la mirada/los ojos** to take your eyes *off sth/sb*

retiro *nm* **1** (*jubilación*) retirement **2** (*pensión*) retirement pension **3** (*Relig, lugar*) retreat: *Las monjas estaban de ~.* The nuns were in retreat. ◊ *Esta finca es mi ~ de verano.* This estate is my summer retreat.

reto *nm* challenge: *lanzar un ~* to throw down a challenge

retocar *vt* **1** (*pintura, fotos*) to retouch **2** (*modificar*) to change

■ **retocar(se)** *vt, v pron* **1** (*maquillaje*) to touch *sth* up: *Voy a retocarme los labios.* I'm going to touch up my lipstick. **2** (*peinado, ropa*) to rearrange

retomar *vt* to resume

retoñar *vi* **1** (*planta*) to sprout **2** (*fig*) to spring up again

retoño *nm* **1** (*planta*) shoot **2** (*niño*) kid

retoque *nm* **1** (*arreglo*) adjustment **2** (*detalle*) finishing touch: *dar los últimos ~s a un dibujo* to put the finishing touches to a picture

retorcer *vt* **1** (*gen*) to twist: *Me retorció el brazo.* He twisted my arm. **2** (*colada*) to wring *sth* out **3** (*alambre, tentáculos*) to coil

■ **retorcerse** *v pron* **1** (*enredarse*) to get tangled (up): *El cable del teléfono se había retorcido.* The telephone wire had got tangled (up). **2** (*de dolor*) to writhe: *El pobre perro se retorcía en el suelo.* The poor dog was writhing on the floor. ◊ *~se de dolor* to writhe in pain **3** (*bigote, pelo*) to twirl

LOC **retorcerle el cuello/pescuezo a algn** to wring sb's neck **retorcerse de risa** to double up with laughter

retorcido, -a *pp, adj* **1** (*persona, mente*) twisted **2** (*río, camino*) winding **3** (*árbol, mano*) gnarled **4** (*sentido, lenguaje*) convoluted *Ver tb* RETORCER LOC *Ver* COLMILLO

retórica *nf* **1** (*gen*) rhetoric **2 retóricas** hot air [*incontable*]: *Ya basta de ~s.* That's enough hot air.

retórico, -a *adj* rhetorical LOC *Ver* FIGURA

retornable *adj* returnable

LOC **no retornable** non-returnable

retornar *vi* to return

■ **retornar** *vt* to restore: *Aquello me retornó la confianza.* It restored my confidence.

retorno *nm* return: *Ha llegado a un punto de no ~.* It's reached a point of no return. LOC *Ver* CAMINO, OPERACIÓN

retortijón *nf* cramp: *retortijones de barriga* stomach cramps

retozar *vi* to frolic

retracción *nf* retraction

retractarse *v pron* **1** (*desdecirse*) to back down: *Siempre se retracta al final.* He always backs down in the end. **2 retractarse de** to retract *sth* [*vt*], to go back on *sth* (*más coloq*): *El gobierno se ha retractado de sus promesas.* The government has gone back on its promises.

retraer *vt* **1** (*retirar*) to draw *sth* in **2** (*disuadir*) to put *sb* off (***doing sth***): *El riesgo me retrajo de aceptar la oferta.* The risk put me off accepting the offer.

■ **retraerse** *v pron* **retraerse (de)** to withdraw (***from sth***): *~se del contacto con la gente* to withdraw from contact with people ◊ *Al llegar a la adolescencia se retrajo mucho.* On reaching adolescence he became very withdrawn.

retraído, -a *pp, adj* shy *Ver tb* RETRAER

retransmisión *nf* **1** (*emisión*) broadcasting: *derechos/horarios de ~* broadcasting rights/schedules **2** (*programa*) broadcast: *una ~ en directo/diferido* a live/recorded broadcast

retransmitir *vt* to broadcast: *Van a ~ el partido en directo.* The match will be broadcast live.

retrasado, -a *pp, adj* **1** (*atrasado*) behind (***with sth***): *Voy muy ~ en mi trabajo.* I'm very behind with my work. **2** (*tren*) late: *El tren viene ~.* The train's running late. **3** (*país, región*) backward **4** (*reloj*) slow: *Su reloj va ~.* His watch is slow. ◊ *Tengo el reloj un par de minutos ~.* My watch is a couple of minutes slow. **5** (*sin terminar*) unfinished: *Tengo un montón de trabajo ~.* I've got loads of unfinished work. **6** (*publicación*) back: *los números ~s de una revista* the back numbers of a magazine *Ver tb* RETRASAR

■ **retrasado, -a** *adj, nm-nf* retarded [*adj*]: *~s mentales* mentally retarded people

retrasar *vt* **1** (*retardar*) to hold *sth/sb* up, to delay (*más formal*): *Retrasaron todos los vuelos por culpa de la niebla.* All flights were delayed because of fog. ◊ *Esto puede ~ el desarrollo del niño.* This can hold up the child's development. **2** (*aplazar*) to put *sth* off, to postpone (*más formal*): *Retrasa la reunión todo lo que puedas.* Put the meeting off for as long as possible. **3** (*reloj*) to put *sth* back: *~ el reloj una hora* to put your watch back an hour

■ **retrasar(se)** *vi, v pron* (*reloj*) to be slow: *Este reloj (se) retrasa un par de minutos.* This watch is a couple of minutes slow.

■ **retrasarse** *v pron* **1** (*llegar tarde*) to be late: *Siento haberme retrasado.* Sorry I'm late. **2** (*en trabajo, en pago*) to fall behind (***in/with sth***): *Empezó a ~se en sus estudios.* He began to fall behind in his studies. LOC *Ver* PAGO

retraso *nm* **1** (*demora*) delay: *Algunos vuelos sufrieron prolongados ~s.* Some flights were subject to lengthy delays. ◊ *el ~ del pago de tres millones de pesetas* the delay in paying three million pesetas **2** (*aplazamiento*) postponement: *el ~ de la reforma universitaria* the postponement of university reform **3** (*subdesarrollo*) backwardness

LOC **con retraso 1** (*tarde*) late: *Empezó con cinco minutos de ~.* It began five minutes late. ◊ *con un mes de ~ sobre la fecha prevista* a month later than planned **2** (*sin desarrollar*) backward: *zonas con ~ cultural* culturally backward areas **llevar/tener retraso** to be late: *El tren lleva cinco horas de ~.* The train's five hours late. **retraso escolar**: *niños con ~ escolar* slow learners **tener retrasos en el alquiler, los pagos, etc** to be behind with the rent, payments, etc

retratar *vt* **1** (*Arte*) **(a)** (*pintar*) to paint *sb's* portrait: *El artista la retrató en 1897.* The artist painted her portrait in 1897. **(b)** (*Fot*) to take *sb's* photograph **2** (*describir*) to portray: *En sus novelas retrató la vida rural.* His novels portrayed rural life.

■ **retratarse** *v pron* **1** (*Arte*) to have your portrait painted **2** (*Fot*) to have your photograph taken

retrato *nm* **1** (*cuadro*) portrait **2** (*foto*) photograph **3** (*descripción*) portrayal

LOC **retrato robot** Identikit picture *Ver tb* FIEL, VIVO

retreta *nf* the retreat: *Tocan ~.* They're sounding the retreat. LOC *Ver* TOQUE

retrete *nm* toilet

retribución *nf* **1** (*salario*) pay: *la revisión de las retribuciones de funcionarios* a pay review for civil servants **2** (*un pago*) payment: *Recibió una sola ~ por sus servicios.* He received a single payment for his work. **3** (*recompensa*) recompense: *en ~ por algo* in recompense for sth

LOC sin retribución unpaid

retribuido, -a *pp, adj Ver* RETRIBUIR

LOC no retribuido unpaid *Ver tb* VACACIÓN

retribuir *vt* to pay

retributivo, -a *adj* pay [*n atrib*]: *niveles ~s* pay levels

retro *adj* old-fashioned

retroactivo, -a *adj* retrospective: *con efecto ~* with retrospective effect

retroceder *vi* **1(a)** (*volver atrás*) to go back: *Tuvieron que ~ hasta su punto de partida.* They had to go back to the beginning. **(b)** (*dar unos pasos hacia atrás*) to move back: *La guardia real hacía ~ a la muchedumbre.* The royal guard forced the crowd to move back. ◊ *Retrocedí unos pasos.* I took a few steps backwards. **(c)** (*Mil*) to retreat **2** (*deteriorarse*) to go back: *El país ha retrocedido mucho.* The country has gone back a long way. **3** (*desistir*) to back down: *No retrocedió ante el peligro.* He refused to back down in the face of danger. **4** (*arma*) to recoil

retroceso *nm* **1** (*de arma*) recoil **2** (*Econ*) recession: *el ~ económico* the economic recession **3** (*fig*) step backwards: *La reforma, en vez de ser una mejora, supone un ~.* The reform is a step backwards rather than an improvement. ◊ *Sufrieron un grave ~ electoral.* They suffered a serious setback in the elections.

retrógrado, -a *adj* reactionary

retrospectivo, -a *adj* retrospective

retrovisor *nm* **1** (*interior*) rear-view mirror **2** (*lateral*) wing mirror ☛ *Ver ilustración en* CAR

retumbar *vt* to resound

reúma (*tb* **reumatismo**) *nm* rheumatism

reumático, -a *adj* rheumatic: *Estoy ~.* I suffer from rheumatism.

reunido, -a *pp, adj Ver* REUNIR

LOC estar reunido (con) 1 (*en reunión*) to be in a meeting (with *sb*) **2** (*en cumbre*) to be meeting (with *sb*)

reunificación *nf* reunification

reunificar *vt* to reunify

reunión *nf* **1** (*gen*) meeting: *Mañana tenemos una ~ importante.* There's an important meeting tomorrow. ◊ *una ~ en la cumbre* a summit meeting ◊ *Estos bares son un foco de ~ para los chavales.* These bars are a meeting point for youngsters. **2** (*de antiguos colegas*) reunion: *una ~ de antiguos alumnos* a school reunion **3** (*encuentro informal*) gathering

reunir *vt* **1** (*gen*) to gather *sth/sb* together: *Reuní a la familia.* I gathered my family together. ◊ *Reuní todos los juguetes en un montón.* I gathered all the toys together in a pile. **2** (*juntar*) **(a)** (*información, puntos, votos*) to collect **(b)** (*fondos*) to raise **(c)** (*fortuna*) to amass **3** (*tener*) **(a)** (*cualidades*) to have: *~ las cualidades de líder* to have leadership qualities **(b)** (*requisitos*) to fulfil

■ **reunirse** *v pron* **1 reunirse (con)** (*tener una reunión*) to meet (*sb*): *Se reunió con sus colegas.* He met his colleagues. **2** (*cualidades*) to be found: *Pocas veces se reúnen estas cualidades en una persona.* These qualities are rarely found in one person.

LOC reunir condiciones to be in a fit state: *La casa no reúne condiciones de habitabilidad.* The house is not in a fit state to live in. **reunir fuerzas** to gather your strength **reunirse en asamblea** to have a meeting

revalidar *vt* **1** (*confirmar*) to confirm: *Ha revalidado su condición de líder.* He's confirmed his position as leader. **2** (*cargo, título, victoria*) to retain

revalorización *nf* **1** (*vivienda, terreno*) appreciation (in value) **2** (*moneda*) revaluation

revalorizar(se) *vt, v pron* **1** (*gen*) to increase: *Los automóviles han revalorizado sus precios.* Cars have increased in price. **2** (*moneda*) to revalue **3** (*imagen*) to improve

revancha *nf* **1** (*gen*) revenge: *tomarse la ~* to get/take your revenge **2** (*Dep*) **(a)** (*gen*) return (match) **(b)** (*Boxeo*) return (fight)

revanchismo *nm* revenge

revelación *nf* revelation

revelado *nm* developing

revelador, ~a *adj* **1** (*gen*) revealing: *Los resultados/datos son ~es.* The results/data are revealing. **2 ~ de** (*gesto, signo*) tell-tale: *Es un signo ~ de su actitud.* It's a tell-tale sign.

revelar *vt* **1** (*gen*) to reveal *sth* (*to sb*): *No nos reveló la identidad de su cómplice.* He didn't reveal the identity of his accomplice. **2** (*Fot*) to develop

■ **revelarse** *v pron* to prove to be: *El sistema se reveló efectivo.* The system proved to be effective.

revendedor, ~a *nm-nf* **1** (*al por menor*) retailer **2** (*de entradas*) (ticket) tout

revender *vt* **1** (*gen*) to resell: *El mecánico revendió mi coche.* The mechanic resold my car. **2** (*entradas*) to tout

revenirse *v pron* (*pan, galletas*) to go soft

reventa *nf* **1** (*gen*) resale: *La ~ de las acciones le proporcionó grandes beneficios.* The resale of the shares yielded a large profit. **2** (*entradas*) touting: *La ~ está prohibida.* Touting is prohibited. ◊ *Conseguimos las entradas en la ~.* We got tickets from a tout.

reventado, -a *pp, adj* (*cansado*) shattered *Ver tb* REVENTAR

reventar *vt* **1** (*gen*) to burst: *El niño reventó el globo con un alfiler.* The little boy stuck a pin in the balloon and burst it. **2** (*prenda*) to split: *Casi revienta los pantalones.* His trousers are splitting at the seams. **3** (*cristal*) to shatter **4** (*con ayuda de explosivos*) to blow *sth* up: *Reventamos la caja fuerte.* We blew up the safe. **5** (*cansar*) **(a)** (*caballo*) to flog *a horse* to death **(b)** (*persona*) to shatter: *Esta carrera me ha reventado.* This race has shattered me. **6** (*arruinar*) to wreck: *~ un plan* to wreck a plan

■ **reventar** *vi* **1** (*gen*) to burst: *Para de comer, que vas a ~.* Stop eating or you'll burst! **2** (*ola*) to break **3** (*enfadarse*) to explode: *Estaba tan cansada de sus mentiras que un día reventé.* I was so tired of his lies that one day I exploded.

■ **reventarse** *v pron* **1** (*gen*) to burst: *Se me ha reventado un neumático.* I've got a burst tyre. **2 reventarse (a)** (*cansarse*) to kill yourself (*doing sth*): *~se a estudiar* to kill yourself studying

LOC me revienta I, you, etc hate *doing sth*: *Me revienta muchísimo.* I really hate it. **reventar de ganas de hacer algo** to be bursting to do sth **reventar de risa** to split your sides laughing *Ver tb* ORGULLO

reventón *nm* burst: *Vas a cargarte el balón de un ~.* You're going to burst the ball. ◊ *Tienes un ~ en la rueda.* You've got a burst tyre.

LOC dar un reventón to burst **darse un reventón** (*de trabajo*) to slog your guts out **hacerle un reventón a** to burst *sth Ver tb* CLAVEL

reverberación *nf* **1** (*luz*) glare [*incontable*] **2** (*sonido*) reverberation

reverberar *vi* **1** (*luz, superficie*) to glare: *Las paredes blancas reverberaban.* The walls were a glaring white. **2** (*sonido*) to reverberate

reverencia *nf* **1** (*respeto*) reverence **2** (*inclinación*) **(a)** (*hombres*) bow **(b)** (*mujeres*) curtsy ☛ *Ver nota en* CURTSY

LOC hacer una reverencia 1 (*hombres*) to bow **2** (*mujeres*) to curtsy

reverendo, -a *adj* reverend

reverente *adj* reverent

reversible *adj* reversible

reverso *nm* **1** (*papel*) back **2** (*moneda, medalla*) reverse

revertido, -a *pp, adj Ver* REVERTIR **LOC** *Ver* LLAMADA, LLAMAR

revertir *vi* **~ a** to revert **to** ***sth/sb***

LOC revertir en beneficio/perjuicio de to be to the benefit/detriment of *sth/sb*

revés

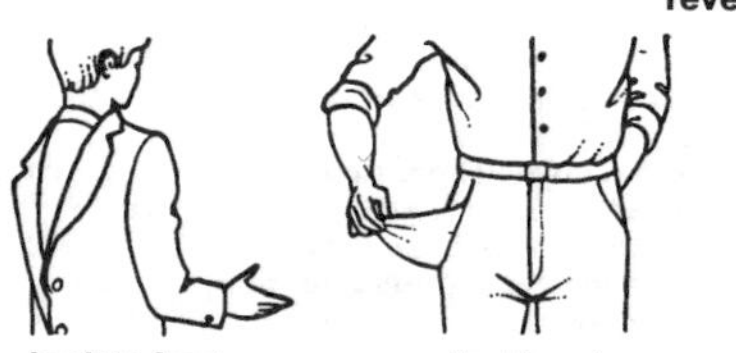

revés *nm* **1** (*dorso*) reverse side **2** (*tela*) wrong side **3** (*Dep*) backhand **4** (*contratiempo*) setback: *sufrir un ~* to suffer a setback **5** (*bofetada*) slap

LOC al/del revés 1 (*con lo de arriba abajo*) upside down: *Ese cuadro está al ~.* That picture is upside down. **2** (*con lo de dentro afuera*) inside out: *Tienes el jersey del ~.* You've got your jumper on inside out. **3** (*con lo de delante atrás*) back to front **al revés 1** (*al contrario*) the other way round: *Yo lo hice al ~ (que tú).* I did it the other way round (from you). **2** (*mal*) wrong: *¡Todo me está saliendo al ~!* Everything is going wrong for me! ◊ *Se puso los zapatos al ~.* He put the shoes on the wrong feet. **3** (*por el contrario*) on the contrary: *No me ofendes, al ~, me siento halagada.* You're not offending me. On the contrary, I'm flattered. *Ver tb* VUELTO

revestimiento *nm* covering

revestir *vt* **1 ~ (de)** (*cubrir*) to cover *sth* (**with** *sth*) **2** (*fig*) **(a)** (*tener*) to be: *El asunto revestía urgencia.* The matter was urgent. ◊ *Ninguno de los casos revestía gravedad.* None of the cases was serious. **(b) ~ de** (*otorgar*) to give *sth* an air **of** *sth*: *Esta leyenda revestía al lugar de misterio.* This legend gave the place an air of mystery.

■ **revestirse** *v pron* **revestirse de** to resolve to be: *Tenemos que ~nos de paciencia.* We must resolve to be patient.

LOC no revestir gravedad: *Su estado no reviste gravedad.* His condition is not serious.

reviejo, -a *adj* **1** (*viejo*) very old: *una vieja revieja* a very old woman **2** (*niño*): *¡Qué niño más ~!* This kid sounds like an old man!

revisar *vt* **1** (*comprobar*) to check: *Hay que ~ los datos.* We must check the data. **2** (*cambiar*) to revise: *~ una decisión/edición* to revise a decision/an edition **3** (*Mec, coche*) to service: *Hoy llevo el coche a que me lo revisen.* I'm taking the car in for a service today. **4** (*Jur, Mil*) to review

revisión *nf* **1** (*gen*) review: *la ~ anual de los salarios/presupuestos* the annual salary/budget review **2** (*vehículo*) service: *llevar el coche a la ~* to take the car in for a service ◊ *hacerle la ~ a la moto* to service the motorbike

LOC revisión de cuentas audit **revisión (médica)** check-up: *Pronto me toca pasar la ~.* My check-up is due soon.

revisor, ~a *nm-nf* **1** (*tren*) ticket inspector **2** (*autobús*) conductor

LOC revisor de cuentas auditor

revista *nf* **1** (*publicación*) **(a)** (*ilustrada*) magazine: *una ~ de modas/informática* a fashion/computer magazine **(b)** (*de una profesión*) journal: *una ~ médica* a medical journal **2** (*espectáculo*) revue

LOC pasar revista a to review *sth*: *pasar ~ a los acontecimientos del día* to review the day's events ◊ *pasar ~ a las tropas* to review the troops **revista de pasatiempos** puzzle book *Ver tb* CORAZÓN

revistero *nm* magazine rack

revitalizar *vt* to revitalize

revivir *vt* **1** (*gen*) to relive: *~ el pasado/un suceso* to relive the past/an event **2** (*amor, interés, recuerdos*) to revive

■ **revivir** *vi* to revive: *Las plantas reviven en primavera.* Plants revive in spring. ◊ *Me sentí ~ después del baño.* I felt revived after my swim.

revocar *vt* (*Jur*) to revoke

revolcarse *v pron* **1** (*gen*) to roll about: *Los niños se revolcaban en la hierba.* The children were rolling about on the grass. **2** (*en el agua, en el barro*) to wallow **3** (*retozar*) to have a roll in the hay

revolcón *nm*: *El torero sufrió un ~ durante la corrida.* The bullfighter was knocked over by the bull.

revolotear *vi* (*pájaro, insecto*) to fly around: *Las abejas revoloteaban en el jardín.* The bees were flying around in the garden.

revoloteo *nm* (*pájaro, insecto*) fluttering: *el ~ de las palomas* pigeons fluttering their wings

revoltijo *nm* **1** (*conjunto*) jumble (**of** *sth*): *un ~ de ropa* a jumble of clothes **2** (*lío*) mess: *¡Menudo ~ que organizaron en la fiesta!* What a mess they made at the party!

revoltoso, -a *adj, nm-nf* naughty [*adj*]: *De pequeño eras un ~.* You were very naughty when you were little.

revolución *nf* revolution

revolucionar *vt* **1** (*orden*) to stir *sth/sb* up: *Los rebeldes han revolucionado el país.* The rebels have stirred up the country. **2** (*transformar*) to revolutionize: *ideas que han revolucionado el mundo de la música* ideas that have revolutionized the musical world **3** (*alborotar*) to excite: *En cuanto llega, revoluciona a los niños.* When he comes to the house he gets the kids all excited.

revolucionario, -a *adj, nm-nf* revolutionary: *un famoso ~* a well-known revolutionary

revolver *vt* **1** (*remover*) **(a)** (*líquido*) to stir: *~ la sopa/el café* to stir the soup/coffee **(b)** (*ensalada*) to toss **(c)** (*mezclar*) to mix: *Ponga todos los ingredientes en la cazuela y revuélvalos.* Put all the ingredients in the pan and mix well. **(d)** (*tierra*) to turn over *the soil* **2** (*desordenar*) **(a)** (*gen*) to mess *sth* up: *No revuelvas esos papeles.* Don't mess those papers up! **(b)** (*lugar*) to turn *sth* upside down: *Los ladrones revolvieron el piso/la oficina.* The thieves turned the flat/office upside down. **3** (*indagar*) to go into *sth*: *No quiero ~ el asunto.* I don't want to go into it now. ◊ *La prensa no deja de ~ el tema.* The press won't leave the matter alone. **4** (*Pol*) to stir *sth/sb* up

■ **revolver** *vi* **1** (*enredar*) to mess around: *Los niños no paran de ~.* The children are always messing around. **2 ~ en (a)** (*rebuscar*) to rummage **through** *sth*: *¿Qué haces revolviendo en mi bolso?* What are you doing rummaging through my bag? **(b)** (*indagar*) to inquire **into** *sth*: *~ en la vida de las personas* to inquire into people's lives

■ **revolverse** *v pron* **1** (*persona*) **(a)** (*gen*) to fidget: *No dejaba de ~se en la silla.* He couldn't stop fidgeting. **(b)** (*en la cama*) to toss and turn **2** (*animal*) to move restlessly: *La leona se revolvía en su jaula.* The lioness moved restlessly round the cage. **3** (*tiempo meteorológico*) to break: *El tiempo se está revolviendo.* The weather is breaking. **4** (*líquido, sedimento*) to be disturbed

LOC revolver el estómago/las tripas to turn *sb's* stomach: *La sangre me revuelve el estómago.* The sight of blood turns my stomach. **revolver (en) el pasado** to rake up the past **revolver la sangre** to make your blood boil: *El terrorismo me revuelve la sangre.* Terrorism makes my blood boil.

revólver *nm* revolver ☛ *Ver ilustración en* GUN

revuelo *nm* **1** (*jaleo*) stir: *La noticia causó un gran ~.* The news caused a great stir. ◊ *Se ha armado un gran ~ con lo de la dimisión del ministro.* The minister's resignation has caused a great stir. **2** (*gente*) bustle: *Había un gran ~ de gente en la oficina.* People were bustling about in the office.

revuelta *nf* **1** (*rebelión*) revolt **2** (*curva*) bend: *Ten cuidado, esa ~ es peligrosa.* Be careful, that bend is dangerous.

revuelto, -a *pp, adj* **1** (*desordenado*) (in) a mess:

Siempre deja la habitación revuelta. He always leaves the room in a mess. ◊ *Ponte una coleta, que llevas el pelo todo ~.* Your hair's a mess. Why don't you tie it back? **2** (*gente*) worked up: *El país anda muy ~ con las elecciones.* People are very worked up about the election. **3** (*tiempo meteorológico, situación*) unsettled: *La situación del partido está un tanto revuelta.* The situation in the party is somewhat unsettled. *Ver tb* REVOLVER

■ **revuelto** *nm* scrambled eggs [*v pl*]: *Me encanta el ~ de salmón.* I love scrambled eggs with smoked salmon.

LOC tener el estómago revuelto to have an upset stomach *Ver tb* AGUA, HUEVO, JUNTO, PESCAR

revulsivo *nm* (*estímulo*) stimulus [*pl* stimuli]: *un ~ para la economía* a stimulus to the economy

rey *nm* **1** (*gen*) king: *El Rey acudió a la inauguración de las Olimpiadas.* The King attended the opening ceremony of the Olympics.

El plural de **king** es regular ('kings'), pero cuando decimos *los reyes* refiriéndonos al rey y la reina, se dice **the king and queen**: *Los Reyes presidirán el acto.* The King and Queen will preside at the ceremony. ☛ *Ver ilustración en* AJEDREZ

2 (*tratamiento cariñoso*) love: *¿Qué te pasa, mi rey?* What's wrong, my love? **3** (*Naipes*) ☛ *Ver nota en* BARAJA

LOC a rey muerto rey puesto off with the old, on with the new **los Reyes Católicos** the Catholic Kings **los Reyes Magos** the Three Wise Men *Ver tb* CUERPO, DÍA, HABLAR, JAQUE, MORIR(SE), VIVIR

reyerta *nf* brawl

rezagado, -a *pp, adj Ver* REZAGARSE

■ **rezagado, -a** *nm-nf* **1** (*que se ha quedado atrás*) straggler: *Mételes prisa a los ~s, si no no vamos a llegar nunca.* Tell the stragglers to hurry up, or we'll never get there. **2** (*que llega tarde*) latecomer

LOC ir/quedarse rezagado (en algo) to get behind (in/with sth): *Va muy ~ en francés.* He's got behind with his French. ◊ *No te quedes rezagada, haz un esfuerzo.* Make an effort or you'll get behind.

rezagarse *v pron* **1** (*quedarse atrás*) to drop behind **2** (*retrasarse*) to be late

rezar *vi* **1 ~ (por)** (*Relig*) to pray (**for** ***sth/sb***): *Reza por mí.* Pray for me. **2** (*texto, dicho*) to read: *El manifiesto reza así:...* The manifesto reads as follows:... ◊ *según reza el refrán* as the saying goes

■ **rezar** *vt* to say: *~ el rosario* to say the rosary

rezo *nm* prayer: *Siempre está con sus ~s.* He's always praying.

ría *nf* (*desembocadura de un río*) estuary

riachuelo *nm* stream

riada *nf* flood: *Se han producido grandes ~s.* There have been heavy floods.

ribera *nf* (*terreno que rodea un río*) banks [*v pl*]: *la ~ del Tajo* the banks of the Tagus

ribereño, -a *adj*: *cultivos ~s* crops growing by a river ◊ *Italia y España son países ~s.* Italy and Spain both have a sea coast.

■ **ribereño, -a** *nm-nf* person who lives near a river or by the sea

ribete *nm* **1** (*Costura*) trimming: *La blusa lleva un ~ de encaje.* The blouse has a lace trimming. **2** (*adorno*) border

ribonucleico *adj* ribonucleic **LOC** *Ver* ÁCIDO

ribosoma *nm* ribosome

ricacho, -a (*tb* **ricachón, -ona**) *nm-nf* rich guy [*fem* rich bitch]: *Es uno de los ~s del pueblo.* He's one of the rich guys of the village. ◊ *¿Qué se ha creído esa ricachona?* Who does that rich bitch think she is?

ricamente *adv* (*a gusto*) wonderfully: *pasarlo tan ~* to have a wonderful time

ricino *nm* castor oil plant **LOC** *Ver* ACEITE

rico, -a *adj* **1** (*adinerado*) rich **2** (*sabroso*) delicious **3** (*adorable*) lovely: *¡Qué bebé/cachorro más ~!* What a lovely baby/puppy! ◊ *¡Qué rica es tu sobrina!* What a lovely niece you've got! **4 ~ en** rich **in** ***sth***: *~ en vitaminas/recursos naturales* rich in vitamins/natural resources

■ **rico, -a** *nm-nf* rich person: *En esa zona viven muchos ~s.* A lot of rich people live in that part of town. ◊ *Los ~s deben ayudar a los pobres.* The rich should help the poor.

LOC anda/oye/venga, rico: *Venga, ~, que te estamos esperando.* Come on! We're waiting for you! ◊ *Oye, rica, a ver si me llamas más a menudo.* Listen, why don't you ring me more often? **¡que no, rico!** no way!

ricura *nf* (*persona*) gorgeous [*adj*]: *Es una ~ de niña.* She's a gorgeous kid!

ridiculez *nf* **1** (*gen*) ridiculous thing: *Lo que hizo fue una ~.* It was a ridiculous thing to do. ◊ *decir ridiculeces* to say ridiculous things **2** (*pequeñez*) nothing: *enfadarse/pelearse por una ~* to get angry/fight over nothing

ridiculizar *vt* to ridicule (*formal*), to make fun of *sth/sb*: *¡Cómo te atreves a ~me delante de todos!* How dare you make fun of me in front of everybody!

ridículo, -a *adj* ridiculous: *un traje ~* a ridiculous suit ◊ *una excusa/situación ridícula* a ridiculous excuse/situation ◊ *un sueldo ~* ridiculously low wages

■ **ridículo** *nm* ridicule: *ponerse en ~* to expose yourself to ridicule

LOC dejar/poner a algn en ridículo to make sb look ridiculous, to make sb look a fool (*más coloq*) **hacer el ridículo/ponerse en ridículo** to make a fool of yourself: *Tengo miedo de hacer el ~.* I'm afraid of making a fool of myself. **quedar en ridículo** to look stupid *Ver tb* SENTIDO

riego *nm* (*agricultura*) irrigation: *técnicas/canales de ~* irrigation techniques/channels

LOC riego sanguíneo blood flow *Ver tb* BOCA, MANGA, PROHIBICIÓN

riel *nm* rail

rienda *nf* rein: *sujetar las ~s del caballo* to hold the reins ◊ *dar ~ suelta a la imaginación/rabia* to give free rein to your imagination/anger ◊ *Ya es hora de que aflojes las ~s con tus hijos.* It's time you slackened the reins a bit.

LOC a rienda suelta/sin rienda unrestrainedly: *criticar/llorar sin ~* to criticize/weep unrestrainedly **dar rienda suelta a algn** to give *sb* a free hand: *Le han dado ~ suelta en la empresa.* He's been given a free hand in the company. **dar rienda suelta al llanto** to weep uncontrollably **llevar las riendas (de algo)** to be in charge (of sth)

riesgo *nm* risk: *~ de precipitaciones* risk of rain

LOC a riesgo de at the risk of *doing sth*: *Lo hice aun a ~ de perder su amistad.* I did it at the risk of losing his friendship. **correr el riesgo de** to run the risk of *doing sth*: *Corres el ~ de perderlo todo/perder a tus amigos.* You run the risk of losing everything/your friends. **correr un riesgo/riesgos** to take a risk/risks: *No me gusta correr ~s.* I don't like taking risks. **poner en riesgo** to put *sth/sb* at risk *Ver tb* ALTO *adj*, ASEGURAR, CUENTA, SEGURO

rifa *nf* raffle

rifar *vt* to raffle

■ **rifarse** *v pron* to fight over ***sth/sb***: *Es tan bueno en su trabajo que se lo rifan.* He's so good at his job that they're all fighting over him.

rifle *nm* rifle ☛ *Ver ilustración en* GUN

rigidez *nf* **1** (*dureza*) stiffness: *~ muscular* stiffness **2** (*falta de articulación*) rigidity: *la ~ de un material (de escultura)* the rigidity of a material (for sculptures) **3** (*rigor*) strictness: *Nos educaron con mucha ~.* We were brought up very strictly. **4** (*inflexibilidad*) inflexibility: *la ~ de la postura del gobierno en las negociaciones* the inflexibility of the Government's position **5** (*inexpresión*) lack of expression

rígido, -a *adj* **1** (*duro*) stiff: *Tienes el cuerpo ~, relájate.* You're very stiff–relax! **2** (*no articulado*) rigid: *una estructura arquitectónica rígida* a rigid structure **3** (*riguroso*) strict: *Los atletas llevan una dieta muy* *rígida.* Athletes have to stick to a strict diet. ◊ *Debemos adoptar medidas rígidas.* We must adopt strict measures. **4** (*inflexible*) inflexible: *un horario ~* an inflexible timetable **5** (*inexpresivo*) expressionless

LOC **quedarse rígido (de frío)** to be stiff (with cold)

rigor *nm* **1** (*severidad*) harshness: *el ~ del régimen de prisión/del invierno* the harshness of the prison regime/winter ◊ *con ~* harshly **2** (*exactitud*) rigour: *el ~ intelectual* intellectual rigour ◊ *con todo el ~ de la ley* with the full rigour of the law

LOC **de rigor** customary: *El rey pronunció el discurso de ~.* The king made his customary speech. **en rigor** strictly speaking **ser de rigor** to be essential **ser el rigor de las desdichas** to be be really unlucky

riguroso, -a *adj* **1** (*estricto*) strict: *una aplicación rigurosa de la ley* a strict application of the law **2** (*minucioso*) thorough: *una investigación rigurosa* a thorough investigation **3** (*castigo, clima*) harsh **LOC** *Ver* LUTO

rima *nf* rhyme

LOC **rima asonante/consonante** assonant/consonant rhyme

rimar *vi* to rhyme

rimbombante *adj* (*lenguaje*) pompous

rímel *nm* mascara

rincón *nm* **1** (*esquina*) corner: *Las cajas estaban amontonadas en un ~.* The boxes were piled up in a corner. **2** (*lugar*) place: *El bar es un tranquilo ~ para las copas.* The bar is a quiet place to have a drink. ◊ *Solo necesito un ~ para poner mis libros.* I just need somewhere to put my books. **LOC** *Ver* ÚLTIMO

rinconera *nf* **1** (*armario*) corner cabinet **2** (*mesa*) corner table

ring (*Boxeo*) *nm* ring

rinoceronte *nm* rhino [*pl* rhinos]

> **Rhinoceros** es la palabra científica, su plural es **rhinoceros** o **rhinoceroses**.

riña *nf* **1** (*pelea*) fight **2** (*discusión*) row

riñón *nm* **1** (*órgano*) kidney: *Está malo del ~.* He's got kidney trouble. **2 riñones** (*zona lumbar*) lower back [*sing*]: *Me duelen los riñones.* I've got backache.

LOC **costar/valer un riñón/una riñonada** to cost an arm and a leg **tener el riñón bien cubierto** to be well-heeled

riñonada *nf* (*guiso*) kidney stew **LOC** *Ver* RIÑÓN

riñonera *nf* bumbag

río *nm* river: *~s de sangre* rivers of blood

> En inglés **river** se escribe con mayúscula cuando aparece con el nombre de un río: *el río Amazonas* the Amazon River.

LOC **río arriba/abajo** upstream/downstream **río de lava** stream of lava *Ver tb* CUANDO, LECHO, ORILLA, PESCAR, SANGRE, TINTA

rioja *nm* Rioja (wine): *Bebimos un ~ con la comida.* We drank a Rioja wine with lunch.

ripio *nm*: *Te ha salido un ~.* You're speaking in rhymes.

LOC **no perder ripio** not to miss a thing

riqueza *nf* **1** (*cualidad*) richness: *Los frutales crecen bien debido a la ~ del terreno.* The fruit trees grow well because the soil is very rich. **2** (*dinero, bienes*) wealth [*incontable*]: *amasar ~s* to amass wealth **3** (*recursos*): *las ~s naturales de un país* a country's natural resources ◊ *una región de gran ~ mineral* a region rich in minerals **4** (*abundancia*) wealth ***of sth***: *un documento con gran ~ de información* a document with a wealth of information **5** (*objeto valioso*) treasure

risa *nf* **1** (*gen*) laughter [*incontable*]: *Se oyeron ~s apagadas.* There was stifled laughter. ◊ *Se oía la ~ de los pequeños.* You could hear the children's laughter. ◊ *Lo dijo entre ~s.* He laughed as he said it. **2** (*una carcajada, que causa risa*) laugh: *una ~ nerviosa* a nervous laugh ◊ *Tiene una ~ contagiosa.* He's got an infectious laugh. ◊ *Ese hombre es una ~.* That man's a real laugh.

LOC **causar/dar/provocar risa** to make *sb* laugh **caerse de risa** to kill yourself laughing **me dio/entró la risa** I, you, etc got the giggles **película/programa de risa** comedy film/programme **¡qué risa! 1** (*comentando algo gracioso*) it's/it was so funny! **2** (*con ironía*) what a laugh!: *¿Que se va a poner a trabajar? ¡Qué ~!* So he's going to start working? What a laugh! **ser de risa** to be a laugh **tomar(se) algo/a algn a risa** to treat sth/sb as a joke *Ver tb* AGUANTAR, CARA, CONTENER, COSA, DESCOYUNTAR, DESCUAJARINGARSE, DESTERNILLARSE, DESTORNILLAR, GOLPE, MONDAR, MORIR(SE), MOTIVO, MUERTO, PARTIR, RETORCER, REVENTAR, TRONCHAR

risco *nm* crag

risilla (*tb* **risita**) *nf* giggle

risotada *nf* howl of laughter

ristra *nf* string: *una ~ de ajos/mentiras* a string of garlic/lies

ristre *nm*

LOC **en ristre** at the ready: *Me abordó el agente, libreta en ~.* The policeman came up to me, notebook at the ready.

risueño, -a *adj* **1** (*cara*) smiling: *tener la expresión/cara muy risueña* to have a big smile on your face **2** (*carácter*) happy **3** (*futuro, perspectiva*) bright

rítmico, -a *adj* rhythmic

ritmo *nm* **1** (*gen*) rhythm: *La canción tiene un ~ muy complejo.* The song has a complex rhythm. ◊ *Es una música con mucho ~.* This music has a strong beat. ◊ *Terminaron con una melodía de ~ lento.* They ended with a slow melody. **2** (*velocidad*) rate: *el ~ de crecimiento* the rate of growth ◊ *Llevamos un buen ~ de trabajo.* Our work rate is very high. ◊ *el ~ cardiaco* the heart rate

LOC **perder/llevar el ritmo** to get out of/keep time **ritmo de vida** pace of life *Ver tb* BINARIO, MARCAR, SEGUIR, TERNARIO

rito *nm* rite

ritual *adj, nm* ritual

rival *adj, nmf* rival: *el equipo ~* the rival team

rivalidad *nf* rivalry: *la ~ entre dos candidatos* the rivalry between two candidates

rivalizar *vi* **1** (*competir*) to compete (***with sth/sb***): *~ con un compañero de clase* to compete with a classmate **2** (*estar a la par*) to rival *sth/sb* ***in sth***: *Las dos hermanas rivalizan en belleza.* The two sisters rival each other in beauty.

rivera *nf* brook

rizado, -a *pp, adj* **1** (*gen*) crinkled: *tela rizada/cuero ~* crinkled material/leather **2** (*pelo*) curly: *Tengo el pelo ~.* I've got curly hair. ☛ *Ver ilustración en* PELO **3** (*mar*) choppy *Ver tb* RIZAR

rizador *nm*

LOC **rizador (de pestañas)** eyelash curlers [*v pl*]: *¿Me dejas el ~?* Can I have the eyelash curlers, please?

rizar *vt* **1** (*pelo*) **(a)** (*gen*) to curl: *La lluvia me riza el pelo.* The rain makes my hair curl. **(b)** (*con permanente*) to perm: *No me gusta cómo te han rizado el pelo.* I don't like the way they've permed your hair. **2** (*mar*) to make *sth* choppy

■ **rizarse** *v pron* **1** (*pelo*) to curl **2** (*mar*) to get choppy

LOC **rizar el rizo** to split hairs

rizo *nm* curl: *Tiene unos ~s dorados preciosos.* He's got beautiful golden curls. **LOC** *Ver* RIZAR

robar *vt* **1** (*banco, tienda, persona*) to rob: *Le robaron cuando estaba de vacaciones.* They robbed him when he was on holiday. ◊ *~ un banco* to rob a bank **2** (*dinero, objetos*) to steal: *~ dinero/un coche* to steal money/a car ◊ *Me han robado el reloj.* I've had my watch stolen. **3** (*casa, caja fuerte*) to break into *sth*: *Le enseñaron a ~ cajas fuertes.* They taught him how to break into a safe. ☛ *Ver nota en* ROB **4** (*Naipes*) to take: *~ una carta* to take a card

■ **robar** *vi* **1** (*gen*) to steal: *Le echaron por ~.* He was fired for stealing. **2** (*a una persona, en un banco*): *¡Me han robado!* I've been robbed! ◊ *Han robado en el banco de la esquina.* The bank on the corner has been robbed. **3** (*en una casa*): *Han robado en casa de los vecinos.* Our neighbours' house has been broken into/burgled. ◊

Entraron a ~ y se llevaron el vídeo. They broke into the house and took the video. ☛ *Ver nota en* ROB **4** (*Naipes*) to draw: *Te toca ~.* It's your turn to draw.

LOC robar territorio al mar to reclaim land from the sea

roble *nm* oak (tree): *un bosque de ~s* an oak wood ◊ *una mesa de ~ macizo* a solid oak table

LOC estar algn hecho un roble to be very strong

robledal *nm* oak wood

robo *nm* **1(a)** (*en un establecimiento, a una persona*) robbery: *Se ha producido un ~ en el supermercado del barrio.* There's been a robbery at the local supermarket. ◊ *ser víctima de un ~* to be robbed **(b)** (*en una casa*) burglary **(c)** (*forzando la cerradura*) break-in **2** (*de un objeto, de dinero*) theft: *El ~ de vehículos ha alcanzando niveles preocupantes.* Car theft has reached alarming proportions. ◊ *Está en la cárcel por un delito de ~.* He's in prison for theft. **3** (*timo*) rip-off: *¡Vaya ~!* What a rip-off! ☛ *Ver nota en* THEFT **LOC** *Ver* INTENTO, MANO, SEGURO, SUFRIR

robot *nm* robot

LOC robot de cocina food processor *Ver tb* RETRATO

robótica *nf* robotics [*v sing*]: *La ~ está avanzando a pasos agigantados.* Robotics is developing very fast.

robustecer *vt* to strengthen

■ **robustecerse** *v pron* to become stronger

robusto, -a *adj* sturdy: *un árbol/joven ~* a sturdy tree/young man

roca *nf* **1** (*peña*) rock **2** (*persona fuerte*) tough person: *Es una ~, nada le hace daño.* He's very tough, nothing hurts him. **LOC** *Ver* FUERTE

rocambolesco, -a *adj* **1** (*gen*) bizarre: *Fue un espectáculo totalmente ~.* The show was really bizarre. **2** (*estilo*) over-elaborate

roce *nm* **1** (*rozamiento*) rubbing: *Tengo la muñeca irritada del ~ de la pulsera.* My wrist is sore where my bracelet has been rubbing. **2** (*caricia*) touch: *el ~ de sus dedos* the touch of his fingers **3** (*trato*) contact: *No tenemos mucho ~ con su familia.* We don't have much contact with his family. **4** (*discusión*) clash: *Hemos tenido varios ~s.* We've had a few clashes.

rociar *vt* **1** (*gen*) to spray *sth/sb* (**with** *sth*): *Rociaron de champán al vencedor.* The winner was sprayed with champagne. **2** (*Cocina*) to sprinkle *sth* (**with** *sth*)

rocín *nm* **1** (*caballo*) **(a)** (*de mal aspecto*) (old) nag **(b)** (*de trabajo*) working horse **2** (*persona*) lout

rocío *nm* dew **LOC** *Ver* GOTA[2]

rock *nm* rock: *un grupo de ~* a rock band

rock and roll *nm* rock and roll

rócker *nmf* rocker

rockero, -a *adj* rock [*n atrib*]: *un cantante ~* a rock singer

■ **rockero, -a** *nm-nf* **1** (*músico*) rock musician **2** (*aficionado*) rock fan

rococó *adj, nm* rococo

rocoso, -a *adj* rocky

rodaballo *nm* turbot

rodado, -a *pp, adj* (*con experiencia*) experienced: *un abogado muy ~* a very experienced solicitor *Ver tb* RODAR

LOC venir algo rodado to come just at the right time *Ver tb* CANTO[1], CIRCULACIÓN, TRÁFICO

rodaja *nf* slice: *una ~ de melón* a slice of melon

LOC en rodajas: *Córtalo en ~s.* Slice it. ◊ *Sirva la piña en ~s.* Cut the pineapple in slices to serve.

rodaje *nm* **1** (*Cine*) filming, shooting (*más coloq*): *Nos conocimos en el ~ de la serie.* We met during the filming of the series. **2** (*vehículo*) running in: *hacerle el ~ al coche* to run the car in ◊ *El coche todavía está en ~.* The car is still being run in. **3** (*experiencia*) experience: *Tiene un gran ~ en esos temas.* He has great experience in these matters.

rodamiento *nm* bearing: *~ de bolas* ball-bearing

rodapié *nm* skirting-board: *Me van a colocar los ~s.* They're going to fix the skirting-boards.

rodar *vi* **1 ~ (por)** (*dar vueltas*) to roll (**across/down** *sth*): *El bolígrafo rodó por el suelo.* The biro rolled across the floor. ◊ *Las rocas rodaron por el precipicio.* The rocks rolled down the cliff. **2** (*vehículo*) to go: *La moto rodaba a 180 km por hora.* The motorbike was going at 180 km an hour. **3** (*neumático*) to turn

■ **rodar** *vt* **1** (*Cine*) to film, to shoot (*más coloq*) **2** (*vehículo*) to run

LOC echar/mandar algo a rodar to ruin sth **ir/salir (algo) rodando** to roll: *La rueda salió rodando (calle abajo).* The wheel rolled away (down the street). **rodar escaleras abajo** to fall down the stairs **van a rodar cabezas** heads will roll

rodear *vt* to surround *sth/sb* (**with** *sth/sb*): *Cientos de personas rodeaban al vencedor.* Hundreds of people surrounded the winner. ◊ *las montañas que rodean el pueblo* the mountains surrounding the town ◊ *Extrañas circunstancias rodean su muerte.* There are strange circumstances surrounding his death. ◊ *Me rodeó con sus brazos.* He put his arms round me.

■ **rodear** *vt, vi* to go **round** *sth* [*vi*]: *Rodearemos (por) el bosque en lugar de cruzarlo.* We'll go round the wood instead of through it.

rodeo *nm* (*ganado*) rodeo

LOC andarse/no andarse con rodeos not to get/to get to the point: *¡Se anda con unos ~s...!* He never gets to the point. ◊ *¡Esa no se anda con ~s!* She gets straight to the point. **dar un rodeo** to make a detour: *Tuvimos que dar un gran ~.* We had to make a long detour. **hablar sin rodeos** to speak plainly **¡no te andes con rodeos/déjate de rodeos!** stop beating about the bush!

rodilla *nf* knee: *Me he dado un golpe en la ~.* I've hurt my knee.

LOC (estar) de rodillas (to be) kneeling **pedir algo de rodillas** to beg *sb* on your knees (*to do sth*): *Me lo pidió de ~s.* He begged me on his knees. **ponerse de rodillas** to kneel **rodilla en tierra** on bended knee *Ver tb* COMIDO, HINCAR

rodillazo *nm*

LOC dar/pegar un rodillazo a algn to knee sb: *Me dio un ~ en el estómago.* He kneed me in the stomach. **darse/pegarse un rodillazo** to bang your knee *on sth*: *Se dio un ~ contra la mesa.* He banged his knee on the table.

rodillera *nf* **1** (*protección*) knee-pad **2** (*remiendo*) patch: *Les he puesto unas ~s de cuero a los vaqueros.* I've put leather patches on my jeans. **3** (*arruga*): *A este pantalón le han salido ~s.* These trousers have gone baggy at the knees.

rodillo *nm* **1** (*Cocina*) rolling pin ☛ *Ver ilustración en* UTENSIL **2** (*pintura, máquina de escribir, terreno*) roller: *Si pintamos la pared con el ~ adelantaremos más.* We'll get on faster if use the roller to paint the wall.

rodríguez *nm*

LOC estar/quedarse de rodríguez to be a grass widower

roedor, ~a *adj, nm-nf* rodent [*n*]: *Las ratas son animales ~es.* Rats are rodents.

roer *vt* **1** (*mordisquear*) **(a)** (*gen*) to gnaw (at) *sth*: *~ un hueso* to gnaw a bone ◊ *~ la madera* to gnaw at the wood **(b)** (*superficialmente*) to nibble: *El conejo roía la zanahoria.* The rabbit was nibbling the carrot. **2** (*atormentar*) to eat away **at sb**: *La culpa le roía.* Guilt was eating away at him. **LOC** *Ver* DURO, HUESO

rogar *vt* **1** (*suplicar*) to beg (*sb*) (**for** *sth*/**to do** *sth*): *Rogó que le perdonaran.* He begged for forgiveness. ◊ *Me rogó que no se lo contara a su madre.* He begged me not to tell his mother. ◊ *Le ruego que me escuche.* Please listen to what I have to say. **2** (*Relig*) to pray: *Roguemos al Señor.* Let us pray.

LOC hacerse (de) rogar to play hard to get **no hacerse de rogar** not to need to be asked twice: *No se hace de ~, siempre está dispuesto a salir.* He doesn't need to be asked twice, he's always ready to go out. **se ruega** please: *Se ruega silencio.* Silence, please. ◊ *Se* *ruega a los pasajeros que se abrochen los cinturones.* Passengers are requested to fasten their seat-belts.

rojez *nf* (*marca*) red mark: *Me han salido unas rojeces en la cara.* I've got some red marks on my face.

rojizo, -a *adj* reddish

rojo, -a *adj* red

■ **rojo** *nm* red ☛ *Ver ejemplos en* AMARILLO

LOC al rojo vivo 1 (*lit*) red-hot **2** (*fig*) explosive: *La situación está al ~ vivo.* The situation is explosive. **poner rojo a algn** to make sb blush: *Me estás poniendo ~.* You're making me blush. **ponerse rojo** to go red *Ver tb* ABETO, ALERTA, ALFOMBRA, CALENTAR, CRUZ, DISCO, TELÉFONO

rol *nm* **1** (*función*) role: *Juega un ~ importante en la empresa.* He has an important role in the business. **2** (*lista*) list

rollista *adj, nmf* pain [*n*]: *¡Qué tío más ~, no ha parado de hablar en tres horas!* What a pain he is! He's been talking for three solid hours!

rollizo, -a *adj* **1** (*gen*) plump: *Está un poco rolliza, ¿no te parece?* She's a bit plump, isn't she? **2** (*bebé*) chubby

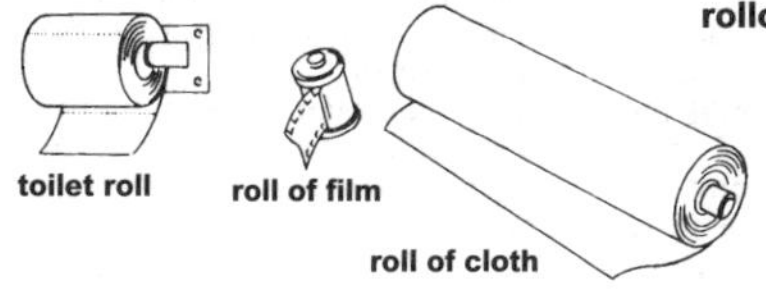

rollo *adj* boring: *¡Qué película/mujer más ~!* What a boring film/woman!

■ **rollo** *nm* **1** (*gen*) roll: *un ~ de papel/tela* a roll of paper/material ◊ *tres ~s de papel higiénico* three toilet rolls **2** (*cuerda, cable*) reel **3** (*persona*) bore: *Tu hermano es un ~.* Your brother's a terrible bore. **4** (*aburrimiento, pesadez*) drag: *La clase de hoy ha sido un ~.* What a drag the lesson was today! **5** (*actividad, asunto*): *¿Qué ~s te traes?* What are you up to? ◊ *Está metido en un ~ muy raro.* He's mixed up in some dodgy business. **6** (*ambiente*) scene: *Ese ~ no me va nada.* It's not my scene. ◊ *Carmen me cae bien, pero no me va su ~.* I like Carmen as a person, but I don't like the way she lives. **7** (*amorío*) affair: *tener un ~ con algn* to have an affair with sb

LOC dar buen/mal rollo to like/not to like the look of *sth/sb*: *Este tipo/sitio me da muy mal ~.* I don't like the look of him/this place. **haber un buen/mal rollo (entre personas)**: *Hay muy buen ~ entre los compañeros.* They get on very well (with each other). **largar/meter/soltar un rollo** to go on and on (*about sth*): *Me metió tal ~ que me puso dolor de cabeza.* He went on so long he gave me a headache. ◊ *¡Te mete unos ~s que te mueres!* He goes on and on! **meterse en un rollo** to get into a mess **rollo de primavera** spring roll *Ver tb* CORTAR

ROM *nf, abrev de* **read-only memory** ROM

Roma *nf* Rome

LOC Roma no se construyó/hizo en un día Rome wasn't built in a day **todos los caminos conducen a Roma** all roads lead to Rome *Ver tb* HABLAR

romance *adj* (*Ling*) Romance

■ **romance** *nm* **1** (*Liter*) ballad **2** (*amorío*) romance

romancero *nm* collection of ballads

románico, -a *adj* (*Ling*) Romance

■ **románico, -a** *adj* (*Arquit, Arte*) Romanesque

■ **románico** *nm* (*Arquit, Arte*) Romanesque

romano, -a *adj, nm-nf* Roman

LOC a la romana fried in batter: *calamares a la romana* squid fried in batter *Ver tb* CIFRA

romanticismo *nm* romanticism

romántico, -a *adj, nm-nf* romantic

rombo *nm* **1** (*forma*) diamond: *un cristal en forma de ~* a diamond-shaped pane of glass **2** (*Geom*) rhombus [*pl* rhombuses]

romboide *nm* rhomboid

romería *nf* **1** (*peregrinación*) pilgrimage: *ir de ~* to go on a pilgrimage **2** (*fiesta*) fiesta

romero *nm* (*planta*) rosemary

romo, -a *adj* (*sin punta*) blunt

rompecabezas *nm* jigsaw: *hacer un ~* to do a jigsaw

rompehielos *nm* ice-breaker

rompeolas *nm* breakwater

romper *vt* **1** (*gen*) to break: *Los niños rompieron el cristal.* The children broke the window. ◊ *Ha roto su silencio.* He's broken his silence. ◊ *~ una promesa/un contrato* to break a promise/contract ◊ *Verte así me rompe el corazón.* It breaks my heart to see you like this. ☛ *Ver ilustración en* CHIP **2** (*papel, tela*) to tear: *He roto la falda con un clavo.* I've torn my skirt on a nail. ◊ *Rompieron la carta en señal de protesta.* They tore up the letter in protest. **3** (*ropa, zapatos*) to wear *sth* out: *Rompe todos los jerséis por los codos.* He goes through the elbows of all his jumpers. **4** (*derribar*) to knock *sth* down: *El coche ha roto la barrera.* The car knocked down the barrier.

■ **romper** *vi* **1 ~ a** to start ***to do sth/doing sth***: *Rompieron a gritar como locos.* They started shouting like maniacs. **2** (*alba, día, olas*) to break **3** (*dientes*) to come through **4 ~ con (a)** (*algn*) to sever links **with *sb*** (*formal*), to fall out **with *sb***: *~ con la familia política* to fall out with your in-laws **(b)** (*algo*) to break **with *sth***: *~ con el pasado* to break with the past **5** (*novios*) to split up (***with sb***)

■ **romperse** *v pron* **1** (*gen*) to break: *Se ha roto sola.* It broke of its own accord. ◊ *Se me ha roto la tele.* My TV's broken. ◊ *~se el brazo/la pierna* to break your arm/leg **2** (*tela, papel*) to tear: *Esta tela se rompe fácilmente.* This material tears very easily. **3** (*cuerda*) to snap **4** (*ropa, zapatos*) to wear out: *Seguro que se rompen a los dos días.* They're bound to wear out in a couple of days.

LOC de rompe y rasga strong-minded **no haber roto un plato** to be an angel: *A juzgar por esta foto, parece que no ha roto un plato en su vida.* Judging by this photo you'd think he was an angel. **romper aguas**: *Rompió aguas de camino al hospital.* Her waters broke on the way to the hospital. **romper a llorar** to burst into tears **romper a reír** to burst out laughing **romper el hielo** to break the ice **romper el servicio** (*Tenis*) to break (*sb's*) service **romper el trato con algn** to stop talking to sb: *He roto el trato con los de la oficina.* I've stopped talking to the people in the office. **romper la amistad** to break off a friendship **romperle los huesos a algn** to smash sb's face in: *¡Cállate o te rompo los huesos!* Shut up or I'll smash your face in! **romper los esquemas**: *Ese tío me rompe los esquemas.* I can't make him out. **romper moldes**: *Mi hermano rompe con todos los moldes de la familia.* My brother's the odd one out in our family. ◊ *un arquitecto que rompió moldes* an architect who broke new ground **romperse la cabeza 1** (*reflexionar*) to rack your brains **2** (*preocuparse*) to worry: *No puedes hacer nada, así que no te rompas la cabeza.* You can't do anything about it, so don't worry too much. **romperse la crisma** to crack your head open **romperse los cuernos** to work your fingers to the bone **romper una lanza por algn** to stick up for sb *Ver tb* AVARICIA, CARA, CORAZÓN, ESPINAZO, FILA, HÁBITO, HERVIR, LLANTO, MORRO, SOLLOZO, TRIPA

ron *nm* rum

roncar *vi* to snore

roncha *nf* (*tb* **ronchón** *nm*) **1** (*hinchazón*) swelling **2** (*moratón*) bruise: *Al darme el golpe me salió una ~.* I got a bruise when I knocked myself.

ronco, -a *adj* **1** (*afónico*) hoarse: *Me quedé ~ de gritar.* I shouted myself hoarse. **2** (*tipo de voz*) husky: *El actor tenía una voz ronca y profunda.* The actor had a deep, husky voice. **3** (*sonido*) rasping **LOC** *Ver* VOZ

ronda *nf* **1** (*gen*) round: *la segunda ~ de las elecciones* the second round of the elections ◊ *Su casa no está incluida en mi ~.* Your house isn't on my round. ◊ *Esta ~ la pides tú.* It's your round. ◊ *Iniciaron una ~ de conversaciones con los sindicatos.* They started a round of talks with the unions. **2** (*patrulla*) **(a)** (*de policía*) beat **(b)** (*de soldado, vigilante*) patrol **3** (*carretera de circunvalación*) ring road: *Todavía no han terminado la ~ norte.* The northern section of the ring road hasn't been completed.

LOC **hacer la ronda 1** (*policía*) to pound the beat **2** (*soldado, vigilante*) to be on patrol **3** (*repartidor*) to be on your round **ir de ronda 1** (*gen*) to go out on the town: *Esta noche vamos de ~ con los amigos.* Tonight we're going out on the town with our friends. **2** (*tuna*) to go out serenading

rondar *vt* **1** (*vigilar*) to patrol **2** (*frecuentar*) to hang round *sth/sb*: *Los jóvenes rondan mucho esta zona.* Young people tend to hang around this area. **3** (*rayar*) to be nearly…: *Ronda los cincuenta.* He's nearly fifty. **4** (*enfermedad, sueño*): *Me está rondando una gripe/un catarro.* I'm getting flu/a cold. ◊ *Le está rondando el sueño.* She's falling asleep.

■ **rondar** *vi* **~ (por) 1** (*policía*) to be on patrol: *La policía ronda constantemente por esa zona.* The police are constantly on patrol in that area. **2** (*tuna*) to go out serenading

LOC **rondarle algo a algn por la cabeza** to go through sb's mind: *¿Qué te ronda por la cabeza?* What's going through your mind?

ronquera *nf* hoarseness

LOC **tener ronquera** to be hoarse: *Tengo ~.* I'm hoarse.

ronquido *nm* snore

ronronear *vi* to purr

ronroneo *nm* purr: *Se oía el ~ del gato.* You could hear the cat purring.

roña *nf* **1** (*mugre*) grime: *Tienes ~ en el cuello.* You've got grime on your collar. **2** (*herrumbre*) rust **3** (*tacañería*) stinginess

■ **roña** *adj* stingy

■ **roña** *nmf* skinflint

roñoso, -a *adj* **1** (*mugriento*) grimy **2** (*oxidado*) rusty **3** (*tacaño*) stingy

ropa *nf* **1** (*de persona*) clothes [*v pl*]: *~ infantil* children's clothes ◊ *~ usada/sucia* second-hand/dirty clothes ◊ *¿Qué ~ me pongo hoy?* What shall I wear today? ◊ *Tengo montones de ~ por planchar.* I've got piles of ironing to do. **2** (*de uso doméstico*) linen: *~ de cama* bed linen

LOC **echar la ropa a lavar** to leave out your dirty washing **hay ropa tendida** walls have ears **la ropa sucia se lava en casa** don't wash your dirty linen in public **ropa blanca/de color** (*colada*) whites/coloureds [*v pl*]: *La ~ de color y la blanca se lavan aparte.* You wash coloureds and whites separately. **ropa de etiqueta** formal dress **ropa de/para andar por casa** clothes for wearing around the house [*v pl*] **ropa deportiva/de deportes** sportswear **ropa hecha** ready-to-wear clothes [*v pl*] **ropa informal** casual wear **ropa interior** underwear: *~ interior masculina/femenina* men's/ladies' underwear *Ver tb* CESTO, CUERDA, FAENA, HILO, LIGERO, NADAR

ropero *nm* wardrobe

roque *adj*

LOC **estar/quedarse roque** to be/fall fast asleep

rosa *nf* rose ☛ *Ver ilustración en* FLOR

■ **rosa** *adj, nm* (*color*) pink ☛ *Ver ejemplos en* AMARILLO

LOC **estar como una rosa** to be (as) fresh as a daisy **rosa náutica/de los vientos** compass rose *Ver tb* CAMINO, COLOR, CUTIS, NOVELA, PALO, VIDA

rosáceo, -a *adj* pink

rosado, -a *adj* pink

■ **rosado** *adj, nm* (*vino*) rosé [*n*]

rosal *nm* rose bush

rosaleda *nf* rose garden

rosario *nm* **1** (*Relig*) rosary: *rezar el ~* to say the rosary **2** (*serie*) string: *un ~ de querellas/desgracias* a string of lawsuits/misfortunes LOC *Ver* ACABAR

rosbif *nm* roast beef [*incontable*]: *Nos pusieron un ~ delicioso.* They served us some delicious roast beef. ☛ *Ver nota en* ROAST

rosca *nf* **1** (*pan*) (ring-shaped) roll **2** (*tornillo*) thread: *Este tornillo está pasado de ~.* The thread is stripped. **3** (*grasa*) roll of fat [*pl* rolls of fat]: *El bebé ya tiene buenas ~s.* The baby's quite chubby.

LOC **hacerse una rosca** to curl up in a ball **pasarse de rosca** (*volverse loco*) to go over the top *Ver tb* COMER, JAMAR(SE), PELOTA, TAPÓN

rosco *nm* (*cero*) nought: *Me han puesto un ~ en mate.* I got nought for Maths.

LOC **no comerse/jamarse un rosco 1** (*no enterarse de nada*) not to understand a word **2** (*no ligar*) to have no success with the boys/girls: *Últimamente no me como un ~.* I've had no success with the girls lately.

roscón *nm* ring cake: *~ de Reyes* Epiphany ring cake

rosetón *nm* **1** (*Arquit*) rose window **2** (*adorno*) rose: *un ~ de escayola* a plaster rose

rosquilla *nf* (ring-shaped) biscuit LOC *Ver* VENDER

rostro *nm* **1** (*cara*) face: *La expresión de tu ~ lo decía todo.* The look on your face said it all. **2** (*cara dura*) cheek: *¡Vaya ~ que tienes!* You've got a cheek!

rotación *nf* rotation: *la ~ de cultivos/la Tierra* the rotation of crops/the earth

LOC **hacer algo por rotación** to take it in turns to do sth **rotación de existencias** stock turnover *Ver tb* EJE

rotar *vi* **1** (*girar*) to rotate **2** (*turnarse*) to take it in turns (***to do sth***)

rotativo, -a *adj* rotary: *movimiento ~* rotary movement

■ **rotativo** *nm* (*periódico*) newspaper

roto, -a *pp, adj* **1** (*cansado*) worn-out **2** (*vida*) shattered *Ver tb* ROMPER

■ **roto** *nm* hole

LOC **roto en pedazos** smashed to pieces **sois un roto para un descosido** the one's as bad as the other *Ver tb* PAGAR, SACO, SIEMPRE

rotonda *nf* **1** (*glorieta*) roundabout **2** (*edificio*) rotunda

rótula *nf* (*Anat*) kneecap ☛ *Ver ilustración en* ESQUELETO

rotulador *nm* felt-tip (pen)

LOC **rotulador fosforescente** highlighter

rotular *vt* **1** (*poner un rótulo*) to put the lettering **on *sth*** **2** (*etiquetar*) to label

rotulista *nmf* sign-writer

rótulo *nm* **1** (*letras*) **(a)** (*en un cartel, en un mapa*) lettering [*incontable*]: *Los ~s son demasiado pequeños.* The lettering is too small. **(b)** (*a pie de foto*) caption **2** (*letrero*) sign **3** (*etiqueta*) label

rotundamente *adv* categorically: *Te prohíbo ~ que salgas.* I categorically forbid you to go out. ◊ *Se negaron ~ a colaborar.* They flatly refused to cooperate.

rotundo, -a *adj* **1** (*contundente*) resounding: *El resultado fue un sí ~.* The result was a resounding 'yes'. ◊ *un éxito/fracaso ~* a resounding success/flop **2** (*negativa, rechazo*) emphatic

rotura *nf*: *Hay que soldar la ~.* The break needs soldering. ◊ *Convalece de una ~ de clavícula.* He's recovering from a broken collar bone. ◊ *Sufrió la ~ de varias costillas.* He broke several ribs. ◊ *~ de ligamentos* torn ligaments ◊ *la ~ de una tubería* a burst pipe

roulotte *nf* caravan

rozadura *nf* **1** (*arañazo*) scratch **2** (*mancha*) mark: *hacer una ~ en una pared* to make a mark on a wall **3** (*herida*) sore: *Tengo una ~ en el talón.* I've got a sore on my heel.

rozamiento *nm* friction

rozar *vt, vi* **1** (*tocar ligeramente*) to brush (against) *sth/sb*): *Su mano rozó mi mejilla.* His hand brushed my cheek. ◊ *Le rocé el vestido.* I brushed against her dress. ◊ *La pelota le rozó la pierna.* The ball grazed his leg. **2 ~ (en/con)** (*aproximarse*) to border on *sth*: *Tus comentarios rozaron (en/con) la vulgaridad.* Your remarks bordered on the vulgar. ◊ *El presupuesto roza los cinco millones.* The budget is nearly five million.

■ **rozar** *vt* **1** (*arañar*) to scratch: *No me roces el coche.* Don't scratch my car. **2** (*ensuciar*) to get marks on *sth*: *Los niños han rozado toda la pared.* The children have got dirty marks all over the wall. **3** (*lastimar*) to rub: *Estas botas me rozan atrás.* These boots rub me at the back. ◊ *¿Dónde te roza?* Where does it rub?
■ **rozar** *vi* to rub: *El guardabarros roza con la rueda.* The mudguard rubs against the wheel.

Ruanda *nf* Rwanda

rubeola (*tb* **rubéola**) *nf* German measles [*v sing*], rubella (*más formal*)

rubí *nm* ruby

rubio, -a *adj* fair, blond

Fair se usa solo si el rubio es natural y **blond** tanto si es natural como si es teñido: *pelo rubio ceniza/platino* ash/platinum blond hair ◊ *Es rubio.* He's blond./He's got fair hair. ◊ *Soy más rubia que tú.* I'm fairer than you. ◊ *Tiene un hijo muy rubio y dos hijas muy morenas.* He has a son who is very fair and two daughters who are very dark.

■ **rubio, -a** *nm-nf* **1** (*hombre*) fair-haired man: *Sale con un ~ muy guapo.* She's going out with a very handsome fair-haired man. **2** (*mujer*) blonde: *No soy la típica rubia tonta.* I'm not your typical dumb blonde. ☛ *Ver nota en* BLOND
LOC **rubia oxigenada** peroxide blonde *Ver tb* TABACO

rublo *nm* rouble

rubor *nm*
LOC **causar/producir rubor** to make *sb* blush

ruborizarse *v pron* to blush

rúbrica *nf* **1** (*garabato*) flourish **2** (*firma*) signature: *echar una ~* to sign

rudeza *nf* roughness: *con ~* roughly

rudimentario, -a *adj* rudimentary

rudimento *nm* rudiment: *los ~s de la genética* the rudiments of genetics

rudo, -a *adj* **1** (*persona, modales*) rough: *No seas tan ~ con él.* Don't be so rough with him. **2** (*golpe*) hard

rueda *nf* **1** (*gen*) wheel: *la ~ delantera/trasera* the front/back wheel ◊ *~ de alfarero* potter's wheel ◊ *cambiar la ~* to change the wheel ☛ *Ver ilustración en* BICYCLE **2** (*neumático*) tyre: *comprobar el aire de las ~s* to check your tyre pressures ◊ *Se me ha pinchado una ~.* I've got a puncture. ☛ *Ver ilustración en* BICYCLE, CAR **3** (*círculo*) circle
LOC **ir/marchar sobre ruedas** to go smoothly **rueda de la fortuna** wheel of fortune **rueda dentada** cogwheel **rueda de molino** mill-wheel **rueda de recambio/repuesto** spare wheel **rueda de reconocimiento** identity parade *Ver tb* CHUPAR, COMULGAR, NEUMÁTICO, PRENSA, SILLA

ruedo *nm* ring: *El torero dio la vuelta al ~.* The bullfighter paraded round the ring. ◊ *un ~ de gente* a ring of people
LOC **echarse al ruedo 1** (*torero*) to jump into the ring **2** (*fig*) to enter the fray *Ver tb* VUELTA

ruego *nm* plea: *Los ~s de aquella mujer me llegaron al alma.* That woman's pleas touched my heart.
LOC **ruegos y preguntas** question time [*incontable, v sing*]: *Hemos llegado al apartado de ~s y preguntas.* It's question time now.

rufián *adj, nm* **1** (*granuja*) rogue [*n*]: *¡Mira que eres ~!* What a rogue you are! **2** (*chulo*) pimp [*n*]

rugby *nm* rugby: *balón de ~* rugby ball ☛ *Ver ilustración en* RUGBY

rugido *nm* roar: *El tigre dio un ~.* The tiger let out a roar. ◊ *Se oían los ~s de los leones.* You could hear the lions roaring.

rugir *vi* to roar LOC *Ver* TRIPA

rugoso, -a *adj* rough: *una piel/superficie rugosa* rough skin/a rough surface

ruido *nm* noise: *hacer ~* to make a noise ◊ *Oí unos ~s extraños.* I heard some funny noises. ◊ *¿Qué ~s son esos?* What's that noise? ◊ *No quiero oír ni un ~.* I don't want to hear a sound!
LOC **armar/hacer/meter ruido 1** (*lit*): *No metas ~.* Don't make any noise. ◊ *No hagas ~ que están todos dormidos.* Be quiet, they're all asleep. ◊ *El coche mete mucho ~.* The car is really noisy. **2** (*fig*) to cause a stir: *Han armado mucho ~ con lo de la boda real.* The royal wedding has caused quite a stir. **mucho ruido y pocas nueces** all talk: *¿Un aumento de sueldo? Mucho ~ y pocas nueces.* A salary rise? It's just a lot of talk. **ruido de fondo** background noise **sin (hacer) ruido** quietly *Ver tb* LEJOS

ruidoso, -a *adj* noisy: *una calle/persona ruidosa* a noisy street/person

ruin *adj* **1** (*despreciable*) despicable: *una persona/acción ~* a despicable person/act **2** (*tacaño*) mean

ruina *nf* **1** (*gen*) collapse: *la ~ del país/sistema* the collapse of the country/system ◊ *Ese edificio amenaza ~.* That building is about to collapse. **2** (*perdición*) downfall: *La vanidad/El juego fue su ~.* Vanity/Gambling was his downfall. **3 ruinas** (*restos*) ruins: *Visitamos las ~s del templo.* We visited the temple ruins.
LOC **dejar en la ruina/llevar a la ruina 1** (*a algn*) to ruin *sb* **2** (*algo*) to leave *sth* in ruins: *Llevó el negocio familiar a la ~.* He left the family business in ruins. **estar algn hecho una ruina** to be a wreck **estar/quedar en la ruina 1** (*algn*) to be ruined: *Me he quedado en la ~.* I'm ruined. **2** (*algo*) to be (left) in ruins: *La economía está en la ~.* The economy is in ruins. ◊ *El país quedó en la ~ tras la guerra.* After the war, the country was left in ruins. *Ver tb* AMENAZAR, LABRAR

ruinoso, -a *adj* **1** (*en muy mal estado*) dilapidated: *un edificio ~* a dilapidated building **2** (*Fin*) ruinous

ruiseñor *nm* nightingale

ruleta *nf* roulette
LOC **ruleta rusa** Russian roulette

rulo *nm* roller: *ponerse ~s* to put your rollers in

Rumania *nf* Romania

rumano, -a *adj, nm-nf* Romanian
■ **rumano** *nm* (*idioma*) Romanian

rumba *nf* rumba

rumbo *nm* course: *marcar un/el ~* to set a/the course ◊ *Aquel hecho alteró el ~ de los acontecimientos.* That changed the course of events. ◊ *El país ha tomado un nuevo ~.* The country has changed direction. ◊ *Mi vida tomó un nuevo ~ tras el nacimiento de mi hijo.* My life took a new turn after my son was born. ◊ *Me da la sensación de que ha perdido el ~.* I feel he's lost his sense of direction.
LOC **andar/caminar sin rumbo** to wander aimlessly **(con) rumbo a/hacia...**: *navegar con ~ norte* to sail north ◊ *Salieron con ~ a Lisboa.* They set off for Lisbon. ◊ *Vamos ~ a la India.* We're en route to India. **poner rumbo a...** to set course for...

rumiante *adj, nm* ruminant

rumiar *vt* **1** (*hierba*) to chew **2** (*plan*) to brood **on/over** ***sth*** [*vi*]: *~ un plan* to brood over a plan **3** (*farfullar*) to grumble **about** ***sth*** [*vi*]
■ **rumiar** *vi* (*vaca*) to chew the cud

rumor *nm* **1** (*cotilleo*) rumour: *Se oyen ~es de que el ministro va a dimitir.* There are rumours that the Minister is going to resign. **2** (*sonido*) murmur: *un ~ de voces* a murmur of voices
LOC **corre el rumor de que...** there's a rumour going round that...: *Corre el ~ de que te van a ascender.* There's a rumour going round that you're going to be promoted. **rumores sin fundamento** unfounded rumours *Ver tb* PASO

rumorear *vt*
LOC **rumorean/se rumorea que...** there are rumours (that)...: *Se rumorea que van a despedir a 20 personas.* There are rumours that 20 people are going to be sacked.

runrún *nm* **runruneo 1** (*de voces*) hum **2** (*de un motor*) purring **3** (*noticia*) rumour

rupestre *adj* **1** (*arte*) cave [*n atrib*]: *un libro sobre el* *arte* ~ a book about cave paintings ◊ *las pinturas ~s de las cuevas de Altamira* the cave paintings of Altamira **2** (*planta*) rock [*n atrib*]

rupia *nf* rupee

ruptura *nf* **1** (*gen*) breakdown: *la ~ de las negociaciones/relaciones diplomáticas entre dos países* the breakdown of negotiations/diplomatic relations between two countries ◊ *La ~ de su matrimonio nos ha causado un gran dolor.* The breakdown of their marriage has made us very sad. ◊ *Me acabo de enterar de su ~ con Elena.* I've just heard about his break-up with Elena. **2** (*acuerdo*) breaking

rural *adj* rural

Rusia *nf* Russia

ruso, -a *adj, nm-nf* Russian: *los ~s* the Russians

■ **ruso** *nm* (*idioma*) Russian: *hablar ~* to speak Russian **LOC** *Ver* ENSALADILLA, MONTAÑA, RULETA

rústico, -a *adj* **1** (*gen*) rustic: *un estilo ~* rustic style **2** (*tosco*) uncouth **LOC** *Ver* ENCUADERNACIÓN, LIBRO

ruta *nf* **1** (*itinerario, carretera*) route: *Siguieron una ~ distinta a la nuestra.* They took a different route to us. **2** (*fig*) road: *la ~ hacia la democracia* the road to democracy

LOC **la ruta de la seda** the silk road

rutina *nf* routine: *inspecciones de ~* routine inspections ◊ *la ~ diaria* the daily routine ◊ *Se ha convertido en ~.* It's become a routine.

rutinario, -a *adj* **1** (*ordinario*) routine: *un ejercicio ~* a routine exercise **2** (*persona*) creature of habit [*n*]: *volverse muy ~* to turn into a real creature of habit

Ss

sábado *nm* Saturday (*abrev* Sat) ☛ *Ver ejemplos en* LUNES

sabana *nf* savannah

sábana *nf* sheet: ~ *bajera/encimera* bottom/top sheet **LOC pegársele a algn las sábanas** to oversleep **sábana ajustable** fitted sheet

sabandija *nf* **1** (*insecto*) creepy-crawly [*pl*] creepy-crawlies **2** (*persona despreciable*) louse

sabañón *nm* chilblain: *Me han salido sabañones en las manos.* I've got chilblains on my hands.

sabático, -a *adj* sabbatical **LOC** *Ver* AÑO

sabedor, ~a *adj* **~ de** aware **of** *sth*: ~ *de sus intenciones...* Aware of their intentions...

sabelotodo *adj, nmf* know-all [*n*]: *¡Qué hombre más ~!* What a know-all!

saber¹ *nm* learning

LOC el saber no ocupa lugar you can never know too much

saber² *vt*

● **tener conocimiento** to know: *No sé lo que me digo.* I don't know what I'm saying. ◊ *¿Se sabe algo de la reunión?* Does anyone know anything about the meeting?

Nótese que el complemento directo "lo" no suele traducirse al inglés, por ejemplo: *y yo sin saberlo* and I didn't know ◊ *Ya lo sé.* I know.

● **saber hacer algo 1** (*hacerlo bien*) to know **how to do sth**: *Sabe muy bien cómo tratar a los empleados.* He really knows how to treat his employees. **2** (*tener habilidad, lograr hacer algo*): *¿Sabes nadar?* Can you swim? ◊ *No sé escribir a máquina.* I can't type. ◊ *No supimos encontrarlo.* We couldn't find it. ☛ *Ver nota en* CAN²

● **enterarse 1** (*gen*) to find out: *Pronto lo sabrás.* You'll soon find out. ◊ *Supe que venías por tus padres.* I found out (that) you were coming from your parents. **2** (*noticia*) to hear

■ **saber** *vi* **~ de 1** (*entender*) to know **about** *sth/sb*: *No sé mucho de mecánica.* I don't know much about mechanics. **2** (*tener conocimiento de que existe*) to know **of** *sth*: *Sé de un restaurante muy bueno.* I know of a very good restaurant. **3** (*tener noticias*) to hear **from/of** *sth/sb*: *Hace un siglo que no sé nada de vosotros.* I haven't heard from you for ages. ◊ *Nunca más supimos de él.* That was the last we heard of him. **4 ~ (a)** to taste (**of** *sth*): *Sabe a menta.* It tastes of mint. ◊ *¡Qué bien sabe!* It tastes really nice! ◊ *Esta leche (me) sabe mal.* This milk tastes off (to me).

LOC a saber 1 (*quién sabe*) who knows: *A ~ cuándo vendrán.* Who knows when they'll get here. **2** (*es decir*) namely: *Vinieron dos, a ~: el tesorero y el secretario.* Two of them came: namely, the treasurer and the secretary.

el, la, los, etc que tú sabes you-know-who

lo que tú (ya) sabes you-know-what: *Le pregunté lo que tú ya sabes.* I asked him you-know-what.

no saber lo que es hacer algo not to know what it's like doing/to do sth: *No sabes lo que es aguantar a esos niños.* You don't know what it's like having to put up with those children.

no sabes lo que tienes (*porque eres afortunado*) you don't know how lucky you are

no sé cuántos (*sustituyendo al nombre*) something or other: *Francisco no sé cuántos* Francisco something or other

no sé qué (cosa) some(thing) or other: *Me habló de no sé qué negocio.* He told me about some business or other.

no sé qué decirte well, I don't know

no sé qué me da I'm not sure whether I should: *No sé qué me da preguntárselo.* I'm not sure whether I should ask him.

para que lo sepas if you really want to know

¡qué sé yo!/¡yo qué sé! how (on earth) should I know?

que yo sepa as far as I know

saber lo que se dice to know what you're talking about: *Yo sé lo que me digo.* I know what I'm talking about.

saber mal (*fig*): *Me sabe mal dejarte sola.* I don't like to leave you on your own. ◊ *Te sabe mal que te mientan, ¿verdad?* You don't like people lying to you, do you? ◊ *Les supo mal que los criticara.* They were upset that he criticized them.

saber/no saber perder to be a good/bad loser: *Hay que ~ perder.* You have to learn to be a good loser.

sabérselas todas to know every trick in the book

¿sabes? 1 (*muletilla*) you know: *Le tengo mucho aprecio, ¿sabes?* I think a lot of her, you know. **2** (*anunciando algo*) you know what?: *¿Sabes? Manolo se casa.* You know what? Manolo's getting married.

¡si lo sabré yo! I know only too well!

si puede saberse may I ask: *¿Y a qué hora piensas volver, si puede saberse?* May I ask what time you're thinking of coming back?

un no sé qué (de misterioso, sospechoso, etc) something (mysterious, suspicious, etc): *Tiene un no sé qué que me vuelve loca.* There's something about him that drives me wild. ◊ *Tienen un no sé qué de misteriosos.* There's something mysterious about them.

¡ya lo sabía yo! I knew that would happen!

ya se sabe you know what it's like: *Cuando hay niños, ya se sabe.* You know what it's like when there are children around.

☛ Para otras expresiones con **saber**, véanse las entradas del sustantivo, adjetivo, etc, p.ej. **saber algo de carrerilla** en CARRERILLA y **saber más que Lepe** en LEPE.

sabido, -a *pp, adj* well-known: *como es ~* as is well-known *Ver tb* SABER²

sabiduría *nf* wisdom: *la ~ de la época* the wisdom of the time ◊ *Obró con ~.* He acted wisely. **LOC** *Ver* POZO

sabiendas

LOC a sabiendas 1 (*a posta*) deliberately: *Lo dije a ~.* I said it deliberately. **2 ~ de que...** knowing full well that...: *Lo hiciste a ~ de que me molestaría.* You did it knowing full well that I wouldn't like it.

sabihondo, -a *adj, nm-nf Ver* SABELOTODO

sabio, -a *adj* wise

sablazo *nm* rip-off: *El reloj ha sido un ~.* The watch was a rip-off.

LOC dar/pegar un sablazo a algn 1 (*pedir dinero prestado*) to scrounge money off sb **2** (*cobrar demasiado*) to rip sb off

sable *nm* sabre ☛ *Ver ilustración en* SWORD

sabor *nm* **1 ~ (a)** (*gusto*) taste (**of** *sth*): *El agua no tiene ~.* Water has no taste. ◊ *Tiene un ~ muy raro.* It tastes very strange ◊ *No me gusta, tiene un ~ a menta.* I don't like it, it tastes of mint. **2** (*gusto que se añade a un producto*) flavour: *Los hay de siete ~es distintos.* They come in seven different flavours. ◊ *¿De qué ~ lo quieres?* What flavour would you like?

LOC con sabor a flavoured: *un yogur con ~ a plátano* a banana-flavoured yogurt **dejar mal sabor de boca** to leave a nasty taste in your mouth *Ver tb* MATAR

saborcillo *nm* **~** **(a)** slight taste (**of** ***sth***): *Tiene un ~ a vainilla.* It has a slight taste of vanilla.
saborear *vt* to savour: *Le gusta ~ su café.* He likes to savour his coffee.
sabotaje *nm* sabotage
saboteador, ~a *nm-nf* saboteur
sabotear *vt* to sabotage
sabroso, -a *adj* **1** (*comida*) delicious **2** (*cotilleo, debate*) juicy **3** (*cantidad*) substantial: *una sabrosa suma de dinero* a substantial sum of money
sabueso *nm* (*perro*) bloodhound
■ **sabueso, -a** *nm-nf* (*agente*) sleuth
saca *nf* sack
LOC **saca del correo** mailbag
sacacorchos *nm* corkscrew
sacacuartos *nm* swindle
sacamuelas *nmf* **1** (*dentista*) (bad) dentist **2** (*hablador*) chatterbox
sacaperras *nm* *Ver* SACACUARTOS
sacapuntas *nm* pencil sharpener
sacar *vt* **1** (*gen*) to take *sth/sb* out: *~ la basura* to take the rubbish out ◊ *Sacaron las sillas a la terraza.* They took the chairs out onto the terrace. ◊ *Sacó una carpeta del cajón.* He took a folder out of the drawer. ◊ *Saqué las fotos del álbum.* I took the photos out of the album. ◊ *Saqué la cita de este libro.* I took the quotation from this book. ◊ *¡Cuidado! ¡Casi me sacas un ojo!* Be careful! You nearly blinded me! **2** (*conseguir*) to get: *¿Qué has sacado en matemáticas?* What did you get in maths? ◊ *Yo sacaré las entradas.* I'll get the tickets. ◊ *No sé de dónde saca esas ideas.* I don't know where he gets those ideas from. **3** (*producir, hacer*) to make *sth* (***from sth***): *Sacan la mantequilla de la leche.* Butter is made from milk. **4** (*poner a la venta, emitir*) to bring *sth* out: *Cada año sacan un modelo nuevo.* They bring out a new model every year. **5** (*Med*) **(a)** (*sangre*) to take **(b)** (*muela*) to extract *a tooth* (*formal*), to take *a tooth* out **6** (*Mat*) **(a)** (*problema*) to solve **(b)** (*extraer*) to find: *Saca la raíz cuadrada.* Find the square root. **7** (*parte del cuerpo*) to stick *sth* out: *No me saques la lengua.* Don't stick your tongue out at me. ◊ *~ la cabeza por la ventanilla* to stick your head out of the window ◊ *~ pecho* to stick your chest out **8** (*Costura*) **(a)** (*bajar*) to let *sth* down **(b)** (*ensanchar*) to let *sth* out: *~ un poco las costuras* to let the seams out a bit **9** (*aprobar*) to pass: *Espero ~ el inglés en junio.* I hope to pass my English in June. **10** (*en televisión, en prensa*): *Los sacaron por la tele.* They were on TV. ◊ *Lo sacaron en el periódico.* It was in the paper. **11** (*ser más alto*) to be taller: *Ya le saca un palmo a su madre.* He's already a few inches taller than his mother. **12** (*ventaja*): *Le sacó dos segundos (de ventaja) al favorito.* He took a two-second lead over the favourite.
■ **sacar** *vi* **1** (*Fútbol*) **(a)** (*principio partido*) to kick off **(b)** (*desde la banda*) to take the throw-in **2** (*Tenis*) to serve
■ **sacarse** *v pron*: *¡Sácate ese dedo de la nariz!* Take your finger out of your nose! ◊ *~se las manos de los bolsillos* to take your hands out of your pockets
LOC ☛ Para expresiones con **sacar**, véanse las entradas del sustantivo, adjetivo, etc, p.ej. **sacar de quicio** en QUICIO y **sacar punta** en PUNTA.
sacarina *nf* saccharin
sacerdocio *nm* priesthood
sacerdote *nm* priest ☛ *Ver nota en* PRIEST **LOC** *Ver* SUMO
sacerdotisa *nf* priestess
saciado, -a *pp, adj* **~ de** sated **with** ***sth*** (*formal*), tired **of** ***sth***: *todavía no ~s de sangre* not yet sated with blood ◊ *~ de tanta mediocridad* tired of so much mediocrity *Ver tb* SACIAR
saciar *vt* **1** (*hambre, ambición, deseo*) to satisfy **2** (*sed*) to quench
■ **saciarse** *v pron* **1** (*gen*) to be satisfied (***with sth***) **2** (*bebiendo*) to quench your thirst (***with sth***)
saciedad *nf* **LOC** *Ver* COMER, REPETIR
saco *nm* **1** (*grande*) sack **2** (*pequeño*) bag
LOC **caer en saco roto** to fall on deaf ears: *Todos mis consejos cayeron en ~ roto.* All my advice fell on deaf ears. **dar por (el) saco** to get on *sb's* nerves: *Este trabajo me da por el ~.* This job is getting on my nerves. **saco de dormir** sleeping bag **tener algo a sacos** to have loads of sth **tener en el saco 1** (*algo*): *¿El trabajo? Lo tengo en el ~.* The job is in the bag. **2** (*a algn*) to have sb where you want them: *La tengo en el ~.* I've got her where I want her. **¡vete a tomar por (el) saco!** go to hell! *Ver tb* AVARICIA, ENTRAR, HOMBRE, MANDAR, TELA
sacramental *adj* sacramental
sacramento *nm* sacrament **LOC** *Ver* SANTÍSIMO
sacrificado, -a *pp, adj* self-sacrificing *Ver tb* SACRIFICAR
sacrificar *vt* **1** (*gen*) to sacrifice: *Lo sacrifiqué todo para sacar adelante a mi familia.* I sacrificed everything for my family. **2** (*res*) to slaughter
■ **sacrificarse** *v pron* **sacrificarse (por)** to make sacrifices (**for** ***sb***): *Mis padres se han sacrificado mucho por nosotros.* My parents have made a lot of sacrifices for us.
sacrificio *nm* sacrifice: *Si quieres adelgazar tendrás que hacer algunos ~s.* You'll have to make some sacrifices if you want to lose weight.
sacrilegio *nm* sacrilege
sacrílego, -a *adj* sacrilegious
sacristán *nm* sacristan
sacristía *nf* vestry ☛ *Ver ilustración en* IGLESIA
sacro, -a *adj* sacred
sacudida *nf* **1** (*agitando*) shake: *Dale una ~ a la alfombra.* Give the rug a good shake. **2** (*eléctrica*) (electric) shock: *Me pegó una buena ~.* It gave me quite a shock. **3** (*terremoto*) tremor **4** (*explosión*) blast **5** (*vehículo*) jolt **6** (*fig*) blow: *La noticia de su muerte fue una ~ para todos.* The news of his death was a blow to everybody.
sacudir *vt* **1** (*gen*) to shake: *~ la cabeza* to shake your head ◊ *Sacude el mantel.* Shake the tablecloth. ◊ *Sacudí la arena de la toalla.* I shook the sand off the towel. ◊ *La noticia de la bancarrota sacudió a la familia.* The family was shaken by the news of the bankruptcy. **2** (*pegar*) to give *sb* a smack **3** (*alas*) to flap
■ **sacudirse** *v pron* **1** (*gen*) to brush *sth* (off): *~se la caspa (de la chaqueta)* to brush the dandruff off (your jacket) ◊ *Sacúdete el pantalón.* Brush your trousers. **2** (*librarse de algn*) to shake *sb* off
LOC **sacudirle el polvo a algn** to beat sb up **sacudirse la pereza** to shake off your lethargy
sádico, -a *adj* sadistic
■ **sádico, -a** *nm-nf* sadist
sadismo *nm* sadism
safari *nm* safari: *ir de ~* to go on a safari
saga *nf* **1** (*leyenda*) saga **2** (*dinastía*) family
sagacidad *nf* shrewdness
sagaz *adj* shrewd
sagitario (*tb* **Sagitario**) *nm, nmf* (*Astrología*) Sagittarius [*pl* Sagittarius]; *Ver ejemplos en* AQUARIUS; *Ver ilustración en* ZODIACO
sagrado, -a *adj* **1** (*Relig*) holy: *un lugar ~* a holy place ◊ *la Sagrada Familia/Escritura* the Holy Family/Bible **2** (*intocable*) sacred: *Los domingos para mí son ~s.* My Sundays are sacred.
LOC **Sagrada Forma** Holy Communion **Sagrado Corazón** Sacred Heart *Ver tb* ORDEN[1]
sagrario *nm* tabernacle
sainete *nm* one-act farce
sajar *vt* to lance
sajón, -ona *adj, nm-nf* Saxon
sal *nf* **1** (*lit*) salt: *La sopa necesita un pellizco de ~.* The soup needs a pinch of salt. **2** (*fig*) spice: *la ~ de la vida* the spice of life **3** **sales** (*para reanimar*) smelling salts
LOC **sal de frutas** liver salts [*v pl*] **sales de baño** bath salts **sal fina/gorda** table/sea salt *Ver tb* MOLINILLO, PAN

sala *nf* **1** (*gen*) room: ~ *de lectura/juntas* reading/ meeting room ◊ *Esta galería de arte tiene tres ~s.* This gallery has three rooms. **2** (*casa*) sitting room ☛ *Ver nota en* RECEPTION ROOM **3** (*hotel*) lounge **4** (*hospital*) ward: *la ~ de partos* the labour ward **5** (*Teat*) auditorium **6** (*pantalla de cine*) screen: *La ~ 1 es la más grande.* Screen 1 is the largest. **7** (*Jur*) court
LOC **sala de conciertos/conferencias** concert/ conference hall **sala de embarque** departure lounge **sala de espera** waiting-room **sala de estar** sitting room ☛ *Ver nota en* RECEPTION ROOM **sala de fiestas** disco [*pl* discos] **sala de juntas** conference room *Ver tb* FÚTBOL, MÁQUINA

salado, -a *pp, adj* **1** (*gusto*) salty: *Está un poco ~.* It's a bit salty. **2** (*no dulce*) savoury: *No me apetece nada dulce, prefiero algo ~.* I don't fancy anything sweet, I'd rather have something savoury. **3** (*gracioso*) cute: *La niña es muy salada.* She's a really cute little girl. *Ver tb* SALAR **LOC** *Ver* AGUA

salamandra *nf* salamander

salar *vt* to salt

salarial *adj* salary [*n atrib*]: *la estructura ~* the salary structure
LOC **aumento/incremento salarial** pay rise *Ver tb* TABLA

salario *nm* **1** (*mensual*) salary **2** (*semanal*) wages [*v pl*]
LOC **salario base** basic wage/salary **salario bruto** gross pay **salario mínimo interprofesional** minimum wage

salchicha *nf* sausage
LOC **salchicha de Frankfurt** frankfurter *Ver tb* PERRO

salchichón *nm* salami [*incontable*]: *No queda ~.* There's no salami left.

saldar *vt* **1** (*cuenta, deuda*) to settle **2** (*mercancías*) to sell *sth* off
LOC **saldar cuentas con algn** to settle up with sb

saldo *nm* **1** (*de una cuenta*) balance **2** (*rebaja*) sale: *precios de ~* sale prices **3** (*pago*) settlement **4** (*resultado*): *un accidente con un ~ de 100 muertos* an accident which caused the death of 100 people
LOC **saldo positivo/negativo** credit/debit balance

salero *nm* **1** (*para la sal*) salt cellar **2** (*gracia*): *Baila con mucho ~.* She dances very gracefully.

saleroso, -a *adj* **1** (*divertido*) amusing **2** (*con encanto*) charming **3** (*con animación*) lively

salida *nf* **1** (*acción de salir*) way out (**of** *sth*): *a la ~ del trabajo/cine* on the way out of work/the cinema **2** (*puerta*) exit: *¿Dónde está la ~?* Where is the exit? ◊ *~ de emergencia* emergency exit **3** (*avión, tren*) departure: *~s nacionales/internacionales* domestic/international departures ◊ *el tablero de ~s* the departures board ◊ *El tren tiene su ~ a las diez.* The train leaves at ten. **4** (*excursión*) trip (*coloq*), excursion **5** (*Dep*) start **6** (*carrera universitaria*) job opportunity: *una carrera que ofrece muchas ~s* a degree offering good job opportunities **7 ~** **(a)** (*solución*) solution (**to** *sth*): *la ~ a la crisis* the solution to the crisis **8** (*ocurrencia*) remark **9** (*respiradero*) vent **10 ~** **(a)** (*fig*) outlet (**for** *sth*): *una ~ a sus frustraciones* an outlet for his frustration
LOC **dar la salida** to give the signal to start: *El juez dio la ~.* The starter gave the signal. **dar salida a 1** (*desahogar*) to give vent to *sth*: *dar ~ a las frustraciones* to give vent to your frustration **2** (*vender*) to sell **salida de divisas** outflow of currency **salida del sol** sunrise **salida nula** false start **tener salida a 1** (*puerta*) to open onto ...: *Tiene ~ a una calle trasera.* It opens onto a back street. **2** (*calle*) to come out on/ into ...: *Esta calle tiene ~ a la plaza.* This street comes out on the square. **3** (*Geog*) to have an outlet to ...: *No tiene ~ al mar.* It has no outlet to the sea. *Ver tb* CALLEJÓN, CAMINO, CONDUCTO, JUEZ, PARRILLA, PISTOLETAZO, REGISTRO, SEÑAL

salido, -a *pp, adj* **1** (*ojos*) bulging **2** (*frente, barbilla*) prominent *Ver tb* SALIR **LOC** *Ver* CUENTA

saliente *nm* (*Arquit*) projection

salina *nf* **1** (*mina*) salt mine **2** (*laguna*) salt pan

salinidad *nf* salinity

salino, -a *adj* saline

salir *vi* **1** (*marcharse, partir*) to leave: *El avión sale a las 10.30.* The plane leaves at 10.30. ◊ *Salió de la reunión con mucha prisa.* She left the meeting in a hurry. ◊ *Nuestro avión sale de Gatwick.* Our plane leaves from Gatwick. ◊ *Mañana salgo para Nueva York.* I'm leaving for New York tomorrow. **2** (*ir fuera*) **(a)** (*acercándose al hablante*) to come out: *No quería ~ del lavabo.* He wouldn't come out of the toilet. ◊ *¡Sal de ahí!* Come out of there! **(b)** (*alejándose del hablante*) to go out: *Salí a ver qué pasaba.* I went out to see what was going on. ◊ *¿Salimos al jardín?* Shall we go out into the garden? **3 ~ a** (*desembocar*) to come out **on** ...: *una callejuela que sale a la avenida* an alley that comes out on the avenue **4** (*alternar*) to go out: *Anoche salimos a cenar.* We went out for a meal last night. ◊ *No me apetece ~ esta noche.* I don't feel like going out tonight. ◊ *Sale con un estudiante.* She's going out with a student. **5** (*emitirse*) to be broadcast, to go out (*más coloq*): *La entrevista sale en antena mañana.* The interview is being broadcast tomorrow. **6** (*aparecer*) **(a)** (*producto, flor*) to come out: *La revista saldrá en abril.* The magazine comes out in April. ◊ *El elepé saldrá en otoño.* The album is coming out in the autumn. **(b)** (*noticia, grupo musical*) to appear: *La noticia ha salido en todos los periódicos.* The news appeared in all the papers. **7** (*suciedad*) to come out: *Esta mancha no sale.* This stain won't come out. **8** (*sol*): *El sol sale por el este.* The sun rises in the east. ◊ *Desaparecieron las nubes y salió el sol.* The clouds vanished and the sun came out. **9** (*dientes*) to cut: *Creo que le están saliendo los dientes.* I think he's cutting his teeth. **10 ~ de** (*superar*): *Todavía no ha salido del coma.* He still hasn't come out of his coma. ◊ *~ de una operación* to come through an operation **11 ~ de** (*de un estado*) to get over *sth*: *No podía ~ de mi asombro.* I couldn't get over my astonishment. **12 ~ de** (*proceder*) to come **from** *sth*: *El papel sale de la madera.* Paper comes from wood. **13** (*chichón, morado*) to come up **14** (*puesto, ocasión*) to come up: *Han salido varias plazas.* A number of vacancies have come up. **15** (*aparecer*) to turn up: *Si me sale un comprador vendo el coche.* If a buyer turns up, I'll sell the car. ◊ *No le sale novia.* He can't find a girlfriend. **16** (*resultar*) to turn out: *¿Cómo te salió la receta?* How did the recipe turn out? ◊ *Todo nos salió bien/mal.* Everything went well/wrong. **17 ~ a** (*parecerse*) to take after *sb* **18** (*Mat*) **(a)** (*cantidad*): *A mí me sale 18.* I make it 18. **(b)** (*resolver*): *No me sale esta suma.* I can't make this sum come out. ◊ *No me salen las cuentas.* I can't get the figures to add up. **19 ~ a/por** (*costar*) to work out **at** *sth*: *La moqueta sale a 6.000 pesetas el metro.* The carpet works out at 6 000 pesetas a metre. **20** (*en sorteo*) to come up: *Salió el 3.* Number 3 came up. **21 ~ de** (*Informát*) to exit *sth* [*vt*]
■ **salirse** *v pron* **salirse (de) 1** (*irse*) to leave: *Se salió de la reunión.* He left the meeting. **2** (*escaparse*) to get out (**of** *sth*): *El canario se salió de la jaula.* The canary got out of the cage. **3** (*gas, líquido*) **(a)** (*por un orificio o grieta*) to leak (**from** *sth*): *Creo que se sale el gas.* I think there's a gas leak. **(b)** (*por exceso de líquido*) to overflow: *Cierra el grifo o se saldrá todo el agua de la bañera.* Turn the tap off or the bath will overflow. **(c)** (*al hervir*) to boil over: *Ten cuidado no se salga la leche.* Don't let the milk boil over. **4** (*desprenderse*) to come off: *Se salió la rueda del coche* The wheel came off the car. ◊ *El coche se salió de la carretera.* The car came off the road. ◊ *Se salió el tapón de la bañera* The plug came out of the bath.
LOC **salir con ...**: *¡Sales con cada cosa!* The things you come out with! ◊ *Ahora me sale con que no quiere estudiar.* Now he says he doesn't want to study! **salirse con la suya** to get your own way: *Me salí con la mía.* I got my own way. **salir perdiendo** to lose out
☛ Para otras expresiones con **salir**, véanse las entradas del sustantivo, adjetivo, etc, p. ej. **ir/salir de copas** en COPA y **salir rana** en RANA.

saliva *nf* saliva **LOC** *Ver* AHORRAR, GASTAR
salmo *nm* psalm
salmón *nm* salmon [*pl* salmon]
■ **salmón** *nm* (*color*) salmon (pink) ☛ *Ver ejemplos en* AMARILLO
salmonella *nf* salmonella
salmonete *nm* red mullet [*pl* red mullet]
salmuera *nf* brine
Salomón *nm* (*país*) (the) Solomon Islands
salón *nm* **1** (*de una casa*) sitting room, drawing room (*formal*) ☛ *Ver nota en* RECEPTION ROOM **2** (*de un hotel*) lounge **3** (*exposición*) exhibition (*formal*), show: *el ~ del automóvil* the motor show
LOC **salón de actos 1** (*gen*) conference room: *el ~ de actos de la empresa* the company's conference room **2** (*en un edificio público, en una universidad*) main hall **salón de baile** ballroom **salón de belleza** beauty salon **salón de peluquería** hairdressing salon **salón de té** tearoom *Ver tb* JUEGO
salpicadero *nm* dashboard ☛ *Ver ilustración en* CAR
salpicadura *nf* splash
salpicar *vt* **1** (*gen*) to splash *sth/sb* (***with sth***): *Un coche me salpicó los pantalones.* A car splashed my trousers. **2** (*discurso, conversación*) to sprinkle *sth* ***with sth***: *Salpica sus charlas de anécdotas graciosas.* His talks are sprinkled with amusing anecdotes. **3** (*perjudicar*) to damage: *Sus críticas han salpicado a todos.* His criticism has damaged them all.
■ **salpicar** *vi* to splash
salpicón *nm* **1** (*acción de salpicar*) splash **2** (*Cocina*): *~ de marisco* seafood cocktail
salpimentar *vt* to season *sth* (with salt and pepper)
salpullido *nm Ver* SARPULLIDO
salsa *nf* **1** (*Cocina*) **(a)** (*gen*) sauce: *~ de tomate* tomato sauce **(b)** (*de jugo de carne*) gravy **2** (*Mús*) salsa **3** (*fig*) spice: *la ~ de la vida* the spice of life
LOC **estar algn en su (propia) salsa** to be in your element **salsa agridulce** sweet-and-sour sauce **salsa verde** parsley sauce
salsera *nf* **1** (*gen*) sauce-boat **2** (*para salsa de carne*) gravy boat
saltador, ~a *nm-nf* jumper
■ **saltador** *nm* skipping rope
LOC **saltador de altura/longitud** high/long jumper **saltador de pértiga** pole-vaulter
saltamontes *nm* grasshopper
saltar *vi* **1** (*gen*) to jump: *Salté de la silla cuando oí el timbre.* I jumped up from my chair when I heard the bell. ◊ *Saltaron al agua/por la ventana.* They jumped into the water/out of the window. ◊ *Salté de la cama.* I jumped out of bed. ◊ *Saltas continuamente de un tema a otro.* You keep jumping from one subject to another. ◊ *~ sobre algn* to jump on sb ◊ *~ de alegría* to jump for joy **2** (*salir disparado*) **(a)** (*líquido, tapón*) to shoot out: *El corcho saltó de la botella.* The cork shot out of the bottle. **(b)** (*botón*) to come off **(c)** (*astilla, chispa*) to fly: *Saltó una chispa de la hoguera.* A spark flew out of the fire. **3** (*salpicar*) to spit: *No eches agua al aceite porque salta.* Don't pour water into the oil–it makes it spit. **4** (*plomos*) to blow **5** (*enfadarse*) to lose your temper: *Salta por cualquier cosa.* She flies off the handle at the slightest thing.
■ **saltar** *vt* to jump (over) *sth*: *El caballo saltó la valla* The horse jumped the fence. ◊ *Saltamos el charco.* We jumped over the puddle.
■ **saltarse** *v pron* **1** (*omitir*) to skip (*coloq*), to miss *sth* out: *Te has saltado varios nombres.* You've missed out several names. ◊ *~se una comida* to skip a meal **2** (*cola, semáforo*) to jump: *Se saltó un semáforo.* She jumped the lights.
LOC **estar a la que salta** to have an eye for the main chance **hacer saltar 1** (*cosa*) to blow *sth* up: *Hicieron ~ el puente.* They blew up the bridge. **2** (*persona*) to make *sb* see red **saltar al abordaje** to board a ship **saltar a la calle** to become common knowledge **saltar a la cancha/pista** to come out on court/onto the track **saltar a la vista** to be obvious **saltar con algo** to come out with sth. **saltar con paracaídas** to make a parachute jump **saltar en pedazos** to be blown to bits/pieces: *En el atentado terrorista el coche del general saltó en pedazos.* In the terrorist attack the general's car was blown to pieces. **saltar la liebre**: *Donde menos se piensa salta la liebre.* Things happen when you least expect them. **saltarse algo a la torera** to disregard sth: *Se salta los acuerdos a la torera.* He totally disregards the agreements. **saltarse las reglas** to flout the rules **saltársele a algn las lágrimas**: *Se me saltaron las ~s.* Tears came to my eyes. ◊ *La escena hizo que se me saltasen las ~s.* The scene brought tears to my eyes/moved me to tears. **saltarse un control** to drive through a check point *Ver tb* AIRE, ALARMA, COMBA, PALESTRA
saltarín, -ina *adj* (*fig*) restless
■ **saltarín, -ina** *nm-nf*: *ser un ~* to be always on the go
salteado, -a *adj* (*Cocina*) sauté: *patatas salteadas* sauté potatoes *Ver tb* SALTEAR
salteador *nm* highwayman [*pl* highwaymen]
saltear *vt* (*Cocina*) to sauté
saltimbanqui *nm* acrobat
salto *nm* **1** (*gen*) jump: *Su mejor ~ no superó 1,30 m.* His best jump didn't exceed 1.30 m. **2** (*pájaro, conejo, canguro*) hop **3** (*de trampolín*) dive **4** (*salto vigoroso, progreso*) leap: *un ~ cualitativo de gran importancia* a great leap forward **5** (*discontinuidad*) gap: *un ~ de cinco líneas* a gap of five lines **6** (*cascada*) waterfall
LOC **a salto de mata 1** (*sin orden*) without any previous thought: *Da las clases a ~ de mata.* He never prepares his lessons. **2** (*vivir*) from hand to mouth **dar/pegar un salto** to (give a) jump **dar saltos 1** (*gen*) to jump: *Los niños daban ~s de alegría.* The children jumped for joy. **2** (*brincos*) to hop: *El conejo se escapó dando ~s.* The rabbit hopped away to safety. **3** (*corazón*) to pound **dar un salto atrás** to jump back **de un salto**: *De un ~ pasó de asistente a director.* He shot straight from assistant to director. ◊ *Atravesé el arroyo de un ~.* I jumped over the stream. **salto atrás** (*retroceso*) setback **salto con pértiga** pole vault **salto de altura/longitud** high/long jump **salto de cama** negligé **salto del ángel** swallow dive **salto mortal** somersault *Ver tb* BAJAR, LEVANTAR
saltón, -ona *adj* (*ojos*) bulging
salubre *adj* healthy
LOC **poco salubre** unhealthy
salud *nf* health: *peligroso para la ~* dangerous to health ◊ *la ~ de la economía* the health of the economy
LOC **¡a la salud de…!** (here's) to…!: *¡A la ~ de los novios!* The bride and groom! **¡a tu/su salud!** (your very) good health! **estar bien/mal de salud** to be in good/poor health **¡por la salud de mis hijos!** I swear to God! **¡salud!** cheers! **salud espiritual** spiritual well-being **tener salud** to be in good health *Ver tb* BEBER (SE), CASA, CURAR, ESTADO, HIERRO, REBOSANTE, REBOSAR
saludable *adj* **1** (*sano*) healthy **2** (*fig*) salutary: *una experiencia ~* a salutary experience
saludar *vt* **1** (*gen*) to greet *sb*, to say hello ***to sb*** (*más coloq*) **2** (*con gesto, mirada*) to acknowledge: *Si la veo por la calle no me saluda.* If I see her in the street she doesn't acknowledge me. **3** (*con reverencia*) to bow ***to sb*** ☛ *Ver nota en* CURTSY **4** (*Mil*) to salute
LOC **le saluda atentamente** Yours faithfully…, Yours sincerely… ☛ *Ver nota en* ATENTAMENTE; *Ver tb págs 594–7* **le saluda cordialmente** yours sincerely ☛ *Ver págs 594–7* **salúdale de mi parte** give him my regards **saludar (al público)** to take a bow **saludar con la mano** to wave (*to sb*) **saludar con el sombrero** to raise your hat *to sb*
saludo *nm* **1** (*gen*) greeting **2** (*reverencia*) bow **3** (*Pol, Mil*) salute: *el ~ nazi* the Nazi salute ◊ *~ de puño en alto* clenched fist salute **4 saludos** regards, best wishes (*más coloq*): *Te mandan ~s.* They send their best wishes.

LOC **un atento/respetuoso saludo** yours faithfully... ☛ *Ver nota en* ATENTAMENTE *Ver tb* CORDIAL, NEGAR, RECIBIR, RETIRAR

salva *nf* salvo: *una ~ de doce cañonazos* a twelve-gun salute
LOC **salva de aplausos** burst of applause

salvación *nf* salvation: *Eso sería nuestra ~.* It would be our salvation.
LOC **no tiene salvación** there's no hope *for him, her, etc Ver tb* TABLA

salvado *nm* bran

salvador, ~a *nm-nf* saviour

salvadoreño, -a *adj, nm-nf* Salvadorean

salvaguardar *vt* to safeguard

salvaguardia (*tb* **salvaguarda**) *nf* safeguard

salvajada *nf* outrage
LOC **hacer una salvajada** to commit an outrage

salvaje *adj* **1** (*gen*) wild: *animales ~s* wild animals **2** (*cruel, feroz*) brutal: *un asesinato ~* a brutal murder **3** (*pueblo, tribu*) native
■ **salvaje** *nmf* **1** (*primitivo*) native **2** (*gamberro*) hooligan LOC *Ver* HUELGA, SEDA

salvajismo *nm* savagery

salvamanteles *nm* tablemat

salvamento *nm* rescue LOC *Ver* SERVICIO

salvar *vt* **1** (*gen*) to save: *Los bomberos le salvaron la vida.* The firemen saved his life. ◊ *lo poco que salvamos del incendio* the little we managed to save from the fire **2** (*obstáculo*) **(a)** (*atravesar*) to cross: *~ un río/una barrera* to cross a river/a barrier **(b)** (*saltar*) to jump **over *sth***: *~ vallas* to jump over fences **3** (*superar*) to overcome: *~ dificultades/peligros* to overcome difficulties/danger **4** (*compensar*): *Su simpatía lo salva todo.* Her friendliness makes up for everything. ◊ *Es bastante feo, lo único que le salva son sus ojos.* He's quite ugly–his eyes are his one redeeming feature.
■ **salvarse** *v pron* **1** (*sobrevivir*) to survive: *Se salvaron de puro milagro.* It was a miracle that they survived. **2 salvarse (de)** (*escapar*) to escape **(from *sth*)**: *Me salvé de la casa en llamas.* I escaped from the burning house. **3** (*fig*): *Todos en la oficina son muy antipáticos, Juan es el único que se salva.* They're all really unfriendly at the office–Juan is the only exception.
LOC **salvando...**: *Salvando dos o tres, los demás eran todos muy caros.* With a few exceptions, they were all very expensive. **salvando las distancias** (while) recognizing that the cases are not exactly alike **salvar el pellejo** to save your skin **salvarse de la quema** to escape **¡sálvese quien pueda!** every man for himself!

salvavidas *nm* lifebelt
■ **salvavidas** *adj* LOC *Ver* BOTE[1], CHALECO, LANCHA

salvedad *nf* **1** (*condición*) proviso: *con la ~ de que...* with the proviso that... **2** (*excepción*) exception: *No podemos hacer ~es.* We cannot make any exceptions. **3** (*reserva*) reservation: *Aceptó nuestro plan sin ~es.* He accepted our plan without reservation.

salvia *nf* sage

salvo *prep* except: *Todos vinieron salvo él.* Everybody came except him.
LOC **salvo que...** unless...: *salvo que me digas lo contrario* unless you say otherwise

salvo, -a *adj*: *Junto a ella se sentía a ~.* He felt safe with her. ◊ *Pusieron las joyas a ~.* They put the jewellery in a safe place. ◊ *ponerse a ~* to reach safety
LOC **salva sea la parte** backside: *Me dieron ganas de darle una patada en salva sea la parte.* I felt like giving him a kick up the backside. *Ver tb* SANO

salvoconducto *nm* safe conduct

samba *nf* samba

sambenito *nm*
LOC **colgar/poner el sambenito de...** to label *sb* sth: *Le han colgado el ~ de cobarde.* She's been labelled a coward.

Samoa Occidental *nf* Western Samoa

San *adj* Saint (*abrev* St) LOC *Ver* ARMAR, COCHE

sanar *vi* **1** (*enfermo*) to recover **2** (*herida*) to heal

sanatorio *nm* nursing home

san bernardo *nm* LOC *Ver* PERRO

sanción *nf* **1** (*castigo*) sanction: *sanciones económicas* economic sanctions **2** (*multa*) fine: *El juez le impuso una ~ de 20.000 pesetas.* The judge fined him 20 000 pesetas. **3** (*aprobación*) approval: *Necesitamos la ~ del autor.* We need the author's approval. ◊ *El monarca dio su ~ a la ley.* The King gave the bill the Royal Assent.

sancionable *adj* punishable

sancionar *vt* **1** (*penalizar*) to penalize **2** (*económicamente, políticamente*) to apply sanctions **against *sb*** **3** (*aprobar*) to sanction

San Cristóbal y Nieves *nm* St Kitts and Nevis

sandalia *nf* sandal

sandez *nf* silly thing: *Fue una ~ confiar en él.* It was silly to trust him.
LOC **decir sandeces** to talk rubbish

sandía *nf* watermelon

sandwich *nm* **1** (*frío*) sandwich **2** (*tostado*) toasted sandwich: *un ~ mixto* a toasted ham and cheese sandwich

saneamiento *nm* **1** (*gen*) cleaning: *El ayuntamiento se compromete a mejorar el ~ de las calles.* The Council has promised to clean up the streets. **2** (*de aguas*) purification **3** (*reorganización*) restructuring: *un plan de ~* a restructuring plan

sanear *vt* **1** (*limpiar*) **(a)** (*gen*) to clean *sth* up: *Procedieron a ~ el local.* They cleaned up the premises. ◊ *~ la administración* to clean up the administration **(b)** (*aguas*) to purify **2** (*reorganizar*) to restructure: *~ la economía* to restructure the economy

sangrante *adj* bleeding

sangrar *vi* to bleed
■ **sangrar** *vt* **1** (*tubería*) to bleed **2** (*árbol*) to tap **3** (*párrafo, renglón*) to indent **4** (*aprovecharse*) to bleed *sb* dry: *Se dedicó a ~le a toda su familia.* He bled his whole family dry.
LOC **sangrarle a algn la nariz** to have a nosebleed

sangre *nf* blood: *donar ~* to give blood ◊ *hacerse un análisis de ~* to have a blood test
LOC **a sangre fría** in cold blood: *matar a algn a ~ fría* to kill sb in cold blood **de sangre caliente 1** (*Zool*) warm-blooded **2** (*persona*) hot-blooded **de sangre fría** cold-blooded **echar sangre (por...)** to bleed (from...): *Echaba ~ por la nariz.* He was bleeding from the nose. **hacer correr (la) sangre** to spill blood: *una revolución que hizo correr mucha ~* a revolution in which a great deal of blood was spilt **hacerle sangre a algn** to make sb bleed: *Le pegó hasta hacerle ~.* He hit him until he bled. **hacerse sangre** to cut sth/yourself: *Me caí y me hice ~ en la rodilla.* I fell and cut my knee. **la sangre no llegará al río** it's not the end of the world **llevar algo en la sangre** to be in your blood: *Es una gran bailarina, lo lleva en la ~.* She's a great dancer, it's in her blood. **no tener sangre en las venas** to be a cold fish **sangre fría 1** (*serenidad*) cool-headedness **2** (*crueldad*) cold-bloodedness **sangre, sudor y lágrimas** blood, sweat and tears **tener mala sangre** to be evil-minded **tener sangre azul** to be blue-blooded **tener sangre de horchata** to be a cold fish **tener sangre fría 1** (*serenidad*) to keep your cool: *Tuvo mucha ~ fría.* He really kept his cool. **2** (*crueldad*) to be cold-blooded *Ver tb* ANÁLISIS, BAÑO, CALENTAR, CHARCO, CHUPAR, DERRAMAMIENTO, DERRAME, ENCENDER, HELAR, HERVIR, MANO, REQUEMAR, REVOLVER, SUDAR, VÍNCULO, VOMITAR, VÓMITO

sangría *nf* **1** (*bebida*) sangría **2** (*de dinero*) outflow: *una ~ de capital* an outflow of currency

sangriento, -a *adj* **1** (*lucha*) bloody **2** (*herida*) bleeding

sanguijuela *nf* (*lit* y *fig*) leech

sanguinario, -a *adj* bloodthirsty

sanguíneo, -a *adj* blood [*n atrib*]: *grupo ~* blood group LOC *Ver* PRESIÓN, RIEGO, TORRENTE

sanguinolento, -a *adj* **1** (*que sangra*) bleeding

2 (*manchado*) bloodstained **3** (*ojos*) bloodshot **4** (*carne*) rare

sanidad *nf* **1** (*pública*) public health **2** (*higiene*) sanitation

sanitario, -a *adj* **1** (*de salud*) health [*n atrib*]: *medidas sanitarias* health measures **2** (*de higiene*) sanitary: *condiciones sanitarias muy deficientes* poor sanitary conditions

■ **sanitario, -a** *nm-nf* (*persona*) health worker

■ **sanitario** *nm* **1** (*inodoro*) toilet **2 sanitarios** bathroom fittings **LOC** *Ver* ALERTA, ASISTENCIA, AUXILIAR[2], AYUDANTE, CENTRO, CIUDAD, RESIDENCIA

San Marino *nm* San Marino

San Martín *n pr* **LOC** *Ver* VERANILLO

sano, -a *adj* **1** (*gen*) healthy: *llevar una vida sana* to lead a healthy life ◊ *un ambiente* ~ a healthy atmosphere **2** (*en forma*) fit **3** (*madera, doctrina, ideas*) sound **4** (*sin romper*) intact: *No queda ni un vaso* ~. There's not a single glass left intact.

LOC no estar en su sano juicio not to be in your right mind **sano de cuerpo y alma** sound in mind and body **sano y salvo** safe and sound *Ver tb* CORTAR, ENVIDIA

sánscrito, -a *adj* Sanskrit

■ **sánscrito** *nm* Sanskrit

sanseacabó

LOC ¡y sanseacabó! and that's final!

sansón *nm*

LOC ser un sansón to be as strong as an ox

Santa Lucía *nf* (*país*) St Lucia

Santiago *nm* **LOC** *Ver* CAMINO

santiamén

LOC en un santiamén in no time at all

santidad *nf* **1** (*persona*) saintliness **2** (*lugar, cosa*) holiness

LOC Su Santidad His Holiness

santificación *nf* **1** (*objeto*) sanctification **2** (*persona*) canonization: *la* ~ *de los apóstoles* the canonization of the Apostles

santificar *vt* **1** (*hacer santo*) to bless **2** (*festividad religiosa*) to keep *sth* as a holy day

santiguarse *v pron* to cross yourself

santísimo, -a *adj* (most) holy

■ **Santísimo** *nm* Holy Eucharist

LOC Santísima Trinidad Holy Trinity **Santísimo Sacramento** Holy Sacrament *Ver tb* VIRGEN

santo, -a *adj* **1** (*Relig*) holy: *la Santa Biblia* the Holy Bible **2** (*bueno*) saintly: *llevar una vida santa* to lead a saintly life **3** (*enfático*): *No salimos de casa en todo el* ~ *día.* We didn't go out of the house all day.

■ **santo, -a** *nm-nf* **1** (*gen*) saint: *Esa mujer es una santa.* That woman is a saint. **2** (*título*) Saint (*abrev* St)

■ **santo** *nm* saint's day

> En Gran Bretaña no se celebra el día del santo, solo celebran el cumpleaños.

LOC ¿a qué santo/a santo de qué? why on earth? **hacer mi santa voluntad** to do exactly as I, you, etc please: *Ha estado acostumbrada a hacer su santa voluntad.* She's been used to doing just as she pleases. **no ser santo de la devoción de algn** not to be sb's favourite person: *Tu primo no es* ~ *de mi devoción.* Your cousin is not exactly my favourite person. **¡por todos los santos!** for goodness sake! **Santa Sede** Holy See **Santa Virgen** Blessed Virgin **Santo Grial** Holy Grail **santo matrimonio** holy matrimony **Santo Oficio** Holy Office **Santo Padre** Holy Father **Santo Sepulcro** Holy Sepulchre **Santo Sudario** Holy Shroud **santo y seña** password **se me ha ido el santo al cielo** I completely forgot **ser un santo varón** to be a saint **Todos los Santos** All Saints' Day **¡y santas pascuas!** and that's that! *Ver tb* DEVOTO, DÍA, DIOS, ESPÍRITU, JUEVES, MADERA, MANO, OBRA, SEMANA, TIERRA, VESTIR, VIERNES

Santo Tomé y Príncipe *nm* Sao Tomé and Principe

santuario *nm* **1** (*Relig*) shrine **2** (*fig*) sanctuary

santurrón, -ona *adj, nm-nf* sanctimonious [*adj*]

San Vicente y Granadinas *nm* St Vincent and the Grenadines

San Vito *n pr* **LOC** *Ver* BAILE

saña *nf*

LOC con saña 1 (*con crueldad*) cruelly: *Le golpearon con* ~. He was cruelly beaten. **2** (*con furia*) furiously

sapo *nm* toad

LOC echar sapos y culebras to rant and rave

saque *nm* **1** (*al principio de un partido de Fútbol*) kick-off **2** (*Tenis*) service

LOC saque de banda throw-in **saque de castigo** penalty kick **saque de esquina** corner (kick) **saque de falta** free kick **saque de portería/puerta** goal-kick **tener buen saque** (*comer mucho*) to be a big eater

saqueador, ~a *nm-nf* looter

saquear *vt* **1** (*Mil*) to sack **2** (*oficina, archivos*) to ransack **3** (*tienda*) to loot **4** (*despensa*) to raid: *Me saquearon la nevera.* They raided my fridge.

saqueo *nm* **1** (*Mil*) plundering **2** (*archivo, oficina*) ransacking **3** (*tienda*) looting **4** (*despensa*) raiding

sarampión *nm* measles [*v sing*]

LOC pasar el sarampión to have measles

sarcasmo *nm* sarcasm

LOC con sarcasmo sarcastically

sarcástico, -a *adj* sarcastic

sarcófago *nm* sarcophagus [*pl* sarcophagi]

sardina *nf* sardine

LOC estar como sardinas en lata to be packed like sardines

sargento *nmf* **1** (*gen*) sergeant **2** (*dominante, mandón*) bossy person **LOC** *Ver* CARA

sari *nm* sari

sarmiento *nm* vine shoot

sarna *nf* **1** (*Med*) scabies [*incontable*] **2** (*Zool*) mange

sarnoso, -a *adj* mangy

sarpullido *nm* rash

sarraceno, -a *adj, nm-nf* Saracen

sarro *nm* **1** (*dientes*) tartar **2** (*recipiente*) scale **3** (*lengua*) fur

sarta *nf* string: *una* ~ *de cebollas/perlas* string of onions/pearls

LOC una sarta de disparates/tonterías a load of rubbish **una sarta de embustes/mentiras** a pack of lies

sartén *nf* frying pan ☛ *Ver ilustración en* OLLA

LOC tener la sartén por el mango to have the upper hand

sastre, -a *nm-nf* tailor **LOC** *Ver* CAJÓN, TRAJE

sastrería *nf* **1** (*oficio*) tailoring **2** (*taller, tienda*) tailor's [*pl* tailors] ☛ *Ver nota y ejemplos en* CARNICERÍA

Satán (*tb* **Satanás**) *n pr* Satan

satánico, -a *adj* satanic

satélite *nm* satellite: *países* ~*s* satellite countries ◊ *por/vía* ~ by satellite ◊ *una conexión vía* ~ a satellite link

LOC satélite de comunicaciones communications satellite **satélite meteorológico** weather satellite *Ver tb* CIUDAD, TELEVISIÓN

satén *nm* satin

satinado, -a *pp, adj* satin-finish

■ **satinado** *nm* satin finish

sátira *nf* satire

satírico, -a *adj* satirical

satirizar *vt* to satirize

sátiro *nm* satyr

satisfacción *nf* satisfaction **LOC** *Ver* CABER

satisfacer *vt* **1** (*gen*) to satisfy: ~ *el hambre/la curiosidad* to satisfy your hunger/curiosity **2** (*sed*) to quench **3** (*ambición, sueño*) to fulfill **4** (*deuda*) to settle

■ **satisfacer** *vi* **1** (*gen*) to satisfy: *Nada le satisface.* He's never satisfied. **2** (*complacer*) to please: *Me satisface poder hacerlo.* I'm pleased to be able to do it.

satisfactorio, -a *adj* satisfactory

satisfecho, -a *pp, adj* **1** (*gen*) satisfied (***with sth***): *un cliente* ~ a satisfied customer ◊ *Se declaró* ~ *del* *progreso realizado.* He declared himself satisfied with the progress that had been made. ☛ *Ver nota en* GLAD **2** (*complacido*) pleased (***with sth***): *Estoy muy satisfecha del rendimiento de mis alumnos.* I'm very pleased with the way my pupils are working. *Ver tb* SATISFACER

LOC darse por satisfecho to be happy *with sth*: *Me daría por ~ con un aprobado.* I'd be happy with a pass. **dejar satisfecho a algn** to satisfy sb: *Dejó ~ al público.* It satisfied the audience. **no satisfecho con**: *No ~ con insultarme me dio un golpe* Not satisfied with insulting me, he had to hit me as well. **quedar satisfecho** to be satisfied **satisfecho de sí mismo** self-satisfied

saturación *nf* saturation

saturar *vt* **1** (*gen*) to saturate *sth* (***with sth***) **2** (*mercado*) to flood **3** (*persona, linea, servicio*) to overload: *La peluquera está saturada de trabajo.* The hairdresser is overloaded with work.

saturnismo *nm* lead-poisoning

Saturno *nm* Saturn

sauce *nm* willow

LOC sauce llorón weeping willow

saúco *nm* elder

sauna *nf* sauna

savia *nf* **1** (*Bot*) sap **2** (*fig*) blood: *nueva ~ para el equipo* new blood for the team

saxo *nm* **1** (*instrumento*) sax **2** (*persona*) saxophonist

saxofón (*tb* **saxófono**) *nm* **1** (*instrumento*) saxophone **2** (*persona*) saxophonist

saxofonista *nmf* saxophonist

sayo *nm* smock **LOC** *Ver* CAPA

sazón *nf* **1** (*condimento*) seasoning **2** (*madurez*) ripeness

LOC estar en sazón to be ripe: *cuando la fruta está en ~* when the fruit is ripe

sazonar *vt* to season

se *pron pers*

• **reflexivo 1** (*él, ella, ello*) himself, herself, itself: *Se hizo daño.* She hurt herself. ◊ *Se conoce muy bien.* He knows himself very well. ◊ *El gato se lamía.* The cat was licking itself. ◊ *Se ha comprado un descapotable.* He's bought himself a convertible. ◊ *Se ha comprado un CD.* She's bought a CD. **2** (*usted, ustedes*) yourself [*pl* yourselves]: *Sírvanse por favor.* Please help yourselves. **3** (*ellos, ellas*) themselves **4** (*partes del cuerpo, efectos personales*): *Se lavó las manos.* He washed his hands. ◊ *Se secó el pelo.* She dried her hair.

• **recíproco** each other: *Se quieren.* They love each other. ☛ *Ver nota en* EACH OTHER

• **pasivo**: *Se construyó hace años.* It was built a long time ago. ◊ *Se registraron tres muertos.* Three deaths were recorded. ◊ *Se dice que están arruinados.* They are said to be broke. ◊ *No se admiten tarjetas de crédito.* No credit cards. ◊ *Se prohíbe fumar.* No smoking.

• **impersonal**: *Se vive bien aquí.* Life here is terrific. ◊ *Se les recompensará.* They'll get their reward.

• **en lugar de le, les** him, her, you, them: *Se lo di.* I gave it to him. ◊ *Se lo llevé.* I took it for/to him. ◊ *Se lo robamos.* We stole it from him.

sebáceo, -a *adj* sebaceous: *un quiste ~* a sebaceous cyst

sebo *nm* **1** (*para velas, jabón*) tallow **2** (*Cocina*) suet **3** (*gordura*) fat

secado *nm* drying

secador *nm* hairdryer

secadora *nf* tumble-dryer

secano *nm* unirrigated land

LOC de secano unirrigated

secante[1] *adj* drying **LOC** *Ver* PAPEL

secante[2] *adj, nf* (*Geom*) secant: *recta ~* secant line

secar *vt* **1** (*gen*) to dry: *¿Me secas el pelo?* Can you dry my hair? ◊ *El jabón te seca la piel.* Soap dries your skin. **2** (*líquido derramado*) to mop *sth* up

■ **secar** *vi* to dry: *Pon las sábanas a ~.* Hang the sheets out to dry.

■ **secarse** *v pron* **1** (*gen*) to dry: *Se secó las lágrimas.* He dried his tears. ◊ *La pintura ya se ha secado.* The paint's dry now. **2** (*planta, río, estanque, tierra, herida*) to dry up

LOC poner algo a secar 1 (*dentro de casa*) to hang sth up to dry **2** (*afuera*) to hang sth out to dry **secar los platos** to dry up **secarse el sudor de la frente** to mop your brow

sección *nf* **1** (*gen, Arquit, Mat*) section **2** (*empresa*) division: *nuestra ~ de ventas* our sales division **3** (*tienda*) department: *~ de caballeros* menswear department **4** (*periódico, revista*) pages [*v pl*]: *la ~ deportiva* the sports pages

LOC sección transversal cross-section: *una ~ transversal del hígado* a cross-section of the liver

seccionar *vt* **1** (*cortar*) to sever *sth* (***from sth***) **2** (*dividir*) to divide *sth* into sections

secesión *nf* **~ (de)** secession (**from** ***sth***)

secesionista *adj, nmf* secessionist

seco, -a *adj* **1** (*gen*) dry: *¿Está ~?* Is it dry? ◊ *un clima muy ~* a very dry climate **2** (*persona*) unfriendly: *Es un hombre muy ~.* He's a very unfriendly man. **3** (*muerto*) dead: *hojas ~s* dead leaves **4** (*frutos, flores*) dried: *higos ~s* dried figs **5** (*sonido, golpe*) sharp

LOC a secas just: *Me contestó que no, así a secas.* He just said 'no'. ◊ *Te pondré un café, no vas a tomar las galletas así, a secas.* You can't have the biscuits on their own – I'll make you a cup of coffee. ◊ *Llámame Juan, a secas, sin el "don".* Just call me Juan. **dejar seco** (*matar*) to bump *sb* off **estar seco** (*tener sed*) to be dying for a drink **frenar/parar en seco** to stop dead *Ver tb* CORTAR, DIQUE, FRUTO, LAVAR, LIMPIAR, LIMPIEZA, PALO

secreción *nf* secretion

secretaría *nf* **1** (*universidad, colegio*) admissions office **2** (*cargo*) secretariat: *la ~ de la ONU* the UN secretariat **3** (*oficina del secretario*) secretary's office

secretariado *nm* **1** (*plantilla*) secretariat **2** (*estudios*) secretarial studies [*incontable, v sing*]: *un curso de ~* a secretarial course

secretario, -a *nm-nf* secretary: *~ de prensa* press secretary

LOC secretario de Estado minister **secretario general 1** (*de un organismo*) general secretary **2** (*de la ONU*) Secretary General **3** (*de un ministerio*) Minister **secretario particular** private secretary

secretear *vi* to whisper

secreter *nm* writing desk

secreto, -a *adj* **1** (*gen*) secret: *un lugar ~* a secret place ◊ *transmisiones de radio secretas* secret radio broadcasts **2** (*persona*) secretive

■ **secreto** *nm* secret: *~ de estado* state secret ◊ *¿Me guardas un ~?* Can you keep a secret?

LOC en secreto secretly **guardar/mantener algo en secreto** to keep *sth* secret **secreto de confesión** secret of the confessional **secreto profesional/de fabricación** trade secret **un secreto a voces** an open secret *Ver tb* POLICÍA, VOTACIÓN, VOTO

secta *nf* sect

sectario, -a *adj* sectarian

sectarismo *nm* sectarianism

sector *nm* **1** (*industria*) sector: *el ~ ganadero/de la minería* the farming/mining sector **2** (*grupo de personas*) section: *un pequeño ~ de la población* a small section of the population

LOC el sector del automóvil the motor industry *Ver tb* DISTRIBUCIÓN

secuaz *nmf* (*seguidor*) follower

secuela *nf* **1** (*consecuencia*) consequence **2** (*de una enfermedad*) after-effect

secuencia *nf* sequence

secuestrador, ~a *nm-nf* **1** (*de una persona*) kidnapper **2** (*de un avión, barco, etc*) hijacker

secuestrar *vt* **1** (*persona*) to kidnap **2** (*avión*) to hijack

secuestro *nm* **1** (*persona*) kidnapping **2** (*avión*) hijacking

secular *adj* **1** (*laico*) secular **2** (*centenario*) centuries old

secularización *nf* secularization

secularizar *vt* to secularize

secundar *vt* to support: *Secundaron la huelga/moción.* They supported the strike/motion.

secundario, -a *adj* secondary **LOC** *Ver* ACTOR, CARRETERA, EDUCACIÓN, EFECTO, PAPEL

secuoya (*tb* **secoya**) *nf* sequoia

sed *nf* **~ (de)** thirst **(for *sth*)**: *su ~ de venganza* their thirst for revenge

LOC dar sed to make *sb* thirsty **tener sed** to be thirsty: *Tenían mucha ~.* They were very thirsty. *Ver tb* ENGAÑAR, MORIR(SE), MUERTO

seda *nf* silk: *una camisa de ~* a silk shirt

LOC estar como la/una seda to be as meek as a lamb **ir/funcionar como la seda** to go like a dream **seda salvaje** raw silk *Ver tb* DENTAL, GUSANO, MONO, PAPEL, RUTA

sedal *nm* fishing line

sedante *adj, nm* sedative: *Me tuvieron que dar un ~.* I had to have a sedative.

sede *nf* **1** (*organismo*) headquarters (*abrev* HQ) [*v sing o pl*] **2** (*gobierno*) seat **3** (*Juegos Olímpicos*) venue **4** (*Relig*) see

LOC sede social head office *Ver tb* DIPLOMÁTICO, SANTO

sedentario, -a *adj* sedentary

sedición *nf* sedition

sediento, -a *adj* **1** (*lit*) thirsty **2 ~ de** (*fig*) thirsty **for *sth***: *~s de justicia* thirsting for justice

sedimentar *vt* to deposit

■ **sedimentarse** *v pron* to settle

sedimento *nm* sediment

sedoso, -a *adj* silky

seducción *nf* seduction

seducir *vt* **1** (*sexualmente*) to seduce **2** (*atraer*) to appeal **to *sb***: *Me seducía la idea de ir a París.* The idea of going to Paris appealed to me.

seductor, ~a *adj* **1** (*sexualmente*) seductive **2** (*atractivo*) attractive

■ **seductor, ~a** *nm-nf* seducer

sefardí (*tb* **sefardita**) *adj* Sephardic

■ **sefardí** *nmf* Sephardic Jew

segador, ~a *nm-nf* **1** (*con guadaña*) reaper **2** (*con máquina*) harvester

segadora *nf* combine harvester

segar *vt* **1** (*mies*) to cut **2** (*hierba*) to mow **3** (*fig*) to destroy

seglar *adj* secular

■ **seglar** *nmf* layman/woman [*pl* laymen/women]

segmentar *vt* to segment

segmento *nm* segment **LOC** *Ver* DIAGRAMA

segregación *nf* **1** (*discriminación*) segregation: *la ~ racial* racial segregation **2** (*independencia*) separation **3** (*Biol*) secretion

segregacionista *adj, nmf* **1** (*que discrimina*) segregationist **2** (*separatista*) separatist

segregar *vt* **1** (*separar, discriminar*) to segregate *sth/sb* (**from *sth*/*sb***) **2** (*Biol*) to secrete

■ **segregarse** *v pron* **segregarse (de) 1** (*socialmente*) to be segregated (**from *sth*/*sb***) **2** (*independizarse*) to separate (**from *sth***)

seguida

LOC en seguida 1 (*inmediatamente*) at once, immediately (*más formal*): *¡Sal en ~!* Come out of there at once! **2** (*pronto*) right away: *En ~ estoy contigo.* I'll be with you right away. ◊ *En ~ termino.* I'll be finished in a moment.

seguidamente *adv* next

seguido, -a *pp, adj* in a row: *Lo hizo tres días ~s.* He did it three days in a row. ◊ *Pasaron tres ambulancias seguidas.* Three ambulances went by one after the other. *Ver tb* SEGUIR

■ **seguido** *adv* straight on: *Vaya todo ~ hasta llegar a la iglesia.* Keep straight on to the church. **LOC** *Ver* ACTO, RENGLÓN

seguidor, ~a *adj*: *los televidentes ~es del programa* viewers who follow the programme

■ **seguidor, ~a** *nm-nf* **1** (*hincha*) fan **2** (*Pol*) follower **3** (*discípulo*) disciple

seguimiento *nm* **1** (*gen*) follow-up: *el ~ de un proyecto/paciente* the follow-up of a project/patient **2** (*huelga, doctrina*) following

seguir *vt* **1** (*gen*) to follow: *~ un régimen/los consejos de algn* to follow a diet/sb's advice ◊ *~ las reglas* to follow the rules ◊ *El detective le siguió de cerca.* The detective followed him closely. ◊ *~ tu propio criterio* to use your own judgement **2** (*estudios*) to do: *Estoy siguiendo un curso de contabilidad.* I'm doing a course in accountancy.

■ **seguir** *vi* **1** (*proseguir, continuar*) to go on (***doing sth***): *Seguimos charlando hasta la una.* We went on chatting until one o'clock. ◊ *¿Seguimos?* Shall we go on? ◊ *No podemos ~ así.* We can't go on like this. ◊ *Siga todo derecho hasta el semáforo.* Keep straight on as far as the lights. ◊ *Sigue el mal tiempo en el norte.* The bad weather in the north will continue. **2** (*en una situación*) to still be…: *Siguen parados.* They're still unemployed. ◊ *Sigue siendo periodista.* He's still a journalist **3 ~ con** (*tener todavía*) to still have…: *Sigo con gripe.* I've still got the flu. **4** (*venir después*) to follow: *lo que sigue* what follows

LOC ¡a seguir bien! look after yourself! **el que la sigue la consigue** never say die **no seguir el hilo** to lose the thread *of sth* **seguir adelante/tu camino** to carry on **seguir el ritmo 1** (*gen*) to beat time *to sth*: *~ el ritmo de la canción con cucharas/el pie* to beat time to the music with spoons/your foot **2** (*con palmas*) to clap in time *to sth* **3** (*fig*) to keep up *with sth/sb* **seguir enfermo/mal** to be no better **seguir en pie 1** (*puente, edificio*) to remain standing **2** (*invitación, oferta*) to stand: *La invitación sigue en pie.* The invitation still stands. **3** (*lucha, conflicto*) to continue **seguir los pasos de algn** to follow in sb's footsteps: *Nunca seguiré los pasos de mi padre.* I'll never follow in my father's footsteps. **seguir sin…**: *preguntas que siguen sin respuesta* questions that remain unanswered ◊ *Seguimos sin noticias.* We still haven't had any news. ◊ *Sigue sin trabajo.* He's still out of work. **seguir su curso 1** (*enfermedad*) to take its course **2** (*trabajo*) to be under way **se sigue que…** it follows that… **sigue** continued (*abrev* cont): *Sigue en la página 13.* Continued on page 13. **¡sigue!** go on! **sigue al dorso** please turn over (*abrev* PTO) *Ver tb* AFERRADO, CORRIENTE, ERRE, JUEGO, LEY, PASO, SUMA, TRECE

según *prep* **1** (*opinión*) according to *sth/sb*: *según ella* according to her **2** (*dependiendo de*) depending on: *según la oferta* depending on the offer

■ **según** *adv* **1** (*depende*) it depends: *Tal vez lo haga, ~.* I might do it – it depends. **2** (*dependiendo de*) depending on: *~ sea necesario* depending on whether it's necessary ◊ *~ te parezca* as you think best **3** (*de acuerdo con*) according to: *~ dijeron* according to what they said **4** (*tal como*) just as: *Está ~ lo encontré.* It's just as I found it. **5** (*temporal*) **(a)** (*a medida que*) as: *~ van entrando* as they come in **(b)** (*en cuanto*) just as: *~ llegamos a la tienda, cerraron.* Just as we arrived, the shop closed.

LOC según me consta as far as I am aware **según parece** apparently **según tengo entendido** as far as I know **según y cómo…** it depends (on)…: *—¿Te gustan los caracoles? —~ y cómo estén preparados.* 'Do you like snails?' 'It depends how they're cooked.' **según yo**: *~ yo, es un imbécil.* As far as I'm concerned he's an idiot. ◊ *~ yo, son más que amigos.* My feeling is that they're more than friends. *Ver tb* CONSTAR

segundero *nm* second hand

segundo, -a *adj, nm-nf, pron* second (*abrev* 2nd) ☛ *Ver ejemplos en* SEXTO

■ **segundo** *nm* **1** (*tiempo*) second (*abrev* sec, *pl* secs) **2** (*plato*) main course: *¿Qué quieres de ~?* What would you like as a main course?

■ **segunda** *nf* **1** (*marcha*) second (gear): *Metí la segunda.* I put it into second. **2** (*clase*) second class: *Siempre viajamos en segunda.* We always travel second class.

LOC **a los dos, etc segundos (de)**: *El cronómetro se estropeó a los diez ~s.* The stopwatch broke after ten seconds. ◊ *El corredor llegó a los treinta ~s de cerrarse la etapa.* The cyclist arrived thirty seconds after the end of the stage. **decir algo con segundas (intenciones)** to hint (at) sth: *Lo del rubio me lo dijo con segundas.* He was hinting something about the blond guy. **de segunda mano** second-hand **segundo (de a bordo)** second in command *Ver tb* CASAR, CATEGORÍA, ECUACIÓN, FILA, PATRIA, PLANO, QUINCENA, RELEGAR, TÍO

seguramente *adv* probably

seguridad *nf* **1** (*contra accidente*) safety: *Para su ~ le recomendamos...* For your own safety we recommend... **2** (*contra ataque, contra robo*) security: *controles/empresas de ~* security checks/firms ◊ *la ~ del estado* state security **3** (*certeza*) certainty **4** (*confianza en uno mismo*) self-confidence **5** (*garantía, promesa*) assurance: *dar ~(es) de que...* to give an assurance/assurances that...

LOC **agente/empleado/guardia de seguridad** security guard **con toda seguridad** for certain **de seguridad** safety: *cierre de ~* safety catch **para más/mayor seguridad 1** (*en un accidente*) for safety's sake **2** (*por si acaso*) to be on the safe side: *Para más ~, se lo apunté en un papel.* I wrote it down to be on the safe side. **seguridad e higiene** health and safety **Seguridad Social 1** (*salud*) ≃ National Health Service (*abrev* NHS) (*GB*): *hospitales de la Seguridad Social* National Health Service hospitals **2** (*bienestar*) ≃ Social Security (*GB*): *el presupuesto de la Seguridad Social* the Social Security budget **3** (*pensiones, seguros*) ≃ National Insurance (*GB*): *las cotizaciones a la Seguridad Social* National Insurance contributions **seguridad vial/en carretera** road safety **tener la seguridad de que...** to be sure that... *Ver tb* ALTERACIÓN, BARRERA, CAJA, CARTILLA, CERRADURA, CINTURÓN, DISPOSITIVO, JEFE, PRISIÓN

seguro, -a *adj* **1(a)** (*convencido*) sure: *Estoy segura de que vendrán.* I'm sure they'll come. **(b)** (*inevitable*) certain: *No es ~ que puedan venir.* It's not certain that they will be able to come. ◊ *una muerte segura* certain death **2** (*sin riesgo*) safe: *un lugar ~* a safe place **3** (*firme, bien sujeto*) secure **4** (*fiable*) reliable: *servicio ~* reliable service **5** (*fecha*) definite **6** (*persona*) self-assured

■ **seguro** *nm* **1** (*póliza*) insurance [*incontable*] **2** (*mecanismo*) safety-catch **3** (*Seguridad Social*) ≃ National Health Service (*abrev* NHS) (*GB*)

■ **seguro** *adv* for certain: *No lo saben ~.* They don't know for certain.

LOC **a buen seguro** undoubtedly **de seguro** definitely: *Me toca trabajar de ~.* I've definitely got to work. **ir sobre seguro** to be on safe ground **saber a buen seguro** to know for certain **seguro a/contra terceros** third-party insurance **seguro a todo riesgo** fully comprehensive insurance **seguro contra incendios** fire insurance **seguro contra robo** insurance against theft **seguro de enfermedad** medical insurance **seguro de vida** life insurance **seguro obligatorio** ≃ third party, fire and theft (*GB*) **seguro que...** I bet...: *~ que llegan tarde.* I bet they'll be late. **tener por seguro que...**: *Ten por ~ que vendremos a visitarte.* We'll certainly come and see you. *Ver tb* AGENTE, CORREDOR, LENTO, PRIMA

seis *nm, adj, pron* **1** (*gen*) six: *el número ~* number six ◊ *Pon un ~.* Put down a six. ◊ *sacar un ~ en un examen* to get six in an exam ◊ *El ~ sigue al cinco.* Six comes after five. ◊ *el ~ de corazones* the six of hearts ◊ *6 y 3 son 9.* 6 and 3 are/make 9. ◊ *6 por 3 son 18.* Three sixes are eighteen. ◊ *Vivo en el número 6.* I live at number 6. ◊ *~ personas* six people ◊ *Los ~ permanecen incomunicados.* The six are still cut off. **2** (*fecha, sexto*) sixth (*abrev* 6th): *Fuimos el 6 de mayo.* We went on the 6th of May. ◊ en el minuto ~ in the sixth minute ☛ *Ver nota en* FECHA ☛ *Ver apéndice 3*

LOC **a las seis** at six o'clock **dar las seis**: *Dieron las ~ en el reloj de la iglesia.* The church clock struck six. **las seis menos cinco, etc** five, etc to six **las seis menos cuarto** a quarter to six/five forty-five **las seis y cinco, etc** five, etc past six **las seis y cuarto** a quarter past six/six fifteen **las seis y media** half past six/six thirty **los seis primeros puestos** the first six places **seis a uno** six to one: *El resultado fue de ~ a uno a favor de la propuesta.* The motion was passed six to one. **seis de cada diez** six out of ten **seis-dos** six two **seis millones de pesetas** six million pesetas **ser seis**: *Eran ~.* There were six of them. ◊ *Somos ~ los que queremos ir.* Six of us want to go. **son las seis** it's six o'clock

seiscientos, -as *adj, pron* six hundred: *Me debes seiscientas pesetas.* You owe me six hundred pesetas. ◊ *Éramos ~ en la boda.* There were six hundred of us at the wedding.

■ **seiscientos** *nm* **1** (*número*) six hundred: *600 es divisible por 25.* 600 can be divided by 25.

En casos como *el cliente seiscientos/un millón*, en inglés se utiliza el ordinal: 'the six hundredth/millionth customer'.

2 (*coche*) Fiat 600: *Íbamos en un ~.* We were in a Fiat 600.

LOC **el seiscientos** six hundred: *en el (año) 600 a. de J.C.* in 600 BC ◊ *en el (año) 603* in 603 ☛ Se dice 'six o three' /ˌsɪks əʊ ˈθriː/. **seiscientos un(o), dos, etc** six hundred and one, two, etc ☛ *Ver apéndice 3*

seísmo *nm* earthquake

selección *nf* **1** (*gen*) selection: *prueba de ~* selection test ◊ *~ natural* natural selection **2** (*Dep*) national team [*v sing o pl*] ☛ *Ver nota en* EQUIPO

LOC **hacer una selección de candidatos** to draw up a short list of candidates

seleccionador, ~a *nm-nf* (*Dep*) selector

seleccionar *vt* to select

selectividad *nf* university entrance exam ≃ A levels (*GB*) ☛ *Ver nota en* A LEVEL

selectivo, -a *adj* selective

selecto, -a *adj* **1** (*gen*) select: *un grupo ~* a select group **2** (*club, zona*) exclusive

LOC **lo más selecto** the cream

selector *nm* selector: *~ de programa* programme selector

self-service *adj* self-service

■ **self-service** *nm* **1** (*cafetería*) cafeteria **2** (*tienda*) supermarket

sellar *vt* **1** (*cerrar*) to seal: *~ un sobre/un pacto/una amistad* to seal an envelope/an agreement/a friendship **2** (*Correos, estampillar*) to stamp: *~ una carta/un pasaporte* to stamp a letter/passport **3** (*metal precioso*) to hallmark

sello *nm* **1** (*Correos*) stamp: *un ~ de cincuenta pesetas* a 50 peseta stamp

En el Reino Unido existen dos tipos de sellos: **first-class** y **second-class**. Los sellos de primera clase valen un poco más, pero las cartas llegan antes.

2 (*estampilla*) rubber stamp **3** (*lacre*) seal: *La carta llevaba el ~ del ayuntamiento.* The letter bore the official town seal. **4** (*metal precioso, elemento distintivo*) hallmark **5** (*sortija*) signet ring

LOC **poner un sello** to put a stamp on *sth*: *Ponle un ~ a la postal.* Put a stamp on the postcard. **sello de correos** postage stamp

seltz *nm* soda (water)

selva *nf* **1** (*tropical*) jungle: *la ~ africana* the African jungle ◊ *las ~s del Amazonas* the Amazonian rainforest **2** (*bosque*) forest ☛ *Ver nota en* FOREST **3** (*fig*) jumble: *una ~ de papeles* a jumble of papers

semáforo *nm* **1** (*calle*) traffic lights [*v pl*]: *pasarse un ~ en rojo* to go through a red light ◊ *Se saltó un ~.* He jumped the lights. **2** (*ferrocarril*) signal

semana *nf* week: *la ~ pasada/que viene* last/next week

LOC a las dos, etc semanas (de): *Lo hicieron fijo a las diez ~s.* They gave him a permanent contract after ten weeks. ◊ *Nos vinieron a visitar a las dos ~s de llegar al país.* They came to see us two weeks after arriving in the country. **semana laboral** working week **Semana Santa** Easter: *¿Qué vais a hacer en Semana Santa?* What are you doing at Easter?

También existe el término **Holy Week**, pero se usa solamente para referirse a festividades religiosas.

una semana sí y otra no every other week *Ver tb* FIN

semanal *adj* **1** (*de cada semana*) weekly: *una reunión/revista ~* a weekly meeting/magazine **2** (*a la semana*) a week: *una hora ~ de gimnasia* one hour of PE a week ◊ *dos días ~es de descanso* two days off a week **LOC** *Ver* ASIGNACIÓN, EDICIÓN, PUBLICACIÓN, REMUNERACIÓN

semanalmente *adv* every week

semanario *nm* weekly (magazine)

semántico, -a *adj* semantic: *campo ~* semantic field ■ **semántica** *nf* semantics [*v sing*]

semblante *nm* **1** (*cara*) face: *un ~ triste/risueño* a sad/smiling face **2** (*aspecto*) look: *El caso presenta un ~ poco favorable.* The case doesn't look good.

sembrado *nm* field: *un ~ de coles* a field of cabbages

sembrado, -a *pp, adj* (*fig*) full ***of sth***: *un discurso ~ de mentiras* a speech full of lies *Ver tb* SEMBRAR ■ **sembrado** *nm* field

sembradora *nf* drill

sembrar *vt* **1** (*cultivo*) **(a)** (*gen*) to sow: *~ trigo* to sow wheat ◊ *~ un campo de cebada* to sow a field with barley **(b)** (*hortalizas*) to plant: *~ cebollas* to plant onions ◊ *Han sembrado ese campo de patatas.* They've planted that field with potatoes. **2** (*cosas, esparcir*) to scatter: *Has sembrado la oficina de papeles.* You've scattered papers all round the office. **3** (*causar*) to spread: *~ el pánico* to spread panic **4** (*traer*) to bring: *Su decisión sembró la paz en la región.* Their decision brought peace to the region.

LOC el que siembra recoge you reap what you sow **sembrar la discordia** to sow the seeds of discord *Ver tb* CIZAÑA

semejante *adj* **1** (*parecido*) similar: *Son muy ~s en el carácter.* They're very similar in character. ◊ *un diseño ~ al último modelo* a design similar to the last one **2** (*tal*) such (a): *~ locura* such madness ◊ *¿Qué harías tú en un caso ~?* What would you do in a such a case? ◊ *Jamás había visto un caso ~.* I'd never seen anything like it.

■ **semejante** *nm* **semejantes** fellow human beings **LOC** *Ver* COSA

semejanza *nf* similarity: *la ~ de estilo* the similarity in style

LOC a semejanza de like *sth/sb*: *Lo construyeron a ~ del original.* They built it to look like the original. *Ver tb* IMAGEN

semen *nm* semen

semental *adj, nm* stud

semestral *adj* **1** (*que ocurre cada seis meses*) **(a)** (*intereses, reunión*) half-yearly: *pago ~ de intereses* half-yearly interest payments **(b)** (*publicación*) twice-yearly: *una revista ~* a twice-yearly magazine **2** (*que dura seis meses*) six-month: *un contrato/cursillo ~* a six-month contract/course

semestralmente *adv* every six months

semestre *nm* **1** (*gen*) six months [*v pl*]: *durante el primer ~ del año* in the first six months of the year **2** (*universitario*) semester

semiautomático, -a *adj* semi-automatic

semibreve *nf* (*Mús*) semibreve

semicircular *adj* semicircular

semicírculo *nm* semicircle

semiconsciente *adj* semi-conscious

semicorchea *nf* (*Mús*) semiquaver ☛ *Ver ilustración en* NOTACIÓN

semicualificado, -a *adj* semi-skilled: *obreros ~s* semi-skilled workers

semidesnatado, -a *adj* semi-skimmed

semidesnudo, -a *adj* half-naked

semidiós, -osa *nm-nf* demigod

semifinal *nf* semi-final

semifinalista *nmf* semifinalist

semifusa *nf* (*Mús*) hemidemisemiquaver ☛ *Ver ilustración en* NOTACIÓN

semilla *nf* **1** (*Agricultura, Bot*) seed: *Voy a plantar unas ~s de pensamientos.* I'm going to sow some pansy seeds. **2** (*fig*) seeds (***of sth***) [*v pl*]: *la ~ del odio* the seeds of hatred

semillero *nm* **1** (*terreno*) seed-bed **2** (*recipiente*) seed-tray **3** (*fuente*) source: *un ~ de problemas* a source of problems

seminal *adj* seminal

seminario *nm* **1** (*Educ*) seminar **2** (*Relig*) seminary

seminarista *nm* seminarist

semiótica *nf* semiotics [*v sing*]

semiprecioso, -a *adj* semiprecious

semita *adj* Semitic ■ **semita** *nmf* Semite

semítico, -a *adj* Semitic

semitono *nm* semitone

sémola *nf* **1** (*trigo*) semolina **2** (*arroz*) ground rice

senado *nm* senate: *el ~ de los Estados Unidos* the United States Senate

senador, ~a *nm-nf* senator

sencillamente *adv* simply: *vivir ~* to live simply ◊ *~ fascinante* simply fascinating

sencillez *nf* simplicity

LOC de una gran sencillez 1 (*persona*) very natural **2** (*cosa*) very simple

sencillo, -a *adj* **1** (*cosa*) simple: *una comida sencilla* a simple meal **2** (*persona*) straightforward ■ **sencillo** *nm* (*disco*) single: *el último ~ del grupo* the group's latest single

senderismo *nm* hiking

senderista *nmf* hiker

sendero *nm* (*tb* **senda** *nf*) path

sendos, -as *adj*: *Las damas llevaban ~ ramos de flores.* The ladies were each carrying a bouquet.

senectud *nf* old age

Senegal *nm* Senegal

senil *adj* senile: *No le hagas ni caso, está un poco ~.* Don't take any notice–he's a bit senile. **LOC** *Ver* DEMENCIA

senilidad *nf* senility

seno *nm* **1** (*pecho*) breast **2** (*cavidad craneal*) sinus [*pl* sinuses] **3** (*Mat*) sine (*abrev* sin)

LOC el seno de la familia the bosom of the family **el seno (materno)** the womb

sensación *nf* feeling: *una ~ de alivio* a feeling of relief ◊ *la ~ de que algo ha cambiado* the feeling that something has changed

LOC causar/hacer sensación to cause a sensation

sensacional *adj* sensational

sensacionalismo *nm* sensationalism

sensacionalista *adj* sensationalist **LOC** *Ver* PRENSA

sensatez *nf* good sense

sensato, -a *adj* sensible

sensibilidad *nf* sensitivity **LOC** *Ver* HERIR

sensibilizado, -a *pp, adj* (*concienciado*) aware (**of** ***sth***): *~s en materia de juventud* aware of young people's problems *Ver tb* SENSIBILIZAR

sensibilizar *vt* **1** (*concienciar*) to make *sb* aware ***of sth*** **2** (*Fot, Med*) to sensitize *sb* ***to sth***

sensible *adj* **1** (*gen*) sensitive (***to sth***): *Mi piel es muy ~ al sol.* My skin is very sensitive to the sun. ◊ *Es muy ~ a la música.* He has a great feeling for music. **2** (*apreciable, grande*) noticeable: *una mejora ~* a noticeable improvement **LOC** *Ver* FIBRA

sensiblemente *adv* appreciably

sensiblero, -a *adj* sentimental

sensor *nm* sensor

sensorial *adj* sensory

sensual *adj* **1** (*gen*) sensual **2** (*sexy*) sexy

sensualidad *nf* sensuousness

sentada *nf* (*protesta*) sit-in
LOC de/en una sentada in one go

sentado, -a *pp, adj* **1** (*postura*) sitting, seated (*más formal*): *Comimos ~s en la hierba.* We had lunch sitting on the grass. ◊ *Estaban ~s a la mesa.* They were (sitting) at the table. ◊ *Se quedaron ~.* They remained seated. **2** (*juicioso*) sensible *Ver tb* SENTAR
LOC dar algo por sentado to assume sth: *Doy por ~ que estamos de acuerdo.* I assume we are all agreed. **dejar algo sentado** to make sth clear: *quisiera dejar sentado que…* I would like to make it clear that… **no te quedes ahí sentado** don't just sit there **sentado esto** having said that *Ver tb* CABEZA, ESPERAR

sentar *vt* **1** (*gen*) to sit, to seat (*más formal*): *Sentó al niño en su cochecito.* He sat the baby in its pram. **2** (*establecer*) to lay *sth* down, to establish (*más formal*): *~ las bases de la negociación* to establish a basis for negotiation
■ **sentar** *vi* to suit *sb* [*vt*]: *¿Qué tal me sienta?* Does it suit me? ◊ *Ese color no les sienta a los pelirrojos.* That colour doesn't suit redheads.
■ **sentarse** *v pron* to sit (down): *Siéntese.* Sit down, please. ◊ *Nos sentamos en el suelo.* We sat on the floor.
LOC sentar bien/mal 1 (*estilo, ropa*) to suit/not to suit: *Ese vestido te sienta bien/mal.* That dress suits you/doesn't suit you. ◊ *Me sienta fatal.* It doesn't suit me at all. **2** (*digerirse bien/mal*) to agree/not to agree with *sb*: *El café no me sienta bien.* Coffee doesn't agree with me. **3** (*hacer buen efecto*) to do *sb* good/no good: *Me sentó bien el descanso.* The rest did me good. **4** (*tomar bien/mal*) to take *sth* well/badly: *Me sentó mal que no me invitaran.* I was upset they didn't invite me. **sentar cátedra** to pontificate **sentar como anillo al dedo** to fit *sb* like a glove **sentar como un tiro 1** (*ropa*) not to suit *sb* at all: *Esa falta te sienta como un tiro.* That skirt doesn't suit you at all. **2** (*comida*) to disagree with *sb*: *La cena me sentó como un tiro.* Dinner didn't agree with me. **3** (*enfadar*): *Lo que dijo me sentó como un tiro.* What he said really annoyed me. ◊ *Me sienta como un tiro que no me avises.* I can't stand it when you don't let me know. ◊ *La noticia del despido le ha sentado como un tiro.* He was very upset when he heard he was being sacked. **sentar (la) cabeza** to settle down **sentarse a dialogar/a negociar** to come to the negotiating table **sentarse a la mesa** to sit down: *Se sentaron a la mesa y pidieron la carta.* They sat down and asked for the menu. *Ver tb* BOMBA[2], EJEMPLO, GUANTE, PATADA, PINTADO, PRECEDENTE, TIRO

sentencia *nf* **1** (*Jur*) **(a)** (*pena*) sentence **(b)** (*decisión*) ruling **2** (*dicho*) maxim
LOC dictar/pronunciar sentencia to pass sentence **sentencia de muerte** death sentence *Ver tb* EJECUCIÓN

sentenciar *vt* to sentence *sb **to sth***
■ **sentenciar** *vi* to rule: *~ a favor/en contra del demandante* to rule for/against the plaintiff
LOC estar algo sentenciado 1 (*campeonato, partido*): *El partido está sentenciado.* The game's all over! **2** (*destinado al fracaso*) to be destined to fail

sentido, -a *pp, adj* **1** (*sincero*) heartfelt **2** (*anhelo, dolor*) deep **3** (*persona*) touchy, sensitive (*más formal*) *Ver tb* SENTIR[2]
■ **sentido** *nm* **1** (*gen*) sense: *los cinco ~s* the five senses ◊ *~ del humor* sense of humour ◊ *¿Qué ~ tiene hacerlo ahora?* What sense is there in doing it now? ◊ *en el más amplio ~ de la palabra* in the broadest sense of the word **2** (*significado*) meaning: *La palabra tiene varios ~s.* The word has several meanings. **3** (*conocimiento*) consciousness: *Perdí el ~.* I lost consciousness. **4** (*dirección*) direction: *tres carriles en cada ~* three lanes in each direction
LOC dar mal sentido a algo/torcer el sentido de algo to twist the meaning of sth **dejar sin sentido a algn** to stun sb **encontrarle/verle sentido a algo** to make sense of sth **en el buen sentido de la palabra** in the true sense of the word **en el sentido de que…** in so far as…: *Me conviene en el ~ de que estaría más cerca del trabajo.* It suits me in so far as I'd be nearer my work. **en ese sentido** along those lines: *conversaciones en ese ~* conversations along those lines **en sentido contrario 1** (*lit*) in the opposite direction **2** (*fig*) the wrong way: *Se lo tomaron en ~ contrario y se ofendieron.* They took it the wrong way and were insulted. **en sentido contrario a las agujas del reloj** anticlockwise **leer/recitar algo con sentido** read/recite sth with feeling **mi/nuestro más sentido pésame** my/our deepest sympathy **no tiene sentido** there's no point: *No tiene ~ que vayas.* There's no point in you going. **quitar/hacer perder el sentido** to take your breath away **sentido común** common sense **sentido de la orientación** sense of direction **sentido del humor** sense of humour: *No tienes ~ del humor.* You have no sense of humour. **sentido único** one way **sin sentido 1** (*frase*) meaningless **2** (*violencia*) senseless **3** (*inconsciente*) senseless **tener/no tener sentido del ridículo**: *Tiene mucho ~ del ridículo.* He's got a strong sense of the ridiculous. ◊ *¿Cómo puedes ir así?¿Es que no tienes ~ del ridículo?* How can you go around looking like that? Don't you care what people think of you? ◊ *Los niños no tienen ~ del ridículo.* Children have no inhibitions. **tener sentido** to make sense **tomar algo en buen sentido** to take sth the right way *Ver tb* CAMBIO, CARECER, CIERTO, CINCO, DOBLE, SEXTO, SOLO

sentimental *adj* **1** (*gen*) sentimental: *persona/valor ~* sentimental person/value **2** (*conmovedor, conmovido*) emotional: *Fue un momento muy ~ para mí.* It was a very emotional moment for me. **3** (*relativo al amor*) love [*n atrib*]: *vida ~* love life
■ **sentimental** *nmf* sentimentalist
LOC *Ver tb* COMPAÑERO, CONSULTORIO, RELACIÓN

sentimiento *nm* **1** (*emoción*) feeling: *un ~ de soledad/culpa* a feeling of loneliness/guilt **2** (*sentido*) sense: *~ de la responsabilidad* sense of responsibility **3** (*pesar*) sorrow: *con mucho ~* with great sorrow
LOC tener buenos sentimientos to be kind-hearted *Ver tb* ACOMPAÑAR

sentir[1] *nm* opinion

sentir[2] *vt* **1** (*sensación, sentimiento, tacto*) to feel: *~ frío/hambre* to feel cold/hungry ◊ *Sentí mucha vergüenza.* I felt very embarrassed. ◊ *Sentí su mano sobre la mía.* I felt his hand on mine. ◊ *No siento nada por él.* I don't feel anything for him. **2** (*ruido*) to hear: *Siento pasos.* I can hear footsteps. **3** (*moralmente*) to be aware of: *Sienten mucho sus responsabilidades.* They are very aware of their responsibilities . **4** (*artísticamente*) to have a feeling for: *Siente mucho la música.* He has a real feeling for music. **5** (*lamentar*) **(a)** (*disculparse*) to be sorry: *Siento no poder ayudarte.* I'm sorry I can't help you. **(b)** (*entristecerse*) to be sorry ***about sth***: *Sentimos mucho tu desgracia.* We are very sorry about your bad luck.
■ **sentirse** *v pron* to feel: *Me siento muy bien.* I feel very well. ◊ *Me siento herido.* I'm very hurt.
LOC hacerse/dejarse sentir to make itself/themselves felt **lo siento (mucho)** I'm (very) sorry ☛ *Ver nota en* EXCUSE **lo siento en el alma** I'm terribly sorry **sentir cariño por algo/algn** to feel affection for sth/sb **sentir compasión** to feel sorry *for sb*: *Sintió compasión por el enfermo.* He felt sorry for the patient. **sentir el paso del tiempo/de los años** to feel your age **sentir pena por algn** to be sorry for sb **sentir remordimientos por algo** to feel remorse for sth/doing sth: *Sentí remordimientos por haberla tratado tan mal.* I felt remorse for having treated her so badly. **sentirse como en casa** to feel at home **sentirse discriminado** to feel you are being discriminated against: *Consultó al sindicato porque se sentía discriminada.* She went to the trade union, because she felt she was being discriminated against. **sin sentir** just like that: *Tomó la leche sin ~.* He drank his milk just like

that. ◊ *Se me pasan las semanas sin ~.* The weeks are flying by. *Ver tb* ANGUSTIA, ÁNIMO, ANTIPATÍA, ARREPENTIDO, CELO[2], COSQUILLEO, DELIRIO, DESGANADO, DEVOCIÓN, DISGUSTO, ESCALOFRÍO, GUSTO, NÁUSEA, OBLIGADO, OJO, PEREZA, SIMPATÍA

seña *nf* **1** (*ademán*) sign **2 señas** address [*sing*]
LOC dar señas de algo to show signs of sth **hacer señas** to signal: *Me hacían ~s para que parase.* They were signalling to me to stop. **por más señas** into the bargain **por señas** by using sign language *Ver tb* LLAMAR, SANTO

señal *nf* **1 ~ (de/de que)** sign (**of** ***sth***): *No había ~es de vida.* There was no sign of life. ◊ *buena/mala ~* good/bad sign ◊ *Es ~ de que no les interesa.* It's a sign that they're not interested. **2** (*marca*) **(a)** (*gen*) mark **(b)** (*vestigio*) trace: *Hay ~es de un templo romano.* There are traces of a Roman temple. **3** (*libro*) bookmark **4** (*Com*) deposit: *Dejé 1.000 pesetas como ~.* I left 1 000 pesetas as a deposit.
LOC dar la señal (de/para) to give the signal (for *sth/to do sth*) **dar señales de** to show signs of *sth* **en señal de** as a sign of *sth* **hacer la señal de la cruz 1** (*a uno mismo*) to cross yourself **2** (*a otra persona*) to make the sign of the cross **hacer una señal/señales** to signal *to sb*: *El conductor del camión me hacía ~es.* The lorry driver was signalling to me. **señal de alarma** alarm **señal de llamada** ringing tone **señal de ocupado/comunicando** engaged tone **señal de salida** starting signal **señal de socorro** distress signal **señal de tráfico** road sign **señales de humo** smoke signals **señal para marcar** dialling tone **sin dejar señal** without a trace *Ver tb* PELO

señalado, -a *pp, adj* **1** (*indicado*) marked: *La salida estaba bien señalada.* The exit was clearly marked. **2** (*carretera*) signposted **3** (*especial*) special: *Mañana es una fecha señalada.* Tomorrow is a special day. **4** (*establecido*) appointed: *el día ~* on the appointed day **5** (*destacado*) **(a)** (*importante*) outstanding: *una personalidad señalada* an outstanding figure **(b)** (*peyorativamente*) notorious: *un ~ criminal* a notorious criminal *Ver tb* SEÑALAR
LOC dejar señalado a algn to leave sb scarred

señalar *vt* **1** (*marcar*) **(a)** (*gen*) to mark: *Aquello señaló el principio de su amistad.* That marked the beginning of their friendship. ◊ *No señales esas páginas.* Don't mark those pages. ◊ *~ el precio* to mark the price **(b)** (*terreno*) to mark out: *Señalamos el terreno de juego.* We marked out the playing field. **2** (*fecha, hora, tarea*) to set: *~ la fecha/hora de una reunión* to set the date/time of a meeting **3** (*carretera*) to signpost: *Deberían ~ mejor esta carretera.* They ought to signpost this road better. **4** (*instrumento*) to show: *El termómetro señala 30 grados.* The thermometer is showing 30 degrees. **5 ~ (que)** (*poner de relieve*) to point out (**that**): *Señaló la necesidad de reducir los gastos.* He pointed out the need to cut costs. **6** (*dañar*) to scar
■ **señalar** *vt, vi* (*con el dedo*) to point (**at/to** ***sth/sb***) [*vi*]: *~ algo en un mapa* to point to sth on a map ◊ *Está feo ~.* It's rude to point.
■ **señalarse** *v pron* to be outstanding ***for sth***: *Se señalan por su bondad.* They are outstanding for their kindness **LOC** *Ver* DEDO

señalización *nf* **1(a)** (*de carretera*) road signs **(b)** (*de ferrocarril*) signalling **2** (*acción*) signposting

señalizar *vt* **1** (*ruta*) to signpost **2** (*indicar*) to mark: *~ las salidas* to mark the exits

señor, ~a *nm-nf* **1** (*adulto*) man [*fem* lady] [*pl* men/ladies]: *Hay un ~ que quiere hablar contigo.* There's a man here who wants to talk to you. ◊ *una peluquería de señoras* a ladies' hairdresser's **2** (*delante del apellido*) Mr [*fem* Mrs] [*pl* Mr and Mrs]: *¿Está el ~ López?* Is Mr López in? ◊ *los ~es de Soler* Mr and Mrs Soler ☛ *Ver nota en* MR, MRS, MS **3** (*delante del nombre o de cargos*): *El ~ Antonio es el portero.* Antonio is the doorman. ◊ *El ~ Alcalde los recibió en su despacho.* The Mayor saw them in his office. ◊ *Sí, ~ guardia.* Yes, officer. **4** (*para llamar la atención*) Excuse me!: *¡Señor! Se le ha caído el billete.* Excuse me! You've dropped your ticket. **5** (*de cortesía*) sir [*fem* madam] [*pl* gentlemen/ladies]: *Buenos días ~.* Good morning, sir. ◊ *¿Qué va a tomar el ~?* What would you like to drink, sir? ◊ *¿Qué van a tomar los ~es?* What would you like to drink, gentlemen? ◊ *Señoras y ~es...* Ladies and gentlemen... ☛ *Ver nota en* MADAM **6** (*caballero*) gentleman [*fem* lady] [*pl* gentlemen/ladies]: *Se portó como un ~.* He behaved like a gentleman. ◊ *ser todo un ~/toda una señora* to be a real gentleman/lady
■ **señor, ~a** *adj* quite a: *Fue una señora cena.* It was quite a meal. ◊ *Cobra un ~ sueldo.* She has quite a salary.
■ **señor** *nm* **Señor** (*Relig*) Lord: *Roguemos al ~.* Let us pray to the Lord.
■ **señora** *nf* (*esposa*) wife [*pl* wives]
LOC dárselas de señor/señora to put on airs **muy señor mío/muy señora mía** Dear Sir/Madam ☛ *Ver nota en* ATENTAMENTE; *Ver tb págs 594–7* **¡no señor!** no way! **Nuestra Señora** (*Relig*) Our Lady **quedar como un señor** to create a good impression **¡señor!** good Lord! **señor cura**: *Ayer me encontré con el ~ cura.* Yesterday I met the priest. ◊ *Sí, ~ cura.* Yes, Father. **señor Presidente 1** (*gen*) Mr Chairman **2** (*Pol*) Mr President **3** (*Parlamento*) Mr Speaker **ser muy señor** to be spoilt: *Él no me ayuda nada en casa, es muy ~.* He never helps me in the house, he thinks he's above all that. **¡sí señor!** too right! *Ver tb* DUEÑO, LAVABO, LIMPIEZA, FULANO, PADRE, SUSTO, TOCADOR

señoría *nf*
LOC su señoría 1 (*juez*) your Honour **2** (*parlamentario*) the Honourable Member

señorial *adj* **1** (*barrio, muebles*) elegant **2** (*costumbres, actitud*) aristocratic

señorío *nm* **1** (*territorio*) domain **2** (*actitud, comportamiento*) nobility
LOC de (mucho) señorío (very) classy

señorita *nf* **1** (*fórmula de cortesía*) Miss, Ms: *La ~ Pérez al teléfono.* Miss Pérez on the phone for you. ◊ *¿Qué va a tomar la ~?* What would you like, (Miss)? ◊ *¿Es señora o ~?* Is that Mrs or Miss? ◊ *Dígale a la ~ Isabel que venga a mi despacho.* Tell Isabel to come to my office.

> **Miss** se utiliza para referirnos a mujeres solteras. Debe emplearse, bien con el apellido o bien con el nombre y apellido, nunca con el nombre propio solo: 'Miss Jones' o 'Miss Mary Jones.' *Ver tb nota en* Ms

2 (*mujer joven*) young lady: *Vino a verte una ~.* A young lady came to see you. **3** (*maestra*) **(a)** (*dirigiéndose a ella*) Miss: *No entiendo, ~.* I don't understand, Miss. **(b)** (*hablando de ella*) teacher: *La ~ nos pone muchos deberes.* The teacher gives us a lot of homework. **4** (*para llamar la atención*) excuse me: *¡Señorita! Su cartera.* Excuse me! You've dropped your wallet.

señorito, -a *adj, nm* (*refinado*): *¿Fregar él? ¡Con lo ~ que es!* Wash up? Him? He's above all that. ◊ *Es un ~ comiendo.* He's very picky.
■ **señorito** *nm* (*niño rico*) rich kid

señuelo *nm* **1** (*caza*) decoy **2** (*fig*) bait

separación *nf* **1(a)** (*gen*) separation: *la ~ del niño de su familia* the separation of the child from his family **(b)** (*ruptura*) splitting up: *los motivos de la ~ del grupo* the reasons for the group splitting up **2** (*distancia*) gap: *Hay siete metros de ~ entre las fincas.* There's a gap of seven metres between the properties.
LOC separación de bienes: *Han hecho ~ de bienes.* They've kept their assets separate.

separado, -a *pp, adj* **1** (*gen*) separate (***from sth/sb***): *Dormimos en habitaciones separadas.* We sleep in separate rooms. ◊ *llevar vidas separadas* to lead separate lives ◊ *Permaneció ~ del resto.* He kept separate from the others. **2** (*matrimonio*) separated: *—¿Soltera o casada? —Separada.* 'Married or single?' 'Separated.' *Ver tb* SEPARAR
LOC por separado separately

separador *nm* divider

separar *vt* **1** (*gen*) to separate *sth/sb* (**from** ***sth/sb***): *Separa la ropa blanca de la de color.* Separate the whites from the coloureds. ◊ *Su padre decidió ~les.* Her father decided to separate them. ◊ *Le separan dos minutos del pelotón.* He has a lead of two minutes over the bunch. **2** (*distanciar*) **(a)** (*lit*) to move *sth/sb* away (**from** ***sth/sb***): *Separa un poco más la maceta de la pared.* Move the flowerpot a bit further away from the wall. **(b)** (*fig*) to drive a wedge between...: *Nuestras distintas ideologías nos separaron.* Our different ideologies drove a wedge between us. **3** (*guardar*) to put *sth* aside: *Separé un plato de paella para él.* I put a plate of paella aside for him.

■ **separarse** *v pron* **separarse (de)** **1** (*gen*) to separate (**from** ***sth/sb***), to split up (**with** ***sth/sb***) (*más coloq*): *La pareja se ha separado.* The couple have split up. ◊ *El estado quiere ~se de la unión.* The state wants to separate from the union. **2** (*apartarse*) to move away (**from** ***sth/sb***): *Sepárate de la pared.* Move away from the wall. **3** (*dejar*) to part (**from** ***sth***): *No se separa de ese medallón.* She never parts with that medallion. **4** (*espaciarse*) to spread out: *Separaos un poco para que salga bien la foto.* Spread out a bit so we can get a nice picture. **5** (*despedirse*) to part company (**with** ***sb***): *Nos separamos a la salida de la discoteca.* We parted company when we left the disco.

LOC **separar la paja del grano** to separate the wheat from the chaff

separatismo *nm* separatism

separatista *adj, nmf* separatist

sepelio *nm* burial

sepia *nf* (*Zool*) cuttlefish [*pl* cuttlefish]

■ **sepia** *nm* (*color*) sepia ☛ *Ver ejemplos en* AMARILLO

septentrional *adj* northern

septeto *nm* septet

séptico, -a *adj* LOC *Ver* FOSA

septiembre *nm* September (*abrev* Sept) ☛ *Ver ejemplos en* ENERO

séptimo, -a *adj, nm-nf, pron* (*tb* **séptimo** *nm*) seventh ☛ *Ver ejemplos en* SEXTO

LOC **el séptimo arte** the cinema **estar en el séptimo cielo** to be in seventh heaven

septuagésimo, -a *adj, nm-nf, pron* (*tb* **septuagésimo** *nm*) seventieth ☛ *Ver ejemplos en* SEXAGÉSIMO

sepulcral *adj* deadly

sepulcro *nm* tomb LOC *Ver* SANTO

sepultar *vt* to bury

sepultura *nf* grave

LOC **dar sepultura** to bury *Ver tb* RECIBIR

sepulturero, -a *nm-nf* gravedigger

sequedad *nf* **1** (*clima, piel, terreno*) dryness **2** (*tono*) curtness

sequía *nf* drought

séquito *nm* entourage

ser[1] *nm* being: *Soy un ~ racional/humano.* I'm a rational/human being.

LOC **seres vivos** living creatures **ser querido** loved one: *los ~es queridos* your loved ones **Ser Supremo** Supreme Being

ser[2] *vi* **1** (*gen*) to be: *Es alta.* She's tall. ◊ *Este chico es muy listo.* This bloke's very clever. ◊ *Soy de España.* I'm from Spain. ◊ *Dos y dos son cuatro.* Two and two are four. ◊ *Es la una.* It's one o'clock. ◊ *Ya son las siete.* It's seven (o'clock) already. ◊ *—¿Cuánto es? —Son 320 pesetas.* 'How much is it?' '(It's) 320 pesetas.' ◊ *—¿Quién es? —Es María.* 'Who is it?' '(It's) Maria.' ◊ *En mi familia somos seis.* There are six of us in my family.

Nótese que para hablar de profesiones el inglés utiliza el artículo indeterminado 'a/an': *Es médico.* He's a doctor. ◊ *Es actriz.* She's an actress. *Ver tb nota en* BE *vi*

2 ~ de (*material*) to be made **of** ***sth***: *La cazuela es de aluminio.* The pan is made of aluminium.

■ **ser** *v aux* to be: *Será juzgado el lunes.* His case will be heard on Monday.

LOC **a no ser que...** unless...: *Creo que iremos, a no ~ que llueva.* I imagine we'll go unless it rains.

de no ser así otherwise

de ser así/si es así if that were the case/if that's the case

¡eres de lo que no hay! words fail me!

es más... what's more...: *No encuentran el culpable. Es más. No está claro que haya un culpable.* They can't find the culprit. What's more, it isn't clear there is a culprit.

¡eso es! that's right!

es que... 1 (*gen*) the thing is...: *Es que no me apetece.* The thing is, I really don't feel like it. **2** (*en exclamaciones y preguntas*): *¡Es que es un ruido insoportable!* This noise is unbearable! ◊ *¿Es que no os conocíais?* Didn't you know each other, then?

esta es la mía now's my, your, etc chance

lo que sea: *Supón que tienes una caja de lo que sea.* Suppose you've got a box of something or other. ◊ *—¿Qué quieres beber? —Lo que sea.* 'What do you want to drink?' 'Anything.'

no sea que/no vaya a ser que (just) in case

no ser quién (para) to have no right (*to do sth*): *Tú no eres quién para darme órdenes.* You have no right to order me around.

o sea...: *desde enero, o sea un mes antes del accidente* since January, that's to say a month before the accident

por algo será there must be a reason (*for it*): *¿Que la han despedido? Por algo será.* So they've sacked her? There must be a reason for it. ◊ *Si te ha castigado, por algo será.* If he punished you, he must have a reason. ◊ *Si no te quieren ver, por algo será.* If they don't want to see you, they must have their reasons.

por si fuera poco to top it all

¿qué es de...?: *¿Qué es de vuestra vida?* What have you been up to? ◊ *¿Qué es de tu hermana?* How's your sister been?

¿qué habrá sido de...? whatever became of...?

sea como sea/lo que sea/cual sea: *Lo terminaremos, sea como sea.* We'll finish it somehow. ◊ *Llámame en cuanto lo sepas, sea cual sea el resultado.* Ring me as soon as you know, whatever the result is.

sea quien sea whoever he/she is

ser el no va más to be first-rate

ser lo mío to be my, your, etc thing: *Madrugar no es lo suyo.* Getting up early isn't his thing.

ser muy de algn to be very typical of sb: *Esa ocurrencia es muy de él.* That idea is very typical of him.

ser muy de hacer algo 1 (*persona*) to like doing sth: *Mi padre es muy de comer fuera.* My father really likes eating out. **2** (*cosa*) to be (very) much...: *Es muy de lamentar que...* It is very much regretted that...

ser muy suyo 1 (*persona*) **(a)** (*raro*) to be odd **(b)** (*terco*) to be very stubborn **2** (*frase, salida*) to be typical of sb: *Esa frase es muy suya.* That phrase is typical of him.

si no es/fuera por if it wasn't/weren't for *sth/sb*: *Si no es por ella, todavía estaríamos en el mismo lío.* If it wasn't for her we'd still be in a mess.

si yo fuera... If I were...

soy yo it's me

☛ Para otras expresiones con **ser**, véanse las entradas del sustantivo, adjetivo, etc, p. ej. **ser el colmo (de los colmos)** en COLMO y **ser primos hermanos** en PRIMO.

serbocroata *nm* (*idioma*) Serbo-Croat

serenar *vt* to calm *sb* down: *Le dieron un calmante para ~lo.* They gave him a sedative to calm him down.

■ **serenarse** *v pron* to calm down

serenata *nf* serenade

LOC **dar la serenata a algn 1** (*Mús*) to serenade sb **2** (*molestar*) to pester sb

serenidad *nf* calmness, serenity (*formal*): *La ~ se reflejaba en su rostro.* His calmness was reflected in his face ◊ *Pidiereron que se mantuviese la ~.* They appealed for everyone to remain calm. ◊ *Acogieron la noticia con ~.* They received the news calmly. LOC *Ver* PACIENCIA

sereno, -a *adj* **1** (*persona*) calm, serene (*formal*): *Me* *mantuve* ~. I remained calm. **2** (*cielo*) clear: *una noche serena* a clear night

■ **sereno** *nm* (*vigilante*) nightwatchman [*pl* nightwatchmen]

LOC al sereno out in the open **estar sereno** (*no borracho*) to be sober *Ver tb* PITO

serial *nm* soap: *un ~ de la tele* a TV soap

serie *nf* **1** (*gen*) series [*pl* series]: *toda una ~ de desgracias* a whole series of disasters **2** (*sellos*) set **3** (*Dep, prueba preliminar*) heat **4** (*Radio, TV*) series, serial

> **¿Series o serial?**
> En inglés utilizamos la palabra **series** para referirnos a las series que tratan una historia diferente en cada episodio, y **serial** para referirnos a una sola historia dividida en capítulos.

LOC en serie mass-produced: *Se fabrican en ~.* They are mass-produced. **serie limitada** limited edition *Ver tb* CABEZA, FABRICACIÓN, FUERA, HUMOR, PRODUCCIÓN

seriedad *nf* **1** (*gen*) seriousness: *la ~ del problema* the seriousness of the problem ◊ *La ~ de su semblante nos hizo callar.* The serious look on his face made us stop talking. **2** (*formalidad*) **(a)** (*persona*) responsibility **(b)** (*empresa*) reliability **3** (*solemnidad*) solemnity: *la ~ del acto* the solemnity of the occasion

LOC con (toda) seriedad 1 (*gen*) (very) seriously: *afrontar un problema con ~* to tackle a problem seriously ◊ *Me lo dijo con toda ~.* He was deadly serious. **2** (*con formalidad*) (very) responsibly **tener (un poco de) seriedad** to be serious: *¡Tengamos un poco de ~!* Let's be serious! *Ver tb* FALTA

serio, -a *adj* **1** (*gen*) serious: *un libro/asunto ~* a serious book/matter ◊ *¡Vaya cara más seria tienes!* You're looking very serious today! ◊ *Se nos quedó mirando muy seria.* She looked at us very seriously. **2** (*cumplidor*) reliable: *Es un hombre de negocios ~.* He's a reliable businessman.

LOC decir algo en serio to be serious: *¿Lo dices en ~?* Are you serious? **en serio** seriously: *estudiar en ~* to study seriously ◊ *Venga, en ~, ¿te interesa o no?* Look, seriously, are you interested or not? ☛ *Ver nota en* HOPEFULLY **poco serio 1** (*persona*) unreliable **2** (*comportamiento*) irresponsible **3** (*asunto*) not serious: *Lo que ofrecen es poco ~.* This is not a serious offer. **tomar en serio** to take *sth/sb* seriously **va en serio 1** (*es de verdad*) it's for real: *Hazlo con cuidado, esta vez va en ~.* Be careful, this time it's for real. **2** (*no es una broma*) it's no joke: *¡Oye!, va en ~ que me gusta.* It's not a joke! I really do like him. *Ver tb* HABLAR

sermón *nm* **1** (*Relig*) sermon **2** (*fig*) lecture: *Mi padre me largó un ~ de miedo.* My father gave me a terrible lecture. ◊ *Deja de soltarme sermones.* Stop lecturing me.

sermonear *vt* to lecture

seropositivo, -a *adj* HIV positive

serpentear *vi* **1** (*Zool*) to slither **2** (*carretera, río*) to wind: *El riachuelo serpentea por la ladera.* The stream winds down the mountainside.

serpentina *nf* streamer

serpiente *nf* **1** (*Zool*) snake **2** (*Biblia, Mitología*) serpent: *Eva y la ~* Eve and the serpent

LOC serpiente de cascabel rattlesnake *Ver tb* ENCANTADOR

serranía *nf* mountain range

serrano, -a *adj* mountain [*n atrib*]: *aire ~* mountain air

■ **serrano, -a** *nm-nf* person from the mountains

LOC *Ver* JAMÓN

serrar *vt* to saw *sth* (up): *Serré la madera.* I sawed the wood up.

serrería *nf* sawmill

serrín *nm* sawdust

serrucho *nm* saw

servicial *adj* helpful

servicio *nm* **1** (*gen, Tenis*) service: *~ incluido* service included ◊ *~ de autobuses* bus service ◊ *el sector ~s* the service sector ◊ *~ público* public service ◊ *el ~ de Arantxa* Arantxa's service **2** (*criados*) domestic help **3 servicios** (*wáter*) toilet [*sing*] ☛ *Ver nota en* TOILET

LOC a su servicio at your service **entrada/puerta de servicio** tradesmen's entrance **estar de servicio** to be on duty **hacer el servicio militar** to do (your) military service **me hace (buen/mucho) servicio** I, we, etc find it very useful **servicio de cercanías** local service **servicio de mesa** dinner service **servicio de orden** (*en manifestación*) marshalls **servicio discrecional** private hire **servicio permanente** 24-hour service **servicios de salvamento** rescue services **servicios mínimos** skeleton services **servicios sociales** social services *Ver tb* ACTO, ÁREA, CUMPLIR, DOMICILIO, ESTACIÓN, FUERA, HOJA, MORIR(SE), ROMPER

servidor, ~a *nm-nf* servant

servidumbre *nf* **1** (*criados*) domestic staff **2** (*sujeción*) servitude

servil *adj* **1** (*actitud, persona*) servile **2** (*trabajo*) menial **3** (*imitación*) slavish

servilismo *nm* servility

servilleta *nf* (table) napkin, serviette (*más coloq*)

servilletero *nm* napkin ring

servir *vt* **1** (*gen*) to serve: *Tardaron mucho en ~nos.* They took a long time to serve us. ◊ *~ a una causa* to serve a cause **2** (*pedido*) to deliver **3** (*bebida*) to pour ☛ *Ver ilustración en* POUR

■ **servir** *vi* **1** (*gen, Tenis*) to serve: *Pueden empezar a ~ cuando quieran.* You can start serving whenever you like. ◊ *~ en la marina* to serve in the navy **2 ~ de/como/para** to serve **as *sth*/to do *sth***: *Sirvió para aclarar las cosas.* It served to clarify things. ◊ *La caja me sirvió de mesa* I used the box as a table. **3 ~ para** (*usarse*) to be (used) **for *doing sth***: *Sirve para cortar.* It is used for cutting. **4 ~ de** (*persona*) to act **as *sth***: *Les serví de guía/intérprete.* I acted as their guide/interpreter. **5** (*ser útil*) to be of use **to *sb***: *Este no me sirve.* This one is no use to me.

■ **servirse** *v pron* **1** (*comida*) to help yourself (**to *sth***): *Me serví ensalada.* I helped myself to salad. ◊ *Sírvase usted mismo.* Help yourself. **2** (*bebida*) to pour yourself *sth* **3 servirse de (a)** (*cosa*) to use *sth*: *~ de un cuchillo* to use a knife **(b)** (*persona*) to turn to *sb*: *Me serví de un amigo influyente.* I turned to an influential friend.

LOC ¿en qué puedo servirle? how can I help you? **no servir** to be no good (*at sth/for doing sth*): *Este cuchillo no sirve para cortar carne.* This knife is no good for cutting meat. **no servir de nada/servir de poco** to be a waste of time: *No servirá de nada que se lo digas.* It's a waste of time telling him that. **no servir para nada** to be useless **servir a la patria 1** (*policía, ejército*) to serve your country **2** (*servicio militar*) to do your military service **servir de ejemplo** to serve as an example *to sb* **servir de lección** to teach *sb* a lesson: *Espero que te sirva de lección.* I hope this teaches you a lesson. *Ver tb* BANDEJA, BARRIDO, CUCHARA, MESA

servofreno *nm* servo brakes

sésamo *nm* sesame **LOC** *Ver* ABRIR

sesenta *nm, adj, pron* **1** (*gen*) sixty **2** (*sexagésimo*) sixtieth: *el ~ aniversario* the sixtieth anniversary ◊ *Estás el ~ en la lista.* You're sixtieth on the list.

LOC en el (año) 60, 61, etc in 1960, 61 etc **los sesenta 1** (*los años 60*) the sixties **2** (*edad*) my, your, etc sixties: *Deben de andar por los ~.* They must be in their sixties. **sesenta y algo/pico/tantos 1** (*gen*) sixty or so: *unas ~ y tantas personas* sixty or so people **2** (*edad*) sixty-something **sesenta y un(o), sesenta y dos, etc** sixty-one, sixty-two, etc ☛ *Ver apéndice 3* **tener (unos) sesenta años** to be (about) sixty

sesentavo, -a *adj* ☛ *Ver ejemplos en* DIECISEISAVO

■ **sesentavo** *nm* sixtieth

sesentón, -ona *adj, nm-nf* in my, your, etc sixties ☛ *Ver ejemplos en* CUARENTÓN

sesera *nf* brains [*v pl*]

sesgado, -a *pp, adj* **1** (*inclinado*) slanted **2** (*al bies*) (cut) on the cross **3** (*tendencioso*) biased: *una perspectiva sesgada* a biased point of view

sesgo *nm* **1** (*cariz, rumbo*) turn: *Las cosas toman otro ~.* Things are taking a new turn. **2** (*punto de vista*) bias
LOC al sesgo 1 (*torcido*) askew **2** (*al bies*) (cut) on the cross **tomar un mal sesgo** to take a turn for the worse

sesión *nf* **1** (*gen*) session: *la ~ de apertura/clausura* the opening/closing session ◊ *~ de entrenamiento* training session **2** (*Cine*) showing: *Vamos a la ~ de las ocho.* We're going to the eight o'clock showing. **3** (*Teat*) performance
LOC sesión clínica clinic **sesión continua** continuous showing **sesión de espiritismo** seance **sesión de tarde** matinée *Ver tb* INVESTIDURA, LEVANTAR, PERIODO

seso *nm* **1** (*Anat*) brain **2** (*juicio*) brains [*v pl*] **3 sesos** (*Cocina*) brains
LOC calentarse/devanarse los sesos to rack your brains **tener el seso sorbido** to be crazy about *sth/sb*: *El fútbol le tiene sorbido el ~.* He's crazy about football. *Ver tb* ESTRUJAR, LEVANTAR, TAPA

sestear *vi* to take a nap

sesudo, -a *adj* **1** (*inteligente*) brainy **2** (*sensato*) sensible

set *nm* set

seta *nf* mushroom

Nótese que en inglés, **mushroom** es una palabra genérica que incluye los distintos tipos de setas y champiñones. Los que conocemos como champiñones se llaman **(cup) mushrooms**. Otras variedades que se suelen encontrar en los supermercados son: **button mushrooms** (champiñones pequeños que se comen enteros), **flat mushrooms** (champiñones grandes y planos) y **oyster mushrooms** (níscalos). Las setas que crecen en el campo se llaman de forma genérica **wild mushrooms** y la variedad alucinógena son los **magic mushrooms**.

LOC *Ver* VENENOSO

setecientos, -as *adj, pron* (*tb* **setecientos** *nm*) seven hundred ☛ *Ver ejemplos en* SEISCIENTOS

setenta *nm, adj, pron* **1** (*gen*) seventy **2** (*septuagésimo*) seventieth ☛ *Ver ejemplos en* SESENTA

setentavo, -a *adj* ☛ *Ver ejemplos en* DIECISEISAVO
■ **setentavo** *nm* seventieth

setentón, -ona *adj, nm-nf* in my, your, etc seventies ☛ *Ver ejemplos en* CUARENTÓN

setiembre *nm Ver* SEPTIEMBRE

seto *nm* hedge ☛ *Ver ilustración en* HOUSE

setter *nmf* setter ☛ *Ver ilustración en* DOG[1]

seudónimo *nm* pseudonym

severidad *nf* **1** (*rigurosidad*) strictness **2** (*de un castigo, clima*) harshness **3** (*de un gesto, expresión*) sternness

severo, -a *adj* **1** (*persona*) strict (***with sb***): *Mi padre era muy ~ con nosotros.* My father was very strict with us. **2** (*castigo, crítica, clima*) harsh: *penas severas* harsh penalties **3** (*expresión*) stern

Sevilla *nf* Seville

sexagenario, -a *adj* sexagenarian (*formal*), in his/her sixties
■ **sexagenario, -a** *nm-nf* sexagenarian

sexagésimo, -a *adj, nm-nf, pron* sixtieth (*abrev* 60th): *el ~ aniversario* the sixtieth anniversary ◊ *Eres el ~ en la lista.* You are sixtieth on the list. ◊ *Al ~ no le dieron ningún premio.* The sixtieth didn't get a prize.
■ **sexagésimo** *nm* sixtieth: *un ~ de segundo* a sixtieth of a second
LOC la/una sexagésima parte (de) a sixtieth (of *sth*) **sexagésimo primero, segundo, etc** sixty-first, sixty-second, etc ☛ *Ver apéndice 3*

sexismo *nm* sexism

sexista *adj, nmf* sexist

sexo *nm* sex: *~ oral* oral sex

sexólogo, -a *nm-nf* sexologist

sexteto *nm* sextet

sexto, -a *adj* **1** (*gen*) sixth: *la sexta hija* the sixth daughter **2** (*en títulos*) the Sixth: *Felipe VI* Philip VI ☛ Se lee 'Philip the Sixth'.
■ **sexto, -a** *nm-nf, pron* (the) sixth (one): *Llegó (el) ~.* He came in sixth. ◊ *El ~ llegó tres minutos después del quinto.* The sixth (one) arrived three minutes after the fifth. ◊ *Eres la sexta de la lista.* You're sixth on the list.
■ **sexto** *nm* **1** (*sexta parte*) sixth: *cinco ~s* five sixths **2** (*piso*) sixth floor: *Vivo en el ~.* I live on the sixth floor. ◊ *Mi cuñada vive en un ~.* My sister-in-law lives in a sixth-floor flat. ☛ *Ver apéndice 3*
LOC la/una sexta parte (de) a sixth (of *sth*) **sexto sentido** sixth sense

sexual *adj* sexual: *el acoso ~* sexual harassment **LOC** *Ver* ACTO, AGRESIÓN, DESEO, EDUCACIÓN, INAPETENCIA, RELACIÓN, VIDA

sexualidad *nf* sexuality

sexualmente *adv* sexually **LOC** *Ver* ACOSAR

sexy *adj* sexy

Seychelles *nm* (the) Seychelles

shock *nm* shock

show *nm* **1** (*TV, Teat*) show **2** (*número*) scene: *No me vayas a montar un ~ aquí.* Don't make a scene here.

si[1] *nm* **1** (*nota de la escala*) ti **2** (*tonalidad*) B ☛ *Ver ejemplos en* SOL[1]

si[2] *conj* **1** (*gen*) if: *Si llueve no iremos.* If it rains, we won't go. ◊ *Si tuviese tiempo, estudiaría francés.* If I had time, I'd learn French. ◊ *Si lo hubiese sabido, no lo habría dicho.* If I'd known, I wouldn't have said it. ◊ *Si fuera rico me compraría un barco.* If I were rich, I'd buy a boat. ☛ *Ver nota en* IF **2** (*duda*) whether: *No sé si quedarme o marcharme.* I don't know whether to stay or go. ☛ *Ver nota en* WHETHER **3** (*cuando*) when: *¿De qué te quejas si lo tienes todo?* What are you complaining about when you've got everything? **4** (*deseo*) if only: *¡Si me lo hubieras dicho antes!* If only you'd told me before! **5** (*sorpresa*): *¡Hombre, si es Antonio!* Well I never, it's Antonio! **6** (*protesta*) but: *¡Si no me lo habías dicho!* But you didn't tell me! **7** (*enfático*): *Si será despistada.* She's really scatterbrained. ◊ *¡Si será posible!* Would you believe it?
LOC si bien although **si no** otherwise

sí[1] *pron pers* **1** (*él, ella, ello*) himself, herself, itself: *Hablaba para sí.* He was talking to himself. ◊ *Solo sabe hablar de sí misma.* She can only talk about herself. ◊ *El problema se solucionó por sí mismo.* The problem solved itself. **2** (*uno mismo*) yourself, oneself (*más formal*): *querer algo para sí* to want sth for yourself ☛ *Ver nota en* ONESELF **3** (*ellos, ellas*) themselves: *Solo piensan en sí mismos.* They only think of themselves. **4** (*ustedes*) yourselves: *Lo siento, tendrán que solucionarlo por sí mismos.* I'm sorry, but you'll have to solve it yourselves.
LOC de por sí/en sí (mismo) in itself

sí[2] *adv* **1** (*afirmando*) yes

En inglés hay que procurar no decir solo 'yes' o 'no' cuando te ofrecen algo, porque parece de mala educación. Es más correcto decir **yes, please** o **no, thank you**: *—¿Quieres un poco más? —Sí.* 'Would you like a bit more?' 'Yes, please.' *Ver tb nota en* YES

2 (*dando énfasis*): *Ella sí tiene coche.* I'm sure she's got a car. ◊ *Ella no irá, pero yo sí.* She's not going but I am. ◊ *Sí que estoy contenta.* I'm really happy. **3** (*con verbos como creer, imaginar, pensar, etc*): *—¿Vendrán? —Creo que sí.* 'Will they come?' 'I think so.' ◊ *Me imagino que sí.* I imagine so. ☛ *Ver nota en* SO *adv* sentido 6
■ **sí** *nm*: *Contestó con un tímido sí.* He answered with a shy 'yes'. ◊ *contar los síes y los noes* to count the ayes and the noes
LOC dar el sí to say yes: *Aún no me ha dado el sí.* He still hasn't said yes. **decir que sí** to say yes **eso sí**: *Eso sí, ganarás más dinero.* You're right, you'll earn more money. ◊ *Eso sí, parece evidente que …* I agree, it does seem obvious that… **¡eso sí que no!** never!: *—Tendrás que pedirle perdón. —¡Eso sí que no!* 'You'll have to apologize to him.' 'Never!' **porque sí**: *—¿Por qué dices eso? —Porque sí.* 'Why do you say that?' 'I just do.' ◊ *—¿Por qué llevan los hombres pantalones? —Pues, porque sí.* 'Why do men wear trousers?' 'They just do.'

que sí: *Que sí que te he oído.* I said I heard you. ◊ *Les dije que sí, que se podían quedar a dormir.* I said that of course they could stay the night. ◊ *¡Claro que sí!* Of course!

siamés, -esa *adj* LOC *Ver* GATO *nm-nf*, HERMANO

sibarita *adj* sybaritic

■ **sibarita** *nmf* sybarite

sibilante *adj* **1** (*Ling*) sibilant **2** (*silbante*) whistling

Sicilia *nf* Sicily

sicología *nf Ver* PSICOLOGÍA

sicológico, -a *adj Ver* PSICOLÓGICO

sicólogo, -a *nm-nf Ver* PSICÓLOGO

sida (*tb* **SIDA**) *nm* Aids/AIDS

siderurgia *nf* iron and steel industry

siderúrgico, -a *adj* iron and steel [*n atrib*]: *el sector ~ español* the Spanish iron and steel sector

sidra *nf* cider

siega *nf* **1** (*acción*) harvesting: *la ~ del trigo* harvesting the wheat **2** (*temporada, mies*) harvest

siembra *nf* sowing

siempre *adv* always: *~ dices lo mismo.* You always say the same thing. ◊ *~ he vivido con mis primos.* I've always lived with my cousins. ☛ *Ver nota en* ALWAYS

LOC **como siempre** as usual **de siempre 1** (*de toda la vida*) always: *Esto se ha hecho así de ~.* It's always been done this way. ◊ *La conozco de ~.* I've known her all my life. **2** (*acostumbrado*) usual: *Nos veremos en el sitio de ~.* We'll meet in our usual place. **lo de siempre** the same as usual **para siempre 1** (*eternamente*) for ever: *Nuestro amor es para ~.* Our love will last for ever. **2** (*permanentemente*) for good: *Se marcha de España para ~.* She's leaving Spain for good. **para siempre jamás** for ever and ever **siempre hay un roto para un descosido** birds of a feather flock together **siempre pagan justos por pecadores** the innocent always pay in the end **siempre que... 1** (*cada vez que...*) whenever...: *~ que vamos de vacaciones los niños se ponen enfermos.* Whenever we go on holiday, the children get ill. **2** (*a condición de que...*) provided (that)...: *Firmaremos el pacto ~ que tengamos garantías.* We will sign the agreement provided we have guarantees. **siempre y cuando...** provided (that)... *Ver tb* AMIGO, VEZ

sien *nf* temple ☛ *Ver ilustración en* HEAD[1]

sierra *nf* **1** (*herramienta*) saw: *una ~ eléctrica/circular* an electric/a circular saw **2** (*región*) mountains [*v pl*]: *una casita en la ~* a cottage in the mountains **3** (*Geog*) mountain range, sierra (*téc*) LOC *Ver* PEZ

Sierra Leona *nf* Sierra Leone

siervo, -a *nm-nf* serf

siesta *nf* siesta

LOC **dormir/echarse la siesta** to have a siesta

siete[1] *nm* (*roto*) tear

siete[2] *nm, adj, pron* **1** (*gen*) seven **2** (*fecha, séptimo*) seventh ☛ *Ver ejemplos en* SEIS

LOC **de siete suelas** out-and-out: *un embustero de ~ suelas* an out-and-out liar **tener siete vidas** to have nine lives *Ver tb* CERRAR, HABLAR

sietemesino, -a *adj* two months premature: *Nuestro hijo fue ~.* Our baby was two months premature.

■ **sietemesino, -a** *nm-nf* premature baby

sífilis *nf* syphilis

sifón *nm* **1** (*tubo*) siphon **2** (*botella*) soda siphon **3** (*bebida*) soda (water) **4** (*tubería*) U-bend

sigilo *nm* **1** (*cautela*) stealth: *Entré con ~ para no despertarle.* I went in stealthily so as not to wake him. **2** (*secreto*) secrecy: *Las conversaciones se han llevado con gran ~.* The talks have taken place in great secrecy.

sigiloso, -a *adj* stealthy

sigla *nf* **siglas** abbreviation [*sing*]: *¿Cuáles son las ~s de...?* What's the abbreviation of/for...? ◊ *CE son las ~s de la Comunidad Europea.* CE stands for 'Comunidad Europea'.

siglo *nm* **1** (*centuria*) century: *en el ~ XX* in the 20th century ☛ Se lee 'in the twentieth century'. **2** (*era*) age: *Vivimos en el ~ de los ordenadores.* We live in the age of computers. ◊ *los problemas principales de nuestro ~* the main problems of our time

LOC **hace siglos/un siglo** for ages: *Hace un ~ que no la veo.* I haven't seen her for ages. **Siglo de las Luces** Age of Enlightenment **Siglo de Oro** Golden Age

signatario, -a *adj, nm-nf* **~** (**de**) signatory (**to** *sth*) [*n*]: *las naciones signatarias* the signatory nations ◊ *los ~s del pacto* the signatories to the treaty

signatura *nf* catalogue number

significación *nf* **1** (*importancia*) significance: *La firma del acuerdo tiene una gran ~ para nosotros.* The signing of the agreement has great significance for us. **2** (*sentido*) meaning

significado, -a *pp, adj* (*importante*) important *Ver tb* SIGNIFICAR

■ **significado** *nm* (*Ling*) meaning

significante *adj* significant

■ **significante** *nm* (*Ling*) signifier

significar *vt* to mean: *¿Qué significa esta palabra?* What does this word mean? ◊ *Él significa mucho para mí.* He means a lot to me.

■ **significarse** *v pron* to be known (***for sth/as sth***): *una mujer que siempre se ha significado por su bondad* a woman who has always been known for her kindness ◊ *Siempre se ha significado como monárquico.* He has always been known as a monarchist.

significativo, -a *adj* **1** (*importante*) significant: *El resultado fue ~.* The result was significant. **2** (*mirada, gesto*) meaningful: *Me miraba de una manera muy significativa.* She gave me a meaningful look.

LOC **parecer, ser, etc significativo de** to say a lot about *sth*: *Esa acción es significativa de su postura.* That move says a lot about his attitude.

signo *nm* **1** (*gen*) sign: *Los ~s son muy esperanzadores.* The signs are very hopeful. ◊ *los ~s del zodiaco* the signs of the zodiac **2** (*tendencia política*) tendency: *fanáticos de uno u otro ~* fanatics of one tendency or another **3** (*imprenta, fonética*) symbol

LOC **signo de admiración/interrogación** exclamation/question mark ☛ *Ver págs 592–3* **signo de igualdad** equals sign **signo de puntuación** punctuation mark **signo negativo/de menos** minus **signo positivo/de más** plus

siguiente *adj* **1** (*en el tiempo*) next: *al día ~* (on) the next day

Nótese que cuando hablamos de los días de la semana refiriéndonos al pasado utilizamos **following**: *La volví a ver el lunes siguiente.* I saw her again the following Monday.

2 (*en una exposición*) following: *El documento contiene el ~ pronunciamiento...* The document contains the following statement...

■ **siguiente** *nmf* next (one)

LOC **de la siguiente forma** as follows **¡el siguiente, por favor!** next, please! **lo siguiente** the following: *En la reunión se decidió lo ~:...* The following was decided in the meeting... *Ver tb* DÍA

sij *nmf* Sikh

sílaba *nf* syllable

LOC **sílaba breve** short syllable

silábico, -a *adj* syllabic

silbar *vt, vi* **1** (*gen*) to whistle: *~ una canción* to whistle a song ◊ *Silbaban a las chicas al pasar.* They were whistling at the girls who went past. **2** (*abuchear*) to boo

silbato *nm* whistle: *El árbitro tocó el ~.* The referee blew his whistle. ☛ *Ver ilustración en* HOCKEY

silbido *nm* **1** (*con la boca, con un silbato*) whistle: *Dio un ~ de sorpresa.* She gave a whistle of amazement. ◊ *el ~ del tren* the whistle of the train **2** (*del viento, en los oídos*) whistling [*incontable*]: *el ~ del viento* the whistling of the wind **3** (*de serpiente, de protesta*) hiss: *los ~s y abucheos del público* the hissing and booing of the crowd

silenciador *nm* silencer ☛ *Ver ilustración en* CAR

silenciar *vt* **1** (*persona*) to silence **2** (*suceso*) to hush *sth* up: *Los periódicos silenciaron el suceso.* The papers hushed up the incident.

silencio *nm* **1** (*sin hablar*) silence: *En la clase había ~ absoluto.* There was total silence in the classroom. ◊ *un ~ sepulcral* a deathly silence ◊ *un minuto de ~* a minute's silence ◊ *¡Silencio!* Silence! **2** (*tranquilidad*) quiet: *el ~ del campo* the quiet of the countryside **3** (*Mús*) rest ☛ *Ver ilustración en* NOTACIÓN
LOC se hizo un silencio difícil an awkward silence fell *Ver tb* GUARDAR

silencioso, -a *adj* **1** (*callado*) silent: *una protesta silenciosa* a silent protest ◊ *Los familiares esperaban ~s.* The relatives waited in silence. **2** (*tranquilo*) quiet: *una calle muy silenciosa* a very quiet street

sílfide *nf* sylph
LOC estar hecha una sílfide to be as thin as a rake

silicato *nm* silicate

sílice *nm* silica

silicio *nm* silicon **LOC** *Ver* CHIP

silicona *nf* silicone

silla *nf* **1** (*mueble*) chair: *Estaba sentada en una ~.* She was sitting on a chair. **2** (*de niño*) pushchair: *Llevaba al niño en la ~.* She was pushing the baby in the pushchair.
LOC silla (de montar) saddle **silla de ruedas** wheelchair **silla giratoria** swivel chair *Ver tb* JUEZ

sillería *nf* **1** (*gen*) chairs [*v pl*] **2** (*del coro*) choir stalls [*v pl*] ☛ *Ver ilustración en* IGLESIA **3** (*Arquit*) dressed stone

sillín *nm* saddle ☛ *Ver ilustración en* BICYCLE

sillón *nm* armchair: *Te has pasado la tarde sentado en ese ~.* You've been sitting in that armchair all afternoon.

silo *nm* silo [*pl* silos]

silogismo *nm* syllogism

silueta *nf* **1** (*sombra, contorno*) silhouette: *la ~ de un árbol* the silhouette of a tree **2** (*tipo*) figure: *perder la ~* to lose your figure

silvestre *adj* wild: *fresas ~s* wild strawberries
LOC *Ver* GALLO

sima[1] *nf* (*cavidad*) pothole

sima[2] *nm* (*capa de la Tierra*) sima

simbiosis *nf* symbiosis

simbiótico, -a *adj* symbiotic

simbólico, -a *adj* symbolic

simbolismo *nm* symbolism

simbolizar *vt* to symbolize

símbolo *nm* symbol

simetría *nf* symmetry: *falta de ~* lack of symmetry ◊ *Las dos partes deberían guardar ~.* The two parts should be symmetrical.

simétrico, -a *adj* symmetrical

simiente *nf* seeds [*v pl*]

símil *nm* **1** (*comparación*) comparison **2** (*Liter*) simile

similar *adj* **~ (a)** similar (**to *sth/sb***)

similitud *nf* **1 ~ (con)** similarity (**to *sth/sb***) **2 ~ (entre)** similarity (**between *sth* and *sth***) **LOC** *Ver* GUARDAR

simio, -a *nm-nf* ape

simpatía *nf* **1** (*encanto*) charm **2** (*sentimiento*): *No le tengo ninguna ~.* I don't like him at all. ◊ *Seguro que te ganas la(s) ~(s) de todos.* I'm sure they'll all like you. **3 simpatías** sympathies: *sus ~s por el nacionalismo* their nationalist sympathies
LOC coger simpatía a algn to take a liking to sb: *El profesor enseguida le cogió ~.* The teacher took an immediate liking to him. **tener simpatías** to be well liked: *Tiene las ~s de todos.* She is well liked. **sentir/tener simpatía hacia/por algn** to like sb: *Nunca han sentido demasiada ~ por ella.* They've never liked her very much. *Ver tb* GANAR, INSPIRAR

simpático, -a *adj* nice: *Me parecieron muy ~s.* I thought they were really nice. ◊ *Hay un ambiente ~.* There's a very good atmosphere.

Nótese que **sympathetic** no significa simpático sino *comprensivo, compasivo*: *Todos fueron muy comprensivos conmigo.* Everyone was very sympathetic.

LOC caer simpático: *El candidato demócrata me cae muy ~.* I like the Democratic candidate a lot. ◊ *La novia de Manolo no me cae nada simpática.* I don't like Manolo's girlfriend at all. **hacerse el simpático**: *Se estaba haciendo el ~.* He was trying to be nice. *Ver tb* TINTA

simpatizante *adj* **~ (de)** sympathetic (**to *sth/sb***)
■ **simpatizante** *nmf* **1** (*Pol*) sympathizer: *una conocida ~ socialista* a well-known socialist sympathizer **2** (*Dep*) supporter: *Es un ~ del Liverpool.* He is a Liverpool supporter.

simpatizar *vi* **1 ~ (con)** (*llevarse bien*) to get on (well) (**with *sb***) **2 ~ con** (*Pol*) to be sympathetic **to *sth/sb***

simple *adj* simple: *un procedimiento muy ~* a very simple procedure ◊ *por la ~ razón de que...* for the simple reason that... ◊ *Yo soy una ~ trabajadora.* I'm just an ordinary worker. ◊ *Es un ~ apodo.* It's just a nickname.
■ **simple** *nmf* (*persona*) simpleton
LOC a simple vista at first glance **simple y llanamente** quite simply *Ver tb* PRETÉRITO

simplemente *adv* simply

simpleza *nf* **1** (*ingenuidad*) naivety **2** (*necedad, insignificancia*) silly thing: *Se enfadan por cualquier ~.* They get annoyed about the least little thing.

simplicidad *nf* **1** (*sencillez, naturalidad*) simplicity **2** (*ingenuidad*) naivety

simplificación *nf* simplification

simplificar *vt* to simplify

simplista *adj* simplistic

simplón, -ona *adj* **1** (*ingenuo*) gullible **2** (*tontorrón*) simple

simposio *nm* symposium [*pl* symposia]

simulación *nf* simulation: *un programa de ~ de vuelo* a flight simulation program

simulacro *nm* **1** (*de vuelo*) simulation **2** (*de ataque*) mock: *un ~ de guerra* a mock battle **3** (*de salvamento*) exercise **4** (*de fuego*) drill: *un ~ de incendio* a fire drill **5** (*farsa*) sham: *Su amor fue un ~, solo buscaba su dinero.* Her love was a sham– she was after his money all along.

simulador *nm* simulator: *un ~ de vuelo* a flight simulator

simular *vt* **1** (*condiciones, fenómenos*) to simulate: *El ordenador simula lo que normalmente ocurre en el cerebro.* The computer simulates what happens in the brain. ◊ *~ un ataque* to simulate an attack **2** (*fingir*) to pretend (***to do sth***): *El detective simulaba estar ocupado.* The detective was pretending to be busy. ◊ *Simulé un dolor de cabeza.* I pretended to have a headache.

simultáneo, -a *adj* simultaneous

sin *prep* **1** (*gen*) without *sth/sb/doing sth*: *sin azúcar* without sugar ◊ *Me ha dejado sin dinero.* He's left me without any money. ◊ *Lo hizo sin pensar.* She did it without thinking. ◊ *Salieron del edificio sin que nadie les viera.* They left the building without anybody seeing them. ◊ *Se fueron sin decir nada.* They left without saying anything. ◊ *Hazlo sin prisas* Do it without rushing. ◊ *Estamos sin secretaria.* We haven't got a secretary. ◊ *El viaje costaba 17.000 pesetas, sin las comidas.* The trip cost 17000 pesetas, not including meals. **2** (*por hacer*): *La factura está todavía sin pagar.* The invoice still hasn't been paid. ◊ *Los platos estaban todavía sin fregar.* The plates still hadn't been washed. ◊ *Tuve que dejar el trabajo sin terminar.* I had to leave the work unfinished.
LOC sin embargo *Ver* EMBARGO

sinagoga *nf* synagogue

sinalefa *nf* elision

sinceramente *adv* sincerely: *Lo dijo ~.* He said it sincerely. ◊ *~, me parece una pérdida de tiempo.* I honestly think it's a waste of time.

sincerarse *v pron* **~ (con)** to open your heart (**to** ***sb***)

sinceridad *nf* sincerity
LOC **con toda sinceridad** in all sincerity

sincero, -a *adj* sincere

síncope *nm* (*Med*) fainting fit
LOC **darle un síncope a algn** to have a fit

sincronización *nf* synchronization

sincronizar *vt* to synchronize: ~ *relojes* to synchronize watches

sindical *adj* trade union [*n atrib*]: *dirigente ~* trade union leader **LOC** *Ver* CENTRAL

sindicalismo *nm* trade-unionism

sindicalista *adj* trade union [*n atrib*]: *movimiento ~* trade union movement
■ **sindicalista** *nmf* trade-unionist

sindicarse *v pron* to join a union

sindicato *nm* **1** (*trabajadores*) (trade) union: *el ~ de mineros* the miners' union **2** (*Com, Fin*) syndicate
LOC *Ver* CUOTA

síndrome *nm* syndrome
LOC **síndrome de abstinencia** withdrawal symptoms [*v pl*] **síndrome de Down** Down's syndrome: *un niño con ~ de Down* a Down's syndrome baby **Síndrome de Inmunodeficiencia Adquirida (SIDA)** Acquired Immune Deficiency Syndrome (*abrev* Aids/AIDS)

sinfín *nm*
LOC **un sinfín de...**: *un ~ de detalles/preguntas* endless details/questions ◊ *un ~ de problemas* a great many problems

sinfonía *nf* symphony

sinfónica *nf* symphony orchestra

sinfónico, -a *adj* **1** (*música*) symphonic **2** (*orquesta*) symphony [*n atrib*]: *orquesta sinfónica* symphony orchestra

Singapur *nm* Singapore

singladura *nf* **1** (*Náut*) **(a)** (*distancia*) day's run **(b)** (*día*) nautical day **2** (*carrera*) career

single *nm* (*disco*) single

singular *adj* **1** (*destacado*) outstanding: *de ~ importancia* of outstanding importance **2** (*raro, no corriente*) unusual: *circunstancias ~es* unusual circumstances **3** (*Gram*) singular
■ **singular** *nm* (*Gram*) singular
LOC **en singular** in the singular

singularidad *nf* **1** (*exclusividad*) uniqueness **2** (*peculiaridad*) peculiarity

singularizar *vt* to make *sth/sb* special
■ **singularizar** *vi* to single *sb* out
■ **singularizarse** *v pron* to stand out (**for** ***sth***)

siniestrado, -a *adj* badly damaged
■ **siniestrado, -a** *nm-nf* victim

siniestro, -a *adj* **1** (*gen*) sinister: *aspecto ~* sinister appearance **2** (*funesto*) fateful: *un día ~* a fateful day **3** (*izquierdo*) left
■ **siniestro** *nm* **1** (*catástrofe*) disaster **2** (*accidente*) accident **3** (*incendio*) fire
LOC **siniestro total** write-off: *Han declarado el coche ~ total.* The car is a write-off. *Ver tb* DIESTRO

sinnúmero *nm Ver* SINFÍN

sino¹ *nm* fate

sino² *conj* **1** (*gen*) but: *no uno ~ cinco* not one but five ◊ *no solo en Madrid, ~ también en otros sitios* not only in Madrid but in other places as well ◊ *¿Quién ~ ella?* Who else but her? ◊ *No haces ~ criticar.* You do nothing but criticize. **2** (*solamente*) only: *No quiero ~ una cosa.* I only want one thing. ◊ *No quiero ~ que me escuchen.* I only want them to listen to me.

sínodo *nm* synod

sinónimo, -a *adj* **~ (de)** synonymous (**with** ***sth***)
■ **sinónimo** *nm* synonym

sinopsis *nf* synopsis [*pl* synopses]

sinóptico, -a *adj* synoptic **LOC** *Ver* CUADRO

sinrazón *nf* **1** (*injusticia*) wrong **2** (*disparate*) absurdity

sinsabores *nm* troubles

sinsentido *nm* nonsense [*incontable*]: *Es un ~.* It's nonsense.

sintáctico, -a *adj* syntactic

sintagma *nf* phrase: *~ nominal/verbal* noun/verb phrase

Sintasol® *nm* linoleum

sintaxis *nf* syntax

síntesis *nf* **1** (*resumen*) summary **2** (*combinación*) synthesis [*pl* syntheses]
LOC **en síntesis** in short **explicar/exponer algo en síntesis** to give an outline of sth

sintético, -a *adj* synthetic **LOC** *Ver* FIBRA

sintetizador *nm* synthesizer

sintetizar *vt* **1** (*resumir*) to summarize **2** (*combinar*) to synthesize

síntoma *nm* symptom

sintomático, -a *adj* **1** (*gen*) symptomatic (***of sth***) **2** (*revelador, interesante*) significant: *Es muy ~ que no haya venido hoy.* It's significant that he hasn't come today.

sintonía *nf* **1** (*Mús*) signature tune **2** (*ajuste de frecuencia*) tuning **3** (*armonía*) harmony: *Entre nosotros siempre ha existido una perfecta ~.* There's always been perfect harmony between us.

sintonizar *vt, vi* to tune in (***to sth***): *~ (con) la BBC* to tune in to the BBC
■ **sintonizar** *vi* **~ (con)** (*encajar, entenderse*) to be in tune (***with sth/sb***): *Sintonizamos con el resto del grupo.* We are in tune with the rest of the group.

sinuoso, -a *adj* **1** (*camino, río*) winding **2** (*movimiento*) sinuous **3** (*línea*) wavy **4** (*persona, método*) devious

sinusitis *nf* sinusitis [*incontable*]

sinvergüenza *nmf* **1** (*canalla*) crook **2** (*tunante*) rascal

sionista *adj, nmf* Zionist

siquiatra *nmf Ver* PSIQUIATRA

siquiera *adv* **1** (*al menos*) at least: *Dame ~ una idea.* At least give me an idea. **2** (*en frase negativa*) even: *Ni ~ me llamaste.* You didn't even phone me. ◊ *sin vestirme ~* without even getting dressed
■ **siquiera** *conj* even if: *~ sea para un ratito* even if it's only for a little while

sirena *nf* **1** (*señal acústica*) siren: *~ de policía* police siren **2** (*mujer-pez*) mermaid

Siria *nf* Syria

sirimiri *nm* drizzle

sirio, -a *adj, nm-nf* Syrian

sirviente, -a *nm-nf* servant

sisa *nf* (*de manga*) armhole

sisar *vt* to nick

sisear *vt, vi* to hiss

sísmico, -a *adj* seismic **LOC** *Ver* MOVIMIENTO, ONDA

sismógrafo *nm* seismograph

sistema *nm* **1** (*gen*) system: *un ~ político/educativo/bancario* a political/education/banking system ◊ *el ~ solar* the solar system ◊ *el ~ digestivo* the digestive system ☛ *Ver ilustración en* DIGESTIVE **2** (*método*) method: *los ~s pedagógicos modernos* modern teaching methods
LOC **con sistema** systematically **hacer algo por sistema** to always do sth: *Mi hermana me contradice por ~.* My sister always contradicts me. **sistema fiscal/impositivo/tributario** tax system **sistema métrico decimal** metric system **sistema montañoso** mountain range **sistema operativo** operating system

sistemático, -a *adj* systematic
LOC **es sistemático** it's always the same

sistematizar *vt* to systematize

sitiar *vt* to besiege

sitio *nm* **1** (*gen*) place: *cada cosa en su ~* a place for everything and everything in its place ◊ *Estaba en un ~ equivocado.* It was in the wrong place. ◊ *un ~ para dormir* a place to sleep **2** (*espacio*) room: *¿Hay ~?* Is there any room? **3** (*asiento*) seat: *La gente buscaba ~.* People were looking for seats. **4** (*Mil*) siege

LOC **ceder/dejar el sitio a algn** to give up your seat to sb **en todos los sitios** everywhere **hacer sitio para algo/a algn** to make room for sth/sb **ir de un sitio a/ para otro** to rush around **poner a algn en su sitio** to put sb in his/her place **poner sitio a una ciudad** to lay siege to a city **quedarse en el sitio** to die instantly **sitio donde/para aparcar** a parking space **sitio web** website *Ver tb* ALGUNO, CAMBIAR, COSA, CUALQUIERA, DEVOLVER, ESTADO, HABITUAL, LUGAR, NINGUNO, OTRO, PASEAR(SE), VUELTA

sito, -a *adj* situated

situación *nf* **1** (*gen*) situation: *una ~ difícil* a difficult situation **2** (*posición social*) position

LOC **no estar en situación de hacer algo 1** (*poder*) to be in no position to do sth **2** (*por salud*) to be in no condition to do sth **gozar de/tener una buena situación** to be comfortably off *Ver tb* DOMINAR, DUEÑO

situado, -a *pp, adj* situated *Ver tb* SITUAR

LOC **estar bien situado** (*socialmente*) to be comfortably off **situado en segundo, tercer, etc lugar de la clasificación** in second, third, etc place **situado en (torno a)...**: *una inflación situada en torno al 12%* inflation of about 12%

situar *vt* **1** (*colocar, emplazar*) to put, to place (*más formal*): *Este resultado sitúa al equipo en el tercer lugar de la clasificación.* This result puts the team third in the league. ◊ *~ un problema en un contexto distinto* to put a problem in a different light ◊ *Ello me sitúa en una posición muy comprometida.* This puts me in a very awkward position. **2** (*edificio, aeropuerto*) to site **3** (*en un mapa*) to find: *Sitúame Suiza en el mapa.* Find Switzerland on the map.

■ **situarse** *v pron* **1** (*clasificación*) to be: *~se entre las cinco primeras* to be among the top five **2** (*lograr posición económica*) to get on, to become established (*más formal*)

LOC **situarse a la cabeza** to lead the field **situarse un porcentaje/una cifra en (torno a)...** to be (about)...: *La tasa de desempleo se sitúa en torno al 15%.* Unemployment is about 15%. *Ver tb* DELANTE

sketch *nm* sketch

slalom (*tb* **slálom**) *nm Ver* ESLALON

slip *nm* pants [*v pl*]

Pants es una palabra plural en inglés, por lo tanto para referirnos a *un slip* utilizamos **some/a pair of pants** *Ver tb nota en* PAIR

slogan *nm Ver* ESLOGAN

smoking *nm Ver* ESMOQUÍN

snack-bar *nm* snack bar

snob *adj, nmf Ver* ESNOB

snobismo *nm Ver* ESNOBISMO

snowboard *nm* snowboarding: *hacer ~* to go snowboarding

so *prep*: *so pena de muerte* on pain of death ◊ *so pretexto de...* under the pretext of...

¡so! *interj* **1** (*para parar a un animal*) whoa! **2** (*intensificando un insulto*) you: *¡~ burro!* you idiot!

soba *nf* (*paliza*) beating

sobaco *nm* armpit: ◊ *los pelos del ~* underarm hair

sobado, -a *pp, adj* **1** (*gastado*) worn **2** (*libro*) well-thumbed *Ver tb* SOBAR

sobaquina *nf* body odour (*abrev* BO)

sobar *vt* **1** (*persona*) to paw: *!Deja ya de ~me, pesado!* For heaven's sake stop pawing me! **2** (*cosa*) to finger: *Deja de ~ la tela.* Stop fingering the material.

■ **sobar** *vi* (*dormir*) to have a kip

soberanamente *adv*: *Nos aburrimos ~.* We were bored stiff.

soberanía *nf* sovereignty: *la ~ popular* popular sovereignty

soberano, -a *adj* **1** (*Pol*) sovereign **2** (*enorme*): *Me dio un puñetazo ~.* She gave me an almighty punch. ◊ *Lo que hizo fue una soberana estupidez.* What he did was incredibly stupid. **3** (*excelente*) wonderful: *Hizo una soberana interpretación.* It was a wonderful performance.

■ **soberano, -a** *nm-nf* sovereign

soberbia *nf* arrogance

soberbio, -a *adj* **1** (*altivo*) arrogant **2** (*magnífico*) magnificent: *una interpretación soberbia* a magnificent performance **3** (*enorme*) real: *Cuando llegué me echaron una bronca soberbia.* When I got there, they gave me a real telling-off.

sobón, -ona *adj* **1** (*de tipo sexual*): *Dicen que es muy ~.* They say he can't keep his hands to himself. **2** (*que manosea*): *No seas sobona, lo vas a estropear.* Don't keep touching or you'll ruin it.

■ **sobón, -ona** *nm-nf* groper

sobornar *vt* to bribe

soborno *nm* **1** (*acción*) bribery: *intento de ~* attempted bribery **2** (*obsequio*) bribe: *aceptar ~s* to accept/take bribes

sobra *nf* **1** (*exceso*) surplus: *Hay ~ de mano de obra barata.* There is a surplus of cheap labour. **2 sobras** (*restos*) leftovers: *Mañana comeremos las ~s de la fiesta.* We'll eat up the leftovers from the party tomorrow.

LOC **de sobra 1** (*suficiente*) plenty (of *sth*): *Hay de ~.* There's plenty. ◊ *Tenemos tiempo de ~.* We've got plenty of time. **2** (*muy bien*) very well: *Sabes de ~ que no me gusta.* You know very well that I don't like it. **estar de sobra** to be in the way: *Me parece que aquí estamos de ~.* I think we're in the way here.

sobrado, -a *pp, adj* plenty of *sth*: *Hubo sobradas representaciones.* There were plenty of performances. *Ver tb* SOBRAR

LOC **andar/no andar muy sobrado** to be/not to be very well off **estar sobrado de algo** to have more than enough of sth: *Están sobradas de dinero.* They're loaded. *Ver tb* MOTIVO

sobrante *adj* remaining, surplus (*más formal*): *las provisiones ~s* the surplus food ◊ *Envolvieron los panecillos ~s y se los llevaron a casa.* They wrapped up the rolls that were left and took them home. ◊ *Hay tres entradas ~s.* There are three spare tickets.

sobrar *vi* **1** (*quedar*) to be left (over): *Sobra queso de anoche.* There's some cheese left (over) from last night. **2** (*haber más de lo necesario*): *Sobran dos asientos.* There are two spare seats/two seats too many. ◊ *Sobra tela para la falda* There's plenty of material for the skirt. **3** (*estar de más*) **(a)** (*cosa*) to be unnecessary: *Sobran las palabras.* Words are unnecessary. **(b)** (*persona*) to be in the way: *Aquí sobramos.* We're in the way here.

LOC **sobrarle algo a algn 1** (*quedar*) to have sth left: *Me sobran dos caramelos.* I've got two sweets left. **2** (*tener demasiado*) to have too much/many...: *Me sobra trabajo.* I've got too much work. **3** (*tener algo extra*): *¿Te sobra un bolígrafo?* Have you got a spare pen? *Ver tb* BASTAR, FALTAR, VALER

sobre[1] *nm* **1** (*carta*) envelope **2** (*envoltorio*) packet: *un ~ de sopa* a packet of soup ☛ *Ver nota en* PARCEL

sobre[2] *prep* **1** (*encima de*) on: *sobre la mesa* on the table ◊ *Toda la responsabilidad cae sobre mí.* All the reponsibility falls on me. ◊ *un préstamo sobre la casa* a loan on the house ◊ *Marcharon sobre el país vecino.* They marched on the neighbouring country. **2** (*por encima sin tocar*) over: *Volamos sobre Madrid.* We flew over Madrid. ◊ *Hay un encargado sobre ella.* There is a manager over her. **3** (*lugar, temperatura*) above: *los vecinos que viven sobre nosotros* the people who live above us ◊ *un grado sobre cero* one degree above zero **4** (*acerca de, expresando aproximación*) about: *una película sobre Escocia* a film about Scotland ◊ *un libro sobre pájaros* a book on birds ◊ *Llegaré sobre las ocho.* I'll get there about eight. **5** (*tras*) after: *Tuvimos desgracia sobre desgracia.* We suffered one mishap after another. **6** (*aumento*) over: *un aumento sobre el año anterior* an increase over the previous year

LOC **sobre todo** especially ☛ *Ver nota en* ESPECIALLY

sobreabundancia *nf* overabundance

sobreabundante *adj* overabundant

sobrealimentación *nf* overfeeding

sobrealimentar *vt* **1** (*persona*) to overfeed **2** (*motor*) to supercharge
sobrecalentar *vt* to overheat
sobrecarga *nf* overload: *una ~ mental* a mental overload ◊ *Producirás una ~ eléctrica.* You'll overload the system.
sobrecargar *vt* to overload *sth/sb* (**with sth**): *~ un camión* to overload a lorry ◊ *~ a algn de responsabilidades* to overload sb with responsibilities
sobrecogedor, ~a *adj* **1** (*conmovedor*) moving **2** (*que asusta*) shocking
sobrecoger *vt* **1** (*asustar*) to frighten **2** (*sobresaltar*) to take *sb* aback: *La noticia sobrecogió a toda la familia.* The whole family was taken aback by the news.
■ **sobrecogerse** *v pron* to be overcome (**with sth**): *~ de emoción/miedo* to be overcome with emotion/fear
sobrecubierta *nf* dust jacket
sobredosis *nf* overdose
sobreentenderse *v pron Ver* SOBRENTENDERSE
sobreestimación *nf Ver* SOBRESTIMACIÓN
sobreestimar *vt Ver* SOBRESTIMAR
sobreexcitarse *v pron* to get overexcited
sobrehumano, -a *adj* superhuman
sobreimprimir *vt* **1** (*Cine, Fot*) to superimpose **2** (*Imprenta*) to overprint
sobrellevar *vt* to bear, to endure (*más formal*)
sobremanera *adv* extremely: *El tema me interesa ~.* I find the subject extremely interesting.
sobremesa *nf* **1** (*conversación*) after-dinner chat: *hacer ~* to have an after-dinner chat ◊ *La ~ estuvo muy agradable.* We had a very nice chat after dinner. **2** (*programa de TV*) afternoon: *La segunda cadena siempre pone una película en la ~.* Channel Two shows a film every afternoon. ◊ *la programación de ~* afternoon television
sobrenatural *adj* supernatural
sobrenombre *nm* (*apodo*) nickname
sobrentenderse *v pron* to be understood
sobrepasar *vt* **1** (*cantidad, límite, medida, esperanzas*) to exceed: *La fuerza del viento sobrepasó los 170 km por hora.* The windspeed exceeded 170 km an hour. **2** (*rival, récord*) to beat
LOC **sobrepasar a algo/algn en algo**: *Su hermana la sobrepasa en belleza.* Her sister is more beautiful than she is.
sobrepeso *nm* excess weight
sobreponerse *v pron* **1** (*recobrar la calma*) to pull yourself together **2 ~ a** (*emoción, miedo, problema*) to overcome: *Logró ~ al miedo.* He managed to overcome his fear. **3 ~ (a)** (*susto, enfermedad*) to recover (**from sth**)
sobrepuesto, -a *pp, adj* superimposed (**on sth**) *Ver tb* SOBREPONERSE
sobresaliente *adj* outstanding: *una actuación ~* an outstanding performance
■ **sobresaliente** *nm* (*Educ*) excellent: *Saqué tres ~s.* I got 'excellent' in three subjects.
LOC **las noticias, los temas, etc más sobresalientes** the main news, topics, etc
sobresalir *vi* **1** (*objeto, parte del cuerpo*) to stick out (**from sth/sb**) **2** (*destacar, resaltar*) to stand out (**from sth/sb**): *Sobresale entre sus compañeras.* She stands out from her friends.
sobresaltar *vt* to startle: *El ruido me sobresaltó.* The noise startled me.
■ **sobresaltarse** *v pron* to be startled
sobresalto *nm* fright
LOC **llevarse/tener un sobresalto** to get a fright
sobrestimación *nf* overestimation
sobrestimar *vt* to overestimate
sobresueldo *nm* extra pay
sobretasa *nf* surcharge
sobretodo *nm* overcoat
sobrevalorar *vt* to overvalue
sobrevenir *vi* to happen, to occur (*más formal*): *¿Cuándo sobrevino el accidente?* When did the accident happen? ◊ *La muerte les sobrevino por asfixia.* Death occurred from asphyxia. ◊ *Sobrevino una catástrofe.* Disaster struck.
sobreviviente *adj, nmf Ver* SUPERVIVIENTE
sobrevivir *vi* to survive: *una de las pocas que han sobrevivido* one of the few to survive
sobrevolar *vt* to fly **over sth** [*vi*]: *El helicóptero sobrevolaba la zona.* The helicopter flew over the area
sobriedad *nf* sobriety: *la ~ de sus costumbres* the sobriety of his habits
LOC **comer, beber, etc con sobriedad** to eat, drink, etc in moderation
sobrino, -a *nm-nf* nephew [*fem* niece]

> A veces decimos *sobrinos* refiriéndonos a sobrinos y sobrinas, en cuyo caso debemos decir en inglés **nephews and nieces**: *¿Cuántos sobrinos tienes?* How many nephews and nieces have you got?

LOC **sobrino nieto** great-nephew [*fem* great-niece]
sobrio, -a *adj* **1** (*gen*) sober **2** (*comida*) light
socarrón, -ona *adj* sardonic: *una sonrisa socarrona* a sardonic smile
socarronería *nf* **1** (*burla*) sly humour **2** (*sarcasmo*) sarcasm
socavar *vt* to undermine
socavón *nm* hole: *Se abrió un enorme ~.* A huge hole appeared.
sociable *adj* sociable
social *adj* social: *política/justicia/integración ~* social policy/justice/integration ◊ *vida ~* social life
LOC **pacto/concertación social** social contract *Ver tb* ASISTENTE, BIENESTAR, CAPA, CAPITAL[1], CARTA, CARTILLA, DESASOSIEGO, DOMICILIO, INADAPTACIÓN, RAZÓN, SEDE, SEGURIDAD, SERVICIO
socialdemócrata *adj* social democratic
■ **socialdemócrata** *nmf* social democrat
socialismo *nm* socialism
socialista *adj, nmf* socialist
sociedad *nf* **1** (*gen*) society: *la ~ industrial* the industrial society ◊ *una ~ musical* a musical society **2** (*compañía*) company
LOC **crónica/ecos/notas de sociedad** gossip column [*sing*] **sociedad anónima** public limited company (*abrev* PLC) **sociedad benefactora** charitable organization **sociedad de consumo** consumer society **sociedad limitada** limited liability company (*abrev* Ltd) **sociedad mercantil** trading company **sociedad protectora de animales** society for the prevention of cruelty to animals ≃ RSPCA (*GB*) *Ver tb* DESECHO, INMOBILIARIO
socio, -a *nm-nf* **1** (*miembro*) member: *Soy ~ del club de tenis.* I'm a member of the tennis club. **2** (*Com*) partner: *Tengo dos ~s en el negocio.* I have two partners in the business. **3** (*amigo*) mate
LOC **socio capitalista** sleeping partner **socio fundador** founding partner
socioeconómico, -a *adj* socio-economic
sociología *nf* sociology
sociológico, -a *adj* sociological
sociólogo, -a *nm-nf* sociologist
sociopolítico, -a *adj* sociopolitical
socorrer *vt* to help
socorrido, -a *pp, adj* handy: *una excusa socorrida* a handy excuse *Ver tb* SOCORRER
LOC **ser (muy) socorrido** to come in (very) handy: *Es un plato muy ~ cuando tienes muchos invitados.* It's a dish that comes in very handy when you have a lot of visitors.
socorrismo *nm* **1** (*primeros auxilios*) first aid **2** (*en el agua*) life-saving **3** (*en la montaña*) mountain rescue
socorrista *nmf* **1** (*de primeros auxilios*) first aider: *~s de la Cruz Roja* Red Cross first aiders **2** (*en el agua*) lifeguard **3** (*en la montaña*) member of a mountain

rescue team: *Fuimos rescatados por un grupo de ~s de alta montaña.* We were found by a mountain rescue team.

socorro *nm* **1** (*gen*) help: *pedir ~* to call for help ◊ *hacer un llamamiento de ~ a la población* to appeal to the country for help **2** (*a refugiados, a víctimas de un desastre*) relief: *Van a enviar un convoy de ~.* They're going to send a relief convoy.
LOC acudir/ir en socorro de algn to come/go to sb's aid **¡socorro!** help! *Ver tb* CASA, LLAMADA, PUESTO, SEÑAL

soda *nf* **1** (*bebida*) soda (water): *un whisky con ~* a whisky and soda **2** (*Quím*) soda **LOC** *Ver* BICARBONATO

sódico, -a *adj* sodium [*n atrib*]: *cloruro ~* sodium chloride **LOC** *Ver* BICARBONATO

sodio *nm* sodium **LOC** *Ver* CLORURO

sodomía *nf* sodomy

soez *adj* rude: *un gesto ~* a rude gesture

sofá *nm* sofa
LOC sofá-cama sofa bed

sofisticación *nf* sophistication

sofisticado, -a *pp, adj* sophisticated: *una maquinaria/persona sofisticada* sophisticated machinery/a sophisticated person

sofocación *nf* suffocation: *muerte por ~* death by suffocation

sofocado, -a *pp, adj* **1 ~ (de)** (*acalorado*) stifled (**by** ***sth***): *Estaba sofocada de calor.* She felt stifled by the heat. **2** (*sin aliento*) out of breath: *Llegó todo ~.* He was out of breath. **3** (*ruborizado*) red **4** (*irritado*) worked up: *¿Por qué está Manolo tan ~?* Why is Manolo so worked up? *Ver tb* SOFOCAR

sofocante *adj* stifling: *un calor/ambiente ~* stifling heat/a stifling atmosphere

sofocar *vt* **1** (*ahogar*) to suffocate: *El humo me estaba sofocando.* The smoke was suffocating me. **2** (*fuego*) to smother **3** (*rebelión*) to put *sth* down, to suppress (*más formal*) **4** (*avergonzar*) to embarrass **5** (*irritar*) to get *sb* worked up
■ **sofocarse** *v pron* **1** (*de calor*) to suffocate: *Abre la ventana, que me estoy sofocando.* Open the window, I'm suffocating! **2** (*quedarse sin aliento*) to get out of breath **3** (*ruborizarse*) to blush **4** (*irritarse*) to get worked up

sofoco *nm* **1** (*por el calor*) suffocation **2** (*por un esfuerzo*): *¡Qué ~ tengo después de subir tantas escaleras!* I'm really out of breath after climbing all those stairs! **3** (*vergüenza*) embarrassment: *¡Qué ~!* How embarrassing! **4** (*enfado*) anger **5** (*sudor*) hot flush: *Últimamente me dan muchos ~s.* I've had a lot of hot flushes recently.
LOC llevarse un sofoco to get a shock

sofocón *nm* shock: *llevarse un ~* to get a shock

sofreír *vt* to fry *sth* lightly

sofrito *nm* tomato, onion, etc fried lightly in oil

software *nm* software **LOC** *Ver* PAQUETE

soga *nf* rope
LOC estar con/tener la soga al cuello to be in a fix

soja *nf* soya **LOC** *Ver* ACEITE

sol[1] *nm* **1** (*nota de la escala*) soh **2** (*tonalidad*) G: *un concierto en ~ mayor/menor* a concert in G major/minor ◊ *~ bemol/sostenido* G flat/sharp **LOC** *Ver* CLAVE[2]

sol[2] *nm* **1** (*gen*) sun: *En esta habitación da el ~ por las mañanas.* This room gets the sun in the morning. ◊ *El ~ ha decolorado la alfombra.* The sun(light) has faded the carpet. ◊ *¿Ocho horas de ~ en Edimburgo? ¡Imposible!* Eight hours of sunshine in Edinburgh? Impossible! **2** (*cariñoso*) darling: *Eres un ~.* You're a darling!
LOC al ponerse el sol at sunset **al salir el sol** at sunrise **al sol** in the sun: *sentarse al ~* to sit in the sun ◊ *Estuvimos tres horas al ~.* We were out in the sun for three hours. ◊ *¿Salimos al ~?* Shall we go out in the sunshine? **dar el sol**: *Me daba el ~ en la cara.* The sun was on my face. ◊ *Si te da el ~, puedes cambiarte de sitio.* If the sun's bothering you, you can move. ◊ *Vamos a movernos, que aquí nos da el ~ de lleno.* Let's move, we're right in the sun here. **de sol** sunny: *Era una mañana de ~.* It was a sunny morning. **de sol a sol** from dawn to dusk **hace sol** it's sunny: *Hace un ~ espléndido.* It's a beautiful sunny day. **no dejar a algn ni a sol ni a sombra** not to leave sb alone for a minute **pegar/picar el sol**: *¡Cómo pega el ~ aquí!* The sun is really beating down here. **poner algo al sol** to put sth (out) in the sun: *Pon la ropa al ~ para que se seque.* Put the clothes out to dry in the sun. ◊ *Pon las piernas al ~.* Put your legs in the sun. **ponerse algn al sol** to lie in the sun **ponerse el sol**: *El ~ se pone sobre las siete.* The sun sets at about seven. **salga el sol por donde quiera** come what may **salir el sol 1** (*amanecer*): *El ~ sale por el este.* The sun rises in the east. **2** (*lucir el sol*): *Por la tarde salió el ~.* The sun came out in the afternoon. **sol de medianoche** midnight sun **sol naciente/poniente** rising/setting sun **tomar el sol** to sunbathe *Ver tb* ARRIMAR, BRONCEADOR, GAFAS, LUZ, PUESTA, QUEMADURA, RELOJ, SALIDA, TOSTAR

solamente *adv Ver* SOLO

solana *nf* **1** (*gen*) sunny spot: *El gato está panza arriba en la ~.* The cat is lying on its back in the sunniest spot. **2** (*galería*) sun lounge

solapa *nf* **1** (*chaqueta*) lapel ☛ *Ver ilustración en* AMERICANA **2** (*libro, sobre*) flap

solapado, -a *pp, adj* veiled: *una amenaza solapada* a veiled threat *Ver tb* SOLAPAR

solapar *vt* to conceal
■ **solapar(se)** *vi, v pron* to overlap: *Las tejas solapan.* The tiles overlap.

solar[1] *nm* (*terreno*) (building) plot

solar[2] *adj* (*del sol*) solar **LOC** *Ver* FILTRO, LÁMPARA

solariego, -a *adj* **1** (*familia*) ancient and noble **2** (*casa*) ancestral

solario *nm* solarium [*pl* solariums]

solaz *nm* **1** (*alivio*) solace **2** (*esparcimiento*) relaxation

solazar *vt* **1** (*aliviar*) to comfort **2** (*distraer*) to amuse
■ **solazarse** *v pron* **1** (*divertirse*) to enjoy yourself **2 solazarse con** to enjoy ***sth/doing sth*** **3 solazarse (con)** (*aliviarse*) to find comfort (**in** ***sth/doing sth***)

soldadesco, -a *adj* army [*n atrib*]: *la vida/jerga soldadesca* army life/slang

soldadito *nm* toy soldier
LOC soldadito de plomo tin soldier

soldado *nmf* soldier
LOC soldado de a pie foot soldier **soldado de marina** marine **soldado raso** private **soldado de reemplazo** conscript

soldador, ~a *nm-nf* (*persona*) welder
■ **soldador** *nm* (*instrumento*) soldering iron **LOC** *Ver* SOPLETE

soldadura *nf* **1** (*acción*) **(a)** (*con estaño*) soldering **(b)** (*sin estaño*) welding **2** (*sustancia*) solder

soldar *vt* **1** (*con estaño*) to solder **2** (*sin estaño*) to weld **3** (*fig*) to weld *sth* together

soleado, -a *pp, adj* sunny *Ver tb* SOLEAR

solear *vt* to put *sth* out in the sun
■ **solearse** *v pron* to be bleached by the sun

soledad *nf* solitude, loneliness (*más coloq*): *en la ~ de su cuarto* in the solitude of her room ◊ *Sentía ~ entre aquella multitud.* He felt alone in the crowd.

solemne *adj* **1** (*gen*) solemn: *una promesa ~* a solemn promise **2** (*sarcásticamente*): *Lo que hiciste fue una ~ tontería.* What you did was really stupid. ◊ *una ~ mentira* a downright lie ◊ *un ~ disparate* complete and utter nonsense

solemnidad *nf* **1** (*esplendor*) pomp and ceremony **2** (*gravedad*) solemnity

solemnizar *vt* to give importance to *sth*

soler *vi* **1** (*en presente*) to usually do sth: *No suelo desayunar.* I don't usually have breakfast. ☛ *Ver nota en* ALWAYS **2** (*en pasado*) used *to do sth*: *Solíamos visitarlo en el verano.* We used to visit him in the summer. ◊ *Solían ser menos pesimistas.* They didn't use to be so pessimistic. ☛ *Ver nota en* USED TO

solera *nf* character: *una casa antigua con* ~ an old house with a lot of character **LOC** *Ver* VINO

solfa *nf* sol-fa
LOC poner algo en solfa 1 (*ridiculizar*) to poke fun at sth **2** (*poner en duda*) to call sth into question

solfear *vt, vi* to sing the notes and beat time (**to** ***sth***) ☛ *Ver ilustración en* NOTACIÓN
■ **solfear** *vt* (*pegar*) to give *sb* a good hiding

solfeo *nm* theory of music

solicitación *nf* request: *una reunión para la* ~ *del permiso* a meeting to request permission
LOC solicitación de fondos fund-raising **solicitación de votos** campaigning

solicitado, -a *pp, adj* popular: *¡Qué solicitada estás, hija!* You're very popular! *Ver tb* SOLICITAR

solicitante *nmf* **1** (*solicitud*) applicant **2** (*petición*) petitioner

solicitar *vt* **1** (*gen*) to request, to ask (*sb*) **for** ***sth*** (*más coloq*): ~ *una entrevista/permiso* to request an interview/permission ◊ *Le solicité unos días de fiesta al jefe.* I asked the boss for a few days' holiday. **2** (*empleo, beca*) to apply **for** ***sth*** **3** (*persona*): *La solicitan mucho.* She's in great demand.

solícito, -a *adj* **~ (con) 1** (*diligente*) obliging (**to** ***sb***) **2** (*cariñoso*) kind (**to** ***sb***)

solicitud *nf* **1** (*petición*) request (***for sth***): *una* ~ *de información* a request for information **2** (*instancia*) application (form) (***for sth***): *una* ~ *de trabajo* a job application ◊ *rellenar una* ~ to fill in an application form **3** (*amabilidad*): *Atienden con* ~ *a los clientes.* They are very obliging to the customers.
LOC a solicitud de at *sb's* request *Ver tb* PRESENTAR

solidariamente *adv* **1** (*fraternidad*): *Se unieron* ~ *a la huelga de los estudiantes.* They went on strike in solidarity with the students. **2** (*responsabilidad compartida*) jointly: *Los socios tienen que hacer frente a sus deudas* ~. The debts are the joint responsibility of the members.

solidaridad *nf* **~ (con) 1** (*fraternidad*) solidarity (**with** ***sb***) **2** (*apoyo*) support (**for** ***sb***): ~ *con las víctimas del atentado* support for the victims of the attack

solidario, -a *adj* **1** (*fraterno*): *un gesto* ~ a gesture of solidarity ◊ *Nos hacemos* ~*s con los mineros.* We support the miners. **2** (*obligación, responsabilidad*) joint

solidarizarse *v pron* **~ con 1** (*gen*) to show support **for** ***sth/sb***: ~ *con una causa/los mineros* to show support for a cause/the miners **2** (*huelga*) to back *sth* [*vt*]: *Los médicos se solidarizaron con la huelga de enfermeras.* The doctors backed the nurses' strike.

solideo *nm* skullcap ☛ *Ver ilustración en* SOMBRERO

solidez *nf* **1** (*gen*) strength: *la* ~ *de una construcción/relación* the strength of a building/relationship **2** (*de una empresa*) soundness **3** (*calidad de sólido*) solidity

solidificación *nf* solidification

solidificarse *v pron* to solidify: *La pintura se había solidificado.* The paint had solidified.

sólido, -a *adj* **1** (*gen*) solid: *un edificio* ~ a solid building ◊ *No puede tomar alimentos* ~*s.* He can't take any solid food. **2** (*resistente*) strong **3** (*color*) fast **4** (*fig*) sound: *una sólida formación* a sound moral training ◊ *principios* ~*s* sound principles
■ **sólido** *nm* solid

solista *nmf* soloist

solitario, -a *adj* **1** (*gen*) lonely: *calles/personas solitarias* lonely streets/people **2** (*sin compañía*) alone: *¿Qué haces aquí tan* ~*?* What are you doing here all alone? ☛ *Ver nota en* LONELY
■ **solitario, -a** *nm-nf* recluse (*formal*), loner
■ **solitario** *nm* **1** (*Naipes*) patience [*incontable*]: *hacer un* ~ to play a game of patience **2** (*diamante*) solitaire diamond
■ **solitaria** *nf* tapeworm
LOC en solitario 1 (*gen*) on your own: *A mi marido le gusta trabajar en* ~. My husband likes working on his own. **2** (*Mús*) solo: *actuaciones en* ~ solo performances

sollozar *vi* to sob

sollozo *nm* sob: *Sus* ~*s me encogen el corazón.* His sobbing goes straight to my heart.
LOC decir algo entre sollozos to sob *sth* (out): *—No puedo más, dijo entre* ~*s.* 'I can't take any more', he sobbed. ◊ *Me contó su caso entre* ~*s.* He sobbed out his story. **estallar/prorrumpir/romper en sollozos** to burst into sobs

solo, -a *adj* **1** (*sin compañía*) alone: *Estaba sola en casa.* She was alone in the house. ☛ *Ver nota en* ALONE **2** (*sin ayuda*) by myself, yourself, etc: *El niño ya come* ~. He can eat by himself now. **3** (*alimentos, bebidas*) on its own [*pl* on their own]: *¿Quieres el arroz* ~ *o con tomate?* Would you like the rice on its own or with tomato sauce? ◊ *—Un whisky, por favor. —¿*~ *o con agua?* 'Could I have a whisky, please?' 'Neat, or with water?' **4** (*único*) single: *No recuerdo un* ~ *detalle.* I can't remember a single detail. ◊ *Existe un* ~ *problema.* There's only one problem.
■ **solo** *nm* **1** (*café*) black coffee: *Dos* ~*s, por favor.* Two black coffees, please. **2** (*Mús*) solo [*pl* solos]: *hacer un* ~ to play/sing a solo
LOC a solas on your own: *Quiero hablar contigo a solas.* I want to talk to you on your own. **como él solo** as only he, she, etc can: *Mi madre cocina como ella sola.* My mother cooks as only she can. ◊ *Es tonto como él* ~. He's incredibly stupid. **de un solo sentido** one-way: *una calle de un* ~ *sentido* a one-way street **estar/sentirse solo** to be/feel lonely **quedarse solo 1** (*lit*) to be (left) on your own: *Esta noche me quedo sola.* I'm on my own tonight. ◊ *Cuando su hijo se fue al extranjero se quedó* ~. He was left on his own when his son went abroad. **2** (*fig*) to be in a class of your own: *Contando chistes se queda sola.* When it comes to telling jokes she's in a class of her own. *Ver tb* CAFÉ, DESGRACIA

solo (*tb* **sólo**) *adv* only: *Trabajo* ~ *los sábados.* I only work on Saturdays. ◊ *Es* ~ *un chiquillo.* He's only a child. ◊ ~ *te llamo para ver cómo te encuentras.* I just rang to see how you're feeling.
LOC aunque solo sea even if it's just: *aunque* ~ *sea por educación* even if it's just out of politeness **(es) solo que** it's just that: *Lo entiendo,* ~ *que no sé cómo explicarlo.* I understand it, it's just that I can't explain it. **no solo…sino también…** not only…but also…: *No* ~ *es inteligente, sino también educado.* He's not only intelligent, but polite as well. **solo con…** just doing sth: ~ *con verla tengo bastante.* Just seeing her is enough for me. ◊ ~ *con que les mires se callan.* You only have to look at them and they stop talking. ◊ ~ *con pensarlo me pongo mala.* Just thinking about it makes me feel ill. **tan solo** only: *Tan* ~ *te pido una cosa.* I'm only asking you one thing.

solomillo *nm* fillet steak: *Compra dos kilos de* ~. Could you buy two kilos of fillet steak? ◊ *Comí* ~ *de segundo.* I had fillet steak for my main course.

solsticio *nm* solstice: ~ *de invierno/verano* winter/summer solstice

soltar *vt* **1** (*desasir*) **(a)** (*gen*) to let go of *sth/sb*: *No sueltes la cuerda.* Don't let go of the rope. ◊ *¡Suéltame!* Let go of me! **(b)** (*dejar caer*) to drop: *El ladrón soltó el bolso.* The thief dropped the bag. **2** (*dejar libre*) **(a)** (*preso, animal*) to set *sth/sb* free, to release *sth/sb* (*más formal*) **(b)** (*perro*) to set *a dog* loose **3** (*cable, cuerda*) to let *sth* out: *Suelta un poco de cable.* Let the cable out a bit. **4** (*botón, prenda, cordón, nudo*) to undo **5** (*freno, embrague*) to release **6** (*desprender*) to give *sth* off: *La hoguera soltaba mucho humo.* The bonfire gave off a lot of smoke. **7** (*dinero*) to cough *sth* up: *Al final conseguimos que soltase 20.000 pelas.* We finally got him to cough up 20 000 pesetas. **8** (*puesto, privilegio*) to give *sth* up **9** (*estornudo, exclamación, grito, suspiro*) to let *sth* out
■ **soltarse** *v pron* **1** (*separarse*) **(a)** (*persona*) to let go (***of sth/sb***): *No te sueltes de mi mano.* Don't let go of my hand. **(b)** (*animal*) to break loose (***from sth/sb***): *Ten cuidado, no se vaya a* ~ *el perro* (*de la cadena*). Mind

the dog doesn't break loose (from the chain). **2** (*despegarse*) **(a)** (*pieza*) to come off (*sth*): *Se ha soltado la correa del ventilador.* The fan belt has come off. **(b)** (*tornillo*) to work loose **(c)** (*botón, prenda, cinturón, cordón, nudo*) to come undone **3 soltarse en** (*adquirir desenvoltura*) **(a)** (*idioma*) to become fluent **in** ***sth***: *Ya se está soltando en inglés.* His English is getting really fluent. **(b)** (*tarea*) to get the hang **of** ***sth***: *Ya me voy soltando en el trabajo.* I'm really getting the hang of the job now.

LOC decir/soltar necedades/tonterías to talk nonsense

no soltar prenda not to say a word: *No soltó prenda durante la cena.* He didn't say a word all through the meal. ◊ *Es inútil que insistas, ese no suelta prenda.* It's no good asking, he never gives anything away.

soltar amarras to cast off

soltarse a hacer algo to start to do sth: *Se está soltando a andar/hablar.* He's starting to walk/talk.

soltarse el pelo to let your hair down

soltar una bofetada, un puñetazo, etc to smack, punch, etc *sb*: *Me harté y le solté una bofetada.* I got really upset and smacked him one. ◊ *Me soltó un puñetazo en la mandíbula.* He punched me on the jaw.

soltar una carcajada to burst out laughing

soltar un par de verdades a algn to give sb a piece of your mind: *Le solté un par de verdades.* I gave him a piece of my mind. *Ver tb* BARBARIDAD, INDIRECTA, JURAMENTO, MAJADERÍA, MOSCA, PALABRA, PARRAFADA, PASTA, ROLLO, TACO

soltería *nf* bachelorhood: *A mi hermana le va lo de la ~.* My sister likes being a bachelor girl.

soltero, -a *adj* single: *quedarse ~* to stay single ◊ *un hombre ~* a bachelor ◊ *una tía soltera* an unmarried aunt ☛ *Ver nota en* SINGLE *adj*

■ **soltero, -a** *nm-nf* single man/woman [*pl* single men/women]

También existe el término **bachelor** para hablar de un hombre soltero.

LOC de soltero when I was, you were, etc single: *De ~s nos íbamos por ahí con las motos.* When we were single, we used to go off on our motorbikes. **soltero y sin compromiso** single and unattached *Ver tb* DESPEDIDA, MADRE, NOMBRE

solterón, -ona *adj, nm-nf* bachelor [*n*] [*fem* spinster] [*n*]: *Ese es un viejo ~.* He's an old bachelor.

LOC un solterón empedernido a confirmed bachelor

soltura *nf* **1** (*desparpajo*) self-confidence: *Su hija tiene mucha ~.* His daughter is very self-confident. ◊ *Se desenvuelve con ~.* He's very confident. **2** (*fluidez*) fluency: *Tiene mucha ~ hablando inglés.* He's very fluent in English. ◊ *Habla el alemán con mucha ~.* He speaks German fluently. **3** (*facilidad*): *Me gustaría poder cocinar/conducir con ~.* I'd like to be a good cook/driver. ◊ *Tengo que coger ~ con el ordenador.* I really must get the hang of the computer.

soluble *adj* soluble: *aspirina ~* soluble aspirin

LOC *Ver* CAFÉ

solución *nf* **1** (*problema*) answer (***to sth***), solution (***to sth***) (*más formal*): *Debemos encontrar una ~ al problema.* We must find an answer to the problem. ◊ *No veo otra ~ que empezar de nuevo.* I see no alternative to starting again. **2** (*líquido*) solution: *una ~ de magnesio* a magnesium solution

LOC dar (una) solución a algo to solve sth **solución intermedia** compromise solution

solucionar *vt* **1** (*gen*) to solve: *~ un problema/acertijo* to solve a problem/riddle **2** (*asunto, conflicto*) to resolve

solvencia *nf* **1** (*Fin*) solvency **2** (*fig*) reliability: *Nos informan fuentes de toda ~.* The information comes from a reliable source. ◊ *un médico de una gran ~ profesional* a highly respected doctor

sombra

LOC solvencia moral trustworthiness

solventar *vt* **1** (*asunto, conflicto*) to resolve **2** (*cuenta, deuda*) to settle

solvente *adj* **1** (*Fin*) solvent **2** (*digno de crédito*) reliable

Somalia *nf* Somalia

sombra *nf* **1** (*ausencia de sol*) shade: *Nos sentamos en la ~.* We sat in the shade. **2** (*silueta*) shadow: *El niño perseguía a su propia ~.* The child was following his own shadow. ◊ *Los edificios proyectaban ~s misteriosas.* The buildings cast mysterious shadows. ◊ *un juego de luces y ~s* a play of light and shadow **3** (*atisbo*) trace: *No mostró ni una ~ de compasión.* He didn't show the slightest trace of compassion.

LOC a la sombra (*en la cárcel*) in prison

a la sombra de 1 (*algo*) in the shade of *sth*: *a la ~ de un ciprés* in the shade of a cypress **2** (*algn*) in the care of *sb*: *a la ~ de su familia* in the care of his family

dar sombra (a algo/algn) to shade (sth/sb): *El árbol daba ~ al coche.* The tree shaded the car.

en la sombra 1 (*lugar*) in the shade **2** (*encubiertamente*) behind the scenes: *una organización que trabaja en la ~* an organization working behind the scenes

hacer sombra a algn 1 (*lit*) to keep the sun off sb: *Quítate de ahí, que me haces ~.* Move over a bit, you're keeping the sun off me. **2** (*quitar valor*) to put *sb* in the shade: *Su hermano le hace ~.* His brother puts him in the shade.

no ser ni sombra de lo que era to be a shadow of your former self: *Irene no es ni la ~ de lo que era.* Irene is a shadow of her former self.

sombra (de ojos) eyeshadow

sombras chinescas shadow theatre: *un espectáculo de ~s chinescas* a shadow play

tener mala sombra to have bad luck *Ver tb* ARROJAR, FIAR, MALO, MIEDO, REÍR, SOL[2]

sombreado, -a *pp, adj* shady *Ver tb* SOMBREAR

■ **sombreado** *nm* shading

sombreador *nm* eyeshadow

sombrear *vt* **1** (*dar sombra*) to shade **2** (*en un dibujo*) to shade *sth* in **3** (*ojos*) to put on *eyeshadow*

sombrerería *nf* **1** (*tienda*) hat shop **2** (*taller*) hat factory **3** (*sección*) hat department: *el departamento de ~* the hat department

sombrerero, -a *nm-nf* **1** (*gen*) hatter **2** (*de mujer*) milliner

■ **sombrerera** *nf* hatbox

sombrerete *nm* **1** (*sombrero*) small hat **2** (*de chimenea*) cowl ☛ *Ver ilustración en* BUNGALOW

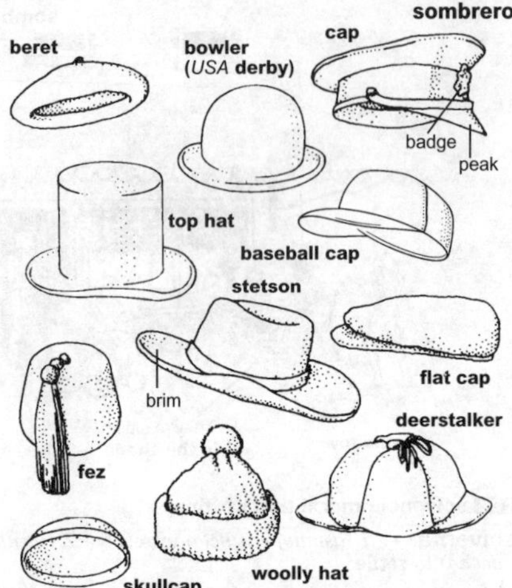

sombrero *nm* **1** (*prenda*) hat **2** (*de hongo*) cap
LOC **quitarse el sombrero ante** to take your hat off to *sb* **sombrero de copa** top hat **sombrero de paja** straw hat **sombrero de tres picos** three-cornered hat **sombrero hongo** bowler hat *Ver tb* GORRA, SALUDAR

sombrilla *nf* **1** (*de playa, de jardín*) umbrella ☛ *Ver ilustración en* BUNGALOW **2** (*de señora, de cochecito*) parasol

sombrío, -a *adj* **1** (*triste*) sombre **2** (*oscuro*) dark **3** (*poco prometedor*) gloomy: *Las perspectivas son muy sombrías.* The outlook is very gloomy.

somero, -a *adj* **1** (*no detallado*) brief **2** (*agua*) shallow

someter *vt* **1** (*dominar*) to subdue **2** (*exponer*) to subject *sth/sb* **to *sth***: *~ a los presos a torturas* to subject prisoners to torture ◊ *~ un asunto a un amplio debate* to throw open a question **3** (*buscar aprobación*) submit *sth* (**to *sth/sb***): *Tienen que ~ el proyecto al Consejo.* The project must be submitted to the Council.
■ **someterse** *v pron* **1** (*rendirse*) to surrender: *Los rebeldes se sometieron.* The rebels surrendered. **2 someterse a** (*ceder*) to submit **to *sth***: *No se somete a ningún tipo de disciplina.* He won't submit to any kind of discipline. **3 someterse a** (*recibir*) to undergo *sth* [*vt*]: *Se someten a un duro entrenamiento.* They undergo a tough training programme.
LOC **someter a arresto domiciliario** to put *sb* under house arrest **someter a la censura** to censor *sth*: *Sometieron el libro a la censura.* The book was censored. **someter a debate** to debate *sth*: *El asunto se sometió a debate en el Parlamento.* The matter was debated in Parliament. **someter a referéndum** to hold a referendum *on sth* **someter a un tratamiento** to put *sb* on a course of treatment **someterse a una operación** to have an operation **someter a votación** to put *sth* to the vote: *Los cambios fueron sometidos a votación.* The changes were put to the vote. **someterse a un régimen** to go on a diet

sometimiento *nm* **1** (*conquista*) subjection: *el ~ de un país* the subjection of a country **2** (*rendición*) submission **3** (*estado*) submissiveness

somier *nm* bed base

somnífero, -a *adj* sleep-inducing
■ **somnífero** *nm* sleeping pill

somnolencia *nf* sleepiness

somnoliento, -a *adj* **1** (*por cansancio*) sleepy **2** (*por medicación*) drowsy

son *nm* sound: *el ~ de una gaita* the sound of the bagpipes
LOC **al son de** in tune with *sth* **¿a son de qué?/¿a qué son?** what/why on earth?: *¿A qué ~ viene ese comentario?* What on earth do you mean by that remark? **en son de broma, protesta, etc**: *en ~ de broma/protesta* as a joke/protest ◊ *en ~ de guerra/paz* in an aggressive way/in a spirit of peace *Ver tb* BAILAR, CANTAR², TON

sonado, -a *pp, adj* **1** (*comentado*) much talked-about: *la sonada dimisión del ministro* the much talked-about resignation of the Minister **2** (*impresionante*): *Se cogió una borrachera sonada.* He got hopelessly drunk. **3** (*boxeador*) punch-drunk *Ver tb* SONAR¹
LOC **estar sonado** to be bonkers

sonaja *nf* rattle

sonajero *nm* rattle

sonambulismo *nm* sleepwalking

sonámbulo, -a *nm-nf* sleepwalker: *De pequeña era sonámbula.* As a child, I used to walk in my sleep.

sonante *adj* **LOC** *Ver* CONTANTE, DINERO

sonar¹ (*tb* **sónar**) *nm* (*aparato*) sonar [*incontable*]

sonar² *vi* **1** (*gen*) to sound: *El piano suena de maravilla.* The piano sounds great. ◊ *Esta pared suena a hueco.* This wall sounds hollow. ◊ *¿Cómo te suena este párrafo?* How does this paragraph sound to you? ◊ *La frase suena mejor así.* The sentence sounds better like this. ◊ *"Niña" se escribe como suena.* 'Niña' is written as it sounds. **2** (*alarma*) to go off **3** (*timbre, campanilla, teléfono*) to ring **4(a)** (*reloj*) to chime **(b)** (*hora*): *Sonaron las cinco en el reloj del salón.* The living room clock struck five. **5** (*sirena, silbato*) to go **6** (*tripas*) to rumble: *Me sonaban las tripas.* My tummy was rumbling. **7** (*ser familiar*): *Ese nombre me suena.* I know that name! **8** (*ser noticia*) to be on everybody's lips **9** (*Ling*) to be pronounced: *La h no suena en español.* In Spanish the h is not pronounced.
■ **sonarse** *v pron* (*nariz*) to blow your nose: *¡Suénate!* Blow your nose!
LOC **(así/tal) como suena** just like that: *Me llamó ladrón. ¡Como suena!* He called me a thief, just like that! **lo que sea sonará** what will be, will be. **sonar a camelo** to sound fishy **sonar bien/mal** to sound right/wrong **sonar la flauta**: *Lo hizo por si sonaba la flauta.* He did it just to try his luck. ◊ *Sonó la flauta y me dieron el trabajo.* I was lucky – they gave me the job. ◊ *Nunca se sabe, a lo mejor suena la flauta.* You never know, you may be lucky. *Ver tb* CUANDO, MÚSICA, TRIPA

sonata *nf* sonata

sonda *nf* **1** (*Med*) **(a)** (*para exploración*) probe **(b)** (*vejiga*) catheter **2** (*Tec*) bore **3** (*Náut*) sounding line
LOC **sonda acústica** echo sounder **sonda espacial** space probe

sondaje *nm* **1** (*Med*) **(a)** (*gen*) insertion of a probe **(b)** (*vejiga*) insertion of a catheter **2** (*aguas, lago*) sounding

sondar *vt* **1** (*Med*) **(a)** (*gen*) to probe: *~ una herida* to probe a wound **(b)** (*vejiga*) to fit *sb* with a catheter **2** (*subsuelo*) to sink a borehole **into *sth*** **3** (*agua*) to take a sounding **of *sth***

sondear *vt* **1** (*persona, opinión*) to sound *sth/sb* out **2** (*mercado*) to test **3** (*subsuelo*) to sink a borehole **into *sth*** **4** (*agua*) to take a sounding **of *sth***
LOC **sondear el terreno** to see how the land lies

sondeo *nm* **1** (*opinión*) **(a)** (*encuesta*) poll: *un ~ de opinión* an opinion poll **(b)** (*oral*) sounding *sth/sb* out: *La primera entrevista fue de ~ general.* The first meeting was to sound out the situation. **2** (*subsuelo*) boring: *el ~ de esta zona* boring in this area **3** (*Náut*) sounding: *Están realizando un ~ del fondo marino.* They are taking soundings of the sea bed.

soneto *nm* sonnet

sonido *nm* sound **LOC** *Ver* CADENA, INGENIERO

soniquete *nm* drone

sonoridad *nf* sonority

sonorización *nf* **1** (*película*) sound: *estudios de ~* sound studios **2** (*sala*) acoustics [*v pl*]: *la ~ de la sala* the acoustics in the hall **3** (*Ling*) voicing: *la ~ de consonantes* the voicing of consonants

sonorizar *vt* **1** (*película*) to add the sound-track ***to a***

film **2** (*sala*) to install a sound system *in*... **3** (*Ling*) to voice: ~ *la "b" en cebolla* to voice the 'b' in 'cebolla'

sonoro, -a *adj* **1** (*fuerte*) loud: *una voz sonora* a loud voice **2** (*Tec*) sound [*n atrib*]: *efectos ~s* sound effects **3** (*cavidad, bóveda*) resonant **4** (*Ling*) voiced **LOC** *Ver* BANDA[2]

sonreír *vi* **1** (*persona*) to smile (**at *sth/sb***): *Me sonrió.* He smiled at me. **2** (*vida, suerte, porvenir*) to smile (**on *sb***)

■ **sonreírse** *v pron* to smile

sonriente *adj* smiling

sonrisa *nf* smile

LOC con una sonrisa de oreja a oreja grinning from ear to ear **tener la sonrisa en los labios** to have a smile on my, your, etc face *Ver tb* ESBOZAR

sonrojar *vt* to make *sb* blush

■ **sonrojarse** *v pron* to blush

sonrojo *nm* **1** (*rubor*) blush **2** (*vergüenza*) embarrassment

sonrosado, -a *adj* rosy

sonsacar *vt* to wheedle *sth* **out of *sb***

sonsonete *nm* (*soniquete, tono monótono*) drone: *Tiene un ~ al hablar que aburre a cualquiera.* He drones away and everyone gets bored stiff.

soñado, -a *pp, adj* dream [*n atrib*]: *casa soñada* dream house *Ver tb* SOÑAR

LOC que ni soñado perfect: *Encontramos un lugar que ni ~ para acampar.* We found a perfect place to camp.

soñador, ~a *adj* dreamy

■ **soñador, ~a** *nm-nf* dreamer

soñar *vi* **~ con 1** (*durmiendo*) to dream **about *sth/sb***: *Anoche soñé con mis padres.* Last night I dreamt about my parents. **2** (*desear*) to dream **of *sth/doing sth***: *Sueño con una moto.* I dream of having a motorbike. ◊ *Sueñan con ser famosos.* They dream of becoming famous.

■ **soñar** *vt* to dream: *No sé si lo he soñado.* I don't know if I dreamt it.

LOC ni lo sueñes no chance! **soñar con los angelitos** to have sweet dreams **soñar despierto** to daydream **soñar en voz alta** to talk in your sleep

soñolencia *nf Ver* SOMNOLENCIA

soñoliento, -a *adj Ver* SOMNOLIENTO

sopa *nf* **1** (*caldo*) soup [*gen incontable*]: ~ *de verduras* vegetable soup ◊ *He hecho ~.* I've made some soup. ◊ *Dos ~s y una ensalada.* Two bowls of soup and a salad, please. ◊ *Algunas ~s de sobre están muy ricas.* Some packet soups are delicious. **2 sopas** bread soaked in liquid: *~s de leche* bread and milk

LOC a la sopa boba: *No quiere trabajar y vive con su madre, comiendo a la ~ boba.* He doesn't want to work so he sponges off his mother. **estar sopa** to be sound asleep **hasta en la sopa** everywhere you look **hecho una sopa** soaked to the skin **sopa juliana** vegetable soup

sopapo *nm* slap

LOC dar/pegar un sopapo a algn to slap *sb*

sopera *nf* soup tureen

sopero, -a *adj* soup [*n atrib*]: *cuchara sopera* soup spoon ☛ *Ver ilustración en* CUCHARA **LOC** *Ver* PLATO

sopesar *vt* **1** (*palabras*) to weigh **2** (*situación, posibilidades*) to weigh *sth* up **3** (*pesar*) to test the weight **of *sth***

sopetón *nm*

LOC de sopetón: *Me los encontré de ~.* I bumped into them unexpectedly. ◊ *entrar/salir de ~* to burst in/out ◊ *Me lo dijo de ~.* He just came out with it. ◊ *Le vi de ~.* I suddenly saw him.

sopicaldo *nm* thin soup

soplado, -a *pp, adj* (*borracho*) plastered *Ver tb* SOPLAR

soplamocos *nm Ver* SOPAPO

soplar *vt* **1** (*para apagar algo*) to blow *sth* out: ~ *una vela* to blow out a candle **2** (*para enfriar algo, avivar*) to blow **on *sth***: ~ *la sopa* to blow on your soup **3** (*decir en voz baja*) to whisper: *Me soplaba las respuestas.* He whispered the answers to me. **4** (*chivarse*) **(a)** (*entre niños*) to tell (**on *sb***): *Si no me lo devuelves se lo soplo a la maestra.* If you don't give it back, I'll tell on you. **(b)** (*a la policía*) to grass **5** (*polvo*) to blow *sth* away **6** (*vidrio*) to blow **7** (*robar*) to nick **8** (*cobrar*) to sting: *¿Ocho mil pesetas te han soplado por eso?* You mean to say they stung you 8 000 pesetas for that? **9** (*beber*) to knock *sth* back: *No hace más que ~ whisky.* He spends all his time knocking back whisky.

■ **soplar** *vi* **1** (*persona, viento*) to blow **2** (*apuntar*) to whisper the answer (**to *sb***): *Si ves que toso es para que me soples.* If you see me cough, whisper the answer to me. **3** (*beber*) to drink

LOC ¡sopla! goodness!

soplete *nm* blowlamp

LOC soplete soldador welding torch

soplido *nm* puff

soplo *nm* **1** (*con la boca*) blow: *Apagó todas las velas de un ~.* He blew out the candles in one go. ◊ *Avivé el fuego con unos ~s.* I got the fire going by blowing on it. **2** (*viento*) gust **3** (*denuncia*) tip-off **4** (*fig*): *La empresa necesita un ~ de juventud.* The company needs an injection of new blood. ◊ *Esa noticia trajo un ~ de esperanza para la familia.* The news gave a ray of hope to the family.

LOC dar el soplo/ir con el soplo to tip (*sb*) off **en un soplo** in a flash **soplo cardiaco** heart murmur

soplón, -ona *nm-nf* **1** (*gen*) tell-tale **2** (*de la policía*) grass

soponcio *nm*

LOC darle a algn un soponcio 1 (*desmayo*) to faint: *Le dio un ~.* He fainted **2** (*ataque de nervios*) to have a fit: *Le va a dar un ~.* He'll have a fit!

sopor *nm* **1** (*sueño*) drowsiness **2** (*letargo*) lethargy

soporífero, -a (*tb* **soporífico, -a**) *adj* **1** (*lit*): *una droga soporífera* a drug that helps you sleep **2** (*fig*): *una película soporífera* a film that sends you to sleep

soportable *adj* bearable

soportal *nm* **1** (*porche*) porch **2 soportales** arcade [*sing*]: *los ~es de la plaza* the arcade surrounding the square

soportar *vt* **1** (*peso*) to carry **2** (*presión, ataque*) to withstand **3** (*aguantar*) to put up with *sth/sb*: *Lo soporté durante muchos años.* I put up with it for many years.

Cuando la frase es negativa se utiliza mucho **to stand**: *No la soporto.* I can't stand her. ◊ *No soporto tener que esperar.* I can't stand the waiting.

soporte *nm* **1** (*gen*) support: *Las columnas son el ~ del pórtico.* The columns support the porch. ◊ *Mi esposa ha sido mi ~ a lo largo de mi carrera.* My wife has supported me throughout my career. **2** (*estatua*) base **3** (*estantería*) bracket **4** (*libros*) lectern

soprano *nmf* soprano [*pl* sopranos]

Sor *nf* Sister: ~ *Teresa* Sister Teresa

sorber *vt, vi* **1** (*líquido*) to sip **2** (*hacer ruido al comer*) to slurp **3** (*con la nariz*) to sniff

sorbete *nm* sorbet

sorbido, -a *pp, adj Ver* SORBER **LOC** *Ver* SESO

sorbo *nm* sip: *entre ~ y ~ de café* between sips of coffee

LOC tomar/beber a sorbos to sip *sth* **tomar/beber de un sorbo** to down *sth* in one go

sordera *nf* deafness

sordidez *nf* squalor

sórdido, -a *adj* sordid

sordina *nf* **1** (*instrumentos de viento y cuerda*) mute ☛ *Ver ilustración en* BRASS **2** (*piano*) damper

sordo, -a *adj* **1 ~ (a)** (*persona*) deaf (**to *sth***) **2** (*dolor*) dull **3** (*ruido*) muffled **4** (*reprimido*) repressed: *una rabia sorda* repressed anger **5** (*Ling*) voiceless

■ **sordo, -a** *nm-nf* deaf person [*pl* deaf people]: *un colegio especial para ~s* a school for deaf children

LOC a la sorda/a sordas on the quiet **hacerse el sordo** to turn a deaf ear *to sth/sb* **quedarse sordo** to go deaf: *Se quedó ~ a causa de una explosión.* He went deaf as a result of an explosion. **ser sordo como una**

tapia/**estar más sordo que una tapia** to be as deaf as a post *Ver tb* DIÁLOGO, OÍDO, PALABRA
sordomudez *nf* deafness and dumbness
sordomudo, -a *adj* deaf and dumb
■ **sordomudo, -a** *nm-nf* deaf and dumb person
LOC *Ver* ALFABETO
soriasis *nf* psoriasis
sorna *nf* sarcasm: *Se lo dijo con ~.* She spoke sarcastically.
sorprendente *adj* surprising
sorprender *vt* **1** (*extrañar*) to surprise: *Me sorprende que no haya llegado.* I'm surprised he hasn't arrived yet. **2** (*coger desprevenido*) to catch *sb* (unawares): *Los sorprendió robando.* She caught them stealing. ◊ *Sorprendieron a los atracadores.* They caught the robbers unawares. ◊ *Nos sorprendió la lluvia.* We were caught in the rain.
■ **sorprenderse** *v pron* to be surprised (***at sth*/*to do sth***): *Se sorprendieron al vernos.* They were surprised to see us.
sorprendido, -a *pp, adj* surprised *Ver tb* SORPRENDER
sorpresa *nf* surprise
LOC **coger/pillar a algn por sorpresa** to take sb by surprise: *Su llegada/pregunta me cogió por ~.* His arrival/question took me by surprise. **con gran sorpresa mía** much to my surprise **para mi sorpresa** to my surprise *Ver tb* CAJA, FACTOR
sorpresivo, -a *adj* surprise [*n atrib*]: *un ataque ~* a surprise attack
sortear *vt* **1** (*echar a suertes*) to draw lots **for *sth***: *Solo trajeron tres muñecas, así que tuvimos que ~las.* They only brought three dolls, so we had to draw lots for them. **2** (*con moneda*) to toss **for *sth*** [*vi*]: *Si no hay voluntarios, habrá que ~lo.* If nobody volunteers, we'll have to toss for it. **3** (*en una tómbola o sorteo con boletos*) to raffle: *Se sortearán un montón de premios.* There will be a lot of prizes in the raffle. ◊ *¿Qué sortean?* What are the prizes? **4** (*golpe, obstáculo*) to dodge **5** (*dificultad*) to avoid
■ **sortear** *vi* **1** (*echar a suertes*) to draw lots: *Vamos a ~ a ver quién paga.* Let's draw lots to see who's going to pay. **2** (*con moneda*) to toss for it
sorteo *nm* **1** (*lotería, adjudicación*) draw **2** (*rifa*) raffle **3** (*golpe, obstáculo*): *un boxeador muy hábil en el ~ de los golpes* a boxer who is very good at dodging blows **4** (*dificultad, trabas*): *tras el ~ de las dificultades iniciales* after getting over the initial problems
sortija *nf* **1** (*anillo*) ring: *una ~ de compromiso* an engagement ring **2** (*rizo*) ringlet
sortilegio *nm* **1** (*embrujo*) spell **2** (*encanto*) charm
LOC **echar un sortilegio** to cast a spell (on *sth/sb*)
SOS *nm* SOS: *enviar un ~* to send an SOS **LOC** *Ver* LANZAR
sosa *nf* soda
LOC **sosa cáustica** caustic soda
sosaina (*tb* **soseras**) *nmf* bore
sosegado, -a *pp, adj* calm *Ver tb* SOSEGAR
sosegar *vt* to calm
■ **sosegarse** *v pron* to calm down
LOC **sosegar el ánimo** to set *sb's* mind at rest **sosegarse los ánimos** to calm down: *cuando se sosieguen los ánimos* when everyone has calmed down
sosería *nf* **1** (*comida*) blandness **2** (*fig*): *Sus comentarios no son más que ~s.* His remarks are just plain boring.
sosiego *nm* calm
soslayar *vt* to avoid
soslayo
LOC **de soslayo**: *una mirada de ~* a sidelong glance
soso, -a *adj* **1** (*comida*) **(a)** (*sin sal*): *La sopa está algo sosa.* This soup needs a little salt. **(b)** (*sin sabor*) tasteless **2** (*persona*) dull **3** (*chiste*): *Los chistes que cuentan son ~s.* Their jokes aren't funny.
sospecha *nf* suspicion: *Tus ~s eran infundadas.* Your suspicions were unfounded.
LOC **tener la sospecha de que** to suspect that…
sospechar *vt, vi* **~ (de)** to suspect: *Sospechamos que fueron ellos.* We suspect it was them. ◊ *Sospechan del jóven como terrorista.* They suspect the young man of being a terrorist. ◊ *Aquello me hizo ~.* That made me suspect something.
LOC **¡ya (me) lo sospechaba!** just as I thought!
sospechoso, -a *adj* **1** (*que despierta sospechas*) suspicious **2** (*dudoso*) suspect **3 ~ de** suspected **of *sth*/*doing sth***: *grupos extremistas ~s de cometer el atentado* extremist groups suspected of carrying out the attack
■ **sospechoso, -a** *nm-nf* suspect
sostén *nm* **1** (*prenda*) bra **2** (*soporte*) support: *Las columnas son el ~ de la bóveda.* The columns support the dome. **3** (*sustento*) means of support
sostener *vt* **1** (*gen*) to hold: *¿Me sostienes el paraguas mientras busco la llave?* Can you hold my umbrella while I look for the key? ◊ *Sostén a la niña, no se vaya a caer.* Hold on to my little girl and see she doesn't fall. **2** (*servir de apoyo a, mantener económicamente*) to support: *Una base de mármol sostiene la columna.* A marble base supports the column. ◊ *~ a una familia de seis* to support a family of six **3** (*peso, carga*) to bear **4** (*asegurar*) to maintain: *Sostiene la idea de que…* He maintains that… ◊ *Sostienen que la economía mejorará en la próxima década.* They maintain that the economy will improve in the next decade. **5** (*principio*) to stand by *sth* **6** (*lucha*) to keep *sth* up
■ **sostenerse** *v pron* **1** (*en pie*) to stand: *Está tan débil que no puede ni ~se.* She's too weak to stand. **2** (*en el aire*) to stay up **3** (*razonamiento*) to stand up **4** (*sustentarse*) to keep going (***on sth***): *Se sostiene a base de fruta y yogures.* She keeps going on fruit and yoghurt.
LOC **sostener la mirada/vista** to stare *sb* out
sostenido, -a *pp, adj* **1** (*continuado*) sustained **2** (*Mús*) sharp: *Fa ~* F sharp *Ver tb* SOSTENER
■ **sostenido** *nm* sharp: *Re mayor tiene dos ~s.* The key of D major has two sharps.
sostenimiento *nm* maintenance: *el ~ de la democracia* the maintenance of democracy
sota *nf* (*Naipes*) ☛ *Ver nota en* BARAJA
sotana *nf* cassock **LOC** *Ver* COLGAR
sótano *nm* **1** (*edificio*) basement **2** (*casa*) cellar **3** (*banco*) vault **LOC** *Ver* PLANTA
sotavento *nm* leeward: *a ~* to leeward
soterrar *vt* to bury
soto *nm* **1** (*arboleda*) grove **2** (*matorral*) thicket
soviet *nm* soviet: *el ~ supremo* the Supreme Soviet
spagat *nm*
LOC **hacer el spagat** to do the splits
spaghetti *nm Ver* ESPAGUETI
spaniel *nm* spaniel
spárring *nm* (*Boxeo, fig*) sparring partner
sport *nm* casual: *Lleva una ropa muy ~.* He wears casual clothes.
LOC **ir/vestir de sport**: *Acudió a la entrevista vestido de ~.* He turned up for the interview in casual dress. ◊ *Me gusta ir de ~.* I like to dress casually.
spot *nm* advertisement, commercial ☛ *Ver nota en* ANUNCIO
spray *nm* spray
sprint *nm* **1** (*lit*) sprint **2** (*fig*) rush
sprintar *vi* to sprint
sprinter *nmf* sprinter
squash *nm* squash: *jugar al ~* to play squash ☛ *Ver ilustración en* SQUASH[1] **LOC** *Ver* PISTA
Sri Lanka *nm* Sri Lanka
staccato *adj, adv, nm* staccato
stand *nm* stand
standard *nm Ver* ESTÁNDAR
standarización *nf Ver* ESTANDARIZACIÓN
standarizar *vt Ver* ESTANDARIZAR
standing *nm*
LOC **de alto/gran standing**: *una empresa de alto ~* a firm with a high reputation ◊ *Se ha convertido en un ejecutivo de alto ~.* He's a highly regarded businessman. ◊ *un piso de alto ~* a luxury flat
starter *nm Ver* ESTÁRTER

statu quo *nm* status quo
status *nm* status: *Es muy consciente de su ~.* He's very aware of his status.
stock *nm* stock
stop *nm* (*señal*) stop sign
stress *nm Ver* ESTRÉS
striptease *nm* **1** (*espectáculo*) striptease **2** (*local*) strip club
su *adj pos* **1** (*de él*) his **2** (*de ella*) her **3** (*de objeto, animal, concepto*) its: *Es imposible calcular su valor.* Its value is incalculable. **4** (*de ellos, de ellas*) their **5** (*impersonal, sin especificar el sexo de la persona*) their: *Cada cual tiene su opinión.* Everyone has their own opinion. **6** (*de usted, de ustedes*) your: *Hemos preparado una fiesta en su honor.* We're giving a party in your honour. **7 sus** (*aproximadamente*): *Tendrá sus cincuenta años.* She must be about fifty.
suave *adj* **1** (*color, luz, música, piel, sonido, voz, tela*) soft **2** (*superficie*) smooth **3** (*caricia, golpecito, brisa, persona, curva, pendiente*) gentle **4** (*clima, temperatura, sabor, reprimenda*) mild **5** (*perfume, ejercicio, lluvia, viento*) light **6** (*aroma*) sweet **7** (*movimiento*) slight **8** (*motor*) smooth-running
LOC estar suave con algn to be nice to sb *Ver tb* GUANTE
suavidad *nf* **1** (*color, facciones, forma, luz, piel, tela*) softness **2** (*maniobra, motor, sabor, superficie*) smoothness: *cambiar de marcha con ~* to change gear smoothly **3** (*carácter, brisa, curva, pendiente*) gentleness: *La ~ de la brisa invitaba a pasear por la orilla.* The gentle breeze made it very pleasant to walk by the sea. **4** (*clima, temperatura, reprimenda*) mildness **5** (*actividad, ejercicio*) ease: *La ~ del ejercicio hace que cualquier persona pueda hacerlo.* The exercise is so easy anyone can do it. **6** (*aroma*) sweetness **7** (*movimiento*) slightness
suavizante *adj* conditioning
■ **suavizante** *nm* **1** (*ropa*) fabric conditioner **2** (*pelo*) conditioner
suavizar *vt* **1** (*piel, ropa*) to make *sth* soft **2** (*pelo*) to condition **3** (*facciones, contornos*) to soften **4** (*color, sabor*) to tone *sth* down **5** (*condiciones*) to ease **6** (*castigo*) to lighten
■ **suavizarse** *v pron* **1** (*carácter, persona*) to mellow **2** (*relaciones, tensiones*) to ease **3** (*actividad, ritmo*) to ease off **4** (*voz*) to soften
subalimentación *nf* undernourishment
subalterno, -a *nm-nf* **1** (*empleado*) subordinate **2** (*Mil*) subaltern **3** (*Toros*) member of the bullfighter's team
subarrendador, ~a *nm-nf* sublessor
subarrendar *vt* to sublet
subarrendatario, -a *nm-nf* subtenant
subarriendo (*tb* **subarrendamiento**) *nm* sublet
subasta *nf* auction
LOC sacar a subasta to put *sth* up for auction **salir a subasta** to come up for auction *Ver tb* CASA
subastador, ~a *nm-nf* auctioneer
subastar *vt* to auction
subcampeón, -ona *nm-nf* runner-up [*pl* runners-up]: *Habrá premios para el campeón y ~.* There will be prizes for the winner and the runner-up. ◊ *el ~ mundial de ajedrez* the world number two in chess
subcomisión *nf* subcommittee
subconsciencia *nf* subconscious
subconsciente *adj, nm* subconscious
subcontinente *nm* subcontinent
subcontratista *nmf* subcontractor
subcontrato *nm* subcontract
subcultura *nf* subculture
subcutáneo, -a *adj* subcutaneous
subdesarrollado, -a *adj* underdeveloped
subdesarrollo *nm* underdevelopment
súbdito, -a *nm-nf* subject: *Es súbdita británica.* She is a British subject.
subdividir *vt* to subdivide *sth* (**into** *sth*): *~ un texto en varios apartados* to subdivide a text into several sections
subdivisión *nf* subdivision
subempleado, -a *adj* underemployed
subempleo *nm* underemployment
subespecie *nf* subspecies [*pl* subspecies]
subestimación *nf* underestimation
subestimar *vt* to underestimate
subexponer *vt* to underexpose
subexposición *nf* underexposure
subgrupo *nm* subgroup
subibaja *nm* see-saw
subida *nf* **1** (*acción*) ascent: *la ~ a la montaña* the ascent of the mountain **2** (*pendiente*) hill: *al final de esta ~* at the top of this hill **3 ~ (de)** (*aumento*) rise (**in** *sth*): *una fuerte ~ de precios* a sharp rise in prices
LOC *Ver* LINEAL
subido, -a *pp, adj* **1** (*color*) bright **2** (*precio*) high *Ver tb* SUBIR
LOC subido de tono risqué
subinquilino, -a *nm-nf* subtenant
subir *vt* **1** (*llevar*) to take/bring *sth* up: *Subió las maletas a la habitación.* He took the suitcases up to the room. **2** (*poner más arriba*) to put *sth* up: *Súbelo un poco más.* Put it up a bit higher. **3** (*levantar*) to lift *sth* up: *Subí el equipaje al tren* I lifted the luggage onto the train. **4** (*ir/venir arriba*) to go/come up: *~ una calle* to go up a street **5** (*precios*) to put *sth* up, to raise (*más formal*) **6** (*volumen, calefacción, gas*) to turn *sth* up: *Sube la radio un poco.* Can you turn up the radio a bit.
■ **subir** *vi* **1** (*ir/venir arriba*) to go/come up: *Subimos al segundo piso.* We went up to the second floor. ◊ *~ al tejado* to go up onto the roof **2** (*temperatura, río*) to rise **3** (*marea*) to come in **4** (*precio*) to go up: *Ha subido la gasolina.* Petrol has gone up. **5** (*sonido*) to get louder
■ **subir(se)** *vi, v pron* **subir(se)** (**a**) **1** (*automóvil*) to get in; to get into *sth*: *¿Podemos ~ ya?* Can we get in? ◊ (*Me*) *subí al taxi.* I got into the the taxi. **2** (*transporte público, caballo, bici*) to get on (*sth*)
■ **subirse** *v pron* (*prenda*): *Súbete los calcetines.* Pull your socks up.
LOC subir a bordo (**de un barco/avión**) to board (a ship/plane) **subir a un árbol** to climb a tree **subir como la espuma** to shoot up **subir la voz** to raise your voice **subirse a la cabeza** to go to your head: *El champán se me subió a la cabeza.* The champagne went to my head. **subirse a la parra 1** (*precios*) to go through the roof: *Al principio esa tienda tenía buenos precios, pero ya se está subiendo a la parra.* Prices were reasonable in that shop to start with but now they've gone through the roof. **2** (*tener humos*) to get too big for your boots **subirse a las barbas/la chepa** to walk all over *sb* **subirse el pavo** to be too big for your boots **subírsele los humos a algn** to become high and mighty **subirse por las paredes** to hit the roof *Ver tb* ESCALERA, TRONO
súbito, -a *adj* sudden
LOC de súbito suddenly
subjetividad *nf* subjectivity
subjetivo, -a *adj* subjective
subjuntivo, -a *adj, nm* subjunctive
sublevación *nf* **1** (*Pol*) uprising **2** (*Mil*) mutiny **3** (*motín*) riot
sublevar *vt* **1** (*insurreccionar*) to stir up a revolt **2** (*indignar*) to drive *sb* wild
■ **sublevarse** *v pron* **1 sublevarse** (**contra**) **(a)** (*Pol*) to rise (**against** *sth/sb*) **(b)** (*Mil*) to mutiny (**against** *sth/sb*) **2** (*amotinarse*) to riot
sublimación *nf* **1** (*Psiq, Quím*) sublimation **2 ~ de** (*ensalzamiento*) praise **of/for** *sth/sb*
sublimado *nm* sublimate
sublimar *vt* **1** (*Psiq, Quím*) to sublimate **2** (*ensalzar*) to exalt
sublime *adj* sublime
sublimidad *nf* sublimity
subliminal (*tb* **subliminar**) *adj* subliminal

submarinismo *nm* scuba-diving
submarinista *nmf* scuba-diver LOC *Ver* TRAJE
submarino, -a *adj* underwater
■ **submarino** *nm* submarine LOC *Ver* CORRIENTE
subnormal *adj* subnormal
■ **subnormal** *nmf* **1** (*Psiq*) mentally handicapped person **2** (*como insulto*) moron
subnormalidad *nf* subnormality
suboficial *nmf* non-commissioned officer
subordinación *nf* subordination
subordinado, -a *pp, adj* **~ (a)** subordinate (**to** *sth*)
■ **subordinado, -a** *nm-nf* subordinate
subproducto *nm* by-product
subrayado *nm* **1** (*con raya*) underlining **2** (*con cursiva*) italics [*v pl*]
subrayar *vt* **1(a)** (*con raya*) to underline **(b)** (*con cursiva*) to put *sth* in italics **2** (*recalcar*) to emphasize
subsanable *adj* **1** (*defecto, deficiencia, daño*) repairable **2** (*error*) rectifiable **3** (*dificultad, obstáculo*) surmountable
subsanar *vt* **1** (*defecto, deficiencia, daño*) to put *sth* right **2** (*error*) to correct **3** (*dificultad, obstáculo*) to overcome
subsecretaría *nf* **1** (*cargo*) under-secretaryship **2** (*oficina*) under-secretary's office
subsecretario, -a *nm-nf* under-secretary
subsecuente *adj* subsequent
subsidiario, -a *adj* subsidiary
subsidio *nm* benefit
LOC **subsidio de desempleo/paro** unemployment benefit **subsidio de enfermedad** sickness benefit **subsidio de vejez** old-age pension **subsidio de vivienda** housing benefit **subsidio familiar** child benefit
subsiguiente *adj* subsequent
subsistencia *nf* **1** (*mantenimiento*) subsistence: *Trabajaban para la ~ de su familia.* They worked to support their family. **2** (*existencia continuada*) survival: *No es posible la ~ de las libertades individuales.* Individual freedoms cannot survive.
subsistir *vi* **1** (*perdurar*) to persist: *prejuicios que subsisten en nuestra cultura* prejudices which still exist in our culture **2 ~ con/de/a base de** to survive **on** *sth*
subsuelo *nm* subsoil
subteniente *nmf* sub-lieutenant
subterfugio *nm* subterfuge
subterráneo, -a *adj* underground
■ **subterráneo** *nm* **1** (*túnel*) tunnel **2** (*peatones*) subway **3** (*vehículos*) underpass LOC *Ver* PASO
subtitulado, -a *pp, adj* with subtitles: *versión original subtitulada* original version with subtitles *Ver tb* SUBTITULAR
■ **subtitulado** *nm* subtitling
subtitular *vt* to subtitle
subtítulo *nm* subtitle
subtropical *adj* subtropical
suburbano, -a *adj* suburban
■ **suburbano** *nm* local train
suburbio *nm* **1** (*alrededores*) suburb **2** (*barrio bajo*) poor area
subvención *nf* subsidy
subvencionar *vt* to subsidize
subversión *nf* **1** (*Pol*) subversion **2 ~ (contra)** uprising (**against** *sth/sb*)
subversivo, -a *adj* subversive
subvertir *vt* to subvert: *~ los valores tradicionales/la monarquía* to subvert traditional values/the monarchy
subyacente *adj* underlying
subyugación *nf* subjugation
subyugador, ~a *adj* captivating
subyugar *vt* **1** (*país, enemigo*) to subjugate **2** (*pasiones, voluntad*) to master **3** (*cautivar*) to captivate
succión *nf* **1** (*chupar*) sucking **2** (*Tec*) suction
succionar *vt* to suck *sth* in/up
sucedáneo *nm* substitute (***for sth***)
suceder *vi* **~ (a) 1** (*ocurrir*) to happen (**to** *sth/sb*): *¡Que no vuelva a ~!* Don't let it happen again! **2** (*seguir*) to follow *sth* [*vt*]: *el período que sucedió a la dictadura* the period that came after the dictatorship
■ **suceder** *vt* (*en el trono, en un cargo*) to succeed *sb* (**as** *sth*): *Le sucederá su hijo en el trono.* His son will succeed him. ◊ *X sucedió a Y en el cargo de secretario.* X succeeded Y as secretary.
LOC **lo más que puede suceder es que...** the worst that can happen is that... **lo que sucede es que...** the thing is... **por lo que pudiera/pueda suceder** just in case **¿qué sucede?** what's going on? **¿qué te sucede?** what's the matter? **suceda lo que suceda** come what may **sucede que...** it so happens that...
sucedido, -a *pp, adj Ver* SUCEDER
■ **sucedido** *nm* incident
LOC **lo sucedido** what had happened
sucesión *nf* **1 ~ (a)** (*gen*) succession: *Es el segundo en la línea de ~ al trono.* He is second in line to the throne. ◊ *el más firme candidato a la ~ del actual Primer Ministro* the strongest candidate to succeed the present Prime Minister **2** (*descendencia*) heirs [*v pl*] **3** (*herencia*) inheritance
sucesivamente *adv* successively LOC *Ver* ASÍ
sucesivo, -a *adj* **1** (*gen*) successive: *los ~s gobiernos* successive governments ◊ *durante tres semanas sucesivas* for three weeks running **2** (*posterior*): *en 1820 y años ~s* in 1820 and the years that followed
LOC **en días, semanas, etc sucesivos** in days, weeks, etc to come **en lo sucesivo 1** (*desde ahora*) in future **2** (*desde entonces*) from then on
suceso *nm* **1** (*incidente*) incident **2** (*acontecimiento*) event **3 sucesos** (*Periodismo*) accident and crime reports
sucesor, ~a *nm-nf* **~ (a) 1** (*gen*) successor (**to** *sth*) **2** (*heredero*) heir (**to** *sth*)
suciedad *nf* dirt: *La ~ de las calles ha aumentado últimamente.* The streets have got dirtier recently.
sucinto, -a *adj* succinct
sucio, -a *adj* **1** (*gen*) dirty: *Esta cocina está muy sucia.* This kitchen is very dirty. ◊ *asuntos ~s* dirty business **2** (*que se ensucia fácilmente*): *El beige es un color ~.* Beige is a colour that shows the dirt. **3** (*desaliñado*) messy **4** (*color*): *un blanco ~* off-white
LOC **en sucio** in rough: *Escribe la redacción en ~ primero.* Write your essay in rough first. *Ver tb* AGUA, CESTO, COPIA, JUEGO, JUGAR, ROPA, TRAPO
suculento, -a *adj* **1** (*lit*) delicious: *una suculenta merluza a la plancha* a delicious grilled hake **2** (*fig*) juicy: *una suculenta noticia* a juicy piece of news
sucumbir *vi* **1 ~ (a/ante)** (*rendirse*) to succumb (**to** *sth*): *Muchos hombres sucumbieron ante su encanto.* Many men succumbed to her charms. **2** (*perecer*) to perish
sucursal *nf* branch
sudadera *nf* sweatshirt
sudafricano, -a *adj, nm-nf Ver* SURAFRICANO
Sudamérica *nf Ver* SURAMÉRICA
sudamericano, -a *adj, nm-nf Ver* SURAMERICANO
Sudán *nm* Sudan
sudar *vi* **1** (*gen*) to sweat: *~ de miedo* to sweat with fear **2** (*trabajar duro*) to slog your guts out: *La verdad es que sudamos para terminarlo a tiempo.* We slogged our guts out to finish it on time.
■ **sudar** *vt* **1** (*mojar*): *Había sudado la camisa.* His shirt was soaked in sweat. **2** (*Bot*) to ooze
LOC **me la suda** I couldn't give a damn **sudar a chorros/mares** to sweat like a pig **sudar sangre/tinta/la gota gorda** to sweat blood
sudario *nm* shroud LOC *Ver* SANTO
sudeste *nm Ver* SURESTE
sudoeste *nm Ver* SUROESTE
sudor *nm* sweat: *Llegamos a la meta bañados en ~.* We reached the finishing post bathed in sweat. ◊ *Llevaba la blusa con una marca de ~.* She was wearing a sweat-stained blouse.

LOC **con el sudor de la frente** by the sweat of my, your, etc brow **tener sudores fríos** to be in a cold sweat *Ver* COSTAR, LIMPIAR, SANGRE, SECAR

sudoriento, -a (*tb* **sudoroso, -a**) *adj* sweaty

Suecia *nf* Sweden

sueco, -a *adj* Swedish
■ **sueco, -a** *nm-nf* Swede: *los ~s* the Swedes
■ **sueco** *nm* (*idioma*) Swedish
LOC **hacerse el sueco**: *Cuando le toca pagar a él se hace el ~.* When it's his turn to pay he conveniently forgets. ◊ *Le saludé pero se hizo la sueca.* I said hello but she pretended not to see me. *Ver tb* NABO

suegro, -a *nm-nf* **1** (*gen*) father-in-law [*fem* mother-in-law] [*pl* fathers-in-law/mothers-in-law] **2 suegros** parents-in-law, in-laws (*más coloq*)

suela *nf* **1** (*zapato*) sole: *medias ~s* half-soles ☛ *Ver ilustración en* ZAPATO **2** (*cuero*) thick leather **3** (*grifo*) washer **LOC** *Ver* LLEGAR, SIETE[2]

sueldo *nm* **1** (*gen*) pay [*incontable*]: *pedir un aumento de ~* to ask for a pay increase ◊ *cobrar el ~ atrasado* to get back pay **2** (*mensual*) salary **3** (*semanal*) wage
LOC **estar a sueldo** to be on a salary **estar a sueldo de 1** (*empleado*) to be employed by *sb* **2** (*criminal, espía*) to be in the pay of *sb* **sueldo base** basic wage/salary *Ver tb* ASESINO, LLEGAR, SUSPENDER, SUSPENSIÓN

suelo *nm* **1** (*superficie de la tierra*) ground: *No te sientes en el ~, está húmedo.* Don't sit on the ground, it's damp. **2** (*dentro de un edificio*) floor **3** (*terreno*) land: *la especulación del ~* land speculation **4** (*territorio*) soil: *en ~ griego* on Greek soil
LOC **¡al suelo!** get down (on the floor)! **echar al suelo 1** (*construcción*) to knock *sth* down **2** (*plan*) to ruin **3** (*esperanzas*) to dash **echarse/tirarse al suelo** to throw yourself to the ground **estar por el suelo** to be feeling very low **estar por los suelos** to be at rock bottom **irse/venirse al suelo 1** (*construcción*) to collapse **2** (*plan*) to fail **3** (*esperanzas*) to be dashed **poner/tirar por el suelo** to tear *sth/sb* to shreds **suelo natal** native soil *Ver tb* BESAR, CERA, FREGAR, PATADA, RAS

suelto, -a *pp, adj* **1** (*gen*) loose: *una página suelta* a loose page **2** (*desatado, desabrochado*) undone: *Llevas los cordones ~s.* Your laces are undone. **3** (*pelo*) down **4** (*separado*) odd: *un calcetín ~* an odd sock **5** (*holgado*) loose(-fitting) **6** (*libre*): *No dejes al niño ~.* Keep hold of the child's hand. ◊ *No quiero ver a ese perro ~.* I don't want to see that dog off the leash. **7** (*arroz*) fluffy *Ver tb* SOLTAR
■ **suelto** *nm* (small) change: *Me dio todo el ~ que llevaba.* He gave me all the change he had.
■ **suelta** *nf* release
LOC **andar suelto** (*criminal*) to be at large: *El violador anda todavía ~.* The rapist is still at large. **dar suelta** to let *sb* go **estar muy suelto en** to be very fluent in *sth* **suelto de lengua 1** (*charlatán*) talkative **2** (*respondón*) insolent **suelto de vientre**: *Llevo dos días algo ~ de vientre.* I've had a diarrhoea for a couple of days. *Ver tb* DINERO, DORMIR, RIENDA, TROZO, VENDER, VERSO

sueño *nm* **1** (*descanso*) sleep: *debido a la falta de ~* due to lack of sleep **2** (*somnolencia*) drowsiness: *Estas pastillas pueden producir ~.* These pills can make you drowsy. **3** (*lo soñado, ilusión*) dream: *Fue un ~ hecho realidad.* It was a dream come true.
LOC **echar(se) un sueño** to have a nap **en sueños** in your dreams: *Lo habrás visto en ~s.* You must have seen it in your dreams. **entre sueños** half-asleep: *Oí el timbre entre ~s.* Half-asleep, I heard the bell. **¡ni en sueños!** not on your life! **quitar el sueño 1** (*lit*) to keep *sb* awake: *El café quita el ~.* Coffee keeps you awake. **2** (*fig*): *No dejes que te quite el ~.* Don't lose any sleep over it. **sueño dorado** life's dream **sueño eterno** eternal rest **tener el sueño ligero/pesado** to be a light/heavy sleeper **tener sueño** to be sleepy *Ver tb* CANSANCIO, CONCILIAR, DESCABEZAR, ENFERMEDAD, ENGAÑAR, MUERTO

suero *nm* **1** (*vacuna*) serum [*pl* sera/serums] **2** (*alimento*) saline solution **3** (*leche*) whey

suerte *nf* **1** (*fortuna*) luck: *¡Buena ~ con el examen!* Good luck with your exam! ◊ *dar/traer buena/mala ~* to bring good/bad luck **2** (*destino*) fate: *Corrieron la misma ~.* They suffered the same fate. **3** (*azar*) chance
LOC **caer/tocar a algn en suerte** to win *sth*: *En la rifa nos tocó en ~ una bicicleta.* We won a bicycle in the raffle. **de (la) suerte** lucky: *mi número de la ~* my lucky number **de suerte que...** so that... **de tal suerte que...**: *Le golpeó de tal ~ que fue a dar contra la pared.* He hit him so that he banged into the wall. **echar a suertes** to toss for *sth*: *Lo echamos a ~s.* We tossed for it. **estar de suerte** to be in luck **la suerte está echada** the die is cast **por suerte** fortunately **¡qué mala suerte!** what bad luck! **quiso la suerte que...** as luck would have it... **¡suerte!** good luck! **tener (la) suerte de...** to be lucky enough to...: *Tengo la ~ de tener trabajo.* I'm lucky enough to have a job/be working. **tener mala suerte** to be unlucky **tener suerte (de que...)** to be lucky (that...): *¡Qué ~ tienes!* You lucky thing! ◊ *Tuvo ~ de que no le cortaran el teléfono.* He was lucky not to have his phone disconnected. **tener una suerte loca/de mil demonios** to have the luck of the devil *Ver tb* ABANDONAR, AMULETO, CONFIAR, FACTOR, GOLPE, MEJORAR, PROBAR, QUEJARSE, TENTAR

suertudo, -a *adj* jammy
■ **suertudo, -a** *nm-nf* lucky thing

suéter *nm* sweater

suficiencia *nf* **1** (*competencia*) ability: *Tendrán que realizar unas pruebas de ~.* They will have to show proof of their ability. **2** (*idoneidad*) suitability: *El artículo pone en duda la ~ de tales medidas.* The article questions whether such measures are suitable. **3** (*engreimiento*) smugness: *Sonrió con ~.* She smiled smugly.
LOC **darse aires de suficiencia** to put on airs

suficiente *adj* **1** (*gen*) enough, sufficient (*mas formal*): *No tengo arroz ~ para tantas personas.* I haven't enough rice for so many people. ◊ *No tiene la valentía ~ para admitir su error.* He's not brave enough to admit he was wrong. ☛ *Ver nota en* ENOUGH *adj* **2** (*engreído*) smug
■ **suficiente** *nm* (*Educ*) pass
LOC **lo suficiente** enough: *Gano lo ~ para vivir.* I earn enough to live on.

suficientemente *adv* sufficiently: *lo ~ inteligente para saber retirarse a tiempo* sufficiently intelligent/intelligent enough to know when to retreat

sufijo *nm* suffix

suflé *nm* soufflé

sufragar *vt* to pay **for sth** [*vi*]: *Sus abuelos sufragan sus estudios.* Her grandparents are paying for her education.

sufragio *nm* **1** (*derecho*) suffrage: *sufragio universal* universal suffrage **2** (*voto*) vote

sufragista *nmf* suffragette

sufrido, -a *pp, adj* **1** (*persona*) long-suffering **2** (*color, prenda*) that doesn't show the dirt: *El verde es muy ~.* Green doesn't show the dirt. *Ver tb* SUFRIR

sufrimiento *nm* suffering

sufrir *vt* **1** (*gen*) to have: *Sufrió un accidente/una operación.* He had an accident/operation. ◊ *~ una derrota/humillación/un revés* to suffer a defeat/humiliation/setback ◊ *~ una enfermedad* to have an illness **2** (*transformación*) to undergo
■ **sufrir** *vi* to suffer (**from sth**): *No le hagas ~.* Don't make him suffer. ◊ *Sufre del corazón.* He suffers from heart trouble.
LOC **sufrir arresto domiciliario** to be under house arrest **sufrir como un condenado** to go through hell **sufrir daños/desperfectos** (*edificio*) to be damaged **sufrir hambre** to be hungry **sufrir un atentado/robo/malos tratos** to be assaulted/robbed/ill-treated *Ver tb* BAJÓN, CAÍDA, COLAPSO, CONSECUENCIA, DESENGAÑO, DESMAYO, HERIDA, PENURIA

sugerencia *nf* suggestion: *hacer una ~* to make a suggestion ◊ *por ~ de mi hermana* at my sister's suggestion

sugerente *adj* suggestive: *una fotografía/sonrisa ~* a suggestive photograph/smile
sugerir *vt* to suggest: *Me sugirió un plan.* He suggested a plan to me. ◊ *Sugiero que consultemos con un abogado.* I suggest we consult a lawyer.
sugestión *nf* suggestion: *Utiliza métodos de ~.* He uses suggestion. ◊ *Tus mareos son pura ~.* You're not really going to faint, it's all in the mind.
sugestionable *adj* suggestible
sugestionar *vt* to convince: *Se ha dejado ~ por esos fanáticos.* He's let himself be convinced by those fanatics.
sugestivo, -a *adj* attractive: *Me ha propuesto un plan muy ~.* I find his idea very attractive.
suicida *adj* suicidal
■ **suicida** *nmf* suicide **LOC** *Ver* COMANDO
suicidarse *v pron* to commit suicide
suicidio *nm* suicide: *Era su segundo intento de ~.* It was his second suicide attempt.
suite *nf* suite
LOC suite nupcial bridal suite
Suiza *nf* Switzerland
suizo, -a *adj* Swiss
■ **suizo, -a** *nm-nf* Swiss man/woman [*pl* Swiss men/women]: *los ~s* the Swiss
■ **suizo** *nm* (*bollo*) bun
sujeción *nf*: *El cinturón de seguridad proporciona una gran ~.* The seat belt holds you firmly.
sujetador *nm* (*prenda*) bra: *un ~ sin tirantes* a strapless bra
LOC sujetador con aros underwired bra
sujetapapeles *nm* paper clip ☛ *Ver ilustración en* CLIP[1]
sujetar *vt* **1** (*gen*) to hold: *Sujeta bien el paraguas.* Hold the umbrella tight. ◊ *¿Me sujetas la bolsa mientras abro la puerta?* Could you hold my bag while I open the door? ◊ *Tuve que ~la para que no se cayera.* I had to hold her to keep her from falling. **2** (*fijar*) **(a)** (*con una cuerda*) to tie: *Sujeta el equipaje.* Tie the luggage on. **(b)** (*con un clip*) to clip *sth* together: *Sujeté las facturas con un clip.* I clipped the bills together. **(c)** (*con grapas*) to staple *sth* together **3** (*sostener*) to keep *sth* up: *Los tirantes sirven para ~ el pantalón.* Braces are used to keep trousers up. **4** (*a la fuerza*) to hold *sb* down: *Tuvieron que ~lo para que no la golpeara.* They had to hold him down to stop him hitting her.
■ **sujetarse** *v pron* **1 sujetarse (a)** (*agarrarse*) to hold on (**to *sth*/*sb***): *Sujétate a mí.* Hold on to me. ◊ *Sujétate, que viene una curva.* Hold tight, there's a bend coming up. **2** (*pelo*) **(a)** (*en una coleta*) to tie *your hair* back: *Sujétate el pelo, lo tienes todo revuelto.* Tie your hair back, it's a terrible mess. **(b)** (*en un moño*) to put *your hair* up **3 sujetarse a** (*someterse*) to abide by *sth*: *~se a las leyes del país* to abide by the laws of the country
sujeto, -a *adj* **1 ~** (**a**) (*atado*) fastened: *El equipaje iba bien ~ en la baca.* The luggage was securely fastened to the roof-rack. **2** (*a la fuerza*) held down: *Dos policías lo tenían ~.* Two policemen were holding him down. **3 ~ a** (*sometido*) subject **to *sth***: *El plan está ~ a posibles modificaciones.* The plan is subject to modification. **4** (*ocupado*) tied down: *Los niños la tienen muy sujeta.* The children tie her down.
■ **sujeto** *nm* **1** (*individuo*) character: *un ~ de aspecto sospechoso* a suspicious-looking character **2** (*Ling*) subject
sulfato *nm* sulphate
sulfurar *vt* to infuriate
■ **sulfurarse** *v pron* to get furious
sulfúrico, -a *adj* sulphuric: *ácido ~* sulphuric acid
sulfuro *nm* sulphide
sulfuroso, -a *adj* sulphurous
sultán *nm* sultan
sultana *nf* sultana
suma *nf* **1** (*gen, Mat*) sum: *Les puso varias ~s de deberes.* He gave them some sums to do for homework. ◊ *La ~ de 2 y 5 es 7.* 2 and 5 make 7. ◊ *Me prometieron una gran ~ (de dinero).* They promised me a large sum of money. **2** (*total*) total: *la ~ de votos nulos* the total number of invalid votes **3 ~ de** combination **of *sth***: *la ~ de varios factores* a combination of factors
LOC en suma in short **hacer una suma/sumas** to add: *Está aprendiendo a hacer ~s.* He's learning to add. ◊ *Haz la ~ de 36 más 25.* Add 36 and 25. *Ver tb* FACILIDAD
sumamente *adv* extremely
sumar *vt* **1** (*gen*) to add: *Piensa un número, súmale diez y réstale cuatro.* Think of a number, add ten and take away four. ◊ *Dos más tres suman cinco.* Two and three are five. **2** (*ascender a*) to amount **to *sth***: *deudas que suman varios millones* debts amounting to several million pesetas
■ **sumar** *vi* to add: *Mi hijo está aprendiendo a ~.* My son is learning to add up.
■ **sumarse** *v pron* **sumarse (a)** to join (**in *sth***): *~se a una protesta/huelga* to join in a protest/strike
LOC suma y sigue there's no end to it
sumario, -a *adj* **1** (*breve*) brief **2** (*Jur*) summary: *juicio ~* summary trial
■ **sumario** *nm* **1** (*Jur*) indictment **2** (*índice temático*) index [*pl* indexes]
sumergible *adj* **1** (*gen*) submersible: *una nave ~* a submersible vessel **2** (*reloj*) water-resistant
■ **sumergible** *nm* submersible
sumergido, -a *pp, adj Ver* SUMERGIR **LOC** *Ver* ECONOMÍA
sumergir *vt* to put *sth* in the water: *Sumergió el brazo en el agua.* He put his arm in the water. ◊ *~ la cabeza* to put your head under the water
■ **sumergirse** *v pron* **1 sumergirse (en)** (*lit*) to dive (**into *sth***): *El submarino se sumergió.* The submarine dived. ◊ *Los niños se sumergieron en el río.* The children dived into the river. **2 sumergirse en** (*fig*) to immerse yourself **in *sth***: *Me sumergí en el tema.* I immersed myself in the subject.
sumidero *nm* drain ☛ *Ver ilustración en* HOUSE
suministrador, ~a *adj* supplying: *la empresa suministradora* the supplying company
■ **suministrador, ~a** *nm-nf* supplier
suministrar *vt* to supply *sb* **with *sth***: *Javier me suministró la información.* Javier supplied me with information.
suministro *nm* supply: *recortes en el ~ eléctrico* cuts in the power supply
sumir *vt* to plunge *sb* ***into sth***: *Sus palabras me sumieron en la desesperación/un mar de dudas.* His words plunged me into despair/doubt.
■ **sumirse** *v pron* **sumirse en 1** (*silencio, sueño*) to fall **into *sth***: *Se sumió en un profundo sueño.* He fell into a deep sleep. ◊ *~se en el más absoluto silencio* to fall silent **2** (*pensamientos, trabajo*) to become immersed **in *sth***: *Se sumió en sus propios pensamientos.* He became immersed in his own thoughts.
LOC sumir a algn en la confusión to throw sb into confusion **sumir a algn en la tristeza** to fill sb with sadness
sumisión *nf* **1** (*estado*) submission **2** (*actitud*) submissiveness
sumiso, -a *adj* submissive
sumo *nm* (*Dep*) sumo wrestling
sumo, -a *adj* **1** (*muy grande*) great: *de suma utilidad* of great usefulness ◊ *con ~ cuidado* with the greatest care ◊ *Su estado es de suma gravedad.* His condition is very serious. **2** (*rango*) supreme: *la suma autoridad en la materia* the supreme authority on the subject ◊ *el Sumo Pontífice* the Supreme Pontiff
LOC a lo sumo at most **sumo sacerdote** high priest *Ver tb* GRADO
suntuoso, -a *adj* sumptuous
supeditado, -a *pp, adj Ver* SUPEDITAR
LOC (estar) supeditado a (to be) dependent on *sth*: *un proyecto ~ a la ayuda oficial* a project dependent on official aid

supeditar *vt* to subordinate *sth* **to** ***sth***: ~ *los intereses personales al bien común* to subordinate personal interests to the common good
■ **supeditarse** *v pron* **supeditarse a** to comply **with** ***sth***: ~*se a las reglas* to comply with the rules

súper *adj* **1** (*estupendo*) fantastic: *Se ha comprado un ~ coche.* He's bought a fantastic car. **2** (*gasolina*) four-star: *10 litros de gasolina ~* 10 litres of four-star petrol
■ **súper** *nf* four-star petrol
■ **súper** *nm* supermarket

superable *adj* **1** (*dificultad*) not insurmountable: *Son problemas ~s.* The problems are not insurmountable. **2** (*marca*) beatable: *Estableció un récord difícilmente ~.* He set a record that will be hard to beat.

superación *nf* **1** (*dificultad, problema*): *la ~ de un miedo* overcoming a fear ◊ *la ~ de la pobreza a escala mundial* overcoming poverty on a worldwide basis **2** (*récord*): *El atleta tiene como objetivo la ~ de su propia marca.* The athlete's aim is to beat his own record. **3** (*personal*): *Tiene un enorme afán de ~.* He's always trying to excel himself.

superado, -a *pp, adj Ver* SUPERAR
LOC **estar superado** to be over **tener algo superado** to have got over sth: *Eso lo tengo superado.* I've got over that.

superar *vt* **1(a)** (*ser mejor*): *El pequeño les supera en inteligencia.* The youngest is more intelligent than they are. ◊ *Las empresas italianas nos superan en este sentido.* The Italian companies are better than us in this respect. **(b)** (*ser mayor*) to exceed: *Superó en dos millones las previsiones.* It exceeded the forecasts by two million. **2** (*dificultad, problema*) to overcome, to get over *sth* (*más coloq*): *He superado lo peor/mi miedo a volar.* I've got over the worst/my fear of flying. **3(a)** (*récord*) to beat **(b)** (*adversario*) to overcome **4** (*examen, prueba*) to pass
■ **superarse** *v pron* **1** (*gen*) to better yourself: *Tiene muchas ganas de ~se.* He has a strong desire to better himself. **2** (*en actividad*) to excel yourself: *Siempre guisas bien, pero hoy te has superado.* You've always been a good cook, but today you've really excelled yourself.

superávit *nm* surplus

superchería *nf* **1** (*engaño*) trick **2** (*superstición*) mumbo-jumbo [*incontable*]: *Estos tratamientos de curandero no son más que ~s.* This faith healing business is a lot of mumbo-jumbo.

superdotado, -a *adj, nm-nf* gifted [*adj*]: *un colegio para ~s* a school for gifted children **LOC** *Ver* NIÑO

superficial *adj* superficial

superficialidad *nf* superficiality

superficie *nf* **1** (*gen*) surface: *la ~ del agua* the surface of the water **2** (*Mat, área*) area: *extensas ~s cultivadas* extensive areas under cultivation ◊ *Tiene 500 metros cuadrados de ~.* It has an area of 500 square metres.
LOC **salir a la superficie** to come to the surface, to surface (*más formal*)

superfluo, -a *adj* **1** (*gen*) superfluous: *detalles/elementos ~s* superfluous details/elements **2** (*gastos*) unnecessary

superior *adj* **1 ~** (**a**) (*gen*): *una contaminación 20 veces ~ a la normal* pollution 20 times higher than normal ◊ *una distancia ~ a 10 kilómetros* a distance of more than 10 kilometres ◊ *Ella ocupa un cargo ~ al mío.* Her post is at a higher grade than mine. **2 ~** (**a**) (*calidad*) superior (**to** ***sth/sb***): *El Sporting fue ~ a su rival.* Sporting were superior to their rivals. ◊ *un café ~ en aroma* a coffee with a superior flavour **3** (*posición*) upper, top [*n atrib*] (*más coloq*): *el labio ~* the upper/top lip ◊ *el ángulo ~ izquierdo del cuadro* the top left-hand corner of the picture ☛ *Ver ilustración en* FOREGROUND **LOC** *Ver* CALIDAD, ESTUDIO, LAVADORA

superior, ~a *nm-nf* (*Relig*) Superior [*fem* Mother Superior]

superioridad *nf* superiority: *tener complejo de ~* to have a superiority complex
LOC **darse aires de superioridad** to put on airs

superlativo, -a *adj* superlative
■ **superlativo** *nm* superlative

supermercado *nm* supermarket

superpetrolero *nm* supertanker

superpoblación *nf* overpopulation

superpoblado, -a *pp, adj* overpopulated

superpotencia *nf* superpower

superproducción *nf* **1** (*Cine*) blockbuster **2** (*cosecha, productos*) overproduction

supersónico, -a *adj* supersonic

superstición *nf* superstition

supersticioso, -a *adj* superstitious

superventas *nm* best-seller

supervisar *vt* to supervise

supervisión *nf* supervision

supervisor, ~a *nm-nf* supervisor

supervivencia *nf* survival

superviviente *adj* surviving
■ **superviviente** *nmf* survivor

supino, -a *adj* **LOC** *Ver* IGNORANCIA

suplementario, -a *adj* additional

suplemento *nm* supplement: *el ~ dominical* the Sunday supplement

suplencia *nf* **1** (*trabajo*): *Trabajo realizando ~s en escuelas primarias.* I do supply teaching in primary schools. ◊ *Necesitamos a alguien para cubrir la ~ de la secretaria.* We need someone to cover for the secretary while she's on leave. **2** (*Fútbol*) substitution

suplente *adj, nmf* **1** (*gen*) relief [*n atrib*]: *dos vigilantes ~s* two relief security guards **2** (*maestro*) supply teacher [*n*]: *Estoy de* (*profesor*) *~.* I'm working as a supply teacher. **3** (*médico*) locum [*n*]: *el médico ~* the locum **4** (*Fútbol*) substitute [*n*]: *un guardameta ~* a substitute goalkeeper **5** (*Teat*) understudy [*n*] **LOC** *Ver* JUGADOR, MÉDICO

supletorio, -a *adj* **1** (*suplementario*) supplementary: *norma supletoria* supplementary ruling **2** (*cama*) spare
■ **supletorio** *nm* extension: *un teléfono principal y dos ~s* one main telephone and two extensions **LOC** *Ver* MESA

súplica *nf* plea

suplicante *adj* imploring

suplicar *vt* to beg (*sb*) (**for** ***sth***): *No quiero ~ su perdón.* I don't want to have to beg him for forgiveness. ◊ *Le supliqué que no lo hiciera.* I begged him not to do it.

suplicio *nm* **1** (*tortura*) torture: *Estos tacones son un ~.* These high heels are torture. **2** (*experiencia*) ordeal: *Aquellas horas de incertidumbre fueron un ~.* Those hours of uncertainty were a terrible ordeal. **3** (*persona*) pain

suplir *vt* **1** (*persona*) to stand in **for** ***sb***: *¿Me puedes ~ la semana que viene?* Can you stand in for me next week? **2** (*compensar*) to make up for *sth*: *~ la escasez/falta de algo* to make up for the shortage/lack of sth

suponer *vt* **1** (*creer*) to suppose: *Supongo que sí/no.* I suppose so/I don't suppose so. ◊ *Supongo que vendrán.* I suppose they'll come. **2** (*imaginar, deducir*) to assume, to think (*más coloq*): *Supusimos que te lo habría dicho.* We assumed he would have told you. ◊ *—No ha aceptado mi oferta. —Ya lo suponía.* 'He hasn't accepted my offer.' 'I didn't think he would.' **3** (*significar*) to mean: *Esos ahorros suponen mucho para nosotros.* Those savings mean a lot to us. ◊ *Esto supondría una inversión adicional.* It would mean investing more. **4** (*atribuir*): *Yo le supongo unos cuarenta años.* I'd say he's about forty.
LOC **como es/era de suponer** as you might expect/might have expected **que es de suponer**: *con la alegría que es de ~* with the joy you might expect **ser de suponer (que...)** presumably: *Es de ~ que habrán llamado a los padres.* Presumably they'll have contacted the parents. ◊ *Sí, es de ~.* Yes, presumably. **ser un suponer** (to be) for the sake of argument: *¡Hombre! Era solo un ~.* It was just for the sake of argument. **supón/supongamos que...** supposing...:

Supongamos que no llegan a tiempo, ¿qué hacemos? Supposing they're not here on time, what do we do?

suposición *nf* supposition

supositorio *nm* suppository

supremacía *nf* supremacy (***over sth/sb***)

supremo, -a *adj* supreme **LOC** *Ver* COMANDANTE, SER[1], TRIBUNAL

supresión *nf* **1** (*críticas, libertad, rebelión*) suppression: *la ~ de una manifestación por medios violentos* the violent suppression of a demonstration **2** (*abolición*) abolition: *la ~ de los controles sobre las armas de fuego* the abolition of firearms controls **3** (*eliminación*) removal: *la ~ de desigualdades* the removal of inequalities **4(a)** (*omisión*) omission: *la ~ de la p en psicología* the omission of the p in psicología **(b)** (*exclusión*) deletion: *la ~ de varios párrafos* the deletion of several paragraphs **5** (*prohibición*) banning

suprimir *vt* **1** (*críticas, libertad, rebelión*) to suppress **2** (*abolir*) to abolish: *~ una ley/un impuesto* to abolish a law/tax **3** (*omitir, excluir*) to leave *sth* out: *Yo suprimiría este párrafo.* I'd leave this paragraph out. **4** (*prohibir*): *El médico le ha suprimido el pan.* The doctor has told him not to eat bread.

supuestamente *adv* supposedly

supuesto, -a *pp, adj* **1** (*hipotético*) supposed: *el ~ tesoro* the supposed treasure **2** (*presunto*) alleged: *el ~ culpable* the alleged culprit **3** (*nombre*) assumed: *El criminal tomó un nombre ~.* The criminal adopted an assumed name. *Ver tb* SUPONER

■ **supuesto** *nm* **1** (*suposición*) assumption **2** (*caso*) case: *en determinados ~s* in certain cases

LOC dar por supuesto to take *sth* for granted **en el supuesto (caso) de que...** supposing...: *en el ~ de que opte por la reelección* supposing he seeks re-election **por supuesto (que...)** of course: *Por ~ que no.* Of course not. ◊ *Por ~ que es una contribución voluntaria.* It's a voluntary contribution, of course. ◊ *—¿No os gusta? —¡Por ~ que sí!* 'Don't you like it?' 'Of course we do!'

supurar *vi* to weep, to suppurate (*más formal*)

sur *nm* **1** (*gen*) south (*abrev* S): *En el ~ hace más calor.* It's warmer in the south. ◊ *en el ~ de Francia* in the south of France ◊ *Queda al ~ de Barcelona.* It's south of Barcelona. ◊ *América del Sur* South America **2** (*con función adjetiva*) **(a)** (*frontera, región*) southern [*adj*]: *en la parte ~ del país* in the southern part of the country **(b)** (*lado, viento*) south: *la fachada ~ del edificio* the south front of the building ◊ *Veranean en la costa ~.* They spend their holidays on the south coast. **LOC** *Ver* DIRECCIÓN, HEMISFERIO, POLO, VIENTO, ZONA

surafricano, -a *adj, nm-nf* South African

Suramérica *nf* South America

suramericano, -a *adj, nm-nf* South American

surcar *vt* **1** (*agua*) to cut through *sth* **2** (*aire*) to fly **through *sth*** **3** (*arar*) to plough **4** (*rasgos faciales*): *Los años habían surcado su frente.* His brow was furrowed with age.

surco *nm* **1** (*Agricultura, arruga*) furrow **2** (*huella*) rut: *Las ruedas habían dejado ~s en el camino.* The wheels had left ruts on the road. **3** (*en el agua*) wake **4** (*disco, metal*) groove

sureño, -a *adj* southern

■ **sureño, -a** *nm-nf* southerner

sureste *nm* **1** (*gen*) south-east (*abrev* SE): *en el ~ de Inglaterra* in south-east England ◊ *la costa ~* the south-east coast **2** (*dirección, viento*) south-easterly: *un viento del ~* a south-easterly wind

surf *nm* surfing: *hacer/practicar el ~* to go surfing **LOC** *Ver* TABLA

surfista *nmf* surfer

surgir *vi* **1** (*problema, conflicto, duda, oportunidad*) to arise: *Espero que no surja ningún problema.* I hope that no problems arise. **2** (*idea, propuesta*) to emerge **3** (*emoción*) to develop: *Un intenso amor había surgido entre ambos.* A deep love had developed between them.

Surinam *nm* Suriname

suroeste *nm* **1** (*gen*) south-west (*abrev* SW): *en el ~ de Francia* in south-west France ◊ *la costa ~* the south-west coast **2** (*dirección, viento*) south-westerly: *un viento del ~* a south-westerly wind

surrealismo *nm* surrealism

surrealista *adj, nmf* surrealist

surtido, -a *pp, adj* (*variado*) assorted: *bombones ~s* assorted chocolates *Ver tb* SURTIR

■ **surtido** *nm* **1** (*gama*) selection: *Tienen muy poco ~.* They've got a very poor selection. **2** (*suministro*) supply **LOC bien/mal surtido (de)** well/poorly stocked (with *sth*)

surtidor *nm* **1** (*chorro*) jet of water **2** (*fuente*) fountain: *Se acercó a beber del ~.* He went over to drink from the fountain. **3** (*gasolina*) petrol pump

surtir *vt* to supply *sth/sb* (**with *sth***): *El pantano surte de agua a los pueblos vecinos.* The reservoir supplies the surrounding villages with water.

■ **surtirse** *v pron* **surtirse de** to stock up **with *sth***

LOC surtir efecto 1 (*gen*) to have an effect **2** (*Jur*) to take effect

susceptibilidad *nf* **1 ~ a** susceptibility **to *sth*** **2** (*irritabilidad*) touchiness

susceptible *adj* **1(a) ~ de hacer algo** liable **to do sth**: *La empresa es ~ de ser privatizada.* The firm is liable to be privatized. **(b) ~ de algo** capable **of sth**: *un proyecto ~ de mejora* a project that is capable of improvement **2** (*irritable*) touchy **3 ~ a** sensitive **to *sth***: *ser ~ a la crítica* to be sensitive to criticism

suscitar *vt* **1** (*polémica, debate, escándalo, problema*) to cause **2** (*rebelión, reacción*) to provoke: *Suscitó las protestas de los vecinos.* It provoked protests from the neighbours. **3** (*dudas, esperanzas*) to raise **4** (*sospechas, odio, interés, especulaciones*) to arouse

suscribir *vt* **1** (*firmar*) to sign: *~ una petición* to sign a petition **2** (*estar de acuerdo*) to agree **with *sth***: *Suscribo su punto de vista.* I agree with your point of view. **3** (*publicación*) to take out a subscription (**to *sth***): *Mi hermano me suscribió a la revista.* My brother took out a subscription to the magazine for me. **4** (*acciones*) to subscribe **for *shares***

■ **suscribirse** *v pron* **suscribirse (a) 1** (*publicación*) to take out a subscription (**to *sth***) **2** (*asociación*) to become a member (**of *sth***)

LOC el que suscribe/los que suscriben the undersigned

suscripción *nf* subscription: *una ~ mensual de mil pesetas* a monthly subscription of a thousand pesetas ◊ *abrir/cerrar una ~* to take out/cancel a subscription **LOC suscripción popular** public appeal

suscriptor, ~a (*tb* **suscritor, ~a**) *nm-nf* subscriber: *un ~ de El País* a subscriber to El País

suscrito, -a *pp, adj Ver* SUSCRIBIR

LOC estar suscrito to subscribe *to sth*

susodicho, -a *adj, nm-nf* above-mentioned [*pl* above-mentioned]

suspender *vt* **1** (*interrumpir, destituir*) to suspend: *El árbitro suspendió el partido media hora.* The referee suspended the game for half an hour. ◊ *Le suspendieron de sus funciones.* He was suspended from his duties **2** (*aplazar*) to postpone: *Decidieron ~ el juicio.* They decided to postpone the trial. **3** (*colgar*) to hang: *~ un móvil del techo* to hang a mobile from the ceiling

■ **suspender** *vt, vi* to fail: *He suspendido las matemáticas.* I've failed Maths. ◊ *~ en dos asignaturas* to fail two subjects

LOC suspender de empleo y sueldo to suspend *sb* without pay **suspender el juicio** to suspend judgment

suspense *nm* suspense **LOC libro/película de suspense** thriller

suspensión *nf* **1** (*gen*) suspension: *Los jugadores siguen bajo ~.* The players are still under suspension. **2** (*aplazamiento*) postponement: *la ~ temporal del partido* temporary postponement of the match **3** (*acción de colgar*) hanging **4** (*coche*) suspension ☛ *Ver ilustración en* CAR

LOC suspensión de empleo y sueldo suspension without pay **suspensión de pagos** moratorium on payments

suspensivo, -a *adj* **LOC** *Ver* PUNTO

suspenso, -a *pp, adj*: *los dos únicos alumnos ~s de la clase* the only two students in the class to have failed ◊ *estar ~ en física* to fail physics *Ver tb* SUSPENDER

■ **suspenso** *nm* fail: *Tengo dos ~s.* I failed two subjects. ◊ *Hubo muchos ~s en historia.* Lots of people failed history.

LOC en suspenso deferred: *El proyecto está en ~ por falta de fondos.* The project has been deferred through lack of funds. ◊ *dejar algo en ~* to defer sth

suspicacia *nf* suspicion

suspicaz *adj* suspicious

suspirar *vi* **1** (*gen*) to sigh: *Suspira cada vez que piensa en él.* Thinking about him makes her sigh. ◊ *Al verme llegar suspiró aliviada.* She gave a sigh of relief when she saw me. **2 ~ por** to long **for** ***sth/to do sth***: *Suspiro por verte.* I'm longing to see you.

suspiro *nm* **1** (*gen*) sigh: *dar un ~ de alivio* to give a sigh of relief **2** (*tiempo*) a couple of seconds: *Lo terminó en un ~.* He finished it in a couple of seconds. **3** (*persona*): *estar hecho un ~* to be painfully thin

LOC *Ver* EXHALAR

sustancia *nf* **1** (*gen*) substance: *una ~ tóxica* a toxic substance ◊ *La película no tiene mucha ~.* The film lacks substance. **2** (*Cocina*) nourishment: *un caldo con mucha ~* a nourishing soup

LOC sin sustancia (*persona, libro, película*) superficial **sustancia gris** grey matter

sustancial *adj* substantial: *un aumento ~* a substantial increase

sustancioso, -a *adj* **1** (*sustancial*) substantial: *una sustanciosa mejora* a substantial improvement **2** (*comida*) nourishing

sustantivo, -a *adj* noun [*n atrib*]: *proposición sustantiva* noun clause

■ **sustantivo** *nm* noun

sustentar *vt* **1** (*gen*) to support: *~ una teoría/a una familia* to support a theory/family ◊ *Los pilares sustentan el puente.* The pillars support the bridge. **2** (*ánimos*) to sustain **3** (*basar*) to base *sth* ***on sth***: *¿En qué sustentas tus sospechas?* What do you base your suspicions on?

■ **sustentarse** *v pron* **sustentarse con** to subsist **on** ***sth***: *Se sustentaban con arroz.* They subsisted on rice.

sustento *nm* **1** (*alimento*) sustenance: *falta de ~* lack of sustenance **2** (*soporte, apoyo*) support: *Las columnas son el ~ de la bóveda.* The pillars support the vault.

sustitución *nf* **1** (*permanente*) replacement: *Pedían la ~ del Presidente.* They asked for the President to be replaced. **2** (*temporal, Dep*) substitution

sustituible *adj* replaceable (***by sth/sb***)

sustituir *vt* **1** (*gen*) to replace *sth/sb* (***with sth/sb***): *~ los envases de plástico por botellas* to replace plastic containers with bottles **2** (*suplir*) to stand in **for** ***sb***: *Me sustituirá mi ayudante.* My assistant will stand in for me.

sustituto, -a *nm-nf* **1** (*permanente*) replacement: *Están buscando un ~ para el director de personal.* They're looking for a replacement for the personnel manager. **2** (*suplente*) stand-in

■ **sustituto** *nm* (*cosa*) substitute

susto *nm* **1** (*miedo, sobresalto*) fright: *llevarse un buen ~* to get a real fright **2** (*falsa alarma*) scare: *Todo quedó en un ~.* It was only a scare.

LOC caerse del susto/llevarse un susto de muerte to get the fright of your life **darle/pegarle un susto a algn** to give sb a fright: *¡Qué ~ me has dado!* What a fright you gave me! **llevarse un susto de padre y muy señor mío** to get a hell of a fright **¡vaya susto!** what a shock!

sustracción *nf* **1** (*robo*) theft ☞ *Ver nota en* THEFT **2** (*Mat*) subtraction

sustraer *vt* **1** (*robar*) to steal ☞ *Ver nota en* ROB **2** (*Mat*) to subtract

sustrato *nm* substratum [*pl* substrata]

susurrar *vt, vi* to whisper: *Y entonces me susurraste algo al oído.* And then you whispered something in my ear.

susurro *nm* whisper

LOC en susurros in a whisper: *hablar en ~s* to talk in a whisper

sutil *adj* subtle

sutileza *nf* subtlety

sutilmente *adv* subtly

sutura *nf* suture **LOC** *Ver* PUNTO

suyo, -a *adj pos, pron pos* **1** (*de él*) his: *Soy prima suya.* I'm his cousin. ◊ *Es culpa suya.* It's his fault. ◊ *La casa es suya.* The house is his. ◊ *El ~ es gris.* His (one) is grey. **2** (*de ella*) hers: *un despacho junto al ~* an office next to hers **3** (*de animal*) its **4** (*de ellos, de ellas*) theirs **5** (*de usted, de ustedes*) yours

Nótese que *un amigo suyo* se traduce por **a friend of his/hers** porque significa *uno de sus amigos*. Lo mismo ocurre cuando nos referimos a una característica típica de alguien: *Todavía recuerdo aquella mirada suya.* I still remember that look of hers.

LOC de las suyas his, her, etc old tricks: *Ha hecho (una/otra) de las suyas.* She's been up to her old tricks again. **de suyo** in itself **lo suyo 1** (*posesión*) his, her, etc things [*v pl*] **2** (*afición*) his, her, etc thing **3** (*mucho*) a lot: *La maleta pesaba lo ~.* The case weighed a lot. **los suyos 1** (*su familia*) his, her, etc family [*v sing o pl*] ☞ *Ver nota en* FAMILIA: *Dijo que traería a los ~s a la fiesta.* He said he'd bring his family to the party. **2** (*sus amigos*) his, her, etc friends **3** (*partidarios*) his, her, etc side

Swazilandia *nf* Swaziland

Tt

taba *nf* **1** (*hueso*) ankle-bone **2** (*juego*): *jugar a las ~s* to play jacks
tabacal *nm* tobacco plantation
tabacalero, -a *adj* tobacco [*n atrib*]: *la producción tabacalera* tobacco production
■ **tabacalero, -a** *nm-nf* tobacco grower
tabaco *nm* **1** (*gen*) tobacco: *~ de pipa* pipe tobacco ◊ *El ~ perjudica la salud.* Tobacco seriously damages health. **2** (*cigarrillos*) cigarettes [*v pl*]: *Me he quedado sin ~.* I've run out of cigarettes.
LOC **tabaco negro/rubio** black/Virginia tobacco *Ver tb* EXPENDEDURÍA
tábano *nm* horsefly
tabaquera *nf* **1** (*petaca*) tobacco pouch **2** (*pitillera*) cigarette case
tabaquero, -a *adj Ver* TABACALERO
tabaquismo *nm* nicotine poisoning
tabarra *nf* nuisance
LOC **dar la tabarra** to be a nuisance: *No paró de dar la ~ toda la noche.* He was a nuisance all night. **darle la tabarra a algn** to pester sb: *No me des la ~.* Stop pestering me.
tabasco *nm* Tabasco®
taberna *nf* pub
tabernáculo *nm* tabernacle
tabernero, -a *nm-nf* **1** (*dueño*) landlord [*fem* landlady] **2** (*camarero*) barman [*fem* barmaid]
tabicar *vt* to brick *sth* up: *~ una ventana* to brick up a window
tabique *nm* partition (wall): *tirar un ~* to knock down a partition
LOC **tabique nasal** nasal septum (*científ*): *una fractura del ~ nasal* a broken nose
tabla *nf* **1** (*de madera sin pulir*) plank: *un puente construido con ~s* a plank bridge **2** (*de madera pulida, plancha*) board: *Saca la ~ de la plancha.* Get the ironing board out. ◊ *una ~ de tres centímetros de grosor* a board three centimetres thick **3** (*piedra*) slab: *una ~ de mármol* a slab of marble **4** (*Costura*) pleat: *una falda de ~s* a pleated skirt **5** (*lista, índice, Mat*) table: *una ~ de logaritmos/equivalencias* a log/conversion table ◊ *saberse las ~s de multiplicar* to know your multiplication tables **6** (*Arte*) panel **7 tablas (a)** (*Teat*) stage: *el rey de las ~s* the king of the stage **(b)** (*experiencia*) experience: *un negociador/actor con muchas ~s* a very experienced actor/negotiator
LOC **acabar/quedar en tablas** (*fig*) to end in stalemate: *El debate quedó en ~s.* The debate ended in stalemate. **a raja tabla** *Ver* RAJATABLA **coger tablas** to gain experience (*in sth*) **hacer tabla rasa** to wipe the slate clean **la tabla del dos, etc** the two, etc times table **tabla de quesos** cheeseboard: *Y de postre, ~ de quesos.* There is a cheeseboard. **tabla de salvación** lifeline **tabla de surf** surfboard **tabla de windsurf** windsurfer **tabla periódica** periodic table **tabla salarial** salary scale *Ver tb* PISAR
tablado *nm* **1** (*tarima*) platform **2** (*escenario*) stage
tablao *nm*
LOC **tablao (flamenco) 1** (*lugar*) bar or club where flamenco is performed **2** (*espectáculo*) flamenco show
tableado, -a *pp, adj* (*plisado*) pleated
tablero *nm* **1** (*gen*) board: *Lo escribió en el ~.* He wrote it up on the board. ◊ *el ~ de salidas* the departure board **2** (*mesa*) top **3** (*panel*) panel: *el ~ de control/mandos* the control/instrument panel **4** (*Baloncesto*) backboard
LOC **tablero de ajedrez** chessboard ☛ *Ver ilustración en* AJEDREZ
tableta *nf* **1** (*Med*) tablet **2** (*chocolate*) bar
tabloide *adj, nm* tabloid [*n*]
tablón *nm* plank
LOC **tablón (de anuncios)** noticeboard
tabú *nm* taboo [*pl* taboos]: *un tema/una palabra ~* a taboo subject/word

Hay palabras que se consideran tabú y que marcamos con el símbolo (⚠). Estas palabras pueden resultar extremadamente ofensivas al interlocutor, y por lo tanto se aconseja a los hablantes no nativos de la lengua inglesa que eviten su uso.

tabulador *nm* tabulator, tab (*más coloq*)
tabular¹ *adj* tabular
tabular² *vt* **1** (*ordenar en una tabla*) to present *sth* in a table: *~ información* to present information in a table **2** (*márgenes*) to tabulate
taburete *nm* stool
tacañería *nf* meanness [*incontable*], stinginess [*incontable*] (*más coloq*): *Tú siempre con tus ~s.* You're always so stingy.
tacaño, -a *adj* mean, stingy (*más coloq*)
■ **tacaño, -a** *nm-nf* skinflint
tacatá (*tb* **tacataca**) *nm* baby walker
tacha *nf* blemish
LOC **sin tacha 1** (*persona, comportamiento*) faultless: *un empleado/comportamiento sin ~* a faultless employee/faultless behaviour **2** (*historial*) unblemished: *un pasado sin ~* an unblemished past
tachadura *nf* (*tb* **tachón** *nm*) crossing out [*pl* crossings out]: *lleno de ~s* full of crossings out
tachar *vt* **1** (*escrito*) to cross *sth* out: *Tacha todos los adjetivos.* Cross out all the adjectives. **2** (*tildar*) to label *sth/sb* (**as**) *sth*: *Me tacharon de traidor.* I was labelled a traitor.
tachuela *nf* tack
tácito, -a *adj* tacit
taciturno, -a *adj* **1** (*callado*) taciturn **2** (*triste*) miserable
taco *nm* **1** (*Tec*) **(a)** (*gen*) plug: *Tapó el agujero con un ~.* He plugged the hole. **(b)** (*para clavos/tornillos*) Rawlplug® **2** (*papeles*) pile: *un ~ de exámenes* a pile of exams **3** (*talonario*) book: *Vendí dos ~s de números para la rifa.* I sold two books of raffle tickets. **4** (*jamón, queso*) piece: *Solo he comido unos ~s de jamón.* I've only eaten a few pieces of ham. ◊ *Voy a traer unos ~s de queso.* I'm going to bring some cheese. **5** (*bota de deporte*) stud **6** (*Billar*) cue ☛ *Ver ilustración en* SNOOKER **7** (*palabrota*) swear word **8 tacos** (*años*): *El sábado cumplo cincuenta ~s.* I'll be fifty on Saturday. ◊ *Treinta ~s no son muchos.* Thirty's no age.
LOC **armarse/hacerse un taco** to get muddled up (*with sth*): *Me armé un ~ con los nombres.* I got muddled up with the names. **decir/soltar tacos** to swear *Ver tb* CALENDARIO
tacógrafo *nm* tachograph
tacón *nm* **1** (*de un zapato*) heel: *Se me ha roto el ~.* I've broken the heel of my shoe. ☛ *Ver ilustración en* ZAPATO **2 tacones** high heels: *Nunca lleva tacones.* She never wears high heels.
LOC **de tacón** high-heeled **tacón (de) aguja** stiletto heel
taconazo *nm*
LOC **darle/pegarle un taconazo a algn 1** (*gen*) to kick sb: *Le pegué un ~ sin querer.* I accidentally kicked

her. **2** (*con un zapato de tacón*) to tread on sb's foot: *¡Vaya ~ que me has dado!* You trod on my foot!

taconear *vi* to tap your heels

taconeo *nm* heel tapping

táctica *nf* **1** (*estrategia*) tactics [*v pl*]: *la ~ de guerra de los romanos* the military tactics of the Romans ◊ *un cambio de ~* a change of tactics **2** (*maniobra*) tactic: *una brillante ~ electoral* a brilliant electoral tactic **LOC** *Ver* AVESTRUZ

táctico, -a *adj* tactical
■ **táctico** *nm* (*persona*) tactician

táctil *adj* tactile

tacto *nm* **1** (*sentido*) sense of touch: *tener un ~ muy desarrollado* to have a highly developed sense of touch **2** (*acción*) touch: *reconocer algo por el ~* to recognize something by touch **3** (*sensación*) feel: *No me gusta el ~ de esta lana.* I don't like the feel of this wool. **4** (*delicadeza*) tact: *falta de ~* lack of tact
LOC **ser agradable, suave, etc al tacto/tener un tacto agradable, suave, etc** to feel nice, soft, etc: *Las toallas tienen un ~ suave/áspero.* The towels feel soft/rough. **tener/no tener tacto** to be tactful/tactless

taekwondo *nm* taekwondo

tafetán *nm* taffeta

Tailandia *nf* Thailand

Taiwan *nm* Taiwan

tajada *nf* **1** (*trozo*) slice **2** (*corte*) cut: *una ~ en el dedo* a cut on your finger
LOC **agarrar(se)/coger(se)/pillar(se) una tajada** to get plastered **sacar tajada** to do well (*out of sth*): *Sacó buena ~ de la venta del piso.* He did very well out of the sale of his flat. *Ver tb* MEJOR

tajante *adj* **1** (*tono*) adamant: *una negativa ~* an adamant refusal ◊ *Fue ~: nada de fumar.* He was adamant: no smoking. **2** (*medidas, normas*) stringent **3** (*crítica*) severe **4** (*división*) clear-cut: *una separación ~ entre los negocios y la vida familiar* a clear-cut separation between business and family

tajo *nm* **1** (*corte*) cut: *pegarse un ~ en el pie* to cut your foot **2** (*trabajo*) work **3** (*barranco*) gorge
LOC **¡vamos al tajo!** let's get on with it!

tal *adj* **1** (*gen*) **(a)** (+ *sustantivos contables en plural y sustantivos incontables*) such: *en ~es situaciones* in such situations ◊ *un hecho de ~ gravedad* a matter of such importance ◊ *Su felicidad era ~ que…* Their happiness was such that… ◊ *No existe ~ peligro.* No such danger exists. ☛ *Ver nota en* SUCH **(b)** (+ *sustantivos contables en singular*) such a: *¿Cómo puedes decir ~ cosa?* How can you say such a thing? **2** (*indeterminado*) such-and-such a: *Imagínate que sales a ~ hora…* Supposing you leave at such-and-such a time… **3** (*persona*) **(a) el/la tal** the so-called: *La ~ esposa no era más que su cómplice.* His so-called wife was only his accomplice. **(b) un/una tal** somebody called: *Le ha llamado un ~ Luis Moreno.* Somebody called Luis Moreno rang for you.
LOC **como si tal cosa** as if nothing had happened **1** (*sin inmutarse*) as if nothing had happened: *Ella llorando, y él como si ~ cosa.* She was crying, and he was behaving as if nothing had happened. **2** (*como si no tuviera importancia*) just like that: *Se comió un pastel entero como si ~ cosa.* He ate a whole cake just like that. **con tal de** to: *Haría cualquier cosa con ~ de ganar.* I'd do anything to win. **con tal (de) que…** so long as…: *con ~ de que me avise* so long as he lets me know **de tal palo tal astilla** like father like son **hasta tal extremo/punto que…** to such an extent that…: *El deterioro ha llegado hasta ~ punto que…* Things have got so bad that… **no hay tal cosa** it's not true **que si tal que si cual** saying this, that and the other: *Vino quejándose de ella, que si ~ que si cual.* He was complaining about her, saying this, that and the other. **(ser) tal para cual** to be two of a kind **tal como** the way: *Se escribe ~ como suena.* It's spelt the way it sounds. ◊ *~ como hablaba parecía que estaba ofendido.* The way he spoke, it seemed he was offended. **tal cual** **1** (*igual*) as it is/was: *Lo dejé ~ cual.* I left it as it was. **2** (*palabras textuales*): *Me lo dijo ~ cual.* He told it to me just as I'm telling you now. **tales como…** such as…: *animales ~es como gatos y perros* animals such as cats and dogs **tal o cual** **1** (*persona*) anyone: *A mí no me importa lo que piense ~ o cual.* I don't care what anyone thinks. **2** (*cosa*) such-and-such a: *Me preguntó si había leído ~ o cual libro.* He asked me if I'd read such-and-such a book. **tal vez** maybe **tal y como están las cosas** as things stand **tal y cual** this and that **y tal**: *Me dijo que tenía problemas y ~.* He told me he had problems and so on. ◊ *Necesitaba pasta de dientes y ~.* I needed toothpaste and suchlike. *Ver tb* CALIBRE, CASO, FIN, FULANO, MANERA, SUERTE

tala *nf* felling

taladradora *nf* **1** (*taladro*) pneumatic drill **2** (*de papel*) hole punch

taladrar *vt* **1** (*pared, madera*) to drill a hole **in *sth***: *Los albañiles taladraron el cemento.* The workmen drilled a hole in the cement. **2** (*billete*) to punch
LOC **taladrar los oídos** to deafen: *un ruido que taladra los oídos* a deafening noise

taladro *nm* **1** (*herramienta*) drill **2** (*agujero*) hole

talante *nm* **1** (*humor*) mood: *Hoy está de buen/mal ~.* He's in a good/bad mood today. **2** (*disposición*) willingness: *el ~ negociador del gobierno* the government's willingness to negotiate **3** (*carácter*) nature: *un partido de ~ democrático* a party of a democratic nature
LOC **de mal talante** (*de mala gana*) reluctantly: *Nos permitió usar su coche de mal ~.* He reluctantly let us use his car.

talar *vt* **1** (*árboles*) to fell **2** (*destruir*) to devastate

talco *nm* talc **LOC** *Ver* POLVO

talego *nm* **1** (*saco*) sack **2** (*cárcel*) nick: *Pasó dos meses en el ~.* He spent two months in the nick. **3** (*mil pesetas*) thousand pesetas: *Dame un par de ~s.* Give me two thousand pesetas.

talento *nm* **1** (*habilidad, moneda*) talent (***for sth/doing sth***): *Tiene ~ para la música/pintura.* He has a talent for music/painting. **2** (*inteligencia*) ability: *Tiene ~ pero no le gusta estudiar.* He's got ability but doesn't like studying.
■ **talento** *nm* talented person: *El festival da impulso a los nuevos ~s.* The festival promotes new talent.
LOC **con (mucho) talento/de (gran/mucho) talento** (very) talented: *un pintor de gran ~* a very talented painter **ser un talento para algo** to have a talent for sth *Ver tb* BUSCADOR

Talgo *nm* fast comfortable train

talión *nm* **LOC** *Ver* LEY

talismán *nm* talisman

talla *nf* **1** (*prenda*) size: *¿Qué ~ de camisa usas?* What size shirt do you take? ◊ *No tienen la ~.* They haven't got the right size. **2** (*estatura, importancia*) stature: *Es un muchacho de poca ~.* He's small of stature. ◊ *equipos de la ~ del Barcelona* teams of Barcelona's stature **3** (*escultura*) carving: *Compraron una ~ de ébano.* They bought an ebony carving. **4** (*acción de tallar*) **(a)** (*madera, piedra*) carving: *Trabajaba en la ~ de una imagen.* He was working on carving a statue. **(b)** (*joya, cristal*) cutting: *la ~ de diamantes* diamond cutting
LOC **dar la talla** **1** (*lit*) to be tall enough **2** (*fig*) to be up to *sth/doing sth*: *Ninguno de los candidatos daba la ~ para el puesto.* None of the candidates was up to the job. **de talla** prominent: *un abogado de ~* a prominent lawyer

tallado *nm* **1** (*madera, piedra*) carving **2** (*joya, cristal*) cutting

tallar *vt* **1(a)** (*madera, piedra*) to carve: *~ algo en mármol* to carve sth in marble **(b)** (*joya, cristal*) to cut **2** (*medir*) to measure *sb's* height: *La enfermera talló al niño.* The nurse measured the boy's height.

tallarín (*tb* **tallarines**) *nm* tagliatelle [*incontable*]: *Los tallarines estaban deliciosos.* The tagliatelle was delicious.

talle *nm* **1** (*cintura*) waist: *una chaqueta de ~ ceñido* a tight-waisted jacket **2** (*figura*) **(a)** (*mujer*) figure: *una muchacha de ~ esbelto* a girl with a slim figure **(b)** (*hombre*) build: *un joven de buen ~* a well-built youth **3** (*en costura*) measurement from shoulder to waist: *40 cm de ~* 40 cm from shoulder to waist

taller *nm* **1** (*lugar de trabajo, Educ*) workshop: *un ~ de teatro/carpintería* a theatre/joiner's workshop **2** (*Mec*) garage **3** (*Arte*) studio **4** (*parte de una fábrica*) shop: *un ~ de montaje* an assembly shop

LOC **taller de reparaciones 1** (*coches*) garage **2** (*bicicletas*) bike repair shop **talleres gráficos** printing works [*v sing o pl*]

tallista *nmf* **1** (*madera*) woodcarver **2** (*piedras preciosas*) precious stone cutter

tallo *nm* **1** (*gen*) stem: *Recórtales los ~s a las rosas.* Cut the stems of the roses. ☛ *Ver ilustración en* FLOR **2** (*brote*) shoot

talón[1] *nm* (*pie, zapato*) heel: *el ~ de Aquiles* Achilles' heel ☛ *Ver ilustración en* PIE **LOC** *Ver* PISAR

talón[2] *nm* cheque: *un ~ por valor de mil pesetas* a cheque for a thousand pesetas ◊ *ingresar/cobrar un ~* to pay in/cash a cheque

talonario *nm* **1** (*cheques*) cheque book **2** (*billetes, recibos*) book

tamaño, -a *adj* such (a): *tamaña valentía* such bravery ◊ *Jamás he oído ~ disparate.* I've never heard such a stupid remark!

■ **tamaño** *nm* size: *¿Qué ~ tiene la caja?* What size is the box? ◊ *Los tenían de todos los ~s.* They had them in all sizes. ◊ *ser del/tener el mismo ~* to be the same size ◊ *un paquete (de) ~ familiar* a family size packet

LOC **del tamaño de...** as big as...: *una piedra del ~ de una manzana* a stone as big as an apple **de tamaño medio** medium-sized **(de) tamaño natural** life-size: *una estatua de ~ natural* a life-size statue **por tamaños** by size: *Clasifica los libros por ~s.* Sort the books by size. **tamaño carné** passport-sized: *Necesitas dos fotos ~ carné.* You need two passport-sized pictures. **tamaño (de) bolsillo** pocket sized **tamaño folio** A4 size *Ver tb* GRANDE

tambaleante *adj* shaky: *nuestra ~ economía* our shaky economy

tambalear(se) *vi, v pron* **1** (*persona*) to stagger **2** (*mueble*) to wobble **3** (*institución, creencia*) to waver

LOC **hacer tambalear** to shake: *La noticia hizo tambalear Wall Street.* The news shook Wall Street.

también *adv* also, too, as well

> **Too** y **as well** suelen ir al final de la frase: *Yo también quiero ir.* I want to go too/as well. ◊ *Yo también llegué tarde.* I was late too/as well. **Also** es la variante más formal de las tres. Se coloca delante del verbo principal, o detrás si es un verbo auxiliar: *También venden zapatos.* They also sell shoes. ◊ *He conocido a Jane y también a sus padres.* I've met Jane and I've also met her parents.

LOC **yo también**: *—Quiero un bocadillo. —Yo ~.* 'I want a roll.' 'Me too./So do I.' ◊ *—Me voy a la calle. —Yo ~.* 'I'm going out.' 'Me too./So am I.' ☛ *Ver nota en* SO *adv* sentido 9 *Ver tb* SOLO

tambor *nm* **1** (*gen*) drum: *tocar el ~* to play the drum ◊ *el ~ de una lavadora* the drum of a washing machine ◊ *~ del freno* brake drum ☛ *Ver ilustración en* CAR, PERCUSSION **2** (*músico*) drummer **LOC** *Ver* TOQUE

tamboril *nm* small drum

tamborilero, -a *nm-nf* drummer

tamiz *nm* sieve

LOC **pasar por el tamiz** (*lit* y *fig*) to sift: *Los funcionarios pasaron por el ~ los datos.* The officials sifted the data.

tamizar *vt* **1** (*gen*) to sift: *~ harina/información* to sift flour/information **2** (*luz*) to soften

tampoco *adv* neither, nor, either

> **Neither** y **nor** van delante del verbo modal o auxiliar: *—No he visto esa película. —Yo tampoco.* 'I haven't seen that film.' 'Neither have I./Me neither./Nor have I.' ◊ *—No estoy enfadada. —Ella tampoco.* 'I'm not angry.' 'Neither is she.'
> **Either** requiere un verbo en negativa y su posición en la frase es distinta a la de **neither** y **nor**: *Mi hermana tampoco fue.* My sister didn't go either. ◊ *—No he visto esa película. —Yo tampoco.* 'I haven't seen that film.' 'I haven't either.' *Ver tb nota en* SO *adv* sentido 9

tampón *nm* **1** (*almohadilla para tinta*) ink pad **2** (*sello*) rubber stamp **3** (*Med*) tampon

tan *adv* **1** (*delante de un adjetivo/adverbio*) so: *No creo que sea ~ ingenuo.* I don't think he's so naive. ◊ *No creí que llegarías ~ tarde.* I didn't think you'd be so late. ◊ *Es ~ difícil que nadie lo sabe hacer.* It's so hard that no one can do it. **2** (*detrás de un sustantivo*) such: *No me esperaba un regalo ~ caro.* I wasn't expecting such an expensive present. ◊ *Son unos niños ~ buenos que...* They're such good children that... ◊ *¡Qué casa ~ bonita tienes!* What a lovely house you've got! ☛ *Ver nota en* SO *adv* sentido 3, SUCH

LOC **de tan...**: *No podía comer de ~ cansada que estaba.* I was so tired I couldn't eat. **ni tan siquiera** not even: *Ni ~ siquiera se despidió.* He didn't even say goodbye. **no tan allá** not so far away **tan cierto como que dos y dos son cuatro** as sure as eggs is eggs **tan...como...** as...as...: *Es ~ apuesto como su padre.* He's as smart as his father. ◊ *~ pronto como llegues* as soon as you arrive ◊ *No es ~ moreno como yo.* He isn't as dark as me. **tan solo** only: *~ solo te pido que me escuches.* I'm only asking you to listen to me. **tan/tanto es así que...** so much so that...

tanda *nf* **1** (*grupo*) batch: *la primera ~ de refugiados* the first batch of refugees **2** (*comidas*) sitting: *Los obreros tienen dos ~s de comidas.* The workers have two lunch sittings. **3** (*colada*) load

LOC **dar una tanda de azotes/palos** to give *sb* a good hiding **tanda de insultos** string of abuse **tanda de penaltis** penalty shoot-out

tándem *nm* **1** (*bicicleta*) tandem **2** (*fig*) duo [*pl* duos]

LOC **en tándem** in tandem

tanga *nm* tanga

tangente *adj, nf* tangent [*n*]: *una línea ~ a una curva* a line at a tangent to a curve

LOC **irse/salirse por la tangente 1** (*hacer una digresión*) to go off at a tangent **2** (*esquivar una pregunta*) to dodge the issue

tangible *adj* tangible

tango *nm* tango [*pl* tangos]

tanque *nm* tank

tantear *vt* **1** (*situación*) to weigh *sth* up: *~ los pros y los contras* to weigh up the pros and cons **2** (*mercado*) to test **3** (*persona*) to sound *sb* out: *Quise ~le antes de hacerle una oferta.* I wanted to sound him out before making him an offer.

■ **tantear** *vi* (*Dep*) to keep the score

LOC **tantear el terreno** to see how the land lies

tanteo *nm* **1** (*Dep*) score: *un ~ de dos a cero* a score of two nil **2** (*consideración*) consideration: *Tras un breve ~ de los distintos enfoques...* After brief consideration of the different approaches... **3** (*cálculo*) rough estimate: *La cifra de trescientos era solo un ~.* Three hundred was just a rough estimate. **4** (*mercado*) test

tanto *nm* **1** (*cantidad de dinero*) so much: *Me dan un ~ al mes.* They give me so much a month. **2** (*Dep*) **(a)** (*gol*) goal: *marcar un ~* to score a goal **(b)** (*punto*) point: *Íbamos doce ~s a cuatro.* It was twelve points to four.

LOC **estar al tanto 1** (*prestar atención*) to pay attention (*to sth/sb*): *No estaba al ~ de lo que dijo.* I wasn't paying attention to what he said. **2** (*tener cuidado*) to keep your eyes open (*for sth/sb*): *Hay muchos carteristas. Tienes que estar al ~.* There are lots of pickpockets so keep your eyes open. **3** (*estar enterado*) to be aware (*of sth*): *Yo no estaba al ~ de la situación.* I wasn't aware of the situation. **ni un tanto así** not one little bit: *No me ayudaron ni un ~ así.* They didn't help me one little bit. **poner al tanto** to fill *sb* in (*on sth*): *Mi hermano me puso al ~ del tema.* My brother filled me in on the issue. **ser un tanto a mi favor** to be in my, your, etc favour **un tanto** rather: *según informaciones un ~ confusas* according to rather confused reports ☛ *Ver nota en* FAIRLY **un tanto por ciento** a (certain) percentage *Ver tb* APUNTAR, MARCAR, MIENTRAS, OTRO, SESENTA

tanto, -a *adj, pron* **1** (*referido a sustantivo incontable*) so much: *No me eches ~ arroz.* Don't give me so much rice. ◊ *Tiene tanta experiencia que sabe más que el jefe.* She's got so much experience that she knows more than the boss. ◊ *Nunca había pasado tanta hambre.* I'd never been so hungry. **2** (*referido a sustantivo contable*) so many: *¡Había tanta gente...!* There were so many people! ◊ *¡Tenía ~s problemas...!* He had so many problems! ◊ *¿Por qué has comprado ~s?* Why did you buy so many? ☛ *Ver nota en* MANY
■ **tanto** *adv* **1** (*gen*) so much: *¡La añoraba ~...!* He missed her so much! ◊ *He comido ~ que no me puedo mover.* I've eaten so much (that) I can't move. ◊ *Tenía los ojos hinchados de ~ llorar.* His eyes were swollen from so much crying. ◊ *Me gusta, pero no ~.* I like it but not as much as all that. **2** (*tanto tiempo*) so long: *¡Hace ~ que no te veo...!* I haven't seen you for so long! ◊ *—Faltan dos meses. —¿Tanto?* 'There's still two months to go.' 'As long as that?' **3** (*tan rápido*) so fast: *No corras ~.* Don't drive so fast. **4** (*tan a menudo*) so often
LOC a/hasta las tantas in/until the small hours: *Llegamos a casa a las tantas.* We got home in the small hours. **a tantos de...** some time in...: *a ~s de abril* some time in April **en tanto en cuanto** insofar as **en tanto (que) 1** (*siempre y cuando*) so long as: *Yo no me meto en su vida en ~ que él no se meta en la mía.* I won't interfere in his life so long as he doesn't in mine. **2** (*mientras que*) whereas **entre tanto** *Ver* ENTRETANTO **eso es tanto como...** that's as good as...: *Eso es ~ como no hacer nada.* That's as good as doing nothing. **no ser para tanto**: *Tampoco es para ~.* It's not as important as all that. ◊ *Le dije que no era para ~.* I told her it wasn't that important. ◊ *¡Sé que te duele, pero no es para ~!* I know it hurts but it's not as bad as all that! **no tanto (como) para** not enough to: *Te duele, pero no ~ como para que llores.* It hurts but not enough to make you cry. **por (lo) tanto** therefore **tanto... como... 1** (*en comparaciones*) **(a)** (+ *sustantivo incontable*) as much...as...: *Come ~ como su padre.* He eats as much as his father. **(b)** (+ *sustantivo contable*) as many...as...: *No tienen ~s amigos como antes.* They haven't got as many friends as they had before. **2** (*entre dos*) both...and...: *Lo sabían ~ él como su hermana.* Both he and his sister knew. ◊ *~ a nivel nacional como internacional* at both national and international level ◊ *~ en Francia como en Italia* in both France and Italy **tanto como eso no**: *—¿Le pegarías? —Hombre, ~ como eso no.* 'Would you hit him?' 'No, I wouldn't go as far as that.' **tanto cuanto** as much as: *Gasta ~ cuanto puedas.* Spend as much as you can. **tanto da** it doesn't matter **tanto me da** I, you, etc don't mind: *—¿Quieres este o aquel? —~ me da.* 'Do you want this one or that one?' 'I don't mind.' **tanto mejor/peor** so much the better/worse: *~ peor para ti.* So much the worse for you. **tanto monta, monta tanto** it's six of one and half a dozen of the other **tanto si... como si...** whether...or...: *~ si vienes como si te quedas* whether you come or stay behind ◊ *~ si llueve como si no* whether it rains or not **¡y tanto!** not half!: *—Es más caro en Inglaterra. —¡Y ~!* 'It's more expensive in England.' ' Not half!' **y tantos 1** (*cantidad, edad*) -odd: *cuarenta y tantas personas* forty-odd people **2** (*año*) something: *mil novecientos sesenta y ~s* nineteen sixty something *Ver tb* CALVO, LLEGAR, MIENTRAS

Tanzania *nf* Tanzania

tañer *vt, vi* (*campanas*) to ring

tañido *nm* (*campanas*) peal

tapa *nf* **1** (*tapadera*) lid: *Ponle la ~.* Put the lid on. ☛ *Ver ilustración en* OLLA **2** (*libro*) cover **3** (*zapato*) heel: *Estos zapatos necesitan ~s.* These shoes need new heels. **4** (*aperitivo*) **(a)** (*ración*) portion: *una ~ de ensaladilla rusa* a portion of Russian salad **(b) tapas** tapas: *tomar unas ~s* to have some tapas
LOC tapa de los sesos brains [*v pl*]: *Se levantó la ~ de los sesos.* He blew his brains out. *Ver tb* EDICIÓN, LEVANTAR

tapacubos *nm* hubcap ☛ *Ver ilustración en* CAR

tapadera *nf* **1** (*tapa*) lid: *la ~ de un cubo/una olla* the lid of a bucket/pan **2** (*fig*) cover (**for sth/sb**): *La empresa es solo una ~ para sus negocios sucios.* His company is just a cover for his shady deals. ◊ *Su hermano le hace de ~.* His brother acts as a cover for him.

tapadillo
LOC de tapadillo on the sly: *Solíamos fumar de ~.* We used to smoke on the sly.

tapar *vt* **1** (*cubrir*) to cover *sth/sb* (**with sth**): *Le tapé la herida con una venda.* I covered his wound with a bandage. **2** (*abrigar*) to wrap *sth/sb* up (**in sth**): *La tapé con una manta.* I wrapped her up in a blanket. **3** (*cerrar*) **(a)** (*con una tapa*) to put the lid **on sth**: *Tapa la cazuela.* Put the lid on the saucepan. **(b)** (*con un tapón*) to put the top **on sth**: *~ la pasta de dientes* to put the top on the toothpaste **(c)** (*con un corcho*) to cork **4** (*agujero, gotera*) to stop *sth* (up) (**with sth**): *Tapé los agujeros con un poco de yeso.* I stopped (up) the holes with some plaster. **5** (*obstruir*) to block: *La porquería había tapado el desagüe.* The rubbish had blocked the drainpipe. **6** (*visión*) to block *sb's* view **of sth**: *No me tapes la tele.* Don't block my view of the TV. **7** (*encubrir*) to cover *sth* up: *Trató de ~ el error de su compañero.* He tried to cover up his colleague's mistake.
■ **taparse** *v pron* **taparse (con)** to wrap up (**in sth**): *Tápate bien.* Wrap up well.
LOC taparle la boca a algn to shut sb up **taparse los oídos/ojos** to cover your ears/eyes

taparrabo (*tb* **taparrabos**) *nm* loincloth

tapeo *nm*
LOC de tapeo: *Cenamos de ~.* We had some tapas for dinner. ◊ *ir de ~* to go round the bars

tapete *nm* runner
LOC estar sobre el tapete (*fig*) to be under consideration **poner algo sobre el tapete** (*fig*) to raise (the issue of) sth **tapete verde** gaming table

tapia *nf* wall **LOC** *Ver* SORDO

tapiar *vt* **1** (*terreno*) to build a wall round *sth* **2** (*ventana, puerta*) to block *sth* up: *~ una ventana* to block up a window

tapicería *nf* **1** (*coche, mueble, cortinas*) upholstery [*incontable*]: *Tengo que cambiar la ~ del sofá.* I've got to have the sofa re-upholstered. **2** (*taller*) upholsterer's **3** (*tapices*) tapestries [*v pl*]: *La ~ del palacio es preciosa.* The tapestries in the palace are beautiful.

tapicero, -a *nm-nf* **1** (*de muebles*) upholsterer **2** (*de tapices*) tapestry maker

tapioca *nf* tapioca

tapir *nm* tapir

tapiz *nm* tapestry

tapizar *vt* **1** (*mueble, coche*) to upholster **2** (*pared, armario, puerta*) to line *sth* (**with sth**) **3** (*suelo*) to carpet *sth* (**with sth**): *~ las calles con pétalos* to carpet the streets with petals

tapón *nm* **1** (*frasco*) **(a)** (*gen*) top: *Ponle el ~ a la colonia.* Put the top on the cologne. **(b)** (*de corcho*) cork **(c)** (*de vidrio*) stopper **2** (*Tec, bañera, para los oídos*) plug: *ponerse tapones en los oídos* to put plugs in your ears **3** (*cerumen*) earwax [*incontable*]: *Creo que tengo tapones porque no oigo bien.* I must have wax in my ear because I can't hear properly. **4** (*Baloncesto*) block **5** (*tráfico*) traffic jam **6** (*persona baja*) midget
LOC hacer un tapón (*Baloncesto*) to block the basket **tapón de rosca** screw top

taponar *vt* **1** (*gen*) to stop *sth* up: *Taponé el agujero con un pañuelo.* I stopped up the hole with a handkerchief. **2** (*bañera, lavabo*) to put the plug in *sth* **3** (*obstruir*) to block

■ **taponarse** *v pron* to get blocked: *Se me ha taponado la nariz.* My nose is blocked.

taponazo *nm*

LOC **dar un taponazo 1** (*hacer ruido*) to go pop **2** (*dar un golpe*) to hit *sth*: *El corcho dio un ~ en el techo.* The cork hit the ceiling.

tapujo (*tb* **tapujos**) *nm*

LOC **andar(se) con tapujos** to be cagey: *En cuestiones de dinero siempre andan con ~s.* They're always cagey about money. **sin tapujos** openly: *Lo reconoció sin ~s.* He openly acknowledged it.

taquicardia *nf* tachycardia

taquigrafía *nf* shorthand: *tomar apuntes en ~* to take notes in shorthand

taquígrafo, -a *nm-nf* shorthand writer

taquilla *nf* **1** (*ventanilla*) **(a)** (*estación, Dep*) ticket office **(b)** (*Cine, Teat*) box office **2** (*recaudación*) **(a)** (*gen*) takings [*v pl*]: *una ~ de tres millones* takings of three million ◊ *La película ha producido una ~ de millones de pesetas.* The film has taken millions of pesetas. **(b)** (*Dep*) gate money **3** (*armario*) locker **4** (*casillero*) pigeon-holes [*v pl*]

LOC **ser un éxito/fracaso de taquilla** to be a box-office hit/flop: *Esa película va a ser un éxito de ~.* This film will be a box-office hit.

taquillero, -a *adj* **1** (*artista*) crowd-puller [*n*]: *una cantante muy taquillera* a great crowd-puller **2** (*espectáculo*) box-office hit [*n*]: *Fue una película muy taquillera.* It was a big box-office hit.

taquillón *nm* chest of drawers

taquimecanógrafo, -a *nm-nf* shorthand typist

tara *nf* **1** (*peso*) tare **2** (*defecto*) defect: *El género tenía alguna ~.* The goods were slightly defective.

tarado, -a *pp, adj* (*mercancía*) defective

■ **tarado, -a** *adj, nm-nf* (*loco, persona*) crazy [*adj*]: *Tu tío es un ~.* Your uncle's crazy.

tarántula *nf* tarantula

tararear *vt, vi* to hum

tardanza *nf*: *Me preocupa su ~.* I'm worried that he's so late.

tardar *vi* **1 ~ (en)** (*gen*) to take (time) ***to do sth***: *Tardaron bastante en contestar.* They took a long time to reply. ◊ *Tardamos tres horas de Madrid a Burgos.* It took us three hours to get from Madrid to Burgos. ◊ *Tardé en recuperarme.* It took me a long time to get better. ◊ *La herida tardó meses en cicatrizar.* The wound took months to heal. **2 ~ en** (*ser lento*) to be slow ***to do sth***: *La niña tarda en entender las cosas.* The girl is slow to understand things. **3** (*llegar tarde*) to be late: *¿Qué le habrá pasado a José que tarda tanto?* I wonder what's happened to José? He's very late.

LOC **a más tardar** at the latest: *Estaré en casa a las 12 a más ~.* I'll be home by 12 at the latest. **no tardar (nada)** not to be long: *No tardes.* Don't be long. ◊ *Espérame, que no tardo nada.* Wait for me, I won't be a minute. **se tarda...** it takes...: *En coche se tarda dos horas.* It takes two hours by car.

tarde *nf* afternoon, evening: *El concierto es por la ~.* The concert is in the afternoon/evening. ◊ *Llegaron el domingo por la ~.* They arrived on Sunday afternoon/evening. ◊ *Te veré mañana por la ~.* I'll see you tomorrow afternoon/evening. ◊ *a las cuatro de la ~* at four o'clock in the afternoon ◊ *¿Qué haces esta ~?* What are you doing this afternoon/evening?

> **¿Afternoon o evening?**
> **Afternoon** se utiliza desde el mediodía hasta aproximadamente las seis de la tarde, mientras que **evening** abarca desde las seis de la tarde hasta la hora de acostarse.

Ver tb nota en MORNING

■ **tarde** *adv* **1** (*gen*) late: *Comemos ~.* We eat late. ◊ *No vengas ~.* Don't be late. ◊ *Se quedaron hasta muy ~.* They stayed very late. ◊ *Me voy, que se hace ~.* I'm off–it's getting late. **2** (*demasiado tarde*) too late (***for sth/to do sth***): *Ya es ~ para solucionarlo.* It's too late to do anything about it. ◊ *Es ~ para llamarles por teléfono.* It's too late to ring them.

LOC **¡buenas tardes!** good afternoon/evening! **de tarde en tarde** now and then: *Viene a vernos de ~ en ~.* He comes to see us now and then. **más tarde** later: *Más ~ iremos al cine.* We'll go to the cinema later. ◊ *Mi hermana llegó más ~ (que yo).* My sister arrived later (than me). **se me hace tarde**: *Date prisa, que se nos hace tarde.* Hurry up! We're going to be late. ◊ *Si se me hace ~, me quedaré a dormir allí.* If it gets too late, I'll stay the night there. **tarde o temprano** sooner or later: *La verdad se descubre ~ o temprano.* Sooner or later the truth always comes out. **vestido/traje de tarde** cocktail dress *Ver tb* CAÍDA, EDICIÓN, FUNCIÓN, LLEGAR, LUEGO, MORIR(SE), NUNCA, SESIÓN, TRABAJAR, VALER

tardío, -a *adj* late: *una cosecha tardía* a late harvest ◊ *un niño de desarrollo ~* a late developer

tardón, -ona *adj, nm-nf* slowcoach [*n*]: *¡Mira que eres tardona!* What a slowcoach you are!

tarea *nf* **1** (*actividad*) task: *una ~ imposible* an impossible task **2** (*trabajo*) work: *¿Te queda mucha ~?* Have you much work left to do? **3** (*deberes*) homework [*incontable*]: *Ya he acabado la ~.* I've finished my homework. ◊ *No nos han puesto ~ para el lunes.* They haven't set us any homework for Monday.

LOC **tarea ingrata/poco grata** thankless task **tareas de limpieza** cleaning [*incontable, v sing*]: *Se ocupa de las ~s de limpieza.* He does the cleaning. **tareas domésticas/del hogar** housework [*incontable, v sing*]: *Las ~s del hogar son poco agradecidas.* Housework is very unrewarding.

tarifa *nf* **1** (*gen*) prices [*v pl*]: *Las ~s eléctricas/hoteleras han subido considerablemente.* Electricity/hotel prices have gone up a lot. ◊ *una ~ razonable* reasonable prices **2** (*transporte*) fares [*v pl*]: *Los niños pagan ~ reducida.* There are reduced fares for children. ◊ *un incremento del 10% en las ~s de los taxis* a 10% increase in taxi fares **3** (*lista de precios*) tariff

LOC **tarifa nocturna** night rate **tarifas aduaneras** customs duties

tarima *nf* platform

tarjeta *nf* card: *Siempre le mando una ~ por su cumpleaños.* I always send a card on his birthday. ◊ *Le sacaron ~ amarilla/roja.* He was shown a yellow/red card.

LOC **tarjeta de crédito/débito** credit/debit card **tarjeta de cumpleaños/Navidad** birthday/Christmas card **tarjeta de embarque** boarding card **tarjeta de felicitación** greetings card **tarjeta de visita 1** (*particular*) (visiting) card: *Le dejo mi ~ de visita por si desea contactarme.* I'll leave you my card in case you want to contact me. **2** (*profesional*) business card **tarjeta postal** postcard *Ver tb* PAGAR

tarot *nm* tarot

tarro *nm* jar: *un ~ de miel/mermelada* a jar of honey/jam

tarso *nm* tarsals [*v pl*] ☛ *Ver ilustración en* ESQUELETO

tarta *nf* **1** (*pastel*) cake: *una ~ de cumpleaños/chocolate* a birthday/chocolate cake **2** (*de hojaldre*) tart, pie: *una ~ de manzana* an apple tart/pie ☛ *Ver nota en* TART[2]

LOC **tarta de boda/nupcial** wedding cake **tarta de queso** cheesecake **tarta helada** ice cream gâteau

tartamudear *vi* to stutter: *Estaba tan nerviosa que se puso a ~.* She was so nervous she began to stutter.

tartamudeo *nm* (*tb* **tartamudez** *nf*) stutter

tartamudo, -a *adj, nm-nf*: *Tengo una compañera tartamuda.* One of my colleagues has a stutter. ◊ *En nuestro grupo había dos ~s.* Two of the people in our group had a stutter.

LOC **ser tartamudo** to have a stutter

tartán *nm* tartan

tartana *nf* (*coche viejo y destartalado*) old banger

tártaro, -a *adj* tartar: *salsa tártara* tartar sauce

tartera *nf* cake tin

tarugo *nm* **1** (*madera*) lump **2** (*pan*) chunk **3** (*zoquete*) blockhead: *Es un ~.* He's a blockhead.

tarumba *adj*
LOC **estar/volverse tarumba** to be/go mad: *No le hagas ni caso, está ~.* Don't take any notice of him, he's mad. ◊ *Se va a volver ~ de tanto trabajar.* He's going to go mad if he keeps on working so hard. **volver tarumba a algn** to drive sb round the bend

tasa *nf* **1** (*valoración*) valuation: *Recurrieron a un joyero para la ~ de las joyas.* They went to a jeweller to have their jewellery valued. **2** (*índice*) rate: *la ~ de nacimiento/desempleo* the birth/unemployment rate **3** (*cuota*) fee: *~s académicas* tuition fees **4** (*impuesto*) tax
LOC **tasas municipales** council tax [*sing*] *Ver tb* PARO

tasador, ~a *nm-nf* valuer

tasar *vt* **1** (*valorar*) to value *sth* (***at sth***): *Tasaron la finca en 50 millones de pesetas.* They valued the estate at 50 million pesetas. **2** (*fijar el precio*) to fix the price (***of sth***): *El gobierno tasa el crudo/trigo.* The government fixes the price of crude oil/wheat.

tasca *nf* bar
LOC **ir de tascas** to go on a pub crawl

tata *nf* **1** (*niñera*) nanny ☛ *Ver nota en* CHILDMINDER **2** (*sirvienta*) maid

tatarabuelo, -a *nm-nf* great-great-grandfather [*fem* great-great-grandmother]

Cuando nos referimos a la pareja, es decir, al tatarabuelo y la tatarabuela, utilizamos el plural **great-great-grandparents**: *los terrenos de nuestros tatarabuelos* our great-great-grandparents' land.

tataranieto, -a *nm-nf* great-great-grandson [*fem* great-great-granddaughter]

A veces decimos *tataranietos* refiriéndonos a tataranietos y tataranietas, en cuyo caso debemos decir en inglés **great-great-grandchildren**.

tatuaje *nm* tattoo [*pl* tattoos]

taurino, -a *adj* bullfighting [*n atrib*]: *una feria/escuela taurina* a bullfighting festival/school

tauro (*tb* **Tauro**) *nm, nmf* (*Astrología*) Taurus [*pl* Taurus] ☛ *Ver ejemplos en* AQUARIUS; *Ver ilustración en* ZODIACO

tauromaquia *nf* bullfighting

TAV *nm, abrev de* **Tren de Alta Velocidad** *Ver* TREN; *Ver tb* ALTO *adj*

taxi *nm* taxi: *montarse en/parar un ~* to get into/to stop a taxi ◊ *Fueron en ~.* They went by taxi. LOC *Ver* PARADA

taxímetro *nm* meter

taxista *nmf* taxi driver: *Nos llevó una ~.* A woman taxi driver took us there.

Tayikistán *nm* Tajikistan

taza *nf* **1** (*gen*) cup: *¿Cuántas ~s necesitamos?* How many cups do we need? ◊ *¿Te pongo una ~ de café/té?* Shall I pour you a cup of coffee/tea? ◊ *Echas una ~ de arroz y tres de agua.* Add one cup of rice and three cups of water. **2** (*sin platillo*) mug: *He comprado una ~ de recuerdo.* I bought a souvenir mug. **3** (*retrete*) bowl
LOC **taza de café/té/desayuno** (*tipo de recipiente*) coffee cup/teacup/breakfast cup: *He comprado seis ~s de desayuno y otras seis de café.* I've bought six breakfast cups and six coffee cups.

tazón *nm* bowl

te *pron pers* **1** (*complemento*) you: *No te oigo.* I can't hear you. ◊ *Te lo diré mañana.* I'll tell you tomorrow. ◊ *Te he traído un libro.* I've brought you a book. ◊ *Te escribiré pronto.* I'll write to you soon. ◊ *Te lo he comprado.* I've bought it for you. ◊ *¿Te duele?* Does it hurt? **2** (*partes del cuerpo, efectos personales*): *Lávate las manos.* Wash your hands. ◊ *Quítate el abrigo.* Take your coat off. ◊ *Guárdate el dinero.* Put your money away. ◊ *¿Te duele la espalda?* Is your back hurting? **3** (*reflexivo*) (yourself): *Te vas a hacer daño.* You'll hurt yourself. ◊ *Vístete.* Get dressed. **4** (*uso enfático*): *Me han dicho que te bebiste un litro de vino.* I hear you drank a whole litre of wine. ◊ *¿Te aparecieron sin avisar?* Did they turn up without telling you?

té *nm* **1** (*gen*) tea [*incontable*]: *Me encanta el té.* I love tea. ◊ *He hecho té.* I've made some tea. ◊ *¿Queda té?* Is there any tea left? **2** (*taza de té*) (cup of) tea: *¿Quieres un té?* Would you like a cup of tea? ◊ *Dos tés con limón, por favor.* Two lemon teas, please. ☛ *Ver nota en* DINNER
LOC *Ver* SALÓN, TAZA

teatral *adj* **1** (*relacionado con el teatro*) theatre [*n atrib*]: *la temporada ~* the theatre season **2** (*exagerado*) theatrical: *gestos/actitudes ~es* theatrical gestures/attitudes LOC *Ver* ACTOR, AUTOR, OBRA

teatro *nm* **1** (*gen*) theatre: *el ~ clásico/moderno* classical/modern theatre ◊ *Me gusta el ~, pero prefiero el cine.* I like the theatre, but I prefer the cinema. ◊ *El año pasado organizó un taller de ~.* He held a theatre workshop last year. ◊ *Se dedica al ~.* He's in theatre. **2** (*Liter*) plays [*v pl*]: *El ~ de Lorca tiene mucho éxito en Inglaterra.* Lorca's plays are very successful in England.
LOC **echarle teatro a algo** to put on an act: *Le duele el pie, pero también le echa un poco de ~.* His foot does hurt, but he's putting on a bit of an act. **teatro de aficionados** amateur dramatics [*v sing*] **teatro de calle** street theatre **teatro de guiñol** puppet theatre **teatro de la ópera** opera house **teatro de variedades** music hall *Ver tb* ABORROTADO, ACTOR, AUTOR, CAFÉ, HUNDIR, OBRA

tebeo *nm* comic
LOC **estar más visto que el tebeo**: *Ese actor está más visto que el ~.* That actor is in everything. ◊ *La minifalda está más vista que el ~.* Everyone's wearing miniskirts.

techo *nm* **1** (*gen*) roof [*pl* roofs]: *bajo el mismo ~* under the same roof ◊ *un ~ para pasar la noche* somewhere to spend the night ☛ *Ver ilustración en* CAR **2** (*de una habitación*) ceiling: *El ~ tiene una mancha de humedad.* There's a damp patch on the ceiling. **3** (*límite*): *Los intereses han rebasado el ~ del 13%.* Interest rates have exceeded the 13% limit. ◊ *La carrera del ciclista ha alcanzado su ~.* His cycling career has reached its peak.
LOC **bajo techo** indoors **techo corredizo** sunroof **tocar techo** to peak: *Los precios de las viviendas han tocado ~.* House prices have peaked. *Ver tb* ACOGER, LÁMPARA

tecla *nf* key: *pulsar/tocar una ~* to press a key
LOC **tecla de borrado** delete key **tecla de mayúsculas** shift key

teclado *nm* **1** (*gen*) keyboard: *A los ~s, Chick Corea.* Chick Corea on keyboards. ◊ *Se me ha estropeado el ~ del ordenador.* My computer keyboard has broken. ☛ *Ver ilustración en* ORDENADOR **2** (*órgano clásico*) manual: *un órgano de doble ~* a two-manual organ
LOC **teclado numérico** numeric keypad

teclear *vt* **1** (*máquina de escribir*) to type *sth* in **2** (*ordenador*) to key *sth* in: *Teclee su número personal.* Key in your personal identification number (PIN).
■ **teclear** *vi* **1** (*máquina de escribir*) to type **2** (*ordenador*) to key: *Teclea un rato para acostumbrarte a la máquina nueva.* Do some keying to get yourself used to the new machine.

tecleo *nm* **1** (*acción de teclear*) **(a)** (*máquina de escribir*) typing **(b)** (*ordenador*) keying **2** (*ruido*) **(a)** (*suave*) tapping **(b)** (*fuerte*) clatter

teclista *nmf* (*Mús*) keyboard player

técnica *nf* **1** (*método*) technique: *~s tradicionales* traditional techniques ◊ *perfeccionar una ~* to improve a technique **2** (*destreza*) skill: *Mostró más fuerza que ~.* He showed more strength than skill. **3** (*tecnología*) technology: *los avances de la ~* technological advances **4** (*Baloncesto*) technical foul

tecnicismo *nm* technical term: *un artículo lleno de ~s* an article that's full of technical terms ◊ *No vamos a entrar en ~s.* We won't go into technical details.

técnico, -a *adj* technical: *Estudié en una escuela técnica.* I went to a technical college. ◊ *problemas ~s* technical problems

■ **técnico, -a** *nm-nf* **1** (*gen*) technician: *un ~ de iluminación/teatro* a lighting/theatre technician **2** (*experto*) engineer: *Llama al ~, que se ha estropeado la lavadora.* Ring the service engineer, the washing machine has broken down. ◊ *un ~ de mantenimiento/sonido* a maintenance/sound engineer **3** (*Dep*) manager [*fem* manageress] **LOC** *Ver* ARQUITECTO, ASISTENCIA, AYUDANTE, ESCALA, INGENIERO, INSPECCIÓN

tecnicolor *nm* Technicolor®, technicolour (*más coloq*)

tecnócrata *nmf* technocrat

tecnología *nf* technology

LOC **tecnología punta** state-of-the-art technology *Ver tb* ALTO *adj*

tecnológico, -a *adj* technological **LOC** *Ver* PARQUE

tectónico, -a *adj* tectonic

■ **tectónica** *nf* tectonics [*v sing*]: *La ~ de placas se estudia en primero.* Plate tectonics is studied in the first year.

tedioso, -a *adj* tedious

teja *nf* **1** (*gen*) tile: *Le cayó una ~ en la cabeza.* A tile fell on his head. ☛ *Ver ilustración en* BUNGALOW **2** (*de pizarra*) slate ☛ *Ver ilustración en* HOUSE

■ **teja** *nm* brick-red ☛ *Ver ejemplos en* AMARILLO

LOC **a toca teja** *Ver* TOCATEJA

tejado *nm* roof [*pl* roofs] ☛ *Ver ilustración en* HOUSE

LOC *Ver* EMPEZAR, PIEDRA

tejanos *nm* (*pantalones*) jeans ☛ *Ver nota en* VAQUERO

tejar *vt* to tile

tejedor, ~a *nm-nf* **1** (*gen*) knitter: *Mi abuela es una buena tejedora.* My grandmother is a very good knitter. **2** (*con telar*) weaver

■ **tejedora** *nf* knitting machine

tejemaneje *nm* (*chanchullo*) funny business [*incontable*]: *Déjate de ~s.* No funny business, now! ◊ *¿Qué ~s os traéis?* What are you up to?

tejer *vt, vi* **1** (*gen*) to weave: *~ una tela* to weave cloth **2** (*hacer punto*) to knit: *Mi madre se pasa horas tejiendo.* My mother spends hours knitting. **3** (*hacer ganchillo*) to crochet

■ **tejer** *vt* **1** (*Zool*) to spin: *La araña tejía su tela.* The spider was spinning her web. **2** (*fig*) to weave: *~ una historia* to weave a story

LOC **tejer un complot/plan** to plot: *~ un plan para hacerse con el poder* to plot to take power **tejer un embuste/una mentira** to spin a yarn

tejido *nm* **1** (*gen*) fabric: *un ~ resistente* a hard-wearing fabric ☛ *Ver nota en* TELA **2** (*Anat*) tissue: *~ muscular* muscle tissue **3 tejidos** textiles

LOC **tejido de punto** jersey [*incontable*]: *Este invierno se llevan los ~s de punto.* Jersey is very popular this winter. *Ver tb* FÁBRICA

tejo *nm* **1** (*árbol*) yew (tree) **2** (*para jugar*) stone

LOC **echar/tirar los tejos a algn** to flirt with sb

tejón *nm* badger

tela *nf* **1** (*tejido*) cloth, material, fabric

> **Cloth** es la palabra más general para traducir *tela*, y se puede utilizar tanto para referirnos al material con el que se confeccionan los trajes, las cortinas, etc como para describir de qué está hecho un artículo: *una bolsa de tela* a cloth bag ◊ *Está hecho de tela.* It's made of cloth.
>
> **Material** y **fabric** se utilizan solo para referirse a la tela que se usa en sastrería y tapicería, y **fabric** suele indicar además que se trata de una tela con varios colores. **Material** y **fabric** son sustantivos contables e incontables, mientras que **cloth** suele ser incontable cuando se utiliza con el significado de tela: *Algunas telas encogen al lavar.* Some materials/fabrics shrink when you wash them. ◊ *Necesito más tela para las cortinas.* I need to buy some more cloth/material/fabric for the curtains.

2 (*Pintura*) **(a)** (*lienzo*) canvas **(b)** (*cuadro acabado*) painting **3** (*líquido*) skin **4** (*dinero*) dosh (*argot*)

LOC **estar algo en tela de juicio** to be in doubt **haber/quedar tela que cortar**: *En este proyecto queda mucha ~ que cortar.* We've got a lot on our hands with this project. **poner algo en tela de juicio** to question sth **tela de araña** *Ver* TELARAÑA **tela de saco** sackcloth **tela metálica** wire netting **tener tela 1** (*persona*) to be awkward **2** (*cosa*): *Este ejercicio tiene ~.* This exercise is difficult. ◊ *El tema de la corrupción tiene ~.* Corruption is a complex subject. ◊ *¿Has leído el artículo sobre la Unión Europea? Tiene ~.* Have you read the article on the European Union? There's a lot to it. *Ver tb* TIJERA

telar *nm* **1** (*máquina*) loom **2** (*Teat*) flies [*v pl*] **3 telares** textile mill [*sing*]: *Estos ~es llevan siglos funcionando.* There has been a textile mill here for hundreds of years.

telaraña (*tb* **tela de araña**) *nf* **1** (*Zool*) (spider's) web: *Había muchos insectos atrapados en la ~.* A lot of insects were caught in the web. **2** (*por falta de limpieza*) cobweb: *El techo está lleno de ~s.* The ceiling is covered with cobwebs.

tele *nf* telly: *Pon la ~.* Turn the telly on.

LOC **dar algo en/por la tele** to show sth on the telly: *No sabía que fueran a dar el concierto por la ~.* I didn't know the concert was going to be on the telly. **salir en/por la tele** to be on the telly **ver la tele** to watch the telly: *Estábamos viendo la ~.* We were watching the telly.

telecabina *nf* cable car

telecomedia *nf* situation comedy, sitcom (*más coloq*)

telecomunicación *nf* **telecomunicaciones** telecommunications [*v pl*]: *una red/un ingeniero de telecomunicaciones* a telecommunications network/engineer

telediario *nm* the news [*v sing*]: *¿A qué hora es el ~?* What time's the news? ◊ *Lo dijeron en el ~ de las tres.* It was on the three o'clock news. ◊ *Hoy ni siquiera he podido ver el ~.* I haven't even had time to watch the news today.

LOC **telediario última edición/última edición del telediario** the late night news [*v sing*]

teledirigido, -a *pp, adj* remote-controlled: *un coche ~* a remote-controlled car

teleférico *nm* cable car: *Subimos en el ~.* We went up in the cable car.

telefonazo *nm* ring: *Dame un ~ mañana.* Give me a ring tomorrow.

telefonear *vt, vi* to telephone: *Telefoneó para decir que llegaría tarde.* He telephoned to say he would be late.

telefónico, -a *adj* telephone [*n atrib*], phone [*n atrib*] (*más coloq*): *una conversación telefónica* a telephone conversation ◊ *hacer una llamada telefónica* to make a phone call **LOC** *Ver* CABINA, CENTRAL, ESCUCHA, GUÍA, TENDIDO, VOTACIÓN

telefonista *nmf* telephonist

teléfono *nm* **1** (*aparato*) telephone, phone (*más coloq*): *Está hablando por ~ con su madre.* She's on the phone to her mother. ◊ *¿Cojo el ~?* Shall I answer it? ◊ *¡Ana, al ~!* It's for you, Ana. ◊ *~ inalámbrico* cordless phone **2** (*número*) phone number: *Me dio su ~.* He gave me his phone number.

LOC **el teléfono de la esperanza** ≃ the Samaritans [*v pl*] (*GB*) **por teléfono** over the phone: *Me dieron la noticia por ~.* They gave me the news over the phone. **teléfono de la ducha** shower head **teléfono móvil/portátil** mobile phone **teléfono rojo** hot line *Ver tb* CABINA, CENTRAL, COLGADO, COLGAR, GUÍA, HABLAR, LLAMAR

telégrafo *nm* telegraph

telegrama *nm* telegram: *poner/enviar un ~ a algn* to send sb a telegram

telele *nm*
LOC darle un telele a algn: *Como no lleguemos ante de las doce, a mi madre le da un ~.* If we don't get home before midnight my mother will have a fit.
telemando *nm* remote control
telenovela *nf* soap (opera)
teleobjetivo *nm* telephoto lens
telepatía *nf* telepathy
LOC tener telepatía to be telepathic
telepático, -a *adj* telepathic
telescópico, -a *adj* telescopic
telescopio *nm* telescope
telesilla *nm* chairlift
telespectador, ~a *nm-nf* (*tb* **televidente** *nmf*) (television) viewer: *Queremos conocer la opinión de los ~es.* We want to know the viewers' opinion.
telesquí *nm* ski lift
teletexto *nm* teletext
teletipo *nm* teleprinter
televisar *vt* to televise
televisión *nf* television (*abrev* TV): *Enciende/Apaga la ~.* Turn the television on/off. ◊ *Lo vi por ~.* I saw it on TV. ◊ *¿Qué ponen esta noche en la ~?* What's on television tonight?
LOC dar/transmitir algo por (la) televisión to show sth on television: *Dieron el partido por ~.* The match was shown on television. **salir en/por (la) televisión** to be on television: *La semana que viene salimos en la ~.* We're on television next week. **televisión por cable** cable television **televisión por satélite** satellite television **ver la televisión** to watch television: *Los niños están viendo la ~.* The children are watching television. *Ver tb* CIRCUITO, EQUIPO ☛ *Ver nota en* CANAL
televisivo, -a *adj* television [*n atrib*]: *un programa/anuncio ~* a television programme/advert
televisor *nm* television (set) (*abrev* TV): *El ~ estaba en marcha.* The television was on.
télex *nm* telex: *¿Han recibido mi ~?* Did you get my telex? ◊ *enviar un mensaje por ~* to send a telex
telón *nm* curtain: *levantar/bajar el ~* to raise/lower the curtain
LOC telón de acero iron curtain **telón de fondo** backcloth
telonero, -a *adj* supporting
■ **telonero, -a** *nm-nf* supporting artist: *los ~s de Sting* the support band with Sting
tema *nm* **1** (*gen*) matter: *En la reunión se discutieron varios ~s.* They discussed a number of matters at the meeting. ◊ *Ese es un ~ muy personal.* It's a private matter. ◊ *discutir sobre ~s ecológicos/políticos* to discuss ecological/political questions **2** (*película, libro, discurso*) subject: *El ~ de la película es la guerra civil española.* The film is about the Spanish Civil War. ◊ *el ~ de una charla/poema* the subject of a talk/poem ◊ *alejarse del ~* to get away from the subject ◊ *Me tocó disertar sobre un ~ de lingüística.* I had to give a talk on a linguistic topic. **3** (*Arte, Mús*) theme: *No me convence el ~ de la exposición.* I don't like the theme of the exhibition. ◊ *el ~ musical de una película* the theme music for a film
LOC sacar un tema to bring sth up **salirse del tema** to digress **tener tema para rato** to have plenty to talk about *Ver tb* ACTUALIDAD, APARTAR, CADA, CAMBIAR, DESVIAR, HABLAR
temario *nm* syllabus
temático, -a *adj* thematic: *un bloque ~* a thematic block
■ **temática** *nf* theme: *Esta colección contiene una temática mitológica.* This collection has a mythological theme.
temblar *vi* **1 ~ (de)** (*gen*) to tremble (**with** *sth*): *Le temblaba la mano/voz.* His hand/voice was trembling. ◊ *La mujer temblaba de miedo.* The woman was trembling with fear. **2 ~ (de)** (*frío, fiebre*) to shiver (**with** *sth*): *~ de frío* to shiver with cold ◊ *—Estás temblando. —Es que tengo fiebre.* 'You're shivering!' 'I've got a temperature.' **3** (*edificio, muebles*) to shake: *El terremoto hizo ~ el pueblo entero.* The earthquake made the whole village shake.
tembleque *nm*
LOC darle/entrarle el/un tembleque a algn to begin to shake **tener tembleque** to be shaky: *Tu abuelo cada vez tiene más ~.* Your grandfather is getting very shaky.
temblor *nm* **1** (*gen*) trembling: *un ligero ~ en las manos/la voz* a slight trembling of his hands/voice **2** (*por el frío, por la fiebre*) shivering: *La fiebre/el frío le producía ~es.* The fever/cold made him shiver.
LOC darle/entrarle un temblor a algn: *De repente me entró un ~ de frío.* Suddenly I began to shake with cold. ◊ *Me entró un ~ en las piernas.* My legs began to shake. **temblor de tierra** (earth) tremor
tembloroso, -a *adj* **1** (*gen*) trembling: *asustada y temblorosa* shocked and trembling **2** (*por el frío, por la fiebre*) shivering: *Se acurrucaron, ~s, junto al fuego.* They huddled, shivering, round the fire.
temer *vt* to be afraid (**of** *sth*/*sb*/*doing sth*): *Le teme a la oscuridad.* He's afraid of the dark. ◊ *Algunos la temen, otros la admiran.* Some are afraid of her, others admire her. ◊ *Temo equivocarme.* I'm afraid of making mistakes. ◊ *Teme que se enteren sus padres.* He's afraid (that) his parents will find out.
■ **temer** *vi* **1** (*tener miedo*) to be afraid: *No temas, no te haré daño.* Don't be afraid, I won't hurt you. **2** (*preocuparse*) to worry: *No temáis, os ayudaremos todo lo que podamos.* Don't worry, we'll help you all we can. **3 ~ por** to fear **for** *sth*/*sb*: *Teme por sus hijos/el negocio.* He fears for his children/the business.
■ **temerse** *v pron* to be afraid: *Me temo que habrá que cerrar la fábrica.* I'm afraid (that) the factory will have to close down
LOC me temo que sí/no I'm afraid so/not: *—¿Es grave? —Me temo que sí.* 'Is it serious?' 'I'm afraid so.' ◊ *—¿Vendrás? —Me temo que no.* 'Are you coming?' 'I'm afraid not.' **temer a Dios** to fear God **temer(se) lo peor** to fear the worst **(ya) me lo temía** I was afraid of that
temerario, -a *adj* **1** (*gen*) rash: *un juicio ~/una acusación temeraria* a rash accusation/judgement **2** (*persona, conducción*) reckless **LOC** *Ver* IMPRUDENCIA
temeridad *nf* **1** (*cualidad*) rashness **2** (*acción, dicho*) rash thing: *Lo que acabas de hacer/decir es una ~.* That was a rash thing to say/do.
temerosamente *adv* timidly
temeroso, -a *adj* **1** (*asustadizo*) timid **2 ~ de** afraid **of** *sth*/*sb*/*doing sth*: *Se mostraban ~s de cualquier cambio.* They were afraid of change. ◊ *Mintió, ~ de que su padre le castigara.* He lied because he was afraid his father would punish him.
LOC temeroso de Dios God-fearing
temible *adj* fearful
temor *nm* fear (**of** *sth*/*doing sth*): *Le expuse mis ~es al médico.* I expressed my fears to the doctor. ◊ *No lo dije por ~ a que se ofendiera.* I didn't say it for fear of offending him. ◊ *Expresó su ~ de que la familia se desintegrara.* He expressed his fear that the family would disintegrate.
LOC temor de Dios fear of God *Ver tb* INSPIRAR
témpano *nm* ice floe
LOC quedarse como un témpano to be chilled to the bone **ser algn un témpano** to be a cold fish
témpera *nf* poster paint
temperamental *adj* **1** (*gen*) temperamental: *una persona insegura y ~* an insecure and temperamental person **2** (*de mucho carácter*) passionate
temperamento *nm* temperament: *Tiene un ~ muy alegre/abierto.* He has a cheerful/an open temperament.
LOC tener temperamento to be temperamental: *¡Vaya ~ tiene esta chavala!* What a temperamental girl she is!
temperatura *nf* temperature: *Mañana bajarán las ~s.* Temperatures will fall tomorrow.

LOC **temperatura ambiente** room temperature: *conservar el vino a ~ ambiente* to keep wine at room temperature

tempestad *nf* storm
LOC **tempestad de arena** sandstorm **tempestad de granizo** hailstorm **tempestad de nieve** snowstorm

tempestuoso, -a *adj* stormy: *un tiempo ~/una relación tempestuosa* stormy weather/a stormy relationship

templado, -a *pp, adj* **1** (*clima*) mild **2** (*zona*) temperate **3** (*alimentos, líquidos*) lukewarm **4** (*persona*) even-tempered *Ver tb* TEMPLAR
LOC **ser templado en el beber/comer** to drink in moderation/eat carefully

templar *vt* **1** (*alterar la temperatura*) **(a)** (*calentar ligeramente*) to warm *sth* up **(b)** (*enfriar ligeramente*) to cool *sth* down: *~ el agua de la bañera* to cool the bath down **2** (*calmar*) to calm: *Sus palabras templaron los ánimos de los asistentes.* His words had a calming effect on those present. **3** (*metales*) to temper
■ **templar(se)** *vi, v pron* **1** (*calentar(se)*) to warm up: *Era marzo y había empezado a ~.* It was March and it had begun to warm up. **2** (*enfriar(se)*) to cool down: *La sopa se está templando.* The soup is cooling down.
LOC **templarse en el beber/comer** to drink in moderation/eat carefully

temple *nm* **1** (*carácter*) temperament: *Es una mujer de ~ optimista.* She's got an optimistic temperament. **2** (*Arte*) tempera: *pintar al ~* to paint in tempera
LOC **estar de buen/mal temple** to be in a good/bad mood **tener temple** to have nerves of steel: *Hay que tener ~ para dirigir una empresa tan importante.* You need to have nerves of steel to run such a big company.

templete *nm* **1** (*para una imagen*) shrine **2** (*quiosco*) bandstand

templo *nm* **1** (*gen*) temple: *un ~ budista/griego* a Buddhist/Greek temple **2** (*iglesia cristiana*) church
LOC *Ver* MENTIRA, VERDAD

temporada *nf* **1** (*período de tiempo*) time: *Lleva una ~ enfermo.* He has been ill for some time. **2** (*época*) season: *la ~ futbolística/turística* the football/tourist season ◊ *en ~ alta/baja* in the high/low season ◊ *en plena ~* at the height of the season
LOC **de temporada** seasonal: *verduras de ~* seasonal vegetables **temporada de caza** open season

temporal *adj* temporary
■ **temporal** *nm* storm
LOC **temporal de agua/lluvia(s)** rainstorm **temporal de nieve** blizzard **temporal de viento** gale *Ver tb* CAPEAR

témporas *nf* **LOC** *Ver* CULO

temporero, -a *nm-nf* seasonal worker

temporizador *nm* timer: *activar el ~* to set the timer

tempranero, -a *adj, nm-nf* (*persona*) early riser [*n*]: *Soy muy ~, siempre me levanto a las cinco.* I'm a very early riser – I always get up at five.

temprano, -a *adj* early: *una cosecha temprana* an early crop ◊ *Publicó una novela a la temprana edad de 18 años.* He published a novel at the early age of 18.
■ **temprano** *adv*: *levantarse/acostarse ~* to get up/go to bed early **LOC** *Ver* LLEGAR, MADRUGAR, MAÑANA, TARDE

tenacidad *nf* **1** (*perseverancia*) tenacity **2** (*Tec*) toughness

tenacillas *nf* (*para el pelo*) curling tongs

tenaz *adj* **1** (*persona, carácter*) tenacious **2** (*mancha*) stubborn **3** (*enfermedad*) persistent **4** (*Tec*) tough

tenazas *nf* pliers: *Pásame las ~.* Can you pass me the pliers? ☞ *Ver nota en* ALICATE

tendedero *nm* **1** (*cuerda*) clothes line **2** (*plegable, de tijera*) clothes horse **3** (*lugar*) drying-room

tendencia *nf* **~** (a) **1** (*gen*) tendency (*to sth*/*to do sth*): *Mis ~s políticas no le interesan a nadie.* My political tendencies are my own business. ◊ *Tiene ~ a engordar.* He has a tendency to put on weight. **2** (*cambio, moda*) trend: *~ a la baja/al alza* downward/upward trend ◊ *las últimas ~s de la moda* the latest trends in fashion

tender *vt* **1** (*ropa*) **(a)** (*fuera*) to hang *sth* out: *Todavía tengo que ~ la ropa.* I've still got to hang the washing out. **(b)** (*dentro*) to hang *sth* up **2** (*extender*) to spread *sth* (out): *Tendió la toalla en la arena y se tumbó.* He spread the towel (out) on the sand and lay down.
■ **tender** *vi*: *Tiende a complicar las cosas.* He tends to complicate things. ◊ *El tiempo tiende a mejorar.* The weather is improving. ◊ *La economía tiende a recuperarse.* The economy is recovering.
■ **tenderse** *v pron* to lie down: *Se tendió en el sofá y se quedó dormida.* She lay down on the sofa and fell asleep at once.
LOC **tender la mano** to lend *sb* a hand **tender una emboscada** to ambush *sb* **tender una trampa/encerrona** to set a trap *for sb* *Ver tb* CUERDA, MANO

tenderete *nm* (*puesto*) stall: *montar un ~* to set up a stall

tendero, -a *nm-nf* **1** (*dueño*) shopkeeper **2** (*dependiente*) shop assistant

tendido, -a *pp, adj* **1** (*persona*) lying: *Estaba ~ en el sofá.* He was lying on the sofa. ◊ *Se quedó tendida en mitad de la calle.* There she was, lying in the middle of the road. **2** (*ropa*): *Deja la ropa tendida cuando salgas.* Hang up the washing before you leave. ◊ *La colada está tendida.* The washing is on the line. *Ver tb* TENDER
■ **tendido** *nm* (*Toros*) section: *el ~ de sol/sombra* the seats in the sun/shade
LOC **tendido eléctrico** cables [*v pl*] **tendido telefónico** telephone lines [*v pl*] *Ver tb* GALOPE, LARGO, LLORAR, ROPA

tendón *nm* tendon: *el ~ de Aquiles* Achilles' tendon

tenebroso, -a *adj* sinister

tenedor *nm* fork

tener *vt*

● **posesión** to have

El presente del verbo *tener* se puede expresar de dos maneras: **to have got** y **to have**.
To have got es más frecuente y no necesita auxiliar en oraciones negativas e interrogativas: *Tengo tres hermanos.* I've got three brothers. ◊ *No tiene dinero.* He hasn't got any money. ◊ *¿Tienes un momento?* Have you got a minute?
To have puede o no ir acompañado de un auxiliar en interrogativa y negativa: *¿Tienes hermanos?* Have you any brothers or sisters?/Do you have any brothers or sisters? ◊ *No tiene dinero.* He hasn't any money./He doesn't have any money.
En el resto de los tiempos verbales, *tener* se traduce por **to have**: *He tenido un gran día.* I've had a great day today. ◊ *¿Tuvisteis algún problema para entrar?* Did you have any trouble getting in? ◊ *No tuvo demasiada suerte.* She didn't have much luck. ◊ *Vamos a tener un niño.* We're going to have a baby. ◊ *Me encantaría tener los ojos azules.* I'd love to have blue eyes.

● **edad, estado, dimensiones, actitud** to be: *Mi hija tiene diez años.* My daughter is ten (years old). ◊ *Tiene tres metros de largo.* It's three metres long.

Cuando *tener* adquiere el significado de *sentir*, el inglés utiliza el verbo **to be** con un adjetivo, mientras que en español empleamos un sustantivo: *Tengo mucha hambre.* I'm very hungry. ◊ *tener calor/frío/sed/miedo* to be hot/cold/thirsty/frightened ◊ *tener cuidado/paciencia* to be careful/patient ◊ *Le tengo un gran cariño a tu madre.* I'm very fond of your mother.

● **en construcciones con adjetivos**: *Tienes las manos sucias.* Your hands are dirty. ◊ *Tengo a mi madre enferma.* My mother is ill. ◊ *Me tiene harta de tanto esperar.* I'm sick of waiting so long for him.
■ **tener** *v aux* **1 ~ que hacer algo** to have **to do sth**: *Tengo que trabajar duro si quiero irme de vacaciones.* I have to work hard if I want to go on holiday. ◊ *Tuvieron que irse en seguida.* They had to leave straight away. ◊ *Tienes que leerlo, es buenísimo.* You must read it – it's brilliant! ◊ *Tienes que decírselo.* You must tell him. ☞ *Ver*

nota en MUST[1], NEED[1], OUGHT TO sentido 1 **2 ~ + participio**: *Lo tienen todo planeado.* It's all arranged. ◊ *¿Ya lo tienes decidido?* Have you decided yet? ◊ *Su comportamiento nos tiene preocupados.* We're worried about the way he's been behaving.

LOC ¿esas tenemos? so that's your game?
no tenerlas todas consigo not to be quite sure (*about sth*)
tener a algn por algo to think that sb is sth: *Parece que me tienes por idiota.* You seem to think I'm an idiot. ◊ *Sus padres lo tienen por estudioso.* His parents think he's a hard worker.
tener algo de to be a bit of a *sth*: *Tiene algo de bruja.* She's a bit of a witch.
tener (algo) que ver (con) 1 (*asunto*) to have (sth) to do with *sth/sb*: *¿Y eso qué tiene que ver?* What's that got to do with it? ◊ *Eso no tiene nada que ver.* That's got nothing to do with it. **2** (*persona*): *Creo que tienen algo que ver con la familia Rebollo.* I think they've got some connection with the Rebollo family.
tener en mucho a algo/algn to have a high opinion of sth/sb
tener en poco a algo/algn to have no regard for sth/sb
tener en su haber to have
tener lo suyo: *Esta traducción parece fácil, pero tiene lo suyo.* This translation looks easy, but it has its difficulties.
tener (un) algo: *Tiene un algo que me vuelve loco.* There's something about her that drives me crazy.
tener un buen/mal perder to be a good/bad loser
☛ Para otras expresiones con **tener**, véanse las entradas del sustantivo, adjetivo, etc, p. ej. **tener agallas** en AGALLA y **tener chispa** en CHISPA.

tenia *nf* tapeworm

teniente *nmf* lieutenant
LOC teniente coronel lieutenant colonel **teniente de alcalde** deputy mayor **teniente general** lieutenant general

tenis *nm* tennis: *¿Vienes a jugar al ~?* Are you coming to play tennis? ☛ *Ver ilustración en* TENNIS
LOC tenis de mesa table tennis *Ver tb* PISTA

tenista *nmf* tennis player

tenístico, -a *adj* tennis [*n atrib*]: *el mundillo ~* the tennis world

tenor *nm* tenor: *Es un ~ excelente.* He's a very good tenor. ◊ *un saxo ~* a tenor sax
LOC a tenor de 1 (*Jur*) in accordance with *sth*: *a ~ de lo dispuesto en el artículo 20 del Código Penal* in accordance with article 20 of the Penal Code **2** (*según*) according to *sth*: *a ~ de la información de que disponemos* according to the information available

tenorio *nm* womanizer

tensar *vt* **1** (*cable, cuerda*) to tighten: *~ las cuerdas de una raqueta* to tighten the strings of a racket **2** (*músculo*) to tense: *Intenta no ~ los músculos.* Try not to tense your muscles. **3** (*relación, lazos*) to put *sth* under strain **4** (*arco*) to draw
■ **tensarse** *v pron* (*situación*) to become tense

tensión *nf* **1** (*gen*) tension: *la ~ de un cable* the tension of a cable ◊ *~ nerviosa/muscular* nervous/muscle tension ◊ *Hubo mucha ~ durante la cena.* There was a lot of tension during dinner. **2** (*eléctrica*) voltage: *cables de alta ~* high voltage cables **3** (*arterial*) blood pressure: *tener la ~ alta/baja* to have high/low blood pressure
LOC en tensión tense: *Siempre está en ~.* He's always tense. *Ver tb* TORRE

tenso, -a *adj* **1** (*gen*) tense: *Estás muy ~.* You're very tense. ◊ *Había una atmósfera muy tensa en la oficina.* There was a very tense atmosphere in the office. **2** (*cable, cuerda*) taut: *Asegúrate de que la cuerda esté bien tensa.* Make sure the rope is taut.

tentación *nf* temptation (*to do sth/of doing sth*): *Cayó en la ~ de robar las joyas.* He gave in to temptation and stole the jewels. ◊ *Tengo la ~ de comprarme un coche.* I'm tempted to buy a car. ◊ *No pude resistir la ~ de venir a visitarte.* I couldn't resist the temptation of coming to see you.
LOC ser algo/algn una tentación: *Los zapatos son mi ~.* I can't resist buying shoes. ◊ *Me dijo que yo era su ~.* He told me I was irresistible.

tentáculo *nm* tentacle

tentador, ~a *adj* tempting: *El dinero es muy ~.* The money is very tempting.
■ **tentador, ~a** *nm-nf* tempter [*fem* temptress]

tentar *vt* **1** (*gen*) to tempt *sb* (*to do sth*): *No me tientes.* Don't tempt me. ◊ *Me tienta la idea de irme de vacaciones.* I'm tempted to go on holiday. **2** (*palpar*) to feel
LOC tentar a la suerte to tempt fate

tentativa *nf* attempt: *a la tercera ~* at the third attempt

tentempié *nm* snack

tenue *adj* **1** (*luz, sonido, línea, sonrisa*) faint **2** (*color*) pale **3** (*brisa*) light **4** (*niebla, humo, tela*) thin

teñido, -a *pp, adj* (*matizado*) tinged **with sth**: *una obra teñida de amargura* a work tinged with bitterness *Ver tb* TEÑIR

teñir *vt* **1** (*dar tinte*) to dye: *~ una camisa de rojo* to dye a shirt red ◊ *Le han teñido el pelo de rubio.* She's had her hair dyed blonde. **2** (*manchar*) to stain: *El petróleo tiñó el mar de negro.* The oil stained the sea black.
LOC teñirse (el pelo) to dye your hair: *Me toca ~me (el pelo) esta semana.* I've got to dye my hair this week.

teocrático, -a *adj* theocratic

teología *nf* theology
LOC teología de la liberación liberation theology

teológico, -a *adj* theological

teólogo, -a *nm-nf* theologian

teorema *nm* theorem: *el ~ de Pitágoras* Pythagoras' theorem

teoría *nf* theory: *la ~ y la práctica* theory and practice ◊ *En ~, tengo trabajo hasta octubre.* In theory, I have work until October. ◊ *~ de la música* music theory

teórico, -a *adj* theoretical: *un caso ~* a theoretical case ◊ *un examen ~* a theory exam
■ **teórico, -a** *nm-nf* theorist
■ **teórica** *nf* theory

teorizar *vi* **~ (sobre)** to theorize (**on/about** *sth*)

tequila *nm* tequila

terapeuta *nmf* therapist

terapéutica *nf* therapeutics [*v sing*]

terapéutico, -a *adj* therapeutic

terapia *nf* therapy: *~ de grupo* group therapy

tercer *adj Ver* TERCERO

tercermundista *adj* third-world [*n atrib*]

tercero, -a *adj, nm-nf, pron* (*tb* **tercero** *nm*) third (*abrev* 3rd) ☛ *Ver ejemplos en* SEXTO
■ **tercero, -a** *nm-nf* third party: *En este asunto no quiero que intervengan ~s.* I don't want third parties interfering in this matter.
■ **tercera** *nf* (*marcha*) third (gear)
LOC a la tercera va la vencida third time lucky **tercera edad**: *actividades para la tercera edad* activities for senior citizens **Tercer Mundo** Third World *Ver tb* ASEGURAR, CATEGORÍA, ECUACIÓN, SEGURO

terceto *nm* **1** (*Mús*) trio [*pl* trios] **2** (*Liter*) tercet

terciado, -a *pp, adj* **1** (*de tamaño mediano*) medium-sized **2** (*que le queda solo la tercera parte*): *La botella ya está terciada.* There's only a third of the bottle left. *Ver tb* TERCIAR

terciar *vi* **1 ~ (en)** (*intervenir*) to intervene (**in** *sth*) **2 ~ (con)** to have a word (**with** *sb*)
■ **terciar** *vt* (*bolso, rifle*) to sling *sth* across your chest
■ **terciarse** *v pron* to arise: *Se terció la oportunidad y fuimos.* The opportunity arose and we went. ◊ *Si se tercia, iremos a Toledo.* If an opportunity arises, we'll go to Toledo.

terciario, -a *adj* **1** (*era*) tertiary **2** (*sector*) service [*n atrib*]
■ **terciario** *nm* (*Geol*) Tertiary period

tercio *nm* **1** (*fracción*) third: *dos ~s de la población* two thirds of the population **2** (*Mil*) regiment
LOC **tercio de la legión** Foreign Legion

terciopelo *nm* velvet

terco, -a *adj* stubborn
LOC **ser más terco que una mula** to be as stubborn as a mule

tergal® *nm* type of polyester

tergisversación *nf* distortion: *una ~ de los hechos* a distortion of the facts

tergiversar *vt* to twist

termal *adj* thermal: *fuentes ~es* thermal springs

termas *nf* (*baños*) baths: *las ~ romanas* the Roman baths

térmico, -a *adj* thermal: *aislante ~* thermal insulation

terminación *nf* ending

terminal *adj, nf, nm* terminal: *enfermos ~es* terminally ill patients ◊ *la ~ norte/sur* the North/South terminal ◊ *~ de carga/pasajeros* cargo/passenger terminal
LOC *Ver* FASE

terminante *adj* **1** (*gen*) categorical: *Fue ~ en su respuesta.* His reply was categorical. **2** (*orden*) strict

terminar *vt* to finish
■ **terminar** *vi* **1 ~ (en algo)** (*acabar*) to end (**in sth**): *Las fiestas terminan el próximo lunes.* The festivities end next Monday. ◊ *La manifestación terminó en tragedia.* The demonstration ended in tragedy. **2 ~ (de hacer algo) (a)** (*gen*) to finish (**doing sth**): *Salió nada más ~ de comer.* She went out as soon as she'd finished eating. ◊ *He terminado de hacer mis deberes.* I've finished doing my homework. **(b)** (*llegar a*) to be able **to do sth**: *No termino de entender lo que pasó.* I can't understand what happened. **3 ~ haciendo/por hacer algo** to end up **doing sth**: *Terminamos riéndonos.* We ended up laughing. **4 ~ como/igual que…** to end up **like *sth/sb***: *Vas a ~ igual que tu padre.* You'll end up like your father. **5 ~ con (a)** (*poner fin*) to put an end to *sth*: *~ con un sistema* to put an end to a system ◊ *Es hora de ~ con la corrupción.* It's time to put a stop to corruption. **(b)** (*librarse, destruir*) to get rid of *sth/sb*: *Estoy decidida a ~ con las moscas en esta casa.* I'm determined to get rid of the flies in this house. **(c)** (*romper una relación*) to finish with *sb*: *Ha terminado con su novia.* He's finished with his girlfriend.
■ **terminarse** *v pron* **1** (*acabarse*) to run out: *Se ha terminado el azúcar.* The sugar has run out. ◊ *Se nos ha terminado el pan.* We've run out of bread. **2** (*llegar a su fin*) to be over: *Se terminó la fiesta.* The party's over.
LOC **dar por terminado 1** (*acabar*) to close *sth*: *Dimos por terminada la sesión.* We closed the meeting. **2** (*considerar acabado*): *Yo doy por terminada la relación, pero él no.* For me our relationship is finished, but not for him. **terminar bien 1** (*historia, película*) to have a happy ending **2** (*persona*) to do well for yourself **terminar en primera, segunda, etc posición/terminar primero, segundo, etc** to come first, second etc **terminar loco** to go mad **terminar mal 1** (*historia, película*) to have an unhappy ending **2** (*persona*) to come to a bad end *Ver tb* EMPATADO

término *nm* **1** (*gen*) term: *en ~s generales* in general terms ◊ *"Usía" es un ~ muy formal.* 'Usía' is a very formal term. **2** (*fin*) end: *al ~ de la emisión* at the end of today's programmes **3** (*plano*) **(a)** (*lugar*): *en segundo ~* in second place **(b)** (*tiempo*): *en primer/segundo ~* firstly/secondly
LOC **dar término a** to bring *sth* to an end **en el término de** within: *en el ~ de dos días* within two days **llevar algo a buen/feliz término** to carry sth out successfully **poner término a** to put an end to *sth* **por término medio** on average **término común/vulgar** common term: *"Calentura" es el ~ vulgar por el que se conoce al "herpes labial".* 'Cold sore' is the common term for 'herpes'. **término medio** happy medium **término municipal** municipal district *Ver tb* ÚLTIMO

terminología *nf* terminology

terminológico, -a *adj* terminological

termita *nf* termite

termo *nm* **1** (*botella*) Thermos® (flask) **2** (*calentador*) water heater

termodinámico, -a *adj* thermodynamic
■ **termodinámica** *nf* thermodynamics [*v sing*]

termómetro *nm* thermometer: *un ~ clínico* a clinical thermometer
LOC **ponerle el termómetro a algn** to take sb's temperature

termostato *nm* thermostat

terna *nf* shortlist of three candidates for a post

ternario, -a *adj*
LOC **compás/ritmo ternario** triple time ☛ *Ver ilustración en* NOTACIÓN

ternero, -a *nm-nf* calf [*pl* calves] ☛ *Ver ilustración en* COW[1]
■ **ternera** *nf* **1** (*gen*) beef: *chuletas de ternera* T-bone steaks **2** (*joven*) veal: *filete/escalope de ternera* veal escalope ☛ *Ver nota en* CARNE
LOC **ternera de leche** calf [*pl* calves] ☛ *Ver ilustración en* COW[1]

ternura *nf* tenderness: *hablar/tratar a algn con ~* to speak to/treat sb tenderly ◊ *sentir ~ por algn* to feel affection for sb

terquedad *nf* stubbornness

terracota *nf* terracotta: *una maceta de ~* a terracotta pot

terraplén *nm* **1** (*ferrocarril, carretera*) embankment **2** (*acantilado*) cliff: *El coche cayó por el ~.* The car fell over the cliff.

terráqueo, -a *adj* **LOC** *Ver* GLOBO

terrateniente *nmf* landowner

terraza *nf* **1** (*azotea*) flat roof [*pl* flat roofs] **2** (*balcón*) balcony **3** (*bar*): *Sentémonos en la ~.* Let's sit outside. ◊ *¿Ya han puesto la ~?* Have they put the tables out yet? **4** (*Agricultura*) terrace

terrazo *nm* terrazzo: *El suelo de la cocina es de ~ rojo.* The kitchen floor is red terrazzo.

terremoto *nm* **1** (*seísmo*) earthquake **2** (*fig*) live wire: *María es un ~ de mujer.* María is a real live wire.

terrenal *adj* worldly: *bienes ~es* worldly goods **LOC** *Ver* PARAÍSO

terreno, -a *adj*: *la vida terrena* life on earth
■ **terreno** *nm* **1** (*tierra*) land [*incontable*]: *un ~ muy fértil* very fertile land ◊ *los ~s de la Iglesia/del duque* church land/the duke's land ◊ *un ~ pedregoso/accidentado* stony/uneven ground ◊ *~ de pasto* pasture land **2** (*parcela*) piece of land: *Se han comprado un ~.* They've bought a piece of land. ◊ *Es dueña de varios ~s.* She owns several pieces of land. **3** (*Geog*) terrain: *un ~ montañoso* a mountainous terrain **4** (*fig*) field: *el ~ de la física* the field of physics **5** (*Arqueología*) site
LOC **ganar/perder terreno** to gain/lose ground: *La empresa está perdiendo ~ en el mercado informático.* The firm is losing ground in the computer market. **sobre el terreno 1** (*en el lugar*) on the spot: *Quiero ir allí para discutirlo sobre el ~.* I want to go there to talk about it on the spot. **2** (*sobre la marcha*) as I, you, etc go along **terreno de juego** pitch **terreno propicio para algo** breeding ground for sth *Ver tb* ABONADO[1], ALLANAR, CEDER, CONFIGURACIÓN, MINAR, PISAR, PREPARAR, RECONOCER, SONDEAR, TANTEAR, VENCER

terrestre *adj* land [*n atrib*], terrestrial (*formal*): *un animal/ataque ~* a land animal/attack ◊ *la órbita/superficie ~* the orbit/surface of the earth **LOC** *Ver* CORTEZA, ESFERA, GLOBO, VÍA

terrible *adj* terrible: *una ~ amenaza* a terrible threat ◊ *Tengo un hambre ~.* I'm terribly hungry. ◊ *Mostraron unas imágenes ~s.* They showed some horrific pictures.

terrier *nm* terrier ☛ *Ver ilustración en* DOG[1]

territorial *adj* territorial **LOC** *Ver* ASPIRACIÓN, AUDIENCIA, CÓDIGO

territorio *nm* territory **LOC** *Ver* ROBAR

terrón *nm* lump: *un ~ de azúcar* a sugar lump

terror *nm* terror: *Es el ~ del barrio.* He's the terror of the neighbourhood. ◊ *una mirada llena de ~* a terrified look **LOC** *Ver* INSPIRAR, PELÍCULA

terrorífico, -a *adj* terrifying

terrorismo *nm* terrorism

terrorista *adj, nmf* terrorist [*n*]: *un atentado ~* a terrorist attack
LOC **banda/grupo terrorista** terrorist group

terso, -a *adj* smooth: *¿Cómo conservas la piel tan tersa?* How do you manage to keep your skin so smooth?

tersura *nf* smoothness

tertulia *nf* gathering, get-together (*más coloq*): *hacer/tener una ~* to have a get-together ◊ *una ~ literaria* a literary gathering

tesina *nf* dissertation

tesis *nf* **1** (*teoría*) theory: *la ~ evolucionista* the evolutionary theory **2** (*trabajo de investigación*) thesis [*pl* theses]: *una ~ doctoral* a doctoral thesis

tesitura *nf* **1** (*situación*) situation: *Me encuentro en una difícil ~.* I'm in a difficult situation. **2** (*Mús*) tessitura (*formal*), range: *la ~ de una voz/un violín* the range of a voice/violin

tesón *nm* determination: *trabajar con ~* to work with determination

tesorería *nf* **1** (*cargo*) treasurership **2** (*oficina*) finance department **3** (*bienes en metálico*) liquid assets [*v pl*]

tesorero, -a *nm-nf* treasurer

tesoro *nm* treasure: *Encontraron un ~ hundido en la costa de Méjico.* They found sunken treasure off the Mexican coast. ◊ *los ~s artísticos de un país* the art treasures of a country ◊ *Es un ~ de mujer.* She's a treasure. ◊ *No llores, ~.* Don't cry, darling. **LOC** *Ver* BONO, BUSCADOR, BÚSQUEDA

test *nm* test **LOC** *Ver* EXAMEN

testamento *nm* **1** (*Jur*) will: *hacer ~* to make a will **2** **Testamento** (*Relig*) Testament: *el Antiguo/Nuevo Testamento* the Old/New Testament

testarazo *nm* (*Dep*) header: *El delantero marcó de un ~.* The forward scored with a header.
LOC **dar(se)/pegar(se) un testarazo**: *Me dio un ~ en el estómago.* He butted me in the stomach. ◊ *Se dio un ~ contra la pared.* He banged his head on the wall.

testarudo, -a *adj, nm-nf* stubborn [*adj*]: *¡Eres un ~!* You're so stubborn!

testículo *nm* testicle ☛ *Ver ilustración en* REPRODUCTOR

testificar *vi* to testify, to give evidence (*más coloq*): *~ ante el juez/en un juicio* to give evidence before the judge/at a trial

testigo *nmf* witness: *Hice de ~ en la boda de María.* I was a witness at María's wedding.
■ **testigo** *nm* baton: *entregar el ~* to pass the baton
LOC **poner a algn por testigo**: *Pongo a Dios por ~ de que digo la verdad.* As God is my witness, I'm telling the truth. ◊ *Te pongo a ti por ~.* You are my witness. **ser testigo de** to witness *sth*: *Estos muros han sido ~ de numerosas batallas.* These walls have witnessed many battles. **testigo de cargo/la acusación** witness for the prosecution **testigo de Jehová** Jehovah's Witness **testigo ocular/presencial** eyewitness

testimonio *nm* **1** (*gen*) statement: *Su ~ fue decisivo.* His statement was decisive. **2** (*jurado y por escrito*) affidavit **3** (*evidencia*) evidence: *Estas ruinas son el ~ de la existencia de una antigua civilización.* These ruins are evidence of an ancient civilization.
LOC **dar testimonio** to testify **dar/recibir testimonio de**: *El público dio ~ de su afecto por la artista.* The audience showed their affection for the artist. ◊ *Recibimos numerosos ~s de solidaridad.* People showed their solidarity with us. **en testimonio de mi afecto, lealtad, etc** as a token of my affection, loyalty, etc

teta *nf* **1** (*animal*) teat **2** (*mujer*) tit (⚠) ☛ *Ver nota en* TABÚ
■ **teta** *adv*: *pasarlo ~* to have a whale of a time
LOC **dar la teta** to breastfeed **quitar la teta** to wean *sth/sb*

tétanos *nm* tetanus [*incontable*]

tetera *nf* teapot ☛ *Ver ilustración en* POT

tetilla *nf* (*mamífero, biberón*) teat ☛ *Ver ilustración en* COW[1]

tetina *nf* teat

tetona *adj, nf*
LOC **ser (una) tetona** to have big boobs

Tetra Brik® (*tb* **tetrabik**) *nm* carton

tetraedro *nm* tetrahedron [*pl* tetrahedra/tetrahedrons]

tétrico, -a *adj* gloomy

teutón, -ona (*tb* **teutónico, -a**) *adj* Teutonic

textil *adj* textile [*n atrib*]: *la industria ~* the textile industry **LOC** *Ver* FÁBRICA

texto *nm* **1** (*gen*) text: *~ e ilustraciones de calidad* high quality text and illustrations **2** (*libro*) book: *un ~ de referencia* a reference book **3** (*pasaje*) passage: *Analizamos un ~ de Cela.* We analysed a passage from Cela. **4** (*formulación*) wording: *el ~ de un contrato* the wording of a contract
LOC **proceso/tratamiento de textos** (*Informát*) word processing *Ver tb* COMENTAR, COMENTARIO, LIBRO, RESUMEN

textual *adj* **1** (*relativo a un texto*) textual: *análisis ~* textual analysis **2** (*literal*): *Son palabras ~es del escritor.* They are the writer's exact words. ◊ *Y dijo, palabras ~es: "No quiero volver a verte."* His exact words were, 'I don't want to see you again.' ◊ *una cita ~* a direct quotation

textualmente *adv* verbatim, word for word (*más coloq*): *citar ~ a algn* to quote sb verbatim

textura *nf* texture

tez *nf* complexion **LOC** *Ver* ACEITUNADO

ti *pron pers* you: *Lo hago por ti.* I'm doing it for you. ◊ *Esperamos mucho de ti.* We expect a lot of you. ◊ *Siempre estás pensando en ti misma.* You're always thinking of yourself.

tía *nf Ver* TÍO

Tíbet *nm* Tibet

tibia *nf* tibia [*pl* tibiae], shin bone (*más coloq*) ☛ *Ver ilustración en* ESQUELETO

tibio, -a *adj* tepid, lukewarm (*más coloq*): *El agua está tibia.* The water is lukewarm.
LOC **ponerse tibio (de algo)** to stuff yourself (with sth): *Me puse tibia de mejillones.* I stuffed myself with mussels. **poner tibio a algn** to give sb a good telling off

tiburón *nm* shark

tic *nm* tic: *Tiene un ~ nervioso.* He has a nervous tic.

ticket *nm Ver* TIQUE

tictac *nm* ticking: *El ~ del reloj me está poniendo nerviosa.* The ticking of that clock is getting on my nerves.
LOC **hacer tictac** to go tick-tock

tiempo *nm* **1** (*gen*) time: *en ~s de los romanos* in Roman times ◊ *Llevan mucho ~ viviendo en Lugo.* They've lived in Lugo for a long time. ◊ *Ahora no tengo ~ para hacer eso.* I haven't got time to do that now. ◊ *¡Cuánto ~ hacía que no nos veíamos!* Long time, no see! ◊ *¿Llevas mucho ~ esperando?* Have you been waiting long? ◊ *¿Cuánto ~ llevas estudiando inglés?* How long have you been studying English? ☛ *Ver nota en* LONG[1] **2** (*meteorológico*) weather: *¿Qué ~ hace en Málaga?* What's the weather like in Málaga? ◊ *Hacía muy buen/mal ~.* The weather was very good/bad. ◊ *El ~ está un poco revuelto.* The weather is rather unsettled. ◊ *Hace un ~ de perros.* The weather is foul. ◊ *Mañana hará buen ~.* It'll be fine tomorrow. **3** (*bebé*): *¿Qué ~ tiene?* How old is she? **4** (*estación*) season: *El otoño es ~ de castañas.* Autumn is the season for chestnuts. ◊ *verduras del ~* seasonal vegetables **5** (*Dep*) half [*pl* halves]: *El Betis marcó en el segundo ~.* Betis scored in the second half. **6** (*Ling*) tense: *en ~ pasado/futuro* in the past/future tense **7** (*Mús*) **(a)** (*movimiento*) movement: *La sinfonía tiene cuatro ~s.* A symphony has four movements. **(b)** (*velocidad*) tempo [*pl* tempi] **8** (*Mecánica*) stroke: *un motor de dos ~s* a two-stroke engine

LOC al poco tiempo de... just after...: *Llegaron al poco ~ de marcharte tú.* They arrived just after you left. **a tiempo**: *Llegas a ~ para tomarte un café.* You're just in time for a cup of coffee. ◊ *Todavía estás a ~ de mandarlo.* You've still got time to send it. **a tiempo completo/parcial** full-time/part-time: *Tiene un trabajo a ~ parcial.* He's got a part-time job. **con el tiempo** in time: *Lo entenderás con el ~.* You'll understand in time. **con tiempo** in good time: *Avísame con ~.* Let me know in good time. **con tiempo (de sobra) para** in plenty of time *to do sth*: *Llegamos con ~ de sobra para coger el tren.* We got there in plenty of time to catch the train. **dar tiempo al tiempo** to give it time: *Eres demasiado impaciente, tienes que dar ~ al ~.* You're too impatient, you must give it time. **de algún/un tiempo a esta parte** for some time now **de los tiempos de Maricastaña 1** (*muy viejo*) ancient: *Ese vestido es de los ~s de Maricastaña.* That dress is really ancient. **2** (*anticuado*) old-fashioned **desde hace (mucho) tiempo** for a long time/ages: *Somos amigas desde hace mucho ~.* We've been friends for ages. **desde tiempo inmemorial** since time immemorial **el tiempo apremia** time is pressing on **el tiempo es oro** time is money **el tiempo justo/preciso** just enough time (*to do sth*): *Tengo el ~ justo para acabar este trabajo.* I've got just enough time to finish this job. **el tiempo lo dirá** time will tell **en aquellos tiempos** in those days **en los tiempos que corren** nowadays **en mis tiempos** in my, your, etc day **en tiempos de Maricastaña** in times gone by **hace mucho/poco/bastante tiempo que...**: *Hace bastante ~ que no venís a visitarnos.* It's a long time since you came to see us. ◊ *Hace poco ~ que se marchó al extranjero.* It's not long since he went abroad. **hacer tiempo** to while away your time **los tiempos que corren** the present: *No son capaces de adaptarse a los ~s que corren.* They can't adapt to the present. **medio tiempo** half-time **no hay tiempo que perder** there's no time to lose **poner al mal tiempo buena cara** to look on the bright side **¡qué tiempos aquellos!** those were the days! **si el tiempo lo permite** weather permitting **tiempo disponible/libre** spare time: *¿A qué dedicas el ~ libre?* What do you do in your spare time? **tiempo límite** time limit **tiempo muerto** time out **tomarse tiempo**: *Tómate el ~ que quieras.* Take all the time you need.

☛ Para otras expresiones con **tiempo**, véanse las entradas del sustantivo, verbo, etc, p. ej. **hombre del tiempo** en HOMBRE y **ganar tiempo** en GANAR.

tienda *nf* shop

LOC ir de tiendas to go shopping **poner/abrir una tienda** to open a shop **tienda de antigüedades** antique shop **tienda (de campaña)** tent: *montar/quitar una ~* to put up/take down a tent **tienda de comestibles** grocer's [*pl* grocers] ☛ *Ver nota y ejemplos en* CARNICERÍA **tienda de modas** boutique **tienda de productos dietéticos** health food shop **tienda de regalos** gift shop

tienta *nf* trial to test the fighting spirit of young bulls

LOC andar, ir, etc a tientas to feel your way: *Encontré la salida a ~s.* I felt my way to the exit.

tierno, -a *adj* **1** (*gen*) tender: *un filete ~* a tender steak ◊ *una mirada tierna* a tender look ◊ *a la tierna edad de cinco años* at the tender age of five **2** (*pan*) fresh **3** (*persona*) tender-hearted

LOC en la más tierna infancia in early childhood

tierra *nf* **1** (*por oposición al mar, campo, fincas*) land [*incontable*]: *viajar por ~* to travel by land ◊ *cultivar la ~* to work the land ◊ *Vendió las ~s de su familia.* He sold his family's land. **2** (*elemento, materia*) earth: *Escorpión es un signo de ~.* Scorpio is an earth sign. ◊ *cubrir las raíces de una planta con ~* to cover the roots of a plant with earth **3** (*para plantas, terreno*) soil: *la erosión de la ~* soil erosion ◊ *~ arenosa* sandy soil ◊ *La ~ es muy fértil en esta zona.* The soil in this region is very fertile. ◊ *Se establecieron en ~s africanas.* They settled in Africa. **4** (*suelo*) ground [*incontable*]: *Cayó a ~.* He fell to the ground. ◊ *besar la ~* to kiss the ground ◊ *~s baldías* waste ground **5** (*patria*) native land: *Andalucía es mi ~.* Andalusia is my native land. ◊ *las costumbres de mi ~* the customs of my native land **6 Tierra** (*planeta*) earth: *La Tierra es un planeta.* The earth is a planet. ◊ *salvar la Tierra* to save the earth

LOC echar por tierra to ruin *sth*: *Nos han echado por ~ el proyecto.* They've ruined our plan. **echar tierra sobre algo** to cover sth up: *Echaron ~ sobre el asunto.* They covered the matter up. **poner tierra por medio** to get away **quedarse en tierra** to be left behind: *Perdí el autobús y me quedé en ~.* I missed the bus and was left behind. **tierra adentro** inland **¡tierra a la vista!** land ahoy! **tierra batida** (*Tenis*) clay: *jugar en ~ batida* to play on clay **tierra de cultivo/labor/labranza** arable land **tierra de nadie** no man's land **tierra firme** dry land, terra firma (*más formal*) **Tierra Santa** the Holy Land **¡tierra, trágame!** I want to die! **tomar tierra** to land

☛ Para otras expresiones con **tierra**, véanse las entradas del sustantivo, verbo, etc, p. ej. **desprendimiento de tierras** en DESPRENDIMIENTO y **pisar tierra firme** en PISAR.

tieso, -a *adj* **1** (*gen*) stiff: *Me molesta llevar los cuellos ~s.* I can't stand wearing stiff collars. ◊ *Es muy ~ con los clientes.* He's very stiff with the customers. ◊ *¡Qué pinta llevas con el pelo todo ~!* You do look funny with that spiky hair! **2** (*recto*) straight: *¡Ponte ~!* Stand up straight! ◊ *con las orejas tiesas* with ears pricked up **3** (*carne*) tough

LOC dejar a algn tieso to leave sb speechless: *La noticia nos dejó ~s.* The news left us speechless. **quedarse tieso (de frío)** to be frozen stiff *Ver tb* VELA[2]

tiesto *nm* flowerpot ☛ *Ver ilustración en* POT

tifoideo, -a *adj* **LOC** *Ver* FIEBRE

tifón *nm* typhoon

tifus *nm* typhus

tigre, -esa *nm-nf* tiger [*fem* tigress] **LOC** *Ver* OLER

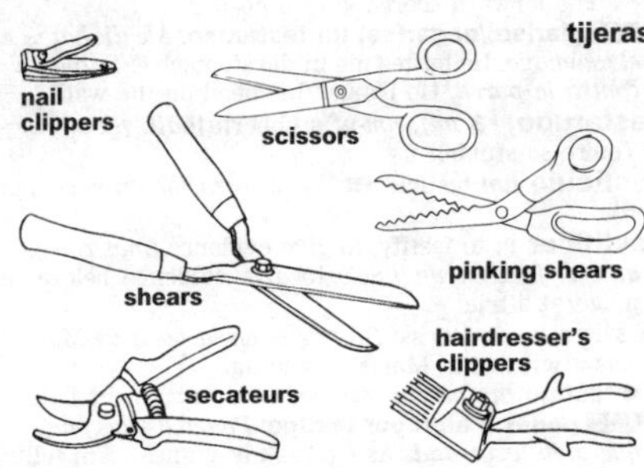

tijera *nf* **1 tijeras** scissors [*v pl*]: *¿Me dejas las ~s?* Can I have the scissors?

Scissors es una palabra plural en inglés, por lo tanto para referirnos a *unas tijeras* utilizamos **some/a pair of scissors**: *Necesito unas tijeras nuevas.* I need some new scissors/a new pair of scissors. *Ver tb nota en* PAIR

2 (*caballete*) trestle **3** (*Fútbol*) scissors kick

LOC de tijera folding: *una silla de ~* a folding chair **meter la tijera 1** (*cortar el pelo*): *Esta vez te han metido bien la ~, ¿eh?* They've cut your hair really short this time! **2** (*fig*) to cut *sth* drastically: *Hay rumores de que van a meter la ~ en los presupuestos de este año.* Rumour has it they're going to cut this year's budget drastically. **tijeras de cocina** kitchen scissors **tijeras dentadas** pinking shears **tijeras de peluquería/peluquero** hairdressing scissors **tijeras de podar** secateurs **tijeras para las uñas/de manicura** nail scissors **tijeras para tela** dressmaking scissors *Ver tb* ESCALERA

tijereta *nf* **1** (*Zool*) earwig **2** (*salto*) scissors: *Hizo una ~ en el aire.* He did a scissors jump.

tijeretazo *nm* snip
LOC **dar/pegar un tijeretazo** to make a cut

tila *nf* (*infusión*) lime tea: *¿Te pongo una ~?* Shall I make you some lime tea? ◊ *Dos ~s, por favor.* Two lime teas, please.

tildar *vt* to brand *sb* (**as**) *sth*: *Lo tildaron de mentiroso.* He's been branded a liar.

tilde *nf* **1** (*en una vocal*) accent: *"Camarón" lleva ~ en la o.* 'Camarón' has an accent on the o. **2** (*en una ñ*) tilde

tilín *nm* tinkle
LOC **hacer tilín**: *Esa chica me hace ~.* I like that girl.

tilo *nm* lime (tree)

timador, ~a *nm-nf* swindler

timar *vt* **1** (*persona*) to rip *sb* off: *¡Ya te han vuelto a ~!* You've been ripped off again! **2** (*cantidad concreta*) to swindle *sth/sb* **out of** *sth*: *Le timaron 40.000 pesetas.* They swindled him out of 40 000 pesetas.

timbal *nm* **1** (*instrumento*) kettledrum ☛ *Ver ilustración en* PERCUSSION **2 timbales** (*sección*) timpani

timbrazo *nm* loud ring: *Me despertó el ~ del lechero.* I was woken by the milkman's loud ring.
LOC **dar un timbrazo** to ring the bell loudly: *Siempre que llama da unos ~s horrorosos.* He always rings the bell really loudly.

timbre *nm* **1** (*para llamar*) **(a)** (*gen*) bell ☛ *Ver ilustración en* BICYCLE **(b)** (*puerta*) doorbell ☛ *Ver ilustración en* HOUSE **2** (*instrumento, voz*) timbre: *Su voz tiene un ~ nasal.* His voice has a nasal timbre. **3** (*sello*) official stamp
LOC **tocar el timbre** to ring the bell *Ver tb* FÁBRICA

timidez *nf* shyness

tímido, -a *adj, nm-nf* shy [*adj*]: *¡Eres un ~ incorregible!* You're hopelessly shy!

timo *nm* rip-off: *¡Este coche es un ~!* This car is a rip-off!
LOC **dar un timo a algn** (**con algo**) to con sb (out of sth)

timón *nm* (*barco, avión*) rudder ☛ *Ver ilustración en* YACHT
LOC **coger/hacerse con/tomar el timón** to take the helm: *Uno de los amotinados se hizo con el ~.* One of the mutineers took the helm. ◊ *Al marcharse el jefe, Carlos tuvo que tomar el ~ de la empresa.* When the boss left, Carlos had to take over. **llevar el timón** to be in charge *Ver tb* CAÑA

timonel *nmf* **1** (*barco*) helmsman/woman [*pl* helmsmen/women] **2** (*de una trainera*) cox

tímpano *nm* **1** (*membrana del oído*) tympanum [*pl* tympanums/tympana] (*científ*), eardrum ☛ *Ver ilustración en* OÍDO **2** (*Arquit*) tympanum [*pl* tympanums/tympana]

tina *nf* (*barreño*) tub

tinaja *nf* large earthenware jar

tinglado *nm* **1** (*lío*) mess: *¡En menudo ~ te has metido!* You've got yourself in a real mess! **2** (*asunto*): *Se ha metido en el ~ de la droga.* He's got involved with drugs. ◊ *Esa se mete en todos los ~s.* She gets involved in everything.
LOC **armar/montar un tinglado** to make a mess *Ver tb* CONOCER

tiniebla (*tb* **tinieblas**) *nf* darkness [*incontable, v sing*]: *las ~s del bosque* the darkness of the forest ◊ *una época de ~s* a time of darkness LOC *Ver* PRÍNCIPE

tino *nm* **1** (*puntería*) aim: *disparar con ~* to have a good aim **2** (*sensatez*) good sense: *Muestra muy poco ~.* He's got no sense.

tinta *nf* ink: *un cartucho de ~* an ink cartridge ◊ *un dibujo a ~* an ink drawing ◊ *calamares en su ~* squid in its own ink ◊ *Se ha corrido la ~.* The ink has run.
LOC **correr** (**ríos de**) **tinta**: *Van a correr ríos de ~ sobre el tema.* There's going to be a lot written about it. **medias tintas 1** (*actitudes o palabras*) vagueness [*incontable*]: *No me van las medias ~s, dime claramente lo que piensas.* I don't like vagueness. Tell me straight out what you think. **2** (*acciones*) half-measures: *Dejémonos de medias ~s y tomemos medidas drásticas ya.* Let's stop all half-measures and do something drastic. **saber algo de buena tinta** to have sth on good authority **tinta china** Indian ink **tinta invisible/simpática** invisible ink *Ver tb* CARGAR, SUDAR

tinte *nm* **1** (*sustancia*) dye: *~ para el pelo* hair dye **2** (*tintorería*) dry-cleaner's [*pl* dry-cleaners] ☛ *Ver nota y ejemplos en* CARNICERÍA **3** (*matiz*) overtones [*v pl*]: *un artículo con un ~ sarcástico* an article with sarcastic overtones

tintero *nm* inkpot
LOC **dejar(se) algo en el tintero** to leave sth out: *Trataremos de no dejar nada en el ~.* We'll try not to leave anything out.

tintinear *vi* **1** (*campanilla*) to tinkle **2** (*taza, copa, moneda*) to clink

tintineo (*tb* **tintín**) *nm* **1** (*campanilla*) tinkling **2** (*copa, taza, moneda*) clinking

tinto, -a *adj* (*vino*) red
■ **tinto** *nm* red wine: *Póngame un ~.* A glass of red wine, please. ◊ *Tomaremos el ~ de la casa.* We'll have the house red.

tintorería *nf* (dry-)cleaner's [*pl* (dry-)cleaners] ☛ *Ver nota y ejemplos en* CARNICERÍA

tintorero, -a *nm-nf* dry-cleaner

tiña *nf* ringworm

tiñoso, -a *adj* mangy: *Ese perro está ~.* That dog is mangy.

tío, -a *nm-nf* **1** (*familiar*) uncle [*fem* aunt, auntie (*más coloq*)]: *La tía Elena se casa.* Aunt Elena is getting married.

> La palabra *tíos* referida a la pareja (tío y tía) se traduce al inglés como **aunt and uncle**: *en casa de mis tíos* at my aunt and uncle's house

2 (*individuo*) **(a)** (*hombre*) guy: *ese ~ de ahí* that guy over there **(b)** (*mujer*) woman [*pl* women]: *No soporto a la tía de la librería.* I can't bear that woman in the bookshop.

> Cuando se utilizan como apelativos, *tío* y *tía* no se suelen traducir en inglés: *¿Qué haces, tía?* What are you doing?

LOC **no hay tu tía**: *Le he dicho mil veces que estudie, pero no hay tu tía.* I've asked him a thousand times to do some work, but he doesn't take a blind bit of notice. **¡qué tío (más pesado)!** what a pain! **ser un tío con toda la barba** to be a real man **tía buena** a bit of all right **tío abuelo** great-uncle [*fem* great-aunt] **tío bueno** hunk **tío carnal**: *Juan es mi ~ carnal.* Uncle Juan is a blood relation of mine. **tío segundo** first cousin once removed *Ver tb* CONTAR

tiovivo *nm* merry-go-round

tipazo *nm* good figure: *¡Vaya ~ tiene esa chica!* What a figure that girl has!
■ **tipazo** *nmf* **1** (*hombre*) hunk **2** (*mujer*) stunner: *Ana es una ~.* Ana is a stunner.

tipejo, -a *nm-nf* (*persona despreciable*) nasty piece of work

típico, -a *adj* **1** (*característico*) typical (**of** *sth*/*sb*): *un paisaje ~ mediterráneo* a typical Mediterranean landscape ◊ *Eso es ~ de Pepe.* That's just typical of Pepe. **2** (*tradicional*) traditional: *El gazpacho es un plato ~ de Andalucía.* Gazpacho is a traditional Andalucian dish. ◊ *un baile/traje ~* a traditional dance/costume

tipificar *vt* **1** (*clasificar*) to classify: *~ algo como delito grave* to classify sth as a serious crime **2** (*ser representativo de*) to typify

tiple *nm, nmf* soprano: *Es una ~ de gran renombre.* She's a famous soprano.

tipo *nm* **1** (*gen*) kind (**of** *sth*): *¿Qué ~ de coche te vas a comprar?* What kind of car are you going to buy? ◊ *todo ~ de gente/animales* all kinds of people/animals **2** (*Anat*) **(a)** (*femenino*) figure: *María tiene muy buen ~.* María has a good figure. **(b)** (*masculino*) body **3** (*ideal de hombre/mujer*) type: *No es mi ~.* He's not my type. **4** (*Liter*) character: *el ~ del gracioso/pícaro* the character of the 'gracioso'/'pícaro' **5** (*Imprenta*) type

■ **tipo, -a** *nm-nf* **1** (*hombre*) guy: *¡Qué ~ más feo!* What an ugly guy! **2** (*mujer*) woman [*pl* women]
LOC **tipo de interés** interest rate **tipo de letra** typeface *Ver tb* EXAMEN, JUGAR, NINGUNO

tipografía *nf* typography

tipográfico, -a *adj* typographical **LOC** *Ver* CARÁCTER

tipógrafo, -a *nm-nf* typographer

tique (*tb* **tíquet**) *nm* **1** (*billete*) ticket **2** (*recibo*) receipt

tiquismiquis *nm* **1** (*melindres*) fussing [*incontable*]: *Déjate de ~ y cómetelo.* Stop fussing and eat it. **2** (*discusiones*) bickering [*incontable*]: *Inés y su marido siempre andan con ~.* Inés and her husband spend all day bickering.
■ **tiquismiquis** *adj, nmf* fusspot [*n*]: *¡No seas tan ~!* Don't be such a fusspot!

tira *nf* **1** (*gen*) strip: *Corta el papel en ~s.* Cut the paper into strips. **2** (*zapato*) strap
LOC **la tira** (**de**) loads (of *sth*): *Tienes la ~ de amigos.* You've got loads of friends. ◊ *Gastas la ~.* You spend loads of money. ◊ *Hace la ~ de tiempo que no voy al cine.* I haven't been to the cinema for ages. **tira cómica** strip cartoon

tirabuzón *nm* **1** (*pelo*) ringlet **2** (*sacacorchos*) corkscrew

tirachinas *nm* catapult

tirada *nf* **1** (*turno*) throw: *Es tu ~, toma el dado.* It's your throw–here's the dice. **2** (*publicación*) **(a)** (*número de ejemplares impresos*) print run: *una ~ de 10.000 ejemplares* a print run of 10 000 **(b)** (*difusión*) circulation: *Esta revista tiene una gran ~.* This magazine has a big circulation. **3** (*distancia*) way: *Hasta mi casa hay una buena ~.* It's quite a way to my house.
LOC **de/en una tirada** in one go

tirado, -a *pp, adj* **1** (*en el suelo*) lying (around): *Lo dejaron todo ~.* They left everything lying around. ◊ *Tenía la ropa tirada por el suelo.* His clothes were lying on the floor. **2** (*muy barato*) dirt cheap: *Los precios están ~s.* The prices are dirt cheap. **3** (*muy fácil*) dead easy: *Esta asignatura está tirada.* This subject is dead easy. *Ver tb* TIRAR
■ **tirado, -a** *nm-nf* drop-out
LOC **dejar a algn tirado** to let sb down

tirador, ~a *nm-nf* **1** (*con arco*) archer **2** (*con fusil*) shot: *Carlos es un estupendo ~.* Carlos is a fantastic shot. **3** (*lanzador*) thrower
■ **tirador** *nm* **1** (*puerta*) doorknob **2** (*cajón*) handle
LOC **tirador certero** crack shot **tirador de campanilla** bell pull

tiralíneas *nm* drawing pen

tiranía *nf* tyranny

tiránico, -a *adj* tyrannical

tiranizar *vt* to tyrannize

tirano, -a *adj* tyrannical
■ **tirano, -a** *nm-nf* tyrant

tirante *adj* **1** (*gen*) tight: *Pon la cuerda bien ~.* Make sure the rope is tight. ◊ *Tengo la piel muy ~.* My skin feels very tight. **2** (*fig*) **(a)** (*relaciones*) strained **(b)** (*ambiente, situación*) tense
■ **tirante** *nm* **1** (*vestido*) shoulder strap **2** **tirantes** (*para pantalones*) braces

tirantez *nf* **1** (*cable, cuerda, piel*) tightness **2** (*ambiente, relaciones, situación*) tension

tirar *vt* **1** (*gen*) to throw *sth* (*to sb*): *Los niños tiraban piedras.* The children were throwing stones. ◊ *Tírale la pelota a tu compañero.* Throw the ball to your teammate.

> Cuando se tira algo a alguien con intención de hacerle daño, se usa **to throw sth at sb**: *Le tiraban piedras al pobre gato.* They were throwing stones at the poor cat.

2 (*desechar*) to throw *sth* away: *Tíralo, está muy viejo.* Throw it away, it's really old. **3** (*dejar caer*) to drop: *Me llevé tal susto que tiré toda la compra al suelo.* I got such a shock I dropped all my shopping. **4** (*tumbar*) to knock *sth/sb* over: *Cuidado con ese jarrón, no lo tires.* Careful you don't knock that vase over. ◊ *Tiré a una anciana sin querer.* I accidentally knocked an old lady over. **5** (*derramar*) to spill: *Has tirado toda la leche.* You've spilt all the milk. **6** (*imprimir*) to print: *Han tirado 20.000 ejemplares.* They've printed 20 000 copies. **7** (*suspender*): *Me tiraron en el examen teórico.* I failed the theory exam. ◊ *Tiraron a 300 candidatos en la primera prueba.* 300 candidates were rejected in the first round. **8** (*malgastar*) to waste: *No tires el dinero en ropa.* Don't waste your money on clothes.
■ **tirar** *vi* **1 ~ de (a)** (*gen*) to pull *sth* [*vt*]: *Tira de la cadena.* Pull the chain. ☛ *Ver ilustración en* PUSH **(b)** (*arado, carro*) to draw *sth* [*vt*] **(c)** (*para avisar a algn, para llamar la atención de algn*) to tug (**at *sth***): *Cuando vio aparecer al jefe, me tiró de la manga.* When he saw the boss coming, he tugged at my sleeve. **2** (*ropa*) to be (too) tight: *Esta falda me tira un poco en la cintura.* This skirt is too tight round the waist. **3** (*en un juego*) to be *sb's* turn, to be *sb's* go (*más coloq*): *¿A quién le toca ~ ahora?* Whose turn is it? **4** (*atraer*): *Le tira el mundo de los negocios.* He likes business life. ◊ *Lo de estudiar no le tira nada.* He doesn't like studying. ◊ *No me tira demasiado la idea.* I don't fancy the idea. ◊ *Yo creo que esa chica le tira bastante.* I think he fancies that girl. **5 ~ a (a)** (*torcer*) to turn: *~ a la derecha/izquierda* to turn right/left **(b)** (*parecerse*): *Tira un poco a la familia de su madre.* He looks a bit like his mother's side of the family. ◊ *Tiene el pelo tirando a rubio.* He's got blondish hair. ◊ *rosa tirando a rojo* pinky red **6 ~ (a)** (*disparar*) to shoot (**at *sth/sb***): *El delantero tiró a puerta.* The forward shot at goal. **7 ~ hacia/para/por** to go: *Tira por esa calle.* Go down that street. ◊ *Tira por aquí/allí.* Go this/that way. ◊ *Cuando llegues al cruce, tira para Madrid.* When you get to the crossroads, take the Madrid road. **8** (*vehículo*) to go: *Este coche no tira.* This car is not going at all well. ◊ *¡Cómo tira tu moto!* Your motorbike really goes!
■ **tirarse** *v pron* **1** (*lanzarse*) **(a)** (*gen*) to jump: *~se al agua* to jump into the water ◊ *Se tiró encima de los agresores.* He jumped on the attackers. ◊ *Un día de estos me tiro por la ventana.* One of these days I'm going to throw myself out of the window. **(b)** (*de cabeza*) to dive **2** (*tumbarse*) to throw yourself down ***on sth***: *En cuanto llega a casa se tira en el sillón.* He throws himself down on a chair as soon as he gets home. **3** (*pasar tiempo*) to spend: *Me tiré toda la semana estudiando.* I spent the whole week studying.
LOC **tirando**: *—¿Cómo anda tu madre? —Tirando.* 'How's your mother?' 'Not so bad.' ◊ *Vamos tirando.* We're doing OK.
tirarse a algn to screw sb (⚠) ☛ *Ver nota en* TABÚ
☛ Para otras expresiones con **tirar**, véanse las entradas del sustantivo, adjetivo, etc, p.ej. **tirar de la lengua** en LENGUA y **tirar la toalla** en TOALLA.

tirilla *nf* neckband
■ **tirillas** *nmf* weakling

tirita *nf* (sticking) plaster

tiritar *vi* **~ (de)** to shiver (**with *sth***): *~ de frío* to shiver with cold ◊ *Se ha puesto a ~ a causa de la fiebre.* He's got a fever and he's started to shiver.

tiritona *nf*
LOC **darle/entrarle una tiritona a algn**: *Al salir del quirófano le dio una ~.* He started to shiver when he came out of the operating theatre.

tiro *nm* **1** (*disparo*) shot: *Oímos tres ~s.* We heard three shots. **2** (*señal*) bullet hole **3** (*herida*) bullet wound: *Tenía un ~ en la cabeza.* He had a bullet wound in the head. **4** (*Dep*) **(a)** (*con el pie*) shot: *un ~ a puerta* a shot at goal **(b)** (*con la mano*) throw: *dos ~s libres* two free throws **5** (*pantalón*): *Este pantalón tiene un ~ muy corto/largo.* These trousers are very short/long in the crotch. **6** (*chimenea*) draught **7** (*animales*) team: *El ~ del trineo está formado por ocho perros.* The sleigh has a team of eight dogs. ◊ *Dos caballos blancos componían el ~ de la carroza.* The coach was drawn by a pair of white horses.
LOC **animal/bestia de tiro** draught animal **a tiro** within range: *ponerse a ~* to come within range **a tiro**

de piedra (de ...) a stone's throw away (from ...) **a tiro limpio**: *El ejército dispersó a los rebeldes a ~ limpio.* The army dispersed the rebels with gunfire. ◊ *En ese país siempre andan a ~ limpio.* A lot of shooting goes on in that country. ◊ *La cosa acabó a ~ limpio.* It ended in a shoot-out. **dar/pegar un tiro a algn** to shoot sb: *Le pegaron un ~ en la pierna.* He was shot in the leg. **darse/pegarse un tiro** to shoot yourself **de tiros largos** dressed to kill **errar/fallar el tiro** to miss (the shot): *Esta vez no puedes fallar el ~.* This time you can't miss. **ni a tiros** for love nor money: *Este niño no come ni a ~s.* This child won't eat for love nor money. ◊ *No te deja el coche ni a ~s.* There's no way he's going to lend you the car! **ponérselo a algn a tiro** to hand sb sth on a plate: *Me has puesto la respuesta a ~.* You've handed me the answer on a plate. **saber/no saber por dónde van los tiros** to know/not to know what's going on: *No tengo ni idea de por dónde van los ~s.* I've no idea what's going on. **salir el tiro por la culata** to backfire on *sb*: *Me salió el ~ por la culata.* Things backfired on me. **tiro al blanco** target shooting **tiro al plato** clay pigeon shooting **tiro con arco** archery **tiro de gracia** coup de grâce *Ver tb* BARRACA, CABALLO, CAMPO, CASETA, COSER, EJERCICIO, LÍNEA, MATAR, RECIBIR, SENTAR

tiroides *adj, nm o nf* thyroid [*n*]: *la glándula ~* the thyroid gland ◊ *Tiene un problema de ~.* She has a thyroid problem.

tirón *nm* **1** (*gen*) tug: *dar un ~ de pelo* to give sb's hair a tug ◊ *Sentí un ~ en la manga.* I felt a tug on my sleeve. **2** (*robo*): *ser víctima de un ~* to have your bag snatched **3** (*músculo*) pulled muscle

LOC arrancar/sacar algo de un tirón to yank sth out (*of sth*): *Arrancó el enchufe de un ~.* He yanked out the plug. **dar tirones** (*coche*) to move jerkily **de un tirón** (*de una sentada*): *Me leí el libro de un ~.* I read the book all in one go. ◊ *Durmió diez horas de un ~.* He slept for ten hours solid. *Ver tb* OREJA

tiroteo *nm* **1** (*entre policía y delincuentes*) shoot-out: *Murió en el ~.* He died in the shoot-out. **2** (*ruido de disparos*) shooting [*incontable*]: *Se oyó un ~ en la calle.* We heard shooting in the street. **3** (*durante una guerra*) fighting

tirria *nf*

LOC tener tirria: *El profesor me tenía ~.* The teacher couldn't stand me.

tisana *nf* herbal tea

titán *nm* (*fig*) giant: *uno de los titanes del tenis* one of the giants of tennis

titánico, -a *adj* herculean: *un esfuerzo ~* a herculean effort

titanio *nm* titanium

títere *nm* **1** (*lit* y *fig*) puppet: *un ~ del presidente* a puppet of the president ◊ *Siempre ha sido el ~ de la familia.* He's always been at his family's beck and call. **2 títeres** (*guiñol*) puppet show [*sing*]

LOC no dejar títere con cabeza to spare nobody

titi *nmf*: *¿Qué pasa, ~?* How are things?

titiritero, -a *nm-nf* **1** (*marionetas*) puppeteer **2** (*acróbata*) travelling acrobat

tito, -a *nm-nf* uncle [*fem* auntie]

■ **tito** *nm* **1** (*hueso*) stone: *el ~ de una aceituna* an olive stone **2** (*pepita*) **(a)** (*tomate, melón, sandía*) seed **(b)** (*cítricos, manzana*) pip ☛ *Ver ilustración en* FRUTA

titubeante *adj* hesitant: *con voz ~* hesitantly

titubear *vi* **1** (*dudar*) to waver: *Titubeó antes de elegir.* He wavered before choosing. **2** (*voz*) to stutter

titubeo *nm* **1** (*duda*) wavering **2** (*voz*) shakiness

LOC sin titubeos unhesitatingly

titulado, -a *pp, adj, nm-nf* **~ (en)** (*persona*) qualified (**in** *sth*): *Se necesita personal ~.* Qualified staff required. ◊ *un ~ en informática* a person qualified in IT *Ver tb* TITULAR[1]

titular[1] *vt* to entitle: *No sé cómo ~ el poema.* I don't know what title to give the poem.

■ **titularse** *v pron* **titularse (en)** (*graduarse*) to graduate (**in** *sth*): *~se en historia* to graduate in history

titular[2] *adj* incumbent: *el presidente ~* the incumbent president

■ **titular** *nmf* **1** (*pasaporte, cuenta bancaria*) holder **2** (*puesto*): *Ya soy ~.* I'm a permanent member of staff now. ◊ *el ~ de la cátedra* the professor ◊ *el ~ de la cartera francesa/británica de Exteriores* the French Foreign Minister/British Foreign Secretary ◊ *el ~ de Exteriores francés* the French Foreign Minister **3** (*periódico*) headline: *Estaba en los ~s de esta mañana.* It was in the headlines this morning. **LOC** *Ver* EQUIPO, JUGADOR

título *nm* **1** (*gen*) title: *Mañana boxearán por el ~.* They're fighting for the title tomorrow. ◊ *¿Qué ~ le has puesto a tu novela?* What title have you given your novel? **2** (*estudios*) degree: *obtener el ~ de abogado* to get a degree in law ◊ *un ~ universitario* a university degree ☛ *Ver nota en* BACHELOR, FIRST **3** (*diploma*) degree certificate: *Quiero enmarcar el ~.* I want to frame my degree certificate. **4 títulos** qualifications: *tener los ~s necesarios para el puesto* to have the necessary qualifications for the job

LOC a título de by way of *sth*: *a ~ de advertencia* by way of warning **a título informativo** for your information **a título personal** in a private capacity: *una carta enviada por el señor Gutiérrez a ~ personal* a letter sent by Mr Gutiérrez in a private capacity **a título póstumo** posthumously: *Le concedieron una condecoración a ~ póstumo.* He was decorated posthumously. **con título** (*noble*) noble **llevar el título de** (*persona*) to hold the title of: *Su hijo lleva el ~ de marqués.* His son holds the title of marquis. **llevar por título** (*libro, artículo*) to be entitled **título académico** academic qualification **título de bachiller/bachillerato** baccalaureate (certificate) **título de propiedad** title deed **título (nobiliario)** title: *El ~ de su padre no es hereditario.* His father's title is not hereditary.

tiza *nf* chalk [*gen incontable*]: *Dame una ~.* Give me a piece of chalk. ◊ *Tráeme unas ~s.* Bring me some chalk. ◊ *~s de colores* coloured chalks

tiznar(se) *vt, v pron* to blacken

tizne *nm* soot

tizón *nm* smouldering wood [*incontable*]

toalla *nf* **1** (*para secarse*) towel: *~ de baño/para las manos* bath/hand towel **2** (*tejido*) towelling

LOC tirar la toalla to throw in the towel *Ver tb* ARROJAR

toallero *nm* towel rail

tobillero, -a *adj* ankle length

■ **tobillera** *nf* ankle support

tobillo *nm* ankle: *Me he torcido el ~.* I've sprained my ankle. ☛ *Ver ilustración en* PIE

tobogán *nm* **1** (*en un parque*) slide **2** (*en una piscina*) water chute **3** (*de mercancías*) chute **4** (*trineo*) toboggan

tocadiscos *nm* record player

tocado *nm* (*peinado*) hairdo [*pl* hairdos]

tocado, -a *pp, adj Ver* TOCAR

LOC estar tocado (de la cabeza/del ala) to be soft in the head

tocador *nm* **1** (*mueble*) dressing table **2** (*cuarto*) dressing room

LOC de tocador toilet: *un juego de ~* a toilet set **tocador de señoras** powder room *Ver tb* ARTÍCULO

tocante *adj*

LOC en lo tocante a as regards: *En lo ~ a la reunión de ayer...* As regards yesterday's meeting...

tocar *vt* **1** (*gen*) to touch: *¡No lo toques!* Don't touch it! **2** (*palpar*) to feel: *¿Me dejas ~ la tela?* Can I feel the fabric? **3** (*Mús*) to play: *~ la guitarra/un villancico* to play the guitar/a carol **4** (*hacer sonar*) **(a)** (*campana, timbre*) to ring **(b)** (*bocina, sirena*) to sound **5** (*hora*) to strike: *Están tocando las doce.* It's striking twelve. **6** (*tema*) to deal with *sth*: *Se te olvidó ~ el punto más importante.* You forgot to deal with the most important point.

■ **tocar** *vi* **1** (*Mús*) to play **2** (*turno*) to be *sb's* turn (**to do** *sth*): *Te toca responder a la pregunta.* It's your turn to answer the question. ◊ *¿Ya me toca?* Is it my turn yet? **3** (*corresponder*) **(a)** (*seguido de acción*) to have ***to do sth***: *Hoy toca hacer la colada.* The laundry has to be done today. ◊ *Nos ha tocado ver escenas inimaginables.* We've had to see unimaginable sights. **(b)** (*en un reparto*) to get: *Nos ha tocado el mismo profesor del año pasado.* We've got the same teacher as last year. ◊ *Siempre me toca el peor.* I always get the worst one. **(c)** (*en un sorteo*) to win: *Me tocó una muñeca.* I won a doll. **LOC por lo que a mí me toca** as far as I'm, you're, etc concerned

☛ Para otras expresiones con **tocar**, véanse las entradas del sustantivo, adjetivo, etc, p.ej. **tocar diana** en DIANA y **tocar fondo** en FONDO.

tocata[1] *nf* toccata

tocata[2] *nm* record player

tocateja

LOC a tocateja (*tb* **a toca teja**): *Pagamos el coche a ~.* We paid for the car in cash. ◊ *La entrada es un millón a ~.* The down payment is a million in cash.

tocayo, -a *nm-nf* namesake: *¡Somos ~s!* We've got the same name!

tocho *nm* tome

tocino *nm* pork fat

tocólogo, -a *nm-nf* obstetrician

tocón *nm* (*árbol*) stump

tocón, -ona *adj, nm-nf*: *Ese hombre es un ~.* That man's got wandering hands. ◊ *¡No seas ~!* Keep your hands to yourself!

todavía *adv* **1** (*en oraciones afirmativas e interrogativas*) still: *¿~ vives en Londres?* Do you still live in London? ◊ *El sol ~ calienta.* It's still warm in the sun. **2** (*en oraciones negativas e interrogativas-negativas*) yet: *~ no están maduras.* They're not ripe yet. ◊ *—¿~ no te han contestado? —No, ~ no.* 'Haven't they written back yet?' 'No, not yet.' ☛ *Ver nota en* STILL[1] **3** (*en oraciones comparativas*) even: *Eres ~ más engreído que tu hermana.* You're even more stuck-up than your sister. ◊ *Ella pinta ~ mejor.* She paints even better. **LOC** *Ver* DURAR

todo, -a *adj* **1** (*gen*) all: *He hecho ~ el trabajo.* I've done all the work. ◊ *Van a limpiar ~s los edificios del pueblo.* They're going to clean up all the buildings in the village. ◊ *~ ciudadano tiene derecho a vivir en paz.* All citizens have the right to live in peace. ◊ *No he descansado en ~ el día.* I haven't had a rest all day. ◊ *Llevas ~ el mes enfermo.* You've been ill all month. **2** (*cada*) every: *~s los días me levanto a las siete.* I get up at seven every day. ☛ *Ver nota en* EACH **3** (*verdadero*) real: *Eres ~ un genio/hombre.* You're a real genius/man. ◊ *Fue ~ un acontecimiento.* It was a real occasion.

■ **todo, -a** *pron* **1** (*en singular*) **(a)** (*gen*) all: *Se lo comió ~.* He ate it all. ◊ *Eso es ~ por hoy.* That's all for today. ◊ *ante/después de ~* above/after all **(b)** (*todas las cosas*) everything: *~ lo que te dije era verdad.* Everything I told you was true. ◊ *Venden de ~.* They sell everything. **(c)** (*cualquier cosa*) anything: *Mi loro come de ~.* My parrot eats anything. ◊ *En este juego vale ~.* Anything goes in this game. ◊ *Estuvimos hablando de ~ un poco.* We talked about anything and everything. **2** (*en plural*) **(a)** (*gen*) all: *Sí, nos vamos ~s de excursión.* Yes, we're all going on an outing. ◊ *A ~s nos gustó la obra.* We all/All of us liked the play. ◊ *Se metió con ~s nosotros.* He criticized us all. **(b) todos** (*todo el mundo*) everyone, everybody: *~s dicen lo mismo.* Everyone says the same thing.

> Nótese que **everyone** y **everybody** llevan el verbo en singular, pero suelen ir seguidos de un pronombre o adjetivo posesivo en plural (p.ej. 'they' y 'their'): Has everyone got **their** pencils?

■ **todo** *adv* really: *Estoy ~ sucio/hecho polvo.* I'm really dirty/shattered.

■ **todo** *nm* whole: *considerado como un ~* taken as a whole ◊ *Estos tres elementos forman un ~.* These three elements form a whole.

LOC a todo correr: *Ven a ~ correr.* Come as fast as you can. ◊ *Lo hizo a ~ correr.* He did it as fast as he could.

a todo esto 1 (*entretanto*) meanwhile **2** (*por cierto*) by the way: *A ~ esto, ¿Cómo le va a tu hermana?* By the way, how's your sister?

a todo meter 1 (*deprisa*) as fast as possible **2** (*sonido*) at full blast: *con la tele a ~ meter* with the TV at full blast

con todo y con eso in spite of everything

del todo totally: *No es del ~ tonto.* He isn't totally stupid.

de todas todas definitely: *Esta vez iremos de todas todas.* This time we'll definitely go.

por toda España, todo el mundo, etc throughout Spain, the world, etc

ser todo lo fácil, etc que quieras: *Será ~ lo bonito que quieras, pero no me gusta.* It may be pretty, but I don't like it.

ser todo uno: *Enterarse y ponerse a llorar fue ~ uno.* As soon as it had sunk in, he began to cry.

todo aquel/el que... anyone who...: *~ el que quiera puede venir.* Anyone who wants can come.

todo aquello/lo que 1 (*todo*) everything that: *Hicimos ~ aquello que estuvo en nuestras manos.* We did everything (that) we possibly could. **2** (*cualquier cosa*) anything that: *Apoyaré ~ aquello que suponga una mejora.* I'll support anything that means an improvement.

todo es/son/era/eran... there is/was nothing but...: *En la reunión ~ eran quejas.* There was nothing but complaints at the meeting.

todo o nada all or nothing

todos nosotros, ellos, etc all of us, them, etc

todos y cada uno de... each and every one of...: *~s y cada uno de nosotros va a votar a favor.* Each and every one of us is going to vote in favour.

y todo even: *Hasta me saludaron y ~.* They even said hello. ◊ *Enferma y ~ se fue a trabajar.* Even though she was ill, she still went to work.

☛ Para otras expresiones con **todo**, véanse las entradas del sustantivo, adjetivo, etc, p.ej. **todo bicho viviente** en BICHO y **todo recto** en RECTO.

todopoderoso, -a *adj* all-powerful

■ **todopoderoso** *adj, nm* (*Dios*) Almighty

todoterreno *adj* four-wheel drive [*n*]: *un vehículo ~* a four-wheel drive vehicle

■ **todoterreno** *nm* four-wheel drive vehicle: *Nos acabamos de comprar un ~.* We've just bought a car with four-wheel drive.

toga *nf* **1** (*antigua Roma*) toga **2** (*magistrado, universidad*) gown

Togo *nm* Togo

toldo *nm* awning: *Acuérdate de recoger el ~ si llueve.* Remember to wind up the awning if it rains.

tolerable *adj* tolerable

tolerado, -a *pp, adj Ver* TOLERAR **LOC** *Ver* PELÍCULA

tolerancia *nf* tolerance

tolerante *adj* tolerant

tolerar *vt* **1** (*soportar*) to bear, to tolerate (*más formal*): *No tolera a las personas como yo.* He can't bear people like me. **2** (*consentir*) to let *sb* get away with *sth*: *Te toleran demasiadas cosas.* They let you get away with too much. **3** (*comida*): *Mi madre no tolera el marisco.* My mother can't eat shellfish.

toma[1] *nm*

LOC toma y daca give and take: *Tiene que haber un ~ y daca.* There has to be a bit of give and take.

toma[2] *nf* **1** (*gen*) taking: *la ~ de la declaración/ciudad* the taking of the statement/city **2** (*de bebé*) feed: *La última ~ es a las once.* The last feed is at eleven. **3** (*medicina*) dose **4** (*Cine, TV*) **(a)** (*secuencia*) take **(b)** (*fotograma*) shot

LOC toma de agua/gas water/gas mains [*v sing*] **toma de antena** aerial socket **toma de conciencia** realization: *una ~ de conciencia del carácter global del conflicto* a realization of the global nature of the conflict **toma de contacto** contact: *tener una primera ~ de*

contacto con algo/algn to have your first contact with sth/sb **toma de corriente** power point **toma de decisiones** decision-making **toma de posesión** inauguration **toma de postura** stance: *una ~ de postura pacifista* a pacifist stance **toma de tierra 1** (*Aeronáut*) landing **2** (*Elec*) earth: *El cable está conectado a la ~ de tierra.* The cable is earthed.

tomado, -a *pp, adj Ver* TOMAR

LOC tenerla tomada con algn to have it in for sb: *La tiene tomada con el pobre Antonio.* She's got it in for poor Antonio.

tomadura *nf*

LOC tomadura de pelo 1 (*burla*) joke: *Esa historia es una ~ de pelo.* This story is a joke. **2** (*estafa*) rip-off: *Menuda ~ de pelo lo de la oferta esa.* What a rip-off that offer is.

tomar *vt* **1** (*gen*) to take: *~ una decisión* to take a decision ◊ *~ apuntes/precauciones* to take notes/precautions ◊ *~ declaración a un testigo* to take a statement from a witness ◊ *Has tomado muy mal la curva.* You took that bend very badly. ◊ *¿Por quién me has tomado?* Who do you take me for? **2** (*armas, pluma, posiciones*) to take *sth* up **3** (*aspecto, forma*) to take on *sth*: *El monstruo tomó forma humana.* The monster took on the form of a human being. **4** (*apuntar*) to take *sth* down: *~ el nombre/señas* to take down sb's name/address ◊ *~ algo por escrito* to take sth down in writing **5** (*comer, beber*) to have: *¿Vienes a ~ café con nosotros?* Are you coming to have a coffee with us? ◊ *¿Qué vas a ~?* What are you going to have?

■ **tomar** *vi*: *Tome, aquí tiene.* Here you are. ◊ *Toma, dale esto a tu mamá.* Here, give this to your mum.

■ **tomarse** *v pron* to take: *He decidido ~me unos días de descanso.* I've decided to take a few days off. ◊ *No deberías habértelo tomado así.* You shouldn't have taken it like that. ◊ *~se la molestia/libertad de hacer algo* to take the trouble to do sth/liberty of doing sth

LOC lo tomas o lo dejas take it or leave it

¡toma! fancy that!

tomarla con algn to have it in for sb: *La ha tomado conmigo.* He's got it in for me.

tomar(se) algo a mal to take sth the wrong way

☛ Para otras expresiones con **tomar**, véanse las entradas del sustantivo, adjetivo, etc, p. ej. **tomar el sol** en SOL[2] y **tomarle el pelo a algn** en PELO.

tomate *nm* **1** (*gen*) tomato [*pl* tomatoes]: *zumo de ~* tomato juice **2** (*en un calcetín*) hole: *¡A ver si te coses los ~s, chaval!* You need to mend your socks, my lad!

LOC haber tomate: *Aquí va a haber ~.* There's going to be trouble here. **ponerse como un tomate** to go as red as a beetroot **tener tomate** to be tricky: *Este asunto tiene ~.* This is a tricky business. **tomate frito** tomato sauce *Ver tb* COLORADO

tomatera *nf* tomato (plant)

tómbola *nf* tombola

tomillo *nm* thyme

tomo *nm* volume: *La nueva biografía de Gandhi tiene dos ~s.* The new biography of Gandhi is in two volumes. ◊ *una enciclopedia de 24 ~s* a 24-volume encyclopedia

LOC de tomo y lomo out-and-out: *un mentiroso de ~ y lomo* an out-and-out liar

ton *nm*

LOC sin ton ni son for no particular reason

tonal *adj* (*Mús*) tonal

tonalidad *nf* **1** (*Mús*) key: *¿En qué ~ está la obra?* What key is the piece in? **2** (*color*) tone

tonel *nm* barrel

LOC estar/ponerse como un tonel to be/get very fat: *Mi madre se está poniendo como un ~.* My mother's getting very fat.

tonelada *nf* ton: *seis ~s de trigo* six tons of wheat ☛ *Ver apéndice 3 Ver nota en* TON

LOC tonelada métrica tonne

tonelaje *nm* tonnage

Tonga *nf* Tonga

tongo *nm* rigging: *El ~ de las elecciones fue muy sonado.* The rigging of the elections caused quite a stir.

LOC haber tongo to be rigged: *Está claro que en este partido hay ~.* This match has obviously been rigged.

tónica *nf* **1** (*bebida*) tonic (water): *Me encanta la ~.* I love tonic water. ◊ *Dos ~s, por favor.* Two tonics, please. **2** (*Mús*) tonic **3** (*tendencia*) mood: *La ~ general era de un relativo optimismo.* There was a general mood of cautious optimism. ◊ *siguiendo la ~ dominante* following the prevailing trend

tónico, -a *adj* (*Ling*) stressed: *la vocal/sílaba tónica* the stressed vowel/syllable

■ **tónico** *nm* **1** (*gen*) tonic: *administrar un ~ a un enfermo* to give a tonic to a patient ◊ *La creación de empleo es un ~ para le economía.* Job creation acts as a tonic to the economy. **2** (*para la piel*) skin tonic

tonificante *adj* invigorating

tonificar *vt* (*músculos*) to tone *sth* up

■ **tonificar** *vt, vi* to be invigorating: *Los deportes al aire libre (te) tonifican.* Outdoor sports are invigorating.

tonillo *nm* (*retintín*) sarcastic tone: *El ~ con que lo dijo no me gustó nada.* I didn't like his sarcastic tone.

tono *nm* **1** (*gen*) tone: *hablar en ~ conciliador/amenazador* to talk in a conciliatory/threatening tone ◊ *¡No me hables en ese ~!* Don't speak to me in that tone of voice! ◊ *Tiene un ~ de voz muy agradable.* He has a pleasant voice. ◊ *De sol a la va un ~.* There's a full tone between soh and lah. **2** (*color*) shade: *Me encantan los ~s marrones.* I like all shades of brown. **3** (*Mús*) key: *—¿En qué ~ está la sinfonía? —En Mi bemol mayor.* 'What key is the symphony in?' 'E flat major.'

LOC a tono con algo/algn in tune with sth/sb: *una mentalidad a ~ con la juventud/los tiempos* an outlook in tune with young people/the times **dar el tono 1** (*en un coro*) to give the note: *Doy el ~ y empezamos.* I'll give you the note and we'll begin. **2** (*en una orquesta*) to give an A: *¿Me das el ~?* Could you give me an A? **en tono alto/bajo** loudly/quietly: *Hablas en un ~ tan bajo que no te oigo.* You're talking so quietly I can't hear you. **ponerse a tono**: *Toma un traguito, verás cómo te pones a ~.* Have a drink, it'll buck you up. **salirse de tono** to overstep the mark *Ver tb* BAJAR, FUERA, SUBIDO

tontaina (*tb* **tontainas**) *adj, nmf* twit [*n*]: *¡No seas ~ y ven a la fiesta!* Don't be such a twit, come to the party!

tontear *vi* **1** (*hacer el tonto*) to play the fool **2 ~ (con algn)** (*flirtear*) to flirt (**with sb**): *¿Estás tonteando conmigo?* Are you flirting with me?

tontería (*tb* **tontada**) *nf* **1** (*acción, dicho*) silly thing: *Siempre discutimos por ~s.* We're always arguing about silly little things. ◊ *Es una ~ que salgas con lo pocha que estás.* It's silly to go out when you're so ill. ◊ *Jamás había oído una ~ semejante.* I'd never heard anything so stupid! ◊ *He cometido una ~ bastante gorda.* I've done something really stupid. **2** (*cosa de poco valor*) (little) thing: *He comprado unas ~s para la cena/fiesta.* I've bought a couple of things for supper/the party. **3** (*poco dinero*) small sum: *Pagas una ~ al mes y el vídeo es tuyo.* For a small sum each month the video can be yours.

■ **¡tonterías!** *interj* nonsense! [*incontable*]: *¡Eso son ~s!* That's nonsense.

LOC decir tonterías to talk nonsense **dejarse de tonterías** to stop messing about: *¡Déjate de ~s y ponte el traje azul!* Stop messing about and put on your blue suit! **ser una tontería** (*no ser grave*) not to be serious: *La herida es una ~, en seguida te pondrás bien.* The wound isn't serious, you'll soon be all right. **tener algn mucha/demasiada tontería (encima)** to be very squeamish: *Tu hermana tiene demasiada ~ encima.* Your sister's very squeamish. *Ver tb* NINGUNO, SARTA, SOLTAR

tonto, -a *adj* silly, stupid

> **Silly** y **stupid** son prácticamente sinónimos, aunque **stupid** es un poco más fuerte: *una excusa tonta* a silly excuse ◊ *No seas tonto, es solo una película.* Don't be silly, it's only a film. ◊ *¡Ni que fuera yo tonta!* Do you think I'm stupid?

■ **tonto, -a** *nm-nf* fool: *Cualquier ~ lo entendería.* Any fool would understand that. ◊ *Sois un par de ~s.* You're a pair of idiots. ◊ *Eres una tonta, cualquier cosa te afecta.* You're silly to get upset over every little thing. LOC **a lo tonto** quietly: *A lo ~ a lo ~ se han hecho con una fortuna.* They quietly got their hands on a fortune. **a tontas y a locas**: *hacer las cosas a tontas y a locas* to do things without thinking ◊ *hablar a tontas y a locas* to talk through your hat **dejar tonto a algn** to amaze sb: *Su contestación nos dejó ~s.* His reply amazed us. **el tonto del pueblo** the village idiot **hacer el tonto** to play the fool **hacerse el tonto** to act dumb **ponerse tonto** to play up: *Los niños se ponen muy ~s cuando hay visita.* The children play up when we have visitors. **ser más tonto que Abundio/hecho de encargo** to be as daft as a brush **tonto del bote/haba/de capirote** a prize idiot [*n*]: *Es ~ del haba.* He's a prize idiot. *Ver tb* CAJA, ENGAÑAR, PELO, REMATADO

topacio *nm* topaz

topar(se) *vi, v pron* **topar(se)** **(con)** to bump **into** ***sth/sb***: *(Me) topé con la vecina en el mercado.* I bumped into my neighbour in the market. ◊ *Se toparon en la calle.* They bumped into each other in the street. LOC *Ver* IGLESIA

tope *nm* **1** (*puerta*) doorstop **2** (*límite*) limit: *¿Hay una edad ~ para participar en el concurso?* Is there an age limit for competitors? ◊ *una cantidad ~ de diez millones* a maximum amount of ten million pesetas ◊ *No han establecido un número ~ de participantes.* There is no limit on the number of competitors.
LOC **a tope**: *Llevamos tres meses trabajando a ~.* We've been working flat out for the last three months. ◊ *Intenta disfrutar a ~.* Try to enjoy life to the full. **a tope de**: *Estoy a ~ de deudas/trabajo.* I'm up to my ears in debt/up to my eyes in work. ◊ *El teatro estaba a ~ de público.* The theatre was packed out. **hacer tope**: *Dale cuerda hasta que haga ~.* Make sure it's fully wound. ◊ *Giré la manivela hasta que hizo ~.* I turned the handle as far as it would go. ◊ *Se me cayó el cajón porque no hacía ~.* The drawer fell out because there was nothing to hold it. **hasta el tope/los topes 1** (*gen*) bursting at the seams: *La discoteca estaba hasta los ~s.* The disco was bursting at the seams. ◊ *No llenes la bolsa hasta el ~, que se rompe.* Don't stuff your bag so full – it's bursting at the seams. **2** (*líquidos*) to the brim: *Llenó los vasos hasta el ~.* He filled the glasses to the brim. *Ver tb* FECHA

topera *nf* molehill

tópico, -a *adj* (*común*) hackneyed: *frases/ideas tópicas* hackneyed phrases/ideas
■ **tópico** *nm* cliché: *Trató de evitar los consabidos ~s.* He tried to avoid the usual clichés. LOC *Ver* USO

topless *nm* topless
LOC **en topless** topless: *ponerse en ~* to go topless

topo *nm* (*lit* y *fig*) mole: *Creen que hay un ~ en la organización.* They think there's a mole in the organization. LOC *Ver* CIEGO

topografía *nf* topography

topográfico, -a *adj* topographical

topógrafo, -a *nm-nf* topographer

topónimo *nm* toponym, place name (*más coloq*)

toque *nm* **1** (*golpecito*) tap: *Cuando quieras algo, da tres ~s en la pared.* If you need anything, give three taps on the wall. **2** (*matiz*) touch: *un ~ femenino/profesional* a woman's/professional touch ◊ *Percibí un ~ de ironía en sus palabras.* I detected a hint of irony in his words.
LOC **dar el toque final/último toque** to put the finishing touch *to sth* **darle/pegarle un toque a algn** (*llamar*) **1** (*gen*) to give sb a call: *Antes de salir, dale un ~ a tu hermano.* Give your brother a call before you leave. **2** (*por teléfono*) to give sb a ring: *¿Les pegamos un ~ para ver si están?* Shall we give them a ring and see if they're there? **toque de atención** warning: *Me dieron un ~ de atención por llegar tarde.* I was given a warning for being late. **toque de campanas** peal of bells **toque de corneta** bugle call **toque de diana** reveille **toque de queda** curfew: *Han impuesto el ~ de queda.* They have imposed a curfew. ◊ *levantar el ~ de queda* to lift the curfew **toque de retreta** the retreat **toque de tambores** roll of drums **toque de trompetas** blast of trumpets *Ver tb* MAESTRO

toquetear *vt* **1** (*cosa*) to fiddle (about/around) **with** ***sth***: *Deja de ~ las copas, no vayas a romper alguna.* Stop fiddling with those glasses or you'll break one of them. **2** (*persona*): *No para de ~la.* He can't keep his hands off her.

toquilla *nf* shawl

torácico, -a *adj* thoracic, chest [*n atrib*] (*más coloq*): *capacidad torácica* chest capacity
LOC **caja/cavidad torácica** thorax [*pl* thoraxes/thoraces]

tórax *nm* thorax [*pl* thoraxes/thoraces], chest (*más coloq*): *una operación de ~* a chest operation

torbellino *nm* **1** (*gen*) whirlwind: *un ~ de ideas/preguntas* a stream of ideas/questions **2** (*polvo*) dust devil LOC *Ver* ENTRAR

torcaz *adj* LOC *Ver* PALOMA

torcedura *nf* (*Med*) sprain: *Me he hecho una ~ de tobillo.* I've sprained my ankle.

torcer *vt* **1** (*gen*) to twist: *Le torció el brazo.* She twisted his arm. **2** (*cabeza*) to turn
■ **torcer** *vi* to turn: *~ a la derecha/izquierda* to turn right/left
■ **torcerse** *v pron* **1** (*pervertirse*) to get into bad ways: *Su madre dice que se torció en el extranjero.* His mother says he got into bad ways when he was abroad. **2** (*partes del cuerpo*) **(a)** (*gen*) to hurt: *Me torcí un dedo arreglando la bici.* I hurt my finger trying to mend my bike. ◊ *Se ha torcido el cuello jugando a rugby.* He hurt his neck playing rugby. **(b)** (*tobillo, muñeca*) to sprain: *Se torció el tobillo.* He sprained his ankle. **3** (*estropearse*) to go wrong: *Se nos han torcido los planes.* Our plans have gone wrong. **4** (*al escribir*): *Intenta escribir sin ~te.* Try to keep your writing straight.
LOC **torcer el gesto/morro** to pull a face **torcer la vista/los ojos** to have a squint: *¿Te has dado cuenta de que el niño tuerce los ojos?* Have you noticed he's got a squint? *Ver tb* BRAZO, SENTIDO

torcido, -a *pp, adj* **1** (*dientes, nariz*) crooked **2** (*cuadro, ropa*) not straight: *¿No ves que el cuadro está ~?* Can't you see the picture isn't straight? **3** (*muñeca, tobillo*) sprained **4** (*alambre, madera*) bent *Ver tb* TORCER LOC *Ver* OJO

tordo, -a *adj* (*caballo*) dapple-grey
■ **tordo** *nm* (*pájaro*) thrush

torear *vi, vt* to fight: *No volveré a ~.* I'll never fight again. ◊ *Hace diez años que dejó de ~.* He stopped being a bullfighter ten years ago. ◊ *Toreó dos toros de la ganadería de Vitorino.* He fought two bulls from the Vitorino herd.
■ **torear** *vt* (*persona*) **1** (*evitar*) to avoid **2** (*tomar el pelo*) to tease: *No le torees, que ya sabes cómo se pone.* Don't tease him – you know what a state he gets in.

toreo *nm* bullfighting: *el arte/los maestros del ~* the art of bullfighting/great bullfighters

torero, -a *nm-nf* bullfighter: *la torera más joven de España* the youngest woman bullfighter in Spain
■ **torera** *nf* bolero jacket LOC *Ver* SALTAR

toril *nm* bull pen

tormenta *nf* **1** (*tempestad*) storm: *Se avecina una ~.* There's a storm brewing. **2** (*conflicto*) row: *una ~ en el partido* a party row

tormento *nm* **1** (*tortura*) torture: *Levantarse a las seis es un ~.* It's torture having to get up at six. **2** (*persona, animal*) pest: *¡Vaya ~ de niño!* That child is a pest!

tormentoso, -a *adj* stormy: *una reunión/relación tormentosa* a stormy meeting/relationship

torna *nf* LOC *Ver* CAMBIAR

tornado *nm* tornado [*pl* tornadoes]

tornarse *v pron* **~ (en)** to turn **into** ***sth***: *un liberal que se tornó dictador* a liberal who turned into a dictator ◊ *Su risa se tornó en llanto.* His laughter turned to tears.

tornasol *nm* **1** (*girasol*) sunflower **2** (*reflejo*) sheen **3** (*Quím*) litmus

torneado, -a *pp, adj* (*con forma*) shapely: *una piernas fuertes y torneadas* strong, shapely legs *Ver tb* TORNEAR

tornear *vt* **1** (*madera*) to turn **2** (*barro*) to throw: *~ un jarrón* to throw a pot

torneo *nm* **1** (*gen*) tournament: *un ~ de baloncesto* a basketball tournament **2** (*Atletismo*) meeting **LOC** *Ver* HÍPICO

tornero, -a *nm-nf* turner

tornillo *nm* **1** (*gen*) screw: *apretar un ~* to tighten a screw **2** (*para tuerca*) bolt **LOC** *Ver* APRETAR, BESO, FALTAR

torniquete *nm* **1** (*Med*) tourniquet **2** (*puerta de entrada*) turnstile

torno *nm* **1** (*mecanismo elevador*) winch: *Nos hace falta un ~ para meter el piano en el camión.* We need a winch to get the piano into the lorry. **2** (*alfarero*) (potter's) wheel **3** (*carpintero*) lathe **4** (*dentista*) drill **5** (*convento*) revolving window

LOC en torno a 1 (*alrededor de*) round *sth/sb*: *La prensa se agolpó en ~ al futbolista.* The press crowded round the player. ◊ *Los niños estaban sentados en ~ al árbol.* The children were sitting round the tree. **2** (*aproximadamente*) about: *Había en ~ a quince personas.* There were about fifteen people. **torno de banco** vice *Ver tb* GIRAR, SITUADO, SITUAR

toro *nm* **1** (*animal*) bull **2 toros**: *Esta tarde vamos a los ~s.* We're going to a bullfight this evening. ◊ *A mi hermano le encantan los ~s.* My brother loves bullfighting.

LOC agarrar/coger al toro por los cuernos to take the bull by the horns **estar hecho un toro** to be as strong as an ox **toro bravo/de lidia** fighting bull **toro de fuego** firework in the shape of a bull **ver/mirar los toros desde la barrera** to watch from the sidelines *Ver tb* CORRIDA, FUERTE, PILLAR, PLAZA

torpe *adj* **1** (*manazas*) clumsy **2** (*zoquete*) slow: *Es un poco ~ en física.* He's a bit slow at physics. ◊ *Soy bastante ~ en latín.* I'm not much good at Latin. **3** (*inoportuno*) tactless: *¡Qué ~ fuiste al nombrar a su ex-mujer!* You were really tactless mentioning his ex-wife.

torpedear *vt* (*lit* y *fig*) to torpedo

torpedero, -a *adj* torpedo [*n atrib*]: *una lancha torpedera* a torpedo boat

■ **torpedero** *nm* torpedo boat

torpedo *nm* torpedo [*pl* torpedoes]

torpeza *nf* **1** (*gen*) clumsiness: *Su ~ nos ha dejado sin vajilla.* Thanks to his clumsiness, we haven't got any dishes left. **2** (*lentitud*) slowness **3** (*falta de tacto*) tactlessness: *¡Qué ~ la mía, decir semejante tontería!* It was so tactless of me to say such a stupid thing.

torrado, -a *pp, adj* **1** (*ardiendo*) roasting: *Estoy torrada de calor.* I'm roasting. **2** (*moreno*) tanned: *Se nota que ha estado de vacaciones, está ~.* You can see he's been on holiday – he's looking tanned. *Ver tb* TORRAR(SE)

torrar(se) *vt, v pron* to roast: *torrar café* to roast coffee ◊ *Me voy a la sombra, que me estoy torrando.* I'm going to sit in the shade – I'm roasting.

torre *nf* **1** (*gen*) tower: *la ~ de un castillo/una iglesia* a castle/church tower ◊ *Avisen a la ~ de control.* Contact the control tower. ☛ *Ver ilustración en* CASTILLO, IGLESIA **2** (*electricidad*) pylon **3** (*telecomunicaciones*) mast **4** (*petróleo*) derrick **5** (*Ajedrez*) rook, castle (*más coloq*) ☛ *Ver ilustración en* AJEDREZ **6** (*Mil*) turret

LOC torre de alta tensión electricity pylon **torre de apartamentos/viviendas/oficinas** tower block **torre de Babel** Tower of Babel **torre de marfil** ivory tower **torre (de) vigía** (*barco*) crow's-nest **torre de vigilancia** watchtower

torrefacto *adj* **LOC** *Ver* CAFÉ

torrencial *adj* torrential: *Anuncian lluvias ~es en el norte del país.* Torrential rain is forecast in the north.

torrente *nm* **1** (*río*) torrent **2** (*admiradores, curiosos, insultos, llamadas, palabras, solicitudes*) stream **3** (*lágrimas, recuerdos*) floods [*v pl*]: *Un ~ de lágrimas corría por sus mejillas.* She was in floods of tears.

LOC torrente circulatorio/sanguíneo bloodstream

torreón *nm* tower ☛ *Ver ilustración en* CASTILLO

torreta *nf* **1** (*Mil*) turret **2** (*telecomunicaciones*) mast

torrezno *nm* rasher (of bacon)

tórrido, -a *adj* scorching: *Hace un calor ~.* It's scorching.

torrija *nf* sweet French toast [*incontable*]: *Me he comido tres ~s.* I've eaten three pieces of French toast.

LOC estar torrija/pillarse una torrija to be/get plastered

torsión *nf* **1** (*torcedura*) twist: *Vamos a efectuar una ~ de tronco.* Twist your body from the hips. **2** (*Mec*) torque

torso *nm* torso [*pl* torsos]

torta *nf* **1** (*Panadería*) cake **2** (*crêpe*) pancake: *~s con nata* pancakes with cream **3** (*bofetada*) smack

LOC dar/pegar una torta/un tortazo to smack *sb* **darse/pegarse una torta/un tortazo** (*chocar*) to crash **ni torta** not a thing: *No oigo ni ~.* I can't hear a thing. *Ver tb* COSTAR

tortazo *nm* smack **LOC** *Ver* TORTA

tortícolis *nm o nf* crick in your neck: *Me ha producido ~.* It's given me a crick in my neck.

tortilla *nf* omelette: *una ~ de gambas* a prawn omelette

LOC hacerse tortilla to get squashed **tortilla española/de patatas** Spanish omelette **tortilla francesa** omelette

tortillera *nf* dike

tortita *nf* pancake

tórtola *nf* turtle-dove

tortolito, -a *nm-nf* lovebird: *Parecéis dos ~s.* You look like two lovebirds.

LOC como dos/un par de tortolitos in a lovey-dovey way

tortuga *nf* **1** (*de tierra*) tortoise **2** (*de mar*) turtle **3** (*persona*) slowcoach: *Soy una ~ escribiendo a máquina.* I'm a real slowcoach at typing.

LOC ir más despacio/lento que una tortuga to go at a snail's pace *Ver tb* PASO

tortuoso, -a *adj* tortuous

tortura *nf* torture [*incontable*]: *métodos de ~* methods of torture ◊ *acusados de presuntas ~s* accused of alleged torture ◊ *La experiencia fue una ~ para mí.* The experience was torture for me.

torturador, ~a *adj* (*fig*) harrowing

■ **torturador, ~a** *nm-nf* torturer

torturar *vt* to torture

tos *nf* cough: *El humo del tabaco me produce ~.* Cigarette smoke makes me cough.

LOC tos ferina whooping cough *Ver tb* GOLPE, PASTILLA

tosco, -a *adj* **1** (*no suave*) rough **2** (*inculto, grosero*) uncouth

toser *vi* to cough

LOC no hay quien le, etc tosa 1 (*arrogante*) he's, she's, etc stuck-up: *Desde que va a la universidad, no hay quien le tosa.* He's been very stuck-up since he went to university. **2** (*susceptible*) he's, she's, etc touchy: *Hoy no hay quien te tosa.* You're very touchy today.

tosquedad *nf* **1** (*aspereza*) roughness **2** (*incultura, falta de modales*) uncouthness

tostada *nf* toast [*incontable*]: *Se me han quemado las ~s.*

I've burnt the toast. ◊ *una ~ con mermelada* a slice of toast with jam **LOC** *Ver* OLER

tostado, a *pp, adj* (*color*) dark brown *Ver tb* TOSTAR

LOC *Ver* COPO, PAN

tostador *nm* (*tb* **tostadora** *nf*) toaster

tostar *vt* **1** (*pan, frutos secos*) to toast **2** (*café*) to roast **3** (*piel*) to tan

■ **tostarse** *v pron* to go brown

LOC **tostarse al sol** to tan yourself

tostón *nm* **1** (*pan*) croûton **2** (*lechón*) roast sucking-pig **3** (*cosa aburrida*) drag: *Este libro es un ~*. This book's a drag. **4** (*persona molesta*) pain: *¡Qué ~ eres!* What a pain you are!

LOC **dar el tostón** to be a pain: *Deja ya de darles el ~*. Don't be such a pain!

total *adj* **1** (*gen*) total: *una tontería ~* total rubbish **2** (*maravilloso*) out of this world: *La casa es ~*. The house is out of this world.

■ **total** *nm* total: *un ~ de cinco libras* a total of five pounds ◊ *el ~ de la población activa* the total active population ◊ *el ~ de parados* the total number of unemployed people

■ **total** *adv* **1** (*en conclusión*) so: *~, que has suspendido.* So you failed. ◊ *~, que les pillaron desprevenidos.* To cut a long story short, they caught them unawares. **2** (*al fin y al cabo*) after all: *Vente, ~ no tienes nada que hacer.* Come along. After all, you've got nothing else to do.

LOC **en total** altogether: *Somos doce en ~*. There are twelve of us altogether. *Ver tb* GUERRA, SINIESTRO

totalidad *nf*

LOC **en su totalidad** entirely **la totalidad de...** **1** (*conjunto*) all...: *La práctica ~ de los habitantes...* Practically all the inhabitants... ◊ *la ~ de la candidatura* all the candidates **2** (*todo*) the entire...: *la ~ de la empresa* the entire firm *Ver tb* CASI

totalitario, -a *adj* totalitarian

totalizar *vt* **1** (*gen*) to amount to *sth*: *Los ingresos totalizaron 30 millones.* The receipts amounted to 30 million. **2** (*Dep*) to score a total of *sth*: *Totalizaron quince goles en cuatro partidos.* They scored a total of fifteen goals in four games.

tótem *nm* **1** (*fetiche*) totem **2** (*columna*) totem pole

tóxico, -a *adj* toxic

■ **tóxico** *nm* toxin

toxicología *nf* toxicology

toxicólogo, -a *nm-nf* toxicologist

toxicomanía *nf* drug addiction

toxicómano, -a *adj* addicted to drugs

■ **toxicómano, -a** *nm-nf* drug addict

toxina *nf* toxin

tozudez *nf* stubbornness

tozudo, -a *adj, nm-nf* stubborn [*adj*]: *Tu hermano es un ~*. Your brother's a stubborn chap.

traba *nf* obstacle: *superar las ~s burocráticas* to overcome bureaucratic obstacles

LOC **poner trabas** to put obstacles *in the way of sth/sb*: *El Ayuntamiento pone ~s al proyecto.* The Council is putting obstacles in the way of the project.

trabajador, ~a *adj* industrious (*formal*), hard-working

■ **trabajador, ~a** *nm-nf* worker: *los ~es de la industria del autómovil* car workers ◊ *un ~ cualificado/no cualificado* a skilled/an unskilled worker

LOC **trabajador asalariado/por cuenta ajena** employee **trabajador autónomo/no asalariado/por cuenta propia** self-employed worker *Ver tb* CLASE

trabajar *vi* **1** (*gen*) to work: *He estado trabajando todo el día.* I have been working all day. ◊ *Trabaja para una compañía inglesa.* He works for an English company. ◊ *Tiene que ~ muy duro para mantener a sus seis hijos.* He has to work very hard to keep his six children. ◊ *Nunca he trabajado de profesora.* I've never worked as a teacher. ◊ *Está trabajando en temas de ingeniería genética.* He's doing work on genetic engineering. ◊ *¿En qué trabaja tu hermana?* What does your sister do? **2** (*actuar*) to be (*in sth*): *¿Quién trabaja en esa película?* Who's in that film? ◊ *¡Hay que ver lo bien que trabaja esa actriz!* She's a very good actress.

■ **trabajar** *vt* to work: *~ la tierra* to work the land ◊ *Los italianos saben cómo ~ el cuero.* The Italians know how to work leather.

■ **trabajarse** *v pron* to work **on** *sth/sb*: *Me estoy trabajando a mi padre para que me compre una moto.* I'm working on my father to get him to buy me a motorbike. ◊ *Me voy a tener que ~ el ascenso.* I'll need to work hard to get a promotion.

LOC **trabajar a destajo** (*muy duro*) to work like crazy **trabajar a jornada completa/parcial** to work full/part-time: *Buscan a alguien que trabaje la jornada completa.* They're looking for someone to work full-time. **trabajar como una bestia/un animal/esclavo/negro** to work like a dog **trabajar de autónomo/por cuenta propia** to be self-employed **trabajar (en el turno) de mañana/tarde/noche** to work mornings/afternoons/nights **trabajar por cuenta ajena** to be an employee *Ver tb* HORA, MATAR

trabajo *nm* **1** (*gen*) work: *Tengo mucho ~*. I've got a lot of work to do. ◊ *Debes ponerte al día con el ~ atrasado.* You must get up to date with your work. ◊ *~ físico/intelectual* physical/intellectual work ◊ *Me dieron la noticia en el ~*. I heard the news at work. **2** (*empleo*) job: *dar (un) ~ a algn* to give sb a job ◊ *un ~ mal/bien pagado* a badly-paid/well-paid job ◊ *quedarse sin ~* to lose your job ☛ *Ver nota en* WORK[1] **3** (*en el colegio*) project: *Nos han mandado hacer un ~ sobre el medio ambiente.* We've got to do a project on the environment.

LOC **dar algn trabajo** (*fig*) to be a (real) handful: *Tu hijo (me) da mucho ~*. Your son's a real handful. **estar sin trabajo** to be out of work **llevar trabajo**: *Ese vestido me ha llevado mucho ~*. This dress was a lot of work. **ser un trabajo de chinos** to be very fiddly: *Meter un barco en una botella es un ~ de chinos.* Putting a ship in a bottle is very fiddly. **ser un trabajo de negros** to be a pig of a job **tener trabajo para parar un carro** to be up to your eyes (in work) **tomarse el trabajo de hacer algo** to make the effort to do sth: *Por primera vez, se ha tomado el ~ de preparar el examen.* For the first time, he's made the effort to work for the exam. **trabajo a jornada completa/parcial** full-time/part-time job **trabajo de/en equipo** teamwork **trabajo por turnos** shift work **trabajos forzados** hard labour [*incontable, v sing*] **trabajos manuales** arts and crafts *Ver tb* ADICTO, AGOBIADO, ALMUERZO, BOLSA[2], CENTRO, CONDICIÓN, CONTRATO, COSTAR, DÍA, HORA, MAGISTRATURA, RECOGER

trabajoso, -a *adj* arduous: *una labor trabajosa* an arduous task

trabalenguas *nm* tongue-twister

trabar *vt* (*entablar*) to strike up *sth*: *~ conversación* to strike up a conversation

LOC **trabársele la lengua a algn** to get tongue-tied *Ver tb* AMISTAD

trabilla *nf* loop

trabuco *nm* blunderbuss

traca *nf* string of fireworks: *Lo que más me gustó fue la ~ final.* What I liked best was the burst of fireworks at the end.

tracción *nf* drive: *~ delantera/trasera* front/rear wheel drive ◊ *un vehículo con ~ a las cuatro ruedas* a four-wheel drive vehicle

tracería *nf* tracery ☛ *Ver ilustración en* IGLESIA

tractor *nm* tractor

tradición *nf* tradition: *tradiciones ancestrales* old traditions

tradicional *adj* traditional

tradicionalista *adj, nmf* traditionalist [*n*]: *Me sorprende que seas tan ~*. I'm surprised you're such a traditionalist.

traducción *nf* translation (***from sth***) (***into sth***): *hacer una ~ del español al ruso* to do a translation from Spanish into Russian ◊ *~ libre/literal/simultánea* free/literal/simultaneous translation ◊ *Hay varias traduc-*

ciones del Quijote. There are several translations of Don Quixote.

LOC traducción directa translation into your native language **traducción inversa 1** (*gen*) translation into a foreign language: *La ~ inversa es muy difícil.* It's very difficult to translate into another language. **2** (*ejercicio en clase*) prose (composition): *Nos han mandado una ~ inversa para mañana.* We've been set a prose for tomorrow.

traducible *adj* translatable

traducir *vt, vi* to translate (*sth*) **(*from sth*) (*into sth*)**: *~ un libro del francés al inglés* to translate a book from French into English ◊ *Me encanta ~.* I love translating. ☛ *Ver nota en* INTERPRET

■ **traducirse** *v pron* **traducirse en** to lead **to *sth***: *Las nuevas medidas se traducen en una baja de los tipos de interés.* The new measures have led to a drop in interest rates.

traductor, ~a *nm-nf* translator

traer *vt* **1** (*gen*) to bring: *Trajeron un regalo para la niña.* They brought a present for our little girl. ◊ *¿Qué quieres que te traiga?* What shall I bring back for you? ☛ *Ver nota en* BRING ☛ *Ver ilustración en* TAKE[1] **2** (*causar*) to cause: *El nuevo sistema nos va a ~ problemas.* The new system is going to cause problems. **3** (*vestir*) to wear: *Traía un vestido de noche espectacular.* She was wearing a fabulous evening dress. **4** (*publicaciones*) to carry: *El País trae la noticia del asesinato.* El País is carrying the story of the murder. ◊ *La revista trae un reportaje sobre Goya.* The magazine has a feature on Goya.

■ **traerse** *v pron* **1** (*a un sitio*) to bring *sth/sb* (with you): *Tráete una almohada.* Bring a pillow with you. ◊ *Traeros a los niños.* Bring the children. **2** (*tramar*) to be up to *sth*: *¿Qué te traes entre manos?* What are you up to? ◊ *¡El lío que os traéis no es normal!* The things you get up to!

LOC traer a mal traer to drive *sb* mad: *Este trabajo me trae a mal ~.* This job is driving me mad.

traer consigo to lead to *sth*: *El informe trajo consigo su despido inmediato.* The report led to his immediate dismissal.

traérselas 1 (*ser difícil*) to be difficult: *Este problema (de matemáticas) se las trae.* This problem is really difficult. **2** (*ser raro*) to be something else: *Tu familia se las trae, majo.* Your family are something else, mate. **3** (*ser excesivo*) to be terrible: *Tengo una sed que se las trae.* I'm terribly thirsty.

☛ Para otras expresiones con **traer**, véanse las entradas del sustantivo, adjetivo, etc, p. ej. **traerle cuenta a algn** en CUENTA y **traer algo a la memoria** en MEMORIA.

traficante *nmf* dealer: *un ~ de armas* an arms dealer

traficar *vi* **~ con/en** to deal **in *sth***: *Traficaban con drogas.* They dealt in drugs.

tráfico *nm* **1** (*vehículos*) traffic: *Hay mucho ~ en el centro.* There's a lot of traffic in the town centre. ◊ *~ aéreo* air traffic **2** (*armas*) trade: *Está involucrado en el ~ de armas.* He is involved in the arms trade.

LOC tráfico de drogas/estupefacientes drug trafficking **tráfico de influencias** favouritism: *Lo acusan de ~ de influencias.* He's being accused of favouritism. **tráfico rodado** (road) traffic *Ver tb* AGLOMERACIÓN, GUARDIA, POLICÍA, REGLAMENTO, SEÑAL ☛ *Ver nota en* LOLLIPOP LADY

tragaderas *nf*

LOC tener buenas tragaderas 1 (*ser paciente*): *Hace falta tener buenas ~ para salir con ese tipo.* You have to be able to put up with a lot to go out with that guy. **2** (*ser un glotón*) to be very greedy

tragaluz *nm* (*en el techo*) skylight ☛ *Ver ilustración en* HOUSE

tragaperras *nf* fruit machine: *jugar a las ~* to play the fruit machines **LOC** *Ver* MÁQUINA

tragar *vt, vi* **1** (*ingerir*) **(a)** (*gen*) to swallow: *Me duele la garganta al ~.* My throat hurts when I swallow. **(b)** (*devorar*) to stuff yourself (**with *sth***): *Para ya de ~, que vas a reventar.* If you don't stop stuffing yourself you'll burst. **(c)** (*consumir*) to use *sth* [*vt*]: *La moto traga mucho (combustible).* This motorbike uses a lot of petrol. **2** (*soportar*) to put up with *sth*: *No sé cómo puedes ~ tanto, yo lo mandaría todo a paseo.* I don't know how you put up with it, I'd pack it all in.

■ **tragarse** *v pron* **1** (*gen*) to swallow: *Me tragué un hueso de aceituna.* I swallowed an olive stone. ◊ *La máquina se ha tragado la tarjeta.* The machine has swallowed my credit card. ◊ *~se el orgullo* to swallow your pride ◊ *Se ha tragado lo del ascenso de Miguel.* He's swallowed the story about Miguel's promotion. **2(a)** (*libro*) to get through *sth*: *Se tragó 'El Quijote' en un mes.* She got through the 'Quijote' in a month. **(b)** (*película*) to sit through *sth*

LOC tragar bilis to swallow your anger **tragarse las lágrimas** to hold back your tears: *Intenté ~me las lágrimas.* I tried to hold back my tears. **tragarse la tierra a algn**: *Hace tres años que no la veo. ¿Se la habrá tragado la tierra?* I haven't seen her for three years. She seems to have disappeared off the face of the earth. *Ver tb* ANZUELO, PALABRA

tragedia *nf* tragedy: *una ~ de Lorca* a tragedy by Lorca ◊ *El cierre de la papelera es una ~ para el pueblo.* The closing of the paper mill is a tragedy for the town.

trágico, -a *adj* tragic: *un suceso ~* a tragic incident

■ **trágico** *nm* tragedian

tragicomedia *nf* tragicomedy

tragicómico, -a *adj* tragicomic

trago *nm* **1** (*gen*) drink: *un ~ de agua* a drink of water ◊ *¿Me das un ~ de tu cerveza?* Can I have a swig of your beer? ◊ *Se tomó el café en tres ~s.* He gulped down his coffee in three mouthfuls. ◊ *Tomamos unos ~s después del trabajo.* We had a few drinks after work. **2** (*disgusto*) shock: *Ver el accidente en directo fue todo un ~.* Seeing the accident live on television was a real shock.

LOC echar(se)/tomar(se) un trago to have a drink **pasar un mal trago** to go through a bad patch **trago amargo** bitter blow: *Su muerte fue un ~ muy amargo.* His death was a bitter blow. *Ver tb* BEBER(SE)

tragón, -ona *adj, nm-nf* greedy [*adj*]: *Deja que coma cuanto quiera, ya sabes que es un ~.* Let him eat as much as he wants, you know how greedy he is.

traición *nf* **1** (*gen*) betrayal: *cometer ~ contra tus amigos* to betray your friends ◊ *acusar a algn de ~* to accuse sb of treachery **2** (*contra el Estado*) treason: *Lo acusan de ~.* He is accused of treason.

LOC a traición: *Le clavó el cuchillo a ~.* He stabbed him in the back. ◊ *Lo hicieron a ~.* They went behind his back. *Ver tb* ALTO *adj*

traicionar *vt* **1** (*gen*) to betray: *~ a un compañero/una causa* to betray a friend/cause ◊ *Sé que has bebido, el aliento te traiciona.* I know you've been drinking, your breath gives you away. **2** (*nervios*) to let *sb* down: *Una vez más, los nervios me traicionaron.* My nerves let me down again.

traicionero, -a *adj* treacherous

traidor, ~a *adj* treacherous

■ **traidor, ~a** *nm-nf* traitor

tráiler *nm* **1** (*película*) trailer: *He visto el ~ de la última película de Almodóvar.* I've seen the trailer for Almodóvar's latest film. **2(a)** (*remolque*) trailer **(b)** (*camión con remolque*) articulated lorry

trainera *nf* **1** (*Dep*) rowing boat: *Las regatas de ~s son muy populares en el norte.* Boat races are very popular in the north. **2** (*pesca*) fishing boat

traje *nm* **1** (*dos piezas*) suit: *Juan lleva un ~ muy elegante.* Juan is wearing a very smart suit. ◊ *¿Qué ~ me pongo, el de falda o el de pantalón?* Which suit shall I wear? The one with the skirt or the one with trousers? **2** (*Teat*) costume: *Los actores llevaban unos ~s muy vistosos.* The actors were wearing very colourful costumes. **3** (*de un país, de una región*) dress [*incontable*]: *Me encanta el ~ típico aragonés.* I love Aragonese regional dress. ◊ *Las bailarinas llevaban ~s típicos* *holandeses.* The dancers were wearing Dutch national dress.

LOC **traje de baño 1** (*de hombre*) swimming trunks [*v pl*] **2** (*de mujer*) swimming costume **traje de buzo/neopreno/submarinista** wetsuit **traje de campaña** battledress **traje de chaqueta** suit **traje de época** period costume **traje de etiqueta** dinner jacket: *Vamos a alquilar ~s de etiqueta para la fiesta.* We're going to hire dinner jackets for the party. **traje de luces** bullfighter's suit **traje de noche** evening dress **traje espacial** spacesuit **traje (hecho) a la medida** made-to-measure suit **traje sastre** tailored suit *Ver tb* FAENA, MONTAR, NOVIO, TARDE

trajeado, -a *pp, adj* smart: *El jefe llegó todo ~.* The boss arrived in a smart suit. ◊ *Le gusta ir ~.* He likes to look smart.

trajín *nm*: *¡Vaya ~ que se trae tu madre!* Your mother is always on the go. ◊ *el ~ de la boda* the hectic preparations for the wedding

trajinar *vi* to be on the go

tralla *nf*

LOC **dar tralla a 1** (*algn*) to keep *sb* on the go: *¡Vaya ~ que me ha dado el niño esta mañana!* My little boy has kept me on the go all morning. **2** (*algo*) to work hard at *sth*: *Tienes que darle ~ al latín.* You must work hard at your Latin.

trallazo *nm* (*Dep*) piledriver: *El ~ del delantero dio en el poste.* A piledriver from the forward hit the post.

trama *nf* (*argumento*) plot LOC *Ver* ARGUMENTAL

tramar *vt* (*maquinar*) to plot: *Sé que están tramando algo.* I know they're up to something.

tramitación *nf* processing: *La ~ del visado llevará su tiempo.* Processing the visa will take some time.

tramitar *vt* to process: *La embajada está tramitando su permiso de trabajo.* The embassy is processing his work permit.

LOC **tramitar un divorcio** to start divorce proceedings

trámite *nm* procedure [*gen incontable*]: *Cumplió con los ~s necesarios para obtener la nacionalidad.* He followed the procedure for obtaining citizenship.

LOC **en trámite(s) de** in the process of *doing sth*: *Estamos en ~s de separación.* We're in the process of getting a legal separation. **ser (algo) un trámite** to be a formality: *Las pruebas orales son un puro ~.* The orals are a mere formality. **trámites de divorcio** divorce proceedings

tramo *nm* **1** (*carretera*) stretch **2** (*escalera*) flight

tramontana *nf* north wind

trampa *nf* **1** (*gen*) trap: *El ratón quedó atrapado en la ~.* The mouse was caught in the trap. ◊ *caer en una ~* to fall into a trap **2** (*en un juego*) cheating [*incontable*]: *Quiero un juego limpio, sin ~s.* Play fair, no cheating. ◊ *Una ~ más y estás eliminado.* Any more cheating and you're out of the game. ◊ *Eso es ~.* That's cheating.

LOC **hacer trampa(s)** to cheat: *Siempre haces ~s.* You always cheat. **sin trampa ni cartón** genuine: *una oferta sin ~ ni cartón* a genuine offer *Ver tb* TENDER

trampilla *nf* trapdoor

trampolín *nm* **1** (*gen*) springboard: *La gimnasta tomó impulso saltando desde el ~.* The gymnast jumped off the springboard. ◊ *El acuerdo de paz fue su verdadero ~ político.* The peace accord was the real springboard for his political career. **2** (*natación*) diving board: *Ten cuidado, que el ~ resbala.* Be careful, the diving board is slippery. ◊ *tirarse del ~* to dive from the board

tramposo, -a *adj, nm-nf* cheat [*n*]: *No seas tan ~.* Don't be such a cheat.

tranca *nf* (*madero*) bar: *Pon la ~ en la puerta.* Put the bar on the door.

LOC **a trancas y barrancas** with great difficulty

trancazo *nm* **1** (*golpe*) blow **2(a)** (*catarro*) cold: *¿Cómo se te ocurre salir con el ~ que tienes?* What possessed you to go out with that cold? **(b)** (*gripe*) flu

trance *nm*: *Se vio en el ~ de comunicar la muerte a la viuda.* He was faced with the difficult task of informing the widow of her husband's death. ◊ *No quisiera verme en ese ~.* I wouldn't like to be in her situation.

LOC **a todo trance** at all costs: *detener la guerra a todo ~* to stop the war at all costs **en trance** in a trance: *estar/entrar en ~* to be in a trance/to go into a trance

tranquilidad *nf* **1** (*gen*) calm: *Su ~ me asombra.* His calm amazes me. ◊ *Las elecciones se desarrollaron en un ambiente de ~.* The elections took place in an atmosphere of calm. ◊ *¡Qué ~, no tener que trabajar mañana!* What a relief, no work tomorrow! ◊ *la ~ del campo* the peace of the countryside **2** (*espíritu*) peace of mind: *Para su ~, les diré que la operación ha sido un éxito.* For your peace of mind, I can tell you that the operation was a success.

LOC **con toda tranquilidad**: *Pregúntame con toda ~.* Feel free to ask me. ◊ *Se lo dijo con toda ~.* He spoke calmly. ◊ *En este río te puedes bañar con toda ~.* It's safe to swim in this river.

tranquilizador, ~a *adj* **1** (*gen*) reassuring: *palabras tranquilizadoras* reassuring words **2** (*relajante*) soothing: *Esta música tiene un efecto de lo más ~.* This music is very soothing.

tranquilizante *adj* **1** (*gen*) reassuring: *Es ~ contar con tu apoyo.* It's reassuring to know that you're behind me. **2** (*medicamento*) tranquillizing: *drogas ~s* tranquillizing drugs

■ **tranquilizante** *nm* tranquillizer

tranquilizar *vt* **1** (*gen*) to calm *sb* down: *La tranquilizó dándole una bofetada.* He calmed her down by slapping her. ◊ *Intenta ~le hasta que llegue el médico.* Try to keep him calm till the doctor arrives. **2** (*aliviar*) to reassure: *Las noticias han tranquilizado a la opinión pública.* The news has reassured the public.

■ **tranquilizarse** *v pron* to calm down: *Tranquilízate, que pronto llegarán.* Calm down, they'll soon be here.

tranquillo *nm*

LOC **coger el tranquillo a 1** (*cosa*) to get the hang of *sth*: *Ya le he cogido el ~ a la máquina de coser.* I've got the hang of the sewing machine. **2** (*persona*) to understand what makes *sb* tick: *Por fin le he cogido el ~ a mi jefe.* At last I understand what makes my boss tick.

tranquilo, -a *adj* **1** (*gen*) calm: *Es una mujer muy tranquila.* She's a very calm person. ◊ *un niño ~* a placid child ◊ *La mar está tranquila.* The sea is calm. **2** (*parsimonioso*) laid-back: *Este chico es tan ~ que me pone nerviosa.* That boy is so laid-back he makes me nervous. **3** (*animal*) gentle **4** (*apacible*) quiet: *Vivo en una zona tranquila.* I live in a quiet area. **5** (*como predicativo*): *Vete tranquila, que yo cuidaré de él.* Don't worry, I'll look after him. ◊ *Esperaba ~ a que llegaran sus amigos.* He was waiting quietly for his friends to arrive. ◊ *Conduce ~, no vayas a tener un accidente.* Drive carefully or you'll have an accident.

LOC **tan tranquilo** not bothered: *Suspendió y se quedó tan tranquila.* She failed, but she didn't seem bothered. ◊ *Su mujer hasta el moño de trabajo, y él tan ~.* His wife is up to her ears in work, but he's not bothered. ◊ *Me dio un tortazo y se marchó tan tranquila.* She slapped me and walked off just like that. *Ver tb* CONCIENCIA, RESPIRAR

transacción *nf* transaction: *un extracto con las últimas transacciones* a bank statement showing the most recent transactions ◊ *una ~ comercial* a commercial transaction

transatlántico, -a *adj* transatlantic: *un vuelo ~* a transatlantic flight

■ **transatlántico** *nm* liner

transbordador *nm* ferry

LOC **transbordador espacial** space shuttle

transbordo *nm*

LOC **hacer/realizar transbordo** to change: *Tuvimos que hacer dos ~s.* We had to change twice. *Ver tb* VUELO

transcribir *vt* **1** (*texto, obra musical*) to transcribe **2** (*conversación, discurso*) to make a transcript **of** ***sth***: *Transcribí el discurso del director.* I made a transcript of the director's speech.

transcripción *nf* **1** (*gen*) transcription: *una ~*

fonética/para guitarra a phonetic transcription/a transcription for guitar **2** (*discurso, conversación*) transcript

transcurrir *vi* **1** (*tiempo*) to pass: *Los años transcurren con rapidez.* The years pass quickly. ◊ *Han transcurrido seis meses desde su dimisión.* Six months have passed since his resignation. ◊ *Transcurría el minuto 20 cuando el delantero marcó.* The forward scored in the 20th minute. **2** (*ocurrir*) to take place: *La acción transcurre en una ciudad europea.* The action takes place in a European city. ◊ *La manifestación transcurrió sin incidentes.* The demonstration passed off peacefully.

transcurso *nm* passing: *con el ~ del tiempo* with the passing of time

LOC en el transcurso de in the course of *sth*: *El actor aparece en escena seis veces en el ~ de la obra.* In the course of the play, the actor makes six appearances on stage. ◊ *Hay que preparar el documento en el ~ de la mañana.* We have to get the document ready by lunchtime.

transeúnte *nmf* passer-by [*pl* passers-by]: *La policía interrogó a los ~s.* Police questioned passers-by. **LOC** *Ver* COMEDOR

transexual *adj, nmf* transsexual

transferencia *nf* transfer: *la ~ de un negocio* the transfer of a business

LOC transferencia bancaria credit transfer

transferir *vt* to transfer

transformación *nf* transformation (*into sth/sb*): *la ~ del Dr Jekyll en Mr Hyde* Dr Jekyll's transformation into Mr Hyde

transformador *nm* transformer

transformar *vt* **1** (*cambiar*) **(a)** (*gen*) to transform: *~ un lugar/a una persona* to transform a place/person **(b)** (*renovar*) to turn *sth/sb* ***into sth/sb***: *~ una ciudad en el centro cultural del país* to turn a city into the cultural centre of the country ◊ *La operación la transformó en una belleza.* The operation turned her into a beauty. **2** (*convertir*) to convert *sth* ***into sth***: *~ el viento en energía* to convert the power of the wind into energy ◊ *~ el garaje en un gimnasio* to convert the garage into a gym **3** (*Dep*) to score **from** *sth*: *~ un penalti* to score from a penalty

■ **transformarse** *v pron* **transformarse en** to turn **into** ***sth/sb***: *La rana se transformó en príncipe.* The frog turned into a prince.

tránsfuga *nmf* (*Pol*) turncoat

transfusión *nf* transfusion: *Le hicieron dos transfusiones (de sangre).* He was given two (blood) transfusions.

transgénico, -a *adj* genetically modified

transición *nf* transition

LOC de transición transitional: *Han formado un gobierno de ~.* They have formed a transitional government. ◊ *Vivimos un momento de ~.* We live in a period of transition.

transigente *adj* accommodating: *Es una persona muy ~.* He's very accommodating. ◊ *Eres demasiado ~ con tus hijos.* You're too soft with your children.

transigir *vi* **1 ~ (en)** (*ceder*) to compromise (**on** ***sth***): *Intenta ~ en ese punto.* Try to compromise on that point. ◊ *No le gustó la idea, pero tuvo que ~.* He didn't like the idea, but he had to give way. **2 ~ en/con** (*aceptar*) to agree **to** ***sth*/to do *sth***: *No transijo con la infidelidad.* I cannot condone infidelity. ◊ *Estoy seguro de que transigirán en hacerle un préstamo.* I'm sure they'll agree to lend him some money.

transistor *nm* (*radio*) (transistor) radio: *Apaga el ~.* Turn off the radio.

transitar *vi* **~ por**: *Cientos de personas transitaban por las calles.* There were hundreds of people in the streets. ◊ *Los coches no pueden ~ por esa zona.* Cars are not allowed in that area.

transitivo, -a *adj* transitive

tránsito *nm* traffic: *el ~ de vehículos por el centro* traffic in the centre of the city ◊ *Es una zona de mucho ~.* It's a very busy area.

LOC en tránsito in transit: *los pasajeros en ~ hacia Roma* passengers in transit for Rome *Ver tb* DERECHO

transitorio, -a *adj* **1** (*provisional*) temporary: *medidas/soluciones transitorias* temporary measures/solutions **2** (*período*) transitional **3** (*efímero*) transitory

transmisión *nf* **1** (*gen*) transmission: *~ de datos* data transmission ◊ *un coche de ~ manual/automática* a car fitted with manual/automatic transmission **2** (*programa*) broadcast: *una ~ radiofónica/vía satélite* a radio/satellite broadcast ◊ *una ~ en directo/diferido* a live/prerecorded broadcast **3** (*Jur*) transfer: *~ de poderes* transfer of powers

LOC *Ver* CENTRAL

transmisor, ~a *adj* transmitting: *un aparato/centro ~* a transmitting device/centre ◊ *el insecto ~ de una enfermedad* the insect that carries a disease

■ **transmisor** *nm* (*tb* **transmisora** *nf*) transmitter

transmitir *vt* to transmit: *~ conocimientos/una enfermedad* to transmit knowledge/a disease ◊ *~ una señal de radio* to transmit a radio signal ◊ *Les transmitimos la noticia.* We passed the news on to them. ◊ *Transmítele nuestras condolencias.* Give him our condolences.

■ **transmitir** *vt, vi* (*programa*) to broadcast: *~ un partido* to broadcast a match ◊ *Transmitimos en directo desde la Puerta del Sol.* We're broadcasting live from the Puerta del Sol. **LOC** *Ver* TELEVISIÓN

transparencia *nf* **1** (*gen*) transparency: *Piden una mayor ~ en los procedimientos de la compañía.* They are demanding greater transparency in the dealings of the company. ◊ *la voluntad de ~ del nuevo gobierno* the new government's policy of openness **2** (*Fot*) transparency, slide (*más coloq*)

transparentar(se) *vi, v pron*: *Esa tela (se) transparenta demasiado.* That material is really see-through. ◊ *Con esa falda se te transparentan las piernas.* You can see your legs through that skirt.

transparente *adj* **1** transparent: *declaraciones ~s* transparent remarks ◊ *las alas ~s de un insecto* an insect's transparent wings ◊ *El cristal es ~.* Glass is transparent. **2** (*ropa*) see-through: *una blusa ~* a see-through blouse ◊ *Es demasiado ~.* You can see right through it.

transpiración *nf* **1** (*persona*) perspiration **2** (*planta*) transpiration

transpirar *vi* **1** (*persona*) to perspire **2** (*planta*) to transpire **3** (*tela*) to breathe

transportador, ~a *adj* **LOC** *Ver* CINTA

transportar *vt* **1** (*llevar*) to carry: *La sangre transporta el oxígeno por todo el cuerpo.* Blood carries oxygen round the body. ◊ *un tren que transporta madera* a train carrying wood **2** (*Mús*) to transpose: *~ una melodía a sol mayor* to transpose a melody into G major **3** (*fig*) to transport: *Su música me transporta a otra dimensión.* His music transports me to another world. ◊ *Tu historia nos transportó veinte años atrás.* Your story took us back twenty years.

transporte *nm* transport: *~ escolar* school transport ◊ *Organizó el ~ de los muebles.* He arranged the transport of the furniture. ◊ *El ~ marítimo es más barato que el aéreo.* Sending goods by sea is cheaper than by air.

LOC compañía/empresa de transportes 1 (*por carretera*) haulage company **2** (*por mar*) shipping company **3** (*por aire*) air carrier **transporte colectivo/público** public transport *Ver tb* AGENCIA, GASTO

transportista *nmf* carrier

transversal *adj* transverse: *eje ~* transverse axis ◊ *La Gran Vía es ~ a la calle Mayor.* The Gran Vía crosses the Calle Mayor. ◊ *Trazamos una línea ~ y dividimos el plano en dos.* Let's draw a line across the plan and divide it in two.

■ **transversal** *nf*: *Vivo en una de las ~es al Paseo de Francia.* I live in a street that crosses the Paseo de Francia. **LOC** *Ver* SECCIÓN

transversalmente *adv* across: *La barrera estaba colo-*

cada ~ en la carretera. The barrier was placed across the road.

tranvía *nm* tram

trapecio *nm* **1** (*circo*) trapeze **2** (*Geom*) trapezium [*pl* trapeziums]

trapecista *nmf* trapeze artist: *Tengo dos amigas ~s.* Two of my friends are trapeze artists.

trapense *adj, nm* Trappist

trapero, -a *adj* LOC *Ver* PUÑALADA

trapichear *vi* **1** (*con actividades ilegales*): *Trapichea con drogas y objetos robados.* He deals in drugs and stolen goods. **2** (*tramar*) to plot: *¿Qué andáis trapicheando?* What are you plotting?

trapicheo *nm* **1** (*actividad ilegal*) shady deal: *Siempre anda metido en ~s.* He's mixed up in some shady deals. **2 trapicheos** (*tejemaneje*) wheeling and dealing [*incontable, v sing*]: *los ~s políticos previos a las elecciones* the political wheeling and dealing before the election

trapo *nm* **1** (*limpieza*) cloth: *un ~ para limpiar los zapatos* a cloth for polishing shoes ◊ *Usa un ~ húmedo para limpiar la mesa.* Wipe the table with a damp cloth. **2 trapos** (*ropa*) clothes: *Llevan todo el día probándose ~s.* They've spent all day trying on clothes.

LOC **acabar/estar/quedar como un trapo/hecho un trapo** to be knackered: *He estado pintando la cocina y he acabado hecha un ~.* I've been painting the kitchen and I'm knackered. **a todo trapo** at full speed **dejar a algn como un trapo/hecho un trapo 1** (*persona, palabras*) to make sb feel really small: *Sus palabras me dejaron hecha un ~.* What he said made me feel really small. **2** (*hecho, situación*) to take it out of sb: *El accidente lo ha dejado hecho un ~.* The accident has really taken it out of him. ◊ *La noticia la dejó como un ~.* The news turned her into an emotional wreck. **ir algn como un trapo/hecho un trapo** to look a mess: *Siempre va hecho un ~.* He always looks a mess. **poner a algn como un trapo/hecho un trapo** to lay into sb: *Mi padre me puso como un ~ por llegar tarde.* My father laid into me for getting home late. **sacar (a relucir) los trapos sucios** to wash your dirty linen in public: *Siempre sacan a relucir los ~s sucios de la familia.* They're always washing their dirty linen in public. **trapo del polvo** duster **trapo viejo** old rag *Ver tb* COCINA, LENGUA, MANO

tráquea *nf* trachea [*pl* tracheas/tracheae] (*científ*), windpipe

traquetear *vi* (*vehículo*) to jolt

traqueteo *nm* (*vehículo*) **1** (*movimiento*) jolting **2** (*ruido*) clatter: *El ~ de la carreta se oía desde la granja.* We could hear the clatter of the cart from the farmhouse.

tras *prep* **1** (*después de*) after: *día tras día* day after day ◊ *Les contó un cuento tras otro.* He told them one story after another. ◊ *Tras el estreno, celebramos el éxito con champán.* After the première, we celebrated with champagne. **2** (*detrás de*) behind: *La puerta se cerró tras ella.* The door closed behind her. ◊ *El gato se escondió tras el sillón.* The cat hid behind the chair. **3** (*más allá de*) beyond: *Tras las montañas está el mar.* Beyond the mountains is the sea.

LOC **andar/estar/ir tras algo/algn** to be after sth/sb

trascendencia *nf* (*importancia*) importance: *Has tomado una decisión de gran ~.* You've taken a very important decision.

trascendental (*tb* **trascendente**) *adj* **1** (*decisivo*) very important: *La opinión del público es ~ en este asunto.* Public opinion is extremely important here. ◊ *una cuestión/misión ~* a very important matter/mission **2** (*Fil*) transcendental

trascender *vi* **~ (a) 1** (*salir a la luz*) to become known (**to** *sb*): *Los términos del acuerdo no han trascendido.* The terms of the agreement are not yet known. ◊ *El asunto ha trascendido a la prensa.* The press have got hold of the story. **2** (*propagarse*) to affect *sth* [*vt*]: *Las nuevas medidas trascendieron a otros departamentos.* The new measures affected other departments.

■ **trascender** *vt* (*rebasar*) to go beyond *sth*: *El proyecto trasciende los límites de nuestras posibilidades.* This project goes beyond our capabilities. ◊ *Esto trasciende los límites de lo verosímil.* This goes beyond the bounds of credibility.

trasero, -a *adj* back, rear (*más formal*): *Los niños deben viajar en el asiento ~.* Children should travel in the back seat. ◊ *Abandonó el edificio por la puerta trasera.* He left the building by the rear door.

■ **trasero** *nm* bottom, backside (*coloq*): *Me duele el ~ de andar en bici.* My bottom hurts from riding my bike. ◊ *¡Haz el favor de levantar el ~ y ponerte a trabajar!* Get up off your backside and start working! LOC *Ver* CUARTO *adj*, LUZ

trasfondo *nm* **1** (*fondo*) background: *el ~ social/ideológico de la guerra* the social/ideological background to the war **2** (*intención*) undertone: *Sus libros muestran un ~ cómico.* His books have a comic undertone.

trashumante *adj* on the move to new pastures: *ganado ~* cattle on the move to new pastures

trasiego *nm*: *En esta fábrica siempre hay un gran ~ de mercancías.* Merchandise is always being moved around in this factory. ◊ *Con tanto ~ se me ha olvidado pagar a los músicos.* With all the rushing about I forgot to pay the musicians.

traslación *nf*: *la ~ de los astros* the movement of the stars in their orbits

trasladar *vt* **1** (*gen*) to move: *Trasladaron todas mis cosas al otro despacho.* They moved all my things to the other office. ◊ *Trasladaron la fecha de inauguración al mes de marzo.* The opening date was moved to March. **2** (*destinar*) to transfer: *Lo han trasladado al servicio de información.* He's been transferred to the intelligence service. ◊ *~ a un preso a una prisión de alta seguridad* to transfer a prisoner to a maximum security prison **3** (*expresar*): *El director trasladó su satisfacción a los empleados.* The director expressed his satisfaction to the employees. ◊ *Trasladamos la enhorabuena a la nueva mamá.* We congratulated the new mother. ◊ *~ una queja a un superior* to complain to a superior

■ **trasladarse** *v pron* to move: *Nos trasladamos al número tres.* We moved to number three. ◊ *~se a otro departamento* to move to another department

traslado *nm* **1** (*mudanza, desplazamiento*) move: *Mañana empezaremos el ~ de materiales.* We'll start moving the equipment tomorrow. **2** (*cambio*) transfer: *Han confirmado su ~ al departamento de medio ambiente.* His transfer to the Department of the Environment has been confirmed.

LOC **traslado de expediente** transfer: *He solicitado el ~ de expediente a la Universidad de Murcia.* I've requested a transfer to the University of Murcia.

traslúcido, -a *adj* translucent: *una pantalla de cristal ~* a translucent glass screen

traslucir *vt* to reveal: *Sus palabras traslucían cierta ansiedad.* His words revealed a certain anxiety.

■ **traslucirse** *v pron*: *Una profunda amargura se traslucía en su mirada.* Her face revealed great bitterness. LOC **dejar traslucir** to reveal *sth*: *El informe deja ~ la verdad.* The report reveals the truth.

trasluz *nm*

LOC **al trasluz** against the light: *mirar los negativos al ~* to look at the negatives against the light

trasnochado, -a *pp, adj* outdated: *Tiene unas ideas de lo más trasnochadas.* He has some very outdated ideas. *Ver tb* TRASNOCHAR

trasnochador, ~a *adj* fond of staying up late: *No soy nada ~.* I don't like staying up late.

■ **trasnochador, ~a** *nm-nf* night-owl: *Es un ~ de cuidado.* He's a real night-owl.

trasnochar *vi* to stay up late: *¿Cómo puedes ~ tanto?* How can you stay up so late?

traspapelarse *v pron* to be mislaid: *Se nos ha traspapelado un documento importantísimo.* A very important document has been mislaid. ◊ *Con el lío que tienes en la mesa, se te van a ~ las facturas.* Your desk is in such a mess I wouldn't be surprised if the invoices got mislaid.

traspasar *vt* **1** (*atravesar*) to go **through** ***sth*** [*vi*]: *La bala le traspasó el hígado.* The bullet went through his liver. ◊ *~ la barrera del sonido* to go through the sound barrier **2** (*líquido*) to soak **through** ***sth*** [*vi*]: *El vino ha traspasado el mantel.* The wine has soaked through the tablecloth. **3** (*límites*) to go beyond *sth*: *~ los límites de lo verosímil* to go beyond the bounds of credibility **4** (*Dep*) to transfer *sb* (***to sth***): *Han traspasado a tres jugadores del Celta.* Three Celta players have been transferred. ◊ *~ a un jugador a un equipo rival* to transfer a player to a rival team **5** (*negocio*) to sell: *Van a ~ la peluquería.* They're going to sell the hairdressing business. **6** (*local*) to let
LOC **se traspasa 1** (*negocio*) for sale **2** (*local*) to let

traspaso *nm* **1** (*Com*) **(a)** (*negocio*) sale: *Han llegado a un acuerdo para el ~ del bar.* They've agreed on the sale of the bar. **(b)** (*local*) transfer of the lease: *El ~ de la tienda se llevó a cabo en agosto pasado.* The lease of the shop was transferred last August. ◊ *Han pagado 20 millones por el ~.* They paid 20 million pesetas for the lease. **2** (*Dep*) **(a)** (*acción*) transfer **(b)** (*cantidad*) transfer fee: *aceptar un ~ de 30 millones* to accept a 30 million pesetas transfer fee

traspié *nm*
LOC **dar un traspié** (*tropezón*) to trip: *Di un ~ al subir las escaleras.* I tripped as I was going up the stairs. **dar/tener un traspié** (*error*) to slip up: *Tuve un ~ en la segunda pregunta.* I slipped up on the second question.

trasplantar *vt* to transplant: *~ tomates* to transplant tomatoes ◊ *Le van a ~ un riñón.* He's going to have a kidney transplant.

trasplante *nm* transplant: *Necesita un ~ de córnea.* He needs a corneal transplant. ◊ *un ~ de corazón/hígado* a heart/liver transplant

trasquilar *vt* (*ovejas*) to shear

trastada *nf*
LOC **hacer trastadas/una trastada**: *Ese niño no deja de hacer ~s.* That boy is always up to mischief. ◊ *¡Deja de hacer ~s de una vez!* Stop being so naughty! ◊ *Están castigados porque han hecho una ~.* They're being punished because they've been naughty.

trastazo *nm*
LOC **darse/pegarse un trastazo (con/contra algo) 1** (*gen*) to bang (into sth): *Me he pegado un ~ con la puerta.* I banged into the door. **2** (*en coche*) to crash (into sth): *El coche se dio un ~ contra el árbol.* The car crashed into the tree.

traste *nm* (*Mús*) fret
LOC **dar al traste con algo** to ruin sth: *La nueva dirección ha dado al ~ con el negocio.* The new management has ruined the business. ◊ *La lesión dio al ~ con sus esperanzas de ser bailarina.* The injury ruined her hopes of being a dancer. **irse (algo) al traste** to fall through: *El plan/acuerdo se fue al ~.* The plan/agreement fell through. ◊ *La compañía se ha ido al ~.* The company has failed.

trastero *nm* boxroom
■ **trastero** *adj* **LOC** *Ver* CUARTO *nm*

trastienda *nf* back room

trasto *nm* **1** (*cosa inútil*) junk [*incontable*]: *Tienes la habitación llena de ~s.* Your room is full of junk. ◊ *Tira ese sillón, que está hecho un ~ viejo.* Throw out that chair, it's a piece of old junk. **2** (*niño*) little devil: *Esos niños son unos ~s.* Those children are little devils. **3** **trastos** things: *Saca los ~s del salón.* Take your things out of the sitting room.
LOC **coger/liar los trastos** to pack up your belongings: *Liaron los ~s y desaparecieron.* They packed up their belongings and disappeared. **tirarse los trastos a la cabeza** to fight: *Siempre que los veo se están tirando los ~s a la cabeza.* Whenever I see them, they're fighting. ◊ *No llegaron a tirarse los ~s a la cabeza.* They didn't get as far as throwing the china at each other.

trastocar *vt* **1** (*desordenar*) to mess *sth* up: *Ese hecho ha trastocado la marcha de las negociaciones.* It has messed up the negotiations. ◊ *La mudanza ha trastocado los archivos.* The move has messed up the records. **2** (*cambiar*) to change: *La ausencia del director trastocó la agenda del día.* The director's absence meant a change of agenda. ◊ *La policía trastocó la declaración del detenido.* The police altered the detainee's statement.

trastornado, -a *pp, adj* **1** (*confuso*) upset: *Ten paciencia, ya sabes que está un poco ~ por lo de su hermana.* Be patient, you know he's upset about what happened to his sister. **2** (*loco*) deranged: *No sabe lo que dice, está totalmente ~.* He doesn't know what he's saying, he's completely deranged. ◊ *un niño profundamente ~* a profoundly disturbed child *Ver tb* TRASTORNAR

trastornar *vt* **1** (*gen*) to upset: *El divorcio lo ha trastornado.* He's been very upset since the divorce. ◊ *La huelga ha trastornado todos mis planes.* The strike has upset all my plans. **2** (*volver loco*) to drive *sb* out of their mind: *Tanto sufrimiento acabó por ~la.* All the suffering drove her out of her mind. ◊ *Las novelas de caballerías trastornaron a Don Quijote.* Reading novels of chivalry drove Don Quixote mad. **3** (*enamorar*) to drive *sb* crazy: *Esa mujer lo ha trastornado.* That woman has driven him crazy.
■ **trastornarse** *v pron* (*persona*) to go crazy: *Julia se está trastornando con tanto trabajo.* Julia's going crazy with so much work to do.

trastorno *nm* **1** (*molestia*) inconvenience [*incontable*]: *La compañía les indemnizará por los ~s sufridos.* The company will compensate them for any inconvenience. ◊ *causar un ~ a algn* to inconvenience sb ◊ *La huelga ha causado serios ~s en los vuelos internacionales.* The strike has seriously disrupted international flights. **2** (*Med*) disorder: *un ~ gástrico* a gastric disorder ◊ *Sufre ~s mentales.* He is suffering from a mental disorder. ◊ *diversos ~s físicos y mentales* various physical and mental disorders

trata *nf* trade: *la ~ de esclavos* the slave trade
LOC **trata de blancas** white slave trade

tratable *adj* (*persona*) easy to get on with: *Es muy poco ~.* He's not very easy to get on with.

tratado *nm* **1** (*Pol*) treaty: *Todos estos puntos constan en el ~.* All these points appear in the treaty. **2** (*libro*) treatise: *un ~ de medicina* a medical treatise **LOC** *Ver* ORGANIZACIÓN

tratamiento *nm* **1** (*gen*) treatment: *un ~ contra la celulitis* treatment for cellulite ◊ *Cada vez tenía más jaquecas, así es que me pusieron en ~.* My migraine got so bad I had to have treatment for it. ◊ *aplicar un ~ a un paciente* to give a patient a course of treatment ◊ *Tu ~ del asunto ha sido muy acertado.* Your treatment of the subject was very sound. **2** (*título*) form of address: *No me acostumbro al ~ de "don".* I can't get used to being addressed as 'don'. **3** (*Informát*) processing: *~ de gráficos/datos* graphics/data processing **LOC** *Ver* SOMETER, TEXTO

tratar *vt* **1** (*gen*) to treat: *Nos gusta que nos traten bien.* We like people to treat us well. ◊ *Trata el ordenador como si fuera tuyo.* Treat this computer as if it were your own. ◊ *Me trata con demasiada libertad.* He is too familiar with me. ◊ *~ un cáncer de mama* to treat breast cancer ◊ *El médico que me está tratando el reúma.* The doctor who is treating me for rheumatism ◊ *En esta compañía tratan el agua para hacerla potable.* This company treats water to make it safe for drinking. **2** (*relacionarse*) to see: *Ya no los tratamos tanto como antes.* We don't see them as often as we used to. ◊ *¿Todavía tratas a aquellos músicos que conociste en Madrid?* Do you still see those musicians you met in Madrid? ◊ *Hace 20 años que tratamos a esa familia.* We've known the family for 20 years. **3** (*llamar*) to address *sb* **as** ***sth***, to call *sb sth* (*más coloq*): *¿Cómo debemos ~ al nuevo gerente?* How do we address the new manager? ◊ *No estoy segura de cómo ~ a mi suegra.* I'm not sure what to call my mother-in-law. **4** (*discutir*) to deal with *sth*: *Trataremos estas cuestiones mañana.* We'll deal with these matters tomorrow. ◊ *~ un* *acuerdo de cooperación* to discuss a cooperation agreement **5** (*Informát*) to process

■ **tratar** *vi* **1 ~ de/sobre** (*gen*) to be **about *sth***: *La película trata sobre el mundo del espectáculo.* The film is about show business. **2 ~ con (a)** (*gen*) to deal **with *sth*/*sb***: *En biología tratamos con toda clase de plantas y animales.* In biology we deal with all kinds of plants and animals. ◊ *En mi trabajo trato con pintores y escultores.* In my job I deal with painters and sculptors. ◊ *No trato con ese tipo de gente.* I don't have any dealings with people like that. **(b)** (*Com*) to deal **in *sth***: *Tratan con productos textiles/petróleo.* They deal in textiles/oil. **3 ~ de** (*intentar*) to try ***to do sth***: *Estamos tratando de descansar.* We're trying to rest. ◊ *Trata de llegar a tiempo.* Try to/and get there on time. ☛ *Ver nota en* TRY

■ **tratarse** *v pron* **1 tratarse (de)** (*cuidarse*) to have treatment (**for *sth***): *Se está tratando de una alergia.* He's having treatment for an allergy. ◊ *Me estoy tratando las anginas con antibióticos.* I'm taking antibiotics for my tonsilitis. ◊ *Esa herida está cada vez peor. Deberías tratártela.* That cut isn't getting any better. You ought to do something about it. **2** (*hablarse*) to speak to each other: *Desde que tuvieron aquella discusión no han vuelto a ~se.* Ever since they had that argument they haven't spoken to each other. **3 tratarse de** to be **about *sth*/*sb*/*doing sth***: *Se trata de tu hermano/del negocio.* It's about your brother/the business. ◊ *Se trata de aprender, no de aprobar.* It's about learning, not just passing.

LOC tratándose de usted, él, etc as it's you, him, etc: *Tratándose de ti, haremos una excepción.* As it's you, we'll make an exception. **tratar a coces, patadas, etc** to treat *sb* very badly **tratar como a una reina/divinamente** to treat *sb* like royalty **tratar como a un perro, trapo, zapato, etc** to treat *sb* like dirt: *Trata a su secretaria como a un trapo.* He treats his secretary like dirt. **tratar de ladrón, sinvergüenza, etc** to call *sb* a thief, rogue, etc: *Los periódicos lo tratan de mentiroso.* The papers are calling him a liar. **tratar de tú a tú** to treat *sb* as an equal: *Debes ~la de tú a tú.* Treat her as an equal. ◊ *La entrevistadora trata a los políticos de tú a tú.* The interviewer treats politicians as equals. **tratar de tú/usted 1** (*hablando español*) to call *sb* 'tú'/'usted': *Siempre se han tratado de usted.* They've always call each other 'usted'. **2** (*hablando inglés*) to be on familiar/formal terms with *sb* **tratar sin contemplaciones/miramientos** not to stand on ceremony with *sb*

trato *nm* **1** (*gen*) treatment: *el mismo ~ para todos* the same treatment for everyone ◊ *El ~ fue muy bueno.* They treated us very well. **2** (*relación*) relations [*v pl*]: *Debemos mejorar nuestro ~ con los vecinos.* We must improve our relations with the neighbours. ◊ *Nuestro ~ no es muy bueno.* We don't get on very well. **3** (*acuerdo*) deal: *hacer/cerrar un ~* to make/close a deal ◊ *un ~ justo* a fair deal

LOC dar buen/mal trato a algn to treat sb well/badly: *Le dan muy mal ~ a la pobre mujer.* The poor woman is very badly treated. **hacer/tener tratos con algn** to have dealings with sb: *No volveré a hacer ~s con su empresa.* I won't have any more dealings with their firm. **malos tratos** ill-treatment [*incontable*]: *Sufrió malos ~s en la cárcel.* He was subjected to ill-treatment in prison. **no querer tratos con algn** not to want anything to do with sb: *¡Te he dicho que no quiero más ~s contigo!* I've told you I don't want any more to do with you! **ser de trato agradable/desagradable** to have a pleasant/unpleasant manner: *Es una mujer de ~ muy agradable.* She has a pleasant manner. **ser de trato fácil/difícil** to be easy/hard to get on with **tener algn buen/mal trato** to be easy/hard to get on with **tener/no tener trato con algn** to see/not to see sb: *No tengo demasiado ~ con la familia de mi marido.* I don't see much of my husband's family. **trato de favor/preferente** preferential treatment **trato discriminatorio** discrimination: *Fue objeto de un ~ discriminatorio.* She suffered discrimination. (**trato**) **hecho** it's a deal! *Ver tb* DESIGUALDAD, ROMPER, SUFRIR

trauma *nm* trauma: *~s de la infancia* childhood traumas ◊ *La muerte de su hijo le ha causado un verdadero ~.* Her son's death has traumatized her.

traumático, -a *adj* traumatic

traumatismo *nm* injury: *~ craneal* head injury

traumatizante *adj* traumatic: *una experiencia ~* a traumatic experience

traumatizar *vt* to traumatize: *Esas imágenes me traumatizan.* I feel traumatized by those images.

■ **traumatizarse** *v pron* to get in a state: *Se está traumatizando con los estudios.* He's getting in a state about his work.

traumatología *nf* **1** (*especialidad*) orthopaedics [*v sing*] **2** (*departamento*) orthopaedics department

traumatólogo, -a *nm-nf* orthopaedic surgeon

través

LOC a través de through: *Consiguió el trabajo a ~ de sus padres.* He got the job through his parents. ◊ *Corría a ~ del bosque.* He was running through the wood. ◊ *Huyeron a ~ del parque/de los campos.* They ran across the park/fields. *Ver tb* CAMPO

travesaño *nm* **1** (*viga*) cross-beam **2** (*escalera de mano*) rung **3** (*ventana, puerta*) transom **4** (*Dep*) crossbar

travesía *nf* **1** (*viaje*) crossing: *Fue una ~ muy tranquila.* The crossing was very calm. **2** (*calle*) side street

travesti (*tb* **travestí**) *nmf* transvestite

travesura *nf* prank: *No te enfades, no son más que ~s de niños.* Don't be angry, they're only childish pranks.

LOC hacer travesuras to play pranks

travieso, -a *adj* naughty: *¡Qué ~ eres!* You're so naughty!

trayecto *nm* **1** (*viaje*) journey: *Hemos recorrido la mayor parte del ~.* We've done most of the journey. ◊ *Es un ~ bastante pesado.* It's a horrible journey. **2** (*ruta*) route: *Es un ~ muy pintoresco.* It's a very pretty route. ◊ *Este tren hace el ~ Madrid-Barcelona.* This train runs on the Madrid-Barcelona route.

trayectoria *nf* **1** (*gen*) trajectory: *la ~ de un proyectil/cohete* the trajectory of a missile/rocket **2** (*avión*) flight path: *El avión cambió de ~.* The plane's flight path was changed. **3** (*evolución*): *la ~ hacia el éxito* the road to success ◊ *No me gusta la ~ que está tomando tu carrera.* I don't like the direction your career is taking.

traza *nf* (*aspecto*): *¡Vaya ~s que llevas!* You look terrible! ◊ *un tipo con malas ~s* a rough-looking type

LOC darse trazas para algo to be good at sth: *Se da buenas ~s para la cocina.* He's a good cook. **llevar/tener (algo) trazas de...** to look as if...: *La reunión lleva ~s de no solucionar nada.* It looks as if the meeting won't solve anything. ◊ *Tiene ~s de nevar.* It looks like snow. **tener (algn) trazas de** to have a talent for *sth*: *El chaval tiene ~s de gimnasta.* The boy has a talent for gymnastics.

trazado *nm* **1** (*línea, plano*) drawing **2** (*carretera*) route **3** (*ciudad*) layout

trazar *vt* **1** (*línea, plano*) to draw **2** (*ruta*) to plot **3** (*plan, proyecto*) to devise (*formal*), to draw *sth* up: *~ un plan de distribución de gas natural* to draw up a plan for distributing natural gas

trazo *nm* (*pincelada*) brush stroke: *~s enérgicos y expresivos* vigorous and expressive brush strokes

trébol *nm* **1** (*Bot*) clover **2 tréboles** (*Naipes*) clubs: *el as de ~es* the ace of clubs ☛ *Ver nota en* BARAJA ☛ *Ver ilustración en* CARTA

trece *nm, adj, pron* **1** (*gen*) thirteen **2** (*fecha, decimotercero*) thirteenth **3** (*en títulos*) the Thirteenth ☛ *Ver ejemplos en* DIECISÉIS

LOC estar/mantenerse/seguir en tus trece to stand your ground: *Discutimos durante horas, pero ella seguía en sus ~.* We argued for hours, but she stood her ground. ◊ *Le he pedido que no vaya, pero él sigue en sus ~.* I've asked him not to go, but he's quite determined. *Ver tb* MARTES

treceavo, -a (*tb* **trezavo, -a**) *adj* ☛ *Ver ejemplos en* DIECISEISAVO
■ **treceavo** *nm* thirteenth

trecho *nm* stretch: *un ~ peligroso* a dangerous stretch of road
LOC **haber/quedar un trecho**: *De aquí a la escuela hay un buen ~.* It's a fair way from here to the school. ◊ *Todavía nos queda un ~ para llegar.* There's a fair way to go yet. *Ver tb* DICHO

tregua *nf* truce: *romper una ~* to break a truce
LOC **no dar tregua** not to give *sb* a moment's peace: *Los niños no nos dieron ~.* The children didn't give us a moment's peace. ◊ *Este dolor de espalda no me da ~.* My backache never lets up. **sin tregua** relentlessly: *La prensa lo persigue sin ~.* The press are pursuing him relentlessly.

treinta *nm, adj, pron* **1** (*gen*) thirty **2** (*trigésimo*) thirtieth ☛ *Ver ejemplos en* SESENTA

treintavo, -a *adj* ☛ *Ver ejemplos en* DIECISEISAVO
■ **treintavo** *nm* thirtieth

treintena *nf*: *una ~ de lápices* thirty pencils

tremebundo, -a *adj* terrible: *un ruido/dolor ~* a terrible noise/pain

tremendo, -a *adj* **1** (*gen*) terrible: *un disgusto/dolor ~* a terrible blow/pain ◊ *Tengo un problema ~.* I have a terrible problem. ◊ *Has cometido un ~ error.* You've made a terrible mistake. ◊ *Eres tremenda, siempre quejándote.* You're terrible, always complaining like that. **2** (*positivo*) tremendous: *Esa noticia me produce una tremenda satisfacción.* That piece of news gives me tremendous pleasure. ◊ *La obra tuvo un éxito ~.* The play was a tremendous success. ◊ *El niño tiene una fuerza tremenda.* That child is tremendously strong.
LOC **tomarse algo/las cosas a la tremenda** to take sth/things too seriously

trementina *nf* turpentine

trémulo, -a *adj* **1** (*luz*) flickering **2** (*voz*) trembling

tren *nm* train: *coger/perder el ~* to catch/miss the train ◊ *Fui a Londres en ~.* I went to London by train. ◊ *un ~ de pasajeros* a passenger train ◊ *un ~ de vía estrecha* a narrow gauge train
LOC **a todo tren 1** (*con todo lujo*) in style: *Viven a todo ~.* They live in style. **2** (*muy rápido*) flat out: *Estamos trabajando a todo ~ para acabar el proyecto.* We're working flat out to get the project finished. **estar como un tren 1** (*mujer*) to be a real stunner: *Está como un ~.* She's a real stunner. **2** (*hombre*) to be a hunk **perder el tren** (*fig*) to miss the boat **tren correo/de mercancías** mail/goods train **Tren de Alta Velocidad (TAV)** ≃ high-speed train (*GB*) **tren de aterrizaje** undercarriage: *bajar el ~ de aterrizaje* to lower the undercarriage **tren de cercanías** local train **tren de largo recorrido** long-distance train **tren de lavado** car wash **tren de vida** lifestyle: *Con el ~ de vida que llevan, se van a arruinar en un año.* With their lifestyle, they'll be ruined in a year. **tren expreso** express train **tren directo** through train: *el ~ directo para Barcelona* the through train to Barcelona *Ver tb* PARAR

trenca *nf* duffle coat

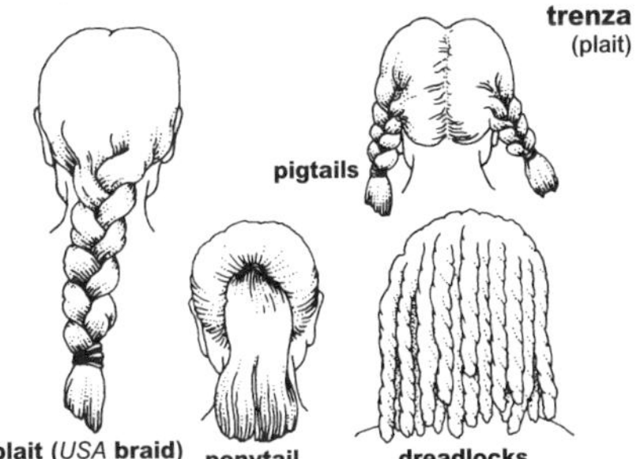

trenza *nf* **1** (*pelo*) plait: *Hazte una ~.* Do your hair in a plait. **2** (*adorno*) braid
LOC **trenza compuesta/de raíz/pegada** French plait

trenzado *nm* plaiting

trenzar *vt* to plait

trepa *nmf* social climber

trepador, ~a *adj* climbing: *una planta trepadora* a climbing plant

trepar *vt, vi* to climb (up): *~ a un árbol* to climb (up) a tree ◊ *Había hormigas trepando por la pared.* Ants were crawling up the wall.

trepidante *adj* fast: *Esa película tiene una acción ~.* The action of the film is fast and furious. ◊ *Los cambios se suceden a un ritmo ~.* It's a time of very rapid change.

tres *nm, adj, pron* **1** (*gen*) three **2** (*fecha, tercero*) third (*abrev* 3rd) ☛ *Ver ejemplos en* SEIS
LOC **de tres al cuarto** second-rate: *un abogado de ~ al cuarto* a second-rate lawyer **ni a la de tres** for the life of me, him, etc: *No me salen las cuentas ni a la de ~.* I can't for the life of me get my sums to work out. **no ver tres en un burro** to be as blind as a bat **tres cuartos de lo mismo** exactly the same: *Tu hermano es un vago, y tú, ~ cuartos de lo mismo.* Your brother is lazy and you're just the same. **tres en raya** noughts and crosses [*v sing*] *Ver tb* BUSCAR, CADA, CHAQUETÓN, COCHE, DONDE, DOS, REGLA, SOMBRERO

trescientos, -as *adj, pron* (*tb* **trescientos** *nm*) three hundred ☛ *Ver ejemplos en* SEISCIENTOS

tresillo *nm* **1** (*mueble*) **(a)** (*sofá para tres personas*) three-seater sofa: *Nos hemos comprado un ~ de cuero.* We've bought a three-seater leather sofa. **(b)** (*sofá y dos sillones*) three-piece suite **2** (*Mús*) triplet

treta *nf* trick: *Se valió de una ~ para que le dejaran salir.* He tricked his parents into letting him go out.

triangular *adj* triangular

triángulo *nm* triangle: *tocar el ~* to play the triangle ◊ *~ equilátero/escaleno/isósceles* equilateral/scalene/isosceles triangle ◊ *Dibuja un ~ rectángulo.* Draw a right-angled triangle. ☛ *Ver ilustración en* TRIANGLE
LOC **triángulo amoroso** eternal triangle

tribal *adj* tribal

tribu *nf* tribe

tribulación *nf* **tribulaciones** tribulations

tribuna *nf* **1** (*gen*) stand: *Tenemos entradas de ~ para el partido del domingo.* We've got stand tickets for Sunday's match. ◊ *Han montado una ~ para que la gente pueda ver los toros.* They've put up a stand for people to watch the bullfight. ☛ *Ver ilustración en* FÚTBOL **2** (*carreras de caballos, atletismo*) grandstand
LOC **tribuna de autoridades/honor** VIP box **tribuna (de oradores)** rostrum [*pl* rostrums/rostra]: *El catedrático se dirigió a los asistentes desde la ~.* The professor spoke from the rostrum. **tribuna de prensa** press box

tribunal *nm* **1** (*gen*) court: *El ~ ha fallado a mi favor.* The court has found in my favour. ◊ *~ disciplinario* disciplinary tribunal **2** (*en un examen*) examining board: *Me ha tocado un ~ muy estricto.* The examiners were very strict.
LOC **acudir/ir a los tribunales** to go to court **llevar a los tribunales** to take *sth/sb* to court: *Voy a llevar el caso a los ~es.* I'm going to take the case to court. **Tribunal Constitucional** constitutional court **tribunal de apelación** Court of Appeal **Tribunal de Cuentas** ≃ National Audit Office (*GB*) **tribunal militar** court martial [*pl* courts martial] **Tribunal Supremo** ≃ High Court (*GB*) **tribunal tutelar de menores** juvenile court *Ver tb* COMPARECER, DESACATO

tributación *nf* (*sistema*) taxation: *~ directa/indirecta* direct/indirect taxation

tributar *vt* to give: *El público le tributó una gran ovación.* The audience gave him a standing ovation.
■ **tributar** *vi* to pay taxes

tributario, -a *adj* tax [*n atrib*]: *control/sistema ~* tax control/system LOC *Ver* EVASIÓN

tributo *nm* (*homenaje*) tribute: *Rindieron ~ a los soldados que lucharon en la guerra civil.* They paid tribute to those who fought in the Civil War.
tríceps *nm* triceps [*pl* triceps]
triciclo *nm* tricycle, trike (*coloq*)
tricolor *adj* tricolour **LOC** *Ver* BANDERA
tricornio *nm* tricorn hat, three-cornered hat (*coloq*)
tricotar *vt, vi* to knit
tridente *nm* trident
tridimensional *adj* three-dimensional (*abrev* 3-D)
trienal *adj* **1** (*que dura tres años*) three-year: *un plan ~ de regadío* a three-year irrigation plan **2** (*que sucede cada tres años*) triennial: *un festival ~* a triennial festival
trienio *nm* **1** (*gen*) three years [*v pl*]: *El último ~ ha sido muy productivo.* The last three years have been very productive. **2** (*trabajo*) three-yearly salary increase
trifulca *nf* row: *¡Vaya ~ se ha montado!* What a row!
trigal *nm* wheat field
trigésimo, -a *adj, nm-nf, pron* (*tb* **trigésimo** *nm*) thirtieth ☛ *Ver ejemplos en* SEXAGÉSIMO
trigo *nm* wheat
LOC no ser (algn) trigo limpio to be a shady character *Ver tb* GERMEN
trigonometría *nf* trigonometry
trigueño, -a *adj* (*pelo*) corn-coloured
triguero *adj* **LOC** *Ver* ESPÁRRAGO
trilingüe *adj* trilingual
trilla *nf* threshing
trillado, -a *pp, adj* **1** (*tema*) hackneyed: *un asunto ~* a hackneyed topic ◊ *La historia la tengo trillada, pero en francés no me entero.* I know my history inside out, but I haven't got a clue about French. **2** (*camino*) well-trodden *Ver tb* TRILLAR **LOC** *Ver* CAMINO
trilladora *nf* threshing machine
trillar *vt* to thresh
■ **trillar(se)** *vt, v pron* (*tema*) to go over and over: *~se unos apuntes/una asignatura* to go over and over your notes/a subject
trillizo, -a *nm-nf* triplet
trillón *nm* million million million ☛ *Ver nota en* BILLION
trilogía *nf* trilogy
trimestral *adj* quarterly: *revistas/facturas ~es* quarterly reviews/bills **LOC** *Ver* EXAMEN
trimestre *nm* **1** (*tres meses*) quarter, three months [*v pl*] (*más coloq*): *Pago por ~s.* I pay quarterly/every three months. **2** (*Educ*) term
trinar *vi* (*pájaro*) to sing
LOC estar algn que trina to be hopping mad: *No se lo digas ahora, pues está que trina.* Don't tell him now–he's hopping mad.
trincar *vt* (*pillar*) to pick *sb* up: *La policía lo trincó en el Metro.* The police picked him up in the underground.
trincarse *v pron* (*beberse*) to polish *sth* off: *Se trincaron una botella de ginebra.* They polished off a bottle of gin.
trinchar *vt* to carve **LOC** *Ver* CUCHILLO
trinchera *nf* **1** (*Mil*) trench **2** (*gabardina*) trench coat **LOC** *Ver* GUERRA
trineo *nm* **1** (*gen*) sledge **2** (*de caballos*) sleigh: *Papá Noel viaja siempre en ~.* Father Christmas always travels by sleigh.
trinidad *nf* trinity **LOC** *Ver* SANTÍSIMO
Trinidad y Tobago *nm* Trinidad and Tobago
trino *nm* trill
trío *nm* trio [*pl* trios]
tripa *nf* **1** (*intestino*) gut: *la parte inferior de la ~* the lower gut **2** (*vientre*) tummy, stomach (*más formal*) **3** (*barriga*) belly **4** (*embarazo*): *Ya se le notaba la ~.* She was starting to show. **5 tripas** (*Cocina, fig*) innards: *Le miró las ~s al coche.* He looked at the car's innards.
LOC echar las tripas (*vomitar*) to throw up **hacer de tripas corazón** to pluck up your courage **me rugen/suenan las tripas** my, your, etc stomach's rumbling **¿qué tripa se te ha roto?** what are you after?: *Me pregunto qué ~ se le habrá roto ahora.* I wonder what he's after now. **sacar las tripas 1** (*animal*) to gut *sth* **2** (*maquinaria*) to take *sth* to bits: *El técnico le sacó las ~s a la tele.* The electrician took the TV to bits. *Ver tb* DOLOR, REVOLVER
triple *adj* triple: *~ salto* triple jump
■ **triple** *nm* **1** (*tres veces*) three times: *Nueve es el ~ de tres.* Nine is three times three. ◊ *Este es el ~ de grande que el otro.* This one's three times bigger than the other one. ◊ *Gana el ~ que yo.* He earns three times as much as me. **2** (*Baloncesto*) three pointer
triplicado, -a *pp, adj Ver* TRIPLICAR(SE)
LOC por triplicado in triplicate
triplicar(se) *vt, v pron* to treble: *En dos años hemos triplicado los beneficios.* In two years we've trebled our profits. ◊ *Las ventas se han triplicado.* Sales have trebled.
trípode *nm* tripod
tríptico *nm* triptych
triptongo *nm* triphthong
tripudo, -a (*tb* **tripón, -ona**) *adj* pot-bellied
tripulación *nf* crew [*v sing o pl*]
tripulante *nmf* crew member: *un nuevo ~* a new crew member ◊ *los ~s del pesquero* the crew of the fishing boat
tripular *vt* **1** (*barco*) to sail **2** (*avión*) to fly **3** (*dotar de tripulación*) to man
triquiñuela *nf* dodge: *valerse de ~s para conseguir algo* to use dodges to get sth
tris *nm*
LOC en un tris within a hair's breadth *of doing sth*: *Estuve en un ~ de comprarlo.* I was within a hair's breadth of buying it.
trisilábico, -a (*tb* **trisílabo, -a**) *adj* trisyllabic
triste *adj* **1** (*gen*) sad: *estar/sentirse ~* to be/feel sad ◊ *la ~ noticia/verdad* the sad news/truth ◊ *en los momentos ~s* in times of sadness **2** (*deprimente, deprimido*) gloomy: *Es una persona ~ por naturaleza.* He's a naturally gloomy person. ◊ *un paisaje/una habitación ~* a gloomy landscape/room **3** (*color, ropa*) drab **4** (*miserable*) miserable: *por unas ~s pesetas* for a few miserable pesetas **5** (*pobre*) poor: *En veinte años no pasó de ser un ~ peón.* He was a poor labourer for twenty years.
tristeza *nf* **1** (*gen*) sadness **2** (*melancolía*) gloominess: *¡Qué ~ de casa!* What a gloomy house!
LOC dar/producir tristeza to make *sb* sad *Ver tb* SUMIR
tritón *nm* (*Zool*) newt
trituración *nf* crushing: *Estas máquinas se emplean para la ~ de la fruta.* These machines are used to crush the fruit.
trituradora *nf*
LOC trituradora de basura waste disposal unit **trituradora de papel** shredder
triturar *vt* **1** (*carne*) to mince **2** (*cosas duras*) to crush **3** (*papel*) to shred
triunfador, ~a *adj* winning: *la película triunfadora* the winning film
■ **triunfador, ~a** *nm-nf* winner: *Es una triunfadora nata.* She's a born winner.
LOC salir triunfador to emerge triumphant
triunfal *adj* **1** (*arco, entrada*) triumphal **2** (*gesto, regreso*) triumphant: *con aire ~* triumphantly
triunfalismo *nm* gloating: *sin ~s* without gloating ◊ *No conviene andarse con demasiados ~s.* We shouldn't gloat.
triunfalista *adj* triumphalist: *consignas ~s* triumphalist slogans ◊ *un político ~* a politician with a triumphalist attitude
triunfante *adj* triumphant
LOC salir triunfante to emerge triumphant
triunfar *vi* **1** (*tener éxito*) to succeed, to do well (*más coloq*): *~ en la vida* to succeed in life ◊ *Esta canción va a ~ en el extranjero.* This song will do well abroad. **2 ~ (en)** (*ganar*) to win: *Han triunfado en las elecciones.*

They've won the election. ◊ *~ a cualquier precio* to win at any price **3 ~ (sobre)** to triumph (**over *sth/sb***): *Triunfaron sobre sus enemigos.* They triumphed over their enemies. ◊ *La verdad siempre triunfa.* Truth always prevails. **LOC** *Ver* PEDESTAL

triunfo *nm* **1** (*Pol, Mil*) victory **2** (*Dep*) win: *el gol del ~* the winning goal **3** (*logro personal, proeza*) triumph: *un ~ de la ingeniería* a triumph of engineering **4** (*Mús, éxito*) hit: *sus últimos ~s cinematográficos* his latest box-office hits **5** (*Naipes*) trump: *Bastos son ~s.* Clubs are trumps.

LOC tener todos los triunfos en la mano (*fig*) to hold all the trumps *Ver tb* ARCO, COSTAR, MIEL

triunvirato *nm* triumvirate

trivial *adj* trivial

trivialidad *nf* **1** (*cualidad, cosa trivial*) triviality **2** (*comentario*) trite remark: *decir ~es* to make trite remarks

trivializar *vt* to trivialize

triza *nf*

LOC hacer trizas 1 (*destrozar*) to shatter: *Terminé hecho ~s.* I was shattered by the end. **2** (*papel, tela, criticar*) to tear *sth/sb* to shreds

trocear *vt* to cut *sth* into pieces

troche

LOC a troche y moche (*tb* **a trochemoche**): *gastar el dinero a ~ y moche* to spend money like water ◊ *Dieron golpes a ~ y moche.* They lashed out left, right and centre.

trofeo *nm* trophy

troglodita *adj* **1** (*lit*) cave dwelling: *las tribus ~s* cave dwelling tribes **2** (*fig*) brutish

■ **troglodita** *nmf* **1** (*lit*) troglodyte (*formal*), caveman/woman [*pl* cavemen/women] **2** (*fig*) brute

troica (*tb* **troika**) *nf* troika

trola *nf* fib: *contar/meter ~s* to tell fibs

tromba *nf*

LOC en tromba en masse: *Atacaron en ~ a los manifestantes.* They attacked the demonstrators en masse. **tromba (de agua)** downpour: *Ayer cayó una buena ~ de agua.* It really poured down yesterday.

trombón *nm* (*instrumento*) trombone ☛ *Ver ilustración en* BRASS

■ **trombón** *nmf* (*músico*) trombonist

LOC trombón de varas slide trombone ☛ *Ver ilustración en* BRASS

trombosis *nf* thrombosis

trompa *nf* **1** (*Zool*) **(a)** (*elefante*) trunk **(b)** (*insecto*) proboscis **2** (*Anat*) tube: *~ de Eustaquio/Falopio* Eustachian/Fallopian tube ☛ *Ver ilustración en* OÍDO, REPRODUCTOR **3** (*Mús*) horn: *~ de caza* hunting horn ☛ *Ver ilustración en* BRASS

■ **trompa** *nmf* (*músico*) horn player

LOC agarrarse/cogerse una trompa to get plastered **estar/ir trompa** to be plastered: *Iba completamente ~.* He was totally plastered. *Ver tb* LIGADURA

trompazo *nm* bang

LOC darse/pegarse un trompazo 1 (*gen*) to give yourself a nasty knock: *Me pegué un buen ~ bajando la escalera.* I gave myself a nasty knock falling downstairs. **2 ~ con/contra** to bang into *sth/sb*: *Me he dado un ~ con/contra una farola.* I banged into a lamp-post.

trompeta *nf* (*instrumento*) trumpet ☛ *Ver ilustración en* BRASS

■ **trompeta** *nmf* (*músico*) trumpet player **LOC** *Ver* TOQUE

trompetazo *nm* trumpet blast

trompetilla *nf* ear trumpet

trompetista *nmf* trumpet player

trompicón *nm*: *Me caí al suelo de un ~.* I stumbled and fell down.

LOC a trompicones 1 (*lit*) stumbling: *Bajaba las escaleras a trompicones.* He was stumbling down the stairs. **2** (*fig*) in fits and starts: *Terminó sus estudios a trompicones.* He completed his studies in fits and starts.

tronar *v imp* to thunder: *¡Está tronando!* It's thundering!

■ **tronar** *vi* **1** (*cañones*) to roar **2 ~ contra** (*criticar*) to thunder **against *sth/sb***: *Tronó contra las propuestas de sus adversarios.* He thundered against the opposition's proposals. **LOC** *Ver* MANERA

tronchar *vt* **1** (*árbol*) to bring *sth* down **2** (*truncar*) to put an end to *sth*: *El accidente tronchó su carrera.* The accident put an end to his career. **3** (*cansar*) to wear *sb* out

■ **troncharse** *v pron*

LOC troncharse (de risa) to split your sides (laughing)

tronco *nm* **1** (*árbol, Anat*) trunk **2** (*leño*) log **LOC** *Ver* DORMIR

tronco, -a *nm-nf* (*amigo*) mate: *¿Qué tal te va, ~?* How's it going, mate?

tronera *nf* (*Billar*) pocket ☛ *Ver ilustración en* SNOOKER

trono *nm* **1** (*gen*) throne: *el heredero del ~* the heir to the throne **2** (*wáter*) loo: *sentado en el ~* sitting on the loo

LOC ascender/subir al trono to ascend the throne *Ver tb* ACCEDER

tropa *nf* troop: *una ~ de colegiales* a troop of schoolchildren ◊ *~s de asalto* storm troops

LOC en tropa: *Fuimos al aeropuerto en ~.* We trooped to the airport. ◊ *entrar/salir en ~* to troop in/out

tropecientos, -as *adj, pron* hundreds (**of...**): *Había ~ coches.* There were hundreds of cars. ◊ *—¿Cuántos alumnos asistieron? —Tropecientos.* 'How many students turned up?' 'Hundreds.'

LOC tropecientos mil a million: *Se lo he dicho tropecientas mil veces.* I've told her a million times.

tropel *nm* mob: *un ~ de gente* a mob of people

LOC en tropel in confusion: *Los asaltantes huyeron en ~.* The attackers ran away in confusion. ◊ *Entraron en ~ en mi despacho.* They poured into my office.

tropezar(se) *vi, v pron* **tropezar(se) (con) 1** (*caerse*) to trip (**over *sth***): *Tropecé y me caí.* I tripped and fell. ◊ *tropezar(se) con una raíz* to trip over a root **2** (*lit* y *fig*) to bump into *sth/sb*: *tropezarse con una farola* to bump into a lamp-post ◊ *Me tropecé con tu madre.* I bumped into your mother. **3** (*problemas*) to come up against *sth*: *Hemos tropezado con serias dificultades.* We've come up against serious difficulties.

LOC tropezar dos veces con la misma piedra to make the same mistake twice

tropezón *nm* **1** (*traspié*) stumble **2** (*error*) slip-up **3 tropezones**: *unos tropezones de jamón* some chopped ham ◊ *tropezones de pan* croutons

LOC a tropezones in fits and starts

tropical *adj* tropical

trópico *nm* tropic: *el ~ de Cáncer/Capricornio* the tropic of Cancer/Capricorn ☛ *Ver ilustración en* GLOBO

tropiezo *nm* **1** (*error*) slip-up: *Este ~ significa que perderemos millones.* This slip-up means that we'll lose millions. **2** (*contratiempo*) setback **3** (*discusión*) difference of opinion: *Tuve un pequeño ~ con el jefe.* I had a slight difference of opinion with my boss.

tropo *nm* trope

trotamundos *nmf* globe-trotter

trotar *vi* **1** (*caballo, jinete*) to trot **2** (*andar mucho*) to rush around: *Me paso todo el día trotando por la ciudad.* I spend the whole day rushing around town.

trote *nm* **1** (*gen*) trot: *ir al ~* to go at a trot **2** (*actividad intensa*): *Hoy tengo mucho ~.* I've got a busy day today. ◊ *Tanto ~ acabará conmigo.* All this rushing around will finish me off. **3** (*uso continuo*) wear: *Estos zapatos han tenido mucho ~.* These shoes have seen a lot of wear.

LOC de mucho trote sturdy: *Estas botas son de mucho ~.* These boots are very sturdy. **de/para todo trote** for everyday use: *Estos zapatos son para todo ~.* These are my everyday shoes. **no estar para muchos/esos**

trotes: *Ya no estoy para esos ~s.* I'm not up to it any more.

trovador *nm* troubadour

troyano, -a *adj, nm-nf* Trojan

trozo *nm* **1** (*pedazo*) piece: *un ~ de pan/tela* a piece of bread/material ◊ *Corta la carne a ~s.* Cut the meat into pieces. ☛ *Ver nota en* PIECE **2** (*Liter, Mús*) passage: *~s escogidos* selected passages

LOC **trozo suelto** extract: *Comentaron varios ~s sueltos de la novela.* They commented on several extracts from the novel.

trucaje *nm* **1** (*Fot*) trick photography **2** (*Cine*) special effect

trucar *vt* to rig

trucha *nf* trout [*pl* trout]

truco *nm* trick: *un ~ de cartas/magia* a card/conjuring trick ◊ *El ~ consiste en sujetar la cuerda así.* The trick is to hold the rope like this. ◊ *los ~s del oficio* the tricks of the trade

LOC **cogerle el truco a algn** to figure sb out **cogerle el truco a algo** to get the hang of sth **tener truco**: *Esa oferta tiene ~.* There's a catch to this offer. **truco publicitario** publicity stunt

trueno *nm* thunder [*incontable*]: *el dios del ~* the Thunder God ◊ *¿No has oído un ~?* Wasn't that a clap of thunder? ◊ *Los ~s han cesado.* The thunder's stopped. ◊ *rayos y ~s* thunder and lightning

trueque *nm* **1** (*intercambio*) exchange, swap (*más coloq*): *Hagamos un ~, la bici por tus libros.* Let's do a swap. My bike for your books. **2** (*sistema*) barter: *El ~ es una forma primitiva de comercio.* Barter is a primitive form of trade.

trufa *nf* truffle

truhán, -ana *adj, nm-nf* rogue [*n*]: *Es el más ~ de todos.* He's the biggest rogue of all.

truncar *vt* **1** (*esperanzas, sueños*) to shatter **2** (*frase, proceso, vida*) to cut *sth* short

trust *nm* trust

tu *adj pos* your: *¿Vamos en tu coche o en el mío?* Shall we go in your car or mine?

tú *pron pers* you: *Hazlo tú.* You do it. ◊ *¡Oye, tú!* Hey you!

LOC **de tú a tú**: *hablar de tú a tú* to talk as equals ◊ *una relación de tú a tú* a relaxed relationship **eres tú** it's you: *¿Eres tú?* Is that you? **tú sí/no**: *Yo realmente no soy alta, pero tú sí.* I'm not really tall, but you are. ◊ *Yo quiero ir, ¿tú no?* I want to go. Don't you? ◊ *¡Tú no!* Not you! **tú y yo** (*mantel*) place mat

tuba *nf* (*instrumento*) tuba ☛ *Ver ilustración en* BRASS

■ **tuba** *nmf* (*músico*) tuba player

tubérculo *nm* (*Bot*) tuber

tuberculosis *nf* tuberculosis (*abrev* TB)

tubería *nf* **1** (*gen*) pipe: *Se ha roto una ~.* A pipe has burst. **2** (*oleoducto, gaseoducto*) pipeline **3** (*conjunto de tubos*) pipes [*v pl*]: *cambiar la ~ del baño* to change the pipes in the bathroom

tubo *nm* **1** (*de conducción*) pipe: *~ de entrada/desagüe* inlet/waste pipe **2** (*recipiente*) tube: *un ~ de pasta de dientes* a tube of toothpaste ◊ *un ~ de ensayo* a test tube ◊ *un ~ fluorescente* a fluorescent tube

LOC **por un tubo**: *Tiene amigos por un ~.* He's got loads of friends. ◊ *Trabajan por un ~.* They work hard. **tubo de escape** exhaust ☛ *Ver ilustración en* CAR **tubo digestivo** alimentary canal *Ver tb* FALDA

tubular *adj* tubular

tucán *nm* toucan

tuerca *nf* nut LOC *Ver* APRETAR, FALTAR

tuerto, -a *adj, nm-nf* one-eyed [*adj*]: *un perro ~* a one-eyed dog

LOC **quedarse tuerto** to go blind in one eye **ser tuerto** to be blind in one eye

tuétano *nm* marrow: *el ~ de los huesos* the bone marrow

LOC **hasta el tuétano/los tuétanos**: *calarse/mojarse hasta los ~s* to get soaked to the skin ◊ *temblar hasta los ~s* to tremble all over

tufillo *nm* whiff: *un cierto ~ de decadencia* a faint whiff of decadence

tufo *nm* stink

LOC **echar tufo** to stink: *¡Qué ~ echa ese queso!* That cheese stinks!

tugurio *nm* **1** (*chabola*) hovel **2** (*habitación*) tip **3** (*bar*) dive

tul *nm* tulle

tulipa *nf* lampshade

tulipán *nm* tulip ☛ *Ver ilustración en* FLOR

tullido, -a *pp, adj* crippled

■ **tullido, -a** *nm-nf* cripple

tumba *nf* **1** (*gen*) grave: *Cervantes se revolvería en su ~ si te oyera hablar.* Cervantes would turn in his grave if he could hear you. **2** (*mausoleo*) tomb: *la ~ de Lenin* Lenin's tomb

LOC **llevar a la tumba** drive *sb* to their grave: *El alcohol le llevó a la ~.* Alcohol drove him to his grave. **ser (como) una tumba** (*callarse*) to keep quiet *Ver tb* CUNA

tumbado, -a *pp, adj* lying: *Estaban ~s en la playa.* They were lying on the beach. *Ver tb* TUMBAR

tumbar *vt* **1** (*derribar*) **(a)** (*gen*) to knock *sth/sb* down: *Me tumbó de un guantazo.* He knocked me down. **(b)** (*viento*) to blow *sth* down **2** (*olor*) to send *sb* reeling **3** (*suspender*) to fail: *Me tumbaron en inglés.* I failed (in) English.

■ **tumbarse** *v pron* to lie down: *Se tumbó unos minutos.* He lay down for a few minutes. ☛ *Ver nota en* LIE[2]

LOC *Ver* BARTOLA

tumbo *nm*

LOC **dar tumbos 1** (*tambalearse*) to stagger **2** (*tener dificultades*) to lurch from one crisis to another **dar/pegar tumbos** (*vehículo*) to jolt **dar un tumbo** to lurch: *El camión dio un ~ y cayó al barranco.* The lorry lurched and plunged into the ravine.

tumbona *nf* deckchair

tumor *nm* tumour: *un ~ benigno/cerebral* a benign/brain tumour

túmulo *nm* burial mound, tumulus [*pl* tumuli] (*cientif*)

tumulto *nm* **1** (*disturbio*) disturbance **2** (*vocerío*) uproar **3** (*multitud*) crowd: *perderse en el ~* to get lost in the crowd

tuna *nf* student musical group

tunante, -a *nm-nf* rascal

tunda *nf* hiding: *Me dio una buena ~.* He gave me a good hiding.

LOC **darse/pegarse una tunda** to wear yourself out

tundra *nf* tundra

tunecino, -a *adj, nm-nf* Tunisian

túnel *nm* tunnel: *pasar por un ~* to go through a tunnel

LOC **túnel de lavado** car wash **túnel del tiempo** time warp

Túnez *nm* (*país*) Tunisia

túnica *nf* tunic

tuno *nm* **1** (*músico*) student minstrel **2** (*pícaro*) rascal: *El muy ~ hace novillos con frecuencia.* The little rascal often skives off.

tuntún

LOC **al (buen) tuntún** without thinking: *decir las cosas al ~* to speak without thinking

tupé *nm* quiff

tupido, -a *pp, adj* **1** (*gen*) dense: *una vegetación tupida* dense vegetation **2** (*tela*) densely woven **3** (*medias*) opaque **4** (*fig*) close-knit: *una tupida red social* a close-knit social fabric

LOC **correr/echar un tupido velo** to draw a veil *over sth*

turba *nm* (*carbón*) peat

turbador, ~a *adj* disturbing

turbante *nm* turban

turbar *vt* **1** (*orden, paz*) to disturb **2** (*vida, planes*) to disrupt **3** (*aturdir, trastornar*) to upset: *Su comportamiento turbó a mis padres.* His behaviour upset my parents.

turbina *nf* turbine

turbio, -a *adj* **1** (*líquido*) cloudy **2** (*asunto*) shady: *negocios ~s* shady deals **3** (*borroso*) blurred

turbión *nm* (*aguacero*) squall

turbo *adj, nm* turbo [*pl* turbos]: *un motor ~* a turbo engine

turbulencia *nf* turbulence [*incontable*]: *una zona de ~s* an area of turbulence

turbulento, -a *adj* **1** (*gen*) turbulent: *mares/acontecimientos ~s* turbulent seas/events **2** (*persona*) disorderly

turco, -a *adj* Turkish
■ **turco, -a** *nm-nf* Turk: *los ~s* the Turks
■ **turco** *nm* (*idioma*) Turkish **LOC** *Ver* CABEZA

turismo *nm* **1** (*industria*) tourism **2** (*turistas*) tourists [*v pl*]: *un 40% del ~ que visita nuestra zona* 40% of the tourists visiting our area **3** (*coche*) car
LOC **hacer turismo 1** (*por un país*) to tour: *hacer ~ por África* to tour round Africa **2** (*por una ciudad*) to go sightseeing *Ver tb* OFICINA, PARADOR

turista *nmf* tourist **LOC** *Ver* CLASE, GUÍA

turístico, -a *adj* **1** (*gen*) tourist [*n atrib*]: *una atracción turística* a tourist attraction ◊ *Esta zona no es muy turística.* Not many tourists visit this area. **2** (*empresa, guía, itinerario, operador*) tour [*n atrib*] **LOC** *Ver* OFERTA

Turkmenistán *nm* Turkmenistan

túrmix® *nm o nf* blender

turnarse *v pron* **~ (con) (para)** to take it in turns (**with** ***sb***) (***to do sth***): *Nos turnamos para hacer la limpieza de la casa.* We take it in turns to do the housework.

turno *nm* **1** (*orden*) turn: *Espera tu ~ en la cola.* Wait your turn in the queue. **2** (*trabajo*) shift: *¿En qué ~ estás?* What shift do you work? ◊ *~ de día/noche* day/night shift
LOC **de turno 1** (*de guardia*) on duty: *el vigilante de ~* the guard on duty **2** (*actual*) current: *la novia de ~* his current girlfriend **3** (*de siempre*) same old: *los comentarios de ~* the same old remarks **estar de turno** to be on duty **hacer algo por turnos** to take it in turns to do sth **tocar el turno** to be *sb's* turn: *Me toca el ~ a mí.* It's my turn. **turno de oficio** duty solicitor scheme **turno de preguntas** question time **turno de réplica** time to reply *Ver tb* DOBLE, RESPETAR, TRABAJAR, TRABAJO

turón *nm* polecat

turquesa *nf* (*piedra*) turquoise
■ **turquesa** *nm* (*color*) turquoise ☛ *Ver ejemplos en* AMARILLO **LOC** *Ver* AZUL

Turquía *nf* Turkey

turrón *nm* Spanish nougat [*incontable*]: *Te traigo unos turrones.* I've got some Spanish nougat for you.

turulato, -a *adj* flabbergasted

tururú *interj* no way!

tute *nm* Spanish card game
LOC **darle un (buen) tute a algo** to wear sth a lot: *Les he dado un buen ~ a estos vaqueros.* I've worn these jeans a lot. **darse/pegarse un tute** to slave away: *Me he dado un ~ terrible estudiando.* I've been slaving away studying.

tutear(se) *vt, v pron* **tutear(se) (con)** to be on familiar terms (**with** ***sb***)

tutela *nf* **1** (*Jur*) guardianship **2** (*protección*) protection: *estar bajo la ~ de algn* to be under sb's protection
LOC **estar bajo tutela judicial** to be a ward of court *Ver tb* GUARDA

tutelar *adj* **LOC** *Ver* TRIBUNAL

tuteo *nm* the use of the 'tú' form

tutiplén
LOC **a tutiplén** masses: *Gana dinero a ~.* She earns masses of money. ◊ *Repartió bofetadas a ~.* He lashed out.

tutor, ~a *nm-nf* **1** (*Jur*) guardian **2** (*profesor*) tutor

tutoría *nf* **1** (*cargo*) tutorship **2** (*charla con el profesor*) tutorial

tutú *nm* tutu

Tuvalu *nm* Tuvalu

tuyo, -a *adj pos, pron pos* yours: *No es asunto ~.* It's none of your business. ◊ *Esos zapatos no son ~s.* Those shoes aren't yours. ◊ *¿Dónde están los ~s?* Where are yours? ◊ *una amiga tuya* a friend of yours ☛ *Ver nota en* SUYO
LOC **de las tuyas** your old tricks: *hacer (una/otra) de las tuyas* to be up to your old tricks **los tuyos 1** (*tu familia*) your family [*v sing o pl*] ☛ *Ver nota en* FAMILIA **2** (*tus amigos*) your friends **lo tuyo 1** (*posesión*) your things: *Pon lo ~ aquí.* Put your things here. **2** (*afición*) your thing

Uu

u *conj* or: *siete u ocho alumnos* seven or eight students
Úbeda *nf* **LOC** *Ver* CERRO
ubérrimo, -a *adj* **1** (*fértil*) very fertile **2** (*abundante*) luxuriant: *una vegetación ubérrima* luxuriant vegetation
ubicación *nf* **1** (*instalación*) siting: *Están en contra de la ~ de una central nuclear en la zona.* They're against siting a nuclear power station in the area. **2** (*lugar*) location: *Se desconoce su ~ exacta.* Its exact location is unknown.
ubicar *vt* **1** (*encontrar*) to find: *~ algo en un mapa* to find sth on a map **2** (*instalar*) to locate: *Van a ~ la fábrica en el sur.* The factory will be located in the south. **3** (*colocar, identificar*) to place: *Me resulta familiar pero no logro ~lo.* It's familiar but I can't place it.
■ **ubicarse** *v pron* to be: *El colegio se ubica en un barrio residencial.* The school is in a residential area.
ubicuidad *nf* **LOC** *Ver* DON *nm*
ubre *nf* udder ☛ *Ver ilustración en* COW[1]
UCI *nf, abrev de* **Unidad de Cuidados Intensivos** *Ver* UNIDAD
Ucrania *nf* Ukraine
ucraniano, -a *adj, nm-nf* Ukrainian
¡uf! *interj* **1** (*alivio, cansancio, sofoco*) phew!: *¡Uf, qué calor!* Phew, it's hot! **2** (*asco*) ugh!: *¡Uf, qué mal huele!* Ugh, what an awful smell!
ufanarse *v pron* **~ (con/de) 1** (*estar orgulloso*) to be proud (**of** ***sth/sb***): *Se ufanan con sus éxitos.* They're proud of their successes. **2** (*alardear*) to boast (**about** ***sth/sb***): *¡Deja de ufanarte!* Stop boasting!
ufano, -a *adj* **~ (con/de) 1** (*orgulloso*) proud (***of sth/sb***): *Están muy ~s con su nuevo nieto.* They're very proud of their new grandchild. ◊ *Fui todo ~ a pagar y me di cuenta de que no llevaba la cartera.* I went off cheerfully to pay, but I discovered I hadn't got my wallet with me. **2** (*arrogante*) pleased with yourself: *Estás muy ~. ¿Acaso te ha tocado la lotería?* You look very pleased with yourself! Have you won the lottery?
Uganda *nf* Uganda
ujier *nmf* usher
úlcera *nf* ulcer: *Tiene una ~ de estómago.* He has a stomach ulcer.
LOC úlcera de duodeno duodenal ulcer
ulterior *adj* subsequent
últimamente *adv* lately: *~ no tenemos noticias.* We haven't had any news lately.
ultimar *vt* **1** (*terminar*) to complete **2** (*detalles, planes, preparativos*) to finalize **3** (*acuerdo*) to conclude
ultimátum *nm* ultimatum [*pl* ultimatums]
último, -a *adj* **1** (*gen*) last: *el ~ episodio* the last episode ◊ *Te lo digo por última vez.* I'm telling you for the last time. **2** (*más reciente*) latest: *la última moda* the latest fashion ◊ *el ~ modelo de Lancia* Lancia's latest model ☛ *Ver nota en* LATEST **3** (*fila, página*) back **4** (*más bajo*) bottom: *Está en el ~ cajón.* It's in the bottom drawer. **5** (*más alto*) top: *en el ~ piso* on the top floor **6** (*aspiración, objetivo*) final
■ **último, -a** *nm-nf* **1** (*gen*) last (one): *Fuimos los ~s en llegar.* We were the last (ones) to arrive. **2** (*mencionado en último lugar*) latter: *un Rolls y un Mercedes, este ~ recién estrenado* a Rolls and a Mercedes, the latter brand new
LOC a última hora 1 (*último momento*) at the last moment **2** (*de un día*) late: *a última hora de la tarde de ayer* late yesterday evening ◊ *a última hora del martes* last thing on Tuesday **a últimos de mes** at the end of the month **como último remedio/en último caso/extremo** as a last resort **dar las últimas boqueadas 1** (*morirse*) to breathe your last **2** (*acabarse*) to come to an end **dar los últimos coletazos** to be in its/your last throes **de última hora** last-minute: *una reserva de última hora* a last-minute reservation **el último rincón (del mundo)** the ends of the earth **en última instancia/último término 1** (*como último recurso*) in the last resort **2** (*a la larga, al final*) ultimately **en última posición**: *Terminaron en última posición.* They finished last. ◊ *Quedamos en última posición.* We were last. ◊ *Están en última posición de la liga.* They're bottom of the league. **estar en las últimas 1** (*muriéndose, casi gastado*) to be on its/your last legs **2** (*sin dinero*) to be broke (*coloq*) **estos últimos días, meses, etc** the last few days, months, etc **ir/vestir a la última** to be fashionably dressed **la Última Cena** the Last Supper **llegar hasta/llevar algo a las últimas consecuencias** to take sth to its logical conclusion **lo último que me faltaba** all I, you, etc needed: *Lo ~ que me faltaba es que me pusieran una multa.* Getting a fine was all I needed! **lo último que me faltaba por oír/ver** I, you, etc have heard/seen it all now **por último** lastly **ser el último mono** to be a total nonentity **ser la última palabra/el último grito** to be the latest thing **ser lo último** to be the limit: *¡Que me eches la culpa a mí ya es lo ~!* Blaming me is the limit! **última disposición** last will and testament **última voluntad** last wish *Ver tb* EXHALAR, QUEMAR, TELEDIARIO, TOQUE
ultra (*tb* **ultraderechista**) *adj* extreme right-wing: *grupos ultraderechistas* extreme right-wing groups
■ **ultra** *nmf* person on the extreme right
ultraderecha *nf* extreme right
LOC de ultraderecha extreme right-wing
ultrajar *vt* **1** (*persona*) to offend *sb* deeply **2** (*honor*) to offend against *sb's honour* **3** (*bandera*) to insult
ultraje *nm* **1** (*persona, honor*) offence **2** (*bandera*) insult
ultramar *nm* overseas
LOC de ultramar overseas: *territorios de ~* overseas territories
ultramarinos *nm*
LOC (comercio/tienda de) ultramarinos grocer's [*pl* grocers] ☛ *Ver nota y ejemplos en* CARNICERÍA
ultranza
LOC defender/hacer una defensa a ultranza de to fight tooth and nail for *sth*: *Hizo una defensa a ~ de los derechos de los trabajadores.* She fought tooth and nail for workers' rights. **nacionalista, pesimista, etc a ultranza** out-and-out nationalist, pessimist, etc
ultrasónico, -a *adj* ultrasonic
ultrasonido *nm* ultrasound
ultratumba *nf*
LOC sonidos/voces de ultratumba sounds/voices from beyond the grave
ultravioleta *adj* ultraviolet **LOC** *Ver* RAYO
ulular *vi* **1** (*lobo, viento*) to howl **2** (*sirena*) to wail
umbilical *adj* umbilical **LOC** *Ver* CORDÓN
umbral *nm* threshold
LOC estar/quedarse en el umbral/los umbrales de algo to be on the threshold of sth: *Estamos en el ~ del nuevo siglo.* We're on the threshold of the new century. ◊ *Está en el ~ de lo inverosímil.* It verges on the incredible. ◊ *Se quedaron en los ~es de la final.* They almost reached the final. ◊ *alumnos que se quedan en el ~ del aprobado* students who just fail to pass
un, una *art indef* **1** (*gen*) a, an ☛ La forma **an** se

utiliza delante de sustantivos que comienzan por un sonido vocálico: *un árbol* a tree ◊ *un brazo* an arm ◊ *una hora* an hour ☛ *Ver nota en* ONE[1] *adj, pron* **2** (*uso enfático*): *¡Tiene una cara!* What cheek! ◊ *¡Pasé un apuro!* I was so embarrassed! **3 unos, unas (a)** (*gen*) ☛ En inglés se utiliza **some** cuando *unos* se refiere a una cantidad incierta o indeterminada: *Hay unos huevos en la nevera.* There are some eggs in the fridge. Cuando se conoce la cantidad exacta, *unos* no se traduce: *Tienes unos ojos preciosos.* You've got beautiful eyes. **(b)** (*unos cuantos*) a few: *Solo estaré unos días.* I'll only be there a few days. ☛ *Ver nota en* FEW[2]
■ **un** *adj Ver* UNO

unánime *adj* unanimous

unanimidad *nf* unanimity
LOC por unanimidad unanimously *Ver tb* APROBAR

undécimo, -a *adj, nm-nf, pron* eleventh
■ **undécimo** *nm* eleventh

UNESCO *nf, abrev de* **United Nations Educational Scientific and Cultural Organisation** UNESCO

ungüento *nm* ointment

únicamente *adv* only: ~ *es peligroso para los niños.* It's only dangerous to children.

único, -a *adj* **1** (*solo*) only: *la única excepción* the only exception **2** (*mercado*) single: *el mercado ~ europeo* the single European market **3** (*excepcional*) extraordinary: *una mujer única* an extraordinary woman **4** (*sin igual*) unique: *una oportunidad/obra de arte única* a unique opportunity/work of art
■ **único, -a** *nm-nf* only one: *Es el ~ que sabe nadar.* He's the only one who can swim. ◊ *Sois las únicas que podéis hacerlo.* You're the only ones who can do it.
LOC *Ver* DIRECCIÓN, FERROCARRIL, HIJO, SENTIDO

unicornio *nm* unicorn

unidad *nf* **1** (*gen*) unit: *una ~ móvil de televisión* a mobile TV unit ◊ *una ~ familiar* a family unit ◊ *~ de medida* unit of measurement ◊ *una caja de 48 ~es* a box of 48 ◊ *coste por ~* unit cost **2** (*armonía, unión*) unity: *la ~ del partido/de la familia* party/family unity ◊ *falta de ~* lack of unity
LOC unidad de disco (*Informát*) disk drive ☛ *Ver ilustración en* ORDENADOR **Unidad de Vigilancia Intensiva/Cuidados Intensivos** (**UVI/UCI**) intensive care unit

unido, -a *pp, adj* close: *una familia muy unida* a very close family ◊ *Están muy ~s.* They're very close. *Ver tb* UNIR
LOC estar/ir unido a algo to be linked to sth: *La mejora va unida a una serie de cambios.* The improvement is linked to a whole series of changes. **estar unido sentimentalmente a algn** to be involved with sb *Ver tb* ORGANIZACIÓN

unificación *nf* unification

unificar *vt* **1** (*gen*) to unify: *~ el sistema legal* to unify the legal system **2** (*normas, sueldos*) to standardize
LOC unificar esfuerzos to work together

uniformado, -a *pp, adj* uniformed: *policías ~s* uniformed police *Ver tb* UNIFORMAR

uniformar *vt* **1** (*estandarizar*) to standardize **2** (*persona*) to put *sb* into uniform: *Han uniformado a las cajeras.* They have put the cashiers into uniform.

uniforme *adj* **1** (*gen*) uniform: *de tamaño/longitud ~* of uniform size/length **2** (*temperatura, superficie*) even **3** (*velocidad, presión, ritmo*) steady
■ **uniforme** *nm* uniform: *~ de presidiario* prison uniform
LOC con/de uniforme: *soldados de ~* uniformed soldiers ◊ *colegiales con ~* children in school uniform **uniforme de gala** full dress uniform *Ver tb* VESTIR

uniformidad *nf* uniformity

unilateral *adj* **1** (*decisión, tregua*) unilateral **2** (*criterio, visión*) one-sided

unión *nf* **1** (*gen*) union: *la ~ monetaria* monetary union **2** (*asociación*) association: *una ~ de consumidores* a consumers' association **3** (*unidad*) unity: *La ~ es nuestra mejor arma.* Unity is our best weapon. **4** (*acción*) joining (together): *la ~ de las dos partes* the joining together of the two parts
LOC en unión de together with *sth/sb*: *en ~ de su familia y amigos* together with his family and friends **la unión hace la fuerza** united we stand **unión consensual/de hecho** common-law marriage **Unión Europea** (**UE**) European Union (*abrev* EU)

Unión de Emiratos árabes *nf* (the) United Arab Emirates

unir *vt* **1** (*intereses, tendencias, personas*) to unite: *~ a la oposición* to unite the opposition ◊ *los objetivos que nos unen* the aims that unite us **2** (*piezas, objetos*) to join **3** (*carretera, ferrocarril, túnel*) to link: *la línea que une Valencia con Alicante* the line linking Valencia and Alicante
■ **unirse** *v pron* **1** (*gen*) to unite: *Es fundamental que los ciudadanos se unan en la lucha contra la droga.* Everyone must unite against drugs. ◊ *Si no nos unimos no conseguiremos nada.* If we don't pull together we'll achieve nothing. **2 unirse a** to join *sth* [*vt*]: *Se unieron al grupo/a la búsqueda.* They joined the group/search.

unisex *adj* unisex

unísono, -a *adj*
LOC al unísono in unison: *actuar/cantar al ~* to act/sing in unison

unitario, -a *adj* **1** (*Pol, sistema*) unitary **2(a)** (*interés, objetivo, política*) common **(b)** (*acuerdo, manifestación, manifiesto*) joint: *un acuerdo/manifiesto ~* a joint agreement/manifesto **(c)** (*frente, izquierda*) united **3** (*coste, precio*) unit [*n atrib*]: *coste ~* unit cost

universal *adj* **1** (*gen*) universal: *La invasión provocó la condena ~.* The invasion aroused universal condemnation. **2** (*historia, literatura*) world [*n atrib*]
LOC de fama/renombre universal world-famous *Ver tb* DILUVIO, HEREDERO

universidad *nf* university
LOC ser graduado/licenciado en algo por la universidad de Granada, etc to have a degree in sth from the University of Granada, etc **universidad a distancia** ≃ Open University (*abrev* OU) (*GB*) **universidad laboral** technical college *Ver tb* COMPAÑERO

universitario, -a *adj* university [*n atrib*]: *un estudiante ~* a university student
■ **universitario, -a** *nm-nf* **1** (*estudiante*) university student **2** (*licenciado*) graduate **LOC** *Ver* CENTRO, CIUDAD, CURSO, MILICIA

universo *nm* **1** (*gen*) universe: *las maravillas del ~* the wonders of the universe **2** (*mundo*) world: *el ~ inca* the Inca world **LOC** *Ver* CONFÍN

uno, -a *adj* **1** (*cantidad*) one: *He dicho un kilo, no dos.* I said one kilo, not two. **2 unos, unas** (*aproximadamente*) about: *~s quince días* about a fortnight ◊ *Tendrá ~s 50 años.* She must be about 50.
■ **uno, -a** *pron* **1** (*gen*) one: *~ es profesor y el otro médico.* One's a teacher and the other's a doctor. ◊ *Hay sitio para ~.* There's room for one. ◊ *No tenía corbata y le dejé una.* He didn't have a tie, so I lent him one. **2** (*alguien*) somebody: *Vino ~ a verte.* Somebody came to see you. **3** (*uso impersonal*) you, one (*más formal*): *~ no sabe a qué atenerse.* You don't know what to think. **4 unos** some: *A ~s les gusta y a otros no.* Some like it, some don't. ◊ *Vinieron ~s a buscarte.* Some people came looking for you.
■ **uno** *nm* **1** (*número cardinal*) one **2** (*número ordinal, fecha*) first (*abrev* 1st): *el ~ de abril* the first of April ◊ *el día ~ de mayo* the first of May ◊ *la fila ~* the first/front row
☛ *Para más información sobre el uso del numeral* **uno**, *ver ejemplos en* SEIS ☛ *Ver tb apéndice 3*
LOC ¡a la una, a las dos, a las tres! 1 (*juego*) ready, steady, go! **2** (*subasta*) going, going, gone! **armar/hacer/montar/preparar una** to play a dirty trick *on sb*: *Me hizo una gordísima.* He played a dirty trick on me. **de uno en uno** one by one: *Mételos de ~ en ~.* Put them in one by one. **(el) uno a(l) otro** each other: *Se ayudaban los ~s a los otros.* They helped each other. ☛ *Ver nota en* EACH OTHER **el uno por el otro**: *El ~*

por el otro no hacen lo que les mandas. Neither of them does as he's told. **es la una** it's one o'clock **lo uno por lo otro** it comes to the same thing **más de uno** quite a few…: *Más de ~ saldrá perjudicado.* Quite a few people will lose out. ◊ *Más de una se quedará sin trabajo.* There will be quite a few women out of a job. **ni uno**: *No quedó ni ~ vivo.* Not one survived. ◊ *No me queda ni una peseta.* I haven't got a penny left. **no acertar/dar (ni) una** not to get anything right **salir con una de las suyas** to come out with one of his, her, etc wisecracks **ser todo uno** to be all the same **¡te voy a dar una!** I'm going to give you such a smack! **(todos) a una 1** (*juntos*) all together: *Tiraremos (todos) a una.* We'll all pull together. **2** (*a la vez*) all at once: *Todos hablaban a una.* They were all talking at once. **una de calamares, etc** one squid, etc **una de dos** one thing or the other: *Una de dos: o vuelves a las once o no sales.* One thing or the other: either you get back at eleven or you don't go out. **una de gente, trabajo, etc** such a lot of people, work, etc **una de las mías** my, your, etc old tricks: *Seguro que está haciendo una de las suyas.* He's up to his old tricks again! ◊ *Ha vuelto a hacer una de las suyas, se ha dejado las llaves en el coche.* Typical! She's locked her keys in the car again. **una y no más (Santo Tomás)** never again! **uno a/por uno** one by one **uno con otro** on average: *~ con otro, me cuesta una 20.000 pesetas al mes.* It costs me 20 000 pesetas a month on average. **uno de tantos** nothing special **uno mismo**: *restaurantes donde se sirve ~ mismo* restaurants where you serve yourself ◊ *En esta residencia, la cama se la hace ~ mismo.* In this hostel you have to make your own bed. **uno sobre otro 1** (*cuando hay solo dos*) one on top of the other **2** (*cuando hay varios*) on top of each other: *Puse los diccionarios ~ sobre otro.* I piled the dictionaries on top of each other. *Ver tb* CUANTO, NÚMERO, PALABRA, PASO

untar *vt* **1** (*extender*) **(a)** (*pan*) to spread *sth* ***on sth***: *~ las tostadas con/de mermelada* to spread jam on the toast **(b)** (*cuerpo*) to put *sth* ***on sth***: *~ pomada en una herida* to put cream on a cut **2** (*manchar*) to smear *sth* ***over sth***: *Lo has untado todo de barro.* You've smeared mud all over it. **3** (*en una salsa*) to dip: *~ patatas fritas en tomate* to dip chips in tomato sauce **4** (*sobornar*) to bribe *sb* (***to do sth***): *Le untaron para que hiciera la vista gorda.* They bribed him to turn a blind eye.
LOC untar con aceite/grasa to grease *sth*: *~ un molde con aceite* to grease a tin

uña *nf* **1** (*persona*) **(a)** (*mano*) (finger)nail ☛ *Ver ilustración en* HAND[1] **(b)** (*pie*) toenail ☛ *Ver ilustración en* PIE **2** (*animal*) **(a)** (*garra*) claw **(b)** (*pezuña*) hoof
LOC arreglarse/hacerse las uñas to do your nails/have your nails done **comerse/morderse las uñas 1** (*lit*) to bite your nails **2** (*fig*) to tear your hair out **dejarse las uñas** to work your fingers to the bone: *Me dejé las ~s terminando el trabajo.* I worked my fingers to the bone to get the job finished. **enseñar/mostrar/sacar las uñas** to show your claws **estar/ponerse de uñas con algn** to be/get angry with sb **ser uña y carne** to be inseparable **uña encarnada** ingrowing (toe)nail *Ver tb* CEPILLO, DEFENDER, ESMALTE, LACA, TIJERA

¡upa! *interj* upsadaisy!

upar *vt* to pick *sb* up

uralita® *nf* asbestos (cement): *un tejado de ~* an asbestos roof

uranio *nm* uranium

Urano *nm* Uranus

urbanidad *nf* politeness

urbanismo *nm* (town) planning: *una comisión de ~* a planning committee

urbanista *nmf* (town) planner

urbanístico, -a *adj* **1** (*normas, proceso*) planning **2** (*diseño, entorno, renovación*) urban
LOC infracción/irregularidad urbanística infringement of the planning laws **plan/proyecto urbanístico** town plan *Ver tb* PROMOTOR

urbanizable *adj* building: *suelo ~* building land

urbanización *nf* **1** (*barrio*) (housing) estate **2** (*acción*) development

urbanizar *vt* to develop
LOC sin urbanizar undeveloped: *terrenos sin ~* undeveloped land

urbano, -a *adj* urban: *la vida urbana* city/urban life ◊ *núcleos ~s y rurales* urban and rural areas
LOC guardia/policía urbano municipal policeman/woman [*pl* municipal policemen/women] *Ver tb* AGLOMERACIÓN, CASCO, CONCENTRACIÓN, CONTRIBUCIÓN, RECONVERSIÓN

urbe *nf* metropolis

urdir *vt* **1** (*intriga*) to plot **2** (*plan, tema*) to devise

urdu *nm* Urdu

uretra *nf* urethra ☛ *Ver ilustración en* REPRODUCTOR

urgencia *nf* **1** (*gen*) urgency: *pedidos de ~* urgent orders **2** (*emergencia, caso urgente*) emergency: *en caso de ~* in case of emergency ◊ *medida de ~* emergency measure **3** (*necesidad*) (urgent) need **4 urgencias** (*en un hospital*) accident and emergency, casualty (*más coloq*): *la sala de ~s* the accident and emergency department
LOC con (toda) urgencia urgently **tener (una) urgencia de** to need *sth/to do sth* urgently *Ver tb* CURA[2], PROCEDIMIENTO

urgente *adj* **1** (*gen*) urgent: *un pedido/trabajo ~* an urgent order/job **2** (*carta*) express: *una carta ~* an express letter
LOC es urgente que…: *Es ~ que llames a tus padres.* You must phone your parents straight away. *Ver tb* CORREO

urgir *vi* **1** (*gen*) to be urgent: *¿Te urge mucho?* Is it very urgent? **2 ~ hacer algo/que se haga algo**: *Me urge acabar este vestido.* I must finish this dress soon. **3** (*tiempo, dinero*): *Me urge el dinero.* I'm very short of money.
■ **urgir** *vt* to urge *sb* ***to do sth***

urinario, -a *adj* urinary
■ **urinario** *nm* urinal

urna *nf* **1** (*vasija*) urn **2** (*caja*) glass case **3** (*Pol, para votar*) ballot box
LOC acudir/ir a las urnas to go to the polls *Ver tb* CONCURRIR

urraca *nf* magpie

urticaria *nf* nettlerash

Uruguay *nm* Uruguay

uruguayo, -a *adj, nm-nf* Uruguayan

usado, -a *pp, adj* **1** (*de segunda mano*) second-hand: *ropa usada* second-hand clothes **2** (*desgastado*) worn (out): *Esos zapatos están muy ~s.* Those shoes are worn out. *Ver tb* USAR **LOC** *Ver* PAPEL

usanza *nf*
LOC a la usanza de: *Cocino a la ~ de mi región.* I cook dishes that come from my part of the country. *Ver tb* ANTIGUO

usar *vt* **1** (*utilizar*) to use: *Uso mucho el ordenador.* I use the computer a lot. **2** (*ponerse*) to wear: *¿Qué perfume usas?* What perfume do you wear?
■ **usar** *vi* **~ de 1** (*emplear*) to use *sth* [*vt*]: *Tuvieron que ~ de todo su ingenio.* They had to use all their ingenuity. **2** (*derecho, influencia*) to exercise *sth* [*vt*]
LOC *Ver* FÁCIL

uso *nm* **1** (*gen*) use: *Tiene varios ~s.* It has several uses. ◊ *Mejorarás con el ~ de este medicamento.* You'll get better if you take this medicine. **2** (*costumbre*) custom
LOC al uso: *Cocina al ~ de su tierra.* He cooks the way they do in his part of the country. ◊ *una fiesta al ~ antiguo* a party in the old style **deteriorado/gastado por el uso** worn out **de uso corriente/cotidiano** in everyday use ☛ *Ver nota en* EVERYDAY **de uso externo/tópico** for external application **de uso personal** for personal use **estar en buen uso** to be in good condition **estar en el uso de la palabra** to have the floor **hacer uso de la palabra**: *Cuando tuve que hacer ~ de la palabra…* When it was my turn to speak… **indicaciones/instrucciones de uso** instructions for

use **tener uso de razón**: *Te portaste como si no tuvieras ~ de razón.* You behaved like a child. ◊ *desde que tengo ~ de razón* ever since I can remember *Ver tb* FUERA

usted *pron pers* you: *Se lo debo a ~es.* I owe it all to you.
LOC **usted sí/no**: *Yo no soy de aquí pero ~ sí ¿no?* I'm not local, but you are, aren't you? ◊ *Pagamos nosotros, ~ no.* We're paying, not you.

usual *adj* usual

usuario, -a *nm-nf* user

usura *nf* **1** (*préstamo en condiciones abusivas*) usury (*antic*), extortion **2** (*ganancias excesivas*) profiteering

usurero, -a *nm-nf* **1** (*que cobra un interés excesivo*) usurer (*antic*), loan shark (*coloq*) **2** (*que obtiene ganancias excesivas*) profiteer

usurpación *nf* usurpation

usurpar *vt* to usurp

utensilio *nm* **1** (*gen*) tool: *~s de jardinería* gardening tools **2** (*agricultura*) implement **3** (*Tec*) instrument: *~s de laboratorio* laboratory instruments **4** (*Cocina*) utensil ☛ *Ver ilustración en* UTENSIL

uterino, -a *adj* uterine **LOC** *Ver* FUROR

útero *nm* womb, uterus [*pl* uteruses] (*científ*) ☛ *Ver ilustración en* REPRODUCTOR **LOC** *Ver* CUELLO

útil *adj* useful: *Tu consejo me fue muy ~.* Your advice was very useful. ◊ *Es muy ~ tener el supermercado al lado.* It's very handy having the supermarket so near.
■ **útiles** *nm* equipment [*incontable*]
LOC **¿en qué puedo serle útil?** how can I help you? **útiles de labranza** agricultural implements **útiles de pesca** fishing tackle [*incontable*] *Ver tb* VOTO

utilidad *nf* **1** (*cualidad*) usefulness: *Resulta de gran ~.* It's very useful. ◊ *No veo la ~ de este aparato.* I can't see the point of that thing. ◊ *No veo la ~ de...* I can't see what good it does to... **2** (*provecho*) benefit

utilitario, -a *adj* utilitarian
■ **utilitario** *nm* small car

utilizable *adj* usable

utilización *nf* use: *la ~ de la violencia* the use of violence

utilizar *vt* to use

utillaje *nm* **1** (*gen*) tools [*v pl*]: *el ~ de un escultor* a sculptor's tools **2** (*de un pintor*) materials [*v pl*]

utopía *nf* Utopia

utópico, -a *adj* Utopian

uva *nf* grape
LOC **de uvas a peras** once in a blue moon **uva de Corinto** currant **uva pasa** raisin *Ver tb* GRANO, LECHE

uve *nf* (the letter) v ☛ Se pronuncia /viː/.
LOC **uve doble** (the letter) w ☛ Se pronuncia /ˈdʌbljuː/.

UVI *nf, abrev de* **Unidad de Vigilancia Intensiva** *Ver* UNIDAD

Uzbekistán *nm* Uzbekistan

Vv

v *nf*
LOC **v doble/uve doble** w ☛ Se pronuncia /ˈdʌblju:/.
vaca *nf* **1** (*animal*) cow ☛ *Ver ilustración en* cow[1] **2** (*carne*) **(a)** (*gen*) beef: *estofado de ~* beef stew ☛ *Ver nota en* CARNE **(b)** (*filete*) steak: *dos filetes de ~* two steaks
LOC **vaca lechera** dairy cow **vaca marina** sea cow **vacas flacas/gordas**: *años de ~s flacas/gordas* lean/ boom years *Ver tb* COMER
vacación *nf* holiday: *las vacaciones de Navidad* Christmas holidays ☛ *Ver nota en* VACATION
LOC **estar/ir(se) de vacaciones** to be/go on holiday **tomarse unas vacaciones** to take a holiday **vacaciones forzosas** obligatory holidays **vacaciones pagadas/retribuidas** paid holiday: *un mes de vacaciones pagadas* a month's paid holiday
vacacional *adj* holiday [*n atrib*]: *la fuga ~* the holiday rush
vacada *nf* herd of cows
vacante *adj* vacant
■ **vacante** *nf* **~ (de)** vacancy (**for *sth***): *Existen ~s de maestros.* There are vacancies for teachers. LOC *Ver* PLAZA
vaciado *nm* **1(a)** (*líquido*) emptying: *Procedieron al ~ del depósito.* They emptied the tank. **(b)** (*gas*) extraction **2** (*excavación*) excavation **3** (*en un molde*) casting: *El ~ del hierro requiere temperaturas muy altas.* Casting iron requires very high temperatures. ◊ *Sus mejores obras son ~s en yeso.* His best works are cast in plaster. **4** (*afilado*) sharpening: *Esta navaja necesita un buen ~.* This knife needs a good sharpening.
LOC **hacer un vaciado** (*Med*): *Le hicieron un ~ el año pasado.* She had a hysterectomy last year.
vaciar *vt* **1** (*gen*) to empty *sth* (out): *~ una botella* to empty a bottle ◊ *Vaciemos esta caja.* Let's empty (out) the box. ◊ *Vació el vaso de un trago.* He drained his glass in one gulp. **2** (*excavar*) to excavate **3** (*lugar*) to clear *sth* (out) (**of *sth***): *La policía vació el local.* The police cleared the premises. ◊ *Quiero que vacíes tu cuarto de trastos.* I want you to clear the junk out of your room. **4** (*en un molde*) to cast **5** (*afilar*) to sharpen **6** (*animal*) to gut **7** (*Med*): *La vaciaron hace un año.* She had a hysterectomy a year ago.
■ **vaciarse** *v pron* to empty
LOC **vaciar de contenido** to render *sth* meaningless
vacilación *nf* hesitation
LOC **sin vacilaciones** without hesitating
vacilada *nf*: *Se pegaron una buena ~ a costa del guiri.* They took the mickey out of the foreigner.
vacilante *adj* **1** (*gen*) unsteady: *Caminaba con paso ~.* She was walking unsteadily. **2** (*luz*) flickering **3** (*memoria*) unreliable **4** (*recuerdos*) vague **5** (*actitud, voz*) hesitant
vacilar *vi* **1 ~ (en)** (*dudar*) to hesitate (***to do sth***): *Vaciló antes de contestar.* She hesitated before answering. ◊ *No vacilará en ayudarte.* He won't hesitate to help you. **2** (*luz*) to flicker **3** (*tambalearse*) **(a)** (*persona*) to stumble **(b)** (*mueble*) to wobble **4** (*principios, determinación*) to be shaken **5** (*memoria*) to fail **6** (*recuerdos*) to become vague **7** (*tomar el pelo*) to fool around: *¡Deja ya de ~!* Stop fooling around.
■ **vacilar** *vt* (*tomar el pelo*) to tease: *No le vaciles, que se enfada por nada.* Don't tease him, he gets angry over the least thing.
vacile *nm* joke: *Lo dijo de ~.* He was only joking.
LOC **andar/estar de vacile** to mess about
vacilón, -ona *nm-nf* joker
LOC **andar/estar de vacilón** to be messing about
vacío, -a *adj* **1** (*gen*) empty: *una caja/casa vacía* an empty box/house **2** (*puesto*) vacant
■ **vacío** *nm* **1** (*gen*) vacuum [*pl* vacuums]: *~ de poder* power vacuum ◊ *Existe un ~ legislativo.* There is a gap in the law. **2** (*sensación*) void: *Su muerte ha dejado un gran ~ en mi vida.* His death has left a void in my life. **3** (*hueco*) hollow
LOC **caer en el vacío** to fall on deaf ears **caer/ precipitarse al vacío**: *El coche cayó al ~.* The car went over the cliff. ◊ *El alpinista se precipitó al ~.* The climber plummeted into the abyss. **de vacío 1** (*persona*) empty-handed: *Fue a pedir dinero a sus padres, pero volvió de ~.* He asked his parents for money but came away empty-handed. **2** (*vehículo*) empty: *Como voy de ~ te puedo llevar.* As there's nobody else in the car I can give you a lift. **hacerle el vacío a algn** to ignore sb **tener un vacío en el estómago** to be starving *Ver tb* ENVASADO, MANO
vacuidad *nf* vacuousness: *Sus producciones teatrales están llenas de ~es y ordinarieces.* His plays are vacuous and vulgar.
vacuna *nf* **1** (*Med, sustancia*) vaccine: *No existe una ~ contra esta enfermedad.* There is no vaccine for this disease. ◊ *¿Te has puesto ya la ~ contra la polio?* Have you been vaccinated against polio? ◊ *la ~ antitetánica/ antigripal* the tetanus/flu vaccine **2** (*enfermedad de las vacas*) cowpox **3** (*fig*) antidote: *una ~ contra la depresión* an antidote to depression
vacunación *nf* vaccination: *una campaña de ~* a vaccination campaign
vacunado, -a *pp, adj* (*fig*) immune ***to sth/sb***: *Estoy ~ contra esa clase de idiotas.* I'm immune to idiots like that. *Ver tb* VACUNAR
vacunar *vt* to vaccinate *sth/sb* (***against sth***): *~ a un niño contra la viruela* to vaccinate a child against smallpox ◊ *Tenemos que ~ al perro contra la rabia.* We've got to have the dog vaccinated against rabies.
vacuno, -a *adj* bovine
■ **vacuno** *nm* cattle [*v pl*]: *Quieren prohibir las importaciones de ~.* They want to stop cattle imports.
LOC *Ver* GANADO, RES
vadear *vt* **1** (*atravesar*) to ford (*formal*), to wade across *sth*: *~ un río* to wade across a river **2** (*superar*) to get through *sth*: *~ una crisis* to get through a crisis
vado *nm* **1** (*río*) ford **2** (*acceso*) entrance: *¿Te has dado cuenta de que has aparcado en un ~?* Do you realize you're blocking the entrance?
LOC **vado permanente** keep clear (at all times)
vagabundear *vi* **1** (*vivir en la calle*) to live rough: *Cada día son más los que vagabundean por nuestras ciudades.* Every day there are more people living rough in our cities. **2** (*ir de acá para allá*) to wander: *~ sin rumbo fijo* to wander around ◊ *Vagabundeaba por el centro de la ciudad.* He was wandering about the centre of the city.
vagabundo, -a *adj* **1** (*persona*) wandering **2** (*animal*) stray
■ **vagabundo, -a** *nm-nf* tramp
vagamente *adv* vaguely: *Recuerdo ~ que...* I can vaguely remember that...
vagancia *nf* laziness: *¡Tengo una ~...!* I'm feeling so lazy...!
vagar *vi* to wander: *Pasaron toda la noche vagando por las calles de la ciudad.* They spent all night wandering the city streets.

LOC vagar como (un) alma en pena to wander about like a lost soul

vagina *nf* vagina ☛ *Ver ilustración en* REPRODUCTOR

vaginal *adj* vaginal

vago, -a[1] *adj (impreciso, ligero)* vague: *Me dio una respuesta un tanto vaga.* He gave me a rather vague answer. ◊ *un ~ parecido* a vague resemblance

vago, -a[2] *adj (perezoso)* lazy: *tener un ojo ~* to have a lazy eye

■ **vago, -a** *nm-nf* layabout

LOC hacer el vago to laze about/around **ser más vago que la chaqueta de un guardia** to be bone idle

vagón *nm* carriage: *un ~ de primera/segunda (clase)* a first/second class carriage

LOC vagón de carga/mercancías goods van **vagón de cola** guard's van **vagón de fumadores/no fumadores** smoking/non-smoking compartment **vagón de ganado** cattle truck **vagón de literas** sleeping car **vagón de pasajeros** passenger carriage **vagón restaurante** dining car

vagoneta *nf* small open wagon

vaguada *nf* valley bottom

vaguear *vi* to laze about/around

vaguedad *nf* **1** *(indeterminación)* vagueness: *la ~ de sus explicaciones* the vagueness of his explanations **2 vaguedades** vague remarks: *Dijo cuatro ~es y se sentó.* He made a few vague remarks and sat down.

LOC dejarse de vaguedades to stop beating about the bush

vaguería *nf Ver* VAGANCIA

vahído *nm* dizzy spell: *Me dio un ~ y me caí redonda.* I felt dizzy and fainted.

vaho *nm* **1** *(vapor)* steam: *El baño se llenó de ~.* The bathroom filled with steam. **2** *(aliento)* breath

LOC hacerse/tomar vahos (de algo) to inhale sth: *Me hice unos ~s de eucalipto.* I inhaled eucalyptus.

vaina *nf* **1** *(funda)* **(a)** *(gen)* sheath: *la ~ de un puñal* the sheath of a dagger ☛ *Ver ilustración en* KNIFE **(b)** *(espada)* scabbard ☛ *Ver ilustración en* SWORD **2** *(Bot)* pod **3** *(contrariedad)* pain: *¡Vaya una ~ tener que trabajar el sábado!* What a pain, having to work on a Saturday!

■ **vaina** *nm* twit

vainica *nf* drawn threadwork

vainilla *nf* vanilla: *un helado de ~* a vanilla ice cream

vaivén *nm* **1** *(movimiento)* **(a)** *(gen)* swinging: *el ~ de un péndulo* the swinging of a pendulum **(b)** *(tren, mecedora)* rocking **2 vaivenes** ups and downs: *La vida está llena de vaivenes.* Life is full of ups and downs.

vajilla *nf* **1(a)** *(gen)* china [*incontable*]: *Me regalaron un montón de ~ para la boda.* I was given a lot of china when I got married. **(b)** *(de barro)* crockery [*incontable*] **2** *(conjunto)* dinner service: *una ~ de porcelana* a china dinner service

Valdemoro *nm* **LOC** *Ver* PINTO

vale *nm* **1** *(cupón)* voucher: *Me han regalado un ~ para comprar discos.* I got a record voucher as a present. ◊ *un ~ de descuento* a discount voucher **2** *(recibo)* receipt: *Guarde el ~ por si desea devolver la camisa.* Keep the receipt in case you want to bring the shirt back. **3** *(entrada)* (free) ticket: *Tenemos dos ~s para la final.* We've got two free tickets for the final.

LOC vale de comida luncheon voucher

valedero, -a *adj* **1** *(válido)* valid: *La oferta es valedera hasta finales de mes.* The offer is valid until the end of the month. ◊ *un convenio ~ para dos años* an agreement which is valid for two years **2** *(Dep)* qualifying: *una prueba valedera para el campeonato del mundo* a qualifying event for the world championship

valedor, ~a *nm-nf* champion: *el ~ de una causa humanitaria* the champion of a humanitarian cause

valencia *nf* valency: *la tabla de ~s* the table of valencies

valentía *nf* courage: *Demostraste una gran ~.* You showed great courage. ◊ *con ~* courageously

valentón, -ona *adj, nm-nf*: *El ~ de tu cuñado siempre tiene ganas de pelea.* Your brother-in-law is always looking for a fight.

LOC hacerse el valentón to show off: *Se hizo el ~ delante de su novia.* He was showing off in front of his girlfriend.

valentonada *nf* **1** *(comentario)* brag: *Le gusta soltar ~s.* He likes to brag. **2** *(acción)* bravado [*incontable*]: *Sus ~s le costaron la vida.* His bravado cost him his life.

valer *vt* **1** *(costar)* to cost: *El sofá valía 100.000 pesetas.* The sofa cost 100 000 pesetas. ◊ *¿Cuánto vale?* How much is it? ◊ *El escándalo le valió el puesto.* The scandal cost him his job. **2** *(tener un valor)* to be worth: *Una libra vale 200 pesetas.* One pound is worth 200 pesetas. ◊ *No lo vale.* It isn't worth it. **3** *(significar)* to mean: *Esta foto vale muchísimo para mí.* This photo means an awful lot to me. **4** *(Mat)* to equal: *Si x vale seis...* If x equals six... **5** *(causar)* to cause: *Este negocio nos ha valido muchos sofocones.* This business has caused us a lot of upset. **6** *(ganar)* **(a)** *(premio)* to win: *Su perseverancia le valió el título.* His perseverance won him the title. **(b)** *(castigo)* to earn: *Eso me valió una bofetada.* It earned me a slap in the face.

■ **valer** *vi* **1** *(servir)* to do: *De momento este vaso vale como florero.* This glass will do as a vase for the time being. ◊ *¿Para qué vale esto?* What's that for?

Nótese que cuando queremos decir que algo *no vale*, empleamos la expresión **to be no good**: *Tiré todos los bolígrafos que no valían.* I threw away all the pens that were no good.

2 *(ser suficiente)* to be enough: *¿Vale con esto?* Is this enough? **3** *(ayudar)* to help *sb* **do sth**: *Mi amistad con el jefe me valió para obtener el puesto.* My friendship with the boss helped me get the job. **4 ~ por** to entitle *sb* **to sth**: *Este cupón vale por un descuento.* This coupon entitles you to a discount. **5 ~ (para)** *(persona)* to be good **(at sth/doing sth)**: *Es un chico que vale mucho.* He's a good bloke. ◊ *No valgo para las matemáticas.* I'm no good at maths. ◊ *Yo no valdría para maestra.* I'd be no good as a teacher. ◊ *Físicamente no vale nada.* Physically he's not up to much. **6** *(juegos)* **(a)** *(estar permitido)* to be allowed: *No vale hacer trampas.* Cheating isn't allowed. **(b)** *(contar)* to count: *Dijo que el penalti no valía.* He said the penalty didn't count. **7** *(documento)* to be valid: *Este pasaporte ya no vale.* This passport is no longer valid. **8** *(moneda)* to be legal tender **9** *(calzado, ropa)* to fit: *Esa talla ya no me vale.* That size doesn't fit me any more.

■ **valerse** *v pron* **1 valerse de** to use *sth*: *Se valió de todos los medios para triunfar.* He used every means possible to get on. **2** *(desenvolverse)* to get around: *Ya no puede ~se por sí misma.* She can't get around on her own any more.

LOC hacerse valer to stand up for yourself **hacer valer**: *hacer ~ tus derechos* to stand up for your rights ◊ *Hizo ~ su influencia/sus razones.* He made his influence/views felt. **más vale...**: *Más vale que cojas el paraguas.* You'd better take your umbrella. ◊ *Más te vale decir la verdad.* You're better off telling the truth. ◊ *Más vale así.* It's better that way. ◊ *Para hacerlo mal, más vale no hacerlo.* If you're going to do it badly, it's better not to do it at all. **más vale malo conocido que bueno por conocer** better the devil you know (than the devil you don't) **más vale maña que fuerza** brain is better than brawn **más vale pájaro en mano que ciento volando** a bird in the hand is worth two in the bush **más vale prevenir que curar** prevention is better than cure **más vale que sobre que no que falte** better too much than not enough **más vale tarde que nunca** better late than never **no hay discusión/excusa que valga** I don't want any arguments/excuses **¡no vale!** *(no es justo)* that's not fair! **no valer nada, una mierda, un carajo, un real, etc** to be worthless: *Estos manuscritos no valen nada.* These manuscripts are worthless. ◊ *Esa película no vale nada.* This film is rubbish. ◊ *El coche no valía un carajo.* The car wasn't worth a thing. **no valer para nada** to be useless **vale 1** (*de acuerdo*) OK: *Nos vemos a las siete, ¿vale?* We'll meet at seven, OK? **2** (*basta*) that's OK: *—¿Te pongo más? —No, así vale.* 'Would you like some more?' 'No, that's OK.' **valer lo que pesa (en oro)/su peso en oro** to be worth your, his, etc weight in gold **valer un imperio/mundo 1** (*persona*) to be worth your, his, etc weight in gold **2** (*objeto*) to be worth a fortune **valga la expresión** for want of a better expression **valga la redundancia** sorry for repeating myself **¡válgame Dios!** good God! *Ver tb* BARRIDO, DISPARATE, ENTERARSE, HOMBRE, OJO, PASTA, PENA, PERO, POTOSÍ

valeroso, -a *adj* courageous

valía *nf* worth: *Su ~ ha quedado sobradamente demostrada.* She's proved her worth.

LOC **de (gran) valía 1** (*persona*) of great worth **2** (*acción, objeto*) (very) valuable: *una labor de gran ~* a very valuable job

validación *nf* validation

validar *vt* to validate

validez *nf* validity

LOC **dar validez a algo** to validate sth **tener una validez de dos meses, etc** to be valid for two months, etc

válido, -a *adj* valid: *Es ~ hasta la primavera.* It's valid until spring. ◊ *ideas válidas* valid ideas LOC *Ver* INTERLOCUTOR

valiente *adj, nmf* brave [*adj*]: *¡Eres un ~!* You're very brave!

■ **valiente** *adj* (*en exclamaciones*): *¡~ novia que te has echado!* Some girlfriend you've got! ◊ *¡~ imbécil!* What an idiot! ◊ *¡~ solución!* Some solution!

LOC **dárselas de valiente/hacerse el valiente** to act tough *Ver tb* CORTÉS

valija *nf*

LOC **valija diplomática** diplomatic bag

valioso, -a *adj* valuable: *una joya/sugerencia valiosa* a valuable jewel/suggestion

valla *nf* **1** (*cerca*) fence ☛ *Ver ilustración en* HOUSE **2** (*Dep*) hurdle: *carrera de ~s* hurdle race ◊ *los 100 metros ~s* the 100 metres hurdles **3** (*de obras, para contener al público*) barrier

LOC **valla publicitaria** hoarding

vallado *nm* fence

vallar *vt* to fence

valle *nm* valley

valor *nm* **1** (*gen*) value: *~es éticos* ethical values ◊ *cacharros sin ningún ~ práctico* junk of no practical value ◊ *su ~ alimenticio/sentimental* its nutritional/sentimental value ◊ *comentarios de gran ~* invaluable comments **2** (*precio*) price: *Las joyas alcanzaron un ~ muy alto.* The jewels fetched a very high price. **3** (*mérito*) merit: *No tiene ~ si lo copiaste.* There's no merit in it if you copied. **4** (*trascendencia*) significance: *un discurso de gran ~* a very significant speech **5** (*valentía*) courage: *Me falta el ~ suficiente para hablarle.* I haven't got the courage to speak to him. **6** (*descaro*) cheek: *¡Menudo ~ tienes!* What a cheek you've got! **7 valores** (*Fin*) securities

LOC **dar valor a algo** to attach importance to sth **de valor** valuable **no quitar valor**: *El paso de los años no le quita ~ a esta película.* The film has lost nothing with the passage of time. **no tener valor** to be worthless: *Sus promesas no tienen ningún ~ para mí.* His promises mean nothing. **por valor de** to the value of *sth* **sin valor**: *cachivaches sin ~* worthless junk ◊ *sin ~ comercial* without any commercial value *Ver tb* ARMAR, CARECER, ESCALA, IMPUESTO, JUICIO, MERCADO, OBJETO

valoración *nf* **1** (*evaluación económica*) **(a)** (*gen*) valuation: *la ~ de un piso* the valuation of a flat **(b)** (*daños, pérdidas*) assessment: *la ~ de los daños* the assessment of the damage **2** (*de un suceso, de un trabajo*) assessment: *Hizo una ~ enormemente positiva de las elecciones.* His assessment of the elections was extremely positive. ◊ *hacer una ~ del trabajo de algn* to assess sb's work

valorar *vt* **1** (*tasar*) to value *sth* (**at *sth***): *Valoraron el collar en un millón de pesetas.* The necklace was valued at a million pesetas. **2** (*apreciar*) to value *sth/sb* (**as *sth***): *Lo que más valoro en ti es tu sentido común.* What I most value about you is your common sense. **3** (*considerar*) to assess: *Llegó el momento de ~ los resultados.* It was time to assess the results. ◊ *~ algo positivamente* to make a positive assessment of sth

vals *nm* waltz: *bailar un ~* to dance a waltz

valva *nf* valve: *las ~s del mejillón* the valves of a mussel

válvula *nf* valve: *las ~s del corazón* the heart valves ◊ *la ~ de escape* the exhaust valve ◊ *~ de seguridad* safety valve ☛ *Ver ilustración en* BICYCLE, OLLA

vampiresa *nf* femme fatale [*pl* femmes fatales]

vampiro *nm* **1** (*Zool*) vampire (bat) **2** (*de ficción*) vampire **3** (*explotador*) bloodsucker: *Este tipo es un ~.* He's a bloodsucker.

vanagloriarse *v pron* **~ (de)** to boast (**about *sth***): *Le gusta ~ de su talento artístico.* He likes to boast about his artistic talent.

vandálico, -a *adj* destructive: *Mostraron un comportamiento ~.* Their behaviour was very destructive. ◊ *cometer actos ~s* to commit acts of vandalism

vandalismo *nm* vandalism

vándalo, -a *nm-nf* **1** (*Hist*) Vandal **2** (*bárbaro*) vandal: *Unos ~s destruyeron el local.* The premises were destroyed by vandals.

vanguardia *nf* **1** (*gen*) vanguard: *El país está a la ~ del progreso científico.* The country is in the vanguard of scientific progress. ◊ *un científico de ~* a leading scientist **2** (*Arte, Liter*) avant-garde: *Es una escritora/artista de ~.* She's an avant-garde writer/artist.

vanguardismo *nm* (*Arte, Liter*) avant-gardism

vanguardista *adj* avant-garde

■ **vanguardista** *nmf* avant-gardist

vanidad *nf* vanity: *Lo hizo por pura ~.* He did it out of vanity.

vanidoso, -a *adj, nm-nf* vain [*adj*]: *Es una vanidosa.* She's so vain.

vano, -a *adj* **1** (*gen*) vain: *un ~ intento* a vain attempt ◊ *esperanzas vanas* vain hopes **2** (*palabras, promesas*) empty **3** (*excusas*) pointless

■ **vano** *nm* (*Arquit*) opening

LOC **en vano** in vain: *Tratamos en ~ de salvarle la vida.* We tried in vain to save his life. *Ver tb* AÑO

Vanuatu *nm* Vanuatu

vapor *nm* **1** (*gen*) steam: *una locomotora/plancha de ~* a steam engine/iron **2** (*Quím*) vapour: *~ de agua* water vapour **3 vapores** (*emanaciones*) fumes: *~es tóxicos/venenosos* toxic/poisonous fumes

LOC **al vapor** steamed: *Me gustan las verduras al ~.* I like steamed vegetables. *Ver tb* BAÑO, BARCO, MÁQUINA

vaporización *nf* vaporization

vaporizador *nm* vaporizer

LOC **vaporizador (de colonia/perfume)** (perfume) spray: *¿Lo quiere en frasco o con ~?* Would you prefer a bottle or a spray?

vaporizar(se) *vt, v pron* to vaporize

vaporoso, -a *adj* sheer: *Esta blusa es muy vaporosa.* It's a very sheer blouse.

vapulear *vt* to beat

vapuleo *nm* beating

vaquero, -a *adj* (*tela*) denim [*n atrib*]: *Me gustan las cazadoras vaqueras.* I like denim jackets.

■ **vaquero, -a** *nm-nf* **1** (*pastor de vacas*) cowherd [*fem* cowgirl] **2** (*del oeste americano*) cowboy [*fem* cowgirl]: *Trabaja de ~ en un rancho de Tejas.* He works as a cowboy on a ranch in Texas.

■ **vaquero** *nm* **vaqueros** jeans [*v pl*]: *Los ~s me quedan pequeños.* These jeans are too small for me.

Jeans es una palabra plural en inglés, por lo tanto para referirnos a *un vaquero* o *unos vaqueros* utilizamos **some/a pair of jeans**: *Se compró unos vaqueros negros.* He bought some black jeans/a pair of black jeans. *Ver tb nota en* PAIR

vaquilla *nf* **1** (*ternera*) heifer **2 vaquillas** (*espectáculo*) bullfighting with young bulls: *Esta tarde vamos a las ~s.* We're going to see the bullfighting this afternoon.

vara *nf* **1** (*rama*) branch **2** (*palo*) stick **3** (*tallo*) stem ☛ *Ver ilustración en* FLOR **4** (*de alcalde, de juez*) staff **5** (*Toros*) pike
LOC dar la vara to be a nuisance: *¡Niño, deja ya de dar la ~!* Do stop being a nuisance! *Ver tb* CAMISA, TROMBÓN

varadero *nm* dry dock

varado, -a *pp, adj* **1** (*barco*) **(a)** (*encallado*) aground: *El barco quedó ~.* The ship ran aground. **(b)** (*fuera del agua*) beached **2** (*fig*) trapped: *estar ~ en una difícil situación económica* to be trapped in a difficult financial situation *Ver tb* VARAR

varadura *nf* **1** (*encalladura*): *La ~ del buque fue consecuencia de la tormenta.* The boat ran aground in the storm. **2** (*en la playa*) beaching

varar *vt* to take *sth* out of the water: *Los pescadores varan sus barcas durante el invierno.* The fishermen take their boats out of the water during the winter.
■ **varar** *vi* to run aground

varear *vt* to beat: *~ un colchón* to beat a mattress ◊ *~ un olivo/almendro* to knock olives/almonds down from the tree

variabilidad *nf* variability

variable *adj* variable (*formal*), changeable: *Tienes un carácter demasiado ~.* Your mood is too changeable.
■ **variable** *nf* variable **LOC** *Ver* NUBOSIDAD

variación *nf* variation: *ligeras variaciones de presión* slight variations in pressure
LOC sin variación unchanged

variado, -a *pp, adj* **1** (*diferente*) varied: *Tenemos un menú ~.* We have a varied menu. **2** (*surtido*) assorted: *galletas variadas* assorted biscuits *Ver tb* VARIAR

variante *nf* **1(a)** (*variedad*) variant: *Son ~s de un mismo término.* They're variants of the same word. **(b)** (*diferencia*) variation **2** (*carretera*) road **3** (*de quiniela*): *Es una buena quiniela porque tiene muchas ~s.* It's a good week for the pools because lots of games weren't home wins.

variar *vt, vi* **1** (*dar variedad, ser variado*) to vary: *Los precios varían según el restaurante.* Prices vary depending on the restaurant. ◊ *Hay que ~ la alimentación.* You should vary your diet. **2** (*cambiar*) to change: *No varía en plural.* It doesn't change in the plural.
LOC para variar for a change **para/por no variar** as usual

varicela *nf* chickenpox

varicoso, -a *adj* varicose

variedad *nf* **1** (*gen*) variety: *una gran ~ de estilos* a great variety of styles **2 variedades**: *Los espectáculos de ~es vuelven a estar de moda.* Variety shows are back in fashion.
LOC en la variedad está el gusto variety is the spice of life *Ver tb* TEATRO

varilla *nf* **1** (*barra*) rod **2** (*rueda*) spoke **3** (*paraguas, abanico*) rib
LOC varilla del aceite dipstick ☛ *Ver ilustración en* CAR **varilla indicadora** needle

variopinto, -a *adj* motley

varios, -as *adj, pron* several: *en varias ocasiones* on several occasions ◊ *Hay varias posibilidades.* There are several possibilities. ◊ *~ de vosotros tendréis que estudiar más.* Several of you will have to work harder.

varita *nf* stick
LOC varita mágica magic wand

variz *nf* varicose vein

varón *nm* **1** (*hombre*) man [*pl* men] **2** (*hijo*) boy: *Tuvo un ~.* She had a boy. **LOC** *Ver* HIJO, SANTO

varonil *adj* manly, virile (*formal*): *una voz ~* a manly voice

Varsovia *nf* Warsaw

vasallo, -a *nm-nf* vassal

vasco, -a *adj, nm-nf* Basque
■ **vasco** *nm* (*idioma*) Basque **LOC** *Ver* PELOTA, PAÍS VASCO

vasectomía *nf* vasectomy

vaselina *nf* Vaseline®

vasija *nf* vessel

vaso *nm* **1** (*para beber*) glass: *Se bebió un ~ de agua.* He had a glass of water. ◊ *Pon ~s de agua y de vino.* Put out large glasses and wineglasses. **2** (*Anat, Bot*) vessel: *~s sanguíneos* blood vessels
LOC vaso de plástico/papel plastic/paper cup

> Nótese que para decir *vaso* utilizamos **glass** solamente si está hecho de cristal. Cuando está hecho de cualquier otro material (como barro, plástico, etc) utilizamos **cup**.

Ver tb AHOGAR, BEBER(SE), GAFAS, GOTA[2]

vástago *nm* **1** (*hijo*) offspring **2** (*Bot*) shoot

vasto, -a *adj* vast

vaticano, -a *adj* Vatican [*n atrib*]: *las finanzas vaticanas* Vatican finances
■ **vaticano** *nm* **el Vaticano** the Vatican **LOC** *Ver* CIUDAD

vaticinar *vt* to anticipate: *Vaticinan un éxito rotundo en las elecciones.* They're anticipating a resounding success in the elections.

vaticinio *nm* prophecy

vatio *nm* watt (*abrev* W): *una bombilla de 60 ~s* a 60-watt light bulb

vecinal *adj* **1** (*de vecinos*) neighbourhood [*n atrib*]: *asociaciones ~es* neighbourhood groups **2** (*municipal*) local **LOC** *Ver* CAMINO, CARRETERA

vecindad *nf* **1** (*gen*) neighbourhood: *Me parece que hay un hospital en la ~.* I think there's a hospital in the neighbourhood. **2** (*relación entre vecinos*) neighbourliness: *un gesto de buena ~* a gesture of good neighbourliness

vecindario *nm* **1** (*barrio*) neighbourhood: *una de las escuelas del ~* one of the schools in the neighbourhood **2** (*vecinos*) residents [*v pl*]: *Todo el ~ salió a la calle.* All the residents took to the streets.

vecino, -a *adj* **1** (*contiguo*) neighbouring: *países ~s* neighbouring countries **2** (*cercano*) nearby: *los montes ~s* the nearby mountains
■ **vecino, -a** *nm-nf* **1** (*que vive al lado*) neighbour: *¿Qué tal son tus ~s?* What are your neighbours like? **2** (*residente*) resident: *Todos los ~s de este pueblo apoyan a su alcalde.* All the residents of this town support their mayor. ◊ *Robaron a varios ~s de la misma calle.* A number of people in the street were burgled.
LOC *Ver* CASA, COMUNIDAD, HIJO

vector *nm* vector

veda *nf* close season: *El salmón está en ~.* It's the close season for salmon.

vedado, -a *pp, adj Ver* VEDAR
■ **vedado** *nm* preserve: *~ de caza/pesca* game/fishing preserve

vedar *vt* to ban

vedette *nf* cabaret star

vega *nf* area of low-lying fertile land

vegetación *nf* **1** (*plantas*) vegetation **2 vegetaciones** (*Med*) adenoids

vegetal *adj* vegetable [*n atrib*]: *aceites ~es* vegetable oils ◊ *el reino ~* the vegetable kingdom ◊ *una decoración con motivos ~es* decoration based on plant motifs ■ **vegetal** *nm* (*persona*) vegetable **LOC** *Ver* CARBÓN

vegetar *vi* **1** (*Bot*) to grow **2** (*hacer el vago*) to vegetate: *No hace más que ~.* He just sits there vegetating.

vegetariano, -a *adj, nm-nf* vegetarian [*n*]: *hacerse ~* to become a vegetarian ◊ *una dieta vegetariana* a vegetarian diet

vegetativo, -a *adj* vegetative

vehemencia *nf* vehemence: *Lo negó con ~.* He vehemently denied it.

vehemente *adj* **1** (*contundente*) vehement: *Lanzó un ~ ataque contra el gobierno.* He launched a vehement attack on the Government. **2** (*impulsivo*) impetuous: *un carácter ~* an impetuous temperament **3** (*necesidad, deseo*) strong

vehículo *nm* **1** (*gen*) vehicle: *Había cientos de ~s en la zona.* There were hundreds of vehicles in the area. ◊ *~s de información* vehicles for transmitting information **2** (*Med*) carrier: *Los insectos son ~s transmisores de enfermedades.* Insects are carriers of disease.
LOC **vehículo espacial** spacecraft [*pl* spacecraft] *Ver tb* INSPECCIÓN

veinte *nm, adj, pron* **1** (*gen*) twenty **2** (*vigésimo*) twentieth: *el siglo ~* the 20th century ☛ *Ver ejemplos en* SESENTA

veinteañero, -a *adj, nm-nf* twenty-year-old

veinteavo, -a (*tb* **veintavo, -a**) *adj* ☛ *Ver ejemplos en* DIECISEISAVO
■ **veinteavo** *nm* twentieth

veintena *nf*: *una ~ de niños* about twenty children

veintitantos, -as *adj, pron*: *durante ~ años* for twenty-odd years ◊ *Tiene ~ años.* He's twenty-something. ◊ *veintitantas mil pesetas* about twenty thousand pesetas ◊ *Eran ~.* There were about twenty of them. ◊ *Nos vamos el ~.* We're going sometime after the twentieth.

vejación *nf* humiliation

vejar *vt* to humiliate

vejatorio, -a *adj* humiliating

vejestorio *nm* old crock

vejete *nm* old chap

vejez *nf* old age **LOC** *Ver* SUBSIDIO

vejiga *nf* bladder ☛ *Ver ilustración en* REPRODUCTOR

vela[1] *nf* **1** (*gen*) sail: *izar las ~s* to hoist the sails **2** (*Dep*) sailing: *Los fines de semana practico la ~.* I go sailing at the weekend.
LOC **a toda vela 1** (*lit*) under full sail **2** (*muy rápido*) flat out: *ir/trabajar a toda ~* to go/work flat out **hacerse a la vela** to set sail **hacer vela** to go sailing **recoger velas 1** (*lit*) to take down the sails **2** (*fig*) to back down **vela mayor** mainsail ☛ *Ver ilustración en* YACHT *Ver tb* BARCO, NAVEGACIÓN, PALO, VUELO

vela[2] *nf* **1** (*cirio*) candle: *encender/apagar una ~* to light/put out a candle **2** (*mocos*): *Se te cae la ~.* Your nose is running. **3** (*vigilia*) vigil: *Nos turnamos todos los familiares en la ~ del cadáver.* All the relations took it in turn to keep vigil over the body.
LOC **como una vela/más derecho/tieso que una vela** as straight as a ramrod **nadie te ha dado vela en este entierro** nobody asked your opinion **¿quién te ha dado vela en este entierro?** who asked you to butt in? *Ver tb* DOS, LUZ, NOCHE

velada *nf* evening: *una ~ musical/literaria* a musical/literary evening ◊ *una ~ de boxeo* an evening of boxing

veladamente *adv*: *acusar/criticar ~* to make veiled accusations/criticisms

velado, -a *pp, adj* **1** (*solapado*) veiled: *acusaciones/amenazas veladas* veiled accusations/threats **2** (*Fot*) overexposed *Ver tb* VELAR

velador *nm* pedestal table

velamen *nm* sails [*v pl*]

velar *vt, vi* **1** (*enfermo*) to sit up (**with *sb***): *Tuvo que ~ a su padre.* He had to sit up with his sick father. **2** (*muerto*) to keep vigil (**over *sb***)
■ **velar** *vi* **~ por** (*cuidar*) to look after *sth/sb*: *~ por tu familia/tus intereses* to look after your family/interests

velarse *v pron* (*carrete*) to be exposed: *No abras la máquina, que se vela el carrete.* Don't open the camera or you'll expose the film.

velatorio *nm* **1** (*acto*) wake **2** (*lugar*) chapel of rest

veleidoso, -a *adj* fickle

velero, -a *adj* sailing [*n atrib*]: *barco ~* sailing boat
■ **velero** *nm* **1** (*barco*) sailing boat **2** (*Aeronáut*) glider

veleta *nf* weathervane ☛ *Ver ilustración en* IGLESIA
■ **veleta** *adj, nmf*: *Es un/muy ~.* He blows hot and cold.

vello *nm* **1** (*persona*) hair: *tener ~ en las piernas* to have hair on your legs ◊ *~ púbico* pubic hair ☛ *Ver ilustración en* REPRODUCTOR **2** (*fruta*) bloom

vellón *nm* fleece ☛ *Ver ilustración en* OVEJA

velludo, -a *adj* hairy

velo *nm* veil
LOC **velo del paladar** soft palate ☛ *Ver ilustración en* THROAT *Ver tb* TUPIDO

velocidad *nf* **1** (*gen*) speed: *la ~ del sonido/de la luz* the speed of sound/light ◊ *Iba a una ~ media de 80 km por hora.* His average speed was 80 km an hour. ◊ *trenes de gran ~* high-speed trains ☛ *Ver nota en* VELOCITY **2** (*Mec*) gear: *cambiar de ~* to change gear ◊ *un coche con cinco ~es* a car with a five-speed gearbox ☛ *Ver ilustración en* BICYCLE
LOC **a la velocidad del rayo** as quick as a flash **a toda velocidad 1** (*vehículo*) at top speed: *El coche pasó a toda ~.* The car went by at top speed. **2** (*muy rápido*) very fast: *Acabó el ejercicio a toda ~.* He finished the exercise very quickly. **coger velocidad** to get up speed **velocidad de crucero** cruising speed **velocidad límite/velocidad máxima permitida** speed limit **velocidad punta** top speed *Ver tb* ALTO *adj*, CAMBIO, EXCESO, GRANDE, INDICADOR, LECHE, PATINAJE, TREN

velocímetro *nm* speedometer ☛ *Ver ilustración en* CAR

velocista *nmf* sprinter

velódromo *nm* cycle track

velomotor *nm* (*ciclomotor*) moped ☛ *Ver ilustración en* MOTO

veloz *adj* **1** (*gen*) fast: *un corredor/coche ~* a fast runner/car **2** (*movimiento*) quick ☛ *Ver nota en* FAST[1]

vena *nf* vein: *Se le notan mucho las ~s.* You can see his veins. ◊ *Le sale la ~ poética.* He writes in a poetic vein.
LOC **darle la vena a algn** to take it into your head *to do sth*: *Me dio la ~ y me fui de compras.* I took it into my head to go shopping. **estar en vena** to be on form: *El equipo está en ~.* The team is on form. **estar en vena para hacer algo** to be in the mood for doing sth: *Hoy no estoy en ~ para traducir.* I'm not in the mood for translating today. **tener vena de** to have the makings of a...: *Tiene ~ de cantante.* He has the makings of a singer. **vena cava** vena cava **vena yugular** jugular (vein) *Ver tb* CORTAR, SANGRE

venado *nm* (*Cocina*) venison: *Comimos ~.* We ate venison.

vencedor, ~a *adj* **1** (*gen*) winning: *el equipo ~* the winning team **2** (*país, ejército*) victorious
■ **vencedor, ~a** *nm-nf* **1** (*gen*) winner: *el ~ de la prueba* the winner of the competition **2** (*Mil*) victor: *~es y vencidos se reunieron al cabo de 20 años.* The victors and the defeated met after 20 years.

vencer *vt* **1** (*Dep*) to defeat, to beat (*más coloq*): *Venció a su rival con facilidad.* He defeated his rival easily. ◊ *Nos vencieron en la semifinal.* We were beaten in the semifinal. **2** (*Mil*) to defeat: *~ al ejército enemigo* to defeat the enemy forces **3** (*sueño, dificultades, problemas*) to overcome: *Me venció el sueño.* I was overcome with sleep. ◊ *~ un obstáculo* to overcome an obstacle
■ **vencer** *vi* **1** (*ganar*) to win: *Venció el equipo visitante.* The visiting team won. **2** (*plazo*) to expire **3** (*pago*) to be due: *El pago del prestámo vence hoy.* Repayment of the loan is due today. **4** (*imponerse*) to prevail: *El sentido común vencerá al final.* Common sense will prevail in the end.

■ **vencerse** *v pron* to give way: *La mesa se venció al apoyarme.* The table gave way when I leant on it.
LOC **dejarse vencer por** to give way to *sth*: *Me dejé ~ por la rabia.* I gave way to anger. **vencer a algn en su propio terreno 1** (*lit*) to beat sb on their home ground **2** (*fig*) to beat sb at their own game **vencer uno-cero, etc**: *Vencieron seis-cuatro al Madrid.* They beat Madrid six-four. *Ver tb* DIVIDIR, PLAZO

vencido, -a *pp, adj* (*pago*) overdue *Ver tb* VENCER
■ **vencido, -a** *nm-nf* **1** (*perdedor*) loser: *vencedores y ~s* winners and losers **2** (*Mil*): *los ~s* the defeated
LOC **darse por vencido** to give up: *No me doy por ~ con facilidad.* I don't give up easily. *Ver tb* PLAZO, TERCERO

vencimiento *nm* (*de una letra, de un pago*) due date

venda *nf* **1** (*gen*) bandage: *Me puse una ~ en el dedo.* I bandaged (up) my finger. **2** (*para los ojos*) blindfold: *Me cubrieron los ojos con una ~.* They blindfolded me.
LOC **quitarle a algn la venda de los ojos** to open sb's eyes *to sth* **tener una venda en los ojos** (*fig*) to be blind (*to sth*): *Es incapaz de ver la realidad, tiene una ~ en los ojos.* He's blind to what's going on.

vendado *pp, adj Ver* VENDAR **LOC** *Ver* OJO

vendaje *nm* bandage

vendar *vt* to bandage *sth/sb* (up): *Me vendaron el tobillo.* They bandaged my ankle. ◊ *La vendaron de arriba abajo.* She was bandaged from head to foot.
■ **vendarse** *v pron* to bandage: *Me vendé la pierna.* I bandaged my leg.
LOC **vendarle los ojos a algn** to blindfold sb

vendaval *nm* gale

vendedor, ~a *nm-nf* **1** (*viajante, representante*) salesman/woman [*pl* salesmen/women] **2** (*dependiente*) shop assistant
LOC **vendedor ambulante** hawker **vendedor a domicilio** door-to-door salesman **vendedor de periódicos** newspaper seller

vender *vt* **1** (*gen*) to sell: *Se lo vendí a mi cuñado.* I sold it to my brother-in-law. ◊ *Venden el piso de arriba.* The upstairs flat is for sale. **2** (*traicionar*) to betray
■ **vender** *vi* to sell: *No es buen momento para ~.* It's not a good time to sell. ◊ *Este libro está vendiendo muy bien.* This book is selling very well.
■ **venderse** *v pron* **1** (*estar a la venta*) to be on sale: *Su último álbum se vende en las mejores tiendas de discos.* His latest record is on sale in the best shops. **2** (*persona*) to sell out: *Se ha vendido a la competencia.* He's sold out to the competition. **3 venderse a** (*costar*) to cost: *¿A cómo se vende la langosta?* How much does lobster cost?
LOC **no vender ni una escoba** not to sell a thing: *Hoy no he vendido ni una escoba.* I haven't sold a thing today. **se vende** for sale **vender a domicilio/por las casas** to sell from door to door **vender caro** (*fig*) to put up a fight (for *sth*): *Vendió caro el título/su puesto.* He put up a fight for the title/his job. **venderse como churros/rosquillas** to sell like hot cakes **vender suelto** to sell *sth* singly: *¿Venden platos sueltos?* Do you sell plates singly?

vendido, -a *pp, adj Ver* VENDER
LOC **estar vendido** to be lost

vendimia *nf* grape harvest

vendimiador, ~a *nm-nf* grape picker

vendimiar *vi* to harvest grapes, to pick grapes (*más coloq*): *Todos los años van a ~.* They go grape-picking every year.

veneno *nm* **1** (*gen*) poison: *~ para ratas* rat poison **2** (*de una culebra*) venom **3** (*perjuicio*): *La violencia televisiva es un ~ para nuestros hijos.* Television violence is harmful to our children.

venenoso, -a *adj* poisonous
LOC **hongo venenoso/seta venenosa** toadstool

venerable *adj* venerable

venerar *vt* **1** (*adorar*) to venerate **2** (*Dios*) to worship

venéreo, -a *adj* venereal

venezolano, -a *adj, nm-nf* Venezuelan

Venezuela *nf* Venezuela

vengador, ~a *adj* avenging
■ **vengador, ~a** *nm-nf* avenger

venganza *nf* revenge, vengeance (*formal*)

vengar *vt* to avenge
■ **vengarse** *v pron* **vengarse (de)** to take revenge (**on** *sb*) (**for** *sth*): *Se vengó de ellos por lo que le habían hecho.* He took revenge on them for what they did. ◊ *Me vengaré de él.* I'll get my revenge on him.

vengativo, -a *adj* vindictive

venial *adj* venial

venida *nf* **1** (*llegada*) arrival **2** (*vuelta*) return journey: *La ida la hicimos en coche y la ~ en tren.* We went by car and came back by train. **LOC** *Ver* IDA

venidero, -a *adj* coming: *Esperamos que la situación mejore en años ~s.* We hope that the situation will improve in the coming years.

venir *vi* **1** (*gen*) to come: *¡Ven aquí!* Come here! ◊ *Ven a verme mañana.* Come and see me tomorrow. ◊ *Nunca vienes a visitarme.* You never come to see me. ◊ *Decidí ~ en coche/andando.* I decided to come by car/on foot. ◊ *Este té viene de China.* This tea comes from China. ◊ *La tragedia vino cuando menos lo esperábamos.* Tragedy came when we least expected it. ◊ *No me vengas con excusas ahora.* Don't come to me with excuses now. **2** (*volver*) to be back: *Vengo en seguida.* I'll be back in a minute. **3** (*estar*) to be: *La noticia vino en todos los periódicos.* The news was in all the papers. ◊ *Hoy vengo un poco cansado.* I'm a bit tired today. ◊ *Esos pantalones te vienen grandes.* Those trousers are too big for you. **4** (*recordar*) to remember: *Ahora mismo no me viene su nombre.* I can't remember his name right now. **5** (*imagen, recuerdo*) to come into *sb's* mind: *Todavía me vienen imágenes del accidente.* Images of the accident still come into my mind.
■ **venir** *v aux* **1 ~ a** must: *Viene a calzar el mismo número que yo.* He must take the same size as me. **2 ~ haciendo algo** to have been **doing sth**: *Hace años que te vengo diciendo lo mismo.* I've been telling you the same thing for years.
■ **venirse** *v pron* (*volver*) to come back: *Tuve que ~me porque me llamaron del hospital.* I had to come back because they phoned me from the hospital.
LOC **¿a qué viene ...?** what's ... in aid of?: *¿A qué viene eso ahora?* What's all this in aid of? ◊ *¿A qué vienen esas lágrimas?* What's this crying in aid of?
¿a qué vienes, etc? what do you, does he, etc want?: *¿A qué vienen a estas horas?* What do they want at this time of night?
que viene next: *el martes que viene* next Tuesday ◊ *el año que viene* next year
¡venga (ya)! come on!
venir a ser to amount to *sth*: *Viene a ser lo mismo.* It amounts to the same thing. ◊ *Eso viene a ser una confesión.* That amounts to a confession.
venir bien 1 (*convenir*) to suit: *Nos vendría bien que nos pagaras semanalmente.* It would suit us if you paid us weekly. **2** (*ser útil*) to come in handy: *Este armario nos vendrá bien.* This wardrobe will come in handy.
venir mal: *Mañana me viene muy mal.* Tomorrow doesn't suit me.
☛ Para otras expresiones con **venir**, véanse las entradas del sustantivo, adjetivo, etc, p.ej. **no venir a cuento** en CUENTO y **venir de familia** en FAMILIA

venta *nf* **1** (*Com*) sale **2** (*posada*) inn
LOC **estar en venta** to be for sale **poner a la venta** to put *sth* up for sale **sacar a la venta** to put *sth* on sale **salir a la venta** to go on sale **venta a domicilio** door-to-door selling **venta al contado** cash sale **venta al por mayor/menor** wholesale/retail: *un grupo de ~ al por mayor/menor* a wholesale/retail group **venta ambulante** street trading **venta a plazos** hire purchase **venta por catálogo/correo** mail order *Ver tb* ESCRITURA, ÉXITO, INFORME[2], JEFE, PUNTO

ventaja *nf* **1** (*gen*) advantage: *Tienes la ~ de dominar el idioma.* You've got the advantage of knowing the language. ◊ *Vivir en el campo tiene muchas ~s.* Living

in the countryside has a lot of advantages. **2** (*Dep*) **(a)** (*clasificación, Fútbol*) lead: *Llevamos tres puntos de ~.* We've got a three point lead. ◊ *El primer gol nos dio la ~.* The first goal gave us the lead. **(b)** (*delantera*) head start: *Le dieron una ~ de cinco segundos.* They gave him a five second head start.
LOC **llevarle ventaja a algn** to have an advantage over sb

ventajoso, -a *adj* advantageous

ventana *nf* window: *una ~ corredera* a sliding window
☛ *Ver ilustración en* HOUSE
LOC **arrojar/echar/tirar por la ventana** (*fig*) to throw *sth* away: *No tires tu futuro/esta oportunidad por la ~.* Don't throw away your future/this chance. *Ver tb* CASA, DOBLE

ventanal *nm* window ☛ *Ver ilustración en* HOUSE

ventanilla *nf* **1** (*gen*) window: *Baja/sube la ~.* Open/shut the window. ◊ *Vaya a la ~ donde pone "Información".* Go to the window where it says 'Information'. **2** (*Cine, Teat*) box office LOC *Ver* PROHIBIDO

ventarrón *nm* strong wind

ventear *vt, vi* (*olfatear*) to sniff

ventilación *nf* ventilation

ventilador *nm* **1** (*aparato*) fan **2** (*abertura*) ventilator LOC *Ver* CORREA

ventilar *vt* **1** (*habitación, ropa*) to air: *Tengo que ~ las mantas.* I must air the blankets. **2** (*Tec, con ventilador*) to ventilate **3** (*revelar*) to expose: *La prensa ventiló sus amoríos con la cantante.* The press exposed his affair with the singer.
■ **ventilarse** *v pron* **1** (*tomar el aire*) to get some fresh air **2** (*terminar*) to finish ***sth/doing sth***: *Me ventilé la novela en una noche.* I finished the novel in one night. ◊ *Ayer me ventilé todos los exámenes que tenía para corregir.* I finished marking the exams yesterday. **3** (*matar*) to do *sb* in

ventisca *nf* blizzard: *Había ~.* It was blowing a blizzard.

ventolera *nf* gust of wind
LOC **dar la ventolera** to take it into your head *to do sth*

ventosa *nf* **1** (*de goma*) suction pad **2** (*Zool*) sucker **3** (*alcantarilla*) vent

ventosear *vi* to break wind

ventosidad *nf* flatulence [*incontable*], wind [*incontable*] (*más coloq*): *tener ~es* to suffer from wind

ventoso, -a *adj* windy

ventrículo *nm* ventricle

ventrílocuo, -a *nm-nf* ventriloquist

ventura *nf* **1** (*felicidad*) happiness **2** (*suerte*) luck
LOC **a la ventura**: *viajar a la ~* to travel aimlessly ◊ *hacer algo a la ~* to do sth in a hit and miss fashion ◊ *Siempre han vivido a la ~.* They've always muddled along. **echar la buena ventura** to tell *sb's* fortune **tener la ventura/mala ventura de** to be lucky/unlucky enough *to do sth*

venturoso, -a *adj* **1** (*feliz*) happy **2** (*afortunado*) lucky

Venus *nm* (*planeta*) Venus

ver[1] *nm*
LOC **de buen ver** good-looking

ver[2] *vt* **1** (*gen*) to see: *Hace mucho que no la veo.* I haven't seen her for a long time. ◊ *No te había visto.* I hadn't seen you. ◊ *¿Lo ves?, ya te has vuelto a caer.* You see? You've fallen down again. ◊ *No veo por qué.* I don't see why. ◊ *¿Ves aquel edificio de allí?* Can you see that building over there? ◊ *¿Has visto esa película?* Have you seen that film? ◊ *Estoy viendo que nos quedamos sin sitio.* I can see we won't get a seat. ◊ *¡Ya verás qué multa te van a poner!* You'll get a ticket, just wait and see! **2** (*televisión*) to watch **3** (*examinar, mirar*) to look at *sth*: *Necesito ~lo con más calma.* I need more time to look at it. **4** (*considerar*) to think: *Lo veo difícil.* I think it will be hard. **5** (*parecer*): *Te veo muy cambiada/alegre.* You look very different/cheerful.
■ **ver** *vi* to see: *De noche no veo muy bien.* I can't see very well at night. ◊ *Espera, voy a ~.* Wait, I'll go and see.
■ **verse** *v pron* **1** (*estar*) to be: *Nunca me había visto en semejante situación.* I'd never been in a situation like that. ◊ *Se vio obligado a dimitir.* He was forced to resign. **2** (*imaginarse*) to think: *Ya me veía durmiendo en la calle.* I thought I was going to have to spend the night in the street. **3 verse (con)** to meet (*sb*): *Me vi con tu hermana en el parque.* I met your sister in the park.
LOC **ahí/aquí donde me ves** surprising though it may seem
a ver 1 (*veamos*) let's see **2** (*orden*) now then!: *¡A ~!, que se presenten los voluntarios.* Now then! Let's have the volunteers. **3** (*¡claro!*) (you) see!: *¡A ~! Ayer ibas sin abrigo y hoy tienes catarro.* You see! You were going round yesterday without a coat on, and today you've got a cold.
a ver si... 1 (*deseo*) I hope...: *A ~ si apruebo esta vez.* I hope I pass this time. **2** (*temor*) what if...: *¡A ~ si les ha pasado algo!* What if something has happened to them? **3** (*ruego, mandato*) how about...: *A ~ si me escribes de una vez.* How about writing to me sometime?
como si lo viera I bet you anything
está/queda por ver it remains to be seen (*whether...*): *Está por ~ si apruebas.* It remains to be seen whether you'll pass. ◊ *Está por ~ que salga bien este negocio.* It remains to be seen whether the deal will work out.
¡hasta más ver! so long!
no veas... you can't imagine...: *No veas cómo están los precios.* You can't imagine how expensive everything is.
no ver nada malo (en algo) to see nothing wrong (in sth): *No veo nada malo en que hayan venido sin avisar.* I don't see anything wrong in their turning up unannounced.
no ver(se) ni gota, pizca, torta, etc not to be able to see a thing
¡para que veas! so there!
por lo que se ve apparently
que no veas: *Se ha puesto de un creído que no veas.* He's become terribly conceited.
se ve que... 1 (*está claro que*) it's clear that... **2** (*parece que*) it seems that...: *Se ve que sí/no.* It seems so/not. ◊ *Se ve que no habían contestado la carta.* Apparently they hadn't answered the letter.
veamos let's see
verás... well...: *Verás, no ocurrió exactamente así.* Well, it didn't happen quite like that.
ver pasar algo/a algn: *Le vi pasar pero no le saludé.* I saw him go past but I didn't say hello. ◊ *Me gusta ~ pasar a la gente.* I like to watch people passing. ◊ *Vimos pasar la cabalgata.* We watched the procession go by.
vérselas con algn to have it out with sb
vérselas y deseárselas to work hard *to do sth*
ver venir algo to see it coming: *Lo estaba viendo venir.* I could see it coming.
☛ Para otras expresiones con **ver**, véanse las entradas del sustantivo, adjetivo, etc, p. ej. **tener que ver** en TENER y **ver visiones** en VISIÓN.

vera *nf* (*río*) bank
LOC **a la vera de** beside *sth/sb* **a la vera del camino** by the roadside **a mi vera** next to me, you, etc

veracidad *nf* veracity

veraneante *nmf* holiday-maker

veranear *vi* **1** (*pasar el verano*) to spend the summer: *~ en la playa* to spend the summer by the sea **2** (*pasar las vacaciones*) to go on holiday: *~ en el extranjero* to go on holiday abroad

veraneo *nm* holiday: *estar/ir de ~* to be/go on holiday
☛ *Ver nota en* VACATION

veraniego, -a *adj* **1** (*de verano*) summer [*n atrib*]: *residencia veraniega* summer residence **2** (*clima, ropa*) summery: *Hace un tiempo muy ~.* There's a very summery feel to the weather. ◊ *¡Qué veraniega vas hoy!* You're looking very summery today! LOC *Ver* COLONIA[2]

veranillo *nm*
LOC **veranillo de San Martín** Indian summer

verano *nm* summer: *El próximo ~ iremos a Francia.* Next summer we'll go to France. ◊ *En ~ hace mucho calor.* It's very hot in (the) summer. ◊ *las vacaciones de ~* the summer holidays
LOC **ir/ponerse de verano** to wear/put on summer clothes *Ver tb* HORARIO

veras
LOC **decir algo de veras** to really mean sth: *¡No lo dirás de ~!* You don't mean it! **de veras 1** (*verdadero*) real: *un compañero de ~* a real friend **2** (*realmente*) really: *Estás guapo de ~.* You look really nice. ◊ *Siento de ~ que...* I'm really sorry that... **ir de veras 1** (*cosa*) to be for real: *Parece que ahora va de ~.* This time it seems to be for real. **2** (*persona*) to really mean it: *Me amenazó, pero creo que no iba de ~.* He threatened me, but I don't think he really meant it. *Ver tb* BROMA, BURLA

veraz *adj* reliable

verbal *adj* verbal **LOC** *Ver* AGRESIÓN

verbena *nf* fiesta: *la ~ de San Juan* the Midsummer Night fiesta ◊ *Estuvimos toda la noche de ~.* We were at the fiesta all night.

verbigracia *adv* for example

verbo *nm* **1** (*Gram*) verb: *un ~ transitivo/intransitivo* a transitive/intransitive verb **2** (*lenguaje*) style: *El escritor hace gala de un ~ rico y fluido.* The writer has a varied and fluid style. **3 el Verbo** (*Relig*) the Word

verborrea *nf* verbosity, verbal diarrhoea (*coloq, joc*)

verbosidad *nf* verbosity

verboso, -a *adj* verbose

verdad *nf* truth: *Di la ~.* Tell the truth. ◊ *La ~ es que...* The truth is that... ◊ *Es la pura ~.* It's the gospel truth.
LOC **a decir verdad/la verdad sea dicha** to tell the truth **decir cuatro verdades/las verdades del barquero** to tell *sb* a few home truths **de verdad 1** (*en función adjetival*) real: *una actriz de ~* a real actress **2** (*en función adverbial*) really: *Me abrió de ~ su corazón.* He really poured his heart out to me. ◊ *¿De ~?* Really? ◊ *Lo dijo de ~.* He really meant it. ◊ *¿Pero de ~ de la buena?* Honestly? **en verdad** really **las verdades duelen** the truth hurts **la verdad al desnudo** the plain truth **ser verdad** to be true: *No puede ser ~.* It can't be true. ◊ *Es ~ que aquí llueve más.* It's true that it rains more here. **si bien es verdad que...** although... **una verdad como un puño/templo**: *Eso de que es tacaño es una ~ como un templo.* The fact that he's mean is self-evident. ◊ *El artículo está lleno de ~es como puños.* The article is full of truisms. **¿verdad?**: *Este coche es más rápido, ¿verdad?* This car's faster, isn't it? ◊ *Te gusta la leche, ¿verdad?* You do like milk, don't you? ◊ *Sin azúcar, ¿verdad?* Without sugar, right? **verdad a medias/media verdad** half-truth: *las medias ~es de la prensa* the half-truths in the press **verdad de Perogrullo** truism **¿verdad o mentira?** true or false? *Ver tb* APARTAR, ESCLARECER, FALTAR, FONDO, HONOR, HORA, SOLTAR

verdadero, -a *adj* **1** (*auténtico*) true: *Nunca sabremos la verdadera historia.* We'll never know the true story. **2** (*enfático*) real: *Fue un ~ placer.* It was a real pleasure. ◊ *un ~ imbécil* a real idiot

verde *adj* **1** (*color*) green ☛ *Ver ejemplos en* AMARILLO **2** (*fruta*) unripe: *Dame unos tomates, pero no muy ~s.* Give me some tomatoes, but not too unripe. ◊ *No las cojas, todavía están ~s.* Don't pick them, they're not ripe yet. **3** (*proyecto, negocio*) in its early stages: *El plan todavía está ~.* The plan is still in its early stages. **4** (*novato*) inexperienced: *Necesitas practicar, aún estás un poco ~.* You need to practise - you're still rather inexperienced. **5** (*obsceno*) dirty: *canciones/chistes ~s* dirty songs/jokes
■ **verde** *nm* **1** (*color*) green ☛ *Ver ejemplos en* AMARILLO **2** (*hierba*) grass **3** (*de árboles*) foliage **4 los verdes** (*Pol*) the Greens
LOC **estar verde de envidia** to be green with envy **poner verde 1** (*hablando de algn*) to slag *sb* off: *Mi hermana puso ~ a su marido.* My sister slagged her husband off. **2** (*echar la bronca*) to tear *sb* off a strip: *Me puso ~ por no haber sacado la basura.* She tore me off a strip because I didn't put the rubbish out. **verde botella** bottle-green: *una chaqueta ~ botella* a bottle-green jacket *Ver tb* BILLETE, HORA, LUZ, SALSA, TAPETE, VIEJO, ZONA

verderol (*tb* **verderón**) *nm* greenfinch

verdín *nm* **1** (*en el agua*) slime **2** (*en el metal*) verdigris: *Se notaba el ~ en las cañerías.* You could see verdigris on the pipes. **3** (*mancha*) grass stain: *No te sientes, que te vas a manchar el pantalón de ~.* Don't sit down or you'll get a grass stain on your trousers.

verdoso, -a *adj* greenish

verdugo *nm* **1** (*lit*) **(a)** (*gen*) executioner: *Tenía fama de ser un ~ sanguinario.* He had the reputation of being a bloodthirsty executioner. **(b)** (*en la horca*) hangman [*pl* hangmen] **2** (*tirano*) tyrant **3** (*pasamontañas*) balaclava

verdulería *nf* greengrocer's [*pl* greengrocers] ☛ *Ver nota y ejemplos en* CARNICERÍA

verdulero, -a *nm-nf* greengrocer
■ **verdulera** *nf* (*fig*) foul-mouthed woman
LOC **hablar/gritar como una verdulera** to shout like a fishwife

verdura *nf* vegetable(s) [*se utiliza mucho en plural*]: *frutas y ~s* fruit and vegetables ◊ *La ~ es muy sana.* Vegetables are very healthy. ◊ *sopa de ~s* vegetable soup

verdusco, -a *adj* dark green

vereda *nf* path
LOC **meter en vereda/hacer entrar en vereda** to bring *sb* into line

veredicto *nm* verdict

verga *nf* **1** (*Náut*) yard **2** (*pene*) penis ☛ *Ver ilustración en* REPRODUCTOR

vergel *nm* garden

vergonzoso, -a *adj* **1** (*tímido*) shy **2** (*indignante*) disgraceful: *un comportamiento ~* disgraceful behaviour
■ **vergonzoso, -a** *nm-nf* shy person

vergüenza *nf* **1** (*timidez, sentido del ridículo*) embarrassment: *¡Qué ~!* How embarrassing! ◊ *No he pasado más ~ en mi vida.* I've never felt so embarrassed in all my life. ◊ *Me da ~ hablar en público.* Speaking in public makes me embarrassed. **2** (*sentido de culpabilidad, modestia*) shame: *No tienes ~.* You've got no shame. ◊ *Le daba ~ confesarlo.* He was ashamed to admit it. **3** (*escándalo*) disgrace: *Fue la ~ de la familia.* He was a disgrace to his family. ◊ *Es una ~ nacional que...* It's a national disgrace that... **4 vergüenzas** private parts
LOC **dar/pasar vergüenza** to be embarrassed: *Me da ~ preguntarles.* I'm too embarrassed to ask them. **pasar/sentir vergüenza ajena** to feel embarrassed *for sb* **tener poca vergüenza** to have no shame *Ver tb* CARA

vericueto *nm* **1** (*lit*) rough path **2 vericuetos** (*fig*) ins and outs: *los ~s de la ley* the ins and outs of the law

verídico, -a *adj* **1** (*verdadero*) true **2** (*verosímil*) believable

verificable *adj* verifiable

verificación *nf* **1(a)** (*inspección*) checking: *Procedieron a la ~ de los motores antes de partir.* They checked the engines before leaving. **(b)** (*prueba*) testing: *la ~ de los frenos* testing the brakes **2** (*datos, hechos*) verification **3** (*tratado*) ratification

verificar *vt* **1** (*comprobar*) to check: *~ los resultados de una ecuación* to check the results of an equation **2** (*datos, hechos*) to verify **3** (*testamento*) to prove **4** (*firma*) to authenticate
■ **verificarse** *v pron* (*resultar cierto*) to come true

verja *nf* **1** (*cerca*) railing(s) [*se utiliza mucho en plural*]: *El ladrón saltó la ~ de hierro.* The thief jumped over the iron railings. **2** (*puerta*) gate: *Cierra la ~, por favor.* Shut the gate, please. ☛ *Ver ilustración en* HOUSE

vermú (*tb* **vermut**) *nm* vermouth

vernáculo, -a *adj* **1** (*lengua*) vernacular **2** (*costumbre*) local

verosímil *adj* **1** (*probable*) likely **2** (*creíble*) credible

verosimilitud *nf* verisimilitude

verraco *nm* boar [*pl* boar/boars]

verruga *nf* wart

versado, -a *pp, adj* **~ (en)** knowledgeable **(about** ***sth*)** *Ver tb* VERSAR

versar *vi* **~ sobre** to deal **with** ***sth***: *La conferencia versa sobre el consumo de drogas.* The lecture deals with drug use.

versátil *adj* **1** (*polifacético*) versatile **2** (*inconstante*) fickle

versículo *nm* versicle

versificar *vi* to compose verse, to versify (*más formal*)
■ **versificar** *vt* to put *sth* into verse

versión *nf* **1** (*gen*) version: *La segunda ~ me gusta más que la primera.* I like the second version better than the first. **2** (*traducción*) translation
LOC **en versión original** in the original

Cuando se habla de películas en versión original, se suele añadir **with subtitles**: *Me gustaría verla en versión original.* I'd like to see it in the original with English subtitles.

verso *nm* **1** (*línea de un poema*) line **2** (*género*) poetry **3** (*poema*) poem
LOC **verso blanco/suelto** blank verse *Ver tb* BIBLIA

vértebra *nf* vertebra [*pl* vertebrae] ☛ *Ver ilustración en* ESQUELETO

vertebrado, -a *pp, adj* vertebrate *Ver tb* VERTEBRAR
■ **vertebrado** *nm* vertebrate

vertebral *adj* vertebral **LOC** *Ver* COLUMNA

vertebrar *vt* to give structure to *sth*

vertedero *nm* tip: *un ~ de residuos industriales* an industrial waste tip

verter *vt* **1** (*en un recipiente*) to pour: *Vierte la leche en otra taza.* Pour the milk into another cup. ☛ *Ver ilustración en* POUR **2** (*residuos*) to dump **3** (*sangre, lágrimas*) to shed **4** (*derramar*) to spill: *Vertió el vino en el mantel nuevo.* He spilt the wine on the new tablecloth. **5** (*volcar*) to tip *sth* up **6** (*traducir*) to translate *sth* ***into sth***
■ **verter** *vi* **~ a** to flow **into** ***sth***: *El Tajo vierte al Atlántico.* The Tagus flows into the Atlantic.
■ **verterse** *v pron* (*derramarse*) to spill out

vertical *adj* **1** (*gen*) vertical: *una línea ~* a vertical line **2** (*posición*) upright: *en posición ~* in an upright position
■ **vertical** *nf* vertical **LOC** *Ver* PIANO

vértice *nm* **1** (*lit*) vertex [*pl* vertexes/vertices] **2** (*fig*) top

vertido *nm* **1** (*acción*) dumping: *el ~ de desechos nucleares* the dumping of nuclear waste **2** (*residuos*) waste

vertiente *nf* **1** (*pendiente*) slope **2** (*aspecto*) side

vertiginosamente *adv* very fast: *El coste de la vida ha subido ~.* The cost of living has shot up.

vertiginoso, -a *adj* **1** (*altura, velocidad*) dizzy **2** (*aumento, caída, cambio*) rapid

vértigo *nm* **1** (*Med*) vertigo, dizziness (*más coloq*): *Sufre de ~.* He suffers from vertigo. ◊ *No me subo a la montaña rusa porque me da ~.* I never go on the roller-coaster because it makes me dizzy. **2** (*fig*) whirl: *el ~ del mundo del espectáculo* the whirl of show business
LOC **dar/producir vértigo** to make *sb* dizzy **de vértigo** **1** (*velocidad*) dizzy: *Conduce a una velocidad de ~.* She drives at a dizzy speed. **2** (*impresionante*) amazing

vesícula *nf*
LOC **vesícula (biliar)** gall bladder ☛ *Ver ilustración en* DIGESTIVE

vespa® *nf* scooter ☛ *Ver ilustración en* MOTO

vespertino, -a *adj* evening [*n atrib*]: *un programa ~* an evening programme **LOC** *Ver* DIARIO

vespino® *nm* moped ☛ *Ver ilustración en* MOTO

vestíbulo *nm* **1** (*entrada, recibidor*) hall **2** (*teatro, cine, hotel*) foyer

vestido *nm* **1** (*ropa*) clothes [*v pl*]: *carecer de alimento y ~* to have no food or clothes **2** (*prenda femenina, traje*) dress: *llevar un ~ de seda* to wear a silk dress ◊ *~ de etiqueta* formal dress
LOC **vestido de gala** formal/full dress *Ver tb* NOVIO, TARDE

vestiduras *nf* **1** (*ropa*) clothes **2** (*Relig*) vestments [*v pl*] **LOC** *Ver* RASGAR(SE)

vestigio *nm* **1** (*recuerdo*) vestige, trace (*más coloq*) **2** (*huella*) track **3 vestigios** remains

vestimenta *nf* clothes [*v pl*]

vestir *vt* **1** (*gen*) to dress: *Vestí a los niños.* I got the children dressed. **2** (*proporcionar vestido*) to clothe: *alimentar y ~ a una familia* to feed and clothe a family **3** (*llevar*) to wear: *El novio vestía un traje gris.* The groom was wearing a grey suit. **4** (*habitación*) to decorate
■ **vestir** *vi* **1 ~ (de)** to dress **(in** ***sth*)**: *~ bien/de blanco* to dress well/in white ◊ *~ de invierno* to wear winter clothes ◊ *~ con gusto* to dress smartly **2** (*ser elegante*) to look smart: *Esa camisa viste mucho.* That shirt looks very smart. **3** (*estar de moda*) to be fashionable
■ **vestirse** *v pron* **1** (*gen*) to get dressed: *Vístete o llegarás tarde.* Get dressed or you'll be late. **2 vestirse (de)** to dress **(in** ***sth*)**: *~se de negro* to dress in black **3 vestirse de** (*disfrazarse*) to dress up **(as** ***sth*/*sb*)**: *~se de pitonisa* to dress up as a fortune teller **4 vestirse de** (*cubrirse*) to be covered **in/with** ***sth***: *Los campos se visten de amapolas.* The fields are covered in poppies. **5** (*comprar ropa*) to buy your clothes: *Se viste en las mejores boutiques de Madrid.* She buys her clothes in the best boutiques in Madrid.
LOC **de vestir** smart: *Necesito unos zapatos de ~.* I need some smart shoes. **el mismo que viste y calza** the very same **quedarse para vestir santos** to be left on the shelf **vestir de paisano/uniforme** to wear civilian clothes/uniform **vísteme despacio que tengo prisa** more haste, less speed *Ver tb* GALA, LUTO, MODA, MONO, OSCURO, PRENDA, PRESTADO, SPORT, ÚLTIMO

vestuario *nm* **1** (*ropa, Cine, Teat*) wardrobe **2** (*lugar*) **(a)** (*Dep*) changing room **(b)** (*camerino*) dressing room

veta *nf* **1** (*Geol*) **(a)** (*carbón*) seam **(b)** (*metal precioso*) vein **2(a)** (*carne, piedra*) streak **(b)** (*madera*) grain

vetar *vt* **1** (*rechazar*) to veto: *~ una propuesta* to veto a proposal **2** (*prohibir*) to ban

veteado, -a *pp, adj* **1** (*mineral*) veined **2** (*tocino*) streaky

veteranía *nf* **1** (*Mil*) veteran status **2** (*experiencia*) experience

veterano, -a *adj, nm-nf* veteran [*n*]: *un actor ~* a veteran actor ◊ *ser ~* to be a veteran ◊ *el jugador más ~ del equipo* the most experienced player in the team

veterinaria *nf* veterinary science

veterinario, -a *adj* veterinary
■ **veterinario, -a** *nm-nf* veterinary surgeon, vet (*más coloq*)

veto *nm* veto [*pl* vetoes]: *levantar el ~ a una propuesta* to lift the veto on a proposal ◊ *tener el derecho de ~* to have the right of veto

vetusto, -a *adj* ancient

vez *nf* **1** (*gen*) time: *tres veces al año* three times a year ◊ *ser la primera y última ~* to be the first and last time ◊ *Lo he hecho cien veces.* I've done it hundreds of times. ◊ *Gano cuatro veces más que él.* I earn four times as much as he does. **2** (*turno*) turn: *perder la ~* to miss your turn
LOC **a la vez (que)** at the same time (as): *Lo dijimos a la ~.* We said it at the same time. ◊ *Terminó a la ~ que yo.* He finished at the same time as I did. ◊ *decorativo a la ~ que práctico* decorative and practical at the same time **a veces/algunas veces** sometimes ☛ *Ver nota en* ALWAYS **contadas/pocas veces** rarely **de una vez**: *¡Contesta de una ~!* Come on, answer the question! ◊ *¡Déjame en paz de una ~!* For goodness sake leave me alone! **de una vez para siempre/por todas** once and for all **de vez en cuando** from time to time **en vez de**

instead of *sth/sb/doing sth*: *¿Por qué no pintáis la habitación en ~ de empapelarla?* Why don't you paint the room instead of papering it? **érase/había una vez...** once upon a time... **hacer las veces de 1** (*persona*) to act as *sth*: *hacer las veces de presidente* to act as president **2** (*cosa*) to serve as *sth* **muchas/pocas veces** often/seldom ☛ *Ver nota en* ALWAYS **por una vez**: *Por una ~ que llego tarde...* The one time I'm late... ◊ *Por una ~ que llegues tarde, no pasa nada.* If you're late once, it doesn't matter. ◊ *Por una ~ pase, pero...* It's all right this time, but... **toda vez que** since **una vez más** again: *Repítemelo una ~ más.* Say it again. ◊ *Una ~ más, me ha engañado.* He took me in again. **una vez/una vez que...** once: *La vi solamente una ~.* I only saw her once. ◊ *Una ~ que haya terminado esto...* Once I've finished this... *Ver tb* ACABAR, ALGUNO, CADA, CIEN, DEMASIADO, DOS, ENÉSIMO, INFINIDAD, MAYORÍA, OJO, OTRO, PEDIR, RARO, REPETIDO, TAL, TROPEZAR(SE)

vía *nf* **1** (*ferrocarril*) **(a)** (*raíles*) track: *la ~ del tren* the train track ◊ (*de*) *~ única* single track ◊ *cruzar la ~* to cross the track **(b)** (*andén*) platform **2** (*carretera*) road ☛ *Ver nota en* CALLE **3** (*ruta*) route **4** (*procedimiento*) means [*pl* means]: *lograr algo por la ~ legal* to obtain sth by legal means ◊ *recurrir a la ~ judicial* to take legal action **5 vías** (*Med*) tract [*sing*]: *las ~s respiratorias* the respiratory tract

■ **vía** *prep* via: *Iremos ~ Toulouse.* We'll go via Toulouse. ◊ *el intercambio de información ~ satélite* the exchange of information via satellite

LOC de vía ancha/estrecha broad/narrow gauge **en vías de**: *países en ~s de desarrollo* developing countries ◊ *en ~s de construcción* under construction **(por) vía aérea 1** (*transporte*) by air **2** (*Correos*) (by) airmail **por vía ejecutiva** through the courts **por vía interna/oral** internally/orally: *No aplicar por ~ interna.* Not to be taken internally. **(por) vía marítima** by sea **por vía oficial** officially **(por) vía rectal** anally: *Los supositorios se aplican por ~ rectal.* Suppositories are administered anally. **(por) vía terrestre 1** (*transporte*) overland **2** (*Correos*) (by) surface mail **vía crucis** *Ver* VÍA CRUCIS **vía de agua** leak **vía férrea** railway **vía fluvial** waterway **Vía Láctea** Milky Way **vía muerta** siding **vía/pista libre 1** (*libertad*) a free hand: *Tenemos ~ libre para contratar a nueva gente.* We have a free hand to hire new staff. **2** (*visto bueno*) the go-ahead: *Nos han dado ~ libre para el proyecto.* We've been given the go-ahead for the project. **vía pública** public highway *Ver tb* CAMBIO, DOBLE, FERROCARRIL, LIMPIEZA

viabilidad *nf* viability

LOC estudio/plan de viabilidad feasibility study

viable *adj* viable

vía crucis *nm* **1** (*Relig*) Stations of the Cross [*v pl*] **2** (*sufrimiento*) nightmare

viaducto *nm* viaduct

viajante *nmf* sales rep

viajar *vi* to travel: *Viajaremos por las Azores.* We're going to travel round the Azores. ◊ *~ en coche* to travel/go by car **LOC** *Ver* AVIÓN

viaje¹ *nm* (*golpe*) blow

viaje² *nm* **1** (*gen*) journey, trip, travel

Las palabras **travel**, **journey** y **trip** no deben confundirse.
El sustantivo **travel** es incontable y se refiere a la actividad de viajar en general: *Sus principales aficiones son los libros y los viajes.* Her main interests are reading and travel.
Journey y **trip** se refieren a un viaje concreto.
Journey indica solo el desplazamiento de un lugar a otro: *El viaje fue agotador.* The journey was exhausting.
Trip incluye también la estancia: *¿Qué tal tu viaje a París?* How did your trip to Paris go? ◊ *un viaje de negocios* a business trip
Otras palabras que se utilizan para referirse a viajes son **voyage** y **tour**. **Voyage** describe normalmente un viaje largo por mar: *Colón es famoso por sus viajes al Nuevo Mundo.* Columbus is famous for his voyages to the New World. También puede referirse a viajes por el espacio, o bien al sentido figurado de viajar: *un viaje de descubrimiento personal* a voyage of self-discovery. **Tour** es un viaje organizado durante el cual se va parando en diversos lugares: *Jane va a hacer un viaje por Tierra Santa.* Jane is going on a tour around the Holy Land.

2 (*droga*) trip

LOC ¡buen/feliz viaje! have a good trip! **estar/irse de viaje** to be/go away **salir de viaje** to leave: *Salimos de ~ mañana.* We're leaving tomorrow. **viaje de intercambio** exchange visit **viaje de novios** honeymoon **viaje de placer/recreo** holiday **viaje organizado** package holiday *Ver tb* AGENCIA, BOLSO, CHEQUE, COMPAÑERO, GASTO, MANTA

viajero, -a *adj* fond of travelling: *Siempre han sido muy ~s.* They've always been very fond of travelling.

■ **viajero, -a** *nm-nf* **1** (*turista*) traveller: *un ~ incansable* a tireless traveller **2** (*pasajero*) passenger

LOC *Ver* GUÍA

vial *adj* road [*n atrib*]: *educación ~* road safety awareness **LOC** *Ver* SEGURIDAD, REGLAMENTO

vianda *nf* food [*incontable*]: *Preparamos las ~s para la merienda.* We prepared the food for the picnic.

viandante *nmf* passer-by [*pl* passers-by]

víbora *nf* **1** (*lit*) viper **2** (*fig*) spiteful bitch (⚠) ☛ *Ver nota en* TABÚ **LOC** *Ver* LENGUA

vibración *nf* **1** (*gen*) vibration: *Se detectó una fuerte ~.* There was a strong vibration. **2 vibraciones** (*sensaciones*) vibrations, vibes (*más coloq*): *Esa mujer no me da muy buenas vibraciones.* I don't get very good vibes from her.

vibrante *adj* **1** (*emocionante*) thrilling: *Fue un espectáculo ~.* It was a thrilling show. **2** (*voz*) quivering (***with sth***): *Hablaba con una voz ~ de emoción.* Her voice quivered with emotion. **3** (*Ling*) trilled: *una "r" ~ múltiple* a trilled 'r'

vibrar *vi* **1** (*cuerda, cristal*) to vibrate **2** (*voz*) to quiver

LOC hacer vibrar (*fig*) to thrill

vicaría *nf* (*lugar*) vicarage

LOC pasar por la vicaría to get married

vicario, -a *nm-nf* vicar

vicedirector, ~a *nm-nf* deputy director

viceministro, -a *nm-nf* deputy minister: *el ~ de Defensa* the deputy defence minister

vicepresidencia *nf* vice-presidency

vicepresidente, -a *nm-nf* **1** (*Pol*) vice-president **2** (*compañía, organización*) vice-chairman/woman [*pl* vice-chairmen/women]

En la actualidad, y para evitar un lenguaje sexista, se ha empezado a utilizar el término no marcado **vice-chair**.

vicerrector, ~a *nm-nf* pro vice-chancellor

vicesecretario, -a *nm-nf* deputy secretary

viceversa *adv* vice versa

viciado, -a *pp, adj* (*atmósfera*) stale *Ver tb* VICIAR

viciar *vt* **1** (*hacer adicto*) to get *sb* hooked (***on sth***) (*coloq*): *La llevó tanto al casino que acabó por ~la al juego.* He took her to the casino so often she got hooked on gambling. **2** (*aire*) to pollute **3** (*deformar*) to put *sth* out of shape **4** (*tergiversar*) to distort

■ **viciarse** *v pron* **1 viciarse (con)** to get hooked (***on sth***) **2** (*madera*) to warp

vicio *nm* **1** (*mala costumbre*) bad habit, vice (*joc*): *Ha cogido el ~ de eructar cuando acaba de comer.* He's got into the bad habit of belching after meals. ◊ *No tengo ~s.* I don't have any vices. **2** (*depravación*) vice **3** (*adicción*) addiction: *La lotería se convirtió en un ~ para él.* He became addicted to betting on the lottery.

LOC coger vicio (*madera*) to be warped: *Esta ventana ha cogido ~.* This window is warped. **darse al vicio** to turn to drink, drugs, etc **de vicio 1** (*estupendo*) fabulous: *una fiesta de ~* a fabulous party **2** (*de maravilla*) brilliantly: *bailar de ~* to dance brilliantly *Ver tb* QUEJARSE

vicioso, -a *adj* depraved
■ **vicioso, -a** *nm-nf* addict: *un ~ del bingo* a bingo addict **LOC** *Ver* CÍRCULO
vicisitudes *nf* **1** (*avatares*) ups and downs: *las ~ de la vida* life's ups and downs **2** (*accidentes*) mishaps: *un viaje lleno de ~* a journey full of mishaps
víctima *nf* victim: *ser ~ de un robo* to be the victim of a burglary
LOC **víctima (mortal)** dead: *El accidente arroja un balance de tres ~s mortales.* The accident left three dead. **víctima propiciatoria** scapegoat
victoria *nf* **1** (*gen*) victory: *Celebraron la ~ por todo lo alto.* They celebrated the victory in style. **2** (*Dep*) win: *una ~ casera/en campo contrario* a home/an away win **LOC** *Ver* ALZAR, ARCO, CANTAR[2]
victoriano, -a *adj, nm-nf* Victorian
victorioso, -a *adj* victorious
LOC **resultar/salir victorioso** to triumph
vid *nf* vine
vida *nf* **1** (*gen*) life [*pl* lives]: *¿Qué es de tu ~?* How's life? ◊ *~ amorosa/sentimental* love life ◊ *empezar una nueva ~* to start a new life ◊ *Esta zona tiene mucha ~ por la noche.* This area has a good night-life. ◊ *como si te fuera la ~ en ello* as if your life depended on it **2** (*sustento*) living: *el coste de la ~* the cost of living ◊ *ganarse la ~* to make a living
LOC **a vida o muerte** (as) a matter of life or death: *Lo tuvieron que operar a ~ o muerte.* They had to operate on him as a matter of life or death. **chica/mujer de mala vida/de vida alegre** prostitute **con vida** alive: *Siguen con ~.* They're still alive. **daría la vida por...** (*fig*) **1** (*cosa*) I'd give anything for *sth* **2** (*persona*) I'd do anything for *sb* **darse/pegarse la vida padre** to live the life of Riley **dar vida a 1** (*cosa*) to bring *sth* to life **2** (*persona*) **(a)** (*procrear*) to bring *sb* into the world **(b)** (*animar*) to give *sb* a new lease of life **dejarse la vida** to give your life *for sth/sb* **de por vida** for life **de toda la vida**: *La conozco de toda la ~.* I've known her all my life. ◊ *amigos de toda la ~* lifelong friends ◊ *un abrigo de los de toda la ~* a classic overcoat **el hombre/la mujer de mi vida** the love of my, your, etc life **en la/mi vida** never: *En la ~ he visto una cosa igual.* I've never seen anything like it. **entre la vida y la muerte** at death's door **en vida**: *Le dieron el galardón en ~.* He was awarded the prize in his lifetime. ◊ *en ~ de tu padre* when your father was alive **¡esto es vida!** this is the life! **la mala vida** loose living **la otra vida/la vida futura** the next life **la vida da muchas vueltas** life is full of surprises **la vida no es un lecho de rosas** life isn't a bed of roses **llevar una vida de perros** to lead a dog's life **para toda la vida** for life **perder la vida (por)** to lose your life (for *sth/sb*) **quitar la vida** to kill *sb*, to take *sb's* life (*más formal*): *Se quitó la ~.* He took his own life. **salir con vida** to survive **sin vida** lifeless **¡vida!/¡vida mía!/¡mi vida!** darling! **vida conyugal** married life **vida diaria** everyday life: *los problemas de la ~ diaria* the problems of everyday life ☛ *Ver nota en* EVERYDAY **vida sexual** sex life **vida y milagros** life story
☛ Para otras expresiones con **vida**, véanse las entradas del verbo, sustantivo, etc, p.ej. **buscarse la vida** en BUSCAR y **tren de vida** en TREN.
vidente *nmf* clairvoyant
vídeo *nm* **1** (*casete*) video [*pl* videos]: *una tienda de ~s* a video shop ◊ *¿Cojo un ~ para esta noche?* Shall I get a video for tonight? **2** (*aparato*) video recorder
LOC **filmar/grabar en vídeo** to record *sth Ver tb* CINTA
videoaficionado, -a *nm-nf* amateur video maker
videocámara *nf* **1** (*gen*) video camera: *Hemos comprado dos ~s nuevas para el estudio.* We've bought two new video cameras for the studio. **2** (*portátil*) camcorder
videoclip *nm* video [*pl* videos]
videoclub *nm* video shop
videodisco *nm* videodisc
videográfico, -a *adj* video [*n atrib*]: *material ~* video material
videojuego *nm* video game
videoteca *nf* video library
vidorra *nf* life of luxury
vidriado, -a *pp, adj Ver* VIDRIAR
■ **vidriado** *nm* **1** (*acción*) glazing **2** (*barniz*) glaze
vidriar *vt* to glaze
■ **vidriarse** *v pron* to glaze over: *Se me vidrió la vista.* My eyes glazed over.
vidriera *nf* **1** (*puerta*) glass door **2** (*ventana*) window
LOC **vidriera (de colores)** stained-glass window ☛ *Ver ilustración en* IGLESIA
vidrio *nm* **1** (*material*) glass [*incontable*]: *una botella de ~* a glass bottle ◊ *Recoge los ~s del suelo.* Pick the pieces of glass up from the floor. **2** (*ventana, puerta*) pane **LOC** *Ver* FIBRA
vidrioso, -a *adj* (*mirada, ojos*) glassy
vieira *nf* scallop
viejales *nmf* old soul
viejo, -a *adj* old: *estar/hacerse ~* to look/grow old ◊ *Mi abuelo es de la vieja escuela.* My grandfather is of the old school.
■ **viejo, -a** *nm-nf* old man/woman [*pl* old men/women]
LOC **caerse de viejo** to be on your last legs **en los viejos tiempos** in the good old days **ir para viejo** to be getting old **más viejo que matusalén** (as) old as the hills **vieja gloria** great name: *las viejas glorias del cine norteamericano* the great names in American films **viejo verde** dirty old man *Ver tb* CASCO, CUENTA, CUENTO, MORIR(SE), PERRO, TRAPO
Viena *nf* Vienna
viento *nm* **1** (*gen*) wind: *Sopla un fuerte ~.* There's a strong wind. **2** (*sección de una orquesta*) woodwind [*v sing o pl*] ☛ *Ver ilustración en* WOODWIND **3** (*cuerda*) guy (rope)
LOC **con el viento en contra 1** (*lit*) against the wind **2** (*fig*) against all odds **contra viento y marea** come hell or high water **echar/mandar a algn con viento fresco** to chuck sb out **hacer viento** to be windy: *Hacía demasiado ~.* It was too windy. **irse/largarse/marcharse con viento fresco** to clear off **ir/marchar viento en popa** to be flourishing **viento de componente norte/sur/este/oeste** north/south/east/west wind **viento del norte/sur/este/oeste** north/south/east/west wind **vientos alisios** trade winds *Ver tb* BEBER(SE), GOLPE, MOLINO, PALABRA, PROCLAMAR, PUBLICAR, ROSA, TEMPORAL
vientre *nm* **1** (*abdomen*) belly: *el bajo ~* the lower abdomen **2** (*matriz*) womb **3** (*intestinos*) bowels [*v pl*]
LOC **hacer de vientre** to move your bowels *Ver tb* DANZA, DOLOR, EVACUAR, SUELTO
viernes *nm* Friday (*abrev* Fri) ☛ *Ver ejemplos en* LUNES ☛ *Ver nota en* SUPERSTITION
LOC **Viernes Santo** Good Friday
Vietnam *nm* Vietnam
viga *nf* **1** (*madera*) beam: *la ~ maestra* the main beam ◊ *una ~ transversal* a cross-beam **2** (*metal*) girder
vigencia *nf* validity
LOC **con vigencia para dos años, etc** valid for two years, etc **estar en vigencia** to be in force **tener vigencia** to be valid: *El convenio tiene una ~ de dos años.* The agreement is valid for two years.
vigente *adj* current
LOC **estar vigente** to be in force
vigésimo, -a *adj, nm-nf, pron* (*tb* **vigésimo** *nm*) twentieth ☛ *Ver ejemplos en* SEXAGÉSIMO
vigía *nmf* lookout **LOC** *Ver* TORRE
vigilancia *nf* **1** (*control*) surveillance: *bajo estricta ~ policial* under close police surveillance ◊ *Van a aumentar la ~.* They're going to step up surveillance. **2** (*cuidado*) watch: *La están sometiendo a una ~ constante.* She's been kept under constant watch. **3** (*patrulla*) guards [*v pl*]: *Tras el atentado, pusieron ~ en el museo.* After the attack, they brought in security guards to protect the museum. **LOC** *Ver* TORRE, UNIDAD
vigilante *adj* vigilant
■ **vigilante** *nmf* guard

LOC **vigilante jurado** security guard **vigilante nocturno** nightwatchman [*pl* nightwatchmen]

vigilar *vt* **1** (*prestar atención, atender*) to keep an eye on *sth/sb* **2** (*enfermo*) to look after *sb* **3** (*custodiar*) to guard: ~ *la frontera/a los presos* to guard the frontier/prisoners **4** (*examen*) to invigilate
■ **vigilar** *vi* (*vigía*) to be on watch

vigilia *nf* **1** (*gen*) vigil: *la ~ pascual* the Easter vigil **2** (*abstinencia*) abstinence: *días de ~* days of abstinence
LOC **de/en vigilia** awake: *Estuvimos de ~ toda la noche.* We stayed awake all night.

vigor *nm* **1** (*Jur*) force: *estar in ~* to be in force **2** (*brío, energía*) vigour: *crecer con ~* to grow vigorously
LOC **poner en vigor** to enforce *Ver tb* ENTRADA, ENTRAR

vigorizar *vt* (*cuerpo, músculos*) to tone *sth* up

vigoroso, -a *adj* vigorous

vikingo, -a *adj, nm-nf* Viking

vil *adj* **1** (*despreciable*) **(a)** (*persona*) despicable **(b)** (*cosa*) vile: *un artículo lleno de ~es injurias* an article full of vile slander **2** (*sin valor*) vulgar: *el ~ materialismo* vulgar materialism
LOC **el vil metal** filthy lucre

vileza *nf* **1** (*maldad*) vileness **2** (*acción*) despicable act: *Es una ~ que hables así de tu madre.* It's despicable to talk of your mother like that.

vilipendiar *vt* to humiliate

villa *nf* **1** (*casa*) villa **2** (*ciudad*) town
LOC **villa olímpica** Olympic village *Ver tb* CASA

villancico *nm* (Christmas) carol

villano, -a *adj* wicked
■ **villano, -a** *nm-nf* **1** (*malo*) villain **2** (*Hist*) peasant

vilo
LOC **en vilo** (*intranquilo*) on tenterhooks: *Nos has tenido en ~ toda la noche.* You've kept us on tenterhooks all night.

vinagre *nm* vinegar LOC *Ver* CARA

vinagrera *nf* **1** (*recipiente*) vinegar bottle **2** **vinagreras** cruets

vinagreta *nf* vinaigrette

vinajeras *nf* cruets

vinculación *nf* **1** (*vínculo*) link **2** (*Jur*) entail

vinculante *adj* binding

vincular *vt* **1** (*relacionar*) to link *sth/sb* ***to/with sth/sb***: *La prensa la vincula con la extrema derecha.* The Press is linking her with the extreme right. **2** (*obligar*) to be binding **on *sb***: *El contrato vincula a las dos partes.* The contract is binding on both parties.

vínculo *nm* **1** (*gen*) link: *mantener ~s comerciales con un país* to maintain commercial links with a country **2** (*Jur*) entail
LOC **vínculo de amistad** bond of friendship **vínculo de parentesco/sangre** blood tie

vindicación *nf* vindication

vindicar *vt* **1** (*vengar*) to avenge **2** (*defender, reivindicar*) to vindicate

vinícola *adj* wine [*n atrib*]: *la industria ~* the wine industry ◊ *una región ~* a wine-growing region

vinicultor, ~a *nm-nf* wine-grower

vinicultura *nf* wine production

vino *nm* **1** (*gen*) wine [*gen incontable*]: ~ *blanco/de mesa* white/table wine ◊ *un chato de ~* a glass of wine ◊ *los ~s españoles* Spanish wine(s) **2** (*vaso de vino*) (glass of) wine: *¿Te apetece un ~?* Would you like a glass of wine? ◊ *Un ~ tinto y dos cervezas.* A red wine and two beers, please.
LOC **bautizar el vino** to water down the wine **vino de crianza** young cask aged wine **vino de reserva** wine aged for at least three years **vino de solera** solera sherry **vino peleón** plonk (*coloq*) *Ver tb* CARTA, PAN, PASTO

viña *nf* vineyard

viñedo *nm* vineyard

viñeta *nf* **1** (*tira cómica*) comic strip **2** (*libro*) vignette

viola *nf* viola ☛ *Ver ilustración en* STRING
■ **viola** *nmf* (*músico*) viola player

violáceo, -a *adj* **1** (*de color violeta*) purple **2** (*tirando a violeta*) purplish ☛ *Ver ejemplos en* AMARILLO

violación *nf* **1** (*delito*) rape **2** (*transgresión, profanación*) violation ☛ *Ver nota en* VIOLATE LOC *Ver* INTENTO

violador, ~a *nm-nf* rapist

violar *vt* **1** (*persona*) to rape **2** (*ley*) to break **3** (*templo*) to violate ☛ *Ver nota en* VIOLATE

violencia *nf* violence

violentar *vt* **1** (*forzar*) to force: ~ *una cerradura* to force a lock **2** (*violar*) to rape **3** (*distorsionar*) to tamper with *sth* **4** (*incomodar*) to make *sb* uncomfortable
■ **violentarse** *v pron* to feel uncomfortable

violento, -a *adj* **1** (*gen*) violent: *una película violenta* a violent film **2** (*incómodo*) **(a)** (*persona*) embarrassed: *encontrarse/sentirse ~* to feel embarrassed **(b)** (*situación*) embarrassing
LOC **no violento** non-violent: *acciones políticas no violentas* non-violent political actions

violeta *adj, nm* violet ☛ *Ver ejemplos en* AMARILLO
■ **violeta** *nf* (*flor*) violet ☛ *Ver ilustración en* FLOR

violín *nm* violin ☛ *Ver ilustración en* STRING
■ **violín** *nmf* (*músico*) violinist

violinista *nmf* violinist: *Soy ~ en una orquesta sinfónica.* I play the violin in a symphony orchestra.

violón *nm* double bass ☛ *Ver ilustración en* STRING
■ **violón** *nmf* (*músico*) double bass player

violoncelista (*tb* **violonchelista**) *nmf* cellist

violoncelo (*tb* **violonchelo**) *nm* cello [*pl* cellos] ☛ *Ver ilustración en* STRING

vip *nmf, abrev de* **very important person** VIP [*pl* VIPs] ☛ Se pronuncia /ˌviː aɪ ˈpiː/.

viperino, -a *adj* LOC *Ver* LENGUA

viraje *nm* **1** (*vehículo*) swerve: *un ~ repentino del coche* a sudden swerve of the car **2** (*barco*) tack **3** (*cambio*) about-turn

viral *adj Ver* VÍRICO

virar *vi* **1** (*barco*) to put about: *El barco viró para esquivar la roca.* The boat put about to avoid the rock. **2** (*conductor, vehículo*) to turn: *Tuvo que ~ rápidamente hacia la derecha.* He had to swerve to the right.
■ **virar** *vt* **1** (*barco*) to put *sth* about **2** (*vehículo*) to turn

virgen *adj* **1** (*gen*) virgin: *aceite de oliva ~* extra virgin olive oil ◊ *bosques vírgenes* virgin forests **2** (*cinta*) blank
■ **virgen** *nf* virgin: *la ~ de Fátima* the Virgin of Fatima
LOC **¡la virgen (santísima)!** my goodness! **la Virgen Santísima/la Santísima Virgen** the Blessed Virgin **ser virgen** to be a virgin *Ver tb* DEVOTO, LANA, SANTO

virginal *adj* virginal

virginidad *nf* virginity: *perder la ~* to lose your virginity

virgo (*tb* **Virgo**) *nm, nmf* (*Astrología*) Virgo [*pl* Virgos] ☛ *Ver ejemplos en* AQUARIUS; *Ver ilustración en* ZODIACO

virguería *nf*
LOC **hacer virguerías**: *Hacen ~s jugando al tenis.* They play tennis really well. ◊ *Haces ~s con la cámara.* You're a great photographer. **ser una virguería** to be great

virguero, -a *adj* great

vírico, -a *adj* viral: *una enfermedad vírica* a viral disease

viril *adj* manly, virile (*formal*) LOC *Ver* MIEMBRO

virilidad *nf* **1** (*masculinidad*) manliness **2** (*edad adulta*) manhood

virrey *nm* viceroy

virtual *adj* **1** (*posible*) potential: *el ~ heredero* the potential heir **2** (*casi total*) virtual: *la ~ desaparición del sector turístico* the virtual disappearance of the tourist industry

virtualmente *adv* virtually

virtud *nf* virtue: *tu mayor ~* your greatest virtue

LOC en/por virtud de algo by virtue of sth **tener la virtud de hacer algo** to really know how to do sth: *Tienes la ~ de alterarme los nervios.* You really know how to set my nerves on edge. **virtudes curativas** healing powers

virtuoso, -a *adj* (*íntegro*) virtuous

■ **virtuoso, -a** *adj, nm-nf* (*experto*) virtuoso [*pl* virtuosos/virtuosi] [*n*]: *Es un ~ del piano.* He's a virtuoso pianist. ◊ *una interpretación virtuosa* a virtuoso performance

viruela *nf* **1** (*Med*) smallpox **2** (*ampolla*) pockmark

LOC *Ver* PICADO

virulé *nf*

LOC a la virulé 1 (*estropeado*) damaged: *Esta radio está a la ~.* This radio is damaged. **2** (*descuidado*): *Llevaba el pelo a la ~.* His hair was a mess. **3(a)** (*cuerpo*): *Tengo la pierna a la ~.* My leg aches. ◊ *Tengo el estómago a la ~.* I've got a stomach-ache. **(b)** (*ojo*) black *Ver tb* OJO

virulento, -a *adj* virulent: *una epidemia/reacción virulenta* a virulent epidemic/reaction

virus *nm* virus [*pl* viruses]

LOC virus de inmunodeficiencia humana human immunodeficiency virus (*abrev* HIV)

viruta *nf* shaving

LOC echando virutas quick as a flash

visado *nm* visa: *un ~ de entrada/salida* an entry/exit visa

visar *vt* **1** (*pasaporte*) to stamp a visa in *a passport*: *Nos visaron los pasaportes.* They stamped the visa in our passports. **2** (*autorizar*) to endorse

vis a vis face to face

visceral *adj* visceral: *órganos/instintos ~es* visceral organs/instincts ◊ *una reacción ~* a gut reaction

vísceras *nf* **1** (*Anat*) viscera [*pl*] **2** (*Cocina*) offal [*incontable, v sing*]

viscoso, -a *adj* viscous

visera *nf* **1** (*gorra*) peaked cap **2** (*ala de la gorra*) peak: *una gorra con ~* a peaked cap ☛ *Ver ilustración en* SOMBRERO **3** (*de deportista*) eye-shade **4** (*de motorista, parasol de un coche*) visor

visibilidad *nf* visibility: *poca ~* poor visibility

visible *adj* visible

visillo *nm* net curtain

visión *nf* **1** (*gen*) sight: *Ha perdido la ~ del ojo derecho.* He's lost the sight of his right eye. **2** (*opinión*) view: *una ~ personal/de conjunto* a personal/an overall view ◊ *Tienes una ~ muy romántica de la vida.* You have a very romantic view of life. **3** (*alucinación*) vision: *Dice que tuvo una ~.* He says he had a vision.

LOC ver visiones to be seeing things **visión de futuro**: *un director con ~ de futuro* a forward-looking chairman

visionar *vt* to view

visionario, -a *adj, nm-nf* visionary

visita *nf* **1** (*gen*) visit: *Fue una ~ muy agradable.* It was a delightful visit. ◊ *horario de ~s* visiting hours **2** (*visitante*) visitor: *Las ~ s llegaron a las siete.* The visitors arrived at seven. ◊ *Me parece que tienes ~.* I think you've got visitors/a visitor.

LOC hacer una visita to pay *sb* a visit: *Haznos una ~ la próxima vez que pases por aquí.* Come and see us next time you're in the area. **visita de cumplido** courtesy call **visita relámpago/de médico** flying visit *Ver tb* HORA, LIBRO, RÉGIMEN, TARJETA

visitado, -a *pp, adj* popular: *un museo muy ~* a very popular museum *Ver tb* VISITAR

visitador, ~a *nm-nf*

LOC visitador médico medical representative

visitante *adj* visiting: *el equipo ~* the visiting team

■ **visitante** *nmf* visitor: *los ~s del palacio* visitors to the palace

visitar *vt* **1** (*gen*) **(a)** (*persona*) to visit, to go to see (*más coloq*): *Fui a ~la al hospital.* I went to visit/see her in hospital. ◊ *El doctor visita muy a menudo a sus pacientes.* The doctor visits his patients frequently. ◊ *Debes ~ a tu tía.* You must go and see your aunt. **(b)** (*lugar*) to visit, to go to (*más coloq*): *~ un país/museo* to visit a country/museum ◊ *Tengo muchas ganas de ~ Portugal.* I'm longing to go to Portugal. **2** (*inspeccionar*) to inspect: *El ingeniero visitó las obras del puente.* The engineer inspected the work on the bridge.

vislumbrar *vt* to (just) see: *Vislumbramos el mar a lo lejos.* We could just see the sea in the distance.

visón *nm* mink: *un abrigo de ~* a mink coat

visor *nm* **1** (*cámara*) viewfinder **2** (*arma*) sight **3** (*para ver diapositivas*) slide viewer

visos *nm* **1** (*brillo*) sheen [*sing*]: *Esta tela tiene ~ azules.* This material has a blue sheen. **2** (*aspecto*) appearance [*sing*]: *una versión con ~ de realidad* a version that appears to be true

LOC tener visos de to look as if: *El conflicto tiene ~ de solución.* It looks as if they'll soon find a solution to the conflict.

víspera *nf* **1** (*día anterior*) day before (*sth*): *Dejé todo preparado la ~.* I left everything ready the day before. ◊ *la ~ del examen* the day before the exam

> También existe la palabra **eve**, que se usa cuando es la víspera de una fiesta religiosa o de un acontecimiento importante: *la víspera de San Juan* Midsummer Eve ◊ *Llegaron la víspera de las elecciones.* They arrived on the eve of the elections.

2 vísperas vespers

LOC en vísperas de just before *sth*: *en ~s de Navidad/los exámenes* just before Christmas/the exams **estar en vísperas de hacer algo** to be about to do sth

vista *nf* **1** (*sentido*) sight: *tener buena/mala ~* to have good/bad sight ◊ *La conozco de ~.* I know her by sight. ◊ *Le operaron de la ~.* He had an eye operation. **2** (*panorama*) view: *La ~ desde el apartamento es espectacular.* The view from the apartment is spectacular. ◊ *una habitación con ~s al mar/a la montaña* a room with a sea view/with a view of the mountains **3** (*instinto*): *un político con mucha ~* a very far-sighted politician ◊ *Tienes mucha ~ para los negocios.* You've got a good eye for business. ◊ *¡Qué poca ~ tiene!* He's a bit slow.

LOC a dos días, etc vista two days, months, etc from now: *a treinta días ~* thirty days from now **a la vista de** in the light of *sth*: *A la ~ de lo ocurrido, creo que la culpa no es tuya.* In the light of what happened, I don't think you're to blame. **a la vista de todo el mundo/todos** in full view of everyone **alzar/levantar la vista** to look up **apartar/quitar algo de la vista** to take sth away: *¡Apártalo de mi ~!* Take it away! **a primera/simple vista** at first sight **con vistas a** with a view to *doing sth*: *Lo hizo con ~s a independizarse.* He did it with a view to becoming independent. **dejar/poner algo a la vista**: *Déjalo a la ~ para que no se me olvide.* Leave it where I can see it or I'll forget it. **echar la vista (encima) a algn** to find sb: *Por fin te echo la ~ encima.* I've found you at last! **en vista de algo/de que...** in view of sth/the fact that...: *en ~ de lo ocurrido* in view of what has happened ◊ *en ~ de que hace tanto frío* in view of the fact that it's so cold **estar/saltar a la vista (que...)** to be obvious (that...): *Salta a la ~ que te has enamorado.* It's obvious you're in love. **hacer la vista gorda** to turn a blind eye (*to sth*): *Vi que estaba robando, pero hice la ~ gorda.* I saw he was stealing things, but I turned a blind eye to it. **¡hasta la vista!** see you! **irse la vista por/tras algo/algn** to be mad about sth/sb: *Se me va la ~ por las joyas.* I'm mad about jewellery. **írsele la vista a algn** to feel dizzy: *Me encuentro mal, se me va la ~.* I don't feel very well–I feel dizzy. **no quitar la vista (de encima)** not to take your eyes off *sth/sb* **perder de vista 1** (*gen*) to lose sight of *sth/sb*: *No debemos perder de ~ nuestro objetivo.* We mustn't lose sight of our goal. ◊ *Un poco más tarde les perdimos de ~.* We lost sight of them later. ◊ *¡Qué ganas tengo de perderle de ~!* It'll be wonderful not to have to see him again! **2** (*descuidar*) to let *sth/sb* out of your sight: *No pierdas de ~ a los niños, se pueden caer.* Don't let the children out of your sight, they might fall. **tener la vista cansada** to be long-sighted **tener la vista puesta en algo/algn** to have your eye on sth/sb **tener vista de águila/lince** to have eyes like a hawk **vista (oral)** (*Jur*) hearing **volver la vista 1** (*mirar*) to look round: *Volví la ~ para ver si me perseguían.* I looked round to see if I was being followed. **2** (*negar el saludo*) to look away **volver la vista atrás** to look back

☛ Para otras expresiones con **vista**, véanse las entradas del verbo, sustantivo, etc, p. ej. **saltar a la vista** en SALTAR y **punto de vista** en PUNTO.

vistazo *nm* look: *Con un ~ tengo suficiente.* Just a quick look will do.

LOC **dar/echar un vistazo** to have a look (*at sth/sb*)

visto, -a *pp, adj* obvious: *Está ~ que van a ganar.* It's obvious they're going to win. *Ver tb* VER[2]

LOC **estar bien/mal visto** to be well thought of/frowned upon **estar muy visto** to be unoriginal: *Tus excusas están muy vistas.* That's not a very original excuse. ◊ *La minifalda está muy vista.* Miniskirts have been around for ages. **¡habrase visto!** what a nerve! **por lo visto** apparently **visto así...** if you look at it that way... **visto bueno** approval: *Necesito su ~ bueno.* I need your approval. **visto que...** now that...: *~ que ya te has casado ahora te veremos menos.* Now that you are married, we'll see less of you. **visto y no visto** in the twinkling of an eye *Ver tb* NUNCA, TEBEO

vistosidad *nf*: *Fueron unos fuegos artificiales de gran ~.* The fireworks were spectacular. ◊ *La ~ del espectáculo nos deslumbró.* It was a spectacular show.

vistoso, -a *adj* **1** (*gen*) colourful: *¡Qué traje tan ~!* What a colourful outfit! **2** (*color*) bright

visual *adj* visual

■ **visual** *nf* line of sight LOC *Ver* CAMPO, EFECTO

visualizar *vt* **1** (*imaginar*) to visualize **2** (*hacer visible, representar*) to show

vital *adj* **1** (*Biol*) life [*n atrib*]: *el ciclo ~* the life cycle **2** (*fundamental*) vital: *Es una decisión ~ para la empresa.* The decision is vital for the company. **3** (*vitalista*) full of life LOC *Ver* CONSTANTE, ESPACIO

vitalicio, -a *adj* life [*n atrib*]: *un socio ~* a life member

■ **vitalicio** *nm* **1** (*seguro*) life insurance **2** (*pensión*) annuity LOC *Ver* RENTA

vitalidad *nf* vitality

vitamina *nf* vitamin: *la ~ C* vitamin C

vitaminado, -a *adj* with added vitamins

vitamínico, -a *adj* vitamin [*n atrib*]: *complejo ~* vitamin complex

vitela *nf* vellum

vitícola (*tb* **vitivinícola**) *adj* vine-growing

■ **vitícola** *nmf* viticulturist

viticultor, ~a (*tb* **vitivinicultor, ~a**) *nm-nf* viticulturist

viticultura (*tb* **vitivinicultura**) *nf* viticulture

vitola *nf* cigar band

vítor *nm* cheer: *Recibió multitud de ~es.* He was loudly cheered.

LOC **dar vítores** to cheer *sb* on

vitorear *vt* to cheer

vitral *nm* stained-glass window

vítreo, -a *adj* **1** (*porcelana*) vitreous **2** (*ojos*) glassy

vitrificar *vt* **1** (*convertir en vidrio*) to vitrify **2** (*parqué*) to varnish

vitrina *nf* **1** (*casa*) glass cabinet **2** (*tienda*) showcase

vitro *nm*

LOC **fecundación/fertilización en vitro** in vitro fertilization

vituperar *vt* to condemn: *Vituperaron al Presidente.* They condemned the president.

vituperio *nm* vituperation

viudedad *nf* **1** (*viudez*) **(a)** (*de un hombre*) widowerhood **(b)** (*de una mujer*) widowhood **2** (*pensión*) **(a)** (*de un hombre*) widowerer's pension **(b)** (*de una mujer*) widow's pension

viudez *nf* **1** (*de un hombre*) widowerhood **2** (*de una mujer*) widowhood

viudo, -a *adj* **1** (*gen*) widowed: *Se quedó viuda muy joven.* She was widowed at an early age. **2** (*Cocina*) by itself: *patatas viudas* potatoes by themselves

■ **viudo, -a** *nm-nf* widower [*fem* widow]

LOC **viuda alegre** merry widow

viva *nm* cheer: *¡Tres ~s al campeón!* Three cheers for the champion!

LOC **dar vivas** to cheer **¡viva!** hooray!: *¡~, he aprobado!* Hooray! I've passed! ◊ *¡~ el rey!* Long live the king!

vivac (*tb* **vivaque**) *nm* bivouac

vivacidad *nf* liveliness

vivalavirgen *adj* irresponsible

■ **vivalavirgen** *nmf* fun-lover

vivales *nmf* smooth operator

vivamente *adv* **1** (*describir, recordar*) vividly **2** (*profundamente*) deeply **3** (*rápidamente*) quickly

vivar *nm* (rabbit) warren

vivaracho, -a *adj* **1** (*gen*) lively: *Es un niño muy ~.* He's a very lively boy. **2** (*ojos*) sparkling

vivaz *adj* **1** (*vivo*) **(a)** (*persona, imaginación*) lively **(b)** (*ojos*) bright **2** (*Bot*) perennial

vivencia *nf* experience

víveres *nm* provisions

vivero *nm* **1** (*plantas*) nursery: *un ~ de árboles* a tree nursery **2** (*Piscicultura*) fish farm **3** (*origen*) breeding ground

LOC **vivero de ostras** oyster bed

viveza *nf* **1** (*vivacidad*) liveliness **2** (*de ingenio*) sharpness **3** (*color, ojos, fuego*) brightness: *Este rojo tiene una gran ~.* This red is very bright.

vivido, -a *pp, adj*: *los buenos momentos ~s* the good times we have had ◊ *un apartamento que parecía ~* a flat with a lived-in feel about it *Ver tb* VIVIR

vívido, -a *adj* vivid

vividor, ~a *adj, nm-nf* (*que disfruta de la vida*): *Siempre fue un gran ~.* He always led life to the full.

■ **vividor** *nm* (*aprovechado*) wide boy

vivienda *nf* **1** (*gen*) housing [*incontable*]: *el problema de la ~* the housing problem ◊ *una cooperativa de ~s* a housing cooperative ◊ *la escasez de ~s* the housing shortage **2** (*casa*) house: *buscar ~* to look for a house **3** (*piso*): *bloques de ~s* blocks of flats LOC *Ver* SUBSIDIO, TORRE

viviente *adj* living LOC *Ver* ALMA, BICHO, ENCICLOPEDIA

vivificador, ~a (*tb* **vivificante**) *adj* revitalizing

vivificar *vt* to revitalize

vivíparo, -a *adj* viviparous

■ **vivíparo, -a** *nm-nf* viviparous mammal

vivir *vi* **1** (*gen*) to live: *Vivió casi 70 años.* He lived for almost 70 years. ◊ *¿Dónde vives?* Where do you live? ◊ *Viven en Léon/el segundo.* They live in León/on the second floor. ◊ *Vivió para contarlo.* He lived to tell the tale. **2** (*subsistir*) to live *on sth*: *No sé de qué viven.* I don't know what they live on. ◊ *Viven con 40.000 pesetas al mes.* They live on 40 000 a month. ◊ *La pintura no da para ~.* You can't make a living from painting. ◊ *Muchas tribus todavía viven de la caza y la pesca.* Many tribes still live by hunting and fishing. **3** (*existir*) to be alive: *Mi bisabuelo aún vive.* My great-grandfather is still alive. **4** (*permanecer, tener vigencia*) to live on: *El valor de su obra vive todavía.* His work lives on.

■ **vivir** *vt* to live (through *sth*): *Vive tu vida.* Live your own life. ◊ *~ una mala experiencia* to live through a bad experience

■ **vivir** *nm* life

LOC **de mal vivir** loose-living **ir viviendo** to get by **no dejar vivir a algn** not to give sb any peace: *Su jefe no les deja ~.* Their boss doesn't give them any peace. **no vivir de/por**: *No vivo de angustia desde que me robaron.* I've been worried sick since they robbed me. ◊ *No vivimos de vergüenza desde que se descubrió la verdad.* Since the truth came out the shame of it is killing us. **¿quién vive?** who goes there? **tener con que vivir** to have enough to live on **¡viva el rey, la revolución, etc!** long live the king, revolution, etc! **vivir a costa de**

algn to live off sb **vivir a cuerpo de rey/como Dios/un pachá/rajá** to live like a king **vivir al día** to live from hand to mouth **vivir bien 1** (*holgadamente*) to have a nice life: *¡Qué bien vives!* What a nice life you have! **2** (*honestamente*) to lead a good life **vivir con desahogo** to be comfortably off **vivir de ilusiones** to live in a dream world **vivir del aire** to live on thin air **vivir de las rentas** to live on the income from your investments **vivir en tu mundo** to live in a world of your own **vivir mal 1** (*con dificultades*) to scrape by **2** (*deshonestamente*) to live a dissolute life **vivir muy justo** to scrape a living **¡vivir para ver!** you live and learn **vivir por encima de tus posibilidades** to live beyond your means *Ver tb* GANAR, PARED

vivisección *nf* vivisection

vivito, -a *adj*
LOC vivito y coleando alive and kicking

vivo, -a *adj* **1** (*gen*) living: *tradiciones/lenguas vivas* living traditions/languages **2** (*color, luz, ojos, persona*) bright: *Es un niño muy ~.* He's a very bright child. **3** (*dolor*) intense **4** (*fuego, discusión*) blazing **5** (*rápido*) fast: *ir a paso ~* to walk fast ◊ *Es un cochecito muy ~.* It's a nippy little car. **6** (*recuerdo*) vivid **7** (*animado*) lively: *una ciudad/expresión viva* a lively city/expression
■ **vivo, -a** *nm-nf*: *los ~s* the living
LOC de viva voz verbal: *No aceptes ningún acuerdo de viva voz, exige todo por escrito.* Don't accept any kind of verbal agreement. Insist on having everything in writing. **en vivo 1** (*sin anestesia*) without an anaesthetic: *La operaron en ~.* They operated on her without an anaesthetic. **2** (*en directo*) live: *una actuación en ~* a live concert **estar vivo** to be alive **ser el vivo ejemplo de** to be the embodiment of *sth*: *Es el ~ ejemplo del egoísmo.* He's the embodiment of selfishness. **ser el vivo retrato/la viva imagen de algn** to be the spitting image of sb (*coloq*), to be the living image of sb **ser más vivo que el hambre** to be as sharp as a needle **tener un genio vivo** to have a quick temper **tener un vivo interés en algo** to be very interested in sth **vivo o muerto** dead or alive *Ver tb* ABRASAR, APARECER, ASAR(SE), CAL, CALENTAR, CARNE, COMER, CUERO, DESOLLAR, ESTAMPA, FUEGO, LLORAR, MANTENER, MUERTO, MÚSICA, ROJO, SER[1]

vizconde, -esa *nm-nf* viscount [*fem* viscountess]

vocablo *nm* word

vocabulario *nm* vocabulary

vocación *nf* vocation

vocacional *adj*: *Su dedicación a la medicina es ~.* He has a vocation for medicine.

vocal *adj* vocal
■ **vocal** *nf* vowel: *La palabra "murciélago" tiene cinco ~es.* The word 'murciélago' has five vowels.
■ **vocal** *nmf* member of a committee: *La nombraron ~ de urbanismo.* They made her a member of the committee for urban development. **LOC** *Ver* CUERDA

vocálico, -a *adj* vowel [*n atrib*]: *el sistema/un sonido ~* the vowel system/a vowel sound

vocalista *nmf* vocalist

vocalización *nf* **1** (*pronunciación clara*): *La ~ es importante para un político.* It's important for a politician to speak clearly. **2** (*Mús*): *La soprano hacía ejercicios de ~.* The soprano was singing scales.

vocalizar *vi* **1** (*articular*) to speak clearly: *Como no vocalices un poco mejor, no te van a entender.* Unless you speak more clearly, nobody will understand you. **2** (*Mús*) to sing scales

vocativo *nm* vocative

vocear *vt, vi* to shout

voceras *adj* loud-mouthed
■ **voceras** *nmf* loudmouth

vocerío *nm* uproar

vociferador, ~a (*tb* **vociferante**) *adj* vociferous

vociferar *vi* to yell

vocinglero, -a *adj* loud-mouthed
■ **vocinglero, -a** *nm-nf* loudmouth

vodka *nm* vodka

voladizo, -a *adj* projecting
■ **voladizo** *nm* projection

volado, -a *pp, adj* (*persona*): *No le hagas caso, está ~.* Don't take any notice, he's round the bend. ◊ *Me quedé volada cuando me lo dijo.* I was taken aback when he told me. *Ver tb* VOLAR

volador, ~a *adj* flying
■ **volador** *nm* (*pez*) flying fish [*pl* flying fish] **LOC** *Ver* ALFOMBRA

voladura *nf* blowing up: *Procedieron a la ~ del puente.* They blew the bridge up.

volandas
LOC en volandas: *Sacaron al torero en ~.* They carried the bullfighter out. ◊ *Llevaban al niño en ~.* They were swinging the child along.

volantazo *nm*
LOC dar/pegar un volantazo to turn the wheel

volante *adj* flying
■ **volante** *nm* **1** (*automóvil*) steering wheel ☛ *Ver ilustración en* CAR **2** (*de tela*) flounce: *una falda de ~s* a flounced skirt **3** (*para el médico*) referral note: *La doctora me dio un ~ para el otorrino.* The doctor gave me a referral note for the ENT specialist. **4** (*Automovilismo*) motor racing: *los ases del ~* the stars of motor racing
LOC ir al volante to be at the wheel **ponerse al volante** to take the wheel (*of sth*): *Se puso al ~ del camión.* He took the wheel of the lorry. *Ver tb* OBJETO, PLATILLO

volar *vt* (*hacer explotar*) to blow *sth* up: *Van a ~ el edificio.* They're going to blow the building up.
■ **volar** *vi* **1** (*gen*) to fly: *Volamos a Roma desde Madrid.* We flew to Rome from Madrid. ◊ *El avión volaba a gran altura.* The plane was flying very high. ◊ *El tiempo vuela.* Time flies. **2** (*desaparecer*) to vanish: *—¿Dónde está Marta? —Ha volado.* 'Where's Marta?' 'She's vanished.' **3** (*salir corriendo*) to rush off ***to do sth/to…***: *Voló a buscar un médico.* He rushed off to get a doctor. ◊ *Vuela a recoger a tu hermana.* Quick! Go and fetch your sister. ◊ *Volaron a la estación.* They rushed off to the station. **4** (*con el viento*) to blow away: *El sombrero voló por los aires.* His hat blew away.
LOC volando (*deprisa*): *Preparó la cena volando.* He cooked the supper very quickly. ◊ *Voy volando.* I'll come straight away. **volar (del nido)** to fly the nest *Ver tb* AIRE

volátil *adj* volatile

volatilizarse *v pron* (*líquido*) to evaporate

volcán *nm* volcano [*pl* volcanoes]
LOC estar sobre un volcán to be sitting on a time bomb **volcán activo/en actividad** active volcano [*pl* active volcanoes] **volcán inactivo** dormant volcano [*pl* dormant volcanoes]

volcánico, -a *adj* volcanic

volcar *vt* **1** (*derribar*) to knock *sth* over: *Los chicos volcaron el contenedor.* The children knocked the wheely bin over. **2** (*vaciar*) **(a)** (*carga*) to dump: *El camión volcaba arena junto a la obra.* The lorry was dumping sand next to the building site. **(b)** (*bolsa*) to empty *sth* out: *La policía volcó las bolsas sospechosas.* The police emptied out the suspicious bags.
■ **volcar** *vi* **1** (*vehículo*) to overturn: *El coche volcó tras patinar.* The car skidded and overturned. **2** (*barco*) to capsize
■ **volcarse** *v pron* **1** (*caerse*) to fall over **2** (*entregarse*) **(a) volcarse (en)** to devote yourself **to *sth***: *~te en tu trabajo* to devote yourself to your work **(b) volcarse (con)** to do anything **for *sb***: *Se vuelca con sus hijos.* He'll do anything for his children.

volea *nf* volley

voleibol *nm* volleyball

voleo *nm*
LOC a voleo 1 (*sin pensar*) without thinking: *Lo dije a ~.* I said it without thinking. **2** (*más o menos*) more or less: *Calculó el precio a ~.* He worked out the price

more or less. **en un voleo** in a trice: *Preparamos las maletas en un ~.* We packed our cases in a trice.

volframio *nm* tungsten

volován *nm* vol-au-vent

volquete *nm* dumper (truck)

voltaje *nm* voltage: *una bombilla de alto/bajo ~* a high/low voltage bulb

voltear *vt* **1** (*toro*) to toss: *El toro volteó al torero.* The bull tossed the bullfighter. **2** (*campanas*) to peal
LOC voltear a algn en el aire to give sb the bumps

volteo *nm* pealing: *Oímos un ~ de campanas.* We heard the bells peal.

voltereta *nf* somersault
LOC dar una voltereta to do a somersault **voltereta lateral** cartwheel

voltímetro *nm* voltmeter

voltio[1] *nm* volt

voltio[2] *nm*
LOC dar(se) un voltio to go out: *¿Vamos a dar un ~?* Shall we go out? ◊ *Nos dimos un ~ por la ciudad.* We went out into town. **ir/salir a dar un voltio** to go for a stroll: *Date un ~ por el pueblo.* Go for a stroll round the village.

voluble *adj* changeable: *Tienes un carácter de lo más ~.* You're terribly changeable. ◊ *No me fío de él porque es demasiado ~.* I don't trust him. He's always changing his mind.

volumen *nm* volume: *~ de ventas* volume of sales ◊ *una enciclopedia en varios volúmenes* an encyclopedia in several volumes ◊ *subir/bajar el ~ de la tele* to turn the TV up/down

voluminoso, -a *adj* large, voluminous (*más formal*): *un paquete ~/una prenda voluminosa* a large parcel/ garment ◊ *un informe ~* a voluminous report

voluntad *nf* **1** (*decisión*) will: *Lo hizo contra su ~.* He did it against his will. ◊ *Tiene ~ de triunfo.* She has the will to succeed. ◊ *No tiene ~ propia.* He's got no will of his own. **2** (*deseo*) wishes [*pl*]: *respetar la ~ de algn* to respect sb's wishes
LOC a voluntad: *comer y beber a ~* to eat and drink as much as you like ◊ *Lo dejo a tu ~.* I'll leave it up to you. **buena voluntad** goodwill **hacer algo por mi (propia) voluntad/por voluntad propia** to do sth of my, your, etc own free will: *Nos marchamos por nuestra propia ~.* We left of our own free will. **la voluntad** it's up to you: *—¿Cuánto es? —La ~.* 'How much is it?' 'It's up to you.' **tener/no tener (mucha) voluntad** to be/not to be very determined: *Miguel no tiene mucha ~.* Miguel isn't very determined. **voluntad de hierro/férrea** iron will *Ver tb* AJENO, FUERZA, SANTO, ÚLTIMO

voluntariamente *adv* voluntarily

voluntario, -a *adj* voluntary
■ **voluntario, -a** *nm-nf* volunteer: *Trabaja de ~ en una residencia de ancianos.* He works as a volunteer in an old people's home. ◊ *ir a la mili de ~* to join the army as a volunteer
LOC ofrecerse/presentarse/salir voluntario: *Se ofreció voluntaria para preparar la fiesta.* She volunteered to prepare the party. *Ver tb* BAJA, INTERRUPCIÓN

voluntarioso, -a *adj* **1** (*tenaz*) dedicated: *Es un hombre ~ y trabajador.* He's a dedicated, hard-working man. **2** (*tozudo*) stubborn

voluptuoso, -a *adj* voluptuous

voluta *nf* (*Arquit*) scroll

volver *vi* **1** (*regresar*) to come/go back, to return (*más formal*): *Vuelve aquí.* Come back here. ◊ *Volví a casa/mi país.* I went back home/to my country. ◊ *¿A qué hora volverás?* What time will you be back? ◊ *Volviendo a este tema ...* Returning to this topic ... **2 ~ a hacer algo** (*repetir*) to do sth again: *No volví a pensar en ello.* I didn't think about it again. ◊ *No vuelvas a decirlo.* Don't say that again. ◊ *¡Ya vuelve a llover!* It's raining again! ◊ *Vuelve a poner la leche en la nevera.* Put the milk back in the fridge.
■ **volver** *vt* **1** (*gen*) to turn: *Volví la cabeza.* I turned my head. ◊ *Me volvió la espalda.* He turned his back on me. ◊ *Vuelve el colchón.* Turn the mattress over. ◊ *Vuelve la página.* Turn (over) the page. ◊ *Volví la cámara hacia los niños.* I turned the camera towards the children. **2** (*prenda*) to turn *sth* inside out: *Vuelve los pantalones.* Turn the trousers inside out. **3** (*remangar*) to roll *sth* up: *Volvió las perneras del pantalón.* He rolled up his trouser legs. **4 ~ + adj (a)** (*gen*) to make: *La fama lo ha vuelto arrogante.* Fame has made him arrogant. **(b)** (*color*) to turn: *Este producto vuelve el papel azul.* This chemical turns paper blue.
■ **volverse** *v pron* **1(a) volverse (a/hacia)** (*girarse*) to turn (**to/towards *sth/sb***): *Se volvió a mí con lágrimas en los ojos.* She turned to me with tears in her eyes. ◊ *Se volvió hacia Elena.* He turned towards Elena. **(b)** (*dar media vuelta*) to turn round: *Me volví porque creí que me seguían.* I turned round because I thought they were following me. **2 volverse + adj (a)** (*gen*) to become: *Se ha vuelto más tolerante.* She's become more tolerant. ◊ *~se loco* to go mad **(b)** (*color*) to turn: *El agua se ha vuelto verde.* The water has turned green.
LOC volver en sí to come round
volverse (en) contra (de) algn to turn against sb
☛ Para otras expresiones con **volver**, véanse las entradas del sustantivo, adjetivo, etc, p.ej. **volverse atrás** en ATRÁS y **volver a la carga** en CARGA.

vomitar *vt* **1** (*devolver*) to bring *sth* up: *Vomité toda la cena.* I brought up all my dinner. **2** (*manchar*) to be sick **over *sth***: *Vomitó la chaqueta.* He was sick over his jacket. **3** (*humo, lava*) to belch *sth* out: *El volcán vomitaba lava.* The volcano was belching out lava.
■ **vomitar** *vi* to be sick, to vomit (*más formal*): *Creo que voy a ~.* I think I'm going to be sick. ☛ *Ver nota en* ENFERMO, SICK
LOC vomitar insultos to hurl insults *at sb* **vomitar sangre** to cough up blood *Ver tb* GANA

vomitivo, -a *adj* (*fig*) disgusting

vómito *nm* **1** (*acto*) vomiting [*incontable*]: *Los síntomas incluyen ~s.* The symptoms include vomiting. ◊ *tener ~s* to be sick **2** (*lo devuelto*) vomit [*incontable*], sick [*incontable*] (*más coloq*): *El suelo estaba lleno de ~s.* The ground was covered in sick.
LOC vómito de sangre: *Ha tenido ~s de sangre.* He's been coughing up blood.

vomitona *nf*: *Nada más comer le da la ~.* As soon as he finishes eating he throws up.

voracidad *nf* voraciousness

voraz *adj* **1** (*devorador*) voracious: *un apetito ~* a voracious appetite **2** (*incendio*) raging

vosotros, -as *pron pers* you: *¿Vendréis ~ a la fiesta?* Will you come to the party? ◊ *Tengo una reunión con vosotras mañana.* I've got a meeting with you tomorrow.
LOC vosotros sí/no: *Ella no vive aquí, pero ~ sí.* She doesn't live here, but you do. ◊ *A mí me gustó. ¿A vosotras no?* I liked it. Didn't you? **sois vosotros** it's you

votación *nf* vote: *Se decidió por ~ popular.* It was decided by popular vote. ◊ *Decidieron abstenerse en la ~.* They decided to abstain from voting.
LOC hacer una votación to take a vote **votación a mano alzada** a show of hands: *Se decidió en ~ a mano alzada.* It was decided by a show of hands. **votación secreta** secret ballot **votación telefónica** telephone poll *Ver tb* SOMETER

votante *nmf* voter **LOC** *Ver* CENSO

votar *vt* **1** (*candidato*) to vote **for *sth/sb*** [*vi*]: *Voté a los verdes.* I voted for the Greens. **2** (*someter a votación*) to vote **on *sth*** [*vi*]: *Votaron el proyecto de ley.* They voted on the bill. **3** (*elegir*) to vote *sth/sb sth*: *Ha sido votada (como) mejor serie del año.* It's been voted the best series of the year. ◊ *Le han votado presidente.* He has been voted chairman.
■ **votar** *vi* to vote: *~ por algn* to vote for sb ◊ *~ a favor/en contra de algo* to vote for/against sth
LOC votar en blanco to leave your ballot paper blank **votar por correo/correspondencia** to have a postal vote

voto *nm* **1** (*Pol*) vote: *El gobierno consiguió el ~ favorable de la Cámara.* The government won the vote. ◊ *50 ~s a favor y 41 en contra.* 50 votes for and 41 against. **2** (*Relig*) vow: *Hizo un ~ a la Virgen.* He made a vow to the Virgin.

LOC **tener voto** to have the (right to) vote **voto afirmativo/negativo** vote in favour/against **voto de censura** vote of no confidence **voto de confianza** vote of confidence **voto en blanco** blank ballot paper **voto nulo** spoilt ballot paper **voto por correo/correspondencia** postal vote: *efectuar el ~ por correo* to have a postal vote **voto secreto** secret ballot **voto útil** tactical vote *Ver tb* DERECHO, SOLICITACIÓN, VOZ

vox pópuli

LOC **ser vox pópuli** to be common knowledge

voyeur *nmf* voyeur

voyeurismo *nm* voyeurism

voz *nf* **1** (*gen*) voice: *decir algo en ~ alta/baja* to say sth in a loud/quiet voice ◊ *en ~ pasiva* in the passive (voice) **2** (*grito*) shout: *Dale una ~ a tu hermano para que venga.* Give your brother a shout. ◊ *dar/pegar voces* to shout **3** (*Mús*) **(a)** (*cantante*) voice: *Tiene ~ de barítono.* He has a baritone voice. **(b)** (*parte*) part: *Es una canción a cuatro voces.* It is a four-part song.

LOC **alzar/levantar la voz** to raise your voice (*to sb*) **a media voz** in a low voice **a una voz** with one voice **a voces**: *Siempre discuten a voces.* They're always shouting and arguing. ◊ *protestar a voces* to shout your protests ◊ *Tenemos que darnos a entender, aunque sea a voces.* We have to make ourselves heard, even if we have to shout. **a voz en grito** at the top of your voice **corre la voz de que...** there's a rumour going round that... **dar la voz de alarma** to raise the alarm **llevar la voz cantante** to call the tune **no tener ni voz ni voto** to have no say (*in sth*): *Tú a callar, que no tienes ni ~ ni voto.* You be quiet. You've got no say in the matter. **tener la voz ronca/tomada** to be hoarse **voz de mando** command **voz de pito** squeaky voice **voz en off** voice over *Ver tb* AFECTAR, ALCANCE, CAMBIAR, CANTAR[2], CHORRO, CUATRO, EDUCACIÓN, HILO, LEER, LLAMAR, PEDIR, RECONOCIMIENTO, SECRETO, SOÑAR, SUBIR, VIVO

vozarrón *nm* booming voice

vudú (*tb* **vuduismo**) *nm* voodoo

vuelco *nm*

LOC **dar un vuelco 1** (*vehículo*) to overturn **2** (*embarcación*) to capsize **3** (*situación*) to change dramatically **darle a algn un vuelco el corazón**: *Al oír el disparo, me dio un ~ el corazón.* When I heard the shot, my heart missed a beat.

vuelo *nm* **1** (*gen*) flight: *el ~ de un pájaro/una cometa* the flight of a bird/kite ◊ *el ~ Santiago-Madrid* the Santiago-Madrid flight ◊ *~s internacionales* international flights **2** (*prenda*): *Esa falda tiene mucho ~.* That skirt's very full. ◊ *una falda con ~* a full skirt

LOC **alzar/emprender/levantar el vuelo 1** (*lit*) to fly away: *Las gaviotas emprendieron el ~.* The seagulls flew away. **2** (*marcharse*): *Es hora de levantar el ~, se hace tarde.* It's time we got going – it's getting late. ◊ *Es ley de vida, los hijos acaban por levantar el ~.* That's life: children always fly the nest in the end. **coger algo al vuelo**: *Solo se lo tuve que explicar una vez. Lo cogió al ~.* I only had to explain it once – he caught on immediately. ◊ *Es un chico muy listo, coge las cosas al ~.* He's very quick on the uptake. **de alto(s) vuelo(s)**: *un ejecutivo de altos ~s* a high-flying executive ◊ *un cargo de alto ~* an important job **vuelo a vela/sin motor** gliding **vuelo de ensayo/prueba** test flight **vuelo directo/sin transbordos** direct flight **vuelo espacial** space flight **vuelo libre/con ala delta** hang-gliding **vuelo nacional/interior** domestic/internal flight **vuelo rasante/raso** low-level flight: *un avión en ~ rasante* a low-flying aircraft **vuelo regular** scheduled flight **vuelo sin escalas** non-stop flight *Ver tb* AUTONOMÍA, AUXILIAR[2], CAMPANA, CAZAR, LEVANTAR, PERSONAL, REMONTAR

vuelta *nf* **1** (*regreso*) return: *la ~ a la normalidad* the return to normality ◊ *Su ~ fue celebrada en todo el país.* His return was celebrated by the whole nation. ◊ *No me gusta la ~ al colegio.* I don't like going back to school. **2** (*collar*) strand: *un collar de dos ~s* a two-strand necklace **3** (*Costura*) turn-up: *Ponles unas ~s a los pantalones.* Put turn-ups on the legs of those trousers. **4** (*punto*) row: *Solo me falta una ~ para terminar el jersey.* One more row and I'll have finished the jumper. **5** (*Dep*) lap: *Dieron tres ~s a la pista.* They did three laps of the track. **6** (*página*) back: *la ~ de un folio* the back of a sheet of paper **7** (*cambio*) change: *Quédese con la ~.* Keep the change. **8** (*fase*) round: *la primera ~ de las elecciones* the first round of the elections

LOC **a la vuelta (de...) 1** (*al regresar*): *Te veré a la ~.* I'll see you when I get back. ◊ *A la ~ paramos en Toledo.* We stopped in Toledo on our way back. ◊ *a la ~ de las vacaciones* when we get back from holiday **2** (*en la parte de atrás*) overleaf: *A la ~ de la página hay una ilustración.* There's an illustration overleaf. **a la vuelta de la esquina** just round the corner: *El verano está a la ~ de la esquina.* Summer is just round the corner. **andar/estar a vueltas con algo** to have sth constantly on your mind: *Anda a ~s con lo de cambiar de trabajo.* The idea of changing jobs is constantly on his mind. **a vuelta de correo** by return of post **cogerle las vueltas a algn** to know how to handle sb **dar (dos, etc) vueltas a/alrededor de algo** to go round sth (twice, etc): *La Luna da ~s alrededor de la Tierra.* The moon goes round the earth. ◊ *El fajín le daba dos ~s alrededor de la cintura.* The sash went round his waist twice. **dar la vuelta a la manzana, al mundo, etc** to go round the block, world, etc **dar la vuelta al ruedo** to go round the bull ring after a successful bullfight **dar la vuelta de honor** to do a lap of honour **darle cuarenta, cien, etc vueltas a algo/algn** to run rings round sb/sth: *Me da mil ~s jugando al golf.* When we play golf, he runs rings round me. **darle la vuelta a algo** to turn sth over: *Dale la ~ al disco.* Turn the record over. ◊ *¿Le doy la ~ a la tortilla?* Shall I turn the omelette over? **darle vueltas a algo 1** (*gen*) to turn sth: *Siempre le doy dos ~s a la llave.* I always turn the key twice. **2** (*comida*) to stir sth: *No dejes de dar ~s a la besamel o se pegará.* Keep stirring the béchamel sauce or it'll stick. **3** (*pensar*) to worry about sth: *Le estás dando demasiadas ~s.* You're worrying too much about it. ◊ *No puedo dejar de darle ~s a lo del accidente.* I can't stop thinking about the accident. **dar (la) media vuelta** to turn round: *Dio media ~ y se marchó.* He turned round and went off. ◊ *Si no me gusta la fiesta, doy media ~ y arreglado.* If I don't like the party I'll just up and go. **darse una vuelta (por un sitio)** to drop in (at...): *Esta tarde me daré una ~ por tu casa.* I'll drop in this evening. ◊ *Se dio una ~ por la oficina.* He dropped in at the office. **dar una vuelta de campana** (*vehículo*) to turn over: *El coche dio tres ~s de campana.* The car turned over three times. **dar vueltas** (*girar*) to spin: *La Tierra da ~s sobre su propio eje.* The earth spins on its own axis. ◊ *La cabeza me da ~s.* My head's spinning. **estar de vuelta** to be back: *Ya están de ~ del viaje a Japón.* They're back from their trip to Japan. **estar de vuelta de todo** to have seen it all before **(ir/salir a) dar una vuelta** (*a pie*) to go (out) for a walk: *Han salido a dar una ~.* They've gone out for a walk. **¡media vuelta!** about turn! **no hay/tiene vuelta de hoja** there are no two ways about it **poner (a algn) de vuelta y media** to tear sb to pieces **Vuelta Ciclista** Tour: *la Vuelta Ciclista a España* the Tour of Spain **(y) vuelta a...**: *¡~ a madrugar para ir al cole!* It's back to getting up early for school. ◊ *Me he quedado sin trabajo, y ~ a empezar.* I've lost my job so I'll have to start all over again. *Ver tb* BILLETE, IDA, PARTIDO *nm*, VIDA

vuelto, -a *pp, adj*: *Estaba ~ y no lo reconocí.* He was facing the other way and I didn't recognize him. ◊ *Puso el retrato ~ hacia la pared.* He turned the portrait to the wall. *Ver tb* VOLVER

LOC **vuelto del revés** inside out ☛ *Ver ilustración en* REVÉS *Ver tb* CUELLO

vuestro, -a *adj pos* your: *vuestra casa* your house ◊ *~s hijos son muy inteligentes.* Your children are very intelligent. ◊ *Vuestra Majestad* Your Majesty ◊ *un primo ~* a cousin of yours ☛ *Ver nota en* SUYO

■ **vuestro, -a** *pron pos* yours: *El tercero es el ~.* The third one is yours. ◊ *Las vuestras son las mejores.* Yours are the best. ◊ *¿Son estos los ~s?* Are these yours? ◊ *Lo ~ se arreglará.* That business of yours will sort itself out.

LOC **de las vuestras** your old tricks: *¿Ya estáis haciendo de las vuestras?* Are you up to your old tricks again? **lo vuestro 1** (*posesión*) your things **2** (*afición*) your thing **los vuestros 1** (*vuestra familia*) your family [*v sing o pl*] ☛ *Ver nota en* FAMILIA **2** (*vuestros amigos*) your friends **3** (*vuestros partidarios*) your side: *He conocido a uno de los ~s.* I've met one of your side.

vulgar *adj* vulgar: *un comentario/una persona ~* a vulgar remark/person LOC *Ver* LENGUA, TÉRMINO

vulgaridad *nf* **1** (*cualidad*) vulgarity: *No soporto la ~ en la gente.* I can't stand vulgarity. **2** (*dicho/acción vulgar*) vulgar thing: *hacer/cometer una ~* to be vulgar ◊ *Deja de decir ~es.* Don't be so vulgar.

vulgarismo *nm* vulgarism

vulgo *nm* common herd

vulnerable *adj* vulnerable

vulnerar *vt* **1** (*dañar*) **(a)** (*gen*) to damage: *~ la reputación de algn* to damage sb's reputation **(b)** (*persona*) to hurt **2** (*ley, derechos*) to violate

vulva *nf* vulva

walkie-talkie *nm* walkie-talkie

walkman® *nm* Walkman® [*pl* Walkmans]

wáter *nm* toilet ☛ *Ver nota en* TOILET

waterpolo *nm* water polo

web *nm* o *nf* website: *el/la ~ de la empresa* the company's website ◊ *página ~* web page

■ *nf* **la web** the Web: *buscar algo en la ~* to search for sth on the Web

whisky *nm* whisky

LOC whisky escocés Scotch (whisky)

windsurf *nm* windsurfing: *hacer ~* to go windsurfing

LOC *Ver* TABLA

wolframio *nm Ver* VOLFRAMIO

x: *tres elevado a x* three to the power of x ◊ *el señor X* Mr X LOC *Ver* RAYO
xenofobia *nf* xenophobia
xenófobo, -a *adj* xenophobic
■ **xenófobo, -a** *nm-nf* xenophobe
xerografía *nf* xerography
xilófono (*tb* **xilofón**) *nm* xylophone ☛ *Ver ilustración en* PERCUSSION

y *conj* **1** (*copulativa*) and: *chicos y chicas* boys and girls **2** (*en interrogaciones*) and what about...?: *¿Y tú?* And what about you? **3** (*hora*) past: *Son las tres y veinte.* It's twenty past three. **4** (*en expresiones numéricas*)

> Nótese que los números se expresan por lo general de modo diferente en inglés: *treinta y tres* thirty-three ◊ *setecientos treinta y tres* seven hundred and thirty-three ◊ *dos mil setecientos treinta y tres* two thousand, seven hundred and thirty-three ◊ *dos mil treinta y tres* two thousand and thirty-three ◊ *uno y medio* one and a half ☛ *Ver apéndice 3*

LOC **y eso que...** even though...: *Llegué temprano, y eso que salí más tarde que de costumbre.* I arrived early, even though I set out later than usual. **¿y qué? 1** (*¿qué importa?*) so what?: *Te han echado, ¿y qué?* You've been thrown out: so what? **2** (*¿qué tal?*): *—Ayer tuve la entrevista. —¿Ah sí? ¿Y qué?* 'I had the interview yesterday.' 'Did you? How did it go?' ◊ *—Ya nos han dado los resultados. —¿Y qué? ¿Estás contenta?* 'We've got our results.' 'Well? Are you pleased?' **y si...** what if...?: *¿Y si fuera cierto?* What if it's true?

ya *adv* **1** (*referido al pasado*) already: *¿Ya lo has terminado?* Have you finished it already? ◊ *Ya lo habíamos dicho.* We'd already said so. **2** (*referido al presente*) now: *Estaba muy enfermo pero ya está bien.* He was very ill but he's fine now. ◊ *¡Levántate ya!* Get up now! ◊ *Eso ya es historia.* That's history now. **3** (*referido al futuro*): *Ya veremos.* We'll see. ◊ *Ya te escribirán.* They'll write to you (eventually). **4** (*sí*) okay: *—Quiero que nos acompañes. —Ya, pero más tarde.* 'I want you to come with us.' 'Okay, but later.' ◊ *Ya, ya, no insistas.* Okay, okay, don't go on. **5** (*uso enfático*): *Ya veo.* Oh, I see. ◊ *Sí, ya entiendo.* Yes, I understand. ◊ *Ya verás, ya.* Just you wait and see. ◊ *¡Ya comes, ya!* You do eat a lot. ◊ *Ya se ha dormido.* He's gone to sleep. ◊ *Ya lo sé.* I know.
■ **¡ya!** *interj* **1** (*claro*) of course!: *—Pero, si lo compraste tú. —¡Ah, ya!* 'But you were the one to buy it.' 'Of course!' **2** (*incredulidad*) come off it!: *—Yo no me he lo comido. —¡Ya, ya!* 'I didn't eat it.' 'Come off it!'
LOC **desde ya** straight away **no ya...sino...** not just...but...: *Cuídate, no ya por ti, sino por mí.* Look after yourself, not just for your own sake but for mine. **ya comprendo/ahora lo comprendo** I see **ya es algo** well, it's something **ya es/era hora** it is/was about time: *Ya es hora de que llames.* It's about time you called. ◊ *Ya era hora de que vinieras.* It was about time you came. **¡ya está!** that's it! **ya está bien** that's quite enough: *Ya está bien de perder el tiempo.* That's quite enough time-wasting. ◊ *Ya está bien de juegos.* That's quite enough fooling around. **ya no** not...any more: *—¿Todavía se despierta por las noches? —Ya no.* 'Does he still wake up at night?' 'Not any more.' ◊ *Ya no salen juntos.* They aren't going out together any more. **ya que** since: *Ya que voy, no me cuesta nada recogerte.* Since I'm going anyway, I can easily pick you up. **(ya) verás lo que es bueno** I'll get you **¡(ya) voy!** coming! *Ver tb* ARREGLAR, BASTAR, CREER, DEMASIADO, PREPARADO, SOSPECHAR, TEMER

yacente *adj* recumbent: *una figura ~* a recumbent figure

yacer *vi* to lie: *Aquí yace Fermín Gutiérrez.* Here lies Fermín Gutiérrez.

yacimiento *nm* **1** (*Geol*) deposit **2** (*Arqueología*) site
LOC **yacimiento arqueológico** archaeological site **yacimiento petrolífero/de petróleo** oilfield

yámbico *adj* iambic

yambo *nm* iambus [*pl* iambuses/iambi]

yanqui *adj, nmf* Yankee [*n*]: *la hospitalidad ~* Yankee hospitality

yate *nm* yacht ☛ *Ver ilustración en* YACHT

yayo, -a *nm-nf* grandad [*fem* granny]

yedra *nf Ver* HIEDRA

yegua *nf* mare

yeguada *nf* herd of studs

yelmo *nm* helmet

yema *nf* **1** (*huevo*) (egg) yolk: *tres ~s (de huevo)* three egg yolks ☛ *Ver ilustración en* HUEVO **2** (*dulce*) sweet made from sugar and egg yolk **3** (*Bot*) bud ☛ *Ver ilustración en* FLOR **4** (*dedo*) (finger)tip: *No siento las ~s de los dedos.* I can't feel my fingertips. ◊ *Apretó la ~ del pulgar contra la tinta.* He pressed the tip of his thumb onto the ink.

Yemen *nm* Yemen Republic

yen *nm* yen [*pl* yen]

yerba *nf Ver* HIERBA

yermo, -a *adj* **1** (*sin cultivar*) uncultivated **2** (*estéril*) barren **3** (*despoblado*) uninhabited
■ **yermo** *nm* wasteland

yerno *nm* son-in-law [*pl* sons-in-law]

yerto, -a *adj* **1** (*rígido*) stiff **2** (*horrorizado*) petrified: *Se quedaron ~s al ver la pistola.* They were petrified when they saw the gun.

yesca *nf* tinder

yesería *nf* **1** (*fábrica*) factory producing plaster **2** (*decorado*) plasterwork

yeso *nm* plaster

yeti *nm* yeti

Yibuti *nm* Djibouti

yo *pron pers* **1** (*sujeto*) I: *Iremos mi hermana y yo.* My sister and I will go. ◊ *Tanto tú como yo tenemos que callar.* You and I must both be quiet. ◊ *No lo digo yo sólo.* I'm not the only one to say so. ◊ *Lo haré yo mismo.* I'll do it myself. ◊ *¿Y yo qué sé?* How should I know? **2** (*complemento, en comparaciones*) me: *todos excepto yo* everybody except me ◊ *Tiene el mismo nombre que yo.* He's got the same name as me. ◊ *Llegaste antes que yo.* You got here before me/before I did.
■ **yo** *nm* ego: *el yo del autor* the author's ego
LOC **soy yo** it's me **¿yo?** me?: *¿Quién dices, yo?* Who do you mean? Me? **yo que tú** if I were you: *Yo que tú no lo haría.* If I were you, I wouldn't do it. **yo sí/no**: *Ana no quiere ir pero yo sí.* Ana doesn't want to go but I do. ◊ *—¿Quién se lo va decir? —Pues yo no.* 'Who's going to tell him?' 'Well I'm not.' ◊ *—¿Quién quiere más? —Yo no, gracias.* 'Who wants some more?' ' Not me, thanks.'

yodo *nm* iodine

yoga *nm* yoga: *Hago ~ por las mañanas.* I practise yoga in the morning.

yogui *nmf* yogi

yogur *nm* yoghurt: *dos ~es de fresa* two strawberry yoghurts
LOC **yogur descremado/desnatado** low-fat yoghurt

yogurtera *nf* yoghurt maker

yonqui *nmf* junkie

yóquey (*tb* **yoqui**) *nmf Ver* JOCKEY

York *nm* LOC *Ver* JAMÓN

yoyó *nm* yo-yo [*pl* yo-yos]

yuca *nf* yucca

yudo *nm Ver* JUDO

yudoka *nmf Ver* JUDOKA

yugo *nm* yoke: *sacudirse el ~* to throw off the yoke

Yugoslavia *nf* Yugoslavia

yugular *adj, nf* jugular: *un corte en la ~* a cut to the jugular LOC *Ver* VENA

yunque *nm* (*para trabajar los metales, oído*) anvil ☛ *Ver ilustración en* OÍDO

yunta *nf* team: *una ~ de bueyes* a team of oxen

¡yupi! *interj* yippee!

yuppie *nmf* yuppie

yute *nm* jute

yuxtaponer *vt* to juxtapose

yuxtaposición *nf* juxtaposition

Zz

zafarrancho *nm* **1** (*limpieza*) cleaning up: *Hoy nos toca ~*. It's our turn to do the cleaning up today. **2** (*destrozo*) mess **3** (*pelea*) uproar: *La reunión acabó en un auténtico ~*. The meeting ended in uproar. ◊ *armar/montar un ~* to cause an uproar
LOC **estar de/tener zafarrancho** to have a general clean-up **zafarrancho de combate** call to action

zafarse *v pron* **~ de 1** (*eludir*) to escape: *Logró ~ de la justicia.* He managed to escape justice. **2** (*desembarazarse*) to get rid **of *sth*/*sb***: *Por fin me he zafado del vendedor.* I've finally got rid of the salesman. **3** (*obligación*) to get out **of *sth*/*doing sth***: *No vas a zafarte de fregar los platos.* You're not going to get out of washing the dishes. **4** (*dificultad*) to get round *sth*: *No hay forma de ~ de este problema.* There's no way of getting round this problem. **5** (*soltarse*) to shake *sth* off: *El caballo se zafó de la brida y se escapó.* The horse shook off the bridle and bolted.

zafio, -a *adj*, *nm-nf* uncouth [*adj*]: *Es un ~*. He's an uncouth fellow.

zafiro *nm* sapphire

zaga *nf* **1** (*parte posterior*) rear **2** (*Dep*) defence
LOC **a la zaga** behind: *dejar a algn a la ~* to leave sb behind **no quedarse a la zaga/no irle a la zaga a algn** to be just as…: *Es muy buen jugador, pero los demás no le van a la ~*. He's a very good player, but the others are just as good.

zagal, ~a *nm-nf* **1** (*chaval*) lad [*fem* lass] **2** (*pastor*) shepherd boy [*fem* shepherdess]

zaguán *nm* hallway

zaguero *nm* (*Dep*) **1** (*gen*) defender: *Es el mejor ~ del equipo.* He's the best defender in the team. **2** (*Pelota*) person who plays at the back

zaherir *vt* to hurt

zahón *nm* (*tb* **zahones**) chaps [*v pl*]

zahorí *nmf* **1** (*que descubre aguas subterráneas*) water-diviner **2** (*fig*) mind-reader: *No se te escapa nada, eres un ~*. You don't miss a thing. You're a mind-reader.

zalamería *nf* **zalamerías** sweet-talk [*incontable*, *v sing*]: *Déjate de ~s.* Cut the sweet-talk. ◊ *¿A qué vienen tantas ~s?* What's all this sweet-talk for?
LOC **hacer zalamerías** to cajole *sb into doing sth*: *La niña hacía ~s al abuelo para que le comprara un globo.* The girl cajoled her grandfather into buying her a balloon.

zalamero, -a *adj* sweet-talking
■ **zalamero, -a** *nm-nf* flatterer

zamarra *nf* **1** (*chaqueta de piel*) sheepskin jacket **2** (*chaqueta gruesa*) heavy jacket **3** (*chaleco*) sheepskin waistcoat

Zambia *nf* Zambia

zambo, -a *adj* knock-kneed

zambomba *nf* traditional percussion instrument

zambombazo *nm* bang

zambra *nf* **1** (*fiesta gitana*) gypsy festivity **2** (*alboroto*) racket: *armar/montar una ~* to make a racket

zambullida *nf* **1** (*salto*) dive **2** (*baño*) dip
LOC **darse una zambullida** to take a dip

zambullirse *v pron* **1** (*lit*) **(a)** (*saltar*) to dive **(b)** (*bañarse*) to take a dip **2** (*fig*) to immerse yourself ***in sth***: *~ en una novela* to immerse yourself in a novel

zampabollos (*tb* **zampatortas**) *nmf* pig

zampar *vi* to stuff yourself: *¡Cómo zampas!* You really stuff yourself!
■ **zampar(se)** *vt*, *v pron* to wolf *sth* down

zampón, -ona *adj* greedy

zampoña *nf* pan pipes [*v pl*]

zanahoria *nf* carrot

zanca *nf* shank

zancada *nf* stride: *Tiene una ~ muy grande.* He takes very long strides.
LOC **en dos zancadas** in two shakes

zancadilla *nf* **1** (*con el pie*) trip: *No están permitidas las ~s.* Tripping people up isn't allowed. **2** (*juego sucio*) trick
LOC **poner (la/una) zancadilla 1** (*lit*) to trip *sb* up: *Se cayó porque le pusiste una ~*. He fell over because you tripped him up. **2** (*fig*) to stick your knife *into sb*: *ponerle la ~ a un compañero* to stick your knife into a friend

zanco *nm* stilt

zancudo, -a *adj* **1** (*patilargo*) long-legged **2** (*ave*) wading
■ **zancudas** *nf* waders

zanganear *vi* to laze around

zángano *nm* (*insecto*) drone
■ **zángano, -a** (*persona*) *nm-nf* lazybones [*pl* lazybones]: *No seas ~*. Don't be such a lazybones.

zanja *nf* trench: *abrir una ~* to dig a trench

zanjado, -a *pp*, *adj Ver* ZANJAR
LOC **dar por zanjado** to put an end to *sth*

zanjar *vt* to put an end to *sth*: *El acuerdo zanjó la polémica.* The agreement put an end to the argument.

zapador *nm* sapper

zapata *nf* (*Mec*) brake shoe

zapatazo *nm*: *Maté el bicho de un ~*. I swatted the insect with my shoe.
LOC **dar zapatazos** to stamp: *¿Quieres parar de dar ~s en el suelo?* Will you stop stamping on the ground?

zapateado *nm* zapateado [*pl* zapateados]

zapatear *vi* to stamp your feet

zapatería *nf* **1** (*tienda*) shoe shop **2** (*taller*) shoe factory **3** (*actividad*) shoemaking

zapatero, -a *nm-nf* shoemaker
LOC **zapatero a tus zapatos** each to his own **zapatero remendón** cobbler

zapatilla *nf* **1** (*pantufla*) slipper **2** (*de deportes*) trainer **3** (*ballet, tenis*) shoe **LOC** *Ver* ESPARTO

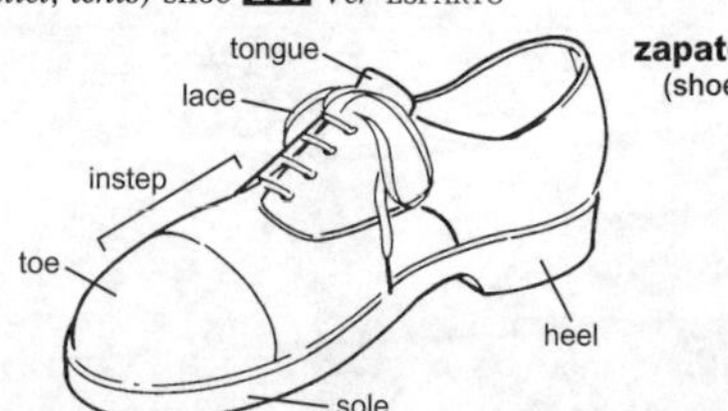

zapato
(shoe)

zapato *nm* shoe: *~s planos/de tacón* flat/high-heeled shoes ◊ *ponerse/quitarse los ~s* to put on/take off your shoes **LOC** *Ver* HORMA, LAZO, LIMPIAR, LLEGAR, ZAPATERO

zapping *nm* channel hopping: *hacer ~* to channel hop

zar *nm* tsar

zarabanda *nf* **1** (*Mús, danza*) sarabande **2** (*bullicio*): *En este bar siempre hay mucha ~*. It's always very rowdy in this bar. ◊ *armar una ~* to make a racket

zarandajas *nf* nonsense [*incontable*]: *Eso no son más que ~*. That's a lot of nonsense.

zarandear *vt* to shake: *La zarandeó para que dejara de gritar.* He shook her to shop her shouting. ◊ *El viento zarandeaba las ramas.* The wind was shaking the branches. ◊ *La vida te zarandeará.* You'll get a lot of knocks in life.

zarandeo *nm* **1** (*sacudida*) shaking: *el ~ de los árboles* the shaking of the trees **2** (*meneo*) jostling: *Hubo muchos ~s para entrar.* There was a lot of jostling to get in.

zarandillo *nm* fidget
LOC llevar/traer como un zarandillo to keep *sb* on the go

zarco, -a *adj* light blue

zarina *nf* tsarina

zarpa *nf* paw
LOC echar la(s) zarpa(s) a 1 (*lit*) to claw at *sth/sb*: *El león le echó las ~s al cuello.* The lion clawed at his neck. **2** (*fig*) to get your hands on *sth/sb*: *echar la ~ a una herencia* to get your hands on an inheritance

zarpar *vi* **~ (hacia/con rumbo a)** to set sail (**for…**): *El buque zarpó hacia Malta.* The boat set sail for Malta.

zarpazo *nm* **1** (*de león*) swipe: *Le dio un ~.* It took a swipe at him. **2** (*de una persona*) snatch: *Me lo quitó de un ~.* He snatched it from me.

zarrapastroso, -a *adj, nm-nf* scruffy [*adj*]: *Vas hecho un ~.* You're really scruffy.

zarza *nf* bramble

zarzal *nm* bramble patch

zarzamora *nf* **1** (*fruto*) blackberry **2** (*arbusto*) blackberry bush

zarzuela *nf* **1** (*Mús*) zarzuela ≃ operetta (*GB*) **2** (*Cocina*) fish stew

¡zas! *interj* bang!: *Enchufó el ordenador y ¡zas!, se fue la luz.* He plugged in the computer and bang, out went the lights!

zascandil *nm* restless [*adj*]

zascandilear *vi* to mess about: *Llevas toda la santa mañana zascandileando.* You've been messing about all morning.

zedilla *nf Ver* CEDILLA

zen *adj, nm* Zen [*n*]: *el budismo ~* Zen Buddhism

zenit *nm Ver* CENIT

zepelín *nm* Zeppelin

zeta (*tb* **zeda**) *nf* zed
■ **zeta** *nm* police car

zigzag *nm* zigzag: *un camino en ~* a zigzag path ◊ *Bajaron la colina en ~.* They zigzagged down the hill.

zigzaguear *vi* to zigzag

Zimbabue *nm* Zimbabwe

zinc *nm Ver* CINC

zipizape *nm* rumpus: *Ya han vuelto a montar el ~.* They've been causing a rumpus again.

zócalo *nm* **1** (*rodapié*) skirting board **2** (*edificio, pedestal*) plinth ☛ *Ver ilustración en* COLUMNA

zodiaco (*tb* **zodíaco**) *nm* zodiac: *los signos del ~* the signs of the zodiac

zombi (*tb* **zombie**) *adj, nm* zombie [*n*]
LOC estar/ir zombi to be/go round like a zombie

zona *nf* **1** (*área*) area: *una ~ industrial/residencial* an industrial/a residential area ◊ *~s desfavorecidas* depressed areas ◊ *~ de libre cambio* free trade area **2** (*Anat, Geog, Geom, Mil*) zone: *las ~s erógenas* the erogenous zones ◊ *~ de batalla/guerra* battle/war zone ◊ *~ fronteriza/neutral* border/neutral zone ◊ *~ tórrida/tropical* torrid/tropical zone
LOC zona catastrófica disaster area **zona centro** centre **zona comercial** shopping centre **zona norte/sur/este/oeste** north/south/east/west: *la ~ sur de la capital* the south of the capital **zona verde** green space *Ver tb* ASUETO, ESPARCIMIENTO

zoo *nm* zoo [*pl* zoos]

zoología *nf* zoology

zoológico, -a *adj* zoological
■ **zoológico** *nm* zoo [*pl* zoos] **LOC** *Ver* PARQUE, RECINTO

signos del zodiaco
(signs of the zodiac)

Aries 21 March– 20 April

Taurus 21 April– 20 May

Gemini 21 May– 20 June

Cancer 21 June– 20 July

Leo 21 July– 19/22 August

Virgo 20/23 August– 22 September

Libra 23 September– 22 October

Scorpio 23 October– 21 November

Sagittarius 22 November– 20 December

Capricorn 21 December– 20 January

Aquarius 21 January– 19 February

Pisces 20 February– 20 March

zoólogo, -a *nm-nf* zoologist

zoom *nm* zoom lens [*pl* zoom lenses]

zopenco, -a *adj* stupid
■ **zopenco, -a** *nm-nf* twit

zoquete *adj* thick
■ **zoquete** *nm* dimwit
■ **zoquete** *nm* (*de madera, de pan*) chunk

zorra *nf* **1** (*prostituta*) tart **2** (*astuta*) crafty woman **3** (*animal*) *Ver* ZORRO
LOC no tener ni zorra (idea) de algo not to have the faintest (idea) about sth

zorrera *nf* earth

zorrería *nf* **1** (*astucia*) cunning **2** (*acción*) cunning trick

zorro, -a *nm-nf* (*animal*) fox

Para referirnos solo a la hembra, decimos **vixen**. A los cachorros se les llama **cubs**.

■ **zorro, -a** *adj* cunning
■ **zorro** *nm* **1** (*piel*) fox fur: *un abrigo de ~* a fox fur coat **2** (*hombre*) sly old fox
LOC estar/quedarse hecho unos zorros to be shattered *Ver tb* CAZA[2]

zorruno, -a *adj* foxy

zorzal *nm* thrush

zote *adj* stupid
■ **zote** *nmf* dimwit: *ser un ~* to be a dimwit ◊ *la ~ de tu hermana* that dimwit sister of yours

zozobra *nf* anxiety

zozobrar *vi* to founder: *El pesquero zozobró próximo a la costa.* The fishing boat foundered near the coast. ◊ *hacer ~ un proyecto* to cause a project to founder ◊ *Parece que el negocio zozobra.* The business seems to be foundering.

zueco *nm* clog

zulo *nm* cache

zumbado, -a *pp, adj* (*loco*) crazy *Ver tb* ZUMBAR

zumbar *vt* (*pegar*) to thump
■ **zumbar** *vi* **1** (*insecto*) to buzz **2** (*flecha, bala, cohete*) to whizz **3** (*máquina, motor*) to hum
LOC ir/salir zumbando: *Vete zumbando a la panadería.* Dash round to the baker's. ◊ *Miró el reloj y salió*

zumbando. He looked at his watch and rushed off. **zumbarte los oídos** to have a buzzing in your ears: *Me llevan zumbando los oídos toda la mañana.* I've had a buzzing in my ears all morning.

zumbido *nm* **1** (*insecto*) buzzing: *Se oían los ~s de las moscas.* You could hear the flies buzzing. **2** (*flecha, bala, cohete*) whizzing **3** (*máquina*) humming

zumo *nm* (fruit) juice: *Me apetece un ~.* I'd like a fruit juice. ◊ *~ de piña* pineapple juice ◊ *~ de naranja natural* fresh orange juice
LOC sacar el zumo (*fig*) to bleed *sb* dry

zurcido *nm* darn

zurcir *vt* to darn
LOC ¡que le, etc zurzan! he, etc can get lost! **¡que te zurzan!** get lost! **y a mí, ¡que me zurzan!** what about me?

zurdazo *nm* (*Fútbol*) shot with the left foot

zurdo, -a *adj* **1** (*persona*) left-handed: *ser ~* to be left-handed **2** (*mano, pierna*) left
■ **zurda** *nf* **1** (*mano*) left hand **2** (*pierna*) left foot: *Metió un gol espectacular con la zurda.* He scored a spectacular goal with his left foot.
LOC no ser zurdo to be no fool: *No te la juegues, que ese no es ~.* Don't risk it: he's no fool.

zurra *nf* beating
LOC dar una zurra a algn to give sb a hiding **darse una zurra a** to wear yourself out (*doing sth*): *Se han dado una ~ a estudiar esta semana.* They've worn themselves out studying this week.

zurrar *vt* **1** (*pegar*) to wallop: *Como no te estés quieto, te zurro.* Keep still or I'll wallop you. **2** (*reprobar*) to tear *sb* to pieces: *Le zurraron bien en la reunión.* He was really torn to pieces at the meeting. **3** (*pieles*) to tan
LOC zurrar la badana to give *sb* a good hiding

zurrón *nm* bag

zutano, -a *nm-nf* **LOC** *Ver* FULANO

Hojas de estudio

Historia de la lengua inglesa

En inglés moderno es muy frecuente poder expresar una sola idea con diferentes palabras. Esto se debe a que el inglés ha adoptado palabras de otros idiomas a lo largo de los siglos. Por ejemplo, **fear**, **terror**, **alarm** y **fright** tienen significados similares, pero cada una de estas palabras entró en la lengua inglesa procedente de un idioma diferente.

Anglosajón El inglés proviene del anglosajón (**Anglo-Saxon**, también conocido como **Old English**), idioma que trajeron a Gran Bretaña las tribus germanas (los anglos, los sajones y los habitantes de Jutlandia) en el siglo V. Estos invasores le dieron a Inglaterra su nombre, "la tierra de los anglos", y aportaron al idioma muchas de las palabras básicas más comunes.

Latín A finales del siglo VI vino de Roma un grupo de monjes para reforzar la cristiandad en Gran Bretaña. Las palabras que pasaron del latín al inglés en esa época están principalmente relacionadas con la religión, la cultura y la enseñanza.

Nórdico antiguo En los siglos IX y X llegaron invasores de Escandinavia y ocuparon gran parte del este de Inglaterra. Muchas de las palabras de uso diario en inglés moderno provienen de su idioma, **Old Norse**, que a su vez está emparentado con el anglosajón. Los topónimos acabados en *-by* también suelen proceder del nórdico, ya que *by* significaba pueblo.

Francés En 1066 los normandos conquistaron Gran Bretaña y el francés se convirtió en la lengua de la clase dominante. Muchas palabras del inglés moderno relacionadas con el sistema de gobierno y el sistema legal, así como términos culinarios, provienen del francés de esta época.

Latín y griego Muchas palabras de origen latino entraron en la lengua inglesa a través del francés, pero el Renacimiento de los siglos XV y XVI trajo consigo un nuevo interés por las obras clásicas y con ello una gran afluencia de palabras provenientes del latín y del griego.

De otras partes del mundo El inglés moderno continúa evolucionando y aunque el latín y el griego todavía se utilizan como fuentes para crear nuevas palabras (sobre todo en el campo de la ciencia), los angloparlantes hoy en día adoptan palabras de una gran variedad de idiomas como el español (*fiesta*, *tapas*), japonés (*futon*, *satsuma*, *tofu*), etc.

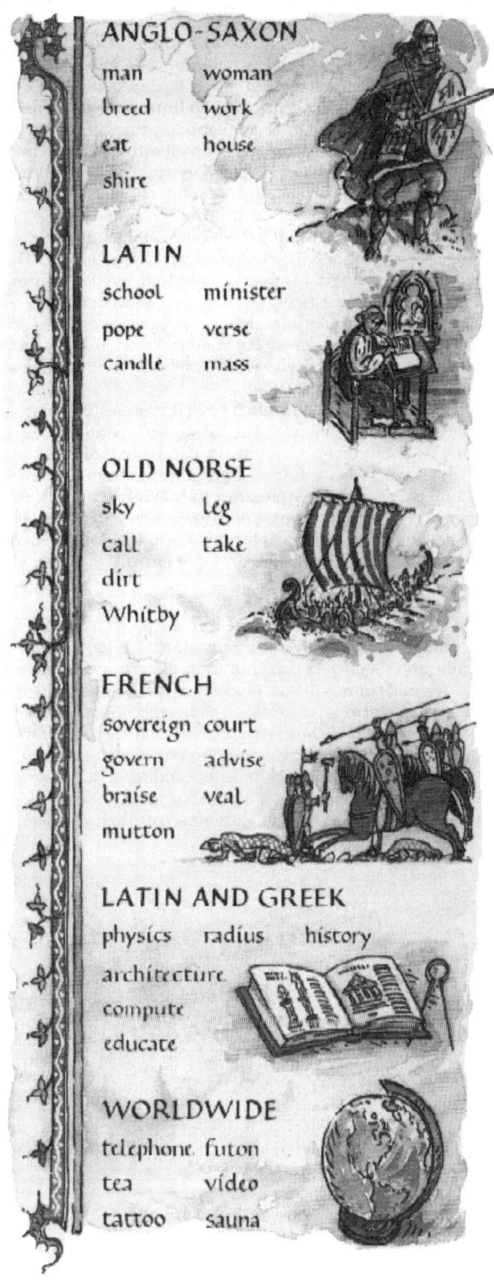

ANGLO-SAXON
man woman
breed work
eat house
shire
LATIN
school minister
pope verse
candle mass
OLD NORSE
sky leg
call take
dirt
Whitby
FRENCH
sovereign court
govern advise
braise veal
mutton
LATIN AND GREEK
physics radius history
architecture
compute
educate
WORLDWIDE
telephone futon
tea video
tattoo sauna

La Constitución y el gobierno del Reino Unido

La Constitución La Constitución del Reino Unido ha ido desarrollándose a lo largo de los años. No está escrita en un solo documento, sino que está formada por varios elementos, entre ellos los **statutes** (leyes que aprueba el Parlamento), resoluciones jurídicas de casos importantes y prácticas establecidas. Los principios básicos de la constitución son **the rule of law** (todo el mundo está sujeto a las leyes del Estado) y **the sovereignty of Parliament** (la soberanía del Parlamento). El segundo principio implica que no hay restricciones en cuanto a las leyes que puede aprobar el Parlamento.

El Monarca El proceso de la transferencia de poderes del monarca (el Rey o la Reina) al pueblo comenzó en el siglo XIII, cuando el rey Juan fue obligado a restringir sus poderes con la firma de la Carta Magna. Hoy en día el monarca representa al pueblo y es el Jefe del Estado, pero el poder real recae en el Parlamento y en los representantes que ha elegido el pueblo.

El Parlamento El Parlamento británico está formado por dos cámaras, **the House of Commons** (Cámara de los Comunes) y **the House of Lords** (Cámara de los Lores). Cada año en otoño, el monarca va a Westminster para el **State Opening of Parliament** (apertura oficial del año parlamentario) y en su discurso anuncia los planes del Gobierno para el año que entra.

La Cámara de los Comunes La Cámara de los Comunes (**the House of Commons**) tiene 659 diputados (**Members of Parliament** o **MPs**), y cada uno de ellos representa a un distrito del país (**constituency**). Las elecciones generales (**General Elections**) se celebran cada cinco años, aunque el primer ministro puede convocar elecciones anticipadas. Cuando un MP se retira o fallece se celebran elecciones parciales en su distrito (**by-election**). Los diputados ganan su escaño (**seat**) por mayoría de votos (**majority vote** o **first-past-the-post**), es decir, el candidato que obtiene más votos se convierte en el diputado de ese distrito.

Después de las elecciones generales, el secretario general (**Leader**) del partido que haya sacado más escaños en la Cámara de los Comunes se convierte en el Primer Ministro (**Prime Minister**). El Primer Ministro nombra a unos 20 ministros que van a hacerse cargo de las distintas carteras o ministerios y formarán su gabinete (**the Cabinet**). Éstos incluyen al **Chancellor of the Exchequer** (responsable del Ministerio de Hacienda o **Treasury**), al **Foreign Secretary** (responsable del Ministerio de Asuntos Exteriores o **Foreign and Commonwealth Office**), y al **Home Secretary** o Ministro del Interior.

En la Cámara de los Comunes, los ministros se sientan en la primera fila (**front bench**), y los demás MPs de su partido en las filas de atrás (**back benches**). El principal partido de la oposición (**the Opposition**) se sienta enfrente, con el secretario general y su Consejo de Ministros de la Oposición (**Shadow Cabinet**) en las primeras filas. Los diputados de otros partidos con menor representación también se sientan en los bancos de la oposición. El **Speaker** es el Presidente de la Cámara, se sienta en el centro de la sala y mantiene el orden durante los debates.

La Cámara de los Lores La Cámara de los Lores (**the House of Lords**) antes tenía unos 1.200 miembros: dos arzobispos, veinticuatro obispos y los Lores (**the peerage**). Los Lores (**Lords**) son aristócratas (**hereditary peerage**) que han heredado su título nobiliario, o ciudadanos escogidos para el cargo por su contribución a la sociedad británica. En 1999 el gobierno aprobó la reforma de la Cámara de los Lores y decidió abolir los Lores hereditarios.

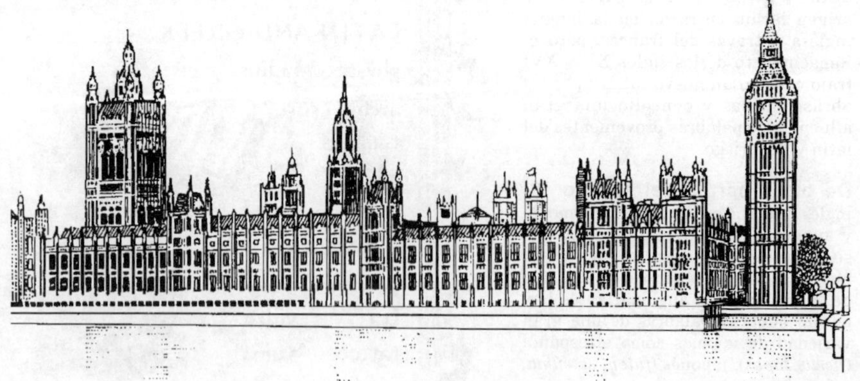

La Constitución y el gobierno de los Estados Unidos

La constitución de los Estados Unidos se escribió en 1787 y establece los principios del gobierno. Hasta ahora ha sido enmendada veintiséis veces, las diez primeras enmiendas se conocen como **the Bill of Rights** (la Declaración de Derechos), donde se habla de derechos tan básicos como el de la libertad de expresión, de religión y de prensa.

Para asegurarse de que ningún individuo o grupo tenga demasiado poder, la constitución reparte el poder entre el ejecutivo (**executive**), representado por el Presidente (**President**), el legislativo (**legislative**), representado por el Congreso (**Congress**), y el judicial (**judicial**), que está representado por los tribunales (**Courts**). El poder se reparte de tal forma que cada uno tiene cierta autoridad sobre los demás (es el sistema llamado de **checks and balances**).

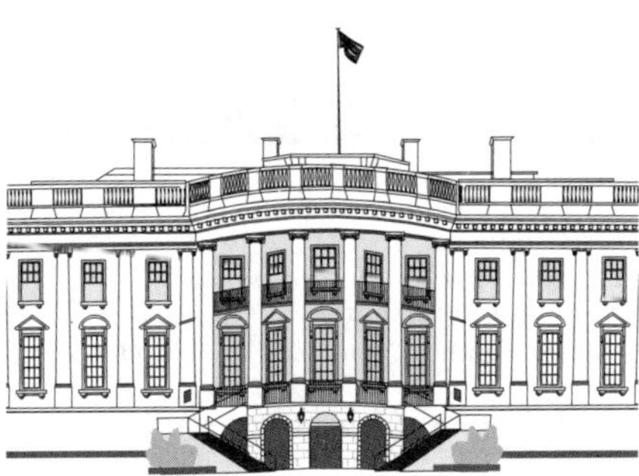

El Presidente El Presidente representa al país como Jefe de Estado (**Head of State**), pero también tiene poder político real. Las elecciones presidenciales se celebran cada cuatro años y nadie puede ser Presidente durante más de dos mandatos.

Dependiendo del estado, los candidatos a la presidencia (**presidential candidates**) son elegidos por sus partidos políticos a través de las elecciones primarias o directas (**Primaries**), en convenciones estatales (**state conventions**) o en reuniones de los representantes del partido (**caucuses**).

Una vez que el partido ha elegido candidato, este empieza a hacer campaña (**campaign**) para ganar las elecciones. No es el pueblo, sino el **electoral college** quien elige al Presidente. El colegio electoral está formado por representantes del pueblo (**electors**) que votan al candidato presidencial que haya obtenido la mayoría de votos en su estado.

El Presidente propone nuevas leyes y cambios en la política del gobierno, pero el Congreso debe dar el visto bueno antes de ser aprobados. El Presidente no es un miembro del Congreso, por lo que no puede presentar personalmente las propuestas de ley en esta cámara.

El Congreso El Congreso está formado por dos cámaras, el Senado (**Senate**) y la Cámara de los Representantes (**House of Representatives**). En el Senado hay dos senadores por cada estado, por un periodo de seis años; en la Cámara de los Representantes el número de representantes de cada estado depende de su población. Los proyectos de ley no pueden entrar en conflicto con la constitución y tienen que ser aprobados por ambas cámaras. El Presidente puede vetar un proyecto de ley si no se aprueba con una mayoría de dos tercios.

El gobierno federal solo es responsable de temas de importancia nacional, como los asuntos exteriores, el comercio y la defensa. Los gobiernos de cada estado son responsables de los demás asuntos.

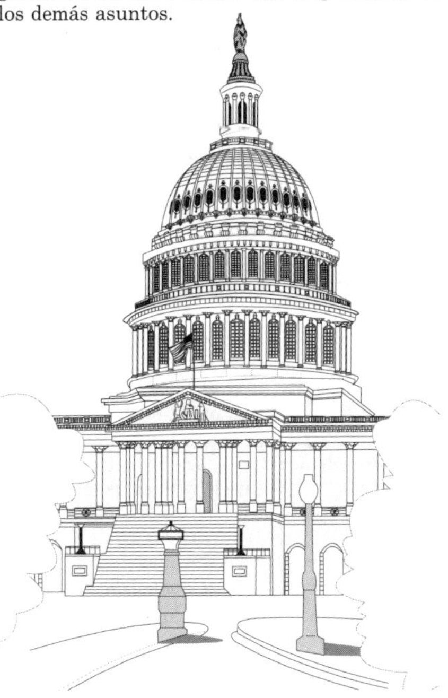

Los tribunales El Presidente nombra nueve jueces federales (**Supreme Court judges**) que tienen que ser aprobados por el Senado.
El tribunal supremo (**the Supreme Court**) tiene el poder de decidir si una ley aprobada por el gobierno es constitucional y si el Presidente ha actuado dentro de la constitución. Si decide que el comportamiento del Presidente ha sido inconstitucional, este puede ser acusado de un crimen contra el Estado (**impeached**).

in, on, at para expresar tiempo

Las tres preposiciones se utilizan para expresar tiempo en inglés:

*It happened **in** 1990.*
*It happened **on** Friday.*
*It happened **at** two thirty.*

in

In se utiliza

- con años, meses y estaciones:
  ***in** 1990* — ***in** September*
  ***in** winter* — ***in** the 20th century*
- con periodos de una semana o más:
  ***in** the Easter holidays*
  ***in** the summer term*
- con algunas partes del día:
  ***in** the morning* — ***in** the afternoon*
  ***in** the evenings*

on

On se utiliza

- con días y fechas:
  ***on** Wednesday* — ***on** 15th April*
  ***on** that day* — ***on** a summer's day*
- con días festivos:
  ***on** Easter Monday* — ***on** Christmas Day*
- con la secuencia día + parte del día:
  ***on** Friday morning*
  ***on** Tuesday evenings*
  ***on** a cold afternoon in January*

at

At se utiliza

- con las horas del reloj y cuando se trata de un momento determinado:
  ***at** three o'clock* — ***at** lunch(time)*
  ***at** that time* — ***at** the moment*

Nótese que ***at*** muchas veces se omite en la expresión (*At*) *what time...?*:

What time do you usually finish work?
I can't remember what time she said the lecture was.

- con periodos de dos o tres días:
  ***at** the weekend* — ***at** Easter/Christmas*

Nótese que en inglés americano se dice ***on** the weekend*.

- con algunas partes del día:
  ***at** night* ***at** midday* ***at** noon*

Excepciones

- **night** puede aparecer con varias preposiciones, según el significado:
  *I can't sleep **at** night.* (= por la noche)
  *I woke up **in** the night.* (= durante la noche)
  *It happened **on** Monday night.* (= secuencia día + parte del día)
- las preposiciones **in, on** o **at** no se utilizan delante de **this, next, last, tomorrow, yesterday** y **every**:
  *I leave school **this year**.*
  *Bob came **last Christmas**.*
  *We go there **every summer**.*
  *I'll see you **next Friday**.*
  *The group set off **yesterday morning**.*

¿on time o in time?

- **on time** significa "a la hora prevista":
  *The plane took off **on time**.*
  *I hope the meeting starts **on time**.*
- **in time** significa "con tiempo", "a tiempo":
  *We'll have to hurry if we want to be **in time** for the show.*
  *I was about to shut the door when just **in time** I remembered my key.*

Otros significados de in

También utilizamos **in**

- para hablar del tiempo que se tarda en completar algo:
  *I did the crossword **in** five minutes.*
  *He did it **in** no time at all.*
- cuando significa "dentro de", refiriéndonos al futuro:
  *The building will open **in** six weeks/**in** six weeks' time.* (= dentro de seis semanas)

Ejercicios

Ejercicio 1

- Completa las siguientes oraciones añadiendo **in, on** o **at**:

1 Mary should be here ___ ten minutes.
2 We are going to a party ___ New Year's Day.
3 Shakespeare died ___ 1616.
4 She was born ___ six ___ the morning ___ 24 March 1995.
5 I don't believe you read the whole book ___ a day.
6 Did you go away ___ the weekend?

Ejercicio 2

- Completa las siguientes oraciones añadiendo **in time, on time**:

1 They will arrive at 13.45 if the plane is ______ .
2 The post goes at five. I'm hoping to get this letter written ______ .
3 I didn't get the job because I didn't send my application ______ .
4 The director would like everybody to be there ______ .
5 We were up very early, ______ to see the sun rise.

Respuestas en la pág 589.

in, on, at para expresar lugar

Las tres preposiciones pueden expresar posición y muchas veces es difícil saber cuál de ellas utilizar. A continuación describimos algunas de las reglas generales.

in

Utilizamos **in**

- cuando algo nos rodea por todos los lados:
  I saw him ***in*** *his car.*
  Put the baby ***in*** *the playpen.*
  Have you looked ***in*** *your pocket?*
  She is outside ***in*** *the garden.*
  The children were swimming ***in*** *the pool.*
- con áreas grandes como ciudades, países, islas, regiones, etc:
  Kate lives ***in*** *Oxford.*
  Murcia is ***in*** *Spain.*
- en inglés británico, con el nombre de una calle:
  We live ***in*** *Denbigh Road.*

on

Utilizamos **on**

- con superficies:
  The cat was lying ***on*** *the rug.*
  I was walking ***on*** *the pavement.*
  I can't read the number ***on*** *the door.*
  You've got coffee ***on*** *your shirt.*
- con cosas que están en una línea:
  Bath is ***on*** *the River Avon.*
  Carlisle is ***on*** *the road to Glasgow.*
  They live in a town ***on*** *the border between Spain and France.*
  The office is ***on*** *the first floor.*
- en inglés americano, con el nombre de una calle:
  We live ***on*** *Fifth Avenue.*

at

Utilizamos **at**

- cuando hablamos de un punto en el espacio:
  There is someone ***at*** *the door.*
  He was sitting ***at*** *my desk.*
  I'll meet you ***at*** *the crossroads.*
  I saw him ***at*** *the bus stop.*
- con acontecimientos:
  See you ***at*** *the match.*
  I met him ***at*** *a party yesterday.*
  The papers were signed ***at*** *the meeting.*
- cuando damos la dirección completa:
  We live ***at*** *10 Denbigh Road.*
  Who lives ***at*** *number 54?*
- cuando hablamos de un lugar en el itinerario de un viaje:
  Does this train stop ***at*** *Oxford?*
  The bus stopped ***at*** *every village on its way to London.*

in y at: edificios

- Utilizamos **in** cuando hablamos de un edificio considerando su naturaleza y tamaño, no su función:
  There are 400 seats ***in*** *the cinema.*
  It was raining, so we waited ***in*** *the pub.*
- Utilizamos **at** cuando nos referimos a la actividad que se realiza en un edificio, sin interesarnos las dimensiones del mismo:
  I was ***at*** *the cinema last night.* (= viendo una película)
  My parents are ***at*** *the pub.* (= tomando una copa)

Algunas frases comunes

in

in *the country*
in *prison/hospital*
in *the sky*
in *a queue/line/row*
in *the middle*
in *this photo/picture*
in *a book/newspaper*
in *the back/front of a car*

on

on *the platform*
on *the farm*
on *this page*
on *the screen*
on *the island*
on *the beach*
on *the coast*
on *page 21*
to drive ***on*** *the right/left*
on *the back of an envelope*

at

at *the station/airport*
at *home/work/school*
at *Mike's (house)*
at *the seaside*
at *the top/bottom of a hill*
at *the front/back of a queue*
at *the end of a corridor*

Ejercicio

Completa las siguientes oraciones con **in**, **on**, o **at**:

1. I read about it ___ a magazine.
2. London is ___ the Thames.
3. We live ___ 53 Gloucester Street.
4. We had to change planes ___ Barcelona.
5. What have you got ___ your hand?
6. Is there a petrol station ___ this road?
7. He had to stay ___ hospital for a week after the operation.
8. We will meet them ___ the airport tomorrow.

Respuestas en la pág 589.

El inglés de los Estados Unidos

Las diferencias existentes entre el inglés americano y el inglés británico no son solamente cuestión de pronunciación, sino también de vocabulario, gramática y ortografía.

Vocabulario

Aunque el inglés británico y el inglés americano son muy similares y la mayoría de los hablantes británicos y norteamericanos se entienden entre sí, las diferencias más notables ocurren en el campo del léxico. Por ejemplo:

GB	*USA*
barrister, solicitor	attorney
biscuit	cookie
boot	trunk
crisps	potato chips
nappy	diaper
number plate	license plate
petrol	gasoline
postbox	mailbox
rubbish	trash
sweets	candy
taxi	cab

Este diccionario ofrece amplia información sobre estas dos variantes del inglés, consúltalo para completar los siguientes ejercicios:

1 Busca el equivalente americano de los siguientes términos:
autumn
camp bed
flat (*n*)
paddling pool
programme
to play truant
trolley

2 Busca el equivalente británico de los siguientes términos:
elevator
eraser
freeway
hood[1]
pacifier
shorts
vacation

RESPUESTAS
1 fall, cot, apartment, wading pool, program, to play hooky, cart
2 lift, rubber, motorway, bonnet, dummy, boxer shorts, holiday

Ortografía

En inglés americano

- la -l final no se suele duplicar si la sílaba no está acentuada:

GB	*USA*
travelled	traveled
cancelling	canceling
levelling	leveling

- los términos acabados en **-tre** en inglés británico, se escriben **-ter**:

GB	*USA*
metre	meter
centre	center
theatre	theater

- la mayoría de los términos acabados en **-our** en inglés británico, se escriben **-or**:

GB	*USA*
col**our**	col**or**
hon**our**	hon**or**
fav**our**	fav**or**

- la mayoría de los términos acabados en **-ogue** en inglés británico, se escriben **-og**:

GB	*USA*
dial**ogue**	dial**og**
catal**ogue**	catal**og**
anal**ogue**	anal**og**

- muchos verbos que en inglés británico pueden acabar en **-ize** o **-ise**, solo existen en la forma **-ize**, lo mismo ocurre con sus derivados:

GB	*USA*
realize, -ise	**realize**
realization, -sation	**realization**

Otros casos donde la ortografía es diferente:

GB	*USA*
aluminium	aluminum
analyse	analyze
cheque	check
defence	defense
licence	license
pyjamas	pajamas
practise (*v*)	practice
speciality	specialty
tyre	tire

Gramática

- **Present perfect y past simple**
En inglés británico se utiliza el pretérito perfecto para las acciones que comenzaron en el pasado pero cuya duración se extiende hasta el presente, especialmente con adverbios como **yet**, **just** y **already**. *Ver tb nota en* PRESENT PERFECT.
En inglés americano se suele utilizar el pasado simple en estos casos. *Ver tb nota en* PAST SIMPLE.

*I've just **seen** her.* (*GB*)
*I just **saw** her.* (*USA*)

***Have** you **heard** the news yet?* (*GB*)
***Did** you **hear** the news yet?* (*USA*)

*I **have** already **given** her my present.* (*GB*)
*I already **gave** her my present.* (*USA*)

- **Shall**
En inglés americano sólo se utiliza **will** para formar la primera persona del futuro. En inglés británico se puede utilizar **shall** o **will**:

*I **shall/will** be here tomorrow.* (*GB*)
*I **will** be here tomorrow.* (*USA*)

En inglés británico **shall** también se utiliza para hacer ofrecimientos y sugerencias. En inglés americano se emplea **should**:

***Shall** I open the window?* (*GB*)
***Should** I open the window?* (*USA*)

- **Have en oraciones interrogativas y negativas**
En inglés británico se puede utilizar **have** o **have got** en oraciones interrogativas y negativas, mientras que en inglés americano solo se emplea **have**:

*I **haven't (got)** enough time./I don't **have** enough time.* (*GB*)
*I don't **have** enough time.* (*USA*)

***Have** you **got** a camera?/Do you **have** a camera?* (*GB*)
*Do you **have** a camera?* (*USA*)

- **Got y gotten**
En inglés británico siempre se utiliza **got**. En inglés americano se utiliza **got** cuando se habla de posesión, y **gotten** cuando equivale a *receive*, *obtain*, *become*, etc:

*She's **got** a new car.* (*GB/USA*)

*Your driving has **got** better.* (*GB*)
*Your driving has **gotten** better.* (*USA*)

- **Preposiciones y partículas adverbiales**
A menudo encontramos pequeñas diferencias en el uso de las preposiciones y partículas adverbiales entre Gran Bretaña y Estados Unidos:

GB	*USA*
to stay **at** home	to stay home
Monday **to** Friday	Monday **through** Friday
at the weekend	**on** the weekend
a quarter **past** ten	a quarter **past/after** ten
ten **to** six	ten **to/of** six
Write **to** me.	Write me.
different **from/to** others	different **from/than** others
to fill **in** a form	to fill **out** a form
to meet sb	to meet **with** sb
to visit sb	to visit **with** sb

- **Verbos irregulares**
Los verbos **burn**, **dream**, **lean**, **leap**, **learn**, **smell**, **spill** y **spoil** tienen dos formas para el pasado y el participio, una regular (*burned*, *dreamed*, etc) y otra irregular (*burnt*, *learnt*, etc). En las construcciones verbales, el inglés británico utiliza las dos formas indistintamente, mientras que en inglés americano se prefiere la forma regular para el pasado y el participio:

*They **burned/burnt** the old sofa.* (*GB*)
*They **burned** the old sofa.* (*USA*)

*I **learned/learnt** to swim when I was five.* (*GB*)
*I **learned** to swim when I was five.* (*USA*)

Sin embargo, cuando el participio funciona como adjetivo, en inglés británico se prefiere la forma irregular, mientras que en inglés americano se sigue utilizando la forma regular, excepto en el caso de **burn**, que se utiliza la forma irregular *burnt*:

GB	*USA*
a **spoilt** child	a **spoiled** child
burnt toast	**burnt** toast

- **En conversaciones telefónicas**

*Hello, is **that** Harold?* (*GB*)
*Hello, is **this** Harold?* (*USA*)

- **Formas adverbiales**
En lenguaje coloquial, muchos americanos no añaden la desinencia **-ly** para formar adverbios:

*He looked at me **really strangely**.* (*GB*)
*He looked at me **real strange**.* (*USA*)

- **Go/Come and...**
En inglés americano *and* se suele omitir en estas construcciones:

***Go and take** a look outside.* (*GB/USA*)
***Go take** a look outside.* (*USA*)

Respuestas a los ejercicios de las páginas 586-7.

RESPUESTAS pág 586

Ejercicio 1

1 Mary should be here in ten minutes.
2 We are going to a party on New Year's Day.
3 Shakespeare died in 1616.
4 She was born at six in the morning on 24 March 1995.
5 I don't believe you read the whole book in a day.
6 Did you go away at the weekend?

Ejercicio 2

1 They will arrive at 13.45 if the plane is on time.
2 The post goes at five. I'm hoping to get this letter written in time.
3 I didn't get the job because I didn't send my application in time.
4 The director would like everybody to be there on time.
5 We were up very early, in time to see the sun rise.

RESPUESTAS pág 587

1 I read about it in a magazine.
2 London is on the Thames.
3 We live at 53 Gloucester Street.
4 We had to change planes at Barcelona.
5 What have you got in your hand?
6 Is there a petrol station on this road?
7 He had to stay in hospital for a week after the operation.
8 We will meet them at the airport tomorrow.

Phrasal verbs: construcción y uso

¿Qué es un *phrasal verb*?

- Los *phrasal verbs* son verbos que están formados por dos, o a veces tres, palabras:
  Jan ***turned down*** *the offer of a lift home.*
  Buying that new car has really ***eaten into*** *my savings.*
  I don't think I can ***put up with*** *his behaviour much longer.*
  La primera palabra es siempre un verbo, que va seguido por un adverbio (to turn **down**) o por una preposición (to eat **into**), o bien por ambos (to put **up with**). A estos adverbios y preposiciones les llamamos partículas adverbiales.

- En este diccionario los *phrasal verbs* aparecen al final de la entrada del verbo principal, después de las locuciones, en una sección marcada **PHR V**.
  Ésta es la última parte de la entrada de **cast**:

> **PHR V to cast about/around for sth** buscar algo
> **to cast sth/sb aside** dejar de lado algo/a algn
> **to cast sb away**: *to be cast away on a desert island* ser abandonado en una isla desierta
> **to cast sb down** abatir a algn: *He's not easily cast down.* No se deja abatir con facilidad.
> **to cast off 1** (*Náut*) soltar amarras **2** rematar (*costura*)
> **to cast sth/sb off** desechar algo/a algn
> **to cast on** echar los puntos (*tejer*)
> **to cast sb out** (*formal*) expulsar a algn

Los *phrasal verbs* de cada verbo están ordenados alfabéticamente según las partículas que siguen a éste; cada uno de ellos aparece a la izquierda de la columna para que sea más fácil encontrar el que se está buscando.

El significado de los *phrasal verbs*

- El significado de algunos *phrasal verbs* es fácil de adivinar porque tanto el verbo como la partícula mantienen su significado habitual. Sin embargo, otros tienen un significado idiomático que no se puede deducir y que hay que aprenderse. Compara las siguientes oraciones:
  Sue ***fell down*** *and hurt her knee badly.*
  I can't ***put up with*** *him any more.*
  En la primera oración, el significado de ***to fall down*** es fácil de adivinar (caerse), porque tanto **fall** como **down** conservan su significado habitual. Sin embargo, en la segunda oración, el significado de ***to put up with*** (tolerar) no tiene nada que ver con los significados de **to put**, **up** y **with** por separado.

- Algunas partículas tienen significados especiales que se mantienen aunque acompañen a verbos diferentes. Fíjate en el uso de **around** en las siguientes oraciones:
  I didn't see the point of ***hanging around*** *waiting for him, so I went home.*
  We spent most of our holiday ***lounging around*** *beside the pool.*
  En ambos casos **around** aporta el significado de "sin un propósito u objetivo en particular" y se utiliza de la misma manera con otros verbos como **play**, **sit** y **wait**:
  We're just ***playing around****.*
  They ***sat around*** *talking all afternoon.*
  I've been ***waiting around*** *for ages.*

- A menudo un *phrasal verb* se puede sustituir por otro verbo con el mismo significado. Sin embargo, los *phrasal verbs* se suelen utilizar más en inglés hablado y, si tienen un equivalente "no *phrasal*", este normalmente se utiliza en contextos mucho más formales. Compara las siguientes oraciones:
  I wish my ears didn't ***stick out*** *so much.*
  The garage ***projects*** *5 metres beyond the front of the house.*
  Tanto **to stick out** como **to project** significan "sobresalir", pero mientras que el primero se utiliza en contextos informales, **project** solo aparece en contextos formales o técnicos.

La gramática de los *phrasal verbs*

Los *phrasal verbs* pueden ser TRANSITIVOS (llevan un objeto) o INTRANSITIVOS (no llevan objeto). Algunos *phrasal verbs* pueden ser transitivos o intransitivos:
He told me to ***shut up****.* (intransitivo)
For heaven's sake ***shut her up****!* (transitivo)

- En este diccionario, los *phrasal verbs* **intransitivos** aparecen escritos sin **sb** (somebody) o **sth** (something) para mostrar que no llevan objeto, por ejemplo:

> **to break down 1** (*vehículo, máquina*) averiarse, estropearse: *We broke down on the motorway.* Se nos averió el coche en la autopista. **2** (*persona*) venirse abajo: *He broke down and cried/wept.* Rompió a llorar. **3** (*negociaciones, etc*) romperse **4** (*Quím*) descomponerse

To break down es intransitivo y por lo tanto las dos partes del *phrasal verb* no pueden separarse por ninguna otra palabra. Sería incorrecto decir:
~~*We broke on the motorway down.*~~

- Los *phrasal verbs* **transitivos** siempre muestran el objeto (**sth**, **sb** o **sth/sb**), por ejemplo:

> **PHR V to gamble sth away** jugarse algo (*y perderlo*): *He gambled away his salary.* Se jugó el sueldo.

Para utilizar correctamente los *phrasal verbs* **transitivos** tenemos que saber dónde poner el objeto. Esto depende de si el *phrasal verb* es "separable" o "inseparable". El diccionario también te ayuda en estos casos:

Los *phrasal verbs* **separables** son los que aparecen con el objeto (**sth**, **sb** o **sth/sb**) entre el verbo y la partícula:

to tear sth up

to bail sb out

Esto indica que el objeto puede ir entre el verbo y la partícula, o bien, después de la partícula:

She ***tore*** *the letter* ***up****.*

o

She ***tore up*** *the letter.*

Cuando el objeto es una frase larga normalmente va después de la partícula:

She ***tore up*** *all the letters that he had ever sent her.*

Cuando el objeto es un pronombre siempre va entre el verbo y la partícula:

She read the letter and then ***tore*** *it* ***up****.*

Los *phrasal verbs* **inseparables** son los que aparecen con el objeto (**sth**, **sb** o **sth/sb**) detrás del verbo y la partícula:

to look after sb

to add to sth

to add up to sth

Esto indica que el verbo y la partícula no pueden ir separados por un objeto, ya sea este un pronombre o una frase larga:

John is ***looking after*** *the children.*

pero **no**

~~*John is **looking** the children **after**.*~~

John is ***looking after*** *them.*

pero **no**

~~*John is **looking** them **after**.*~~

Así, cuando en la sección de *phrasal verbs* de este diccionario aparece un verbo como:

> **to call sth/sb off** ordenar a algo/algn que pare: *Please call your dog off.* Llame a su perro por favor.

sabremos, por la posición del objeto, que se puede decir:

Please ***call*** *your dog* ***off****.*

o

Please ***call off*** *your dog.*

Sin embargo, si aparece un caso como:

> **to call for sth** requerir algo: *The situation calls for prompt action.* La situación requiere acción rápida.

sabremos, por la posición del objeto, que se puede decir:

to ***call for*** *prompt action*

pero **no**

~~*to **call** prompt action **for***~~

Sustantivos relacionados con los *phrasal verbs*

- Algunos sustantivos en inglés están relacionados directamente con ciertos *phrasal verbs*, por ejemplo, compara el sustantivo **break-in** con los phrasal verbs formados con la partícula adverbial **in** en **break**:

> **break-in** /ˈbreɪk ɪn/ *n* robo: *There had been a break-in at the office.* Alguien había entrado en la oficina.

> **to break in 1** forzar la entrada **2** (*conversación, etc*) interrumpir: *I'm sorry to break in on your conversation.* Siento interrumpir vuestra conversación.
> **to break sb in** formar/entrenar a algn
> **to break sth in 1** (*caballo*) domar algo **2** (*zapatos*) acostumbrarse a algo
> **to break into sth 1** (*ladrones*) entrar en algo: *Thieves broke into my house.* Me entraron en casa los ladrones. **2** (*mercado*) introducirse en algo **3** (*billete de banco*) usar algo, cambiar algo: *I don't want to break into this note.* No quiero cambiar este billete. **4** (*reservas*) usar algo **5** (*empezar a hacer algo*): *to break into a run* echar a correr ◊ *to break into song* romper a cantar ◊ *He broke into a cold sweat.* Le dio un sudor frío.

Normalmente, el sustantivo solo está relacionado con el significado de uno o dos de los *phrasal verbs* que utilizan esa partícula. En este caso, el sustantivo **break-in** está relacionado con el primer sentido de los verbos **to break in** y **to break into sth**, pero no con **to break sb in** o **to break sth in**.

- Del mismo modo, si buscamos el sustantivo **breakout**, veremos que está relacionado con el primer sentido del *phrasal verb* **to break out**, mientras que el sustantivo **outbreak** está relacionado con los sentidos 2 y 3:

> **breakout** /ˈbreɪkaʊt/ *n* fuga: *an attempted breakout* un intento de fuga

> **outbreak** /ˈaʊtbreɪk/ *n* brote: *the outbreak of war* el estallido de la guerra

> **to break out 1** (*prisionero, etc*) escaparse **2** (*epidemia*) declararse **3** (*guerra, violencia*) estallar **4** (*incendio*) declararse **5** llenarse: *I've broken out in spots.* Me he llenado de granos.

La puntuación inglesa

Full stop .

El punto y seguido se utiliza

- al final de frase, siempre que esta no sea una pregunta o una exclamación:
  I knocked at the door. There was no reply. I knocked again.
- a veces, aunque no en este diccionario, con abreviaturas:
  Jan. e.g. a.m. Walton St.

Nótese que en inglés americano el punto y seguido se llama **period**.

Comma ,

Las comas indican una breve pausa y se utilizan

- para separar frases o cláusulas de forma que sea más fácil comprender su significado:
  If you keep calm, take your time, concentrate and think ahead, then you're likely to pass your driving test.
  Worn out after all the excitement of the party, the children soon fell asleep.
- para separar los elementos de una enumeración o de una lista, aunque no se suele utilizar delante de **and**:
  a bouquet of red, pink and white roses
  tea, coffee, milk or hot chocolate
- antes y después de las oraciones subordinadas de relativo explicativas:
  Mount Everest, the world's highest mountain, was first climbed in 1953.
  Nótese que si la oración de relativo es especificativa (es decir, proporciona información esencial sobre el sustantivo) no se utilizan comas:
  The hills that separate Lancashire from Yorkshire are called the Pennines.
- para separar oraciones coordinadas (sobre todo si son largas) unidas por una conjunción como **and**, **as**, **but**, **for**, **or**:
  We had been looking forward to our camping holiday all year, but unfortunately it rained every day.
- después de una palabra, frase, adverbio o frase adverbial que aparece al principio de la oración y modifica a toda ella:
  Oh, so that's where it was!
  As it happens, however, I never saw her again.
  By the way, did you hear what happened to Sue's car?
- para separar las coletillas interrogativas o "question tags" que aparecen al final de una frase:
  It's quite expensive, isn't it?
  You live in Bristol, right?
- para introducir una frase en estilo directo o en una cita textual:
  'Come back soon,' she said.
  It was Disraeli who said, 'Little things affect little minds'.

Colon 

Los dos puntos se utilizan

- para introducir listas de objetos o citas largas:
  These are our options: we go by train and leave before the end of the show, or we take the car and see it all.
  As Kenneth Morgan writes:
  > *The truth was, perhaps, that Britain in the years from 1914 to 1983 had not changed all that fundamentally.*

  Others, however, have challenged this view...
- en lenguaje formal escrito, antes de una cláusula o frase que proporciona información adicional sobre la oración principal:
  The garden had been neglected for a long time: it was overgrown and full of weeds.
  Nótese que en estos casos también se puede utilizar un punto y coma o un punto y seguido, pero no una coma.

Semicolon 

El punto y coma se utiliza

- para separar dos partes bien diferenciadas dentro de una oración:
  She was determined to succeed whatever the cost; she would achieve her aim, whoever might suffer on the way.
- puede separar elementos de una lista cuando ya hemos utilizado la coma:
  The school uniform consists of navy skirt or trousers; grey, white or pale blue shirt; navy jumper or cardigan.
- en lenguaje formal escrito, para separar dos oraciones principales, sobre todo si no están unidas por una conjunción:
  The sun was already low in the sky; it would soon be dark.

Question mark ?

El signo de interrogación se utiliza

- al final de una frase interrogativa directa:
  Where's the car?
  You're leaving already?
  Nótese que no se utiliza si se trata de una interrogativa indirecta:
  He asked if I was leaving.
- con fechas, para indicar que no hay seguridad de los datos:
  John Marston (?1575-1634)

Exclamation mark

El signo de admiración se pone al final de una frase que expresa sorpresa, entusiasmo, miedo, o cualquier otra emoción fuerte:

That's marvellous!

'Never!' she cried.

En lenguaje informal escrito se puede utilizar más de un signo de admiración, o un signo de admiración seguido de una interrogación:

'Your wife's just given birth to triplets.' 'Triplets!?'

Nótese que el signo de admiración en inglés americano se dice **exclamation point**.

Apostrophe

El apóstrofo puede indicar

- posesión (genitivo sajón):

  my friend's brother

  the waitress's apron

  King James's crown/King James' crown

  the students' books

  the women's coats

- que se ha omitido una o varias letras:

  I'm (I am)

  they'd (they had/they would)

  the summer of '89 (1989)

- también se puede utilizar, aunque no se ha hecho en este diccionario, para formar el plural de cifras y abreviaturas:

  roll your r's

  during the 1980's

  MP's in favour of the motion

Quotation marks

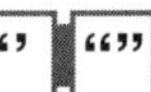

Las comillas pueden ser simples (' ') o dobles (" "), el inglés británico suele preferir las simples y el americano las dobles. Las comillas se utilizan

- para introducir las palabras o los pensamientos de una persona:

  'Why on earth did you do that?' he asked.

  'I'll fetch it,' she replied.

  'Will they get here on time?' she wondered.

- para marcar una palabra que es especial en el texto, por ejemplo palabras extranjeras o pertenecientes a una jerga, o cuando se quiere dar un matiz irónico:

  He told me in no uncertain terms to 'get lost'.

  Thousands were imprisoned in the name of 'national security'.

- para introducir el título de un libro, de una película, etc:

  Keats's 'Ode to Autumn'

  I was watching 'Match of the Day'.

- cuando mencionamos refranes o citas textuales cortas:

  Do you know the origin of the saying: 'A little learning is a dangerous thing'?

Hyphen

El guion se utiliza

- para unir dos o más palabras que forman una unidad:

  hard-hearted *co-pilot*

  mother-to-be *vice-chancellor*

- para unir un prefijo a una palabra, sobre todo cuando se trata de un nombre propio, o cuando el prefijo termina en vocal y el sustantivo empieza por vocal:

  Pre-Rafaelite *re-elect*

  pro-European *pre-eminent*

- para escribir los números compuestos del 21 al 99:

  seventy-one *thirty-one*

Dash

La raya se utiliza en lenguaje informal escrito

- para separar una frase o explicación dentro de una oración más amplia:

  A few people – not more than ten – had already arrived.

- al final de la oración, para resumir su contenido o introducir un comentario sobre lo que se acaba de decir:

  Men were shouting, women were screaming, children were crying – it was chaos.

  He knew nothing at all about it – or so he said.

Brackets ( )

- El paréntesis sirve principalmente para resaltar información adicional dentro de una oración:

  Mount Robson (12 972 feet) is the highest mountain in the Canadian Rockies.

  He thinks that modern music (ie anything written after 1900) is rubbish.

- También se utiliza para rodear referencias internas, números y letras en un texto:

  This moral ambiguity is a feature of Shakespeare's later works (see Chapter Eight).

  Our objectives are (1) to increase output, (2) to improve quality and (3) to maximize profits.

Square brackets

Los corchetes se utilizan

- para encerrar comentarios sobre la edición:

  a notice reading 'Everything to be put away in it's [sic] *proper place after use'*

  constant references in her diary to 'Mr G[ladstone]*'s visits'*

- cuando se añade una o más palabras a una cita textual para que la frase sea gramaticalmente correcta:

  Britain in [these] *years was without...*

Cómo redactar cartas y documentos

Cartas formales

- Cuando escribimos una carta formal debemos utilizar un lenguaje que sea adecuado y que no suene demasiado coloquial. El contenido debe estar bien organizado y no se deben utilizar contracciones como *I'm, don't,* etc.
- La presentación de la carta es muy importante: en la esquina superior derecha de la página se pone la dirección de la persona o de la empresa que escribe la carta y, a continuación, la fecha. En la parte izquierda, empezando a la misma altura que la fecha, se pone el nombre y la dirección de la persona a quien va dirigida la carta.
- La fórmula de despedida depende del saludo elegido en la carta, véase pág 595.
- Nótese que en español se ponen dos puntos después del saludo, pero en inglés se pone una coma o no se pone nada.

Las siguientes cartas pueden servir de modelo en cuanto a la presentación y estilo a la hora de escribir una carta formal en inglés:

Solicitud de información

15 Alexandra Road
Bristol BS8 4ED

The Secretary
Lingua Language School
23 Crotchley Street
Oxford OX4 6UP

23 April 2000

Dear Sir/Madam

I am writing to enquire about the possibility of enrolling on an English course this July. I would be very grateful if you could send me details of courses on offer, their prices and the facilities available at the school.

As you can see, I am currently living in Bristol. It would be very useful to know if the school can offer any accommodation, or alternatively, help in contacting landlords.

I look forward to hearing from you.

Yours faithfully

Juan Gallego

Juan Gallego

Solicitud de trabajo

Avda. Guadalajara 32
46020 Valencia

12 October 1999

Norland Au Pairs
32 Levington Road
London W2 4ND

Dear Mrs Frobisher

I am writing in response to your advertisement published in the Lady magazine last month.

I am planning to come to England next September and would like to work as an au pair. I spent last summer working in a nursery school for children up to the age of three, and have considerable experience looking after my own nephews and nieces.

I would be grateful if you could send me an application form and other relevant details.

Yours sincerely

María López

Nótese que cuando mencionamos el nombre del destinatario en el saludo, la fórmula de despedida es **Yours sincerely**.

26 Windmill Road
Bristol BS2 6DP

24 January 2000

Personnel Manager
Excel Management Consultancy
1 London Bridge Road
London EC1 5TY

Dear Sir/Madam

I am writing to apply for the position of project assistant advertised in the Evening Post of January 23rd. Please find enclosed a copy of my CV, as requested.

Last September I completed an MBA at Warwick University, and since then I have been working for Cerberus Security Services on a contract basis. As you can see from my CV, I have also had experience working for accountants Shorter and Gay during the university vacation.

I speak French fluently and studied German as a subsidiary subject during my first degree in Business Studies with French at the University of Salford.

I look forward to hearing from you.

Yours faithfully

Catherine Braun

Catherine Braun

Nótese que con el encabezamiento **Dear Sir/Madam** la fórmula de despedida es **Yours faithfully**.

Cómo redactar cartas y documentos

Cartas informales

- Cuando se escribe una carta a un familiar o amigo se suelen utilizar expresiones más coloquiales y es muy frecuente usar las formas contractas como *I'm, don't,* etc.
- En la esquina superior derecha ponemos nuestra dirección, pero NO nuestro nombre, y a continuación la fecha. La dirección de la persona a quien dirigimos la carta no se suele poner en el texto, solo aparece en el sobre.
- Hay muchas formas posibles de empezar una carta informal, algunas de las expresiones más normales son *Dear Barbara, Dearest brother, Hi Peter!,* etc. Nótese que en español se ponen dos puntos después del saludo, pero en inglés se pone una coma o no se pone nada.
- Las fórmulas de despedida más utilizadas son *Love, Love from, All the best, Best wishes* y *Lots of love.*
- Una de las costumbres más extendidas en los países de habla inglesa es la de enviar tarjetas, no sólo para felicitar la Navidad o el cumpleaños a alguien, sino también en otras muchas ocasiones, como cuando alguien está enfermo, se cambia de casa, va a tener un hijo, se jubila, aprueba los exámenes, ha perdido un familiar o amigo, etc.

  La mayoría de las tarjetas llevan un mensaje impreso adecuado para cada ocasión:

  Get well soon
  Good luck in your new job
  Happy 21st
  Sorry to hear about your loss
  Happy Mother's Day
  Many congratulations on getting married
  Happy Valentine's
  It's a boy!
  Missing you

2 North Road
Bromley
Kent BR2 6DF

24 January

Dear Barbara

How are you and Tom? It seems ages since we last saw you. I hope your new job is going well. David and I are both fine, and Lizzie is getting on well at her new school.

I'm writing now because I'm coming to Oxford next Tuesday for a meeting, and I wondered if we could meet for a pizza or something afterwards. Alternatively, I could call round at your house on my way home. The meeting should be over by 5.30 at the latest.

Let me know what suits you best. It would be lovely to see you again.

Love from

Rachel

Dear all,
Having a wonderful time.
People know how to enjoy life here (sun, beach, tapas, booze, siestas, late nights...).
Not looking forward to the end of the holiday and going back to our British weather!
Wish you were here.
Lots of love
Tom and Viv

Promotions Department
Carpet Designs
16 Victoria Road
Littlemore
Oxfordshire
England

Documentos

ELA Telefax from
English Language Agencies Ltd.

Walton Street
London, SW19 3TL
Telephone 0181 3427660
Telefax 0181 3427550

Fax to: Mr Juan Gallego
Address: 15 Alexandra Road Bristol BS8 4ED
Fax no: 0117 524323
Subject: Language schools
No. of pages including this one: 1

From: Harriet Smythe
Date: 24/2/2000

Following our telephone conversation last Friday, I am sorry to say that the list of language schools which you asked for will not be available until next week. I will fax it to you as soon as I receive a copy.

Harriet Smythe

Fax

12-34-56

Harefield Bank plc

HAREFIELD BANK
Cowley Branch
240 Turnpike Road
Oxford OX4 5BS

23 April 1999

PAY British Systems Ltd

£ 120-39

One hundred and twenty pounds 39p only

A/C payee only

JOHN JONES

J Jones

"568890" 12..34..56: 63888446"

Cheque bancario

CURRICULUM VITAE

Name:	Catherine Braun
Address:	26 Windmill Road Bristol BS2 6DP
Telephone:	0117 945 6493
Nationality:	British
Date of Birth:	9 March 1972
Marital Status:	Single
Educational Qualifications:	
1994-5	University of Warwick Master of Business Administration
1990-4	University of Salford BSc Business Studies with French (First Class Hons)
1984-90	Cotham Grammar School 3 'A' Levels: Mathematics (A), History (C), French (A) 8 'O' Levels
Employment to date:	
1995-present	Cerberus Security Services Project Management Division, Riverside House, 22 Charles St, Bristol
1993	Summer work with accountants Shorter and Gay, Eastern Rd, London EC2 2CV
1992-3	I taught English during my year abroad in Paris.
Other interests:	
	Tennis and swimming Golf Ballet
References:	
	Mr H. Grant Personal Tutor University of Warwick Coventry CV4 7BC

Currículum

La formación de palabras en inglés

Una de las características principales del inglés es su flexibilidad como lengua para formar vocablos nuevos añadiendo prefijos y sufijos a palabras ya existentes. Los prefijos y sufijos se pueden combinar con muchas palabras y al conocer su significado y usos más importantes se tiene acceso a un gran número de vocablos nuevos sin necesidad de haberlos visto antes.

Prefijos

Los prefijos se colocan delante del término, muchos de ellos son iguales en español y suelen modificar el significado de la palabra.

- Algunos prefijos, como **bi-**, **tri-**, **cent-**, **kilo-**, **mono-**, etc indican número, otros como **pre-**, **ex-** y **post-** indican tiempo y algunos como **mini-**, **extra**-y **super-** indican tamaño, grado, etc:

  a monolingual dictionary
  a multinational company
  a bilateral agreement
  John's ex-wife
  a post-dated cheque
  the pre-war period
  a multi-storey car park
  a red miniskirt

- Es muy normal añadir prefijos negativos a los adjetivos para formar sus opuestos, aunque no hay reglas para saber cuál es el prefijo que corresponde a cada adjetivo. A continuación se mencionan los prefijos negativos más frecuentes con algunos ejemplos:

  un- es el prefijo negativo más frecuente: *unhappy, unfair, unusual, unofficial*
  in-: *indirect, independent, ineloquent, inefficient*
  Nótese que **in-** delante de las letras *l, m, p* y *r* se convierte en **il-**, **im-** o **ir-**: *illegal, immoral, impossible, irrelevant.*
  dis-: *dishonest, dissatisfied, distasteful, discourteous*
  non-: *non-alcoholic, non-refundable, non-committal, nonconformist*

- Los prefijos negativos pueden añadirse también a algunos verbos para expresar la acción contraria, por ejemplo:
  disagree, disappear, defrost, decentralize, undress, unlock

Sufijos

Los sufijos se colocan detrás del término y a menudo cambian la función y categoría gramatical de la palabra.

- **Sustantivos abstractos**

  Los sufijos **-ment**, **-ion**, **-tion**, **-ation**, **-ition**, **-ence**, **-ance**, **-ty**, **-ity** y **-ness** se añaden a verbos y adjetivos para formar sustantivos abstractos:

  verbo + -ment: *payment, enjoyment, arrangement, development*
  verbo + -ion/-tion/-ation/-ition: *discussion, correction, information, addition, repetition*
  verbo + -ance/-ence: *performance, existence, repentance, reference*
  adjetivo + -ance/-ence: *silence, independence, importance, elegance*
  adjetivo + -ty/-ity: *royalty, loyalty, nationality, security*
  adjetivo + -ness: *deafness, sadness, happiness, loneliness*
  Nótese que a veces se producen pequeños cambios en la ortografía de la palabra, p. ej. se pierde la segunda "e" de *secure* y la "y" de *happy* se convierte en i latina.

- **Sustantivos que describen a personas**

  Añadimos los sufijos **-er**, **-or**, **-ist**, **-an**, **-ian**, **-ee**, **-ess**, **-ant** y **-ent** para formar sustantivos que describen a personas. Se pueden añadir a un verbo o a un sustantivo:
  verbo + -er/-or: *builder, owner, sailor, tailor, doctor, rider*
  verbo + -ee: *employee, payee, divorcee, interviewee, trustee*
  verbo + -ant/-ent: *applicant, servant, student, informant, president*
  sustantivo/verbo/adjetivo + -ist: *journalist, motorist, tourist, royalist*
  sustantivo + -an/-ian: *historian, pedestrian, Colombian, Mexican*
  sustantivo + -ess: *waitress, countess, princess, actress, goddess*

- **Verbos**

  adjetivo + -ize/-ify/-en: *simplify, amplify, widen, shorten, modernize, privatize, legalize*
  Nótese que en ciertos casos se añade **-en** al sustantivo: *lengthen, strengthen.*

- **Adjetivos**

  Son muchos los sufijos que se pueden añadir a sustantivos para formar adjetivos:
  sustantivo + -al/-ic/-ous: *national, cultural, artistic, realistic, famous, dangerous*
  sustantivo + -ful/-less: *careful, careless, hopeful, hopeless, beautiful, powerless*
  sustantivo + -y/-ly: *salty, thirsty, healthy, friendly, cowardly, monthly*
  También podemos formar adjetivos a partir de ciertos verbos añadiendo los sufijos **-ive**, **-able**, **-ible**: *active, exclusive, eatable, washable, loveable, comprehensible.*

- **Adverbios**

  El sufijo **-ly** es el que más se utiliza para formar adverbios, aunque también existen otros como **-ward**, **-wards** o **-wise**: *happily, stupidly, downwards, anticlockwise, inward.*

Ejercicios

Ejercicio 1

Forma los opuestos de las siguientes palabras utilizando los prefijos **un-**, **in-**, **dis-**:

correct certain possible regular sure legal valid relevant patient legible loyal to approve to arm to plug

Ejercicio 2

Rellena los espacios en blanco para completar las palabras que describen a personas y sus ocupaciones:

a__or	(works in a theatre)
b____er	(uses bricks and stones to make houses)
c______or	(stands in front of the orchestra)
e_____er	(goes out to discover new countries)

Ejercicio 3

Completa las siguientes oraciones utilizando una palabra relacionada con el término que aparece en cursiva, por ejemplo:

He didn't tell me the *truth*, or at least I don't think what he said was true .

1 'She doesn't know the meaning of the word *discretion*.' 'No, you're right. She is not at all _____ .'

2 I didn't find the exam at all *difficult*. I had no _____ in passing.

3 'Do you think he has the *capability* to take charge of the project?' 'Oh yes, he is a very _____ person.'

4 'I didn't see the *significance* of that remark.' 'No, I didn't think it was very _____ myself.'

5 'Would it be *possible* for me to see a 2001 catalogue?' 'No, I'm afraid that's _____ at the moment.'

Ejercicio 4

Completa las siguientes oraciones con un derivado de la palabra que aparece a la derecha de la frase:

1 I had no _____ of hurting you. **(intend)**

2 Building the Channel Tunnel was a real _____ . **(achieve)**

3 Don't bite your nails. It doesn't look very _____ . **(attract)**

4 The Mayas are a very ancient _____ . **(civilize)**

5 Don't sit on the sofa, it isn't very _____ **(comfort)**

RESPUESTAS

Ejercicio 1: incorrect, uncertain, impossible, irregular, unsure, illegal, invalid, irrelevant, impatient, illegible, disloyal, to disapprove, to disarm, to unplug

Ejercicio 2: actor, builder, conductor, explorer

Ejercicio 3: 1 discreet 2 difficulty 3 capable 4 significant 5 impossible

Ejercicio 4: 1 intention 2 achievement 3 attractive 4 civilization 5 comfortable

Lista de prefijos y sufijos

En la siguiente lista aparecen los prefijos y sufijos más importantes de la lengua inglesa. Los prefijos y sufijos marcados con un asterisco aparecen también como entradas en la sección inglés-español del diccionario.

Prefijos

a- no: *atypical*
Anglo-* inglés: *Anglo-German relations*
ante- antes de: *antenatal*
anti- en contra de: *anti-European, antisocial*
auto- de uno mismo: *autobiography*
bi- dos: *bicycle, bilingual, bimonthly*
cent-, centi- cien: *centenary, centimetre*
circum- alrededor: *circumnavigate*
co- con, junto a: *co-pilot, coexist, cooperation*
con- con, junto a: *context*
contra- en contra de, opuesto: *contradict, contraflow*
counter- en contra de, opuesto: *counter-revolution, counter-productive*
de- lo contrario: *defrost, decentralize*
deci- una décima parte: *decilitre*
dis- lo contrario: *displease, disembark, discomfort*
Euro- europeo: *Euro-MP*
ex-* anterior: *ex-wife, ex-president*
extra-* **1** muy, más de lo normal: *extra-thin, extra-special* **2** fuera de, más allá de: *extraordinary, extraterrestrial*
fore- antes de, por adelantado, parte de delante: *foretell, foreword, foreground, forehead*
in- (*tb* **il-**, **im-**, **ir-**) no: *incorrect, invalid, illegal, illegible, immoral, impatient, impossible, irregular, irrelevant*
inter- entre, de uno a otro: *international, interracial*
kilo- mil: *kilogram, kilowatt*
macro- muy grande, en gran escala: *macroeconomics, macrocosm*
mega-* millón, enorme: *megabyte, megastar*
meta-* más arriba, más allá: *metalinguistic*
micro- una millonésima parte, muy pequeño: *microgram, micro-organism*
mid- en medio de: *mid-afternoon, mid-air*
milli- una milésima parte: *milligram, millilitre*
mini- pequeño: *miniskirt, minibus, miniseries*
mis- mal, erróneo, no: *misunderstand, misbehave, miscalculate*
mono- uno, individual: *monolingual, monorail*
multi-* muchos: *multinational*
neo-* nuevo, moderno: *neo-Gothic*
new-* reciente: *new-style trains*
non- no: *nonsense, non resident, non-smoker*
out- más, en un mayor grado: *outdo, outrun*
over-* más de lo normal, demasiado: *overeat, oversleep, overestimate*
post-* posterior a: *post-war*
pre-* anterior a: *prepaid, preview*
pro-* a favor de: *pro-European, pro-democracy*
pseudo- no auténtico, falso: *pseudo-intellectual, pseudo- religious*
quad- cuatro: *quadruple, quadruplet*
quasi- casi: *quasi-official, quasi-religious*
re- de nuevo: *rewrite, rebuild*

semi- mitad: *semicircle, semi-detached*
sub- por debajo (de), inferior a: *sub-zero, subsonic, subway, subtitles*
super- extremadamente, más que: *superhuman, supersonic*
tele- lejos, a gran distancia: *telecommunications, television, telephoto*
trans- a través de: *transatlantic, transcontinental*
tri- tres: *triangle, tricolour*
ultra- extremadamente, más allá de un cierto límite: *ultra-modern, ultraviolet*
un- lo contrario, no: *uncertain, uncomfortable, unsure, undo, undress*
under-* insuficiente, poco: *undercooked, underdeveloped*
uni- uno, individual: *uniform*
vice-*: *vice-chancellor vice-captain*

Sufijos

-able (*tb* **-ible**) [para formar adjetivos] que se puede...: *acceptable, noticeable, convertible, divisible, irresistible*
-age [para formar sustantivos] proceso o estado: *shortage, storage*
-al [para formar adjetivos] relacionado con: *experimental, accidental, environmental*
-ance (*tb* **-ence**) [para formar sustantivos] acción, proceso o estado: *appearance, performance, elegance, importance, existence, intelligence, patience*
-ant (*tb* **-ent**) [para formar sustantivos] persona que hace algo: *assistant, immigrant, student*
-ation [para formar sustantivos] estado o acción: *examination, imagination, organization*
-bound* [para formar adjetivos] confinado en, inmobilizado por: *housebound, snowbound*
-ee [para formar sustantivos] persona sobre la que recae la acción del verbo: *employee, trainee*
-en [para formar verbos] que produce una cualidad en particular: *shorten, widen, blacken, sharpen, loosen, lengthen*
-ence *Ver* -ANCE
-ent *Ver* -ANT
-er [para formar sustantivos] persona que hace algo: *rider, painter, baker, builder, driver, teacher*
-ese [para formar adjetivos] de un lugar: *Japanese, Chinese, Viennese*
-ess [para formar sustantivos] mujer que trabaja en algo: *waitress, actress*
-eyed* [para formar adjetivos] con ojos del tipo especificado: *brown-eyed*
-footed* [para formar adjetivos] con pies del tipo o número especificado: *two-footed beings*
-ful [para formar adjetivos] con una cualidad en particular: *helpful, useful, thankful, beautiful*
-haired* [para formar adjetivos] con el pelo del tipo especificado: *a white-haired man*
-hood [para formar sustantivos] un estado (a menudo durante un determinado espacio de tiempo): *childhood, motherhood*
-ian [para formar sustantivos] persona con un determinado trabajo o pasatiempo: *historian, comedian, politician*
-ible *Ver* -ABLE
-ical [para formar adjetivos a partir de sustantivos terminados en *-y* o *-ics*] relacionado con: *economical, mathematical, physical*
-ify [para formar verbos] que produce un estado o una cualidad: *beautify, simplify, purify*
-ise *Ver* -IZE
-ish [para formar adjetivos] **1** describiendo la nacionalidad o el idioma: *English, Polish* **2** como algo: *babyish, foolish* **3** bastante: *longish, brownish, youngish*
-ist [para formar sustantivos] **1** persona que ha estudiado algo o que trabaja en algo: *artist, scientist, typist* **2** persona que cree en algo o que pertenece a un grupo determinado: *capitalist, pacifist, feminist*
-ion [para formar sustantivos] estado o proceso: *action, connection, exhibition*
-ive [para formar adjetivos] que puede..., que tiene una cualidad determinada: *attractive, effective*
-ize (*tb* **-ise**) [para formar verbos] acciones que producen un estado determinado: *magnetize, standardize, modernize, generalize*
-less [para formar adjetivos] que no tiene algo: *hopeless, friendless*
-like [para formar adjetivos] parecido a: *childlike*
-ly [para formar adverbios] de una determinada forma: *badly, beautifully, completely*
-ment [para formar sustantivos] estado, acción o cualidad: *development, arrangement, excitement, achievement*
-ness [para formar sustantivos] estado o cualidad: *kindness, sadness, happiness, weakness*
-ology [para formar sustantivos] estudio de una materia: *biology, psychology, zoology*
-or [para formar sustantivos] persona que hace algo, normalmente como trabajo: *actor, sailor, conductor*
-ous [para formar adjetivos] que tiene una determinada cualidad: *dangerous, religious, ambitious*
-seater* [para formar adjetivos o pronombres] que sienta al número especificado: *a five-seater (car)*
-ship [para formar sustantivos] mostrando un estado: *friendship, membership, citizenship*
-tailed* [para formar adjetivos] que tiene una cola del modo especificado: *a short-tailed breed*
-ward [para formar adjetivos y adverbios] en una determinada dirección: *backward, inward*
-wards [para formar adverbios] en una determinada dirección: *backwards, upwards*
-wise [para formar adverbios] de un modo determinado: *clockwise*
-y [para formar adjetivos] que tiene la cualidad de la cosa mencionada: *cloudy, rainy, fatty, thirsty, greeny*

Aa

A, a /eɪ/ *n* (*pl* **A's, a's** /eɪz/) **1** (*letra*) A, a: *'Ann' begins with* (*an*) *A.* "Ann" empieza por A. ◊ *A for Alison* A de América **2** (*Mús*) la **3** (*Educ*) sobresaliente: *to get* (*an*) *A in biology* sacar (un) sobresaliente en biología *Ver tb* A-ROAD
LOC **from A to B** de A a B **from A to Z** de pe a pa

a /ə, eɪ/ (*tb* **an** /ən, æn/) *art indef* ☛ **A, an** corresponde al español *un, una* excepto en los siguientes casos: **1** (*números*): *a hundred and twenty people* ciento veinte personas ☛ *Ver nota en* ONE[1] *adj, pron* **2** (*profesiones*): *My mother is a solicitor.* Mi madre es abogada. **3** por: *200 words a minute* 200 palabras por minuto ◊ *50p a dozen* 50 peniques la docena **4** (*con desconocidos*) un(a) tal: *Do we know a Tim Smith?* ¿Conocemos a un tal Tim Smith?

AA /ˌeɪ ˈeɪ/ **1** *abrev de* **Alcoholics Anonymous** Alcohólicos Anónimos **2** (*GB*) *abrev de* **Automobile Association** empresa de recogida en carretera

AAA /ˌeɪ eɪ ˈeɪ/ **1** (*tb* **the three A's**) (*GB*) *abrev de* **Amateur Athletic Association** asociación de atletas no profesionales **2** (*USA*) *abrev de* **American Automobile Association** empresa de recogida en carretera

aback /əˈbæk/ *adv Ver* TAKE[1]

abacus /ˈæbəkəs/ *n* (*pl* **~es** /-kəsɪz/) ábaco

abandon /əˈbændən/ **1** *vt* abandonar: *to abandon ship* abandonar el barco ◊ *an abandoned baby/car/village* un bebé/coche/pueblo abandonado **2** *vt* (*partido de fútbol*) suspender **3** *v refl* **~ yourself to sth** (*formal*) abandonarse a algo: *He abandoned himself to despair.* Se abandonó a la desesperación.
LOC **to abandon sb to their fate** abandonar a algn a su suerte
■ **abandon** *n* desenfreno **LOC** *Ver* GAY[2]
▶ **abandonment** *n* **1** abandono **2** desenfreno

abashed /əˈbæʃt/ *adj* abochornado

abate /əˈbeɪt/ *vi* **1** ceder **2** disminuir
▶ **abatement** *n* reducción

abattoir /ˈæbətwɑː(r)/ (*tb* **slaughterhouse**) *n* matadero

abbess /ˈæbes/ *n* abadesa

abbey /ˈæbi/ *n* (*pl* **~s**) abadía

abbot /ˈæbət/ *n* abad

abbreviate /əˈbriːvieɪt/ *vt* abreviar
▶ **abbreviation** *n* **1 ~** (**of/for sth**) abreviatura, siglas (de algo) **2** abreviación

ABC[1] /ˌeɪ biː ˈsiː/ *n* **1** abecedario **2** abecé **LOC** *Ver* EASY[1]

ABC[2] /ˌeɪ biː ˈsiː/ **1** (*USA*) *abrev de* **American Broadcasting Company** (*TV*) ABC **2** (*Austral*) *abrev de* **Australian Broadcasting Commission** (*TV*) ABC

abdicate /ˈæbdɪkeɪt/ **1** *vt, vi* abdicar: *He abdicated* (*the throne*) *in 1936.* Abdicó (el trono) en 1936. **2** *vt* (*fig*) abdicar: *to abdicate* (*all*) *responsibility* declinar toda responsabilidad
▶ **abdication** *n* abdicación

abdomen /ˈæbdəmən/ *n* abdomen
▶ **abdominal** /æbˈdɒmɪnl/ *adj* abdominal

abduct /æbˈdʌkt/ *vt* secuestrar
▶ **abduction** *n* secuestro

aberrant /æˈberənt/ *adj* aberrante

aberration /ˌæbəˈreɪʃn/ *n* aberración

abet /əˈbet/ *vt* (**-tt-**) (*pey*) alentar **LOC** *Ver* AID

abeyance /əˈbeɪəns/ *n*
LOC **in abeyance** en suspenso: *Proceedings are being held in abeyance.* Los procedimientos han sido paralizados.

abhor /əbˈhɔː(r)/ *vt* (**-rr-**) aborrecer
▶ **abhorrence** /əbˈhɒrəns/ *n* aborrecimiento
abhorrent /əbˈhɒrənt/ *adj* **~** (**to sth/sb**) aborrecible (para algo/algn)

abide /əˈbaɪd/ *vt* soportar: *I can't abide them.* No los puedo soportar.
PHR V **to abide by sth** **1** (*veredicto, decisión*) acatar algo **2** (*promesa*) cumplir con algo *Ver tb* LAW-ABIDING

abiding /əˈbaɪdɪŋ/ *adj* permanente

ability /əˈbɪləti/ *n* (*pl* **-ies**) capacidad (*talento*): *children of mixed ability* niños con diferentes niveles
LOC *Ver* BEST

abject /ˈæbdʒekt/ *adj* **1** (*pobreza*) desesperado **2** (*personas, acciones*) vil **3** (*fracaso*) absoluto

ablaze /əˈbleɪz/ *adj* **1** en llamas: *to set sth ablaze* prender fuego a algo **2** **to be ~ with sth** resplandecer de algo: *The garden was ablaze with flowers.* El jardín estaba inundado de flores.

able[1] /ˈeɪbl/ *adj* **to be ~ to do sth** poder hacer algo: *Will you be able to come?* ¿Podrás venir? ◊ *They are not yet able to swim.* No saben nadar todavía. ◊ *The program is able to interpret spoken words.* El programa puede interpretar palabras habladas. **LOC** *Ver* BREATHE, DRINK[1], EYE[1], HACK[1], NAME[1]

> Nótese que como **can** no tiene ni infinitivo ni participio cuando queremos utilizar estas formas, tenemos que usar **to be able to**: *Will you be able to come?* ¿Podrás venir? ◊ *I'd like to be able to go.* Me gustaría poder ir. ◊ *I've always been able to make friends easily.* Siempre he podido hacer amigos con facilidad. ☛ *Ver nota en* CAN[2]

able[2] /ˈeɪbl/ *adj* (**abler, ablest**) capaz: *the ablest/most able student in the class* la estudiante más capaz de la clase

able-bodied /ˈeɪbl bɒdɪd/ *adj* sano y fuerte

ablutions /əˈbluːʃnz/ *n* (*formal, joc*) abluciones

ably /ˈeɪbli/ *adv* [*gen seguido de participio*] (*formal*) hábilmente, con mucha habilidad: *ably assisted by John and Mary West* con la valiosa ayuda de John y Mary West

ABM /ˌeɪ biː ˈem/ *abrev de* **anti-ballistic missile** misil antibalístico

abnormal /æbˈnɔːml/ *adj* anormal
▶ **abnormality** /æbnɔːˈmæləti/ *n* (*pl* **-ies**) anormalidad
abnormally *adv* anormalmente

aboard /əˈbɔːd/ *adv, prep* a bordo (de): *Welcome aboard!* ¡Bienvenidos a bordo! ◊ *aboard the ship* a bordo del barco **LOC** *Ver* CLIMB

abode /əˈbəʊd/ *n* (*formal*) morada: *of no fixed abode* sin domicilio fijo **LOC** *Ver* FIXED

abolish /əˈbɒlɪʃ/ *vt* abolir
▶ **abolition** /æbəˈlɪʃn/ *n* abolición
abolitionist *n* abolicionista

abominable /əˈbɒmɪnəbl; *USA* -mən-/ *adj* abominable
▶ **abominably** *adv* abominablemente

abominate /əˈbɒmɪneɪt; *USA* -mən-/ *vt* abominar
▶ **abomination** *n* abominación

aboriginal (*tb* **Aboriginal**) /ˌæbəˈrɪdʒənl/ *adj, n* aborigen: *aboriginal art* arte de los aborígenes

▶ **aborigine** (*tb* **Aborigine**) /ˌæbəˈrɪdʒəni/ *n* (*persona*) aborigen

abort /əˈbɔːt/ **1** (*Med*) *vt, vi* abortar **2** *vt* abortar: *They aborted the launch.* Detuvieron el lanzamiento.

abortion /əˈbɔːʃn/ *n* aborto (*intencionado*): *to have an abortion* abortar *Ver tb* ANTI-ABORTION ☛ *Comparar con* MISCARRIAGE

abortive /əˈbɔːtɪv/ *adj* fracasado: *an abortive coup/attempt* un golpe de estado/intento fracasado

abound /əˈbaʊnd/ *vi* ~ (**with sth**) abundar (en algo): *Rumours abound.* Abundan los rumores.

about /əˈbaʊt/ *adv* **1** (*tb* **around**) más o menos: *about the same height as you* más o menos de tu misma altura ◊ *about £10* alrededor de 10 libras **2** (*tb* **around**) hacia: *I got home at about six.* Llegué a casa hacia las seis. ☛ *Ver nota en* AROUND **3** (*tb* **around**) por aquí: *She's somewhere about.* Está por aquí. ◊ *There are no jobs about at the moment.* Por el momento no sale ningún trabajo. **4** (*coloq*) casi: *I'm (just) about ready.* Estoy casi listo. ◊ *I've had just about enough.* He tenido más que suficiente.

LOC **out/up and about** repuesto (*esp después de una enfermedad*)

■ **about** *part adv* **1** (*tb* **around**, **round**) de un lado a otro: *people moving about* gente que va de un lado a otro ◊ *to climb about on the rocks* escalar las rocas de aquí para allá **2** (*tb* **around**, **round**) aquí y allá: *people sitting about on the grass* gente sentada aquí y allá en la hierba **3** (*tb* **around**) por ahí: *There's a lot of flu about.* Hay mucha gripe por ahí.

LOC **to be about (sth)**: *And while you're about it...* Y mientras lo estás haciendo... **to be about to do sth** estar a punto de hacer algo: *As I was about to say...* Como estaba a punto de decir... ◊ *I'm not about to admit defeat.* No tengo la más mínima intención de darme por vencido.

☛ Para los usos de **about** en PHRASAL VERBS ver las entradas de los verbos correspondientes, p. ej. **to lie about** en LIE[2]

■ **about** *prep* **1** por: *papers strewn about the room* papeles esparcidos por la habitación ◊ *She's somewhere about the place.* Anda por aquí cerca. **2** sobre: *a book about flowers* un libro sobre flores ◊ *What's the film about?* ¿De qué trata la película? **3** (*con adjetivos*): *angry/happy about sth* enfadado por/contento con algo ◊ *careless about his work* descuidado en su trabajo **4** (*característica*): *There's something about her I like.* Tiene algo que me atrae.

LOC **how/what about?**: *What about his qualifications?* ¿Y sus titulaciones? ◊ *How about going swimming?* ¿Qué os parece si vamos a nadar? **the one about sth/sb**: *Have you heard the one about...?* ¿Has oído el del...? **to be/go/keep on about sth** (*pey*) insistir en algo

about-turn /əˌbaʊt ˈtɜːn/ (*USA* **about-face**) *n* **1** (*lit*) media vuelta **2** (*fig*) cambio radical

above[1] /əˈbʌv/ *adv* arriba: *the flat above* el piso de arriba ◊ *See above.* Véase más arriba.

above[2] /əˈbʌv/ *prep* **1** (*tb* **over**) encima de: *the room above this one* la habitación encima de esta ◊ *above 50%* más del 50% **2** (*en relación a un punto fijo*) sobre, por encima de: *above sea level* sobre el nivel del mar ◊ *temperatures above and below zero* temperaturas sobre y bajo cero ◊ *of above average height* más alto que la media **3** (*más arriba de*): *My house is above the village.* Mi casa está más arriba que el pueblo. ◊ *The chemist's is above the church.* La farmacia está pasada la iglesia.

LOC **above all** sobre todo **not to be above (doing) sth** ser muy capaz de (hacer) algo: *He's not above taking bribes.* Es muy capaz de aceptar sobornos. **(to get) above yourself**: *She's getting above herself.* Se le están subiendo los humos a la cabeza.

abrasion /əˈbreɪʒn/ *n* abrasión

abrasive /əˈbreɪsɪv/ *adj* **1** (*persona*) brusco y desagradable **2** (*superficie*) áspero: *abrasive paper* papel de lija

abreast /əˈbrest/ *adv* ~ (**of sth/sb**): *to cycle two abreast* andar en bicicleta parejo con algn ◊ *A car came abreast of us.* Un coche se puso a nuestra altura.

LOC **to be/keep abreast of sth** estar/mantenerse al corriente de algo

abridged /əˈbrɪdʒd/ *adj* abreviado

abroad /əˈbrɔːd/ *adv* en el extranjero: *Have you ever been abroad?* ¿Has estado en el extranjero alguna vez? ◊ *to go abroad* ir al extranjero

abrupt /əˈbrʌpt/ *adj* **1** (*cambio*) repentino, brusco: *an abrupt change* un cambio brusco ◊ *The road came to an abrupt end.* La carretera se cortaba de pronto. **2** (*persona*) brusco, cortante: *She was very abrupt with me.* Fue muy brusca conmigo.

▶ **abruptly** *adv* bruscamente

abruptness *n* brusquedad

abscess /ˈæbses/ *n* absceso

abscond /əbˈskɒnd/ *vi* huir

abseil /ˈæbseɪl/ *vi* descender en rápel

▶ **abseiling** *n* descenso en rápel

absence /ˈæbsəns/ *n* **1** ausencia **2** falta: *in the absence of new evidence* a falta de nuevas pruebas ◊ *repeated absences from work* repetidas faltas al trabajo LOC *Ver* CONSPICUOUS, LEAVE[2]

absent[1] /əbˈsent/ *v refl* ~ **yourself (from sth)** (*formal*) ausentarse (de algo)

absent[2] /ˈæbsənt/ *adj* **1** ausente: *to be absent without leave* ausentarse sin permiso **2** distraído

▶ **absently** *adv* distraídamente

absentee /ˌæbsənˈtiː/ *n* ausente

▶ **absenteeism** *n* absentismo

absent-minded /ˌæbsənt ˈmaɪndɪd/ *adj* distraído

▶ **absent-mindedly** *adv* distraídamente

absolute /ˈæbsəluːt/ *adj* **1** absoluto: *absolute power* poder absoluto ◊ *That's absolute rubbish!* ¡Eso es un puro disparate! ◊ *to have absolute proof* tener pruebas irrefutables **2** absolutista

■ **absolute** *n* lo absoluto

absolutely /ˈæbsəluːtli/ *adv* **1** absolutamente: *You are absolutely right.* Tienes toda la razón. ◊ *Are you absolutely sure/certain that...?* ¿Estás completamente seguro de que...? ◊ *It's absolutely essential/necessary that...* Es imprescindible que... **2** (*en negativa*): *absolutely nothing* nada en absoluto ◊ *They did absolutely no work.* No trabajaron nada de nada. **3** (*mostrando acuerdo con algn*): *Oh absolutely!* ¡Sin duda!

absolution /ˌæbsəˈluːʃn/ *n* absolución

absolve /əbˈzɒlv/ *vt* ~ (**sb from/of sth**) (*formal*) absolver (a algn de algo): *absolved from/of blame/sins* absuelto de culpa/pecados ◊ *They absolved him from/of all responsibility.* Lo eximieron de toda responsabilidad.

absorb /əbˈsɔːb/ *vt* **1** absorber, asimilar: *The root hairs absorb the water.* Los pelos de la raíz absorben el agua. ◊ *easily absorbed into the bloodstream* fácilmente asimilado por la sangre ◊ *to absorb information* asimilar información **2** amortiguar: *to absorb the shock* amortiguar el golpe ◊ *shock absorber* amortiguador ☛ *Ver ilustración en* CAR

absorbed /əbˈsɔːbd/ *adj* absorto: *absorbed in a book* absorto en un libro *Ver tb* SELF-ABSORBED

absorbent /əbˈsɔːbənt/ *adj* absorbente (*papel, etc*)

absorbing /əbˈsɔːbɪŋ/ *adj* absorbente (*libro, película, etc*)

absorption /əbˈsɔːpʃn/ *n* **1** absorción **2** amortiguamiento **3** asimilación

abstain /əbˈsteɪn/ *vi* ~ (**from sth**) abstenerse (de algo): *She abstained (from voting).* Se abstuvo (de votar).

abstemious /əbˈstiːmiəs/ *adj* **1** abstemio **2** frugal

abstention /əbˈstenʃn/ *n* abstención

abstinence /ˈæbstɪnəns/ *n* abstinencia

abstract[1] /ˈæbstrækt/ *adj* abstracto: *abstract ideas/paintings* ideas/pinturas abstractas

■ **abstract** *n* **1** (*Arte*) obra de arte abstracto **2** (*resumen*) extracto
LOC **in the abstract** en abstracto

abstract² /æbˈstrækt/ **1** *vt, vi* abstraer **2** *vt* extraer
▶ **abstracted** /əbˈstræktɪd/ *adj* abstraído
abstractedly *adv* de forma abstraída

abstraction /æbˈstrækʃn/ *n* **1** abstracción **2** distracción **3** extracción

abstruse /əbˈstruːs/ *adj* abstruso
▶ **abstrusely** *adv* de forma abstrusa

absurd /əbˈsɜːd/ *adj* absurdo: *How absurd!* ¡Qué disparate! ◊ *You look absurd in that hat.* Estás ridículo con ese sombrero.
▶ **absurdity** *n* (*pl* **-ies**) absurdo: *our absurdities and inconsistencies* nuestros absurdos e incoherencias ◊ *the absurdity of…* lo absurdo de…

absurdly /əbˈsɜːdli/ *adv* ridículamente

abundance /əˈbʌndəns/ *n* abundancia
LOC **in abundance** en abundancia

abundant /əˈbʌndənt/ *adj* abundante: *abundant in minerals* abundante en minerales *Ver tb* SUPERABUNDANT
▶ **abundantly** *adv* en abundancia: *to make sth abundantly clear* dejar algo muy claro

abuse¹ /əˈbjuːz/ *vt* **1** abusar de: *to abuse your power* abusar de su poder **2** (*sexualmente*) abusar de: *to be sexually abused* sufrir abusos deshonestos **3** (*físicamente*) maltratar **4** insultar
▶ **abuser** *n*: *a drug/child abuser* un drogadicto/pedófilo

abuse² /əˈbjuːs/ *n* **1** abuso: *child abuse* abusos contra niños ◊ *sexual abuse* abusos deshonestos ◊ *drug/alcohol abuse* abuso de drogas/alcohol ◊ *an abuse of power* un abuso de poder **2** [*incontable*] insultos: *They shouted abuse at him.* Le gritaron insultos.
▶ **abusive** /əˈbjuːsɪv/ *adj* insultante: *to become abusive* empezar a decir groserías
abusively *adv* de manera insultante

abut /əˈbʌt/ *vi* (**-tt-**) **~ on(to) sth 1** lindar con algo **2** ser contiguo a algo

abysmal /əˈbɪzməl/ *adj* **1** (*coloq*) pésimo **2** (*fracaso*) total

abyss /əˈbɪs/ *n* abismo

AC (*tb* **ac**) /ˌeɪ ˈsiː/ *abrev de* **alternating current** corriente alterna

academia /ˌækəˈdiːmiə/ *n* [*incontable*] el mundo académico

academic /ˌækəˈdemɪk/ *adj* **1** académico: *the academic year* el año académico/escolar ◊ *academic staff* personal docente ◊ *academic freedom* libertad de cátedra **2** especulativo: *purely academic* puramente especulativo
■ **academic** *n* académico, -a
▶ **academically** *adv* académicamente

academician /əˌkædəˈmɪʃn; *USA* ˌækədəˈmɪʃn/ *n* académico, -a

academy /əˈkædəmi/ *n* (*pl* **-ies**) academia: *military academy* academia militar ◊ *the Royal Academy (of Arts)* la Real Academia (de Bellas Artes)

Academy Award *n* Óscar

ACAS /ˈeɪkæs/ (*GB*) *abrev de* **Advisory, Conciliation and Arbitration Service** Instituto de Mediación, Arbitraje y Conciliación

accede /əkˈsiːd/ *vi* **~ (to sth)** (*formal*) acceder (a algo): *to accede to the throne/to sb's demands* acceder al trono/a las demandas de algn

accelerate /əkˈseləreɪt/ *vt, vi* acelerar
▶ **acceleration** *n* **1** aceleración **2** (*vehículo*) reprise

accelerator /əkˈseləreɪtə(r)/ *n* acelerador: *the accelerator pedal* el pedal del acelerador ☛ *Ver ilustración en* CAR

accent¹ /ˈæksent, ˈæksənt/ *n* **1** acento: *'Más' has an accent.* "Más" lleva acento. ◊ *to speak English with a French accent* hablar inglés con acento francés ◊ *a heavy/thick accent* un acento fuerte **2** énfasis: *to put the accent on sth* poner el énfasis en algo

accent² /ækˈsent/ *vt* **1** acentuar **2** poner acento

accentuate /əkˈsentʃueɪt/ *vt* **1** acentuar **2** hacer resaltar **3** (*problema*) agudizar

accept /əkˈsept/ **1** *vt, vi* aceptar: *She accepted his apology.* Aceptó sus disculpas. **2** *vt* admitir: *I've been accepted by the University.* Me han admitido en la universidad. **3** *vt* reconocer: *I accept I was wrong.* Reconozco que estaba equivocado. **4** *vt* (*máquina*): *The machine only accepts 10p coins.* La máquina solo funciona con monedas de 10 peniques. LOC *Ver* FACE VALUE

acceptability /əkˌseptəˈbɪləti/ *adj* aceptabilidad

acceptable /əkˈseptəbl/ *adj* **~ (to sb)** aceptable (para algn)

acceptance /əkˈseptəns/ *n* **1** aceptación **2** aprobación: *to gain widespread acceptance* conseguir una amplia aprobación

access¹ /ˈækses/ *n* **~ (to sth/sb)** acceso (a algo/algn): *for access only* solo para vía de acceso ◊ *to have/give access to sth* tener/dar acceso a algo ◊ *to gain access to sth* acceder a algo *Ver tb* DIRECT ACCESS

access² /ˈækses/ *vt* acceder: *She accessed three files.* Accedió a tres ficheros.

accessible /əkˈsesəbl/ *adj* accesible
▶ **accessibility** /əkˌsesəˈbɪləti/ *n* accesibilidad

accession /ækˈseʃn/ *n*: *the dictator's accession to power* la ascensión del dictador al poder

accessory /əkˈsesəri/ *n* (*pl* **-ies**) **1** accesorio **2** (*Moda*) complemento (*bolso, cinturón, etc*)
LOC **accessory (to sth)** cómplice de algo: *an accessory to murder* cómplice de asesinato

access road (*USA*) (*GB* **slip road**) *n* carretera de acceso a/salida de la autopista

access time *n* tiempo de acceso

accident /ˈæksɪdənt/ *n* **1** accidente: *a road accident* un accidente de carretera ◊ *accident and emergency department* sala de urgencias **2** casualidad
LOC **accidents will happen** (*refrán*) ¡qué le vamos a hacer! **by accident 1** accidentalmente **2** por casualidad **3** por descuido *Ver tb* CHAPTER
▶ **accidental** /ˌæksɪˈdentl/ *adj* **1** accidental: *accidental death* muerte accidental **2** casual
accidentally *adv* **1** por accidente **2** por casualidad

accident-prone /ˈæksɪdent prəʊn/ *adj* propenso a los accidentes

acclaim /əˈkleɪm/ *vt* **1** aclamar **2** reconocer **3** aplaudir
■ **acclaim** *n* [*incontable*] elogios: *to win critical acclaim* obtener grandes elogios de la crítica

acclimatize, -ise /əˈklaɪmətaɪz/ (*USA* **acclimate** /ˈæklɪmeɪt/) *vt, vi* **1 ~ (sth/sb)(to sth)** aclimatar (a algo/algun) (a algo) **2 ~ (yourself)(to sth)** aclimatarse (a algo)
▶ **acclimatization, -isation** /əˌklaɪmətaɪˈzeɪʃn/ (*USA* **acclimation** /ˈæklɪmeɪʃn/) *n* aclimatación

accolade /ˈækəleɪd; *USA* ˌækəˈleɪd/ *n* reconocimiento, galardón

accommodate /əˈkɒmədeɪt/ *vt* **1** alojar **2** (*vehículo*): *The car can accommodate four people.* El coche es de cuatro plazas. **3 ~ sb (with sth)** conceder (algo) a algn: *to accommodate sb with a loan* conceder un préstamo a algn **4** complacer
▶ **accommodating** *adj* complaciente
accommodation *n* **1** (*GB*) alojamiento **2** vivienda **3 accommodations** [*pl*] (*USA*) pensión **4** (*formal*) acuerdo: *to reach an accommodation* llegar a un acuerdo

accompaniment /əˈkʌmpənimənt/ *n* acompañamiento
LOC **to the accompaniment of** acompañado de

accompanist /əˈkʌmpənɪst/ *n* acompañante
accompany /əˈkʌmpəni/ *vt* (*pret, pp* **-ied**) acompañar: *to accompany sb on the piano* acompañar a algn al piano
accomplice /əˈkʌmplɪs; *USA* əˈkɒm-/ *n* cómplice
accomplish /əˈkʌmplɪʃ; *USA* əˈkɒm-/ *vt* **1** llevar a cabo: *to accomplish a task* llevar a cabo una tarea ◊ *Mission accomplished!* ¡Misión cumplida! **2** (*ambición, objetivo*) lograr
accomplished /əˈkʌmplɪʃt; *USA* əˈkɒm-/ *adj* **1** consumado **2** bien educado
LOC an accomplished fact un hecho establecido
accomplishment /əˈkʌmplɪʃmənt; *USA* əˈkɒm-/ *n* **1** logro **2** realización
accord /əˈkɔːd/ *n* acuerdo
LOC in accord (with sth/sb) en concordancia (con algo/algn) **of your own accord** por decisión propia: *He joined the army of his own accord.* Se incorporó al ejército por decisión propia. **with one accord** unánimemente
■ **accord 1** *vi* ~ **with sth** (*formal*) concordar con algo **2** *vt* (*formal*) otorgar, conceder
accordance /əˈkɔːdns/ *n*
LOC in accordance with sth de acuerdo con algo
accordingly /əˈkɔːdɪŋli/ *adv* **1** por lo tanto, por consiguiente **2** en consecuencia: *to act accordingly* actuar en consecuencia
according to *prep* según: *according to plan* según el plan previsto ◊ *to act according to your principles* actuar de acuerdo con tus principios **LOC** *Ver* COAT, LIGHT[1]
accordion /əˈkɔːdiən/ (*tb* **piano accordion**) *n* acordeón
accost /əˈkɒst; *USA* əˈkɔːst/ *vt* abordar (*a una persona*)
account /əˈkaʊnt/ *n* **1** (*Fin, Com*) cuenta: *current account* cuenta corriente ◊ *to charge sth to sb's account* cargar algo a la cuenta de algn *Ver tb* CHARGE ACCOUNT, CURRENT ACCOUNT, DEPOSIT ACCOUNT, SAVINGS ACCOUNT **2** (*Com*) factura **3 accounts** (*Com*) contabilidad: *accounts department* departamento de contabilidad ◊ *to do/keep the accounts* llevar las cuentas **4** versión **5** relato, relación: *to give the police a full account* dar a la policía un relato completo ◊ *to keep an account of your activities* mantener una relación de sus actividades
LOC by/from all accounts por lo que dicen **by your own account** según sus propias palabras **of great, small, some account** de mucha, poca, cierta importancia **of no account** sin ninguna importancia **on account** a cuenta **on sb's account**: *Don't change your plans on my account.* No cambies tus planes por mí. **on account of sth** a causa de algo, por motivos de algo **on no account**; **not on any account** bajo ningún concepto, de ninguna manera **on this/that account** según esto/eso **on your own account** por su cuenta y riesgo **to give a good, poor, etc account of yourself** tener una buena, mala, etc actuación **to take account of sth**; **to take sth into account** tener algo en cuenta **to take sth/sb into account** considerar algo/a algn *Ver tb* RENDER, SETTLE[2]
■ **account 1** *vt* considerar **2** *vi* ~ **(to sb) for sth** rendir cuentas (a algn) de algo
LOC there's no accounting for tastes sobre gustos no hay nada escrito
PHR V to account for sb contabilizar a algn: *Everyone is accounted for after the fire.* Todos han sido contabilizados después del incendio.
to account for sth 1 explicar algo **2** constituir algo: *to account for a fraction of sth* constituir una mínima parte de algo
accountability /əkaʊntəˈbɪləti/ *n* responsabilidad de la que hay que dar cuenta: *There is a lack of accountability in Westminster.* No hay nadie que rinda cuentas en Westminster.
accountable /əˈkaʊntəbl/ *adj* ~ **(to sb) (for sth)** responsable (ante algn) (de algo): *She cannot be held accountable for her actions.* No es responsable de sus actos.
accountancy /əˈkaʊntənsi/ *n* contabilidad
accountant /əˈkaʊntənt/ *n* contable *Ver tb* TURF ACCOUNTANT
accoutrements /əˈkuːtrəmənts/ (*USA* **accouterments** /əˈkuːtərmənts/) *n* [*pl*] **1** aparejos **2** avíos
accredit /əˈkredɪt/ *vt* acreditar
▶ **accreditation** /əkredɪˈteɪʃn/ *n* acreditación
accredited *adj* acreditado, autorizado: *accredited course/training* formación/curso reconocido
accretion /əˈkriːʃn/ *n* **1** adición, aditamento **2** [*incontable*] acrecentamiento
accrue /əˈkruː/ *vi* **1** ~ **(to sth/sb) (from sth)** acumularse (en algo/algn)(de algo): *interest accruing from their investment* el interés que se acumule de su inversión **2** resultar
accumulate /əˈkjuːmjəleɪt/ *vt, vi* acumular(se)
▶ **accumulator** *n* acumulador
accumulation *n* acumulación
accuracy /ˈækjərəsi/ *n* precisión **LOC** *Ver* PINPOINT
accurate /ˈækjərət/ *adj* exacto: *an accurate shot* un disparo certero
▶ **accurately** *adv* con precisión
accusation /ˌækjuˈzeɪʃn/ *n* acusación
accusative /əˈkjuːzətɪv/ *adj, n* acusativo
accuse /əˈkjuːz/ *vt* ~ **sb (of sth)** acusar a algn (de algo): *He was accused of murder.* Fue acusado de asesinato.
▶ **the accused** *n* [*v sing o pl*] el acusado, la acusada, los acusados, las acusadas
accuser *n* acusador, -ora
accusing *adj* acusador
accusingly *adv*: *to look accusingly at sb* lanzar una mirada acusadora a algn
accustom /əˈkʌstəm/ *vt* acostumbrar(se): *to accustom yourself to your new life* acostumbrarse a su nueva vida ◊ *She's not accustomed to working hard.* No está acostumbrada a trabajar mucho. ◊ *to become/get/grow accustomed to sth* acostumbrarse a algo
AC/DC /ˌeɪ siː ˈdiː siː/ *abrev de* **alternating current/direct current** corriente alterna/corriente continua
ace /eɪs/ *n* **1** (*naipe*) as **2** (*Tenis*) servicio que el contrario no puede devolver
LOC to (have) an ace up your sleeve; *USA* **to (have) an ace in the hole** (*coloq*) (tener) un triunfo en la mano **to have/hold all the aces** tener todas las cartas en la mano **to play your ace** jugar su mejor carta **within an ace of sth/doing sth** en un tris de algo/hacer algo
■ **ace** *adj* (*coloq*) estupendo
acerbic /əˈsɜːbɪk/ *adj* (*formal*) acerbo (*comentario, tono*)
acetic acid /əˌsiːtɪk ˈæsɪd/ *n* ácido acético
acetylene /əˈsetəliːn/ *n* acetileno: *acetylene burner/torch* soplete oxiacetilénico
ache /eɪk/ *n* dolor: *aches and pains* dolores y achaques *Ver tb* BACKACHE, BELLYACHE, EARACHE, HEADACHE, HEARTACHE, TOOTHACHE, TUMMY ACHE
■ **ache** *vi* **1** doler: *My head aches/is aching.* Me duele la cabeza. **2** ~ **for sth/sb** desear algo/a algn: *He was aching for a cigarette.* Se moría de ganas de fumarse un cigarrillo.
achievable /əˈtʃiːvbl/ *adj* alcanzable
achieve /əˈtʃiːv/ *vt* lograr: *to achieve the desired effect* lograr el efecto deseado ◊ *to achieve your full potential* alcanzar su total capacidad
▶ **achievement** *n* logro
Achilles heel /əˈkɪliːz hiːl/ *n* talón de Aquiles
Achilles tendon *n* tendón de Aquiles
aching /ˈeɪkɪŋ/ *adj* dolorido

acid /ˈæsɪd/ *n* **1** (*Quím*) ácido *Ver tb* ACETIC ACID, AMINO ACID, ASCORBIC ACID, CITRIC ACID, FOLIC ACID, FORMIC ACID, LACTIC ACID, NITRIC ACID, NUCLEIC ACID, SULPHURIC ACID **2** (*tb* **LSD**) (*droga*) ácido
■ **acid** *adj* **1** (*sabor*) ácido, agrio **2** (*tb* **acidic**) ácido **3** (*ingenio*) mordaz
▶ **acidity** /əˈsɪdəti/ *n* acidez
acid rain *n* lluvia ácida
acknowledge /əkˈnɒlɪdʒ/ *vt* **1** reconocer: *They acknowledged the need for reform.* Reconocieron la necesidad de reforma. ◊ *a generally/widely acknowledged fact* un hecho generalmente reconocido ◊ *She is acknowledged to be an expert.* Se la reconoce como experta. **2** (*carta*) acusar recibo de **3** agradecer: *She never acknowledged our help.* Nunca agradeció nuestra ayuda. **4** darse por enterado: *He didn't even acknowledge me/my presence.* Ni siquiera se dio por enterado de mi presencia.
▶ **acknowledg(e)ment** /əkˈnɒlɪdʒmənt/ *n* **1** (*de un hecho, etc*) reconocimiento **2** acuse de recibo **3** (*en un libro, etc*) agradecimiento
acme /ˈækmi/ *n* cima: *the acme of success* la cima del éxito
acne /ˈækni/ *n* acné
acolyte /ˈækəlaɪt/ *n* acólito, -a
acorn /ˈeɪkɔːn/ *n* bellota **LOC** *Ver* OAK
acoustic /əˈkuːstɪk/ *adj* acústico
acoustics /əˈkuːstɪks/ *n* [*sing*] acústica
acquaint /əˈkweɪnt/ *vt*
LOC **to acquaint sb with sth** familiarizar a algn con algo
acquaintance /əˈkweɪntəns/ *n* **1** amistad: *to strike up an acquaintance* entablar amistad ◊ *other teachers of my acquaintance* otros profesores que conozco **2** conocido, -a: *a wide circle of acquaintances* un círculo muy amplio de conocidos
LOC **on (further) acquaintance** al conocerle mejor (a algn) **to make sb's acquaintance/to make the acquaintance of sb** (*formal*) conocer a algn (*por primera vez*) *Ver tb* NOD, SCRAPE
▶ **acquainted** /əˈkweɪntɪd/ *adj* familiarizado: *I am not acquainted with his wife.* No conozco a su esposa. ◊ *to become/get acquainted with sb* (llegar a) conocer a algn
acquiesce /ˌækwiˈes/ *vi* **~ (in sth)** (*formal*) consentir (algo/en algo); aceptar (algo)
▶ **acquiescence** *n* consentimiento
acquiescent *adj* condescendiente
acquire /əˈkwaɪə(r)/ *vt* **1** (*conocimientos, posesiones*) adquirir **2** (*información*) obtener **3** (*reputación*) adquirir, ganarse **4** hacerse con, apoderarse de
LOC **an acquired taste** un gusto adquirido
acquisition /ˌækwɪˈzɪʃn/ *n* adquisición
acquisitive /əˈkwɪzətɪv/ *adj* (*pey*) codicioso
▶ **acquisitiveness** *n* codicia
acquit /əˈkwɪt/ *vt* (**-tt-**) **~ sb (of sth)** absolver a algn (de algo): *The jury acquitted him.* El jurado le absolvió.
LOC **to acquit yourself well/badly** desenvolverse bien/mal
▶ **acquittal** /əˈkwɪtl/ *n* absolución
acre /ˈeɪkə(r)/ *n* acre: *rolling acres of farm land* hectáreas y hectáreas de terreno arable ☛ *Ver apéndice 3*
LOC **acres of** cantidad de: *There was acres of space.* Había cantidad de espacio.
▶ **acreage** /ˈeɪkərɪdʒ/ *n* extensión de terreno en acres
acrid /ˈækrɪd/ *adj* acre
acrimonious /ˌækrɪˈməʊniəs/ *adj* áspero
▶ **acrimoniously** *adv* ásperamente
acrimony /ˈækrɪməni; *USA* -məʊni/ *n* acrimonia
acrobat /ˈækrəbæt/ *n* acróbata
▶ **acrobatic** /ˌækrəˈbætɪk/ *adj* acrobático
acrobatically *adv* de forma acrobática
acrobatics /ˌækrəˈbætɪks/ *n* **1** [*pl*] acrobacias: *Their acrobatics were greeted with loud applause.* Sus acrobacias recibieron grandes aplausos. **2** [*sing*] acrobacias: *an acrobatics championship* un campeonato de acrobacias
acronym /ˈækrənɪm/ *n* acrónimo
across /əˈkrɒs; *USA* əˈkrɔːs/ *part adv, prep* **1** de un lado a otro: *to swim across* cruzar nadando ◊ *to walk across the border* cruzar la frontera a pie ◊ *to take the path across the fields* tomar el camino que atraviesa los campos **2** al otro lado: *We were across in no time.* Llegamos al otro lado en un periquete. ◊ *from across the room* desde el otro lado de la habitación **3** sobre, a lo largo de: *a bridge across the river* un puente sobre el río ◊ *A branch lay across the path.* Había una rama atravesada en el camino. **4** de ancho: *The river is half a mile across.* El río tiene media milla de ancho.
LOC **across from** (*esp USA*) enfrente de ☛ *Comparar con* OPPOSITE
☛ Para los usos de **across** en PHRASAL VERBS ver las entradas de los verbos correspondientes, p. ej. **to come across** en COME.
acrylic /əˈkrɪlɪk/ *adj, n* acrílico
act /ækt/ *n* **1** acto: *an act of violence/kindness* un acto de violencia/amabilidad ◊ *the act of a madman* la obra de un loco **2** (*Jur*) decreto: *to pass an act of parliament* aprobar un decreto parlamentario **3** (*obra de teatro*) acto **4** (*espectáculo*) número: *a circus act* un número de circo ◊ *to be a tough act to follow* ser difícil de igualar *Ver tb* BALANCING ACT **5** (**the**) **Acts (of the Apostles)** [*pl*] (los) Hechos de los Apóstoles
LOC **an act of God** (*Jur*) un caso de fuerza mayor **in the act of doing sth** en el momento de hacer algo **to be/get in on the act** (*coloq*) tener/tomar parte **to get your act together** (*coloq*) organizarse: *It's high time you got your act together.* Ya es hora de que te organices. **to put on an act** (*coloq*) fingir: *He's just putting on an act.* Solo está fingiendo. *Ver tb* CATCH[1], DISAPPEAR, READ, SMART
■ **act 1** *vi* actuar: *to act for the best* hacer lo que le parece mejor **2** *vi* comportarse **3** *vt* hacer el papel de **4** *vt* hacer de: *to act the stern father* hacer de padre severo *Ver tb* COUNTERACT
LOC **to act your age** obrar de acuerdo con su edad *Ver tb* FOOL[1]
PHR V **to act as sth** hacer de algo: *to act as interpreter* hacer de intérprete
to act for sb/to act on behalf of sb/to act on sb's behalf representar a algn
to act on/upon sth 1 *They failed to act on the report.* No reaccionaron al informe. ◊ *to act on sb's advice* seguir los consejos de algn **2** afectar a algo: *Alcohol acts on the brain.* El alcohol afecta al cerebro.
to act sth out representar el papel: *to act out your fantasies* vivir sus fantasías
to act up (*coloq*) dar guerra: *The class was acting up.* La clase estaba dando guerra.
acting /ˈæktɪŋ/ *n*: *his acting career* su carrera como actor ◊ *Her acting was awful.* Su actuación fue terrible. *Ver tb* PLAY-ACTING
■ **acting** *adj* [*antes de sustantivo*] en funciones (*en un momento dado*): *He was acting chairman at the meeting.* Actuó como presidente en la reunión.
action /ˈækʃn/ *n* **1** acción: *The time has come for action.* Ya es hora de actuar. ◊ *Her quick action saved his life.* Su pronta actuación le salvó la vida. *Ver tb* DIRECT ACTION **2** [*sing*] medidas: *Drastic action is needed.* Hay que tomar medidas drásticas. **3** acto **4** (*coloq*) movimiento **5** (*Mil*) acción: *to go into action* entrar en acción **6** [*sing*] acción judicial: *to take legal action* emprender acciones legales ◊ *disciplinary action* expediente disciplinario *Ver tb* INTERACTION
LOC **actions speak louder than words** (*refrán*) dicho sin hecho no trae provecho **action stations!** ¡todos a sus puestos! **in action** en acción **out of action 1** (*Mil*) fuera de combate **2** (*roto*): *This machine is out of action.* Esta máquina no funciona. **to get, etc a piece/slice**

of the action 1 sacar tajada **2** participar en la juerga **to put sth into action** poner algo en práctica **to take action** tomar medidas **where the action is** (*coloq*) *I want to be where the action is!* ¡Quiero estar donde haya animación! *Ver tb* COURSE, EVASIVE, PROD, SWING

action-packed /ˈækʃn pækt/ *adj* animado

action replay *n* moviola

activate /ˈæktɪveɪt/ *vt* activar

▶ **activation** *n* [*incontable*] activación

active /ˈæktɪv/ *adj* **1** activo: *to take an active part in sth* participar activamente en algo ◊ *to take an active interest in sth* interesarse vivamente por algo *Ver tb* HYPERACTIVE, INTERACTIVE **2** (*volcán*) en actividad

▶ **actively** *adv* activamente

activism /ˈæktɪvɪzəm/ *n* activismo

▶ **activist** /ˈæktɪvɪst/ *n* activista

activity /ækˈtɪvəti/ *n* **1** (*pl* **-ies**) actividad **2** [*incontable*] bullicio

actor /ˈæktə(r)/ *n* actor, actriz ☛ *Ver nota en* ACTRESS

actress /ˈæktrəs/ *n* actriz

> Hay mucha gente que prefiere el término **actor** tanto para el femenino como para el masculino, aunque a veces para diferenciar se usa **female actor**.

actual /ˈæktʃuəl/ *adj* **1** exacto: *What were his actual words?* ¿Qué es lo que dijo exactamente? **2** verdadero: *based on actual events* basado en hechos reales **3** propiamente dicho: *the actual city centre* el centro propiamente dicho ☛ *Ver nota en* CURRENT

LOC in actual fact en realidad

actuality /ˌæktʃuˈæləti/ *n* **1** realidad **2** actualidad

LOC in actuality en la realidad

actually /ˈæktʃuəli/ *adv* **1** en realidad, de hecho: *He's actually very bright.* La verdad es que es muy inteligente. **2** exactamente: *What did she actually say?* ¿Qué dijo exactamente? **3** *Actually, my name's Sue, not Ann.* A propósito, me llamo Sue, no Ann. **4** (*para dar énfasis*): *You actually met her?* ¿De verdad la conociste? **5** hasta: *He actually expected me to leave.* Hasta esperaba que me fuera. ☛ *Comparar con* AT PRESENT *en* PRESENT[1], CURRENTLY *en* CURRENT

actuary /ˈæktʃuəri; *USA* -tʃʊeri/ *n* (*pl* **-ies**) actuario de seguros

acumen /ˈækjəmən, əˈkjuːmən/ *n* astucia

acupuncture /ˈækjupʌŋktʃə(r)/ *n* acupuntura

acute /əˈkjuːt/ *adj* **1** extremo: *to become more acute* agudizarse **2** agudo: *acute appendicitis* apendicitis aguda **3** (*remordimiento*) profundo

acute angle *n* ángulo agudo

acutely /əˈkjuːtli/ *adv* **1** extremadamente: *acutely aware of sth* muy consciente de algo **2** profundamente **3** con agudeza

AD /ˌeɪ ˈdiː/ *abrev de* **Anno Domini** después de Cristo: *in (the year) 55 AD/AD 55* en el año 55 d.C. *Ver tb* BC

ad /æd/ *n* (*coloq*) (*tb* **advertisement**) anuncio (*publicidad*) *Ver tb* SMALL ADS, WANT ADS

adage /ˈædɪdʒ/ *n* adagio (*dicho*)

adamant /ˈædəmənt/ *adj* **~ (about/in sth)** firme, categórico en cuanto a algo: *He was adamant about staying behind.* Se empeñó en quedarse.

▶ **adamantly** *adv* firmemente

Adam's apple /ˌædəmz ˈæpl/ *n* (*Anat*) nuez, bocado de Adán ☛ *Ver ilustración en* THROAT

adapt /əˈdæpt/ *vt, vi* adaptar(se)

adaptable /əˈdæptəbl/ *adj* **1** (*persona*): *to learn to be adaptable* aprender a adaptarse **2** (*aparatos, etc*) adaptable

▶ **adaptability** /əˌdæptəˈbɪləti/ *n* adaptabilidad

adaptation /ˌædæpˈteɪʃn/ *n* adaptación

adaptor /əˈdæptə(r)/ *n* (*Elec*) ladrón, adaptador

ADC /ˌeɪ diː ˈsiː/ *abrev de* **aide-de-camp** edecán

add /æd/ *vt* añadir: *I have nothing to add to that.* No tengo nada que añadir. ◊ *an added advantage* una ventaja añadida

LOC to add A and B together sumar A y B **to add fuel to the flames** echar leña al fuego **to add insult to injury** para colmo de males

PHR V to add sth on (to sth) añadir algo (a algo)

to add to sth 1 aumentar algo: *The bad weather added to our difficulties.* El mal tiempo aumentó nuestras dificultades. **2** ampliar algo

to add up (*coloq*) encajar: *His story doesn't add up.* Hay cosas en su relato que no encajan.

to add (sth) up sumar (algo)

to add up to sth 1 ascender a algo: *The bill adds up to £40.* La cuenta asciende a 40 libras. **2** (*coloq*) hacer algo de algo: *All this adds up to a terrible film.* Todo esto hace de ella una película malísima. **3** significar algo: *These clues don't add up to very much.* Las pistas no significan mucho.

addendum /əˈdendəm/ *n* (*pl* **-da** /-də/) addenda

adder /ˈædə(r)/ *n* víbora

addict /ˈædɪkt/ *n* adicto, -a: *drug addict* toxicómano ◊ *He's a football addict.* Es adicto al fútbol.

▶ **addicted** /əˈdɪktɪd/ *adj* adicto

addiction /əˈdɪkʃn/ *n* adicción

addictive /əˈdɪktɪv/ *adj* adictivo

addition /əˈdɪʃn/ *n* **1** incorporación **2** adquisición **3** (*Mat*): *Children are taught addition and subtraction.* Los niños aprenden a sumar y a restar.

LOC in addition por añadidura **in addition (to sth)** además de algo

▶ **additional** *adj* adicional

additionally *adv* **1** además **2** aún más

additive /ˈædətɪv/ *n* aditivo

addled /ˈædld/ *adj* **1** (*mente*) confuso **2** (*huevo*) podrido

add-on /ˈæd ɒn/ *n* accesorio, complemento: *add-on software* software complementario

address /əˈdres; *USA* ˈædres/ *n* **1** dirección, señas: *address book* libreta de direcciones *Ver tb* FORWARDING ADDRESS, RETURN ADDRESS **2** discurso: *to deliver an address* pronunciar un discurso **LOC** *Ver* FIXED, FORM

■ **address** /əˈdres/ *vt* **1** (*carta, etc*) dirigir: *The letter was addressed to you.* La carta iba dirigida a ti. ◊ *Send a stamped, addressed envelope.* Envíe un sobre con su dirección y un sello. *Ver tb* SELF-ADDRESSED **2 ~ sb** dirigirse a algn **3 ~ sb as sth** tratar a algn de algo **4 ~ (yourself to) sth** hacer frente a algo: *It's time to address the question of payment.* Es hora de que nos enfrentemos a la cuestión del pago. **5** (*formal*) (*pregunta*) dirigir

▶ **addressee** *n* destinatario, -a

adduce /əˈdjuːs; *USA* əˈduːs/ *vt* (*formal*) aducir

adenoids /ˈædənɔɪdz; *USA* -dən-/ *n* [*pl*] (*Med*) vegetaciones

▶ **adenoidal** *adj*: *to be adenoidal* sufrir de vegetaciones

adept /əˈdept/ *adj* hábil: *to be adept at (doing) sth* dársele bien a algn (hacer) algo

▶ **adeptly** *adv* hábilmente

adequacy /ˈædɪkwəsi/ *n* **1** suficiencia **2** idoneidad

adequate /ˈædɪkwət/ *adj* **1** adecuado: *adequate precautions* precauciones adecuadas **2** aceptable

▶ **adequately** *adv* adecuadamente

adhere /ədˈhɪə(r)/ *vi* (*formal*) **1** adherirse **2 ~ to sth** (*creencia, etc*) observar algo

▶ **adherence** *n* **~ (to sth) 1** adherencia (a algo) **2** observación (de algo)

adherent *n* adepto, -a

adhesion /ədˈhiːʒn/ *n* adhesión

adhesive /ədˈhiːsɪv/ *n* adhesivo

■ **adhesive** *adj* adhesivo: *adhesive tape* cinta adhesiva *Ver tb* SELF-ADHESIVE

adhesive bandage (*USA*) (*GB* **sticking plaster, plaster**) *n* esparadrapo

ad hoc /ˌæd ˈhɒk/ *adj, adv* (*Lat*) ad hoc

adieu /ə'dju:; *USA* ə'du:/ *interj, n* (*pl* **~s** o **~x** /ə'dju:z; *USA* ə'du:z/) (*antic*) adiós

ad infinitum /ˌæd ˌɪnfɪ'naɪtəm/ *adv* (*Lat*) indefinidamente

adipose /'ædɪpəʊs/ *adj* adiposo

adj 1 (*Gram*) *abrev de* **adjective 2** (*Mil*) *abrev de* **adjutant**

adjacent /ə'dʒeɪsnt/ *adj* adyacente

adjective /'ædʒɪktɪv/ *n* (*abrev* **adj**) adjetivo
▶ **adjectival** *adj* adjetivo
adjectivally *adv* como adjetivo

adjoin /ə'dʒɔɪn/ *vt* **~ sth 1** estar al lado de algo **2** lindar con algo
▶ **adjoining** *adj* **1** contiguo **2** colindante

adjourn /ə'dʒɜ:n/ **1** *vt* aplazar: *The trial was ajourned for a week.* El juicio se aplazó una semana. **2** *vt, vi* (*reunión, sesión*) suspender(se): *Let's adjourn until tomorrow.* Suspendamos la sesión hasta mañana. **3** *vi* (*formal*) pasar: *After dinner we adjourned to the sitting room.* Después de cenar pasamos a la sala.
▶ **adjournment** *n* **1** aplazamiento **2** suspensión

adjudge /ə'dʒʌdʒ/ *vt* (*formal*) declarar: *He was adjudged to have broken the rules.* Se declaró que había violado las reglas.

adjudicate /ə'dʒu:dɪkeɪt/ *vi* **1** actuar de juez **2 ~ on sth** (*disputa, etc*) juzgar algo
▶ **adjudication** *n* **1** juicio **2** decisión
adjudicator *n* **1** juez **2** árbitro, -a

adjunct /'ædʒʌŋkt/ *n* **1** complemento **2** (*Gram*) complemento circunstancial

adjust /ə'dʒʌst/ **1** *vt* ajustar **2** *vt* arreglar: *He adjusted his tie.* Se arregló la corbata. **3** *vt* **~ sth (to sth)** adaptar algo (a algo) **4** *vi* **~ (to sth)** adaptarse (a algo): *Adjusting to retirement has not been easy.* Adaptarme a la jubilación no ha sido fácil. ◊ *It takes time to adjust.* Hace falta tiempo para adaptarse.
▶ **adjustable** *adj* ajustable
adjustment *n* **1(a)** ajuste **(b)** modificación: *I've made some minor adjustments.* He realizado algunas ligeras modificaciones. **2** adaptación: *a period of adjustment* un periodo de adaptación

adjutant /'ædʒʊtənt/ *n* (*abrev* **adj**) (*Mil*) furriel

ad lib /ˌæd 'lɪb/ *adj, adv* improvisado: *an ad lib performance* una actuación improvisada ◊ *He made a speech ad lib.* Improvisó un discurso.
■ **ad lib** *n* improvisación
■ **ad lib** *vi* (**-bb-**) improvisar

adman /'ædmæn/ *n* (*pl* **admen** /'ædmen/) (*coloq*) publicista

administer /əd'mɪnɪstə(r)/ *vt* **1** administrar **2** (*organización*) dirigir **3** (*castigo*) aplicar

administration /ədˌmɪnɪ'streɪʃn/ *n* **1** (*abrev* **admin**) administración **2** dirección
▶ **administrative** /əd'mɪnɪstrətɪv/ *adj* administrativo

administrator /əd'mɪnɪstreɪtə(r)/ *n* administrador, -ora

admirable /'ædmərəbl/ *adj* admirable
▶ **admirably** *adv* admirablemente

admiral /'ædmərəl/ *n* almirante

Admiralty /'ædmərəlti/ *n* Ministerio de Marina: *First Lord of the Admiralty* Ministro de Marina

admiration /ˌædmə'reɪʃn/ *n* admiración **LOC** *Ver* MUTUAL

admire /əd'maɪə(r)/ *vt* **~ sth/sb 1** admirar algo/a algn **2** elogiar algo/a algn **3** manifestar su admiración por algo/algn
▶ **admirer** *n* admirador, -ora

admiring /əd'maɪərɪŋ/ *adj* lleno de admiración: *admiring glances* miradas de admiración
▶ **admiringly** *adv* con admiración

admissibility /ədˌmɪsə'bɪləti/ *n* validez

admissible /əd'mɪsəbl/ *adj* admisible

admission /əd'mɪʃn/ *n* **1** entrada: *Free admission.* Entrada gratuita. **2** (*en un club, etc*) admisión **3** (*confesión*): *He is a coward by his own admission.* Es un cobarde, según él mismo reconoce. **4** (*hospital*) ingreso: *emergency admissions* ingresos por urgencias

admit /əd'mɪt/ (**-tt-**) **1** *vt* **~ sb** dejar entrar a algn: *The ticket admits two people.* La entrada es para dos personas. **2** *vt* **~ sb** admitir a algn: *He was admitted to the club* (*as a member*). Le admitieron en el club (como socio). **3** *vt*: *to be admitted to hospital* ser ingresado en el hospital **4** *vt, vi* **~ (to) sth/doing sth** (*crimen, etc*) confesar, admitir algo/haber hecho algo: *He admitted to having lied.* Admitió haber mentido. **5** *vt* (*error, etc*) reconocer **6** *vi* **~ of sth** (*formal*) admitir algo: *The situation admits of only one solution.* La situación no admite más que una solución.
LOC to be admitted to sb's presence (*formal*) ser recibido por algn: *She was admitted to the Queen's presence.* Fue recibida por la reina.

admittance /əd'mɪtns/ *n* entrada: *no admittance* prohibida la entrada

admittedly /əd'mɪtɪdli/ *adv*: *Admittedly, there may be problems.* Hay que admitir que, a lo mejor, habrá problemas.

admonish /əd'mɒnɪʃ/ *vt* (*formal*) **1** reprender **2** advertir **3** aconsejar
▶ **admonishing** *adj* **1** de advertencia: *an admonishing look* una mirada de advertencia **2** de reproche

admonition /ˌædmə'nɪʃn/ (*tb* **admonishment** /əd'mɒnɪʃmənt/) *n* **1** amonestación **2** advertencia

admonitory /əd'mɒnɪtri; *USA* -tɔ:ri/ *adj* admonitorio

ad nauseam /ˌæd 'nɔ:ziæm/ *adv* hasta la saciedad

ado /ə'du:/ *n*
LOC without further ado sin más ni más

adobe /ə'dəʊbi/ *n* adobe

adolescence /ˌædə'lesns/ *n* adolescencia

adolescent /ˌædə'lesnt/ *adj, n* adolescente

adopt /ə'dɒpt/ *vt* **1** adoptar ☛ *Ver nota en* FOSTER **2** (*candidato, etc*) **~ sb as sth** elegir a algn como algo
▶ **adopted** *adj* adoptivo: *an adopted son* un hijo adoptivo
adoption *n* adopción: *They have two daughters by adoption.* Tienen dos hijas adoptivas.
adoptive *adj* adoptivo ☛ *Ver nota en* ADOPTAR

adorable /ə'dɔ:rəbl/ *adj* adorable
▶ **adorably** *adv* adorablemente

adoration /ˌædə'reɪʃn/ *n* adoración

adore /ə'dɔ:(r)/ *vt* **1** adorar **2** *I adore travelling by boat.* Me encanta viajar en barco.
▶ **adoring** *adj* [*antes de sustantivo*] **1** (*persona*) cariñoso: *his adoring grandmother* su cariñosa abuela **2** (*mirada*) de adoración
adoringly *adv* con adoración

adorn /ə'dɔ:n/ *vt* adornar
▶ **adornment** *n* adorno: *without adornment* sin adornos

adrenal /ə'dri:nl/ *adj*: *adrenal gland* glándula suprarrenal

adrenalin /ə'drenəlɪn/ *n* adrenalina: *to get the adrenalin flowing* hacer subir la adrenalina

adrift /ə'drɪft/ *adj* **1** con desventaja: *That defeat left him three points adrift.* Esa derrota le dejó con tres puntos de desventaja. ◊ *two points adrift of the lead* a dos puntos de la cabeza **2** a la deriva
LOC to cast/turn sb adrift abandonar a algn a su suerte **to come adrift** soltarse **to go adrift** irse al garete

adroit /ə'drɔɪt/ *adj* diestro: *her adroit handling of the situation* su diestro manejo de la situación
▶ **adroitly** *adv* con destreza
adroitness *n* destreza

adulation /ˌædju'leɪʃn; *USA* ˌædʒʊ'l-/ *n* adulación
▶ **adulatory** *adj* adulador

adult /ˈædʌlt, əˈdʌlt/ *adj* **1** adulto **2** mayor de edad
■ **adult** *n* adulto, -a: *adults only* solo para adultos ◊ *adult education* educación de adultos
adulterate /əˈdʌltəreɪt/ *vt* adulterar
▶ **adulteration** *n* adulteración
adulterer /əˈdʌltərə(r)/ *n* adúltero
adulteress /əˈdʌltərəs/ *n* adúltera
adulterous /əˈdʌltərəs/ *adj* adúltero: *to have an adulterous affair with sb* mantener relaciones adúlteras con algn
adultery /əˈdʌltəri/ *n* (*pl* **-ies**) adulterio
adulthood /ˈædʌlthʊd/ *n* madurez
adumbrate /ˈædʌmbreɪt/ *vt* (*formal*) **1** bosquejar **2** presagiar
advance /ədˈvɑːns; *USA* -ˈvæns/ *n* **1** avance: *major advances in science* avances significativos en la ciencia **2** (*sueldo*) adelanto **3 advances** [*pl*] atenciones (*amorosas*)
LOC in advance 1 de antemano: *to know sth in advance* saber algo de antemano **2** con antelación: *three weeks in advance* con tres semanas de antelación **3** por adelantado: *The rent must be paid in advance.* El alquiler debe pagarse por adelantado. **to make advances to sb** requerir de amores a algn
■ **advance** *adj* **1** anticipado: *an advance booking office* una taquilla de venta anticipada **2** *advance warning* previo aviso
■ **advance 1** *vt, vi* (hacer) avanzar **2** *vi* (*valores, etc*) subir **3** *vt* (*campaña, etc*) ayudar **4** *vt* (*teoría, etc*) exponer **5** *vt* (*formal*) (*pago, reunión*) adelantar
advanced /ədˈvɑːnst/ *adj* avanzado: *advanced in years* de edad avanzada
Advanced level *Ver* A LEVEL
advancement /ədˈvɑːnsmənt; *USA* -ˈvænsmənt/ *n* **1** desarrollo **2** (*trabajo*) ascenso
advantage /ədˈvɑːntɪdʒ; *USA* -ˈvæn-/ *n* **1** ventaja **2** provecho: *There's no advantage in keeping your money at home.* No sacarás ningún provecho si guardas el dinero en casa.
LOC to best/good advantage: *A simple frame will show the painting to best advantage.* Un marco sencillo favorecerá la pintura. **to be to sb's advantage** ser ventajoso para algn **to have the advantage of sb** llevar ventaja a algn **to take advantage of sth/sb** abusar de algo/algn **to take (full) advantage of sth 1** aprovecharse de algo **2** sacar provecho de algo **to turn sth to your (own) advantage** sacar el jugo a algo
■ **advantage** *vt* (*formal*) favorecer
advantageous /ˌædvənˈteɪdʒəs/ *adj* ventajoso
▶ **advantageously** *adv* de forma ventajosa
advent /ˈædvent/ *n* **1** advenimiento: *the advent of democracy* el advenimiento de la democracia **2 Advent** (*Relig*) adviento
Adventist /ˈædvəntɪst, ədˈventɪst/ *n*: *Seventh Day Adventist* adventista del séptimo día
adventitious /ˌædvenˈtɪʃəs/ *adj* (*formal*) adventicio, casual
adventure /ədˈventʃə(r)/ *n* **1** aventura **2** [*antes de sustantivo*] de aventuras: *adventure story* narración de aventuras ◊ *adventure playground* parque infantil
adventurer /ədˈventʃərə(r)/ *n* aventurero, -a
adventurous /ədˈventʃərəs/ *adj* **1** aventurero **2** aventurado: *an adventurous journey* un viaje aventurado **3** audaz: *an adventurous policy* una política audaz
▶ **adventurously** *adv* audazmente
adverb /ˈædvɜːb/ *n* adverbio
▶ **adverbial** *adj* adverbial
adversary /ˈædvəsəri; *USA* -seri/ *n* (*pl* **-ies**) adversario, -a
▶ **adversarial** /ˌædvəˈseəriəl/ *adj* **1** de confrontación **2** (*Jur*) acusatorio
adverse /ˈædvɜːs/ *adj* **1** [*antes de sustantivo*] adverso: *adverse weather conditions* condiciones climatológicas adversas **2** negativo: *adverse criticism* críticas negativas
▶ **adversely** *adv* negativamente: *to adversely affect sth/sb* tener efectos negativos para algo/algn
adversity /ədˈvɜːsəti/ *n* (*pl* **-ies**) adversidad
advert /ˈædvɜːt/ *n* (*GB, coloq*) anuncio (*publicidad*)
advertise /ˈædvətaɪz/ **1** *vt* anunciar **2** *vi* hacer publicidad **3** *vi* **~ for sth/sb** buscar algo/a algn: *They are advertising for bilingual secretaries.* Están buscando secretarias bilingües.
advertisement /ədˈvɜːtɪsmənt; *USA* ˌædvərˈtaɪzmənt/ *n* (*tb* **advert**, **ad**) anuncio: *a newspaper advertisement* un anuncio en la prensa ◊ *cigarette advertisements* anuncios de cigarrillos ◊ *They are no advertisement for married life.* No dan muy buena imagen del matrimonio. *Ver tb* CLASSIFIED ADVERTISEMENTS ☛ *Ver nota en* ANUNCIO
advertiser /ˈædvətaɪzə(r)/ *n* anunciante
advertising /ˈædvətaɪzɪŋ/ *n* **1** publicidad: *advertising agency* agencia de publicidad ◊ *an advertising campaign* una campaña publicitaria **2** [*incontable*] anuncios
advice /ədˈvaɪs/ *n* **1** [*incontable*] consejo(s): *Let me give you a piece of advice.* Permíteme que te dé un consejo. ◊ *I asked for her advice.* Le pedí consejo. ◊ *to seek/take legal advice* consultar a un abogado **2** (*Com*) aviso
advisable /ədˈvaɪzəbl/ *adj* aconsejable
▶ **advisability** *n* conveniencia
advise /ədˈvaɪz/ *vt* **1(a)** aconsejar: *His solicitor advised him against taking legal action.* Su abogado le aconsejó que no entablara un pleito. ◊ *You would be well advised to stay indoors.* Sería aconsejable quedarse en casa. *Ver tb* ILL-ADVISED, WELL ADVISED **(b)** recomendar **2 ~ sb (on sth)** asesorar a algn (sobre algo) **3 ~ sb (of sth)** (*formal, Com*) avisar a algn (de algo)
advisedly /ədˈvaɪzədli/ *adv* deliberadamente
adviser /ədˈvaɪzə(r)/ (*USA* **advisor**) *n* **1** consejero, -a **2** asesor, -ora: *legal adviser* asesor jurídico
advisory /ədˈvaɪzəri/ *adj* consultivo: *in an advisory capacity* en calidad de asesor
advocacy /ˈædvəkəsi/ *n* **1 ~ of sth** apoyo a algo **2** abogacía
advocate[1] /ˈædvəkeɪt/ *vt* **~ sth** abogar por algo
advocate[2] /ˈædvəkət/ *n* **1 ~ (of sth)** defensor, -ora (de algo) **2** abogado defensor, abogada defensora **LOC** *Ver* DEVIL[1]
aegis /ˈiːdʒɪs/ *n*
LOC under the aegis of sth/sb bajo los auspicios de algo/algn
aeon (*tb* **eon**) /ˈiːən/ *n* **1** eón **2** eternidad
aerate /ˈeəreɪt/ *vt* **1** airear **2** oxigenar
aerial /ˈeəriəl/ (*USA* **antenna**) *n* antena (*de TV, etc*) ☛ *Ver ilustración en* BUNGALOW
■ **aerial** *adj* aéreo
aerobatics /ˌeərəˈbætɪks/ [*pl*] *n* acrobacia aérea
aerobic /eəˈrəʊbɪk/ *adj* **1** (*organismo*) aerobio **2** (*ejercicio*) aeróbico
aerobics /eəˈrəʊbɪks/ *n* [*sing*] aerobic
aerodrome /ˈeərədrəʊm/ *n* (*GB*) aeródromo
aerodynamic /ˌeərəʊdaɪˈnæmɪk/ *adj* aerodinámico
▶ **aerodynamics** *n* **1** [*sing*] (*Mec*) aerodinámica **2** [*pl*] (*gen*) aerodinámica
aeronautics /ˌeərəˈnɔːtɪks/ *n* [*sing*] aeronáutica
▶ **aeronautic(al)** *adj* aeronáutico
aeroplane /ˈeərəpleɪn/ (*USA* **airplane**) *n* avión
aerosol /ˈeərəsɒl; *USA* -sɔːl/ *n* aerosol
aerospace /ˈeərəʊspeɪs/ *n* tecnología aeroespacial: *the aerospace industry* la industria aeroespacial
aesthete /ˈiːsθiːt/ (*tb* **esthete** /ˈesθiːt/) *n* esteta
aesthetic (*USA* **esthetic**) /esˈθetɪk/ *adj* estético
▶ **aesthetically** (*USA* **esthetically**) *adv* estéticamente: *aesthetically pleasing* estéticamente agradable

aestheticism *n* esteticismo
aesthetics (*tb* **esthetics**) /es'θetɪks/ *n* [*sing*] estética
afar /ə'fɑː(r)/ *adv*
LOC **from afar** desde lejos
affability /ˌæfə'bɪləti/ *n* afabilidad
affable /'æfəbl/ *adj* afable
▶ **affably** *adv* afablemente
affair /ə'feə(r)/ *n* **1** asunto: *That's your affair.* Eso es asunto tuyo. ◊ *business affairs* negocios *Ver tb* FOREIGN AFFAIRS **2** acontecimiento: *The wedding was a very grand affair.* La boda fue todo un acontecimiento. **3** caso: *the Watergate affair* el caso Watergate **4** aventura (amorosa), lío: *I think she's having an affair with somebody.* Me parece que está liada con alguien. *Ver tb* LOVE AFFAIR **LOC** *Ver* STATE[1]
affect /ə'fekt/ *vt* **1** (*tocar*) afectar a: *The new regulations affect us all.* Las nuevas regulaciones nos afectan a todos. ◊ *the areas worst affected by the flood* las zonas más afectadas por las inundaciones **2** influir en: *That won't affect my decision.* Eso no influirá en mi decisión. **3** (*conmover*) afectar: *We were deeply affected by the news of her death.* Nos afectó muchísimo la noticia de su muerte. **4** (*fingir*) afectar: *She affected amazement.* Afectó asombro.
affectation /ˌæfek'teɪʃn/ *n* **1** afectación **2** amaneramiento
affected /ə'fektɪd/ *adj* afectado: *a highly affected style of writing* una manera de escribir afectadísima
▶ **affectedly** *adv* afectadamente
affecting /ə'fektɪŋ/ *adj* conmovedor
affection /ə'fekʃn/ *n* [*incontable*] cariño
affectionate /ə'fekʃənət/ *adj* **~ towards sb** cariñoso con algn
▶ **affectionately** *adv* cariñosamente
affidavit /ˌæfə'deɪvɪt/ *n* declaración jurada
affiliate[1] /ə'fɪlieɪt/ *vi* **~ to sth** afiliarse a algo: *an affiliated company* una filial
affiliate[2] /ə'fɪliət/ *n* afiliado, -a
affiliation /əˌfɪli'eɪʃn/ *n* afiliación
affinity /ə'fɪnəti/ *n* (*pl* **-ies**) **1** afinidad **2** simpatía: *They feel a great affinity with the British.* Se sienten muy unidos a los británicos.
affirm /ə'fɜːm/ *vt* **1** afirmar **2** sostener
▶ **affirmation** *n* **1** afirmación **2** declaración solemne
affirmative /ə'fɜːmətɪv/ *adj* afirmativo
■ **affirmative** *n* afirmativa
LOC **in the affirmative** afirmativamente
▶ **affirmatively** *adv* afirmativamente
affix[1] /ə'fɪks/ *vt* **~ a stamp, etc** (*formal*) poner un sello, etc
affix[2] /'æfɪks/ *n* afijo
afflict /ə'flɪkt/ *vt* (*formal*) **1** aquejar: *She was afflicted by/with arthritis.* Sufría de artritis. **2** afligir
affliction /ə'flɪkʃn/ *n* aflicción
affluence /'æfluəns/ *n* riqueza, opulencia
affluent /'æfluənt/ *adj* opulento, rico
afford /ə'fɔːd/ *vt* **1** permitirse (el lujo de): *I can't afford a holiday.* No puedo permitirme unas vacaciones. ◊ *We can't afford another scandal.* No podemos permitirnos otro escándalo. ◊ *Can you afford it?* ¿Tienes suficiente dinero? **2** brindar: *The tree afforded (us) welcome shade.* El árbol nos brindó una bien recibida sombra.
▶ **affordability** *n* asequibilidad
affordable *adj* asequible
affray /ə'freɪ/ *n* alboroto
affront /ə'frʌnt/ *n* afrenta
■ **affront** *vt* ofender: *She was deeply affronted by his remark.* Su comentario la ofendió profundamente.
aficionado /əˌfɪʃiə'nɑːdəʊ/ *n* (*pl* **~s**) **~ (of sth)** aficionado (de algo)
afield /ə'fiːld/ *adv*
LOC **far afield** muy lejos: *People travelled from as far afield as China.* La gente vino desde lugares tan lejanos como China. ◊ *He had never been further afield than the neighbouring town.* Nunca había ido más allá del pueblo vecino.
aflame /ə'fleɪm/ *adj* [*predicativo*] ardiendo: *aflame with desire* ardiendo de deseo
afloat /ə'fləʊt/ *adj* [*predicativo*] a flote: *She fought to keep her business afloat.* Luchó por mantener a flote su empresa.
afoot /ə'fʊt/ *adj* **1** *There's trouble afoot.* Se está tramando algún lío. **2** *Plans are afoot to convert the offices.* Existen planes para remodelar las oficinas.
aforementioned /əˌfɔː'menʃənd/ (*tb* **aforesaid** /ə'fɔːsed/) *adj* [*antes de sustantivo*] (*formal*) susodicho: *the aforementioned vehicle* el vehículo susodicho
afraid /ə'freɪd/ *adj* **1 to be ~ (of sth/sb)** tener miedo (a algo/algn): *I'm afraid of her.* Le tengo miedo. ◊ *She's afraid of losing her job.* Tiene miedo de que la despidan. **2 to be ~ to do sth** no atreverse a hacer algo: *I'm afraid to ask.* No me atrevo a preguntárselo. ☛ *Ver nota en* DARE[1] **3 to be ~ for sb** temer por algn: *Parents are afraid for their children.* Los padres temen por sus hijos.
LOC **I'm afraid (that...)** me temo que...: *I'm afraid so/not.* Me temo que sí/no. ◊ *I can't help you, I'm afraid.* Me temo que no puedo ayudarte. ☛ *Ver nota en* so *adv* sentido 6
afresh /ə'freʃ/ *adv* de nuevo
African /'æfrɪkən/ *adj, n* africano, -a
African-American /ˌæfrɪkən ə'merɪkən/ *adj, n* afroamericano, -a
African National Congress *n* (*abrev* **ANC**) Congreso Nacional Africano
African violet *n* violeta del Cabo
Afro /'æfrəʊ/ *adj* (*pelo*) afro ☛ *Ver ilustración en* PELO
Afro-Caribbean /ˌæfrəʊ ˌkærɪ'bɪən/ *adj, n* afroantillano, -a, afrocaribeño, -a
aft /ɑːft; *USA* æft/ *adj* **1** (*Náut*) en popa **2** (*Aeronáut*) trasero
■ **aft** *adv* a popa **LOC** *Ver* FORE
after /'ɑːftə(r); *USA* 'æf-/ *adv* después: *He resigned soon after.* Dimitió poco después. ◊ *The day after, she left.* Al día siguiente, se fue.
■ **after** *prep* **1** después de: *After installing the phone...* Después de instalar el teléfono... ◊ *She left after lunch.* Se marchó después de comer. ◊ *shortly after six* poco después de las seis ◊ *the day after tomorrow* pasado mañana ◊ *It's after ten o'clock.* Son las diez pasadas. ◊ *seven years after the invasion* a los siete años de la invasión **2** tras: *time after time* una vez tras otra ◊ *It's just one thing after another.* Es una cosa tras otra. **3** detrás de: *I'm tired of tidying up after her.* Estoy harto de ir detrás de ella limpiando. **4** (*USA*) (*hora*): *At ten after seven in the morning.* A las siete y diez de la mañana. **5** (*búsqueda*): *They're after me.* Me están buscando. ◊ *What are you after?* ¿Qué estás buscando? ◊ *She's after a job in advertising.* Está buscando un trabajo en publicidad. ◊ *I've been after that book for years.* Hace años que estoy tras ese libro. *Ver tb* SOUGHT AFTER **6** del estilo de: *a painting after Rubens* un cuadro del estilo de Rubens **7** (*nombrado*) por: *We named him Paul, after his uncle.* Le pusimos el nombre de Pablo, por su tío
LOC **after a little** después de un ratito **after all 1** después de todo **2** al fin y al cabo **one after another/the other** uno tras otro
■ **after** *conj* después de que: *We arrived after you'd left.* Llegamos después de que te hubieras ido.
afterbirth /'ɑːftəbɜːθ; *USA* 'æf-/ *n* placenta
after-dinner /'ɑːftə dɪnə(r); *USA* 'æf-/ *adj* de sobremesa: *after-dinner speeches* discursos de sobremesa
after-effect /'ɑːftər ɪfekt; *USA* 'æf-/ *n* efecto secundario, secuela
afterglow /'ɑːftəgləʊ; *USA* 'æf-/ *n* rescoldo

afterlife /ˈɑːftəlaɪf; *USA* ˈæf-/ *n* vida tras la muerte

aftermath /ˈɑːftəmæθ, -maːθ; *USA* ˈæftmæθ/ *n* [*sing*] secuelas
LOC in the aftermath of sth en el periodo subsiguiente a algo

afternoon /ˌɑːftəˈnuːn; *USA* ˌæf-/ *n* tarde: *in the afternoon* por la tarde ◊ *tomorrow afternoon* mañana por la tarde ◊ *afternoon tea.* el té de las cinco *Ver tb* GOOD AFTERNOON ☛ *Ver nota en* MORNING, TARDE

afters /ˈɑːftəz; *USA* ˈæf-/ *n* [*pl*] (*GB, coloq*) (*tb* **pudding, sweet**) postre

after-sales service /ˌɑːftə seɪlz ˈsɜːvɪs; *USA* ˌæf-/ *n* servicio posventa

after-school /ˈɑːftə skuːl; *USA* ˈæf-/ *adj* para después del colegio

aftershave /ˈɑːftəʃeɪv; *USA* ˈæf-/ (*tb* **aftershave lotion**) *n* loción para después del afeitado

afterthought /ˈɑːftəθɔːt; *USA* ˈæf-/ *n*: *This song was added on as an afterthought.* Esta canción fue una idea de último momento. ◊ *I was a bit of an afterthought.* Yo nací cuando mis padres ya no pensaban tener más niños.

afterwards /ˈɑːftəwədz; *USA* ˈæf-/ (*USA tb* **afterward**) *adv* después: *shortly/soon afterwards* poco después

again /əˈɡen, əˈɡeɪn/ *adv* otra vez, de nuevo: *once again* una vez más ◊ *never again* nunca más ◊ *Don't do it again.* No vuelvas a hacerlo. *Ver tb* BORN-AGAIN
LOC again and again una y otra vez **then/there again** por otra parte

against /əˈɡenst, əˈɡeɪnst/ *prep* **1** (*contacto*) contra: *Put the piano against the wall.* Pon el piano contra la pared. **2** (*oposición*) en contra de, contra: *I have nothing against her.* No tengo nada en contra de ella. ◊ *We were rowing against the current.* Remábamos contra la corriente. ◊ *He did it against his will.* Lo hizo contra su voluntad. **3** (*contraste*) sobre: *The mountains stood out against the blue sky.* Las montañas se recortaban sobre el azul del cielo. **4** (*Fin*) con respecto a: *the rate of exchange against the dollar* el tipo de cambio con respecto al dólar
LOC for and against en pro y en contra **up against sth 1** *up against the wall* junto a la pared **2** (*coloq*) enfrentado con algo
☛ Para los usos de **against** en PHRASAL VERBS ver las entradas de los verbos correspondientes, p. ej. **to come up against** en COME.

agape /əˈɡeɪp/ *adj* **LOC** *Ver* MOUTH

age[1] /eɪdʒ/ *n* **1** edad: *He is six years of age.* Tiene seis años. ◊ *She died at an early age.* Murió joven. *Ver tb* MIDDLE AGE, UNDER AGE **2** vejez: *His face was wrinkled with age.* Tenía la cara arrugada por la vejez. ◊ *It improves with age.* Mejora con el tiempo. *Ver tb* OLD AGE **3 Age(s)** edad: *the Middle Ages* la Edad Media *Ver tb* THE BRONZE AGE, THE DARK AGES, THE ICE AGE, THE IRON AGE, THE STONE AGE **4** época **5** era *Ver tb* SPACE-AGE **6 ages/an age** eternidad: *It's an age/ages since I saw her.* Hace un siglo que no la veo.
LOC of an age with sb de la misma edad que algn **over age** demasiado mayor **to come of age** alcanzar la mayoría de edad **to look your age** aparentar los años que se tienen *Ver tb* ACT, DAY, FEEL[1], PENSIONABLE *en* PENSION

age[2] /eɪdʒ/ (*part pres* **ageing** o **aging** *pret, pp* **aged** /eɪdʒd/) **1** *vi* envejecer **2** *vt* hacer envejecer

aged[1] /eɪdʒd/ *adj* de x años de edad: *He died in London, aged 81.* Murió en Londres a la edad de 81 años.

aged[2] /ˈeɪdʒɪd/ *adj* (*formal*) (*persona*) anciano ☛ *Comparar con* OLD
■ **the aged** *n* [*pl*] los ancianos

Nótese que **old people** o **the elderly** son las formas más utilizadas para referirnos a las personas mayores.

age group (*tb* **age-bracket**) *n* grupo de edad: *children in the 10 to 13 age group/in the same age group* niños de 10 a 13 años/de la misma edad

ageing (*tb* **aging**) /ˈeɪdʒɪŋ/ *adj* **1** avejentado **2** (*coloq*) no tan joven
■ **ageing** (*tb* **aging**) *n* envejecimiento

ageism /ˈeɪdʒɪzəm/ *n* [*incontable*] discriminación por razones de edad

ageless /ˈeɪdʒləs/ *adj* **1** (*belleza*) inmarchitable **2** (*misterio*) eterno

agency /ˈeɪdʒənsi/ *n* (*pl* **-ies**) **1** agencia: *a press agency* una agencia de prensa *Ver tb* DATING AGENCY, TRAVEL AGENCY **2** organismo: *government agencies* organismos gubernamentales
LOC through the agency of sth/sb (*formal*) por mediación de algo/algn

agenda /əˈdʒendə/ *n* **1** orden del día **2** (lista de) asuntos a tratar **LOC** *Ver* HIDDEN

agent /ˈeɪdʒənt/ *n* agente, representante: *an enemy agent* un agente enemigo *Ver tb* DOUBLE AGENT, ESTATE AGENT, NEWSAGENT, REAL ESTATE AGENT, TRAVEL AGENT **LOC** *Ver* FREE

age-old /ˈeɪdʒ əʊld/ *adj* [*antes de sustantivo*] rancio: *age-old customs* rancias costumbres

aggravate /ˈæɡrəveɪt/ *vt* **1** agravar **2** fastidiar
▶ **aggravating** *adj* **1** irritante: *She does it just to be aggravating.* Lo hace solo para molestar. **2** (*Jur*) agravante: *an aggravating feature* una circunstancia agravante
aggravation *n* **1** fastidio **2** agravamiento

aggregate[1] /ˈæɡrɪɡeɪt/ *vt, vi* (*formal*) agregar(se), acumular(se)
▶ **aggregation** *n* suma, acumulación

aggregate[2] /ˈæɡrɪɡət/ *n* **1** (*cifra*) total **2** (*de datos, etc*) conjunto **3** (*Geol*) aglomerado
LOC in the aggregate en conjunto **on aggregate** en total
■ **aggregate** *adj* global

aggression /əˈɡreʃn/ *n* [*incontable*] agresión, agresividad: *an act of aggression* una agresión

aggressive /əˈɡresɪv/ *adj* agresivo
▶ **aggressively** *adv* agresivamente
aggressiveness *n* agresividad

aggressor /əˈɡresə(r)/ *n* agresor, -ora: *the aggressor nation* la nación agresora

aggrieved /əˈɡriːvd/ *adj* ofendido: *to feel aggrieved at sth* sentirse herido por algo
■ **the aggrieved (party)** *n* (*Jur*) la parte demandante

aggro /ˈæɡrəʊ/ *n* (*GB, coloq*) [*sing*] líos

aghast /əˈɡɑːst; *USA* əˈɡæst/ *adj* **~ (at sth)** horrorizado (ante/por algo)

agile /ˈædʒaɪl/ *adj* ágil
▶ **agility** *n* agilidad

aging *adj Ver* AGEING

agitate /ˈædʒɪteɪt/ *vt* **1 ~ (for sth)** agitar (para conseguir algo) **2** (*Quím*) agitar
▶ **agitated** *adj* agitado: *to get agitated* desazonarse
agitation *n* **1** inquietud, perturbación **2 ~ (for sth)** (*Pol*) agitación (para conseguir algo)
agitator *n* agitador, -ora

aglow /əˈɡləʊ/ *adj* **~ (with sth)** resplandeciente (de algo)

AGM /ˌeɪ dʒiː ˈem/ *abrev de* **annual general meeting** junta general anual

agnostic /æɡˈnɒstɪk/ *adj, n* agnóstico, -a
▶ **agnosticism** *n* agnosticismo

ago /əˈɡəʊ/ *adv* hace: *ten years ago* hace diez años ◊ *How long ago did she die?* ¿Cuánto hace que murió? ◊ *as long ago as 1950* ya en 1950 ◊ *a long time ago* hace mucho ☛ Nótese que **ago** siempre va después de la expresión de tiempo. **LOC** *Ver* MOON[1]

Ago se usa con el pasado simple y el pasado continuo, pero nunca con el pretérito perfecto: *She arrived a few minutes ago.* Ha llegado/Llegó hace unos minutos. Con el pretérito pluscuamperfecto se usa **before** o **earlier**:

She had arrived two days before/earlier. Había llegado hacía dos días/dos días antes. ☛ *Ver ejemplos en* FOR sentido 3.

agog /əˈɡɒɡ/ *adj* **1 ~ for sth** ansioso por algo **2** (*tb* **all agog**) emocionadísimo

agonize, -ise /ˈæɡənaɪz/ *vi* **~** (**about/over sth**) pasar muchos apuros tratando de decidir algo: *I agonized for hours over which job to apply for.* Pasé muchos apuros tratando de decidir qué trabajo solicitar.

▶ **agonized, -ised** *adj* angustioso: *an agonized look* una mirada angustiosa

agonizing, -ising /ˈæɡənaɪzɪŋ/ *adj* **1** angustioso, acongojante **2** (*dolor*) horroroso

▶ **agonizingly, -isingly** *adv* terriblemente: *agonizingly slow* terriblemente lento

agony /ˈæɡəni/ *n* (*pl* **-ies**) **1** [*incontable*] **(a)** dolores horrorosos: *to be in agony* tener unos dolores horrorosos **(b)** (*coloq*) *The interview was agony.* La entrevista fue una pesadilla. ◊ *My back is agony.* La espalda me está matando. **2** [*incontable*] angustia: *the agony of not knowing where she was* la angustia de no saber dónde estaba

LOC to be in an agony of sth; **to suffer agonies of sth**: *She was in an agony of indecision.* Le atormentaba la indecisión. *Ver tb* PILE, PROLONG

agony aunt *n* (*GB, coloq*) consejera sentimental (*en una revista, un programa de radio, etc*)

agoraphobia /ˌæɡərəˈfəʊbiə/ *n* agorafobia

▶ **agoraphobic** *adj, n* (persona) que padece de agorafobia

agrarian /əˈɡreəriən/ *adj* agrario

agree /əˈɡriː/ **1** *vi* **~** (**with sb**) (**on/about sth**) estar de acuerdo (con algn) (en/sobre algo): *They agreed with me on all the major points.* Estuvieron de acuerdo conmigo en todos los puntos fundamentales. **2** *vi* **~** (**to sth**) consentir (en algo); acceder (a algo): *He agreed to let me go.* Consintió en que me fuera. **3** *vt* acordar: *It was agreed that…* Se acordó que… ◊ *We agreed to start early.* Acordamos empezar temprano. **4** *vi* llegar a un acuerdo **5** *vi* concordar (*tb Gram*): *Their accounts do not agree.* Sus versiones no concuerdan. **6** *vt* (*informe*) aprobar: *She agreed the figures.* Aprobó las cifras. **7** *vt* reconocer: *I agree* (*that*) *it is a difficult problem.* Reconozco que es un problema difícil.

LOC I couldn't agree (**with you**) **more** tienes toda la razón **to agree to differ** quedarse cada uno con su opinión **to be agreed** (**on/about sth**) estar de acuerdo (sobre algo): *Are we all agreed?* ¿Estamos todos de acuerdo?

PHR V not to agree with sb no sentar bien a algn: *The climate didn't agree with him.* El clima no le sentaba bien.

to agree with sth estar de acuerdo con algo: *I don't agree with capital punishment.* No estoy de acuerdo con la pena de muerte.

agreeable /əˈɡriːəbl/ *adj* **1** agradable **2 ~** (**to sth**) conforme (con algo)

▶ **agreeably** *adv* agradablemente

agreement /əˈɡriːmənt/ *n* **1** acuerdo: *to reach an agreement* llegar a un acuerdo **2** convenio **3** contrato **4** (*Gram*) concordancia

LOC in agreement with… de acuerdo con…

agriculture /ˈæɡrɪkʌltʃə(r)/ *n* agricultura

▶ **agricultural** *adj* agrícola

agricultur(al)ist *n* perito, -a, agrícola

agronomist /əˈɡrɒnəmɪst/ *n* perito agrónomo

aground /əˈɡraʊnd/ *adj, adv* encallado

LOC to run (**a boat, etc**) **aground** encallar (un barco, etc)

ah /ɑː/ *interj* **1** (*maravilla, etc*) ¡ah! **2** (*compasión*) ¡ay!: *Ah, you poor thing!* ¡Ay, pobrecito!

aha /ɑːˈhɑː/ *interj* ¡ajá!

ahead /əˈhed/ *part adv* **1** hacia adelante: *She stared* (*straight*) *ahead.* Miró fijamente hacia adelante. **2** por delante: *the road ahead* la carretera que se abre por delante de nosotros **3** más adelante: *a little way ahead* un poco más adelante ◊ *during the months ahead* durante los próximos meses *Ver tb* GO-AHEAD

LOC to be ahead llevar ventaja: *She's three points ahead.* Lleva tres puntos de ventaja. *Ver tb* FULL, JUMP[1]

☛ Para los usos de **ahead** en PHRASAL VERBS ver las entradas de los verbos correspondientes, p.ej. **to press ahead** en PRESS.

■ **ahead** *prep* **~ of sth/sb 1** (por) delante de algo/algn: *She's got her whole life ahead of her.* Tiene toda la vida por delante. ◊ *directly ahead of us* justo delante de nosotros **2** antes que algo/algn: *She arrived a few minutes ahead of us.* Llegó unos minutos antes que nosotros.

LOC to be/get ahead of sth/sb llevar ventaja/adelantarse a algo/algn

ahem /əˈhem/ *interj* ¡ejem!

AI /eɪ ˈaɪ/ **1** (*Informát*) *abrev de* **artificial intelligence** inteligencia artificial **2** (*Med*) *abrev de* **artificial insemination** inseminación artificial

aid /eɪd/ *n* **1** ayuda: *aid package* paquete de ayudas *Ver tb* LEGAL AID **2** auxilio: *to come/go to sb's aid* acudir en auxilio de algn *Ver tb* BAND-AID, FIRST AID **3** apoyo: *teaching aids* apoyos didácticos *Ver tb* HEARING AID

LOC in aid of sth/sb a beneficio de algo/algn: *in aid of charity* con fines benéficos **what's all this in aid of?** (*coloq*) ¿a qué viene todo esto?

■ **aid** *vt* **1** ayudar **2** (*recuperación, etc*) facilitar

LOC to aid and abet (**a crime, etc**) ser cómplice (de un delito, etc)

aide /eɪd/ *n* persona de confianza

Aids (*tb* **AIDS**) /eɪdz/ *abrev de* **Acquired Immune Deficiency Syndrome** Síndrome de Inmunodeficiencia Adquirida, SIDA

aid worker *n* voluntario, -a (*en organizaciones de ayuda*)

ail /eɪl/ *vt* (*antic*) afligir

▶ **ailing** *adj* **1** (*economía, etc*) en declive **2** (*antic*) enfermo

ailment *n* achaque, dolencia

aim /eɪm/ **1** *vt* **to aim sth** (**at sth/sb**) **(a)** (*arma*) apuntar con algo (a algo/algn): *She aimed her rifle at the target.* Apuntó al blanco con su rifle. **(b)** (*comentario*) dirigir algo (contra algo/algn) **(c)** (*golpe*) dirigir algo (a algo/algn): *She aimed a blow at his head.* Le dirigió un golpe a la cabeza. **2** *vi* **(a) to aim at/for sth** aspirar a algo **(b) to aim** (**at sth/sb**) apuntar (hacia algo/a algn): *Aim! Fire!* ¡Apunten! ¡Fuego! **(c) to aim to do sth** pretender hacer algo

LOC to aim high tener grandes aspiraciones **to be aimed at sth**: *The meeting was aimed at resolving the conflict.* La reunión tenía como objetivo resolver el conflicto.

■ **aim** *n* **1** objetivo, propósito: *She failed to achieve her aim.* No logró alcanzar su objetivo. ◊ *with the aim of doing sth* con la intención de hacer algo ◊ *His only aim in life is to become rich.* Lo único que quiere es ser rico. **2** puntería: *to have a good/poor aim* tener buena/mala puntería

LOC to take aim (**at sth/sb**) apuntar (a algo/algn)

aimless /ˈeɪmləs/ *adj* sin objeto

▶ **aimlessly** *adv* sin rumbo

ain't /eɪnt/ (*coloq*) **1** = AM/ARE/IS NOT *Ver* BE **2** = HAS/HAVE NOT *Ver* HAVE

air /eə(r)/ *n* **1** aire: *to throw sth in the air* tirar algo al aire ◊ *air fares* tarifas aéreas *Ver tb* HOT-AIR BALLOON, MID-AIR, OPEN AIR, SURFACE-TO-AIR **2** (*actitud*) aire: *with a triumphant air* con aire triunfante **3** (*antic, Mús*) aire

LOC airs and graces afectación **by air** por vía aérea **in the air**: *There's something in the air.* Se está tramando algo. (**to be**) **on the air** (*Radio, TV*) (estar) en antena: *on the air 24 hours a day* en antena 24 horas al día **to give yourself airs/to put on airs** darse aires **to take the air** (*antic*) tomar el fresco (**up**) **in the air**: *The plan is still up in the air.* El proyecto sigue en el aire. *Ver tb* BREATH, CASTLE, CHANGE, CLEAR[3], LIGHT[3], NIP, NOSE[1], OPEN[1], PLUCK, THIN, TREAD

■ **air** *vt* **1** (*casa, etc*) airear, ventilar **2** (*ropa*) orear **3** (*fig, queja, etc*) manifestar: *He likes to air his knowledge.* Le gusta alardear de su erudición.

airbag /ˈeəbæg/ *n* (*coche*) airbag

airbase /ˈeəbeɪs/ *n* base aérea

airborne /ˈeəbɔːn/ *adj* **1** (*tropas*) aerotransportado **2** (*avión*) en el aire

LOC to get airborne despegar

air brake *n* **1** freno neumático **2** (*aeronáutica*) freno aerodinámico

airbrush /ˈeəbrʌʃ/ *n* aerógrafo

air-conditioned /ˈeə kəndɪʃənd/ *adj* climatizado

▶ **air-conditioner** *n* acondicionador (de aire)

air-conditioning *n* **1** aire acondicionado **2** climatización

aircraft /ˈeəkrɑːft/ *n* (*pl* **aircraft**) **1** avión **2** aeronave *Ver tb* ANTI-AIRCRAFT

aircraft carrier *n* port(a)aviones

air crash (*tb* **air disaster**) *n* accidente aéreo

aircrew /ˈeəkruː/ *n* tripulación (*de un avión*)

air defence (*USA* **air defense**) *n* defensa aérea

airfield /ˈeəfiːld/ *n* aeródromo

air force *n* fuerza(s) aérea(s), ejército del aire

airgun /ˈeəgʌn/ *n* escopeta de aire comprimido

air hostess *n* azafata

airily /ˈeərəli/ *adv* a la ligera

airing /ˈeərɪŋ/ *n*

LOC to give sth an airing 1 (*casa*) airear algo **2** (*ropa*) orear algo **3** (*opinión, etc*) dar a conocer algo

airing cupboard *n* (*GB*) armario donde está el tanque del agua caliente y que se utiliza para orear la ropa

airless /ˈeələs/ *adj* **1** mal ventilado **2** (*día, etc*) sin aire

airlift /ˈeəlɪft/ *n* puente aéreo

■ **airlift** *vt* **1** (*alimentos, medicamentos*) transportar en avión **2** (*personas*) trasladar en avión: *to airlift sb to safety* rescatar a algn en avión

airline /ˈeəlaɪn/ *n* compañía/línea aérea: *an airline pilot* un piloto de líneas aéreas

airliner /ˈeəlaɪnə(r)/ *n* avión (de pasajeros)

airmail /ˈeəmeɪl/ *n* **1** correo aéreo: *to send a letter by airmail* mandar una carta por correo aéreo **2** (*tb* **air mail**) (*escrito en el sobre*) por avión

airman /ˈeəmən/ *n* (*pl* **airmen** /ˈeəmən/) aviador

airplane /ˈeəpleɪn/ (*USA*) (*GB* **aeroplane**) *n* avión

air pollution *n* contaminación atmosférica

airport /ˈeəpɔːt/ *n* aeropuerto

air power *n* potencia aérea

air raid *n* ataque aéreo

LOC air-raid shelter refugio antiaéreo **air-raid warning** alarma aérea

airship /ˈeəʃɪp/ *n* dirigible

airspace /ˈeəspeɪs/ *n* espacio aéreo

airstrip /ˈeəstrɪp/ (*tb* **landing-field**, **landing-strip**) *n* pista de aterrizaje

airtight /ˈeətaɪt/ *adj* **1** (*lit*) hermético **2** (*defensa, etc*) a prueba de bomba

airtime /ˈeətaɪm/ *n* tiempo de emisión

air traffic control *n* control de tráfico aéreo

air traffic controller *n* controlador aéreo, controladora aérea

airwaves /ˈeə weɪvz/ *n* [*pl*] ondas (*radiofónicas*)

airway /ˈeəweɪ/ *n* ruta aérea

airy /ˈeəri/ *adj* (**-ier, -iest**) **1** bien ventilado **2** (*promesa*) dicho/hecho a la ligera **3** (*comportamiento*) descuidado **4** (*textura*) ligerísimo

aisle /aɪl/ *n* (*iglesia, supermercado, avión*) pasillo ☛ *Ver ilustración en* IGLESIA **LOC** *Ver* ROLL[2], WALK[1]

aitch /eɪtʃ/ *n* hache **LOC** *Ver* DROP

ajar /əˈdʒɑː(r)/ *adj* (*puerta*) entreabierto

aka /ˌeɪ keɪ ˈeɪ/ *abrev de* **also known as** alias

akimbo /əˈkɪmbəʊ/ *adv* **LOC** *Ver* ARM

akin /əˈkɪn/ *adj* **~ to sth** semejante a algo

alabaster /ˈæləbɑːstə(r)/ *n* alabastro

alacrity /əˈlækrəti/ *n* (*formal*) alacridad

à la mode *adj* **1** a la moda **2** (*USA*) con helado

alarm /əˈlɑːm/ *n* **1** alarma: *to raise/sound the alarm* dar la alarma ◊ *He jumped up in alarm.* Saltó alarmado. *Ver tb* FALSE ALARM, FIRE ALARM **2** despertador: *to set the alarm for six* poner el despertador para las seis

■ **alarm** *vt* alarmar: *to be/become/get alarmed* alarmarse

▶ **alarmed** *adj* **1 ~ (at/by sth)** alarmado (por algo) **2** con alarma: *This door is alarmed.* Esta puerta tiene alarma.

alarming *adj* alarmante

alarmingly *adv* de manera alarmante

alarm bell *n* timbre de alarma: *Rumours of a merger have set alarm bells ringing throughout the industry.* Los rumores de una fusión han provocado la alarma entre el sector.

alarm (clock) *n* despertador

alarmist /əˈlɑːmɪst/ *adj, n* alarmista

alas /əˈlæs/ *interj* (*antic*) **1** ¡ay de mí! **2** por desgracia

albatross /ˈælbətrɒs/ *n* albatros

albeit /ˌɔːlˈbiːɪt/ *conj* (*formal*) aunque

albino /ælˈbiːnəʊ; *USA* -ˈbaɪ-/ *adj, n* (*pl* **~s**) albino, -a

album /ˈælbəm/ *n* álbum

alchemy /ˈælkəmi/ *n* alquimia

▶ **alchemist** *n* alquimista

alcohol /ˈælkəhɒl; *USA* -hɔːl/ *n* alcohol *Ver tb* LOW-ALCOHOL, METHYL ALCOHOL, RUBBING ALCOHOL **LOC** *Ver* INFLUENCE

▶ **alcoholic** *adj, n* alcohólico, -a

alcoholism *n* alcoholismo

alcohol-free /ˈælkəhɒl friː/ *adj* sin alcohol: *alcohol-free lager/wine* cerveza/vino sin alcohol

alcove /ˈælkəʊv/ *n* hueco en una habitación como para un armario empotrado, una librería, etc

alder /ˈɔːldə(r)/ *n* aliso

alderman /ˈɔːldəmən/ *n* (*pl* **-men** /-mən/) concejal, -ala

ale /eɪl/ *n* cerveza ☛ *Ver nota en* CERVEZA

alert /əˈlɜːt/ *n* **1** alerta: *to be on the alert* estar alerta **2** aviso: *bomb alert* aviso de bomba *Ver tb* RED ALERT

■ **alert** *adj* despierto: *to be alert to sth* estar alerta a algo

■ **alert** *vt* **1** alertar **2 ~ sb (to sth)** poner a algn sobre aviso de algo

▶ **alertness** *n* **1** vigilancia **2** lucidez

A level /ˈeɪ levl/ (*pl* **A levels**) (*tb* **GCE A level**) (*GB, Educ*) *abrev de* **Advanced level**: *I'm doing/taking three A levels.* Voy a presentarme a tres exámenes.

Los **A levels** o **GCE A levels** son exámenes estatales que hacen los estudiantes de diecisiete o dieciocho años. Es un sistema parecido al de la "selectividad" en España, ya que dependiendo de cuantas asignaturas aprueben (normalmente entre dos y cuatro) y de la nota que saquen, pueden o no hacer la carrera de su elección. *Ver tb nota en* GCSE

alfalfa /ælˈfælfə/ *n* alfalfa

alfresco /ælˈfreskəʊ/ *adv, adj* al aire libre

algae /ˈældʒiː, ˈælgiː/ *n* [*pl*] algas ☛ *Ver nota en* ALGA

algebra /ˈældʒɪbrə/ *n* álgebra

▶ **algebraic** *adj* algebraico

algorithm /ˈælgərɪðəm/ *n* algoritmo

alias /ˈeɪliəs/ *n* alias

alibi /ˈæləbaɪ/ *n* coartada

alien /ˈeɪliən/ *n* **1** (*formal*) extranjero, -a **2** extraterrestre

■ **alien** *adj* **1(a)** extranjero **(b)** (*costumbres, etc*) extraño **2 ~ to sth/sb** ajeno a algo/algn

alienate /ˈeɪliəneɪt/ *vt* enajenar

▶ **alienation** *n* enajenación

alight[1] /əˈlaɪt/ *adj*: *The house is alight.* La casa está ardiendo.

LOC to set sth alight pegar fuego a algo *Ver tb* WORLD

alight[2] /əˈlaɪt/ *vi* (*formal*) **1 ~ (from sth)** apearse (de algo) **2 ~ (on sth)** (*pájaro*) posarse (en algo) **3 ~ on sth (a)** (*información*) descubrir algo **(b)** (*mirada*) posarse en algo

align /əˈlaɪn/ **1** *vt* **~ sth (with sth)** alinear algo (con algo) **2** *v refl* **~ yourself with sb** (*Pol*) aliarse con algn

▶ **alignment** *n* (*Pol*) alianza

LOC in alignment (with sth) alineado (con algo) **out of alignment** no alineado

alike /əˈlaɪk/ *adj* **1** parecido: *George and Monica were very much alike.* George y Monica se parecían mucho. **2** igual: *No two are alike.* No hay dos iguales. *Ver tb* LOOKALIKE

■ **alike** *adv* igual, del mismo modo: *It appeals to young and old alike.* Atrae a mayores y jóvenes por igual.

LOC *Ver* SHARE

alimony /ˈælɪməni; *USA* -məʊni/ *n* (*esp USA*) pensión alimenticia (*entre divorciados*) *Ver tb* MAINTENANCE sentido 2

alive /əˈlaɪv/ *adj* **1** vivo, con vida: *to stay alive* sobrevivir ◊ *Is she still alive?* ¿Todavía vive? ◊ *His eyes seemed to come alive when he saw her.* Sus ojos cobraron vida cuando la vio. **2** en el mundo: *He's the best player alive.* Es el mejor jugador del mundo.

LOC alive and kicking vivito y coleando **alive and well** sano y salvo: *They found him alive and well and living in London.* Lo encontraron viviendo en Londres en perfecto estado de salud. **(to be) alive to sth** (ser) consciente de algo **to keep sb alive** mantener a algn con vida **to keep sth alive 1** (*tradición*) conservar algo **2** (*recuerdo, sueño, amor*) mantener vivo algo **to keep yourself alive** sobrevivir *Ver tb* DEAD, SKIN

alkali /ˈælkəlaɪ/ *n* álcali

▶ **alkaline** *adj* alcalino

all /ɔːl/ *adj* **1** todo: *I like all kinds of music.* Me gusta todo tipo de música. **2** *He helps us in all sorts of different ways.* Nos ayuda de muchas formas distintas. ◊ *She works until all hours.* Trabaja hasta las mil. ◊ *All four of us went by car.* Fuimos en coche los cuatro. **3** (*sentido negativo*): *He denied all knowledge of the crime.* Dijo que no sabía nada del crimen.

LOC and all that (jazz, rubbish, stuff, etc) (*coloq*) y yo qué sé qué más **not all that good, well, etc** no tan bueno, bien, etc: *He doesn't sing all that well.* No canta tan bien. **not as bad(ly), etc as all that**: *They're not as rich as all that.* No son tan ricos.

■ **all** *pron* **1** todo: *We've eaten all of it.* Nos lo hemos comido todo. ◊ *Are you all going?* ¿Os vais todos? **2** lo único: *All I want is to see her again.* Lo único que quiero es verla otra vez.

LOC all in all en conjunto **all the more** tanto más, aún más **all the more so (because...)** tanto más (cuanto que...) **at all 1** *Are you at all worried about the exam?* ¿Te preocupa en lo más mínimo el examen? ◊ *If it's at all possible, she'll do it.* Si es mínimamente posible, lo hará. **2** (*frases negativas*): *I didn't enjoy it at all.* No me gustó nada. ◊ *He left without any money at all.* Se marchó sin nada de dinero. **for all sth** a pesar de algo: *for all his wealth* a pesar de toda su riqueza **in all** en total **not at all 1** [*uso enfático*] no, en absoluto **2** (*en respuesta a gracias*) de nada **one and all** todo el mundo **(to be) all about sth/sb**: *I saw a programme all about elephants.* He visto un programa sobre los elefantes. ◊ *What's this all about?* ¿A qué viene todo esto? **your all**: *They gave their all in the final.* Lo dieron todo en la final. *Ver tb* BUGGER-ALL, CARRY-ALL, CATCH-ALL, FREE-FOR-ALL, KNOW-ALL

■ **all** *adv* **1** todo: *She was dressed all in white.* Iba toda de blanco. ◊ *He lives all alone.* Vive completamente solo. **2** muy: *She was all excited.* Estaba muy emocionada. **3** (*Dep*): *The match was four all.* El partido acabó con empate a cuatro.

LOC all but (*coloq*) casi: *The party was all but over.* La fiesta casi había acabado. **all of** por lo menos: *He was all of sixty.* Tenía por lo menos sesenta años. **all over 1** por todas partes **2** *That's my sister all over.* Eso es muy propio de mi hermana. **all the better, harder, etc** todavía mejor, todavía más duro, etc: *If she leaves, you'll have to work all the harder.* Si se marcha, tendrás que trabajar todavía más. ◊ *All the better for us.* Tanto mejor para nosotros. **all there** (*coloq*) en sus cabales **all too** demasiado: *It was over all too quickly.* Se acabó demasiado pronto. **to be all for sth** estar muy a favor de algo **to be all go** (*GB, coloq*) *It's all go in the office today.* Hay mucho trajín en la oficina hoy. **to be all one/all the same to sb**: *It's all one to me whether we go or not.* Me da lo mismo que vayamos o no. **to be all over sb** (*coloq*) *He was all over her at the party.* Estuvo pegado a ella durante toda la fiesta. **to be all over sth**: *The news was all over the school within minutes.* La noticia se extendió por toda la escuela en cuestión de minutos.

Allah /ˈælə/ *n* Alá

allay /əˈleɪ/ *vt* (*formal*) **1** (*dolor*) aliviar **2** (*temores, etc*) acallar

allegation /ˌæləˈgeɪʃn/ *n* denuncia (*sin pruebas*)

allege /əˈledʒ/ *vt* alegar: *He is alleged to have taken bribes.* Se alega que se ha dejado sobornar.

▶ **alleged** *adj* presunto

allegedly *adv* supuestamente

allegiance /əˈliːdʒəns/ *n* (*formal*) lealtad: *to swear allegiance to the Queen* jurar lealtad a la Reina

allegory /ˈæləgəri/ *n* (*pl* **-ies**) alegoría

▶ **allegorical** *adj* alegórico

alleluia /ˌælɪˈluːjə/ (*tb* **hallelujah**) *n, interj* aleluya

all-embracing /ˌɔːl ɪmˈbreɪsɪŋ/ (*tb* **all-encompassing**) *adj* universal

allergic /əˈlɜːdʒɪk/ *adj* **~ (to sth)** alérgico a algo

allergy /ˈælədʒi/ *n* (*pl* **-ies**) alergia

alleviate /əˈliːvieɪt/ *vt* (*formal*) aliviar

▶ **alleviation** *n* alivio

alley /ˈæli/ *n* (*pl* **~s**) **1** (*tb* **alleyway**) callejón **2** (*en jardines, etc*) paseo *Ver tb* BOWLING ALLEY

alliance /əˈlaɪəns/ *n* alianza: *in alliance* (*with sb*) en alianza (con algn).

allied /əˈlaɪd, ˈælaɪd/ *adj* **1 ~ (to sth/sb)** (*Pol*) aliado (con algo/algn): *the allied forces* las fuerzas aliadas **2 ~ (to sth)** relacionado (con algo) *Ver tb* ALLY[1]

alligator /ˈælɪgeɪtə(r)/ *n* caimán

all-important /ˌɔːl ɪmˈpɔːtnt/ *adj* sumamente importante

alliteration /əˌlɪtəˈreɪʃn/ *n* aliteración

all-night /ˈɔːl naɪt/ *adj*: *an all-night party* una fiesta que dura toda la noche ◊ *an all-night café* un café abierto toda la noche

allocate /ˈæləkeɪt/ *vt* asignar: *He allocated tasks to each of us.* Nos asignó tareas a cada uno.

▶ **allocation** *n* **1** asignación **2** ración

allot /əˈlɒt/ *vt* **(-tt-) ~ sth (to sth/sb)** asignar algo (a algo/algn): *within the allotted time* en el tiempo asignado

▶ **allotment** *n* **1** asignación **2** (*GB*) parcela de terreno público que se alquila a particulares para su cultivo

all-out /ˈɔːl aʊt/ *adj* total: *an all-out attack* un ataque total

allow /əˈlaʊ/ *vt* **1** permitir, dejar: *They didn't allow her in.* No la dejaron entrar. ☛ *Ver nota en* PERMITIR **2** conceder: *How much holiday are you allowed?* ¿Cuántas vacaciones te conceden? **3** calcular: *Allow three hours for checking-in.* Calcule tres horas para facturar. **4** (*formal*) admitir

PHR V to allow for sth/sb tener algo/a algn en cuenta: *allowing for traffic* teniendo en cuenta el tráfico

▶ **allowable** *adj* admisible, permisible

allowance /əˈlaʊəns/ *n* **1** límite permitido: *luggage allowance* equipaje permitido **2** subvención: *an expenses allowance* una subvención para gastos *Ver tb* ATTENDANCE ALLOWANCE

LOC to make allowances for sth/sb tener algo en cuenta/ser indulgente con algn

alloy[1] /ˈælɔɪ/ *n* aleación

alloy[2] /əˈlɔɪ/ *vt* alear

all-powerful /ˌɔːl ˈpaʊəfl/ *adj* todopoderoso

all-purpose /ˈɔːl pɜːpəs/ *adj* de usos múltiples

all right (*tb* **alright**) *adj, adv* **1** bien: *I hope the children are all right.* Espero que los niños estén bien. ◊ *Is it all right for her to come?* ¿Te importa que venga? ◊ *Did you get here all right?* ¿Te ha sido fácil encontrarnos? ◊ *Do you feel all right?* ¿Te encuentras bien? ◊ *Is it all right if I smoke?* ¿Se puede fumar? ◊ *It's all right for you!* ¡Tú no tienes de qué quejarte! **2** (*pey*): *The food was all right.* La comida no estaba mal. **3** (*consentimiento*) de acuerdo **4** (*énfasis*): *That's the thief all right.* Seguro que ese es el ladrón.

all-round /ˌɔːl ˈraʊnd/ *adj* **1** general: *a good all-round education* una buena educación general **2** (*persona*) completo: *an all-round sportsman* un deportista completo

all-rounder /ˌɔːl ˈraʊndə(r)/ *n* persona con muchas habilidades

All Saints' Day *n* Día de Todos los Santos

All Souls' Day *n* Día de Difuntos

allspice /ˈɔːlspaɪs/ *n* pimienta de Jamaica

all-time /ˈɔːl taɪm/ *adj* de todos los tiempos: *an all-time record* un récord no superado

allude /əˈluːd/ *vi* (*formal*) aludir

allure /əˈlʊə(r)/ *n* atractivo

■ **allure** *vt* (*formal*) tentar

▶ **alluring** *adj* atractivo

allusion /əˈluːʒn/ *n* alusión

▶ **allusive** *adj* **1** alusivo **2** lleno de alusiones

ally[1] /əˈlaɪ/ *vt, vi* (*pret, pp* **allied**) **~ (yourself) with/to sth/sb** aliarse con algo/algn *Ver tb* ALLIED

ally[2] /ˈælaɪ/ *n* (*pl* **-ies**) aliado, -a

almanac (*tb* **almanack**) /ˈɔːlmənæk; *USA* ˈæl-/ *n* almanaque

almighty /ɔːlˈmaɪti/ *adj* **1** (*Relig*) todopoderoso: *God Almighty!* ¡Dios Santo! **2** (*coloq*) enorme: *an almighty crash* un choque enorme

■ **the Almighty** *n* el Todopoderoso

almond /ˈɑːmənd/ *n* **1** (*fruto*) almendra ☛ *Ver ilustración en* NUT **2** (*tb* **almond tree**) (*árbol*) almendro

almost /ˈɔːlməʊst/ *adv* casi: *We're almost there.* Ya casi hemos llegado. ☛ *Ver nota en* NEARLY

alms /ɑːmz/ *n* [*pl*] limosna

aloft /əˈlɒft; *USA* əˈlɔːft/ *adv* **1** en el aire **2** (*Náut*) arriba: *to climb aloft* subirse arriba

LOC to hold sth aloft tener algo en alto

alone /əˈləʊn/ *adj, adv* **1** solo: *She lives alone.* Vive sola. ◊ *It would be difficult for one person alone.* Sería difícil para una persona sola. *Ver tb* STAND-ALONE ☛ *Ver nota en* LONELY

Nótese que muchas veces se utiliza **on my own, on your own**, etc, o **by myself, by yourself**, etc, en vez de **alone**, sobre todo en inglés hablado: *She's going on holiday alone/on her own/by herself this year.* Este año va de vacaciones sola.

2 solo: *The shoes alone cost £100.* Solo los zapatos costaron cien libras. ◊ *You alone can help me.* Solo tú puedes ayudarme.

LOC let alone y (mucho) menos: *I can't afford new clothes, let alone a holiday.* No me puedo permitir ropa nueva, y mucho menos unas vacaciones. **not to be alone in doing sth**: *She is not alone in believing that.* No es la única que lo cree. **to go it alone** (intentar) hacer una cosa solo *Ver tb* LEAVE[1], WELL[4]

along /əˈlɒŋ; *USA* əˈlɔːŋ/ *prep* **1** por: *to walk along the street* ir andando por la calle **2** a lo largo de: *along the coastline* a lo largo de la costa

■ **along** *part adv* **1** *Bring some friends along (with you).* Tráete algunos amigos.

Along se emplea a menudo con verbos de movimiento en tiempos continuos cuando no se menciona ningún destino. No añade un significado concreto, y generalmente no se traduce: *I was driving along.* Iba conduciendo. ◊ *The project is coming along quite well.* El proyecto está progresando bastante bien.

2 to be along llegar: *The bus will be along soon.* El autobús llegará pronto. ◊ *I'll be along in a few minutes.* Estaré con vosotros en unos minutos.

LOC all along (*coloq*) todo el rato **along with** junto con

☛ Para los usos de **along** en PHRASAL VERBS ver las entradas de los verbos correspondientes, p.ej. **to get along** en GET.

alongside /əˌlɒŋˈsaɪd; *USA* əlɔːŋˈsaɪd/ *prep, adv* **1** junto (a): *A car drew up alongside.* Un coche se paró junto al nuestro. ◊ *alongside the kerb* junto al bordillo de la acera **2** (*fig*) en comparación (con)

aloof /əˈluːf/ *adj* (*pey*) (*persona*) distante

LOC to stand aloof (from sth/sb) mantenerse alejado (de algo/algn)

aloud /əˈlaʊd/ *adv* **1** en voz alta: *to think aloud* pensar en voz alta **2** a voces

alpaca /ælˈpækə/ *n* alpaca

alpha /ˈælfə/ *n* alfa: *alpha radiation* radiación alfa

alphabet /ˈælfəbet/ *n* alfabeto, abecedario

▶ **alphabetical** *adj* alfabético: *in alphabetical order* en orden alfabético

alphabetically *adv* alfabéticamente

alpine /ˈælpaɪn/ *adj* alpino

■ **alpine** *n* planta alpina

the Alps /ælp/ *n* los Alpes

already /ɔːlˈredi/ *adv* ya: *I'd already seen the film.* Ya había visto la película. ◊ *Is it 10 o'clock already?* ¿Ya son las diez? ◊ *Have you already eaten?* ¿Has comido ya? ☛ *Ver nota en* YET

alright /ɔːlˈraɪt/ *adj, adv Ver* ALL RIGHT

Alsatian /ælˈseɪʃn/ (*USA* **German shepherd**) *n* pastor alemán ☛ *Ver ilustración en* DOG

also /ˈɔːlsəʊ/ *adv* también: *She not only plays well, but also writes music.* No solo toca bien sino que también compone. ☛ *Ver nota en* TAMBIÉN

also-ran /ˈɔːlsəʊ ræn/ *n* **1** caballo o perro que no está entre los tres primeros en una carrera **2** (*fig*) perdedor, -ora: *I'm afraid John is one of life's also-rans.* Me temo que John es uno de los perdedores en la vida.

altar /ˈɔːltə(r)/ *n* altar: *altar cloth* paño de altar ☛ *Ver ilustración en* IGLESIA

altarpiece /ˈɔːltəpiːs/ *n* retablo

alter /ˈɔːltə(r)/ **1** *vt, vi* cambiar **2** *vt* (*ropa*) arreglar: *The skirt needs altering.* La falda necesita arreglos.

▶ **alteration** *n* **1** cambio **2** (*ropa*) arreglo

altercation /ˌɔːltəˈkeɪʃn/ *n* (*formal*) altercado

alternate[1] /ɔːlˈtɜːnət; *USA* ˈɔːltərnət/ *adj* alterno: *on alternate days* en días alternos

▶ **alternately** *adv* alternativamente

alternate[2] /ˈɔːltəneɪt/ *vt, vi* alternar(se): *Rainy days alternated with dry ones.* Los días lluviosos se alternaban con días sin lluvia. ◊ *The film alternates between humour and pathos.* La película alterna el humor con el sentimiento.

▶ **alternation** *n* alternancia

alternating current *n* (*abrev* **AC**) corriente alterna
alternative /ɔːlˈtɜːnətɪv/ *n* alternativa: *There is no alternative.* No hay alternativa. ◊ *She had no alternative but to confess.* No tuvo más remedio que confesar.
■ **alternative** *adj* alternativo: *alternative medicine* medicina alternativa
▶ **alternatively** *adv* alternativamente
alternator /ˈɔːltəneɪtə(r)/ *n* alternador
although /ɔːlˈðəʊ/ *conj* aunque: *Although we didn't want to, we had to go.* Aunque no queríamos, tuvimos que ir. ◊ *We lost although we had the best team.* Perdimos a pesar de tener el mejor equipo.

Nótese que las conjunciones **although** y **though** pueden ir al principio o en medio de la oración, pero solo **though** puede funcionar como adverbio y, en este caso, se coloca al final de la oración. *Ver ejemplos en* THOUGH; *Ver tb nota en* AUNQUE

altimeter /ˈæltɪmiːtə(r); *USA* ˌælˈtɪmətər/ *n* altímetro
altitude /ˈæltɪtjuːd; *USA* -tuːd/ *n* **1** altitud: *to fly at an altitude of 20 000 feet* volar a una altitud de 6.000 metros **2** altura: *at high altitudes* a gran altura
alto /ˈæltəʊ/ *n* (*pl* **~s**) (*Mús*) alto: *an alto (saxophone)* un saxofón alto
altogether /ˌɔːltəˈgeðə(r)/ *adv* **1** completamente: *I don't altogether agree with you.* No estoy completamente de acuerdo contigo. **2** en total: *You owe me £300 altogether.* Me debes 300 libras en total. **3** en general: *Altogether the holiday was very disappointing.* En general, las vacaciones fueron muy decepcionantes.
■ **altogether** *n*
LOC in the altogether (*coloq*) en cueros
altruism /ˈæltruɪzəm/ *n* altruismo
▶ **altruist** *n* altruista
altruistic *adj* altruista
alum /ˈæləm/ *n* alumbre
aluminium /ˌæljəˈmɪniəm, ˌæləˈmɪniəm/ (*USA* **aluminum** /əˈluːmɪnəm/) *n* aluminio: *aluminium foil* papel de aluminio
alumna /əˈlʌmnə/ *n* (*pl* **-nae** /-niː/) (*USA*) antigua alumna
alumnus /əˈlʌmnəs/ *n* (*pl* **-ni** /-naɪ/) (*USA*) antiguo alumno
alveolar /ˌælviˈəʊlə(r)/ *adj, n* (*consonante*) alveolar: *the alveolar ridge* el alveolo ☛ *Ver ilustración en* THROAT
always /ˈɔːlweɪz/ *adv* siempre: *She was always asking for money.* Siempre estaba pidiendo dinero.
LOC as always como siempre *Ver tb* GRASS[1]

La posición de los *adverbios de frecuencia* (**always, never, ever, usually, normally, often, sometimes,** etc) depende del verbo al que acompañan, es decir, van detrás de los verbos auxiliares y modales (**be, have, can,** etc) y delante de los demás verbos: *I have never visited her.* Nunca he ido a visitarla. ◊ *I am always tired.* Siempre estoy cansado. ◊ *I can always do it tomorrow.* Siempre lo puedo hacer mañana. ◊ *I usually go shopping on Mondays.* Normalmente voy a la compra los lunes.
Cuando concurren dos verbos auxiliares o un verbo modal con un auxiliar, estos adverbios aparecen por lo general tras el primero de los verbos: *I have often been asked my opinion.* Me han pedido mi opinión a menudo. ◊ *They can't ever have seen one.* Supongo que no han visto nunca ninguno.
Los adverbios **frequently, often, normally, occasionally, sometimes** y **usually** pueden aparecer al principio de la frase para dar énfasis: *Usually I go shopping on Saturdays.* Normalmente voy a la compra los sábados.
Sin embargo, **rarely, seldom** y **ever** nunca pueden aparecer al principio de la frase, mientras que **always** y **never** solo pueden aparecer en esta posición si van acompañados de un imperativo: *Never do that again!* ¡No lo vuelvas a hacer jamás! ◊ *Always remember these words.* Ten siempre presentes estas palabras.

Alzheimer's (disease) /ˈæltshaɪməz dɪziːz/ *n* enfermedad de Alzheimer
AM /ˌeɪ ˈem/ (*Radio*) *abrev de* **amplitude modulation** AM
am[1] /əm, æm/ *Ver* BE
am[2] /ˌeɪ ˈem/ (*USA* **AM**) *abrev de* **ante meridiem** de la mañana: *at 10 am* a las diez de la mañana ☛ *Ver nota en* PM
amalgam /əˈmælgəm/ *n* amalgama
amalgamate /əˈmælgəmeɪt/ *vt, vi* **1** (*empresas*) fusionar(se) **2** (*metales*) amalgamar(se)
▶ **amalgamation** *n* fusión
amass /əˈmæs/ *vt* acumular
amateur /ˈæmətə(r)/ *adj, n* **1** aficionado, -a: *an amateur competition* campeonato de aficionados **2** (*pey*) chapucero, -a
▶ **amateurish** *adj* (*pey*) chapucero
amateurism *n* **1** *It contravenes the spirit of amateurism.* Va en contra del espíritu de aficionado. **2** (*pey*) inexperiencia
amaze /əˈmeɪz/ *vt* asombrar
▶ **amazed** *adj* asombrado: *to be amazed at/by sth* quedar asombrado por algo
amazement *n* asombro: *I watched in amazement.* Miré con asombro.
amazing *adj* asombroso
amazingly *adv* increíblemente
amazon /ˈæməzən; *USA* -zɒn/ *n* **1** mujer de complexión fuerte y atlética **2 Amazon** (*mitología*) amazona
ambassador /æmˈbæsədə(r)/ *n* embajador, -ora: *the British Ambassador to Greece* el embajador británico en Grecia
amber /ˈæmbə(r)/ *n* ámbar: *The lights were on amber.* El semáforo estaba en ámbar.
■ **amber** *adj* ámbar
ambidextrous /ˌæmbiˈdekstrəs/ *adj* ambidiestro
ambience (*tb* **ambiance**) /ˈæmbiəns/ *n* (*ret*) ambiente, atmósfera (*de un lugar*) ☛ Nótese que la palabra más normal es **atmosphere**.
▶ **ambient** *adj* ambiental: *ambient temperature* temperatura ambiental ◊ *ambient music* música ambiental

En inglés **ambience** y **ambient** no se refieren al campo de la ecología. En este sentido se utilizan **environment** y **environmental**.

ambiguity /ˌæmbɪˈgjuːəti/ *n* (*pl* **-ies**) ambigüedad
ambiguous /æmˈbɪgjuəs/ *adj* ambiguo
▶ **ambiguously** *adv* ambiguamente
ambit /ˈæmbɪt/ *n* ámbito
ambition /æmˈbɪʃn/ *n* ambición
ambitious /æmˈbɪʃəs/ *adj* ambicioso: *I think you're being a bit ambitious.* Creo que pretendes demasiado.
▶ **ambitiously** *adv* ambiciosamente
ambivalent /æmˈbɪvələnt/ *adj* ambivalente
▶ **ambivalence** *n* ambivalencia
ambivalently *adv* de forma ambivalente
amble /ˈæmbl/ *vi* **1** (*persona*) andar despacio: *He was ambling along.* Iba despacio. **2** (*caballo*) amblar
■ **amble** *n* paso lento: *at an amble* a paso lento
ambrosia /æmˈbrəʊziə; *USA* -əʊʒə/ *n* **1** ambrosía **2** (*fig*) manjar de dioses
ambulance /ˈæmbjələns/ *n* ambulancia
ambush /ˈæmbʊʃ/ *n* emboscada
LOC to lay an ambush (for sb) tender una emboscada (para algn) **to lie/wait in ambush** estar emboscado
■ **ambush** *vt* tender una emboscada
ameliorate /əˈmiːliəreɪt/ *vt, vi* (*formal*) mejorar
▶ **amelioration** *n* (*formal*) mejoría
amen /ɑːˈmen, eɪˈmen/ *interj, n* amén
amenable /əˈmiːnəbl/ *adj* **1** tratable **2 ~ to sth** (*demandas, etc*) receptivo ante algo

amend /ə'mend/ *vt* enmendar
▶ **amendment** *n* enmienda
amends /ə'mendz/ *n* [*pl*]
LOC **to make amends (to sb) (for sth)** compensar (a algn) (por algo): *How can I ever make amends for it?* ¿Cómo podré compensarte?
amenity /ə'mi:nəti; *USA* ə'menəti/ *n* **1 amenities** [*pl*] **(a)** (*domésticas, etc*) comodidades **(b)** (*municipales, etc*) instalaciones **2** [*incontable*] (*formal*) (*sitio*) lo agradable
American /ə'merɪkən/ *adj* **1** (*de EE.UU.*) americano, estadounidense: *American football* fútbol americano ◊ *American English* inglés americano **2** (*del continente*) americano
■ **American** *n* americano, -a *Ver tb* AFRICAN-AMERICAN, LATIN-AMERICAN, NORTH AMERICAN, SOUTH AMERICAN
▶ **Americanize, -ise** *vt* americanizar
Amerindian /ˌæmə'rɪndiən/ (*tb* **American Indian**) *adj, n* amerindio, -a
amethyst /'æməθɪst/ *n* amatista
amiable /'eɪmiəbl/ *adj* amable
▶ **amiability** *n* amabilidad
amiably *adv* amablemente
amicable /'æmɪkəbl/ *adj* amistoso
▶ **amicably** *adv* amistosamente
amid /ə'mɪd/ (*tb* **amidst** /ə'mɪdst/) *prep* (*formal*) entre, en medio de: *Amid all the confusion, the thieves got away.* Entre tanta confusión, los ladrones se escaparon.

Nótese que **amid** significa *entre* en el sentido de "en medio de", nunca de "entre dos puntos". Compárese con **between** y **among**.

amino acid *n* aminoácido
amiss /ə'mɪs/ *adj, adv* : *Something seems to be amiss.* Parece que hay algún problema.
LOC **not to go amiss** no venir mal: *A new pair of shoes wouldn't go amiss.* No me vendría mal un par de zapatos nuevos. **to take sth amiss** tomar algo a mal
amity /'æməti/ *n* (*formal*) amistad
ammonia /ə'məʊniə/ *n* amoniaco
ammunition /ˌæmju'nɪʃn/ *n* [*incontable*] **1** municiones: *live ammunition* fuego real **2** (*fig*) argumentos (*para discutir*)
amnesia /æm'ni:ziə; *USA* -'ni:ʒə/ *n* amnesia
amnesty /'æmnəsti/ *n* (*pl* **-ies**) amnistía
amoeba /ə'mi:bə/ *n* (*pl* **~s** o **~e** /-bi:/) ameba
amok /ə'mɒk/ *adv*
LOC **to run amok** descontrolarse
among /ə'mʌŋ/ (*tb* **amongst** /ə'mʌŋst/) *prep* entre (*más de dos cosas o personas*): *They are always arguing among themselves.* Siempre están discutiendo entre ellos. ◊ *I was among the last to leave.* Fui de los últimos en marcharse. LOC *Ver* CAT

¿Among o **between?**
Among se refiere a personas o cosas consideradas como un grupo: *The house is among the trees.* La casa está entre los árboles.
Between se refiere a dos personas o cosas: *one book between two (pupils)* un libro entre dos (alumnos). Sin embargo, **between** se puede usar con más de dos si cada uno es considerado individualmente: *She divided her money between her four children.* Dividió su dinero entre sus cuatro hijos. ☛ *Ver ilustración en* ENTRE

amoral /ˌeɪ'mɒrəl; *USA* ˌeɪ'mɔ:rəl/ *adj* amoral
amorous /'æmərəs/ *adj* **1** cariñoso **2** amoroso
amorphous /ə'mɔ:fəs/ *adj* amorfo
amount /ə'maʊnt/ *vi* **~ to sth 1(a)** (*con cifras*) ascender a algo: *The cost amounted to £250.* El coste ascendió a 250 libras. **(b)** *Our information doesn't amount to much.* No tenemos muchos datos. ◊ *Poor John will never amount to much.* Pobre John nunca llegará a nada. **2** equivaler a algo: *This amounts to an admission of failure.* Esto equivale a una admisión de fracaso. LOC *Ver* SAME[1]
■ **amount** *n* **1** cantidad: *a small amount of flour* una pequeña cantidad de harina ◊ *No amount of arguing will change her mind.* Por mucho que discutas, no le harás cambiar de opinión. ☛ *Ver nota en* LARGE **2** (*facturas, etc*) importe: *a bill for the full amount* un recibo por el importe total **3** (*dinero, etc*) suma
LOC **any amount of sth**: *He can get any amount of money.* Puede conseguir todo el dinero que quiera.
ampere /'æmpeə(r)/ (*tb* **amp** /æmp/) *n* (*abrev* **A**) amperio
ampersand /'æmpəsænd/ *n* el símbolo tipográfico "&" utilizado para significar "y".
amphetamine /æm'fetəmi:n/ *n* anfetamina
amphibian /æm'fɪbiən/ *adj, n* anfibio
amphitheatre (*USA* **amphitheater**) /'æmfɪθiətə(r)/ *n* anfiteatro
ample /'æmpl/ *adj* **1** abundante: *an ample supply of food* un abundante suministro de comida **2** bastante: *There's ample room for everyone.* Hay bastante espacio para todos. **3** de sobra: *There will be ample opportunity for that.* Habrá oportunidades de sobra para eso. **4** amplio: *The President has ample powers.* El presidente tiene amplios poderes.
▶ **amply** *adv* ampliamente: *She was amply rewarded.* Fue ampliamente recompensada.
amplify /'æmplɪfaɪ/ *vt* (*pret, pp* **-fied**) **1** (*sonido*) amplificar **2** (*relato, etc*) ampliar
▶ **amplification** *n* (*sonido*) amplificación
amplifier *n* amplificador
amplitude /'æmplɪtju:d; *USA* -tu:d/ *n* (*formal*) amplitud
amputate /'æmpjuteɪt/ *vt, vi* amputar
▶ **amputation** *n* amputación
amputee *n* mutilado, -a
amulet /'æmjʊlət/ *n* amuleto
amuse /ə'mju:z/ *vt* **1** hacer gracia **2** divertir
▶ **amused** *adj* divertido: *I am not amused.* No le veo la gracia. ◊ *She was greatly amused at/by his reaction.* Le hizo mucha gracia su reacción. ◊ *He had an amused expression on his face.* Tenía una expresión divertida.
amusement /ə'mju:zmənt/ *n* **1** diversión **2** atracción **3** risa: *He tried to conceal his amusement.* Intentó aguantar la risa.
amusement arcade *n* salón recreativo
amusement park *n* parque de atracciones
amusing /ə'mju:zɪŋ/ *adj* **1** divertido **2** (*persona, etc*) gracioso
▶ **amusingly** *adv* con gracia
an *art indef Ver* A
anabolic steroids *n* [*pl*] esteroides anabolizantes
anachronism /ə'nækrənɪzəm/ *n* anacronismo
▶ **anachronistic** *adj* anacrónico
anaemia (*USA* **anemia**) /ə'ni:miə/ *n* anemia
▶ **anaemic** (*USA* **anemic**) *adj* **1** anémico **2** (*fig*) flojo
anaerobic /ˌæneə'rəʊbɪk/ *adj* anaerobio
anaesthesia /ˌænəs'θi:ziə/ (*USA* **anesthesia** /-'θi:ʒə/) *n* [*incontable*] anestesia
anaesthetic (*USA* **anesthetic**) /ˌænəs'θetɪk/ *n* anestesia: *general/local anaesthetic* anestesia total/local ◊ *to give sb an anaesthetic* anestesiar a algn
■ **anaesthetic** *adj* anestésico
anaesthetist (*USA* **anesthetist**) /ə'ni:sθətɪst/ *n* anestesista
anaesthetize, -ise (*USA* **anesthetize**) /ə'ni:sθətaɪz/ *vt* **1** anestesiar **2** (*fig*) insensibilizar
anagram /'ænəgræm/ *n* anagrama
anal /'eɪnl/ *adj* anal
analgesic /ˌænəl'dʒi:zɪk/ *adj, n* analgésico
analogous /ə'næləgəs/ *adj* análogo
analogue /'ænəlɒg/ (*USA* **analog** /-lɔ:g/) *n* simulación
■ **analogue** *adj* (*reloj, grabación*) analógico (*no digital*)
analogy /ə'nælədʒi/ *n* (*pl* **-ies**) analogía: *by analogy with sth* por analogía con algo

analyse (*USA* **analyze**) /ˈænəlaɪz/ *vt* analizar

analysis /əˈnæləsɪs/ *n* (*pl* **-yses** /-əsiːz/) análisis: *to carry out a detailed analysis of the results* llevar a cabo un análisis detallado de los resultados *Ver tb* SELF-ANALYSIS, SYSTEMS ANALYSIS
LOC in the last/final analysis a fin de cuentas

analyst /ˈænəlɪst/ *n* analista *Ver tb* SYSTEMS ANALYST

analytic(al) /ˌænəˈlɪtɪk(l)/ *adj* analítico
▶ **analytically** *adv* de modo analítico

analyze *vt* (*USA*) *Ver* ANALYSE

anarchist /ˈænəkɪst/ *adj, n* anarquista
▶ **anarchism** *n* anarquismo

anarchy /ˈænəki/ *n* anarquía
▶ **anarchic** *adj* anárquico

anathema /əˈnæθəmə/ *n* **1** *The idea is anathema to her.* La idea le resulta detestable. **2** (*Relig*) anatema

anatomist /əˈnætəmɪst/ *n* anatomista

anatomy /əˈnætəmi/ *n* anatomía
▶ **anatomical** *adj* anatómico

ANC /ˌeɪ en ˈsiː/ *abrev de* **African National Congress** Congreso Nacional Africano

ancestor /ˈænsestə(r)/ *n* antepasado, -a
▶ **ancestral** *adj* ancestral: *ancestral home* solar familiar
ancestry *n* ascendencia, origen: *She is of Scottish ancestry.* Tiene ascendencia escocesa.

anchor /ˈæŋkə(r)/ *n* **1** ancla **2** (*fig*) soporte
LOC to be/lie/ride at anchor estar anclado **to cast/drop anchor** echar anclas *Ver tb* SLIP, WEIGH
■ **anchor** *vt, vi* anclar
▶ **anchorage** *n* ancladero

anchorman /ˈæŋkəmæn/ *n* (*pl* **-men** /-men/) **1** (*televisión, etc*) presentador que coordina reportajes y entrevistas en vivo **2** (*Dep*) jugador, -ora clave

anchovy /ˈæntʃəvi; *USA* ˈæntʃəʊvi/ *n* (*pl* **-ies**) anchoa

ancient /ˈeɪnʃənt/ *adj* **1** (*civilización, época*) antiguo: *the ancient world* el mundo antiguo ◊ *an ancient monument* un monumento antiguo ☛ *Comparar con* ANTIQUE **2** (*coloq*) viejísimo: *I feel pretty ancient.* Me siento viejísimo. ☛ Nótese que con personas se suele utilizar **old** o **elderly**.
LOC ancient history 1 historia antigua **2** (*coloq*) *That's ancient history now.* Eso ya pasó a la historia.

ancillary /ænˈsɪləri; *USA* ˈænsəleri/ *adj* **1** (*trabajador*) auxiliar **2** secundario **3 ~ (to sth)** subordinado (a algo)

and /ænd, ənd/ *conj* **1** y: *5 and 5 makes 10* 5 y 5 son 10 ◊ *Move and I'll shoot.* Muévete y disparo. **2** con: *gin and tonic* ginebra con tónica **3** (*números*): *One hundred and three.* Ciento tres. ☛ *Ver apéndice 3* **4** (*coloq*) a: *Come and help me.* Ven a ayudarme. ◊ *Go and look for it.* Vete a buscarlo.

> Nótese que en un uso informal **and** puede sustituir a **to** después de algunos verbos como **come**, **go**, **stay**, **stop**, **try**, etc y expresa finalidad: *Try and phone her this afternoon.* Intenta llamarla esta tarde. ◊ *Wait and see.* Espera a ver qué pasa.

5(a) y: *We walked for miles and miles.* Anduvimos millas y millas. **(b)** (*comparativos*) cada vez: *She gets prettier and prettier.* Está cada vez más guapa. **(c)** sin parar: *They shouted and shouted.* Gritaron sin parar. **(d)** repetidas veces: *I've tried and tried.* Lo he intentado repetidas veces.

andante /ænˈdænti/ *adj, adv, n* andante

and/or /ˈænd ɔː(r)/ *conj* y/o

androgynous /ænˈdrɒdʒənəs/ *adj* andrógino

android /ˈændrɔɪd/ *n* androide

anecdote /ˈænɪkdəʊt/ *n* anécdota
▶ **anecdotal** *adj* basado en anécdotas: *You shouldn't rely on anecdotal evidence.* No deberías basarte en lo que la gente cuenta.

anemia *n* (*USA*) *Ver* ANAEMIA
▶ **anemic** *adj* (*USA*) *Ver* ANAEMIC *en* ANAEMIA

anemone /əˈneməni/ *n* anémona *Ver tb* SEA ANEMONE

anesthesia *n* (*USA*) *Ver* ANAESTHESIA
▶ **anesthetic** *n* (*USA*) *Ver* ANAESTHETIC
anesthetist *n* (*USA*) *Ver* ANAESTHETIST
anesthetize *vt* (*USA*) *Ver* ANAESTHETIZE, -ISE

anew /əˈnjuː; *USA* əˈnuː/ *adv* de nuevo

angel /ˈeɪndʒl/ *n* (*lit* y *fig*) ángel: *a guardian angel* un ángel de la guarda *Ver tb* ARCHANGEL
▶ **angelic** *adj* angelical

angelica /ænˈdʒelɪkə/ *n* angélica

Angelus /ˈændʒɪləs/ *n* **1** Ángelus (Domini) **2** toque del Ángelus

anger /ˈæŋgə(r)/ *n* ira: *to arouse sb's anger* provocar la ira de algn
■ **anger** *vt* enfadar **LOC** *Ver* SLOW, SORROW

angina (pectoris) /ænˌdʒaɪnə/ *n* angina (de pecho)

angle¹ /ˈæŋgl/ *n* **1** ángulo: *at an angle of 45 degrees to sth* en un ángulo de 45 grados con algo *Ver tb* ACUTE ANGLE, RIGHT ANGLE, WIDE-ANGLE LENS **2** punto de vista
LOC at an angle inclinado
■ **angle** *vt* **1** inclinar **2 ~ sth at/towards sb** dirigir algo a algn: *This programme is angled at young viewers.* Este programa está dirigido a los espectadores jóvenes.

angle² /ˈæŋgl/ *vi* **1** pescar (con caña) **2 ~ for sth** (*coloq*) tratar de conseguir algo (*con insinuaciones*): *She didn't get a pay rise, despite angling for it.* No consiguió un aumento de salario a pesar de todas sus indirectas.

anglepoise® (lamp) /ˈæŋglpɔɪz (læmp)/ *n* lámpara de estudio, flexo

angler /ˈæŋglə(r)/ *n* pescador, -ora (*caña*)

Anglican /ˈæŋglɪkən/ *adj, n* anglicano, -a
▶ **Anglicanism** *n* anglicanismo

Anglicism /ˈæŋglɪsɪzəm/ *n* anglicismo

Anglicize, -ise /ˈæŋglɪsaɪz/ *vt* anglicanizar

angling /ˈæŋglɪŋ/ *n* pesca (con caña): *to go angling* ir a pescar

Anglo- /ˌæŋgləʊ-/ *pref* anglo-: *Anglo-American culture* la cultura angloamericana ◊ *Anglo-Irish relations* las relaciones angloirlandesas

anglophile /ˈæŋgləʊfaɪl/ *n* anglófilo, -a

Anglo-Saxon /ˌæŋgləʊ ˈsæksn/ *adj* anglosajón
■ **Anglo-Saxon** *n* **1** (*tb* **Saxon**) (*idioma*) anglosajón **2** (*persona*) anglosajón, -ona

angora /æŋˈgɔːrə/ *n* angora

angry /ˈæŋgri/ *adj* (**-ier, -iest**) **1(a) ~ (at/about sth)** enfadado (por algo) **(b) ~ (with sb)** enfadado (con algn) **2** (*fig*) **(a)** (*cielo*) tormentoso **(b)** (*mar*) embravecido **(c)** (*herida*) doloroso
LOC to get angry enfadarse **to make sb angry** enfadar a algn
▶ **angrily** *adv* con ira

angst /æŋst/ *n* angustia vital

anguish /ˈæŋgwɪʃ/ *n* angustia
▶ **anguished** *adj* angustiado: *anguished cries* gritos angustiados

angular /ˈæŋgjələ(r)/ *adj* **1** (*Geom*) angular **2** (*personas*) **(a)** (*facciones, etc*) anguloso **(b)** (*complexión*) huesudo

animal /ˈænɪml/ *n* **1** animal: *animal experiments* experimentos con animales ◊ *the animal kingdom* el reino animal **2** (*fig*) **(a)** (*cosa*) *The new company is a completely different animal.* La nueva empresa es algo completamente diferente. **(b)** (*persona*): *She's not a political animal.* Es una persona a la que no le interesa la política.
LOC to put an animal out of its misery rematar a un animal *Ver tb* SLEEP¹

animal magnetism *n* magnetismo animal

animate¹ /ˈænɪmət/ *adj* (*formal*) animado (*vivo*)

animate² /ˈænɪmeɪt/ *vt* **1** animar: *to animate sb to greater efforts* animar a algn a esforzarse más **2** (*Cine*) animar

▶ **animated** *adj* **1** animado: *an animated discussion* una animada discusión **2** (*Cine*) animado: *animated cartoon* dibujos animados
animatedly *adv* animadamente
animation *n* animación *Ver tb* SUSPENDED ANIMATION
animator /ˈænɪmeɪtə(r)/ *n* (*Cine*) animador, -ora
animosity /ˌænɪˈmɒsəti/ *n* animosidad: *I could sense the animosity between them.* Podía notar la animosidad que había entre ellos.
animus /ˈænɪməs/ *n* animosidad
anise /ˈænɪs/ *n* anís (*planta*)
aniseed /ˈænəsiːd/ *n* anís (*semilla*)
ankle /ˈæŋkl/ *n* tobillo: *I've twisted/sprained my ankle.* Me he torcido el tobillo. ◊ *ankle boots* botines ◊ *to be ankle-deep* llegar hasta los tobillos ☛ *Ver ilustración en* PIE
annals /ˈænlz/ *n* [*pl*] anales: *She will go down in the annals of film history.* Pasará a los anales de la historia del cine.
annex /əˈneks/ *vt* anexionarse
▶ **annexation** *n* anexión
annexe (*USA* **annex**) /ˈæneks/ *n* **1** (*edificio*) anexo **2** (*documento*) apéndice
annihilate /əˈnaɪəleɪt/ *vt* aniquilar
▶ **annihilation** *n* aniquilamiento
anniversary /ˌænɪˈvɜːsəri/ *n* (*pl* **-ies**) aniversario: *the 10th anniversary of independence* el décimo aniversario de la independencia ◊ *our silver/ruby/golden/diamond wedding anniversary* nuestras bodas de plata/rubí/oro/diamante ☛ *Ver nota en* JUBILEE
annotate /ˈænəteɪt/ *vt* anotar
▶ **annotation** *n* anotación
announce /əˈnaʊns/ *vt* anunciar (*comunicar*)
▶ **announcement** *n* anuncio (*comunicado*)
LOC to make an announcement comunicar algo: *I have an announcement to make.* Tengo algo que comunicarles.
announcer *n* locutor, -ora (*radio, etc*)
annoy /əˈnɔɪ/ *vt* fastidiar
▶ **annoyed** *adj* enfadado: *I was annoyed with myself for letting that happen.* Me dio mucha rabia haber dejado que eso ocurriera.
LOC to get annoyed enfadarse
annoyance /əˈnɔɪəns/ *n* **1** fastidio: *much to our annoyance* para nuestro fastidio **2** inconveniente
annoying /əˈnɔɪɪŋ/ *adj* molesto
▶ **annoyingly** *adv* de forma molesta: *an annoyingly loud car* un coche tan ruidoso que molesta
annual /ˈænjuəl/ *adj* anual
■ **annual** *n* **1** (*Bot*) planta anual **2** (*libro*) publicación anual, normalmente para niños, que trata de un deporte, pasatiempo, etc
▶ **annually** *adv* anualmente
annuity /əˈnjuːəti; *USA* -ˈnuː-/ *n* (*pl* **-ies**) **1** anualidad **2** seguro de rentas anuales
annul /əˈnʌl/ *vt* (**-ll-**) anular
▶ **annulment** *n* anulación
the Annunciation /əˌnʌnsiˈeɪʃn/ *n* la Anunciación
anode /ˈænəʊd/ *n* ánodo
anodyne /ˈænədaɪn/ *adj* anodino
■ **anodyne** *n* analgésico
anoint /əˈnɔɪnt/ *vt* ungir
▶ **anointing** *n* unción
anomalous /əˈnɒmələs/ *adj* anómalo
▶ **anomaly** *n* (*pl* **-ies**) anomalía
anon /əˈnɒn/ *adv* (*antic o joc*) luego
anonymity /ˌænəˈnɪməti/ *n* anonimato: *to maintain your anonymity* mantener el anonimato
anonymous /əˈnɒnɪməs/ *adj* anónimo
▶ **anonymously** *adv* anónimamente
anorak /ˈænəræk/ *n* anorak
anorexia (nervosa) /ˌænəˈreksiə (nɜːˈvəʊsə)/ *n* anorexia
▶ **anorexic** *adj, n* anoréxico, -a
another /əˈnʌðə(r)/ *adj* otro: *in another two weeks* en otras dos semanas ◊ *I need another five.* Necesito cinco más. ◊ *yet another problem* otro problema más ◊ *I'll do it another time.* Lo haré en otro momento. ◊ *Can you give me another one?* ¿Me puedes dar otro? ☛ *Ver nota en* OTRO
■ **another** *pron* otro: *What with one thing and another, I forgot.* Entre una cosa y otra, se me olvidó. ◊ *one after another* uno tras otro ◊ *one way or another* de una manera u otra ☛ Nótese que el plural del pronombre **another** es **others**. *Ver tb* ONE ANOTHER
answer /ˈɑːnsə(r); *USA* ˈæns-/ *n* **1** contestación, respuesta: *I phoned, but there was no answer.* Llamé, pero nadie cogió el teléfono. **2(a)** solución **(b)** (*Mat*) resultado
LOC in answer (to sth) en respuesta (a algo) **to have/know all the answers** saberlo todo
■ **answer 1(a)** *vt, vi* **~ (sth/sb)** contestar (a algo/algn): *to answer the door* abrir la puerta **(b)** *vt* **~ sth** (*acusación, propósito*) responder a algo **2** *vt* (*ruegos, etc*) oír
PHR V to answer back 1 contestar: *She can't answer back.* No puede contestar. **2** (*con insolencia*) replicar
to answer for sb responder por algn: *I can't answer for my colleagues.* No puedo responder por mis colegas.
to answer for sth responder de algo: *He has a lot to answer for.* Tiene mucho de lo que responder.
to answer to sb (for sth) responder ante algn (de algo)
to answer to sth: *There's no one here who answers to that description.* No hay nadie aquí que responda a esa descripción.
answerable /ˈɑːnsərəbl/ *adj*
LOC to be answerable to sth/sb tener que responder ante algo/algn
answerphone /ˈɑːnsəfəʊn; *USA* ˈæns-/ (*tb* **answering machine**) *n* contestador (automático)
ant /ænt/ *n* hormiga
LOC to have ants in your pants (*coloq*) ser un culo inquieto
antagonism /ænˈtæɡənɪzəm/ *n* antagonismo
▶ **antagonist** *n* antagonista
antagonistic *adj* hostil
antagonistically *adv* con antagonismo
antagonize, -ise /ænˈtæɡənaɪz/ *vt* **~ sb 1** enemistarse (con algn) **2** contrariar (a algn)
Antarctic /ænˈtɑːktɪk/ *adj* antártico: *the Antarctic Ocean* el Océano Antártico ◊ *the Antarctic Circle* el Círculo Polar Antártico ☛ *Ver ilustración en* GLOBO
■ **the Antarctic** *n* la Antártida
ante /ˈænti/ *n*
LOC to up the ante apostar más
anteater /ˈæntiːtə(r)/ *n* oso hormiguero
antecedent /ˌæntɪˈsiːdnt/ *n* (*formal*) **1** antecesor, -ora **2** antecedente
■ **antecedent** *adj* (*formal*) antecedente
antechamber /ˈæntitʃeɪmbə(r)/ *n* antecámara
antediluvian /ˌæntidɪˈluːviən/ *adj* antediluviano
antelope /ˈæntɪləʊp/ *n* (*pl* **antelope** o **~s**) antílope
antenatal /ˌæntiˈneɪtl/ *adj*: *antenatal classes* clases de preparación para el parto ◊ *antenatal clinic* hospital maternal
antenna /ænˈtenə/ *n* (*pl* **-nae** /-niː/) (*insecto, etc*) antena
■ **antenna** *n* (*pl* **~s**) (*USA*) (*GB* **aerial**) (*radio, etc*) antena
anterior /ænˈtɪəriə(r)/ *adj* (*formal*) anterior
ante-room /ˈænti ruːm, -rʊm/ *n* antesala
anthem /ˈænθəm/ *n* himno *Ver tb* NATIONAL ANTHEM
anthill /ˈænthɪl/ *n* hormiguero
anthology /ænˈθɒlədʒi/ *n* (*pl* **-ies**) antología
anthrax /ˈænθræks/ *n* **1** ántrax **2** carbunco
anthropology /ˌænθrəˈpɒlədʒi/ *n* antropología
▶ **anthropological** *adj* antropológico

anthropologist *n* antropólogo, -a
anthropomorphic /ˌænθrəpəˈmɔːfɪk/ *adj* antropomórfico
anti /ˈænti/ *prep*
LOC to be anti (sth/sb) oponerse (a algo/algn)
anti-abortion /ˌænti əˈbɔːʃn/ *adj* antiabortista
▶ **anti-abortionist** *n* antiabortista
anti-aircraft /ˌænti ˈeəkrɑːft; *USA* -kræft/ *adj* antiaéreo
anti-apartheid /ˌænti əˈpɑːtaɪd/ *adj* antiapartheid
antibiotic /ˌæntibaɪˈɒtɪk/ *adj, n* antibiótico
antibody /ˈæntibɒdi/ *n* (*pl* **-ies**) anticuerpo
anticipate /ænˈtɪsɪpeɪt/ *vt* **1 ~ sth (a)** prever algo: *as anticipated* de acuerdo con lo previsto **(b)** contar con algo: *We anticipate some difficulties.* Contamos con tener alguna dificultades. **2 ~ sth/sb** anticiparse a algo/algn
anticipation /ænˌtɪsɪˈpeɪʃn/ *n* **1** previsión: *in anticipation of our arrival* en previsión de nuestra llegada **2** expectación: *There was an air of great anticipation.* Había un ambiente de gran expectación.
anticlimax /ˌæntiˈklaɪmæks/ *n* anticlímax
▶ **anticlimactic** *adj* decepcionante
anticlockwise /ˌæntiˈklɒkwaɪz/ (*USA* **counter-clockwise**) *adj, adv* en sentido contrario a las agujas del reloj
antics /ˈæntɪks/ *n* [*gen pl*] **1** travesuras **2** payasadas
anticyclone /ˌæntiˈsaɪkləʊn/ *n* anticiclón
antidepressant /ˌæntɪdɪˈpresnt/ *adj, n* antidepresivo
antidote /ˈæntidəʊt/ *n* **~ (for/to sth)** antídoto (contra algo)
anti-drug /ˌænti ˈdrʌg/ *adj* antidroga
antifreeze /ˈæntifriːz/ *n* anticongelante
antigen /ˈæntɪdʒən/ *n* antígeno
anti-hero /ˈænti hɪərəʊ/ *n* (*pl* **~es**) antihéroe
antihistamine /ˌæntiˈhɪstəmiːn/ *n* antihistamínico
anti-inflationary /ˌænti ɪnˈfleɪʃnri/ *adj* antiinflacionista
antipathy /ænˈtɪpəθi/ *n* (*pl* **-ies**) **1 ~ between A and B** antipatía entre A y B **2 ~ towards sth/sb** animadversión hacia algo/algn
antiperspirant /ˌæntiˈpɜːspərənt/ *n* antitranspirante
antipodes /ænˈtɪpədiːz/ *n* [*pl*] antípodas
■ **the Antipodes** *n* Australia y Nueva Zelanda
▶ **antipodean 1** *adj* **(a)** (*joc*) australiano **(b)** de las antípodas **2** *n* **(a)** (*joc*) australiano, -a **(b)** habitante de las antípodas
antiquarian /ˌæntɪˈkweəriən/ **1** *adj* especializado en antigüedades: *an antiquarian bookseller* un vendedor de libros antiguos **2** *n* (*tb* **antiquary**) anticuario, -a
▶ **antiquary** /ˈæntɪkwəri/ *n* (*pl* **-ries**) (*tb* **antiquarian**) anticuario, -a
antiquated /ˈæntɪkweɪtɪd/ *adj* anticuado
antique /ænˈtiːk/ *n* antigüedad: *an antique shop* una tienda de antigüedades
■ **antique** *adj* (*objeto valioso*) antiguo ☛ *Comparar con* ANCIENT
antiquity /ænˈtɪkwəti/ *n* (*pl* **-ies**) **1** antigüedad: *a city of great antiquity* una ciudad de gran antigüedad **2** (*época*) la antigüedad **3 antiquities** antigüedades (*del pasado remoto*)
anti-Semitic /ˌænti səˈmɪtɪk/ *adj* antisemítico
▶ **anti-Semitism** *n* antisemitismo
antiseptic /ˌæntiˈseptɪk/ *adj, n* antiséptico ☛ *Ver nota en* AGUA
antisocial /ˌæntiˈsəʊʃl/ *adj* **1** antisocial **2** insociable: *antisocial behaviour* comportamiento insociable
anti-tank /ˌæntiˈtæŋk/ *adj* antitanque
anti-terrorist /ˌænti ˈterərɪst/ *adj* antiterrorista
antithesis /ænˈtɪθəsɪs/ *n* (*pl* **-ses** /ænˈtɪθəsiːz/) antítesis
▶ **antithetical** *adj* antitético
anti-war /ˌænti ˈwɔː(r)/ *adj* antibelicista
antler /ˈæntlə(r)/ *n* **1** [*incontable*] asta de ciervo/reno/alce: *tools made of antler* herramientas hechas de asta **2 antlers** [*pl*] cornamenta ☛ *Ver ilustración en* DEER
anus /ˈeɪnəs/ *n* (*pl* **~es**) ano ☛ *Ver ilustración en* DIGESTIVE
anvil /ˈænvɪl/ *n* **1** (*herramienta*) yunque **2** (*oído*) yunque ☛ *Ver ilustración en* OÍDO
anxiety /æŋˈzaɪəti/ *n* (*pl* **-ies**) **1** inquietud **2** preocupación **3** (*Med*) ansiedad **4 ~ for sth/to do sth** ansia de algo/de hacer algo
anxious /ˈæŋkʃəs/ *adj* **1 ~ (about sth/sb)** preocupado (por algo/algn): *an anxious moment* un momento de inquietud **2 ~ to do sth** ansioso por hacer algo: *They were anxious not to give a bad impression.* Querían causar una buena impresión a toda costa.
▶ **anxiously** *adv* con ansia
any /ˈeni/ *adj, pron* ☛ *Ver nota en* SOME *pron*
● **frases interrogativas 1** *Have you got any cash?* ¿Tienes dinero? ◊ *Has she got any brothers and sisters?* ¿Tiene hermanos? ◊ *I need some paper. Have you got any?* Necesito papel. ¿Tienes tú? **2** algo (de): *Do you know any French?* ¿Sabes algo de francés? **3** algún: *Are there any problems?* ¿Hay algún problema? ☛ En este sentido el sustantivo suele ir en plural en inglés.
● **frases negativas 1** *He hasn't got any friends.* No tiene amigos. ◊ *You can't have coffee - there isn't any left.* No puedes tomar café. No queda. ◊ *We can't go any further without resting.* No podemos ir más lejos sin descansar. ☛ *Ver nota en* NINGUNO **2** [*uso enfático*] **(a)** nada de: *I don't eat any meat.* No como nada de carne. ◊ *She didn't spend any money (at all).* No se gastó nada de dinero. **(b)** ningún: *We won't do you any harm.* No te haremos ningún mal. ◊ *without any difficulty* sin ninguna dificultad ◊ *I haven't seen any of his films.* No he visto ninguna de sus películas. ◊ *There are no fish here - at least, I haven't seen any.* Aquí no hay peces; o por lo menos, yo no he visto ninguno.
● **frases condicionales 1** *If I had any relatives…* Si tuviera parientes… **2** algo (de): *If he's got any sense, he won't go.* Si tiene algo de sentido común, no irá. ◊ *There isn't much rice left - if any.* No queda mucho arroz, si es que queda algo. **3** algún: *If you see any mistakes, tell me.* Si ves algún error, dímelo. ☛ En este sentido el sustantivo suele ir en plural en inglés.

En las frases condicionales se puede emplear la palabra **some** en vez de **any** en muchos casos: *If you need some help, tell me.* Si necesitas ayuda dímelo.

● **frases afirmativas 1** cualquier(a): *He's just like any other boy his age.* Es igual que cualquier otro niño de su edad. ◊ *He could arrive at any moment/time.* Podría llegar en cualquier momento. **2** *He can play any piece you ask him to.* Puede tocar la composición que quieras. ◊ *I've got lots of books - take any one you like.* Tengo muchos libros, coge el que quieras. **3** todo: *Give her any help she needs.* Préstale toda la ayuda que necesite. ◊ *He had removed any trace of paint.* Había borrado todo rastro de pintura. ◊ *She knows more than any of us.* Sabe más que todos nosotros. ◊ *This novel is better than any he's written before.* Esta novela es mejor que todas las que ha escrito anteriormente.
■ **any** *adv* **1** (*con comparativos*): *Is your father any better?* ¿Está tu padre algo mejor? ◊ *Can't you run any faster?* ¿No puedes correr más rápido? ◊ *You don't look any older!* ¡Estás igual de joven!

Nótese que cuando **any** aparece en una oración negativa se podría sustituir por **no**, pero hay que poner el verbo en afirmativa: *We can't do any more./We can do no more.* No podemos hacer nada más.

2 (*USA, coloq*) en absoluto: *It didn't bother us any.* No nos molestó en absoluto.

LOC any more 1 (*tb* **any longer**) (*USA* **anymore**) (*tiempo*): *She doesn't live here any more.* Ya no vive aquí. **2** (*cantidad*) más: *I can't eat any more.* No puedo comer más. **any (the) less**: *She wasn't any (the) less happy for it.* Esto no significaba que se sintiera menos feliz.

anybody /ˈenibɒdi/ (*tb* **anyone**) *pron* **1** (*frases interrogativas*) alguien: *Did anyone phone?* ¿Ha llamado alguien? ◊ *Is anybody there?* ¿Hay alguien? ☛ *Ver nota en* ALGUIEN **2** (*frases negativas*) nadie: *I can't see anybody.* No veo a nadie. ◊ *He left without anybody seeing him.* Se fue sin que nadie le viera. ☛ *Ver nota en* NOBODY **3** (*frases afirmativas*) **(a)** cualquier persona: *Anybody who wants to leave should leave now.* El que se quiera ir que se vaya ahora. ◊ *Invite anybody you like.* Invita a quién quieras. **(b)** cualquiera: *Ask anybody.* Pregúntale a cualquiera. **(c)** todos: *It's open to anybody under the age of 16.* Está abierto a todos los menores de 16 años. **4** (*frases comparativas*) nadie: *He spoke more than anybody.* Hablaba más que nadie. ◊ *She sings better than anyone I've ever heard.* Canta mejor que nadie que haya oído en mi vida. **5** (*frases condicionales*) alguien: *Tell me if anybody phones.* Si alguien llama, dímelo. ☛ *Ver nota en* EVERYBODY, SOMEBODY
LOC anyone would think... cualquiera pensaría que... **it's anybody's game, race, etc** cualquiera puede ganar el juego, la carrera, etc

anyhow /ˈenihaʊ/ *adv* **1** (*coloq* **any old how**) de cualquier manera: *He put everything in his bag any old how.* Puso todo en su maleta de cualquier manera. **2** (*tb* **anyway**) de todas formas: *But thanks, anyhow.* Pero gracias, de todas formas. ◊ *I enjoyed myself, anyhow.* Me lo pasé bien, de todas formas.

anyone /ˈeniwʌn/ *pron Ver* ANYBODY

anyplace /ˈenipleɪs/ *adv* (*USA, coloq*) *Ver* ANYWHERE

anything /ˈeniθɪŋ/ *pron* **1** (*frases interrogativas*) algo: *Have you anything to declare?* ¿Tiene algo que declarar? ◊ *Is anything wrong?* ¿Pasa algo? ◊ *Anything else?* ¿Algo más? ◊ *Is there anything in these rumours?* ¿Hay algo de verdad en estos rumores? ☛ *Ver nota en* ALGO **2** (*frases afirmativas*) **(a)** cualquier cosa: *Look out for anything unusual.* Mantenga los ojos abiertos para cualquier cosa fuera de lo normal. ◊ *We'll do anything you say.* Haremos lo que nos mandes. ◊ *Anything could happen.* Podría pasar cualquier cosa. **(b)** todo: *We're interested in anything you do.* Nos interesa todo lo que haces. **3** (*frases negativas*) nada: *He never says anything.* Nunca dice nada. ◊ *I've never seen anything like it.* Nunca he visto cosa igual. ◊ *He isn't anything like my first boss.* No se parece en nada a mi primer jefe. ◊ *His second novel isn't anything like as good as his first.* Su segunda novela no es ni por asomo tan buena como la primera. ☛ *Ver nota en* NOBODY **4** (*frases comparativas*) nada: *It's dangerous, more than anything.* Más que nada, es peligroso. ◊ *It was better than anything he'd ever seen before.* Era mejor que nada que hubiera visto en la vida. ◊ *I was as frightened as anything.* Estaba muerto de miedo. **5** (*frases condicionales*) algo: *Wake me up if anything happens.* Despiértame si pasa algo. ◊ *Tell me if you want coffee or anything.* Dime si quieres café o algo.
LOC anything but todo menos: *It was anything but pleasant.* Fue de todo menos agradable. ◊ *'Are you tired?' 'Anything but.'* —¿Estás cansado? —¡En absoluto! **if anything** si acaso: *If anything he's rather plump.* Si es algo es un poco gordo. ◊ *I'm a pacifist, if anything.* Si acaso, soy pacifista.

anyway /ˈeniweɪ/ *adv Ver* ANYHOW sentido 2

anywhere /ˈeniweə(r)/ (*USA, coloq* **anyplace**) *adv, pron* **1** (*frases interrogativas*) en alguna parte, a alguna parte: *Is there an ashtray anywhere?* ¿Hay un cenicero en alguna parte? **2** (*frases afirmativas*) en cualquier sitio: *I'd live anywhere in Scotland.* Viviría en cualquier sitio de Escocia. ◊ *Sit anywhere you like.* Siéntate donde quieras. ◊ *They live miles from anywhere.* Viven en un sitio muy aislado. **3** (*frases negativas*) en ninguna parte, a ninguna parte: *I can't find the keys anywhere.* No encuentro las llaves por ninguna parte. ◊ *I didn't go anywhere special.* No fui a ningún sitio especial. ◊ *I haven't got anywhere to stay.* No tengo donde quedarme. ☛ *Ver nota en* NOBODY **4** (*frases comparativas*) ningún sitio: *The island was more beautiful than anywhere he'd been before.* La isla era más bonita que ningún sitio donde hubiera estado. La diferencia entre **somewhere** y **anywhere** es la misma que hay entre **some** y **any**. *Ver nota en* SOME *y en* ALGUNO.
LOC you can/can't take sb anywhere no se puede llevar a algn a ninguna parte (*debido a su comportamiento*) *Ver tb* MILE, NEAR[1]

aorta /eɪˈɔːtə/ *n* aorta

apace /əˈpeɪs/ *adv* aprisa

apart /əˈpɑːt/ *adv* **1** (*distancia*) **(a)** (*lit*): *The two buildings were 500 metres apart.* Los dos edificios estaban a 500 metros uno del otro. **(b)** (*fig*): *The two sides are still a long way apart.* Las dos partes están todavía muy apartadas una de otra. ◊ *His ideas set him apart from his contemporaries.* Sus ideas le sitúan en un plano aparte de sus contemporáneos. **2** aislado **3** separado: *They live apart.* Viven separados. ◊ *I can't pull them apart.* No puedo separarlos. ◊ *The building was blown apart by the bomb.* La bomba destrozó completamente el edificio.
LOC to come apart deshacerse: *The cup just came apart in my hands.* La taza se me deshizo en las manos. **to take sth apart** desmontar algo **to take sth/sb apart** hacer pedazos algo, criticar a algn: *He took my essay apart.* Me hizo pedazos la redacción. ◊ *His boss really took him apart.* El jefe lo criticó hasta más no poder. *Ver tb* JOKE, POLE[1], SEAM, WORLD

apart from (*USA tb* **aside from**) *prep* **1** aparte de: *quite apart from that* aparte de eso **2** además de: *Who else apart from you?* ¿Quién más aparte de ti?

apartheid /əˈpɑːthaɪt, -heɪt/ *n* apartheid *Ver tb* ANTI-APARTHEID

apartment /əˈpɑːtmənt/ *n* apartamento

apathy /ˈæpəθi/ *n* apatía
▶ **apathetic** *adj* apático

ape /eɪp/ *n* simio
LOC to go ape (*coloq*) volverse loco
■ **ape** *vt* remedar

aperitif /əˌperəˈtiːf/ *n* aperitivo (*solo bebida*)

aperture /ˈæpətʃə(r)/ *n* apertura

apex /ˈeɪpeks/ *n* (*pl* **~es** , **apices** /ˈeɪpɪsiːz/) **1** (*lit*) ápice **2** (*fig*) cumbre

aphid /ˈeɪfɪd/ *n* áfido

aphorism /ˈæfərɪzəm/ *n* aforismo

aphrodisiac /ˌæfrəˈdɪziæk/ *adj, n* afrodisiaco

apiary /ˈeɪpiəri; *USA* -ieri/ *n* (*pl* **-ies**) colmenar

apiece /əˈpiːs/ *adv* cada uno: *The teams scored two goals apiece.* Los equipos marcaron dos goles cada uno.

aplenty /əˈplenti/ *adv* en abundancia: *There was wine aplenty.* Había vino en abundancia.

aplomb /əˈplɒm/ *n* aplomo

apocalypse /əˈpɒkəlɪps/ *n* apocalipsis
▶ **apocalyptic** *adj* apocalíptico

apocryphal /əˈpɒkrɪfl/ *adj* **1** (*suceso*) inventado **2** (*Relig*) apócrifo

apogee /ˈæpədʒiː/ *n* apogeo

apolitical /ˌeɪpəˈlɪtɪkl/ *adj* apolítico

apologetic /əˌpɒləˈdʒetɪk/ *adj* lleno de disculpas: *an apologetic letter* una carta llena de disculpas ◊ *to be apologetic* (*about sth*) disculparse (por algo)
▶ **apologetically** *adv* en tono de disculpa: *She smiled apologetically.* Sonrió como disculpándose.

apologia /ˌæpəˈləʊdʒiə/ *n* (*formal, ret*) apología

Las palabras **apologia** y **apology** no tienen en inglés un matiz de alabanza pero sí de defensa o explicación.

▶ **apologist** /əˈpɒlədʒɪst/ *n* apologista

apologize, -ise /əˈpɒlədʒaɪz/ *vi* ~ (**for sth**) disculparse (por algo)

apology /əˈpɒlədʒi/ *n* (*pl* **-ies**) **1** disculpa **2** *Ver* APOLOGIA

LOC to be an apology for sth ser un amago de algo **to make no apologies/apology** (**for sth**) no disculparse (por algo)

apoplectic /ˌæpəˈplektɪk/ *adj* **1** (*Med*): *an apoplectic fit* una apoplejía **2** furioso

▶ **apoplexy** *n* apoplejía

apostle /əˈpɒsl/ *n* apóstol

▶ **apostolic** *adj* apostólico

apostrophe /əˈpɒstrəfi/ *n* **1** apóstrofo ☛ *Ver págs 592–3* **2** (*formal*) apóstrofe

apothecary /əˈpɒθəkəri/ *n* (*pl* **-ies**) (*antic*) boticario, -a

apotheosis /əˌpɒθiˈəʊsɪs/ *n* (*pl* **-ses** /-siːz/) **1** apoteosis **2** deificación

appal (*USA* **appall**) /əˈpɔːl/ *vt* (**-ll-**) horrorizar: *She was appalled at/by his behaviour.* Su comportamiento la horrorizó.

appalling /əˈpɔːlɪŋ/ *adj* espantoso, horrible: *in appalling conditions* en condiciones espantosas

▶ **appallingly** *adv* espantosamente

apparatus /ˌæpəˈreɪtəs; *USA* -ˈrætəs/ *n* [*incontable*] aparato: *breathing apparatus* máscara de oxígeno ◊ *the apparatus of government* el aparato del gobierno

En inglés **apparatus** se utiliza solo en un sentido técnico, no como sinónimo de *máquina*.

apparel /əˈpærəl/ *n* (*formal*) indumentaria

apparent /əˈpærənt/ *adj* **1** evidente: *It became apparent that I was going to lose.* Se hizo evidente que iba a perder. **2** aparente: *for no apparent reason* sin motivo aparente

▶ **apparently** *adv* al parecer: *Apparently, they're getting divorced.* Al parecer, se van a divorciar. ◊ *Apparently not.* Parece que no.

apparition /ˌæpəˈrɪʃn/ *n* aparición (*espectro*)

appeal /əˈpiːl/ *vi* **1(a)** ~ (**to sb**) **for sth** pedir algo (a algn): *She appealed to the authorities for help.* Pidió ayuda a las autoridades. **(b)** ~ **to sb to do sth** hacer un llamamiento a algn para hacer algo **2** apelar: *to appeal to sb's sense of duty* apelar al sentido del deber de algn **3** ~ (**to sb**) atraer (a algn): *His paintings just don't appeal* (*to me*). Es que no me atraen sus cuadros. **4** ~ (**against sth**) (*sentencia, etc*) recurrir (algo) **5** ~ (**for sth**) (*Dep*) reclamar (algo)

■ **appeal** *n* **1** [*contable*] llamamiento: *She made an emotional appeal for help.* Hizo un emotivo llamamiento pidiendo ayuda. **2** [*incontable*] súplica **3** [*incontable*] atractivo: *It soon lost its appeal.* Perdió pronto su atractivo. **4** [*contable*] (*Jur*) recurso: *to file/lodge an appeal* presentar un recurso **5** (*Dep*) reclamación **LOC** *Ver* SNOB

appealing /əˈpiːlɪŋ/ *adj* **1** atractivo: *The cake didn't look very appealing.* El pastel no tenía un aspecto muy atractivo. **2** suplicante: *an appealing look* una mirada suplicante

▶ **appealingly** *adv* **1** atractivamente **2** de modo suplicante

appeal(s) court *n* ≃ tribunal de apelación

appear /əˈpɪə(r)/ *vi* **1** aparecer: *to appear on TV* salir en la tele **2** parecer: *You appear to have made a mistake.* Parece que has cometido un error. ☛ *Ver nota en* THERE *pron* **3(a)** (*abogado*) representar: *to appear for the defendant* representar al acusado **(b)** (*acusado*) comparecer: *He appeared in court.* Compareció ante la justicia. **4** (*fantasma*) aparecerse: *His mother appeared to him in a dream.* Su madre se le apareció en un sueño.

appearance /əˈpɪərəns/ *n* **1** aparición **2** apariencia: *physical appearance* apariencia física

LOC appearances can be deceptive las apariencias engañan **to all appearances** según todas las apariencias **to keep up appearances** mantener las apariencias **to put in an appearance** hacer acto de presencia

appease /əˈpiːz/ *vt* apaciguar

▶ **appeasement** *n* apaciguamiento

appellant /əˈpelənt/ *n* apelante

appellation /ˌæpəˈleɪʃn/ *n* denominación: *an appellation contrôlée wine* un vino con denominación de origen

append /əˈpend/ *vt* (*formal*) **1** (*documento*) adjuntar **2** (*firma*) añadir

▶ **appendage** *n* apéndice (*de un objeto*)

appendicitis /əˌpendəˈsaɪtɪs/ *n* apendicitis

appendix /əˈpendɪks/ *n* **1** (*pl* **-dices** /-dɪsiːz/) (*escrito*) apéndice **2** (*pl* **-dixes**) (*Anat*) apéndice ☛ *Ver ilustración en* DIGESTIVE

appertain /ˌæpəˈteɪn/ *vi* ~ **to sth/sb** (*formal*) **1** corresponder a algo/algn **2** pertenecer a algo/algn

appetite /ˈæpɪtaɪt/ *n* **1** apetito: *to have a healthy appetite* tener buen apetito ◊ *to give sb an appetite* abrir el apetito a algn **2** apetencia

appetizer, -iser /ˈæpɪtaɪzə(r)/ *n* aperitivo

appetizing, -ising /ˈæpɪtaɪzɪŋ/ *adj* apetitoso

applaud /əˈplɔːd/ *vt, vi* aplaudir: *I applaud your decision.* Aplaudo su decisión.

▶ **applause** *n* **1** [*incontable*] aplausos: *a big round of applause* un fuerte aplauso **2** (*fig*) elogio: *Her bravery won her the applause of even her severest critics.* Su valor se ganó el elogio incluso de sus críticos más severos.

apple /ˈæpl/ *n* **1** manzana: *apple pie* tarta de manzana ☛ *Ver ilustración en* FRUTA *Ver tb* ADAM'S APPLE, COOKING APPLE, CRAB APPLE, TOFFEE APPLE **2** (*tb* **apple tree**) manzano: *apple blossom* flor de manzano

LOC the apple of sb's eye la niña de los ojos de algn

applecart /ˈæplkɑːt/ *n* **LOC** *Ver* UPSET

appliance /əˈplaɪəns/ *n* aparato (*eléctrico*): *electrical/kitchen appliances* electrodomésticos

applicable /əˈplɪkəbl, ˈæplɪkəbl/ *adj* aplicable

▶ **applicability** *n* aplicabilidad

applicant /ˈæplɪkənt/ *n* aspirante (*a un puesto de trabajo*)

application /ˌæplɪˈkeɪʃn/ *n* **1** solicitud: *job application* solicitud de trabajo ◊ *application form* impreso de solicitud **2** aplicación (*de un remedio, etc*)

applied /əˈplaɪd/ *adj* aplicado: *applied mathematics* matemática aplicada

appliqué /æˈpliːkeɪ; *USA* ˌæplɪˈkeɪ/ *n* bordado sobrepuesto

apply /əˈplaɪ/ (*pret, pp* **applied**) **1** *vt* (*pintura, etc*) aplicar **2** *vt* (*fuerza, etc*) ejercer: *to apply the brakes* frenar **3** *vi* ~ (**for sth**) solicitar algo: *to apply in writing* solicitarlo por escrito **4** *vi* ~ **to sth/sb** afectar a algo/algn: *That rule doesn't apply to us.* Esa regla no nos afecta. **5** *vi* corresponder: *Cross out whatever does not apply.* Tacha lo que no corresponda. **6** *vi* (*leyes, etc*) ser válido: *These rules will apply as from 1st January.* Estas reglas entrarán en vigor el uno de enero. **7** *v refl* ~ **yourself** (**to sth**) aplicarse (a algo)

LOC 'apply within' "razón dentro"

appoint /əˈpɔɪnt/ *vt* **1** nombrar *Ver tb* SELF-APPOINTED **2** (*formal*) señalar: *They met at the appointed time.* Se reunieron a la hora señalada.

▶ **appointee** *n* persona nombrada

appointment /əˈpɔɪntmənt/ *n* **1(a)** nombramiento **(b)** puesto **2** cita (*profesional*): *to keep an appointment* cumplir con una cita **3 appointments** [*pl*] mobiliario

apportion /əˈpɔːʃn/ *vt* repartir

LOC to apportion blame juzgar qué parte de culpa tiene cada uno

apposite /ˈæpəzɪt/ *adj* acertado (*comentario*)

appraise /əˈpreɪz/ *vt* **1** evaluar **2** (*casa, etc*) valorar
▶ **appraisal** *n* **1** evaluación **2** estimación

appreciable /əˈpriːʃəbl/ *adj* **1** apreciable **2** sensible
▶ **appreciably** *adv* sensiblemente

appreciate /əˈpriːʃieɪt/ **1** *vt* agradecer: *I appreciate your help.* Agradezco tu ayuda. **2** *vt* apreciar: *She felt nobody appreciated her.* Sentía que nadie apreciaba sus esfuerzos. **3** *vt* comprender: *I fully appreciate your problem.* Comprendo perfectamente tu problema. **4** *vi* (*Fin*) revalorizarse

appreciation /əˌpriːʃiˈeɪʃn/ *n* **1** apreciación **2** agradecimiento: *We should like to express our appreciation.* Nos gustaría mostrarle nuestro agradecimiento. **3** valoración **4** (*Fin*) apreciación

appreciative /əˈpriːʃətɪv/ *adj* **1 ~ (of sth)** agradecido (por algo): *an appreciative letter* una carta de agradecimiento **2(a)** (*mirada, comentario*) de admiración **(b)** (*público*) atento
▶ **appreciatively** *adv* **1** con agradecimiento: *She smiled appreciatively.* Sonrió agradecida. **2** (*mirar, etc*) con admiración

apprehend /ˌæprɪˈhend/ *vt* **1** detener, capturar **2** (*formal*) aprehender (*comprender*)

apprehension /ˌæprɪˈhenʃn/ *n* **1** aprensión: *filled with apprehension* lleno de aprensión **2** comprensión **3** detención, captura

apprehensive /ˌæprɪˈhensɪv/ *adj* aprensivo: *I'm apprehensive about flying.* Soy muy aprensivo con los aviones.
▶ **apprehensively** *adv* con aprensión

apprentice /əˈprentɪs/ *n* **1** aprendiz, -iza: *apprentice plumber* aprendiz de fontanero **2** principiante, -a
▶ **apprenticed** *adj to be apprenticed to sb* estar de aprendiz con algn
apprenticeship *n* aprendizaje

apprise /əˈpraɪz/ *vt* **~ sb of sth** (*formal*) informar a algn de algo

approach /əˈprəʊtʃ/ **1** *vt, vi* **~ (sth/sb)** acercarse (a algo/algn): *Have you approached your bank?* ¿Has acudido al banco? **2** *vt* abordar: *He approached me in the street.* Me abordó en la calle. **3** *vt* (*tema, etc*) abordar
■ **approach** *n* **1** llegada **2** aproximación **3** acceso **4** enfoque, método **5 approaches** [*pl*] proposiciones (*amorosas*) **LOC** *Ver* CARROT
▶ **approachable** *adj* accesible
approaching *adj* venidero

approbation /ˌæprəˈbeɪʃn/ *n* (*formal*) aprobación

appropriate¹ /əˈprəʊpriət/ *adj* **1** apropiado: *whatever seems most appropriate* lo que parezca más apropiado **2** (*momento, etc*) oportuno: *at the appropriate time* cuando sea oportuno **3** adecuado: *the appropriate person* la persona adecuada
▶ **appropriately** *adv* **1** apropiadamente **2** adecuadamente
appropriateness *n* conveniencia

appropriate² /əˈprəʊprieɪt/ *vt* **~ sth 1** apropiarse de algo **2** (*formal*) asignar algo
▶ **appropriation** *n* **1** apropiación **2** asignación: *the US Senate Appropriations Committee* el Comité de Asignación (de fondos) del Senado norteamericano ◊ *Appropriation Act* ley financiera

approval /əˈpruːvl/ *n* **1** aprobación **2** visto bueno
LOC on approval a prueba *Ver tb* SEAL²

approve /əˈpruːv/ **1** *vt* **(a)** aprobar **(b)** *an approved Ford dealer* un concesionario oficial Ford **2** *vi* **(a)** estar de acuerdo: *She wholeheartedly approves.* Está totalmente de acuerdo. **(b) ~ (of sth/sb)**: *I don't approve of their behaviour.* No apruebo su comportamiento.
▶ **approving** *adj* de aprobación: *approving looks* miradas de aprobación
approvingly *adv* con aprobación

approx /əˈprɒks/ *abrev de* **approximate(ly)**

approximate¹ /əˈprɒksɪmət/ *adj* (*abrev* **approx**) aproximado
▶ **approximately** *adv* (*abrev* **approx**) aproximadamente

approximate² /əˈprɒksɪmeɪt/ *vi* **~ to sth** aproximarse a algo

approximation /əˌprɒksɪˈmeɪʃn/ *n* aproximación

APR /ˌeɪ piː ˈɑː(r)/ *abrev de* **annual(ized) percentage rate** tipo de interés anual

apricot /ˈeɪprɪkɒt/ *n* **1** albaricoque **2** (*tb* **apricot tree**) albaricoquero **3** color albaricoque

April /ˈeɪprəl/ *n* (*abrev* **Apr**) abril ☛ *Ver nota y ejemplos en* JANUARY

April Fool's Day *n* el día de los inocentes: *an April Fool* un inocente ◊ *an April Fool's joke* una inocentada

En Gran Bretaña el día de los inocentes se celebra el 1 de abril.

a priori /ˌeɪ praɪˈɔːraɪ/ *adv, adj* a priori

apron /ˈeɪprən/ *n* **1** delantal **2** (*aeropuerto*) pista de estacionamiento **3** (*Teat*) proscenio **LOC** *Ver* TIE

apropos /ˌæprəˈpəʊ/ *adv, adj* a propósito: *Her comments were very apropos.* Sus comentarios estuvieron muy a propósito.
▶ **apropos of** *prep* a propósito de

apse /æps/ *n* ábside

apt /æpt/ *adj* **1** acertado **2 apt (at doing sth)** competente (para hacer algo)
LOC to be apt to do sth tener tendencia a hacer algo
▶ **aptly** *adv* acertadamente: *aptly named* acertadamente llamado
aptness *n* idoneidad

aptitude /ˈæptɪtjuːd; *USA* -tuːd/ *n* aptitud: *aptitude test* prueba de aptitud

aquamarine /ˌækwəməˈriːn/ *n* aguamarina
■ **aquamarine** *adj, n* (color) aguamarina

aquarium /əˈkweəriəm/ *n* (*pl* **~s** o **-ria**) **1** acuario **2** acuarium

Aquarius /əˈkweəriəs/ *n* acuario: *She's (an) Aquarius.* Mi hermana es acuario. ◊ *He was born under (the sign of) Aquarius.* Nació bajo el signo de acuario. ◊ *the sun in Aquarius* el sol en acuario ☛ *Ver ilustración en* ZODIACO
▶ **Aquarian** *n, adj* acuario: *a typical Aquarian trait* una característica típica de los acuario ◊ *Aquarians are said to be eccentric.* Se dice que los acuarios son excéntricos.

aquatic /əˈkwætɪk/ *adj* acuático

aqueduct /ˈækwɪdʌkt/ *n* acueducto

aquifer /ˈækwɪfə(r)/ *n* acuífero

aquiline /ˈækwɪlaɪn/ *adj* aguileño

Arab /ˈærəb/ **1** *adj* árabe: *the Arab League* la Liga Árabe ◊ *Arab-Israeli relations* relaciones árabe-israelíes ☛ *Ver nota en* ARABIC **2** *n* (*persona*) árabe

arabesque /ˌærəˈbesk/ *n* arabesco

Arabic /ˈærəbɪk/ *adj* árabe: *Arabic numerals* números arábigos

Nótese que el adjetivo **Arabic** se aplica generalmente a la lengua y cultura árabes. En otros casos, se utiliza **Arab**.

■ **Arabic** *n* (*idioma*) árabe
▶ **Arabist** *n* arabista

arable /ˈærəbl/ *adj* cultivable: *arable farming* agricultura ◊ *arable land* tierra de cultivo

arachnid /əˈræknɪd/ *n* arácnido

arbiter /ˈɑːbɪtə(r)/ *n* **1** (*fig*) juez: *an arbiter of good taste* alguien que fija los cánones del buen gusto **2** (*antic*) árbitro

arbitrage /ˈɑːbɪtrɑːʒ, ˈɑːbɪtrɪdʒ/ *n* (*Fin, formal*) arbitraje (*cambio de valores mercantiles*)

▶ **arbitrageur** *n* (*Fin, formal*) persona que trabaja en el arbitraje

arbitrary /ˈɑːbɪtrəri; *USA* ˈɑːbɪtreri/ *adj* **1** arbitrario: *an arbitrary decision* una decisión arbitraria **2** indiscriminado

▶ **arbitrarily** *adv* arbitrariamente, indiscriminadamente

arbitrariness *n* arbitrariedad

arbitrate /ˈɑːbɪtreɪt/ *vt, vi* arbitrar: *to arbitrate (in) a dispute* arbitrar en una disputa

▶ **arbitration** *n* arbitrio: *independent arbitration* arbitrio independiente

arbitrator *n* árbitro (*en una disputa, etc*)

arboreal /ɑːˈbɔːriəl/ *adj* (*formal*) arbóreo

arbour /ˈɑːbə(r)/ *n* glorieta (*en un jardín*)

arc /ɑːk/ *n* **1** (*Geom*) arco **2** (*Elec*) arco eléctrico

arcade /ɑːˈkeɪd/ *n* **1** galería: *shopping arcade* galería comercial *Ver tb* AMUSEMENT ARCADE **2** soportales

▶ **arcaded** *adj*: *an arcaded courtyard* un patio con soportales

arcane /ɑːˈkeɪn/ *adj* arcano

arch[1] /ɑːtʃ/ *n* **1** (*Arquit*) **(a)** (*como soporte*) arco **(b)** (*tb* **archway**) (*como paso*) arco ☛ *Ver ilustración en* IGLESIA **2** (*del pie*) puente ☛ *Ver ilustración en* PIE

■ **arch** *vt, vi* **1** (*espalda*) arquear(se) **2** (*cejas*) enarcar (se)

arch[2] /ɑːtʃ/ *adj* **1** malicioso, travieso: *an arch look* una mirada maliciosa **2** *She's an arch capitalist.* Es una capitalista a ultranza. ◊ *They're arch-rivals.* Son archirrivales.

archaeological (*USA* **archeological**) /ˌɑːkiəˈlɒdʒɪkl/ *adj* arqueológico: *archaeological site* yacimiento arqueológico

archaeologist (*USA* **archeologist**) /ˌɑːkiˈɒlədʒɪst/ *n* arqueólogo, -a

archaeology /ˌɑːkiˈɒlədʒi/ (*USA* **archeology**) *n* arqueología

archaic /ɑːˈkeɪɪk/ *adj* arcaico

▶ **archaism** *n* arcaísmo

archangel /ˈɑːkeɪndʒl/ *n* arcángel

archbishop /ˌɑːtʃˈbɪʃəp/ *n* arzobispo

archdeacon /ˌɑːtʃˈdiːkən/ *n* arcediano

archduke /ˌɑːtʃˈdjuːk; *USA* -ˈduːk/ *n* archiduque

arched /ɑːtʃt/ *adj* **1** (*ventana, etc*) en arco **2** (*cejas, etc*) arqueado

arch-enemy /ˌɑːtʃ ˈenəmi/ *n* (*pl* **-ies**) archienemigo, -a

archeological *adj* (*USA*) *Ver* ARCHAEOLOGICAL

▶ **archeologist** *n* (*USA*) *Ver* ARCHAEOLOGIST

archeology *n* (*USA*) *Ver* ARCHAEOLOGY

archer /ˈɑːtʃə(r)/ *n* arquero, -a

▶ **archery** *n* tiro con arco

archetype /ˈɑːkitaɪp/ *n* **1** arquetipo **2** prototipo

▶ **archetypal** (*tb* **archetypical**) *adj* arquetípico, prototípico

archipelago /ˌɑːkɪˈpeləgəʊ/ *n* (*pl* **~s** o **~es**) archipiélago

architect /ˈɑːkɪtekt/ *n* arquitecto, -a

architecture /ˈɑːkɪtektʃə(r)/ *n* arquitectura

▶ **architectural** *adj* arquitectónico

architecturally *adv* en cuanto a la arquitectura

archive /ˈɑːkaɪv/ *n* archivo: *archive material* material de archivo

■ **archive** *vt* archivar

▶ **archival** *adj* en archivos: *archival storage* almacenamiento en archivos

archivist *n* archivero, -a

arch-rival /ˌɑːtʃ ˈraɪvl/ *n* archirrival

archway /ˈɑːtʃweɪ/ (*tb* **arch**) *n* (*Arquit*) arco

Arctic /ˈɑːktɪk/ *adj* **1** ártico: *the Arctic Circle* el Círculo Polar ártico ☛ *Ver ilustración en* GLOBO **2** (*condiciones, etc*) polar

■ **the Arctic** *n* el ártico

ardent /ˈɑːdnt/ *adj* ferviente: *an ardent supporter* un seguidor entusiasta

▶ **ardently** *adv* fervientemente

ardour (*USA* **ardor**) /ˈɑːdə(r)/ *n* fervor

arduous /ˈɑːdjuəs; *USA* -dʒu-/ *adj* arduo

▶ **arduously** *adv* arduamente

are /ə(r), ɑː(r)/ *Ver* BE

area /ˈeəriə/ *n* **1(a)** superficie: *The kitchen has an area of 12 square metres.* La cocina tiene 12 metros cuadrados de superficie. **(b)** (*Mat*) área **2(a)** (*Geog*) área: *in the Seville area* en el área de Sevilla **(b)** zona: *shopping area* zona comercial ◊ *play area* recinto para juegos **(c)** *area manager* director regional *Ver tb* CATCHMENT AREA, NO-GO AREA, SERVICE AREA **3** (*de actividad, etc*) área **4** (*fútbol*) área

area code *n* **1** código postal **2** (*USA*) (*GB* **dialling code**) prefijo

arena /əˈriːnə/ *n* **1(a)** (*circo romano*) arena **(b)** (*circo*) pista **(c)** (*plaza de toros*) ruedo **2(a)** (*deporte*) estadio **(b)** (*actuaciones*) auditorio **3** (*fig*) ámbito: *the political arena* el ámbito político

aren't /ɑːnt/ = ARE NOT *Ver* BE

arguable /ˈɑːgjuəbl/ *adj* **1** probable: *It is arguable that the fault is his.* Es probable que sea culpa suya. **2** discutible

▶ **arguably** *adv* probablemente: *arguably the best actor of his generation* probablemente el mejor actor de su época

argue /ˈɑːgjuː/ **1** *vi* **(a)** discutir: *Don't argue with your mother.* No discutas con tu madre. **(b) ~ (for/against sth)** argumentar (a favor de/en contra de algo) **2** *vt* (*caso, etc*) argumentar: *a well-argued case* un caso bien argumentado **3** (*formal*) demostrar

LOC **to argue the toss** volver a discutir un asunto ya decidido *Ver tb* CORNER[1]

PHR V **to argue sb into/out of doing sth**: *He argued her out of leaving.* La convenció para que no se fuera. **to argue sth out**: *They spent the whole evening arguing it out.* Estuvieron toda la noche para llegar a un acuerdo.

argument /ˈɑːgjumənt/ *n* **1 ~ (over/about sth/sb)** discusión (por algo/algn): *to have an argument* discutir ◊ *a heated argument* una discusión acalorada **2 ~ (for/against sth)** argumento (a favor/en contra de algo)

LOC *Ver* SAKE, SLIPPERY

argumentative /ˌɑːgjuˈmentətɪv/ *adj* polémico (*solo se aplica a personas*)

aria /ˈɑːriə/ *n* aria

arid /ˈærɪd/ *adj* árido

▶ **aridity** *n* aridez

Aries /ˈeəriːz/ *n* (*pl* **Aries**) aries ☛ *Ver ejemplos en* AQUARIUS ☛ *Ver ilustración en* ZODIACO

▶ **Arian** *n, adj* (*poco frec*) aries

aright /əˈraɪt/ *adv* (*antic* o *formal*) correctamente: *if I heard him aright* si le entendí correctamente

Nótese que **aright** se utiliza principalmente después de los verbos **hear** y **understand**, aunque es un uso muy formal. Hoy en día se suele emplear **right** en vez de **aright**.

arise /əˈraɪz/ *vi* (*pret* **arose** /əˈrəʊz/ *pp* **arisen** /əˈrɪzn/) **1** (*problema*) surgir **2** (*oportunidad*) presentarse **3** (*tormenta*) levantarse **4** (*situación, etc*) producirse: *should the need arise* si fuera preciso **5** (*cuestión, etc*) plantearse **6** (*antic*) alzarse

aristocracy /ˌærɪˈstɒkrəsi/ *n* (*pl* **-ies**) aristocracia: *a member of the aristocracy* un aristócrata

aristocrat /ˈærɪstəkræt; *USA* əˈrɪst-/ *n* aristócrata

▶ **aristocratic** /ˌærɪstəˈkrætɪk; *USA* əˌrɪstə-/ *adj* aristocrático

arithmetic /əˈrɪθmətɪk/ *n* **1** aritmética **2** cálculo: *mental arithmetic* cálculo mental ◊ *if my arithmetic is correct* si mis cálculos no fallan

▶ **arithmetic(al)** /ˌærɪθˈmetɪk(l)/ *adj* aritmético: *owing to an arithmetical error* debido a un error de cálculo

ark /ɑːk/ *n* arca: *Noah's Ark* el arca de Noé ◊ *the Ark of the Covenant* el arca de la alianza

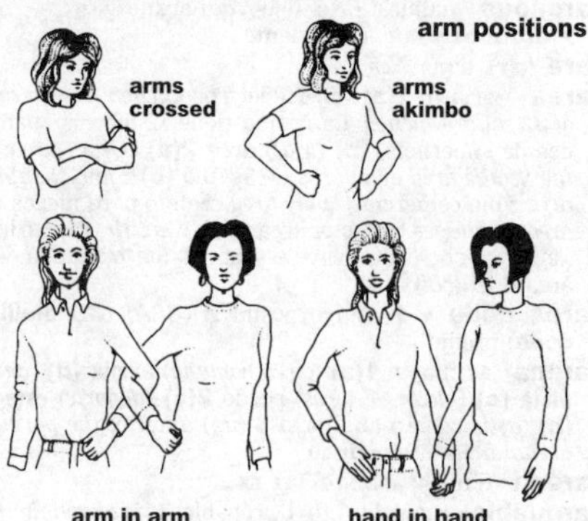

arm /ɑːm/ *n* brazo: *I've broken my arm.* Me he roto el brazo. ◊ *She held the baby in her arms.* Tenía al bebé en brazos. ◊ *I took his arm.* Le cogí del brazo. ◊ *The child threw his arms around his father.* El niño le echó los brazos al cuello a su padre. ◊ *the political arm of the organisation* el brazo político de la organización *Ver tb* FOREARM, STRONG-ARM
LOC **arm in arm** del brazo: *to walk arm in arm with sb* andar del brazo (de algn) **the (long) arm of the law** el brazo de la ley **(to cost/pay) an arm and a leg** (costar/pagar) un ojo de la cara **to hold/keep sb at arm's length** mantener a algn a distancia **to put your arm around sb** abrazar a algn **with arms akimbo** (con los brazos) en jarras **within arm's reach** al alcance de la mano *Ver tb* BABE, CHANCE, FOLD[1], OPEN[1], SHOT[1], TWIST[1], WELCOME
■ **arm 1(a)** *vt* armar **(b)** *v refl* **to arm yourself (with sth)** armarse (con algo) **(c)** *vt* (*bomba*) activar **2** *vi* armarse *Ver tb* ARMED

armada /ɑːˈmɑːdə/ *n* **1** armada **2 the Armada** la Armada Invencible

armadillo /ɑːməˈdɪləʊ/ *n* (*pl* **~s**) armadillo

Armageddon /ˌɑːməˈgedn/ *n* **1** (*Relig*) Armagedón **2** (*fig*) apocalipsis

armament /ˈɑːməmənt/ *n* **1** armamento **2 armaments** [*pl*]: *an armaments factory* una fábrica de armamento

armature /ˈɑːmətʃə(r)/ *n* armadura (*armazón*)

armband /ˈɑːmbænd/ *n* brazalete

armchair /ˈɑːmtʃeə(r), ɑːmˈtʃeə(r)/ *n* **1** sillón, butaca **2** [*antes de sustantivo*] (*fig*): *an armchair traveller* un aficionado a los libros de viajes

armed /ɑːmd/ *adj* **~ (with sth) 1** (*lit*) armado (con algo) **2** (*fig*) armado (de algo) **3** (*misil*) cargado (de algo)
LOC **armed to the teeth** armado hasta los dientes

armed forces (*tb* **armed services**) *n* fuerzas armadas

armed robbery *n* atraco a mano armada ☛ *Ver nota en* THEFT

armful /ˈɑːmfʊl/ *n* brazado

armhole /ˈɑːmhəʊl/ *n* sisa

armistice /ˈɑːmɪstɪs/ *n* armisticio

Armistice Day /ˈɑːmɪstɪs deɪ/ (*USA* **Veterans' Day**) *n* Día del Armisticio (el 11 de noviembre, aniversario del armisticio al final de la Primera Guerra Mundial)

armour (*USA* **armor**) /ˈɑːmə(r)/ *n* [*incontable*] **1** armadura: *a suit of armour* una armadura **2** blindaje
LOC *Ver* CHINK[1]
▶ **armoured** (*USA* **armored**) /ˈɑːməd/ *adj* **1** (*coche, etc*) blindado **2** (*barco, etc*) acorazado

armour-plated (*USA* **armor-**) /ˌɑːmə ˈpleɪtɪd/ *adj* **1** (*coche, etc*) blindado **2** (*barco, etc*) acorazado
▶ **armour-plating** *n* blindaje

armoury (*USA* **armory**) /ˈɑːməri/ *n* (*pl* **-ies**) arsenal

armpit /ˈɑːmpɪt/ *n* axila

arms /ɑːmz/ *n* [*pl*] **1** armas: *the arms race* la carrera de armamento *Ver tb* FIREARM **2** escudo (de armas)
LOC **to be up in arms (about/over sth)** estar en pie de guerra (a causa de algo) **to lay down arms** rendir las armas **to take up arms (against sb)** (*formal*) tomar las armas (contra algn) **under arms** sobre las armas *Ver tb* BROTHER, GROUND[2]

army /ˈɑːmi/ *n* (*pl* **-ies**) **1** ejército: *to join the army* alistarse en el ejército *Ver tb* TERRITORIAL ARMY, THE SALVATION ARMY **2** [*antes de sustantivo*] castrense: *army life* la vida castrense

A-road /ˈeɪ rəʊd/ *n* (*GB*) carretera nacional *Ver tb* B-ROAD

aroma /əˈrəʊmə/ *n* aroma

aromatherapy /əˌrəʊməˈθerəpi/ *n* aromaterapia

aromatic /ˌærəˈmætɪk/ *adj* aromático

arose *pret de* ARISE

around /əˈraʊnd/ (*tb* **about**) *adv* **1** más o menos: *around 200 people* más o menos 200 personas **2** hacia: *around 1850/in about 1850* hacia 1850

> En expresiones temporales, la palabra **about** se coloca después de la preposición **at**, **on**, **in**, etc, mientras que el término **around** no requiere preposición: *around 5 o'clock/at about 5 o'clock* a eso de las 5 ◊ *around 15 June/on about 15 June* hacia el 15 de junio

3 por aquí, por allí: *There's nobody around.* No hay nadie por aquí.
■ **around** (*tb* **round**, **about**) *part adv* **1** de aquí para allá: *I've been dashing (a)round all morning.* Llevo toda la mañana de aquí para allá. **2** a su alrededor: *I stood by the door, looking (a)round.* Me quedé junto a la puerta, mirando a mi alrededor. *Ver tb* TURNAROUND
☛ Para los usos de **around** en PHRASAL VERBS ver las entradas de los verbos correspondientes, p. ej. **to lie around** en LIE[2]
■ **around** (*tb* **round**) *prep* **1** por: *to travel (a)round the world* viajar por el mundo **2** alrededor de: *to drive around the block* darle una vuelta a la manzana ◊ *We were sitting (a)round the table.* Estábamos sentados alrededor de la mesa. ◊ *He ran (a)round the field three times.* Dio tres vueltas al campo corriendo.

arousal /əˈraʊzl/ *n* excitación (sexual)

arouse /əˈraʊz/ *vt* **1** (*sospecha, etc*) suscitar **2** excitar (sexualmente) **3 ~ sb (from sth)** despertar a algn (de algo)

arpeggio /ɑːˈpedʒiəʊ/ *n* (*pl* **~s**) arpegio

arr 1 (*Mús*) *abrev de* **arranged by 2** *abrev de* **arrival**

arraign /əˈreɪn/ *vt* acusar: *He was arraigned for theft.* Fue acusado de robo.

arrange /əˈreɪndʒ/ *vt* **1** disponer, ordenar: *He arranged the chairs in a circle.* Dispuso las sillas en círculo. ◊ *She had arranged her books in alphabetical order.* Había ordenado sus libros alfabéticamente. **2** organizar: *Who is arranging the transport?* ¿Quién se encarga de organizar el transporte? **3 ~ for sb to do sth** asegurarse de que algn haga algo: *He arranged for his son to meet me.* Se aseguró de que su hijo me fuera a esperar. **4 ~ to do sth** quedar en hacer algo: *We arranged that I would pick her up.* Quedamos en que yo iría a buscarla. **5 ~ sth (for sth)** (*Mús*) arreglar algo (para algo) **6** (*matrimonio*) concertar *Ver tb* PRE-ARRANGE

arrangement /əˈreɪndʒmənt/ *n* **1(a)** (*muebles, etc*) disposición: *the seating arrangement* la disposición de los invitados **(b)** arreglo: *a flower arrangement* un arreglo floral **2 arrangements** [*pl*] preparativos: *travel arrangements* preparativos de viaje **3** acuerdo: *to come to an arrangement* llegar a un acuerdo
LOC **by arrangement with** con permiso de

arranger /əˈreɪndʒə(r)/ *n* **1** (*Mús*) arreglista **2** organizador, -ora
arrant /ˈærənt/ *adj* (*ret*) redomado: *arrant nonsense* disparates de marca mayor
array /əˈreɪ/ *n* **1(a)** colección: *a dazzling array of jewels* una magnífica colección de joyas **(b)** surtido **2** variedad: *a vast array of colours* una enorme variedad de colores ◊ *a bewildering array of statistics* una desconcertante serie de estadísticas **3** (*formal*) atavío
▶ **arrayed** *adj* (*formal*) **1** ~ **in sth** ataviado con algo **2** (*Mil*) en formación
arrears /əˈrɪəz/ *n* [*pl*] **1** (*dinero*) atrasos: *rent arrears* atrasos en el alquiler **2** (*trabajo*) retraso
LOC in arrears atrasado: *She was two months in arrears with her rent.* Iba dos meses atrasada con el alquiler.
arrest /əˈrest/ *vt* **1** (*delincuente, etc*) detener **2** (*formal*) **(a)** (*inflación, etc*) contener **(b)** (*atención*) atraer
▶ **arresting** *adj* llamativo
■ **arrest** *n* **1** detención: *to resist arrest* resistirse a la detención *Ver tb* CITIZEN'S ARREST, HOUSE ARREST **2** (*Med*) *a cardiac arrest* un paro cardiaco
LOC to be under arrest quedar detenido **to place/put sb under arrest** detener a algn
arrive /əˈraɪv/ *vi* **1** llegar

¿**Arrive in** o **arrive at**? **Arrive in** se utiliza cuando se llega a un país o a una población: *When did you arrive in England?* ¿Cuándo llegaste a Inglaterra? ◊ *We arrived in London yesterday.* Llegamos a Londres ayer. **Arrive at** se usa seguido de lugares específicos como un edificio, una estación, etc: *We'll phone you as soon as we arrive at the airport.* Os llamaremos en cuanto lleguemos al aeropuerto.
Nótese que "llegar a casa" se dice *to arrive home*.

2 (*coloq*) llegar a la cumbre
PHR V to arrive at sth llegar a algo: *Have you arrived at any conclusions?* ¿Has llegado a alguna conclusión?
▶ **arrival** *n* **1** (*abrev* **arr**) (*de tren, etc*) llegada: *estimated time of arrival* hora prevista de llegada **2 Arrivals** (*en un aeropuerto, etc*) llegadas **3** (*persona*): *new/recent arrivals* recién llegados
arrogant /ˈærəgənt/ *adj* arrogante
▶ **arrogance** *n* arrogancia
arrogantly *adv* con arrogancia
arrow /ˈærəʊ/ *n* flecha
arse /ɑːs/ *n* (⚠) ☛ *Ver nota en* TABÚ **1** (*USA* **ass** /æs/) culo: *It's a pain in the arse.* Es un coñazo. **2** (*tb* **arsehole** /ˈɑːshəʊl/) gilipollas **LOC** *Ver* KNOW
arsenal /ˈɑːsənl/ *n* arsenal
arsenic /ˈɑːsnɪk/ *n* arsénico
arson /ˈɑːsn/ *n* incendio criminal: *an arson attack* un incendio provocado
▶ **arsonist** *n* incendiario, -a
art /ɑːt/ *n* **1** arte: *modern art* el arte moderno ◊ *art for art's sake* el arte por el arte ◊ *a work of art* una obra de arte ◊ *an art form* una forma de arte **2(a)** arte: *the art of writing* el arte de escribir **(b)** maña **(c)** técnica **3 the arts** [*pl*] las Bellas Artes: *the Arts Minister* el ministro de Cultura ◊ *art school* escuela de bellas artes **4 arts** [*pl*] (*asignatura*) letras: *Bachelor of Arts* Licenciado en Filosofía y Letras *Ver tb* FINE ART, OBJET D'ART, PERFORMING ARTS, STATE OF THE ART
LOC an art exhibition una exposición de arte **an art gallery** una galería de arte, un museo ☛ *Ver nota en* MUSEO *Ver tb* FINE²
artefact (*tb* **artifact**) /ˈɑːtɪfækt/ *n* artefacto
artery /ˈɑːtəri/ *n* (*pl* **-ies**) arteria: *hardening of the arteries* endurecimiento arterial
▶ **arterial** *adj* arterial
artful /ˈɑːtfl/ *adj* **1** mañoso **2** ingenioso
▶ **artfully** *adv* **1** ingeniosamente **2** con mucha maña
arthritis /ɑːˈθraɪtɪs/ *n* artritis
▶ **arthritic** *adj, n* artrítico

artichoke /ˈɑːtɪtʃəʊk/ *n* **1** alcachofa **2** (*tb* **Jerusalem artichoke**) aguaturma
article /ˈɑːtɪkl/ *n* **1** artículo: *an article of faith* un artículo de fe ◊ *articles of clothing* prendas de vestir ◊ *Ver tb* DEFINITE ARTICLE, INDEFINITE ARTICLE, LEADING ARTICLE **2** (*Jur, en contratos, etc*) artículo **3** (*Com*): *articles of association* (*of a company*) estatutos de asociación (de una empresa) **LOC** *Ver* GENUINE
▶ **articled** *adj*: *an articled clerk* un pasante
LOC to be articled to sb servir bajo contrato a algn
articulate¹ /ɑːˈtɪkjulət/ *adj* capaz de expresarse con fluidez
▶ **articulately** *adv* con fluidez
articulate² /ɑːˈtɪkjuleɪt/ *vt, vi* articular: *articulated lorry* camión articulado
▶ **articulation** *n* **1** (*ideas, etc*) expresión **2** (*sonidos, etc*) articulación

Nótese que las articulaciones del cuerpo se llaman **joints** y las de los dedos **knuckles**.

artifact *n Ver* ARTEFACT
artifice /ˈɑːtɪfɪs/ *n* artificio
artificer /ɑːˈtɪfɪsə(r)/ *n* artífice
artificial /ˌɑːtɪˈfɪʃl/ *adj* artificial: *artificial insemination/intelligence* inseminación/inteligencia artificial ◊ *artificial respiration* respiración artificial
▶ **artificiality** *n* lo artificial
artificially *adv* artificialmente
artillery /ɑːˈtɪləri/ *n* [*incontable*] artillería
artisan /ˌɑːtɪˈzæn; *USA* ˈɑːrtɪzn/ *n* artesano, -a
artist /ˈɑːtɪst/ *n* artista **LOC** *Ver* PISS
artiste /ɑːˈtiːst/ *n* artista

Nótese que **artiste** solo se aplica a los artistas que actúan en público. **Artist** es la palabra más general para hablar de un artista.

artistic /ɑːˈtɪstɪk/ *adj* artístico
▶ **artistically** *adv* artísticamente
artistry /ˈɑːtɪstri/ *n* arte (*pericia*)
artless /ˈɑːtləs/ *adj* **1** (*aprob*) inocente **2** torpe
artwork /ˈɑːtwɜːk/ *n* material gráfico (*en una publicación*)
arty /ˈɑːti/ *adj* (*coloq, pey*) con pretensiones artísticas: *to be arty* dárselas de artista
Aryan /ˈeəriən/ *adj, n* ario, -a
as /əz, æz/ *prep* **1** (*en calidad de*) como: *Treat me as a friend.* Trátame como a un amigo. ◊ *Use this plate as an ashtray.* Usa este plato como cenicero. **2** (*con profesiones*) de: *disguised as a policeman* disfrazado de policía ◊ *to work as a waiter* trabajar de camarero **3** (*cuando algn es/era*) de: *I learned it as a child.* Lo aprendí de pequeño.

Nótese que para comparaciones y ejemplos utilizamos **like**: *a car like yours* un coche como el tuyo ◊ *Romantic poets, like Byron, Shelley, etc* poetas románticos (tales) como Byron, Shelley, etc.

■ **as** *adv* **1 as ... as** tan ... como: *She is as tall as me/as I am.* Es tan alta como yo. ◊ *He isn't as old as all that!* ¡No es tan viejo! ◊ *as soon as possible* lo antes posible ◊ *I earn as much as her/as she does.* Gano tanto como ella. **2** como: *It's broken, as you can see.* Como puedes ver, se ha roto.
■ **as** *conj* **1** mientras: *I watched her as she combed her hair.* La miré mientras se peinaba. **2** como: *As you weren't there I left a message.* Como no estabas, dejé un recado. **3** tal como: *Leave the room as you find it.* Deja la habitación tal como la encuentres. **4** igual que: *She went to university, as did her brother.* Fue a la universidad, igual que su hermano. **5** *Rich as he is, he isn't happy.* Por muy rico que sea, no es feliz. ◊ *try as he might* por mucho que lo intentara
LOC as ... as can/could be de lo más ...: *She's as happy as can be.* Está de lo más feliz. **as for sth/sb** en

cuanto a algo/algn: *As for him, he left years ago.* En cuanto a él, se fue hace muchos años. **as if/as though** como si/para: *He behaved as if nothing had happened.* Se condujo como si no hubiera sucedido nada. ◊ *She got up as if to leave.* Se levantó como para marcharse. **as it is** vista la situación **as it were** por así decirlo **as to sth/as regards sth** en cuanto a algo **to be as clever, stupid, etc as they come** (*coloq*) *He's as daft as they come.* Más tonto no lo hacen.

asap /ˌeɪ es eɪ ˈpiː/ *abrev de* **as soon as possible**

asbestos /æsˈbestəs/ *n* amianto
▶ **asbestosis** *n* asbestosis

ascend /əˈsend/ (*formal*) **1** *vi* ascender **2** *vt* (*escaleras, etc*) subir
LOC to ascend the throne subir al trono

ascendancy (*tb* **ascendency**) /əˈsendənsi/ *n* **~ (over sb)** ascendiente (sobre algn)

ascendant (*tb* **ascendent**) /əˈsendənt/ *n*
LOC in the ascendant en ascenso

ascension /əˈsenʃn/ *n* **1** ascensión **2 the Ascension** (*Relig*) la Ascensión: *Ascension Day* día de la Ascensión

ascent /əˈsent/ *n* **1** ascenso **2** cuesta

ascertain /ˌæsəˈteɪn/ *vt* (*formal*) **1** averiguar **2** (*hechos, etc*) determinar

ascetic /əˈsetɪk/ *adj* ascético
■ **ascetic** *n* asceta
▶ **asceticism** *n* ascetismo

ASCII /ˈæski/ (*Informát*) *abrev de* **American Standard Code for Information Interchange** letras y números del teclado básico

ascorbic acid *n* ácido ascórbico

ascribe /əˈskraɪb/ *vt* **~ sth to sth/sb** atribuir algo a algo/algn

ASEAN /ˈæsiæn/ *abrev de* **Association of South-East Asian Nations** Asociación de Países del Sudeste Asiático

aseptic /ˌeɪˈseptɪk; *USA* əˈsep-/ *adj* aséptico

asexual /ˌeɪˈsekʃuəl/ *adj* asexuado

ash[1] /æʃ/ *n* fresno

ash[2] /æʃ/ *n* **1** ceniza: *cigarette ash* ceniza de cigarrillo ◊ *ash blonde* rubio ceniza **2 ashes** [*pl*] cenizas: *The house was burnt to ashes.* La casa quedó reducida a cenizas. ◊ *'Ashes to ashes, dust to dust.'* "Polvo eres, y en polvo te convertirás." **LOC** *Ver* RAKE[1], RISE[1]

ashamed /əˈʃeɪmd/ *adj* **~ (of sth/sb)** avergonzado (de algo/algn): *I'm ashamed of myself.* Estoy avergonzado. ◊ *You've nothing to be ashamed of.* No tienes nada de que avergonzarte.
LOC to be/feel ashamed to do sth darle vergüenza a algn hacer algo

ashen /ˈæʃn/ *adj* **1** ceniciento **2** (*tb* **ashen-faced**) lívido

ashore /əˈʃɔː(r)/ *adv, prep* en/a tierra: *to go ashore* desembarcar

ashtray /ˈæʃtreɪ/ *n* cenicero

Ash Wednesday *n* Miércoles de Ceniza

ashy /ˈæʃi/ *adj* ceniciento

Asian /ˈeɪʃn; *USA* ˈeɪʒn/ *adj* **1** asiático: *the Asian Games* los Juegos Asiáticos **2** del subcontinente asiático (*India, Pakistán, etc*)
■ **Asian** *n* persona proveniente de India, Pakistán, etc ☛ *Ver nota en* ASIATIC

Asiatic /ˌeɪʃiˈætɪk; *USA* ˌeɪʒi-/ *adj, n* asiático, -a

Algunas personas consideran ofensivo este término, por lo que se aconseja el uso de **Asian**.

aside /əˈsaɪd/ *adv* **1** a un lado: *to stand aside* apartarse ◊ *to take sb aside* llevar a algn aparte **2** en reserva: *I've got a little money put aside.* Tengo un poco de dinero ahorrado.
■ **aside** *n* **1** (*Teat*) aparte **2** (*fig*) comentario al margen

aside from *prep* (*esp USA*) aparte de

ask /ɑːsk/ *vt, vi* **1 to ask sb (sth)** preguntar (algo) a algn: *He asked them their names.* Les preguntó cómo se llamaban. ◊ *Don't ask me!* ¡Yo qué sé! ◊ *to ask a question* hacer una pregunta **2** (*permiso, etc*) pedir: *to ask sb's advice* pedir a algn su consejo ◊ *How much are you asking (for your house)?* ¿Cuánto pides (por tu casa)? **3 to ask sb (to sth)** invitar a algn (a algo): *Ask them to dinner.* Invítales a cenar. **4 to ask (sb) for sth** pedir algo (a algn): *She asked me for a light.* Me pidió fuego. **5 to ask (about sth/sb)** preguntar (acerca de algo/algn): *Ask at reception.* Pregunte en recepción.
LOC ask a silly question (and you'll get a silly answer) (*refrán*) a preguntas tontas, respuestas tontas **for the asking** con solo pedirlo: *The job is yours for the asking.* El trabajo será tuyo con solo pedirlo. **I ask you!** (*coloq*) ¡parece mentira! **if you ask me** en mi opinión **not to have to be asked twice** no hacerse de rogar **to ask (sb) for directions** preguntar (a algn) el camino a algún sitio **to ask for trouble/it** (*coloq*) buscársela: *He's asking for trouble.* Se la está buscando. **to ask sb out** pedirle a algn que salga con uno (como pareja) **to ask sb round** invitar a algn (a tu casa)
PHR V to ask after sb preguntar por algn (*por su salud, etc*)
to ask for sb preguntar por algn (*para verle*)

askance /əˈskæns/ *adv*
LOC to look askance (at sth/sb) mirar con recelo (a algo/algn), mirar de reojo (a algo/algn)

askew /əˈskjuː/ *adj, adv* torcido: *The picture is askew.* El cuadro está torcido.

asking price *n* precio al que se ofrece algo en venta

aslant /əˈslɑːnt; *USA* əˈslænt/ *adv* oblicuamente
■ **aslant** *prep* a través de

asleep /əˈsliːp/ *adj* dormido: *to fall asleep* dormirse ◊ *fast/sound asleep* profundamente dormido

Nótese que **asleep** no se usa antes de un sustantivo, por lo tanto, para traducir "un niño dormido" tendríamos que decir *a sleeping baby.*

asp /æsp/ *n* áspid

asparagus /əˈspærəgəs/ *n* [*incontable*] espárrago(s)

aspect /ˈæspekt/ *n* **1** (*de una situación, etc*) aspecto **2** (*formal*) (*apariencia*) aspecto **3** (*Arquit*) fachada

aspen /ˈæspən/ *n* álamo temblón

asperity /æˈsperəti/ *n* (*formal*) aspereza

aspersions /əˈspɜːʃnz; *USA* -ʒnz/ *n* [*pl*] *Ver tb* CAST

asphalt /ˈæsfælt; *USA* -fɔːlt/ *n* asfalto
■ **asphalt** *vt* asfaltar

asphyxiate /əsˈfɪksieɪt/ *vt* asfixiar
▶ **asphyxiation** *n* asfixia

aspic /ˈæspɪk/ *n* gelatina

aspidistra /ˌæspɪˈdɪstrə/ *n* aspidistra

aspirant /əˈspaɪərənt/ *adj, n* (*formal*) aspirante

aspire /əˈspaɪə(r)/ *vi* **~ after/to sth** aspirar a algo: *aspiring musicians* aspirantes a músicos
▶ **aspiration** *n* aspiración

aspirin /ˈæsprɪn, ˈæspərɪn/ *n* aspirina

ass /æs/ *n* **1** (*tb* **donkey**) asno *Ver tb* JACKASS **2** (*coloq*) burro **3** (*USA*, ⚠) ☛ *Ver nota en* TABÚ *Ver* ARSE
LOC to make an ass of yourself quedar en ridículo *Ver tb* BUST, PAIN

assail /əˈseɪl/ *vt* asaltar: *She was assailed with questions.* La asaltaron a preguntas.

Para ataques físicos se utiliza más el término **assault**.

assailant /əˈseɪlənt/ *n* (*formal*) agresor, -ora

assassinate /əˈsæsɪneɪt; *USA* -sən-/ *vt* asesinar
▶ **assassination** *n* asesinato: *to carry out an assassination* cometer un asesinato
assassin *n* asesino, -a ☛ *Ver nota en* ASESINAR

assault /əˈsɔːlt/ *n* **1** agresión *Ver tb* INDECENT ASSAULT **2 ~ (on sth/sb) (a)** (*verbal*) ataque (contra algo/algn) **(b)** (*Mil*) asalto (a algo/algn): *assault rifle* fusil de asalto **(c)** (*Com*) ofensiva (contra algo/algn)

LOC assault and battery lesiones graves
■ **assault** *vt* agredir
assault course *n* pista americana
assemblage /əˈsemblɪdʒ/ *n* **1** [*contable*] **(a)** (*de personas*) reunión **(b)** (*de cosas*) colección **2** [*incontable*] **(a)** (*de personas*) reunión **(b)** (*de cosas*) recopilación
assemble /əˈsembl/ **1** *vt* **(a)** (*personas*) reunir: *the assembled company* los presentes **(b)** (*datos*) recoger **(c)** (*coches, etc*) montar **2** *vi* **(a)** (*manifestantes, etc*) concentrarse **(b)** reunirse
▶ **assembler** *n* **1** montador, -ora **2** (*Informát*) ensamblador
assembly /əˈsembli/ *n* (*pl* **-ies**) **1** asamblea **2** (*escuela*) reunión matinal **3** montaje: *assembly plant* planta de montaje **4** ensamblado *Ver tb* SELF-ASSEMBLY
assembly line *n* cadena de montaje: *assembly-line worker* montador
assent /əˈsent/ *n* (*formal*) **1** consentimiento **2** aprobación
■ **assent** *vi* **~ to sth** consentir en algo
assert /əˈsɜːt/ *vt* **1** afirmar **2** (*derechos, etc*) hacer valer
LOC to assert yourself imponerse
▶ **assertion** *n* **1** afirmación **2** declaración
assertive /əˈsɜːtɪv/ *adj* firme
▶ **assertively** *adv* con firmeza
assertiveness *n* **1** firmeza **2** autoafirmación: *assertiveness training* cursos de autoafirmación
assess /əˈses/ *vt* **1** (*propiedad, etc*) valorar **2** (*daños, etc*) evaluar **3** (*impuestos, etc*) calcular
▶ **assessment** *n* **1** valoración **2** evaluación **3** análisis *Ver tb* SELF-ASSESSMENT
assessor *n* **1** tasador, -ora **2** asesor jurídico, asesora jurídica
asset /ˈæset/ *n* **1** (*habilidad, cualidad*) ventaja: *Command of a foreign language would be an asset.* El dominio de un idioma extranjero sería una ventaja. **2** (*persona*) valioso: *She's been an enormous asset to the company.* Ha sido un miembro valiosísimo de la empresa. **3 assets** [*pl*] (*Com*) **(a)** activo: *assets and liabilities* activo y pasivo **(b)** bienes
asset-stripping /ˈæset strɪpɪŋ/ *n* compra de empresas en crisis para vender sus activos
asshole /ˈæshəʊl/ *n* (⚠) ☛ *Ver nota en* TABÚ gilipollas
assiduous /əˈsɪdjuəs; *USA* -dʒʊəs/ *adj* aplicado
▶ **assiduously** *adv* con aplicación
assign /əˈsaɪn/ *vt* **1 ~ sth to sb** asignar algo a algn **2(a) ~ sb to sth** destinar a algn a algo **(b) ~ sb to do sth** encargar a algn que haga algo **3** (*importancia, etc*) atribuir
assignation /ˌæsɪɡˈneɪʃn/ *n* (*antic*) cita (ilícita)
assignment /əˈsaɪnmənt/ *n* **1** (*en colegio*) trabajo **2** destino: *a foreign assignment* un destino en el extranjero **3** encargo **4** misión **5** cesión
assimilate /əˈsɪməleɪt/ **1** *vt* asimilar **2** *vi* **~ into sth** (*comunidad*) asimilarse a algo
▶ **assimilation** *n* asimilación
assist /əˈsɪst/ (*formal*) **1** *vt* **~ sth/sb** ayudar a algo/algn: *to assist sb to the door* ayudar a algn a llegar a la puerta **2** *vi* ayudar **3** *vi* (*Med*) asistir
LOC an assisted place una beca
▶ **assistance** *n* (*formal*) **1** ayuda: *Can I be of any assistance, sir?* ¿Le puedo ayudar en algo, señor? **2** asistencia: *to come to sb's assistance* acudir en auxilio de algn
assistant /əˈsɪstənt/ *n* **1** ayudante *Ver tb* PERSONAL ASSISTANT **2** (*tb* **sales/shop assistant**) dependiente, -a **3** (*abrev* **Asst**) [*antes de sustantivo*]: *the assistant manager* la subdirectora
assize /əˈsaɪz/ (*tb* **assize court**) *n* (*antic*) tribunal regional
Assoc *abrev de* **association/associated**
associate¹ /əˈsəʊʃiət/ *n* **1** socio, -a: *a business associate* un socio comercial **2(a)** cómplice **(b)** compañero, -a **3** (*tb* **associate member**) miembro (*no numerario*) **4** *an associate director* un director asociado
associate² /əˈsəʊʃieɪt/ **1(a)** *vt* asociar: *I always associate him with Italy.* Siempre lo asocio con Italia. **(b)** *v refl* **~ yourself with sb** juntarse con algn **2** *vi* **~ (with sb)** relacionarse (con algn)
association /əˌsəʊsiˈeɪʃn/ *n* **1** (*abrev* **Assoc**) asociación *Ver tb* HOUSING ASSOCIATION, PARENT-TEACHER ASSOCIATION, PRESS ASSOCIATION, YOUTH HOSTELS ASSOCIATION **2** relación **3** implicación: *his association with the scandal* su implicación en el escándalo **4** recuerdo: *The word has unpleasant associations for her.* La palabra le trae recuerdos desagradables.
LOC in association with en colaboración con
associative /əˌsəʊsiətɪv/ *adj* asociativo
assorted /əˈsɔːtɪd/ *adj* [*antes de sustantivo*] **1** variado: *assorted colours* colores variados **2** (*galletas, etc*) surtido **3** (*joc*): *Assorted royalty were present.* Asistieron unos cuantos miembros de la familia real.
assortment /əˈsɔːtmənt/ *n* variedad: *a rich/wide assortment of gifts to choose from* una gran variedad de regalos a elegir ◊ *The police found an assortment of firearms.* La policía encontró diversas armas de fuego.
Asst *abrev de* **assistant**
assuage /əˈsweɪdʒ/ *vt* (*formal*) **1** (*ira*) calmar **2** (*dolor*) aliviar **3** (*deseo*) satisfacer
assume /əˈsjuːm; *USA* əˈsuːm/ *vt* **1** suponer: *I assume (that) you're coming with me.* Supongo que vendrás conmigo. ◊ *It'll take us two hours, always assuming the traffic it's not bad.* Tardaremos dos horas, suponiendo que el tráfico esté bien. **2** dar por sentado **3** (*expresión, etc*) adoptar **4(a)** (*significado, etc*) adquirir **(b)** (*control, etc*) asumir: *assume office* asumir el cargo
▶ **assumed** *adj* **1** (*nombre*) falso: *under assumed name* con nombre falso **2** (*manera, etc*) fingido
assumption /əˈsʌmpʃn/ *n* **1** supuesto: *on the assumption that* partiendo del supuesto de que **2** (*de poder, etc*) toma **3** afectación **4 the Assumption** la Asunción: *Assumption Day* el día de la Asunción
assurance /əˈʃʊərəns, əˈʃɔːrəns/ *n* **1(a)** garantía **(b)** afirmación **2** confianza *Ver tb* SELF-ASSURANCE **3** *Ver* LIFE ASSURANCE, LIFE INSURANCE
assure /əˈʃʊə(r), əˈʃɔː(r)/ **1** *vt* asegurar: *It's true, I assure you.* Es verdad, te lo aseguro. ◊ *That goal has assured them (of) a place in the final.* Ese gol les ha asegurado un puesto en la final. **2** *vt* **~ sb of sth (a)** prometer algo a algn **(b)** convencer a algn de algo **3** *v refl* **~ yourself that...** cerciorarse de que...
▶ **assured** *adj* confiado *Ver tb* SELF-ASSURED
LOC to be assured of sth: *She is assured of her party's support.* Tiene asegurado el respaldo de su partido. *Ver tb* REST[1]
assuredly *adv* **1** con toda seguridad **2** con confianza
Assyrian /əˈsɪriən/ *adj, n* asirio, -a
asterisk /ˈæstərɪsk/ *n* asterisco
astern /əˈstɜːn/ *adv* a popa
asteroid /ˈæstərɔɪd/ *n* asteroide
asthma /ˈæsmə; *USA* ˈæzmə/ *n* asma
▶ **asthmatic** *adj, n* asmático, -a
astonish /əˈstɒnɪʃ/ (*tb* **astound**) *vt* asombrar
▶ **astonished** (*tb* **astounded**) *adj* asombrado: *to be astonished at/by sth* quedar asombrado por algo ◊ *I'm astonished that...* Me asombra que... ◊ *with an astonished look* con cara de asombro
astonishing (*tb* **astounding**) *adj* asombroso
astonishingly (*tb* **astoundingly**) *adv* increíblemente
astonishment *n* asombro: *He looked at me in astonishment.* Me miró con asombro. ◊ *To my astonishment it had disappeared.* Para gran sorpresa mía, había desaparecido.
astound /əˈstaʊnd/ *vt Ver* ASTONISH
▶ **astounded** *adj Ver* ASTONISHED
astounding *adj Ver* ASTONISHING

astoundingly *adj Ver* ASTONISHINGLY
astray /əˈstreɪ/ *adv*
LOC to go astray extraviarse *Ver tb* LEAD[3]
astride /əˈstraɪd/ *adv, prep* **~ (sth)** a horcajadas (en algo)
astringent /əˈstrɪndʒənt/ *adj* **1** (*fig*) severo **2** (*lit*) astringente
astrologer /əˈstrɒlədʒə(r)/ *n* astrólogo, -a
astrology /əˈstrɒlədʒi/ *n* astrología
▶ **astrological** *adj* astrológico
astronaut /ˈæstrənɔːt/ *n* astronauta
astronomer /əˈstrɒnəmə(r)/ *n* astrónomo, -a
astronomical /ˌæstrəˈnɒmɪkl/ *adj* astronómico: *an astronomical salary* un salario astronómico
astronomy /əˈstrɒnəmi/ *n* astronomía
astrophysics /ˌæstrəʊˈfɪzɪks/ *n* [*sing*] astrofísica
▶ **astrophysicist** *n* astrofísico, -a
astute /əˈstjuːt; *USA* əˈstuːt/ *adj* astuto
▶ **astutely** *adv* con astucia
astuteness *n* astucia
asunder /əˈsʌndə(r)/ *adv* (*antic*)
LOC to rip, tear, split, etc sth asunder 1 romper, partir, etc algo: *families torn asunder by the revolution* familias rotas por la revolución **2** fragmentar algo
asylum /əˈsaɪləm/ *n* **1** asilo: *to grant/seek political asylum* conceder/pedir asilo político **2** (*tb* **lunatic asylum**) (*antic*) manicomio
asymmetric /ˌeɪsɪˈmetrɪk/ (*tb* **asymmetrical** /-ɪkl/) *adj* asimétrico
▶ **asymmetry** *n* asimetría
at /ət, æt/ *prep* **1** (*posición*) en: *at the door* en la puerta ◊ *at the bus stop* en la parada de autobús ◊ *at the top/bottom of the hill* en la cima/base de la colina ◊ *Turn left at the traffic lights.* Gire a la izquierda en el semáforo. ◊ *I'll meet you at the cinema.* Me encontraré contigo en el cine. ◊ *at home* en casa ◊ *He's at his brother's.* Está en casa de su hermano. ◊ *They live at (number) 122 Baker Street.* Viven en el 122 de Baker Street. ☛ *Ver nota en* ARRIVE, EN **2** (*tiempo, ocasión*) a, en: *at 3.35* a las 3.35 ◊ *at the moment/at present* de momento ◊ *at that (very) moment* en ese (mismo) momento ◊ *at Christmas* en Navidades ◊ *at the meeting/party* en la reunión/en la fiesta ◊ *at the weekend* el fin de semana ◊ *at night* por la noche ◊ *at dawn/dusk* al amanecer/anochecer ☛ *Ver nota en* MORNING **3** (*edad*) a: *They got married at (the age of) 65.* Se casaron a los 65. **4** (*precio, frecuencia, velocidad*) a: *at 120 kilometres per hour* a 120 kilómetros por hora ◊ *at full volume* a todo volumen ◊ *at half price* a mitad de precio ◊ *two at a time* de dos en dos **5** (*hacia*): *to aim a gun at sb* apuntar a algn con una pistola ◊ *to stare at sb* mirar fijamente a algn ◊ *He threw a stone at the window.* Tiró una piedra a la ventana. ◊ *to shout at sb* gritarle a algn ☛ *Ver nota en* SHOUT **6** (*con superlativos*): *This is comedy at its best.* Es una de las mejores comedias que he visto. **7** (*reacción*): *We were amazed at the results.* Los resultados nos sorprendieron muchísimo. ◊ *surprised at sth* sorprendido con algo ◊ *at my request* a petición mía ◊ *At this, she fainted.* Ante esto, se desmayó. **8** (*actividad*): *children at play* niños jugando ◊ *to be at war/at peace* estar en guerra/en paz ◊ *She's at work.* Está en el trabajo.
atavism /ˈætəvɪzəm/ *n* atavismo
▶ **atavistic** *adj* atávico
ate *pret de* EAT
atelier /əˈtelieɪ; *USA* ˌætlˈjeɪ/ *n* estudio de artista
atheism /ˈeɪθiɪzəm/ *n* ateísmo
▶ **atheist** *n* ateo, -a
atheist(ic) *adj* ateo
Athenian /əˈθiːniən/ *adj, n* ateniense
athlete /ˈæθliːt/ *n* atleta: *athlete's foot* pie de atleta
▶ **athletic** *adj* atlético
athleticism *n* forma física
athletics /æθˈletɪks/ *n* [*sing*] atletismo
atishoo /əˈtɪʃuː/ *interj* ¡achís! ☛ *Ver nota en* ¡ACHÍS!
atlas /ˈætləs/ *n* **1** atlas **2** (*de carreteras*) mapa
atmosphere /ˈætməsfɪə(r)/ *n* **1** atmósfera **2** ambiente: *There was an atmosphere of tension.* Había un ambiente de tensión.
▶ **atmospheric** *adj* **1** atmosférico: *atmospheric pressure* presión atmosférica **2** (*fig*) ambiental
atoll /ˈætɒl/ *n* atolón
atom /ˈætəm/ *n* **1** átomo: *to split the atom* dividir el átomo **2** (*fig*) ápice: *There isn't an atom of truth in the rumour.* No hay un ápice de verdad en ese rumor.
atomic /əˈtɒmɪk/ *adj* atómico: *atomic energy* energía atómica ◊ *atomic weapons* armas nucleares
atom(ic) bomb (*tb* **A-bomb**) *n* bomba atómica
atonal /eɪˈtəʊnl/ *adj* atonal
atone /əˈtəʊn/ *vi* **~ (for sth)** (*formal*) expiar (algo)
▶ **atonement** *n* **1** expiación: *to make atonement for sth* expiar algo **2 the Atonement** (*Relig*) la Pasión
atop /əˈtɒp/ *prep* **~ sth** encima de algo
atrium /ˈeɪtriəm/ *n* (*pl* **atriums, atria**) atrio
atrocious /əˈtrəʊʃəs/ *adj* **1** atroz **2** pésimo: *atrocious weather* tiempo pésimo
▶ **atrociously** *adv* pésimamente
atrocity *n* (*pl* **-ies**) atrocidad
atrophy /ˈætrəfi/ *n* atrofia
■ **atrophy** *vt, vi* (*pret, pp* **-ied**) atrofiar
attach /əˈtætʃ/ **1** *vt* **~ sth (to sth) (a)** pegar algo (en algo) **(b)** (*documentos, etc*) adjuntar algo (a algo): *Please sign the attached form.* Firme el documento que se adjunta. **(c)** (*importancia, etc*): *They attach great importance to the results.* Les dan mucha importancia a los resultados. **2** *v refl* **(a) ~ yourself to sth** unirse a algo **(b) ~ yourself to sb** pegarse a algn **3** *vi* (*formal*) *No blame attaches to you.* No se te atribuye ninguna culpa. **LOC** *Ver* CREDENCE, STRING
attaché /əˈtæʃeɪ; *USA* ˌætəˈʃeɪ/ *n* agregado, -a: *press attaché* agregado de prensa
attaché case *n* maletín (*para documentos*)
attached /əˈtætʃt/ *adj* [*predicativo*] **~ (to sth/sb)** unido (a algo/algn): *They're very attached to each other.* Están muy unidos.
attachment /əˈtætʃmənt/ *n* **1** conexión **2** accesorio: *a shower attachment* un accesorio para la ducha **3 ~ to sth/sb** apego a algo/algn **4** incautación
LOC on attachment to: *She's on attachment to the Ministry of Defence.* Está agregada al Ministerio de Defensa.
attack /əˈtæk/ *n* **~ (on sth/sb)** ataque (contra algo/algn): *to come under attack* ser atacado ◊ *a heart attack* un ataque al corazón *Ver tb* COUNTER-ATTACK
■ **attack** *vt, vi* atacar
▶ **attacker** *n* agresor, -ora
attain /əˈteɪn/ *vt* alcanzar
▶ **attainable** *adj* alcanzable
attainment *n* **1** éxito: *a high level of attainment* un nivel alto de éxito **2 ~ (of sth)** consecución (de algo)
attempt /əˈtempt/ *vt* intentar: *to attempt to do sth* intentar hacer algo
■ **attempt** *n* **1 ~ at doing/to do sth** intento (de hacer algo): *an unsuccessful attempt* un intento fallido **2 ~ against sb/on sb's life** atentado (contra algn)
▶ **attempted** *adj*: *attempted murder* asesinato frustrado ◊ *He was charged with attempted robbery.* Fue acusado de intento de robo.
attend /əˈtend/ **1** *vt, vi* **~ (sth)** asistir (a algo) **2** *vt* **~ sb (a)** ocuparse de algn **(b)** (*formal*) acompañar a algn
PHR V to attend to sb atender a algn
to attend to sth/sb 1 ocuparse de algo/algn: *to attend to sb's needs* ocuparse de las necesidades de algn **2** (*formal*) prestar atención a algo/algn
attendance /əˈtendəns/ *n* **1** asistencia **2** número de asistentes

LOC in attendance presente *Ver tb* DANCE

attendance allowance *n* (*GB*) subvención para cuidar a un enfermo

attendant /əˈtendənt/ *n* **1** encargado, -a: *a swimming pool attendant* un socorrista ◊ *lift attendant* ascensorista **2** acompañante

■ **attendant** *adj* [*antes de sustantivo*] **1** acompañante **2** asociado: *famine and its attendant diseases* el hambre y sus enfermedades asociadas

attender /əˈtendə(r)/ *n*: *She's a regular attender.* Asiste regularmente.

attention /əˈtenʃn/ *n* **1(a)** atención: *May I have your attention please?* ¿Podrían atenderme por favor? ◊ *for the attention of Mr Smith* a la atención del señor Smith ◊ *It has been brought to my attention that…* Se me ha informado de que… **(b)** [*incontable*] (*reparación*) cuidados: *The roof needs attention.* El tejado necesita cuidados. **2** (*Mil*): *to stand to attention* ponerse firmes ◊ *Attention!* ¡Firmes! **LOC** *Ver* CATCH[1], DRAW[2], FOCUS, PAY[2], UNDIVIDED

attentive /əˈtentɪv/ *adj* atento

▶ **attentively** *adv* atentamente

attenuate /əˈtenjueɪt/ *vt* (*formal*) atenuar: *attenuating circumstances* atenuantes

attest /əˈtest/ *vt* (*formal*) **1(a)** atestiguar **(b)** (*documento, etc*) certificar **2** *vi* **~ to sth** dar testimonio de algo

attic /ˈætɪk/ *n* desván

attire /əˈtaɪə(r)/ *n* (*formal*) atavío: *formal attire* traje de etiqueta

▶ **attired** *adj* **~ in sth** ataviado con algo

attitude /ˈætɪtjuːd; *USA* -tuːd/ *n* **1** actitud **2** (*formal*) postura **LOC** *Ver* STRIKE[2]

attorney /əˈtɜːni/ *n* (*pl* **~s**) **1** (*USA*) abogado, -a **2** apoderado, -a ☛ *Ver nota en* ABOGADO *Ver tb* DISTRICT ATTORNEY

Attorney-General *n* **1** (*GB*) asesor, -ora legal del gobierno **2** (*USA*) procurador, -ora general

attract /əˈtrækt/ *vt* **1** atraer: *I'm very attracted to her.* Me atrae mucho. **2** (*atención*) llamar

▶ **attraction** *n* **1** atracción **2** atractivo

attractive /əˈtræktɪv/ *adj* **1** (*persona*) atractivo **2** interesante: *an attractive salary* un salario muy interesante

▶ **attractively** *adv* de forma atractiva

attractiveness *n* atractivo

attributable /əˈtrɪbjətəbl/ *adj* [*predicativo*] **~ to sth/sb** atribuible a algo/algn

attribute[1] /ˈætrɪbjuːt/ *n* atributo

attribute[2] /əˈtrɪbjuːt/ *vt* **~ sth to sth/sb** atribuir algo a algo/algn

▶ **attribution** *n* atribución

attributive *adj* atributivo

attrition /əˈtrɪʃn/ *n* **1** desgaste: *a war of attrition* una guerra de desgaste **2** erosión

attuned /əˈtjuːn; *USA* əˈtuːn/ *adj* [*predicativo*] **~ to sth/sb 1** adaptado a algo/algn **2** sensibilizado a algo/algn

atypical /ˌeɪˈtɪpɪkl/ *adj* atípico

aubergine /ˈəʊbəʒiːn/ (*USA* **eggplant**) *n* berenjena

auburn /ˈɔːbən/ *adj* castaño rojizo

auction /ˈɔːkʃn, ˈɒk-/ *n* subasta (pública): *to be up for auction* subastarse

■ **auction** *vt* subastar

PHR V to auction sth off subastar algo

▶ **auctioneer** *n* subastador, -ora

audacious /ɔːˈdeɪʃəs/ *adj* **1** audaz **2** descarado

▶ **audaciously** *adv* con audacia

audacity *n* audacia: *to have the audacity to do sth* tener la audacia de hacer algo

audible /ˈɔːdəbl/ *adj* audible: *Her voice was barely audible.* Apenas se podía oír su voz.

▶ **audibility** *n* audibilidad

audibly *adv* de manera audible

audience /ˈɔːdiəns/ *n* **1(a)** (*teatro, etc*) público **(b)** (*radio, etc*) audiencia **2 ~ with sb** audiencia con algn

audio typist *n* mecanógrafo, -a de dictáfono

audio-visual /ˌɔːdiəʊ ˈvɪʒuəl/ *adj* audiovisual

audit /ˈɔːdɪt/ *n* auditoría

■ **audit** *vt* auditar: *audited accounts* cuentas auditadas

audition /ɔːˈdɪʃn/ *n* audición

■ **audition 1** *vi* **~ for sth** presentarse a una audición para algo **2** *vt* **~ sb (for a part, etc)** dar una audición a algn (para un papel, etc)

auditor /ˈɔːdɪtə(r)/ *n* auditor, -ora

auditorium /ˌɔːdɪˈtɔːriəm/ *n* (*pl* **~s** o **-ria**) auditorio

auditory /ˈɔːdətri; *USA* -tɔːri/ *adj* auditivo: *auditory nerve* nervio auditivo ☛ *Ver ilustración en* OÍDO

au fait /ˌəʊ ˈfeɪ/ *adj* (*Fr*) **~ with sth** al tanto de algo

Aug *abrev de* **August**

aught /ɔːt/ *pron* (*antic*) **1** algo **2** nada

augment /ɔːgˈment/ *vt* (*formal*) aumentar

▶ **augmentation** *n* aumento

augur /ˈɔːgə(r)/ *vt*

LOC to augur well/ill (for sth/sb) (*formal*) presagiar algo bueno/malo (para algo/algn)

August /ˈɔːgəst/ *n* (*abrev* **Aug**) agosto ☛ *Ver nota y ejemplos en* JANUARY

august /ɔːˈgʌst/ *adj* augusto

Augustan /ɔːˈgʌstən/ *adj* **1** (*época*) augustal **2** (*estilo*) neoclásico

auld lang syne /ˌɔːld læŋ ˈsaɪn/ *n* (*Escocia*) canción tradicional que se canta la noche de fin de año

aunt /ɑːnt; *USA* ænt/ *n* tía: *Aunt Louise* la tía Luisa ◊ *my aunt and uncle* mis tíos ☛ *Ver nota en* TÍO *Ver tb* AGONY AUNT, GREAT-AUNT, MAIDEN AUNT

▶ **auntie** (*tb* **aunty**) *n* (*pl* **-ies**) (*coloq*) tita

au pair /ˌəʊ ˈpeə(r)/ *n* au pair: *an au pair girl* una chica au pair ☛ *Ver nota en* CHILDMINDER

aura /ˈɔːrə/ *n* aura

aural /ˈɔːrəl/ *adj* aural

aurora /ɔːˈrɔːrə/ *n* **1 aurora borealis** /bɔːriˈeɪlɪs/ (*tb* **the northern lights**) aurora boreal **2 aurora australis** /ɒˈstreɪlɪs/ aurora austral

auspices /ˈɔːspɪsɪz/ *n* [*pl*]

LOC under the auspices of sth/sb bajo los auspicios de algo/algn

auspicious /ɔːˈspɪʃəs/ *adj* propicio

Aussie /ˈɒzi/ *adj, n* (*coloq*) australiano, -a

austere /ɒˈstɪə(r), ɔːˈstɪə(r)/ *adj* austero

▶ **austerely** *adv* de forma austera

austerity *n* austeridad: *austerity measures* medidas de austeridad

Australasian /ˌɒstrəˈleɪʒn/ *adj, n* (habitante) de Australasia

Australian /ɒˈstreɪliən/ *adj, n* australiano, -a

Austrian /ˈɒstriən/ *adj, n* austriaco, -a

authentic /ɔːˈθentɪk/ *adj* **1** auténtico: *an authentic document* un documento auténtico **2** (*relato, etc*) fiable

▶ **authentically** *adv* **1** auténticamente **2** con autenticidad

authenticate /ɔːˈθentɪkeɪt/ *vt* autentificar

▶ **authentication** *n* autentificación

authenticity /ˌɔːθenˈtɪsəti/ *n* autenticidad

author /ˈɔːθə(r)/ *n* autor, -ora

▶ **authorial** *adj* del autor

authoritarian /ɔːˌθɒrɪˈteəriən/ *adj, n* autoritario, -a

▶ **authoritarianism** *n* autoritarismo

authoritative /ɔːˈθɒrətətɪv; *USA* -teɪtɪv/ *adj* **1** (*libro, etc*) de gran autoridad: *an authoritative biography* una biografía de gran autoridad **2** (*voz, etc*) autoritario

▶ **authoritatively** *adv* con autoridad

authority /ɔːˈθɒrəti/ *n* (*pl* **-ies**) autoridad: *to be in authority* tener la autoridad ◊ *the health authorities* las autoridades sanitarias ◊ *She's an authority on phonetics.* Es una autoridad en fonética.

LOC **to have it on good authority that…** saber de buena fuente que… **to have the authority to do sth** estar autorizado para hacer algo

authorization, -isation /ˌɔːθəraɪˈzeɪʃn; *USA* -rɪˈz-/ *n* autorización

authorize, -ise /ˈɔːθəraɪz/ *vt* autorizar

authorship /ˈɔːθəʃɪp/ *n* autoría

autism /ˈɔːtɪzəm/ *n* autismo

▶ **autistic** *adj* autista

auto /ˈɔːtəʊ/ *n* (*USA*) coche, automóvil

■ **auto** *adj*: *the auto industry* la industria automovilística ◊ *auto racing* automovilismo

autobiographical /ˌɔːtəˌbaɪəˈɡræfɪkl/ *adj* autobiográfico

autobiography /ˌɔːtəbaɪˈɒɡrəfi/ *n* (*pl* **-ies**) autobiografía

autocracy /ɔːˈtɒkrəsi/ *n* (*pl* **-ies**) autocracia

autocrat /ˈɔːtəkræt/ *n* autócrata

▶ **autocratic** *adj* autocrático

Autocue® /ˈɔːtəʊkjuː/ *n* autocue®

autograph /ˈɔːtəɡrɑːf; *USA* -ɡræf/ *n* **1** autógrafo: *an autograph book* un libro de autógrafos **2** firma: *an autographed copy* un ejemplar firmado

automate /ˈɔːtəmeɪt/ *vt* automatizar: *fully automated* totalmente automatizado

automatic /ˌɔːtəˈmætɪk/ *adj* automático: *automatic transmission* transmisión automática ◊ *an automatic rifle* un rifle automático *Ver tb* SEMI-AUTOMATIC

■ **automatic** *n* **1(a)** fusil automático **(b)** (pistola) automática ☛ *Ver ilustración en* GUN **2** coche automático

▶ **automatically** *adv* automáticamente

automatic pilot *n* piloto automático

automation /ˌɔːtəˈmeɪʃn/ *n* automatización

automaton /ɔːˈtɒmətən; *USA* -tɒn/ *n* (*pl* **~s** o **-ta** /-tə/) autómata

automobile /ˈɔːtəməbiːl; *USA* -məʊ-/ *n* (*esp USA*) automóvil

automotive /ˌɔːtəˈməʊtɪv/ *adj* automotor: *the automotive industry* la industria automovilística

autonomous /ɔːˈtɒnəməs/ *adj* autónomo

▶ **autonomously** *adv* con autonomía

autonomy /ɔːˈtɒnəmi/ *n* autonomía

autopilot /ˈɔːtəʊpaɪlət/ *n* piloto automático

autopsy /ˈɔːtɒpsi/ *n* (*pl* **-ies**) autopsia

autumn /ˈɔːtəm/ *n* (*USA* **fall**) otoño

▶ **autumnal** *adj* otoñal

auxiliary /ɔːɡˈzɪliəri/ *n* (*pl* **-ies**) **1** auxiliar: *nursing auxiliaries* auxiliares de clínica **2 auxiliaries** tropas auxiliares

■ **auxiliary** *adj* auxiliar

avail /əˈveɪl/ *n*

LOC **(all) to no avail** en vano **to be of little/no avail** no servir para mucho/nada

■ **avail** *v*

PHR V **to avail yourself of sth** aprovechar algo

availability /əˌveɪləˈbɪləti/ *n* disponibilidad

available /əˈveɪləbl/ *adj* **1** *Tickets are available at the box office.* Las entradas pueden obtenerse en la taquilla. ◊ *freely/readily available* fácil de obtener **2** (*persona*) disponible **3 ~ to sb** a disposición de algn: *to make sth available to sb* poner algo a disposición de algn

avalanche /ˈævəlɑːnʃ; *USA* -læntʃ/ *n* avalancha

avant-garde /ˌævɒŋ ˈɡɑːd/ *adj* vanguardista

■ **avant-garde** *n* vanguardia

avarice /ˈævərɪs/ *n* avaricia

▶ **avaricious** *adj* avaricioso

Av(e) *abrev de* **Avenue**

avenge /əˈvendʒ/ *vt* (*formal*) vengar

LOC **to avenge yourself (on sb)** vengarse (de algn)

▶ **avenger** *n* vengador, -ora

avenging *adj* vengador

avenue /ˈævənjuː; *USA* -nuː/ *n* **1** (*abrev* **Ave, Av**) avenida ☛ *Ver nota en* CALLE **2** (*fig*) camino: *We have explored every avenue.* Hemos probado todos los caminos.

average /ˈævərɪdʒ/ *n* media: *Prices rose by an average of 8%.* Los precios aumentaron una media del 8%.

LOC **on average** como media *Ver tb* LAW

■ **average** *adj* **1** [*antes de sustantivo*] medio: *average earnings* el sueldo medio **2** (*coloq*) **(a)** (*pey*) mediocre **(b)** común y corriente: *your average consumer* el consumidor común y corriente

■ **average** *vt* **1** *His marks over the year averaged 15/20.* Su nota media de este año ha sido de 15/20. ◊ *I average 30 hours a week.* Hago una media de 30 horas a la semana. **2** (*Mat*) promediar

PHR V **to average out (at sth)**: *It averages out at about £5 each.* Sale a una media de cinco libras por cabeza. **to average sth out (at sth)**: *I'll try to average expenditure out.* Intentaré sacar la media de los gastos.

averse /əˈvɜːs/ *adj* **~ to sth** contrario a algo

LOC **not to be averse to sth** no oponerse a algo

aversion /əˈvɜːʃn/ *n* aversión

avert /əˈvɜːt/ *vt* **1** (*mirada*) apartar **2** (*crisis, etc*) evitar

aviary /ˈeɪviəri; *USA* -vɪeri/ *n* (*pl* **-ies**) aviario

aviation /ˌeɪviˈeɪʃn/ *n* **1** aviación **2** aeronáutica: *the aviation industry* la industria aeronáutica

aviator /ˈeɪvieɪtə(r)/ *n* (*antic*) aviador, tripulante

avid /ˈævɪd/ *adj* **1** entusiasta **2** ávido

▶ **avidity** /əˈvɪdəti/ *n* avidez

avidly *adv* con avidez

avionics /ˌeɪviˈɒnɪks/ *n* [*sing*] aviónica

avocado /ˌævəˈkɑːdəʊ/ *n* (*pl* **~s**) (*GB tb* **avocado pear**) aguacate

■ **avocado** *adj* de color aguacate

avoid /əˈvɔɪd/ *vt* **1 ~ (doing) sth** evitar (hacer) algo **2** (*responsabilidad, etc*) eludir

LOC **to avoid sth/sb like the plague** (*coloq*) huir de algo/algn como de la peste

▶ **avoidable** *adj* evitable: *The tragedy was easily avoidable.* La tragedia podía haberse evitado fácilmente.

avoidance *n* **1** (*de accidentes, etc*) prevención **2** (*de impuestos, etc*) evasión

avow /əˈvaʊ/ *vt* (*formal*) declarar: *their avowed intention* su intención declarada

▶ **avowal** *n* declaración

avowedly /əˈvaʊɪdli/ *adv* declaradamente

avuncular /əˈvʌŋkjələ(r)/ *adj* (*fig*) paternal

await /əˈweɪt/ *vt* **~ sth** (*formal*) **1** estar en espera de algo: *to await trial* estar en espera de juicio **2** estar pendiente de algo: *The case is awaiting review.* El caso está pendiente de recurso. **3** aguardar algo: *A surprise awaited us.* Nos aguardaba una sorpresa.

awake /əˈweɪk/ *adj* [*predicativo*] **1** despierto: *I lie awake at night.* No duermo por las noches. **2 ~ to sth** (*peligro, etc*) consciente de algo

■ **awake** *vt, vi* (*pret* **awoke** /əˈwəʊk/ *pp* **awoken** /əˈwəʊkən/) (*formal*) **1** despertar(se) **2 ~ to sth** (*peligro, etc*) darse cuenta de algo

Los verbos **awake, waken** y **awaken** solo se emplean en lenguaje formal o literario. La forma más normal es **to wake (sb) up**.

awaken /əˈweɪkən/ (*formal*) **1** *vt* (*deseo, etc*) despertar **2** *vt* **~ sb to sth** (*un peligro, etc*) advertir a algn de algo **3** *vi* despertarse ☛ *Ver nota en* AWAKE

▶ **awakening** *n* despertar: *a rude awakening* un duro despertar

award /əˈwɔːd/ *vt* **1** (*premio, etc*) conceder **2** *to award a penalty* señalar un penalti

■ **award** *n* **1** (*de premio, etc*) concesión: *an awards ceremony* una ceremonia de entrega de premios *Ver tb* ACADEMY AWARD **2** galardón **3** (*GB*) beca

▶ **award-winning** *adj* galardonado

aware /əˈweə(r)/ *adj* [*predicativo*] **1** entendido, interesado: *politically aware* entendido en política **2 ~ of sth** consciente de algo: *We are fully aware of the dangers.* Somos muy conscientes de los peligros.

LOC **as far as I am aware** que yo sepa **to make sb aware of sth** informar a algn de algo *Ver tb* BECOME, PAINFULLY *en* PAINFUL, WELL[4]

▶ **awareness** *n* conciencia: *public awareness* conciencia pública *Ver tb* SELF-AWARENESS

awash /əˈwɒʃ/ *adj* **1** inundado **2 ~ with sth** (*fig*) repleto de algo

away /əˈweɪ/ *part adv* **1** (*indicando distancia*): *The hotel is 2 km away.* El hotel está a 2 km. ◊ *Peace is still a long way away.* La paz queda muy lejos. **2** fuera: *She's away until Monday.* Está fuera hasta el lunes. **3** (*tb* **off**) (*con verbos de movimiento*): *He limped away/off.* Se fue cojeando. ◊ *She crawled away/off.* Se fue a gatas. ☛ En este sentido **away** le da un sentido al verbo de irse o marcharse (de la manera que implica el verbo). **4** (*uso enfático con tiempos continuos*): *I was working away all night.* Pasé toda la noche trabajando. ◊ *They were talking away in the kitchen.* Estaban cotorreando en la cocina. **5** por completo: *The snow had melted away.* La nieve se había derretido del todo. ◊ *The inscription had been worn away over the years.* La inscripción se había borrado por completo con los años. **6** (*Dep*) fuera (de casa): *an away win* una victoria fuera de casa *Ver tb* TAKEAWAY, TEARAWAY, THROWAWAY

LOC **away with sth/sb** fuera con algo/algn

☛ Para los usos de **away** en los PHRASAL VERBS ver las entradas de los verbos correspondientes, p. ej. **to get away** en GET.

awe /ɔː/ *n* maravilla

LOC **to be/stand in awe of sb** tener en más a algn

▶ **awed** *adj* **1** maravillado **2** atemorizado

awe-inspiring /ˈɔː ɪnspaɪərɪŋ/ *adj* impresionante

awesome /ɔːsəm/ *adj* impresionante

awful /ˈɔːfl/ *adj* **1** (*accidente, etc*) horroroso **2** horrible: *What awful weather!* ¡Qué tiempo tan horrible! *Ver tb* GOD-AWFUL **3** [*antes de sustantivo*]: *I've spent an awful lot of money.* He gastado un montón de dinero. ◊ *I'm in an awful hurry.* Tengo una prisa horrorosa. **LOC** *Ver* FEEL[1]

▶ **awfully** *adv* terriblemente: *I'm awfully sorry.* Lo siento muchísimo.

awfulness *n* lo terrible

awhile /əˈwaɪl/ *adv*: *Stay awhile.* Quédate un rato.

awkward /ˈɔːkwəd/ *adj* **1** (*momento*) inoportuno **2** (*sensación*) incómodo: *an awkward silence* un silencio incómodo **3** (*persona*) difícil **4** (*movimiento*) desgarbado

LOC **to be an awkward customer** ser difícil de tratar

▶ **awkwardly** *adv* **1** con incomodidad **2** torpemente

awkwardness *n* **1** incomodidad **2** dificultad **3** torpeza

awning /ˈɔːnɪŋ/ *n* toldo

awoke *pret de* AWAKE

awoken *pp de* AWAKE

AWOL /ˈeɪwɒl/ *abrev de* **absent without leave** ausente sin permiso

LOC **to go AWOL** marcharse sin permiso

awry /əˈraɪ/ *adv*

LOC **to go awry** malograrse

axe (*USA* **ax**) /æks/ *n* hacha: *No one yet knows where the axe will fall.* Nadie sabe todavía dónde se van a producir los recortes.

LOC **to get the axe** (*coloq*) ser despedido **to give sb the axe** (*coloq*) despedir a algn **to have an axe to grind** tener un interés particular en algo *Ver tb* FACE[2]

■ **axe** *vt* **1** recortar: *The workforce was axed.* Recortaron el número de trabajadores. **2** despedir: *The company has axed three directors.* La empresa ha despedido a tres directores. *Ver tb* POLE-AXE

axiom /ˈæksiəm/ *n* axioma

▶ **axiomatic** *adj* axiomático

axis /ˈæksɪs/ *n* (*pl* **axes** /ˈæksiːz/) **1** eje: *the earth's axis* el eje de la tierra ☛ *Ver ilustración en* GLOBO **2** (*Pol*) alianza **3 the Axis** (*Hist*) el Eje

axle /ˈæksl/ *n* eje (*de las ruedas*) ☛ *Ver ilustración en* CAR

ayatollah /ˌaɪəˈtɒlə/ *n* ayatolá

aye (*tb* **ay**) /aɪ/ *interj, n* (*antic*): *Aye, aye, sir!* ¡Sí señor! ◊ *The ayes have it.* Han ganado los síes.

Aye es un término muy corriente en Escocia y en el norte de Inglaterra.

azalea /əˈzeɪliə/ *n* azalea

Aztec /ˈæztek/ *adj, n* azteca

azure /ˈæʒə(r), ˈæzjʊə(r)/ *adj, n* azul celeste

Bb

B, b /biː/ *n* (*pl* **B's, b's** /biːz/) **1** (*letra*) B, b: *B for Bill* B de Barcelona **2** (*Mús*) si **3** (*Educ*) notable: *I got a B in English.* Saqué un notable en lengua y literatura inglesa. *Ver tb* B-ROAD **LOC** *Ver* A, A

b *abrev de* **born**

BA /ˌbiː ˈeɪ/ **1** *abrev de* **Bachelor of Arts**: *to have a BA in History* ser licenciado en Historia **2** *abrev de* **British Airways**

babble /ˈbæbl/ **1** *vt, vi* **(a)** farfullar **(b)** balbucear **2** *vi* (*agua*) susurrar: *a babbling brook* un arroyo susurrante

■ **babble** *n* **1** (*voces*) ruido, algarabía **2** (*bebé*) balbuceo

babe /beɪb/ *n* **1** (*antic*) bebé **2** (*esp USA, ofen*) chica, muñeca

LOC **babe in arms** niño de pecho

babel /ˈbeɪbl/ *n* babel

baboon /bəˈbuːn; *USA* bæ-/ *n* babuino

baby /ˈbeɪbi/ *n* (*pl* **-ies**) **1** bebé: *newborn baby* recién nacido ◊ *She's going to have a baby.* Va a tener un niño. ◊ *a baby boy/girl* un niño/una niña ◊ *baby food/clothes* comida/ropa de bebé **2** (*animal*) cría: *a baby monkey* una cría de mono **3** (*coloq, fig*) benjamín **4** (*fig*) crío, -a: *Don't be such a baby!* ¡No seas tan crío! *Ver tb* CRY-BABY **5** (*USA, coloq*) cariño

LOC **to be sb's baby** (*coloq*): *The new project is his baby.* El nuevo proyecto es su criatura. **to throw the baby out with the bath water** quedarse sin lo bueno al deshacerse de algo malo *Ver tb* EXPECT, LEAVE[1], SMOOTH

▶ **babyhood** *n* infancia

babyish *adj* (*pey*) infantil

baby carriage (*USA*) (*GB* **pram**) *n* cochecito de niño

Babygro® /ˈbeɪbigrəʊ/ *n* (*pl* **~s**) (*GB*) pelele (*de bebé*)

Babylonian /ˌbæbɪˈləʊniən/ *adj, n* babilónico, -a

babysit /ˈbeɪbisɪt/ *vi* (**-tt-**) (*pret, pp* **babysat**) **~ (for sb)** cuidar a un niño (de algn): *She asked a friend to babysit.* Le pidió a una amiga que cuidara de su hijo.

▶ **babysitter** *n* canguro ☛ *Ver nota en* CHILDMINDER

bachelor /ˈbætʃələ(r)/ *n* **1** soltero, solterón: *an eligible bachelor* un codiciado soltero ◊ *a bachelor flat* un piso de soltero **2** licenciado, -a: *bachelor's degree* licenciatura ◊ *Bachelor of Arts/Science* licenciado en Letras/Ciencias

> En Inglaterra, Gales e Irlanda del Norte la licenciatura es normalmente de tres o cuatro años. El título que se obtiene es un **BA** (**Bachelor of Arts**) o un **BSc** (**Bachelor of Science**). Después de un curso adicional de uno o dos años, se puede obtener el título de **Master of Arts** (**MA**) o **Master of Science** (**MSc**).
> En Escocia, sin embargo, la licenciatura es normalmente de cuatro o cinco años y el título que se obtiene es un **MA** o **MSc**.

bacillus /bəˈsɪləs/ *n* (*pl* **-cilli** /bəˈsɪlaɪ/) bacilo

back[1] /bæk/ *n* **1(a)** espalda: *to lie on your back* estar tumbado boca arriba ◊ *I was sitting with my back to the window.* Estaba sentada de espaldas a la ventana. **(b)** (*de animal*) lomo **2** parte de atrás, parte de detrás: *I was at the back of the cinema.* Estaba en la parte de atrás del cine. ◊ *the back of your head* la parte de detrás de la cabeza **3** (*de hoja, sobre, etc*) dorso, revés ☛ *Ver ilustración en* REVÉS **4** (*silla*) respaldo **5** (*libro*) final: *The index is at the back.* El índice está al final. **6** (*Dep*) defensa *Ver tb* BAREBACK, FULL-BACK, HALF-BACK, HARDBACK, HORSEBACK, LEFT-BACK, OUTBACK, PAPERBACK, PIGGYBACK, QUARTERBACK, RIGHT-BACK, SETBACK, SWEPT-BACK, TAILBACK

LOC **at the back of your/sb's mind** en lo (más) recóndito del pensamiento **back to back** espalda con espalda **back to front** (*GB*) al revés ☛ *Ver ilustración en* REVÉS **behind sb's back** a espaldas de algn: *They talk about him behind his back.* Hablan de él a sus espaldas. **the back of beyond** el quinto pino **to be glad, pleased, etc to see the back of sth/sb** alegrarse de librarse de algo/algn **to be on sb's back** estar encima de algn: *He's been on my back all week.* Lo he tenido encima toda la semana. **to break the back of sth** pasar lo peor de algo **to break your back (to do sth)** sudar tinta (para hacer algo) **to get off sb's back** (*coloq*) dejar de molestar a algn **to get sb off your back** (*coloq*) quitarse de encima a algn **to get/put sb's back up** sacar de quicio a algn **to have your back to the wall** estar entre la espada y la pared **to put your back into sth** poner empeño en algo **to turn your back on sth/sb** volverle la espalda a algo/algn *Ver tb* CLAP[1], EYE[1], HAND[1], KNOW, PAT[1], ROD, SCRATCH, SMALL, STAB, WATER[1]

■ **back** *adj* **1** trasero: *the back door* la puerta trasera ◊ *back teeth* dientes posteriores **2** atrasado: *back issues of a magazine* números atrasados de una revista ◊ *back pay* pago con efecto retroactivo

LOC **by/through the back door** por la puerta falsa **to put sth on the back burner** (*coloq*) aplazar algo

back[2] /bæk/ *part adv, adv* **1** (*movimiento, posición*) hacia atrás: *to stand back* hacerse atrás ◊ *Stand well back from the edge of the platform.* Manténganse alejados del borde del andén. ◊ *a mile back* una milla más atrás **2** (*regreso, repetición*) de vuelta: *My aunt's back.* Mi tía ha vuelto. ◊ *Our party is back in power.* Nuestro partido ha vuelto al poder. ◊ *I'll drop in on the way back.* Entraré a verte a la vuelta. ◊ *to go there and back* ir y volver **3** (*tiempo*) allá: *back in the seventies* allá por los años setenta ◊ *That was a few years back.* Eso fue hace algunos años. **4** (*reciprocidad*): *He smiled back* (*at her*). Le devolvió la sonrisa. *Ver tb* LAID-BACK, PLAYBACK, SWEPT-BACK, THROWBACK

LOC **in back of sth** (*USA, coloq*) detrás de algo ☛ *Comparar con* BEHIND **never/not to look back** ir hacia adelante (sin mirar atrás): *Since her first success, she hasn't looked back.* Desde su primer éxito, siempre ha seguido hacia adelante. **there and back** ida y vuelta: *to go there and back* ir y volver ◊ *to do eight miles there and back on foot* hacer las ocho millas de ida y vuelta a pie **to get/have your own back (on sb)** (*coloq*) vengarse (de algn): *He swore he'd get his own back.* Juró que se vengaría. **to go, travel, etc back and forth** ir y venir *Ver tb* BREATH, CAST, CLOCK, DRAWING BOARD, EARTH, FOOT[1], PIN

☛ Para los usos de **back** en los PHRASAL VERBS ver las entradas de los verbos correspondientes, p. ej. **to go back** *en* GO[1]

back[3] /bæk/ **1** *vt* **~ sth/sb (a)** respaldar algo/a algn **(b)** financiar algo/a algn **(c)** apostar por algo/algn **2** *vt*: *She backed the car out of the garage.* Sacó el coche del garaje marcha atrás. **3** *vi* dar marcha atrás *Ver tb* PLAYBACK, THROWBACK

PHR V **to back away (from sth/sb)** retroceder (ante algo/algn)

to back down retractarse

to back off 1 retroceder **2** (*fig*) retractarse
to back on to sth: *Our house backs on to the river.* La parte de atrás de nuestra casa da al río.
to back out (**of an agreement, etc**) echarse atrás (de un acuerdo, etc)
to back up dar marcha atrás
to back (**sth**) **up** (*Informát*) hacer una copia de seguridad (de algo)
to back sth/sb up respaldar algo/a algn

backache /ˈbækeɪk/ *n* dolor de espalda

backbencher /bækˈbentʃə(r)/ (*tb* **backbench MP**) *n* (*GB*) miembro del Parlamento británico que no ocupa cargo específico en el gobierno ni en la oposición: *The Bill has little backbench support.* La propuesta de ley no tiene el apoyo de la cámara.
▶ **backbenches** *n* escaños donde se sientan estos diputados

backbiting /ˈbækbaɪtɪŋ/ *n* [*incontable*] calumnias

backbone /ˈbækbəʊn/ *n* **1** (*tb* **spine**) columna vertebral **2** (*de la sociedad, etc*) pilar **3** (*fig*) fortaleza: *He has no backbone.* No tiene sangre.

back-breaking /ˈbæk breɪkɪŋ/ *adj* agotador

backcloth /ˈbækklɒθ/ (*tb* **backdrop** /ˈbækdrɒp/) *n* (*Teat, fig*) telón de fondo: *The story unfolds against a backdrop of corruption.* La historia se desarrolla con la corrupción como telón de fondo.

backdate /ˌbækˈdeɪt/ *vt* **1** *The payrise will be backdated to 1 January.* El aumento salarial tendrá efectos retroactivos desde el pasado uno de enero. **2** (*cheque*) antedatar

back door *n* puerta trasera, puerta de atrás ☛ *Ver ilustración en* BUNGALOW

backer /ˈbækə(r)/ *n* **1** promotor, -ora, patrocinador, -ora **2** persona que apuesta por un caballo, etc: *Which horse has the most backers?* ¿Cuál es el caballo por el que más han apostado?

backfire /ˌbækˈfaɪə(r)/ *vi* **1** (*coche*) petardear **2 ~ (on sb)** (*fig*) salirle (a algn) el tiro por la culata

backgammon /ˈbækgæmən/ *n* backgammon

background /ˈbækgraʊnd/ *n* **1** fondo ☛ *Ver ilustración en* FOREGROUND **2** segundo plano: *to stay in the background* permanecer en segundo plano **3** contexto: *against a background of violence* en un contexto de violencia **4** antecedentes **5(a)** familia **(b)** clase social **(c)** mundo: *She comes from an advertising background.* Viene del mundo de la publicidad. **(d)** formación
LOC to melt/merge into the background desaparecer *Ver tb* FADE
■ **background** *adj* **1** de fondo: *background noise* ruidos de fondo **2** (*fig*): *background reading* lecturas preparatorias ◊ *to get some background information about the job* obtener más información sobre el trabajo

backhand /ˈbækhænd/ *n* revés (*tenis, etc*)

backhanded /ˌbækˈhændɪd/ *adj* solapado

backing /ˈbækɪŋ/ *n* **1(a)** respaldo **(b)** apoyo **2** (*Mús*) acompañamiento

backlash /ˈbæklæʃ/ *n* reacción violenta

backlog /ˈbæklɒg/ *n* atraso: *a huge backlog of work* un montón de trabajo atrasado

backpack /ˈbækpæk/ *n* mochila
▶ **backpacker** *n* excursionista (con mochila)
backpacking *n* excursionismo (con mochila)

back-pedal /ˈbæk pedl/ *vi* (**-ll-**, *USA* **-l-**) **1** (*fig*) dar marcha atrás **2** pedalear hacia atrás

back road (*USA*) (*GB* **byroad**) *n* carretera secundaria

back room *n* **1** cuarto trasero ☛ *Ver nota en* RECEPTION ROOM **2** trastienda
LOC back-room boys (*GB, coloq*) técnicos, investigadores, etc que trabajan en el anonimato

back seat *n* (*coche*) asiento trasero
LOC back-seat driver 1 pasajero que importuna al conductor con consejos **2** (*fig*) entrometido **to take a back seat** pasar a segundo plano

backside /ˈbæksaɪd/ *n* (*coloq*) trasero **LOC** *Ver* KICK[2]

backspace /ˈbækspeɪs/ *n* (*tb* **backspace key**) (*en un teclado*) tecla de retroceso
■ **backspace** *vi* retroceder un espacio (*en un teclado*)

backstage /ˌbækˈsteɪdʒ/ *adv* (*Teat, fig*) entre bastidores
■ **backstage** *adj*: *There was a great deal of backstage negotiation.* Hubo muchas negociaciones entre bastidores.

backstay /ˈbæksteɪ/ *n* (*bicicleta*) soporte del guardabarro posterior ☛ *Ver ilustración en* BICYCLE

backstreet /ˈbækstriːt/ *n* callejuela: *the backstreets* los barrios pobres ◊ *backstreet abortion* aborto clandestino

backstroke /ˈbækstrəʊk/ *n* espalda (*natación*)

backtrack /ˈbæktræk/ *vi* **1** volver atrás **2** (*fig*) echarse atrás

back-up /ˈbæk ʌp/ *n* **1(a)** refuerzos **(b)** asistencia: *back-up services* servicios auxiliares **(c)** reserva: *a back-up generator* un generador de reserva **2** (*Informát*) copia (*de seguridad*)

backward /ˈbækwəd/ *adj* **1** hacia atrás: *a backward glance* una mirada hacia atrás **2** atrasado
LOC (not) to be backward in doing sth (no) vacilar en hacer algo
▶ **backwardness** *n* atraso

backward(s) /ˈbækwəd(z)/ *adv* **1** hacia atrás: *to step backwards* dar un paso atrás **2** de espaldas: *He fell backwards against the wall.* Se cayó de espaldas contra la pared. **3** al revés
LOC backward(s) and forward(s) 1 para atrás y para adelante **2** de un lado a otro **to bend/lean over backwards (to help, etc sb)** desvivirse (por ayudar, etc a algn) *Ver tb* KNOW

backwater /ˈbækwɔːtə(r)/ *n* **1** (*en un río*) remanso **2** (*fig*) **(a)** (*pey*) lugar muerto que no ha avanzado con los tiempos **(b)** lugar muy tranquilo: *It's a quiet backwater.* Es un remanso de paz.

backwoods /ˈbækwʊdz/ *n* [*pl*] **1** zona boscosa **2** (*pey*) región remota

backyard /ˌbækˈjɑːd/ (*tb* **yard**) *n* **1** (*GB*) patio trasero **2** (*USA*) jardín trasero
LOC in your own backyard a las (mismas) puertas de casa

bacon /ˈbeɪkən/ *n* bacon **LOC** *Ver* HOME, SAVE

bacteria /bækˈtɪəriə/ *n* [*pl*] (*sing* **-rium** /-riəm/) bacterias
▶ **bacterial** *adj* bacteriano

bacteriologist /bækˌtɪərɪˈɒlədʒɪst/ *n* bacteriólogo, -a

bacteriology /bækˌtɪəriˈɒlədʒi/ *n* bacteriología

bad /bæd/ *adj* (*comp* **worse** /wɜːs/ *superl* **worst** /wɜːst/) **1** malo: *It's bad for your health.* Es malo para la salud. ◊ *bad news* malas noticias ◊ *He was a bad influence on her.* Ejercía una mala influencia sobre ella. ◊ *bad luck* mala suerte ◊ *bad weather* mal tiempo ◊ *I'm just having a bad day.* Tengo un mal día. ◊ *a bad dream* un mal sueño ◊ *to have a bad back* tener la espalda mal ◊ *He felt bad about the situation.* Le daba pena la situación. ◊ *He's a bad driver.* Conduce mal. ◊ *He's having a bad time.* Lo está pasando muy mal. ◊ *This film's not so bad after all.* Esta película no está tan mal. **2** grave: *a bad mistake* un grave error **3** fuerte: *a very bad headache* un dolor de cabeza muy fuerte **4 bad at sth**: *I'm bad at Maths.* Se me dan mal las matemáticas. **5** (*fruta*) podrido: *to go bad* echarse a perder
■ **bad** *n* mal
LOC to the bad (*GB*): *My account is £500 to the bad.* Mi cuenta tiene un saldo negativo de 500 libras.
☛ Para otras expresiones con **bad**, véanse las entradas del sustantivo, adjetivo, etc, p.ej. **bad faith** en FAITH
■ **bad** *adv* (*esp USA, coloq*) mucho: *If she wants it bad enough, it'll happen.* Si de verdad quiere que pase, pasará. ◊ *He's got it bad with her.* Está loquito por ella. ◊ *I need it real bad.* Lo necesito desesperadamente.

bad debt *n* deuda perdida

baddie (*tb* **baddy**) /ˈbædi/ *n* (*pl* **-ies**) (*coloq*) (*USA* **bad guy**) malo, -a (*en una película, una novela, etc*): *the goodies and the baddies* los buenos y los malos

bade *pret, pp de* BID[2]

bad faith *n* desconfianza

LOC **in bad faith** de mala fe

badge /bædʒ/ *n* **1(a)** insignia ☛ *Ver ilustración en* SOMBRERO **(b)** chapa **2** (*fig*) símbolo

badger /ˈbædʒə(r)/ *n* tejón

■ **badger** *vt* importunar: *She badgered me into doing it.* Me importunó hasta que lo hice.

bad language *n* [*incontable*] palabrotas

bad-looking /bæd ˈlʊkɪŋ/ *adj*: *She's not bad-looking.* Es bastante guapa.

badly /ˈbædli/ *adv* (**worse, worst**) **1** mal: *It's badly made.* Está mal hecho. **2** *The house was badly damaged in the fire.* La casa sufrió muchos daños en el incendio. ◊ *Funds are badly needed.* Se necesitan fondos con urgencia. ◊ *You're badly mistaken.* Estás muy equivocado.

LOC **(not) to be badly off** (no) andar mal de fondos **to be badly off for sth** tener una escasez de algo *Ver tb* ACQUIT

badminton /ˈbædmɪntən/ *n* bádminton

bad-tempered /bæd ˈtempəd/ *adj* **1** malhumorado **2** de mal genio

baffle /ˈbæfl/ *vt* **1** desconcertar **2** frustrar

▶ **baffled** *adj* **1** desconcertado **2** (*expresión*) de perplejidad

bafflement *n* desconcierto

baffling *adj* desconcertante

bafflingly *adv* incomprensiblemente

BAFTA /ˈbæftə/ *abrev de* **British Academy of Film and Television Arts** Academia Británica para el Cine y la Televisión

bag /bæg/ *n* **1** bolsa: *paper/plastic bag* bolsa de papel/plástico ◊ *bags under the eyes* bolsas debajo de los ojos *Ver tb* CARPET-BAG, CARRIER BAG, DUFFLE BAG, KITBAG, MAILBAG, POSTBAG, PUNCHBAG, SADDLE-BAG, SANDBAG, SLEEPING BAG, SPONGE BAG, TEA BAG, TOILET BAG ☛ *Ver ilustración en* GOLF **2** (*tb* **handbag**) bolso **3** maleta **4** (*tb* **old bag**) (*coloq, ofen*) gruñona

LOC **bags of sth** (*coloq*) un montón de algo: *There's bags of room.* Hay un montón de sitio. **to be a bag of bones** estar en los huesos **to be in the bag** (*coloq*) estar en el bote *Ver tb* CAT, MIXED, PACK

■ **bag** *vt* (**-gg-**) **1 to bag sth (up)** poner algo en bolsas **2(a)** cazar **(b)** (*premio, etc*) conseguir **3** (*coloq*) coger: *She bagged the most comfortable chair.* Cogió la silla más confortable.

LOC **bags (I)...** (*coloq*): *Bags (I) go first.* Me pido primer.

bagatelle /ˌbægəˈtel/ *n* bagatela

bagel /ˈbeɪgl/ *n* bollo de pan en forma de rosca ☛ *Ver ilustración en* BARRA

baggage /ˈbægɪdʒ/ (*esp USA*) (*GB* **luggage**) *n* equipaje: *baggage allowance* franquicia de equipaje ◊ *baggage handler* encargado del equipaje *Ver tb* CARRY-ON BAGGAGE

baggage room (*USA*) (*GB* **left luggage office**) *n* consigna

baggy /ˈbægi/ *adj* (**-ier, -iest**) flojo (*pantalones, etc*)

bag lunch (*USA*) *Ver* PACKED LUNCH

bagpipes /ˈbægpaɪps/ (*tb* **pipes**) *n* [*pl*] gaita

▶ **bagpipe** *adj* de gaita: *bagpipe music* música de gaita ◊ *bagpipe player* gaitero

baguette /bæɡˈet/ *n* (*Fr*) barra de pan ☛ *Ver ilustración en* BARRA

bail[1] /beɪl/ *n* [*incontable*] fianza: *He was granted/refused bail.* Se le concedió/denegó la libertad bajo fianza.

LOC **to go/stand bail (for sb)** pagar la fianza (de algn) *Ver tb* JUMP[2]

■ **bail** *vt* **~ sb** pagar la fianza de algn

bail[2] (*tb* **bale**) /beɪl/ *v*

PHR V **to bail out** lanzarse en paracaídas

to bail sb out sacar a algn de apuros

to bail sth out achicar el agua (de una barca, etc)

bail[3] /beɪl/ *n* en críquet, uno de los dos travesaños que se pone encima de los rastrillos

bailiff /ˈbeɪlɪf/ *n* **1** alguacil **2** (*de una finca, etc*) administrador, -ora

bairn /beən/ *n* (*Escocia*) niño, -a

bait /beɪt/ *n* cebo LOC *Ver* RISE[1], SWALLOW[1]

■ **bait** *vt* **1** cebar **2(a)** (*animal*) acosar (con perros) **(b)** (*persona*) hostigar

baize /beɪz/ *n* fieltro que se usa para mesas de juego

bake /beɪk/ **1** *vt, vi* (*pastel, pan*) hacer(se) (*al horno*) **2** *vt, vi* asar(se): *baked potatoes* patatas asadas **3** *vt* (*ladrillos, etc*) cocer *Ver tb* HALF-BAKED

¿Bake o roast?

Roast se utiliza con carnes y verduras cuando las asamos en el horno con aceite, manteca, etc: *roast lamb with roast potatoes* asado de cordero con patatas.

Bake se utiliza cuando cocemos en el horno pan, bizcochos, galletas, etc: *She bakes her own bread.* Hace su propio pan.

Nótese que **bake** se puede utilizar cuando asamos frutas y verduras siempre y cuando estas se asen sin ningún tipo de grasa, normalmente enteras y con su piel: *baked potatoes/apples* patatas/manzanas asadas.

baked beans *n* [*pl*] judías en salsa de tomate

baker /ˈbeɪkə(r)/ *n* **1** panadero, -a **2 baker's (shop)** panadería ☛ *Ver nota en* CARNICERÍA

LOC **a baker's dozen** trece

▶ **bakery** *n* (*pl* **-ies**) panadería

baking /ˈbeɪkɪŋ/ *n* **1** cocción (*al horno*) **2** *a baking dish* una fuente para el horno ◊ *a baking tin* un molde

baking powder *n* levadura en polvo

balaclava (helmet) /ˌbæləˈklɑːvə/ *n* pasamontañas

balance /ˈbæləns/ *n* **1** (*instrumento*) balanza **2** equilibrio: *to keep/lose your balance* mantener/perder el equilibrio *Ver tb* COUNTERBALANCE, OFF BALANCE **3** (*Fin*) **(a)** saldo: *balance due* saldo deudor **(b)** balance

LOC **in the balance**: *Her future is in the balance.* Su futuro está en el aire. **on balance** bien mirado **to hold the balance of power** tener una influencia decisiva *Ver tb* CATCH[1], HANG[1], REDRESS, STRIKE[2], TIP[2]

■ **balance 1** *vt* **~ sth (on sth)** mantener algo en equilibrio (sobre algo) **2** *vi* **~ (on sth)** mantener el equilibrio (sobre algo): *to balance on one foot* mantener

el equilibrio sobre un pie **3** *vt* equilibrar: *to balance work and pleasure* equilibrar el trabajo con el ocio **4 ~ (out)** *vt, vi* compensar(se), contrarrestar(se): *Balancing duty against desire…* Sopesando el deber y el deseo… **5** *vt, vi* (*cuentas*) (hacer) cuadrar
▶ **balanced** *adj* equilibrado: *a balanced budget* un presupuesto equilibrado *Ver tb* WELL-BALANCED

balance of payments *n* balanza de pagos

balance of power *n* equilibrio de fuerzas

balance of trade (*tb* **trade balance**) *n* balanza comercial: *a balance of trade deficit* un déficit de la balanza comercial

balance sheet *n* (hoja de) balance

balancing act *n* **1** número de equilibrismo **2** (*fig*) malabarismos

balcony /ˈbælkəni/ *n* (*pl* **-ies**) **1** balcón, terraza **2** (*Teat*) galería *Ver tb* FIRST BALCONY

bald /bɔːld/ *adj* (**-er, -est**) **1(a)** calvo: *a bald patch* una calva **(b)** (*neumáticos, etc*) desgastado **2** escueto
LOC (as) bald as a coot calvo como una bola de billar
▶ **bald-headed** *adj* calvo
balding *adj* que se está quedando calvo
baldly *adv* sin rodeos
baldness *n* calvicie

bale /beɪl/ *n* (*de paja, etc*) bala
■ **bale 1** *vt* **~ sth (up)** embalar algo **2** *Ver* BAIL[2]

baleful /ˈbeɪlfl/ *adj* **1** funesto **2** siniestro
▶ **balefully** *adv* funestamente

balk (*tb* **baulk**) /bɔːk/ *vi* **1 ~ (at sth)** resistirse a algo **2** (*caballos*) plantarse

Balkan /ˈbɔːlkən/ *adj* balcánico
■ **the Balkans** *n* los Balcanes

ball[1] /bɔːl/ *n* **1** (*Dep*) **(a)** balón, pelota: *a long ball* un pase largo ◊ *a quicker ball* un tiro más rápido ◊ *a rugby ball* una pelota de rugby ☛ *Ver ilustración en* HOCKEY, RUGBY **(b)** bola ☛ *Ver ilustración en* SNOOKER **2(a)** esfera **(b)** ovillo **3** (*Anat*): *the ball of the foot* la almohadilla de la planta del pie ◊ *the ball of the thumb* la base del pulgar ☛ *Ver ilustración en* HAND[1] **4** [*gen pl*] (*argot*) huevo: *It takes balls to do that.* Se necesitan huevos para hacer eso. ◊ *That's a load of balls!* ¡Qué chorradas dices! *Ver tb* BASEBALL, BASKETBALL, BILLIARD BALL, BLACKBALL, EYEBALL, FIREBALL, FOOTBALL, MEATBALL, MOTHBALL, NETBALL, ODDBALL, PINBALL, SNOWBALL, SOFTBALL, VOLLEYBALL
LOC the ball is in your court ahora te toca a ti (**to be**) **on the ball** (*coloq*) andar con cuatro ojos **to start/set the ball rolling**: *Who's going to set the ball rolling?* ¿Quién va a empezar?

ball[2] /bɔːl/ *n* baile (de etiqueta): *a ball gown* un vestido de noche
LOC to have a ball (*coloq*) pasárselo bomba

ballad /ˈbæləd/ *n* **1** balada **2** romance (*poesía*)

ballast /ˈbæləst/ *n* **1** lastre **2** (*debajo del asfalto*) balasto

ball-bearing /ˌbɔːl ˈbeərɪŋ/ *n* **1(a)** cojinete de bolas **(b)** rodamiento de bolas **2** bola de rodamiento

ballcock /ˈbɔːlkɒk/ *n* flotador (*de cisterna*)

ballerina /ˌbæləˈriːnə/ *n* bailarina *Ver tb* PRIMA BALLERINA

ballet /ˈbæleɪ/ *n* ballet *Ver tb* CORPS DE BALLET
▶ **balletic** *adj* grácil

ballet dancer *n* bailarín, -ina

ball game *n* **1(a)** juego de pelota **(b)** (*USA*) partido de béisbol **2** (*coloq*): *It's a whole new ball game.* Eso ya es otro cantar.

ballistic /bəˈlɪstɪk/ *adj* balístico: *ballistic missile* misil balístico
▶ **ballistics** *n* balística

balloon /bəˈluːn/ *n* **1** globo *Ver tb* BARRAGE BALLOON, HOT-AIR BALLOON **2** (*cómic*) bocadillo
■ **balloon** *vi* **1** (*tb* **to balloon out**) hincharse **2** (*precios, etc*) dispararse
▶ **ballooning** *n* aerostación

ballot /ˈbælət/ *n* **1** votación: *a secret ballot* una votación secreta ◊ *to hold a ballot on sth* someter algo a votación **2** (*tb* **ballot paper**) papeleta
■ **ballot 1** *vt* **~ sb** invitar a votar a algn **2** *vi* **~ for sth** determinar algo por votación

ballot box *n* urna (electoral)

ballpark /ˈbɔːlpɑːk/ *n* (*USA*) **1** campo de béisbol **2** (*coloq*): *a ballpark figure* una cifra aproximada

ballpoint (pen) /ˈbɔːlpɔɪnt/ *n* bolígrafo

ballroom /ˈbɔːlruːm/ *n* salón de baile: *ballroom dancing* baile de salón

balls /bɔːlz/ *v*
PHR V to balls sth up (*GB*, ⚠) ☛ *Ver nota en* TABÚ cagar algo (*fastidiar*)
▶ **balls-up** (*USA* **screw-up**) *n* (⚠) ☛ *Ver nota en* TABÚ cagada
LOC to make a balls-up of it/sth cagarla/cagar algo

balm /bɑːm/ *n* bálsamo
▶ **balmy** *adj* templado y agradable (*tiempo*): *a balmy summer evening* una agradable tarde veraniega

balsa wood *n* madera de balsa

Baltic /ˈbɔːltɪk/ *adj* báltico: *the Baltic States* los estados bálticos
■ **Baltic** *n* **1** el (mar) Báltico **2 the Baltics** los países bálticos

balustrade /ˌbæləˈstreɪd/ *n* balaustrada

bamboo /ˌbæmˈbuː/ *n* (*pl* **~s**) bambú

bamboozle /bæmˈbuːzl/ *vt* (*confundir*) liar
PHR V to bamboozle sb (into doing sth) enredar a algn (para que haga algo)

ban /bæn/ *vt* (**-nn-**) prohibir: *The film has been banned.* Han prohibido la película. ◊ *She's been banned from driving.* Le han quitado el carné de conducir.
■ **ban** *n* prohibición: *to put a ban on sth* prohibir algo

banal /bəˈnɑːl; *USA* ˈbeɪnl/ *adj* banal
▶ **banality** *n* (*pl* **-ies**) banalidad

banana /bəˈnɑːnə; *USA* bəˈnænə/ *n* plátano: *banana skin* piel de plátano ◊ *banana republic* república bananera ☛ *Ver ilustración en* FRUTA
LOC to go bananas (*argot*) volverse majareta

band /bænd/ *n* **1** (*Mús*) banda: *a military band* una banda militar ◊ *a jazz band* un grupo de jazz *Ver tb* BRASS BAND, STEEL BAND **2(a)** (*pelo*) banda **(b)** (*sombrero*) cinta **(c)** franja: *a band of colour* una franja de color **(d)** (*en la manga*) brazalete **(e)** anillo: *a band of gold* un anillo de oro **(f)** (*puro*) vitola *Ver tb* HATBAND, HEADBAND, RUBBER BAND, WAISTBAND **3** (*en baremos*) **(a)** (*Fin*) escalón (de tributación) **(b)** (*Educ*) escala **4** (*Radio*) banda: *tuned to the FM band* sintonizado con la banda de FM *Ver tb* CITIZENS' BAND, WAVEBAND **5** (*de ladrones, etc*) banda **LOC** *Ver* ONE-MAN
■ **band** *vi*
LOC to band together unirse

bandage /ˈbændɪdʒ/ *n* vendaje
■ **bandage** (*tb* **to bandage up**) *vt* vendar: *a bandaged hand* una mano vendada ◊ *The nurse bandaged me up.* La enfermera me vendó.

Band-Aid® /ˈbænd eɪd/ (*USA*) (*GB* **plaster**) *n* tirita

bandanna /bænˈdænə/ *n* pañuelo (*para la cabeza*)

bandit /ˈbændɪt/ *n* bandido, -a
▶ **banditry** *n* bandidaje

bandmaster /ˈbændmaːstə(r)/ (*tb* **bandleader**) *n* director de banda

bandsman /ˈbændzmən/ *n* (*pl* **-men** /-mən/) músico de banda

bandstand /ˈbændstænd/ *n* quiosco (*para música*)

bandwagon /ˈbændwægən/ *n*
LOC to climb/jump on the bandwagon (*coloq*) subirse al carro

bandy /ˈbændi/ *vt* (*pret, pp* **bandied**)
LOC to bandy words (with sb) replicar (a algn) (*con insolencia*)

PHR V **to bandy sth about/around** mencionar algo: *Her name is being bandied around as the most likely successor.* Se está mencionando su nombre como la sucesora más probable.

bandy-legged /ˈbændi legd/ *adj* patizambo

bane /beɪn/ *n* **~ of sth** ruina de algo: *Those noisy neighbours are the bane of my life.* Esos ruidosos vecinos son mi ruina.

bang /bæŋ/ **1** *vt* dar un golpe en (*especialmente fuerte y sonoro*): *He banged his fist on the table.* Dio un golpe en la mesa con el puño. ◊ *I banged the box down on the floor.* Tiré la caja al suelo de un golpe. ◊ *to bang on the door* aporrear la puerta ☛ Nótese que en este sentido el verbo **bang** puede llevar como objeto directo la parte del cuerpo con la que se realiza la acción **2** *vt* **~ your head, etc (against/on sth)** (*sin querer*) darse en la cabeza, etc (con algo): *He banged his head on the corner of the table.* Se golpeó la cabeza con la esquina de la mesa. **3** *vi* (*petardo, etc*) estallar **4** *vi* (*puerta, etc*) dar golpes: *A door was banging somewhere.* Había una puerta dando golpes en alguna parte. LOC *Ver* HEAD[1]

PHR V **to bang about/around** armar jaleo

to bang away (*argot*) follar como locos

to bang into sth/sb darse contra algo/algn: *I banged into the car in front.* Me di con el coche de delante.

to bang on about sth (*coloq*) no dejar de repetir algo

to bang sb up (*argot*) enchironar a algn

■ **bang** *n* **1** golpe: *to shut the door with a bang* cerrar la puerta con un golpe ◊ *a nasty bang on the head* un golpe fuerte en la cabeza **2** estallido *Ver tb* BIG BANG

LOC **to go (off) with a bang**; *USA* **to go over with a bang** (*coloq*) salir a las mil maravillas **with a bang** de golpe: *He was brought back to reality with a bang.* Volvió a la realidad de golpe. *Ver tb* EARTH

■ **bang** *adv* (*coloq*) **1** justo: *She arrived bang on time.* Llegó justo a tiempo. **2** completamente: *The book is bang up to date.* El libro está completamente al día.

LOC **bang goes sth**: *Bang goes our chance of getting into the final.* Desapareció nuestra oportunidad de llegar a la final. **to be bang on** ser exacto: *Your budget figures were bang on.* Tus cifras para el presupuesto fueron exactas. **to go bang** (*coloq*) estallar

■ **bang** *interj* **1** (*disparo*) ¡pum! **2** (*tambor*) ¡pom!

banger /ˈbæŋə(r)/ *n* (*GB, coloq*) **1** salchicha: *bangers and mash* salchichas con puré de patatas **2** petardo **3** (*coche*) cacharro: *an old banger* un viejo cacharro

bangle /ˈbæŋgl/ *n* pulsera

banish /ˈbænɪʃ/ *vt* **1** desterrar **2** prohibir **3** (*de la mente*) eliminar

▶ **banishment** *n* destierro

banister /ˈbænɪstə(r)/ (*tb* **bannister**) *n* [*gen pl*] **1** barandilla **2** pasamanos ☛ *Ver ilustración en* ESCALERA

banjo /ˈbændʒəʊ/ *n* (*pl* **~s**) banjo

bank[1] /bæŋk/ *n* **1** (*del río*) orilla ☛ *Comparar con* SHORE **2** terraplén **3** (*de nubes*) banco **4** (*de interruptores, etc*) batería *Ver tb* SANDBANK

■ **bank 1** *vt* bordear: *The canal is banked by warehouses.* El canal está bordeado por almacenes. **2** *vi* (*avión*) ladearse

bank[2] /bæŋk/ *n* **1(a)** banco: *a bank manager* director de banco ◊ *a data bank* un banco de datos ◊ *bank robber* atracador de bancos ◊ *bank statement* estado de cuenta *Ver tb* CLEARING BANK, MERCHANT BANK, SAVINGS BANK **(b)** *bank account* cuenta bancaria ◊ *bank balance* saldo bancario ◊ *bank draft* transferencia bancaria **2** (*casino*) banca *Ver tb* BOTTLE BANK, PIGGY BANK

LOC **to break the bank 1** saltar la banca **2** (*coloq*) arruinar: *A meal out won't break the bank.* Cenar fuera no nos va a arruinar.

■ **bank 1** *vt* (*dinero*) ingresar **2** *vi* tener cuenta: *Who do you bank with?/Where do you bank?* ¿En qué banco tienes cuenta?

PHR V **to bank on sth/sb** contar con algo/algn

▶ **banker** *n* **1** banquero, -a: *a merchant banker* un banquero mercantil ◊ *banker's order* domiciliación bancaria **2** (*juego*) banca

banking *n* banca: *She went into banking.* Se dedicó a la banca. ◊ *banking facilities* servicios bancarios

bank holiday *n* (*GB*) día festivo

En Gran Bretaña hay ciertos días de diario que son festivos para todo el país y en los que los bancos tienen que cerrar por ley. Muchas veces caen en lunes formando así un fin de semana largo que se llama **bank holiday weekend**: *We come back on bank holiday Monday.* Volvemos el lunes del puente.

banknote /ˈbæŋknəʊt/ *n* billete de banco

bankrupt /ˈbæŋkrʌpt/ *adj* en bancarrota: *The company was declared bankrupt.* La compañía se declaró en bancarrota. ◊ *morally bankrupt* desprovisto de valores morales

LOC **to be bankrupt of sth** carecer de algo: *She is totally bankrupt of principles.* Carece totalmente de principios. **to go bankrupt** ir a la bancarrota

■ **bankrupt** *vt* **1** llevar a la bancarrota **2** (*fig*) arruinar

■ **bankrupt** *n* persona insolvente (*porque se ha declarado en bancarrota*)

▶ **bankruptcy** *n* (*pl* **-ies**) **1** bancarrota: *They are on the verge of bankruptcy.* Están al borde de la bancarrota. **2** quiebra

banner /ˈbænə(r)/ *n* **1** pancarta ☛ *Ver ilustración en* FLAG[1] **2** estandarte

LOC **under the banner of (equal rights, socialism, etc)** bajo la bandera de (la igualdad de derechos, el socialismo, etc)

banner headline *n* titular a toda plana

banning /ˈbænɪŋ/ *n* prohibición

bannister *Ver* BANISTER

banquet /ˈbæŋkwɪt/ *n* banquete

▶ **banqueting** *n*: *banqueting hall* comedor de gala

banshee /ˈbænʃiː/ *n* en la mitología irlandesa, espíritu de mujer cuyo llanto presagia una muerte

LOC **to howl/scream/shriek/wail like a banshee** aullar/gritar/chillar/gemir como un alma en pena

bantam /ˈbæntəm/ *n* **1** (*tb* **bantam cock**) gallo bantam **2** (*tb* **bantam hen**) gallina bantam

▶ **bantamweight** *n* peso gallo

banter /ˈbæntə(r)/ *n* burla amistosa

■ **banter** *vi* burlarse de forma amistosa

▶ **bantering** *adj* en broma: *bantering comments* comentarios en broma

baptism /ˈbæptɪzəm/ *n* **1** bautismo **2** bautizo

LOC **baptism of fire 1** (*Mil*) bautismo de fuego **2** novatada: *The teacher had to face a baptism of fire.* El profesor tuvo que pagar la novatada.

▶ **baptismal** *adj* bautismal: *baptismal name* nombre de pila

Baptist /ˈbæptɪst/ *adj, n* bautista: *the Baptist church* la iglesia bautista ◊ *Saint John the Baptist* San Juan Bautista

baptize, -ise /bæpˈtaɪz/ *vt* bautizar

bar /bɑː(r)/ *n* **1** barra, barrote: *an iron bar* una barra de hierro *Ver tb* CROSSBAR, CROWBAR, HANDLEBAR **2** (*establecimiento*) bar *Ver tb* LOUNGE BAR, SALOON BAR, SNACK BAR, WINE BAR **3** (*mostrador*) barra **4** (*gimnasio*): *the horizontal bar* la barra fija ◊ *the parallel bars* las paralelas **5** (*fútbol*) larguero: *He hit the bar.* Dio con el balón contra el larguero. **6** (*estufa eléctrica*) resistencia **7(a)** (*chocolate*) tableta **(b)** (*jabón*) pastilla **(c)** (*oro*) lingote **8** (*Mús*) compás ☛ *Ver ilustración en* NOTACIÓN **9** prohibición: *colour bar* prohibición a causa de la raza **10** (*Jur*) banquillo: *the prisoner at the bar* el acusado **11 the Bar** [*sing*] (*Jur*) el cuerpo de abogados: *She's training for the Bar.* Se está preparando para ejercer de abogada. ◊ *He was called to/within the Bar.* Fue admitido en el colegio de abogados.

En Gran Bretaña hay dos tipos de abogado, **solicitors** y **barristers**. Solo el conjunto de **barristers** forman **the Bar**, mientras que en Estados Unidos está formado por todo aquel que ejerza la abogacía. *Ver tb nota en* ABOGADO

12 (*diseño*) franja **13** (*en bahía, río, etc*) barra **14** (*meteorología*) bar

LOC behind bars (*coloq*) entre rejas *Ver tb* PROP[1]

■ **bar** *vt* (**-rr-**) **1** (*puerta, etc*) atrancar **2 to bar sth/sb from doing sth** prohibir a algo/algn hacer algo: *She was barred from taking part.* Le prohibieron tomar parte.

LOC to bar the way 1 cerrar el paso **2** (*fig*) impedir: *Poverty bars the way to progress.* La pobreza impide el progreso.

■ **bar** *prep* excepto, con excepción de: *The whole class is here bar two.* Toda la clase está aquí excepto dos. ◊ *bar none* sin excepción

barb /bɑːb/ *n* **1** (*de alambre de espinos*) púa **2** (*de arpón*) punta de presa **3** (*de anzuelo, flecha*) lengüeta ☛ *Ver ilustración en* HOOK **4** (*fig*) puya

barbarian /bɑːˈbeəriən/ *n* bárbaro, -a

▶ **barbaric** *adj* bárbaro

barbarically *adv* bárbaramente

barbarism /ˈbɑːbərɪzəm/ *n* barbarie: *an act of barbarism* un acto de barbarie

▶ **barbarity** *n* **1** barbarie **2** atrocidad

barbarous /ˈbɑːbərəs/ *adj* bárbaro

barbecue /ˈbɑːbɪkjuː/ *n* barbacoa: *to have a barbecue* hacer una barbacoa

▶ **barbecued** *adj* a la brasa

barbed /bɑːbd/ *adj* **1** (*anzuelo*) con púa **2** (*comentario*) mordaz

barbed wire *n* alambre de espino: *a barbed wire fence* una alambrada

barber /ˈbɑːbə(r)/ *n* peluquero de caballeros

Nótese que **barber** es un peluquero de caballeros y **hairdresser** de señoras, aunque hoy en día casi todos los **hairdressers** trabajan en peluquerías unisex.

barber's /ˈbɑːbəz/ *n* peluquería de caballeros ☛ *Ver nota en* CARNICERÍA

barbiturate /bɑːˈbɪtʃʊrət/ *n* barbitúrico

bar chart (*tb* **histogram**) *n* gráfica de barras ☛ *Ver ilustración en* GRÁFICO

bar code *n* código de barras

bard /bɑːd/ *n* (*antic*) bardo

A veces se hace referencia a Shakespeare como **the Bard (of Avon)**.

bare /beə(r)/ *adj* (**barer, barest**) **1(a)** desnudo: *barelegged* con las piernas al aire **(b)** (*cabeza*) descubierto **(c)** (*pie*) descalzo ☛ *Ver nota en* NAKED **2 ~ (of sth)** vacío (sin algo): *a room bare of furniture* una habitación sin muebles ◊ *The cupboard was bare.* La despensa estaba vacía. **3** mínimo: *I took only the bare essentials.* Fui con lo mínimo. ◊ *the bare necessities of life* las necesidades básicas de la vida *Ver tb* THREADBARE

LOC the bare bones (of a matter, a story, etc) lo esencial (de un asunto, una historia, etc) **to lay bare (the truth, a plot, etc)** hacer pública (la verdad, una confabulación, etc) **with your bare hands** con las propias manos: *I could strangle him with my bare hands!* ¡Lo podría estrangular con mis propias manos! *Ver tb* CUPBOARD

■ **bare** *vt* descubrirse

LOC to bare its teeth mostrar los dientes **to bare your heart/soul (to sb)** (*ret* o *joc*) abrir el corazón (a algn)

bareback /ˈbeəbæk/ *adj, adv* sin silla: *a bareback rider* un jinete que monta a pelo

barefaced /ˈbeəfeɪst/ *adj* descarado: *a barefaced lie* una mentira descarada

barefoot /ˈbeəfʊt/ *adj, adv* descalzo

barely /ˈbeəli/ *adv* **1** apenas: *He was barely sixteen at the time.* Tenía apenas dieciséis años entonces. ◊ *He was barely able to stand.* Apenas se tenía en pie. **2** *a barely furnished room* una habitación con pocos muebles

bargain /ˈbɑːgən/ *n* **1** ganga: *bargain prices* precios de ganga ◊ *bargain basement* sección de oportunidades **2** trato: *to make a bargain* hacer un trato

LOC into the bargain (*GB*) además, por si fuera poco ☛ Nótese que en inglés americano se dice **in the bargain**. *Ver tb* DRIVE[1], STRIKE[2]

■ **bargain** *vi* **1** regatear **2** negociar

PHR V to bargain for sth esperar algo

to bargain on sth (*coloq*) contar con algo

▶ **bargaining** *n* **1** negociación: *pay bargaining* negociaciones salariales *Ver tb* COLLECTIVE BARGAINING **2** regateo

barge[1] /bɑːdʒ/ *n* **1** barcaza **2** (*ceremonial*) barca

barge[2] /bɑːdʒ/ *vi* **1 ~ into sth/sb** tropezar con algo/algn **2 ~ (your way) past/through** abrirse paso a empujones: *She just barged her way to the front of the queue.* Se abrió paso a empujones hasta el principio de la cola.

PHR V to barge in 1 (*sala*) irrumpir **2** (*conversación*) entrometerse

bargepole /ˈbɑːdʒpəʊl/ *n* pértiga

baritone /ˈbærɪtəʊn/ *n* barítono

barium /ˈbeəriəm/ *n* bario

bark[1] /bɑːk/ *n* (*árbol*) corteza

bark[2] /bɑːk/ *n* ladrido

LOC sb's bark is worse than their bite: *She seems aggressive but her bark is worse than her bite.* Parece agresiva, pero "perro ladrador, poco mordedor".

■ **bark 1** *vi* ladrar **2** *vt, vi* (*persona*) gritar

LOC to be barking up the wrong tree (*coloq*) estar totalmente equivocado

barking /ˈbɑːkɪŋ/ *n* [*incontable*] ladridos

■ **barking** *adv*

LOC barking mad loco de atar

barley /ˈbɑːli/ *n* (*pl* **~s**) cebada

barmaid /ˈbɑːmeɪd/ *n* camarera ☛ *Ver nota en* BAR STAFF

barman /ˈbɑːmən/ *n* (*pl* **-men** /-mən/) camarero ☛ *Ver nota en* BAR STAFF

bar mitzvah *n* bar mitzvah

barmy (*tb esp USA* **balmy**) /ˈbɑːmi/ *adj* (*coloq*) chiflado

barn /bɑːn/ *n* **1** granero **2** (*USA*) **(a)** cuadra **(b)** establo **(c)** cochera

barnacle /ˈbɑːnəkl/ *n* percebe

barn owl *n* lechuza

barometer /bəˈrɒmɪtə(r)/ *n* barómetro

baron /ˈbærən/ *n* **1** barón **2** (*empresario*) magnate *Ver tb* PRESS BARON

▶ **baronial** *adj* **1** propio de un barón **2** (*casa, etc*) señorial

baroness /ˈbærənəs, ˌbærəˈnes/ *n* baronesa

baronet /ˈbærənət/ *n* baronet

▶ **baronetcy** *n* título o rango de baronet

baroque /bəˈrɒk; *USA* bəˈrəʊk/ *adj, n* barroco

barrack /ˈbærək/ *vt, vi* abuchear

■ **barracks** *n* [*v sing o pl*] cuartel, barracones: *The army barracks is/are well-guarded.* El cuartel del ejército está muy vigilado. ◊ *The soldiers marched back to (their) barracks.* Los soldados volvieron a sus barracones.

▶ **barracking** *n* abucheo

barracuda /ˌbærəˈkjuːdə/ *n* barracuda

barrage /ˈbærɑːʒ; *USA* bəˈrɑːʒ/ *n* **1(a)** (*Mil*) descarga de fuego **(b)** (*quejas, preguntas, etc*) bombardeo **2** (*río*) presa

barrage balloon *n* globo antiaéreo

barrel /ˈbærəl/ *n* **1** barril, tonel **2** (*de rifle, etc*) cañón

☛ *Ver ilustración en* GUN **3** (*de bolígrafo*) depósito *Ver tb* DOUBLE-BARRELLED

LOC to be a barrel of laughs/fun ser muy divertido: *Mary'll cheer us up; she's a real barrel of laughs.* Mary nos animará a todos; es la mar de divertida. **to have sb over a barrel** (*coloq*) poner a algn entre la espada y la pared *Ver tb* LOCK², SCRAPE

barrel organ *n* organillo

barren /ˈbærən/ *adj* **1** (*tierra*) improductivo **2** (*paisaje*) árido **3** (*antic*) (*mujer*) estéril **4** (*fig*) estéril

▶ **barrenness** *n* **1** improductividad **2** aridez **3** esterilidad

barricade /ˌbærɪˈkeɪd/ *n* barricada

■ **barricade** *vt* bloquear (con una barricada)

PHR V to barricade yourself in parapetarse (poniendo barricadas): *They barricaded themselves in.* Se parapetaron con barricadas.

barrier /ˈbæriə(r)/ *n* **1** barrera: *trade barriers* barreras comerciales **2** valla *Ver tb* CRASH BARRIER

barrier reef *n* arrecife de coral

barring /ˈbɑːrɪŋ/ *prep* salvo que: *Barring accidents, we should arrive on time.* Llegaremos a tiempo, salvo que ocurra un accidente.

barrister /ˈbærɪstə(r)/ *n* abogado, -a (*capacitado para ejercer en tribunales superiores*) ☛ *Ver nota en* ABOGADO

barrow /ˈbærəʊ/ *n* **1** (*tb* **wheelbarrow**) carretilla **2** (*Hist*) túmulo

bar staff *n* [*pl*] camareros

Nótese que **bar staff** (**barman**, **barmaid**, *USA* **bartender**) son camareros que solo sirven bebidas, normalmente detrás de la barra. **Waiter** y **waitress** son camareros que trabajan en restaurantes y locales donde se sirven comidas.

bartender /bɑːtendə(r)/ (*USA*) (*GB* **barman**, *fem* **barmaid**) *n* camarero, -a ☛ *Ver nota en* BAR STAFF

barter /ˈbɑːtə(r)/ **1** *vt* trocar **2** *vi* intercambiar productos

■ **barter** (*tb* **bartering**) *n* trueque

basalt /ˈbæsɔːlt; *USA* ˈbeɪ-, bəˈsɔːlt/ *n* basalto

base /beɪs/ *n* base: *a military base* una base militar ◊ *base rate* tipo de interés básico *Ver tb* DATABASE, FIRST BASE

■ **base** *vt* **1** basar: *This novel is based on historical facts.* Esta novela se basa en hechos históricos. ◊ *A good relationship is based on trust.* Las buenas relaciones están basadas en la confianza. *Ver tb* BROAD-BASED, GROUND-BASED, WATER-BASED **2 to be based at/in sth** tener su base en algo: *I'm based in London.* Mi centro está en Londres. ◊ *It's a London-based company.* La compañía tiene su base en Londres. ☛ *Ver nota en* ARRIVE

■ **base** *adj* (**baser, basest**) **1** (*antic* o *formal*) bajo, innoble **2** (*metal*) de baja ley

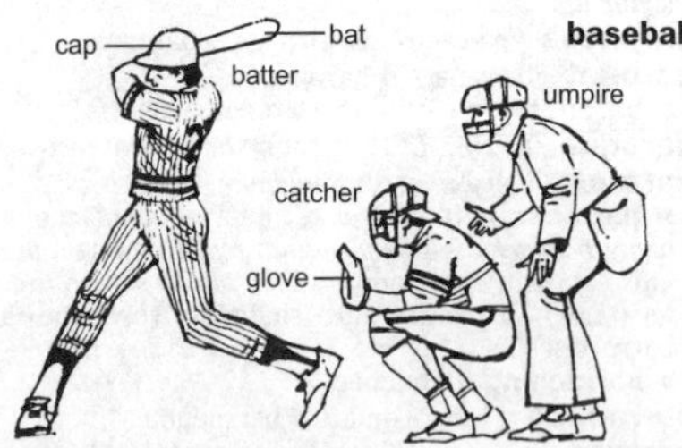

baseball /ˈbeɪsbɔːl/ *n* béisbol

baseboard /ˈbeɪsbɔːd/ (*USA*) (*GB* **skirting board**) *n* rodapié

baseless /ˈbeɪslɪs/ *adj* infundado

baseline /ˈbeɪslaɪn/ *n* (*tenis*) línea de fondo ☛ *Ver ilustración en* TENNIS

basement /ˈbeɪsmənt/ *n* sótano: *basement flat* piso del sótano

bash /bæʃ/ *vt, vi* (*coloq*) **1** golpear fuertemente: *to bash sb on/over the head, in the stomach, etc* darle un golpe a algn en la cabeza, en el estómago, etc ◊ *I bashed on the door angrily.* Aporreé la puerta con furia. **2 ~ your head, elbow, etc** (**against/on sth**) darse un golpe en la cabeza, el codo, etc (con algo): *He bashed his head against the railing.* Se golpeó la cabeza contra la reja. ◊ *The car bashed into a lamp-post.* El coche se estrelló contra una farola.

PHR V to bash sb about/around/in/up (*GB, coloq*) pegarle una paliza a algn

to bash ahead/on (**with a job, etc**) meterse a fondo (con una tarea, etc)

to bash sth down echar algo abajo: *They bashed the door down.* Echaron la puerta abajo.

to bash sth in romper algo: *to bash sb's face in* romperle la cara a algn

■ **bash** *n* **1** golpe **2** (*coloq*) fiesta: *a birthday bash* una fiesta de cumpleaños

LOC to have a bash (**at sth**) (*coloq*) intentar (algo): *She'll have a bash at anything.* Está dispuesta a intentar cualquier cosa.

▶ **bashing** *n* agresión, ataque: *union-bashing* ataque a los sindicatos ◊ *to give sb a bashing* atacar a algn

LOC to take a bashing 1 (*persona*) recibir una paliza **2** (*coche, etc*) recibir un golpe

bashful /ˈbæʃfl/ *adj* tímido

BASIC /ˈbeɪsɪk/ (*Informát*) *n* Basic

basic /ˈbeɪsɪk/ *adj* **1** fundamental: *This is basic to understanding the problem.* Esto es fundamental para entender el problema. **2** básico **3** elemental: *My knowledge of physics is pretty basic.* Mis nociones de física son bastante elementales.

■ **basics** *n* [*pl*] lo esencial, la base: *the basics of chemistry* la base de la química

▶ **basically** *adv* básicamente

basil /ˈbæzl/ *n* albahaca

basilica /bəˈzɪlɪkə/ *n* basílica

basin /ˈbeɪsn/ *n* **1** (*tb* **washbasin**, **handbasin**) lavabo ☛ *Comparar con* SINK *n* sentido 2 **2** cuenco (*de porcelana*): *a jug and basin* un juego de jarra y palangana **3** (*Geog*) cuenca

basis /ˈbeɪsɪs/ *n* (*pl* **bases** /ˈbeɪsiːz/) base: *on a day-to-day/daily basis* diariamente ◊ *on a weekly/regular basis* semanalmente/regularmente ◊ *on the basis of sth* basándose en algo

bask /bɑːsk; *USA* bæsk/ *vi* **~** (**in sth**) **1** disfrutar (al calor de algo): *to bask in the sunshine/in the heat* disfrutar del sol/calor **2** (*fig*) disfrutar (de algo): *to bask in reflected glory* disfrutar de gloria ajena

basket /ˈbɑːskɪt; *USA* ˈbæskɪt/ *n* cesta, cesto: *a shopping basket* una cesta de la compra ◊ *a hanging basket* una cesta para colgar plantas ◊ *a wicker basket* un cesto de mimbre *Ver tb* WASTEBASKET, WASTE-PAPER BASKET

LOC *Ver* EGG¹

basketball /ˈbɑːskɪtbɔːl; *USA* ˈbæs-/ *n* baloncesto

Basque /ˈbɑːsk; *USA* ˈbæsk/ *adj* vasco: *the Basque Country* el País Vasco

■ **Basque** *n* **1** (*idioma*) euskara, vasco **2** (*persona*) vasco, -a

bass¹ /ˈbæs/ *n* (*pl* **bass** o **~es**) perca

bass² /beɪs/ *n* **1(a)** (*cantante*) bajo: *Is he a bass or a baritone?* ¿Es bajo o barítono? **(b)** [*incontable*] graves: *to turn up the bass* subir los graves **2** (*instrumento*) **(a)** (*tb* **bass guitar**) bajo: *bass player/bassist* bajo/bajista **(b)** (*tb* **double bass**) contrabajo: *Ed Morley on bass* Ed Morley al contrabajo ☛ *Ver ilustración en* STRING

■ **bass** *adj* bajo, grave: *bass drum* bombo ☛ *Ver ilustración en* PERCUSSION

bassoon /bəˈsuːn/ *n* (*Mús*) fagot ☛ *Ver ilustración en* WOODWIND

bastard /ˈbɑːstəd; *USA* ˈbæs-/ *n* **1** bastardo, -a **2** (*argot*) coñazo: *It's a bastard of a problem.* Es un problema muy jodido. **3** (*argot*) **(a)** (⚠) ☛ *Ver nota en* TABÚ (*pey*) cabrón: *He's a real bastard.* Es un auténtico cabrón. **(b)** tío: *Harry, you old bastard! Fancy meeting you here!* Harry, tío, ¿qué haces tú por aquí? **(c)** desgraciado: *The poor bastard!* ¡Pobre desgraciado!

bastion /ˈbæstiən/ *n* bastión

bat[1] /bæt/ *n* murciélago
LOC like a bat out of hell (*coloq*) como alma que lleva el diablo *Ver tb* BLIND[1]

bat[2] /bæt/ *n* **1** (*béisbol, críquet*) bate ☛ *Ver ilustración en* BASEBALL, CRICKET **2** (*USA* **paddle**) (*tenis de mesa*) raqueta
LOC off your own bat (*coloq*) por su cuenta y riesgo
■ **bat** *vt, vi* (**-tt-**) (*béisbol, críquet*) batear

bat[3] /bæt/ *vt* (**-tt-**)
LOC not to bat an eyelid (*coloq*) no pestañear: *She didn't bat an eyelid.* Ni pestañeó.

batch /bætʃ/ *n* **1** tanda: *in batches of fifty* en tandas de 50 ◊ *a new batch of recruits* una nueva partida de reclutas **2** hornada

bated /ˈbeɪtɪd/ *adj*
LOC (to wait for sth) with bated breath (esperar algo) conteniendo la respiración

bath /bɑːθ; *USA* bæθ/ *n* (*pl* **~s** /bɑːðz; *USA* bæðz/) **1** baño: *to have/take a bath* darse un baño ◊ *bathwater* el agua de la bañera **2** (*tb* **bathtub**, **tub**) bañera: *to run a bath* llenar la bañera **3 baths** [*pl*] **(a)** (*GB*) piscina **(b)** baño(s) *Ver tb* BLOODBATH, BUBBLE BATH, EYEBATH, MUDBATH, TURKISH BATH **LOC** *Ver* BABY
■ **bath** (*GB*) **1** *vt* bañar **2** *vi* bañarse

> **¿Bath o bathe?**
> Cuando **bathe** /beɪð/ es un verbo transitivo implica que se lava una parte del cuerpo, normalmente porque tiene una herida o porque duele: *She bathed her tired feet.* Puso a remojo sus pies doloridos.
> Cuando **bathe** /beɪð/ es intransitivo indica siempre la idea de nadar (en el mar, en un río, etc): *to go bathing* ir a nadar.
> En inglés británico, **bath** /bɑːθ/ (tanto transitivo como intransitivo) implica que el que se baña lo hace en una bañera para lavarse: *Are you bathing the baby today?* ¿Bañas tú hoy al niño? Nótese que en inglés americano se utiliza **bathe** /beɪð/ en este sentido: *to bathe the baby/dog* bañar al niño/perro.

bathe /beɪð/ **1** *vt* (*ojos, herida*) lavar **2** *vi* (*GB*) bañarse: *We often bathe/go bathing in the river.* Solemos ir al río a bañarnos. *Ver tb* SUNBATHE ☛ *Ver nota en* BATH
▶ **bather** *n* bañista

bathed /beɪðd/ *adj* **~ in/with sth** bañado en/por algo: *Her face was bathed in tears.* Tenía la cara bañada en lágrimas. ◊ *The room was bathed in sunshine.* La habitación estaba bañada por el sol.

bathing /ˈbeɪðɪŋ/ *n* (*GB*) baño (*en el mar, etc*): *bathing beaches* playas donde la gente se baña

bathing suit (*tb* **swimsuit**) *n* bañador (de mujer)

bath mat *n* alfombrilla de baño

bathrobe /ˈbɑːθrəʊb/ *n* **1** albornoz **2** (*USA*) *Ver* DRESSING GOWN

bathroom /ˈbɑːθruːm/ *n* **1** (*GB*) (cuarto de) baño **2** (*USA*) aseo: *I need to go to the bathroom.* Necesito ir al aseo. ☛ *Ver nota en* TOILET

baton /ˈbætn, ˈbætɒn; *USA* bəˈtɒn/ *n* **1** (*policía*) porra **2** (*Mús*) batuta **3** (*Dep*) testigo

batsman /ˈbætsmən/ *n* (*pl* **-men**) (*críquet*) bateador ☛ *Ver ilustración en* CRICKET

battalion /bəˈtæliən/ *n* batallón

batten /ˈbætn/ *n* listón, tabla
■ **batten** *vt* reforzar con listones
LOC to batten down the hatches (*Náut*) cerrar las escotillas

batter[1] /ˈbætə(r)/ **1** *vt* **~ sb** apalear a algn: *battered wives* mujeres maltratadas ◊ *to batter sb to death* matar a algn a palos **2** *vt, vi* **~ (at/on) sth** aporrear algo: *He kept battering (away) at the door.* Aporreaba la puerta sin parar.
PHR V to batter sth down derribar algo a golpes
▶ **battering** *n* paliza: *to take a battering* recibir una paliza

batter[2] /ˈbætə(r)/ *n* **1** (*Cocina*) masa para rebozar: *fish fried in batter* pescado rebozado **2** (*Dep*) bateador, -ora ☛ *Ver ilustración en* BASEBALL

battered /ˈbætəd/ *adj* deformado: *a battered old car* un coche viejo y hecho polvo

battering ram *n* (*lit* y *fig*) ariete (*Mil*)

battery /ˈbætri, -təri/ *n* (*pl* **-ies**) **1(a)** (*Elec*) pila: *battery-operated/powered* a pilas ◊ *battery charger* cargador de pilas **(b)** *a car battery* una batería de coche ☛ *Ver ilustración en* CAR **2** serie: *a battery of measures to reduce unemployment* un frente de medidas para reducir el paro **3** [*antes de sustantivo*] cría intensiva: *a battery farm/hen* granja/gallina de cría industrial ☛ *Comparar con* FREE-RANGE **4** agresión **LOC** *Ver* ASSAULT, RECHARGE

battle /ˈbætl/ *n* batalla, lucha: *a constant battle against poverty* una lucha constante contra la pobreza
LOC to be half the battle suponer la mitad del camino andado: *To have confidence is half the battle.* Creer en uno mismo supone la mitad del camino andado. **to do battle (with sb) (about sth)** librar una batalla (con algn) (sobre algo) *Ver tb* FIGHT, JOIN, LOSE
■ **battle** *vi* **1 ~ (with/against sth/sb) (for sth)** luchar (con/contra algo/algn) (por algo): *to battle against ill health* luchar contra una salud delicada **2 ~ (on)** seguir luchando: *Progress is slow but we keep battling on.* El progreso es lento pero seguimos luchando.

battlefield /ˈbætlfiːld/ (*tb* **battleground**) *n* campo de batalla

battlements /ˈbætlmənts/ *n* [*pl*] almenas ☛ *Ver ilustración en* CASTILLO

battleship /ˈbætlʃɪp/ *n* acorazado

batty /ˈbæti/ *adj* (*coloq*) chiflado

bauble /ˈbɔːbl/ *n* **1** adorno barato **2** pieza de bisutería barata **3** (*tb* **Christmas tree bauble**) bola de Navidad

baulk /bɔːlk/ *n, vt, vi Ver* BALK

bawdy /ˈbɔːdi/ *adj* verde (*chiste, canción*)

bawl /bɔːl/ **1** *vi* berrear **2** *vt* **~ sth (out)** gritar algo (a voz en grito)
LOC to bawl your head off/your eyes out llorar como una magdalena
PHR V to bawl sb out (*coloq*) echar una bronca a algn

bay[1] /beɪ/ *n* (*Geog*) **1** bahía **2** golfo

bay[2] /beɪ/ *n* **1** compartimento: *sick bay* enfermería ◊ *loading bay* zona de carga ◊ *parking bay* aparcamiento **2** (*Arquit*) hueco (*en una habitación*): *My desk fits into the bay.* Mi mesa encaja en el hueco. **3** (*estación de autobuses*) andén

bay[3] /beɪ/ *n*
LOC to hold/keep sth/sb at bay mantener algo/a algn a raya
■ **bay** *vi* aullar
LOC to bay for sth exigir algo ferozmente: *to bay for blood* exigir que rueden cabezas

bay[4] /beɪ/ (*tb* **bay-tree**) *n* laurel

bay[5] /beɪ/ *n* caballo pardo
■ **bay** *adj* color pardo

bay leaf *n* (*pl* **bay leaves**) hoja de laurel

bayonet /ˈbeɪənət/ *n* bayoneta
■ **bayonet** /ˌbeɪəˈnet/ *vt* clavar la bayoneta a

bay window *n* ventana (*en forma de mirador semicircular*) ☛ *Ver ilustración en* HOUSE

bazaar /bəˈzɑː(r)/ *n* **1** bazar **2** mercadillo benéfico ☛ *Comparar con* FÊTE

B & B /ˌbiː ən ˈbiː/ *(GB) abrev de* **bed and breakfast**

BBC /ˌbiː biː ˈsiː/ *abrev de* **British Broadcasting Corporation** BBC ☛ *Ver nota en* CANAL

BC /ˌbiː ˈsiː/ *abrev de* **Before Christ** antes de Cristo *Ver tb* AD

be

presente	*contracciones*	*negativa contracciones*	*pasado*
I **am**	I**'m**	I**'m not**	I **was**
you **are**	you**'re**	you **aren't**	you **were**
he **is**	he**'s**	he **isn't**	he **was**
she **is**	she**'s**	she **isn't**	she **was**
it **is**	it**'s**	it **isn't**	it **was**
we **are**	we**'re**	we **aren't**	we **were**
you **are**	you**'re**	you **aren't**	you **were**
they **are**	they**'re**	they **aren't**	they **were**

forma en -ing **being**
participio pasado **been**

be /bi, biː/ ☛ Para los usos de **be** con **there** ver THERE *pron.*

● **v intransitivo 1** *(cualidad)* ser: *Life is unfair.* La vida es injusta. ◊ *Be quick!* ¡Date prisa! ◊ *I was late.* Llegué tarde.

Be se utiliza también para dar consejos y órdenes. En afirmativa generalmente se emplea solo **be**: *Be careful!* ¡Ten cuidado! Pero si queremos darle más énfasis a la frase utilizamos el auxiliar **do**: *Do be careful!* ¡Ten mucho cuidado! En negativa siempre se utiliza el auxiliar **do**: *Don't be stupid/an idiot!* ¡No seas idiota!

2 *(estado)* estar: *How are you?* ¿Cómo estás? ◊ *She's happy.* Está contenta. ◊ *Is he alive?* ¿Está vivo?

Compárense estas dos oraciones: *He's bored.* Está aburrido. ◊ *He's boring.* Es aburrido. Con adjetivos terminados en **-ed**, como *interested, tired*, etc, el verbo **to be** expresa un estado y se traduce por "estar", mientras que con adjetivos terminados en **-ing**, como *interesting, tiring*, etc, expresa una cualidad y se traduce por "ser".

3 *(localización)* estar: *The book is on the table.* El libro está en la mesa. ◊ *Mary's upstairs.* Mary está arriba. **4** *(quedarse)* estar: *They'll be here till Friday.* Van a estar hasta el viernes. **5** *(suceder)* ser: *Dinner is at eight.* La cena es a las ocho. ◊ *The election was on Monday.* Las elecciones fueron el lunes. **6** *(asistir)* ir: *Were you at the party yesterday?* ¿Fuiste a la fiesta ayer? **7** *(origen)* ser: *She's from Italy.* Es italiana. **8** *(solo en tiempo perfecto)* visitar: *I've never been to Spain.* Nunca he estado en España. ◊ *Has the plumber been yet?* ¿Ha venido ya el fontanero? ◊ *I've been into town.* He ido al centro. ☛ A veces **been** se utiliza como participio de **go**. *Ver nota en* GO[1]. **9** tener: *I'm right, aren't I?* ¿A que tengo razón? ◊ *You were lucky!* ¡Tuviste suerte! ◊ *I'm hot/afraid/hungry.* Tengo calor/miedo/hambre. ◊ *Are you in a hurry?* ¿Tienes prisa?

Nótese que en español se utiliza **tener** con sustantivos como *calor, frío, hambre, miedo, prisa, razón, sed, suerte* y *sueño*, mientras que en inglés se emplea **be** con el adjetivo correspondiente.

10 *(edad)* tener: *He is ten (years old).* Tiene diez años. ◊ *She's eighteen months old.* Tiene dieciocho meses. ☛ *Ver nota en* OLD, YEAR **11** *(tiempo)*: *It's cold/hot/sunny.* Hace frío/calor/sol. ◊ *It's foggy/misty.* Hay niebla/ neblina. **12** *(medida)* medir: *He is six feet tall.* Mide 1.80 m. ◊ *It is two metres wide.* Tiene dos metros de ancho. **13** *(hora)* ser: *It's two o'clock.* Son las dos. ◊ *What time is it?* ¿Qué hora es? **14** *(indicando nombre, profesión, etc del sujeto)* ser: *Today is Monday.* Hoy es lunes. ◊ *She is a doctor.* Es médica. ◊ *'Who is that?' 'It's me.'* —¿Quién es? —Soy yo. **15** *(posesión)* ser: *The money's not yours, it's John's.* El dinero no es tuyo, es de John. **16** *(precio)* costar: *'How much is that dress?' 'It's £50.'* —¿Cuánto cuesta ese vestido? —50 libras. ◊ *How much are the tomatoes?* ¿A cuánto están los tomates? **17** *(Mat)* ser: *Two and two is/are four.* Dos y dos son cuatro. **18** *(Teat)* hacer (el papel) de: *She was Juliet in the play.* Hizo el papel de Julieta en la obra. **19 to be sth to sb** significar algo para algn; importar algo a algn

● **v auxiliar 1** [*con participios para formar la pasiva*]: *He was killed in the war.* Lo mataron en la guerra. ◊ *The house is being built.* La casa está en construcción. ◊ *It is said that he is/He is said to be rich.* Dicen que es rico. ◊ *The plan should be opposed.* Hay que oponerse al plan. **2** [*con* **-ing** *para formar tiempos continuos*]: *What are you doing?* ¿Qué haces/Qué estás haciendo? ◊ *I'm just coming!* ¡Ya voy! ◊ *I shall be seeing him soon.* Lo voy a ver pronto. ◊ *I've been watching TV all day.* He estado viendo la tele todo el día. **3** [*con infinitivo*] **(a)** *(obligación)*: *I am to inform you that...* Debo informarle de que... ◊ *To be taken four times a day.* Tomar cuatro veces al día. ◊ *What am I to do?* ¿Qué debo hacer? **(b)** *(propósito)*: *They were to be married.* Se iban a casar. **(c)** *(posibilidad)*: *They were nowhere to be seen.* No se les veía por ninguna parte. **(d)** *(destino)*: *He was never to see her again.* Nunca la volvería a ver.

LOC be that as it may sea como fuere **so be it** *(formal)* así sea **-to-be** futuro: *her husband-to-be* su futuro esposo ◊ *mothers-to-be* futuras madres **to be for/against sth** estar a favor/en contra de algo **to be yourself** ser natural: *Don't act sophisticated - just be yourself.* No intentes impresionarles, simplemente sé tú mismo. **to leave/let sth/sb be** dejar algo/a algn en paz **were it...; if it were...** *(formal)* ☛ En inglés coloquial se suele decir *if it was...* si fuera...: *Were it possible I would help.* Si me fuera posible ayudaría. **were it not for...; if it weren't for...** si no fuera por...: *Were it not for the rain I would go out.* Si no fuera por la lluvia saldría. ☛ En inglés coloquial se suele decir *if it wasn't for...* **who am I, are you, is she, etc to do sth?** ¿quién soy yo, eres tú, es ella, etc para hacer algo?: *Who am I to disagree?* ¿Quién soy yo para oponerme?

☛ Para otras expresiones con **be**, véanse las entradas del sustantivo, adjetivo, etc, p.ej. **to be a drain on sth** en DRAIN.

PHR V to be through (to sth/sb) *(GB)* tener línea (con algo/algn) *(por teléfono)*: *You are through!* ¡Ya puede hablar!

to be through (with sth/sb) haber terminado (con algo/algn): *Keith and I are through.* Keith y yo hemos acabado. ◊ *I'm through with smoking.* He dejado de fumar.

beach /biːtʃ/ *n* playa **LOC** *Ver* PEBBLE
■ **beach** *vt* varar

beacon /ˈbiːkən/ *n* **1(a)** *(hoguera)* almenara **(b)** *(fig)* luz, guía **2** faro **3** luces de pista *(aeropuerto)* **4** *(tb* **radio beacon)** radiobaliza *Ver tb* BELISHA BEACON

bead /biːd/ *n* **1(a)** cuenta, abalorio **(b) beads** [*pl*] collar de cuentas: *rosary/prayer beads* rosario **2** *(líquido)* gota: *beads of sweat* gotas de sudor
▶ **beaded** *adj* adornado con cuentas

beady /ˈbiːdi/ *adj* *(ojos)* pequeño y brillante: *Nothing escapes his beady eyes.* No se le escapa ni una.
LOC to keep a beady eye on sth/sb vigilar algo/a algn con ojo avizor

beak /biːk/ *n* pico

beaker /ˈbiːkə(r)/ *n* vaso alto *(de plástico)*

beam /biːm/ *n* **1** viga, travesaño *Ver tb* CROSS-BEAM **2(a)** *(de sol, luna, láser)* rayo *Ver tb* MOONBEAM, SUNBEAM **(b)** *(de linterna, etc)* haz de luz: *The car's headlights were on full beam.* El coche tenía puestas las luces largas. **3** sonrisa radiante **4** *(radio, radar)* señal
■ **beam 1** *vi* **(a)** *(persona)* radiar alegría: *to beam at sb* echar una sonrisa radiante a algn **(b)** *(sol)* brillar **2** *vt* **(a)** *(Radio, TV)* transmitir **(b)** lanzar una sonrisa de:

She beamed her approval. Lanzó una sonrisa radiante de aprobación.

bean /biːn/ *n* **1** (*semilla*) habichuela: *kidney beans* alubias rojas *Ver tb* BAKED BEANS, BROAD BEAN, BUTTER-BEAN **2** (*vaina*) judía: *green beans* judías verdes *Ver tb* POLE BEAN, RUNNER BEAN, STRING BEAN **3** (*café, cacao*) grano

LOC not to have a bean (*coloq*) estar sin un duro *Ver tb* FULL, SPILL

beanbag /ˈbiːnbæg/ *n* puf (*asiento*)

bean sprouts *n* [*pl*] brotes de soja

bear[1] /beə(r)/ *n* **1** oso: *bear cub* osezno *Ver tb* POLAR BEAR, TEDDY BEAR **2** (*persona*) bruto **3** (*Fin*) bajista

LOC like a bear with a sore head (*coloq*) de un humor de perros

bear[2] /beə(r)/ (*pret* **bore** /bɔː(r)/ *pp* **borne** /bɔːn/) **1** *vt* **(a)** aguantar: *He couldn't bear the pain.* No podía aguantar el dolor. ◊ *He can't bear being laughed at.* No soporta que se rían de él. ◊ *It doesn't bear thinking about.* Da horror solo pensar en ello. **(b)** resistir: *It won't bear close examination.* No resistirá un examen a fondo. ◊ *It doesn't bear repeating.* No es como para repetirlo. **2** *vt* llevar: *The document bears his signature.* El documento lleva su firma. ◊ *They bore his body to the tomb.* Llevaron su cuerpo hasta la tumba. **3** *vt* (*nombre, parecido*) tener: *a family that bore an ancient name* una familia que tenía un apellido ancestral **4** *vt* **(a)** (*carga*) soportar **(b)** (*gastos*) hacerse cargo de **(c)** (*responsabilidad*) asumir **5** *vt* (*rencor, etc*) guardar: *He bears no grudge towards them.* No les guarda ningún resentimiento. **6** *v refl* **~ yourself** (*formal*) comportarse: *He bears himself with dignity.* Se comporta con dignidad. **7** *vt* (*formal*) (*hijo*) dar a luz: *She bore (him) eight children.* Tuvo ocho hijos (con él).

En este sentido el verbo más utilizado es **have**: *She had eight children (by him).* *Ver tb* CHILDBEARING ☛ *Comparar con* BORN

8 *vt* (*cosecha, resultado*) producir **9** *vi* (*carretera, etc*) torcer: *The road bears (to the) West.* La carretera tuerce hacia el oeste. *Ver tb* WATER-BORNE

LOC to bear a close resemblance (to sth/sb) tener un gran parecido a algo/algn **to bear sth in mind** tener algo en cuenta **to bear in mind (that...)** tener en cuenta (que...) **to bear little relation to sth** tener poca relación con algo **to bear the brunt of sth** soportar lo peor de algo **to bear the palm** llevarse la palma **to bear witness to sth** ser prueba de algo: *The crowd at the funeral bore witness to his popularity.* La muchedumbre en el funeral dio prueba de su popularidad. **to bring sth to bear (on sth/sb)** aplicar algo (a algo/algn): *They brought a lot of pressure to bear on the government.* Presionaron mucho al gobierno. *Ver tb* COMPARISON, GRIN, PRESSURE[1]

PHR V to bear sth/sb away/off (*antic*) llevarse algo/a algn

to bear down on sth/sb aproximarse (amenazador) a algo/algn

to bear on sth afectar algo

to bear sth/sb out confirmar algo/lo que algn ha dicho

to bear up (under sth) resistir algo

to bear with sb tener paciencia con algn

bearable /ˈbeərəbl/ *adj* tolerable, soportable

beard /bɪəd/ *n* barba ☛ *Ver ilustración en* HEAD[1]

▶ **bearded** *adj* barbudo, con barba

bearer /ˈbeərə(r)/ *n* **1** (*noticias, cheque*) portador, -ora: *bearer of good news* portador de buenas noticias **2** porteador, -ora *Ver tb* PALL-BEARER, STANDARD-BEARER **3** (*documento*) titular

bear-hug /ˈbeə hʌg/ *n* abrazo fuerte

bearing /ˈbeərɪŋ/ *n* **1** (*de persona*) **(a)** porte **(b)** comportamiento **2** (*Náut*) marcación **3** (*Mec*) cojinete *Ver tb* BALL-BEARING **4** (*Heráldica*) blasón

LOC to get/take your bearings orientarse **to have a bearing on sth** tener que ver con algo: *It hasn't much bearing on the problem.* Tiene poco que ver con el problema. *Ver tb* LOSE

bearish /ˈbeərɪʃ/ *adj* **1** bruto **2** (*Fin*) a la baja

beast /biːst/ *n* **1(a)** animal, bestia: *wild beasts* fieras ◊ *Beauty and the Beast* la Bella y la Bestia **(b)** res **2** (*persona*) bestia, animal **3** (*coloq*): *a beast of a day* un día horrible

▶ **beastly** *adj* (*GB, coloq*) horrible, horroroso

beat /biːt/ (*pret* **beat** *pp* **beaten** /ˈbiːtn/) **1** *vt, vi* golpear, dar golpes: *to beat on the table* dar golpes en la mesa ◊ *to beat sb unconscious* golpear a algn hasta dejarle inconsciente ◊ *She beat her fist on the table.* Dio golpes en la mesa con el puño. ◊ *to beat sb to death* matar a algn a palos ◊ *Somebody was beating at the door.* Alguien daba golpes en la puerta. **2** *vt, vi* **~ (against/on sth)** batir (algo): *Hailstones beat against the window.* El granizo batía la ventana. ◊ *beaten eggs* huevos batidos **3** (*tambor*) **(a)** *vt* tocar **(b)** *vi* redoblar **4** *vt* (*vencer*) **(a) ~ sb (at sth)** vencer a algn (a algo): *She beat me at chess.* Me ganó al ajedrez. **(b)** (*récord*) batir **(c)** (*fig*): *Nothing beats home cooking.* No hay nada mejor que la cocina casera. **(d)** (*coloq*) confundir: *It beats me why he did it.* No me puedo explicar por qué lo hizo. *Ver tb* WORLD-BEATING **5** *vi* (*corazón*) latir **6** *vt, vi* (*alas*): *The bird's wings were beating frantically.* El pájaro aleteaba frenéticamente. *Ver tb* BROWBEAT, WEATHER-BEATEN

LOC beat it! (*argot*) ¡lárgate! **if you can't beat them, join them** (*refrán*) si no puedes contra ellos, únete a ellos **off the beaten track 1** en un lugar apartado **2** (*fig*): *to go off the beaten track* salirse de lo corriente **to beat about the bush** andarse con rodeos **to beat a (hasty) retreat** batirse en retirada **to beat a path to sb's door** acosar a algn sin cesar **to beat sb at their own game** ganar a algn con sus mismas armas **to beat sth into sb's head** meter algo (a golpes) en la cabeza de algn **to beat the clock** conseguir hacer algo a tiempo **to beat the drum (for sth/sb)** poner algo/a algn por las nubes **to beat the pants off sb** darle una buena paliza a algn **to beat the rap** (*USA, argot*) escaparse sin castigo **to beat sb to a pulp** machacar a algn **to beat sb to the draw 1** (*tb* **to beat sb to it**) (*fig*) adelantar a algn **2** (*lit*): desenfundar (la pistola) más rápido que algn **to beat time** llevar el compás **to beat your breast** darse golpes de pecho *Ver tb* DAYLIGHTS, HEAD[1], SHIT

PHR V to beat sb back hacer retroceder a algn

to beat down 1 (*sol*) brillar con fuerza **2** (*lluvia*) caer con fuerza

to beat sb down hacer que algn rebaje el precio

to beat sth down derribar algo a golpes (*puerta, etc*)

to beat sth/sb off repeler algo/a algn

to beat sth out 1 (*ritmo*) repiquetear algo **2** (*fuego*) apagar algo (a golpes) **3** (*abolladura*) martillear algo

to beat sb up dar una paliza a algn

■ **beat** *n* **1** (*tambor*) redoble **2** ritmo, tiempo: *The song has a good beat.* La canción tiene un buen ritmo. *Ver tb* OFFBEAT **3** (*corazón*) latido *Ver tb* HEARTBEAT **4** (*policía*) ronda: *on the beat* de ronda **LOC** *Ver* POUND[3]

■ **beat** *adj* (*coloq*) hecho polvo: *I'm (dead) beat.* Estoy hecho polvo.

beater /ˈbiːtə(r)/ *n* **1** (*caza*) batidor, -ora **2** (*tb* **egg beater**) batidor

beatify /biˈætɪfaɪ/ *vt* (*pret, pp* **-fied**) beatificar

▶ **beatific** *adj* beatífico

beating /ˈbiːtɪŋ/ *n* **1** (*castigo*) paliza: *The headmaster gave the boy a beating.* El director le dio al chico unos palmetazos. ◊ *He got a good beating.* Recibió una buena paliza. **2** (*coloq*) (*derrota*) paliza: *Our team got a sound beating.* Nuestro equipo se llevó una buena paliza. **3** (*golpear con ritmo regular*) **(a)** (*los elementos*) batir: *the*

incessant beating of the waves el batir constante de las olas **(b)** (*corazón*) latido **(c)** (*alas*) aleteo **4** (*caza*) batida
LOC **to take a lot of/some beating** no ser tan fácil superar algo/a algn: *She will take some beating.* No será tan fácil superarla.

beatitude /biˈætɪtjuːd; *USA* -tuːd/ *n* **1** beatitud **2 the Beatitudes** [*pl*] (*Relig*) las Bienaventuranzas

beatnik /ˈbiːtnɪk/ *n* beatnik

beat-up /ˈbiːt ʌp/ *adj* (*esp USA, coloq*) desgastado *m*: *a beat-up sofa* un sofá desgastado ◊ *a beat-up old car* un cacharro de coche

beau /bəʊ/ *n* (*pl* **~x** /bəʊz/) **1** (*USA*) novio **2** (*antic*) **(a)** dandy **(b)** galán

beaut /bjuːt/ *n* (*USA, Austral, coloq*) monada
■ **beaut** *adj, interj* (*Austral*) genial

beautician /bjuːˈtɪʃn/ *n* esteticista

beautiful /ˈbjuːtɪfl/ *adj* **1** hermoso, precioso **2** magnífico, fantástico
▶ **beautifully** *adv* maravillosamente: *She sings beautifully.* Canta estupendamente. ◊ *The car is running beautifully.* El coche va de maravilla.

beauty /ˈbjuːti/ *n* (*pl* **-ies**) **1** belleza: *beauty queen/contest* reina de la belleza/concurso de belleza ◊ *beauty products* productos de belleza ◊ *beauty salon/parlour* salón de belleza ◊ *I must get my beauty sleep.* Tengo que dormir para estar guapa mañana. **2** (*persona o cosa*) preciosidad: *That last goal was a beauty.* El último gol fue estupendo. **3** (*ventaja*): *the beauty of the plan is…* lo bueno del plan es…
LOC **beauty is in the eye of the beholder** todo es según el color del cristal con que se mira **beauty is only skin deep** (*refrán*) el físico no es lo que importa

beauty spot *n* **1** lugar de gran belleza **2** lunar

beaux *plural de* BEAU

beaver /ˈbiːvə(r)/ *n* castor LOC *Ver* EAGER
■ **beaver** *v*
PHR V **to beaver away (at sth)** (*GB, coloq*) trabajar como una hormiguita (en algo)

bebop /ˈbiːbɒp/ (*tb* **bop**) *n* (*Mús*) bebop

becalmed /bɪˈkɑːmd/ *adj* (*Náut*) encalmado

became *pret de* BECOME

because /bɪˈkɒz; *USA* -kɔːz/ *conj* porque: *Why get upset just because you got a bad mark?* ¿Por qué enfadarse por una mala nota?
▶ **because of** /bɪˈkɒz əv/ *prep* a causa de, debido a: *because of you* por ti

beck /bek/ *n*
LOC **at sb's beck and call**; **at the beck and call of sb** a la disposición de algn

beckon /ˈbekən/ **1** *vi* **~ to sb** hacer señas a algn: *She beckoned to me to follow.* Me hizo señas para que la siguiera. **2** *vt* **(a)** llamar con señas **(b)** (*fig*) atraer: *City life beckons many country dwellers.* La vida de la ciudad atrae a mucha gente del campo.
PHR V **to beckon sb in, on, over, etc**: *He beckoned me over.* Me hizo una señal para que me acercara. ◊ *She beckoned him in.* Le hizo señas para que entrara.

become[1] /bɪˈkʌm/ *vi* (*pret* **became** /bɪˈkeɪm/ *pp* **become**) **1** (*seguido de sustantivo*) llegar a ser, convertirse en, hacerse: *They became great friends.* Llegaron a ser grandes amigos. ◊ *She became a doctor.* Ella se hizo médica. ◊ *Those boys are becoming a nuisance.* Esos chicos se están haciendo muy molestos. **2** (*seguido de adjetivo*) ponerse, volverse: *to become fashionable* ponerse de moda ◊ *She became aware that…* Se dio cuenta de que… ◊ *to become bad/worse* empeorarse
LOC **to become aware of sth** darse cuenta de algo **to become effective** entrar en vigor **what becomes of sth/sb**: *What will become of my child if I die?* ¿Que será de mi hijo si yo muero? *Ver tb* PALLY, PERSONAL, PREGNANT

become[2] /bɪˈkʌm/ *vt* (*pret* **became** /bɪˈkeɪm/ *pp* **become**) **~ sb** (*formal*) **1** sentar bien a algn: *Her new hat becomes her.* El sombrero nuevo le sienta bien. **2** ser propio de algn: *It doesn't become a lady to speak in such a manner.* No es propio de una dama hablar así.
▶ **becoming** *adj* (*formal*) **1** favorecedor **2** apropiado

B Ed /ˌbiː ˈed/ *abrev de* **Bachelor of Education** licenciatura en Pedagogía ☛ *Ver nota en* BACHELOR

bed /bed/ *n* **1** cama: *to go to bed* irse a la cama ◊ *to be in bed* estar en la cama ◊ *a single/double bed* una cama individual/de matrimonio ◊ *to make the bed* hacer la cama ◊ *I've put the children to bed.* He acostado a los niños. ◊ *It's time for bed.* Es hora de irse a la cama. *Ver tb* CAMP BED, DEATHBED, DOUBLE BED, SUNBED

Nótese que solo cuando **bed** se refiere al mueble se usa el artículo. Compárense los siguientes ejemplos: *I came to pay for the bed.* He venido a pagar la cama. ◊ *Did I get you out of bed?* ¿Te he sacado de la cama?

2 colchón **3(a)** (*tb* **seabed**) fondo (*del océano*) **(b)** (*tb* **riverbed**) lecho (*de un río*) **4** (*Geol*) estrato **5** base, cimientos **6** (*flores*) macizo *Ver tb* FLOWER BED, SEEDBED
LOC **a bed of roses** un lecho de rosas **bed and board** pensión completa **to get out of bed on the wrong side** levantarse con el pie izquierdo **to go to bed with sb** (*coloq*) irse a la cama con algn **to take to your bed** meterse en la cama enfermo **you've made your bed, so you must lie on it** (*refrán*) tú te lo has buscado *Ver tb* EARLY, WET
■ **bed** *vt* (**-dd-**) **1** fijar: *The bullet bedded itself in the wall.* La bala se incrustó en la pared. **2** (*coloq*) acostarse con **3** alojar
PHR V **to bed down** acostarse
to bed sth down preparar para la noche algo (*esp ganado*)
to bed sth out plantar algo en un macizo

bed and breakfast *n* (*GB*) (*abrev* **B & B**, **B and B**, **b and b**) pensión y desayuno: *to stay in bed and breakfast accommodation* quedarse en pensiones con desayuno incluido ☛ *Ver nota en* PENSIÓN

bedclothes /ˈbedkləʊðz/ *n* [*pl*] ropa de cama

bedcover /ˈbedkʌvə(r)/ *n* **1** cubrecama, colcha **2 bedcovers** [*pl*] mantas

bedding /ˈbedɪŋ/ *n* **1** ropa de cama **2** cama (*para animales*)

bedeck /bɪˈdek/ *vt* **~ (with sth)** adornar (con algo)

bedevil /bɪˈdevl/ *vt* (**-ll-**, *USA* **-l-**) acosar

bedfellow /ˈbedfeləʊ/ *n* **1** (*fig*) compañero, -a: *They are strange bedfellows.* Son una pareja rara. **2** compañero, -a de cama

bedlam /ˈbedləm/ *n* [*incontable*] alboroto: *It's bedlam in there.* Parcece una casa de locos.

Bedouin /ˈbedʊɪn/ *adj, n* (*pl* **Bedouin**) beduino, -a

bedraggled /bɪˈdrægld/ *adj* sucio, hecho un desastre

bedridden /ˈbedrɪdn/ *adj* postrado en cama

bedrock /ˈbedrɒk/ *n* **1** (*Geol*) roca madre **2** (*fig*) cimientos, principios

bedroom /ˈbedruːm, ˈbedrʊm/ *n* dormitorio
▶ **bedroomed** *adj*: *a four-bedroomed house* una casa de cuatro habitaciones *Ver tb* THREE-BEDROOM(ED)

bedside /ˈbedsaɪd/ *n* cabecera: *at your bedside* a la cabecera de algn ◊ *bedside table/lamp* mesilla/lámpara de noche ◊ *Dr Green has a good bedside manner.* El Dr Green sabe como tratar a sus pacientes.

bedsit /ˈbedsɪt/ *n* (*GB*) habitación con cama y cocina

bedspread /ˈbedspred/ *n* colcha

bedstead /ˈbedsted/ *n* somier

bedtime /ˈbedtaɪm/ *n* hora de acostarse: *It's way past your bedtime.* Ha pasado ya tu hora de irte a la cama. ◊ *bedtime story* cuento para dormir

bed-wetting /ˈbed wetɪŋ/ *n* el hacerse pis en la cama

bee /biː/ *n* **1** abeja *Ver tb* BUMBLE-BEE, QUEEN BEE **2** (*USA*) reunión: *a sewing bee* un grupo de costura
LOC **the bee's knees** (*coloq*) el no va más **to have a bee in your bonnet (about sth)** (*coloq*) estar obsesionado (con algo) *Ver tb* BIRD, BUSY

the Beeb /biːb/ *n* (*coloq*) la BBC

beech /biːtʃ/ *n* **1** (*tb* **beech tree**) haya *Ver tb* COPPER BEECH **2** (*tb* **beechwood**) madera de haya

beef[1] /biːf/ *n* **1(a)** (*carne*) vaca: *roast beef* rosbif ◊ *beef cattle* ganado vacuno para carne *Ver tb* CORNED BEEF **(b)** (*animal*) vaca **2** (*coloq*) músculo: *He's got plenty of beef.* Está muy cachas.

■ **beef** *v*

PHR V **to beef sth up** (*coloq*) reforzar algo

beef[2] /biːf/ *n* (*pl* **beefs**) (*coloq*) queja

■ **beef** *vi* ~ (**about sth/sb**) (*coloq*) quejarse (de algo/algn)

beefburger /ˈbiːfbɜːɡə(r)/ *n* (*tb* **hamburger**, **burger**) hamburguesa (*filete*): *I need to buy some beefburgers.* Tengo que comprar hamburguesas. ☛ *Comparar con* HAMBURGER ☛ *Ver nota en* BURGER

beefy /ˈbiːfi/ *adj* (*coloq*) fornido

beehive /ˈbiːhaɪv/ *n* colmena

beeline /ˈbiːlaɪn/ *n*

LOC **to make a beeline for sth/sb** (*coloq*) irse derechito hacia algo/algn: *He made a beeline for the bar.* Se fue derechito a la barra.

been /biːn, bɪn/ *pp de* BE

beep /biːp/ *n* pitido: *Please leave a message after the beep.* Por favor, deje su mensaje después de la señal. ◊ *to give a beep of your horn* dar un bocinazo

■ **beep 1** *vi* **(a)** (*despertador*) sonar **(b)** (*coche, bocina, etc*) pitar **2** *vt* (*bocina, etc*) tocar

beer /bɪə(r)/ *n* cerveza: *a beer mat* un posavasos ☛ *Ver nota en* CERVEZA LOC *Ver* SMALL

▶ **beery** *adj* (*coloq, pey*) tabernario: *a beery atmosphere* un ambiente tabernario

beeswax /ˈbiːzwæks/ *n* cera de abeja

beet /biːt/ *n* **1** *Ver* SUGAR BEET **2** (*USA*) *Ver* BEETROOT

beetle /ˈbiːtl/ *n* escarabajo

beetroot /ˈbiːtruːt/ (*USA* **beet**) *n* remolacha (*cocida*) LOC *Ver* RED

befall /bɪˈfɔːl/ *vt* (*pret* **befell** /bɪˈfel/ *pp* **befallen** /bɪˈfɔːlən/) (*antic*) ocurrir: *whatever befalls you* te pase lo que te pase

befit /bɪˈfɪt/ *vt* (**-tt-**) (*formal*) corresponder a

▶ **befitting** /bɪˈfɪtɪŋ/ *adj* apropiado

before /bɪˈfɔː(r)/ *adv* antes: *the day/week before* el día/la semana anterior ◊ *Never before…* Nunca antes… ◊ *I've never seen her before in my life.* No la he visto nunca. ◊ *As I said before…* Como ya he dicho antes… ☛ *Ver nota en* AGO

■ **before** *prep* **1** antes de (que), antes que: *before lunch* antes de comer ◊ *the day before yesterday* anteayer ◊ *He arrived before me.* Llegó antes que yo. ◊ *before too long* antes de que pase mucho tiempo ◊ *Turn left just before the cinema.* Gire a la izquierda justo antes del cine. ◊ *Have another whisky before you go.* Tómate otro whisky antes de irte. ◊ *salary before tax* salario bruto **2** ante: *We knelt before the throne.* Nos arrodillamos ante el trono. ◊ *He was brought before the judge.* Lo trajeron ante el juez. ◊ *right before my eyes* ante mis propios ojos **3** delante de: *He puts his work before everything else.* Antepone su trabajo a todo lo demás. **4** (*formal*) ante: *They retreated before the enemy.* Se retiraron ante el enemigo.

LOC **up before sth/sb** (*Jur*) presentarse ante algo/algn: *He was/came up before the magistrate.* Se presentó ante los tribunales.

■ **before** *conj* antes de que

beforehand /bɪˈfɔːhænd/ *adv* de antemano

befriend /bɪˈfrend/ *vt* hacerse amigo de

befuddled /bɪˈfʌdld/ *adj* atontado

beg /beɡ/ (**-gg-**) **1** *vi* mendigar: *a begging letter* una carta pidiendo dinero **2** *vt, vi* **to beg (sb) to do sth** suplicar (a algn) que haga algo: *He begged her not to go.* Le suplicó que no fuera. ◊ *The boy begged to be allowed to come with us.* El chico suplicaba que le dejáramos venir con nosotros. **3** *vt, vi* **(a) to beg (sth) (of/from sb)** suplicar (algo) (de algn): *I beg (of) you!* ¡Te lo suplico! ◊ *Can I beg a lift from you?* ¿Podrías llevarme? **(b) to beg (sb) for sth** suplicar (a algn) algo: *He begged (her) for forgiveness.* Le suplicó que lo perdonara.

LOC **I beg to differ** me temo que no estoy de acuerdo **to beg leave to do sth** (*formal*) pedir permiso para hacer algo **to beg sb's pardon 1** pedir perdón a algn: *I do beg your pardon.* Lo siento muchísimo. **2** pedir a algn que repita lo que ha dicho: *I beg your pardon?* ¿Cómo ha dicho? ☛ *Comparar con* PARDON **to beg the question** dar por sentado que la teoría que apoya tu argumento ha sido demostrada, cuando no es este el caso **to beg the question (of/whether…)** plantear la pregunta (de si/de que…) **to go begging** no tener dueño: *If that sandwich is going begging, I'll have it.* Si ese bocadillo no tiene dueño, me lo como yo.

began *pret de* BEGIN

beget /bɪˈɡet/ *vt* (**-tt-**) (*pret* **begot** /bɪˈɡɒt/ o *antic* **begat** /bɪˈɡæt/ *pp* **begotten** /bɪˈɡɒtn/) (*formal*) engendrar

beggar /ˈbeɡə(r)/ *n* **1** mendigo, -a **2** (*coloq*) tío, -a: *You lucky beggar!* ¡Qué tío con suerte!

LOC **beggars can't be choosers** (*coloq, refrán*) date con un canto en los dientes

begin /bɪˈɡɪn/ *vt, vi* (**-nn-**) (*pret* **began** /bɪˈɡæn/ *pp* **begun** /bɪˈɡʌn/) ~ **doing sth/to do sth** empezar a hacer algo: *to begin school* empezar a ir al colegio ◊ *Shall I begin?* ¿Empiezo yo? ◊ *To begin at the beginning…* Para empezar por el principio… ◊ *I can't begin to thank you.* No sé cómo agradecértelo. ◊ *He began crying/to cry.* Empezó a llorar.

> Nótese que aunque **begin** y **start** pueden ir seguidos de infinitivo o de una forma en **-ing**, cuando están en un tiempo continuo solo pueden ir seguidos de un infinitivo: *It is starting to rain.* Está empezando a llover. ◊ *He is beginning to cry.* Está empezando a llorar.

LOC **to begin with 1** para empezar **2** al principio ☛ *Ver nota en* HOPEFULLY *Ver tb* CHARITY

▶ **beginner** *n* principiante: *beginner's luck* la suerte del novato

beginning *n* **1** comienzo, principio: *at/in the beginning* al principio ◊ *(right) from the beginning* desde el principio ◊ *from beginning to end* de principio a fin ◊ *This is just the beginning!* ¡Esto es solo el principio! **2** origen: *humble beginnings* orígenes humildes

LOC **the beginning of the end** el principio del fin

begonia /bɪˈɡəʊniə/ *n* begonia (*Bot*)

begot *pret de* BEGET

begotten *pp de* BEGET

begrudge /bɪˈɡrʌdʒ/ *vt* **1** envidiar: *Nobody begrudges you your success.* Tienes bien merecido tu éxito. **2** escatimar: *I begrudge every penny I pay in tax.* Me duele cada penique que pago de impuestos.

beguile /bɪˈɡaɪl/ *vt* ~ **sb (with sth)** (*formal*) cautivar, embelesar a algn (con algo)

▶ **beguiling** /bɪˈɡaɪlɪŋ/ *adj* seductor, cautivador

begun *pp de* BEGIN

behalf /bɪˈhɑːf; *USA* -ˈhæf/ *n*

LOC **on behalf of sb/on sb's behalf**; *USA tb* **in behalf of sb/in sb's behalf** en nombre de algn/en su nombre, de parte de algn *Ver tb* CUDGEL

behave /bɪˈheɪv/ *vi* **1** ~ **well, badly, etc (towards sb)** comportarse bien, mal, etc (con algn): *badly-behaved* maleducado *Ver tb* WELL-BEHAVED **2** ~ **(yourself)** portarse bien: *Behave yourself!* ¡Pórtate bien! ◊ *Sit still and behave.* Estate quietecito y compórtate. **3** (*máquina*) funcionar

behaviour (*USA* **behavior**) /bɪˈheɪvjə(r)/ *n* [*incontable*] comportamiento LOC *Ver* BEST

▶ **behavioural** *adj* de comportamiento: *behavioural problems* problemas de comportamiento

behaviourism *n* (*Psic*) conductismo

behaviourist *adj, n* (*Psic*) conductista, behaviorista

behead /bɪˈhed/ *vt* decapitar
beheld *pret, pp de* BEHOLD
behest /bɪˈhest/ *n*
LOC **at sb's behest** (*formal*) a las órdenes de algn
behind /bɪˈhaɪnd/ *prep* **1** detrás de: *I put it behind the cupboard.* Lo puse detrás del armario. ◊ *He glanced behind him.* Miró hacia atrás. ◊ *She works behind the bar.* Trabaja detrás de la barra. ◊ *Lock the door behind you.* Cierra la puerta con llave cuando salgas. ◊ *You must put the whole affair behind you now.* Ahora debes olvidar todo este asunto. **2** retrasado con respecto a: *to be behind schedule* ir retrasado con respecto a los planes **3** con, a favor de: *We're 100% behind you.* Estamos al cien por cien contigo. **4** tras: *the man behind the scheme* el hombre que está tras el proyecto ◊ *What's behind this sudden show of friendliness?* ¿Qué hay detrás de esta súbita muestra de amistad? **5 ~ sb** a las espaldas de algn: *ten years' experience behind her* diez años de experiencia a sus espaldas
■ **behind** *adv* **1** atrás: *to leave sth behind* dejar algo atrás ◊ *to look behind* mirar hacia atrás ◊ *to fall behind* quedarse atrás ◊ *He was shot from behind.* Le dispararon por la espalda. ◊ *to remain/stay/wait behind* quedarse atrás **2 ~ (in/with sth)** atrasado (en/con algo): *I'm/I've fallen behind with my work.* Voy atrasado en mi trabajo. ◊ *to be three goals behind* ir perdiendo por tres goles
■ **behind** *n* (*eufemismo*) trasero
behold /bɪˈhəʊld/ *vt* (*pret, pp* **beheld** /bɪˈheld/) (*antic* o *ret*) mirar: *It was a wonder to behold.* Era digno de verse. **LOC** *Ver* LO
▶ **beholder** *n* espectador, -ora **LOC** *Ver* BEAUTY
beholden /bɪˈhəʊldən/ *adj* **~ to sb (for sth)** (*antic* o *formal*) agradecido a algn (por algo); en deuda con algn
behove /bɪˈhəʊv/ (*USA* **behoove** /bɪˈhuːv/) *vt* (*antic* o *formal*) corresponder: *It behoves you to be courteous.* Te corresponde ser cortés.
beige /beɪʒ/ *adj, n* beige
being[1] /ˈbiːɪŋ/ *Ver* BE
being[2] /ˈbiːɪŋ/ *n* **1** ser *Ver tb* HUMAN BEING **2** existencia: *the richest company in being today* la empresa más rica que existe actualmente *Ver tb* WELL-BEING
LOC **to bring/call sth into being** crear algo **to come into being** crearse
bejewelled (*USA* **bejeweled**) /bɪˈdʒuːəld/ *adj* enjoyado
belabour (*USA* **belabor**) /bɪˈleɪbə(r)/ *vt* **1** fustigar **2** criticar
belated /bɪˈleɪtɪd/ *adj* tardío
▶ **belatedly** *adv* con retraso
belch /beltʃ/ **1** *vi* eructar **2** *vt* **~ sth (out/forth)** (*humo, etc*) arrojar algo
■ **belch** *n* eructo
beleaguered /bɪˈliːgəd/ *adj* **1** (*fig*) acosado: *a beleaguered government* un gobierno acosado **2** (*Mil*) sitiado
belfry /ˈbelfri/ *n* campanario ☛ *Ver ilustración en* IGLESIA
Belgian /ˈbeldʒən/ *adj, n* belga
belie /bɪˈlaɪ/ *vt* (*part pres* **belying** *pret, pp* **belied**) **1** ocultar: *His friendly manner belied his hatred.* Su amable comportamiento ocultaba su odio. **2** desmentir **3** (*planes, etc*) frustrar
belief /bɪˈliːf/ *n* **1** creencia: *Christian beliefs* creencias cristianas ◊ *It is my belief that…* Soy del parecer que… **2 ~ in sth/sb (a)** confianza en algo/algn **(b)** (*Relig*) fe en algo/algn
LOC **beyond belief** increíble **in the belief that…** confiando en que… *Ver tb* BEST
believable /bɪˈliːvəbl/ *adj* **1** creíble **2** verosímil
believe /bɪˈliːv/ *vt, vi* creer: *I don't believe you.* No te creo. ◊ *I believe so/not.* Creo que sí/no. ◊ *Mr Smith, I believe.* Usted es el Sr Smith, me imagino. ☛ *Ver nota en* SO *adv* sentido 6 *Ver tb* MAKE-BELIEVE
LOC **believe it or not** lo creas o no **believe (you) me** créeme **not to believe your ears/eyes** no dar crédito uno a sus oídos/ojos **seeing is believing** (*refrán*) verlo para creerlo **to give sb to believe/understand (that)…** (*formal*) dar a entender a algn (que)…: *We were given to understand that the price included all meals.* Nos dieron a entender que el precio incluía todas las comidas. **to make believe (that…)**: *The boys made believe (that) they were astronauts.* Los chicos hacían como que eran astronautas. **would you believe (it)?** ¿puedes creértelo?: *Her father, would you believe, is a judge.* No te lo vas a creer, pero su padre es juez. *Ver tb* LEAD[3]
PHR V **to believe in sth** ser partidario de algo
to believe in sth/sb 1 creer en algo/algn **2** confiar en algo/algn
to believe sth of sb creer a algn capaz de (hacer) algo
believer /bɪˈliːvə(r)/ *n* creyente
LOC **to be a (great/firm) believer in sth** ser (gran) partidario de algo
Belisha beacon /bəˌliːʃə ˈbiːkən/ *n* (*GB*) farolas que indican un paso de peatones
belittle /bɪˈlɪtl/ *vt* **1** minimizar **2** hacer de menos
▶ **belittling** *adj* humillante
bell /bel/ *n* **1** campana, campanilla **2** timbre: *to ring the bell* tocar el timbre ☛ *Ver ilustración en* BICYCLE **3** cencerro **4** (*de instrumento*) campana, pabellón ☛ *Ver ilustración en* BRASS *Ver tb* ALARM BELL, BLUEBELL, COWBELL, DOORBELL, DUMB-BELL
LOC **to give sb a bell** darle un toque a algn *Ver tb* CLEAR[1], PULL[2], RING[2]
bellboy /ˈbelbɔɪ/ (*USA*) (*GB* **(hotel porter, porter)** *n* botones
belle /bel/ *n* (mujer) bella: *the belle of the ball* la guapa del baile
bellicose /ˈbelɪkəʊs/ *adj* (*formal, ret*) belicoso
belligerent /bəˈlɪdʒərənt/ *adj, n* beligerante
▶ **belligerence** *n* beligerancia
bellow /ˈbeləʊ/ **1** *vi* **(a)** bramar **(b)** gritar **2** *vt* gritar
■ **bellow** *n* **1** bramido **2** grito: *bellows of laughter* risotadas
bellows /ˈbeləʊz/ *n* [*pl*] fuelle
belly /ˈbeli/ *n* (*pl* **-ies**) **1** (*coloq*) (*persona*) vientre, barriga, panza **2** (*animal*) panza, vientre **3** (*de instrumento musical*) tabla armónica ☛ *Ver ilustración en* STRING *Ver tb* POT-BELLIED
■ **belly** *vi* (*pret, pp* **bellied**) (*tb* **to belly out**) hinchar(se) (*vela*)
bellyache /ˈbelieɪk/ *n* (*coloq*) dolor de barriga
■ **bellyache** *vi* **~ (about sth/sb)** (*coloq*) quejarse (de algo/algn)
belly button *n* (*coloq*) ombligo

Navel es la palabra más normal para referirnos al *ombligo*.

belly dancer /ˈbeli dɑːnsə(r); *USA* -dænsər/ *n* mujer que baila la danza del vientre
belly dancing *n* danza del vientre
bellyflop /ˈbeliflɒp/ *n* (*coloq*) zambullida de plancha
bellyful /ˈbelifʊl/ *n*
LOC **to have had a/your bellyful of sth** (*coloq*) haberse dado una panzada de algo
belly laugh *n* (*coloq*) carcajada
belong /bɪˈlɒŋ/ *vi* **1 ~ to sth/sb** pertenecer a algo/algn: *These books don't belong to me.* Estos libros no me pertenecen. **2 ~ to sth (a)** (*club, etc*) ser socio de algo **(b)** (*sindicato*) estar afiliado a algo **3** deber estar: *A child belongs with its mother.* Un niño debe estar con su madre. **4** ir, ponerse: *Where does this belong?* ¿Dónde se pone esto? **5** encajar: *I don't feel I belong here.* Tengo la sensación de no encajar en este lugar. ◊ *to belong together* estar hechos el uno para el otro
belongings /bɪˈlɒŋɪŋz/ *n* [*pl*] pertenencias **LOC** *Ver* PERSONAL

beloved /bɪˈlʌvɪd/ *adj* [*antes de sustantivo*] amado, querido: *She was back in her beloved homeland.* Estaba de nuevo en su querida tierra. ◊ *in memory of my beloved wife* en memoria de mi amada esposa
■ **beloved** /bɪˈlʌvd/ *adj* [*predicativo*] **~ by/of sb** amado, querido por algn: *He was beloved by all who knew him.* Fue querido por todos los que le conocieron.
■ **beloved** /bɪˈlʌvɪd/ *n* (*antic*) amado, -a

below /bɪˈləʊ/ *prep* (por) debajo de, bajo: *His results are well below average.* Sus resultados están muy por debajo de la media. ◊ *five degrees below freezing* cinco grados bajo cero ◊ *just below the surface* justo por debajo de la superficie ◊ *below sea level* bajo el nivel del mar
■ **below** *adv* (más) abajo: *above and below* arriba y abajo ◊ *They live on the floor below.* Viven en el piso de abajo. ◊ *Addresses are listed below.* Hay una lista de direcciones más abajo.

belt /belt/ *n* **1** cinturón: *to fasten your belt* abrocharse el cinturón ◊ *to loosen/tighten your belt* aflojarse/apretarse el cinturón ◊ *She's a black belt in karate.* Es cinturón negro en karate. *Ver tb* LIFEBELT, SAFETY BELT, SEAT BELT, SUSPENDER BELT **2** (*Mec*) cinta, correa: *conveyor belt* cinta transportadora *Ver tb* FAN BELT **3** (*Geog*) zona: *green belt* área natural protegida **4** (*coloq*) bofetada
LOC **to have sth under your belt** (*coloq*) tener algo a sus espaldas: *She's got three wins under her belt.* Ya tiene tres victorias a sus espaldas. **(to hit sb) below the belt** (dar) un golpe bajo (a algn): *His comments were a bit below the belt.* Sus comentarios fueron un golpe bajo. *Ver tb* TIGHT
■ **belt** *vt* **1** (*coloq*) pegar una bofetada a **2** (*abrigo, etc*) abrocharse (*con cinturón*)
PHR V **to belt along, up, down, etc** (*argot*) ir a toda prisa (por): *I was belting down the motorway.* Iba a toda pastilla por la autopista.
to belt sth out (*argot*) cantar, tocar, etc algo a todo volumen: *a radio belting out pop music* una radio con música pop a todo volumen. ◊ *She belted out the National Anthem.* Cantó el himno nacional a grito pelado.
to belt up (*argot*) cerrar el pico

bemoan /bɪˈməʊn/ *vt* (*formal*) lamentar, llorar: *She was bemoaning her bad luck.* Lloraba su mala suerte.

bemuse /bɪˈmjuːz/ *vt* dejar perplejo: *My behaviour bemused her.* Mi comportamiento la dejó perpleja.
▶ **bemused** *adj* perplejo

ben /ben/ *n* (*Escocia*) pico: *Ben Nevis* el pico Nevis

bench /bentʃ/ *n* **1** (*asiento*) banco **2** (*mesa*) banco: *a workbench* un banco de trabajo **3** (*GB, Pol*) escaño ☛ *Ver págs 584–5 Ver tb* BACKBENCHER, THE FRONT BENCH **4 the bench (a)** tribunal: *the Queen's Bench* el Tribunal de la Reina **(b)** estrado **(c)** magistratura: *to appear before the bench* comparecer ante los tribunales

benchmark /ˈbentʃmɑːk/ *n* **1** cota, jalón **2** (*fig*) punto de referencia

bend /bend/ (*pret, pp* **bent** /bent/) **1** *vt, vi* doblar(se), torcer(se) **2** *vi* **~ (down)** agacharse, inclinarse: *to bend forwards/back* inclinarse hacia adelante/hacia atrás **3** (*río, carretera*) hacer una curva, torcer
LOC **on bended knee(s)** de rodillas (*suplicando*) **to bend sb's ear** (*coloq*) darle la vara a algn **to bend the rules** interpretar uno las reglas a su manera **to bend your mind to sth** concentrar la mente en algo *Ver tb* BACKWARD(S)
PHR V **to be bent on (doing) sth** estar empeñado en (hacer) algo
to bend (sb) to sth someter (a algn) a algo
■ **bend** *n* **1(a)** (*río, carretera*) curva *Ver tb* HAIRPIN BEND **(b)** (*tubería*) ángulo **2** (*nudo*) gaza
LOC **round the bend/twist** (*coloq*) chiflado: *She's completely round the bend.* Está completamente chiflada. ◊ *His behaviour is driving me round the bend.* Su comportamiento me está volviendo loco.
▶ **bender** *n* (*coloq*) juerga
LOC **to go on a bender** irse de juerga
bendy *adj* (*coloq*) **1** (*carretera*) lleno de curvas **2** (*material*) flexible

beneath /bɪˈniːθ/ *prep* (*formal*) **1** bajo, debajo de: *The boat sank beneath the waves.* El barco se hundió bajo las olas. **2** indigno de: *He considers such jobs beneath him.* Considera tales trabajos indignos de él. **LOC** *Ver* CONTEMPT, DIGNITY
■ **beneath** *adv* abajo

Benedictine *n* **1** /ˌbenɪˈdɪktɪn/ benedictino, -a **2** /ˌbenɪˈdɪktiːn/ (licor) benedictino

benediction /ˌbenɪˈdɪkʃn/ *n* bendición

benefaction /ˌbenɪˈfækʃn/ *n* (*formal*) donación

benefactor /ˈbenɪfæktə(r)/ *n* benefactor, -ora

benefice /ˈbenɪfɪs/ *n* beneficio (eclesiástico)

beneficent /bɪˈnefɪsnt/ *adj* (*formal*) benéfico
▶ **beneficence** *n* beneficencia

beneficial /ˌbenɪˈfɪʃl/ *adj* beneficioso, provechoso: *to have a beneficial effect on sth/sb* producir un efecto beneficioso en algo/algn
▶ **beneficially** *adv* de forma beneficiosa

beneficiary /ˌbenɪˈfɪʃəri; *USA* -ˈfɪʃɪeri/ *n* (*pl* **-ies**) **1** beneficiario, -a **2** (*Relig*) beneficiado, -a

benefit /ˈbenɪfɪt/ *n* **1** beneficio, ventaja: *She's had the benefit of a good education.* Ha tenido el beneficio de una buena educación. ◊ *The scheme will be of benefit to the community.* El proyecto beneficiará a la comunidad. ◊ *to reap the benefits of sth* recoger los beneficios de algo *Ver tb* COST-BENEFIT, FRINGE BENEFIT **2** prestación, subsidio: *unemployment benefit* subsidio de desempleo *Ver tb* CHILD BENEFIT, HOUSING BENEFIT, SICKNESS BENEFIT, SUPPLEMENTARY BENEFIT **3** función benéfica
LOC **for the benefit of sb** por el bien de algn **to give sb the benefit of the doubt** conceder a algn el beneficio de la duda
■ **benefit** (*pret, pp* **-fited**, *USA tb* **-fitted**) **1** *vt* beneficiar **2** *vi* **~ (from/by sth)** beneficiarse, sacar provecho (de algo)

benevolence /bəˈnevələns/ *n* benevolencia

benevolent /bəˈnevələnt/ *adj* **1** benévolo **2** benéfico
▶ **benevolently** *adv* benévolamente

B Eng /ˌbiː ˈendʒ/ *abrev de* **Bachelor of Engineering** licenciatura en Ingeniería ☛ *Ver nota en* BACHELOR

Bengali /beŋˈgɔːli/ *adj, n* bengalí

benighted /bɪˈnaɪtɪd/ *adj* (*antic*) ignorante

benign /bɪˈnaɪn/ *adj* benigno: *a benign growth* un tumor benigno
▶ **benignly** *adv* benignamente

bent /bent/ *adj* **1** curvado, torcido **2** (*coloq*) corrupto: *a bent copper* un policía corrupto **3** (*coloq, ofen*) (*homosexual*) invertido
■ **bent** *n* **~ (for sth)** facilidad (para algo); inclinación (por algo): *He is of a studious bent.* Tiene inclinación por los estudios. *Ver tb* HELL-BENT
■ **bent** *pret, pp de* BEND

benzene /ˈbenziːn/ *n* bencina

bequeath /bɪˈkwiːð/ *vt* **~ sth (to sb)** (*formal*) (*lit* y *fig*) legar algo (a algn)

bequest /bɪˈkwest/ *n* (*formal*) legado

berate /bɪˈreɪt/ *vt* (*formal*) amonestar

bereave /bɪˈriːv/ *vt* [*gen en pasiva*] (*formal*) *She has been recently bereaved (of her husband).* Acaba de perder a su marido.
▶ **bereaved** *adj* (*formal*) afligido por la muerte de un ser querido: *bereaved families* familias afligidas por la muerte de un ser querido
the bereaved *n* [*v sing o pl*] (*formal*) la(s) persona(s) afligida(s) por la muerte de un ser querido
bereavement *n* pérdida (de un ser querido)

bereft /bɪˈreft/ *adj* ~ **(of sth)** (*formal*) **1** privado (de algo) **2** carente (de algo)

beret /ˈbereɪ; *USA* bəˈreɪ/ *n* boina ☛ *Ver ilustración en* SOMBRERO

berk /bɜːk/ *n* (*GB, coloq*) idiota

berry /ˈberi/ *n* (*pl* **-ies**) baya *Ver tb* BLACKBERRY, BLUEBERRY, CRANBERRY, ELDERBERRY, GOOSEBERRY, LOGANBERRY, MULBERRY, RASPBERRY, STRAWBERRY LOC *Ver* BROWN

berserk /bəˈzɜːk, -sɜːk/ *adj* loco: *to go berserk* volverse loco

berth /bɜːθ/ *n* **1(a)** (*barco*) camarote **(b)** (*tren, etc*) litera **2** (*Náut*) atracadero: *to find a safe berth* encontrar un refugio seguro LOC *Ver* WIDE

■ **berth** *vt, vi* atracar (*un barco*)

beseech /bɪˈsiːtʃ/ *vt* (*pret, pp* **besought** /bɪˈsɔːt/ o **beseeched**) (*formal*) **1** ~ **sb for sth** implorar algo a algn **2** suplicar: *Spare him, I beseech you.* Perdónale, te lo suplico.

▸ **beseeching** *adj* suplicante

beset /bɪˈset/ *vt* (**-tt-**) (*pret, pp* **beset**) (*formal*) acosar: *beset by doubts* acosado por las dudas ◊ *The voyage was beset with dangers.* El viaje estuvo lleno de peligros.

▸ **besetting** *adj* recurrente

beside /bɪˈsaɪd/ *prep* **1** junto a, al lado de: *Sit beside your sister.* Siéntate junto a tu hermana. **2** comparado con: *It's insignificant beside his other achievements.* Es insignificante al lado de sus otros logros.

LOC **beside yourself (with sth)** fuera de sí (por algo): *to be beside yourself with joy* ponerse loco de alegría

besides /bɪˈsaɪdz/ *prep* **1** además de: *Besides being dishonest, he's unpleasant.* Además de ser poco honrado, es antipático. **2** aparte de: *No one writes to me besides you.* Eres el único que me escribe.

■ **besides** *adv* además

besiege /bɪˈsiːdʒ/ *vt* **1** (*lit* y *fig*) asediar **2** ~ **sb with sth** acosar a algn a algo: *She was besieged with questions.* La acosaron a preguntas.

besmirch /bɪˈsmɜːtʃ/ *vt* (*formal*) mancillar

besotted /bɪˈsɒtɪd/ *adj* **1** ~ **(by/with sb)** chiflado (por algn): *He's totally besotted with her.* Está completamente chiflado por ella. **2** ~ **(by/with sth)** obsesionado (por algo)

besought *pret, pp de* BESEECH

bespattered /bɪˈspætəd/ *adj* ~ **(with sth)** salpicado (de algo)

bespectacled /bɪˈspektəkld/ *adj* con gafas

bespoke /bɪˈspəʊk/ *adj* (*traje, Informát*) (hecho) a medida

best /best/ *adj* (*superl de* **good**) mejor: *the best dinner I've ever had* la mejor cena que he comido en mi vida ◊ *the best footballer in the world* el mejor futbolista del mundo ◊ *my best friend* mi mejor amigo ◊ *It was their best ever show.* El espectáculo fue mejor que nunca. ◊ *I spent the best part of the day cleaning.* Pasé casi todo el día limpiando. *Ver tb* BETTER, GOOD, NEXT-BEST, PERSONAL BEST, SECOND-BEST

LOC **best before**: *Best before January 1998.* Consumir antes de enero 1998. **best of all** lo mejor de todo **best wishes**: *Best wishes, Kate.* Un fuerte abrazo, Kate. ◊ *Give her my best wishes.* Dale recuerdos de mi parte. ☛ *Ver págs 594–7* **in your best bib and tucker** (*antic o joc*) de punta en blanco **may the best man/team win** (*refrán*) que gane el mejor **to be on your best behaviour** comportarse con absoluta corrección **to be the best around/about** ser el/la mejor que hay: *She's the best singer around/about.* Es la mejor cantante que hay. ◊ *the best restaurant for miles (a)round* el mejor restaurante en muchos kilómetros a la redonda **to make the best use of sth** sacar el mejor provecho de algo **to put your best foot forward** aligerar el paso **to see/show sth/sb in the best light** ver/mostrar el lado bueno de algo/algn **with the best will in the world** con la mejor voluntad del mundo **your best bet** (*coloq*): *Your best bet would be to call again tomorrow.* Lo mejor que puedes hacer es llamar de nuevo mañana. *Ver tb* ADVANTAGE, CARD[1], INTEREST[1], PART

■ **best** *adv* (*superl de* **well**) **1** mejor: *He works best in the mornings.* Trabaja mejor por las mañanas. ◊ *the best-dressed politician* el político mejor vestido ◊ *Do as you think best.* Haz lo que te parezca más oportuno. **2** más: *one of Spain's best-known actors* uno de los actores más conocidos de España ◊ *It's best forgotten.* Más vale olvidarlo. ◊ *I enjoyed his first novel best (of all).* Su primera novela fue la que más me gustó. ◊ *She is best known for her songs.* Es conocida sobre todo por sus canciones.

LOC **as best you can**: *We're managing as best we can.* Nos las arreglamos lo mejor que podemos. **to come off best**: *Who came off best in the debate?* ¿Quién salió mejor parado en el debate? *Ver tb* BETTER, KNOW, REASON[1]

■ **best** *n* **1** (*tb* **the best**) el/la mejor: *She's the best by far.* Ella es con mucho la mejor. ◊ *He did his best.* Hizo todo lo que pudo. ◊ *to achieve a personal best* batir uno su propia marca **2 the best** lo mejor: *She wants the best for her children.* Quiere lo mejor para sus hijos. **3 (the)** ~ **of sth**: *We're (the) best of friends.* Somos excelentes amigos. ◊ *to enjoy the best of health* estar en plena forma *Ver tb* PERSONAL BEST

LOC **all the best** (*coloq*): *Goodbye, and all the best!* ¡Adiós y buena suerte! **at best** en el mejor de los casos **at the best of times**: *He's hard to talk to, even at the best of times.* Es difícil hablar con él, incluso en las mejores circunstancias. **the best of British (luck)**: *I wish you the best of British!* ¡Que tengas mucha suerte! **to be (all) for the best** ser la mejor solución **to be at its/your best** estar algo/algn en su mejor momento: *I'm not at my best in the morning.* Por las mañanas estoy en baja forma. ◊ *This programme is comedy at its best.* Este programa es lo mejor que hay en comedia. **to do/try your (level/very) best** hacer todo lo posible **to have the best of both worlds** tenerlo todo **to have the best of sth** ser superior (en algo): *Manchester United had the best of the second half.* El Manchester United fue superior en la segunda mitad. **to make the best of a bad deal/job**: *To make the best of a bad deal she moved to London.* Se trasladó a Londres como el menor de los males. **to make the best of sth** sacar el máximo partido de algo **(to play) the best of three, five, etc** jugar tres, cinco, etc rondas, siendo ganador el que más gana **to the best of your ability** lo mejor que sabes **to the best of your belief/knowledge** que tú sepas **with the best of intentions** con la mejor intención **with the best (of them)**: *At sixty she still plays tennis with the best of them.* A los sesenta años juega al tenis tan bien como el que más. *Ver tb* SUNDAY

■ **best** *vt* vencer

bestial /ˈbestiəl; *USA* ˈbestʃəl/ *adj* **1** brutal **2** bestial

▸ **bestiality** /besˈtiæləti; *USA* besˈtʃæləti/ *n* bestialidad

best man *n* padrino (de boda) ☛ *Ver nota en* BODA

bestow /bɪˈstəʊ/ *vt* ~ **sth (on sb)** (*formal*) **1** otorgar algo (a algn) **2** (*premio, etc*) conceder algo (a algn)

best-seller *n* bestseller, superventas: *best-seller list* lista de éxitos

▸ **best-selling** *adj* de éxito: *best-selling author* autor de éxito

bet /bet/ *vt* (**-tt-**) (*pret, pp* **bet** o **betted**) **1** *vi* jugar **2(a)** *vi* **to bet (on sth)** apostar (en algo): *to bet on the horses* apostar en los caballos **(b)** *vt* apostar: *She bet me £20 that I would lose.* Me apostó 20 libras a que yo iba a perder.

LOC **I bet (that)...** (*coloq*): *I bet you he doesn't come.* ¡A qué no viene! ◊ *Don't bet on it!* ¡No lo asegures! **to bet**

your bottom dollar (**that...**) apostar hasta la última peseta (que...) **you bet!** (*coloq*) ¡ya lo creo!

■ **bet** *n* apuesta: *to make/place/put a bet* (*on sth*) hacer una apuesta (en algo) ◊ *It's a safe bet.* Es apostar sobre seguro. ◊ *My bet is they've got held up in the traffic.* Apuesto a que se han quedado atascados por el tráfico.

LOC *Ver* BEST, HEDGE

beta /ˈbiːtə; *USA* ˈbeɪtə/ *n* beta

bête noire /ˌbet ˈnwɑː(r)/ *n* (*pl* **bêtes noires** /ˌbet ˈnwɑːz/) (*Fr*) bestia negra

betide /bɪˈtaɪd/ *vt* **LOC** *Ver* WOE

betoken /bɪˈtəʊkən/ *vt* (*formal*) indicar

Indicate es el término más normal para traducir *indicar*.

betray /bɪˈtreɪ/ *vt* **1** (*país, principios*) traicionar: *He betrayed our trust.* Abusó de nuestra confianza. **2** (*camarada*) entregar **3** (*secreto*) revelar: *Her accent betrayed her humble origins.* Su acento revelaba que era de origen humilde.

▶ **betrayal** *n* traición: *an act of betrayal* una traición ◊ *a betrayal of trust* un abuso de confianza

betrothed /bɪˈtrəʊðd/ *adj, n* (*antic* o *formal*) prometido (*en matrimonio*)

▶ **betrothal** *n* esponsales

better /ˈbetə(r)/ *adj* (*comp de* **good**) mejor: *The concert was better than I expected.* El concierto fue mejor de lo que esperaba. ◊ *The patient is much better today.* Hoy el enfermo está mucho mejor. ◊ *Better luck next time!* ¡A la tercera va la vencida! ◊ *Things couldn't be better.* Todo va de maravilla.

LOC **against your better judgement** en contra de lo que te aconseja tu juicio **better than a poke in the eye** (**with a burnt stick**) darse con un canto en los dientes **so much the better** tanto mejor **to be better than your word** hacer todavía más de lo que se ha prometido **to be little/no better than...** no valer más que...: *He's no better than a common thief.* No vale más que un ladrón cualquiera. **to get better** mejorar: *The situation is getting better.* La situación está mejorando. **to have seen/known better days**: *That coat has seen better days.* Ese abrigo ya no es lo que era. **your better half** (*coloq, joc*) tu media naranja *Ver tb* DISCRETION, EVEN, PART, PREVENTION, SOON

■ **better** *adv* (*comp de* **well**) **1** mejor: *She sings better than me/than I* (*do*). Canta mejor que yo. **2** más: *I like him better than before.* Me gusta más que antes. ◊ *better-known authors* autores más conocidos ◊ *His advice is better ignored.* Más vale no hacer caso de sus consejos.

LOC **better late than never** (*refrán*) más vale tarde que nunca **better safe than sorry** (*refrán*) más vale prevenir que curar **better the devil you know** (*refrán*) más vale lo malo conocido que lo bueno por conocer **had better/best**: *Hadn't we better take an umbrella?* ¿No sería mejor que cogiéramos un paraguas? ◊ *I had better begin by introducing myself.* Creo que debería empezar por presentarme. **to be better off** (**doing sth**): *He'd be better off going to the police.* Más le valdría ir a la policía. **to be better off without sth/sb** estar mejor sin algo/algn **to do better to do sth**: *You'd do better to take the early train.* Más te valdría tomar el primer tren. **to go one better** (**than sth/sb**) rebasar (algo/a algn): *He went one better* (*than me*) *and bought a yacht.* Me rebasó y se compró un yate. *Ver tb* EVEN[2], KNOW, OLD, STILL[1], THINK[1]

■ **better** *n* **1** (algo) mejor: *I passed, but I had hoped for better.* Aprobé, pero me esperaba algo mejor. **2** más: *I expected better of him.* Me esperaba más de él.

LOC **for better** (**or**) **for worse** en la dicha como en la adversidad **for better or worse** pase lo que pase **so much the better/worse** (**for sb**) tanto mejor/peor (para algn) **the less/least said** (**about sth/sb**) **the better** (*refrán*) cuanto menos se hable (del tema), mejor **to feel/be** (**all**) **the better for sth**: *You'll feel all the better for a holiday.* Te encontrarás mejor si te tomas unas vacaciones. **to get the better of sb 1** ganar a algn **2** (*fig*) vencer a algn: *His shyness got the better of him.* Le venció la timidez. **your** (**elders and**) **betters** tus mayores y superiores *Ver tb* CHANGE, SOON, THINK[1]

■ **better 1** *vt* **(a)** (*récord, etc*) superar **(b)** (*situación, etc*) mejorar **2** *v refl* **~ yourself** mejorar la posición (social)

betterment /ˈbetəmənt/ *n* (*formal*) mejora: *They are working for the betterment of society.* Están trabajando por una sociedad mejor.

betting /ˈbetɪŋ/ *n* [*incontable*] juego, apuestas

betting shop /ˈbetɪŋ ʃɒp/ *n* agencia de apuestas

between /bɪˈtwiːn/ *prep* entre (*dos cosas o personas*): *to sail between Dover and Calais* navegar entre Dover y Calais ◊ *She shared it between them.* Lo repartió entre ellos. ◊ *between 9 and 12pm* de las 9 a las 12 ◊ *between now and Sunday* de aquí al domingo ☛ *Ver nota en* AMONG ☛ *Ver ilustración en* ENTRE *Ver tb* GO-BETWEEN

■ **between** (*tb* **in between**) *adv* en medio

betwixt /bɪˈtwɪkst/ *prep* (*antic*) entre

■ **betwixt** *adv*

LOC **betwixt and between** ni una cosa ni la otra

beverage /ˈbevərɪdʒ/ *n* (*formal*) bebida

bevy /ˈbevi/ *n* **1** (*joc*) (*de chicas, etc*) grupo **2** bandada

bewail /bɪˈweɪl/ *vt* (*formal*) lamentar

beware /bɪˈweə(r)/ *vi* **~** (**of sth/sb**) tener cuidado (con algo/algn): *He warned me to beware of pickpockets.* Me advirtió que tuviera cuidado con los carteristas. ◊ *Beware of the dog* Cuidado con el perro

Nótese que **beware of** es una advertencia y se usa solo en infinitivo o en imperativo.

bewilder /bɪˈwɪldə(r)/ *vt* aturdir

▶ **bewildered** *adj* perplejo

bewildering *adj* desconcertante

bewilderment *n* perplejidad

bewitch /bɪˈwɪtʃ/ *vt* hechizar

▶ **bewitching** *adj* encantador: *a bewitching smile* una sonrisa encantadora

beyond /bɪˈjɒnd/ *prep* **1** más allá de: *beyond the horizon* más allá del horizonte **2** del otro lado de: *beyond the border* del otro lado de la frontera **3** por encima de, fuera de: *to live beyond your means* vivir por encima de tus posibilidades ◊ *The bicycle is beyond repair.* La bicicleta no se puede reparar. ◊ *Her honesty is beyond question.* Su honestidad está fuera de toda duda. ◊ *beyond our reach* fuera de nuestro alcance ◊ *It's beyond my control.* Me ha desbordado.

LOC **to be beyond sb** (*coloq*) *It's beyond me.* No lo puedo entender. *Ver tb* BELIEF, COMPARE, DISPUTE, DOUBT, HOPE, JOKE, KEN[1], LIVE[2], MEASURE[2], PALE, QUESTION, REACH, REASON[1], RECALL, REDEMPTION, REPROACH, WILD

■ **beyond** *adv* más allá

■ **beyond** *n* **LOC** *Ver* BACK[1], GREAT

bias /ˈbaɪəs/ *n* **1** parcialidad, sesgo: *a bias in favour of sth* una preferencia por algo **2(a)** **~ towards sth/sb** predisposición a favor de algo/algn **(b)** [*sing*] **~ against sth/sb** prejuicios contra algo/algn **3** enfoque, inclinación

■ **bias** *vt* (**-s-, -ss-**) **~ sb towards/against sth/sb** predisponer a algn en favor/contra de algo/algn

▶ **biased** (*tb* **biassed**) *adj* **1** parcial: *to be biased against sth/sb* estar predispuesto en contra de algo/algn **2** partidario: *to be biased towards sth/sb* estar predispuesto a favor de algo/algn

bib /bɪb/ *n* **1** babero **2** peto (*de delantal*) **LOC** *Ver* BEST

bible /ˈbaɪbl/ *n* **1** la Biblia: *the Holy Bible* la Santa Biblia **2** (*fig*) evangelio: *This book is my bible.* Este libro es mi evangelio.

▶ **biblical** *adj* bíblico

bibliography /ˌbɪbliˈɒɡrəfi/ *n* (*pl* **-ies**) bibliografía

▶ **bibliographic(al)** /ˌbɪbliəˈɡræfɪk(l)/ *adj* bibliográfico

bicycle

1 backstays
2 bell
3 brake
4 brake cable
5 brake lever
6 carrying rack
7 chain
8 chain wheel
9 crank
10 crossbar
11 dynamo
12 forks
13 frame
14 front light
15 gear-lever
16 gears
17 handlebars
18 hub
19 mud flap
20 mudguard
21 pedal
22 pump
23 rear light
24 reflector
25 rim
26 saddle (*esp USA* seat)
27 spoke
28 sprocket
29 tyre (*USA* tire)
30 valve
31 wheel

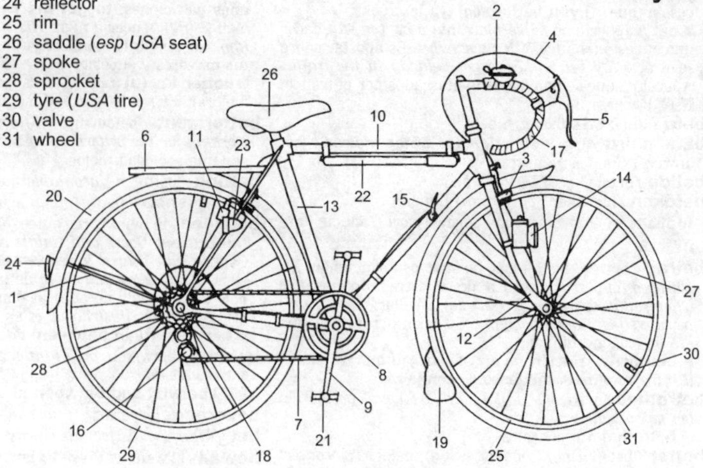

bicarbonate /ˌbaɪˈkɑːbənət/ *n* bicarbonato: *bicarbonate of soda* bicarbonato de soda
bicentenary /ˌbaɪsenˈtiːnəri/ (*tb* **bicentennial** /ˌbaɪsenˈteniəl/) *adj, n* bicentenario
biceps /ˈbaɪseps/ *n* (*pl* **biceps**) bíceps
bicker /ˈbɪkə(r)/ *vi* discutir (*por asuntos triviales*)
▶ **bickering** *n* [*incontable*] discusión (trivial)
bicycle /ˈbaɪsɪkl/ *n* bicicleta: *to ride a bicycle* andar en bicicleta ◊ *bicycle lane* carril para ciclistas ◊ *bicycle pump* bomba de bicicleta
■ **bicycle** *vi* ir en bicicleta ☛ Nótese que es más común decir **to cycle**.
▶ **bicycling** *n* ciclismo ☛ Nótese que es más común decir **cycling**.
bicycle clip *n* pinza (*de ciclista*) ☛ *Ver ilustración en* CLIP[1]
bid[1] /bɪd/ *vt* (**-dd-**) (*pret, pp* **bid**) **1** (*subasta*) pujar: *What am I bid (for this painting)?* ¿Cuál es la primera oferta (por esta pintura)? **2** (*Com*) hacer ofertas: *to bid for a contract* hacer ofertas para conseguir un contrato **3** (*bridge*) declarar *Ver tb* OUTBID
■ **bid** *n* **1** (*subasta*) puja: *Any further bids?* ¿Alguién da más? **2** (*Com*) oferta **3** intento: *He made a bid for popular support.* Intentó conseguir el apoyo popular. **4** (*bridge*) declaración **LOC** *Ver* FAREWELL
▶ **bidder** *n* **1** (*subasta*) postor, -ora **2** (*bridge*) declarante
bidding *n* **1** (*subasta*) puja: *Bidding was brisk.* La puja fue vertiginosa. **2** (*bridge*) subasta
bid[2] /bɪd/ *vt* (*pret* **bade** /bæd/ *pp* **bidden** /ˈbɪdn/) (*antic*) **1** (*saludo*): *to bid sb good morning* darle los buenos días a algn ◊ *to bid sb farewell* despedirse de algn ◊ *to bid sb welcome* darle la bienvenida a algn **2** (*mandar*) ordenar: *to bid sb to do sth* pedirle a algn que haga algo
▶ **biddable** *adj* sumiso
bidding *n* [*incontable*] (*antic*) órdenes: *to do sb's bidding* cumplir las órdenes de alguien
bide /baɪd/ *vt*
LOC **to bide your time** esperar el momento oportuno
bidet /ˈbiːdeɪ; *USA* biːˈdeɪ/ *n* bidé
biennial /baɪˈeniəl/ *adj* bienal
■ **biennial** *n* planta bienal
bier /bɪə(r)/ *n* féretro
bifocals /baɪˈfəʊklz/ *n* [*pl*] gafas bifocales
big /bɪg/ *adj* (**bigger** /ˈbɪgə(r)/ **biggest** /ˈbɪgɪst/) **1** grande: *How big is it?* ¿Cómo es de grande? ◊ *They were always moving to bigger and better houses.* Siempre estaban cambiándose de una casa a otra mejor y más grande. ◊ *The company is getting bigger every year.* La compañía está creciendo cada año. ◊ *She gave him a big smile.* Le dirigió una amplia sonrisa. ◊ *a big kiss* un besote ◊ *His eyes grew big when he saw the parcel.* Se le pusieron los ojos como platos cuando vio el paquete. ☛ *Ver nota en* SMALL **2** (*personas*): *Leave me alone, you big bully!* ¡Déjame en paz, chulo! ◊ *She's a big eater/spender.* Ella es una comilona/derrochadora. **3** mayor: *my big sister* mi hermana mayor ◊ *You're a big girl now.* Ya eres una chica mayor. **4** (*decisión, etc*) importante **5** (*error, etc*) grave: *his biggest mistake* su error más grave **6** (*coloq*) de moda: *Video games are big this year.* Este año los videojuegos están de moda. **7 big on sth** (*esp USA, coloq*) a favor de algo
LOC **a big cheese/fish/noise/shot** (*coloq*) un pez gordo **big deal!** (*coloq, irón*) ¡vaya cosa! **no big deal** nada serio **that's very big of you** (*irón*) ¡eres muy amable! **the big boys** los peces gordos **the big stick** mano dura **the big time** (*coloq*) el estrellato: *to hit the big time* llegar al estrellato **to be big enough to do sth** tener la categoría de hacer algo **to be/get too big for your boots** (*coloq*) darse muchos humos **to give sb a big hand** brindarle un gran aplauso a algn **to make a big deal of/out of sth** exagerar la importancia de algo *Ver tb* EYE[1], FISH[1], OAK, WAY[1]
■ **big** *adv* (*coloq*) a lo grande: *Let's think big.* Vamos a planearlo a lo grande. ◊ *to make it big* tener gran éxito
bigamy /ˈbɪgəmi/ *n* bigamia
▶ **bigamist** *n* bígamo, -a
bigamous *adj* bígamo
big bang *n*: *the big bang theory* la teoría del big bang
big brother (*tb* **Big Brother**) *n* [*sing*] semidiós dictatorial: *Big Brother is watching you.* El Gran Hermano te está vigilando.
big business *n* **1** el gran capital: *the world of big business* el gran mundo empresarial **2** comercio en gran escala: *Drugs are big business.* Las drogas son un buen negocio.
big dipper *n* **1** (*GB*) (*tb* **switchback**, **roller coaster**) montaña rusa **2 the Big Dipper** (*USA, Astron*) la osa mayor
big game *n* caza mayor
big-head /ˈbɪg hed/ *n* (*coloq*) engreído, -a
▶ **big-headed** /bɪg ˈhedɪd/ *adj* engreído

big-mouth /ˈbɪg maʊθ/ *n (coloq)* bocazas

bigot /ˈbɪgət/ *n* intolerante *(de miras estrechas)*

▶ **bigoted** *adj* intolerante

bigotry *n* intolerancia

big toe *n* dedo gordo (del pie) ☛ *Ver ilustración en* PIE

big top *n* carpa *(de circo)*

big wheel *n* noria *(de feria)*

bigwig /ˈbɪgwɪg/ *n (coloq)* pez gordo

bike /baɪk/ *n (coloq)* **1** bici: *On your bike!* ¡Andando, que es gerundio! *Ver tb* MOUNTAIN BIKE, PUSH-BIKE **2** *(tb* **motorbike***)* moto

■ **bike** *vi (coloq)* montar en bici/moto: *to go biking* ir en bici/moto

▶ **biker** *n* motorista

bikini /bɪˈkiːni/ *n* biquini

bilateral /ˌbaɪˈlætərəl/ *adj* bilateral

bilberry /ˈbɪlbəri; *USA* -beri/ *n* arándano

bile /baɪl/ *n* bilis: *bile duct* conducto hepático ☛ *Ver ilustración en* DIGESTIVE

bilge /bɪldʒ/ *n* **1** (aguas de) pantoque **2** *(coloq)* chorradas

bilingual /ˌbaɪˈlɪŋgwəl/ *adj, n* bilingüe ☛ *Comparar con* MONOLINGUAL, MULTILINGUAL

▶ **bilingualism** *n* bilingüismo

bilious /ˈbɪliəs/ *adj* **1** biliar: *a bilious attack* un cólico hepático **2** bilioso: *a bilious (shade of) green* un verde (de tono) bilioso

bill[1] /bɪl/ *n* **1(a)** factura: *phone/gas bills* recibos del teléfono/del gas ◊ *a bill for £5* una factura de 5 libras **(b)** *(USA* **check***)* *(restaurante)* cuenta: *The bill, please.* La cuenta, por favor. **(c)** *(hotel)* cuenta: *Have you paid the bill?* ¿Has pagado la cuenta? **(d)** *(documento)*: *bill of exchange* letra de cambio ◊ *bill of lading* conocimiento de embarque ◊ *bill of sale* escritura de venta **2** programa: *bill of fare* menú *Ver tb* DOUBLE BILL **3** proyecto de ley: *bill of rights* declaración de derechos humanos *Ver tb* PRIVATE MEMBER'S BILL **4** *(USA) (GB* **note***)* billete: *a ten-dollar bill* un billete de diez dólares **LOC post/stick no bills!** prohibido fijar carteles **to fill/fit the bill** satisfacer los requisitos *Ver tb* CLEAN[1], FOOT[2], TOP[1]

■ **bill** *vt* **1** *to bill sb for sth* pasar la factura de algo a algn **2** anunciar: *He was billed as the new James Dean.* Lo promovieron como el nuevo James Dean.

bill[2] /bɪl/ *n* pico

billboard /ˈbɪlbɔːd/ *(USA) (GB* **hoarding***)* *n* valla publicitaria

billet /ˈbɪlɪt/ *n* alojamiento *(de soldados/refugiados con particulares)*

■ **billet** *vt* **~ sb (on/with sb)** alojar a algn (con algn)

billfold /ˈbɪlfəʊld/ *(USA) (GB* **wallet***)* *n* cartera

billiard ball *n* bola de billar

billiards /ˈbɪliədz/ *n [incontable]* billar: *to have a game of billiards* echar una partida de billar ◊ *billiard(s) room/table* sala/mesa de billar

billing /ˈbɪlɪŋ/ *n*: *to get top/star billing* encabezar el cartel

billion /ˈbɪljən/ *adj, pron, n* mil millones

> Antiguamente **a billion** equivalía a un billón, pero hoy en día equivale a mil millones. **A trillion** equivale a un millón de millones, es decir, a un billón. ☛ *Ver apéndice 3*

▶ **billionaire** *n* persona cuya fortuna supera los mil millones de dólares

billow /ˈbɪləʊ/ *vi* ondear: *billowing sails* velas ondeantes ◊ *Smoke billowed forth from the burning houses.* Llegaban oleadas de humo desde las casas en llamas.

billy goat /ˈbɪli gəʊt/ *n* macho cabrío ☛ *Ver nota e ilustración en* CABRA

bimbo /ˈbɪmbəʊ/ *n (pl* **~s***) (coloq, pey)* mujer joven atractiva considerada poco inteligente: *He married a blonde bimbo half his age.* Se casó con una rubia a la que le doblaba la edad.

bimonthly /ˌbaɪˈmʌnθli/ *adj* **1** bimensual **2** quincenal

bin /bɪn/ *n* **1** *(en la cocina, etc)* cubo: *rubbish bin* cubo de la basura ◊ *Throw it in the bin.* Tíralo a la basura. ◊ *swing bin* cubo de la basura con tapa de vaivén ◊ *pedal bin* cubo de la basura con pedal *Ver tb* BREAD BIN, WASTE BIN **2** *(GB) (tb* **dustbin***)* *(en la calle)* cubo de la basura

> En inglés británico **(rubbish) bin** es la palabra genérica para *cubo de la basura* o *papelera*.
> **Dustbin** es el cubo de la basura grande donde cada familia pone su basura hasta que los basureros la recogen una vez a la semana (si tiene ruedas se llama **wheelie bin**).
> **Swing bins** y **pedal bins** se encuentran normalmente en la cocina.
> **Waste-paper bin/basket** son las papeleras que hay en las casas o en las oficinas; las que se encuentran en la calle se llaman **litter bins**.
> **Skip** es el contenedor grande para basura o escombros.

■ **bin** *vt (coloq)* tirar *(a la basura)*: *Bin it!* ¡Tíralo!

binary /ˈbaɪnəri/ *adj* binario: *binary code* código binario ◊ *binary digit* dígito binario

bind[1] /baɪnd/ *(pret, pp* **bound** /baʊnd/*)* **1** *vt* **~ sth/sb (together) (a)** atar algo/a algn: *Odysseus bound himself to the mast.* Ulises se ató al mástil. **(b)** *(fig)* unir, ligar algo/a algn: *those twenty years that bind them together* esos veinte años que los mantienen unidos **2** *vt* **~ sth (up)** vendar algo: *to bind (up) a wound* vendar una herida **3** *vt* **~ sth (in sth)** encuadernar algo (en algo): *bound in leather* encuadernado en piel **4** *vt* **~ sth (with sth)** ribetear algo (con algo) **5** *vt, v refl* **~ sb/yourself (to sth)** obligar a algn/obligarse (a algo): *to bind sb to secrecy* obligar a algn a guardar secreto **6** *vt, vi* espesar *Ver tb* DUTY-BOUND, FOGBOUND **LOC** *Ver* HAND[1]

PHR V to bind sb over (to keep the peace) *(Jur)* ordenar a algn a observar buen comportamiento

bind[2] /baɪnd/ *n (coloq)* **1** lata: *It's a terrible bind.* Es un latazo. **2** apuro: *I'm in a bit of a bind.* Estoy en apuros.

binder /ˈbaɪndə(r)/ *n* **1** encuadernador, -ora **2** agavilladora **3** archivador

binding /ˈbaɪndɪŋ/ *n* **1** encuadernación **2** ribete

■ **binding** *adj* **~ (on/upon sb)** obligatorio (para algn): *The promise isn't legally binding.* La promesa no obliga legalmente. *Ver tb* SPELLBINDING

bindweed /ˈbaɪndwiːd/ *n* enredadera

binge /bɪndʒ/ *n (coloq)* juerga: *a drinking binge* una borrachera ◊ *an eating binge* un atracón ◊ *to go out on a binge* ir de juerga

■ **binge** *vi* atracarse de comida, emborracharse

bingo /ˈbɪŋgəʊ/ *n* bingo: *a bingo hall* una sala de bingo

bin liner *n* **1** *(tb* **bin bag***)* bolsa de basura *(para el cubo de la cocina)* **2** *(tb* **dustbin liner**, **dustbin bag***)* bolsa de basura *(para el cubo que recogen los basureros)* ☛ *Ver nota en* BIN

binoculars /bɪˈnɒkjələz/ *n [pl]* gemelos, prismáticos

biochemical /ˌbaɪəʊˈkemɪkl/ *adj* bioquímico

biochemist /ˌbaɪəʊˈkemɪst/ *n* bioquímico, -a

▶ **biochemistry** *n* bioquímica

biodegradable /ˌbaɪəʊdɪˈgreɪdəbl/ *adj* biodegradable

biodiversity /ˌbaɪəʊdaɪˈvɜːsɪti/ *n* biodiversidad

biography /baɪˈɒgrəfi/ *n (pl* **-ies***)* biografía

▶ **biographer** *n* biógrafo, -a

biographical *adj* biográfico

biology /baɪˈɒlədʒi/ *n* biología

▶ **biological** *adj* biológico: *biological warfare* guerra biológica ◊ *biological clock* reloj biológico

biologist *n* biólogo, -a *Ver tb* MICROBIOLOGIST

biomass /ˈbaɪəʊmæs/ *n [incontable]* biomasa

biopsy /ˈbaɪɒpsi/ *n* biopsia

biosphere /ˈbaɪəʊsfɪə/ *n* biosfera

biotechnology /ˌbaɪəʊtekˈnɒlədʒi/ *n* biotecnología

bipartisan /ˌbaɪpɑːtɪˈzæn; *USA* ˌbaɪˈpɑːrtɪzn/ *adj* bipartidista

biplane /ˈbaɪpleɪn/ *n* biplano

birch /bɜːtʃ/ *n* **1** (*tb* **birch tree**) abedul *Ver tb* SILVER BIRCH **2** vara (*de abedul*)

bird /bɜːd/ *n* **1** ave, pájaro: *bird of prey* ave de rapiña ◊ *bird table* comedero para pájaros ◊ *a bird's nest* un nido ◊ *a bird sanctuary* una reserva de pájaros *Ver tb* BLACKBIRD, DICKY BIRD, GAOLBIRD, HUMMINGBIRD, LOVEBIRD, SONGBIRD **2** (*GB, ofen, argot*) tía buena
LOC **a bird in the hand is worth two in the bush** más vale pájaro en mano que ciento volando **a bird's-eye view (of sth)** una vista aérea (de algo) **a little bird told me (that ...)** (*joc*) me (lo) ha dicho un pajarito (que ...) **birds of a feather (flock together)** Dios los cría (y ellos se juntan) **(strictly) for the birds** (*coloq, pey*) de poca monta **the bird has flown** el pájaro ha volado **the birds and the bees** (*eufemismo*) de dónde vienen los bebés *Ver tb* EARLY, KILL

birdbrain /ˈbɜːdbreɪn/ *n* (*coloq, pey*) cabeza de chorlito

birdcage /ˈbɜːdkeɪdʒ/ *n* jaula (*de pájaros*)

birdie /ˈbɜːdi/ *n* (*coloq*) (*golf*) birdie
■ **birdie** *vt* hacer un birdie

birdlime /ˈbɜːdlaɪm/ (*tb* **lime**) *n* liga, caca de pájaros

birdseed /ˈbɜːdsiːd/ *n* alpiste

birdsong /ˈbɜːdsɒŋ/ *n* canto de los pájaros

birdwatcher /ˈbɜːdwɒtʃə(r)/ *n* aficionado, -a a la ornitología
▶ **birdwatching** *n* afición a la ornitología

biro® /ˈbaɪrəʊ/ *n* (*pl* **~s**) bolígrafo, boli

birth /bɜːθ/ *n* **1** nacimiento: *The father was present at the (moment of) birth.* El padre estuvo presente en el (momento del) nacimiento. ◊ *at birth* al nacer ◊ *from birth* de nacimiento ◊ *birth sign* signo del zodiaco *Ver tb* AFTERBIRTH, BREECH BIRTH, CHILDBIRTH **2** cuna, origen: *of humble birth* de origen humilde ◊ *She's English by birth.* Es inglesa de nacimiento.
LOC **to give birth (to sth/sb)** parir/dar a luz (a algo/algn)

birth certificate *n* partida de nacimiento

birth control *n* control de natalidad: *birth-control pill* píldora anticonceptiva

birthday /ˈbɜːθdeɪ/ *n* cumpleaños: *Happy birthday!* ¡Feliz cumpleaños! ◊ *a birthday card/party/present* una tarjeta/una fiesta/un regalo de cumpleaños
LOC **in your birthday suit** (*coloq, joc*) como viniste al mundo

birthmark /ˈbɜːθmɑːk/ *n* mancha de nacimiento

birthplace /ˈbɜːθpleɪs/ *n* lugar de nacimiento

birth rate *n* índice de natalidad

birthright /ˈbɜːθraɪt/ *n* derecho de nacimiento

biscuit /ˈbɪskɪt/ *n* galleta
LOC **to take the biscuit** (*GB, coloq*) ser el colmo

bisect /baɪˈsekt/ *vt* bisecar

bisexual /ˌbaɪˈsekʃuəl/ *adj, n* bisexual
▶ **bisexuality** *n* bisexualidad

bishop /ˈbɪʃəp/ *n* **1** (*Relig*) obispo *Ver tb* ARCHBISHOP **2** (*ajedrez*) alfil ☛ *Ver ilustración en* AJEDREZ
▶ **bishopric** *n* obispado

bison /ˈbaɪsn/ *n* (*pl* **bison**) bisonte

bistro /ˈbiːstrəʊ/ *n* (*pl* **~s**) bistro(t)

bit[1] /bɪt/ *n* **1 a bit (of sth)** **(a)** un trocito (de algo): *a bit of advice/news* un consejo/una noticia ◊ *I've got a bit of shopping to do.* Tengo que hacer algunas compras. ◊ *I've got a bit of a headache.* Tengo un ligero dolor de cabeza. **(b)** (*coloq, irón*) un montón (de algo): *It's a good bit further than we anticipated.* Es mucho más de lo que habíamos previsto. ◊ *to have a bit of money* estar forrado **2** (*argot*) tema: *the whole drug-culture bit* todo el tema de la cultura de las drogas
LOC **a bit** un poco: *a bit tired/worried* un poco cansado/preocupado ◊ *Move up a bit.* Hazte un poco para allá. ◊ *After a bit,...* Después de un rato,... **a bit much** (*coloq*) demasiado **bit by bit** poco a poco **bits and bobs**; **bits and pieces** (*coloq*) trastos, asuntos: *I've got some bits and pieces to finish off.* Me quedan unas cosillas que terminar. ◊ *I'll pick up my bits and bobs later.* Recogeré mis trastos luego. **every bit as good, bad, etc (as sth/sb)** tan bueno, malo, etc (como algo/algn): *Rome is every bit as beautiful as Paris.* Roma es tan bonita como París. **not a bit**; **not one (little) bit** en absoluto: *'Are you cold?' 'Not a bit.'* —¿Tienes frío? —Para nada. ◊ *I don't like that idea one little bit.* No me gusta nada la idea. **not a bit of it!** (*coloq*) ¡ni mucho menos! **to bits**: *to pull/tear sth to bits* hacer algo añicos ◊ *to fall to bits* hacerse pedazos ◊ *to take sth to bits* deshacer algo **to do your bit** (*coloq*) hacer tu parte *Ver tb* BLIND[1], HELP, THRILL

bit[2] /bɪt/ *n* **1** bocado (*caballos*) **2** broca ☛ *Comparar con* BRACE[1] sentido 2
LOC **to get/take the bit between your/the teeth** coger al toro por los cuernos *Ver tb* CHAMP[1]

bit[3] /bɪt/ *n* (*Informát*) bit

bit[4] *pret de* BITE[1]

bitch /bɪtʃ/ *n* **1** (*Zool*) perra ☛ *Ver nota en* PERRO **2** (⚠) ☛ *Ver nota en* TABÚ (*argot*) puta **3** (⚠) ☛ *Ver nota en* TABÚ (*argot*) *Life is a bitch!* ¡Esta vida es una mierda! ◊ *a bitch of a job* una mierda de trabajo
LOC **to have a bitch (about sth/sb)** (*argot*) quejarse (de algo), poner verde a algn *Ver tb* SON
■ **bitch** *vi* **~ (about sth/sb)** (*argot*) quejarse (de algo); poner verde a algn
▶ **bitchy** *adj* (*coloq*) malintencionado

bite[1] /baɪt/ (*pret* **bit** /bɪt/ *pp* **bitten** /ˈbɪtn/) **1** *vt, vi* **~ (into sth)** morder (algo): *Does your dog bite?* ¿Tu perro muerde? ◊ *He bit his lip to stop himself from crying.* Se mordió el labio para no llorar. ◊ *Stop biting your nails.* Deja de morderte las uñas. ◊ *She bit into the apple.* Mordió la manzana. **2** *vt, vi* (*insecto, pez, comprador*) picar **3** *vi* (*rueda*) agarrarse **4** *vi* hacer efecto
LOC **the biter bit** el burlador burlado **to be bitten by sth** estar enganchado con algo **to bite sb's head off** (*coloq*) echarle una bronca a algn **to bite off more than you can chew** (*coloq*) abarcar demasiado **to bite the bullet** (*coloq*) enfrentarse a la realidad **to bite the dust** (*coloq*) morder el polvo **to bite the hand that feeds you** ser un desagradecido **to bite your tongue** morderse la lengua **what's biting him, you, etc?** (*coloq*) ¿qué le, te, etc pasa?: *What's bitten him?* ¿Qué mosca le ha picado? *Ver tb* BUG, ONCE
PHR V **to bite at sth** tratar de morder algo
to bite sth back tragarse algo
to bite sth off cortar algo a mordiscos

bite[2] /baɪt/ *n* **1(a)** mordisco **(b)** bocado: *I haven't had a bite (to eat) all morning.* No he probado bocado en toda la mañana. **2** picadura *Ver tb* SNAKEBITE **3** [*incontable*] mordacidad *Ver tb* FROSTBITE, SOUNDBITE LOC *Ver* BARK[2], TWO

biting /ˈbaɪtɪŋ/ *adj* penetrante: *biting cold/sarcasm* frío/ironía penetrante *Ver tb* NAIL-BITING

bit part *n* papel pequeño (*Teatro*)

bitten *pp de* BITE[1]

bitter[1] /ˈbɪtə(r)/ *adj* **(-est) 1** amargo: *a bitter disappointment* una amarga decepción ◊ *It left me with a bitter taste in my mouth.* Me dejó un sabor amargo. **2** resentido: *to shed bitter tears* llorar con amargura ◊ *He feels bitter.* Está resentido. ◊ *from bitter experience* por amarga experiencia **3** glacial: *a bitter wind* un viento que corta
LOC **a bitter pill (for sb) (to swallow)** un trago amargo (para algn) **to the bitter end** hasta el límite
▶ **bitterly** *adv* amargamente: *to be bitterly disappointed* estar amargamente decepcionado ◊ *It's bitterly cold.* Hace un frío que pela. ◊ *He bitterly opposed the decision.* Se enfrentó a la decisión con uñas y dientes.

bitterness *n* amargura

bitter[2] /ˈbɪtə(r)/ *n* (*GB*) cerveza amarga ☛ *Ver nota en* CERVEZA
bittern /ˈbɪtən/ *n* avetoro
bitter-sweet /ˈbɪtə swiːt/ *adj* agridulce
bitty /ˈbɪti/ *adj* (**-ier, -iest**) (*pey*) **1** inconexo **2** granuloso
bitumen /ˈbɪtʃəmən; *USA* bəˈtuːmən/ *n* alquitrán (*sustancia impermeabilizadora*)
▶ **bituminous** *adj* alquitranado
bivouac /ˈbɪvuæk/ *n* vivac, vivaque
■ **bivouac** *vi* (*pret, pp* **bivouacked** *part pres* **bivouacking**) acampar en un vivac
bizarre /bɪˈzɑː(r)/ *adj* **1** (*suceso*) insólito **2** (*aspecto*) estrafalario
▶ **bizarrely** *adv* de manera insólita
blab /blæb/ *vi* (**-bb-**) (*coloq*) irse de la lengua *Ver* BLABBER
PHR V **to blab sth out** soltar algo
blabber /ˈblæbə(r)/ (*tb* **to blab**) *vi* (*coloq*) decir disparates: *What's he blabbering (on) about?* ¿Qué disparates está diciendo ahora?
■ **blabber** *n* cháchara
▶ **blabbermouth** *n* (*coloq*) bocazas
black /blæk/ *adj* (**-er, -est**) **1(a)** negro: *long black hair* pelo negro y largo ◊ *black people* gente de raza negra ◊ *black grapes/olives* uvas/aceitunas negras ◊ *She's a black belt at judo.* Es cinturón negro de judo. ◊ *black hole* agujero negro **(b)** (*fig*): *Things look pretty black.* Las cosas se presentan bastante negras. ◊ *black comedy* comedia negra ◊ *the black art* el arte negro ◊ *black magic* magia negra ◊ *to give sb a black look* dirigir a algn una mirada amenazadora ◊ *He got a black mark for his behaviour.* Le pusieron mala nota por su conducta. **2** (*cielo, noche*) oscuro **3** (*café, té*) solo *Ver tb* COAL BLACK, JET BLACK, PITCH-BLACK
LOC **(as) black as ink/pitch** negro como el carbón **black and blue** lleno de moratones **not as black as it is/you are painted**: *She is not as black as she is painted.* No es tan mala como la pintan. **the black sheep of the family** la oveja negra de la familia **to be in sb's black books**: *I'm in her black books.* Me tiene en su lista negra.
■ **black** *n* **1** negro: *I never wear black.* Nunca me visto de negro. **2** (*persona*) negro, -a **3** [*sing*] (*ajedrez, damas, etc*) negras: *You can be black.* Tú puedes ser negras.
LOC **black and white 1** blanco y negro: *a black and white film/television* una película/un televisor en blanco y negro **2** (*fig*): *Everything's black and white for you.* Todo lo ves o blanco o negro. **in black and white** por escrito **to be in the black** estar en saldo positivo *Ver tb* POT
■ **black** *vt* boicotear (*Com*)
PHR V **to black out** perder el conocimiento
to black sth out 1 borrar algo de la memoria **2** *to be blacked out (during a power cut)* quedarse sin luz (durante un apagón) **3** (*pueblo, casa, etc*) dejar algo a oscuras **4** (*escrito*) tachar algo
▶ **blackish** *adj* negruzco
blackball /ˈblækbɔːl/ *vt* **1** votar en contra de **2** hacerle el vacío a
blackberry /ˈblækbəri/ *n* (*pl* **-ies**) **1** mora **2** (*tb* **blackberry bush**) zarza
blackbird /ˈblækbɜːd/ *n* mirlo
blackboard /ˈblækbɔːd/ (*USA tb* **chalkboard**) *n* encerado ☛ *Ver nota en* CHALKBOARD
black box (*tb* **black box flight recorder**) *n* (*Aeronáut*) caja negra
blackcurrant /ˌblækˈkʌrənt/ *n* **1** grosella negra **2** (*tb* **blackcurrant bush**) casis
the Black Death *n* la peste negra
black economy *n* economía sumergida
blacken /ˈblækən/ *vt* **1** (*reputación, etc*) manchar **2** ennegrecer
black eye *n* (*antic*) ojo morado: *She gave him a black eye.* Le puso un ojo morado.
blackguard /ˈblægɑːd/ *n* sinvergüenza, villano
blackhead /ˈblækhed/ *n* (*grano*) espinilla
black ice *n* capa de hielo invisible en una carretera
blackjack /ˈblækdʒæk/ *n* **1** (*USA*) tipo de porra con mango flexible **2** (*juego*) veintiuna
blackleg /ˈblækleg/ *n* esquirol
blacklist /ˈblæklɪst/ *n* lista negra
■ **blacklist** *vt* poner en la lista negra
blackmail /ˈblækmeɪl/ *n* chantaje: *That's emotional blackmail.* Eso es un chantaje emocional.
■ **blackmail** *vt* **~ sb (into doing sth)** chantajear a algn (para que haga algo)
▶ **blackmailer** *n* chantajista
the black market *n* el mercado negro
black marketeer *n* traficante del mercado negro
blackness /ˈblæknəs/ *n* **1** negrura **2** oscuridad
blackout /ˈblækaʊt/ *n* **1** (*Med*) **(a)** desmayo (*vahído*) **(b)** laguna (*de la memoria*) **2(a)** apagón **(b)** periodo durante un bombardeo cuando las luces deben estar apagadas **(c)** (*Teat*) amortiguación de las luces del escenario **3** (*tb* **news blackout**) bloqueo informativo
black pudding *n* morcilla
blackshirt /ˈblækʃɜːt/ *n* (*Pol*) camisa negra
blacksmith /ˈblæksmɪθ/ (*tb* **smith**) *n* herrero, -a
black spot *n* punto negro: *an accident black spot* un punto negro en la carretera
blackthorn /ˈblækθɔːn/ *n* endrino
black tie *n* (corbata de) pajarita
■ **black tie** *adj* de etiqueta: *a black tie dinner* una cena de etiqueta
black widow *n* (*Zool*) viuda negra
bladder /ˈblædə(r)/ *n* vejiga ☛ *Ver ilustración en* REPRODUCTOR *Ver tb* GALL BLADDER
blade /bleɪd/ *n* **1** (*cuchillo, etc*) hoja ☛ *Ver ilustración en* SWORD **2** (*patín*) cuchilla **3** (*ventilador*) aspa **4** (*remo*) pala **5 blade of grass** brizna de hierba **6** (*antic*) espadachín *Ver tb* RAZOR BLADE, SHOULDER BLADE
blah /blɑː/ *interj* (*coloq*)
LOC **blah, blah, blah...** bla, bla, bla..., etcétera, etcétera...
■ **blah** *n* (*USA, coloq*)
LOC **to have the blahs** estar con la depre
blame /bleɪm/ *vt* **1** culpar: *She blamed me for the accident.* Me echó la culpa del accidente. ◊ *He blames it all on his mother.* Le echa la culpa a su madre por todo. ☛ Nótese que **to blame sb for sth** es igual que **to blame sth on sb**. **2** (*solo en oraciones negativas*): *'I'm leaving.' 'I don't blame you!'* —Me voy. —Pues no me extraña. ◊ *You couldn't blame him for being annoyed.* No me extraña que se enfadara.
LOC **to be to blame (for sth)** tener la culpa (de algo): *They weren't to blame for the mistake.* No tuvieron la culpa del error. ◊ *You've only got yourself to blame.* Solo tú tienes la culpa. *Ver tb* WORKMAN
■ **blame** *n* **~ (for sth) 1** culpa (de algo): *I always get the blame for your mistakes.* Siempre me echan la culpa de tus errores. ◊ *He refused to take/accept the blame.* Se negó a aceptar la culpa. **2** crítica (de algo)
LOC **to lay/put the blame (for sth) on sb** echar la culpa a algn (de/por algo) *Ver tb* APPORTION
▶ **blameless** *adj* **1** libre de culpa: *The government is not entirely blameless.* El gobierno no está del todo libre de culpa. **2** intachable
blameworthy *adj* culpable
blanch /blɑːntʃ; *USA* blæntʃ/ **1** *vt* (*verduras*) escaldar **2** *vi* palidecer
blancmange /bləˈmɒnʒ/ *n* postre hecho de gelatina, harina de maíz y leche
bland /blænd/ *adj* (**-er, -est**) **1** (*sabor*) soso, insípido **2** (*comentario*) insulso

▶ **blandly** *adv* **1** tranquilamente **2** sosamente
blandness *n* lo insulso

blandishments /ˈblændɪʃmənts/ *n* [*pl*] (*formal*) zalamerías

blank /blæŋk/ *adj* **1** en blanco: *a blank piece of paper* una hoja de papel en blanco ◊ *blank cheque* cheque en blanco ◊ *Suddenly, my mind went blank.* De repente se me quedó la mente en blanco. **2** (*pared, espacio, etc*) desnudo **3** (*casete*) virgen **4** (*municiones*) de fogueo **5** (*expresión*) vacío **6(a)** (*negativa*) tajante **(b)** (*asombro*) absoluto *Ver tb* POINT-BLANK,
LOC **to look blank** no dar muestras de haber entendido
■ **blank** *n* **1** espacio en blanco **2** *My mind's a blank.* Se me ha quedado la mente en blanco. **3** (*tb* **blank cartridge**) bala de fogueo **4** impreso en blanco
LOC *Ver* DRAW[2]
■ **blank** *v*
PHR V **to blank sth out** borrar algo (de la mente)
▶ **blankly** *adv* sin comprender

blanket /ˈblæŋkɪt/ *n* manta: *a blanket of snow* una alfombra de nieve ◊ *a blanket of cloud* una masa de nubes ◊ *an electric blanket* una manta eléctrica
LOC *Ver* WET
■ **blanket** *adj* [*antes de sustantivo*] global: *a blanket agreement* un acuerdo general ◊ *a blanket ban on sth* una prohibición total de algo
■ **blanket** *vt* **~ sth (in/with sth)** cubrir algo (de/con algo)

blank verse *n* verso blanco

blare /bleə(r)/ *vt, vi* **~ (sth) (out)**: *The radio was blaring out pop music.* La música pop sonaba con estridencia en la radio. ◊ *Music blared out.* La música salía a todo volumen. ◊ *The horns blared.* Las bocinas pitaron.
■ **blare** *n* estruendo: *to the blare of trumpets* al clarín de las trompetas

blasé /ˈblɑːzeɪ; *USA* blɑːˈzeɪ/ *adj* **~ (about sth)** indiferente (a algo): *a blasé attitude* una actitud de estar de vuelta de todo

blasphemous /ˈblæsfəməs/ *adj* blasfemo
▶ **blasphemy** /ˈblæsfəmi/ *n* blasfemia

blast[1] /blɑːst; *USA* blæst/ *n* **1(a)** explosión: *a bomb blast* la explosión de una bomba **(b)** onda expansiva **2** ráfaga: *a blast of cold air* una ráfaga de aire frío **3(a)** (*silbato, tren, claxon*) pitido **(b)** (*trompeta*) toque
LOC *Ver* FULL

blast[2] /ˈblɑːst/ **1** *vt* volar (*con explosivos*): *to blast a hole through sth* abrir un agujero en algo con explosivos **2** *vt* bombardear *Ver tb* SANDBLAST **3** *vi* ir a todo volumen: *He drove past, radio blasting.* Pasó en el coche con la radio a todo lo que daba. *Ver tb* GHETTO BLASTER **4** *vt* (*coloq*) despellejar, criticar
PHR V **to blast sth in** derribar algo con carga explosiva
to blast off despegar
■ **blast** *interj* maldición: *Blast it!* ¡Maldita sea!
▶ **blasted** *adj* (*coloq*) condenado
blasting *n* voladura: *Blasting in progress.* Voladura en curso.

blast furnace *n* alto horno

blast-off /ˈblɑːst ɒf/ *n* lanzamiento, despegue

blatant /ˈbleɪtnt/ *adj* descarado
▶ **blatantly** *adv* descaradamente

blaze[1] /bleɪz/ *n* **1(a)** hoguera, llamarada: *to get a good blaze going* encender un buen fuego **(b)** incendio **2** [*sing*] **a ~ of sth**: *a blaze of colour* una explosión de color ◊ *a blaze of publicity* una ola de publicidad

blaze[2] /bleɪz/ *vi* **1** arder: *a blazing fire* un fuego vivo **2** brillar, resplandecer: *The sun blazed down.* El sol abrasaba. ◊ *The lights were blazing.* Las luces estaban todas encendidas. **3** (*fig*) echar chispas: *He turned on me, eyes blazing.* Se volvió hacia mí echando chispas por los ojos.
PHR V **to blaze away** hacer fuego repetidamente

blaze[3] /bleɪz/ *vt*
LOC **to blaze a trail** abrir un camino

blazer /ˈbleɪzə(r)/ *n* chaqueta: *a school blazer* una americana de uniforme

blazes /ˈbleɪzɪz/ *n* [*pl*] (*coloq*) diablos: *Who the blazes is that?* ¿Quién diablos es ese?
LOC **like blazes** hasta más no poder

blazing /ˈbleɪzɪŋ/ *adj* **1** (*sol*) abrasador: *a blazing hot day* un día de muchísimo calor **2** (*discusión*) airado, violento: *They had a blazing row.* Se tiraron los trastos a la cabeza. **3** (*fuego*) vivo

bleach /bliːtʃ/ *vt* blanquear: *She's had her hair bleached.* Se ha hecho una decoloración.
■ **bleach** *n* lejía

bleak /bliːk/ *adj* **(-er, -est) 1** inhóspito, desolador: *a bleak prospect* una perspectiva poco prometedora ◊ *to paint a bleak picture of sth* pintar una imagen desoladora de algo **2** crudo: *in the bleak mid-winter* en el crudo invierno
▶ **bleakly** *adv* desoladamente
bleakness *n* **1** desolación **2** crudeza

bleary /ˈblɪəri/ *adj* legañoso
▶ **bleary-eyed** /ˌblɪəri ˈaɪd/ *adj* con ojos de sueño

bleat /bliːt/ *n* balido ☛ *Ver nota en* BALIDO
■ **bleat** *vi* **1** (*oveja*) balar **2** (*persona*) quejarse

bleed /bliːd/ (*pret, pp* **bled** /bled/) **1** *vi* sangrar: *She was bleeding internally.* Tenía una hemorragia interna. ◊ *to bleed to death* morir desangrado ◊ *to bleed from your forehead* sangrarte la frente **2** *vt* sangrar *Ver tb* NOSEBLEED
LOC **to bleed sb dry/white** dejar a algn sin un duro *Ver tb* HEART
▶ **bleeding** *adj* **1** sangrante **2** (*GB*) *Ver* BLOODY[2]

bleeder /ˈbliːdə(r)/ *n* (*GB, argot, pey*) cabrón

bleep /bliːp/ *n* pitido, silbido
■ **bleep 1** *vi* emitir pitidos **2** *vt* (*a un médico, etc*) llamar (*por un busca*)
PHR V **to bleep sth out** cortar algo
▶ **bleeper** *n* busca, localizador

blemish /ˈblemɪʃ/ *n* tacha, mancha
■ **blemish** *vt* manchar

blend /blend/ **1** *vt, vi* **~ (sth) (with sth)/(together)** mezclar(se) (con algo)/(entre sí): *Blend the eggs with the milk.* Mezclar los huevos con la leche. ◊ *Their voices blend (together) well.* Sus voces armonizan bien. **2** *vi* **~ (into sth)** difuminarse (en algo)
PHR V **to blend in (with sth)** armonizar (con algo)
to blend sth in mezclar algo
■ **blend** *n* mezcla
▶ **blender** *n Ver* LIQUIDIZER, -ISER *en* LIQUIDIZE, -ISE

bless /bles/ *vt* (*pret, pp* **blessed** /blest/) **1** bendecir: *Bless her heart.* Que Dios la bendiga. **2** (*pp* **blest** /blest/) (*antic, coloq*) *Bless my soul!* ¡Caramba! ◊ *I'm blest if I know!* ¡Que me maten si lo sé!
LOC **bless you! 1** ¡que Dios te bendiga! **2** ¡Jesús! (*al estornudar*) ☛ *Ver nota en* ¡ACHÍS! **to be blessed with sth** gozar de algo: *He's blessed with excellent health.* Goza de una salud excelente. *Ver tb* GOD

blessed /ˈblesɪd/ *adj* **1** santo: *Blessed are the meek…* Bienaventurados sean los mansos… **2** bendito **3** (*coloq*) maldito, santo: *the whole blessed day* todo el santo día ◊ *I can't see a blessed thing.* No veo nada.
▶ **blessing** *n* **1** bendición: *What a blessing you weren't hurt!* ¡Qué bendición que salieras ileso! **2** visto bueno
LOC **(to be, prove, etc) a blessing in disguise** no hay mal que por bien no venga *Ver tb* COUNT[1]

blew *pret de* BLOW

blight /blaɪt/ *n* **1** (*Bot*) roya **2 ~ (on/upon sth/sb)** plaga (en/sobre algo/algn): *Unemployment is a blight on our community.* El desempleo es una plaga en nuestra comunidad. ◊ *urban blight* miseria urbana
■ **blight** *vt* **1** (*Bot*) marchitar **2** estropear: *The holiday*

was blighted by bad weather. El mal tiempo fastidió las vacaciones.

Blighty /ˈblaɪti/ *n* (*antic, argot*) Inglaterra

blimey /ˈblaɪmi/ *interj* (*GB, coloq*) ¡caray!

blind[1] /blaɪnd/ *adj* **1** ciego: *a blind man/woman* un ciego/una ciega ◊ *to go blind* quedarse ciego ◊ *blind in one eye* tuerto ◊ *blind obedience* obediencia ciega ◊ *blind date* cita a ciegas *Ver tb* COLOUR-BLIND, SNOW-BLIND **2 ~ (to sth)** ciego (a algo) **3** *blind alley* callejón sin salida ◊ *blind side* ángulo muerto

LOC (as) blind as a bat más ciego que un topo **not to take a blind bit of notice (of sth/sb)** (*coloq*) no hacer maldito caso (a algo/algn) **to turn a blind eye (to sth)** hacer la vista gorda (ante algo)

■ **blind** *adv* (*volar, conducir, etc*) a ciegas

LOC to be blind drunk (*coloq*) estar borracho como una cuba *Ver tb* SWEAR

■ **blind** *vt* **1** (*momentáneamente*) deslumbrar **2** cegar: *to blind sb to sth* impedirle ver algo a algn

LOC to blind sb with science confundir a algn con un alarde de conocimientos técnicos

■ **the blind** *n* [*pl*] los ciegos

LOC the blind leading the blind un ciego guiando a otro

▶ **blindly** *adv* **1** ciegamente **2** a ciegas

blindness *n* **~ (to sth)** ceguera (frente a algo): *colour-blindness* daltonismo

blind[2] /blaɪnd/ *n* persiana *Ver tb* ROLLER BLIND, VENETIAN BLIND

blindfold /ˈblaɪndfəʊld/ *n* (*ojos*) venda

■ **blindfold** *vt* vendar los ojos a algn

■ **blindfold** *adv* con los ojos vendados

blinding /ˈblaɪndɪŋ/ *adj* **1** (*luz, etc*) cegador **2** (*dolor*) intenso **3** (*llamativo*) deslumbrante

LOC in a blinding flash de repente

▶ **blindingly** *adv*: *It's blindingly obvious that…* Salta a la vista que…

blind man's buff *n* gallinita ciega

blind spot *n* **1** (*Med*) punto ciego **2** (*conductor*) ángulo muerto **3** (*fig*) punto débil

blink /blɪŋk/ **1** *vi* parpadear **2** *vt*: *to blink your eyes* parpadear

LOC to be on the blink (*coloq*) estar estropeado

■ **blink** *n* parpadeo

blinkered /ˈblɪŋkəd/ *adj* **1(a)** (*persona*) estrecho de miras **(b)** (*actitud*) rígido **2** con anteojeras

blinkers /ˈblɪŋkəz/ *n* [*pl*] anteojeras

blinking /ˈblɪŋkɪŋ/ *adj* **1** (*GB, coloq*) maldito: *What a blinking nerve!* ¡Qué cara! **2** (*luz*) intermitente

blip /blɪp/ *n* **1** (*radar*) cresta de eco **2** bip **3** (*coloq, Econ*) pequeña alteración

bliss /blɪs/ *n* [*incontable*] (una) dicha: *It was sheer bliss to sit down for just a moment.* Fue una dicha absoluta sentarse un ratito. ◊ *Ignorance is bliss.* Ojos que no ven, corazón que no siente.

blissful /ˈblɪsfl/ *adj* **1** dichoso **2** (*sonrisa*) de gozo

▶ **blissfully** *adv* **1** con gran felicidad **2** *blissfully happy* completamente feliz ◊ *blissfully unaware of the difficulties* completamente ajeno a las dificultades

blister /ˈblɪstə(r)/ *n* **1** ampolla **2** (*pintura*) burbuja

■ **blister 1** *vt* levantar ampollas en **2** *vi*: *The paintwork was starting to blister.* Empezaban a salir burbujas en la pintura.

▶ **blistering** *adj* **1** (*calor*) abrasador **2** (*paso*) vertiginoso **3** (*comentario*) mordaz **4** (*Dep*) (*golpe, tiro, etc*) devastador

blithe /blaɪð/ *adj* **1** jovial **2** despreocupado

▶ **blithely** *adv* alegremente

blithering /ˈblɪðərɪŋ/ *adj* (*coloq*): *a blithering idiot* un completo imbécil

B Litt /ˌbiː ˈlɪt/ *abrev de* **Bachelor of Letters** licenciatura en Filosofía y Letras ☛ *Ver nota en* BACHELOR

blitz /blɪts/ *n* **1** (*Mil*) ataque relámpago **2 the Blitz** (*Hist*) el bombardeo alemán de Gran Bretaña **3 ~ (on sth)** (*coloq*) campaña (contra/sobre algo): *a blitz on illegal parking* una campaña contra los aparcamientos ilegales

■ **blitz** *vt* bombardear

blizzard /ˈblɪzəd/ *n* ventisca (de nieve)

bloated /ˈbləʊtɪd/ *adj* **1** hinchado **2** (*fig*) abotagado

blob /blɒb/ *n* **1** (*líquido espeso*) gota: *blobs of paint* gotas de pintura **2** mancha

bloc /blɒk/ *n* bloque: *the Eastern bloc* el bloque de los países del Este

block /blɒk/ *n* **1(a)** (*juego*) bloque: *building blocks* cubos de construcción **(b)** (*piedra, hielo, etc*) bloque *Ver tb* BREEZE-BLOCK **(c)** (*helado*) barra **2** (*edificios*) **(a)** bloque: *a block of flats* un bloque de pisos ◊ *an office block* un bloque de oficinas *Ver tb* TOWER BLOCK **(b)** manzana **3** (*entradas, acciones, etc*) paquete: *a block booking* una reserva en bloque ◊ *block vote* voto por representación **4(a)** obstáculo, bloqueo **(b)** impedimento *Ver tb* ROADBLOCK, STUMBLING BLOCK, SUNBLOCK **5** bloc **6(a)** (*carnicero*) tajo **(b) the block** (*antic*) el tajo *Ver tb* STARTING BLOCK

LOC to have a (mental) block (about sth) tener un bloqueo mental (en algo) *Ver tb* CHIP, KNOCK[1]

■ **block** *vt* **1(a)** atascar **(b)** bloquear **(c)** tapar **2** impedir: *Four armed guards blocked our way in.* Cuatro guardas armados nos impidieron entrar. **3** (*Fin*) bloquear **4** (*Dep*) parar

PHR V to block sth in bloquear algo (*esp coche aparcado*)

to block sth in/out esbozar algo

to block sth off cortar algo (*esp carretera*)

to block sth out 1 impedir el paso de algo (*esp del sol, luz, etc*) **2** borrar algo de la mente

to block sth up 1 atascar algo **2** *to have a blocked up nose/to be blocked up* tener la nariz tapada

blockade /blɒˈkeɪd/ *n* (*Mil*) bloqueo

LOC to break/run a blockade cruzar un bloqueo **to lift/raise a blockade** levantar un bloqueo

■ **blockade** *vt* bloquear (*puerto, ciudad, etc*)

blockage /ˈblɒkɪdʒ/ *n* **1** obstrucción **2** bloqueo **3** atasco **4** (*Med*) oclusión

blockbuster /ˈblɒkbʌstə(r)/ *n* (*coloq*) **1** (*película, novela*) éxito rotundo **2** (*Mil*) bomba de gran potencia

block capitals (*tb* **block letters**) *n* [*pl*] mayúsculas de imprenta

blockhouse /ˈblɒkhaʊs/ *n* **1** búnker **2** (*USA*) fortín

bloke /bləʊk/ *n* (*GB, coloq*) tío

blond /blɒnd/ *adj* (**-er, -est**) rubio: *She's got blond hair.* Tiene el pelo rubio. ☛ *Ver nota en* RUBIO

■ **blond** (*tb* **blonde**) *n* rubio, -a

El sustantivo **blonde** se utiliza normalmente cuando nos referimos a una mujer rubia. En todos los demás casos, **blond** es la forma más normal. ☛ *Ver tb nota en* RUBIO

blonde /blɒnd/ *adj* (**-er, -est**) rubio ☛ *Ver nota en* BLOND

■ **blonde** *n* rubia

blood /blʌd/ *n* **1** sangre: *to give blood* donar sangre ◊ *of royal blood* de sangre real ◊ *blood bank* banco de sangre ◊ *blood donor* donante de sangre ◊ *blood poisoning* infección en la sangre ◊ *blood test/transfusion* análisis/transfusión de sangre *Ver tb* BLUE-BLOODED, COLD-BLOODED, FULL-BLOODED, RED-BLOODED, WARM-BLOODED **2** *blood cell* célula sanguínea ◊ *blood clot/count/vessel* coágulo/recuento/vaso sanguíneo ◊ *blood group/type* grupo sanguíneo ◊ *blood relation* pariente consanguíneo ◊ *blood pressure* presión arterial

LOC bad blood (between two people) mala sangre (entre dos personas) **blood is thicker than water** la familia tira más que la amistad **sb's blood is up**: *She always plays better when her blood's up.* Siempre juega mejor cuando le arde la sangre. **(like getting) blood**

out of a stone (como sacar) agua de las piedras **new/fresh blood** gente nueva **to be after/out for sb's blood** (*coloq*) hacerle la vida imposible a algn **to be in sb's blood/to run in the blood**: *Music's in her blood.* Lleva la música en la sangre. **to have sb's blood on your hands** estar implicado en la muerte de algn **to make sb's blood boil** sacar de quicio a algn **to make sb's blood curdle** helar la sangre a algn **to make sb's blood run cold** helar la sangre a algn *Ver tb* COLD, DRAW[2], FLESH, FREEZE, STIR, SWEAT

bloodbath /ˈblʌdbɑːθ/ *n* carnicería (*masacre*)

blood brother *n* hermano de sangre

blood-curdling /ˈblʌd kɜːdlɪŋ/ *adj* espeluznante

bloodhound /ˈblʌdhaʊnd/ *n* sabueso

bloodily /ˈblʌdɪli/ *adv* sangrientamente

bloodless /ˈblʌdləs/ *adj* **1** incruento **2** (*cara, etc*) pálido **3** (*persona*) **(a)** exangüe **(b)** insensible

bloodletting /ˈblʌdletɪŋ/ *n* **1** (*Med*) flebotomía **2** derramamiento de sangre

blood money *n* **1** dinero que se paga para que maten a alguien **2** dinero que se paga a la familia de una persona que han matado: *to demand blood money* exigir una indemnización

blood red *adj* (color) sanguinolento

bloodshed /ˈblʌdʃed/ *n* derramamiento de sangre

bloodshot /ˈblʌdʃɒt/ *adj* (*ojo*) inyectado en sangre

blood sports *n* [*pl*] caza

bloodstained /ˈblʌdsteɪnd/ *adj* manchado de sangre

bloodstock /ˈblʌdstɒk/ *n* [*incontable*] caballos de pura sangre

bloodstream /ˈblʌdstriːm/ *n* torrente sanguíneo

bloodthirsty /ˈblʌdθɜːsti/ *adj* (**-ier, -iest**) **1** (*persona*) **(a)** sanguinario **(b)** ávido de sangre **2** (*película, etc*) sangriento

bloody[1] /ˈblʌdi/ *adj* (**-ier, -iest**) **1** ensangrentado: *to give sb a bloody nose* hacer sangrar a algn por la nariz de un puñetazo **2** sanguinolento **3** (*batalla, etc*) sangriento

■ **bloody** *vt* (*pret, pp* **bloodied**) ensangrentar

bloody[2] /ˈblʌdi/ *adj, adv* (*GB, coloq*) ☛ Nótese que algunas personas mayores todavía consideran **bloody** una palabra malsonante. **1** (*énfasis*): *That was a bloody good meal!* ¡Ha sido una comida estupenda! ◊ *It's bloody cold.* Hace un frío que pela. **2** (*enfado*): *Bloody hell!* ¡Me cago en la mar! ◊ *That bloody car!* ¡Ese maldito coche! ◊ *I don't bloody care.* Me importa un pito.

LOC **bloody well**: *I should bloody well think so!* Ya lo creo, ¡jolín! ◊ *You can bloody well do it yourself!* Qué lo hagas tú, ¡jolín! *Ver tb* SIGHT

Bloody Mary *n* **1** (*Hist*) María la Sangrienta **2** (*cóctel*) Bloody Mary

bloody-minded /ˌblʌdi ˈmaɪndɪd/ *adj* (*GB, coloq*) puñetero, malintencionado

▸ **bloody-mindedness** *n* (*GB, coloq*) puñetería

bloom /bluːm/ *n* **1** flor: *a garden full of beautiful blooms* un jardín lleno de hermosas flores ◊ *the bloom of youth* la flor de la juventud ☛ *Ver ilustración en* FLOR **2** (*en frutas, etc*) vello

LOC **in bloom** en flor **in full bloom 1** (*flor*) en plena floración **2** (*fig*) en su apogeo **to come into bloom** florecer

■ **bloom** *vi* **1** (*flor*) florecer **2 ~ (with flowers, etc)** (*jardín*) estar lleno (de flores, etc)

bloomer /ˈbluːmə(r)/ *n* metedura de pata

LOC **to make a bloomer** meter la pata

bloomers /ˈbluːməz/ *n* [*pl*] pololos

blooming /ˈbluːmɪŋ/ *adj* lleno de salud

■ **blooming** /ˈblʊmɪŋ/ *adj, adv* forma eufemística de "bloody" *Ver* BLOODY[2]

blossom /ˈblɒsəm/ *n* [*incontable*] (*árbol, arbusto*) flor: *trees covered in blossom* árboles cubiertos de flores *Ver tb* CHERRY BLOSSOM

LOC **in blossom** en flor

■ **blossom** *vi* **1(a)** (*árbol, arbusto*) florecer **(b)** (*fig*): *Since she split up with him, she's really blossoming.* Desde que rompió con él, ha mejorado como persona. **2 ~ (into sth)** transformarse (en algo) (*bueno*)

blot /blɒt/ *n* **1** borrón **2 ~ on sth** (*fig*) mancha: *a blot on his reputation* un mancha en su reputación ◊ *to be a blot on the landscape* echar a perder el paisaje

■ **blot** *vt* (**-tt-**) **1** (*carta, etc*) **(a)** emborronar **(b)** (*con secante*) secar

LOC **to blot your copybook** (*coloq*) manchar la hoja de servicios

PHR V **to blot sth out 1** (*memoria, etc*) borrar algo **2** (*panorama, luz, etc*) tapar algo

▸ **blotter** *n* secante

blotch /blɒtʃ/ *n* mancha (*esp en la piel*)

▸ **blotchy** *adj* lleno de manchas (*esp piel, rostro, etc*)

blotting paper /ˌblɒtɪŋ ˈpeɪpə(r)/ *n* (papel) secante

blotto /ˈblɒtəʊ/ *adj* (*coloq*) mamado (*borracho*)

blouse /blaʊz; *USA* blaʊs/ *n* blusa

blow /bləʊ/ (*pret* **blew** /bluː/ *pp* **blown** /bləʊn/)

● **verbo transitivo 1** soplar: *He blew the smoke into my face.* Me echó el humo a la cara. ◊ *She blew the dust from the photo.* Quitó el polvo de la foto soplando. **2** (*viento, aire, etc*) llevar: *The wind blew us towards the island.* El viento nos llevó hacia la isla. ◊ *The ship was blown off course.* El viento desvió el barco de su rumbo. ◊ *The breeze blew the window shut/open.* La brisa cerró/abrió la ventana de golpe. **3(a)** (*vidrio*) soplar **(b)** (*pompas de jabón*) hacer **4** (*silbato*) tocar **5** (*con dinamita*) **(a)** (*caja fuerte, etc*) volar **(b)** *The explosion blew a hole in the ship's hull.* La explosión hizo un agujero en el casco del barco. ◊ *His leg was blown off by a mine.* Una mina le arrancó la pierna. **6** (*coloq*) **(a)** (*dinero*) fundir: *to blow £50 on a meal* fundir 50 libras en una comida **(b)** (*oportunidad*) perder: *You blew it!* ¡La has fastidiado! *Ver tb* FULL-BLOWN, MIND-BLOWING

● **verbo intransitivo 1(a)** soplar: *He blew on his soup.* Sopló la sopa. ◊ *An icy wind was blowing.* Soplaba un viento glacial. **(b)** (*movido por el viento*): *The door blew shut/open.* El viento cerró/abrió de golpe la puerta. ◊ *Her hair was blowing in the wind.* El pelo le flotaba al viento. ◊ *A newspaper blew across the pavement.* Un periódico cruzó la acera volando. **2** (*pito*) sonar **3(a)** (*neumático*) reventar **(b)** (*fusible*) fundirse **4** (*USA, argot*) largarse

LOC **blow it!** ¡maldita sea! **blow me!** ¡caramba! **blow sth!**: *Blow this!* ¡Al diablo con esto! ◊ *Blow the expense!* ¡Al diablo con el dinero! **I'm blowed if ...**: *I'm blowed if I understand.* Que me aspen si lo entiendo. **to blow a raspberry** hacer una pedorreta **to blow (sb) a kiss** echar un beso (a algn) **to blow sb's brains out** (*coloq*) saltarle la tapa de los sesos a algn: *She blew her brains out.* Se saltó la tapa de los sesos. **to blow sb's cover** dar al traste con el anonimato de algn **to blow hot and cold** (*coloq*) cambiar de opinión cada dos por tres **to blow sb's mind** (*argot*) alucinar a algn **to blow the gaff** (*argot*) ir con el soplo **to blow/lift the lid off sth** (*coloq*) destapar algo (*escándalo, etc*) **to blow the whistle on sb** delatar a algn **to blow up in your face**: *She saw her hopes blow up in her face.* Vio hacerse añicos ante ella sus esperanzas. **to blow your nose** sonarse (la nariz) **to blow your own trumpet** (*coloq*) echarse flores **to blow your top** (*coloq*) subirse por las paredes *Ver tb* PUFF, WAY[1]

PHR V **to blow about (in the wind, breeze, etc)** volar de aquí para allá (llevado por el viento, la brisa, etc)

to blow sth about llevar algo de acá para allá (*el viento*)

to blow apart explotar

to blow sth apart volar algo (*con dinamita*)

to blow away irse volando (llevado por el viento)

to blow sth away llevarse algo (*el viento*)

to blow sth/sb away (*coloq*) librarse de algo/algn
to blow down ser derribado por el viento
to blow sth down derribar algo (*el viento*)
to blow off 1 irse volando (llevado por el viento) **2** (*por una explosión*) saltar por los aires
to blow sth off 1 (*el viento*) llevarse algo **2** (*una explosión*) hacer saltar algo por los aires
to blow out apagarse con el aire (*una vela*)
to blow sth out 1 (*llama*) apagar algo **2** *The storm blew itself out.* La tormenta se calmó. **3** (*mejillas*) hinchar algo
to blow over 1 (*tormenta, escándalo*) pasar sin más **2** (*árbol, etc*) ser derribado por el viento
to blow sth/sb over derribar algo/a algn (*el viento*)
to blow up 1 (*bomba, etc*) explotar **2** (*tormenta, escándalo*) desatarse **3** (*coloq*) cabrearse
to blow sth up 1 (*reventar*) volar algo **2** (*globo, etc*) inflar algo **3** (*Fot*) ampliar algo **4** (*coloq*) (*asunto*) exagerar algo: *The whole affair has been blown up out of all proportion.* El asunto ha sido exagerado fuera de proporción.

■ **blow** *n* **1** golpe: *a blow on/to the head* un golpe en la cabeza *Ver tb* BODY BLOW **2 ~ (to sth/sb)** golpe (para algo/algn): *a blow to your pride* un golpe para el orgullo de uno **3** *to give your nose a good blow* sonarse la nariz con fuerza **4** (*argot*) [*incontable*] marijuana

LOC a blow-by-blow account, description, etc (of sth) un relato, descripción, etc (de algo) con pelos y señales **at one blow/at a single blow** de un (solo) golpe **to come to blows (over sth)** llegar a las manos (por algo) *Ver tb* DEAL², ILL², STRIKE²

blow-dry /ˈbləʊ draɪ/ *vt* (*pret, pp* **-dried**) secar a mano
■ **blow-dry** *n* secado a mano: *a wash and blow-dry* lavado y secado a mano

blower /ˈbləʊə(r)/ *n* **1** (*Mec*) soplador **2** (*GB, coloq*) teléfono: *to get on the blower (to sb)* llamar (a algn) por teléfono

blowhole /ˈbləʊhəʊl/ *n* **1** respiradero **2** (*ballena, etc*) orificio nasal

blow job *n* (⚠) ☛ *Ver nota en* TABÚ mamada: *to give sb a blow job* mamársela a algn

blowlamp /ˈbləʊlæmp/ (*USA* **blowtorch** /ˈbləʊtɔːtʃ/) *n* soplete

blown *pp de* BLOW *Ver tb* WINDBLOWN

blow-out /ˈbləʊ aʊt/ *n* **1** reventón (*de neumático*) **2** (*coloq*) comilona

blowpipe /ˈbləʊpaɪp/ *n* cerbatana

blowtorch *n* (*USA*) *Ver* BLOWLAMP

blowy /ˈbləʊi/ *adj* (**-ier, -iest**) ventoso: *It's very blowy today.* Hace mucho viento hoy.

blubber /ˈblʌbə(r)/ *n* grasa de ballena
■ **blubber** *vi* lloriquear

bludgeon /ˈblʌdʒən/ *n* cachiporra
■ **bludgeon** *vt* **1** aporrear **2 ~ sb (into doing sth)** forzar a algn (a hacer algo)

blue /bluː/ *adj* **1(a)** azul: *She's got blue eyes.* Tiene los ojos azules. ◊ *light/dark blue* azul claro/oscuro ◊ *blue cheese* queso azul ◊ *blue whale* ballena azul ◊ *blue blood* sangre azul *Ver tb* ICE BLUE, NAVY BLUE, SKY BLUE **(b)** (*cara*) amoratado **2** (*coloq*) triste **3** (*película, etc*) verde

LOC (to be) sb's blue-eyed boy (*GB, coloq*) (ser) el ojito derecho de algn **(to do sth) till you are blue in the face** (*coloq*) (hacer algo) hasta que revientes **to scream, shout, etc blue murder** (*coloq*) armar un Cristo *Ver tb* BLACK, DEVIL¹, ONCE

■ **blue** *n* **1** azul: *She was dressed in blue.* Iba vestida de azul. **2 the blue** (*antic*) el azul del cielo/del mar **3 the blues (a)** (*Mús*) el blues: *a blues singer* un cantante de blues **(b)** la depre

LOC out of the blue cuando menos te lo esperas *Ver tb* BOLT¹, BOY

bluebell /ˈbluːbel/ *n* **1** jacinto silvestre ☛ *Ver ilustración en* FLOR **2** (*Escocia*) campanilla, campánula

blueberry /ˈbluːbəri; *USA* -beri/ *n* (*pl* **-ies**) arándano

blue-blooded /ˌbluː ˈblʌdɪd/ *adj* de sangre azul

bluebottle /ˈbluːbɒtl/ *n* moscardón

blue-chip /ˈbluː tʃɪp/ *n* de primera (*acciones*)

blue-collar worker *n* trabajador, -ora manual

blue jeans (*tb* **jeans**) *n* [*pl*] vaqueros

blueprint /ˈbluːprɪnt/ *n* **1** (*fig*) anteproyecto **2** cianotipo

blue tit *n* herrerillo

bluff¹ /blʌf/ *vt, vi* **1** fanfarronear, farolear **2** marcarse un farol

PHR V to bluff your way out (of sth) salir (de algo) a base de engañar a los demás

■ **bluff** *n* fanfarronada **LOC** *Ver* CALL

bluff² /blʌf/ *adj* rudo

bluish /ˈbluːɪʃ/ *adj* azulado

blunder /ˈblʌndə(r)/ *n* **1** metedura de pata **2** error garrafal

■ **blunder** *vi* cometer un error garrafal: *The police blundered badly by arresting the wrong man.* La policía cometió un error garrafal al arrestar al hombre equivocado.

PHR V to blunder about/around moverse torpemente: *He blundered about the room.* Se movía torpemente por la habitación.
to blunder in meterse precipitadamente
to blunder into sth darse de frente contra algo

blunderbuss /ˈblʌndəbʌs/ *n* trabuco

blunt /blʌnt/ *adj* **(-er, -est) 1(a)** desafilado **(b)** romo: *to hit sb with a blunt instrument* dar un golpe a algn con un instrumento contundente **2** (*fig*) liso y llano: *a blunt refusal* una negativa lisa y llana ◊ *to be blunt with sb* decir algo a algn de forma directa **3** (*comentario*) brusco **4** (*persona*) directo: *To be blunt...* Para serte franco...

■ **blunt** *vt* **1** despuntar **2** embotar

bluntly /ˈblʌntli/ *adv* llanamente, sin rodeos

bluntness /ˈblʌntnəs/ *n* brusquedad, franqueza

blur /blɜː(r)/ *n* imagen borrosa: *Everything's a blur.* Veo todo borroso.

■ **blur** *vt* **(-rr-) 1** hacer borroso: *Mist blurred the view.* La neblina hacía borroso el paisaje. **2** (*diferencia*) atenuar

▶ **blurred** *adj* **1** (*vista, foto, etc*) borroso **2** (*recuerdo*) vago

blurb /blɜːb/ *n* resumen publicitario (*en una tapa de libro*)

blurt /blɜːt/ *v*

PHR V to blurt sth out soltar algo

blush /blʌʃ/ *vi* **1** sonrojarse: *to blush with embarrassment* sonrojarse de vergüenza ◊ *the blushing bride* la ruborizada novia **2 ~ to do sth** (*formal*) avergonzarse de hacer algo

■ **blush** *n* rubor

blusher /ˈblʌʃə(r)/ *n* colorete

bluster /ˈblʌstə(r)/ *vi* **1** (*viento*) azotar **2** (*persona*) despotricar

■ **bluster** *n* [*incontable*] bravatas

▶ **blustery** *adj* ventoso

BMA /ˌbiː em ˈeɪ/ *abrev de* **British Medical Association** Asociación Médica Británica

B Mus /ˌbiː ˈmʌz/ *abrev de* **Bachelor of Music** licenciatura en Música ☛ *Ver nota en* BACHELOR

BNP /ˌbiː en ˈpiː/ *abrev de* **British National Party** Partido Nacional Británico

BO /ˌbiː ˈəʊ/ *abrev de* **body odour**

boa /ˈbəʊə/ *n* **1** (*tb* **boa constrictor**) (*serpiente*) boa **2** *a feather boa* un boa de plumas

boar /bɔː(r)/ *n* (*pl* **boar** o **~s**) **1** jabalí **2** verraco

board /bɔːd/ *n* **1** tabla *Ver tb* BASEBOARD, BREADBOARD, CHEESEBOARD, FLOORBOARD, SKIRTING BOARD, WASHBOARD **2** (*ajedrez, etc*) tablero *Ver tb* CHESSBOARD, DARTBOARD, OUIJA BOARD **3** [*incontable*] cartoné *Ver tb* CARDBOARD,

CHIPBOARD, HARDBOARD, PLASTERBOARD, **4(a)** (*tb* **blackboard**) pizarra *Ver tb* CHALKBOARD **(b)** (*tb* **noticeboard**) tablón de anuncios *Ver tb* BILLBOARD, BULLETIN BOARD **(c)** (*tb* **diving-board**) (*piscina*) trampolín *Ver tb* CENTREBOARD, CIRCUIT BOARD, CLAPPERBOARD, CLIPBOARD, DASHBOARD, DRAINING BOARD, DRAWING BOARD, HEADBOARD, IRONING BOARD, KEYBOARD, MORTARBOARD, RUNNING-BOARD, SAILBOARD, SANDWICH-BOARD, SCOREBOARD, SKATEBOARD, SKIRTING BOARD, SPRINGBOARD, SWITCHBOARD **5 the boards** [*pl*] **(a)** (*Teat*) las tablas: *to tread the boards* trabajar en las tablas **(b)** el entarimado
6 the board (a) (*tb* **the board of directors**) junta directiva, consejo de dirección: *board meeting* reunión de la junta directiva **(b)** (*tb* **the board of examiners**) el tribunal de exámenes **(c)** *the Board of Trade* el Departamento de Comercio y Exportación **7** compañía: *the electricity board* la compañía de la luz **8** (*comida*) pensión: *board and lodging* alojamiento y pensión completa *Ver tb* FULL BOARD, HALF BOARD
LOC **above board** sin tapujos, legítimo **across the board 1** en todos los niveles: *a 10% pay increase across the board* un aumento general de sueldo del 10%
2 (*USA*) (*apuesta*) para ganador y colocado **on board** a bordo: *to get on board* subir a bordo **to go by the board** irse por la borda **to take sth on board** (*coloq*) **1** (*trabajo, etc*) cargar con algo **2** (*información*) tener en cuenta algo *Ver tb* BED, FREE, ROOM, STIFF, SWEEP[1]
■ **board 1** *vt* **~ sth (up/over)** tapar algo con tablas **2** *vi* alojarse **3** *vt, vi* **(a)** embarcar (en): *Flight BA193 for Paris is now boarding.* El vuelo BA193 con destino París está procediendo al embarque. **(b)** subir (a)

boarder /ˈbɔːdə(r)/ *n* **1** (*colegio*) interno, -a **2** (*casa de huéspedes*) huésped

board game *n* juego de mesa

boarding /ˈbɔːdɪŋ/ *n* **1** entablado **2** embarque: *boarding card/pass* tarjeta de embarque

boarding house *n* (*antic*) pensión ☛ *Ver nota en* PENSIÓN

boarding school *n* internado

boardroom /ˈbɔːdruːm, -rʊm/ *n* **1** sala de juntas **2** *a boardroom row* una disputa entre la junta directiva

boardwalk /ˈbɔːdwɔːk/ *n* paseo marítimo entablado

boast /bəʊst/ **1** *vi* **~ (about/of sth)** alardear (de algo) **2** *vt* (*aprob*) tener, disfrutar de: *The museum boasts several famous paintings.* El museo tiene varios cuadros famosos.
■ **boast** *n* alarde
▶ **boastful** *adj* **1** presuntuoso **2** pretencioso
boasting *n* alardes, presunciones

boat /bəʊt/ *n* **1** barco: *fishing boat* barco de pesca ◊ *sailing boat* barco de vela ◊ *to go by boat* ir en barco ◊ *to go on a boat trip* hacer un viaje en barco ☛ *Ver nota en* BARCO **2** bote, barca: *boat race* regata *Ver tb* GUNBOAT, HOUSEBOAT, LIFEBOAT, MOTOR BOAT, PLEASURE BOAT, ROWING BOAT, SAUCE-BOAT, SPEEDBOAT, STEAMBOAT, U-BOAT LOC *Ver* BURN[2], CLIMB, MISS[2], PUSH, ROCK[2], SAME[1]

boater /ˈbəʊtə(r)/ *n* canotier

boathouse /ˈbəʊthaʊs/ *n* cobertizo (para barcas)

boating /ˈbəʊtɪŋ/ *n*: *to go boating* ir a dar un paseo en barco/barca ◊ *a boating holiday* vacaciones en barco

boatload /ˈbəʊtləʊd/ *n* **1** barcada **2** (*fig*) montón

boatman /ˈbəʊtmən/ *n* (*pl* **-men**) barquero

boat people *n* [*pl*] refugiados (que escapan por mar) (*esp de Vietnam*)

boatswain (*tb* **bo'sun**) /ˈbəʊsn/ *n* contramaestre

boat-train /ˈbəʊt treɪn/ *n* tren que enlaza con un barco

boatyard /ˈbəʊtjɑːd/ *n* **1** astillero **2** varadero

bob /bɒb/ (**-bb-**) **1** *vi* **to bob (up and down)** (*en el agua*) cabecear **2** *vt* (*cabeza*) inclinar
PHR V **to bob up** surgir
■ **bob** *n* **1(a)** (*cabeza*) movimiento **(b)** inclinación **2** melena corta: *She wears her hair in a bob.* Lleva una melena corta. **3** (*pl* **bob**) [*v sing o pl*] (*coloq, antic*) chelín, cinco peniques: *She isn't short of a few bob.* Está forrada. LOC *Ver* BIT[1]

bobbin /ˈbɒbɪn/ *n* **1** carrete **2** canilla, bobina

bobble /ˈbɒbl/ *n* pompón, borla

bobby /ˈbɒbi/ *n* (*pl* **-ies**) (*GB, coloq*) poli

bode /bəʊd/ *vt* (*formal*) presagiar, augurar
LOC **to bode ill/well (for sth/sb)** ser de mal agüero/buena señal (para algo/algn)

bodice /ˈbɒdɪs/ *n* **1** corpiño **2** canesú

bodily /ˈbɒdɪli/ *adj* del cuerpo, corporal: *bodily functions* necesidades corporales ◊ *bodily contact* contacto corporal *Ver tb* GRIEVOUS BODILY HARM
■ **bodily** *adv* **1(a)** *She lifted him bodily into the van.* Lo metió en la furgoneta como un peso muerto. **(b)** a la fuerza **2** en conjunto

body /ˈbɒdi/ *n* (*pl* **-ies**) **1** cuerpo *Ver tb* ABLE-BODIED **2** cadáver **3(a)** (*avión*) fuselaje **(b)** (*coche*) carrocería **(c)** (*buque*) casco **(d)** (*edificio*) cuerpo **(e)** (*documento*) cuerpo **(f)** (*instrumento musical*) caja **4** grupo: *a government body* un organismo gubernamental ◊ *a growing body of opinion that…* un grupo creciente de los que opinan que… **5** conjunto: *a body of evidence* un conjunto de datos **6** (*de agua*) extensión **7** (*ente*) cuerpo: *heavenly bodies* cuerpos celestes ◊ *microscopic bodies* cuerpos microscópicos **8** (*vino*) cuerpo *Ver tb* FULL-BODIED
LOC **body and soul** en cuerpo y alma **in a body** en bloque **to keep body and soul together** subsistir *Ver tb* DEAD, SELL

body blow *n* (*fig*) golpe duro

body-building /ˈbɒdi bɪldɪŋ/ *n* culturismo

bodyguard /ˈbɒdigɑːd/ *n* **1** guardaespaldas **2** [*v sing o pl*] (*grupo*) guardia personal

body language *n* lenguaje corporal

body odour *n* (*abrev* **BO**) olor corporal (*desagradable*)

bodywork /ˈbɒdiwɜːk/ *n* carrocería

boffin /ˈbɒfɪn/ *n* (*GB, coloq*) científico

bog /bɒg/ *n* **1** ciénaga **2** (*GB, coloq*) retrete
■ **bog** *v* (**-gg-**)
PHR V **to get bogged down 1** (*fig*) estancarse **2** (*lit*) quedar empantanado
▶ **boggy** *adj* cenagoso

bogey (*tb* **bogy**) /ˈbəʊgi/ *n* (*pl* **bogeys** o **bogies**) **1(a)** (*tb* **bogeyman**) coco (*espíritu maligno*) **(b)** (*fig*) pesadilla **2** (*golf*) bogey **3** moco

boggle /ˈbɒgl/ *vi* (*coloq*) *Ver tb* MIND-BOGGLING
LOC **it boggles the mind** uno se queda pasmado *Ver tb* MIND[1]

bogus /ˈbəʊgəs/ *adj* falso, fraudulento

bogy *n Ver* BOGEY

bohemian /bəʊˈhiːmiən/ *adj, n* bohemio

boil[1] /bɔɪl/ *n* furúnculo

boil[2] /bɔɪl/ **1** *vt, vi* hervir **2** *vt* **~ sth** cocer algo (*en agua*): *to boil an egg* hacer un huevo pasado por agua/duro ☛ *Ver ilustración en* BAKE *Ver tb* HARD-BOILED, SOFT-BOILED **3** *vi* (*fig*) hervir: *boiling (over) with rage* hirviendo de rabia
LOC **to boil dry** hervir hasta secarse *Ver tb* BLOOD
PHR V **to boil (sth) away 1** evaporarse/evaporar algo: *Be careful not to boil the water away.* Ten cuidado de no dejar el agua hirviendo y que se evapore toda. **2** seguir hirviendo
to boil (sth) down reducirse/reducir algo por cocción
to boil sth down (to sth) reducir algo (a algo): *to boil an article down to 400 words* reducir un artículo a 400 palabras
to boil down to sth reducirse a algo: *What it boils down to is this…* A lo que se reduce es a lo siguiente…
to boil over 1 rebosar **2** (*fig*) estallar
■ **boil** *n*
LOC **to be on the boil** estar hirviendo **to bring sth to the boil** calentar algo hasta que hierva **to come to the**

boil 1 empezar a hervir **2** (*fig*) llegar a su punto culminante **to go off the boil** dejar de hervir **to have sth on the boil**: *to have several projects on the boil* tener varios proyectos entre manos

▶ **boiled** *adj*: *a boiled sweet* un caramelo ◊ *a hard/soft boiled egg* un huevo duro/pasado por agua

boiling *adj* hirviendo: *a boiling hot day* un día de mucho calor

boiler /ˈbɔɪlə(r)/ *n* caldera

boiler suit *n* (*prenda*) mono ☛ *Ver nota en* JUMPSUIT

boiling point *n* punto de ebullición: *to be at/reach boiling point* estar/ponerse al rojo vivo

boisterous /ˈbɔɪstərəs/ *adj* **1** (*comportamiento*) bullicioso, alborotado **2** (*viento, mar*) borrascoso

▶ **boisterously** *adv* bulliciosamente

bold /bəʊld/ *adj* (**-er, -est**) **1** valiente: *a bold step towards the liberation of women* un paso decidido hacia la liberación de la mujer ◊ *a bold warrior* un guerrero audaz **2** osado, atrevido: *If I may be so bold...* Si me permite el atrevimiento... **3** bien definido, marcado: *bold handwriting* escritura bien definida ◊ *bold primary colours* colores primarios vivos **4** llamativo: *a bold geometric print* un llamativo estampado geométrico **5** (*Imprenta*) negrita: *in bold* (*type*) en negrita

LOC to be/make so bold (as to do sth) (*formal*) atreverse (a hacer algo): *if I may be so bold* si me permite el atrevimiento *Ver tb* FRONT

▶ **boldly** *adv* **1** valientemente, resueltamente **2** audazmente, atrevidamente **3** marcadamente **4** llamativamente

boldness *n* **1** valentía **2** audacia, atrevimiento **3** definición, viveza

bollard /ˈbɒlɑːd/ *n* **1** guardacantón, pilón **2** (*Náut*) bolardo, noray

bollocks (*tb* **ballocks**) /ˈbɒləks/ *n* [*pl*] (*coloq*) **1** cojones **2** chorradas: *What a load of bollocks!* ¡Qué chorradas! ◊ *He was talking bollocks as usual.* Estaba diciendo chorradas como siempre.

■ **bollocks** *interj* ¡cojones!

Bolshevik /ˈbɒlʃəvɪk; *USA* ˈbəʊl-/ *n* bolchevique

▶ **Bolshevism** *n* bolchevismo, bolcheviquismo

bolshie (*tb* **bolshy**) /ˈbɒlʃi/ *adj* (**-ier, -iest**) (*GB, coloq*) difícil, rebelde

bolster /ˈbəʊlstə(r)/ *n* cabezal

■ **bolster** *vt* **1 ~ sth (up)** reforzar algo **2 ~ sb (up)** alentar a algn

bolt[1] /bəʊlt/ *n* **1** cerrojo, pestillo **2** perno **3** *a bolt of lightning* un rayo *Ver tb* THUNDERBOLT

LOC a bolt from the blue: *The news was* (*like*) *a bolt from the blue.* La noticia fue de lo más inesperado. *Ver tb* NUT, SHOOT

■ **bolt 1** *vt, vi* cerrarse con cerrojo/pestillo: *to bolt the door* echar el cerrojo a la puerta **2 ~ A to B; ~ A and B together** unir A y B con tornillo y tuerca

bolt[2] /bəʊlt/ **1** *vi* **(a)** (*caballo*) desbocarse **(b)** salir disparado **2 ~ sth (down)** engullir algo **LOC** *Ver* STABLE[2]

■ **bolt** *n*

LOC to make a bolt/dash/run for it intentar escapar

bolt upright *adj* erguido

■ **bolt upright** *adv*: *She suddenly sat bolt upright.* De repente se incorporó.

bomb /bɒm/ *n* **1** bomba: *to plant a bomb* poner una bomba *Ver tb* FIREBOMB, LETTER BOMB, TIME BOMB **2 the bomb** las armas nucleares *Ver tb* ATOM(IC) BOMB, H-BOMB, HYDROGEN BOMB, NEUTRON BOMB **3 a bomb** un dineral

LOC to go like a bomb (*coloq*) **1** ir como un rayo **2** marchar a las mil maravillas *Ver tb* COST

■ **bomb** *vt, vi* **1** bombardear **2** poner una bomba (*en un edificio, etc*) **3 ~ along, down, up, etc** (*GB, coloq*) ir zumbando: *We were bombing along the motorway.* Íbamos zumbando por la autopista.

bombard /bɒmˈbɑːd/ *vt* **1** bombardear **2** (*a preguntas, etc*) acosar

▶ **bombardier** /ˌbɒmbəˈdɪə(r)/ *n* **1** (*GB*) cabo de artillería **2** (*USA*) bombardero, -a (*miembro de la tripulación*)

bombardment *n* bombardeo

bombast /ˈbɒmbæst/ *n* frases rimbombantes

▶ **bombastic** *adj* rimbombante

bomb disposal *n* desactivación de explosivos

bomber /ˈbɒmə(r)/ *n* **1** (*avión*) bombardero **2** persona que pone bombas

bombing /ˈbɒmɪŋ/ *n* **1** bombardeo **2** atentado con explosivos

bombproof /ˈbɒmpruːf/ *adj* a prueba de bombas

bomb scare *n* amenaza de bomba

bombshell /ˈbɒmʃel/ *n* bomba: *The news of his death came as a bombshell.* La noticia de su muerte cayó como una bomba. ◊ *a blonde bombshell* una rubia explosiva

bomb-site *n* **1** barrio arrasado por bombas **2** (*fig*) campo de batalla

bona fide /ˌbəʊnə ˈfaɪdi/ *adj* genuino

bonanza /bəˈnænzə/ *n* **1** (*fig*) mina de oro **2** (*USA*) bonanza

bond /bɒnd/ **1** *vt, vi* unir(se), adherir(se) **2** *vi* establecer lazos afectivos

■ **bond** *n* **1** lazos, vínculos: *There is a bond of friendship between them.* Están unidos por lazos de amistad. **2** pacto **3** bono: *Government bonds* bonos del Tesoro *Ver tb* EUROBOND, PREMIUM BOND **4 bonds** [*pl*] cadenas

LOC in bond en depósito

bondage /ˈbɒndɪdʒ/ *n* **1** cautiverio **2** (*coloq*) disciplina inglesa

bone /bəʊn/ *n* **1** hueso: *Her bones were laid to rest.* Enterraron sus huesos. *Ver tb* BACKBONE, BREASTBONE, COLLARBONE, FUNNY BONE, JAWBONE, RAG-AND-BONE MAN **2** (*tb* **fishbone**) (*pez*) espina *Ver tb* HERRINGBONE ☛ *Comparar con* THORN **3** (*corsé*) ballena

LOC a bone of contention una manzana de la discordia **bone dry** completamente seco **close to/near the bone** poco diplomático: *What he said was rather close to the bone.* Lo que dijo se pasó de castaño oscuro. **to have a bone to pick with sb** tener que ajustarle las cuentas a algn **to make no bones about sth** no andarse con rodeos en cuanto a algo *Ver tb* BAG, BARE, CHILL, DRY, FEEL[1], FINGER, PARE, SKIN

■ **bone** *vt* **1** deshuesar **2** (*pescado*) quitarle las espinas a

PHR V to bone up on sth (*coloq*) empollar algo (*estudiar*)

bone china *n* porcelana fina

bone idle *adj* haragán

bone marrow *n* médula ósea

bonfire /ˈbɒnfaɪə(r)/ *n* hoguera

Bonfire Night (*tb* **Guy Fawkes' Night**) *n* (*GB*)

> La noche del 5 de noviembre se celebra en Gran Bretaña lo que llaman **Bonfire Night**. La gente hace grandes hogueras y hay fuegos artificiales para recordar aquel 5 de noviembre de 1605 cuando Guy Fawkes intentó quemar el Parlamento. Los niños hacen un muñeco (**Guy**) para quemar en la hoguera y recolectan dinero yendo de casa en casa y gritando '*A penny for the Guy!*'

bonhomie /ˈbɒnəmi; *USA* ˌbɒnəˈmiː/ *n* (*Fr*) afabilidad

bonkers /ˈbɒŋkəz/ *adj* (*GB, coloq*) loco: *She's stark raving bonkers!* ¡Está totalmente loca!

bonnet /ˈbɒnɪt/ *n* **1(a)** (*bebé*) gorrito **(b)** (*señora*) sombrero **(c)** (*Escocia*) gorra **2** (*USA* **hood**) capó ☛ *Ver ilustración en* CAR **LOC** *Ver* BEE

bonny /ˈbɒni/ *adj* (*Escocia*) lindo

bonus /ˈbəʊnəs/ *n* (*pl* **~es**) **1** plus: *a productivity bonus* un plus de productividad **2** (*fig*) ventaja añadida **3** dividendo extraordinario *Ver tb* NO-CLAIMS BONUS

bony /ˈbəʊni/ *adj* (**-ier, -iest**) **1(a)** lleno de espinas **(b)** lleno de huesos **2** óseo **3** huesudo

boo /buː/ *vt, vi* abuchear

■ **boo** *n* (*pl* **boos**) abucheo

■ **boo** *interj* ¡bú! **LOC** *Ver* SAY

boob /buːb/ *vi* meter la pata

■ **boob** *n* **1** (*tb* **booboo** /ˈbuːbuː/) patochada **2** (*coloq*) teta

booby trap /ˈbuːbi træp/ *n* **1** trampa **2** trampa explosiva

boogie /ˈbuːgi; *USA* ˈbʊgi/ (*tb* **boogie-woogie** /ˌbuːgi ˈwuːgi; *USA* ˈbʊgi ˈwʊgi/) *n* bugui-bugui

book¹ /bʊk/ *n* **1** libro: *the first book of the Old Testament* el primer libro del Antiguo Testamento **2** libreta: *a savings book* una libreta de ahorros **3** cuaderno **4** (*cheques, etc*) talonario **5** (*Mús*) libreto **6** (*conjunto*): *a book of matches* unas cerillas ◊ *a book of stamps* unos sellos **7 the book** la guía (telefónica) **8 the books** las cuentas: *to do the books* llevar las cuentas *Ver tb* CASE BOOK, COOKBOOK, COOKERY BOOK, COPYBOOK, COURSEBOOK, HANDBOOK, LOGBOOK, NOTEBOOK, PAYING-IN BOOK, PHRASE BOOK, PRAYER BOOK, SCRAPBOOK, STORY BOOK, TEXTBOOK, WORKBOOK, YEARBOOK

LOC in my book a mi modo de ver **to be in sb's bad books**: *I'm in his bad books.* Me ha puesto en la lista negra. **to be in sb's good books** gozar del favor de algn **to bring sb to book** llamar a capítulo a algn **to do sth by the book** hacer algo al pie de la letra **to throw the book at sb** leerle la cartilla a algn *Ver tb* BLACK, CLOSED, COOK, LEAF, PRAYER, READ, TRICK, TURN-UP

book² /bʊk/ **1** *vt, vi* reservar, hacer una reserva: *to book a flight/a table* reservar un billete de avión/una mesa ◊ *The hotel advised us to book.* El hotel nos aconsejó hacer una reserva. ◊ *They booked him on the next flight.* Le hicieron una reserva en el vuelo siguiente. ◊ *The motel was fully booked.* El motel estaba completo. **2** *vt* (*cita*) concertar **3** *vt* contratar **4** *vt* (*coloq*) (*policía*) fichar, multar: *The police booked me for speeding.* La policía me fichó por exceso de velocidad. **5** *vt* (*coloq, Dep*) sancionar *Ver tb* DOUBLE-BOOK

LOC to be booked up 1 *to be booked up weeks in advance* agotarse las localidades con semanas de antelación **2** (*coloq*): *I can't come to dinner, I'm booked up.* No puedo venir a cenar, estoy lleno de compromisos.

PHR V to book in registrarse

to book sb in hacer una reserva para algn

▶ **bookable** *adj* **1** *All seats are bookable in advance.* Las localidades pueden ser reservadas con antelación. **2** (*Dep, falta*) sancionable

bookcase /ˈbʊkkeɪs/ *n* librería (*mueble*)

book club *n* círculo de lectores

bookie /ˈbʊki/ *n* (*coloq*) *Ver* BOOKMAKER

booking /ˈbʊkɪŋ/ *n* (*esp GB*) reserva: *We don't take advance bookings.* No aceptamos reservas por adelantado. ◊ *Booking opens 23 May.* Las reservas se abren el 23 de mayo.

booking office *n* (*esp GB*) taquilla de localidades

bookish /ˈbʊkɪʃ/ *adj* **1** estudioso **2** poco práctico

bookkeeper /ˈbʊkkiːpə(r)/ *n* tenedor, -ora de libros

▶ **bookkeeping** *n* teneduría de libros

booklet /ˈbʊklət/ *n* folleto

bookmaker /ˈbʊkmeɪkə(r)/ (*tb* **bookie**) *n* corredor, -ora de apuestas

bookmark /ˈbʊkmɑːk/ *n* señal para marcar la página

bookseller /ˈbʊkselə(r)/ *n* librero, -a

bookshelf /ˈbʊkʃelf/ *n* (*pl* **-shelves** /-ʃelvz /) estante para libros

bookshop /ˈbʊkʃɒp/ (*USA* **bookstore**) *n* librería

bookstall /ˈbʊkstɔːl/ *n* puesto de libros (*en un mercado, etc*)

bookworm /ˈbʊkwɜːm/ *n* **1** (*fig*) ratón, -ona de biblioteca **2** polilla que roe los libros

boom¹ /buːm/ *n* boom: *an economic boom* un boom económico ◊ *a boom industry* una industria en auge

■ **boom** *vi*: *Sales have boomed.* Ha habido un boom de las ventas.

boom² /buːm/ **1(a)** *vi* ~ (**out**) resonar, retumbar **(b)** *vt* ~ (**sth**) (**out**) decir (algo) con voz resonante **2** *vi* (*mar*) bramar

■ **boom** *n* estruendo, bramido

boom³ /buːm/ *n* (*Náut*) botavara ☛ *Ver ilustración en* YACHT

boomerang /ˈbuːməræŋ/ *n* bumerán

boon /buːn/ *n* gran ayuda: *The new canteen will be a great boon to staff.* La nueva cafetería será una ventaja muy grande para el personal.

boor /bʊə(r), bɔː(r)/ *n* (*pey*) patán

▶ **boorish** *adj* (*comportamiento, comentario*) zafio, grosero

boost /buːst/ *vt* **1** (*ventas, confianza, etc*) aumentar **2** (*economía*) estimular **3** (*moral*) levantar **4** (*corriente*) elevar el voltaje de

■ **boost** *n* **1** aumento: *a boost in sales* un aumento de ventas **2** estímulo grato **3** (*moral*) incentivo: *The award was a major boost to her confidence.* El premio le dio mucha más confianza en sí misma.

LOC to give sth a boost 1 estimular algo: *We need to give the economy a boost.* Hay que estimular la economía. **2** (*moral, etc*) levantar algo

▶ **booster** *n* **1** (*Elec*) elevador de voltaje **2** (*tb* **booster rocket**) (*Aeronáut*) **(a)** propulsador **(b)** cohete portador **3** (*Med*) revacunación

LOC a confidence/morale booster un espaldarazo para la confianza/moral de algn

boot¹ /buːt/ *n* **1(a)** bota: *cowboy boots* botas vaqueras *Ver tb* GUMBOOT, JACKBOOT **(b)** botín **2** patada: *He gave the door a tremendous boot.* Dio una fuerte patada a la puerta. **3** (*USA* **trunk**) (*coche*) maletero ☛ *Ver ilustración en* CAR

LOC the boot is on the other foot se ha dado la vuelta la tortilla **to get the boot**: *She got the boot for being late so often.* Le dieron la patada por llegar tarde tantas veces. **to give sb the boot** (*coloq*) dar la patada a algn **to put the boot in** (*GB, coloq*) **1** (*lit*) dar de patadas (a algn) **2** (*fig*) arremeter (contra algn) *Ver tb* BIG, HEART, QUAKE, TOUGH

■ **boot** *vt* dar una patada a: *She booted me in the face.* Me dio una patada en la cara. ◊ *He was booted out of the office.* Le sacaron del despacho a puntapiés.

PHR V to boot sb out (*coloq*) **1** poner a algn de patitas en la calle **2** dar la patada a algn

to boot sth up 1 (*ordenador*) encender **2** (*software*) cargar

boot² /buːt/ *n*

LOC to boot (*joc*) por añadidura: *She's a beautiful woman, and rich to boot.* Es una mujer hermosa, y por añadidura, rica.

bootee /buːˈtiː/ *n* patuco

booth /buːð; *USA* buːθ/ *n* **1** (*feria, etc*) **(a)** caseta: *the fortune teller's booth* la caseta de la adivina **(b)** estand **2** cabina: *a polling booth* una cabina electoral *Ver tb* PHONE BOOTH, TELEPHONE BOOTH

bootlace /ˈbuːtleɪs/ *n* cordón (*de las botas*)

bootleg /ˈbuːtleg/ *adj* **1** (*licor*) de contrabando **2** (*grabación*) pirata

▶ **bootlegger** *n* **1** contrabandista de licores **2** productor, -ora de grabaciones piratas

bootstrap /ˈbuːtstræp/ *n* **LOC** *Ver* PULL²

booty /ˈbuːti/ *n* botín

booze /buːz/ (*coloq*) *n* bebida (alcohólica)

LOC to go on the booze darse a la bebida

■ **booze** *vi* (*alcohol*) beber: *to go out boozing* ir de cogorza

▶ **boozer** *n* **1** borrachín, -ina **2** (*GB*) bar

booze-up *n* juerga

boozy *adj* (**-ier, -iest**) **1** borrachín, -ina **2** de borrachera: *a boozy evening* una noche de borrachera

bop /bɒp/ *n* (*coloq*) **1** *Ver* BEBOP **2** (*joc*) tortazo **3** baile
■ **bop 1** *vt* (**-pp-**) **to bop sb** (**one**) (*joc*): *She bopped me (one) on the nose.* Me dio un tortazo en la nariz. **2** *vi* bailar

borax /ˈbɔːræks/ *n* bórax

Bordeaux /bɔːˈdəʊ/ *n* (*pl* **Bordeaux**) burdeos

border /ˈbɔːdə(r)/ *n* **1** frontera: *They crossed the border into Spain.* Cruzaron la frontera española. ◊ *a border crossing/State* un paso/estado fronterizo ☛ *Ver nota en* FRONTERA *Ver tb* CROSS-BORDER **2 the Border** (*tb* **the Borders**) (*GB*) la frontera entre Inglaterra y Escocia **3(a)** (*ropa*) ribete, cenefa **(b)** (*jardín*) arriate ☛ *Ver ilustración en* HOUSE **(c)** (*foto*) borde
■ **border** *vt* **1** limitar con: *To the west, Spain borders Portugal.* España limita al oeste con Portugal. **2** lindar con **3** (*ropa*) ribetear: *bordered with lace* ribeteado de encaje
PHR V **to border on sth 1** limitar con algo **2** lindar con algo **3** (*fig*) rayar en algo: *These photos border on pornography.* Estas fotos rayan en la pornografía.

borderland(s) /ˈbɔːdəlænd(z)/ *n* zona fronteriza

borderline /ˈbɔːdəlaɪn/ *n* límites: *the borderline between informal language and slang* los límites entre el lenguaje coloquial y el argot
■ **borderline** *adj* (*candidato, caso*) dudoso

bore¹ *pret de* BEAR²

bore² /bɔː(r)/ *vt* aburrir
LOC **to bore sb stiff/to death/to tears** aburrir a algn a más no poder
■ **bore** *n* **1** (*persona*) aburrido, -a: *a crashing bore* un aburrido total **2** rollo: *What a bore!* ¡Qué rollo!
▶ **bored** *adj* aburrido
LOC **to be bored stiff/to death/to tears** aburrirse como una ostra (*estado*) **to be bored with sth/sb** estar harto de algo/algn **to get/grow bored** (**with sth/sb**) aburrirse (de algo/algn) (*proceso*)
boredom *n* aburrimiento

bore³ /bɔː(r)/ *vt* (*agujero*) hacer (*con taladro*): *to bore a hole in the rock* perforar la roca
PHR V **to bore through sth** perforar algo
■ **bore** *vi* ~ (**for sth**) perforar, taladrar (en busca de algo)
■ **bore** *n* **1** (*agujero*) taladro **2** calibre: *a twelve-bore shotgun* una escopeta del calibre doce **3** subida de la marea en un estuario estrecho

borehole /ˈbɔːhəʊl/ *n* perforación (*para buscar petróleo, etc*)

boring /ˈbɔːrɪŋ/ *adj* aburrido: *a long and boring journey* un viaje largo y aburrido ◊ *I find his novels boring.* Sus novelas me aburren.
▶ **boringly** *adv* aburridamente

born /bɔːn/ *v* ☛ Nótese que **born** solo aparece en voz pasiva con el verbo **to be** o como participio. **1** (*abrev* **b**) nacido: *born in London in 1852* nacido en Londres en 1852 **2 to be born (a)** nacer: *He was born blind.* Es ciego de nacimiento. ◊ *I was born to dance.* Nací para bailar. **(b)** (*movimiento, etc*) surgir *Ver tb* FIRST-BORN, LOW-BORN, NEWBORN, STILLBORN
LOC **born and bred**: *I'm London born and bred.* Soy londinense de pura cepa. **in all your born days** (*coloq*): *I've never seen such a dirty face in all my born days!* ¡En mi vida he visto una cara tan sucia! (**not**) **to be born yesterday**: *You can't fool me - I wasn't born yesterday.* No puedes engañarme. No nací ayer. **there's one born every minute** (*refrán*) ¡cuánto simple hay en el mundo! **to be born of sb**: *She was born of Greek parents.* Era hija de padres griegos. **to be born of sth**: *Prejudice is born of ignorance.* Los prejuicios nacen de la ignorancia. **to be born with a silver spoon in your mouth** ser de alta cuna *Ver tb* KNOW, MANNER, WAY¹
■ **born** *adj* nato: *He's a born actor.* Es un actor nato.

born-again /ˌbɔːn əˈgen/ *adj* reconvertido (*esp a una religión*): *He's a born-again Christian.* Es un cristiano reconvertido.

borne *pp de* BEAR² *Ver tb* WATER-BORNE

borough /ˈbʌrə; *USA* -rəʊ/ *n* **1** (*londinense, neoyorquino*) municipio **2** (*antic*) (*población*) villa

borrow /ˈbɒrəʊ/ **1** *vt* ~ **sth** (**from sth/sb**) coger prestado algo (a algo)/pedir prestado algo (a algn)

> Nótese que para traducir **borrow** al español solemos cambiar la estructura, empleando un verbo como "prestar" o "dejar": *Could I borrow a pen?* ¿Me dejas un bolígrafo? ◊ *I borrowed it from the library.* Lo cogí prestado de la biblioteca. ☛ *Ver ilustración en* PRESTAR

2 *vt* (*eufemismo*) plagiar **3** *vt* (*Ling*) tomar: *The word 'oratorio' is borrowed from Italian.* La palabra "oratorio" está tomada del italiano. **4** *vi* (*Fin*) pedir créditos (*al banco, etc*) LOC *Ver* LIVE²
▶ **borrower** *n* **1** (*Fin*) prestatario, -a **2** (*biblioteca*) socio, -a, usuario, -a

borrowing /ˈbɒrəʊɪŋ/ *n* **1** (*Fin*) crédito: *public sector borrowing* crédito al sector público **2** (*Ling*) préstamo: *borrowings from English* préstamos del inglés

Borstal /ˈbɔːstl/ *n* (*GB*) reformatorio

bosom /ˈbʊzəm/ *n* **1** (*antic*) busto: *She has a large bosom.* Tiene un busto grande. **2** (*fig*) seno: *She was welcomed into the bosom of the church.* Fue acogida en el seno de la iglesia. **3** (*ret*) pecho **4** (*antic*) **bosoms** [*pl*] senos

bosom friend (*tb* **bosom buddy**) *n* amigo íntimo, amiga íntima

boss¹ /bɒs/ (*coloq*) *n* **1** jefe, -a: *Who's (the) boss in this house?* ¿Quién manda en esta casa? **2** patrón, -ona
■ **boss** *vt* ~ **sb** (**about/around**) (*pey*) mandonear a algn
▶ **bossy** *adj* (**-ier, -iest**) (*pey*) mandón

boss² /bɒs/ *n* **1** (*de escudo*) tachón **2** (*de bóveda*) clave

boss-eyed /ˈbɒs aɪd/ *adj* (*coloq*) bizco

bo'sun *n Ver* BOATSWAIN

botany /ˈbɒtəni/ *n* botánica
▶ **botanic(al)** /bəˈtænɪk(l)/ *adj* botánico: *Botanical Gardens* Jardín Botánico
botanist /ˈbɒtənɪst/ *n* botánico, -a

botch /bɒtʃ/ *vt* ~ **sth** (**up**) hacer una chapuza con algo
■ **botch** (*tb* **botch-up**) *n* chapuza
▶ **botcher** *n* chapuzas

both /bəʊθ/ *pron, adj* **1** ambos, -as, los/las dos: *to hold sth in both hands* coger algo con ambas/las dos manos **2(a)** (*como sujeto*) ~ **of us/you/them**; **we/you/they** ~ los/las dos: *Both of us/We both went to the party.* Los dos/Nosotros dos fuimos a la fiesta. **(b)** (*como objeto*) ~ **of us/you/them**; ~ **us/you/them** ~ los/las dos: *I was talking to both of you/you both.* Os estaba hablando a los dos/vosotros dos. **3(a)** ~ (**of**) **sth/sb**: *both (of) my parents* mis padres/tanto mi padre como mi madre ◊ *both (of) their brothers* los hermanos de los dos **(b)** ~ **...and...** tanto...como...: *Both Ana and Kate...* Tanto Ana como Kate...
LOC **to have/want it/things both ways** tener/querer dos cosas a la vez: *You can't have it both ways.* No puedes tener las dos cosas a la vez. *Ver tb* BURN², BEST, END¹, FOOT¹, WAY¹
■ **both** *adv* ~ **...and...** a la vez ...y...: *The report is both reliable and readable.* El informe es, a la vez, de confianza e interesante.

bother /ˈbɒðə(r)/ **1** *vt* **(a)** molestar: *Does my smoking bother you?* ¿Te molesta que fume? **(b)** preocupar: *What's bothering you?* ¿Qué es lo que te preocupa? **2** *vi* **(a)** ~ (**to do sth**) molestarse (en hacer algo): *He didn't even bother to say thank you.* No se molestó ni siquiera en dar las gracias. **(b)** ~ **about sth/sb** preocuparse por algo/algn
LOC **I, you, etc can't be bothered** (**to do sth**) no me, te, etc apetece (hacer algo) **to bother yourself/your head about sth** preocuparse por algo *Ver tb* HOT

■ **bother** *n* **1** molestia: *That car has given him nothing but bother.* Este coche solo le ha dado dolores de cabeza. ◊ *It's no bother!* ¡No es molestia! ◊ *a spot/bit of bother* un pequeño problema **2 a bother** [*sing*] fastidio
■ **bother!** *interj* ¡puñetas!
▶ **botheration!** /ˌbɒðəˈreɪʃn/ *interj* (*coloq*) ¡puñetas!
bothersome *adj* fastidioso

bothy /ˈbɒθi/ *n* (*pl* **-ies**) (*Escocia*) cabaña

bottle /ˈbɒtl/ *n* **1(a)** botella: *half a bottle of wine* una botella de vino por la mitad ◊ *Do you do half bottles?* ¿Tienen medias botellas de vino? ◊ *a milk bottle* una botella de (las de) leche ◊ *to buy a bottle of milk* comprar una botella de leche *Ver tb* HOT-WATER BOTTLE **(b)** (*perfume, píldoras*) frasco **(c)** (*bebé*) biberón **2** (*GB, argot, fig*) agallas: *He's got (a lot of) bottle!* ¡Tiene (muchas) agallas! *Ver tb* BLUEBOTTLE
LOC **to go on the bottle** (*coloq*) darse a la bebida *Ver tb* HIT
■ **bottle** *vt* **1** embotellar **2** envasar
PHR V **to bottle sth up** reprimir algo
▶ **bottled** *adj* embotellado: *bottled beer* cerveza en botella

bottle bank *n* contenedor para reciclaje de vidrio

bottle-feed /ˈbɒtl fiːd/ *vt* criar con biberón a

bottle green *adj* verde botella

bottleneck /ˈbɒtlnek/ *n* **1** embudo (*en carreteras*) **2** (*fig*) obstáculo

bottle opener /ˈbɒtl əʊpnə(r)/ *n* abrebotellas

bottom /ˈbɒtəm/ *n* **1** (*colina, página, escaleras*) pie **2** (*mar, barco, taza*) fondo: *The 'Titanic' went to the bottom.* El "Titanic" se fue a pique. ◊ *We've reached the bottom of the slump.* Hemos llegado al fondo de la crisis. **3** (*Anat*) trasero ☛ *Comparar con* BUM **4** final: *at the bottom of the road/path* al final de la calle/del sendero **5** (*persona*) último, -a: *to be/come bottom in sth* quedarse el último en algo **6** (*pijama*) pantalones: *bikini bottom* la braga del biquini *Ver tb* ROCK-BOTTOM
LOC **at bottom** en el fondo **bottoms up!** (*coloq*) ¡hasta el fondo! (*bebida*) **from the bottom of your heart** de todo corazón **the bottom (of sth) falls out** (algo) se viene abajo: *The bottom has fallen out of the market.* El mercado se ha venido abajo. **to be at the bottom of sth** estar detrás de algo **to get to the bottom of sth** llegar al fondo de algo *Ver tb* KNOCK[1], SCRAPE, SMOOTH, TOP[1], TOUCH[1]
■ **bottom** *adj* último, de abajo: *to go up a hill in bottom gear* subir una colina en primera ◊ *the bottom corner/edge of a square* la esquina/el lado de abajo de un cuadrado ◊ *bottom lip* el labio inferior LOC *Ver* BET
■ **bottom** *v*
PHR V **to bottom out** (*Com*) tocar fondo
▶ **bottomless** *adj* sin fondo
LOC **a bottomless pit** un pozo sin fondo

bottom drawer (*USA* **hope chest**) *n* ajuar de novia

bottom line *n* (*coloq*) quid de la cuestión

boudoir /ˈbuːdwɑː(r)/ *n* tocador

bouffant /ˈbuːfɒ̃/ *adj* cardado

bougainvillaea /ˌbuːgənˈvɪliə/ *n* buganvilla

bough /baʊ/ *n* rama

bought *pret, pp de* BUY

boulder /ˈbəʊldə(r)/ *n* roca grande

boulevard /ˈbuːləvɑːd; *USA* ˈbʊl-/ *n* bulevar

bounce /baʊns/ **1** *vt* botar: *He bounced his baby on his knee.* Jugaba al arre caballito con su bebé. **2** *vi* rebotar, botar **3(a)** *vi* (*cheque*) ser devuelto: *I hope this cheque doesn't bounce.* Espero que no me devuelvan este cheque. **(b)** *vt* (*cheque*) devolver (*por falta de fondos*)
PHR V **to bounce along, down, into, etc** pasar, bajar, entrar, etc saltando: *He came bouncing into the room.* Entró saltando en la habitación.
to bounce back (*coloq*) recuperarse
■ **bounce** *n* **1** rebote **2** (*persona*) vitalidad
▶ **bouncer** *n* (*coloq*) gorila (*de portero*)
bouncing *adj* robusto
bouncy *adj* (**-ier, -iest**) **1** (*pelota*) que bota bien **2** (*persona*) animado

bound[1] /baʊnd/ *vi* saltar
■ **bound** *n* salto: *in one bound/at a bound* de/en un salto LOC *Ver* LEAP

bound[2] /baʊnd/ *adj* **~ (for...) 1** con destino (a...): *Where are you bound (for)?* ¿Adónde te diriges? ◊ *northbound traffic* el tráfico que se dirige al norte *Ver tb* EARTHBOUND, EASTBOUND, OUTBOUND, SOUTHBOUND, WESTBOUND **2** (*barco*) con rumbo (a...): *This ship is outward bound/homeward bound.* Este barco lleva rumbo de salida/de regreso.

bound[3] *pret, pp de* BIND[1] *Ver tb* DUTY-BOUND, MUSCLE-BOUND, STRIKE-BOUND

bound[4] /baʊnd/ *adj* **~ to do sth 1** *You're bound to pass the exam.* Seguro que apruebas el examen. **2** obligado a hacer algo: *I am bound to say I disagree with you.* Debo decirte que no estoy de acuerdo contigo.
LOC **bound up in sth** absorto en algo **bound up with sth** ligado a algo **I'll be bound** (*antic, coloq*) estoy seguro *Ver tb* HONOUR

bound[5] /baʊnd/ *vt* limitar

-bound /baʊnd/ *suf* **1** *desk-bound* encadenado a la mesa de la oficina ◊ *housebound* enclaustrado en casa **2** inmovilizado por: *fogbound/snowbound airports* aeropuertos inmovilizados por la niebla/nieve

boundary /ˈbaʊndri/ *n* (*pl* **-ies**) **1** límite: *to push back the boundaries of knowledge* ampliar los límites del saber ◊ *the boundaries of Murcia* los límites de Murcia **2** (*Dep*) línea de juego

bounden /ˈbaʊndən/ *adj*
LOC **your bounden duty** (*formal*) su obligación ineludible

bounder /ˈbaʊndə(r)/ *n* (*GB, antic*) canalla

boundless /ˈbaʊndləs/ *adj* ilimitado: *boundless enthusiasm* entusiasmo ilimitado

bounds /baʊndz/ *n* [*pl*] límites: *It is not beyond the bounds of possibility.* Está dentro de los límites de lo posible.
LOC **out of bounds** prohibida la entrada: *Bars are out of bounds to soldiers.* A los soldados les está prohibida la entrada en los bares. *Ver tb* KNOW

bountiful /ˈbaʊntɪfl/ *adj* **1** generoso **2** abundante

bounty /ˈbaʊnti/ (*pl* **-ies**) *n* **1** prima, gratificación **2** (*formal*) **(a)** prodigalidad **(b)** regalo

bounty hunter /ˈbaʊnti hʌntə(r)/ *n* cazador, -ora de recompensas

bouquet /buˈkeɪ/ *n* **1** (*flores*) ramo: *a bouquet of roses* un ramo de rosas **2** (*vino*) buqué

bourbon /ˈbɜːbən/ *n* bourbon

bourgeois /ˈbʊəʒwɑː; *USA* ˌbʊəʒˈwɑː/ *adj, n* burgués, -esa *Ver tb* PETIT BOURGEOIS
▶ **bourgeoisie** *n* burguesía

bout /baʊt/ *n* **1(a)** (*actividad*) racha **(b)** (*enfermedad*) ataque **2** (*boxeo*) combate

boutique /buːˈtiːk/ *n* boutique

bovine /ˈbəʊvaɪn/ *adj* bovino

bow[1] /bəʊ/ *n* **1** lazo **2** (*caza, deporte*) arco: *a bow and arrow* un arco con flechas *Ver tb* CROSSBOW **3** (*violín*) arco ☛ *Ver ilustración en* STRING LOC *Ver* STRING
■ **bow** *vt, vi* tocar con arco (*violín, etc*)
▶ **bowed** *adj* arqueado

bow[2] /baʊ/ **1** *vi* **to bow (to sb)** inclinarse, hacer una reverencia (ante algn): *The cast bowed.* Los actores hicieron una reverencia. ◊ *He bowed to the Queen.* Hizo una reverencia ante la reina. ☛ *Ver nota en* CURTSY **2** *vt* (*cabeza*) **(a)** inclinar **(b)** bajar: *They bowed their heads in shame.* Bajaron la cabeza avergonzados.
LOC **to bow and scrape (to sb)** rebajarse (ante algn)
PHR V **to bow down before/to sth/sb 1** reverenciar algo/a algn **2** (*fig*) someterse a algo/algn
to bow out (of sth) retirarse (de algo)

to bow to sth: *to bow to the inevitable* someterse a lo inevitable

■ **bow** *n* reverencia: *a bow of the head* una inclinación de cabeza

LOC **to take a bow** hacer una reverencia, salir a saludar al público

▶ **bowed** *adj* **1** encorvado: *His back was bowed with age.* Tenía la espalda encorvada por la edad. **2** (*fig*) abatido

bow³ /baʊ/ *n* **1** [*gen pl*] (*Náut*) proa ☛ *Ver ilustración en* YACHT **2** (*remero*) proel

bowel /ˈbaʊəl/ *n* **1** [*gen pl*] (*Med*) intestino(s): *bowel movement* evacuación (intestinal) **2 bowels** [*pl*] (*fig*) entrañas: *the bowels of the earth* las entrañas de la tierra

bower /ˈbaʊə(r)/ *n* **1** pérgola **2** emparrado

bowl¹ /bəʊl/ *n* **1** cuenco ☛ **Bowl** se usa en muchas formas compuestas, cuya traducción es generalmente una sola palabra: *a fruit bowl* un frutero ◊ *a salad bowl* una ensaladera *Ver tb* SUGAR BOWL **2** plato hondo **3** tazón: *a bowl of cereal* un tazón de cereales **4** (*pipa*) cazoleta **5** (*retrete*) taza **6** (*USA*) (*en nombres*) **(a)** estadio, anfiteatro **(b)** *The Super Bowl* el campeonato de fútbol americano

bowl² /bəʊl/ *n* **1** (*tb* **wood**) (*bolos*) bola **2 bowls** [*sing*] deporte parecido a la petanca que se juega sobre césped

■ **bowl** (*Dep*) **1** *vi* lanzar la pelota **2** *vt* (*pelota*) lanzar

PHR V **to bowl along (sth)** ir zumbando (por algo) (*un camino, etc*)

to bowl sb out eliminar a algn (*críquet*)

to bowl sb over 1 tirar a algn al suelo **2** (*fig*) cautivar a algn: *He was completely bowled over by her.* Ella le tenía completamente cautivado.

bow-legged /ˌbəʊ ˈlegɪd, ˌbəʊ ˈlegd/ *adj* patizambo: *She's bow-legged.* Tiene las piernas arqueadas.

bowler /ˈbəʊlə(r)/ *n* **1** (*Dep*) **(a)** (*críquet*) lanzador, -ora ☛ *Ver ilustración en* CRICKET **(b)** (*bolos*) jugador, -ora **2** (*tb* **bowler hat**, *USA* **derby**) bombín ☛ *Ver ilustración en* SOMBRERO

bowling /ˈbəʊlɪŋ/ *n* [*incontable*] **1** (*tb* **tenpin bowling**) (juego de) bolos: *to go bowling* ir a jugar a los bolos **2** *Ver* BOWLS *en* BOWL²

bowling alley *n* bolera

bowling green *n* césped donde se practica el 'bowls'

bowstring /ˈbəʊstrɪŋ/ *n* cuerda de arco

bow tie *n* pajarita

box¹ /bɒks/ *n* **1** caja: *a box of chocolates* una caja de bombones ◊ *a cardboard box* una caja de cartón ◊ *a shoe box* una caja de zapatos

> Box se utiliza en muchas formas compuestas, cuya traducción es generalmente una sola palabra: *the witness box* el estrado ◊ *an egg box* una huevera.

2 (*collar, joya, reloj*) estuche ☛ En los demás casos, para traducir *estuche* utilizamos la palabra **case**. **3** (*en solicitudes, etc*) casilla: *Tick the relevant box.* Ponga una cruz en la casilla correspondiente. **4** (*Teat*) palco **5 the box** (*coloq*) **(a)** (*GB*) la tele: *What's on the box tonight?* ¿Qué hay en la tele esta noche? **(b)** (*fútbol*) el área (de penalti) **6** (*coloq*) (*ataúd*) caja *Ver tb* BALLOT BOX, BLACK BOX, CALL BOX, THE DESPATCH BOX, FUSE BOX, GEARBOX, GOGGLE-BOX, HORSEBOX, JACK-IN-THE-BOX, JUKEBOX, MAILBOX, MATCHBOX, LETTER BOX, PHONE BOX, PILLAR BOX, PILLBOX, POSTBOX, PRESS BOX, SAFETY DEPOSIT BOX, SIGNAL BOX, SOAPBOX, TELEPHONE BOX, WITNESS BOX

■ **box** *vt* embalar, guardar en cajas

PHR V **to box sb in 1** (*carrera*) bloquear a algn: *She got boxed in on the final bend.* Fue bloqueada en la curva final. **2** (*fig*) encajonar a algn

to box up sth embalar algo, guardar algo en cajas

box² /bɒks/ *vt, vi* boxear (contra) *Ver tb* SHADOW-BOX

LOC **to box sb's ears** dar un bofetón a algn

■ **box** *n* bofetón

box³ /bɒks/ *n* boj

boxcar /ˈbɒkskɑː(r)/ (*USA*) (*GB* **goods van**) *n* vagón de mercancías (*ferrocarril*)

boxer /ˈbɒksə(r)/ *n* **1** boxeador, -ora **2** bóxer

boxer shorts *n* calzoncillos (*con pernera*)

boxing /ˈbɒksɪŋ/ *n* boxeo: *boxing gloves* guantes de boxeo ◊ *boxing match* combate de boxeo ◊ *boxing ring* ring *Ver tb* SHADOW-BOXING

Boxing Day *n* 26 de diciembre

> Boxing Day es siempre día festivo en Gran Bretaña. *Ver tb nota en* NAVIDAD

box number *n* apartado de correos

box office *n* taquilla

▶ **box-office** *adj*: *The film was a box-office hit.* La película fue un éxito de taquilla.

boxroom /ˈbɒksruːm, -rʊm/ *n* cuarto trastero

boy /bɔɪ/ *n* **1** niño: *They have two little boys and a girl.* Tienen dos niños y una niña. ◊ *You naughty boy!* ¡Qué malo eres! **2** hijo: *his eldest boy* su hijo mayor **3** chico, muchacho: *Cheer up, boys!* ¡Animaos chicos! **4** (*ofen*) criado *Ver tb* BELLBOY, CABIN BOY, OLD BOY, PAPER BOY, PLAYBOY, RENT BOY, SCHOOLBOY, TEDDY BOY, TOYBOY, WHIPPING BOY

LOC **boy!** (*USA, coloq*) ¡caray! **boys will be boys** es cosa de chicos **the boys in blue** (*GB*) los maderos (*policía*) *Ver tb* BACK ROOM, BIG, BLUE, GOLDEN, JOB, MAN¹, OLD, SORT

boycott /ˈbɔɪkɒt/ *vt* boicotear

■ **boycott** *n* boicot

boyfriend /ˈbɔɪfrend/ *n* novio

boyhood /ˈbɔɪhʊd/ *n* niñez

boyish /ˈbɔɪɪʃ/ *adj* **1** (*hombre*) **(a)** juvenil **(b)** aniñado **2** (*mujer*): *She has a boyish figure.* Tiene tipo de muchacho.

Boy Scout *n* boy scout

BP /ˌbiːˈpiː/ *abrev de* **British Petroleum**

B Phil /ˌbiː ˈfɪl/ *abrev de* **Bachelor of Philosophy** licenciatura en Filosofía ☛ *Ver nota en* BACHELOR

BR /ˌbiːˈɑː(r)/ *abrev de* **British Rail**

bra /brɑː/ *n* sujetador: *an underwired bra* un sujetador con aros

brace¹ /breɪs/ *n* **1(a)** soporte: *a neck brace* un collarín ortopédico **(b)** travesaño, puntal **2** berbiquí: *brace and bit* taladro y broca **3** (*dientes*) aparato **4 braces** (*USA* **suspenders**) tirantes **5** (*ortografía*) corchete

brace² /breɪs/ *n* (*pl* **brace**) pareja (*aves de caza*): *two brace of partridge(s)* dos parejas de perdices

brace³ /breɪs/ **1** *vt* reforzar **2** *vt* **~ sth (against sth)** apoyar con firmeza algo (contra algo) **3** *v refl* **~ yourself (for sth)** prepararse (para algo): *Police are braced for a confrontation.* La policía está preparada para un enfrentamiento.

▶ **bracing** *adj* estimulante: *the bracing sea air* el aire estimulante del mar

bracelet /ˈbreɪslət/ *n* pulsera

bracken /ˈbrækən/ *n* helecho

bracket /ˈbrækɪt/ *n* **1** soporte (*de una repisa, etc*) **2** [*gen pl*] (*USA* **parenthesis**) paréntesis: *in (round) brackets* entre paréntesis ☛ *Ver págs 592–3* **3** (*USA*) (*GB* **square bracket**) corchete **4** categoría: *the 20–30 age bracket* el grupo de edad de 20 a 30 años ◊ *the highest price bracket* la gama de precios más cara

■ **bracket** *vt* **1** poner entre paréntesis **2 ~ sth/sb (together/with sth/sb)** agrupar algo/a algn (con algo/algn) **3** fijar (*con soportes*)

brackish /ˈbrækɪʃ/ *adj* salobre

brae /breɪ/ *n* (*Escocia*) ladera

brag /bræg/ *vi* (**-gg-**) **~ (about sth)** fanfarronear (de algo): *She bragged that she could win.* Fanfarroneaba que podía ganar.

▶ **braggart** /ˈbrægət/ *n* fanfarrón, -ona

braid /breɪd/ *n* **1** pasamanería **2** (*USA*) (*GB* **plait**) trenza

■ **braid** *vt* **1** galonear: *a jacket with braided cuffs* una chaqueta con puños de pasamanería **2** (*USA*) *Ver* PLAIT

Braille /breɪl/ *n* braille

brain /breɪn/ *n* **1** cerebro: *He's the brains of the family.* Es el cerebro de la familia. **2 brains** sesos **3** mente *Ver tb* BIRDBRAIN
LOC to have sth on the brain (*coloq*) tener algo metido en la cabeza *Ver tb* BLOW, PICK, RACK, TAX
■ **brain** *vt* **~ sb/yourself** (*coloq*) romper(se) la crisma
▶ **brainless** *adj* insensato, estúpido
brainy *adj* (**-ier, -iest**) (*coloq*) inteligente

brainchild /ˈbreɪntʃaɪld/ *n* idea original

brain-damaged *adj* con una lesión cerebral

brain drain *n* (*coloq*) fuga de cerebros

brainstorm /ˈbreɪnstɔːm/ *n* **1** trastorno mental **2** (*GB, coloq*) lapsus **3** (*USA, coloq*) *Ver* BRAINWAVE

brainstorming /ˈbreɪnstɔːmɪŋ/ *n* intercambio de ideas

brainwash /ˈbreɪnwɒʃ/ *vt* **~ sb** (**into doing sth**) lavar el cerebro a algn (para que haga algo)
▶ **brainwashing** *n* lavado de cerebro

brainwave /ˈbreɪnweɪv/ (*USA* **brainstorm**) *n* (*coloq*) idea genial: *I've had a brainwave.* Se me ha ocurrido una idea genial.

braise /breɪz/ *vt* cocer a fuego lento: *braising steak* carne para guiso

brake[1] /breɪk/ *n* (*lit* y *fig*) freno: *to put on/apply the brake(s)* poner/echar el freno ◊ *to put the brake on crime* poner freno al crimen ◊ *brake pedal* el pedal del freno ◊ *brake cable* el cable del freno ◊ *brake lever* la palanca del freno *Ver tb* AIR BRAKE, HANDBRAKE ☛ *Ver ilustración en* BICYCLE, CAR
■ **brake** *vt, vi* frenar: *to brake hard* frenar de golpe

brake[2] /breɪk/ *n* maleza

brake light (*USA tb* **taillight**) *n* luz de freno

bramble /ˈbræmbl/ *n* zarzamora

bran /bræn/ *n* salvado

branch /brɑːntʃ; *USA* bræntʃ/ *n* **1** rama: *a branch of the family/of medicine* una rama familiar/de la medicina *Ver tb* OLIVE BRANCH **2** sucursal: *a branch manager* un jefe de sucursal ◊ *your nearest/local branch* la sucursal más cercana/del barrio **3(a)** (*de río*) brazo **(b)** (*ferrocarril*) ramal **LOC** *Ver* ROOT[1]
■ **branch** *vi* **1** (*carretera*) bifurcarse: *The road branches into two.* La carretera se bifurca. **2** (*árbol*) echar ramas
PHR V to branch off desviarse
to branch out (**into sth**) extenderse (a algo): *She's leaving the company to branch out on her own.* Deja la compañía para establecerse por su cuenta.

brand /brænd/ *n* **1(a)** (*en productos de uso doméstico, alimentos, ropa*) marca: *a brand name* una marca ◊ *The store's own brand soups are cheaper.* Las sopas con marca del supermercado son más baratas. ◊ *Which brand of gel do you buy?* ¿Qué marca de gel compras? *Ver tb* OWN BRAND ☛ *Comparar con* MAKE[2] **(b)** forma: *a strange brand of humour* un sentido del humor muy peculiar **2** brasa **3(a)** (*animales*) marca **(b)** (*tb* **branding-iron**) hierro de marcar *Ver tb* FIREBRAND
■ **brand** *vt* **1(a)** (*ganado*) marcar **(b)** (*fig*) grabar **2 ~ sb** (**as sth**) etiquetar a algn (de algo): *The scandal branded him for life.* El escándalo le marcó de por vida.

brandish /ˈbrændɪʃ/ *vt* blandir

brand new *adj* completamente nuevo

brandy /ˈbrændi/ *n* coñac

brash /bræʃ/ *adj* (*pey*) **1** descarado **2** chillón: *glitzy costumes and brash music* trajes brillantes y música chillona
▶ **brashly** *adv* **1** descaradamente **2** llamativamente
brashness *n* **1** desparpajo **2** lo chillón

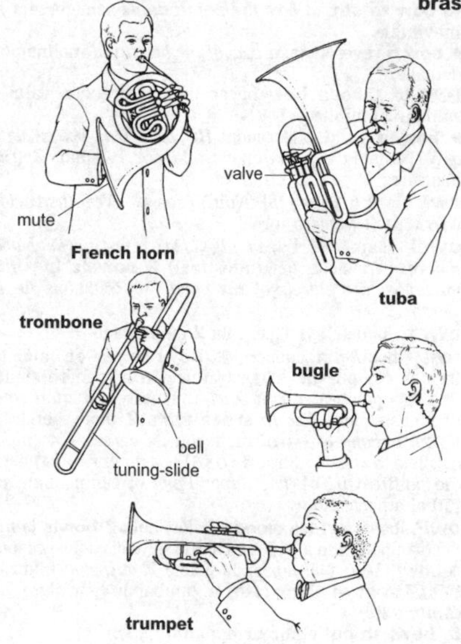

brass /brɑːs; *USA* bræs/ *n* **1(a)** latón: *made of solid brass* hecho de latón macizo **(b)** adorno de latón que llevan los caballos **2 the brass** [*v sing o pl*] (*Mús*) instrumentos de metal: *The brass is/are too loud.* El metal suena demasiado alto. **3** (*GB*) placa conmemorativa **4** (*GB, argot*) (*dinero*) pasta **5** (*coloq*) jeta
LOC to get down to brass tacks (*coloq*) ir al grano *Ver tb* TOP[1]
▶ **brassy** *adj* **1** de color latón **2** (*sonido*) metálico **3** (*mujer*) chabacano

brass band *n* banda de música (*de percusión y metal*)

brasserie /ˈbræsəri/ *n* (*Fr*) bar-restaurante

brassière /ˈbræsiə(r); *USA* brəˈzɪər/ *n* (*formal*) *Ver* BRA

brass knuckles (*USA*) (*GB* **knuckleduster**) *n* puño americano

brass plate *n* placa de latón

brass rubbing /ˈbrɑːs rʌbɪŋ/ *n* calco en papel de un dibujo sobre latón

brat /bræt/ *n* (*pey*) mocoso, -a: *a spoilt brat* un mocoso consentido

bravado /brəˈvɑːdəʊ/ *n* **1** [*incontable*] bravatas: *His threats are sheer bravado.* Sus amenazas no son más que bravatas. **2** arrojo

brave /breɪv/ *adj* (**-er, -est**) valiente: *I wasn't brave enough to go by myself.* No tuve valor para ir solo.
LOC brave new world (*irón*) un mundo feliz **to put a brave face on it/on sth** poner al mal tiempo buena cara *Ver tb* FRONT
■ **brave** *vt* **1** (*peligro, intemperie, etc*) desafiar, hacer frente a **2** (*dificultades*) aguantar
■ **brave** *n* **1** (*amerindio*) guerrero **2 the brave** [*pl*] los valientes
▶ **bravely** *adv* con valentía, valientemente
bravery *n* **1** valor: *a medal for bravery* una medalla al valor **2** valentía

bravo /ˌbrɑːˈvəʊ/ *interj* ¡bravo!

bravura /brəˈvjʊərə/ *n* (*Mús*) virtuosismo: *a bravura performance* una actuación brillante

brawl /brɔːl/ *n* reyerta: *a drunken brawl* una reyerta entre borrachos
■ **brawl** *vi* armar camorra

brawn /brɔːn/ *n* **1** fuerza bruta: *This job calls for brains, not brawn.* Este trabajo no requiere fuerza bruta sino inteligencia. **2** (*GB*) cabeza de jabalí
▶ **brawny** *adj* **1** (*persona*) fornido **2** (*brazos, etc*) musculoso

bray /breɪ/ *n* rebuzno
■ **bray** *vi* rebuznar: *a braying laugh* una risa que suena como los rebuznos

brazen /ˈbreɪzn/ *adj* descarado
■ **brazen** *vt*
LOC **to brazen it out** defenderse con descaro
▶ **brazenly** *adv* con descaro

brazier /ˈbreɪziə(r)/ *n* brasero

Brazilian /brəˈzɪliən/ *adj, n* brasileño, -a

breach /briːtʃ/ *n* **1** incumplimiento **2** (*ley*) violación **3** (*relaciones*) ruptura **4** (*seguridad*) fallo **5** brecha
LOC **breach of confidence/faith/trust** abuso de confianza **breach of contract** incumplimiento de contrato **breach of promise** incumplimiento de la promesa de matrimonio **breach of the peace** perturbación del orden público **to be in breach of sth**: *The tax is in breach of a recent trade agreement.* La tarifa va contra un reciente acuerdo comercial.
■ **breach** *vt* **1** (*contrato, etc*) incumplir **2** (*ley*) violar **3** (*muro, defensas*) abrir una brecha en

bread /bred/ *n* **1(a)** [*incontable*] pan: *I bought a loaf/two loaves of bread.* Me compré una barra/dos barras de pan. ◊ *a slice of bread and butter* una rebanada de pan con mantequilla ◊ *Get me some French bread, will you?* Cómprame una barra de pan, anda. ◊ *white/wholemeal bread* pan blanco/integral ◊ *sliced bread* pan de molde ☛ *Ver ilustración en* BARRA *Ver tb* GINGERBREAD, SHORTBREAD **(b)** [*contable*] (tipo de) pan: *They sell a range of Italian breads.* Venden varios tipos de pan italiano.

Nótese que el plural **breads** solo se emplea para referirse a distintos tipos de pan, no a varias piezas de pan.

2 (*argot*) pasta (*dinero*) *Ver tb* SWEETBREAD
LOC **to be sb's bread and butter** ser la forma de ganarse la vida de algn: *Acting is his bread and butter.* Se gana la vida como actor. **to take the bread out of sb's mouth** quitarle el pan de la boca a algn *Ver tb* DAILY, KNOW, LIVE[2], LOAF[1]

bread-and-butter /ˌbred n ˈbʌtə(r)/ *adj* primordial: *These are bread-and-butter issues.* Estos son asuntos que se ocupan de las necesidades básicas.

bread and butter pudding *n* pudin hecho con rebanadas de pan, mantequilla y pasas

bread bin *n* panera

breadboard /ˈbredbɔːd/ *n* tabla (*para cortar el pan*)

breadcrumbs /ˈbredkrʌmz/ *n* [*pl*] pan rallado: *fish in breadcrumbs* pescado empanado

breaded /ˈbredɪd/ *adj* empanado

breadfruit /ˈbredfruːt/ *n* fruto del pan

breadknife /ˈbrednaɪf/ *n* cuchillo para el pan

breadline /ˈbredlaɪn/ *n*
LOC **to be on/below the breadline** vivir en suma pobreza

breadstick /ˈbredstɪk/ *n* colín (*de pan*)

breadth /bredθ/ *n* **1** amplitud: *breadth of vision* amplitud de miras **2** anchura: *The field is 20 metres in breadth.* El campo tiene 20 metros de anchura. **LOC** *Ver* HAIR, LENGTH

breadwinner /ˈbredwɪnə(r)/ *n*: *My mother is the breadwinner in our family.* Mi madre es la que sostiene (económicamente) a la familia.

break[1] /breɪk/ (*pret* **broke** /brəʊk/ *pp* **broken** /ˈbrəʊkən/)

● **v transitivo** **1** romper: *to break sth in two/in half* romper algo en dos/por la mitad ◊ *She's broken her leg.* Se ha roto la pierna. ☛ *Ver ilustración en* CHIP *Ver tb* BACK-BREAKING, CIRCUIT-BREAKER, ICE-BREAKER, GROUND-BREAKING

Break no se usa con materiales flexibles, como la tela o el papel. Para éstos utilizamos **tear**. *Ver tb* ROMPER

2 (*ley*) violar **3** (*promesa, palabra*) no cumplir **4** (*límite*) pasar de: *to break the speed limit* pasar del límite de velocidad **5** (*concentración*) hacer perder **6** (*viaje*) hacer una parada en **7** (*caída*) amortiguar **8** (*mala costumbre*) dejar **9** (*fig, punto muerto*) encontrar una salida a **10** (*voluntad*) quebrantar **11** (*huelga*) **(a)** (*empleado*): *A few workers have broken the strike.* Algunos de los trabajadores en huelga han vuelto al trabajo. **(b)** (*patronal*) acabar con **12 ~ sb (a)** vencer la resistencia de algn **(b)** (*económicamente*) arruinar a algn **13** (*mala noticia*) comunicar: *She was the first to break the news to us.* Fue la primera en comunicarnos la noticia. **14** (*récord*) batir *Ver tb* RECORD-BREAKER **15** (*código*) descifrar **16** (*superficie, piel*) traspasar **17** (*banda criminal*) desarticular **18** (*Dep*) romper (el servicio de) **19** (*caja fuerte*) forzar

● **v intransitivo** **1** romperse, hacerse pedazos: *The TV's broken.* Se ha roto la tele. ◊ *to break into (little) pieces* hacerse pedazos **2** hacer un descanso: *Let's break for coffee.* Vamos a parar para tomar un café. **3** (*tiempo*) cambiar **4** (*día*) romper: *Dawn was breaking.* Estaba amaneciendo. **5** (*tormenta, escándalo*) estallar **6** (*noticia, historia*) hacerse público **7** (*persona*) **(a)** venirse abajo: *She broke under torture.* Bajo tortura, se vino abajo. **(b)** perder los estribos **8** (*voz*) **(a)** quebrarse **(b)** (*en la pubertad*) cambiar **9** (*olas*) romper **10** (*parto*): *Her waters broke at three o'clock in the morning.* Rompió aguas a las tres de la madrugada. **11** (*Dep*) **(a)** (*boxeo*) separarse **(b)** (*tenis*) romper el servicio
LOC **break it up!** ¡basta ya!, ¡dejad de pelearos! ☛ Para otras expresiones con **break**, véanse las entradas del sustantivo, adjetivo, etc, p. ej. **to break the ice** en ICE
PHR V **to break away (from sb)** escaparse (de algn): *He broke away from his guards.* Se deshizo de sus guardianes (y se escapó).
to break away (from sth) **1** (*política*) separarse (de algo): *Several MPs broke away to form a new party.* Varios diputados se separaron para formar un nuevo partido. **2** (*pasado, etc*) romper (con algo)
to break down **1** (*vehículo, máquina*) averiarse, estropearse: *We broke down on the motorway.* Se nos averió el coche en la autopista. **2** (*persona*) venirse abajo: *He broke down and cried/wept.* Rompió a llorar. **3** (*negociaciones, etc*) romperse **4** (*Quím*) descomponerse
to break sb down vencer la resistencia de algn
to break sth down **1** (*puerta, etc*) echar abajo algo **2** (*voluntad, etc*) quebrantar algo **3** (*cifra, fórmula*) dividir algo, separar algo **4** (*barrera*) vencer algo
to break in **1** forzar la entrada **2** (*conversación, etc*) interrumpir: *I'm sorry to break in on your conversation.* Siento interrumpir vuestra conversación.
to break sb in formar/entrenar a algn
to break sth in **1** (*caballo*) domar algo **2** (*zapatos*) acostumbrarse a algo
to break into sth **1** (*ladrones*) entrar en algo: *Thieves broke into my house.* Me entraron en casa los ladrones. **2** (*mercado*) introducirse en algo **3** (*billete de banco*) usar algo, cambiar algo: *I don't want to break into this note.* No quiero cambiar este billete. **4** (*reservas*) usar algo **5** (*empezar a hacer algo*): *to break into a run* echar a correr ◊ *to break into song* romper a cantar ◊ *He broke into a cold sweat.* Le dio un sudor frío.
to break off **1** romperse **2** dejar de hablar
to break sth off **1** (*en trozos*) partir algo **2** (*compromiso, etc*) romper algo
to break out **1** (*prisionero, etc*) escaparse **2** (*epidemia*) declararse **3** (*guerra, violencia*) estallar **4** (*incendio*) declararse **5** llenarse: *I've broken out in spots.* Me he llenado de granos.
to break through **1** (*ciencia*) hacer un avance importante **2** (*sol*) asomarse **3** abrirse camino

to break through sth 1 abrirse camino a través de algo **2** (*límite, dificultad*) superar algo **3** *The sun broke through the clouds.* El sol se asomó por entre las nubes. **to break up 1** (*reunión*) disolverse **2** (*relación*) romperse, terminarse **3** (*grupo*) desintegrarse **4** *The school breaks up on July 20th.* Las clases terminan el 20 de julio. **5** (*avión, nave, etc*) desintegrarse
to break sth up 1 (*reunión*) disolver algo **2** (*relación*) hacer fracasar algo **3** (*empresa*) disgregar algo **4** (*bienes*) dividir algo
to break (up) with sb romper con algn (*relaciones amorosas*)
to break with sb romper con algn (*relaciones comerciales*)
to break with sth romper con algo: *They are reluctant to break with the past.* Están poco dispuestos a romper con el pasado.

break[2] /breɪk/ *n* **1(a)** rotura **(b)** abertura **(c)** (*en las nubes*) claro **(d)** (*en el tráfico*) hueco **2(a)** descanso: *a coffee break* un descanso para tomar café ◊ *to have/take an hour's break for lunch* tener/coger una hora para comer *Ver tb* TEA BREAK **(b)** vacaciones cortas **(c)** (*colegio*) recreo **3(a)** ruptura: *a break with tradition* una ruptura con la tradición ◊ *a break in diplomatic relations* una ruptura en las relaciones diplomáticas **(b)** cambio: *a break in the routine* un cambio de rutina **4** (*coloq*) golpe de suerte: *a bad break* mala suerte **5** (*tb* **break of service**, **service break**) (*tenis*) servicio roto: *break point* punto decisivo *Ver tb* DAYBREAK, FIREBREAK, HEARTBREAK, TIE-BREAK
LOC **break of day** amanecer **to give sb a break** dar un respiro a algn **to make a break (for it)** intentar escapar *Ver tb* CLEAN[1]

breakable /ˈbreɪkəbl/ *adj* frágil
■ **breakables** *n* [*pl*] objetos frágiles

breakage /ˈbreɪkɪdʒ/ *n* **1** [*incontable*] rotura **2** objetos rotos: *The hotel allows £300 a year for breakages.* El hotel presupuesta 300 libras al año para lo que se pueda romper.

breakaway /ˈbreɪkəweɪ/ *adj* disidente: *a breakaway group* un grupo disidente
■ **breakaway** *n* división, escisión

breakdown /ˈbreɪkdaʊn/ *n* **1** (*salud*) crisis *Ver tb* NERVOUS BREAKDOWN **2** (*coche*) avería: *In case of breakdown, remain with your vehicle.* En caso de avería, permanezca en su vehículo. ◊ *a breakdown service* un servicio de recogida en carretera **3** (*comunicaciones*) interrupción **4** (*negociaciones*) ruptura **5(a)** (*estadístico*) análisis, desglose **(b)** descomposición (*en elementos*) **6** (*Elec*) fallo **7** (*valores*) desmoronamiento

breaker /ˈbreɪkə(r)/ *n* ola grande

breakfast /ˈbrekfəst/ *n* desayuno: *to have breakfast* desayunar ◊ *breakfast time* hora del desayuno *Ver tb* BED AND BREAKFAST, ENGLISH BREAKFAST LOC *Ver* DOG[1]
■ **breakfast** *vi* **~ (on sth)** desayunarse (con algo)

break-in /ˈbreɪk ɪn/ *n* robo: *There had been a break-in at the office.* Alguien había entrado en la oficina.

breakneck /ˈbreɪknek/ *adj* loco: *to drive at breakneck speed* conducir como un loco

breakout /ˈbreɪkaʊt/ *n* fuga: *an attempted breakout* un intento de fuga

breakthrough /ˈbreɪkθruː/ *n* **1** (*ciencia, etc*) adelanto, descubrimiento **2** (*negociaciones*) avance (importante) **3** (*Mil*) penetración

break-up /ˈbreɪk ʌp/ *n* **1** (*pareja*) ruptura **2** (*imperio, familia*) desintegración **3** (*negociaciones*) fracaso

breakwater /ˈbreɪkwɔːtə(r)/ *n* rompeolas

bream /briːm/ *n* **1** brema **2** (*tb* **sea-bream**) besugo

breast /brest/ *n* **1** (*en gen*) pecho: *to clasp/hold sb to your breast* abrazar/apretar a algn contra el pecho **2** (*de mujer*) seno: *breast cancer* cáncer de mama ☛ *Comparar con* CHEST sentido 2 **3** (*ave*) pechuga *Ver tb* DOUBLE-BREASTED, SINGLE-BREASTED LOC *Ver* BEAT, CLEAN[1]
■ **breast** *vt* **1(a)** (*cinta*) romper (*en una carrera*) **(b)** enfrentarse a **2** (*colina*) llegar a la cima de

breastbone /ˈbrestbəʊn/ (*tb* **sternum**) *n* esternón ☛ *Ver ilustración en* ESQUELETO

breastfeed /ˈbrestfiːd/ *vt* (*pret, pp* **breastfed**) dar el pecho a

breastplate /ˈbrestpleɪt/ *n* peto

breaststroke /ˈbreststrəʊk/ *n* braza

breath /breθ/ *n* **1** aliento: *to pause for breath* pararse para tomar aliento ◊ *to take a deep breath* respirar a fondo **2 ~ of sth** [*sing*] soplo de algo: *a breath of scandal* un amago de escándalo
LOC **a breath of fresh air 1** aire fresco **2** (*fig*) un soplo de aire fresco **don't hold your breath!** ¡espérate sentado! **the breath of life (to/for sb)** estímulo (para algn): *Religion is the breath of life to/for her.* La religión es lo que le da la vida. **(to be) out of/short of breath** (estar) sin aliento **to get your breath (again/back)** recuperar el aliento **to hold your breath** contener el aliento **to say sth, speak, etc under your breath** decir algo, hablar, etc entre susurros **to take sb's breath away** dejar a algn boquiabierto **your last/dying breath** el último aliento *Ver tb* BATED, CATCH[1], DRAW[2], LOSE, SAME[1], SAVE, WASTE[2]
▶ **breathy** *adj* susurrante

breathalyse /ˈbreθəlaɪz/ *vt* hacer la prueba de alcoholemia a
▶ **Breathalyser**® *n* alcoholímetro

breathe /briːð/ **1** *vi* respirar: *He lived and breathed for the mining company.* Vivía exclusivamente para la compañía minera. ◊ *to breathe hard/heavily* jadear **2(a)** *vt, vi* **~ (sth) (in)** aspirar (algo) **(b)** *vt, vi* **~ (sth) (out)** expirar (algo) **3** *vt* susurrar
LOC **(not) to breathe a word (of/about sth) (to sb)** (no) soltar (ni) una palabra (de algo) (a algn) **to (be able to) breathe (easily/freely) again** (poder) respirar (tranquilo) otra vez **to breathe down sb's neck** (*coloq*) estar encima de algn **to breathe your last** (*formal, eufemismo*) morir
PHR V **to breathe sth into sth/sb** inyectar algo en algo/algn
▶ **breathing** *n* respiración: *heavy breathing* resuello ◊ *a breathing-space* un respiro

breather /ˈbriːðə(r)/ *n* (*coloq*) respiro: *to take/have a breather* tomarse un respiro

breathless /ˈbreθləs/ *adj* **1** jadeante: *Heavy smoking makes him breathless.* Fumar mucho le deja sin aliento. **2(a)** sobrecogido: *breathless with terror* sobrecogido de terror **(b)** (*silencio*) sobrecogedor **3** sin un soplo de viento
▶ **breathlessly** *adv* entrecortadamente
breathlessness *n* falta de aliento

breathtaking /ˈbreθteɪkɪŋ/ *adj* **1** impresionante **2** (*velocidad*) vertiginoso
▶ **breathtakingly** *adv* impresionantemente

breath test *n* prueba de alcoholemia

bred *pret, pp de* BREED *Ver tb* THOROUGHBRED, WELL-BRED

breech /briːtʃ/ *n* recámara

breech birth *n* parto con el niño de nalgas

breeches /ˈbrɪtʃɪz/ *n* [*pl*] **1** bombachos: *riding breeches* pantalones de montar **2** (*joc*) pantalones

breed /briːd/ (*pret, pp* **bred** /bred/) **1** *vi* (*animal*) reproducirse *Ver tb* INTERBREED **2** *vt* (*ganado*) criar **3** *vt* **~ sb (as sth)** educar a algn (para ser algo): *an ill-bred child* un niño malcriado *Ver tb* WELL-BRED **4** *vt* producir, engendrar: *Dirt breeds disease.* La suciedad produce enfermedades. LOC *Ver* BORN, FAMILIARITY *en* FAMILIAR
■ **breed** *n* **1** (*de animal*) raza *Ver tb* CROSS-BREED ☛ *Ver ilustración en* DOG[1] **2** (*fig*) casta, clase
▶ **breeder** *n* criador, -ora

breeding /ˈbriːdɪŋ/ *n* **1** cría: *the breeding season* la época de la cría **2** educación, cuna

breeding ground *n* **1** área de reproducción **2** (*fig*) caldo de cultivo
breeze /briːz/ *n* **1** brisa *Ver tb* SEA BREEZE **2** [*sing*] (*USA, coloq*) cosa de coser y cantar **LOC** *Ver* SHOOT
■ **breeze** *v*
PHR V **to breeze along, in, out, etc** (*coloq*) ir, entrar, salir, etc a la ligera: *to breeze through life* tomarse la vida a la ligera
breeze-block /ˈbriːz blɒk/ *n* (*GB*) bloque de cemento
breezy /ˈbriːzi/ *adj* **1** con brisa: *The balcony gets rather breezy in the evenings.* Hay mucho aire en el balcón por las noches. **2** (*persona*) animado
▶ **breezily** *adv* despreocupadamente
brethren /ˈbreðrən/ *n* [*pl*] hermanos
breve /briːv/ *n* (*Mús*) breve *Ver tb* SEMIBREVE
breviary /ˈbriːviəri; *USA* -ieri/ *n* breviario
brevity /ˈbrevəti/ *n* brevedad
brew /bruː/ **1** *vt* (*cerveza*) elaborar **2** *vt, vi* (*té*) hacer (se): *We brewed (up) a nice pot of tea.* Nos hicimos un té buenísimo. **3** (*fig*) **(a)** *vt* **~ sth (up)** tramar algo **(b)** *vi* cocerse: *Trouble is brewing in the trade unions.* Se está cociendo jaleo en los sindicatos.
PHR V **to brew up** (*coloq*) preparar té
■ **brew** *n* **1(a)** cerveza: *home brew* cerveza casera **(b)** té: *Anyone fancy a brew?* ¿A alguien le apetece un té? **(c)** brebaje **2** (*fig*) mezcolanza
▶ **brewer** *n* **1** cervezero **2** empresa cervezera
brewery /ˈbrʊəri/ *n* (*pl* **-ies**) fábrica de cerveza ☛ *Comparar con* DISTILLERY *en* DISTIL
briar *n* *Ver* BRIER
bribe /braɪb/ *n* soborno
■ **bribe** *vt* sobornar: *We bribed the guard into letting us go.* Sobornamos al guardia para que nos dejara ir. ◊ *She bribed her way into the government.* Consiguió un puesto en el gobierno mediante sobornos.
▶ **bribery** *n* **1** cohecho **2** soborno
bric-à-brac /ˈbrɪk ə bræk/ *n* [*incontable*] baratijas
brick /brɪk/ *n* **1** ladrillo: *The shelter is made of brick(s).* El refugio está hecho de ladrillo. ◊ *a brick wall* una pared de ladrillo ◊ *brick red* (color) teja *Ver tb* RED-BRICK ☛ *Ver ilustración en* HOUSE **2** (*juego de construcción*) bloque, cubo **3** (*forma*) bloque **4** (*GB, coloq*) (*persona*) pedazo de pan
LOC **to make bricks without straw** trabajar sin materia prima *Ver tb* CAT, DROP, HEAD[1], KNOCK[1], SHIT, TON
■ **brick** *v*
PHR V **to brick sth in/up** tabicar algo
brickbat /ˈbrɪkbæt/ *n* **1** trozo de ladrillo (*usado como arma*) **2** (*coloq, fig*) palabra hiriente, crítica
brick-built /ˈbrɪk bɪlt/ *adj* de ladrillo
bricklayer /ˈbrɪkleɪə(r)/ *n* albañil
▶ **bricklaying** *n* albañilería
brickwork /ˈbrɪkwɜːk/ *n* enladrillado
bridal /ˈbraɪdl/ *adj* nupcial: *bridal suite* suite nupcial ◊ *the bridal party* los invitados de la novia ◊ *bridal gown* traje de novia
bride /braɪd/ *n* novia: *his bride-to-be* su futura esposa
LOC **the bride and groom** los novios ☛ *Ver nota en* BODA
bridegroom /ˈbraɪdgruːm, -grʊm/ (*tb* **groom**) *n* novio ☛ *Ver nota en* BODA
bridesmaid /ˈbraɪdzmeɪd/ *n* dama de honor ☛ *Ver nota en* BODA
bridge /brɪdʒ/ *n* **1** puente: *railway bridge* puente ferroviario *Ver tb* DRAWBRIDGE, FOOTBRIDGE, SUSPENSION BRIDGE, TOLL BRIDGE, WEIGHBRIDGE **2** vínculo **3** puente (de mando) **4(a)** (*nariz*) caballete **(b)** (*gafas, violín*) puente ☛ *Ver ilustración en* STRING **5** (*juego*) bridge
LOC *Ver* BURN[2], CROSS[1], WATER[1]
■ **bridge** *vt* tender un puente sobre
LOC **to bridge a/the gap** **1** llenar un vacío **2** acortar la distancia: *to bridge the gap between rich and poor* acortar la distancia entre los ricos y los pobres

bridgehead /ˈbrɪdʒhed/ *n* cabeza de puente
bridging loan (*tb* **bridging finance**) *n* crédito puente
bridle /ˈbraɪdl/ *n* brida
■ **bridle** **1** *vt* **(a)** poner la brida a *Ver tb* BRIDLEWAY **(b)** (*sentimientos, etc*) refrenar **2** *vi* **~ (at sth)** picarse (por algo)
bridleway /ˈbraɪdlweɪ/ (*tb* **bridle path**) *n* camino de herradura
brief /briːf/ *adj* (**-er, -est**) breve
LOC **in brief** en pocas palabras
■ **brief** *n* **1** (*Jur*) **(a)** expediente **(b)** caso: *Will you accept this brief?* ¿Quieres aceptar este caso? **2** instrucción, cometido: *to keep/stick to your brief* atenerse uno a sus instrucciones
LOC **to hold no brief for sth/sb** no apoyar algo/a algn
■ **brief** *vt* **1** dar instrucciones a **2** **~ sb (about/on sth)** informar a algn (sobre algo)
briefcase /ˈbriːfkeɪs/ *n* maletín ☛ *Ver ilustración en* EQUIPAJE
briefing /ˈbriːfɪŋ/ *n* **1** (*Mil*) instrucciones, órdenes: *He received a full briefing.* Recibió sus instrucciones. **2** reunión informativa: *a press briefing* una rueda de prensa
briefly /ˈbriːfli/ *adv* **1** brevemente **2** en pocas palabras
briefs /briːfs/ *n* [*pl*] **1** calzoncillos **2** bragas
brier (*tb* **briar**) /ˈbraɪə(r)/ *n* **1(a)** zarza **(b)** escaramujo **(c)** brezo *Ver tb* SWEET-BRIAR **2** (*tb* **briar pipe**) pipa de brezo
Brig *abrev de* **Brigadier**
brigade /brɪˈgeɪd/ *n* **1** (*Mil*) brigada **2** (*a veces pey*) grupo, movimiento: *the anti-abortion brigade* el movimiento antiabortista *Ver tb* FIRE BRIGADE
brigadier /ˌbrɪgəˈdɪə(r)/ *n* general de brigada
brigand /ˈbrɪgənd/ *n* (*antic*) bandolero, -a
bright /braɪt/ *adj* (**-er, -est**) **1** (*luz, sol*) brillante **2** (*color*) vivo **3** (*ojos*) claro **4** (*idea, sala*) luminoso **5** (*día*) de sol **6** (*futuro*) prometedor **7** (*sonrisa, expresión*) radiante **8** (*carácter*) alegre **9** (*inteligente*) listo
LOC **a bright spark** (*coloq, irón*) un listillo **bright and early** muy temprano **the bright lights** la vida de la ciudad **to look on the bright side** mirar el lado bueno
■ **bright** *adv* (**-er, -est**) brillantemente
brighten /ˈbraɪtn/ **1** *vi* **~ (up)** **(a)** (*tiempo*) despejar **(b)** (*persona*) animarse **(c)** (*situación*) mejorar **2** *vt* **~ sth (up)** animar algo: *Those new curtains brighten up the room no end.* Esas cortinas nuevas animan la habitación una barbaridad.
bright-eyed /ˈbraɪt aɪd/ *adj* de ojos vivarachos
LOC **bright-eyed and bushy-tailed** joven e ingenuo, lleno de vida y energía
brightly /ˈbraɪtli/ *adv* **1** brillantemente, vivamente: *The fire was burning brightly.* El fuego replandecía. **2** *a brightly lit room* una habitación con mucha iluminación ◊ *a brightly painted boat* un barco pintado con colores vivos **3** (*sonreír*) radiantemente **4** alegremente
brightness /ˈbraɪtnəs/ *n* **1** (*luz, sol, etc*) brillo **2** (*habitación*) claridad **3** resplandor **4** alegría **5** inteligencia
brill /brɪl/ *n* rodaballo
■ **brill** (*tb* **brilliant**) *adj* (*coloq*) genial
brilliance /ˈbrɪliəns/ *n* **1(a)** brillo **(b)** resplandor **2** brillantez
brilliant /ˈbrɪliənt/ *adj* **1** brillante **2** (*tb* **brill**) (*coloq*) genial
▶ **brilliantly** *adv* **1** brillantemente: *brilliantly coloured* de colores muy vivos **2** con brillantez: *She played brilliantly.* Jugó fenomenal.
brim /brɪm/ *n* (**-mm-**) **1** (*sombrero*) ala: *a broad-brimmed hat* un sombrero de ala ancha ☛ *Ver ilustración en* SOMBRERO **2** borde: *full to the brim* lleno hasta el borde
■ **brim** *vi* **~ with sth** **1** estar lleno (hasta arriba) de algo: *a mug brimming with coffee* una taza de café llena

hasta arriba ◊ *His eyes were brimming with tears.* Tenía los ojos llenos de lágrimas. **2** (*fig*) rebosar algo

PHR V **to brim over (with sth) 1** (*fig*) rebosar (algo) **2** estar a rebosar (de algo)

brimful (*tb* **brim-full**) /ˌbrɪmˈfʊl/ *adj* **1 ~ (of/with sth)** lleno hasta el borde (de algo) **2 ~ of/with sth** (*fig*) repleto, rebosante de algo

brimstone /ˈbrɪmstəʊn/ *n* (*antic*) azufre **LOC** *Ver* FIRE[1]

brine /braɪn/ *n* **1** salmuera **2** agua salada

bring /brɪŋ/ *vt* (*pret, pp* **brought** /brɔːt/) **1 ~ sth/sb (with you)** traer algo/a algn (consigo): *Don't forget to bring a sleeping bag (with you).* No te olvides el saco de dormir. ◊ *Why have you brought me here?* ¿Por qué me has traído aquí? ◊ *Bring a bottle.* Tráete alguna bebida. ◊ *Will you bring your car to my house?* ¿Te traes tu coche a mi casa? ◊ *Bring it here.* Tráelo aquí. ◊ *Bring a friend to my party.* Tráete a un amigo a mi fiesta. ☛ *Ver ilustración en* TAKE[1] **2 ~ sb sth** traerle algo a algn: *He always brings me a present.* Siempre me trae un regalo. ◊ *to bring sb bad luck* traerle mala suerte a algn ☛ *Ver ilustración en* TAKE[1] **3** llevar: *I'll bring the book so you can see it.* Llevaré el libro para que lo veas. ◊ *Shall I bring my car to your house?* ¿Me llevo el coche a tu casa? ◊ *Shall I bring anything towards the meal?* ¿Llevo algo para la comida? ◊ *Can I bring a friend to the party?* ¿Puedo llevarme a un amigo a la fiesta? **4** (*fig*) conducir: *The war brought the country to the brink of bankruptcy.* La guerra condujo al país al borde de la bancarrota. **5 ~ sth/sb + -ing** hacer que algo/algn haga algo: *Her cries brought the neighbours running.* Sus gritos hicieron que los vecinos acudieran corriendo. ◊ *Seeing him brought the memories flooding back.* Al verlo me vinieron de nuevo todos los recuerdos. ◊ *The revolution will bring capitalism crashing down.* La revolución tirará abajo el capitalismo. **6 ~ sth to sth**: *The photograph brought tears to her eyes.* Al ver la fotografía, se le llenaron los ojos de lágrimas. ◊ *The music brought a smile to his face.* La música le hizo sonreír. ◊ *This brought the audience to their feet.* Con esto, el público se puso de pie. **7** (*ingresos, fama*) dar **8** (*Jur*) **(a)** (*acciones judiciales*) entablar **(b)** *The case was never brought to court.* El caso nunca fue sometido a juicio. ◊ *to be brought before a magistrate/judge* comparecer ante un magistrado/juez

LOC can/cannot bring yourself to do sth: *I couldn't bring myself to tell her.* No tuve fuerzas para decírselo. **to bring out the best/worst in sb** sacar lo mejor/lo peor en algn **to bring/pull sb up short/sharply** parar en seco a algn

☛ Para otras expresiones con **bring**, véanse las entradas del sustantivo, adjetivo, etc, p. ej. **to bring sth to a close** en CLOSE[4].

PHR V to bring sth about/on 1 (*guerra, desastre*) provocar algo **2** (*cambios, reformas*) efectuar algo

to bring sb back sth traer algo a algn: *He brought us back a few souvenirs.* Nos trajo unos cuantos recuerdos.

to bring sth back 1 restaurar algo **2** hacer pensar en algo

to bring sb down 1 (*fútbol*) derribar a algn **2** (*fig*) deprimir a algn

to bring sth down 1 (*avión enemigo*) derribar algo **2** (*gobierno*) derrocar algo **3** (*avión*) poner algo en tierra **4** (*caza*) derribar algo **5** (*inflación, etc*) reducir algo **6** bajar algo

to bring sth forth (*formal*) sacar a relucir algo

to bring sth forward 1 adelantar algo: *The meeting has been brought forward a week.* La reunión se ha adelantado una semana. **2** transferir algo: *balance brought forward* balance anterior **3** (*propuesta*) presentar algo

to bring sb in 1 (*sospechoso*) detener a algn **2** (*asesor*) pedir la ayuda de algn **3** hacer entrar a algn

to bring (sb) in sth dar algo (a algn): *The job brings him in about £700 a month.* El trabajo le da unas 700 libras al mes.

to bring sb in (on sth) dejar a algn participar (en algo)

to bring sth in 1 (*cosecha*) recoger algo **2** (*ley*) introducir algo **3** (*veredicto*) pronunciar algo

to bring sth off (*coloq*) lograr algo

to bring sb on 1 ayudar a algn **2** (*Teat*) presentar a algn

to bring sth on 1 *Ver* TO BRING STH ABOUT/ON **2** (*cultivos*) hacer que crezca algo **3** (*desarrollo*) estimular algo

to bring sth on yourself buscarse algo: *He brought it on himself.* Se lo ha buscado.

to bring sb out 1 hacer que algn se ponga en huelga **2** hacer que algn pierda su timidez

to bring sth out 1 producir algo **2** publicar algo **3** realzar algo: *It brings out the colour of your eyes.* Realza tu color de ojos. **4** revelar algo **5** aclarar algo **6** sacar algo

to bring sb out in sth: *The heat brought him out in a rash.* El calor hizo que le saliera un sarpullido.

to bring sb over/round (to sth) convertir a algn (a algo)

to bring sth over (to sth/sb) 1 traer algo (a algo/algn) **2** acercar algo (a algo/algn)

to bring sb round traer a algn (*a casa de algn*)

to bring sb round/to hacer que algn vuelva en sí

to bring sb round (to sth) *Ver* TO BRING SB OVER/ROUND (TO STH)

to bring sth round 1 (*barco*) hacer virar algo **2** traer algo (*a casa de algn*)

to bring sth round to sth: *He brought the discussion round to football.* Cambió el tema de la conversación al fútbol.

to bring sb through salvar a algn

to bring sb to *Ver* TO BRING SB ROUND/TO

to bring sth to detener algo (*barco*)

to bring sth/sb together 1 reconciliar algo/a algn **2** unir algo/a algn **3** acercar algo/a algn

to bring sb under someter a algn

to bring sb up 1 criar a algn: *She was brought up by her granny.* La crio su abuela. **2** educar a algn (*en las buenas maneras*): *a well-brought-up child* un niño bien educado ☛ *Comparar con* EDUCATE **3** *She was brought up before a judge on bribery charges.* Compareció ante un juez acusada de cohecho. **4** hacer parar a algn: *His remark brought me up short.* Su comentario me hizo parar en seco. **5** hacer subir a algn

to bring sth up 1 vomitar algo **2** sacar algo a colación **3** subir algo

to bring sb up against sth hacer a algn enfrentarse a algo

to bring sth/sb up to sth poner algo/a algn al nivel de algo

bring-and-buy sale *n* (*GB*) venta con fines benéficos a la que la gente lleva cosas para vender

brink /brɪŋk/ *n* **1** (*lit* y *fig*) borde: *on the brink of war* al borde de la guerra ◊ *to be on the brink of doing sth* estar a punto de hacer algo **2** orilla

brinkmanship /ˈbrɪŋkmənʃɪp/ *n* política arriesgada

briny /ˈbraɪni/ *adj* (**-ier, -iest**) salado

■ **the briny** *n* (*antic o joc*) la mar salada

briquette (*tb* **briquet**) /brɪˈket/ *n* briqueta

brisk /brɪsk/ *adj* (**-er, -est**) **1** (*paso*) enérgico: *a brisk walk* un paseo a paso enérgico **2** (*negocio*) activo: *Business is brisk today.* Hoy se está vendiendo mucho. **3** (*brisa*) refrescante **LOC** *Ver* TRADE[1]

▶ **briskly** *adv* **1** enérgicamente **2** rápidamente: *to walk briskly* andar a paso ligero

brisket /ˈbrɪskɪt/ *n* falda (*carne*)

bristle /ˈbrɪsl/ *n* **1** (*pelo de animal, cepillo*) cerda **2** pelo de la barba

■ **bristle** *vi* **1** (*pelo*) erizar: *The dog's fur bristled.* Al perro se le erizaron los pelos. **2** mostrarse: *to bristle with defiance, pride, etc* mostrarse desafiante, orgulloso, etc **3** encolerizarse

PHR V **to bristle with sth 1** (estar) plagado de algo: *trenches bristling with machine-guns* trincheras atiborradas de ametralladoras **2** (*fig*) estar lleno de algo: *The problem bristles with difficulties.* El problema está lleno de dificultades.

bristly /ˈbrɪsli/ *adj*: *a bristly chin* una barbilla que pincha ◊ *He has short bristly hair.* Tiene el cabello cortado a cepillo.

Brit /brɪt/ (*coloq, joc*) *abrev de* **British person** ☛ *Ver nota en* BRITON

Britain /ˈbrɪtn/ (*tb* **Great Britain**) *n* Gran Bretaña

British /ˈbrɪtɪʃ/ *adj* británico: *British English* inglés británico ◊ *British-born* nacido en Gran Bretaña ◊ *the British Isles* las Islas Británicas ☛ *Ver nota e ilustración en* GREAT BRITAIN

■ **the British** *n* [*pl*] los británicos ☛ *Ver nota en* BRITON **LOC** *Ver* BEST

Briton /ˈbrɪtn/ *n* británico, -a

Briton es un término utilizado generalmente en los periódicos y en estadísticas para hablar de personas de nacionalidad británica y para referirse a los primitivos habitantes de Gran Bretaña: *65% of Britons believe…* El 65% de los británicos cree…
Lo más normal en inglés británico sería decir **a British person** (en singular) o **the British (people)** (en plural), y **Britisher** en inglés americano.

brittle /ˈbrɪtl/ *adj* **1** quebradizo **2** (*fig*) frágil

broach /brəʊtʃ/ *vt* **1** (*tema*) abordar **2(a)** (*botella*) descorchar **(b)** (*tonel*) espitar

B-road /ˈbiː rəʊd/ *n* (*GB*) carretera comarcal *Ver tb* A-ROAD

broad /brɔːd/ *adj* (**-er, -est**) **1** ancho

¿Broad o wide?
Wide es el término más utilizado. **Broad** se utiliza para describir partes del cuerpo: *broad shoulders* espalda ancha ◊ *broad-chested* de tórax ancho.
En un lenguaje más formal también se usa **broad** para referirnos a características geográficas: *a broad expanse of desert* una amplia extensión de desierto.

2 (*sonrisa*) amplio **3** (*insinuación*) claro **4** (*apoyo, acuerdo, etc*) general, amplio: *We need to view our situation in a broader perspective.* Necesitamos ver la situación desde una perspectiva más amplia. ◊ *a broad outline of our plans* un esquema general de nuestros planes ◊ *in the broadest sense of the word* en el sentido más amplio de la palabra **5** (*opiniones*) liberal **6** (*acento*) marcado

LOC **in broad daylight** a pleno día **it's as broad as it's long** (*GB, coloq*) da lo mismo

■ **broad** *n* (*USA, argot, ofen, antic*) tía

broad-based /ˈbrɔːd beɪst/ *adj* de amplia base

broad bean *n* haba

broadcast /ˈbrɔːdkɑːst; *USA* ˈbrɔːdkæst/ (*pret, pp* **broadcast**) **1** *vt, vi* transmitir, emitir: *to broadcast sth on television* transmitir algo por televisión ◊ *The BBC broadcasts all over the world.* La BBC emite programas por todo el mundo. **2** *vt* (*opinión, etc*) propagar

■ **broadcast** *n* transmisión: *party political broadcast* espacio electoral ◊ *a live broadcast* una transmisión en directo

▸ **broadcaster** *n* locutor, -ora

broadcasting *n* **1** los medios de difusión **2(a)** transmisión **(b)** radiodifusión

broaden /ˈbrɔːdn/ **1** *vi* ~ **(out)** ensancharse **2** *vt* ensanchar

broad jump (*USA*) (*GB* **the long jump**) *n* salto de longitud

broadly /ˈbrɔːdli/ *adv* **1** (*sonreír*) ampliamente **2** en general: *broadly speaking* hablando en términos generales

broad-minded /brɔːd ˈmaɪndɪd/ *adj* de talante liberal, con mentalidad abierta

broadness /ˈbrɔːdnəs/ *n Ver* BREADTH

broadsheet /ˈbrɔːdʃiːt/ *n* periódico de gran formato

broadside /ˈbrɔːdsaɪd/ *n* **1(a)** (*Náut*) andanada **(b)** (*fig*) ataque **2** (*barco*) costado

LOC **broadside on** de costado

brocade /brəˈkeɪd/ *n* brocado

broccoli /ˈbrɒkəli/ *n* brécol ☛ *Ver ilustración en* CABBAGE

brochure /ˈbrəʊʃə(r); *USA* brəʊˈʃʊər/ *n* folleto (*esp de viajes o publicidad*)

brogue /brəʊg/ *n* **1** zapato estilo inglés con decoración de picado **2** acento regional (*esp irlandés*)

broil /brɔɪl/ *vt, vi* **1** (*esp USA*) asar a la parrilla **2** (*fig*) asar

broke[1] *pret de* BREAK[1]

broke[2] /brəʊk/ *adj* (*coloq*) sin blanca

LOC **flat/stony broke** (*coloq*) pelado, sin un duro **to go broke** quebrar (*negocio*) **to go for broke** (*esp USA, coloq*) jugárselo todo a una carta

broken[1] *pp de* BREAK[1]

broken[2] /ˈbrəʊkən/ *adj* **1(a)** (*matrimonio, ventana*) roto **(b)** (*corazón, hogar*) destrozado **(c)** (*voz*) quebrado **2** (*sueño*) interrumpido **3** (*idioma*) chapurreado: *to speak (in) broken English* hablar un inglés chapurreado **4** (*terreno, superficie*) accidentado **5** (*voluntad*) aniquilado

broken-down /ˈbrəʊkən daʊn/ *adj* **1** destrozado, destartalado **2** (*coche*) averiado

broken-hearted /ˈbrəʊkən hɑːtɪd/ *adj*: *to be broken-hearted* tener el corazón destrozado

broker /ˈbrəʊkə(r)/ *n* **1** agente: *insurance broker* agente de seguros ◊ *real estate broker* agente inmobiliario **2** *Ver* STOCKBROKER

▸ **brokerage** *n* corretaje

brolly /ˈbrɒli/ *n* (*esp GB, coloq*) paraguas

bromide /ˈbrəʊmaɪd/ *n* bromuro

bronchial /ˈbrɒŋkiəl/ *adj* bronquial

bronchitis /brɒŋˈkaɪtɪs/ *n* [*incontable*] bronquitis: *to catch bronchitis* coger una bronquitis

bronze /brɒnz/ *n* **1** (*metal, color*) bronce: *to win the bronze (medal)* ganar la medalla de bronce **2** (*escultura*) (pieza de) bronce: *a fine collection of bronzes* una excelente colección de bronces

■ **bronze** *adj* de (color) bronce

■ **bronze** *vt* broncear

▸ **bronzed** *adj* bronceado ☛ La palabra más normal es **tanned**.

the Bronze Age *n* la Edad de Bronce

brooch /brəʊtʃ/ *n* broche

brood /bruːd/ *n* **1(a)** nidada **(b)** cría: *brood mare* yegua de cría **2** (*joc*) (*niños*) prole

■ **brood** *vi* **1** ~ **(on/over sth)** dar vueltas a algo: *to brood on the past* darle vueltas al pasado **2** empollar huevos

▸ **brooding** *adj* **1** amenazador **2** melancólico

broody *adj* (**-ier, -iest**) **1** (*gallina, etc*) clueca **2** (*mujer*) con sentimientos maternales **3** deprimido

brook[1] /brʊk/ *n* arroyo

brook[2] /brʊk/ *vt* (*formal*) tolerar

Brook se utiliza generalmente en oraciones negativas: *I can't brook his rudeness.* No soporto sus groserías.

broom /bruːm, brʊm/ *n* **1** escoba **2** (*Bot*) escoba

LOC *Ver* NEW

▸ **broomstick** *n* **1** palo de escoba **2** (*bruja*) escoba

Bros /brɒs/ *abrev de* **brothers**

broth /brɒθ/ *n* caldo: *Scotch broth* sopa escocesa

LOC *Ver* COOK

brothel /ˈbrɒθl/ *n* burdel

brother /ˈbrʌðə(r)/ *n* **1(a)** hermano: *my big brother* mi hermano mayor ◊ *Does she have any brothers or sisters?*

¿Tiene hermanos? ☛ *Ver nota en* HERMANO, SIBLING *Ver tb* BLOOD BROTHER, HALF-BROTHER, STEPBROTHER **(b)** (*fig*) cofrade **2** (*pl* **brethren** /ˈbreðrən/) hermano: *Brother Luke* el Hermano Luke *Ver tb* BIG BROTHER
LOC **brother!** ¡Dios mío! **brothers in arms** compañeros de armas
▶ **brotherhood** *n* **1** hermandad **2** cofradía
brotherly *adj* fraternal
brother-in-law /ˈbrʌðər ɪn lɔː/ *n* (*pl* **brothers-in-law** /ˈbrʌðəz ɪn lɔː/) cuñado
brought *pret, pp de* BRING
brouhaha /ˈbruːhɑːhɑː/ *n* (*coloq*) barahúnda
brow /braʊ/ *n* **1** frente: *to mop your brow* secarse la frente **2** [*gen pl*] ceja **3** (*colina*) cima *Ver tb* EYEBROW, HIGHBROW, LOWBROW, MIDDLEBROW
browbeat /ˈbraʊbiːt/ *vt* (*pret* **browbeat** *pp* **browbeaten** /ˈbraʊbiːtn/) intimidar
LOC **to browbeat sb into doing sth** obligar a algn a hacer algo
brown /braʊn/ *adj* (**-er, -est**) **1** marrón: *light/dark brown* marrón claro/oscuro ◊ *dark brown shoes* zapatos marrón oscuro ◊ *to go brown* broncearse *Ver tb* NUT BROWN **2** (*pelo*) castaño **3** (*piel, azúcar*) moreno **4** (*oso*) pardo **5** (*cerveza*) negra **6** (*pan, arroz*) integral
LOC **to be (as) brown as a berry** estar negro (*bronceado*)
■ **brown** *n* (color) marrón
■ **brown** *vt, vi* (*Cocina*) dorar(se)
LOC **to be browned off (with sth/sb)** (*GB, coloq*) estar hasta las narices (de algo/algn)
▶ **brownish** *adj* pardusco
brown bag lunch (*USA*) *Ver* PACKED LUNCH
brownie /ˈbraʊni/ *n* **1** (*USA*) bizcocho de chocolate y nueces **2** niña exploradora
LOC **to earn/win brownie points** hacer méritos, marcarse puntos
brown paper *n* papel de embalar
browse /braʊz/ *vi* **1** ~ **(through sth)** **(a)** (*tienda*) echar un vistazo (a algo) **(b)** (*revista, etc*) hojear (algo) **2** pacer
■ **browse** *n*: *to have a browse* echar una ojeada
browser /ˈbraʊzə(r)/ *n* (*Informát*) navegador
bruise /bruːz/ *n* **1** cardenal, moratón **2** (*fruta*) golpe
■ **bruise** **1** *vt* (*persona, fruta*) magullar **2** *v refl* ~ **yourself** (*persona*) magullarse **3** *vt* (*ánimos*) abatir **4** *vi*: *He bruises easily.* Le salen moratones enseguida.
▶ **bruising** **1** *n* [*incontable*] magulladuras **2** *adj* (*comentario*) ofensivo
bruiser /ˈbruːzə(r)/ *n* (*coloq*) matón
brunch /brʌntʃ/ *n* (*coloq*) combinación de desayuno y almuerzo
brunette /bruːˈnet/ *n* morena
brunt /brʌnt/ *n* **LOC** *Ver* BEAR[2]
brush /brʌʃ/ *n* **1(a)** cepillo: *a clothes brush* un cepillo de la ropa *Ver tb* TOOTHBRUSH **(b)** (*tb* **paintbrush**) pincel, brocha ☛ *Ver ilustración en* CEPILLO **2** escobón: *dustpan and brush* recogedor y escoba **3** (*Elec*) escobilla **4** cepillado: *to give your hair/teeth a brush* cepillarse el pelo/los dientes **5** (*zorro*) cola **6** maleza, broza **7** ~ **with sth** **(a)** roce con algo: *a brush with the law* un roce con la ley ◊ *I felt the brush of her hand against mine.* Sentí que su mano rozaba la mía. **(b)** encuentro con algo **LOC** *Ver* TAR
■ **brush** *vt* **1** cepillar(se): *to brush your teeth* cepillarse los dientes ◊ *Her hair was brushed back.* Llevaba el pelo cepillado hacia atrás. **2** rozar **3** (*suelo*) barrer **LOC** *Ver* CARPET
PHR V **to brush against sth/sb** rozar algo/a algn
to brush sth aside pasar algo por alto: *He brushed aside my objections.* Pasó por alto mis inconvenientes.
to brush sth away/off quitar algo: *He brushed away a fly.* Espantó una mosca con la mano.
to brush by/past sb pasarle a algn rozando: *She brushed past him without saying a word.* Pasó rozándole sin decir palabra.
to brush yourself down sacudirse el polvo
to brush sb off (*coloq*) quitarse de encima a algn
to brush sth up/to brush up on sth darle un repaso a algo (*idioma, etc*)
brush-off /ˈbrʌʃ ɔːf/ *n*: *to get the brush-off* recibir calabazas ◊ *to give sb the brush-off* darle a algn calabazas
brushstroke /ˈbrʌʃstrəʊk/ *n* pincelada
brushwork /ˈbrʌʃwɜːk/ *n* manejo del pincel (*técnica*)
brusque /bruːsk; *USA* brʌsk/ *adj* brusco (*comportamiento, voz*)
▶ **brusquely** *adv* bruscamente
brusqueness *n* brusquedad
Brussels sprout (*tb* **sprout**) *n* col de Bruselas ☛ *Ver ilustración en* CABBAGE
brutal /ˈbruːtl/ *adj* brutal
▶ **brutally** *adv* brutalmente: *He was brutally murdered.* Fue brutalmente asesinado.
brutality *n* (*pl* **-ies**) brutalidad
brutalize, -ise /ˈbruːtlaɪz/ *vt* embrutecer
brute /bruːt/ *n* **1** bestia **2** bruto, -a
■ **brute** *adj* bruto: *brute force* fuerza bruta
brutish /ˈbruːtɪʃ/ *adj* brutal
▶ **brutishly** *adv* brutalmente
brutishness *n* brutalidad
BS /ˌbiː ˈes/ (*USA*) *Ver* BSc
BSc /ˌbiː es ˈsiː/ (*USA* **BS**) *abrev de* **Bachelor of Science** ☛ *Ver nota en* BACHELOR
BSI /ˌbiː es ˈaɪ/ *abrev de* **British Standards Institution** Comisión de Calidad Británica
BT /ˌbiː ˈtiː/ *abrev de* **British Telecom**
BTA /ˌbiː tiː ˈeɪ/ *abrev de* **British Tourist Authority** Consejería Británica de Turismo
bubble /ˈbʌbl/ *n* **1** burbuja **2** pompa: *to blow bubbles* hacer pompas **3** (*historieta*) bocadillo (de diálogo) **4** (*pintura*) ampolla **LOC** *Ver* PRICK
■ **bubble** *vi* **1** borbotear: *when the water's bubbling* cuando hierva el agua **2** burbujear **3** ~ **(over) with sth** (*fig*) rebosar (de algo): *She was bubbling (over) with excitement.* Rebosaba de emoción.
PHR V **to bubble out, over, up, etc**: *a spring bubbling (up) out of the ground* un manantial que borboteaba del suelo
▶ **bubbly** **1** *adj* **(a)** burbujeante, efervescente **(b)** (*personalidad*) chispeante **2** *n* (*coloq*) champán
bubble bath *n* **1** espuma para baño **2** baño de espuma
bubblegum /ˈbʌblgʌm/ (*tb* **gum**) *n* [*incontable*] chicle (*de globos*)
bubonic plague *n* peste bubónica
buccaneer /ˌbʌkəˈnɪə(r)/ *n* bucanero
buck[1] /bʌk/ *n* macho (*ciervo, conejo o liebre*) ☛ *Ver nota en* CIERVO, CONEJO
buck[2] /bʌk/ **1** *vi* dar brincos **2** *vt* ~ **sb (off)** tirar al jinete dando saltos **3** *vt* **(a)** (*problema, etc*) rehuir **(b)** (*sistema, etc*) oponerse a
LOC **to buck the trend** ir en contra de la tendencia general **to buck your ideas up** (*coloq*) esforzarse más
PHR V **to buck up** (*coloq*) **1** darse prisa **2** animarse
to buck sb up (*coloq*) *The good news bucked us all up.* La buena noticia nos animó a todos.
buck[3] /bʌk/ *n* (*USA, coloq*) **1** (*dólar*) pavo **2** [*gen pl*] (*coloq*) pasta: *to cost big bucks* costar mucha pasta
LOC **to make a fast/quick buck** hacer uno su agosto
buck[4] /bʌk/ *n*
LOC **the buck stops here** yo soy el último responsable *Ver tb* PASS[2]
bucket /ˈbʌkɪt/ *n* **1(a)** cubo **(b)** (*tb* **bucketful**) (*medida*) cubo: *two buckets/bucketfuls of water* dos cubos de agua **2** (*máquina excavadora*) pala **3** **buckets** [*pl*] montones: *The rain came down in buckets.* Llovía a cántaros. **LOC** *Ver* DROP, KICK[1], WEEP

■ **bucket** *vi* ~ (**down**) llover a cántaros

bucketful /ˈbʌkɪtfʊl/ *n* (*cantidad*) cubo

LOC by the bucketful a mantas

buckle /ˈbʌkl/ *n* hebilla

■ **buckle 1** *vt* ~ **sth** (**up**) abrochar algo (*con una hebilla*) **2(a)** *vi* doblarse: *Her knees buckled and she fell to the floor.* Se le doblaron las piernas y se cayó al suelo. **(b)** *vt, vi* (*metal*) deformar(se) **(c)** *vi* (*fig*) ceder: *He's beginning to buckle under the strain.* Está empezando a ceder bajo la tensión.

PHR V to buckle down to sth (*coloq*) ponerse a hacer algo con empeño

to buckle sth on sujetar algo con una hebilla

to buckle to (*coloq*) poner manos a la obra

buckskin /ˈbʌkskɪn/ *n* gamuza

buck-tooth /bʌk ˈtuːθ/ *n* (*pl* **-teeth**) diente muy saliente: *She's got buck-teeth.* Tiene los dientes muy salientes.

bucolic /bjuːˈkɒlɪk/ *adj* bucólico

bud /bʌd/ *n* **1** (*Bot*) yema **2** (*flor*) capullo ☛ *Ver ilustración en* FLOR *Ver tb* ROSEBUD, TASTE BUD

LOC to come into/be in bud echar/tener brotes/capullos *Ver tb* NIP

■ **bud** *vi* (**-dd-**) echar brotes/capullos

▶ **budding** *adj* en ciernes

Buddha /ˈbʊdə/ *n* Buda

▶ **Buddhism** *n* budismo

Buddhist *adj, n* budista

buddy /ˈbʌdi/ *n* (*pl* **-ies**) (*coloq*) colega (*amiguete*)

Buddy se emplea sobre todo entre hombres jóvenes y se utiliza mucho en Estados Unidos.

budge /bʌdʒ/ *vt, vi* **1** mover(se): *He won't budge off that chair.* No se moverá de esa silla. **2** (*opinión, etc*) ceder: *Once he's made up his mind, he never budges.* Una vez que se ha decidido, nunca cambia de opinión.

PHR V to budge up: *Budge up! I want to sit down.* ¡Muévete! Quiero sentarme.

budgerigar /ˈbʌdʒərɪgɑː(r)/ *n* periquito

budget /ˈbʌdʒɪt/ *n* **1** presupuesto: *defence budget* presupuesto de defensa ◊ *a budget deficit* un déficit presupuestario **2** (*Pol*) presupuestos generales

LOC to be on a (**tight**) **budget** tener un presupuesto muy justo

■ **budget 1** *vt* hacer los presupuestos para **2** *vi* **(a)** ~ **for sth** contar con algo: *to budget for a drop in sales* contar con una reducción en las ventas **(b)** (*económicamente*) planificarse

■ **budget** *adj* barato: *a budget meal* una comida barata

▶ **budgetary** *adj* presupuestario

budgeting *n* [*incontable*] elaboración de un presupuesto, presupuesto: *His careful budgeting saved us £250.* Su cuidadosa elaboración del presupuesto nos ahorró 250 libras.

budgie /ˈbʌdʒi/ *n* (*coloq*) periquito

buff /bʌf/ **1** *adj, n* color de ante **2** *n* entusiasta: *a film buff* un entusiasta del cine

■ **buff** *vt* ~ **sth** (**up**) sacar brillo a algo (*con un trapo*) *Ver tb* BLIND MAN'S BUFF

buffalo /ˈbʌfələʊ/ *n* (*pl* **buffalo** o **~es**) **1** búfalo **2** (*USA*) bisonte

buffer /ˈbʌfə(r)/ *n* **1(a)** (*tren*) amortiguador **(b)** (*vía*) tope **2** (*fig*) amortiguador **3** (*Informát*) memoria intermedia **4** (*GB, coloq*) (*tb* **old buffer**) vejestorio

■ **buffer** *vi* amortiguar

buffet¹ /ˈbʊfeɪ; *USA* bəˈfeɪ/ *n* **1** bufé **2** cafetería: *buffet car* coche bar/restaurante

buffet² /ˈbʌfɪt/ *vt* zarandear

▶ **buffeting** *n* zarandeo

buffoon /bəˈfuːn/ *n* payaso

▶ **buffoonery** *n* [*incontable*] payasadas

bug /bʌg/ *n* **1** chinche **2** (*USA*) bicho **3** (*coloq*) **(a)** virus **(b)** infección: *a stomach bug* una infección de estómago **4** (*coloq*) (*Informát*) bicho **5** (*coloq*) micrófono oculto

LOC to catch/be bitten by the bug (*coloq*): *He used to hate cooking, but now he's been bitten by the bug.* Antes odiaba la cocina, pero ahora le ha dado la vena. ◊ *My parents have caught the travel bug.* A mis padres les ha dado la manía de viajar.

■ **bug** *vt* (**-gg-**) **1(a)** poner un micrófono escondido en *Ver tb* DEBUG **(b)** (*escuchar*) pinchar **2** (*esp USA, coloq*) **to bug sb** sacar de quicio a algn

bugbear /ˈbʌgbeə(r)/ *n* (*fig*) pesadilla

bugger /ˈbʌgə(r)/ *n* (*GB*, ⚠) ☛ *Ver nota en* TABÚ **1** sodomita **2** (*coloq*) **(a)** cabrón, -ona **(b)** desgraciado, -a: *Poor bugger!* ¡Pobre infeliz! **3** (*coloq*) coñazo: *This door's a* (*real*) *bugger to open.* Es un coñazo abrir esta puerta.

■ **bugger** *vt* (⚠) ☛ *Ver nota en* TABÚ **1** (*lit*) sodomizar **2** (*coloq*) *Bugger it!* ¡Me cago en la mar! ◊ *Bugger him! I'm going anyway.* ¡Que se jorobe! Voy a ir de todas formas. **3** ~ **sth** (**up**) (*coloq*) jorobar algo

LOC bugger me (*coloq*) *Bugger me! Did you see that?* ¡Anda coño! ¿Has visto eso?

PHR V to bugger about/around (*coloq*) hacer el tonto

to bugger sb about/around (*coloq*) jorobar a algn

to bugger off (*coloq*) largarse: *Bugger off!* ¡Vete a la mierda!

■ **bugger** *interj* (⚠) ☛ *Ver nota en* TABÚ (*coloq*) joder

bugger-all /ˌbʌgər ˈɔːl/ *n* (⚠) ☛ *Ver nota en* TABÚ (*coloq*) nada

buggered *adj* (⚠) ☛ *Ver nota en* TABÚ **1** hecho polvo **2** *I'm buggered if I know what they're talking about.* Que me maten si sé de lo que están hablando.

buggery /ˈbʌgəri/ *n* sodomía

buggy /ˈbʌgi/ *n* (*pl* **-ies**) **1** todoterreno **2** (*GB tb* **push-chair**, *USA* **stroller**) sillita de paseo (*de niño*)

bugle /ˈbjuːgl/ *n* (*instrumento*) corneta, clarín ☛ *Ver ilustración en* BRASS

▶ **bugler** *n* (*músico*) corneta

build¹ /bɪld/ (*pret, pp* **built** /bɪlt/) **1** *vt, vi* construir *Ver tb* BRICK-BUILT, CUSTOM-BUILT, PURPOSE-BUILT, WELL-BUILT **2** *vt* **(a)** crear: *She built a new life for herself.* Ella sola rehizo su vida. **(b)** *These exercises build stamina as well as strength.* Estos ejercicios producen resistencia y fuerza. **3** *vi* aumentar *Ver tb* BODY-BUILDING

LOC Rome was not built in a day (*refrán*) Zamora no se ganó en una hora *Ver tb* CASTLE, HOPE

PHR V to build sth in 1 empotrar algo: *to build a cupboard into a wall* hacer un armario empotrado en una pared **2** (*fig*) incorporar algo: *to build an extra clause into the contract* incorporar una cláusula extra en el contrato

to build on sth partir de la base de algo

to build up 1 intensificarse **2** acumularse

to build sth up 1 acumular algo: *She's built up a vast collection.* Ha ido acumulando una colección impresionante. **2** crearse algo: *to build up a thriving business* crearse un negocio muy próspero **3** aumentar algo

to build sth/sb up poner algo/a algn muy bien

to build yourself/sb up fortalecerse/fortalecer a algn

build² /bɪld/ *n* complexión

builder /ˈbɪldə(r)/ *n* **1** constructor, -ora: *a firm of builders* una empresa constructora **2** (*en combinaciones*): *an empire-builder* un constructor de imperios ◊ *body builder* culturista

building /ˈbɪldɪŋ/ *n* **1** edificio **2** construcción: *the building industry* la industria de la construcción

building block *n* **1(a)** cubo, ladrillo (*de juego de construcción*) **(b) building blocks** [*pl*] juego de construcción **2** (*fig*) elemento esencial

building site *n* **1** solar **2** (*construcción*) obra

building society *n* (*GB*) especie de banco que se especializa en hacer préstamos hipotecarios

build-up /ˈbɪld ʌp/ *n* **1(a)** aumento gradual: *a steady* *build-up of traffic* un aumento gradual y constante de tráfico **(b)** acumulación **(c) ~ (to sth)** preparación (para algo): *in the build-up to the President's visit* durante la preparación para la visita presidencial **2** propaganda: *The film has had a huge build-up.* Esta película ha recibido muchísima propaganda.

built /bɪlt/ *adj* construido: *The house is solidly built.* La casa está sólidamente construida. ◊ *He's heavily built.* Es de complexión robusta. *Ver tb* CUSTOM-BUILT

built-in /ˈbɪlt ɪn/ *adj* **1** empotrado **2** incorporado **3** intrínseco, inherente

built-up /ˈbɪlt ʌp/ *adj* edificado: *built-up areas* zonas edificadas

bulb /bʌlb/ *n* **1** (*Bot*) bulbo ☛ *Ver ilustración en* FLOR **2** (*tb* **light bulb**) bombilla: *The bulb's gone.* Se ha fundido la bombilla.

▶ **bulbous** *adj* bulboso

bulge /bʌldʒ/ *n* **1(a)** bulto **(b)** michelín **2** (*coloq*) aumento (transitorio): *a population bulge* un aumento demográfico

■ **bulge** *vi* **1 ~ (with sth)** rebosar (de algo): *pockets bulging with sweets* bolsillos a rebosar de caramelos **2** abombarse **3** (*ojos*): *Her eyes bulged.* Parecía que los ojos se le iban a salir de las órbitas.

▶ **bulging** *adj* **1** abultado **2** (*músculos*) prominente **3** (*ojos*) saltón

bulimia /bjuːˈlɪmiə/ *n* bulimia

bulk /bʌlk/ *n* **1** volumen: *bulk buying* compra al por mayor **2** mole **3 the bulk (of sth)** la mayor parte, el grueso (de algo)

LOC **in bulk 1** al por mayor **2** a granel

▶ **bulky** *adj* **(-ier, -iest)** voluminoso

bulkhead /ˈbʌlkhed/ *n* mampara

bull /bʊl/ *n* **1** toro **2** (*elefante, ballena*) macho **3** (*Fin*) alcista: *a bull market* un mercado alcista **4** (*dardos*) centro de la diana **5** (*Relig*) bula: *a papal bull* una bula papal **6** [*incontable*] (*coloq*) chorradas

LOC **like a bull in a china shop** más patoso que un elefante en una cristalería **to take the bull by the horns** coger al toro por los cuernos *Ver tb* COCK, RED

bulldog /ˈbʊldɒg/ *n* bulldog ☛ *Ver ilustración en* DOG[1]

bulldoze /ˈbʊldəʊz/ *vt* **1** (*con excavadora*) **(a)** aplanar **(b)** derribar **2** (*fig*) forzar: *He bulldozed his way into the room.* Forzó su entrada en la habitación. ◊ *to bulldoze sb into doing sth* coaccionar a algn para que haga algo

bulldozer /ˈbʊldəʊzə(r)/ *n* buldozer

bullet /ˈbʊlɪt/ *n* bala: *bullet hole* agujero de bala

LOC **like a bullet**: *She shot past like a bullet.* Pasó como una bala. *Ver tb* BITE[1]

bulletin /ˈbʊlətɪn/ *n* **1** (*declaración*) parte **2** boletín: *news bulletin* boletín de noticias

bulletin board (*USA*) (*GB* **noticeboard**) *n* tablón de anuncios

bulletproof /ˈbʊlɪtpruːf/ *adj* **1** antibalas: *bulletproof vest* chaleco antibalas **2** blindado

bullfight /ˈbʊlfaɪt/ *n* corrida de toros

▶ **bullfighter** *n* torero, -a

bullfighting *n* toreo: *He likes bullfighting.* Le gustan los toros.

bullhorn /ˈbʊlhɔːn/ (*USA*) (*GB* **loud hailer**) *n* megáfono

bullion /ˈbʊliən/ *n* oro/plata (*en lingotes*)

bullish /ˈbʊlɪʃ/ *adj* **1** (*Fin*) alcista: *The market was bullish today.* Hoy el mercado estaba a la alza. **2** testarudo

bullock /ˈbʊlək/ *n* toro castrado

bullring /ˈbʊlrɪŋ/ *n* plaza de toros

bull's-eye /ˈbʊlz aɪ/ *n* **1** (*dardos*) centro de la diana: *to score a bull's-eye* conseguir la puntuación máxima ☛ *Ver ilustración en* DART **2** tipo de caramelo de menta

bullshit /ˈbʊlʃɪt/ *n* [*incontable*] (⚠) ☛ *Ver nota en* TABÚ chorradas: *He's talking bullshit.* Está diciendo chorradas.

■ **bullshit** *interj* ¡Qué chorrada!

■ **bullshit** *vt, vi* decir chorradas (a): *Don't bullshit me!* ¡No me digas chorradas!

bull terrier *n* bulterrier

bully /ˈbʊli/ *n* (*pl* **-ies**) **1** matón, -ona: *bully-boy tactics* tácticas de matón **2** (*hockey*) saque

■ **bully** *interj* **~ for sb**: *Bully for him!* ¡Mejor para él!

■ **bully** *vt* (*pret, pp* **bullied**) **~ sb** meterse con algn; intimidar a algn (*con amenazas*): *She bullied me into going.* Me obligó a ir. PHR V **to bully off** (*hockey*) sacar

bulrush /ˈbʊlrʌʃ/ *n* espadaña (*planta*)

bulwark /ˈbʊlwək/ *n* **1** baluarte **2** (*Náut*) macarrón

bum /bʌm/ *n* (*coloq*) **1** (*GB*) culo **2** (*USA*) **(a)** vagabundo, -a **(b)** inútil

LOC **to give sb the bum's rush** echar a algn a patadas

■ **bum** *adj* malo, injusto: *They got a bum deal.* Los trataron a patadas.

■ **bum** *vt* **(-mm-) to bum sth (off sb)** gorronear algo (de algn) PHR V **to bum around** vagar

bumble /ˈbʌmbl/ *vi* trastabillar

PHR V **to bumble about/along/around** caminar a tropezones

to bumble (on) about sth: *What are you bumbling on about?* ¿Qué estás farfullando?

bumbag /ˈbʌmbæg/ *n* riñonera

bumble-bee /ˈbʌmbl biː/ *n* abejorro

bumbling /ˈbʌmblɪŋ/ *adj* torpe: *You bumbling idiot/fool!* ¡Eres un idiota integral!

bump /bʌmp/ **1** *vt* **~ sth (against/on sth)** dar(se) con algo (contra/en algo): *I bumped my knee against the door.* Me di con la rodilla en la puerta. **2** *vi* **~ into sth/sb (a)** darse con algo/algn **(b)** chocar con algo

PHR V **to bump along, down, etc sth**: *The car bumped down the narrow road.* El coche bajó por la calleja dando tumbos.

to bump into sb toparse con algn

to bump sb off (*coloq*) cargarse a algn

to bump sth up (*coloq*) hacer subir algo: *to bump up prices* hacer subir los precios

to bump up against sth (*coloq*) tropezar con algo

■ **bump** *n* **1(a)** golpe: *The plane landed with a bump.* El avión aterrizó dando un golpe. **(b)** sacudida **2** (*Anat*) **(a)** golpe: *bumps and bruises* golpes y cardenales **(b)** chichón: *A bump came up.* Me salió un chichón. **3(a)** bache **(b)** abolladura LOC *Ver* EARTH

bumper /ˈbʌmpə(r)/ *n* parachoques: *bumper-to-bumper traffic* coches en caravana ◊ *bumper cars* coches de choque ☛ *Ver ilustración en* CAR

■ **bumper** *adj* abundante: *a bumper crop* una cosecha abundante

bumph (*tb* **bumf**) /bʌmf/ *n* papelajo

bumpkin /ˈbʌmpkɪn/ (*tb* **country bumpkin**) *n* paleto, -a

bumptious /ˈbʌmpʃəs/ *adj* (*pey*) **1** engreído **2** presuntuoso

bumpy /ˈbʌmpi/ *adj* **(-ier, -iest) 1(a)** (*superficie*) desigual **(b)** (*carretera*) accidentado **2** (*viaje*) agitado

LOC **a bumpy ride** un periodo difícil

bun /bʌn/ *n* **1** bollo (dulce) **2** moño

LOC **to have a bun in the oven** (*ofen*) estar preñada

bunch /bʌntʃ/ *n* **1(a)** (*uvas, plátanos*) racimo **(b)** (*flores*) ramo **(c)** (*hierbas, llaves*) manojo **2** (*coloq*) **(a)** grupo: *He's the best of the bunch.* Es el mejor del grupo. **(b)** (*delincuentes*) pandilla

■ **bunch** (*tb* **to bunch together/up**) *vt, vi* agrupar(se), apiñar(se): *The players were all bunched together.* Los jugadores estaban apiñados.

bundle /ˈbʌndl/ *n* **1(a)** (*ropa, papeles*) fardo, lío **(b)** haz **(c)** (*billetes*) fajo **2 a bundle (of sth)** (*coloq*) un montón (de algo)

LOC **a bundle of fun** (*irón*): *He's a real bundle of fun.* ¡Vaya juerga de tío! **a bundle of joy** ojo derecho (*niño*)

a bundle of nerves un manojo de nervios **to go a bundle on sth/sb** (*coloq*) entusiasmarse por algo/algn **to make a bundle** (*coloq*) ganar un pastón

■ **bundle** (*tb* **to bundle together/up**) *vt* liar, atar: *She bundled her belongings together.* Hizo un paquete con sus pertenencias.

PHR V **to bundle sth/sb away** quitar algo/a algn de en medio

to bundle sth/sb into sth meter algo/a algn en algo a empujones: *He bundled his clothes into a suitcase.* Metió la ropa en la maleta de cualquier manera.

to bundle sb off (to somewhere) despachar a algn (a algún sitio)

to bundle sb out (of somewhere) sacar a algn (de algún sitio)

to bundle sb up arropar a algn

to bundle sth up empaquetar algo

bung /bʌŋ/ *n* tapón

■ **bung** *vt* **1** ~ **sth (up)** taponar algo: *My nose is all bunged up.* Tengo la nariz taponada. **2** (*GB, coloq*) poner: *Bung it in the fridge for me.* Pon esto en la nevera, anda.

PHR V **to bung sth/sb in** agregar algo/a algn

bungalow /ˈbʌŋɡələʊ/ *n* bungalow

bungee jump /ˈbʌndʒi dʒʌmp/ *n* salto de puenting

bungee jumping *n* puenting

bungle /ˈbʌŋɡl/ **1** *vt* desgraciar, echar a perder: *a bungled suicide attempt* un intento fracasado de suicidio **2** *vi* fracasar, meter la pata: *bungling officials* funcionarios inútiles

■ **bungle** *n* chapuza: *an administrative bungle* una chapuza administrativa

bunion /ˈbʌnjən/ *n* juanete

bunk /bʌŋk/ *n* (*cama*) litera

LOC **to do a bunk** (*GB, coloq*) pirárselas

■ **bunk** *v*

PHR V **to bunk off** pirárselas

to bunk off sth pirarse algo

bunker /ˈbʌŋkə(r)/ *n* **1(a)** carbonera **(b)** depósito de combustible **2** (*USA* **sand trap**) (*golf*) búnker ☛ *Ver ilustración en* GOLF **3** (*Mil*) búnker

bunkum /ˈbʌŋkəm/ (*tb* **bunk**) *n* [*incontable*] (*coloq*) tonterías

bunny /ˈbʌni/ *n* (*pl* **-ies**) **1** (*tb* **bunny-rabbit**) conejito **2** (*tb* **bunny girl**) chica Playboy

Bunsen burner *n* mechero Bunsen

bunting /ˈbʌntɪŋ/ *n* [*incontable*] banderolas, banderines

buoy /bɔɪ/ *n* boya

■ **buoy** *v*

PHR V **to buoy sb up** animar a algn **to buoy sth up** (*precio, etc*) sostener algo **to buoy sth/sb up** mantener algo/a algn a flote

buoyant /ˈbɔɪənt/ *adj* **1(a)** (*barco, etc*) que flota: *The raft would be more buoyant if it was less heavy.* La balsa flotaría mejor si fuera menos pesada. **(b)** (*líquido*) que hace flotar: *Salt water is more buoyant than fresh water.* En agua salada es más fácil flotar que en agua dulce. **2** (*Econ*) boyante: *a buoyant market* un mercado boyante **3** (*persona*) animoso

▶ **buoyancy** *n* **1(a)** flotabilidad **(b)** (*líquido*) densidad **2** (*Econ*) solidez **3** (*persona*) optimismo

bur (*tb* **burr**) /bɜː(r)/ *n* (*Bot*) arrancamoños

burble /ˈbɜːbl/ *vi* **1** (*arroyo*) borbotear **2** ~ **(on) (about sth)** barbullar: *What's he burbling (on) about?* ¿Qué anda barbullando ahora?

burden /ˈbɜːdn/ *n* **1** carga: *to ease the burden of heavy taxation* aligerar la carga de los pesados impuestos **2** peso: *the burden of responsibility* el peso de la responsabilidad ◊ *to be a burden on sb* ser una carga para algn

■ **burden** *vt* **1** cargar **2** (*fig*) agobiar: *I don't want to burden you with my problems.* No te quiero agobiar con mis problemas.

▶ **burdensome** *adj* oneroso

bureau /ˈbjʊərəʊ; *USA* ˈbjʊrəʊ/ *n* (*pl* **~x** o **~s** /-rəʊz/) **1** agencia: *travel bureau* agencia de viajes **2** (*esp USA, Pol*) oficina (de gobierno): *Federal Bureau of Investigation* Oficina Federal de Investigación **3** (*GB*) escritorio **4** (*USA*) (*GB* **chest of drawers**) cómoda

bureaucracy /bjʊəˈrɒkrəsi/ *n* (*pl* **-ies**) burocracia

▶ **bureaucrat** *n* burócrata

bureaucratic *adj* burocrático

burgeon /ˈbɜːdʒən/ *vi* **1** (*vegetación*) renacer **2** (*formal*) **(a)** crecer: *burgeoning popularity* una creciente popularidad **(b)** florecer

bungalow

1 cowl
2 aerial (*USA* antenna)
3 conservatory
4 French window (*USA* French door)
5 umbrella
6 clothes line
7 crazy paving
8 deckchair
9 vegetable garden
10 garden shed (*tb* tool shed)
11 back door
12 tiles

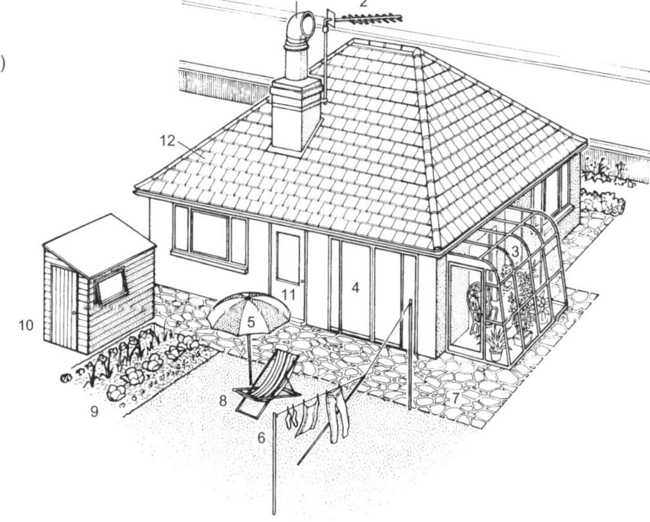

burger /ˈbɜːgə(r)/ *n* (*coloq*) hamburguesa: *veggie burger* hamburguesa vegetariana

Aunque derivado de la palabra **hamburger**, hoy en día el término **burger** es de un uso más generalizado, sobre todo en compuestos como **cheeseburger**, **beefburger**, etc.

burgher /ˈbɜːgə(r)/ *n* (*antic* o *joc*) ciudadano, -a

burglar /ˈbɜːglə(r)/ *n* ladrón, -ona (*caco*): *burglar alarm* alarma antirrobo ☛ *Ver nota en* THIEF

burglary /ˈbɜːgləri/ *n* (*pl* **-ies**) robo (*en una casa*): *sentenced to six years for burglary* condenado a seis años por robo ◊ *to commit a burglary* cometer un robo ☛ *Ver nota en* THEFT

burgle /ˈbɜːgl/ (*USA* **burglarize** /ˈbɜːrgləraɪz/) *vt* robar en: *We were burgled while we were on holiday.* Nos entraron ladrones en casa cuando estábamos de vacaciones. ☛ *Ver nota en* ROB

burgundy /ˈbɜːgəndi/ *n* **1** (*tb* **Burgundy**) (*vino*) borgoña **2** color burdeos

burial /ˈberiəl/ *n* entierro: *to give sb a Christian burial* dar a algn cristiana sepultura ◊ *burial mound* túmulo funerario ◊ *burial service* exequias

burial ground *n* cementerio

burlesque /bɜːˈlesk/ *n* **1** parodia, obra burlesca **2** (*USA*) espectáculo de variedades

■ **burlesque** *adj* burlesco

burly /ˈbɜːli/ *adj* (**-ier**, **-iest**) fornido

burn[1] /bɜːn/ *n* (*Escocia*) riachuelo

burn[2] /bɜːn/ (*pret, pp* **burnt** /bɜːnt/ o **burned** /bɜːnd/) ☛ *Ver nota en* DREAM **1** *vt, vi* quemar: *to be badly burnt* sufrir graves quemaduras ◊ *He burns easily.* Se quema fácilmente. ◊ *I can smell burning.* Huele a quemado. ◊ *The cigarette burnt a hole in the carpet.* El cigarrillo hizo un agujero en la moqueta. ◊ *to burn sth to ashes* reducir algo a cenizas **2** *vi* arder: *a burning building* un edificio en llamas ◊ *The fire had burnt low.* El fuego casi se había apagado. **3** *vt* incendiar **4** *vi* (*luz, etc*) estar encendido: *He left the lamp burning.* Dejó la lámpara encendida. **5** *vt* funcionar con: *a central heating boiler that burns oil* una caldera de calefacción central que funciona con petróleo *Ver tb* COAL-BURNING **6** *vi* (*ojos, herida*) escocer **7** *vi* (*fig*): *to be burning with rage* arder de cólera ◊ *to burn to do sth/for sth* arder en deseos de (hacer) algo

LOC **to burn the candle at both ends** agotarse haciendo demasiadas cosas **to burn the midnight oil** trabajar hasta muy tarde **to burn your boats/bridges** quemar las naves (como Cortés) **to burn your fingers/to get your fingers burnt** pillarse los dedos *Ver tb* FEEL[1], MONEY

PHR V **to burn away 1** (*vela, carbón, etc*) consumirse **2** quemarse

to burn down 1 (*edificio*) arder por completo **2** *The fire burned down.* El fuego se apagó.

to burn sth down: *to burn a house down* quemar una casa por completo

to burn (itself) out 1 (*fuego*) extinguirse **2** (*vela*) apagarse **3** (*motor, fusible, etc*) quemarse, fundirse

to burn sth out: *The hotel was completely burnt out.* El hotel ardió por completo.

to burn (yourself) out consumirse

to burn up arder

to burn sth up 1 quemar algo: *to burn up calories* quemar calorías **2** (*combustible*) consumir algo

■ **burn** *n* quemadura *Ver tb* HEARTBURN, SUNBURN, THIRD DEGREE BURN

burner /ˈbɜːnə(r)/ *n* (*cocina*) quemador *Ver tb* BUNSEN BURNER, CHARCOAL-BURNER **LOC** *Ver* BACK[1]

burning /ˈbɜːnɪŋ/ *adj* **1** ardiente: *a burning desire for sth* un ardiente deseo de algo ◊ *burning hot* ardiendo ◊ *His burning ambition is to play for England.* Su gran ambición es representar a Inglaterra. *Ver tb* WOOD-BURNING **2** (*vergüenza*) intenso **3** (*tema*) candente

burnish /ˈbɜːnɪʃ/ *vt* bruñir: *burnished gold* oro bruñido

burn-out /ˈbɜːn aʊt/ *n* agotamiento: *There is a high level of burn-out among teachers.* Entre los profesores hay muchos que están quemados.

burnt /bɜːnt/ *adj* quemado: *I'm afraid this is a bit of a burnt offering.* Me temo que la comida se me ha quemado un poco. **LOC** *Ver* BETTER

■ **burnt** *pret, pp de* BURN[2]

▶ **burnt-out** *adj* **1** (*lit*) quemado: *a burnt-out car* un coche que se ha prendido fuego **2** (*fig*) quemado: *burnt-out by work* quemado de tanto trabajar

burp /bɜːp/ **1** *vi* eructar **2** *vt* (*bebé*) hacer eructar

■ **burp** *n* eructo

burr /bɜː(r)/ *n* **1** zumbido **2** pronunciación fuerte de la "r" **3** *Ver* BUR

burrow /ˈbʌrəʊ/ *n* madriguera

■ **burrow 1** *vi* **(a)** *They escaped by burrowing under the wall.* Escaparon excavando un túnel por debajo del muro. **(b)** *The child burrowed under the bedclothes.* El niño se escondió bajo las sábanas. **2** *vt* (*madrigueras*) excavar

PHR V **to burrow (around) in sth** hurgar en algo

bursar /ˈbɜːsə(r)/ *n* tesorero, -a (*de un colegio*)

▶ **bursary** *n* (*pl* **-ies**) beca

burst /bɜːst/ (*pret, pp* **burst**) **1** *vt, vi* reventar(se): *a burst water-main* una cañería reventada **2** *vi* estallar, explotar **3** *vt, vi* romper(se): *The river burst its banks.* El río se salió de madre.

LOC **bursting (at the seams)** lleno a reventar **to be bursting to do sth**: *She was bursting to tell me the good news.* Reventaba por decirme las buenas noticias. **to be bursting with sth 1** *to be bursting with happiness* rebosar de alegría **2** *to be bursting with impatience* reventar de impaciencia **to burst open** abrirse de golpe **to burst out laughing** echar(se) a reír

PHR V **to burst in (on sth)**: *Two policemen burst in.* Dos policías irrumpieron en el cuarto. ◊ *to burst in on a conversation* interrumpir una conversación

to burst into sth 1 *to burst into a room* irrumpir en un cuarto **2** *to burst into flames* incendiarse ◊ *to burst into tears* romper a llorar

to burst out salir de golpe (*de un cuarto*)

to burst through sth: *They burst through the police lines.* Rompieron la cadena policial.

■ **burst** *n* **1** (*ira, etc*) arranque: *a burst of speed* una arrancada **2** (*disparos*) ráfaga **3** (*aplausos*) salva **4(a)** rotura **(b)** reventón **(c)** explosión

▶ **bursting (point)** *n*: *filled to bursting* lleno hasta los topes

bury /ˈberi/ (*pret, pp* **buried**) **1** *vt* enterrar, sepultar **2** *vt* (*fig*): *to bury your differences* olvidar las diferencias **3** *vt* (*cuchillo, etc*) clavar **4** *vt* cubrir(se): *She buried her face in her hands.* Se cubrió la cara con las manos. **5** *v refl* **~ yourself in sth (a)** recluirse en algo: *He buried himself (away) in the country.* Se recluyó en el campo. **(b)** quedarse absorto en algo: *buried in thought* ensimismado

LOC **to bury the hatchet** enterrar el hacha de guerra *Ver tb* HEAD[1]

bus /bʌs/ *n* (*pl* **buses**) autobús: *to go by bus* ir en autobús *Ver tb* MINIBUS, OMNIBUS, TROLLEYBUS **LOC** *Ver* MISS[2]

■ **bus** *vt* llevar en autobús

bus conductor *n* cobrador (*de autobús*) ☛ *Ver nota en* CONDUCTOR

bus conductress *n* cobradora (*de autobús*) ☛ *Ver nota en* CONDUCTOR

bus driver *n* conductor, -ora de autobús

bush /bʊʃ/ *n* **1(a)** arbusto: *a rose bush* un rosal **(b)** matorral: *A rabbit disappeared into the bushes.* Un conejo desapareció entre los matorrales. **2 the bush** el monte **LOC** *Ver* BIRD, BEAT sentido 1

bushed /bʊʃt/ *adj* (*USA, coloq*) hecho polvo

bushy /ˈbʊʃi/ *adj* (**-ier**, **-iest**) **1** (*barba*) poblado **2** (*rabo*) peludo **3** (*planta*) espeso **LOC** *Ver* BRIGHT-EYED

busily /ˈbɪzɪli/ *adv* afanosamente

business /ˈbɪznəs/ *n* **1** [*incontable*] negocios, comercio: *a business trip* un viaje de negocios ◊ *He set up in business as a mortgage broker.* Se estableció como agente hipotecario. ◊ *business sense* olfato para los negocios ◊ *business hours* horas de oficina ◊ *a business lunch* una comida de negocios ◊ *the music business* la industria de la música ◊ *a business letter* una carta comercial *Ver tb* BIG BUSINESS, SHOW BUSINESS **2** [*contable*] negocio: *a family business* una empresa familiar **3** asunto, tarea: *It's none of your business!* ¡No es asunto tuyo! ◊ *a nasty business* un asunto desagradable **4** [*incontable*] asuntos (a tratar): *If there's no further business...* Si no hay más asuntos a tratar... ◊ *any other business* ruegos y preguntas ◊ *unfinished business* asuntos pendientes **5** [*incontable*] (*coloq, eufemismo*) necesidades: *The dog's done his business all over the floor.* El perro ha hecho sus necesidades en el suelo. **6 the business** (*GB, argot*) *It's the business!* ¡Es genial! *Ver tb* MONKEY BUSINESS

LOC business as usual 1 la venta continúa en el interior **2** *It's business as usual in the embassy.* En la embajada, no ha cambiado la rutina diaria. **business before pleasure** primero es la obligación que la devoción **in business 1** *She's in business as a legal adviser.* Trabaja como asesora legal. ◊ *to go into business* montar un negocio **2** (*coloq*) *We're in business!* ¡Todo está arreglado! **like nobody's business** (*coloq*): *My head hurts like nobody's business.* La cabeza me duele un montón. **on business** en viaje de negocios: *She's away on business.* Está fuera en viaje de negocios **to do business with sb** comerciar con algn: *It's been a pleasure doing business with you.* Ha sido un placer hacer negocios contigo. **to get down to business** ir al grano **to go about your business** ocuparse de sus propios asuntos **to go out of business** (*negocio*) quebrar **to have no business doing sth**: *You've (got) no business talking to me like that.* No tienes por qué hablarme así. **to make it your business to do sth** encargarse de hacer algo *Ver tb* FAIR[1], FUNNY, MEAN[1], MIND[2]

business card *n* tarjeta comercial

businesslike /ˈbɪznəslaɪk/ *adj* **1** formal: *in a businesslike manner* de un modo formal **2** sistemático

businessman /ˈbɪznəsmæn/ *n* (*pl* **-men** /-mən/) hombre de negocios, empresario

business park *n* parque empresarial

business school *n* escuela de negocios

business studies *n* ciencias empresariales

businesswoman /ˈbɪznɪswʊmən/ *n* (*pl* **-women** /-wɪmɪn/) mujer de negocios, empresaria

busk /bʌsk/ *vi* tocar música en un lugar público
▶ **busker** *n* músico callejero

bus lane *n* carril-bus

bus shelter *n* parada (*cubierta*)

bus stop *n* parada (de autobús)

bust /bʌst/ *n* **1** busto, pecho *What is your bust size, madam?* ¿Qué talla de busto tiene, señora? **2** (*escultura*) busto
■ **bust** *adj* roto
LOC to go bust quebrar (*negocio*)
■ **bust** (*pret, pp* **bust** o **busted**) (*coloq*) **1** *vi* romperse **2** *vt* romper **3** *vt* hacer una redada en
LOC to bust your ass/a gut (doing sth) echar el bofe (por hacer algo)
PHR V to bust up (with sb) romper (con algn)

bustard /ˈbʌstəd/ *n* avutarda

bustle /ˈbʌsl/ *vi* **1 ~ (about)** trajinar **2 ~ with sth**: *The square was bustling with people.* La plaza rebosaba de gente.
■ **bustle** *n* **1** (*tb* **hustle and bustle**) **(a)** bullicio **(b)** ajetreo **2** polisón
▶ **bustling** *adj* bullicioso, animado

bust-up /ˈbʌst ʌp/ *n* **1** riña **2** ruptura

busy /ˈbɪzi/ *adj* (**busier, busiest**) **1 ~ (at/with sth)** ocupado (con algo) **2** (*lugar*) concurrido **3** (*tiempo*) de mucha actividad: *the busiest season* la temporada de mayor actividad **4** (*programa*) apretado **5** (*carretera*) con mucho tráfico **6** (*USA*) (*GB* **engaged**) (*teléfono*): *The line is busy.* Está comunicando.
LOC (as) busy as a bee muy ocupado **to get busy** ponerse a trabajar
■ **busy** *v refl* (*pret, pp* **busied**) **~ yourself with (doing) sth** ocuparse de (hacer) algo

busybody /ˈbɪzibɒdi/ *n* entrometido, -a

but /bʌt, bət/ *conj* **1** pero: *But that's wonderful!* Pero ¡eso es maravilloso! **2** sino: *He's not only arrogant but also selfish.* No es solo arrogante sino también egoísta. ◊ *What could I do but cry?* ¿Qué podía hacer sino llorar? **3** (*antic* o *formal*) sin (que): *I never hear that song but I think of you.* No puedo oír aquella canción sin pensar en ti.
■ **but** *prep* **1** excepto: *Everyone was there but him.* Todo el mundo estaba allí excepto él. ◊ *Nobody but you could be so cruel.* Solo tú podrías ser tan cruel.
LOC but for sth/sb de no haber sido por algo/algn: *But for the rain, we would have come.* De no haber sido por la lluvia, hubiéramos venido. **but then (again)...** pero por otro lado... **the last/next but one** el penúltimo/el próximo no, el siguiente
■ **but** *adv* (*antic* o *formal*) no más que: *He's but a child.* No es más que un niño.
■ **but** *n* pero
LOC and no buts (about it)! ¡y nada de peros! *Ver tb* IF

butane /ˈbjuːteɪn/ *n* butano

butch /bʊtʃ/ *adj* **1** macho: *to act butch* dárselas de macho **2** (*pey*) marimacho

butcher /ˈbʊtʃə(r)/ *n* carnicero, -a
■ **butcher** *vt* **1** (*animal*) matar **2** (*persona*) matar brutalmente **3** (*fig*) cargarse: *These actors are butchering the play.* Estos actores se están cargando la obra.
▶ **butchery** *n* carnicería (*actividad*)

butcher's /ˈbʊtʃəz/ (*tb* **butcher's shop**) *n* carnicería (*tienda*) ☛ *Ver nota en* CARNICERÍA

butler /ˈbʌtlə(r)/ *n* mayordomo

butt /bʌt/ *n* **1(a)** tonel **(b)** aljibe **2** (*tb* **head butt**) cabezazo **3** (*tb* **cigarette butt**) (*cigarrillo*) colilla **4** (*USA, coloq*) culo **5** blanco: *I'm always the butt of his jokes.* Siempre soy el blanco de sus burlas. **6** (*rifle*) culata ☛ *Ver ilustración en* GUN **7 the butts** campo de tiro al blanco
■ **butt** *vt* dar un cabezazo a
PHR V to butt in (*coloq*) interrumpir: *Don't butt in like that.* No me interrumpas.

butter /ˈbʌtə(r)/ *n* mantequilla: *bread and butter* pan con mantequilla ◊ *a butter dish* una mantequera ◊ *peanut butter* mantequilla de cacahuete *Ver tb* BREAD-AND-BUTTER
LOC to look as though butter wouldn't melt in your mouth parecer no haber roto un plato en la vida *Ver tb* BREAD
■ **butter** *vt* untar con mantequilla: *hot buttered toast* tostadas con mantequilla
LOC to butter sb up (*coloq*) hacer la pelota a algn *Ver tb* KNOW

butter-bean /ˈbʌtə biːn/ *n* judía blanca

buttercup /ˈbʌtəkʌp/ *n* ranúnculo ☛ *Ver ilustración en* FLOR

butter-fingers /ˈbʌtəfɪŋgəz/ *n* (*coloq*) manazas

butterfly /ˈbʌtəflaɪ/ *n* (*pl* **-ies**) **1** mariposa **2** (*natación*) mariposa **3 butterflies** nervios
LOC to have butterflies (in your stomach) sentir un cosquilleo en el estómago

buttermilk /ˈbʌtəmɪlk/ *n* suero de la leche

butterscotch /ˈbʌtəskɒtʃ/ *n* caramelo duro hecho de azúcar y mantequilla

buttery /ˈbʌtəri/ *adj* **1** mantecoso **2** con sabor a mantequilla

buttock /ˈbʌtək/ *n* nalga

button /ˈbʌtn/ *n* botón: *a cuff/shirt button* un botón de puño/de camisa ◊ *Press the button.* Pulsa el botón. ☛ *Ver ilustración en* AMERICANA *Ver tb* BELLY BUTTON, PUSH-BUTTON, TUMMY BUTTON

LOC **on the button** (*coloq*) **1** ¡exacto! **2** en punto: *She arrived at five o'clock on the button.* Llegó a las cinco en punto.

■ **button** *vt, vi* **~ (sth) (up)** abrochar(se): *to button (up) your coat* abrocharse el abrigo

LOC **button your lip!** (*USA, coloq*) ¡cósete la boca!

buttonhole /ˈbʌtnhəʊl/ *n* **1** ojal ☛ *Ver ilustración en* AMERICANA **2** flor que se lleva en la solapa

■ **buttonhole** *vt* enganchar: *As soon as I arrived, I was buttonholed by the local rep.* En cuanto llegué, me enganchó el representante de zona.

button mushroom *n* champiñón pequeño ☛ *Ver nota en* SETA

buttress /ˈbʌtrəs/ **1** *n* **(a)** (*Arquit*) contrafuerte ☛ *Ver ilustración en* IGLESIA **(b)** (*fig*) pilar: *a buttress of democracy* un pilar de la democracia **2** *vt* **~ sth (up)** reforzar algo

buxom /ˈbʌksəm/ *adj* pechugona

buy /baɪ/ *vt* (*pret, pp* **bought** /bɔːt/) **1(a)** comprar: *I bought this watch for £10.* Compré este reloj por 10 libras. **(b) to buy sth for sb; to buy sb sth** comprar algo a algn/para algn: *She buys her children whatever they want.* Les compra a sus hijos todo lo que piden. ◊ *He bought his girlfriend a present.* Compró un regalo para su novia. **(c) to buy sth from sb** comprar algo a algn: *I bought this house from a friend.* Le compré esta casa a un amigo. **2** (*coloq*) (*excusa, etc*) tragarse **3** (*éxito, etc*) alcanzar: *She bought stardom at the expense of her health.* Alcanzó el estrellato a costa de su salud. **4** (*cohechar*) comprar: *He tried to buy the judge.* Intentó comprar al juez.

LOC **to buy a pig in a poke** comprar algo a ciegas **to buy time** ganar tiempo

PHR V **to buy sth in** aprovisionarse de algo: *We bought in coal for the winter.* Nos aprovisionamos de carbón para el invierno.

to buy into sth adquirir participación en algo (*empresa*)

to buy sb off: *We'll have to buy them off.* Tendremos que sobornarles.

to buy sb out comprar la parte de algn (*en una empresa, etc*)

to buy up sth acaparar algo

■ **buy** *n* compra: *a good buy* una buena compra

▶ **buyer** *n* comprador, -ora

buyout /ˈbaɪaʊt/ *n* (*Com*) compra: *management buyout* compra de una compañía por parte de sus ejecutivos *Ver tb* LEVERAGED BUYOUT

buzz /bʌz/ *n* **1(a)** (*insecto*) zumbido **(b)** (*voces*) murmullo **2** (*excitación*): *I get a real buzz out of flying.* Ir en avión me vuelve loco. **3** (*coloq*) telefonazo: *to give sb a buzz* pegarle un telefonazo a algn

■ **buzz** *vi* **1** zumbar **2** *The courtroom buzzed.* Se levantó una oleada de murmullos en el tribunal.

LOC **buzz off!** (*coloq*) ¡lárgate!

PHR V **to buzz about/around** ir de aquí para allá

■ **buzz** *vt* **1** (*por interfono*) llamar **2** (*avión*) pasar rozando

buzzard /ˈbʌzəd/ *n* águila ratonera

buzzer /ˈbʌzə(r)/ *n* timbre eléctrico

buzzword /ˈbʌzwɜːd/ (*tb* **vogue word**) *n* palabra de moda

by /baɪ/ *prep* **1(a)** (*manera*) por: *to leave by the back door* salir por la puerta trasera ◊ *by post* por correo ◊ *to pay sb by the hour* pagar a algn por horas **(b)** (*medida*) por: *The room measures 20 metres by 30.* La habitación mide 20 metros por 30. ◊ *10 (multiplied) by 6* 10 (multiplicado) por 6 ◊ *She won by 25 metres.* Ganó por 25 metros. **(c)** (*en pasivas*) por: *The building was designed by Wren.* El edificio fue diseñado por Wren. **2(a)** al lado de: *Sit by me.* Siéntate a mi lado. **(b)** junto a **(c)** a la orilla de **3** antes de, para: *It must be ready by the time she leaves.* Tiene que estar listo antes de que se vaya. ◊ *I want to be home by 10 o'clock.* Quiero estar en casa para las 10. **4** de: *by day/night* de día/noche ◊ *to take sb by the hand* coger a algn de la mano ◊ *Turkish by birth* turco de nacimiento ◊ *She's a lawyer by profession.* Es abogada de profesión. ◊ *a novel by Steinbeck* una novela de Steinbeck **5** en: *to go by boat, car, bicycle* ir en barco, coche, bicicleta **6** según: *by my watch* según mi reloj ◊ *by his own admission* según él mismo admitió **7** con: *to pay by cheque* pagar con un cheque **8** a: *little by little* poco a poco ◊ *People have flocked here by the thousand.* La gente ha venido a miles. ◊ *to cut sth by half* reducir algo a la mitad ◊ *made by hand* hecho a mano **9** en: *two by two* de dos en dos ◊ *to reduce sth by 20%* reducir algo en un 20% **10 by doing sth** haciendo algo: *Let me begin by saying…* Permítanme que empiece diciendo… **11** a base de: *by working hard* a base de trabajar con ahínco

LOC **to have/keep sth by you** tener algo a mano

■ **by** *adv*

LOC **by and by** dentro de poco **by the by** a propósito **to go, drive, run, etc by** pasar por delante (en coche, corriendo, etc) **to keep/put sth by** guardar algo para más tarde

bye /baɪ/ (*tb* **bye-bye** /ˌbaɪ ˈbaɪ, bə ˈbaɪ/) *interj* (*coloq*) adiós

bye-byes /ˈbaɪ baɪz/ *n* (*GB, coloq*)

LOC **to go to bye-byes** irse a dormir

by-election /ˈbaɪ ɪlekʃn/ *n* elecciones parciales

En Gran Bretaña se celebran elecciones parciales en una circunscripción cuando el diputado elegido por ese distrito en las elecciones generales fallece o dimite. *Ver tb nota en* ELECCIÓN ☛ *Ver págs 584–5*

bygone /ˈbaɪgɒn/ *adj* pasado: *a bygone age* una época pasada

■ **bygone** *n*

LOC **to let bygones be bygones** echar pelillos a la mar

by-law (*tb* **bye-law**) /ˈbaɪ lɔː/ *n* ordenanza municipal

bypass /ˈbaɪpɑːs; *USA* -pæs/ *n* **1** carretera (de circunvalación) **2** (*Med*) by-pass

■ **bypass** *vt* **1** circunvalar **2** (*fig*) **(a)** (*problema, etc*) evitar **(b)** saltarse (la decisión de)

by-product /ˈbaɪ prɒdʌkt/ *n* **1** (*lit*) subproducto **2** (*fig*) consecuencia

byroad /ˈbaɪrəʊd/ (*tb* **byway**) (*USA* **back road**) *n* carretera secundaria

bystander /ˈbaɪstændə(r)/ *n* presente: *Police interviewed bystanders after the accident.* La policía entrevistó a los presentes después del accidente. ◊ *innocent bystanders* inocentes

byte /baɪt/ *n* (*Informát*) byte

byway /ˈbaɪweɪ/ *n* **1** *Ver* BYROAD **2 byways** [*pl*] (*fig*) caminos desconocidos: *the byways of German literature* los caminos desconocidos de la literatura alemana

byword /ˈbaɪwɜːd/ *n* **~ for sth** prototipo, sinónimo de algo

Byzantine /baɪˈzæntaɪn, ˈbɪzəntaɪn/ *adj* **1** bizantino **2 byzantine** complejo: *the byzantine complexity of the plot* la extrema complejidad de la trama

Cc

C, c /siː/ *n* (*pl* **C's, c's** /siːz/) **1** (*letra*) ce: *capital c* c mayúscula ◊ *C for Charlie* C de Cartagena **2** (*Mús*) do: *C major/minor* do mayor/menor **3** (*Educ*) aprobado: *to get (a) C in physics* sacar un aprobado en física

C *abrev de* **Celsius/Centigrade** (*grado*) centígrado

c 1 (*tb* **ca**) *abrev de* **circa** (*solo con fechas*) hacia: *died c. 1890* murió hacia 1890 **2** (*tb* **cent**) *abrev de* **century**

CAA /ˌsiː eɪ ˈeɪ/ (*GB*) *abrev de* **Civil Aviation Authority** (Dirección General de) Aviación Civil

CAB /ˌsiː eɪ ˈbiː/ (*GB*) *abrev de* **Citizens' Advice Bureau** Oficina de Información al Ciudadano

cab /kæb/ *n* **1** (*esp USA*) taxi **2** (*de un camión*) cabina **3** (*antic*) simón *Ver tb* MINICAB

cabaret /ˈkæbəreɪ; *USA* ˌkæbəˈreɪ/ *n* cabaré

cabbage

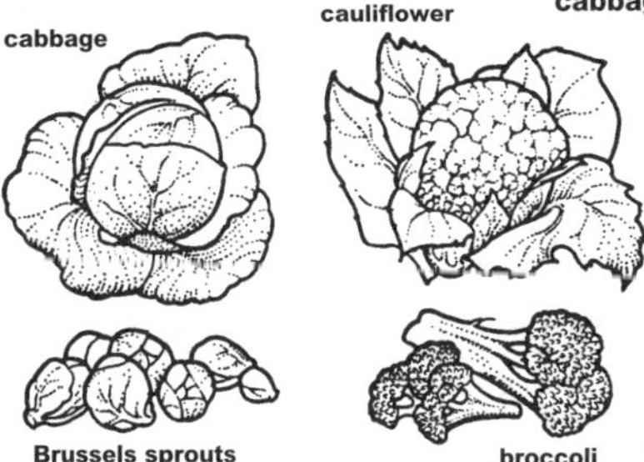

cabbage /ˈkæbɪdʒ/ *n* **1** col **2** (*GB, coloq*) **(a)** pánfilo, -a **(b)** persona en estado vegetal

cabby (*tb* **cabbie**) /ˈkæbi/ *n* (*pl* **-ies**) (*esp USA, coloq*) taxista

cabin /ˈkæbɪn/ *n* **1** (*Náut*) camarote **2** (*Aeronáut*) **(a)** cabina de mando **(b)** cabina de pasajeros **3** cabaña

cabin boy *n* grumete

cabinet /ˈkæbɪnət/ *n* **1** armario: *bathroom cabinet* armario de baño ◊ *drinks cabinet* mueble bar *Ver tb* FILING CABINET **2** [*v sing o pl*] (*Pol*) gabinete, consejo de ministros: *There was a split in the Cabinet over employment policy.* Hubo un desacuerdo en el consejo de Ministros sobre la política de empleo. ☛ *Ver págs 584–5*

cable /ˈkeɪbl/ *n* **1** cable **2** amarra **3** (*tb* **cablegram**) cable(grama)
■ **cable** *vt, vi* mandar un telegrama

cable car *n* teleférico

cable stitch *n* punto de ochos

cable television *n* televisión por cable

cab-rank /ˈkæb ræŋk/ (*tb* **cab stand**) *n* (*USA*) (*GB* **taxi rank**) parada de taxis

cache /kæʃ/ *n* alijo: *an arms cache* un alijo de armas

cackle /ˈkækl/ *n* **1** cacareo, graznido ☛ *Ver nota en* GRAZNIDO **2** carcajada desagradable
■ **cackle** *vi* **1** (*gallina*) cacarear **2** (*persona*) reírse a carcajadas

cacophony /kəˈkɒfəni/ *n* cacofonía

cactus /ˈkæktəs/ *n* (*pl* **~es** o **cacti** /ˈkæktaɪ/) cactus, cacto

cad /kæd/ *n* (*pey, antic*) caradura

cadaver /kəˈdævə(r)/ *n* cadáver
▶ **cadaverous** /kəˈdævərəs/ *adj* cadavérico

caddy /ˈkædi/ *n* (*pl* **-ies**) **1** cajita/lata para té **2** (*tb* **caddie**) (*golf*) caddy

cadence /ˈkeɪdns/ *n* ritmo, cadencia

cadet /kəˈdet/ *n* cadete

cadge /kædʒ/ *vt* **~ (sth) (from sb)** (*coloq*) gorronear (algo) (a algn): *Could I cadge a cigarette?* ¿Te puedo coger un cigarro?
▶ **cadger** /ˈkædʒə(r)/ *n* gorrón, -ona

cadmium /ˈkædmiəm/ *n* cadmio

cadre /ˈkɑːdə(r); *USA* ˈkædri/ *n* (*Mil, Pol, Com*) **1** (*grupo*) cuadro: *a national cadre of properly trained prison officers* un cuadro nacional de funcionarios de prisión adecuadamente entrenados **2** miembro de un cuadro: *Most party cadres were drawn from the working classes.* La mayor parte de los miembros del partido provenían de la clase trabajadora.

Caesar /ˈsiːzə(r)/ *n* César

Caesarean /siˈzeəriən/ (*tb* **Cesarian, Caesarean section**) *n* cesárea

café /ˈkæfeɪ; *USA* kæˈfeɪ/ *n* café (*establecimiento*)

cafeteria /ˌkæfəˈtɪəriə/ *n* restaurante de autoservicio

caffeine /ˈkæfiːn/ *n* cafeína

cage /keɪdʒ/ *n* jaula *Ver tb* BIRDCAGE, RIBCAGE
■ **cage** *vt* enjaular

cagey /ˈkeɪdʒɪ/ *adj* **~ (about sth)** (*coloq*) reservado (sobre algo): *He's very cagey about his family.* No suelta prenda sobre su familia.

cagoule /kəˈguːl/ *n* chubasquero

cahoots /kəˈhuːts/ *n*
LOC to be in cahoots (with sb) (*coloq*) estar confabulado (con algn)

caiman *Ver* CAYMAN

cairn /keən/ *n* mojón de piedras apiladas

cajole /kəˈdʒəʊl/ *vt* **~ sb (into/out of sth)**; **~ sb (into/out of doing sth)** engatusar, halagar a algn (para que haga algo)

cake /keɪk/ *n* **1** pastel: *birthday cake* tarta de cumpleaños *Ver tb* CHEESECAKE, FRUIT CAKE, SHORTCAKE, TEACAKE, WEDDING CAKE **2** *fish cakes* croquetas de pescado **3** (*de jabón*) pastilla
LOC to get, want, etc a slice/share of the cake (*fig*) conseguir, querer, etc un trozo del pastel **to have your cake and eat it** (*coloq*) nadar y guardar la ropa *Ver tb* HOT, ICING, PIECE

caked /keɪkt/ *adj* **~ with sth** cubierto de algo: *caked with mud* cubierto de barro

calamine /ˈkæləmaɪn/ (*tb* **calamine lotion**) *n* (loción de) calamina

calamity /kəlˈæməti/ *n* (*pl* **-ies**) calamidad
▶ **calamitous** /kəˈlæmɪtəs/ *adj* desastroso

calcify /ˈkælsɪfaɪ/ *vt, vi* (*pret, pp* **-fied**) calcificar

calcium /ˈkælsiəm/ *n* calcio

calculate /ˈkælkjuleɪt/ *vt* calcular
LOC a calculated risk un riesgo calculado **to be calculated to do sth** estar pensado para hacer algo
▶ **calculating** *adj* calculador
calculation *n* cálculo

calculator /ˈkælkjuleɪtə(r)/ *n* calculadora

calculus /ˈkælkjələs/ *n* (*Mat*) cálculo

calendar /ˈkælɪndə(r)/ *n* calendario
LOC a calendar month un mes **per calendar month** (*abrev* **pcm**) al mes: *Rent £250 pcm.* Alquiler 250 libras al mes.

Calendar month se refiere tanto a los meses completos del calendario (enero, febrero, etc) como al tiempo que transcurre entre una fecha en particular de un mes y la misma fecha del mes siguiente.

calendar year *n* año civil

calf[1] /kɑːf; *USA* kæf/ *n* (*pl* **calves** /kɑːvz; *USA* kævz/) **1** (*animal*) **(a)** becerro, ternero ☛ *Ver ilustración en* COW[1] ☛ *Ver nota en* CARNE **(b)** (*de foca, etc*) cría **2** (*tb* **calfskin**) piel de becerro

calf[2] /kɑːf; *USA* kæf/ *n* (*pl* **calves** /kɑːvz; *USA* kævz/) pantorrilla

calibrate /ˈkælɪbreɪt/ *vt* calibrar
▶ **calibration** *n* calibrado

calibre (*USA* **caliber**) /ˈkælɪbə(r)/ *n* **1** (*proyectil*) calibre **2** calibre, valía: *work of the highest calibre* trabajo del más alto calibre

caliper *n Ver* CALLIPER

calisthenics *n Ver* CALLISTHENICS

call /kɔːl/ *n* **1** grito, llamada **2** (*pájaro*) canto **3** (*Mús*) toque **4** visita: *to pay a call on a friend* hacer una visita a un amigo **5** (*tb* **phone call**) llamada (telefónica): *to make/receive/return a call* hacer/recibir/devolver una llamada ☛ *Comparar con* RING[2] **6** ~ **for sth**: *There isn't much call for such things.* Hay poca demanda para esas cosas. ◇ *There was no call for such rudeness.* No había necesidad de ser tan grosero. **7** ~ **on sth/sb**: *She has many calls on her time.* Está muy solicitada. *Ver tb* CURTAIN CALL, ROLL-CALL

LOC **the call of duty** la llamada del deber **(to be) on call** (estar) de guardia *Ver tb* BECK, CLARION, CLOSE[1], PORT[1]

■ **call 1** *vi* ~ **(out) to sb (for sth)** llamar a voces a algn (pidiendo algo): *I thought I heard sb calling.* Creí que había oído a alguien llamando. ◇ *She called to her father for help.* Llamó a voces a su padre pidiéndole ayuda. **2** *vt, vi* ~ **(sth) (out)** gritar (algo) (a voces): *Why didn't you come when I called (out) (your name)?* ¿Por qué no viniste cuando te llamé? **3** *vi* (*pájaro*) cantar **4** *vt, vi* llamar (por teléfono) **5** *vt* (*taxi, ambulancia*) pedir **6** *vi* ~ **(in/round) (on sb)**; ~ **(in/round) (at...)** (*esp GB*) visitar (a algn); pasarse (por...): *Let's call (in) on John/at John's house.* Vamos a ver a John/Vamos a pasar por casa de John. ◇ *He was out when I called (round) (to see him).* No estaba cuando fui a su casa (a verle). ◇ *Will you call in at the supermarket for some eggs?* ¿Puedes pasar por el supermercado y comprarme unos huevos? **7** *vi* ~ **at...** (*tren*) tener parada en... **8** *vt* (*reunión, elección*) convocar **9** *vt* llamar, despertar: *Please call me at 7 o'clock.* Por favor, llámeme a las siete. **10** *vt* **(a)** llamar(se): *How dare you call me fat!* ¡Cómo te atreves a llamarme gordo! ◇ *What's your dog called?* ¿Cómo se llama tu perro? ◇ *He hasn't had anything published and he calls himself a writer!* ¡No ha publicado nada y dice que es escritor! **(b)** calificar: *I would never call German an easy language.* Nunca calificaría el alemán como un idioma fácil. *Ver tb* SO-CALLED

LOC **to call a halt (to sth)** poner fin (a algo) **to call a spade a spade** llamar al pan, pan y al vino, vino **to call collect** (*USA*) llamar a cobro revertido ☛ Nótese que en inglés británico se dice **to reverse the charges**. **to call sb's bluff** desafiar a algn a cumplir una amenaza/un farol **to call sth into question** poner algo en duda **to call it a day** (*coloq*) dar algo por acabado: *Let's call it a day.* Dejémoslo por hoy. **to call it quits** (*coloq*) quedar en paz **to call sb names** insultar a algn, meterse con algn **to call the shots/the tune** (*coloq*) llevar la batuta **to feel/be called to do sth** tener vocación de (hacer) algo *Ver tb* BEING, MIND[1], PAY[2], POT

PHR V **to call by** (*esp GB, coloq*) pasarse: *Could you call by on your way home?* ¿Puedes pasarte al volver a casa?

to call for sb ir a buscar algn: *I'll call for you at 7 o'clock.* Iré a buscarte a las siete.

to call for sth requerir algo: *The situation calls for prompt action.* La situación requiere que actuemos con rapidez.

to call sth off 1 cancelar algo **2** abandonar algo

to call sth/sb off ordenar a algo/algn que pare: *Please call your dog off.* Llame a su perro por favor.

to call on/upon sb (to do sth) pedir a algn (que haga algo)

to call sb out 1 (*bomberos, tropa, médico*) llamar a algn **2** (*trabajador*) convocar a algn a la huelga

to call sb up 1 (*esp USA*) llamar a algn (por teléfono) **2** llamar a algn a filas

call box *n* cabina telefónica *Ver tb* TELEPHONE BOX

caller /ˈkɔːlə(r)/ *n* **1** el/la que llama (por teléfono) **2** visita

call-girl /ˈkɔːl ɡɜːl/ *n* prostituta que hace citas por teléfono

calligraphy /kəˈlɪɡrəfi/ *n* caligrafía

call-in (*USA*) (*GB* **phone-in**) *n* programa de radio o televisión abierto al público

calling /ˈkɔːlɪŋ/ *n* **1** profesión **2** vocación

calliper (*tb* **caliper**) /ˈkælɪpə(r)/ *n* **1** aparato (ortopédico) **2 callipers** [*pl*] compás de calibres

callisthenics (*tb* **calisthenics**) /ˌkælɪsˈθenɪks/ *n* [*v sing o pl*] calistenia

callous /ˈkæləs/ *adj* **1** (*persona*) insensible (al sufrimiento ajeno), cruel **2** (*actitud, comportamiento*) indiferente, frío

calloused /ˈkæləst/ *adj* calloso

callow /ˈkæləʊ/ *adj* (*pey*) inmaduro

call-up /ˈkɔːl ʌp/ (*USA* **the draft**) *n* llamada al servicio militar

callus /ˈkæləs/ *n* callo

calm /kɑːm; *USA* kɑːlm/ *adj* (**-er, -est**) tranquilo

LOC **(as) calm as a millpond** como una balsa de aceite

■ **calm** *n* calma: *a dead calm* una calma total

LOC **the calm before the storm** la calma que precede a la tormenta

■ **calm** *vt, vi* ~ **(sb) (down)** calmar a algn/calmarse, tranquilizar a algn/tranquilizarse: *Just calm down a bit!* ¡Tranquilízate un poco!
▶ **calmly** *adv* tranquilamente
calmness *n* [*incontable*] tranquilidad, calma

Calor gas® /ˈkælə ɡæs/ *n* (gas) butano

calorie /ˈkæləri/ *n* caloría *Ver tb* LOW-CALORIE
▶ **calorific** *adj* calorífico

calumny /ˈkæləmni/ *n* (*formal*) **1** [*incontable*]: *a campaign of calumny* una campaña de calumnias **2** [*contable*] (*pl* **-nies**) calumnia

calves *plural de* CALF[1], CALF[2]

Calvinism /ˈkælvɪnɪzəm/ *n* calvinismo
▶ **Calvinist** /ˈkælvɪnɪst/ *n* calvinista

calypso /kəˈlɪpsəʊ/ *n* (*pl* **~s**) calipso

calyx /ˈkeɪlɪks/ *n* (*pl* **~es** o **calyces** /ˈkeɪlɪsiːz/) (*Bot*) cáliz ☛ *Comparar con* CHALICE ☛ *Ver ilustración en* FLOR

camaraderie /ˌkæməˈrɑːdəri; *USA* -ˈræd-/ *n* camaradería

cambric /ˈkæmbrɪk/ *n* cambray, batista

camcorder /ˈkæmkɔːdə(r)/ *n* videocámara

came /keɪm/ *pret de* COME

camel /ˈkæml/ *n* **1** (*Zool*) camello **2** (*color*) beige

camellia /kəˈmiːliə/ *n* camelia

cameo /ˈkæmiəʊ/ *n* (*pl* **~s**) **1** camafeo **2** (*Teat*): *a cameo role* un papel pequeño (bien actuado)

camera /ˈkæmərə/ *n* **1** cámara, máquina fotográfica **2** (cámara de) vídeo **3** cámara de cine/televisión

LOC **in camera** a puerta cerrada

cameraman /ˈkæmrəmən/ *n* (*pl* **-men** /-mən/) (*persona*) cámara

camisole /ˈkæmɪsəʊl/ *n* camisola

camomile (*tb* **chamomile**) /ˈkæməmaɪl/ *n* manzanilla, camomila

camouflage /ˈkæməflɑːʒ/ *n* camuflaje
■ **camouflage** *vt* camuflar

camp /kæmp/ *n* **1** campamento: *to pitch camp* levantar/plantar las tiendas ◊ *to strike/break camp* levantar el campamento **2** (*Mil*) campamento, cuartel **3** campo: *concentration camp* campo de concentración ◊ *the socialist camp* el campo socialista *Ver tb* LABOUR CAMP, PRISON CAMP
■ **camp** *vi* **1** acampar: *They camped by the river.* Acamparon junto al río. ◊ *to go camping* ir de camping **2 ~ (out)** vivir en una tienda (de campaña) **3** (*coloq*) dormir: *I'm camping on their floor.* Estoy durmiendo en el suelo.

campaign /kæmˈpeɪn/ *n* campaña
■ **campaign** *vi* **~ (for/against sth/sb)** (*Mil*) hacer campaña (en favor/en contra de algo/algn): *They campaigned to have sanctions imposed.* Hicieron campaña para que se impusieran sanciones.
▶ **campaigner** *n* militante
LOC an old campaigner 1 un veterano **2** un viejo militante
campaigning *n* [*incontable*] campaña: *political campaigning* campaña política

camp bed (*USA* **cot**) *n* catre

camper /ˈkæmpə(r)/ *n* **1** (*persona*) campista **2** (*vehículo*) caravana, roulotte

campfire /ˈkæmpfaɪə(r)/ *n* fogata (de campamento)

camp follower *n* seguidor, -ora

camphor /ˈkæmfə(r)/ *n* alcanfor

camping /ˈkæmpɪŋ/ *n* camping

Nótese que la palabra inglesa **camping** se refiere a la actividad de acampar, no al lugar, que se llama **campsite.**

campsite /ˈkæmpsaɪt/ (*tb* **camping-site**) *n* camping

campus /ˈkæmpəs/ *n* (*pl* **~es**) ciudad universitaria, campus (universitario)

camshaft /ˈkæmʃɑːft; *USA* -ʃæft/ *n* árbol de leva(s)

can

petrol can (*USA* gas can) **watering can** **oil can** **cans**

can¹ /kæn/ *n* **1** lata: *a petrol can/a can of petrol* un bidón (de gasolina) ◊ *a can of paint* una lata de pintura ◊ *a can of beer* una lata/un bote de cerveza ☛ *Ver nota en* LATA *Ver tb* GARBAGE CAN, OIL CAN, TRASH-CAN, WATERING CAN **2 the can** (*USA, argot*) **(a)** la chirona, la trena **(b)** el wáter
LOC a can of worms (*coloq*) un asunto embrollado *Ver tb* CARRY
■ **can** *vt* (**-nn-**) **1** enlatar, hacer conserva en lata (de algo) **2 ~ sb** (*USA, coloq*) despedir a algn

can² /kən, kæn/ *v modal* (*neg* **cannot** /ˈkænɒt/ o **can't** /kɑːnt; *USA* kænt/ *pret* **could** /kəd, kʊd/ *neg* **could not** o **couldn't** /ˈkʊdnt/)

Can es un verbo modal al que sigue un infinitivo sin *to*, y las oraciones interrogativas y negativas se construyen sin el auxiliar *do*. Solo cuenta con formas de presente (*I can't swim.* No sé nadar.) y pasado, que también tiene un valor condicional: *He couldn't do it.* No pudo hacerlo. ◊ *Could you come?* ¿Podrías venir? Cuando queremos expresar otros tiempos verbales, tenemos que emplear **to be able to**: *Will you be able to come?* ¿Podrás venir? ◊ *I'd like to be able to go.* Me gustaría poder ir. *Ver tb nota en* ABLE¹

● **posibilidad** poder: *I can't believe it.* No lo puedo creer. ◊ *He couldn't answer the question.* No pudo responder a la pregunta. ◊ *The stadium can be emptied in four minutes.* Se puede desalojar el estadio en cuatro minutos. ◊ *She can be very forgetful.* Puede ser muy olvidadiza. ◊ *The water could reach a height of more than four metres.* El agua llegaba a tener más de cuatro metros de altura.
● **conocimentos, habilidades** saber: *They can't read or write.* No saben ni leer ni escribir. ◊ *Can he cook?* ¿Sabe cocinar? ◊ *He couldn't answer the question.* No supo contestar a la pregunta.
● **permiso** poder: *Can I open the window?* ¿Puedo abrir la ventana? ◊ *You can't go swimming today.* No puedes ir a nadar hoy. ◊ *Can I read your newspaper?* ¿Puedo leer tu periódico? ◊ *She asked if she could go.* Preguntó si podía ir. ☛ *Ver nota en* MAY¹
● **ofrecimientos, sugerencias, peticiones** poder: *Can I help?* ¿Puedo ayudarle? ◊ *Can you call back tomorrow?* ¿Puede volver a llamar mañana? ◊ *We can eat in a restaurant, if you want.* Podemos comer en un restaurante si quieres. ◊ *Could you help me with this box?* ¿Me puede ayudar con esta caja?
● **con verbos de percepción**: *You can see it everywhere.* Lo ves en todas partes. ◊ *She could hear them clearly.* Los oía claramente. ◊ *I can smell something burning.* Huele a quemado. ◊ *She could still taste the garlic.* Le quedaba en la boca el sabor a ajo.

Nótese que **can** acompaña muy a menudo a los verbos de percepción y casi nunca se traduce en español.

● **incredulidad, perplejidad**: *I can't believe it.* No lo puedo creer. ◊ *Whatever can they be doing?* ¿Qué estarán haciendo? ◊ *Where can she have put it?* ¿Dónde lo habrá puesto?
● **probabilidad** ☛ En este sentido solo se utiliza la forma **could**: *I could end up liking him, but I doubt it.* Podría acabar gustándome, pero lo dudo. ☛ *Ver nota en* PODER²
LOC as much as sb can do: *It was as much as I could do to smile.* Conseguí sonreír a duras penas. **cannot (help) but do sth** no poder menos que hacer algo: *I couldn't (help) but admire her courage.* No podía menos que admirar su valor. **we can but hope, try, etc** lo único que podemos hacer es esperar, intentarlo, etc

Canadian /kəˈneɪdiən/ *adj, n* canadiense

canal /kəˈnæl/ *n* **1** canal: *the Suez Canal* el Canal de Suez **2** acequia **3** (*Anat*) tubo, conducto: *the alimentary canal* el tubo digestivo ◊ *the birth canal* el canal del parto ☛ *Ver ilustración en* OÍDO

the Canaries /ðə kəˈneərɪz/ *n* [*pl*] las Canarias

canary /kəˈneəri/ *n* (*pl* **-ies**) (*Zool*) canario

the Canary Islands *n* [*pl*] las Islas Canarias

canary yellow *adj* amarillo canario

cancel /ˈkænsl/ *vt, vi* (**-ll-**, *USA* **-l-**) **1** (*vuelo, pedido, vacaciones*) cancelar **2** (*contrato*) anular
PHR V to cancel (sth) out eliminarse, eliminar algo

cancellation /ˌkænsəˈleɪʃn/ *n* cancelación

Cancer /ˈkænsə(r)/ *n* cáncer
▶ **Cancerian** *n, adj* (*poco frec*) cáncer ☛ *Ver ejemplos en* AQUARIUS ☛ *Ver ilustración en* ZODIACO

cancer /ˈkænsə(r)/ *n* cáncer: *breast/lung cancer* un cáncer de mama/pulmón ◊ *cancer cells* células cancerígenas
▶ **cancerous** /ˈkænsərəs/ *adj* canceroso

candelabrum /ˌkændəˈlɑːbrəm/ *n* (*pl* **-bra** /-brə/) candelabro ☛ *Ver nota en* CANDELABRO

candid /ˈkændɪd/ *adj* franco

candidate /ˈkændɪdət; *USA* -deɪt/ *n* **1** candidato, -a: *Labour candidate* candidato laborista **2** persona que se presenta a un examen
▶ **candidature** /ˈkændɪdətʃə(r)/ (*tb esp GB* **candidacy** /ˈkændɪdəsi/) *n* candidatura

candle /ˈkændl/ *n* **1** vela **2** (*Relig*) cirio

LOC **not to hold a candle to sth/sb** (*coloq*) no tener comparación con algo/algn *Ver tb* BURN[2]

candlelight /ˈkændl laɪt/ *n* luz de una vela: *to read by candlelight* leer a la luz de una vela

candlelit /ˈkændl lɪt/ *adj*: *a candlelit supper* una cena íntima a la luz de las velas

candlestick /ˈkændlstɪk/ *n* **1** candelero **2** candelabro

candour (*USA* **candor**) /ˈkændə(r)/ *n* candor

candy /ˈkændi/ *n* **1** [*incontable*] golosinas **2** (*pl* **-ies**) (*USA*) golosina (*caramelo, bombón, etc*) *Ver tb* COTTON CANDY

candyfloss /ˈkændiflɒs/ (*USA* **cotton candy**) *n* algodón dulce

cane /keɪn/ *n* **1** (*Bot*) caña *Ver tb* SUGAR CANE **2** mimbre: *a cane chair* una silla de mimbre **3** bastón **4 the cane** [*sing*] (*castigo*) la vara: *to get the cane* recibir golpes con la vara

■ **cane** *vt* golpear con la vara

canine /ˈkeɪnaɪn/ *adj* canino

■ **canine** *n* **1** (*tb* **canine tooth**) colmillo ☛ *Ver ilustración en* DIENTE **2** can, cánido

canister /ˈkænɪstə(r)/ *n* **1** lata (*de café, té*) **2** bote (de humo)

cannabis /ˈkænəbɪs/ *n* **1** (*droga*) hachís, marihuana **2** (*Bot*) cáñamo índico

canned /kænd/ *adj* **1** (*esp USA*) en lata, de lata **2** (*fig*): *canned music* música enlatada

cannery /ˈkænəri/ *n* fábrica de conservas

cannibal /ˈkænɪbl/ *n* caníbal

▶ **cannibalism** *n* canibalismo

cannibalize, -ise /ˈkænɪbəlaɪz/ *vt* aprovechar los componentes de un aparato para arreglar otro

cannon /ˈkænən/ *n* (*pl* **cannon** o **~s**) (*arma*) cañón ☛ *Comparar con* CANYON

■ **cannon** *v*

PHR V **to cannon against/into sth/sb** chocar violentamente con algo/algn

cannon fodder *n* carne de cañón

cannot = CAN NOT *Ver* CAN[2]

canny /ˈkæni/ *adj* (**-ier, -iest**) astuto

canoe /kəˈnuː/ *n* (*pl* **~s**) canoa, piragua

■ **canoe** *vi* (*part pres* **canoeing** *pret, pp* **canoed**) ir en canoa/piragua

▶ **canoeing** *n* piragüismo

canoeist *n* piragüista

canon /ˈkænən/ *n* canon, norma

canonical /kəˈnɒnɪkl/ *adj* canónico

canonize, -ise /ˈkænənaɪz/ *vt* canonizar

can-opener /ˈkæn əʊpnə(r)/ (*tb* **tin-opener**) *n* abrelatas

canopy /ˈkænəpi/ *n* (*pl* **-ies**) **1** toldo, marquesina **2** dosel **3** (*fig*) techo: *a canopy of leaves* un techo de hojas

can't = CAN NOT *Ver* CAN[2]

cantankerous /kænˈtæŋkərəs/ *adj* malhumorado: *a cantankerous old man* un viejo cascarrabias

canteen /kænˈtiːn/ *n* **1** (*USA* **cafeteria**) cantina **2** (*GB*) (*tb* **canteen of cutlery**) cubertería

canter /ˈkæntə(r)/ *n* medio galope

■ **canter** *vt, vi* (hacer) cabalgar a medio galope

cantilever /ˈkæntɪliːvə(r)/ *n* viga voladiza

Cantonese /ˌkæntəˈniːz/ *adj* cantonés

■ **Cantonese** *n* **1** (*idioma*) cantonés **2** (*persona*) cantonés, -esa

canvas /ˈkænvəs/ *n* **1** lona: *canvas shoes* zapatillas de lona **2** (*Arte*) lienzo

LOC **under canvas** en tiendas de campaña: *to sleep under canvas* dormir en tiendas de campaña

canvass /ˈkænvəs/ **1** *vt, vi* **~ (sb) (for sth)** pedir apoyo (a algn) (para algo): *to canvass for/on behalf of the Green Party* hacer campaña para los Verdes ◊ *to go out canvassing* (*for votes*) salir a captar votos **2** *vt* (*opinión*) sondear

■ **canvass** *n* sondeo

▶ **canvassing** *n* captación de votos

canyon /ˈkænjən/ *n* (*Geol*) cañón ☛ *Comparar con* CANNON

cap[1] /kæp/ *n* **1** gorra: *a peaked/cloth cap* gorra de visera/de paño ◊ *a baseball cap* una gorra de béisbol ☛ *Ver ilustración en* BASEBALL, SOMBRERO **2** cofia **3** gorro: *a shower-cap* un gorro de ducha **4** tapa, tapón: *a radiator cap* la tapa del radiador ◊ *petrol cap* el tapón de la gasolina ◊ *She flipped off the cap of the jar.* Abrió de golpe la tapadera del bote de cristal. *Ver tb* DUTCH CAP **5** casquete: *the polar ice cap* el casquete polar **6** (*tb* **mortar-board**) birrete: *cap and gown* toga y birrete *Ver tb* NIGHTCAP

LOC **if the cap fits (wear it)** al que le pique (que se rasque): *I shall name no names, but if the cap fits...* No diré nombres, pero al que le pique... **to go cap in hand to sb** presentarse humildemente a algn *Ver tb* FEATHER

cap[2] /kæp/ *vt* (**-pp-**) **1** coronar, tapar *Ver tb* SNOW-CAPPED **2** (*tb* **crown**) (*diente*) poner una corona en **3** superar: *Cap that, if you can!* ¡Supera eso si puedes! ◊ *to cap a joke* contar un chiste mejor que el anterior

LOC **to cap it all** para colmo: *And to cap it all, she also arrived late.* Y para colmo, también llegó tarde.

capability /ˌkeɪpəˈbɪləti/ *n* (*pl* **-ies**) capacidad, aptitud: *their capability for intellectual work* su capacidad para el trabajo intelectual ◊ *You have the capability to do/of doing this job well.* Tienes aptitudes para hacer bien este trabajo. ◊ *Don't underestimate his capabilities.* No subestimes sus aptitudes.

capable /ˈkeɪpəbl/ *adj* **1** capaz: *a very capable woman* una mujer muy capaz ◊ *a very capable worker* un trabajador muy competente ◊ *He left the running of the company in her capable hands.* Dejó la dirección de la empresa en sus competentes manos. **2 ~ of (doing) sth** capaz de (hacer) algo: *You are capable of better work than this.* Eres capaz de mejor trabajo que esto.

▶ **capably** *adv* competentemente

capacious /kəˈpeɪʃəs/ *adj* espacioso: *capacious pockets* bolsillos holgados ◊ *a car with a capacious boot* un coche con un maletero espacioso

capacity /kəˈpæsəti/ *n* (*pl* **-ies**) **1** capacidad: *a hall with a seating capacity of 2 000* una sala con capacidad para 2.000 personas ◊ *filled to capacity* lleno a rebosar/completo ◊ *a capacity crowd* un lleno **2** [*incontable*] capacidad de producción: *factories working at full capacity* fábricas trabajando a pleno rendimiento ◊ *The factory hasn't yet reached capacity.* La fábrica no ha alcanzado aún su nivel máximo de producción. **3** [*incontable*] **~ for sth** capacidad para algo: *She has an enormous capacity for hard work.* Tiene una capacidad enorme para el trabajo.

LOC **in your capacity as sth** en su calidad de algo: *in her capacity as a police officer* en su calidad de oficial de policía ◊ *in an advisory capacity* en calidad de asesor

cape[1] /keɪp/ *n* capotillo

cape[2] /keɪp/ *n* (*abrev* **C**) cabo

caper[1] /ˈkeɪpə(r)/ *vi* **~ (about)** brincar, dar saltos

■ **caper** *n* **1** brinco **2** (*coloq*) broma, travesura **3** (*coloq*) plan deshonesto o ilegal: *What's your little caper?* ¿Qué estáis tramando? ◊ *They're up to some caper.* Están tramando algo raro.

LOC **to cut a caper** (*poco frec*) saltar alegremente

caper[2] /ˈkeɪpə(r)/ *n* alcaparra

capillary /kəˈpɪləri; *USA* ˈkæpɪləri/ *n* (*pl* **-ies**) vaso capilar

■ **capillary** *adj* capilar: *capillary attraction* adhesión capilar

capital[1] /ˈkæpɪtl/ *n* **1** capital: *capital city* capital ◊ *provincial capital* capital de provincia ◊ *the fashion capital of the world* la capital mundial de la moda **2** (*tb* **capital letter**) mayúscula: *The word BIG is in capitals.* La palabra BIG va en mayúscula. ◊ *Write your name in* *block capitals, please.* Escriba su nombre con mayúsculas, por favor. ◊ *He's a bully, with a capital 'B'.* Es un matón con todas las letras. *Ver tb* BLOCK CAPITALS **3** (*Arquit*) capitel ☛ *Ver ilustración en* COLUMNA

■ **capital** *adj* **1** (*delito*) punible con la pena de muerte **2** mayúscula: *a capital 'L'* una ele mayúscula **3** grave

capital² /ˈkæpɪtl/ *n* (*Fin*) capital: *capital investment* inversión (de capital) ◊ *a starting capital of...* un capital inicial de... ◊ *capital assets* activo fijo ◊ *capital expenditure* gastos de capital ◊ *capital gain(s)* plusvalía(s) ◊ *capital gains tax* impuesto sobre la plusvalía ◊ *capital transfer* transferencia de capital ◊ *capital transfer tax* impuesto sobre las transferencias de capital *Ver tb* WORKING CAPITAL

LOC **to make capital (out) of sth** aprovecharse de algo: *He made a lot of capital out of the situation.* Sacó mucho partido de la situación.

capitalism /ˈkæpɪtəlɪzəm/ *n* capitalismo

capitalist /ˈkæpɪtəlɪst/ *adj, n* capitalista

▶ **capitalistic** /ˌkæpɪtəˈlɪstɪk/ *adj* capitalista

capitalize, -ise /ˈkæpɪtəlaɪz/ *vt* **1** escribir con mayúsculas **2** (*Fin*) capitalizar

PHR V **to capitalize on sth** aprovecharse de algo, sacar partido de algo

capital punishment *n* pena capital

capitulate /kəˈpɪtʃuleɪt/ *vi* ~ (**to sth/sb**) capitular (ante algo/algn)

▶ **capitulation** *n* capitulación

cappuccino /ˌkæpuˈtʃiːnəʊ/ *n* (*pl* ~**s**) capuchino (*tipo de café*)

caprice /kəˈpriːs/ *n* capricho

capricious /kəˈprɪʃəs/ *adj* caprichoso: *a capricious climate* un clima caprichoso ◊ *a capricious postal system* un sistema postal imprevisible

▶ **capriciously** *adv* caprichosamente

Capricorn /ˈkæprɪkɔːn/ *n* capricornio

▶ **Capricornian** *n, adj* (*poco frec*) capricornio ☛ *Ver ejemplos en* AQUARIUS ☛ *Ver ilustración en* ZODIACO

capsicum /ˈkæpsɪkəm/ *n* (*Austral*) (*GB* **pepper**) pimiento

capsize /kæpˈsaɪz; *USA* ˈkæpsaɪz/ *vt, vi* (*Náut*) volcar: *Sit still or you'll capsize the boat.* Si no dejas de moverte vamos a volcar.

capsule /ˈkæpsjuːl; *USA* ˈkæpsl/ *n* cápsula: *a space capsule* una cápsula espacial ◊ *a time capsule* un legado para el futuro

Capt *abrev de* **Captain**

captain /ˈkæptɪn/ *n* (*abrev* **Capt**) **1** (*barco, equipo*) capitán, -ana *Ver tb* SEA CAPTAIN **2** (*Mil*) capitán, -ana: *army captain* capitán del ejército **3** (*avión*) comandante: *This is your captain speaking.* Les habla la comandante.

LOC **a captain of industry** un magnate

■ **captain** *vt* capitanear, ser el capitán de

captaincy /ˈkæptənsi/ *n* capitanía: *during his captaincy* mientras era capitán

caption /ˈkæpʃn/ *n* **1** encabezamiento, título **2** pie (de foto) **3** (*Cine, TV*) rótulo

captivate /ˈkæptɪveɪt/ *vt* ~ **sth/sb** cautivar a algo/algn

captivating /ˈkæptɪveɪtɪŋ/ *adj* cautivador, encantador

captive /ˈkæptɪv/ *adj* cautivo

LOC **to hold/take sb captive/prisoner** tener preso/apresar a algn

■ **captive** *n* preso, -a, cautivo, -a

captivity /kæpˈtɪvəti/ *n* cautividad: *animals in captivity* los animales en cautividad ◊ *He was held in captivity for three years.* Estuvo cautivo tres años.

captor /ˈkæptə(r)/ *n* secuestrador, -ora: *The hostages were well treated by their captors.* Los secuestradores trataron bien a los rehenes.

capture /ˈkæptʃə(r)/ *vt* **1(a)** capturar **(b)** atraer: *to capture sb's attention* atraer la atención de algn ◊ *It captured his interest.* Atrajo su interés. **2(a)** (*Mil*) tomar **(b)** (*fig*) conquistar: *She captured his heart.* Le conquistó el corazón. **3** (*ambiente, sonrisa, etc*) captar (*en una foto, etc*)

■ **capture** *n* **1** [*incontable*] **(a)** captura (*de un ladrón, etc*): *He evaded capture.* Logró evitar que le capturaran. **(b)** toma (*de una ciudad*) **2** [*contable*] presa

car /kɑː(r)/ *n* **1** (*tb* **motor car**, *USA* **automobile**) coche, automóvil: *We're going by car.* Vamos en coche. ◊ *Don't take the car.* No cojas el coche. ◊ *He drove the car into a lamp-post.* Se chocó contra una farola. ◊ *sports car* coche deportivo ◊ *car accident* accidente de coche ◊ *car bomb* coche bomba ◊ *a car chase* una persecución con coches ◊ *car number (plate)* matrícula ◊ *car phone* teléfono de coche ◊ *car radio* radio del coche ◊ *car thief* ladrón de automóviles *Ver tb* ESTATE (CAR), SIDECAR ☛ *Ver ilustración en pág 680* **2** (*ferrocarril*) **(a)** *dining-car* coche restaurante *Ver tb* FREIGHT CAR, SLEEPING CAR **(b)** (*USA*) vagón *Ver tb* CABLE CAR **3** caja (*de ascensor*), barquilla (*de globo*) *Ver tb* STREETCAR

carafe /kəˈræf/ *n* garrafa

caramel /ˈkærəmel/ *n* **1** caramelo (*azúcar quemado*) **2** color caramelo

▶ **caramelize, -ise 1** *vt* caramelizar **2** *vi* hacerse caramelo

carapace /ˈkærəpeɪs/ *n* carapacho

carat /ˈkærət/ *n* (*abrev* **ct**) **1** (*piedras preciosas*) quilate: *a three carat diamond* un diamante de tres quilates **2** (*USA* **karat**) quilate: *18-carat gold* oro de 18 quilates

caravan /ˈkærəvæn/ *n* **1** (*USA* **trailer**) roulotte: *caravan site* camping para caravanas ◊ *gypsy caravan* carromato de gitanos **2** caravana (*de camellos*)

caraway /ˈkærəweɪ/ *n* **1** alcaravea **2** (*tb* **caraway seed**) carvi

carbohydrate /ˌkɑːbəʊˈhaɪdreɪt/ *n* hidrato de carbono

carbolic soap /kɑːˌbɒlɪk ˈsəʊp/ *n* jabón de ácido fénico

carbon /ˈkɑːbən/ *n* **1** (*Quím*) carbono: *carbon dating* datar por medio de la técnica del carbono 14 ◊ *carbon dioxide* dióxido de carbono ◊ *carbon monoxide* monóxido de carbono *Ver tb* HYDROCARBON, RADIOCARBON **2** *carbon paper* papel carbón ☛ *Comparar con* COAL

carbonated /ˈkɑːbəneɪtɪd/ *adj* con gas: *carbonated mineral water* agua mineral con gas

carbon copy *n* **1** copia al carbón **2** (*fig*) réplica: *She's a carbon copy of her sister.* Es idéntica a su hermana.

Carboniferous /ˌkɑːbəˈnɪfərəs/ *adj, n* carbonífero

car-boot sale /ˌkɑː ˈbuːt seɪl/ (*USA* **garage sale**) *n* mercadillo de artículos usados vendidos por particulares

carbuncle /ˈkɑːbʌŋkl/ *n* forúnculo

carburettor /ˌkɑːbəˈretə(r)/ (*USA* **carburetor** /ˈkɑːrbəreɪtər/) *n* carburador ☛ *Ver ilustración en* CAR

carcass (*tb* **carcase**) /ˈkɑːkəs/ *n* **1** restos (*de pollo, etc*) **2** res muerta lista para trocear **3** (*pey* o *joc*) (*persona*) cuerpo

carcinogen /kɑːˈsɪnədʒən/ *n* cancerígeno

▶ **carcinogenic** *adj* cancerígeno

carcinoma /ˌkɑːsɪˈnəʊmə/ *n* carcinoma

card¹ /kɑːd/ *n* **1** tarjeta: *birthday card* tarjeta de cumpleaños *Ver tb* BUSINESS CARD, CASH CARD, CHEQUE CARD, DEBIT CARD, PHONECARD, PUNCHCARD, RAILCARD, SCORECARD, YELLOW CARD **2** (*tb* **record card**) ficha **3** carné: *identity card* carné de identidad **4** postal **5** (*tb* **playing card**) carta, naipe: *pack of cards* baraja de cartas ◊ *to play cards* jugar a las cartas ☛ *Ver ilustración en* CARTA *Ver tb* HOUSE OF CARDS, TRUMP CARD **6** [*incontable*] cartulina **7** (*carreras de caballos*) programa **8** (*antic*) guasón, -ona

LOC **card-carrying member** socio de carné **on the cards** (*coloq*) probable **to get your cards/give sb their cards** (*coloq*) ser despedido/despedir a algn

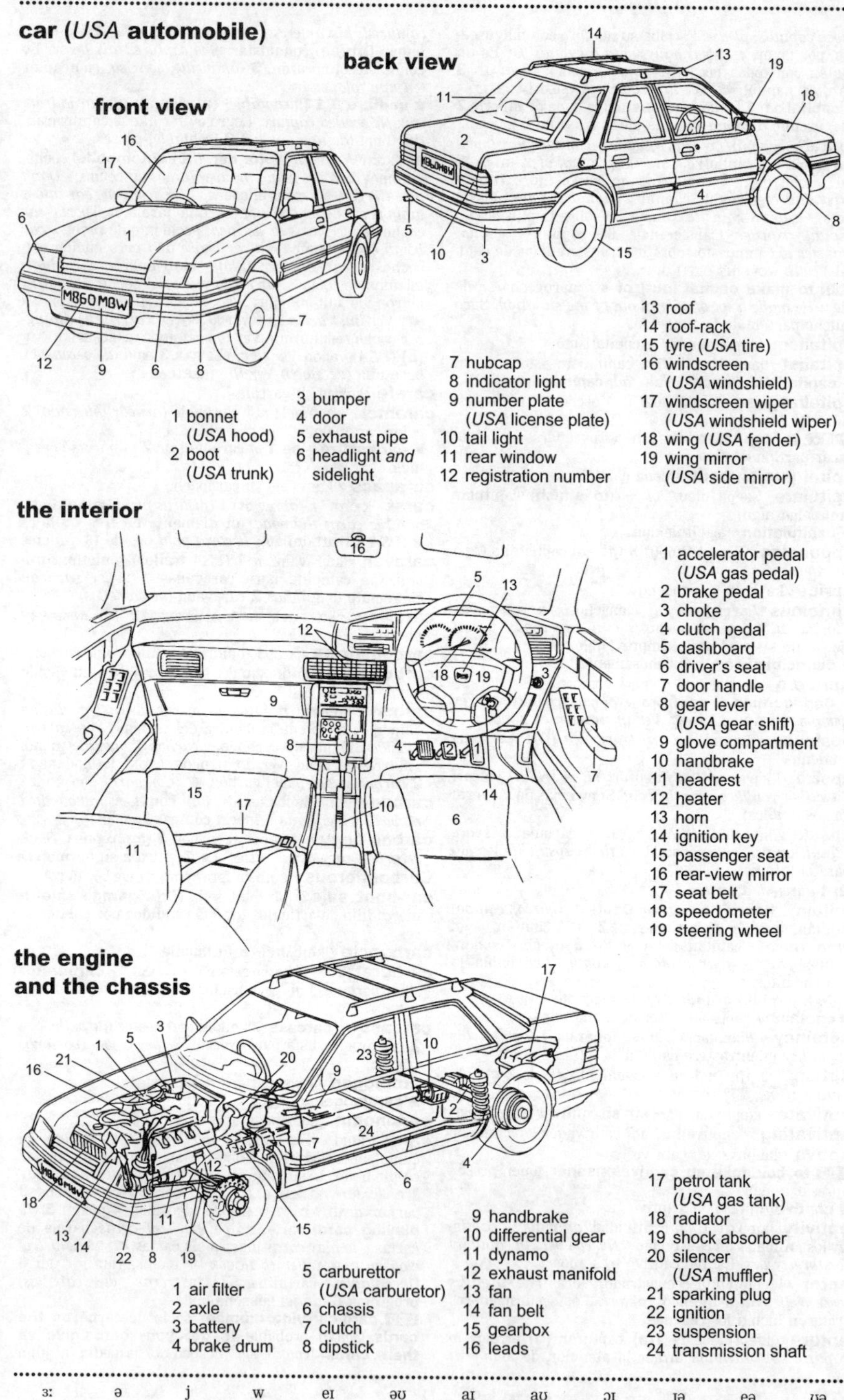
car (*USA* automobile)
front view
back view
1 bonnet (*USA* hood)
2 boot (*USA* trunk)
3 bumper
4 door
5 exhaust pipe
6 headlight *and* sidelight
7 hubcap
8 indicator light
9 number plate (*USA* license plate)
10 tail light
11 rear window
12 registration number
13 roof
14 roof-rack
15 tyre (*USA* tire)
16 windscreen (*USA* windshield)
17 windscreen wiper (*USA* windshield wiper)
18 wing (*USA* fender)
19 wing mirror (*USA* side mirror)
M860 MBW
the interior
1 accelerator pedal (*USA* gas pedal)
2 brake pedal
3 choke
4 clutch pedal
5 dashboard
6 driver's seat
7 door handle
8 gear lever (*USA* gear shift)
9 glove compartment
10 handbrake
11 headrest
12 heater
13 horn
14 ignition key
15 passenger seat
16 rear-view mirror
17 seat belt
18 speedometer
19 steering wheel
the engine and the chassis
1 air filter
2 axle
3 battery
4 brake drum
5 carburettor (*USA* carburetor)
6 chassis
7 clutch
8 dipstick
9 handbrake
10 differential gear
11 dynamo
12 exhaust manifold
13 fan
14 fan belt
15 gearbox
16 leads
17 petrol tank (*USA* gas tank)
18 radiator
19 shock absorber
20 silencer (*USA* muffler)
21 sparking plug
22 ignition
23 suspension
24 transmission shaft

(to have) a card up your sleeve (tener) una carta en la manga **to hold/keep your cards close to your chest** no revelar tus intenciones **to lay/put your cards on the table** poner las cartas sobre la mesa **to play your cards well, right, etc** jugar bien tus cartas **your best/strongest card** tu mejor carta *Ver tb* STACK

card[2] /kɑːd/ *vt* cardar

cardamom /ˈkɑːdəməm/ *n* cardamomo

cardboard /ˈkɑːdbɔːd/ *n* cartón

cardholder /ˈkɑːdhəʊldə(r)/ *n* poseedor, -ora de tarjeta (de crédito)

cardiac /ˈkɑːdiæk/ *adj* cardiaco

cardigan /ˈkɑːdɪgən/ (*coloq* **cardie**) *n* chaqueta (de punto) ☛ *Comparar con* JACKET

cardinal /ˈkɑːdɪnl/ *adj* **1** (*pecado, etc*) cardinal **2** (*regla, etc*) fundamental **3** (*color*) rojo cardenal
LOC cardinal points puntos cardinales
■ **cardinal** *n* **1** (*tb* **cardinal number**) número cardinal **2** (*iglesia*) cardenal **3** (*color*) cárdeno

card index *n* fichero

cardiologist /ˌkɑːdiˈɒlədʒɪst/ *n* cardiólogo

cardiology /ˌkɑːdiˈɒlədʒi/ *n* cardiología

cardiovascular /ˌkɑːdiəʊˈvæskjələ(r)/ *adj* cardiovascular

card-sharp /ˈkɑːd ʃɑːp/ (*tb* **card-sharper**) *n* tramposo, -a (*cartas*)

card table *n* mesa de juego

care /keə(r)/ *n* [*incontable*] **1 ~ (over sth/in doing sth)**; **~ (for sb)** cuidado (con algo/algn): *to take care over sth* tener cuidado con algo ◊ *to need care and attention* necesitar cuidados y atención ◊ *the children in their care* los niños que están bajo su responsabilidad *Ver tb* CHILD CARE, DAY CARE, HEALTHCARE **2** preocupaciones: *not to have a care in the world* no tener preocupaciones *Ver tb* DEVIL-MAY-CARE
LOC care of sb (*abrev* **c/o**) a la atención de algn

La abreviatura **c/o** suele aparecer escrita en una carta dirigida a una empresa, institución, etc para que la hagan llegar a alguien en particular.

in the care of sb al cuidado de algn **that takes care of (that)** ya está solucionado **to take care of yourself**; **to take care of sth/sb** cuidarse; cuidar algo/a algn: *He's old enough to take care of himself.* Es lo bastante mayor para cuidar de sí mismo. **to take care of sth/sb** encargarse de algo/algn **to take care (that.../to do sth)**: *Take care (that) you don't lose your way.* Ten cuidado, no vayas a perder el camino. ◊ *Goodbye, and take care!* Adiós y cuídate. **to take sb into/put sb in care** poner a algn (esp a un niño) al cuidado de una institución
■ **care** *vt, vi* **1 ~ (about sth)** importarle a algn (algo): *See if I care.* ¿Y a mí qué me importa? ◊ *Don't you care about getting older?* ¿No te preocupa hacerte viejo? **2 ~ to do sth** querer hacer algo: *whichever way you care to look at it* de cualquier forma en que quieras mirarlo
LOC for all I, you, etc care: *I might as well be dead for all he cares.* Podría estar muerto, para lo que le importa. **not to care a damn, fig, etc**: *I don't care a damn.* Me importa un comino. **not to care less** (*coloq*) *I couldn't care less.* No podía importarme menos. **who cares?** (*coloq*) ¿a quién le importa? *Ver tb* HANG[2], PIN, TUPPENCE
PHR V to care for sb 1 querer a algn **2** gustarle a algn algn: *I don't care for people like her.* No me gusta esa clase de persona. **3** cuidar a algn ☛ En este sentido es más normal usar **to take care of sb** o **to look after sb**: *Who will care for/take care of the children?* ¿Quién va a cuidar a los niños?
to care for sth apetecerle a algn algo: *Would you care for a drink?* ¿Te apetece tomar algo?

career /kəˈrɪə(r)/ *n* carrera: *a career in politics* una carrera en la política ◊ *career prospects* perspectivas profesionales ◊ *career girl/woman* mujer que ejerce/se dedica a una profesión

Nótese que para traducir *carrera universitaria* utilizamos **degree**.

■ **career** *vi* correr a toda velocidad
▶ **careerist** *n* (*gen pey*) arribista

carefree /ˈkeəfriː/ *adj* libre de preocupaciones

careful /ˈkeəfl/ *adj* **1** *Be careful not to fall/you don't fall.* Ten cuidado de no caerte. ◊ *Be careful (about/of) what you say.* Ten cuidado con lo que dices. ◊ *He was careful in choosing a career.* Se lo pensó mucho antes de elegir su profesión. ◊ *to be careful with money* ser prudente con el dinero **2** (*un trabajo, etc*) cuidadoso
▶ **carefully** *adv* con cuidado, cuidadosamente: *to listen carefully* escuchar con atención ◊ *to think carefully* pensar bien

careless /ˈkeələs/ *adj* **1 ~ (about sth)** descuidado, despreocupado (con algo) **2** imprudente: *a careless remark* un comentario imprudente **3 to be ~ of sth** no preocuparse por algo
▶ **carelessly** *adv* descuidadamente, imprudentemente
carelessness *n* descuido, imprudencia

carer /ˈkeərə(r)/ *n* cuidador, -ora (*de persona anciana o enferma*)

caress /kəˈres/ *n* caricia
■ **caress** *vt* acariciar

caretaker /ˈkeəteɪkə(r)/ (*USA* **janitor**) *n* conserje, portero, -a, vigilante
■ **caretaker** *adj* (*gobierno, etc*) interino, -a

careworn /ˈkeəwɔːn/ *adj* agobiado

cargo /ˈkɑːgəʊ/ *n* (*pl* **~es**, *USA* **~s**) **1** [*incontable*] carga: *a cargo plane* un avión de carga **2** [*contable*] cargamento: *a cargo of cars* una carga de coches

car hire (*USA* **car rental**) *n* alquiler de automóviles

Caribbean /ˌkærɪˈbiːən/ *n* caribe
■ **Caribbean** *adj* caribeño *Ver tb* AFRO-CARIBBEAN

caribou /ˈkærɪbuː/ *n* (*pl* **caribou** o **~s**) (*Zool*) caribú

caricature /ˈkærɪkətʃʊə(r)/ *n* caricatura
■ **caricature** *vt* caricaturizar

caries /ˈkeəriːz/ *n* (*Med*) caries

caring /ˈkeərɪŋ/ *adj* **1** cariñoso **2** benefactor

Carmelite /ˈkɑːməlaɪt/ *adj, n* carmelita

carmine /ˈkɑːmaɪn/ *adj, n* carmín

carnage /ˈkɑːnɪdʒ/ *n* carnicería (*matanza*)

carnal /ˈkɑːnl/ *adj* (*formal*) carnal: *carnal knowledge* conocimiento carnal

carnation /kɑːˈneɪʃn/ *n* clavel ☛ *Ver ilustración en* FLOR

carnival /ˈkɑːnɪvl/ *n* carnaval

carnivore /ˈkɑːnɪvɔː(r)/ *n* carnívoro
▶ **carnivorous** *adj* carnívoro

carol /ˈkærəl/ *n* villancico

carouse /kəˈraʊz/ *vi* (*antic*) ir de jarana

carousel /ˌkærəˈsel/ *n* **1** (*USA*) (*GB* **merry-go-round**) tiovivo **2** (*aeropuerto*) cinta transportadora **3** (*para diapositivas*) carro

carp[1] /kɑːp/ *n* (*pl* **carp**) (*Zool*) carpa

carp[2] /kɑːp/ *vi* **~ (about sth/sb)** (*pey*) quejarse (de algo/algn)

carpal /ˈkɑːpl/ *n* (*Anat*) carpo: *metacarpal* metacarpo ☛ *Ver ilustración en* ESQUELETO

car park (*USA* **parking lot**) *n* aparcamiento, parking

carpenter /ˈkɑːpəntə(r)/ *n* carpintero, -a
▶ **carpentry** *n* carpintería

carpet /ˈkɑːpɪt/ *n* alfombra, moqueta: *a carpet of leaves* una capa espesa de hojas *Ver tb* RED CARPET
LOC to sweep/brush sth under the carpet echar tierra encima de algo, correr un velo sobre algo *Ver tb* PULL[2]
■ **carpet** *vt* **1** (*lit* y *fig*) enmoquetar, alfombrar: *carpeted with leaves* cubierto de hojas **2** (*coloq*) reprender

carpet-bag /ˈkɑːpɪt bæg/ *n* bolsa de viaje (*hecha con tela de tapicería*)
▶ **carpet-bagger** *n* oportunista

carpeting /ˈkɑːpɪtɪŋ/ *n* alfombrado

car rental (*USA*) *Ver* CAR HIRE

carriage /ˈkærɪdʒ/ *n* **1** carruaje *Ver tb* BABY CARRIAGE **2** (*GB tb* **coach**) (*USA* **car**) vagón (*de tren*) **3** (*mercancías*) portes: *The price includes carriage.* El precio incluye los portes. **4** (*máquina de escribir*) carro **5** (*antic*) (*persona*) porte

carriageway /ˈkærɪdʒweɪ/ *n* (*carretera*) carril *Ver tb* DUAL CARRIAGEWAY

carrier /ˈkæriə(r)/ *n* **1** portador **2** empresa de transportes **3** vehículo de transporte *Ver tb* AIRCRAFT CARRIER **4** (*de bicicleta, etc*) parrilla

carrier bag *n* (*GB*) bolsa (*de plástico/papel*)

carrier pigeon *n* paloma mensajera

carrion /ˈkæriən/ *n* carroña

carrot /ˈkærət/ *n* **1** zanahoria **2** (*fig*) caramelo
LOC **a carrot and the stick approach** un método de incentivos y amenazas

carrousel *n* (*USA*) *Ver* CAROUSEL

carry /ˈkæri/ (*pret, pp* **carried**) **1** *vt* llevar: *This car is too small to carry us all.* Este coche es muy pequeño para llevarnos a todos. ◊ *to carry a gun* estar armado ◊ *to carry sth to extremes* llevar algo a extremos exagerados ◊ *to carry the whole department* llevar todo el peso del departamento *Ver tb* CASH AND CARRY ☛ *Ver nota en* WEAR[1] **2** *vt* soportar: *The bridge carried a lot of traffic.* El puente tenía que soportar mucho tráfico. **3** *vt* (*antic* o *formal*) estar embarazada de: *She was carrying twins.* Estaba esperando gemelos. **4** *vt* llevar: *The war was carried into France.* El campo de batalla se extendió a Francia. ◊ *He carries modesty to extremes.* Lleva la modestia a extremos. **5** *vt* (*Mat*) llevarse: *That's nine carry two.* Pongo nueve y me llevo dos. **6** *vt* (*votación*) aprobar: *The meeting carried the motion.* La reunión aprobó la moción. **7** *v refl* **~ yourself**: *She carries herself well.* Anda con mucha elegancia. **8** *vi* **(a)** (*sonido*) oírse: *Her voice carries well.* Tiene una voz muy fuerte. **(b)** (*distancia*): *a kick that carried 50 metres* una patada al balón que lo lanzó a 50 metros **9** *vt* tener: *The paper carried a report of the accident.* El periódico tenía un reportaje del accidente. ◊ *His words carried conviction.* Sus palabras estaban llenas de convencimiento. **10** *vt* (*responsabilidad, etc*) conllevar **11** *vt* (*delito*): *Such crimes carry heavy penalties.* Tales delitos se castigan con duras penas. **12** *vt* persuadir a: *His moving speech was enough to carry the audience.* Su discurso conmovedor fue suficiente para ganar la simpatía del auditorio. **13** *vt* (*tienda*) tener: *to carry a lot of stock* tener muchas existencias
LOC **to carry all/everything before you** vencer todos los obstáculos **to carry a torch for sb** estar enamorado perdidamente de algn **to carry the can (for sth)** (*coloq*) cargar con la culpa (de algo) **to carry the day** triunfar **to carry weight** tener gran peso *Ver tb* CARD[1], COAL, EFFECT, FAR, FAST[1], FETCH
PHR V **to carry sb along** animar a algn
to carry sth/sb away 1 (*lit*) llevar algo/a algn: *She was carried away on a stretcher.* Se la llevaron en una camilla. **2** (*fig*): *Don't get carried away.* No te entusiasmes.
to carry sb back (to sth) recordar algo a algn
to carry sth forward: *a debt carried forward from the previous year* una deuda que viene del año anterior
to carry sth off 1 salir airoso de algo **2** realizar algo
to carry sth/sb off llevar(se) algo/a algn: *to carry off all the prizes* llevarse todos los premios ◊ *She was carried off by the epidemic.* La mató la epidemia.
to carry on (*coloq*) **1** (*insistir*): *Stop carrying on at me!* ¡Deja de machacarme! **2** hacer tonterías
to carry on (with sb) (*coloq*) tener una aventura (con algn)
to carry on (with sth/doing sth); **to carry sth on** continuar (con algo/haciendo algo); continuar algo: *Carry on working/with your work.* Continúen con su trabajo. ◊ *If he carries on like that he'll end up in jail.* Si sigue así terminará en la cárcel. ◊ *to carry on a conversation* mantener una conversación
to carry sth out 1 (*promesa, orden, etc*) cumplir algo **2** (*plan, investigación, etc*) llevar algo a cabo
to carry sth over 1 posponer algo **2** *Ver* TO CARRY STH FORWARD
to carry sb through (sth) ayudar a algn (a hacer algo): *enough food to carry us through the winter* comida suficiente para pasar el invierno
to carry sth through llevar a término algo

carry-all /ˈkæri ɔːl/ (*USA*) (*GB* **holdall**) *n* bolsa de deportes

carrycot /ˈkærikɒt/ *n* capazo

carry-on /ˈkæri ɒn/ *n* (*esp GB, coloq*) lío

carry-on baggage *n* (*USA*) *Ver* HAND-LUGGAGE

carsick /ˈkɑːsɪk/ *adj*: *to be carsick* marearse (en el coche)
▶ **carsickness** *n* mareos por viajar en coche: *to suffer from carsickness* marearse en el coche

cart /kɑːt/ *n* carro *Ver tb* GO-CART
LOC **to put the cart before the horse** empezar la casa por el tejado
■ **cart** *vt* acarrear
PHR V **to cart sth about/around** (*coloq*) cargar (con algo)
to cart sth/sb off (*coloq*) llevarse algo/a algn

carte blanche /ˌkɑːt ˈblɑːnʃ/ *n* (*Fr*) carta blanca

cartel /kɑːˈtel/ *n* cartel (*acuerdo comercial*)

Carthaginian /kɑːθəˈdʒmiən/ *adj, n* cartaginés, -esa

carthorse /kɑːthɔːs/ *n* caballo de tiro

cartilage /ˈkɑːtɪlɪdʒ/ *n* cartílago

cartographer /kɑːˈtɒgrəfə(r)/ *n* cartógrafo, -a
▶ **cartography** *n* cartografía

carton /ˈkɑːtn/ *n* caja, cartón

cartoon /kɑːˈtuːn/ *n* **1** caricatura **2** tira cómica *Ver tb* STRIP CARTOON **3** dibujos animados **4** (*Arte*) cartón
▶ **cartoonist** *n* caricaturista

cartridge /ˈkɑːtrɪdʒ/ *n* **1** (*de pistola*) cartucho ☛ *Ver ilustración en* GUN **2** (*de cámara, etc*) carrete **3** (*de tinta*) cartucho

cartwheel /ˈkɑːtwiːl/ *n* **1** rueda de carro **2** voltereta lateral

carve /kɑːv/ *vt, vi* **1** esculpir, tallar: *a statue carved out of/from/in marble* una estatua esculpida en mármol ◊ *to carve wood into a statue* tallar una estatua en madera **2** (*iniciales, etc*) grabar **3** (*carne*) trinchar
PHR V **to carve sth out (for yourself)**: *to carve out a place for yourself in history* ganar un puesto en la historia
to carve sth up (*coloq*) repartir algo
▶ **carver** *n* escultor, -ora *Ver tb* WOODCARVER
carving *n* escultura, talla

carving knife *n* cuchillo (de trinchar) ☛ *Ver ilustración en* KNIFE

caryatid /ˌkæriˈætɪd/ *n* cariátide

cascade /kæˈskeɪd/ *n* (*lit* y *fig*) cascada
■ **cascade** *vi* **~ (down sth)** caer (en forma de cascada) (por algo)

case[1] /keɪs/ *n* **1** caso: *In fact, that was not the case.* De hecho, ése no fue el caso. ◊ *It's a case of…* Se trata de… ◊ *in extreme cases* en circunstancias extraordinarias ◊ *Is it the case that…?* ¿Es cierto que…? **2** (*Med, fig*) caso: *He is a sad case.* Es un caso triste. **3** (*Jur*) caso: *to have a very strong case* tener muchas posibilidades de ganar un caso ◊ *the case for the defence/prosecution* la defensa/la acusación ◊ *the case for/against abortion* los argumentos en pro/en contra del aborto *Ver tb* TEST CASE **4** (*Gram*) caso *Ver tb* NUTCASE, UPPER CASE

LOC as the case may be según **in any case** de todas formas, en cualquier caso **in case of sth** en caso de algo **in no/that case** en ningún/ese caso **(to be) a case in point** (servir de) ejemplo **to make (out) a case (for sth)** presentar argumentos convincentes (para algo) *Ver tb* DOG[1], JUST[2], MEET[1], PLEAD, PROVE

case[2] /keɪs/ *n* **1(a)** estuche **(b)** joyero **(c)** funda **(d)** cajón (de embalaje) **(e)** vitrina (*en museos*) **(f)** caja (*de vino*) *Ver tb* BOOKCASE, PACKING CASE, PENCIL CASE, SHOWCASE **2** maleta *Ver tb* ATTACHÉ CASE, BRIEFCASE
■ **case** *vt*
LOC to case the joint (*argot*) vigilar el sitio para robarlo

casebook /ˈkeɪsbʊk/ *n* registro

case history *n* historia (clínica), antecedentes

case law *n* jurisprudencia

caseload /ˈkeɪsləʊd/ *n* número de pacientes/clientes

casement /ˈkeɪsmənt/ *n* ventana de batiente ☛ *Ver ilustración en* HOUSE

case study *n* estudio de caso

cash /kæʃ/ *n* [*incontable*] **1** dinero (en efectivo): *to pay (in) cash* pagar en metálico ◊ *cash price* precio al contado **2** (*coloq*) dinero: *to be short of cash* andar justo (de dinero) *Ver tb* HARD CASH
LOC cash down pago al contado **cash on delivery** (*abrev* **COD**) pago a la entrega, pago contra reembolso *Ver tb* ROLL[2]
■ **cash** *vt* (*cheque, etc*) hacer efectivo
PHR V to cash in (on sth) aprovecharse (de algo)
to cash sth in canjear algo
to cash up anotar los ingresos en cuenta

cash and carry *n* (almacén de) venta al por mayor

cash card *n* tarjeta de cajero automático

cash crop *n* cultivo comercial

cash desk *n* caja

cash dispenser *n* cajero automático

cashew /ˈkæʃuː, kæˈʃuː/ (*tb* **cashew nut**) *n* anacardo ☛ *Ver ilustración en* NUT

cash flow *n* movimiento de caja

cashier /kæˈʃɪə(r)/ *n* cajero, -a

cashmere /ˌkæʃˈmɪə(r)/ *n* cachemir: *a cashmere sweater* un jersey de cachemir

cashpoint /ˈkæʃpɔɪnt/ *n* cajero automático

cash register *n* caja (registradora)

casing /ˈkeɪsɪŋ/ *n* **1** cubierta **2** embalaje **3** caja

casino /kəˈsiːnəʊ/ *n* (*pl* **~s**) casino

cask /kɑːsk/ *n* barril

casket /ˈkɑːskɪt; *USA* ˈkæskɪt/ *n* **1** cofre (*para joyas, etc*) **2** (*USA*) ataúd

cassava /kəˈsɑːvə/ *n* mandioca

casserole /ˈkæsərəʊl/ *n* **1** (*tb* **casserole dish**) cazuela ☛ *Ver ilustración en* OLLA **2** guisado
■ **casserole** *vt* guisar

cassette /kəˈset/ *n* casete, cinta: *video cassette* cinta de vídeo ◊ *a cassette deck* una pletina

cassette player *n* magnetofón

cassette recorder *n* radiocasete

cassock /ˈkæsək/ *n* sotana

cast /kɑːst/ *n* **1(a)** (*Arte*) vaciado **(b)** molde **(c)** escayola *Ver tb* PLASTER CAST **2** (*Teat*) reparto **3** *cast of mind* temperamento *Ver tb* OUTCAST
■ **cast** (*pret, pp* **cast**) **1** *vt* (*Teat*) darle un papel a: *to cast sb as Othello* dar a algn el papel de Otelo *Ver tb* TYPECAST **2(a)** *vt* arrojar, lanzar: *He cast it into the fire.* Lo arrojó en el fuego. **(b)** *vt, vi* (*pesca*) lanzar **3** *vt* (*piel*) mudar **4** *vt* **(a)** (*mirada*) echar **(b)** (*sombra*) proyectar: *to cast a shadow on/over sth* ensombrecer algo **(c)**: *to cast doubt (on sth)* sembrar la duda (sobre algo) *Ver tb* DOWNCAST **5** *vt* **~ sth (in sth)** fundir: *a statue cast in bronze* una estatua de bronce fundido *Ver tb* PRE-CAST
LOC to cast sth/sb adrift dejar algo/algn a la deriva **to cast anchor** echar el ancla **to cast an eye/your eye(s) over sth** echar un vistazo a algo **to cast a spell on sth/sb** hechizar algo/a algn **to cast aspersions (on sth/sb)** calumniar (algo/a algn) **to cast a/your vote** votar **to cast your mind back (to sth)** volver la vista atrás (a algo) **to cast your net wide** buscar a lo largo y ancho *Ver tb* ANCHOR, LOT[2], LIGHT[1], DIE[3]
PHR V to cast about/around for sth buscar algo
to cast sth/sb aside dejar de lado algo/a algn
to cast sb away: *to be cast away on a desert island* ser abandonado en una isla desierta
to cast sb down abatir a algn: *He's not easily cast down.* No se deja abatir con facilidad.
to cast off 1 (*Náut*) soltar amarras **2** rematar (*costura*)
to cast sth/sb off desechar algo/a algn
to cast on echar los puntos (*tejer*)
to cast sb out (*formal*) expulsar a algn

castanets /ˌkæstəˈnets/ *n* [*pl*] castañuelas

castaway /ˈkɑːstəweɪ/ *n* náufrago, -a

caste /kɑːst/ *n* casta: *the caste system* el sistema de castas *Ver tb* HALF-CASTE **LOC** *Ver* LOSE

caster sugar *n Ver* CASTOR SUGAR

castigate /ˈkæstɪgeɪt/ *vt* (*formal*) **1** reprender **2** castigar ☛ En este sentido la palabra más normal es **punish**.

casting /ˈkɑːstɪŋ/ *n* **1** (pieza de) fundición **2** (*Teat*) elección del reparto

casting vote *n* voto de calidad

cast iron *n* hierro colado ☛ *Comparar con* WROUGHT IRON
■ **cast-iron** *adj* **1** de hierro colado **2** (*fig*) **(a)** (*constitución, etc*) de hierro **(b)** (*coartada, etc*) sin mella

castle /ˈkɑːsl; *USA* ˈkæsl/ *n* **1** castillo ☛ *Ver ilustración en* CASTILLO *Ver tb* SANDCASTLE **2** (*tb* **rook**) (*ajedrez*) torre ☛ *Ver ilustración en* AJEDREZ
LOC (to build) castles in the air (hacer) castillos en el aire
■ **castle** *vi* enrocar (*en el ajedrez*)

cast list *n* elenco

cast-off /ˈkɑːst ɒf/ *adj* de desecho: *cast-off clothes* ropa vieja
■ **cast-off** *n* ropa de segunda mano

castor (*tb* **caster**) /ˈkɑːstə(r)/ *n* **1** rueda **2** azucarero

castor oil *n* aceite de ricino

castor sugar (*tb* **caster sugar**) *n* azúcar extrafino

castrate /kæˈstreɪt; *USA* ˈkæstreɪt/ *vt* castrar
▶ **castration** *n* castración

casual /ˈkæʒuəl/ *adj* **1** (*ropa*) informal **2** (*trabajo*) ocasional: *casual worker* trabajador por horas **3** superficial: *He was just a casual acquaintance.* Solo era un conocido. ◊ *a casual glance* un vistazo (por encima) **4** (*encuentro*) fortuito **5** (*comentario*) sin importancia **6** (*comportamiento*) despreocupado, informal
▶ **casually** *adv* **1** como por casualidad **2** informalmente **3** temporalmente **4** despreocupadamente
casualness *n* despreocupación
casuals *n* ropa informal

casual sex *n* promiscuidad sexual: *She's only interested in casual sex.* Solo le interesan los rollos de una noche.

casualty /ˈkæʒuəlti/ *n* (*pl* **-ies**) **1(a)** víctima: *heavy casualties* numerosas víctimas ◊ *a casualty of the recession* una víctima de la recesión **(b)** baja: *civilian casualties* bajas civiles ◊ *to inflict casualties* causar bajas **2** (*tb* **casualty ward**, *USA* **emergency room**) servicio de urgencias

cat /kæt/ *n* **1** gato: *cat food* comida para gatos ☛ *Ver nota en* GATO *Ver tb* FAT CAT, SIAMESE CAT, TOM-CAT **2** felino: *big cat* felino salvaje *Ver tb* COPYCAT, WILDCAT
LOC a cat in hell's chance (of doing sth) (*coloq*) ni la menor posibilidad (de hacer algo) **like a cat on hot bricks** (*coloq*) muy nervioso **like something the cat brought/dragged in** (*coloq*) como un esperpento/una basura **the cat has got your tongue** (*coloq*) te ha

comido la lengua el gato **to be the cat's whiskers** (*coloq*) ser lo mejor que hay **to let the cat out of the bag** decir/soltar un secreto **to play cat and mouse with sb** (*coloq*) estar (con algn) como el gato y el ratón **to put/set the cat among the pigeons** (*coloq*) alborotar el gallinero **when the cat's away the mice will play** (*refrán*) cuando no está el gato los ratones bailan *Ver tb* CURIOSITY *en* CURIOUS, FIGHT, RAIN, ROOM

cataclysm /ˈkætəklɪzəm/ *n* cataclismo
▶ **cataclysmic** *adj* cataclísmico

catacombs /ˈkætəkuːmz; *USA* -kəʊmz/ *n* [*pl*] catacumbas

Catalan /ˈkætəlæn/ *adj* catalán
■ **Catalan** *n* **1** (*idioma*) catalán **2** (*persona*) catalán, -ana

catalogue /ˈkætəlɒɡ/ (*USA* **catalog** /-lɔːɡ/) *n* **1** catálogo **2** (*fig*) serie: *a catalogue of disasters* una serie de desastres
■ **catalogue** *vt* catalogar
▶ **cataloguing** *n* catalogación

catalyse /ˈkætəlaɪz/ *vt* catalizar

catalysis /kəˈtæləsɪs/ *n* catálisis

catalyst /ˈkætəlɪst/ *n* catalizador

catalytic converter *n* catalizador

catamaran /ˌkætəməˈræn/ *n* catamarán

catapult /ˈkætəpʌlt/ *n* **1** (*USA* **slingshot**) tirachinas **2** catapulta
■ **catapult** *vt* catapultar

cataract /ˈkætərækt/ *n* catarata (*Geog, Med*)

catarrh /kəˈtɑː(r)/ *n* **1** catarro **2** flujo catarral

catastrophe /kəˈtæstrəfi/ *n* catástrofe

catastrophic /ˌkætəˈstrɒfɪk/ *adj* catastrófico
▶ **catastrophically** *adv* catastróficamente

catcall /ˈkætkɔːl/ *n* silbido (*abucheo*)
■ **catcall** *vi* silbar

catch[1] /kætʃ/ (*pret, pp* **caught** /kɔːt/) **1(a)** *vt, vi* coger: *Here, catch!* ¡Eh! ¡Cógelo! ◊ *to catch a bus* coger el autobús ◊ *We got caught in the rain.* Nos pilló la lluvia. **(b)** *vt* atrapar: *The police have finally caught the culprit.* La policía ha atrapado por fin al culpable. **(c)** *vt* agarrar: *I caught him by the collar of his coat.* Lo agarré por el cuello del abrigo. **2** *vt* **(a)** sorprender: *He caught his wife with another man.* Sorprendió a su mujer con otro. **(b)** (*coloq*) pillar: *You won't catch me working on a Sunday!* ¡No me pillarás trabajando en domingo! **3** *vt* (*USA, coloq*) ir a ver: *I'll catch you later.* Te veré luego. **4** *vt, vi* **~ (sth) (in/on sth)**: *It caught on a thorn.* Se enganchó en una espina. ◊ *He caught his thumb in the door.* Se pilló el dedo con la puerta. **5** *vt* (*Med*) contagiarse de: *to catch* (*a*) *cold* coger un constipado **6** *vt* oír, entender: *I didn't catch what you said.* No le he oído (lo que ha dicho). **7** *vt* golpear: *She caught him a blow.* Le dio un golpe. **8** *vi* (*fuego*) prender(se) **9** *vt* captar: *He has caught her smile.* Ha captado su sonrisa. *Ver tb* EYE-CATCHING

LOC **to catch sb at it** coger a algn con las manos en la masa **to catch sb's attention/eye** captar la atención de algn **to catch fire** incendiarse **to catch sb's imagination** excitar la imaginación de algn **to catch sb in the act** coger a algn in fraganti **to catch it** (*coloq*) *You'll really catch it!* ¡Te la vas a ganar! **to catch sb napping** pillar a algn en babia **to catch sb off balance 1** (*fig*) desconcertar a algn **2** hacer que algn pierda el equilibrio **to catch sb off their guard**; **to catch sb on the wrong foot** pillar a algn desprevenido **to catch sb red-handed** pillar a algn con las manos en la masa **to catch sight/a glimpse of sth/sb** vislumbrar algo/a algn **to catch the sun** abrasarse **to catch sb with their pants/trousers down** (*coloq*) pillar a algn desprevenido **to catch your breath 1** recuperar el aliento: *I stopped to catch my breath.* Me detuve para recuperar el aliento. **2** contener la respiración: *He caught his breath in surprise.* Se le cortó la respiración de la sorpresa. **to catch your death (of cold)** (*coloq*) pillarse una pulmonía *Ver tb* BUG, CLEAVE[1], EARLY, FANCY, FINGER, HOLD[2], HOP[1], OFF GUARD, THIEF, UNAWARES

PHR V **to be caught up in sth** estar metido en algo
to catch at sth 1 agarrarse a/de algo **2** (*fig*) aferrarse a algo
to catch on (*coloq*) hacerse popular
to catch on (to sth) (*coloq*) entender (algo): *He's very quick to catch on.* Es muy rápido en entender.
to catch sb out 1 coger en falta a algn **2** (*béisbol, etc*) eliminar a algn al coger la pelota
to catch up (with sb); to catch sb up alcanzar a algn: *I'll soon catch you up/catch up* (*with you*). Ahora te alcanzo.
to catch up on sth ponerse al día con algo: *I've got a lot of work to catch up on.* Tengo un montón de trabajo que poner al día.

catch[2] /kætʃ/ *n* **1** cogida **2** (*cantidad*) **(a)** captura **(b)** (*peces*) pesca **3** (*coloq, fig*): *He's a good catch.* Es un buen partido. **4** pestillo, cierre *Ver tb* SAFETY CATCH **5** (*fig*) trampa

catch-22 /ˌkætʃ ˌtwenti ˈtuː/ *n* (*argot*): *It's a catch-22* (*situation*). Es una situación sin salida.

catch-all /ˈkætʃ ɔːl/ *adj* (*esp USA*) general: *a catch-all phrase* una frase para todo

catcher /ˈkætʃə(r)/ *n* (*béisbol*) receptor, -ora, catcher
☛ *Ver ilustración en* BASEBALL

catching /ˈkætʃɪŋ/ *adj* contagioso

catchment area *n* **1** (*tb* **catchment**) (*Educ, etc*) distrito **2** (*tb* **catchment basin**) (*Geog*) cuenca

catchphrase /ˈkætʃfreɪz/ *n* dicho (*de persona famosa*)

catchword /ˈkætʃwɜːd/ *n* **1** reclamo **2** tópico

catchy /ˈkætʃi/ *adj* (**-ier, -iest**) pegadizo (*fig*): *a catchy title* un título fácil de recordar

catechism /ˈkætəkɪzəm/ *n* catecismo

categorical /ˌkætəˈɡɒrɪkl; *USA* -ɡɔːr-/ (*tb* **categoric** /ˌkætəˈɡɒrɪk/) *adj* **1** (*respuesta*) categórico **2** (*rechazo*) rotundo **3** (*regla*) terminante
▶ **categorically** *adv* categóricamente

categorize, -ise /ˈkætəɡəraɪz/ *vt* clasificar
▶ **categorization** *n* clasificación

category /ˈkætəɡəri; *USA* -ɡɔːri/ *n* (*pl* **-ies**) categoría

cater /ˈkeɪtə(r)/ *vi* abastecer: *to cater for a party* proveer la comida para una fiesta ◊ *to cater for all tastes* atender a todos los gustos
▶ **caterer** *n* abastecedor, -ora
catering *n* comida: *the catering industry* la hostelería *Ver tb* SELF-CATERING

caterpillar /ˈkætəpɪlə(r)/ *n* **1** (*Zool*) oruga **2** (*tb* **Caterpillar® track**) (*cadena*) oruga **3** (*abrev* **cat**) (*tb* **Caterpillar® tractor**) tractor oruga

catfish /ˈkætfɪʃ/ *n* (*pl* **catfish**) siluro

catharsis /kəˈθɑːsɪs/ *n* (*pl* **-ses** /-siːz/) catarsis
▶ **cathartic** *adj* catártico

cathedral /kəˈθiːdrəl/ *n* catedral

catheter /ˈkæθɪtə(r)/ *n* catéter
▶ **catheterize, -ise** *vt* entubar

cathode /ˈkæθəʊd/ *n* cátodo

Catholic /ˈkæθlɪk/ **1** *adj, n* católico, -a *Ver tb* ROMAN CATHOLIC **2** *adj* (*gusto*) amplio
▶ **Catholicism** /kəˈθɒləsɪzəm/ *n* catolicismo

catkin /ˈkætkɪn/ *n* amento

catlike /ˈkætlaɪk/ *adj* felino

cat's cradle *n* juego de la cuna (*crear diferentes formas con un cordón entrelazado en los dedos*)

cat's-eye /ˈkæts aɪ/ *n* pequeño reflector de luz que marca el centro o el borde de la carretera

catsuit /ˈkætsuːt/ *n* mono de vestir

cattle /ˈkætl/ *n* [*pl*] ganado: *beef cattle* ganado vacuno *Ver tb* DAIRY CATTLE

catty /ˈkæti/ *adj* (*coloq*) malicioso

Nótese que normalmente **catty** solo se utiliza para referirse a las mujeres.

catwalk /ˈkætwɔːk/ *n* pasarela (*esp de desfiles de moda*) ☛ *Comparar con* GANGPLANK

Caucasian /kɔːˈkeɪziən, kɔːˈkeɪʒn/ *adj, n* caucásico, -a

caucus /ˈkɔːkəs/ *n* **1** (*USA*) reunión de un partido **2** comité directivo **3** (*pey*) camarilla

caught /kɔːt/ *pret, pp de* CATCH[1]

cauldron (*tb* **caldron**) /ˈkɔːldrən/ *n* caldera

cauliflower /ˈkɒliflaʊə(r); *USA* ˈkɔːlɪ-/ *n* coliflor ☛ *Ver ilustración en* CABBAGE

caulk /kɔːk/ *vt* calafatear

causal /ˈkɔːzl/ *adj* causal

▶ **causality** /kɔːˈzæləti/ *n* causalidad

causation /kɔːˈzeɪʃn/ *n* causalidad

causative /ˈkɔːzətɪv/ *adj* causativo

cause /kɔːz/ *vt* causar: *to cause trouble for people* causar problemas a la gente

■ **cause** *n* **1** ~ (**of sth**) causa (de algo): *cause and effect* causa y efecto ◊ *The cause of her death is unknown.* No se sabe la causa de su muerte. **2** causa: *It's for a good cause.* Es para una buena causa. ◊ *to plead a cause* defender una causa **3** ~ (**for sth**) motivo, razón (de/para algo): *You have no cause for complaint/no cause to complain.* No tienes motivos de queja. **LOC** *Ver* COMMON[1], LOST[2], PLEAD, ROOT[1]

causeway /ˈkɔːzweɪ/ *n* carretera o camino más elevado que el terreno a los lados

caustic /ˈkɔːstɪk/ *adj* **1** cáustico: *caustic soda* sosa cáustica **2** (*fig*) mordaz

cauterize, -ise /ˈkɔːtəraɪz/ *vt* cauterizar

caution /ˈkɔːʃn/ *vt* **1** ~ **against sth** advertir contra algo **2** amonestar

■ **caution** *n* **1** **(a)** precaución, cautela: *to exercise extreme caution* extremar la precaución **(b)** (*Jur*) amonestación: *to be let off with a caution* escapar con una amonestación **2** [*sing*] (*antic, coloq*) persona divertida

LOC **to throw, fling, etc caution to the winds** liarse la manta a la cabeza

cautionary /ˈkɔːʃənəri; *USA* ˈkɔːʃəneri/ *adj* **1** de advertencia **2** de escarmiento

cautious /ˈkɔːʃəs/ *adj* ~ (**about/of sth/sb**) cauteloso (con algo/algn): *a cautious driver* un conductor precavido

▶ **cautiously** *adv* cautelosamente, con cautela

cautiousness *n* cautela

cavalcade /ˌkævlˈkeɪd/ *n* cabalgata

cavalier /ˌkævəˈlɪə(r)/ *n* **1 Cavalier** Caballero Partidario de Carlos I (en la guerra civil inglesa) **2** (*joc*) galán

■ **cavalier** *adj* arrogante: *a cavalier attitude* una actitud desdeñosa

cavalry /ˈkævlri/ *n* (*Mil*) caballería ☛ *Comparar con* INFANTRY

▶ **cavalryman** *n* (*pl* **-men**) soldado de caballería

cave /keɪv/ *n* cueva

■ **cave** (*tb* **to go caving**) *vi* (ir a) explorar cuevas

PHR V **to cave in** **1** derrumbarse **2** (*fig*) ceder

caveat /ˈkæviæt/ *n* (*formal*) **1** reparo **2** advertencia

LOC **caveat emptor** a riesgo del comprador

cave-in /ˈkeɪv ɪn/ *n* derrumbamiento

caveman /ˈkeɪvmæn/ *n* (*pl* **-men** /ˈkeɪvmen/) **1** hombre de las cavernas **2** (*coloq*) bruto

cave painting *n* pintura rupestre

cavern /ˈkævən/ *n* caverna

▶ **cavernous** *adj* cavernoso

caviare (*tb* **caviar**) /ˈkæviɑː(r)/ *n* caviar

cavil /ˈkævl/ *vi* (**-ll-**, *USA* **-l-**) ~ (**at sth**) (*formal*) poner reparos (a algo)

caving /ˈkeɪvɪŋ/ *n* (*Dep*) espeleología

cavity /ˈkævəti/ *n* (*pl* **-ies**) **1** cavidad: *cavity wall* pared de doble tabique con cámara de aire ◊ *nasal cavity* fosa nasal ☛ *Ver ilustración en* THROAT **2** caries

cavort /kəˈvɔːt/ *vi* ~ (**about/around**) brincar (de un lado a otro)

caw /kɔː/ *n* graznido ☛ *Ver nota en* GRAZNIDO

■ **caw** *vi* graznar

cayenne /keɪˈen/ (*tb* **cayenne pepper**) *n* (pimienta de) cayena

cayman (*tb* **caiman**) /ˈkeɪmən/ *n* caimán

CB /ˌsiː ˈbiː/ *abrev de* **citizen's band** (**radio**) banda ciudadana

CBE /ˌsiː biː ˈiː/ (*GB*) *abrev de* **Commander** (**of the Order**) **of the British Empire** (*título*) Comandante de la Orden del Imperio Británico: *to be made a CBE* recibir el título de CBE *Ver tb* MBE, OBE

CBI /ˌsiː biː ˈaɪ/ *abrev de* **Confederation of British Industry** Confederación de la Industria Británica

CBS /ˌsiː biː ˈes/ (*USA*) *abrev de* **Columbia Broadcasting System** (*TV*) CBS

cc /ˌsiː ˈsiː/ **1** (*Com*) *abrev de* **carbon copy** (**to sb**) copia (en papel carbón) (para algn) **2** (*pl* **cc**) *abrev de* **cubic centimetre** centímetro cúbico: *250 cc* 250 centímetros cúbicos

CD /ˌsiː ˈdiː/ **1** (*pl* **CDs**) *abrev de* **compact disc** **2** *abrev de* **Corps Diplomatique** Cuerpo Diplomático **3** *abrev de* **Civil Defence** (**Corps**) Defensa Civil

Cdr *abrev de* **Commander**

Cdre *abrev de* **Commodore**

CD-ROM /ˌsiː diː ˈrɒm/ *n* CD-ROM

CE *abrev de* **Church of England**

cease /siːs/ *vt, vi* (*formal*) **1** cesar **2** dejar: *It has ceased to exist.* Ha dejado de existir. **3** terminar **LOC** *Ver* WONDER

■ **cease** *n*

LOC **without cease** (*formal*) sin parar

ceasefire /ˈsiːsfaɪə(r)/ *n* alto el fuego: *to declare a ceasefire* declarar el alto el fuego

ceaseless /ˈsiːsləs/ *adj* incesante

▶ **ceaselessly** *adv* incesantemente

cedar /ˈsiːdə(r)/ *n* cedro: *cedarwood* madera de cedro

cede /siːd/ *vt* ~ **sth** (**to sb**) ceder algo (a algn)

cedilla /sɪˈdɪlə/ *n* cedilla

ceiling /ˈsiːlɪŋ/ *n* **1** techo ☛ *Comparar con* ROOF **2** altura máxima **3** (*fig*) tope, límite

celebrant /ˈselɪbrənt/ *n* celebrante

celebrate /ˈselɪbreɪt/ **1** *vt, vi* **(a)** celebrar: *to celebrate Christmas/Mass/a victory* celebrar la navidad/la misa/una victoria **(b)** festejar **2** *vt* (*formal*) alabar: *Her work is celebrated in an exhibiton.* Montaron una exposición en reconocimiento a su trabajo.

▶ **celebrated** *adj* ~ (**for sth**) célebre (por algo)

celebration *n* celebración: *in celebration of sth/sb* en conmemoración de algo/algn ◊ *the school's one hundredth anniversary celebrations* las fiestas del centenario del colegio

celebratory *adj* conmemorativo, festivo: *a celebratory drink/meal* una copa/comida de celebración

celebrity /səˈlebrəti/ *n* (*pl* **-ies**) celebridad

celerity /səˈlerəti/ *n* celeridad

celery /ˈseləri/ *n* apio

celestial /səˈlestiəl; *USA* -tʃl/ *adj* celestial

celibacy /ˈselɪbəsi/ *n* celibato

celibate /ˈselɪbət/ *adj, n* célibe

cell /sel/ *n* **1** celda **2** (*Anat, Pol*) célula **3** (*Elec*) pila

cellar /ˈselə(r)/ *n* sótano: *wine cellar* bodega

cellist /ˈtʃelɪst/ *n* violoncelista

cello /ˈtʃeləʊ/ *n* (*pl* **~s**) violoncelo ☛ *Ver ilustración en* STRING

Cellophane® /ˈseləfeɪn/ *n* celofán

cellular /ˈseljələ(r)/ *adj* celular: *cellular telephone* teléfono móvil

cellulite /ˈseljulaɪt/ *n* celulitis

celluloid /ˈseljulɔɪd/ *n* celuloide
cellulose /ˈseljuləʊs/ *n* celulosa
Celsius /ˈselsiəs/ (*tb* **Centigrade**) *adj* (*abrev* **°C**) centígrado: *40°Celsius* 40 grados centígrados
Celt /kelt; *USA* selt/ *n* (*persona*) celta
Celtic /ˈkeltɪk, ˈseltɪk; *USA* ˈseltɪk/ *adj, n* celta
Para hablar de una persona celta se dice **a Celt**.
cement /sɪˈment/ *n* **1** cemento **2** (*dientes*) empaste **3** (*para madera*) pegamento
■ **cement** *vt* **1** revestir de cemento, pegar con cemento: *He cemented the bricks into place.* Pegó los ladrillos con cemento. **2** (*fig*) cimentar (*relaciones*)
cemetery /ˈsemətri; *USA* ˈseməteri/ *n* (*pl* **-ies**) cementerio municipal ☛ *Comparar con* CHURCHYARD, GRAVEYARD
cenotaph /ˈsenətɑːf; *USA* -tæf/ *n* cenotafio
censer /ˈsensə(r)/ *n* incensario
censor /ˈsensə(r)/ *n* censor, -ora
■ **censor** *vt* censurar
▶ **censorship** *n* [*incontable*] censura
censorious /senˈsɔːriəs/ *adj* condenatorio
▶ **censoriously** *adv* de manera condenatoria
censure /ˈsenʃə(r)/ *vt* **~ sb (for sth)** censurar a algn (por algo)
■ **censure** *n* censura: *to pass a vote of censure (on sb)* presentar un voto de censura (contra algn)
census /ˈsensəs/ *n* (*pl* **~es**) censo
cent /sent/ *n* (*abrev* **ct**) (*Austral, Can, USA*) centavo
■ **cent** (*tb* **c**) *abrev de* **century**
centaur /ˈsentɔː(r)/ *n* centauro
centenarian /ˌsentɪˈneəriən/ *adj, n* centenario, -a
centenary /senˈtiːnəri; *USA* ˈsentəneri/ (*USA* **centennial**) *n* centenario: *centenary year* año del centenario
centennial /senˈteniəl/ (*USA*) (*GB* **centenary**) *n* centenario
■ **centennial** *adj* centenario
▶ **centennially** *adv* cada cien años
center /ˈsentə(r)/ *n* (*USA*) *Ver* CENTRE
centigrade /ˈsentɪgreɪd/ (*tb* **Celsius**) *adj* (*abrev* **°C**) centígrado ☛ *Ver nota en* FAHRENHEIT
centigram (*tb* **centigramme**) /ˈsentɪgræm/ *n* centigramo ☛ *Ver apéndice 3*
centilitre (*USA* **centiliter**) /ˈsentɪliːtə(r)/ *n* (*abrev* **cl**) centilitro ☛ *Ver apéndice 3*
centime /ˈsɒntiːm/ *n* céntimo (*del franco*)
centimetre (*USA* **centimeter**) /ˈsentɪmiːtə(r)/ *n* (*abrev* **cm**) centímetro ☛ *Ver apéndice 3*
centipede /ˈsentɪpiːd/ *n* ciempiés
central /ˈsentrəl/ *adj* **1** (*en una población*) céntrico: *a theatre with a very central location* un teatro en un sitio muy céntrico ◊ *We live in central London.* Vivimos en el centro de Londres. **2** central: *central government* gobierno central ◊ *Central America* América Central **3** principal: *central role/figure/theme* papel/figura/tema principal
▶ **centralism** *n* centralismo
centralist *adj, n* centralista
centrality /senˈtræləti/ *n* importancia
centralization, -isation *n* centralización
centralize, -ise *vt* centralizar
centrally *adv* centralmente
central heating *n* calefacción central
central locking *n* cierre centralizado
central nervous system *n* sistema nervioso central
central processor *n* procesador central
central reservation *n* (carretera) mediana
Central Standard Time *n* (*USA*) (*abrev* **CST**) hora oficial en los estados centrales de los EE.UU.
centre (*USA* **center**) /ˈsentə(r)/ *n* **1** centro: *a shopping centre* un centro comercial ◊ *centre of gravity* centro de gravedad ◊ *sports centre* polideportivo *Ver tb* CIVIC CENTRE, COMMUNITY CENTRE, DAY (CARE) CENTRE, GARDEN CENTRE, JOBCENTRE, LEISURE CENTRE, MUSIC CENTRE, OFF-CENTRE, TOWN CENTRE **2** núcleo: *a centre of industry/commerce* un núcleo industrial/comercial **3 the centre** [*sing*] (*Pol*) el centro: *a centre party* un partido de centro **4(a)** (*fútbol*) delantero centro **(b)** (*rugby*) centrocampista **5** tiro al centro del campo
■ **centre** *vt, vi* centrar(se) *Ver tb* SELF-CENTRED
PHR V **to centre (sth) (a)round sth/sb** centrar algo/centrarse alrededor de algo/algn
to centre (sth) on/upon sth/sb centrar algo/centrarse en algo/algn
centreboard /ˈsentəbɔːd/ *n* orza central de deriva (*balandro*)
centrefold /ˈsentəfəʊld/ *n* póster central (*en revistas*)
centre forward (*tb* **centre**) *n* delantero centro
centre half *n* medio centro
centrepiece /ˈsentəpiːs/ *n* **1** centro de mesa **2** pieza principal
centrifugal /senˈtrɪfjəgl, ˌsentrɪˈfjuːgl/ *adj* centrífugo: *centrifugal force* fuerza centrífuga
centrifuge /ˈsentrɪfjuːdʒ/ *n* centrifugadora
centripetal /senˈtrɪpɪtl, ˌsentrɪˈpiːtl/ *adj* centrípeto
centrist /ˈsentrɪst/ *adj, n* centrista
▶ **centrism** *n* centrismo
centurion /senˈtjʊəriən/ *n* centurión
century /ˈsentʃəri/ *n* (*pl* **-ies**) **1** (*abrev* **c**, **cent**) siglo: *the 20th century* el siglo XX **2** (*en críquet*) cien carreras **LOC** *Ver* TURN[2]
ceramic /səˈræmɪk/ *adj* cerámico: *ceramic tile* azulejo ◊ *ceramic floor tile* baldosa ◊ *ceramic hob* placa de vitrocerámica
ceramics /sɪˈræmɪks/ *n* **1** [*sing*] (*arte*) cerámica: *Spanish ceramics* la cerámica española **2** [*pl*] objetos de cerámica
cereal /ˈsɪəriəl/ *n* **1** [*gen incontable*] (*desayuno*) cereales: *a bowl of cereal* un bol de cereales **2** [*contable*] (*Agric*) (tipo de) cereal
cerebellum /ˌseriˈbeləm/ *n* (*pl* **~s** o **-la** /-lə/) (*Anat*) cerebelo
cerebral /ˈserəbrəl; *USA* səˈriːbrəl/ *adj* cerebral: *cerebral palsy* parálisis cerebral
ceremonial /ˌserɪˈməʊniəl/ *adj, n* ceremonial: *performed with due ceremonial* llevado a cabo con el ceremonial debido
▶ **ceremonially** *adv* solemnemente
ceremony /ˈserəməni; *USA* -məʊni/ *n* (*pl* **-ies**) ceremonia: *There's no need for ceremony between friends.* Entre amigos no hacen falta ceremonias. *Ver tb* MASTER OF CEREMONIES, PRIZE-GIVING (CEREMONY)
LOC **to stand on ceremony** ser ceremonioso
▶ **ceremonious** *adj* ceremonioso
ceremoniously *adv* ceremoniosamente
cerise /səˈriːz, səˈriːs/ *adj, n* color cereza
cert /sɜːt/ *n* (*GB, coloq*) cosa segura: *If she retires, you're a (dead) cert to take her place.* Si se retira, con toda seguridad tú ocuparás su plaza.
■ **cert** *abrev de* **certified**
certain /ˈsɜːtn/ *adj* **1** seguro: *It is by no means certain that he will agree.* De ningún modo es seguro que él vaya a estar de acuerdo. ◊ *Success is far from certain.* El éxito está lejos de ser seguro. ◊ *She saw me. I'm certain of/about that.* Ella me vio. Estoy seguro. ◊ *I'm not certain (of) what she wants.* No estoy seguro de lo que quiere. ◊ *He sent further troops into certain captivity.* Mandó más tropas a un cautivero seguro. **2** cierto: *There are still certain problems to overcome.* Todavía hay ciertos problemas que superar. ◊ *to a certain extent* hasta cierto punto ◊ *a certain amount of jealousy* cierta envidia **3** tal: *A certain Mr Brown telephoned while you were out.* Un tal Sr. Brown telefoneó mientras tú estabas fuera.

LOC **for certain** con seguridad **to have a certain something** tener un no sé qué **to make certain of sth/of doing sth** asegurarse de algo/de que se haga algo **to make certain (that...)** asegurarse (de que...) *Ver tb* EXTENT

■ **certain** *pron* **~ of...** algunos, -as de...: *Certain of those present had too much to drink.* Algunos de los presentes bebieron demasiado.

▶ **certainty** *n* (*pl* **-ies**) certeza: *An England win is far from being a certainty.* Ni por mucho está asegurada una victoria de Inglaterra.

certainly /ˈsɜːtnli/ *adv* **1** con toda certeza: *He will certainly die if you don't call a doctor.* Morirá con toda seguridad si no llamas a un médico. **2** (*como respuesta*) desde luego: *'Do you consider yourself a rude person?' 'Certainly not!'* —¿Se considera una persona maleducada? —¡Claro que no!

certificate /səˈtɪfɪkət/ *n* **1** certificado: *doctor's certificate* baja médica **2** (*nacimiento, etc*) partida **3** (*universitario*) título **4** (*Cine*) clasificación: *Certificate 12/15/18* (película) apta para mayores de 12/15/18 años ◊ *Certificate PG* (película) apta para menores acompañados *Ver tb* STOCK CERTIFICATE

Certificate of Secondary Education *Ver* CSE

certified mail (*USA*) (*GB* **recorded delivery**) *n* correo con acuse de recibo ☛ *Comparar con* REGISTERED POST

certify /ˈsɜːtɪfaɪ/ *vt* (*pret, pp* **-fied**) **1** certificar **2** (*tb* **to certify insane**): *He was certified (insane).* Declararon que no estaba en posesión de sus facultades mentales.

▶ **certification** *n* **1** certificación **2** (*Cine*) clasificación

certitude /ˈsɜːtɪtjuːd; *USA* -tuːd/ *n* (*formal*) certidumbre

cervix /ˈsɜːvɪks/ *n* (*pl* **cervices** /ˈsɜːvɪsiːz/ o **cervixes** /-vɪksɪz/) cuello uterino ☛ *Ver ilustración en* REPRODUCTOR

▶ **cervical** *adj* del cuello uterino: *cervical cancer* cáncer del cuello uterino

cessation /seˈseɪʃn/ *n* (*formal*) cese: *the cessation of hostilities* el cese de las hostilidades

cesspit /ˈsespɪt/ (*tb* **cesspool** /ˈsespuːl/) *n* **1** (*de vicio, etc*) nido **2** (*lit*) pozo negro

cf /ˌsiː ˈef/ (*Lat*) *abrev de* **confer** (**compare**) compárese

CFC /ˌsiː ef ˈsiː/ (*pl* **CFCs**) *abrev de* **chlorofluorocarbon** clorofluorocarbonado: *CFC-free aerosols* aerosoles que no dañan la capa de ozono

CFE /ˌsiː ef ˈiː/ *abrev de* **College of Further Education** Centro de Educación para Adultos

ch (*tb* **chap**) *abrev de* **chapter**

chafe /tʃeɪf/ **1** *vi* **(a) ~ (at sth)** impacientarse (por algo) **(b)** (*piel*) irritarse: *cream to soothe chafing* pomada para aliviar las irritaciones **2** *vt* rozar (*irritar*): *His collar chafed his neck.* La camisa le rozó el cuello.

chaff[1] /tʃɑːf; *USA* tʃæf/ *n* **1** (*Bot*) granza **2** (*forraje*) paja
LOC *Ver* SEPARATE[2]

chaff[2] /tʃɑːf; *USA* tʃæf/ *vt* (*formal*) tomarle el pelo a

chaffinch /ˈtʃæfɪntʃ/ *n* pinzón

chagrin /ˈʃægrɪn; *USA* ʃəˈgriːn/ *n* desilusión: *much to his chagrin* para su desilusión

chain /tʃeɪn/ *n* **1** cadena: *bicycle chain* cadena de bicicleta ◊ *to pull the chain* tirar de la cadena (del wáter) ◊ *chain gang* presidiarios en trabajos forzados ◊ *supermarket chain* cadena de supermercados ◊ *chain reaction* reacción en cadena *Ver tb* FOOD CHAIN ☛ *Ver ilustración en* BICYCLE **2** (*Geog*) cordillera
LOC **in chains** encadenado

■ **chain** *vt* **~ sth/sb (up)** encadenar algo/a algn

chain mail *n* cota de malla

chainsaw /ˈtʃeɪnsɔː/ *n* sierra mecánica

chain-smoke /ˈtʃeɪn sməʊk/ *vi* fumar uno tras otro

▶ **chain-smoker** *n* persona que fuma uno tras otro

chain store *n* tienda que pertenece a una cadena

chain wheel *n* rueda dentada para la cadena de una bicicleta ☛ *Ver ilustración en* BICYCLE

chair /tʃeə(r)/ *n* **1** silla: *Pull up a chair.* Toma asiento. ◊ *an easy chair* un sillón *Ver tb* ARMCHAIR, HIGH CHAIR, PUSHCHAIR, ROCKING CHAIR, WHEELCHAIR **2 the chair** (*reunión*) **(a)** el presidente, la presidenta **(b)** la presidencia **3 the chair** (*USA*) (*tb* **the electric chair**) la silla eléctrica **4** (*Educ*) cátedra

■ **chair** *vt* presidir (*reunión*)

chairlift /ˈtʃeəlɪft/ *n* telesilla

chairman /ˈtʃeəmən/ *n* (*pl* **-men** /-mən/) presidente: *chairman of the board of governors* presidente de la junta administrativa ☛ *Ver nota en* PRESIDENTE sentido 2

▶ **chairmanship** *n* presidencia: *under the chairmanship of...* bajo la presidencia de...

chairperson /ˈtʃeəpɜːsn/ (*tb* **chair**) *n* presidente, -a

chairwoman /ˈtʃeəwʊmən/ *n* (*pl* **-women** /-wɪmɪn/) presidenta ☛ *Ver nota en* PRESIDENTE sentido 2

chaise longue /ˌʃeɪz ˈlɒŋ; *USA* ˈlɔːŋ/ *n* (*pl* **chaises longues** /ˌʃeɪz ˈlɒŋ; *USA* ˈlɔːŋ/) (*Fr*) diván

chalet /ˈʃæleɪ/ *n* chalé (*esp de estilo suizo*)

chalice /ˈtʃælɪs/ *n* (*Relig*) cáliz ☛ *Comparar con* CALYX ☛ *Ver ilustración en* IGLESIA

chalk /tʃɔːk/ *n* **1** [*incontable*] (*Geol*) creta **2** tiza: *a piece/stick of chalk* una tiza
LOC **to be (like) chalk and cheese** ser polos opuestos *Ver tb* DIFFERENT, LONG[1]

■ **chalk** *vt* **1** escribir con tiza **2** (*manos, etc*) cubrir de tiza
PHR V **to chalk sth out** marcar algo con tiza
to chalk sth up apuntarse algo: *The opposition has chalked up another success.* La oposición se ha apuntado otro éxito.

▶ **chalky** *adj* **1** (*Geol*) cretáceo: *chalky soil* suelo cretáceo **2** cubierto de tiza

chalkboard /ˈtʃɔːkbɔːd/ (*USA*) *n* encerado

En Estados Unidos se utiliza también la palabra **blackboard**. En el inglés británico se emplea únicamente la palabra **blackboard**.

challenge /ˈtʃælɪndʒ/ *n* **1** desafío: *to issue a challenge to sb* desafiar a algn ◊ *a serious challenge to her authority* un serio desafío a su autoridad **2** (*centinela*) alto **3** reto: *the main challenge facing the government* el principal reto que se le plantea al gobierno **4** (*tribunal*) **(a)** recusación **(b)** objeción

■ **challenge** *vt* **1** desafiar: *to challenge sb to a duel* desafiar a algn a un duelo ◊ *She challenged the newspaper to prove its story.* Desafió al periódico a que probara su historia. **2** (*centinela*) dar el alto a **3** (*derecho, etc*) poner en duda **4** estimular: *This job doesn't really challenge him.* Este trabajo no le estimula realmente. **5** (*tribunal*) **(a)** recusar a **(b)** hacer una objeción a

▶ **challenger** *n* **1** (*Dep*) aspirante **2** desafiador, -ora
challenging *adj* estimulante, exigente

chamber /ˈtʃeɪmbə(r)/ *n* **1** cámara: *combustion chamber* cámara de combustión ◊ *chamber music/orchestra* música/orquesta de cámara ◊ *chamber of commerce* cámara de comercio **2** (*antic*) aposento **3 chambers** [*pl*] (*Jur*) despachos **4(a)** (*arma de fuego*) recámara **(b)** (*revólver*) barrilete

chamberlain /ˈtʃeɪmbəlɪn/ *n* (*antic*) chambelán

chambermaid /ˈtʃeɪmbəmeɪd/ *n* camarera (*de hotel*)

chamber pot *n* orinal

chameleon /kəˈmiːliən/ *n* camaleón

chamois /ˈʃæmwɑː; *USA* ˈʃæmi/ *n* (*pl* **chamois**) gamuza (*animal*)

chamois-leather (*tb* **shammy-leather**) /ˈʃæmi leðə(r)/ *n* **1** (*piel*) gamuza **2** trapo de gamuza

chamomile *n Ver* CAMOMILE

champ[1] /tʃæmp/ *vi* (*caballo*) **1** masticar (ruidosamente) **2 ~ at/on sth** mordisquear algo
LOC **to champ at the bit** impacientarse

champ² /ˈtʃæmp/ *n* (*coloq*) *Ver* CHAMPION
champagne /ʃæmˈpeɪn/ *n* champán
champion /ˈtʃæmpiən/ *n* **1** (*deporte, etc*) campeón, -ona: *the defending/reigning champion* el actual campeón ◇ *world champion* campeón del mundo **2** (*causa*) defensor, -ora: *She was a champion of women's rights.* Era una defensora de los derechos de la mujer.
■ **champion** *vt* (*causa*) defender
▶ **championship** *n* **1** campeonato: *world championship* campeonato mundial **2** (*causa*) defensa
chance /tʃɑːns; *USA* tʃæns/ *n* **1** [*incontable*] azar: *to leave nothing to chance* no dejar nada al azar ◇ *game of chance* juego de azar **2** casualidad: *Did anyone phone by any chance?* ¿Ha llamado alguien por casualidad? ◇ *a chance meeting* un encuentro casual **3 ~ (for sb) (to do sth)** oportunidad (para algn) (de hacer algo): *Give me a chance to explain.* Dame la oportunidad de que te explique. ☛ *Ver nota en* OCCASION **4 ~ (of sth/doing sth)** posibilidad (de algo/hacer algo): *What are your chances of being promoted?* ¿Qué posibilidades tienes de que te asciendan? **5** riesgo: *to take a chance* correr un riesgo *Ver tb* OFF CHANCE
LOC **as chance would have it ...** dio la casualidad de que ... **by chance** por casualidad: *I met her (quite) by chance.* Me la encontré por (pura) casualidad. **chance would be a fine thing** (*coloq*) ¡ojalá tuviera la oportunidad! **the chances are (that) ...** (*coloq*) lo más probable es que ...: *The chances are that she'll come.* Lo más probable es que venga. **to be in with a chance** tener posibilidades **to fancy/rate your chances (of sth)** calcular las probabilidades (de algo): *How do you fancy your chances of winning?* ¿Qué probabilidades crees que tienes de ganar? **to give sb half a chance** dar a algn una oportunidad: *She'll succeed given half a chance.* Tendrá éxito si le dan una oportunidad. ◇ *The dog'll eat it if you give him half a chance.* El perro se lo comerá a la mínima oportunidad. **to stand a chance (of sth)** tener posibilidades (de algo) **to take a chance (on sth)** correr el riesgo (de algo) **to take chances** arriesgarse **to take your chance** aprovechar la oportunidad *Ver tb* CAT, DOG¹, EVEN¹, EYE¹, FAT¹, FIGHT, SPORTING, OFF CHANCE
■ **chance** (*formal*) **1** *vi* **~ to do sth** hacer algo por casualidad **2** *vt* **~ doing sth** correr el riesgo de hacer algo
LOC **to chance your arm/luck** (*coloq*) arriesgarse
PHR V **to chance on/upon sth/sb** encontrarse con algo/algn por casualidad
chancel /ˈtʃɑːnsl; *USA* ˈtʃænsl/ *n* presbiterio ☛ *Ver ilustración en* IGLESIA
chancellery /ˈtʃɑːnsələri; *USA* ˈtʃæns-/ *n* cancillería
chancellor /ˈtʃɑːnsələ(r); *USA* ˈtʃæns-/ *n* **1** canciller: *Chancellor of the Exchequer* Ministro de Economía y Hacienda ☛ *Ver nota en* MINISTRO ☛ *Ver tb págs 584–5* **2** (*GB*) (*universidad*) rector honorario, rectora honoraria **3** (*tb* **Lord Chancellor**) (*GB*) presidente de la Cámara de los Lores ☛ *Ver nota en* PEER² ☛ *Ver tb págs 584–5*
chancery /ˈtʃɑːnsəri; *USA* ˈtʃænsəri/ *n* (*GB*) (*archivo*) cancillería
chancy /ˈtʃɑːnsi/ *adj* (*coloq*) **(-ier, -iest)** arriesgado
chandelier /ˌʃændəˈlɪə(r)/ *n* (lámpara de) araña
change /tʃeɪndʒ/ **1** *vt, vi* cambiar(se): *Can I change seats with you?* ¿Me cambias el sitio? ◇ *She went upstairs to change.* Subió para cambiarse. ◇ *to change your mind* cambiar de opinión ◇ *to change your shirt* cambiarse de camisa ◇ *to change dollars into francs* cambiar dólares en francos **2** *vt* **~ sth/sb (into sth)** convertir algo/a algn (en algo) **3** *vi* **~ from sth (in)to sth** pasar de algo a algo: *His expression changed from surprise to horror.* Su expresión pasó del asombro al horror.
LOC **to change hands** cambiar de manos **to change places (with sb) 1** cambiarse el/de sitio (con algn) **2** (*fig*) cambiarse (por algn) **to change the subject** cambiar de tema **to change your spots** ir contra la naturaleza de uno mismo **to change your tune** (*coloq*) cambiar de actitud **to change your ways** cambiar de forma de ser *Ver tb* HORSE, LEOPARD
PHR V **to change back into sth 1** (*ropa*) ponerse algo otra vez **2** volver a convertirse en algo
to change down reducir la marcha
to change into sth 1 ponerse algo **2** transformarse en algo
to change over (from sth to sth) cambiar (de algo a algo)
■ **change** *n* **1** cambio: *a change of job* un cambio de trabajo ◇ *It came as a welcome change.* El cambio me vino muy bien. ◇ *Have you got a change of socks?* ¿Tienes otro par de calcetines? *Ver tb* GEAR CHANGE, SEA CHANGE **2** transbordo **3** (*dinero*) **(a)** [*incontable*] monedas: *loose change* dinero suelto **(b)** vuelta *Ver tb* SHORT CHANGE
LOC **a change for the better/worse** un cambio a mejor/peor **a change is as good as a rest** un cambio siempre sienta bien **a change of air/climate/scene** un cambio de aires **a change of heart** un cambio de actitud/opinión **for a change** por variar: *We're going to Germany for a change.* Vamos a Alemania por variar. **the change of life** la menopausia **to get no change out of sb** (*coloq*) no sacarle nada a algn **to make a change** cambiar las cosas *Ver tb* CHOP³, RING², WIND¹
changeable /ˈtʃeɪndʒəbl/ *adj* variable
changeless /ˈtʃeɪndʒləs/ *adj* inmutable
changeover /ˈtʃeɪndʒəʊvə/ *n* cambio (*p.ej. de un sistema político a otro*)
changing room /ˈtʃeɪndʒɪŋ rʊm/ *n* **1** probador **2** vestuario
channel /ˈtʃænl/ *n* **1** cauce: *irrigation channel* acequia **2** canal (de navegación) **3(a)** canal **(b) the (English) Channel** el Canal de la Mancha **4** (*fig*) vía: *channels of communication* vías de comunicación **5(a)** (*Radio*) banda **(b)** (*TV*) cadena, canal
■ **channel** *vt* **(-ll-,** *USA tb* **-l-) 1** encauzar **2** acanalar
chant /tʃɑːnt/ *n* **1** (*Relig*) canto (litúrgico): *plain chant* canto llano ◇ *medieval chant* cántico medieval **2** (*multitud*) consigna, canción
■ **chant** *vt* **1** (*Relig*) cantar: *to chant the liturgy* cantar la liturgia **2** (*multitud*) corear, gritar: *'Resign!', chanted the crowd.* —¡Dimite!, coreaba la multitud.
chaos /ˈkeɪɒs/ *n* [*incontable*] caos: *to cause chaos* provocar un caos
▶ **chaotic** *adj* caótico
chap¹ /tʃæp/ *n* (*GB, coloq*) tío: *He's a good chap.* Es un buen tío.
chap² (*tb* **ch**) *abrev de* **chapter**
chapel /ˈtʃæpl/ *n* capilla: *Lady chapel* capilla de la Virgen ◇ *Methodist chapel* templo metodista ☛ *Ver ilustración en* IGLESIA
chaperone (*tb* **chaperon**) /ˈʃæpərəʊn/ *n* **1** (*para mujer*) acompañante, escolta **2** (*para niños*) acompañante
■ **chaperone** (*tb* **chaperon**) *vt* **~ sb** acompañar a algn (*para que no se meta en problemas*)
chaplain /ˈtʃæplɪn/ *n* capellán: *army chaplain* capellán castrense
chapped /ˈtʃæpt/ *adj* agrietado
chapter /ˈtʃæptə(r)/ *n* **1** (*abrev* **ch, chap**) capítulo **2** época **3** (*Relig*) cabildo: *chapter house* sala capitular
LOC **chapter and verse** con pelos y señales **chapter of accidents** serie de accidentes
char¹ /tʃɑː(r)/ *vt, vi* **(-rr-) 1** chamuscar(se): *char-grilled steak* filete a la brasa **2** carbonizar(se): *charred remains* restos carbonizados
char² /tʃɑː(r)/ *n* (*GB, antic, coloq*) té: *a cup of char* una taza de té
char³ *n Ver* CHARWOMAN
character /ˈkærəktə(r)/ *n* **1** carácter: *She's a real*

character! ¡Es todo un carácter! ◊ *It takes character to do that.* Hace falta tener carácter para hacer eso. ◊ *character actor* actor polifacético ◊ *character references* referencias personales ◊ *character assassination* difamación **2** (*coloq*) tipo: *a suspicious character* un tipo sospechoso **3** (*Liter*) personaje: *the main character* el protagonista **4** reputación: *to damage sb's character* dañar la reputación de algn

LOC in character típico (de algn) **out of character**: *She acted quite out of character.* Se comportó de un modo muy raro.

▶ **characterless** *adj* sin carácter

characteristic /ˌkærəktəˈrɪstɪk/ *adj* característico

■ **characteristic** *n* rasgo, característica

▶ **characteristically** *adv* característicamente: *His answer was characteristically frank.* Respondió con la franqueza que lo caracteriza.

characterize, -ise /ˈkærəktəraɪz/ *vt* **1 ~ sth/sb as sth** calificar algo/a algn de algo **2** caracterizar: *The disease is characterized by spasmodic coughing.* La enfermedad se caracteriza por una tos espasmódica.

▶ **characterization, -isation** *n* **1** descripción **2** caracterización

charade /ʃəˈrɑːd; *USA* ʃəˈreɪd/ *n* **1 charades** [*sing*] (*juego*) charada **2** (*fig*) farsa

charcoal /ˈtʃɑːkəʊl/ *n* **1(a)** carbón vegetal **(b)** (*Arte*) carboncillo: *a charcoal sketch* un dibujo a carboncillo **2** (*tb* **charcoal grey**) color gris marengo

charcoal-burner /ˈtʃɑːkəʊl bɜːnə(r)/ *n* carbonero, -a

chard /tʃɑːd/ (*tb* **Swiss chard**) *n* [*incontable*] acelga

charge[1] /tʃɑːdʒ/ *n* **1** (*gen Jur*) acusación **2(a)** (*Mil*) carga **(b)** (*Dep*) ataque **(c)** (*de animales*) embestida **3(a)** cargo, coste: *free of charge* gratis/sin cargo adicional **(b)** (*profesional*) honorarios *Ver tb* COVER CHARGE, SERVICE CHARGE **4** (*responsabilidad*) cargo: *to leave a child in a friend's charge* dejar a un niño al cargo de un amigo **5(a)** (*eléctrica*) carga **(b)** (*arma*) carga **6** (*formal*) instrucciones

LOC in charge (of sth/sb) a cargo (de algo/algn): *Who's in charge here?* ¿Quién es el encargado aquí? **in/under sb's charge** a cargo/bajo el cuidado de algn **to bring/press charges/a charge (of sth) against sb** presentar cargos (de algo) contra algn **to give sb in charge** (*GB*) entregar a algn a la policía **to have charge of sth** estar a cargo de algo **to lay sth to sb's charge** (*formal*) acusar a algn de algo **to take charge (of sth)** hacerse cargo (de algo) *Ver tb* EARTH, FACE[2], PREFER, REVERSE[3]

charge[2] /tʃɑːdʒ/ **1** *vt* (*Jur*) **(a) ~ sb (with sth)** acusar a algn (de algo) **(b)** (*formal*) alegar: *It is charged that on 30 November, the accused...* Se alega que el 30 de noviembre, el acusado... **2** *vt, vi* **~ (at) sth/sb (a)** (*Mil, Dep*) cargar (contra algo/algn) **(b)** (*animal*) embestir (algo/a algn) **3** *vi* **~ down, in, up, etc** lanzarse (en la dirección especificada): *The children charged down/up the stairs.* Los niños se lanzaron escaleras abajo/arriba. **4** *vt, vi* cobrar: *How much do you charge for mending shoes?* ¿Cuánto cobra por arreglar zapatos? **5** *vt* (*pistola, pila*) cargar: *a voice charged with tension/excitement* una voz cargada de tensión/emoción *Ver tb* SUPERCHARGE, TURBOCHARGED **6** *vt* (*formal*) encomendar

PHR V to charge sth (up) (to sb) cargar algo a la cuenta (de algn)

to charge sb/yourself with sth (*formal*) encargar a algn algo/encargarse de algo

chargeable /ˈtʃɑːdʒəbl/ *adj* **1** imponible, sujeto a pago **2 ~ to sb** (*pago*) a cargo de algn

charge account (*USA*) (*GB* **credit account**) *n* cuenta de crédito *Ver tb* ACCOUNT

chargé d'affaires (*pl* **chargés d'affaires**) /ˌʃɑːʒeɪ dæˈfeə(r)/ *n* encargado de negocios

charger /ˈtʃɑːdʒə(r)/ *n* (*antic*) corcel

charge sheet *n* (*GB*) copia de la denuncia

chariot /ˈtʃæriət/ *n* carro

▶ **charioteer** /ˌtʃæriəˈtɪə(r)/ *n* auriga

charisma /kəˈrɪzmə/ *n* carisma

▶ **charismatic** *adj* carismático

charismatically *adv* carismáticamente

charitable /ˈtʃærətəbl/ *adj* **1** (*persona*) **(a)** caritativo **(b)** comprensivo **2** (*organización*) benéfico

▶ **charitably** *adv* comprensivamente

charity /ˈtʃærəti/ *n* (*pl* **-ies**) **1** caridad: *to live on/off charity* vivir de la caridad **2** comprensión **3** (*organismo*) organización benéfica: *to raise/collect funds for charity* reunir fondos/hacer una colecta con fines benéficos ◊ *a charity concert/a concert for charity* un concierto benéfico

LOC charity begins at home (*refrán*) la caridad bien entendida empieza por uno mismo

charity shop *n* tienda que pertenece a una organización benéfica

En Gran Bretaña, estas tiendas venden sobre todo ropa y objetos usados donados por la gente. Los que trabajan en ellas son voluntarios y el dinero que obtienen de la venta se destina a la organización benéfica propietaria de la tienda.

charlady /ˈtʃɑːleɪdi/ *n Ver* CHARWOMAN

charlatan /ˈʃɑːlətən/ *n* charlatán

▶ **charlatanism** *n* charlatanismo

Charleston /ˈtʃɑːlstən/ *n* charlestón

charlie /ˈtʃɑːli/ *n* (*GB, coloq*) primo

charm /tʃɑːm/ *n* **1** encanto: *to turn on the charm/your charms* hacer uso de tus encantos **2** amuleto: *a charm bracelet* una pulsera de colgantes **3** hechizo

LOC to work like a charm (*coloq*) tener un efecto mágico

■ **charm** *vt* encantar: *He has a charmed life.* Es muy afortunado en la vida.

PHR V to charm sth from/out of sth/sb conseguir algo de algo/algn por medio del encanto

▶ **charmer** *n* persona encantadora

charming *adj* encantador

charmingly *adv* de forma encantadora

charnel house /ˈtʃɑːnl haʊs/ *n* osario

chart /tʃɑːt/ *n* **1** (*marino, aeronaútico*) carta de navegación **2** gráfica: *a flow chart* un diagrama de flujo ◊ *a pie chart* una gráfica proporcional ☛ *Ver ilustración en* GRÁFICO **3 the charts** [*pl*] (*discos*) los cuarenta principales

■ **chart** *vt* trazar (*un mapa*): *to chart the course/the progress of sth* hacer un gráfico de la trayectoria/del progreso de algo

charter /ˈtʃɑːtə(r)/ *n* **1** estatutos: *privileges granted by royal charter* privilegios otorgados por cédula real **2** flete: *a charter plane/boat* un avión/barco fletado

■ **charter** *vt* **1** otorgar autorización a: *a chartered company* una empresa autorizada **2** (*avión*) fletar

▶ **chartered** /ˈtʃɑːtəd/ *adj* diplomado: *chartered accountant* auditor

charter flight *n* vuelo chárter ☛ *Comparar con* SCHEDULED FLIGHT

charwoman /ˈtʃɑːwʊmən/ (*tb* **charlady**, **char**) *n* limpiadora

chary /ˈtʃeəri/ *adj* (**-ier, -iest**) **1** cauto: *chary of lending money* cauto en prestar dinero **2** parco

chase[1] /tʃeɪs/ *vt, vi* **1 ~ (after) sth/sb** perseguir algo/a algn: *He's always chasing (after) women.* Siempre anda persiguiendo mujeres. ◊ *My dog likes chasing (after) rabbits.* A mi perro le gusta cazar conejos. **2** (*coloq*) andar detrás (de): *to chase after fame/success* ir en pos de la fama/del éxito

PHR V to chase about, around, etc correr: *I've been chasing about all morning.* No he parado en toda la mañana. ◊ *He chased out of the room at top speed.* Salió disparado de la habitación.

to chase sth/sb away, off, out, etc echar/ahuyentar algo/a algn

to chase sb up (*GB, coloq*) contactar con algn (*para pedirle dinero o información*): *I'll have to chase them up about the invoice.* Tendré que recordarles que la factura está todavía pendiente.
to chase sth up (*GB, coloq*) agilizar algo
chase² /tʃeɪs/ *n* **1** persecución: *a car chase* una persecución en coche *Ver tb* STEEPLECHASE **2** (*animales*) caza: *to join in the chase* unirse a la caza *Ver tb* WILD-GOOSE CHASE
LOC to give chase dar caza **to give up the chase** abandonar la caza/persecución
chaser /ˈtʃeɪsə(r)/ *n* **1** caballo de carreras de obstáculos **2** (*coloq*) bebida distinta a la que se ha tomado anteriormente
chasm /ˈkæzəm/ *n* abismo
chassis /ˈʃæsi/ *n* (*pl* **chassis** /ˈʃæsɪz/) chasis ☛ *Ver ilustración en* CAR
chaste /tʃeɪst/ *adj* casto
▶ **chastely** *adv* castamente
chastened /ˈtʃeɪsnd/ *adj* **1** escarmentado **2** (*tono*) sumiso
▶ **chastening** *adj* que sirve de escarmiento
chastise /tʃæˈstaɪz/ *vt* (*formal*) castigar ☛ La palabra más normal es **punish**.
▶ **chastisement** /tʃæˈstaɪzmənt, ˈtʃæstɪzmənt/ *n* (*formal*) castigo ☛ La palabra más normal es **punishment**.
chastity /ˈtʃæstəti/ *n* castidad
chasuble /ˈtʃæzjʊbl/ *n* casulla
chat /tʃæt/ *n* charla *Ver tb* CHIT-CHAT
■ **chat** *vi* **(-tt-) ~ (to/with sb) (about sth)** charlar (con algn) (de algo) ☛ *Ver nota en* HABLAR
PHR V to chat sb up (*GB, coloq*) enrollarse con algn (*para ligar*)
château /ˈʃætəʊ; *USA* ʃæˈtəʊ/ *n* (*Fr*) (*pl* **châteaux** /-təʊz/) castillo o villa grande en Francia
chat show (*tb* **talk show**) *n* programa de entrevistas
chattel /ˈtʃætl/ *n* **LOC** *Ver* GOODS
chatter /ˈtʃætə(r)/ *vi* **1 ~ (away/on)** parlotear **2(a)** (*mono*) chillar **(b)** (*pájaro*) trinar **3** (*dientes*) castañetear
■ **chatter** *n* **1** [*incontable*] parloteo **2(a)** (*mono*) chillido **(b)** (*pájaro*) trino **3** (*dientes*) castañeteo
chatterbox /ˈtʃætəbɒks/ *n* parlanchín, -ina
chatty /ˈtʃæti/ *adj* **1** (*persona*) parlanchín **2** (*carta*) informal
chauffeur /ˈʃəʊfə(r); *USA* ʃəʊˈfɜːr/ *n* chófer
■ **chauffeur** *vt* **~ sb around 1** hacer de chófer para algn **2** llevar en coche a algn
chauvinism /ˈʃəʊvɪnɪzəm/ *n* **1** chovinismo, patriotería **2** *Ver* MALE CHAUVINISM
chauvinist /ˈʃəʊvɪnɪst/ *n* **1** chovinista, patriotero, -a **2** *Ver* MALE CHAUVINIST
■ **chauvinist** (*tb* **chauvinistic**) *adj* **1** chovinista, patriotero, -a **2** machista
cheap /tʃiːp/ *adj* **(-er, -est) 1(a)** barato: *cheap and cheerful* bueno y barato ◊ *It would be cheaper (for him) to hire somebody.* Le saldría más barato coger a alguien. **(b)** (*billete, etc*) económico *Ver tb* DIRT CHEAP **2** de mala calidad **3** (*coloq*) (*comentario, chiste, etc*) ordinario **4** (*USA, coloq*) tacaño
LOC cheap at the price (*GB*) regalado **to be cheap at the price** ser una ganga **to hold sth cheap** (*GB, formal*) tener algo en poco
■ **cheap** *adv* (*coloq*) barato
LOC not to come cheap (*coloq*) no ser barato: *Success doesn't come cheap.* El éxito tiene su precio. **to be going cheap** (*coloq*) estar de oferta
■ **cheap** *n*
LOC on the cheap (*coloq*) en plan económico, por/con cuatro cuartos
▶ **cheapen** *vt* abaratar: *to cheapen yourself* rebajarse
cheaply *adv* barato, a bajo precio
cheapness *n* lo barato
cheapskate /ˈtʃiːpskeɪt/ *n* rata (*tacaño*)
cheat /tʃiːt/ **1** *vi* hacer trampas **2** *vi* (*colegio*) copiar(se) **3** *vt* engañar
PHR V to cheat on sb engañar a algn (*siendo infiel*)
to cheat sb (out) of sth quitar algo a algn (por medio de engaños): *He cheated her out of her inheritance.* La estafó y le quitó la herencia.
■ **cheat** *n* **1** tramposo, -a **2** engaño, trampa
check /tʃek/ **1** *vt* comprobar, revisar: *to check items against a list* cotejar objetos con una lista ◊ *We should check the extinguishers.* Deberíamos revisar los extintores. ◊ *Have you checked the oil?* ¿Has mirado el aceite? ◊ *I'm just going to check they're asleep.* Voy a ver si se han dormido. *Ver tb* CROSS-CHECK, DOUBLE-CHECK **2** *vt, vi* asegurar(se) **3** *vt* contener **4** *v refl* detenerse: *to check yourself* detenerse **5** *vt* dar jaque a
LOC to check (sth) for sth comprobar que no haya algo (en algo)
PHR V to check (sb) in (at a hotel, etc) registrar a algn/registrarse (en un hotel, etc)
to check sth in facturar algo (*equipaje*)
to check into sth registrarse en algo (*hotel, etc*)
to check sth off tachar algo de una lista
to check out (of a hotel) saldar la cuenta y marcharse (de un hotel)
to check sth/sb out (*USA*) hacer averiguaciones sobre algo/algn *Ver* TO CHECK (UP) ON STH/SB
to check (up) on sth/sb hacer averiguaciones sobre algo/algn
■ **check** *n* **1** comprobación, revisión *Ver tb* SOUND-CHECK, SPOT CHECK **2** investigación **3(a)** detención, reducción **(b) ~ (on sth)** freno (para algo) **4** jaque: *in check* en jaque ◊ *to put sb in check* hacerle jaque a algn **5** (*USA*) *Ver* CHEQUE **6** (*USA tb* **check mark**, *GB* **tick**) señal **7** (*USA*) *Ver* BILL¹ sentido 1 *Ver tb* RAIN-CHECK
LOC to hold/keep sth in check contener/controlar algo: *to keep your temper in check* contener el genio
■ **check** *interj* ¡jaque!
■ **check** *adj Ver* CHECKED
checkbook /ˈtʃekbʊk/ *n* (*USA*) *Ver* CHEQUEBOOK
checked /tʃekt/ (*tb* **check**) *adj* a cuadros: *a check skirt* una falda de cuadros ☛ *Ver ilustración en* PATTERN
checker /ˈtʃekə(r)/ *n* encargado, -a de control
checkered *adj* (*USA*) *Ver* CHEQUERED
checkers /ˈtʃekəz/ (*USA*) (*GB* **draughts**) *n* [*sing*] damas (*juego*)
check-in /ˈtʃek ɪn/ *n* facturación (*en un aeropuerto*)
checklist /ˈtʃeklɪst/ *n* lista
checkmate /ˈtʃekmeɪt/ (*tb* **mate**) *n* jaque mate
■ **checkmate** *vt* dar jaque mate a
checkout /ˈtʃekaʊt/ *n* **1** caja (*en una tienda*) **2** acto de pagar y marcharse de un hotel
checkpoint /ˈtʃekpɔɪnt/ *n* puesto de control
check-up /ˈtʃek ʌp/ *n* **1** chequeo (*médico*) **2** comprobación
Cheddar /ˈtʃedə(r)/ *n* tipo de queso curado originario de Cheddar, Inglaterra
cheek /tʃiːk/ *n* **1** mejilla ☛ *Ver ilustración en* HEAD¹ **2** (*fig*) cara: *He had the cheek to...* Tuvo la cara de... ◊ *What (a) cheek!* ¡Qué descaro! **3** (*coloq*) nalga
LOC cheek by jowl (with sth/sb) codo con codo (con algo/algn) **cheek to cheek** abrazado: *They were dancing cheek to cheek.* Estaban bailando muy juntitos. **to turn the other cheek** ofrecer la otra mejilla *Ver tb* TONGUE
▶ **cheekily** *adv* descaradamente
cheeky *adj* **(-ier, -iest)** descarado
cheekbone /ˈtʃiːkbəʊn/ *n* pómulo
cheep /tʃiːp/ *n* pío
■ **cheep** *vi* piar
cheer /tʃɪə(r)/ **1** *vt, vi* aclamar, vitorear: *The crowd cheered him as he reached the finishing line.* La multi-

tud le aclamaba al acercarse a la línea de meta. **2** *vt* animar, alegrar: *He was greatly cheered by the news.* Se animó mucho con la noticia.

PHR V **to cheer sb on** alentar a algn

to cheer up animarse: *Cheer up!* ¡Anímate!

to cheer sth/sb up alegrar algo, animar a algn

■ **cheer** *n* **1** ovación, vítor: *Three cheers for the bride and groom!* ¡Tres hurras por los novios! ◊ *A loud cheer went up.* Se escuchó una fuerte ovación. **2** (*antic*) **(a)** alegría: *Christmas cheer* la alegría navideña **(b)** esperanza: *He took cheer from her words of advice.* Sus consejos le dieron esperanzas.

▶ **cheerful** *adj* **1(a)** alegre **(b)** agradable **2** servicial

cheerfully *adv* **1** alegremente **2** (*coloq*) tranquilamente: *I could quite cheerfully strangle him.* Podría estrangularle tranquilamente.

cheerfulness *n* alegría, animación

cheerily *adv* (*coloq*) alegremente

cheering 1 *n* [*incontable*] vítores **2** *adj* **(a)** alentador, reconfortante: *cheering news* noticias reconfortantes **(b)** aclamador: *He glanced across at the cheering crowd.* Miró hacia la multitud que le aclamaba.

cheerio /ˌtʃɪəriˈəʊ/ *interj* (*pl* **~s**) (*GB*) adiós

cheerleader /ˈtʃɪəliːdə(r)/ *n* (*USA*) animador, -ora (*fútbol americano, baloncesto*)

cheerless /ˈtʃɪələs/ *adj* lúgubre, triste

cheers /tʃɪəz/ *interj* (*GB*) **1** ¡salud! **2** adiós **3** gracias

cheery /ˈtʃɪəri/ *adj* (**-ier**, **-iest**) alegre

cheese /tʃiːz/ *n* **1** [*incontable*] queso: *Would you like some cheese?* ¿Quieres queso? ◊ *cheese omelette* tortilla de queso **2** [*contable*] (tipo de) queso: *a wide variety of cheeses* una amplia selección de quesos *Ver tb* COTTAGE CHEESE, GOAT'S CHEESE, PARMESAN (CHEESE) LOC *Ver* BIG, CHALK, DIFFERENT, SAY

■ **cheese** *v* (*coloq*)

PHR V **to be cheesed off** estar hasta las narices: *He's cheesed off with his job.* Está hasta las narices de su trabajo.

cheeseboard /ˈtʃiːzbɔːd/ *n* tabla de queso, tabla de quesos

cheeseburger /ˈtʃiːzbɜːgə(r)/ *n* hamburguesa con queso

cheesecake /ˈtʃiːzkeɪk/ *n* tarta de queso

cheesecloth /ˈtʃiːzklɒθ; *USA* -klɔːθ/ *n* (*tela*) estopilla

cheetah /ˈtʃiːtə/ *n* guepardo

chef /ʃef/ *n* cocinero, -a jefe

chemical /ˈkemɪkl/ *adj* químico: *chemical warfare* guerra química ◊ *chemical weapons* armas químicas *Ver tb* PETROCHEMICAL

■ **chemical** *n* sustancia química

▶ **chemically** *adv* químicamente

chemist /ˈkemɪst/ *n* **1** (*USA* **pharmacist**) farmacéutico, -a **2** químico, -a: *research chemist* investigador en el campo de la química

chemistry /ˈkemɪstri/ *n* química: *a chemistry lesson* una clase de química

chemist's (shop) (*tb* **pharmacy**, *USA* **drugstore**) *n* farmacia: *to buy aspirin at the chemist's on the corner* comprar aspirinas en la farmacia de la esquina ◊ *a duty chemist's* una farmacia de guardia ☛ *Ver nota en* CARNICERÍA, FARMACIA

chemotherapy /ˌkiːməʊˈθerəpi/ *n* quimioterapia

chenille /ʃəˈniːl/ *n* cordón, lana de terciopelo

cheque (*USA* **check**) /tʃek/ *n* cheque: *to write a cheque for £50* extender un cheque por 50 libras ◊ *Are you paying in cash or by cheque?* ¿Va a pagar en efectivo o con cheque? *Ver tb* EUROCHEQUE, PAY CHEQUE, TRAVELLER'S CHEQUE

chequebook (*USA* **checkbook**) /ˈtʃekbʊk/ *n* talonario (*de cheques*)

cheque card *n* (*GB*) tarjeta bancaria que garantiza el pago de cheques

chequered (*USA* **checkered**) /ˈtʃekəd/ *adj* **1** (*dibujo*) a cuadros **2** (*fig*) con altibajos

cherish /ˈtʃerɪʃ/ *vt* **1** (*libertad, tradiciones*) valorar: *She cherishes her independence above all.* Valora su independencia sobre todas las cosas. **2** (*persona*) querer, cuidar **3** (*esperanza*) abrigar **4** (*recuerdo*) guardar con cariño

cheroot /ʃəˈruːt/ *n* puro

cherry /ˈtʃeri/ *n* (*pl* **-ies**) **1** cereza ☛ *Ver ilustración en* FRUTA **2** (*tb* **cherrywood**) (*madera*) cerezo **3** (*tb* **cherry tree**) (*árbol*) cerezo **4** (*tb* **cherry red**) (*color*) rojo cereza LOC *Ver* TWO

cherry blossom *n* flor del cerezo

cherry tomato *n* (*pl* **~es**) tomate enano

cherub /ˈtʃerəb/ *n* (*pl* **~s** o **cherubim**) querubín

▶ **cherubic** /tʃɪˈruːbɪk/ *adj* angelical

chervil /ˈtʃɜːvɪl/ *n* (*Bot*) perifollo

chess /tʃes/ *n* ajedrez ☛ *Ver ilustración en* AJEDREZ

chessboard /ˈtʃesbɔːd/ *n* tablero de ajedrez ☛ *Ver ilustración en* AJEDREZ

chest /tʃest/ *n* **1** arcón: *a medicine chest* un botiquín ◊ *a tool chest* una caja de herramientas ◊ *treasure chest* cofre del tesoro *Ver tb* HOPE CHEST, TEA CHEST **2** (*tórax*) pecho: *pains in the chest* dolores de pecho ◊ *a chest cold* un catarro de pecho *Ver tb* FLAT-CHESTED ☛ *Comparar con* BREAST

LOC **to get it/something off your chest** (*coloq*) quitarse un peso de encima, desahogarse *Ver tb* CARD[1]

▶ **chesty** /ˈtʃesti/ *adj* (*GB, coloq*) *a chesty cough* una tos de pecho ◊ *I'm a bit chesty in the morning.* Toso bastante por las mañanas.

chestnut /ˈtʃesnʌt/ *n* **1** (*fruto*) castaña: *roasted chestnuts* castañas asadas ☛ *Ver ilustración en* NUT *Ver tb* HORSE CHESTNUT **2** (*árbol, madera*) castaño **3** (*caballo*) alazán, -ana **4** (*coloq*) batallita

■ **chestnut** *adj, n* (color) caoba: *chestnut hair* pelo castaño ☛ *Ver nota en* CASTAÑO

chest of drawers (*USA* **bureau**) *n* cómoda

chevron /ˈʃevrən/ *n* galón militar (*en forma de V invertida*)

chew /tʃuː/ *vt* **~ sth (up)** masticar algo: *The hoover chewed up the rug.* La aspiradora se cargó la alfombra. ◊ *to chew your lip/nails* morderse los labios/las uñas

LOC **to chew the cud (of sth)** rumiar (algo) *Ver tb* BITE[1]

PHR V **to chew sth over** (*coloq*) rumiar algo

chewing gum (*tb* **gum**) *n* [*incontable*] chicle

chiaroscuro /kiˌɑːrəˈskʊərəʊ/ *n* [*incontable*] (*Arte*) claroscuro

chic /ʃiːk/ *adj, n* chic

chicane /ʃɪˈkeɪn/ *n* obstáculo (*en carreras de coches*)

chicanery /ʃɪˈkeɪnəri/ *n* argucias: *a clever piece of chicanery* una argucia muy inteligente

chick /tʃɪk/ *n* **1** polluelo **2** (*antic, ofen*) chavala

chicken /ˈtʃɪkɪn/ *n* **1(a)** (*ave*) gallina: *It's a chicken and egg situation.* Es la clásica situación de qué fue primero, el huevo o la gallina. **(b)** (*carne*) pollo: *slices of roast chicken* filetes de pollo asado **2** (*argot*) miedica, gallina **3** (*argot*) juego en el que el primero que abandona es un cobarde

LOC **to be no (spring) chicken** (*coloq*) ya no ser ningún crío/ninguna cría *Ver tb* COUNT[1]

■ **chicken** *v*

PHR V **to chicken out** (*coloq*) rajarse: *I chickened out of confessing what I'd paid.* Me rajé y no le dije lo que había pagado.

■ **chicken** *adj* (*argot*) cobarde

chicken feed *n* **1** pienso para gallinas **2** (*coloq, fig*) birria

chickenpox /ˈtʃɪkɪnpɒks/ *n* varicela

chicken wire *n* tela metálica (*como la de gallinero*)

chickpea /ˈtʃɪkpiː/ *n* garbanzo

chickweed /ˈtʃɪkwiːd/ *n* (*Bot*) pamplina
chicory /ˈtʃɪkəri/ *n* [*incontable*] **1** (*USA* **endive**) endibia **2** achicoria
chide /tʃaɪd/ *vt* (*pret* **chided** /ˈtʃaɪdɪd/ o **chid** /tʃɪd/ *pp* **chided**, **chid** o **chidden** /ˈtʃɪdn/) (*antic* o *formal*) reprochar: *She chided him for his laziness.* Le reprochó su holgazanería.
chief /tʃiːf/ *n* jefe, -a: *Chief of Staff* jefe del Estado Mayor ◊ *Chief Constable* jefe de policía ◊ *commander-in-chief* comandante en jefe
■ **chief** *adj* principal: *the chief thing to remember is…* lo principal a tener en cuenta es…
▶ **chiefly** *adv* **1** sobre todo **2** principalmente
chieftain /ˈtʃiːftən/ *n* cacique (*de tribu o clan*)
chiffon /ˈʃɪfɒn; *USA* ʃɪˈfɒn/ *n* (*tela*) gasa
chignon /ˈʃiːnjɒn/ *n* moño francés
chilblain /ˈtʃɪlbleɪn/ *n* sabañón
child /tʃaɪld/ *n* (*pl* **children** /ˈtʃɪldrən/) **1** niño, -a: *children's clothes* ropa para niños ◊ *children's television* programación infantil ◊ *child care* puericultura ◊ *child care provisions* servicios de cuidado de los niños ◊ *child protection* protección de menores *Ver tb* SCHOOLCHILD **2** hijo, -a: *She is an only child.* Es hija única. *Ver tb* GODCHILD, GRANDCHILD, LOVE CHILD, STEPCHILD **3** producto: *She's a real child of the sixties.* Es el típico producto de los sesenta. *Ver tb* BRAINCHILD
LOC **child's play** (*coloq, fig*) juego de niños **to be with child** (*antic*) estar embarazada *Ver tb* EXPECT
▶ **childless** *adj* sin hijos
childbearing /ˈtʃaɪldbeərɪŋ/ *n* parto: *She's past childbearing age.* Ya no está en edad de parir.
child benefit *n* (*GB*) subvención familiar
childbirth /ˈtʃaɪldbɜːθ/ *n* parto: *She died in childbirth.* Murió en el parto.
child care *n* cuidado de los niños, puericultura: *Are there any child care facilities?* ¿Hay algún sitio para dejar a los niños? ☛ *Ver nota en* GUARDERÍA
childhood /ˈtʃaɪldhʊd/ *n* infancia: *childhood memories* recuerdos de la niñez **LOC** *Ver* SECOND[1]
childish /ˈtʃaɪldɪʃ/ *adj* **1** infantil **2** (*pey*) inmaduro: *Don't be so childish!* Deja de portarte como un niño. ☛ *Comparar con* CHILDLIKE
▶ **childishly** *adv* de forma muy inmadura
childishness *n* [*incontable*] inmadurez
childlike /ˈtʃaɪldlaɪk/ *adj* (*aprob*) de niño: *childlike trust/honesty* confianza/sinceridad como la de un niño ☛ *Comparar con* CHILDISH
childminder /ˈtʃaɪldmaɪndə(r)/ *n* (*GB*) persona que cuida niños en su casa

Para el cuidado de los niños en Gran Bretaña, además de *niñeras* (**nanny**), *canguros* (**babysitter**) y **au pairs**, los padres también utilizan los servicios de los **childminders**. Antes de ir al trabajo, dejan a los niños en casa del **childminder**, que a menudo los cuida junto con sus propios hijos. Cuando los niños ya están en edad escolar, el **childminder** puede recogerlos del colegio y cuidarlos hasta que los padres vuelven del trabajo.
A diferencia de las **nannies**, los **childminders** no necesitan título para ejercer su trabajo, pero se pueden inscribir en una lista del ayuntamiento como **registered childminders**, asisten a cursos periodicamente y están controlados por los servicios sociales.

childproof /ˈtʃaɪldpruːf/ *adj* a prueba de niños
chili *n* (*USA*) *Ver* CHILLI
chill /tʃɪl/ *n* **1** frío **2** resfriado: *to catch/get a chill* resfriarse **3** escalofrío: *It sent chills up/down my spine.* Me dio escalofríos.
■ **chill 1** *vt* helar **2** *vt, vi* (*comestibles*) enfriar(se), refrigerar(se): *frozen and chilled foods* alimentos congelados y refrigerados *Ver tb* SPINE-CHILLER
LOC **to chill sb to the bone/marrow** helar a algn hasta los huesos
■ **chill** *adj* frío: *chill wind* viento frío
chilli (*USA* **chili**) /ˈtʃɪli/ *n* (*pl* **~es**) **1** (*tb* **chilli pepper**) guindilla **2** pimentón
chilling /ˈtʃɪlɪŋ/ *adj* escalofriante
chilly /ˈtʃɪli/ *adj* (**-ier**, **-iest**) frío
chime /tʃaɪm/ *n* **1** juego de campanas **2(a)** repique **(b)** campanada
■ **chime 1** *vi* repicar **2** *vt* **~ the hour** (*poco frec*) dar la hora: *The clock chimed two.* El reloj dio las dos.
PHR V **to chime in (with sth)** (*coloq*) interrumpir (con algo)
to chime (in) with sth (*coloq*) coincidir con algo: *Your plans chime (in) with ours.* Tus planes coinciden con los nuestros.
chimera (*tb* **chimaera**) /kaɪˈmɪərə/ *n* quimera
▶ **chimerical** *adj* quimérico
chimney /ˈtʃɪmni/ *n* (*pl* **~s**) chimenea: *chimney breast* muro que sobresale y que contiene la chimenea ◊ *chimney pot* remate de la boca de una chimenea ◊ *chimney stack* construcción de ladrillos que contiene la(s) chimenea(s) de un edificio ◊ *chimney sweep* deshollinador ☛ *Ver ilustración en* HOUSE
chimp /tʃɪmp/ *n* (*coloq*) *Ver* CHIMPANZEE
chimpanzee /ˌtʃɪmpænˈziː/ *n* chimpancé
chin /tʃɪn/ *n* barbilla *Ver tb* DOUBLE CHIN ☛ *Ver ilustración en* HEAD[1]
LOC **to keep your chin up** (*coloq*) poner al mal tiempo buena cara *Ver tb* CHUCK, CUP
china /ˈtʃaɪnə/ *n* [*incontable*] **1** porcelana: *fine china* porcelana fina ◊ *china cups* tazas de porcelana *Ver tb* BONE CHINA **2** vajilla (de porcelana) **LOC** *Ver* BULL
Chinatown /ˈtʃaɪnətaʊn/ *n* barrio chino
chinaware /ˈtʃaɪnəweə(r)/ *n* vajilla de porcelana
chinchilla /tʃɪnˈtʃɪlə/ *n* chinchilla
Chinese /tʃaɪˈniːz/ *adj* chino: *Chinese lantern* farolillo chino ◊ *Chinese leaves* col china
■ **Chinese** *n* **1** (*idioma*) chino **2 the Chinese** [*pl*] los chinos
chink[1] /tʃɪŋk/ *n* grieta, abertura
LOC **a chink in sb's armour** el punto débil de algn
chink[2] /tʃɪŋk/ *n* tintineo
■ **chink** *vt, vi* (hacer) tintinear
chintz /tʃɪnts/ *n* (*coloq*) cretona

chip /tʃɪp/ *n* **1(a)** trocito **(b)** (*madera*) astilla **2** mella, desportilladura **3(a)** (*USA* **French fry**) patata frita (*cortada a lo largo*): *fish and chips* pescado rebozado con patatas fritas ◊ (*fish and*) *chip shop* freiduría **(b)** (*USA*) (*GB* **crisp**) patata frita (*de bolsa*) ☛ *Ver ilustración en* PATATA **4** (*casino*) ficha **5** (*Elec*) chip *Ver tb* MICROCHIP **6** (*tb* **chip shot**) **(a)** (*golf*) golpe corto que eleva bastante la pelota **(b)** (*fútbol*) pase alto y corto *Ver tb* BLUE-CHIP
LOC **a chip off the old block** (*coloq*) de tal palo tal astilla **to have a chip on your shoulder** (*coloq*) estar resentido **to have had your chips** (*GB, coloq*) estar en las últimas **when the chips are down** (*coloq*) a la hora de la verdad *Ver tb* HAND[2]
■ **chip** *vt, vi* (**-pp-**) **1** desportillar(se) **2** mellar(se) **3** desconchar(se)
PHR V **to chip away at sth** minar algo (*destruir poco a poco*)
to chip in (with sth) (*coloq*) **1** (*comentario*) interrumpir (diciendo algo) **2** (*dinero*) contribuir (con algo)
to chip off desconcharse: *The paint has chipped off.* Se ha desconchado la pintura.

to chip sth off quitar algo picando: *We had to chip ice off the deck.* Tuvimos que quitar el hielo de la cubierta picándolo.

chipboard /ˈtʃɪpbɔːd/ *n* (*tabla*) aglomerado

chipmunk /ˈtʃɪpmʌŋk/ *n* ardilla listada

chipolata /ˌtʃɪpəˈlɑːtə/ *n* (*GB*) salchicha pequeña

chippie /ˈtʃɪpi/ *n* (*coloq*) *Ver* FISH AND CHIP SHOP

chippings /ˈtʃɪpɪŋz/ *n* [*pl*] **1** grava **2** (*tb* **wood chippings**) virutas de madera

chip shop *n Ver* FISH AND CHIP SHOP

chip shot *n Ver* CHIP sentido 6

chiropodist /kɪˈrɒpədɪst/ *n* podólogo, -a
▶ **chiropody** *n* podología

chiropractor /ˈkaɪərəʊpræktə(r)/ *n* quiropráctico, -a
▶ **chiropractic** *n* quiropráctica

chirp /tʃɜːp/ (*tb* **chirrup**) *n* **1** gorjeo **2** (*grillo*) canto
■ **chirp** *vi* **1** gorjear **2** (*grillo*) cantar
▶ **chirpy** *adj* alegre

chirrup /ˈtʃɪrəp/ *n, vi Ver* CHIRP

chisel /ˈtʃɪzl/ *n* **1** cincel **2** escoplo
■ **chisel** *vt* **1** cincelar: *finely chiselled features* rasgos elegantes **2** (*con cincel*) tallar

chit /tʃɪt/ *n* **1** nota (*apunte*) **2** vale (*de cambio*)

chit-chat /ˈtʃɪt tʃæt/ *n* (*coloq*) cháchara

chivalrous /ˈʃɪvlrəs/ *adj* caballeroso

chivalry /ˈʃɪvəlri/ *n* **1** caballería **2** caballerosidad
▶ **chivalric** *adj* caballeresco

chive /tʃaɪv/ *n* (*Bot*) cebollino

chivvy /ˈtʃɪvi/ *vt* (*pret, pp* **chivvied, chivied**) **1** ~ **sb** (**along**) meter prisa a algn **2** ~ **sb** (**into doing sth**) urgir a algn (para que haga algo)

chloride /ˈklɔːraɪd/ *n* cloruro: *sodium chloride* cloruro de sodio

chlorinated /ˈklɔːrɪmeɪtɪd/ *adj* (tratado) con cloro

chlorine /ˈklɔːriːn/ *n* cloro

chlorofluorocarbon /ˌklɔːrəʊˌflʊərəʊˈkɑːbən/ *n* (*abrev* **CFC**) clorofluorocarbono

chloroform /ˈklɒrəfɔːm; *USA* ˈklɔːr-/ *n* cloroformo
■ **chloroform** *vt* cloroformizar

chlorophyll /ˈklɒrəfɪl; *USA* ˈklɔːr-/ *n* clorofila

choc /tʃɒk/ *n* (*GB, coloq*) bombón: *a box of chocs* una caja de bombones

choc ice *n* (*GB*) bombón helado

chock /tʃɒk/ *n* (*cuña*) calzo: *chocks away!* ¡en marcha!
■ **chock** *vt* (*vehículo*) calzar

chock-a-block /ˌtʃɒk ə ˈblɒk/ *adj* ~(**with sth**) atestado (de algo)

chock-full /ˌtʃɒk ˈfʊl/ *adj* ~ (**of sth**) lleno a rebosar (de algo)

chocolate /ˈtʃɒklət/ *n* **1** [*incontable*] chocolate: *bar of chocolate* tableta de chocolate *Ver tb* MILK CHOCOLATE, PLAIN CHOCOLATE **2** [*contable*] bombón: *box of chocolates* caja de bombones
■ **chocolate** *adj* **1** (*salsa, pastel*) de chocolate **2** color chocolate

choice /tʃɔɪs/ *n* **1** ~ (**between A and B**) elección (entre A y B): *to make a choice* escoger **2** selección: *a limited choice* una selección limitada *Ver tb* MULTIPLE-CHOICE **3** posibilidad: *If I had the choice…* Si de mí dependiera…
LOC **for choice** preferentemente **of your choice** de tu elección **out of/from choice** por decisión propia: *He didn't do it out of choice.* No lo hizo por decisión propia. **to have no choice** no tener más remedio *Ver tb* SPOIL
■ **choice** *adj* (**-er, -est**) **1** de calidad: *choice wines* vinos de calidad **2(a)** escogido **(b)** (*joc*) (*lenguaje*) ofensivo

choir /ˈkwaɪə(r)/ *n* coro: *choir boy* niño de coro ☛ *Ver ilustración en* IGLESIA

choke /tʃəʊk/ **1** *vi* ~ (**on sth**) atragantarse (con algo): *I choked on a fish bone.* Me atraganté con una espina. ◊ *to choke to death* asfixiarse **2** *vt, vi* ahogar(se) **3** *vt* estrangular **4** *vt* ~ **sth** (**up**) (**with sth**) atascar algo (con algo)
PHR V **to choke sth back** contener algo: *to choke back your tears* tragarse las lágrimas
to choke sb off (*coloq*) disuadir a algn
■ **choke** *n* (*automóvil*) estárter: *to pull out the choke* sacar el aire ☛ *Ver ilustración en* CAR
▶ **choked** *adj* [*predicativo*] ~ (**about sth**) (*coloq*) cabreado (por algo): *to be choked* estar emocionado

cholera /ˈkɒlərə/ *n* cólera

choleric /ˈkɒlərɪk/ *adj* colérico

cholesterol /kəˈlestərɒl/ *n* colesterol

chomp /tʃɒmp/ *vt* comer con fruición

choose /tʃuːz/ (*pret* **chose** /tʃəʊz/ *pp* **chosen** /tʃəʊzn/) **1** *vt, vi* ~ (**between A and/or B**); ~ (**A from B**) elegir, escoger (entre A y B); (A de entre B): *She chose a green dress.* Escogió un vestido verde. ◊ *It didn't take her long to choose.* No le llevó mucho tiempo escoger. ◊ *They had to choose (between eating out and going to a film).* Tuvieron que escoger (entre ir a comer o ir al cine). ◊ *I chose a red pen from the selection on offer.* Escogí una pluma roja de entre las que tenían. **2** *vt, vi* ~ (**sth/sb as sth**): *She was chosen as chair.* La eligieron presidenta. ◊ *Cowley was chosen as the site for the new plant.* Cowley fue el sitio que escogieron para construir la nueva planta. **3** *vt* (*Dep*) seleccionar **4** *vi* ~ (**to do sth**) decidir (hacer algo): *I only chose to do it because of you.* Decidí hacerlo solamente por ti. **5** *vi* preferir: *to do sth whenever you choose* hacer algo cuando te apetece *Ver tb* WELL-CHOSEN
LOC **there is nothing, not much, little, etc to choose between them** vale tanto el uno como el otro *Ver tb* PICK

choosy (*tb* **choosey**) /ˈtʃuːzi/ *adj* (*coloq*) **1** melindroso **2** quisquilloso: *to be choosy about sth* ser quisquilloso con algo

chop[1] /tʃɒp/ *vt* (**-pp-**) **1(a)** ~ **sth** (**up**) (**into sth**) cortar algo (en algo): *to chop sth in two* partir algo por la mitad **(b)** picar: *chopped onion* cebolla picada ◊ *chopping board* tabla de cortar **(c)** trocear **2** (*GB, coloq*) reducir, cancelar
PHR V **to chop sth down** talar algo
to chop sth off (**sth**) **1** tronchar algo (de algo) **2** (*coloq*) cortar algo (de algo): *He had his head chopped off.* Le cortaron la cabeza.

chop[2] /tʃɒp/ *n* **1(a)** hachazo **(b)** golpe **2** chuleta: *pork chop* chuleta de cerdo **3 the chop** [*sing*] (*esp GB, argot*) *She got the chop.* La despidieron.

chop[3] /tʃɒp/ *vi* (**-pp-**)
LOC **to chop and change** cambiar de opinión varias veces

chopper /ˈtʃɒpə(r)/ *n* **1(a)** hacha **(b)** (*carne*) tajadera **2** (*coloq*) helicóptero

choppy /ˈtʃɒpi/ *adj*: *a choppy sea* un mar picado ◊ *to become choppy* picarse

chopsticks /ˈtʃɒpstɪks/ *n* [*pl*] palillos chinos

choral /ˈkɔːrəl/ *adj* coral: *choral society* orfeón

chorale /kɒˈrɑːl/ *n* coral (*música y coro*)

chord /kɔːd/ *n* (*Mús*) acorde **LOC** *Ver* STRIKE[2], TOUCH[1]

chore /tʃɔː(r)/ *n* trabajo rutinario: *household chores* quehaceres domésticos ◊ *She finds it a chore.* Lo encuentra un gran esfuerzo.

choreograph /ˈkɒriəgrɑːf, -græf; *USA* ˈkɔːriəgræf/ *vt* coreografiar
▶ **choreographer** /ˌkɒriˈɒgrəfə(r)/ *n* coreógrafo, -a
choreographic /ˌkɒriəˈgræfɪk/ *adj* coreográfico
choreography /ˌkɒriˈɒgrəfi; *USA* ˌkɔːri-/ *n* coreografía

chorister /ˈkɒrɪstə(r); *USA* ˈkɔːr-/ *n* cantante de coro (*esp un niño*)

chortle /ˈtʃɔːtl/ *n* risita
■ **chortle** *vi* reírse: *to chortle with delight* reírse con alegría

chorus /ˈkɔːrəs/ *n* **1** (*Mús, Teat*) coro: *a chorus girl* una corista ◊ *a chorus of praise* un coro de alabanzas *Ver tb* DAWN CHORUS **2** (*Mús*) estribillo: *to join in the chorus* cantar el estribillo ◊ *the verse and the chorus* las estrofas y el estribillo

LOC in chorus a coro

■ **chorus** *vt* corear

chose *pret de* CHOOSE

chosen /tʃəʊzn/ **1** *pp de* CHOOSE **2** *adj* elegido: *the chosen people* el pueblo elegido

chow /tʃaʊ/ *n* **1** (*argot*) manduca **2** chow-chow

Christ /kraɪst/ (*tb* **Jesus**, **Jesus Christ**) *n* Cristo

■ **Christ** (*tb* **Jesus**, **Jesus Christ**) *interj* (⚠) ☛ *Ver nota en* TABÚ ¡Hostia!: *For Christ's sake!* ¡Por amor de Dios!

▶ **Christlike** *adj* como/de Cristo

christen /ˈkrɪsn/ *vt* **1** bautizar **2** bautizar (con el nombre de): *She was christened Mary.* La bautizaron con el nombre de María. **3** (*coloq*, *fig*) estrenar

▶ **christening** /ˈkrɪsnɪŋ/ *n* bautismo

Christendom /ˈkrɪsndəm/ *n* [*sing*] (*antic* o *formal*) cristiandad

Christian /ˈkrɪstʃən/ *adj*, *n* cristiano, -a

▶ **Christianity** /ˌkrɪstɪˈænəti/ *n* cristianismo

Christian Democrat *n* demócrata cristiano, -a

Christian name (*esp USA* **given name**) *n* nombre de pila ☛ *Ver nota en* NAME[1]

Christmas /ˈkrɪsməs/ (*coloq* **Xmas**) *n* **1** (*tb* **Christmas Day**) (día de) navidad: *Christmas cake* tarta de navidad ◊ *Christmas card* crisma ◊ *Merry/Happy Christmas!* ¡Feliz Navidad! ◊ *Christmas carol* villancico ◊ *Christmas tree* árbol de navidad **2** (*tb* **Christmas time**) navidades *Ver tb* FATHER CHRISTMAS ☛ *Ver nota en* NAVIDAD

▶ **christmassy** *adj* (*coloq*) navideño

Christmas Eve *n* Nochebuena ☛ *Ver nota en* NAVIDAD

Christmas pudding (*tb* **plum pudding**) *n* pastel de frutos secos que se come el día de Navidad

chromatic /krəˈmætɪk/ *adj* cromático: *chromatic scale* escala cromática

chrome /krəʊm/ *n* cromo: *chrome steel/yellow* acero/amarillo de cromo

chromium /ˈkrəʊmiəm/ *n* cromo: *chromium plating/plated* cromado

chromosome /ˈkrəʊməsəʊm/ *n* cromosoma *Ver tb* X CHROMOSOME, Y CHROMOSOME

chronic /ˈkrɒnɪk/ *adj* **1** crónico: *a chronic shortage of teachers* una escasez crónica de profesores **2** (*mentiroso, alcohólico, etc*) empedernido **3** (*GB*, *coloq*) malísimo

▶ **chronically** *adv* crónicamente

chronicle /ˈkrɒnɪkl/ *n* crónica

■ **chronicle** *vt* (*Hist*) registrar

▶ **chronicler** *n* cronista

chronological /ˌkrɒnəˈlɒdʒɪkl/ *adj* cronológico

▶ **chronologically** *adv* cronológicamente

chronology /krəˈnɒlədʒi/ *n* cronología

chronometer /krəˈnɒmɪtə(r)/ *n* cronómetro

chrysalis /ˈkrɪsəlɪs/ *n* (*pl* **~es**) crisálida

chrysanthemum /krɪˈsænθəməm/ *n* crisantemo ☛ *Ver ilustración en* FLOR

chub /tʃʌb/ *n* cacho (*pez*)

chubby /ˈtʃʌbi/ *adj* (**-ier**, **-iest**) **1** regordete: *pink and chubby cherub faces* caras rosadas y regordetas de querubín **2** mofletudo

chuck /tʃʌk/ *vt* (*coloq*) **1** tirar: *Can you chuck me a pen?* ¿Me tiras un boli? **2** (*novio*) dejar **3** **~ sth (in/up)** (*trabajo, vicio*) dejar algo

LOC to chuck sb under the chin hacer cosquillas a algn debajo de la barbilla **to chuck your weight about/around** ir de jefe

PHR V to chuck sth (away) tirar algo (a la basura) **to chuck (it) down** llover a cántaros **to chuck sb out** echar a algn

■ **chuck** *n* (*debajo de la barbilla*) cosquilla

LOC to give sb the chuck (*coloq*) dar la patada a algn: *She got the chuck.* Le dieron la patada.

chuckle /ˈtʃʌkl/ *vi* reírse para uno mismo

■ **chuckle** *n* risita, risa ahogada

chuffed /tʃʌft/ *adj* (*GB*) **~ (about/with sth)** muy satisfecho (con algo)

chug /tʃʌg/ *vi* (**-gg-**) sonar (*motor en marcha lenta*): *The boat chugged down the river.* Se oía el motor del barco bajando el río.

chum /tʃʌm/ *n* (*coloq*) colega

▶ **chummy** *adj* muy colega: *He's very chummy with the boss.* Es muy colega del jefe. ◊ *They are very chummy.* Son muy colegas.

chunk /tʃʌŋk/ *n* **1** trozo: *a chunk of bread* un trozo de pan ◊ *pineapple chunks* trozos de piña **2** (*coloq*) parte: *a sizeable chunk of my income* una buena parte de mis ingresos

▶ **chunky** *adj* (**-ier**, **-iest**) **1** fornido, macizo **2** (*jersey, etc*) grueso **3** (*comida*) con trozos (*de fruta, etc*)

church /tʃɜːtʃ/ *n* **1** iglesia: *to have a church wedding* casarse por la iglesia ◊ *church steeple* campanario de la iglesia ◊ *church hall* salón parroquial *Ver tb* HIGH CHURCH, LOW CHURCH ☛ *Ver ilustración en* IGLESIA **2(a)** misa: *We'll be late for church.* Vamos a llegar tarde a misa. **(b)** (*protestante*) oficio

LOC to go to church 1 ir a misa/ir al oficio ☛ *Ver nota en* THE **2** ser practicante

churchgoer /ˈtʃɜːtʃgəʊə(r)/ *n* practicante (*iglesia*)

churchman /ˈtʃɜːtʃmən/ *n* (*pl* **-men** /-mən/) clérigo, eclesiástico *Ver tb* HIGH CHURCH, LOW CHURCH

Church of England *n* (*abrev* **CE**, **C of E**) (*Relig*) Iglesia Anglicana

churchyard /ˈtʃɜːtʃjɑːd/ *n* cementerio (*alrededor de una iglesia*) ☛ *Comparar con* CEMETERY, GRAVEYARD

churlish /ˈtʃɜːlɪʃ/ *adj* maleducado: *It would be churlish to complain.* Quejarse sería una falta de educación.

churn /tʃɜːn/ *n* **1** (*máquina*) mantequera **2** (*GB*) (*recipiente*) lechera

■ **churn 1** *vt* **(a)** (*leche*) batir (*para hacer mantequilla*) **(b) ~ sth (up)** (*agua, barro*) remover algo **2** *vi* **(a)** (*aguas*) agitarse **(b)** (*estómago*) revolverse

PHR V to churn sth out (*coloq*) fabricar algo como churros (*libros, etc*)

chute /ʃuːt/ *n* **1** tobogán (*para mercancías o desechos*) **2** tobogán de agua **3** (*coloq*) paracaídas

chutney /ˈtʃʌtni/ *n* (*pl* **~s**) salsa picante de fruta, vinagre, azúcar y especias de origen indio

CIA /ˌsiː aɪ ˈeɪ/ (*USA*) *abrev de* **Central Intelligence Agency** CIA

cicada /sɪˈkɑːdə; *USA* sɪˈkeɪdə/ *n* cigarra

CID /ˌsiː aɪ ˈdiː/ (*GB*) *abrev de* **Criminal Investigation Department** Departamento de Investigación Criminal

cider /ˈsaɪdə(r)/ *n* sidra

cigar /sɪˈgɑː(r)/ *n* puro

cigarette /ˌsɪgəˈret; *USA* ˈsɪgərət/ *n* cigarrillo: *cigarette butt/end* colilla ◊ *cigarette-case* pitillera ◊ *cigarette-holder* boquilla ◊ *cigarette-lighter* encendedor ◊ *cigarette paper* papel de fumar ☛ *Ver ilustración en* FILTER

cinch /sɪntʃ/ *n* cosa segura: *It was a cinch!* ¡Estaba tirado!

cinder /ˈsɪndə(r)/ *n* ceniza

LOC to burn, etc sth to a cinder carbonizar algo: *The cake was burnt to a cinder.* El bizcocho quedó totalmente carbonizado.

Cinderella /ˌsɪndəˈrelə/ *n* Cenicienta

cinema /ˈsɪnəmɑː, ˈsɪnəmə/ *n* cine

cinema-goer /ˈsɪnəmə gəʊə(r)/ *n* aficionado, -a al cine

cinematic /ˌsɪnəˈmætɪk/ *adj* cinemático

cinematographer /ˌsɪnəməˈtɒgrəfə(r)/ *n* cámara (*técnico*)

cinematography /ˌsɪnəməˈtɒgrəfi/ *n* cinematografía

▶ **cinematographic** *adj* cinematográfico

cinnamon /ˈsɪnəmən/ *n* **1(a)** canela **(b)** (*árbol*) canelo **2** (color) canela

cipher (*tb* **cypher**) /ˈsaɪfə(r)/ *n* **1** (*mensaje*) clave **2** (*Mat*) cero

circa /ˈsɜːkə/ *prep* (*Lat*) (*abrev* **c**, **ca**) hacia (*solo con fechas*): *born circa 1900* nacido hacia 1900

circle /ˈsɜːkl/ *n* **1(a)** círculo: *She has a large circle of friends.* Tiene un gran círculo de amigos. *Ver tb* INNER CIRCLE **(b)** circunferencia, círculo: *the circumference of a circle* el perímetro de una circunferencia ◊ *Draw a circle three inches in diameter.* Dibuja una circunferencia de tres pulgadas de diámetro. **(c)** corro: *to stand in a circle* hacer un corro *Ver tb* SEMICIRCLE, TRAFFIC CIRCLE **2** (*Teat*) anfiteatro (*primer piso*) *Ver tb* DRESS CIRCLE, UPPER CIRCLE

LOC **to go round in circles** no hacer progresos *Ver tb* FULL, SQUARE², VICIOUS

■ **circle** *vt* **1** dar vueltas a, dar una vuelta a **2(a)** rodear **(b)** marcar con un círculo

circlet /ˈsɜːklət/ *n* **1** guirnalda **2** diadema

circuit /ˈsɜːkɪt/ *n* **1** gira **2(a)** vuelta: *She ran four circuits of the track.* Dio cuatro vueltas a la pista. **(b)** pista **3** (*Elec*) circuito *Ver tb* CLOSED-CIRCUIT, SHORT CIRCUIT **4** (*ley*) distrito: *a circuit judge* un juez de distrito

circuit board *n* tarjeta, placa (*de circuitos*)

circuit-breaker *n* cortacircuitos

circuitous /səˈkjuːɪtəs/ *adj* (*formal*) tortuoso

▶ **circuitously** *adv* tortuosamente

circuitry /ˈsɜːkɪtri/ *n* sistema de circuitos

circular /ˈsɜːkjələ(r)/ *adj* **1** redondo **2** circular

■ **circular** *n* circular: *a wartime circular* una circular de la guerra

▶ **circularity** *n* argumento circular

circularize, -ise *vt* enviar una circular a

circulate /ˈsɜːkjəleɪt/ **1** *vi* circular: *Blood circulates through the body.* La sangre circula por el cuerpo. ◊ *Rumours are circulating in the palace.* En palacio circulan rumores. **2** *vt* (*carta*) hacer circular **3** *vt* anunciar por circular

circulation /ˌsɜːkjəˈleɪʃn/ *n* **1** circulación: *to have (a) good/bad circulation* tener buena/mala circulación ◊ *She's been ill but now she's back in circulation.* Ha estado enferma pero ya está haciendo vida normal. **2** (*periódico*) tirada

circulatory /ˌsɜːkjəˈleɪtəri; *USA* ˈsɜːkjələtɔːri/ *adj* circulatorio

circumcise /ˈsɜːkəmsaɪz/ *vt* circuncidar

▶ **circumcision** /ˌsɜːkəmˈsɪʒn/ *n* circuncisión

circumference /səˈkʌmfərəns/ *n* circunferencia: *the circumference of the earth* la circunferencia de la Tierra ◊ *the circumference of a circle* el perímetro de una circunferencia

circumflex /ˈsɜːkəmfleks/ (*tb* **circumflex accent**) *n* (acento) circunflejo

circumlocution /ˌsɜːkəmləˈkjuːʃn/ *n* circunloquio

circumnavigate /ˌsɜːkəmˈnævɪgeɪt/ *vt* (*formal*) circunnavegar

▶ **circumnavigation** *n* circunnavegación

circumscribe /ˈsɜːkəmskraɪb/ *vt* circunscribir: *a life circumscribed by poverty* una vida adocenada por la pobreza

circumspect /ˈsɜːkəmspekt/ *adj* circunspecto

▶ **circumspection** *n* circunspección: *to proceed with great circumspection* proceder con gran cautela

circumstance /ˈsɜːkəmstəns/ *n* **1** circunstancia: *What were the circumstances of/surrounding her death?* ¿En qué circunstancias se produjo su muerte? ◊ *He was a victim of circumstance(s).* Fue una víctima de las circunstancias. **2 circumstances** [*pl*] circunstancias económicas: *to live in affluent circumstances* vivir holgadamente

LOC **in/under no circumstances** en ningún caso **in/under the circumstances** dadas las circunstancias *Ver tb* POMP, STRAITENED

circumstantial /ˌsɜːkəmˈstænʃl/ *adj* circunstancial: *circumstantial evidence* pruebas circunstanciales

circumvent /ˌsɜːkəmˈvent/ *vt* (*formal*) **1** (*ley, regla*) burlar **2** (*problema, dificultad*) sortear

circus /ˈsɜːkəs/ *n* **1** circo: *to go to the circus* ir al circo **2** (*GB*) glorieta ☛ Se utiliza sobre todo en nombres de lugares como *Piccadilly Circus*, *Oxford Circus*, etc. *Comparar con* ROUNDABOUT

cirrhosis /səˈrəʊsɪs/ *n* cirrosis: *cirrhosis of the liver* cirrosis hepática

cirrus /ˈsɪrəs/ *n* (*pl* **cirri** /ˈsɪraɪ/) cirro: *cirrus clouds* cirros

cissy (*tb* **sissy**) /ˈsɪsi/ *adj* (*coloq, ofen*) afeminado

■ **cissy** *n* cobardica

Cistercian /sɪˈstɜːʃn/ *adj*, *n* cisterciense

cistern /ˈsɪstən/ *n* **1** cisterna **2** depósito

citadel /ˈsɪtədəl/ *n* ciudadela

citation /saɪˈteɪʃn/ *n* **1(a)** (*Jur*) citación **(b)** cita (*de texto*) **2** (*USA, Mil*) mención honorífica

cite /saɪt/ *vt* **1** citar: *to be cited in divorce proceedings* ser citado en una demanda de divorcio **2** (*USA, Mil*) mencionar

citizen /ˈsɪtɪzn/ *n* ciudadano, -a: *an American citizen* un ciudadano americano ◊ *second-class citizens* ciudadanos de segunda clase ◊ *the ordinary citizen* el ciudadano de a pie *Ver tb* FELLOW CITIZEN

▶ **citizenship** *n* ciudadanía

citizen's arrest *n* detención llevada a cabo por un ciudadano

citizens' band *n* (*abrev* **CB**) (*Radio*) banda ciudadana

citric acid /ˌsɪtrɪk ˈæsɪd/ *n* ácido cítrico

citron /ˈsɪtrən/ *n* **1** (*fruta*) cidra **2** (*árbol*) cidro

citrus /ˈsɪtrəs/ *adj* cítrico: *citrus fruit(s)* cítricos

city /ˈsɪti/ *n* (*pl* **-ies**) **1** ciudad: *the city centre* el centro de la ciudad *Ver tb* INNER-CITY ☛ *Ver nota en* CIUDAD **2 the City** [*sing*] la City (*centro financiero de Londres*): *The City reacted sharply to the meltdown.* La reacción de la City a la caída de la bolsa no se hizo esperar.

LOC *Ver* FREEDOM

city desk *n* **1** (*GB*) sección de economía (*de un periódico*) **2** (*USA*) sección de información local (*de un periódico*)

city editor *n* **1** (*GB*) redactor financiero, redactora financiera (*en un periódico*) **2** (*USA*) redactor, -ora de las noticias locales (*en un periódico*)

city state *n* ciudad-estado

civet /ˈsɪvɪt/ (*tb* **civet-cat**) *n* civeta, gato de algalia

civic /ˈsɪvɪk/ *adj* **1** municipal: *a civic function* un acto municipal **2** cívico: *civic duties* deberes cívicos

▶ **civics** *n* [*incontable*] educación cívica

civic centre *n* (*GB*) centro municipal

civil /ˈsɪvl/ *adj* **1** civil: *civil strife* disensión social ◊ *civil government* gobierno civil ◊ *civil law* código/derecho civil **2** educado, atento: *How very civil of you!* ¡Qué atento por su parte!

▶ **civility** *n* (*formal*) educación: *You should show more civility to your host.* Deberías mostrar más educación con tu anfitrión.

civilly *adv* con educación

civil engineering *n* ingeniería de caminos, canales y puertos

civilian /səˈvɪliən/ *n*: *Fifty soldiers were killed and ten civilians.* Mataron a cincuenta soldados y diez personas de la población civil.

■ **civilian** *adj* civil: *civilian life* la vida civil

civilization, -isation /ˌsɪvəlaɪˈzeɪʃn; *USA* -əlɪˈz-/ *n* civilización

▶ **civilized, -ised** *adj* civilizado

civil liberties *n* [*pl*] derechos del ciudadano

civil list *n* (*GB*) suma asignada por el parlamento a la familia real

civil rights *n* [*pl*] derechos del ciudadano: *civil rights movement* organización en pro de los derechos del ciudadano

civil servant *n* funcionario, -a (*del Estado*)

the Civil Service *n* la Administración Pública

civil war *n* guerra civil

civvies /ˈsɪviz/ *n* [*pl*] (*GB, antic, argot*) ropa civil

cl *abrev de* **centilitre**

clack /klæk/ *n* chasquido
■ **clack** *vt, vi* chasquear

clad /klæd/ *adj* **~ (in sth)** (*formal*) **1** vestido (de algo): *motorcyclists clad in leather/leather-clad motorcyclists* motoristas vestidos de cuero ◊ *scantily clad* ligero de ropa **2** (*gen en compuestos*) cubierto (de algo): *an ivy-clad tower* una torre cubierta de hiedra

cladding /ˈklædɪŋ/ *n* revestimiento

claim /kleɪm/ **1** *vt, vi* **~ (for sth)** reclamar algo: *to claim an item of lost property* reclamar un artículo de objetos perdidos ◊ *You can claim on the insurance.* Lo puedes reclamar por el seguro. ◊ *to claim for damages* reclamar por daños y perjuicios **2** *vt* declarar(se), afirmar(se): *Both sides claimed victory.* Las dos partes se declararon vencedoras. **3** *vt* merecer: *important matters claiming your attention* asuntos importantes que merecen atención **4** *vt* cobrarse: *The earthquake claimed hundreds of lives.* El terremoto se cobró cientos de vidas.
■ **claim** *n* **1 ~ (for sth)** reclamación (de algo): *She made a lot of claims on my time.* Me quitaba muchísimo tiempo. **2 ~ (against sth/sb)** reclamación, demanda (contra algo/algn): *They settled their claim out of court.* Resolvieron la demanda de forma privada. *Ver tb* NO-CLAIMS BONUS **3 ~ (on sth/sb)**; **~ (to sth)** derecho (sobre algo/algn); (a algo): *His only claim to fame is that he once met Stalin.* Se cree que es famoso porque conoció a Stalin. **4** afirmación, pretensión: *She makes no exaggerated claims for her product.* No exagera sobre su producto. *Ver tb* COUNTER-CLAIM
LOC **to lay claim to sth 1** reclamar algo: *to lay claim to an inheritance* reclamar una herencia **2** reivindicar/ afirmar algo *Ver tb* STAKE
▶ **claimant** *n* demandante

clairvoyance /kleəˈvɔɪəns/ *n* clarividencia
▶ **clairvoyant** *adj, n* clarividente

clam /klæm/ *n* almeja ☛ *Ver ilustración en* SHELLFISH
■ **clam** *v* **(-mm-)**
PHR V **to clam up** (*coloq*) cerrar el pico

clamber /ˈklæmbə(r)/ *vi* trepar (*esp con dificultad*): *We clambered up the cliff.* Subimos hasta arriba del acantilado.

clammy /ˈklæmi/ *adj* **(-ier, -iest)** sudoroso: *clammy hands* manos pegajosas

clamour (*USA* **clamor**) /ˈklæmə(r)/ *n* **1** clamor, griterío **2(a) ~ (for sth)** demanda a voces (de algo) **(b) ~ (against sth)** protesta a gritos (contra algo)
■ **clamour** *vi* **1** clamar **2(a) ~ for sth** pedir algo a voces **(b) ~ against sth** protestar a gritos contra algo

clamp /klæmp/ *n* **1** grapa **2** abrazadera **3** cepo
■ **clamp** *vt* **1** sujetar **2 ~ A and B (together)**; **~ A to B** sujetar A y B (juntos); A a B: *to clamp two boards together* atornillar dos tablas juntas **3** poner el cepo a: *My car's been clamped!* ¡Me han puesto el cepo en el coche!
PHR V **to clamp down on sth/sb** (*coloq*) apretar los tornillos a algo/algn

clampdown /ˈklæmpdaʊn/ *n* **~ (on sth)** medidas drásticas (contra algo): *There has been a clampdown on immigration.* Se ha puesto freno a la inmigración.

clan /klæn/ *n* clan

clandestine /klænˈdestɪn/ *adj* (*formal*) clandestino

clang /klæŋ/ *n* tañido (*metálico*)
■ **clang** *vt, vi* (hacer) sonar

clanger /ˈklæŋə(r)/ *n* (*GB, coloq*) metedura de pata
LOC *Ver* DROP

clank /klæŋk/ *n* rechinamiento
■ **clank** *vt, vi* (hacer) rechinar

clap[1] /klæp/ **(-pp-) 1** *vi, vt* aplaudir **2** *vt* **(a) ~ sth (together)** batir palmas: *She clapped her hands in delight.* Dio palmas de alegría. **(b) ~ sth (over sth)** poner algo (sobre algo): *She clapped her hands over her ears.* Se tapó los oídos con las manos. **(c) ~ sb on sth** dar una palmada a algn en algo: *He was not a man to go clapping people on the back.* No era de los que van dando palmadas en la espalda a la gente.
LOC **to clap hold of sth/sb** (*coloq*) agarrar algo/a algn **to clap sb in irons** (*coloq*) esposar a algn **to clap sb in/into jail, prison, etc** (*coloq*) encarcelar a algn **to clap your hands 1** aplaudir **2** dar palmadas *Ver tb* EYE[1]
PHR V **(to be) clapped out** (*GB, coloq*) (estar) hecho trizas
to clap sth on (sth) (*coloq*) subir algo (el precio de algo): *The government clapped ten pence on a packet of cigarettes.* El gobierno subió diez peniques el paquete de cigarrillos.
■ **clap** *n* **1** aplauso ☛ *Comparar con* CLAPPING **2 ~ on sth** palmada en algo **3** estampido: *a clap of thunder* un trueno
LOC **a clap on the back** felicitaciones

clap[2] /klæp/ (*tb* **the clap**) *n* (*argot*) gonorrea

clapper /ˈklæpə(r)/ *n* badajo
LOC **like the clappers** (*GB, coloq*) como un loco: *She ran like the clappers to catch the train.* Corrió como una loca para coger el tren.

clapperboard /ˈklæpəbɔːd/ *n* claqueta (*cine*)

clapping /ˈklæpɪŋ/ *n* [*incontable*] aplausos

claptrap /ˈklæptræp/ *n* tonterías: *What a load of claptrap!* ¡Cuántas tonterías!

claret /ˈklærət/ *n* vino tinto seco (*esp de Burdeos*)
■ **claret** *adj, n* (*color*) burdeos

clarify /ˈklærəfaɪ/ *vt* (*pret, pp* **-fied**) **1** aclarar **2** clarificar
▶ **clarification** *n* aclaración

clarinet /ˌklærəˈnet/ *n* (*instrumento*) clarinete: *bass/ tenor clarinet* clarinete bajo/tenor ☛ *Ver ilustración en* WOODWIND
▶ **clarinettist** (*tb* **clarinetist**) *n* (*músico*) clarinete, clarinetista

clarion /ˈklæriən/ *n* (toque de) corneta
■ **clarion** *adj*
LOC **a clarion call/cry** una llamada clara y potente

clarity /ˈklærəti/ *n* lucidez, claridad: *clarity of thought* claridad de pensamiento

clash /klæʃ/ **1** *vt, vi* (hacer) chocar (*con ruido*): *Their swords clashed.* Sus espadas chocaron. **2** *vi* **(a) ~ (with sb)** tener un enfrentamiento (con algn): *Police clashed with demonstrators.* La policía se enfrentó con los manifestantes. **(b) ~ (with sb) (on/over sth)** discrepar (con algn) (en algo): *Commissioners clash on social plans.* Los miembros de la comisión no se ponen de acuerdo en el programa social. **3** *vi* (*citas, fechas*) coincidir: *It clashed with a good film on another channel.* Coincidió con una película buena en otra cadena. **4** *vi* (*colores*) desentonar: *His striped tie clashed with his spotted shirt.* La corbata de lunares no le pegaba con la camisa de rayas.
■ **clash** *n* **1(a)** estruendo **(b)** (*colores*) contraste: *a colour clash* un choque de colores **2 ~ (with sth/sb) (a)** enfrentamiento (con algo/algn): *clashes between police and students* enfrentamientos entre policía y estudiantes **(b) ~ (on/over sth)** discrepancia (por algo): *a clash of interests* un conflicto de intereses **3 ~ (between A and B)** coincidencia (entre A y B): *a clash of dates* una

coincidencia de fechas ◊ *a timetable clash* una incompatibilidad de horarios

clasp /klɑːsp; *USA* klæsp/ *n* (*collar, etc*) cierre

■ **clasp** *vt* apretar: *He clasped her in his arms.* La estrechó entre sus brazos.

class /klɑːs; *USA* klæs/ *n* **1(a)** clase: *the working/middle/upper class* la clase obrera/media/alta ◊ *class struggle/system* lucha/sistema de clases *Ver tb* HIGH-CLASS **(b)** clase: *They're in class.* Están en clase. ◊ *a maths class* una clase de matemáticas *Ver tb* MASTER-CLASS **(c)** clase: *a first class ticket* un billete de primera clase *Ver tb* FIRST-CLASS, SECOND-CLASS, THIRD-CLASS **2** categoría: *a class player* un jugador de categoría ◊ *As an actress Jane is not in the same class as Susan.* Como actriz, Jane no tiene comparación con Susan. ◊ *a top class athlete* un atleta de primera *Ver tb* WORLD-CLASS **3** (*USA*) (*colegio*) promoción: *the class of '82* la promoción del 82 **4** (*GB*) categoría en que se divide el título universitario

LOC in a class of your/its own sin par

■ **class** *vt* ~ **sth/sb (as sth)** clasificar algo/a algn (como algo)

■ **class** *adj* (*coloq*)

LOC a class act una actuación de primera clase

class-conscious /ˈklɑːs kɒnʃəs/ *adj*: *English people are very class-conscious.* Los ingleses tienen mucha conciencia de clase.

▶ **class-consciousness** *n* conciencia de clase

classic /ˈklæsɪk/ *adj* **1** típico: *She displays the classic symptoms of pneumonia.* Presenta los síntomas típicos de la neumonía. ◊ *a classic case/example of government hypocrisy* un típico caso/ejemplo de la hipocresía del gobierno **2** (*establecido*) clásico: *a classic novel* una novela clásica ◊ *a classic design* un diseño clásico ◊ *a classic car* un coche de colección **3** memorable: *It was a classic fight.* Fue una pelea de las que hacen época.

■ **classic** *n* **1** clásico: *This novel may well become a classic.* Esta novela puede convertirse en un clásico. ◊ *a cult classic* un clásico de minorías **2** *The match was a classic.* Fue un partido de los que hacen época. **3 Classics** [*sing*] (*asignatura*) clásicas

classical /ˈklæsɪkl/ *adj* clásico: *classical music* música clásica ◊ *a classical education* una educación en lenguas clásicas

▶ **classically** *adv*: *She was not classically beautiful.* No era una belleza clásica. ◊ *a classically trained musician* un músico de formación clásica

classicism /ˈklæsɪsɪzəm/ *n* clasicismo

classicist /ˈklæsɪsɪst/ *n* **1** clasicista **2(a)** estudiante de lenguas clásicas **(b)** experto en lenguas clásicas

classifiable /ˈklæsɪfaɪəbl/ *adj* que se puede clasificar: *His music is not easily classifiable.* Su música no se puede clasificar fácilmente.

classification /ˌklæsɪfɪˈkeɪʃn/ *n* **1** clasificación **2** categoría

classified /ædz/ *adj* **1** clasificado **2** confidencial: *classified information* información confidencial

classified advertisements (*tb* **classified ads**, *USA* **want ads**) *n* anuncios por palabras

classify /ˈklæsɪfaɪ/ *vt* (*pret, pret* **-fied**) clasificar

classless /ˈklɑːslɪs/ *adj* **1** (*acento, etc*) sin marca de clase social **2** (*sociedad*) sin clases

classmate /ˈklɑːsmeɪt/ *n* compañero, -a de clase

classroom /ˈklɑːsruːm, -rʊm; *USA* ˈklæs-/ *n* **1** (*lit*) aula, clase **2** (*fig*): *Politics should be kept out of the classroom.* No se debería enseñar política en las escuelas.

class struggle *n* lucha de clases

class system *n* sistema de clases

classy /ˈklɑːsi/ *adj* (**-ier, -iest**) con mucho estilo

clatter /ˈklætə(r)/ (*tb* **clattering** /-ərɪŋ/) *n* **1** estrépito: *the clatter of a horse's hooves* el ruido de cascos de un caballo **2** (*máquina de escribir*) repiqueteo **3** (*tren*) triquitraque

■ **clatter** *vt, vi* hacer ruido (*con platos, etc*): *The train clattered over the level crossing.* El tren traqueteó al cruzar el paso a nivel.

clause /klɔːz/ *n* **1** (*Gram*) proposición: *subordinate clause* proposición subordinada *Ver tb* MAIN CLAUSE **2** (*Jur*) cláusula

claustrophobia /ˌklɔːstrəˈfəʊbiə/ *n* claustrofobia

claustrophobic /ˌklɔːstrəˈfəʊbɪk/ *adj* **1** *to be claustrophobic* sufrir claustrofobia ◊ *I get claustrophobic in lifts.* Me entra claustrofobia en los ascensores. **2** (*situación, habitación, etc*) agobiante

clavichord /ˈklævɪkɔːd/ *n* clavicordio

claw[1] /klɔː/ *n* **1(a)** zarpa **(b)** garra **2** (*gato*) uña **3** (*cangrejo*) pinza **4** (*máquina*) garfio

LOC to get your claws into sb: *Jane's really got her claws into him now.* Ahora sí que ha caído en las garras de Jane.

claw[2] /klɔː/ *vt* arañar

LOC to claw your way across, back, through, up, etc: *They clawed their way up the cliff.* Treparon el acantilado agarrándose a las rocas. ◊ *Milan clawed their way back into the game.* A duras penas el Milán consiguió recuperarse durante el partido.

PHR V to claw sth back recuperar algo

clay /kleɪ/ *n* **1** arcilla: *clay pigeon shooting* tiro al plato ◊ *clay pipe* pipa de cerámica ◊ *clay soil* tierra arcillosa **2** (color) teja **3** barro: *His boots were caked in clay.* Tenía las botas cubiertas de barro. **4** (*pista de tenis*) (de) tierra batida

▶ **clayey** *adj* arcilloso

clean[1] /kliːn/ *adj* (**-er, -est**) **1** limpio: *She has a clean record.* Tiene un historial limpio. ◊ *a clean break* una fractura limpia ◊ *a clean cut* un corte limpio **2** (*Dep*) que juega limpio **3** *She wiped the table clean.* Limpió la mesa (con una bayeta). ◊ *He brushed his coat clean.* Se limpió el abrigo con un cepillo. **4** (*papel, etc*) en blanco **5** (*chiste*) que no es verde **6** (*forma*) bien proporcionado

LOC a clean bill of health: *The doctor gave me a clean bill of health.* El médico me dijo que estaba en buen estado de salud. **(as) clean as a whistle** (*coloquial*) **1** limpio como una patena **2** con destreza **to keep a clean sheet** (*Dep*) mantenerse imbatido **to make a clean break (with sth)** cortar por lo sano (con algo) **to make a clean breast of sth** confesar algo de lleno **to make a clean sweep (of sth/sb)** arrasar (con algo/algn): *They made a clean sweep of all known criminals.* Arrestaron a todos los criminales conocidos. ◊ *The Russians made a clean sweep of the medals.* Los rusos se llevaron todas las medallas. *Ver tb* NOSE[1], WIPE

clean[2] /kliːn/ *adv* completamente: *I clean forgot about it.* Lo olvidé completamente. ◊ *The thief got clean away.* El ladrón se escapó sin dejar ni rastro.

LOC to come clean (*coloq*) confesar (*a la policía, etc*) *Ver tb* FOOT[1]

clean[3] /kliːn/ *vt, vi* limpiar(se): *I must have this suit cleaned.* Debo mandar a limpiar este traje. *Ver tb* DRY-CLEAN, SPRING-CLEAN

PHR V to clean sth down limpiar algo a fondo

to clean sth from/off sth limpiar algo de algo

to clean sb out (*coloq*) dejar a algn sin un duro

to clean sth out limpiar algo a fondo

to clean sb out of sth (*coloq*) limpiar a algn algo: *The burglars cleaned her out of all her jewellery.* Los ladrones le limpiaron las joyas.

to clean (sth) up 1 limpiar (algo): *a campaign to clean up rugby's image* una campaña para mejorar la imagen del rugby **2** (*coloq*) hacerse con mucho dinero: *He cleaned up £50 000.* Se hizo con 50.000 libras.

to clean (yourself) up (*coloq*) lavarse

clean-cut /ˌkliːn ˈkʌt/ *adj* **1** pulcro **2** (*rasgos*) muy bien perfilado

cleaner /ˈkliːnə(r)/ *n* **1** limpiador, -ora: *a cream cleaner* un limpiador en crema *Ver tb* VACUUM CLEANER, WINDOW CLEANER **2 cleaners** (*tb* **dry-cleaner's**) [*v sing o pl*] tintorería ☛ *Ver nota en* CARNICERÍA

LOC to take sb to the cleaners (*coloq*) dejar a algn limpio/sin un duro

▶ **cleaning** *n* (*trabajo*) limpieza: *He is obsessed with cleaning.* Está obsesionado con la limpieza.

cleaning woman (*tb* **cleaning lady**) *n* señora de la limpieza

cleanliness /ˈklenlinəs/ *n* (*cualidad*) limpieza

clean-living /ˌkliːn ˈlɪvɪŋ/ *adj* de vida sana

cleanly /ˈkliːnli/ *adv* limpiamente

cleanse /klenz/ *vt* **~ sth/sb (of sth) 1** limpiar en profundidad algo/a algn (de algo): *a cleansing cream* leche/crema limpiadora **2** (*fig*) purificar algo/a algn (de algo): *to cleanse sb of their sins* purificar a algn de sus pecados

▶ **cleanser** *n* **1** producto de limpieza **2** (*para cara*) crema limpiadora: *cleanser and toner* limpiadora y tónico

clean-shaven /ˌkliːn ˈʃeɪvn/ *adj* afeitado

clean-up /ˈkliːn ʌp/ *n* [*sing*] (*trabajo*) limpieza

clear¹ /klɪə(r)/ *adj* (**-er, -est**) **1** (*en gen*) claro: *You'll do as you're told, is that clear?* Harás lo que se te diga, ¿está claro? ◊ *Are you quite clear about what the job involves?* ¿Tienes claro lo que implica el trabajo? ◊ *a clear case of cheating* un caso claro de trampa ◊ *Do I make myself absolutely clear?* ¿Ha quedado claro lo que he dicho? **2(a)** (*tiempo, cielo*) despejado **(b)** (*cutis*) limpio **(c)** nítido: *a clear photograph* una foto nítida **(d)** transparente **3(a)** (*sin obstáculos*) despejado: *Wait until the road is clear (of traffic) before crossing.* Espera hasta que se despeje la carretera (de tráfico) antes de cruzar. **(b)** (*conciencia*) tranquilo **(c)** libre: *clear of debt* libre de deudas ◊ *to keep next weekend clear* dejar libre el fin de semana que viene **4** completo: *two clear months* dos meses completos **5** (*beneficio*) limpio

LOC (as) clear as a bell alto y claro **(as) clear as day** más claro que el agua **(as) clear as mud** nada claro **in the clear** (*coloq*) **1** fuera de sospecha **2** fuera de peligro **to make sth clear/plain (to sb)** dejar algo claro (a algn) **to make yourself clear** explicarse (con claridad) *Ver tb* COAST¹, CRYSTAL, WAY¹

▶ **clearly** *adv* claramente

clearness *n* claridad

clear² /klɪə(r)/ *adv* **1** claramente **2 ~ (of sth)** alejado (de algo): *Stand clear of the doors.* Manténganse alejados de las puertas. ◊ *He managed to leap clear of the burning car.* Consiguió alejarse del coche en llamas. **3** completamente: *The prisoner got clear away.* El prisionero se esfumó.

LOC to keep/stay/steer clear (of sth/sb) mantenerse alejado (de algo/algn) *Ver tb* LOUD

clear³ /klɪə(r)/ **1** *vi* **(a)** (*agua*) aclararse **(b)** (*cielo, tiempo*) despejarse **(c) ~ (away)** (*niebla*) levantarse: *The fog will clear (away) by midday.* La niebla se habrá despejado para el mediodía. **2** *vt* **(a)** despejar: *to clear the streets of snow/snow from the streets* despejar las calles de nieve ◊ *to clear your mind of doubt* despejar las dudas de la cabeza **(b)** (*tubería*) desatascar **(c)** (*de gente*) desalojar: *to clear the court* desalojar la sala **3** *vt* **~ sb (of sth)** absolver a algn (de algo): *to clear your name* limpiar tu nombre **4** *vt* (*obstáculos*) pasar sin tocar, salvar: *His horse will easily clear the fence.* Su caballo salvará la valla sin problemas. **5** *vt* autorizar: *to clear a plane for take-off* autorizar la salida de un avión **6** *vt, vi* (*cheque*) compensar: *The cheque took six days to clear.* El cheque tardó seis días en aparecer en cuenta. **7** *vt* (*Informát*) borrar **8** *vt* (*dinero*) sacar: *to clear £1 000 on a deal* sacar mil libras en una operación **9** *vt* (*deuda*) liquidar **10** *vt, vi* (*Dep*) despejar

LOC to clear the air aclarar las cosas **to clear the decks (for sth)** (*coloq*) preparar el terreno (para algo) **to clear the table** quitar la mesa **to clear your throat** aclararse la garganta

PHR V to clear (sth) away recoger (algo)

to clear off (*coloq*) largarse

to clear out (of...) (*coloq*) largarse por piernas (de...)

to clear sth out ordenar algo: *to clear out the attic* despejar el ático

to clear up 1 (*tiempo*) despejarse **2** (*enfermedad*) curarse: *Has your rash cleared up yet?* ¿Se te ha ido ya la erupción?

to clear (sth) up ordenar (algo), limpiar (algo)

to clear sth up dejar algo claro: *That's cleared everything up.* Eso ha dejado las cosas claras.

to clear sth/sb with sth/sb: *You'll have to clear it with management.* La dirección tendrá que dar el visto bueno a ese tema.

clearance /ˈklɪərəns/ *n* **1(a)** despeje: *slum clearance* derribo de chabolas ◊ *a clearance sale* una liquidación **(b)** (*de gente*) desalojo **2** (*Dep*) despeje **3** espacio libre **4** autorización: *customs clearance* despacho de aduana **5** (*Fin*) compensación

clear-cut /ˈklɪə kʌt/ *adj* definido

clear-headed /ˌklɪə ˈhedɪd/ *adj* de mente despejada

clearing /ˈklɪərɪŋ/ *n* claro (*de bosque*)

clearing bank *n* (*GB*) banco que pertenece a una cámara de compensación

clearing house *n* (*Fin*) cámara de compensación

clear-out /ˈklɪər aʊt/ *n* desescombro

clear-sighted /ˌklɪə ˈsaɪtɪd/ *adj* lúcido

cleavage /ˈkliːvɪdʒ/ *n* **1** escote (*de una mujer*) ☛ *Comparar con* NECKLINE **2** escisión

cleave¹ /kliːv/ *vt, vi* (*pret* **cleaved, clove** /kləʊv/ o **cleft** /kleft/ *pp* **cleaved, cloven** o **cleft** /ˈkləʊvn/) (*formal*) rajar(se), partir(se): *The ship's bows cleaved (through) the waves.* La proa del barco cortaba las olas. ◊ *a cleft chin* una barbilla partida

LOC to be (caught) in a cleft stick estar entre la espada y la pared

cleave² /kliːv/ *vi* **~ to sth/sb** (*antic*) anclarse a algo/algn

cleaver /ˈkliːvə(r)/ (*tb* **meat cleaver**) *n* hacha (*de cocina*)

clef /klef/ *n* (*Mús*) clave

cleft¹ /kleft/ *n* grieta

cleft² *pret, pp de* CLEAVE¹

cleft palate *n* paladar hendido

clematis /ˈklemətɪs, kləˈmeɪtɪs/ *n* (*Bot*) clemátide

clement /ˈklemənt/ *adj* (*formal*) **1** (*tiempo*) benigno **2** clemente

▶ **clemency** *n* (*formal*) clemencia: *appeals/petitions for clemency* peticiones de clemencia

clementine /ˈkleməntiːn/ *n* clementina

clench /klentʃ/ *vt* apretar (*puños, dientes*): *with clenched fists* con los puños apretados

clergy /ˈklɜːdʒi/ *n* [*pl*] clero

clergyman /ˈklɜːdʒimən/ *n* (*pl* **-men** /-mən/) clérigo

cleric /ˈklerɪk/ *n* cura

clerical /ˈklerɪkl/ *adj* **1** de oficina: *a clerical worker* un oficinista ◊ *clerical staff* personal administrativo ◊ *a clerical error* un error de copia **2** (*Relig*) eclesiástico: *a clerical collar* un alzacuello

clerk /klɑːk; *USA* klɜːrk/ *n* **1(a)** oficinista **(b)** empleado, -a: *a bank clerk* un empleado de banco *Ver tb* FILE CLERK, FILING CLERK **2** secretario, -a: *court clerk* secretario de juzgado ◊ *clerk of the works* maestro de obras *Ver tb* TOWN CLERK **3** (*USA*) **(a)** (*tb* **desk clerk**) (*hotel*) recepcionista **(b)** (*en tienda*) dependiente, -a

clever /ˈklevə(r)/ *adj* (**-er, -est**) **1** listo: *How clever of you!* ¡Qué lista eres! **2** hábil: *her clever handling of the situation* su hábil manejo de la situación ◊ *to be clever at sth* tener aptitud para algo **3** ingenioso: *a clever little gadget* un aparatito ingenioso **4** astuto: *a clever ploy* una táctica astuta **5** (*coloq, pey*) listo: *Are you trying to be clever?* ¿Te estás haciendo el listo?

LOC **to be too clever by half** pasarse de listo

▶ **clever-clever** *adj* intelectualoide

clever clogs (*tb* **clever Dick**) *n* (*coloq*) sabelotodo

cleverly /ˈklevəli/ *adv* **1(a)** ingeniosamente: *cleverly designed* ingeniosamente diseñado **(b)** hábilmente: *a cleverly worded document* un documento hábilmente redactado **2(a)** con astucia **(b)** con destreza

cleverness /ˈklevənəs/ *n* **1** inteligencia **2** habilidad **3** astucia

cliché /ˈkliːʃeɪ/ *n* cliché: *Try to avoid cliché.* Intenta evitar los clichés.

▶ **clichéd** *adj* estereotipado

click /klɪk/ *n* **1** clic **2** chasquido **3** taconazo

■ **click 1** *vt*: *to click your heels* dar un taconazo ◊ *to click your fingers* chasquear los dedos **2** *vi* conectar: *We met and just clicked.* Conectamos en cuanto nos conocimos. **3** *vi* caer en la cuenta: *I think he's finally clicked.* Creo que por fin ha caído en la cuenta. ◊ *Suddenly, everything clicked.* De golpe, caí en la cuenta. **4** *vi* (*Informát, cámara*) hacer clic

LOC **to click open/shut** abrir(se)/cerrar(se) con un clic

client /ˈklaɪənt/ *n* **1** cliente, -a **2** (*de abogado*) defendido, -a

clientele /ˌkliːənˈtel; *USA* ˌklaɪənˈtel/ *n* clientela

cliff /klɪf/ *n* **1** acantilado **2** precipicio

cliffhanger /ˈklɪfhæŋə(r)/ *n*: *The final was a real cliffhanger.* En la final, la tensión se mantuvo hasta el último momento.

clifftop /ˈklɪftɒp/ *n* lo alto del acantilado

climactic /klaɪˈmæktɪk/ *adj* culminante

climate /ˈklaɪmət/ *n* clima: *a climate of suspicion* un clima de sospecha ◊ *in the present economic climate* en las actuales condiciones económicas **LOC** *Ver* CHANGE

▶ **climatic** *adj* climático

climatologist /ˌklaɪməˈtɒlədʒɪst/ *n* climatólogo, -a

climatology /ˌklaɪməˈtɒlədʒi/ *n* climatología

climax /ˈklaɪmæks/ *n* **1** clímax **2** orgasmo

■ **climax** *vi* **1** llegar al clímax **2** llegar al orgasmo

climb /klaɪm/ *vt, vi* **1** escalar **2** subir: *to climb the stairs* subir las escaleras ◊ *The plane climbed to 20 000 feet.* El avión subió a 20.000 pies. ◊ *The road climbs steeply.* La carretera es muy empinada. **3** trepar **4** (*sociedad*) ascender

LOC **to climb aboard** (**a boat, plane, etc**) subir a bordo (de un barco, avión, etc) *Ver tb* BANDWAGON

PHR V **to climb down 1** (*fig*) dar marcha atrás **2** bajar

to climb into sth 1 (*coche, cama, etc*) meterse en algo **2** (*ropa*) ponerse algo

to climb out of sth 1 *to climb out of bed* levantarse de la cama **2** (*coche, etc*) bajarse de algo **3** (*ropa*) quitarse algo

to climb up sth 1 subirse a algo **2** trepar por algo

to climb (**up**) **on to sth** subirse a algo

■ **climb** *n* **1** escalada **2** subida **3** pendiente

climbdown /ˈklaɪmdaʊn/ *n* paso atrás

climber /ˈklaɪmə(r)/ *n* **1** alpinista **2** planta trepadora ☛ *Ver ilustración en* HOUSE

climbing /ˈklaɪmɪŋ/ *adj* trepador

■ **climbing** *n* alpinismo: *to go climbing* hacer alpinismo *Ver tb* ROCK-CLIMBING

climbing frame *n* estructura en la que los niños juegan trepando

clime /klaɪm/ *n* [*gen pl*] clima: *I'm off to warmer climes.* Me voy a un clima más cálido.

clinch /klɪntʃ/ *vt* **1** (*trato, etc*) cerrar **2** (*discusión, partido, etc*) ganar **3** (*victoria, etc*) conseguir: *That clinched it.* Eso fue decisivo.

■ **clinch** *n* **1** (*coloq*) abrazo **2** (*boxeo*) clinch

▶ **clincher** *n*: *The third goal was the clincher.* El tercer gol fue el decisivo.

cling /klɪŋ/ *vi* (*pret, pp* **clung** /klʌŋ/) **1** ~ (**on**) **to sth/sb** agarrarse a algo/algn: *She clung (on) to the rail.* Se agarró al pasamanos. ◊ *They clung to each other.* Se abrazaron estrechamente. **2** ~ **to sth** (*creencia, etc*) aferrarse a algo **3** ~ **to sb** (*pey*) estar atado a algn **4(a)** (*olor*) quedarse pegado **(b)** (*ropa*) pegarse **LOC** *Ver* LEECH

▶ **clinging** *adj* **1** (*tb* **clingy**) (*ropa*) ceñido **2** (*pey*) (*persona*) pegajoso **3** (*olor*) tenaz

cling film® *n* film transparente (*para envolver alimentos*)

clinic /ˈklɪnɪk/ *n* clínica: *a health clinic* un centro de salud

clinical /ˈklɪnɪkl/ *adj* **1** clínico: *a clinical thermometer* un termómetro clínico **2** (*fig*) imparcial

▶ **clinically** *adv* clínicamente

clink /klɪŋk/ **1** *vi* tintinear **2** *vt*: *They clinked glasses and made a toast.* Chocaron las copas y brindaron.

■ **clink** *n* **1** tintineo **2** (*argot*) chirona

clinker /ˈklɪŋkə(r)/ *n* escoria de hulla

clip

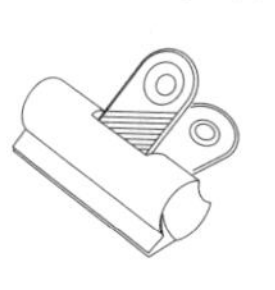

bulldog clip **bicycle clip** **paper clip**

clip¹ /klɪp/ *n* **1** clip, pinza **2** (*tb* **paper clip**) sujetapapeles **3** (*joya*) alfiler: *a diamond clip* un alfiler de diamantes **4** (*tb* **bicycle clip**) pinza (*de ciclista*)

■ **clip** *vt* (**-pp-**) ~ **sth** (**on**) **to sth** prender algo a algo (con un clip/una pinza)

PHR V **to clip sth together** unir algo (con un clip/una pinza)

clip² /klɪp/ *vt* **1(a)** (*pelo, uñas*) cortar **(b)** recortar: *We've had $15 000 clipped from our budget.* Nos han recortado el presupuesto en 15.000 dólares. **(c)** (*arbusto, etc*) podar **(d)** (*ovejas*) esquilar **2** (*billetes*) picar **3** (*palabras*) comerse: *He spoke with a clipped accent.* Hablaba comiéndose las palabras. **4** rozar: *The ball clipped the underneath of the crossbar.* La pelota rozó la parte inferior del larguero.

LOC **to clip sb round the ear** pegar una torta a algn

to clip sb's wings cortar las alas a algn

PHR V **to clip sth out** (**of sth**) recortar algo (de algo)

■ **clip** *n* **1** (*Cine*) fragmento **2** (*coloq*) paso: *We were going at quite a clip.* Íbamos a buen paso. **3** tijeretazo

LOC **a clip round the ear**: *She gave me a clip round the ear.* Me pegó una torta.

▶ **clipping** *n* **1** [*gen pl*] (*hierba, etc*) recorte **2** (*USA*) (*GB* **cutting**) recorte: *a press clipping* un recorte de periódico

clipboard /ˈklɪpbɔːd/ *n* tablilla con sujetapapeles

clip-on /ˈklɪp ɒn/ *adj* de clip: *clip-on earrings* pendientes de clip

clipper /ˈklɪpə(r)/ *n* **1** (*barco*) clíper **2 clippers** [*pl*] **(a)** *electric/hairdresser's clippers* maquinilla eléctrica para cortar el pelo **(b)** (*a pair of*) *nail clippers* un cortauñas **(c)** tijeras de podar ☛ *Ver ilustración en* TIJERA

clique /kliːk/ *n* camarilla (*personas*)

▶ **cliqu(e)y** *adj* exclusivista

clitoris /ˈklɪtərɪs/ *n* clítoris

Cllr (*GB*) *abrev de* **Councillor**

cloak /kləʊk/ *n* capa

■ **cloak** *vt* **1** envolver: *The negotiations were cloaked in secrecy.* Las negociaciones estuvieron rodeadas de un gran secreto. **2** (*motivos*) ocultar

cloakroom /ˈkləʊkruːm, -rʊm/ *n* **1** guardarropa **2** (*GB, eufemismo*) aseo ☛ *Ver nota en* TOILET

clobber /ˈklɒbə(r)/ *vt* (*GB, coloq*) dar una paliza a:

France got clobbered by Spain on Saturday. España le dio una paliza a Francia el sábado.
■ **clobber** *n* [*incontable*] **1** trastos **2** (*ropa*) trapos

cloche /klɒʃ/ *n* **1** campana de vidrio o de plástico para proteger las plantas **2** sombrero de mujer con forma acampanada

clock /klɒk/ *n* **1** (*de pared o de mesa*) reloj: *clock tower* torre del reloj ◊ *clock-face* esfera (de reloj) *Ver tb* ALARM (CLOCK), GRANDFATHER CLOCK ☛ *Comparar con* WATCH[2] **2** (*coloq*) cuentakilómetros, taxímetro
LOC **against the clock** contra reloj **(a)round the clock** las veinticuatro horas **to put the clock back** (**x years**): *This law will put the clock back fifty years.* Esta ley supondrá un retroceso de cincuenta años. **to put the clock/clocks back** atrasar los relojes **to put the clock/clocks forward** adelantar los relojes *Ver tb* BEAT, RACE[2], WATCH[2]
■ **clock** *vt* **1** cronometrar **2 ~ sth (up)** (*cronómetro, etc*) registrar, acumular algo: *My car has clocked (up) 120 000 km.* Mi coche lleva encima 120.000 km. ◊ *He has clocked up 34 years as a firefighter.* Lleva 34 años trabajando de bombero. **3** (*argot*) ver: *I clocked her in the driving mirror.* La vi en el espejo retrovisor.
LOC **to clock sb one** (*GB, coloq*) dar una torta a algn
PHR V **to clock in/on** fichar (*al entrar a trabajar*)
to clock off/out fichar (*al salir de trabajar*)

clockwise /ˈklɒkwaɪz/ *adv, adj* en el sentido de las agujas del reloj *Ver tb* ANTI-CLOCKWISE, COUNTER-CLOCKWISE

clockwork /ˈklɒkwɜːk/ *adj* **1** con mecanismo de relojería **2** de cuerda: *a clockwork toy* un juguete de cuerda
■ **clockwork** *n* mecanismo
LOC **like clockwork** como un reloj: *Everything went like clockwork.* Todo salió a pedir de boca. *Ver tb* REGULAR

clod /klɒd/ *n* terrón

clog[1] /klɒg/ *n* zueco *Ver tb* CLEVER CLOGS

clog[2] /klɒg/ *vt* **~ sth (up)** obstruir algo: *The rush hour traffic still clogged the road.* La carretera todavía estaba bloqueada con el tráfico de la hora punta.
PHR V **to clog up** obstruirse, atascarse: *The drain is clogged up with leaves.* La alcantarilla está atascada con hojas.
▶ **clogged** *adj* tapado

cloister /ˈklɔɪstə(r)/ *n* claustro
■ **cloister** *v refl* **~ yourself away** enclaustrarse
▶ **cloistered** *adj* enclaustrado: *a cloistered existence* una vida enclaustrada

clone /kləʊn/ *n* **1** (*Biol*) clon **2** (*Informát*) clónico
■ **clone** *vt* reproducir asexuadamente a partir de un solo progenitor

close[1] /kləʊs/ *adj* (**-er, -est**) **1 ~ (to)** **(a)** cerca (de): *The church is close to the school.* La iglesia está cerca de la escuela. ◊ *Which shop is the closest?* ¿Qué tienda está más cerca? **(b)** al lado (de) **(c)** *He was close to tears.* Estaba casi llorando. **(d)** (*emocionalmente*) unido (a) **2(a)** (*pariente*) cercano **(b)** (*amigo*) íntimo **3** (*vínculos, etc*) estrecho: *to work in close collaboration with sb* trabajar en estrecha colaboración con algn **4(a)** (*vigilancia*) estricto: *a close secret* un alto secreto **(b)** (*examen, inspección*) minucioso: *I need to take a closer look.* Necesito mirarlo con más cuidado. ◊ *to pay closer attention to detail* prestar más atención a los detalles **(c)** (*traducción*) fiel **5** (*Dep*) **(a)** (*partido*) muy reñido **(b)** (*marcador*) igualado **6** (*tiempo*) bochornoso: *It's very close today.* Hace un día muy pesado.
LOC **a close call/shave** (*coloq*) *We missed the tree, but it was a close call.* No chocamos con el árbol, pero faltó un pelo. ◊ *That was a close shave!* ¡Por los pelos! **at close quarters 1** muy de cerca **2** (*luchar*) cuerpo a cuerpo **close to home**: *Those remarks were too close to home.* Esos comentarios me tocaban muy de cerca. ◊ *They are fighting poverty not only in Africa but also closer to home.* No solo están luchando contra la pobreza en África, sino también aquí mismo. **close together**: *The chairs are too close together.* Las sillas están demasiado juntas. **in close proximity to sth/sb** muy cerca de algo/algn **to come close to doing sth** casi hacer algo: *She came close to winning the match.* Casi ganó el partido. **to come/get close 1 to come/get close (to sth/sb)** acercarse (a algo/algn) **2 to come/get close (to sth)** (*solución, verdad, etc*) aproximarse (a algo) **to get/have a close look at sth/sb**: *I went to get a closer look at the driver.* Me acerqué para ver más de cerca al conductor. **to keep a close eye/watch on sth/sb** mantener algo/a algn bajo estricta vigilancia **to pay close attention to sth/sb** prestar gran atención a algo/algn *Ver tb* BEAR[2], BONE, CARD[1], HEART, THING
■ **close** (*tb* **close by**) *adv* cerca: *Her death brought the family closer together.* Su muerte unió aun más a la familia.
LOC **close on** casi: *It's close on ten o'clock.* Son casi las diez. **close up (to sth/sb)** junto (a algo/algn) **to hold sb close** abrazar estrechamente a algn **to keep/lie close** esconderse *Ver tb* FOLLOW, HAND[1], SAIL, TEAR[1]
▶ **closely** *adv* **1** estrechamente **2** atentamente: *to listen closely* escuchar atentamente **3** (*examinar*) minuciosamente
LOC **a closely guarded/kept secret** un secreto guardado celosamente **closely contested/fought** muy reñido **closely followed by sth**: *There was a scream, closely followed by a shot.* Hubo un grito, seguido casi de inmediato por un disparo.
closeness *n* **1** proximidad **2** intimidad **3** (*tiempo*) bochorno **4** (*traducción*) fidelidad

close[2] /kləʊz/ *vt, vi* **1** cerrar(se): *The shops close at 5.30.* Las tiendas cierran a las cinco y media. ◊ *to close a bank account* cerrar una cuenta bancaria **2** (*reunión, carta, etc*) concluir(se) **3** (*vía de comunicación*) cortar: *Road closed due to roadworks.* Carretera cortada por obras. **4** (*distancia, ventaja*) disminuir
LOC **to close ranks** cerrar filas **to close your mind to sth** no querer saber nada de algo *Ver tb* EYE[1]
PHR V **to close down 1** (*empresa*) cerrar (definitivamente) **2** (*emisora*) cerrar la emisión
to close sth down cerrar algo (*empresa, etc*)
to close in 1 (*día*) acortarse: *The evenings are beginning to close in.* Los días se están acortando. **2 to close in (on sth/sb)** (*niebla, noche, enemigo*) venirse encima (de algo/algn): *The enemy is closing in on them.* El enemigo se les está echando encima.
to close up 1 cicatrizar **2** juntarse **3** (*tienda*) cerrar (*temporalmente*)

close[3] /kləʊs/ *n* **Close** callejón sin salida: *Brookside Close* calle Brookside

close[4] /kləʊz/ *n* final: *at the close of the day* al final del día ◊ *towards the close of the 17th century* a finales del siglo XVII
LOC **to bring sth to a close** concluir algo **to come/draw to a close** llegar a su fin

close-cropped /ˈkləʊs krɒpt/ *adj* cortado al ras

closed /kləʊzd/ *adj* **1 ~ (to sth/sb)** cerrado (a algo/algn): *a closed mind* una mente cerrada ◊ *closed to traffic/the public* cerrado al tráfico/público *Ver tb* CLOSED SHOP **2** (*beca, club*) restringido
LOC **a closed book** un misterio **behind closed doors** a puerta cerrada

closed-circuit (*tb* **closed-circuit television**) *n* circuito cerrado (*de televisión*)

close-down /ˈkləʊz daʊn/ *n* cierre (de un negocio)

closed season *n* (*USA*) *Ver* CLOSE SEASON

closed shop *n* **1** empresa cuyos trabajadores deben pertenecer a un determinado sindicato **2** (*fig*) coto cerrado

close-knit /ˈkləʊs nɪt/ *adj* unido como una piña (*comunidad, etc*)
close-run *adj* muy reñido: *The election was a close-run thing.* La elección fue muy reñida.
close season (*USA* **closed season**) *n* veda
closet /ˈklɒzɪt/ (*USA*) (*GB* **cupboard**) *n* armario
LOC to come out of the closet declararse homosexual
■ **closet** *adj* no declarado: *a closet communist* un comunista no declarado
■ **closet** *vt*
LOC to be closeted with sb estar encerrado con algn
close-up /ˈkləʊs ʌp/ *n* primer plano
closing /ˈkləʊzɪŋ/ *adj* último: *the closing decades of the 19th century* las últimas décadas del siglo XIX ◊ *closing date* fecha límite
closing time *n* hora de cierre
closure /ˈkləʊʒə(r)/ *n* cierre
clot[1] /klɒt/ *n* coágulo: *blood clot* coágulo de sangre
■ **clot** *vi* (**-tt-**) coagularse
clot[2] /klɒt/ *n* (*GB, coloq, joc*) bobo, -a
cloth /klɒθ; *USA* klɔːθ/ *n* (*pl* **~s** /klɒθs; *USA* klɔːðz/) **1** tela, paño ☛ *Ver nota en* TELA *Ver tb* CHEESECLOTH, OILCLOTH, SAILCLOTH **2** trapo *Ver tb* FACE-CLOTH, LOINCLOTH, TABLECLOTH, TEA CLOTH, WASH-CLOTH **3 the cloth** [*sing*] hábito: *a man of the cloth* un religioso **LOC** *Ver* COAT
clothe /kləʊð/ *vt* **1 ~ sb/yourself (in sth)** vestir(se) (de algo) **2** envolver: *The negotiations have been clothed in secrecy.* El secreto ha rodeado las negociaciones. **LOC** *Ver* FEED
▶ **clothed** /kləʊðd/ *adj* vestido: *fully clothed* con toda la ropa puesta
clothes /kləʊðz; *USA* kləʊz/ *n* [*pl*] ropa: *to put on/take off your clothes* ponerse/quitarse la ropa ◊ *to wear warm clothes* llevar ropa de abrigo *Ver tb* BEDCLOTHES, NIGHTCLOTHES, PLAIN CLOTHES
clothes hanger *n Ver* HANGER
clothes horse *n* tendedero plegable
clothes line *n* cuerda para tender la ropa ☛ *Ver ilustración en* BUNGALOW
clothes-peg /ˈkləʊðz peg/ (*USA* **clothes-pin**) *n* pinza (*para tender la ropa*) ☛ *Ver ilustración en* PINZA
clothing /ˈkləʊðɪŋ/ *n* [*incontable*] ropa: *an item of clothing* una prenda de ropa ◊ *protective clothing* ropa que protege ◊ *the clothing industry* la industria textil ☛ *Ver nota en* ROPA **LOC** *Ver* WOLF
clotted cream *n* (*GB*) nata espesa
cloud /klaʊd/ *n* **1** nube: *a blanket of cloud* un manto de nubes ◊ *clouds of smoke* nubes de humo *Ver tb* STORM CLOUD **2** (*fig*) sombra: *a cloud of suspicion* una sombra de sospecha ◊ *Her arrival cast a cloud (of gloom) over the party.* Su llegada aguó la fiesta.
LOC every cloud has a silver lining (*refrán*) no hay mal que por bien no venga **on cloud nine** (*coloq*) en el séptimo cielo *Ver tb* HEAD[1], LEAVE[1]
■ **cloud 1** *vt* **(a)** (*lágrimas, vapor*) empañar **(b)** (*juicio*) ofuscar: *to cloud the issue* complicar el asunto **2** *vi* (*expresión*) ensombrecerse
PHR V to cloud over nublarse
cloud-cuckoo-land /ˌklaʊd ˈkʊkuː lænd/ *n* Babia: *to be/live in cloud-cuckoo-land* estar en Babia
cloudless /ˈklaʊdlɪs/ *adj* despejado
cloudy /ˈklaʊdi/ *adj* (**-ier, -iest**) **1** nublado **2** (*tb* **clouded**) (*cerveza, vino*) turbio **3** (*recuerdo*) vago
clout /klaʊt/ *n* (*coloq*) **1** tortazo **2** (*fig*) influencia
■ **clout** *vt* (*coloq*) dar un tortazo a
clove[1] *pret de* CLEAVE[1]
clove[2] /kləʊv/ *n* **1** clavo (*especia*) **2** *Ver* CLOVE OF GARLIC
cloven *pp de* CLEAVE[1]
clove of garlic (*tb* **clove**) *n* diente de ajo
clover /ˈkləʊvə(r)/ *n* trébol
LOC to be/live in clover (*coloq*) estar/vivir a cuerpo de rey
cloverleaf /ˈkləʊvəliːf/ *n* (*pl* **-leafs** o **-leaves**) **1** (*Bot*) hoja de trébol **2** (*autopista*) cruce de trébol
clown /klaʊn/ *n* payaso
■ **clown** *vi* (*pey*) hacer el payaso: *Stop clowning around.* Deja de hacer el payaso.
▶ **clownish** *adj* estúpido
cloying /ˈklɔɪɪŋ/ *adj* empalagoso
club[1] /klʌb/ *n* **1** club *Ver tb* BOOK CLUB, COUNTRY CLUB, GOLF CLUB, YOUTH CLUB **2** (*tb* **nightclub**) discoteca, sala de fiestas
LOC to be in the club (*GB, argot*) estar embarazada *Ver tb* JOIN
■ **club** *v* (**-bb-**)
PHR V to club together (to do sth) poner un fondo (para hacer algo)
club[2] /klʌb/ *n* **1** (*arma*) porra **2** (*golf*) palo ☛ *Ver ilustración en* GOLF
■ **club** *vt* (**-bb-**) aporrear: *to club sb to death* matar a algn a porrazos
club[3] /klʌb/ *n* **1 clubs** [*v sing o pl*] (*baraja francesa*) tréboles **2** (*naipe*) una carta de tréboles ☛ *Ver ilustración en* CARTA ☛ *Ver nota en* BARAJA
club-foot /ˌklʌb ˈfʊt/ *n* pie zopo
▶ **club-footed** *adj* con el pie zopo
clubhouse /ˈklʌbhaʊs/ *n* sede de un club deportivo
cluck /klʌk/ *n* cloqueo
■ **cluck** *vi* **1** cloquear **2** chascar la lengua
clue /kluː/ *n* **1(a) ~ (to sth)** pista (de algo): *It was the only clue to the identity of the murderer.* Era la única pista de la identidad del asesino. **(b)** indicio **2** (*crucigrama*) definición
LOC not to have a clue (*coloq*) **1** no tener ni idea **2** ser un inútil: *She hasn't a clue.* No sirve para nada.
■ **clue** *v*
PHR V to clue sb up (about/on sth) (*coloq*) poner a algn al tanto (sobre algo): *She's really clued up.* Está muy al tanto.
▶ **clueless** *adj* (*coloq, pey*) estúpido
clump[1] /klʌmp/ *n* grupo (*plantas, etc*)
clump[2] /klʌmp/ *vi* **~ about, around, etc** pisar fuerte
■ **clump** (*tb* **clumping**) *n* [*sing*] pisada fuerte: *the clump of boots* el sonido de pisadas de botas
▶ **clumpy** *adj* (*zapato*) pesado, grande
clumsy /ˈklʌmzi/ *adj* (**-ier, -iest**) **1** torpe, desgarbado **2** tosco
▶ **clumsily** *adv* **1** torpemente **2** toscamente
clumsiness *n* **1** torpeza **2** tosquedad
clung *pret, pp de* CLING
clunk /klʌŋk/ *n* sonido (metálico) sordo
cluster /ˈklʌstə(r)/ *n* grupo: *Plant the bulbs in a cluster.* Plante los bulbos en pequeños grupos.
■ **cluster** *v*
PHR V to cluster/be clustered (together) round sth/sb apiñarse alrededor de algo/algn
clutch[1] /klʌtʃ/ *vt* **1** (*tener*) apretar, estrechar: *to clutch sth to your chest* apretar algo contra tu pecho **2** (*coger*) agarrar **LOC** *Ver* STRAW
PHR V to clutch at sth 1 agarrarse a/de algo: *The pain made him clutch at his chest.* El dolor le hizo agarrarse el pecho. **2** (*fig*) aferrarse a algo
■ **clutch** *n* **1 clutches** [*pl*] (*pey*) garras: *to fall into the clutches of sth/sb* caer en las garras de algo/algn ◊ *to escape from sb's clutches* escapar de las garras de algn **2** (*Mec*) embrague: *to let in/out the clutch* embragar/desembragar ◊ *clutch pedal* el pedal del embrague ☛ *Ver ilustración en* CAR
clutch[2] /klʌtʃ/ *n* **1** nidada **2** (*fig*) grupo, colección
clutter /ˈklʌtə(r)/ (*pey*) *n* desorden, confusión: *a clutter of pots and pans* un montón de cacharros
■ **clutter** *vt* **~ sth (up)** atestar algo: *to be cluttered with*

sth estar atestado de algo ◊ *boots cluttering up the place* botas amontonadas por todas partes
▶ **cluttered** *adj* atestado (*de cosas*)
cm (*pl* **cm** o **cms**) *abrev de* **centimetre**
CND /ˌsiː en ˈdiː/ (*GB*) *abrev de* **Campaign for Nuclear Disarmament** Campaña para el Desarme Nuclear
CO /ˌsiː ˈəʊ/ *abrev de* **Commanding Officer**
Co 1 (*Com*) *abrev de* **company 2** *abrev de* **county**
c/o /ˌsiː ˈəʊ/ *abrev de* **care of**
coach[1] /kəʊtʃ/ *n* **1** autocar: *coachloads of tourists* autocares llenos de turistas ◊ *coach trip* excursión en autocar **2** (*de tren*) vagón, coche ☛ *Comparar con* CARRIAGE sentido 2 **3** (*USA*) (*avión*) clase económica **4(a)** carroza **(b) stagecoach** diligencia *Ver tb* SLOW-COACH
coach[2] /kəʊtʃ/ *n* **1** entrenador, -ora **2** profesor, -ora particular
■ **coach 1** *vt, vi* **~** (**for/in sth**) (*Dep*) entrenar (para/en algo): *to coach a swimmer for the Olympics* entrenar a una nadadora para las Olimpiadas **2** *vt, vi* **~** (**sb**) (**for/in sth**) dar clases particulares (a algn) (de algo)
▶ **coaching** *n* entrenamiento, preparación
coachman /ˈkəʊtʃmən/ *n* (*pl* **-men** /-mən/) cochero
coagulate /kəʊˈægjuleɪt/ *vt, vi* coagular(se)
▶ **coagulation** *n* coagulación
coal /kəʊl/ *n* **1** [*incontable*] carbón: *coal industry* industria del carbón **2** [*contable*] trozo de carbón: *hot/live coals* brasas
LOC **to carry/take coals to Newcastle** ir a vendimiar y llevar uvas de postre *Ver tb* HAUL
coal black *adj* negro como el carbón
coal-burning /ˈkəʊl bɜːnɪŋ/ *adj* que quema carbón: *a coal-burning stove* una estufa de carbón
coalesce /ˌkəʊəˈles/ *vi* (*formal*) fusionarse, unirse
coalface /ˈkəʊlfeɪs/ (*tb* **face**) *n* frente de arranque de la veta de carbón
coalfield /ˈkəʊlfiːld/ *n* **1** yacimiento de carbón **2** [*gen pl*] mina de carbón
coal-fired /ˈkəʊl faɪəd/ *adj* que quema carbón: *a coal-fired power station* una central térmica
coalition /ˌkəʊəˈlɪʃn/ *n* [*v sing o pl*] coalición: *coalition government* gobierno de coalición
coal mine (*tb* **mine**, **pit**) *n* mina de carbón
coal miner *n* minero, -a de carbón
coal mining *n* minería de carbón
coarse /kɔːs/ *adj* (**-er, -est**) **1(a)** (*arena, etc*) grueso **(b)** (*tela, manos*) áspero **2(a)** vulgar **(b)** (*lenguaje, persona*) grosero **(c)** (*chiste*) verde
▶ **coarsely** *adv* **1** (*picar*) en trozos grandes **2** toscamente **3** groseramente
coarsen *vt, vi* **1** vulgarizar(se) **2** volver(se) áspero
coarseness *n* **1** aspereza **2** tosquedad **3** vulgaridad
coast[1] /kəʊst/ *n* costa
LOC **the coast is clear** (*coloq*) no hay moros en la costa
▶ **coastal** *adj* costero
coast[2] /kəʊst/ *vi* **1(a)** (*coche*) ir en punto muerto **(b)** (*bicicleta*) ir sin pedalear **2** (*fig*) **(a)** avanzar sin esfuerzo: *to coast home* ganar fácilmente **(b)** (*pey*) avanzar por inercia **3** (*Náut*) costear
coaster /ˈkəʊstə(r)/ *n* **1** barco de cabotaje **2** posavasos *Ver tb* ROLLER COASTER
coastguard /ˈkəʊstgɑːd/ *n* **1** guardacostas **2** (*organización*) servicio de guardacostas
coastline /ˈkəʊstlaɪn/ *n* litoral
coat /kəʊt/ *n* **1(a)** abrigo, chaquetón: *a trench coat* un chaquetón militar *Ver tb* DUFFLE COAT, FROCK COAT, GREATCOAT, HOUSECOAT, MORNING COAT, RAINCOAT, TAIL-COAT, WAISTCOAT **(b) white coat** bata (*blanca*) **2** (*de animal*) pelo, lana **3** (*de pintura, etc*) capa, mano *Ver tb* TURNCOAT
LOC **to cut your coat according to your cloth** (*refrán*) vivir dentro de tus posibilidades, hacer algo con lo que tienes
■ **coat** *vt* **~ sth** (**in/with sth**) cubrir, bañar, rebozar algo (de algo): *coated in chocolate* cubierto de chocolate *Ver tb* SUGAR-COATED
▶ **coating** *n* capa, baño
coat-hanger /ˈkəʊt hæŋə(r)/ *n* perchero *Ver tb* HANGER
coat-tails /ˈkəʊt teɪlz/ *n* [*pl*] faldones LOC *Ver* RIDE
co-author /ˌkəʊ ˈɔːθə(r)/ *n* coautor, -a
■ **co-author** *vt* escribir conjuntamente
coax /kəʊks/ *vt* **~ sb into/out of (doing) sth; ~ sb to do sth** engatusar, persuadir a algn para que haga/deje de hacer algo: *to coax an engine to life* conseguir arrancar un motor
PHR V **to coax sth out of/from sb** sonsacar algo a algn
▶ **coaxing 1** *adj* (*voz*) persuasivo **2** *n* persuasión: *with a little coaxing* tras intentar con paciencia
cob /kɒb/ *n* **1 corn cob** mazorca de maíz **2** (*GB*) pan redondo **3** (*GB*) (*construcción*) mezcla de arcilla y paja **4** caballo fuerte de poca alzada
cobalt /ˈkəʊbɔːlt/ *n* cobalto: *cobalt blue* azul (de) cobalto
cobble[1] /ˈkɒbl/ (*tb* **cobblestone**) *n* adoquín
■ **cobble** *vt* adoquinar: *a cobbled street* una calle adoquinada
cobble[2] /ˈkɒbl/ *v*
PHR V **to cobble sth together 1** juntar algo de mala manera **2** hacer algo descuidadamente
cobbler /ˈkɒblə(r)/ *n* zapatero, -a
cobblers! /ˈkɒbləz/ *interj* (*GB, coloq*) ¡mentira!
LOC *Ver* LOAD[1]
cobra /ˈkəʊbrə/ *n* cobra
cobweb /ˈkɒbweb/ *n* **1** telaraña **2** (*fig*): *to dust off/away the cobwebs* despejarse/poner en funcionamiento la cabeza
coca /ˈkəʊkə/ *n* coca (*planta y hoja*)
cocaine /kəʊˈkeɪn/ *n* cocaína
coccyx /ˈkɒksɪks/ *n* (*pl* **~es, -yges** /ˈkɒksɪdʒiːz/) (*Anat*) coxis ☛ *Ver ilustración en* ESQUELETO
cochlea /ˈkɒkliə/ *n* (*Anat*) caracol ☛ *Ver ilustración en* OÍDO
cock /kɒk/ *n* **1** (*USA* **rooster**) gallo: *cock-crow* canto de gallo ◊ *cock-fight* pelea de gallos **2** (*ave*) macho: *cock pheasant* faisán macho **3** (*GB, argot*) amigo **4** (*agua, gas*) llave (*de cierre*) **5** (⚠) ☛ *Ver nota en* TABÚ polla **6** [*incontable*] (*argot*) tonterías
LOC **a cock-and-bull story** un cuento chino **cock of the walk** gallito (*persona*) **to go off at half cock** (*coloq*) actuar antes de la cuenta
■ **cock** *vt* **1** (*esp animales*) levantar (*pata, orejas*) **2** (*sombrero*) ladear **3** (*fusil*) amartillar
LOC **to cock a snook at sb** hacer burla a algn
PHR V **to cock sth up** (*GB, coloq*) fastidiar algo: *You've really cocked it up.* ¡La has fastidiado bien!
cockade /kɒˈkeɪd/ *n* escarapela
cock-a-hoop /ˌkɒk ə ˈhuːp/ *adj* eufórico
cockatoo /ˌkɒkəˈtuː/ *n* (*pl* **~s**) cacatúa
cockerel /ˈkɒkərəl/ *n* (*ave*) gallo joven
cocker spaniel (*tb* **cocker**) *n* cócker ☛ *Ver ilustración en* DOG[1]
cock-eyed /ˈkɒk aɪd/ *adj* (*coloq*) **1** (*muro, línea, etc*) torcido **2** (*persona*) bizco **3** (*proyecto*) disparatado
cockiness /ˈkɒkinəs/ *n* impertinencia
cockle /ˈkɒkl/ *n* **1(a)** berberecho **(b)** concha de berberecho **2** (*tb* **cockle-shell**) (*barca*) cáscara de nuez LOC *Ver* WARM[2]
cockney /ˈkɒkni/ *adj* del este de Londres
■ **cockney** *n* **1** (*pl* **~s**) nativo, -a de los barrios bajos del este de Londres **2** dialecto de estos
cockpit /ˈkɒkpɪt/ *n* **1** (*en una nave*) cabina ☛ *Ver ilustración en* YACHT **2** (*peleas*) gallera

cockroach /ˈkɒkrəʊtʃ/ (*esp USA* **roach**) *n* cucaracha
cocksure /ˌkɒkˈʃʊə(r), -ʃɔː(r)/ *adj* (*coloq*) presumido
cocktail /ˈkɒkteɪl/ *n* **1** cóctel: *cocktail dress* vestido de fiesta ◊ *cocktail shaker* coctelera **2** (*de fruta*) macedonia: *prawn cocktail* cóctel de gambas **3** (*coloq, fig*) mezcla: *a lethal cocktail of drugs* una mezcla letal de drogas
cock-up /ˈkɒk ʌp/ *n* (*GB, coloq*) **1** desastre **2** chapuza
cocky /ˈkɒki/ *adj* (*coloq*) impertinente
cocoa /ˈkəʊkəʊ/ *n* **1** cacao **2** (*bebida*) chocolate
coconut /ˈkəʊkənʌt/ *n* coco: *coconut palm* cocotero
cocoon /kəˈkuːn/ *n* **1** (*gusano*) capullo **2** (*fig*) caparazón: *wrapped in a cocoon of blankets* envuelto en un ovillo de mantas
■ **cocoon** *vt* envolver: *to cocoon yourself in sth* envolverse en algo
cod /kɒd/ *n* bacalao
coda /ˈkəʊdə/ *n* coda
coddle /ˈkɒdl/ *vt* **1** mimar **2** (*huevo*) hervir a fuego lento
code /kəʊd/ *n* **1** código: *the Highway Code* el código de circulación ◊ *code of practice* código profesional *Ver tb* BAR CODE, GENETIC CODE, POSTCODE, ZIP CODE **2** (*mensaje*) clave: *The message was written in code.* El mensaje estaba en clave.
▶ **coded** *adj* **1** (*mensaje*) en clave **2** (*comentario, pregunta*) indirecto *Ver tb* COLOUR-CODED
codeine /ˈkəʊdiːn/ *n* codeína
code name *n* (*espía, etc*) nombre de guerra
■ **code name** *vt* denominar: *The operation was code named "Enigma".* La operación fue denominada "Enigma".
codex /ˈkəʊdeks/ *n* (*pl* **codices** /ˈkəʊdɪsiːz/) códice
codger /ˈkɒdʒə(r)/ *n* (*coloq*) vejete
codicil /ˈkəʊdɪsɪl; *USA* ˈkɒdəsl/ *n* codicilio
codify /ˈkəʊdɪfaɪ; *USA* ˈkɒdəfaɪ/ *vt* (*pret, pp* **-fied**) codificar
▶ **codification** *n* codificación
cod liver oil *n* aceite de hígado de bacalao
codswallop /ˈkɒdzwɒləp/ *n* [*incontable*] (*GB, coloq*) tonterías
coed /ˌkəʊˈed/ *n* (*USA, coloq, ofen*) alumna de un colegio mixto
■ **coed** *abrev de* **co-educational**
co-educational /ˌkəʊ edjuˈkeɪʃənl/ *adj* (*abrev* **coed**) (*colegio*) mixto
coefficient /ˌkəʊɪˈfɪʃnt/ *n* coeficiente
coerce /kəʊˈɜːs/ *vt* (*formal*) coaccionar: *They were coerced into signing the contract.* Fueron coaccionados para que firmaran el contrato.
▶ **coercion** *n* coacción
coercive *adj* coactivo: *coercive methods* métodos de coacción
coexist /ˌkəʊɪɡˈzɪst/ *vi* coexistir
▶ **coexistence** *n* coexistencia
C of E /ˌsiː əv ˈiː/ *abrev de* **Church of England**
coffee /ˈkɒfi; *USA* ˈkɔːfi/ *n* **1** café: *black/white coffee* café solo/con leche ◊ *coffee bean* grano de café ◊ *coffee-table* mesita de café ◊ *coffee bar/shop* cafetería ◊ *filter coffee* café de cafetera eléctrica ◊ *instant/decaffeinated coffee* café instantáneo/descafeinado ☛ *Ver ilustración en* FILTER **2** color café
coffer /ˈkɒfə(r)/ *n* **1** (*antic*) arca **2** **coffers** [*pl*] (*fig*) **(a)** arcas: *The nation's coffers are empty.* Las arcas de la nación están vacías. **(b)** fondos
coffin /ˈkɒfɪn/ *n* ataúd **LOC** *Ver* NAIL
cog /kɒɡ/ *n* **1** rueda dentada **2** (*rueda dentada*) diente
LOC **a cog in the machine** (*coloq*) *She felt like a small cog in a very large machine.* Se sentía como una pieza muy pequeña dentro de una gran máquina.
cogency /ˈkəʊdʒənsi/ *n* contundencia
cogent /ˈkəʊdʒənt/ *adj* contundente
▶ **cogently** *adv* con contundencia
cognac /ˈkɒnjæk/ *n* coñac
cognition /kɒɡˈnɪʃn/ *n* (*formal*) cognición
▶ **cognitive** *adj* cognoscitivo, cognitivo
cognoscenti /ˌkɒnjəˈʃenti/ *n* [*pl*] (*formal*) entendidos
cohabit /kəʊˈhæbɪt/ *vi* (*formal*) cohabitar
▶ **cohabitation** *n* cohabitación
cohere /kəʊˈhɪə(r)/ *vi* **1** ~ **(with sth)** ser coherente (con algo) **2** (*partículas*) adherirse
coherence /ˌkəʊˈhɪərəns/ (*tb* **coherency** /-ənsi/) *n* coherencia
coherent /kəʊˈhɪərənt/ *adj* **1** coherente **2** (*habla*) inteligible: *to be coherent* hablar de forma inteligible
▶ **coherently** *adv* **1** de forma coherente **2** (*hablar*) de forma inteligible
cohesive /kəʊˈhiːsɪv/ *adj* **1** (*equipo, sociedad, etc*) homogéneo **2** cohesivo
▶ **cohesion** *n* cohesión
cohort /ˈkəʊhɔːt/ *n* **1** (*romano*) cohorte **2** (*fig*) séquito
coiffure /kwɑːˈfjʊə(r)/ *n* (*Fr*) peinado
coil /kɔɪl/ *n* **1** (*cuerda, etc*) rollo **2** (*serpiente*) anillo **3** (*Elec*) bobina **4** (*anticonceptivo*) diu **5** (*humo*) voluta **6** (*pelo*) tirabuzón
■ **coil 1** *vt* ~ **sth (up)** enrollar algo: *She coiled the rope around her waist.* Se enrolló la soga a la cintura. **2** *vt, vi* ~ **(yourself) up (around sth)** enroscarse (en algo)
coin /kɔɪn/ *n* moneda
LOC **to toss/flip/spin a coin** echar una moneda al aire, echárselo a suertes *Ver tb* SIDE, TOSS
■ **coin** *vt* (*dinero, palabra*) acuñar
LOC **to be coining it** (*coloq*) hacer algn su agosto **to coin a phrase** (*irón*) para utilizar una frase común
▶ **coinage** *n* **1** sistema monetario **2** (*dinero, palabra*) acuñación
coincide /ˌkəʊɪnˈsaɪd/ *vi* ~ **(with sth)** coincidir (con algo)
coincidence /kəʊˈɪnsɪdəns/ *n* **1** casualidad: *by coincidence* por casualidad ◊ *It is no coincidence that he made the announcement today.* No es una casualidad que haya hecho el anuncio hoy. **2** (*formal*) coincidencia
▶ **coincidental** /kəʊˌɪnsɪˈdentl/ *adj* casual
coincidentally *adv* por casualidad, casualmente
coincident /kəʊˈɪnsɪdənt/ *adj* (*formal*) ~ **(with sth)** coincidente (con algo)
coitus /ˈkəʊɪtəs/ *n* (*formal*) coito
coitus interruptus /ˌkəʊɪtəs ɪntəˈrʌptəs/ *n* (*formal*) coitus interruptus
coke /kəʊk/ *n* **1** **Coke**® Coca-Cola® **2** (*argot*) (*cocaína*) coca **3** (*carbón*) coque
Col *abrev de* **Colonel**
cola /ˈkəʊlə/ *n* **1** (*tb* **kola**) (*Bot*) cola **2** (*refresco*) cola
colander /ˈkʌləndə(r)/ *n* escurridor
cold /kəʊld/ *adj* (**-er, -est**) **1** frío: *a cold front* un frente frío ◊ *a cold snap* una ola de frío ◊ *She broke into a cold sweat.* Le corrió un sudor frío. ◊ *Her hands were freezing cold.* Tenía las manos heladas. ◊ *a cold reception* una acogida fría ☛ *Ver nota en* FRÍO **2** *cold drinks* refrescos ◊ *cold meats* fiambres ◊ *cold beef, chicken, etc* fiambre de ternera, pollo, etc *Ver tb* ICE-COLD
LOC **a cold fish** una persona de sangre fría **cold comfort**. *Her words were cold comfort to me.* De poco consuelo me sirvieron sus palabras. **cold turkey** (*USA, argot*) mono (*síndrome de abstinencia*) **in cold blood** a sangre fría **out cold** sin sentido (*inconsciente*): *to knock sb out cold* dejar a algn sin sentido **to be cold 1** (*persona*) tener frío **2** (*tiempo*) hacer frío: *It's usually very cold in January.* Suele hacer mucho frío en enero. ◊ *It's bitterly cold.* Hace un frío glacial. **3** (*objeto*) estar frío **4** (*lugares, periodos de tiempo*) ser (muy) frío: *In the desert, the nights are very cold.* Las noches son muy frías en el desierto. **to get cold 1** enfriarse **2** coger frío **3** (*tiempo*) ponerse frío **to get/have cold feet** (*coloq*)

sentir mieditis **to give sb the cold shoulder** dar la espalda a algn **to pour/throw cold water on an idea, a plan, etc** echar por tierra una idea, un proyecto, etc *Ver tb* BLOOD, BLOW, LEAVE[1], NIP, SHAKE[1]

■ **cold** *n* **1** frío **2** resfriado: *to catch (a) cold* resfriarse ◇ *a cold in the nose* un catarro

LOC out in the cold al margen (*excluido*) *Ver tb* CATCH[1]

■ **cold** *adv* de improviso

cold-blooded /ˌkəʊld ˈblʌdɪd/ *adj* **1** (*Biol*) de sangre fría **2** desalmado

cold cuts (*USA*) (*GB* **cold meats**) *n* [*pl*] fiambres

cold-hearted /ˌkəʊld ˈhɑːtɪd/ *adj* despiadado

coldly /ˈkəʊldli/ *adv* **1** con frialdad **2** fríamente

cold meats (*USA* **cold cuts**) *n* [*pl*] fiambres

coldness /ˈkəʊldnəs/ *n* **1** frialdad **2** frío

cold sore *n* calentura (*pupa*)

cold storage *n* (*lit*) almacenaje en cámara frigorífica

LOC to put a plan, an idea, etc into cold storage dejar un proyecto, una idea, etc en suspenso

cold war *n* guerra fría: *cold war attitudes* actitudes de la guerra fría

coleslaw /ˈkəʊlslɔː/ *n* ensalada de col

colic /ˈkɒlɪk/ *n* cólico

collaborate /kəˈlæbəreɪt/ *vi* **1 ~ (with sb) (on sth)** colaborar (con algn) (en algo) **2** (*pey*) colaborar (*con el enemigo*)

▶ **collaboration** *n* **1** colaboración **2** (*pey*) colaboracionismo

collaborative /kəˈlæbərətɪv; *USA* -reɪtɪv/ *adj*: *collaborative effort* esfuerzo común ◇ *collaborative work* trabajo en colaboración

collaborator *n* **1** colaborador, -ora **2** (*pey*) colaboracionista

collage /ˈkɒlɑːʒ; *USA* kəˈlɑːʒ/ *n* collage

collapse /kəˈlæps/ *vi* **1(a)** derrumbarse **(b)** desplomarse **2** caer desmayado: *She collapsed (unconscious) at my feet.* Cayó desmayada a mis pies. **3** (*negocio, etc*) hundirse **4** (*valor*) caer en picado **5** (*mueble, etc*) plegarse **6** (*Med*) **(a)** sufrir un colapso **(b)** *a collapsed lung* un pulmón desecado

■ **collapse** *n* **1** derrumbamiento **2** caída en picado **3** (*Med*) colapso

collapsible /kəˈlæpsəbl/ *adj* plegable

collar /ˈkɒlə(r)/ *n* **1** (*camisa, etc*) cuello (*añadido a la prenda*): *shirt and collar* camisa con cuello postizo ◇ *collar size* talla de camisa ☛ *Ver ilustración en* AMERICANA ☛ *Comparar con* NECK sentido 2 *Ver tb* BLUE-COLLAR WORKER, WHITE-COLLAR WORKER **2** (*esp USA* **dog collar**) collar (*de perro, etc*) **3** (*Mec*) abrazadera

LOC *Ver* HOT

■ **collar** *vt* **1** (*coger*) pillar: *The policeman collared the thief.* El policía pilló al ladrón. **2** (*acercarse*) abordar

collarbone /ˈkɒləbəʊn/ *n* clavícula ☛ *Ver ilustración en* ESQUELETO

collate /kəˈleɪt/ *vt* **1** cotejar **2** compilar

▶ **collation** *n* cotejo

collateral /kəˈlætərəl/ *n* (*formal, Com*) garantía bancaria

■ **collateral** *adj* **1** colateral **2** secundario

colleague /ˈkɒliːg/ *n* colega, compañero, -a (*de profesión*)

collect[1] /kəˈlekt/ **1** *vt* **~ sth (up/together)** juntar, recoger, reunir algo: *to collect up/together your belongings* recoger todas tus pertenencias ◇ *the collected works of Dickens* las obras completas de Dickens ◇ *to collect facts/information* recopilar datos/información **2** *vi* **(a)** (*muchedumbre*) reunirse **(b)** (*polvo, agua*) acumularse **3** *vt* **(a)** (*fondos, impuestos*) recaudar **(b)** (*alquiler*) cobrar **4** *vt* (*sellos, monedas*) coleccionar **5** *vt* (*niño, basura, billete*) recoger: *We'll collect the washing machine next week.* Recogeremos la lavadora la semana que viene.

LOC to collect dust acumular polvo **to collect yourself** serenarse **to collect your thoughts** poner en orden tus ideas *Ver tb* WIT

▶ **collectable** *adj* coleccionable

collect[2] /kəˈlekt/ *adj, adv* (*USA*) a cobro revertido: *a collect call* una llamada a cobro revertido ◇ *to call sb collect* llamar a algn a cobro revertido ☛ *Comparar con* REVERSE[3]

collect[3] /ˈkɒlekt/ *n* colecta (*oración*) ☛ *Comparar con* COLLECTION sentido 3

collected /kəˈlektɪd/ *adj* sereno

collection /kəˈlekʃn/ *n* **1** colección: *a stamp collection* una colección de sellos **2** recogida **3** (*dinero*) colecta: *collection box* la caja de la colecta ◇ *collection plate* el cepillo de la colecta **4** conjunto: *an odd collection of people* un grupo raro de gente

collective /kəˈlektɪv/ *adj, n* colectivo: *a collective effort* un esfuerzo colectivo

collective bargaining *n* negociación colectiva

collectively /kəˈlektɪvli/ *adv* colectivamente, en conjunto

collective noun *n* sustantivo colectivo

collective ownership *n* propiedad colectiva

collectivism /kəˈlektɪvɪzəm/ *n* colectivismo

▶ **collectivist** *adj, n* colectivista

collectivization, -isation /kəˌlektɪvaɪˈzeɪʃn/ *n* colectivización

collector /kəˈlektə(r)/ *n* coleccionista: *a tax-collector* un recaudador de impuestos *Ver tb* REFUSE COLLECTOR

collector's item (*tb* **collector's piece**) *n* pieza de coleccionista

college /ˈkɒlɪdʒ/ *n* **1** centro de educación superior: *College of Further Education* Centro de Formación de Adultos ◇ *art college* escuela de artes y oficios ◇ *to start/finish college* empezar/terminar los estudios superiores ◇ *sixth form college* instituto de bachillerato *Ver tb* TECHNICAL COLLEGE **2** (*GB*) colegio universitario (*Oxford, Cambridge, etc*) **3** (*USA*) universidad

collegiate /kəˈliːdʒiət/ *adj* universitario

collide /kəˈlaɪd/ *vi* **~ (with sth/sb)** chocar (con algo/algn)

collie /ˈkɒli/ *n* perro pastor escocés ☛ *Ver ilustración en* DOG[1]

colliery /ˈkɒliəri/ *n* (*pl* **-ies**) (*GB*) mina de carbón

collision /kəˈlɪʒn/ *n* choque: *a head-on collision* un choque frontal ◇ *to be in collision with sth* entrar en colisión con algo

collision course *n*

LOC (to be) on a collision course (with sth/sb) (ir/estar) camino del enfrentamiento (con algo/algn): *The government and the unions are on a collision course.* El gobierno y los sindicatos van encaminados al enfrentamiento.

colloquial /kəˈləʊkwiəl/ *adj* coloquial

▶ **colloquialism** *n* palabra o expresión familiar

colloquially *adv* coloquialmente

collude /kəˈluːd/ *vi* **~ (with sb)** (*formal*) confabularse (con algn)

▶ **collusion** /kəˈluːʒn/ *n* **~ (with sb)** (*formal*) confabulación (con algn): *She acted in collusion with the other witness.* Se confabuló con el otro testigo.

cologne /kəˈləʊn/ *n Ver* EAU DE COLOGNE

colon[1] /ˈkəʊlən/ *n* (*Anat*) colon ☛ *Ver ilustración en* DIGESTIVE

colon[2] /ˈkəʊlən/ *n* dos puntos ☛ *Ver págs 592–3* ☛ *Comparar con* SEMICOLON

colonel /ˈkɜːnl/ *n* **1** (*rango*) coronel **2** (*abrev* **Col**) (*seguido de un nombre*) coronel: *Col John Smith* coronel John Smith

colonial /kəˈləʊniəl/ *adj* colonial

■ **colonial** *n* colono, -a

▶ **colonialism** *n* colonialismo

colonialist *n* colonialista
colonist /ˈkɒlənɪst/ *n* colono, -a
colonize, -ise /ˈkɒlənaɪz/ *vt* colonizar
▶ **colonization, -isation** *n* colonización
colonnade /ˌkɒləˈneɪd/ *n* columnata
colony /ˈkɒləni/ *n* (*pl* **-ies**) colonia
color *n* (*USA*) *Ver* COLOUR[1]
colossal /kəˈlɒsl/ *adj* colosal
colossus /kəˈlɒsəs/ *n* (*pl* **~es** o **-lossi** /-ˈlɒsaɪ/) coloso
colour[1] (*USA* **color**) /ˈkʌlə(r)/ *n* **1** color: *The garden was a mass of colour.* El jardín era todo color. ◊ *What colour is the sky?* ¿De qué color es el cielo? ◊ *Is the film in colour or black and white?* ¿La película es en color o en blanco y negro? **2** color (*de la piel*): *colour prejudice* prejuicios raciales ◊ *race, sex, colour or creed* raza, sexo, color de la piel o credo **3 colours** [*pl*] (*equipo, partido, etc*) colores **4 colours** [*pl*] (*barco, regimiento*) bandera *Ver tb* FLYING COLOURS, WATERCOLOUR
LOC to be/feel off colour (*coloq*) no estar muy católico **to give/lend colour to sth** dar una apariencia de verdad a algo **to see the colour of sb's money** ver el dinero de algn *Ver tb* FULL, NAIL, TROOP, TRUE
colour[2] (*USA* **color**) /ˈkʌlə(r)/ *vt* **1** (*dar color*) colorear **2** (*con pintura*) pintar **3** (*con tinte*) teñir **4** (*afectar*) marcar: *to allow sth to colour your judgement* dejar que algo te ofusque (el juicio)
PHR V to colour sth in colorear algo
to colour (up) (at sth) ruborizarse (ante algo)
▶ **coloured** (*USA* **colored**) **1** *adj* **(a)** (*que tiene color*) de colores **(b)** (*que tiene el color especificado*) (de) color: *cream-coloured* (de) color crema *Ver tb* LIGHT-COLOURED, MULTICOLOURED, STRAW-COLOURED **(c)** (*exagerado*) adornado **2** *adj, n* (*pl* **~s**) (*gen ofen*) **(a)** (persona) de color **(b) Coloured** (*Suráf*) (persona) de raza mezclada
colouring (*USA* **coloring**) *n* **1** (*acción*) colorear: *a colouring book* un libro para colorear **2** (*efecto*) colorido **3** (*piel*) tez: *She has (a) very fair colouring.* Es muy blanca. **4** (*sustancia*) colorante
colour-blind (*tb* **colour blind**) /ˈkʌlə blaɪnd/ *adj* daltónico
colour-coded /ˈkʌlə kəʊdɪd/ *adj* clasificado por colores
colour fast *adj* de color sólido (*que no destiñe*)
colourful /ˈkʌləfəl/ *adj* **1** lleno de color, llamativo **2** (*personaje, vida*) interesante
colourless /ˈkʌlələs/ *adj* **1** incoloro: *colourless cheeks* mejillas sin color **2** (*personaje, estilo*) gris
colour scheme *n* combinación de colores
colt /kəʊlt/ *n* potro (*caballo joven de hasta cuatro o cinco años*) ☛ *Comparar con* FOAL
column /ˈkɒləm/ *n* columna ☛ *Ver ilustración en* COLUMNA *Ver tb* FIFTH COLUMN, GOSSIP COLUMN, PERSONAL COLUMN, SPINAL COLUMN
▶ **columnist** *n* columnista
column-inch /ˌkɒləm ˈɪntʃ/ *n* **1** (*lit*) área ocupada por los renglones de un artículo de periódico **2** (*fig*) cobertura periodística: *the column-inches devoted to the Royal Family* los ríos de tinta dedicados a la familia real
coma /ˈkəʊmə/ *n* coma: *to go into/be in a coma* entrar en/estar en estado de coma
▶ **comatose** *adj* comatoso
comb /kəʊm/ *n* **1(a)** peine *Ver tb* FINE-TOOTH COMB **(b)** (*adorno*) peineta **2** *Your hair needs a (good) comb.* Deberías peinarte. **3** (*para lana, etc*) carda **4** *Ver* HONEYCOMB **5** (*gallo, etc*) cresta
■ **comb 1** *vt* peinar: *to comb your hair* peinarse **2** *vt* (*lana, etc*) cardar **3** *vt, vi* **~ (through) sth (for sth/sb)** rastrear, peinar algo (en busca de algo/algn)
PHR V to comb sth out desenredar algo: *to comb out your hair* desenredarse el pelo
to comb sth out (of sth): *to comb the mud out of the dog's fur* limpiar el barro del pelo del perro cepillándolo
combat /ˈkɒmbæt/ *n* [*incontable*] combate
■ **combat** *vt, vi* combatir, luchar contra *Ver tb* SINGLE COMBAT
▶ **combatant** /ˈkɒmbətənt/ *adj, n* combatiente
combative /ˈkɒmbətɪv/ *adj* combativo
combination /ˌkɒmbɪˈneɪʃn/ *n* combinación: *a combination of factors* una combinación de varios factores
combine[1] /kəmˈbaɪn/ *vt, vi* **~ (with sth)**; **~ A and B/A with B 1** combinarse (con algo); combinar A y/con B: *Circumstances have combined to ruin our plans.* La combinación de varias circunstancias ha desbaratado nuestros planes. ◊ *a kitchen and dining room combined* una cocina y un comedor en uno **2 ~ with sth/sb (a)** unirse, asociarse a algo/algn **(b)** (*Com*) fusionarse con algo/algn **3** *vt* (*cualidades*) reunir
combine[2] /ˈkɒmbaɪn/ *n* **1** (*Com*) asociación **2** (*tb* **combine harvester**) cosechadora
combustible /kəmˈbʌstəbl/ *adj, n* combustible
combustion /kəmˈbʌstʃən/ *n* combustión *Ver tb* INTERNAL-COMBUSTION ENGINE
come /kʌm/ *vi* (*pret* **came** /keɪm/ *pp* **come**) **1** venir: *Come again soon!* ¡Vuelve pronto! ◊ *to come into a room* entrar en una habitación ☛ *Ver nota en* AND **2 to come + -ing (a)** (*para expresar la continuidad de la acción*): *The children came running to meet us.* Los niños vinieron corriendo a vernos. **(b)** (*para hacer participar en una actividad*): *Why don't you come shopping with me?* ¿Por qué no vienes de compras conmigo? **3 ~ (to sth) with sb** acompañar a algn (a algo); venir con algn (a algo) **4** llegar: *They came to a river.* Llegaron a un río. **5** recorrer: *She's come half way across the world.* Ha recorrido medio mundo. **6** (*posición*) ser: *His family comes first.* Su familia es lo primero para él. ◊ *to come as a shock/surprise* ser un golpe/una sorpresa ◊ *to come first in an examination* sacar el primer puesto en un examen **7** (*productos, etc*) venir: *It comes in three sizes.* Viene en tres tallas. **8 to come + adj** resultar: *New cars don't come cheap.* Los coches nuevos no son baratos. ◊ *to come cheaper* salir más barato ◊ *to come undone* desatarse **9** (*coloq*) *We'll have been married for two years come Christmas.* En Navidad hará dos años que nos casamos. **10** (*coloq*) correrse **11 ~ to/into + sustantivo**: *to come to a halt* pararse ◊ *to come into a fortune* heredar una fortuna *Ver tb* UP-AND-COMING
LOC come again? (*coloq*) ¿cómo? **come to that** (*coloq*) ahora que lo pienso **come what may** venga lo que venga **how come (...)?** (*coloq*) ¿cómo (es que...)?, ¿por qué (...)?: *How come you got here so late?* ¿Cómo es que llegaste tan tarde? **if it comes to that** (*coloq*) llegado el caso **not to come to much** no llegar lejos: *He'll never come to much, he's too lazy.* No llegará lejos, es demasiado vago. **...to come** ...venidero: *for some time to come* durante bastante tiempo **to come and go** ir y venir: *a pain that comes and goes* un dolor intermitente **to come easily, naturally, etc to sb** resultar fácil, natural, etc a algn **to come into your own** lucirse: *She really comes into her own in the second act.* Cuando se luce de verdad es en el segundo acto. **to come to nothing**; **not to come to anything** quedarse en nada **to have come to something when...** estar en un punto grave cuando...: *It has come to something when I have to borrow money from my son.* Cuando tengo que pedirle dinero a mi hijo es que la situación no puede estar peor. **when it comes to (doing) sth** cuando se trata de (hacer) algo
☛ Para otras expresiones con **come**, véanse las entradas del sustantivo, adjetivo, etc, p.ej. **to come of age** en AGE[1].
PHR V to come about (that...) ocurrir, suceder (que...)
to come across sth/sb encontrar algo/encontrarse con algn
to come across/over 1 (*idea, intención*) ser entendido **2** (*efecto*): *She comes across well/badly in interviews.* Queda bien/mal en las entrevistas. ◊ *to come over as sth* dar la impresión de ser algo

to come after sb perseguir a algn
to come along 1 aparecer, presentarse **2** venir también, acompañar
to come along/on 1 hacer progresos: *The garden is coming along/on nicely.* El jardín va muy bien. **2 come along/on!** ¡vamos!
to come apart deshacerse: *to come apart at the seams* reventarse por las costuras
to come (a)round (to sth) dejarse convencer (de algo)
to come at sb abalanzarse sobre algn
to come away salir: *I came away from the meeting feeling dispirited.* Salí de la reunión muy deprimido.
to come away (from sth) desprenderse (de algo): *The handle came away in my hands.* Me quedé con el asa en la mano. ◊ *The plaster was coming away from the wall.* La pared se estaba desconchando.
to come away with sth marcharse con algo, irse con algo: *We came away with the distinct impression that…* Nos fuimos con la clara impresión de que…
to come back volver
to come back at sb replicarle a algn
to come back (to sb) volver a la memoria (de algn): *It'll come back to me, don't worry.* Ya me acordaré, no te preocupes.
to come back to sb (on sth) ponerse en contacto con algn (sobre algo): *Can I come back to you on that one?* ¿Podemos discutir esto más tarde?
to come before sth/sb 1 presentarse ante algo/algn: *The case comes before the court today.* El caso se presenta ante los tribunales hoy. **2** anteponerse a algo/algn **3** ir delante de algo/algn
to come between sb and sth/sb interponerse entre algn y algo/algn, meterse entre algn y algo/algn
to come between sth and sth estar entre algo y algo
to come by sth 1 (*obtener*) conseguir algo (*con esfuerzo*) **2** (*recibir*) adquirir algo (*por casualidad*)
to come down 1 (*precios, temperatura*) bajar **2** desplomarse, venirse abajo **3** (*lluvia, etc*) caer **4** (*avión*) aterrizar, caer
to come down (from…) (to…) venir (de…) (a…): *to come down to London* venir a Londres
to come down in favour of/on the side of sth pronunciarse a favor de algo
to come down on sb (*coloq*) **1** regañar a algn **2** castigar a algn: *to come down hard on drug traffickers* castigar severamente a los narcotraficantes
to come down to sb ser transmitido a algn: *traditions that had come down from their ancestors* tradiciones que les habían legado sus antepasados
to come down to sth 1 (*alcanzar*) llegar hasta algo **2** reducirse a algo: *When it comes down to it…* Cuando llega la hora de la verdad…
to come down with sth caer enfermo con algo
to come forward ofrecerse, presentarse voluntario
to come from… ser de…: *Where do you come from?* ¿De dónde eres? ◊ *She comes from a good family.* Es de buena familia. ◊ *Milk comes from cows.* La leche la dan las vacas.
to come in 1 entrar: *Come in!* ¡Adelante! **2** (*marea*) subir **3** llegar: *to come in first/last* llegar el primero/el último ◊ *News is coming in of…* Estamos recibiendo noticias de… **4** ponerse de moda **5** *She has £1 000 a month coming in.* Recibe 1.000 libras al mes. **6** *I can't see where I come in.* No sé qué pinto yo. ◊ *That's where you come in.* Ahí es donde entras tú. **7** intervenir (*en una discusión*)
to come in for sth recibir algo (*críticas, alabanzas, etc*)
to come in on sth tomar parte en algo
to come in with sb asociarse con algn
to come of (doing) sth: *I don't think anything will come of it.* No creo que pase nada. ◊ *This is what comes of talking too much.* Esto es lo que pasa cuando hablas demasiado.
to come off 1 *Does this knob come off?* ¿Se puede quitar este botón? **2** (*coloq*) suceder: *When's the wedding coming off?* ¿Cuándo será la boda? **3** (*coloq*) tener éxito, resultar **4 + adv** (*coloq*) *to come off best* quedar el mejor/primero ◊ *to come off badly* salir malparado
to come off (sth) 1 caerse (de algo): *I came off my bike.* Me caí de la bici. **2** (*separarse*) desprenderse (de algo): *The handle has come off this suitcase.* A la maleta se le ha caído el asa. **3 come off it!** (*coloq*) ¡anda ya!
to come on 1 (*actor*) salir a escena **2** empezar: *The rain came on.* Empezó a llover. **3** *Ver* TO COME ALONG/ON
to come on/upon sth/sb (*formal*) encontrar algo/a algn
to come out 1 salir: *You come out well in the photographs.* Has salido bien en las fotos. ◊ *My photos didn't come out.* Mis fotos no salieron. ◊ *These stains won't come out.* Estas manchas no salen. **2** *The miners have come out (on strike).* Los mineros se han puesto en huelga. **3** (*publicarse*) salir (a la luz) **4** ponerse de manifiesto **5** declararse homosexual
to come out against/in favour of sth declararse en contra/a favor de algo
to come out at sth salir a algo: *It comes out at £50.* Sale a 50 libras.
to come out in sth cubrirse de algo: *She came out in a rash.* Le salió una erupción.
to come out with sth soltar algo, salir con algo
to come over *Ver* TO COME ACROSS/OVER
to come over sb invadir a algn: *I can't think what came over me.* No sé qué me pasó.
to come over/round (to…) venir (a…): *Come over when you finish.* Vente cuando termines. ◊ *Come round to my house.* Vente a mi casa. ◊ *Come round and see us.* Ven a vernos.
to come over (to…) (from…) venir (a…) (desde…)
to come over (to sth): *She'll never come over to our side.* Jamás se pasará a nuestro bando.
to come round 1 *to come round by a longer route* venir por un camino más largo **2** (*de un acontecimiento regular*) llegar **3** (*coloq*) *Don't scold the boy; he'll come round in time.* No le regañes al niño, ya se le pasará.
to come round/to volver en sí
to come round (to…) *Ver* TO COME OVER/ROUND (TO…)
to come round (to sth) *Ver* TO COME (A)ROUND (TO STH)
to come through llegar: *A message is coming through.* Está llegando un mensaje. ◊ *Your posting has come through.* Ha salido tu destino.
to come through (sth) sobrevivir (algo)
to come to *Ver* TO COME ROUND/TO
to come to sth 1 ascender a algo (*equivaler*): *The bill came to £50.* La cuenta ascendió a 50 libras. **2** llegar a algo: *I don't know what the world is coming to.* No sé adónde iremos a parar.
to come to do sth 1 llegar a hacer algo **2** (*en interrogativas después de* **how**): *How did he come to break his leg?* ¿Cómo se rompió la pierna?
to come to sb (from sb) ser heredado por algn (de algn)
to come to sb (that…) ocurrírsele a algn (que…)
to come under sth 1 estar clasificado en/como algo **2** ser el blanco de algo: *to come under enemy fire* encontrarse bajo el fuego enemigo ◊ *to come under attack from the press* ser criticado por la prensa
to come up 1 (*planta, sol*) salir **2** surgir
to come up against sth/sb tropezar con algo, tener que habérselas con algn
to come up for sth: *to come up for sale/re-election* ponerse a la venta/presentarse a la reelección
to come upon sth/sb *Ver* TO COME ON/UPON STH/SB
to come up to sb acercarse a algn
to come up to sth llegar a/hasta algo: *The water came up to my neck.* El agua me llegaba hasta el cuello. ◊ *to*

come up to sb's expectations colmar las esperanzas de algn
to come up (to ...) (from ...) venir (a ...) (de ...)
to come up with sth: *He came up with a crazy idea.* Se le ocurrió una idea disparatada. ◊ *to come up with the money* encontrar el dinero (necesario)
■ **come!** *interj* ¡vamos!: *Oh come now, things aren't that bad!* ¡Vamos, que no es para tanto!

comeback /ˈkʌmbæk/ *n* **1** (*retorno*): *to make/stage a comeback* reaparecer en escena **2** (*coloq*) (*respuesta*) réplica **3** (*forma de obtener compensación*) derecho a reclamación

comedian /kəˈmiːdiən/ *n* **1** humorista **2** (actor) cómico **3** chistoso, -a

comedienne /kəˌmiːdiˈen/ *n* **1** humorista **2** (actriz) cómica

comedy /ˈkɒmədi/ *n* (*pl* **-ies**) **1** obra cómica, comedia *Ver tb* SITUATION COMEDY **2** comicidad

comely /ˈkʌmli/ *adj* (*antic*) atractivo

come-on /ˈkʌm ɒn/ *n* (*coloq*) insinuación: *to give sb the come-on* insinuarse a algn

comer /ˈkʌmə(r)/ *n* **1 all comers**: *The competition is open to all comers.* La competición está abierta a todos. *Ver tb* LATECOMER, NEWCOMER **2** (*USA*) (*persona*) promesa

comet /ˈkɒmɪt/ *n* cometa (*Astron*): *Halley's comet* el cometa Halley ☛ *Comparar con* KITE

come-uppance /kʌm ˈʌpəns/ *n*: *to get your come-uppance* recibir tu merecido

comfort /ˈkʌmfət/ *n* **1(a)** bienestar **(b)** comodidad **2** consuelo: *He took comfort from my words.* Mis palabras le consolaron. **3 comforts** [*pl*] comodidades
LOC **to take comfort from/in sth** quedar a algn el consuelo de algo: *The government can take comfort from the fact that inflation is low.* Al gobierno le queda el consuelo de que la inflación es baja. *Ver tb* COLD, CREATURE
■ **comfort** *vt* consolar

comfortable /ˈkʌmftəbl; *USA* -fərt-/ *adj* **1** cómodo: *to make yourself comfortable* ponerse cómodo **2** (*victoria*) fácil **3** (*mayoría*) amplia
▶ **comfortably** *adv* **1** cómodamente: *Are you sitting comfortably?* ¿Estás cómodo? **2** (*ganar*) fácilmente
LOC **to be comfortably off** vivir con holgura

comforter /ˈkʌmfətə(r)/ *n* **1** (*USA*) edredón **2** (*GB, antic*) bufanda

comforting /ˈkʌmfətɪŋ/ *adj* tranquilizador: *It is comforting to know you are here.* Me tranquiliza mucho saber que estás aquí.
▶ **comfortingly** *adv* de forma tranquilizadora

comfy /ˈkʌmfi/ *adj* (**-ier, -iest**) (*coloq*) cómodo

comic /ˈkɒmɪk/ *adj* cómico: *a comic actor* un actor cómico
■ **comic** *n* **1** humorista, cómico, -a **2** (*USA* **comic book**) cómic, tebeo
▶ **comical** *adj* cómico

comic strip (*tb* **strip cartoon**) *n* historieta

coming /ˈkʌmɪŋ/ *n* **1** llegada **2** (*Relig*) advenimiento *Ver tb* ONCOMING
LOC **comings and goings** idas y venidas
■ **coming** *adj* próximo: *over the coming months* durante los próximos meses

comma /ˈkɒmə/ *n* coma *Ver tb* INVERTED COMMAS ☛ *Ver págs 592–3*

command /kəˈmɑːnd; *USA* -ˈmænd/ **1** *vt* ordenar: *The officer commanded his men to fire.* El oficial ordenó a sus hombres que dispararan. ☛ *Ver nota en* ORDER[2] **2** *vt, vi* tener el mando (de) **3** *vt* (*recursos*) disponer de **4** *vt*: *The hotel commands a magnificent view of the valley.* El hotel tiene unas vistas maravillosas del valle. **5** *vt* **(a)** (*respeto*) infundir **(b)** (*atención*) llamar
■ **command** *n* **1** orden: *to obey a command* obedecer una orden **2** (*Informát, Mil*) mando: *to have/take command of a regiment, etc* tener/asumir el mando de un regimiento, etc *Ver tb* HIGH COMMAND, SECOND IN COMMAND **3 Command** (*Mil*) unidad: *Transport Command* la unidad de transporte **4** (*idioma*) dominio: *He has a good command of four languages.* Domina cuatro idiomas.
LOC **at/by sb's command**: *I am here at the King's command.* Estoy aquí por orden del rey. **at your command!** ¡a sus órdenes! **to have sth at your command** tener uno algo a su disposición *Ver tb* WISH

commandant /ˈkɒməndænt/ *n* comandante

commandeer /ˌkɒmənˈdɪə(r)/ *vt* requisar

commander /kəˈmɑːndə(r); *USA* -ˈmæn-/ *n* **1** (*abrev* **Cdr**) (*Mil*) comandante: *commander-in-chief* comandante en jefe **2** (*Náut*) capitán de fragata **3** jefe, -a

commanding /kəˈmɑːndɪŋ/ *adj* **1** (*posición*) dominante **2** (*voz, aspecto, etc*) imponente

commanding officer *n* (*abrev* **CO**) oficial al mando

commandment /kəˈmɑːndmənt; *USA* -ˈmænd-/ *n* (*Relig*) mandamiento: *the Ten Commandments* los diez mandamientos

commando /kəˈmɑːndəʊ; *USA* -ˈmæn-/ *n* (*pl* **~s** o **~es**) (*soldado, grupo*) comando

commemorate /kəˈmeməreɪt/ *vt* conmemorar
▶ **commemoration** *n* conmemoración
commemorative *adj* conmemorativo

commence /kəˈmens/ *vt, vi* (*formal*) dar comienzo (a): *the week commencing 3rd April* la semana del 3 de abril
▶ **commencement** *n* **1** (*formal*) comienzo **2** (*USA*) ceremonia de entrega de diplomas

commend /kəˈmend/ *vt* **1** elogiar: *She was commended for her bravery.* La elogiaron por su valor. **2 ~ sb to sb** (*formal*) recomendar a algn a algn
LOC **to commend sb's soul to God** encomendar el alma de algn a Dios **to have much/little to commend it** tener mucho/poco a su favor: *These books have little to commend them.* Estos libros tienen muy poco a su favor.
▶ **commendable** *adj* meritorio, digno de mención
commendation *n* elogio, recomendación

commensurate /kəˈmenʃərət/ *adj* **~ (with sth)** en proporción (con algo)

comment /ˈkɒment/ *n* **1** comentario: *a snide comment* un comentario ácido **2** [*incontable*] comentarios: *to pass comment on sth* hacer comentarios sobre algo ◊ *No comment.* Sin comentarios.
■ **comment 1** *vt* **~ (that ...)** comentar (que ...) **2** *vi* **~ (on sth)** hacer comentarios (sobre algo)

commentary /ˈkɒməntri; *USA* -teri/ *n* (*pl* **-ies**) (*Dep, de texto, etc*) comentario

commentate /ˈkɒmənteɪt/ *n* **~ (on sth)** hacer comentarios (sobre algo) (*deporte*)
▶ **commentator** *n* comentarista

commerce /ˈkɒmɜːs/ *n* [*incontable*] comercio (*esp entre países*): *the chamber of commerce* la cámara de comercio ☛ *Comparar con* TRADE[1]

commercial /kəˈmɜːʃl/ *adj* **1** comercial: *a commercial success* un éxito comercial ◊ *commercial traveller* viajante de comercio **2** mercantil: *commercial law* derecho mercantil **3** (*TV, Radio*) financiado por medio de la publicidad ☛ *Ver nota en* CANAL
■ **commercial** *n* (*TV, Radio*) anuncio ☛ *Ver nota en* ANUNCIO
▶ **commercialism** *n* materialismo, actitudes comerciales
commercially *adv* comercialmente

commercialized, -ised /kəˈmɜːʃəlaɪzd/ *adj* (*pey*) comercializado

commiserate /kəˈmɪzəreɪt/ *vi* **~ with sb (on/over sth)** mostrar conmiseración con algn (por algo)
▶ **commiseration** *n* conmiseración, lástima

commission /kəˈmɪʃn/ *n* **1** (*porcentaje, organismo*) comisión: *a 3% commission* una comisión del 3% ◊ *the*

European Commission la Comisión Europea **2** encargo **3** (*Mil*) grado de oficial *Ver tb* HIGH COMMISSION
LOC out of commission fuera de servicio
■ **commission** *vt* (*cuadro, libro, etc*) encargar: *He commissioned a portrait of his daughter.* Encargó un retrato de su hija. ◊ *She was commissioned to design the costumes.* Le encargaron el diseño del vestuario.
LOC to be commissioned 1 (*Mil*) ser nombrado oficial: *commissioned officer* oficial *Ver tb* NON-COMMISSIONED **2** entrar en servicio
commissioner /kəˈmɪʃənə(r)/ *n* comisario, -a (*a cargo de una comisión/de un departamento*)
commit /kəˈmɪt/ (**-tt-**) **1** *vt* cometer: *to commit a crime* cometer un delito ◊ *to commit murder* cometer un asesinato ◊ *to commit suicide* suicidarse ◊ *to commit adultery* cometer adulterio **2** *vt* **~ sth/sb to sth** entregar algo/a algn a algo: *to commit sb for trial* remitir a algn al tribunal ◊ *to commit sb to a mental hospital* internar a algn en un centro psiquiátrico ◊ *to commit sth to paper* poner algo por escrito ◊ *to commit sth to memory* aprenderse algo de memoria **3** *v refl* **~ yourself (to sth/to doing sth)** comprometerse (a algo/a hacer algo) **4** *v refl* **~ yourself (on sth)** definirse (en algo): *She refused to commit herself on the issue.* Se negó a expresar su opinón en el asunto.
▶ **committal** *n* (*formal*) encarcelamiento
committed *adj* entregado: *to be committed to sth* estar entregado a algo ◊ *a committed Christian* un cristiano devoto
commitment /kəˈmɪtmənt/ *n* **1 ~ (to sth/to do sth)** compromiso (con algo/de hacer algo): *He was afraid of emotional commitment.* Le daba miedo atarse emocionalmente. ☛ *Comparar con* ENGAGEMENT **2** entrega: *Somebody with a real sense of commitment to their job.* Alguien que se entrega totalmente al trabajo.
committee /kəˈmɪti/ *n* comité: *to be/sit on a committee* ser miembro de un comité ◊ *a committee meeting* una reunión del comité ☛ *Ver nota en* COMITÉ *Ver tb* SELECT COMMITTEE, STEERING COMMITTEE
commode /kəˈməʊd/ *n* **1** sillón para orinal (*anticuario*) **2** cómoda *Ver tb* CHEST OF DRAWERS
commodity /kəˈmɒdəti/ *n* (*pl* **-ies**) **1** producto: *household commodities* artículos domésticos ◊ *Honesty is a very rare commodity.* La sinceridad es algo que no abunda. **2** (*Fin*) mercancía: *the commodity/commodities market* el comercio de mercancías
commodore /ˈkɒmədɔː(r)/ *n* (*abrev* **Cdre**) (*Náut*) comodoro
common[1] /ˈkɒmən/ *adj* (**-er, -est**) **1** corriente: *the common cold* un resfriado ◊ *a common feature* una cosa normal ◊ *It's common practice.* Es lo normal. ◊ *He's nothing but a common thief.* No es más que un vulgar ladrón. ◊ *the common people* la gente corriente ◊ *common courtesy/decency* un mínimo de educación/decencia **2 ~ (to sth/sb)** común (a algo/algn): *We share a common cause.* Estamos en el mismo bando. ◊ *the common good* el bien común ◊ *They have no common ground.* No tienen nada en común. ◊ *It's common to all wines.* Es algo que todos los vinos tienen en común. ◊ *common factor* factor común **3** (*pey*) (*persona*) ordinario, vulgar
LOC (as) common as muck (*coloq, pey*) de lo más ordinario, vulgar **common or garden** normal y corriente **in common** en común **in common with sth/sb** al igual que algo/algn **the common touch** don de gentes **to have sth in common (with sth/sb)** tener algo en común (con algo/algn) **to make common cause (with sb)** (*formal*) hacer causa común (con algn) *Ver tb* KNOWLEDGE, PRAYER
▶ **commonly** *adv* generalmente: *It is commonly accepted that…* Se suele aceptar que… ◊ *a commonly held belief* una creencia generalizada
common[2] /ˈkɒmən/ (*tb* **common land**) *n* tierra comunal
common denominator *n* **1** (*Mat*) denominador común: *lowest common denominator* mínimo denominador común **2** (*fig*) denominador común: *Many TV shows aim at the lowest common denominator.* Muchos programas de televisión van dirigidos al público de nivel más bajo.
commoner /ˈkɒmənə(r)/ *n* plebeyo, -a
common law *adj* (*GB*) consuetudinario: *a common-law wife/husband* compañera/compañero sentimental
the Common Market (*tb* **the European Economic Community, the EEC**) *n* el Mercado Común

Nótese que desde 1992 se llama **the European Union** o **the EU**.

commonplace /ˈkɒmənpleɪs/ *adj* normal
■ **commonplace** *n* lugar común
common room *n* **1** sala de profesores **2** sala de estudiantes
Commons /ˈkɒmənz/ *n* [*pl*] **the Commons** (*GB*) la cámara de los Comunes *Ver tb* THE HOUSE OF COMMONS
common sense *n* sentido común
the Commonwealth /ðə ˈkɒmənwelθ/ *n* la Commonwealth
commotion /kəˈməʊʃn/ *n* revuelo: *They heard a commotion outside.* Se oyó un revuelo afuera.
communal /ˈkɒmjənl, kəˈmjuːnl/ *adj* comunal
▶ **communally** *adv*: *to act communally* obrar en comunidad
commune[1] /ˈkɒmjuːn/ *n* comuna
commune[2] /kəˈmjuːn/ *vi* **~ (with sth/sb)** comunicarse (con algo/algn) (*espiritualmente*)
communicable /kəˈmjuːnɪkəbl/ *adj* (*formal*) transmisible: *a communicable disease* una enfermedad contagiosa
communicate /kəˈmjuːnɪkeɪt/ **1** *vt* **~ sth (to sth/sb)** **(a)** comunicar algo (a algo/algn) **(b)** (*enfermedad*) transmitir algo (a algo/algn) **2** *vi* **~ (with sth/sb)** comunicarse (con algo/algn)
▶ **communicator** *n* **1** persona que sabe comunicarse con los demás **2** máquina/ordenador que comunica algo
communication /kəˌmjuːnɪˈkeɪʃn/ *n* **1** comunicación: *the communication of disease* la transmisión de una enfermedad **2** mensaje **3 communications** comunicaciones: *a communications satellite* un satélite de telecomunicaciones
LOC to be in communication with sb estar en contacto con algn
communication cord *n* palanca de alarma
communicative /kəˈmjuːnɪkətɪv; *USA* -keɪtɪv/ *adj* comunicativo
communion /kəˈmjuːniən/ (*tb* **Communion, Holy Communion**) *n* comunión: *to take communion* comulgar
communiqué /kəˈmjuːnɪkeɪ; *USA* kəˌmjuːnəˈkeɪ/ *n* comunicado
communism /ˈkɒmjunɪzəm/ *n* comunismo
▶ **communist** *adj, n* comunista: *the Communist Party* el Partido Comunista
community /kəˈmjuːnəti/ *n* (*pl* **-ies**) comunidad: *the British community in Paris* la colonia británica en París ◊ *community spirit* espíritu comunitario *Ver tb* THE EUROPEAN ECONOMIC COMMUNITY
community centre *n* centro social
community service *n* servicio en la comunidad
commute /kəˈmjuːt/ *vi* **1** viajar para ir al trabajo **2 ~ sth (to sth)** (*formal*) (*pena de muerte*) conmutar algo (por algo) **3 ~ sth (for sth)** (*formal*) (*formas de pago*) permutar algo (por algo)
commuter /kəˈmjuːtə(r)/ *n* persona que tiene que viajar para ir al trabajo: *the commuter belt* el cinturón de ciudades dormitorio ◊ *commuter services* servicios de cercanías
compact /kəmˈpækt/ *adj* compacto

■ **compact** *vt* compactar

compact disc (*tb* **compact disk**) *n* (*abrev* **CD**) disco compacto, compact disc

companion /kəmˈpæniən/ *n* **1** compañero, -a: *companions in arms* compañeros de armas **2** persona de compañía **3** manual: *the Gardener's Companion* el manual del jardinero

▶ **companionable** *adj* amigable, que hace compañía **companionship** *n* compañerismo

company /ˈkʌmpəni/ *n* (*pl* **-ies**) **1** compañía: *to be good company* ser buena compañía **2** gente: *the assembled company* la gente allí reunida ◊ *We're expecting company.* Esperamos visita. **3** (*abrev* **Co**) (*Com*) compañía, empresa: *a company car* un coche de la empresa ◊ *insurance companies* compañías de seguros ◊ *company director* director de empresa *Ver tb* FINANCE COMPANY, LIMITED LIABILITY COMPANY, PARENT COMPANY, PUBLIC LIMITED COMPANY

LOC **for company** para tener compañía **in company** en presencia de otras personas **in company with sb** en compañía de algn **the company you keep** la gente con quien andas **to be in good company** no ser el único **to get into/keep bad company** andar con malas compañías **to keep sb company** hacer compañía a algn *Ver tb* PART, PRESENT[1], TWO

comparable /ˈkɒmpərəbl/ *adj* ~ (**to/with sth/sb**) comparable (a algo/algn)

comparative /kəmˈpærətɪv/ *adj* **1** comparativo **2** relativo: *the comparative merits of the two proposals* los méritos relativos de las dos propuestas **3** (*Gram*) comparativo

■ **comparative** *n* comparativo

▶ **comparatively** *adv* **1** relativamente **2** en comparación: *Comparatively speaking…* En comparación…

compare /kəmˈpeə(r)/ **1** *vt* (*abrev* **cf**, **cp**) ~ (**sth with/to sth**) comparar (algo con algo) **2** *vi* ~ (**with sth/sb**) compararse (con algo/algn): *How do the two cars compare for price?* ¿Cuál de los dos coches es más barato? **3** *vi* ~ (**in sth**) poder compararse (en algo): *No city compares in beauty with this one.* Ninguna ciudad puede compararse en belleza con esta.

LOC **to compare like with like** medir con el mismo rasero **to compare notes** (**with sb**) intercambiar opiniones (con algn)

■ **compare** *n*

LOC **beyond compare** (*formal*) sin comparación

comparison /kəmˈpærɪsn/ *n* ~ (**of sth and/to/with sth**) comparación (de algo con algo): *to make a comparison between two things* hacer una comparación entre dos cosas

LOC **by/in comparison** (**with sth/sb**) en comparación (con algo/algn) **there's no comparison** no hay punto de comparación **to bear/stand comparison with sth/sb** poder compararse con algo/algn

compartment /kəmˈpɑːtmənt/ *n* **1** compartimento: *the freezer compartment* (*of a fridge*) el congelador (de una nevera) ◊ *the glove compartment of the car* la guantera del coche ☛ *Ver ilustración en* CAR **2** (*tren*) compartimento

▶ **compartmentalize, -ise** *vt* ~ **sth** (**into sth**) dividir algo (en categorías de algo)

compass /ˈkʌmpəs/ *n* **1** (*tb* **magnetic compass**) brújula: *the points of the compass* los puntos cardinales de la brújula **2** (*tb* **compasses**) [*pl*] compás: *a pair of compasses* un compás **3** (*formal*) ámbito: *beyond the compass of the human mind* fuera del alcance de la mente humana

compassion /kəmˈpæʃn/ *n* ~ (**for sb**) compasión (por algn)

▶ **compassionate** *adj* compasivo **compassionately** *adv* compasivamente

compassionate leave *n* (*GB*) permiso por razones familiares (*en el trabajo*)

compatible /kəmˈpætəbl/ *adj* ~ (**with sth/sb**) compatible (con algo/algn): *IBM compatible* compatible con IBM

▶ **compatibility** *n* ~ (**with sth/sb**) compatibilidad (con algo/algn)

compatriot /kəmˈpætriət; *USA* -ˈpeɪt-/ *n* compatriota

compel /kəmˈpel/ *vt* (**-ll-**) (*formal*) **1** ~ **sth/sb to do sth** obligar a algo/algn a hacer algo **2(a)** forzar: *Circumstances have compelled a change of plan.* Las circunstancias nos han forzado a cambiar de planes. **(b)** imponer: *His courage compels respect.* Su valor impone respeto.

▶ **compelling** *adj* **1** irresistible: *a compelling story* una historia interesante **2** apremiante: *a compelling reason* un motivo apremiante ◊ *a compelling argument* un argumento convincente

compendium /kəmˈpendiəm/ *n* (*pl* **~s** o **-ia**) **1** ~ (**of sth**) compendio (de algo) **2** (*GB*) caja de juegos reunidos

compensate /ˈkɒmpenseɪt/ **1(a)** *vt, vi* ~ (**sb**) (**for sth**) compensar (a algn) (por algo) **(b)** *vt* ~ **sb** (**for sth**) indemnizar a algn (por algo) **2** *vi* ~ (**for sth**) contrarrestar (algo)

▶ **compensatory** /ˌkɒmpenˈseɪtəri; *USA* kəmˈpensətɔːri/ *adj* compensatorio: *compensatory payments* pagos compensatorios

compensation /ˌkɒmpenˈseɪʃn/ *n* ~ (**for sth**) **1** compensación (por algo) **2** indemnización (por algo): *a compensation payment* una indemnización

compère /ˈkɒmpeə(r)/ *n* (*GB*) presentador, -ora (*de espectáculo*)

■ **compère** *vt* (*GB*) presentar (*espectáculo*)

compete /kəmˈpiːt/ *vi* **1** ~ (**against/with sb**) (**in sth**) (**for sth**) competir (con algn) (en algo) (por algo) **2** ~ (**in sth**) (*Dep*) tomar parte (en algo)

competence /ˈkɒmpɪtəns/ *n* ~ (**for/as/in sth**), ~ (**in doing sth/to do sth**) aptitud, eficiencia (para/como/en algo); (para hacer algo)

competent /ˈkɒmpɪtənt/ *adj* ~ (**as/at/in sth**); ~ (**to do sth**) competente (como/para/en algo); (para hacer algo)

▶ **competently** *adv* competentemente

competition /ˌkɒmpəˈtɪʃn/ *n* **1** competición, concurso: *To enter the competition…* Para participar en el concurso… **2** ~ (**between/with sb**) (**for sth**) competencia (entre/con algn) (por algo): *There was fierce competition between the two schools.* Había mucha competencia entre los dos colegios. ◊ *in direct competition with…* en enfrentamiento directo con… **3 the competition** [*v sing o pl*] (*Com*) la competencia

competitive /kəmˈpetətɪv/ *adj* competitivo: *competitive prices* precios competitivos ◊ *competitive sport* deporte de competición

▶ **competitively** *adv* competitivamente: *competitively priced* con precios competitivos **competitiveness** *n* competitividad

competitor /kəmˈpetɪtə(r)/ *n* competidor, -ora, concursante

compile /kəmˈpaɪl/ *vt* ~ **sth** (**for/from sth**) compilar algo (para/de algo)

▶ **compilation** /ˌkɒmpɪˈleɪʃn/ *n* recopilación: *a compilation album* un disco con canciones de varios grupos **compiler** *n* recopilador, -ora

complacency /kəmˈpleɪsnsi/ *n* ~ (**about sth/sb**) autosatisfacción (con algo/algn): *There is no room for complacency.* No podemos dormirnos en los laureles.

complacent /kəmˈpleɪsnt/ *adj* satisfecho de sí mismo: *complacent attitude* actitud de suficiencia ◊ *We cannot afford to become complacent about our position in the market.* No podemos permitirnos el lujo de dormirnos en los laureles en cuanto a nuestra posición en el mercado.

▶ **complacently** *adv* con suficiencia

complain /kəmˈpleɪn/ *vi* ~ (**to sb**) (**about/at sth**) ; ~ (**that…**) quejarse (a algn) (de algo); (de que…)

PHR V **to complain of sth** quejarse de algo: *He complained of a headache.* Se quejó de que le dolía la cabeza.

complainant /kəmˈpleɪnənt/ *n Ver* PLAINTIFF

complaint /kəmˈpleɪnt/ *n* **1** ~ **(about/of sth);** ~ **(that...)** queja (sobre algo); (que...): *You have no cause/grounds for complaint.* Usted no tiene ningún motivo de queja. ◊ *a letter of complaint* una carta de reclamación ◊ *to make/lodge a formal complaint* presentar una queja por las vías oficiales **2** afección: *a heart complaint* una affección cardiaca

complement /ˈkɒmplɪmənt/ *n* **1** ~ **(to sth)** complemento (para algo) **2** dotación: *the full complement of new trainees* la dotación completa de nuevos aprendices **3** (*Gram*) complemento, atributo

■ **complement** *vt* complementar

▶ **complementary** /ˌkɒmplɪˈmentri/ *adj* ~ **(to sth)** complementario (a algo)

complete /kəmˈpliːt/ **1** *vt* (*colección*) completar **2** *vt* (*curso, mandato*) terminar, completar: *to complete a prison sentence* cumplir una condena **3** *vt* (*impreso*) rellenar **4** *vi* formalizar un contrato de venta (*de una casa*)

■ **complete** *adj* **1** (*edición, juego*) completo: *a radio complete with carrying case* una radio con funda para transporte incluida **2(a)** (*éxito, fracaso*) total, rotundo: *We have complete confidence in you.* Tenemos plena confianza en ti. ◊ *complete silence* silencio absoluto ◊ *I'm in complete agreement.* Estoy totalmente de acuerdo. ◊ *I've made a complete mess of this.* He arruinado esto totalmente. **(b)** (*desconocido, idiota*) completo, perfecto **3** terminado

▶ **completely** *adv* completamente, totalmente: *The flat has been completely refurbished.* Han renovado el piso de arriba abajo. ◊ *I completely disagree.* No estoy de acuerdo en absoluto.

completeness *n* [*incontable*] lo completo, lo total

completion *n* **1** conclusión: *completion date* fecha de vencimiento ◊ *on completion of customs formalities* en cuanto se hayan formalizado los trámites de aduana ◊ *The film is nearing completion.* La película está a punto de terminarse. **2** (*de una casa, etc*) formalización de un contrato de venta: *on completion* cuando se formalice el contrato de venta

complex¹ /ˈkɒmpleks; *USA* kəmˈpleks/ *adj* complejo, complicado

▶ **complexity** *n* (*pl* **-ies**) complejidad

complex² /ˈkɒmpleks/ *n* **1** (*edificios*) complejo: *industrial/sports complex* complejo industrial/deportivo **2** (*Psic*) complejo: *an inferiority complex* un complejo de inferioridad ◊ *to have a complex about sth* estar acomplejado por algo *Ver tb* SUPERIORITY COMPLEX

complexion /kəmˈplekʃn/ *n* **1** tez, cutis **2** cariz: *That puts a different complexion on things.* Entonces la cosa toma otro cariz.

compliance /kəmˈplaɪəns/ *n* **1** obediencia: *In compliance with your wishes...* Conforme a sus deseos... **2** (*pey*) sumisión

▶ **compliant** /kəmˈplaɪənt/ *adj* (*pey*) sumiso

complicate /ˈkɒmplɪkeɪt/ *vt* complicar: *to complicate matters* complicar las cosas ◊ *a complicating factor* un factor que dificulta la situación

▶ **complicated** *adj* complicado

complication *n* **1** complicación **2 complications** [*pl*] (*Med*) complicaciones

complicity /kəmˈplɪsəti/ *n* ~ **(in sth)** complicidad (en algo)

complied *pret, pp de* COMPLY

compliment /ˈkɒmplɪmənt/ *n* **1** cumplido: *to pay sb a compliment* hacerle un cumplido a algn **2 compliments** [*pl*] (*formal*) saludos: *My compliments to your wife.* Saludos a su esposa. ◊ *Compliments of the season.* Deseándoles Felices Fiestas. ◊ *with the compliments of the management* con los saludos de la dirección

■ **compliment** *vt* **1** ~ **sb (on sth)** hacerle un cumplido a algn (por algo) **2** ~ **sb (on sth)** felicitar a algn (por algo)

▶ **complimentary** /ˌkɒmplɪˈmentri/ *adj* **1** elogioso, favorable **2** (*entrada, etc*) de regalo

comply /kəmˈplaɪ/ *vi* (*pret, pp* **complied**) ~ **(with sth)** cumplir (con algo); obedecer (algo): *Failure to comply may cause...* Su desobediencia representará...

component /kəmˈpəʊnənt/ *n* **1** componente **2** (*Mec*) pieza

■ **component** *adj* integrante: *component parts* piezas integrantes

compose /kəmˈpəʊz/ **1** *vt* (*canción, música*) componer **2** *vt*: *to compose a letter* redactar una carta (con cuidado) **3** *vt* poner en orden: *to compose your thoughts* poner tus pensamientos en orden **4** *v refl* ~ **yourself** serenarse

▶ **composed** *adj* **1** ~ **of sth** compuesto de/por algo **2** sereno

composer /kəmˈpəʊzə(r)/ *n* compositor, -ora

composite /ˈkɒmpəzɪt/ *adj, n* compuesto

composition /ˌkɒmpəˈzɪʃn/ *n* **1** composición **2** (*colegio*) redacción ☛ *Comparar con* ESSAY

▶ **compositional** *adj* de la composición

compost /ˈkɒmpɒst/ *n* abono

composure /kəmˈpəʊʒə(r)/ *n* calma: *to keep/maintain your composure* mantener la serenidad ◊ *to recover/regain your composure* recobrar la compostura

compound¹ /ˈkɒmpaʊnd/ *adj, n* compuesto: *compound interest* interés compuesto

■ **compound** /kəmˈpaʊnd/ *vt* agravar

compound² /ˈkɒmpaʊnd/ *n* recinto

comprehend /ˌkɒmprɪˈhend/ *vt* comprender (*en su totalidad*): *I cannot comprehend how...* No puedo entender cómo... ☛ *Comparar con* UNDERSTAND

▶ **comprehensible** *adj* ~ **(to sb)** comprensible (para algn)

comprehension /ˌkɒmprɪˈhenʃn/ *n* **1** comprensión: *to be beyond sb's comprehension* no entrarle en la cabeza a algn **2** (*Educ*) ejercicio de comprensión: *a listening/reading comprehension* un ejercicio de comprensión oral/escrita

comprehensive¹ /ˌkɒmprɪˈhensɪv/ *adj* global, completo: *a comprehensive range* una gama completa

▶ **comprehensively** *adv* completamente

comprehensive² /ˌkɒmprɪˈhensɪv/ *n Ver* COMPREHENSIVE SCHOOL

comprehensive insurance *n* seguro a todo riesgo

comprehensive school (*tb* **comprehensive**) *n* (*GB*) instituto de enseñanza secundaria ☛ *Ver nota en* ESCUELA

compress¹ /kəmˈpres/ *vt* ~ **sth (into sth) 1** comprimir algo (en algo) **2** (*argumento, tiempo*) condensar algo (en algo)

▶ **compressed** *adj* comprimido: *compressed air* aire comprimido

compressor *n* compresor

compress² /ˈkɒmpres/ *n* compresa (*para la fiebre, etc*) ☛ *Comparar con* TOWEL sentido 2

compression /kəmˈpreʃn/ *n* compresión

comprise /kəmˈpraɪz/ *vt* **1** constar de: *The group comprises both men and women.* El grupo consta de hombres y mujeres. ☛ En este sentido es más normal utilizar **consist of**. **2** formar: *The Chamber of Citizens and the Chamber of Republics comprise the new Federal Assembly.* La Cámara de Ciudadanos y la Cámara de Repúblicas forman la nueva Asamblea Federal. ☛ En este sentido la palabra más normal es **constitute**.

compromise /ˈkɒmprəmaɪz/ *n* acuerdo, arreglo: *to reach a compromise* llegar a un arreglo ◊ *to do sth in a spirit of compromise* transigir en algo para llegar a un acuerdo

■ **compromise 1** *vi* ~ **(on sth)** llegar a un arreglo (en algo): *to agree to compromise* estar de acuerdo en llegar a un compromiso **2** *vt* comprometer: *She refused to compromise her principles.* Se negó a comprometer sus principios. **3** *v refl* **~ yourself** ponerse en una situación comprometida

▶ **compromising** *adj* comprometedor

compulsion /kəmˈpʌlʃn/ *n* **~ (to do sth) 1** obligación (de hacer algo): *You need feel under no compulsion to accept.* Nadie le obliga a aceptar. **2** deseo irresistible: *a compulsion to destroy things* una necesidad de destruir cosas

compulsive /kəmˈpʌlsɪv/ *adj* **1** (*irresistible*): *The book is compulsive reading.* Es un libro que si lo empiezas lo tienes que terminar. ◇ *It's compulsive viewing for all parents.* Los padres no se lo pueden perder. **2** (*como obsesión*) **(a)** (*jugador*) empedernido **(b)** compulsivo: *compulsive eating* apetito incontrolado

compulsory /kəmˈpʌlsəri/ *adj* **1** obligatorio **2** forzoso: *compulsory redundancy* despido forzoso **3** preceptivo

LOC compulsory purchase expropiación

▶ **compulsorily** *adv* por la fuerza

compunction /kəmˈpʌŋkʃn/ *n* (*formal*) compunción

computation /ˌkɒmpjuˈteɪʃn/ *n* (*formal*) **1** cálculo **2** computación

▶ **computational** *adj* (*formal*) computacional

compute /kəmˈpjuːt/ *vt* **1** (*Informát*) computar **2 ~ sth (at sth)** (*formal*) calcular algo (como algo)

computer /kəmˈpjuːtə(r)/ *n* ordenador: *home computer* ordenador doméstico ◇ *computer literate* con experiencia en ordenadores ◇ *computer programmer* programador de ordenadores ◇ *computer game* videojuego ◇ *computer-aided design* (*CAD*) diseño asistido por ordenador ☛ *Ver ilustración en* ORDENADOR *Ver tb* PERSONAL COMPUTER

computerize, -ise /kəmˈpjuːtəraɪz/ *vt* informatizar

▶ **computerization, -isation** *n* informatización

computer programmer *n Ver* PROGRAMMER *en* PROGRAMME

computing /kəmˈpjuːtɪŋ/ *n* informática: *a computing course* un curso de informática

comrade /ˈkɒmreɪd; *USA* -ræd/ *n* **1** (*Pol*) camarada **2** compañero, -a: *comrade-in-arms* compañero de armas

▶ **comradely** *adj* amistoso

comradeship *n* camaradería

con /kɒn/ *n* (*coloq*) **1** estafa: *It's all a big con.* No es más que una gran estafa. ◇ *con artist/man* estafador **2** (*coloq*) *Ver* CONVICT[2] **LOC** *Ver* PRO[1]

■ **con** *vt* **(-nn-) 1** engañar **2 to con sb out of sth** estafar algo a algn: *She conned me out of £100.* Me estafó cien libras.

concatenation /kənˌkætəˈneɪʃn/ *n* (*formal*) concatenación

concave /kɒnˈkeɪv/ *adj* cóncavo

conceal /kənˈsiːl/ *vt* **1** ocultar: *a concealed weapon* un arma oculta **2** (*alegría, etc*) disimular *Ver tb* ILL-CONCEALED

▶ **concealment** *n* **1** encubierto **2** ocultación

concede /kənˈsiːd/ **1** *vt* **(a)** conceder: *They conceded a goal after only three minutes.* Les metieron un gol en los primeros tres minutos. **(b)** admitir: *She had to concede that taxes may rise.* Tuvo que admitir que los impuestos pueden aumentar. **2** *vi* darse por vencido

conceit /kənˈsiːt/ *n* **1** vanidad **2** (*Liter*) concepto (*poético*)

▶ **conceited** *adj* vanidoso, presumido

conceivable /ˌkənˈsiːvəbl/ *adj* concebible

▶ **conceivably** *adv* posiblemente

conceive /kənˈsiːv/ **1** *vt* (*niño, proyecto, etc*) concebir: *The play was conceived as a comedy.* La obra fue concebida como una comedia. **2** *vi* **(a)** concebir **(b) ~ of sth** imaginar algo: *They could not conceive of living apart.* No podían imaginar vivir separados.

concentrate /ˈkɒnsntreɪt/ **1** *vi* **~ (on sth)** concentrarse (en algo) **2** *vt* concentrar: *to concentrate your efforts on sth* concentrar las energías en algo

LOC to concentrate the/your mind concentrarse: *He will have to concentrate his mind on the job in hand.* Tendrá que concentrarse en el trabajo que tiene entre manos.

■ **concentrate** *n* concentrado

▶ **concentration** *n* concentración: *concentration camp* campo de concentración

concentric /kənˈsentrɪk/ *adj* concéntrico: *concentric circles* círculos concéntricos

concept /ˈkɒnsept/ *n* concepto

conception /kənˈsepʃn/ *n* **1** (*de niño o idea*) concepción: *the Immaculate Conception* la Inmaculada Concepción **2** idea: *He had little conception of what would happen.* No tenía mucha idea de qué iba a pasar.

conceptual /kənˈseptʃuəl/ *adj* conceptual

▶ **conceptually** *adv* conceptualmente

conceptualize, -ise /kənˈseptʃuəlaɪz/ *vt* conceptualizar

▶ **conceptualization, -isation** *n* conceptualización

concern /kənˈsɜːn/ **1** *vt* **(a)** afectar: *It doesn't concern you.* No es asunto tuyo. ◇ *a tragedy for all concerned* una tragedia para todos los interesados **(b)** interesar: *to whom it may concern* a quien le interese **(c)** referirse a: *as far as salaries are concerned* en lo que se refiere a los salarios **2** *v refl* **~ yourself with sth** interesarse por algo **3** *vt* preocupar: *This concerns me deeply.* Me preocupa mucho.

■ **concern** *n* **1** preocupación: *to express concern about sth* expresar preocupación por algo **2** interés: *What are your main concerns as a writer?* Como escritor, ¿cuáles son sus principales intereses? ◇ *What concern is it of yours?* ¿Y a ti qué te importa? **3** negocio: *a family concern* un negocio familiar **LOC** *Ver* GOING

▶ **concerned** *adj* preocupado: *Many people are concerned about the environment.* Muchas personas están preocupadas por el medio ambiente. ◇ *The government is concerned at these figures.* El gobierno está preocupado por estas cifras. ◇ *We are concerned for his safety.* Nos preocupamos por su seguridad.

LOC as/so far as sth/sb is concerned por lo que se refiere a algo/algn **to be concerned in sth** interesarse en algo (*negocio, etc*) **to be concerned to do sth** tener interés en hacer algo **to be concerned with sth** tratar de algo: *The film is concerned with unemployment.* La película trata del desempleo.

concerning /kənˈsɜːnɪŋ/ *prep* **1** acerca de **2** en lo que se refiere a

concert /ˈkɒnsət/ *n* concierto: *concert grand* piano de cola ◇ *concert hall* sala de conciertos ◇ *concert pianist* pianista de concierto *Ver tb* PROMENADE CONCERT

LOC in concert en concierto **in concert (with sth/sb)** (*formal*) en colaboración (con algo/algn)

concerted /kənˈsɜːtɪd/ *adj* **1** (*ataque, etc*) coordinado **2** (*intento, esfuerzo*) conjunto

concertina /ˌkɒnsəˈtiːnə/ *n* concertina

concertmaster /ˈkɒnsətmɑːstə(r)/ (*USA*) (*GB* **leader**) *n* primer violín

concerto /kənˈtʃeətəʊ, -ˈtʃɜːt-/ *n* (*pl* **~s**) concierto: *piano concerto* concierto de piano

concession /kənˈseʃn/ *n* **1** (*en gen*) concesión **2** (*Fin*) desgravación: *tax concessions* desgravaciones fiscales

▶ **concessionary** *adj* concesionario

conch /kɒntʃ/ *n* concha

concierge /kɒnˈsjeəʒ/ *n* (*Fr*) conserje

conciliate /kənˈsɪlieɪt/ *vt, vi* conciliar

▶ **conciliation** *n* conciliación

conciliatory *adj* conciliador

concise /kənˈsaɪs/ *adj* conciso

▶ **concisely** *adv* de forma concisa

conclave /ˈkɒŋkleɪv/ *n* cónclave

conclude /kənˈkluːd/ **1** *vt, vi* (*acabar*) concluir **2** *vt* **~**

that ... llegar a la conclusión de que ... **3** *vt* (*acuerdo*) concertar **4** *vt* (*USA*) decidir

▶ **conclusion** *n* conclusión: *He brought the meeting to a speedy conclusion.* Llevó la reunión rápidamente a una conclusión. ◊ *What conclusion do you draw from that?* ¿Qué conclusión sacas de eso? ◊ *to come to the conclusion that* ... llegar a la conclusión de que ...

LOC **in conclusion** en conclusión *Ver tb* FOREGONE, JUMP[2]

conclusive /kənˈkluːsɪv/ *adj* definitivo, decisivo

▶ **conclusively** *adv* definitivamente, de manera decisiva

concoct /kənˈkɒkt/ *vt* **1** (*pey* o *joc*) (*complot*) elaborar **2** (*pey*) **(a)** (*pretexto, etc*) inventar **(b)** (*plan, intriga*) tramar

▶ **concoction** *n* **1(a)** (*acción*) confección **2(a)** mezcolanza **(b)** (*líquido*) mejunje

concomitant /kənˈkɒmɪtənt/ *adj* **~ (with sth)** (*formal*) concomitante (con algo)

■ **concomitant** *n* **~ (of sth)** (*formal*) fenómeno concomitante (con algo)

concord /ˈkɒŋkɔːd/ *n* (*formal*) **1** concordia, armonía **2** (*Gram*) concordancia

concordat /kɒnˈkɔːdæt/ *n* concordato

concourse /ˈkɒŋkɔːs/ *n* vestíbulo grande (*en un edificio*)

concrete[1] /ˈkɒŋkriːt/ *adj* concreto, tangible: *a concrete reminder* un recuerdo tangible

concrete[2] /ˈkɒŋkriːt/ *n* hormigón: *concrete mixer* hormigonera

■ **concrete** *vt*: to concrete sth (*over*) revestir algo de hormigón

concur /kənˈkɜː(r)/ *vi* (**-rr-**) (*formal*) **1** asentir **2 ~ (with sth/sb) (in sth)** estar de acuerdo, coincidir (con algo/algn) (en algo)

▶ **concurrence** /kənˈkʌrəns/ *n* (*formal*) **1** acuerdo, conformidad **2** (*de sucesos*) concurrencia, coincidencia

concurrent *adj* **~ (with sth)** concurrente, coincidente, simultáneo (con algo)

concurrently *adv* al mismo tiempo

concussed /kənˈkʌst/ *adj* **1** *to be concussed* sufrir una conmoción cerebral **2** conmocionado

concussion /kənˈkʌʃn/ *n* conmoción cerebral

condemn /kənˈdem/ *vt* **1(a) ~ sth/sb (for/as sth)** condenar, censurar algo/a algn (por ser algo) **(b) ~ sb (to sth/to do sth)** condenar a algn (a algo/a hacer algo): *condemned cell* celda de los condenados a muerte **2(a)** (*alimento*) declarar no apto para el consumo **(b)** (*edificio*) declarar ruinoso

▶ **condemnation** /ˌkɒndemˈneɪʃn/ *n* condena, censura

condensation /ˌkɒndenˈseɪʃn/ *n* **1** (*acción y efecto*) condensación **2** vaho **3** (*texto*) versión resumida

condense /kənˈdens/ **~ (sth) (into/to sth) 1** *vt, vi* condensar algo (en algo); condensarse (en algo) **2** *vt, vi* resumir algo (en algo); resumirse (en algo)

condenser /kənˈdensə(r)/ *n* condensador

condescend /ˌkɒndɪˈsend/ *vi* **1 ~ to do sth** (*gen irón*) dignarse (a) hacer algo **2 ~ (to sb)** (*pey*) tratar con condescendencia (a algn)

▶ **condescending** *adj* con aires de superioridad

condescension *n* condescendencia, aire de superioridad

condiment /ˈkɒndɪmənt/ *n* condimento

condition /kənˈdɪʃn/ *n* **1** condición, estado: *in good, poor, etc condition* en buen, mal, etc estado ◊ *to be in no condition to do sth* no estar en condiciones de hacer algo **2** forma: *to keep yourself in condition* mantenerse en forma ◊ *to be out of condition* no estar en forma **3** (*contrato, etc*) condición, requisito, estipulación: *to make it a condition that*... imponer como condición que... ◊ *It was a condition of the agreement that*... El acuerdo estipulaba que... **4 conditions** [*pl*] circunstancias, condiciones: *under existing conditions* en las circunstancias actuales **5** (*Med*): *a heart condition* una afección cardiaca ◊ *a skin condition* una enfermedad de la piel **6** (*antic*) (*social*) clase

LOC **on condition (that...)** a condición (de que...) **on no condition** (*formal*) bajo ningún concepto **on one condition** (*formal*) con una condición *Ver tb* MINT[2], PINK, PRISTINE

■ **condition** *vt* **1** condicionar, determinar: *to be conditioned by sth* estar condicionado por algo **2 ~ sth/sb (to sth/to do sth)** (*entrenar*) condicionar algo/a algn (para algo/para hacer algo): *conditioned reflex* reflejo condicionado **3** acondicionar *Ver tb* AIR-CONDITIONED

▶ **conditioner** *n*: *hair conditioner* suavizante para el pelo ◊ *air conditioner* ambientador ◊ *fabric conditioner* suavizante para la ropa

conditioning *n* (a)condicionamiento

conditional /kənˈdɪʃənl/ *adj* condicional: *to be conditional on/upon sth* depender de algo ◊ *to give sb a conditional discharge* poner a algn en libertad condicional

■ **conditional** *n* (*Gram*) condicional

> El **conditional** se forma con los verbos auxiliares **should** y **would** más el infinitivo: *I knew he wouldn't understand.* ◊ *I wouldn't do that if I were you.* ◊ *Would you like to go to the cinema?* Ver nota sobre el uso de **should** y **would** en SHOULD.
> Existe también el **conditional perfect**: *I would have told you if I'd realized you didn't know.*
> Nótese que **should** y **would** son también verbos modales.

▶ **conditionally** *adv* condicionalmente

condolence /kənˈdəʊləns/ *n* [*gen pl*] condolencia: *to give/send your condolences* dar el pésame ◊ *letter of condolence* carta de condolencia

condom /ˈkɒndɒm/ (*USA tb* **prophylactic**) *n* preservativo, condón

condominium /ˌkɒndəˈmɪniəm/ *n* (*pl* **~s**) condominio

condone /kənˈdəʊn/ *vt* **1** condonar, perdonar **2** (*abuso*) aprobar, sancionar

condor /ˈkɒndɔː(r)/ *n* cóndor

conducive /kənˈdjuːsɪv; *USA* -ˈduːs-/ *adj* **~ to sth** propicio para algo

conduct /ˈkɒndʌkt/ *n* **1** conducta **2 ~ of sth** gestión, dirección de algo *Ver tb* SAFE CONDUCT

■ **conduct** /kənˈdʌkt/ **1** *vt* conducir, guiar: *conducted tour* visita con guía **2** *vt* **(a)** dirigir, manejar: *We do not conduct business in this country.* No comerciamos con este país. **(b)** (*investigación*) llevar a cabo **(c)** (*pleito*) presentar **(d)** (*negocios*) hacer **3** *vt* (*orquesta*) dirigir **4** *v refl* **~ yourself** (*formal*) comportarse: *to conduct yourself well* comportarse bien **5** *vt* (*calor, etc*) conducir

▶ **conduction** *n* conducción

conductive *adj* conductor

conductor /kənˈdʌktə(r)/ *n* **1** (*orquesta*) director, -ora **2(a)** (*GB*) (*tb* **bus conductor**) (*fem* **conductress** /-trəs/) cobrador, -ora (*de autobús*)

> Nótese que **conductor** es el cobrador. Para referirnos al conductor de un autobús decimos **driver**.

(b) (*USA*) (*GB* **guard**) revisor, -ora (*de tren*) **3** (*calor, etc*) conductor *Ver tb* LIGHTNING CONDUCTOR, SEMICONDUCTOR

conduit /ˈkɒndjuɪt; *USA* ˈkɒndjuːɪt, -dwɪt/ *n* **1** (*lit* y *fig*) conducto **2** (*electricidad*) tubo de tendido eléctrico

cone /kəʊn/ *n* **1** cono **2(a)** (*papel*) cucurucho **(b)** (*helado*) barquillo **3** (*Bot*) piña (*de pino, etc*)

confection /kənˈfekʃn/ *n* (*formal*) **1** preparación, confección **2** dulce, confite

▶ **confectioner** *n* **1** (*persona*) confitero, -a, repostero, -a **2 confectioner's** (*tienda*) confitería, repostería ☞ *Ver nota en* CARNICERÍA

confectionery *n* **1** [*sing*] dulces **2** (*Cocina, ramo comercial*) repostería, confitería

confederacy /kən'fedərəsi/ *n* **1** confederación **2 the (Southern) Confederacy** los Estados Confederados (*de los Estados Unidos*)

confederate /kən'fedərət/ *adj* confederado: *the Confederate States* los Estados Confederados
■ **confederate** *n* **1** cómplice **2 Confederate** (*USA, Hist*) confederado, -a

confederation /kən͵fedə'reɪʃn/ *n* confederación

confer /kən'fɜː(r)/ *vi* (**-rr-**) **1** (*discutir*) deliberar **2 ~ with sb** consultar con algn **3 ~ sth (on sb)** (*título, dignidad, etc*) conceder algo (a algn)

conference /'kɒnfərəns/ *n* **1** congreso: *conference hall* sala de conferencias **2** (*discusión*) reunión: *The director is in conference.* El director está en una reunión. *Ver tb* PRESS CONFERENCE, TELECONFERENCE

confess /kən'fes/ **1** *vt* confesar: *I'm rather worried, I must confess.* Debo confesar que estoy bastante preocupado. **2** *vi* **(a)** confesarse **(b) ~ (to sth)** confesar (algo) *Ver tb* SELF-CONFESSED

confession /kən'feʃn/ *n* (*Rel, crimen*) confesión: *to go to confession* ir a confesarse
▶ **confessional** *n* confesionario

confessor /kən'fesə(r)/ *n* confesor, -ora

confetti /kən'feti/ *n* confeti

confidant /'kɒnfɪdænt, ͵kɒnfɪ'dɑːnt/ *n* (*fem* **confidante**) confidente

confide /kən'faɪd/ *vt* **~ sth to sb** confiar algo a algn: *'I don't want him to come', she confided.* —No quiero que venga, le confió.
PHR V to confide in sb hacer confidencias a algn
▶ **confiding** *adj* confidencial (*tono, etc*)

confidence /'kɒnfɪdəns/ *n* **1 ~ (in sth/sb)** confianza (en algo/algn): *to lose confidence in sb* perder la confianza en algn ◊ *confidence trickster* estafador **2** (*secreto*) confidencia
LOC in strict/strictest confidence con absoluta/la más absoluta reserva **to take sb into your confidence** hacerle confidencias a algn *Ver tb* BOOSTER *en* BOOST, BREACH, VOTE

confidence trick *n* timo (*estafa*)

confident /'kɒnfɪdənt/ *adj* seguro (de sí mismo): *a confident smile* una sonrisa llena de confianza *Ver tb* SELF-CONFIDENT
LOC to be confident of sth confiar en algo **to be confident that…** confiar en que… *Ver tb* KNOWLEDGE
▶ **confidently** *adv* con toda confianza

confidential /͵kɒnfɪ'denʃl/ *adj* **1** confidencial **2** (*tono, etc*) de confianza
▶ **confidentiality** *n* **1** confidencialidad **2** secreto profesional
confidentially *adv* confidencialmente, en confianza

configuration /kən͵fɪgə'reɪʃn; *USA* kən͵fɪgjə'reɪʃn/ *n* configuración
▶ **configure** *vt* configurar

confine /kən'faɪn/ *vt* **1** confinar: *The soldiers were confined to barracks.* Los soldados fueron confinados en los cuarteles. ◊ *She's been confined to bed.* Tiene que guardar cama. **2** limitar: *The problem is not confined to the young.* El problema no se limita a los jóvenes.
▶ **confined** *adj* limitado (*espacio*)
confinement *n* **1** confinamiento **2** hora del parto *Ver tb* SOLITARY CONFINEMENT

confines /'kɒnfaɪnz/ *n* [*pl*] (*formal*) confines: *within the confines of family life* dentro de los confines de la vida familiar

confirm /kən'fɜːm/ *vt* confirmar: *The announcement confirmed my suspicions.* El anuncio confirmó mis sospechas.
▶ **confirmed** *adj* empedernido: *a confirmed bachelor* un solterón empedernido
confirmation *n* confirmación

confiscate /'kɒnfɪskeɪt/ *vt* confiscar
▶ **confiscation** *n* confiscación

conflagration /͵kɒnflə'greɪʃn/ *n* (*formal*) conflagración

conflate /kən'fleɪt/ *vt* (*formal*) fundir (*juntar*)
▶ **conflation** *n* fusión

conflict[1] /'kɒnflɪkt/ *n* conflicto: *armed conflict* conflicto armado
LOC a conflict of interests un conflicto de intereses **to be in conflict (with sth/sb)** estar en conflicto (con algo/algn)

conflict[2] /kən'flɪkt/ *vi* **~ (with sth)** estar en contradicción (con algo)
▶ **conflicting** *adj* discrepante: *conflicting evidence* pruebas contradictorias

confluence /'kɒnfluəns/ *n* confluencia

conform /kən'fɔːm/ *vi* **1 ~ to sth** atenerse a algo: *to conform to safety regulations* atenerse a las normas de seguridad **2** seguir las reglas **3 ~ with/to sth** ajustarse a algo
▶ **conformist** *n* conformista
conformity *n* (*formal*) conformidad: *in conformity with sth* de conformidad con algo

conformation /͵kɒnfɔː'meɪʃn/ *n* (*formal*) conformación

confound /kən'faʊnd/ *vt* (*formal*) **1** confundir **2** contrariar
LOC confound it! ¡maldito sea!
▶ **confounded** *adj* (*coloq*) condenado

confront /kən'frʌnt/ *vt* **1** enfrentarse a: *The miners are confronting the government.* Los mineros se enfrentan al gobierno. ◊ *Immigrants confront a complex legal system.* Los inmigrantes se enfrentan a un complejo sistema legal. **2 to be confronted with sth** verse enfrentado con algo: *They were confronted with a serious problem.* Se encontraron con un problema bastante serio.
▶ **confrontation** *n* **1(a)** enfrentamiento **(b)** [*incontable*] enfrentamientos **2** confrontación

confuse /kən'fjuːz/ *vt* **1 ~ sth/sb with sth/sb** confundir algo/a algn con algo/algn **2** complicar: *Don't confuse the issue.* No compliques el tema. **3** (*persona*) desorientar
▶ **confused** *adj* confuso: *a confused account of what happened* un relato confuso de lo que pasó ◊ *He gets confused easily.* Se ofusca fácilmente.

confusing /kən'fjuːzɪŋ/ *adj* confuso (*poco claro*): *The instructions are very confusing.* Las instrucciones son muy confusas.
▶ **confusingly** *adv* de forma confusa

confusion /kən'fjuːʒn/ *n* confusión

conga /'kɒŋgə/ *n* conga

congeal /kən'dʒiːl/ *vi* coagularse

congenial /kən'dʒiːniəl/ *adj* agradable
LOC to be congenial to sb tener atractivo para algn **to be congenial to sth** ser propicio para algo

congenital /kən'dʒenɪtl/ *adj* congénito

conger /'kɒŋgə(r)/ (*tb* **conger eel**) *n* congrio

congested /kən'dʒestɪd/ *adj* **1 ~ (with sth)** (*carreteras, etc*) congestionado (de algo) **2** (*Med*) congestionado
▶ **congestion** *n* congestión: *traffic congestion* congestión de tráfico

conglomerate /kən'glɒmərət/ *n* grupo (*de empresas*)
▶ **conglomeration** *n* **1** acumulación **2** conglomeración

congratulate /kən'grætʃuleɪt/ *vt* **~ sb (on sth)** felicitar a algn (por algo)
▶ **congratulatory** *adj* de felicitación (*mensaje, etc*)
congratulation *n* **1** felicitación **2 congratulations** [*pl*] **(a)** felicitación **(b)** enhorabuena

congregate /'kɒŋgrɪgeɪt/ *vi* congregarse
▶ **congregation** *n* [*v sing* o *pl*] feligreses
Congregational *adj* congregacionalista

congress /'kɒŋgres; *USA* -grəs/ *n* **1** congreso *Ver tb* AFRICAN NATIONAL CONGRESS, TRADES UNION CONGRESS **2 Congress** (*USA, Pol*) Congreso

▶ **congressional** *adj* del congreso: *The proposal needs Congressional approval.* La propuesta necesita la aprobación del Congreso.

Congressman /ˈkɒŋgresmən/ *n* (*pl* **-men**) (*USA, Pol*) diputado (*miembro de* **the House of Representatives** *de los Estados Unidos*)

Congresswoman /ˈkɒŋgrəswʊmən/ *n* (*USA*) (*pl* **-women** /-wɪmɪn/) diputada (*miembro de* **the House of Representatives** *de los Estados Unidos*)

conical /ˈkɒnɪkl/ *adj* cónico

conifer /ˈkɒnɪfə(r)/ *n* conífera

conjecture /kənˈdʒektʃə(r)/ *vt, vi* (*formal*) conjeturar
■ **conjecture** *n* (*formal*) **1** conjetura **2** [*incontable*] conjeturas

conjoin /kənˈdʒɔɪn/ *vt* (*formal*) unir

conjugal /ˈkɒndʒəgl/ *adj* (*formal*) conyugal

conjugate /ˈkɒndʒəgeɪt/ *vt, vi* conjugar(se)
▶ **conjugation** *n* conjugación

conjunction /kənˈdʒʌŋkʃn/ *n* (*Gram*) conjunción
LOC **in conjunction with sth/sb** conjuntamente con algo/algn

conjunctivitis /kənˌdʒʌŋktɪˈvaɪtɪs/ *n* conjuntivitis

conjure /ˈkʌndʒə(r)/ *vi* hacer juegos de manos
PHR V **to conjure sth up 1** (*imagen, recuerdos*) evocar algo **2** hacer aparecer algo como por arte de magia **3** (*espíritus*) invocar algo
▶ **conjurer** *n* prestidigitador, -ora
conjuring *n* prestidigitación: *conjuring trick* truco de prestidigitación

conk¹ /kɒŋk/ *n* (*GB, argot*) napias

conk² /kɒŋk/ *v* (*coloq*)
PHR V **to conk out** escacharrarse

conker /ˈkɒŋkə(r)/ *n* (*GB, coloq*) castaña de Indias

connect /kəˈnekt/ *vt* **1** conectar **2** (*Elec*) empalmar **3** comunicar: *a door connecting the two offices* una puerta que comunica las dos oficinas **4** emparentar: *The two men are connected by marriage.* Los dos hombres están emparentados políticamente. **5** relacionar: *The two events are not connected.* Los dos sucesos no están relacionados. **6 ~ sb (with sb)** (*teléfono*) poner a algn (con algn) **7 ~ (with sth/sb)** (*coloq*) (*golpe*) ir a parar (a algo/algn) *Ver tb* WELL-CONNECTED
▶ **connection** *n* **1** conexión **2** (*parentesco, etc*) relación **3** (*Elec*) empalme **4** (*Transporte*) enlace
LOC **in connection with sth/sb** en relación con algo/algn **in this/that connection** (*formal*) al respecto **to have connections** tener enchufe

connective /kəˈnektɪv/ *adj* conjuntivo: *connective tissue* tejido conjuntivo

connector /kəˈnektə(r)/ *n* conectador

connive /kəˈnaɪv/ *vi* **1 ~ at sth** hacer la vista gorda a algo **2 ~ (with sb)** confabularse (con algn)
▶ **connivance** *n* **1** connivencia **2** confabulación

connoisseur /ˌkɒnəˈsɜː(r)/ *n* conocedor, -ora, experto, -a: *wine connoisseur* experto en vinos

connotation /ˌkɒnəˈteɪʃn/ *n* connotación
▶ **connote** *vt* connotar

conquer /ˈkɒŋkə(r)/ *vt* **1** conquistar **2** derrotar, vencer
▶ **conqueror** *n* **1** conquistador, -ora ☛ Para hablar de los conquistadores del Nuevo Mundo utilizamos la palabra inglesa **conquistadores**. **2** vencedor, -ora

conquest /ˈkɒŋkwest/ *n* conquista

conquistador /kɒnˈkwɪstədɔː(r)/ *n* (*pl* **~s** o **~es**) conquistador (*del Nuevo Mundo*) ☛ Nótese que **conquistador** solo se refiere a los conquistadores españoles del siglo XVI. *Ver tb* CONQUEROR *en* CONQUER

Con(s) (*Pol*) *abrev de* **Conservative**

conscience /ˈkɒnʃəns/ *n* (*moral*) conciencia: *to have a clear/guilty conscience* tener la conciencia tranquila/cargo de conciencia
LOC **in all conscience** en conciencia **to have sth on your conscience** pesar algo sobre la conciencia de uno *Ver tb* EASE, POINT¹, SEARCH

conscientious /ˌkɒnʃiˈenʃəs/ *adj* concienzudo: *conscientious objector* objetor de conciencia
▶ **conscientiously** *adv* concienzudamente

conscious /ˈkɒnʃəs/ *adj* **1** consciente: *She was conscious of being watched.* Era consciente de que alguien la miraba. ◊ *to become conscious* recobrar el conocimiento *Ver tb* CLASS-CONSCIOUS, SELF-CONSCIOUS, SEMI-CONSCIOUS **2** (*esfuerzo, decisión*) deliberado
▶ **consciously** *adv* deliberadamente
consciousness *n* **1** conocimiento: *to lose/regain consciousness* perder/recobrar el conocimiento **2 ~ (of sth)** conciencia (sobre algo): *Public consciousness (of this issue) has been raised.* Se suscitó la conciencia pública (sobre este tema). **3** (*Psic*) consciencia

conscript /ˈkɒnskrɪpt/ *n* recluta
■ **conscript** /kənˈskrɪpt/ *vt* reclutar

conscription /kənˈskrɪpʃn/ *n* reclutamiento (*obligatorio*)

consecrate /ˈkɒnsɪkreɪt/ *vt* consagrar: *consecrated ground* suelo consagrado
▶ **consecration** *n* consagración

consecutive /kənˈsekjətɪv/ *adj* consecutivo: *on three consecutive days* durante tres días consecutivos
▶ **consecutively** *adv* consecutivamente

consensus /kənˈsensəs/ *n* consenso: *consensus politics* política de consenso

consent /kənˈsent/ *vi* **~ (to sth) 1** acceder (a algo): *She has consented to marry him.* Ha accedido a casarse con él. **2** consentir (algo)
■ **consent** *n* **1** consentimiento **2** acuerdo: *by mutual consent* de mutuo acuerdo

consequence /ˈkɒnsɪkwəns; *USA* -kwens/ *n* **1** [*gen pl*] consecuencia **2** (*formal*) importancia: *to be of little consequence* ser de poca importancia
LOC **as a/in consequence of sth** a consecuencia de algo **in consequence,...** en consecuencia,... *Ver tb* PAY²

consequent /ˈkɒnsɪkwənt/ *adj* (*formal*) **1** consiguiente **2 ~ on/upon sth** que resulta de algo

consequential /ˌkɒnsɪˈkwenʃl/ *adj* **1** consiguiente **2** importante

consequently /ˈkɒnsɪkwentli/ *adv* por consiguiente

conservancy /kənˈsɜːvənsi/ *n* (*GB*) conservación (*de la naturaleza*)

conservation /ˌkɒnsəˈveɪʃn/ *n* conservación: *wildlife conservation* conservación de la fauna ◊ *energy conservation* ahorro de energía ◊ *conservation area* zona protegida
▶ **conservationist** *n* conservacionista

conservatism /kənˈsɜːvətɪzəm/ *n* conservadurismo

conservative /kənˈsɜːvətɪv/ *adj* **1** conservador: *conservative attitudes* actitudes conservadoras ◊ *at a conservative estimate* calculando por lo bajo **2 Conservative** (*abrev* **Con, Cons**) (*Pol*) conservador: *the Conservative Party* el Partido Conservador *Ver tb* TORY
■ **conservative** *n* conservador, -ora
▶ **conservatively** *adv* de modo conservador: *She dresses conservatively.* Es clásica en su manera de vestir.

conservatoire /kənˈsɜːvətwɑː(r)/ (*tb* **conservatory**) *n* conservatorio (*de música*)

conservatory /kənˈsɜːvətri; *USA* -tɔːri/ *n* (*pl* **-ies**) **1** galería acristalada contigua a una casa ☛ *Ver ilustración en* BUNGALOW **2** *Ver* CONSERVATOIRE

conserve /kənˈsɜːv/ *vt* **1** conservar **2(a)** (*energía*) ahorrar **(b)** (*fuerzas*) reservar **3** (*naturaleza*) proteger **4** (*fruta, etc*) poner en conserva
■ **conserve** /ˈkɒnsɜːv/ *n* conserva, confitura: *strawberry conserve* confitura de fresa

consider /kənˈsɪdə(r)/ *vt* **1** considerar: *to consider sb for a job* considerar a algn para un puesto ◊ *He's generally considered to be a shrewd politician.* Se le considera en general un político astuto. ◊ *We are con-*

sidering going to Australia. Estamos pensando en ir a Australia. **2** tener en cuenta **3** (*cuadro, etc*) examinar *Ver tb* ILL-CONSIDERED

LOC **my considered opinion is (that)...** habiéndolo pensado mucho, mi opinión es que... *Ver tb* THING

considerable /kən'sɪdərəbl/ *adj* considerable

▶ **considerably** *adv* bastante: *She's considerably richer than you.* Es bastante más rica que tú.

considerate /kən'sɪdərət/ *adj* considerado: *to be considerate towards sth/sb* ser considerado con algo/algn

▶ **considerately** *adv* con consideración

consideration /kənˌsɪdə'reɪʃn/ *n* **1** [*incontable*] consideración: *The proposals are still under consideration.* Todavía se están considerando las propuestas. ◊ *out of consideration for his family* por consideración a su familia **2** factor: *Money is an important consideration.* El dinero es un factor muy importante. **3** (*formal*) (*pago*) retribución: *a small payment in consideration of sb's services* un pequeño pago en retribución a los servicios de algn

LOC **to take sth into consideration** tener algo en cuenta

considering /kən'sɪdərɪŋ/ *conj* teniendo en cuenta: *You've done very well, considering.* A pesar de todo, has salido bastante bien.

consign /kən'saɪn/ *vt* **~ sth/sb (to sth) 1** confiar algo/a algn (a algo) **2** abandonar, relegar algo/a algn (a algo): *consigned to oblivion* relegado al olvido ◊ *an old chair that had been consigned to the attic* una silla vieja que había sido abandonada en el desván ◊ *The project has been consigned to the scrap heap.* El proyecto se ha tirado al cubo de basura. **3** (*mercancías*) consignar, enviar algo/a algn (a algo)

▶ **consignment** *n* **1** envío: *consignment note* talón de expedición **2** pedido: *a consignment of wheat* un pedido de trigo ◊ *a consignment of drugs* un alijo de drogas

consist /kən'sɪst/ *v*

PHR V **to consist in sth/doing sth** (*formal*) consistir en algo/hacer algo

to consist of sth constar de algo, estar formado por algo: *The committee consists of ten members.* El comité está formado por diez miembros.

consistency /kən'sɪstənsi/ *n* (*pl* **~ies**) **1** (*actitud*) coherencia **2** consistencia

consistent /kən'sɪstənt/ *adj* **1** (*aprob*) (*persona*) consecuente **2 ~ (with sth)** en concordancia (con algo)

▶ **consistently** *adv* **1** constantemente: *They had consistently opposed the plan.* Se habían opuesto constantemente al proyecto. **2** (*actuar*) consecuentemente

consolation /ˌkɒnsə'leɪʃn/ *n* consuelo: *a few words of consolation* unas palabras de consuelo ◊ *consolation prize* premio de consolación

consolatory /kən'sɒlətəri; *USA* -tɔːri/ *adj* consolador

console¹ /kən'səʊl/ *vt* consolar

console² /'kɒnsəʊl/ *n* consola

consolidate /kən'sɒlɪdeɪt/ *vt, vi* consolidar(se): *consolidated annuities* valores consolidados

▶ **consolidation** *n* consolidación

consommé /kən'sɒmeɪ; *USA* ˌkɒnsə'meɪ/ *n* consomé

consonant /'kɒnsənənt/ *n* consonante

■ **consonant** *adj* **~ with sth** en consonancia con algo

consort /'kɒnsɔːt/ *n* consorte: *the prince consort* el príncipe consorte *Ver tb* QUEEN CONSORT

■ **consort** *vi* (*formal*) /kən'sɔːt/ **~ with sb** (*malas compañías*) juntarse con algn

consortium /kən'sɔːtiəm; *USA* -'sɔːrʃɪəm/ *n* (*pl* **~s** o **-tia** /-tiə; *USA* -ʃiə/) consorcio

conspicuous /kən'spɪkjuəs/ *adj* **1(a)** llamativo: *to make yourself conspicuous* llamar la atención **(b) ~ for sth** (*irón*) notable por algo: *She wasn't exactly conspicuous for her politeness.* No se distinguía precisamente por su buena educación. **2** visible

LOC **to be conspicuous by your/its absence** brillar uno/algo por su ausencia

▶ **conspicuously** *adv* notablemente

conspiracy /kən'spɪrəsi/ *n* (*pl* **-ies**) **1** conspiración **2** conjura

conspirator /kən'spɪrətə(r)/ *n* conspirador, -ora

▶ **conspiratorial** *adj* conspirador

conspire /kən'spaɪə(r)/ *vi* **1** conspirar: *They conspired to overthrow the government.* Conspiraron para derrocar al gobierno. **2 ~ against sth/sb** conspirar contra algo/algn: *Everything seemed to be conspiring against me.* Parecía que todo se volvía contra mí.

constable /'kʌnstəbl; *USA* 'kɒn-/ *n* (agente de) policía

constabulary /kən'stæbjələri/ *n* (cuerpo de) policía

constancy /'kɒnstənsi/ *n* **1** constancia **2** fidelidad

constant /'kɒnstənt/ *adj* **1** constante **2** continuo **3** (*amigo, seguidor, etc*) fiel

■ **constant** *n* constante

▶ **constantly** *adv* constantemente

constellation /ˌkɒnstə'leɪʃn/ *n* constelación

consternation /ˌkɒnstə'neɪʃn/ *n* consternación

constipated /'kɒnstɪpeɪtɪd/ *adj* estreñido

▶ **constipation** *n* estreñimiento

constituency /kən'stɪtjuənsi/ *n* (*pl* **-ies**) **1** distrito electoral ☛ *Ver págs 584–5* **2** votantes

constituent /kən'stɪtjuənt/ *adj* constituyente: *constituent assembly* asamblea constituyente

■ **constituent** *n* **1** (*Pol*) elector, -a **2** componente

constitute /'kɒnstɪtjuːt/ *vt* constituir

constitution /ˌkɒnstɪ'tjuːʃn; *USA* -'tuːʃn/ *n* constitución ☛ *Ver págs 584–5*

constitutional /ˌkɒnstɪ'tjuːʃənl; *USA* -'tuː-/ *adj* constitucional: *constitutional reform* reforma constitucional

■ **constitutional** *n* (*antic*) paseo: *to go for a constitutional* darse un paseo

▶ **constitutionalism** *n* constitucionalismo

constitutionally *adv* **1** constitucionalmente **2** de acuerdo con la constitución

constitutive /'kɒnstɪtjuːtɪv, kən'stɪtjutɪv; *USA* 'stɪtʃu-/ *adj* (*formal*) constitutivo

constrain /kən'streɪn/ *vt* constreñir

▶ **constrained** *adj* (*voz, manera, etc*) forzado **LOC** *Ver* FEEL¹

constraint /kən'streɪnt/ *n* **1** coacción: *to act under constraint* actuar bajo coacción **2** limitación: *financial constraints* limitaciones financieras

constrict /kən'strɪkt/ *vt* **1** apretar **2** limitar

▶ **constriction** *n* constricción

construct¹ /kən'strʌkt/ *vt* **1** construir ☛ En este sentido la palabra más normal es **build**. **2** (*Geom*) componer

▶ **construction** *n* **1** construcción: *construction industry* industria de la construcción **2** (*formal*) interpretación: *What construction do you put on his actions?* ¿Qué interpretación le das a sus acciones?

construct² /'kɒnstrʌkt/ *n* (*formal*) estructura

constructive /kən'strʌktɪv/ *adj* constructivo: *constructive criticism* crítica constructiva

▶ **constructively** *adv* de forma constructiva

constructor /kən'strʌktə(r)/ *n* constructor, -ora

construe /kən'struː/ *vt* **1** interpretar: *Her remarks were wrongly construed.* Sus comentarios fueron mal interpretados. **2** (*Gram*) analizar

consul /'kɒnsl/ *n* cónsul: *the British Consul* el cónsul británico

▶ **consular** *adj* consular

consulate /'kɒnsjələt; *USA* -səl-/ *n* **1** consulado **2 the Consulate** (*Hist*) el Consulado

consult /kən'sʌlt/ *vt, vi* consultar: *consulting room* consultorio

consultant /kən'sʌltənt/ *n* **1** asesor, -ora: *management consultant* asesor de dirección **2** (*Med*) especialista

▶ **consultancy** *n* (*pl* **-ies**) asesoría

consultation /ˌkɒnsl'teɪʃn/ *n* consulta: *after consultation with my solicitor* tras consultar con mi abogado

consultative /kən'sʌltətɪv/ *adj* consultivo

consume /kən'sjuːm; *USA* -'suːm/ *vt* consumir: *The house was consumed by fire.* La casa fue consumida por las llamas. *Ver tb* TIME-CONSUMING
LOC to be consumed with sth: *He was consumed with envy.* Lo consumía la envidia.

consumer /kən'sjuːmə(r); *USA* -suː-/ *n* consumidor, -ora: *consumer society* sociedad de consumo ◊ *consumer goods* bienes de consumo
▶ **consumerism** *n* consumismo
consumerist *n* consumista

consuming /kən'sjuːmɪŋ/ *adj*: *Photography is his consuming passion.* La fotografía es su obsesión.

consummate[1] /kən'sʌmət/ *adj* (*formal*) **1** (*perfecto*) consumado **2** (*habilidad, destreza, etc*) extraordinario

consummate[2] /'kɒnsəmeɪt/ *vt* (*formal*) **1** culminar **2** (*matrimonio*) consumar
▶ **consummation** *n* consumación

consumption /kən'sʌmpʃn/ *n* **1** consumo: *fuel consumption* consumo de gasolina **2** (*antic, Med*) tisis
▶ **consumptive** *n, adj* (*antic*) tísico, -a

cont 1 *abrev de* **contents** contenido **2** (*tb* **contd**) *abrev de* **continued** continúa: *cont p 74* continúa en la página 74

contact[1] /'kɒntækt/ *n* **1** contacto: *She's lost contact with her son.* Ha perdido todo contacto con su hijo. ◊ *She has several contacts in the music business.* Tiene varios contactos en el mundo de la música. ◊ *to come into contact with sth* entrar en contacto con algo **2** (*Elec*) contacto **3** (*tb* **contact print**) (*Fot*) contacto
LOC to make contact hacer contacto (*circuito eléctrico*) **to make contact** (**with sth/sb**) ponerse en contacto (con algo/algn) *Ver tb* LOSE

contact[2] /kən'tækt, 'kɒntækt/ *vt* ponerse en contacto con

contact lens *n* lentilla

contagion /kən'teɪdʒən/ *n* contagio

contagious /kən'teɪdʒəs/ *adj* contagioso

contain /kən'teɪn/ *vt* contener: *I could hardly contain myself.* Apenas me pude contener. *Ver tb* SELF-CONTAINED

container /kən'teɪnə(r)/ *n* **1** recipiente: *plastic containers* recipientes de plástico. **2** contenedor: *container lorry/ship* camión/buque contenedor

containment /kən'teɪnmənt/ *n* (*formal*) contención

contaminant /kən'tæmɪnənt/ *n* contaminante

contaminate /kən'tæmɪneɪt/ *vt* contaminar
▶ **contamination** *n* contaminación

contemplate /'kɒntəmpleɪt/ **1** *vt* considerar: *I'm contemplating going to France for the summer.* Estoy considerando la idea de pasar el verano en Francia. **2** *vt, vi* meditar (sobre) **3** *vt* contemplar: *He sat contemplating his reflection in the mirror.* Se quedó sentado contemplando su imagen en el espejo.
▶ **contemplation** *n* **1** contemplación: *to be deep in contemplation* estar abstraído pensando **2** consideración
contemplative *adj* contemplativo

contemporaneous /kənˌtempə'reɪniəs/ *adj* (*formal*) contemporáneo

contemporary /kən'temprəri; *USA* -pəreri/ *adj* **1** contemporáneo: *contemporary music* música contemporánea **2** de la época
■ **contemporary** *n* (*pl* **-ies**) coetáneo, -a

contempt /kən'tempt/ *n* **1** [*incontable*] desprecio: *I feel nothing but contempt for him.* Solo siento desprecio por él. **2** (*tb* **contempt of court**) desacato (al tribunal): *to be in contempt* (*of court*) cometer (el delito de) desacato
LOC beneath contempt despreciable **to hold sth/sb in contempt** despreciar algo/a algn *Ver tb* FAMILIARITY *en* FAMILIAR
▶ **contemptible** *adj* despreciable

contemptuous /kən'temptʃuəs/ *adj* **1** desdeñoso **2** despectivo
▶ **contemptuously** *adv* con desprecio

contend /kən'tend/ **1** *vi* **~ with sth** luchar contra algo: *I had to contend with deep-rooted prejudice.* Tuve que luchar contra prejuicios muy enraizados. ◊ *She's had a lot of problems to contend with.* Ha tenido que enfrentarse con muchos problemas. **2** *vi* **~** (**for sth**) **(a)** competir (por algo): *We are contending with several teams for the prize.* Estamos compitiendo con varios equipos por el premio. **(b)** luchar (por algo) **3** *vt* afirmar
▶ **contender** *n* contendiente

content[1] /kən'tent/ *adj* **~** (**with sth/to do sth**) **1** contento (con algo/con hacer algo): *He is content to stay in his present job.* Con permanecer en su empleo actual, está contento. **2** satisfecho (con algo/con hacer algo)
■ **content** *n* satisfacción **LOC** *Ver* HEART
■ **content 1** *v refl* **~ yourself with sth** contentarse con algo **2** *vt* **~ sb** (*formal*) satisfacer a algn

content[2] /'kɒntent/ *n* **1 contents** [*pl*] contenido: *He examined the contents of the bag.* Examinó el contenido del bolso. ◊ *table of contents* índice de materias **2** *a drink with a high calorie/alcohol content* una bebida que contiene muchas calorías/mucho alcohol

contented /kən'tentɪd/ *adj* **1** satisfecho **2** contento
▶ **contentedly** *adv* con satisfacción

contention /kən'tenʃn/ *n* **1** liza: *There are two candidates in contention.* Hay dos aspirantes en liza. ◊ *The defeat put the team out of contention.* La derrota puso al equipo fuera de la contienda. **2** controversia **3 ~** (**that...**) **(a)** opinión (que...): *It is my contention that...* Sostengo que... **(b)** afirmación (de que...) **LOC** *Ver* BONE

contentious /kən'tenʃəs/ *adj* **1** polémico **2** pendenciero

contentment /kən'tentmənt/ *n* satisfacción

contest[1] /kən'test/ *vt* **1(a)** (*afirmación*) rebatir **(b)** (*decisión*) impugnar **2** (*premio, escaño*) disputar: *a hotly contested prize* un premio muy disputado **LOC** *Ver* CLOSELY *en* CLOSE[1]

contest[2] /'kɒntest/ *n* **1(a)** concurso: *beauty contest* concurso de belleza **(b)** (*Dep*) competición **2** (*fig*) competición, lucha

contestant /kən'testənt/ *n* concursante

context /'kɒntekst/ *n* contexto: *I was quoted out of context.* Citaron mis palabras fuera de contexto.
▶ **contextual** *adj* contextual

contiguous /kən'tɪgjuəs/ *adj* (*formal*) contiguo

continent /'kɒntɪnənt/ *n* **1** (*Geog*) continente **2 the Continent** [*incontable*] (*GB*) el continente europeo
■ **continent** *adj* (*formal*) continente
▶ **continence** *n* continencia

continental /ˌkɒntɪ'nentl/ *adj* **1** (*Geog*) continental: *continental Europe* Europa continental ◊ *continental drift* desplazamiento de las placas continentales *Ver tb* TRANSCONTINENTAL **2** (*GB*) continental, europeo: *a continental style café* una cafetería de estilo europeo ◊ *continental breakfast* desayuno continental
■ **continental** *n* (*GB*) europeo, -a

continental quilt *n* (*GB*) edredón

contingency /kən'tɪndʒənsi/ *n* (*pl* **-ies**) **1** eventualidad: *Be prepared for all possible contingencies.* Estate preparado para todas eventualidades. **2** contingencia: *a contingency plan* un plan de emergencia

contingent /kən'tɪndʒənt/ *adj* (*formal*) **1 ~ on/upon sth** dependiente de algo: *Our success is contingent upon your support.* Nuestro éxito depende de tu ayuda. **2** contingente: *contingent factors* factores contingentes
■ **contingent** *n* **1** (*Mil*) contingente **2** representación

continual /kən'tɪnjuəl/ *adj* (*pey*) continuo

▶ **continually** *adv* continuamente: *They're continually arguing.* Discuten continuamente. ◊ *My car's continually breaking down.* Mi coche se estropea continuamente.

¿Continual o continuous?
Continual y **continually** suelen emplearse para describir acciones que se repiten sucesivamente y a menudo tienen un matiz negativo: *His continual phone calls started to annoy her.* Sus continuas llamadas empezaban a fastidiarla.
Continuous y **continuously** se utilizan para describir acciones ininterrumpidas: *There has been a continuous improvement in his work.* Su trabajo ha mostrado una mejora constante. ◊ *It has rained continuously here for three days.* Ha llovido sin parar durante tres días.

continuance /kənˈtɪnjuəns/ *n (formal)* **1** continuación **2** duración

continuation /kənˌtɪnjuˈeɪʃn/ *n* **1** continuación **2** *(USA) (Jur)* suspensión

continue /kənˈtɪnjuː/ **1** *vi* **(a)** ~ **(doing sth/to do sth)** continuar (haciendo algo) **(b)** seguir: *Continue along this road as far as the lights.* Siga este camino hasta el semáforo. ◊ *Please continue.* Siga, por favor. **2** *vt* continuar: *To be continued...* Continuará...
▶ **continued** *adj* continuo: *the continued threat from the guerrillas* la continua amenaza de los guerrilleros
continuing *adj* **1** continuado: *the continuing struggle for freedom* la lucha continuada por la libertad **2** *continuing education* enseñanza para adultos

continuity /ˌkɒntɪˈnjuːəti; *USA* -ˈnuː-/ *n (pl* **-ies)** **1** continuidad **2** *(TV, Radio)* continuidad: *continuity announcer* locutor de continuidad

continuo /kənˈtɪnjuəʊ/ *n (Mús)* continuo

continuous /kənˈtɪnjuəs/ *adj* constante, continuo: *continuous tense* tiempo continuo ◊ *a continuous stream of traffic* un flujo continuo de tráfico
▶ **continuously** *adv* continuamente, sin parar ☛ *Ver nota en* CONTINUAL

continuum /kənˈtɪnjuəm/ *n (pl* **~s** o **-ua** /-ʊə/) *(formal)* continuo

contort /kənˈtɔːt/ **1** *vt* **(a)** *(cuerpo)* retorcer **(b)** *(cara)* torcer **2** *vi* **(a)** contorsionarse **(b)** *(cara)* retorcerse
▶ **contorted** *adj* retorcido, contorsionado

contortion /kənˈtɔːʃn/ *n* contorsión

contortionist /kənˈtɔːʃənɪst/ *n* contorsionista

contour /ˈkɒntʊə(r)/ *n* **1** contorno: *the smooth contours of her body* los suaves contornos de su cuerpo **2** *(tb* **contour line)** *(Geog)* curva de nivel
▶ **contoured** *adj* anatómico

contraband /ˈkɒntrəbænd/ *n* contrabando

contraception /ˌkɒntrəˈsepʃn/ *n* anticoncepción

contraceptive /ˌkɒntrəˈseptɪv/ *adj, n* anticonceptivo: *the contraceptive pill* la píldora anticonceptiva

contract[1] /ˈkɒntrækt/ *n* contrato: *breach of contract* infracción de contrato ◊ *contract workers* empleados bajo contrato
LOC **under contract (to sb)** bajo contrato (con algn)

contract[2] /kənˈtrækt/ **1** *vt* **(a)** *(trabajador)* contratar: *to be contracted to do sth* ser contratado para hacer algo **(b)** *(enfermedad, matrimonio, deudas)* contraer **2** *vi* **~ with sb** hacer un contrato con algn **3** *vi* contraerse
PHR V **to contract out (of sth)** *(GB)* optar por no participar (en algo) *(sistema de pensión, sindicato, etc)* **to contract sth out (to sb)** ofrecer (a algn) un contrato para algo

contraction /kənˈtrækʃn/ *n* contracción

contractor /kənˈtræktə(r)/ *n* contratista: *building contractor* contratista de construcción

contractual /kənˈtræktʃuəl/ *adj* contractual

contradict /ˌkɒntrəˈdɪkt/ *vt* contradecir

contradiction /ˌkɒntrəˈdɪkʃn/ *n* contradicción: *in contradiction of/to/with sth* en contradicción con algo
LOC **a contradiction in terms** una contradicción

contradictory /ˌkɒntrəˈdɪktəri/ *adj* contradictorio

contraflow /ˈkɒntrəfləʊ/ *n* contracorriente *(de tráfico)*

contralto /kənˈtræltəʊ/ *n (pl* **~s)** contralto

contraption /kənˈtræpʃn/ *n (coloq)* chisme *(objeto)*

contrapuntal /ˌkɒntrəˈpʌntl/ *adj* de contrapunto

contrariwise /ˈkəntreəriwaɪz; *USA* -trerɪ-/ *adv* al contrario

contrary /ˈkɒntrəri; *USA* -treri/ *adj* contrario: *He always takes the contrary point of view.* Siempre toma el punto de vista opuesto.
■ **contrary** *adv* **~ to sth** **1** en contra de algo: *contrary to popular belief...* en contra de la creencia popular... **2** contrario a algo: *The results turned out contrary to expectations.* Los resultados fueron contrarios a las expectativas.
■ **the contrary** *n* lo contrario
LOC **on the contrary** por el contrario **quite the contrary** todo lo contrario **to the contrary** al contrario: *I've heard nothing to the contrary.* No he oído nada al contrario.
■ **contrary** *adj* terco

contrast[1] /kənˈtrɑːst; *USA* -ˈtræst/ **1** *vt* **~ A and/with B** contrastar A y/con B **2** *vi* contrastar: *two companies with contrasting fortunes* dos compañías que han tenido suertes opuestas

contrast[2] /ˈkɒntrɑːst; *USA* -træst/ *n* contraste: *There is a stark contrast between his words and his deeds.* Existe un fuerte contraste entre lo que dice y lo que hace.
LOC **by contrast** por contraste **in contrast to/with sth/sb** en contraste con algo/algn

contravene /ˌkɒntrəˈviːn/ *vt (formal)* **1** contravenir **2** *(deseos, teoría)* oponerse a
▶ **contravention** *n* **~ of sth** **1** contravención, acción de contravenir algo **2** oposición a algo

contretemps /ˈkɒntrətɒ̃/ *n (pl* **contretemps)** *(Fr, formal)* contratiempo

contribute /kənˈtrɪbjuːt/ *vt* **1** contribuir: *I contributed £10 towards his present.* Contribuí a su regalo con diez libras. **2** *(artículo)* escribir
PHR V **to contribute to sth** **1** contribuir a algo: *Cars contribute to the greenhouse effect.* Los coches contribuyen al efecto invernadero. **2** *(debate)* participar en algo **3** *(publicación)* escribir para algo

contribution /ˌkɒntrɪˈbjuːʃn/ *n* **1** contribución, aportación **2** *(publicación)* artículo

contributor /kənˈtrɪbjətə(r)/ *n* **1** contribuyente **2** *(publicación)* colaborador, -ora

contributory /kənˈtrɪbjətəri; *USA* -tɔːri/ *adj* [*antes de sustantivo*] **1** que contribuye: *contributory factors* factores que contribuyen **2** *(plan de jubilación)* contributivo

contrite /ˈkɒntraɪt, kənˈtraɪt/ *adj* contrito
▶ **contrition** *n* contrición

contrivance /kənˈtraɪvəns/ *n* **1(a)** artilugio **(b)** treta **2** ingenio: *It's beyond human contrivance.* Es superior al ingenio humano.

contrive /kənˈtraɪv/ *vt (formal)* **1** idear: *He contrived a way of avoiding paying tax.* Ideó una manera de evitar pagar impuestos. **2** conseguir
▶ **contrived** *adj* **1** maquinado: *a contrived meeting* un encuentro maquinado **2** artificial: *The film's plot is very contrived.* La trama de la película es muy artificial.

control /kənˈtrəʊl/ *n* **1** **~ (of sth)** **(a)** control: *to be in control of sth* tener el control de algo ◊ *He has no control over his emotions.* Es incapaz de controlar sus emociones. ◊ *government controls on trade* controles gubernamentales del comercio ◊ *Everything's under control.* Todo está bajo control. *Ver tb* BIRTH CONTROL, SELF-CONTROL **(b)** dominio **(c)** mando: *The military government took control.* El gobierno militar tomó el mando. **2(a)** *(Aeronáut)* estación de control: *control tower* torre de control *Ver tb* AIR TRAFFIC CONTROL **(b)** *passport control* control de pasaportes **3** **controls** [*pl*] mandos: *Who is at the controls?* ¿Quién está a cargo de los mandos? *Ver tb* REMOTE CONTROL **4** (*estadística*) control

LOC beyond/outside sb's control fuera del control de algn: *owing to circumstances beyond our control* debido a circunstancias ajenas a nosotros **out of control** fuera de control: *Inflation has got out of control.* La inflación está fuera de control. ◊ *The children are out of control.* Los niños se han desmandado. ◊ *Her car went out of control.* Perdió el control del coche. **to bring sth under control 1** dominar algo **2** (*gastos, etc*) controlar algo **to keep/lose control** (**of sth**) mantener/perder el control (de algo) **under sb's control 1** bajo el control de algn: *The city is under the control of enemy forces.* La ciudad está bajo el control de fuerzas enemigas. **2** (*Mil*) al mando de algn **3** (*empresa, etc*) en manos de algn *Ver tb* ESCAPE

■ **control 1** *vt* **(a)** controlar **(b)** (*Mil*) tener el mando de **(c)** (*coche*) manejar **2** *v refl* **~ yourself** dominarse **3** *vt* **(a)** regular: *laws controlling the use of firearms* leyes que regulan el uso de las armas **(b)** (*gastos, inflación, etc*) contener

controllable /kənˈtrəʊləbl/ *adj* **1** manejable **2** que se puede controlar

controlled /kənˈtrəʊld/ *adj* **1** controlado *Ver tb* RADIO-CONTROLLED **2** (*voz, tono*) sosegado

controller /kənˈtrəʊlə(r)/ *n* **1(a)** director, -ora: *the controller of the sales department* el director del departamento de ventas **(b)** (*Radio, TV*) director, -ora de programación **2** *Ver* AIR TRAFFIC CONTROLLER

controlling interest *n* interés mayoritario

controversial /ˌkɒntrəˈvɜːʃl/ *adj* controvertido, polémico

▶ **controversially** *adv* de forma controvertida

controversy /ˈkɒntrəvɜːsi, kənˈtrɒvəsi/ *n* (*pl* **-ies**) **~** (**about/over sth**) controversia acerca de algo: *It caused/aroused a lot of controversy.* Suscitó una gran controversia.

contusion /kənˈtjuːʒn; *USA* -ˈtuː-/ *n* contusión

conundrum /kəˈnʌndrəm/ *n* **1** acertijo **2** (*fig*) rompecabezas

conurbation /ˌkɒnɜːˈbeɪʃn/ *n* conurbación

convalesce /ˌkɒnvəˈles/ *vi* convalecer

convalescence /ˌkɒnvəˈlesns/ *n* convalecencia

▶ **convalescent** *adj, n* convaleciente: *convalescent home* clínica de reposo

convection /kənˈvekʃn/ *n* convección

convene /kənˈviːn/ **1** *vt* convocar **2** *vi* reunirse: *The tribunal will convene tomorrow.* El tribunal se reunirá mañana.

convener (*tb* **convenor**) /kənˈviːnə(r)/ *n* **1** (*reunión*) presidente, -a **2** (*GB*) (*sindicato*) representante

convenience /kənˈviːniəns/ *n* **1(a)** comodidad: *It is provided for our customers' convenience.* Lo proveemos para la comodidad de nuestros clientes. ◊ *The house has all the modern conveniences.* La casa tiene todas las comodidades modernas. ◊ *convenience food* comida preparada **(b)** conveniencia: *a marriage of convenience* un matrimonio de conveniencia **2** (**public**) **conveniences** [*pl*] (*GB, eufemismo*) lavabos, aseos (públicos)

LOC at your convenience cuando y como le convenga

convenient /kənˈviːniənt/ *adj* **1** adecuado: *I can see you tomorrow, if it's convenient.* Te puedo ver mañana, si te viene bien. ◊ *a convenient time for the meeting* una hora adecuada para la reunión **2** (*momento*) oportuno **3** (*coloq*) **(a)** a mano: *It's essential to have a convenient supermarket.* Es imprescindible tener un supermercado a mano. **(b)** (*casa*) bien situado: *My house is very convenient for the station.* Mi casa está muy bien situada para ir a la estación. **4** (*objeto*) práctico

▶ **conveniently** *adv* oportunamente: *He had conveniently forgotten all about the meeting.* Se le había olvidado muy oportunamente que tenía la reunión.

convent /ˈkɒnvənt; *USA* -vent/ *n* convento: *to enter a convent* meterse a monja

convention /kənˈvenʃn/ *n* **1** congreso **2** convencionalismo: *social conventions* convencionalismos sociales **3** (*Pol*) convención: *the Geneva Convention* la Convención de Ginebra

conventional /kənˈvenʃənl/ *adj* convencional

LOC conventional wisdom sabiduría popular

▶ **conventionally** *adv* convencionalmente

converge /kənˈvɜːdʒ/ *vi* **1** (*líneas/opiniones*) convergir **2 ~** (**on sth/sb**) (*personas*) dirigirse (todos) a algo/algn

▶ **convergence** *n* convergencia

convergent *adj* convergente

conversant /kənˈvɜːsnt/ *adj* (*formal*) **~ with sth** versado en algo: *to become conversant with sth* familiarizarse con algo

conversation /ˌkɒnvəˈseɪʃn/ *n* **~** (**with sb**) (**about sth**) conversación (con algn) (sobre algo): *to make conversation* dar conversación ◊ *to have a conversation* tener una conversación ◊ *a topic of conversation* un tema de conversación

▶ **conversational** *adj* **1** [*antes de sustantivo*] de conversación: *conversational French* francés de conversación **2** coloquial: *a conversational tone* un tono informal

conversationalist *n* conversador, -ora: *to be a good conversationalist* ser un buen conversador

converse[1] /kənˈvɜːs/ *vi* **~** (**together**); (**with sb**) (**about sth**) (*formal*) conversar (entre sí); (con algn) (sobre algo)

converse[2] /ˈkɒnvɜːs/ **the converse** *n* lo contrario

■ **converse** *adj* opuesto

▶ **conversely** *adv* a la inversa

conversion /kənˈvɜːʃn; *USA* kənˈvɜːrʒn/ *n* **1 ~** (**from sth**) (**into/to sth**) **(a)** (*dinero, religión*) conversión (de algo) (en/a algo) **(b)** (*Fís*) transformación (de algo) (en algo) **(c)** (*edificio*) habilitación (de algo) (para algo) **2** (*rugby*) gol después de un ensayo

convert[1] /kənˈvɜːt/ *vt, vi* **1 ~** (**sth**) (**from sth**) (**into/to sth**) convertir algo/convertirse (de algo) (en/a algo): *The sofa converts* (*in*)*to a bed.* El sofá se hace cama. **2 ~** (**sb**) (**from sth**) (**to sth**) (*Relig*) convertirse, convertir (a algn) (de algo) (a algo) **3** (*rugby*) marcar un gol después de un ensayo **LOC** *Ver* PREACH

convert[2] /ˈkɒnvɜːt/ *n* **~** (**to sth**) converso, -a (a algo): *to become a convert* convertirse

converter (*tb* **convertor**) /kənˈvɜːtə(r)/ *n* convertidor *Ver tb* CATALYTIC CONVERTER

convertible /kənˈvɜːtəbl/ *adj* **~** (**into/to sth**) convertible (en algo)

■ **convertible** *n* descapotable

▶ **convertibility** *n* convertibilidad

convex /ˈkɒnveks/ *adj* convexo

▶ **convexity** /kɒnˈveksəti/ *n* convexidad

convey /kənˈveɪ/ *vt* **1** (*formal*) **(a)** (*mercancía*) transportar **(b)** (*persona*) llevar **(c)** (*Radio*) transmitir **2 ~ sth** (**to sb**) (*idea, agradecimiento*) expresar algo (a algn): *Convey my good wishes to her.* Envíale saludos de mi parte. ◊ *It doesn't convey anything to me.* No me dice nada. **3 ~ sth** (**to sb**) (*Jur*) traspasar algo (a algn)

▶ **conveyor** (*tb* **conveyor belt**) *n* cinta transportadora

conveyance /kənˈveɪəns/ *n* (*formal*) **1** transporte **2** vehículo **3** (*Jur*) **(a)** traspaso **(b)** escritura de traspaso

▶ **conveyancing** *n* redacción de escrituras de traspaso

convict[1] /kənˈvɪkt/ *vt* **~ sb** (**of sth**) declarar culpable a algn (de algo): *to be convicted of fraud* estar condenado por fraude ◊ *a convicted murderer* un asesino condenado

convict[2] /ˈkɒnvɪkt/ *n* presidiario, -a: *an escaped convict* un preso fugado

conviction /kənˈvɪkʃn/ *n* **1 ~** (**for sth**) condena (por algo) **2 ~** (**that…**) convicción (de que…): *to act in accordance with your convictions* actuar de acuerdo a tus convicciones ◊ *to carry conviction* ser convincente ◊ *to lack conviction* no ser convincente LOC *Ver* COURAGE

convince /kənˈvɪns/ *vt* **~ sb (of sth/that... /to do sth)** convencer a algn (de algo/de que.../para que haga algo): *to be convinced of sth* estar convencido de algo
▶ **convinced** *adj* convencido: *a convinced Christian* un cristiano convencido
convincing *adj* convincente
convincingly *adv* convincentemente

convivial /kənˈvɪviəl/ *adj (formal)* **1** *(persona)* sociable **2** *(ambiente)* festivo

convocation /ˌkɒnvəˈkeɪʃn/ *n* **1** *(formal)* convocatoria **2** *(Relig, universidad)* asamblea

convoke /kənˈvəʊk/ *vt (formal)* convocar

convoluted /ˈkɒnvəluːtɪd/ *adj* **1** *(fig)* enrevesado: *a convoluted explanation* una explicación enrevesada **2** *(lit)* retorcido
▶ **convolution** *n* circunvolución

convolvulus /kənˈvɒlvjələs/ *n (pl* **-es***)* convólvulo

convoy /ˈkɒnvɔɪ/ *n* convoy: *to travel in convoy* viajar en convoy ◊ *under convoy* bajo la protección de un convoy

convulse /kənˈvʌls/ *vt* convulsionar: *Riots convulsed the city.* Los disturbios convulsionaron la ciudad. ◊ *convulsed with laughter* partido de risa
▶ **convulsive** *adj* convulsivo

convulsion /kənˈvʌlʃn/ *n [gen pl]* convulsión: *to have convulsions* tener convulsiones ◊ *convulsions of laughter* ataque de risa

coo[1] /kuː/ *vi (pret, pp* **cooed** /kuːd/ *part pres* **cooing***)* arrullar
■ **coo** *n (pl* **coos***)* arrullo

coo[2] /kuː/ *interj (GB, coloq)* ¡vaya!

cook /kʊk/ **1** *vi* **(a)** *(persona)* cocinar, hacer la comida: *I can't come to the phone, I'm cooking.* No me puedo poner, estoy haciendo la comida. **(b)** *(comida)* cocer, hacerse: *These potatoes aren't cooked.* Las patatas no están hechas. **2** *vt* **~ sth (for sb)** preparar algo (para algn): *He cooked us a wonderful meal.* Nos preparó una comida estupenda. **3** *vi (coloq, fig)*: *There's something cooking.* Algo se está cociendo.
LOC **to cook sb's goose** *(coloq)* hacer la pascua a algn **to cook the books** *(coloq, pey)* falsificar los libros de contabilidad
PHR V **to cook sth up** *(coloq)* *to cook up an excuse/a story* montarse una excusa/una historia
■ **cook** *n* cocinero, -a
LOC **too many cooks spoil the broth** *(refrán)* demasiadas manos estropean la tarea que se esté haciendo

cookbook /ˈkʊkbʊk/ *n* recetario, libro de cocina

cooker /ˈkʊkə(r)/ *n* **1** cocina *(electrodoméstico)*: *a gas cooker* una cocina de gas *Ver tb* PRESSURE COOKER **2** *(coloq)* *(tb* **cooking apple***)* manzana reineta

cookery /ˈkʊkəri/ *(coloq* **cooking***)* *n [incontable]* cocina: *a cookery course* curso de cocina ◊ *Oriental cooking* la cocina oriental

cookery book *(tb* **cookbook***)* *n* libro de cocina

cookie /ˈkʊki/ *n* **1** *(USA)* *(GB* **biscuit***)* galleta **2** *(coloq)* *He's a smart/tough cookie.* Es un tipo listo/duro.
LOC *Ver* WAY[1]

cooking /ˈkʊkɪŋ/ *n [incontable]* cocina, comida: *to do the cooking* hacer la comida ◊ *Chinese cooking* cocina china ☛ *Ver nota en* COCINA

cooking apple *(coloq* **cooker***)* *n* manzana reineta

cool[1] /kuːl/ *adj* **(-er, -est) 1** fresco: *a cool breeze* una brisa fresca ◊ *to keep cool* protegerse del calor ☛ *Ver nota en* FRÍO **2** *(coloq)* impasible: *He has a cool head.* Es imperturbable. **3 ~ (about sth/towards sb)** indiferente (a algo/algn): *a cool reception* una acogida fría **4** descarado, con mucha cara **5** *(coloq)* nada menos que *(con cantidades, distancias, etc)*: *It cost a cool twenty thousand.* Costó nada menos que veinte mil machacantes. **6** *(esp USA, argot)* bien: *Don't worry, that's cool!* No te preocupes, así está bien. **7** *(argot)* guay: *This is a really cool song.* Esta canción está muy guay.
LOC **a cool customer** *(coloq)* un tío con mucho morro, un caradura **(as) cool as a cucumber** más fresco que una lechuga **to keep/stay cool** no perder la calma: *Keep cool!* ¡Tranquilo! **to play it cool** *(coloq)* aguantar el tipo *Ver tb* STAY[1]
▶ **coolly** *adv* fríamente, descaradamente
coolness *n* frialdad, descaro

cool[2] /kuːl/ *vt, vi* **1 ~ (sth) (down/off)** enfriarse, enfriar algo: *The metal contracts as it cools (down).* El metal se contrae cuando se enfría. **2 ~ (sb) (down/off)** refrescarse, refrescar a algn: *a cooling drink* una bebida refrescante
LOC **to cool it** *(argot)* calmarse **to cool your heels** esperar: *Let him cool his heels for a while.* Déjale que espere un rato.
PHR V **to cool (sb) down/off** calmarse/calmar a algn
■ **the cool** *n [incontable]* el fresco
LOC **to keep/lose your cool** *(coloq)* mantener/perder la calma

cooler /ˈkuːlə(r)/ *n* **1** nevera portátil **2 the cooler** *[incontable]* *(argot)* chirona

cool-headed /ˈkuːl hedɪd/ *adj* sereno

cooling-off period *n* plazo para entablar negociaciones antes de una huelga

coop /kuːp/ *n* gallinero
■ **coop** *v*
PHR V **to coop sth/sb up (in sth)** encerrar algo/a algn (en algo): *I've been cooped up indoors all day.* He estado encerrada entre cuatro paredes todo el día.

co-op /ˈkəʊɒp/ *n (coloq)* cooperativa

cooperate /kəʊˈɒpəreɪt/ *vi* **1 ~ (with sb) (in doing/to do sth); ~ (with sb) (on sth)** cooperar (con algn) (para hacer algo); (con algn) (en algo) **2** colaborar

cooperation /kəʊˌɒpəˈreɪʃn/ *n* **1 ~ (in doing sth/on sth)** cooperación (para hacer algo/en algo) **2** colaboración

cooperative /kəʊˈɒpərətɪv/ *adj* **1** cooperativo **2** dispuesto a colaborar
■ **cooperative** *(coloq* **co-op***)* *n* cooperativa: *a housing cooperative* una cooperativa de viviendas

co-opt /kəʊˈɒpt/ *vt* **~ sb (onto sth)** elegir a algn (para algo): *to co-opt a new member onto the committee* elegir colectivamente a un nuevo miembro para el comité

coordinate /ˌkəʊˈɔːdɪnət/ *n* coordenada
■ **coordinate** /ˌkəʊˈɔːdɪneɪt/ *vt* coordinar
▶ **coordination** *n* coordinación
coordinator *n* coordinador, -ora

coot /kuːt/ *n (Zool)* focha LOC *Ver* BALD

cop[1] /kɒp/ *n (argot)* poli: *to play cops and robbers* jugar a policías y ladrones

cop[2] /kɒp/ *vt* **(-pp-)** *(argot)* recibir: *He copped a nasty whack.* Sufrió un fuerte golpe.
LOC **to cop sb doing sth** pillar a algn haciendo algo **to cop hold of sth** agarrar algo **to cop it** ganársela
PHR V **to cop out** *(pey)* rajarse
to cop out of sth *(pey)*: *He copped out of the game.* Iba a jugar y se rajó.
■ **cop** *n (argot)*
LOC **not much cop** nada del otro jueves

cope /kəʊp/ *vi* **~ (with sth)** arreglárselas (con algo): *to cope with problems* hacer frente a los problemas ◊ *She can't cope.* No puede más.

co-pilot /ˈkəʊ paɪlət/ *n* copiloto

copious /ˈkəʊpiəs/ *adj (formal)* copioso: *copious tears* lágrimas abundantes ◊ *I took copious notes.* Tomé muchísimos apuntes.
▶ **copiously** *adv* copiosamente

cop-out /ˈkɒp aʊt/ *n (argot, pey)* salida fácil

copper[1] /ˈkɒpə(r)/ *n* **1** cobre: *copper wire* hilo de cobre **2** *(GB)* moneda de uno o dos peniques: *It only costs a few coppers.* Solo cuesta cuatro perras. ◊ *£1 in coppers* una libra en monedas de uno o dos peniques ☛ *Ver nota en* SILVER

copper² /ˈkɒpə(r)/ *n* (*GB, coloq*) policía

copper beech *n* haya roja

coppice /ˈkɒpɪs/ (*tb* **copse**) *n* bosque usado para la producción de madera

copse /kɒps/ *n* **1** arboleda **2** *Ver* COPPICE

copulate /ˈkɒpjuleɪt/ *vi* **~ (with sth/sb)** (*formal*) copular (con algo/algn)

▸ **copulation** *n* (*formal*) cópula

copy¹ /ˈkɒpi/ *n* (*pl* **-ies**) **1** copia *Ver tb* CARBON COPY **2** (*libro, disco, etc*) ejemplar: *a signed copy* un ejemplar firmado **3** (*revista, etc*) número **4** texto (*para imprimir*): *advertising copy* texto definitivo de un anuncio *Ver tb* HARD COPY **LOC** *Ver* MASTER

copy² /ˈkɒpi/ *vt* (*pret, pp* **copied**) **1 ~ sth/sb** copiar, imitar algo/a algn: *to copy sb's style* copiar el estilo de algn **2** (*tb* **photocopy**) fotocopiar **3 ~ sth (down/out) (in/into sth)** copiar (*por escrito*) algo (en algo): *to copy out a letter* copiar una carta

copybook /ˈkɒpibʊk/ *adj* perfecto: *a copybook operation* una operación de libro **LOC** *Ver* BLOT

copycat /ˈkɒpikæt/ *n* (*coloq, pey*) copión, -ona

copyright /ˈkɒpiraɪt/ *n* derechos de autor, copyright: *to have copyright in something* tener los derechos de algo ◊ *to be in/out of copyright* tener/no tener vigencia los derechos de autor

■ **copyright** *vt* registrar (*los derechos de autor*)

■ **copyright** *adj* registrado, protegido por los derechos de autor

copywriter /ˈkɒpiraɪtə(r)/ *n* escritor, -ora (*de material publicitario*)

coquettish /kɒˈketɪʃ/ *adj* coqueta

cor /kɔː(r)/ *interj* (*coloq*) caramba: *cor blimey!* ¡jolines!

coracle /ˈkɒrəkl/ *n* bote (ovalado o circular) (*hecho de varas entretejidas y cubierto de un material impermeable*)

coral /ˈkɒrəl; *USA* ˈkɔːrəl/ *n* coral

■ **coral** *adj* de coral, coralino: *coral reef* arrecife coralino ◊ *coral island* isla coralina

cor anglais /ˌkɔːr ˈɒŋgleɪ; *USA* ɔːŋˈgleɪ/ *n* (*pl* **cors anglais**) corno inglés

corbel /ˈkɔːbl/ *n* ménsula

cord /kɔːd/ *n* **1** cordón: *umbilical cord* cordón umbilical ◊ *the spinal cord* la médula espinal ◊ *pyjama cord* cordón del pijama *Ver tb* COMMUNICATION CORD, SASH CORD, VOCAL CORDS **2** (*USA*) (*GB* **flex**) flexible **3** (*coloq*) **(a)** pana: *cord trousers* pantalón de pana **(b) cords** [*pl*] pantalón de pana

cordial /ˈkɔːdiəl; *USA* ˈkɔːrdʒəl/ *adj* cordial

■ **cordial** *n* bebida concentrada

▸ **cordiality** /ˌkɔːdiˈæləti; *USA* ˌkɔːrdʒɪ-/ *n* cordialidad
cordially *adv* cordialmente: *We cordially invite readers to…* Invitamos cordialmente a los lectores a…

cordless /ˈkɔːdləs/ *adj* sin hilo: *cordless telephone* teléfono inalámbrico

cordon /ˈkɔːdn/ *n* cordón

■ **cordon** *v*

PHR V **to cordon sth off** acordonar algo

cordon bleu /ˌkɔːdɒ̃ ˈblɜː/ *adj* (*Fr*) cordon bleu

corduroy /ˈkɔːdərɔɪ/ *n* **1** (*coloq* **cord**) pana **2 corduroys** (*coloq* **cords**) [*pl*] pantalón de pana

core /kɔː(r)/ *n* **1** (*fruta*) corazón ☛ *Ver ilustración en* FRUTA **2** núcleo **3** centro: *a hard core of support* un grupo de seguidores incondicionales ◊ *core curriculum* asignaturas obligatorias *Ver tb* HARD-CORE

LOC **to the core** hasta la médula

■ **core** *vt* quitar el centro de

corgi /ˈkɔːgi/ *n* (*pl* **~s**) perro galés

coriander /ˌkɒriˈændə(r); *USA* ˌkɔːr-/ *n* cilantro

Corinthian /kəˈrɪnθiən/ *adj, n* corintio, -a

cork /kɔːk/ *n* corcho: *cork tiles* baldosas de corcho

■ **cork** *vt* **~ sth (up)** encorchar algo

corkscrew /ˈkɔːkskruː/ *n* sacacorchos

cork tree *n* alcornoque

corm /kɔːm/ *n* bulbo

cormorant /ˈkɔːmərənt/ *n* cormorán

corn¹ /kɔːn/ *n* **1(a)** (*GB*) cereal, grano (*trigo, cebada, centeno, avena*) **(b)** (*USA*) maíz: *corn on the cob* mazorca de maíz *Ver tb* PEPPERCORN, POPCORN, SWEETCORN **2** (*coloq, pey*) cursilería, sensiblería

corn² /kɔːn/ *n* callo (*en el pie*) **LOC** *Ver* TREAD

cornea /ˈkɔːniə/ *n* córnea ☛ *Ver ilustración en* OJO

corned beef *n* fiambre de ternera en lata

corner¹ /ˈkɔːnə(r)/ *n* **1** rincón (*desde dentro*), esquina (*desde fuera*): *a street corner* una esquina de una calle ◊ *I turned the corner (of the street).* Doblé la esquina (de la calle). ◊ *the corner shop* la tienda de la esquina ◊ *the corner of the table* la esquina/el canto de la mesa ◊ *a three-cornered hat* un sombrero de tres picos ◊ *the corners of the mouth* las comisuras de los labios **2** rincón: *a quiet corner of Yorkshire* un tranquilo rincón de Yorkshire **3** apuro, aprieto: *to be in a tight corner* estar en un apuro **4 ~ (in sth)** monopolio (de algo) **5** (*tb* **corner kick**) córner, saque de esquina **6** (*boxeo*) **(a)** rincón **(b)** equipo de asistentes

LOC **(just) (a)round the corner** a la vuelta de la esquina **out of the corner of your eye** con/por el rabillo del ojo **to argue/fight your corner** defender algo a capa y espada **to cut corners** tomar atajos, ahorrarse dinero **to turn the corner** salir de una mala racha *Ver tb* FOUR

corner² /ˈkɔːnə(r)/ **1** *vt* acorralar **2** *vi* coger una curva **3** *vt* monopolizar: *to corner the market in sth* hacerse con el mercado de algo

▸ **cornering** *n* agarre: *The car has good cornering power.* El coche se agarra bien en las curvas.

cornerstone /ˈkɔːnəstəʊn/ *n* piedra angular

cornet /ˈkɔːnɪt/ *n* **1** corneta **2** (*GB*) cucurucho

corn exchange *n* lonja de grano

cornfield /ˈkɔːnfiːld/ *n* trigal

cornflakes /ˈkɔːnfleɪks/ *n* [*pl*] copos de maíz

cornflour /ˈkɔːnflaʊə(r)/ (*USA* **cornstarch**) *n* maicena®

cornflower /ˈkɔːnflaʊə(r)/ *n* (*Bot*) aciano, azulejo

cornice /ˈkɔːnɪs/ *n* cornisa ☛ *Ver ilustración en* COLUMNA

Cornish pasty *n* empanadilla de carne y verdura típica de Cornualles

corn oil *n* aceite de maíz

cornstarch /ˈkɔːnstɑːtʃ/ *n* (*USA*) *Ver* CORNFLOUR

cornucopia /ˌkɔːnjuˈkəʊpiə/ (*tb* **horn of plenty**) *n* (*formal*) cornucopia, cuerno de la abundancia

corny /ˈkɔːni/ *adj* (*coloq, pey*) **1** trillado **2** sensiblero

corolla /kəˈrɒlə/ *n* corola

corollary /kəˈrɒləri; *USA* ˈkɒrəleri/ *n* **1** (*Mat*) corolario **2 ~ (of/to sth)** (*formal, fig*) consecuencia lógica (de algo)

corona /kəˈrəʊnə/ (*tb* **aureola**, **aureole**) *n* (*pl* **~s**) corona (*solar*)

coronary /ˈkɒrənri; *USA* ˈkɔːrəneri/ *adj* coronario: *coronary heart disease* enfermedad coronaria

coronary thrombosis (*tb* **coronary**) *n* trombosis coronaria

coronation /ˌkɒrəˈneɪʃn; *USA* ˌkɔːr-/ *n* coronación: *coronation day* día de la coronación

coroner /ˈkɒrənə(r); *USA* ˈkɔːr-/ *n* juez de instrucción (*para casos de muerte violenta o accidentes*)

coroner's inquest *n* investigación hecha por un juez de instrucción (*como evidencia ante un jurado*)

coronet /ˈkɒrənet; *USA* ˈkɔːr-/ *n* **1** corona **2** diadema

Corp 1 (*tb* **Cpl**) *abrev de* **Corporal 2** (*USA*) *abrev de* **Corporation**

corporal /ˈkɔːpərəl/ *n* (*abrev* **Corp**, **Cpl**) (*Mil*) cabo

corporal punishment *n* castigo corporal
corporate /ˈkɔːpərət/ *adj* **1** colectivo **2** corporativo: *corporate planning* planificación corporativa
corporation /ˌkɔːpəˈreɪʃn/ *n* **1** corporación municipal, Ayuntamiento: *corporation rubbish tip* vertedero municipal **2** empresa: *large multinational corporations* grandes compañías multinacionales **3** (*abrev* **Corp**) (*USA*) (*Com*) sociedad anónima
corporation tax *n* impuesto sobre sociedades
corporatism /ˈkɔːpərətɪzəm/ *n* corporativismo
corporeal /kɔːˈpɔːriəl/ *adj* (*formal*) corpóreo
corps /kɔː(r)/ *n* (*pl* **corps** /kɔːz/) **1** (*Mil*) cuerpo: *an army corps* un cuerpo del ejército ◊ *the medical corps* el cuerpo de sanidad **2** cuerpo: *the Diplomatic Corps* el cuerpo diplomático ◊ *the press corps* el cuerpo periodístico *Ver tb* ESPRIT DE CORPS
corps de ballet /ˌkɔː də ˈbæleɪ/ *n* (*Fr*) cuerpo de ballet
corpse /kɔːps/ *n* cadáver
corpulent /ˈkɔːpjələnt/ *adj* (*formal*) corpulento
▶ **corpulence** *n* corpulencia
corpus /ˈkɔːpəs/ *n* (*pl* **corpora** /ˈkɔːpərə/ o **~es**) corpus (de referencia)
corpuscle /ˈkɔːpʌsl/ *n* glóbulo
corral /kəˈrɑːl; *USA* -ˈræl/ *n* corral
■ **corral** *vt* (**-ll-**) acorralar
correct /kəˈrekt/ *adj* correcto: *the correct answer* la respuesta correcta ◊ *Would I be correct in saying...?* ¿Me equivoco si digo...?
■ **correct** *vt* corregir: *Correct me if I'm wrong, but...* Corríjame si me equivoco, pero...
▶ **correctly** *adv* correctamente: *to answer correctly* contestar correctamente ◊ *to behave correctly* comportarse correctamente
correction *n* corrección
correctness *n* exactitud, lo correcto, corrección: *political correctness* lo políticamente correcto *Ver tb* PC sentido 3
corrective /kəˈrektɪv/ *adj* correctivo, corrector: *corrective surgery for a deformed leg* cirugía correctora de una pierna deformada
■ **corrective** *n* correctivo
correlate /ˈkɒrəleɪt; *USA* ˈkɔːr-/ **1** *vi* **~ with sth** guardar correlación con algo **2** *vt* **~ A with B/A and B** relacionar A con B/A y B
▶ **correlation** *n* **~ (with sth)/(between A and B)** correlación (con algo)/(entre A y B)
correspond /ˌkɒrəˈspɒnd; *USA* ˌkɔːr-/ *vi* **1 ~ (with sth)** corresponderse, coincidir (con algo): *Your account and hers don't correspond.* Tu versión y la de ella no se corresponden. **2 ~ (to sth)** equivaler (a algo) **3 ~ (with sb)** cartearse (con algn)
▶ **correspondence** *n* **1 ~ (with sth/between A and B)** correspondencia (con algo/entre A y B) **2 ~ (with sb)** correspondencia (con algn): *I refuse to enter into any correspondence with you.* Me niego a entablar correspondencia contigo.
corresponding *adj* correspondiente
correspondingly *adv* correspondientemente
correspondence course *n* curso por correspondencia
correspondent /ˌkɒrəˈspɒndənt; *USA* ˌkɔːr-/ *n* corresponsal: *our Hong Kong correspondent* nuestro corresponsal de Hong Kong
corridor /ˈkɒrɪdɔː(r); *USA* ˈkɔːr-/ *n* pasillo
LOC the corridors of power los altos estamentos del poder
corroborate /kəˈrɒbəreɪt/ *vt* corroborar
▶ **corroboration** *n* corroboración: *in corroboration of his story* como corroboración de su versión
corroborative *adj* corroborativo: *corroborative evidence* prueba corroborante
corrode /kəˈrəʊd/ *vt, vi* **~ (sth) (away)** corroer(se) (algo)
▶ **corrosion** /kəˈrəʊʒn/ *n* corrosión
corrosive *adj* corrosivo
corrugated /ˈkɒrəgeɪtɪd/ *adj* ondulado: *corrugated cardboard* cartón ondulado ◊ *a corrugated roof* un tejado ondulado
corrugated iron *n* láminas de hierro ondulado
corrupt /kəˈrʌpt/ *adj* **1** corrupto: *corrupt morals* moral corrompida ◊ *a thoroughly corrupt character* un personaje completamente depravado **2** deshonesto: *corrupt officials* funcionarios corruptos ◊ *corrupt practices* prácticas venales
■ **corrupt** *vt* corromper: *to corrupt an official* sobornar a un funcionario
▶ **corruption** *n* corrupción
corset /ˈkɔːsɪt/ *n* corsé
cortege (*tb* **cortège**) /kɔːˈteɪʒ/ *n* (*Fr*) **1** cortejo (*fúnebre*) **2** séquito
cortex /ˈkɔːteks/ *n* (*pl* **cortices** /ˈkɔːtɪsiːz/) corteza (*cerebral*)
cos[1] /kɒs/ (*tb* **cos lettuce**) *n* lechuga de hoja alargada
cos[2] (*tb* **'cos**) /kɒz/ *conj* (*coloq*) *Ver* BECAUSE
cosh /kɒʃ/ *n* porra
■ **cosh** *vt* aporrear
cosine /ˈkəʊsaɪn/ *n* (*abrev* **cos**) coseno
cosmetics /kɒzˈmetɪks/ *n* [*pl*] cosméticos
▶ **cosmetic** *adj* cosmético: *cosmetic products* productos cosméticos
cosmetic surgery *n* cirugía estética
cosmic /ˈkɒzmɪk/ *adj* cósmico
cosmic dust *n* polvo cósmico
cosmic rays *n* rayos cósmicos
cosmogony /kɒzˈmɒgəni/ (*tb* **cosmology**) *n* cosmogonía
cosmology /kɒzˈmɒlədʒi/ *n* **1** cosmología **2** *Ver* COSMOGONY
▶ **cosmologist** *n* cosmólogo, -a
cosmonaut /ˈkɒzmənɔːt/ *n* cosmonauta
cosmopolitan /ˌkɒzməˈpɒlɪtən/ *adj, n* cosmopolita
the cosmos /ðə ˈkɒzmɒs/ *n* [*sing*] el cosmos
cosset /ˈkɒsɪt/ *vt* mimar
cost /kɒst; *USA* kɔːst/ **1** *vt* (*pret, pp* **cost**) costar, valer: *How much does it cost?* ¿Cuánto cuesta/vale? ◊ *It cost me a fortune.* Me costó un dineral. ◊ *It could cost you your life.* Podría costarte la vida. ◊ *Good manners cost nothing.* La buena educación no cuesta dinero. **2** *vt* (*pret, pp* **costed**) (*Com*) presupuestar: *Has this project been costed?* ¿Han estimado el coste de este proyecto?
LOC to cost a bomb costar un dineral **to cost a pretty penny** (*coloq*) costar un pico **to cost sb dear** costar bien caro a algn *Ver tb* ARM, EARTH
PHR V to cost sth out estimar el coste de algo
■ **cost** *n* **1** coste: *labour costs* el coste de la mano de obra ◊ *to cover the cost of sth* cubrir el coste de algo ◊ *the cost of living* el coste de vida ◊ *at great personal cost* a un alto coste personal ◊ *whatever the cost* cueste lo que cueste *Ver tb* HIGH-COST, LOW-COST **2 costs** [*pl*] costas, gastos
LOC at all costs a toda costa **at cost (price)** a precio de coste **at the cost of sth** a costa de algo **to your cost** a sus expensas *Ver tb* COUNT[1]
▶ **costing** *n* [*gen pl*] (*Com*) presupuesto: *to do the costings on sth* calcular el coste de algo
co-star /ˈkəʊ stɑː(r)/ *vt, vi* (**-rr-**) **~ (with sb)** coprotagonizar (con algn)
■ **co-star** *n* coprotagonista
cost-benefit /ˌkɒst ˈbenɪfɪt/ *n* productividad: *cost-benefit analysis* estudio de productividad
cost-cutting /ˈkɒst kʌtɪŋ (*USA*)ˈkɔːst-/ *n* reducción de gastos: *cost-cutting measures* medidas para reducir gastos
cost-effective /ˌkɒst ɪˈfektɪv/ *adj* rentable
▶ **cost-effectiveness** *n* rentabilidad

costly /ˈkɒstli; *USA* ˈkɔːst-/ *adj* (**-ier, -iest**) costoso

costume /ˈkɒstjuːm; *USA* -tuːm/ *n* **1** traje: *period costume* traje de época ◊ *bathing/swimming costume* traje de baño ◊ *a costume drama* una obra histórica **2** (*Teat*) vestuario: *to change (your) costume* cambiarse de vestuario ◊ *a costume designer* un diseñador de vestuario

▶ **costumier** *n* sastre de teatro

costume jewellery *n* joyas de bisutería

cosy (*USA* **cozy**) /ˈkəʊzi/ *adj* (**-ier, -iest**) **1(a)** acogedor: *a cosy room* una habitación acogedora **(b)** cómodo: *I felt all cosy in bed.* Me sentí muy cómoda en la cama. **2** íntimo, amistoso

■ **cosy** (*tb* **tea-cosy**) *n* (*GB*) cubierta para la tetera

▶ **cosily** *adv* cómodamente

cot /kɒt/ *n* **1** (*USA* **crib**) cuna ☛ *Ver ilustración en* CUNA **2** (*USA*) camastro *Ver tb* CARRYCOT

cot death (*USA* **crib death**) *n* muerte súbita infantil

coterie /ˈkəʊtəri/ *n* tertulia: *a literary coterie* una tertulia literaria

cottage /ˈkɒtɪdʒ/ *n* casita (*de campo*): *a thatched cottage* una casita con techo de paja

cottage cheese *n* requesón

cottage industry *n* artesanía casera

cottage loaf *n* (*GB*) pan de campo

cottage pie *n Ver* SHEPHERD'S PIE

cotton[1] /ˈkɒtn/ *n* **1** [*incontable*] algodón: *the cotton fields* los campos de algodón **2** hilo (*de algodón*): *a needle and cotton* una aguja e hilo

cotton[2] /ˈkɒtn/ *v*

PHR V **to cotton on (to sth)** (*GB, coloq*) darse cuenta (de algo)

cotton candy (*USA*) (*GB* **candyfloss**) *n* algodón de azúcar

cotton wool *n* [*incontable*] algodón (*hidrófilo*) **LOC** *Ver* WRAP

couch[1] /kaʊtʃ/ *n* diván: *the psychiatrist's couch* el diván del psiquiatra

couch[2] /kaʊtʃ/ *vt* **~ sth (in sth)** (*formal*) expresar algo (en algo): *couched in ambiguous language* redactado en un lenguaje ambiguo

couchette /kuːˈʃet/ *n* (*Fr*) litera (*tren*)

couch potato *n* (*pl* **~es**) (*coloq*) teleadicto, -a

cough /kɒf; *USA* kɔːf/ **1** *vi* toser **2** *vt* **~ sth (up)** escupir algo (*sangre, etc*)

PHR V **to cough (sth) up** (*GB, coloq*) **1** desembolsar (algo) **2** soltar (algo): *Come on, cough up: who did it?* Venga ya, suéltalo. ¿Quién lo hizo?

■ **cough** *n* tos: *cough mixture/medicine* jarabe para la tos *Ver tb* HACKING COUGH, WHOOPING COUGH

could *pret de* CAN[2]

couldn't = COULD NOT *Ver* CAN[2]

council /ˈkaʊnsl/ *n* **1** concejo, Ayuntamiento: *city council* concejo municipal ◊ *council elections* elecciones municipales *Ver tb* COUNTY COUNCIL, TOWN COUNCIL **2** consejo (*organismo*) *Ver tb* PRIVY COUNCIL, SECURITY COUNCIL **3** (*Relig*) concilio

council estate *n* (*GB*) barrio de viviendas pertenecientes al Ayuntamiento

council flat/house *n* (*GB*) vivienda protegida perteneciente al Ayuntamiento

councillor (*USA* **councilor**) /ˈkaʊnsələ(r)/ *n* (*abrev* **Cllr**) concejal, -ala: *a Labour councillor* un concejal laborista *Ver tb* PRIVY COUNCILLOR, TOWN COUNCILLOR

counsel /ˈkaʊnsl/ *n* **1** [*incontable*] (*formal*) consejo ☛ *Comparar con* ADVICE **2** (*pl* **counsel**) abogado, -a: *counsel for the defence/prosecution* abogado defensor/fiscal *Ver tb* QUEEN'S COUNSEL ☛ *Ver nota en* ABOGADO

LOC **to hold/take counsel with sb** (*formal*) consultar con algn **to keep your own counsel** guardar silencio **to take counsel together** (*formal*) consultarse mutuamente

■ **counsel** *vt* (**-ll-**, *USA* **-l-**) (*formal*) aconsejar

▶ **counselling** *n* asesoramiento, orientación

counsellor (*USA* **counselor**) /ˈkaʊnsələ(r)/ *n* **1** asesor, -ora, consejero, -a: *a marriage guidance counsellor* un consejero de orientación matrimonial **2** (*USA, Irl*) abogado, -a

count[1] /kaʊnt/ **1** *vt, vi* **~ (sth) (up)** contar (algo): *He can't count yet.* Todavía no sabe contar. **2** *vi* **~ (as sth)** contar, importar (como algo): *He counts as two.* Cuenta por dos. **3** *vi* **~ (for sth)** importar (para algo): *Past triumphs count for nothing.* Los triunfos pasados no cuentan para nada. **4** *vi* valer: *That doesn't count!* ¡Eso no vale! **5** *v refl* **~ yourself** considerarse: *I count myself lucky to have a job.* Me considero afortunada de tener un trabajo.

LOC **to count the cost (of sth)** pagar las consecuencias (de algo) **to count your blessings** valorar lo que tienes, dar gracias a Dios (por lo que se tiene) **to count your chickens (before they are hatched)** hacer las cuentas de la lechera **to stand up and be counted** expresar una opinión abiertamente

PHR V **to count (sth) against sb** contar (algo) en contra de algn

1 to count among sth/sb ser contado entre algo/algn: *She counts among the most gifted.* Se la cuenta entre los más dotados. **2 to count sth/sb among sth/sb** considerar algo/a algn como algo/algn: *I no longer count him among my friends.* Ya no lo considero amigo mío.

to count down hacer la cuenta atrás

to count sth/sb in contar algo/a algn

to count on sth/sb contar con algo/algn

to count sth out ir contando algo

to count sth/sb out (*coloq*) no contar algo/a algn

to count towards sth contribuir a algo

▶ **countable** *adj* contable

count[2] /kaʊnt/ *n* **1(a)** recuento: *to make a head count* hacer recuento de personas ◊ *white blood cell count* recuento de leucocitos ◊ *There were 600 of us at the last count.* En el último recuento éramos 600. **(b)** cuenta: *by my count* según la cuenta que llevo **(c)** cálculo **2(a)** (*Ley*) cargo **(b)** punto: *to agree on all counts* estar totalmente de acuerdo

LOC **to be out for the count 1** ser declarado fuera de combate **2** quedarse dormido **to keep/lose count** llevar/perder la cuenta

count[3] /kaʊnt/ *n* conde ☛ Nótese que en Gran Bretaña los condes se llaman **earl**.

countdown /ˈkaʊntdaʊn/ *n* **~ (to sth)** cuenta atrás (de algo)

countenance /ˈkaʊntənəns/ *vt* (*formal*) **1** aprobar **2** tolerar

■ **countenance** *n* (*formal*) rostro, semblante

LOC **to be out of countenance** estar desconcertado **to give/lend countenance to sth** aprobar algo/acceder a algo **to keep your countenance** mantener la compostura

counter /ˈkaʊntə(r)/ **1** *vi* rebatir, contraatacar **2** *vt* **(a)** (*ataque*) contestar: *Europe will counter the threat of global warming.* Europa responderá a la amenaza del calentamiento del planeta. **(b)** (*reclamación*) oponerse a **(c)** (*propuesta*) ir en contra de

■ **counter** *n* **1** ficha (*de juego*) **2** contador *Ver tb* GEIGER COUNTER **3** mostrador

LOC **over the counter** sin receta médica **under the counter**: *to sell sth under the counter* vender algo en secreto

■ **counter** *adv* en contra de: *to run counter to sth* ir en contra de algo

counteract /ˌkaʊntərˈækt/ *vt* contrarrestar

counter-argument /ˈkaʊntər ɑːgjumənt/ *n* argumento opuesto

counter-attack /ˈkaʊntər ətæk/ *n* contraataque

■ **counter-attack** *vt* contraatacar

counterbalance /ˈkaʊntəbæləns/ (*tb* **counterpoise**) *n* contrapeso
■ **counterbalance** *vt* **1** contrapesar **2** equilibrar
counter-claim /ˈkaʊntə kleɪm/ *n* **1** contraalegato **2** contrademanda
counter-clockwise /ˌkaʊntə ˈklɒkwaɪz/ (*USA*) (*GB* **anticlockwise**) *adj, adv* en sentido contrario a las agujas del reloj
counter-espionage /ˌkaʊntər ˈespiənɑːʒ/ *n* contraespionaje
counterfeit /ˈkaʊntəfɪt/ *adj* (*dinero, sentimiento*) falso
■ **counterfeit** *vt* falsificar
▶ **counterfeiter** *n* falsificador, -ora
counterfoil /ˈkaʊntəfɔɪl/ *n* matriz, resguardo (*de un talonario, un recibo, etc*)
counter-insurgency /ˌkaʊntər ɪnˈsɜːdʒənsi/ *n* [*incontable*] medidas contra la insurrección
counter-intelligence /ˌkaʊntər ɪnˈtelɪdʒəns/ *n* contraespionaje
countermand /ˌkaʊntəˈmɑːnd; *USA* -ˈmænd/ *vt* revocar
countermeasure /ˈkaʊntəmeʒə(r)/ *n* contramedida
counter-offensive /ˈkaʊntər əfənsɪv/ *n* contraofensiva
counterpane /ˈkaʊntəpeɪn/ *n* (*antic*) colcha
counterpart /ˈkaʊntəpɑːt/ *n* **1** homólogo, -a **2** equivalente
counterpoint /ˈkaʊntəpɔɪnt/ *n* **1** (*Mús*) contrapunto **2** contraste
counterpoise /ˈkaʊntəpɔɪz/ (*tb* **counterbalance**) *n* (*formal*) **1** contrapeso **2** equilibrio
counter-productive /ˌkaʊntə prəˈdʌktɪv/ *adj* contraproducente
Counter-Reformation /ˌkaʊntə ˌrefəˈmeɪʃən/ *n* Contrarreforma
counter-revolution /ˌkaʊntə ˌrevəˈluːʃn/ *n* contrarrevolución
▶ **counter-revolutionary** *adj, n* contrarrevolucionario, -a
countersign /ˈkaʊntəsaɪn/ *vt* ratificar una firma
■ **countersign** *n* (*formal*) contraseña
countervailing /ˈkaʊntəveɪlɪŋ/ *adj* (*formal*) compensatorio
counterweight /ˈkaʊntəweɪt/ *n* contrapeso
countess /ˈkaʊntəs, -es/ *n* condesa
countless /ˈkaʊntləs/ *adj* innumerable
countrified /ˈkʌntrifaɪd/ *adj* **1(a)** rural **(b)** campestre **2** (*pey*) pueblerino
country /ˈkʌntri/ *n* (*pl* **-ies**) **1** país: *foreign country* país extranjero **2** patria *Ver tb* THE OLD COUNTRY **3** (*tb* **countryside**) campo, campiña: *to live in the country* vivir en el campo ◊ *country life* la vida rural *Ver tb* CROSS-COUNTRY **4** zona: *mountainous country* zona montañosa **5** tierra: *farming country* tierras de cultivo **6** (*esp USA*) música country
LOC **a country cousin** (*coloq, gen pey*) pueblerino **to go to the country** (*GB*) convocar elecciones generales **up and down the country** de un extremo al otro del país
country club *n* club privado (*en el campo*)
country dancing *n* (*esp GB*) baile folclórico
country house *n* finca
countryman /ˈkʌntrimən/ *n* (*pl* **-men** /-mən/) **1** compatriota *Ver tb* FELLOW COUNTRYMAN **2** campesino
☛ *Ver nota en* CAMPESINO
countryside /ˈkʌntrisaɪd/ *n* [*incontable*] **1** campo **2** campiña **3** paisaje
countrywide /ˈkʌntriwaɪd/ *adj* por todo el país
countrywoman /ˈkʌntriwʊmən/ *n* (*pl* **-women**) /-wɪmɪn/ **1** compatriota **2** campesina
county /ˈkaʊnti/ *n* (*pl* **-ies**) (*abrev* **Co**) condado: *the county of Kent* el condado de Kent *Ver tb* THE HOME COUNTIES
county council *n* gobierno autonómico de cada condado
county town *n* (*esp GB*) capital del condado
coup /kuː/ *n* (*pl* **coups** /kuːz/) (*Fr*) **1(a)** golpe **(b)** éxito **2** (*tb* **coup d'état** /kuːdeɪˈtɑː/) (*pl* **coups d'état**) golpe de estado
coup de grâce /ˌkuː də ˈɡrɑːs; *USA* ˈɡræs/ *n* (*Fr*) (*pl* **coups de grâce**) golpe de gracia: *to give the coup de grâce* poner la puntilla
coupé /ˈkuːpeɪ/ (*USA* **coupe** /kuːp/) *n* cupé
couple /ˈkʌpl/ *n* **1** pareja (*relación amorosa*): *a married couple* un matrimonio **2** par
LOC **a couple of** **1** un par de **2** unos cuantos **to have a couple** tomarse un par de copas *Ver tb* SHAKE[2]
■ **couple** **1** *vt* **(a)** asociar **(b)** acompañar: *coupled with sth* junto con algo **2(a)** acoplar **(b)** enganchar **3** *vi* (*antic, ret*) copular
couplet /ˈkʌplət/ *n* pareado
coupling /ˈkʌplɪŋ/ *n* **1** acoplamiento **2** enganche **3** (*antic, ret*) cópula
coupon /ˈkuːpɒn/ *n* **1** cupón **2** vale
courage /ˈkʌrɪdʒ/ *n* valor
LOC **to have/lack the courage of your convictions** ser (in)consecuente con sus principios *Ver tb* DUTCH, PLUCK, SCREW
courageous /kəˈreɪdʒəs/ *adj* **1** (*persona*) valiente **2** (*intento*) valeroso
▶ **courageously** *adv* valerosamente
courgette /kɔːˈʒet/ (*USA* **zucchini**) *n* calabacín
courier /ˈkʊriə(r)/ *n* **1** guía (turístico) (*persona*) *Ver* TOURIST GUIDE sentido 1 **2** mensajero, -a
course /kɔːs/ *n* **1** [*incontable*] curso, transcurso: *in/during the course of our conversation…* en/durante el transcurso de nuestra conversación… ◊ *the course of events* el curso de los acontecimientos **2(a)** (*barco, avión, río*) rumbo, curso: *to be on course* seguir el rumbo *Ver tb* COLLISION COURSE, DAMP-PROOF COURSE, OFF-COURSE, WATERCOURSE **(b)** proceder: *The best course would be to ignore it.* La mejor forma de proceder sería ignorarlo. **3(a)** **~ (in/on sth)** (*Educ*) curso (de algo): *to go on a computer course* hacer un curso de informática *Ver tb* CORRESPONDENCE COURSE, FOUNDATION COURSE, REFRESHER COURSE, SANDWICH COURSE **(b)** **~ of sth** (*Med*) tratamiento de algo: *a course of antibiotics* un tratamiento de antibióticos **4** (*Dep*) **(a)** (*tb* **golf course**) campo de golf **(b)** (*para carreras*) pista *Ver tb* ASSAULT COURSE, RACECOURSE **5** plato *Ver tb* THREE-COURSE
LOC **a course of action** línea de actuación **in the course of sth** en el transcurso de algo **in the ordinary, normal, etc course of events, things, etc** normalmente: *In the ordinary course of events I visit her every week.* Normalmente la visito una vez a la semana. **of course** por supuesto: *of course not* por supuesto que no **to be, stay, etc on course for sth** estar, quedarse, etc en el buen camino para algo **to run/take its course** seguir su curso *Ver tb* DUE, MATTER, MIDDLE, PAR[1], PERVERT[1], STAY[1]
■ **course** *vi* **~ (down/through sth)** (*ret*) correr (por algo): *blood coursing through your veins* la sangre corriendo por tus venas
coursebook /ˈkɔːsbʊk/ *n* libro de texto
coursework /ˈkɔːswɜːk/ *n* trabajo durante el curso
court[1] /kɔːt/ *n* **1(a)** juzgado: *The case was settled out of court.* La querella se resolvió de forma privada. ◊ *a court case* un pleito ◊ *the court of appeal* el tribunal de apelación ◊ *to appear in court* comparecer a juicio **(b)** **the court** [*incontable*] el tribunal *Ver tb* APPEAL(S) COURT, CROWN COURT, HIGH COURT, LAW COURT **2** (*Dep*) pista: *a tennis/squash court* una pista de tenis/squash
☛ *Ver ilustración en* SQUASH[1], TENNIS **3** **Court** corte (*real*)

LOC to go to court (**over sth**) ir a juicio (por algo) **to take sb to court** demandar a algn *Ver tb* BALL[1]

court² /kɔːt/ **1** *vt* cortejar **2** *vt* (*pey*) solicitar: *to court sb's approval/support* solicitar la aprobación/el apoyo de algn **3** *vt* exponerse a: *to court disaster* exponerse al desastre **4** *vt, vi* ~ (**sb**) (*antic*) hacer la corte (a algn): *a courting couple* una pareja de novios

courteous /ˈkɜːtiəs/ *adj* cortés

▶ **courteously** *adv* cortésmente

courtesy /ˈkɜːtəsi/ *n* (*pl* **-ies**) cortesía

LOC (**by**) **courtesy of sb** (por) gentileza de algn

courthouse /ˈkɔːthaʊs/ *n* palacio de justicia

courtier /ˈkɔːtiə(r)/ *n* cortesano

courtly /ˈkɔːtli/ *adj* refinado

court martial *n* (*pl* **courts martial**) consejo de guerra

■ **court martial** *vt* (**-ll-**, *USA* **-l-**) ~ **sb** (**for sth**) formarle consejo de guerra a algn (por algo): *He was court martialled.* Le formaron consejo de guerra.

court of law *n Ver* LAW COURT

court order *n* orden judicial

courtroom /ˈkɔːtruːm, -rʊm/ *adj, n* (de la) sala (*del tribunal*): *a courtroom drama* una película que se desarrolla en un tribunal

courtship /ˈkɔːtʃɪp/ *n* **1** cortejo **2** noviazgo

courtyard /ˈkɔːtjɑːd/ *n* patio

couscous /ˈkʊskʊs/ *n* cuscús

cousin /ˈkʌzn/ (*tb* **first cousin**) *n* primo (hermano), prima (hermana)

LOC (**first**) **cousin once removed** tío segundo, sobrino segundo *Ver tb* COUNTRY

couture /kuˈtjʊə(r)/ (*tb* **haute couture**) *n* (*Fr, formal*) alta costura

cove /kəʊv/ *n* cala

coven /ˈkʌvn/ *n* aquelarre

covenant /ˈkʌvənənt/ *n* (*Jur*) convenio, pacto: *a deed of covenant* un documento de compromiso

■ **covenant** *vt* comprometerse a pagar: *to covenant £100 to a charity* comprometerse a pagar 100 libras a una sociedad benéfica

Coventry /ˈkɒvəntri, ˈkʌv-/ *n* **LOC** *Ver* SEND

cover¹ /ˈkʌvə(r)/ **1** *vt* ~ **sth** (**up/over**) (**with sth**); ~ **sth/sb in/with sth** **(a)** cubrir algo (con algo); algo/a algn de algo: *He covered* (*up*) *the body with a sheet.* Cubrió el cuerpo con una sábana. ◊ *The hole was covered* (*over*) *with canvas.* Cubrieron el agujero con una lona. ◊ *The desert wind covered everything in sand.* El viento del desierto cubrió todo de arena. ◊ *to be covered in spots* estar cubierto de granos *Ver tb* SNOW-COVERED **(b)** (*cazuela, cara*) tapar **(c)** (*mueble*) tapizar **(d)** disimular: *He laughed to cover his nervousness.* Se rio para disimular su nerviosismo. **2** *vt* abarcar, encargarse de: *research that covers a wide field* una investigación que abarca un amplio campo ◊ *the salesman covering the northern part of the country* el vendedor encargado de la zona norte del país **3** *vt* (*gastos, distancia*) cubrir **4** *vt* (*Periodismo*) cubrir: *to cover the election* cubrir las elecciones **5** *vt* ~ **sth/sb** (**against/for sth**) cubrir algo/a algn (contra algo): *The policy covers you for all medical expenses.* La póliza cubre todos los gastos médicos. **6** *vt* **(a)** cubrir (*con arma*): *Cover me while I move forward.* Cúbreme mientras avanzo. **(b)** vigilar (*a punta de pistola*): *Keep them covered!* ¡Vigílalos! **7** *vi* ~ **for sb** sustituir a algn

LOC to cover a lot of ground tratar muchos temas **to cover yourself in/with glory** cubrirse de gloria **to cover your tracks** no dejar rastro *Ver tb* MULTITUDE

PHR V to cover (**sth**) **up** (*pey*) ocultar (algo): *to cover up a mistake/a crime* ocultar un error/un crimen

to cover up for sb cubrir las espaldas a algn

to cover (**yourself**) **up** taparse (*con ropa*)

cover² /ˈkʌvə(r)/ *n* **1** cubierta: *The bicycles are kept under cover.* Las bicicletas están a cubierto. **2(a)** funda: *a protective/plastic cover* una funda protectora/de plástico *Ver tb* DUVET COVER **(b)** (*bote, libro*) tapa **(c)** (*revista*) portada *Ver tb* FRONT COVER **3 the covers** [*pl*] las mantas **4** [*sing*] (*fig*) **(a)** ~ (**for sth**) tapadera (para algo): *His business was a cover for drug dealing.* Su negocio era una tapadera para el tráfico de drogas. **(b)** identidad falsa: *to blow sb's cover* descubrir la identidad falsa de algn **5** (*Mil*) protección: *air cover* protección aérea **6** ~ (**for sb**) sustitución (de algn): *to provide emergency cover* hacer sustituciones de urgencia **7** ~ (**against sth**) seguro (contra algo): *Do you have comprehensive cover?* ¿Tienes seguro a todo riesgo? **8** huidero

LOC from cover to cover de principio a fin: *to read a book from cover to cover* leer un libro de principio a fin **to take cover** (**from sth**) resguardarse (de algo) **under cover of sth** al amparo de algo: *under cover of darkness* al amparo de la noche *Ver tb* BLOW, DIVE, SEPARATE[1]

coverage /ˈkʌvərɪdʒ/ *n* cobertura: *TV coverage of the election* la cobertura televisiva de las elecciones

coveralls /ˈkʌvərɔːlz/ (*USA*) (*GB* **overalls**) *n* [*pl*] mono (de trabajo)

cover charge *n* suplemento (*por cubierto*)

cover girl *n* modelo en la portada (*de una revista*)

covering /ˈkʌvərɪŋ/ *n* **1** envoltura **2** capa: *a light covering of snow* una capa fina de nieve

covering letter *n* carta adjunta

coverlet /ˈkʌvələt/ *n* colcha

covert¹ /ˈkʌvət; *USA* ˈkəʊvɜːrt/ *adj* secreto, encubierto: *a covert operation* una operación encubierta ◊ *covert glances* miradas furtivas

▶ **covertly** *adv* encubiertamente

covert² /ˈkʌvə(r)/ *n* matorral ☛ *Comparar con* COVER[1]

cover-up /ˈkʌvər ʌp/ *n* (*pey*) encubrimiento

cover version *n* (*Mús*): *The band mainly does cover versions.* La banda hace sobre todo versiones de otros autores.

covet /ˈkʌvət/ *vt* codiciar

▶ **covetous** *adj* ~ (**of sth**) codicioso (de algo)

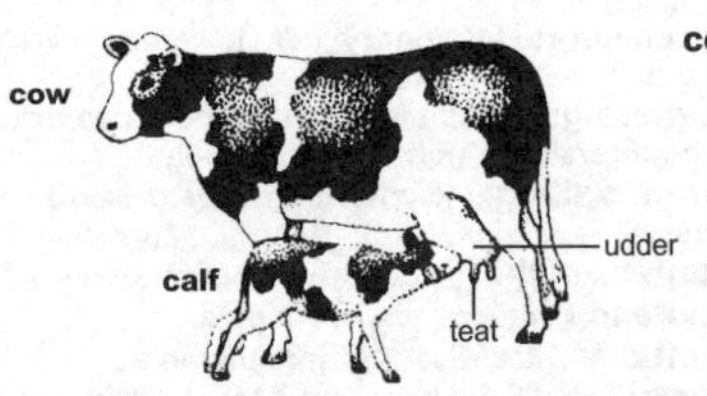

cow¹ /kaʊ/ *n* **1** vaca: *to milk the cows* ordeñar las vacas ◊ *a herd of cows* una manada de vacas ☛ *Ver nota en* CARNE **2** (*elefante, rinoceronte, ballena, etc*) hembra **3** (*pey*) tía: *You stupid old cow!* ¡Vieja estúpida!

LOC till the cows come home (*coloq*) hasta que las ranas críen pelo *Ver tb* SACRED

cow² /kaʊ/ *vt* **to cow sth/sb** (**into sth/into doing sth**) acobardar a algo/algn (hasta algo/para que haga algo): *The men were cowed into submission.* Los hombres fueron atemorizados hasta la sumisión. ◊ *a cowed look* una mirada acobardada

coward /ˈkaʊəd/ *n* cobarde

▶ **cowardice** *n* cobardía

cowardly *adj* cobarde: *cowardly behaviour* comportamiento cobarde

cowbell /ˈkaʊbel/ *n* cencerro

cowboy /ˈkaʊbɔɪ/ *n* **1** vaquero: *a cowboy movie* una película de vaqueros ◊ *to play cowboys and indians* jugar a indios y vaqueros **2** (*GB, coloq*) pirata (*negocios, etc*)

cower /ˈkaʊə(r)/ *vi* encogerse de miedo

cowl /kaʊl/ *n* **1** (*en hábito*) capucha **2** (*en chimenea*) sombrerete, campana ☛ *Ver ilustración en* BUNGALOW

cow-pat /ˈkaʊ pæt/ *n* boñiga

cowshed /ˈkaʊʃed/ *n* establo
cowslip /ˈkaʊslɪp/ *n* prímula
cox /kɒks/ *n* timonel
■ **cox 1** *vi* hacer de timonel **2** *vt* llevar el timón de
coxswain /ˈkɒksn/ *n* timonel
coy /kɔɪ/ *adj* **1** (*por coquetería*) tímido **2** reservado: *They were coy about the details.* Se mostraron reservados acerca de los detalles.
▶ **coyly** *adv* tímidamente
coyness *n* timidez
coyote /kaɪˈəʊti, kɔɪ-; *USA* ˈkaɪəʊt/ *n* coyote
cozy *adj* (*USA*) *Ver* COSY
cp *abrev de* **compare**
CPS /ˌsiː piː ˈes/ *abrev de* **Crown Prosecution Service** Ministerio Fiscal
crab[1] /kræb/ *n* cangrejo ☛ *Ver ilustración en* SHELLFISH
crab[2] /kræb/ *vi* (**-bb-**) (*coloq*) ~ (**about sth**) quejarse (de algo)
▶ **crabby** (*tb* **crabbed**) *adj* (*coloq*) malhumorado
crab apple *n* **1** manzano silvestre **2** manzana silvestre
crab louse *n* (*pl* **crab lice**) (*coloq* **crabs**) ladilla
crack[1] /kræk/ *n* **1** ~ (**in sth**) (*lit* y *fig*) grieta (en algo) ☛ *Ver ilustración en* CHIP **2** rendija: *a crack in the curtains* una abertura entre las cortinas **3** chasquido: *the crack of a shot* la detonación de un tiro ◊ *the crack of a whip* el restallido de un látigo ◊ *a crack of thunder* el estallido de un trueno **4** ~ (**on sth**) golpetazo (en algo) **5** ~ (**about sth**) (*coloq*) chiste (acerca de algo): *to make a crack about sth* hacer un chiste acerca de algo *Ver tb* WISECRACK **6** ~ **at sth/doing sth** (*coloq*) intento de algo/hacer algo: *Have another crack at solving it.* Haz otro intento de resolverlo. **7** (*coloq*) (*droga*) crack
LOC the crack of dawn (*coloq*) el amanecer: *to get up at the crack of dawn* levantarse al amanecer *Ver tb* FAIR[1], PAPER
crack[2] /kræk/ *adj* de primera: *He's a crack shot.* Es un tirador de primera.
crack[3] /kræk/ **1** *vt, vi* resquebrajar(se): *The ice cracked as I stepped onto it.* El hielo se resquebrajó cuando lo pisé. ◊ *a cracked cup* una taza agrietada ☛ *Ver ilustración en* CHIP **2(a)** *vi* ~ (**open**) abrirse (*rompiéndose*): *The egg cracked (open).* El huevo se cascó. **(b)** *vt* ~ **sth (open)** abrir algo rompiéndolo: *to crack a nut* cascar una nuez ◊ *to crack a safe* forzar una caja fuerte **3** *vt* ~ **sth (on/against sth)** golpear algo (contra algo): *I cracked my head.* Me golpeé la cabeza. **4** *vt, vi* chascar: *to crack a whip* restallar un látigo ◊ *She cracked her knuckles.* Hizo crujir los nudillos. **5(a)** *vi* desmoronarse: *to crack under questioning* desmoronarse en el interrogatorio **(b)** *vt* quebrantar: *They cracked his resistance.* Quebrantaron su resistencia. **6** *vt* (*coloq*) resolver: *We finally cracked it.* Al final lo solucionamos. ◊ *to crack a code* descifrar un código **7** *vi* quebrarse (*voz*) **8** *vt* ~ **sth (open)** (*coloq*) descorchar: *They cracked open a bottle of champagne.* Destaparon una botella de champán. **9** *vt* (*coloq*) *to crack a joke* contar un chiste **10** *vt, vi* (*Quím*) fraccionar(se) **11** *vi* (*coloq*) volverse loco: *He's finally cracked!* Al final se le ha ido la cabeza.
LOC to be cracked up to be sth (*coloq*) tener fama de ser bueno en algo: *He's not as good as he's cracked up to be.* No es tan bueno como dicen. **to crack under the strain 1** (*lit*) romperse por la presión **2** (*fig*) desmoronarse **to get cracking** (*coloq*) poner manos a la obra *Ver tb* NUT, SLEDGE[2]
PHR V to crack down (on sth/sb) tomar medidas enérgicas (contra algo/algn)
to crack up (*coloq*) **1** agotarse (*física o mentalmente*) **2** echarse a reír
▶ **cracked** *adj* (*coloq*) **1** (*persona*) chalado **2** (*idea, etc*) loco
cracking *adj* (*GB, coloq*) excelente: *in cracking form* en una condición excelente
crackdown /ˈkrækdaʊn/ *n* ~ (**on sth**) medidas enérgicas (contra algo): *a crackdown on drugs* medidas enérgicas contra la droga
cracker /ˈkrækə(r)/ *n* **1** galleta salada **2(a)** petardo *Ver tb* FIRECRACKER **(b)** (*tb* **Christmas cracker**) artículo de broma con regalo sorpresa que se abre tirando entre dos personas el día de Navidad: *to pull crackers* abrir crackers **3** (*GB, coloq*) bombón (*persona*) **4 crackers** (*tb* **nutcrackers**) [*pl*] cascanueces
crackers /ˈkrækəz/ *adj* (*GB, coloq*) loco: *It was driving me crackers.* Me estaba volviendo majareta.
crackle /ˈkrækl/ *vi* crepitar
■ **crackle** (*tb* **crackling**) *n* crujido, chisporroteo
crackling /ˈkræklɪŋ/ *n* **1** (*tb* **crackle**) crujido, chisporroteo **2** (*Cocina*) piel crujiente y tostada del cerdo asado
crackpot /ˈkrækpɒt/ *adj, n* (*coloq*) chiflado, -a
cradle /ˈkreɪdl/ *n* **1** (*lit* y *fig*) cuna ☛ *Ver ilustración en* CUNA *Ver tb* CAT'S CRADLE **2** andamio levadizo **3** (*teléfono*) horquilla
LOC cradle-snatcher persona cuya pareja es mucho más joven **from the cradle to the grave** de la cuna a la tumba
■ **cradle** *vt* ~ **sth/sb (in sth)** acunar algo/a algn (en algo)
craft /krɑːft; *USA* kræft/ *n* **1(a)** artesanía: *a craft fair* una feria de artesanía **(b)** oficio (manual): *to teach arts and crafts in a school* enseñar artes y oficios en una escuela *Ver tb* HANDICRAFT, WITCHCRAFT **2** (*pl* **craft**) **(a)** embarcación **(b)** (*tb* **aircraft, spacecraft**) nave *Ver tb* HOVERCRAFT **3** (*formal, pey*) engaños, malas artes
■ **craft** *vt* fabricar artesanalmente: *a hand-crafted goblet* una copa trabajada a mano
craftsman /ˈkrɑːftsmən; *USA* ˈkræfts-/ *n* (*pl* **-men**) **1** artesano **2** (*fig*) artista
▶ **craftsmanship** *n* **1** artesanía **2** arte
crafty /krɑːfti; *USA* kræfti/ *adj* (**-ier, -iest**) astuto, ladino: *He's a crafty old fox.* Es un viejo zorro astuto.
▶ **craftily** *adv* astutamente
craftiness *n* astucia
crag /kræg/ *n* despeñadero
▶ **craggy** *adj* **1** escarpado **2** (*facciones*) anguloso
cram /kræm/ **1** *vt* atiborrar: *to cram papers into a drawer* atiborrar un cajón de papeles ◊ *We managed to cram six people into my car.* Logramos embutir seis personas en mi coche. ◊ *I crammed as much as I could into my week off.* Hice en mi semana de vacaciones tantas cosas como pude. ◊ *The restaurant was crammed (with people).* El restaurante estaba atiborrado (de gente). **2** *vi* **(a)** ~ **into sth**: *They all crammed into the car.* Se metieron todos en el coche. ◊ *About a hundred people crammed into the room.* Un centenar de personas abarrotaban la sala. **(b)** (*coloq*) empollar
crammer /ˈkræmə(r)/ *n* (*antic, coloq*) escuela de enseñanza intensiva
cramp /kræmp/ *n* **1** (*Med*) **(a)** [*incontable*] (*muscular*) calambre **(b)** [*incontable*] (*muscular*) tirón **(c) cramps** (*tb* **stomach cramps**) [*pl*] retortijones **2** (*carpintería*) tornillo de banco
■ **cramp** *vt* (*movimiento, desarrollo, etc*) obstaculizar
LOC to cramp sb's style (*coloq*) cohibir a algn
▶ **cramped** *adj* **1** (*letra*) apretado **2** (*espacio*) exiguo: *Our accommodation is rather cramped.* Nuestro alojamiento es bastante exiguo.
LOC cramped for room/space justo de espacio: *We're a bit cramped for space.* Estamos muy justos de espacio.
crampon /ˈkræmpɒn/ *n* crampón
cranberry /ˈkrænbəri; *USA* -beri/ *n* (*pl* **-ies**) arándano (*rojo y agrio*): *turkey and cranberry sauce* pavo con salsa de arándanos
crane /kreɪn/ *n* **1** (*Ornitología*) grulla **2** (*Mec*) grúa
■ **crane** *vt* (~ **sth (forward)**) estirar (*el cuello*)
LOC to crane your neck (forward) estirar el cuello

crane-fly /ˈkreɪn flaɪ/ (*tb* **daddy-long-legs**) *n* típula

cranium /ˈkreɪniəm/ *n* (*pl* **~s** o **crania** /ˈkreɪniə/) (*Med*) cráneo ☛ La palabra más normal es **skull**.

crank /kræŋk/ *n* **1** (*Mec*) biela ☛ *Ver ilustración en* BICYCLE **2** manivela **3** (*coloq*) bicho raro
■ **crank** *vt* **~ sth (up)** dar vueltas a algo con una manivela, etc: *to crank (up) an engine* arrancar un coche con una manivela

crankshaft /ˈkræŋkʃɑːft/ *n* cigüeñal

cranky /ˈkræŋki/ *adj* (**-ier, -iest**) (*coloq, pey*) **1** excéntrico **2** (*USA*) irritable

cranny /ˈkræni/ *n* (*pl* **-ies**) grieta **LOC** *Ver* NOOK

crap /kræp/ *n* [*incontable*] (⚠) ☛ *Ver nota en* TABÚ **1** mierda: *to have a crap* cagar **2** chorradas: *You do talk a load of crap.* Solo dices chorradas.
■ **crap** *vi* (**-pp-**) cagar

crash /kræʃ/ *n* **1** estrépito: *a crash of thunder* un trueno **2** accidente, choque: *car crash* accidente de coche *Ver tb* AIR CRASH **3** (*Com*) quiebra **4** (*bolsa*) caída
■ **crash 1** *vt* (*coche*) tener un accidente con: *He crashed his car last Monday.* Tuvo un accidente con el coche el lunes pasado. **2** *vt, vi* **~ (sth) (into sth)** (*vehículo*) estrellar algo/estrellarse (contra algo): *We crashed into a lorry.* Nos estrellamos contra un camión. **3** *The picture crashed to the floor.* El cuadro se cayó al suelo con estrépito. **4** (*trueno*) retumbar **5(a)** (*empresa*) quebrar **(b)** (*bolsa de valores*) hundirse **6** (*tb* **to crash out**) (*coloq*) dormir
LOC **a crashing bore** un muermo
PHR V **to crash about** moverse ruidosamente
to crash through sth: *The demonstrators crashed through the barriers.* Los manifestantes traspasaron las vallas con violencia.
■ **crash** *adj* intensivo: *crash course* curso intensivo ◊ *crash diet* dieta intensiva
■ **crash** *adv* con estrépito

crash barrier *n* valla de seguridad

crash helmet *n* casco protector

crash-land /ˈkræʃ lænd/ *vi* efectuar un aterrizaje forzoso

crass /kræs/ *adj* (*pey*) **1** sumo: *crass stupidity* estupidez suma **2** majadero
▸ **crassness** *n* majadería

crate /kreɪt/ *n* **1** cajón **2** (*botellas*) caja
■ **crate** *vt* **~ sth (up)** poner algo en cajas

crater /ˈkreɪtə(r)/ *n* cráter

cravat /krəˈvæt/ *n* pañuelo de cuello (*de hombre*)

crave /kreɪv/ **1** *vt* **(a)** anhelar, tener un antojo de **(b)** (*antic*) suplicar: *to crave sb's forgiveness* suplicar el perdón de algn **2** *vi* **~ for sth** anhelar algo

craven /ˈkreɪvn/ *adj* (*formal*) cobarde: *craven submission* una sumisión cobarde

craving /ˈkreɪvɪŋ/ *n* **~ (for sth) 1** ansia (de algo) **2** antojo (de algo)

crawfish /ˈkrɔːfɪʃ/ *n* cangrejo de río

crawl /krɔːl/ *vi* **1(a)** andar a gatas **(b)** arrastrarse **2 ~ (along)** (*tráfico*) avanzar a paso de tortuga **3 ~ (to sb)** (*coloq*) hacer la pelota (a algn)
LOC **crawling with sth** lleno/cubierto de algo: *Her hair was crawling with lice.* Tenía la cabeza llena de piojos. *Ver tb* FLESH
■ **crawl** *n* **1** paso de tortuga: *The traffic was moving at a crawl.* El tráfico avanzaba a paso de tortuga. **2** (*natación*) crol
▸ **crawler** *n* (*coloq*) pelotillero, -a *Ver tb* KERB-CRAWLER

crayfish /ˈkreɪfɪʃ/ *n* cangrejo de río

crayon /ˈkreɪən/ *n* **1** lápiz de colores **2** cera (de colores) **3** (*Arte*) pastel: *a crayon drawing* un dibujo al pastel
■ **crayon** *vi* dibujar a lápiz de colores/a la cera/al pastel

craze /kreɪz/ *n* moda, fiebre: *It's the latest teenage craze.* Es la última moda entre los jóvenes. ◊ *the skateboarding craze* la fiebre del monopatín

crazed /kreɪzd/ (*tb* **half-crazed**) *adj* enloquecido: *a crazed look* una mirada enloquecida

crazy /ˈkreɪzi/ *adj* (**-ier, -iest**) (*coloq*) **1** loco: *That noise is driving me crazy.* Ese ruido me está volviendo loco. ◊ *He's crazy about her.* Está loco por ella. **2** (*idea*) disparatado
LOC **like crazy** (*coloq*) como loco: *to work like crazy* trabajar como un loco
▸ **crazily** *adv* a lo loco
craziness *n* [*incontable*] locura

crazy paving *n* (*GB*) enlosado con piezas de diseño irregular ☛ *Ver ilustración en* BUNGALOW

creak /kriːk/ *vi* **1** crujir **2** chirriar
■ **creak** *n* **1** crujido **2** chirrido
▸ **creaky** *adj* **1** que cruje: *a creaky floor-board* un tablón del suelo que cruje **2** chirriante

cream[1] /kriːm/ *n* **1** nata: *whipped cream* nata montada ◊ *double cream* nata para montar ◊ *cream of mushroom soup* crema de champiñones ◊ *confectioner's cream* crema pastelera ◊ *cream cake* pastel de nata ◊ *cream sherry* jerez dulce ◊ *cream cheese* queso para untar ◊ *cream tea* merienda de té con bollos, mermelada y nata montada *Ver tb* CLOTTED CREAM, ICE CREAM, SINGLE CREAM, SOUR CREAM **2** crema, pomada: *shaving cream* crema de afeitar **3 the cream** la flor y nata **4** color crema
■ **cream** *adj* color crema

cream[2] /kriːm/ *vt* **1** batir: *to cream butter and sugar* batir la mantequilla con el azúcar **2** (*patatas*) hacer puré de: *creamed potatoes* puré de patatas
PHR V **to cream sth/sb off** quedarse con (lo mejor de algo): *The company creamed off the best graduates.* La compañía seleccionó a la flor y nata de los licenciados. ◊ *The management creamed off all the profits.* La dirección se quedó con todas las ganancias.

creamery /ˈkriːməri/ *n* **1** tienda de productos lácteos **2** fábrica de productos lácteos

creamy /ˈkriːmi/ *adj* (**-ier, -iest**) cremoso

crease /kriːs/ *n* **1** arruga **2** (*papel*) doblez **3** (*pantalón*) raya **4** (*críquet*) línea del bateador y del lanzador ☛ *Ver ilustración en* CRICKET
■ **crease 1** *vt, vi* arrugar(se) **2** *vi*: *Her face creased into a smile.* En su rostro se dibujó una sonrisa.
PHR V **to crease up** (*GB, coloq*) troncharse de risa
to crease sb up (*GB, coloq*) hacer que algn se tronche de risa
▸ **creased** *adj* **1** arrugado **2** (*pantalón*): *neatly creased trousers* pantalones con la raya bien marcada

create /kriˈeɪt/ **1** *vt* **(a)** crear **(b)** producir **2** *vi* (*GB, coloq*) (*tb* **to create a fuss**) montar un número, armar un lío

creation /kriˈeɪʃn/ *n* creación

creative /kriˈeɪtɪv/ *adj* creativo: *creative writing* producción literaria
▸ **creatively** *adv* con creatividad
creativity (*tb* **creativeness**) *n* creatividad

creator /kriˈeɪtə(r)/ *n* creador, -ora

creature /ˈkriːtʃə(r)/ *n* criatura: *living creatures* seres vivos ◊ *Poor creature!* ¡Pobrecito! ◊ *I'm a creature of habit.* Soy un animal de costumbres.
LOC **creature comforts** necesidades básicas

crèche /kreɪʃ, kreʃ/ *n* **1** (*GB*) guardería infantil ☛ *Ver nota en* GUARDERÍA **2** (*USA*) (*navidad*) belén

credence /ˈkriːdns/ *n*
LOC **to attach/give credence to sth** (*formal*) dar crédito a algo *Ver tb* GAIN[2], LEND

credentials /krəˈdenʃlz/ *n* [*pl*] **1(a)** cualificaciones **(b)** credenciales **2** (*para un trabajo*) currículo

credibility /ˌkredəˈbɪləti/ *n* credibilidad

credible /ˈkredəbl/ *adj* verosímil, creíble
▸ **credibly** *adv* con toda credibilidad

credit /ˈkredɪt/ *n* **1(a)** crédito: *I bought it on credit.* Lo compré a crédito. ◊ *credit card/facilities/limit* tarjeta/

facilidades/límite de crédito ◊ *credit account* cuenta de crédito ◊ *credit rating* solvencia ◊ *credit squeeze* restricción del crédito (por el gobierno) **(b)** saldo positivo: *Your account is in credit.* Tu cuenta tiene saldo positivo. **(c)** (*contabilidad*) haber: *the credit side* el haber **2** mérito: *I can't take any credit.* No puedo atribuirme el mérito. **3 credits** [*pl*] títulos de crédito **4** (*USA, Educ*) crédito

LOC to be a credit to sth/sb hacer honor a algo/algn: *She is a credit to her parents.* Hace honor a sus padres. **to sb's credit** en honor de algn: *To his credit, he was only trying to help.* Hay que decir en su honor que intentaba ayudar. **to do sb credit** honrar a algn: *Your frankness does you credit.* Te honra tu franqueza. **to have sth to your credit**: *He already has four films to his credit.* Ya tiene hechas cuatro películas.

■ **credit** *vt* **1 ~ sth/sb with sth (a)** atribuir el mérito de algo a algo/algn: *He has more talent than I credited him with.* Tiene más talento del que yo le atribuía. **(b)** (*Fin*) abonar **2** creer: *Would you credit it?* ¿Te lo puedes creer?

creditable /ˈkredɪtəbl/ *adj* encomiable
▶ **creditably** *adv* de forma encomiable

creditor /ˈkredɪtə(r)/ *n* acreedor, -ora

creditworthy /ˈkredɪtwɜːði/ *adj* solvente (*económicamente*)
▶ **creditworthiness** *n* solvencia (*económica*)

credo /ˈkriːdəʊ, ˈkreɪdəʊ/ *n* (*pl* **~s**) credo

credulous /ˈkredjələs; *USA* -dʒə-/ *adj* crédulo
▶ **credulity** *n* credulidad

creed /kriːd/ *n* **1** credo: *What is your political creed?* ¿Cuál es tu credo político? **2 the Creed** (*Relig*) el Credo

creek /kriːk; *USA* krɪk/ *n* **1** (*GB*) cala **2** (*USA*) riachuelo
LOC to be up the creek (without a paddle) (*coloq*) estar apañado *Ver tb* SHIT

creep /kriːp/ *vi* (*pret, pp* **crept** /krept/) **1(a)** deslizarse (sigilosamente): *She crept up to him from behind.* Se le aproximó sigilosamente por detrás. **(b)** (*fig*): *A feeling of drowsiness crept over him.* Le invadió una sensación de sopor. ◊ *Old age creeps up on you.* La vejez te coge desprevenido. **2** (*planta*) trepar **3 ~ to sb** hacer la pelota a algn **LOC** *Ver* FLESH
■ **creep** *n* (*coloq*) **1** pelota **2** mal bicho
LOC to give sb the creeps (*coloq*) darle a algn repelús

creeper /ˈkriːpə(r)/ *n* enredadera

creeping /ˈkriːpɪŋ/ *adj* (*pey*) progresivo: *creeping paralysis* parálisis progresiva

creepy /ˈkriːpi/ *adj* (*coloq*) espeluznante

creepy-crawly /ˌkriːpi ˈkrɔːli/ *n* (*coloq, joc*) bicho

cremate /krəˈmeɪt/ *vt* incinerar (*cadáver*)
▶ **cremation** *n* incineración (*del cadáver*)

crematorium /ˌkreməˈtɔːriəm/ *n* (*pl* **~s** o **-oria** /-ɔːriə/) crematorio

crematory /ˈkremətəri; *USA* -tɔːri/ *n* (*esp USA*) (*pl* **-ies**) crematorio

crème de la crème /ˌkrem də lɑː ˈkrem/ *n* (*Fr*) flor y nata

crème de menthe /ˌkrem də ˈmɒnθ/ *n* (*Fr*) licor de menta

crenellated (*USA* **crenelated**) /ˈkrenəleɪtɪd/ *adj* con almenas

creole (*tb* **Creole**) /ˈkriːəʊl/ *adj* criollo
■ **creole** (*tb* **Creole**) *n* **1** (*idioma*) criollo **2** (*persona*) criollo, -a

creosote /ˈkriːəsəʊt/ *n* creosota
■ **creosote** *vt* pintar con creosota

crepe (*tb* **crêpe**) /kreɪp/ *n* **1** (*tela*) crespón, crepé **2** (*tb* **crepe rubber**) (*caucho*) crepé: *crepe-soled shoes* zapatos con suela de crepé

crêpe /krep/ *n* (*Fr*) **1** crêpe **2** *Ver* CREPE

crepe paper *n* papel pinocho

crept *pret, pp de* CREEP

crepuscular /krɪˈpʌskjulə(r)/ *adj* (*formal*) crepuscular

crescendo /krəˈʃendəʊ/ *n* (*pl* **~s**) **1** (*Mús*) crescendo **2** (*fig*) cúspide

crescent /ˈkresnt/ *n* **1(a)** media luna: *a crescent moon* una media luna **(b)** calle en forma de media luna **2 the Crescent** (*Relig*) la Media Luna

cress /kres/ *n* berro

crest /krest/ *n* **1** (*Ornitología*) cresta **2(a)** (*colina*) cima **(b)** (*ola*) cresta **3** (*Heráldica*) blasón: *the family crest* el blasón de la familia **4** (*Mil*) penacho
LOC on the crest of a wave en la cresta de la ola
■ **crest** *vt* (*formal*) coronar: *They crested the hill.* Coronaron la cima.
▶ **crested** *adj* **1** blasonado **2** (*Ornitología*) encrestado

crestfallen /ˈkrestfɔːlən/ *adj* cabizbajo

Cretaceous /krɪˈteɪʃəs/ *adj, n* cretáceo, cretácico

cretin /ˈkretɪn; *USA* ˈkriːtn/ *n* cretino, -a
▶ **cretinous** *adj* (de) cretino: *cretinous behaviour* comportamiento de cretino

crevasse /krəˈvæs/ *n* grieta (*en un glaciar*)

crevice /ˈkrevɪs/ *n* grieta (*en roca, piedra, etc*)

crew[1] /kruː/ *n* **1** tripulación: *cabin crew* tripulación (de un avión) *Ver tb* GROUND CREW **2** equipo: *film/television crew* equipo de cine/televisión **3** (*pey*) pandilla: *They were a motley crew.* Era una pandilla variopinta. **4** (*Dep*) equipo (de remo): *the Cambridge crew* el equipo de remo de Cambridge
■ **crew 1** *vt* tripular **2** *vi* formar parte de la tripulación
▶ **crewman** /ˈkruːmən/ *n* (*pl* **-men** /-mən/) **1** miembro de la tripulación **2** miembro del equipo

crew[2] *pret de* CROW

crew-cut /ˈkruː kʌt/ *n* corte de pelo a cepillo

crew neck *n* cuello cerrado, cuello a la caja ☞ *Ver ilustración en* NECK

crib[1] /krɪb/ *n* **1** (*USA* **crèche**) belén **2** (*USA*) cuna **3** pesebre **4** *Ver* CRIBBAGE

crib[2] /krɪb/ *n* **1** (*plagio*) copia **2** (*tb* **crib sheet**) (*examen*) chuleta
■ **crib** *vt, vi* copiar, plagiar

cribbage /ˈkrɪbɪdʒ/ (*tb* **crib**) *n* juego de cartas en el que se cuenta la puntuación mediante clavijas colocadas en un tablero

crick /krɪk/ *n*: *to have/get a crick in your neck* tener tortícolis

cricket

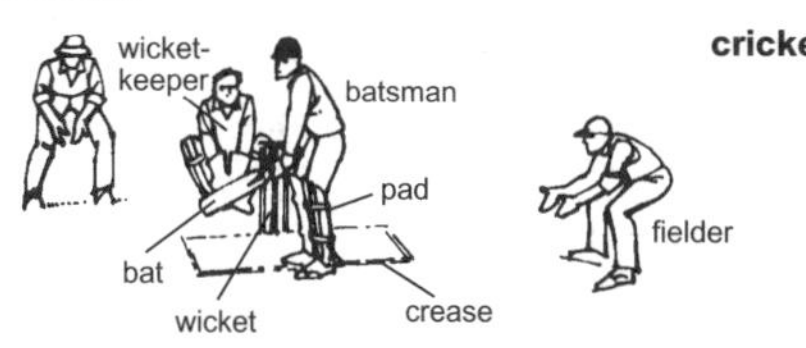

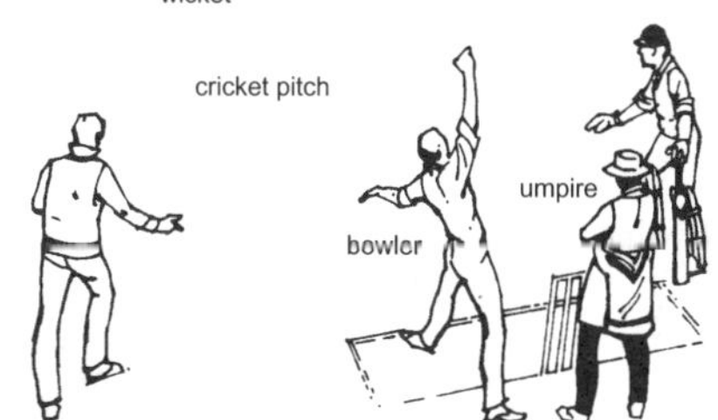

cricket /ˈkrɪkɪt/ *n* **1** (*Zool*) grillo **2** (*Dep*) críquet: *cricket pitch* campo de críquet
LOC it's (just) not cricket (*antic, GB, argot*) no es juego limpio
▶ **cricketer** *n* jugador, -ora de críquet

crikey /ˈkraɪki/ *interj* (*GB, coloq*) ¡atiza!

crime /kraɪm/ *n* **1(a)** delito: *the scene of the crime* el lugar del delito **(b)** crimen: *It's a crime to waste money like that.* Es un crimen desperdiciar el dinero de esa manera. **2** delincuencia: *organized crime* delincuencia organizada ◊ *crime prevention* prevención de la delincuencia ◊ *violent crime* criminalidad **LOC** *Ver* PARTNER

criminal /ˈkrɪmɪnl/ *adj* **1** delictivo: *criminal offences* ofensas delictivas ◊ *criminal damage* daños y perjuicios ◊ *criminal negligence* delito de negligencia ◊ *a criminal investigation* una investigación policial **2** criminal **3** penal: *criminal law* derecho penal ◊ *to have a criminal record* tener antecedentes penales ◊ *criminal lawyer* abogado penalista **4** inmoral: *It's a criminal waste of money.* Es un crimen gastar el dinero así.

■ **criminal** *n* **1** delincuente **2** criminal: *war criminals* criminales de guerra

▶ **criminality** *n* criminalidad

criminalize, -ise /ˈkrɪmɪnəlaɪz/ *vt* penalizar

criminally /ˈkrɪmɪnəli/ *adv*: *The were found to have been criminally negligent.* Se demostró que habían sido negligentes hasta cometer delito.

criminology /ˌkrɪmɪˈnɒlədʒi/ *n* criminología

▶ **criminologist** *n* criminalista

crimp /krɪmp/ *vt* **1** plisar **2** (*pelo*) ondular

Crimplene® /ˈkrɪmpliːn/ *n* tejido que no se arruga

crimson /ˈkrɪmzn/ *adj* carmesí

cringe /krɪndʒ/ *vi* **1** (*por miedo*) encogerse **2** (*fig*) morirse de vergüenza

crinkle /ˈkrɪŋkl/ *n* arruga

■ **crinkle** *vt, vi* arrugar(se)

▶ **crinkly** *adj* (**-ier, -iest**) **1** arrugado **2** (*pelo*) crespo

crinoline /ˈkrɪnəlɪn/ *n* miriñaque

cripes /kraɪps/ *interj* (*GB, coloq*) ¡recontra!

cripple /ˈkrɪpl/ *n* inválido, -a

■ **cripple** *vt* **1** dejar inválido **2** (*fig*) perjudicar seriamente: *The business has been crippled by losses.* Las pérdidas han perjudicado seriamente el negocio.

▶ **crippled** *adj* inválido

crippling *adj* **1** (*enfermedad*) que deja inválido **2** (*deuda, impuesto, etc*) agobiante

crisis /ˈkraɪsɪs/ *n* (*pl* **crises** /ˈkraɪsiːz/) crisis: *identity crisis* ◊ crisis de identidad *Ver tb* MID-LIFE CRISIS

crisp /krɪsp/ *adj* (**-er, -est**) **1(a)** crujiente **(b)** (*fruta, verduras, etc*) fresco **(c)** tieso: *a crisp new £5 note* un billete de 5 libras nuevo y tieso **2** (*tiempo*) seco y frío **3** (*manera*) tajante

■ **crisp** (*tb* **potato crisp**) (*USA* **chip, potato chip**) *n* patata frita (*de bolsa*): *a bag/packet of crisps* una bolsa de patatas fritas ☛ *Ver ilustración en* PATATA

■ **crisp** *vt* tostar

▶ **crisply** *adv* tajantemente

crispy /ˈkrɪspi/ *adj* (*coloq*) (**-ier, -iest**) crujiente

criss-cross /ˈkrɪs krɒs; *USA* -krɔːs/ *adv, adj* de forma entrecruzada, entrecruzado: *a criss-cross pattern* un diseño de líneas entrecruzadas

■ **criss-cross** *vt, vi* entrecruzarse (por): *Footpaths criss-cross the park.* Los caminos se entrecruzan por el parque.

criterion /kraɪˈtɪəriən/ *n* (*pl* **-ria** /-riə/) criterio

critic /ˈkrɪtɪk/ *n* **1** detractor, -ora **2** (*teatro, cine, etc*) crítico, -a

critical /ˈkrɪtɪkl/ *adj* **1(a)** crítico: *to be critical of sth/sb* criticar algo/a algn ◊ *He cast a critical eye over it.* Lo miró con ojo crítico. ◊ *The film has won critical acclaim.* La película ha recibido el aplauso de la crítica. **(b)** (*persona*) criticón: *Why are you always so critical?* ¿Por qué eres siempre tan negativo? *Ver tb* SELF-CRITICAL **2** crítico: *at a critical moment* en un momento crítico ◊ *The patient's condition is critical.* El estado del paciente es crítico. **3** crucial

▶ **critically** *adv* **1** críticamente **2** gravemente: *He is critically ill.* Está gravemente enfermo. ◊ *critically important* sumamente importante

criticism /ˈkrɪtɪsɪzəm/ *n* **1** [*incontable*] **(a)** críticas: *There has been public criticism of the proposals.* Han surgido críticas públicas a las propuestas. ◊ *He can't take criticism.* No soporta que lo critiquen. ◊ *The bank's actions attracted widespread criticism.* La actuación del banco recibió críticas generalizadas. **(b)** (*cine, teatro, etc*) crítica: *literary criticism* crítica literaria **2** [*contable*] crítica: *He rejected criticisms of his actions.* Rechazó las críticas a su actuación.

criticize, -ise /ˈkrɪtɪsaɪz/ *vt* **1** criticar **2** (*literatura, etc*) hacer un comentario crítico de

critique /krɪˈtiːk/ *n* análisis crítico

croak /krəʊk/ **1** *vi* **(a)** croar **(b)** (*fig*) gruñir **(c)** (*argot*) cascarla **2** *vt* (*esp agonizante*) susurrar

■ **croak** (*tb* **croaking**) *n* croar

crochet /ˈkrəʊʃeɪ; *USA* krəʊˈʃeɪ/ *n* **1** labor de ganchillo **2** ganchillo: *a crochet shawl* un chal de ganchillo

■ **crochet 1** *vi* (*pret, pp* **crocheted** /-ʃeɪd/) hacer ganchillo **2** *vt* hacer a ganchillo

crock /krɒk/ *n* **1 crocks** [*pl*] (*coloq*) vajilla **2** (*antic*) cántaro **3** (*GB, coloq*) (*coche*) cacharro **4** carcamal **LOC** *Ver* GOLD

crockery /ˈkrɒkəri/ (*coloq* **crocks**) *n* [*incontable*] vajilla

crocodile /ˈkrɒkədaɪl/ *n* **1** cocodrilo **2** (*GB, coloq*) fila (de a dos)

LOC crocodile tears lágrimas de cocodrilo

crocus /ˈkrəʊkəs/ *n* (*pl* **~es**) (*planta de jardín*) azafrán de primavera ☛ *Comparar con* SAFFRON ☛ *Ver ilustración en* FLOR

croft /krɒft; *USA* krɔːft/ *n* (*Escocia*) granja pequeña

▶ **crofter** *n* pequeño granjero, pequeña granjera

croissant /ˈkrwæsɒ̃; *USA* krʌˈsɒŋ/ *n* (*Fr*) cruasán, croissant ☛ *Ver ilustración en* BARRA

crone /krəʊn/ *n* (*pey*) bruja

crony /ˈkrəʊni/ *n* (*pey*) (*pl* **-ies**) compinche

crook /krʊk/ *n* **1** (*coloq*) ladrón, -ona **2** curva: *the crook of your arm* el pliegue del brazo **3(a)** cayado **(b)** báculo **LOC** *Ver* HOOK

■ **crook** *vt* doblar, encorvar

crooked /ˈkrʊkɪd/ *adj* **1(a)** torcido **(b)** (*camino*) tortuoso **2** (*coloq*) **(a)** (*persona*) sinvergüenza **(b)** (*acción*) poco limpio

▶ **crookedly** *adv*: *to smile crookedly* sonreír torciendo la boca

croon /kruːn/ *vt, vi* canturrear, arrullar

crop /krɒp/ *n* **1(a)** cosecha **(b)** cultivo *Ver tb* CASH CROP, ROOT CROP **2** (*fig*) **(a)** montón: *The programme brought quite a crop of complaints.* El programa suscitó un montón de quejas. **(b)** generación: *the present crop of politicians* la actual generación de políticos **3** pelo muy corto **4** (*de pájaro*) buche **5** (*tb* **hunting-crop**) fusta **LOC** *Ver* NECK

■ **crop** (**-pp-**) **1** *vt* **(a)** cortar **(b)** (*pelo*) cortar muy corto: *to have cropped hair* tener el pelo muy corto *Ver tb* CLOSE-CROPPED **(c)** (*animales*) recortar: *to keep sheep to crop the grass* tener ovejas para mantener la hierba corta **2** *vi* (*cultivo*) rendir

PHR V to crop up surgir, aparecer: *All sorts of problems cropped up.* Surgieron todo tipo de problemas.

cropper /ˈkrɒpə(r)/ *n*

LOC to come a cropper (*coloq*) pegarse un batacazo: *Swedish investors have come a cropper in London.* Los inversores suecos se dieron un batacazo en Londres.

croquet /ˈkrəʊkeɪ; *USA* krəʊˈkeɪ/ *n* croquet

cross[1] /krɒs; *USA* krɔːs/ *n* **1** cruz: *to make your cross* firmar con una cruz *Ver tb* NOUGHTS AND CROSSES, THE RED CROSS **2** (*Relig*) cruz: *to make the sign of the cross* hacer la señal de la cruz ◊ *We all have our cross to bear.* Cada uno tiene que cargar con la cruz que le ha tocado.

☛ *Ver ilustración en* IGLESIA **3 ~ (between A and B)** **(a)** (*Zool, Bot*) cruce (de A y B): *A mule is a cross between a horse and an ass.* La mula es un cruce de caballo y burro. **(b)** (*fig*) mezcla (de A y B)
LOC to cut sth on the cross cortar algo al sesgo
■ **cross 1** *vt, vi* cruzar, atravesar: *Shall we cross over (the road)?* ¿Cruzamos al otro lado (de la calle)? ◊ *He crossed over to the window.* Cruzando la habitación se acercó a la ventana. ◊ *to cross your legs/arms* cruzar las piernas/los brazos ◊ *to cross a cheque* cruzar un cheque ☛ *Ver ilustración en* ARM *Ver tb* CROSS-LEGGED **2** *vt, vi* cruzarse: *Our letters crossed in the post.* Nuestras cartas se cruzaron en el correo. ◊ *Our paths crossed several times.* Nuestros caminos se cruzaron varias veces. **3** *v refl* **~ yourself** santiguarse **4** *vt* llevar la contraria: *She doesn't like to be crossed.* No le gusta que le lleven la contraria. *Ver tb* DOUBLE-CROSS **5** *vt* **~ sth with sth** (*Zool, Bot*) cruzar algo con algo *Ver tb* CRISS-CROSS
LOC cross my heart (and hope to die) (*coloq*) te lo juro, que me muera si miento **to cross sb's path**: *He would argue with anyone who crossed his path.* Discutiría con cualquiera que se cruzara en su camino. **to cross swords (with sb)** discutir (con algn) **to cross your bridges when you come to them**: *I'll cross that bridge when I come to it.* Me ocuparé de eso cuando llegue el momento. **to cross your fingers**: *I'm keeping my fingers crossed that she wins!* ¡Dios quiera que gane! ◊ *Cross your fingers (for me).* Deséame suerte. **to cross your mind** pasar por la mente, ocurrírsele a uno *Ver tb* DOT, LINE[1], WIRE
PHR V to cross sth/sb off (sth) tachar algo/a algn (de algo): *to cross sb off the list* borrar a algn de la lista **to cross sth out/through** tachar algo

cross² /krɒs/ *adj* **(-er) 1 ~ (with sb) (about sth)** enfadado (con algn) (por algo): *to get cross* enfadarse ◊ *She gave me a cross look.* Me miró enfadada. **2** (*viento*) de costado: *strong cross breezes* fuertes brisas laterales

crossbar /ˈkrɒsbɑː(r); *USA* ˈkrɔːs-/ *n* **1** (*bicicleta*) barra ☛ *Ver ilustración en* BICYCLE **2** (*Dep*) larguero

cross-beam /ˈkrɒs biːm/ *n* viga transversal

crossbones /ˈkrɒsbəʊnz; *USA* ˈkrɔːs-/ *n* [*pl*] **LOC** *Ver* SKULL

cross-border /ˈkrɒs bɔːdə(r) (*USA*)ˈkrɔːs-/ *adj* **1** a través de la frontera: *cross-border security* seguridad a través de la frontera **2** (*conflicto*) fronterizo: *cross-border attacks/raids* ataques/incursiones en la frontera **3** (*cooperación*) entre dos países fronterizos: *cross-border trade* comercio entre países fronterizos

crossbow /ˈkrɒsbəʊ; *USA* ˈkrɔːs-/ *n* ballesta

cross-breed /ˈkrɒs briːd; *USA* ˈkrɔːs briːd/ *n* cruce, híbrido: *My dog is a cross-breed of greyhound and Dalmatian.* Mi perro es un cruce de galgo y dálmata.
■ **cross-breed** *vt, vi* cruzar
▶ **cross-bred** *adj* cruzado, híbrido

cross-check /ˌkrɒs ˈtʃek; *USA* ˌkrɔːs ˈtʃek/ *vt, vi* comprobar
■ **cross-check** *n* comprobación

cross-country /ˌkrɒs ˈkʌntri; *USA* ˌkrɔːs ˈkʌntri/ *adj, adv* campo a través

cross-cultural /ˌkrɒs ˈkʌltʃərəl; *USA* ˌkrɔːs/ *adj* transcultural: *cross-cultural comparison* comparación entre culturas

cross-current /ˈkrɒs kʌrənt; *USA* krɔːs kʌrənt/ *n* contracorriente

cross-examine /ˌkrɒs ɪɡˈzæmɪn; *USA* ˌkrɔːs ɪɡˈzæmɪn/ *vt* interrogar
▶ **cross-examination** *n* interrogatorio

cross-eyed /ˈkrɒs aɪd; *USA* ˈkrɔːs aɪd/ *adj* bizco

cross-fertilize, -ise /ˌkrɒs ˈfɜːtəlaɪz; *USA* ˌkrɔːs/ *vt* **1** (*Bot*) fecundar por fertilización cruzada **2** (*fig*) estimular positivamente con ideas que provienen de otro campo

crossfire /ˈkrɒsfaɪə(r); *USA* ˈkrɔːs-/ *n* fuego cruzado, tiroteo (cruzado)
LOC in the crossfire entre dos fuegos: *to get caught in the crossfire* encontrarse entre dos fuegos

crossing /ˈkrɒsɪŋ; *USA* ˈkrɔːs-/ *n* **1** (*viaje*) travesía **2** (*carretera*) cruce **3** paso a nivel *Ver tb* GRADE CROSSING, LEVEL CROSSING **4** paso para peatones *Ver tb* PELICAN CROSSING, ZEBRA CROSSING **5** *border crossing* frontera

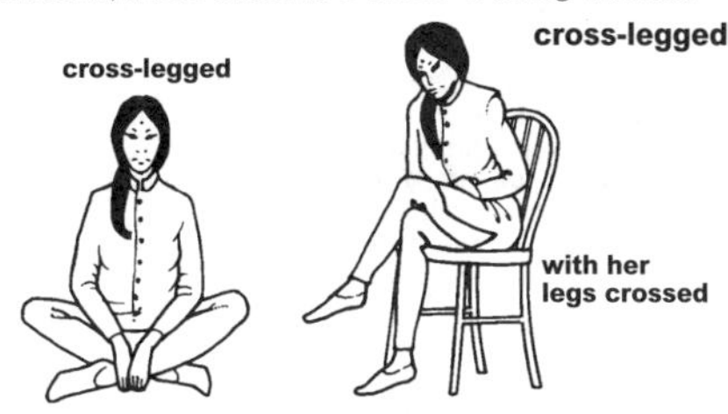

cross-legged /ˌkrɒs ˈleɡd; *USA* ˌkrɔːs ˈleɡd/ *adj, adv* con las piernas cruzadas

crossly /ˈkrɒsli/ *adv* con enfado

crossover /ˈkrɒsəʊvə(r)/ *n* paso: *a crossover between painting and sculpture* un paso de la pintura a la escultura

cross purposes *n*
LOC at cross purposes: *We're at cross purposes.* Aquí hay un malentendido. ◊ *We were talking at cross purposes.* Estábamos hablando de dos cosas distintas.

cross-question /ˌkrɒs ˈkwestʃən; *USA* ˌkrɔːs ˈkwestʃən/ *vt* interrogar

cross-reference /ˌkrɒs ˈrefrəns; *USA* ˌkrɔːs ˈrefrəns/ *n* referencia interna
■ **cross-reference** *vt* proveer de referencias internas

crossroads /ˈkrɒsrəʊdz; *USA* ˈkrɔːs-/ *n* (*pl* **crossroads**) **1** cruce, encrucijada **2** (*fig*) encrucijada: *to be at a/the crossroads* estar en una/la encrucijada

cross-section /ˈkrɒs sekʃn, ˌkrɒs ˈsekʃn; *USA* krɔːs sekʃn/ *n* **1** sección transversal **2** muestra representativa: *a broad cross-section of the population* una amplia muestra representativa de la población

crosswind /ˈkrɒswɪnd; *USA* ˈkrɔːs-/ *n* viento de costado

crosswise /ˈkrɒswaɪz; *USA* ˈkrɔːs/ *adv* **1** (en) diagonal **2** en forma de cruz

crossword /ˈkrɒswɜːd; *USA* ˈkrɔːs-/ (*tb* **crossword puzzle**) *n* crucigrama

crotch /krɒtʃ/ (*tb* **crutch**) *n* entrepierna

crotchet /ˈkrɒtʃɪt/ (*USA* **quarter note**) *n* (*Mús*) negra ☛ *Ver ilustración en* NOTACIÓN

crotchety /ˈkrɒtʃəti/ *adj* (*coloq*) renegón

crouch /kraʊtʃ/ *vi* agazaparse, agacharse ☛ *Ver ilustración en* KNEEL

croupier /ˈkruːpieɪ; *USA* -pɪər/ *n* crupier

crouton /ˈkruːtɒn/ *n* (*Fr*) tostón de pan

crow /krəʊ/ *n* cuervo *Ver tb* SCARECROW
LOC as the crow flies en línea recta (*midiendo distancia*)
■ **crow** *vi* (*pret* **crowed** o *antic* **crew** *pp* **crowed**) **1** (*gallo*) cantar **2** (*crío*) balbucear (de placer) **3 ~ (over sth)** jactarse de algo

crowbar /ˈkrəʊbɑː(r)/ *n* palanca

crowd /kraʊd/ *n* **1** multitud: *He pushed his way through the crowd.* Se abrió paso entre la multitud. **2** (*espectadores*) concurrencia **3 the crowd** (*pey*) las masas **4** (*coloq*) gente, grupo (de amigos): *I don't associate with that crowd.* No me junto con esa gente.
LOC crowds of/a crowd of un montón de: *There were crowds of people waiting to get in.* Había un montón de gente esperando para entrar. *Ver tb* FOLLOW, TWO
■ **crowd 1** *vt* (*espacio*) llenar: *Tourists crowded the pavement.* Los turistas llenaban la acera. **2 ~ sb** (*coloq*) presionar a algn

PHR V **to crowd around/round (sth/sb)** apiñarse (alrededor de algo/algn)
to crowd in; to crowd into sth entrar en tropel (en algo): *As soon as the doors were opened the public crowded in.* Tan pronto como se abrieron las puertas el público entró en tropel. ◊ *Disturbing thoughts crowded into my mind.* Se me metieron en la cabeza pensamientos inquietantes.
to crowd sth/sb in apiñar algo/a algn: *There were five of us crowded into one room.* Estábamos cinco personas apiñadas en una habitación.
to crowd in on sb *Memories crowded in on me.* Los recuerdos se me agolpaban en la cabeza.
to crowd sth/sb out 1 desplazar algo/a algn **2** (*competición*) arrollar algo/a algn
▶ **crowded** *adj* **1** (*calle, habitación, etc*) lleno (*de gente*) **2** (*fig*) repleto

crown /kraʊn/ *n* **1(a)** corona: *crown jewels* las joyas de la corona ◊ *crown prince* príncipe heredero **(b) the Crown** (*estado*) la Corona: *Crown property* las propiedades de la Corona **2** (*tb* **the Crown**) (*GB*) (*Jur*) el estado: *a crown witness* un testigo del estado **3** (*Dep*) título **4(a)** (*cabeza*) coronilla **(b)** (*sombrero*) copa **(c)** (*colina*) cumbre **(d)** (*diente*) corona
■ **crown** *vt* **1** coronar: *He was crowned (emperor) in 1952.* Le coronaron (emperador) en 1952. ◊ *the crowned heads of Europe* los monarcas de Europa **2** (*coloq*) dar un golpe en la cabeza a **3** (*tb* **cap**) (*diente*) poner una corona en
▶ **crowning** *adj* culminante: *crowning glory* punto culminante

Crown Court *n* (*GB*) tribunal local en el que se juzgan casos criminales graves

crow's-feet /ˈkrəʊz fiːt/ *n* [*pl*] patas de gallo (*arrugas*)

crow's-nest /ˈkrəʊz nest/ *n* cofa

crucial /ˈkruːʃl/ *adj* ~ **(to/for sth/sb)** crucial (para algo/algn): *at the crucial moment* en el momento crucial
▶ **crucially** *adv* de forma crucial: *Your help is crucially important.* Tu ayuda es de una importancia crucial.

crucible /ˈkruːsɪbl/ *n* (*lit* y *fig*) crisol

crucifix /ˈkruːsəfɪks/ *n* crucifijo

crucifixion /ˌkruːsəˈfɪkʃn/ *n* crucifixión

cruciform /ˈkruːsɪfɔːm/ *adj* cruciforme

crucify /ˈkruːsɪfaɪ/ *vt* (*pret, pp* **-fied**) (*lit* y *fig*) crucificar

crude /kruːd/ *adj* **(-er, -est) 1** burdo: *a crude sketch* un bosquejo burdo ☛ *Comparar con* RAW **2** grosero
▶ **crudely** *adv* **1** burdamente **2** groseramente
crudity *n* **1** tosquedad **2** crudeza

crude oil *n* petróleo (*crudo*)

cruel /kruːəl/ *adj* **(-ller, -llest)** ~ **(to sth/sb)** cruel (con algo/algn)
▶ **cruelly** *adv* cruelmente
cruelty *n* (*pl* **-ies**) crueldad

cruet /ˈkruːɪt/ *n* **1** vinagrera **2** angarillas

cruise /kruːz/ *vi* **1** (*persona*) hacer un crucero **2** (*barco*) navegar, patrullar **3** (*avión*) volar (a velocidad de crucero): *We will be cruising at a height of 7 000 metres.* Volaremos a una altura de 7.000 metros. **4** (*coche*) ir (*a una velocidad constante*) **5** (*argot*) buscar plan
■ **cruise** *n* crucero (*viaje*): *to go on a round-the-world cruise* hacer un crucero alrededor del mundo ◊ *cruise missile* misil de crucero

cruiser /ˈkruːzə(r)/ *n* **1** (*barco*) crucero **2** (*tb* **cabin-cruiser**) lancha motora con camarotes

crumb /krʌm/ *n* **1** miga *Ver tb* BREADCRUMBS **2** (*fig*) migaja **3 crumbs** ¡caramba!

crumble /ˈkrʌmbl/ **1** *vi* ~ **(away)** desmoronarse, deshacerse: *The wall had crumbled away.* El muro se había venido abajo. ◊ *Their hopes of victory crumbled.* Sus esperanzas de triunfo se desmoronaron. **2** *vt* deshacer **3** *vt, vi* (*Cocina*) desmenuzar(se) LOC *Ver* WAY[1]
■ **crumble** *n* pastel de frutas cubierto con una capa crujiente hecha de galleta y pan rallado
▶ **crumbly** *adj* que se desmorona, que se deshace en migas

crumpet /ˈkrʌmpɪt/ *n* **1** bollo redondo y plano para tostar **2** (*GB, coloq, ofen*) **(a)** tía buena **(b)** (*mujeres*) ganado: *There's not much crumpet at this party.* En esta fiesta no hay mucho ganado.

crumple /ˈkrʌmpl/ **1** *vi* ~ **(up) (a)** arrugarse **(b)** (*persona*) desplomarse **2** *vt* ~ **sth (up)** arrugar algo: *He angrily crumpled the letter into a ball.* Enfadado, hizo una bola con la carta. ◊ *a crumpled (up) £5 note* un billete arrugado de 5 libras

crunch /krʌntʃ/ **1** *vt* **(a)** ~ **sth (up)** morder algo haciendo ruido **(b)** hacer crujir algo **2** *vi* crujir
■ **crunch** *n* **1** crujido **2** (*fig*) crisis
LOC **when it comes to the crunch** cuando llega el momento de la verdad
▶ **crunchy** *adj* **(-ier, -iest)** crujiente

crusade /kruːˈseɪd/ *n* cruzada
■ **crusade** *vi* ~ **(for/against sth)** hacer una cruzada (en favor/en contra de algo)
▶ **crusader 1** *n* (*Hist*) cruzado **2** *n* luchador, -ora

crush /krʌʃ/ *vt* **1** aplastar: *to be crushed to death* morir aplastado ◊ *to crush a rebellion* aplastar una rebelión **2** ~ **sth (up)** (*roca, etc*) triturar algo: *crushed ice* hielo picado **3(a)** (*ajo, etc*) majar **(b)** (*fruta*) exprimir **(c)** moler **4** (*ropa, tejido*) arrugar **5** (*ánimo*) abatir
■ **crush** *n* **1** (*gentío*) aglomeración: *I couldn't get through the crush.* No pude pasar entre la aglomeración. **2** ~ **(on sb)** (*coloq*) enamoramiento (breve) (de algn): *I had a crush on my teacher.* Me colé por mi profesora. **3** (*fruta*) jugo
▶ **crushing** *adj* aplastante (*derrota, golpe*)

crust /krʌst/ *n* **1** (*pan*) corteza ☛ *Ver ilustración en* BARRA **2** (*pastel, empanada, etc*) **(a)** (*masa*) pasta **(b)** tapa *Ver tb* SHORTCRUST **3** mendrugo: *He'd share his last crust with you.* Compartiría hasta su último mendrugo contigo. **4** (*Geol*) corteza: *the Earth's crust* la corteza terrestre

crustacean /krʌˈsteɪʃn/ *n* crustáceo

crusted /krʌstɪd/ *adj* ~ **(with sth)** cubierto de una capa (de algo)

crusty /ˈkrʌsti/ *adj* **1** (*pan*) (de corteza) crujiente **2** (*coloq*) *a crusty old man* un viejo cascarrabias

crutch /krʌtʃ/ *n* **1** muleta (*para apoyar*) **2** (*fig*) apoyo **3** (*tb* **crotch**) entrepierna

crux /krʌks/ *n* quid: *the crux of the matter* el quid de la cuestión

cry /kraɪ/ *vt, vi* (*pret, pp* **cried**) **1** ~ **(over sth/sb)** llorar (por algo/algn): *to cry for joy* llorar de alegría **2** ~ **(sth) (out)** gritar (algo): *to cry out in pain* gritar de dolor ◊ *'Stop thief!', he cried.* —¡Al ladrón!, gritó. ◊ *I heard a voice crying out my name.* Oí una voz gritando mi nombre. *Ver tb* TOWN CRIER
LOC **for crying out loud!** ¡por amor de Dios! **it's no use crying over spilt milk** (*refrán*) a lo hecho, pecho **to cry wolf** provocar una falsa alarma (*como el pastor mentiroso*) **to cry your eyes/heart out** llorar a lágrima viva *Ver tb* SHOULDER, SLEEP[1]
PHR V **to cry sth down** menospreciar algo: *Don't cry down her success.* No menosprecies su éxito.
to cry off echarse atrás
to cry out for sth pedir algo a gritos: *The system is crying out for reform.* El sistema pide a gritos una reforma.
■ **cry** *n* (*pl* **cries**) **1** grito **2** llorera: *to have a (good) cry* desahogarse llorando
LOC **a far cry from (doing) sth** (*coloq*) lo menos parecido posible a (hacer) algo: *The guest house was a far cry from the Hilton.* El albergue era lo menos parecido posible al Hilton. *Ver tb* CLARION, HUE

cry-baby /ˈkraɪ beɪbi/ *n* (*coloq*) llorón, -ona

crying /ˈkraɪɪŋ/ *adj*

LOC **a crying need** una necesidad apremiante **a crying shame** una verdadera lástima

crypt /krɪpt/ *n* cripta

cryptic /ˈkrɪptɪk/ *adj* críptico
▶ **cryptically** *adv* enigmáticamente

cryptogram /ˈkrɪptəgræm/ *n* criptograma

crystal /ˈkrɪstl/ *n* **1** cristal: *crystal glasses* vasos de cristal ◊ *crystal ball* bola de cristal **2** (*Quím*) cristal **3** (*USA*) tapa de reloj
LOC **crystal clear 1** (*arroyo, etc*) cristalino **2** (*significado, etc*) claro como el agua
▶ **crystalline** *adj* cristalino

crystallize, -ise /ˈkrɪstəlaɪz/ *vt, vi* (*lit* y *fig*) cristalizar
▶ **crystallization, -isation** *n* cristalización
crystallized *adj* escarchado (*fruta, etc*)

CSE /ˌsiː es ˈiː/ (*pl* **CSEs**) *abrev de* **Certificate of Secondary Education** (*GB, antic*) Certificado de Enseñanza Secundaria ☛ *Ver nota en* GCSE, A LEVEL

ct (*pl* **cts**) **1** *abrev de* **carat 2** *abrev de* **cent**

cub /kʌb/ *n* **1(a)** (*león, tigre, zorro*) cachorro **(b)** osezno **(c)** lobezno **(d)** *cub reporter* periodista novato **2 the Cubs** los lobatos **3** (*antic*) joven descarado

cubbyhole /ˈkʌbihəʊl/ *n* **1** (*cuarto*) cuchitril **2** (*mensajes, etc*) casilla

cube /kjuːb/ *n* **1** (*Geom, Mat*) cubo: *cube root* raíz cúbica **2** cubito: *stock cube* cubito de caldo ◊ *sugar cube* terrón de azúcar *Ver tb* ICE CUBE
■ **cube** *vt* **1** cortar en dados **2** (*Mat*) elevar al cubo
▶ **cubic** *adj* cúbico: *3 cubic metres* 3 metros cúbicos

cubicle /ˈkjuːbɪkl/ *n* **1** cubículo **2** (*tienda*) probador **3** (*piscina*) vestuario **4** (*aseos*) retrete

cubism /ˈkjuːbɪzəm/ *n* cubismo
▶ **cubist** *adj, n* cubista

cuckold /ˈkʌkəʊld/ *n* (*antic*) cornudo
■ **cuckold** *vt* poner los cuernos a

cuckoo /ˈkʊkuː/ *n* (*pl* **~s**) cuco: *cuckoo clock* reloj de cuco *Ver tb* CLOUD-CUCKOO-LAND
■ **cuckoo** *adj* (*coloq*) chiflado

cucumber /ˈkjuːkʌmbə(r)/ *n* pepino LOC *Ver* COOL[1]

cud /kʌd/ *n* LOC *Ver* CHEW

cuddle /ˈkʌdl/ **1** *vt* **(a)** abrazar **(b)** tener en brazos **2** *vi* abrazarse
PHR V **to cuddle up** (**to sb**) acurrucarse (junto a algn)
■ **cuddle** *n* abrazo

cuddly /ˈkʌdli/ *adj* (**-ier, -iest**) (*aprob, coloq*) achuchable, riquísimo: *cuddly toy* muñeco de peluche

cudgel /ˈkʌdʒl/ *vt* (**-ll-**, *USA* **-l-**) aporrear
■ **cudgel** *n* porra
LOC **to take up the cudgels for/on behalf of sth/sb** salir en defensa de algo/algn

cue[1] /kjuː/ *n* **1(a)** señal: *That's my cue to speak.* Esa es la señal para que yo hable. **(b)** (*Teat*) entrada: *He missed his cue.* Perdió su entrada. **2** ejemplo: *to take your cue from sb* seguir el ejemplo de algn
LOC (**right**) **on cue** en el momento preciso
■ **cue** *vt* **to cue sb** (**in**) **1** dar la señal a algn **2** (*Teat*) dar la entrada a algn

cue[2] /kjuː/ (*tb* **billiard cue**) *n* (*billar*) taco ☛ *Ver ilustración en* SNOOKER

cuff /kʌf/ *n* **1** (*camisa, americana, etc*) puño ☛ *Ver ilustración en* AMERICANA **2** (*USA*) (*pantalones*) vuelta **3** manotazo **4 cuffs** [*pl*] (*coloq*) esposas *Ver tb* OFF THE CUFF
■ **cuff** *vt* dar un manotazo a *Ver tb* HANDCUFF

cuff link *n* gemelo (*de camisa*)

cuisine /kwɪˈziːn/ *n* (*Fr*) cocina (*arte de cocinar*) ☛ *Ver nota en* COCINA; *Ver tb* HAUTE CUISINE

cul-de-sac /ˈkʌl də sæk/ *n* (*pl* **cul-de-sacs**) (*Fr*) callejón sin salida

culinary /ˈkʌlɪnəri; *USA* -neri/ *adj* culinario: *culinary implements* utensilios culinarios

cull /kʌl/ *vt* **1** (*información*) entresacar **2** (*animales*) matar, eliminar (*para controlar el número*)
■ **cull** *n* purga: *seal cull* matanza (controlada) de focas

culminate /ˈkʌlmɪneɪt/ *vi* **~ in sth** (*formal*) culminar en algo
▶ **culmination** *n* culminación

culottes /kjuːˈlɒts/ *n* [*pl*] falda pantalón

culpable /ˈkʌlpəbl/ *adj* (*formal*) culpable ☛ La palabra más normal es **guilty**.
▶ **culpability** *n* culpabilidad

culprit /ˈkʌlprɪt/ *n* culpable

cult /kʌlt/ *n* **1 ~** (**of sth/sb**) culto (a algo/algn): *religious cult* culto religioso *Ver tb* PERSONALITY CULT **2** moda: *a cult film* una película de moda

cultivable /ˈkʌltɪvəbl/ *adj* cultivable

cultivate /ˈkʌltɪveɪt/ *vt* **1** cultivar **2** (*fig*) fomentar

cultivated /ˈkʌltɪveɪtɪd/ *adj* **1** (*persona*) culto **2** cultivado

cultivation /ˌkʌltɪˈveɪʃn/ *n* cultivo: *land that is under cultivation* tierra que está en cultivo

cultivator /ˈkʌltɪveɪtə(r)/ *n* **1** (*máquina*) cultivador **2** (*persona*) cultivador, -ora

cultural /ˈkʌltʃərəl/ *adj* cultural *Ver tb* CROSS-CULTURAL, MULTICULTURAL
▶ **culturally** *adv* culturalmente

culture /ˈkʌltʃə(r)/ *n* **1** cultura: *popular culture* cultura popular ◊ *culture shock* choque cultural ◊ *culture vulture* maniático de la cultura **2** (*Biol, Bot*) cultivo
▶ **cultured** *adj* **1** (*persona*) culto **2** *cultured pearl* perla cultivada

cum /kʌm/ *prep*: *a kitchen-cum-dining-room* una cocina-comedor

cumbersome /ˈkʌmbəsəm/ *adj* **1** engorroso **2** voluminoso

cumin /ˈkʌmɪn/ *n* comino (*condimento*)

cumulative /ˈkjuːmjələtɪv; *USA* -leɪtɪv/ *adj* **1** acumulado **2** acumulativo: *the cumulative effect of several illnesses* el efecto acumulativo de varias enfermedades

cumulus /ˈkjuːmjələs/ *n* (*pl* **-li** /-laɪ/) cúmulo

cunnilingus /ˌkʌnɪˈlɪŋgəs/ *n* cunnilingus

cunning /ˈkʌnɪŋ/ *adj* **1** (*persona, acción*) astuto **2** (*aparato*) ingenioso
■ **cunning** *n* [*incontable*] astucia, maña
▶ **cunningly** *adv* astutamente

cunt /kʌnt/ *n* (⚠) ☛ *Ver nota en* TABÚ **1** coño **2** hijo, -a de puta

cup /kʌp/ *n* **1(a)** taza: *a cup of tea* una taza de té ◊ *paper cup* vaso de papel ◊ *cup and saucer* taza y platillo ☛ *Ver nota en* VASO ☛ *Ver ilustración en* TAZA *Ver tb* EGGCUP, TEACUP **(b)** (*ret, fig*) cáliz **2** (*premio*) copa: *the World Cup* la Copa del Mundo **3** (*sostén*) copa **4** (*flor*) cáliz **5** bebida parecida a la sangría a base de vino o sidra
LOC (**not**) **to be sb's cup of tea** (*coloq*) (no) ser plato del gusto de algn: *Skiing isn't really my cup of tea.* Realmente, esquiar no es plato de mi gusto.
■ **cup** *vt* **1** (*manos*) **(a)** hacer un cuenco con **(b)** hacer bocina con **2** *She cupped a hand over the receiver.* Tapó el teléfono con la mano.
LOC **to cup your chin/face in your hands** apoyar la barbilla/la cara en las manos *Ver tb* SLIP

cupboard /ˈkʌbəd/ *n* armario, alacena: *the kitchen cupboards* los armarios de la cocina ◊ *built-in wardrobes with cupboards over* armarios empotrados con altillos ◊ *the linen cupboard* el armario de la ropa blanca *Ver tb* AIRING CUPBOARD

Nótese que un armario para colgar ropa se llama **wardrobe**.

LOC **cupboard love** amor interesado **the cupboard is bare** ya no hay fondos *Ver tb* SKELETON

cup-final /ˈkʌp faɪnl/ *n* (*Dep*) final de copa

cupful /ˈkʌpfʊl/ *n* (*pl* **-fuls**) (*tb* **cup**) taza (*cantidad*)

Cupid /ˈkjuːpɪd/ *n* Cupido

cupola /ˈkjuːpələ/ *n* cúpula

cuppa /ˈkʌpə/ *n* (*GB, coloq*) taza de té
cup-tie /ˈkʌp taɪ/ *n* (*Dep*) partido de copa
cur /kɜː(r)/ *n* **1** perro (de mala raza) **2** (*antic, fig*) canalla
curable /ˈkjʊərəbl/ *adj* curable
curate /ˈkjʊərət/ *n* (*Iglesia anglicana*) coadjutor (del párroco)
LOC **(like) the curate's egg** (*GB*) que tiene partes buenas y partes malas
curative /ˈkjʊərətɪv/ *adj* curativo
curator /kjʊəˈreɪtə(r); *USA* ˈkjʊərətər/ *n* conservador, -ora (*museo, galería de arte, etc*)
curb /kɜːb/ *n* **1** (*fig*) freno: *to keep a curb on sth* poner freno a algo **2** (*caballo*) barbada **3** (*USA*) (*tb* **kerb**) bordillo (de la acera)
■ **curb** *vt* **1** frenar: *to curb public spending* frenar el gasto público **2** (*caballo*) frenar (con la barbada)
curd /kɜːd/ *n* cuajada: *curd cheese* requesón
curdle /ˈkɜːdl/ *vt, vi* (*leche*) cortar(se) *Ver tb* BLOOD-CURDLING LOC *Ver* BLOOD
cure /kjʊə(r)/ *vt* **1(a)** curar **(b)** (*fig*) sanear **2** (*carne, pescado, etc*) curar
■ **cure** *n* **1** cura, curación: *to work a cure* efectuar una cura ◊ *a miracle cure* una curación milagrosa **2** (*fig*) remedio LOC *Ver* PREVENTION
curfew /ˈkɜːfjuː/ *n* toque de queda
curio /ˈkjʊəriəʊ/ *n* (*pl* **~s**) curiosidad (*objeto*)
curious /ˈkjʊəriəs/ *adj* **1** (*interesado*) curioso: *I'm curious to know what she said.* Tengo curiosidad por saber lo que dijo. **2** (*extraño*) curioso
▶ **curiosity** *n* (*pl* **-ies**) **1** curiosidad **2** cosa rara: *curiosity shop* tienda de antigüedades
LOC **curiosity killed the cat** (*refrán*) te va a perder la curiosidad
curiously *adv* curiosamente
curl /kɜːl/ *n* **1** rizo **2** (*humo*) voluta
■ **curl 1** *vt, vi* rizar(se): *curling tongs* tenacillas (de rizar) **2** *vi* **(a)** *The smoke curled upwards.* El humo subía en espiral. **(b)** *Her lip curled in distaste.* Torció el labio en disgusto. **(c)** *The edges of the paper were starting to curl.* Al papel empezaban a levantársele las puntas.
LOC **to curl your lip** hacer una mueca (de desprecio) *Ver tb* HAIR
PHR V **to curl up 1** rizarse **2** acurrucarse: *to curl up with a book* acurrucarse a leer un libro **3** retorcerse de risa
curler /ˈkɜːlə(r)/ *n* rulo
curlew /ˈkɜːljuː/ *n* zarapito
curling /ˈkɜːlɪŋ/ *n* curling (*juego*)
curly /ˈkɜːli/ *adj* (**-ier, -iest**) rizado ☛ *Ver ilustración en* PELO
curmudgeon /kɜːˈmʌdʒən/ *n* cascarrabias
▶ **curmudgeonly** *adj* gruñón, de mal genio
currant /ˈkʌrənt/ *n* **1** pasa: *currant bun* bollo con pasas **2(a)** grosella **(b)** (*tb* **blackcurrant**) grosella negra **3** grosello *Ver tb* REDCURRANT
currency /ˈkʌrənsi/ *n* (*pl* **-ies**) **1** [*gen incontable*] moneda: *decimal currency* sistema monetario decimal *Ver tb* FOREIGN CURRENCY, HARD CURRENCY **2** aceptación: *The rumour soon gained currency.* El rumor pronto se generalizó.
current /ˈkʌrənt/ *n* **1** (*aire, agua, etc*) corriente: *current of opinion* corriente de opinión *Ver tb* CROSS-CURRENT **2** (*Elec*) corriente *Ver tb* ALTERNATING CURRENT, DIRECT CURRENT
■ **current** *adj* **1** actual: *her current boyfriend* su novio actual ◊ *current affairs* temas de actualidad ◊ *the current issue of a magazine* el último número de una revista

Present, **current** y **present-day** se pueden confundir con la palabra inglesa **actual**. Las palabras **present**, **current** y **present-day** implican que algo está ocurriendo en este mismo momento: *the present/current crisis* la crisis actual. **Actual**, sin embargo, significa *real* o *exacto*: *I need the actual figures, not an estimate.* Necesito las cifras reales, no una aproximación.

2 generalizado: *current beliefs* creencias generalizadas
▶ **currently** *adv* actualmente
current account *n* cuenta corriente *Ver tb* ACCOUNT
curriculum /kəˈrɪkjələm/ *n* (*pl* **~s** o **-la** /-lə/) (*Educ*) plan de estudios *Ver tb* EXTRA-CURRICULAR, THE NATIONAL CURRICULUM
curriculum vitae *n* (*abrev* **CV**, **cv**) (*USA* **résumé**) currículum vitae ☛ *Ver nota en* CURRÍCULO
curried /ˈkʌrɪd/ *adj* condimentado con curry
curry /ˈkʌri/ *n* (*pl* **-ies**) plato al curry: *chicken curry* pollo al curry ◊ *curry powder* curry en polvo
■ **curry** *vt* (*pret, pp* **curried**)
LOC **to curry favour (with sb)** dar coba (a algn): *Don't curry favour with your boss.* No le des coba a tu jefe.
curse /kɜːs/ *n* **1** maldición **2** maleficio: *to be under a curse* estar bajo un maleficio **3** desgracia: *the curse of inflation* la desgracia de la inflación **4 the curse** (*coloq*) la regla: *I've got the curse today.* Hoy tengo la regla.
■ **curse** *vt, vi* maldecir
LOC **to be cursed with sth** estar atribulado por algo
cursed /ˈkɜːsɪd/ *adj* maldito
cursor /ˈkɜːsə(r)/ *n* (*Informát*) cursor
cursory /ˈkɜːsəri/ *adj* rápido, superficial: *a cursory glance* una mirada rápida
curt /kɜːt/ *adj* brusco (*manera de hablar*)
curtail /kɜːˈteɪl/ *vt* acortar: *We were forced to curtail our holiday.* Tuvimos que acortar nuestras vacaciones.
▶ **curtailment** *n* **1** (*poder*) limitación **2** interrupción
curtain /ˈkɜːtn/ *n* **1** (*USA tb* **drape**) cortina: *to draw/pull the curtains* correr las cortinas ◊ *lace/net curtains* visillos **2** (*Teat*) **(a)** telón **(b)**: *Tonight's curtain is at 7.30.* Esta noche el telón se levanta a las 7.30. *Ver tb* THE IRON CURTAIN **3 curtains** [*pl*] **~ (for sth/sb)** (*coloq*) el fin (para algo/algn): *If she finds out, it'll be curtains for me.* Si ella se entera, será mi fin. LOC *Ver* RING[2]
■ **curtain** *vt* **1** poner cortinas en
PHR V **to curtain sth off** esconder algo tras unas cortinas
curtain call *n* llamada a escena (*para recibir aplausos*)
curtain-raiser /ˈkɜːtn reɪzə(r)/ *n* prólogo
curtly /kɜːtli/ *adv* bruscamente
curtsey *vi* (*pret, pp* **curtseyed**) *Ver* CURTSY
■ **curtsey** *n* (*pl* **~s**) *Ver* CURTSY
curtsy (*tb* **curtsey**) /ˈkɜːtsi/ *vi* (*pret, pp* **curtsied**) (*solo mujeres*) **~ (to sb)** hacer una reverencia (*agachándose*) (ante algn): *She curtseyed/curtsied to the Queen.* Hizo una reverencia ante la Reina.
■ **curtsy** *n* (*pl* **-ies**) (*tb* **curtsey**) reverencia (*que hacen las mujeres agachándose*)

Nótese que **curtsy** es la reverencia que se hace agachándose; cuando la reverencia se hace inclinando la cabeza hacia delante utilizamos **bow**.

curvaceous /kɜːˈveɪʃəs/ *adj* de buenas curvas
curvature /ˈkɜːvətʃə(r); *USA* -tʃʊər/ *n* **1** curvatura **2** (*Med*): *curvature of the spine* encorvamiento de la espalda
curve /kɜːv/ *n* curva
■ **curve** *vi* describir/hacer una curva
▶ **curved** *adj* **1** curvo **2** (*tb* **curving**) **(a)** en curva **(b)** arqueado
curvy *adj* (*coloq*) **1** curvo **2** curvilíneo
cushion /ˈkʊʃn/ *n* **1** cojín: *pin-cushion* acerico **2** (*fig*) colchón: *cushion of air* colchón de aire **3** (*billar*) banda ☛ *Ver ilustración en* SNOOKER
■ **cushion** *vt* **1** amortiguar **2 ~ sth/sb (against sth)** (*fig*) proteger algo/a algn (de algo)

cushy /ˈkʊʃi/ *adj* (*coloq*) regalado: *a cushy job* un trabajo tirado
LOC **a cushy number** (*coloq*) un chollo

cusp /kʌsp/ *n* (*coloq*) **1** (*fig*) encrucijada: *on the cusp of the change* en la encrucijada del cambio **2** (*astrología*) límite (*entre dos signos del zodiaco*)

custard /ˈkʌstəd/ *n* [*incontable*] natillas: *custard pie* tarta de crema

custodial /kʌˈstəʊdiəl/ *adj*: *a custodial sentence* una condena a prisión

custodian /kʌˈstəʊdiən/ *n* **1** guardián, -ana **2** (*museo, etc*) conservador, -ora

custody /ˈkʌstədi/ *n* **1** custodia: *in custody* bajo custodia **2** detención: *The magistrate remanded him in custody for two weeks.* El magistrado ordenó su detención durante dos semanas. ◊ *to take sb into custody* detener a alguien *Ver tb* PROTECTIVE CUSTODY

custom /ˈkʌstəm/ *n* **1** costumbre: *the custom of giving presents* la costumbre de dar regalos **2** clientela: *I shall withdraw my custom from that shop.* Dejaré de comprar en esa tienda.
■ **custom** *adj* de encargo, a la medida: *a custom car* un coche de encargo
▶ **customize, -ise** *vt* **1** adaptar (a las especificaciones de algn) **2** (*coche*) reconvertir

customary /ˈkʌstəməri; *USA* -meri/ *adj* acostumbrado, de costumbre, habitual: *It is customary to…* Es costumbre…
▶ **customarily** *adv* habitualmente

custom-built /ˈkʌstəm bɪlt/ (*tb* **custom-made**) *adj* hecho de encargo, hecho a la medida

customer /ˈkʌstəmə(r)/ *n* cliente, -a **LOC** *Ver* AWKWARD, COOL[1], TOUGH

customs /ˈkʌstəmz/ *n* [*pl*] **1** (*tb* **customs duty**) derechos de aduana **2** (*tb* **the customs**) aduana: *a customs officer* un aduanero/un oficial de aduana ☛ *Comparar con* EXCISE[1]

cut /kʌt/ (**-tt-**) (*pret, pp* **cut**) **1** *vt, vi* cortar(se): *to cut your finger* cortarse el dedo ◊ *to cut sth in two* cortar/partir/dividir algo en dos ◊ *They cut the loaf in half.* Partieron el pan por la mitad. ◊ *to cut sb's throat* degollar a algn ◊ *to cut the pack* (*of cards*) cortar la baraja *Ver tb* CLEAN-CUT, CLEAR-CUT **2** *vt* (*diamante, etc*) tallar: *cut glass* cristal tallado **3** *vt* (*fig*) herir **4** *vt* **(a)** reducir, recortar **(b)** (*precios*) rebajar *Ver tb* COST-CUTTING **5** *vt* (*suprimir*) cortar **6** *vt* (*coloq*) **(a)** (*luz, motor, etc*) apagar **(b)**: *Cut the chatter!* ¡Dejad de hablar! ◊ *Cut the crap!* ¡Deja de decir tonterías! **7** *vt* hacer (*cortando*): *The climbers cut steps in the ice.* Los montañistas hicieron peldaños en el hielo. ◊ *to cut a hole in a piece of paper* hacer un agujero en un papel **8** *vt* (*coloq*) (*una clase, etc*) fumarse, faltar a **9** *vt* (*disco*) grabar **10** *vt* (*líneas*) cruzar(se) **11** (*Cine*) **(a)** *vt* cortar: *Cut!* ¡Corten! **(b)** *vi*: *The scene cuts from the shop to the street.* La escena pasa de la tienda a la calle. **12** *vt* (*trigo*) segar **13** *vt* (*carne*) trinchar
LOC **cut it/that out!** (*coloq*) ¡basta ya! **to be cut out for sth**; **to be cut out to be sth** (*coloq*) estar hecho para ser algo, tener madera de algo **to cut and run** (*coloq*) largarse
☛ Para otras expresiones con **cut**, véanse las entradas del sustantivo, adjetivo, etc, p. ej. **to cut sb dead** en DEAD.
to cut across sth rebasar algo: *Opinion on this issue cuts across traditional political boundaries.* La opinión sobre este tema rebasa las divisiones políticas tradicionales.
to cut across/through sth atajar por algo: *to cut across/through the park on your way home* atajar por el parque de camino a casa
to cut sth away cortar algo: *to cut away the dead branches* cortar las ramas muertas
to cut back (**on sth**) reducir algo, recortar algo: *They have cut back on staff.* Han reducido el número de empleados.
to cut sth back podar algo
to cut down (**on sth**): *I'm trying to cut down on smoking.* Estoy intentando fumar menos.
to cut sb down abatir a algn
to cut sth down 1 talar algo **2** reducir algo: *He cut the article down to 500 words.* Redujo el artículo a 500 palabras.
to cut in (**on sth/sb**) **1** (*coche*) meterse (delante de algo/algn) **2** interrumpir (algo/a algn): *She kept cutting in on our conversation.* No paraba de interrumpir nuestra conversación.
to cut sb in (**on sth**) (*coloq*) incluir a algn (en algo): *to cut sb in on a deal* incluir a algn en un negocio
to cut into sth interrumpir algo
to cut sb off 1 desheredar a algn: *He cut his son off without a penny.* Desheredó a su hijo y le dejó sin un céntimo. **2** (*teléfono*) cortar la línea a algn: *We were cut off.* Nos cortaron la línea/el teléfono. **3** *a young man cut off in his prime* un joven muerto en lo mejor de su vida
to cut sth off 1 cortar algo: *She had all her hair cut off.* Se cortó el pelo a lo chico. ◊ *The winner cut ten seconds off the world record.* El ganador mejoró el récord mundial en diez segundos. **2** (*teléfono, luz, etc*) cortar algo **3** (*vía de escape*) cortar algo, impedir algo: *to cut off the enemy's retreat* cortar la retirada del enemigo ◊ *The fence cuts off our view of the sea.* La valla nos impide ver el mar. **4** (*sitio*) aislar algo: *The village was cut off by the snow storm.* El pueblo quedó incomunicado por la tormenta de nieve.
to cut sth open: *She fell and cut her head open.* Se cayó y se hizo una brecha en la cabeza.
to cut out pararse (*máquina, etc*)
to cut sb out excluir a algn: *to cut sb out of a will* desheredar a algn
to cut sth out 1 recortar algo: *to cut out a newspaper article* recortar un artículo de prensa ◊ *She cut out the bad parts of the apple.* Quitó los trozos podridos de la manzana. **2** (*información*) omitir algo, suprimir algo **3** dejar de hacer algo: *to cut out sweets/smoking* dejar de comer dulces/fumar **4** (*luz*) quitar algo, no dejar entrar algo
to cut (**out**) (**a path**) **through sth** abrirse camino/paso por algo
to cut through sth *Ver* TO CUT ACROSS/THROUGH STH
to cut sb up 1 herir a algn **2** (*coloq*) *to be cut up by sth* estar afligido por algo **3** (*en un coche*) colarse delante de algn, cortarle el paso a algn
to cut sth up 1 cortar algo (en pedazos), picar algo **2** (*coche*) colarse delante de algo, cortarle el paso a algo
■ **cut** *n* **1** (*herida*) corte, incisión **2** reducción, recorte, rebaja: *spending cuts* recortes en los gastos **3** (*carne*) pieza, tajada: *the cheaper cuts of pork* las partes más baratas de cerdo *Ver tb* COLD CUTS **4** corte: *a power cut* un corte de energía eléctrica **5** **cut** (**in sth**) (*libro, película, etc*) corte (en algo) **6(a)** (*con cuchillo*) cuchillada **(b)** (*con látigo*) latigazo **7** (*ropa*) corte (*estilo*) **8** (*tb* **haircut**) corte (*de pelo*) *Ver tb* CREW-CUT **9** (*coloq*) parte (*de las ganancias*) *Ver tb* OFF-CUT, SHORT CUT, WOODCUT
LOC **a cut above sth/sb** (*coloq*) (algo) superior a algo/algn

cut-and-dried /ˌkʌt ən ˈdraɪd/ *adj* preparado de antemano, rutinario: *There is no cut-and-dried solution.* No hay una solución fácil.

cutback /ˈkʌtbæk/ *n* recorte, reducción

cute /kjuːt/ *adj* (**cuter, cutest**) (*coloq*) **1** mono, lindo **2** (*esp USA*) (*hábil*) listo, astuto

cut glass *n* cristal tallado

cuticle /ˈkjuːtɪkl/ *n* cutícula ☛ *Ver ilustración en* HAND[1]

cutlass /ˈkʌtləs/ *n* alfanje ☛ *Ver ilustración en* SWORD

cutlery /ˈkʌtləri/ *n* [*incontable*] cubiertos
▶ **cutler** *n* cuchillero,-a

cutlet /ˈkʌtlət/ *n* chuleta

cutoff /ˈkʌtɒf/ (*tb* **cut-off point**) *n* límite

cut-out /ˈkʌt aʊt/ *n* (figura) recortable: *a cardboard cut-out* un recortable de cartón

cut-price /ˈkʌt praɪs/ *adj, adv* a precio reducido: *a cut-price store* una tienda de saldos

cutter /ˈkʌtə(r)/ *n* **1(a)** cortador, -ora: *a cigar cutter* un cortapuros **(b) cutters** [*pl*]: *wire-cutters* cortaalambre(s) **2** (*Náut*) cúter, guardacostas

cut-throat /ˈkʌt θrəʊt/ *adj* despiadado: *cut-throat competition* despiadada competencia

cut-throat razor *n* navaja (de afeitar)

cutting[1] /ˈkʌtɪŋ/ *n* **1** (*USA* **clipping**) (*de un periódico, etc*) recorte *Ver tb* PRESS CUTTING **2** (*Bot*) esqueje

cutting[2] /ˈkʌtɪŋ/ *adj* **1** (*viento*) cortante **2** (*comentario*) mordaz

cutting-room /ˈkʌtɪŋ rʊm/ *n* sala de montaje

cuttlefish /ˈkʌtlfɪʃ/ *n* jibia, sepia

CV (*tb* **cv**) /ˌsiː ˈviː/ (*pl* **CVs**) *abrev de* **curriculum vitae**

cwt (*pl* **cwts**) *abrev de* **hundredweight** 112 libras de peso

cyanide /ˈsaɪənaɪd/ *n* cianuro

cybernetic /ˌsaɪbəˈnetɪk/ *adj* cibernético

■ **cybernetics** *n* [*sing*] cibernética

cyberspace /ˈsaɪbəspeɪs/ *n* espacio cibernético

cyclamen /ˈsɪkləmən; *USA* ˈsaɪk-/ *n* ciclamen

cycle /ˈsaɪkl/ *n* **1** ciclo: *the cycle of economic boom and bust* el ciclo de auge y declive económico **2** (*obras*) serie: *song cycle* serie de canciones **3** bicicleta: *cycle path/track* pista de bicicletas ◊ *cycle shorts* pantalón de ciclista *Ver tb* MOTORCYCLE, TRICYCLE

■ **cycle** *vi* ir en bicicleta: *He cycles to work every day.* Va a la oficina en bicicleta todos los días. ◊ *to go cycling* ir de paseo en bici

▶ **cycling** *n* ciclismo: *cycling holidays* vacaciones en bicicleta

cyclic /ˈsaɪklɪk, ˈsɪk-/ (*tb* **cyclical** /ˈsɪklɪkl, ˈsaɪk-/) *adj* cíclico

cyclist /ˈsaɪklɪst/ *n* ciclista

cyclone /ˈsaɪkləʊn/ *n* ciclón

cyclotron /ˈsaɪklətrɒn/ *n* ciclotrón

cygnet /ˈsɪgnət/ *n* pollo de cisne

cylinder /ˈsɪlɪndə(r)/ *n* **1** cilindro: *four-cylinder engine* motor de cuatro cilindros ◊ *cylinder block/head* bloque/culata de cilindros **2** (*gas*) bombona **LOC** *Ver* FIRE[2]

▶ **cylindrical** *adj* cilíndrico

cymbal /ˈsɪmbl/ *n* (*instrumento*) platillo ☛ *Ver ilustración en* PERCUSSION

cynic /ˈsɪnɪk/ *n* desconfiado, -a, escéptico, -a: *They're real cynics.* Están de vuelta de todo.

cynical /ˈsɪnɪkl/ *adj* **1** desengañado, escéptico: *She takes a cynical view of politics.* Es escéptica en cuanto a la política. **2** despiadado, inmoral: *a cynical attempt to deceive them* un intento desalmado de engañarlos **3** egoísta

▶ **cynically** *adv* **1** con escepticismo **2** inmoralmente **3** de forma egoísta

cynicism /ˈsɪnɪsɪzəm/ *n* **1** desencanto, escepticismo **2** inmoralidad **3** egoísmo

cypher *n Ver* CIPHER

cypress /ˈsaɪprəs/ *n* ciprés

Cyprus /ˈsaɪprəs/ *n* Chipre

Cyrillic /sɪˈrɪlɪk/ *adj* cirílico: *the Cyrillic alphabet* el alfabeto cirílico

cyst /sɪst/ *n* quiste

cystic fibrosis /ˌsɪstɪk faɪˈbrəʊsɪs/ *n* fibrosis pulmonar

cystitis /sɪˈstaɪtɪs/ *n* cistitis

czar (*tb* **tsar**) /zɑː(r)/ *n* zar

czarina (*tb* **tsarina**) /zɑːˈriːnə/ *n* zarina

Dd

D, d /diː/ *n* (*pl* **D's** /diːz/) **1** (*letra*) D, d: *D for Daniel* D de dedo **2** (*Mús*) re **3** (*Educ*): *I got a D for/in maths.* Saqué un aprobado bajo en matemáticas.

D (*Pol*) *abrev de* **Democrat**

DA /diː ˈeɪ/ (*USA*) *abrev de* **District Attorney**

dab[1] /dæb/ *vt, vi* (**-bb-**) **to dab (at) sth 1** *He dabbed (at) the wound with a handkerchief.* Se limpió la herida suavemente con un pañuelo. **2** *She dabbed (at) her eyes.* Se enjugó las lágrimas.

PHR V to dab sth on (sth): *She dabbed some cream on to the cut.* Se puso un poco de crema en la herida.

■ **dab** *n* **1(a)** poquito **(b)** *a dab with a handkerchief* un suave toque con un pañuelo **(c)** brochazo **2 dabs** (*GB, argot*) huellas dactilares

LOC to be a dab hand (at sth) (*GB, coloq*) ser un manitas (para algo)

dab[2] /dæb/ *n* gallo (*pez*)

dabble /ˈdæbl/ **1** *vi* **(a)** chapotear **(b)** ~ **(in/with sth)**: *He dabbles in politics.* Hace pinitos en política. **2** *vt*: *to dabble your feet in the water* chapotear con los pies en el agua

dachshund /ˈdækshnd/ *n* perro salchicha ☛ *Ver ilustración en* DOG[1]

dad /dæd/ (*tb* **daddy** /ˈdædi/) *n* (*coloq*) papá *Ver tb* GRANDDAD, SUGAR DADDY

daddy-long-legs /dædi ˈlɒŋ legz/ *n* (*coloq*) típula

daemon *Ver* DEMON

daffodil /ˈdæfədɪl/ *n* narciso ☛ *Ver ilustración en* FLOR

daft /dɑːft; *USA* dæft/ *adj* (**-er, -est**) (*coloq*) bobo: *It's daft to get up so early.* Es una bobada levantarse tan pronto.

dagger /ˈdægə(r)/ *n* puñal, daga ☛ *Ver ilustración en* KNIFE

LOC to be at daggers drawn (with sb) estar a matar (con algn) **to look daggers at sb**: *He looked daggers at me.* Me lanzó una mirada fulminante.

dago /ˈdeɪgəʊ/ *n* (*pl* **~s**) (*argot, ofen*) término despectivo que se aplica a españoles, portugueses e italianos

dahlia /ˈdeɪliə; *USA* ˈdælɪə/ *n* dalia

Dáil Éireann /ˌdɔɪl ˈeərən/ (*tb* **the Dáil**) *n* asamblea legislativa de la República de Irlanda

daily /ˈdeɪli/ *adj* [*antes de sustantivo*] diario, cotidiano

LOC daily bread el pan de cada día

■ **daily** *adv* **1** a diario, diariamente **2** *Open 9-5 daily.* Abierto todos los días de 9.00 a 5.00. ◊ *twice daily* dos veces al día

■ **daily** *n* (*pl* **-ies**) **1** (*periódico*) diario **2** (*GB, coloq*) (*tb* **daily help**) asistenta

dainty /ˈdeɪnti/ *adj* (**-ier, -iest**) **1** delicado **2** fino

▸ **daintily** *adv* **1** delicadamente **2** con fineza

dairy /ˈdeəri/ *n* (*pl* **-ies**) **1** lechería **2** vaquería

dairy cattle *n* vacas lecheras

dairy farm *n* vaquería

dairy farmer *n* vaquero, -a (*lechero*)

dairy farming *n* producción lechera

dairy produce (*tb* **dairy products**) *n* productos lácteos

dais /ˈdeɪɪs/ *n* (*pl* **~es**) estrado

daisy /ˈdeɪzi/ *n* (*pl* **-ies**) margarita: *a daisy chain* una guirnalda de margaritas ☛ *Ver ilustración en* FLOR

LOC *Ver* FRESH, PUSH

dale /deɪl/ *n* valle

dally /ˈdæli/ *vi* (*pret, pp* **dallied**) perder el tiempo

PHR V to dally with an idea, etc acariciar una idea, etc

to dally with sb coquetear con algn

Dalmatian /dælˈmeɪʃn/ *n* dálmata ☛ *Ver ilustración en* DOG[1]

dam /dæm/ *n* **1** presa (*de un río*) **2** embalse

■ **dam** *vt, vi* **to dam (up) a river, etc** represar un río, etc

damage /ˈdæmɪdʒ/ *vt* **1** dañar: *The house was badly damaged in the fire.* La casa fue seriamente dañada por el incendio. **2** perjudicar **3** estropear *Ver tb* BRAIN-DAMAGED

■ **damage** *n* **1** [*incontable*] daños, destrozos: *criminal damage* daños materiales ◊ *The storm caused a lot of damage.* La tormenta causó muchos daños. **2 damages** [*pl*] daños y perjuicios

LOC what's the damage? (*GB, coloq*) la dolorosa, por favor

▸ **damaging** *adj* **1** *to have a damaging effect on sth* tener efectos negativos sobre algo ◊ *damaging criticism* duras críticas **2** perjudicial

damask /ˈdæməsk/ *n* damasco: *a damask tablecloth* un mantel adamascado

dame /deɪm/ *n* **1 Dame** (*GB*) título honorífico concedido a mujeres **2** (*USA, argot, ofen, antic*) mujer, tía

damn /dæm/ *vt* **1** (*Relig*) condenar **2** criticar duramente **3** (*coloq*) *Damn the consequences!* ¡Al demonio con las consecuencias! ◊ *I'm damned if I know!* ¡Que me maten si lo sé!

LOC I'll be damned! (*coloq*) ¡habrase visto! **to damn sth/sb with faint praise** alabar algo/a algn sin entusiasmo como medio de criticar *Ver tb* NEAR[1]

■ **damn** *n*

LOC not to care/give a damn (about sth/sb) (*coloq*) *I don't give a damn about your ideas.* Me importan un bledo tus ideas.

■ **damn** (*tb* **damned**) *adj* (*coloq*) maldito: *Those damn children!* ¡Esos malditos niños! ◊ *It's no damn good to anyone.* No sirve para nada.

■ **damn** (*tb* **damned**) *adv* (*coloq*) *Don't be so damn silly!* ¡No seas tan rematadamente tonto! ◊ *You know damn well what I mean!* ¡Sabes perfectamente a lo que me refiero!

LOC damn all (*coloq*) nada de nada: *It's damn all use you telling me that now!* No sirve para nada que me cuentes eso ahora. *Ver tb* SIGHT

■ **damn** *interj* (*coloq*) ¡mecachis!

damnable /ˈdæmnəbl/ *adj* aborrecible

damnation /dæmˈneɪʃn/ **1** *n* (*Relig*) condenación **2** *interj* (*antic*) ¡mecachis!

damned /dæmd/ *adj, adv Ver* DAMN

■ **the damned** *n* los condenados

damnedest /ˈdæmdɪst/ *n*

LOC to do/try your damnedest (*coloq*) *She tried her damnedest to arrive on time.* Hizo todo lo posible para llegar a tiempo.

damning /ˈdæmɪŋ/ *adj* condenatorio, crítico

damp[1] /dæmp/ *adj* (**-er, -est**) húmedo: *a damp cloth* un trapo húmedo ◊ *They grow best in warm, damp conditions.* Crecen mejor en un sitio cálido y húmedo. ◊ *a damp patch on a wall* una mancha de húmedad en la pared ☛ *Ver nota en* MOIST

LOC **a damp squib** (*coloq*) un chasco

■ **damp** *n* humedad

damp[2] /dæmp/ *vt* **1** humedecer, mojar **2** (*tb* **dampen**) **~ (down) (a)** (*ruido, etc*) amortiguar **(b)** (*ánimos, etc*) deprimir **(c)** (*especulaciones, etc*) calmar

PHR V **to damp down (a fire)** sofocar (un fuego)

dampen /ˈdæmpən/ *vt* (*tb* **dampen down**) *Ver* DAMP[2] sentido 2

damper /ˈdæmpə(r)/ *n* **1** (*Mús*) apagador **2** amortiguador

LOC **to put a damper on sth** (*coloq*) *That put a damper on things.* Eso nos aguó la fiesta.

dampness /ˈdæmpnəs/ *n* humedad

damp-proof course *n* aislante hidrófugo

damsel /ˈdæmzl/ *n* (*antic*) damisela

LOC **a damsel in distress** (*joc*) una damisela en apuros

dance /dɑːns; *USA* dæns/ **1** *vt, vi* bailar: *to dance a waltz* bailar un vals ◊ *to dance for joy* bailar de alegría **2** *vi* (*fig*) danzar **3** *vt* bailar con: *She danced the child round the room.* Bailó con el niño por toda la habitación.

LOC **to dance attendance on/upon sb** (*formal*) obsequiar a algn: *She loves people to dance attendance (up)on her.* Le encanta que la gente esté pendiente de ella.

■ **dance** *n* **1** baile: *to hold a dance* celebrar un baile ◊ *dance band/floor/music* orquesta/pista/música de baile *Ver tb* FOLK DANCE, MORRIS DANCE, TAP-DANCE **2** danza

LOC *Ver* SONG

▶ **dancer** *n* **1** bailarín, -ina *Ver tb* BALLET DANCER, BELLY DANCER **2** *She is a keen dancer.* Le gusta mucho bailar. ◊ *flamenco dancer* bailaor

dancing *n*: *dancing partner* pareja de baile ◊ *dancing shoes* zapatillas de baile *Ver tb* COUNTRY DANCING

dandelion /ˈdændɪlaɪən/ *n* diente de león ☛ *Ver ilustración en* FLOR

dandruff /ˈdændrʌf/ *n* caspa

dandy /ˈdændi/ *adj* (*USA, coloq, irón*) estupendo: *That's just dandy!* ¡Eso es estupendo!

■ **dandy** *n* dandi

Dane /deɪn/ *n* (*persona*) danés, -esa *Ver tb* GREAT DANE

danger /ˈdeɪndʒə(r)/ *n* peligro: *a danger to society* un peligro para la sociedad ◊ *danger money* prima de peligrosidad ◊ *danger sign/signal* señal de peligro ◊ *danger area/zone* zona de peligro

LOC **to be in danger** correr peligro: *They are in danger of losing their jobs.* Corren el peligro de quedarse sin trabajo. **to be on the danger list** (*coloq*) estar en peligro de muerte **to be out of danger** estar fuera de peligro

dangerous /ˈdeɪndʒərəs/ *adj* **1** peligroso, arriesgado: *dangerous driving* conducción peligrosa **2** nocivo: *dangerous substances* productos nocivos

▶ **dangerously** *adv* peligrosamente: *dangerously ill* en peligro de muerte ◊ *They came dangerously close to losing.* Estuvieron a punto de perder.

dangle /ˈdæŋgl/ **1** *vi* colgar: *A cigarette was dangling from his mouth.* Un cigarrillo le colgaba de los labios. **2** *vt* balancear: *He dangled the watch in front of her eyes.* La tentó pasándole el reloj por delante de los ojos.

LOC **to keep sb dangling** tener a algn en suspenso

Danish /ˈdeɪnɪʃ/ *adj* danés

■ **Danish** *n* **1** (*idioma*) danés **2 the Danish** [*pl*] los daneses

> Una persona danesa se llama a **Dane**.

Danish (pastry) *n* hojaldre relleno de manzana y almendras

dank /dæŋk/ *adj* (*pey*) húmedo (y malsano)

▶ **dankness** *n* humedad

dapper /ˈdæpə(r)/ *adj* (*gen se aplica a hombres*) refinado, atildado

dappled /ˈdæpld/ *adj* **1** (*caballo*) rodado **2** moteado

dare[1] /deə(r)/

● **v modal** (*neg* **dare not** o **daren't** /deənt/ *pret* **dared not**) atreverse a: *I daren't look.* No me atrevo a mirar. ◊ *Do you dare tell him?* ¿Te atreves a decírselo?

LOC **how dare you!** ¡cómo te atreves!: *How dare he say that!* ¡Cómo se atreve a decir eso! **I dare say** diría yo: *I dare say he'll come back.* No me sorprendería que volviera mañana.

> Cuando **dare** es un verbo modal le sigue un infinitivo sin *to*, y construye las oraciones negativas e interrogativas y el pasado sin el auxiliar *do*: *Nobody dared speak.* Nadie se atrevió a hablar. ◊ *I daren't ask my boss for a day off.* No me atrevo a pedirle a mi jefe un día libre.

● **v intransitivo** (*neg* **don't/doesn't dare** *pret* **didn't dare**) (*en frases negativas y en preguntas*) atreverse a: *They didn't dare (to) ask him.* No se atrevían a preguntarle. ◊ *I want to leave but I don't dare.* Quiero irme pero no me atrevo.

LOC **don't you dare** ni se te ocurra: *Don't (you) dare tell her!* ¡No se te ocurra decírselo!

> A diferencia de otros verbos modales, **dare** también puede comportarse como un verbo intransitivo.
> Cuando **dare** es un verbo intransitivo, construye la tercera persona singular del presente con *-s* y las oraciones interrogativas y negativas y el pasado con el auxiliar *do*, y puede ir seguido de un infinitivo con o sin *to*: *Nobody dares (to) criticize his decisions.* Nadie se atreve a criticar sus decisiones. ◊ *They didn't dare (to) disobey.* No se atrevieron a desobedecer.
> En general, **dare** se utiliza con oraciones negativas e interrogativas, mientras que en las oraciones afirmativas se tiende a utilizar otras construcciones con el sentido de "atreverse", como por ejemplo **not to be afraid to**: *She's not afraid to say what she thinks.* No le da miedo decir lo que piensa.

dare[2] /deə(r)/ *vt* **~ sb (to do sth)** (*esp entre niños*) desafiar a algn (a hacer algo): *I dare you to tell your mother!* ¡A que no se lo dices a tu madre! ◊ *Ask him, I dare you!* ¡Pregúntaselo! ¡Atrévete!

■ **dare** *n* apuesta, reto: *I did it for a dare.* Lo hice por una apuesta.

daredevil /ˈdeədevl/ *adj, n* temerario, -a

daren't = DARE NOT *Ver* DARE[1]

daring /ˈdeərɪŋ/ *n* audacia

■ **daring** *adj* **1** atrevido **2** audaz

▶ **daringly** *adv* **1** con atrevimiento **2** audazmente

dark /dɑːk/ *n* **the dark** la oscuridad: *to be afraid of the dark* tener miedo a la oscuridad

LOC **a leap/shot in the dark** un paso a ciegas **before/after dark** antes/después del anochecer **to be (left) in the dark about sth** quedarse sin saber nada de algo **to keep sb in the dark (about sth)** no decir nada a algn (sobre algo) *Ver tb* WHISTLE

■ **dark** *adj* **(-er, -est) 1** oscuro: *to get/grow dark* anochecer ◊ *dark glasses* gafas oscuras ◊ *dark green curtains* cortinas verde oscuro **2** (*piel, pelo*) moreno **3** (*secreto, etc*) oculto: *dark powers* fuerzas ocultas **4** (*triste*) negro: *These are dark days.* Estamos en tiempos difíciles. **5** (*chocolate*) sin leche *Ver tb* PITCH-DARK

LOC **a dark horse** una persona de talentos ocultos

the Dark Ages *n* la Alta Edad Media

darken /ˈdɑːkən/ **1** *vt, vi* oscurecer(se) **2** *vt* (*color*) hacer más oscuro

LOC **to darken sb's door** (*ret* o *joc*) cruzar la puerta (de algn): *Never darken my door again!* ¡No vuelvas a cruzar esa puerta!

darkly /ˈdɑːkli/ *adv* **1** misteriosamente **2** con pesimismo

darkness /ˈdɑːknəs/ *n* **1** oscuridad: *to be in darkness* estar a oscuras **2** tinieblas

darkroom /ˈdɑːkruːm, -rʊm/ *n* cuarto de revelado

darling /ˈdɑːlɪŋ/ *n* querido, -a: *My darling!* ¡Querida! ◊ *He's a darling!* ¡Es un encanto de hombre!
■ **darling** *adj* **1** querido: *his darling wife* su querida esposa **2** encantador

darn /dɑːn/ **1** *vt* zurcir: *darning needle* aguja de zurcir **2** *vt, interj*: *Darn (it)!* ¡Maldita sea!
■ **darn** (*tb* **darned**) *adj* maldito
LOC a darn(ed) sight cien veces: *It's a darned sight harder than it looks.* Es cien veces más difícil de lo que parece.

darts

dart /dɑːt/ *n* **1** dardo: *a poisoned dart* un dardo envenenado **2** *She made a dart for the exit.* Se precipitó hacia la salida. **3** (*costura*) pinza **4 darts** [*sing*] dardos: *to play darts* jugar a los dardos
■ **dart** *vi* precipitarse
PHR V to dart away/off salir disparado

dartboard /ˈdɑːtbɔːd/ *n* diana (*para dardos*)

dash /dæʃ/ *n* **1** *to make a dash for sth* precipitarse hacia algo ◊ *There was a mad dash for the door.* Nos lanzamos como locos hacia la puerta. **2** (*USA*) carrera: *the 100-metres dash* la carrera de los 100 metros **3 ~ (of sth)** pizca (de algo) **4(a)** (*tipografía*) raya ☛ *Ver págs 592–3* **(b)** (*morse*): *dots and dashes* puntos y rayas *Ver tb* PEBBLE-DASH
LOC to cut a dash (*antic*) llamar la atención (*por ser elegante*) *Ver tb* BOLT[2]
■ **dash 1** *vi* apresurarse: *I must dash.* Tengo que darme prisa. **2** *vi*: *He dashed across the room.* Cruzó la sala a toda prisa. ◊ *I dashed upstairs.* Subí las escaleras a todo correr. ☛ El verbo **dash** más una preposición significa ir en cierta dirección a toda prisa. En general se traduce por un verbo más adverbio **3** *vt* estrellar: *The boat was dashed against the rocks.* El barco se estrelló contra las rocas. **4** *vt* (*esperanzas, etc*) desbaratar
LOC dash it! (*coloq*) ¡porras! *Ver tb* HOPE
PHR V to dash about/around ir de un lado a otro como una exhalación
to dash away/off irse a toda prisa
to dash sth off hacer algo a toda prisa: *to dash off a letter* escribir una carta a toda prisa

dashboard /ˈdæʃbɔːd/ (*tb* **fascia**) *n* salpicadero ☛ *Ver ilustración en* CAR

dashing /ˈdæʃɪŋ/ *adj* **1** apuesto **2** elegante

data /ˈdeɪtə, ˈdɑːtə; *USA* ˈdætə/ *n* **1** [*gen sing*] (*Informát*) datos **2** [*v sing o pl*] información: *The data is/are still being analysed.* Todavía se está examinando la información.

Muchos sustantivos en inglés provienen del latín o del griego, y en algunos casos no está claro si son singulares o plurales: *this data is private* y *these data are private* son igualmente correctos. **Paraphernalia** (plural griego) se usa en singular. **Media** (plural latino) se usa a veces como singular: *The media are/is often accused of being biased.* A menudo se acusa a los medios de comunicación de no ser imparciales.

database /ˈdeɪtəbeɪs/ *n* base de datos

date[1] /deɪt/ *n* **1** fecha: *What's the date?* ¿Qué día es hoy? ◊ *closing date* fecha límite ◊ *expiry date* fecha de caducidad ◊ *at some/a future date* en una futura ocasión ◊ *date of birth* fecha de nacimiento *Ver tb* SELL-BY DATE ☛ *Ver nota en* FECHA **2** (*coloq*) **(a)** cita: *We made a date to go to the opera.* Quedamos para ir a la ópera. **(b)** (*esp USA*) (*persona*) pareja (*para una cita*)
LOC to be out of date 1 estar pasado de moda **2** estar desfasado **3** estar caducado **to date** hasta la fecha **to go out of date 1** pasar(se) de moda **2** quedarse desfasado **3** caducar *Ver tb* LATE, UP-TO-DATE

date[2] /deɪt/ **1** *vt* fechar: *In your letter dated 15 Jan...* En su carta con fecha del 15 de enero... *Ver tb* BACKDATE, POST-DATE, PRE-DATE **2** *vt* (*fósiles, cuadros*) datar **3** *vi* pasar de moda **4** *vi* **~ back to/from...** datar de... **5** *vt* **~ sb** (*esp USA, coloq*) salir con algn
▶ **dated** *adj* **1** pasado de moda **2** desfasado

date[3] /deɪt/ *n* dátil

date rape *n* violación durante una cita

dating agency *n* agencia matrimonial

daub /dɔːb/ *vt* **~ sth (in/on sth)**; **~ sth (with sth)** pintarrajear algo (en/sobre algo); embadurnar algo (de algo): *words daubed in blood on the wall* palabras pintarrajeadas con sangre sobre el muro

daughter /ˈdɔːtə(r)/ *n* hija ☛ *Ver nota en* HIJO *Ver tb* GOD-DAUGHTER, GRANDDAUGHTER, STEPDAUGHTER

daughter-in-law /ˈdɔːtər ɪn lɔː/ *n* (*pl* **daughters-in-law** /ˈdɔːtəz ɪn lɔː/) nuera

daunt /dɔːnt/ *vt* intimidar, desalentar: *to be daunted by sth* sentirse intimidado por algo
LOC nothing daunted (*formal*) sin desaliento

daunting /dɔːntɪŋ/ *adj* sobrecogedor: *a daunting task* una tarea impresionante

dawdle /ˈdɔːdl/ *vi* perder el tiempo: *Stop dawdling and hurry up.* Deja de perder el tiempo y date prisa.

dawn /dɔːn/ *n* **1** amanecer: *from dawn till dusk* de sol a sol ◊ *as/when dawn broke* cuando despuntaba el alba **2** (*fig*) albores: *at the dawn of civilization* en los albores de la civilización **LOC** *Ver* CRACK[1]
■ **dawn** *vi* **1 ~ (on sb)**: *It finally dawned (on me) that he had been lying.* Finalmente me di cuenta de que había estado mintiendo. **2** amanecer: *the dawning of a new era* el comienzo de una nueva era

dawn chorus *n* canto de los pájaros al amanecer

day /deɪ/ *n* **1** día: *all day* todo el día *Ver tb* ALL SAINTS' DAY, ALL SOULS' DAY, APRIL FOOL'S DAY, ARMISTICE DAY, BIRTHDAY, BOXING DAY, D-DAY, DAY-TO-DAY, DOOMSDAY, FIELD DAY, JUDG(E)MENT DAY, LABOUR DAY, LATTER-DAY, MAY DAY, MEMORIAL DAY, MIDDAY, MIDSUMMER('S) DAY, MOTHER'S DAY, NEW YEAR'S DAY, OFF DAY, OPEN DAY, PANCAKE DAY, PAY DAY, PRESENT-DAY, RED-LETTER DAY, SOME DAY, SPEECH DAY, VETERANS' DAY, WEEKDAY **2** jornada: *a six-hour day* una jornada de seis horas **3 days** [*pl*] época: *in those days* en aquella época *Ver tb* SCHOOLDAYS
LOC by day/night de día/noche **day after day** día tras día **day by day** día a día **day in, day out** todos los días sin excepción **from day to day**; **from one day to the next** de un día para otro **give me sth/sb any day** (*coloq*) yo antes me quedo con algo/algn: *You can keep your cricket. Give me football any day.* Tú quédate con tu criquet, yo prefiero el fútbol. **if he's, she's, etc a day** (*coloq*) (*hablando de la edad de algn*): *He's eighty if he's a day!* ¡Por lo menos tiene 80 años! **in this day and age** hoy en día **in your day** en su época: *She was a great beauty in her day.* En su época fue muy guapa. **it's not sb's day** (*coloq*) *It's just not my day!* ¡Vaya día que tengo! **one day**; **one of these days** algún día **one of those days**: *I've had/It's been one of those days!* Hoy he tenido el día negro. **sth's/sb's days are numbered** algo/algn tiene los días contados **that'll be the day** (*irón*) eso habrá que verlo **the day after tomorrow** pasado mañana **the day before** el día anterior **the day before yesterday** anteayer **these days** hoy en día **those were the days** aquellos sí que eran buenos tiempos **to carry/win the day** (*coloq*) salir victorioso

to have had your day haberse pasado su época **to make sb's day** (*coloq*) dar una alegría a algn **to the day** justo: *It's three years to the day since we met.* Son tres años justos desde que nos conocimos. **to this day** aun ahora: *To this day, I still don't know why she did it.* Aun ahora no sé por qué lo hizo. *Ver tb* BETTER, BORN, BREAK², BUILD¹, CALL, CARRY, CLEAR¹, DOG¹, EARLY, END¹, END², EVER, FINE², FOLLOWING, HAPPY, LATE, LIGHT¹, NIGHT, OLD, ORDER¹, PASS², POSTPONE, PRESENT¹, RAINY, SALAD, SAVE

daybreak /ˈdeɪbreɪk/ *n* alba

day care *n* servicios de atención para ancianos, minusválidos, etc en su propia casa

day (care) centre *n* centro social para el cuidado de ancianos, minusválidos, etc

daydream /ˈdeɪdriːm/ *n* ensueño
■ **daydream** *vi* ~ **(about sth)** soñar despierto (sobre algo)

dayglo (*tb* **Dayglo**) /ˈdeɪgləʊ/ *adj*: *dayglo colours* colores fluorescentes

daylight /ˈdeɪlaɪt/ *n* luz del día: *in daylight* de día
LOC daylight robbery (*coloq, fig*) un robo *Ver tb* BROAD

daylights /ˈdeɪlaɪts/ *n* [*pl*]
LOC to beat/knock the (living) daylights out of sb (*coloq*) dar una soberana paliza a algn **to frighten/scare the (living) daylights out of sb** (*coloq*) dar un susto de muerte a algn

daylight saving time (*USA*) (*GB* **summer time**) *n* hora de verano

day-long *adj, adv* (que dura) todo el día

day off *n* día libre

day return *n* billete de ida y vuelta para un mismo día

day shift *n* turno de día

daytime /ˈdeɪtaɪm/ *n* día: *in the daytime* de día ◊ *your daytime telephone number* el teléfono de su trabajo

day-to-day *adj* **1** día a día **2** diario: *the day-to-day running of the centre* la administración diaria del centro

day trip *n* excursión de un día

daze /deɪz/ *vt* aturdir
■ **daze** *n*
LOC in a daze aturdido
▶ **dazed** *adj* aturdido: *a dazed expression* una expresión de desconcierto

dazzle /ˈdæzl/ *vt* deslumbrar
■ **dazzle** *n* **1** brillo **2** (*fig*) esplendor **3** deslumbramiento
▶ **dazzling** *adj* deslumbrante
dazzlingly *adv*: *She is dazzingly beautiful.* Su belleza es deslumbrante.

DC /ˌdiː ˈsiː/ *abrev de* **District of Columbia** distrito de Columbia: *Washington DC* Washington DC

D-Day /ˈdiː deɪ/ *n* **1** día D (*día del desembarco aliado en Normandía: 6 junio 1944*) **2** (*fig*) el día señalado

DDT /ˌdiː diː ˈtiː/ *abrev de* **dichlorodiphenyltrichloroethane** DDT

deacon /ˈdiːkən/ *n* diácono *Ver tb* ARCHDEACON

deaconess /ˌdiːkəˈnes/ *n* diaconisa

dead /ded/ *adj* **1** muerto: *a dead body* un cadáver ◊ *to be dead on arrival* ingresar cadáver **2** soso **3** (*costumbres*) perdido **4** (*hojas*) seco **5** (*brazos, etc*) dormido **6** ~ **to sth** insensible a algo **7(a)** (*cerillas*) usado **(b)** (*pilas*) gastado **(c)** (*teléfono*): *The line went dead.* Se ha cortado la línea. **8** absoluto: *in the dead centre of the town* en el mismo centro del pueblo ◊ *come to a dead stop* parar en seco ◊ *He's a dead cert for the 100 metres.* Con toda seguridad ganará los 100 metros. **9** (*balón*) fuera de juego
LOC as dead as a doornail (*coloq*) más que requetemuerto **dead to the world**: *Once he's asleep he's dead to the world.* Una vez dormido, no lo despierta ni una bomba. **more dead than alive** más muerto que vivo **over my dead body** por encima de mi cadáver **the dead hand of sth** la mano oculta de algo **to be a dead duck** estar condenado al fracaso **to be a dead letter** ser letra muerta **to be a dead loss** ser una calamidad **to be a dead ringer for sb** (*coloq*) ser idéntico a algn **to cut sb dead** fingir no conocer a algn, pasar de algn **wouldn't be seen dead doing sth, with sb, etc** (*coloq*) *He wouldn't be seen dead with us.* No se dejaría ver con nosotros por nada del mundo. *Ver tb* DROP, FAINT², FLOG, WAKE¹
■ **dead** *adv*: *dead drunk* completamente borracho ◊ *You're dead right.* Tienes toda la razón.
LOC to be dead beat (*coloq*) estar hecho polvo **to be dead set against sth** estar totalmente en contra de algo **to be dead set on doing sth** estar totalmente resuelto a hacer algo *Ver tb* STOP
▶ **the dead** *n* [*pl*] los difuntos, los muertos
LOC in the/at dead of night en plena noche *Ver tb* RISE¹

deaden /ˈdedn/ *vt* **1** (*sonido*) amortiguar **2** (*dolor*) aliviar

dead end *n* callejón sin salida
▶ **dead-end** *adj*: *a dead-end job* un trabajo sin futuro

dead heat *n* empate

deadline /ˈdedlaɪn/ *n* **1** plazo: *The deadline is next Thursday.* El plazo expira el próximo jueves. ◊ *to meet/miss a deadline* cumplir/no cumplir con un plazo **2(a)** hora límite **(b)** fecha límite

deadlock /ˈdedlɒk/ *n* punto muerto: *to break the deadlock* encontrar una salida
▶ **deadlocked** *adj* en punto muerto

deadly /ˈdedli/ *adj* **(-ier, -iest) 1** mortal **2** (*tb* **deadly boring**) (*coloq*) aburridísimo **LOC** *Ver* EARNEST
■ **deadly** *adv*: *The problem is deadly serious.* El problema es muy serio.
LOC the (seven) deadly sins los (siete) pecados capitales

deadly nightshade *n* belladona

deadpan /ˈdedpæn/ *adj* **1** *a deadpan expression* una expresión que no delata nada **2** (*humor*) socarrón

deaf /def/ *adj* sordo: *go deaf* quedarse sordo ◊ *deaf and dumb* sordomudo *Ver tb* TONE-DEAF
LOC (as) deaf as a post (*coloq*) más sordo que una tapia **to be deaf to sth** hacer oídos sordos a algo **to fall on deaf ears**: *Her requests fell on deaf ears.* Sus peticiones no fueron escuchadas. **to turn a deaf ear (to sth/sb)** hacerse el sordo (ante algo/algn)
■ **the deaf** *n* los sordos

deafen /ˈdefn/ *vt* ensordecer
▶ **deafening** *adj* ensordecedor
LOC a deafening silence un silencio profundo
deafeningly *adv* ensordecedoramente

deaf mute *n* sordomudo, -a

deafness /ˈdefnəs/ *n* sordera

deal¹ /diːl/ *n* (*GB*) pino: *a deal table* una mesa de pino

deal² /diːl/ *n* **1** trato, acuerdo: *It's a deal!* ¡Trato hecho! ◊ *a business deal* una transacción comercial ◊ *to make/close a deal* hacer/cerrar un trato **2** contrato **3** reparto (*de naipes*): *It's your deal.* Te toca dar.
LOC a good deal mucho: *It's a good deal warmer today.* Hace mucho más calor hoy. **a raw/rough deal** trato injusto *Ver tb* BEST, BIG, GREAT, WHEEL
■ **deal** *vt, vi* (*pret, pp* **dealt** /delt/) (*naipes*) dar: *Whose turn is it to deal?* ¿A quién le toca dar?
LOC to deal a blow to sth/sb: *The scandal has dealt a severe blow to her credibility.* El escándalo ha supuesto un duro golpe a su credibilidad.
PHR V to deal in sth comerciar en algo: *deal in drugs/arms* traficar en drogas/armas ◊ *This newspaper does not deal in gossip.* Este periódico no se interesa por los chismes.
to deal sth out 1 (*beneficios*) distribuir algo **2** (*castigos*) imponer algo
to deal with sb 1 tratar a algn **2** castigar a algn: *They*

will be severely dealt with. Serán castigados con severidad. **3** negociar con algn **4** ocuparse de algn
to deal with sth 1 (*problema*) resolver algo **2** (*situación*) manejar algo **3** (*tema*) tratar de algo **4** (*tarea*) ocuparse de algo

dealer /ˈdiːlə(r)/ *n* **1** (*naipes*) mano **2** comerciante (*esp de un solo tipo de producto*): *an antique dealer* un anticuario ◊ *a car dealer* un vendedor de coches ☞ *Comparar con* MERCHANT, TRADER *Ver tb* NEWSDEALER, WHEELER-DEALER **3** (*drogas, armas*) traficante **4** agente de cambio y bolsa
▶ **dealership** *n* concesión (*de automóviles, etc*)

dealing /ˈdiːlɪŋ/ *n* **1** trato, relaciones: *their dealings with the local people* sus relaciones con la gente del lugar **2** conducta: *improper dealings* conductas delictivas **3** (*drogas, armas*) tráfico **4** *share dealing(s)* contratación bursátil *Ver tb* DOUBLE-DEALING
LOC **to have dealings with sth/sb** tratar con algo/algn

dealt *pret, pp de* DEAL[2]

dean /diːn/ *n* **1** deán **2** (*universidad*) decano, -a

dear /dɪə(r)/ *adj* (**-er, -est**) **1** querido **2** encantador: *a dear little house* una casita encantadora **3** (*carta*): *Dear Sir(s)* Muy señor(es) mío(s) ◊ *Dear Jason* Querido Jason ☞ *Ver págs 594–7* **4** (*GB*) caro
LOC **dear me!** ¡Dios mío! **for dear life**: *I ran for dear life.* Corrí como si en ello me fuera la vida. **to hold sth/sb dear** apreciar algo/a algn: *Everything I hold dear.* Todo lo que aprecio. *Ver tb* COST, HEART, NEAR[1], OH
■ **dear** *n* **1** cielo: *You're a dear.* Eres un cielo. **2** cariño
▶ **dearest** *n* (*antic*) amor mío
dearly *adv* mucho: *She would dearly like to get that job.* Le gustaría mucho conseguir ese trabajo.

dearth /dɜːθ/ *n* escasez: *There is a dearth of good writers.* Hay escasez de escritores de calidad.

death /deθ/ *n* muerte: *death penalty/sentence* pena/condena de muerte ◊ *death certificate* certificado de defunción ◊ *death threats* amenazas de muerte ◊ *to beat sb to death* matar a algn a palos ◊ *to be burnt to death* morir quemado *Ver tb* THE BLACK DEATH, COT DEATH, LIFE-AND-DEATH
LOC **to be at death's door** estar a las puertas de la muerte **to be in at the death** presenciar el final de algo **to be in your death throes** estar en la última agonía **to be the death of sb** (*fig*) matar a algn: *Those kids will be the death of her.* Esos niños la van a matar. **to do sth to death** repetir algo hasta la saciedad (*obra, tema, etc*): *The Vietnam theme has been done to death.* El tema de Vietnam ha sido repetido hasta la saciedad. **to feel/look like death warmed up/over** sentirse/verse fatal **to put sb to death** dar muerte a algn **to the death**: *a fight to the death* una lucha a muerte *Ver tb* BORE[2], CATCH[1], DICE, DIE[1], FATE, FLOG, FRIGHTEN, GRIM, KISS, MATTER, SICK, SUDDEN, TICKLE

deathbed /ˈdeθbed/ *n* lecho de muerte

death knell *n* toque a muerto
LOC **to be/sound the death knell of sth**: *Her departure sounded the death knell of the scheme.* Su marcha fue la sentencia de muerte del proyecto.

deathly /ˈdeθli/ *adj* **1** (*silencio, frío, etc*) sepulcral **2** (*expresión*) cadavérico
■ **deathly** *adv* **1** (*persona*) como un muerto: *He was deathly cold/pale.* Estaba tan frío/pálido como un muerto. **2** (*lugar*) como una tumba: *The house was deathly quiet.* La casa estaba silenciosa como una tumba.

death rate *n* (tasa de) mortalidad: *the infant death rate* la mortalidad infantil

death row *n* (*USA*) celdas donde se encuentran los condenados a muerte
LOC **to be/wait on death row** estar condenado a muerte

death squad *n* escuadrón de la muerte

death toll *n* balance de muertos: *The death toll has risen to forty.* El balance de muertos ha alcanzado los cuarenta.

débâcle /deɪˈbɑːkl/ *n* **1** debacle **2** (*Mil*) derrota

debar /dɪˈ(r)/ *vt* (**-rr-**) **1** ~ **sb from sth** prohibir algo a algn; privar a algn de algo: *He was debarred from taking part in the elections.* Se le prohibió participar en las elecciones. **2** excluir

debase /dɪˈbeɪs/ *vt* **1** ~ (**yourself**) degradar(se) **2** (*antic*) (*monedas*) depreciar
▶ **debasement** *n* **1** degradación **2** depreciación

debatable /dɪˈbeɪtəbl/ *adj* discutible: *It is debatable whether they would have won.* Es discutible que hubieran ganado.

debate /dɪˈbeɪt/ *n* **1** debate: *a parliamentary debate* un debate parlamentario **2** discusión: *After much debate, we decided to move to London.* Tras mucha discusión, decidimos trasladarnos a Londres. **3** polémica: *There is fierce debate over who was responsible.* Hay una fuerte polémica sobre quién es el culpable.
■ **debate 1** *vt, vi* (*parlamento, etc*) debatir, discutir **2** *vt* considerar: *I'm debating whether to go on holiday this year.* Estoy considerando ir de vacaciones este año.
▶ **debater** *n*: *She has always been a fierce debater.* Siempre ha discutido con vehemencia en los debates.
debating *n* polémica: *debating point* punto conflictivo ◊ *debating chamber* sala de debates

debating society *n* círculo de debate y discusión

debauch /dɪˈbɔːtʃ/ *n* orgía
■ **debauch** *vt* corromper
▶ **debauched** *adj* libertino
debauchery *n* libertinaje: *a life of debauchery* una vida de libertinaje

debenture /dɪˈbentʃə(r)/ *n* (*Fin*) obligación

debilitate /dɪˈbɪlɪteɪt/ *vt* debilitar
▶ **debility** *n* [*incontable*] debilidad

debit /ˈdebɪt/ *n* **1** débito: *the debit side* el debe **2** (*banco*) cargo *Ver tb* DIRECT DEBIT
■ **debit** *vt* (*banco*) cobrar: *The bank has debited me £30 for telephone calls.* El banco me ha cobrado 30 libras por llamadas telefónicas.

debit card *n* tarjeta de débito

debonair /ˌdebəˈneə(r)/ *adj* sofisticado (*en la apariencia, el vestir, etc*)

debrief /ˌdiːˈbriːf/ *vt* pedir informes
LOC **to be debriefed**: *Pilots were debriefed by their commanders.* Los pilotos dieron informes a sus superiores.

debris /ˈdebriː, ˈdeɪ-; *USA* dəˈbriː/ *n* [*incontable*] **1(a)** escombros **(b)** (*avión, barco, etc*) restos **2** (*Geol*) rocalla

debt /det/ *n* deuda: *debt collector* cobrador de deudas ◊ *debt-laden/debt-ridden* cargado de deudas ◊ *to feel a debt of gratitude to sb* sentir una deuda de gratitud con algn *Ver tb* BAD DEBT, NATIONAL DEBT
LOC **a debt of honour** una deuda de honor **to be in debt** tener deudas **to be in sb's debt** (*formal*) estar en deuda con algn **to be £x in debt to sb** tener una deuda de x libras con algn **to get/run into debt** contraer deudas **to run up a debt** contraer una deuda *Ver tb* PAY[2]
▶ **debtor** *n* deudor, -ora: *debtor countries* países deudores

debug /ˌdiːˈbʌg/ *vt* (**-gg-**) (*Informát*) limpiar

debunk /ˌdiːˈbʌŋk/ *vt* **1** (*persona*) desenmascarar **2** (*teoría, etc*) desmitificar

début (*tb* **debut**) /ˈdeɪbjuː; *USA* dɪˈbjuː/ *n* debut: *her debut album* su primer álbum
LOC **to make your debut** hacer su debut
▶ **débutant** *n* debutante
débutante *n* debutante (*en sociedad*)

Dec *abrev de* **December**

the Decalogue /ˈdekəlɒg; *USA* -lɔːg/ *n* el Decálogo

decade /ˈdekeɪd; *USA* dɪˈkeɪd/ *n* década

decadent /ˈdekədənt/ *adj* decadente

▶ **decadence** *n* decadencia

decaffeinated /ˌdiːˈkæfmeɪtɪd/ *adj* descafeinado, sin cafeína

decamp /dɪˈkæmp/ *vi* **1** largarse **2** (*Mil*) levantar el campamento

decant /dɪˈkænt/ *vt* decantar

▶ **decanter** *n* licorera (*botella*)

decapitate /dɪˈkæpɪteɪt/ *vt* decapitar

▶ **decapitation** *n* decapitación

decathlon /dɪˈkæθlɒn/ *n* decatlón

▶ **decathlete** *n* decatleta

decay /dɪˈkeɪ/ *vi* **1** descomponerse **2** desmoronarse **3** decaer **4** cariarse: *decayed teeth* dientes con caries **5** (*uranio, etc*) desintegrarse

■ **decay** *n* **1** descomposición **2** desmoronamiento **3** decadencia, decaimiento **4** (*tb* **tooth decay**) caries **5** (*uranio, etc*) desintegración

LOC **to fall into decay** empezar a decaer

decease /dɪˈsiːs/ *n* (*formal*) defunción

▶ **deceased** **1** *adj* difunto **2** *n* **the deceased** el difunto, la difunta, los difuntos, las difuntas

deceit /dɪˈsiːt/ *n* **1** [*incontable*] engaños: *She won promotion by deceit.* Consiguió el ascenso con engaños. **2** (*doblez*) falsedad **3** engaño **LOC** *Ver* PRACTISE

deceitful /dɪˈsiːtfl/ *adj* **1** mentiroso **2** engañoso

▶ **deceitfully** *adv* de forma engañosa

deceitfulness *n* falsedad

deceive /dɪˈsiːv/ **1** *vt* engañar **2** *v refl* **~ yourself** engañarse

decelerate /ˌdiːˈseləreɪt/ *vi* **1** aminorar la marcha **2** (*Econ*) desacelerar

▶ **deceleration** *n* desaceleración

December /dɪˈsembə(r)/ *n* (*abrev* **Dec**) diciembre ☛ *Ver nota y ejemplos en* JANUARY

decency /ˈdiːsnsi/ *n* decencia, decoro: *to affront/outrage public decency* atentar contra el pudor ◊ *to have the decency to do sth* tener la decencia de hacer algo ◊ *sense of decency* sentido del decoro

decent /ˈdiːsnt/ *adj* **1** decente, correcto: *Are you decent?* ¿Estás visible? ◊ *He should do the decent thing and resign.* Debería hacer lo correcto y dimitir. **2** adecuado, aceptable: *to make a decent living* ganarse la vida bastante bien **3** amable: *It was very decent of you.* Ha sido muy amable de tu parte.

▶ **decently** *adv* **1** decentemente: *as soon as decently possible* en cuanto sea socialmente aceptable **2** adecuadamente **3** amablemente

decentralize, -ise /ˌdiːˈsentrəlaɪz/ *vt, vi* descentralizar(se)

▶ **decentralization, -isation** *n* descentralización

deception /dɪˈsepʃn/ *n* engaño: *to obtain sth by deception* obtener algo mediante engaño *Ver tb* SELF-DECEPTION

deceptive /dɪˈseptɪv/ *adj* engañoso **LOC** *Ver* APPEARANCE

▶ **deceptively** *adv*: *It's deceptively easy.* Parece fácil pero engaña. ◊ *a deceptively simple style* un estilo que engaña por su sencillez

decibel /ˈdesɪbel/ *n* decibelio

decide /dɪˈsaɪd/ **1** *vi* **(a)** decidirse: *to decide to do sth* decidirse a hacer algo ◊ *the deciding factor* el factor decisivo **(b)** **~ (on sth/sb)** optar (por algo/algn) **(c)** **~ (against sth/sb)** decidirse (en contra de algo/algn) **(d)** **~ (against doing sth)** optar (por no hacer algo) **(e)** (*Jur*) fallar **2** *vt* decidir, determinar: *That decided me.* Eso me decidió. ◊ *What decided you against it?* ¿Qué fue lo que te hizo decidirte en contra?

▶ **decidedly** *adv* (*formal*) decididamente: *I feel decidedly unwell.* Me siento francamente mal.

decider *n* partido de desempate

deciduous /dɪˈsɪdʒuəs, dɪˈsɪdjuəs/ *adj* **1** de hoja caduca ☛ *Comparar con* EVERGREEN **2** (*bosque*) de árboles de hoja caduca

decimal /ˈdesɪml/ *adj* decimal: *decimal point* coma decimal ◊ *decimal system* sistema métrico decimal

■ **decimal** *n* **1** (*tb* **decimal fraction**) (fracción) decimal **2** **decimal place** decimal: *calculated to 5 decimal places* calculado con cinco decimales

decimate /ˈdesɪmeɪt/ *vt* diezmar

decipher /dɪˈsaɪfə(r)/ *vt* descifrar

decision /dɪˈsɪʒn/ *n* **1(a)** **~ (on/against sth)**; **~ (to do sth)**; **~ (as to/about how, why, when, etc)** decisión (sobre/en contra de algo); (de hacer algo); (sobre cómo, por qué, cuándo, etc): *to make/take a decision* tomar una decisión ◊ *to reach/come to a decision* llegar a una decisión **(b)** (*Jur*) fallo **2** (*cualidad*) decisión, resolución

decision-maker *n* persona que toma las decisiones

decision-making /dɪˈsɪʒn meɪkɪŋ/ *n* toma de decisiones

decisive /dɪˈsaɪsɪv/ *adj* **1** decisivo: *a decisive factor* un factor decisivo **2** decidido, resuelto: *Decisive action is needed.* Se necesita actuar con decisión.

▶ **decisively** *adv* **1** de modo decisivo **2** con decisión

decisiveness *n* decisión, firmeza

deck /dek/ *n* **1(a)** (*Náut*) cubierta: *below deck(s)* bajo cubierta *Ver tb* MAIN DECK ☛ *Ver ilustración en* YACHT **(b)** (*de autobús*) piso: *upper/top deck* piso de arriba *Ver tb* DOUBLE-DECKER **2** (*USA*) (*GB* **pack**) baraja **3(a)** (*tb* **cassette deck**, **tape deck**) platina **(b)** (*de tocadiscos*) plato

LOC **on deck** **1** en cubierta **2** (*USA*) listo *Ver tb* CLEAR[3], HAND[1]

■ **deck** *vt* **~ sth/sb (out) (in/with sth)** adornar, ataviar algo/a algn (con algo): *all decked out* de punta en blanco

deckchair /ˈdektʃeə(r)/ *n* tumbona ☛ *Ver ilustración en* BUNGALOW

declaim /dɪˈkleɪm/ *vt, vi* declamar

▶ **declamatory** *adj* declamatorio

declaration /ˌdekləˈreɪʃn/ *n* declaración

declare /dɪˈkleə(r)/ **1** *vt* declarar: *They declared him (to be) the winner.* Le proclamaron vencedor. ◊ *She declared herself unconvinced.* Afirmó que seguía sin convencerse. ◊ *I declare the meeting open.* Declaro abierta la reunión. **2** *vi* **~ for/against sth/sb** pronunciarse a favor/en contra de algo/algn **3** *vt* (*a la aduana o hacienda*) declarar: *nothing to declare* nada que declarar

LOC **to declare an/your interest** declarar la/su implicación en un asunto **to declare war (on/against sb)** declarar la guerra (a algn)

decline /dɪˈklaɪn/ **1** *vi* disminuir: *sharply declining sales* ventas bajando en picado ◊ *Numbers of births are declining.* El número de nacimientos está disminuyendo. **2(a)** *vt* declinar: *She politely declined our invitation.* Declinó amablemente nuestra invitación. **(b)** *vi* negarse: *He declined to comment.* Se negó a hacer comentarios. **3** *vi* (*salud*) deteriorarse

■ **decline** *n* **1** **~ (in sth)** disminución (en algo): *a 3% decline in profits* una disminución en las ganancias del 3% **2** decadencia, deterioro

LOC **to be on the decline** ir disminuyendo **to fall/go into (a) decline** empezar a decaer

decode /ˌdiːˈkəʊd/ *vt* **1** descifrar **2** (*Ling, Elec*) descodificar ☛ *Comparar con* ENCODE

▶ **decoder** *n* descodificador

decolonization, -isation /ˌdiːˌkɒlənaɪˈzeɪʃn; *USA* -nɪˈz-/ *n* descolonización

decommission /ˌdiːkəˈmɪʃn/ *vt* (*fábrica, etc*) desmantelar

decompose /ˌdiːkəmˈpəʊz/ *vt, vi* descomponer(se), pudrir(se): *a decomposing body* un cadáver en estado de descomposición

▶ **decomposition** *n* descomposición

decompression /ˌdiːkəmˈpreʃn/ *n* descompresión

deconstruction /ˌdiːkənˈstrʌkʃn/ *n* deconstrucción

décor /ˈdeɪkɔː(r); *USA* deɪˈkɔːr/ *n* [*incontable*] decoración

decorate /ˈdekəreɪt/ **1** *vt* **~ sth (with sth)** adornar algo (con/de algo) **2** *vt, vi* empapelar, pintar **3** *vt* **~ sb (for sth)** condecorar a algn (por algo)
▶ **decorating** *n*: *We need to do some decorating.* Necesitamos pintar/empapelar la casa.
decoration *n* **1** decoración: *interior decoration* decoración de interiores **2** adorno: *Christmas decorations* adornos navideños **3** condecoración
decorator *n* pintor, -ora, empapelador, -ora

decorative /ˈdekərətɪv; *USA* ˈdekəreɪtɪv/ *adj* **1** decorativo: *purely decorative* de puro adorno **2** (*papel y pintura*): *in immaculate decorative order throughout* todo el interior (de la casa) en perfecto estado

decorous /ˈdekərəs/ *adj* decoroso

decorum /dɪˈkɔːrəm/ *n* decoro: *a sense of decorum* sentido del decoro

decoy /ˈdiːkɔɪ/ *n* **1** (*fig*) señuelo: *to act as a decoy* actuar de señuelo **2** reclamo (*para caza*)

decrease /dɪˈkriːs/ **1** *vi* disminuir: *Applications have decreased by 500.* Las solicitudes han descendido en 500. ◊ *Interest is gradually decreasing.* El interés va disminuyendo poco a poco. **2** *vt* reducir: *Decrease speed.* Reduzca la velocidad.
■ **decrease** /ˈdiːkriːs/ *n* **~ (in sth)** disminución (en/de algo): *a decrease of 3% in the rate of inflation* una reducción del 3% en el índice de inflación
LOC on the decrease a la baja
▶ **decreasing** *adj* decreciente

decree /dɪˈkriː/ *n* decreto: *to issue a decree* promulgar un decreto ◊ *decree absolute/nisi* sentencia definitiva/condicional de divorcio
■ **decree** *vt* (*pret, pp* **decreed**) decretar

decrepit /dɪˈkrepɪt/ *adj* decrépito, destartalado

decry /dɪˈkraɪ/ *vt* (*pret, pp* **decried**) **~ sth/sb (as sth)** condenar, menospreciar algo/a algn (como algo)

dedicate /ˈdedɪkeɪt/ **1(a)** *vt* **~ sth to (doing) sth** dedicar, consagrar algo a (hacer) algo: *She dedicated her life to helping the poor.* Consagró su vida a ayudar a los pobres. **(b)** *v refl* **~ yourself to (doing) sth** dedicarse, consagrarse a (hacer) algo **2** *vt* **~ sth (to sth/sb)** dedicar algo (a algo/algn)
▶ **dedicated** *adj* dedicado, entregado

dedication /ˌdedɪˈkeɪʃn/ *n* **1** dedicación, consagración **2** dedicatoria

deduce /dɪˈdjuːs/ *vt* **~ sth (from sth)** deducir algo (de algo) (*teoría, conclusión, etc*)

deduct /dɪˈdʌkt/ *vt* **~ sth (from sth)** deducir algo (de algo) (*impuestos, gastos, etc*)
▶ **deductible** *adj* deducible *Ver tb* TAX-DEDUCTIBLE
deductive *adj* deductivo

deduction /dɪˈdʌkʃn/ *n* **~ (from sth)** deducción (de algo): *By logical deduction…* Por deducción lógica…

deed /diːd/ *n* **1** (*formal*) **(a)** acción, obra: *I've done my good deed for the day.* He hecho mi buena obra del día. ◊ *in word and in deed* de palabra y obra **(b)** hazaña: *deeds of heroism* hazañas heroicas **2** (*Jur*) escritura: *deed of covenant* escritura de garantía *Ver tb* TITLE DEED

deem /diːm/ *vt* (*formal*) considerar: *I deem it a great honour.* Lo considero un gran honor. ◊ *whenever I deem it necessary* cuando lo considere necesario

deep[1] /diːp/ *adj* (**-er, -est**) **1(a)** profundo, grande: *the deep end* (*of a pool*) la parte más honda de la piscina ◊ *She fell into a deep sleep.* Cayó en un sueño profundo. ◊ *to make a deep impression on sb* dejar una profunda huella en algn ◊ *to come to a deeper understanding of the subject* llegar a un entendimiento más profundo del asunto **(b)** de profundidad: *water six feet deep* agua de seis pies de profundidad ◊ *shelves 40 cm deep* estantes de 40 cm de fondo **2** (*respiración*) hondo: *to take a deep breath* respirar hondo **3** (*voz, sonido, etc*) grave **4** (*color*) intenso: *a deep tan/blue* un bronceado/azul intenso **5 ~ in sth (a)** en las profundidades de algo: *with his hands deep in his pockets* con las manos hundidas en los bolsillos **(b)** sumido, absorto en algo **(c)** hasta arriba de algo: *deep in debt* hasta arriba de deudas **6** (*fig*) enigmático: *He's a deep one.* Él es un enigma. **7(a)** (*emociones*) profundo: *a deep depression* una depresión profunda ◊ *in deepest sympathy* con mi más sentido pésame **(b)**: *in deep trouble* en apuros *Ver tb* KNEE-DEEP, SKIN-DEEP
LOC in deep water(s) en un serio apuro **to go off the deep end** (*coloq*) ponerse hecho una furia **to throw sb in at the deep end** (*coloq*) hacer que algn reciba un bautismo de fuego *Ver tb* BEAUTY, DEVIL[1]

deep[2] /diːp/ *adv* (**-er, -est**) **1** muy profundo, con profundidad: *to hammer sth in deep* clavar algo hasta el fondo ◊ *Don't go in too deep!* ¡No te metas muy adentro! **2 ~ into sth** hasta el fondo de algo: *deep into enemy territory* bien entrado territorio enemigo ◊ *to look deep into sb's eyes* mirar a algn fijamente a los ojos
LOC deep down (*coloq*) en el fondo **to go/run deep** estar muy arraigado *Ver tb* DIG, STILL[2]

the deep /diːp/ *n* [*sing*] (*formal*) el océano

deepen /ˈdiːpən/ *vt, vi* hacer(se) más profundo, aumentar: *a deepening crisis* una crisis cada vez mayor
▶ **deepening** *n* aumento, empeoramiento

deep-freeze *n Ver* FREEZER

deep-fry /ˌdiːp ˈfraɪ/ *vt, vi* (*pret, pp* **deep-fried**) freír (*con mucho aceite*)

deeply /ˈdiːpli/ *adv* **1** profundamente **2** a fondo, muchísimo: *deeply distressing/moved* profundamente penoso/emocionado ◊ *to affect sb deeply* afectar a algn muchísimo ◊ *to think more deeply about sth* pensar más a fondo en algo ◊ *deeply in love* profundamente enamorado

deep-rooted /ˌdiːp ˈruːtɪd/ *adj Ver* DEEP-SEATED

deep-sea /ˌdiːp ˈsiː/ (*tb* **deep water** /ˌdiːp ˈwɔːtə(r)/) *adj* **1** de alta mar **2** de aguas profundas

deep-seated /ˌdiːp ˈsiːtɪd/ (*tb* **deep-rooted**) *adj* (profundamente) arraigado: *a deep-seated problem* un problema muy arraigado

deep-set /ˌdiːp ˈset/ *adj* hundido (*ojos*)

deer /dɪə(r)/ *n* (*pl* **deer**) ciervo *Ver tb* VENISON ☛ *Ver nota en* CIERVO

deerstalker /ˈdɪəstɔːkə(r)/ *n* gorra de cazador ☛ *Ver ilustración en* SOMBRERO

deface /dɪˈfeɪs/ *vt* pintarrajear

de facto /ˌdeɪ ˈfæktəʊ/ *adj, adv* (*Lat*) de facto

defamation /ˌdefəˈmeɪʃn/ *n* difamación
▶ **defamatory** /dɪˈfæmətri; *USA* -tɔːri/ *adj* difamatorio

default[1] /dɪˈfɔːlt/ *n* **1** demora: *default on the payment of a fine* demora en el pago de una multa ◊ *mortgage defaults* demora en los pagos de la hipoteca **2** incomparecencia **3** (*Informát*): *default option* opción por defecto
LOC by default por incomparecencia: *to win a game by default* ganar un partido por incomparecencia del contrario **in default of sth/sb** (*formal*) por falta de algo/por la ausencia de algn

default[2] /dɪˈfɔːlt/ *vi* **1** no comparecer **2 ~ (on sth)** demorarse con los pagos (de algo)

▶ **defaulter** *n* moroso, -a

defeat /dɪˈfiːt/ *vt* **1** derrotar: *defeated by 15 votes to 13* derrotado por 15 votos a 13 **2** (*coloq*) escapar al entendimiento de: *The problem will defeat you.* El problema podrá contigo. **3** frustar: *to defeat your own ends/purpose* ir en contra de tus propios intereses ◊ *Such action could be self-defeating.* Hacer eso podría tener efectos contraproducentes. **4** (*proyecto de ley*) rechazar *Ver tb* SELF-DEFEATING

■ **defeat** *n* derrota: *to suffer defeat at the hands of sb* ser derrotado por algn ◊ *an election/electoral defeat* una derrota electoral ◊ *He admitted/accepted/conceded defeat.* Se dio por vencido.

▶ **defeatism** *n* derrotismo

defeatist *adj, n* derrotista

defecate /ˈdefəkeɪt/ *vi* (*formal*) defecar

▶ **defecation** *n* defecación

defect[1] /ˈdiːfekt, dɪˈfekt/ *n* defecto: *a speech defect* un defecto del habla ☛ *Ver nota en* FAULT

defect[2] /dɪˈfekt/ *vi* **~ (from sth) (to sth)** desertar (de algo); pasarse (a algo): *He defected from the Conservative party to Labour.* Desertó del partido conservador y se pasó al laborista.

▶ **defection** *n* **~ (from sth) 1** deserción (de algo) **2** exilio (de algo)

defector *n* desertor, -ora

defective /dɪˈfektɪv/ *adj* **~ (in sth)** defectuoso (en algo): *defective vision/sight* visión/vista defectuosa

defence (*USA* **defense**) /dɪˈfens/ *n* **1(a) ~ (of sth) against sth** defensa (de algo) contra algo: *the country's defences* las defensas del país ◊ *Ministry of Defence* Ministerio de Defensa ◊ *in defence of sth* en defensa de algo ◊ *to come to sb's defence* acudir en defensa de algn *Ver tb* AIR DEFENCE, SELF-DEFENCE **(b)** (*Dep*) defensa: *to play in defence* jugar como defensa ◊ *his third successful defence of the title* la tercera vez que logra defender su título **2 the defence** (*juicio*) la defensa: *counsel for the defence* abogado defensor

▶ **defenceless** *adj* indefenso

defencelessness *n* indefensión

defend /dɪˈfend/ *vt* **~ sth/sb (against/from sth/sb)** defender, proteger algo/a algn (de algo/algn): *the defending champion* el campeón actual ◊ *to defend a lawsuit* defender un caso jurídico

defendant /dɪˈfendənt/ *n* defendido, -a, acusado, -a

defender /dɪˈfendə(r)/ *n* **1** defensor, -ora **2** (*Dep*) defensa ☛ *Ver ilustración en* FÚTBOL

defense *n* (*USA*) *Ver* DEFENCE

defensible /dɪˈfensəbl/ *adj* defendible

defensive /dɪˈfensɪv/ *adj* **~ (about sth)** defensivo, a la defensiva (sobre algo)

LOC to put sb/to be on the defensive poner a algn/estar a la defensiva

▶ **defensively** *adv* de forma defensiva

defer[1] /dɪˈfɜː(r)/ *vt* **(-rr-) ~ sth (to sth)** posponer algo (para algo): *to defer your departure to a later date* posponer la marcha para otro día ◊ *to defer making a decision* posponer la decisión

defer[2] /dɪˈfɜː(r)/ *vi* **(-rr-) ~ to sth/sb** ceder ante algo/algn: *I defer to your greater experience.* Me someto a tu mayor experiencia.

deference /ˈdefərəns/ *n* deferencia, respeto

LOC in deference to sth/sb por deferencia a algo/algn

▶ **deferential** *adj* deferente

deferentially *adv* deferentemente, respetuosamente

deferment /dɪˈfɜːmənt/ (*tb* **deferral** /dɪˈfɜːrəl/) *n* **~ (of sth)** aplazamiento (de algo)

deferred /dɪˈfɜːd/ *adj* aplazado (*dinero*)

defiance /dɪˈfaɪəns/ *n* desafío, desobediencia

LOC in defiance of sth/sb en desafío a algo/algn

defiant /dɪˈfaɪənt/ *adj* desafiante

▶ **defiantly** *adv* de forma desafiante/retadora

deficiency /dɪˈfɪʃnsi/ *n* (*pl* **-ies**) deficiencia: *vitamin deficiency* deficiencia vitamínica ◊ *She can't hide her deficiencies as a writer.* No puede ocultar sus deficiencias como escritora.

deficient /dɪˈfɪʃnt/ *adj* **~ (in sth)** deficiente (en algo): *The library is sadly deficient.* La biblioteca está tristemente carente de todo.

deficit /ˈdefɪsɪt/ *n* déficit

defied *pret, pp de* DEFY

defile[1] /dɪˈfaɪl/ *vt* (*formal, ret*) **1** (*altar, cementerio*) profanar **2** (*río*) contaminar **3** (*causa*) corromper

defile[2] /ˈdiːfaɪl/ *n* desfiladero

define /dɪˈfaɪn/ *vt* **~ sth (as sth)** definir algo (como algo): *clearly defined objectives* objetivos claramente definidos *Ver tb* ILL-DEFINED, WELL-DEFINED

▶ **definable** *adj* definible

definite /ˈdefɪnət/ *adj* **1** (*riesgo, plan, ventaja*) definitivo **2** (*decisión, resultado, cambio, respuesta*) concreto **3 ~ (about sth/that...)** seguro (sobre algo/que...)

▶ **definitely** *adv* **1** definitivamente **2** sin duda alguna **3** (*respuesta*) desde luego

definite article *n* artículo determinado

definition /ˌdefɪˈnɪʃn/ *n* definición

LOC by definition por definición

definitive /dɪˈfɪnətɪv/ *adj* **1** (*obra*) definitivo, determinante **2** (*afirmaciones, respuestas*) decisivo

▶ **definitively** *adv* determinantemente

deflate /dɪˈfleɪt/ **1(a)** *vt, vi* deshinchar(se), desinflar(se) **(b)** *vt* **~ sb** (*fig*) bajar los humos a algn: *to feel deflated* sentirse desilusionado **2** *vt*: *to deflate the economy* reducir la inflación ☛ *Comparar con* INFLATE

▶ **deflation** *n* deflación

deflationary /ˌdiːˈfleɪʃnəri; *USA* -neri/ *adj* deflacionario

deflect /dɪˈflekt/ *vt, vi* **~ (sth) (from sth)** desviar algo/desviarse (de algo): *She's not easily deflected from her purpose.* No se aparta fácilmente de su propósito.

▶ **deflection** /dɪˈflekʃn/ *n* desviación

defoliant /ˌdiːˈfəʊliənt/ *n* defoliante

defoliate /ˌdiːˈfəʊlieɪt/ *vt* deshojar, defoliar

defoliation /ˌdiːˌfəʊliˈeɪʃn/ *n* defoliación

deforest /ˌdiːˈfɒrɪst; *USA* -ˈfɔːr-/ *vt* deforestar

▶ **deforestation** /diːˌfɒrɪˈsteɪʃn; *USA* -ˌfɔːr-/ *n* deforestación

deform /dɪˈfɔːm/ *vt* deformar

▶ **deformation** /ˌdiːfɔːˈmeɪʃn/ *n* deformación

deformed /dɪˈfɔːmd/ *adj* deforme

deformity /dɪˈfɔːməti/ *n* (*pl* **-ies**) deformidad

defraud /dɪˈfrɔːd/ *vt* **~ sb (of sth)** estafar (algo) a algn

defray /dɪˈfreɪ/ *vt* (*formal*) sufragar: *to defray expenses/costs* sufragar los gastos/costes

defrock /ˌdiːˈfrɒk/ *vt Ver* UNFROCK

defrost /ˌdiːˈfrɒst; *USA* ˌdiːˈfrɔːst/ *vt, vi* descongelar(se)

deft /deft/ *adj* **(-er, -est)** hábil

▶ **deftly** *adv* hábilmente

defunct /dɪˈfʌŋkt/ *adj* (*formal* o *ret*) **1** (*plan*) muerto **2** (*organización*) fenecido **3** (*club*) desaparecido

defuse /ˌdiːˈfjuːz/ *vt* **1** (*bomba*) desactivar **2** (*tensión, crisis*) atenuar

defy /dɪˈfaɪ/ *vt* (*pret, pp* **defied**) **1** desafiar: *The army defied the enemy's forces.* El ejército ofreció resistencia a las fuerzas enemigas. ◊ *He defied all efforts to persuade him.* Se opuso a todo esfuerzo de convencerle. ◊ *The problem defied solution.* El problema desafiaba toda solución. ◊ *His behaviour defied belief/description.* Su conducta desafiaba toda creencia/descripción. ◊ *a death-defying leap* un salto que desafía a la muerte **2 ~ sb to do sth** retar, desafiar a algn a hacer algo

degeneracy /dɪˈdʒenərəsi/ *n* degeneración

degenerate /dɪˈdʒenəreɪt/ *vi* **~ (from sth) (into sth)** degenerar (de algo) (a algo): *Conditions have degenerated alarmingly.* Las condiciones han degenerado de forma alarmante.

■ **degenerate** /dɪˈdʒenərət/ *adj, n* degenerado, -a
▶ **degeneration** /dɪˌdʒenəˈreɪʃn/ *n* degeneración
degenerative /dɪˈdʒenərətɪv/ *adj* degenerativo
degradation /ˌdegrəˈdeɪʃn/ *n* degradación
degrade /dɪˈgreɪd/ *vt* degradar
▶ **degrading** *adj* degradante
degree /dɪˈgriː/ *n* **1** grado: *an angle of ninety degrees* un ángulo de noventa grados ◊ *one degree of latitude* un grado de latitud ◊ *32 degrees Fahrenheit* 32 grados Fahrenheit ◊ *a high degree of skill* un elevado grado de habilidad ◊ *in the slightest degree* en el menor grado ◊ *to some/a certain degree* hasta cierto grado/punto ◊ *to a lesser degree* en menor grado ◊ *first-degree murder* asesinato en primer grado ◊ *to subject sb to the third degree* someter a algn al tercer grado *Ver tb* SECOND-DEGREE, THIRD DEGREE BURN **2** título: *to take a degree in law* hacer la carrera de derecho ◊ *a university degree* un título universitario ◊ *a degree course* una licenciatura ◊ *to have a degree in sth from the University of Oxford* ser graduado/licenciado en algo por la universidad de Oxford *Ver tb* MASTER'S DEGREE ☛ *Comparar con* CAREER ☛ *Ver nota en* BACHELOR, FIRST
LOC **by degrees** poco a poco *Ver tb* NTH
dehumanize, -ise /ˌdiːˈhjuːmənaɪz/ *vt* deshumanizar
▶ **dehumanization, -isation** *n* deshumanización
dehydrate /diːˈhaɪdreɪt/ *vt, vi* deshidratar(se): *to be dehydrated* estar deshidratado
▶ **dehydration** *n* deshidratación
deify /ˈdiːɪfaɪ/ *vt* (*pret, pp* **-fied**) deificar
▶ **deification** *n* deificación
deign /deɪn/ *vi* **~ to do sth** (*pey, irón*) dignarse a hacer algo
deism /ˈdiːɪzəm/ *n* deísmo
▶ **deist** *n* deísta
deity /ˈdeɪəti, ˈdiːəti/ *n* (*pl* **-ies**) **1(a)** deidad **(b) the Deity** [*sing*] Dios **2** divinidad
dejected /dɪˈdʒektɪd/ *adj* desanimado
▶ **dejectedly** *adv* con desánimo
dejection /dɪˈdʒekʃn/ *n* desánimo
delay /dɪˈleɪ/ **1** *vt* retrasar: *The train was delayed.* El tren se retrasó. **2** *vi* esperar, tardar: *Don't delay!* ¡No esperes! **3** *vt* **(a)** aplazar **(b)** retardar: *delayed action* de acción retardada
■ **delay** *n* retraso: *without delay* sin demora
▶ **delaying** *adj* dilatorio: *delaying tactics* tácticas dilatorias
delectable /dɪˈlektəbl/ *adj* (*formal*) delicioso
delegate /ˈdelɪgət/ *n* delegado, -a
■ **delegate** /ˈdelɪgeɪt/ **1** *vt* **~ sb** (**to sth**) **(a)** diputar a algn (como algo) **(b)** delegar en algn (para algo) **2** *vt, vi* **~** (**sth**) (**to sb**) encomendar algo (a algn)
▶ **delegation** *n* delegación
delete /dɪˈliːt/ *vt* borrar, tachar
▶ **deletion** *n* supresión, tachadura
deleterious /ˌdeləˈtɪəriəs/ *adj* (*formal*) nocivo
deli *n Ver* DELICATESSEN
deliberate[1] /dɪˈlɪbərət/ *adj* **1** deliberado: *a deliberate mistake* un error deliberado **2(a)** pausado **(b)** prudente
▶ **deliberately** *adv* deliberadamente, a propósito
deliberate[2] /dɪˈlɪbəreɪt/ **1** *vi* **~** (**about/on sth**) (*formal*) deliberar (sobre algo) **2** *vt* meditar: *to deliberate what action to take* meditar que acción tomar
▶ **deliberation** *n* **1** deliberación **2** [*incontable*] discusiones **3** [*incontable*] **(a)** lentitud **(b)** prudencia
delicacy /ˈdelɪkəsi/ *n* (*pl* **-ies**) **1** delicadeza: *the delicacy of the fabric* la delicadeza de la tela ◊ *the delicacy of her features* la finura de sus facciones ◊ *the delicacy of his workmanship* la fineza de su obra **2** manjar
delicate /ˈdelɪkət/ *adj* **1** delicado: *delicate china* porcelana fina ◊ *at a delicate stage* en una fase delicada ◊ *a delicate shade of pink* un tono rosa suave ◊ *a delicate flavour* un exquisito sabor **2** (*Med*) delicado: *a delicate constitution* una salud delicada
▶ **delicately** *adv* delicadamente
delicatessen /ˌdelɪkəˈtesn/ (*tb* **deli**) *n* charcutería (*especializada en productos internacionales*)
delicious /dɪˈlɪʃəs/ *adj* delicioso
▶ **deliciously** *adv* (*lit* y *fig*) deliciosamente
delight[1] /dɪˈlaɪt/ *n* **1** (*sentido*) deleite: *to our great delight/much to our delight* para mayor gozo nuestro ◊ *whoops of delight* gritos de placer **2** (*causa*) encanto *Ver tb* TURKISH DELIGHT
LOC **to take delight in sth/doing sth 1** deleitarse en (hacer) algo **2** (*pey*) regodearse en (hacer) algo
delight[2] /dɪˈlaɪt/ **1** *vt* encantar, hacer las delicias de **2** *vi* **~ in sth/doing sth** deleitarse con/en hacer algo
▶ **delighted** *adj* **~** (**at/with sth**); **~** (**to do sth**); **~** (**that...**) encantado (con algo); (de hacer algo); (de que...): *I'd be delighted* (*to*). Me encantaría. ◊ *Delighted to meet you.* Encantado de conocerle. ◊ *I'm delighted to hear it.* No sabes cuánto me alegro.
delightedly *adv* con gran placer
delightful /dɪˈlaɪtfəl/ *adj* encantador
delightfully /dɪˈlaɪtfəli/ *adv* de manera encantadora
delineate /dɪˈlɪnieɪt/ *vt* (*formal*) delinear, bosquejar
▶ **delineation** *n* delineación
delinquent /dɪˈlɪŋkwənt/ *adj, n* delincuente *Ver tb* JUVENILE DELINQUENT
▶ **delinquency** *n* delincuencia
delirious /dɪˈlɪriəs, -ˈlɪəriəs/ *adj* **1** (*Med*) delirante **2** (*fig*) loco: *They were delirious with joy.* Estaban locos de contentos.
▶ **deliriously** *adv*: *deliriously happy* loco de contento
delirium /dɪˈlɪriəm, -ˈlɪəriəm/ *n* delirio
deliver /dɪˈlɪvə(r)/ *vt* **1** (*correo, etc*) repartir **2** (*géneros, etc*) entregar: *We deliver* (*your order to your door*). Servicio a domicilio. **3** (*recado, etc*) comunicar **4 ~ sth** (**up/over**) (**to sb**) (*formal*) entregar, rendir algo (a algn): *They delivered up the town to the rebels.* Entregaron la ciudad a los rebeldes. **5** pronunciar: *to deliver an ultimatum* dar un ultimátum ◊ *to deliver a line on stage* recitar una línea en el escenario **6** (*Med*) asistir a un parto: *to deliver a baby by caesarian section* practicar una cesárea **7 ~ sb** (**from sth**) (*antic, Relig*) librar a algn (de algo): *Deliver us, Lord from evil.* Líbranos Señor de todo mal. **8** (*pelota*) lanzar: *He delivered a powerful service.* Lanzó un saque muy potente. **9** (*golpe, etc*) propinar: *to deliver the fatal blow* ocasionar el golpe funesto **10** ofrecer: *The new model delivers speed and economy.* El modelo nuevo ofrece velocidad y economía.
LOC **to deliver on a promise, agreement, etc** (*coloq*) cumplir lo prometido **to deliver yourself of sth** (*formal*) expresar algo (opinión, etc) *Ver tb* GOODS
▶ **deliverance** /dɪˈlɪvərəns/ *n* **~** (**from sth**) liberación (de algo)
deliverer *n* **1** repartidor, -ora **2** salvador, -ora
delivery /dɪˈlɪvəri/ *n* (*pl* **-ies**) **1(a)** entrega: *to send sth by recorded delivery* enviar algo con acuse de recibo ◊ *delivery charges* gastos de envío/transporte ◊ *delivery note* nota de entrega **(b)** reparto **2** [*sing*] (manera de) declamación **3** parto **4** *Ver* DELIVERANCE *en* DELIVER **5** lanzamiento (de pelota, etc)
LOC **to take delivery** (**of sth**) aceptar entrega (de algo) *Ver tb* CASH
Delphic /ˈdelfɪk/ *adj* **1** (*lit*) délfico **2** (*fig*) ambiguo
delphinium /delˈfɪniəm/ *n* (*pl* **~s**) espuela de caballero (*planta*)
delta /ˈdeltə/ *n* **1** (*letra*) delta **2** (*río*) delta
delude /dɪˈluːd/ *vt* **~ sb** (**into doing sth**) engañar a algn (para que haga algo): *Don't be deluded into thinking that you're safe.* No te engañes pensando que estás seguro. ◊ *Don't delude yourself.* No te engañes.
deluge /ˈdeljuːdʒ/ *n* (*formal*) **1** diluvio **2 ~** (**of sth**) (*fig*)

lluvia (de algo): *a deluge of letters* una avalancha de cartas

■ **deluge** *vt* **~ (with sth)** inundar (de algo): *We were deluged with applications.* Nos inundaron las solicitudes.

delusion /dɪˈluːʒn/ *n* engaño, espejismo: *to suffer from delusions* tener alucinaciones

LOC **delusions of grandeur** delirios de grandeza *Ver tb* LABOUR[2]

de luxe /də ˈlʌks, ˈlʊks/ *adj* de lujo: *a de luxe hotel* un hotel de lujo

delve /delv/ *vi* **~ in/into sth 1** rebuscar en algo: *to delve into a drawer for sth* hurgar en un cajón en busca de algo **2** (*fig*) ahondar en algo

Dem (*Pol*) *abrev de* **Democratic/Democrat**

demagnetize, -ise /ˌdiːˈmæɡnɪtaɪz/ *vt* desimantar

demagogue /ˈdeməɡɒɡ/ *n* demagogo, -a

▶ **demagogic** /ˌdeməˈɡɒɡɪk/ *adj* demagógico

demagogy /ˈdeməɡɒɡi/ *n* demagogia

demand[1] /dɪˈmɑːnd; *USA* dɪˈmænd/ *n* **1 ~ (for sb to do sth); ~ (for sth/that...)** exigencia, reivindicación (de que algn haga algo); (de algo/de que...): *It is impossible to satisfy all your demands.* Es imposible satisfacer todas tus exigencias. **2 ~ (for sth/sb)** demanda de algo/algn: *to meet the demand for sth* cubrir la demanda de algo ◇ *There is great demand for skilled workers.* Hay mucha demanda de trabajadores cualificados. **3** (*tb* **demand note**) requerimiento de pago

LOC **in demand** solicitado: *She is in great demand as a singer.* Está muy solicitada como cantante. **on demand**: *a cheque payable on demand* un cheque a pagar a petición **to make demands of/on sb**: *My boss makes unrealistic demands on his staff.* Mi jefe exige cosas poco realistas de sus empleados. ◇ *The new baby will make extra demands on her time.* El nuevo bebé le va a quitar muchísimo tiempo.

demand[2] /dɪˈmɑːnd; *USA* dɪˈmænd/ *vt* **1** exigir: *He demands to be told everything.* Exige que se le cuente todo. ◇ *The workers are demanding better pay.* Los trabajadores reclaman mejores sueldos. **2** requerir: *This sort of work demands great patience.* Esta clase de trabajo requiere mucha paciencia. **3** preguntar: *'How do you know?', demanded my mother.* —¿Cómo lo sabes?, preguntó mi madre.

demanding /dɪˈmɑːndɪŋ; *USA* dɪˈmændɪŋ/ *adj* exigente

demarcation /ˌdiːmɑːˈkeɪʃn/ *n* demarcación: *the demarcation of borders* la demarcación de fronteras

▶ **demarcate** *vt* demarcar

demean /dɪˈmiːn/ *vt* **~ (yourself)** degradar(se), rebajar(se)

▶ **demeaning** *adj* degradante

demeanour (*USA* **demeanor**) /dɪˈmiːnə(r)/ *n* (*formal*) **1** actitud **2** conducta

demented /dɪˈmentɪd/ *adj* enloquecido

dementia /dɪˈmenʃə/ *n* demencia

demerara /ˌdeməˈreərə/ (*tb* **demerara sugar**) *n* azúcar moreno

demerger /diːˈmɜːdʒə(r)/ *n* división de una compañía en empresas independientes

demigod /ˈdemɪɡɒd/ *n* semidiós

demilitarize, -ise /ˌdiːˈmɪlɪtəraɪz/ *vt* desmilitarizar

▶ **demilitarization, -isation** *n* desmilitarización

demise /dɪˈmaɪz/ *n* [*incontable*] (*formal*) **1** fallecimiento **2** (*fig*) desaparición: *the demise of the business* el fracaso del negocio

demisemiquaver /ˈdemisemikweɪvə(r)/ (*USA* **thirty-second note**) *n* (*Mús*) fusa ☛ *Ver ilustración en* NOTACIÓN

demo /ˈdeməʊ/ *n* (*pl* **~s**) (*coloq*) **1** manifestación: *to go on a demo* asistir a una manifestación **2 ~ (tape)** (*Mús*) maqueta **3** (*de un nuevo producto, etc*) demostración, presentación

demob /ˌdiːˈmɒb/ *vt* **(-bb-)** (*GB, coloq*) desmovilizar

■ **demob** *n* desmovilización: *a demob suit* un traje de paisano

demobilize, -ise /diːˈməʊbəlaɪz/ *vt* desmovilizar

▶ **demobilization, -isation** *n* desmovilización

democracy /dɪˈmɒkrəsi/ *n* (*pl* **-ies**) democracia

democrat /ˈdeməkræt/ *n* **1** demócrata **2** (*USA*) **Democrat** (*abrev* **Dem, D**) (*Pol*) demócrata *Ver tb* CHRISTIAN DEMOCRAT

democratic /ˌdeməˈkrætɪk/ *adj* democrático: *democratic government* gobierno democrático

▶ **democratically** *adv*: *democratically elected* elegido democráticamente

Democratic Party *n* (*abrev* **Dem**) (*USA, Pol*) Partido Demócrata

democratize, -ise /dɪˈmɒkrətaɪz/ *vt* democratizar

▶ **democratization, -isation** *n* democratización

demography /dɪˈmɒɡrəfi/ *n* demografía

▶ **demographic** *adj* demográfico: *demographic trends* las tendencias demográficas

demolish /dɪˈmɒlɪʃ/ *vt* **1(a)** derribar **(b)** (*fig*) destruir: *She brilliantly demolishes his argument.* Echa por tierra su argumento brillantemente. **2** (*joc, fig*) zamparse: *She demolished two whole pies.* Se zampó dos empanadas enteras.

▶ **demolition** *n* demolición: *demolition contractors* contratistas de derribos

demon /ˈdiːmən/ (*tb* **daemon**) *n* **1** demonio **2 ~ (for sth)** fiera (para algo): *She's a demon for work.* Trabaja como una fiera.

LOC **the demon drink** (*joc*) el demonio del alcohol

▶ **demonic** /diˈmɒnɪk/ *adj* diabólico: *demonic energy* energía endemoniada ◇ *demonic possession* la posesión diabólica

demonstrable /ˈdemənstrəbl; *USA* dɪˈmɒnstrəbl/ *adj* demostrable: *a demonstrable lie* una mentira demostrable

▶ **demonstrably** *adv* irrefutablemente: *His story was demonstrably untrue.* Su historia era claramente falsa.

demonstrate /ˈdemənstreɪt/ **1** *vt* demostrar **2** *vt* **~ sth** enseñar cómo funciona algo/cómo hacer algo **3** *vi* **~ (against/in favour of sth/sb)** manifestarse (en contra de/a favor de algo/algn)

demonstration /ˌdemənˈstreɪʃn/ *n* **1** (*coloq* **demo**) (*de un nuevo producto, etc*) demostración: *a demonstration of a law of physics* una demostración de una ley de física **2** (*coloq* **demo**) **~ (against/in favour of sth/sb)** manifestación (en contra de/a favor de algo/algn): *to take part in a demonstration* asistir a una manifestación **3** muestra: *a demonstration of affection* una muestra de afecto

demonstrative /dɪˈmɒnstrətɪv/ *adj* **1(a)** llano, franco **(b)** cariñoso, expresivo **2** (*Gram*) demostrativo

demonstrator /ˈdemənstreɪtə(r)/ *n* **1** manifestante **2** persona que hace demostraciones

demoralize, -ise /dɪˈmɒrəlaɪz; *USA* -ˈmɔːr-/ *vt* desmoralizar

▶ **demoralization, -isation** *n* desmoralización

demoralizing, -ising *adj* desmoralizante, desmoralizador

demote /ˌdiːˈməʊt/ **1** *vt* **~ sb (from sth) (to sth)** degradar a algn (de algo) (a algo) **2** *vt* bajar de categoría

▶ **demotion** *n* **1** degradación **2** descenso de categoría

demotic /dɪˈmɒtɪk/ *adj* popular, vulgar

demur /dɪˈmɜː(r)/ *vi* **(-rr-) ~ (at sth)** (*formal*) objetar (a algo)

LOC **without demur** sin objeciones

demure /dɪˈmjʊə(r)/ *adj* recatado

▶ **demurely** *adv* recatadamente

demystify /ˌdiːˈmɪstɪfaɪ/ *vt* (*pret, pp* **-fied**) aclarar, desmitificar

den /den/ *n* **1** guarida: *an opium den* un fumadero de opio **2** (*coloq*) guarida (*habitación*)

LOC **a den of iniquity/vice** un antro de perversión

denationalize, -ise /ˌdiːˈnæʃənəlaɪz/ *vt* privatizar
▶ **denationalization, -isation** *n* privatización

denial /dɪˈnaɪəl/ *n* **1** **~ (of sth/that...)** negación (de algo/de que...) **2** negativa: *an emphatic denial* una enérgica negativa **3(a)** **~ of sth** denegación de algo: *to condemn the denial of basic human freedoms* condenar la denegación de las libertades humanas básicas **(b)** **~ (of sth)** rechazo (de algo) *Ver tb* SELF-DENIAL

denigrate /ˈdenɪɡreɪt/ *vt* denigrar
▶ **denigration** *n* denigración

denim /ˈdenɪm/ *n* **1** [*incontable*] tela vaquera **2** **denims** [*pl*] (*coloq*) (pantalones) vaqueros

denizen /ˈdenɪzn/ *n* (*formal* o *joc*) morador, -ora, habitante

denomination /dɪˌnɒmɪˈneɪʃn/ *n* **1** (*formal*) (*nombre*) denominación **2** (*Relig*) confesión **3(a)** unidad **(b)** (*de moneda*) valor
▶ **denominational** *adj* confesional

denominator /dɪˈnɒmɪneɪtə(r)/ *n* denominador *Ver tb* COMMON DENOMINATOR

denote /dɪˈnəʊt/ *vt* denotar, indicar

denouement /ˌdeɪˈnuːmɒ̃; *USA* ˌdeɪnuːˈmɔːŋ/ *n* desenlace

denounce /dɪˈnaʊns/ *vt* **~ sth/sb (to sb) (as sth)** denunciar algo/a algn (a algn) (como algo): *An informer denounced him to the police (as a terrorist).* Un delator lo denunció a la policía (como terrorista).

dense /dens/ *adj* **(-er, -est)** **1** denso: *dense fog* una niebla densa **2** (*coloq*) torpe
▶ **densely** *adv* densamente

density /ˈdensəti/ *n* (*pl* **-ies**) densidad

dent /dent/ (*tb* **dint**) *n* abolladura: *The repairs made a dent in our funds.* Las reparaciones se han comido parte de nuestros ahorros.
■ **dent** *vt, vi* abollar(se): *to dent sb's hopes/chances of success* disminuir las esperanzas/oportunidades de éxito de algn

dental /ˈdentl/ *adj* dental: *dental surgeon* odontólogo ◊ *dental treatment* tratamiento dental

dental floss (*tb* **floss**) *n* hilo dental

dentist /ˈdentɪst/ *n* dentista
▶ **dentistry** *n* odontología

denture /ˈdentʃə(r)/ *n* dentadura: *a set of dentures* una dentadura postiza

denude /dɪˈnjuːd; *USA* -ˈnuːd/ *vt* **~ sth (of sth)** desnudar algo (de algo)

denunciation /dɪˌnʌnsiˈeɪʃn/ *n* denuncia

deny /dɪˈnaɪ/ *vt* (*pret, pp* **denied**) **1** negar: *He denied knowing anything about it.* Negó que supiera algo acerca de ello. ◊ *There is no denying the fact that...* No se puede negar el hecho de que... ◊ *He denies himself nothing.* No se priva de nada. **2** (*verdad*) desmentir: *This has been flatly denied by Dr Savimbi.* Esto ha sido categóricamente desmentido por el Dr Savimbi. **3** (*formal*) renegar de

deodorant /diˈəʊdərənt/ *n* desodorante *Ver tb* ROLL-ON (DEODORANT)

deodorize, -ise /diːˈəʊdəraɪz/ *vt* desodorizar

dep **1** *abrev de* **departure** **2** *abrev de* **deputy**

depart /dɪˈpɑːt/ *vi* **~ (for ...) (from ...)** (*formal*) salir (hacia ...) (de ...)
LOC **to depart (from) this life** (*antic* o *ret*) morir
PHR V **to depart from sth** alejarse de algo: *to depart from the truth* alejarse de la verdad

departed /dɪˈpɑːtɪd/ *adj* (*formal* o *eufemismo*) difunto: *the departed* los difuntos

department /dɪˈpɑːtmənt/ *n* **1** (*abrev* **Dept**) **(a)** (*en gen*) departamento **(b)** (*de un gobierno*) ministerio **(c)** (*Com*) sección **2** especialidad
▶ **departmental** *adj* de departamento, departamental

department store *n* grandes almacenes

departure /dɪˈpɑːtʃə(r)/ *n* **1** **~ (from ...)** partida (de ...) **2(a)** (*abrev* **dep**) (*de avión, etc*) salida: *departure lounge* sala de embarque ◊ *departure time* hora de salida **(b)** **Departures** (*en el aeropuerto*) salidas **3** **~ from sth** alejamiento de algo: *a departure from old customs* un alejamiento de las viejas costumbres **4** novedad: *Working on a farm is a new departure for him.* Trabajar en una granja es algo nuevo para él. **LOC** *Ver* POINT[1]

depend /dɪˈpend/ *vi*
LOC **that depends; it (all) depends** depende: *It depends how you tackle the problem.* Depende de cómo abordes el problema.
PHR V **to depend on sth/sb (for sth)** depender de algo/algn (para algo): *How much is produced depends on how hard we work.* La cantidad producida depende de lo duro que trabajemos.
to depend on/upon sth/sb **1** contar con algo/algn: *I'm depending on you coming.* Cuento con que vengas. **2** confiar en algo/algn: *You can't depend on the train arriving on time.* No puedes confiar en que el tren llegue a su hora.
▶ **dependable** *adj* fiable, digno de confianza

dependant (*tb esp USA* **dependent**) /dɪˈpendənt/ *n* persona bajo el cargo de otra

dependence /dɪˈpendəns/ *n* **~ (on/upon sth/sb)** dependencia (de algo/algn): *drug/alcohol dependence* drogodependencia/dependencia del alcohol ◊ *the dependence of society on technology* la dependencia de la sociedad de la tecnología

dependency /dɪˈpendənsi/ *n* (*pl* **-ies**) dependencia (*país, territorio*)

dependent /dɪˈpendənt/ *adj* **1** **~ (on/upon sth/sb)** que depende (de algo/algn): *a woman with several dependent children* una mujer con varios hijos a su cargo ◊ *to be dependent on sth* depender de algo **2** (*persona*) poco independiente
■ **dependent** *n* *Ver* DEPENDANT

depict /dɪˈpɪkt/ *vt* **1** representar **2** (*en palabras*) describir
▶ **depiction** /dɪˈpɪkʃn/ *n* representación, descripción

depilatory /dɪˈpɪlətri; *USA* -tɔːri/ *adj, n* depilatorio

deplete /dɪˈpliːt/ *vt* reducir: *Our stock of food is greatly depleted.* Nuestras existencias de comida ya casi se han agotado.
▶ **depletion** *n* reducción: *ozone depletion* la disminución de la capa de ozono

deplore /dɪˈplɔː(r)/ *vt* **1** deplorar, condenar **2** lamentar
▶ **deplorable** *adj* lamentable, deplorable

deploy /dɪˈplɔɪ/ **1** *vt, vi* (*Mil*) desplegar(se) **2** *vt* (*fig*) usar (*argumentos, recursos, etc*)
▶ **deployment** *n* despliegue

depopulate /diːˈpɒpjuleɪt/ *vt* despoblar
▶ **depopulation** *n* despoblación

deport /dɪˈpɔːt/ **1** *vt* **~ sb (from/to ...)** deportar a algn (de/a ...) **2** *v refl* **~ yourself** (*formal*) comportarse
▶ **deportation** /ˌdiːpɔːˈteɪʃn/ *n* deportación
deportee *n* deportado, -a

deportment /dɪˈpɔːtmənt/ *n* (*formal*) **1** (*GB*) porte **2** (*USA*) conducta

depose /dɪˈpəʊz/ *vt* destituir, derrocar

deposit /dɪˈpɒzɪt/ *vt* **1(a)** (*dinero*) ingresar, imponer **(b)** **~ sth (with sb)** (*bienes*) dejar algo (a cargo de algn) **2(a)** hacer un desembolso inicial, dejar como señal **(b)** (*para alquilar*) dar como fianza **3** **~ sth (in/on sth)** **(a)** (*formal*) dejar, depositar algo (en algo) **(b)** (*río, etc*) depositar algo (en algo)
■ **deposit** *n* **1** [*gen pl*] (*Fin*) ingreso, imposición *Ver tb* SAFETY DEPOSIT **2** **~ (on sth)** **(a)** señal, desembolso inicial (para algo) **(b)** (*para alquilar*) fianza (para algo) **3(a)** depósito, sedimento **(b)** (*Geol*) depósito **4** (*GB, Pol*) cantidad que tiene que pagar un candidato para poder presentarse a unas elecciones
LOC **on deposit** (en una cuenta) a plazo fijo

deposit account *n* cuenta a plazo fijo *Ver tb* ACCOUNT

deposition /ˌdepəˈzɪʃn/ *n* **1** deposición **2** (*en tribunal*) declaración, deposición **3** (*Geol*) sedimentación

depositor /dɪˈpɒzɪtə(r)/ *n* impositor, -ora

depository /dɪˈpɒzɪtri; *USA* -tɔːri/ *n* depositaría, almacén

depot /ˈdepəʊ; *USA* ˈdiːpəʊ/ *n* **1(a)** depósito, almacén **(b)** (*para vehículos*) parque **2** (*USA*) estación (*de tren o de autobuses*)

depraved /dɪˈpreɪvd/ *adj* depravado

depravity /dɪˈprævəti/ *n* depravación

deprecate /ˈdeprəkeɪt/ *vt* (*formal*) desaprobar, lamentar

▶ **deprecating** *adj* de desaprobación *Ver tb* SELF-DEPRECATING

depreciate /dɪˈpriːʃieɪt/ **1** *vi* depreciarse **2** *vt* (*desestimar*) menospreciar

▶ **depreciation** *n* depreciación: *depreciation charge* precio de amortización

depredations /ˌdeprəˈdeɪʃn/ *n* [*pl*] estragos

depress /dɪˈpres/ *vt* **1** deprimir **2(a)** (*botón, tecla, etc*) oprimir, apretar **(b)** (*embrague, etc*) pisar **3(a)** (*comercio*) paralizar **(b)** (*valor*) hacer disminuir

▶ **depressed** *adj* **1** deprimido **2** (*Com*) paralizado, deprimido: *depressed area* zona deprimida

depressing *adj* deprimente

depressingly *adv* tristemente: *depressingly familiar* muy conocido, por desgracia

depression /dɪˈpreʃn/ *n* **1** depresión **2** (*de mercados, producción, etc*) paralización

depressive /dɪˈpresɪv/ *adj* depresivo

■ **depressive** *n* depresivo, -a *Ver tb* MANIC-DEPRESSIVE

deprive /dɪˈpraɪv/ *vt* ~ **sth/sb of sth** privar algo/a algn de algo

▶ **deprived** *adj* necesitado: *a deprived childhood* una niñez llena de privaciones

deprivation /ˌdeprɪˈveɪʃn/ *n* **1** privación **2** (*necesidad*) pobreza, privación

Dept *abrev de* **Department**

depth /depθ/ *n* **1** profundidad: *to be one metre in depth* tener un metro de profundidad ◊ *in the depth of his heart* en lo más hondo del corazón **2** (*medida*) **(a)** fondo, ancho **(b)** (*cajón*) altura, profundidad ☛ *Ver ilustración en* DIMENSIÓN **3** (*de colores, oscuridad*) intensidad *Ver tb* IN-DEPTH

LOC **in the depth(s) of sth**: *in the depth(s) of winter* en lo más crudo del invierno ◊ *to be in the depths of despair* estar en el abismo de la desesperación ◊ *in the depths of the ocean* en las profundidades del océano ◊ *in the depth of the forest* en lo más recóndito del bosque **to be/get out of your depth 1** estar/meterse donde no tocas fondo **2** (*fig*) perderse: *When they start talking about economics, I'm out of my depth.* Cuando empiezan a hablar de economía, estoy perdido. **to sink/stoop to such depths (as to…)** llegar a caer tan bajo (como para…) *Ver tb* PLUMB

deputation /ˌdepjuˈteɪʃn/ *n* [*v sing o pl*] delegación

depute /dɪˈpjuːt/ *vt* (*formal*) **1** ~ **sth to sb** delegar algo en algn **2** ~ **sb to do sth** diputar a algn para que haga algo

deputize, -ise /ˈdepjətaiz/ *vi* ~ **(for sb)** sustituir a algn

deputy /ˈdepjəti/ *n* (*pl* **-ies**) (*abrev* **dep**) **1** sustituto, -a, suplente **2** adjunto, -a: *deputy headmistress* subdirectora ◊ *deputy chairman* vicepresidente ◊ *deputy director* director adjunto ◊ *deputy leader* segundo jefe **3** (*Pol*) diputado, -a

derail /dɪˈreɪl/ *vt* **1** hacer descarrilar: *to be derailed* descarrilar **2** (*planes, etc*) desbaratar

▶ **derailment** *n* descarrilamiento

deranged /dɪˈreɪndʒd/ *adj* trastornado, desquiciado

▶ **derangement** *n* trastorno (mental), locura

derby¹ /ˈdɑːbi; *USA* ˈdɜːrbi/ *n* **1(a)** (*GB*) **the Derby** el Derby **(b)** (*USA*) derby (*carrera de caballos*) **2** *local derby* encuentro entre dos equipos locales

derby² /ˈdɜːbi/ (*USA*) (*GB* **bowler, bowler hat**)) *n* bombín

deregulate /ˌdiːˈregjuleɪt/ *vt* liberalizar (*ventas, servicios, etc*)

▶ **deregulation** *n* liberalización

derelict /ˈderəlɪkt/ *adj* abandonado (*edificio*)

■ **derelict** *n* marginado, -a

▶ **dereliction** *n* abandono

LOC **dereliction of duty** (*formal*) negligencia (*en el cumplimiento del deber*)

deride /dɪˈraɪd/ *vt* ridiculizar, mofarse de

derision /dɪˈrɪʒn/ *n* escarnio, mofa(s): *It met with howls of derision.* Fue objeto de mofa general.

derisive /dɪˈraɪsɪv/ (*tb* **derisory**) *adj* burlón

▶ **derisively** *adv* burlonamente

derisory /dɪˈraɪsəri/ *adj* **1** irrisorio **2** *Ver* DERISIVE

derivation /ˌderɪˈveɪʃn/ *n* derivación

derivative /dɪˈrɪvətɪv/ *adj* (*gen pey*) poco original

■ **derivative** *n* derivado

derive /dɪˈraɪv/ **1** *vt* ~ **sth from sth (a)** obtener, sacar algo de algo: *to derive comfort from sth* hallar consuelo en algo **(b)** (*hacer remontar*) derivar algo de algo: *It derives its name from…* Su nombre proviene de… **2** *vi* ~ **from sth** derivar, provenir de algo

dermatitis /ˌdɜːməˈtaɪtɪs/ *n* dermatitis

dermatology /ˌdɜːməˈtɒlədʒi/ *n* dermatología

▶ **dermatologist** *n* dermatólogo, -a

derogatory /dɪˈrɒgətri; *USA* -tɔːri/ *adj* despectivo

derrick /ˈderɪk/ *n* **1** grúa (*esp en barcos, puertos*) **2** (*petróleo*) torre de perforación

derring-do /ˌderɪŋˈduː/ *n* [*incontable*] (*antic o joc*) hazañas (heroicas)

derv /dɜːv/ *n* (*GB*) gasóleo, gasoil

dervish /ˈdɜːvɪʃ/ *n* **1** (*Relig*) derviche **2** (*fig*) salvaje

desalination /ˌdiːˌsælɪˈneɪʃn/ *n* desalinización

descend /dɪˈsend/ **1** *vt, vi* (*formal*) descender ☛ Una forma más normal de decir "descender" es **come down** o **go down**. **2** *vi* ~ **from sth/sb** (*formal*) provenir de algo/algn ☛ Una forma más normal de decir "provenir de" es **come from**.

LOC **to be descended from sb** descender de algn

PHR V **to descend on/upon sth/sb** (*lit* y *fig*) caer sobre algo/algn: *The family descended on us.* Nos apareció la familia de visita sorpresa.

to descend to sth rebajarse a algo

descendant /dɪˈsendənt/ *n* descendiente: *their descendants* su descendencia

descent /dɪˈsent/ *n* **1** descenso **2** pendiente **3** ascendencia **4** (*fig*) asalto **5** [*sing*] degeneración

describe /dɪˈskraɪb/ **1** *vt* ~ **sth/sb (as sth)** describir (algo/a algn) como algo: *Can you describe for/to us what you saw?* ¿Puede describirnos lo que vio? **2** *v refl* ~ **yourself as sth** definirse como algo: *He describes himself as a doctor.* Se define como médico.

description /dɪˈskrɪpʃn/ *n* **1** descripción: *an accurate description* una descripción exacta **2** (*coloq*) clase: *of any/every description* de cualquier clase/de todas clases

descriptive /dɪˈskrɪptɪv/ *adj* **1** descriptivo **2** gráfico

desecrate /ˈdesɪkreɪt/ *vt* profanar

▶ **desecration** *n* profanación

deselect /ˌdiːsɪˈlekt/ *vt* (*GB*) no reelegir a un diputado como candidato para las próximas elecciones

▶ **deselection** *n* (*GB*) no reelección de un diputado como candidato

desensitize, -ise /ˌdiːˈsensɪtaɪz/ *vt* insensibilizar

desert¹ /dɪˈzɜːt/ **1** *vt* ~ **sth/sb** abandonar algo/a algn **2** *vi* (*Mil*) desertar

▶ **deserted** *adj* **1** (*calle*) desierto **2** (*mujer*) abandonado

deserter *n* desertor, -ora

desertion *n* **1** abandono **2** ~ **(from/to sth)** deserción (de/a algo)

desert² /ˈdezət/ *n* desierto
▶ **desertification** *n* desertización
desert island *n* isla desierta
deserts /dɪˈzɜːts/ *n* [*pl*] lo merecido: *to get your just deserts* llevarse su merecido
deserve /dɪˈzɜːv/ *vt* merecer: *He doesn't deserve it.* No se lo merece. ◊ *a much/well deserved holiday* unas vacaciones bien merecidas ◊ *They got what they deserved.* Les dieron su merecido. *Ver tb* WELL-DESERVED
LOC *Ver* RICH, TURN²
▶ **deservedly** *adv* merecidamente
deserving /dɪˈzɜːvɪŋ/ *adj* **1** digno: *a deserving case* un caso digno de ayuda ◊ *to be deserving of sth* merecer algo **2** (*causa*) encomiable, meritorio
desiccated /ˈdesɪkeɪtɪd/ *adj* desecado: *desiccated coconut* coco rallado
design /dɪˈzaɪn/ *n* **1 ~ (for/of sth)** diseño (de algo): *interior design* decoración de interiores ◊ *computer-aided design* diseño mediante ordenador **2** plan **3 ~ (on sth)** dibujo, motivo (de algo) **4** propósito: *by design* intencionadamente
LOC to have designs on sth/sb tener los ojos puestos en algo/algn
■ **design** *vt* diseñar: *They've designed us a studio/a studio for us.* Nos han diseñado un estudio.
LOC to be designed as sth estar pensado como algo **to be designed for sth/sb** estar diseñado para algo/algn **to be designed to do sth** estar diseñado para hacer algo
designate /ˈdezɪgneɪt/ *vt* **1(a) ~ sth/sb (as) sth** (*formal*) designar algo/a algn algo **(b) ~ sth/sb for sth** (*formal*) designar algo/a algn para algo **2(a)** nombrar **(b)** denominar **(c)** señalar
■ **designate** /ˈdezɪgnət/ *adj* electo: *the editor designate* el editor electo
▶ **designation** *n* (*formal*) **1** título **2** nombramiento
designer /dɪˈzaɪnə(r)/ *n* **1(a)** diseñador, -ora: *fashion designer* diseñador de modas ◊ *designer jeans* vaqueros de marca **(b)** (*maquinaria*) diseñador técnico, diseñadora técnica **2** (*Teat*) escenógrafo, -a
designing /dɪˈzaɪnɪŋ/ *adj* (*pey*) intrigante
■ **designing** *n* diseño
desirable /dɪˈzaɪərəbl/ *adj* **1** (*persona, solución*) deseable **2** (*zona*) cotizado **3** (*posición*) envidiable **4** conveniente
▶ **desirability** *n* **1** lo atractivo **2** conveniencia
desire /dɪˈzaɪə(r)/ *n* **1 ~ (for sth/sb); ~ (to do sth)** deseo (por algo/algn); (de hacer algo): *a burning/strong desire* un deseo ardiente/fuerte ◊ *my heart's desire* lo que más anhelo **2 ~ (for sth/to do sth) (a)** afán (por algo/de hacer algo) **(b)** ansias (de algo/de hacer algo) **(c)** ganas (de algo/de hacer algo): *He had no desire to see her.* No sentía ninguna gana de verla.
■ **desire** *vt* **1** (*formal*) desear: *the desired effect* el efecto deseado **2** (*sexo*) desear **LOC** *Ver* LEAVE¹
desirous /dɪˈzaɪərəs/ *adj* **~ of (doing) sth** (*formal* o *ret*) deseoso de (hacer) algo
desist /dɪˈzɪst/ *vi* **~ (from sth); ~ (from doing sth)** (*formal*) desistir (de algo); (de hacer algo)
desk /desk/ *n* **1** mesa (*de trabajo*): *a school desk* un pupitre ◊ *a writing desk* un escritorio ◊ *the information/reception desk* el mostrador de información/recepción ◊ *a desk job* un trabajo administrativo *Ver tb* CASH DESK **2** (*periódico*) sección: *the sports desk* la sección de deportes *Ver tb* CITY DESK
desktop /ˈdesktɒp/ *adj*: *a desktop computer* un ordenador personal ◊ *desktop publishing* autoedición
desolate /ˈdesələt/ *adj* **1** (*paisaje*) desolado, desierto **2** (*futuro*) desolador
■ **desolate** /ˈdeséleɪt/ *vt* desolar: *desolated by war* asolado por la guerra ◊ *She was desolated by his death.* Le desoló su muerte.
▶ **desolation** *n* **1** desolación **2** desconsuelo

despair /dɪˈspeə(r)/ *vi* **~ (of sth); ~ (of doing sth)** (*formal*) perder las esperanzas (de algo); (de hacer algo): *Don't despair.* No abandones. ◊ *to despair of seeing sb* perder las esperanzas de ver a algn
■ **despair** *n* desesperación: *You will drive me to despair.* Me volverás loco. ◊ *to be in despair about sth* estar desesperado con algo
LOC to be the despair of sb ser la desesperación de algn
▶ **despairing** *adj* desesperado
despairingly *adv* sin esperanzas
despatch /dɪˈspætʃ/ *n, vt Ver* DISPATCH
the Despatch Box (*tb* **the Dispatch Box**) *n* ≃ la tribuna de oradores
desperate /ˈdespərət/ *adj* **1** desesperado: *I'm desperate to retire.* Estoy desesperado por jubilarme. ◊ *He is in desperate need of help.* Necesita ayuda con urgencia. ◊ *to be desperate for sth* tener una necesidad apremiante de algo **2(a)** (*acto*) a la desesperada: *a desperate measure* una medida desesperada **(b)** (*enfermedad*) muy grave
▶ **desperately** *adv* desesperadamente: *desperately unhappy/poor* desgraciadísimo/paupérrimo
desperation /ˌdespəˈreɪʃn/ *n* desesperación: *to be in desperation about/over sth* estar desesperado con/por algo ◊ *to do sth in desperation* hacer algo por desesperación
despicable /dɪˈspɪkəbl/ *adj* despreciable
despise /dɪˈspaɪz/ *vt* despreciar: *She despised him for being weak.* Lo despreciaba por su debilidad.
despite /dɪˈspaɪt/ (*tb* **in spite of**) *prep* a pesar de: *Despite wanting to see him again…* A pesar de querer verlo de nuevo… ◊ *Despite the fact that…* A pesar (del hecho) de que…
despondent /dɪˈspɒndənt/ *adj* abatido, desalentado
▶ **despondency** *n* abatimiento, desaliento
despondently *adv* con abatimiento
despot /ˈdespɒt/ *n* déspota
▶ **despotic** *adj* despótico
despotism *n* despotismo
dessert /dɪˈzɜːt/ (*GB tb* **afters**, **sweet**, **pudding**) *n* postre: *What's for dessert?* ¿Qué hay de postre? ◊ *dessert wine* vino dulce
dessertspoon /dɪˈzɜːtspuːn/ *n* **1** (*cubierto*) cuchara de postre ☛ *Ver ilustración en* CUCHARA **2** (*tb* **dessertspoonful**) (*medida*) cucharada
destabilize, -ise /diːˈsteɪbəlaɪz/ *vt* desestabilizar
▶ **destabilization, -isation** *n* desestabilización
destabilizing, -ising *adj* desestabilizador
destination /ˌdestɪˈneɪʃn/ *n* destino (*de un viaje, etc*)
destined /ˈdestɪnd/ *adj* (*formal*) **1** destinado: *They were destined to marry/It was destined that they would marry.* Estaban destinados a casarse el uno con el otro. **2** condenado: *the mines destined for closure* las minas condenadas a cerrar ◊ *It was destined to fail.* Estaba condenado a fracasar. **3 destined for…** con destino a… (*una carta, un avión, etc*)
destiny /ˈdestəni/ *n* (*pl* **-ies**) destino (*suerte*)
destitute /ˈdestɪtjuːt; *USA* -tuːt/ *adj* **1** indigente: *the destitute* los indigentes **2** desamparado **3 to be destitute of sth** (*formal*) carecer de algo
▶ **destitution** *n* indigencia
destroy /dɪˈstrɔɪ/ *vt* destruir *Ver tb* SELF-DESTRUCT, SOUL-DESTROYING
▶ **destroyer** *n* **1** (*Mil*) destructor **2** (*formal*) ruina
destruction /dɪˈstrʌkʃn/ *n* **1** destrucción **2** ruina, perdición
destructive /dɪˈstrʌktɪv/ *adj* destructivo
▶ **destructively** *adv* destructivamente
destructiveness *n* **1** poder destructor **2** espíritu de destrucción
desultory /ˈdesəltri; *USA* -tɔːri/ *adj* (*formal*) **1** errático **2** desganado: *in a desultory fashion* sin entusiasmo

Det *abrev de* **Detective**
detach /dɪˈtætʃ/ *vt* **1 ~ sth (from sth)** separar, quitar algo (de algo): *to detach a carriage from a train* desenganchar un vagón de un tren **2** (*Mil*) destacar
▶ **detachable** *adj* **1** de quita y pon **2** (*forro*) desmontable
detached /dɪˈtætʃd/ *adj* **1** (*persona*) distante **2** imparcial **3** (*vivienda*) no unido a otra casa *Ver tb* SEMI-DETACHED
detached house *n* vivienda unifamiliar que no tiene ningún edificio adosado ☛ *Ver ilustración en* HOUSE
detachment /dɪˈtætʃmənt/ *n* **1** distanciamiento **2** imparcialidad **3** (*Mil*) destacamento **4** separación
detail /ˈdiːteɪl; *USA* dɪˈteɪl/ *n* detalle, pormenor: *for further details...* para más información... ◊ *to pay attention to detail* prestar atención a los detalles
LOC **in detail** en detalle, detalladamente **to go into detail(s)** entrar en detalles *Ver tb* GORY
■ **detail** *vt* **1** detallar **2 to be detailed to do sth** (*Mil*) estar destacado para hacer algo
detailed /ˈdiːteɪld/ *adj* detallado
detain /dɪˈteɪn/ *vt* **1** entretener, retener **2** retener: *The police detained him for questioning.* La policía le retuvo para interrogarle.
▶ **detainee** *n* detenido, -a: *political detainee* preso político
detect /dɪˈtekt/ *vt* **1** detectar **2** descubrir (*fraudes, etc*)
▶ **detectable** *adj* detectable
detection /dɪˈtekʃn/ *n* descubrimiento: *They got across the port without detection.* Cruzaron el puerto sin ser detectados. ◊ *crime detection* lucha contra el crimen ◊ *to escape detection* pasar inadvertido/desapercibido
detective /dɪˈtektɪv/ *n* **1** (*abrev* **Det**) (*policía*) detective: *detective story* novela policiaca **2** (*tb* **private detective, private eye**) investigador privado
detector /dɪˈtektə(r)/ *n* detector *Ver tb* LIE DETECTOR, METAL DETECTOR, MINE-DETECTOR, SMOKE DETECTOR
détente /ˌdeɪˈtɑːnt/ *n* (*Fr*) disminución de la tensión (*esp entre países*)
detention /dɪˈtenʃn/ *n* **1** retención: *He died in detention.* Murió mientras estaba retenido. ◊ *police powers of detention* los poderes de la policía para tener detenidos ◊ *detention centre* centro de detención preventiva/centro de internamiento **2** (*Educ*): *to be given detention* quedarse castigado después de clase
deter /dɪˈtɜː(r)/ *vt* (**-rr-**) **~ sb (from doing sth)** disuadir a algn (de hacer algo)
detergent /dɪˈtɜːdʒənt/ *adj, n* detergente
deteriorate /dɪˈtɪərɪəreɪt/ *vi* **1** deteriorarse, empeorar **2 ~ into sth** degenerar en algo
▶ **deterioration** *n* deterioro
determinant /dɪˈtɜːmɪnənt/ *adj, n* (*formal*) (elemento) determinante
determinate /dɪˈtɜːmɪnət/ *adj* (*formal*) determinado
determination /dɪˌtɜːmɪˈneɪʃn/ *n* determinación *Ver tb* SELF-DETERMINATION
determine /dɪˈtɜːmɪn/ **1** *vt* determinar, decidir: *determining factor* factor determinante **2** *vt* (*formal*) determinar: *to determine the cause of the accident* determinar la causa del accidente **3** *vi* **~ on/upon sth** (*formal*) decidirse por algo **4** *vi* **~ to do sth** (*formal*) decidirse a hacer algo
determined /dɪˈtɜːmɪnd/ *adj* decidido, resuelto: *to be determined to do sth* estar resuelto a hacer algo
▶ **determinedly** *adv* resueltamente
determiner /dɪˈtɜːmɪnə(r)/ *n* (*Gram*) determinante
determinism /dɪˈtɜːmɪnɪzəm/ *n* determinismo
▶ **deterministic** (*tb* **determinist**) *adj* determinista
deterrent /dɪˈterənt; *USA* -ˈtɜː-/ *n* **1** ejemplo: *His punishment will be a deterrent to others.* Su castigo supondrá un ejemplo para otros. **2** argumento disuasorio **3** (*Mil*) fuerza disuasoria: *nuclear deterrent* fuerza disuasoria nuclear
■ **deterrent** *adj* disuasorio
▶ **deterrence** *n* disuasión
detest /dɪˈtest/ *vt* detestar: *I detest dogs.* Detesto los perros. ◊ *I detest having to get up early.* Detesto tener que madrugar. ◊ *I detest people complaining.* Detesto que la gente se queje.
▶ **detestable** *adj* detestable
dethrone /ˌdiːˈθrəʊn/ *vt* destronar
detonate /ˈdetəneɪt/ *vt, vi* (hacer) detonar
▶ **detonation** *n* detonación
detonator *n* detonador
detour /ˈdiːtʊə(r); *USA* ˈdɪtʊər/ *n* desvío: *We made a detour round the floods.* Dimos un rodeo para evitar las inundaciones. ☛ *Comparar con* DIVERSION
■ **detour** *vi* dar un rodeo
detoxification /ˌdiːˌtɒksɪfɪˈkeɪʃn/ *n* desintoxicación
detract /dɪˈtrækt/ *vi* **~ from sth** restar mérito a algo: *The incident detracted from our enjoyment of the evening.* El incidente le restó placer a nuestra velada.
▶ **detractor** *n* detractor, -ora
detriment /ˈdetrɪmənt/ *n*
LOC **to the detriment of sth/sb** en detrimento de algo/algn **without detriment to sth/sb** sin perjuicio a/para algo/algn
▶ **detrimental** *adj* **~ (to sth/sb)** perjudicial (para/a algo/algn)
detritus /dɪˈtraɪtəs/ *n* detrito, detritus
deuce /djuːs; *USA* duːs/ *n* (*Tenis*) deuce, cuarenta iguales
Deutschmark /ˈdɔɪtʃmɑːk/ *n* (*abrev* **DM**) marco alemán
devalue /ˌdiːˈvæljuː/ *vt, vi* devaluar(se)
▶ **devaluation** *n* devaluación
devastate /ˈdevəsteɪt/ *vt* **1(a)** devastar, asolar **(b)** (*fig*) arrollar **2** (*persona*) desolar, destrozar
▶ **devastated** *adj* desolado, destrozado
devastating *adj* **1** devastador **2** desastroso **3** (*fig*) **(a)** (*ingenio*) muy agudo **(b)** (*encanto*) irresistible **(c)** (*argumento, etc*) arrollador
devastatingly *adv* devastadoramente, increíblemente
devastation *n* devastación
develop /dɪˈveləp/ **1** *vt, vi* desarrollar(se) **2** *vt, vi* **~ (from sth into sth)** convertir(se), transformar(se) (de algo en algo) **3** *vt* (*plan, estrategia*) elaborar **4** *vt* (*droga*) crear **5** *vt, vi* (*Fot*) revelar(se) **6** *vt* (*terreno*) urbanizar, construir en: *The Council is going to develop this land.* El Ayuntamiento va a construir en estos terrenos.
LOC **to develop a habit of sth/doing sth** coger la costumbre de algo/hacer algo **to develop a taste for/in sth** cogerle gusto a algo **to develop an interest in sth** empezar a interesarse en algo
▶ **developed** *adj* desarrollado *Ver tb* WELL-DEVELOPED
developer *n* **1** promotor: *property developer* promotor de obras ◊ *software developer* productor de software **2** (*Fot*) revelador **3** (*Educ*): *to be a late developer* ser de desarrollo tardío
developing *adj* en (vías de) desarrollo
development /dɪˈveləpmənt/ *n* **1** desarrollo, evolución **2** cambio, novedad: *There has been a new development.* Ha cambiado la situación. **3** (*droga*) creación **4** (*de terrenos*) urbanización: *a housing development* una urbanización/un complejo residencial **5** (*de recursos*) explotación: *development area* polo de desarrollo **6** (*tb* **developing**) (*Fot*) revelado
▶ **developmental** /dɪˌveləpˈmentl/ *adj* de(l) desarrollo, para el desarrollo
deviant /ˈdiːviənt/ *adj, n* **1** desviado, -a, que se aparta de la norma **2** (*sexual*) pervertido, -a
▶ **deviance** (*tb* **deviancy**) *n* desviación (sexual)
deviate /ˈdiːvieɪt/ *vi* **~ (from sth)** desviarse de algo: *I will never deviate from what I believe to be right.* Nunca me apartaré de lo que creo que es justo.

deviation /ˌdiːviˈeɪʃn/ *n* ~ **(from sth)** desviación (de algo)

device /dɪˈvaɪs/ *n* **1(a)** aparato, dispositivo, mecanismo **(b)** (*explosivo*) artefacto **(c)** (*nuclear*) ingenio **2(a)** (*manera*) medio, método **(b)** (*plan*) ardid, estratagema **3** (*Liter*) recurso **LOC** *Ver* LEAVE[1]

devil[1] /ˈdevl/ *n* **1(a)** demonio, diablo **(b) the Devil** el diablo **2** (*coloq*) demonio, diablo: *a little devil* un diablillo ◊ *a handsome devil* un tío muy guapo ◊ *You devil!* ¡Eres el demonio! ◊ *You lucky devil!* ¡Tienes una suerte del diablo! *Ver tb* DAREDEVIL

LOC be a devil! (*coloq, joc*) ¡atrévete! **between the devil and the deep blue sea** entre la espada y la pared **devil's advocate** abogado del diablo **go to the devil!** (*antic*) ¡vete al diablo! **like the devil** (*coloq*) como un descosido/un demonio **speak/talk of the devil** (*coloq*) hablando del rey de Roma… **the devil's own luck/the luck of the devil** una suerte del diablo **there'll be the devil to pay** (*coloq*) nos la vamos a cargar **to give the devil his due** ser justo hasta con el diablo **to have a/the devil of a job** (*coloq*) costarle a uno horrores **to have a/the devil of a time** (*coloq*) pasarlo muy mal **what, who, etc the devil…?** ¿qué, quién, etc demonios…? *Ver tb* BETTER

▶ **devilish 1** *adj* diabólico **2** *adv* (*antic, coloq*) la mar de, sumamente

devilishly *adv* la mar de, sumamente

devil[2] /ˈdevl/ *vt* (**-ll-**, *USA* **-l-**) asar con mucho picante

devil-may-care /ˈdevl meɪ keə(r)/ *adj* imprudente, temerario

devious /ˈdiːviəs/ *adj* **1(a)** enrevesado, intrincado **(b)** (*método*) poco escrupuloso **(c)** (*persona*) taimado, poco escrupuloso **2** (*camino*) tortuoso

devise /dɪˈvaɪz/ *vt* idear, elaborar, concebir

devoid /dɪˈvɔɪd/ *adj* **1 ~ of sth** desprovisto de algo **2 to be ~ of sth** carecer totalmente de algo

devolution /ˌdiːvəˈluːʃn; *USA* ˌdev-/ *n* **1** transferencia de competencias a un gobierno regional: *the Scottish devolution debate* el debate sobre la autonomía escocesa **2** (*de poderes*) delegación

devolve /dɪˈvɒlv/ (*formal*) **1** *vi* **~ on/upon sb** corresponder a algn; recaer sobre algn **2** *vt* **(a) ~ sth (to/upon sb)** delegar algo (en algn) **(b)** (*poder político*) transferir: *a devolved Scottish assembly* una asamblea escocesa autónoma

devote /dɪˈvəʊt/ **1** *v refl* **~ yourself to sth/sb** dedicarse a algo/algn **2** *vt* **~ sth to sth/sb (a)** dedicar algo a algo/algn **(b)** (*recursos*) destinar algo a algo/algn

▶ **devoted** *adj* **~ (to sth/sb)** fiel, leal (a algo/algn): *They're devoted to each other.* Están entregados el uno al otro. ◊ *a devoted mother* una madre abnegada

devotedly *adv* con devoción, fielmente

devotee /ˌdevəˈtiː/ *n* devoto, -a

devotion /dɪˈvəʊʃn/ *n* **1 ~ (to sth/sb)** devoción (por/a algo/algn); dedicación, lealtad (a algo/algn) **2** [*gen pl*] oración

▶ **devotional** *adj* devoto

devour /dɪˈvaʊə(r)/ *vt* (*lit* y *fig*) devorar

LOC to be devoured by sth estar consumido por algo

devout /dɪˈvaʊt/ *adj* **1** devoto, piadoso **2** (*esperanza, deseo*) sincero

▶ **devoutly** *adv* **1** piadosamente, con devoción **2** sinceramente

dew /djuː; *USA* duː/ *n* rocío

▶ **dewy** *adj* cubierto de rocío

dewy-eyed /ˈdjuːfi aɪd/ *adj* ingenuo

dexterity /dekˈsterəti/ *n* destreza

dexterous (*tb* **dextrous**) /ˈdekstrəs/ *adj* diestro, hábil

DHSS /ˌdiː eɪtʃ es ˈes/ (*GB*) *abrev de* **Department of Health and Social Security** Ministerio de Salud y Seguridad Social: *to go to the DHSS offices* ir a la delegación de la Seguridad Social

diabetes /ˌdaɪəˈbiːtiːz/ *n* diabetes

diabetic /ˌdaɪəˈbetɪk/ *adj, n* diabético, -a

diabolical /ˌdaɪəˈbɒlɪkl/ (*tb* **diabolic** /ˌdaɪəˈbɒlɪk/) *adj* diabólico

▶ **diabolically** *adv* diabólicamente, espantosamente

diadem /ˈdaɪədem/ *n* diadema

diaeresis (*tb* **dieresis**) /daɪˈerəsɪs/ *n* (*pl* **-eses** /-əsiːz/) diéresis

diagnose /ˈdaɪəgnəʊz; *USA* ˌdaɪəgˈnəʊs/ *vt* diagnosticar: *I have been diagnosed as having hepatitis.* Me han diagnosticado una hepatitis.

diagnosis /ˌdaɪəgˈnəʊsɪs/ *n* (*pl* **-noses** /-ˈnəʊsiːz/) diagnóstico: *to make a diagnosis* hacer un diagnóstico

diagnostic /ˌdaɪəgˈnɒstɪk/ *adj* diagnóstico

diagonal /daɪˈægənl/ *adj, n* diagonal

▶ **diagonally** *adv* en diagonal

diagram /ˈdaɪəgræm/ *n* diagrama

▶ **diagrammatic** *adj* esquemático

dial /ˈdaɪəl/ *n* **1** (*instrumento*) **(a)** indicador **(b)** botón **2** (*teléfono*) disco **3** dial **4** (*reloj*) esfera *Ver tb* SUNDIAL

■ **dial** *vt* (**-ll-**, *USA* **-l-**) marcar: *to dial a wrong number* marcar un número equivocado *Ver tb* DIRECT DIAL TELEPHONE

dialect /ˈdaɪəlekt/ *n* dialecto

dialectic /ˌdaɪəˈlektɪk/ (*tb* **dialectics** [*sing*]) *n* dialéctica

▶ **dialectical** *adj* dialéctico: *dialectical materialism* materialismo dialéctico

dialling code (*USA* **area code**) *n* prefijo

dialling tone (*USA* **dial tone**) *n* tono de marcar

dialogue /ˈdaɪəlɒg/ (*USA tb* **dialog** /-lɔːg/) *n* diálogo

dialysis /ˌdaɪˈæləsɪs/ *n* (*pl* **-lyses** /-lɪsiːz/) diálisis

diameter /daɪˈæmɪtə(r)/ *n* diámetro: *It is 1 cm in diameter.* Tiene 1 cm de diámetro.

▶ **diametrical** /ˌdaɪəˈmetrɪkl/ *adj* diametral

diametrically *adv*: *diametrically opposed* diametralmente opuesto

diamond /ˈdaɪəmənd/ *n* **1** diamante: *diamond necklace* collar de diamantes **2** rombo: *diamond-shaped* romboidal **3(a) diamonds** [*v sing o pl*] (*baraja francesa*) diamantes: *the five of diamonds* el cinco de diamantes **(b)** (*naipe*) carta de diamantes ☛ *Ver ilustración en* CARTA ☛ *Ver nota en* BARAJA **4** (*aniversario*): *diamond wedding* bodas de diamante ◊ *diamond jubilee* sexagésimo aniversario **LOC** *Ver* ROUGH[2]

diaper /ˈdaɪəpə(r); *USA* ˈdaɪpər/ (*USA*) (*GB* **nappy**) *n* pañal

diaphanous /daɪˈæfənəs/ *adj* diáfano

diaphragm /ˈdaɪəfræm/ *n* **1** (*Anat, Fot*) diafragma **2** (*tb* **Dutch cap**, **cap**) diafragma

diarrhoea (*USA* **diarrhea**) /ˌdaɪəˈrɪə/ *n* diarrea

diary /ˈdaɪəri/ *n* (*pl* **-ies**) **1** diario: *to keep a diary* escribir un diario ☛ *Ver nota en* DIARIO **2** agenda

▶ **diarist** /ˈdaɪərɪst/ *n* diarista

the Diaspora /daɪˈæspərə/ *n* la Diáspora

diatribe /ˈdaɪətraɪb/ *n* **~ (against sth/sb)** diatriba (contra algo/algn)

dice /daɪs/ (*USA tb* **die** /daɪ/) *n* (*pl* **dice**) **1** dado: *a pair of dice* un par de dados ◊ *to roll/throw the dice* tirar/lanzar los dados **2** (*juego*) dados: *to play dice* jugar a los dados

LOC no dice (*esp USA, argot*) de eso nada *Ver tb* LOAD[2]

■ **dice** *vt, vi* (*alimentos*) cortar en dados

LOC to dice with death (*coloq*) jugar con la muerte

dicey /ˈdaɪsi/ *adj* (*coloq*) **1** incierto **2** peligroso

dichotomy /daɪˈkɒtəmi/ *n* **~ (between A and B)** (*formal*) dicotomía (entre A y B)

dick /dɪk/ *n* **1** (⚠) ☛ *Ver nota en* TABÚ picha **2** (*esp USA, coloq, antic*) detective **3** (*esp USA, coloq*) gilipollas

the dickens /ˈdɪkɪnz/ *n* (*antic, coloq*): *What the dickens is that?* ¿Qué demonios es eso?

Dickensian /dɪˈkenziən/ *adj* dickensiano

dickhead /ˈdɪkhed/ *n* (⚠) ☛ *Ver nota en* TABÚ gilipollas
dicky /ˈdɪki/ *adj* (*GB, antic, coloq*) **1** indispuesto: *a dicky heart* debilidad cardiaca **2** inestable
dicky bird *n* (*en el habla infantil*) pajarito LOC *Ver* SAY
dicotyledon /ˌdaɪkɒtəˈliːdən/ *n* dicotiledóneo
Dictaphone® /ˈdɪktəfəʊn/ *n* dictáfono
dictate /dɪkˈteɪt; *USA* ˈdɪkteɪt/ **1** *vt, vi* **~ (sth) (to sb)** dictar (algo) (a algn): *to dictate to a secretary* dictar a una secretaria **2** *vt* **~ sth (to sb)** ordenar algo (a algn): *to dictate terms to sb* imponer condiciones a algn
PHR V **to dictate to sb** [*gen en pasiva*]: *He let himself be dictated to by his mother.* Se dejó dar órdenes por su madre.
■ **dictate** /ˈdɪkteɪt/ *n* [*gen pl*] **1** dictado: *the dictates of common sense* los dictados del sentido común **2** mandato: *party dictates* los mandatos del partido
dictation /dɪkˈteɪʃn/ *n* dictado
dictator /dɪkˈteɪtə(r); *USA* ˈdɪkteɪtər/ *n* dictador, -ora
▶ **dictatorial** /ˌdɪktəˈtɔːriəl/ *adj* dictatorial
dictatorially *adv* dictatorialmente
dictatorship /dɪkˈteɪtəʃɪp; *USA* ˈdɪkteɪtər/ *n* dictadura
diction /ˈdɪkʃn/ *n* **1** dicción **2** lenguaje
dictionary /ˈdɪkʃənri; *USA* -neri/ *n* (*pl* **-ies**) diccionario: *English dictionary* diccionario de inglés
dictum /ˈdɪktəm/ *n* (*pl* **~s** o **-ta** /-tə/) **1** sentencia **2** dictamen
did /dɪd/ *pret de* DO[1], DO[2]
didactic /daɪˈdæktɪk/ *adj* (*formal, a veces pey*) didáctico
diddle /ˈdɪdl/ *vt* **~ sb (out of sth)** (*coloq*) estafar (algo) a algn
diddy /ˈdɪdi/ *adj* (*coloq*) chiquitito
didn't /ˈdɪdnt/ = DID NOT *Ver* DO[1]
die[1] /daɪ/ (*pret, pp* **died** *part pres* **dying**) (*lit* y *fig*) **1** *vi* morir: *to die of/from sth* morir de algo ◊ *to die poor* morir pobre ◊ *The flame died.* La llama se apagó. **2** *vt* morir: *to die a lingering death* tener una muerte lenta ◊ *to die a hero* morir como un héroe
LOC **to be dying for sth/to do sth** morirse por algo/por hacer algo **to die hard** estar muy arraigado: *Old habits die hard.* Los hábitos de toda la vida son muy difíciles de erradicar. **to die in harness** morir trabajando **to die laughing** morirse de risa **to die of hunger, shame, etc** (*coloq*) morirse de hambre, vergüenza, etc **to die the death** (*joc*) no durar nada *Ver tb* CROSS[1], FLY[1], OLD, SAY
PHR V **to die away 1** disminuir poco a poco hasta desaparecer **2** (*ruido*) alejarse hasta perderse
to die down 1 apagarse gradualmente, disminuir **2** (*viento*) amainar
to die off morir uno tras otro
to die out 1 (*Zool*) extinguirse **2** (*tradiciones*) desaparecer, perderse
die[2] /daɪ/ *n* **1** cuño **2** matriz
▶ **die-cast** *adj* vaciado
die[3] /daɪ/ *n* (*pl* **dice**) (*antic* o *USA*) dado ☛ La palabra más usada es **dice**.
LOC **the die is cast** la suerte está echada
diehard /ˈdaɪhɑːd/ *n* intransigente, empedernido
diesel /ˈdiːzl/ *n* diesel: *diesel engine* motor diesel ◊ *diesel fuel/oil* gasóleo
diet /ˈdaɪət/ *n* **1** dieta, régimen ☛ *Comparar con* RÉGIMEN **2** (*fig*) ración: *the constant diet of soap operas on TV* la interminable ración de telenovelas en la TV **3** (*Pol, Relig*) dieta
LOC **to be/go/put yourself on a diet** estar/ponerse a régimen
■ **diet** *vi* estar/ponerse a régimen
▶ **dietary** *adj* dietético
dietetic *adj* dietético
dietetics *n* [*sing*] dietética
dietician (*tb* **dietitian**) *n* dietista
differ /ˈdɪfə(r)/ *vi* **1 ~ (from sth/sb)** ser diferente, diferenciarse de algo/algn: *They differ in their tastes/have differing tastes.* Tienen gustos diferentes. ◊ *How does one differ from the other?* ¿En qué se diferencia el uno del otro? **2 ~ (with/from sb) (about/on sth)** no estar de acuerdo, discrepar (con algn) (sobre/en algo)
LOC *Ver* AGREE, BEG
difference /ˈdɪfrəns/ *n* diferencia: *to make up the difference (in price)* poner la diferencia (en el precio) ◊ *Did you notice a difference in her?* ¿Notaste algún cambio en ella? ◊ *a difference of opinion over sth* una desavenencia sobre algo
LOC **it makes all the difference** lo cambia todo **it makes no difference/for all the difference it makes** da lo mismo: *It makes no difference what you say.* Me da igual lo que digas. **not to make much difference**: *It won't make much difference whether you go today or tomorrow.* Da lo mismo que te vayas hoy o mañana. ◊ *The rain didn't make much difference to us.* La lluvia apenas nos afectó. **what difference does it make?** ¿qué más da? **with a difference** especial: *This is a restaurant with a difference.* Este es un restaurante especial. *Ver tb* NEAR[1], SINK, SPLIT, TELL
different /ˈdɪfrənt/ *adj* **~ (from/to sth/sb)** (*esp USA*) **~ (than/from sth/sb)** diferente, distinto de/a algo/algn
LOC **any/no different**: *This book isn't any/is no different from the other.* Este libro es igual que el otro. **a (very) different kettle of fish** (*coloq*) harina de otro costal **that's a different matter/proposition** eso ya es otro cantar **to be as different as chalk and/from cheese** parecerse como un huevo a una castaña *Ver tb* KNOW, LIGHT[1], SING
▶ **differently** *adv* de otra manera, de distinta manera
differential /ˌdɪfəˈrenʃl/ *adj, n* diferencial: *differential gear* el (engranaje) diferencial ☛ *Ver ilustración en* CAR
differentiate /ˌdɪfəˈrenʃieɪt/ *vt, vi* **~ between A and B; ~ A from B** distinguir, diferenciar entre A y B; A de B
▶ **differentiation** *n* diferenciación
difficult /ˈdɪfɪkəlt/ *adj* difícil: *He likes to be difficult.* Le gusta complicar las cosas.
▶ **difficulty** *n* (*pl* **-ies**) **1** dificultad: *with the greatest difficulty* a duras penas ◊ *to have difficulty doing sth* tener dificultad en/para hacer algo **2** (*situación difícil*) apuro, aprieto: *to get/run into difficulties* verse en un apuro/encontrarse en apuros ◊ *to make difficulties for sb* poner obstáculos a algn
diffident /ˈdɪfɪdənt/ *adj* tímido: *to be diffident about doing sth* faltarle confianza en sí mismo para hacer algo
▶ **diffidence** *n* falta de confianza en sí mismo
diffidently *adv* con poca confianza en sí mismo
diffuse /dɪˈfjuːz/ *vt, vi* difundir(se): *diffused light(ing)* luz difusa
■ **diffuse** /dɪˈfjuːs/ *adj* **1** difuso **2** prolijo
▶ **diffusion** *n* difusión
dig /dɪg/ (**-gg-**) (*pret, pp* **dug** /dʌg/) **1** *vt, vi* cavar, excavar: *to dig for sth* cavar en busca de algo ◊ *to dig a tunnel* excavar un túnel **2 (a)** *vi* **to dig into sth** clavarse en algo: *The hook on this dress keeps digging into me.* Se me clava el gancho de este vestido. **(b)** *vt* **to dig sth into sth** hincar, clavar algo en algo: *to dig compost into the soil* mezclar abono en la tierra
LOC **to dig (deep) into your pockets/reserves** rascarse el bolsillo **to dig sb in the ribs** dar a algn un codazo en las costillas
PHR V **to dig in** (*coloq*) hincar el diente: *Dig in!* ¡Al ataque!
to dig sth in 1 hincar algo **2** (*abono*) mezclar algo
to dig yourself in (*Mil*) atrincherarse
to dig sth out sacar algo: *to dig out the truth/an old photograph* sacar la verdad/una foto vieja
to dig sth/sb out sacar algo/a algn (cavando)
to dig sth over entrecavar algo

to dig sth up 1 (*jardín*) remover la tierra de algo **2** sacar algo: *to dig up a plant/tree* sacar una planta/un árbol **3** (*un objeto oculto*) desenterrar algo: *to dig up Roman remains* desenterrar restos romanos **4** (*calle*) levantar algo **5** (*fig*) descubrir algo: *to dig up scandal* descubrir escándalos
■ **dig** *n* **1(a)** (*golpe*) empujón **(b)** codazo **2 dig (at sb)** (*fig*) pulla contra algn: *to have/take a dig at sb* meterse con algn **3** (*arqueología*) excavación
▶ **digger** *n* **1** (*Mec*) excavadora **2** persona que cava: *a gravedigger* un enterrador *Ver tb* GOLD-DIGGER
digging *n* **1** excavación: *There is a lot of digging still to be done.* Queda mucho por cavar. **2 diggings** [*pl*] (*minas, arqueología*) excavaciones

digest[1] /ˈdaɪdʒest/ *n* **1** (*sumario*) resumen **2** (*colección*) compendio

digest[2] /dɪˈdʒest, daɪ-/ *vt, vi* digerir(se)
▶ **digestible** *adj* digerible

digestion /daɪˈdʒestʃən/ *n* digestión

the digestive system

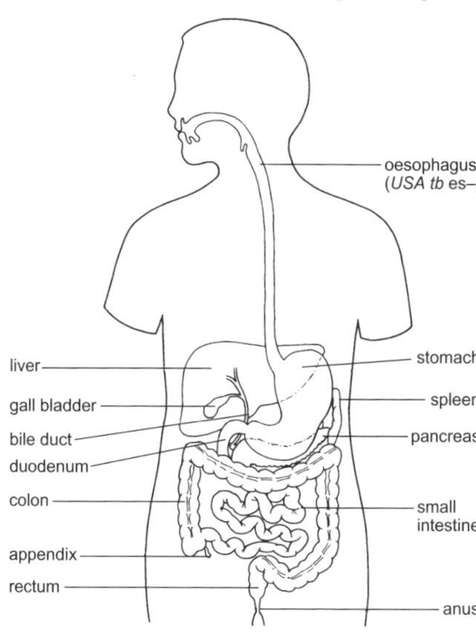

digestive /daɪˈdʒestɪv/ *adj* digestivo: *the digestive system* el aparato digestivo

digit /ˈdɪdʒɪt/ *n* **1** (*Mat*) dígito **2** (*Anat*) dedo
▶ **digital** *adj* digital: *a digital clock/watch* un reloj digital

dignify /ˈdɪgnɪfaɪ/ *vt* (*pret, pp* **-fied**) dignificar: *I won't dignify that remark with an answer.* Ese comentario no merece respuesta.
▶ **dignified** *adj* **1** digno **2** (*estilo*) grave

dignitary /ˈdɪgnɪtəri; *USA* -teri/ *n* (*pl* **-ies**) dignatario, -a

dignity /ˈdɪgnəti/ *n* dignidad
LOC **beneath your dignity** (*irón*): *He considers it beneath his dignity to…* Considera que menoscabaría su dignidad…

digress /daɪˈgres/ *vi* ~ **(from sth)** apartarse (de algo); hacer (una) digresión: *But I digress.* Pero estoy divagando.
▶ **digression** *n* digresión

digs /dɪgz/ *n* [*pl*] (*GB, coloq*) alojamiento, pensión

dike *n Ver* DYKE

dilapidated /dɪˈlæpɪdeɪtɪd/ *adj* **1** ruinoso **2** (*vehículo*) destartalado
▶ **dilapidation** *n* estado ruinoso

dilate /daɪˈleɪt/ *vt, vi* dilatar(se)
PHR V **to dilate on sth** (*formal*) extenderse sobre algo

dilatory /ˈdɪlətəri; *USA* -tɔːri/ *adj* (*formal*) **1** dilatorio **2** lento

dilemma /dɪˈlemə, daɪ-/ *n* dilema LOC *Ver* HORN

dilettante /ˌdɪləˈtænti/ *n* (*pl* **~s** o **-ti** /-tiː/) (*gen pey*) diletante, aficionado, -a

diligent /ˈdɪlɪdʒənt/ *adj* ~ **(in sth/in doing sth)** diligente (en algo/para hacer algo)
▶ **diligence** *n* diligencia
diligently *adv* diligentemente

dill /dɪl/ *n* (*Bot*) eneldo

dilute /daɪˈluːt, -ˈljuːt/ *vt* **1** diluir: *to dilute sth with sth* diluir algo con algo ◊ *Dilute to taste.* Diluir con agua. **2** (*fig*) suavizar, debilitar
■ **dilute** *adj* diluido
▶ **dilution** *n* **1** dilución **2** (*fig*) debilitamiento, adulteración

dim /dɪm/ *adj* (**dimmer, dimmest**) **1(a)** (*luz*) débil, tenue **(b)** (*cuarto, etc*) sombrío **(c)** borroso **(d)** (*recuerdo, noción, etc*) vago **(e)** (*perspectiva, etc*) poco prometedor, sombrío **2** (*coloq*) (*persona*) lerdo **3** (*ojos, vista*) turbio
LOC **dim and distant** (*joc*): *in the dim and distant past* en tiempos ya remotos
■ **dim (-mm-) 1** *vt* (*luz*) bajar: *She dimmed the lights.* Bajó las luces. **2** *vi* (*luz*) apagarse poco a poco: *The lights dimmed, and the film began.* Las luces se apagaron y empezó la película. **3** *vt, vi* (*fig*) empañar(se), apagar(se)
▶ **dimly** *adv* **1** (*iluminar*) débilmente **2** (*recordar, etc*) vagamente **3** (*ver*) indistintamente, apenas
dimness *n* **1** penumbra **2** (*inteligencia*) torpeza

dime /daɪm/ *n* (*USA, Can*) moneda de 10 centavos
LOC **a dime a dozen** (*coloq*) tirado, a montones

dimension /daɪˈmenʃn, dɪ-/ *n* dimensión ☛ *Ver ilustración en* DIMENSIÓN

dimensional /dɪˈmenʃənəl/ *adj* dimensional ☛ Se utiliza sobre todo para formar palabras compuestas. *Ver tb* THREE-DIMENSIONAL, TWO-DIMENSIONAL

diminish /dɪˈmɪnɪʃ/ *vt, vi* disminuir: *diminished responsibility* responsabilidad disminuida

diminution /ˌdɪmɪˈnjuːʃn; *USA* -ˈnuːʃn/ *n* disminución, reducción

diminutive /dɪˈmɪnjətɪv/ *adj* diminuto
■ **diminutive** *adj, n* (*Gram*) diminutivo

dimmer /ˈdɪmə(r)/ (*tb* **dimmer switch**) *n* interruptor que puede reducir o aumentar la intensidad de la luz, potenciómetro

dimple /ˈdɪmpl/ *n* **1** hoyuelo **2** (*agua*) ondulación
■ **dimple** *vt, vi* **1** formar(se) hoyuelos en **2** (*agua*) rizar(se)

dimwit /ˈdɪmwɪt/ *n* (*coloq*) bobo, -a
▶ **dim-witted** *adj* atontado

din /dɪn/ *n* [*sing*] estruendo, barullo
■ **din** *vi* (**-nn-**)
LOC **to din in sb's ears** retumbar en los oídos de algn
PHR V **to din sth into sb**: *The teacher dinned the maths into him.* El profesor le metió las matemáticas a fuerza de machacar.

dine /daɪn/ *vi* ~ **(on sth)** (*formal*) cenar, comer (algo) *Ver tb* WINE
PHR V **to dine out** cenar/comer fuera
▶ **diner** *n* **1** comensal **2** (*en un tren*) coche restaurante **3** (*USA*) restaurante (*de carretera*)

ding-dong /ˈdɪŋ dɒŋ/ *n, adv* (*de campanas*) talán talán
■ **ding-dong** *n* (*coloq*) (*disputa*) bronca
■ **ding-dong** *adj* (*batalla, etc*) furioso, muy reñido

dinghy /ˈdɪŋi, ˈdɪŋgi/ *n* (*pl* **-ies**) **1** bote, barca **2** (*de goma*) lancha neumática

dingo /ˈdɪŋgəʊ/ *n* (*pl* **~es**) dingo

dingy /ˈdɪndʒi/ *adj* (**-ier, -iest**) **1** (*deprimente*) sombrío **2** sucio

dining room *n* comedor ☛ *Ver nota en* RECEPTION ROOM

dining table *n* mesa de comedor

dinky /ˈdɪŋki/ *adj* (*coloq*) **1** (*GB*) mono **2** (*USA*) menudo

dinner /ˈdɪnə(r)/ *n* **1** [*sing*] cena (*por la noche*), comida (*al mediodía*): *to have dinner* cenar/comer ◊ *to ask sb to dinner* invitar a algn a cenar/comer ◊ *dinner time* la hora de la cena/comida *Ver tb* AFTER-DINNER **2(a)** (*tb* **dinner party**) cena (*entre amigos*) **(b)** cena de gala, banquete **LOC** *Ver* DOG[1], DRESS[2]

El uso de los términos **dinner**, **lunch**, **supper** y **tea** varía mucho en Gran Bretaña dependiendo del área geográfica.
Lunch se refiere siempre a la comida del mediodía, que suele ser casi siempre ligera (una ensalada o un sandwich). Hay gente que a esta comida le llama **dinner**.
Tanto **dinner** como **supper** y **tea** se pueden utilizar para referirnos a la comida principal del día que se toma al final de la tarde.
Supper puede ser también algo ligero que se toma antes de acostarse.
Tea puede ser simplemente un té o café con galletas y bollos a media tarde. Si incluye sandwiches, pasteles, etc se llama **high tea** (una especie de merienda-cena).
En el colegio, lo que los niños comen es **school dinner** si lo prepara el mismo colegio, o **packed lunch** si se lo traen de casa.

dinner jacket *n* (*abrev* **DJ**) (*USA* **tuxedo**) esmoquin

dinner service *n* vajilla

dinosaur /ˈdaɪnəsɔː(r)/ *n* dinosaurio

dint /dɪnt/ *n*
LOC **by dint of sth** a fuerza de algo

diocese /ˈdaɪəsɪs/ *n* diócesis
▶ **diocesan** /daɪˈɒsɪsn/ *adj* diocesano

dioxide /daɪˈɒksaɪd/ *n* dióxido

dip /dɪp/ (**-pp-**) **1** *vt* **to dip sth (in/into sth)** meter, mojar, bañar algo (en algo): *Dip your pen (into the ink).* Moja la pluma (en la tinta). ◊ *to dip your hand into your pocket* meter la mano en el bolsillo ◊ *to dip sheep* pasar ovejas por un baño desinfectante **2** *vi* descender **3** *vt, vi* bajar: *to dip the headlights (of a car)* bajar las luces (de un coche)
PHR V **to dip in** servirse (*comida*)
to dip (sth) in: *She dipped her finger in.* Metió el dedo.
to dip into sth **1** *I refuse to dip into my savings.* Me niego a echar mano de mis ahorros. **2** estudiar algo superficialmente: *She had dipped into Virgil from time to time.* De vez en cuando había ojeado a Virgilio.
■ **dip** *n* **1** (*coloq*) chapuzón: *to have/take/go for a dip* darse un chapuzón **2** (*tb* **sheep dip**) baño (desinfectante) (*ovejas*) **3** (*Cocina*) salsa cremosa fría (*donde se mojan apio, galletitas saladas, etc*) **4(a)** depresión **(b)** declive **5** (*precios, etc*) baja *Ver tb* BIG DIPPER

diphtheria /dɪfˈθɪəriə/ *n* difteria

diploma /dɪˈpləʊmə/ *n* (*abrev* **Dip**) diploma: *to have/hold a diploma in sth* ser diplomado en algo

diplomacy /dɪˈpləʊməsi/ *n* diplomacia

diplomat /ˈdɪpləmæt/ *n* diplomático, -a
▶ **diplomatic** *adj* (*lit* y *fig*) diplomático: *He's very diplomatic.* Es muy diplomático. ◊ *diplomatic relations* relaciones diplomáticas
diplomatically *adv* diplomáticamente, con diplomacia

dipstick /ˈdɪpstɪk/ *n* varilla del nivel de aceite ☛ *Ver ilustración en* CAR

dire /ˈdaɪə(r)/ *adj* (**direr, direst**) **1** (*formal*) horrible, extremo: *dire consequences* consecuencias terribles ◊ *to be in dire need of help* necesitar ayuda desesperadamente ◊ *only in the direst emergency* solo en extrema emergencia **2** (*coloq*) fatal: *The film was absolutely dire!* ¡La película fue espantosa!
LOC **in dire straits** en un terrible aprieto

direct /dəˈrekt, dɪ-, daɪ-/ *vt* **1** dirigir: *Can you direct me to...?* ¿Podría indicarme el camino a...? ◊ *advertising directed at the young* publicidad dirigida a los jóvenes ◊ *to direct your attention, gaze, etc to...* dirigir la atención, vista, etc hacia... ◊ *to direct a project/a film* dirigir un proyecto/una película **2** (*formal*) mandar: *The officer directed them to advance.* El oficial les ordenó que avanzaran.
■ **direct** *adj* **1** directo: *a direct descendant of...* un descendiente en línea directa de... ◊ *It has no direct bearing on the result.* No afecta directamente al resultado. **2** franco **3** total: *the direct opposite* totalmente lo contrario ◊ *in direct contradiction to...* en total contradicción con...
■ **direct** *adv* **1** directamente **2** en persona

direct access *n* (*Informát*) acceso directo

direct action *n* acción directa

direct current *n* (*abrev* **DC**) corriente continua

direct debit *n* cargo en cuenta directo, domiciliación bancaria

direct dial telephone *n* (*en un cuarto de hotel, etc*) teléfono con acceso directo a la red

direction /dəˈrekʃn, dɪ-, daɪ-/ *n* **1(a)** dirección, sentido: *in all directions* por todos lados ◊ *in the opposite direction* en sentido contrario ◊ *sense of direction* sentido de la orientación ◊ *new directions in research* nuevas direcciones en la investigación ◊ *to change direction* cambiar de dirección **(b)** *the direction of the project/film* la dirección del proyecto/de la película ◊ *a lack of direction* la falta de un norte **2** **directions** [*pl*] instrucciones: *to follow directions* seguir las instrucciones
LOC *Ver* ASK, STEP
▶ **directional** *adj* direccional

directive /dəˈrektɪv, dɪ-, daɪ-/ *n* directriz

directly /dəˈrektli, dɪ-, daɪ-/ *adv* **1** directamente: *directly in front of me* justo delante de mí ◊ *directly opposite (sth)* exactamente enfrente (de algo) **2** en seguida: *I'll be there directly.* Llegaré en seguida.
■ **directly** *conj* en cuanto: *directly I had finished work* en cuanto terminé de trabajar

direct mail *n* publicidad por correo

directness /dəˈrektnəs, dɪ-, daɪ-/ *n* franqueza

direct object *n* objeto directo

director /dəˈrektə(r), dɪ-, daɪ-/ *n* director, -ora *Ver tb* FUNERAL DIRECTOR, MANAGING DIRECTOR
▶ **directorial** *adj* del director: *directorial debut* debut como director

directorate /dəˈrektərət, dɪ-, daɪ-/ *n* **1** junta directiva **2** Dirección General (de...) **3** *Ver* DIRECTORSHIP

director-general /dəˌrektə ˈdʒenərəl, dɪ-, daɪ-/ *n* director, -ora general

directorship /dəˈrektəʃɪp, dɪ-, daɪ-/ *n* dirección: *His directorship lasted 15 years.* Permaneció en el cargo de director durante 15 años.

directory /dəˈrektəri, dɪ-, daɪ-/ *n* (*pl* **-ies**) guía (*telefónica, etc*) *Ver tb* EX-DIRECTORY

direct tax *n* impuesto directo

dirge /dɜːdʒ/ *n* canción fúnebre

dirt /dɜːt/ *n* [*incontable*] **1** suciedad, mugre, porquería **2** tierra **3** (*coloq, fig*) trapos sucios: *to get hold of all the dirt on sb* enterarse de todos los trapos sucios de algn ◊ *to dig the dirt on sb* buscar los trapos sucios de algn
LOC **to fling/throw dirt at sb** (*coloq*) poner verde a algn *Ver tb* TREAT

dirt cheap *adj, adv* (*coloq*) tirado: *I got it dirt cheap.* Lo compré regalado.

dirt road (*USA*) (*GB* **dirt track**) *n* camino de cabras

dirt track *n* **1** (*USA* **dirt road**) camino de cabras **2** pista de ceniza

dirty /ˈdɜːti/ *adj* (**-ier, -iest**) **1** (*lit* y *fig*) sucio **2** (*tiempo*) horrible: *a dirty night* una noche de perros **3** (*color*) opaco **4** (*chiste, libro, etc*) verde: *dirty word* palabrota **5** (*coloq*) sucio: *dirty trick* mala pasada

LOC a dirty old man (*coloq*) un viejo verde (**to do sb's**) **dirty work** (hacer) el trabajo sucio (de algn) **to do the dirty on sb** hacerle una faena a algn **to give sb/get a dirty look** mirar a algn/ser mirado con malos ojos (**to have/spend**) **a dirty weekend** (*joc*) (disfrutar de un) fin de semana de pasión *Ver tb* WASH

■ **dirty** *adv* (*coloq*) muy: *a dirty great box* una caja muy grande

■ **dirty** *vt, vi* (*pret, pp* **dirtied**) ensuciar(se)

disability /ˌdɪsəˈbɪləti/ *n* (*pl* **-ies**) **1** incapacidad: *disability benefit* subsidio por incapacidad **2** (*Med*) minusvalía

disable /dɪsˈeɪbl/ *vt* imposibilitar, incapacitar: *a disabling disease* una enfermedad que incapacita

▶ **disabled 1** *adj* imposibilitado, incapacitado **2** *n* **the disabled** [*pl*] los minusválidos

disablement *n* incapacidad

disabuse /ˌdɪsəˈbjuːz/ *vt* **~ sb of sth** (*formal*) desengañar a algn de algo

disadvantage /ˌdɪsədˈvɑːntɪdʒ; *USA* -ˈvæn-/ *n* desventaja

LOC (**to be**) **to the disadvantage of sb** (*formal*) (ser) en detrimento de algn **to put sb/be at a disadvantage** poner a algn/estar en desventaja

▶ **disadvantaged 1** *adj* no privilegiado **2 the disadvantaged** *n* los desfavorecidos

disadvantageous *adj* desventajoso

disaffection /ˌdɪsəˈfekʃn/ *n* disconformidad

▶ **disaffected** *adj* disconforme

disagree /ˌdɪsəˈgriː/ *vi* (*pret, pp* **-greed**) **1 ~ (with sth/sb) (about/on sth)** no estar de acuerdo (con algo/algn) (sobre algo) **2 ~ (with sth)** discrepar (en algo): *The two reports disagree.* Hay discrepancia entre los dos relatos.

PHR V to disagree with sb sentarle mal a algn: *The gherkins disagreed with him.* Los pepinillos le sentaron mal.

disagreeable /ˌdɪsəˈgriːəbl/ *adj* desagradable

disagreement /ˌdɪsəˈgriːmənt/ *n* **1** desacuerdo **2** discrepancia: *marital disagreements* diferencias en el matrimonio

disallow /ˌdɪsəˈlaʊ/ *vt* **1** (*petición*) no aceptar **2** (*gol*) anular

disappear /ˌdɪsəˈpɪə(r)/ *vi* desaparecer: *It disappeared into the bushes.* Desapareció entre los matorrales.

LOC to do a disappearing act quitarse de en medio

▶ **disappearance** *n* desaparición

disappoint /ˌdɪsəˈpɔɪnt/ *vt* **1** (*persona*) decepcionar, defraudar **2** (*planes, esperanzas*) frustrar

disappointed /ˌdɪsəˈpɔɪntɪd/ *adj* **1** (*persona*) decepcionado, defraudado, desilusionado: *disappointed about/at/by sth* decepcionado por algo ◊ *to be disappointed in/with sth* llevarse un desengaño con algo ◊ *I'm disappointed in you.* Me has defraudado. ◊ *I was disappointed not to be chosen.* Me ha decepcionado que no me eligieran. **2** (*planes, esperanzas*) frustrado

disappointing /ˌdɪsəˈpɔɪntɪŋ/ *adj* decepcionante

▶ **disappointingly** *adv* de forma decepcionante

disappointment /ˌdɪsəˈpɔɪntmənt/ *n* decepción: *To our great disappointment,...* Muy a nuestro pesar,... ◊ *Book seats early to avoid disappointment.* Reserva los asientos con tiempo para evitar disgustos. ◊ *It came as a great disappointment to me.* Fue una gran decepción para mí.

disapprobation /ˌdɪsˌæprəˈbeɪʃn/ *n* (*formal*) desaprobación

disapproval /ˌdɪsəˈpruːvl/ *n* desaprobación: *He shook his head in disapproval.* Movió la cabeza en señal de desaprobación.

disapprove /ˌdɪsəˈpruːv/ *vi* **1 ~ (of sth)** desaprobar (algo) **2 ~ (of sb)** tener mala opinión (de algn)

disapproving /ˌdɪsəˈpruːvɪŋ/ *adj* de desaprobación: *a disapproving look* una mirada de desaprobación ◊ *to be disapproving of sth* desaprobar algo

▶ **disapprovingly** *adv* con desaprobación

disarm /dɪsˈɑːm/ **1** *vt, vi* desarmar(se) **2** *vt* (*fig*) desarmar: *Her smile disarmed me.* Su sonrisa me desarmó.

disarmament /dɪsˈɑːməmənt/ *n* desarme

disarming /dɪsˈɑːmɪŋ/ *adj* encantador

▶ **disarmingly** *adv* de forma encantadora

disarray /ˌdɪsəˈreɪ/ *n* desorden, confusión

disassociate /ˌdɪsəˈsəʊʃieɪt/ *vt Ver* DISSOCIATE

disaster /dɪˈzɑːstə(r); *USA* -ˈzæs-/ *n* desastre: *disaster area* zona catastrófica

disastrous /dɪˈzɑːstrəs; *USA* -ˈzæs-/ *adj* desastroso, catastrófico: *to have a disastrous effect on sth* tener efectos desastrosos en algo

▶ **disastrously** *adv* desastrosamente

disavow /ˌdɪsəˈvaʊ/ *vt* (*formal*) rechazar, negar, desconocer: *She disavows any part in the plot.* Rechaza cualquier relación con el plan.

▶ **disavowal** /ˌdɪsəˈvaʊəl/ *n* negación, desmentido

disband /dɪsˈbænd/ **1** *vt, vi* (*organización*) disolver(se) **2** *vt* (*Mil*) licenciar

▶ **disbandment** *n* **1** disolución **2** licenciamiento

disbelief /ˌdɪsbɪˈliːf/ *n* incredulidad: *in disbelief* incrédulo

disbelieve /ˌdɪsbɪˈliːv/ **1** *vt* no creer(se) **2** *vi* **~ in sth** no creer en algo

disbelieving /ˌdɪsbɪˈliːvɪŋ/ *adj* incrédulo, desconfiado (*mirada, risa, etc*)

disc (*USA tb* **disk**) /dɪsk/ *n* **1** disco: *tax disc* pegatina del impuesto de circulación ◊ *disc brake* freno de disco **2** (*tb* **compact disc**) disco compacto, compact disc **3** (*Med*) disco **4** (*tb* **floppy disc**) (*Informát*) disquete ☛ *Ver ilustración en* ORDENADOR *Ver tb* GOLD DISC, SLIPPED DISC **LOC** *Ver* SLIP

discard /dɪˈskɑːd/ *vt* **1** desechar, deshacerse de **2** (*naipes*) descartarse de

discern /dɪˈsɜːn/ *vt* **1** percibir **2** discernir

discernible /dɪˈsɜːnəbl/ *adj* perceptible

discerning /dɪˈsɜːnɪŋ/ *adj* perspicaz, discerniente

discernment /dɪˈsɜːnment/ *n* perspicacia, discernimiento

discharge[1] /dɪsˈtʃɑːdʒ/ **1** *vt* (*Med, paciente*) dar de alta: *She discharged herself (from hospital).* Se fue del hospital (en contra de la opinión de los médicos). **2** *vt* (*Jur*) poner en libertad: *He was conditionally discharged.* Fue puesto en libertad condicional. **3** *vt* (*Mil*) licenciar **4** *vt* (*cargamento, electricidad*) descargar **5** *vt* (*residuos*) verter **6** *vi* (*río*) desembocar **7** *vt* (*formal*) (*deuda*) pagar **8** *vt* (*formal*) (*deber*) desempeñar **9** *vt* (*arma*) disparar **10** *vi* (*herida*) supurar

discharge[2] /ˈdɪstʃɑːdʒ/ *n* **1** (*Med, paciente*) alta **2** (*Jur*) puesta en libertad: *conditional discharge* libertad condicional **3** (*Mil*) licenciamiento **4** (*cargamento, electricidad, disparo*) descarga **5** (*residuo*) vertido: *industrial discharge* vertidos industriales **6** (*deuda*) pago **7** (*deber*) ejercicio **8** (*Med*) supuración

disciple /dɪˈsaɪpl/ *n* discípulo, -a

disciplinarian /ˌdɪsəplɪˈneəriən/ *n* ordenancista

disciplinary /ˈdɪsəplɪnəri, ˌdɪsəˈplɪnəri; *USA* ˈdɪsəpləneri/ *adj* disciplinario: *to demand disciplinary action against sb* pedir medidas disciplinarias contra algn *Ver tb* MULTIDISCIPLINARY

discipline /ˈdɪsəplɪn/ *n* disciplina *Ver tb* SELF-DISCIPLINE

■ **discipline** *vt* disciplinar: *to discipline yourself* disciplinarse

disc jockey *n* (*pl* **disc jockeys**) (*abrev* **DJ**) pinchadiscos

disclaim /dɪsˈkleɪm/ *vt* negar

▶ **disclaimer** *n* documento en el que se declina conocimiento de un asunto o responsabilidad en él

disclose /dɪsˈkləʊz/ *vt* (*formal*) revelar
disclosure /dɪsˈkləʊʒə(r)/ *n* revelación
disco /ˈdɪskəʊ/ (*tb* **discotheque** /ˈdɪskətek/) *n* (*pl* **~s**) **1** discoteca: *disco dancing/music* baile/música disco **2** equipo de discoteca
discoloration /ˌdɪsˌkʌləˈreɪʃn/ *n* decoloramiento
discolour (*USA* **discolor**) /dɪsˈkʌlə(r)/ **1** *vt* decolorar **2** *vi* perder el color
discomfit /dɪsˈkʌmfɪt/ *vt* (*formal*) turbar, desconcertar
▶ **discomfiture** *n* (*formal*) desconcierto, turbación
discomfort /dɪsˈkʌmfət/ *n* **1** incomodidad: *the discomforts of travel* las incomodidades de viajar **2** [*incontable*] molestias: *to be in discomfort* tener molestias
disconcert /ˌdɪskənˈsɜːt/ *vt* desconcertar
▶ **disconcerted** *adj* desconcertado
disconcerting *adj* desconcertante
disconcertingly *adv* desconcertantemente
disconnect /ˌdɪskəˈnekt/ *vt* desconectar: *They disconnected her electricity.* Le cortaron la luz.
disconnected /ˌdɪskəˈnektɪd/ *adj* inconexo, incoherente
disconnection /ˌdɪskəˈnekʃən/ *n* desconexión
disconsolate /dɪsˈkɒnsələt/ *adj* inconsolable
▶ **disconsolately** *adv* inconsolablemente
discontent /ˌdɪskənˈtent/ (*tb* **discontentment** /ˌdɪskənˈtentmənt/) *n* **~ (with/over sth)** descontento (con algo)
discontented /ˌdɪskənˈtentɪd/ *adj* descontento
discontinuance /ˌdɪskənˈtɪnjuəns/ (*tb* **discontinuation** /ˌdɪskəntɪnjuˈeɪʃn/) *n* interrupción, suspensión
discontinue /ˌdɪskənˈtɪnjuː/ *vt* suspender, interrumpir: *a discontinued line* mercancías de fin de serie
discontinuity /ˌdɪsˌkɒntɪˈnjuːəti/ *n* (*pl* **-ies**) discontinuidad, interrupción
discontinuous /ˌdɪskənˈtɪnjuəs/ *adj* discontinuo
discord /ˈdɪskɔːd/ *n* (*formal*) **1** discordia **2** (*Mús*) disonancia
discordant /dɪsˈkɔːdənt/ *adj* **1** (*opiniones*) discorde **2** (*sonido*) disonante
discotheque /ˈdɪskəʊtek/ *n Ver* DISCO
discount /dɪsˈkaʊnt; *USA* ˈdɪskaʊnt/ *vt* **1** descartar, ignorar **2** (*Com*) descontar: *at a discounted price* a precio rebajado
■ **discount** /ˈdɪskaʊnt/ *n* descuento
LOC **at a discount** a un precio de rebaja
discount store *n* (*USA*) almacén que vende a precios rebajados
discourage /dɪsˈkʌrɪdʒ/ *vt* **1** desanimar **2(a)** oponerse a: *Smoking is discouraged.* Se aconseja no fumar. **(b) ~ sb from doing sth** disuadir a algn de hacer algo
▶ **discouragement** *n* **1** desaliento, disuasión **2** estorbo
discouraging *adj* desalentador
discourse /ˈdɪskɔːs/ *n* (*formal*) discurso
■ **discourse** /dɪˈskɔːs/ *vi* **~ on/upon sth** (*formal*) disertar sobre algo
discourteous /dɪsˈkɜːtiəs/ *adj* (*formal*) descortés
▶ **discourtesy** *n* (*formal*) descortesía
discover /dɪˈskʌvə(r)/ *vt* descubrir: *to discover sth for yourself* descubrir algo por sí mismo
▶ **discoverer** *n* descubridor, -ora
discovery *n* (*pl* **-ies**) descubrimiento
discredit /dɪsˈkredɪt/ *vt* desacreditar
■ **discredit** *n* descrédito
▶ **discreditable** *adj* deshonroso
discreet /dɪˈskriːt/ *adj* discreto
▶ **discreetly** *adv* discretamente
discrepancy /dɪsˈkrepənsi/ *n* (*pl* **-ies**) **~ (between ...)** discrepancia (entre ...)
discrete /dɪˈskriːt/ *adj* (*formal*) separado, diferenciado
discretion /dɪˈskreʃn/ *n* **1** discreción: *Use your discretion.* Usa tu propio sentido común. **2** albedrío
LOC **at sb's discretion** a discreción de algn **discretion is the better part of valour** (*refrán*) una retirada a tiempo es una victoria
▶ **discretionary** *adj* discrecional
discriminate /dɪˈskrɪmɪneɪt/ *vi* **1 ~ (between ...)** distinguir (entre ...) **2 ~ against sb; ~ in favour of sb** discriminar a algn; dar trato de favor a algn
▶ **discriminating** *adj* perspicaz
discrimination /dɪˌskrɪmɪˈneɪʃn/ *n* **1** discernimiento, buen gusto **2 ~ (against sb); ~ (in favour of sb)** discriminación (de algn); (en favor de algn): *racial discrimination* discriminación racial *Ver tb* SEX DISCRIMINATION
▶ **discriminatory** *adj* discriminatorio
discursive /dɪsˈkɜːsɪv/ *adj* discursivo
discus /ˈdɪskəs/ *n* **1** (*Dep*) disco **2 the discus** [*sing*] prueba de lanzamiento de disco
discuss /dɪˈskʌs/ *vt* **~ sth (with sb)** hablar de, tratar de algo (con algn) ☛ *Ver nota en* HABLAR, WHETHER
▶ **discussion** *n* debate, deliberación: *After much discussion...* Después de tratarlo mucho...
LOC **under discussion** en estudio: *the matter under discussion* el asunto que estamos tratando
disdain /dɪsˈdeɪn/ *n* desdén, desprecio
■ **disdain 1** *vt* desdeñar **2** *vi* **~ to do sth** (*formal*) no dignarse a hacer algo
▶ **disdainful** *adj* **~ (of sth/sb)** despectivo (hacia algo/algn): *She is very disdainful of their way of living.* Desprecia su forma de vida.
disdainfully *adv* despectivamente
disease /dɪˈziːz/ *n* enfermedad, afección

En general, **disease** se usa para enfermedades específicas: *sexually transmitted diseases* enfermedades de transmisión sexual ◊ *heart/liver disease* dolencia del corazón/hígado ◊ *Parkinson's disease* enfermedad de Parkinson *Ver tb* ALZHEIMER'S (DISEASE), LEGIONNAIRES' (DISEASE).
Illness se usa normalmente para referirnos a la enfermedad como estado, o al periodo en que uno está enfermo. ☛ *Ver ejemplos en* ILLNESS

▶ **diseased** *adj* infectado: *diseased tissue* tejido afectado ◊ *diseased wood* madera infectada
disembark /ˌdɪsɪmˈbɑːk/ *vi* **~ (from sth)** desembarcar (de algo) (*barco, avión*)
▶ **disembarkation** *n* desembarque
disembodied /ˌdɪsɪmˈbɒdid/ *adj* **1** fantasmal **2** sin cuerpo: *a disembodied voice* una voz sin dueño
disembowel /ˌdɪsɪmˈbaʊəl/ *vt* (**-ll-**, *USA* **-l-**) destripar
disenchanted /ˌdɪsɪnˈtʃɑːntɪd/ *adj* **~ (with sth/sb)** desengañado (con algo/algn): *to become disenchanted with sth/sb* desilusionarse con algo/algn
▶ **disenchantment** *n* desencanto
disenfranchise /ˌdɪsɪnˈfræntʃaɪz/ *vt* privar del derecho a voto
disengage /ˌdɪsɪnˈgeɪdʒ/ **1** *vt* **~ sth/sb (from sth/sb)** (*formal*) liberar algo/algn (de algo/algn) **2** *vt* (*Mec*) desconectar, desembragar **3** *vi* **~ (from sth)** (*Mil*) retirarse (de algo)
▶ **disengagement** *n* retirada
disentangle /ˌdɪsɪnˈtæŋgl/ *vt* **1** desenredar **2 ~ sth/sb (from sth)** liberar algo/algn (de algo)
disestablishment /ˌdɪsɪˈstæblɪʃmənt/ *n* separación (de la Iglesia) del Estado
disfavour (*USA* **disfavor**) /ˌdɪsˈfeɪvə(r)/ *n* desgracia: *to fall into disfavour* caer en desgracia
disfigure /dɪsˈfɪgə(r); *USA* dɪsˈfɪgjər/ *vt* desfigurar
▶ **disfigured** *adj* desfigurado
disfigurement *n* desfiguración
disgorge /dɪsˈgɔːdʒ/ *vt* (*formal, ret, fig*) vomitar, verter, derramar
disgrace /dɪsˈgreɪs/ *vt* deshonrar: *to disgrace yourself* degradarse ◊ *to be publicly disgraced* ser degradado

públicamente ◊ *the disgraced Prime Minister* el primer ministro en desgracia

■ **disgrace** *n* **1** desgracia, deshonra **2** [*sing*] **~ (to sth/sb)** vergüenza (para algo/algn)

LOC (to be) in disgrace (with sb) (estar) desacreditado (ante algn)

▶ **disgraceful** *adj* vergonzoso: *It's absolutely disgraceful!* ¡Es una vergüenza!

disgracefully *adv* de una manera vergonzosa

disgruntled /dɪsˈgrʌntld/ *adj* **~ (at/about sth)**; **~ (with sb)** disgustado (por algo); (con algn)

disguise /dɪsˈgaɪz/ *vt* **1 ~ sth/sb (as sth/sb)** disfrazar algo/algn (de algo/algn): *to disguise your voice* cambiar la voz (para no ser reconocido) **2** (*emoción*) disimular: *There's no disguising the fact that he's a liar.* No se puede disimular el hecho de que es un mentiroso. ◊ *thinly/badly disguised contempt* desprecio mal disimulado

■ **disguise** *n* disfraz (*para no ser reconocido*): *a master of disguise* un maestro del disfraz ☛ *Comparar con* FANCY DRESS

LOC in disguise disfrazado *Ver tb* BLESSING *en* BLESSED

disgust[1] /dɪsˈgʌst/ *n* asco, repugnancia: *The idea filled me with disgust.* La idea me dio asco. ◊ *She turned away in disgust.* Se dio la vuelta asqueada.

disgust[2] /dɪsˈgʌst/ *vt* repugnar, dar asco: *You disgust me. Just keep out of my way.* Me repugnas. No te me acerques.

▶ **disgusted** *adj* **~ at/with sth/sb 1** indignado por/con algo/algn: *She was disgusted at/with her exam results.* Estaba indignada con sus notas. **2** asqueado por algo/algn

disgustedly *adv* con asco: *...she said disgustedly.* ...dijo asqueada.

disgusting *adj* asqueroso, indignante: *His French is disgusting.* Habla un francés malísimo.

disgustingly *adv* asquerosamente: *He is disgustingly fit.* Está asquerosamente en forma.

dish /dɪʃ/ *n* **1(a)** (*recipiente, comida*) plato: *to wash/do the dishes* fregar los platos **(b)** (*para servir*) fuente **2(a)** (*tb* **dish aerial**, **dish antenna**, **satellite dish**) (antena) parabólica **(b)** (*de radiotelescopio*) reflector

■ **dish** *vt* (*GB, coloq*) (*esperanzas*) frustrar

PHR V to dish sth out 1 (*comida*) servir algo **2** (*dinero*) repartir algo a manos llenas **3** (*alabanzas, insultos*) prodigarse en algo

to dish sth up 1 servir algo **2** (*pey*) endilgar algo: *They are dishing up the usual arguments in a new form.* Nos están endilgando los argumentos de siempre con una apariencia distinta.

▶ **dishy** *adj* (*coloq*) mono, atractivo

disharmony /dɪsˈhɑːməni/ *n* discordia

dishcloth /ˈdɪʃklɒθ/ *n* paño de cocina

disheartened /dɪsˈhɑːtnd/ *adj* desalentado, desanimado

▶ **disheartening** *adj* desalentador

dishevelled (*USA* **disheveled**) /dɪˈʃevld/ *adj* **1** (*pelo*) despeinado **2** (*ropa, apariencia*) desaliñado

dishonest /dɪsˈɒnɪst/ *adj* **1** (*persona*) deshonesto, nada honrado **2(a)** fraudulento **(b)** (*ganancias*) conseguido de manera ilícita

▶ **dishonesty** *n* [*incontable*] falta de honradez

dishonour (*USA* **dishonor**) /dɪsˈɒnə(r)/ *n* deshonor, deshonra

■ **dishonour** *vt* deshonrar

▶ **dishonourable** *adj* deshonroso

dishwasher /ˈdɪʃwɒʃə(r)/ *n* **1** (*máquina*) lavavajillas **2** (*persona*) friegaplatos

disillusion /ˌdɪsɪˈluːʒn/ (*tb* **disillusionment**) *n* **~ (with sth)** desengaño, desencanto (con algo)

■ **disillusion** *vt* desengañar, desencantar: *to become disillusioned by/with sth/sb* quedar desencantado con algo/algn

disincentive /ˌdɪsɪnˈsentɪv/ *n* **~ (to sth/sb)** factor desincentivador (para algo/algn)

disinclination /ˌdɪsˌɪnklɪˈneɪʃn/ *n* **~ (for sth/to do sth)** reticencia (a hacer algo); mala disposición (hacia algo/para hacer algo)

disinclined /ˌdɪsɪnˈklaɪnd/ *adj* **~ (for sth/to do sth)** mal dispuesto (hacia/a hacer algo)

disinfect /ˌdɪsɪnˈfekt/ *vt* desinfectar

▶ **disinfectant** *n* desinfectante

disinfection *n* desinfección

disinformation /ˌdɪsˌɪnfəˈmeɪʃn/ *n* desinformación ☛ *Comparar con* MISINFORMATION *en* MISINFORM

disingenuous /ˌdɪsɪnˈdʒenjuəs/ *adj* (*formal*) **1** (*persona*) poco sincero **2** (*argumento*) engañoso

disinherit /ˌdɪsɪnˈherɪt/ *vt* desheredar

disintegrate /dɪsˈɪntɪgreɪt/ *vt, vi* **1** desintegrar(se) **2** (*fig*) desintegrar(se), desmoronar(se)

▶ **disintegration** *n* desintegración, desmoronamiento

disinter /ˌdɪsɪnˈtɜː(r)/ *vt* **(-rr-)** desenterrar

disinterested /dɪsˈɪntrəstɪd/ *adj* imparcial: *He was disinterested in the project.* No tenía intereses en el proyecto.

disinvestment /ˌdɪsɪnˈvestmənt/ *n* desinversión

disjointed /dɪsˈdʒɔɪntɪd/ *adj* inconexo

disk /dɪsk/ *n* **1** (*esp USA*) *Ver* DISC **2** (*Informát*) disco: *disk drive* unidad de disco ☛ *Ver ilustración en* ORDENADOR *Ver tb* FLOPPY DISK, HARD DISK

▶ **diskette** *n* disquete

dislike /dɪsˈlaɪk/ *vt* no gustar, tener aversión a: *She actively disliked her cousin.* Le tenía una auténtica aversión a su primo.

■ **dislike** *n* **~ (of sth/sb)** aversión (por/a algo/algn); antipatía (a/hacia algn)

LOC to take a dislike to sth/sb cogerle aversión a algo, cogerle antipatía a algn *Ver tb* LIKES

dislocate /ˈdɪsləkeɪt; *USA* ˈdɪsləʊkeɪt/ *vt* **1** dislocarse: *He dislocated his shoulder.* Se dislocó el hombro. **2** (*sistema, plan*) trastornar

▶ **dislocation** *n* **1** dislocación **2** trastorno: *social/economic dislocation* trastornos sociales/económicos

dislodge /dɪsˈlɒdʒ/ *vt* **1 ~ sth/sb (from sth)** desalojar, sacar algo/a algn (de algo) **2 ~ sb** (*fig*) echar a algn de su puesto, quitarle el puesto a algn

disloyal /dɪsˈlɔɪəl/ *adj* **~ (to sth/sb)** desleal (a algo/algn)

▶ **disloyalty** *n* deslealtad

dismal /ˈdɪzməl/ *adj* **1** (*coloq*) pésimo: *a dismal record* un historial pésimo ◊ *a dismal failure* un fracaso total **2** triste

▶ **dismally** *adv* penosamente: *to fail dismally* fracasar completamente

dismantle /dɪsˈmæntl/ *vt* **1** desarmar, desmontar **2** (*buque, edificio*) desmantelar

▶ **dismantling** *n* desarme, desmantelamiento

dismay /dɪsˈmeɪ/ *n* **~ (at sth)** consternación (ante algo): *They were filled with dismay at the news.* La noticia los llenó de consternación. ◊ *to his dismay* para consternación suya ◊ *in dismay* consternado

■ **dismay** *vt* llenar de consternación: *to be dismayed at/by sth* llenar de consternación a uno algo ◊ *I was dismayed to find that...* Me llenó de consternación descubrir que...

dismember /dɪsˈmembə(r)/ *vt* desmembrar

▶ **dismemberment** *n* desmembramiento

dismiss /dɪsˈmɪs/ *vt* **1 ~ sb (from sth) (a)** despedir, destituir a algn (de algo) **(b)** dar permiso a algn (para que se vaya de algo): *Class dismissed!* Ya podéis salir. **2 ~ sb** (*Mil*) mandar romper filas a algn **3 ~ sth/sb (as sth)** descartar, desechar algo/a algn (por ser/como algo): *We dismissed it as a coincidence.* Lo descartamos por considerarlo pura casualidad. **4** (*Jur*) **(a)** (*caso*) sobreseer **(b)** (*apelación*) rechazar **5** (*críquet*) eliminar

▶ **dismissal** *n* **1** despido, destitución **2** rechazo **3** *She gave a nod of dismissal.* Les indicó con un gesto que podían irse. **4** (*críquet*) eliminación
dismissive *adj* **1** desdeñoso: *to make a dismissive gesture* hacer un gesto de no dar importancia a algo **2 to be ~ (of sth/sb)** menospreciar, desechar (algo/a algn)
dismissively *adv* con desdén
dismount /dɪsˈmaʊnt/ *vi* **~ (from sth)** desmontar, apearse (de algo)
disobedience /ˌdɪsəˈbiːdiəns/ *n* **~ (to sth/sb)** desobediencia (de algo/a algn)
▶ **disobedient** *adj* desobediente
disobey /ˌdɪsəˈbeɪ/ *vt, vi* desobedecer
disobliging /ˌdɪsəˈblaɪdʒɪŋ/ *adj* poco servicial
disorder /dɪsˈɔːdə(r)/ *n* **1** [*incontable*] desorden: *in disorder* desordenado **2** (*Med*) desorden, trastorno
■ **disorder** *vt* desordenar
▶ **disordered** *adj* **1** desordenado **2** (*Med*) trastornado
disorderly *adj* **1** indisciplinado, descontrolado **2** (*Jur*) **(a)** (*conducta*) escandaloso **(b)** *a disorderly house* un burdel **LOC** *Ver* DRUNK[1]
disorganized, -ised /dɪsˈɔːɡənaɪzd/ *adj* desorganizado
disorientate /dɪsˈɔːriənteɪt/ (*esp USA* **disorient** /dɪsˈɔːriənt/) *vt* desorientar
▶ **disorientation** *n* desorientación
disown /dɪsˈəʊn/ *vt* renegar de
disparage /dɪˈspærɪdʒ/ *vt* menospreciar
▶ **disparagement** *n* menosprecio
disparaging *adj* **1** (*comentario*) despectivo **2** (*persona*) despreciativo
disparagingly *adv* despreciativamente
disparate /ˈdɪspərət/ *adj* (*formal*) dispar
disparity /dɪˈspærəti/ *n* (*pl* **-ies**) (*formal*) disparidad
dispassionate /dɪsˈpæʃənət/ *adj* (*aprob*) imparcial, desapasionado
▶ **dispassionately** *adv* con objetividad, sin apasionamiento
dispatch (*tb* **despatch**) /dɪˈspætʃ/ *vt* (*formal*) **1** enviar: *dispatch rider* mensajero (en moto) **2** (*reunión, comida, etc*) despachar
■ **dispatch** (*tb* **despatch**) *n* **1** (*formal*) envío **2(a)** (*administración pública*) despacho, mensaje oficial **(b)** (*Periodismo*) despacho, informe
the Dispatch Box *Ver* THE DESPATCH BOX
dispel /dɪˈspel/ *vt* (**-ll-**) disipar: *Her joke dispelled the unpleasant atmosphere.* Su chiste disipó la tensión del ambiente.
dispensable /dɪˈspensəbl/ *adj* prescindible
dispensary /dɪˈspensəri/ *n* (*pl* **-ries**) (*antic*) dispensario, enfermería
dispensation /ˌdɪspenˈseɪʃn/ *n* **1** (*formal*) dispensa, exención **2** (*formal*) **(a)** distribución **(b)** (*Ley*) administración (*de justicia*)
dispense /dɪˈspens/ *vt* **1** repartir: *cash dispensing machine* cajero automático **2** (*justicia*) administrar **3** (*Quím, tabaco, etc*) expender: *dispensing chemist* farmacéutico
PHR V to dispense with sth/sb prescindir de (algo/algn)
▶ **dispenser** *n* máquina expendedora: *drink dispenser* máquina de bebidas *Ver tb* CASH DISPENSER
dispersal /dɪˈspɜːsl/ *n* dispersión
disperse /dɪˈspɜːs/ *vt, vi* dispersar(se)
dispirit /dɪˈspɪrɪt/ *vt* desanimar
▶ **dispirited** *adj* desanimado, abatido
dispiriting *adj* desalentador
displace /dɪsˈpleɪs/ *vt* **1** desplazar (a): *displaced people* desplazados **2** reemplazar
▶ **displacement** *n* desplazamiento: *displacement activities* actividades sustitutorias

display /dɪˈspleɪ/ *vt* **1** (*cuadros, mercancías, etc*) exponer, exhibir **2** (*emociones, etc*) mostrar, manifestar **3** (*Informát*) mostrar en pantalla, visualizar
■ **display** *n* **1** exposición, exhibición: *a fireworks display* una exhibición de fuegos artificiales ◊ *a display cabinet* una vitrina **2** demostración: *a dazzling display of sporting skill* una demostración deslumbrante de habilidad deportiva ◊ *a public display of emotions* una demostración pública de emociones ◊ *a vulgar display of wealth* un alarde vulgar de riqueza **3** (*Informát*) pantalla (*de información*) *Ver tb* VISUAL DISPLAY UNIT
LOC on display expuesto: *to put sth on display* exponer algo
displease /dɪsˈpliːz/ *vt* disgustar a, desagradar a
▶ **displeased** *adj* **~ (with sth/sb)** disgustado (con algo/algn): *She wasn't entirely displeased with the result.* El resultado no le desagradó del todo.
displeasing *adj* desagradable: *displeasing to the ear/eye* desagradable al oído/a la vista
displeasure *n* disgusto, desagrado
disposable /dɪˈspəʊzəbl/ *adj* **1** desechable: *disposable nappies* pañales desechables **2** (*Fin*) disponible: *disposable income/capital* dinero/capital disponible
disposal /dɪˈspəʊzl/ *n* desecho, vertido: *bomb disposal squad* brigada de explosivos *Ver tb* BOMB DISPOSAL
LOC at your/sb's disposal a su disposición/a la disposición de algn
dispose /dɪˈspəʊz/ *vt* **1 ~ sb to do sth** (*formal*) convencer a algn para que haga algo: *Nobody seemed disposed to make a speech.* Nadie parecía dispuesto a hacer un discurso. **2** (*formal, poco frec*) colocar, disponer *Ver tb* ILL-DISPOSED, WELL DISPOSED
PHR V to dispose of sth/sb 1 deshacerse de algo/algn **2** (*formal*) disponer de algo/algn
disposition /ˌdɪspəˈzɪʃn/ *n* [*sing*] **1** modo de ser, temperamento: *her cheerful disposition* su manera alegre **2** (*formal*) predisposición: *a disposition to sth/to do sth* una predisposición a algo/a hacer algo **3** (*Mil*) disposición
dispossess /ˌdɪspəˈzes/ *vt* **~ sb (of sth)** (*formal*) desposeer a algn (de algo): *They were dispossessed of their estates.* Fueron desposeídos de sus propiedades.
▶ **dispossessed** (*formal*) **1** *adj* desposeído **2** *n* **the dispossessed** [*pl*] los desposeídos
disproportion /ˌdɪsprəˈpɔːʃn/ *n* desproporción
▶ **disproportionate** /ˌdɪsprəˈpɔːʃənət/ *adj* desproporcionado: *a disproportionate amount of time* una cantidad desproporcionada de tiempo
disproportionately *adv* desproporcionadamente
disprove /ˌdɪsˈpruːv/ *vt* **1** (*una teoría, etc*) refutar **2** (*Jur*) (*un caso, etc*) impugnar
disputable /dɪˈspjuːtəbl/ *adj* discutible
dispute /dɪˈspjuːt/ *n* **1** discusión: *It is a matter of dispute.* Es objeto de discusión. ◊ *It is open to dispute.* Es discutible. ◊ *There is no dispute that…* Nadie pone en duda que… **2** conflicto, disputa: *an industrial/pay dispute* un conflicto laboral/salarial **3** polémica, controversia
LOC beyond/past dispute indiscutible: *It is beyond dispute that…* Es indiscutible que… **in dispute 1** en discusión: *The cause of death is still in dispute.* La causa de la muerte todavía está sin aclarar. ◊ *Your sincerity is not in dispute.* Tu sinceridad no se pone en duda. **2** en litigio **without dispute** sin discusión, sin lugar a dudas
■ **dispute 1** *vt* discutir, poner en duda: *I can't dispute what you say.* No puedo poner en duda lo que estás diciendo. **2** *vi* discutir **3** *vt* (*testamento*) impugnar
LOC to dispute the lead luchar por estar en cabeza (*Dep*)
▶ **disputed** *adj* en disputa (*territorio, etc*)
disqualification /dɪsˌkwɒlɪfɪˈkeɪʃn/ *n* descalificación, inhabilitación
disqualify /dɪsˈkwɒlɪfaɪ/ *vt* (*pret, pp* **-fied**) descalificar:

to disqualify sb from doing sth inhabilitar a algn para hacer algo ◊ *She was disqualified from driving for two years.* Le quitaron el carné de conducir durante dos años.

disquiet /dɪsˈkwaɪət/ *n* inquietud
▶ **disquieting** *adj* inquietante

disregard /ˌdɪsrɪˈɡɑːd/ *vt* hacer caso omiso de (*un consejo, un error*)
■ **disregard** *n* ~ (**for/of sth/sb**) indiferencia (hacia algo/algn): *with (a) reckless disregard for his own safety* sin pararse a pensar en su propia seguridad ◊ *a complete disregard for humanity* una indiferencia total hacia la humanidad ◊ *a total disregard of the rules* una indiferencia total hacia las reglas

disrepair /ˌdɪsrɪˈpeə(r)/ *n* deterioro: *to be in/fall into (a state of) disrepair* estar/caer en un estado de deterioro

disreputable /dɪsˈrepjətəbl/ *adj* **1** (*club, barrio, etc*) de mala reputación **2** (*método, aspecto*) vergonzoso

disrepute /ˌdɪsrɪˈpjuːt/ *n* desprestigio: *Football hooligans are bringing the game into disrepute.* Los hinchas están desprestigiando el fútbol.

disrespect /ˌdɪsrɪˈspekt/ *n* [*incontable*] falta de respeto: *No disrespect (to you), but…* Sin querer faltarte al respeto,… ◊ *a total disrespect for his teachers* una total falta de respeto hacia sus profesores
▶ **disrespectful** *adj* ~ (**to/towards sb**) irrespetuoso (con algn)

disrupt /dɪsˈrʌpt/ *vt* desbaratar, interrumpir: *Fog disrupted traffic.* La niebla afectó al tráfico.
▶ **disruption** *n* trastorno: *to cause minimum disruption* causar las menores molestias

disruptive /dɪsˈrʌptɪv/ *adj* molesto, perjudicial: *disruptive pupils* alumnos que entorpecen en la clase

dissatisfaction /ˌdɪsˌsætɪsˈfækʃn/ *n* descontento: *widespread dissatisfaction with the government* un descontento general con el gobierno

dissatisfied /dɪsˈsætɪsfaɪd, dɪˈsæt-/ *adj* ~ (**with sth/sb**) descontento (con algo/algn)

dissect /dɪˈsekt/ *vt* diseccionar
▶ **dissection** *n* disección

dissemble /dɪˈsembl/ *vt, vi* (*formal*) disimular, fingir

disseminate /dɪˈsemɪneɪt/ *vt* divulgar
▶ **dissemination** *n* divulgación, difusión

dissension /dɪˈsenʃn/ *n* discordia

dissent /dɪˈsent/ *n* desacuerdo, disconformidad
■ **dissent** *vi* ~ (**from sth**) (*formal*) disentir (de algo)
▶ **dissenter** *n* disidente
dissenting *adj* en desacuerdo, contrario

dissertation /ˌdɪsəˈteɪʃn/ *n* ~ (**on sth**) **1** (*universidad*) tesina (sobre algo) **2** (*formal*) disertación (sobre algo)

disservice /dɪsˈsɜːvɪs/ *n* perjuicio: *to do (a) great disservice to sth/sb* causar un gran perjuicio a algo/algn; no hacer justicia a algo/algn

dissident /ˈdɪsɪdənt/ *adj, n* disidente
▶ **dissidence** *n* disidencia

dissimilar /dɪˈsɪmɪlə(r)/ *adj* ~ (**from/to sth/sb**) distinto (de algo/algn)
▶ **dissimilarity** *n* disimilitud

dissimulation /dɪˌsɪmjuˈleɪʃn/ *n* disimulo

dissipate /ˈdɪsɪpeɪt/ **1** *vt, vi* disipar(se) **2** *vt* (*formal*) (*tiempo, dinero*) derrochar
▶ **dissipated** *adj* (*pey*) disipado
dissipation *n* **1** disipación **2** (*de bienes*) dilapidación **3** libertinaje

dissociate /dɪˈsəʊʃieɪt, -əʊsi-/ (*tb* **disassociate**) **1** *v refl* ~ **yourself from sth/sb** desligarse de algo/algn **2** *vt* disociar: *to dissociate two ideas/one idea from another* disociar dos ideas/una idea de otra
▶ **dissociation** (*tb* **disassociation**) *n* disociación

dissolute /ˈdɪsəluːt/ *adj* disoluto

dissolution /ˌdɪsəˈluːʃn/ *n* disolución

dissolve /dɪˈzɒlv/ **1** *vt, vi* disolver(se) **2** *vt* (*suciedad*) eliminar **3** *vi* desvanecerse
LOC **to dissolve in(to) tears/laughter** deshacerse en lágrimas, desternillarse de risa

dissonance /ˈdɪsənəns/ *n* disonancia
▶ **dissonant** *adj* disonante

dissuade /dɪˈsweɪd/ *vt* ~ **sb** (**from sth/doing sth**) disuadir a algn (de algo/hacer algo)

distance /ˈdɪstəns/ *n* distancia: *from/at a distance* a distancia/de lejos ◊ *a fair/good distance* bastante/muy lejos ◊ *to be within walking distance of sth* estar a dos pasos de algo ◊ *to be within spitting/striking distance of sth* estar a (un) tiro (de piedra) de algo *Ver tb* MIDDLE DISTANCE[1], MIDDLE DISTANCE[2], LONG-DISTANCE
LOC **in the distance** a lo lejos ☛ *Ver ilustración en* FOREGROUND **to go the distance** aguantar hasta el final **to keep sb at a distance** guardar las distancias con algn **to keep your distance** (**from sth/sb**) **1** mantenerse alejado (de algo/algn) **2** manterse distanciado (de algo/algn)
■ **distance** *vt* ~ **sb** (**from sth/sb**) distanciar a algn (de algo/algn): *to distance yourself from sth* distanciarse de algo

distant /ˈdɪstənt/ *adj* **1** distante, lejano: *a distant land* una tierra lejana ◊ *in the distant past* en un pasado remoto ◊ *in the (not too) distant future* en un futuro (no demasiado) lejano **2(a)** (*pariente*) lejano **(b)** (*parecido*) remoto **3(a)** (*persona*) distante, frío **(b)** (*tono, expresión*) ausente **LOC** *Ver* DIM
▶ **distantly** *adv* **1** remotamente, vagamente **2** a lo lejos

distaste /dɪsˈteɪst/ *n* ~ (**for sth/sb**) aversión (a algo/algn): *to turn away in distaste* darse la vuelta con repugnancia
▶ **distasteful** /dɪsˈteɪstfl/ *adj* desagradable

distemper[1] /dɪˈstempə(r)/ *n* (*GB*) pintura al temple
■ **distemper** *vt* pintar al temple

distemper[2] /dɪˈstempə(r)/ *n* moquillo

distended /dɪˈstendɪd/ *adj* (*formal*) dilatado: *the distended bellies of famine victims* los vientres hinchados de las víctimas del hambre

distil (*USA* **distill**) /dɪˈstɪl/ *vt* (**-ll-**) **1** ~ **sth** (**off/out**) (**from sth**) destilar algo (de algo) **2** (*fig*) **(a)** reducir a la esencia **(b)** ~ **sth down** (**to sth**) resumir algo (a algo) **(c)** ~ **sth into sth** convertir algo en algo
▶ **distillation** *n* **1** destilación **2** (*fig*) reducción a la esencia
distiller *n* destilador, -ora
distillery *n* (*pl* **-ies**) destilería ☛ *Comparar con* BREWERY *en* BREW

distinct /dɪˈstɪŋkt/ *adj* **1(a)** claro: *There's a distinct possibility that…* Hay una clara posibilidad de que… **(b)** inconfundible, marcado: *You can see a distinct resemblance to his father.* Tiene un parecido indiscutible con su padre. **2** ~ (**from sth**) distinto (de algo): *as distinct from sth* en contraposición a algo ◊ *The problems fall into two distinct categories.* Los problemas se pueden dividir en dos categorías distintas. ☛ *Comparar con* DIFFERENT
▶ **distinctly** *adv* **1** claramente **2** perfectamente: *I distinctly remember that…* Recuerdo perfectamente que…

distinction /dɪˈstɪŋkʃn/ *n* **1** distinción: *to draw a distinction between two things* hacer una distinción entre dos cosas ◊ *a work of distinction* una obra distinguida **2** honor **3** (*en un examen*) sobresaliente

distinctive /dɪˈstɪŋktɪv/ *adj* **1** ~ (**of sth**) característico (de algo) **2** particular: *He has a very distinctive way of dressing.* Tiene un estilo de vestir muy particular.
▶ **distinctively** *adv* **1** característicamente **2** particularmente

distinguish /dɪˈstɪŋɡwɪʃ/ **1** *vt* ~ **A** (**from B**) distinguir A (de B): *The male is distinguished (from the female) by its red beak.* El macho se distingue (de la hembra) por su pico rojo. ◊ *a distinguishing feature/mark* una característica/señal distintiva **2** *vi* ~ **between A and B**

distinguir entre A y B **3** *v refl* **~ yourself (a)** distinguirse **(b)** (*irón*) lucirse
▶ **distinguishable** *adj* **~ (from sth/sb)** distinguible (de algo/algn)
distinguished *adj* distinguido

distort /dɪˈstɔːt/ *vt* **1** deformar: *a face distorted by pain* una cara desfigurada de dolor **2** distorsionar: *a distorting mirror* un espejo que distorsiona la imagen **3** (*fig*) tergiversar
▶ **distortion** *n* **1** deformación **2** (*voz*) distorsión **3** (*fig*) tergiversación

distract /dɪˈstrækt/ *vt* **~ sb (from sth)** distraer a algn (de algo): *to be easily distracted* distraerse fácilmente ◊ *Don't distract my attention!* ¡No me distraigas!
▶ **distracted** *adj* **1** distraído **2** trastornado
distractedly *adv* **1** distraídamente **2** como un loco
distracting *adj* que distrae la atención

distraction /dɪˈstrækʃn/ *n* **1** ruido, vista, etc que dificulta la concentración: *The noise of the photographers was a distraction.* El ruido de los fotógrafos impedía concentrarse. **2** *a welcome distraction* una distracción agradable
LOC **to distraction** hasta la locura: *to drive sb to distraction* volver loco a algn

distraught /dɪˈstrɔːt/ *adj* consternado

distress /dɪˈstres/ *n* [*incontable*] **1(a)** angustia: *to cause sb distress* causarle angustia a algn **(b)** dolor: *The patient was in obvious distress.* El paciente sin duda sentía dolor. **(c)** apuros: *to be in financial distress* estar en apuros financieros **2** peligro: *a distress signal* una señal de peligro ◊ *a ship in distress* un barco en peligro
LOC *Ver* DAMSEL
■ **distress** *vt* afligir: *I was distressed to hear the sad news.* Me afligió conocer la triste noticia. ◊ *Please don't distress yourself.* Por favor no te inquietes.
▶ **distressed** *adj* **1** afligido **2** necesitado: *distressed areas* las zonas necesitadas
distressing *adj* penoso
distressingly *adv* penosamente: *The conclusion was distressingly obvious.* La conclusión era penosamente clara.

distribute /dɪˈstrɪbjuːt/ *vt* **~ sth (to/among sth/sb)** repartir, distribuir algo (a/entre algo/algn): *to distribute leaflets* distribuir folletos ◊ *Profits are distributed among the work-force.* Los beneficios se reparten entre los trabajadores.
▶ **distribution** *n* distribución
distributive *adj* distributivo
distributor *n* distribuidor, -ora

district /ˈdɪstrɪkt/ *n* **1** distrito, región **2** zona *Ver tb* RED-LIGHT DISTRICT

district attorney *n* (*USA*) (*abrev* **DA**) fiscal de distrito

district nurse *n* enfermero, -a que visita pacientes en un determinado distrito

distrust /dɪsˈtrʌst/ *n* [*sing*] desconfianza: *a distrust of politicians* desconfianza por los políticos
■ **distrust** *vt* desconfiar de
▶ **distrustful** *adj* desconfiado

disturb /dɪˈstɜːb/ *vt* **1** molestar, interrumpir: *I'm sorry to disturb you.* Siento molestarte. **2** (*silencio, sueño*) perturbar **3** remover **4** preocupar: *He was disturbed by/at/about recent reports.* Estaba preocupado por los recientes informes.
LOC **do not disturb** no molestar **to disturb the peace** perturbar la paz y el orden
▶ **disturbance** *n* **1** molestia: *to cause a disturbance* causar alteraciones **2** disturbios **3** alboroto: *to create a disturbance* provocar un alboroto **4** (*Psic*) perturbación: *emotional disturbance* perturbaciones emocionales
disturbed *adj* trastornado
disturbing *adj* inquietante
disturbingly *adv* inquietantemente

disunity /dɪsˈjuːnəti/ *n* desunión

disuse /dɪsˈjuːs/ *n* desuso: *to fall into disuse* caer en desuso
▶ **disused** *adj* abandonado: *a disused railway line* una vía del tren abandonada

ditch /dɪtʃ/ *n* acequia, zanja, cuneta **LOC** *Ver* DULL, LAST[1]
■ **ditch** *vt* (*coloq*) **1** abandonar: *We had to ditch the car.* Tuvimos que abandonar el coche. **2** (*pareja*) mandar a paseo

dither /ˈdɪðə(r)/ *vi* **~ (about sth)** (*coloq*) vacilar (sobre algo)
■ **dither** *n*
LOC **to be in a dither** (*coloq*) estar indeciso
▶ **dithering** *n* vacilación

ditto /ˈdɪtəʊ/ *n* ídem

La palabra **ditto** es el nombre del símbolo (") que se utiliza para evitar las repeticiones en una lista.

ditty /ˈdɪti/ *n* (*pl* **-ies**) (*coloq*) cancioncilla

diuretic /ˌdaɪjuˈretɪk/ *adj, n* diurético

Div *abrev de* **division**

diva /ˈdiːvə/ *n* diva

divan /dɪˈvæn; *USA* ˈdaɪvæn/ *n* diván

dive /daɪv/ *vi* (*pret* **dived** o *esp USA* **dove** /dəʊv/ *pp* **dived**) **1 ~ (from/off sth) (into sth)** tirarse de cabeza (desde algo) (en algo): *They dived into the water.* Se zambulleron/Se tiraron al agua. **2(a)** sumergirse: *The submarine dived to 10 000 feet.* El submarino se sumergió a 10.000 pies. **(b) ~ (down) (for sth)** (*persona*) bucear (en busca de algo): *to dive for pearls* bucear en busca de perlas **3** (*avión*) bajar en picado **4 ~ into/under sth** meterse en/debajo de algo: *to dive under the bed* meterse debajo de la cama
LOC **to dive for cover** buscar cobijo precipitadamente
■ **dive** *n* **1(a)** salto, zambullida **(b)** inmersión **2** (*coloq*) antro
LOC **to take a dive** caer en picado
▶ **diver** *n* **1** buzo **2** buceador, -ora **3** saltador, -ora

diverge /daɪˈvɜːdʒ/ *vi* **1 ~ (from sth)** (*líneas, carreteras*) divergir (de algo) **2** (*formal*) (*opiniones*) diferir **3 ~ from sth** alejarse de algo
▶ **divergence** *n* divergencia
divergent *adj* divergente

diverse /daɪˈvɜːs/ *adj* diverso
▶ **diversification** *n* diversificación
diversify *vt, vi* (*pret, pp* **-fied**) diversificar(se)

diversion /daɪˈvɜːʃn; *USA* daɪˈvɜːrʒn/ *n* **1** (*de fondos, etc*) desvío **2** (*esp GB*) (*USA* **detour**) (*de tráfico*) desvío **3** diversión: *the diversions of city life* las diversiones de la vida de ciudad **4** foco de distracción: *to create a diversion* crear un foco de distracción
▶ **diversionary** *adj* de distracción: *diversionary tactics* tácticas de distracción

diversity /daɪˈvɜːsəti/ *n* diversidad

divert /daɪˈvɜːt/ *vt* **1 ~ sth/sb (from sth) (to sth)** desviar algo/a algn (de algo) (a algo) **2** (*formal*) divertir
▶ **diverting** *adj* (*formal*) divertido ☛ La palabra más normal es **amusing**.

divest /daɪˈvest/ *v* (*formal*)
PHR V **to divest yourself of sth** librarse de algo

divide /dɪˈvaɪd/ **1(a)** *vt* **~ sth (up) (into sth)** dividir algo (en algo): *to divide the class (up) into small groups* dividir la clase en grupos pequeños ◊ *The meeting seems to be divided on the issue.* La asamblea parece estar dividida sobre el asunto. **(b)** *vi* **~ (up) into sth** dividirse en algo *Ver tb* SUBDIVIDE **2** *vt* **~ sth (out/up) (between/among sb)** dividir, repartir algo (entre algn): *to divide out/up the money* repartir el dinero ◊ *to divide the cake into four* dividir el pastel en cuatro partes ◊ *The boy's loyalties were divided between both parents.* La lealtad del chico estaba dividida entre el padre y la madre. **3** *vt* separar **4** *vt* **~ sth by sth** (*Mat*) dividir algo por algo

■ **divide** *n* **1** división **2** conflicto: *on both sides of the religious divide* a ambos lados del conflicto religioso
▶ **divided** *adj* dividido
divider *n* divisor, separador

divided highway (*USA*) (*GB* **dual carriageway**) *n* autovía

dividend /ˈdɪvɪdend/ *n* dividendo **LOC** *Ver* PAY²

dividing line *n* **~ (between A and B)** línea divisoria (entre A y B)

divine¹ /dɪˈvaɪn/ *adj* divino
LOC Divine Office el oficio divino

divine² /dɪˈvaɪn/ *vt* (*formal*) adivinar

diving /ˈdaɪvɪŋ/ [*incontable*] *n* **1** buceo *Ver tb* SKIN DIVING, SKYDIVING **2** saltos (de trampolín)

diving board *n* trampolín

divinity /dɪˈvɪnəti/ *n* [*incontable*] **1** divinidad **2** teología

division /dɪˈvɪʒn/ *n* **1** división **2** (*abrev* **Div**) **(a)** (*Com*) sección, departamento **(b)** (*Mil*) división **(c)** (*fútbol*) división

divisional /dɪˈvɪʒənl/ *adj* divisionario

divisive /dɪˈvaɪsɪv/ *adj* ideado para dividir (*una política, etc*), divisorio

divorce /dɪˈvɔːs/ *n* **1** divorcio: *to ask for/get a divorce* pedir/obtener el divorcio ◊ *Divorce is on the increase.* Los divorcios van en aumento. ◊ *to start divorce proceedings* entablar un proceso de divorcio ◊ *His divorce has come through.* Le han concedido el divorcio. **2** (*fig*) separación
■ **divorce** *vt* **1** *to divorce sb* divorciarse de algn ◊ *They're getting divorced.* Se van a divorciar. **2 ~ sth from sth** (*fig*) separar algo de algo

divorcee /dɪˌvɔːˈsiː/ *n* divorciado, -a

divulge /daɪˈvʌldʒ/ *vt* **~ sth (to sb)** revelar algo (a algn)

DIY /ˌdiː aɪ ˈwaɪ/ (*GB, coloq*) *abrev de* **do-it-yourself**: *a DIY fanatic* un loco del bricolaje ◊ *DIY stores* hipermercados del bricolaje

dizzy /ˈdɪzi/ *adj* (**dizzier, dizziest**) **1** mareado: *a dizzy spell* un mareo pasajero ◊ *to get dizzy* marearse **2** (*altura, velocidad*) vertiginoso
▶ **dizziness** *n* [*incontable*] mareo, vértigo

DJ /ˌdiː ˈdʒeɪ/ (*pl* **DJs**) (*coloq*) **1** *abrev de* **disc jockey** **2** (*GB*) *abrev de* **dinner jacket**

DM /ˌdiː ˈem/ (*tb* **D-mark**) *abrev de* **Deutsche Mark**

DNA /ˌdiː en ˈeɪ/ (*Biol*) *abrev de* **deoxyribonucleic acid** ADN

do

presente	*negativa contracciones*	*interrogativa*
I **do**	I **don't**	**do** I?
you **do**	you **don't**	**do** you?
he **does**	he **doesn't**	**does** he?
she **does**	she **doesn't**	**does** she?
it **does**	it **doesn't**	**does** it?
we **do**	we **don't**	**do** we?
you **do**	you **don't**	**do** you?
they **do**	they **don't**	**do** they?
pasado	**did**	
forma en -ing	**doing**	
participio pasado	**done**	

do¹ /duː/ *v aux* ☛ En español, **do** no se traduce y lleva el tiempo y la persona del verbo principal de la oración.

● **frases interrogativas y negativas** (*con verbos no auxiliares*): *He didn't go to the cinema. Did you go?* No fue al cine. ¿Fuiste tú? ◊ *Does she speak French?* ¿Habla francés? ◊ *Did you go home?* ¿Os fuisteis a casa? ◊ *She didn't go to Paris.* No fue a París. ◊ *He doesn't want to come with us.* No quiere venir con nosotros. ◊ *I didn't do it.* Yo no lo hice.

● **question tags 1** [*oración afirmativa*] **do** + n't + sujeto (pron pers)?: *John lives here, doesn't he?* John vive aquí, ¿verdad? **2** [*oración negativa*] **do** + sujeto (pron pers)?: *Mary doesn't know, does she?* Mary no lo sabe, ¿verdad? **3** [*oración afirmativa*] **do** + sujeto (pron pers)?: *So you told them, did you?* O sea que se lo dijiste, ¿no?

● **uso enfático 1** (*en frases afirmativas*): *He does look tired.* De verdad que se le ve cansado. ◊ *Well, I did warn you.* Bueno, ya te advertí. ◊ *Oh, do be quiet!* ¡Cállate ya! ☛ *Ver nota en* BE *vi* **2** (*formal* o *ret*) ☛ En frases que empiezan con *only*, *so* y ciertos adverbios de contenido negativo, como p. ej. *seldom*, *rarely*, *barely* y *never*: *Not only does she speak Spanish, (but) she also knows how to type.* No solo habla español sino que también sabe mecanografiar. ◊ *So absorbed did he become in his work, that…* Tanto se ensimismó en su trabajo que… ◊ *Rarely did she request help.* Muy rara vez pedía ayuda.

Nótese que cuando el adverbio o frase adverbial se pone al principio de una frase, **do** invierte el orden del verbo y sujeto.

● **para evitar repeticiones**: *He drives better than he did a year ago.* Conduce mejor de lo que lo hacía hace un año. ◊ *She knows more than he does.* Ella sabe más que él. ◊ *'Who won?' 'I did.'* —¿Quién ganó? —Yo. ◊ *'He smokes.' 'So do I.'* —El fuma. —Yo también. ◊ *Peter didn't go and neither did I.* Peter no fue y yo tampoco. ◊ *You didn't know her but I did.* Tú no la conocías pero yo sí.

Nótese que **do** se puede utilizar como verbo auxiliar y como verbo no auxiliar en una misma frase: *What does he do for a living?* ¿En qué trabaja? ◊ *How do you do?* ¿Cómo está usted?

do² /duː/ (*3ª pers sing pres* **does** /dʌz/ *pret* **did** /dɪd/ *pp* **done** /dʌn/)

● *vt, vi* hacer ☛ Usamos **to do** cuando hablamos de una actividad sin decir exactamente de qué se trata, como por ejemplo, cuando va acompañado de palabras como *something*, *nothing*, *anything*, *everything*, etc: *What are you doing this evening?* ¿Qué vas a hacer esta tarde? ◊ *Are you doing anything tomorrow?* ¿Vas a hacer algo mañana? ◊ *We'll do what we can to help you.* Haremos lo que podamos para ayudarte. ◊ *I could do that for you.* Puedo hacerlo en tu lugar. ◊ *Do as you please.* Haz lo que quieras. ◊ *What does she want to do when she leaves school?* ¿Qué quiere hacer cuando salga de la escuela? ◊ *I've got nothing to do.* No tengo nada que hacer. ◊ *He does nothing but complain/All he does is complain.* Lo único que hace es quejarse. ◊ *Just do as I do.* Solo tienes que hacer lo que yo hago. ◊ *What can I do for you?* ¿En qué puedo servirle? ◊ *I have a number of things to do today.* Hoy tengo varias cosas que hacer. ◊ *Do as you're told!* ¡Haz lo que se te dice! ◊ *Come at six, and I'll do likewise.* Ven a las seis y yo haré lo mismo.

● **to do + the, my, etc + -ing** *vt* (*obligaciones y hobbies*) hacer: *to do the washing up* hacer/fregar los platos ◊ *to do the ironing* planchar ◊ *to do the/your shopping* hacer la compra ◊ *to do some reading/writing/thinking* leer/escribir/pensar ◊ *I'll do the driving and you do the navigating.* Yo conduzco y tú miras el mapa.

● **to do + (the, my, etc) sustantivo** *vt* **1** (*estudios*): *to do your homework* hacer los deberes ◊ *to do a test/an exam* hacer un examen ◊ *to do research* investigar ◊ *to do an English course* hacer un curso de inglés ◊ *to do accountancy* estudiar contabilidad ◊ *to do Law* hacer Derecho **2** (*trabajo, tareas*): *to do business* hacer negocios ◊ *to do your duty* cumplir con tu deber ◊ *to do your job* hacer tu trabajo ◊ *to do the housework* hacer la casa ◊ *to do the garden* arreglar el jardín ◊ *to do your hair / to have your hair done* arreglarse el pelo /ir a la peluquería

Nótese que algunas veces utilizamos **to do** en vez de otro verbo más específico como *fix, clean, brush*, etc: *to do the roof* arreglar el tejado ◊ *to do the bathroom/kitchen* hacer el baño/la cocina ◊ *to do your teeth* lavarse los dientes

3 (*operaciones mentales*): *to do a crossword* hacer un crucigrama ◊ *to do sums* hacer números ◊ *to do addition/subtraction/division/multiplication* hacer sumas/restas/divisiones/multiplicaciones ◊ *to do the accounts/books* llevar la contabilidad ◊ *to do a translation* hacer una traducción ◊ *to do an exercise* hacer un ejercicio

● **otros usos 1** *vt*: *to do your best* hacer lo que se pueda ◊ *to do damage* causar desperfectos ◊ *to do exercises* hacer abdominales, flexiones, etc ◊ *to do harm/good* hacer daño/el bien ◊ *to do Hamlet* representar Hamlet ◊ *to do impressions* imitar ◊ *to do time* estar en la trena ◊ *to do sb a favour* hacerle un favor a algn ◊ *to do sth in a minute* hacer algo en un minuto ◊ *to do 40 miles to the gallon* hacer 40 millas por galón ◊ *to do 90 miles per hour* hacer 90 millas por hora **2** *vi* ser suficiente: *Two eggs will do.* Dos huevos serán suficientes. ◊ *Will £10 do?* ¿Será suficiente con diez libras? **3** *vi* servir: *If you can't find a biro, a pencil will do.* Si no encuentras un bolígrafo, un lápiz servirá. ◊ *This won't do as a translation.* Esto no sirve como traducción. **4** *vi* venir bien: *Will next Friday do for our meeting?* ¿Te viene bien el viernes para la reunión? ◊ *This pair of shoes will do (me) nicely.* Este par de zapatos me vendrá bien. **5** *vi* ir: *She's doing well at school.* Va bien en la escuela. ◊ *How's the business doing?* ¿Qué tal va el negocio? ◊ *He did badly in the exam.* Le fue mal en el examen. **6** *vt* (*coloq*) **(a)** timar: *You've been done!* ¡Te han timado! **(b)** zumbar, pegar **7** *vt* **to do sb (for sth)** (*coloq*) detener, multar a algn (por algo): *He got done for speeding.* Lo multaron por exceso de velocidad. **8** *vt, vi* (*coloq*) (*en pasiva o en pretérito perfecto*) terminar: *Are you done?* ¿Has acabado? ◊ *I've done talking.* Ya he terminado de hablar.

LOC do as you would be done by no quieras para otros lo que no quieres para ti **it/that will never/won't do**: *It (simply) won't do.* No puede ser. ◊ *It would never do to…* No estaría bien que… **nothing doing!** (*coloq*) ¡ni hablar! **so as to do sth** para hacer algo: *I arrived early so as to be sure of seeing her.* Llegué temprano para estar seguro de verla. **that does it!** (*coloq*) ¡se acabó! **that's done it** (*coloq*) *That's done it. We've run out of petrol.* ¡La hemos hecho buena! Nos hemos quedado sin gasolina. **that will do!** ¡ya está bien! **to be/have (something) to do with sth/sb** tener (algo) que ver con algo/algn: *What's it got to do with you?* ¡Y a ti qué te importa! ◊ *She won't have anything to do with him.* No quiere saber nada de él. **to do nothing, something, etc for sth/sb** (*coloq*) *That hairstyle really does something for her.* Ese peinado realmente le favorece. ◊ *That colour does nothing for him.* Ese color no le va para nada.

☛ Para otras expresiones con **do**, véanse las entradas del sustantivo, adjetivo, etc, p.ej. **to do your bit** en BIT[1].

PHR V to do away with sb (*coloq*) cargarse a algn
to do away with sth (*coloq*) deshacerse de algo, abolir algo
to do away with yourself (*coloq*) suicidarse
to do sth/sb down (*coloq*) sacar faltas a algo/algn
to do for sb (*coloq*) limpiar para algn: *the lady who does for us* la señora que nos limpia la casa
to do for sth (*coloq*) *What did you do for food?* ¿Qué hiciste para conseguir comida?
to do for sth/sb (*coloq*) *If my parents find out, I'm done for.* Si mis padres se enteran, me matan.
to do sb in (*coloq*) **1** cargarse a algn **2** [*gen en pasiva*]: *to be/feel done in* estar hecho polvo ◊ *You look done in.* Te veo agotada.
to do sb in/over (*coloq*) darle una buena paliza a algn
to do sth in (*coloq*) hacerse daño en algo: *I've really done my back in.* Me he jorobado bien la espalda.
to do sth out (*coloq*) ordenar algo (*habitación, etc*)
to do sb out of sth (*coloq*) privar a algn de algo
to do sb over *Ver* TO DO SB IN/OVER
to do sth over volver a limpiar/pintar algo
to do sth to sb (*coloq*) conmover a algn
to do up abrocharse
to do sth up 1 (*chaqueta, botón, etc*) abrochar(se) algo **2** (*cordones*) atar(se) algo **3** envolver algo **4** (*casa, cuarto, etc*) renovar algo, arreglar algo
to do yourself up (*coloq*) arreglarse
to do with sth: *I could do with a good night's sleep.* Me haría bien dormir toda la noche. ◊ *We could do with a holiday.* Nos sentarían bien unas vacaciones.
to do without (sth/sb) pasar(se) sin algo/algn

do[3] /duː/ *n* (*pl* **dos** o **do's** /duːz/) **1** (*GB, coloq*) fiesta: *a formal do* una fiesta de etiqueta **2** (*GB, argot*) lío: *a bit of a do with the police* un lío con la policía
LOC do's and don'ts reglas: *some do's and don'ts if you want to lose weight…* algunas reglas para adelgazar…

do[4] *n Ver* DOH

do[5] *abrev de* **ditto**

Dobermann (*tb* **Doberman**) /ˈdəʊbəmən/ *n* doberman

doc /dɒk/ *n* (*coloq*) doctor

docile /ˈdəʊsaɪl; *USA* ˈdɒsl/ *adj* dócil
▶ **docility** /dəʊˈsɪləti/ *n* docilidad

dock[1] /dɒk/ *n* **1** dársena: *dry dock* dique seco **2 docks** [*pl*] puerto **3** (*esp USA*) muelle
LOC to be in dock (*GB*) (*coche*) estar en el taller
■ **dock 1(a)** *vt, vi* (*Náut*) (hacer) entrar en dique, atracar (en un muelle) **(b)** *vi*: *We docked at Plymouth.* Llegamos a Plymouth en barco. **2** *vt, vi* (*Aeronáut*) acoplar(se): *docking manoeuvres* maniobras de acoplamiento

dock[2] /dɒk/ *n* banquillo (de los acusados)
LOC to put sb/be in the dock sentar a algn/estar en el banquillo

dock[3] /dɒk/ *vt* **1** descolar (*a un animal*) **2** (*sueldo, etc*) reducir: *They've docked 15% from/off my salary.* Me han quitado el 15% del sueldo.

dock[4] /dɒk/ *n* (*Bot*) acedera

docker /ˈdɒkə(r)/ (*tb* **dockworker**) *n* estibador, -ora

docket /ˈdɒkɪt/ *n* **1** (*GB, Com*) comprobante, albarán **2** marbete

dockland /ˈdɒklænd/ *n* [*gen pl*] zona adyacente a un puerto: *a docklands development* una urbanización en la zona del puerto

dockside /ˈdɒksaɪd/ *n* muelle

dockyard /ˈdɒkjɑːd/ *n* **1** astillero **2** (*Mil*) arsenal

doctor /ˈdɒktə(r)/ *n* (*abrev* **Dr**) **1** (*Med*) médico, -a *Ver tb* FLYING DOCTOR, WITCH DOCTOR **2 ~ (of sth)** (*título*) doctor, -ora (en algo)
LOC to be just what the doctor ordered ser mano de santo
■ **doctor** *vt* (*coloq*) **1** amañar **2** (*comestibles*) adulterar **3** (*GB*) castrar

doctorate /ˈdɒktərət/ *n* doctorado: *to study for a doctorate* hacer el doctorado
▶ **doctoral** *adj* doctoral

doctrinaire /ˌdɒktrɪˈneə(r)/ *adj* (*pey*) doctrinario

doctrine /ˈdɒktrɪn/ *n* doctrina
▶ **doctrinal** /dɒkˈtraɪnl; *USA* ˈdɒktrɪnl/ *adj* doctrinal

document /ˈdɒkjʊmənt/ *n* documento
■ **document** *vt* documentar: *Can you document these claims?* ¿Puede documentar estas reclamaciones?

documentary /ˌdɒkjuˈmentri/ *adj* documental
■ **documentary** *n* (*pl* **-ies**) documental

documentation /ˌdɒkjumenˈteɪʃn/ *n* documentación

doddery /ˈdɒdəri/ (*tb* **doddering**) *adj* (*pey*): *to be doddery* tener tembleque

doddle /ˌdɒdl/ *n* (*coloq*)
LOC to be a doddle estar chupado

dodge /dɒdʒ/ **1** *vi* **(a)** hacer un quiebro: *She dodged round the corner.* Hizo un quiebro y dobló la esquina. **(b)** (*Dep*) regatear **2** *vt* **(a)** (*golpe, etc*) esquivar **(b)** (*perseguidor*) dar esquinazo a **3** *vt* (*coloq*) escaquearse: *to dodge military service* escaquearse del servicio militar ◊ *to dodge awkward questions* eludir preguntas embarazosas
■ **dodge** *n* **1** quiebro **2** (*coloq*) truco: *They're up to all the tax dodges.* Están al tanto de todos los trucos para no pagar impuestos.
▶ **dodger** *n* (*coloq*) granuja: *tax dodger* evasor de impuestos

dodgems /ˈdɒdʒəmz/ (*tb* **bumper cars**) *n* [*pl*] (*GB*) autos de choque

dodgy /ˈdɒdʒi/ *adj* (*esp GB, coloq*) **1** granuja **2** problemático, delicado: *Sounds a bit dodgy to me.* Me huele a chamusquina. ◊ *a dodgy situation* una situación delicada ◊ *a dodgy wheel* una rueda defectuosa

dodo /ˈdəʊdəʊ/ *n* (*pl* **~s, ~es**) dodo

DOE /ˌdiː əʊ ˈiː/ (*GB*) *abrev de* **Department of the Environment** Ministerio de Medio Ambiente

doe /dəʊ/ *n* coneja, liebre, cierva hembra ☞ *Ver nota en* CIERVO, CONEJO *Ver tb* FAWN[1], HIND[2], STAG ☞ *Ver ilustración en* DEER

doer /ˈduːə(r)/ *n* (*aprob*) hacedor, -ora, persona práctica

does /dʌz/ *Ver* DO[1], DO[2]

doesn't /ˈdʌznt/ = DOES NOT *Ver* DO[1]

doff /dɒf; *USA* dɔːf/ *vt* (*antic*) descubrirse (*quitarse el sombrero*)

dog[1] /dɒg; *USA* dɔːg/ *n* **1(a)** perro ☞ *Ver nota en* PERRO *Ver tb* GUIDE DOG, HOT DOG, PRAIRIE DOG, SAUSAGE DOG, SHAGGY-DOG STORY, SHEEPDOG, SNIFFER DOG, TRACKER DOG, WATCHDOG **(b)** perro (macho), lobo (macho), zorro (macho): *a litter consisting of two dogs and a bitch* una camada de dos machos y una hembra **(c) the dogs** [*pl*] (*coloq*) carreras de galgos **2** (*coloq, antic*) tío: *He's a lucky dog!* Es un tío con suerte. ◊ *You dog!* ¡Tunante!
LOC (a case of) dog eat dog (un asunto de) competencia despiadada **a dog in the manger** el perro del hortelano **a dog's breakfast/dinner** (*coloq*) un revoltijo **every dog has his/its day** (*refrán*) a todos nos llega la suerte alguna vez **give a dog a bad name (and hang him)** (*refrán*) por un perro que maté, mataperros me llamaron **not to have/stand a dog's chance** no tener la menor posibilidad **to go to the dogs** (*coloq*) irse al garete *Ver tb* DRESS[2], FIGHT, HAIR, LOVE, MAD, RAIN, SLEEP[2], TAIL[1], TEACH, TOP[1], TREAT

dog[2] /dɒg; *USA* dɔːg/ *vt* (**-gg-**) seguir: *to dog sb's footsteps* seguir los pasos de algn ◊ *He was dogged by misfortune.* Le persiguió la mala suerte.

dog collar *n* **1** (*esp USA*) (*GB* **collar**) collar (de perro) **2** (*coloq*) alzacuello

dog-eared /ˈdɒg ɪəd; *USA* ˈdɔːg-/ *adj* (*libro*) con las esquinas dobladas debido al uso: *The book was dog-eared.* El libro estaba muy sobado.

dogfight /ˈdɒgfaɪt; *USA* ˈdɔːg-/ *n* **1** combate aéreo **2** (*coloq*) trifulca

dogfish /ˈdɒgfɪʃ; *USA* ˈdɔːg-/ *n* cazón

dogged /ˈdɒgɪd; *USA* ˈdɔːgɪd/ *adj* (*aprob*) tenaz: *their dogged defence of the city* su tenaz defensa de la ciudad
▶ **doggedly** *adv* tenazmente
doggedness *n* tenacidad

doggerel /ˈdɒgərəl; *USA* ˈdɔːgərəl/ *n* coplas de ciego

doggie (*tb* **doggy**) /ˈdɒgi; *USA* ˈdɔːgi/ *n* (*pl* **-ies**) (*coloq*) perrito

doggone /ˈdɒgɒn; *USA* ˈdɔːgɔːn/ *interj* (*USA*) ¡Caray!
■ **doggone** (*tb* **doggoned**) *adj* maldito

doghouse /ˈdɒghaʊs; *USA* ˈdɔːg-/ *n* (*USA*) perrera
LOC to be in the doghouse caer en desgracia

dogma /ˈdɒgmə; *USA* ˈdɔːgmə/ *n* dogma

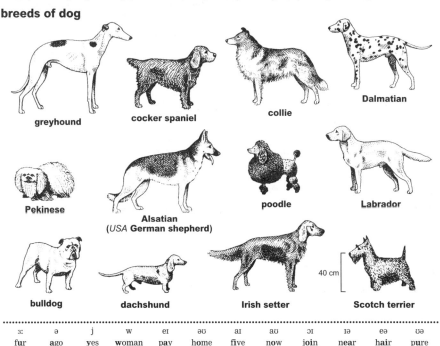

breeds of dog

greyhound

cocker spaniel

collie

Dalmatian

Pekinese

Alsatian (*USA* German shepherd)

poodle

Labrador

bulldog

dachshund

Irish setter

40 cm

Scotch terrier

▶ **dogmatic** *adj* dogmático
dogmatically *adv* dogmáticamente

dogmatism /ˈdɒgmətɪzəm; *USA* ˈdɔːgmətɪzəm/ *n* (*pey*) dogmatismo

do-gooder /ˌduː ˈgʊdə(r)/ *n* (*coloq*, *pey*) entrometido, -a (*bien intecionado*)

dogsbody /ˈdɒgzbɒdi; *USA* ˈdɔːg-/ *n* (*GB*) chico, -a para todo: *When I started in the office I was the dogsbody.* Cuando empecé en la oficina yo era el chico para todo.

dog-tired /ˈdɒg taɪəd; *USA* ˈdɔːg-/ *adj* (*coloq*) rendido

doh (*tb* **do**) /dəʊ/ *n* (*Mús*) do

doily /ˈdɔɪli/ *n* pañito de adorno

doing /ˈduːɪŋ/ *Ver* DO[1], DO[2]

doings /ˈduːɪŋz/ *n* [*pl*] (*coloq*) actividades: *I've been hearing about your doings.* He oído hablar de tus actividades.

do-it-yourself *n* (*abrev* **DIY**) bricolaje

doldrums /ˈdɒldrəmz/ *n*
LOC **in the doldrums 1** abatido **2** estancado: *The economy remains in the doldrums.* La economía sigue estancada.

dole /dəʊl/ **the dole** *n* (*GB*, *coloq*) subsidio de desempleo: *to be/go on the dole* estar/quedarse en paro ◊ *the dole queue* el número de desempleados ◊ *to join the dole queue* engrosar las filas del paro
■ **dole** *v*
PHR V **to dole sth out** (*coloq*) repartir algo

doleful /ˈdəʊlfl/ *adj* triste
▶ **dolefully** *adv* tristemente

doll[1] /dɒl; *USA* dɔːl/ *n* **1** muñeca: *a doll's pram* un cochecito de muñecas **2** (*esp USA*, *argot*, *antic*) preciosidad: *She's quite a doll!* ¡Es una preciosidad!

doll[2] /dɒl; *USA* dɔːl/ *v* (*coloq*)
PHR V **to doll yourself up; to get dolled up** emperifollarse

dollar /ˈdɒlə(r)/ *n* dólar: *a dollar bill* un billete de dólar ◊ *The pound was up against the dollar.* La libra subió con respecto al dólar.
LOC **a/the sixty-four thousand dollar question** la pregunta clave **(to feel, look, etc) like a million dollars** (*coloq*) (sentirse, estar, etc) superbien *Ver tb* BET

dollop /ˈdɒləp/ *n* (*coloq*) cucharada (*cantidad*)

dolly /ˈdɒli; *USA* ˈdɔːli/ *n* **1** muñequita **2** (*Cine*) plataforma rodante

dolphin /ˈdɒlfɪn/ *n* delfín
▶ **dolphinarium** *n* (*pl* **-aria** o **~s**) delfinario

domain /dəˈmeɪn, dəʊ-/ *n* **1** campo: *outside my domain* fuera de mi competencia **2(a)** (*fig*): *The pub is traditionally a male domain.* El pub es tradicionalmente territorio masculino. **(b)** (*lit*): *the King's domain* la propiedad real *Ver tb* PUBLIC

dome /dəʊm/ *n* **1** cúpula **2** *the dome of a hill* la cumbre redondeada de una montaña
▶ **domed** *adj* abovedado

domestic /dəˈmestɪk/ *adj* **1** doméstico: *domestic water/gas* agua/gas de uso doméstico ◊ *domestic responsibilities* responsabilidades del hogar ◊ *domestic violence* violencia en el hogar **2** nacional: *domestic trade/market* comercio/mercado interior ◊ *domestic flights* vuelos nacionales
■ **domestic** *n* asistenta
▶ **domestically** *adv* en el país: *the first domestically developed jet fighter* el primer caza desarrollado en el país
domesticate *vt* domesticar
domesticated *adj* **1** doméstico **2** casero
domestication *n* domesticación
domesticity *n* vida doméstica: *the comforts of domesticity* las comodidades del hogar

domestic science *n* economía doméstica (*asignatura*)

domicile /ˈdɒmɪsaɪl/ *n* (*formal* o *Jur*) domicilio
▶ **domiciled** *adj* domiciliado
domiciliary *adj* domiciliario

dominant /ˈdɒmɪnənt/ *adj* **1** dominante: *the dominant flavour in a dish* el sabor dominante de un plato **2** predominante
▶ **dominance** *n* **1** dominación **2** predominio

dominate /ˈdɒmɪneɪt/ *vt*, *vi* dominar: *The management has always been male dominated.* Siempre ha habido predominancia masculina en la directiva. ◊ *She began to dominate his thoughts.* Empezó a controlar sus pensamientos.
▶ **domination** *n*: *under foreign domination* bajo dominio extranjero

domineering /ˌdɒmɪˈnɪərɪŋ/ *adj* dominante (*autoritario*)

Dominican /dəˈmɪnɪkən/ *adj*, *n* dominico, -a

dominion /dəˈmɪniən/ *n* dominio

domino effect

domino

domino /ˈdɒmɪnəʊ/ *n* (*pl* **~es**) **1** ficha de dominó **2** **dominoes** [*sing*] (*juego*) dominó: *The old men were playing dominoes.* Los viejos jugaban al dominó.

domino effect *n* efecto dominó

don[1] /dɒn/ *n* (*GB*) profesor, -a (*de las universidades de Oxford o Cambridge*)

don[2] /dɒn/ *vt* (**-nn-**) (*formal*) ponerse (*ropa*): *She donned an overcoat and left.* Se puso un abrigo y salió.

donate /dəʊˈneɪt; *USA* ˈdəʊneɪt/ *vt* donar
▶ **donation** *n* **1** donativo **2** [*incontable*] donación

done[1] /dʌn/ *pp de* DO[2]

done[2] /dʌn/ *adj* **1** hecho *Ver tb* WELL DONE **2** (*coloq*) *It simply isn't done.* Está muy mal visto.
LOC **over and done with** terminado para siempre **to be done for** (*argot*) estar perdido **to be/have done with sth/sb** acabar con algo/algn **to be the done thing** ser lo más normal *Ver tb* HARD

donkey /ˈdɒŋki/ *n* (*pl* **~s**) burro
LOC **donkey's years** (*GB*, *coloq*) *It's donkey's years since we've seen each other.* Hace siglos que no nos vemos. **donkey work** trabajo duro *Ver tb* TALK[2]

donor /ˈdəʊnə(r)/ *n* donante: *a blood donor* un donante de sangre

don't /dəʊnt/ = DO NOT *Ver* DO[1]

donut (*USA*) *Ver* DOUGHNUT

doodle /ˈduːdl/ *n* garabato
■ **doodle** *vi* hacer garabatos

doom /duːm/ *n* [*sing*] (*ret*) perdición: *to send a man to his doom* mandar a un hombre a su muerte ◊ *The papers were full of doom and gloom.* Los periódicos estaban llenos de desgracias. **LOC** *Ver* PROPHET
▶ **doomed** *adj* condenado: *The project seemed doomed to fail.* El proyecto parecía condenado al fracaso. ◊ *a doomed race* una raza condenada

doomsday /ˈduːmzdeɪ/ *n* día del juicio final

door /dɔː(r)/ *n* **1** puerta: *a four-door/two-door car* un coche de cuatro/dos puertas ◊ *the stage door* la entrada de artistas ☞ *Ver ilustración en* CAR, HOUSE *Ver tb* BACK DOOR, FRENCH DOOR, FRONT DOOR, NEXT DOOR, REVOLVING DOOR, SLIDING DOOR, TRAPDOOR **2** *Ver* DOORWAY
LOC **(from) door to door** de puerta en puerta: *a door-to-door salesman* un vendedor a domicilio **next door (to sth/sb)** en la habitación, piso o casa de al lado (de algo/algn): *They live next door to the library.* Viven al lado de la biblioteca. ◊ *next door neighbour* vecino de al lado ◊ *the room next door* la habitación de al lado **out of doors** al aire libre **the door to sth** el camino a algo

to lay sth at sb's door echar la culpa de algo a algn **to shut/slam the door in sb's face** dar a algn con la puerta en las narices *Ver tb* BACK[1], BEAT, CLOSED, DARKEN, DEATH, FOOT[1], LEAVE[1], LIE[2], SHOW, SHUT, STABLE[2], WOLF

doorbell /ˈdɔːbel/ *n* timbre (*de la puerta*) ☛ *Ver ilustración en* HOUSE

door frame /ˈdɔː freɪm/ *n* marco de la puerta ☛ *Ver ilustración en* MARCO

door handle *n* manija (*de puerta*) ☛ *Ver ilustración en* CAR

doorknob /ˈdɔːnɒb/ *n* pomo (*de puerta*)

doorman /ˈdɔːmən/ *n* (*pl* **-men** /-mən/) portero

doormat /ˈdɔːmæt/ *n* felpudo

doornail /ˈdɔːneɪl/ *n* **LOC** *Ver* DEAD

doorstep /ˈdɔːstep/ *n*: *empty milk bottles on the doorstep* botellas de leche vacías en el peldaño de la puerta ☛ *Ver ilustración en* HOUSE

LOC on your doorstep a un paso: *to have the beach on your doorstep* tener la playa a un paso

doorway /ˈdɔːweɪ/ (*tb* **door**) *n* vano (*de puerta*)

dope /dəʊp/ *n* (*coloq*) **1** droga (*esp hachís*): *dope test* prueba antidoping **2** imbécil **3** (*argot*) *I want the dope on his connections.* Quiero información sobre sus contactos.

■ **dope** *vt* narcotizar

dopey *adj* (**dopier, dopiest**) (*coloq*) **1** *to feel dopey* sentirse amodorrado **2** estúpido

Doric /ˈdɒrɪk; *USA* ˈdɔːr-/ *adj* dórico, -a

dormant /ˈdɔːmənt/ *adj* **1** inactivo: *a dormant volcano* un volcán inactivo ◊ *to lie dormant* estar inactivo **2** latente

dormer /ˈdɔːmə(r)/ (*tb* **dormer window**) *n* ventana de la buhardilla ☛ *Ver ilustración en* HOUSE

dormitory /ˈdɔːmətri; *USA* -tɔːri/ *n* (*pl* **-ies**) dormitorio (*en internado, etc*)

dormitory town *n* (*GB*) ciudad dormitorio

dormouse /ˈdɔːmaʊs/ *n* (*pl* **dormice** /ˈdɔːmaɪs/) lirón

dorsal /ˈdɔːsl/ *adj* dorsal: *the dorsal fin* la aleta dorsal

dosage /ˈdəʊsɪdʒ/ *n* dosis: *Do not exceed the recommended dosage.* No sobrepasar la dosis recomendada.

do's and don'ts **LOC** *Ver* DO[3]

dose /dəʊs/ *n* dosis: *I can only stand her in small doses.* Solo la puedo soportar en pequeñas dosis.

LOC like a dose of salts (*argot*) muy rápido

■ **dose** *vt* **~ sb/yourself** (**with sth**) medicar a algn/medicarse (algo): *heavily dosed with pain-killing drugs* muy medicado con calmantes

dosh /dɒʃ/ *n* [*incontable*] (*GB, argot*) pasta (*dinero*)

doss /dɒs/ *vi* **~** (**about/around**) (*GB, argot*) gandulear

PHR V to doss down echarse a dormir

▶ **dosser** *n* **1** gandul, -a **2** vagabundo, -a

doss-house /ˈdɒs haʊs/ *n* pensión de mala muerte

dossier /ˈdɒsier; *USA* ˈdɔːsɪə(r)/ *n* expediente

dot /dɒt/ *n* punto: *Join the dots up to complete the drawing.* Una los puntos para completar el dibujo. ◊ *just a dot on the horizon* tan solo un punto en el horizonte ◊ *dots and dashes* puntos y rayas *Ver tb* MICRODOT, POLKA DOTS

LOC dot dot dot puntos suspensivos ☛ *Ver pág 0* **on the dot** (*coloq*) a la hora en punto: *at 5 o'clock on the dot/on the dot of 5 o'clock* a las 5 en punto *Ver tb* YEAR

■ **dot** *vt* (**-tt-**) **1** poner un punto sobre **2(a) to dot sth** (**with sth**) salpicar algo (con algo): *The sky was dotted with stars.* El cielo estaba salpicado de estrellas. **(b) to dot sth about/around** esparcir algo: *They dotted a few chairs about.* Esparcieron unas cuantas sillas.

LOC to dot your/the i's and cross your/the t's poner los puntos sobre las íes

dote /dəʊt/ *vi* **~ on sth/sb** adorar algo/a algn

▶ **doting** *adj* devoto: *a doting husband* un marido devoto

dot matrix *n* matriz de puntos: *a dot matrix printer* impresora de matriz de puntos

dotted line *n* línea de puntos **LOC** *Ver* SIGN[2]

dotty /ˈdɒti/ *adj* (*esp GB, coloq*) **1** chiflado **2 ~ about sth/sb** loco por algo/algn

▶ **dottiness** *n* chifladura

double[1] /ˈdʌbl/ *adj* doble: *a double helping* ración doble ◊ *two double whiskies* dos whiskeys dobles ◊ *It's spelt with a double t.* Se escribe con dos tes. ◊ *a double room* una habitación doble ◊ *She leads a double life.* Lleva una doble vida. **LOC** *Ver* HARNESS

■ **double** *pron*: *He earns double what she does.* Gana el doble que ella. ◊ *She sold her house for double the market price.* Vendió su casa por el doble del precio del mercado.

■ **double** *adv*: *to see double* ver doble ◊ *bent double* encorvado ◊ *to fold a blanket double* doblar una manta por la mitad

double[2] /ˈdʌbl/ *n* **1** doble **2 doubles** [*pl*] (*Dep*) dobles: *mixed doubles* dobles mixtos ☛ *Ver ilustración en* TENNIS

LOC at the double (*GB, coloq*) a todo meter: *You'd better get upstairs at the double.* Más vale que subas a todo meter. ☛ Nótese que en inglés americano se dice **on the double**. **double or quits** doble o nada

double[3] /ˈdʌbl/ *vt, vi* **1** doblar(se): *The price of houses has doubled.* El precio de la vivienda se ha doblado. **2 ~ sth** (**up/over/across/back**) doblar algo (en dos) **3 ~ as sth** hacer de algo: *The sofa doubles as a bed.* El sofá también hace de cama. ◊ *In this production, Oberon doubles as Theseus.* En esta producción, Oberon hace también de Teseo.

PHR V to double back volver sobre sus pasos

to double (**sb**) **up**: *to be doubled up with laughter* partirse de risa ◊ *to double up with pain* doblarse de dolor

to double up (**on sth/with sb**) (*coloq*) compartir (algo/con algn)

double agent *n* doble agente

double-barrelled /ˌdʌbl ˈbærəld/ *adj* **1** (*escopeta*) de dos cañones **2** (*GB*) (*apellido*) compuesto

double bass (*tb* **bass**) *n* contrabajo ☛ *Ver ilustración en* STRING

double bed *n* cama de matrimonio

double bill *n* programa doble

double-book *vt* reservar para más de una persona a la vez (*una habitación de hotel, un billete de avión, etc*)

▶ **double-booking** *n* doble reserva

double-breasted /ˌdʌbl ˈbrestɪd/ *adj* cruzado: *a double-breasted jacket* una chaqueta cruzada

double-check /ˌdʌbl ˈtʃek/ **1** *vt*: *to double-check calculations* volver a comprobar los cálculos **2** *n* doble comprobación

double chin *n* papada

double cream (*USA* **heavy cream**) *n* nata enriquecida

double-cross /ˌdʌbl ˈkrɒs/ *vt* engañar

double-dealing /ˌdʌbl ˈdiːlɪŋ/ *n* trato doble

double-decker /ˌdʌbl ˈdekə(r)/ (*tb* **double-decker bus**) *n* autobús de dos pisos

double Dutch *n* (*GB, coloq*) chino (*lengua incomprensible*)

double-edged /ˌdʌbl ˈedʒd/ *adj* de doble filo: *a double-edged compliment* un cumplido de doble filo

double figures *n* número de dos cifras: *The inflation rate is into double figures.* La inflacción supera el 10%.

double-glazed /ˌdʌbl ˈgleɪzd/ *adj* con cristal doble: *a double-glazed window* una ventana con cristal doble

double glazing *n* doble acristalamiento: *to have double glazing installed* poner doble acristalamiento

double-jointed /ˌdʌbl ˈdʒɔɪntɪd/ *adj* con articulaciones muy flexibles

double-lock *vt* cerrar con dos vueltas
double-park *vi* aparcar en doble fila
double quick *adv* (*coloq*) rapidísimamente
▶ **double-quick** *adj* rapidísimo: *He did it in double-quick time.* Lo hizo en menos de un segundo.
double spaced *adj* a doble espacio
double standard *n*: *accused of having double standards* acusado de ser un hipócrita
double take *n* reacción retardada a una situación, comentario, etc sobre todo para hacer gracia
double time *n*: *to pay double time* pagar las horas al doble
doubly /ˈdʌbli/ *adv* **1** aún más: *to be doubly difficult* ser aún más difícil ◊ *to make doubly sure of sth* volver a asegurarse de algo **2** por duplicado
doubt /daʊt/ *n* **~ (about sth); ~ as to (whether)...** duda (sobre algo); sobre (si)...: *to cast/throw doubts on sth* arrojar dudas sobre algo *Ver tb* SELF-DOUBT
LOC **beyond/past all (possible/reasonable) doubt** (*Jur*) sin que quepa lugar a duda **in doubt** ante la duda: *If in doubt, don't.* Si dudas, no lo hagas. **no doubt** sin duda: *There's no doubt about it.* No cabe la menor duda. ◊ *I have no doubt that...* No me cabe duda que... **to be beyond (a/any) doubt** estar fuera de toda duda **to have doubts about sth** dudar de algo **without (a/any) doubt** sin lugar a duda *Ver tb* BENEFIT
■ **doubt** **1** *vt, vi* dudar: *to doubt that/if/whether...* dudar que/si... ◊ *There is no reason to doubt.* No hay razones para dudar. ◊ *I rather doubt it.* Lo dudo. **2** *vt* dudar de
▶ **doubter** *n* escéptico, -a
doubtful /ˈdaʊtfl/ *adj* **1 to be ~ about (doing) sth** tener dudas sobre (si hacer) algo **2** sospechoso: *a doubtful character* un personaje sospechoso **3** incierto, dudoso: *I have the doubtful privilege...* Tengo el dudoso privilegio...
LOC **it is doubtful whether...** queda la duda de si...
▶ **doubtfully** *adv* sin convicción
doubtless /ˈdaʊtləs/ *adj* sin duda
dough /dəʊ/ *n* **1** masa: *bread dough* masa de pan ◊ *to knead dough* amasar **2** (*argot*) pasta (*dinero*)
doughnut (*USA* **donut**) /ˈdəʊnʌt/ *n* donut, rosquilla
doughty /ˈdaʊti/ *adj* (**-ier, -iest**) (*antic* o *joc*) valeroso: *a doughty warrior* un guerrero valeroso
dour /dʊə(r)/ *adj* (*formal*) adusto, severo
▶ **dourly** *adv* severamente
douse (*tb* **dowse**) /daʊs/ *vt* **1 ~ sth/sb (in/with sth)** empapar algo/a algn (de algo) **2** apagar: *to douse the flames* sofocar las llamas
dove[1] /dʌv/ *n* paloma *Ver tb* TURTLE-DOVE
dove[2] (*USA*) *pret de* DIVE
dovetail /ˈdʌvteɪl/ *n* cola de milano
■ **dovetail** *vt, vi* **1** ensamblar(se) a cola de milano **2 ~ (sth) (with sth)** (*fig*) encajar (algo) (con algo)
dowager /ˈdaʊədʒə(r)/ *n* **1** viuda de un noble: *the dowager duchess of Rutland* la viuda del duque de Rutland **2** matrona (*de la alta sociedad*)
dowdy /ˈdaʊdi/ *adj* (**-ier, -iest**) (*pey*) **1** sin gracia **2** vestido con un estilo muy gris
down[1] /daʊn/ *n* **1** plumones **2** pelusa *Ver tb* EIDERDOWN
▶ **downy** *adj* con pelusa
down[2] /daʊn/ *n*
LOC **to have a down on sth/sb** (*coloq*) tenerle manía a algo/algn
down[3] /daʊn/ *vt* **1** (*coloq*) beberse de un trago, devorar **2** derribar
LOC **to down tools** (*GB*) **1** suspender el trabajo **2** declararse en huelga
down[4] /daʊn/ *part adv* **1** abajo: *Has the sun gone down yet?* ¿Se ha puesto ya el sol? ◊ *face down* boca abajo **2** bajo: *Inflation is down this month.* La inflación ha bajado este mes. **3** por escrito: *Write it down.* Anótalo. ◊ *Have you got me down for the team?* ¿Me tienes apuntado para el equipo? **4** (*dinero*) de menos: *I found myself £5 down.* Me quedé con 5 libras de menos. **5** de entrada: *I put £50 down.* Dejé 50 libras de entrada. **6** *10 down, 5 to go.* Van 10, quedan 5. *Ver tb* BREAKDOWN, HAND-ME-DOWN, LET-DOWN, LIE-DOWN, UPSIDE DOWN
LOC **down-at-heel** pobretón **down-in-the-mouth** decaído **down through sth**: *down through the years* a través de los años **down under** (*coloq*) en las antípodas **down with sth/sb!** ¡abajo algo/algn! **to be down on sb** (*coloq*) tomarla con algn **to be down to sb (to do sth)** tocarle a algn (hacer algo) **to be down to sth**: *I'm down to my last 50p.* Solo me quedan 50 peniques. **to be/feel down** (*coloq*) estar con la depre **to be/go/come down with sth** coger algo (*enfermedad*) **to go/be down** estropearse (*ordenador*) **up and down** **1** de arriba a abajo **2** *He jumped up and down.* Daba saltos.
☛ Para los usos de **down** en PHRASAL VERBS ver las entradas de los verbos correspondientes, p. ej. **to go down** en GO[1].
■ **down** *prep* abajo: *down the hill* colina abajo ◊ *down the corridor on the right* bajando el pasillo a la derecha
down and out /ˈdaʊn ən aʊt/ *n* vagabundo, -a
downbeat /ˈdaʊnbiːt/ *adj* (*coloq*) pesimista, tristón, -ona
downcast /ˈdaʊnkɑːst; *USA* ˈdaʊnkæst/ *adj* abatido, -a: *downcast eyes* mirada abatida
downer /ˈdaʊnə(r)/ *n* (*argot*) **1** sedante ☛ *Comparar con* UPPER **2** experiencia deprimente
downfall /ˈdaʊnfɔːl/ *n* [*sing*] **1** caída **2** ruina: *Drink will be your downfall.* La bebida será tu ruina. **3** aguacero
downgrade /ˈdaʊngreɪd/ *vt* **~ sth/sb (from... to...)** degradar algo/a algn (de... a...)
downhearted /ˌdaʊnˈhɑːtɪd/ *adj* desanimado
downhill /ˌdaʊnˈhɪl/ *adv, adj* cuesta abajo
LOC **to be (all) downhill (from here/there)** ser (todo) coser y cantar (a partir de ahora/entonces) **to go downhill** ir cuesta abajo
download /ˌdaʊnˈləʊd/ *vt* (*Informát*) bajar
downmarket /ˌdaʊnˈmɑːkɪt/ *adj, adv* de/para la gran masa, vulgar: *a downmarket area* un barrio de menos categoría
LOC **to go/move downmarket** cotizarse más bajo
down payment *n* (*Fin*) entrada
downpour /ˈdaʊnpɔː(r)/ *n* chaparrón
downright /ˈdaʊnraɪt/ *adj* [*antes de sustantivo*] total: *downright stupidity* estupidez declarada ◊ *a downright cheek* una caradura total
■ **downright** *adv* totalmente
the downs /daʊnz/ *n* [*pl*] las lomas
downside /ˈdaʊnsaɪd/ *n* inconveniente, desventaja: *On the downside, it's more expensive.* La desventaja es que es más caro.
Down's syndrome (*tb* **mongolism**) *n* síndrome de Down, mongolismo
downstage /ˈdaʊnsteɪdʒ/ *adj* cerca de las candilejas, en el proscenio
■ **downstage** *adv*: *to move downstage* moverse hacia las candilejas
downstairs /ˌdaʊnˈsteəz/ *adv* (escaleras) abajo
■ **downstairs** *adj* (del piso de) abajo: *the downstairs apartment* el apartamento de abajo
■ **downstairs** *n* [*sing*] planta baja
downstream /ˌdaʊnˈstriːm/ *adv* río abajo ☛ *Comparar con* UPSTREAM
down-to-earth /ˌdaʊn tuː ˈɜːθ/ *adj* práctico, realista
downtown /ˌdaʊnˈtaʊn/ *adv* (*USA*) a/en el centro (*ciudad*): *to go downtown* bajar al centro ☛ *Comparar con* UPTOWN
downtrodden /ˈdaʊntrɒdn/ *adj* oprimido
downturn /ˈdaʊntɜːn/ *n* bajada: *a downturn in sales* un descenso en las ventas

downward /ˈdaʊnwəd/ (*tb* **downwards**) *adj, adv* hacia abajo *Ver tb* FORWARD[1]

downwind /ˌdaʊnˈwɪnd/ *adj, adv* en la dirección del viento: *sailing downwind* navegar con el viento en popa

dowry /ˈdaʊri/ *n* (*pl* **-ies**) dote

dowse *vt Ver* DOUSE

doyen (*fem* **doyenne**) /ˈdɔɪən/ *n* (*formal*) decano, gran dama: *the doyen of sports journalists* el decano de los periodistas deportivos

doz *abrev de* **dozen**

doze /dəʊz/ *vi* dormitar

PHR V **to doze off** dar una cabezada, quedarse dormido

■ **doze** *n* cabezada

dozen /ˈdʌzn/ *n* (*pl* **dozens**) (*abrev* **doz**) docena: *80p a dozen* 80 peniques la docena ◊ *half a dozen eggs* media docena de huevos ◊ *three dozen eggs* tres docenas de huevos ◊ *There were dozens of people.* Había muchísima gente. LOC *Ver* BAKER, DIME, NINETEEN, SIX

dozy /ˈdəʊzi/ *adj* **1** amodorrado, somnoliento **2** (*GB, coloq*) atontado

DPhil /ˌdiː ˈfɪl/ (*tb* **PhD**) *abrev de* **Doctor of Philosophy** Doctor(ado) en Filosofía y Letras: *to have/be a DPhil in History* tener un doctorado en historia

DPP /ˌdiː piː ˈpiː/ (*GB*) *abrev de* **Director of Public Prosecutions** Fiscal General del Estado

Dr *abrev de* **Doctor**

drab /dræb/ *adj* monótono, gris, triste

▶ **drably** *adv* con monotonía, tristemente

drabness *n* monotonía, tristeza

drachma /ˈdrækmə/ *n* (*pl* **~s** o **-mae** /-miː/) dracma

Draconian (*tb* **draconian**) /drəˈkəʊniən/ *adj* (*formal*) draconiano, -a

draft /drɑːft; *USA* dræft/ *n* **1** borrador: *a draft bill/amendment* un anteproyecto de ley/el borrador de una enmienda **2** (*Fin*) orden de pago, letra de cambio **3** (*Mil*) destacamento **4** (*USA*) **the draft** *Ver* CALL-UP **5** (*USA*) *Ver* DRAUGHT

■ **draft** *vt* **1** hacer un borrador de **2** (*USA, Mil*) llamar al servicio militar **3 ~ sth/sb (in) (a)** enviar algo/a algn **(b)** (*tropas*) destacar algo/a algn **(c)** (*fig*) obligar, forzar algo/a algn

draftsman /ˈdrɑːftsmən; *USA* ˈdræfts-/ *n* (*pl* **-men**) **1** redactor, -ora (*de un documento*) **2** (*USA*) *Ver* DRAUGHTSMAN

drafty *adj* (*USA*) *Ver* DRAUGHTY

drag /dræg/ *n* **1** arrastre **2** (*de carga*) rastra **3** (*Aeronáut*) resistencia al avance **4 a drag** (*coloq*) (*persona, cosa*) un rollo **5** (*coloq*) *a man dressed in drag* un hombre vestido de mujer **6** (*coloq*) (*cigarrillo*) calada **7** [*sing*] **~ on sth/sb** (*coloq, fig*) rémora para algo/algn LOC *Ver* CAT

■ **drag** (**-gg-**) **1** *vt, vi* (*tirar*) arrastrar(se) ☛ *Ver ilustración en* PUSH **2** *vi* (*tiempo*) pasar lentamente: *Time dragged.* El tiempo pasó lentamente. **3** *vt* (*Náut*) dragar **4 ~ sb into sth**; **~ sb into doing sth** meter a la fuerza a algn en algo; hacer que algn haga algo a la fuerza **5 ~ sth into sth** (*de un tema*) meter algo en algo

LOC **to drag sb/sb's name through the mire/mud** arrastrar el nombre de algn por el barro **to drag your feet/heels** hacerse el remolón

PHR V **to drag sb away** llevar(se) a algn a la fuerza (*a/de algún sitio*)

to drag sb down desanimar a algn, dejar a algn sin fuerzas

to drag sb down (**to sth**): *He drags me down to his level.* Me hace bajar a su nivel.

to drag sb in 1 traer a algn por los pelos **2** involucrar a algn

to drag (**on**) hacerse larguísimo, prolongarse

to drag sth out alargar algo (*innecesariamente*)

to drag sth out (**of sb**) sacarle algo a algn (*información, etc*)

to drag sb up (*GB, coloq, ofen*) malcriar a algn

to drag sth up sacar algo a relucir

dragon /ˈdrægən/ *n* **1** dragón **2** (*ofen, fig*) fiera: *She's a real dragon.* Es una auténtica fiera.

dragonfly /ˈdrægənflaɪ/ *n* (*pl* **-ies**) libélula

dragoon /drəˈguːn/ *n* (*antic*) dragón (*soldado*)

■ **dragoon** *v*

PHR V **to dragoon sb into doing sth** obligar a algn a hacer algo

drain /dreɪn/ *n* **1(a)** desagüe **(b)** alcantarilla ☛ *Ver ilustración en* HOUSE **2** (*USA*) (*GB* **plughole**) desagüe (*de lavabo, baño*) *Ver tb* BRAIN DRAIN

LOC **to be a drain on sth** ser un agujero continuo de algo: *Health care is the drain on the country's resources.* La sanidad es el agujero de la economía del país. (**to go**) **down the drain** (*coloq*) (irse) a la porra, echarse a perder *Ver tb* LAUGH

■ **drain 1** *vt* vaciar **2** *vi* (*corriente de agua*) desaguar **3** *vt* (*vaso*) apurar **4** *vt* (*platos, verduras, etc*) escurrir **5** *vt* (*terreno, lago, etc*) drenar **6** *vt* **to be/feel drained** (*fig*) estar/sentirse agotado: *She felt drained of all energy.* Se sentía completamente agotada. LOC *Ver* DREGS

PHR V **to drain away 1** (*lit*) irse, vaciarse **2** (*fig*) consumirse, agotarse (*lentamente*)

to drain (**sth**) **away/off** drenar (algo): *to drain off the excess liquid* escurrir el líquido sobrante

▶ **drainage** *n* **1** drenaje **2** alcantarillado **3** aguas residuales

draining board /ˈdreɪnɪŋ bɔːd/ (*USA* **drainboard**) *n* escurreplatos

drainpipe /ˈdreɪnpaɪp/ *n* tubería de desagüe ☛ *Ver ilustración en* HOUSE

drake /dreɪk/ *n* pato (*macho*) ☛ *Ver nota en* PATO

dram /dræm/ *n* (*esp Escocia*) (*bebida alcohólica*) trago

drama /ˈdrɑːmə/ *n* **1** obra de teatro **2** drama, arte dramático: *drama school* escuela dramática ◊ *drama student* estudiante de arte dramático **3** dramatismo *Ver tb* KITCHEN SINK DRAMA

LOC **to make a drama out of sth** hacer un drama de algo

dramatic /drəˈmætɪk/ *adj* (*lit* y *fig*) dramático

▶ **dramatically** *adv* dramáticamente, de modo impresionante

dramatics *n* **1** teatro: *amateur dramatics* teatro de aficionados **2** (*ofen*) (*aspavientos*) teatro

dramatist /ˈdræmətɪst/ *n* dramaturgo, -a

dramatize, -ise /ˈdræmətaɪz/ *vt, vi* (*lit* y *fig*) dramatizar

▶ **dramatization, -isation** *n* dramatización

drank *pret de* DRINK[2]

drape /dreɪp/ *vt* (*cortina, manta, etc*) **1 ~ sth across/round/over sth** colocar algo alrededor/encima de algo envolviéndolo/cubriéndolo: *She draped her cardigan round her shoulders.* Se echó la chaqueta por los hombros. ◊ *She draped her arms around his neck.* Le rodeó el cuello con los brazos. **2 ~ sth/sb (in/with sth)** cubrir, envolver algo/a algn (en/con algo): *He draped himself in the flag.* Se envolvió con la bandera.

■ **drape** *n* **1** (*cortina, vestido, etc*) caída **2** (*USA*) (*GB* **curtain**) cortina (*larga, normalmente de tela gruesa*)

▶ **draper** *n* (*GB, antic*) pañero, -a

drapery *n* (*pl* **-ies**) **1** (*USA* **dry goods**) pañería **2** (*tela*) colgaduras

drastic /ˈdræstɪk/ *adj* **1** drástico **2** (*importante*) grave: *drastic consequences* graves consecuencias

▶ **drastically** *adv* drásticamente

draught /drɑːft/ (*USA* **draft** /dræft/) *n* **1** corriente (*de aire*) **2** [*sing*] (*Náut*) calado **3** trago: *to empty your glass at one draught* vaciar el vaso de un trago

LOC **on draught**: *beer/ale on draught* cerveza de barril

■ **draught** *adj* de barril

draughts /drɑːfts/ (*USA* **checkers**) *n* [*sing*] damas (*juego*)

draughtsman /ˈdrɑːftsmən/ (*USA* **draftsman** /ˈdræfts-/) *n* (*pl* **-men** /-mən/) **1** delineante **2** (*joc*): *I'm no draughtsman, I'm afraid.* Me temo que no soy buen dibujante. **3** (*GB*) (*USA* **checker**) pieza (*del juego de damas*)
▶ **draughtsmanship** *n* **1** arte del delineante **2** habilidad para el dibujo

draughty /ˈdrɑːfti/ (*USA* **drafty** /ˈdræfti/) *adj*: *a draughty chapel* una capilla con muchas corrientes

draw[1] /drɔː/ *n* **1** [*gen sing*] sorteo *Ver tb* PRIZE DRAW **2(a)** (*deporte*) empate **(b)** (*juegos de mesa*) tablas **3** [*gen sing*] atracción **4** (*cigarrillo, etc*) calada, chupada **5** (*chimenea*) tiro
LOC **to be quick/slow on the draw** (ser) rápido/lento en sacar y disparar **to draw the short straw** tocarte la china *Ver tb* BEAT, LUCK

draw[2] /drɔː/ (*pret* **drew** /druː/ *pp* **drawn** /drɔːn/) **1** *vt, vi* dibujar, trazar **2** *vi* (*mover*): *The train drew into the station.* El tren entró en la estación. ◊ *The car drew away/off/out from the kerb.* El coche se apartó del bordillo. ◊ *to draw aside* apartarse/hacerse a un lado ◊ *to draw near* acercarse ◊ *to draw level with sb* alcanzar a algn **3** *vt* (*tirar*) **(a)**: *I drew my chair up (to the table).* Acerqué mi silla a la mesa. ◊ *She drew me (out) onto the balcony.* Me sacó/hizo salir al balcón. ◊ *to draw sb aside* apartar a algn **(b)** (*caballo*) tirar (*de un carro, etc*) **(c)** (*cortinas*) correr, descorrer **4** *vt* (*extraer*) **(a)** sacar: *He drew the file from/out of the drawer.* Sacó la carpeta del cajón. ◊ *to draw comfort from sth/sb* hallar consuelo en algo/algn ◊ *to draw inspiration from sth* inspirarse en algo **(b)** (*pistola, espada*) sacar **(c)** (*diente, corcho*) sacar **(d)** (*naipe*) robar **5** *vt* (*sueldo*) cobrar **6** *vt* **(a)** (*conclusión*) sacar **(b)** (*comparación, distinción*) hacer: *to draw an analogy/a parallel* establecer una analogía/un paralelo **7** *vt* **~ sb (about/on sth)** hacer hablar, sonsacar a algn (sobre algo): *She refused to be drawn.* Se negó a hablar. **8** *vi* **(a)** (*chimenea*) tirar **(b) ~ at/on sth** (*cigarrillo, etc*) dar caladas a algo **9** *vt* provocar, causar **10** *vt* **~ sb (to sth/sb)** atraer a algn (hacia algo/algn) **11** *vt* (*Fin*): *to draw a cheque on an account* extender un cheque a cargo de una cuenta **12** *vt* **~ sth/sb (for sth/to do sth)** sortear, echar a suertes algo/a algn (para algo/para hacer algo) **13** *vi* (*Dep*) empatar
LOC **to draw a blank** no obtener respuesta, no tener éxito **to draw attention to yourself** llamar la atención **to draw a veil over sth** correr un tupido velo sobre algo **to draw (sb's) attention to sth** llamar la atención (de algn) sobre algo **to draw blood** sacar sangre **to draw breath** respirar, tomar aliento: *She hardly stopped to draw breath.* Apenas paró para tomar aliento. **to draw sb's fire** atraer la ira, las críticas, etc de algn **to draw the line at sth/doing sth** negarse a aceptar/hacer algo: *You've got to draw the line somewhere.* Hay que fijar ciertos límites. **to draw your first/last breath** nacer/morir **to draw yourself up (to your full height)** erguirse *Ver tb* CLOSE[4], DAGGER, END[1], LOT[2]
PHR V **to draw back** retroceder, retirarse
to draw back (from sth/doing sth) no atreverse (a hacer algo)
to draw sth back retirar algo, descorrer algo
to draw in 1 (*día*) acortarse **2** (*tren*) entrar en la estación
to draw sth in 1 (*uñas, garras*) retraer algo **2** (*multitud, clientela*) atraer algo **3** *to draw in your breath* aspirar
to draw sb in; to draw sb into sth involucrar a algn (en algo)
to draw sth off (from sth) sacar algo (de algo)
to draw on acercarse (*hora, estación*)
to draw sb on engatusar a algn
to draw on sth 1 (*ahorros*) gastar algo **2** (*cuenta bancaria*) sacar dinero de algo
to draw on/upon sth hacer uso de algo, recurrir a algo, servirse de algo
to draw out 1 (*día*) alargarse **2** (*tren*) salir de la estación
to draw sth out 1 (*reunión, etc*) alargar algo **2** (*extraer*) sacar algo
to draw sb out (about sth) hacer hablar a algn (sobre algo), sonsacar a algn (sobre algo)
to draw up 1 pararse **2** (*silla*) acercar
to draw sth up redactar algo, preparar algo

drawback /ˈdrɔːbæk/ *n* **~ (of/to sth/to doing sth)** inconveniente, desventaja (de algo/de hacer algo)

drawbridge /ˈdrɔːbrɪdʒ/ *n* puente levadizo ☛ *Ver ilustración en* CASTILLO

drawer /drɔː(r)/ *n* cajón *Ver tb* BOTTOM DRAWER, CHEST OF DRAWERS

drawers /drɔːz/ *n* [*pl*] (*antic* o *joc*) **1** calzoncillos **2** bragas

drawing /ˈdrɔːɪŋ/ *n* dibujo *Ver tb* LINE DRAWING

drawing board *n* tablero de dibujo
LOC **to go back to the drawing board** comenzar de nuevo

drawing pin (*USA* **thumbtack**) *n* chincheta

drawing room *n* salón ☛ *Ver nota en* RECEPTION ROOM

drawl /drɔːl/ *vt, vi* arrastrar las palabras: *"Yeah" she drawled.* —Sí, dijo arrastrando la palabra.
■ **drawl** *n* [*sing*] voz cansina: *a Texan drawl* un acento tejano ◊ *to speak in a drawl* hablar con una voz cansina

drawn /drɔːn/ *pp de* DRAW[2]
■ **drawn** *adj* **1** (*cara*) demacrado **2** (*partido*) empatado *Ver tb* HORSE-DRAWN, LONG-DRAWN-OUT

dread /dred/ *n* terror, pavor: *He lives in dread of loneliness.* Le aterroriza la idea de estar solo.
■ **dread** *vt* tener terror a: *I dread to think what will happen.* Solo pensar qué pasará me horroriza.
■ **dread** *adj* terrible, temible

dreadful /ˈdredfl/ *adj* **1** terrible, espantoso **2** horrible, pésimo **3** (*coloq*) (*enfático*): *I feel dreadful.* Me siento muy mal. ◊ *I feel dreadful about what happened.* Me da vergüenza lo que pasó. ◊ *How dreadful!* ¡Qué horror!
▶ **dreadfully** *adv* **1** terriblemente **2** *He played dreadfully.* Tocó muy mal. **3** muy, terriblemente: *I'm dreadfully sorry.* Lo siento muchísimo.

dreadlocks /ˈdredlɒks/ *n* [*pl*] mechones rizados al estilo de los rastafaris ☛ *Ver ilustración en* TRENZA

dream /driːm/ *n* **1** sueño: *to have a dream about sth/sb* soñar con algo/algn ◊ *My dream is to be rich.* Mi sueño (dorado) es ser rico. ◊ *my dream house/the house of my dreams* la casa de mis sueños *Ver tb* DAYDREAM, WET DREAM **2** sueño, ensueño: *a dream world* un mundo de ensueño ◊ *to go around in a dream/live in a dream world* vivir de ensueños *Ver tb* PIPE DREAM **3** [*sing*] (*coloq*) preciosidad: *It's a dream of an outfit.* Es un traje precioso.
LOC **a bad dream** una pesadilla **a dream come true** un sueño hecho realidad **to go, etc like a dream** (*coloq*) ir, funcionar, etc a las mil maravillas *Ver tb* SWEET[1]
■ **dream** *vt, vi* (*pret, pp* **dreamt** /dremt/ *gen USA* **dreamed**) **1 ~ (of/about sth/doing sth)** soñar (con algo/con hacer algo): *I dreamt (that) I could fly.* Soñé que podía volar. **2** imaginar: *I never dreamt (that) I'd see you again.* Nunca imaginé que te volvería a ver.
LOC **not to dream of (doing) sth**: *I wouldn't dream of asking him!* ¡No se lo preguntaría ni en sueños!
PHR V **to dream sth away**: *He dreams his life away.* Se pasa la vida pensando en las musarañas.
to dream sth up (*coloq*) inventar algo

Algunos verbos poseen tanto formas regulares como irregulares para el pasado y el participio pasado, p. ej. **dream (dreamed/dreamt)**, **spoil (spoiled/spoilt)**, etc. En inglés británico se prefieren las formas irregulares

(**dreamt**, **spoilt**, etc), mientras que en inglés americano se utilizan las formas regulares (**dreamed**, **spoiled**, etc).
Cuando el participio funciona como adjetivo se utiliza la forma irregular tanto en inglés británico como en inglés americano (**dreamt**, **spoilt**, etc): *a spoilt child* un niño mimado.

▶ **dreamer** *n* soñador, -ora
dreamless *adj* sin sueños
dreamlike *adj* de ensueño, como un sueño

dreamy /ˈdriːmi/ *adj* (**-ier, -iest**) **1** soñador, distraído **2** (*poco claro*) vago **3** relajante, apacible **4** (*coloq*) precioso
▶ **dreamily** *adv* distraídamente, como si estuviera soñando

dreary /ˈdrɪəri/ (*tb antic* **drear** /drɪə(r)/) *adj* (**-ier, -iest**) **1** deprimente, triste **2** aburrido, pesado
▶ **drearily** *adv* melancólicamente, monótonamente
dreariness *n* tristeza, monotonía

dredge[1] /dredʒ/ *vt, vi* dragar: *to dredge sth (up) (from sth)* dragar/sacar algo (de algo) ◊ *to dredge for sth* dragar en busca de algo
PHR V **to dredge sth up** (*gen pey*) sacar algo a luz/a relucir: *to dredge up a smile* lograr sonreír
▶ **dredger** (*tb* **dredge**) *n* draga

dredge[2] /dredʒ/ *vt* **~ A** (**with B**) ; **~ B over/on A** espolvorear A (con B); B por encima de A
▶ **dredger** *n* espolvoreador

dregs /dregz/ *n* [*pl*] **1** heces **2** (*fig*) hez: *the dregs of society* la hez de la sociedad
LOC **to drink/drain sth to the dregs** apurar algo hasta las heces

drench /drentʃ/ *vt* empapar: *to get drenched through/drenched to the skin* calarse hasta los huesos ◊ (*absolutely*) *drenched* hecho una sopa ◊ *drenched in/with sweat* empapado en sudor *Ver tb* SUN-DRENCHED

dress[1] /dres/ *n* **1** vestido *Ver tb* NIGHTDRESS **2** [*incontable*] ropa: *formal dress* ropa de vestir ◊ *She has no dress sense at all.* No sabe vestirse. *Ver tb* EVENING DRESS, FANCY DRESS, FULL DRESS, MORNING DRESS

dress[2] /dres/ **1** *vt, vi* vestir(se): *He was dressed as a woman.* Iba vestido de mujer. ◊ *to dress fashionably* vestir a la moda ◊ *to dress casually* vestir de sport *Ver tb* WELL-DRESSED ☛ Cuando nos referimos simplemente a la acción de vestirse decimos **get dressed**: *Hurry up and get dressed!* ¡Date prisa y vístete! **2** *vt* adornar **3** *vt* (*Med*) curar: *to dress a wound* curar una herida **4** *vt* aliñar, preparar: *to dress a salad* aliñar una ensalada ◊ *dressed crab* cangrejo preparado
LOC (**to be**) **dressed in sth** (ir) vestido de algo: *The bride was dressed in white.* La novia vestía de blanco. (**to be**) **dressed like a dog's dinner** (*coloq*) (ir) muy emperifollado (**to be**) **dressed** (**up**) **to kill** (*coloq*) (ir) vestido de forma provocativa (**to be**) **dressed up to the nines** (ir, ponerse) de tiros largos *Ver tb* MUTTON
PHR V **to dress up** ponerse de punta en blanco
to dress (**sb**) **up** (**as sth/sb**) disfrazar a algn/disfrazarse (de algo/algn)
to dress (**sb**) **up** (**in sth**) disfrazar a algn/disfrazarse (con algo)
to dress sth up disfrazar algo

dress circle (*USA* **first balcony**) *n* entresuelo (*del teatro*)

dresser[1] /ˈdresə(r)/ *n* **1** *a smart dresser* algn que viste elegante **2** (*Teat*) ayudante de vestuario

dresser[2] /ˌdresə(r)/ *n* **1** aparador **2** (*USA*) tocador

dressing /ˈdresɪŋ/ *n* **1** vestir **2** *to change a dressing* cambiar un vendaje *Ver tb* WINDOW DRESSING **3** aliño: *salad dressing* aliño para ensalada *Ver tb* FRENCH DRESSING

dressing gown (*USA* **bathrobe**, **robe**) *n* bata, albornoz

dressing room *n* vestuario, camerino

dressing table *n* tocador

dressmaker /ˈdresmeɪkə(r)/ (*tb* **dress designer**) *n* modisto, -a
▶ **dressmaking** *n* corte y confección

dress rehearsal *n* ensayo general

dress shirt *n* camisa de etiqueta

dressy /ˈdresi/ *adj* (**-ier, -iest**) (*coloq*) elegante: *That suit's not dressy enough.* Ese traje no es lo bastante elegante.

drew *pret de* DRAW[2]

dribble /ˈdrɪbl/ **1** *vi* babear **2** *vi* gotear **3** *vt* chorrear: *Dribble the brandy over the cake.* Vierta chorritos de coñac sobre el pastel. **4** *vt, vi* (*Dep*) regatear
■ **dribble** *n* **1** chorrito, goteo **2** (*Dep*) regate **3** baba

dribs /drɪbz/ *n* [*pl*]
LOC **in dribs and drabs** (*coloq*) a poquitos

dried *pret, pp de* DRY *Ver tb* CUT-AND-DRIED

drier (*tb* **dryer**) /ˈdraɪə(r)/ *n* **1** (*tb* **tumble-drier**) secadora **2** (*tb* **hair-drier**) secador *Ver tb* DRY, SPIN-DRIER

drift[1] /drɪft/ *n* **1** deriva: *the drift of the tide* el rumbo de la corriente ◊ *a slow drift into debt* una lenta tendencia hacia la deuda **2** [*sing*] idea general: *I got the general drift of what she said.* He cogido la idea general de lo que ha dicho. ◊ *the drift of his argument* la idea general de su argumento **3** montón: *deep snowdrifts* grandes montones de nieve

drift[2] /drɪft/ *vi* **1** flotar (*en el agua o en el viento*): *to drift down the river* bajar empujado por la corriente de un río ◊ *The sound drifted up to me.* El sonido llegaba flotando a mis oídos. **2** ir a la deriva: *My mind drifted away.* Mis pensamientos iban a la deriva. ◊ *young people drifting into crime* jóvenes a la deriva que terminan en la delincuencia **3** amontonarse (*nieve, arena, etc*)
PHR V **to drift apart** separarse poco a poco
to drift away/back irse/volver poco a poco
to drift off quedarse dormido
▶ **drifter** *n* **1** vagabundo, -a **2** buque de arrastre

drift-net /ˈdrɪft net/ *n* red de arrastre

driftwood /ˈdrɪftwʊd/ *n* madera arrastrada por la marea

drill[1] /drɪl/ *n* taladro: *a dentist's drill* un torno/una fresa de dentista ◊ *a pneumatic drill* un taladro neumático ◊ *an electric drill* un taladro eléctrico
■ **drill** *vt* **1** taladrar, perforar: *to drill for oil* perforar para buscar petróleo ◊ *to drill a hole* taladrar para hacer un agujero **2** (*dentista*) trabajar con la fresa

drill[2] /drɪl/ *n* **1** [*incontable*] (*Mil*) instrucción **2** ejercicio: *pronunciation drills* ejercicios de pronunciación ◊ *keep-fit drills* rutinas para mantenerse en forma **3** *lifeboat drill* práctica con lancha de salvamento *Ver tb* FIRE DRILL **4 the drill** [*sing*] (*GB, coloq*) la norma
■ **drill** *vt* **1** instruir **2** hacer practicar: *to drill sth into sth/sb* inculcarle algo a algo/algn

drily *adv Ver* DRYLY

drink[1] /drɪŋk/ *n* **1** bebida (*alcohólica*): *to have a drink* beber/tomar una copa ◊ *to take to drink* darse a la bebida ◊ *Let's go for a drink.* Vamos a tomar algo. *Ver tb* SOFT DRINK **2** *a drink of water* un trago de agua
LOC **to be able to take your drink** tolerar la bebida: *He can't take his drink.* No tolera la bebida. *Ver tb* DEMON, DRIVE[1], DROWN, MEAT, WORSE

drink[2] /drɪŋk/ *vi* (*pret* **drank** /dræŋk/ *pp* **drunk** /drʌŋk/) beber
LOC **to drink (to) sb's health**; **to drink a toast to sb** beber a la salud de algn **to drink like a fish** (*coloq*) beber como un cosaco **to drink sb under the table** (*coloq*) beber más que algn y no emborracharse *Ver tb* DREGS
PHR V **to drink sth down** beber algo de un trago (*que no te gusta*)
to drink sth in (*fig*) tragarse algo
to drink to sth/sb brindar por algo/algn

to drink sth up beber algo de un trago
▶ **drinkable** *adj* **1** bebible **2** (*agua*) potable: *Is this water drinkable?* ¿Es potable este agua?
drinker *n* bebedor, -ora: *an under-age drinker* un menor que bebe alcohol
drinking *n* beber

drink-drive /ˌdrɪŋk ˈdraɪv/ *adj*: *the drink-drive limit* el máximo de alcohol que se puede tener en la sangre cuando se conduce
▶ **drink-driver** (*USA* **drunk driver**) *n* (*coloq*) persona que conduce bebido
drink-driving (*USA* **drunk driving**) *n*: *found guilty of drink-driving* culpable de conducir bebido

drinking fountain *n* fuente de agua potable

drinking water *n* agua potable

drip /drɪp/ *vi* (**-pp-**) **1** gotear: *a dripping tap* un grifo que gotea ◊ *dripping water* agua que gotea **2** chorrear: *He was dripping blood.* Chorreaba sangre.
LOC to be dripping with sth estar chorreando algo: *dripping with sweat* chorreando sudor ◊ *dripping with jewels* cubierto de joyas
■ **drip** *n* **1(a)** [*sing*] goteo: *the steady drip of water from a leaking tap* el constante goteo de agua de un grifo con fuga **(b)** gota **2** (*Med*) gotero: *to put sb on a drip* ponerle a algn un gotero **3** (*argot*) muermo, -a

drip-dry /ˈdrɪp draɪ/ *adj* de lavar y secar

dripping /ˈdrɪpɪŋ/ *n* grasa (*de carne asada*)

drive¹ /draɪv/ (*pret* **drove** /drəʊv/ *pp* **driven** /ˈdrɪvn/) **1(a)** *vt, vi* conducir, ir en coche: *Can you drive?* ¿Sabes conducir? ◊ *Did you drive here?* ¿Has venido en coche? *Ver tb* DRINK-DRIVE, SELF-DRIVE, TEST DRIVE **(b)** *vt* llevar en coche *Ver tb* FLY-DRIVE **2** *vt*: *to drive cattle* arrear ganado ◊ *They drove the enemy back.* Rechazaron al enemigo. ◊ *The urge to survive drove them on.* El instinto de supervivencia les empujaba. ◊ *to drive sb crazy/to insanity/out of his mind* volver loco a algn **3** *vt* impulsar: *driven by clockwork* impulsado por un mecanismo mecánico ◊ *a steam-driven engine* un motor a vapor **4** *vt, vi* mover con violencia **5** *vt* forzar: *to drive a nail into wood* meter un clavo en la madera ◊ *They drove a tunnel through the rock.* Abrieron un túnel en la roca. ◊ *If he drives himself so much, he'll have a breakdown.* Si se esfuerza tanto, va a derrumbarse.
LOC to be driving at sth: *What are you driving at?* ¿Qué insinúas? **to drive a hard bargain** ser muy exigente cuando se trata de negociar algo **to drive a wedge between A and B** sembrar la discordia entre A y B **to drive sth home (to sb)** meterle (a algn) algo en la cabeza **to drive sth into sb's head** meterle algo en la cabeza a algn **to drive sb to drink** (*joc*) llevar a algn a la bebida *Ver tb* PURE
PHR V to drive away/off alejarse en coche
to drive sb off llevarse a algn en coche, etc
to drive sth/sb off ahuyentar algo/a algn

drive² /draɪv/ *n* **1** vuelta, viaje (*en coche, etc*): *to go for a drive* dar una vuelta en coche ◊ *an hour's drive* un viaje (en coche) de una hora **2** (*USA tb* **driveway**) (*en una casa*) camino, carretera de entrada (*donde se puede aparcar*) ☛ *Ver ilustración en* HOUSE **3** (*Dep*) golpe directo, drive **4** empuje, dinamismo **5** (*Psic*) impulso **6** campaña: *sales drive* campaña de ventas **7** (*GB*) *bridge drive* peña de bridge **8** (*Mec*) mecanismo de transmisión: *left-hand drive* conducción a la izquierda *Ver tb* FOUR-WHEEL DRIVE **9** (*tb* **disk drive**) (*Informát*) unidad de disco ☛ *Ver ilustración en* ORDENADOR

drive-in /ˈdraɪv ɪn/ *n* (*USA*) lugar al aire libre, sobre todo cines, restaurantes etc, donde se sirve a los clientes sin que tengan que salir del coche

drivel /ˈdrɪvl/ *n* tonterías

driven *pp de* DRIVE¹

driver /ˈdraɪvə(r)/ *n* **1** conductor, -ora, chófer: *learner driver* conductor novel ◊ *She's a good driver.* Conduce bien. *Ver tb* BUS DRIVER, DRUNK DRIVER **2** maquinista (*en un tren*) **3** *lorry driver* camionero **4** *taxi driver* taxista **5** *racing driver* piloto de carreras *Ver tb* SLAVE-DRIVER
LOC to be in the driver's seat tener la sartén por el mango *Ver tb* BACK SEAT

driveway /ˈdraɪvweɪ/ *n* (*USA*) *Ver* DRIVE²

driving /ˈdraɪvɪŋ/ *n* conducción: *reckless driving* conducción temeraria

driving force *n* **~ (behind sth/sb)** fuerza impulsora (detrás de algo/algn)

driving licence (*USA* **driver's license**) *n* carné de conducir

driving school *n* autoescuela

driving test *n* examen de conducir

drizzle /ˈdrɪzl/ *n* llovizna
■ **drizzle 1** *vi* lloviznar **2** *vt* (*Cocina*) rociar con
▶ **drizzly** *adj*: *a drizzly day* un día con llovizna

droll /drəʊl/ *adj* gracioso

drone¹ /drəʊn/ *n* (*Zool*) zángano

drone² /drəʊn/ *vi* **1** zumbar **2** hablar en tono monótono
■ **drone** *n* **1** zumbido **2** sonsonete

drool /druːl/ *vi* **1** babear **2 ~ (over sth/sb)** (*pey*) caérsele la baba a uno (por algo/algn)

droop /druːp/ *vi* inclinarse o colgar hacia abajo por cansancio o debilidad: *Her head drooped sadly.* Bajó la cabeza tristemente.

drooping /ˈdruːpɪŋ/ (*tb* **droopy** /ˈdruːpi/) *adj* caído

drop /drɒp/ *n* **1** gota *Ver tb* RAINDROP, SNOWDROP, TEARDROP **2 drops** [*pl*] (*Med*) gotas: *eye drops* gotas para los ojos **3 a ~ (of sth)** una copa (de algo): *Would you like a drop of wine?* ¿Te apetece un poco de vino? ◊ *He's had a drop too much.* Se ha tomado una copa de más. **4** [*sing*] **(a)** caída, pendiente: *a sheer drop* un precipicio **(b)** (*fig*) descenso (*de la temperatura, etc*), caída (*de los precios, etc*) **5** (*desde el aire*) lanzamiento: *Drops of supplies are being made to the villages.* Se están lanzando provisiones a los pueblos.
LOC at the drop of a hat sin pensarlo dos veces: *You can't expect me to move my home at the drop of a hat.* No puedes esperar que me cambie de casa así como así. **to be (only) a drop in the bucket/ocean** no ser más que una gota de agua en el océano
■ **drop (-pp-) 1** *vi* caer(se): *He dropped to the ground.* Se echó al suelo. ◊ *Her mouth dropped open in amazement.* Se quedó boquiabierta. **2** *vt* dejar caer, lanzar (*una bomba, etc*): *Do not drop litter.* No tirar basura al suelo. ◊ *to drop anchor* echar el ancla ◊ *She dropped her head.* Bajó la cabeza. *Ver tb* NAME-DROPPING **3** *vi* desplomarse: *I feel ready to drop.* Estoy que me caigo. ◊ *to work till you drop* matarse a trabajar **4(a)** *vi* disminuir, caer, descender: *His voice dropped to a whisper.* Su voz se hizo un susurro. **(b)** *vt* bajar (*la voz, etc*), reducir (*los precios, etc*) **(c)** *vi* (*viento*) amainar **5** *vi*: *The cliff drops sharply* (*away*). El acantilado desciende casi vertical. **6** *vt* **(a) ~ sth (off)** repartir algo **(b) ~ sb (off)** (*un pasajero*) dejar a algn: *Could you drop me* (*off*) *near the post office?* ¿Me puedes dejar cerca de Correos? **7** *vt* (*coloq*): *to drop sb a letter* mandar una carta a algn **8** *vt* omitir: *She's been dropped from the team.* La han excluido del equipo. **9** *vt* **(a) ~ sb** romper con algn **(b) ~ sth** (*un hábito, una actitud, un plan, etc*) dejar, desechar algo: *Drop everything!* ¡Déjalo todo! ◊ *Can we drop the subject?* ¿Podemos olvidar el tema? **10** *vt* (*coloq*) (*dinero*) perder **11** *vt* (*coloq*) (*droga*) tomar
LOC to drop a brick/clanger (*coloq*) meter la pata **to drop a hint (to sb); to drop (sb) a hint** soltar(le) una indirecta (a algn) **to drop sb a line** mandarle unas líneas a algn **to drop a stitch** perder un punto **to drop dead 1** (*coloq*) (*morir*) estirar la pata **2** (*coloq*) *Drop dead!* ¡Vete al cuerno! **to drop your aitches** no pronunciar las haches (*se considera indicio de habla poco educada*) **to let sth drop** dejar de hablar de algo: *I suggest we let the matter drop.* Sugiero que dejemos el tema. ◊ *Let it drop!* ¡Olvídalo ya! *Ver tb* ANCHOR, FLY¹, HEAR, JAW, LAP¹, MATTER, PENNY

PHR V **to drop back/behind** quedarse atrás, rezagarse
to drop behind sb quedarse atrás con respecto a algn
to drop by/in/over/round: *Why don't you drop by?* ¿Por qué no te pasas por casa? ◊ *They dropped in for breakfast.* Se pasaron a desayunar. ◊ *Drop round some time.* Pásate por aquí alguna vez.
to drop in on sb hacer una visita informal a algn
to drop into sth entrar de paso en un lugar
to drop off (*coloq*) **1** quedarse dormido: *I was just dropping off.* Ya estaba casi dormido. **2** caer, disminuir, bajar
to drop out (of sth) 1 retirarse (de algo) **2** dejar los estudios (de algo): *He dropped out of university.* Ha dejado la universidad. **3** retirarse (de algo) (*de la sociedad convencional*)

droplet /ˈdrɒplət/ *n* gotita
drop-out /ˈdrɒp aʊt/ *n* marginado, -a: *a college drop-out* uno que ha abandonado la universidad
droppings /ˈdrɒpɪŋz/ *n* [*pl*] excrementos (*de animales o pájaros*)
dross /drɒs; *USA* drɔːs/ *n* escoria
drought /draʊt/ *n* sequía: *Drought has hit/affected wide areas of China.* La sequía ha afectado a grandes zonas de China.
drove[1] *pret de* DRIVE[1]
drove[2] /drəʊv/ *n* **1** [*gen pl*] (*fig*) multitud: *People were arriving in droves.* La gente venía en manada. **2** (*Agricultura*) rebaño
drown /draʊn/ **1(a)** *vi* ahogarse: *He met his death by drowning.* Murió ahogado. **(b)** *vt* **~ sth/sb** ahogar algo/a algn **(c)** *v refl* **~ yourself** ahogarse **2** *vt* **~ sth (in sth)** inundar algo (con algo) **3** *vt* **~ sth/sb (out)** ahogar algo/a algn: *The music drowned (out) the noise.* La música ahogaba el ruido.
LOC **to drown your sorrows (in drink)** (*joc*) ahogar las penas (bebiendo) **(to look) like a drowned rat** (estar) hecho una sopa
drowsy /ˈdraʊzi/ *adj* **1** adormilado, medio dormido: *This drug can make you drowsy.* Este fármaco puede producir somnolencia. **2** adormecedor
▶ **drowsily** *adv* somnolientamente
drowsiness *n* somnolencia
drudgery /ˈdrʌdʒəri/ *n* trabajo pesado: *the drudgery of housework* la pesadez del trabajo de la casa
drug /drʌg/ *n* **1** (*Med*) fármaco, medicamento: *drug company* empresa farmacéutica **2** droga: *to fight against drugs* luchar contra la droga ◊ *drug abuse* abuso de drogas ◊ *drug addict* drogadicto ◊ *drug baron* capo narcotraficante ◊ *drug dealer/pusher/peddler* camello ◊ *drug test* prueba antidoping ◊ *drug trafficking* narcotráfico
■ **drug** *vt* **(-gg-)** drogar
druggist /ˈdrʌgɪst/ (*USA, antic*) (*GB* **chemist**) *n* boticario, -a
drugstore /ˈdrʌgstɔː(r)/ *n* (*USA*) farmacia que también vende muchos otros productos y, a menudo, sirve comidas ligeras
Druid /ˈdruːɪd/ *n* druida
drum[1] /drʌm/ *n* **1** (*Mús*) tambor, batería: *to play the drum(s) in a band* tocar la batería en un grupo ◊ *bass drum* bombo ◊ *side drum* tambor con bordón ☛ *Ver ilustración en* PERCUSSION **2** tambor, bidón: *the brake drum* el tambor del freno *Ver tb* OIL DRUM ☛ *Ver ilustración en* CAR **3** (*tb* **eardrum**) tímpano **LOC** *Ver* BEAT
drum[2] /drʌm/ **(-mm-) 1** *vi* tocar el tambor **2** *vi* **~ on sth** tamborilear en algo **3** *vt* **~ sth on sth**: *to drum your fingers on the table* tamborilear en la mesa
PHR V **to drum sth into sb/into sb's head** machacarle algo a algn
to drum sb out (of sth) echar a algn (de algo)
to drum sth up esforzarse por conseguir algo (*apoyo, clientes, etc*)

drum kit *n* (*Mús*) batería
drummer /ˈdrʌmə(r)/ *n* (*músico*) batería
drumming /ˈdrʌmɪŋ/ *n* [*sing*] tamborileo
drumstick /ˈdrʌmstɪk/ *n* **1** (*Mús*) baqueta ☛ *Ver ilustración en* PERCUSSION **2** (*Cocina*) pierna (*de pollo, etc*)
drunk[1] /drʌŋk/ *adj* **1** borracho: *blind drunk* totalmente borracho **2 ~ with sth** ebrio de algo
LOC **drunk and disorderly**: *He was charged with being drunk and disorderly.* Fue acusado de borrachera y alboroto. **to get drunk** emborracharse *Ver tb* BLIND[1]
■ **drunk** *n Ver* DRUNKARD
drunk[2] *pp de* DRINK[2]
drunkard /ˈdrʌŋkəd/ (*tb* **drunk**) *n* borracho, -a
drunk driver (*USA*) (*GB* **drink-driver**) *n* (*coloq*) persona que conduce bebido
drunk driving (*USA*) (*GB* **drink-driving**) *n* conducir bebido
drunken /ˈdrʌŋkən/ *adj* [*antes de sustantivo*] **1** *She killed her drunken husband.* Mató al borracho de su marido. ◊ *to be charged with drunken driving* ser acusado de conducir en estado de embriaguez **2** (*riña, etc*) de borrachos
▶ **drunkenly** *adv* **1** con voz de borracho **2** *He laughed drunkenly.* Se rio con risa de borracho.
drunkenness *n* embriaguez
drunkometer /ˌdrʌŋkˈɒmɪtə(r)/ (*USA*) (*GB* **breathalyser**) *n* alcoholímetro
dry /draɪ/ *adj* **(drier, driest) 1** seco: *dry white wine* vino blanco seco **2** sin lluvia: *Tonight will be dry.* Esta noche no va a llover. **3** árido **4** (*humor*) irónico
LOC **dry as a bone** completamente seco **to run dry 1** (*río*) secarse **2** (*provisiones*) agotarse *Ver tb* BLEED, BOIL[2], BONE, HIGH[1], HOME, POWDER
■ **dry** (*pret, pp* **dried**) **1** *vi* secarse **2** *vt* secar: *She dried her eyes.* Se secó las lágrimas. *Ver tb* BLOW-DRY, DRIP-DRY, FREEZE-DRY, QUICK-DRYING
PHR V **to dry out 1** secarse **2** (*coloq*) desalcoholizarse
to dry up 1 secar los platos **2** (*río*) secarse **3** (*provisiones*) agotarse **4** (*coloq*) callarse
to dry sth up secar algo
■ **dry** *n*
LOC **in the dry** a cubierto
dry-clean /ˌdraɪ ˈkliːn/ *vt* limpiar en seco
▶ **dry-cleaner's** *n* tintorería
dry-cleaning *n* limpieza en seco
dryer *n Ver* DRIER *Ver tb* HAIRDRYER, SPIN-DRIER, TUMBLE-DRYER
dry-eyed /ˈdraɪ aɪd/ *adj*
LOC **to be dry-eyed** no tener ni una lágrima en los ojos
dry goods *n* áridos
dry ice *n* hielo seco
dry land *n* tierra firme
dryly (*tb* **drily**) /ˈdraɪli/ *adv* en tono seco
dryness /ˈdraɪnəs/ *n* **1** sequedad **2** aridez **3** (*humor*) ironía
dry rot *n* putrefacción seca de la madera
dry run *n* (*coloq*) ensayo
drystone wall *n, n* muro en seco
DSc /ˌdiː es ˈsiː/ *abrev de* **Doctor of Science** Doctor/Doctorado en Ciencias
DT /ˌdiː ˈtiː/ (*tb* **DTs**) *abrev de* **delirium tremens** delirium tremens: *to have (an attack of) the DTs* tener (un ataque de) delirium tremens
DTI /ˌdiː tiː ˈaɪ/ (*GB*) *abrev de* **Department of Trade and Industry** Ministerio de Comercio e Industria
dual /ˈdjuːəl; *USA* ˈduːəl/ *adj* doble: *dual nationality* doble nacionalidad ◊ *dual purpose* con doble finalidad
▶ **duality** /djuːˈæləti; *USA* duː-/ *n* dualidad
dual carriageway (*USA* **divided highway**) *n* autovía
dub /dʌb/ *vt* **(-bb-) 1** doblar: *dubbed into English* doblado al inglés **2** llamar

▶ **dubbing** *n* doblaje

dubious /ˈdjuːbiəs; *USA* ˈduː-/ *adj* **1** *I'm dubious about her motives.* Tengo dudas acerca de sus intenciones. **2** (*pey*): *a dubious character* una persona de conducta equívoca **3** discutible: *I had the dubious honour of being in charge.* Tuve el honor discutible de ser el jefe.
▶ **dubiously** *adv* **1** de un modo sospechoso **2** en tono dudoso

ducal /ˈdjuːkl; *USA* ˈduːkl/ *adj* ducal

duchess /ˈdʌtʃəs/ **Duchess** *n* duquesa

duchy /ˈdʌtʃi/ *n* ducado (*territorio*)

duck /dʌk/ *n* **1** pato: *roast duck* pato asado **2** pata ☛ *Ver nota en* PATO *Ver tb* SITTING DUCK
LOC **(to take to sth) like a duck to water** (sentirse) como pez en el agua *Ver tb* DEAD, LAME, WATER[1]
■ **duck 1** *vi* **(a)** agachar la cabeza: *He ducked behind a rock.* Se escondió detrás de una roca. **(b)** sumergirse **2** *vt*: *to duck your head* agachar la cabeza **3** *vt* (*responsabilidad*) eludir
PHR V **to duck out of sth** escaquearse de algo: *He tried to duck out of the meeting.* Intentó escaquearse de la reunión.

duckling /ˈdʌklɪŋ/ *n* **1** patito ☛ *Ver nota en* PATO **2** (*para comer*) pato

duct /dʌkt/ *n* conducto: *tear duct* conducto lacrimal

dud /dʌd/ *adj* (*coloq*) **1** defectuoso **2** inútil **3** (*Fin*) sin fondos
■ **dud** *n*: *This battery is a dud.* Esta pila es defectuosa.

dude /djuːd; *USA* duːd/ *n* (*USA*) **1** dandi **2** (*argot*) *What's happening, dudes?* ¿Que pasa, tíos?

dudgeon /ˈdʌdʒən/ *n* **LOC** *Ver* HIGH[1]

due /djuː; *USA* duː/ *adj* **1** (*vencimiento de pago*): *The next payment is due on the fifth.* El próximo pago vence el cinco. ◊ *The due date for payment is…* La fecha de vencimiento es… **2 due (to do sth)** (*programado*): *The bus is due (in) at five o'clock.* El autobús tiene la llegada a las cinco. ◊ *It's due to start at 5.* Está previsto para las 5. **3 due (to do sth)** (*esperado*): *When is the baby due?* ¿Para cuándo esperas el niño? ◊ *She's due to arrive soon.* Está al llegar. ◊ *He is due back on Thursday.* Dijo que llegaría el jueves. **4 due (to sb)** (*deuda*): *Have they been paid the money due to them?* ¿Se les ha pagado el dinero que se les debe? ◊ *Our thanks are due to everyone involved.* Quedamos agradecidos a todos los participantes. **5 due to sth/sb** debido a algo/algn: *It was largely due to her efforts.* Se debió en gran parte a sus esfuerzos. ◊ *Absences due to illness: 3.* Ausencias por enfermedad: 3. **6 to be due for sth** corresponderle algo: *I reckon I'm due for a holiday.* Creo que me merezco unas vacaciones. ◊ *She is due for promotion soon.* La ascenderán dentro de poco.
LOC **in due course** a su debido tiempo **with all due respect** con el debido respeto
■ **due** *n* **1** *It was no more than his due.* No fue más que lo que se merecía. **2 dues** [*pl*] cuota: *to pay your dues* pagar tu cuota
LOC **to give sb their due**: *To give her her due, she does work hard.* Para ser justo, hay que reconocer que trabaja mucho. *Ver tb* DEVIL[1], PAY[2]
■ **due** *adv*: *We are due south of London.* Estamos directamente al sur de Londres.

duel /ˈdjuːəl; *USA* ˈduːəl/ *n* duelo: *to challenge sb to a duel* desafiar a algn a duelo
■ **duel** *vi* (**-ll-**, *USA tb* **-l-**) ~ **(with sb)** batirse en duelo (con algn)

duet /djuˈet; *USA* duːˈet/ (*tb* **duo**) *n* dúo (*pieza musical*)

duff /dʌf/ *adj* (*GB, coloq*) inservible, sin valor
■ **duff** *v*
PHR V **to duff sb up** dar una paliza a algn

duffer /ˈdʌfə(r)/ *n* (*antic, coloq*) zoquete

duffle bag (*tb* **duffel bag**) /ˈdʌfl bæg/ *n* petate (de lona)

duffle coat *n* trenca

dug *pret, pp de* DIG

dugout /ˈdʌgaʊt/ *n* **1** (*tb* **dug-out canoe**) (*Náut*) canoa (*hecha de un tronco*) **2** (*Mil*) refugio subterráneo

duke /djuːk; *USA* duːk/ **Duke** *n* duque *Ver tb* ARCHDUKE

dulcimer /ˈdʌlsɪmə(r)/ *n* dulcémele

dull /dʌl/ *adj* (**-er, -est**) **1(a)** (*tiempo*) gris: *a dull day* un día gris **(b)** (*color*) apagado **(c)** (*superficie*) deslustrado **(d)** (*luz*) sombrío: *a dull glow* una luz mortecina **(e)** (*dolor, ruido*) sordo: *a dull thud* un golpe sordo **2** lerdo **3** aburrido: *The film was deadly dull.* La película fue pesadísima. ◊ *a dull couple* una pareja de lo más sosa **4** (*filo*) embotado
LOC **(as) dull as ditch-water**: *Most of his novels are as dull as ditch-water.* La mayoría de sus novelas son de lo más aburrido.
■ **dull 1** *vt, vi* (*apetito*) disminuir(se) **2** *vt, vi* (*sentidos, filo*) embotar(se): *Television dulls your wits.* La televisión embota los sentidos. ◊ *Time had dulled his enthusiasm.* El tiempo le había enfriado el entusiasmo.
▶ **dullness** *n* embotamiento, monotonía, pesadez
dully *adv* con desgana: *'It's always been like that', she said dully.* —Siempre ha sido así, dijo con desgana.

duly /ˈdjuːli; *USA* ˈduːli/ *adv* **1** debidamente: *He duly complained.* Se quejó según era de esperar. **2** a su debido tiempo: *She duly arrived at 4 o'clock.* Llegó a las cuatro en punto, como debía.

dumb /dʌm/ *adj* (**-er, -est**) **1(a)** mudo: *to be deaf and dumb* ser sordomudo **(b)**: *He remained dumb and sullen.* Permaneció mudo y resentido. ◊ *to be struck dumb* (*with horror/amazement*) quedar(se) mudo (con horror/sorpresa) **2** (*coloq*) tonto: *That was a dumb thing to do.* Eso fue una estupidez. ◊ *to act dumb* hacerse el tonto ◊ *dumb blonde* rubia tonta
▶ **dumbly** *adv* sin hablar: *She nodded dumbly.* Asintió con la cabeza silenciosamente.

dumb-bell /ˈdʌm bel/ *n* **1** (*Dep*) pesa, mancuerna **2** (*USA, coloq*) bobo, -a

dumbfounded (*tb* **dumfounded**) /dʌmˈfaʊndɪd/ (*tb* **dumbstruck**) *adj* mudo de asombro

dummy /ˈdʌmi/ *n* (*pl* **-ies**) **1** maniquí **2** (*de ventrílocuo, pruebas*) muñeco **3** imitación: *The display bottles are dummies.* Las botellas de exposición son imitaciones. **4** (*USA* **pacifier**) chupete **5** (*coloq*) imbécil **6** [*sing*] (*Bridge*) **(a)** muerto **(b)** cartas falsas
■ **dummy** *adj* postizo: *dummy run* ensayo

dump /dʌmp/ *vt, vi* **1** verter, tirar: *clothes dumped in a heap* ropa amontonada **2** (*coloq*) **(a)** (*pey*) abandonar: *She often dumps the kids at her mother's.* Con frecuencia deja a los niños con su madre. **(b)** deshacerse de: *The thief had to dump the jewels.* El ladrón tuvo que deshacerse de las joyas. **(c)** (*novio, -a*) plantar **3** (*pey, Com*) hacer dumping (de) **4** (*Informát*) volcar **LOC** *Ver* LAP[1]
■ **dump** *n* **1** vertedero **2** (*Mil*) depósito: *an ammunition dump* un arsenal **3** (*coloq, pey*) pocilga: *How can you live in this dump?* ¿Cómo puedes vivir en esta pocilga? **4** (*Informát*) volcado de memoria
▶ **dumping** *n* [*incontable*]: *nuclear/toxic waste dumping at sea* el vertido de residuos nucleares/tóxicos en el mar ◊ *No dumping.* Prohibido tirar basuras. ◊ *dumping ground* vertedero

dumper /ˈdʌmpə(r)/ (*tb* **dumper truck**, *USA* **dump truck**) *n* volquete

dumpling /ˈdʌmplɪŋ/ *n* bola de una masa especial que se come en Gran Bretaña con los estofados

dumps /dʌmps/ *n* [*pl*]
LOC **to be (down) in the dumps** (*coloq*) estar murrio

dumpy /ˈdʌmpi/ *adj* regordete

dun /dʌn/ *adj, n* pardo (*color y caballo*)

dunce /dʌns/ *n* tonto, -a: *He wore a dunce's cap.* Llevaba orejas de burro.

dune /djuːn; *USA* duːn/ (*tb* **sand dune**) *n* duna

dung /dʌŋ/ *n* excrementos (de animal), estiércol

dungarees /ˌdʌŋɡəˈriːz/ *n [pl]* pantalones con peto
dungeon /ˈdʌndʒən/ *n* mazmorra
dunk /dʌŋk/ *vt* **1** mojar: *to dunk bread in your soup* mojar pan en la sopa **2** sumergir: *They dunked her in the pool.* La sumergieron en la piscina.
dunno /dəˈnəʊ/ *(argot) abrev de* **(I) don't know** no (lo) sé: *I dunno where she is.* No sé dónde está. *Ver tb* KNOW
duo /ˈdjuːəʊ; *USA* ˈduːəʊ/ *n (pl* **~s)** **1** *(personas)* dúo **2** *Ver* DUET
duodenal /ˌdjuːəˈdiːnl; *USA* ˌduːəˈdiːnl/ *adj* duodenal: *a duodenal ulcer* úlcera duodenal
duodenum /duːəˈdiːnəm/ *n* duodeno ☛ *Ver ilustración en* DIGESTIVE
dupe /djuːp; *USA* duːp/ *vt* **~ (sb into doing sth)** engañar, embaucar (a algn para que haga algo)
duplicate /ˈdjuːplɪkət; *USA* ˈduːpləkət/ *adj* **1** duplicado **2** doble
■ **duplicate** *n* duplicado, copia
LOC **in duplicate** por duplicado
■ **duplicate** /ˈdjuːplɪkeɪt; *USA* ˈduːpləkeɪt/ *vt* **1** duplicar **2** repetir
▶ **duplication** *n* duplicación
duplicity /djuːˈplɪsəti; *USA* duːˈplɪsəti/ *n (formal)* duplicidad
durable /ˈdjʊərəbl; *USA* ˈdʊərəbl/ *adj* duradero
■ **durables** *(tb* **consumer durables)** *n [pl]* bienes de consumo duraderos *(electrodomésticos, radios, etc)*
▶ **durability** *n* durabilidad
duration /djuˈreɪʃn; *USA* dʊˈreɪʃn/ *n* duración
LOC **for the duration** *(coloq)* **1** mientras dure la guerra **2** *(fig)* hasta que termine algo
duress /djuˈres; *USA* dʊˈres/ *n* compulsión
LOC **to do sth under duress** hacer algo bajo coacción
during /ˈdjʊərɪŋ; *USA* ˈdʊər-/ *prep* durante: *during the summer* durante el verano ◊ *twice during the year* dos veces en el año ◊ *during the meal* mientras comíamos ☛ *Ver nota en* DURANTE ☛ *Ver ejemplos en* FOR
dusk /dʌsk/ *n* crepúsculo: *at dusk* al atardecer
dusky /ˈdʌski/ *adj* **1** oscuro: *dusky light* luz tenue **2** moreno
dust[1] /dʌst/ *n* polvo: *a cloud of dust* una polvareda *Ver tb* COSMIC DUST, GOLD DUST, SAWDUST
LOC **to kick up/raise a dust** *(coloq, antic)* armar un escándalo **to throw dust in sb's eyes** engañar a algn con falsas aparencias **when the dust has settled** cuando haya un ambiente más propicio *Ver tb* BITE[1], COLLECT[1], GATHER
dust[2] /dʌst/ **1** *vt, vi* quitar el polvo: *I haven't dusted (anything) for weeks.* Hace semanas que no quito el polvo. **2** *vt* **~ sth/sb down/off** quitarle el polvo a algo/algn **3** *v refl* **~ yourself down/off** sacudirse el polvo
PHR V **to dust sth (over) with sth** espolvorear algo de algo: *a cake dusted with icing sugar* un pastel espolvoreado con azúcar glas
dustbin /ˈdʌstbɪn/ *(USA* **garbage can, trash can)** *n* cubo de basura ☛ *Ver nota en* BIN
duster /ˈdʌstə(r)/ *n* trapo (del polvo): *feather duster* plumero
dusting /ˈdʌstɪŋ/ *n* quitar el polvo: *I hate (doing) the dusting.* Odio limpiar el polvo.
dustman /ˈdʌstmən/ *(USA* **garbage man)** *n (pl* **-men** /-mən/) barrendero, basurero
dustpan /ˈdʌstpæn/ *n* cogedor
dusty /ˈdʌsti/ *adj* **(-ier, -iest) 1** polvoriento **2** *(color)* apagado
Dutch /dʌtʃ/ *adj* holandés
LOC **Dutch courage** *(coloq, joc)* valor infundido por el alcohol **to go Dutch (with sb)** pagar a escote
■ **Dutch** *n* **1** *(idioma)* holandés **2 the Dutch** *[pl]* los holandeses *Ver tb* DOUBLE DUTCH
Dutch cap *n Ver* DIAPHRAGM
Dutchman /ˈdʌtʃmən/ *n (pl* **-men)** *(persona)* holandés, -esa
LOC **I'm a Dutchman!**: *If that's him I'm a Dutchman!* ¡Si ése es él yo soy la reina de Saba!
Dutchwoman /ˈdʌtʃwʊmən/ *n (pl* **-women** /-wɪmɪn/) *(persona)* holandesa
dutiful /ˈdjuːtɪfl; *USA* ˈduː/ *adj (formal)* obediente, concienzudo
▶ **dutifully** *adv* obedientemente, cumplidamente
duty /ˈdjuːti; *USA* ˈduːti/ *n (pl* **-ies) 1** deber, obligación: *duty-bound* obligado ◊ *to do your duty (by sb)* cumplir uno con su deber (para con algn) **2** *(trabajo)* **(a)** *[gen pl]* obligación, función **(b)** servicio: *duty officer* oficial de guardia *Ver tb* HEAVY-DUTY, OFF-DUTY, POINT DUTY **3 ~ (on sth)** aranceles (sobre algo)
LOC **to be on/off duty** estar/no estar de servicio/turno **to do duty for sth** hacer las veces de algo *Ver tb* CALL, BOUNDEN, DERELICTION *en* DERELICT, LINE[1]
duty-bound /ˈdjuːti baʊnd/ *adj* obligado: *I'm duty-bound to help him.* Estoy obligado a ayudarle.
duty-free /ˌdjuːti ˈfriː; *USA* ˈduːti-/ *adj, n* (tienda) libre de impuestos
duvet /ˈduːveɪ/ *n* edredón nórdico
duvet cover *n* funda de edredón
dwarf /dwɔːf/ *n (pl* **~s** o **dwarves)** enano, -a
■ **dwarf** *vt* **1** empequeñecer **2** *(atrofiar)* impedir el crecimiento de
dwell /dwel/ *vi (pret, pp* **dwelt** /dwelt/, *USA* **dwelled) ~ in, at, etc...** *(antic* o *ret)* morar en...
PHR V **to dwell on/upon sth 1** *(hablar, escribir)* insistir en algo, extenderse en algo **2** *(pensar)* dejarse obsesionar por algo
▶ **dweller** *n* morador, -ora, habitante: *city dwellers* habitantes de la ciudad
dwelling *(tb* **dwelling place)** *n* morada, vivienda: *dwelling house* casa particular
dwindle /ˈdwɪndl/ *vi* disminuir, reducirse: *to dwindle (away) (to nothing)* quedar reducido (a la nada) ◊ *dwindling resources* recursos que van disminuyendo
dye /daɪ/ *vt, vi (3ª pers sing pres* **dyes** *pret, pp* **dyed** *part pres* **dyeing)** teñir(se): *to dye sth blue* teñir algo de azul
■ **dye** *n* tinte ☛ *Ver nota en* STAIN
dyed-in-the-wool /ˌdaɪd ɪn ðə ˈwʊl/ *adj (pey)* intransigente, testarudo
dying /ˈdaɪɪŋ/ *adj* **1** *(persona)* moribundo, agonizante **2** *(palabras, momentos, etc)* último: *her dying wish* su último deseo ◊ *a dying breed* una raza en vías de extinción LOC *Ver* BREATH *Ver tb* DIE[2]
■ **the dying** *n [pl]* los moribundos
dyke *(tb* **dike)** /daɪk/ *n* **1** **(a)** dique **(b)** acequia **2** *(coloq, ofen) (lesbiana)* tortillera
dynamic /daɪˈnæmɪk/ *adj* dinámico
■ **dynamic** *n [sing]* dinámica
▶ **dynamically** *adv* de manera dinámica, con dinamismo
dynamics /daɪˈnæmɪks/ *n* **1** *[sing] (Mec)* dinámica **2** *[pl] (gen)* dinámica
dynamism /ˈdaɪnəmɪzəm/ *n* dinamismo
dynamite /ˈdaɪnəmaɪt/ *n (lit* y *fig)* dinamita
■ **dynamite** *vt* dinamitar
dynamo /ˈdaɪnəməʊ/ *n (pl* **~s)** dinamo, dínamo ☛ *Ver ilustración en* BICYCLE, CAR
dynasty /ˈdɪnəsti; *USA* ˈdaɪ-/ *n (pl* **-ies)** dinastía
▶ **dynastic** /dɪˈnæstɪk; *USA* daɪ-/ *adj* dinástico
dysentery /ˈdɪsəntri; *USA* -teri/ *n* disentería
dyslexia /dɪsˈleksiə/ *(tb* **word-blindness)** *n* dislexia
▶ **dyslexic** *adj, n* disléxico, -a
dystrophy /ˈdɪstrəfi/ *n* distrofia

Ee

E, e /iː/ *n* (*pl* **E's, e's** /iːz/) **1** (*letra*) E, e: *"Edward" begins with* (*an*) *E.* "Eduardo" empieza por E. **2** (*Mús*) mi **3** (*Educ*) suspenso: *to get* (*an*) *E in maths* suspender las matemáticas

E 1 *abrev de* **earth** (*conexión eléctrica*) toma de tierra **2** *abrev de* **east(ern)** (del) Este **3** (*pl* **E's**) *abrev de* **ecstasy** (*droga*) éxtasis: *to take* (*an*) *E* tomar (un) éxtasis

each /iːtʃ/ *adj* cada: *a ring on each finger* un anillo en cada dedo

LOC **each and every one of you/us/them** todos sin excepción

Each casi siempre se traduce por "cada (uno)" y **every**, por "todo(s)". Una excepción importante se da cuando se expresa la repetición de algo a intervalos fijos de tiempo: *The Olympics are held every four years.* Los Juegos Olímpicos se celebran cada cuatro años.

Utilizamos **every** para referirnos a todos los elementos de un grupo en conjunto: *Every player was on top form.* Todos los jugadores estaban en plena forma.

Each se utiliza para referirnos individualmente a cada uno de ellos: *The Queen shook hands with each player after the game.* La Reina le dio la mano a cada jugador después del partido.

■ **each** *pron* cada uno, -a (*de dos o más*): *a helping of each* una porción de cada uno ◊ *each in turn* uno por uno ◊ *each for himself* cada cual por su cuenta ◊ *Each blamed the other.* Se echaron la culpa mutuamente. ◊ *each more beautiful than the last* a cual más bonito

■ **each** *adv* cada uno: *20p each* 20 peniques cada uno ◊ *two each* dos por persona

each other *pron* uno a otro (*mutuamente*): *We often borrow each other's clothes.* A menudo nos prestamos la ropa.

Aunque **each other** y **one another** poseen el mismo significado, normalmente **each other** se suele utilizar para referirse a dos personas y **one another** a más de dos: *We love each other.* Nos queremos. ◊ *They all looked at one another.* Todos se miraron (entre sí). Sin embargo, en inglés hablado, muchas veces se utilizan indistintamente.

eager /ˈiːɡə(r)/ *adj* ~ **(for sth/to do sth)** ávido (de algo); ansioso (por hacer algo): *eager to please* ansioso por complacer

LOC **an eager beaver** (*gen pey*) un entusiasta

▶ **eagerly** *adv* con impaciencia/ilusión

eagerness *n* ansia, entusiasmo: *his eagerness to please* su deseo de agradar

eagle /ˈiːɡl/ *n* águila *Ver tb* GOLDEN EAGLE

ear[1] /ɪə(r)/ *n* **1** (*Anat*) **(a)** oreja ☛ *Ver ilustración en* HEAD[1] **(b)** oído: *outer/middle/inner ear* oído externo/medio/interno ☛ *Ver ilustración en* OÍDO *Ver tb* DOG-EARED, MIDDLE EAR **2 an ear (for sth)** un oído (para algo): *She has a good ear for languages.* Tiene buen oído para los idiomas.

LOC **sb's ears are flapping** tener (algn) la antena puesta **(to be) all ears** (*coloq*) ser todo oídos **(to be) out on your ear** verse en la calle (sin trabajo) **(to be) up to your ears/eyes in sth** estar hasta el cuello de algo **to fall about your ears** hundírsele el mundo (a algn) **to go in (at) one ear and out (at) the other** entrar(le) por un oído y salir(le) por el otro **to have sb's ear** contar con la consideración de algn **to have/keep an/your ear to the ground** estar/mantenerse al corriente **to play (sth) by ear 1** tocar (música) de oído **2** (*coloq*) improvisar (algo) **with half an ear** (escuchar) a medias *Ver tb* BELIEVE, BEND, BOX[2], CLIP[2], DEAF, DIN, FEEL[1], LEND, MEET[1], MUSIC, OPEN[1], PIG, PIN, PRICK, SEND, SHUT, WET

ear[2] /ɪə(r)/ *n* espiga

earache /ˈɪəreɪk/ *n* dolor de oídos

eardrum /ˈɪədrʌm/ (*tb* **drum**) *n* tímpano ☛ *Ver ilustración en* OÍDO

earful /ˈɪəfʊl/ *n* [*sing*] (*argot*)

LOC **to get an earful**: *If he doesn't arrive in time, he'll get an earful.* Si no llega a tiempo, se va a enterar. **to give sb an earful** comerle la oreja a algn, echarle la bronca a algn

earl /ɜːl/ *n* (*GB*) conde ☛ Nótese que en otros países como Italia, España y Francia los condes se llaman **count**.

ear lobe *n* lóbulo de la oreja ☛ *Ver ilustración en* HEAD[1]

early /ˈɜːli/ *adj* (**-ier, -iest**) **1** temprano, pronto: *It's early closing (day) today.* Hoy cierran al mediodía. ◊ *an early reply* una pronta respuesta ◊ *to have an early night* acostarse temprano **2** primero: *my earliest memories* mis primeros recuerdos ◊ *in the early afternoon* a primeras horas de la tarde ◊ *The ruling overturned the court's earlier decision.* La sentencia anuló la decisión del primer tribunal. ◊ *at an early stage* en la primera etapa ◊ *from an early age* desde pequeño ◊ *The earliest records of the species are from 1300.* La primera vez que se tiene constancia de la especie se remonta al año 1300. ◊ *in early June* a principios de junio ◊ *The project is still in the early stages.* El proyecto está en sus comienzos. ◊ *The earliest possible date I can make it is the fifth.* Lo antes que lo puedo hacer es el cinco. **3** (*desarrollo*) precoz **4** (*muerte*) prematuro **5** (*jubilación*) anticipado: *to take early retirement* jubilarse anticipadamente **6** (*obra, etc*) de la primera época (*del autor, etc*): *some of the earliest surviving examples of his work* algunos de los primeros ejemplos de su obra que han sobrevivido ◊ *Her earlier works are autobiographical.* Sus primeras obras eran autobiográficas. **7** (*edad*) tierno: *in his early twenties* de veinte y pocos años ◊ *From its earliest days the theatre was a success.* Desde el principio el teatro fue un éxito. **8** primitivo: *early man* el hombre primitivo ◊ *in earlier times* en épocas anteriores

LOC **an early bird/riser** (*coloq*) persona madrugadora **at your earliest convenience** (*formal*) en cuanto le sea conveniente **it's early days (yet)** (*esp GB*) es demasiado pronto: *It's early days to be sure.* Es demasiado pronto para estar seguro. **the early bird catches the worm** (*refrán*) al que madruga, Dios le ayuda **the early hours** la madrugada **to keep early hours** acostarse (o levantarse) temprano *Ver tb* NIGHT

■ **early** *adv* (**-ier**) **1** temprano, pronto: *I like to be early.* Me gusta llegar temprano. ◊ *Who arrived earliest?* ¿Quién llegó el primero? ◊ *early in the morning* por la mañana temprano ◊ *early in the season* a principios de temporada ◊ *The government lowered interest rates early this year.* El gobierno bajó los intereses a principios de este año. ◊ *as early as possible* lo más pronto posible ◊ *to arrive early* llegar temprano ◊ *The best rooms go to those who book earliest.* Les dan las mejores habitaciones a los primeros que reservan. **2** con anticipación: *I arrived five minutes early.* Llegué con cinco minutos de antelación. **3 earlier** antes: *a week earlier* una semana antes ◊ *As I mentioned earlier...* Como dije antes... ◊ *She had seen him earlier (in the day).* Le había visto anteriormente (en el día). ◊ *Earlier, it had been raining.* Antes había estado lloviendo. ☛ *Ver nota en* AGO **4** (*nacer*) prematuramente: *The baby arrived early.* El bebé se adelantó. **5** a principios de: *early last week* a principios de la semana pasada ◊ *early in the week/year* a principios de semana/año **6** en la primera parte: *I had children early (in life).* Tuve hijos de joven.

LOC as early as (*con fechas*): *as early as 1988* ya en 1988 **earlier on** anteriormente **early on** al poco de empezar **early to bed and early to rise (makes a man healthy, wealthy and wise)** (*refrán*) las buenas costumbres dan dividendos *Ver tb* BRIGHT

■ **the earliest** *pron*: *The earliest I can get here is eight.* Lo más pronto que puedo llegar es a las ocho.

LOC at the earliest como (muy) pronto

early warning system *n* sistema de aviso inmediato

earmark /ˈɪəmɑːk/ *vt* **~ sth/sb (for sth/sb)** (*fig*) destinar algo/algn (para algo/algn)

earn /ɜːn/ *vt* **1** (*dinero, etc*) ganar: *to earn a living* ganar(se) la vida ◊ *earned income* ingresos por trabajo **2** merecer(se) *Ver tb* HARD-EARNED, WELL-EARNED

LOC to earn your keep ganarse la vida (trabajando) *Ver tb* BROWNIE

earner /ɜːnə(r)/ *n* **1** (*persona*): *I am the main wage earner of the family.* Yo soy la principal fuente de ingresos de mi familia. **2** (*cosa*): *the company's greatest export earner* el producto exportado que más dinero le da a la empresa ◊ *Jam making is a nice little earner for him.* Se saca un buen dinerito haciendo mermeladas.

earnest /ˈɜːnɪst/ *adj* **1** (*carácter*) serio **2** (*deseo, etc*) ferviente

LOC in (deadly) earnest 1 de verdad: *The campaign will begin in earnest next month.* La campaña empezará de verdad el mes que viene. **2** en serio: *She was in deadly earnest.* Hablaba con la mayor seriedad.

▶ **earnestly** *adv* con empeño, con seriedad

earnestness *n* empeño, seriedad

earnings /ˈɜːnɪŋs/ *n* [*pl*] **1** ingresos **2** (*negocio*) ganancias

earphones /ˈɪəfəʊnz/ *n* [*pl*] auriculares

earpiece /ˈɪəpiːs/ *n* auricular (*teléfono*)

earring /ˈɪərɪŋ/ *n* pendiente (*joya*)

earshot /ˈɪəʃɒt/ *n*

LOC to (be) out of/within earshot estar afuera del/al alcance del oído

ear-splitting /ˈɪə splɪtɪŋ/ *adj* ensordecedor

earth /ɜːθ/ *n* **1** (*tb* **the earth, the Earth**) (*planeta*) la Tierra **2** tierra: *to fall to earth* caer(se) a tierra ◊ *fill a hole with earth* llenar de tierra un agujero *Ver tb* DOWN-TO-EARTH ☛ Nótese que en el sentido de "tierra suelta" (para plantas, etc) también se dice **soil**. **3** (*esp GB*) (*USA* **ground**) (*abrev* **E**) toma de tierra: *earth wire* cable de toma de tierra **4** madriguera

LOC how, what, why, etc on earth/in the world (*coloq*) ¿cómo, qué, por qué, etc demonios?: *What on earth are you doing?* ¿Qué demonios estás haciendo? **to charge/cost/pay the earth** (*coloq*) cobrar/costar/pagar un dineral **to come back/down to earth (with a bang/bump)** (*coloq*) bajar de las nubes **to go/run to earth/ground** esconderse **to run sth/sb to earth** encontrar algo/algn por fin *Ver tb* END[1], FOUR, MOVE, PROMISE[2], SALT, WIPE

■ **earth** *vt* (*esp GB*) conectar a tierra (*electricidad*)

earthbound /ˈɜːθbaʊnd/ *adj* **1** con destino a la Tierra **2(a)** (*lit*) terrestre **(b)** (*fig*) prosaico

earthen /ˈɜːθn/ *adj* hecho de tierra

earthenware /ˈɜːθnweə(r)/ *n* cacharros de barro

■ **earthenware** (*tb* **earthen**) *adj* (hecho) de barro cocido

earthly /ˈɜːθli/ *adj* **1** (*lit*) terrenal **2** (*coloq, fig*) concebible ☛ En este sentido suele ir en frases negativas o interrogativas: *You haven't an earthly (chance) of winning.* No tienes la más remota posibilidad de ganar.

LOC to be (of) no earthly use (*coloq*) no servir para nada

earthquake /ˈɜːθkweɪk/ (*tb* **quake**) *n* terremoto

earth-shattering /ˈɜːθ ʃætərɪŋ/ (*tb* **earth-shaking**) *adj* trascendental

earthwork /ˈɜːθwɜːk/ *n* terraplén

earthworm /ˈɜːθwɜːm/ *n* lombriz

earthy /ˈɜːθi/ *adj* **(-ier, -iest) 1** (*lit*) terroso **2** (*fig*) nada espiritual, grosero **3** (*fig*) campechano, llano

▶ **earthiness** *n* **1** tosquedad **2** campechanía, llaneza

earwig /ˈɪəwɪɡ/ *n* tijereta (*insecto*)

ease /iːz/ *n* **1** facilidad: *with ease* fácilmente **2** desahogo: *to live a life of ease* llevar una vida desahogada ◊ *ease of mind* tranquilidad de conciencia **3** alivio **4** (*movimiento*) soltura

LOC (to stand) at ease (estar en) posición de descanso (militar): *'At ease!'* "¡Descansen!" **(to be/feel) at (your) ease** (estar/sentirse) relajado **to put/set sb at (his, her, etc) ease** hacer que algn se sienta cómodo **to take your ease** descansar *Ver tb* ILL[1], MIND[1]

■ **ease 1** *vt, vi* **(a)** (*dolor*) aliviar(se) **(b)** (*tensión*) reducir(se) **(c)** (*tráfico*) disminuir(se) **2** *vt, vi* (*situación*) suavizar(se) **3** *vt* (*tarea*) facilitar **4** *vt* (*carga*) aliviar **5** *vt* (*restricción*) aflojar

LOC to ease sb's conscience/mind tranquilizar la conciencia/mente de algn

PHR V to ease (sth/sb) across/along, etc mover (algo/algn) cuidadosamente a través de/a lo largo de, etc: *He eased himself along the ledge.* Se desplazó cuidadosamente a lo largo del bordillo.

to ease down reducir la velocidad poco a poco

to ease off/up aligerarse

to ease up on sth/sb ser más moderado con algo/algn

▶ **easing** *n* relajamiento: *the easing of tension* el relajamiento de la tensión

easel /ˈiːzl/ *n* caballete (*de artista*)

easily /ˈiːzəli/ *adv* **1** fácilmente *Ver tb* EASY[1] **2** seguramente: *It's easily the best.* Es seguramente el mejor. **3** muy probablemente: *This could easily turn into a disaster.* Esto bien pudiera convertirse en un desastre. **LOC** *Ver* BREATHE

east (*tb* **East**) /iːst/ *n* [*sing*] (*abrev* **E**) **1** (*tb* **the east**) este: *She lives to the east of here.* Vive al este de aquí. ◊ *The sun rises in the east.* El sol sale por el este. *Ver tb* NORTH-EAST, SOUTH-EAST **2 the East (a)** los países del este **(b)** el Oriente *Ver tb* THE FAR EAST, THE MIDDLE EAST, THE NEAR EAST **3 the East** (*de los EE.UU.*) el este (americano): *back East* allá en el este

■ **east** *adj* [*antes de sustantivo*] **1** (del) este, oriental: *East Germany* Alemania Oriental ◊ *East-West communications* comunicaciones Este-Oeste **2** (*viento*) de Levante, del este

■ **east** *adv* al este, hacia el este: *to face east* dar al este

eastbound /ˈiːstbaʊnd/ *adj* con destino al este

Easter /ˈiːstə(r)/ *n* Pascua: *Easter Sunday* Domingo de Resurrección ◊ *Easter week* Semana Santa ◊ *Easter egg* huevo de Pascua ☛ *Ver nota en* SEMANA

easterly /ˈiːstəli/ **1** *adj* **(a)** hacia el este **(b)** (*viento*) del este **2** *n* (*pl* **-ies**) viento del este *Ver tb* NORTH-EASTERLY, SOUTH-EASTERLY

eastern (*tb* **Eastern**) /ˈiːstən/ *adj* del este, oriental: *the Eastern Bloc* los Países del Este *Ver tb* NORTH-EASTERN, SOUTH-EASTERN

▶ **easterner** (*tb* **Easterner**) *n* oriental, habitante del este

eastward(s) /ˈiːstwəd(z)/ *adj, adv* hacia el este: *in an eastward direction* en dirección este

easy[1] /ˈiːzi/ *adj* (**easier, easiest**) **1** fácil: *to take the easy way out* tomar el camino más fácil ◊ *none too easy* nada fácil ◊ *The job was made easier by the good weather.* La tarea fue más fácil gracias al buen tiempo. ◊ *Women have easier access to abortions nowadays.* Las mujeres encuentran menos trabas a la hora de abortar hoy en día. ◊ *to come in an easy first* llegar fácilmente el primero ◊ *The more they worked, the easier it became.* Cuanto más trabajaban, más fácil se hacía. ◊ *easy game/prey* presa fácil ◊ *It's getting easier now (for you) to set up your own business.* Ahora es más fácil abrir tu propio negocio. **2(a)** tranquilo: *My mind is easier now.* Estoy más tranquilo ahora. **(b)** cómodo: *I don't feel easy in his company.* No me siento cómodo en su compañía. **3** poco exigente **4** (*pey, ofen*) (*mujer*) fácil: *an easy lay* una tía fácil

LOC **easy on the ear, eye, stomach, etc** (*coloq*) agradable de escuchar, mirar, comer, etc **I'm easy** (*esp GB, coloq*) me da igual **(it's) as easy as ABC/as anything/as falling off a log/as pie/as winking** (*coloq*) está chupado **on easy terms 1** (*de una compra*) con facilidades de pago **2** (*de un préstamo*) con condiciones favorables **to be on easy street** llevar una vida acomodada **to have an easy time (of it)** no pasar apuros (en hacer algo) *Ver tb* FREE, REACH, TOUCH[2], WOMAN

easy[2] /ˈiːzɪ/ *adv* (**easier, easiest**) **1** (*en órdenes*) cuidado **2** (*coloq*) (*tb* **easily**): *Learning comes easy to her.* Aprende fácilmente.

LOC **easier said than done** más fácil decirlo que hacerlo **easy come, easy go** (*refrán*) lo que fácil viene, fácil se va **easy/gently does it** (*coloq*) *Take your time; easy does it.* Tómate tu tiempo; ¡hay que hacerlo con calma! **take it easy!** ¡cálmate! **to go easy on/with sth/sb** (*coloq*) tomárselo con tranquilidad con algo/algn: *Go easy with the brandy!* ¡Tranquilo con el coñac! ◊ *You should go easy on that boy.* Deberías ser más tolerante con ese chico. **to take it/things easy** tomar las cosas con calma *Ver tb* REST[1]

easy chair *n* sillón

easygoing /ˌiːziˈɡəʊɪŋ/ *adj* tolerante: *She's very easy-going.* Es de trato muy fácil.

eat /iːt/ *vt, vi* (*pret* **ate** /et; *USA* eɪt/ *pp* **eaten** /ˈiːtn/) **1(a)** comer(se): *to eat like a horse* comer como una vaca ◊ *to eat your fill* comer bien **(b)** (*fig*): *He won't eat you!* ¡No va a comerte! *Ver tb* MOTH-EATEN, WORM-EATEN **2** tomar (una comida): *He's eating his dinner.* Está cenando.

LOC **to be eaten up with sth** estar consumido por algo **to be eating sb** estar inquietando a algn: *What's eating you?* ¿Qué te está carcomiendo? **to eat humble pie** deshacerse en disculpas **to eat out of sb's hand** someterse a algn: *She had him eating out of her hand.* Lo tenía totalmente dominado. **to eat sb out of house and home** (*coloq, joc*): *He's eating us out of house and home!* ¡Nos va a arruinar con lo que come! **to eat your heart out (for sth/sb)** sufrir (*envidia, anhelo, pena, etc*) *en silencio* (*por algo/algn*) **to eat your words** tragarse las palabras *Ver tb* DOG[1], CAKE

PHR V **to eat away at sth; to eat sth away 1** (*viento, mar, etc*) erosionar algo **2** (*fig*) consumir algo: *Their savings were being eaten away by inflation.* La inflación se estaba comiendo sus ahorros.

to eat into sth 1 corroer algo, desgastar algo **2** (*fig*) mermar algo (*reservas*)

to eat out comer fuera

to eat (sth) up 1 comérselo todo **2** (*fig*) devorar (algo): *This car eats up petrol!* ¡Este coche se traga la gasolina!

▶ **eater** *n*: *He's a big eater.* Es un comilón. ◊ *meat-eaters* carnívoros *Ver tb* ANTEATER, FIRE-EATER **LOC** *Ver* SMALL

eating 1 *n*: *healthy eating* comer sano **2** *adj* de alimento: *eating habits* hábitos alimenticios

eating apple (*tb* **eater**) /ˈiːtə(r)/ *n* manzana de mesa

eau de Cologne /ˌəʊ də kəˈləʊn/ *n* (*tb* **cologne**) agua de colonia

eaves /iːvz/ *n* [*pl*] alero (*tejado*) ☛ *Ver ilustración en* HOUSE

eavesdrop /ˈiːvzdrɒp/ *vi* (**-pp-**) **~ (on sth/sb)** escuchar a escondidas (algo/a algn)

▶ **eavesdropper** *n* persona que escucha a escondidas

ebb /eb/ *vi* **to ebb (away) 1** (*marea*) bajar **2** (*fig*) disminuir(se)

■ **the ebb** *n* [*sing*] (*lit* y *fig*) (el) reflujo

LOC **on the ebb** en decadencia **the ebb and flow (of sth)** los altibajos/las subidas y bajadas (de algo) *Ver tb* LOW[1]

ebb tide *n* marea menguante

ebony /ˈebəni/ *n* ébano

■ **ebony** *adj* **1** (hecho) de ébano **2** negro (*como el ébano*)

ebullient /ɪˈbʌliənt, -ˈbʊl-/ *adj* entusiasta, vivaz

▶ **ebullience** *n* exuberancia

ebulliently *adv* de manera entusiasta

EC /ˌiː ˈsiː/ *abrev de* **European Community** Comunidad Europea

eccentric /ɪkˈsentrɪk/ *adj* **1** excéntrico: *eccentric habits* costumbres excéntricas **2** excéntrico: *in an eccentric orbit* en una órbita excéntrica

■ **eccentric** *n* excéntrico, -a

▶ **eccentrically** *adv* de manera excéntrica

eccentricity *n* (*pl* **-ies**) excentricidad

ecclesiastic /ɪˌkliːziˈæstɪk/ *n* eclesiástico

▶ **ecclesiastical** *adj* eclesiástico

ECG /ˌiː siː ˈdʒiː/ *abrev de* **electrocardiogram** electrocardiograma

echelon /ˈeʃəlɒn/ *n* escalón: *the highest echelon of society* el más alto escalón de la sociedad ◊ *aircraft flying in echelon* vuelo de aviones escalonado

echo /ˈekəʊ/ *n* (*pl* **~es**) **1(a)** eco **(b)** resonancia **2** (*fig*) imitación

■ **echo 1** *vi* **(a) ~ (to/with sth)** (*lugar*) resonar (con algo): *His footsteps echoed (in the hall).* Sus pasos resonaban (en el vestíbulo). **(b)** (*sonido*) hacer eco **2** *vt* **(a) ~ sth (back)**: *The tunnel echoed back their words.* El eco del túnel repitió sus palabras. **(b)** (*fig*) repetir, reflejar algo

eclectic /ɪˈklektɪk/ *adj, n* (*formal*) ecléctico, -a

▶ **eclecticism** /ɪˈklektɪsɪzəm/ *n* eclecticismo

eclipse /ɪˈklɪps/ *n* eclipse (*lit* y *fig*)

■ **eclipse** *vt* eclipsar

ecological /ˌiːkəˈlɒdʒɪkl/ *adj* ecológico

▶ **ecologically** *adv* ecológicamente: *ecologically sound products* productos que no dañan el medio ambiente

ecology /iˈkɒlədʒi/ *n* ecología

▶ **ecologist** *n* ecologista

economic /ˌiːkəˈnɒmɪk, ˌekə-/ *adj* **1** (*desarrollo, crecimiento, política*) económico (*relativo a la economía*): *economic sanctions* sanciones económicas ◊ *economic adviser* consejero de economía *Ver tb* THE EUROPEAN ECONOMIC COMMUNITY, MACROECONOMIC ☛ *Ver nota en* ECONOMICAL **2** rentable: *It's not an economic proposition.* No es una propuesta rentable.

economical /ˌiːkəˈnɒmɪkl, ˌekə-/ *adj* (*combustible, aparato, estilo*) económico (*que gasta poco*)

> A diferencia de **economic**, **economical** puede ser calificado por palabras como **more**, **less**, **very**, etc: *a more economical car* un coche más económico. ☛ *Comparar con* ECONOMIC

LOC **to be economical with the truth** decir las verdades a medias

▶ **economically** *adv* económicamente

economics /ˌiːkəˈnɒmɪks, ˌekə-/ *n* [*sing*] **1** economía *Ver tb* HOME ECONOMICS **2** económicas

▶ **economist** *n* economista

economize, -ise /ɪˈkɒnəmaɪz/ *vi* economizar: *to economize on petrol* ahorrar gasolina

economy /ɪˈkɒnəmi/ *n* (*pl* **-ies**) economía: *the national economy* la economía nacional ◊ *to make small economies* economizar un poco ◊ *economy size* envase de ahorro ◊ *economy class* clase económica/turista ◊ *economies of scale* economías de escala *Ver tb* BLACK ECONOMY

ecosystem /ˈiːkəʊsɪstəm/ *n* ecosistema

ecstasy /ˈekstəsi/ *n* (*pl* **-ies**) **1** éxtasis: *to be in/go into ecstasy/ecstasies* (*over sth*) extasiarse (con algo) **2** (*abrev* **E**): *Have you ever taken ecstasy?* ¿Has tomado alguna vez éxtasis?
▶ **ecstatic** *adj* extasiado
ecstatically *adv* con gran entusiasmo

ECU (*tb* **Ecu**) /ˈekjuː/ (*pl* **Ecu** o **Ecus**) *abrev de* **European Currency Unit** ECU

ecumenical /ˌiːkjuːˈmenɪkl, ˌekjuː-/ *adj* ecuménico
▶ **ecumenism** *n* ecumenismo

eczema /ˈeksɪmə; *USA* ɪgˈziːmə/ *n* eccema

ed *abrev de* **edited (by)/edition/editor**

eddy /ˈedi/ *n* (*pl* **-ies**) remolino
■ **eddy** *vi* (*pret, pp* **eddied**) arremolinarse

edge /edʒ/ *n* **1** filo *Ver tb* DOUBLE-EDGED, GILT-EDGED, KNIFE-EDGE **2** borde: *at the edge of the road* al borde de la carretera ◊ *the edge of the table* el canto de la mesa ◊ *the water's edge* la orilla del agua ◊ *at the edge of the forest* en la margen del bosque
LOC **to (be) on edge** (estar) con los nervios de punta **to be on the edge of your seat** estar al borde de la silla **to have an edge** ser muy fuerte (*de comida*) **to have, etc an edge to your voice** tener, etc un matiz (nervioso, de enfado) en la voz **to have, etc an/the edge on/over sth/sb** (*coloq*) tener, etc ventaja sobre algo/algn: *Her experience gave her an edge over other candidates.* Su experiencia le dio ventaja sobre otros candidatos. **to take the edge off sth** suavizar algo: *The letter took the edge off my anger.* La carta suavizó mi enfado. ◊ *to take the edge off your appetite* engañar el apetito *Ver tb* LIVE[2], LEAD[3], PUSH, ROUGH[2], TOOTH
■ **edge** *vt, vi* bordear, ribetear: *The handkerchief is edged with lace.* El pañuelo está bordeado de encaje.
PHR V **to edge (sth/your way) along, away, etc** avanzar/acercar algo, alejarse/alejar algo, etc poco a poco: *I edged my chair towards the door.* Acerqué mi silla poco a poco hacia la puerta. ◊ *The policeman slowly edged his way forward.* El policía avanzó lentamente.

edgeways /ˈedʒweɪz/ (*tb* **edgewise** /ˈedʒwaɪz/) *adv* de lado LOC *Ver* WORD

edging /ˈedʒɪŋ/ *n* borde: *a/some lace edging* un ribete de encaje

edgy /ˈedʒi/ *adj* (*coloq*) nervioso: *You're making me edgy.* Me estás poniendo nervioso.
▶ **edgily** *adv* nerviosamente
edginess *n* estado de tensión nerviosa

edible /ˈedəbl/ *adj* **1** comestible **2** comible

edict /ˈiːdɪkt/ *n* edicto

edification /ˌedɪfɪˈkeɪʃn/ *n* edificación (*de la mente*)
▶ **edify** *vt* (*pret, pp* **-fied**) edificar
edifying *adj* edificante

edifice /ˈedɪfɪs/ *n* (*formal*) edificio imponente: *the edifice of democracy* la estructura democrática

edit /ˈedɪt/ *vt* **1** editar: *to edit a book of poetry* preparar una edición de un libro de poesía **2** (*Cine*) montar *Ver tb* SUB-EDIT
PHR V **to edit sth out (of sth)** eliminar: *They edited bits of the interview out.* Cortaron partes de la entrevista.
▶ **editing** *n* revisión, corrección

edition /ɪˈdɪʃn/ *n* (*abrev* **ed**) edición: *first edition* primera edición ◊ *a revised edition* una edición revisada *Ver tb* LIMITED EDITION

editor /ˈedɪtə(r)/ *n* director, -ora (*de periódico, etc*): *the fashion/foreign/arts editor* el redactor de moda/de extranjero/de arte ◊ *desk editor* corrector de material ◊ *managing editor* redactor-jefe *Ver tb* CITY EDITOR
▶ **editorial 1** *adj* editorial: *editorial freedom* libertad de redacción **2** *n* editorial
editorship *n* dirección

educate /ˈedʒukeɪt/ *vt* educar (*académicamente*): *Where were you educated?* ¿A qué colegio fuiste? ◊ *to be privately educated* recibir educación privada ◊ *She's been educated in the art of lying.* Ella ha sido educada en el arte de la mentira. *Ver tb* RE-EDUCATE ☛ *Comparar con* TO BRING SB UP *en* BRING
▶ **educated** *adj* culto *Ver tb* WELL-EDUCATED
LOC **an educated guess** una predicción con fundamento

education /ˌedʒuˈkeɪʃn/ *n* **1** educación (*académica*): *Ministry of Education* Ministerio de Educación (y Ciencia) ◊ *sex education* educación sexual ◊ *a public education campaign* una campaña pública educativa ◊ *secondary/private education* enseñanza secundaria/privada *Ver tb* FURTHER EDUCATION, HIGHER EDUCATION **2** pedagogía *Ver tb* PGCE ☛ *Comparar con* UPBRINGING
▶ **educational** *adj* **1** educativo **2** educacional **3** docente *Ver tb* CO-EDUCATIONAL
educationally *adv* educativamente
educationist (*tb* **educationalist**) *n* educacionista, pedagogo, -a

EEC /ˌiː iː ˈsiː/ *abrev de* **European Economic Community** CEE: *to join the EEC* ingresar en la CEE

eel /iːl/ *n* anguila

eerie (*tb* **eery**) /ˈɪəri/ *adj* (**-ier, -iest**) misterioso: *an eerie silence* un silencio extraño e inquietante ◊ *an eerie scream* un grito horripilante
▶ **eerily** *adv* misteriosamente
eeriness *n* aire de misterio

efface /ɪˈfeɪs/ (*formal*) **1** *vt* borrar **2** *v refl* **~ yourself** pasar desapercibido *Ver tb* SELF-EFFACING

effect /ɪˈfekt/ *n* efecto: *the greenhouse effect* el efecto invernadero ◊ *cause and effect* causa y efecto ◊ *an adverse/beneficial effect* un resultado adverso/beneficioso ◊ *Alcohol had no effect on her.* El alcohol no le hacía ningún efecto. ◊ *knock-on effect* repercusión ◊ *special/sound effects* efectos especiales/de sonido *Ver tb* AFTER-EFFECT, DOMINO EFFECT, SIDE EFFECT
LOC **for effect** para impresionar **in effect 1** en realidad **2** en vigor **of no effect** inútil **to bring/carry/put sth into effect** poner algo en funcionamiento **to come into effect** entrar en vigor **to good, etc effect** con gran, etc efecto: *She uses irony to great effect.* Hace un uso excelente de la ironía. **to no effect** inútilmente **to take effect 1** surtir efecto **2** entrar en vigor **to the effect that...** en el sentido de que... **to this effect** con este propósito **with effect from** con efecto a partir de **words to that effect**: *He told me to get out, or words to that effect.* Me dijo que me fuera, o algo parecido. *Ver tb* PERSONAL
■ **effect** *vt* (*formal*) *to effect a cure/a change* efectuar una cura/un cambio

effective /ɪˈfektɪv/ *adj* **1(a)** eficaz: *effective in controlling disease* eficaz para controlar las enfermedades *Ver tb* COST-EFFECTIVE **(b)** logrado, impresionante **2** [*antes de sustantivo*] **(a)** real: *effective sales* ventas reales **(b)** de hecho: *She is our effective, if not actual leader.* Es nuestra jefa de hecho aunque no de nombre. LOC *Ver* BECOME
▶ **effectively** *adv* **1** eficazmente: *to work more effectively* trabajar de forma más eficaz **2** en efecto
effectiveness *n* eficacia

effectual /ɪˈfektʃuəl/ *adj* (*formal*) eficaz, válido

Nótese que **effectual** no se utiliza para hablar de personas.

▶ **effectually** *adv* eficazmente

effeminate /ɪˈfemɪnət/ *adj* afeminado
▶ **effeminacy** *n* afeminamiento

effervescent /ˌefəˈvesnt/ *adj* efervescente
▶ **effervescence** *n* efervescencia
effete /ɪˈfiːt/ *adj* **1** decadente: *an effete civilization* una civilización decadente **2** débil
efficacious /ˌefɪˈkeɪʃəs/ *adj* (*formal*) eficaz: *an efficacious treatment* un tratamiento eficaz

Nótese que **efficacious** solo se aplica a cosas. Para las personas utilizamos **efficient**.

efficacy /ˈefɪkəsi/ *n* eficacia
efficient /ɪˈfɪʃnt/ *adj* **1** (*persona*) eficiente **2** (*máquina, etc*) eficaz ☛ *Ver nota en* EFFICACIOUS
▶ **efficiency** *n* (*pl* **-ies**) eficiencia: *for maximum efficiency* para una eficiencia máxima
efficiently *adv* eficientemente
effigy /ˈefɪdʒi/ *n* (*pl* **-ies**) efigie
effluent /ˈefluənt/ *n* vertidos
effort /ˈefət/ *n* **1** esfuerzo: *a concerted effort* un esfuerzo conjunto ◇ *the war effort* el esfuerzo bélico ◇ *to make more effort* esforzarse más ◇ *It's an effort for me.* Me cuesta mucho. **2** intento, creación: *I don't think much of her latest effort.* Su último intento no me parece gran cosa.
▶ **effortless** *adj* sin esfuerzo: *with seemingly effortless skill* con tal habilidad que parece fácil
effortlessly *adv* sin esfuerzo
effortlessness *n* poco esfuerzo
effrontery /ɪˈfrʌntəri/ *n* (*formal*) descaro
effusion /ɪˈfjuːʒn/ *n* [*gen pl*] efusión
effusive /ɪˈfjuːsɪv/ *adj* efusivo
EFL /ˌiː ef ˈel/ (*Educ*) *abrev de* **English as a Foreign Language** Inglés como Lengua Extranjera: *She's an EFL teacher.* Es profesora de Inglés para extranjeros.
EFTA (*tb* **Efta**) /ˈeftə/ *abrev de* **European Free Trade Association** Asociación Europea de Libre Comercio
eg /ˌiː ˈdʒiː/ (*Lat*) *abrev de* **exempli gratia** (**for example**) por ejemplo ☛ *Ver nota en* VIZ
egalitarian /iˌgæliˈteəriən/ *adj, n* igualitario, -a
▶ **egalitarianism** *n* igualitarismo
egg[1] /eg/ *n* **1** huevo: *to lay an egg* poner un huevo ◇ *a boiled egg* un huevo pasado por agua ◇ *scrambled eggs* huevos revueltos ◇ *bacon and eggs* huevos con bacon ☛ *Ver ilustración en* HUEVO *Ver tb* SCOTCH EGG, SCRAMBLED EGGS **2** (*Anat*) óvulo ☛ *Ver ilustración en* REPRODUCTOR
LOC **a bad egg/lot** (*antic, coloq*) una mala persona **to have, etc egg on your face** (*coloq*) quedar como un idiota **to put all your eggs in/into one basket** jugárselo todo a una carta *Ver tb* CURATE, KILL, OMELETTE, SURE
egg[2] /eg/ *v*
PHR V **to egg sb on (to do sth)** animar mucho a algn (a que haga algo)
eggcup /ˈegkʌp/ *n* huevera ☛ *Ver ilustración en* HUEVO
egghead /ˈeghed/ *n* (*coloq, pey*) intelectual
eggplant /ˈegplɑːnt/ (*USA*) (*GB* **aubergine**) *n* berenjena
eggshell /ˈegʃel/ *n* cáscara de huevo ☛ *Ver ilustración en* HUEVO
egg-timer /ˈeg taɪmə(r)/ *n* reloj de arena
ego /ˈegəʊ; *USA* ˈiːgəʊ/ *n* (*pl* **~s**) **1** (*Psic*) ego **2** (*coloq*) ego: *to boost sb's ego* levantar la moral a algn
egocentric /ˌiːgəʊˈsentrɪk, ˌeg-/ *adj* egocéntrico
▶ **egocentricity** *n* egocentrismo
egoism /ˈegəʊɪzəm; *USA* ˈiːg-/ *n* egoísmo
▶ **egoist** *n* egoísta
egoistic(al) *adj* egoísta
egoistically *adv* egoístamente
egotism /ˈegəʊtɪzəm; *USA* ˈiːg-/ *n* egotismo
▶ **egotist** *n* egotista
egotistic(al) *adj* egotista
ego trip *n* (*argot*) actividad centrada en uno mismo: *Her life is just one big ego trip.* Su vida es solo su persona.
Egyptian /iˈdʒɪpʃən/ *adj, n* egipcio, -a
eh /eɪ/ *interj* (*coloq*) **1** (*expresando sorpresa o duda*) ¿qué? **2** (*expresando interés*): *So you want to go to New York, eh?* Así que quieres ir a Nueva York, ¿eh? **3** (*esperando repuesta afirmativa*): *Let's have some coffee, eh?* Vamos a tomar un café, ¿vale? **4** (*invitando a la repetición*) ¿eh?, ¿cómo?, ¿qué?
eiderdown /ˈaɪdədaʊn/ *n* edredón
eight /eɪt/ *adj, pron, n* (*número*) ocho ☛ *Ver ejemplos en* FIVE *Ver tb* FIGURE OF EIGHT
LOC **to have had one over the eight** (*coloq*) llevar una copa de más
■ **eight** *n* (*Náut*) tripulación de ocho personas en una barca de remo
eighteen /ˌeɪˈtiːn/ *adj, pron, n* (*número*) dieciocho ☛ *Ver ejemplos en* FIVE
▶ **eighteenth 1** *adj* decimoctavo: *the 18th/eighteenth century* el siglo XVIII **2** *n, pron* **(a)** el decimoctavo, la decimoctava, los decimoctavos, las decimoctavas **(b)** **the eighteenth** (*fecha*) el (día) dieciocho **(c)** **the eighteenth** (*rey, etc*) dieciocho **(d)** (*proporción*) dieciochavo, dieciochava parte **3** *adv* decimoctavo, en decimoctavo lugar ☛ *Ver ejemplos en* FIFTH
eighth /eɪtθ/ *adj* octavo ☛ *Ver ejemplos en* FIFTH
■ **eighth** *n, pron* **1** el octavo, la octava, los octavos, las octavas **2** **the eighth** **(a)** (*fecha*) el (día) ocho **(b)** (*rey, etc*) octavo, -a: *Henry the Eighth* Enrique VIII **3** (*proporción*) octavo, octava parte ☛ *Ver ejemplos en* FIFTH
■ **eighth** *adv* octavo, en octavo lugar ☛ *Ver ejemplos en* FIFTH
eighth note (*USA*) (*GB* **quaver**) *n* (*Mús*) corchea ☛ *Ver ilustración en* NOTACIÓN
eighty /ˈeɪti/ *adj, pron, n* (*pl* **-ies**) (*número*) ochenta ☛ *Ver ejemplos en* FIVE
LOC **(to be) in your eighties** (tener) ochenta y tantos años
■ **the eighties** *n* [*pl*] **1** (*temperatura*) los ochenta grados (Fahrenheit) **2** (*abrev* **80's**) los años ochenta ☛ *Ver ejemplos en* FIFTY
▶ **eightieth 1** *adj, pron* octogésimo **2** *n* (*proporción*) ochentavo ☛ *Ver ejemplos en* FIFTH
either /ˈaɪðə(r); *USA* ˈiːðər/ *adj* **1** cualquiera de los dos: *Either way...* De cualquier forma... **2** ninguno de los dos **3** ambos
■ **either** *pron* **1** cualquiera, uno u otro **2** ninguno
■ **either** *adv* **1** tampoco: *If you don't go, I'm not going either.* Si tú no vas, yo tampoco. ☛ *Ver nota en* TAMPOCO **2** **either... or...** o... o..., ni... ni...
ejaculate /iˈdʒækjuleɪt/ *vt* **1** eyacular **2** (*formal*) exclamar
▶ **ejaculation** *n* **1** eyaculación **2** (*formal*) exclamación
eject /iˈdʒekt/ *vt, vi* **1** (*formal*) expulsar **2** arrojar **3** eyectar
▶ **ejection** *n* expulsión
ejector seat (*USA tb* **ejection seat**) *n* asiento eyector
eke /iːk/ *v*
PHR V **to eke sth out 1** hacer durar algo **2** *to eke out a meagre existence* ganarse la vida a duras penas
elaborate[1] /ɪˈlæbərət/ *adj* **1** complicado, intricado: *elaborate plans* planes complicados **2** rebuscado: *an elaborate five-course meal* una complicada comida de cinco platos
▶ **elaborately** *adv* complicadamente
elaborateness *n* complejidad
elaborate[2] /ɪˈlæbəreɪt/ **1** *vt* (*formal*) elaborar **2** *vi* **~ (on sth)** dar detalles (sobre algo): *He refused to elaborate any further.* Se negó a dar más detalles.
▶ **elaboration** *n* **1** elaboración: *an elaboration of the project* una explicación más detallada del proyecto **2** complicación
élan /eɪˈlɑːn/ *n* (*Fr*) viveza

elapse /ɪˈlæps/ *vi* (*formal*) pasar, transcurrir (*tiempo*)

elastic /ɪˈlæstɪk/ *adj* **1** (*lit*) elástico **2** (*fig*) flexible
■ **elastic** *n* goma (elástica): *elastic band* goma
▶ **elasticated** *adj* elastizado: *elasticated waistband* cinturilla con goma

elasticity /ˌiːlæˈstɪsəti, ˌelæ-, iˌlæ-/ *n* **1** (*lit*) elasticidad **2** (*fig*) flexibilidad

elated /iˈleɪtɪd/ *adj* eufórico: *She was elated at/by the news.* Se llenó de júbilo con la noticia.
▶ **elatedly** *adv* jubilosamente

elation /iˈleɪʃn/ *n* euforia

elbow /ˈelbəʊ/ *n* **1** codo **2** recodo
LOC **at your elbow** a mano, al lado **out at (the) elbows** raído **to give sb the elbow** (*coloq*) darle a algn el puntapié, despedir a algn **up to your elbows in sth** ocupadísimo haciendo algo *Ver tb* KNOW, POWER, RUB[1]
■ **elbow** *vt* dar codazos: *She elbowed me in the stomach.* Me dio un codazo en el estómago.
PHR V **to elbow sb (out of the way/aside)**: *He elbowed me out of the way.* Me quitó de en medio a codazos.
to elbow your way into, through, etc (sth): *She elbowed her way through the crowd.* Se abrió paso a codazos a través de la multitud.

elbow grease *n* (*coloq*) trabajo duro: *to put some elbow-grease into sth* trabajar duro en algo

elbow room *n* **1** (*lit*) espacio (para moverse) **2** (*fig*) libertad de acción

elder[1] /ˈeldə(r)/ *adj, pron* (*comp de* **old**) **1** (*de entre dos*) mayor: *my elder brother* mi hermano mayor ◇ *the elder of the two* el mayor de los dos

> **¿Older o elder?**
> Los comparativos más normales de **old** son **older** y **oldest**: *He is older than me.* Es mayor que yo. ◇ *the oldest building in the city* el edificio más antiguo de la ciudad. Cuando se comparan las edades de las personas, sobre todo de los miembros de una familia, **elder** y **eldest** se usan muy a menudo como adjetivos y como pronombres: *my eldest sister* mi hermana la mayor ◇ *Which of them is the elder* (*of the two*)*?* ¿Cuál de ellas (dos) es la mayor? Nótese que **elder** y **eldest** no se pueden usar con **than**, y cuando funcionan como adjetivos solo pueden ir delante del sustantivo.

2 the Elder (*formal*) *Pitt the Elder* Pitt el Viejo ☛ *Comparar con* THE YOUNGER *en* YOUNG
LOC **elder statesman** político muy respetado por su experiencia
■ **elder** *n* **1 my, your, etc elder**: *He is her elder by several years.* Es varios años mayor que ella. **2 elders** [*pl*]: *the village/church elders* los ancianos del pueblo/de la iglesia ◇ *to respect your elders* respetar a los mayores **LOC** *Ver* BETTER

elder[2] /ˈeldə(r)/ *n* saúco

elderberry /ˈeldəberi/ *n* (*pl* **-ies**) baya de saúco

elderflower /ˈeldəflaʊə(r)/ *n* flor de saúco

elderly /ˈeldəli/ *adj* (*eufemismo*) anciano: *He's getting elderly.* Se está haciendo mayor. ☛ *Comparar con* OLD
■ **the elderly** *n* la tercera edad: *The elderly need less sleep.* Los ancianos necesitan dormir menos.

eldest /ˈeldɪst/ *adj, pron* (*superl de* **old**) mayor: *my eldest daughter* mi hija mayor ◇ *the eldest of the three* el mayor de los tres ☛ *Ver nota en* ELDER[1]

elect /ɪˈlekt/ *vt* **1** elegir: *She was elected to Parliament.* La eligieron diputada. ◇ *I was elected as spokesman.* Me eligieron portavoz. *Ver tb* RE-ELECT **2** (*formal*) decidir: *She elected to become a lawyer.* Decidió hacerse abogada.
■ **elect** *adj*: *the president elect* el presidente electo

election /ɪˈlekʃn/ *n* elección: *to stand for election* presentarse como candidato ◇ *a general/local election* elecciones generales/municipales ◇ *election campaign* campaña electoral ◇ *to call/hold an election* convocar/celebrar elecciones ☛ *Ver nota en* BY-ELECTION, ELECCIÓN *Ver tb* GENERAL ELECTION
▶ **electioneering** *n* campaña electoral

elective /ɪˈlektɪv/ *adj* **1** (*asamblea*) electivo **2** (*cargo*) electo **3** (*asignatura*) optativo **4** (*cirugía*) opcional

elector /ɪˈlektə(r)/ *n* elector, -ora

electoral /ɪˈlektərəl/ *adj* electoral: *electoral register/roll* lista electoral

electorate /ɪˈlektərət/ *n* electorado

electric /ɪˈlektrɪk/ *adj* **1 (a)** eléctrico: *It gave me an electric shock.* Me dio una descarga. ◇ *an electric guitar* una guitarra eléctrica ☛ *Ver nota en* ELÉCTRICO *Ver tb* HYDROELECTRIC **(b)** electrificado: *an electric fence* alambrada electrificada **2** (*fig*) electrizante: *The atmosphere was electric.* El ambiente estaba cargada de electricidad.
■ **electric** *n* (*coloq*) sistema eléctrico

electrical /ɪˈlektrɪkl/ *adj* eléctrico ☛ *Ver nota en* ELÉCTRICO
▶ **electrically** *adv*: *electrically operated* accionado por electricidad

electrician /ɪˌlekˈtrɪʃn/ *n* electricista

electricity /ɪˌlekˈtrɪsəti/ *n* **1** electricidad: *electricity meter/bill* contador/recibo de la luz ◇ *to switch off the electricity* cortar la corriente **2** (*fig*) excitación

electrification /ɪˌlektrɪfɪˈkeɪʃn/ *n* electrificación

electrify /ɪˈlektrɪfaɪ/ *vt* (*pret, pp* **-fied**) **1** electrificar: *electrified fencing* cercado electrificado **2** (*fig*) electrizar: *an electrifying performance* una actuación electrizante

electrocute /ɪˈlektrəkjuːt/ *vt* electrocutar(se)
▶ **electrocution** *n* electrocución

electrode /ɪˈlektrəʊd/ *n* electrodo

electrolysis /ɪˌlekˈtrɒləsɪs/ *n* electrólisis

electrolyte /ɪˈlektrəlaɪt/ *n* electrólito

electromagnetic /ɪˌlektrəʊmægˈnetɪk/ *adj* electromagnético

electron /ɪˈlektrɒn/ *n* electrón: *electron microscope* microscopio electrónico

electronic /ɪˌlekˈtrɒnɪk/ *adj* electrónico *Ver tb* E-MAIL
▶ **electronically** *adv* electrónicamente

electronics /ˌɪlekˈtrɒnɪks/ *n* [*sing*] electrónica *Ver tb* MICROELECTRONICS

electroplated /ɪˈlektrəpleɪtɪd/ *vt* galvanizado
▶ **electroplating** *n* galvanoplastia

elegance /ˈelɪgəns/ *n* elegancia

elegant /ˈelɪgənt/ *adj* elegante
▶ **elegantly** *adv*: *He dresses elegantly.* Viste muy elegante.

elegiac /ˌelɪˈdʒaɪək/ *adj* elegíaco

elegy /ˈelədʒi/ *n* elegía

element /ˈelɪmənt/ *n* **1** elemento: *the key elements of/in sth* los elementos clave para/de algo ◇ *the human element* el factor humano **2** [*gen sing*]: *an element of truth* algo de verdad **3** [*gen sing*]: *his natural element* su medio natural **4 the elements** [*pl*] (*formal*) los elementos: *the four elements* los cuatro elementos **5 elements** [*pl*] principios elementales *Ver tb* TRACE ELEMENT
LOC **to be in/out of your element** estar/no estar en tu elemento

elemental /ˌelɪˈmentl/ *adj* (*formal*) **1** elemental **2** (*fuerzas*) de la naturaleza, primario

elementary /ˌelɪˈmentri/ *adj* **1** elemental: *elementary particle* partícula elemental **2** fundamental, básico

elephant /ˈelɪfənt/ *n* elefante **LOC** *Ver* WHITE
▶ **elephantine** /ˌelɪˈfæntaɪn; *USA* -tiːn/ *adj* mastodóntico

elevate /ˈelɪveɪt/ *vt* (*formal*) **1 ~ sth/sb (to sth)** (*lit y fig*) elevar algo/a algn (a algo) **2** (*de rango*) ascender
▶ **elevated** *adj* elevado
elevating *adj* edificante
elevation *n* **1(a)** elevación **(b)** (*de rango*) ascenso **2(a)** altitud **(b)** (*Geog*) elevación **3** (*Arquit*) alzado

elevator /ˈelɪveɪtə(r)/ (*USA*) (*GB* **lift**) *n* ascensor

eleven /ɪˈlevn/ *adj, pron, n* (*número*) once ☛ *Ver ejemplos en* FIVE

▶ **eleventh 1** *adj* undécimo **2** *pron, n* **(a)** el undécimo, la undécima, los undécimos, las undécimas **(b) the eleventh** (*fecha*) el (día) once **(c) the eleventh** (*rey, etc*) once **(d)** (*proporción*) onceavo, onceava parte **3** *adv* undécimo, en undécimo lugar ☛ *Ver ejemplos en* FIFTH **LOC** *Ver* HOUR

elevenses /ɪˈlevnzɪz/ *n* [*gen sing*] (*GB, coloq*) almuerzo (*a media mañana*): *to have elevenses* almorzar

elf /elf/ *n* (*pl* **elves** /elvz/) elfo

▶ **elfin** *adj* **1** (*tipo*) grácil **2** (*lit*) de duendes

elicit /iˈlɪsɪt/ *vt* (*formal*) **1** obtener: *She tried to elicit appropriate responses from her students.* Intentó obtener reacciones adecuadas de los alumnos. **2** provocar

elide /iˈlaɪd/ *vt* elidir

▶ **elision** *n* elisión

eligible /ˈelɪdʒəbl/ *adj*: *to be eligible for sth* tener derecho a algo ◊ *to be eligible to do sth* reunir los requisitos para hacer algo ◊ *an eligible bachelor* un soltero cotizado

▶ **eligibility** *n* elegibilidad: *eligibility for a pension* derecho a recibir una pensión

eliminate /ɪˈlɪmɪneɪt/ *vt* eliminar: *to eliminate a suspect* descartar a un sospechoso ◊ *to eliminate a disease/poverty* erradicar una enfermedad/la pobreza

▶ **elimination** *n* eliminación

elite /eɪˈliːt/ *n* élite: *an elite force* una fuerza de élite

▶ **elitism** *n* elitismo

elitist *adj, n* elitista

Elizabethan /ɪˌlɪzəˈbiːθn/ *adj, n* isabelino

elk /elk/ *n* (*pl* **elk** o **elks**) alce

ellipse /ɪˈlɪps/ *n* elipse

ellipsis /ɪˈlɪpsɪs/ *n* (*pl* **ellipses** /-psiːz/) elipsis

elliptical /ɪˈlɪptɪkl/ (*tb* **elliptic** /ɪˈlɪptɪk/) *adj* elíptico

elm /elm/ *n* **1** (*tb* **elm tree**) olmo **2** (*madera*) olmo

elongate /ˈiːlɒŋgeɪt; *USA* ɪˈlɔːŋ-/ *vt, vi* alargar(se), estirar(se)

▶ **elongated** *adj* alargado, estirado

elope /ɪˈləʊp/ *vi* fugarse con su amante: *They eloped (together).* Se fugaron para casarse.

eloquent /ˈeləkwənt/ *adj* elocuente: *to wax eloquent* extenderse con elocuencia

▶ **eloquently** *adv* con elocuencia

eloquence *n* elocuencia

else /els/ *adv* (*con pronombres interrogativos o negativos y con adverbios*): *Did you see anybody else?* ¿Viste a alguien más? ◊ *Anyone else would do it.* Cualquier otra persona lo haría. ◊ *everyone else* todos los demás ◊ *everything/all else* todo lo demás ◊ *It must have been somebody else.* Ha debido ser otro. ◊ *Nobody else knows.* Nadie más lo sabe. ◊ *Anything else, sir?* ¿Algo más? ◊ *Nothing else, thank you.* Nada más, gracias. ◊ *It must be somewhere else.* Debe estar en otra parte. ◊ *Let's go somewhere else.* Vamos a otro sitio. ◊ *Where else can they be?* ¿Dónde más pueden estar? ◊ *What else?* ¿Qué más? ◊ *How else?* ¿De qué otra manera?/¿Cómo si no? ◊ *There wasn't much else we could have done.* No había mucho más que pudiéramos haber hecho. ◊ *little else* poco más

LOC anybody else cualquier otro: *Anybody else would have refused.* Cualquier otro se habría negado. ◊ *Is there anybody else who can help me?* ¿Hay alguien más que pueda ayudarme? **or else 1** o, o bien, o si no: *Run or else you'll be late.* Corre que vas a llegar tarde. **2** (*coloq*) (*como amenaza*): *Stop that, or else!* ¡Deja de hacer eso, o verás! *Ver tb* PLACE[1]

elsewhere /ˌelsˈweə(r); *USA* -ˈhweər/ *adv* en, a o de otra parte: *to go elsewhere* ir a otra parte ◊ *to be elsewhere* estar en otra parte ◊ *here and elsewhere in Europe* aquí y en otras partes de Europa

ELT /ˌiː el ˈtiː/ *abrev de* **English Language Teaching** Enseñanza de la Lengua Inglesa (a extranjeros)

elucidate /iˈluːsɪdeɪt/ *vt, vi* aclarar, dilucidar

▶ **elucidation** *n* aclaración, dilucidación

elude /iˈluːd/ *vt* **1** (*a un perseguidor*) escaparse de: *He eluded all attempts to capture him.* Evadió cualquier intento de apresarlo. ◊ *Success had always eluded him.* Nunca había logrado el éxito. ◊ *Her name eludes me.* Se me escapa su nombre. **2** (*un golpe*) esquivar **3** (*la mirada de algn*) rehuir **4** (*una responsabilidad*) eludir

elusive /iˈluːsɪv/ *adj* escurridizo: *an elusive word* una palabra difícil de recordar

elves *plural de* ELF

'em /əm/ *pron* (*coloq*) *Ver* THEM

emaciated /ɪˈmeɪʃieɪtɪd/ *adj* demacrado, escuálido

▶ **emaciation** *n* demacración, escualidez

e-mail /ˈiː meɪl/ (*Informát*) *abrev de* **electronic mail** correo electrónico

emanate /ˈeməneɪt/ **1** *vi* **~ from sth/sb** emanar, provenir de algo/algn **2** *vt* emanar: *He emanates greed.* Emana codicia.

▶ **emanation** *n* emanación

emancipate /ɪˈmænsɪpeɪt/ *vt* **~ sb (from sth)** emancipar a algn (de algo)

▶ **emancipated** *adj* emancipado

emancipation *n* emancipación

emasculate /iˈmæskjuleɪt/ *vt* (*formal*) **1** (*fig*) mutilar, cercenar **2** (*lit*) emascular, castrar

embalm /ɪmˈbɑːm; *USA* -bɑːlm/ *vt* embalsamar

embankment /ɪmˈbæŋkmənt/ *n* terraplén, ribazo

embargo /ɪmˈbɑːgəʊ/ *n* (*pl* **~es**) **1** prohibición, embargo: *to put an embargo on sth* prohibir el comercio/uso de algo ◊ *lift/end an embargo on sth* levantar un embargo ◊ *There is an embargo on that subject.* Ese tema es tabú. **2** (*Jur*) embargo

■ **embargo** *vt* (*pret, pp* **~ed** /-gəʊd/) **1** prohibir **2** (*Jur*) embargar

embark /ɪmˈbɑːk/ *vi* **1 ~ (for ...)** embarcar (con rumbo a ...) **2 ~ on sth** (*empezar*) emprender algo; embarcarse en algo

▶ **embarkation** *n* embarque, embarco

embarrass /ɪmˈbærəs/ *vt* **1** avergonzar, turbar, azorar: *It embarrasses me just to think of it!* ¡Me da vergüenza solo de pensarlo! **2** (*causar molestia*) **(a)** poner en un aprieto, desconcertar, incomodar **(b)** (*Fin*) poner en apuros económicos

▶ **embarrassed** *adj* **1** avergonzado, turbado: *He was too embarrassed to ask.* Le daba vergüenza preguntar. ◊ *an embarrassed silence* un silencio incómodo **2** (*molesto*) **(a)** desconcertado **(b)** (*Fin*) con dificultades financieras, en apuros económicos

embarrassing *adj* embarazoso: *It's too embarrassing to repeat.* Me da vergüenza repetirlo.

embarrassingly *adv* embarazosamente

embarrassment *n* **1** vergüenza, desconcierto: *She looked away in embarrassment.* Avergonzada, apartó la mirada. ◊ *(Much) to my embarrassment they left us alone together.* Qué vergüenza sentí cuando nos dejaron a solas. **2** (*persona o cosa que incomoda*) estorbo: *to be an embarrassment to sb* ser un estorbo para algn ◊ *financial embarrassment* apuros económicos

embassy /ˈembəsi/ *n* (*pl* **-ies**) embajada

embattled /ɪmˈbætld/ *adj* **1** (*lit* y *fig, en estado de defensa*) sitiado, asediado **2** (*ejército*) en orden de batalla

embed /ɪmˈbed/ *vt* **(-dd-) 1** (*fig*): *The idea became embedded in his mind.* La idea quedó grabada en su mente. **2** (*dientes, espada, etc*) clavar, hincar **3** (*piedras, joyas, etc*) incrustar **4** empotrar

embellish /ɪmˈbelɪʃ/ *vt* **1** adornar **2** (*la verdad*) aderezar

▶ **embellishment** *n* **1** [*incontable*] decoración, aderezamiento **2** adorno, aderezo

ember /ˈembə(r)/ *n* ascua: *the dying embers of their passion* el rescoldo de su pasión

embezzle /ɪmˈbezl/ *vt* desfalcar
▶ **embezzlement** *n* desfalco
embezzler *n* malversador, -ora

embitter /ɪmˈbɪtə(r)/ *vt* amargar (*a una persona*), agravar (*una disputa*): *embittered teachers* profesores amargados

emblazoned /ɪmˈbleɪzənd/ *adj* **1 ~ with sth** decorado con algo: *The steel door was emblazoned with the family crest.* La puerta de acero llevaba grabado el escudo de la familia. ◊ *His t-shirt was emblazoned with a slogan.* Su camiseta estaba decorada con un slogan. **2 ~ on sth** estampado en algo: *their logo emblazoned on the back* su logotipo estampado en la espalda

emblem /ˈembləm/ *n* emblema

emblematic /ˌembləˈmætɪk/ *adj* **~ (of sth)** (*formal*) emblemático (de algo)

embody /ɪmˈbɒdi/ *vt* (*pret, pp* **-died**) (*formal*) **1** encarnar **2** incorporar
▶ **embodiment** *n* **1** (*persona*) personificación, encarnación **2** (*cosa*) quintaesencia

embolden /ɪmˈbəʊldən/ *vt* (*formal*) infundir valor a: *emboldened by drink* animado/envalentonado por la bebida

emboss /ɪmˈbɒs; *USA* -ˈbɔːs/ *vt* estampar en relieve

embrace /ɪmˈbreɪs/ **1** *vt, vi* abrazar(se): *They embraced (each other).* Se abrazaron. **2** *vt* (*formal*) (*una idea, una religión, etc*) adoptar, acoger **3** *vt* abarcar *Ver tb* ALL-EMBRACING
■ **embrace** *n* abrazo

embroider /ɪmˈbrɔɪdə(r)/ **1** *vt, vi* bordar: *hand-embroidered silk* seda bordada a mano **2** *vt* (*la verdad, los hechos, etc*) adornar
▶ **embroidery** *n* [*incontable*] **1** bordado **2** (*fig*): *A little embroidery made the story entertaining.* Unos pocos adornos hicieron la historia entretenida.

embroil /ɪmˈbrɔɪl/ *vt* enredar: *to become embroiled in an argument* enzarzarse en una disputa

embryo /ˈembriəʊ/ *n* (*pl* **~s**) embrión: *to be at the embryo stage* estar en un estado embrionario
LOC in embryo en embrión
▶ **embryology** *n* embriología
embryologist *n* embriólogo, -a

embryonic /ˌembriˈɒnɪk/ *adj* embrionario: *The scheme is still in its embryonic stage.* El esquema está todavía en un estado embrionario.

emerald /ˈemərəld/ *n* esmeralda
■ **emerald** (*tb* **emerald green**) *adj, n* (verde) esmeralda

emerge /iˈmɜːdʒ/ *vi* **~ (from sth) 1** (*submarino, país, etc*) emerger, salir de algo **2** (*problema*) surgir (de algo) **3** (*información*) aparecer, salir a la luz: *It emerged that ...* Salió a relucir que...
▶ **emergence** *n* aparición, surgimiento
emergent *adj* reciente, naciente

emergency /iˈmɜːdʒənsi/ *n* (*pl* **-ies**) emergencia: *in (the event of) an emergency* en caso de emergencia ◊ *the emergency exit* la salida de emergencia ◊ *emergency landing/stop* aterrizaje/parada de emergencia ◊ *an emergency operation* una operación de urgencia
LOC *Ver* STATE

emergency room *n* (*USA*) (*GB* **accident and emergency department/unit**, **casualty**) sala de urgencias

emeritus /iˈmerɪtəs/ *adj* emérito

emigrate /ˈemɪgreɪt/ *vi* emigrar
▶ **emigrant** *n* emigrante
emigration *n* emigración

émigré /ˈemɪgreɪ; *USA* ˌemɪˈgreɪ/ *n* (*Fr*) emigrado: *political émigré* exiliado

eminence /ˈemɪnəns/ *n* **1** [*incontable*] eminencia, prestigio, renombre: *to achieve eminence in your profession* llegar a ser una eminencia en su profesión **2** **Eminence** Eminencia: *His/Your Eminence* Su Eminencia

eminent /ˈemɪnənt/ *adj* eminente *Ver tb* PRE-EMINENT
▶ **eminently** *adv* altamente: *She's eminently suitable for the job.* Es la persona idónea para el trabajo.

emirate /ˈemɪərət, ˈemɪrət/ *n* emirato

emissary /ˈemɪsəri/ *n* (*pl* **-ies**) emisario, -a

emission /iˈmɪʃn/ *n* (*formal*) emanación, emisión

emit /iˈmɪt/ *vt* (**-tt-**) **1** (*rayos, sonidos, etc*) emitir **2** (*olores, vapores, lava, etc*) despedir

emollient /iˈmɒliənt/ *adj* **1** (*piel*) suavizante, emoliente **2** (*tono, estilo*) tranquilizador, apaciguador
■ **emollient** *n* emoliente

emotion /ɪˈməʊʃn/ *n* **1** emoción: *overcome by/with emotion* rendido de/por la emoción ◊ *a voice filled with emotion* una voz muy emocionada **2** sentimiento *Ver tb* EMOCIÓN
▶ **emotionless** *adj* sin emoción, sin sentimientos: *His face was emotionless.* Su cara no mostró expresión alguna.

emotional /ɪˈməʊʃənl/ *adj* **1** (*problema, estado, etc*) emocional, afectivo **2** emocionado: *to get emotional* emocionarse **3** sensible, emotivo
▶ **emotionally** *adv* **1** emocionalmente: *emotionally deprived* con carencias afectivas ◊ *an emotionally charged atmosphere* un ambiente cargado de emotividad **2** sentimentalmente: *They were emotionally involved.* Tenían una relación sentimental.

emotive /iˈməʊtɪv/ *adj* emotivo

empathy /ˈempəθi/ *n* empatía
▶ **empathize** *vi* **~ (with sb)** identificarse (con algn)

emperor /ˈempərə(r)/ *n* (*fem* **empress** /ˈemprəs/) emperador, emperatriz

emphasis /ˈemfəsɪs/ *n* (*pl* **-ases** /əsiːz/) **~ (on sth)** énfasis (en algo): *to put/lay/place great emphasis on language study* hacer mucho hincapié en la importancia del estudio de la lengua ◊ *This new law reflects a shift of emphasis.* Esta nueva ley refleja un cambio en el orden de prioridades. ◊ *to give special emphasis to a phrase* dar un énfasis especial a una frase ◊ *He laid emphasis on the word 'never'.* Puso énfasis en la palabra "nunca".

emphasize, -ise /ˈemfəsaɪz/ *vt* enfatizar, recalcar: *He emphasized the importance of...* Hizo hincapié en la importancia de... ◊ *The dress emphasized her small waistline.* El vestido acentuaba su pequeña cintura. ◊ *I must emphasize that ...* Debo dejar bien claro que...

emphatic /ɪmˈfætɪk/ *adj* **1** categórico, enfático **2** (*victoria*) absoluto
▶ **emphatically** *adv* categóricamente, inequívocamente

empire /ˈempaɪə(r)/ *n* imperio

empirical /ɪmˈpɪrɪkl/ *adj* empírico
▶ **empirically** *adv* empíricamente
empiricism *n* empirismo
empiricist *n* empírico

employ /ɪmˈplɔɪ/ *vt* **1 ~ sb** emplear a algn: *She's employed as a taxi driver.* Trabaja para una empresa de taxis. *Ver tb* SELF-EMPLOYED **2 ~ sth** (*formal*) utilizar, valerse de algo: *He employed his knife as a lever.* Empleó su cuchillo como palanca.
■ **employ** *n* (*formal*): *to be in the employ of sb* trabajar para algn

employee /ˌemplɔɪˈiː, ɪmˈplɔɪiː/ *n* empleado, -a: *a government employee* un funcionario del gobierno

employer /ɪmˈplɔɪə(r)/ *n* patrón, -ona, empleador, -ora: *The factory is the single largest employer in the town.* La fábrica es la empresa con más empleados de la ciudad. ◊ *Who was your previous employer?* ¿Para quién trabajabas antes? ◊ *trade unions and employers* los sindicatos y la patronal *Ver tb* EQUAL OPPORTUNITIES EMPLOYER

employment /ɪmˈplɔɪmənt/ *n* **1** trabajo, empleo: *to be in employment* tener trabajo ◊ *to take up employment*

ɜː	ə	j	w	eɪ	əʊ	aɪ	aʊ	ɔɪ	ɪə	eə	ʊə
fur	ago	yes	woman	pay	home	five	now	join	near	hair	pure

with sb entrar a trabajar con algn ◊ *Department of Employment* Ministerio de Trabajo ☛ *Ver nota en* WORK[1] **2** (*acción*) empleo, contratación

emporium /emˈpɔːriəm/ *n* (*pl* **~s** o **-ria** /rɪə/) **1** emporio **2** (*USA*) almacén

empower /ɪmˈpaʊə(r)/ *vt* **1** (*Jur*) autorizar, habilitar **2** dar poder (de decisión) a

▶ **empowerment** *n*: *community empowerment* la devolución del control sobre su destino a las comunidades

empress *Ver* EMPEROR

empty /ˈempti/ *adj* **1(a)** vacío **(b)** (*asiento, habitación*) libre **(c)** (*puesto*) vacante **2 ~ of sth** sin algo; falto de algo **3(a)** vano, inútil **(b)** (*frase*) vacío **4** (*coloq*): *I feel empty!* Tengo hambre.

LOC on an empty stomach con el estómago vacío

■ **empty** (*pret, pp* **emptied**) **1** *vt* **~ sth (out) (onto/into sth)** vaciar, verter algo (en algo) **2** *vt* (*habitación, edificio*) desalojar **3** *vt* **~ A of B (a)** sacar B de A **(b)** (*fig*) despojar A de B **4** *vi* **~ (of sth/sb)** vaciarse, quedar vacío **5** *vi* **(a) ~ (from/out of sth) (into/onto sth)** vaciarse (de algo) (en algo) **(b) ~ into sth** (*río*) desembocar en algo

▶ **empties** *n* [*pl*] (*coloq*) **1** (*leche*) cascos, botellas vacías **2** (*bares*) vasos vacíos

emptiness *n* **1** vacío **2** (*fig*) **(a)** inutilidad **(b)** (*frivolidad*) vacuidad

empty-handed /ˌempti ˈhændɪd/ *adj* con las manos vacías

EMU /ˌiː em ˈjuː/ *abrev de* **Economic and Monetary Union** Unión Económica y Monetaria

emulate /ˈemjuleɪt/ *vt* **~ sb (in/at sth)** (*formal*) emular a algn (en algo)

▶ **emulation** *n* emulación

emulsion /ɪˈmʌlʃn/ *n* emulsión

enable /ɪˈneɪbl/ *vt* **1** permitir, hacer posible: *to enable sb to do sth* permitir a algn hacer algo **2** (*jur*) autorizar, habilitar

enact /ɪˈnækt/ *vt* (*formal*) **1** (*Teat*) representar **2** llevar a cabo **3** (*jur*) promulgar, decretar

▶ **enactment** *n* **1(a)** (*jur*) promulgación **(b)** (*Teat*) representación **2** (*ley*) decreto

enamel /ɪˈnæml/ *n* esmalte: *enamel bowl* tazón esmaltado

■ **enamel** *vt* (**-ll-**, *USA* **-l-**) esmaltar

enamoured (*USA* **enamored**) /ɪˈnæməd/ *adj* **~ of/ with sth; ~ of sb** (*formal*) enamorado de algo/algn: *I'm not too enamoured of the idea.* No me seduce mucho la idea.

encamp /ɪnˈkæmp/ *vt, vi* acampar

▶ **encampment** *n* campamento

encapsulate /ɪnˈkæpsjuleɪt/ *vt* (*formal*) **1** encapsular **2** (*fig*) resumir

encase /ɪnˈkeɪs/ *vt* **~ sth (in sth)** (*formal*) encerrar algo (en algo); revestir algo (de algo)

enchant /ɪnˈtʃɑːnt; *USA* -ˈtʃænt/ *vt* maravillar, embelesar: *She was enchanted by his playing.* Su forma de tocar le maravilló.

▶ **enchanting** *adj* encantador

enchantment *n* **1** encantamiento, encanto ☛ *Comparar con* SPELL[1], CHARM **2** (*atractivo*) encanto

encircle /ɪnˈsɜːkl/ *vt* **1** rodear, cercar **2** (*parte del cuerpo*) ceñir **3** (*Mil*) envolver **4** (*mundo*) dar la vuelta a

▶ **encirclement** *n* **1** cerco **2** (*Mil*) envolvimiento

enclave /ˈenkleɪv/ *n* enclave

enclose /ɪnˈkləʊz/ *vt* **1** (*tb* **inclose**) **~ sth (with sth)** cercar algo (de algo): *enclosed garden* jardín vallado **2(a)** (*incluir, meter*) encerrar **(b)** (*restringir*) enclaustrar **3** adjuntar, remitir adjunto: *I enclose.../Please find enclosed ...* Le remito adjunto...

enclosure /ɪnˈkləʊʒə(r)/ *n* **1** (*terreno*) **(a)** cercamiento **(b)** (*tb* **inclosure**) recinto, cercado **2** (*hipódromo*) reservado **3** documento adjunto, anexo

encode /ɪnˈkəʊd/ *vt* **1** cifrar **2** (*Informát*) codificar ☛ *Comparar con* DECODE

encompass /ɪnˈkʌmpəs/ *vt* abarcar, incluir

encore /ˈɒŋkɔː(r)/ *interj* ¡otra!

■ **encore** *n* repetición, bis

encounter /ɪnˈkaʊntə(r)/ *vt* (*formal*) encontrarse con, toparse con

■ **encounter** *n* encuentro

encourage /ɪnˈkʌrɪdʒ/ *vt* **1 ~ sb (in sth/to do sth)** animar, alentar a algn (en algo/a hacer algo) **2** fomentar, estimular **3** incitar

▶ **encouragement** *n* **1 ~ (to sb) (to do sth)** aliento, estímulo (a algn) (para hacer algo) **2 ~ (of/for sth)** fomento (de algo); estímulo (para algo)

encouraging *adj* alentador: *He was very encouraging.* Me dio muchos ánimos.

encouragingly *adv* de forma alentadora: *an encouragingly high proportion* una proporción bastante alta

encroach /ɪnˈkrəʊtʃ/ *vi* **~ (on/upon sth)** (*formal*) **1** (*propiedad, territorio*) invadir (algo) **2(a)** entrometerse (en algo) **(b)** (*tiempo*) quitar (algo) **(c)** (*derechos, libertad*) usurpar (algo); abusar (de algo)

▶ **encroachment** *n* **~ (on/upon sth) 1(a)** usurpación, abuso (de algo) **(b)** (*soledad*) invasión (de algo) **2** (*territorio*) avance (sobre algo); invasión (de algo)

encrust /ɪnˈkrʌst/ *vt* **~ sth (with sth)** incrustar en algo (algo)

encumber /ɪnˈkʌmbə(r)/ *vt* estorbar, cargar: *to be encumbered with sth* tener el estorbo/estar cargado de algo

▶ **encumbrance** *n* estorbo, carga

encyclical /ɪnˈsɪklɪkl/ *n* encíclica

encyclopaedia (*tb* **encyclopedia**) /ɪnˌsaɪkləˈpiːdiə/ *n* enciclopedia

▶ **encyclopaedic** (*tb* **encyclopedic**) *adj* enciclopédico

end[1] /end/ *n* **1** final, extremo: *from one end to the other/ from end to end* de punta a punta ◊ *the end house/ carriage* la última casa/el vagón de cola ◊ *end-product* producto final *Ver tb* DEAD END, OPEN-ENDED, YEAR-END **2(a)** (*hilo, etc*) cabo **(b)** (*palo, etc*) punta **3** zona: *the east end of town* la parte/zona del este de la ciudad **4** (*tiempo*) fin, final: *at the end of* a finales/a fines/al cabo de ◊ *from beginning to end* de principio a fin ◊ *That was the end of her.* Eso fue su final. ◊ *And let that be an end to it!* ¡Y se acabó! *Ver tb* TAIL-END **5** resto: *cigarette end* colilla **6** (*muerte*) fin, final **7** propósito, fin: *with this end in view/to this end* con este propósito **8** (*Dep*) campo, lado: *to change ends* cambiar de campo/lado **9** (*negocio, etc*) parte, aspecto: *the marketing end of the business* la parte comercial del negocio

LOC an end in itself: *Shopping can become an end in itself.* Ir de compras puede convertirse en comprar por comprar. **at the end of the day 1** al fin y al cabo, a la larga **2** (*lit*) al final del día **end to end** punta con punta **in the end** al final **no end of sth** (*coloq*) la mar de algo: *He thinks no end of you.* Te tiene en muy alta estima. **on end 1** de punta **2** *for days on end* durante días seguidos **the be-all and end-all (of sth)** (*coloq*) lo único que importa (en algo) **the end justifies the means** (*refrán*) el fin justifica los medios **(to be) at an end** tocar a su fin, haber terminado (ya) **to be at the end of your tether** no poder más **to be the end** (*coloq*) ser el colmo **to bring sth to an end** terminar algo **to come/draw to an end** terminarse/llegar a su fin **to come to a bad/sticky end** acabar mal **(to go to) the ends of the earth** (ir hasta) el último rincón del mundo **to keep your end up** (*GB, coloq*) defenderse bien, no aflojar **to make (both) ends meet** llegar a fin de mes **to put an end/a stop to sth** acabar con algo, poner fin a algo *Ver tb* BEGINNING *en* BEGIN, BITTER[1], BURN[2], DEEP[1], GOLD, HAIR, HEAR, LIGHT[1], LOOSE, MEANS[1], ODDS, RECEIVE, RIGHT[1], THIN, WIT, WRONG

end[2] /end/ *vt* terminar, acabar *Ver tb* NEVER-ENDING

LOC **to end it all/end your life** suicidarse, poner fin a su vida **to end your days (in sth)** terminar la vida (en algo): *She ended her days in poverty.* Terminó su vida en la pobreza.

PHR V **to end in sth 1** terminar en algo: *The back of the chair ends in a point.* El respaldo de la silla termina en punta. **2** acabar en algo: *Their argument ended in tears.* Su discusión acabó en lágrimas.

to end sth off (with sth/by doing sth) terminar algo (con algo/haciendo algo)

to end up terminar: *After three false starts, she ended up winning the race.* Después de tres salidas nulas, terminó ganando la carrera.

endanger /ɪnˈdeɪndʒə(r)/ *vt* poner en peligro: *Smoking endangers your health.* Fumar perjudica la salud. ◊ *an endangered species* una especie en vías de extinción

endear /ɪnˈdɪə(r)/ *vt* ~ **sb/yourself to sb** (*formal*) hacerse querer de/por algn, granjearle a algn las simpatías de algn: *His authoritarian methods do not endear him to his students.* Sus métodos autoritarios no le granjean las simpatías de sus estudiantes.

endearing /ɪnˈdɪərɪŋ/ *adj* atractivo, simpático

endearment /ɪnˈdɪəmənt/ *n* expresión de cariño: *a term of endearment* un término cariñoso

endeavour (*USA* **endeavor**) /ɪnˈdevə(r)/ *n* (*formal*) esfuerzo

■ **endeavour** *vi* ~ **to do sth** (*formal*) esforzarse por hacer algo

endemic /enˈdemɪk/ *adj, n* endémico

ending /endɪŋ/ *n* **1** (*de un cuento, una película, etc*) final: *a story with a happy ending* una historia con final feliz **2** (*Ling*) desinencia

endive /ˈendaɪv, -dɪv/ *n* **1** escarola **2** (*USA*) *Ver* CHICORY sentido 1

endless /ˈendləs/ *adj* **1** interminable: *endless patience* una paciencia incansable ◊ *an endless choice* infinitas posibilidades **2** sin fin

▶ **endlessly** *adv* interminablemente, sin fin

endocrine /ˈendəkrɪn/ *adj* endocrino

endorse /ɪnˈdɔːs/ *vt* **1** (*decisión*) aprobar **2** (*producto*) apoyar, promocionar **3** (*cheque*) endosar **4** (*GB*) apuntar una sanción en (*el carné de conducir*) **5** (*candidato*) refrendar

▶ **endorsement** *n* **1** aprobación **2** endoso **3** puntos de sanción en el carné de conducir

endow /ɪnˈdaʊ/ *vt* **1** ~ **sb with sth** dotar a algn (de algo): *endowed with authority* dotado de autoridad **2** ~ **sth (with sth)** (*institución, etc*) dotar algo (de fondos)

▶ **endowment** *n* **1** donación **2** don, cualidad

endowment policy *n* plan de pensiones con seguro de vida

endurance /ɪnˈdjʊərəns; *USA* -ˈdʊə-/ *n* resistencia: *powers of endurance* capacidad de aguante ◊ *beyond endurance* inaguantable

endure /ɪnˈdjʊə(r); *USA* -ˈdʊər/ **1** *vt* aguantar, soportar: *He endured his illness with stoicism.* Soportó su enfermedad con estoicismo.

> En negativa es más corriente decir **can't bear** o **can't stand**: *I can't bear her manner of talking.* No aguanto su manera de hablar.

2 *vi* perdurar

▶ **endurable** *adj* soportable

enduring *adj* duradero

end-user /ˌend ˈjuːzə(r)/ *n* destinatario final

endways /ˈendweɪz/ (*tb* **endwise** /ˈendwaɪz/) *adv* **1** de canto **2** (*posición*) uno detrás de otro

enema /ˈenəmə/ *n* enema

enemy /ˈenəmi/ *n* (*pl* **-ies**) enemigo, -a: *enemy ships/planes* barcos/aviones enemigos *Ver tb* ARCH-ENEMY **LOC** *Ver* WORST

energy /ˈenədʒi/ *n* (*pl* **-ies**) **1(a)** [*incontable*] energía: *sources of energy* fuentes de energía ◊ *full of energy* lleno de vitalidad ◊ *energy efficiency* ahorro de energía *Ver tb* HIGH-ENERGY **(b)** [*contable*] (tipo de) energía **2** **energies** [*pl*] energías, fuerzas: *to invest your time and energies in sth* invertir tu tiempo y tus fuerzas en algo

▶ **energetic** /ˌenəˈdʒetɪk/ *adj* enérgico

energetically /ˌenəˈdʒetɪkli/ *adv* con energía, enérgicamente

energize, -ise /ˈenədʒaɪz/ *vt* **1** dar energía a **2** activar

enervate /ˈenəveɪt/ *vt* debilitar

en famille /ˌɒn fæˈmiː/ *adv* (*Fr*) en familia

enfant terrible /ˌɒ̃fɒ̃ teˈriːbl/ *n* (*pl* **enfants terribles**) (*Fr, joc*) enfant terrible

enfold /ɪnˈfəʊld/ *vt* ~ **sth/sb (in/with sth)** (*formal*) envolver algo/a algn (en/con algo)

enforce /ɪnˈfɔːs/ *vt* **1** (*ley*) hacer cumplir: *The police were there to enforce the law.* La policía estaba presente para hacer cumplir la ley. **2** ~ **sth (on sb)** imponer algo (a algn) **3** (*un argumento, etc*) respaldar

▶ **enforceable** *adj* ejecutable

enforced *adj* forzoso, obligatorio

enforcement *n* aplicación: *the enforcement of the rules* la aplicación de las normas *Ver tb* LAW ENFORCEMENT

enfranchise /ɪnˈfræntʃaɪz/ *vt* conceder el derecho al voto a

Eng 1 *abrev de* **engineering/engineer 2** *abrev de* **England/English**

engage /ɪnˈgeɪdʒ/ **1** *vt* ~ **sb (as sth)** (*formal*) contratar a algn (como algo) **2** *vt* **(a)** (*formal*) (*tiempo, pensamientos*) ocupar **(b)** (*atención*) captar **3** *vt, vi* (*formal*) entablar combate (con): *to engage in combat* entablar combate **4** *vi* ~ **(with sth)** (*maquinaria*) engranar (con algo) **5** *vt* (*marcha, embrague*) meter **6** *vi* (*antic* o *formal*) comprometerse

PHR V **to engage (sb) in sth** dedicarse a algo, ocupar a algn en algo

▶ **engaged** *adj* **1** ~ **(to sb)** prometido (en matrimonio) (a algn): *to get engaged* prometerse **2** (*USA* **busy**) (*teléfono*): *to be engaged* estar comunicando **3** (*persona*) ocupado, comprometido **4** (*aseo*) ocupado

engaging *adj* atractivo

engagement /ɪnˈgeɪdʒmənt/ *n* **1(a)** compromiso matrimonial **(b)** noviazgo **2** cita **3** (*formal*) compromiso **4** (*formal*) batalla

engagement ring *n* sortija de compromiso ☞ *Ver nota en* ALIANZA, ANILLO

engender /ɪnˈdʒendə(r)/ *vt* (*formal*) engendrar

engine /ˈendʒɪn/ *n* **1** motor: *The engine has overheated.* El motor se ha sobrecalentado.

> La palabra **engine** se utiliza para referirnos al motor de un vehículo y **motor** para el de los electrodomésticos. **Engine** normalmente es de gasolina y **motor** eléctrico.

Ver tb INTERNAL-COMBUSTION ENGINE, JET ENGINE, STEAM ENGINE, TWIN-ENGINED **2** (*tb* **locomotive**) locomotora: *engine-driver* maquinista **3** (*antic*) máquina *Ver tb* FIRE ENGINE

engineer /ˌendʒɪˈnɪə(r)/ *n* **1** (*abrev* **Eng**) ingeniero, -a **2** técnico, -a **3** (*USA*) maquinista **4** ingeniero, -a militar

■ **engineer** *vt* **1** (*coloq, pey*) maquinar **2** construir

engineering /ˌendʒɪˈnɪərɪŋ/ *n* (*abrev* **Eng**) ingeniería: *electrical/mechanical engineering* ingeniería eléctrica/mecánica ◊ *She is studying engineering.* Estudia ingeniería. *Ver tb* CIVIL ENGINEERING, GENETIC ENGINEERING

English /ˈɪŋglɪʃ/ *adj* (*abrev* **Eng**) inglés: *English castles* los castillos ingleses ◊ *It's an English play.* Es una obra de teatro inglesa.

■ **English** *n* **1** (*idioma*) inglés *Ver tb* OLD ENGLISH **2 the English** [*pl*] los ingleses **LOC** *Ver* PLAIN[1]

English breakfast *n* desayuno inglés

the English Channel (*tb* **the Channel**) *n* el Canal de la Mancha

Englishman /ˈɪŋglɪʃmən/ *n* (*pl* **-men** /-mən/) (*persona*) inglés

Englishwoman /ˈɪŋglɪʃwʊmən/ *n* (*pl* **-women** /-wɪmɪn/) (*persona*) inglesa

engrave /ɪnˈgreɪv/ *vt* **~ B on A/A with B** grabar B en A: *It was engraved with his initials.* Llevaba sus iniciales grabadas.
▶ **engraver** *n* grabador, -ora
engraving *n* grabado

engross /ɪnˈgrəʊs/ *vt* [*gen en pasiva*] absorber: *to be engrossed in your work* estar absorto en el trabajo
▶ **engrossing** *adj* absorbente

engulf /ɪnˈgʌlf/ *vt* (*formal*) **1** (*olas, llamas*) tragarse **2** *the recession that is engulfing the country* la recesión en la que está hundido el país ◊ *engulfed in despair* hundido en la desesperación

enhance /ɪnˈhɑːns; *USA* -ˈhæns/ *vt* **1** aumentar, mejorar **2** (*aspecto, etc*) realzar
▶ **enhancement** *n* aumento, realce

enigma /ɪˈnɪgmə/ *n* enigma
▶ **enigmatic** *adj* enigmático
enigmatically *adv* enigmáticamente

enjoin /ɪnˈdʒɔɪn/ *vt* **~ sb to do sth** (*formal* o *Jur*) ordenar, encarecer a algn que haga algo

enjoy /ɪnˈdʒɔɪ/ *vt* **1(a)** disfrutar de: *Enjoy your meal!* ¡Que aproveche! ☛ *Ver nota en* APROVECHAR **(b)** gustar: *She enjoys playing tennis.* Le gusta jugar al tenis. ☛ *Comparar con* LIKE[1] **2** (*privilegios*) disfrutar de
LOC to enjoy yourself pasarlo bien: *Enjoy yourself!* ¡Que lo pases bien!
▶ **enjoyable** *adj* agradable, divertido
enjoyment *n* satisfacción, disfrute: *He spoiled my enjoyment of the film.* Me arruinó la película.

enlarge /ɪnˈlɑːdʒ/ **1** *vt* ampliar: *to enlarge your circle of friends* ampliar tu círculo de amistades ◊ *to have a photo enlarged* ampliar una foto **2** *vi* **~ on sth** extenderse sobre algo **3** *vt, vi* agrandar(se) **4** *vt* (*poro*) dilatar
▶ **enlarged** *adj* ampliado, dilatado
enlargement *n* ampliación, dilatación
enlarger *n* ampliadora

enlighten /ɪnˈlaɪtn/ *vt* **~ sb (about/as to/on sth)** informar a algn (de algo); aclarar (algo) a algn: *The talk didn't enlighten me about their new policy.* La charla no me aclaró nada sobre su nueva línea política.
▶ **enlightened** *adj* **1** (*persona*) culto, progresista **2** (*política*) inteligente
enlightening *adj* instructivo
enlightenment *n* (*formal*) **1(a)** aclaración **(b)** progresismo **2 the Enlightenment** el Siglo de las Luces

enlist /ɪnˈlɪst/ **1** *vi* **~ (in/for sth)** (*Mil*) alistarse (en algo): *to enlist for service* alistarse **2** *vt* **~ sth/sb (in/for sth)** reclutar algo/a algn (en/para algo): *to enlist sb's help/support* reclutar la ayuda/el apoyo de algn
▶ **enlistment** *n* reclutamiento

enliven /ɪnˈlaɪvn/ *vt* animar

en masse /ˌɒ̃ ˈmæs/ *adv* (*Fr*) en masa

enmeshed /ɪnˈmeʃd/ *adj* **~ (in sth)** enredado (en algo)

enmity /ˈenməti/ *n* (*pl* **-ies**) enemistad

ennui /ɒnˈwiː/ *n* (*formal*) tedio, hastío

enormity /ɪˈnɔːməti/ *n* (*pl* **-ies**) **1** inmensidad **2** (*formal, poco frec*) atrocidad

enormous /ɪˈnɔːməs/ *adj* enorme
▶ **enormously** *adv* enormemente: *I enjoyed it enormously.* Me gustó muchísimo.

enough /ɪˈnʌf/ *adj* **~ sth (for sth/sb)**; **~ sth (to do sth)** suficiente, bastante algo (para algo/algn); algo (para hacer algo): *I have made enough cakes for everyone to have one.* He hecho suficientes pasteles para que os toque uno a todos.

> Nótese que **enough** antecede al sustantivo, o al adjetivo que califique a ese sustantivo: *enough (fresh) bread* bastante pan (del día). Sin embargo, emplearemos **enough of** delante de pronombres, artículos y adjetivos demostrativos y posesivos: *There were enough of us.* Éramos suficientes. ◊ *Have you had enough of the pudding?* ¿Has comido suficiente postre?

LOC enough is enough ¡Ya es suficiente!
■ **enough** *pron* suficiente, bastante: *to be enough* ser suficiente ◊ *That's enough!* ¡Ya basta! ◊ *It was enough to drive you mad.* Era para volverse loco. ◊ *People haven't got enough to eat.* Hay gente que no tiene ni para comer.
LOC to have had enough (of sth/sb) estar harto (de algo/algn)
■ **enough** *adv* **1 ~ (for sth/sb)**; **~ (to do sth/for doing sth)** lo bastante (como para algo/algn); (como para hacer algo): *This jumper is not big enough for you.* Este jersey no es lo bastante grande como para ti. ◊ *Is the river deep enough to swim in/for swimming?* ¿Es el río lo bastante profundo como para nadar? **2** bastante: *She plays well enough for a beginner.* Toca bastante bien para ser principiante.

> Nótese que **enough** siempre aparece después del adjetivo o del adverbio, y **too** delante: *You are not tall enough/You are too small.* Eres demasiado bajo. ◊ *not quickly enough/too slowly* demasiado lento. ☛ *Comparar con* TOO

LOC curiously, oddly, strangely, etc enough... lo curioso, extraño, etc es que...

enquire /ɪnˈkwaɪə(r)/ (*tb* **inquire**) (*formal*) **1** *vt* **~ sth (of sb)** preguntar algo (a algn): *'How are you?', she inquired.* —¿Cómo estás?, preguntó. **2** *vi* **~ (about sth/sb)** pedir información (sobre algo/algn): *to inquire at the information desk* preguntar en información ◊ *to inquire about trains to London* informarse sobre los trenes para Londres ◊ *I'd like inquire whether...* ¿Me podrían decir si...?
PHR V to enquire after sb (*formal*) preguntar por algn
to enquire into sth investigar algo: *The police will be inquiring into the death.* La policía investigará la muerte.
▶ **enquirer** (*tb* **inquirer**) *n* persona que pregunta/pide información: *I placed an advertisement but so far there have been no enquirers.* He puesto un anuncio pero hasta ahora no ha llamado nadie.
enquiring (*tb* **inquiring**) *adj* **1** curioso: *an enquiring mind* una mente curiosa **2** inquisitivo: *an enquiring look* una mirada inquisitiva
enquiringly (*tb* **inquiringly**) *adv* de forma inquisitiva

> Nótese que **enquire**, **enquirer**, **enquiring** y **enquiringly** se utilizan mucho más que **inquire**, **inquirer**, **inquiring** o **inquiringly**.

enquiry (*tb* **inquiry**) /ɪnˈkwaɪəri; *USA* ˈɪnkwəri/ *n* (*pl* **-ies**) **1** (*formal*) pregunta, averiguación: *I made further enquiries about it.* Hice averiguaciones sobre ello. ◊ *All enquiries to...* Razón... ◊ *directory enquiries* información (telefónica) ◊ *enquiries desk* (oficina de) información **2 ~ (into sth)** investigación (sobre algo)

> **¿Enquiry o inquiry?**
> En general, cuando nos referimos a una investigación la palabra que se suele utilizar es **inquiry**, y cuando nos referimos a una pregunta o a la búsqueda de información, la palabra que se suele utilizar es **enquiry**, aunque a menudo los británicos las emplean indistintamente.

enrage /ɪnˈreɪdʒ/ *vt* enfurecer
▶ **enraged** *adj* enfurecido

enraptured /ɪnˈræptʃəd/ *adj* (*formal*) entusiasmado, embelesado

enrich /ɪnˈrɪtʃ/ *vt* **~ sth/sb (with sth)** enriquecer algo/algn (con algo)
▶ **enriching** *adj* enriquecedor
enrichment *n* enriquecimiento

enrol (*tb esp USA* **enroll**) /ɪnˈrəʊl/ **(-ll-) 1** *vt* **~ sb (in/as sth)** inscribir, matricular a algn (en/como algo) **2** *vi* **~ (in/as sth)** inscribirse, matricularse (en/como algo)

▶ **enrolment** (*tb esp USA* **enrollment**) *n* **1** inscripción, matriculación: *enrolment fee* tasa de matrícula **2** número de matrículas

en route /ˌɒn ˈruːt/ *adv* (*Fr*) **1** en/por el camino **2** ~ **from… (to…)** procedente de…(con destino a…) **3** ~ **for…**: *to be en route for…* ir camino de…

ensconce /ɪnˈskɒns/ *vt* (*formal*) instalarse cómodamente: *to be ensconced in an armchair* estar instalado cómodamente en un sillón

ensemble /ɒnˈsɒmbl/ *n* **1** conjunto **2** conjunto musical

enshrine /ɪnˈʃraɪn/ *vt* (*formal*) **1** (*fig*) incluir (*en una ley, etc*): *These basic rights should be enshrined in law.* A estos derechos básicos se les debería dar forma legal. **2** encerrar (*como en un relicario*)

ensign /ˈensən/ *n* **1** enseña: *Red/White Ensign* Enseña Roja/Blanca **2** (*USA*) alférez de fragata

enslave /ɪnˈsleɪv/ *vt* esclavizar

▶ **enslavement** *n* **1** sometimiento a la esclavitud **2** esclavitud

ensnare /ɪnˈsneə(r)/ *vt* coger en una trampa

ensue /ɪnˈsjuː; *USA* -ˈsuː/ *vi* (*formal*) seguir: *the confrontation that ensued* el enfrentamiento que tuvo lugar a continuación ☛ La palabra más normal es **follow**.

▶ **ensuing** *adj* (*formal*) **1** resultante, que tiene lugar a continuación **2** subsiguiente

en suite /ˌɒ̃ ˈswiːt/ *adj* (*Fr*) adjunto: *room with en suite bathroom/with bathroom en suite* habitación con baño

ensure /ɪnˈʃɔː(r)/ (*USA* **insure** /ɪnˈʃʊər/) *vt* asegurar

entail /ɪnˈteɪl/ *vt* **1** suponer, conllevar: *Will it entail any expense?* ¿Supondrá algún gasto? **2** ~ **sth (on sb)** (*Jur*) vincular algo (a algn)

■ **entail** *n* (*Jur*) vínculo

entangle /ɪnˈtæŋgl/ **1** *vt* ~ **sth/sb (in/with sth)** enredar algo/a algn (en/con algo) **2** *v refl* ~ **yourself (in/with sth)** enredarse (en/con algo)

▶ **entanglement** *n* enredo

entente /ɒnˈtɒnt/ *n* entente

enter /ˈentə(r)/ **1** *vt* entrar en: *The thought never entered my head/mind.* La idea ni se me pasó por la cabeza. **2** *vt* **(a)** (*colegio, universidad*) matricularse en **(b)** (*hospital, sociedad*) ingresar en **(c)** (*el ejército*) alistarse en **(d)** ~ **for sth** presentarse a algo (*examen*) **3** *vt* ~ **sth (up) (in sth)** anotar algo (en algo): *to enter data in a computer* meter datos en el ordenador **4** *vt* (*formal*) presentar: *to enter a plea of not guilty* declararse inocente ◊ *to enter a protest* presentar una protesta **5** *vi* (*Teat*) salir: *Enter Hamlet.* Sale Hamlet.

LOC to enter into the spirit of sth entregarse a algo en cuerpo y alma *Ver tb* RE-ENTER

PHR V to enter (sb) for sth inscribir a algn/inscribirse para algo

to enter into sth: *to enter into negotiations with sb* iniciar negociaciones con algn ◊ *to enter into an agreement with sb* llegar a un acuerdo con algn ◊ *to enter into an argument with sb* meterse en una discusión con algn ◊ *to enter into marriage with sb* contraer matrimonio con algn ◊ *to enter into the spirit of things* meterse de lleno en algo ◊ *What he wants doesn't enter into it.* Lo que él quiera no tiene nada que ver. *Ver tb* NAME[1]

enterprise /ˈentəpraɪz/ *n* **1** (*actividad*) empresa: *free enterprise* la libre empresa ◊ *private enterprise* la iniciativa privada ☛ *Comparar con* VENTURE **2** (*cualidad*) iniciativa, espíritu emprendedor, empuje

▶ **enterprising** *adj* emprendedor

enterprisingly *adv* con mucha iniciativa

entertain /ˌentəˈteɪn/ **1** *vt* ~ **sb (with sth)** (*divertir*) entretener a algn (con algo) **2** *vt*, *vi* invitar, recibir (*en casa*): *They do a lot of entertaining.* Reciben mucho. **3** *vt* (*formal*) (*idea*) albergar, acariciar: *I wouldn't entertain it for one minute.* Ni lo tendría en consideración.

▶ **entertainer** *n* artista (*del mundo del espectáculo*)

entertaining *adj* entretenido, divertido

entertainingly *adv* de manera divertida, de forma entretenida

entertainment *n* **1** entretenimiento, diversión: *for your entertainment* para divertirles ◊ *Much to everyone's entertainment…* Para diversión de todos… **2** espectáculo, función *Ver tb* LIGHT ENTERTAINMENT

enthral (*tb esp USA* **enthrall**) /ɪnˈθrɔːl/ *vt* (**-ll-**) embelesar, cautivar

▶ **enthralling** *adj* cautivador

enthrone /ɪnˈθrəʊn/ *vt* entronizar

enthuse /ɪnˈθjuːz; *USA* -θuːz/ *vi* ~ **(about/over sth/sb)** entusiasmarse, estar entusiasmado (por algo/algn); extasiarse (ante algo/algn)

enthusiasm /ɪnˈθjuːziæzəm; *USA* -ˈθuː-/ *n* ~ **(for/about sth) 1** entusiasmo (por algo) **2** (*objeto de gran interés*) pasión

▶ **enthusiast** *n* ~ **(for/about sth)** entusiasta (por algo); apasionado de algo

enthusiastic *adj* **1** entusiástico **2** ~ **(about/over sth/sb)** (*persona*) entusiasta (por algo/algn): *to be enthusiastic about sth* estar entusiasmado por algo

enthusiastically *adv* con entusiasmo

entice /ɪnˈtaɪs/ *vt* tentar, atraer: *to entice sb into spending money/to spend money* tentar a algn a gastar dinero ◊ *to entice sb (away) (from sth/sb)* inducir mañosamente a algn (a dejar algo/a algn)

▶ **enticement** *n* **1** (*acción*) tentación, atracción **2** (*algo que atrae*) tentación, atractivo

enticing *adj* tentador, seductor

entire /ɪnˈtaɪə(r)/ *adj* entero, todo, completo: *in entire agreement* en total acuerdo

▶ **entirely** *adv* totalmente, enteramente, completamente: *She was entirely to blame.* Tenía toda la culpa. ◊ *I don't entirely agree.* No estoy del todo de acuerdo. ◊ *based entirely on supposition* basado nada más que en hipótesis

entirety *n* totalidad: *in its entirety* en su totalidad

entitle /ɪnˈtaɪtl/ *vt* **1** ~ **sb to (do) sth** dar derecho a algn a (hacer) algo: *to be entitled to sth* tener derecho a algo ◊ *She felt entitled to a rest.* Pensaba que se merecía un descanso. ◊ *I am entitled to an explanation.* Se me debe una explicación. **2** [*gen en pasiva*] (*libro*) titulado: *The book is entitled…* El libro se titula…

▶ **entitlement** *n* derecho

entity /ˈentəti/ *n* (*pl* **-ies**) entidad, ente *Ver tb* NONENTITY

entomb /ɪnˈtuːm/ *vt* sepultar, enterrar

entourage /ˌɒntuˈrɑːʒ/ *n* [*v sing o pl*] séquito

entrails /ˈentreɪlz/ *n* [*pl*] entrañas, tripas

entrance[1] /ˈentrəns/ *n* **1** ~ **(to sth)** entrada (de algo): *entrance hall* vestíbulo **2(a)** ~ **(into/onto sth)** (*acción de entrar*) entrada (en algo) **(b)** (*Teat*) entrada (*en escena*) **3** ~ **(to sth)** ((*derecho de*) *admisión*) entrada, ingreso, acceso (a algo)

entrance[2] /ɪnˈtrɑːns; *USA* -ˈtræns/ *vt* ~ **sb (by/with sth)** encantar, hechizar a algn (con algo): *entranced by its beauty* extasiado ante su belleza

▶ **entrancing** *adj* encantador

entrance ramp (*USA*) (*GB* **slip road**) *n* carretera de acceso a la autopista

entrant /ˈentrənt/ *n* **1** ~ **(for sth)** participante (en algo) **2** *university entrants* los que ingresan en la universidad ◊ *an illegal entrant* uno que ha ingresado ilegalmente

entrap /ɪnˈtræp/ *vt* (**-pp-**) **1** atrapar **2** ~ **sb (into doing sth)** engañar, entrampar a algn (para hacer algo)

entreat /ɪnˈtriːt/ *vt* (*formal*) rogar, suplicar: *to entreat sb to do sth* suplicar a algn que haga algo

entreaty /ɪnˈtriːti/ *n* súplica, ruego

entrench (*tb* **intrench**) /ɪnˈtrentʃ/ *vt* **1** (*Mil*) atrincherar **2** (*a veces ofen, fig*) arraigar: *entrenched ideas* ideas arraigadas

entrepreneur /ˌɒntrəprəˈnɜː(r)/ *n* **1** empresario **2** (*intermediario*) contratista
▶ **entrepreneurial** *adj* empresarial
entrust /ɪnˈtrʌst/ *vt* **~ sb with sth/sth to sb** confiar algo a algn
entry /ˈentri/ *n* (*pl* **-ies**) **1 ~ (into sth)** entrada, ingreso (en algo) **2 ~ (to sth)** entrada, ingreso, acceso (a algo): *No entry.* Prohibido el paso. **3** entrada, vestíbulo **4(a)** (*diario*) apunte, anotación **(b)** (*diccionario*) entrada, artículo **(c)** (*Fin*) partida, asiento **5 ~ (for sth)** (*concursante*) **(a)** (*persona*) participante (en algo): *an entry form* (un boleto de) inscripción **(b)** (*cosa*) presentación (para algo) **(c)** (*número total de participantes*) participación
entwine /ɪnˈtwaɪn/ *vt* **1 ~ sth with sth** entrelazar, entretejer algo con algo: *their fingers entwined* sus dedos entrelazados **2 ~ A round B** enroscar B de A
enumerate /ɪˈnjuːməreɪt; *USA* ɪˈnuː-/ *vt* enumerar
▶ **enumeration** *n* enumeración
enunciate /ɪˈnʌnsieɪt/ *vt, vi* **1** (*palabras*) pronunciar, articular **2** (*teoría*) enunciar
▶ **enunciation** *n* articulación, enunciación
envelop /ɪnˈveləp/ *vt* **~ sth/sb (in sth)** envolver algo/a algn (en algo): *negotiations enveloped in secrecy* negociaciones rodeadas de secreto
▶ **envelopment** *n* envolvimiento
envelope /ˈenvələʊp, ˈɒn-/ *n* sobre
enviable /ˈenviəbl/ *adj* envidiable
▶ **enviably** *adv* de forma envidiable
envious /ˈenviəs/ *adj* envidioso: *to be envious of* tener envidia de/envidiar ◊ *It makes me envious.* Me da envidia.
▶ **enviously** *adv* con envidia
environment /ɪnˈvaɪrənmənt/ *n* **1** entorno, ambiente **2 the environment** el medio ambiente
▶ **environmental** *adj* medio ambiental, del medio ambiente: *environmental protection* conservación del medio ambiente
environmentalism *n* ecologismo
environmentalist *n* ecologista
environmentally *adv* en el aspecto ecológico: *environmentally friendly* que no perjudique el medio ambiente
environs /ɪnˈvaɪrənz/ *n* [*pl*] (*formal*) alrededores, cercanías, inmediaciones
envisage /ɪnˈvɪzɪdʒ/ *vt* **1** prever **2** imaginar(se), concebir
envoy /ˈenvɔɪ/ *n* enviado, -a
envy /ˈenvi/ *n* (*pl* **-ies**) **~ (of sb)**; **~ (at/of sth)** envidia (de algn); (de algo)
LOC to be the envy of sb ser la envidia de algn *Ver tb* GREEN
■ **envy** *vt* (*pret, pp* **envied**) envidiar: *I envy you.* Te envidio. ◊ *I don't envy (him) his money problems.* No (le) envidio sus problemas económicos.
enzyme /ˈenzaɪm/ *n* enzima
eon *n Ver* AEON
EP /ˌiː ˈpiː/ (*pl* **EPs**) (*Mús*) *abrev de* **extended play (record)** disco sencillo de larga duración
epaulette (*tb esp USA* **epaulet**) /ˈepəlet/ *n* charretera
ephemeral /ɪˈfemərəl/ *adj* efímero
▶ **ephemera** *n* (*formal*) **1** (*lit*) objetos coleccionables que no tienen valor por sí mismos, sino como parte de una colección **2** (*fig, ret*) algo sin valor
epic /ˈepɪk/ *n* épica, epopeya
■ **epic** *adj* épico
epicentre (*USA* **epicenter**) /ˈepɪsentə(r)/ *n* epicentro
epidemic /ˌepɪˈdemɪk/ *n* epidemia
■ **epidemic** *adj* epidémico: *The use of drugs is now reaching epidemic proportions.* El consumo de drogas está alcanzando proporciones alarmantes.
epidermis /ˌepɪˈdɜːmɪs/ *n* epidermis
epidural /ˌepɪˈdjʊərəl/ (*tb* **epidural anaesthetic**) *n* anestesia epidural
epigram /ˈepɪɡræm/ *n* epigrama
▶ **epigrammatic** *adj* epigramático
epigraph /ˈepɪɡrɑːf/ *n* epígrafe
epilepsy /ˈepɪlepsi/ *n* epilepsia
▶ **epileptic** *adj, n* epiléptico, -a: *an epileptic fit* un ataque epiléptico
epilogue /ˈepɪlɒɡ/ (*USA* **epilog** /-lɔːɡ/) *n* epílogo
Epiphany /ɪˈpɪfəni/ *n* (*pl* **-ies**) el día de Reyes
episcopal /ɪˈpɪskəpl/ *adj* (*formal*) episcopal
episode /ˈepɪsəʊd/ *n* episodio
▶ **episodic** *adj* episódico
epistle /ɪˈpɪsl/ *n* epístola
epitaph /ˈepɪtɑːf; *USA* -tæf/ *n* epitafio
epithet /ˈepɪθet/ *n* epíteto
epitome /ɪˈpɪtəmi/ *n*
LOC to be the epitome of sth ser la más pura expresión de algo: *to be the epitome of virtue* ser la virtud en persona
▶ **epitomize, -ise** *vt* personificar, tipificar
epoch /ˈiːpɒk; *USA* ˈepək/ *n* (*formal*) época
▶ **epoch-making** *adj* (*formal*) que hace época, trascendental
eponymous /ɪˈpɒnəməs/ *adj* del mismo nombre, epónimo
equable /ˈekwəbl/ *adj* (*formal*) **1** (*clima*) uniforme **2** (*persona, temperamento*) sereno
▶ **equably** *adv* serenamente
equal /ˈiːkwəl/ *adj* **1** igual (*equivalente*): *Divide the cake into equal parts.* Divide la tarta en partes iguales. ◊ *The two things are of equal importance.* Las dos cosas tienen igual importancia. ◊ *equal amounts of flour and sugar* cantidades iguales de harina y azúcar **2** igualdad de: *equal opportunities* igualdad de oportunidades ◊ *equal pay* igualdad de salarios
LOC on equal terms (with sb) a la misma altura (que algn) **to be equal to sth; to be equal to doing sth** estar a la altura de algo, tener fuerzas para hacer algo *Ver tb* THING
■ **equal** *n* igual: *You won't see his equal again.* No verás otro igual.
■ **equal** *vt* (**-ll-**) (*USA* **-l-**) **1** igualar: *to equal the Olympic record* igualar el récord olímpico ◊ *Her insensitivity is equalled only by her arrogance.* Su falta de sensibilidad solo es igualada por su arrogancia. **2** (*Mat*): *Thirteen plus twenty-nine equals forty-two.* Trece más veintinueve son cuarenta y dos.
equality /iˈkwɒləti/ *n* igualdad: *sex equality* igualdad entre los sexos
equalize, -ise /ˈiːkwəlaɪz/ **1** *vi* lograr el empate **2** *vt* igualar, equiparar
▶ **equaliser** *n* tanto del empate: *It was Jim who scored the equaliser.* Fue Jim el que marcó el gol del empate.
equally /ˈiːkwəli/ *adv* **1** igualmente: *They're both equally boring.* Los dos son igual de aburridos. **2** equitativamente: *They divided up the cake equally into ten pieces.* Dividieron la tarta en diez trozos iguales. **3** además
equal opportunities employer *n* empresario que no discrimina
equanimity /ˌekwəˈnɪməti/ *n* ecuanimidad
equate /iˈkweɪt/ **1** *vt* **~ sth (to/with sth)** equiparar, comparar algo (con algo) **2** *vi* **~ with sth** corresponder a algo
equation /ɪˈkweɪʒn/ *n* ecuación
equator /ɪˈkweɪtə(r)/ *n* (*Geog*) ecuador ☛ *Ver ilustración en* GLOBO
▶ **equatorial** *adj* ecuatorial
equestrian /ɪˈkwestriən/ *adj* (*formal*) ecuestre
■ **equestrian** *n* (*formal*) jinete
equidistant /ˌiːkwɪˈdɪstənt/ *adj* **~ (from sth)** (*formal*) equidistante (de algo)
equilateral /ˌiːkwɪˈlætərəl/ *adj* equilátero: *equilateral*

triangle triángulo equilátero ☛ *Ver ilustración en* TRIANGLE

equilibrium /ˌiːkwɪˈlɪbriəm, ˌek-/ *n* equilibrio

equine /ˈekwaɪn/ *adj (formal)* equino

equinox /ˈiːkwɪnɒks, ˈek-/ *n* equinoccio

equip /ɪˈkwɪp/ **(-pp-)** *vt* **~ sth/sb (with sth) (for sth) 1** equipar, proveer algo/a algn (con/de algo) (para algo): *They equipped him with all the gear for the expedition.* Le proveyeron de todo lo necesario para la expedición. **2** *(fig)* preparar algo/a algn (con algo) (para algo): *well-equipped* bien preparado *Ver tb* ILL-EQUIPPED

equipment /ɪˈkwɪpmənt/ *n [incontable]* equipo, equipamiento: *office equipment* material de oficina

equitable /ˈekwɪtəbl/ *adj (formal)* equitativo, justo

▸ **equitably** *adv* equitativamente

Equity /ˈekwɪti/ *n (GB)* sindicato de actores: *Equity card* tarjeta del sindicato de actores

equity /ˈekwəti/ *n (pl* **-ies***)* **1** equidad, imparcialidad **2** *(Fin)* **(a)** *(accionista)* patrimonio neto **(b)** *(empresa)* capital propio **3 equities** *[pl] (Fin)* acciones (de interés variable) **4** *(hipoteca)*: *to have negative equity* tener una hipoteca mayor que el valor de la propiedad

equivalent /ɪˈkwɪvələnt/ *adj, n* **~ (to sth)** equivalente (a algo): *to be equivalent to sth* equivaler a algo

▸ **equivalence** *n* equivalencia

equivocal /ɪˈkwɪvəkl/ *adj* equívoco, ambiguo

equivocate /ɪˈkwɪvəkeɪt/ *vi* no dar una respuesta clara, usar equívocos

▸ **equivocation** *n* **1** uso de evasivas para confundir a la gente **2** evasiva

ER *abrev de* **Elizabeth Regina**

ER es el sello real de la Reina Isabel que se encuentra en buzones, cascos de policía, etc.

era /ˈɪərə/ *n* era

eradicate /ɪˈrædɪkeɪt/ *vt* erradicar

eradication /ɪˌrædɪˈkeɪʃn/ *n* erradicación

erase /ɪˈreɪz; *USA* ɪˈreɪs/ *vt* **~ sth (from sth)** borrar algo (de algo): *to erase the memory from your mind* borrar el recuerdo de tu cabeza ◊ *to erase computer information* borrar datos del ordenador

Nótese que con las marcas de lápiz se utiliza **rub out**.

eraser /ɪˈreɪzə(r); *USA* -sər/ *n (esp USA)* goma (de borrar)

Eraser se utiliza sobre todo en Estados Unidos, en Gran Bretaña es más normal decir **rubber**.

'ere /ɪə/ *adv (coloq) Ver* HERE[1]

erect /ɪˈrekt/ *vt* erigir, levantar

■ **erect** *adj* erguido: *an erect penis* un pene erecto

erection /ɪˈrekʃn/ *n* **1** erección: *to get/have an erection* tener una erección **2** *(formal)* construcción

ergonomics /ˌɜːɡəˈnɒmɪks/ *n* ergonomía

ERM /ˌiː ɑːr ˈem/ *abrev de* **Exchange Rate Mechanism** Sistema Monetario Europeo

erm /əm/ *(tb* **um***) interj (vacilación, duda)* eh ..., este ..., esto ...

ermine /ˈɜːmɪn/ *n (pl* **ermine** *o* **~s***)* (piel de) armiño

erode /ɪˈrəʊd/ *vt* **1** erosionar **2** *(fig)* reducir, debilitar

erogenous /ɪˈrɒdʒənəs/ *adj* erógeno

erosion /ɪˈrəʊʒn/ *n* erosión

▸ **erosive** *adj* erosivo

erotic /ɪˈrɒtɪk/ *adj* erótico

▸ **erotically** *adv* voluptuosamente

eroticism /ɪˈrɒtɪsɪzəm/ *n* erotismo

err /ɜː(r); *USA* eər/ *vi (formal)* errar: *The estimates erred by 25%.* Los presupuestos erraron en un 25%.

LOC to err on the side of sth pecar por exceso de algo: *They erred on the side of caution.* Pecaron por exceso de prudencia.

errand /ˈerənd/ *n* **1** recado: *to run errands for sb* hacer recados para algn **2** misión: *I've come on a special errand.* He venido en una misión especial.

errant /ˈerənt/ *adj (antic, joc)* infame: *an errant husband* un marido aventurero

erratic /ɪˈrætɪk/ *adj (gen pey)* **1** irregular: *The electricity supply is somewhat erratic.* El suministro eléctrico es un tanto irregular. ◊ *erratic behaviour* comportamiento irregular **2** *(persona)* imprevisible

▸ **erratically** *adv* irregularmente

erroneous /ɪˈrəʊniəs/ *adj (formal)* erróneo

▸ **erroneously** *adv* erróneamente

error /ˈerə(r)/ *n (formal)* error: *He made several errors and lost the game.* Cometió varios errores y perdió el partido. ◊ *The letter was sent to you in error.* Se te envió la carta por equivocación. ☛ *Ver nota en* MISTAKE[1]

LOC an error of judgement: *to make an error of judgement* cometer un error de cálculo **(to see/realize) the error of your ways**: *He used to be a thief, but now he's seen the error of his ways.* Era un ladrón, pero ahora se ha dado cuenta de sus propios errores. *Ver tb* TRIAL

erstwhile /ˈɜːstwaɪl/ *adj (antic o formal)* antiguo: *her erstwhile colleague/companion* su antiguo colega/compañero

erudite /ˈerudaɪt/ *adj (formal)* erudito

erudition /ˌeruˈdɪʃn/ *n* erudición

erupt /ɪˈrʌpt/ *vi* **1** *(volcán)* entrar en erupción **2** *(fig)* estallar: *Violence has erupted on the streets.* Ha estallado la violencia en las calles.

eruption /ɪˈrʌpʃn/ *n* **1** *(volcán)* erupción **2** *(fig)* estallido

escalate /ˈeskəleɪt/ **1** *vt, vi* aumentar: *Production costs have escalated.* Se ha producido una escalada de los costes de producción. **2** *vt, vi* intensificar: *The union intends to escalate the action.* El sindicato tiene la intención de intensificar la huelga. **3** *vi* **~ into sth**: *There are fears that the disturbances might escalate into civil war.* Se teme que los disturbios degeneren en guerra civil.

escalation /ˌeskəˈleɪʃn/ *n* escalada: *an escalation of violence* una escalada de violencia

escalator /ˈeskəleɪtə(r)/ *n* escalera mecánica

escapade /ˌeskəˈpeɪd, ˈeskəpeɪd/ *n* aventura

escape /ɪˈskeɪp/ **1** *vi* **(a) ~ (from sth/sb)** escapar(se), fugarse (de algo/algn): *Two prisoners have escaped from jail.* Se han escapado dos presos de la cárcel. ◊ *She narrowly escaped death.* Escapó por pelos de la muerte. **(b)** salir: *They escaped unharmed.* Salieron ilesos. ◊ *He escaped with slight injuries.* Sufrió lesiones de poca gravedad. **(c) ~ into sth** *(fig)* refugiarse en algo: *to escape into a dream world* refugiarse en un mundo de fantasía **2** *vt* evitar, librarse de: *to escape punishment* evitar un castigo ◊ *Where can we go to escape the crowds?* ¿Dónde podemos ir para evitar el gentío? ◊ *There's no escaping the fact that...* No se puede evitar el hecho de que... **3** *vi (gas, líquido)* fugarse **4** *vt*: *Nothing escapes you.* No se te escapa nada. ◊ *Her name escapes me.* No me acuerdo de su nombre. ◊ *to escape detection* pasar desapercibido

LOC to escape sth/sb's control escapar del control de algo/algn **to escape (sb's) notice** pasar inadvertido: *It won't have escaped your notice that I've been very busy recently.* Habrás observado que he estado muy ocupado recientemente. *Ver tb* LIGHTLY

■ **escape** *n* **1 ~ (from sth)** fuga (de algo): *their escape from prison* su fuga de la cárcel ◊ *to make your escape* darse a la fuga **2** *(de gas, fluido)* escape **3** *[sing] (fig)* escapatoria *Ver tb* FIRE ESCAPE

LOC (to have) a narrow/lucky escape: *That was a lucky escape!* ¡Nos libramos por suerte! ◊ *to have a narrow escape* librarse por poco

▸ **escapee** /ɪˌskeɪˈpiː/ *n* fugitivo, -a

escapist /ɪˈskeɪpɪst/ *adj* escapista: *The film is escapist fantasy.* La película es una fantasía de evasión.

▸ **escapism** *n (gen pey)* evasión, escapismo: *It offered a form of escapism from everyday life.* Ofrecía una vía de escape de la vida cotidiana.

escarpment /ɪˈskɑːpmənt/ *n* escarpadura

eschew /ɪsˈtʃuː/ *vt* (*formal*) prescindir de: *to eschew political discussion* evitar discusiones políticas

escort¹ /ˈeskɔːt/ *n* **1** escolta **2** (*formal*) acompañante: *escort agency* agencia de chicos/chicas de compañía

escort² /ɪˈskɔːt/ *vt* **~ sb (to sth)** acompañar a algn (a algo): *He escorted her home.* La acompañó a casa.

ESL /ˌiː es ˈel/ (*Educ*) *abrev de* **English as a Second Language** Inglés como Segunda Lengua

esophagus *n* (*USA*) *Ver* OESOPHAGUS

esoteric /ˌesəʊˈterɪk, ˌiːsəʊ-/ *adj* (*formal*) esotérico

ESP /ˌiː es ˈpiː/ **1** (*Educ*) *abrev de* **English for Special Purposes** Inglés para fines específicos **2** *abrev de* **extrasensory perception**

esp *abrev de* **especially**

espadrille /ˈespədrɪl/ *n* alpargata

espalier /ɪˈspæliə(r); *USA* ɪˈspæljər/ *n* espaldera (*jardinería*)

especial /ɪˈspeʃl/ *adj* (*poco frec*) especial, excepcional: *a matter of especial interest* un asunto de especial interés

especially /ɪˈspeʃəli/ *adv* (*abrev* **esp**) **1** sobre todo, especialmente: *He likes dogs, especially poodles.* Le encantan los perros, sobre todo los caniches. **2** en particular, especialmente: *She's not an especially tall woman.* No es una mujer especialmente alta.

¿Especially o specially?
Nótese que **especially** y **specially** se utilizan muchas veces indistintamente y a menudo son difíciles de distinguir en el habla. Sin embargo, el uso de **especially** es mucho más normal cuando significa "sobre todo" o "en particular": *We go there a lot, especially in summer.* Vamos mucho, sobre todo en verano. ◊ *It wasn't especially cold.* No hacía especialmente frío.
Specially se utiliza mucho más cuando queremos expresar que algo se hace con un propósito específico. Nótese que en este sentido a menudo precede a un participio: *specially designed for schools* diseñado especialmente para los colegios ◊ *specially for you* especialmente para ti.

Esperanto /ˌespəˈræntəʊ/ *n* esperanto

espionage /ˈespiənɑːʒ/ *n* espionaje *Ver tb* COUNTER-ESPIONAGE

esplanade /ˌespləˈneɪd/ *n* explanada (*paseo marítimo*)

espouse /ɪˈspaʊz/ *vt* (*formal*) adoptar (*idea, doctrina, etc*)
▶ **espousal** *n* **~ (of a cause, doctrine, etc)** adhesión (a una causa, doctrina, etc)

espresso /eˈspresəʊ/ *n* (*pl* **~s**) café exprés

esprit de corps /eˌspriː də ˈkɔː(r)/ *n* (*Fr*) solidaridad, espíritu de compañerismo

espy /ɪˈspaɪ/ *vt* (*pret, pp* **espied**) (*antic* o *joc*) divisar, atisbar

Esquire /ɪˈskwaɪə(r); *USA* ˈes-/ *n* (*abrev* **Esq**) (*formal*) Señor

Esquire (o **Esq**) se puede poner detrás del apellido de un hombre: *John Baker Esq* Sr. D. John Baker.
Es equivalente a **Mr** (aunque Mr va seguido del nombre), pero solo se usa en lenguaje formal escrito, especialmente en sobres.

essay /ˈeseɪ/ *n* **1** (*Liter*) ensayo **2** (*colegio*) trabajo
▶ **essayist** *n* ensayista

essence /ˈesns/ *n* **1(a)** meollo: *the essence of the problem* el meollo del problema **(b)** personificación: *to be the essence of sth* ser la personificación de algo **2** esencia: *vanilla/almond essence* esencia de vainilla/almendra
LOC **in essence** esencialmente **of the essence**: *Time is of the essence.* El tiempo es de la mayor importancia.

essential /ɪˈsenʃl/ *adj* **1 ~ (to/for sth)** imprescindible (para algo) **2** fundamental: *What is the essential theme of the play?* ¿Cuál es el tema fundamental de la obra? **3** esencial: *essential oil* aceite esencial
■ **essential** *n* **1** algo imprescindible: *A knowledge of French is an absolute essential.* Son indispensables conocimientos de francés. **2** lo esencial: *the essentials of English grammar* lo esencial de la gramática inglesa ◊ *the bare essentials* lo estrictamente necesario
▶ **essentially** *adv* básicamente, esencialmente

est (*tb* **estd**) *abrev de* **established** fundado

establish /ɪˈstæblɪʃ/ **1** *vt* (*empresa*) fundar **2** *vt* (*dictadura, etc*) establecer: *to establish diplomatic relations* establecer relaciones diplomáticas **3** *vt* (*hecho, motivo, etc*) establecer: *We've established his innocence.* Hemos establecido su inocencia. **4** *v refl* **~ (yourself)** establecerse: *It took her a while to get herself established.* Le llevó un tiempo hacerse con un nombre.
▶ **established** *adj* **1** (*negocio*) sólido **2** (*práctica, tradición*) establecido **3** (*religión*) oficial **4** (*hecho*) comprobado: *It's an established fact...* Es un hecho comprobado que... *Ver tb* WELL-ESTABLISHED

establishment /ɪˈstæblɪʃmənt/ *n* **1** establecimiento **2** institución: *a research establishment* un centro de investigación ◊ *military establishment* instalación militar **3** (*formal*) plantilla: *We have a large establishment.* Tenemos una plantilla numerosa. **4 the Establishment** (*GB*) la clase dirigente, el sistema

estate /ɪˈsteɪt/ *n* **1** (*finca*) propiedad: *He owns a large estate in Scotland.* Tiene una propiedad muy grande en Escocia. **2** (*GB*) **(a)** (*tb* **housing estate**) urbanización **(b)** (*tb* **industrial estate**) polígono industrial *Ver tb* COUNCIL ESTATE, TRADING ESTATE **3** (*bienes*) herencia, patrimonio: *Her estate was divided between her four children.* Se dividió su herencia entre sus cuatro hijos. **4** (*formal, Hist*) estado: *the three estates of the Realm* los tres estados del reino ◊ *the fourth estate* la prensa

estate agent (*USA* **real estate agent**) *n* **1** (*persona*) agente inmobiliario **2 estate agent's** (*tienda*) agencia inmobiliaria ☛ *Ver nota en* CARNICERÍA

estate (car) (*USA* **station wagon**) *n* (coche modelo) ranchera ☛ *Ver ilustración en* AUTOMÓVIL

esteem /ɪˈstiːm/ *vt* apreciar: *I esteem his work highly.* Aprecio mucho su trabajo.
■ **esteem** *n* estima: *He's gone down in my esteem.* Ya no siento el aprecio que sentía por él. *Ver tb* SELF-ESTEEM
LOC **to hold sth/sb in high/low esteem** estimar algo/a algn en mucho/poco

esthete *n* (*USA*) *Ver* AESTHETE
▶ **esthetic** *adj, adv* (*USA*) *Ver* AESTHETIC
esthetics *n* (*USA*) *Ver* AESTHETICS

estimable /ˈestɪməbl/ *adj* (*formal*) estimable

estimate¹ /ˈestɪmət/ *n* **1** cálculo (*aproximado*): *according to some estimates* según algunos cálculos **2** valoración **3** (*cálculo previo*) presupuesto

estimate² /ˈestɪmeɪt/ *vt* calcular: *She estimated that the work would take three months.* Calculó que el trabajo llevaría tres meses. ◊ *There are an estimated 2 000 drug addicts in the region.* Se calcula que hay unos 2.000 drogadictos en esta región. ◊ *estimated time of arrival* hora de llegada prevista

estimation /ˌestɪˈmeɪʃn/ *n* juicio: *in my estimation* a mi juicio
LOC **to go up/down in sb's estimation** ganarse/perder la estima de algn: *She's gone up/down in my estimation.* Ahora tengo mejor/peor opinión de ella.

estrange /ɪˈstreɪndʒ/ *vt*: *his estranged wife* su mujer, de la que está separado
LOC **to be estranged from sb** vivir separado de algn
▶ **estrangement** *n* **1** alejamiento **2** (*pareja*) separación

estrogen /ˈestrədʒən/ *n* (*USA*) *Ver* OESTROGEN

estuary /ˈestʃuəri; *USA* -ʊeri/ *n* (*pl* **-ies**) estuario: *the Thames estuary* el estuario del Támesis

ETA /ˌiː tiː ˈeɪ/ *abrev de* **estimated time of arrival** hora de llegada prevista

et al /et 'æl/ (*Lat*) *abrev de* **et alia** y otros
etcetera /ɪt'setərə, et-/ (*abrev* **etc**) *adv* etcétera
etch /etʃ/ **1** *vt, vi* (*Arte*) grabar (al aguafuerte) **2** *vt* (*fig*) grabar: *The incident remained etched on her memory*. El incidente permaneció grabado en su memoria. ◊ *Her face was etched with suffering.* Tenía el sufrimiento grabado en la cara.
▶ **etching** *n* **1** (*arte*) grabado al aguafuerte **2** (*cuadro*) grabado
eternal /ɪ'tɜːnl/ *adj* eterno
LOC the eternal triangle el clásico triángulo amoroso
▶ **eternally** *adv* **1** eternamente: *I'm eternally grateful to you.* Te estaré eternamente agradecido. **2** para siempre
eternity /ɪ'tɜːnəti/ *n* (*pl* **-ies**) eternidad: *It seemed an eternity before the police arrived.* Pareció transcurrir una eternidad hasta que llegó la policía.
ethanol /'eθənɒl/ *n* etanol
ether /'iːθə(r)/ *n* éter
▶ **ethereal** *adj* etéreo
ethic /'eθɪk/ *n* **1** ética: *the work ethic* la ética del trabajo **2 ethics** [*pl*] ética: *medical ethics* ética médica
▶ **ethical** *adj* ético: *an ethical dilemma* un dilema ético
ethically *adv* de manera ética
ethnic /'eθnɪk/ *adj* étnico: *ethnic minorities* minorías étnicas ◊ *people from all ethnic groups* gentes de todas las razas ◊ *ethnic cleansing* limpieza étnica
▶ **ethnically** *adv* **1** (*dividido, problemático*) por razones étnicas **2** desde el punto de vista étnico
ethnicity *n* (*pl* **-ies**) origen étnico
ethnography /eθ'nɒgrəfi/ *n* etnografía
▶ **ethnographer** *n* etnógrafo, -a
ethnographic *adj* etnográfico
ethos /'iːθɒs/ *n* (*formal*) **1** carácter, espíritu: *in keeping with the ethos of the time* de acuerdo con el espíritu de los tiempos **2** actitud
etiquette /'etɪket, -kət/ *n* etiqueta: *professional etiquette* honor profesional
Etruscan /ɪ'trʌskən/ *adj, n* etrusco, -a
etymology /ˌetɪ'mɒlədʒi/ *n* etimología
▶ **etymological** *adj* etimológico
EU /ˌiː 'juː/ *abrev de* **the European Union**
eucalyptus /juːkə'lɪptəs/ *n* (*pl* **~es** *o* **-lypti** /-'lɪptaɪ/) **1** (*tb* **eucalyptus tree**) eucalipto **2** (*tb* **eucalyptus oil**) bálsamo de eucalipto
the Eucharist /'juːkərɪst/ *n* la Eucaristía
eulogize, -ise /'juːlədʒaɪz/ *vt, vi* ~ **(over/about) sth** (*formal*) elogiar algo
eulogy /'juːlədʒi/ *n* elogio, encomio
eunuch /'juːnək/ *n* eunuco
euphemism /'juːfəmɪzəm/ *n* eufemismo
▶ **euphemistic** *adj* eufemístico
euphemistically *adv* eufemísticamente
euphoria /juː'fɔːriə/ *n* euforia
▶ **euphoric** *adj* eufórico
euro /'jʊərəʊ/ *n* (*pl* **~s**) euro
eurocheque /'jʊərəʊtʃek/ *n* eurocheque
Euro-MP /'jʊərəʊ empiː/ *n* (*pl* **Euro-MPs**) eurodiputado, -a *Ver tb* MEP
Europe /'jʊərəp/ *n* Europa
European /ˌjʊərə'piːən/ *adj, n* europeo, -a: *the European Currency Unit* (*ECU*) la unidad monetaria de la CEE *Ver tb* INDO-EUROPEAN
the European Economic Community *n* (*abrev* **EEC**) la Comunidad Económica Europea

Nótese que desde 1992 se llama **the European Union** o **the EU**.

the European Union *n* (*abrev* **EU**) la Unión Europea
Eustachian tube /juːˌsteɪʃn 'tjuːb/ *n* (*Anat*) tubo de Eustaquio ☛ *Ver ilustración en* OÍDO
euthanasia /ˌjuːθə'neɪziə; *USA* -'neɪʒə/ *n* eutanasia
evacuate /ɪ'vækjueɪt/ **1** *vt* evacuar (*a personas*): *to evacuate sb from... to...* evacuar a algn de... a... **2** *vi* retirarse
▶ **evacuation** *n* evacuación
evacuee /ɪˌvækju'iː/ *n* evacuado, -a
evade /ɪ'veɪd/ *vt* evadir, eludir: *to evade the issue* evadir el tema/esquivar la pregunta
evaluate /ɪ'væljueɪt/ *vt* evaluar: *to evaluate the damage* calcular los daños
▶ **evaluation** *n* evaluación, cálculo *Ver tb* SELF-EVALUATION
evaluative *adj* estimativo
evanescent /ˌiːvə'nesnt; *USA* ˌev-/ *adj* (*formal*) evanescente
▶ **evanescence** *n* evanescencia
evangelical /ˌiːvæn'dʒelɪkl/ *adj, n* evangélico, -a
▶ **evangelicalism** *n* evangelismo
evangelism /ɪ'vændʒəlɪzəm/ *n* evangelismo
evangelist /ɪ'vændʒəlɪst/ *n* evangelista
▶ **evangelistic** *adj* evangélico
evangelize, -ise /ɪ'vændʒəlaɪz/ *vt, vi* evangelizar
evaporate /ɪ'væpəreɪt/ **1** *vt, vi* (*lit*) evaporar(se) **2** *vi* (*fig*) evaporarse, esfumarse
▶ **evaporation** *n* evaporación
evaporated milk *n* leche evaporada
evasion /ɪ'veɪʒn/ *n* **1** evasión: *tax evasion* evasión de impuestos **2** (*pretexto*) evasiva
evasive /ɪ'veɪsɪv/ *adj* evasivo
LOC to take evasive action realizar una acción evasiva
▶ **evasively** *adv* de manera evasiva
evasiveness *n* lo evasivo: *accused of evasiveness* acusado de ser evasivo
eve /iːv/ *n* víspera ☛ *Ver nota en* VÍSPERA *Ver tb* CHRISTMAS EVE NEW YEAR'S EVE
LOC on the eve of sth 1 (*lit*) la víspera de algo **2** (*fig*) en vísperas de algo
even[1] /'iːvn/ *adj* **1** (*valor, puntuación, competición*) igual, igualado, equilibrado: *Our scores are now even.* Ahora vamos iguales. **2** (*número*) par: *even or odd* par o impar **3** (*superficie*) llano, liso **4** (*sin desigualdades*) igual, uniforme **5** (*a la misma altura*) nivelado **6** (*sin variaciones*) constante, uniforme: *with an even step* a paso uniforme ◊ *an even temperature* una temperatura constante **7** (*tb* **even-tempered**) (*carácter, etc*) ecuánime, sereno
LOC an even chance (of doing sth): *There's an even chance of us winning.* Tenemos un cincuenta por ciento de posibilidades de ganar. **on an even keel**: *to get back on an even keel* volver a una situación estable *Ver tb* HONOUR
■ **even** *v*
PHR V to even out allanar(se), nivelar(se)
to even sth out/up nivelar algo, equilibrar algo, compensar algo
even[2] /'iːvn/ *adv* **1** [*uso enfático*] aun, hasta, incluso: *Even a child can understand it.* Hasta un niño lo puede entender. ◊ *Everyone fell silent – even the children.* Todos se callaron, hasta los niños. ◊ *It was cold there even in July.* Aun en julio hacía frío allí. ◊ *It's unattractive, even ugly/ugly even.* Es poco atractivo, incluso feo. **2 not ~** ni siquiera: *He didn't even open the letter.* Ni siquiera abrió la carta. **3** (*con adj o adv comparativo*) aún, todavía: *even less than I do* aún menos que yo ◊ *even faster* aún más rápido
LOC even as (*formal*) en el mismo momento que, mientras **even better 1** aún más: *I like this one even better.* Esta me gusta aún más. **2** lo que es mejor: *And even better, I've passed.* Y lo que es mejor, he aprobado. **even if/though** aunque, aun cuando **even now/then 1** aun ahora, aun entonces: *Even now he won't believe me.* Aun ahora no quiere creerme. ◊ *Even then I couldn't do it.* Aun así no podría hacerlo. **2** (*formal*) (*con tiempos continuos*) en este/ese mismo momento: *The troops are*

even now preparing to march into the city. En este mismo momento las tropas están preparándose para entrar en la ciudad. **even so** aun así, no obstante **even worse** aún peor **to be/get even (with sb)** ajustar las cuentas (con algn) **to break even** quedar en paz, amortizar

even-handed /ˌiːvn ˈhændɪd/ *adj* imparcial, justo

evening /ˈiːvnɪŋ/ *n* **1** tarde: *the evening meal* la cena ◊ *long winter evenings* largas tardes de invierno ◊ *an evening paper* un periódico vespertino *Ver tb* GOOD EVENING **2** noche: *tomorrow evening* mañana por la noche ◊ *an evening class* una clase nocturna **3** (*reunión*) velada **4** (*formal, fig*) atardecer: *in the evening of his life* en el atardecer de su vida ☛ *Ver nota en* MORNING, NOCHE, TARDE

evening dress *n* **1** (*de mujer*) traje de noche **2** (*de hombre*) traje de etiqueta

the evening star *n* lucero de la tarde, estrella vespertina

evenly /ˈiːvənli/ *adv* **1** regularmente, de modo uniforme **2** (*repartir, etc*) equitativamente: *evenly matched* igualado ◊ *evenly balanced* equilibrado

evenness /ˈiːvənnəs/ *n* **1** igualdad, regularidad **2** (*de carácter*) serenidad, ecuanimidad **3** lo nivelado

evensong /ˈiːvnsɒŋ/ *n* (*Relig*) vísperas

event /ɪˈvent/ *n* **1** suceso, acontecimiento *Ver tb* NON-EVENT **2** (*deporte*) prueba *Ver tb* FIELD EVENTS, TRACK EVENTS **3** espectáculo: *a theatrical event* un espectáculo teatral ◊ *a charitable event* un espectáculo/certamen con fines benéficos

LOC **at all events/in any event** en todo caso **in either event** en cualquier caso **in that event** en ese caso **in the event** al final, llegado el momento: *In the event I had enough money to pay.* Al final, tuve bastante dinero para pagar. **in the event of sth** en caso de (que) *Ver tb* TURN², WISE

▸ **eventful** *adj* memorable

eventual /ɪˈventʃuəl/ *adj* final, consiguiente: *their eventual aim of exporting abroad* su objetivo final es exportar al extranjero ◊ *the eventual winners of the tournament* el equipo que acabó victorioso en el torneo ◊ *He is hopeful about the eventual outcome.* Tiene esperanzas en el resultado final.

Nótese que para traducir la palabra española *eventual* utilizamos **temporary** o **possible**.

▸ **eventually** *adv* al fin: *They'll get round to it eventually.* Acabarán por ponerse a ello.

eventuality /ɪˌventʃuˈæləti/ *n* (*pl* **-ies**) (*formal*) eventualidad

ever /ˈevə(r)/ *adv* **1** alguna vez: *Has it ever happened before?* ¿Ha pasado ya alguna vez? ◊ *Have you ever been to England?* ¿Has estado alguna vez en Inglaterra? ◊ *Do you ever see him?* ¿Quedas con él? ◊ *Would you ever go parachuting?* ¿Te tirarías en paracaídas? ☛ *Ver nota en* ALWAYS **2** (*en frases negativas*) nunca, jamás: *nothing ever happens* nunca pasa nada ◊ *hardly ever* con poca frequencia ☛ *Ver nota en* ALWAYS, NUNCA **3** (*precedido por comparativos o superlativos*): *better/more than ever* mejor/más que nunca ◊ *the best/highest ever* el mejor/más alto que se ha visto jamás **4(a)** siempre: *for ever (and ever)* para siempre (jamás) ◊ *They lived happily ever after.* Fueron felices y comieron perdices. ◊ *Her novels are as popular as ever.* Sus novelas tienen el éxito de siempre. **(b)** *ever the realist* siempre realista ◊ *ever-changing landscape* paisaje que cambia continuamente ◊ *the ever-present fear* el temor que siempre está presente **5** (*antes de comparativo*) (*formal*) cada vez más: *His debts grew ever larger.* Sus deudas aumentaban cada día. **6** (*coloq*): *What ever do you mean?* ¿Qué demonios quieres decir?

LOC **all sb ever does** (*pey*): *All they ever do is moan.* Lo único que hacen es quejarse. **(as) bad, good, well, etc as ever** tan malo, bueno, bien, etc como siempre: *Public interest was as strong as ever.* El interés público seguía tan fuerte como siempre. **did you ever(...)!** (*coloq*) ¿habrase visto(...)?: *Did you ever see such a thing?* ¿Se vio jamás tal cosa? **ever since(...)** **1** desde que(...): *ever since the 19th century* a partir del siglo XIX **2** *ever since (that time)* desde entonces **ever so/ever such (a...)** (*esp GB, coloq*) muy: *He's ever so nice/ever such a nice man.* Es simpatiquísimo. ◊ *Thanks ever so (much).* Muchísimas gracias. **ever so many** tantísimos **for ever and a day**; **for ever and ever** (*ret*) por siempre jamás *Ver tb* FOREVER **if ever there was one** como no hay otro

evergreen /ˈevəgriːn/ *n* planta de hoja perenne

■ **evergreen** *adj* **1** (*planta, árbol*) de hoja perenne ☛ *Comparar con* DECIDUOUS **2** (*fig*) imperecedero

ever-growing /ˌevə ˈgrəʊɪŋ/ (*tb* **ever-increasing**) *adj* que va en continuo aumento

ever-increasing /ˌevər ˈɪŋkriːsɪŋ/ (*tb* **ever-growing**) *adj* que va en continuo aumento

everlasting /ˌevəˈlɑːstɪŋ; *USA* -ˈlæst-/ *adj* **1** eterno **2** (*pey*) interminable

evermore /ˌevəˈmɔː(r)/ *adv* (*formal*) eternamente: *for evermore* por siempre jamás

every /ˈevri/ *adj* **1** todos (los): *almost every child in the class* casi todos los niños de la clase **2** todo (posible): *You have every right to complain.* Tienes toda la razón para quejarte. ◊ *I have every one (in the set).* Los tengo todos (del juego). **3** (*con sentido enfático*) cada: *He enjoyed every minute.* Disfrutó cada instante. ◊ *every (single) time* cada vez **4** (*indicando frecuencia*) cada: *every 10 minutes* cada 10 minutos ☛ *Ver nota en* EACH

LOC **every now and again/then** de vez en cuando **every other** **1** todos los demás **2** (*con tiempo o fecha*) alterno: *every other week* una semana sí y otra no ◊ *every other day* un día sí y otro no

everybody /ˈevribɒdi/ (*tb* **everyone** /ˈevrɪwʌn/) *pron* todos, todo el mundo: *Everybody knows that.* Todo el mundo lo sabe. ◊ *everyone else* todos los demás ◊ *Everyone does it their own way.* Cada uno lo hace de su propio modo.

Everybody, **anybody** y **somebody** llevan el verbo en singular, pero suelen ir seguidos por un pronombre o adjetivo posesivo en plural (p. ej. 'they' y 'their'), salvo en lenguaje formal: *Somebody has left their coat behind.* Alguien se ha dejado el abrigo.

everyday /ˈevrideɪ/ *adj* **1** cotidiano: *for everyday use* para uso diario **2** (*fig*) ordinario: *an everyday occurrence* un suceso de todos los días ◊ *everyday life* la vida rutinaria **3** corriente: *This word is in everyday use.* Esta palabra se usa todos los días.

Everyday solo se usa antes de un sustantivo. No se debe confundir con la expresión **every day**, que significa *todos los días*.

everything /ˈevriθɪŋ/ *pron* **1** todo: *He thinks of everything.* Piensa en todo. ◊ *Is everything all right (with you)?* ¿Te va bien todo? **2** lo más importante: *You are everything to me.* Tú lo eres todo para mí.

LOC **everything in the garden is lovely** (*refrán*) todo va sobre ruedas *Ver tb* CARRY, KITCHEN, WAY¹

everywhere /ˈevriweə(r)/ (*USA, coloq* **everyplace** /ˈevrɪpleɪs/) *adv* (en/a/por) todas partes: *I've looked everywhere.* He mirado por todas partes. ◊ *everywhere you go* dondequiera que vayas

LOC **here, there and everywhere** por todas partes

evict /ɪˈvɪkt/ *vt* **~ sb (from sth)** desahuciar a algn (de algo)

▸ **eviction** *n* **~ (from sth)** desahucio (de algo): *an eviction order* una orden de desahucio

evidence /ˈevɪdəns/ *n* **1** [*incontable*] (*derecho*) **(a) ~ (to do sth/that...)** pruebas, hechos para hacer algo/que: *insufficient evidence to prove him guilty* falta de pruebas para establecer su culpabilidad ◊ *incriminating evidence* pruebas comprometedoras ◊ *to have evidence to* *support/that will support a claim* tener hechos que sustentan una reclamación **(b)** testimonio: *to give evidence for/against sb* prestar declaración a favor/en contra de algn **2 ~ of sth** señal, indicio de algo: *The room bore evidence of a struggle.* La habitación mostraba las señales de una lucha.

LOC on the evidence of sth en vista de algo: *on the evidence of what you've just told me* en vista de lo que me acabas de decir **(to be) in evidence** estar bien visible: *The military was much in evidence.* Se veían muchos militares.

■ **evidence** *vt (formal)* demostrar, probar: *this is evidenced by the fact that...* se demuestra por el hecho de que...

evident /ˈevɪdənt/ *adj* **~ (to sb) (that...)** evidente (a algn)(que...): *their evident concern* su manifiesta preocupación *Ver tb* SELF-EVIDENT

▶ **evidently** *adv* **1** obviamente: *Evidently she's not coming.* Por lo visto, no vendrá. **2** según parece

evil /ˈiːvl/ *adj* **1(a)** malvado, maligno, malo: *an evil spirit* un espíritu maligno **(b)** maléfico, funesto: *to be an evil influence on sb* ejercer una funesta influencia sobre algn ◊ *the Evil One* el demonio **2** horrible: *an evil temper* un humor horrible ◊ *evil-smelling* maloliente

LOC (to give sb/to have) the evil eye (echarle a algn/tener) mal de ojo **(to have) an evil tongue** (tener) una lengua viperina **to put off the evil day, hour, etc** posponer el día, la hora, etc de algo funesto *Ver tb* POSTPONE

■ **evil** *n (formal)* **1** maldad **2** mal: *the evils of drink* los estragos de la bebida ◊ *Taxation is a necessary evil.* Los impuestos son un mal necesario.

LOC hear no evil, see no evil, speak no evil *(refrán)* ver, oír y callar *Ver tb* LESSER

evince /ɪˈvɪns/ *vt (formal)* manifestar

evocation /ˌiːvəʊˈkeɪʃn/ *n (formal)* evocación

evocative /ɪˈvɒkətɪv/ *adj* **~ (of sth)** evocador (de algo)

evoke /ɪˈvəʊk/ *vt* **1** *(recuerdos etc)* evocar **2** *(formal) (compasión etc)* provocar

evolution /ˌiːvəˈluːʃn; *USA* ˌev-/ *n* **1(a)** *(Biol)* evolución **(b)**: *the evolution of language* la evolución del lenguaje **2** *(fig)* desarrollo

▶ **evolutionary** *adj (formal)* **1** evolutivo **2** evolucionista

evolve /iˈvɒlv/ **1** *vi* **(a)** *(Biol)* evolucionar **(b)** desarrollarse **2** *vt (formal)* desarrollar

ewe /juː/ *n* oveja hembra ☛ *Ver ilustración en* OVEJA

ex[1] /eks/ *n (coloq) (pl* **~es, ~'s***)* ex *(mujer/novio, etc)*

ex[2] /eks/ *prep (poco frec)* **1** *(Com)*: *price ex factory/works* precio en fábrica (sin contar gastos etc) **2** sin: *ex dividend* sin dividendo ◊ *ex VAT* sin IVA

ex- /eks/ *pref* ex, antiguo: *an ex-convict* un ex presidiario ◊ *my ex-husband/wife* mi ex marido/mujer ◊ *the ex-President* el ex presidente ◊ *an ex-pupil of mine* un antiguo alumno mío

exacerbate /ɪgˈzæsəbeɪt/ *vt (formal)* exacerbar

exact[1] /ɪgˈzækt/ *adj* exacto: *56 to be exact* 56 para ser exacto ◊ *very exact instructions* instrucciones muy precisas ◊ *his exact words* sus palabras textuales

▶ **exactitude** /ɪgˈzæktɪtjuːd; *USA* -tuːd/ *n (formal)* exactitud *(exagerada)*

exactness *n* exactitud *(precisa)*

exact[2] /ɪgˈzækt/ *vt* **1 ~ sth (from sb) (a)** lograr (obtener) algo (de algn) **(b)** exigir algo (a algn) **2** *(formal)* exigir **LOC** *Ver* REVENGE

▶ **exacting** *adj* exigente, que exige mucho

exactly /ɪgˈzækt/ *adv* exactamente: *at exactly the right moment* justo en el momento oportuno ◊ *exactly the opposite* justo lo contrario ◊ *at exactly seven o'clock* a las siete en punto ◊ *What exactly did he say?* ¿Precisamente que fue lo que dijo?

LOC exactly! ¡cabal! **not exactly** *(coloq, irón)* que digamos: *She's not exactly beautiful, (rather plain in fact).* No es bonita, que se diga, (algo fea más bien).

exaggerate /ɪgˈzædʒəreɪt/ *vt* exagerar

▶ **exaggerated** *adj* exagerado

exaggeratedly *adv* de forma exagerada

exaggeration *n* exageración: *without any exaggeration* sin exagerar

exalt /ɪgˈzɔːlt/ *vt (formal)* **1** elevar, exaltar **2** ensalzar

▶ **exaltation** *n* **1** júbilo **2** ensalzamiento, exaltación

exalted *adj (formal)* elevado, exaltado

exam /ɪgˈzæm/ *n (coloq, Educ)* examen **LOC** *Ver* SIT

examination /ɪgˌzæmɪˈneɪʃn/ *n* **1** *(tb* **exam***)* *(Educ)* examen: *to sit/take an examination* presentarse a/hacer un examen ◊ *to pass/fail an examination* aprobar/suspender un examen **2** *(Med)* reconocimiento, revisión **3** inspección: *On closer examination...* Al examinarlo más de cerca... **4** examen: *forensic examination* examen forense **5** interrogatorio

LOC under examination bajo consideración

examine /ɪgˈzæmɪn/ *vt* **1(a)** examinar: *They examined his skin for blemishes.* Le examinaron la piel para ver si tenía manchas. **(b)** inspeccionar *Ver tb* RE-EXAMINE **2 ~ sb (in/on sth)** *(formal)* examinar a algn (de algo): *to examine students in mathematics* examinar de matemáticas a los alumnos **3** *(Jur)* interrogar **LOC** *Ver* HEAD[1]

examiner /ɪgˈzæmɪnə(r)/ *n* examinador, -ora **LOC** *Ver* SATISFY

examining magistrate *n* juez de instrucción

example /ɪgˈzɑːmpl; *USA* -ˈzæmpl/ *n* **1** *(lit* y *fig)* **(a)** ejemplo: *His bravery should be an example to all of us.* Su valor debería servir de ejemplo a todos. **(b)** escarmiento: *Let this be an example to you.* Que te sirva de escarmiento. **2(a)** ejemplar: *It is a fine example of Norman architecture.* Es un hermoso ejemplar de arquitectura normanda. **(b)** muestra

LOC for example *(abrev* **eg***)* por ejemplo **to make an example of sb** darle un castigo ejemplar a algn **to set (sb) an example/set a good, bad, etc example (to sb)** dar ejemplo (a algn)/dar buen, mal ejemplo (a algn) *Ver tb* FOLLOW

exasperate /ɪgˈzæspəreɪt/ *vt* exasperar

▶ **exasperated** *adj* exasperado

exasperating *adj* exasperante

exasperation *n* exasperación

excavate /ˈekskəveɪt/ *vt, vi* **1** *(formal)* excavar **2** desenterrar

▶ **excavation** *n* excavación

excavator /ˈekskəveɪtə(r)/ *n* **1** *(persona)* excavador, -ora **2** *(máquina)* excavadora

exceed /ɪkˈsiːd/ *vt* **1** *(cantidad)* exceder: *The price will not exceed £100.* El precio no excederá 100 libras. ◊ *to exceed the speed limit* exceder el límite de velocidad **2** *(fig)* superar: *Their success exceeded all expectations.* Su éxito superó todas las expectativas. **3** excederse en: *He has exceeded his authority.* Se ha excedido en el uso de su autoridad.

exceedingly /ɪkˈsiːdɪŋli/ *adv* sumamente

excel /ɪkˈsel/ *vi* **(-ll-) ~ in/at sth** sobresalir, destacar en algo: *to excel in foreign languages* sobresalir en idiomas

LOC to excel yourself superarse a sí mismo

excellence /ˈeksələns/ *n* **~ (in sth)** excelencia (en algo) *Ver tb* PAR EXCELLENCE

Excellency /ˈeksələnsi/ *n* excelencia: *His Excellency the French Ambassador* Su Excelencia el Embajador de Francia

excellent /ˈeksələnt/ *adj* excelente

▶ **excellently** *adv* de manera excelente: *It suited me excellently.* Me convenía estupendamente.

except[1] /ɪkˈsept/ *prep* **1 ~ (for sth/sb)** excepto, menos, salvo (algo/algn): *The restaurant is open every day except Monday.* El restaurante se abre todos los días excepto los lunes. **2 ~ for** si no fuera por

▶ **except that** *conj* si no fuera porque: *I'd stay longer except that I have to work.* Me quedaría un rato más si no fuera porque tengo que trabajar.

except[2] /ɪk'sept/ *vt* **~ sth/sb (from sth)** (*formal*) exceptuar algo/a algn (de algo) *Ver tb* PRESENT[1]

exception /ɪk'sepʃn/ *n* excepción: *an exception to a rule of grammar* una excepción a una regla gramatical

LOC the exception proves the rule (*refrán*) la excepción que confirma la regla **to make an exception (of sth/sb)** hacer una excepción (de algo/algn) **to take exception to sth** ofenderse por algo **with the exception of sth/sb** a excepción de algo/algn

exceptional /ɪk'sepʃənl/ *adj* excepcional

▶ **exceptionally** *adv* excepcionalmente: *an exceptionally high number of...* un número excepcional de...

excerpt /'eksɜːpt/ *n* **~ (from sth)** extracto (de algo)

excess /ɪk'ses/ *n* **1 ~ of sth** exceso de algo: *an excess of enthusiasm, anger, etc* un exceso de entusiasmo, furia, etc ◊ *excess baggage* exceso de equipaje **2** lo sobrante, lo excedente **3** (*esp GB*) (*seguros*) franquicia **4 excesses** [*pl*] (*formal*) excesos

LOC to be in excess of sth exceder de algo: *Luggage in excess of 100 kg will be charged extra.* El equipaje que exceda de 100 kilos se pagará aparte. **to excess** excesivamente, en exceso

■ **excess** *adj*: *the dangers of excess sunlight* los peligros del exceso de sol

excessive /ɪk'sesɪv/ *adj* excesivo

▶ **excessively** *adv* excesivamente

exchange /ɪks'tʃeɪndʒ/ *n* **1** cambio, intercambio: *the exchange of prisoners during a war* el intercambio de prisioneros durante una guerra *Ver tb* PART EXCHANGE **2** intercambio de palabras: *angry exchanges between the government and the opposition* violentos intercambios de palabras entre el gobierno y la oposición **3** (*Fin*) cambio: *What's the rate of exchange?* ¿A cómo está el cambio? ◊ *the exchange rate* el tipo de cambio *Ver tb* FOREIGN EXCHANGE **4** (*Com*) bolsa: *futures exchanges* mercados de futuros *Ver tb* CORN EXCHANGE, LABOUR EXCHANGE, THE STOCK EXCHANGE, TELEPHONE EXCHANGE

LOC in exchange for sth a cambio de algo

■ **exchange** *vt* **1 ~ A for B; ~ sth (with sb)** cambiar A por B; algo (con algn): *He exchanged the blue jumper for a red one.* Cambió el jersey azul por otro rojo. **2** intercambiar: *They exchanged glances.* Sus miradas se cruzaron.

LOC to exchange (angry, etc) words intercambiar palabras (de enfado, etc)

the Exchequer /ɪks'tʃekə(r)/ *n* (*GB*) Ministerio de Economía y Hacienda, el tesoro público ☛ *Ver págs 584–5*

excise[1] /'eksaɪz/ *n* impuesto de consumo, impuestos internos: *customs and excise* departamento de impuestos de aduanas y consumos ☛ *Comparar con* CUSTOMS

excise[2] /ɪk'saɪz/ *vt* (*formal, lit y fig*) extirpar

excitable /ɪk'saɪtəbl/ *adj* excitable

excite /ɪk'saɪt/ *vt* **1** excitar: *Don't excite yourself.* No te excites. **2 ~ sb (to sth)** (*formal*) provocar a algn (a que haga algo): *to excite a riot* provocar disturbios **3 ~ sth (in sb)** provocar, suscitar algo (en algn): *to excite great interest* provocar gran interés

▶ **excited** *adj* excitado, emocionado, entusiasmado: *It's nothing to get excited about.* No hay de qué emocionarse.

excitedly *adv* con excitación

excitement /ɪk'saɪtmənt/ *n* **1** emoción, conmoción: *The news caused great excitement.* La noticia causó gran emoción. **2** excitación

exciting /ɪk'saɪtɪŋ/ *adj* emocionante: *These are exciting times.* Son tiempos emocionantes.

▶ **excitingly** *adv*: *excitingly new* nuevo y emocionante

exclaim /ɪk'skleɪm/ *vi* exclamar

▶ **exclamation** /ˌekskləˈmeɪʃn/ *n* exclamación

exclamation mark (*USA* **exclamation point**) *n* signo de admiración ☛ *Ver págs 592–3*

exclude /ɪk'skluːd/ *vt* **1 ~ sth/sb (from sth)** excluir algo/a algn (de algo): *Women were excluded.* No admitían mujeres. **2 ~ sth (from sth)** no dejar entrar algo (en algo): *All air must be excluded from the bottle...* Hay que extraer todo el aire de la botella... **3** (*posibilidad*) descartar

▶ **excluding** *prep* sin incluir, exceptuando

exclusion /ɪk'skluːʒn/ *n* **1 ~ (of sth/sb) (from sth)** exclusión (de algo/algn) (de algo) **2** (*seguros*) apartado excluyente

LOC to the exclusion of sth/sb excluyendo: *obsessed by sports to the exclusion of all else* obsesionado con el deporte excluyendo todo lo demás

exclusive /ɪk'skluːsɪv/ *adj* **1** exclusivo: *The two plans are mutually exclusive.* Los dos planes se excluyen mutuamente. **2** *to be exclusive to sth/sb* ser una exclusiva de algo/algn ◊ *an exclusive interview* una entrevista en exclusiva **3 ~ of sth/sb** sin incluir algo/a algn: *The price is exclusive of VAT.* El precio no incluye el IVA. ◊ *exclusive of meals* comidas no incluidas ◊ *from 1 to 9 exclusive* del 1 al 9 exclusive

▶ **exclusively** *adv* exclusivamente

exclusiveness (*tb* **exclusivity**) *n* exclusividad

■ **exclusive** (*tb* **exclusive story**) *n* exclusiva

excommunicate /ˌekskəˈmjuːnɪkeɪt/ *vt* excomulgar

▶ **excommunication** *n* excomunión

excrement /'ekskrɪmənt/ *n* excremento

excreta /ɪk'skriːtə/ *n* [*pl*] excreciones

excrete /ɪk'skriːt/ *vt, vi* excretar

▶ **excretion** *n* excreción

excruciating /ɪk'skruːʃieɪtɪŋ/ *adj* **1** (*dolor*) agudísimo, atroz **2** pésimo: *The violins were excruciating.* Los violines eran pésimos. ◊ *an excruciating joke* un chiste pésimo

▶ **excruciatingly** *adv* extremadamente: *excruciatingly funny* para morirse de risa

excursion /ɪk'skɜːʃn; *USA* -ɜːrʒn/ *n* **1** excursión: *an excursion train/coach* un tren/bus de recreo ◊ *to go on an excursion* ir de excursión **2** incursión: *her first excursion into politics* su primera incursión en el mundo de la política

excuse /ɪk'skjuːs/ *n* **~ (for sth/doing sth)** excusa (por/para algo); (por/para hacer algo): *There's no excuse for this.* No hay excusa que valga. ◊ *That's no excuse!* ¡Eso no lo justifica en absoluto! ◊ *to make sb's excuses* presentar excusas de algn ◊ *to make excuses for sb* buscar excusas a algn ◊ *Stop making excuses!* ¡Deja de poner excusas!

■ **excuse** /ɪk'skjuːz/ *vt* **1 ~ sth/sb (for sth/doing sth)** disculpar, perdonar algo/a algn (por algo/por hacer algo): *Please excuse me for arriving late.* Discúlpeme por haber llegado tarde. ◊ *Nothing can excuse such rudeness.* Nada puede disculpar tal grosería. ◊ *Please excuse the delay.* Disculpen el retraso. **2 ~ sb (from sth)** dispensar a algn (de algo)

LOC excuse me 1 perdone: *Excuse me, is anybody sitting in this seat?* Perdone, ¿está libre este asiento? **2 excuse me!** (*al pasar*) (con) permiso, por favor **3 excuse me?** (*esp USA*) (*GB tb* **sorry?**) (*cuando no se ha oído o entendido algo*) ¿Cómo?

Se dice **excuse me** cuando se quiere interrumpir o abordar a algn, cuando no se está de acuerdo, o para disculparse por haber eructado, estornudado, etc: *Excuse me, sir!* ¡Oiga, señor! ◊ *Excuse me, that's not what I said.* ¡Oye! Eso no es lo que yo dije.
Decimos **sorry** cuando tenemos que pedir perdón por algo que hemos hecho: *I'm sorry I'm late.* Siento llegar tarde. ◊ *Did I hit you? I'm sorry!* ¿Te he dado? ¡Perdona! Nótese que en inglés americano se utiliza **excuse me** en vez de **sorry** cuando no se ha oído o entendido algo.

to be excused: *Can I be excused?* ¿Puedo ir al servicio? *Ver tb* FRENCH
▶ **excusable** *adj* excusable, perdonable

ex-directory /ˌeks dəˈrektəri/ (*USA* **unlisted**) *adj*: *They are/Their number is ex-directory.* Su número no figura en la guía.

execrable /ˈeksɪkrəbl/ *adj* execrable

execrate /ˈeksɪkreɪt/ *vt* execrar
▶ **execration** *n* execración, abominación

execute /ˈeksɪkjuːt/ *vt* **1(a)** (*realizar*) ejecutar **(b)** (*deber*) desempeñar **2** (*Jur, documento*) **(a)** (*llevar a cabo*) ejecutar **(b)** (*validar*) legalizar **3** (*ajusticiar*) ejecutar

execution /ˌeksɪˈkjuːʃn/ *n* ejecución: *to put sth into execution* llevar algo a cabo
▶ **executioner** *n* verdugo

executive /ɪɡˈzekjətɪv/ *n* **1(a)** (*persona*) ejecutivo, -a **(b)** [*v sing o pl*] (*junta directiva*) ejecutiva **2 the executive** [*v sing o pl*] (*de un gobierno*) el (poder) ejecutivo
■ **executive** *adj* ejecutivo

executor /ɪɡˈzekjətə(r)/ *n* albacea

exemplar /ɪɡˈzemplɑː(r)/ *n* (*formal*) modelo, ejemplo
☛ La palabra más normal es **example**.

exemplary /ɪɡˈzempləri/ *adj* ejemplar

exemplify /ɪɡˈzemplɪfaɪ/ *vt* (*pret, pp* **-fied**) **1** ejemplificar **2** demostrar
▶ **exemplification** *n* ejemplificación

exempt /ɪɡˈzempt/ *adj* **~ (from sth)** exento (de algo): *to be exempt from paying* estar exento de pagar
■ **exempt** *vt* **~ sth/sb (from sth)** eximir algo/a algn (de algo); dispensar a algn (de algo)
▶ **exemption** *n* exención: *to grant sb an exemption* eximir a algn

exercise /ˈeksəsaɪz/ *n* **1** ejercicio: *to take exercise* hacer ejercicio ◊ *the exercise of your rights* el ejercicio de los derechos de uno ◊ *an exercise book* un cuaderno **2** operación: *a public relations exercise* una operación de relaciones públicas
■ **exercise 1** *vi* hacer ejercicio **2** *vt* **(a) ~ sth/sb (in sth)** ejercitar algo/a algn (en algo) **(b)** (*un caballo*) entrenar **(c)** (*un perro*) sacar de paseo **3** *vt* (*hacer uso de*) **(a)** emplear: *to exercise care/patience* proceder con cuidado/emplear paciencia **(b)** (*derecho, poder, etc*) ejercer

exert /ɪɡˈzɜːt/ **1** *vt* **~ sth (on sth/sb)** ejercer algo (sobre algo/algn) **2** *v refl* **~ yourself** esforzarse

exertion /ɪɡˈzɜːʃn; *USA* -dːrʒn/ *n* **1** esfuerzo **2** (*de poder, fuerza, etc*) ejercicio

exhale /eksˈheɪl/ **1** *vt, vi* espirar **2** *vt* (*gas, humo, etc*) despedir, exhalar
▶ **exhalation** /ekshəˈleɪʃn/ *n* espiración, exhalación

exhaust[1] /ɪɡˈzɔːst/ *n* **1** (*tb* **exhaust fumes**) gases de escape **2** (*tb* **exhaust pipe**) tubo de escape ☛ *Ver ilustración en* CAR

exhaust[2] /ɪɡˈzɔːst/ *vt* agotar
▶ **exhausted** *adj* exhausto
exhausting *adj* agotador

exhaustion /ɪɡˈzɔːstʃən/ *n* agotamiento

exhaustive /ɪɡˈzɔːstɪv/ *adj* exhaustivo
▶ **exhaustively** *adv* exhaustivamente

exhibit /ɪɡˈzɪbɪt/ *n* **1** objeto expuesto: *to put on exhibit* exponer ◊ *the paintings on exhibit* las pinturas que se exponen **2** (*Jur*) documento u objeto que se exhibe en un juicio como prueba
■ **exhibit** *vt, vi* **1** exponer **2** (*cualidad, sentimiento*) manifestar **3** (*Jur*) presentar
▶ **exhibitor** *n* expositor, -ora

exhibition /ˌeksɪˈbɪʃn/ *n* **1** exposición: *to be on exhibition* estar expuesto **2** (*de una técnica*) demostración *Ver tb* DEMONSTRATION
LOC **to make an exhibition of yourself** ponerse en ridículo
▶ **exhibitionism** *n* exhibicionismo
exhibitionist *n* exhibicionista

exhilarate /ɪɡˈzɪləreɪt/ *vt* poner eufórico: *We felt exhilarated by the news.* Las noticias nos pusieron eufóricos.
▶ **exhilarating** *adj* estimulante, emocionante

exhilaration /ɪɡˌzɪləˈreɪʃn/ *n* euforia, embriaguez (*emoción*)

exhort /ɪɡˈzɔːt/ *vt* **~ sb (to sth)** (*formal*) exhortar a algn (a algo)

exhortation /ˌeɡzɔːˈteɪʃn/ *n* (*formal*) exhortación

exhume /eksˈhjuːm; *USA* ɪɡˈzuːm/ *vt* exhumar

exigency /ˈeksɪdʒənsi, ɪɡˈzɪdʒ-/ *n* (*pl* **-ies**) [*gen pl*] (*formal*) exigencia

exile /ˈeksaɪl/ *n* **1** exilio: *to go/be sent into exile* exiliarse/ser mandado al exilio **2** (*persona*) exiliado, -a
■ **exile** *vt* **~ sb (from...)** exiliar a algn (de...)

exist /ɪɡˈzɪst/ *vi* **1 ~ (in sth)** existir (en algo): *a relative that I didn't even know existed* un pariente que yo ni siquiera sabía que existía **2 ~ (on sth)** subsistir (a base de algo): *He exists on rice and water.* Subsiste a base de arroz y agua. *Ver tb* COEXIST
▶ **existing** *adj* existente: *the existing models in our range* los modelos existentes de nuestra gama ◊ *existing legislation* la legislación vigente *Ver tb* NON-EXISTENT, PRE-EXISTING

existence /ɪɡˈzɪstəns/ *n* existencia: *to lead a nomadic/precarious existence* vivir una existencia nomádica/precaria ◊ *the only one of its kind in existence* es el único de su especie que existe ◊ *to come into existence* nacer/crearse

existential /ˌeɡzɪˈstenʃəl/ *adj* (*formal*) existencial
▶ **existentialism** /ˌeɡzɪˈstenʃəlɪzəm/ *n* existencialismo (*Filos*)
existentialist *adj, n* existencialista (*Filos*)

exit /ˈeksɪt/ *n* **1** salida: *emergency exit* salida de emergencia ◊ *a motorway exit* salida de la autopista ◊ *an exit visa* visado de salida **2** mutis (*Teat*): *to make your exit* hacer mutis
■ **exit** *vi* **1** hacer mutis **2** (*dirección de escena*) Exit: *Exit Macbeth.* Vase Macbeth.

exit ramp (*USA*) (*GB* **slip road**) *n* carretera de salida de la autopista

exodus /ˈeksədəs/ *n* [*sing*] **~ (from...) (to...)** (*formal*) éxodo (de...) (a...): *a mass exodus of people to the beaches* un éxodo masivo de gente hacia la playa

exonerate /ɪɡˈzɒnəreɪt/ *vt* **~ sb (from sth)** exculpar, exonerar a algn (de algo)

exorbitant /ɪɡˈzɔːbɪtənt/ *adj* (*formal*) exorbitante, desorbitado

exorcism /ˈeksɔːsɪzəm/ *n* exorcismo (*Relig*)
▶ **exorcist** /ˈeksɔːsɪst/ *n* exorcista

exorcize, -ise /ˈeksɔːsaɪz/ *vt* (*Relig*) **~ sth (from) sth/sb** exorcizar algo (de) algo/algn

exotic /ɪɡˈzɒtɪk/ *adj* exótico
▶ **exoticism** *n* exotismo

expand /ɪkˈspænd/ *vt, vi* **1** (*metal, etc*) dilatar(se) **2** (*negocio, etc*) ampliar: *to expand UK operations/expand into Europe* ampliar sus negocios en el RU/introducirse en Europa ◊ *Tourism is a rapidly expanding industry.* El turismo es una industria que se extiende rápidamente.
PHR V **to expand on sth** extenderse sobre algo, ampliar algo: *He expanded further on his ideas.* Ampliaba su idea.

expanse /ɪkˈspæns/ *n* **~ (of sth)** extensión (de algo)

expansion /ɪkˈspænʃn/ *n* **1** expansión **2** desarrollo: *economic expansion* desarrollo económico

expansionism /ɪkˈspænʃənɪzəm/ *n* expansionismo
▶ **expansionist** *adj* expansionista

expansive /ɪkˈspænsɪv/ *adj* expansivo

expatriate /ˌeksˈpætriət; *USA* -ˈpeɪt-/ *n* expatriado, -a: *expatriate Englishmen* los expatriados ingleses

expect /ɪkˈspekt/ *vt* **1(a) ~ sth/sb (from sth/sb)**

esperar algo (de algo/algn): *Are you expecting someone?* ¿Esperas a alguien? ◊ *What do you expect me to do about it?* ¿Qué esperas que haga yo? ◊ *The sergeant expects obedience from his men.* El sargento espera obediencia de sus hombres. ◊ *I expect she'll criticize everything we've done.* Cuento con que critique todo lo que hemos hecho. ◊ *At least we know what to expect.* Por lo menos sabemos a qué atenernos. ☛ *Ver nota en* ESPERAR **(b) ~ to do sth** esperar hacer algo: *You can't expect to learn a foreign language in a week.* No puedes esperar aprender una lengua extranjera en una semana. *Ver tb* WAIT **2** (*esp GB, coloq*) suponer: *I expect you're wondering what I'm doing here?* Supongo que te preguntarás qué hago aquí. ☛ *Ver nota en* so *adv* sentido 6

LOC (only) to be expected ser de esperar: *A little tiredness after taking these drugs is to be expected.* Es de esperar un ligero cansancio después de tomar estos medicamentos. **to be expecting (a baby/child)** (*coloq*) estar en estado (de buena esperanza) **to expect too much (of sb)** esperar demasiado (de algn) **when you least expect it** cuando menos se espera

expectant /ɪkˈspektənt/ *adj* expectante: *expectant mother* futura mamá

▶ **expectancy** *n* (*pl* **-ies**) expectación *Ver tb* LIFE EXPECTANCY

expectantly *adv* con expectación

expectation /ˌekspekˈteɪʃn/ *n* **1 ~ (of sth)** esperanza (de algo): *expectation of life* esperanza de vida ◊ *to have little expectation of sth* tener pocas esperanzas de algo **2** [*gen pl*] expectativa: *The holiday was beyond all our expectations.* Las vacaciones superaron con creces todas nuestras expectativas.

LOC against/contrary to (all) expectation(s) contra todas las previsiones **not to come/live up to (sb's) expectations** no ser tan bueno como se espera: *His performance didn't come/live up to expectations.* Su actuación no fue tan buena como se esperaba. *Ver tb* SHORT[2]

expected /ɪkˈspektɪd/ *adj* esperado: *Expected time of arrival is 2 o'clock.* La hora esperada de llegada son las dos.

expedient /ɪkˈspiːdiənt/ *n* recurso

■ **expedient** *adj* conveniente: *politically expedient* políticamente oportuno

▶ **expediency** (*tb* **expedience**) *n* conveniencia

expediently *adv* por conveniencia

expedition /ˌekspəˈdɪʃn/ *n* expedición: *to go on an expedition* ir en una expedición ◊ *a shopping expedition* una expedición de compras

expel /ɪkˈspel/ *vt* **(-ll-) ~ sth/sb (from sth)** expulsar algo/a algn (de algo)

expend /ɪkˈspend/ *vt* **~ sth (on/upon sth/doing sth)** (*formal*) emplear algo (en algo): *to expend time/energy on a project* dedicar tiempo/energía a un proyecto

expendable /ɪkˈspendəbl/ *adj* (*formal*) **1** (*cosas*) desechable **2** (*personas*) prescindible

expenditure /ɪkˈspendɪtʃə(r)/ *n* **1** gasto(s): *to cut down on expenditure* recortar los gastos **2** desembolso

expense /ɪkˈspens/ *n* **1** gasto(s), coste: *an expense account* una cuenta de gastos (de representación) **2 expenses** [*pl*] gastos: *travelling expenses* dieta(s)

LOC (all) expenses paid con todos los gastos pagados **at sb's expense 1** a expensas de algn: *at my (own) expense* a cuenta mía ◊ *at public expense* con dinero público **2** (*fig*) a costa de algn **at great, little, no, etc expense (to sb/yourself)** con mucho, poco, sin ningún, etc gasto (para algn/uno mismo) **at the expense of sth** a costa de algo, en detrimento de algo **no expense(s) spared** sin reparar en gastos **to go to the expense of sth/doing sth** meterse a gastar (dinero) en algo/en hacer algo: *He went to great expense.* Se metió en grandes gastos. **to put sb to the expense of sth/doing sth** hacer gastar (dinero) a algn en algo/en hacer algo

expensive /ɪkˈspensɪv/ *adj* caro, costoso

▶ **expensively** *adv* costosamente, sin reparar en gastos

experience /ɪkˈspɪəriəns/ *n* experiencia: *to learn by experience* aprender por experiencia ◊ *speaking from experience* hablando por experiencia ◊ *to put sth down to experience* aprender de un error ◊ *work experience* experiencia laboral/profesional ◊ *teaching experience* experiencia como profesor

■ **experience** *vt* **1** experimentar **2** (*pérdida, privación, etc*) sufrir **3** (*emoción, sensación*) sentir, experimentar **4** (*dificultad*) tener, tropezar con

▶ **experienced** *adj* experimentado: *to be experienced in sth* tener experiencia en algo

experiential /ɪkˌspɪəriˈenʃl/ *adj* basado en la experiencia: *experiential knowledge/learning* aprendizaje/conocimiento a través de la experiencia

experiment /ɪkˈsperɪmənt/ *n* experimento: *to do/carry out an experiment* hacer/llevar a cabo un experimento

■ **experiment** *vi* **~ (on/upon sth/sb); ~ (with sth)** hacer experimentos, experimentar (con algo/algn)

▶ **experimentation** *n* experimentación

experimenter *n* investigador, -ora, persona que experimenta

experimental /ɪkˌsperɪˈmentl/ *adj* experimental

▶ **experimentally** *adv* de forma experimental

expert /ˈekspɜːt/ *n* **~ (at/in/on sth/doing sth)** experto, -a, perito, -a (en algo/en hacer algo): *a gardening expert* un experto en jardinería

■ **expert** *adj* **~ (at/in sth/doing sth)** experto, especialista (en algo/en hacer algo): *expert advice* consejo de (un) experto/especialista.

▶ **expertly** *adv* de manera experta, hábilmente

expertise /ˌekspɜːˈtiːz/ *n* conocimientos (técnicos), pericia

expire /ɪkˈspaɪə(r)/ *vi* **1(a)** terminar, vencer **(b)** (*documento*) caducar **2** (*formal*) (*morir*) expirar

expiry /ɪkˈspaɪəri/ (*USA* **expiration** /ekspəˈreɪʃn/) *n* vencimiento: *expiry date* fecha de vencimiento

explain /ɪkˈspleɪn/ **1** *vt* **~ sth (to sb)** explicar, aclarar algo (a algn)

Nótese que en inglés, el complemento de cosa sigue inmediatamente al verbo **to explain** y precede al complemento de persona: *Can you explain it to me?* ¿Puedes explicármelo?

2 *vt* (*conducta*) explicar, justificar **3** *v refl* **to explain yourself (a)** justificar su conducta **(b)** explicarse

PHR V to explain sth away dar explicaciones de algo, justificar algo

explanation /ˌekspləˈneɪʃn/ *n* **~ (of/for sth) 1** explicación, aclaración (de algo) **2** (*conducta*) explicación (para algo)

explanatory /ɪkˈsplænətri; *USA* -tɔːri/ *adj* explicativo, aclaratorio

expletive /ɪkˈspliːtɪv; *USA* ˈekspləṭɪv/ *n* juramento, palabrota

explicable /ɪkˈsplɪkəbl, ˈeksplɪkəbl/ *adj* explicable: *This fact is only explicable if…* Esto solo se explica si…

explicit /ɪkˈsplɪsɪt/ *adj* explícito, claro

▶ **explicitly** *adv* explícitamente

explicitness *n* lo explícito, claridad: *the sexual explicitness of the film* el alto contenido sexual de la película

explode /ɪkˈspləʊd/ **1** *vt, vi* estallar, explotar **2** *vi* (*fig*) **(a) ~ (in/into sth)** estallar (en algo): *She exploded into loud laughter.* Estalló en sonoras carcajadas. **(b) ~ (with sth)** explotar (de algo): *He exploded with rage.* Explotó de rabia. **(c)** (*población*) subir vertiginosamente **3** *vt* (*mito, teoría, etc*) desacreditar, refutar

exploit[1] /ˈeksplɔɪt/ *n* [*gen pl*] hazaña, proeza *Ver tb* ACT

exploit[2] /ɪkˈsplɔɪt/ *vt* explotar: *to exploit natural resources/children/a situation* explotar los recursos naturales/a los niños/una situación *Ver tb* EXPLOTAR

▶ **exploitation** *n* explotación

exploitative *adj* explotador

explore /ɪk'splɔ:(r)/ **1** *vt, vi* explorar **2** *vt* (*tema*) estudiar, investigar

▸ **exploration** *n* exploración, investigación

exploratory *adj* exploratorio

explorer *n* explorador, -ora

explosion /ɪk'spləʊʒn/ *n* explosión, estallido: *population explosion* explosión demográfica

explosive /ɪk'spləʊsɪv/ *adj* explosivo

■ **explosive** *n* explosivo: *high explosive* explosivo de gran potencia

exponent /ɪk'spəʊnənt/ *n* **1** (*de una causa, etc*) partidario, -a, defensor, -ora: *a leading exponent of free trade* uno de los principales defensores del libre mercado **2** (*de un estilo, etc*) exponente **3** (*Mat*) exponente

▸ **exponential** *adj* exponencial

export /'ekspɔ:t/ *n* **1** [*gen pl*] (artículo de) exportación **2** (*acción*) exportación: *export market* mercado de exportación ◊ *export-led growth* crecimiento inducido por la exportación

■ **export** *vt, vi* exportar

▸ **exporter** *n* exportador, -ora

expose /ɪk'spəʊz/ **1** *vt* **(a)** ~ **sth/sb** (**to sth**) exponer algo/a algn (a algo) **(b)** dejar al descubierto, mostrar **2** *v refl* ~ **yourself** (**to sth**) exponerse (a algo) **3** *vt* **(a)** (*falta, secreto, ignorancia*) descubrir, revelar **(b)** (*persona culpable*) desenmascarar **4** *vt* (*Fot*) exponer **5** *v refl* ~ **yourself** exhibir sus órganos sexuales

▸ **exposed** *adj* **1** expuesto **2** (*lugar*) descubierto **3** (*no tapado*) al descubierto

exposition /ˌekspə'zɪʃn/ *n* (*formal*) exposición, explicación

exposure /ɪk'spəʊʒə(r)/ *n* **1(a)** ~ (**to sth**) exposición (a algo): *her exposure to other cultures* su contacto con otras culturas **(b)** congelación: *to die of exposure* morir de frío a la intemperie **2** (*de falta*) descubrimiento, revelación **3** (*Fot*) **(a)** exposición **(b)** foto(grafía) **4** (*en TV, etc*) publicidad, atención *Ver tb* INDECENT EXPOSURE

expound /ɪk'spaʊnd/ *vt* (*formal*) exponer

express[1] /ɪk'spres/ *n* **1** (*tb* **express train**) expreso, rápido **2** servicio urgente: *by express* por envío urgente

■ **express** *adv* por envío urgente, en tren expreso: *to send sth express* mandar algo por envío urgente

■ **express** *adj* **1(a)** (*tren*) rápido, expreso **(b)** (*carta, entrega*) urgente **2** (*deseo, etc*) expreso

▸ **expressly** *adv* expresamente: *expressly forbidden* terminantemente prohibido ◊ *Expressly designed for…* Expresamente diseñado para…

express[2] /ɪk'spres/ *vt* ~ **sth** (**to sb**) expresar algo (a algn): *to express yourself* expresarse

expression /ɪk'spreʃn/ *n* **1** expresión: *to give expression to sth* expresar algo (en palabras) **2** muestra, expresión: *as an expression of* (*his*) *thanks* como muestra de su gratitud **3** expresividad: *to recite a poem with expression* recitar un poema con expresividad *Ver tb* SELF-EXPRESSION

▸ **expressionless** *adj* inexpresivo

expressionism /ɪk'spreʃənɪzəm/ *n* expresionismo

▸ **expressionist** *adj, n* expresionista

expressive /ɪk'spresɪv/ *adj* **1** expresivo **2** ~ **of sth** (*formal*) que expresa algo: *to be expressive of sth* expresar algo

▸ **expressively** *adv* expresivamente

expressiveness *n* expresividad

expressway /ɪk'spresweɪ/ (*USA*) (*GB* **motorway**) *n* autopista *Ver tb* ROAD

expropriate /eks'prəʊprieɪt/ *vt* (*formal*) **1** ~ **sth** (**from sth/sb**) expropiar algo (a algo/algn) **2** ~ **sb** (**of sth**) desposeer a algn (de algo)

▸ **expropriation** *n* expropiación

expulsion /ɪk'spʌlʃn/ *n* ~ (**from…**) expulsión (de…)

expunge /ɪk'spʌndʒ/ *vt* ~ **sth** (**from sth**) (*formal*) borrar algo (de algo)

exquisite /ɪk'skwɪzɪt, 'ekskwɪzɪt/ *adj* **1** exquisito **2** (*formal*) (*emoción, dolor*) intenso

▸ **exquisitely** *adv* **1** exquisitamente **2** sumamente

ext *abrev de* **extension** (**number**)

extant /ek'stænt; *USA* 'ekstənt/ *adj* (*formal*) existente

extend /ɪk'stend/ **1** *vt* **(a)** extender, ampliar **(b)** (*estancia, vida*) prolongar **(c)** (*plazo, crédito*) prorrogar **(d)** (*poderes*) aumentar **2** *vt* ~ **sth** (**to sb**) **(a)** (*mano, objeto*) tender algo (a algn) **(b)** (*bienvenida*) dar algo (a algn) **(c)** (*hospitalidad*) ofrecer algo (a algn) **3** *vi* extenderse: *to extend over sth* abarcar/extenderse por algo ◊ *to extend to sth* abarcar/extenderse hasta algo ◊ *to extend as far as sth* llegar hasta algo **4** *vt* ~ **sb** (*formal*) sacar el máximo esfuerzo de algn: *to extend yourself* esforzarse (al máximo)

▸ **extended** *adj* **1** extendido **2** extenso, prolongado, ampliado: *for an extended period* (*of time*) durante mucho tiempo ◊ *my extended family* mis tíos y primos

extension /ɪk'stenʃn/ *n* **1** extensión: *at full extension* (cuando está) totalmente extendido ◊ *an extension lead* una alargadera **2** ~ (**to sth**) **(a)** (*edificio*) anexo (de algo): *to build an extension to sth* hacer ampliaciones en algo **(b)** (*carretera, etc*) ampliación (de algo) **3** ~ (**of sth**) **(a)** (*periodo*) prolongación (de algo) **(b)** (*plazo*) prórroga (de algo) **4** (*Telec*) **(a)** (*tb* **extension number**) (*abrev* **ext**) extensión (*número*) **(b)** supletorio

LOC by extension por extensión

extensive /ɪk'stensɪv/ *adj* **1** (*área*) extenso **2** (*investigación*) a fondo **3** (*cultivo*) intensivo **4** (*daños*) cuantioso **5** (*conocimiento*) amplio **6** (*uso*) frecuente

▸ **extensively** *adv* **1** extensamente **2** (*usar*) normalmente: *It is used extensively in…* Es de uso común en… **3** (*investigar, modificar*) a fondo

extent /ɪk'stent/ *n* **1** (*lit*) extensión **2** alcance, grado: *the extent of the problem* las dimensiones del problema ◊ *the full extent of the losses* el valor real de las pérdidas **LOC to a large/great extent** en gran parte **to a lesser extent** en menor grado **to some/a certain extent** hasta cierto punto **to such an extent** hasta tal punto **to the extent that…** hasta el punto en que…: *He wouldn't go to the extent of…* No llegaría al extremo de… **to what extent** hasta qué punto

extenuating /ɪk'stenjueɪtɪŋ/ *adj* atenuante: *extenuating circumstances* circunstancias atenuantes

exterior /ɪk'stɪəriə(r)/ *adj* exterior

■ **exterior** *n* **1** exterior **2** (*persona*) aspecto

exterminate /ɪk'stɜ:mɪneɪt/ *vt* exterminar

▸ **extermination** *n* exterminación, exterminio

external /ɪk'stɜ:nl/ *adj* externo, exterior: *external examiner* examinador externo ◊ *external wall* muro exterior

■ **externals** *n* [*pl*] aspecto, apariencias

▸ **externalize, -ise** *vt* (*formal*) exteriorizar

externally *adv* externamente, por fuera

extinct /ɪk'stɪŋkt/ *adj* **1** (*animal*) extinto, desaparecido: *to become extinct* extinguirse **2** (*volcán*) inactivo

▸ **extinction** *n* extinción

extinguish /ɪk'stɪŋgwɪʃ/ *vt* **1** (*fuego, cigarrillo*) extinguir, apagar ☛ En este sentido la forma más normal para decir "extinguir" es **put out**. **2** (*formal, fig*) destruir, extinguir

▸ **extinguisher** *n Ver* FIRE EXTINGUISHER

extirpate /'ekstəpeɪt/ *vt* (*formal*) extirpar

extol /ɪk'stəʊl/ *vt* (**-ll-**) ensalzar: *to extol sb as sth* ensalzar a algn como algo

extort /ɪk'stɔ:t/ *vt* ~ **sth** (**from sb**) **1** (*dinero*) obtener algo (de algn) mediante extorsión **2** (*confesión*) sacar algo (de algn) por la fuerza

▸ **extortion** *n* extorsión

extortionate /ɪk'stɔ:ʃənət/ *adj* **1** (*precio*) exorbitante **2** (*exigencia*) excesivo

extra /'ekstrə/ *adj* **1** adicional, de más, extra: *extra charge* recargo ◊ *an extra bottle of milk* una botella más de leche ◊ *extra warmth* mayor calor ◊ *postage and packing extra* gastos de envío aparte ◊ *Make an extra effort.* Haz un esfuerzo excepcional. ◊ *Take extra care.* Toma especial cuidado. ◊ *Breakfast is extra.* El desayuno no está incluido. **2** de sobra **3** (*paga*) extra **4** (*Dep*): *extra time* prórroga

■ **extra** *adv* **1** súper, extra: *an extra strong box* una caja extra fuerte ◊ *She wanted to buy something extra special for dinner.* Quería comprar algo superespecial para la cena. ◊ *Do you have this dress in an extra large size?* ¿Tienen este vestido en la talla XL? **2** *They charge extra for postage.* Te cobran un suplemento por el envío. ◊ *to pay 20% extra* pagar un suplemento del 20% ◊ *if there's any extra* si sobra algo ◊ *Meals cost/are extra.* Las comidas son aparte.

■ **extra** *n* **1** extra **2** (*precio*) suplemento **3** (*Cine*) extra **4** (*Periodismo*) edición extraordinaria

extra- /ˈekstrə/ *pref* **1** extra-: *extramarital* extramatrimonial **2** super-: *extra-sensitive* supersensible ◊ *extra-large* extragrande

extract /ɪkˈstrækt/ *vt* **1** ~ **sth** (**from sth**) extraer, sacar algo (de algo): *to extract a tooth* extraer un diente **2** ~ **sth** (**from sth/sb**) conseguir, sacar algo (de algo/algn)

■ **extract** /ˈekstrækt/ *n* **1** extracto, concentrado: *extract of malt* extracto de malta **2** pasaje, extracto: *She read out extracts from his letters.* Leyó pasajes de sus cartas.

▶ **extraction** *n* **1** extracción, obtención **2** (*formal*) origen, ascendencia: *of foreign extraction* de origen extranjero

extractor fan *n* extractor de humos

extra-curricular /ˌekstrə kəˈrɪkjələ(r)/ *adj* extracurricular

extradite /ˈekstrədaɪt/ *vt* extraditar

▶ **extradition** *n* extradición

extramarital /ˌekstrəˈmærɪtl/ *adj* extramatrimonial

extraneous /ɪkˈstreɪniəs/ *adj* ~ (**to sth**) externo, extraño (a algo): *extraneous information* información que no viene al caso

extraordinary /ɪkˈstrɔːdnri; *USA* -dəneri/ *adj* extraordinario, impresionante

▶ **extraordinarily** *adv* de forma extraordinaria

extrapolate /ɪkˈstræpəleɪt/ *vt* ~ **sth** (**from sth**) (*formal*) extrapolar algo (de algo)

▶ **extrapolation** *n* extrapolación ☛ *Ver ilustración en* GRÁFICO

extrasensory perception /ˌekstrəˌsensəri pəˈsepʃn/ *n* (*abrev* **ESP**) percepción extrasensorial

extraterrestrial /ˌekstrətəˈrestriəl/ *adj, n* extraterrestre

extravagant /ɪkˈstrævəgənt/ *adj* **1** extravagante: *extravagant tastes* gustos extravagantes ◊ *extravagant use of natural resources* despilfarro de recursos naturales **2** exagerado

▶ **extravagance** *n* extravagancia

extravagantly *adv* de modo extravagante

extravaganza /ɪkˌstrævəˈgænzə/ *n* espectáculo extravagante

extreme /ɪkˈstriːm/ *adj* **1** extremo: *to hold extreme views* mantener opiniones extremas **2** gran: *with extreme care* con sumo cuidado ◊ *in extreme difficulty* en una situación extrema

■ **extreme** *n* extremo: *to go to the opposite extreme* pasarse al otro extremo

LOC in the extreme (*formal*) en extremo: *This is inconvenient in the extreme.* Esto resulta sumamente inconveniente. **to go, be driven, etc to extremes** llegar, ser impulsado, etc a extremos *Ver tb* POLAR

▶ **extremely** *adv* extremadamente

extremist /ɪkˈstriːmɪst/ *n* extremista

▶ **extremism** *n* extremismo

extremity /ɪkˈstreməti/ *n* (*pl* **-ies**) **1** extremidad **2** (*formal*) extremo

extricate /ˈekstrɪkeɪt/ *vt* ~ **sth/sb** (**from sth**) (*formal*) soltar, sacar algo/a algn (de algo): *to extricate yourself from sth* apartarse de algo

extrinsic /eksˈtrɪnsɪk, -trɪnzɪk/ *adj* ~ (**to sth**) (*formal*) extrínseco (a algo)

extrovert /ˈekstrəvɜːt/ *n* extrovertido, -a ☛ *Comparar con* INTROVERT

exuberant /ɪgˈzjuːbərənt; *USA* -ˈzuː-/ *adj* **1** (*persona*) eufórico **2** (*Bot*) exuberante **3** (*fig*) desbordante: *an exuberant imagination* una imaginación desbordante

▶ **exuberance** *n* **1** exuberancia **2** euforia

exuberantly *adv* exuberantemente

exude /ɪgˈzjuːd; *USA* -ˈzuːd/ *vt, vi* **1** (*formal*) exudar **2** (*fig*) irradiar: *He exudes confidence and energy.* Rezuma confianza y energía.

exult /ɪgˈzʌlt/ *vi* ~ (**at/in sth**) (*formal*) regocijarse (con/por algo)

▶ **exultant** *adj* ~ (**at sth**) exultante (por algo)

exultantly *adv* jubilosamente

exultation *n* ~ (**at sth**) regocijo (por algo)

eye[1] /aɪ/ *n* **1** ojo ☛ *Ver ilustración en* HEAD[1], OJO *Ver tb* BOSS-EYED, BLACK EYE, BRIGHT-EYED, BULL'S-EYE, CAT'S-EYE, COCK-EYED, CROSS-EYED, DEWY-EYED, DRY-EYED, GOGGLE-EYED, POP-EYED, RED-EYED, SHARP-EYED, STARRY-EYED, WIDE-EYED, WILD-EYED **2** vista: *She has sharp eyes.* Tiene muy buena vista. **3** mirada

LOC an eye for an eye (**and a tooth for a tooth**) ojo por ojo (y diente por diente) **as far as the eye can see** hasta donde alcanza la vista **eyes right/left/front!** ¡vista a la derecha/a la izquierda/al frente! **for your eyes only** solo para tus ojos **in the eyes of the law** a los ojos de la ley **in the eyes of sb/in sb's eyes** en opinión de algn **never/not** (**to be able to**) **take your eyes off sth/sb** no (poder) dejar de mirar algo/a algn (**not**) **to see eye to eye with sb** (no) estar plenamente de acuerdo con algn **one in the eye** (**for sth/sb**) (*coloq*) un buen golpe (para algo/algn) **only to have eyes for sb** solo tener ojos para algn **to be all eyes** ser todo ojos **to clap/lay/set eyes on sth/sb** ver algo/a algn: *I disliked the place the moment I clapped eyes on it.* El sitio me desagradó nada más verlo. **to get the eye** (*coloq*) hacer ojo **to give sb the eye** (*coloq*) coquetear con algn con la mirada **to have an eye for/on/to the main chance** estar listo para aprovechar la primera oportunidad **to have an eye/a good eye for sth** tener (buen) ojo para algo **to have an eye to** (**doing**) **sth**; **with an eye to** (**doing**) **sth** estar pendiente de (hacer) algo, con vistas a (hacer) algo **to have eyes bigger than your stomach** (*refrán*) comer con los ojos **to have eyes in the back of your head** tener ojos en la nuca **to have, etc your eyes on stalks** salirse los ojos a algn de las órbitas **to keep an eye on sth/sb** echarle un ojo a algo/algn (*cuidar*) **to keep an eye open/out** (**for sth/sb**) (*coloq*) estar pendiente (de algo/algn) **to keep your eyes peeled/skinned** (**for sth/sb**) mantener los ojos abiertos (por si algo/algn aparece) **to make eyes at sb** echarle miraditas a algn **to shut/close your eyes to sth** cerrar los ojos a algo **under/before your very eyes** bajo/delante de tus mismas narices *Ver tb* APPLE, BAWL, BEADY, BEAUTY, BELIEVE, BETTER, BIRD, BLIND[1], BLUE, CAST, CATCH[1], CLOSE[1], CORNER[1], CRY, DUST[1], EAR[1], EVIL, FAVOUR[1], GOUGE, MEET[1], MIND[1], NAKED, OPEN[1], PUBLIC, PULL[2], ROLL[2], ROVE, SIGHT, TWINKLE, WATCHFUL *en* WATCH[1], WEATHER

▶ **-eyed** *suf* de ojos: *blue-eyed* de ojos azules ◊ *a one-eyed man* un tuerto

eye[2] /aɪ/ *vt* **1** mirar: *He eyed me with suspicion.* Me observó con suspicacia. **2** mirar con anhelo

PHR V to eye sb up (*coloq*) comerse a algn con los ojos **to eye sb up and down** mirar a algn de arriba abajo

eyeball /ˈaɪbɔːl/ *n* globo ocular ☛ *Ver ilustración en* OJO

LOC eyeball to eyeball (**with sb**) (*coloq*) cara a cara (con algn)

eyebath /ˈaɪbɑːθ/ *n* lavaojos, baño ocular

eyebrow /ˈaɪbraʊ/ *n* ceja: *to pluck your eyebrows* depilarse las cejas ☛ *Ver ilustración en* OJO **LOC** *Ver* RAISE

eyebrow pencil *n* lápiz para cejas

eye-catching /ˈaɪ kætʃɪŋ/ *adj* vistoso

eyeful /ˈaɪfʊl/ *n*: *He got an eyeful of sand.* Le entró arena en el ojo.
LOC **to have/get an eyeful (of sth)** (*coloq*) echar un buen vistazo (a algo)

eyeglass /ˈaɪglɑːs/ *n* monóculo

eyelash /ˈaɪlæʃ/ (*tb* **lash**) *n* pestaña ☛ *Ver ilustración en* OJO

eyelet /ˈaɪlət/ *n* ojete (*costura*)

eye level *adj* a la altura de los ojos

eyelid /ˈaɪlɪd/ (*tb* **lid**) *n* párpado ☛ *Ver ilustración en* OJO **LOC** *Ver* BAT[3]

eyeliner /ˈaɪlaɪnə(r)/ *n* lápiz de ojos

eye-opener /ˈaɪ əʊpənə(r)/ *n* revelación
▶ **eye-opening** *adj* revelador

eyepiece /ˈaɪpiːs/ *n* ocular

eyeshadow /ˈaɪʃædəʊ/ *n* sombra de ojos

eyesight /ˈaɪsaɪt/ *n* vista (*ojos*)

eyesore /ˈaɪsɔː(r)/ *n* esperpento, monstruosidad: *That building is a real eyesore!* ¡Ese edificio ofende la vista!

eye strain *n* vista cansada

eye-tooth /ˈaɪ tuːθ/ *n* (*pl* **eye-teeth** /-tiːθ/) colmillo
LOC **to give your eye-teeth for sth** dar la mano derecha por algo

eyewash /ˈaɪwɒʃ/ *n* **1** colirio **2** (*coloq*) puro cuento

eyewitness /ˈaɪwɪtnəs/ *n* testigo ocular

eyrie /ˈɪəri, ˈeəri, ˈaɪəri/ *n* aguilera

Ff

F, f /ef/ *n* (*pl* **F's, f's** /efs/) **1** (*letra*) F, f: *F for Frederick* F de Francia **2** (*Mús*) fa **3** (*Educ*) suspenso bajo: *to get an F in biology* suspender la biología

F¹ *abrev de* **Fahrenheit**

F² /ef/ *n* **1** (*Mús*) Fa **2** (*Educ*) suspenso: *I got F/an F in maths.* Me han suspendido las matemáticas.

f 1 (*tb* **F**) (*tb* **fem**) *abrev de* **female** mujer/hembra **2** (*tb* **fem**) (*Gram*) *abrev de* **feminine** femenino **3** (*Mús*) *abrev de* **forte** forte

FA /ˌef ˈeɪ/ (*GB*) *abrev de* **Football Association**

fa (*tb* **fah**) /fɑː/ *n* (*Mús*) Fa

fab /fæb/ *adj* (*antic, GB, coloq*) súper

fable /ˈfeɪbl/ *n* fábula

▶ **fabled** *adj* legendario

fabric /ˈfæbrɪk/ *n* **1** tejido, tela: *fabric softener* suavizante ☛ *Ver nota en* TELA **2** [*sing*] **~ (of sth) (a)** (*Arquit*) la estructura (de algo) **(b)** (*fig*) los cimientos (de algo)

fabricate /ˈfæbrɪkeɪt/ *vt* **1** (*historia, cuento*) inventar **2** (*documento, testimonio*) falsificar **3** (*producto*) fabricar *Ver tb* PREFABRICATED

fabrication /ˌfæbrɪˈkeɪʃn/ *n* **1** invención **2(a)** (*documento*) falsificación **(b)** mentira **3** (*producto*) fabricación

fabulous /ˈfæbjələs/ *adj* **1** fabuloso **2** de fábula

▶ **fabulously** *adv* fabulosamente: *fabulously rich* increíblemente rico

façade /fəˈsɑːd/ *n* (*lit* y *fig*) fachada

face¹ /feɪs/ *n* **1** (*lit* y *fig*) cara, rostro: *to wash your face* lavarse la cara ◊ *She had a face like thunder.* Tenía una cara encolerizada. ◊ *Her face fell.* Se le turbó la cara. ◊ *the changing face of modern society* el rostro cambiante de la sociedad moderna *Ver tb* BAREFACED, FRESH-FACED, PO-FACED, POKER-FACED, RED-FACED, SHAMEFACED, TWO-FACED ☛ *Ver ilustración en* HEAD¹ **2** (*diamante, etc*) cara: *the face of the earth* la faz de la tierra ◊ *the rock face* la pared de roca **3** (*de una herramienta, etc*) superficie, lado **4** (*reloj*) esfera **5** *face down*(*wards*)/*up*(*wards*) boca abajo/arriba **6** (*tb* **coalface**) frente de arranque de la veta de carbón **7** (*tb* **typeface**) tipo de letra

LOC face to face cara a cara: *She came face to face with the realization that…* Se enfrentó con el hecho de que… ◊ *a face-to-face discussion* un debate cara a cara **in the face of sth 1** a pesar de algo **2** frente a algo **on the face of it** (*coloq*) a primera vista **to sb's face** a la cara **to feed/stuff your face** (*coloq*) atiborrarse **to have the face (to do sth)** (*coloq*) tener la caradura (*de hacer algo*) **to have your face lifted** estirarse la cara **to make/pull faces/a face** hacer muecas: *She pulled a funny face.* Hizo una mueca. **to put a bold, brave, good, etc face on it** poner al mal tiempo buena cara **to put your face on** (*coloq, joc*) maquillarse **to set your face against sth/sb** oponerse tajantemente a algo/algn **to throw sth in sb's face**: *She threw his failures in his face.* Le echó en cara sus fracasos. *Ver tb* BLOW, BLUE, BRAVE, CUP, DOOR, EGG¹, FLAT³, FLY¹, LAUGH, LOSE, NEW, PLAIN¹, PRETTY, RED, SAVE, SHOW, SHUT, SLAP, SMILE, STARE, STRAIGHT, STUFF², WIPE, WRITE

face² /feɪs/ *vt* **1(a)** dar la cara a, estar de cara a: *Turn round and face me.* Vuélvete y mírame. ◊ *They faced each other across the table.* Estaban cara a cara en la mesa. ◊ *They sat down facing each other.* Se sentaron uno delante del otro. **(b)** dar a, mirar hacia: *a house facing the park* una casa que da al parque *Ver tb* SOUTH-FACING **(c)** estar frente a: *the facing page* la página de delante **2(a)** encararse con, enfrentarse con: *You must face him with the truth.* Tienes que enfrentarlo con la verdad. ◊ *She was faced with a difficult decision.* Tuvo que afrontar una decisión difícil. **(b)** (*fig*) afrontar: *I couldn't face going on my own.* Yo no podría afrontar ir solo. ◊ *the problems that face the Government* los problemas que tiene que afrontar el gobierno **(c)** enfrentarse a (*sentencia, multa*) **3** revestir

LOC let's face it (*coloq*) reconozcámoslo **to face a charge (of sth)**; **to face charges** enfrentarse a una acusación **to face the axe** (*coloq*) enfrentarse al despido **to face the music** (*coloq*) enfrentarse a las consecuencias

PHR V to face on to dar a

to face up to sth dar la cara a algo: *You must face up to reality.* Tienes que enfrentarte a la realidad.

face-cloth /ˈfeɪs klɒθ/ (*tb* **face-flannel**, **flannel**, *USA tb* **wash-cloth**) *n* toallita (*para lavarse*)

faceless /ˈfeɪslɪs/ *adj* anónimo

facelift /ˈfeɪslɪft/ *n* **1** (*tb* **face lifting**) estiramiento: *She had a facelift.* Le estiraron la cara. **2** (*fig*) lavado de cara

face-saving /ˈfeɪs seɪvɪŋ/ *adj*: *a face-saving gesture* un gesto para salvar las apariencias

facet /ˈfæsɪt/ *n* faceta *Ver tb* MULTIFACETED

facetious /fəˈsiːʃəs/ *adj* (*pey*) gracioso

face value *n* valor nominal

LOC to accept/take sth at its face value fiarse por las apariencias de algo, tomar algo al pie de la letra: *I took what he told me at its face value.* Tomé lo que me dijo literalmente.

facia (*tb* **fascia**) /ˈfeɪʃə/ *n Ver* DASHBOARD

facial /ˈfeɪʃl/ *adj* facial

■ **facial** *n* mascarilla facial

facile /ˈfæsaɪl; *USA* ˈfæsl/ *adj* (*pey*) **1** simplista, superficial: *He made the facile assumption that…* Asumió a la ligera que… **2** demasiado fácil (*victoria*)

facilitate /fəˈsɪlɪteɪt/ *vt* (*formal*) facilitar

▶ **facilitator** *n* facilitador, -ora

facility /fəˈsɪləti/ *n* (*pl* **-ies**) **1** [*sing*] facilidad **2 facilities** [*pl*] facilidades, instalaciones, servicios

facing /ˈfeɪsɪŋ/ *n* **1** revestimiento **2** vuelta (*p.e. de una chaqueta*)

facsimile /fækˈsɪməli/ *n* facsímil: *facsimile machine* teleproductor de imágenes

fact /fækt/ *n* **1** hecho: *the fact that* el hecho de que ◊ *I know it for a fact.* Lo sé a ciencia cierta. ◊ *Is that a fact?* ¿Lo dices en serio? **2** hechos verídicos: *to distinguish fact from fiction* distinguir lo real de lo ficticio

LOC a fact of life cosas de la vida **facts and figures** (*coloq*) pelos y señales **in fact** de hecho **the fact (of the matter) is (that)…**; **the fact remains (that)…** el hecho es que… **the facts of life** (*eufemismo*) cómo nacen los niños **the facts speak for themselves** los hechos hablan por sí mismos *Ver tb* ACCOMPLISHED, ACTUAL, HARD, MATTER, POINT¹

fact-finding /ˈfækt faɪndɪŋ/ *n* investigación: *fact-finding mission* misión de investigación

faction /ˈfækʃn/ *n* facción: *rival factions within the party* facciones rivales dentro del partido

▶ **factional** *adj* de/entre facciones

factor /ˈfæktə(r)/ *n* **1** factor: *the wind chill factor* el efecto refrigerador del viento **2** (*Mat*) factor **3** (*Com*) agente **4** (*Escocia*) apoderado, -a *Ver tb* RHESUS FACTOR

factory /ˈfæktri, -təri/ *n* (*pl* **-ies**) fábrica: *shoe factory* fábrica de calzado ◊ *feelings on the factory floor* los sentimientos de los obreros de la fábrica

factory farm *n* granja industrial

factory farming *n* cría intensiva

factual /ˈfæktʃuəl/ *adj* basado en los hechos

faculty /ˈfæklti/ *n* (*pl* **-ies**) **1(a)** facultad: *the mental faculties* las facultades mentales ◊ *Arts Faculty* Facultad de Filosofía y Letras **(b)** (*USA*) profesorado **2** [*sing*] facilidad

fad /fæd/ *n* manía

fade /feɪd/ **1** *vt, vi* **(a)** descolorar(se): *faded jeans* vaqueros desgastados **(b)** (*tela*) desteñir(se) **2** *vi* **(a)** desvanecerse: *to fade from view* perderse de vista ◊ *The daylight was fading fast.* Anochecía rápidamente. **(b)** (*flor*) marchitarse **(c)** (*persona*) perder fuerzas

LOC **to fade from the scene/picture** desaparecer del mapa/de la escena **to fade into the background** pasar a segundo plano

PHR V **to fade away 1** apagarse poco a poco: *She's fading away.* Se está muriendo. **2** *Her anger soon faded* (*away*). Se le pasó el enfado.

to fade (sth) in/out 1 (*imagen*) hacer aparecer/desaparecer gradualmente **2** (*sonido*) aumentar/disminuir gradualmente

faecal (*USA* **fecal**) /ˈfiːkl/ *adj* (*formal*) fecal

faeces (*USA* **feces**) /ˈfiːsiːz/ *n* [*pl*] (*formal*) excrementos, heces

fag /fæg/ *n* **1** [*sing*] (*coloq*) faena **2** (*GB, coloq*) cigarrillo: *a fag end* una colilla **3** (*esp USA*) *Ver* FAGGOT sentido 3

▶ **fagged out** *adj* (*coloq, antic*) hecho polvo

faggot (*USA* **fagot**) /ˈfægət/ *n* **1** (*GB*) albóndiga (grande) **2** (*tb esp USA* **fag**) (*coloq, pey*) maricón **3** haz de leña

fah *n Ver* FA

Fahrenheit /ˈfærənhaɪt/ *adj* (*abrev* **°F**) Fahrenheit: *seventy degrees Fahrenheit* setenta grados Fahrenheit

Aunque en Gran Bretaña se usan oficialmente los grados centígrados, mucha gente sigue utilizando la escala Fahrenheit: *Temperatures were in the nineties this week.* Las temperaturas alcanzaron los noventa grados (Fahrenheit) esta semana.

fail /feɪl/ **1** *vt* **(a)** (*examen, candidato*) suspender **(b)** fallar, faltar: *Her sense of direction had not failed her.* Su sentido de la orientación no le había fallado. ◊ *Words fail me.* Me faltan palabras. ◊ *His courage failed him.* Le faltó valor. **2** *vi* **~ (in sth) (a)** fracasar (en algo) **(b)** *to fail in your duty* faltar al deber **3** *vi* **~ to do sth**: *She failed to come.* No vino. ◊ *He never fails to write.* No se olvida de escribir. ◊ *It never fails to amaze me.* Nunca me deja de sorprender. ◊ *I fail to see why.* No veo por qué. **4** *vi* **(a)** (*fuerzas, motor, etc*) fallar **(b)** (*salud*) deteriorarse **(c)** (*cosecha*) arruinarse **(d)** (*negocio*) quebrar

■ **fail** *n* suspenso

LOC **without fail** sin falta *Ver tb* WORD

failing /ˈfeɪlɪŋ/ *n* **1** debilidad **2** defecto

■ **failing** *prep* a falta de: *failing this* si esto no es posible

fail-safe /ˈfeɪl seɪf/ *adj*: *fail-safe device* dispositivo de seguridad

failure /ˈfeɪljə(r)/ *n* **1(a)** fracaso **(b)** fracasado: *a failure at maths* un desastre en matemáticas **2** fallo: *heart failure* paro cardiaco ◊ *power failure* corte de la luz ◊ *engine failure* avería del motor **3 ~ to do sth**: *failure to comply with the regulations* incumplimiento de las reglas ◊ *His failure to answer puzzled her.* Le extrañó que no contestara.

faint[1] /feɪnt/ *adj* (**-er, -est**) **1(a)** (*sonido*) débil **(b)** (*rastro*) leve **(c)** (*contorno*) borroso **(d)** (*parecido*) ligero **(e)** (*esperanza*) pequeño **2(a)** *to feel faint* estar mareado **(b)** *faint from/with hunger* agotado por el hambre

LOC **not to have the faintest/foggiest (idea)** (*coloq*) no tener ni la más mínima idea *Ver tb* DAMN

faint[2] /feɪnt/ *vi* **~ (from/with sth)** desmayarse (de/por algo)

■ **faint** *n* [*sing*] desmayo

LOC **in a (dead) faint** desmayado

faint-hearted /ˌfeɪnt ˈhɑːtɪd/ *adj* apocado, pusilánime

LOC **not for the faint-hearted** no para los que no tengan agallas

faintly /ˈfeɪntli/ *adv* **1** débilmente **2** tenuemente **3** vagamente: *faintly surprised* algo sorprendido

fair[1] /feə(r)/ *adj* (**-er, -est**) **1(a) ~ (to/on sb)** justo (con algn) *Ver tb* THE OFFICE OF FAIR TRADING **(b)** (*informe*) imparcial **(c)** (*pelea*) limpio **2(a)** (*idea, posibilidad*) bastante bueno **(b)** (*coloq*) bastante: *a fair size* bastante grande ◊ *I spend a fair amount of time in France.* Paso bastante tiempo en Francia. **3(a)** (*tiempo*) despejado **(b)** (*viento*) favorable **4(a)** (*piel*) blanco **(b)** (*pelo*) rubio ☛ *Ver nota en* RUBIO **5** (*antic*) bello *Ver tb* BEAUTIFUL

LOC **a fair crack of the whip** (*coloq*) darle a uno una buena oportunidad (de conseguir algo) **a fair hearing** un juicio imparcial **a fair question** una pregunta razonable **at a fair lick/pace** (*coloq*) a un buen paso **by fair means or foul** por las buenas o por las malas **fair's fair** (*coloq*) sé razonable **in a fair way to do sth** con buenas posibilidades de hacer algo **to be fair...** para ser justo...: *But to be fair...* Pero en honor a la verdad... **to be in a fair way of business** tener un buen negocio **to have, etc (more than) your fair share of sth**: *We had more than our fair share of rain.* Nos tocó más lluvia de lo que era de esperar.

fair[2] /feə(r)/ *adv* **1** de manera justa **2** (*coloq*): *fair worn out* totalmente hecho polvo

LOC **fair and square 1** (*ganar*) en buena ley **2** (*decir*) claramente **3** (*darle a algn*) de lleno en... **fair enough** (*coloq*) está bien **to play fair** jugar limpio

fair[3] /feə(r)/ *n* feria: *a trade/fun fair* una feria de muestras/de atracciones

fair game *n* objeto legítimo de persecución o burla

fairground /ˈfeəgraʊnd/ *n* **1** feria **2** parque de atracciones

fair-haired /ˌfeə ˈheəd/ *adj* rubio

fairly /ˈfeəli/ *adv* **1** justamente: *to treat sb fairly* tratar a algn con justicia **2** equitativamente **3** honradamente: *to fight fairly* luchar limpio **4** verdaderamente **5** (*antes de adj y adv*) bastante: *fairly easy* bastante fácil

Los adverbios **fairly**, **quite**, **rather** y **pretty** modifican la intensidad de los adjetivos o adverbios a los que acompañan, y pueden significar "bastante", "hasta cierto punto" o "no muy". El efecto de estos adverbios depende mucho de la entonación.

Rather es el más formal y se usa en inglés británico: *It will be rather cold today.* Va a hacer bastante frío hoy.

Pretty es el que tiene más fuerza y se usa sobre todo en inglés hablado: *It was a pretty good party.* Fue una fiesta bastante divertida.

Fairly es el de grado más bajo y se usa sobre todo con cualidades positivas: *fairly tidy, spacious, friendly, etc* bastante ordenado, grande, simpático, etc.

Cuando **rather** o **pretty** se usan con una cualidad positiva, le dan un tono entusiasta a la frase: *a rather/pretty good play* una obra de teatro muy buena. Sin embargo, con una cualidad negativa, expresan desaprobación: *It's rather/pretty small.* Es más bien pequeño.

Rather es el único que puede utilizarse con comparativos o con **too**: *It's rather bigger than we thought.* Es bastante más grande de lo que pensábamos. ◊ *These shoes are rather too small.* Estos zapatos son más bien pequeños.

Rather y **quite** pueden preceder al artículo indefinido cuando va seguido de un adjetivo y un sustantivo:

rather/quite a nice day ◊ *a rather/quite/fairly/pretty nice day* un día bastante bueno

fairness /ˈfeənəs/ *n* **1** justicia: *in all fairness to sb* para ser justo con algn **2(a)** (*piel*) blancura **(b)** lo rubio **3** (*antic*) belleza

fair play *n* juego limpio

the fair sex *n* (*antic* o *joc*) el bello sexo

fairway /ˈfeəweɪ/ *n* **1** calle (*de un campo de golf*) ☛ *Ver ilustración en* GOLF **2** canal navegable (*en el mar/en un río*)

fairy /ˈfeəri/ *n* (*pl* **-ies**) **1** hada **2** (*argot, pey*) mariquita

fairy godmother *n* hada madrina

fairyland /ˈfeərilænd/ *n* **1** la tierra de las hadas **2** (*fig*) lugar de ensueño

fairy story *n Ver* FAIRY-TALE

fairy-tale /ˈfeəri teɪl/ (*tb* **fairy story**) *n* **1** cuento de hadas **2** cuento de viejas

fait accompli /ˌfeɪt əˈkɒmpliː; *USA* əkɒmˈpliː/ *n* (*pl* **faits accomplis**) (*Fr*) hecho consumado

faith /feɪθ/ *n* **~ (in sth/sb) 1** (*Relig*) fe (en algo/algn) **2** fe, confianza (en algo/algn) *Ver tb* BAD FAITH, GOOD FAITH

LOC to break/keep faith with sb 1 ser desleal/leal a algn **2** faltar a/cumplir su palabra **to have (no) faith in sth/sb** (no) tener confianza en algo/algn **to put your faith in sth/sb** confiar en algo/algn *Ver tb* BREACH, PIN, SHATTER

faithful /ˈfeɪθfl/ *adj* fiel

▸ **faithfully** *adv* fielmente ☛ *Ver págs 594–7 Ver tb* YOURS

faithfulness *n* fidelidad

faith healing /ˈfeɪθ hiːlɪŋ/ *n* curación por la fe

fake /feɪk/ *n* **1** imitación, falsificación **2** (*persona*) farsante

■ **fake** *adj* falso

■ **fake 1** *vt* (*firma, documento*) falsificar **2** *vt, vi* fingir

falcon /ˈfɔːlkən; *USA* ˈfælkən/ *n* halcón

fall[1] /fɔːl/ *vi* (*pret* **fell** /fel/ *pp* **fallen** /ˈfɔːlən/) **1** (*lit* y *fig*) caer(se): *The book fell off the table onto the floor.* El libro se cayó de la mesa al suelo. ◊ *Which syllable does the stress fall on?* ¿En qué sílaba está el acento? **2** (*precio, temperatura*) bajar **3** (*con estados físicos o emocionales*) volverse, quedarse, ponerse: *She fell asleep straight away.* Se quedó dormida enseguida. ◊ *Your father has fallen ill.* Tu padre se ha puesto enfermo. ◊ *to fall in love* enamorarse ◊ *The book fell open at page 97.* El libro se quedó abierto por la página 97.

LOC ☛ Para expresiones con **fall**, véanse las entradas del sustantivo, adjetivo, etc, p.ej. **to fall short of sth** en SHORT[2]

PHR V to fall about (*coloq*) desternillarse: *We all fell about (laughing).* Nos partíamos de risa.

to fall apart 1 (*objeto*) deshacerse **2** (*matrimonio*) fracasar **3** (*persona*) derrumbarse: *He fell apart when she left.* Se derrumbó cuando ella lo dejó.

to fall away 1 abandonar: *His supporters fell away.* Sus seguidores lo abandonaron. **2** desaparecer: *All our doubts fell away.* Todas nuestras dudas desaparecieron.

to fall back retroceder: *The enemy fell back.* El enemigo retrocedió.

to fall back on sth/sb recurrir a algo/a algn: *At least we can fall back on candles if the electricity fails.* Al menos, podemos recurrir a las velas si falla la electricidad.

to fall behind (sth/sb) quedar(se) atrás/quedarse detrás de algo/algn: *France has fallen behind Germany in coal production.* Francia se ha quedado por debajo de Alemania en la producción de carbón.

to fall behind with sth retrasarse con algo/en hacer algo: *to fall behind with the rent* retrasarse con el alquiler

to fall down 1 (*persona, objeto*) caerse **2** (*plan*) fracasar

to fall for sb (*coloq*) colarse por algn

to fall for sth (*coloq*) tragarse algo (*cuento, mentira*)

to fall in 1 (*techo*) desplomarse **2** (*Mil*) formar: *The sergeant ordered his men to fall in.* El sargento ordenó a sus hombres que formasen.

to fall in with sb encontrarse con algn

to fall in with sth mostrarse conforme con algo: *She fell in with my idea at once.* Se mostró conforme con mi idea inmediatamente.

to fall in with sth/sb juntarse con algo/algn: *He fell in with a bad crowd.* Se juntó con malas compañías.

to fall into sth 1 poder dividirse en algo: *His works fall into three groups.* Su obra puede dividirse en tres grupos. **2** adquirir algo: *to fall into bad habits* adquirir malas costumbres **3** caer en algo (*trampa*): *They fell right into it.* Cayeron en la trampa.

to fall off descender, flojear: *Attendance has fallen off.* El número de asistentes ha descendido.

to fall on/upon sb (*responsabilidad*) recaer en algn

to fall on/upon sth/sb 1 atacar algo/a algn **2** tirarse sobre algo/algn: *The children fell on the food and ate it greedily.* Los niños se tiraron sobre la comida como leones y la comieron con avidez.

to fall out 1 caerse: *His hair is falling out.* Se le está cayendo el pelo. **2** (*Mil*) romper filas

to fall out (with sb) reñir (con algn), enfadarse (con algn)

to fall over caerse: *She fell over and broke her leg.* Se cayó y se rompió la pierna.

to fall over sth/sb tropezar con algo/algn

to fall over yourself to do sth (*coloq*) desvivirse por hacer algo

to fall through fracasar, irse a pique: *Our holiday plans fell through because of the strikes.* Nuestros planes para las vacaciones se fueron a pique por culpa de las huelgas.

to fall to (doing sth) empezar (a hacer algo): *They fell to (eating) with great gusto.* Empezaron (a comer) con muchas ganas.

to fall to sb (to do sth) tocarle a algn (hacer algo): *It fell to me to inform her of her son's death.* Me tocó a mí informarle de la muerte de su hijo.

to fall under sth estar incluido en algo: *What heading do these items fall under?* ¿En qué apartado están incluidos estos artículos?

to fall upon sb *Ver* TO FALL ON/UPON SB

to fall upon sth/sb *Ver* TO FALL ON/UPON STH/SB

fall[2] /fɔːl/ *n* **1** (*lit* y *fig*) caída: *That was a nasty fall.* Ha sido una caída muy mala. ◊ *a steep fall in prices* un acusado descenso de los precios *Ver tb* NIGHTFALL, SHORTFALL **2(a)** avalancha: *a heavy fall of snow* una copiosa nevada ◊ *a fall of rock(s)* una avalancha de rocas *Ver tb* RAINFALL, WINDFALL **(b)** [*gen sing*] (*distancia*) caída: *a fall of twenty feet* una caída de veinte metros **3** (*USA*) (*GB* **autumn**) otoño **4** [*gen pl*] (*Geog*) salto de agua, cataratas: *Niagara Falls* las cataratas del Niágara *Ver tb* WATERFALL

fallacy /ˈfæləsi/ *n* (*pl* **-ies**) error, falacia

fallen /ˈfɔːlən/ **1** *pp de* FALL[1] **2** *adj* caído

fallible /ˈfæləbl/ *adj* falible

▸ **fallibility** *n* falibilidad

Fallopian tube /fəˌləʊpiən ˈtjuːb; *USA* ˈtuːb/ *n* trompa de Falopio ☛ *Ver ilustración en* REPRODUCTOR

fallout /ˈfɔːlaʊt/ *n* lluvia radiactiva

fallow /ˈfæləʊ/ *adj* de barbecho, en barbecho: *to lie fallow* estar en barbecho

false /fɔːls/ *adj* **1** falso: *a false passport* un pasaporte falso ◊ *'A whale is a fish. True or false?'* "Una ballena es un pez. ¿Verdadero o falso?" **2** (*idea*) equivocado, erróneo **3** postizo: *false teeth* dentadura postiza **4** fraudulento: *to present false claims to an insurance company* presentar reclamaciones fraudulentas a una compañía de seguros

LOC **in a false position** en una situación comprometedora **one false move** un paso en falso **on/under false pretences** de forma fraudulenta: *to obtain money on false pretences* obtener dinero de forma fraudulenta **to strike/sound a false note** desentonar (**to take**) **a false step** (dar) un paso en falso *Ver tb* RING[2]

▶ **falsely** *adv* **1** falsamente **2** (*creer*) equivocadamente

false alarm *n* falsa alarma

falsehood /ˈfɔːlshʊd/ *n* (*formal*) falsedad: *guilty of falsehood* culpable de decir falsedades

false start *n* **1** (*Dep*) salida nula **2** intento fallido: *After several false starts, she became a successful journalist.* Tras varios intentos fallidos, llegó a ser una periodista famosa.

falsify /ˈfɔːlsɪfaɪ/ *vt* (*pret, pp* **-fied**) falsificar

falter /ˈfɔːltə(r)/ **1** *vi* (*fig*) vacilar: *without faltering* sin vacilar **2** *vi* tambalearse **3** *vi* flaquear, decaer **4(a)** *vi* (*voz*) titubear **(b)** *vt* decir titubeando: *'What… what do you mean?', she faltered.* —¿Qué… qué quieres decir?, dijo titubeando.

▶ **faltering** *adj* vacilante, tambaleante, titubeante

fame /feɪm/ *n* fama: *to rise to fame* hacerse famoso

▶ **famed** *adj* **~ (for sth)** afamado, famoso (por algo)

familial /fəˈmɪliəl/ *adj* (*formal*) (*de la familia*) familiar: *familial ties* lazos familiares ☛ *Comparar con* FAMILIAR, FAMILY

familiar /fəˈmɪliə(r)/ *adj* **1** (*conocido*) familiar: *She looks familiar.* Me suena su cara. ☛ *Comparar con* FAMILIAL, FAMILY **2 ~ with sth** familiarizado con algo **3** (*tono, etc*) de familiaridad

LOC **all too familiar** demasiado familiar: *the all too familiar sound of a mortar attack* el sonido del ataque de mortero ya parte de la vida diaria

▶ **familiarity** *n* **1 ~ with sth** conocimientos de algo **2** familiaridad **3** exceso de confianza

LOC **familiarity breeds contempt** donde hay confianza da asco

familiarly *adv* **1** (*tratar*) de manera informal **2** (*pey*) con demasiada confianza

LOC **familiarly known as sth** comúnmente conocido como algo

familiarize, -ise /fəˈmɪliəraɪz/ *vt* familiarizar: *to familiarize yourself with sth* familiarizarse con algo

▶ **familiarization, -isation** /fəˌmɪliəraɪˈzeɪʃn; *USA* -rəˈz-/ *n* familiarización

family /ˈfæməli/ *n* (*pl* **-ies**) **1** familia: *family likeness* aire de familia ◊ *close friends and family* parientes y allegados ☛ *Ver nota en* FAMILIA **2** familiar: *a family gathering* una reunión familiar ◊ *family allowance* subsidio familiar ◊ *a family man* un hombre casero ◊ *family doctor* médico de cabecera *Ver tb* NUCLEAR FAMILY, ONE-PARENT FAMILY, SINGLE PARENT FAMILY ☛ *Comparar con* FAMILIAR *sentido* 1, FAMILIAL

LOC **a family man** un padre de familia **in the family way** (*coloq*) en estado de buena esperanza **to run in the family** ser de familia *Ver tb* BLACK, START

family name (*tb* **surname**, **last name**) *n* apellido ☛ *Ver nota en* NAME[1]

family-owned /ˈfæməli əʊnd/ *adj* que pertenence a una familia

family planning *n* planificación familiar

family-run /ˈfæməli rʌn/ *adj* que lleva una familia: *family-run hotel/guest-house* hotel/casa de huéspedes que lleva una familia

family tree *n* árbol genealógico

famine /ˈfæmɪn/ *n* (periodo de) hambre: *the fight against famine and disease* la lucha contra el hambre y la enfermedad ☛ *Ver nota en* HAMBRE

famished /ˈfæmɪʃt/ *adj* (*coloq*) muerto de hambre: *I'm famished.* Me muero de hambre.

famous /ˈfeɪməs/ *adj* famoso: *a famous singer* un cantante famoso *Ver tb* WORLD-FAMOUS

LOC **famous last words!** (*joc*) ¡en qué hora lo diríamos!

▶ **famously** *adv* famosamente

LOC **to get on famously** llevarse divinamente

fan[1] /fæn/ *n* **1** abanico **2** ventilador: *fan heater* calefactor *Ver tb* EXTRACTOR FAN ☛ *Ver ilustración en* CAR

■ **fan** *vt* (**-nn-**) **1 to fan (yourself) (with sth)** abanicar(se) (con algo) **2** (*fuego*) avivar

LOC **to fan the flames (of dispute, etc)** echar más leña al fuego

PHR V **to fan (sth) out** abrirse/abrir algo en abanico

fan[2] /fæn/ *n* fan, hincha: *fan club* club de fans ◊ *fan mail* cartas de admiradores

fanatic /fəˈnætɪk/ *n* fanático, -a: *She's a fitness fanatic.* Es una fanática del ejercicio físico.

▶ **fanatic(al)** *adj* fanático

fanatically *adv* fanáticamente

fanaticism *n* fanatismo

fan belt *n* correa de ventilador ☛ *Ver ilustración en* CAR

fanciful /ˈfænsɪfl/ *adj* **1** (*idea*) extravagante **2** (*persona*) fantasioso

fancy /ˈfænsi/ *n* (*pl* **-ies**) **1** capricho: *We'll leave when the fancy takes us.* Saldremos cuando nos apetezca. **2** fantasía

LOC **to catch/take sb's fancy 1** cautivar a algn **2** apetecer a algn: *whatever takes your fancy* lo que más te apetezca **to take a fancy to sth/sb** encapricharse con algo/algn *Ver tb* FLIGHT[1], TICKLE

■ **fancy** *adj* (**-ier**) **1** de fantasía: *fancy goods* géneros de fantasía **2** elaborado, elegante: *That's a very fancy pair of shoes!* ¡Qué zapatos más originales! **3** (*idea, etc*) extravagante **4** (*USA*) (*comida*) de calidad

■ **fancy** *vt* (*pret, pp* **fancied**) **1** imaginarse: *He fancied he heard footsteps behind him.* Se imaginó que oía pasos detrás de él. **2** apetecer a uno: *Do you fancy watching the telly?* ¿Te apetece ver la tele? **3** gustar a uno: *I like him but I don't fancy him.* Me cae muy bien pero no me gusta.

LOC **Fancy (that)!** ¡Quién lo iba a decir!: *Fancy seeing you here!* ¡Qué sorpresa verte aquí! **to fancy yourself** ser un creído **to fancy yourself as sth** presumir de algo: *She fancies herself as a singer.* Presume de cantante. *Ver tb* CHANCE

fancy dress *n* disfraz (*para fiestas*): *a fancy dress party* una fiesta de disfraces ◊ *We went in fancy dress.* Fuimos disfrazados. ☛ *Comparar con* DISGUISE

fandango /fænˈdæŋgəʊ/ *n* (*pl* **~es**) **1** fandango **2** pitorreo

fanfare /ˈfænfeə(r)/ *n* fanfarria: *with great fanfare* a bombo y platillo

fang /fæŋ/ *n* **1** (*animal*) colmillo **2** (*serpiente*) diente

fanlight /ˈfænlaɪt/ *n* montante (*de ventana*)

fanny /ˈfæni/ *n* **1** (*GB*, ⚠) ☛ *Ver nota en* TABÚ chocho **2** (*USA*, *argot*, *antic*) culo

fantasia /fænˈteɪziə; *USA* -ˈteɪʒə/ (*tb* **fantasy**) *n* fantasía (*composición*)

fantasize, -ise /ˈfæntəsaɪz/ *vi* **~ (about sth/sb)** fantasear (con algo/algn)

fantastic /fænˈtæstɪk/ (*tb* **fantastical** /-ɪkl/) *adj* fantástico

▶ **fantastically** *adv* fantásticamente: *He did fantastically well.* Le ha ido super bien.

fantasy /ˈfæntəsi/ *n* (*pl* **-ies**) **1** fantasía **2** *Ver* FANTASIA

fanzine /ˈfænziːn/ *n* (*coloq*) fanzine

far /fɑː(r)/ *adj* (*comp* **farther** /ˈfɑːðə(r)/ o **further** /ˈfɜːðə(r)/ *superl* **farthest** /ˈfɑːðɪst/ o **furthest** /ˈfɜːðɪst/) **1** extremo: *the far north* el extremo norte ◊ *at the far end of the street* en el otro extremo de la calle **2** opuesto: *on the far bank of the river* en la margen opuesta del río **3** (*antic*) lejano: *to journey into far regions* viajar a regiones lejanas

■ **far** *adv* (*comp* **farther** /ˈfɑːðə(r)/ o **further** /ˈfɜːðə(r)/

superl **farthest** /ˈfɑːðɪst/ o **furthest** /ˈfɜːðɪst/) ☛ *Ver nota en* FURTHER **1(a)** lejos: *Is it far (from here)?* ¿Está lejos (de aquí)? ◊ *We didn't go far.* No fuimos muy lejos. ◊ *How far is it to London from here?* ¿A qué distancia está Londres de aquí? ◊ *How far have we walked?* ¿Cuánto hemos caminado? **(b)** (*fig*): *How far can she be trusted?* ¿Hasta dónde podemos confiar en ella? ◊ *How far have you got with the book?* ¿Hasta dónde has llegado con el libro? ☛ En este sentido se usa en frases negativas o interrogativas. En frases afirmativas es mucho más frecuente decir **a long way**. *Ver tb* WAY[1] **2** (*con preposiciones*) muy: *far above the clouds* muy por encima de las nubes ◊ *far beyond the bridge* mucho más allá del puente **3** (*con algunos adjetivos*) muy: *The reality was far different.* La realidad era muy distinta. ◊ *It's far superior to the other one.* Es muy superior al otro. ◊ *You were not far wrong.* No te equivocabas mucho. **4** (*con comparativos*) mucho: *a far better solution* una solución mucho mejor ◊ *It's far easier for him.* Es mucho más fácil para él.

LOC as far as hasta: *I've read as far as the third chapter.* He leído hasta el tercer capítulo. **as far away as** tan lejos como: *People came from as far away as Australia.* La gente vino de lugares tan lejanos como Australia. **as/so far as 1** (*distancia*) tan lejos como: *We didn't go so far as the others.* No llegamos tan lejos como los demás. **2** (por) lo que: *so far as I can judge* por lo que yo puedo juzgar ◊ *as far as I know* que yo sepa ◊ *They helped him as far as they could.* Le ayudaron lo que pudieron. ◊ *as far as possible* en lo posible **as/so far as it goes** hasta cierto punto **by far** con mucho: *She is by far the best.* Es la mejor con mucho. ◊ *It is quicker by far to go by train.* Es muchísimo más rápido ir en tren. **far and away** (*delante de adjetivos comparativos y superlativos*) con mucho: *She's far and away the brightest in the class.* Es con mucho la más inteligente de la clase. **far and near/wide** por todas partes: *They searched far and wide for the child.* Buscaron al niño por todas partes. **far away** muy lejos **far be it from me** (*coloq*): *far be it from me to criticize* lejos de mí criticar **far from doing sth** lejos de hacer algo: *Far from being embarrassed, he enjoyed himself.* Lejos de sentirse intimidado, lo pasó bien. **far from it** (*coloq*) ni mucho menos **few and far between** escasos: *Buses are few and far between.* Los autobuses son contadísimos. **in so far as** en la medida en que **so far 1** hasta ahora **2** hasta cierto punto **so far, so good** (*refrán*) hasta ahora todo ha salido bien **to be far from (doing) sth** distar mucho de (hacer) algo: *The problem is far from easy.* El problema dista mucho de ser fácil. **to carry/take sth too far** llevar algo demasiado lejos: *You've carried this joke far enough.* Has llevado esta broma demasiado lejos. **to go as/so far as to do sth/as that, etc** llegar a hacer algo/a eso, etc: *I won't go so far as to say that he is dishonest.* No llegaría a decir que no es honrado. **to go far/a long way 1** (*dinero*) dar para mucho: *A pound doesn't go very far.* Una libra esterlina no da para mucho. **2** (*provisiones*) cundir **3** (*persona*) llegar lejos **to go far/a long way towards (doing) sth** servir de mucho para (hacer) algo, contribuir mucho a (hacer) algo: *This doesn't go far towards solving the crisis.* Esto no sirve de mucho para resolver la crisis. **to go too far** pasarse *Ver tb* AFIELD, CONCERN

faraway /ˈfɑːrəweɪ/ *adj* **1** remoto **2** (*expresión*) distraído

farce /fɑːs/ *n* farsa

farcical /ˈfɑːsɪkl/ *adj* ridículo: *The elections were farcical.* Las elecciones fueron una farsa.

fare[1] /feə(r)/ *n* **1(a)** tarifa, billete: *Fares please!* ¡Billetes por favor! *Ver tb* RETURN FARE **(b)** pasajero **2(a)** (*lit*) comida **(b)** (*fig*) menú

fare[2] /feə(r)/ *vi* (*formal*) irle a algn: *to fare well/badly* irle bien/mal a uno ◊ *How did you fare?* ¿Como te fue?

the Far East /ˌfɑːr ˈiːst/ *n* el Extremo Oriente

farewell /ˌfeəˈwel/ *interj* (*antic* o *formal*) adiós
LOC to bid/say farewell to sth/sb despedirse de algo/algn
■ **farewell** *n* despedida: *a farewell party* una fiesta de despedida

far-fetched /ˌfɑː ˈfetʃt/ *adj* (*pey*) **1** (*comparación*) traído por los pelos **2** (*coloq*) (*explicación, etc*) inverosímil

far-flung /ˌfɑː ˈflʌŋ/ *adj* **1** extenso **2** remoto

farm /fɑːm/ *n* granja: *fish farm* piscifactoría ◊ *farm machinery* maquinaria agrícola *Ver tb* DAIRY FARM, FACTORY FARM, TRUCK FARM
■ **farm 1** *vt, vi* labrar: *John farms 1000 acres.* John cultiva 1.000 acres. **2** *vi* tener una granja: *They farm at Wootton.* Tienen una granja en Wootton. **3** *vt* criar
PHR V to farm sb out (to sb) dejar a algn al cuidado (de algn)
to farm sth out (to sb) encargar algo (a algn)

farmer /ˈfɑːmə(r)/ *n* granjero, -a *Ver tb* DAIRY FARMER

farmhouse /ˈfɑːmhaʊs/ *n* granja

farming /ˈfɑːmɪŋ/ *n* ganadería, agricultura: *the farming community* la comunidad agrícola *Ver tb* DAIRY FARMING, FISH FARMING, FRUIT FARMING

farmland /ˈfɑːmlænd/ *n* [*incontable*] tierras de labranza

farmstead /ˈfɑːmsted/ *n* granja, finca (*casa y construcciones anexas*)

farmyard /ˈfɑːmjɑːd/ *n* corral: *rotted farmyard manure* estiércol de corral descompuesto

far-off /ˈfɑː ɒf; *USA* ˈfɑː ɔːf/ *adj* remoto

far-reaching /ˌfɑː ˈriːtʃɪŋ/ *adj* de amplia repercusión

far-sighted /ˌfɑː ˈsaɪtɪd/ *adj* **1** (*aprob*) de largas miras **2** (*GB* **long-sighted**) présbita

fart /fɑːt/ *vi* (*coloq*) tirarse un pedo
PHR V to fart about/around perder el tiempo
■ **fart** *n* **1** pedo **2** (*pey*) mequetrefe **LOC** *Ver* PISSED

farther /ˈfɑːðə(r)/ (*tb* **further**) *adj, adv* (*comp de* **far**) más lejos: *I can swim farther than you.* Puedo nadar más lejos que tú. ◊ *We need to look farther afield.* Tenemos que mirar en otra parte. ◊ *This report goes farther than the previous one.* Este informe es más completo que el anterior. ◊ *farther north* más al norte ☛ *Ver nota en* FURTHER

farthest /ˈfɑːðɪst/ *Ver* FURTHEST

farthing /ˈfɑːðɪŋ/ *n* (*antic*) cuarto de penique: *It's not worth a farthing.* No vale un real.
LOC to give a farthing importar un bledo: *She didn't give a farthing about the criticism.* A ella no le importaba un comino la crítica.

the Far West /ˌfɑː ˈwest/ *n* el lejano oeste

fascia *n Ver* DASHBOARD

fascinate /ˈfæsɪneɪt/ *vt* fascinar

fascinating /ˈfæsɪneɪtɪŋ/ *adj* fascinante

fascination /ˌfæsɪˈneɪʃn/ *n* fascinación

fascism (*tb* **Fascism**) /ˈfæʃɪzəm/ *n* fascismo

fascist (*tb* **Fascist**) /ˈfæʃɪst/ *adj, n* fascista

fashion[1] /ˈfæʃn/ *n* **1** moda: *fashion designer* modisto ◊ *fashion show* desfile de moda *Ver tb* OLD-FASHIONED **2** [*sing*] forma, manera: *in my fashion* a mi manera *Ver tb* PARROT-FASHION
LOC after a fashion hasta cierto punto: *I can play the piano after a fashion.* Toco el piano más o menos. **after/in the fashion of sb** (*formal*) al estilo de algn **to be all the fashion/rage** estar al último grito **to be/go out of fashion** estar pasado/pasar de moda **to be in/come into fashion** estar/ponerse de moda **to be quite the fashion** ser el último grito *Ver tb* HEIGHT

fashion[2] /ˈfæʃn/ *vt* moldear, hacer

fashionable /ˈfæʃnəbl/ *adj* de moda
▶ **fashionably** *adv* a la moda

fast[1] /fɑːst; *USA* fæst/ *adj* (**-er, -est**) **1** rápido: *fast food* comida rápida ◊ *fast money* dinero rápido ◊ *at a faster rate than expected* a más velocidad de la esperada

Tanto **fast** como **quick** significan rápido, pero **fast** suele utilizarse para describir a una persona o cosa que se mueve a mucha velocidad, mientras que **quick** se refiere a algo que se realiza en un breve espacio de tiempo: *a fast horse/car/runner* un caballo/coche/ corredor rápido ◊ *a quick decision/visit* una decisión/ visita rápida.

2 (*reloj*) adelantado **3** (*película fotográfica*) sensible
■ **fast** *adv* (**-er, -est**) rápido, rápidamente: *Not so fast!* ¡Un momento! ◊ *fast-growing* de crecimiento rápido ◊ *cars that go faster and faster* coches que cada vez corren más
LOC as fast as your legs can carry you tan rápido como se pueda **fast and furious** vertiginosamente *Ver tb* BUCK[3], LIVE[2], PULL[2]

fast[2] /fɑːst; *USA* fæst/ *adj* **1** fijo: *to make sth fast* fijar algo **2** [*antes de sustantivo*] (*antic*) (*amigo*) leal **3** (*color*) sólido (*que no destiñe*) *Ver tb* COLOUR FAST **LOC** *Ver* HARD
■ **fast** *adv* firmemente, fuertemente: *fast asleep* dormido profundamente
LOC to hold fast to sth aferrarse a algo **to play fast and loose** (**with sth/sb**) (*fig*) jugar (con algo/algn) **to stand fast** mantenerse firme: *He stood fast by his principles.* Mantuvo firme sus principios. *Ver tb* THICK

fast[3] /fɑːst; *USA* fæst/ *vi* ayunar
■ **fast** *n* ayuno

fasten /ˈfɑːsn; *USA* ˈfæsn/ **1** *vt* **(a) ~ sth** (**down**) asegurar algo **(b) ~ sth** (**up**) abrochar algo: *Fasten your seat belts.* Abróchense los cinturones. **(c)** sujetar, fijar: *to fasten two sheets of paper* (*together*) fijar dos hojas de papel **2** *vi* **(a)** cerrarse: *The box fastened with a click.* La caja se cerró con un click. **(b)** abrocharse
PHR V to fasten on sb agarrarse a algn **to fasten on sth** valerse de algo

fastener /ˈfɑːsnə(r); *USA* ˈfæs-/ *n* cierre, corchete: *zip fastener* cremallera

fastening /ˈfɑːsnɪŋ; *USA* ˈfæs-/ *n* cierre, pestillo

fastidious /fəˈstɪdiəs, fæ-/ *adj* **1** puntilloso, exigente **2** caprichoso
▶ **fastidiously** *adv* meticulosamente, caprichosamente
fastidiousness *n* remilgos, exigencia

fastness /ˈfɑːstnəs; *USA* ˈfæs-/ *n* fortaleza

fat[1] /fæt/ *adj* (**fatter, fattest**) **1** gordo: *to get fat* ponerse gordo ◊ *a fat wallet* una cartera abultada

Otras palabras más sutiles para describir a una persona obesa son **stout**, **plump** y **overweight**.

2 (*una temporada*) próspero **3** (*coloq*) (*beneficios, etc*) pingüe: *a nice fat cheque* un cheque espléndido
LOC a fat lot (*coloq, irón*) muy poco: *A fat lot you care!* Te importa un comino. **fat chance**: *There's fat chance of that happening!* No hay muchas posibilidades de que esto ocurra.

fat[2] /fæt/ *n* **1** [*incontable*] grasa: *fat content* contenido de grasa ◊ *low-fat spread* margarina light *Ver tb* HIGH-FAT **2** (*Cocina*) tocino, manteca
LOC the fat is in the fire (*coloq*) se va a armar la gorda **to run to fat** tender a engordar *Ver tb* LIVE[2]

fatal /ˈfeɪtl/ *adj* **1 ~** (**to sth/sb**) mortal (para algo/algn) **2** (*formal*) fatídico

fatalism /ˈfeɪtəlɪzəm/ *n* fatalismo

fatalist /ˈfeɪtəlɪst/ *n* fatalista

fatalistic /ˌfeɪtəˈlɪstɪk/ *adj* fatalista

fatality /fəˈtæləti/ *n* (*pl* **-ies**) **1** víctima mortal: *traffic fatalities* muertos en la carretera **2** fatalidad: *a sense of fatality* un sentimiento de fatalidad

fatally /ˈfeɪtəli/ *adv* mortalmente: *fatally flawed* mal planteado

fat cat *n* (*coloq*) pez gordo

fate /feɪt/ *n* destino, suerte: *By some twist of fate...* Por una ironía del destino... ◊ *Fate was against him.* La suerte le fue adversa.
LOC a fate worse than death (*joc*) destino peor que la muerte *Ver tb* ABANDON, TEMPT
▶ **fated** *adj* predestinado, condenado *Ver tb* ILL-FATED
LOC to be fated to estar destinado a
fateful *adj* fatídico

fat-head /ˈfæt hed/ *n* (*coloq*) imbécil

father /ˈfɑːðə(r)/ *n* **1** padre: *the Pilgrim Fathers* los Padres Peregrinos ◊ *God the Father* Dios Padre ☛ *Ver nota en* PADRE, SINGLE *adj* **2** (*abrev* **Fr**) (*sacerdote*) padre *Ver tb* FOREFATHER, FOUNDING FATHER, GODFATHER, GRANDFATHER, GREAT-GRANDFATHER, STEPFATHER
LOC like father, like son (*refrán*) de tal palo, tal astilla *Ver tb* OLD, WISH
■ **father** *vt* **1** engendrar: *to father a child* engendrar un hijo **2** (*fig*) concebir (*idea, proyecto*)
▶ **fatherhood** *n* paternidad
fatherly *adj* paternal

Father Christmas (*tb esp USA* **Santa Claus**) *n* Papá Noel ☛ *Ver nota en* NAVIDAD

father figure *n* figura paternal

father-in-law /ˈfɑːðər ɪn lɔː/ *n* (*pl* **fathers-in-law** /ˈfɑːðəz ɪn lɔː/) suegro

fatherland /ˈfɑːðəlænd/ *n* patria

Father's Day *n* Día del Padre

Father Time (*tb* **Old Father Time**) *n* anciano que simboliza el tiempo

fathom /ˈfæðəm/ *n* braza (*Náut*)
■ **fathom** *vt* entender: *I just can't fathom what he wants.* No logro entender lo que quiere.
PHR V to fathom sth out explicarse algo: *They just couldn't fathom it out.* No podían sacar nada en limpio.

fatigue /fəˈtiːg/ *n* **1** fatiga, cansancio: *metal fatigue* fatiga del metal **2** (*Mil*) **(a)** fajina, faena **(b) fatigues** [*pl*] (*USA*) uniforme de faena
■ **fatigue** *vt* fatigar: *fatiguing work* trabajo fatigoso

fatted /ˈfætɪd/ *adj* (*ganado*) cebado

fatten /ˈfætn/ **1** *vt* cebar **2** *vi* engordar
PHR V to fatten (**sth/sb**) **up** engordar, ponerse gordo
▶ **fattening** *adj* que engorda: *Cakes are very fattening.* Los pasteles engordan mucho.

fatty /ˈfæti/ *adj* (**-ier, -iest**) **1** (*Med*) adiposo: *fatty tissue* tejido adiposo **2** graso: *fatty foods* alimentos grasos
■ **fatty** (*tb* **fatso**) *n* (*coloq, ofen*) gordinflón, -ona

fatuous /ˈfætʃuəs/ *adj* fatuo

faucet /ˈfɔːsɪt/ (*USA*) (*GB* **tap**) *n* grifo

fault /fɔːlt/ *n* **1** defecto, fallo: *a fault in transmission* un fallo de transmisión ◊ *I love him despite his faults.* Le quiero a pesar de sus defectos. ◊ *a design fault* un defecto de diseño

¿Fault o defect?
Fault indica una imperfección en una cosa o persona: *an electrical fault* un fallo eléctrico ◊ *She has many faults.* Tiene muchos defectos.
Defect siempre indica una imperfección más grave: *birth defects* defectos de nacimiento.

2 culpa: *Whose fault is it?* ¿Quién tiene la culpa? ◊ *It's all your fault.* Es todo culpa tuya. **3** (*Dep*) **(a)** falta **(b)** (*tenis*) fuera **4** (*Geol*) falla
LOC to a fault excesivamente: *She is generous to a fault.* Es generosa hasta decir basta. **to be at fault** hacer mal, tener la culpa: *It's not me that's at fault.* No soy yo quien hizo mal. *Ver tb* FIND
■ **fault** *vt* criticar: *His sincerity can't be faulted.* Su sinceridad es irreprochable.
▶ **faultless** *adj* sin tacha, impecable
faulty *adj* defectuoso

faun /fɔːn/ *n* fauno

fauna /ˈfɔːnə/ *n* [*sing*] fauna

faux pas /ˌfəʊ ˈpɑː/ *n* (*pl* **faux pas** /ˌfəʊ ˈpɑːz/) (*Fr*) metedura de pata: *to commit a faux pas* meter la pata

fave /feɪv/ *adj, n* (*coloq*) *Ver* FAVOURITE

favorite *adj, n* (*USA*) *Ver* FAVOURITE

favour[1] (*USA* **favor**) /ˈfeɪvə(r)/ *n* **1** favor, aprobación:

to win sb's favour ganarse el favor de algn ◊ *The plan met with general favour.* El proyecto gozó del apoyo general. **2** favor (*servicio*): *to ask a favour of sb* pedir un favor a algn ◊ *We'd like to return the favour.* Queríamos devolverte el favor. ◊ *Do me the favour of…* Hágame el favor de… **3 favours** [*pl*] favores (*sexuales*)

LOC **in sb's favour** a favor de algn: *The court decided in his favour.* El tribunal falló a su favor. **in favour of doing sth** a favor de hacer algo **to be in/out of sb's favour** gozar/no gozar del favor de algn **to find, lose, etc favour in sb's eyes** encontrar, perder, etc popularidad con algn *Ver tb* CURRY, LOAD[2], PREJUDICE, PRONOUNCE, WORK[2]

favour[2] (*USA* **favor**) /ˈfeɪvə(r)/ *vt* **1** favorecer **2** (*idea*) ser partidario de **3** preferir: *the favoured few* los escogidos **4** ser propicio para

PHR V **to favour sb with sth** (*antic* o *formal*) honrar a algn con algo

favourable (*USA* **favorable**) /ˈfeɪvərəbl/ *adj* **1 ~ (for sth)** favorable (para algo): *The situation is very favourable for the leader.* La situación es muy favorable para el líder. **2 ~ (to/toward sth/sb)** a favor (de algo/algn)

▶ **favourably** *adv* favorablemente: *to look favourably on sb* mirar a algn con buenos ojos ◊ *to be favourably disposed to sth* estar favorablemente dispuesto a algo

favourite (*USA* **favorite**) /ˈfeɪvərɪt/ *n* favorito, -a: *firm favourite* claro favorito

■ **favourite** *adj* preferido

▶ **favouritism** *n* favoritismo

fawn[1] /fɔːn/ *n* cervatillo ☛ *Ver nota en* CIERVO *Ver tb* DOE, STAG

■ **fawn** *adj, n* beige

fawn[2] /fɔːn/ *vi* **~ (on sb)** (*pey*) adular (a algn)

fax /fæks/ *n* fax: *a fax machine* un fax ◊ *to send a fax* enviar un fax

■ **fax** *vt* **1** mandar un fax: *We faxed OUP/Keith yesterday.* Le mandamos un fax a OUP/Keith ayer. **2 to fax sth (to sb)** mandar algo por fax (a algn)

faze /feɪz/ *vt* (*coloq*) alucinar, asombrar, desconcertar

FBI /ˌef biː ˈaɪ/ (*USA*) *abrev de* **Federal Bureau of Investigation** FBI: *head of the FBI* director del FBI ◊ *an FBI agent* un agente del FBI

FC (*GB*) *abrev de* **Football Club** FC

FE *abrev de* **Further Education** Educación para Adultos

fear[1] /fɪə(r)/ *n* **1** miedo: *out of fear* por miedo ◊ *a fear of heights* miedo a las alturas ◊ *shaking with fear* temblando de miedo **2** temor: *It confirmed our worst fears.* Nos confirmó nuestros peores temores.

LOC **for fear of sth/of doing sth** por temor a algo/a hacer algo **for fear (that/lest)…** por temor a **in fear and trembling** temblando de miedo **in fear of sth/sb** con miedo de: *He lived in constant fear of being discovered.* Vivía con el temor constante de ser descubierto. **no fear** (*coloq*) ni hablar **there's not much fear of sth/that…** no hay gran temor de algo/que **to put the fear of God into sb** (*coloq*) meterle el miedo en el cuerpo a algn *Ver tb* LIVE[2], SHAKE[1]

▶ **fearful** *adj* **1 ~ (of sth/of doing sth); ~ (that/lest…)** temeroso, aprensivo (de algo/de hacer algo); (de que…) **2** horrendo **3** (*coloq*) de miedo: *a fearful row* una bronca horrorosa

fearfully *adv* **1** con miedo **2** (*formal*) (*muy*) terriblemente: *fearfully good news* noticias terriblemente buenas

fearless *adj* **~ (of sth)** intrépido, sin miedo (a algo): *a fearless mountaineer* un intrépido montañista ◊ *fearless of the consequences* sin miedo a las consecuencias

fearlessly *adv* intrépidamente

fearlessness *n* intrepidez

fearsome *adj* temible

fear[2] /fɪə(r)/ **1** *vt* temer a: *to fear death* temer a la muerte **2** *v refl* temerse: *They feared the worst.* Temieron lo peor. ◊ *I fear so.* Me temo que sí. *Ver tb* GOD-FEARING

PHR V **to fear for sth/sb** temer por algo/algn

feasible /ˈfiːzəbl/ *adj* factible

▶ **feasibility** *n* viabilidad: *a feasibility study* estudio de la viabilidad

feast /fiːst/ *n* **1** festín **2** (*Relig*) fiesta LOC *Ver* MOVABLE

feat /fiːt/ *n* proeza, hazaña: *feats of engineering* logros de la ingeniería

feather /ˈfeðə(r)/ *n* pluma

LOC **(to be) a feather in your cap** (apuntarse) un tanto *Ver tb* BIRD, KNOCK[1], LIGHT[3]

■ **feather** *vt*

LOC **to feather your (own) nest** (*pey*) enriquecerse a expensas de otro

▶ **feathered** *adj* con/de plumas

feathery *adj* **1** como plumas **2** muy ligero

featherweight /ˈfeðəweɪt/ *n* (*Dep*) peso pluma: *the featherweight championship* el campeonato de pesos plumas

feature /ˈfiːtʃə(r)/ *n* **1 features** facciones, rasgos **2** característica: *The car has optional safety features.* El coche tiene características de seguridad opcionales. **3(a) ~ (on)** (*noticias*) reportaje especial (sobre) **(b)** largometraje: *a feature (film)* una película de largometraje

■ **feature 1** *vt* ser protagonizado por: *a new film featuring Tom Cruise as…* una película protagonizada por Tom Cruise como… **2** *vi* **~ in sth** resaltar en algo: *a subject likely to feature prominently in her speech* un tema que probablemente resaltará en el discurso

LOC *Ver* PROMINENT

featureless /ˈfiːtʃələs/ *adj* sin rasgos característicos

February /ˈfebruəri; *USA* -ʊeri/ *n* (*abrev* **Feb**) febrero

☛ *Ver nota y ejemplos en* JANUARY

fecal *adj* (*USA*) *Ver* FAECAL

feces *n* (*USA*) *Ver* FAECES

feckless /ˈfekləs/ *adj* (*pey*) irresponsable

fed *pret, pp de* FEED

federal /ˈfedərəl/ *adj* federal

▶ **federalism** *n* federalismo

federalist *adj, n* federalista

federation /ˌfedəˈreɪʃn/ *n* federación

fed up *adj* **~ (about/with)** (*coloq*) harto (de): *I'm fed up with waiting for her to telephone.* Estoy harto de esperar a que ella telefonee.

LOC **to be fed up to the back teeth (with sth)** estar hasta la coronilla (de algo)

fee /fiː/ *n* **1** [*gen pl*] honorarios: *lawyer's fees* los honorarios del abogado ◊ *a small fee* una pequeña cantidad **2** cuota (*club*): *a membership fee of £10* una cuota de 10 libras **3** tasas (*estudios*): *school fees* matrícula del colegio

feeble /ˈfiːbl/ *adj* **(-er, -est) 1** débil: *a feeble old man* un viejo débil **2** (*pey*) endeble: *a feeble argument/excuse* un argumento/una excusa endeble ◊ *a feeble joke* un chiste sin gracia

▶ **feebleness** *n* debilidad

feebly *adv* débilmente

feed /fiːd/ (*pret, pp* **fed** /fed/) **1** *vt* **(a) ~ sth/sb (on sth)** alimentar a algo/algn (con algo): *There's enough here to feed us all.* Aquí hay bastante para alimentarnos a todos. ◊ *He fed his pigs on scraps.* Alimentaba a sus cerdos con sobras. ◊ *What do you feed your dog on?* ¿Qué le das de comer a tu perro? *Ver tb* BOTTLE-FEED, BREASTFEED, FORCE-FEED, SPOON-FEED, WELL-FED **(b) ~ sth to sth/sb** dar de comer algo a algo/algn: *to feed oats to horses* dar de comer avena a los caballos **2** *vi* **~ (on sth)** alimentarse (de algo): *Pandas feed on bamboo shoots.* Los pandas comen brotes de bambú. **3** *vt* suministrar: *to feed data into the computer* meter datos en el ordenador

LOC **to feed and clothe sth/sb** alimentar y vestir a algn: *You have no family to feed and clothe.* Tú no tienes una familia que alimentar y vestir. *Ver tb* BITE[1], FACE[1]

PHR V to feed on sth nutrirse de algo: *Hatred feeds on envy.* El odio se nutre de la envidia.

to feed sb up sobrealimentar a algn: *You need feeding up a bit.* Deberías sobrealimentarte un poco.

■ **feed** *n* **1** comida **2** pienso *Ver tb* CHICKEN FEED **3** alimentador

feedback /ˈfiːdbæk/ *n* **1** información, reacción: *We got a lot of positive feedback from viewers about the programme.* Nos llegaron muy buenos comentarios de los telespectadores sobre el programa. **2** (*Informát*) retroalimentación

feeder /ˈfiːdə(r)/ *n* **1** *a feeder road for the motorway* una carretera de acceso a la autopista ◊ *This secondary school has several feeder primary schools.* Los alumnos de este instituto vienen de varios colegios. **2** (*máquina*) alimentador **3** *She's a messy/heavy/slow feeder.* Come mal/mucho/despacio.

feel[1] /fiːl/ (*pret, pp* **felt** /felt/) **1** *vt* sentir, tocar: *I can feel a nail sticking into my shoe.* Siento un clavo a través del zapato. ◊ *He feels the cold a lot.* Siente mucho el frío. ◊ *to feel the effects of sth* sentir los efectos de algo ◊ *She felt the water with her toe.* Tocó el agua con el pulgar. **2** *vi* sentirse: *to feel sick/sad* sentirse enfermo/triste ◊ *to feel cold/hungry* tener frío/hambre ◊ *The clothes feel damp.* La ropa está húmeda. **3** *vt, vi* (*pensar*) sentir (*opinar*): *I feel (that) we ought to go.* Siento que deberíamos ir. ◊ *How do you feel about him?* ¿Qué opinas de él? **4** *vi* **~ like sth (a)** (*cosa*) parecer (de) algo: *This wallet feels like leather.* Esta cartera parece (de) piel. **(b)** (*persona*) sentirse como algo: *I felt like a fool.* Me sentí como un idiota. **5** *vi* **~ (about) (for sth/sb)** buscar (algo/a algn): *He felt in his pocket for some money.* Buscó dinero en el bolsillo. *Ver tb* HEARTFELT

LOC feel free (*coloq*) claro: *'May I use your phone?' 'Feel free.'* —¿Puedo telefonear? —Claro. **to feel as if/as though...** parecer a algn que...: *I feel as if I'm going to be sick.* Me parece que voy a vomitar. **to feel awful about sth**: *I feel awful about wrecking her car.* Siento muchísimo haber destrozado su coche. **to feel constrained to do sth** sentirse obligado a hacer algo **to feel good** sentirse bien: *It makes me feel good to know you like me.* Me hace sentirme bien saber que te caigo bien. **to feel (it) in your bones (that...)** tener la corazonada (que): *I know I'm going to fail this exam – I can feel it in my bones.* Tengo la corazonada de que no voy a aprobar este examen. **to feel like sth/doing sth** apetecer (hacer) algo: *I felt like hitting him.* Tenía ganas de darle de patadas. ◊ *I feel like (having) a drink.* Me apetece tomar algo. **to feel sorry for sb 1** compadecer a algn **2** *I felt sorry for the children.* Los niños me dieron lástima. **to feel sorry for yourself** sentirse desgraciado **to feel the pinch** (*coloq*) pasar privaciones **to feel the squeeze** pasar apuros **to feel your age** sentir el peso de los años: *At 75 he's beginning to feel his age.* A los 75 ya empieza a sentir el peso de los años. **to feel your ears burning** sentir que (a uno) le silben los oídos **to feel yourself** sentirse bien: *I'm not feeling myself.* No me siento demasiado bien. **to feel your way 1** ir a tientas **2** (*fig*) tantear *Ver tb* ASHAMED, BETTER, CALL, DEATH, EASE, MARK[1], PRESENCE, PULSE[1], SMALL

PHR V to feel for sb sentir pena por algn: *I really felt for her when her husband died.* Me dio mucha pena cuando murió su marido.

to feel up to (doing) sth sentir(se) capaz de (hacer) algo: *if you feel up to it* si te sientes capaz

feel[2] /fiːl/ *n* **1** *Let me have a feel.* Déjame tocarlo. **2 the feel** tacto: *She loved the feel of the sun on her skin.* Le gustaba sentir el sol sobre la piel. ◊ *to capture the feel of a place* captar el ambiente de un lugar

LOC to get the feel of sth/of doing sth (*coloq*) familiarizarse con algo

feeling /ˈfiːlɪŋ/ *n* **1(a) ~ (of...)** sensación (de ...): *a feeling of danger* una sensación de peligro ◊ *I've got a feeling that...* Tengo la sensación de que... **(b)** [*sing*] (*opinión*) sentir: *My own feeling is that we should buy it.* Mi propio sentir es que deberíamos comprarlo. **2(a)** (*emoción*) sentimiento: *He plays the piano with feeling.* Toca el piano con mucho sentimiento. **(b) feelings** [*pl*] sentimientos: *You've hurt my feelings.* Has herido mis sentimientos. **3** sensibilidad: *I've lost all feeling in my legs.* He perdido toda la sensibilidad en las piernas. *Ver tb* ILL FEELING, FELLOW FEELING

LOC bad feeling resentimiento *Ver tb* MIXED, RELIEVE, SINK, SPARE[2]

feet *plural de* FOOT[1]

feign /feɪn/ *vt* fingir: *to feign injuries* fingir estar herido ◊ *She feigned sleep.* Fingió estar dormida.

feint /feɪnt/ *n* finta

■ **feint** *vi* fintear

feisty /ˈfaɪsti/ *adj* (*USA, coloq*) **1** (*aprob*) enérgico **2** (*pey*) pendenciero

feldspar /ˈfeldspɑː(r)/ *n* feldespato

felicitous /fəˈlɪsɪtəs/ *adj* (*formal*) acertado

feline /ˈfiːlaɪn/ *adj, n* felino

fell /fel/ **1** *pret de* FALL[1] **2** *vt* **(a)** talar **(b)** derribar

■ **fell** *n* páramo

■ **fell** *adj* (*antic*) feroz

LOC at one fell swoop de un solo golpe

fella (*tb* **feller**) /ˈfelə/ *n* (*coloq*) tío

fellatio /fəˈleɪʃiəʊ/ *n* (*formal*) felación

fellow /ˈfeləʊ/ *n* **1** compañero: *fellow passenger/worker* compañero de viaje/trabajo ◊ *fellow Spaniards* compatriotas españoles **2** (*GB*) **Fellow** Miembro: *Fellow of the Royal Academy* Miembro de la Real Academia **3** miembro del claustro (*de una facultad universitaria*) **4** (*USA*) becario **5** (*coloq*) muchacho: *He's a nice fellow.* Es un buen tío.

LOC to have no fellow no tener igual

fellow citizen *n* conciudadano, -a

fellow countryman *n* (*pl* **-men**) compatriota *m*

fellow feeling *n* afinidad

fellow man *n* (*pl* **fellow men**) prójimo

fellowship /ˈfeləʊʃɪp/ *n* **1** compañerismo **2** *the Fellowship of the Holy Cross* la Compañía de la Santa Cruz **3** (*GB*) cargo en el claustro (*de una facultad universitaria*) **4** beca

fellow-traveller /ˌfeləʊ ˈtrævlə(r)/ *n* **1** (*pey*) simpatizante (*con ciertas tendencias políticas o religiosas*) **2** compañero, -a de viaje

felon /ˈfelən/ *n* criminal

felony /ˈfeləni/ *n* delito mayor

felt /felt/ *pret, pp de* FEEL[1]

■ **felt** *n* fieltro

felt-tip (pen) /ˌfelt tɪp ˈpen/ *n* rotulador

fem *abrev de* **female, feminine**

female /ˈfiːmeɪl/ *adj* **1** femenino: *male or female characteristics* características propias del hombre o de la mujer

> **Female** se aplica a las características físicas de las mujeres: *the female figure* la figura femenina *Ver tb nota en* FEMININE

2 (*tb* **f**) (*tb* **fem**) hembra: *male or female* macho o hembra

> **Female** y **male** especifican el sexo de personas o animales: *a female friend, a male colleague; a female rabbit, a male eagle, etc.*

3 de la mujer: *female equality* la igualdad de la mujer

■ **female** *n* **1** mujer **2** hembra

feminine /ˈfemənɪn/ *adj* **1** (*propio de la mujer*) femenino: *a youth with rather feminine features* un joven con rasgos bastante femeninos

> **Feminine** se aplica a las cualidades que consideramos típicas de una mujer: *You look more feminine in those clothes.* Estás más femenina con esa ropa. *Ver tb nota en* FEMALE

2 (*tb* **f**) (*tb* **fem**) (*Gram*) femenino: *a feminine noun* un sustantivo femenino 3 (*eufemismo*) íntimo: *feminine hygiene/protection* higiene/protección íntima
■ **feminine** *n*: *in the feminine* en femenino
femininity /ˌfeməˈnɪnəti/ *n* feminidad
feminism /ˈfemənɪzəm/ *n* feminismo
▶ **feminist** *n* feminista: *the feminist movement* el movimiento feminista
femme fatale /ˌfæm fəˈtɑːl/ *n* (*pl* **femmes fatales**) (*Fr*) mujer fatal
femur /ˈfiːmə(r)/ *n* (*pl* **~s** o **femora** /ˈfemərə/) fémur ☛ *Ver ilustración en* ESQUELETO
fen /fen/ *n* pantano
fence¹ /fens/ *n* **1** valla ☛ *Ver ilustración en* HOUSE **2** cerca **3** alambrada LOC *Ver* SIT
■ **fence** *vt* cercar
PHR V **to fence sb in** acorralar a algn: *to feel fenced in* sentirse acorralado
to fence sth in cercar algo
to fence sth off separar algo con una valla
fence² /fens/ *vi* **1** (*Dep*) esgrimir **2 ~ (with sb)** (*fig*) torear a algn
fence³ /fens/ *n* perista
fencing /ˈfensɪŋ/ *n* **1** (*Dep*) esgrima **2** (material para hacer) vallas
fend /fend/ *v*
PHR V **to fend for yourself** cuidar de sí mismo
to fend sth/sb off rechazar algo/a algn
fender /ˈfendə(r)/ *n* **1** guardafuego (*chimenea*) **2** (*Náut*) defensa **3** (*USA*) **(a)** guardabarros **(b)** *Ver* WING
fennel /ˈfenl/ *n* hinojo
feral /ˈfɪərəl; *USA* ˈferəl/ *adj* (*formal*) salvaje (*de animales normalmente domésticos*): *feral cats/pigs/horses* gatos/cerdos/caballos salvajes
ferment /fəˈment/ *vt, vi* fermentar
■ **ferment** /ˈfɜːment/ *n* (*fig*) ebullición: *to be in a (state of) ferment* estar en ebullición
▶ **fermentation** *n* fermentación
fern /fɜːn/ *n* helecho
ferocious /fəˈrəʊʃəs/ *adj* feroz
▶ **ferociously** *adv* ferozmente
ferocity /fəˈrɒsəti/ *n* ferocidad
ferret /ˈferɪt/ *n* hurón
■ **ferret** *vi* **1** huronear: *to go ferreting* cazar con hurones **2 ~ around** (*coloq*) rebuscar **3 ~ (for sth)** (*coloq*) hurgar (buscando algo)
PHR V **to ferret sth out** (*coloq*): *to ferret out a secret* sacarle a algn un secreto
Ferris wheel /ˈferɪs wiːl/ *n* noria (gigante)
ferrous /ˈferəs/ *adj* ferroso
ferrule /ˈferuːl; *USA* ˈferəl/ *n* contera
ferry /ˈferi/ *n* (*pl* **-ies**) **1** ferry: *car ferry* transbordador de coches ◊ *ferry terminal* estación marítima **2** balsa (*para cruzar ríos*)
■ **ferry** *vt* (*pret, pp* **ferried**) **1** transportar **2** trasladar
ferryman /ˈferimən/ *n* (*pl* **-men** /-mən/) barquero
fertile /ˈfɜːtaɪl; *USA* ˈfɜːrtl/ *adj* **1** fértil, fecundo **2** (*fig*) abonado: *fertile ground* terreno abonado
fertility /fəˈtɪləti/ *n* fertilidad: *fertility problems* problemas de esterilidad
fertilization, -isation /ˌfɜːtəlaɪˈzeɪʃn/ *n* fertilización
fertilize, -ise /ˈfɜːtəlaɪz/ *vt* **1** fertilizar *Ver tb* CROSS-FERTILIZE, -ISE **2** abonar
▶ **fertilizer, -iser** *n* **1** fertilizante **2** abono
fervent /ˈfɜːvənt/ (*tb* **fervid**) *adj* ferviente
▶ **fervently** *adv* fervientemente, con fervor
fervid /ˈfɜːvɪd/ *adj* (*formal*) *Ver* FERVENT
fervour (*USA* **fervor**) /ˈfɜːvə(r)/ *n* fervor
fester /ˈfestə(r)/ *vi* **1** infectarse: *festering wound* herida infectada **2** (*fig*) enconarse
festival /ˈfestɪvl/ *n* festival: *a film festival* un festival de cine
festive /ˈfestɪv/ *adj* **1** festivo, animado: *in festive mood* de un humor alegre/ganas de fiesta **2** de fiestas: *the festive season* las navidades
festivity /feˈstɪvəti/ *n* **1** [*incontable*] festividad **2 festivities** [*pl*] fiestas
festoon /feˈstuːn/ *vt* **~ sth/sb (with sth)** engalanar algo/a algn (con algo)
■ **festoon** *n* guirnalda
fetal *adj* (*USA*) *Ver* FOETAL
fetch /fetʃ/ *vt* **1** traer, ir a recoger/buscar: *to fetch the children from school* recoger a los niños del colegio ◊ *Shall I fetch you your coat/Shall I fetch your coat for you?* ¿Te traigo el abrigo? ◊ *Fetch, Fido, fetch!* ¡Busca, Fido, busca! ◊ *Go and fetch the doctor.* Ve a buscar al médico. **2** alcanzar (*precio*): *It should fetch £2000 (at auction).* Debería alcanzar £2.000 (en subasta). *Ver tb* FAR-FETCHED
LOC **to fetch and carry (for sb)** hacer(le) los recados (a algn)
PHR V **to fetch up** (*coloq*) terminar: *All four of them fetched up in a bar.* Los cuatro acabaron en un bar.
fetching /ˈfetʃɪŋ/ *adj* (*antic, coloq*) atractivo, favorecedor: *She looked very fetching in her new outfit.* Estaba muy guapa con su traje nuevo.
fetid /ˈfetɪd, ˈfiːtɪd/ *adj* fétido
fetish /ˈfetɪʃ/ *n* **1** (*lit*) fetiche **2** (*fig*) culto: *She makes a fetish of punctuality.* Hace una religión de la puntualidad.
▶ **fetishism** *n* fetichismo
fetishist *n* fetichista
fetter /ˈfetə(r)/ *n* [*gen pl*] **1** grilletes: *The prisoner was kept in fetters.* Se le pusieron grillos al prisionero. **2** (*fig*): *the fetters of poverty* las trabas de la pobreza
■ **fetter** *vt* **1** engrillar **2** restringir
fettle /ˈfetl/ *n*
LOC **in fine/good fettle** en buenas condiciones
fetus *n* (*USA*) *Ver* FOETUS
feud /fjuːd/ *n* rencilla: *a bitter feud between the neighbours* una amarga enemistad entre los vecinos ◊ *family feud* disputas familiares
■ **feud** *vi* **~ (with)** enfadarse (con): *They are always feuding (with each other).* Siempre están peleándose (el uno con el otro).
feudal /ˈfjuːdl/ *adj* feudal
▶ **feudalism** *n* feudalismo
feudalistic *adj* feudal
fever /ˈfiːvə(r)/ *n* (*lit* y *fig*) fiebre: *He has a fever.* Tiene fiebre. ◊ *typhoid fever* fiebre tifoidea ◊ *World Cup fever* la fiebre de la Copa del Mundo ◊ *to be in a fever of impatience* estar loco de impaciencia *Ver tb* GLANDULAR FEVER, HAY FEVER, SCARLET FEVER, YELLOW FEVER
LOC **(at/to) fever pitch** (hasta) el delirio: *The excitement reached fever pitch.* La emoción alcanzó su momento álgido.
▶ **fevered** *adj* febril
feverish *adj* febril
feverishly *adv* febrilmente
few¹ /fjuː/ *adj* (**fewer, fewest**) (*con sustantivos en plural*) pocos: *every few days/minutes* cada pocos días/minutos ◊ *There were very few people at the meeting.* Había muy poca gente en la reunión. ◊ *There are fewer cars than yesterday.* Hay menos coches que ayer.
■ **few** *pron* pocos, -as: *Few can deny his power.* Pocos dudan de su poder. ◊ *fewer than 30 people* menos de 30 personas ◊ *no fewer than 30* por lo menos 30 ◊ *Few escaped injury.* Pocos escaparon ilesos. ◊ *Few of my friends know I'm here.* Muy pocos de mis amigos saben que estoy aquí. ◊ *to score fewer than six goals* meter menos de seis goles ☛ *Ver nota en* LESS
▶ **the few** *n* [*pl*] los pocos: *the chosen few* los pocos escogidos
few² /fjuː/ *adj, pron* **a few** [*pl*] unos cuantos, algunos: *He asked us a few questions.* Nos hizo unas cuantas

preguntas. ◊ *A few people are coming for tea.* Vendrán unos cuantos a tomar el té. ◊ *I recognized a few of the other guests.* Reconocí a algunos de los otros invitados.

¿Few o a few? Few tiene un sentido negativo y equivale a "poco". **A few** tiene un sentido mucho más positivo y equivale a "unos cuantos", "algunos". Compara las siguientes oraciones: *Few people turned up.* Vino poca gente. ◊ *I've got a few friends coming for dinner.* Vienen unos cuantos amigos a cenar.

LOC **a few more/less** unos cuantos más/menos **to have had a few** haberse tomado una de más: *She looks as if she's had a few.* Parece que ya se ha bebido unas cuantas. ☛ *Comparar con* LESS, LITTLE

fez /fez/ *n* (*pl* **fezzes**) fez ☛ *Ver ilustración en* SOMBRERO

fiancé (*fem* **fiancée**) /fiˈɒnseɪ; *USA* ˌfi:ɑ:nˈseɪ/ *n* prometido, -a

fiasco /fiˈæskəʊ/ *n* (*pl* **~s**) fiasco

fib /fɪb/ *n* (*coloq*) bola: *Stop telling fibs.* Deja de decir trolas. ☛ *Comparar con* LIE[1]

■ **fib** *vi* (**-bb-**) decir trolas

fibre (*USA* **fiber**) /ˈfaɪbə(r)/ *n* (*lit* y *fig*) fibra: *Eat plenty of (dietary) fibre.* Comer (una dieta con) mucha fibra. *Ver tb* GLASS FIBRE, HIGH-FIBRE

▶ **fibrous** /ˈfaɪbrəs/ *adj* fibroso

fibreglass (*USA* **fiberglass**) /ˈfaɪbəglɑ:s/ (*tb* **glass fibre**) *n* fibra de vidrio

fibula /ˈfɪbjələ/ *n* (*pl* **fibulae** /-li:/) peroné ☛ *Ver ilustración en* ESQUELETO

fickle /ˈfɪkl/ *adj* voluble, imprevisible

fiction /ˈfɪkʃn/ *n* ficción *Ver tb* NON-FICTION, SCIENCE FICTION

▶ **fictional** *adj* de ficción: *fictional characters* personajes de ficción/ficticios

fictitious *adj* ficticio

fiddle /ˈfɪdl/ *n* **1** (*coloq*) violín **2** (*argot*) estafa: *tax fiddles* fraude fiscal

LOC **to play second fiddle** (**to sth/sb**) desempeñar un papel secundario (con respeto a algo/algn) *Ver tb* FIT[1]

■ **fiddle** (*coloq*) **1** *vi* tocar el violín **2** *vt* (*coloq*) falsear: *to fiddle your expenses* falsear los gastos **3** *vi* **~** (**about/around**) **with sth** juguetear con algo: *She fiddled with her watch.* Tonteó con su reloj.

PHR V **to fiddle around** perder el tiempo

▶ **fiddler** /ˈfɪdlə(r)/ *n* violinista

fiddly /ˈfɪdli/ *adj* (*coloq*) complicado

fidelity /fɪˈdeləti; *USA* faɪ-/ *n* **~** (**to sth/sb**) fidelidad (a algo/algn) ☛ La palabra más normal es **faithfulness**.

fidget /ˈfɪdʒɪt/ *vi* **1** moverse nerviosamente: *Stop fidgeting!* ¡Estate quieto! **2** **~** (**about**) **with sth** juguetear con algo

field[1] /fi:ld/ *n* **1** campo: *to work in the fields* trabajar en el campo ◊ *She's an expert in her field.* Es una experta en su campo. *Ver tb* BATTLEFIELD, CORNFIELD, ICE FIELD, MAGNETIC FIELD, MIDFIELD, MINEFIELD, PLAYING FIELD **2** yacimiento *Ver tb* COALFIELD, GOLDFIELD, OILFIELD **3** (*Dep*) participante

LOC **in the field** sobre el terreno **to hold the field** (**against sth/sb**) mantenerse dominante: *Einstein's ideas on physics have held the field for years.* Las ideas de Einstein en el campo de la física han estado a la cabeza durante años. **to play the field** (*esp USA, coloq*) ir de flor en flor

field[2] /fi:ld/ **1** (*béisbol, críquet*) **(a)** *vt* (*pelota*) interceptar y devolver **(b)** *vi* (*equipo*) defender **2** *vt* (*Dep*) seleccionar, presentar (*un equipo*) **3** *vt* (*fig*) sortear (*preguntas, etc*)

▶ **fielder** *n* (*béisbol, críquet*) jugador, -ora que está en el equipo que no batea ☛ *Ver ilustración en* CRICKET

field day *n* gran día: *to have a field-day* tener un gran día

field events *n* [*pl*] competición deportiva (*excluyendo carreras*) ☛ *Comparar con* TRACK EVENTS

field hockey (*USA*) (*GB* **hockey**) *n* hockey

Field Marshal *n* Capitán General del Ejército

fieldwork /ˈfi:ldwɜ:k/ *n* trabajo de campo

▶ **fieldworker** *n* investigador, -ora de campo

fiend /fi:nd/ *n* **1** desalmado, -a **2** demonio **3** (*coloq*) entusiasta: *a fresh-air fiend* un enamorado del aire libre

▶ **fiendish** *adj* **1** desalmado **2** (*coloq*) (*plan*) endiablado

fiendishly *adv* (*coloq*) endiabladamente

fierce /fɪəs/ *adj* (**-er**, **-est**) **1** (*animal*) feroz ☛ *Ver nota en* FEROZ **2** (*discusión*) acalorado **3** (*sentimiento*) intenso **4** (*oposición*) fuerte

▶ **fiercely** *adv* ferozmente

fierceness *n* ferocidad

fiery /ˈfaɪəri/ *adj* **1** ardiente **2** (*color*) encendido **3** (*sabor*) fuerte, picante **4(a)** (*carácter*) irritable **(b)** (*discurso*) acalorado

fiesta /fiˈestə/ *n* verbena

FIFA /ˈfi:fə/ *abrev de* **International Federation of the Football Association** FIFA

fife /faɪf/ *n* pífano

fifteen /ˌfɪfˈti:n/ *adj, pron, n* (*número*) quince ☛ *Ver ejemplos en* FIVE

▶ **fifteenth** **1** *adj* decimoquinto **2** *n, pron* **(a)** el decimoquinto, la decimoquinta, los decimoquintos, las decimoquintas **(b) the fifteenth** (*fecha*) el (día) quince **(c) the fifteenth** (*rey, etc*) quince **(d)** (*proporción*) quinceavo, quinceava parte ☛ *Ver ejemplos en* FIFTH

fifth /fɪfθ/ *adj* quinto: *in fifth place* en quinto lugar ◊ *We live on the fifth floor.* Vivimos en el quinto piso. ◊ *That's the fifth time I've told you.* Es la quinta vez que te lo digo. ◊ *the 5th/fifth century BC/AD* el siglo cinco AC/DC ◊ *Today is her fifth birthday.* Hoy cumple cinco años. ◊ *I was fifth on the list.* Yo era el quinto de la lista.

■ **fifth** *n, pron* **1** (*tb* **the fifth**) el quinto, la quinta, los quintos, las quintas: *Sheila was the fifth to arrive.* Sheila fue la quinta en llegar. ◊ *'How many cups of coffee have you had already?' 'This is my fifth.'* —¿Cuántas tazas de café te has tomado ya? —Esta es la quinta. **2(a) the fifth** (*tb* **5**, **5th**) (*fecha*) el (día) cinco: *We arrived on May the fifth* (*on May 5*)/*on the fifth of May* (*on 5th May*). Llegamos el (día) cinco de mayo. ◊ *We expect them for the fifth.* Los esperamos para el (día) cinco. ◊ *See you on the fifth.* Hasta el (día) cinco. ☛ *Ver nota en* FECHA **(b)** (*tb* **V**) (*rey, etc*) quinto, -a: *Henry V/the Fifth* Enrique V **3** (*proporción*) quinto, quinta parte: *two fifths of the population* dos quintos de la población **4** (*tb* **fifth gear**) (*automóvil*) quinta (marcha): *to be in fifth* ir en quinta ◊ *to go/change into fifth* meter la quinta

■ **fifth** *adv* quinto, en quinto lugar (*en una carrera, en una sucesión, etc*): *Who came fifth in the race?* ¿Quién llegó quinto en la carrera? ◊ *Ralph spoke fifth.* Ralph habló en quinto lugar.

La abreviatura de los números ordinales se hace poniendo el número en cifra seguido por las dos últimas letras de la palabra: *1st, 2nd, 3rd, 4th, 5th, 20th, etc.* ☛ *Ver apéndice 3*

fifth column *n* quinta columna

fifthly /ˈfɪfθli/ *adv* en quinto lugar (*enumerando una lista de cosas*): *Fifthly, and perhaps most importantly,...* En quinto, y puede que el principal lugar,...

fifty /ˈfɪfti/ *adj, pron, n* (*pl* **-ies**) (*número*) cincuenta ☛ *Ver ejemplos en* FIVE

LOC (**to be**) **in your fifties** (tener) cincuenta y tantos años: *She is easily in her fifties.* Seguro que tiene más de cincuenta años. ◊ *a man in his fifties* un hombre de cincuenta y tantos

■ **the fifties** *n* [*pl*] **1** (*temperatura*) los cincuenta grados (Fahrenheit): *Temperatures were in the high fifties.* Las temperaturas alcanzaban casi los cincuenta grados (Fahrenheit). **2** (*abrev* **50's**) los años cincuenta: *in the early 50's/fifties* a principios de los (años) cincuenta

▶ **fiftieth 1** *adj, pron* quincuagésimo **2** *n* (*proporción*) cincuentavo ☛ *Ver ejemplos en* FIFTH

fifty-fifty /ˌfɪfti ˈfɪfti/ *adj, adv* (*coloq*) a medias: *to go fifty-fifty* pagar a medias

fig /fɪg/ *n* **1** higo **2** (*tb* **fig tree**) higuera
LOC **not to care/give a fig (for sth/sb)**: *I don't care a fig for your opinion.* Me importa un pepino tu opinión.

fight /faɪt/ *n* **1 ~ (for/against sth/sb)** lucha, pelea, combate (por/contra algo/algn): *A fight broke out in the bar.* Se armó una pelea en el bar. ◊ *a fair fight* una pelea justa ◊ *What time does the fight start?* ¿A qué hora empieza el combate? ◊ *the fight against cancer* la lucha contra el cáncer

Nótese que cuando se trata de un conflicto continuado (normalmente en situaciones de guerra), se suele usar **fighting**: *There has been heavy/fierce fighting in the capital.* Ha habido combates intensos/encarnizados en la capital.

Ver tb BULLFIGHT, DOGFIGHT **2 ~ (to do sth)** lucha (por hacer algo) **3** empeño: *He has plenty of fight left in him.* Aún le quedan muchas fuerzas para luchar. **4** (*esp USA*) discusión
LOC **a fight to the finish** una lucha hasta el final **to give up without a fight** rendirse sin luchar **to put up a good, poor, etc fight** ponerle mucho/poco empeño a algo *Ver tb* PICK
■ **fight** (*pret, pp* **fought** /fɔːt/) **1** *vt, vi* luchar (contra): *They fought (against/with) the Germans.* Lucharon contra los alemanes. **2** *vt, vi* pelearse (con): *She fought her brother.* Se peleó con su hermano. ◊ *They fought with each other about/over the money.* Se pelearon por el dinero. **3** *vt* (*corrupción, droga*) combatir **4** *vi* **~ through sth** abrirse paso a través de/por algo
LOC **a fighting chance** una buena posibilidad **fighting fit** rebosante de salud **fighting talk/words** desafío **to fight a battle (against sth)** librar una batalla (contra algo) **to fight fire with fire** combatir el fuego con el fuego **to fight it out** vérselas: *They must fight it out between them.* Deben componérselas entre ellos. **to fight like a tiger** defenderse como gato panza arriba **to fight like cat and dog** llevarse como el perro y el gato **to fight shy of sth/sb** rehuir algo/algn **to fight tooth and nail** defender a capa y espada **to fight your way across, into, through, etc sth** abrirse camino hacia, en, por, etc algo *Ver tb* CLOSELY *en* CLOSE[1], CORNER[1]
PHR V **to fight back** contraatacar: *Fight back!* ¡Pelea!
to fight sth back/down 1 contener algo: *to fight back tears* contener las lágrimas **2** sobreponerse a algo
to fight for sth luchar por algo
to fight sth/sb off 1 deshacerse de algo/algn **2** repeler algo/algn

fighter /ˈfaɪtə(r)/ *n* **1(a)** luchador, -ora **(b)** combatiente *Ver tb* PRIZEFIGHTER **2** caza (*avión*): *fighter pilot* piloto de caza *Ver tb* FIREFIGHTER

fighting /ˈfaɪtɪŋ/ *n* lucha: *heavy fighting* fuertes combates ◊ *street fighting* peleas callejeras ◊ *hand-to-hand fighting* lucha cuerpo a cuerpo
■ **fighting** *adj*: *fighting strength* fuerza de combate ◊ *fighting spirit* espíritu de lucha ◊ *fighting bulls* toros de lidia
LOC **a fighting chance (of sth/that...)** una buena posibilidad (de algo/que...): *They now have a fighting chance of winning the election.* Ahora tienen una buena posibilidad de ganar las elecciones.

fig leaf *n* **1** hoja de higuera **2** (*estatuas*) hoja de parra

figment /ˈfɪgmənt/ *n* invención: *a figment of your imagination* un producto de la imaginación

figurative /ˈfɪgərətɪv/ *adj* (*abrev* **fig**) **1** figurado **2** figurativo
▶ **figuratively** *adv* en sentido figurado

figure /ˈfɪgə(r); *USA* ˈfɪgjər/ *n* **1(a)** cifra *Ver tb* DOUBLE FIGURES, SINGLE FIGURES **(b)** [*gen sing*] cantidad: *a high figure* una suma elevada **2(a)** figura: *figure 22* la figura 22 **(b)** tipo: *to have a good figure* tener buen tipo **3** personaje: *a key figure* un personaje clave *Ver tb* FATHER FIGURE **4 figures** [*pl*] **(a)** números **(b)** cuentas
LOC **to cut a fine, sorry, etc figure** tener aspecto bueno, de pena, etc **to put a figure on sth** dar una cifra sobre algo, poner precio a algo *Ver tb* FACT, ROUND[1], SINGLE
■ **figure 1** *vi* **(a) ~ (in sth)** figurar (en algo) **(b)** (*coloq*) comprenderse: *It/that figures.* Se comprende. **2** *vt* (*esp USA*) figurarse: *It's what I figured.* Es lo que me figuraba. LOC *Ver* PROMINENT
PHR V **to figure sth in** (*USA*) incluir algo
to figure on sth (*USA*) contar con algo
to figure sth out (*esp USA*) **1** entender algo: *I can't figure it out.* No lo entiendo. **2** calcular algo **3** (*problema*) resolver algo

figurehead /ˈfɪgəhed/ *n* **1** mascarón (*de proa*) **2** (*fig*) **(a)** testaferro **(b)** (*pey*) hombre de paja

figure of eight (*USA tb* **figure eight**) *n* (en forma de) ocho

figure of speech *n* figura retórica

figurine /ˈfɪgəriːn; *USA* ˌfɪgjəˈriːn/ *n* figura (*adorno*)

filament /ˈfɪləmənt/ *n* filamento

filch /fɪltʃ/ *vt* (*coloq*) mangar

file[1] /faɪl/ *n* lima *Ver tb* NAIL FILE
■ **file** *vt* limar
PHR V **to file sth down** limar algo

file[2] /faɪl/ *n* **1(a)** carpeta **(b)** expediente: *to have a file on sb* tener un expediente de algn **(c)** fichero **(d)** clasificador **2** (*Informát*) fichero: *to access/copy/delete a file* abrir/copiar/borrar un fichero
LOC **on file** fichado, archivado
■ **file** *vt* **1 ~ sth (away)** archivar algo: *to file sth under B* archivar algo en la B **2** (*Jur*): *to file a suit* presentar una demanda ◊ *to file for bankruptcy* declararse en bancarrota

file[3] /faɪl/ *vi* **1 ~ (past sth)** desfilar (ante algo) **2 ~ in/out/etc** entrar/salir etc en fila
■ **file** *n* fila *Ver tb* THE RANK AND FILE
LOC **(in) Indian/single file** (en) fila india

file clerk *n* (*USA*) *Ver* FILING CLERK

filial /ˈfɪliəl/ *adj* filial

filibuster /ˈfɪlɪbʌstə(r)/ *n* (*esp USA, Pol*) obstruccionista
■ **filibuster** *vi* usar tácticas de obstrucción

filigree /ˈfɪlɪgriː/ *n* filigrana

filing cabinet *n* archivador

filing clerk (*USA* **file clerk**) *n* archivero, -a

filings /ˈfaɪlɪŋz/ *n* [*pl*] limaduras: *iron filings* limaduras de hierro

fill /fɪl/ **1** *vt, vi* **~ (sth) (with sth)** llenar algo/llenarse (de algo): *Let me fill your glass.* Deja que te llene el vaso. ◊ *Her eyes filled with tears.* Se le llenaron los ojos de lágrimas. ◊ *The wind filled the sails.* El viento hinchó las velas. ◊ *The pancakes are filled with meat.* Las tortas están rellenas de carne. ◊ *The air was filled with the scent of roses.* El aire estaba cargado de un olor a rosas. ◊ *Her life story would fill several volumes.* La historia de su vida ocuparía varios tomos. ◊ *to fill teeth* empastar dientes ◊ *to fill a crack/a space* rellenar una grieta/un espacio **2** *vt* (*cargo, vacante*) ocupar, cubrir
LOC *Ver* BILL[1]
PHR V **to fill in (for sb)** sustituir (a algn)
to fill sb in (on sth) poner a alguien al tanto (de algo)
to fill sth in 1 (*solicitud, formulario*) rellenar algo **2** (*hueco*) rellenar algo **3** (*tiempo*) pasar algo
to fill out engordar
to fill sth out (*USA*) (*solicitud, formulario*) rellenar algo
to fill (sth) up llenar(se)
■ **fill** *n* hartura: *to eat/drink your fill* comer/beber lo suficiente ◊ *to have your fill of (doing) sth* estar harto de (hacer) algo

filler /ˈfɪlə(r)/ *n* masilla

fillet /ˈfɪlɪt/ *n* **1** (*de carne, pescado*) filete **2** (*tb* **fillet steak**) solomillo
■ **fillet** *vi* usar de tácticas de filibustero

filling /ˈfɪlɪŋ/ *n* **1** empaste **2** relleno

fillip /ˈfɪlɪp/ *n* estímulo

filly /ˈfɪli/ *n* (*pl* **-ies**) potra ☛ *Comparar con* MARE

film /fɪlm/ *n* **1** película: *My cousin is in films.* Mi primo trabaja en el cine. ◊ *film crew/producer/festival/star* equipo/productor/festival/estrella de cine ◊ *film set* plató ◊ *film test* pruebas *Ver tb* MICROFILM **2 ~ (of sth)** capa delgada (de algo) *Ver tb* CLING FILM
■ **film** *vt* filmar: *Filming starts next week.* El rodaje empieza la semana que viene.

film-maker /ˈfɪlm meɪkə(r)/ *n* cineasta
▶ **film-making** /ˈfɪlm meɪkɪŋ/ *n* cinematografía

filofax® /ˈfaɪləʊfæks/ (*tb* **personal organizer, -iser**) *n* agenda (*con teléfonos, mapas, calendarios, etc*)

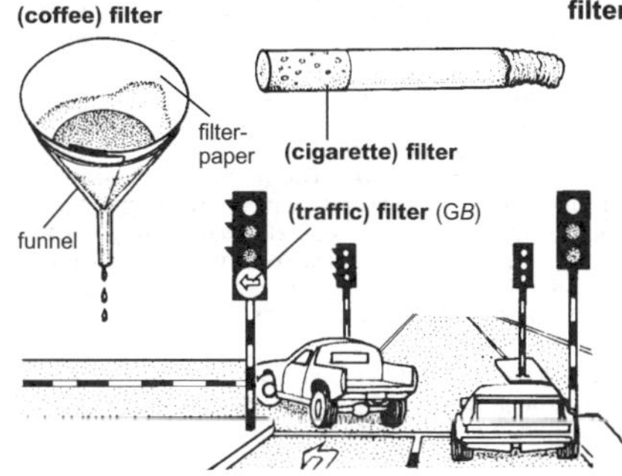

filter /ˈfɪltə(r)/ *n* **1** filtro: *filter coffee* café de cafetera eléctrica ◊ *filter cigarettes* cigarrillos con filtro ◊ *filter-paper* filtro para cafetera ◊ *to change the air/oil filter* cambiar el filtro del aire/aceite ☛ *Ver ilustración en* CAR **2** (*GB*) semáforo de flecha de desvío
■ **filter** *vt, vi* filtrar(se)
PHR V **to filter out/through** filtrarse

filth /fɪlθ/ *n* **1** porquería **2** guarrada

filthy /ˈfɪlθi/ *adj* (**-ier, -iest**) **1** asqueroso: *filthy hands* manos sucias ◊ *filthy clothes* ropa mugrienta ◊ *filthy conditions* condiciones inmundas/asquerosas ◊ *a filthy habit* una costumbre asquerosa/fea **2** obsceno: *You've got a filthy mind.* Tienes una mente (muy) sucia. **3** (*coloq*) desagradable: *a filthy temper* un carácter insoportable ◊ *filthy weather* tiempo asqueroso
■ **filthy** *adv* (*coloq*) súper: *filthy rich* asquerosamente rico

filtration /fɪlˈtreɪʃn/ *n* filtración: *filtration system* sistema de filtros

fin /fɪn/ *n* aleta: *dorsal fin* aleta dorsal ☛ *Ver ilustración en* FISH[1]

final /ˈfaɪnl/ *adj* último, final LOC *Ver* ANALYSIS, STRAW
■ **final** *n* **1** final: *the men's final(s)* la final masculina *Ver tb* CUP-FINAL, QUARTER-FINAL, SEMI-FINAL **2 finals** los (exámenes) finales

finale /fɪˈnɑːli; *USA* -ˈnæli/ *n* final (*obra de teatro, etc*) *Ver tb* GRAND FINALE

finalist /ˈfaɪnəlɪst/ *n* finalista

finality /faɪˈnæləti/ *n* **1** carácter definitivo: *the finality of death* lo irreversible de la muerte **2** resolución: *She spoke with (an air of) finality.* Hablaba con (un aire de) resolución.

finalize, -ise /ˈfaɪnəlaɪz/ *vt* finalizar, completar: *to finalize details* dar los últimos toques

finally /faɪnəli/ *adv* **1** por último **2** finalmente **3** por fin, al final

finance /ˈfaɪnæns, fɪˈnæns/ *n* finanzas: *the finance minister* el ministro de Hacienda ◊ *How are your finances?* ¿Cómo anda tu economía?
■ **finance** *vt* financiar

finance company (*tb* **finance house**) *n* financiera

financial /faɪˈnænʃl, fəˈnæ-/ *adj* financiero, económico
▶ **financially** *adv* económicamente

financial year (*USA* **fiscal year**) *n* ejercicio fiscal

financier /faɪˈnænsiə(r), fə-; *USA* ˌfɪnənˈsɪər/ *n* financiero, -a

finch /fɪntʃ/ *n* (*Zool*) pinzón *Ver tb* CHAFFINCH, GOLDFINCH

find /faɪnd/ *vt* (*pret, pp* **found** /faʊnd/) **1** encontrar, hallar: *to find a cure for cancer* encontrar una cura para el cáncer ◊ *How do you find the time?* ¿Cómo encuentras tiempo? ◊ *I don't know where he found the money for this trip.* No sé cómo consiguió el dinero para pagar este viaje. ◊ *I find (that) it pays to be honest.* Merece la pena ser honrado/sincero. ◊ *She found herself in hospital.* Se encontró en el hospital. ◊ *He found it hard to adapt.* Le resultó difícil adaptarse. **2** buscar: *They came here to find work.* Vinieron para buscar trabajo. ◊ *We need to find a hotel.* Necesitamos buscar hotel. ◊ *trying to find excuses* buscando excusas **3** declarar: *to find sb guilty/not guilty* declarar a algn culpable/inocente *Ver tb* VIEWFINDER
LOC **all found** todo incluido (**not**) **to find it in your heart to do sth** (no) ser capaz de hacer algo **to be found wanting** resultar insuficiente: *Their economic programme was found wanting.* Se vio que su programa económico no daba la talla. **to find fault (with sth/sb)** sacar faltas (a algo/algn) **to find your feet** acostumbrarse **to find yourself** realizarse **to find your way** encontrar el camino: *She couldn't find her way out of the building.* No podía encontrar la salida del edificio. ◊ *Can you find your way from here?* ¿Sabes cómo ir desde aquí? **to take sb as you find them** aceptar a algn como es: *You must take us as you find us.* Debes aceptarnos como somos. *Ver tb* MATCH[2], NOWHERE
PHR V **to find for/against sb** fallar a favor/en contra de algn
to find (sth) out descubrir algo, averiguar algo: *They didn't find out about it in time.* No lo descubrieron a tiempo. ◊ *If you are interested in finding out more…* Si tiene interés en saber más… ◊ *When they find out what happened…* Cuando se enteren de lo que pasó…
to find sb out descubrirle el juego a algn
■ **find** /faɪnd/ *n* hallazgo
▶ **finding** *n* **1** descubrimiento, hallazgo **2** fallo *Ver tb* FACT-FINDING

fine[1] /faɪn/ *n* multa
■ **fine** *vt* **~ sb (for doing sth)** multar a algn (por hacer algo)

fine[2] /faɪn/ *adj* (**finer, finest**) **1** excelente: *a fine musician* un músico excelente ◊ *the world's finest collection of paintings* la mejor colección de pinturas del mundo ◊ *fine food* comida magnífica ◊ *one of our finest actors* uno de nuestros mejores actores **2** refinado: *fine china/silk* porcelana/seda fina ◊ *fine features* rasgos delicados ◊ *a fine line* una línea delgada **3** fino: *fine dust* polvo fino **4** [*uso enfático*]: *A fine friend she turned out to be!* ¡Vaya amiga resultó ser! ◊ *You're a fine one to talk!* ¡Mira quién habla! **5** (*tiempo*) bueno: *a fine day* un día estupendo ◊ *The weather's turned out fine.* El tiempo ha mejorado. **6** ligero: *a fine distinction* una distinción muy sutil **7** (*coloq*) bien: *I'm fine.* Estoy bien. ◊ *That's fine by me.* A mí me parece bien.
LOC **not to put too fine a point on it** hablar sin rodeos **one fine day** un buen día **the finer points (of sth)** los puntos más delicados (de algo) **to get sth down to a fine art** (*coloq*) convertir algo en un arte **to go through/over sth with a fine toothcomb** mirar algo con lupa **to tread/walk a fine line between…**

andar sobre la cuerda floja entre... *Ver tb* CHANCE, FETTLE, FIGURE

■ **fine** *adv* **1** (*coloq*) muy bien: *That suits me fine.* Eso me va muy bien. **2** (*en palabras compuestas*): *a fine-tuned instrument* un instrumento bien afinado

LOC to cut it/things fine dejar algo hasta el último momento

fine art (*tb* **the fine arts**) *n* bellas artes: *a fine arts course* un curso de bellas artes

finely /ˈfamli/ *adv* **1** elegantemente: *finely dressed* elegantemente vestido **2** en pedacitos: *finely chopped* cortado en trozos menudos **3** delicadamente: *finely made* hecho primorosamente ◊ *finely balanced* bien equilibrado

fineness /ˈfamnəs/ *n* fineza

the fine print *n Ver* THE SMALL PRINT

finery /ˈfaməri/ *n* [*incontable*] **1** galas **2** ropa vistosa

finesse /fɪˈnes/ *n* sutileza, diplomacia

■ **finesse** *vt* lograr con artimañas

fine-tooth comb *n*

LOC (go over, through, etc sth) with a fine-tooth comb (*examinar/registrar algo*) *minuciosamente*

finger /ˈfɪŋgə(r)/ *n* dedo (*de la mano*): *little finger* dedo meñique ◊ *first finger* dedo índice ◊ *middle finger* dedo del corazón ◊ *ring finger* dedo anular *Ver tb* BUTTER-FINGERS, FOREFINGER, INDEX FINGER, LIGHT-FINGERED ☛ *Comparar con* TOE ☛ *Ver ilustración en* HAND[1]

LOC to be all fingers and thumbs ser un manazas **to be caught with your fingers in the till** (*coloq*) pillar a algn robando del trabajo **to get/pull a/your finger out** (*coloq*) menear el culo: *Pull your finger out!* ¡Haz el favor de menear el culo! **to have a finger in every pie** (*coloq*) estar hasta en la sopa **to have/keep your finger on the pulse** estar al tanto **to lay a finger on sth/sb** tocar un solo pelo de algo/algn: *Don't lay a finger on the boy!* ¡No toques a ese niño! **to put the finger on sb** (*argot*) delatar a algn **to put your finger on sth** señalar/identificar algo (con precisión) **to work your fingers to the bone** matarse trabajando *Ver tb* BURN[2], CROSS[1], GREEN, LIFT, POINT[2], SLIP, SNAP[1]

■ **finger** *vt* **1** tocar **2** pulsar **3** manosear

fingernail /ˈfɪŋgəneɪl/ *n* uña

fingerprint /ˈfɪŋgəprɪnt/ *n* huella dactilar: *to take sb's fingerprints* tomar las huellas dactilares a algn

fingertip /ˈfɪŋgətɪp/ *n* yema del dedo

LOC to have sth at your fingertips 1 tener algo a mano **2** saber algo al dedillo **to your fingertips** por los cuatro costados

finicky /ˈfɪnɪki/ (*tb* **finical**, **finicking**) *adj* **1** (*pey*) melindroso **2** (*asunto*) delicado

finish /ˈfɪnɪʃ/ **1** *vt, vi* terminar: *to finish your work/doing sth* terminar el trabajo/de hacer algo ◊ *She finished fourth.* Terminó la cuarta. **2** *vt* ~ **sth (off/up)** (*comida*) acabar algo **3** *vt* ~ **sth (off)** dar el toque final a algo: *well-finished* con un buen acabado

PHR V to finish sb off (*coloq*) agotar a algn

to finish sth/sb off (*coloq*) matar algo/a algn

to finish up (with sth) acabar: *He could finish up dead.* Podría acabar muerto. ◊ *I finished up in Rome.* Fui a parar a Roma. ◊ *I finished up with two broken arms.* Acabé con los dos brazos rotos.

to finish with sth/sb terminar con algo/algn: *I've finished with gambling.* No quiero saber nada con el juego.

■ **finish** *n* **1(a)** final **(b)** (*carrera*) meta: *a close finish* una llegada reñida **2** (*pintura*) acabado

LOC to be in at the finish estar presente al final *Ver tb* FIGHT

▶ **finisher** *n* (*Dep*) **1** (*atletismo*) persona que termina una carrera **2** (*fútbol*) persona que remata una jugada

finished /ˈfɪnɪʃt/ *adj* **1** terminado: *I won't be finished for half an hour.* No terminaré hasta dentro de media hora. **2** (*coloq*) (*arruinado*): *He's a finished man.* Es un hombre acabado. **3** *the finished product* el producto acabado

finishing line *n* línea de meta

finishing school *n* escuela privada de urbanidad para señoritas

finite /ˈfaɪnaɪt/ *adj* finito

Finn /fɪn/ *n* (*persona*) finlandés, -esa

Finnish /ˈfɪnɪʃ/ **1** *adj* finlandés **2** *n* (*idioma*) finlandés

Para hablar de una persona finlandesa decimos a **Finn**.

fiord (*tb* **fjord**) /ˈfiːɔːd/ *n* fiordo

fir /fɜː(r)/ *n* **1** (*tb* **fir tree**) abeto: *fir cone* piña de abeto **2** madera de abeto

fire[1] /ˈfaɪə(r)/ *n* **1** fuego: *to light a fire* encender un fuego *Ver tb* CAMPFIRE **2** incendio: *A fire broke out in the hospital.* Se declaró un incendio en el hospital. **3** estufa: *a gas fire* una estufa de gas **4** disparos: *to return sb's fire* devolver los disparos *Ver tb* CROSSFIRE **5** (*ret*) pasión *Ver tb* WILDFIRE

LOC fire and brimstone la ira de Dios **on fire 1** en llamas: *The house is on fire!* ¡La casa está ardiendo! ◊ *The candle had set the curtains on fire.* La vela había prendido fuego a las cortinas. **2** (*fig*) ardiente: *She was on fire.* Estaba llena de pasión. **to be/come under fire 1** encontrarse bajo fuego enemigo **2** (*fig*) ser objeto de severas críticas **to go through fire and water (for sth/sb)** aguantar carros y carretas (por algo/algn) **to hold your fire** hacer un alto el fuego **to play with fire** jugar con fuego **to set fire to sth/to set sth on fire** prender fuego a algo *Ver tb* BAPTISM, CATCH[1], DRAW[2], FAT[2], FIGHT, FRYING PAN, HOUSE, IRON, OPEN[2], SMOKE, SNIPE[2]

fire[2] /ˈfaɪə(r)/ **1** *vt, vi* disparar: *to fire into the air* disparar al aire ◊ *He fired into the crowd.* Disparó a la multitud. ◊ *to fire at sth/sb* hacer fuego sobre algo/algn ◊ *'Fire!'* "¡Fuego!" **2** *vt* (*cohete*) lanzar **3** *vt* (*insultos, etc*) soltar: *She fired a question at him.* Le soltó una pregunta. **4** *vt* ~ **sb** (*coloq*) despedir a algn: *You're fired!* ¡Estás despedido! **5** *vi* (*un motor*) encenderse **6** *vt*: *It fired his imagination.* Le estimuló la imaginación. ◊ *to fire sb with enthusiasm* llenar de entusiasmo a algn ◊ *The speech fired them all into action.* El discurso incitó a todos a que actuaran. **7** *vt* (*cerámica, etc*) cocer *Ver tb* BACKFIRE, COAL-FIRED, GAS-FIRED

LOC to fire on all cylinders ir a todo gas

PHR V to fire away (*coloq*) disparar: *'I've got a couple of questions.' 'Fire away!'* —Quiero preguntarte un par de cosas. —Bueno, ¡dispara!

to fire sth off disparar algo (*tiros, etc*)

to fire sth/sb up infundirle entusiasmo a algo/algn

fire alarm *n* alarma contra incendios

firearm /ˈfaɪərɑːm/ *n* [*gen pl*] arma de fuego

fireball /ˈfaɪəbɔːl/ *n* bola de fuego

firebomb /ˈfaɪəbɒm/ *n* bomba incendiaria

■ **firebomb** *vt, vi* colocar bombas incendiarias (en)

firebrand /ˈfaɪəbrænd/ *n* **1** (*fig*) agitador, -ora **2** (*madera*) tea

firebreak /ˈfaɪəbreɪk/ *n* cortafuego

fire brigade (*USA* **fire department**) *n* cuerpo de bomberos

firecracker /ˈfaɪəkrækə(r)/ *n* (*esp USA*) petardo

fire drill *n* práctica de incendios

fire-eater /ˈfaɪər iːtə(r)/ *n* tragafuegos

fire engine *n* coche de bomberos

fire escape *n* escalera de incendios

fire extinguisher (*tb* **extinguisher**) *n* extintor

firefighter /ˈfaɪəfaɪtə(r)/ *n* bombero

firefly /ˈfaɪəflaɪ/ *n* (*pl* **-ies**) luciérnaga

fireguard /ˈfaɪəgɑːd/ *n* guardafuego

firelight /ˈfaɪəlaɪt/ *n* luz de la lumbre

fireman /ˈfaɪəmən/ *n* (*pl* **-men** /-mən/) **1** bombero *Ver tb* FIREFIGHTER **2** fogonero

fireplace /ˈfaɪəpleɪs/ *n* hogar (*chimenea*)

firepower /ˈfaɪəpaʊə(r)/ *n* potencia de fuego (*armas*)

fireproof /ˈfaɪəpruːf/ *adj* **1** a prueba de fuego **2** (*plato*) refractario

fireside /ˈfaɪəsaɪd/ *n* (junto al) hogar: *at the fireside* junto al fuego ◊ *fireside chat* charla informal

fire station *n* parque de bomberos

firewood /ˈfaɪəwʊd/ *n* leña

firework /ˈfaɪəwɜːk/ *n* **1** cohete, buscapiés: *firework display* despliegue de fuegos artificiales **2 fireworks** fuegos artificiales **3** (*fig*): *If you disobey there'll be fireworks!* Si te atreves a desobedecer, se va a armar la marimorena.

firing /ˈfaɪərɪŋ/ *n* **1** tiroteo: *the firing line* la línea de fuego ◊ *firing squad* pelotón de fusilamiento **2** cocción (*de cerámica*)

firm[1] /fɜːm/ *adj* (**-er, -est**) firme: *a firm handshake* un firme apretón de manos ◊ *firm foundations* cimientos sólidos ◊ *a firm offer* una oferta en firme

LOC a firm hand mano dura **to be on firm ground** pisar terreno seguro **to hold firm to sth** mantenerse fiel a algo *Ver tb* BELIEVER

■ **firm** *v*

PHR V to firm sth up 1 (*un acuerdo, etc*) finalizar, afianzar, asegurar algo **2** (*los músculos, etc*) poner algo a tono

■ **firm** *adv*: *Stand firm for what you believe!* ¡Mantente firme en tus creencias!

firm[2] /fɜːm/ *n* firma, empresa

the firmament /ˈfɜːməmənt/ *n* [*sing*] (*antic*) el firmamento

firmly /ˈfɜːmli/ *adv* firmemente

firmness /ˈfɜːmnəs/ *n* firmeza

first /fɜːst/ *adj* **1** primer(o): *She won first prize.* Ganó el primer premio. ◊ *to go back to first principles* volver a los principios básicos ◊ *his first real taste of success* la primera vez que saboreaba de verdad el éxito ◊ *first language* lengua materna ◊ *the first night of a play* el estreno de una obra ◊ *They are first offenders.* Son delincuentes sin antecedentes. ◊ *the first person singular* la primera persona del singular ◊ *I don't know the first thing about it.* De eso no sé nada. ◊ *the First World War* la Primera Guerra Mundial ◊ *Manchester scored in the first half.* Manchester marcó en la primera mitad. **2** (*grado, importancia*): *first officer* primer piloto ◊ *first degree murder* asesinato en primer grado ◊ *first degree burn* quemadura de primer grado

LOC at first glance/sight a primera vista **first thing** a primera hora: *first thing in the morning* mañana a primera hora **first things first** (*refrán*) lo primero es lo primero *Ver tb* COUSIN, DRAW[2], FLUSH[1], HAND[1], IDEA, INSTANCE, KNOW, SAFETY

■ **first** *n, pron* **1 the first (a)** el primero, la primera, los primeros, las primeras: *I'd be the first to admit (that)...* Soy el primero en admitir que... ☛ *Ver nota en* PRIMERO **(b)** (*fecha*) el (día) uno: *on the first of May/on May 1* el (día) uno de mayo **(c)** (*rey, etc*) primero, -a: *George I/the First* Jorge I ☛ *Ver ejemplos en* FIFTH **2** (*coloq*) lo nunca visto: *It's a real first for the German team.* Es lo nunca visto para el equipo alemán. ◊ *I'd never tried squid before, it was a first for me.* Nunca había probado los calamares, era la primera vez. **3** (*tb* **first gear**) (*automóvil*) primera (marcha) ☛ *Ver ejemplos en* FIFTH **4** (*GB*) (*tb* **first class degree**) **~ (in sth)** (*universidad*) sobresaliente (en algo): *She got a first in maths.* Me licencié en matemáticas con un sobresaliente.

> En las universidades británicas los estudiantes reciben una nota con su licenciatura:
> **a first (class degree)** equivale a la nota más alta,
> **a second (class degree)** se divide en **2:1 (upper second)** y **2:2 (lower second)**,
> **a third (class degree)** equivale a la nota más baja.

LOC from the (very) first desde el primer momento **from first to last** de principio a fin **the first sb heard, knew, etc (about sth)** la primera vez que algn se enteró (de algo): *The first I heard about their divorce...* La primera vez que oí que se divorciaban...

■ **first** *adv* **1** primero, en primer lugar (*en una carrera, en una sucesión, etc*): *ladies first* las señoras primero ◊ *Think first, then act.* Primero piensa y luego actúa. ☛ *Ver ejemplos en* FIFTH **2** por primera vez: *When he first arrived in this country...* Cuando vino por primera vez a este país... ◊ *The play was first performed in Paris.* La obra se representó por primera vez en París. **3** (*preferencia sobre otra cosa*): *He said he'd resign first.* Dijo que prefería dimitir. ◊ *I could never give in. I'd die first.* No podría darme por vencido, antes que eso, me muero.

LOC at first al principio: *If at first you don't succeed, try, try again.* Si al principio no lo consigues, vuelve a intentarlo una y otra vez. **to come first** ser lo primero: *Work comes first with him.* Para él el trabajo es lo primero. **first and foremost** ante todo **first and last** (*formal*) en resumen: *He was a real gentleman, first and last.* En resumen, era un caballero. **first come, first served** (*refrán*) por orden de llegada: *Applications will be dealt with on a first come, first served basis.* Las solicitudes se considerarán en orden de llegada. **first of all 1** al principio **2** en primer lugar **first off** (*coloq*) antes que nada **to put sth/sb first** poner algo/a algn por encima de todo *Ver tb* HEAD[1]

first aid *n* primeros auxilios: *They were given first aid.* Recibieron primeros auxilios. ◊ *first aid kit* botiquín

first balcony (*USA*) (*GB* **dress circle**) *n* entresuelo (*del teatro*)

first base *n* (*USA*) (*béisbol*) primera base

LOC not to get to first base (*coloq*) no dar ni el primer paso **to get to first base with sb** (*coloq*) besar a algn

first-born /ˈfɜːst bɔːn/ *adj* (*antic*) mayor: *their first-born son* su primogénito

■ **first-born** *n* primogénito, -a

first-class /ˌfɜːst ˈklɑːs/ *adv* **1** (*Transporte*) en primera (clase): *to fly/travel first-class* volar/viajar en primera **2** (*correo*) por primera clase: *to send sth first-class* mandar algo por primera clase ☛ *Comparar con* SECOND CLASS

■ **first-class** *adj* de primera categoría: *This is first-class.* Esto es de primera categoría. ◊ *a first-class restaurant* un restaurante de primera categoría ◊ *a first-class honours degree in chemistry* una licenciatura en química con sobresaliente

first class *n* **1** primera (clase): *Smoking is not allowed in first class.* No se puede fumar en primera. **2** categoría del correo que se reparte con mayor rapidez

first ever *adj* primerísimo, primero de todos: *His first ever championship title.* Su primer título de campeón.

first floor *n* **1** (*GB*) primer piso **2** (*USA*) planta baja ☛ *Ver nota en* FLOOR[1]

▶ **first-floor** *adj* **1** (*GB*) en el primer piso: *a first-floor flat* un primer piso **2** (*USA*) en la planta baja

first-generation /ˈfɜːst dʒenəreɪʃən/ *adj* de la primera generación

first hand /ˈfɜːst hænd/ *adj, adv* de primera mano

firstly /ˈfɜːstli/ *adv* **1** (*enumerando una lista de cosas*) en primer lugar ☛ *Ver ejemplos en* FIFTHLY **2** (*dando dos razones para algo*) por una parte: *Firstly, it's too expensive; and secondly, it's very ugly.* Para empezar es muy caro y, por si fuera poco, muy feo

first name (*tb* **Christian name**, *esp USA* **given name**) *n* nombre: *We are all on first-name terms with our boss.* Todos llamamos al jefe por su nombre de pila. ☛ *Ver nota en* NAME[1]

first-rate /ˌfɜːst ˈreɪt/ *adj* excelente, de primera categoría

first-time /ˈfɜːst taɪm/ *adj*: *They are first-time buyers.*

Van a comprar una casa por primera vez. ◊ *a first-time mother* una madre primeriza

firth /fɜːθ/ *n* (*Escocia*) estuario

fiscal /ˈfɪskl/ *adj* (*Econ*) fiscal: *the fiscal year* el año fiscal

fiscal year (*USA*) (*GB* **financial year**) *n* ejercicio fiscal

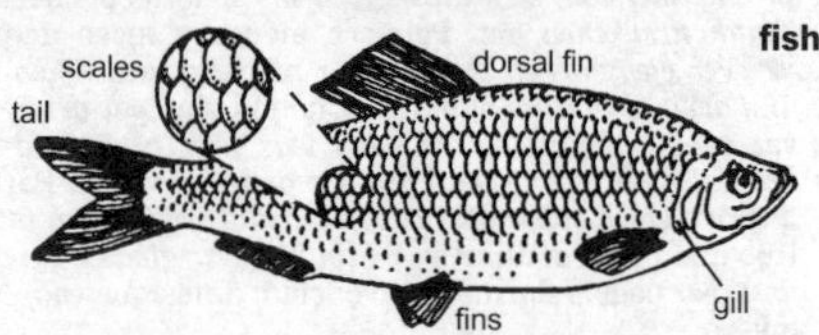

fish¹ /fɪʃ/ *n* **1** [*contable*] pez *Ver tb* CRAWFISH, CRAYFISH, CUTTLEFISH, DOGFISH, FLYING FISH, GOLDFISH, JELLYFISH, STARFISH, SWORDFISH **2** [*incontable*] pescado: *fish and chips* pescado con patatas fritas ◊ *fish cake* croqueta de pescado ◊ *fish fingers* palitos de pescado

Fish como sustantivo contable tiene dos formas para el plural: **fish** y **fishes. Fish** es la forma más normal. **Fishes** es una forma anticuada o literaria que hoy en día solo se utiliza en lenguaje técnico para referirse a distintas especies de peces.

LOC **a fish out of water** gallina en corral ajeno **an odd/a queer fish** (*coloq*) un tipo raro **there are (plenty of) other fish in the sea**: *Forget about him – there are plenty of other fish in the sea.* Olvídate de él; no es el único hombre en el mundo. **(to be) neither fish nor flesh** (*refrán*) (no ser) ni chicha ni limonada **to have bigger/other fish to fry** tener mejores/otras cosas que hacer **to play a fish** (*pesca*) hacer que se canse un pez *Ver tb* BIG, COLD, DIFFERENT, DRINK²

fish² /fɪʃ/ *vi* pescar

PHR V **to fish for sth** ir en busca de algo, buscar algo: *to fish for salmon* ir a la pesca del salmón ◊ *to fish for compliments* andar en busca de elogios ◊ *fishing for information* a la caza de noticias ◊ *fishing (around) in the bag for the keys* buscando las llaves en el bolso

to fish sth out (of sth) sacar algo (de algo)

▶ **fishing** *n* **1** pesca: *deep-sea fishing* pesca de altura **2** de pesca: *a fishing boat* un barco pesquero ◊ *fishing net* red de pesca ◊ *fishing tackle* aparejo de pescar

fish and chip shop (*tb* **chip shop**) (*coloq* **chippie**) *n* freiduría

fisherman /ˈfɪʃəmən/ *n* (*pl* **-men**) pescador

fishery /ˈfɪʃəri/ *n* **1** caladero **2 fisheries** (*industria*) pesca

fish farming *n* piscicultura

fishing line *n* sedal

fishing rod (*USA* **fishing pole**) *n* caña de pescar

fishmonger /ˈfɪʃmʌŋgə(r)/ *n* (*GB*) pescadero, -a: *fishmonger's* pescadería ☛ *Ver nota en* CARNICERÍA

fishnet /ˈfɪʃnet/ *n* **1** red (*de pesca*) **2** *fishnet tights* medias de malla

fish slice /ˈfɪʃ slaɪs/ *n* pala (*para pescado*) ☛ *Ver ilustración en* UTENSIL

fishwife /ˈfɪʃwaɪf/ *n* (*pey*) verdulera

fishy /ˈfɪʃi/ *adj* **1** a pescado (*oler, saber*) **2** (*coloq*) sospechoso, raro: *There's something fishy going on here.* Aquí hay gato encerrado. ◊ *It all sounds rather fishy to me.* Me huele a chamusquina.

fission /ˈfɪʃn/ *n* **1** fisión **2** división (*celular*)

fissure /ˈfɪʃə(r)/ *n* grieta, fisura

fist /fɪst/ *n* puño: *He clenched his fists.* Cerró los puños. ◊ *She shook her fist at him.* Le amenazó con el puño. *Ver tb* HAM-FISTED, TIGHT-FISTED

▶ **fistful** *n* puñado

fisticuffs /ˈfɪstɪkʌfs/ *n* [*pl*] (*antic* o *joc*) puñetazos (*pelea*)

fit¹ /fɪt/ *adj* (**fitter, fittest**) **1 fit (for sth/sb to do sth)** apto, en condiciones, adecuado (para algo/algn/para hacer algo): *He wasn't fit to drive.* No estaba en condiciones de coger el volante. ◊ *a meal fit for a king* una comida digna de un rey ◊ *fit for human consumption* apto para el consumo humano **2 fit to do sth** (*coloq*) listo, preparado (para hacer algo): *They were fit to drop.* Estaban a punto de caer redondos. ◊ *He's in no fit state to see anyone.* No está para ver a nadie. **3 fit (for sth/to do sth)** en forma (para algo/para hacer algo): *to keep (yourself) fit* mantenerse en forma ◊ *fighting fit* en plena forma **4** (*formal*) apropiado, correcto: *fit and proper* justo y adecuado *Ver tb* KEEP-FIT

LOC **(as) fit as a fiddle** en muy buena forma: *She looked as fit as a fiddle.* Tenía un aspecto estupendo. **to keep fit** mantenerse en forma: *a keep-fit centre* un gimnasio para hacer pesas, etc **to see/think fit (to do sth)** considerar conveniente: *Do as you think fit.* Haz lo que estimes conveniente. *Ver tb* FIGHT

fit² /fɪt/ (**-tt-**) (*pret, pp* **fitted**, *USA tb* **fit**) **1** *vt* **fit sth (in)** colocar algo: *I can fit a new pane.* Puedo poner un cristal nuevo. **2** *vt* entrar en: *The key doesn't fit the lock.* La llave no entra en la cerradura. ◊ *These shoes don't fit (me).* Estos zapatos no me vienen. **3** *vt* **fit sb for sth** tomar las medidas de algn para algo **4** (*tb* **to fit in**) *vi* caber: *It doesn't fit into the box.* No cabe en la caja. **5** *vi* ajustarse: *The mask fitted well.* La máscara se ajustaba bien. **6** *vt* **fit sth on(to) sth** poner algo a/en algo: *I'm going to fit handles on this door.* Voy a ponerle tiradores a esta puerta. **7** *vt* **fit sth with sth** equipar algo de algo: *a car fitted with a radio* un coche provisto de radio **8** *vt* **fit A and B together** ensamblar A y B: *Fit the two halves of the model together.* Ensamble las dos mitades de la maqueta. **9** *vt* encajar con: *All the facts fit your theory.* Todos los hechos encajan con tu teoría. ◊ *to fit a description* cuadrar con una descripción **10** *vt* capacitar: *Your experience fits you for the job.* Tu experiencia te capacita para el trabajo. *Ver tb* ILL-FITTING, LOOSE-FITTING, TIGHT-FITTING

LOC **to fit (sb) like a glove** venir (a algn) como un guante **to fit snugly (into sth)** ajustarse perfectamente (a algo) *Ver tb* BILL¹, CAP¹

PHR V **to fit in (with sth/sb)** encajar (con algo/algn)

to fit sth/sb in buscar tiempo para hacer algo/ver a algn: *I'll try and fit you in after lunch.* A ver si consigo hacerte un hueco después de comer.

to fit sth/sb out/up (with sth) equipar algo/a algn (con algo)

■ **fit** *n*

LOC **to be a good, tight, etc fit** quedar a algn bien, ajustado, etc

▶ **fitted** *adj* **1** (*moqueta*) instalado **2** (*mueble*) empotrado **3** (*habitación*) amueblado: *a fitted kitchen* una cocina con armarios **4** (*sábana*) ajustable

fit³ /fɪt/ *n* ataque (*de risa, tos, etc.*): *an epileptic fit* un ataque de epilepsia ◊ *She got a fit of the giggles.* Le entró la risa tonta. ◊ *We were all in fits (of laughter).* Nos desternillábamos de risa. ◊ *a fit of anger* un arranque de cólera

LOC **by/in fits and starts** a trompicones **to have/throw a fit**: *She'll have/throw a fit!* ¡Le va a dar un ataque!

▶ **fitful** *adj* irregular: *a fitful sleep* un sueño entrecortado

fitfully *adv* a ratos, irregularmente

fitment /ˈfɪtmənt/ *n* unidad (*mobiliario*)

fitness /ˈfɪtnəs/ *n* **1** forma (física) **2 ~ for sth/to do sth** aptitud para algo/para hacer algo

fitter /ˈfɪtə(r)/ *n* **1** ajustador, -ora (*de máquinas, etc*) **2** (*arreglos*) modisto, -a

fitting¹ /ˈfɪtɪŋ/ *adj* apropiado

fitting² /ˈfɪtɪŋ/ *n* **1** repuesto, pieza: *electrical fittings* repuestos eléctricos **2** accesorios transportables de una casa: *household fittings* accesorios y muebles para la casa ☛ *Comparar con* FIXTURE **3** prueba: *a fitting for a wedding dress* una prueba para el traje de novia

fitting room *n* probador

five /faɪv/ *adj* cinco: *It's five minutes to* (*ten*). Son (las diez) menos cinco. ◊ *a five-day working week* una semana laboral de cinco días ◊ *a nine-to-five job* un trabajo de nueve a cinco ◊ *a five-year-old* un niño de cinco años ◊ *Four out of five people questioned...* Cuatro de cada cinco personas entrevistadas... ◊ *a five-year plan* un plan quinquenal ☛ *Ver apéndice 3*

■ **five** *n, pron* **1** (*número*) cinco: *A table for five?* ¿Mesa para cinco? ◊ *There were five of us.* Éramos cinco. ◊ *Have you got the five of clubs?* ¿Tienes el cinco de picas? ◊ *a father of five* un padre de cinco hijos ◊ *page/chapter five* la página/el capítulo cinco ◊ *on 5 May* el 5 de mayo ◊ *all five of them* los cinco **2** (*hora*) las cinco: *See you at five.* Nos vemos a las cinco. ◊ *It's five thirty/quarter past five.* Son las cinco y media/cinco y cuarto. **3** (*minutos*) **~ to.../past...** las... menos/y cinco: *It's five to six.* Son las seis menos cinco. ◊ *five past nine* las nueve y cinco **4** (*edad*) cinco años: *the under-fives* los menores de cinco años ◊ *a child of five/aged five* un niño de cinco años **LOC** *Ver* NINE

■ **five** *n* (*USA*) (billete de) cinco dólares

▶ **fiver** *n* (*coloq, GB*) (billete de) cinco libras

five o'clock shadow *n* sombra de la barba

fix[1] /fɪks/ *vt* **1(a) to fix sth (on sth/sb)** (*lit*) fijar (algo en algo/algn): *The time has been fixed already.* Ya se ha fijado la hora. **(b)** (*fig*): *to fix sb's name in your mind* grabar en la mente el nombre de algn **2** arreglar **3** ordenar **4 to fix sth (up)** organizar algo **5** establecer **6 to fix sth (for sb)** preparar algo (para algn) (*esp comida*) **7** fijar (*colores, etc*) **8** (*coloq*) amañar **9** (*coloq*) ajustar las cuentas a **10** (*argot*) pincharse

PHR V to fix on sth/sb decidirse por algo/algn

to fix sb up (with sb) (*coloq*) emparejar a algn (con algn)

to fix sb up (with sth) (*coloq*) procurar algo a algn

to fix sth up reparar/retocar algo

▶ **fixer** *n* **1** (*coloq*) (*ilegal*) intermediario, -ora **2** fijador

fix[2] /fɪks/ *n* **1** (*coloq*) lío: *be in/get yourself into a fix* estar/meterse en un lío **2** [*sing*] (*coloq*) amaño **3** (*argot*) pinchazo

fixated /fɪkˈseɪtɪd/ *adj* **~ (on sth/sb)** con fijación (en algo/algn)

fixation /fɪkˈseɪʃn/ *n* **~ (on sth/sb)** fijación (en algo/algn)

fixative /ˈfɪksətɪv/ *n* fijador

fixed /fɪkst/ *adj* fijo: *a fixed rate of interest* tipo de interés fijo ◊ *fixed assets* capital inmobiliario

LOC (of) no fixed abode/address sin paradero fijo **to be fixed for sth** (*coloq*) andar de algo: *How are you fixed for cash?* ¿Cómo andas de dinero?

▶ **fixedly** /ˈfɪksɪdli/ *adv* fijamente: *to stare fixedly at sb* mirar fijamente a algn

fixture /ˈfɪkstʃə(r)/ *n* **1** accesorio fijo de una casa: *the bathroom fixtures need changing* los sanitarios necesitan cambiarse ☛ *Comparar con* FITTING[2] **2** cita deportiva **3** (*coloq*) inamovible

fizz /fɪz/ *vi* **1** estar en efervescencia **2** silbar

■ **fizz** *n* **1** efervescencia **2** silbido **3** (*coloq*) vino espumoso, champán

fizzle /ˈfɪzl/ *vi* chisporrotear

PHR V to fizzle out apagarse, esfumarse: *The protest fizzled out when the police arrived.* La manifestación de protesta se disolvió en cuanto llegó la policía.

fizzy /ˈfɪzi/ *adj* con gas, gaseosa

fjord *n Ver* FIORD

flab /flæb/ *n* (*coloq, pey*) molla

flabbergasted /ˈflæbəgɑːstɪd; *USA* -gæstɪd/ *adj* (*coloq*) pasmado

flabby /ˈflæbi/ *adj* (*pey*) fofo: *flabby thighs* muslos fofos

flaccid /ˈflæksɪd/ *adj* (*formal*) flácido

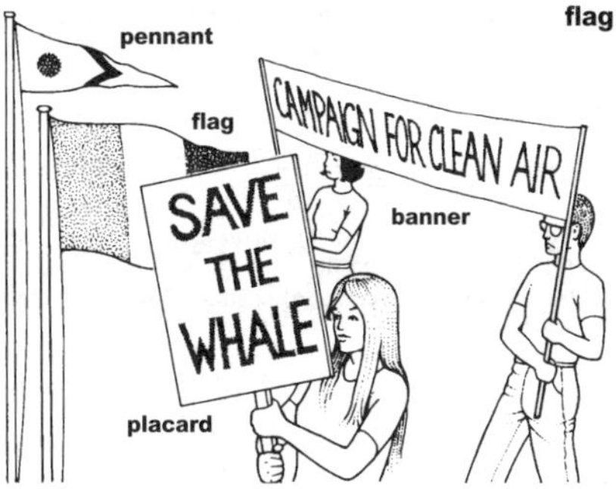

flag[1] /flæg/ *n* **1** bandera **2** (*Náut*) pabellón, bandera **3** (*en un mapa, etc*) banderita

LOC to fly/show/wave the flag mostrar patriotismo

■ **flag** *vi* (**-gg-**) flaquear

PHR V to flag sth/sb down hacer señal a algo/a algn para que pare: *The policeman flagged them down.* El policía les hizo señal de que pararan.

flag[2] /flæg/ *n Ver* FLAGSTONE

flagellate /ˈflædʒəleɪt/ *vt* (*formal*) flagelar

▶ **flagellation** *n* flagelación

flagged /flægd/ *adj* enlosado

flagging /ˈflægɪŋ/ *adj* cambiante: *They hoped that a new leader would revive the Party's flagging fortunes.* Esperaban que un nuevo líder avivaría la debilitada situación del partido.

flagpole /ˈflægpəʊl/ *n* (*bandera*) asta, mástil

flagrant /ˈfleɪgrənt/ *adj* flagrante

▶ **flagrantly** *adv* descaradamente

flagship /ˈflægʃɪp/ *n* **1** (*Náut*) buque insignia **2** (*fig*) cabecera: *'Prisma' magazine is our company's flagship.* Nuestra compañía tiene como punta de lanza la revista "Prisma".

flagstone /ˈflægstəʊn/ (*tb* **flag**) *n* losa

flail /fleɪl/ *vt, vi* **~ (sth) (about/around)** agitar(se): *The guitarist pranced about the stage, arms flailing.* El guitarrista saltaba por el escenario agitando los brazos.

flair /fleə(r)/ *n* **1** [*sing*] **~ for sth** aptitud para algo: *The Italian flair for design is evident.* El don de los italianos para el diseño es evidente. **2** elegancia

flak /flæk/ *n* **1** (*Mil*) fuego antiaéreo: *flak jacket* chaleco antibala **2** (*coloq*) reproche: *He had to take a lot of flak from his colleagues for his decision.* Recibió muchos reproches de sus compañeros a causa de su decisión.

flake /fleɪk/ *n* copo: *soap-flakes* copos de jabón *Ver tb* CORNFLAKES, SNOWFLAKE

■ **flake** *vi* **~ (off/away)** escamarse

PHR V to flake out (*coloq*) caer rendido: *I flaked out in the nearest armchair.* Caí rendido en el primer sillón.

flaky /ˈfleɪki/ *adj* con escamas: *dry and flaky skin* piel seca y con escamas ◊ *flaky pastry* hojaldre

flamboyant /flæmˈbɔɪənt/ *adj* **1** (*persona, carácter*) extravagante **2** (*vestido*) llamativo

▶ **flamboyance** *n* extravagancia

flamboyantly *adv* exageradamente, llamativamente

flame /fleɪm/ *n* **1** (*lit* y *fig*) llama: *to go up in/burst into flames* estallar en llamas **2** (*coloq*) antiguo novio, -a

LOC *Ver* ADD, FAN[1], POUR

■ **flame** *vi* **1** llamear **2** (*fig*) encenderse: *His face flamed* (*with anger/embarrassment*). Su cara se encendió (de ira/vergüenza).

flaming /ˈfleɪmɪŋ/ *adj* **1** (*lit*) en llamas **2** (*rojo*): *flaming red hair* pelo rojo como el fuego **3** (*riña, discusión*) acalorado: *He's got a flaming temper.* Tiene un genio endemoniado. **4** (*coloq*) condenado: *You flaming idiot!* ¡Condenado idiota!

flamingo /flə'mɪŋgəʊ/ *n* (*pl* **~s**) flamenco (*Zool*)

flammable /'flæməbl/ *adj* inflamable ☛ *Ver nota en* INFLAMMABLE

flan /flæn/ *n* tarta, tartaleta (*con base de masa o bizcocho*)

La palabra española **flan** se traduce por **crème caramel** en inglés. ☛ *Ver nota en* TART[2]

flange /flændʒ/ *n* **1** (*en la rueda de un tren*) pestaña **2** (*en una tubería*) reborde

flank /flæŋk/ *n* **1** (*persona*) costado **2** (*animal*) ijada **3** (*Mil*) flanco

■ **flank** *vt* flanquear

flannel /'flænl/ *n* **1** franela **2** toallita (*para lavarse*)

flap[1] /flæp/ *n* **1(a)** (*bolsillo, bolsa*) tapa **(b)** (*sobre*) solapa **(c)** (*mostrador*) trampilla: *She lifted the flap and went behind the counter.* Levantó la trampilla y pasó detrás del mostrador. **(d)** (*piel*) colgajo **(e)** (*mesa*) hoja plegable **2** (*Aeronáut*) flap

LOC **to be in/get into a flap** (*coloq*) ponerse nervioso: *I got into a real flap when I lost my keys.* Me puse muy nervioso cuando perdí los llaves.

flap[2] /flæp/ (**-pp-**) **1** *vt* agitar: *She flapped her arms at the birds.* Agitó los brazos para espantar a los pájaros. ◊ *The bird flapped its wings.* El pájaro batió las alas. **2** *vi* **(a)** agitarse: *The sails were flapping in the wind.* Las velas se agitaban en el viento. **(b)** (*coloq*) ponerse nervioso: *Don't flap! We'll get it done in time.* ¡Cálmate! Lo terminaremos a tiempo. **LOC** *Ver* EAR[1]

flare[1] /fleə(r)/ *vi* **1** llamear **2** (*fig*) estallar: *A political row flared when the government was accused of election rigging.* El escándalo político estalló cuando alguien acusó al gobierno de falsificar los resultados de las elecciones. ◊ *Tempers flared.* Se encendieron los ánimos.

PHR V **to flare up 1** encenderse: *The fire flared up.* El fuego se avivó. **2** estallar: *Renewed conflict flared up in the townships.* El conflicto estalló con nuevo vigor en los pueblos. **3** reavivar: *My back trouble has flared up again.* Vuelvo a tener problemas de espalda.

■ **flare** *n* **1** destello **2** bengala

flare[2] /fleə(r)/ *vi* ensanchar(se): *Her nostrils flared.* Los agujeros de la nariz se le ensancharon. ◊ *flared trousers* pantalones acampanados ☛ *Comparar con* TAPER[2]

▶ **flare** *n* **1** acampanamiento: *His trousers have 3 inch flares.* Sus pantalones tienen un acampanamiento de 3 pulgadas. **2 flares** [*pl*] (*coloq*) pantalones de campana

flash[1] /flæʃ/ *n* **1(a)** destello: *a flash of lightning* un relámpago **(b)** (*fig*) ráfaga: *a flash of inspiration* una ráfaga de inspiración ◊ *a flash of genius* un golpe de genio **2** (*noticias*) flash **3** (*Fot*) flash

LOC **a flash in the pan** chiripa: *He proved that his first win was no flash in the pan.* Demostró que su primera victoria no ocurrió de chiripa. **in a/like a flash** en un instante: *It was all over in a flash.* Pasó todo en un instante. *Ver tb* BLINDING, QUICK

flash[2] /flæʃ/ **1** *vi* centellear, brillar, echar destellos: *The lights flashed on and off.* Las luces se encendían y apagaban. ◊ *His eyes flashed angrily.* Sus ojos echaban chispas. **2** *vt* **(a)** (*luz*) dirigir: *She flashed the light in my eyes.* Enfocó la luz a mis ojos. ◊ *to flash your headlights* lanzar ráfagas con los faros ◊ *He flashed me to pull over.* Me dio las luces para que parara. **(b)** (*mirada, sonrisa*) lanzar **(c)** (*mensajes*) transmitir: *The news was flashed across the country.* La noticia se difundió por todo el país. **(d)** mostrar rápidamente: *to flash an image on the screen* proyectar brevemente una imagen en la pantalla **3** *vi* (*coloq*) exhibir los órganos genitales

PHR V **to flash sth about/around** (*pey*) mostrar algo ostentosamente

to flash back retroceder (*cine*)

to flash by, past, through, etc pasar, cruzar, etc como un rayo: *The train flashed by/past.* El tren pasó como un rayo. ◊ *A smile flashed across her face.* Una sonrisa fugaz le iluminó el rostro.

flashback /'flæʃbæk/ *n* flash-back

flasher /'flæʃə(r)/ *n* (*GB, coloq*) exhibicionista

flashlight /'flæʃlaɪt/ *n* (*esp USA*) *Ver* TORCH

flashpoint /'flæʃpɔɪnt/ *n* **1** punto de inflamación **2** (*fig*) punto al rojo vivo: *The situation in Honduras is nearing flashpoint.* La situación en Honduras está a punto de estallar.

flashy /'flæʃi/ *adj* (**-ier, -iest**) ostentoso, llamativo: *a flashy new watch* un reloj nuevo muy llamativo

flask /flɑːsk; *USA* flæsk/ *n* **1** termo *Ver tb* VACUUM FLASK **2** (*licores*) petaca **3** (*laboratorio*) matraz

flat[1] /flæt/ *n* **1** (*USA* **apartment**) piso: *block of flats* bloque de pisos *Ver tb* COUNCIL FLAT/HOUSE, GRANNY FLAT, SERVICE FLAT **2** [*sing*] **the ~ (of sth)** parte plana (*de algo*): *the flat of your palm* la palma de la mano ◊ *the flat of a knife* la hoja de un cuchillo **3** [*gen pl*] (*Geog*) área plana junto al mar: *mud flats* marismas ◊ *salt flats* salinas **4** (*Mús*) bemol ☛ *Comparar con* NATURAL, SHARP ☛ *Ver ilustración en* NOTACIÓN **5** (*USA, coloq*) pinchazo

flat[2] /flæt/ *adj* (**flatter, flattest**) **1** plano, liso, llano (*superficie*): *a flat chest* un pecho liso ◊ *flat feet* pies planos **2** (*rueda*) desinflado **3** (*estado de ánimo*) alicaído **4** (*Fin*) flojo **5** (*precio, etc*) único **6** (*bebida*) sin gas **7** (*batería*) descargado **8** (*colores*) monótono **9** (*negativa, decisión*) absoluto

LOC **and that's flat** (*GB*) y esa es mi última palabra

flat[3] /flæt/ *adv*: *to lie down flat* tumbarse completamente ◊ *to sing/play flat* desafinar ◊ *to spread sth* (*out*) *flat on the table* extender algo sobre la mesa

LOC **flat out** a tope (*trabajar, correr, etc*) **in 10 seconds, etc flat** en solo 10 segundos, etc **to fall flat** ser/resultar un fracaso **to fall flat on your face** (*coloq*) **1** caer de bruces **2** (*fig*) quedar en evidencia *Ver tb* BROKE[2]

flat-chested /ˌflæt 'tʃestɪd/ *adj* plano (*con poco pecho*)

flat-footed /ˌflæt 'fʊtɪd/ *adj* **1** con pies planos **2** (*coloq*) torpe

flatly /'flætli/ *adv* rotundamente, de lleno (*decir, rechazar, negar*)

flatmate /'flætmeɪt/ (*USA* **roommate**) *n* compañero, -a de piso

flatness /'flætnəs/ *n* **1** lo plano (*superficie*) **2** monotonía

flatten /'flætn/ **1** *vt* **(a) ~ sth (out)** aplanar algo: *He spread the paper and flattened it out.* Extendió el papel completamente alisándolo. **(b) ~ sth/sb** (*lit* y *fig*) aplastar a algo/algn: *The town was flattened by an earthquake.* La ciudad fue arrasada por un terremoto. **2(a)** *vi* **~ (out)** (*paisaje*) allanarse **(b)** *v refl*: *to flatten yourself against sth* aplastarse contra algo

flatter /'flætə(r)/ **1** *vt* **(a)** (*ropa, etc*) favorecer **(b)** adular, halagar: *I was flattered by your invitation.* Me halagó tu invitación. **2** *v refl* **~ yourself (that)** hacerse ilusiones (de que): *Don't flatter yourself!* ¡No te hagas ilusiones!

flattering /'flætərɪŋ/ *adj* favorecedor: *a flattering remark* un comentario halagador

flattery /'flætəri/ *n* [*incontable*] adulación: *Flattery will get you nowhere.* La adulación no te va a llevar muy lejos.

flatulent /'flætjʊlənt/ *adj* flatulento

▶ **flatulence** *n* [*incontable*] flatulencia

flaunt /flɔːnt/ *vt* **~ sth** (*pey*) hacer gala de algo

flautist /'flɔːtɪst/ (*USA* **flutist** /fluːtɪst/) *n* flautista

flavour (*USA* **flavor**) /'fleɪvə(r)/ *n* sabor, gusto: *with a coffee flavour* con sabor a café

■ **flavour** *vt* dar sabor, condimentar

▶ **flavouring** (*USA* **flavoring**) /'fleɪvərɪŋ/ *n* condimento: *Contains no artificial flavourings.* No contiene sabores artificiales.

flaw /flɔː/ *n* **1** (*objetos*) desperfecto **2** (*plan, carácter*) fallo, defecto

flawed /flɔːd/ *adj* defectuoso, con imperfecciones

flawless /ˈflɔːlɪs/ *adj* impecable, sin defecto
▶ **flawlessly** *adv* impecablemente

flax /flæks/ *n* lino

flaxen /ˈflæksn/ *adj* **1** muy rubio **2** de lino

flay /fleɪ/ *vt* **1** azotar, desollar **2** (*lit* y *fig*) despellejar

flea /fliː/ *n* pulga **LOC** *Ver* SEND

flea market *n* (*coloq*) rastro (*mercado*)

fleck /ˈflek/ *n* **~ (of sth) 1** mota, mancha (de algo): *green material with flecks of yellow* tela verde con pintas amarillas ◊ *He has dark hair with flecks of grey.* Tiene pelo negro con mechones grises. **2** partícula (de algo) (*polvo, caspa*)
■ **flecked** *adj* **1 ~ (with sth)** salpicado (de algo) (*pintura*) **2** moteado

fled *pret, pp de* FLEE

fledged /fledʒd/ *adj* plumado *Ver tb* FULLY-FLEDGED

fledgeling (*tb* **fledgling**) /ˈfledʒlɪŋ/ *adj* novel, reciente
■ **fledgeling** *n* **1** novato, -a **2** polluelo

flee /fliː/ (*pret, pp* **fled** /fled/) **1** *vi* huir, escapar **2** *vt* abandonar: *They fled the country.* Abandonaron el país.

fleece /fliːs/ *n* vellón ☛ *Ver ilustración en* OVEJA
■ **fleece** *vt* **~ sb** desplumar a algn

fleet¹ /fliːt/ *n* [*v sing o pl*] **1** flota (*coches, pesquera*) **2** **the fleet** (*Mil*) la armada

fleet² /fliːt/ *adj* (*antic*) veloz: *fleet of foot* de pies ligeros

fleeting /ˈfliːtɪŋ/ *adj* breve, fugaz: *a fleeting glimpse* imagen fugaz ◊ *a fleeting moment* un instante
▶ **fleetingly** *adv* momentáneamente, fugazmente

Fleet Street /ˈfliːt striːt/ *n* **1** calle en el centro de Londres donde varios periódicos importantes solían tener sus sedes **2** la Prensa

Flemish /ˈflemɪʃ/ *adj* flamenco
■ **Flemish** *n* **1** (*idioma*) flamenco **2 the Flemish** los flamencos

flesh /fleʃ/ *n* **1** carne: *firm flesh* carnes firmes ◊ *a flesh wound* una herida superficial **2** (*de fruta*) pulpa ☛ *Ver ilustración en* FRUTA
LOC **flesh and blood** carne y hueso **in the flesh** al natural: *She's better looking in the flesh than on screen.* Es más guapa al natural que en las películas. **to make your/sb's flesh crawl/creep** poner la carne de gallina a uno/a algn: *He makes my flesh creep.* Me pone la carne de gallina. **your own flesh and blood** (pariente) de tu propia sangre *Ver tb* FISH¹, THORN
■ **flesh** *v*
PHR V **to flesh sth out** (*fig*) dar forma a algo: *You'll need facts to flesh out your argument.* Vas a necesitar hechos que corroboren tu argumento.
▶ **fleshy** *adj* carnoso

flew *pret de* FLY¹

flex¹ /fleks/ (*USA* **cord**) *n* flexible

flex² /fleks/ *vt* flexionar: *to flex your fingers* flexionar los dedos
LOC **to flex your muscles** (*fig*) hacer alarde de fuerza

flexible /ˈfleksəbl/ *adj* flexible
▶ **flexibility** *n* flexibilidad
flexibly *adv* con flexibilidad

flick¹ /flɪk/ *n* **1** golpecito **2** movimiento rápido: *to turn sth over with a flick of the wrist* dar la vuelta a algo con un giro de muñeca ◊ *I had a flick through the magazine.* Estuve hojeando la revista.

flick² /flɪk/ *vt* **1 ~ sb (with sth)**; **~ sth (at sb)** pegar a algn (con algo): *She flicked me with her duster/she flicked her duster at me.* Me pegó con el trapo del polvo. **2 ~ sth (off, on, etc)** mover algo con un movimiento rápido: *to flick the light switch (on/off)* encender/apagar la luz
PHR V **to flick sth away**; **to flick sth from/off sth** sacudir algo de algo: *She flicked ash from her trousers.* Se sacudió ceniza de los pantalones.
to flick through (sth) hojear (algo): *to flick through a magazine* hojear una revista

flicker /ˈflɪkə(r)/ *vi* parpadear: *The lights flickered.* Las luces parpadearon. ◊ *the flickering light of the TV* la luz intermitente de la tele
■ **flicker** (*tb* **flickering**) *n* **1** (*luz*) parpadeo **2** (*fig*) atisbo: *a flicker of hope* un atisbo de esperanza

flier *Ver* FLYER

flight¹ /flaɪt/ *n* **1** vuelo *Ver tb* CHARTER FLIGHT, IN-FLIGHT, SCHEDULED FLIGHT **2** (*aves*) bandada **3** (*escalera*) tramo *Ver tb* TOP FLIGHT
LOC **a flight of fancy** una fantasía

flight² /flaɪt/ *n* huida
LOC **to take (to) flight** darse a la fuga

flimsy /ˈflɪmzi/ *adj* (**-ier, -iest**) **1(a)** (*tela*) fino **(b)** (*objetos*) endeble **2** (*fig*) endeble: *a flimsy excuse* una excusa poco convincente ◊ *flimsy evidence* evidencia débil

flinch /flɪntʃ/ *vi* **1** retroceder: *to take the punishment without flinching* recibir el castigo sin moverse **2 ~ from sth/from doing sth** echarse atrás ante algo/a la hora de hacer algo: *The soldier flinched from torturing them.* El soldado se echó atrás a la hora de torturarlos.

fling¹ /flɪŋ/ *vt* (*pret, pp* **flung** /flʌŋ/) **1** arrojar: *to fling a stone (at the wall)* arrojar una piedra (contra la pared) **2** dar un empujón, un golpe: *to fling sb into jail* meter a algn en la cárcel de un empujón ◊ *He flung open the door.* Abrió la puerta de un golpe. ◊ *The horse bolted and the rider was flung to the ground.* El caballo se encabritó y tiró al jinete al suelo. **3** (*cabeza, brazos*) echar: *She flung her arms around him.* Le echó los brazos al cuello. **4 ~ sth (at sb)** lanzar algo (a algn): *to fling accusations (around/at people)* lanzar accusaciones por ahí *Ver tb* FAR-FLUNG **LOC** *Ver* DIRT
PHR V **to fling yourself at sb 1** echarse encima de algn **2** (*fig, pey*) ir detrás de algn descaradamente
to fling yourself into sth meterse a/en algo: *She flung herself into her new job.* Se metió en cuerpo y alma a su nuevo trabajo.
to fling sth off sacudirse algo: *They flung off their inhibitions.* Dejaron a un lado sus inhibiciones.
to fling sth on echarse algo encima: *She flung on her coat.* Se echó encima el abrigo.

fling² /flɪŋ/ *n* (*coloq*) **1** juerga: *to have one last fling before going home* correrse la última juerga antes de ir a casa **2** aventurilla: *I had a few flings in my younger days.* Tuve mis aventurillas cuando era joven.

flint /flɪnt/ *n* pedernal

flip¹ /flɪp/ (**-pp-**) **1** *vt* echar: *to flip a coin (in the air)* echar una moneda a cara o cruz **2** *vt, vi* **~ (sth) (over)** dar a algo/darse la vuelta: *to flip the pancakes (over)* dar la vuelta a los crepes **3** *vt* mover con un movimiento rápido: *He flipped a switch and the engine came on.* Le dio a un interruptor y se encendió el motor. **4** *vi* (*argot*) ponerse como una fiera/un loco
LOC **to flip your lid** (*coloq*) volverse loco: *Dad nearly flipped his lid.* Papá casi se vuelve loco. *Ver tb* COIN
PHR V **to flip through sth** hojear algo

flip² /flɪp/ *adj* (*coloq*) ligero: *a flip comment* un comentario a la ligera

flip-flop (*USA, Austral* **thong**) *n* chancleta

flippant /ˈflɪpənt/ *adj* ligero
▶ **flippancy** *n* ligereza
flippantly *adv* con ligereza

flipper /ˈflɪpə(r)/ *n* aleta

flipping /ˈflɪpɪŋ/ *adj, adv* (*GB*) maldito

flip side *n* (*lit* y *fig*) la otra cara: *the flip side of the coin* la otra cara de la moneda

flirt /flɜːt/ *vi* flirtear: *to flirt with danger/an idea* jugar con fuego/una idea
■ **flirt** *n* coqueto, -a: *He's a terrible flirt.* Es un conquistador. ◊ *She's a (bit of a) flirt.* Es una coqueta.

flirtation /flɜːˈteɪʃn/ *n* **1** flirteo **2(a)** ligue: *to carry on/have a flirtation with sb* tener un ligue con algn **(b)**

(*interés superficial*): *After a brief flirtation with politics, he went into business.* Después de mariposear brevemente en política se dedicó a los negocios.

flirtatious /flɜːˈteɪʃəs/ *adj* coqueto

flit /flɪt/ *vi* (**-tt-**) revolotear: *bees flitting (about) from flower to flower* las abejas revoloteando de flor en flor ◊ *He flits from one thing to another.* Salta de una cosa a otra.

■ **flit** *n* (*GB, coloq*): *to do a (moonlight) flit* mudarse a la chita callando

float[1] /fləʊt/ **1** *vi* flotar: *The raft was floating gently down river.* La balsa se deslizaba suavemente río abajo. ◊ *A balloon floated across the sky.* Un globo surcaba el cielo. ◊ *The body floated to the surface.* El cuerpo salió a flote. **2** *vt* (*barco*) poner a flote **3** *vt* (*proyecto, idea*) proponer **4** *vi* **~ about/around (sth)** (*coloq*) (*persona*) dar vueltas (sin hacer nada): *I just floated about (the house).* No hice otra cosa que dar vueltas por la casa . ◊ *Have you seen my keys floating about (anywhere)?* ¿Has visto mis llaves por algún sitio? **5** *vt* (*acciones, compañía*) cotizar (en bolsa) **6** *vt, vi* (*Fin*) (dejar) flotar

float[2] /fləʊt/ *n* **1(a)** corcho **(b)** boya **(c)** flotador **2** (*carnaval*) carroza **3** (*en caja*) cambio

floating /ˈfləʊtɪŋ/ *adj* flotante

flock /flɒk/ *n* **1(a)** (*ovejas*) rebaño **(b)** (*aves*) bandada **2** tropel

■ **flock** *vi* **1** agruparse **2 ~ (into/to sth)** acudir en tropel (a algo) LOC *Ver* BIRD

flog /flɒg/ *vt* (**-gg-**) **1** azotar **2 ~ sth (off) (to sb)** (*GB, coloq*) vender algo (a algn)

LOC **to flog a dead horse** pasar la aguja sin hilo, malgastar saliva **to flog sth to death** (*coloq*) repetir algo hasta la saciedad **to flog yourself to death** matarse a trabajar

flogging /ˈflɒgɪŋ/ *n* castigo administrado con un azote

flood /flʌd/ *n* **1** inundación **2 the Flood** (*Relig*) el Diluvio **3** (*palabras*) torrente **4** (*cólera*) oleada **5** (*cartas*) avalancha **6** *He was in floods of tears.* Lloraba a mares. **7** *The tide is at the flood.* La marea está alta.

LOC **in flood**: *The river is in flood.* El río está crecido.

■ **flood 1** *vt, vi* inundar(se): *flooded with light* inundado de luz **2** *vi* (*ríos, etc*) desbordarse **3** *vt* (*fig*) invadir **4** *vt* (*motor*) ahogar

LOC **to flood the market** inundar el mercado

PHR V **to flood back** invadir (*memorias, terror*): *Memories of his childhood came flooding back.* Los recuerdos de su infancia le invadieron.

to flood in llegar en avalancha: *Letters came flooding in.* Las cartas llegaron en avalancha.

to flood into/out of sth entrar/salir en tropel de algo

to flood sb out: *We shall be flooded out.* Tendremos que evacuar.

to flood sth/sb with sth inundar algo/a algn con algo

floodgate /ˈflʌdgeɪt/ *n* compuerta LOC *Ver* OPEN[2]

flooding /ˈflʌdɪŋ/ *n* [*incontable*] inundaciones

floodlight /ˈflʌdlaɪt/ *n* foco ☛ *Ver ilustración en* FÚTBOL

■ **floodlight** *vt* (*pret, pp* **floodlighted** o **floodlit** /-lɪt/) iluminar con focos

▶ **floodlighting** *n* iluminación con focos

floor[1] /flɔː(r)/ *n* **1** suelo: *on the floor* en el suelo **2** (*en un edificio*) planta: *a flat on the 3rd floor* un piso en la tercera planta ◊ *the top floor* el último piso

En inglés británico el piso que está al nivel de la calle es el **ground floor** y el siguiente es el **first floor**. En inglés americano el piso al nivel de la calle es el **first floor** y el siguiente es el **second floor**.

3(a) (*mar, valle*) fondo **(b)** (*bosque*) suelo ☛ *Ver nota en* EARTH **4 the floor** [*sing*] (*Pol, Fin*) sala: *to speak from the floor* hablar desde la sala **5(a)**: *dance floor* pista de baile **(b)** *the factory/shop floor* planta de fabricación *Ver tb* SHOP FLOOR **6** *floor price* precio base

LOC **to have/take the floor 1** tener/tomar la palabra **2** salir a la pista (de baile) **to hold the floor** acaparar la palabra *Ver tb* WIPE

floor[2] /flɔː(r)/ *vt* **1** (*contrincante*) tumbar **2** (*coloq, fig*) dejar fuera de combate **3** poner el suelo

floorboard /ˈflɔːbɔːd/ *n* tabla (del suelo)

flooring /ˈflɔːrɪŋ/ *n* revestimiento para suelos, suelo: *parquet flooring* suelo de parquet

floor lamp (*USA*) (*GB* **standard lamp**) *n* lámpara de pie

flop /flɒp/ *n* (*coloq*) fracaso

■ **flop** *vi* (**-pp**) **1** desplomarse: *I'm ready to flop.* Me siento como si me fuera a desplomar. *Ver tb* BELLYFLOP **2** (*coloq*) (*obra/negocio*) fracasar

PHR V **to flop about 1** menearse **2** balancearse

floppy /ˈflɒpi/ *adj* **1** flojo **2** flexible **3** (*orejas*) colgantes

■ **floppy** *n* (*coloq*) *Ver* FLOPPY DISK

floppy disk (*tb* **floppy**, **diskette**) *n* disco flexible, disquete ☛ *Ver ilustración en* ORDENADOR

flora /ˈflɔːrə/ *n* [*v sing o pl*] flora

floral /ˈflɔːrəl/ *adj* de flores: *floral tribute* corona de flores

floret /ˈflɒrət/ *n* cogollito: *broccoli/cauliflower florets* cabezas de brécol/coliflor

florid /ˈflɒrɪd; *USA* ˈflɔːr-/ *adj* **1** (*pey*) **(a)** florido **(b)** recargado **2** (*complexión*) subido de color

florist /ˈflɒrɪst; *USA* ˈflɔːr-/ *n* florista

▶ **florist's** *n* floristería ☛ *Ver nota en* CARNICERÍA

floss /flɒs; *USA* flɔːs/ *n* **1** (*tb* **dental floss**) hilo dental **2** (*material fibroso*) pelusa *Ver tb* CANDYFLOSS

■ **floss 1** *vi* limpiarse (los dientes) con hilo dental **2** *vt* limpiar con hilo dental

flotation /fləʊˈteɪʃn/ *n* **1** flotación **2** (*Fin*) cotización

flotilla /fləˈtɪlə/ *n* flotilla

flotsam /ˈflɒtsəm/ *n* [*incontable*] restos flotantes

LOC **flotsam and jetsam** los desechos

flounce /flaʊns/ *n* **1** volante **2** gesto brusco, aspaviento

■ **flounce** *v*

PHR V **to flounce in/out** entrar/salir airadamente: *She flounced out of the room.* Salió airadamente de la habitación.

flounder[1] /ˈflaʊndə(r)/ *vi* **1** debatirse **2** vacilar: *It left me floundering.* No sabía qué decir.

PHR V **to flounder about/around 1** revolcarse **2** (*fig*) dar tumbos, dar trompicones

flounder[2] /ˈflaʊndə(r)/ *n* (especie de) platija

flour /ˈflaʊə(r)/ *n* harina: *white/wholemeal flour* harina blanca/integral ◊ *plain/self-raising flour* harina/harina con levadura *Ver tb* CORNFLOUR

■ **flour** *vt* enharinar

▶ **floury** *adj* **1** harinoso **2** lleno de harina

flourish /ˈflʌrɪʃ/ **1** *vi* **(a)** florecer **(b)** prosperar **2** *vt* **(a)** (*arma*) blandir **(b)** agitar

■ **flourish** *n* **1** floreo: *with great flourish* con gran estilo **2** rúbrica: *a flourish of the pen* un plumazo

flout /flaʊt/ *vt*: *to flout the law* burlarse de la ley

flow /fləʊ/ *n* [*gen sing*] **1(a)** flujo **(b)** caudal **2** suministro *Ver tb* CASH FLOW **3** (*marea*) corriente **4** *in full flow* en plena perorata LOC *Ver* EBB

■ **flow** *vi* **1(a)** (*lit* y *fig*) fluir: *to flow freely* fluir sin obstáculo ◊ *to flow into the sea* desembocar en el mar ◊ *Angry words began to flow.* Empezaron a fluir palabras airadas. **(b)** circular **2** flotar **3** (*marea*) subir

PHR V **to flow from sth** provenir de algo

to flow in llegar sin parar (*cartas, etc*)

to flow in/out: *Is the tide flowing in or out?* ¿La marea está subiendo o bajando?

to flow out (of sth) salir (de algo)

to flow over sb no afectar a algn

to flow over (sth) desbordar (algo)

flower /ˈflaʊə(r)/ *n* flor: *a bunch/bouquet of flowers* un ramo/ramillete de flores ◊ *in the flower of youth* en la flor de la juventud ◊ *picking flowers* cogiendo flores ☛ *Ver ilustración en* FLOR *Ver tb* CORNFLOWER, ELDERFLOWER, SUNFLOWER, WALLFLOWER

LOC in flower en flor **to come into flower** florecer

■ **flower** *vi* florecer

▶ **flowered** *adj* floreado

flowering 1 *n* florecimiento **2** *adj* (*planta*) que da flores

flowery *adj* (*lit* y *fig*) florido

flower bed *n* arriate

flowerpot /ˈflaʊəpɒt/ (*tb* **pot**) *n* tiesto ☛ *Ver ilustración en* POT

flower shop *n* floristería

flown *pp de* FLY[2]

fl oz (*pl* **fl oz** o **fl ozs**) *abrev de* **fluid ounce** unidad de capacidad equivalente a 28,42 mililitros en GB o 29,57 mililitros en los EE.UU.

flu /fluː/ *n* (*coloq*) (*formal* **influenza**) gripe

fluctuate /ˈflʌktʃueɪt/ *vi* **~ (between A and B)** fluctuar, variar (entre A y B): *fluctuating fortunes* suerte cambiante

▶ **fluctuation** *n* **~ (of/in sth)** fluctuación, variación (de/en algo)

flue /fluː/ *n* humero, cañón (de chimenea)

fluency /ˈfluːənsi/ *n* fluidez, soltura: *fluency in German* dominio del alemán

fluent /ˈfluːənt/ *adj* **1(a)** (*orador*) elocuente **(b)** (*Ling*): *She's fluent in/a fluent speaker of Russian./Her Russian is fluent./She speaks fluent Russian.* Habla ruso con soltura./Domina el ruso. ◊ *Fluent Russian is required.* Se requiere dominio del ruso. **2** (*estilo, movimiento*) fluido

▶ **fluently** *adv* con soltura, con fluidez

fluff /flʌf/ *n* pelusa: *a piece of fluff* una pelusa

■ **fluff** *vt* **1 ~ sth (out/up)** **(a)** ahuecar algo **(b)** (*almohada*) mullir algo **2 ~ sth** (*coloq*) **(a)** meter la pata en algo/al hacer algo **(b)** (*golpe, tiro*) errar algo

▶ **fluffy** *adj* **1** lanudo, velludo, cubierto de pelusa **2** mullido, esponjoso

fluid /ˈfluːɪd/ *adj* **1** fluido, líquido **2(a)** (*plan*) flexible **(b)** (*situación*) variable, inestable **3** (*estilo, movimiento*) fluido, suelto

■ **fluid** *n* **1** líquido **2** (*Quím, Biol*) fluido

▶ **fluidity** /fluːˈɪdəti/ *n* **1** fluidez **2** (*variabilidad*) inestabilidad

fluid ounce *n* onza líquida (=28,42 mililitros *GB; USA* 29,57 mililitros)

fluke /fluːk/ *n* (*coloq*) chiripa

flummox /ˈflʌməks/ *vt* **to be flummoxed** (*coloq*) estar desconcertado

flung *pret, pp de* FLING[1]

fluorescent /flɔːˈresnt/ *adj* fluorescente

▶ **fluorescence** *n* fluorescencia

fluoride /ˈflʊəraɪd, ˈflɔːr-/ *n* fluoruro

flurry /ˈflʌri/ *n* (*pl* **-ies**) **1** ráfaga **2** (*agitación*) alboroto, tumulto **3 ~ (of sth)** **(a)** (*de actividad, emoción*) frenesí (de algo) **(b)** (*afluencia*) avalancha, gran cantidad

flush[1] /flʌʃ/ *n* **1(a)** rubor: *It brought a flush to her cheeks.* Le hizo ruborizar. ◊ *hot flushes* sofocos **(b)** (*de fiebre*) calentura **(c)** (*de emoción*) acceso, arrebato **2** (*del water*) descarga de agua **3** (*floración*) brote

LOC (in) the first/full flush of youth, etc (en) la primera/(en) plena juventud, etc

flush[2] /flʌʃ/ **1** *vi* ruborizarse: *He flushed scarlet with embarrassment.* Se puso como un tomate de vergüenza. **2** *vt, vi* (*aseo*) tirar de la cadena: *I heard the toilet flushing.* Oí la cadena del wáter. **3** *vt* (*desagüe*) desatascar

PHR V to flush sth away limpiar algo con un chorro de agua

to flush sth down sth tirar algo con un chorro de agua: *to flush sth down the sink/toilet* tirar algo por el fregadero/al retrete

to flush sth out (of sth) limpiar algo (de algo) (*con agua*)

to flush sth/sb out (of sth) hacer que algo/algn salga, poner a algo/algn al descubierto

flush[3] /flʌʃ/ *adj* **~ (with sth)** **1** nivelado (con algo); a ras (de algo) **2** (*coloq*) forrado: *to be flush (with cash)* estar forrado (de dinero)

flush[4] /flʌʃ/ **1** (*aves*) **(a)** *vt* volar **(b)** *vi* echar a volar **2** *vt* (*caza*) levantar

PHR V to flush sb out (of sth) hacer que algn salga, poner a algn al descubierto

flushed /ˈflʊʃt/ *adj* **~ (with sth)** **1** (*rostro*) colorado (de algo) **2** (*de orgullo, éxito, etc*) emocionado (de/por/con algo)

fluster /ˈflʌstə(r)/ *vt* aturdir, poner nervioso

▶ **flustered** *adj* aturdido, nervioso

flute /fluːt/ *n* (*instrumento*) flauta ☛ *Ver ilustración en* WOODWIND

▶ **flutist** *n* (*USA*) *Ver* FLAUTIST

fluted /fluːtɪd/ *adj* **1** (*Arquit*) estriado **2** (*borde*) ondulado

flutter /ˈflʌtə(r)/ **1** (*alas de pájaro*) **(a)** *vi* revolotear, aletear **(b)** *vt* agitar **2** *vi* (*cortina, bandera, etc*) ondear, agitarse: *The curtains fluttered in the gentle breeze.* Las cortinas se agitaban con la ligera brisa. **3** (*párpados, etc*) **(a)** *vt* agitar, menear: *to flutter your eyelashes at sb* hacerle ojitos a algn **(b)** *vi* moverse: *His eyelids fluttered open.* Abrió los ojos pestañando. **4** *vi* (*corazón*) palpitar

PHR V to flutter about, around, across, etc 1 (*pájaro*) revolotear alrededor de, por, etc algo **2** (*cosa*): *to flutter down* caer revoloteando ◊ *The papers fluttered to the floor.* Los papeles cayeron revoloteando al suelo.

■ **flutter** *n* **1(a)** (*alas*) aleteo **(b)** (*pestañas*) pestañeo **(c)** (*párpados*) parpadeo **2** conmoción, revuelo: *all of a/in a flutter* conmocionado/nervioso **3** (*GB, coloq*) **~ (on sth)** apuesta (en algo): *to have a flutter on the horses* hacer una apuesta en las carreras de caballos

flux /flʌks/ *n* **1** cambio continuo: *to be in (a state of) flux* estar continuamente cambiando **2 ~ (of sth)** (*Elec, Fís*) flujo (de algo) **3** (*para metales*) fundente

fly[1] /flaɪ/ *n* (*pl* **flies**) mosca: *fly-fishing* pesca con mosca ◊ *fly-paper* papel matamoscas ◊ *fly-spray* matamoscas ◊ *tsetse-fly* mosca tsetsé *Ver tb* BUTTERFLY, CRANE-FLY, DRAGONFLY, FIREFLY, GREENFLY, HOUSEFLY, MAYFLY

LOC a/the fly in the ointment una pega, un inconveniente **not to harm/hurt a fly** no matar ni a una mosca **(there are) no flies on sb** (*coloq*) algn no tiene un pelo de tonto **to be a fly on the wall** ver por un agujerito: *I'd love to be a fly on the wall in the boss's office today.* Me gustaría ver por agujerito lo que está pasando en despacho del jefe hoy. **to die/fall/drop like flies** morir/caer como moscas

■ **fly** (*pret* **flew** /fluː/ *pp* **flown** /fləʊn/) **1** *vi* volar: *to fly away/off* irse volando ◊ *to fly by/past/over* pasar volando ◊ *to fly over sth* sobrevolar algo/cruzar algo en avión **2** *vi* **(a)** (*persona*) ir/viajar en avión: *to fly in/out/back* llegar/partir/regresar (en avión) **(b)** (*pájaro, etc*) volar: *to fly in/out/back* entrar/salir/regresar (volando) **3** *vt* **(a)** (*avión*) pilotar **(b)** (*pasajeros, mercancías*) transportar (en avión): *to have sth flown in* hacer traer algo en avión **(c)** (*océano*) cruzar (en avión): *to fly the Atlantic* cruzar (volando) el Atlántico **4** *vi* **(a)** (*ir deprisa*) volar: *They flew to her aid.* La ayudaron volando. ◊ *I must fly.* Me voy volando. **(b)** (*repentinamente*): *The wheel flew off.* La rueda se desprendió. ◊ *The door flew open.* La puerta se abrió de golpe. **(c)** (*tiempo*) volar, pasar volando **5** *vt* **(a)** (*cometa*) volar **(b)** (*bandera*) enarbolar **6** *vi* (*cometa, bandera, etc, flotar en el aire*) ondear **7** *vi* (*chispas*) saltar **8** *vt, vi* (*ret*) escapar: *The robbers have flown (the country).* Los ladrones han huido (del país).

LOC (go) fly a/your kite (*USA, coloq*) vete a freír espárragos **to fly a kite** (*GB, coloq*) tantear la opinión/

el comportamiento de las personas **to fly high** ser ambicioso **to fly in the face of sth** estar/ir en contra de algo **to fly into a rage, temper, etc** montar en cólera **to fly off the handle** (*coloq*) perder los estribos, salirse de sus casillas **to fly the nest** (*pájaros, hijos*) abandonar el nido **to go flying** (*coloq*) salir disparado **to let fly (at sth/sb) (with sth) 1** disparar (algo) (contra algo/algn), lanzar (algo) (contra algo/algn) **2** ponerse a insultar (a algn) (con algo) **to make the fur/sparks fly** causar una bronca *Ver tb* BIRD, CROW, FLAG[1], PIG, SEND, TANGENT, TIME[1], WINDOW

PHR V to fly at sb lanzarse sobre algn

fly² /flaɪ/ *n* (*pl* **flies**) **1** bragueta

Nótese que en este sentido **fly** se puede usar en singular o en plural: *Your fly is undone./Your flies are undone.* Tienes la bragueta abierta.

2 puerta de lona de una tienda de campaña **3** *Ver* FLYSHEET

flyblown /ˈflaɪbləʊn/ *adj* **1** lleno de cresas **2** (*fig*) decrépito, gastado

fly-by-night /ˈflaɪ baɪ naɪt/ *n* (*pl* **fly-by-nights**) persona de poca confianza

■ **fly-by-night** *adj* de poca confianza: *a fly-by-night operation* una compañía nada fiable

fly-drive /ˈflaɪ draɪv/ *adj*: *a fly-drive holiday* vacaciones con vuelo y alquiler de coche incluidos

flyer (*tb* **flier**) /ˈflaɪə(r)/ *n* **1** *Free air tickets for frequent flyers.* Billetes gratis para los que vuelan con frecuencia. **2** hoja de propaganda *Ver tb* HIGH-FLYER

fly-half /ˈflaɪ hɑːf/ *n* (*pl* **fly-halves**) jugador mediocampista (*rugby*)

flying /ˈflaɪɪŋ/ *n* volar: *I'm terrified of flying.* Me horroriza volar. ◊ *flying lessons* clases de vuelo ◊ *flying club* club de aviación *Ver tb* KITE-FLYING

■ **flying** *adj* **1** volador **2** (*cristal, etc*) que vuela (por los aires) *Ver tb* HIGH-FLYING

flying buttress *n* (*Arquit*) arbotante ☛ *Ver ilustración en* IGLESIA

flying colours *n*

LOC with flying colours airoso: *She passed with flying colours.* Pasó con todos los honores.

flying doctor *n* médico rural que visita a sus pacientes en avioneta

flying fish *n* pez volador

flying officer *n* oficial de vuelo

flying picket *n* piquete móvil

flying saucer *n* platillo volante

flying squad *n* brigada móvil

flying start *n* salida lanzada

LOC to get off to a flying start empezar con buen pie

flying tackle *n* (*Dep*) placaje

flying visit *n* (*GB*) visita relámpago

flyleaf /ˈflaɪliːf/ *n* (*pl* **-leaves** /-liːvz/) guarda (*libro*)

flyover /ˈflaɪəʊvə(r)/ (*USA* **overpass**) *n* paso elevado

fly-past /ˈflaɪ pɑːst/ *n* desfile aéreo

flysheet /ˈflaɪʃiːt/ (*tb* **fly**) *n* toldo impermeable (*para tiendas de campaña*)

flyweight /ˈflaɪweɪt/ *n* peso mosca

flywheel /ˈflaɪwiːl/ *n* volante (*para regular velocidad, etc*)

FM /ˌef ˈem/ *abrev de* **frequency modulation** frecuencia modulada

FO /ˌef ˈəʊ/ (*GB*) *abrev de* **Foreign Office** Ministerio del Exterior

foal /fəʊl/ *n* cría de caballo, burro o zebra (*recién nacido*) ☛ *Comparar con* COLT

foam /fəʊm/ *n* [*incontable*] **1** espuma: *shaving foam* espuma de afeitar **2** gomaespuma: *foam rubber* (bloque de) gomaespuma

■ **foam** *vi* echar espuma

LOC to foam at the mouth estar loco de rabia

FOB (*tb* **fob**) /ˌef əʊ ˈbiː/ *abrev de* **free on board** franco a bordo (*libre de cargo adicional*)

fob¹ /fɒb/ *v* (**-bb-**)

PHR V to fob sb off (with sth) quitarse de encima a algn (*con algo*)

to fob sth off on/onto sb embaucar a algn con algo

fob² /fɒb/ *n* cadena de reloj

focal /ˈfəʊkl/ *adj* focal: *focal distance/length* distancia/longitud focal ◊ *focal point* núcleo/punto de referencia

focus /ˈfəʊkəs/ *n* (*pl* **~es** o **foci** /ˈfəʊsaɪ/) foco: *the focus of attention* el foco de atención

LOC to be/go out of focus estar desenfocado **to be in focus** estar enfocado **to bring sth into focus** enfocar algo *Ver tb* SOFT

■ **focus** (**-s-** o **-ss-**) **1** *vt* **(a)** enfocar: *You need to focus the binoculars.* Tienes que enfocar los prismáticos. **(b) ~ sth on sth** concentrar algo en algo (*esfuerzo, etc*): *The police focused their activities on drugs.* La policía concentró sus actividades en las drogas. **2** *vi* enfocar la vista: *I can't focus properly.* No puedo enfocar bien la vista.

LOC to focus attention on sth dirigir la atención hacia algo **to focus your attention/mind on sth** centrarse en algo

PHR V to focus on/upon sth/sb centrarse en algo/algn: *All eyes were focused on him.* Fue el centro de todas las miradas. ◊ *The discussion focused on two main points.* La discusión se centró en dos puntos principales.

fodder /ˈfɒdə(r)/ *n* forraje *Ver tb* CANNON FODDER

foe /fəʊ/ *n* (*pl* **foes**) (*ret, antic*) enemigo, -a

foetal (*USA* **fetal**) /ˈfiːtl/ *adj* fetal

foetus (*USA* **fetus**) /ˈfiːtəs/ *n* feto

fog /fɒg; *USA* fɔːg/ *n* niebla

LOC in a fog confuso

■ **fog** (*tb* **fog up**) *vi* (**-gg-**) empañarse

LOC to fog the issue complicar el asunto

fogbound /ˈfɒgbaʊnd/ *adj* parado por niebla: *fogbound planes/passengers* aviones/pasajeros detenidos por la niebla ◊ *a fogbound airport* un aeropuerto cerrado por niebla

foggy /ˈfɒgi; *USA* ˈfɔːgi/ *adj* (**-ier, -iest**) de niebla: *a foggy day* un día de niebla

LOC not (to have) the foggiest (idea) no tener ni la más remota idea

foghorn /ˈfɒghɔːn/ *n* sirena antiniebla

fog lamp *n* faro antiniebla

fogy (*tb* **fogey**) /ˈfəʊgi/ *n* (*pl* **-ies** o **~s**) carca: *old fogey* persona chapada a la antigua/carroza

foible /ˈfɔɪbl/ *n* manía

foil¹ /fɔɪl/ *n* **1** lámina: *aluminium foil* papel de aluminio *Ver tb* GOLD FOIL, SILVER FOIL, TINFOIL **2** contraste: *to serve as a foil to sth/sb* servir de contraste con algo/algn

foil² /fɔɪl/ *vt* frustrar

foil³ /fɔɪl/ *n* florete

foist /fɔɪst/ *v*

PHR V to foist sth on/upon sb encasquetar algo a algn

fold¹ /fəʊld/ **1** *vt, vi* doblar(se): *She folded the paper.* Dobló el periódico. ◊ *The wings fold hydraulically.* Las alas se pliegan hidráulicamente. **2** *vi* (*coloq*) **(a)** (*empresa, negocio*) irse abajo **(b)** (*obra de teatro*) cerrar

LOC to fold sth/sb in your arms abrazar algo/a algn **to fold your arms** cruzarse de brazos **to fold your hands** entrelazar las manos

PHR V to fold (sth) away 1 (*cama, mesa*) plegar algo/plegarse (*para guardar*) **2** (*periódico, ropa*) doblar algo/doblarse (*para guardar*)

to fold (sth) back/down/up doblar algo/doblarse: *to fold a sheet back/down* doblar el embozo de una sábana

to fold sth in incorporar algo

■ **fold** *n* pliegue: *folds of skin* arrugas en la piel *Ver tb* CENTREFOLD

fold² /fəʊld/ *n* redil LOC *Ver* RETURN¹

foldaway /ˈfəʊldəweɪ/ *adj* plegable

folder /ˈfəʊldə(r)/ *n* carpeta

folding /ˈfəʊldɪŋ/ *adj* [*antes de sustantivo*] plegable: *a folding table/bed* una mesa/cama plegable

foliage /ˈfəʊliɪdʒ/ *n* follaje

folic acid *n* ácido fólico

folio /ˈfəʊliəʊ/ *n* (*pl* **~s**) folio: *a folio edition* una edición en folio

folk /fəʊk/ *n* **1** gente: *country folk* gente de pueblo *Ver tb* TOWNSFOLK, WOMENFOLK **2 folks** (*coloq, joc*) gente: *That's all folks!* ¡Eso es todo, amigos! **3 folks** (*coloq*) parientes: *How are your folks?* ¿Qué tal los tuyos? **4** *Ver* FOLK MUSIC

■ **folk** /fəʊk/ *adj* folclórico, popular, tradicional

folk dance *n* baile popular/regional

folklore /ˈfəʊklɔː(r)/ *n* folclore

folk music (*tb* **folk**) *n* música popular/tradicional

folk song *n* canción popular/tradicional

folk tale *n* cuento popular/tradicional

follicle /ˈfɒlɪkl/ *n* folículo: *hair follicle* folículo piloso

follow /ˈfɒləʊ/ **1** *vt, vi* seguir: *to follow instructions* seguir instrucciones ◊ *to follow a footpath* seguir un sendero ◊ *to follow sb's advice* seguir el consejo de algn ◊ *to follow a football team* ser seguidor de un equipo de fútbol ◊ *The lightning was followed by/with heavy thunder.* El relámpago fue seguido de un fuerte trueno. ◊ *to follow a legal career* ejecer una profesión en la (de) abogacía ◊ *You go first and I'll follow (on) later.* Ve tú primero y yo iré más tarde. **2** *vt, vi* (*explicación*) entender: *I don't follow (her argument).* No puedo entender (su argumento). **3** *vt, vi* **~ (from) (sth)** resultar, ser la consecuencia (de algo): *Riots followed the introduction of the poll tax.* Hubo disturbios como consecuencia del impuesto per cápita. ◊ *I don't see how that follows (from what you've said).* No veo qué tiene que ver eso (con lo que has dicho). ◊ *If A = B and B = C, it follows that A = C.* Si A = B y B = C entonces A = C.

LOC **as follows** como sigue **to follow close behind sth/sb** seguir algo/a algn de cerca **to follow sb's example/lead** seguir el ejemplo/la dirección de algn: *I don't want you to follow my example.* No quiero que sigas mi ejemplo. **to follow in sb's footsteps** seguir los pasos de algn: *She works in theatre, following in her father's footsteps.* Trabaja en el teatro, siguiendo los pasos de su padre. **to follow suit** seguir el ejemplo **to follow the crowd** hacer lo que hacen los demás: *They tend to follow the crowd at that age.* Tienden a copiar a los demás a esa edad. **to follow your (own) nose 1** seguir todo recto **2** dejarse llevar por el instinto *Ver tb* CLOSELY *en* CLOSE¹, HEEL, MIDDLE

PHR V **to follow on** seguir: *to follow on from sth* ser una consecuencia de algo

to follow sth through seguir (con) algo hasta el final

to follow sth up 1 *Follow up your phone call with a letter.* Confirma lo que has dicho por teléfono en una carta. **2** (*investigar*) seguir algo: *to follow up a lead* seguir una pista

follower /ˈfɒləʊə(r)/ *n* seguidor, -ora *Ver tb* CAMP FOLLOWER

following /ˈfɒləʊɪŋ/ *adj* siguiente ☛ *Ver nota en* SIGUIENTE

LOC **the following day** el día siguiente

■ **following** *n* **1** grupo de seguidores: *to attract a huge following* atraer un inmenso número de seguidores **2 the following** [*v sing o pl*] lo siguiente/lo que sigue

■ **following** *prep* tras: *Three men were arrested following the burglary.* Tres hombres fueron arrestados tras el robo.

follow-up /ˈfɒləʊ ʌp/ *adj* de seguimiento: *a follow-up study* un estudio de seguimiento

■ **follow-up** *n* continuación, seguimiento: *The group is making a new LP as a follow-up to their last hit.* El grupo está haciendo un nuevo elepé siguiendo su último éxito.

folly /ˈfɒli/ *n* (*pl* **-ies**) locura

foment /fəʊˈment/ *vt* fomentar

fond /fɒnd/ *adj* (**-er, -est**) **1** cariñoso: *to be fond of sb* tenerle cariño a algn ◊ *to be fond of (doing) sth* ser aficionado a (hacer) algo ◊ *She is very fond of chocolate.* Le gusta mucho el chocolate. ◊ *fond memories* gratos recuerdos **2** vano: *fond hopes of success* vanas esperanzas de éxito

▶ **fondly** *adv* **1** cariñosamente **2** tontamente

fondness *n* **1 ~ (for sb)** cariño (a algn/por algn) **2 ~ (for sth)** afición (a algo)

fondle /ˈfɒndl/ *vt* acariciar

font /fɒnt/ *n* **1** (*iglesia*) pila **2** *Ver* FOUNT

food /fuːd/ *n* [*incontable*] alimento, comida: *frozen foods* alimentos congelados ◊ *tinned food* comida en lata ◊ *The food in this restaurant is excellent.* La comida en este restaurante es excelente. ◊ *to be off your food* no tener apetito *Ver tb* JUNK FOOD, SEAFOOD, SOUL FOOD, WHOLEFOOD

LOC **to (give sb) food for thought** (dar a algn) algo en que pensar

food chain *n* cadena alimenticia

food poisoning *n* intoxicación alimentaria

food processor *n* robot de cocina

foodstuffs /ˈfuːdstʌfs/ *n* [*pl*] productos alimenticios

fool¹ /fuːl/ *n* (*pey*) tonto, loco: *I felt a bit of a fool.* Me sentía un poco tonto. *Ver tb* APRIL FOOL'S DAY

LOC **(the) more fool sb** qué tonto: *You lent her money? More fool you!* ¿Le prestaste dinero? ¡Pero qué tonto! **to act/play the fool** hacer/hacerse el tonto **(to be/live in) a fool's paradise** (estar/vivir) en las nubes **to be no fool**; **to be nobody's fool** no ser tonto, no dejarse engañar por nadie: *She's nobody's fool.* A ella no la engaña nadie. **to make a fool of yourself/sb** ponerse en ridículo/poner a algn en ridículo: *You are making a fool of yourself over Mary.* Estás quedando de idiota por Mary. *Ver tb* SUFFER

fool² /fuːl/ **1** *vi* bromear **2** *vt* engañar: *You can't/don't fool me!* ¡No puedes engañarme/Tú no me engañas! ◊ *You could have fooled me!* ¡Parece mentira!

PHR V **to fool about/around 1** perder el tiempo **2** jugar: *Stop fooling about with that knife!* ¡Para de jugar con ese cuchillo!

foolhardy /ˈfuːlhɑːdi/ *adj* imprudente, insensato

foolish /ˈfuːlɪʃ/ *adj* **1** (*persona*) imprudente, insensato **2** (*acción, idea*) insensato, estúpido **3** ridículo: *He's afraid of looking foolish.* Tiene miedo de hacer el ridículo.

▶ **foolishly** *adv* tontamente, sin pensar

foolishness *n* [*incontable*] tontería, imprudencia

foolproof /ˈfuːlpruːf/ *adj* a prueba de tontos

foot¹ /fʊt/ *n* (*pl* **feet** /fiːt/) **1** pie: *He rose to his feet.* Se puso de pie. ☛ *Ver ilustración en* PIE *Ver tb* BAREFOOT, CLUB-FOOT, CROW'S-FEET, FLAT-FOOTED, TENDERFOOT, WRONG-FOOT **2** (*pl* **feet** o **foot**) (*abrev* **ft**) (*unidad de longitud*) pie (*30,48 centímetros*): *'How tall are you?' 'Five foot nine.'* —¿Cuánto mides? —Cinco pies y nueve pulgadas. ☛ *Ver apéndice 3* **3** [*sing*] (*base*) pie: *at the foot of the stairs/mountain* al pie de las escaleras/la montaña

LOC **(back) on your feet**: *Our party will put the country back on its feet.* Nuestro partido levantará al país de nuevo. **my foot!** ¡y una porra! **not to put a foot wrong** no equivocarse en nada **on foot** a pie **(to be/get) under your feet**: *The children are under my feet all day.* Los niños me estorban todo el día. **to be on your feet** estar de pie: *I've been on my feet all day.* No me he sentado en todo el día. **to fall/land on your feet** nacer de pie **to get/have a foot in the door** meter cabeza: *It's difficult to get a foot in the door of publishing.* Es difícil meter cabeza en el mundo editorial. **to**

have one foot in the grave tener un pie en la tumba **to have, etc your/both feet on the ground** tener los pies firmemente en la tierra **to put your feet up** descansar **to put your foot down 1** cerrarse en banda **2** pisar el acelerador **to put your foot in it/your mouth** meter la pata: *You really put your foot in it!* De verdad metiste la pata. **to rush/run sb (clean) off their feet** hacer andar como loco a algn: *The shop assistants are rushed off their feet.* Tienen como locos a los dependientes. ◊ *I've been rushed off my feet all day.* No he parado en todo el día. **to set foot in/on sth** poner el pie en algo: *Don't ever set foot in this house again!* ¡No pongas el pie en esta casa nunca jamás! **to stand on your own (two) feet** valerse por sí mismo: *You must learn to stand on your own two feet.* Debes aprender a valerte por ti mismo. *Ver tb* BEST, BOOT[1], CATCH[1], COLD, DRAG, FIND, GRASS[1], GROUND[1], HAND[1], HEAD[1], ITCH, PATTER, PULL[2], QUICK, SCRAMBLE, SWEEP[1], TEN, WAIT, WALK[1], WEIGHT, WORLD

▶ **-footed** *suf*: *four-footed* de cuatros patas

foot[2] /fʊt/ *vt*

LOC to foot the bill (for sth) pagar la cuenta/factura (de algo)

footage /ˈfʊtɪdʒ/ *n* [*sing*] metraje (*cine*)

football /ˈfʊtbɔːl/ *n* **1** (*deporte*) fútbol ☛ *Ver ilustración en* FÚTBOL **2** balón de fútbol **3** (*USA*) fútbol americano

▶ **footballer** *n* futbolista

Football Association *n* (*abrev* **FA**) Asociación de Fútbol

football pools (*tb* **the pools**) *n* (*GB*) quinielas (de fútbol)

footbridge /ˈfʊtbrɪdʒ/ *n* pasarela (*puente*)

foothills /ˈfʊthɪlz/ *n* [*pl*] estribaciones

foothold /ˈfʊthəʊld/ *n* **1** asiento para el pie (*montañismo*) **2** (*fig*) posición: *to gain a firm foothold in the market* alcanzar una firme posición en el mercado

footing /ˈfʊtɪŋ/ *n* [*sing*] **1** apoyo: *to lose your footing.* resbalar, perder apoyo ◊ *to put sth on a firm footing* poner algo en una base firme **2** (*fig*) pie: *on a war footing* en pie de guerra ◊ *on an equal footing with* en pie de igualdad con

footlights /ˈfʊtlaɪts/ *n* [*pl*] candilejas

footling /ˈfuːtlɪŋ/ *adj* (*coloq*) trivial

footman /ˈfʊtmən/ *n* (*pl* **-men** /-mən/) lacayo

footnote /ˈfʊtnəʊt/ *n* nota (al pie de la página)

footpath /ˈfʊtpɑːθ/ *n Ver* PATH

footprint /ˈfʊtprɪnt / *n* [*gen pl*] huella

Footsie /ˈfʊtsi/ *abrev de* **Financial Times-Stock Exchange 100 share index**

footsie /ˈfʊtsi/ *n*

LOC to play footsie with sb (*coloq*) jugar con los pies de algn

footstep /ˈfʊtstep/ *n* pisada, paso **LOC** *Ver* FOLLOW

footwear /ˈfʊtweə(r)/ *n* calzado

footwork /ˈfʊtwɜːk/ *n* (*lit* y *fig*) juego de piernas

fop /fɒp/ *n* (*antic, pey*) petimetre

▶ **foppish** *adj* afectado

for /fə(r), fɔː(r)/ *prep* **1** para: *a letter for you* una carta para ti ◊ *They bought it for me.* Lo compraron para mí. ◊ *She's tall for her age.* Está alta para su edad. ◊ *What is it for?* ¿Para qué sirve? ◊ *the train for Glasgow* el tren para/que va a Glasgow ◊ *to telephone for help* llamar para pedir ayuda **2** por: *for her own good* por su propio bien ◊ *for the following reasons* por las siguientes razones ◊ *What can I do for you?* ¿Qué puedo hacer por ti? ◊ *to fight for your country* luchar por su país ◊ *to pray for peace* orar por la paz **3** (*en expresiones de tiempo*) durante, desde hace: *They are going for a month.* Se van durante/por un mes. ◊ *How long are you here for?* ¿Cuánto tiempo estarás aquí? ◊ *He stayed for a while.* Se quedó (durante) un rato. ◊ *She didn't see her husband for four years.* No vio a su marido durante/en cuatro años. ◊ *I haven't seen him for two days.* No lo veo desde hace dos días. ◊ *I have known him for a long time.* Lo conozco desde hace mucho tiempo. ◊ *He has been in prison for 20 years, since 1950.* Ha estado en la cárcel (durante) 20 años, desde 1950.

> ¿**For** o **since**? Cuando **for** se traduce por "desde hace" se puede confundir con **since**, "desde". Las dos palabras se usan para expresar el tiempo que ha durado la acción del verbo, pero **for** especifica la duración de la acción y **since** el comienzo de dicha acción: *I've been living here for three months.* Vivo aquí desde hace tres meses. ◊ *I've been living here since August.* Vivo aquí desde agosto.
> Nótese que en ambos casos se usa el pretérito perfecto o el pluscuamperfecto, nunca el presente. *Ver tb notas en* AGO, DURANTE, IN[1] *prep*

4 for + sust/pron pers + inf: *There's no need for you to go.* No hace falta que vayas. ◊ *It's impossible for me to do it.* Me es imposible hacerlo. ◊ *letters for the manager to sign* cartas para que las firme el jefe ◊ *For her to have survived was remarkable.* Es increíble que haya sobrevivido. ◊ *It's important for them to sell their house.* Es importante para ellos vender la casa. ◊ *It's time for us to leave.* Es hora de irnos/que nos vayamos. **5** (*otros usos de* **for**): *It's time for supper.* Es hora de cenar. ◊ *I for Irene* I de Irene ◊ *The road went on for miles and miles.* La carretera seguía milla tras milla. ◊ *You'll feel better for a sleep.* Te sentirás mejor después de dormir. ◊ *What does she do for a job?* ¿Qué trabajo tiene?

LOC I, you, sb, etc for one: *I, for one, don't agree.* Yo, por ejemplo, no estoy de acuerdo. **to be for it** (*coloq*) *He's for it now!* ¡Se la va a cargar!

☛ Para los usos de **for** en PHRASAL VERBS ver las entradas de los verbos correspondientes, p. ej. **to look for** en LOOK[1]

■ **for** *conj* (*antic* o *formal*) ya que: *They were tired, for they had worked all day.* Estaban cansados, porque habían pasado todo el día trabajando.

forage /ˈfɒrɪdʒ; *USA* ˈfɔːr-/ *n* forraje

■ **forage** *vi* **~ (for sth)** buscar, recolectar (algo)

foray /ˈfɒreɪ; *USA* ˈfɔːreɪ/ *n* **~ (into sth)** incursión (en algo): *to make a foray* hacer una incursión

forbade (*tb* **forbad**) *pret de* FORBID

forbear[1] /fɔːˈbeə(r)/ *vi* (*pret* **forbore** /fɔːˈbɔː(r)/ *pp* **forborne** /fɔːˈbɔːn/) **~ (from doing sth)**; **~ (to do sth)** (*formal*) abstenerse (de hacer algo)

▶ **forbearance** *n* (*formal*) **1** tolerancia **2** paciencia

forbearing *adj* paciente, tolerante

forbear[2] *n Ver* FOREBEAR

forbid /fəˈbɪd/ *vt* (*pret* **forbade** /fəˈbæd; *USA* fəˈbeɪd/ o **forbad** *pp* **forbidden** /fəˈbɪdn/) **1** prohibir: *He was forbidden to talk to her.* Se le prohibió hablar con ella. ◊ *They forbade them from entering the city.* Les prohibieron entrar en la ciudad. ◊ *It is forbidden to smoke.* Se prohíbe fumar. **2** impedir: *Discretion forbids me to repeat it.* La discreción me impide repetirlo.

LOC forbidden fruit la fruta prohibida **forbidden ground** sitio/tema vedado **God/Heaven forbid (that ...)** Que Dios/el cielo no permita (que ...)

forbidding /fəˈbɪdɪŋ/ *adj* **1** imponente **2** amenazante

forbore *pret de* FORBEAR[1]

forborne *pp de* FORBEAR[1]

force /fɔːs/ *n* **1** (*lit* y *fig*) fuerza: *the force of gravity* la fuerza de la gravedad ◊ *the force of authority* el peso de la autoridad ◊ *There was force in the argument.* Había fuerza en el argumento. ◊ *She's a force to be reckoned with.* Hay que tenerla en cuenta. *Ver tb* DRIVING FORCE, LIFE-FORCE ☛ *Comparar con* STRENGTH **2** (*Mil*) **(a)** fuerza, cuerpo: *the police force* las fuerzas del orden ◊ *the forces of good and evil* las fuerzas del bien y del mal ◊ *sales force* el equipo de ventas *Ver tb* AIR FORCE, ARMED FORCES, SECURITY FORCES, TASK FORCE, WORKFORCE **(b)** **the force** el cuerpo (de policía)

LOC **a force for good** una fuerza beneficiosa **by force** a la fuerza **(from) force of habit** (por la) fuerza de la costumbre **in force 1** al completo: *to be out in force* salir en masa **2** en vigor **to come into force** entrar en vigor *Ver tb* JOIN

■ **force** *vt* **1 ~ sth/sb (to do sth)** forzar, obligar a algo/algn (a hacer algo): *a forced smile* una sonrisa forzada ◊ *to force (open) a door* forzar una puerta ◊ *to force your way in/out* entrar/salir a la fuerza ◊ *to force your way through* abrirse paso ◊ *He was forced to resign.* Se vio obligado a dimitir. **2** (*Bot*) madurar artificialmente

LOC **to force sb's hand** obligar a algn a hacer algo **to force the issue** presionar (*para que se tome una decisión sobre un asunto*) **to force the pace** forzar el paso

PHR V **to force sth back**: *to force back your tears* contener las lágrimas

to force sth down obligar a algn/obligarse a tragar algo

to force sth in meter algo a la fuerza

to force sth on sb imponer algo a algn

force-feed /ˌfɔːs ˈfiːd/ *vt* (*pret, pp* **force-fed** /ˌfɔːs ˈfed/) alimentar a la fuerza

forceful /ˈfɔːsfl/ *adj* vigoroso

▶ **forcefully** *adv* vigorosamente

forcefulness *n* vigor

force majeure /ˌfɔːs mæˈʒɜː(r)/ *n* (*Fr*) fuerza mayor

forceps /ˈfɔːseps/ *n* [*pl*] (*Med*) **1** fórceps **2** pinzas

forcible /ˈfɔːsəbl/ *adj* **1** a/por la fuerza: *forcible repatriation* repatriación por la fuerza **2(a)** convincente **(b)** enérgico

▶ **forcibly** *adv* **1** por la fuerza **2** enérgicamente

ford /fɔːd/ *n* vado

■ **ford** *vt* vadear

fore /fɔː(r)/ *n* proa

LOC **fore and aft** a proa y a popa **to be/come to the fore** destacarse/hacerse importante

■ **fore** *adj* **1** delantero: *fore legs* patas delanteras *Ver tb* HIND[1] **2** anterior

forearm /ˈfɔːrɑːm/ *n* antebrazo

forebear (*tb* **forbear**) /ˈfɔːbeə(r)/ *n* antepasado, -a

foreboding /fɔːˈbəʊdɪŋ/ *n* presagio(s) de peligro: *with a sense of foreboding* con mal presentimiento

forecast /ˈfɔːkɑːst; *USA* -kæst/ *vt* (*pret, pp* **forecast** o **forecasted**) pronosticar: *Investment is forecast to fall.* Se ha pronosticado que las inversiones van a caer.

■ **forecast** *n* pronóstico *Ver tb* WEATHER FORECAST

▶ **forecaster** *n* **1** pronosticador, -ora **2** hombre/mujer del tiempo

forecourt /ˈfɔːkɔːt/ *n* plaza delante de un edificio, especialmente un hotel o una gasolinera

forefather /ˈfɔːfɑːðə(r)/ *n* [*gen pl*] antepasado

forefinger /ˈfɔːfɪŋgə(r)/ *n* dedo índice

forefront /ˈfɔːfrʌnt/ *n*

LOC **to be at/in the forefront of sth** ir a la cabeza de algo, estar a la vanguardia de algo

forego *vt Ver tb* FORGO

foregoing /ˈfɔːgəʊɪŋ/ *adj* (*formal*) (*ya mencionado*) anterior: *the foregoing remarks* las anteriores observaciones

■ **the foregoing** *n* (*formal*) lo ya mencionado

foregone /ˈfɔːgɒn; *USA* -ˈgɔːn/ *adj*

LOC **a foregone conclusion**: *The result is a foregone conclusion.* El resultado es de prever.

foreground /ˈfɔːgraʊnd/ *n* (*posición*) primer plano

forehand /ˈfɔːhænd/ *n* derecha (*tenis, etc*): *a forehand volley* una volea de derecha

forehead /ˈfɒrɪd, ˈfɔːhed; *USA* ˈfɔːrɪd/ *n* (*Anat*) frente ☛ *Ver ilustración en* HEAD[1]

foreign /ˈfɒrən; *USA* ˈfɔːr-/ *adj* **1** extranjero: *foreign aid* ayuda extranjera ◊ *foreign language* idioma extranjero **2** exterior: *foreign policy* política exterior **3 ~ to sth/sb** (*formal*) ajeno a algo/algn **4** (*formal*) extraño: *foreign bodies* cuerpos extraños

foreign affairs *n* asuntos exteriores

foreground

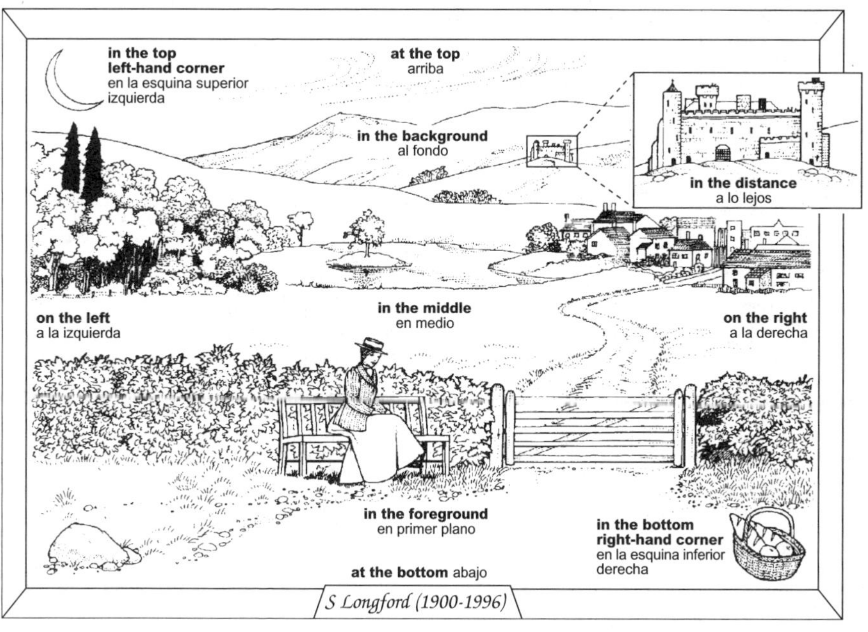

foreign currency *n* **1** [*incontable*] (*Fin*) divisas **2** moneda extranjera
foreigner /ˈfɒrənə(r)/ *n* **1** extranjero, -a **2** forastero, -a
foreign exchange *n* [*incontable*] divisas: *foreign exchange markets* mercados de divisas
foreign minister *n* ministro, -a de Asuntos Exteriores
foreign ministry *n* ministerio de Asuntos Exteriores (*en GB*)
the Foreign Office *n* (*GB*) el Ministerio de Asuntos Exteriores ☛ *Ver págs 584-5*
Foreign Secretary *n* (*GB*) ministro, -a de Asuntos Exteriores ☛ *Ver págs 584-5*
forelock /ˈfɔːlɒk/ *n* mechón de pelo que cae sobre la frente
LOC **to touch/tug your forelock** saludar con la mano en la frente como señal de respeto
foreman /ˈfɔːmən/ *n* (*pl* **-men** /-mən/) **1** capataz **2** (*de jurado*) presidente, -a
foremost /ˈfɔːməʊst/ *adj* más destacado: *the foremost writer of her time* la escritora más destacada de su época
■ **foremost** *adv* principalmente: *Foremost in my mind is safety.* Lo que me interesa principalmente es la seguridad. LOC *Ver* FIRST
forename /ˈfɔːneɪm/ *n* (*formal*) nombre ☛ *Ver nota en* NAME[1]
forensic /fəˈrensɪk; *USA* -zɪk/ *adj* forense: *forensic evidence* pruebas forenses
foreplay /ˈfɔːpleɪ/ *n* caricias sexuales
forerunner /ˈfɔːrʌnə(r)/ *n* precursor, -ora
foresee /fɔːˈsiː/ *vt* (*pret* **foresaw** /fɔːˈsɔː/ *pp* **foreseen** /fɔːˈsiːn/) prever
▶ **foreseeable** *adj* previsible
LOC **for/in the foreseeable future** en un futuro previsible
foreshadow /fɔːˈʃædəʊ/ *vt* prefigurar
foresight /ˈfɔːsaɪt/ *n* previsión: *lack of foresight* imprevisión ☛ *Comparar con* HINDSIGHT
foreskin /ˈfɔːskɪn/ *n* prepucio ☛ *Ver ilustración en* REPRODUCTOR
forest /ˈfɒrɪst; *USA* ˈfɔːr-/ *n* bosque: *forest fire* incendio forestal ◊ *tropical rainforest* selva tropical

Tanto **forest** como **wood** significan *bosque*, pero **wood** es más pequeño.

▶ **forested** *adj* cubierto de bosque
forester *n* **1** guardabosque **2** silvicultor, -ora
forestry *n* silvicultura: *forestry worker* trabajador, -ora forestal
forestall /fɔːˈstɔːl/ *vt* (*formal*) anticiparse a, impedir: *to forestall criticism* salir al paso de una crítica
foretaste /ˈfɔːteɪst/ *n* ~ **(of sth)** anticipo (de algo)
foretell /fɔːˈtel/ *vt* (*formal*) (*pret, pp* **foretold** /fɔːˈtəʊld/) predecir
forethought /ˈfɔːθɔːt/ *n* previsión (*cautela*)
foretold *pret, pp de* FORETELL
forever /fərˈevə(r)/ *adv* **1** (*tb* **for ever**) para siempre: *The landscape has changed forever.* El paisaje ha cambiado para siempre. **2** constantemente: *They are forever arguing.* Siempre están discutiendo. **3** (*coloq*): *It takes him forever to get dressed.* Le cuesta una eternidad vestirse.
forewarn /fɔːˈwɔːn/ *vt* prevenir (*avisar*)
LOC **forewarned is forearmed** hombre prevenido vale por dos
foreword /ˈfɔːwɜːd/ *n* prefacio, prólogo
forfeit /ˈfɔːfɪt/ **1** *vt* (*formal*) (*fianza, etc*) perder **2** (*derecho, etc*) renunciar a **3** (*Jur*): *to forfeit £5 000* pagar una multa de 5.000 libras
■ **forfeit** *n* **1** multa **2 forfeits** [*sing*] (juego de) prendas
■ **forfeit** *adj*: *His life would be forfeit.* Perdería su vida.
▶ **forfeiture** *n* confiscación
forgave *pret de* FORGIVE
forge /fɔːdʒ/ **1** *vt* (*lazos, metal, etc*) forjar **2** *vt* (*dinero, etc*) falsificar **3** *vi* ~ **(on)** avanzar: *The Italians forged into the lead.* Los italianos avanzaban a la cabeza.
PHR V **to forge ahead** progresar con rapidez: *They decided to forge ahead with their plans.* Decidieron seguir adelante con sus planes.
■ **forge** *n* fragua
▶ **forger** *n* falsificador, -ora
forgery *n* (*pl* **-ies**) falsificación
forget /fəˈget/ (*pret* **forgot** /fəˈgɒt/ *pp* **forgotten** /fəˈgɒtn/) **1** *vt, vi* ~ **(sth/to do sth)** olvidársele a uno (algo/hacer algo): *I've forgotten her name.* Se me ha olvidado su nombre. ◊ *He forgot to pay me.* Se le olvidó pagarme. ◊ *Sorry, I forgot.* Lo siento, se me ha olvidado. **2** *vt* olvidar: *He swore he would never forget her.* Juró que nunca la olvidaría. **3** *v refl* ~ **yourself** pasarse de la raya: *I was so angry that I forgot myself and screamed at my boss.* Estaba tan enfadada que perdí la cabeza y le chillé a mi jefe.
LOC **not forgetting ...** sin olvidarse de ... *Ver tb* FORGIVE
PHR V **to forget about sth/sb 1** olvidársele a uno algo/algn: *She had completely forgotten about the meeting.* Se le había olvidado la reunión por completo. **2** olvidar algo/a algn: *Why don't you just forget about him?* ¿Por qué no le olvidas, simplemente?
▶ **forgetful** *adj* **1** olvidadizo **2** descuidado: *to be forgetful of your duties* descuidar las obligaciones
forgetfulness *n* mala memoria
forget-me-not /fəˈget mi nɒt/ *n* nomeolvides
forgettable /fəˈgetəbl/ *adj* intrascendente, poco memorable
forgive /fəˈgɪv/ *vt* (*pret* **forgave** /fəˈgeɪv/ *pp* **forgiven** /fəˈgɪvn/) perdonar: *Occasional mistakes can be forgiven.* Se puede perdonar algún fallo de vez en cuando. ◊ *Forgive me for interrupting.* Perdóname por interrumpir.
LOC **to be forgiven for sth**: *You could be forgiven for thinking she was English.* Sería fácil tomarla por inglesa. **to forgive and forget** echar pelillos a la mar
▶ **forgivable** *adj* perdonable
forgiveness *n* perdón: *to ask* (*for*) *forgiveness* (*for sth*) pedir perdón (por algo) ◊ *They begged her forgiveness.* Le suplicaron que los perdonara.
forgiving *adj* indulgente
forgo /fɔːˈgəʊ/ *vt* (*pret* **forwent** /fɔːˈwent/ *pp* **forgone** /fɔːˈgɒn; *USA* -ˈgɔːn/) ~ **sth** pasarse sin algo
forgot *pret de* FORGET
forgotten *pp de* FORGET
fork /fɔːk/ *n* **1** (*cubierto*) tenedor ☛ *Ver ilustración en* TENEDOR **2** (*herramienta*) horca **3** [*gen pl*] (*para ruedas*) horquilla ☛ *Ver ilustración en* BICYCLE **4** (*carretera*) bifurcación *Ver tb* PITCHFORK, TUNING FORK
■ **fork 1** *vt* faenar (con la horca) **2** *vi* bifurcarse **3** *vi* girar: *to fork left* torcer a la izquierda
PHR V **to fork out** (*coloq*): *to fork out for/on sth* aflojar la pasta para algo
forked *adj* **1** (*lengua*) bífido **2** (*cola*) en punta de flecha **3** (*relámpago*) ramificado
LOC **to speak/talk with a forked tongue** mentir
fork-lift truck /ˌfɔːk lɪft ˈtrʌk/ *n* carretilla elevadora
forlorn /fəˈlɔːn/ *adj* **1** desamparado **2(a)** abandonado **(b)** desolado **(c)** desolador
LOC **a forlorn hope** empresa desesperada: *in the forlorn hope of sth* con la remota esperanza de algo
form /fɔːm/ *n* **1** forma: *in the form of sth* en forma de algo ◊ *a musical/literary form* una forma musical/literaria **2** formulario: *tax form* impreso de la renta ◊ *application/claim/order form* hoja de solicitud/reclamación/pedido **3** formas: *as a matter of form* para guardar las formas ◊ *What is the form?* ¿Qué es lo correcto? **4** actuación: *on present form* si actúa como hasta ahora **5** clase: *form teacher* tutor, -ora ◊ *in the first form* en primero *Ver tb* SIXTH FORM **6** (*GB, argot*) antecedentes: *He's got no form!* No está fichado. **7** banco

LOC **bad/good form** (*antic*) falta de educación/consideración **form of address** tratamiento **form of words** fórmula **on/off form**; **in/out of form** en forma/en baja forma **to take the form of...** tomar la forma de... *Ver tb* PRESENT[1], SARCASM, SHAPE

■ **form 1** *vt* **(a) ~ sth (from sth)** formar algo (con algo): *to form a group* formar un grupo ◊ *to form an idea (of sth/sb)* formarse una idea (de algo/algn) **(b)** establecer **(c)** constituir **(d)** (*cola*) hacer **2** *vi* formarse *Ver tb* HABIT-FORMING

PHR V **to form up** formarse: *to form up at the starting-line* formarse en la línea de salida

formal /ˈfɔːml/ *adj* **1(a)** (*ademán etc*) ceremonioso **(b)** (*comida/ropa*) de etiqueta **(c)** (*baile*) de gala **2** (*declaración etc*) oficial **3** (*formación*) convencional **4** (*jardín*) geométrico

formaldehyde /fɔːˈmældɪhaɪd/ *n* formaldehido

formalin /ˈfɔːməlɪn/ *n* formalina

formalism /ˈfɔːməlɪzəm/ *n* formalismo

formality /fɔːˈmæləti/ *n* (*pl* **-ies**) **1** formalidad, rigidez, ceremonia **2** trámite: *legal formalities* requisitos legales ◊ *It's just a formality.* No es más que un trámite.

formalize, -ise /ˈfɔːməlaɪz/ *vt* formalizar

formally /ˈfɔːməli/ *adv* **1** oficialmente **2** (*vestirse*) de etiqueta

format /ˈfɔːmæt/ *n* formato

■ **format** *vt* (*Informát*) formatear

formation /fɔːˈmeɪʃn/ *n* formación: *to fly in formation* volar en formación

formative /ˈfɔːmətɪv/ *adj* formativo

former /ˈfɔːmə(r)/ *adj* **1(a)** antiguo: *the former champion* el antiguo campeón **(b)** anterior: *in former times* en tiempos pasados **2** primero: *the former option* la primera opción *Ver tb* SIXTH-FORMER LOC *Ver* SHADOW

■ **the former** *pron* (*pl* **the former**) (*formal*) el primero, la primera, lo primero, aquel, aquella, aquello

LOC **the former... the latter...** este... aquel... : *The former was much better than the latter.* Aquella fue mucho mejor que esta.

formerly /ˈfɔːməli/ *adv* **1** anteriormente **2** antiguamente

formic acid *n* ácido fórmico

formidable /ˈfɔːmɪdəbl/ *adj* **1(a)** (*apariencia*) espantoso **(b)** (*tarea*) tremendo **2** extraordinario, formidable

▶ **formidably** *adv* impresionantemente

formless /ˈfɔːmlɪs/ *adj* informe

formula /ˈfɔːmjələ/ *n* (*pl* **~s** o **formulae** /ˈfɔːmjuliː/) **1** fórmula: *a peace formula* una fórmula pacífica ◊ *social formulae* fórmulas sociales ◊ *algebraic formula* fórmula algebraica ◊ *The formula for water is H_2O.* La fórmula del agua es H_2O. ☛ *Ver nota en* FÓRMULA **2** (*USA*) leche maternal (*en polvo*)

formulaic /ˌfɔːmjuˈleɪɪk/ *adj*: *This poetry is formulaic.* Esta poesía sigue una fórmula fija.

formulate /ˈfɔːmjuleɪt/ *vt* formular

▶ **formulation** *n* formulación

fornicate /ˈfɔːnɪkeɪt/ *vi* (*formal, gen pey*) fornicar

▶ **fornication** *n* fornicación

forsake /fəˈseɪk/ *vt* (*pret* **forsook** /fəˈsʊk/ *pp* **forsaken** /fəˈseɪkən/) **1 ~ sth** (*formal*) renunciar a algo **2 ~ sth/sb** abandonar algo/a algn: *a forsaken spot* un sitio abandonado *Ver tb* GODFORSAKEN

forswear /fɔːˈsweə(r)/ (*pret* **forswore** /fɔːˈswɔː(r)/ *pp* **forsworn** /fɔːˈswɔːn/) (*formal*) **1** *vt* **~ sth (a)** renunciar a algo **(b)** abjurar de algo **2** *v refl* **~ yourself** *Ver* PERJURE

forsythia /fɔːˈsaɪθiə; *USA* fərˈsɪθɪə/ *n* forsitia

fort /fɔːt/ *n* **1** fortificación **2** fuerte

LOC **to hold the fort** quedarse encargado

forte /ˈfɔːteɪ; *USA* fɔːrt/ *n* fuerte: *Cooking was never my forte.* La cocina nunca fue mi fuerte.

■ **forte** *adj, adv* (*Mús*) forte

forth /fɔːθ/ *adv* **1** (*antic*) hacia adelante: *to venture forth* aventurarse ◊ *to bring sth forth* sacar algo ◊ *to put/set forth ideas* presentar ideas **2** (*formal*) en adelante: *from this day forth* de ahora en adelante ◊ *from that day forth* desde aquel día

LOC **and (so on and) so forth** y así sucesivamente *Ver tb* BACK[2], SEND

forthcoming /ˌfɔːθˈkʌmɪŋ/ *adj* **1(a)** venidero **(b)** de próxima aparición **(c)** próximo **2** [*predicativo*] disponible: *No offer was forthcoming.* No hubo ninguna oferta. **3** [*predicativo*] (*persona*) comunicativo: *She was not very forthcoming.* No fue muy comunicativa.

forthright /ˈfɔːθraɪt/ *adj* **1** (*persona*) directo,-a: *a forthright manner* una forma de ser directa **2** (*oposición*) enérgico

forthwith /ˌfɔːθˈwɪθ; *USA* -ˈwɪð/ *adv* (*formal*) en el acto: *He left forthwith.* Salió sin más.

fortification /ˌfɔːtɪfɪˈkeɪʃn/ *n* **1** fortalecimiento **2** [*gen pl*] fortificaciones

fortified wine *n* vino encabezado

fortify /ˈfɔːtɪfaɪ/ (*pret, pp* **fortified**) **1(a)** *vt* **~ sth (against sth)** fortificar algo (contra algo): *a fortified city* una ciudad fortificada **(b)** *vt, v refl* **~ sb/yourself** fortalecer(se): *fortified against the cold* protegido contra el frío **(c)** *vt* **~ sb (in sth)** reafirmar a algn (en algo) **2** *vt* (*vino*) encabezar

fortitude /ˈfɔːtɪtjuːd; *USA* -tuːd/ *n* entereza, valor

fortnight /ˈfɔːtnaɪt/ *n* (*GB*) quince días (*dos semanas*): *a fortnight's holiday* quince días de vacaciones ◊ *a fortnight ago* hace quince días ◊ *a fortnight today/tomorrow/on Tuesday* de hoy/de mañana/del martes en quince días

fortnightly /ˈfɔːtnaɪtli/ (*GB*) *adj* quincenal

■ **fortnightly** *adv* cada quince días, quincenalmente

fortress /ˈfɔːtrəs/ *n* fortaleza

fortuitous /fɔːˈtjuːɪtəs; *USA* -ˈtuː-/ *adj* (*formal*) fortuito, casual

fortunate /ˈfɔːtʃənət/ *adj* afortunado: *to be fortunate* tener suerte

▶ **fortunately** *adv* afortunadamente

fortune /ˈfɔːtʃuːn/ *n* **1** fortuna, suerte: *I couldn't believe my good fortune.* No podía creerme mi buena suerte. ◊ *The party's fortunes were at their lowest ebb.* La suerte del partido se encontraba a su más bajo nivel. ◊ *The team has had mixed fortunes.* El equipo ha tenido suertes diferentes. **2** fortuna: *to have cost/to be worth a fortune* haber costado/valer una fortuna

LOC **the fortunes of war** las vicisitudes de la guerra *Ver tb* SEEK, SMALL

fortune-teller /ˈfɔːtʃuːn telə(r)/ *n* adivino, -a

forty /ˈfɔːti/ *adj, pron, n* (*pl* **-ies**) (*número*) cuarenta: *Life begins at forty.* La vida empieza a los cuarenta. ☛ *Ver ejemplos en* FIVE

LOC **(to be) in your forties** (tener) cuarenta y tantos años *Ver tb* WINK

■ **the forties** *n* **1** (*temperatura*) los cuarenta grados (Fahrenheit) **2** (*abrev* **40's**) los años cuarenta ☛ *Ver ejemplos en* FIFTY

▶ **fortieth 1** *adj, pron* cuadragésimo **2** *n* (*proporción*) cuarentavo ☛ *Ver ejemplos en* FIFTH

forum /ˈfɔːrəm/ *n* (*lit* y *fig*) foro: *The magazine provides a forum for new ideas.* La revista ofrece un foro para nuevas ideas.

forward[1] /ˈfɔːwəd/ *adj* **1(a)** progresivo, de avance **(b)** delantero (*de tropas o fuerzas armadas*): *a forward position* una posición avanzada **2** para el futuro: *forward planning* planificación para el futuro ◊ *forward buying* adquisiciones para el futuro a precios de ahora **3** atrevido, descarado

forward[2] /ˈfɔːwəd/ *adv* (*abrev* **fwd**) **1** (*tb* **forwards**) (*dirección*) adelante, hacia adelante: *Forward march!* De frente, ¡marchen! **2** (*progreso*) hacia adelante **3**

(*tiempo*) en adelante: *from that day forward* a partir de entonces

LOC *Ver* BACKWARD(S), BEST sentido 1, CLOCK, CRANE

forward³ /ˈfɔːwəd/ *vt* **1 ~ sth (to sb)** (*cartas, etc*) enviar a una nueva dirección algo (a algn): *Please forward: 10 Denbigh Rd.* Nueva dirección: 10 Denbigh Rd. **2 ~ sth (to sb)** (*Com*) enviar, remitir algo (a algn): *Please forward latest catalogue.* Le agradeceríamos nos remitiera su último catálogo. **3** (*planes, futuro profesional*) promover

forward⁴ /ˈfɔːwəd/ *n* (*Dep*) delantero, -a ☛ *Ver ilustración en* FÚTBOL *Ver tb* CENTRE FORWARD

forwarding address *n* dirección (a la que han de hacerse seguir las cartas)

forward-looking /ˈfɔːwəd lʊkɪŋ/ *adj* (*aprob*) con miras al futuro

forwent *pret de* FORGO

fossil /ˈfɒsl/ *n* (*lit* y *fig*) fósil

fossil fuel *n* combustible fósil

fossilized, -ised /ˈfɒsəlaɪzd/ *adj* fosilizado

foster /ˈfɒstə(r)/ *vt* **1** fomentar: *to foster the growth of local industry* fomentar el crecimiento de la industria local **2** acoger en una familia (*temporalmente*)

■ **foster** *adj* adoptivo: *foster family/home* familia/casa de acogida ◊ *foster parents* padres adoptivos ◊ *foster child* niño adoptado ☛ *Ver nota en* ADOPTAR

▶ **fostering** *n* acogida temporal en una familia

fought *pret, pp de* FIGHT

foul /faʊl/ *adj* **1** (*agua, lenguaje*) sucio **2** (*comida, olor, sabor*) asqueroso **3** (*ruido*) insoportable **4** (*aire*) sucio, contaminado **5** (*aliento*) fétido **6** (*carácter, humor*) horrible: *I've had a foul day at work.* He tenido un día horrible en el trabajo. **7** (*crimen*) horrible, vil **8** (*tiempo*) feo, horrible

LOC **to fall foul of sth/sb** tener un enfrentamiento con algo/algn: *He fell foul of the authorities.* Chocó con las autoridades. *Ver tb* FAIR¹

■ **foul** *n* (*Dep*) falta

■ **foul 1** *vt* ensuciar: *Please do not allow your dog to foul the pavement.* No deje que su perro haga sus necesidades en la acera. **2** *vt, vi* **~ (sth) (up)** enredar(se) (algo) **3** *vt* (*Dep*) cometer una falta contra

LOC **to foul your (own) nest** traer la desgracia a la casa, familia, profesión, país, etc de uno

PHR V **to foul sth up** (*coloq*) estropear algo

foul-mouthed /ˌfaʊl ˈmaʊðd/ *adj* malhablado

foul play *n* **1** juego sucio **2** maniobra criminal: *The police suspect foul play.* La policía sospecha que se trata de un delito.

foul-up /ˈfaʊl ʌp/ *n* (*coloq*) lío, follón

found¹ *pret, pp de* FIND

found² /faʊnd/ *vt* **1** fundar **2** fundamentar: *a novel founded on fact* una novela basada en la realidad *Ver tb* ILL-FOUNDED, WELL-FOUNDED

found³ /faʊnd/ *vt* fundir

foundation /faʊnˈdeɪʃn/ *n* **1** fundación **2 the foundations** [*pl*] los cimientos: *to lay the foundations of sth* poner los cimientos de algo **3** fundamento **4** (*tb* **foundation cream**) maquillaje de fondo

foundation course *n* curso de base

foundation stone *n* primera piedra

founder¹ /ˈfaʊndə(r)/ *n* fundador, -ora

founder² /ˈfaʊndə(r)/ *vi* **1** (*plan, proyecto*) fracasar, venirse abajo **2** (*barco*) hundirse, irse a pique

founder member *n* miembro fundador

founding father *n* **1** fundador **2** autor de la Constitución de los EE.UU.

foundry /ˈfaʊndri/ *n* (*pl* **-ies**) fundición

fount /faʊnt/ (*tb* **font**) *n* **~ (of sth)** (*ret* o *antic*) fuente (de algo)

fountain /ˈfaʊntən; *USA* -tn/ *n* fuente: *an ornamental fountain* un surtidor ornamental *Ver tb* DRINKING FOUNTAIN

fountainhead /ˈfaʊntɪnhed/ *n* fuente, origen: *the fountainhead of power* la fuente del poder

fountain pen *n* estilográfica

four /fɔː(r)/ *adj, pron, n* (*número*) cuatro ☛ *Ver ejemplos en* FIVE

LOC **on all fours** a gatas ☛ *Ver ilustración en* KNEEL **the four corners of the earth** lo largo y ancho de este mundo

four-door /ˌfɔː ˈdɔː/ *adj* de cuatro puertas

fourfold /ˈfɔːfəʊld/ *adj*: *a fourfold increase* un aumento que se ha cuadruplicado/multiplicado por cuatro

■ **fourfold** *adv* cuatro veces

four-legged /ˌfɔː ˈlegd/ *adj* de cuatro patas

four-letter word *n* palabrota, taco

four-poster /ˌfɔː ˈpəʊstə(r)/ (*tb* **four-poster bed**) *n* cama imperial, cama de columnas

four-seater /ˌfɔː ˈsiːtə/ *n*: *four-seater car/plane* coche/avión de cuatro asientos

foursome /ˈfɔːsəm/ *n* grupo de cuatro personas

four-square /ˌfɔː ˈskweə(r)/ *adj* cuadrado, cuadrangular

■ **four-square** *adv*: *The blow hit him four-square in the chest.* El golpe le dio de lleno en el pecho.

four-star (petrol) /ˈfɔː stɑː(r) (petrəl)/ *n* (gasolina) súper

four-stroke /ˈfɔː strəʊk/ *adj* **1** (*motor*) de cuatro tiempos **2** (*vehículo*) con un motor de cuatro tiempos

fourteen /ˌfɔːˈtiːn/ *adj, pron, n* (*número*) catorce ☛ *Ver ejemplos en* FIVE

▶ **fourteenth 1** *adj* decimocuarto **2** *n, pron* **(a)** el decimocuarto, la decimocuarta, los decimocuartos, las decimocuartas **(b) the fourteenth** (*fecha*) el (día) catorce **(c) the fourteenth** (*rey, etc*) catorce **(d)** (*proporción*) catorceavo, catorceava parte **3** *adv* decimocuarto, en decimocuarto lugar ☛ *Ver ejemplos en* FIFTH

fourth /fɔːθ/ *adj* cuarto: *the fourth estate* el cuarto poder (la Prensa) ◊ *the fourth dimension* la cuarta dimensión ☛ *Ver ejemplos en* FIFTH

■ **fourth** *n, pron* **1** (*tb* **the fourth**) el cuarto, la cuarta, los cuartos, las cuartas **2 the fourth (a)** (*fecha*) el (día) cuatro: *on the fourth of May/on May 4* el (día) cuatro de mayo **(b)** (*rey, etc*) cuarto, -a: *Henry IV/the Fourth* Enrique IV **3** (*tb* **fourth gear**) (*automóvil*) cuarta (marcha) ☛ *Ver ejemplos en* FIFTH

> Para hablar de proporciones, *un cuarto* se traduce por **a quarter**: *We ate a quarter of the cake each.* Nos comimos un cuarto del pastel cada uno.

■ **fourth** *adv* cuarto, en cuarto lugar (*en una carrera, en una sucesión, etc*) ☛ *Ver ejemplos en* FIFTH

fourthly /ˈfɔːθli/ *adv* en cuarto lugar (*enumerando una lista de cosas*)

four-wheel drive *n* tracción de 4 por 4/tracción en las cuatro ruedas: *a four-wheel drive car* un coche de tracción en las cuatro ruedas

fowl /faʊl/ *n* **1** (*pl* **fowl** o **~s**) ave (*de corral*) *Ver tb* WATERFOWL, WILDFOWL **2** (*carne*) ave

fox /fɒks/ *n* **1** zorro ☛ *Ver nota en* ZORRO **2** (*coloq, pey, fig*) zorro: *a crafty/sly old fox* una persona astuta

■ **fox** *vt* confundir, engañar

▶ **foxy** /ˈfɒksi/ *adj* **1** astuto **2** de (color) zorro **3** (*argot, aprob, esp USA*) (*mujer*) sexy

foxglove /ˈfɒksglʌv/ *n* (*Bot*) digital, dedalera ☛ *Ver ilustración en* FLOR

foxhound /ˈfɒkshaʊnd/ *n* perro de caza

fox-hunting /ˈfɒks hʌntɪŋ/ *n* caza de zorros

fox terrier *n* foxterrier

foxtrot /ˈfɒkstrɒt/ *n* foxtrot

■ **foxtrot** *vi* (**-tt-**) bailar el foxtrot

foyer /ˈfɔɪeɪ; *USA* ˈfɔɪər/ *n* vestíbulo

FPA /ˌef piː ˈeɪ/ (*GB*) *abrev de* **Family Planning Association** Asociación de Planificación Familiar

Fr 1 (*Relig*) *abrev de* **Father 2** *abrev de* **French**
fr (*pl* **fr**) *abrev de* **franc**
fracas /ˈfrækɑː; *USA* ˈfreɪkəs/ *n* (*pl* **fracas** /-kɑːz/ (*USA* **fracases** /-kəsəz/) **1** (*lit*) pelea, enfrentamiento **2** (*fig*) escándalo
fraction /ˈfrækʃn/ *n* **1** fracción: *Could you move a fraction closer?* ¿Puedes moverte un poquitín más cerca? **2** (*Mat*) fracción, quebrado
▶ **fractional** *adj* **1** (*Mat*) fraccionario **2** ínfimo: *a fractional difference in prices* una mínima diferencia en precios
fractionally *adv* ligeramente: *fractionally greater* mínimamente mayor
fractious /ˈfrækʃəs/ *adj* irritable
fracture /ˈfræktʃə(r)/ *n* fractura
■ **fracture** *vt, vi* fracturar(se)
fragile /ˈfrædʒaɪl; *USA* -dʒl/ *adj* **1** (*lit* y *fig*) frágil, delicado: *a fragile peace* una paz frágil **2** (*coloq*) débil: *I'm feeling rather fragile.* Me siento algo flojo.
▶ **fragility** /frəˈdʒɪləti/ *n* fragilidad, delicadeza
fragment /ˈfrægmənt/ *n* fragmento, parte: *I heard only a fragment.* Escuché solo una parte.
■ **fragment** /frægˈment/ *vt, vi* fragmentar(se)
▶ **fragmentary** /ˈfrægməntri; *USA* -teri/ *adj* **1** fragmentario **2** inconexo
fragmentation *n* fragmentación: *a fragmentation bomb* una bomba de fragmentación
fragrance /ˈfreɪgrəns/ *n* fragancia, aroma, perfume
fragrant /ˈfreɪgrənt/ *adj* aromático, fragante
frail /freɪl/ *adj* **1** (*físicamente*) delicado, frágil: *a frail old lady* una anciana frágil ☛ En este sentido se aplica sobre todo a personas ancianas o enfermas. **2** (*moralmente*) débil: *frail human nature* naturaleza humana débil
▶ **frailty** *n* (*pl* **-ies**) **1** fragilidad, delicadeza **2** debilidad, flaqueza
frame¹ /freɪm/ *n* **1** marco ☛ *Ver ilustración en* MARCO **2** armazón, estructura *Ver tb* CLIMBING FRAME, TIMBER-FRAMED **3** (*gafas*) montura **4** complexión (*física*) **5(a)** (*Cine*) fotograma **(b)** (*cómic*) viñeta **6** (*billar*) **(a)** triángulo **(b)** partida
LOC **a frame of mind** estado de ánimo: *He'll be in a good frame of mind today.* Hoy estará de buen humor. **a frame of reference** un marco de referencia
frame² /freɪm/ *vt* **1(a)** enmarcar **(b)** rodear: *He stood framed in the doorway.* Se quedó parado en medio de la puerta. **2** (*pregunta*) formular **3** (*coloq*) encasquetar (*delito*): *I've been framed!* ¡Me han cargado el muerto!
frame-up /ˈfreɪm ʌp/ *n* (*coloq*) montaje (*incriminatorio*)
framework /ˈfreɪmwɜːk/ *n* **1** armazón, estructura ☛ *Ver ilustración en* MARCO **2** marco, estructura, coyuntura: *within the framework of the existing rules* dentro del marco de las leyes existentes
franc /fræŋk/ *n* (*abrev* **fr**) (*moneda*) franco
France /frɑːns/ *n* Francia
franchise /ˈfræntʃaɪz/ *n* **1** (*Com*) franquicia **2** (*Pol*) derecho al voto
■ **franchise** *vt* conceder una franquicia
▶ **franchised** *adj* en/con franquicia
Franciscan /frænˈsɪskən/ *adj, n* franciscano, -a
francophone /ˈfræŋkəfəʊn/ *adj, n* francófono
frank¹ /fræŋk/ *adj* franco, sincero
▶ **frankly** *adv* francamente: *Quite frankly, I'm not surprised.* A decir verdad, no me sorprende. ☛ *Ver nota en* HOPEFULLY
frankness *n* franqueza
frank² /fræŋk/ *vt* franquear (*correo*)
frankfurter /ˈfræŋkfɜːtə(r)/ (*USA* **wiener**) *n* salchicha (*de Frankfurt*)
frankincense /ˈfræŋkɪnsens/ *n* incienso
franking-machine /ˈfræŋkɪŋ məʃiːn/ *n* máquina de franquear
frantic /ˈfræntɪk/ *adj* frenético, desesperado: *frantic with worry, anger, grief, etc* como loco de preocupación, ira, pena, etc.
▶ **frantically** *adv* desesperadamente, frenéticamente
fraternal /frəˈtɜːnl/ *adj* fraternal
▶ **fraternally** *adv* fraternalmente
fraternity /frəˈtɜːnəti/ *n* (*pl* **-ies**) **1** fraternidad **2** hermandad, cofradía, sociedad **3** (*USA*) club social de universitarios varones
fraternize, -ise /ˈfrætənaɪz/ *vi* confraternizar
fratricide /ˈfrætrɪsaɪd/ *n* **1** fratricidio **2** fratricida
▶ **fratricidal** /ˌfrætrɪˈsaɪdl/ *adj* fratricida
fraud /frɔːd/ *n* **1** (*delito*) fraude **2** (*persona*) impostor, -ora
fraudulent /ˈfrɔːdjələnt; *USA* -dʒʊ-/ *adj* fraudulento
▶ **fraudulence** *n* fraude
fraudulently *adv* fraudulentamente
fraught /frɔːt/ *adj* **1 ~ with sth** lleno de algo: *a silence fraught with meaning* un silencio cargado de significado ◊ *fraught with difficulty/danger* lleno de dificultades/peligros **2** preocupante: *The meeting was pretty fraught.* La reunión fue bastante tensa.
fray /freɪ/ *vt, vi* **1** desgastar(se), raer(se), deshilachar(se): *frayed jeans* vaqueros deshilachados **2** irritarse, ponerse tirante: *Tempers began to fray in the heat.* Los nervios empezaron a irritarse con el calor.
the fray /freɪ/ *n* (*ret* o *joc*) pelea: *to enter/join the fray* entrar en la discusión
freak¹ /friːk/ *n* (*coloq, pey*) **1** fenómeno, monstruo: *a circus freak* un fenómeno de circo **2** bicho raro **3** fánatico, -a: *a jazz freak* un loco del jazz **4** (*tb* **freak of nature**) capricho de la naturaleza, monstruo
■ **freak** *adj* (*coloq*) inusitado: *freak weather conditions* condiciones atmosféricas anormales
▶ **freakish** /ˈfriːkɪʃ/ *adj* **1** raro **2** imprevisible
freaky /ˈfriːki/ *adj* raro
freak² /friːk/ *vi* **~ (out)** (*coloq*) **1** (*de disgusto o rabia*) enloquecer **2** (*de placer*) volverse loco de alegría
PHR V **to freak out 1** enloquecer **2** (*con drogas*) colocarse
to freak sb out 1 (*placer*) poner a algn a tope **2** (*malestar*) poner a algn nerviosísimo
freckle /ˈfrekl/ *n* peca
■ **freckle** *vi*: *Do you freckle easily?* ¿Te salen pecas con facilidad?
▶ **freckled** *adj* pecoso
free /friː/ *adj* (**freer, freest**) **1** libre: *to be free to do sth* ser libre de hacer algo ◊ *to be free of/from sth/sb* estar libre de algo/algn ◊ *Free Church* Iglesia independiente ◊ *free enterprise* libre empresa/libertad de empresa ◊ *free port* puerto franco ◊ *free speech* libertad de expresión ◊ *free will* libre albedrío *Ver tb* SCOT-FREE **2** (*sin atar*) suelto, libre **3(a)** gratis, gratuito: *admission free* entrada libre **(b) ~ (of sth)** libre, exento (de algo): *free of charge* gratis ◊ *free of tax* libre de impuestos *Ver tb* ALCOHOL-FREE, DUTY-FREE, SUGAR-FREE, TAX-FREE, TROUBLE-FREE **4** desocupado: *I'm free tomorrow.* Estoy libre mañana. ◊ *Is this chair free?* ¿Está ocupado este asiento? **5 ~ with sth** generoso con algo **6** (*pey*) desvergonzado: *to be too free* (*with sb*) tomarse demasiadas libertades (con algn)
LOC **free and easy** despreocupado, informal **free on board/rail** franco a bordo **of your own free will** por voluntad propia **to be a free agent** obrar por cuenta propia **to get, have, etc a free hand** tener las manos libres **(to get sth) for free** (recibir/conseguir algo) gratis **to give, allow, etc free play/rein to sth/sb** dar rienda suelta a algo/algn **to set sb free** poner a algn en libertad *Ver tb* FEEL¹
■ **free** *vt* (*pret, pp* **freed**) **1 ~ sth/sb (from sth)** liberar, soltar algo/a algn (de algo) **2 ~ sth/sb of/from sth** librar, eximir algo/a algn de algo: *to free yourself of sth* deshacerse/librarse de algo **3 ~ sth/sb (from sth)** soltar algo/a algn (de algo): *to free the victims from the*

wreckage rescatar a las víctimas de los escombros **4 ~ sth for sth**; **~ sb for sth/to do sth** hacer algo disponible para algo; dejar a algn libre para algo/para hacer algo

■ **free** *adv* gratis

LOC to break free (**from/of sth/sb**) liberarse (de algo/algn), soltarse (de algo/algn) **to make free with sth/sb** gastar/usar algo como si fuera tuyo, abusar de algn **to work/come free** soltarse

▶ **freely** *adv* **1** libremente, copiosamente **2** (*abiertamente*) con libertad **3** con gusto **4** generosamente **LOC** *Ver* BREATHE

freebie /ˈfriːbi/ *n* (*coloq*) regalo (*con fines comerciales*)

freedom /ˈfriːdəm/ *n* **1 ~ (of sth)**; **~ (to do sth)** libertad (de algo); (para hacer algo): *I gave him the freedom of my house.* Le di libertad para usar mi casa. ◊ *freedom fighter* luchador por la libertad ◊ *freedom of expression* libertad de expresión ◊ *freedom of information* libertad de información **2 ~ from sth** inmunidad contra algo: *freedom from hunger* el derecho a no sufrir hambre

LOC to give sb, receive, etc the freedom of the city dar a algn, recibir, etc la ciudadanía de honor

Freefone /ˈfriːfəʊn/ *n* (*GB*) teléfono gratis

free-for-all /ˈfriː fər ɔːl/ *n* **1** (*disputa*) discusión general **2** competencia general **3** (*pelea*) sarracina

freehand /ˈfriːhænd/ *adj* hecho a mano alzada

■ **freehand** *adv* a mano alzada

freehold /ˈfriːhəʊld/ *n* propiedad sin limitaciones de un inmueble ☛ *Comparar con* LEASEHOLD

■ **freehold** *adj* de propiedad

▶ **freeholder** *n* propietario, -a (*de un inmueble*)

free-kick *n* tiro libre

freelance /ˈfriːlɑːns; *USA* -læns/ (*tb* **freelancer**) *n* trabajador, -ora independiente

■ **freelance** *adj* independiente

■ **freelance** *adv* independientemente

■ **freelance** *vi* trabajar independientemente

free market *n* mercado libre: *free-market economy* economía de libre mercado

Freemason /ˈfriːmeɪsn/ *n* masón

▶ **Freemasonry** *n* masonería

Freepost /ˈfriːpəʊst/ *n* (*GB*) franqueo pagado

free-range /ˈfriː reɪndʒ/ *adj* de corral: *free-range eggs* huevos de corral

free-standing /ˌfriː ˈstændɪŋ/ *adj* **1** (*curso, etc*) independiente **2** (*armario, etc*) no empotrado: *a free-standing bookcase* una estantería de pie

freestyle /ˈfriːstaɪl/ *n* estilo libre: *100 metres freestyle* 100 metros libres

freethinker /ˌfriːˈθɪŋkə(r)/ *n* librepensador, -ora

▶ **freethinking** *adj* librepensador

free trade *n* libre cambio: *free-trade zone* zona de libre cambio

freeway /ˈfriːweɪ/ (*USA*) (*tb* **throughway**, *GB* **motorway**) *n* autopista *Ver tb* ROAD

freewheel /ˌfriːˈwiːl/ *vi* **1** (*bicicleta*) andar a rueda libre **2** (*coche*) ir en punto muerto

▶ **freewheeling** *adj* **1** libre **2** (*estilo*) desenvuelto

freeze /friːz/ *vt, vi* (*pret* **froze** /frəʊz/ *pp* **frozen** /ˈfrəʊzn/) **1** helar(se), congelar(se): *It's freezing in here!* ¡Hace un frío espantoso! ◊ *I'm freezing!* ¡Estoy helado! ◊ *to freeze to death* morirse de frío **2** (*comida, precios, salarios, fondos*) congelar(se): *frozen food counter* sección de congelados ◊ *frozen assets* haberes congelados **3** quedarse rígido: *Freeze!* ¡No te muevas! ◊ *It froze us in our tracks.* Nos dejó parados en seco.

LOC to be frozen stiff quedarse hecho un cubito **to freeze solid** helarse por completo: *The milk had frozen solid.* La leche se había hecho un bloque de hielo. **to freeze your blood/make your blood freeze** helársele a uno la sangre

PHR V to freeze sb out (*coloq*) excluir a algn, deshacerse de algn

to freeze over helarse, cubrirse de hielo

to freeze up helarse

■ **freeze** *n* **1** (*tb* **freeze-up**) helada **2** (*de salarios, precios*) congelación

freeze-dry /ˈfriːz draɪ/ *vt* (*pret, pp* **-dried**) deshidratar por congelación, liofilizar

freezer /ˈfriːzə(r)/ (*tb* **deep-freeze**) *n* congelador

freezing point (*tb* **freezing**) *n* punto de congelación: *30 degrees below freezing* 30 grados bajo cero

freight /freɪt/ *n* [*incontable*] **1** flete: *freight charges* los gastos de transporte **2** mercancías

■ **freight** *vt* transportar (*mercancías*)

▶ **freighter** *n* carguero

freight car (*USA*) (*GB* **wagon**) *n* vagón (*ferrocarril*)

freight train *n* tren de carga

French /frentʃ/ *adj* (*abrev* **Fr**) francés: *French bean* judía verde ◊ *French bread* barra de pan

■ **French** *n* **1** (*idioma*) francés **2 the French** [*pl*] los franceses

LOC excuse/pardon my French (*coloq, eufemismo*) hablando mal y pronto

French door *n* (*USA*) *Ver* FRENCH WINDOW

French dressing (*tb* **vinaigrette**, **vinaigrette dressing**) *n* salsa vinagreta

French fry (*tb* **fry**) *n* (*pl* **fries**) (*esp USA*) (*GB* **chip**) patata frita (*a lo largo*)

French horn *n* (*Mús*) trompa de pistones ☛ *Ver ilustración en* BRASS

Frenchman /ˈfrentʃmən/ *n* (*pl* **-men** /-mən/) (*persona*) francés

French window (*USA* **French door**) *n* puerta acristalada (*que da a un jardín, porche, balcón, etc*) ☛ *Ver ilustración en* BUNGALOW

Frenchwoman /ˈfrentʃwʊmən/ *n* (*pl* **-women** /-wɪmɪn/) (*persona*) francesa

frenetic (*tb* **phrenetic**) /frəˈnetɪk/ *adj* frenético

frenzy /ˈfrenzi/ *n* [*gen sing*] frenesí: *to go into/be in a frenzy* enloquecerse/estar como loco ◊ *in a frenzy of rage/activity* enloquecido por la rabia/correteando como loco ◊ *a frenzy of activity* una actividad febril

▶ **frenzied** *adj* frenético, enloquecido

frequency /ˈfriːkwənsi/ *n* (*pl* **-ies**) frecuencia

frequent[1] /ˈfriːkwənt/ *adj* frecuente: *to be a frequent visitor to…* ir/venir con frecuencia a… ◊ *a frequent occurrence* algo que sucede con frecuencia

▶ **frequently** *adv* con frecuencia, frecuentemente ☛ *Ver nota en* ALWAYS

frequent[2] /frɪˈkwent/ *vt* frecuentar

fresco /ˈfreskəʊ/ *n* (*pl* **~s** o **~es**) fresco

fresh /freʃ/ *adj* (**-er**, **-est**) **1** (*alimentos*) fresco **2** (*reciente*) fresco, recién hecho: *while it's still fresh in my mind* mientras sigue fresco en mi memoria ◊ *fresh tracks in the snow* huellas recientes en la nieve **3** (*diferente*) nuevo, otro: *to make a fresh start* empezar de nuevo ◊ *to make a fresh attempt* hacer un nuevo intento **4** (*aire, piel*) puro, limpio: *in the fresh air* al aire fresco **5** (*tiempo, viento*) frío **6** (*pintura, color*) fresco **7** (*ropa*) limpio **8** (*agua*) dulce *Ver tb* FRESHWATER **9** (*descansado*) fresco **10 ~ from/out of sth**: *fresh from the oven* recién sacado del horno ◊ *fresh from London* recién llegado de Londres ◊ *fresh out of college* recién salidos de la universidad **11 to get ~ with sb** (*coloq*) (*sexualmente*) pasarse con algn

LOC (**as**) **fresh as a daisy** más fresco que una rosa *Ver tb* BLOOD, BREATH, GROUND[1]

■ **fresh** *adv* recién: *fresh-baked bread* pan recién horneado ◊ *fresh-cut flowers* flores recién cortadas

LOC fresh out of sth (*esp USA, coloq*): *We're fresh out of milk.* Se nos acaba de terminar la leche.

▶ **freshly** *adv* recién: *freshly made* recién hecho

freshness *n* **1** frescura: *to test for freshness* probar si es fresco **2** novedad

freshen /ˈfreʃn/ *vt, vi* **1 ~ sth (up) (a)** dar nueva vida a algo **(b)** (*ambiente*) refrescar **2** (*viento*) refrescar
PHR V to freshen (yourself) up arreglarse
▶ **freshener** *n*: *air-freshener* ambientador

fresher /ˈfreʃə(r)/ *n* (*GB, coloq*) (*USA* **freshman**) estudiante de primer año

fresh-faced /ˈfreʃ feɪst/ *adj* **1** lozano, saludable **2** (*fig*) ilusionado, ingenuo

freshman /ˈfreʃmən/ *n* (*pl* **-men** /-mən/) (*USA*) (*GB* **fresher**) novato, -a

freshwater /ˈfreʃwɔːtə(r)/ *adj* de agua dulce

fret[1] /fret/ *vi* (**-tt-**) **~ (about/at/over sth)** apurarse, preocuparse (por algo): *Don't fret (yourself).* No te apures.
■ **fret** *n* [*sing*]: *to be in a fret* preocuparse
▶ **fretful** *adj* **1** inquieto, ansioso **2** (*niño*) quejoso
fretfully *adv* inquietamente, ansiosamente

fret[2] /fret/ *n* (*Mús*) traste

Freudian /ˈfrɔɪdiən/ *adj* freudiano: *Freudian slip* lapsus linguae

Fri *abrev de* **Friday**

friar /ˈfraɪə(r)/ *n* **1** fraile **2** (*antes de nombre*) fray

friction /ˈfrɪkʃn/ *n* **1** [*incontable*] fricción, rozamiento **2** (punto de) fricción, desavenencia

Friday /ˈfraɪdeɪ, -di/ *n* (*abrev* **Fri**) viernes *Ver tb* GOOD FRIDAY ☛ *Ver nota en* MARTES, SUPERSTITION ☛ *Ver ejemplos en* MONDAY

fridge /frɪdʒ/ *n* (*coloq*) nevera, frigo

fried /fraɪd/ **1** *pret, pp de* FRY **2** *adj* frito

friend /frend/ *n* (**~ of/to sth/sb**) amigo, -a: *He's no friend of mine.* No es amigo mío. *She was a good friend to me.* Se portó como una buena amiga. *Ver tb* BOSOM FRIEND, BOYFRIEND, GIRLFRIEND, SCHOOLFRIEND
LOC to be friends (with sb) ser amigo (de algn) **to have friends in high places** tener enchufe **to make friends (with sb)** hacer amigos, hacerse amigo (de algn)
▶ **friendless** *adj* sin amigos

friendliness /ˈfrendlinəs/ *n* **1** simpatía, cordialidad **2** (*de un lugar, etc*) lo acogedor

friendly /ˈfrendli/ *adj* (**-ier, -iest**) **1** (*persona*) simpático, amable: *to be friendly to sb* ser amable con algn ◊ *to be friendly with sb* ser amigo de algn

Nótese que *simpático* nunca se traduce por **sympathetic**, que significa *compasivo*.

2 (*relación*) amistoso: *to be friendly with sb* ser amigo de algn **3** (*gesto, palabras*) amable, afable **4** (*nación*) amigo **5** (*ambiente, lugar*) acogedor **6** (*no competidor*) de amigos, amistoso: *a friendly argument* una discusión de amigos *Ver tb* OZONE-FRIENDLY, USER-FRIENDLY
■ **friendly** (*tb* **friendly match**) *n* (*pl* **-ies**) partido amistoso

friendship /ˈfrendʃɪp/ *n* amistad

frieze /friːz/ *n* **1** friso ☛ *Ver ilustración en* COLUMNA **2** (*papel pintado*) greca

frigate /ˈfrɪgət/ *n* fragata

fright /fraɪt/ *n* **1** susto: *to give sb/get a fright* dar un susto a algn/pegarse un susto *Ver tb* STAGE FRIGHT **2** (*coloq*) espantajo: *She looked a fright.* Estaba hecha un espantajo.
LOC to take fright (at sth) asustarse (de/por algo)

frighten /ˈfraɪtn/ *vt* asustar, dar miedo a: *It frightens me.* Me da miedo.
LOC to frighten/scare/terrify sb to death/out of their wits; to frighten the life out of sb dar a algn un susto de muerte: *I was frightened out of my wits.* Casi me muero del susto. *Ver tb* DAYLIGHTS
PHR V to frighten sth/sb away/off ahuyentar a algo/algn, espantar algo/a algn
to frighten sb into/out of doing sth amenazar a algn para que haga algo: *to be frightened into/out of doing sth* hacer/no hacer algo por miedo
▶ **frightened** *adj* asustado: *to be frightened (of sth/sb)* tener miedo (a/de algo/algn) ◊ *Don't be frightened.* No tengas miedo./No te asustes. ◊ *I'm frightened to look.* Me da miedo mirar.
frightening *adj* alarmante, aterrador: *It is frightening to think of…* Da miedo pensar en…
frighteningly *adv* terriblemente, alarmantemente

frightful /ˈfraɪtfl/ *adj* **1** horrible, espantoso **2** (*coloq*) (*para enfatizar*) terrible: *a frightful mess* un desorden terrible
▶ **frightfully** *adv* (*coloq*) terriblemente: *I'm frightfully sorry.* Lo siento muchísimo.

frigid /ˈfrɪdʒɪd/ *adj* **1** frígido **2** (*zona*) muy frío **3** (*mirada*) helado
▶ **frigidity** *n* frigidez

frill /frɪl/ *n* **1** volante **2** [*gen pl*] (*fig*) adorno: *no frills* sin adornos/sencillo
▶ **frilled** *adj* con volantes
frilly *adj*: *a frilly shirt* una camisa de volantes

fringe /frɪndʒ/ *n* **1** (*USA* **bangs** [*pl*]) flequillo ☛ *Ver ilustración en* PELO **2** franja, fleco **3(a)** borde **(b)** (*fig*) margen: *on the fringes of society* al margen de la sociedad **(c)** *fringe theatre/group* teatro/grupo experimental
LOC *Ver* LUNATIC
■ **fringe** *vt* adornar con flecos: *a fringed jacket* una chaqueta con flecos
LOC to be fringed by/with sth estar bordeado por/con algo
▶ **fringing** *n* flecos

fringe benefit *n* beneficio adicional

frippery /ˈfrɪpəri/ *n* **1** perifollos **2** [*gen pl*] chucherías

Frisbee® /ˈfrɪzbiː/ *n* disco, Frisbee®

frisk /frɪsk/ **1** *vi* retozar **2** *vt* (*coloq*) cachear

frisky /ˈfrɪski/ *adj* **1** retozón **2** juguetón

frisson /ˈfriːsɒ̃; *USA* friːˈsəʊn/ *n* (*Fr*) **~ (of sth)** escalofrío, estremecimiento (de algo)

fritter[1] /ˈfrɪtə(r)/ *v*
PHR V to fritter sth away (on sth) desperdiciar algo (en algo)

fritter[2] /ˈfrɪtə(r)/ *n* buñuelo (de fruta/carne)

frivolity /frɪˈvɒləti/ *n* **1** frivolidad **2** informalidad **3** ligereza

frivolous /ˈfrɪvələs/ *adj* **1** frívolo **2** poco formal
▶ **frivolously** *adv* frívolamente

frizz /frɪz/ *n* pelo estropajoso
▶ **frizzy** *adj* muy ensortijado

fro /frəʊ/ *adv*
LOC to and fro de un lado a otro: *to-ing and fro-ing* ir y venir *Ver tb* SHUNT

frock /frɒk/ *n* vestido ☛ La palabra más corriente es **dress**.

frock coat *n* levita

frog /frɒg; *USA* frɔːg/ *n* **1** rana **2** presilla **3 frog** (*coloq, ofen*) franchute *Ver tb* LEAPFROG
LOC frogs' legs ancas de rana **to have a frog in your throat** tener carraspera

frogman (*pl* **-men**) /ˈfrɒgmən/ *n* hombre rana

frogmarch /ˈfrɒgmɑːtʃ/ *vt* llevar a algn sujetándole los brazos

frolic /ˈfrɒlɪk/ *vi* (*pret, pp* **frolicked**) **~ (about)** retozar
■ **frolic** *n* jolgorio
▶ **frolicsome** *adj* juguetón

from /frəm, frɒm/ *prep* **1** de (*procedencia*): *from Madrid to London* de Madrid a Londres ◊ *the train from Soria* el tren (procedente) de Soria ◊ *I'm from New Zealand.* Soy de Nueva Zelanda. ◊ *a present from a friend* un regalo de un amigo ◊ *You can tell her that from me!* ¡Se lo puedes decir de mi parte! ◊ *from bad to worse* de mal en peor ◊ *from English to Spanish* de inglés a español ◊ *to take sth away from sb* quitarle algo a algn ◊ *to escape* *from jail* escaparse de la cárcel ◊ *He stole it from the till.* Lo robó de la caja. ◊ *to die from flu* morir de la gripe **2** (*tiempo*) desde: *from 30 June* desde el 30 de junio ◊ *from April on(wards)* a partir de abril ◊ *from morning to night* desde la mañana hasta la noche ◊ *from time to time* de vez en cuando ☛ *Ver nota en* SINCE *prep* **3** (*materia*) con: *Wine is made from grapes.* El vino se hace con las uvas. **4** (*protección*) de: *to protect sb from sth* proteger a algn de algo ◊ *to shelter from the rain* cobijarse de la lluvia **5** (*Mat*): *6 from 14 leaves 8.* 14 menos 6 da 8. **6** (*diferencia*) de: *different from Spanish* diferente del español ◊ *to tell good from evil* distinguir el bien del mal **7** desde: *from above/below/afar* desde arriba/abajo/lejos ◊ *from this point of view* desde este punto de vista **8** entre: *to choose from (among) several options* elegir entre varias opciones **9** por: *from choice* por elección ◊ *from what I can gather* por lo que yo entiendo *Ver tb* APART FROM, ASIDE FROM

LOC as from; as of a partir de: *as from/of 12 May* a partir del 12 de mayo **from ... on**: *from now on* de ahora en adelante ◊ *from then on* desde entonces

☛ Para los usos de **from** en PHRASAL VERBS ver las entradas de los verbos correspondientes, p. ej. **to hear from** en HEAR

frond /frɒnd/ *n* fronda

front /frʌnt/ *adj* [*antes de sustantivo*] **1** delantero: *the front wheel* la rueda de delante **2** de delante: *the front room* la habitación de delante ◊ *the front cover of a book* la portada de un libro ◊ *the front page of a newspaper* la primera página de un periódico

■ **front** *n* **1** [*sing*] **(a)** (*principio*) frente: *the front of the queue* el principio de la cola *Ver tb* FOREFRONT **(b)** (*grupo*) frente: *a united front* un frente unido ◊ *to be sent to the front* ser enviado al frente **(c)** (*tiempo*) frente: *a cold/warm front* un frente frío/cálido **2 the ~ (of sth)** la (parte) delantera (de algo): *the front of the house* la parte de delante de la casa ◊ *seen from the front* visto desde delante ◊ *The number is shown on the front of the bus.* El número está puesto en la parte delantera del autobús. ◊ *It fastens at the front.* Se abrocha por delante. **3** (*libro*) portada **4 the front** [*sing*] el paseo (marítimo): *The hotel is on the front.* El hotel está en el paseo. *Ver tb* SEAFRONT, WATERFRONT **5(a)** (*edificio*) fachada **(b)** [*sing*] (*coloq, fig*) fachada: *a front for illegal trade* una fachada para tráfico ilegal **6** (*fig*) terreno: *on the financial front* en el terreno económico

LOC out front 1 (*Teat*) en el auditorio **2** delante **to put on/show/a bold/brave front** hacer de tripas corazón

■ **front** *adv*

LOC in front al frente, delante: *the row in front* la fila de delante ◊ *You can go on in front.* Tú te puedes adelantar. ◊ *Our team is in front.* Nuestro equipo va ganando. **up front; upfront** (*coloq*) **1** (*dinero*) por adelantado **2** (*persona*) claro, directo *Ver tb* BACK[1], EYE[1]

■ **front** *prep*

LOC in front of 1 delante de: *in front of the house/the children* delante de la casa/los niños

Nótese que "enfrente de" se traduce por **opposite**.

2 ante: *He performed in front of 100 people.* Actuó ante 100 personas.

■ **front 1** *vt* (*coloq*) **(a)** (*programa, etc*) presentar **(b)** (*partido político*) estar al frente de **2** *vt*: *It is fronted with stone.* Tiene un frente de piedra. *Ver tb* GLASS-FRONTED **3** *vt, vi* dar: *the land fronting (onto) the road* el terreno que da a la carretera

frontage /ˈfrʌntɪdʒ/ *n* fachada: *a river frontage* un frente que da al río

frontal /ˈfrʌntl/ *adj* [*antes de sustantivo*] frontal: *a frontal system* un sistema frontal

the front bench *n* en el parlamento británico, los escaños delanteros, ocupados por los principales miembros del gobierno y de la oposición

▶ **frontbencher** *n* miembro del Parlamento británico que ocupa un cargo en el gobierno o en la oposición

front cover *n* portada

front door *n* puerta principal, puerta de entrada

frontier /ˈfrʌntɪə(r); *USA* frʌnˈtɪər/ *n* **~ (between sth and sth); ~ (with sth)** frontera (entre algo y algo); (con algo): *a frontier zone* una zona fronteriza ☛ *Ver nota en* FRONTERA

frontispiece /ˈfrʌntɪspiːs/ *n* frontispicio (*de un libro*)

the front line *n* **1** la primera línea (*de batalla*): *front line troops* las tropas de primera línea **2** la vanguardia

frontman *n* /ˈfrʌntmæn/ (*pl* **-men** /-men/) (*coloq*) **1** representante **2** presentador, -ora

front page *adj* [*antes de sustantivo*] de primera página: *front page news* noticia(s) de primera plana

front room *n* cuarto de estar (*que da al jardín delante de la casa*) ☛ *Ver nota en* RECEPTION ROOM

front row *n* primera fila

front runner *n* favorito, -a

frost /frɒst; *USA* frɔːst/ *n* **1** helada **2** escarcha *Ver tb* HOAR FROST

■ **frost 1** *vt, vi* escarchar **2** *vt* (*planta*) helar **3** *vt* (*USA*) (*pastel*) escarchar

PHR V to frost over/up cubrirse de escarcha

▶ **frosted** *adj*: *frosted glass* cristales escarchados

frostbite /ˈfrɒstbaɪt/ *n* congelación (*que afecta los dedos, etc*)

frosting /ˈfrɒstɪŋ; *USA* ˈfrɔːst-/ (*USA*) (*GB* **icing**) *n* alcorza

frosty /ˈfrɒsti; *USA* ˈfrɔːsti/ *adj* **1(a)** helado **(b)** cubierto de escarcha **2** (*fig*) frío

froth /frɒθ; *USA* frɔːθ/ *n* espuma

■ **froth** *vi* hacer espuma: *to froth at the mouth* echar espuma por la boca

▶ **frothy** *adj* espumoso

frown /fraʊn/ *n* ceño: *to give a frown* fruncir el ceño

■ **frown** *vi* fruncir el ceño: *to frown at sb* mirar a algn con mala cara

PHR V to frown on/upon sth desaprobar algo

▶ **frowning** *adj* ceñudo

froze *pret de* FREEZE

frozen *pp de* FREEZE

fructose /ˈfrʌktəʊs, -əʊz/ *n* fructosa

frugal /ˈfruːgl/ *adj* frugal

▶ **frugality** *n* frugalidad

frugally *adv* frugalmente

fruit /fruːt/ *n* **1** [*incontable*] fruta: *fruit and vegetables* frutas y verduras ◊ *dried fruit* frutos secos ◊ *fruit juice* zumo de fruta ◊ *fruit trees* árboles frutales ☛ *Ver nota e ilustración en* FRUTA *Ver tb* GRAPEFRUIT, PASSION FRUIT **2** [*gen pl*] fruto: *the fruit(s) of your labours* el fruto de su trabajo **LOC** *Ver* FORBID

■ **fruit** *vi* dar fruto

fruit cake *n* plum-cake

fruiterer /ˈfruːtərə(r)/ *n* (*esp GB*) frutero, -a: *the fruiterer's (shop)* la frutería

fruit farming *n* fruticultura

fruitful /ˈfruːtfl/ *adj* fructuoso, provechoso

▶ **fruitfully** *adv* provechosamente, fructuosamente

fruition /fruˈɪʃn/ *n* realización: *to come to fruition* verse realizado

fruitless /ˈfruːtləs/ *adj* infructuoso

▶ **fruitlessly** *adv* en vano

fruit machine (*tb* **one-armed bandit**) *n* (*GB*) (máquina) tragaperras

fruity /ˈfruːti/ *adj* (**fruitier, fruitiest**) **1(a)** (*olor*) a fruta **(b)** (*vino*) afrutado **2** (*coloq*) **(a)** (*chiste*) verde **(b)** (*persona*) cachondo **3** (*coloq*) (*voz*) profundo, sonoro

frump /frʌmp/ *n* (*pey*) persona chapada a la antigua

Nótese que **frump** se aplica sobre todo a mujeres.

▶ **frumpy** (*tb* **frumpish**) *adj* pasado de moda

frustrate /frʌˈstreɪt; *USA* ˈfrʌstreɪt/ *vt* **1** frustrar **2** desbaratar

▶ **frustrated** *adj* frustrado

frustrating *adj* frustrante
frustration *n* frustración
fry /fraɪ/ *vt, vi* (*pret, pp* **fried** /fraɪd/) freír(se): *fried food* comida frita ☛ *Ver ilustración en* BAKE *Ver tb* DEEP-FRY, STIR-FRY **LOC** *Ver* FISH[1], SMALL
■ **fry** (*tb* **French fry**) *n* (*pl* **fries**) (*esp USA*) patata frita (*a lo largo*)
▶ **fryer** *n* freidora: *a deep-fat fryer* una freidora
frying pan /ˈfraɪɪŋ pæn/ (*USA tb* **frypan**) *n* sartén ☛ *Ver ilustración en* OLLA
LOC out of the frying pan into the fire salir de la sartén para caer en las brasas
FT /ˌef ˈtiː/ (*GB, Periodismo*) *abrev de* **Financial Times**
ft *abrev de* **foot/feet**
fuchsia /ˈfjuːʃə/ *n* fucsia
fuck /fʌk/ *vt, vi* (⚠) ☛ *Ver nota en* TABÚ (*argot*) joder: *Fuck (it)!* ¡Joder! *Ver tb* MOTHERFUCKER
LOC fuck me: *Fuck me! Did you see that?* ¡Anda coño! ¿Has visto eso? **fuck all** nada: *There was fuck all to do.* No había algo que hacer ni de coña.
PHR V to fuck about/around hacer el gilipollas
to fuck sb about/around joder a algn
to fuck off irse a la mierda
to fuck sth up joder algo
■ **fuck** *n* (⚠) ☛ *Ver nota en* TABÚ (*argot*) polvo: *to have a fuck* echar un polvo
LOC (not) to give a fuck (about sth) importar un huevo (algo): *I don't give a fuck how much money she makes!* ¡Me importa una mierda el dinero que gane! **how/what/where/who/why the fuck...?** ¿cómo/qué/dónde/quién/por qué coño...?
▶ **fucking** *adv, adj* (⚠) ☛ *Ver nota en* TABÚ (*argot*) **1** jodido **2** de puta madre
LOC fucking hell! ¡me cago en todo!
fuddled /ˈfʌdld/ *adj* trastornado
fuddy-duddy /ˈfʌdi dʌdi/ (*coloq, pey* o *joc*) *n* vejestorio
■ **fuddy-duddy** *adj* chapado a la antigua
fudge /fʌdʒ/ *n* dulce de azúcar
■ **fudge** *vt* (*coloq*) **1** (*excusa*) inventarse **2** eludir: *to fudge an issue* rehuir una cuestión **3 ~ sth (together)** hacer una chapuza
fuel /ˈfjuːəl/ *n* **1** combustible **2** carburante *Ver tb* FOSSIL FUEL **LOC** *Ver* ADD
■ **fuel** (**-ll-**, *USA* **-l-**) **1** *vt, vi* llenar de carburante: *It is fuelled by diesel.* Funciona con diesel. **2** *vt* (*fig*) alimentar
LOC to fuel speculation multiplicar las especulaciones
fugitive /ˈfjuːdʒətɪv/ *adj, n* **1 ~ (from sth/sb)** fugitivo, -a (de algo/algn) **2** prófugo, -a
■ **fugitive** *adj* (*formal*) fugaz
fugue /fjuːg/ *n* fuga
fulcrum /ˈfʊlkrəm/ *n* (*pl* **~s** o **fulcra** /ˈfʊlkrə/) fulcro
fulfil (*USA* **fulfill**) /fʊlˈfɪl/ (**-ll-**) **1** *vt* **(a)** (*promesa*) cumplir: *to fulfil a duty* cumplir con un deber **(b)** (*tarea*) llevar a cabo **(c)** (*deseo*) satisfacer **(d)** (*función*) realizar **2** *v refl* **~ yourself** realizarse
▶ **fulfilled** *adj* satisfecho
fulfilling *adj*: *a fulfilling job* un trabajo que le permite a uno realizarse *Ver tb* SELF-FULFILLING
fulfilment *n* **1** satisfacción: *sense of fulfilment* sentimiento de realización **2** cumplimiento
full /fʊl/ (**fuller, fullest**) *adj* **1(a) ~ (of sth)** lleno (de algo) **(b)** (*hotel*) completo **(c)** colmado *Ver tb* CHOCK-FULL **2 ~ of sth** obsesionado por algo: *He's full of it.* No para de hablar del tema. **3 ~ (up)** hasta arriba: *I'm full up.* Ya no puedo más. **4(a)** (*discusiones*) extenso **(b)** (*investigación*) detallado **(c)** (*instrucciones*) completo **(d)** (*día*) entero **(e)** *a full hour* una hora larga **(f)** (*sentido*) amplio **5** (*cuerpo*) llenito **6** (*ropa*) holgado **7** (*voz*) profundo
LOC (at) full blast a toda mecha **(at) full pelt/tilt/speed** a toda velocidad/marcha **at full stretch** a tope **(at) full volume** a todo volumen **full of beans/life** lleno de vida/vitalidad **full of the joys of spring** bullicioso **full of your own importance** (*pey*) vanidoso **full of yourself** (*pey*): *You're very full of yourself.* Estás hecho un creído. **full speed/steam ahead** a toda máquina **in full** detalladamente: *to publish sth in full* publicar algo íntegro **in full colour** a todo color **in full sun, etc** a pleno sol, etc **in full swing** en plena marcha **the full extent, height, etc** todo el alcance, toda la altura, etc **to come full circle** volver al principio **to give sth/sb full play** dar rienda suelta a algo/algn **to go full out** ir a toda mecha **to the full** al máximo *Ver tb* ADVANTAGE, BLOOM, DRAW[2], FLUSH[1], HAND[1], KNOW, MEASURE[2], REIN, VENT, WORKING
■ **full** *adv* **1** *full in the face* en plena cara **2** muy
full-back *n* defensa (*deporte*)
full-blooded /ˌfʊl ˈblʌdɪd/ *adj* **1(a)** vigoroso **(b)** empedernido **2** de pura sangre
full-blown /ˌfʊl ˈbləʊn/ *adj* **1** en flor **2** (*fig*) **(a)** en auge: *a full blown scandal* un verdadero escándalo **(b)** (*coloq*) hecho y derecho
full board *n* pensión completa
full-bodied /ˌfʊl ˈbɒdɪd/ *adj* **1** (*vino*) con cuerpo **2** (*sabor*) fuerte
full dress *adj* de gala
full-fledged *adj* (*USA*) *Ver* FULLY-FLEDGED
full-grown /ˌfʊl ˈgrəʊn/ (*tb* **fully grown**) *adj* adulto
full house *n* **1** (*teatro, cine*) lleno: *We were playing to full houses every night.* Tuvimos llenos todas las noches. **2** (*póquer*) full **3** bingo
full-length /ˌfʊl ˈleŋθ/ *adj* **1** (*espejo*) de cuerpo entero **2** (*ropa*) largo **3** *full-length film* largometraje
full marks *n* [*pl*] máxima puntuación: *to get full marks* sacar un sobresaliente
LOC full marks (for sth): *Full marks for discretion.* Te llevas la palma por tu discreción.
full moon *n* luna llena
fullness (*tb* **fulness**) /ˈfʊlnəs/ *n* **1** hartura **2** plenitud
LOC in the fullness of time 1 en su debido tiempo **2** al cabo del tiempo
full-page *adj* a toda plana
full-scale /ˌfʊl ˈskeɪl/ (*tb* **full-size**) *adj* **1** (*maqueta*) a tamaño natural **2** (*fig*) a gran escala
full-size /ˈfʊl saɪz/ *adj Ver* FULL-SCALE
full stop (*tb* **full point**, *USA* **period**) *n* **1** punto ☛ *Ver págs 592-3* **2** ¡y punto!
full-time /ˌfʊl ˈtaɪm/ *adj* (*trabajo*) jornada completa
■ **full-time** *adv*: *to work full-time* trabajar jornada completa
full time *n* final del tiempo reglamentario
fully /ˈfʊli/ *adv* **1(a)** completamente **(b)** del todo: *I don't fully understand.* No acabo de entender. **2** *It will take fully two hours.* Durará por lo menos dos horas.
LOC to be fully stretched esforzarse al máximo
fully-fledged (*USA* **full-fledged**) *adj* **1** (*fig*) **(a)** hecho y derecho: *a fully-fledged democracy* una democracia bien establecida **(b)** titulado **2** (*pájaro*) plumado
fulminate /ˈfʊlmɪneɪt, ˌfʌl-/ *vi* **~ (against sth/sb)** tronar (contra algo/algn)
fulsome /ˈfʊlsəm/ *adj* excesivo
fumble /ˈfʌmbl/ **1** *vt* toquetear: *to fumble a catch* irsele de las manos (una pelota) **2** *vi* **~ (with sth)** manosear (torpemente) **3** *vi* **~ for sth** buscar a tientas: *to fumble in your pocket for sth* hurgar/escarbar en los bolsillos en busca de algo ◊ *to fumble for the right words* buscar las palabras adecuadas **4** *vi* **~ about/around** andar a tientas
fume /fjuːm/ *n* humo, gas (*gen de origen químico y con un fuerte olor*): *toxic fumes* gases tóxicos ◊ *exhaust fumes* gases del tubo de escape ☛ *Comparar con* SMOKE
■ **fume** *vi* echar humo (*de rabia*)

fumigate /ˈfjuːmɪgeɪt/ *vt* fumigar
▶ **fumigation** *n* fumigación
fun /fʌn/ *n* diversión: *to have fun* pasarlo bien ◊ *Have fun!* ¡Que te diviertas! ◊ *to be fun* ser entretenido/divertido ◊ *to take the fun out of sth* quitar toda la gracia a algo ◊ *What fun!* ¡Qué divertido! ◊ *He's great fun.* Es muy divertido.
LOC **(just) for fun/for the fun of it**; **(just) in fun** para divertirse, de/en broma **fun and games 1** diversiones **2** líos **to make fun of sth/sb** reírse de algo/algn *Ver tb* BARREL, BUNDLE, POKE
■ **fun** *adj* (*coloq*) divertido
function /ˈfʌŋkʃn/ *n* **1** función **2** ceremonia
■ **function** *vi* **1** funcionar **2 ~ as sth** servir, hacer de algo
▶ **functional** *adj* funcional
functionalism *n* funcionalismo
functionalist *adj*, *n* funcionalista
functionary /ˈfʌŋkʃənəri; *USA* -neri/ *n* (*pl* **-ies**) funcionario, -a
function key *n* tecla de función
fund /fʌnd/ *n* **1** fondo: *a disaster/relief fund* fondos para una catástrofe/de ayuda ◊ *pension fund* fondo de pensión ◊ *a fund of knowledge/experience* una fuente/un fondo/una mina de conocimientos/experiencias *Ver tb* MUTUAL FUND, SLUSH FUND, TRUST FUND **2 funds** [*pl*] fondos: *to be short of funds* estar mal de fondos
LOC **to be in funds** estar bien de/tener fondos
■ **fund** *vt* **1** financiar, subvencionar **2** (*Fin*) consolidar
fundamental /ˌfʌndəˈmentl/ *adj* fundamental: *to be fundamental to sth* ser fundamental para algo
■ **fundamental** *n* [*gen pl*] fundamento
▶ **fundamentally** *adv* fundamentalmente
fundamentalism /ˌfʌndəˈmentəlɪzəm/ *n* fundamentalismo
▶ **fundamentalist** *adj*, *n* fundamentalista
funding /ˈfʌndɪŋ/ *n* **1** fondos, ayuda económica **2** (*Fin*) consolidación
fund-raiser /ˈfʌnd reɪzə(r)/ *n* recaudador, -ora de fondos
▶ **fund-raising** /ˈfʌnd reɪzɪŋ/ *n* recolección de fondos: *fund-raising event* velada benéfica
funeral /ˈfjuːnərəl/ *n* **1** funeral, entierro: *funeral rites* ritos funerarios ◊ *a funeral march/procession* marcha/cortejo fúnebre ◊ *funeral service* misa/ceremonia de cuerpo presente ◊ *funeral pyre* pira (funeraria) **2** cortejo fúnebre
LOC **that's my funeral** (*coloq*) eso es asunto mío: *It's your funeral.* ¡Es asunto tuyo!/¡Allá tú!
▶ **funerary** *adj* funerario
funeral director *n* director, -ora de funeraria
funeral parlour (*USA* **funeral home**) *n* funeraria
funereal /fjuˈnɪəriəl/ *adj* fúnebre, lúgubre
funfair /ˈfʌnfeə(r)/ (*tb* **fair**) *n* feria, parque de atracciones
fungal /ˈfʌŋgl/ *adj* **1** de hongos **2** (*Med*) micótico
fungicide /ˈfʌŋgɪsaɪd/ *n* fungicida
fungus /ˈfʌŋgəs/ *n* (*pl* **-gi** /-gaɪ, -dʒaɪ/ o **~es**) hongo
funicular /fjuːˈnɪkjələ(r)/ (*tb* **funicular railway**) *n* funicular (*con vías*)
funk /fʌŋk/ *vt* darle miedo a algn
■ **funk** (*tb* **blue funk**) *n* [*sing*] (*coloq*) canguelo
▶ **funky** *adj* (**-ier, -iest**) (*argot*) **1** (*música*) funky **2** (*coloq, aprob*) moderno: *That's a really funky dress you're wearing!* ¡Llevas un vestido a la última!
funnel /ˈfʌnl/ *n* **1** embudo ☛ *Ver ilustración en* FILTER **2** chimenea (*de máquina a vapor*)
■ **funnel** *vt* (**-ll-**, *USA* **-l-**) canalizar
funnily /ˈfʌnɪli/ *adv* de un modo extraño: *Funnily enough…* Mira tú por dónde…
funny /ˈfʌni/ *adj* (**-ier, -iest**) **1** gracioso, divertido **2** extraño, raro: *That's funny…* ¡Qué raro!… ◊ *People were giving him funny looks.* La gente le miraba con cara rara. ◊ *The funny thing is…* Lo raro/lo curioso es… ◊ *He's funny that way.* Es así de rarito. **3** (*coloq*) un poco mal: *She had a funny turn.* Le dio algo malo.
LOC **funny business** (*coloq*) chanchullos: *Don't you try any funny business.* No me vengas con cosas raras. **funny ha-ha** (*coloq*) *Ver* FUNNY sentido 1 **funny peculiar** (*coloq*) *Ver* FUNNY sentido 2
funny bone *n* hueso de la suegra (*codo*)
fur /fɜː(r)/ *n* **1** pelo (*animal*) **2** piel: *a fur coat* un abrigo de piel **3** abrigo de piel **4** saburra **5** (*USA* **scale**) sarro
LOC *Ver* FLY[1]
■ **fur** *vt, vi* (**-rr-**) **to fur (sth) (up)** cubrir(se) de sarro
furious /ˈfjʊəriəs/ *adj* **1 ~ (at sth)**; **~ (with sb)** furioso (con algo/algn) **2(a)** (*esfuerzo, lucha, tormenta*) violento: *at a furious speed* a toda velocidad **(b)** (*debate*) acalorado **LOC** *Ver* FAST[1]
▶ **furiously** *adv* violentamente, furiosamente
furl /fɜːl/ *vt* **1** (*vela*) recoger: *a furled umbrella* un paraguas cerrado **2** (*alas*) recoger
furlong /ˈfɜːlɒŋ; *USA* -lɔːŋ/ *n* medida de 201 metros
furnace /ˈfɜːnɪs/ *n* caldera *Ver tb* BLAST FURNACE
furnish /ˈfɜːnɪʃ/ *vt* **1 ~ sth (with sth)** amueblar algo (con algo): *a furnished flat* un piso amueblado **2 ~ sth/sb with sth**; **~ sth (to sth/sb)** suministrar algo/algn con algo; algo (a algo/algn)
▶ **furnishings** *n* [*pl*] mobiliario (*cortinas, alfombras, etc*)
furniture /ˈfɜːnɪtʃə(r)/ *n* [*incontable*] mobiliario, muebles: *a piece of furniture* un mueble ◊ *a furniture removal firm* una empresa de mudanzas
furore /fjuˈrɔːri, ˈfjʊərɔː(r)/ (*USA* **furor** /ˈfjʊərɔːr/) *n* furor: *to cause/create a furore* hacer furor
furrier /ˈfʌriə(r)/ *n* peletero: *a furrier's* una peletería
furrow /ˈfʌrəʊ/ *n* surco
■ **furrow** *vt* hacer surcos en: *a furrowed brow* un ceño fruncido
furry /ˈfɜːri/ *adj* (**-ier, -iest**) **1** parecido a la piel **2** peludo: *a furry toy* un muñeco de peluche
further /ˈfɜːðə(r)/ *adj* (*comp de* **far**) **1** (*tb* **farther**) más lejos: *at the further end of the field* en la otra punta del campo ◊ *a little further down the road* a poca distancia, carretera abajo ◊ *further up/down* más arriba/abajo ◊ *Nothing could be further from the truth.* Nada puede estar más lejos de la realidad. **2** más: *without further loss of time* sin perder más tiempo ◊ *After further consideration…* Después de considerarlo con detenimiento… ◊ *until further notice* hasta nuevo aviso ◊ *a college of further education* un colegio de educación superior ◊ *for further details/information…* para más información… **LOC** *Ver* ADO
■ **further** *adv* (*comp de* **far**) **1** (*tb* **farther**) más lejos: *It's not safe to go any further.* No es seguro seguir adelante. ◊ *How much further is it to Oxford?* ¿Cuánto falta para Oxford? ◊ *Nothing could be further from the truth.* Nada está más lejos de la verdad. **2** además: *Further to my letter of 20 November…* En relación a mi carta del 20 de noviembre… **3** más: *I heard nothing further.* No he vuelto a oír nada más.

¿**Farther** o **further**? Los dos son comparativos de far, pero solo son sinónimos cuando nos referimos a distancias: *Which is further/farther?* ¿Cuál está más lejos?

■ **further** *vt* fomentar, promover
furtherance /ˈfɜːðərəns/ *n* fomento
further education *n* (*GB*) educación superior
furthermore /ˌfɜːðəˈmɔː(r)/ *adv* además
furthest /fɜːðɪst/ (*tb* **farthest**) *adj, adv* (*superl de* **far**) más lejano/alejado: *the furthest corner of Europe* el punto más lejano de Europa ◊ *He has gone the furthest of all the researchers.* Es el que más lejos ha llegado de todos los investigadores.
furtive /ˈfɜːtɪv/ *adj* furtivo: *a furtive glance* una mirada furtiva

▶ **furtively** *adv* furtivamente

fury /ˈfjʊəri/ *n* (*pl* **-ies**) **1** furia, rabia: *speechless with fury* mudo de rabia ◊ *She gave way to blind fury.* Se puso hecha una furia. ◊ *an uncontrollable fury* un incontrolable ataque de rabia ◊ *She flew into a fury.* Se puso furiosa. ◊ *Don't work yourself up into a fury.* No te dejes llevar por la rabia. **2** violencia: *The fury of the storm abated.* Lo peor de la tormenta pasó. **3 the Furies** [*pl*] las furias

LOC like fury (*coloq*) como una bestia: *He worked like fury to get it finished.* Trabajó como un loco para terminarlo.

furze /fɜːz/ *n Ver* GORSE

fuse[1] /fjuːz/ *n* **1** mecha **2** espoleta **LOC** *Ver* SHORT[1]

fuse[2] /fjuːz/ **1** *vi* fundirse: *The lights have fused.* Se han fundido los plomos. **2** *vt* soldar: *to fuse two pieces of wire together* soldar dos trozos de cable **3** *vt, vi* (*fig*) unir(se): *The two families were fused by the marriage.* Las dos familias se unieron por la boda. **4** (*Elec*) *vt* poner un fusible a

■ **fuse** *n* fusible: *The fuse has blown.* Han saltado los plomos.

fuse box *n* caja de los plomos

fuselage /ˈfjuːzəlɑːʒ; *USA* ˈfjuːsəlɑːʒ/ *n* fuselaje

fuse wire *n* alambre de fusible

fusilier /ˌfjuːzəˈlɪə(r)/ *n* fusilero

fusillade /ˌfjuːzəˈleɪd; *USA* -sə-/ *n* **1** (descarga de) fusilería **2** (*fig*) lluvia (*críticas, preguntas, etc*)

fusion /ˈfjuːʒn/ *n* fusión: *nuclear fusion* fusión nuclear

fuss /fʌs/ *n* [*incontable*] alboroto, jaleo, lío: *Stop all this fuss.* Deja ya de armar jaleo. ◊ *It was a lot of fuss about nothing.* Se hizo mucho alboroto por nada. ◊ *There was an awful fuss about the robbery.* Hubo mucho lío por el robo.

LOC to make a fuss of/over sb mimar a algn **to make a fuss of/over sth** dar bomba a algo **to make, kick up, etc a fuss** (**about/over sth**) armar/montar, etc un escándalo (por algo)

■ **fuss** *vi* **1 ~** (**about**) preocuparse (*por una menudencia*) **2 ~ over sb** mimar a algn

LOC not to be fussed (**about sth/sb**) (*coloq*) darle igual (algo o algn): *I'm not fussed* (*which cake I have*). Me da igual (qué pastel me toca).

fusspot /ˈfʌspɒt/ *n* (*coloq*) quisquilloso, -a

fussy /ˈfʌsi/ *adj* (**-ier, -iest**) **1** quisquilloso **2 ~** (**about sth**) exigente (con algo) **3** recargado (*ropa*)

fusty /ˈfʌsti/ *adj* **1(a)** que huele a cerrado: *The air in the room was fusty.* La habitación olía a cerrado. **(b)** mohoso: *fusty* (*smelling*) *clothes* ropa que huele a moho **2** enmohecido: *a fusty old professor* un catedrático muy anticuado

futile /ˈfjuːtaɪl; *USA* -tl/ *adj* inútil: *a futile attempt* un intento inútil ◊ *Their efforts to revive him were futile.* Sus esfuerzos por reanimarlo fueron en vano.

▶ **futility** /fjuːˈtɪləti/ *n* futilidad: *the futility of war* la futilidad de la guerra

future /ˈfjuːtʃə(r)/ *n* **1(a)** futuro: *in the near future* en un futuro cercano ◊ *I don't think it will happen in the forseeable future.* No creo que suceda en un futuro inmediato. ◊ *in the not too distant future* en un futuro no muy lejano ◊ *the future of the business* el futuro de la empresa ◊ *There is no future in it.* No tiene futuro. **(b)** porvenir: *I wonder what the future holds for us?* ¿Me pregunto qué nos tiene reservado el porvenir? ◊ *We hope to secure a better future for our children.* Esperamos poder asegurar un porvenir mejor para nuestros hijos. ◊ *a secure future* un porvenir asegurado **2 futures** [*pl*] (*Com*) futuros **3** (*tb* **future tense**) futuro

El **future simple** se forma con los verbos auxiliares **shall** y **will** más el infinitivo: *I'll go and see her next week.* ◊ *Will you stay for a meal?* Ver nota sobre el uso de **shall** y **will** en SHALL

Existen también el **future continuous y el future perfect**: *You'll be travelling first-class.* ◊ *Will you be using the car tomorrow?* ◊ *I'll have been here for three years next March.*

Nótese que **shall** y **will** son también verbos modales.

Otras formas de expresar el futuro son **to be going to** más **infinitive**, **present continuous** y **present simple**: *I'm going to have lunch with him tomorrow.* ◊ *When is she having the baby?* ◊ *What time does the Rome flight leave?*

LOC in future en el futuro: *Please be punctual in future.* De ahora en adelante haz el favor de ser puntual. *Ver tb* FORESEEABLE *en* FORESEE

■ **future** *adj* futuro: *her future prospects* sus perspectivas futuras ◊ *his future mother-in-law* su futura suegra ◊ *future economic trends* las tendencias económicas futuras

futurism /ˈfjuːtʃərɪzəm/ *n* futurismo

▶ **futurist** *adj, n* futurista

futuristic *adj* futurista

fuzz /fʌz/ *n* **1** pelusa, vello **2 the fuzz** (*argot*) la bofia

fuzzy /ˈfʌzi/ *adj* (**-ier, -iest**) **1** velludo: *a fuzzy teddy bear* un osito peludo ◊ *fuzzy hair* pelo rizado **2** borroso: *These photographs have come out all fuzzy.* Estas fotos han salido muy borrosas. ◊ *I feel a bit fuzzy in the head.* Tengo la mente un poco embotada.

fwd *abrev de* **forward**

Gg

G, g /dʒiː/ *n* (*pl* **G's, g's** /dʒiːz/) **1** (*letra*) G, g: *'God' begins with (a) G.* "God" empieza por G. **2** (*Mús*) sol

g (*pl* **g**) (*tb* **gm**, **gr**) *abrev de* **gram/gramme**

gab /gæb/ *n* (*coloq*) *Ver tb* GIFT

gabble /ˈgæbl/ **1** *vi* hablar atropelladamente **2** *vt* **~ sth (out)** decir a trompicones algo: *The children gabbled out what had happened.* Los niños contaron atropelladamente lo que había ocurrido.

■ **gabble** *n* parloteo

gable /ˈgeɪbl/ *n* hastial (*triángulo de fachada debajo del tejado*) ☛ *Ver ilustración en* HOUSE

▶ **gabled** *adj*: *a gabled roof* un tejado a varias aguas ◊ *a gabled house* una casa con uno o más hastiales

gadget /ˈgædʒɪt/ *n* aparato: *a clever little gadget* un aparatito ingenioso

▶ **gadgetry** *n* aparatos

Gaelic /ˈgeɪlɪk, ˈgælɪk/ *adj, n* gaélico

gaff /gæf/ *n* **LOC** *Ver* BLOW

gaffe /gæf/ *n* indiscreción: *to make a gaffe* meter la pata

gag /gæg/ *n* **1** (*lit* y *fig*) mordaza **2** gag

■ **gag (-gg-) 1** *vt* (*lit* y *fig*) amordazar **2** *vi* **to gag (on sth)** (*coloq*) atragantarse (con algo)

gaga /ˈgɑːgɑː/ *adj* (*coloq*) chocho: *to be going gaga* chochear

gage *n* (*USA*) *Ver* GAUGE

gaggle /ˈgægl/ *n* **1** (*gansos*) bandada **2** (*personas*): *a gaggle of schoolgirls* un grupo de colegialas bulliciosas

gaiety /ˈgeɪəti/ *n* alegría

gaily *Ver* GAY[2]

gain[1] /geɪn/ *n* ganancia: *to do sth for financial gain* hacer algo para ganar dinero ◊ *substantial gains in productivity* progresos notables en productividad ◊ *Heavy gains were recorded on the Stock Exchange.* Se registraron fuertes subidas en la bolsa.

gain[2] /geɪn/ **1** *vt* (*conseguir*) ganar: *to gain control* ganar control ◊ *There is little/nothing to be gained from waiting any longer.* No ganamos nada esperando más tiempo. ◊ *to gain recognition for sth* obtener reconocimiento por algo ◊ *to gain a place at University* conseguir una plaza en la universidad ◊ *The shares gained 10p.* Las acciones subieron 10 peniques. ◊ *I've gained 17 kilos.* He engordado 17 kilos.

> Nótese que "ganar un premio" se dice *to win a prize* y "ganar (mucho) dinero" *to earn (a lot of) money*. Ver GANAR

2 *vt* adquirir: *to gain experience/speed* adquirir experiencia/velocidad **3** *vi* **~ by/from (doing) sth** beneficiarse de (hacer) algo: *Britain has gained by being a part of the EC.* Gran Bretaña se ha beneficiado de ser miembro de la CEE.

LOC **to gain credence** ganar credibilidad **to gain ground** ganar terreno **to gain time** ganar tiempo *Ver tb* LAUREL, VENTURE

PHR V **to gain in sth** ganar en algo: *The Party is gaining in popularity.* El partido está ganando en popularidad. ◊ *to gain in confidence* ganar en seguridad

to gain on sth/sb ir alcanzando algo/algn: *The patrol car was gaining on the stolen vehicle.* El coche patrulla iba alcanzando al vehículo robado.

gainful /ˈgeɪnfl/ *adj*: *gainful employment* trabajo remunerado

▶ **gainfully** *adv* útilmente

gait /geɪt/ *n* [*sing*] paso, andar

gala /ˈgɑːlə; *USA* ˈgeɪlə/ *n* gala: *a gala dinner* una cena de gala

galactic /gəˈlæktɪk/ *adj* galáctico

galaxy /ˈgæləksi/ *n* (*pl* **-ies**) **1** galaxia **2** (*fig*) pléyade: *a galaxy of talent* una pléyade de talento

gale /geɪl/ *n* **1** temporal: *a gale warning* aviso de temporal ◊ *They have predicted gale-force winds.* Han dicho que va a haber vientos huracanados. **2** (*fig*): *gales of laughter* grandes risotadas

gall[1] /gɔːl/ *n* **1** bilis **2** (*coloq, fig*) impertinencia

■ **gall** *vt* fastidiar: *It galled him to have to ask for a loan.* Le fastidiaba el tener que pedir un préstamo.

▶ **galling** *adj* irritante, humillante: *It was galling to have to apologize.* Fue irritante el tener que disculparse.

gall[2] (*pl* **gall** o **galls**) *abrev de* **gallon**

gallant /ˈgælənt/ *adj* **1** (*formal* o *ret*) valiente **2** galante ☛ En este sentido también se pronuncia /ˌgəˈlænt/.

▶ **gallantly** *adv* **1** valientemente **2** galantemente

gallantry *n* **1** valentía **2** galantería

gall bladder *n* vesícula biliar ☛ *Ver ilustración en* DIGESTIVE

galleon /ˈgæliən/ *n* galeón

gallery /ˈgæləri/ *n* (*pl* **-ies**) **1** museo, galería de arte: *the National Gallery* el Museo Nacional de Pintura ☛ *Ver nota en* MUSEO **2** galería *Ver tb* PICTURE GALLERY, PRESS GALLERY

galley /ˈgæli/ *n* (*pl* **~s**) **1** cocina (*en un avión o en un barco*) **2** (*Náut*) galera

galley proof (*tb* **galley**) *n* galerada

Gallic /ˈgælɪk/ *adj* galo

gallon /ˈgælən/ *n* (*abrev* **gall**) galón: *My car does 35 miles to the gallon.* Mi coche consume un galón cada 35 millas. ☛ *Ver apéndice 3*

gallop /ˈgæləp/ **1** *vi* galopar **2** *vt* hacer galopar

PHR V **to gallop through sth** acabar algo rápidamente

■ **gallop** *n* (*lit* y *fig*) [*sing*] galope

▶ **galloping** *adj* galopante: *galloping inflation* inflación galopante

gallows /ˈgæləʊz/ **the gallows** *n* (la) horca: *gallows humour* humor negro

gallstone /ˈgɔːlstəʊn/ *n* cálculo biliar

galore /gəˈlɔː(r)/ *adv* en cantidad: *There are bargains galore in the sales.* Hay gangas en cantidad en las rebajas.

galvanize, -ise /ˈgælvənaɪz/ *vt* **1** galvanizar **2 ~ sb (into sth/into doing sth)** galvanizar a algn (a algo/hacer algo): *His rousing speech galvanized the men into action.* Su discurso conmovedor movió a los hombres a actuar.

gambit /ˈgæmbɪt/ *n* **1** (*ajedrez*) gambito **2** (*fig*) táctica: *His opening gambit was an attack on the Government.* Su movimiento de apertura fue un ataque al gobierno.

gamble /ˈgæmbl/ *vt, vi* (*dinero*) jugar

PHR V **to gamble sth away** jugarse algo (*y perderlo*): *He gambled away his salary.* Se jugó el sueldo.

to gamble on sth/doing sth confiar en algo/hacer algo: *He was gambling on the plane being late.* Confiaba en que el avión llegaría tarde.

■ **gamble** *n* **1** jugada **2** (*fig*): *It's a bit of a gamble.* Es un poco arriesgado.

LOC to take a gamble (on sth) arriesgarse (a algo): *The company took a gamble by cutting the price of their products.* La compañía se arriesgó a bajar el precio de sus productos.
▸ **gambler** /ˈgæmblə(r)/ *n* jugador, -ora
gambling *n* juego: *gambling debts* deudas de juego
gambol /ˈgæmbl/ *vi* (**-ll-**) (*USA* **-l-**) brincar
game[1] /geɪm/ *n* **1(a)** juego: *a TV game show* un concurso de TV ◊ *a ball game* un juego de pelota ◊ *a game of chance* un juego de azar ◊ *two games all* iguales a dos juegos ◊ *game, set and match* juego, set y partido ◊ *a board game* un juego de mesa *Ver tb* WAR GAME **(b)** partido *Ver tb* RETURN GAME **(c)** partida **2 games** [*pl*] **(a)** educación física: *She's good at games.* Es buena en deportes. ◊ *a games teacher* una profesora de educación física **(b)** juegos *Ver tb* THE OLYMPIC GAMES **3** (*coloq*) **(a)** artimaña: *So that's his (little) game!* ¡O sea que ese es su juego! ◊ *I wonder what her game is.* Me pregunto qué estará tramando. **(b)** asunto: *a very profitable game* un asunto muy provechoso **4** [*incontable*] caza: *game pie* pastel de caza *Ver tb* BIG GAME, FAIR GAME
LOC a game that two can play; two can play at that game donde las dan las toman **the game is up** se acabó (**to be**) **off your game** (estar) bajo de forma: *Will it put you off your game if we watch?* ¿Te hará distraerte si miramos? **to be on the game** (*argot*) hacer la calle **to give the game away** descubrir el pastel: *His blushing gave the game away.* Su rubor le delató. **to play the game** jugar limpio *Ver tb* BEAT, FUN, MUG[2], NAME[1], WAIT
game[2] /geɪm/ *adj* **~ (for sth/to do sth)** listo (para algo/hacer algo): *I'm game (to try).* Yo me atrevo. ◊ *Are you game?* ¿Te animas? ◊ *He's always game for an adventure.* Siempre se apunta para una aventura.
gamekeeper /ˈgeɪmkiːpə(r)/ *n* guarda de coto de caza
gamete /ˈgæmiːt/ *n* gameto
gamma /ˈgæmə/ *n* gamma
gamma ray *n* rayo gamma
gammon /ˈgæmən/ *n* [*incontable*] jamón fresco salado: *a gammon steak* un filete de jamón
gammy /ˈgæmi/ *adj* (*coloq*) tullido: *a gammy leg* una pierna lisiada
gamut /ˈgæmət/ **the gamut** *n* [*sing*] gama: *the whole gamut of human emotions* la escala completa de emociones humanas
LOC to run the gamut (of sth) recorrer la gama completa (de algo)
gander /ˈgændə(r)/ *n* **1** ganso macho *Ver tb* GOOSE ☛ *Ver nota en* GANSO **2** [*sing*] (*coloq*) vistazo: *to take/have a gander at sth* echar un vistazo a algo **LOC** *Ver* SAUCE
gang /gæŋ/ *n* **1** banda, pandilla: *a gang of youths* una pandilla de jóvenes ◊ *gang warfare* guerra de bandas **2** cuadrilla *Ver tb* PRESS-GANG
■ **gang** *v*
PHR V to gang together; to gang up (with sb) (against sb) agruparse, juntarse (con algn) (contra algn)
to gang up on sb juntarse contra algn
gangling /ˈgæŋglɪŋ/ (*tb* **gangly** /ˈgæŋgli/) *adj* desgarbado
gangplank /ˈgæŋplæŋk/ *n* pasarela (*de barco*): *to make sb walk the (gang)plank* pasar a algn por la pasarela ☛ *Comparar con* CATWALK
gangrene /ˈgæŋgriːn/ *n* gangrena
▸ **gangrenous** *adj* /ˈgæŋgrɪnəs/ gangrenoso: *to go gangrenous* gangrenarse
gangster /ˈgæŋstə(r)/ *n* gánster
gangway /ˈgæŋweɪ/ *n* **1** pasarela **2** (*GB*) pasillo (*entre sillas, etc*)
■ **gangway** *interj* ¡abran paso!
ganja /ˈgændʒə/ *n Ver* MARIJUANA
gannet /ˈgænɪt/ *n* **1** alcatraz **2** (*fig*) glotón, -ona
gantry /ˈgæntri/ *n* (*pl* **-ies**) **1** (*Transporte*) castillete de señalización **2** (*grúa*) base, soporte **3** (*cohete*) torre de lanzamiento
gaol *n Ver* JAIL
gaolbird (*tb* **jailbird**) /ˈdʒeɪlbɜːd/ *n* (*antic, coloq*) carne de prisión
gap /gæp/ *n* **1(a)** hueco: *a gap in the traffic* un hueco en el tráfico **(b)** abertura: *the gap in the hedge* el boquete en el seto **2** espacio: *Fill in the gaps.* Rellene los espacios. ◊ *a gap between your teeth* una separación entre los dientes **3** intervalo **4** (*fig*) separación: *to close the gap between two points of view* salvar la distancia entre dos puntos de vista. **5** (*fig*) deficiencia: *gaps in our knowledge* lagunas en nuestro conocimiento ◊ *to fill a gap in the market* cubrir un vacío en el mercado *Ver tb* THE GENERATION GAP, STOPGAP **LOC** *Ver* BRIDGE
gape /geɪp/ *vi* **1 ~ (at sth/sb)** mirar boquiabierto (algo/a algn) **2** abrirse: *a gaping wound* una herida abierta ◊ *a gaping hole* un agujero abierto ◊ *His shirt gaped (open).* Se le abrió la camisa.
garage /ˈgærɑːʒ, ˈgærɪdʒ; *USA* gəˈrɑːʒ/ *n* **1** garage: *double garage* garage de dos plazas ☛ *Ver ilustración en* HOUSE **2** (*USA* **service station**) estación de servicio
garage sale (*USA*) (*GB* **car-boot sale**) *n* mercadillo de artículos usados vendidos por particulares
garb /gɑːb/ *n* [*incontable*] atuendo: *military garb* traje militar
■ **garb** *vt* ataviar
garbage /ˈgɑːbɪdʒ/ (*USA*) (*GB* **rubbish**) *n* [*incontable*] basura: *garbage disposal* recogida de basuras ◊ *You do talk a load of garbage!* ¡Lo que dices es un montón de basura! ☛ *Ver nota en* RUBBISH
garbage can (*USA*) (*GB* **dustbin**) *n* cubo de basura
garbage man (*USA*) (*GB* **dustman**) *n* barrendero, basurero
garbled /ˈgɑːbld/ *adj* confuso: *a garbled message* un mensaje confuso
garden /ˈgɑːdn/ *n* jardín: *the back/front garden* el jardín trasero/delantero ◊ *the botanical gardens* el jardín botánico ◊ *the Garden of Eden* el jardín del edén *Ver tb* KITCHEN GARDEN, MARKET GARDEN, ROOF GARDEN, VEGETABLE GARDEN **LOC** *Ver* COMMON[1], EVERYTHING, LEAD[3]
■ **garden** *vi* trabajar en el jardín
▸ **gardener** /ˈgɑːdnə(r)/ *n* jardinero, -a
gardening /ˈgɑːdnɪŋ/ *n* jardinería: *gardening tools* herramientas de jardinería
garden centre *n* centro de jardinería
gardenia /gɑːˈdiːniə/ *n* (*Bot*) gardenia
garden party *n* recepción al aire libre
gargantuan /gɑːˈgæntʃuən/ *adj* gigantesco: *a gargantuan appetite* un apetito colosal
gargle /ˈgɑːgl/ *vi* **~ (with sth)** hacer gárgaras (con algo)
gargoyle /ˈgɑːgɔɪl/ *n* gárgola
garish /ˈgeərɪʃ/ *adj* llamativo: *garish colours* colores chillones
garland /ˈgɑːlənd/ *n* guirnalda: *a garland of flowers* una guirnalda de flores
■ **garland** *vt* adornar con guirnaldas
garlic /ˈgɑːlɪk/ *n* [*incontable*] ajo: *garlic bread* pan de ajo ◊ *garlic press* triturador de ajos ◊ *a head/bulb of garlic* una cabeza de ajos *Ver tb* CLOVE OF GARLIC
▸ **garlicky** *adj* (*coloq*) con sabor/olor a ajo
garment /ˈgɑːmənt/ *n* (*formal*) prenda (*de vestir*)
garner /ˈgɑːnə(r)/ *vt* (*formal*) acumular: *facts garnered from various sources* hechos reunidos de diversas fuentes
garnet /ˈgɑːnɪt/ *n* granate (*piedra*)
garnish /ˈgɑːnɪʃ/ *vt* **~ sth (with sth)** (*Cocina*) adornar, aderezar algo (con algo): *Garnish with chopped parsley.* Adorne con perejil picado.
■ **garnish** *n* (*Cocina*) adorno: *salad garnish* ensalada de acompañamiento

garret /ˈgærət/ *n* desván
garrison /ˈgærɪsn/ *vt* (*Mil*) guarnecer
■ **garrison** *n* [*v sing o pl*] (*Mil*) guarnición: *garrison town* plaza fuerte
garrulous /ˈgærələs, -rjʊl-/ *adj* charlatán
garter /ˈgɑːtə(r)/ *n* liga LOC *Ver* GUT
garter belt (*USA*) (*GB* **suspender belt**) *n* liguero
gas /gæs/ *n* (*pl* **gases**) **1** gas: *to cook on a low gas* cocinar a fuego lento *Ver tb* CALOR GAS, GREENHOUSE GAS, TEAR GAS **2** (*Med*) gas anestésico **3** (*USA, coloq*) *Ver* PETROL **4** (*coloq, pey, fig*) parloteo **5** (*USA, coloq*): *to be a gas* ser muy divertido
■ **gas (-ss-) 1** *vt* asfixiar con gas: *She gassed herself.* Se suicidó con gas. **2** *vi* (*coloq, pey*) parlotear
▶ **gaseous** *adj* gaseoso (*Quím*)
gasbag /ˈgæsbæg/ *n* (*coloq, pey*) cotorra
gas board (*USA* **gas company**) *n* compañía del gas
gas cooker (*USA* **gas stove**) *n* cocina de gas
gas-fired /ˈgæs faɪəd/ *adj* propulsado a gas: *gas-fired central heating* calefacción central a gas
gash /gæʃ/ *n* (*herida*) corte profundo
■ **gash** *vt* **~ sth (on/with sth)** hacerse un corte en algo (con algo): *He gashed his arm on a piece of broken glass.* Se hizo un corte en el brazo con un trozo de cristal.
gasket /ˈgæskɪt/ *n* (*Mec*) junta
gasman /ˈgæsmæn/ *n* (*pl* **-men** /-men/) (*coloq*) persona que lee el contador del gas
gas mask *n* máscara antigás ☛ *Ver ilustración en* MASK
gasoline (*tb* **gasolene**) /ˈgæsəliːn/ (*USA*) (*GB* **petrol**) *n* gasolina
gasp /gɑːsp/ **1** *vi* jadear, dar un grito sofocado: *to gasp for air/breath* hacer esfuerzos para respirar ◊ *to gasp in/with astonishment at sth* quedarse boquiabierto al ver/oír algo **2** *vt* **~ sth (out)** decir algo con voz entrecortada
LOC **to be gasping (for sth)**: *I was gasping for a cigarette.* Me estaba muriendo por un cigarro. ◊ *'Do you want a drink?' 'Yes, I'm gasping!'* —¿Quieres tomar algo? —Sí, estoy seco.
■ **gasp** *n* jadeo, grito sofocado: *to give/let out a gasp* dar un grito sofocado LOC *Ver* LAST[1]
gas station (*USA*) (*GB* **petrol station**) *n* gasolinera
gas stove *n* cocina de gas
gastric /ˈgæstrɪk/ *adj* gástrico
gastro-enteritis /ˌgæstrəʊ ˌentəˈraɪtɪs/ *n* gastroenteritis
gastronomic /ˌgæstrəˈnɒmɪk/ *adj* gastronómico
gasworks /ˈgæswɜːks/ *n* (*pl* **gasworks**) [*v sing o pl*] planta de gas
gate /geɪt/ *n* **1** (*en un muro, valla, etc*) puerta, portón, cancela: *Close the garden gate.* Cierra la puerta del jardín. *Ver tb* STARTING GATE, TAILGATE ☛ *Ver ilustración en* HOUSE **2** compuerta (*de canal*) *Ver tb* FLOODGATE **3** (*Dep*) **(a)** (*personas*) taquilla **(b)** (*tb* **gate money**) recaudación LOC *Ver* PEARL
gâteau /ˈgætəʊ; *USA* gæˈtəʊ/ *n* (*pl* **gâteaux** o **gâteaus**) (*Fr*) tarta
gatecrash /ˈgeɪtkræʃ/ **1** *vi* colarse **2** (*tb* **crash**) *vt* colarse en: *to gatecrash a party* colarse en una fiesta
▶ **gatecrasher** *n* persona que se cuela
gatehouse /ˈgeɪthaʊs/ *n* caseta de guardabarrera
gatekeeper /ˈgeɪtkiːpə(r)/ *n* portero, -a, guardabarrera
gatepost /ˈgeɪtpəʊst/ *n* poste
LOC **between you, me and the gatepost** (*coloq*) entre nosotros
gateway /ˈgeɪtweɪ/ *n* **1** entrada, puerta **2 ~ to sth** (*fig*) **(a)** entrada hacia algo **(b)** pasaporte hacia algo: *Education is the gateway to a better life.* La enseñanza es el pasaporte para una mejor vida.
gather /ˈgæðə(r)/ **1(a)** *vi* juntarse, reunirse: *A crowd gathered (round).* Se formó una muchedumbre. **(b)** *vt* **~ sth/sb (together)** reunir/juntar algo; reunir a algn: *The general gathered his troops at the entrance to the valley.* El general reunió a sus tropas a la entrada del valle. **2(a)** *vt* recoger: *information gathered from various sources* información obtenida de diversas fuentes **(b)** *vt* **~ sth (in)** (*Agricultura*) recolectar algo **3** *vt* deducir: *I gather you want to see the director.* Tengo entendido que quiere ver al director. ◊ *I gathered from the way she replied that...* De la forma en que me contestó deduje que... **4** *vt* **~ sth (in)** (*falda, cortinas, etc*) fruncir algo **5(a)** *vi* acumularse: *The darkness is gathering.* Está oscureciendo. ◊ *A storm was gathering.* Amenazaba tormenta. **(b)** *vt* aumentar: *The campaign is gathering momentum.* La campaña está cobrando intensidad. ◊ *The car gathered speed.* El coche fue aumentando de velocidad.
LOC **to gather dust** acumular polvo **to gather your strength** recobrar fuerzas **to gather your thoughts** poner en orden tus pensamientos *Ver tb* WIT
PHR V **to gather round**: *Gather round and listen.* Acercaos y escuchad.
to gather round sth/sb agruparse en torno a algo/algn
to gather sth round sth: *She gathered the blanket round her shoulders.* Se cubrió los hombros con la manta.
to gather sth up recoger algo: *She gathered up all her toys.* Recogió todos sus juguetes.
■ **gather** *n* (*en una falda, etc*) pliegue, frunce
gathering /ˈgæðərɪŋ/ *n* reunión: *a small family gathering* una pequeña reunión familiar
GATT /gæt/ *abrev de* **General Agreement on Tariffs and Trade** GATT
gauche /gəʊʃ/ *adj* torpe
▶ **gaucheness** *n* torpeza
gaudy /ˈgɔːdi/ *adj* (*pey*) chillón, llamativo
gauge (*USA tb* **gage**) /geɪdʒ/ *n* **1** medida **2** (*tren*) ancho de vía **3** indicador: *oil gauge* indicador del aceite *Ver tb* PRESSURE GAUGE
■ **gauge** *vt* **1(a)** (*medir*) calibrar, calcular **(b)** estimar **2** juzgar: *a poll to gauge public opinion* una encuesta para juzgar la opinión pública
gaunt /gɔːnt/ *adj* **1** (*persona*) demacrado **2** (*sitio*) desolado
gauntlet[1] /ˈgɔːntlɪt/ *n* guante (*de puño largo*) ☛ *Ver ilustración en* GUANTE
LOC **to pick up/take up the gauntlet** recoger el guante/aceptar el reto **to throw down the gauntlet** arrojar el guante
gauntlet[2] /gɔːntlɪt/ *n*
LOC **to run the gauntlet (of sth)** aguantar el acoso/la hostilidad (de algo)
gauze /gɔːz/ *n* **1** gasa **2** tela metálica
gave *pret de* GIVE[1]
Gawd! /gɔːd/ *interj* (*coloq*) *Ver* GOD! *interj*
gawk /gɔːk/ *vi Ver* GAWP
gawky /ˈgɔːki/ *adj* desgarbado
gawp /gɔːp/ (*tb* **gawk**) *vi* **~ (at sth/sb)** (*coloq*) quedarse con la boca abierta (mirando algo/a algn)
gay[1] /geɪ/ *n* gay
■ **gay** *adj* gay: *I didn't know he/she was gay.* No sabía que era homosexual/lesbiana. ◊ *gay and lesbian rights* los derechos de los gays y las lesbianas ☛ *Comparar con* STRAIGHT
gay[2] /geɪ/ *adj* (*antic*) alegre
LOC **with gay abandon** como si tal cosa
▶ **gaily** *adv* **1** alegremente **2** como si tal cosa
gaze /geɪz/ *vi* **~ (at sth/sb)** mirar fijamente (algo/a algn): *They gazed into each other's eyes.* Se miraron fijamente a los ojos. ◊ *She gazed after him.* Lo siguió con la mirada. ◊ *She gazed around (the room).* Miró todo lo que la rodeaba (en la habitación). ◊ *He gazed down (into the park).* Miraba fijamente hacia abajo (al parque).

■ **gaze** *n* [*sing*] mirada fija y penetrante: *to meet sb's gaze* encontrarse con la mirada de algn

gazelle /ɡəˈzel/ *n* (*pl* **gazelle** o **~s**) gacela

gazette /ɡəˈzet/ *n* gaceta

GB /ˌdʒiː ˈbiː/ *abrev de* **Great Britain** ☛ *Ver nota en* GREAT BRITAIN

GBH /ˌdʒiː ˈbiː eɪtʃ/ *abrev de* **grievous bodily harm**

GCE /ˌdʒiː siː ˈiː/ (*pl* **GCEs**) (*GB, antic, Educ*) *abrev de* **General Certificate of Education 1** (*tb* **GCE O Level**) ☛ *Ver nota en* GCSE **2** (*tb* **GCE A Level**) ☛ *Ver nota en* A LEVEL

GCSE /ˌdʒiː siː es ˈiː/ (*pl* **GCSEs**) (*GB, Educ*) *abrev de* **General Certificate of Secondary Education**: *I'm studying for my GCSEs.* Estoy haciendo el bachillerato elemental.

Los **GCSEs** son exámenes estatales que hacen los estudiantes de quince a dieciséis años.
Hasta el año 1988 los estudiantes podían elegir si querían presentarse a los exámenes de (**GCE**) **O levels** o de **CSEs**, dependiendo del nivel que tuvieran en cada asignatura, siendo los **O levels** los exámenes más difíciles. Como este sistema se consideraba discriminatorio, se introdujo el sistema de los **GCSEs**, válido para los estudiantes de todos los niveles. *Ver tb nota en* A LEVEL

GDP /ˌdʒiː diː ˈpiː/ *abrev de* **gross domestic product** producto interior bruto *Ver tb* GNP

gear /ɡɪə(r)/ *n* **1** [*incontable*] **(a)** equipo, ropa: *camping gear* equipo de acampada ◊ *police in riot gear* policía con uniformes de antidisturbios **(b)** (*coloq*) efectos personales, cosas *Ver tb* HEADGEAR **2** (*Mec*) engranaje **3** (*vehículo*) marcha: *He changed gear.* Cambió de marcha. ◊ *The car is in/out of gear.* El coche tiene la marcha metida/está en punto muerto. ◊ *My new car has five gears.* Mi coche tiene cinco velocidades. *Ver tb* REVERSE GEAR *en* REVERSE[2], TOP GEAR ☛ *Ver ilustración en* BICYCLE **4** [*incontable*] (*fig*): *to move/step up a gear* acelerar la marcha ◊ *Her decision threw everything out of gear.* Su decisión desbarató los planes.

■ **gear** *v*

PHR V **to gear sth to/towards sth** adaptar algo a algo, enfocar algo a algo

to gear up (**for/to do sth**); **to gear sth/sb up** (**for/to do sth**) prepararse (para algo/para hacer algo), preparar algo/a algn (para algo/para hacer algo)

gearbox /ˈɡɪəbɒks/ *n* caja de cambios ☛ *Ver ilustración en* CAR

gear change (*tb* **gearchange**) *n* cambio de marcha

gearing /ˈɡɪərɪŋ/ *n* (*Fin*) apalancamiento

gear lever (*tb* **gearstick**) *n* palanca de cambios ☛ *Ver ilustración en* BICYCLE, CAR

gee /dʒiː/ (*tb* **gee whiz** /ˌdʒiː ˈwɪz/) *interj* (*esp USA*) ¡vaya!

gee-gee /ˈdʒiː dʒiː/ *n* caballito

Gee-gee es lo que dicen algunos niños pequeños para referirse a un caballo.

geese *plural de* GOOSE

geezer /ˈɡiːzə(r)/ *n* (*argot*) tío

Geiger counter /ˈɡaɪɡə kaʊntə(r)/ *n* contador Geiger

gel /dʒel/ *n* gel: *hair/shower gel* gel para el pelo/de ducha

■ **gel** (*tb* **jell**) *vi* (**-ll-**) cuajar: *My ideas are beginning to gel.* Mis ideas están empezando a cuajar.

gelatine /ˈdʒelətiːn/ (*tb* **gelatin** /ˈdʒelətɪn/) *n* gelatina (*incolora*) ☛ *Comparar con* JELLY

▶ **gelatinous** /dʒeˈlætɪnəs/ *adj* gelatinoso

gelding /ˈɡeldɪŋ/ *n* caballo castrado

gelignite /ˈdʒelɪɡnaɪt/ *n* gelignita

gem /dʒem/ *n* **1** piedra preciosa, gema **2** (*fig*) joya: *This picture is the gem of the collection.* Este cuadro es la joya de la colección. ◊ *a gem of a place* una preciosidad de lugar

Gemini /ˈdʒemɪnaɪ, -ni/ *n* géminis

▶ **Geminian** *n, adj* (*poco frec*) géminis ☛ *Ver ejemplos en* AQUARIUS ☛ *Ver ilustración en* ZODIACO

Gen *abrev de* **General**

gen /dʒen/ *n* (*GB, coloq*) **the gen** (**on sth**) la información (sobre algo)

■ **gen** *v* (**-nn-**)

PHR V **to gen** (**sb**) **up** (**on sth**) (*GB, coloq*) informarse (de algo), poner a algn al corriente (de algo): *to be genned up on sth* estar al corriente de algo

gender /ˈdʒendə(r)/ *n* **1** (*Gram*) género: *to agree in number and gender* concordar en número y género **2** (*Biol*) sexo: *discrimination on grounds of race, class or gender* discriminación por razones de raza, clase o sexo ☛ *Comparar con* GENRE, GENUS

gene /dʒiːn/ *n* gen

genealogy /ˌdʒiːniˈælədʒi/ *n* (*pl* **-ies**) genealogía

▶ **genealogical** *adj* genealógico ☛ *Comparar con* FAMILY TREE

genera *plural de* GENUS

general /ˈdʒenrəl/ *adj* **1** general: *a matter of general interest* una cuestión de interés general ◊ *the general public* el público (en general) ◊ *a general strike* una huelga general ◊ *Do you get the general picture?* ¿Te haces una idea general? **2** (*en cargos*) general: *the general manager* el director general ◊ *the general secretary of the union* el secretario general del sindicato *Ver tb* ATTORNEY-GENERAL, DIRECTOR-GENERAL, GOVERNOR-GENERAL, SECRETARY-GENERAL, SOLICITOR-GENERAL

LOC **as a general rule** por regla general **in general** por lo/en general

■ **general** (*tb* **General**) *n* (*abrev* **Gen**) (*Mil*) general *Ver tb* MAJOR GENERAL

General Certificate of Education *n* (*GB, Educ*) (*abrev* **GCE**) **1** (*tb* **GCE O level**) ☛ *Ver nota en* GCSE **2** (*tb* **GCE A level**) ☛ *Ver nota en* A LEVEL

General Certificate of Secondary Education *Ver* GCSE

general election *n* elecciones generales: *The general election is imminent.* Las elecciones generales son inminentes. ☛ *Ver nota en* BY-ELECTION ☛ *Ver tb págs 584-5*

generalist /ˈdʒenrəlɪst/ *n* persona de cultura general amplia, persona con un punto de vista amplio de las cosas

generality /ˌdʒenəˈræləti/ *n* (*pl* **-ies**) generalidad: *to speak in generalities* hablar en rasgos generales

generalize, -ise /ˈdʒenrəlaɪz/ **1** *vi* **~** (**about sth**) generalizar (sobre algo) **2** *vt* **~ sth** (**from sth**) generalizar algo (a partir de algo)

▶ **generalized, -ised** *adj* generalizado

generalization, -isation *n* generalización: *sweeping generalizations* amplias generalizaciones

general knowledge *n* cultura general

generally /ˈdʒenrəli/ *adv* **1** generalmente: *It's generally recognised/regarded as her masterpiece.* Es considerada por todo el mundo como su obra maestra. ◊ *generally speaking…* en términos generales… ◊ *generally agreed* acordado por la mayoría **2** normalmente, por lo general ☛ *Ver nota en* HOPEFULLY

general practice *n* (*GB*) medicina general

general practitioner *n* (*abrev* **GP**) (*tb* **family practitioner**) (*GB*) médico de cabecera

general-purpose *adj* de uso general: *a general-purpose cleaner* un limpiatodo

generate /ˈdʒenəreɪt/ *vt* generar: *to generate jobs* crear puestos de trabajo ◊ *to generate electricity* generar electricidad

▶ **generation** *n* **1** generación: *the younger generation* la nueva generación ◊ *a new generation of fashion designers* una nueva generación de diseñadores de moda *Ver tb* FIRST-GENERATION, SECOND-GENERATION,

THIRD-GENERATION **2** generación: *electricity generation* generación de electricidad
generative *adj* generativo
the generation gap *n* el conflicto generacional
generator /ˈdʒenəreɪtə(r)/ (*USA tb* **dynamo**) *n* generador
generic /dʒəˈnerɪk/ *adj* genérico
generosity /ˌdʒenəˈrɒsəti/ *n* generosidad
generous /ˈdʒenərəs/ *adj* **1** (*persona, regalo*) generoso: *his generous offer* su generosa oferta **2** (*ración*) abundante: *a generous helping* una buena porción
▶ **generously** *adv* generosamente, con generosidad: *Please give generously.* Por favor, sean generosos. ◊ *Season generously with parsley.* Sazonar con bastante perejil.
genesis /ˈdʒenəsɪs/ *n* **1** (*formal*) génesis **2 Genesis** (*Relig*) el Génesis
genetic /dʒəˈnetɪk/ *adj* genético
▶ **genetically** *adv* genéticamente: *genetically modified crops* cultivos transgénicos
geneticist *n* especialista en genética
genetic code *n* código genético
genetic engineering *n* ingeniería genética
genetics /dʒəˈnetɪks/ *n* genética
genial /ˈdʒiːniəl/ *adj* afable
▶ **geniality** *n* afabilidad
genially *adv* afablemente
genie /ˈdʒiːni/ *n* (*pl* **~s** o **genii** /ˈdʒiːniaɪ/) genio (*de la lámpara*) ☛ *Comparar con* GENIUS
genital /ˈdʒenɪtl/ *adj* genital
genitals /ˈdʒenɪtlz/ (*tb* **genitalia** /ˌdʒenɪˈteɪliə/) *n* [*pl*] (*formal*) genitales
genius /ˈdʒiːniəs/ *n* (*pl* **geniuses**) **1** genio **2** [*sing*] genialidad: *a woman of genius* una mujer genial ◊ *a stroke of (pure) genius* un golpe de pura genialidad **3** [*sing*] **~ for sth/doing sth** talento para (hacer) algo: *He has a genius for saying the wrong thing.* Tiene un talento especial para meter la pata.
genocide /ˈdʒenəsaɪd/ *n* genocidio
genre /ˈʒɑːnrə/ *n* género (*literario, musical, etc*): *the novel and other literary genres* la novela y otros géneros literarios ☛ *Comparar con* GENDER, GENUS
gent /dʒent/ *n* **1** (*coloq* o *joc*) caballero **2 the Gents** [*gen sing*] (*coloq*) (*USA* **men's room**) servicio (de caballeros): *Can you tell me where the Gents is?/Where's the Gents?* ¿Dónde está el servicio de caballeros, por favor?
genteel /dʒenˈtiːl/ *adj* remilgado
gentile /ˈdʒentaɪl/ *adj, n* gentil (*no judío*)
gentility /dʒenˈtɪləti/ *n* delicadeza
gentle /ˈdʒentl/ *adj* (**-er, -est**) **1(a)** (*persona, carácter*) amable, benévolo: *to be gentle with sb* ser amable con algn **(b)** (*brisa, caricia, ejercicio*) suave: *to put gentle pressure on sb* presionar suavemente a algn ◊ *soap that is gentle on the skin* un jabón que cuida tu piel **(c)** (*animal*) manso **2** ligero: *a gentle slope* una cuesta poco empinada ◊ *a gentle reminder* un toque de atención discreto
▶ **gentleness** *n* **1** amabilidad **2** suavidad
gentleman /ˈdʒentlmən/ *n* (*pl* **-men** /-mən/) caballero, señor: *a perfect gentleman* todo un perfecto caballero ◊ *a gentlemen's agreement* un pacto entre caballeros ◊ *Ladies and gentlemen!* ¡Señoras y caballeros! ◊ *There's a gentleman to see you.* Hay un señor que desea verle. *Ver tb* LADY
▶ **gentlemanly** *adj* caballeroso *Ver tb* LADYLIKE
gently /ˈdʒentli/ *adv* **1** suavemente **2** (*freír*) a fuego lento **3** (*persuadir*) poco a poco **LOC** *Ver* EASY[2]
gentry /ˈdʒentri/ *n* [*pl*] alta burguesía, pequeña nobleza
▶ **gentrification** *n* [*incontable*] aburguesamiento
genuflect /ˈdʒenjuflekt/ *vi* (*formal*) hacer una genuflexión
▶ **genuflection** *n* genuflexión

genuine /ˈdʒenjuɪn/ *adj* **1** (*artículo, interés, etc*) auténtico, legítimo: *She made a genuine attempt to be friendly.* Hizo un verdadero intento por ser amable. **2** (*persona, sentimiento*) sincero
LOC to be the genuine article (*coloq*) ser auténtico/de verdad
▶ **genuinely** *adv* de verdad: *He was genuinely sorry.* Estaba arrepentido de verdad.
genus /ˈdʒiːnəs/ *n* (*pl* **genera** /ˈdʒenərə/) género (*en Botánica y Zoología*) ☛ *Comparar con* GENDER, GENRE
geography /dʒiˈɒɡrəfi/ *n* geografía
▶ **geographer** *n* geógrafo, -a
geographical /ˌdʒiːəˈɡræfɪkl/ *adj* geográfico
geographically *adv* geográficamente
geology /dʒiˈɒlədʒi/ *n* geología
▶ **geologist** *n* geólogo, -a
geological /ˌdʒiːəˈlɒdʒɪkl/ *adj* geológico
geometry /dʒiˈɒmətri/ *n* (*pl* **-ies**) geometría
▶ **geometric** /ˌdʒiːəˈmetrɪk/ (*tb* **geometrical**) *adj* geométrico
geophysics /ˌdʒiːəʊˈfɪzɪks/ *n* geofísica
▶ **geophysical** *adj* geofísico
geophysicist *n* geofísico, -a
Georgian /ˈdʒɔːdʒən/ *adj* (*GB*) georgiano
geranium /dʒəˈreɪniəm/ *n* (*pl* **~s**) geranio ☛ *Ver ilustración en* FLOR
gerbil /ˈdʒɜːbɪl/ *n* gerbo, jerbo
geriatric /ˌdʒeriˈætrɪk/ *adj* geriátrico
■ **geriatric** *n* carcamal, anciano, -a
germ /dʒɜːm/ *n* germen, microbio
German /ˈdʒɜːmən/ *adj* alemán
■ **German** *n* **1** (*idioma*) alemán **2** (*persona*) alemán, -ana
▶ **Germanic** /dʒɜːˈmænɪk/ *adj* germánico
germane /dʒɜːˈmeɪn/ *adj* **~ (to sth)** (*formal*) pertinente (a algo)
German measles (*tb* **rubella**) *n* rubeola
German shepherd (*USA*) (*GB* **Alsatian**) *n* pastor alemán
Germany /ˈdʒɜːməni/ *n* (*pl* **-ies**) Alemania
germinate /ˈdʒɜːmɪneɪt/ **1** *vi* germinar **2** *vt* hacer germinar
▶ **germination** *n* germinación
gerund /ˈdʒerənd/ *n* gerundio ☛ *Ver nota en* GERUNDIO
gestation /dʒeˈsteɪʃn/ *n* [*incontable*] gestación: *nine-month gestation period* un período de gestación de nueve meses
gesticulate /dʒeˈstɪkjuleɪt/ *vi* gesticular, hacer gestos
gesture /ˈdʒestʃə(r)/ *n* (*lit* y *fig*) gesto
■ **gesture 1** *vi* hacer gestos: *to gesture at/to/towards sth* indicar algo con la mano **2** *vt* **~ sth (to sb)** decir algo (a algn) con gestos
get /ɡet/ (**-tt-**) (*pret* **got** /ɡɒt/ *pp* **got**, *USA* **gotten** /ˈɡɒtn/)
● **to get + n/pron** *vt* recibir, conseguir, coger: *to get a shock* llevarse un susto ◊ *to get a letter* recibir una carta ◊ *to get an idea of sth* hacerse una idea de algo ◊ *to get some sleep* dormir ◊ *I got the impression that…* Me llevé la impresión de que… ◊ *How much did you get for your car?* ¿Cuánto te han dado por el coche? ◊ *He got ten years.* Le echaron diez años. ◊ *I didn't get the joke.* No cogí el chiste. ◊ *Can I get a beer?* ¿Puedo cogerme una cerveza? ◊ *She gets bad headaches.* Sufre de fuertes dolores de cabeza. ◊ *to get sb home* llevar a algn a casa
● **to get + objeto + infinitivo o -ing** *vt* **to get sth/sb doing sth/to do sth** hacer, conseguir que algo/algn haga algo: *to get the car going/to start* hacer que el coche arranque ◊ *You'll never get him to understand.* Nunca conseguirás que lo entienda. ◊ *You get her to do it.* Convéncela tú para que lo haga. ◊ *to get him talking* hacerle hablar
● **to get + objeto + participio** *vt* (*con actividades*

que queremos que sean realizadas por otra persona para nosotros): *to get sth done* terminar/mandar hacer algo ◊ *to get your hair cut* cortarse el pelo ◊ *You should get your watch repaired.* Deberías llevar tu reloj a arreglar. ☛ Nótese que también se puede decir **to have + objeto + participio**.

• **to get + objeto + adj** *vt* (*conseguir que algo se vuelva/haga...*): *to get sth right* acertar algo ◊ *to get the children ready for school* dejar a los niños listos para ir a la escuela ◊ *I can't get my hands warm.* No consigo calentarme las manos. ◊ *to get (yourself) ready* arreglarse

• **to get + adj** *vi* volverse, convertirse en, hacerse: *to get wet* mojarse ◊ *It's getting late.* Se está haciendo tarde. ◊ *to get better* mejorar/recuperarse

• **to get + participio** *vi*: *to get fed up with sth* hartarse de algo ◊ *to get used to sth* acostumbrarse a algo ◊ *to get lost* perderse

Algunas combinaciones frecuentes de **to get + participio** se traducen por verbos pronominales: *to get bored* aburrirse ◊ *to get divorced* divorciarse ◊ *to get dressed* vestirse ◊ *to get drunk* emborracharse ◊ *to get married* casarse. Para conjugarlos, añadimos la forma correspondiente de **get**: *She soon got used to it.* Se acostumbró enseguida. ◊ *I'm getting dressed.* Me estoy vistiendo. ◊ *We'll get married in the summer.* Nos casaremos este verano.

Get + participio se utiliza también para expresar acciones que ocurren o se realizan de forma accidental, inesperada o repentina: *I got caught in a heavy rainstorm.* Me pilló una tormenta muy fuerte. ◊ *Simon got hit by a golf ball.* Simon recibió un golpe con una pelota de golf.

• **otros usos 1** *vi* **to get doing sth** empezar, ponerse a hacer algo: *We got talking.* Empezamos a hablar. ◊ *Let's get moving/going.* Pongámonos en marcha. **2** *vi* **to get to do sth** llegar a hacer algo: *to get to know sb* (llegar a) conocer a algn ◊ *to get to know/hear of sth* llegar a enterarse de algo ◊ *It's getting to be a problem.* Se está convirtiendo en un problema. **3** *vi* **to get to doing sth** ponerse a hacer algo: *I got to thinking that...* Me puse a pensar que... **4** *vt, vi* **to have got (to do) sth** tener (que hacer) algo **5** *vi* **to get to...** (*movimiento*) llegar a...: *Where have they got to?* ¿Dónde se han metido? **6** *vt* vengarse de: *I'll get you for that!* ¡Me las pagarás!

LOC get along/away/on (with you)! (*coloq*) ¡venga ya! **there's no getting away from sth; you can't get away from sth** hay que reconocer algo/que..., no se puede negar algo/que... **to be getting on 1** (*persona*) hacerse viejo **2** (*hora*) hacerse tarde: *Time is getting on.* Se está haciendo tarde. **to be getting on for...** acercarse a...: *He must be getting on for 80!* ¡Debe estar por los 80! ◊ *There were getting on for 40 people.* Había alrededor de 40 personas. **to get away from it all** (*coloq*) huir de todo y de todos **to get sth in one** (*GB, coloq*): *You've got it in one!* ¡Eso es! **to get (sb) nowhere; not to get (sb) anywhere** (*coloq*) no llegar/no llevar a algn a ninguna parte: *I'm not getting anywhere.* No estoy consiguiendo nada. **to get on to sth/sb** (*coloq*) ponerse en contacto con algo/algn **to get somewhere** avanzar: *Now we're getting somewhere!* ¡Ahora parece que vamos avanzando! **to get there** lograrlo **to get what for** (*coloq*) cargársela ☛ Para otras expresiones con **get**, véanse las entradas del sustantivo, adjetivo, etc, p. ej. **to get the hang of sth** en HANG[2]

PHR V to get about/(a)round 1 (*persona, animal*) salir, moverse **2** (*convaleciente*) levantarse **3** (*rumor, noticia*) circular, correr

to get above yourself engreírse

to get across (to sb) hacerse entender (por algn)

to get sth across/over (to sb) hacer entender algo (a algn), comunicar algo (a algn)

to get (sth/sb) across (sth) (hacer) pasar (algo/a algn) (al otro lado de algo)

to get ahead (of sb) adelantarse (a algn)

to get along marcharse

to get along/on 1 irle a uno: *How did you get along?* ¿Cómo te fue? **2** arreglárselas

to get along/on (together) llevarse bien: *They don't get on.* No se llevan bien.

to get along/on with sb llevarse bien con algn

to get along/on with sth irle a uno con algo, avanzar en algo

to get (a)round to (doing) sth encontrar tiempo para (hacer) algo

to get at sb (*coloq*) **1** tomarla con algn **2** sobornar a algn, tratar de influir sobre algn

to get at sth 1 descubrir algo, averiguar algo **2** (*coloq*) insinuar algo: *What are you getting at?* ¿Qué quieres decir?

to get at sth/sb alcanzar algo/a algn, acceder a algo/algn

to get away tomarse unas vacaciones

to get away (from...) irse (de ...), salir (de ...), escaparse (de ...)

to get away with sth 1 llevarse algo **2** (*castigo*) librarse solo con algo, escaparse solo con algo: *He got away with a six months in prison.* Solo le condenaron a seis meses en prisión.

to get away with (doing) sth quedarse sin castigo por (hacer) algo: *You'll never get away with it.* Tarde o temprano lo pagarás.

to get back volver, regresar

to get sth back recuperar algo, recobrar algo: *Did you get the money back?* ¿Te han devuelto el dinero?

to get back (in) (*partido político*) salir elegido (*después de estar en la oposición*)

to get back at sb (*coloq*) vengarse de algn

to get back to sb llamar a algn, escribir a algn (*para dar una respuesta*)

to get back to sth volver a algo

to get behind (with sth) retrasarse (con/en algo)

to get by (lograr) pasar

to get by (on sth) (*sobrevivir*) arreglárselas (con algo)

to get by (with sth/doing sth) pasar (con algo/haciendo algo), arreglárselas (con algo/haciendo algo)

to get by in sth (*conocimientos*) defenderse en algo

to get down 1 bajar **2** (*niños*) levantarse (de la mesa)

to get sb down (*coloq*) deprimir a algn

to get sth down 1 tragar algo **2** apuntar algo

to get down to (doing) sth ponerse a hacer algo

to get in; to get into sth 1 (*tren*) llegar, llegar a algún sitio **2** (*persona*) llegar, volver a casa **3** (*vehículo*) subirse, subirse a algo **4** (*colegio, club*) ser aceptado, ingresar en algo: *He didn't get in.* No lo aceptaron. **5** (*elecciones*) ser elegido, ser elegido para algo: *to get into Parliament* ser elegido diputado

to get sb in llamar a algn, hacer traer a algn

to get sb in; to get sb into sth (*colegio, club*) lograr que algn sea admitido (en algo)

to get sth in 1 comprar algo **2** (*cosecha*) recoger algo **3** (*suministros*) hacer traer algo **4** (*palabra*) (lograr) decir algo **5** (*trabajo, actividad*) (lograr) hacer algo: *I got in an hour's work.* Conseguí trabajar durante una hora **6** (*enviar*) hacer llegar algo: *She didn't get her application in on time.* Su solicitud no llegó a tiempo.

to get in on sth (*coloq*) tomar parte en algo

to get in with sb (*coloq*) ganarse la amistad de algn, relacionarse con algn: *He got in with a bad crowd.* Frecuentaba malas compañías.

to get into sb (*coloq*) afectar a algn: *I don't know what's got into him.* No sé qué le pasa.

to get into sth 1 meterse en algo: *I can't get into these shoes.* Estos zapatos no me entran. **2** (*costumbre*) adquirir algo **3** (*aprender*) acostumbrarse a algo, familiarizarse con algo **4** (*coloq*) aficionarse a algo **5**

involucrarse en algo: *to get into a fight* meterse en una pelea
to get (yourself/sb) into sth meterse/meter a algn en algo: *to get into a rage/temper* montar en cólera ◊ *to get into trouble* meterse en líos
to get off 1 salir, partir **2** dormirse ☛ Normalmente se dice *to get off to sleep.*
to get off (sth) 1 salir (del trabajo): *to get off (work)* salir del trabajo/de la oficina **2** (*tren, etc*) apearse, bajar (de algo)
to get off sth (*tema*) dejar algo
to get sb off 1 lograr que algn se vaya **2** lograr que algn duerma ☛ Normalmente se dice *to get sb off to sleep.*
to get sth off 1 (*correo*) enviar algo **2** (*tiempo*) coger algo libre: *Can you get Monday off?* ¿Puedes pedir el lunes libre?
to get sth off (sth) quitar algo (de algo), sacar algo (de algo)
to get off (with sth) (*accidente*) escapar (solo con algo)
to get (sb) off (with sth) librarse (solo con algo), lograr que algn se libre (solo con algo)
to get off with sb; **to get off (together)** (*GB, coloq*) ligar con algn, enrollarse
to get on 1 *Ver* TO GET ALONG/ON **2** tener éxito
to get on (together) *Ver* TO GET ALONG/ON (TOGETHER)
to get sth on ponerse algo
to get on; **to get onto sth** subirse, subirse a algo
to get on to sb 1 ponerse en contacto con algn **2** descubrir a algn, identificar a algn
to get on to sth ponerse a hablar de algo, pasar a considerar algo
to get on to sb (about sth) (*coloq*) meterse con algn (por/a causa de algo)
to get on with sb *Ver* TO GET ALONG/ON WITH SB
to get on with sth 1 *Ver* TO GET ALONG/ON WITH STH **2** seguir con algo, continuar con algo: *Get on with your work!* ¡Sigan trabajando!
to get out hacerse público, saberse: *Word got out that...* Se supo que...
to get out (of sth) 1 salir (de algo): *Get out (of here)!* ¡Vete! ¡Fuera de aquí! **2** (*vehículo*) apearse, bajar (de algo)
to get sth out 1 sacar algo **2** (*decir*) articular algo
to get out of (doing) sth 1 librarse de (hacer) algo **2** (*costumbre*) dejar (de hacer) algo
to get sth out of sth/sb sacar algo de algo/algn
to get over sth 1 (*problema, timidez*) superar algo, vencer algo **2** olvidar algo, pasar por alto algo
to get over sth/sb recuperarse de algo/de (la relación con) algn
to get sth over (to sb) *Ver* TO GET STH ACROSS/OVER (TO SB)
to get sth over (with) (*coloq*) acabar algo (de una vez)
to get round sb (*coloq*) convencer a algn
to get round sth 1 (*dificultades*) superar algo **2** (*ley*) eludir algo
to get round to (doing) sth *Ver* TO GET (A)ROUND TO (DOING) STH
to get through sth 1 (*dinero, comida*) gastar algo, usar algo **2** (*tarea*) hacer algo, terminar algo
to get (sb) through (sth) 1 (*examen*) aprobar (algo), lograr que algn apruebe (algo) **2** superar algo, ayudar a algn a superar algo
to get (sth) through (sth) (*Jur*) ser aprobado (por algo), hacer aprobar algo (por algo)
to get through (to sb) 1 llegar (a algn) **2** (*por teléfono*) conseguir hablar (con algn)
to get through (to sth) (*equipo, jugador*) pasar (a algo)
to get through to sb entenderse con algn
to get through with sth terminar algo, acabar algo
to get to sb (*coloq*) fastidiar a algn, afectar a algn
to get together (with sb) reunirse (con algn)
to get sth/sb together reunir algo/a algn, juntar algo/a algn
to get up levantarse
to get sb up levantar a algn de la cama
to get yourself/sb up 1 vestirse, vestir a algn **2** disfrazarse, disfrazar a algn
to get up to sth 1 llegar a algo **2** meterse en algo, hacer algo

getaway /ˈgetəweɪ/ *n* fuga: *to make your getaway* fugarse ◊ *get away car* coche de fuga
get-together /ˈget təgeðə(r)/ *n* (*coloq*) pequeña fiesta
get-up /ˈget ʌp/ *n* (*coloq*) atuendo
geyser /ˈgiːzə(r); *USA* ˈgaɪzər/ *n* **1** géiser **2** (*GB*) calentador (de agua)
ghastly /ˈgɑːstli; *USA* ˈgæstli/ *adj* **1** espantoso: *What a ghastly sight!* ¡Vaya cosa más fea! ◊ *a ghastly mistake* un error terrible ◊ *What a ghastly man!* ¡Qué hombre más desagradable! ◊ *I want to forget the whole ghastly business.* Quiero olvidarme de todo el asqueroso asunto. **2** fatal, malísimo **3** (*formal*) muy pálido: *a ghastly pallor* una palidez cadavérica
gherkin /ˈgɜːkɪn/ *n* pepinillo
ghetto /ˈgetəʊ/ *n* (*pl* **~es** o **~s**) gueto: *ghetto life* la vida en los guetos ◊ *a black ghetto* un barrio negro ◊ *a tourist ghetto* una zona para turistas
ghetto blaster *n* loro, radiocassette
ghost¹ /gəʊst/ *n* **1** fantasma: *He looked as if he'd seen a ghost.* Parecía que había visto un fantasma. **2** [*sing*] **~ of sth** (*fig*) sombra de algo: *the ghost of a smile* la sombra de una sonrisa ◊ *You haven't the ghost of a chance.* No tiene la más remota posibilidad.
LOC to give up the ghost entregar el alma *Ver tb* WHITE
▶ **ghostly** /ˈgəʊstli/ *adj* fantasmal
ghost² /gəʊst/ *vt* escribir para otro, hacer de negro
ghost story *n* cuento de miedo
ghost town *n* ciudad fantasma
ghoul /guːl/ *n* **1** ser macabro (*de otro mundo*) **2** (*pey*) persona macabra
▶ **ghoulish** /ˈguːlɪʃ/ *adj* macabro, sádico
GHQ /ˌdʒiː eɪtʃ ˈkjuː/ *abrev de* **general headquarters** cuartel general
GI /ˌdʒiː ˈaɪ/ *n* soldado raso americano
giant /ˈdʒaɪənt/ *n* gigante: *a giant of a man* un gigante de hombre ◊ *giant anteater* hormiguero gigante ◊ *a manufacturing giant* un gigante de la industria
▶ **giantess** /ˈdʒaɪəntes/ *n* giganta
giant panda *n Ver* PANDA
giant-size (*tb* **giant-sized**) *adj* gigante
gibber /ˈdʒɪbə(r)/ *vi* farfullar, hablar atropelladamente: *a gibbering idiot* un tonto de baba
gibberish /ˈdʒɪbərɪʃ/ *n* [*incontable*] tonterías
gibbet /ˈdʒɪbɪt/ *n* (*antic*) horca
gibbon /ˈgɪbən/ *n* gibón
gibe *vi Ver* JIBE
giblets /ˈdʒɪbləts/ *n* [*pl*] menudillos
giddy /ˈgɪdi/ *adj* **1(a)** mareado: *I feel giddy.* Me da vueltas la cabeza. ◊ *The dancing made her giddy.* El baile la mareó. ◊ *She felt giddy with happiness.* La cabeza le daba vueltas de felicidad. **(b)** vertiginoso **2** (*antic, pey*) atolondrado
gift /gɪft/ *n* **1** regalo: *a gift to charity* un donativo ◊ *a gift of flowers* unas flores de regalo **2 ~ (for sth/doing sth)** don, talento (para algo/hacer algo): *to have a gift for music* tener un don para la música ◊ *a gift for doing/saying the wrong thing* un don para meter la pata **3** (*coloq*) **(a)** ganga **(b)** regalo, algo tirado: *Their second goal was a real gift.* Su segundo gol fue un verdadero regalo.
LOC a gift from the gods un regalo de la Providencia **don't look a gift horse in the mouth** a caballo regalado no le mires el dentado **to be in the gift of sb** estar

en manos de algn: *These posts are in the gift of the prime minister.* Estos puestos se ocupan a la discreción del primer ministro. **to have the gift of the gab** tener mucha labia *Ver tb* GOD
gifted /ˈɡɪftɪd/ *adj* dotado: *gifted at singing* con talento para cantar ◊ *gifted children* niños superdotados
gift pack *n* paquete regalo
gift shop *n* tienda de regalos
gift token (*tb* **gift voucher**) *n* vale de regalo
gift-wrap /ˈɡɪft ræp/ *vt* envolver en papel de regalo
▶ **gift-wrapped** /ˈɡɪft ræpt/ *adj* envuelto para regalo
gift-wrapping /ˈɡɪft ræpɪŋ/ *n* papel de regalo
gig /ɡɪɡ/ *n* **1** (*coloq*) actuación (*musical*) **2** calesa
gigabyte /ˈɡɪɡəbaɪt, ˈdʒɪ-/ *n* gigabyte
gigantic /dʒaɪˈɡæntɪk/ *adj* gigantesco
giggle /ˈɡɪɡl/ *vi* **~ (at sth/sb)** reírse tontamente (de algo/algn): *giggling schoolboys* colegiales con risitas tontas
■ **giggle** *n* **1** risita: *He dissolved into giggles.* Le entró la risa tonta. **2** broma: *I only did it for a giggle.* Solo lo hice para hacer una gracia. ◊ *We all had a good giggle.* Nos reímos todos mucho. **3 the giggles** [*pl*] la risa tonta: *a fit of the giggles* un ataque de risa ◊ *to get the giggles* darle a algn la risa tonta
▶ **giggly** /ˈɡɪɡli/ *adj* de risita tonta: *a giggly schoolgirl* una colegiala de risita tonta
gigolo /ˈʒɪɡələʊ/ *n* (*pl* **~s**) gígolo
gild /ɡɪld/ *vt* **1** dorar **2** (*fig, ret*) hacer brillar como el oro
LOC to gild the lily recargar
▶ **gilded** *adj* dorado
gill[1] /ɡɪl/ *n* **1** (*pez*) agalla, branquia ☛ *Ver ilustración en* FISH[1] **2** (*champiñón*) lámina
gill[2] /dʒɪl/ *n* cuartillo
gilt /ɡɪlt/ *n* **1** dorado: *a gilt brooch* un alfiler dorado **2 gilts** [*pl*] bonos del estado
LOC to take the gilt off the gingerbread quitarle a algo un poco del atractivo
gilt-edged /ˈɡɪlt edʒd/ *adj*: *gilt-edged securities* papel del Estado, valores de máxima seguridad
gimcrack /ˈdʒɪmkræk/ *adj* de oropel
gimlet /ˈɡɪmlət/ *n* barrena de mano
gimmick /ˈɡɪmɪk/ *n* (*gen pey*) truco publicitario/de promoción
▶ **gimmickry** /ˈɡɪmɪkri/ *n* (*pey*) reclamo
gimmicky /ˈɡɪmɪki/ *adj* superficial
gin[1] /dʒɪn/ *n* ginebra: *a gin and tonic* un gin-tonic ◊ *She likes her gin.* Le gusta beber ginebra.
gin[2] /dʒɪn/ *n* **1** trampa **2** (*tb* **cotton gin**) máquina para separar el algodón de la semilla
ginger[1] /ˈdʒɪndʒə(r)/ *n* jengibre: *ginger biscuits/cake* galletas/pastel de jengibre ◊ *root ginger* raíz de jengibre
■ **ginger** *adj* pelirrojo: *ginger beard/hair* pelo/barba pelirrojos ◊ *ginger cat* gato romano
ginger[2] /ˈdʒɪndʒə(r)/ *v*
PHR V to ginger sth/sb up animar algo/a algn
ginger beer *n* cerveza de jengibre
gingerbread /ˈdʒɪndʒəbred/ *n* galleta o pastel de jengibre: *gingerbread man* galleta de jengibre con forma de muñeco **LOC** *Ver* GILT
gingerly /ˈdʒɪndʒəli/ *adv* cautelosamente, cuidadosamente, sigilosamente
ginger nut (*tb* **ginger snap**) *n* galleta de jengibre
ginseng /ˈdʒɪnseŋ/ *n* [*incontable*] ginseng
gipsy *n* (*pl* **-ies**) gitano, -a
giraffe /dʒəˈrɑːf; *USA* dʒəˈræf/ *n* (*pl* **giraffe** o **giraffes**) jirafa
girder /ˈɡɜːdə(r)/ *n* viga
girdle /ˈɡɜːdl/ *n* **1** (*lit* y *fig*) cinturón **2** (*antic*) faja
girl /ɡɜːl/ *n* **1** niña, chica, nena: *Come on, girls!* ¡Vamos, chicas! ◊ *a night out with the girls* salir con las amigas ◊ *My eldest girl is going to marry next year.* La mayor se casa el año que viene. *Ver tb* SCHOOLGIRL **2** mujer joven: *a shop-girl* una tendera ◊ *an office-girl* una oficinista *Ver tb* CALL-GIRL, COVER GIRL, PAPER GIRL
girlfriend /ˈɡɜːlfrend/ *n* **1** novia **2** (*esp USA*) amiga
Girl Guide (*GB tb* **Guide**, *USA* **Girl Scout**) *n* exploradora *Ver tb* BOY SCOUT
girlish /ˈɡɜːlɪʃ/ *adj* de niña
giro /ˈdʒaɪrəʊ/ *n* (*pl* **~s**) **1** giro: *a (bank) giro credit* un crédito por giro **2** (*GB*) cheque que el gobierno usa para pagar los beneficios de la seguridad social
girth /ɡɜːθ/ *n* **1** diámetro **2** (*USA* **cinch**) cincha
gist /dʒɪst/ *n* **the gist** [*sing*] esencia: *to get the gist of sth* captar lo esencial de algo
give[1] /ɡɪv/ (*pret* **gave** /ɡeɪv/ *pp* **given** /ˈɡɪvn/) **1** *vt* **~ sth (to sb); ~ (sb) sth** dar algo (a algn): *I gave each of the boys an apple.* Le di una manzana a cada uno de los chicos. ◊ *to give money to the poor* dar dinero a los pobres ◊ *What are you giving him for his birthday?* ¿Qué le vas a regalar por su cumpleaños? ◊ *to give sb a kick* dar a algn una patada ◊ *It gave us rather a shock.* Nos dio un buen susto. **2** *vi* **~ (to sth)** dar dinero (para algo): *Please give generously to famine relief.* Por favor contribuya para la campaña contra el hambre. **3** *vi* ceder: *The branch began to give under his weight.* La rama empezó a ceder bajo su peso. **4** *vt* dedicar: *They've given a lot of time to finding a solution.* Han dedicado mucho tiempo a buscar una solución. ◊ *to give the matter a lot of thought* pensar mucho sobre el tema **5** *vt* contagiar: *You've given me your cold.* Me has contagiado tu resfriado. **6** *vt* conceder: *She's a good liar, I'll give her that.* Sabe mentir, eso se lo reconozco. **7** *vt* dar: *to give a lecture* dar una conferencia ◊ *to give a party for sb* dar una fiesta para algn ◊ *to give a sigh* dar un suspiro ◊ *to give a laugh* soltar una risa **8** *vt* echar: *He was given ten years for armed robbery.* Le echaron diez años por atraco a mano armada. ◊ *He gave me a long look.* Me echó una larga mirada.
LOC don't give me that! ¿te crees que soy tonto? **give or take sth**: *an hour and a half, give or take a few minutes* una hora y media, más o menos **not to give a damn, a hoot, etc (about sth/sb)** (*coloq*) importar a algn un bledo (algo/algn): *She doesn't give a damn about what other people think.* Le importa un bledo lo que piense la gente. **to give it to sb** (*coloq*) echarle la bronca a algn: *The boss really gave it to him.* El jefe le echó una buena bronca. **to give sb one** (*ofen, argot*) tirarse a algn **to give sb what for** (*coloq*) echarle la bronca a algn **what gives?** (*coloq*) ¿qué pasa?
☛ Para otras expresiones con **give**, véanse las entradas del sustantivo, adjetivo, etc, p. ej. **to give rise to sth** en RISE[2]
PHR V to give sb away hacer de padrino (*en una boda*): *My stepfather wants to give me away.* Mi padrastro quiere ser mi padrino en la boda.
to give sth away 1 (*coloq*) regalar algo **2** repartir algo: *We're giving away prizes worth £5000.* Estamos repartiendo premios por valor de 5.000 libras.
to give sth/sb away delatar algo/a algn
to give (sb) back sth; to give (sb) sth back; to give sth back (to sb) devolver algo (a algn): *Could you give me back my pen/give me my pen back?* ¿Me devuelves el bolígrafo?
to give sth for sth dar algo por algo: *I'd give anything for a cold beer.* Daría cualquier cosa por una cerveza fría.
to give in (to sth/sb) ceder (a algo/ante algn): *They gave in to the kidnapper's demands.* Cedieron ante las demandas del secuestrador.
to give sth in entregar algo
to give sth off despedir algo (*olores, gases*)
to give out 1 (*agua, comida*) agotarse **2** (*motor*) romperse
to give sth out 1 repartir algo: *They are giving out free*

food. Están repartiendo comida gratis. **2** emitir algo
to give over (doing sth) (*coloq*) dejar de hacer algo: *Give over complaining!* ¡Deja ya de quejarte!
to give up abandonar, rendirse: *I give up.* Me rindo. ◊ *Don't give up now, we're almost there.* No abandones ahora, ya casi hemos llegado.
to give sb up perder las esperanzas con algn: *Everyone had given him up for lost/dead.* Todo el mundo le había dado por perdido/muerto.
to give sb up (to sb) delatar a algn (a algn)
to give sth up (to sb) entregar algo (a algn): *He had to give his passport up to the authorities.* Tuvo que entregar su pasaporte a las autoridades. ◊ *to give up your seat to sb* ceder tu asiento a algn
to give sth up; to give up doing sth dejar algo, dejar de hacer algo: *to give up smoking* dejar de fumar ◊ *to give up hope* perder las esperanzas
to give yourself up (to sb) entregarse (a algn): *He gave himself up (to the police).* Se entregó (a la policía).
to give up on sb (*coloq*) dejar a algn por imposible
give[2] /gɪv/ *n* elasticidad
LOC give and take toma y daca
giveaway (*tb* **give-away**) /ˈgɪvəweɪ/ *n* (*coloq*) **1** obsequio: *at giveaway prices* a precios de saldo **2** *Her expression was a (dead) give-away.* Su expresión la delató.
given /ˈgɪvn/ **1** *pp de* GIVE[1] **2** *adj, prep* dado: *in a given area* en un área dada ◊ *It is hardly a huge salary, given the size of his family.* No es un salario muy grande, dado el tamaño de su familia. *Ver tb* GOD-GIVEN
given name (*esp USA*) (*GB* **Christian name**) *n* nombre de pila ☛ *Ver nota en* NAME[1]
giver /ˈgɪvə(r)/ *n*: *God, the giver and taker of life...* Dios, el que da o quita la vida... ◊ *On receiving a present you should always thank the giver.* Cuando recibas un regalo debes siempre darle las gracias a la persona que te lo ha dado.
glacial /ˈgleɪsiəl/ *adj* glacial
glacier /ˈglæsiə(r)/ *n* glaciar
glad /glæd/ *adj* (**gladder, gladdest**) **1 to be ~ (about sth/that...)** alegrarse (de algo/de que...): *I'm glad (about that).* Me alegro. ◊ *I'm so glad (that) you could come.* Me alegro tanto de que hayas podido venir. **2 to be ~ to do sth (a)** tener mucho gusto en hacer algo: *I'd be glad to lend you the money.* Tendría mucho gusto en prestarte el dinero. ◊ *'Can you help?' 'I'd be glad to.'* —¿Puedes ayudar? —Con mucho gusto. **(b)** alegrarse de hacer algo: *I'm glad to hear it.* Me alegro de oírlo. **3** (*antic*) (*noticias, etc*) bueno **4 to be ~ of sth** agradecer algo: *You'll be glad of a rest.* Agradecerás un descanso.

> **Happy** describe un estado general de felicidad: *Are you happy in your new job?* ¿Estás contento en tu nuevo trabajo? ◊ *I feel very happy today.* Hoy estoy muy contento.
> **Glad** y **pleased**, por su parte, indican que alguien es feliz como consecuencia de una circunstancia o un hecho concretos: *Are you glad/pleased about getting the job?* ¿Estás contento de haber conseguido el trabajo? ◊ *I'm very pleased with her progress.* Estoy muy contento con su progreso.
> Nótese que solo **happy** puede preceder al sustantivo al que acompaña: *a happy occasion* una ocasión feliz ◊ *happy memories* recuerdos felices

LOC glad rags (*coloq*): *to put your glad rags on* ponerse de tiros largos
▶ **gladden** *vt* alegrar: *to gladden sb's heart* levantarle el ánimo a algn
glade /gleɪd/ *n* claro (*en un bosque*)
gladiator /ˈglædieɪtə(r)/ *n* gladiador
▶ **gladiatorial** *adj* de los gladiadores
gladiolus /ˌglædiˈəʊləs/ *n* (*pl* **-li** /-laɪ/ o **~es**) gladiolo
gladly /ˈglædli/ *adv* con gusto **LOC** *Ver* SUFFER
gladness /ˈglædnəs/ *n* alegría
glam /glæm/ *adj* (*coloq*) seductor
■ **glam** *n* (*coloq*) glamour
glamorize, -ise /ˈglæməraɪz/ *vt* **1** realzar: *to glamorize acts of violence* revestir de glamour la violencia **2** (*lit*) embellecer
glamour /ˈglæmə(r)/ *n* glamour: *the glamour of Hollywood* el glamour de Hollywood
▶ **glamorous** *adj* **1** (*persona*) seductor: *a glamorous film star* una seductora estrella del cine **2** (*trabajo, etc*) sofisticado: *a glamorous lifestyle* un estilo de vida elegante y sofisticado
glance /glɑːns; *USA* glæns/ **1** *vi* **(a)** echar una mirada: *He glanced at his watch.* Echó una mirada a su reloj. **(b) ~ at/down/over/through sth** echar un vistazo a algo: *to glance through a report* echar un vistazo a un informe **2** *vt* (*pelota*) golpear de manera oblicua
PHR V to glance off sth rebotar (en algo): *The ball glanced off the post.* El balón rebotó en el poste.
to glance up levantar la vista un momento
■ **glance** *n* **1** mirada (rápida): *They exchanged glances.* Se cruzaron una mirada rápida. **2** vistazo: *to take a glance at sth* echar un vistazo a algo
LOC at a glance 1 a simple vista: *to be obvious at a glance* ser obvio a simple vista **2** con un simple vistazo *Ver tb* FIRST
▶ **glancing** *adj* **1** (*referencia*) indirecto **2** (*golpe*) de refilón: *The car was struck a glancing blow by the lorry.* El camión chocó contra el coche de lado.
gland /glænd/ *n* glándula
▶ **glandular** *adj* glandular
glandular fever *n* mononucleosis infecciosa
glare /gleə(r)/ *n* **1** [*incontable*] luz deslumbrante **2** mirada airada: *She gave them a hostile glare.* Les lanzó una mirada hostil.
LOC in the glare of publicity/television: *The hearings were conducted in the full glare of publicity.* El juicio preliminar se llevó a cabo siendo el foco de atención de los medios de comunicación.
■ **glare** *vi* **1 ~ at sth/sb** mirar airadamente a algo/algn **2 ~ (down)** brillar con intensidad
PHR V to glare back (at sb) devolver la mirada (a algn)
glaring /ˈgleərɪŋ/ *adj* **1** (*error, etc*) mayúsculo **2** (*expresión*) airado **3** (*luz*) deslumbrante
▶ **glaringly** *adv*: *It's glaringly obvious.* Salta a la vista.
glasnost /ˈglæznɒst/ *n* glasnost
glass /glɑːs; *USA* glæs/ *n* **1** [*incontable*] **(a)** vidrio: *a glass door* una puerta de vidrio **(b)** cristal: *a pane of glass* una lámina de cristal ◊ *broken glass* cristales rotos ◊ *a glass case* una vitrina *Ver tb* CUT GLASS, FIBREGLASS, PLATE GLASS, SAFETY GLASS, STAINED GLASS **2(a)** (*recipiente*) vaso: *a glass of water* un vaso de agua ◊ *a beer glass* un vaso para cerveza *Ver tb* WINEGLASS ☛ *Ver nota en* VASO **(b)** (*contenido*) copa: *a brandy glass* una copa de coñac ◊ *to have a glass of sherry* tomar una copa de jerez ☛ *Ver ilustración en* VASO **3** [*incontable*] (*conjunto*) cristalería **4 glasses** (*tb* **spectacles**, **specs**) [*pl*] gafas: *dark glasses* gafas oscuras ◊ *reading glasses* gafas para leer ◊ *a glasses case* una funda de gafas *Ver tb* EYEGLASS, MAGNIFYING GLASS, SUNGLASSES **5 glasses** (*tb* **field-glasses**) [*pl*] prismáticos **6** (*antic*) espejo **7 the glass** (*antic*) el barómetro *Ver tb* HOURGLASS
LOC under glass bajo vidrio (*en invernadero*) *Ver tb* PEOPLE, RAISE
glass fibre (*tb* **fibreglass**) *n* fibra de vidrio
glass-fronted /ˈglɑːs frʌntɪd/ *adj* con puerta(s) de cristal
glassful /ˈglɑːsfʊl/ *n* vaso (*cantidad*)
glasshouse /ˈglɑːshaʊs/ *n* **1** invernadero **2** (*GB, coloq*) prisión militar
glassware /ˈglɑːsweə(r)/ *n* cristalería (*objetos*)
glassy /ˈglɑːsi/ *adj* **1(a)** vítreo **(b)** (*mar, etc*) cristalino **2** (*expresión, etc*) vidrioso: *glassy-eyed* con los ojos vidriosos

Glaswegian /glæzˈwiːdʒən/ *adj, n* (habitante) de Glasgow

glaucoma /glɔːˈkəʊmə/ *n* glaucoma

glaze /gleɪz/ *vt* **1** (*cerámica, etc*) vidriar **2** (*cocina*) glasear **3** (*ventana*) poner cristal en

PHR V to glaze over: *His eyes glazed over.* Sus ojos se pusieron vidriosos.

■ **glaze** *n* **1** (*cerámica*) barniz **2** (*cocina*) glaseado

▶ **glazed** *adj* **1** (*ojos, etc*) vidrioso **2** (*cerámica*) vidriado **3** acristalado **4** glaseado *Ver tb* DOUBLE-GLAZED

glazing *n* cristales: *glazing bars* montantes de la ventana

glazier /ˈgleɪziə(r); *USA* -ʒər/ *n* cristalero, -a

gleam /gliːm/ **1** *n* **(a)** destello: *a serious book with an occasional gleam of humour* un libro serio con algún destello de humor **(b)** brillo **2** *vi* **(a)** destellar **(b)** brillar: *Their eyes were gleaming with excitement.* Sus ojos brillaban de emoción. ◊ *He had polished the table until it gleamed.* Había limpiado la mesa hasta que relucía.

▶ **gleaming** *adj* reluciente: *gleaming white teeth* dientes relucientes

glean /gliːn/ *vt* **1** (*Agricultura*) espigar **2** (*información*) deducir, recoger: *I gleaned some hope from his words.* Por lo que deduje de lo que me dijo, todavía tengo esperanzas.

glee /gliː/ *n* regocijo: *He rubbed his hands in glee.* Se frotó las manos con regocijo.

▶ **gleeful** *adj* eufórico, lleno de alegría

gleefully *adv* con euforia, alegremente

glen /glen/ *n* valle estrecho (*Escocia*)

glib /glɪb/ *adj* (*pey*) **1** (*comentario, respuesta*) fácil: *I'm not convinced by their glib arguments.* No me convencen sus argumentos fáciles. **2** (*manera*) insincera **3** (*persona*) charlatán: *a glib salesman* un vendedor charlatán

▶ **glibly** *adv* a la ligera

glide /glaɪd/ *vi* **1** deslizarse **2** (*en el aire*) planear

■ **glide** *n* **1** deslizamiento **2** planeo

▶ **glider** *n* planeador

gliding *n* vuelo sin motor *Ver tb* HANG-GLIDING

glimmer /ˈglɪmə(r)/ *n* **1** luz tenue: *There was a glimmer of light through the mist.* Se veía una luz tenue a través de la niebla. **2** (*fig*) chispa: *not the least glimmer of intelligence* ni una chispa de inteligencia ◊ *a glimmer of hope* un rayo de esperanza

■ **glimmer** *vi* brillar tenuemente

▶ **glimmering** *n* indicio: *We begin to see the glimmerings of a solution.* Empezamos a ver indicios de una solución.

glimpse /glɪmps/ *n* visión momentánea **LOC** *Ver* CATCH[1]

■ **glimpse** *vt* vislumbrar

glint /glɪnt/ *vi* **1** destellar **2** (*ojos*) brillar

■ **glint** *n* **1** destello **2** (*ojos*) chispa

glissando /glɪˈsændəʊ/ *n* (*pl* **-di** /-diː/ o **~s**) (*Mús*) glisando

glisten /ˈglɪsn/ *vi* relucir (*esp superficie mojada*)

glitter /ˈglɪtə(r)/ *vi* (*esp superficie metálica*) relucir

LOC all that glitters is not gold (*refrán*) no es oro todo lo que reluce

■ **glitter** *n* **1** brillo **2** (*fig*) esplendor **3** purpurina

▶ **glittering** *adj* **1** reluciente **2** (*fig*) espléndido: *a glittering occasion* un acontecimiento espléndido

glittery *adj* reluciente: *glittery jewelry* joyas relucientes

glitterati /ˌglɪtəˈrɑːti/ *n* [*pl*] (*coloq*) los de la jet-set

glitz /glɪts/ *n* (*coloq*) esplendor

▶ **glitzy** *adj* (**-ier, -iest**) de lo más espléndido

gloaming /ˈgləʊmɪŋ/ *n* (*antic*) crepúsculo

gloat /gləʊt/ *vi* **~ (about/over sth) 1** relamerse (de algo) **2** regocijarse (de algo): *It's nothing to gloat about.* No hay de qué regocijarse tanto.

global /ˈgləʊbl/ *adj* **1** mundial **2** global: *global warming* calentamiento global

▶ **globally** *adv* mundialmente, a escala mundial

globe /gləʊb/ *n* **1** globo terráqueo ☛ *Ver ilustración en* GLOBO **2 the globe** el globo (terrestre): *to travel all round the globe* viajar por todo el globo **3** (*esfera*) globo

globe-trotter /ˈgləʊb trɒtə(r)/ *n* trotamundos

▶ **globe-trotting** *adj* muy viajero

globular /ˈglɒbjələ(r)/ *adj* globular

globule /ˈglɒbjuːl/ *n* glóbulo

gloom /gluːm/ *n* **1** penumbra **2(a)** tristeza: *to cast (a) gloom over sth* entristecer algo **(b)** pesimismo

gloomy /ˈgluːmi/ *adj* (**-ier, -iest**) **1(a)** (*lugar*) oscuro, lúgubre **(b)** (*día*) triste, sombrío **2(a)** (*pronóstico*) poco prometedor **(b)** (*aspecto, voz, etc*) triste: *What are you so gloomy about?* ¿Por qué estás tan triste? **(c)** (*carácter*) melancólico: *He took a gloomy view of it.* Lo vio todo negro.

▶ **gloomily** *adj* **1** lúgubremente **2** con pesimismo **3** melancólicamente

glorify /ˈglɔːrɪfaɪ/ *vt* (*pret, pp* **-fied**) **1** glorificar, exaltar **2** (*antic*) alabar

▶ **glorification** *n* glorificación

glorified *adj* con pretensiones: *It's really just a glorified typewriter.* Depués de todo, no es más que una máquina de escribir.

glorious /ˈglɔːriəs/ *adj* **1** glorioso **2** espléndido: *a glorious day* un día espléndido

▶ **gloriously** *adv* estupendamente

glory /ˈglɔːri/ *n* (*pl* **-ies**) **1** gloria **2** honores: *to take all the glory* llevarse todos los honores **3** (*Relig*) gloria: *Glory be!* ¡Alabado sea Dios! **4** esplendor: *Rome's former glory* el antiguo esplendor de Roma ◊ *to see sth in all its glory* ver algo en todo su esplendor *Ver tb* OLD GLORY

LOC to be in your glory estar en la gloria **to go to glory** (*antic, eufemismo*) pasar a mejor vida *Ver tb* COVER[1]

■ **glory** *vi* (*pret, pp* **-ied**) **~ in sth 1** enorgullecerse, vanagloriarse de algo **2** regodearse con algo

gloss[1] /glɒs/ *n* **1(a)** brillo: *lip gloss* brillo de labios **(b)** pintura esmalte **2** (*fig*) lustre

■ **gloss** *v*

PHR V to gloss over sth pasar por alto algo

▶ **glossy** *adj* (**-ier, -iest**) **1** reluciente, lustroso **2** (*papel*) satinado

■ **gloss** (*tb* **glossy magazine**) *n* revista de moda

gloss[2] /glɒs/ *n* **~ (on sth)** glosa (de algo)

■ **gloss** *vt* glosar

glossary /ˈglɒsəri/ *n* glosario

glove /glʌv/ *n* guante: *glove puppet* títere (de guante) ◊ *glove compartment* guantera ☛ *Ver ilustración en* BASEBALL, CAR, GUANTE **LOC** *Ver* FIT[2], HAND[1], KID[1]

▶ **gloved** *adj* enguantado

glow /gləʊ/ *vi* **1(a)** estar candente: *glowing embers* ascuas candentes **(b)** brillar (suavemente) **2(a)** (*cara*) enrojecerse: *glowing cheeks* mejillas enrojecidas **(b) ~ (with sth)** rebosar (de algo): *to be glowing with health* rebosar de salud

■ **glow** *n* **1** luz suave: *a warm glow* una luz cálida ◊ *a red glow* una suave luz roja **2** arrebol **3** (*cara*) rubor **4** (sentimiento de) satisfacción **5** (*Fís*) incandescencia *Ver tb* AFTERGLOW

glower /ˈglaʊə(r)/ *vi* **~ (at sth/sb)** fruncir el ceño (a algo/algn)

▶ **glowering** *adj* **1** ceñudo **2** amenazador

glowing /ˈgləʊɪŋ/ *adj* **1** (*fig*) entusiasta: *He gave a glowing account of the play.* Habló con entusiasmo de la obra. **2(a)** candente **(b)** (*metal*) al rojo vivo **(c)** (*cara*) encendido

▶ **glowingly** *adv* con entusiasmo: *to speak glowingly of sth/sb* hablar de algo/algn con entusiasmo

glow-worm /ˈgləʊ wɜːm/ *n* luciérnaga

glucose /ˈgluːkəʊs/ *n* glucosa

glue /gluː/ *n* cola (*de pegar*): *He sticks to her like glue.* Se le pega como una lapa. ◊ *glue sniffing* esnife de pegamento

■ **glue** *vt* (*con cola*) pegar: *to glue two pieces together* pegar dos trozos

LOC **to be glued to sth** (*coloq*) estar pegado a algo: *He's always glued to the television.* Está siempre pegado a la tele.

gluey /ˈgluːi/ *adj* (*coloq*) pegajoso

glum /glʌm/ *adj* **1(a)** taciturno, cabizbajo **(b)** melancólico **(c)** (*expresión*) triste **2** (*futuro, etc*) poco prometedor

▶ **glumly** *adv* sombríamente, con desánimo

glut /glʌt/ *n* superabundancia

■ **glut** *vt* (**-tt-**) (*Com*) inundar (*mercado*): *The market is glutted.* Hay una superabundancia en el mercado.

gluten /ˈgluːtn/ *n* gluten

▶ **glutinous** *adj* **1** glutinoso **2** (*fig*) empalagoso

glutton /ˈglʌtn/ *n* **1** glotón, -ona **2 ~ for sth** (*coloq, fig*) amante de algo

LOC **to be a glutton for punishment** ser masoquista

▶ **gluttony** *n* glotonería

glycerine /ˈglɪsəriːn/ (*USA* **glycerin** /-rɪn/) *n* glicerina *Ver tb* NITROGLYCERINE

glycogen /ˈglaɪkədʒən/ *n* glucógeno

gm (*pl* **gm** o **gms**) (*tb* **gr**, **g**) *abrev de* **gram/gramme**

GMT /ˌdʒiː em ˈtiː/ *abrev de* **Greenwich Mean Time**

gnarled /nɑːld/ *adj* **1** (*árbol, manos*) retorcido **2** (*tronco*) nudoso

gnash /næʃ/ *vt, vi*

LOC **gnashing of teeth**: *There was much gnashing of teeth over the issue.* El tema produjo mucha frustración. **to gnash your teeth** rechinar los dientes

gnat /næt/ *n* mosquito pequeño ☛ La palabra más normal es **mosquito**.

gnaw /nɔː/ *vt, vi* **1 ~ (at) sth** roer algo **2 ~ (at) sb** (*fig*) atormentar a algn: *gnawed by doubt* atormentado por las dudas ◊ *a gnawing pain* un dolor persistente

PHR V **to gnaw sth away/off** roer algo

to gnaw through sth hacer un agujero en algo royéndolo

gnome /nəʊm/ *n* **1** gnomo **2 garden gnome** enanito (*que se pone como adorno en el jardín*)

GNP /ˌdʒiː en ˈpiː/ *abrev de* **gross national product** producto nacional bruto *Ver tb* GDP

go[1] /gəʊ/ *vi* (*3ª pers sing pres* **goes** /gəʊz/ *pret* **went** /went/ *pp* **gone** /gɒn; *USA* gɔːn/) **1(a)** ir: *She has gone to China.* Se ha ido a China. ◊ *We are going to the cinema tonight.* Vamos al cine esta noche. ◊ *to go home* volver a casa ◊ *Are you going by train?* ¿Vas a ir en tren? ◊ *to go at 50 km an hour* ir a 50 km por hora

> **Been** se usa como participio pasado de **go** para expresar que alguien ha ido a un lugar y ha vuelto. **Gone** implica que esa persona no ha regresado todavía: *I've just been to Edinburgh. I got back this morning.* Acabo de estar en Edimburgo. Volví esta mañana. ◊ *John's gone to Peru. He'll be back in two weeks.* John se ha ido a Perú. Volverá dentro de dos semanas. ☛ *Ver nota en* AND

(b) recorrer: *We'd gone about 50 km when....* Habíamos recorrido unos 80 km cuando.... **2** (*partir*) **(a)** irse, marcharse: *I must go/be going.* Tengo que irme. **(b)** (*tren, etc*) salir **3 to go + -ing (a)** (*a hacer algo*) ir: *to go fishing/swimming/camping* ir a pescar/a nadar/de camping **(b)** (*del modo especificado*) ir: *She went running down the hill.* Bajó corriendo por la colina. **4 to go for a + sustantivo** ir: *to go for a swim* ir a nadar ◊ *to go for a walk* ir a dar un paseo ◊ *to go for a drink/meal* ir a tomar una copa/ir a comer fuera **5 to go on sth** ir: *to go on holiday* ir de vacaciones ◊ *to go on a course* hacer un curso ◊ *to go on a trip/cruise* hacer un viaje/crucero **6 to go (from...) to...** extenderse, ir (de...) a.../(desde...) hasta...: *Does this road go to Paris?* ¿Esta carretera va a París? **7(a) to go into/to sth** (*entrar en un estado*): *She went to sleep.* Se durmió. ◊ *to go into liquidation* quebrar **(b) to go out of sth** (*salir de un estado*): *to go out of fashion* pasar de moda

> **Go** se usa con *into, in* y *out of* + sustantivo en muchas frases para indicar un cambio de estado: que algn o algo haya llegado a o dejado el estado indicado por el verbo. Para ejemplos parecidos ver las entradas de los sustantivos, p. ej. **to go to pot** en POT; **to go out of use** en USE[2]

8 (*lugar habitual*) ir: *It goes on the top shelf.* Va en el estante de arriba. **9 to go + advs o preguntas con how** (*resultar*) ir, salir: *How's it going?* ¿Cómo te va? ◊ *Everything went well.* Todo salió bien. **10** (*máquina*) funcionar: *This clock doesn't go.* Este reloj no funciona. ◊ *to get sth going* poner algo en marcha **11 to go + adj** volverse, quedarse: *to go bald* quedarse calvo ◊ *to go mad* volverse loco ◊ *to go pale* palidecer ◊ *to go blind/deaf* quedarse ciego/sordo ☛ Para otros ejemplos de este sentido, véanse las entradas para los adjetivos. **12 to go + participio de sentido negativo**: *to go unnoticed* pasar desapercibido ◊ *Her decision went unchallenged.* Nadie se opuso a su decisión. **13(a)** (*texto*) rezar: *Her proposal goes like this...* Su propuesta reza así... ◊ *The story goes that...* Según se cuenta... **(b)** (*melodía*): *How does that song go?* ¿Cómo es esa canción? **14** (*emitir un sonido*) **(a)** (*coloq*) (*persona*) decir: *And then he went...* Y entonces dijo... **(b)** (*animal, cosa*) hacer: *Cats go 'miaow'.* Los gatos hacen "miau". ◊ *The gun went 'bang'.* La pistola hizo "pum". **(c)** (*alarma, silbato*) sonar **15** (*un movimiento*) hacer: *She went like this with her hand.* Hizo así con la mano. **16(a)** perderse: *500 jobs are to go.* Se perderán 500 puestos de trabajo. **(b)** ser despedido: *He'll have to go.* Habrá que despedirlo. **(c)** tirar: *The old settee can go.* Podemos tirar el sofá viejo. **17** (*facultad*): *His sight/mind is going.* Está perdiendo la vista/chocheando. ◊ *Her hearing went.* Se volvió sorda. **18(a)** (*persona*) fallecer **(b)** (*mecanismo*) fallar, romperse: *The brakes went.* Fallaron los frenos. **(c)** (*bombilla*) fundirse **(d)** (*batería, pila*) gastarse **19(a) to go (on sth)** (*dinero*) irse (en algo): *I don't know where the money goes!* ¡No sé en qué se va el dinero! **(b)** (*cosa*) terminarse: *All the butter's gone.* Se ha acabado la mantequilla. **20 to go (to sb) (for sth)** venderse (a algn) (por algo): *We shan't let it go to anybody for less than...* No se lo venderemos a nadie por menos de... **21 to go to do sth** contribuir a hacer algo: *This all goes to prove my theory.* Todo esto contribuye a demostrar mi teoría. **22** (*en tiempos continuos*) (*coloq*) haber: *There are no jobs going.* No hay trabajo. ◊ *whatever is going* lo que haya **23** (*tiempo*) pasar: *There are only two days to go.* Faltan solo dos días. *Ver tb* TOUCH-AND-GO

LOC **anything goes** todo vale **as people, things, etc go** para como son las personas, cosas, etc: *She's not bad as sisters go.* Para ser una hermana, no está mal. **enough/sth to be going on with** suficiente/algo para ir tirando **go on (with you)!** ¡no digas bobadas!, ¡venga ya! **here goes/here we go** (*coloq*) ¡ahí va!, ¡allá vamos! **here we go (again)** otra vez lo mismo **no go!** ¡imposible! **there goes sth** se acabó algo: *There goes my last chance of winning!* ¡Adiós a mi última oportunidad de ganar! **there sb goes (again)**: *There you go again!* ¡Ya estás otra vez con lo mismo! **to be going on (for) sth**: *It must be going on (for) midnight.* Deben ser casi las doce de la noche. ◊ *There were going on for 50 people there.* Había casi 50 personas. **to be going to do sth**: *We're going to buy a house.* Vamos a comprar una casa. ◊ *There's going to be trouble!* ¡Se va a armar un lío! **to go** (*USA*) para llevar (*comida*): *To eat here or to go?* ¿Para comer aquí o para llevar? ☛ Nótese que en inglés británico se dice *to take away.* **to go all out for sth/to do sth** lanzarse de lleno a algo/a hacer algo **to go and do sth**: *Why did you have to go and do that?*

¿Por qué tuviste que hacer eso? ◊ *Now you've really gone and done it!* ¡Esta vez sí que la has armado! ☛ En esta construcción, **go and** confiere un sentido de desaprobación al verbo que acompaña. **to go for nothing** echarse a perder, no servir para nada **to go to the bad** echarse a perder **who goes there?** ¿quién va? **where do you go from here?** ¿qué se hace ahora?

☛ Para otras expresiones con **go**, véanse las entradas del sustantivo, adjetivo, etc, p. ej. **to go astray** en ASTRAY

PHR V to go about/(a)round 1 (*con adj o -ing*) andar (por ahí): *to go about naked* andar desnudo ◊ *He goes round criticizing everybody.* Se dedica a criticar a todo el mundo. **2** (*rumor*) circular **3** (*enfermedad*) haber por ahí: *There's a lot of flu going around.* Hay mucha gripe por ahí.

to go about sth 1 seguir con algo **2** estar ocupado con algo

to go about (doing) sth: *You're not going about it the right way.* No lo estás haciendo bien. ◊ *How should I go about telling him?* ¿Cómo debería decírselo?

to go about/(a)round with sb salir con algn, frecuentar la compañía de algn

to go after sth/sb 1 andar tras algo/algn **2** (*cazar*) perseguir a algo/algn

to go against sb ir en contra de algn: *The verdict went against him.* Fallaron en su suya.

to go against sth ser contrario a algo: *It goes against my principles.* Va en contra de mis principios.

to go against sth/sb no hacer caso de algo/a algn, actuar en contra de algo/algn

to go ahead llevarse a cabo, seguir adelante

to go ahead (with sth) seguir adelante (con algo): *Go ahead!* ¡Adelante!

to go along 1 ir: *Go along and see if you can help.* Ve a ver si puedes ayudar. **2** avanzar: *You'll find it easier as you go along.* Te resultará más fácil a medida que vayas avanzando. ◊ *I'll tell you about it as we go along.* Te lo iré contando por el camino.

to go along with sb 1 acompañar a algn **2** estar de acuerdo con algn: *I'll go along with Mary.* Yo estoy conforme con lo que dice Mary.

to go along with sth estar conforme con algo, aceptar algo

to go around *Ver* TO GO ABOUT/(A)ROUND

to go around with sb *Ver* TO GO ABOUT/(A)ROUND WITH SB

to go at sth meterse de lleno en algo (*tarea, etc*)

to go at sth/sb lanzarse sobre algo/algn

to go away 1 irse (de viaje) **2** (*mancha, etc*) desaparecer **3** (*dolor*) pasar

to go back (to ...) regresar (a ...), volver (a ...): *There's no going back.* No hay vuelta atrás.

to go back (to sth) remontarse (a algo): *How far does this tradition go back?* ¿Desde hace cuánto tiempo existe esta tradición?

to go back on sth faltar a algo (*promesa, etc*)

to go back to (doing) sth volver a (hacer) algo: *I've gone back to using the car.* He vuelto a usar el coche. ◊ *She's decided to go back to teaching.* Ha decidido volver a la enseñanza.

to go before pasar antes, producirse antes: *all that has gone before* todo lo que ha pasado antes

to go before sth/sb presentarse ante algo/algn

to go beyond sth exceder algo, ir más allá de algo: *It has gone beyond a joke.* Ya no tiene gracia.

to go by pasar: *as time goes by* con el tiempo ◊ *in days gone by* antiguamente

to go by sth guiarse por algo: *if past experience is anything to go by* si nos hemos de guiar por lo que sabemos

to go down 1 bajar, descender **2** caer(se): *to go down on your hands and knees* tirarse al suelo a cuatro patas **3** (*barco*) hundirse **4** (*sol*) ponerse, esconderse **5** (*comida, bebida*) pasar: *The pill wouldn't go down.* No podía tragar la pastilla. **6** (*reducirse de tamaño, intensidad, etc*) bajar, remitir **7** (*neumático*) desinflarse **8** (*precio, temperatura*) bajar

to go down (in sth) 1 anotarse (en algo), registrarse (en algo) **2** (*persona*) ser recordado: *He will go down (in history) as a great statesman.* Se le recordará por haber sido un gran estadista.

to go down (to sb) ser derrotado (por algn)

to go down (with sb) (*con adverbios o en preguntas con* **how**) **1** ser recibido (por algn): *That won't go down too well with him.* Eso no le va a gustar. **2** (*comida, bebida, etc*): *A beer would go down very nicely (with me).* Una cerveza me entraría estupendamente.

to go down with sth caer enfermo con algo

to go for sb atacar a algn

to go for sth 1 escoger algo **2** (*un récord, etc*) intentar conseguir algo

to go for sth/sb 1 ir por algo/algn: *That goes for you too.* Eso vale para ti también. **2** ir por algo/a buscar a algn **3** *She goes for tall men.* Le gustan los hombres altos.

to go in 1 (*lugar*) entrar **2** (*sol*) esconderse

to go in (sth) caber (en algo), entrar (en algo)

to go in for sth 1 presentarse a algo (*examen, concurso*) **2** (*profesión*) elegir algo

to go in for (doing) sth interesarse por (hacer) algo (*hobby, etc*)

to go into sth 1 decidir dedicarse a algo (*profesión*) **2** caber en algo **3** (*vehículo*) chocar contra algo **4** *He went into a long explanation.* Se metió en una explicación larguísima. ◊ *to go into hysterics/fits of laughter* ponerse histérico/estallar en carcajadas **5** examinar algo, investigar algo: *to go into (the) details* entrar en detalles **6** hablar de algo: *We won't go into that now.* No hablaremos de eso ahora. **7** (*recursos, tiempo*) ser dedicado a algo: *Years of work have gone into this.* Se han dedicado años de trabajo a esto.

to go off 1 irse, marcharse: *to go off and do sth* marcharse para hacer algo ◊ *Off you go!* ¡Hala, marcha! **2** (*Teat*) salir de escena **3** (*arma*) dispararse **4** (*bomba*) explotar **5** (*alarma*) sonar **6** (*luz*) apagarse **7** (*alimentos*) pasarse **8** (*con adverbios o en preguntas con* **how**) salir (*acontecimiento*): *It went off well.* Salió muy bien.

to go off sth/sb perder interés en algo/algn: *I've gone off the idea.* Ya no me gusta la idea.

to go off with sb marcharse con algn

to go off with sth llevarse algo

to go on 1 seguir adelante, seguir el camino: *to go on ahead* adelantarse **2** (*Teat*) entrar en escena **3** (*Dep*) entrar (a jugar) **4** (*luz*) encenderse **5** (*tiempo*) pasar: *as time goes on* con el tiempo **6** suceder: *What's going on here?* ¿Qué pasa aquí? ◊ *There must be a party going on.* Debe de haber una fiesta. **7** (*situación*) continuar, durar **8 go on!** ¡vamos!, ¡venga!

to go on sth 1 partir de algo: *There's not much to go on.* No hay pista que seguir. **2** (*subsidio*) empezar a cobrar algo: *to go on the dole* empezar a cobrar el paro **3** (*medicina*) empezar a tomar algo

to go on (about sth/sb) no parar de hablar (de algo/algn)

to go on (at sb) criticar (a algn), meterse con algn

to go on to sth/to do sth pasar a algo/a hacer algo: *Let's go on to the next item.* Pasemos al siguiente punto. ◊ *He went on to tell us how...* Nos contó después cómo...

to go on (with sth/doing sth) seguir (con algo/haciendo algo)

to go out 1 salir **2** (*marea*) bajar **3** enviarse: *Have the invitations gone out yet?* ¿Se han enviado ya las invitaciones? **4** (*programa de radio o TV*) transmitirse **5** (*noticia*) comunicarse: *Word went out that...* Corrió la voz de que... **6** pasar de moda **7** (*luz*) apagarse

to go out (of sth) ser eliminado (de algo) (*concurso*)

to go out of sth/sb desaparecer de algo/*algn*: *All the fight went out of him.* Le abandonaron las ganas de luchar. ◊ *The magic had gone out of their relationship.*

La relación había perdido toda su magia.
to go out (to...) irse (a...) (*otro país*)
to go out to sb: *My heart went out to him.* Sentí una gran compasión por él.
to go out with sb; to go out (together) (*coloq*) salir con algn, salir (juntos)
to go over sth 1 pasar por encima de algo **2** (*terreno*) cruzar algo, pasar por algo **3** examinar algo, inspeccionar algo **4** (*de nuevo*) repasar algo **5** limpiar algo bien
to go over to... ir a...: *He went over to France in the ferry.* Se fue a Francia en el ferry.
to go over to sth/sb (*Radio, TV*) pasar a algo/algn: *We are now going over to the news desk.* Pasamos ahora a la redacción informativa.
to go over to sth pasarse a algo (*opinión, partido*)
to go round 1 girar, dar vueltas **2** alcanzar: *Is there enough to go round?* ¿Alcanza para todos?
to go round *Ver* TO GO ABOUT/(A)ROUND
to go round (by sth) dar un rodeo (por algo)
to go round (to...): *We went round to Anne's.* Fuimos a casa de Anne. ◊ *I went round to see if he was in.* Pasé por su casa a ver si estaba.
to go round with sb *Ver* TO GO ABOUT/(A)ROUND WITH SB
to go through 1 (*ley, etc*) ser aprobado: *as soon as my divorce goes through* en cuanto me den el divorcio **2** (*trato*) hacerse
to go through (sth) pasar (por algo), atravesar algo: *You can go through now, sir.* Puede pasar, señor. ◊ *The bullet went through his skull.* La bala le atravesó el cráneo.
to go through sth 1 desgastar algo: *I've gone through the elbows of my sweater.* He desgastado el jersey en los codos. **2** revisar algo, registrar algo **3** repasar algo de nuevo: *Let's go through Act 2 once more.* Vamos a ensayar el segundo acto una vez más. **4** (*realizar*) cumplir algo, hacer algo: *The formalities have to be gone through.* Hay que cumplir las formalidades. **5** sufrir algo, pasar por algo: *after all I've been through* después de todo lo que he sufrido ◊ *to go through a bad patch* pasar por un momento difícil **6** (*comida, recursos*) consumir algo **7** (*dinero*) gastar algo
to go through with sth llevar algo a cabo, seguir adelante con algo
to go to sb 1 (*herencia*) pasar a algn **2** (*premio*): *The first prize went to Mary.* Mary se llevó el primer premio. **3** (*mérito*) deberse a algn
to go to sth destinarse a algo (*dinero*)
to go together 1 ir juntos **2** hacer juego, armonizar
to go towards sth contribuir a algo
to go under 1 hundirse **2** (*coloq*) (*empresa*) quebrar
to go up 1 subir **2** (*telón, edificio*) levantarse **3** estallar, explotar: *The building went up in flames.* El edificio fue tragado por las llamas. **4** (*precio, nivel, etc*) subir
to go up to sth/sb acercarse a algo/algn
to go with sth 1 ir (bien) con algo, hacer juego con algo **2** ir acompañado de algo **3** *A new car goes with the job.* Con el trabajo te dan un coche nuevo.
to go without pasar privaciones
to go without sth pasarse sin algo: *to go without sleep* pasarse sin dormir

go[2] /gəʊ/ *n* (*pl* **goes**) **1** turno: *Whose go is it?* ¿A quién le toca? **2** [*incontable*] (*coloq*): *She's got a lot of go!* Tiene mucho empuje. **3** (*coloq, Med*) ataque
LOC at/in one go de una vez **on the go** (*coloq*) *five projects on the go* cinco proyectos entre manos **to be on the go** (*coloq*) no parar **to have a go at sb** tomarla con algn **to have a go (at sth/doing sth)** (*coloq*) intentar (algo/hacer algo) **to make a go of sth** (*coloq*) triunfar en algo *Ver tb* WORD

goad /gəʊd/ *vt* **1** (*fig*) provocar **2** (*ganado*) aguijonear **3** **~ sth/sb (into sth/doing sth)** incitar a algo/algn (a algo/a hacer algo)
PHR V to goad sb on empujar a algn, animar a algn: *The crowd goaded the runners on.* La multitud animó a los corredores.
■ **goad** *n* aguijón

go-ahead /ˈgəʊ əhed/ *n* **the go-ahead** [*sing*] luz verde: *We've got/They've given us the go-ahead.* Nos han dado luz verde.
■ **go-ahead** *adj* emprendedor, progresista

goal /gəʊl/ *n* **1** gol: *to score a goal* marcar un gol ◊ *goal area* área de meta ☛ *Ver ilustración en* FÚTBOL *Ver tb* OWN GOAL **2** portería: *Who is in goal?* ¿Quién cubre la portería? **3** (*fig*) meta: *to achieve your goal in life* alcanzar su meta en la vida ◊ *to set yourself some stiff goals* ponerse unas metas muy altas
▶ **goalless** (*tb* **goal-less**) *adj* sin goles

goalkeeper (*tb* **keeper**) (*coloq* **goalie** /ˈgəʊli/) *n* (*Dep*) portero, -a, guardameta ☛ *Ver ilustración en* FÚTBOL, HOCKEY

goal kick *n* saque de portería

goal line *n* línea de portería

goalmouth /ˈgəʊlmaʊθ/ *n* boca de gol

goalpost /ˈgəʊlpəʊst/ *n* poste de la portería ☛ *Ver ilustración en* RUGBY

goat /gəʊt/ *n* **1** (*animal*) cabra: *goat's milk* leche de cabra ☛ *Ver nota e ilustración en* CABRA **2** (*carne*) cabrito *Ver tb* SCAPEGOAT
LOC to get sb's goat (*coloq*) sacar a algn de quicio *Ver tb* SEPARATE[2]
▶ **goatee** *n* barba de chivo

goatherd /ˈgəʊthɜːd/ *n* cabrero, -a

goat's cheese *n* queso de cabra

goatskin *n* (bota de) piel de cabra

gob /gɒb/ *n* **1** (*coloq*) baba **2** (*GB, argot, ofen*): *Shut your gob!* ¡Calla la boca!
■ **gob** *vi* (**-bb-**) (*coloq*) escupir

gobble /ˈgɒbl/ *vt* **~ sth (up/down)** engullir algo
PHR V to gobble sth up (*coloq*) tragarse algo

gobbledegook (*tb* **gobbledygook**) /ˈgɒbldiguːk/ *n* (*coloq*) jerga enrevesada: *It sounded like gobbledegook.* Me sonaba a chino.

go-between /ˈgəʊ bɪtwiːn/ *n* alcahuete, -a, celestina

goblet /ˈgɒblət/ *n* **1** copa **2** cáliz

goblin /ˈgɒblɪn/ *n* duende travieso

gobsmacked /ˈgɒbsmækt/ *adj* (*argot*) pasmado

god /gɒd/ *n* **1** dios **2** **God** [*sing*] Dios: *I swear by Almighty God that the evidence I shall give...* Juro por Dios Todopoderoso que el testimonio que voy a dar... ◊ *Praise be to God!* ¡Alabado sea Dios! *Ver tb* HOUSE OF GOD **3 the gods** [*pl*] (*Teat*) la galería, el gallinero
LOC God's gift (to women) (*irón*): *He thinks he's God's gift (to women)!* Se considera un regalo celestial (para las mujeres). **God willing** Dios mediante **to God/goodness**: *I wish to God he'd turn the radio down!* ¡Ojalá bajase la radio! ◊ *I hope to God that...* Ruego al cielo que... **what, why, how, etc in God's name...?**: *What in God's name was that bang?* ¿Qué demonios fue ese estrépito? ◊ *Why in God's name does he want to see me?* ¿Por qué demonios quiere verme? ◊ *How in God's name did he get in here?* ¿Cómo demonios se metió aquí? *Ver tb* ACT, COMMEND, FEAR[1], FORBID, GIFT, HELP, HONEST, KNOW, LAP[1], LOVE, MAN[1], PLEASE, PRAISE, THANK
■ **God!** (*coloq* **Gawd!**) *interj* ¡Dios!
LOC God Almighty!; God in heaven!; good God!; (oh) (my) God! ¡por Dios santo! **God bless (you)!** ¡que Dios te bendiga!

god-awful *adj* (*coloq*) espantoso

godchild /ˈgɒdtʃaɪld/ *n* (*pl* **godchildren** /ˈgɒdtʃɪldrən/) ahijado, -a

goddamned (*USA* **goddam** /ˈgɒdæm/) (⚠) ☛ *Ver nota en* TABÚ (*coloq*) *adj* maldito
■ **goddamned** *adv* redomadamente

god-daughter /ˈgɒd dɔːtə(r)/ *n* ahijada

goddess /ˈgɒdes, -əs/ *n* diosa
godfather /ˈgɒdfɑːðə(r)/ *n* ~ **(to sb)** padrino (de algn) ☛ *Ver nota en* PADRINO
god-fearing /ˈgɒd fɪərɪŋ/ *adj* temeroso de Dios
godforsaken /ˈgɒdfəseɪkn/ *adj* **1** dejado de la mano de Dios **2** (*pueblo*) de mala muerte
God-given /ˈgɒd gɪvn/ *adj* divino: *He thinks he has a God-given right to do anything he wants.* Cree que tiene derecho a hacer lo que le venga en gana.
the Godhead /ˈgɒdhed/ *n* [*sing*] (*formal*) la divinidad
godless /ˈgɒdləs/ *adj* impío, ateo
godlike /ˈgɒdlaɪk/ *adj* **1** (*poder*) divino **2** (*actitud*) endiosado
godly /ˈgɒdli/ *adj* (**-ier, -iest**) piadoso
godmother /ˈgɒdmʌðə(r)/ *n* ~ **(to sb)** madrina (de algn) *Ver tb* FAIRY GODMOTHER ☛ *Ver nota en* PADRINO
godparent /ˈgɒdpeərənt/ *n* ~ **(to sb)** padrino, madrina (de algn): *my godparents* mis padrinos
godsend /ˈgɒdsend/ *n* regalo celestial: *It was a godsend.* Vino como caído del cielo.
godson /ˈgɒdsʌn/ *n* ahijado
goer /ˈgəʊə(r)/ *n* **1** (*coloq*) emprendedor, -ora **2** (*ofen*) fresca **3** *This car is a real goer.* Este coche tira. **4** (*idea*) acierto *Ver tb* CINEMA-GOER, RACEGOER, THEATRE-GOER
go-getter /ˈgəʊ getə(r)/ *n* (*coloq*) persona dinámica *Ver tb* GO[1]
goggle /ˈgɒgl/ *vi* ~ **(at sth/sb)** mirar con ojos desorbitados (algo/a algn)
goggle-box /ˈgɒgl bɒks/ *n* (*GB, coloq*) caja boba
goggle-eyed /ˌgɒgl ˈaɪd/ *adj* con ojos desorbitados
goggles /ˈgɒglz/ *n* [*pl*] gafas (*protectoras*)
go-go /ˈgəʊ gəʊ/ *adj*: *go-go dancing* baile (a) gogó
going /ˈgəʊɪŋ/ *n* **1** [*incontable*] estado del terreno: *The going was rough.* El camino estaba en muy mal estado. **2** progreso: *It was good going to arrive by midday.* Estuvo bien el llegar para el mediodía. ◊ *The job was hard going.* El trabajo me resultó difícil. **3** *I was sad at her going.* Sentí que se marchara. *Ver tb* OCEAN-GOING
LOC **to get going** marcharse, ponerse en camino **to get sth/sb going** poner algo/a algn en marcha **to get out, go, leave, etc while the going is good** salir, irse, marcharse, etc mientras se puede **when the going gets tough, the tough get going** (*refrán*) cuando las cosas se ponen feas, se demuestra de qué está hecha la gente *Ver tb* COMING, HEAVY
■ **going** *adj*
LOC **a going concern** un negocio próspero **the going rate (for sth)** la tarifa existente (por algo)
going-over /ˌgəʊɪŋ ˈəʊvə(r)/ *n* (*pl* **goings-over**) **1** (*coloq*) repaso **2** (*argot*) paliza
goings-on /ˌgəʊɪŋz ˈɒn/ *n* [*pl*] (*coloq*) tejemanejes
go-kart /ˈgəʊ kɑːt/ *n* kart
gold /gəʊld/ *n* oro: *solid gold* oro macizo ◊ *gold-plated* chapado en oro ◊ *a gold medal* una medalla de oro ◊ *a gold bracelet* una pulsera de oro *Ver tb* ROLLED GOLD
LOC **(as) good as gold** más bueno, -a que el pan **a crock/pot of gold (at the end of the rainbow)** un tesoro (inalcanzable) *Ver tb* GLITTER, HEART, STRIKE[2], WORTH
gold-digger /ˈgəʊld dɪgə(r)/ *n* **1** (*pey*) cazafortunas **2** buscador, -ora de oro
gold disc *n* disco de oro
gold dust *n* oro en polvo: *Good carpenters are like gold dust.* Buenos carpinteros son dificilísimos de encontrar.
golden /ˈgəʊldən/ *adj* **1** de oro: *golden wedding anniversary* bodas de oro **2** dorado: *the golden age of Hollywood* la edad dorada de Hollywood
LOC **a golden oldie** un viejo éxito **golden boy** niño mimado **golden opportunity** oportunidad de oro **golden rule** regla de oro *Ver tb* KILL, MEAN[3], SILENCE
golden eagle *n* águila real
golden handshake *n* cantidad ofrecida a un empleado al irse de una empresa
golden jubilee *n* cincuentenario
golden syrup (*tb* **syrup**) *n* melaza refinada
goldfield /ˈgəʊldfiːld/ *n* campo aurífero
goldfinch /ˈgəʊldfɪntʃ/ *n* (*Zool*) jilguero
goldfish /ˈgəʊldfɪʃ/ *n* pez de colores: *goldfish bowl* pecera redonda
gold foil (*tb* **gold-leaf**) *n Ver* LEAF
gold medallist *n* ganador, -ora de una medalla de oro
gold mine *n* mina de oro
gold miner *n* minero, -a de oro
gold mining *n* minería de oro
gold plate *n* **1** baño de oro **2** vajilla de oro
▶ **gold-plated** *adj* chapado en oro
gold rush *n* rebatiña del oro
goldsmith /ˈgəʊldsmɪθ/ *n* orfebre, orífice
gold standard *n* patrón oro

golf /gɒlf/ *n* golf: *to play a round of golf* jugar un partido de golf ◊ *golf ball* pelota de golf
▶ **golfer** *n* golfista
golf club *n* **1** club de golf **2** palo de golf
golf course (*tb* **golf-links**) *n* campo de golf
Goliath /gəˈlaɪəθ/ *n* **1** Goliat **2** (*fig*) gigante
golliwog /ˈgɒliwɒg/ (*tb* **golly**) *n* muñeco de trapo con cara negra y pelo ensortijado
golly /ˈgɒli/ *interj* (*coloq*) ¡Anda!
LOC **by golly** ¡ya lo creo!
■ **golly** *n Ver* GOLLIWOG
gonad /ˈgəʊnæd/ *n* gónada
gondola /ˈgɒndələ/ *n* **1** góndola **2** (*de dirigible, etc*) barquilla
▶ **gondolier** *n* gondolero, -a
gone /gɒn; *USA* gɔːn/ **1** *pp de* GO[1] **2** *adj* (*coloq*) embarazada de: *She's seven months gone.* Está (embarazada) de siete meses. ☛ En este sentido **gone** se utiliza después de una frase indicando un periodo en semanas o meses.
LOC **going, going, gone** (*subasta*) a la una, a las dos, a las tres, adjudicado **to be gone on sb** (*coloq*) estar colado por algn
■ **gone** *prep*: *It was gone midnight.* Eran las doce pasadas.

goner /ˈgɒnə(r)/ *n* (*coloq*) hombre muerto, mujer muerta: *He thought he was a goner.* Se creyó hombre muerto.

gong /gɒŋ/ *n* gong

gonna /ˈgɒnə/ (*argot*) *abrev de* **going to**: *You ain't gonna get it!* ¡No lo vas a conseguir! *Ver tb* GO[1]

gonorrhoea (*tb* **gonorrhea**) /ˌgɒnəˈrɪə/ *n* gonorrea

goo /guː/ *n* (*coloq*) **1** sustancia pegajosa **2** (*pey*) sentimentalismo

good /gʊd/ *adj* (*comp* **better** /ˈbetə(r)/ *superl* **best** /best/) **1** bueno: *What a good idea!* ¡Qué buena idea! ◊ *a good deal* un buen trato ◊ *good news* buenas noticias ◊ *I had the good fortune/luck to know him.* Tuve la buena suerte/fortuna de conocerle. ◊ *What good weather we're having!* ¡Qué tiempo tan bueno estamos teniendo! ◊ *a good deed* una buena obra ◊ *We became very good friends.* Nos hicimos muy buenos amigos. ◊ *Her English is very good.* Habla inglés muy bien. ◊ *We had a good time.* Nos lo pasamos bien. ◊ *She had good reasons for leaving.* Tenía buenas razones para marcharse. ◊ *I'm in a good mood today.* Hoy estoy de buen humor. ◊ *good quality/condition* buena calidad/buenas condiciones ◊ *He had a good look at it.* Lo examinó bien. ◊ *It doesn't sound very good.* No suena muy bien. ◊ *good value* barato ◊ *She had the good sense to call the police.* Tuvo la sensatez de llamar a la policía. ◊ *He's got very good manners.* Está muy bien educado. ◊ *It made her feel good.* La hizo sentirse bien. ◊ *It's good to be back.* Qué bien estar de vuelta. **2** [*uso enfático*]: *Good old Fred!* ¡El bueno de Fred! **3 ~ (at sth)** bueno (en algo): *to be good at mathematics* tener aptitud para las matemáticas ◊ *He's good at describing his feelings.* Sabe explicar muy bien lo que siente. ◊ *She's good at languages/games.* Se le dan muy bien los idiomas/deportes. **4** *He's a good loser.* Sabe perder. ◊ *She's a good listener.* Es una persona que sabe escuchar. **5 ~ with sth/sb**: *He's very good with children.* Tiene mucha mano con los niños. ◊ *She's very good with her hands.* Es una manitas. **6 ~ (to sb)** bueno, amable (con algn): *He was very good to me when I was ill.* Fue muy bueno conmigo mientras estuve enfermo. ◊ *That's very good of you.* Eres muy amable. **7 ~ for sb**: *Eat it, it's good for you.* Cómetelo, te hará bien. ◊ *He drinks more than is good for him.* Bebe más de lo que le conviene. **8 ~ for sth** bueno para algo: *good for business* bueno para los negocios ◊ *Vinegar is good for cleaning brass.* El vinagre sirve para limpiar latón. ◊ *She would be good for the job.* Sería una persona muy buena para este puesto. **9 ~ for sth (a)**: *I'll ask Mum, she should be good for a fiver.* Se lo pediré a mi madre, seguro que nos puede prestar cinco libras. **(b)**: *This car's good for a few more years.* A este coche aún le quedan algunos años. **(c)**: *The return half of the ticket is good for three months.* Este billete de ida y vuelta tiene una validez de tres meses. **10 a good** (*distancia, cantidad, tiempo*): *It's a good three miles to the station.* Hay tres millas largas a la estación. ◊ *to go for a good long walk* ir a dar un buen paseo ◊ *I waited a good three hours.* Esperé tres horas largas. ◊ *a good tablespoon of sugar* una cucharada colmada de azúcar ◊ *There's a good chance she'll win.* Tiene buenas posibilidades de ganar. **11** (*dinero, billete*) de verdad: *I paid good money for that!* ¡Eso me costó un dineral! **12** (*formal*): *my good sir/man* señor mío ◊ *How is your good lady?* ¿Qué tal su señora? ◊ *Get me another drink, there's a good chap.* Sírvame otra copa, mi buen amigo.
LOC **a good few** bastantes **a good many** muchos: *a good many people* mucha gente **as good as** prácticamente: *He as good as said I was a liar.* Prácticamente me llamó mentiroso. ◊ *The dress is as good as new.* Este vestido está como nuevo. **good and...** (*coloq*) bien: *I won't go until I'm good and ready.* No voy hasta que no esté del todo listo. ◊ *I like my coffee good and strong.* Me gusta el café bien cargado. **good for you, him, etc!** (*coloq*) ¡bien hecho! **to be good enough**: *I'm afraid it's just not good enough.* Lo siento, pero eso no me vale. ☛ Para otras expresiones con **good**, véanse las entradas del sustantivo, adjetivo, etc, p. ej. **in good time** en TIME[1]
■ **good** *n* **1** bien: *good and evil* el bien y el mal ◊ *It's for your own good.* Es por tu propio bien. **2** bondad **3 the good** [*pl*] los buenos
LOC **for good** para siempre **not much good at sth** (*coloq*): *I'm not much good at tennis.* No soy muy bueno al tenis. **to be no good (doing sth)**; **not to be any good (doing sth)** no servir de nada (hacer algo): *What good is it asking her?* ¿De qué sirve preguntarle a ella? **to be up to no good** (*coloq*) estar haciendo de las suyas **to do sb good**: *It'll do you good to have a holiday.* Unas vacaciones te sentarán bien. ◊ *He can appeal, but it won't do him any good.* Puede apelar, pero no le servirá de nada. **to the good** de más: *We are £500 to the good.* Tenemos 500 libras de más.
■ **good** *adv* (*USA, coloq*) bien: *Now, you listen to me good.* A ver, me vas a escuchar bien.

good afternoon *n* buenas tardes

> En el uso familiar, muchas veces se dice simplemente **afternoon** en vez de **good afternoon**.

goodbye /ˌgʊdˈbaɪ/ *interj, n* adiós: *to say goodbye to sb* despedirse de algn ◊ *to say goodbye to sth* decir adiós a algo **LOC** *Ver* KISS

> Otras palabras más informales para despedirse son **bye**, **cheerio** y **cheers**.

good evening *n* **1** buenas tardes **2** buenas noches

> En el uso familiar, muchas veces se dice simplemente **evening** en vez de **good evening**. *Ver tb nota en* NOCHE

good faith *n* buena fe
LOC **in good faith** de buena fe: *They acted in good faith.* Lo hicieron de buena fe.

good-for-nothing /ˈgʊd fə nʌθɪŋ/ *adj, n* inútil (*persona*)

Good Friday *n* Viernes Santo

good-hearted /ˌgʊd ˈhɑːtɪd/ *adj* de buen corazón

good humour *n* buen humor
▶ **good-humoured** *adj* **1** afable, jovial **2** de buen humor

good-looking /gʊd ˈlʊkɪŋ/ *adj* **1** guapo **2** atractivo

good looks *n* atractivo

goodly /ˈgʊdli/ *adj* (**-ier, -iest**) (*antic*) bueno: *a goodly number of people* un buen número de gente

good morning *n* buenos días

> En el uso familiar, muchas veces se dice simplemente **morning** en vez de **good morning**.

good nature *n* bondad
▶ **good-natured** *adj* **1** amable **2** de buen corazón

goodness /ˈgʊdnəs/ *n* **1** bondad **2** valor nutritivo
■ **goodness** *interj* ¡Cielos!: *Goodness, is that the time?* ¡Cielos! ¡Es esa hora ya? **LOC** *Ver* GOD, HONEST, KNOW

goodnight /ˌgʊdˈnaɪt/ *n* buenas noches

> En el uso familiar, muchas veces se dice simplemente **night**, o **night-night**, especialmente con niños, en vez de **goodnight**. *Ver tb nota en* NOCHE

Ver tb KISS

goods /gʊdz/ *n* [*pl*] **1** bienes **2(a)** artículos: *high-quality goods* artículos de alta calidad ◊ *electrical goods* electrodomésticos **(b)** mercancías **(c)** productos: *manufactured goods* productos manufacturados *Ver tb* DRY GOODS
LOC **goods and chattels** enseres **to come up with/deliver the goods** (*coloq*) **1** cumplir (*lo prometido*) **2** conseguir su objetivo *Ver tb* RECEIVE

goods train (*USA* **freight train**) *n* tren de carga

goods van (*USA* **boxcar**) *n* (*ferrocarril*) furgón

goodwill /ˌgʊdˈwɪl/ *n* buena voluntad: *a gesture of goodwill* un gesto de buena voluntad

goody /ˈgʊdi/ *n* (*pl* **-ies**) (*coloq*) **1 goodies** [*pl*] **(a)** dulces, golosinas **(b)** (*accesorio*) cosas **(c)** (*en trabajo, etc*) premios **2** (*en películas, etc*) bueno, -a
■ **goody** *interj*: *Oh goody, there's ice cream for pudding!* ¡Qué bien! ¡Hay helado de postre!

gooey /ˈguːi/ *adj* (*coloq*) **1** pegajoso **2** (*pey*) **(a)** sensiblero **(b)** (*persona*) meloso

goon /guːn/ *n* **1** memo, -a, ganso, -a **2** (*coloq*) policía, madero: *the goon squad* la pasma

goose /guːs/ *n* (*pl* **geese** /giːs/) ganso, -a: *a flock of geese* una bandada de gansos ☛ *Ver nota en* GANSO *Ver tb* WILD-GOOSE CHASE **LOC** *Ver* COOK, KILL, SAY, SAUCE

gooseberry /ˈgʊzbəri; *USA* ˈguːsberi/ *n* (*pl* **-ies**) grosella silvestre (*baya verde del tamaño de una uva que se usa en mermeladas*)
LOC to play gooseberry ir de carabina

goose pimples (*tb* **goose bumps**, **goose-flesh**) *n* [*pl*] carne de gallina: *to give sb/get goose pimples* poner a algn/ponerse la carne de gallina

gore /gɔː(r)/ *n* (*gen ret*) sangre y vísceras: *a film full of blood and gore* una película muy sangrienta

gorge[1] /gɔːdʒ/ *n* desfiladero

gorge[2] /gɔːdʒ/ *v refl* **~ yourself** (**on/with sth**) pegarse un atracón (de algo)

gorgeous /ˈgɔːdʒəs/ *adj* **1** (*cosa*) magnífico, precioso **2** (*coloq*) (*persona*) guapísimo: *Hello, gorgeous!* ¡Hola guapísimo!

gorilla /gəˈrɪlə/ *n* gorila

gormless /ˈgɔːmləs/ *adj* corto de entendederas

gorse /gɔːs/ (*tb* **furze**) *n* tojo (*Bot*)

gory /ˈgɔːri/ *adj* (*gen ret*) sangriento
LOC the gory details los detalles morbosos

gosh /gɒʃ/ *interj* (*coloq*) ¡vaya por Dios!

gosling /ˈgɒzlɪŋ/ *n* cría del ganso

go-slow /ˌgəʊ ˈsləʊ/ *n* huelga de celo

gospel /ˈgɒspl/ *n* **1** (*tb* **Gospel**) evangelio: *A reading from the Gospel according to St. Luke…* Una lectura del Evangelio según San Lucas… **2 gospel music** música espiritual negra
LOC to take, quote, accept, etc sth as gospel creerse, decir, aceptar, etc algo como si fuera santa palabra

gossamer /ˈgɒsəmə(r)/ *n* (*formal*) tejido delicado y vaporoso

gossip /ˈgɒsɪp/ *n* **1** [*incontable*] (*pey*) cotilleo: *a piece/bit of gossip* un chisme **2** [*incontable*] cotilleo (*conversación*): *to have a good gossip* cotillear a base de bien **3** cotilla
■ **gossip** *vi* **~** (**with sb**) (**about sth**) cotillear (con algn) (sobre algo)

gossip column *n* ecos de sociedad

got *pret, pp de* GET

Gothic /ˈgɒθɪk/ *adj* gótico

gotta /ˈgɒtə/ (*esp USA, coloq*) *Ver* GOT TO *en* GET

gotten (*USA*) *pp de* GET

gouge /gaʊdʒ/ *vt*
LOC to gouge sb's eyes out arrancar los ojos a algn **to gouge holes** (**in sth**) hacer agujeros (en algo)
PHR V to gouge sth out sacar algo

gourmet /ˈgʊəmeɪ/ *n* gourmet
■ **gourmet** *adj* gastrónomico

gout /gaʊt/ *n* gota (*Med*)

govern /ˈgʌvn/ **1** *vt, vi* (*Pol*) gobernar **2** *vt* (*normas*) regir: *the laws that govern Nature* las leyes que rigen la naturaleza **3** *vt* (*sentimientos*) controlar
▶ **governance** *n* [*incontable*] gobierno: *corporate governance* gobierno corporativo

governess /ˈgʌvənəs/ *n* institutriz

governing /ˈgʌvənɪŋ/ *adj* **1** que gobierna: *a governing body/council* un organismo rector/consejo de gobierno ◇ *the governing party* el partido en el gobierno *Ver tb* SELF-GOVERNING **2** dominante: *a governing factor* un factor dominante

government /ˈgʌvənmənt/ (*tb* **the Government**) (*abrev* **Govt**) *n* gobierno: *a government department* un departamento gubernamental ◇ *drastic cuts in government spending* recortes drásticos en el gasto público ◇ *a government-owned newspaper* un periódico estatal ◇ *a government-funded project* un proyecto pagado por el estado ☛ *Ver nota en* GOBIERNO
LOC in government en el gobierno
▶ **governmental** /ˌgʌvnˈmentl/ *adj* gubernamental

governor /ˈgʌvənə(r)/ *n* **1 Governor** gobernador, -ora **2** director, -ora (*prisión, etc*) **3** miembro de una junta rectora: *She's a school governor.* Es miembro del consejo escolar. **4** (*tb* **guv**, **guvnor**) (*coloq*) jefe, -a

Governor-General /ˌgʌvənə dʒenrəl/ *n* **1** Gobernador, -ora General (*de la Commonwealth británica*) **2** director, -ora general

Govt *abrev de* **Government**

gown /gaʊn/ *n* **1** traje elegante: *ball/evening gown* traje de fiesta/noche ◇ *wedding gown* vestido de novia *Ver tb* DRESSING GOWN, NIGHTGOWN **2(a)** (*Jur, Educ*) toga **(b)** (*Med*) bata

GP /ˌdʒiː ˈpiː/ (*pl* **GPs**) *abrev de* **general practitioner**

gr (*pl* **gr** o **grs**) (*tb* **g**, **gm**) *abrev de* **gram/gramme**

grab /græb/ (**-bb-**) **1** *vt* **(a)** agarrar: *She grabbed me by the arm.* Me agarró del brazo. *Ver tb* SMASH AND GRAB **(b)** (*atención*) llamar **2(a)** *vi* **~ at sth/sb** tratar de agarrar algo/a algn **(b)** *vt* **~ sth** (**from sth/sb**) quitar algo (de algo/a algn) **3** *vt* (*coloq*) coger: *Grab a seat and come and sit down.* Coge una silla y siéntate aquí. ◇ *We'll grab a bite to eat on the way.* Comeremos algo por el camino.
LOC to grab hold of sth/sb agarrar algo/a algn, hacerse con algo/algn
■ **grab** *n*
LOC to make a grab for/at sth intentar hacerse con algo **up for grabs** (*coloq*) libre: *Her job is up for grabs.* Su trabajo está disponible.

grace /greɪs/ *n* **1** gracia, elegancia **2** (*Relig*) gracia, favor: *by the grace of God* por la gracia de Dios ◇ *to fall from grace* caer en desgracia **3** plazo: *five days' grace* cinco días de gracia **4 graces** [*pl*] modales: *the social graces* los buenos modales **5** bendición (*en la mesa*): *He said grace.* Bendijo la mesa. **6 His/Her/Your Grace, Their Graces** Su(s) Excelencia(s), Su(s) Alteza(s) **7 the Graces** [*pl*] las tres Gracias
LOC to be in sb's good graces gozar del favor de algn **to have the grace to do sth** tener la cortesía/delicadeza de hacer algo **with** (**a**) **bad/good grace** de mala/buena gana *Ver tb* AIR, SAVING[1], YEAR
■ **grace** *vt* **1** adornar: *graced with sth* adornado de algo **2 ~ sth/sb** (**with sth**) honrar algo/a algn (con algo)

graceful /ˈgreɪsfl/ *adj* **1** grácil, elegante **2** delicado (*cortés*)

gracefully /ˈgreɪsfəli/ *adv* dignamente, elegantemente: *to grow old gracefully* envejecer con dignidad

graceless /ˈgreɪsləs/ *adj* **1** sin gracia, desgarbado **2** descortés, grosero

gracious /ˈgreɪʃəs/ *adj* **1** amable, afable: *He was most gracious to everyone.* Fue muy amable con todos. **2** (*formal*) **His/Her/Your Gracious…** Graciosa: *Her Gracious Majesty the Queen* Su Graciosa Majestad la Reina **3 ~** (**to sb**) (*Dios*) misericordioso (con algn) **4** elegante, lujoso **5** (*antic*): *Good(ness) gracious!* ¡Dios mío!
▶ **graciously** *adv* graciosamente, amablemente, de buena gana
graciousness *n* amabilidad, cortesía

gradation /grəˈdeɪʃn/ *n* **1** gradación **2** graduación (*termómetro, etc*)

grade /greɪd/ *n* **1** clase: *grade A potatoes* patatas de clase A ◇ *low-grade materials* materiales de baja

categoría ◊ *salary grade* categoría salarial ◊ *a grade II listed building* un edificio declarado de interés histórico-artístico **2** (*Educ*) nota **3** (*USA, Educ*) curso **4** (*USA, Geog*) pendiente
LOC **to be on the up/down grade** estar mejorando/ *empeorando* **to make the grade** (*coloq*) tener éxito
■ **grade** *vt* **1** clasificar: *They are graded by/according to size.* Se clasifican según su tamaño. **2** (*USA, Educ*) calificar (*examen*) **3** (*tierra*) nivelar
grade crossing (*USA*) (*GB* **level crossing**) *n* paso a nivel
grade school (*USA*) (*GB* **primary school**) *n* escuela primaria
grade school teacher (*USA*) (*GB* **primary school teacher**) *n* profesor, -ora de escuela primaria
gradient /ˈgreɪdiənt/ *n* (*Geog, GB*) pendiente: *a gradient of 1 in 4* una pendiente del 25%
grading /ˈgreɪdɪŋ/ *n* clasificación
gradual /ˈgrædʒuəl/ *adj* **1** gradual, paulatino **2** escalonado (*pendiente*)
gradually /ˈgrædʒʊli/ *adv* gradualmente, paulatinamente: *Things gradually improved.* Las cosas mejoraron poco a poco.
graduate[1] /ˈgrædʒuət/ *n* **1 ~ (in sth)** licenciado, -a (en algo): *an Oxford graduate* un licenciado de la universidad de Oxford ◊ *a graduate student* un estudiante de postgrado **2** (*USA*) diplomado, -a: *a high-school graduate* un graduado de instituto
graduate[2] /ˈgrædʒueɪt/ **1** *vi* **~ (in sth) (a)** licenciarse (en algo): *She graduated from Cambridge.* Se licenció en Cambridge. **(b)** (*USA*) graduarse (en algo) **2** *vt* (*USA*) dar un título a **3** *vt* graduar: *a graduated tax scheme* un plan de impuestos graduado ◊ *a ruler graduated in inches* una regla graduada en pulgadas **4** *vi* **~ (from sth) to sth** (*aprob, fig*) pasar (de algo) a algo
graduation /ˌgrædʒuˈeɪʃn/ *n* **1** (*Educ*) graduación: *graduation ceremony* ceremonia de graduación **2** graduación (*de un termómetro, etc*)
graffiti /grəˈfiːti/ *n* [*pl*] pintadas
graft[1] /grɑːft; *USA* græft/ *n* (*Bot, Med*) injerto *Ver tb* SKIN GRAFT
■ **graft** *vt* **1 ~ sth (onto sth)** injertar algo (en algo): *to graft sth* (*in/on*) injertar algo ◊ *New skin had to be grafted on.* Hubo que injertar más piel. **2** (*fig*) implantar algo (en algo)
graft[2] /grɑːft; *USA* græft/ *n* **1** (*GB*) trabajo duro: *hard graft* trabajo duro **2** (*USA*) soborno
■ **graft** *vi* **1 ~ (away)** (*GB*) currar **2** (*USA*) sobornar
grail /greɪl/ *n* grial: *the Holy Grail* el Santo Grial
grain /greɪn/ *n* **1** [*incontable*] cereales **2** (*arroz, arena, etc*) grano **3** (*textura*) grano: *a stone of fine/medium/ coarse grain* una piedra de grano fino/normal/grueso **4** (*madera, carbón*) veta: *along/across the grain* en el sentido de la veta/contrario a la veta **5** (*cuero*) flor **6** (*fig*) pizca: *There isn't a grain of truth in it.* No hay ni una pizca de verdad en ello.
LOC **to go against the grain** ir a contrapelo, ir en contra de la naturaleza de algn
grainy /ˈgreɪni/ *adj* **1** granulado (*foto, etc*) **2** ronco (*voz*)
gram (*tb* **gramme**) /græm/ *n* (*abrev* **g**, **gm**, **gr**) gramo: *30 gr* 30 gramos ☛ *Ver apéndice 3*
grammar /ˈgræmə(r)/ *n* gramática (*libro, reglas*)
grammarian /grəˈmeəriən/ *n* gramático, -a
grammar school *n* **1** (*GB*) instituto de enseñanza media para alumnos de 12 a 18 años **2** (*USA*) escuela primaria
grammatical /grəˈmætɪkl/ *adj* **1** gramatical **2** gramaticalmente correcto: *That sentence is not grammatical.* Esa frase no es correcta.
▶ **grammatically** *adv*: *grammatically correct* gramaticalmente correcto
gramme /græm/ *n Ver* GRAM
gramophone /ˈgræməfəʊn/ *n* (*antic*) gramófono

gran /græn/ *n* (*GB, coloq*) abuela, yaya
granary /ˈgrænəri/ *n* (*pl* **-ies**) **1** granero **2** (*GB*) integral: *a granary loaf* pan hecho con harina a medio moler
grand[1] /grænd/ *adj* (**-er, -est**) **1** espléndido, magnífico, grandioso: *the grand dame of opera* la gran dama de la ópera ◊ *on a grand scale* a lo grande **2** (*pey*): *to put on a grand air/manner* darse aires ◊ *She loves to play the grand lady.* Le encanta hacerse la señora. **3** (*Irl, antic* o *coloq*) estupendo: *It's a grand day today!* ¡Hoy hace un día espléndido! ◊ *to have a grand time* pasárselo bomba **4 Grand**: *The Grand Vizier* El gran visir
LOC **a/the grand old man (of sth)**: *the grand old man of theatre* la gran figura del teatro
grand[2] /grænd/ *n* **1** (*pl* **grand**) (*coloq*) mil dólares o libras **2** (*tb* **grand piano**) piano de cola
grandchild /ˈgræntʃaɪld/ *n* (*pl* **-children**) nieto, -a
granddad (*tb* **grandad**) /ˈgrændæd/ *n* (*GB, coloq*) *Ver* GRANDFATHER
granddaughter /ˈgrændɔːtə(r)/ *n* nieta *Ver tb* GREAT-GRANDDAUGHTER ☛ *Ver nota en* NIETO
grandee /grænˈdiː/ *n* **1** pez gordo, gerifalte **2** (*antic*) grande de España/Portugal
grandeur /ˈgrændʒə(r)/ *n* **1** grandiosidad **2** grandeza
LOC *Ver* DELUSION
grandfather /ˈgrænfɑːðə(r)/ (*coloq* **grandpa**, **granddad**) *n* abuelo *Ver tb* GREAT-GRANDFATHER ☛ *Ver nota en* ABUELO
grandfather clock *n* reloj de caja (*de péndulo*)
grand finale *n* gran escena final
grandiloquent /grænˈdɪləkwənt/ *adj* (*formal*) grandilocuente
▶ **grandiloquence** *n* grandilocuencia
grandiose /ˈgrændiəʊs/ *adj* grandioso
grand jury *n* (*USA*) jurado de la vista preliminar
grandly /ˈgrændli/ *adv* grandiosamente
grandma /ˈgrænmɑː/ *n* (*coloq*) *Ver* GRANDMOTHER
grandmaster /ˌgrændˈmɑːstə(r)/ *n* **1** (*ajedrez*) campeón **2 Grand Master** Gran Maestre
grandmother /ˈgrænmʌðə(r)/ (*coloq* **grandma**, **granny**) *n* abuela *Ver tb* GREAT-GRANDMOTHER ☛ *Ver nota en* ABUELO
grandpa /ˈgrænpɑː/ *n* (*coloq*) *Ver* GRANDFATHER
grandparent /ˈgrænpeərənt/ *n* abuelo, -a: *my grandparents* mis abuelos
grand slam *n* **1** (*Dep*) victoria absoluta **2** (*naipes*) bola (*en bridge*)
grandson /ˈgrænsʌn/ *n* nieto *Ver tb* GREAT-GRANDSON ☛ *Ver nota en* NIETO
grandstand /ˈgrændstænd/ *n* (*Dep*) tribuna
grand total *n* importe total
granite /ˈgrænɪt/ *n* granito
granny (*tb* **grannie**) /ˈgræni/ *n* (*coloq*) (*pl* **-ies**) *Ver* GRANDMOTHER
granny flat *n* (*GB, coloq*) apartamento para persona mayor
grant /grɑːnt/ *n* **~ (to do sth/towards sth)** **1** subvención (para hacer algo/para algo): *government grants* las subvenciones del gobierno ◊ *grant-giving bodies* organismos subvencionadores **2** (*Educ*) beca (para hacer algo/para algo): *student grants* becas de estudio
■ **grant** *vt* **~ sth (to sb)** conceder algo (a algn): *I grant (you) she's a clever woman, but...* Te concedo que es una mujer inteligente, pero... ◊ *to grant a request* conceder una petición
LOC **to take sth for granted** dar algo por descontado **to take sb for granted** no darse cuenta de lo que vale algn
▶ **granted** *adv* concedido: *Granted, it's splendid, but look at the price!* Lo reconozco, es estupendo, ¡pero fíjate en el precio!
granting /ˈgrɑːntɪŋ/ *n* concesión

granulated sugar *n* azúcar granulado

granule /ˈɡrænjuːl/ *n* gránulo: *instant-coffee granules* gránulos de café instantáneo

grape /ɡreɪp/ *n* uva: *a bunch of grapes* un racimo de uvas **LOC** *Ver* SOUR

grapefruit /ˈɡreɪpfruːt/ *n* (*pl* **grapefruit** o **~s**) pomelo

grapevine /ˈɡreɪpvaɪn/ *n* **1** viña **2 the grapevine** [*sing*] (*fig*) radio macuto: *I heard on the grapevine that…* He oído por ahí que…

graph /ɡrɑːf; *USA* ɡræf/ *n* gráfico: *to project the curve of a graph* proyectar la curva de un gráfico ☛ *Ver ilustración en* GRÁFICO

graphic /ˈɡræfɪk/ *adj* gráfico: *graphic design* diseño gráfico ◊ *a graphic account of a battle* un relato gráfico de la batalla

▶ **graphically** *adv* gráficamente

graphics *n* [*pl*] **1** *computer graphics* gráficos de ordenadores **2** diseño gráfico

graphite /ˈɡræfaɪt/ *n* grafito

graph paper *n* papel milimetrado

grapple /ˈɡræpl/ *vi* **~** (**with sth/sb**) (*lit* y *fig*) luchar (con algo/a algn)

grasp /ɡrɑːsp; *USA* ɡræsp/ *vt* **1(a)** agarrar **(b)** (*fig*) aprovechar **2** comprender

LOC to grasp the nettle coger al toro por los cuernos ☛ *Comparar con* BULL **LOC** *Ver* STRAW

PHR V to grasp at sth ir a agarrar algo

■ **grasp** *n* **1(a)**: *to take a firm grasp of sth* agarrar bien algo ◊ *The boy slipped from his grasp.* El chico se le deslizó de las manos. ◊ *to relinquish your grasp on sth* soltar algo **(b)** (*fig*): *in the grasp of powerful emotions* preso de fuertes emociones ◊ *beyond the grasp of your enemies* fuera del alcance de sus enemigos **2** conocimiento: *a basic grasp of maths* una noción básica de matemáticas

grasping /ˈɡrɑːspɪŋ; *USA* ˈɡræspɪŋ/ *adj* codicioso

grass¹ /ɡrɑːs; *USA* ɡræs/ *n* **1** hierba: *a blade of grass* una brizna de hierba *Ver tb* RYEGRASS **2** (*argot*) hierba (*marihuana*) **3** (*GB, argot*) chivato *Ver tb* SUPERGRASS

LOC (**not**) **to let the grass grow under your feet** (no) perder el tiempo **the grass is** (**always**) **greener on the other side** (**of the fence**) (*refrán*) las manzanas siempre parecen mejores en el huerto del vecino **to put sb out to grass** (*coloq*) retirar a algn por viejo *Ver tb* SNAKE

▶ **grassy** *adj* herboso

grass² /ɡrɑːs; *USA* ɡræs/ **1(a)** *vt* **~ sth** (**over**) plantar césped en algo **(b)** *vt, vi* (*USA*) apacentar **2** *vi* **~** (**on sb**) (*GB, argot*) chivarse (de algn)

grasshopper /ˈɡrɑːshɒpə(r); *USA* ˈɡræs-/ *n* saltamontes **LOC** *Ver* KNEE-HIGH

grassland /ˈɡrɑːslænd, ˈɡrɑːslənd/ (*tb* **grasslands** [*pl*]) *n* pastos

grass roots *n* pueblo llano: *grass roots opposition* oposición del pueblo llano

grass snake *n* culebra de collar

grate¹ /ɡreɪt/ *n* parrilla (*de chimenea*)

grate² /ɡreɪt/ **1** *vt* rallar **2** *vi* **(a)** chirriar **(b) ~** (**on sth/sb**) (*fig*) irritar (algo/a algn): *His voice grates* (*on my ears*). Su voz me irrita. ◊ *She grates on my nerves.* Me ataca los nervios.

▶ **grater** *n* rallador

grateful /ˈɡreɪtfl/ *adj* **~** (**to sb**) (**for sth**); **~** (**that…**) agradecido (a algn) (por algo); (de que) *Ver tb* SMALL

▶ **gratefully** *adv* con agradecimiento, -a: *all suggestions will be gratefully received* agradeceremos todo tipo de sugerencias

gratification /ˌɡrætɪfɪˈkeɪʃn/ *n* (*formal*) **1** gratificación: *sexual gratification* gratificación sexual **2** satisfacción

gratify /ˈɡrætɪfaɪ/ *vt* (*pret, pp* **-fied**) (*formal*) **1** agradar: *It gratified me/I was gratified to hear of…* Me agradó enterarme de… **2** satisfacer: *to gratify sb's whims* satisfacer los caprichos de algn

▶ **gratifying** *adj* (*formal*) gratificante

grating¹ /ˈɡreɪtɪŋ/ *n* rejilla

grating² /ˈɡreɪtɪŋ/ *adj* **1** irritante **2** chirriante

gratis /ˈɡreɪtɪs/ *adv* gratis

gratitude /ˈɡrætɪtjuːd; *USA* -tuːd/ *n* **~** (**to sb**) (**for sth**) gratitud (a algn) (por algo)

gratuitous /ɡrəˈtjuːɪtəs; *USA* -ˈtuː-/ *adj* (*formal*) innecesario: *gratuitous violence* violencia gratuita

gratuity /ɡrəˈtjuːəti; *USA* -ˈtuː-/ *n* **1** (*formal*) propina **2** (*GB*) gratificación

grave¹ /ɡreɪv/ *adj* (**-er**, **-est**) (*formal*) grave: *grave consequences* graves consecuencias ◊ *grave danger* peligro serio

Para traducir *grave* la palabra más normal es **serious.**

▶ **gravely** *adv* gravemente: *gravely mistaken* muy equivocado

grave² /ɡreɪv/ *n* tumba: *Is there life beyond the grave?* ¿Hay vida en el más allá?

LOC to turn in your grave revolverse en la tumba *Ver tb* CRADLE, FOOT¹

gravel /ˈɡrævl/ *n* grava, gravilla: *gravel pit* cantera de grava ◊ *a gravel path* un camino de gravilla

■ **gravel** *vt* (**-ll-**, *USA* **-l-**) cubrir con grava

▶ **gravelly** *adj* **1** con gravilla **2** (*voz*) ronco

gravestone /ˈɡreɪvstəʊn/ *n* lápida ☛ *Ver ilustración en* IGLESIA

graveyard /ˈɡreɪvjɑːd/ *n* cementerio (*cerca de una iglesia*) ☛ *Comparar con* CEMETERY, CHURCHYARD

gravitate /ˈɡrævɪteɪt/ *vi* **~ towards/to sth/sb 1** dirigirse hacia algo/algn **2** inclinarse hacia algo/algn

▶ **gravitation** *n* gravitación

gravitational *adj* de gravitación, gravitatorio

gravity /ˈɡrævəti/ *n* **1** (*Fís*) gravedad **2(a)** solemnidad **(b)** (*seriedad*) gravedad ☛ En este sentido la palabra más normal es **seriousness**.

gravy /ˈɡreɪvi/ *n* **1** jugo, salsa (*de la carne asada*): *gravy-boat* salsera **2** (*coloq*) dinero caído del cielo: *gravy train* chollo

gray /ɡreɪ/ *adj, n* (*USA*) *Ver* GREY

graze¹ /ɡreɪz/ **1** *vi* **~** (**in/on sth**) pacer, pastar (en algo) **2** *vt* **~ sth** (**in/on sth**) (*ganado*) apacentar algo (en algo)

▶ **grazing** *n* **1** pastoreo **2** (*tb* **grazing land**) pasto

graze² /ɡreɪz/ **1** *vt* **~ sth** (**against/on sth**) (*piel*) raspar algo (con algo) **2** *vt, vi* rozar(se): *to graze against/along sth* rozar algo (al pasar)

■ **graze** *n* **1** raspadura (*herida*) **2** roce

grease /ɡriːs/ *n* grasa (*de coche, comida, etc*): *a washing-up liquid that cuts through the grease* un lavavajillas que corta la grasa *Ver tb* ELBOW GREASE

■ **grease** *vt* engrasar

LOC to grease sb's palm (*coloq*) untar a algn *Ver tb* LIGHTNING

greaseproof paper /ˌɡriːspruːf ˈpeɪpə(r)/ *n* papel encerado

greasy /ˈɡriːsi, ˈɡriːzi/ *adj* **1** grasiento: *greasy hair/skin* pelo graso/piel grasa ◊ *greasy food* comida con mucha grasa **2** (*coloq, pey, fig*) zalamero, cobista

great /ɡreɪt/ *adj* (**-er**, **-est**) **1** grande: *a great advantage/achievement* una gran ventaja/un gran logro ◊ *They all participated, to a greater or lesser extent.* Mucho o poco todos participaron. ◊ *of great beauty/benefit* de gran belleza/mucho beneficio ◊ *We need to discuss this in greater detail.* Tenemos que discutirlo con más detalle. ◊ *It was no great surprise.* No me cogió de sorpresa. ◊ *in great numbers* en masa ◊ *his greatest strength* su punto más fuerte ◊ *Greater London* Londres y su área metropolitana ◊ *the Great Wall of China* la Gran Muralla China ◊ *Great Bear* Osa Mayor *Ver tb* BIG **2(a)** (*tiempo, distancia*): *a great way off* muy lejos **(b)** (*edad*) avanzado **(c)** (*cuidado*) mucho, especial **3** (*destacado*) grande: *the world's greatest novelist* el mejor novelista del mundo ◊ *the great powers* las grandes potencias **4** (*coloq*) estupendo, magnífico: *It's great to see you!* ¡Qué alegría verte! ◊ *Great, now everyone knows!* Estupendo, ¡ahora todo el mundo lo sabe! **5 ~ for sth/doing sth** (*coloq*) ideal para algo/hacer algo **6 ~ at sth** (*coloq*) muy bueno en algo: *She's great at tennis.* Es una tenista magnífica. **7 ~ with sth/sb** (*coloq*) bueno con algo/algn **8** gran: *I am your greatest admirer.* Soy su más ferviente admirador. ◊ *We are great friends.* Somos muy amigos. ◊ *He's a great one for complaining.* Es único para quejarse. **9** [*uso enfático*] (*coloq*) (*con adjetivos de tamaño*): *an enormous great house* una casa enorme ◊ *a great big dog* un perro enorme

LOC a great deal muchísimo **great and small** grandes y pequeños **the great beyond** el más allá **the great outdoors** el aire libre **to be going great guns** (*coloq*) ir a las mil maravillas **to be no great shakes** (*coloq*) no ser ninguna maravilla **to make a great deal of sth** dar mucha importancia a algo **to take great pains with/over sth** esmerarse mucho en algo *Ver tb* ACCOUNT, BELIEVER, EXTENT, MASS², OAK, PAIN, PART

■ **great** *n* **1** [*gen pl*] (*coloq*) uno, -a de los grandes: *one of boxing's all-time greats* uno de los grandes del boxeo de todos los tiempos **2 the great** [*pl*] los grandes

▶ **greatly** *adv* muy, mucho: *greatly reduced/increased* muy reducido/aumentado en gran medida ◊ *to help sb greatly* ayudar muchísimo a algn

greatness *n* grandeza

great-aunt /ˌgreɪt ˈɑːnt/ *n* tía abuela

Great Britain (*tb* **Britain**) *n* (*abrev* **GB**) Gran Bretaña

> **Great Britain (GB)** o **Britain** está formada por Inglaterra, Escocia y Gales.
> El estado político es oficialmente conocido como **the United Kingdom (of Great Britain and Northern Ireland) (UK)** e incluye Irlanda del Norte además de Gran Bretaña. Sin embargo muchas veces se utiliza el término **Great Britain** como sinónimo de **United Kingdom**.

> Cuando hablamos de **the British Isles** nos referimos a la isla de Gran Bretaña y la isla de Irlanda *Ver ilustración*.

greatcoat /ˈgreɪtkəʊt/ *n* (*Mil*) sobretodo

Great Dane *n* (*Zool*) gran danés

great-granddaughter /ˌgreɪt ˈgrændɔːtə(r)/ *n* bisnieta ☛ *Ver nota en* BISNIETO

great-grandfather /ˌgreɪt ˈgrændfɑːðə(r)/ *n* bisabuelo ☛ *Ver nota en* BISABUELO

great-grandmother /ˌgreɪt ˈgrændmʌðə(r)/ *n* bisabuela ☛ *Ver nota en* BISABUELO

great-grandson /ˌgreɪt ˈgrændsʌn/ *n* bisnieto ☛ *Ver nota en* BISNIETO

great-nephew /ˌgreɪt ˈnefjuː/ *n* sobrino nieto

great-niece /ˌgreɪt ˈniːs/ *n* sobrina nieta

great-uncle /ˌgreɪt ˈʌŋkl/ *n* tío abuelo

grebe /griːb/ *n* somormujo

Greece /griːs/ *n* Grecia

greed /griːd/ *n* **~ (for sth) 1** codicia, avaricia (por algo) **2** (*comida*) gula (por algo)

▶ **greedy** *adj* **(-ier, -iest) ~ (for sth) 1** codicioso, avaricioso (de algo) **2** (*comida*) goloso (por algo)

greedily *adv* **1** con avaricia **2** (*comida*) con gula

Greek /griːk/ *adj* griego

■ **Greek** *n* **1** (*idioma*) griego **2** (*persona*) griego, -a

LOC it's all Greek to me (*coloq, refrán*) me suena a chino

green /griːn/ *adj* **(-er, -est) 1** verde: *light/dark green* verde claro/oscuro ◊ *green belt* zona(s) verde(s) ◊ *green vegetables* verduras ◊ *green pepper* pimiento verde *Ver tb* BOTTLE GREEN, EVERGREEN, SEA GREEN **2** (*coloq*) **(a)** nuevo, novato **(b)** crédulo **3** (*tez*) pálido **4** (*tb* **Green**) (*Pol*) verde: *the Green party* el partido de los verdes ◊ *Green issues* temas del medio ambiente

LOC to be/turn green with envy tener/ponerse los dientes largos de envidia **to give sth/sb the green light; to get the green light** (*coloq*) dar luz verde a algo/algn, tener luz verde: *If it gets the green light...* Si

Great Britain

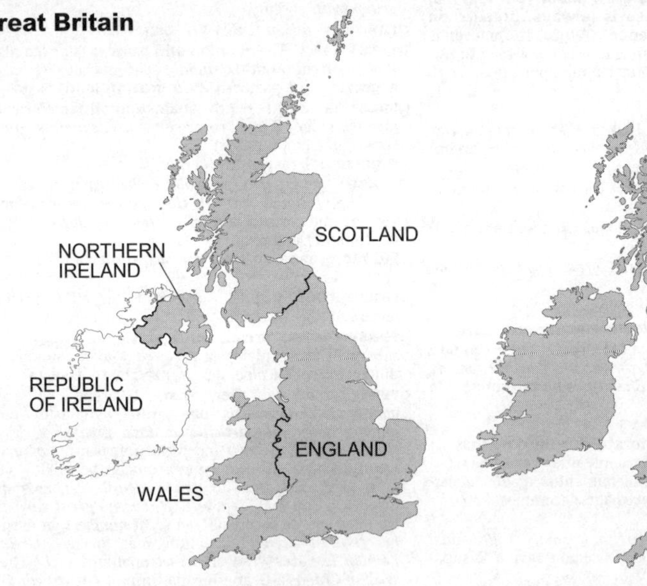

The United Kingdom

The British Isles

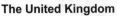

le dan luz verde... **to have green fingers** tener buena mano para las plantas *Ver tb* GRASS[1]

■ **green** *n* **1** verde: *The traffic lights are on green.* El semáforo está en verde. ◊ *dressed in green* vestido de verde **2 greens** [*pl*] verduras **3** prado: *village green* zona verde municipal **4** (*golf*) green *Ver tb* BOWLING GREEN ☛ *Ver ilustración en* GOLF **5 the Greens** [*pl*] (*Pol*) los verdes

▶ **greenish** *adj* verdoso

greenness *n* **1** verdor **2** (*Pol*) política medio ambiental

greenery /ˈgriːnəri/ *n* verde, follaje

greenfly /ˈgriːnflaɪ/ *n* (*pl* **greenfly**) pulgón

greengrocer /ˈgriːngrəʊsə(r)/ *n* (*GB*) verdulero, -a: *greengrocer's* (*shop*) verdulería ☛ *Ver nota en* CARNICERÍA

greenhouse /ˈgriːnhaʊs/ *n* invernadero

greenhouse effect *n* efecto invernadero

greenhouse gas *n* gas que causa el efecto invernadero: *greenhouse gas emissions* emisiones de gases que causan el efecto invernadero

green onion (*USA*) (*GB* **spring onion**) *n* cebolleta

Green Paper *n* (*GB*) libro verde (*proposición no de ley*) ☛ *Comparar con* WHITE PAPER

green pepper *n* pimiento verde

Greenwich Mean Time /ˌgrenɪtʃ ˈmiːn taɪm, ˌgrɪ-, -nɪdʒ/ (*tb* **Universal Time**) *n* (*abrev* **GMT**) hora de Greenwich

greet /griːt/ *vt* **1 ~ sb** (**with sth**) recibir a algn (con algo) **2 ~ sth with sth** recibir, acoger algo con algo

▶ **greeting** *n* **1** saludo: *greetings card* tarjeta de felicitación **2** recibimiento **LOC** *Ver* SEASON

gregarious /grɪˈgeəriəs/ *adj* **1** sociable **2** (*Zool*) gregario

gremlin /ˈgremlɪn/ *n* duendecillo

grenade /grəˈneɪd/ (*tb* **hand grenade**) *n* granada (*de mano*)

grew *pret de* GROW

grey (*USA tb* **gray**) /greɪ/ *adj* (**-er, -est**) **1** (*lit* y *fig*) gris: *grey area* aspecto no definido ◊ *grey matter* materia gris/seso **2** (*pelo*) blanco: *to go/turn grey* encanecer ◊ *grey-haired* canoso

■ **grey** *n* (*pl* **~s**) gris

■ **grey** *vt, vi* encanecer

▶ **greying** *adj* canoso

greyish *adj* **1** grisáceo **2** (*pelo*) entrecano

greyhound /ˈgreɪhaʊnd/ *n* galgo: *greyhound racing* carreras de galgos ◊ *greyhound track* canódromo ☛ *Ver ilustración en* DOG[1]

grid /grɪd/ *n* **1** rejilla **2(a)** (*energía eléctrica, gas*) red **(b)** (*mapa*) cuadrícula **3** (*automovilismo*) parrilla de salida

grief /griːf/ *n* **1 ~** (**at/over sth**) dolor, pesar (por algo) **2** (*suceso*) desgracia

LOC good grief! (*coloq*) ¡cielo santo! **to come to grief** (*coloq*) **1** irse al traste **2** sufrir un accidente

grief-stricken /ˈgriːf strɪkən/ *adj* desolado

grievance /ˈgriːvns/ *n* **~** (**against sb**) **1** (motivo de) queja (contra algn) **2** (*trabajadores*) reivindicación (contra algn)

grieve /griːv/ (*formal*) **1** *vt* afligir: *It grieves me.* Me da pena. **2** *vi* **(a) ~** (**for/over/about sth/sb**) llorar la pérdida (de algo /algn) **(b) ~ at/about/over sth** lamentarse de algo; afligirse por algo

▶ **grieving** *adj* doliente, afligido

grievous /ˈgriːvəs/ *adj* **1** doloroso, cruel **2** (*formal*) **(a)** (*dolor, golpe*) fuerte **(b)** (*error*) lamentable, grave

▶ **grievously** *adv* **1** dolorosamente **2(a)** seriamente, gravemente: *to suffer grievously* sufrir muchísimo **(b)** (*equivocarse*) lamentablemente

grievous bodily harm *n* (*abrev* **GBH**) daños corporales graves

grill /grɪl/ *n* **1(a)** parrilla **(b)** (*plato*) parrillada **(c)** (*tb* **grill-room**) (*restaurante*) parrilla **2** *Ver* GRILLE

■ **grill 1** *vt, vi* asar(se) a la parrilla ☛ *Ver ilustración en* BAKE **2** *vt* (*coloq, fig*) interrogar (sin piedad)

▶ **grilled** *adj* (asado) a la parrilla

grille (*tb* **grill**) /grɪl/ *n* rejilla, reja

grim /grɪm/ *adj* (**grimmer, grimmest**) **1(a)** (*persona*) severo, ceñudo **(b)** (*lugar*) triste, lúgubre **2** inexorable, duro: *the grim reality of poverty* la cruda realidad de la pobreza **3** deprimente, triste **4** macabro, siniestro **5** (*coloq*) (*enfermo*) mal **6** (*coloq*) (*mal hecho*) horrible, malísimo

LOC like grim death con perseverancia

▶ **grimly** *adv* **1** severamente, inexorablemente **2** (*sin aflojar*) con perseverancia

grimness *n* **1** (*persona*) severidad **2** (*lugar*) frialdad, tristeza **3** (*condiciones*) dureza

grimace /grɪˈmeɪs; *USA* ˈgrɪməs/ *n* mueca

■ **grimace** *vi* **~** (**at sth/sb**) hacer muecas (a algo/algn)

grime /graɪm/ *n* mugre

▶ **grimy** *adj* mugriento

grin /grɪn/ (**-nn-**) **1** *vi* **~** (**at sth/sb**) sonreír de oreja a oreja (a algo/algn) **2** *vt* decir con una gran sonrisa

LOC to grin and bear it poner al mal tiempo buena cara

■ **grin** *n* sonrisa

grind /graɪnd/ (*pret, pp* **ground** /graʊnd/) **1** *vt, vi* moler(se): *to grind* (*sth*) (*down*) *to sth* reducir(se) (algo) (a algo) ◊ *to grind sth to dust* reducir algo a polvo **2** *vt* **(a)** (*cuchillo*) afilar **(b)** (*lente*) pulir **(c)** (*dientes*) apretar **(d)** (*USA*) (*carne*) picar **3** *vi* **(a) ~** (**away**) (*motor, máquina, frenos*) chirriar, rechinar **(b)** avanzar lentamente: *The machine ground into action.* La máquina se puso lentamente en marcha. ◊ *to grind along/past* avanzar/pasar lentamente

LOC to grind to a halt/standstill 1 (*motor, máquina, frenos*) pararse chirriando **2** (*proceso*) detenerse poco a poco *Ver tb* AXE

PHR V to grind away (**at sth**) (*coloq*) empollar (algo), trabajar duro (en algo)

to grind sb down hacer polvo a algn

to grind sth down 1 pulverizar algo, machacar algo **2** (*resistencia*) acabar con algo

to grind on seguir de forma monótona

to grind sth out (*pey*) **1** hacer algo mecánicamente **2** (*Mús*) tocar algo machaconamente

■ **grind** *n* **1** (*coloq*) trabajo rutinario: *the daily grind* la pesada rutina cotidiana ◊ *a long uphill grind* una larga y pesada cuesta **2** (*tb* **grinding**) (*motor, pasos, frenos, dientes*) chirrido, crujido **3** (*tb* **grinding**) molienda, pulverización

▶ **grinder** *n* **1** (*máquina*) **(a)** moledora, pulidora **(b)** (*café, pimienta*) molinillo **2** (*persona*) **(a)** molendero, -a **(b)** (*cuchillos*) afilador, -ora

grinding *adj* **1** que rechina: *grinding noise/sound* chirrido ◊ *to make a grinding noise* rechinar **2** (*fig*): *grinding poverty* pobreza absoluta

LOC to bring sth/come to a grinding halt 1 (*vehículo*) hacer parar algo/pararse chirriando los frenos **2** (*actividad*) llevar algo a un paro total, pararse totalmente

grindstone /ˈgraɪndstəʊn/ *n* piedra de afilar, muela **LOC** *Ver* NOSE[1]

grip /grɪp/ (**-pp-**) **1** *vt, vi* **(a)** agarrar(se), asir(se) **(b)** (*mano*) coger(se) **(c)** (*rueda*) agarrar(se) **2** *vt* (*fig*) **(a)** (*imaginación*) atraer **(b)** (*atención*) absorber **(c)** (*miedo*) apoderarse de

■ **grip** *n* **1 ~** (**on sth/sb**) **(a)** agarre, adherencia a algo/algn: *He has a grip like a vice.* Te aprieta (la mano) hasta hacerte daño. **(b)** (*fig*) dominio, control, presión (sobre algo/algn): *to have a grip on sth* dominar algo ◊ *to be in the grip of sth* estar dominado/paralizado por algo **2** agarradero, asidero **3** (*utensilio*) mango **4** (*arma*) empuñadura **5** (*tb* **hairgrip**) horquilla **6** bolsa de viaje

LOC to come/get to grips with sth/sb (*lit* y *fig*) enfrentarse a algo/algn **to get/keep/take a grip/hold**

on yourself controlarse *Ver tb* LOOSEN, LOSE, RELINQUISH

▶ **gripping** *adj* fascinante, que se agarra

gripe /graɪp/ *vi* ~ **(about sth/sb)** (*coloq*) quejarse

■ **gripe** *n* (*coloq*) **1** queja **2 to have a ~ (about/against sth/sb)** tener quejas (de/contra algo/algn) **3** cólico: *gripe water* medicina para los cólicos infantiles

grisly /ˈgrɪzli/ *adj* horripilante

grist /grɪst/ *n*

LOC grist to the/your mill provechoso para algn: *It's all grist to his mill.* Saca provecho de todo.

gristle /ˈgrɪsl/ *n* cartílago (*una vez cocinado*)

grit /grɪt/ *n* **1** arena: *to put grit on the roads in winter* echar arena en las carreteras en invierno ◊ *bits of grit in the lentils* arenilla en las lentejas **2** valor, determinación

■ **grit** *vt* **(-tt-)** cubrir con arena

LOC to grit your teeth 1 apretar los dientes **2** (*fig*) armarse de valor

▶ **gritty** *adj* **(-ier, -iest) 1** arenoso, lleno de tierra **2** valeroso, firme **3** severo *Ver tb* THE NITTY-GRITTY

grizzle /ˈgrɪzl/ *vi* ~ **(about sth)** gimotear, lloriquear (por algo)

grizzled /ˈgrɪzld/ *adj* canoso

grizzly /ˈgrɪzli/ (*tb* **grizzly bear**) *n* oso pardo americano

groan /grəʊn/ **1** *vi* ~ **(with sth)** (*persona*) gemir (de algo) **2** *vi* **(a)** (*muebles*) crujir **(b)** (*viento*) silbar **3** *vi* ~ **(on) (about/over sth)**; ~ **(at sth/sb)** quejarse (de algo) (a algo/algn): *to groan inwardly* quejarse para sus adentros **4** *vi* (*fig*) **(a)** ~ **under (the weight of) sth**; ~ **with sth** crujir bajo el peso de algo **(b)** ~ **under sth** sufrir, estar oprimido por algo

■ **groan** *n* **1** gemido **2** quejido **3** (*muebles, etc*) crujido

grocer /ˈgrəʊsə(r)/ *n* **1** tendero, -a **2 grocer's** (*tb* **grocery shop**, **grocery store**) tienda de comestibles, ultramarinos ☞ *Ver nota en* CARNICERÍA *Ver tb* GREENGROCER

▶ **groceries** *n* [*pl*] comestibles

groggy /ˈgrɒgi/ *adj* **1** mareado **2** (*por alcohol*) tambaleante **3** (*por golpe o susto*) grogui

groin /grɔɪn/ *n* (*Anat*) bajo vientre: *a groin injury* una herida en la ingle ◊ *She kicked him in the groin.* Le dio una patada en la entrepierna.

Nótese que **groin** abarca las dos ingles y el pubis.

groom /gruːm/ *n* **1** mozo, -a de cuadra **2** novio *Ver* BRIDEGROOM

■ **groom 1(a)** *vt* (*caballo*) cepillar **(b)** *vt, vi* (*primates*) despiojar(se) **(c)** *vt* (*pelo*) arreglar **2** *vt* ~ **sb (for sth/to do sth)** preparar a algn (para algo/para hacer algo) *Ver tb* WELL-GROOMED

groove /gruːv/ *n* ranura, estría, surco

LOC to get into/be stuck in a groove estancarse/estar estancado (en una rutina)

▶ **grooved** *adj* con ranuras, con surcos, estriado

groovy *adj* (*antic, irón*) marchoso, moderno

grope /grəʊp/ **1** *vi* andar a tientas **2** *vi* ~ **(about) for/after sth (a)** buscar algo a tientas **(b)** (*palabra, respuesta*) titubear buscando algo **3** *vt, vi* toquetear, sobar

PHR V to grope (your way) across, along, past, etc (sth) cruzar (algo), avanzar (por algo), pasar (algo), etc a tientas

gross[1] /grəʊs/ *n* (*pl* **gross** o **~es**) gruesa (*12 docenas*): *by the gross* en gruesas

gross[2] /grəʊs/ *adj* **(-er, -est) 1** gordo repulsivo, -a, enorme **2** (*indecente*) grosero, -a **3** (*flagrante*) **(a)** (*exageración*) flagrante **(b)** (*error, negligencia*) craso **(c)** (*injusticia, indecencia*) grave **4** (*total*) bruto: *gross weight* peso en bruto

■ **gross** *vt* recaudar, ganar (*en bruto*)

PHR V to gross sth up sumar algo en bruto

▶ **grossly** *adv* extremadamente

gross national product *n* (*abrev* **GNP**) producto nacional bruto (=PNB)

grotesque /grəʊˈtesk/ *adj* grotesco

▶ **grotesquely** *adv* grotescamente

grotto /ˈgrɒtəʊ/ *n* (*pl* **~es** o **~s**) gruta

grotty /ˈgrɒti/ *adj* (*coloq*) horrible, asqueroso: *to feel grotty* sentirse mal

grouch /graʊtʃ/ *vi* ~ **(about sth)** quejarse (de/por algo)

■ **grouch** *n* **1** ~ **(against sth/sb)** queja (por algo/algn): *to have a grouch about sth* quejarse de/por algo **2** (*pey*) (*persona*) cascarrabias, gruñón, -ona

ground[1] /graʊnd/ *n* **1** [*incontable*] **(a)** (*lit*) suelo, terreno: *to fall to the ground* caer(se) al suelo ◊ *ground-to-air missile* misil tierra-aire ◊ *ground level* nivel del suelo ◊ *ground-rent* renta/alquiler del terreno ◊ *waste ground* tierra baldía **(b)** (*fig*) terreno: *to cover a lot of ground* tocar muchos puntos ◊ *common ground* terreno común ◊ *to be on dangerous ground* pisar un terreno peligroso ◊ *to gain/lose ground* ganar/perder terreno **2(a)** zona, campo (*de juego*): *recreation ground* zona de recreo *Ver tb* BREEDING GROUND, BURIAL GROUND, FAIRGROUND, HUNTING GROUND, PLAYGROUND, STAMPING GROUND **(b) grounds** [*pl*] zona (*reservado para una actividad específica*): *fishing grounds* zona de pesca **3 grounds** [*pl*] jardines (*que pertenecen a un edificio*): *the university grounds* los jardines de la universidad **4** [*gen pl*] motivo, razón: *on medical grounds* por razones de salud ◊ *grounds for divorce* motivo de divorcio *Ver tb* REASON[1] **5 grounds** [*pl*] poso, sedimento (*de café*) **6** fondo: *on a white ground* sobre un fondo blanco *Ver tb* BACKGROUND FOREGROUND

LOC above ground en la superficie, sobre la tierra **below ground** bajo tierra **on the ground** en el suelo, sobre el terreno **to break fresh/new ground** abrir nuevos horizontes **to cut the ground from under sb's feet** tomar la delantera a algn **to gain/make up ground (on sth/sb)** ganar terreno (a algo/algn) **to get off the ground 1** ponerse en marcha: *It never got off the ground.* No resultó factible. **2** (*avión*) despegar **to give/lose ground (to sth/sb)** ceder/perder terreno (frente a algo/algn) **to hold/keep/stand your ground** mantenerse firme **to run sth/sb/yourself into the ground** agotarse/agotar algo/a algn completamente: *They ran the car into the ground.* Gastaron el coche completamente. **to the ground** completamente: *The building was razed to the ground.* Arrasaron el edificio completamente. *Ver tb* COVER[1], EAR[1], EARTH, FIRM[1], FOOT[1], FORBID, MIDDLE, PREPARE, ROOT[2], SHIFT, SLIPPERY, SUIT, THIN

ground[2] /graʊnd/ **1(a)** *vt, vi* encallar (en) **(b)** *vt* impedir que despegue (*avión*) **(c)** *vt* (*coloq*) castigar sin salir: *You're grounded for a week!* ¡Castigado sin salir una semana! **2** *vt* (*USA, Elec*) *Ver* EARTH

LOC to ground arms bajar las armas

PHR V to ground sb in sth enseñarle los principios básicos de algo a algn

to ground sth on sth basar algo en algo

ground[3] /graʊnd/ **1** *pret, pp de* GRIND **2** *adj* **(a)** molido: *ground glass* vidrio deslustrado ◊ *ground rice* arroz molido ◊ *ground coffee* café molido **(b)** (*USA*) picado (*carne*)

ground-based /ˈgraʊnd beɪst/ (*tb* **land-based**) *adj* terrestre, de tierra, en tierra

ground-breaking /ˈgraʊnd breɪkɪŋ/ *adj* sin precedente, innovador

ground crew *n Ver* GROUND STAFF

ground floor *n* planta baja

LOC to be/get in on the ground floor (*coloq*) estar/meterse desde el principio

▶ **ground-floor** *adj* [*antes de sustantivo*] de/en la planta baja *Ver tb* FLOOR[1]

grounding /ˈgraʊndɪŋ/ *n* [*sing*] ~ **(in sth)** base de algo: *to give sb a grounding in sth* enseñar a algn los conceptos fundamentales de algo

groundless /ˈgraʊndləs/ *adj* infundado
groundnut /ˈgraʊndnʌt/ *n Ver* PEANUT
ground rule *n* [*gen pl*] regla básica, norma
groundsheet /ˈgraʊndʃiːt/ *n* suelo impermeable (*camping*)
groundsman /ˈgraʊndzmən/ *n* (*pl* **-men**) cuidador, -ora de campo
ground staff (*tb* **ground crew**) *n* personal de tierra
groundswell /ˈgraʊndswel/ *n*
LOC a groundswell of opinion/support una fuerte corriente de opinión/a favor
groundwork /ˈgraʊndwɜːk/ *n* trabajo preliminar, bases: *to lay the groundwork for sth* sentar las bases de/para algo
group /gruːp/ *n* [*v sing o pl*] **1** grupo: *group photograph* fotografía de grupo ◊ *group therapy* terapia de grupo ◊ *newspaper group* grupo editorial ◊ *the group sales director* el jefe de ventas del grupo *Ver tb* AGE GROUP, PLAYGROUP, PEER GROUP, PRESSURE GROUP, SPLINTER GROUP **2** (*Mús*) conjunto **LOC** *Ver* PEER[2]
■ **group** *vt, vi* **~ (together)** agrupar(se)
groupie /ˈgruːpi/ *n* (*coloq*) fan de conjuntos de música pop
grouping /ˈgruːpɪŋ/ *n* agrupación: *social grouping* agrupación por clase social
group practice *n* (*Med*) ambulatorio
grouse[1] /graʊs/ *n* (*pl* **grouse**) urogallo
grouse[2] /graʊs/ *vi* (**about sth/sb**) (*coloq*) **~** quejarse (de algo/algn)
■ **grouse** *n* queja
grove /grəʊv/ *n* arboleda
grovel /ˈgrɒvl/ *vi* (**-ll-**, *USA* **-l-**) (*pey*) **1 ~ (to/before sb)** postrarse (ante algn) **2 ~ (to sb)** (*fig*) humillarse (ante algn): *You will have to grovel for their forgiveness.* Tendrás que humillarte para que te perdonen.
PHR V to grovel about/around arrastrarse
grovelling /ˈgrɒvəlɪŋ/ *adj* servil
grow /grəʊ/ (*pret* **grew** /gruː/ *pp* **grown** /grəʊn/) **1** *vi* crecer: *How tall you've grown!* ¡Cómo has crecido! ◊ *a growing child* un niño en edad de crecer ◊ *to let your hair grow* dejarse crecer el pelo ◊ *Tadpoles grow into frogs.* Los renacuajos se convierten en ranas. ◊ *to grow wild* crecer sin cultivo *Ver tb* FULL-GROWN **2** *vt* cultivar: *to grow sth from seed* cultivar algo a partir de la semilla **3** *vt* hacerse (*algo*): *to grow old(er)* envejecer ◊ *to grow rich(er)* enriquecerse ◊ *to grow in wisdom* hacerse más sabio ◊ *to grow small(er)* empequeñecer ◊ *to grow weak(er)* debilitarse ◊ *to grow cold(er)* enfriarse ◊ *It grew dark.* Se hizo de noche. ◊ *I grew tired of waiting.* Me cansé de esperar. ◊ *to grow accustomed to sth* acostumbrarse a algo **4** *vi* **~ to do sth** llegar a hacer algo: *He grew to rely on her.* Llegó a depender de ella. **LOC** *Ver* BORE[2], GRASS[1], MONEY, OAK, TIRED
PHR V to grow away from sb apartarse de algn
to grow in 1 crecer hacia dentro (*una uña*) **2** volver a crecer (*el pelo*)
to grow into sth 1 transformarse en algo: *He has grown into an old miser.* Se ha vuelto un viejo gruñón. **2** (*ropa*) crecer (*hasta que sea la talla*): *The coat is too big for him, but he will grow into it.* El abrigo le está muy grande, pero ya crecerá. **3** acostumbrarse a algo (*trabajo, etc*)
to grow on sb 1 arraigarse en algn (*una costumbre*) **2** empezar a gustarle a algn cada vez más: *His paintings have grown on me.* Sus cuadros me van gustando cada vez más.
to grow out of sth 1 (*ropa*) quedarse pequeño algo a algn: *She grew out of her clothes.* Se le quedó pequeña la ropa. **2** dejar de hacer algo **3** surgir de algo, originarse por algo
to grow up 1 desarrollarse **2** crecer: *when I grow up* cuando sea mayor ◊ *Oh, grow up!* ¡Déjate ya de niñerías/tonterías! *Ver tb* GROWN-UP
grower /ˈgrəʊə(r)/ *n* (*Bot*) **1** cultivador, -ora: *vegetable grower* horticultor **2** *It's a quick grower.* Crece muy deprisa.
growing /ˈgrəʊɪŋ/ *adj* creciente: *fast-growing* de crecimiento rápido *Ver tb* EVER-GROWING
growing pains *n* **1** dolores del desarrollo **2** (*fig*) problemas iniciales
growl /graʊl/ **1** *vi* **(a)** gruñir: *He's growling at everyone today.* Hoy le está gruñendo a todo el mundo. **(b)** resonar (*truenos*) **2** *vt* decir refunfuñando
■ **growl** *n* gruñido: *The dog gave a growl.* El perro gruñó.
grown /grəʊn/ **1** *pp de* GROW **2** *adj* [*antes de sustantivo*] adulto: *a grown man* un adulto *Ver tb* FULL-GROWN, HOME-GROWN
grown-up /ˈgrəʊn ʌp/ *n* mayor: *his grown-up son* su hijo que ya es mayor
growth /grəʊθ/ *n* **1(a)** crecimiento **(b) ~ (in/of sth)** aumento (de algo) **2** [*sing*] **~ (of sth)** lo que crece de algo: *a growth of weeds* una maraña de vegetación ◊ *a week's growth of beard* una barba de una semana ◊ *There is some fresh growth on that plant.* Han aparecido algunos brotes en esta planta. **3** tumor
grub[1] /grʌb/ *n* **1** larva **2** (*coloq*) papeo: *Grub's up!* ¡Ya está el papeo! ◊ *Let's get some grub!* ¡Vamos a papear algo!
grub[2] /grʌb/ *vi* (**-bb-**) **~ (around/about)** (*lit* y *fig*) escarbar: *to grub for money* buscar dinero por todas partes
PHR V to grub sth up/out desarraigar algo
grubby /ˈgrʌbi/ *adj* (**-ier, -iest**) (*coloq*) **1** sucio **2** (*fig*) turbio (*escándalo, etc*)
grudge /grʌdʒ/ *vt* **1** resentirse de: *He grudges every penny he has to spend.* Le duele cada peseta que tiene que gastar. **2** escatimar: *I don't grudge them £10.* No les escatimo 10 libras.
■ **grudge** *n* rencor: *to bear sb a grudge/have a grudge against sb* guardar rencor a algn
grudging /ˈgrʌdʒɪŋ/ *adj* a regañadientes: *grudging praise* una alabanza de mala gana
▶ **grudgingly** *adv* de mala gana: *She grudgingly admitted that...* A regañadientes reconoció que...
gruelling (*USA* **grueling**) /ˈgruːəlɪŋ/ *adj* muy duro, penoso
gruesome /ˈgruːsəm/ *adj* espantoso, horrible
gruff /grʌf/ *adj* tosco, áspero (*voz*)
▶ **gruffly** *adv* bruscamente
grumble /ˈgrʌmbl/ *vi* **1** refunfuñar: *to grumble about/at/over sth* quejarse de algo ◊ *Why grumble at me?* ¿Por qué me das la lata a mí? ◊ *We mustn't grumble.* No nos podemos quejar. **2 ~ (away) (a)** (*truenos*) retumbar **(b)** (*estómago*) rugir
■ **grumble** *n* **1** queja **2** *a grumble of thunder* el retumbar de los truenos
▶ **grumbling** *n* quejas
grumpy /ˈgrʌmpi/ *adj* (*coloq*) gruñón
▶ **grumpily** *adv* gruñonamente, malhumoradamente
grunt /grʌnt/ **1** *vi* gruñir **2** *vt* decir gruñendo
■ **grunt** *n* gruñido
Gt *abrev de* **Great** Gran: *Gt Britain* Gran Bretaña
guarantee /ˌgærənˈtiː/ *n* **1 ~ (of sth/that...)** garantía (de algo/de que...): *to be under guarantee* estar en garantía ◊ *There's no guarantee that he won't do it again.* No es seguro que no lo vaya a volver a hacer. **2** (*tb* **guarantor**) aval
■ **guarantee** *vt* **1** garantizar **2** (*préstamo*) avalar **3 ~ sth (against sth)** garantizar algo (contra algo): *This watch is guaranteed water resistant.* Se garantiza que este reloj es resistente al agua.
LOC to be guaranteed to do sth (*coloq, irón*): *It's guaranteed to rain when you want to go out.* Es seguro que llueve cuando quieres salir.
guarantor /ˌgærənˈtɔː(r)/ *n* (*Jur*) fiador, -ora: *to stand guarantor for sb* ser fiador de algn

guard /gɑːd/ *vt* **1 ~ sb** vigilar, custodiar a algn **2 ~ sth/sb** proteger algo/a algn **3** (*secreto*) guardar: *a closely guarded secret* un secreto bien guardado
PHR V **to guard against sth** protegerse contra algo: *to guard against doing sth* guardarse de hacer algo
■ **guard** *n* **1(a)** guardia, centinela *Ver tb* BODYGUARD, COASTGUARD, LIFEGUARD, SECURITY GUARD **(b)** guardia (*grupo de soldados*): *the changing of the guard* el cambio de la guardia *Ver tb* THE NATIONAL GUARD, OLD GUARD, REARGUARD YEOMAN OF THE GUARD **2** guardia, vigilancia: *to drop your guard* bajar la guardia ◊ *On guard!* En guardia! ◊ *to be on guard* estar de guardia ◊ *to be under guard* estar bajo vigilancia ◊ *guard duty* turno de guardia ◊ *guard dog* perro guardián **3** (*Mec*) dispositivo de seguridad **4** (*GB*) jefe (*de tren*) **5** protección: *face-guard* careta protectora ☛ *Ver ilustración en* HOCKEY, SWORD *Ver tb* FIREGUARD, MUDGUARD, SAFEGUARD
LOC **to be off/on your guard** estar desprevenido/alerta **to put sb on their guard** poner a algn en guardia **to stand guard (over sth/sb)** montar guardia (sobre algo/algn) *Ver tb* CATCH[1], MOUNT[2]

guarded /ˈgɑːdɪd/ *adj* cauteloso, precavido LOC *Ver* CLOSE[1]
▶ **guardedly** *adv* con prudencia, precavidamente

guardhouse /ˈgɑːdhaʊs/ *n* **1** cuartel (*de la guardia*) **2** cárcel militar

guardian /ˈgɑːdiən/ *n* **1** tutor, -ora **2** guardián, -ana
▶ **guardianship** *n* tutela

guardian angel *n* ángel de la guarda

guard rail *n* **1** barandilla **2** contracarril

guardroom /ˈgɑːdruːm, -rʊm/ *n* cuarto de la guardia

guardsman /ˈgɑːdzmən/ *n* (*pl* **-men** /-mən/) soldado de la Guardia Real

guard's van *n* furgón de cola

guava /ˈgwɑːvə/ *n* guayaba

guerrilla (*tb* **guerilla**) /gəˈrɪlə/ *n* guerrillero, -a: *guerrilla war/warfare* guerra de guerrillas

guess /ges/ *vt, vi* **1 ~ (at sth)** adivinar, imaginar algo: *We can only guess at the causes.* Solo se pueden adivinar las causas. ◊ *You're just guessing!* ¡Te lo estás inventando! ◊ *I guessed as much.* Me lo imaginé. ◊ *Guess what!* ¡Adivina qué! ◊ *You'll never guess how they got in!* ¡Ni te imaginas cómo lograron entrar! ◊ *to guess right/wrong* acertar/equivocarse ☛ *Ver nota en* SO *adv* sentido 6 **2** (*esp USA, coloq*) creer, pensar: *I guess so/not.* Supongo que sí/no. *Ver tb* SECOND-GUESS
LOC **to keep sb guessing** (*coloq*) tener a algn en vilo
■ **guess** *n* **~ (at sth)** suposición, conjetura, cálculo (*estimación*): *to have/make a guess (at sth)* intentar adivinar algo ◊ *My guess is that…* Calculo que… ◊ *Your guess is as good as mine.* No tengo la menor idea.
LOC **anybody's/anyone's guess** No se sabe/nadie lo sabe: *What happens next is anybody's guess!* De ahora en adelante Dios dirá. **at a (rough) guess** a ojo de buen cubero *Ver tb* EDUCATED *en* EDUCATE, HAZARD

gues(s)timate /ˈgestɪmət/ *n* estimación aproximada

guesswork /ˈgeswɜːk/ *n* [*incontable*] conjeturas

guest /gest/ *n* **1** invitado, -a: *the guest of honour* el invitado de honor ◊ *guest room* cuarto de los invitados ◊ *guest star* estrella invitada ◊ *the guest speaker* el orador invitado **2** huésped, -a
LOC **be my guest** (*coloq*) sí, cómo no: *'May I see the newspaper?' 'Be my guest!'* —¿Me deja ver el periódico? —Sí, aquí tiene.

guest house *n* pensión, casa de huéspedes ☛ *Ver nota en* PENSIÓN

guffaw /gəˈfɔː/ *vi* reírse a carcajadas
■ **guffaw** *n* carcajada, risotada

guidance /ˈgaɪdns/ *n* orientación, supervisión: *child guidance* orientación infantil ◊ *to seek guidance* pedir consejo *Ver tb* PG

guide /gaɪd/ *n* **1(a)** guía: *as a rough guide* para que te sirva de guía **(b)** consejero, -a *Ver tb* TOURIST GUIDE **2** (*tb* **guidebook**) guía (*turística*): *a guide(book) to Paris* una guía de París ◊ *a gardening guide* una guía de jardinería **3** (*tb* **Guide**) guía (*de los scouts*) *Ver tb* GIRL GUIDE
■ **guide** /gaɪd/ *vt* **1 ~ sb (to)** guiar, orientar a algn (a): *I guided him to his chair.* Le llevé hasta su asiento. **2** influenciar: *Be guided by your instinct.* Déjate influenciar por tu instinto. **3** aconsejar
▶ **guided** *adj* con guía: *guided tour* visita guiada

guided missile *n* misil teledirigido

guide dog *n* perro lazarillo

guideline /ˈgaɪdlaɪn/ *n* directriz, pauta

guiding *adj* orientador: *guiding principle* principio orientador

guild /gɪld/ *n* [*v sing o pl*] **1** gremio, cofradía **2** sindicato

guilder /ˈgɪldə(r)/ *n* florín (*holandés*)

guildhall /ˈgɪldhɔːl/ *n* ayuntamiento ☛ La palabra más normal es **town hall**.

guile /gaɪl/ *n* [*incontable*] astucia, maña

guillotine /ˈgɪlətiːn/ *n* guillotina

guilt /gɪlt/ *n* (*Jur*) culpa, culpabilidad: *a guilt complex* un complejo de culpa

guilty /ˈgɪlti/ *adj* (**-ier, -iest**) culpable: *to have a guilty conscience about sth* no tener la conciencia tranquila por algo ◊ *guilty secrets* secretos inconfesables ◊ *not guilty* inocente ◊ *the guilty party* la parte responsable ◊ *to feel guilty about sth* sentirse culpable por algo LOC *Ver* PLEAD
▶ **guiltily** *adv* lleno de culpa: *She looked up guiltily.* Me miró como si tuviera algo que ocultar. ◊ *'I didn't mean to hurt you.' he said, guiltily.* "No quería hacerte daño." dijo, sintiéndose culpable.

guinea /ˈgɪni/ *n* (*moneda*) (*antic*) guinea

guinea pig /ˈgɪnɪ pɪg/ *n* (*lit* y *fig*) cobaya, conejillo de Indias

guise /gaɪz/ *n* apariencia
LOC **in the guise of 1** disfrazado de: *Satan in the guise of the snake* Satán disfrazado de serpiente **2** en forma de: *a commercial scheme in the guise of an athletic club* un proyecto comercial en forma de club deportivo **under the guise of** bajo pretexto de: *under the guise of cultural difference* con la excusa de las diferencias culturales

guitar /gɪˈtɑː(r)/ *n* guitarra
▶ **guitarist** /gɪˈtɑːrɪst/ *n* guitarrista

gulch /gʌltʃ/ *n* (*USA*) barranco

gulf /gʌlf/ *n* **1** (*Geog*) golfo: *the (Persian) Gulf* el Golfo Pérsico ◊ *the Gulf Stream* Corriente del Golfo **2** (*ret*) abismo, sima: *the gulf between rich and poor* el abismo entre ricos y pobres

gull /gʌl/ (*tb* **seagull**) *n* gaviota

gullet /ˈgʌlɪt/ *n* esófago, gaznate

gulley *n* *Ver* GULLY

gullible /ˈgʌləbl/ *adj* crédulo, bobo: *a gullible public* un público que se lo traga todo
▶ **gullibility** *n* credulidad, simpleza

gully (*tb* **gulley**) /ˈgʌli/ *n* (*pl* **-ies** o **-eys**) **1** barranco **2** zanja

gulp /gʌlp/ **1** *vt* **~ sth (down)** tragarse algo: *to gulp down a cup of tea* beberse una taza de té de un trago **2** *vi* tragar saliva
LOC **to gulp back tears** tragarse las lágrimas
■ **gulp** *n* trago: *She took a gulp of air.* Tomó aire. ◊ *in one gulp* de un solo trago

gum[1] /gʌm/ *n* encía

gum[2] /gʌm/ *n* **1** [*incontable*] goma, pegamento **2** [*incontable*] (*tb* **bubblegum, chewing gum**) chicle **3** (*USA* **gumdrop**) pastilla de goma: *wine gums* gominolas **4** (*tb* **gum tree**) eucalipto
■ **gum** *vt* (**-mm-**) pegar con, echar pegamento a

PHR V **to gum sth up** estropear algo

gum³ /ɡʌm/ *n* (*GB*, *coloq*)
LOC **By gum!** ¡Válgame Dios!

gumboot /ˈɡʌmbuːt/ *n* [*gen pl*] bota de agua ☛ Nótese que en inglés británico se suele decir **wellington**.

gumption /ˈɡʌmpʃn/ *n* (*coloq*) sentido común

gum tree (*tb* **gum**) *n* eucalipto
LOC **(to be, etc) up a gum tree** (*GB*, *coloq*) (estar, etc) en un aprieto

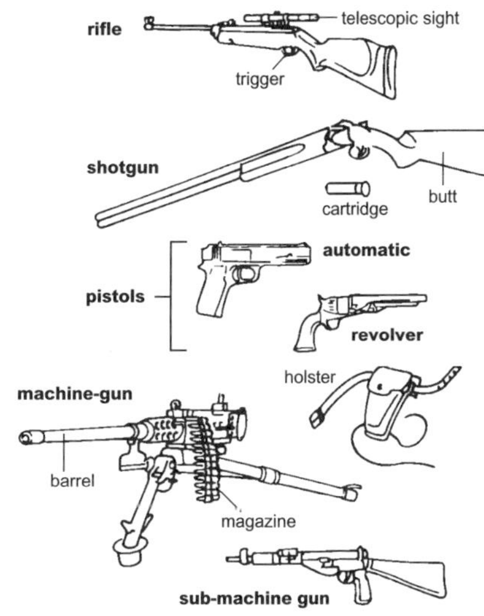

gun /ɡʌn/ *n* **1** arma (*de fuego*): *to fire a gun* disparar un arma ◊ *to point a gun at sb* apuntar con un arma a algn *Ver tb* HANDGUN, MACHINE-GUN, SHOTGUN, SUB-MACHINE GUN, TOMMY-GUN **2 the gun** [*sing*] (*en una carrera*) disparo (*que anuncia la salida*): *Wait for the gun!* Esperad la señal de salida. **3** herramienta que inyecta o pulveriza sustancias: *a staple-gun* una grapadora industrial **4** (*USA*, *coloq*) pistolero, -a LOC *Ver* GREAT, JUMP², STICK²
■ **gun** *vi* **(-nn-)**
LOC **to be gunning for sb** (*coloq*) andar a la caza de algn
PHR V **to gun sb down** (*coloq*) llenar a algn de plomo

gunboat /ˈɡʌnbəʊt/ *n* cañonero: *gunboat diplomacy* diplomacia de las armas

gunfire /ˈɡʌnfaɪə(r)/ *n* [*incontable*] fuego (*disparos*): *One person was wounded by enemy gunfire.* Una persona fue herida por el fuego enemigo.

gunge /ɡʌndʒ/ *n* (*GB*, *coloq*) sustancia viscosa: *What's this horrible gunge in the bottom of the bucket?* ¿Qué es esta cosa horrible en el fondo del cubo?

gunman /ˈɡʌnmən/ *n* (*pl* **-men**) pistolero: *She was abducted by four gunmen.* La raptaron cuatro hombres armados.

gunner /ˈɡʌnə(r)/ *n* artillero
▶ **gunnery** *n* artillería: *gunnery practice* maniobras con la artillería

gunpoint /ˈɡʌnpɔɪnt/ *n*
LOC **at gunpoint** a punta de pistola

gunpowder /ˈɡʌnpaʊdə(r)/ *n* pólvora

gun-runner (*tb* **gunrunner**) /ˈɡʌn rʌnə(r)/ *n* traficante de armas

gunship /ˈɡʌnʃɪp/ (*tb* **helicopter gunship**) *n* helicóptero de combate

gunshot /ˈɡʌnʃɒt/ *n* disparo: *the sound of gunshots* el sonido de disparos ◊ *gunshot wounds* heridas de bala

gurgle /ˈɡɜːɡl/ *n* **1** (*bebé*) gorjeo **2** (*líquido*) gorgoteo
■ **gurgle** *vi* gorjear, gorgotear

guru /ˈɡʊruː; *USA* ɡəˈruː/ *n* gurú

gush /ɡʌʃ/ **1** *vi* **~ (out) (from sth)** salir a borbotones, manar (de algo) **2** *vi* **~ (over sth/sb)** (*pey*, *fig*) hablar con demasiado entusiasmo (de algo/algn) **3** *vt* echar a borbotones: *The wound was gushing blood.* La herida echaba muchísima sangre.
■ **gush** *n* **1** chorro: *a gush of oil* un chorro de petróleo **2** (*fig*) estallido: *a gush of patriotism* un estallido de patriotismo ◊ *a gush of anger* una explosión de enojo
▶ **gushing** *adj* **1(a)** (*sangre*) saliendo a borbotones **(b)** (*cauce*) rápido **2** (*fig*) efusivo: *a gushing review* un reportaje efusivo

gusset /ˈɡʌsɪt/ *n* entrepierna (*bragas, medias, etc*)

gust /ɡʌst/ *n* **1** ráfaga: *a strong gust of wind* una fuerte ráfaga de viento **2** (*fig*) arrebato: *gusts of laughter* ataques de risas
■ **gust** *vi* (*viento*) soplar racheado
▶ **gusty** *adj* racheado: *a gusty wind* un viento racheado

gusto /ˈɡʌstəʊ/ *n* (*coloq*)
LOC **with gusto** con entusiasmo

gut /ɡʌt/ *n* **1 guts** [*pl*] (*coloq*) **(a)** tripas: *a pain in the guts* dolor de tripa **(b)** (*fig*) vísceras: *to spill your guts to sb* desnudar el alma ante algn **(c)** (*fig*) agallas: *It took a lot of guts to do that.* Se necesitaron muchas narices para hacer eso. ◊ *He doesn't have the guts to admit it.* No tiene agallas a admitirlo. **2 guts** [*pl*] (*coloq*) comilón, -ona: *He's a real greedy guts.* Es un verdadero comilón. **3(a)** intestino **(b)** (*coloq*) barriga: *his huge beer gut* su enorme barriga cervecera **4** cuerda de tripa
LOC **to have sb's guts for garters** (*coloq*, *joc*) hacer trizas a algn **to slog/sweat your guts out** (*coloq*) dejarse la piel: *I sweated my guts out in that job.* Me dejé la piel en ese trabajo. *Ver tb* BUST, HATE
■ **gut** *vt* **(-tt-)** **1** destripar **2** destruir por dentro: *a building gutted by fire* un edificio destruido por el fuego
LOC **to be gutted** tener el alma destrozada
■ **gut** *adj* [*antes de sustantivo*] instintivo: *a gut reaction* una reacción visceral ◊ *a gut feeling* un instinto visceral
▶ **gutless** *adj* cobarde
gutsy *adj* (*coloq*) con agallas

gutter /ˈɡʌtə(r)/ *n* **1(a)** cuneta **(b) the gutter** [*sing*] (*fig*) el arroyo, la cuneta **2** canalón de desagüe ☛ *Ver ilustración en* HOUSE
▶ **guttering** *n* sistema de canales

gutter press *n* (*pey*) prensa amarilla

guttersnipe /-snaɪp/ *n* (*pey*) golfillo, -a

guttural /ˈɡʌtərəl/ *adj* gutural

guv (*tb* **guvnor**) *n* (*coloq*) *Ver* GOVERNOR sentido 4

guy /ɡaɪ/ *n* (*coloq*) tío: *the good guys versus the bad guys* los buenos contra los malos *Ver tb* WISE GUY ☛ *Ver nota en* BONFIRE NIGHT

guzzle /ˈɡʌzl/ *vt* **~ sth (down/up)** (*coloq*) zamparse, tragarse algo
▶ **guzzler** *n* comilón, -ona, tragón, -ona

gym /dʒɪm/ *n* (*coloq*) **1** gimnasio **2** gimnasia: *gym-shoes* zapatillas de gimnasia

gymkhana /dʒɪmˈkɑːnə/ *n* gincana

gymnasium /dʒɪmˈneɪziəm/ *n* (*pl* **~s** o **-ia** /-ziə/) gimnasio

gymnast /ˈdʒɪmnæst/ *n* gimnasta

gymnastic /dʒɪmˈnæstɪk/ *adj* gimnástico
▶ **gymnastics** *n* [*pl*] gimnasia

gynaecology (*USA* **gynecology**) /ˌɡaɪnəˈkɒlədʒi/ *n* ginecología
▶ **gynaecological** (*USA* **gynecological**) /-kəˈlɒdʒɪkl/ *adj* ginecológico

gynaecologist (*USA* **gynecologist**) /-ˈkɒlədʒɪst/ *n* ginecólogo, -a

gyp /dʒɪp/ *n*

LOC **to give sb gyp** (*GB*, *coloq*) hacer daño a algn

gypsy (*tb* **gipsy**, **Gypsy**) /ˈdʒɪpsi/ *n* (*pl* **-ies**) gitano, -a: *a gypsy caravan* un carromato gitano

gyrate /dʒaɪˈreɪt; *USA* ˈdʒaɪreɪt/ *vi* (*formal*) girar

▶ **gyration** *n* [*gen pl*] giro

Hh

H, h /eɪtʃ/ *n* (*pl* **H's, h's** /ˈeɪtʃɪz/) (*letra*) H, h: *H for house* H de hueso

Nótese que el nombre de la letra se escribe **aitch**.

ha /hɑː/ *interj* **1** ajá **2** (*tb* **ha! ha!**) ¡ja! **LOC** *Ver* HUM

habeas corpus /ˌheɪbiəs ˈkɔːpəs/ (*tb* **writ of habeas corpus**) *n* (*Jur*) habeas corpus

haberdasher /ˈhæbədæʃə(r)/ *n* **1** (*GB*) mercero, -a: *a haberdasher's (shop)* una mercería **2** (*USA*) comerciante de ropa de caballero

▶ **haberdashery** *n* (*GB*) mercería

habit /ˈhæbɪt/ *n* **1** costumbre: *to do sth out of habit* hacer algo por costumbre ◊ *to change the habits of a lifetime* cambiar los hábitos de una vida **2** (*Relig*) hábito **3** (*droga*) hábito

LOC **to be in/fall into/get into the habit of doing sth** tener/coger el hábito de hacer algo **to break sb/yourself of a habit** quitar a algn/quitarse un hábito **to fall/get into bad habits** coger malas costumbres **to fall/get out of the habit of doing sth** quitarse la costumbre de hacer algo **to make a habit/practice of (doing) sth** coger la costumbre de (hacer) algo *Ver tb* DEVELOP, FORCE, KICK[1], OLD

habitable /ˈhæbɪtəbl/ *adj* habitable

habitat /ˈhæbɪtæt/ *n* hábitat

habitation /ˌhæbɪˈteɪʃn/ *n* **1** habitación: *houses unfit for human habitation* casas que no son aptas para la habitación humana **2** (*formal, poco frec*) morada

habit-forming /ˈhæbɪt fɔːmɪŋ/ *adj* que crea hábito

habitual /həˈbɪtʃuəl/ *adj* habitual

▶ **habitually** *adv* habitualmente

hack[1] /hæk/ **1** *vt, vi* ~ **(at) sth** golpear algo (*con algo cortante*): *He hacked (away) at the branch until it split.* Golpeó la rama hasta que la partió. ◊ *to hack sth to pieces* despedazar algo a cuchillazos **2** *vt* golpear con dureza

LOC **not to be able to hack sth** no poder soportar algo: *I can't hack it.* Ya no lo aguanto.

PHR V **to hack sth off (sth)** arrancar algo a golpes (de algo)

to hack your way across, out of, through, etc, sth abrirse camino (a golpes) por, para salir de, a través de, etc algo

■ **hack** *n* **1** corte **2** escritor, -ora de poca monta: *a hack journalist* un periodista de tercera

hack[2] /hæk/ *vt, vi* ~ **(into) (sth)** (*Informát, coloq*) entrar sin autorización (en algo)

▶ **hacker** *n* (*coloq*) pirata informático

hacking *n* (*coloq, Informát*) piratería informática

hack[3] /hæk/ *n* **1** (*GB*) caballo (*de alquiler, etc*) **2** (*USA, coloq*) **(a)** taxi **(b)** taxista

■ **hack** *vi* **1** (*GB*) montar (*a caballo*): *to go hacking* ir a montar **2** (*USA, coloq*) conducir un taxi

hacking cough *n* tos seca

hackles /ˈhæklz/ *n* [*pl*] (*de perro*) pelos del cuello

LOC **to make sb's hackles rise** sacar a algn de sus casillas **with your hackles up** fuera de sí *Ver tb* RAISE

hackneyed /ˈhæknid/ *adj* trillado, gastado

hacksaw /ˈhæksɔː/ *n* sierra para metales

had *pret, pp de* HAVE

haddock /ˈhædək/ *n* (*pl* **haddock**) abadejo

hadn't /ˈhædnt/ = HAD NOT *Ver* HAVE

haemoglobin (*USA* **hemoglobin**) /ˌhiːməˈgləʊbɪn/ *n* hemoglobina

haemophilia (*USA* **hemophilia**) /ˌhiːməˈfɪliə/ *n* hemofilia

▶ **haemophiliac** (*USA* **hemophiliac**) *n* hemofílico, -a

haemorrhage (*USA* **hemorrhage**) /ˈhemərɪdʒ/ *n* **1** hemorragia **2** (*fig*) derroche

■ **haemorrhage** *vi* sufrir una hemorragia

haemorrhoids (*USA* **hemorrhoids**) /ˈhemərɔɪdz/ (*tb* **piles**) *n* hemorroides

hag /hæg/ *n* (*pey, ofen*) bruja

haggard /ˈhægəd/ *adj* demacrado

haggis /ˈhægɪs/ *n* especialidad escocesa hecha con vísceras de cordero y avena

haggle /ˈhægl/ *vi* ~ **(over/about sth)** regatear (por algo): *political haggling* trapicheo político

hail[1] /heɪl/ *n* **1** granizo **2** [*incontable*] (*fig*) lluvia

■ **hail 1** *vi* granizar **2(a)** *vt* ~ **sth down (on sb)** echar encima algo (a algn): *They hailed curses down on us.* Nos echaron maldiciones. **(b)** *vi* ~ **down (on sb)** caer encima (a algn)

hail[2] /heɪl/ **1** *vt* llamar a (*para atraer la atención*): *to hail a cab* llamar a un taxi **2** *vt* ~ **sth/sb as sth** aclamar algo/a algn como algo: *It has been hailed as a triumph.* Ha sido aclamado como un triunfo. **3** *vi* ~ **from...** (*persona*) proceder de...: *She hails from India.* Procede de la India. *Ver tb* LOUD HAILER

■ **hail** *interj* (*antic*) ave: *Hail, Caesar!* Ave, César.

Hail Mary *n* Ave María

hailstone /ˈheɪlstəʊn/ *n* piedra (*de granizo*)

hailstorm /ˈheɪlstɔːm/ *n* granizada

hair /heə(r)/ *n* pelo: *to have your hair cut* cortarse el pelo ☛ *Ver ilustración en* HEAD[1], PELO

LOC **a/the hair of the dog (that bit you)** (*coloq*) una/la copa que se toma para la resaca **by a hair's breadth** por los pelos **never a hair out of place** siempre (va) muy elegante **(not) to harm, etc a hair of sb's head** (no) tocarle, etc a algn un pelo de la cabeza **not to turn a hair** ni pestañear **to keep your hair on** (*refrán*) no perder los estribos **to let your hair down** (*coloq*) soltarse la melena **to make sb's hair curl** (*coloq*) horrorizar a algn **to make sb's hair stand on end** poner los pelos de punta a algn *Ver tb* HANG[1], HEAD[1], SHORT[1], SPLIT, TEAR[2]

▶ **-haired** *suf* de pelo: *a curly-haired/long-haired girl* una chica de pelo rizado/largo *Ver tb* FAIR-HAIRED, RED-HAIRED

hairbrush /ˈheəbrʌʃ/ *n* cepillo (*para el pelo*) ☛ *Ver ilustración en* CEPILLO

haircut /ˈheəkʌt/ *n* corte de pelo: *to have/get a haircut* cortarse el pelo

hairdo /ˈheəduː/ *n* (*pl* **~s**) (*coloq*) peinado

hairdresser /ˈheədresə(r)/ *n* peluquero, -a ☛ *Ver nota en* BARBER

▶ **hairdressing** *n* peluquería (*arte*)

hairdresser's /ˈheədresəz/ *n* peluquería (*tienda*) ☛ *Ver nota en* CARNICERÍA

hairdryer /ˈheədraɪə(r)/ *n* secador (*de pelo*)

hairgrip /ˈheəgrɪp/ (*tb* **grip**) *n* (*GB*) horquilla

hairless /ˈheələs/ *n* sin pelo

hairline /ˈheəlaɪn/ *n* **1** nacimiento del pelo: *a receding hairline* entradas **2** [*antes de sustantivo*]: *a hair-line crack/fracture* una grieta/fractura muy fina

hairnet /ˈheənet/ *n* redecilla

hairpin /ˈheəpɪn/ *n* horquilla de moño

hairpin bend *n* curva muy cerrada
hair-raising /ˈheə reɪzɪŋ/ *adj* espeluznante
hair shirt *n* cilicio
hairslide /ˈheəslaɪd/ (*tb* **slide**) *n* (*GB*) pasador (*de pelo*)
hairspray /ˈheəspreɪ/ *n* laca, fijador (*para el pelo*)
hairstyle /ˈheəstaɪl/ *n* peinado
hairy /ˈheəri/ *adj* (**-ier, -iest**) **1** peludo: *a hairy chest* un pecho peludo **2** (*coloq*) peliagudo: *a hairy problem* un problema peliagudo **3** (*coloq*) espeluznante
hake /heɪk/ *n* (*pl* **hake**) merluza, pescadilla
halcyon /ˈhælsiən/ *adj* (*antic* o *ret*) plácido: *halcyon days* días felices
hale /heɪl/ *adj*
LOC hale and hearty sano y fuerte
half /hɑːf; *USA* hæf/ *n* (*pl* **halves** /hɑːvz; *USA* hævz/) **1** mitad: *Two halves make a whole.* Dos mitades hacen un todo. ◊ *to break in half* romper en dos **2** (*proporción*) medio: *two and a half hours/miles/ounces* dos horas/millas/onzas y media **3** (*Dep*) **(a)** (*período*) tiempo: *the first/second half* el primer/segundo tiempo **(b)** (*terreno de juego*) campo **4** (*esp GB, coloq*) (*de cerveza*) media pinta **5** (*GB, Transporte*) billete de niño: *Two and a half please.* Dos adultos y un niño por favor. **6** (*tb* **half-back**) (*rugby*) medio *Ver tb* CENTRE HALF, FLY-HALF
LOC half and half mitad mitad **the half of it** (*coloq*): *You don't know the half of it.* No sabes de la misa la media. **to break, cut, tear, etc sth in half** partir, cortar, romper, etc algo por la mitad **to do nothing by halves**; **not to do anything by halves** no hacer las cosas a medias **to go halves** (**with sb**) ir a medias (con algn): *We went halves on dinner.* Pagamos la cena a medias.
■ **half** *adj*: *a half dozen, pint, hour, etc* media docena, pinta, hora, etc ◊ *He has a half share in the house.* Tiene la mitad de la casa. ☛ *Ver apéndice 3*
LOC half a minute/second/tick (*coloq*) un minuto/segundo: *I'll be back in half a tick.* Estaré de vuelta dentro de un segundo. **half** (**past**) **one, two, etc** (*hora*) la una, las dos, etc y media *I start work at half past (eight).* Entro a trabajar a (las ocho) y media.

Nótese que la construcción **half one, two, etc** es más coloquial que **half past one, two, etc**, y no se emplea en el inglés americano.

■ **half** *pron* **1** mitad: *Costs have been cut by half.* Los gastos se han reducido a la mitad. ◊ *Half of six is three.* La mitad de seis es tres. ◊ *half the team* la mitad del equipo **2** *half an hour, half a pound, pint, dozen, etc* media hora, libra, pinta, docena, etc
■ **half** *adv* a medio, a medias: *half cooked* a medio cocer ◊ *half asleep* medio dormido ◊ *half built* a medio construir ◊ *I half expected you to be here.* En cierto modo me esperaba encontrarte aquí. ◊ *a half-open door* una puerta entreabierta ◊ *The job is half done.* El trabajo está a medio hacer.
LOC half as many, much, etc again un 50 por ciento más: *I could earn half as much again in this new job.* Ganaría un 50 por ciento más en este nuevo trabajo. **not half** (*GB, coloq*): *It's not half bad, your new flat.* Tu piso nuevo no está nada mal. ◊ *He didn't half swear.* No se privó de jurar. ◊ *'Was she annoyed?' 'Not half!'* —¿Estaba enfadada? —¡Y de qué manera!
half-back /ˈhɑːf bæk; *USA* ˈhæf-/ (*tb* **half**) *n* (*rugby*) medio
half-baked /ˌhɑːf ˈbeɪkt; *USA* ˌhæf-/ *adj* (*coloq*) sin sentido (*plan, etc*)
half board *n* media pensión
half-brother /ˈhɑːf brʌðə(r); *USA* ˈhæf-/ *n* hermano por parte de madre/padre ☛ *Ver nota en* HERMANASTRO
half-caste /ˈhɑːf kɑːst; *USA* ˈhæf kæst/ *adj, n* (*a veces ofen*) mestizo, -a, mulato, -a
half-hearted /ˌhɑːf ˈhɑːtɪd; *USA* ˌhæf-/ *adj* poco entusiasta
▶ **half-heartedly** *adv* sin entusiasmo
half-hour /ˌhɑːf ˈaʊr; *USA* ˌhæf-/ *n* media hora: *In the past half-hour...* Durante la media hora pasada... ◊ *a half-hour's walk* un paseo de media hora ◊ *Trains leave on the half-hour.* Los trenes salen a y media.
▶ **half-hourly** *adj, adv* cada media hora
half-length /ˈhɑːf leŋθ; *USA* ˈhæf-/ *adj* de medio cuerpo
half-life /ˈhɑːf laɪf; *USA* ˈhæf-/ *n* media vida (*periodo en que se desintegran la mitad de los átomos de una materia radiactiva*)
half-light /ˈhɑːf laɪt; *USA* ˈhæf-/ *n* [*incontable*] penumbra
half mast *n*
LOC at half mast a media asta
half measures *n* medias tintas
half-moon *n* media luna
half note (*USA*) (*GB* **minim**) *n* (*Mús*) blanca ☛ *Ver ilustración en* NOTACIÓN
half pay *n* medio sueldo
halfpenny /ˈheɪpni/ *n* (*pl* **-pennies**) (*GB*) medio penique
half-price /ˌhɑːf ˈpraɪs; *USA* ˌhæf-/ *adj, adv* a mitad de precio
half-sister /ˈhɑːf sɪstə(r); *USA* ˈhæf-/ *n* hermana por parte de madre/padre ☛ *Ver nota en* HERMANASTRO
half-term /ˌhɑːf ˈtɜːm; *USA* ˌhæf-/ *n* (*GB*) vacaciones escolares de una semana a mediados de cada trimestre
half-timbered /ˌhɑːf ˈtɪmbəd; *USA* ˌhæf-/ *adj* con entramado de madera
half-time /ˌhɑːf ˈtaɪm; *USA* ˌhæf-/ *n* (*Dep*) descanso
half tone (*USA*) (*GB* **semitone**) *n* semitono
half-truth /ˈhɑːf truːθ; *USA* ˈhæf-/ *n* verdad a medias
halfway /ˌhɑːf ˈweɪ; *USA* hæf-/ *adj, adv* a medio camino, a mitad: *halfway through the concert* a la mitad del concierto ◊ *halfway between London and Glasgow* a medio camino entre Londres y Glasgow
LOC a halfway house punto medio
halfwit /ˈhɑːfwɪt; *USA* ˈhæf-/ *n* lelo, -a
▶ **half-witted** *adj* lelo
half-yearly /ˌhɑːf ˈjɪəli; *USA* ˌhæf-/ (*tb* **half-year**) *adj* semestral
■ **half-yearly** *adv* semestralmente
halibut /ˈhælɪbət/ *n* (*pl* **halibut**) mero, fletán
halitosis /ˌhælɪˈtəʊsɪs/ *n* halitosis
hall /hɔːl/ *n* **1** (*tb* **hallway** /ˈhɔːlweɪ/) **(a)** vestíbulo, entrada **(b)** pasillo **2** (*de conciertos, reuniones*) sala **3** comedor *Ver tb* MUSIC HALL, TOWN HALL
hallelujah *n, interj Ver* ALLELUIA
hallmark /ˈhɔːlmɑːk/ *n* **1** (*en metales preciosos*) contraste **2** (*fig*) sello, distintivo: *The explosion bore all the hallmarks of a terrorist attack.* La explosión tenía todas las características de un ataque terrorista.
■ **hallmark** *vt* contrastar (*con un sello*)
hallo (*tb* **hello**, **hullo**) /həˈləʊ/ *interj* **1** ¡hola! **2** (*por teléfono*) ¡diga!, ¿sí?
hall of residence (*tb* **hall**) *n* colegio mayor, residencia universitaria
hallowed /ˈhæləʊd/ *adj* **1** sagrado **2** santificado **3** (*fig*) venerado
Hallowe'en (*tb* **Halloween**) /ˌhæləʊˈiːn/ *n*

Hallowe'en es una fiesta originaria de Estados Unidos que se celebra la víspera de Todos los Santos (31 de octubre). Es la noche de los fantasmas y las brujas, mucha gente vacía una calabaza, le da forma de cara y pone una vela dentro. Los niños se disfrazan y van por las casas pidiendo caramelos o dinero. Cuando les abres la puerta dicen **trick or treat** ("o nos das algo o te gastamos una broma").

hallucinate /həˈluːsɪneɪt/ *vi* alucinar
▶ **hallucination** *n* alucinación
hallucinatory /həˈluːsɪnətri, həˌluːsɪˈneɪtəri; *USA* həˈluːsənətɔːri/ *adj* alucinante
hallucinogen /ˌhæluːˈsɪnədʒən/ *n* alucinógeno
▶ **hallucinogenic** /həˌluːsɪnəˈdʒenɪk/ *adj* alucinógeno

hallway *n Ver* HALL

halo /ˈheɪləʊ/ *n* (**~es** o **~s**) halo, aureola

halogen /ˈhælədʒən/ *n* halógeno: *halogen bulb/lamp* lámpara/bombilla halógena

halt /hɔːlt/ *n* **1(a)** parada **(b)** alto **2** interrupción
LOC to bring sth to a halt 1 parar algo **2** interrumpir algo **to come to a halt 1** parar(se) **2** interrumpirse *Ver tb* CALL, GRIND
■ **halt 1** *vt, vi* parar(se), detener(se), interrumpir(se) **2** *vi* hacer alto: *Halt!* ¡Alto!

halter /ˈhɔːltə(r)/ *n* **1** cabestro **2** dogal

halting /ˈhɔːltɪŋ/ *adj* vacilante, titubeante: *a halting voice* una voz titubeante ◊ *a baby's first few halting steps* los vacilantes primeros pasos de un bebé
▶ **haltingly** *adv* titubeando

halve /hɑːv; *USA* hæv/ *vt* **1** partir por la mitad, dividir entre dos **2** reducir a la mitad

halves *plural de* HALF

ham /hæm/ *n* **1** jamón **2** (*Anat*) muslo **3** (*coloq*) actorucho **4** (*coloq*) radioaficionado
■ **ham** *vt, vi* **(-mm-) to ham (it/sth) (up)** (*coloq*) actuar de forma exagerada

hamburger /ˈhæmbɜːgə(r)/ *n* **1** (*tb* **burger**) hamburguesa (*en un bollo de pan con cebolla, lechuga, etc*): *a hamburger chain* una cadena de hamburgueserías ☛ *Ver nota en* BURGER **2** *Ver* BEEFBURGER

ham-fisted /hæm ˈfɪstɪd/ **ham-handed** *adj* (*coloq*) manazas

hamlet /ˈhæmlət/ *n* aldea, caserío

hammer[1] /ˈhæmə(r)/ *n* **1** martillo **2** (*de un arma*) percutor **3** (*oído*) martillo ☛ *Ver ilustración en* OÍDO *Ver tb* YELLOWHAMMER
LOC (to go at it) hammer and tongs 1 (*tb* (**to go at each other**) **hammer and tongs**) (discutir) a voz en grito **2** (hacer algo) con todas sus fuerzas **to come/go under the hammer** ser subastado

hammer[2] /ˈhæmə(r)/ **1** *vt* martillear, clavar **2** *vi* **~ (at/on sth)** dar golpes (en algo): *Her heart was hammering.* El corazón le latía con fuerza. **3** *vt* (*coloq, fig*) **(a)** dar una paliza a: *We hammered them.* Los aplastamos. **(b)** despellejar (*crítica*)
PHR V to hammer away at sth trabajar con ahínco en algo: *to hammer away at the same point* insistir sobre el mismo punto
to hammer sth down 1 (*puerta, etc*) derribar algo a golpes **2** (*precios*) hacer bajar algo **3** (*tapa*) asegurar algo con clavos
to hammer sth home 1 (*clavo*) clavar algo bien, remachar algo **2** (*punto, argumento etc*) machacar algo
to hammer sth in clavar algo (a martillazos)
to hammer sth into sb meterle algo a algn en la cabeza: *to hammer some sense into sb* meterle un poco de sentido común a algn
to hammer sth into sth 1 clavar algo en algo **2** (*lit* y *fig*) dar forma a algo (a martillazos)
to hammer sth out 1 (*abolladura, etc*) quitar algo a martillazos **2** (*solución, etc*) conseguir dar con algo: *to hammer out your differences* llegar a solucionar sus diferencias (con grandes esfuerzos)
▶ **hammering** *n* **1** martilleo **2** (*coloq*) **(a)** paliza **(b)** crítica feroz

hammock /ˈhæmək/ *n* hamaca

hamper[1] /ˈhæmpə(r)/ *n* (*GB*) cesta (*para alimentos*)

hamper[2] /ˈhæmpə(r)/ *vt* obstaculizar

hamster /ˈhæmstə(r)/ *n* hámster

hamstring /ˈhæmstrɪŋ/ *n* **1** tendón de la corva **2** corvejón, jarrete
■ **hamstring** *vt* (*pret, pp* **hamstringed** o **hamstrung** /ˈhæmstrʌŋ/) **1** (*lit*) desjarretar **2** (*fig*) incapacitar: *to be hamstrung by lack of funds* verse debilitado por falta de fondos

hand

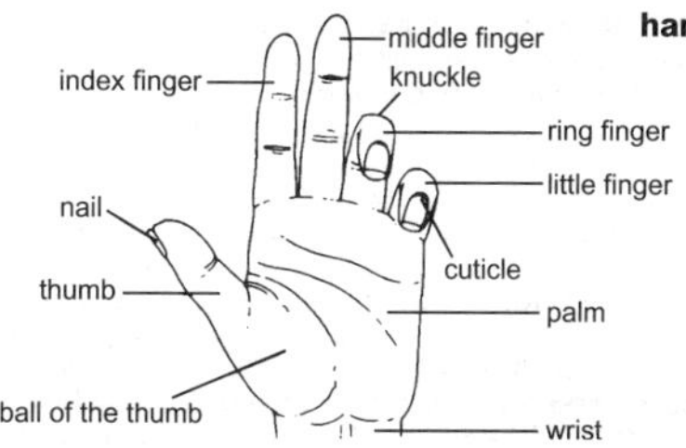

hand[1] /hænd/ *n* **1** mano: *She's very clever with her hands.* Es muy mañosa. ◊ *hand movements* movimientos de las manos ☛ *Ver nota en* HANDMADE *Ver tb* EMPTY-HANDED, EVEN-HANDED, FIRST-HAND, FOREHAND, HEAVY-HANDED, HIGH-HANDED, LEFT-HAND, OFFHAND, RED-HANDED, RIGHT-HAND, SECOND HAND, SINGLE-HANDED, TWO-HANDED, WHIP HAND **2 a hand** [*sing*] (*coloq*) una mano: *Give me a hand with this.* Échame una mano con esto. **3** [*sing*] letra: *in his own hand* de su puño y letra *Ver tb* SHORTHAND **4** [*sing*] (*antic* o *formal*) (*consentimiento para casarse*): *He asked for her hand.* Le pidió la mano. **5** manecilla, aguja *Ver tb* HOUR HAND, MINUTE HAND **6(a)** peón: *hired hand* jornalero ◊ *factory hand* operario *Ver tb* OLD HAND, STAGEHAND **(b)** (*Náut*) tripulante **7(a)** (*cartas*) mano **(b)** partida **8** (*medida*) palmo
LOC all hands to the pump/on deck ¡manos a la obra! **at first hand** de buena tinta: *I've got it at first hand that...* Lo sé de buena tinta que... **by hand** a mano: *made by hand* hecho a mano ◊ *delivered by hand* entregado en mano ☛ *Ver nota en* HANDMADE **(close/near) at hand 1** a mano: *He lives close at hand.* Vive muy cerca. **2** (*formal*) a punto de suceder **from hand to hand** de mano en mano **hand in hand 1** cogidos de la mano ☛ *Ver ilustración en* ARM **2** (*fig*) muy unido: *War goes hand in hand with suffering.* La guerra va a la par del sufrimiento. **hand over hand** una mano tras otra **hands off (sth/sb)** (*coloq*) no tocar (algo/algn): *Hands off!* !Fuera esas manos! ◊ *Take your hands off me!* !Quítame las manos de encima! **hands up 1** ¡manos arriba! **2** que levante la mano: *Hands up, anyone who knows the answer.* El que sepa la respuesta que levante la mano. **in capable, good, etc hands** en buenas, etc manos **in hand 1** disponible: *cash in hand* dinero en mano ◊ *I've got twenty minutes in hand.* Me quedan todavía veinte minutos. ◊ *to keep a few supplies in hand* guardar en reserva algunas provisiones **2** bajo control **3** entre manos: *the job in hand* el trabajo entre manos **in sb's/your hands** en sus manos/en (las) manos de algn **many hands make light work** (*refrán*) muchas manos facilitan el trabajo **on either/every hand** (*formal*) por ambos/todos lados **on hand** disponible: *I'm on hand to help whenever you need me.* Siempre que me necesites estaré a la orden. **on the left hand (side)/on the right hand (side)** a la (mano) izquierda/derecha **on the one hand... on the other (hand)...** por un lado... por otro ... **on (your) hands and knees** a gatas/a cuatro patas **out of hand 1** descontrolado **2** sin pensarlo: *The proposal was rejected out of hand.* Rechazaron de plano la proposición. **out of your hands** fuera de sus manos **second, etc hand** de segunda, etc mano **to be a dab, an old, a poor, etc hand (at sth)** tener buena, mala, etc mano para algo: *He's an old hand at this.* Es experto en esto. ◊ *She's a great hand at solving problems.* Tiene buena mano para resolver problemas. **to (be) hand in glove (with sb)** ser uña y carne (con algn) **to bind/tie sb hand and foot** (*lit* y *fig*) atar (a algn) de pies y manos **to bring sth/sb up by hand** criar algo/a algn con biberón **to get, fall, etc into sb's hands** caer en manos de algn **to get/take sth/sb off your hands** quitarse algo/a algn de encima **to give/lend sb a hand** echar una mano a

algn **to give your hand on sth** (*formal*) sellar algo (estrechándose las manos) **to hand 1** a mano: *I don't have the information to hand.* No tengo la información a mano. **2** (*Com*) recibido: *Your letter of 5 May is to hand.* Acusamos recibo de su carta del 5 de mayo. **to have sth on your hands** tener algo a su cargo **to have/take a hand in sth** tomar parte en algo: *Did you have a hand in this?* ¿Has tenido algo que ver con esto? **to have your hands free** poder hacer lo que le da la gana **to have your hands full** estar muy ocupado **to have your hands tied** estar atado de manos **to hold sb's hand** tomar la mano de algn (en señal de simpatía) **to hold hands** (**with sb**) ir de la mano (con algn) **to keep your hand in** mantenerse en forma **to lay your hands on sb 1** poner la mano encima a algn **2** (*Relig*) imponerle las manos a algn **to lay your hands on sth/sb** (*coloq*) echar mano a algo/algn **to lift/raise a/your hand against sb** levantar la mano a/contra algn **to play into sb's hands** hacerle el juego a algn **to put your hand in your pocket** rascarse el bolsillo **to put your hands to sth** emprender algo **to put your hands together** (**for**) aplaudir (a) **to see, etc sb's hand in sth** observar la influencia de algn en algo **to set your hand to sth** (*antic* o *formal*) firmar algo **to take a hand in sth** tomar parte en algo **to take sb by the hand** llevar a algn de la mano **to take sb in hand** meter a algn en cintura **to throw up your hands** (**in horror**) llevarse las manos a la cabeza **to throw your hand in** (*coloq*) tirar la toalla **to turn your hand to sth** (ser capaz de) hacer algo: *He can turn his hand to anything.* Vale tanto para un barrido como para un fregado. **to win sb's hand** (*formal*) conseguir promesa de matrimonio de algn **with one hand tied behind your back** muy fácilmente **with your hand on your heart** con el corazón en la mano **with your hands on your hips** en jarras *Ver tb* BARE, BIG, BIRD, BITE[1], BLOOD, CAP[1], CHANGE, CLAP[1], CUP, DAB[1], DEAD, EAT, FIRM[1], FOLD[1], FORCE, FREE, HEAVY, HELP, JOIN, KNOW, LAW, LIFE, LIFT, LIVE[2], MATTER, OVERPLAY, PALM[1], PUTTY, RIGHT[1], RULE, SAFE[1], SHAKE[1], SLEIGHT, TIME[1], TRY, UPPER, WAIT, WASH, WIN, WRING

hand[2] /hænd/ *vt* pasar: *Please hand me that book/hand that book to me.* Haz el favor de darme ese libro.

LOC to hand in your chips (*coloq*) palmarla **to have to hand it to sb** (*coloq*) reconocérselo a algn: *You've got to hand it to her–she's damned clever.* Tienes que admitirlo; es inteligentísima. *Ver tb* PLATE[1]

PHR V to hand sth back (**to sb**) devolver algo (a algn)

to hand sth down (**to sb**) **1** pasar algo (a algn): *stories handed down from generation to generation* historias transmitidas de generación en generación **2** (*USA*, *Jur*) anunciar algo (a algn)

to hand sth in (**to sb**) entregar algo (a algn): *She handed in her resignation.* Entregó su carta de dimisión.

to hand sth on (**to sb**) pasar algo (a algn)

to hand sth out (**to sb**) repartir algo (a algn): *to hand out emergency rations* distribuir raciones de emergencia

to hand (**sth**) **over to sb** ceder su puesto a algn

to hand sb over to sb pasar algn a algn: *I'm handing you over to our home affairs correspondent.* Le paso a nuestro corresponsal de asuntos domésticos.

to hand sth/sb over (**to sb**) entregar algo/algn (a algn): *to hand yourself over to the police* entregarse a la policía

to hand sth round pasar algo de mano en mano: *He handed round the biscuits.* Pasó las galletas para que todos cogieran.

handbag /ˈhændbæg/ (*USA* **purse**) *n* bolso (de señora) ☛ *Ver ilustración en* EQUIPAJE

handball /ˈhændbɔːl/ *n* **1** balonmano **2** (*en fútbol*) mano: *He was sent off for a handball.* Le expulsaron por tocar con la mano.

handbook /ˈhændbʊk/ *n* manual, guía

handbrake /ˈhændbreɪk/ *n* freno de mano ☛ *Ver ilustración en* CAR

handcuff /ˈhændkʌf/ *vt* esposar

■ **handcuffs** *n* esposas, manillas

handful /ˈhændfʊl/ *n* (*pl* **-fuls**) ~ (**of sth/sb**) (*lit* y *fig*) puñado (de algo/algn): *a handful of students* un puñado de estudiantes

LOC to be a (**real**) **handful** (*coloq*) ser una pesadilla

handgun /ˈhændgʌn/ *n* (*esp USA*) pistola, revólver

hand-held /ˈhænd held/ *adj* portátil

handicap /ˈhændikæp/ *n* **1** obstáculo **2** (*Med*) minusvalía **3** (*Dep*) **(a)** desventaja **(b)** (*golf*) categoría **(c)** (*carreras de caballos*) compensación

■ **handicap** *vt* (**-pp-**) **1** perjudicar: *to be handicapped by a lack of education* estar en desventaja por falta de educación **2** (*Dep*) compensar

▶ **handicapped** *adj* minusválido

the handicapped *n* los minusválidos

handicraft /ˈhændikrɑːft; *USA* -kræft/ *n* artesanía

handiwork /ˈhændiwɜːk/ *n* (*lit* y *fig*) obra: *I saw its success as my handiwork.* Me tomé su éxito como una obra personal.

handkerchief /ˈhæŋkətʃɪf, -tʃiːf/ *n* (*pl* **~s** o **-chieves** /-tʃiːvz/) pañuelo (*de bolsillo*)

handle /ˈhændl/ *n* **1** mango, manivela: *the starting handle of a car* la manivela de arranque de un coche ☛ *Ver ilustración en* DESTORNILLADOR **2** (*bolsa, maleta*) asa **3** (*argot*) nombre **4** (*tb* **door handle**) (*puerta*) manija

LOC to get a handle on sth empezar a comprender/controlar algo *Ver tb* FLY[1]

■ **handle** *vt* **1** manejar: *Fragile—handle with care.* Frágil. Manejar con cuidado. **2** controlar: *We are too short of staff to handle any more orders.* Tenemos poco personal para atender más pedidos. ◊ *They shouted at me and I couldn't handle it.* Me chillaron y no pude aguantarlo. **3** (*maquinaria*) operar **4** tratar: *to handle a subject* tratar un tema **5** (*Com*) comerciar en **LOC** *Ver* KID[1]

▶ **handler** *n* entrenador, -ora

handling *n* **1** manejo: *handling charges* gastos de tramitación **2** (*barco*) gobierno

handlebar /ˈhændlbɑː(r)/ *n* manillar: *handlebar moustache* bigote daliniano ☛ *Ver ilustración en* BICYCLE

hand-luggage (*USA* **hand-baggage**) *n* equipaje de mano

handmade /ˌhændˈmeɪd/ *adj* hecho a mano: *handmade pottery* cerámica de artesanía

En inglés se pueden formar adjetivos compuestos para todas las destrezas manuales, p.ej. *hand-built* construido a mano ◊ *hand-knitted* tricotado a mano ◊ *hand-painted* pintado a mano, etc.

handmaid (*tb* **handmaiden**) /ˈhændmeɪd(ən)/ *n* (*antic*) doncella *f*

hand-me-down /ˈhænd mɪ daʊn/ *adj* de segunda mano

■ **hand-me-down** *n* [*gen pl*] prenda usada: *I don't want your old hand-me-downs!* !Yo no quiero tus desechos!

handout /ˈhændaʊt/ *n* **1** donativo **2(a)** folleto **(b)** declaración (*por escrito para la prensa*) **(c)** fotocopia

handover /ˈhændəʊvə(r)/ *n* entrega

hand-painted /ˈhænd peɪntɪd/ *adj* pintado a mano

hand-picked /ˈhænd pɪkt/ *adj* seleccionado con esmero

handrail /ˈhændreɪl/ *n* barandilla

handset /ˈhændset/ *n* auricular (*teléfono*)

handshake /ˈhændʃeɪk/ *n* apretón de manos *Ver tb* GOLDEN HANDSHAKE

handsome /ˈhænsəm/ *adj* **1** guapo, apuesto ☛ Se aplica sobre todo a los hombres. **2** (*regalo*) generoso **3** (*ganancia*) considerable

LOC **handsome is as handsome does** (*refrán*) juzga por las acciones, no por la apariencia
▶ **handsomely** *adv* **1** generosamente **2** con elegancia

hands-on /ˈhændz ɒn/ *adj* [*antes de sustantivo*] práctico: *to have hands-on experience* tener experiencia práctica

handstand /ˈhændstænd/ *n* pino: *to do a handstand* hacer el pino

hand-to-hand /ˌhænd tə ˈhænd/ *adj, adv* cuerpo a cuerpo

hand-to-mouth /ˌhænd tə ˈmaʊθ/ *adj* precario (*existencia, etc*)

handwriting /ˈhændraɪtɪŋ/ *n* **1** escritura **2** letra

handwritten /ˌhændˈrɪtn/ *adj* escrito a mano

handy /ˈhændi/ *adj* (**-ier, -iest**) **1** práctico **2** a mano: *to keep sth handy* tener algo a mano **3** mañoso
LOC **to come in handy** ser útil
▶ **handily** *adv* convenientemente
handiness *n* **1** proximidad **2** comodidad **3** habilidad

handyman /ˈhændimæn/ *n* (*pl* **-men** /-men/) **1** manitas ☛ *Ver nota en* MANITAS **2** encargado de mantenimiento

hang¹ /hæŋ/ (*pret, pp* **hung** /hʌŋ/) **1(a)** *vt* colgar: *Hang your coat/hat (up) on that hook.* Cuelga tu abrigo/sombrero en esa percha. **(b)** *vi* estar colgado: *Her paintings hang in the National Gallery.* Sus pinturas se exhiben en la National Gallery. **2** *vi* (*ropa, pelo*) caer **3** *vt* **~ sth with sth** adornar algo con algo **4** *vt* (*paredes*) empapelar **5** *vt, vi* (*pret, pp* **hanged**) ahorcar (se) ☛ *Ver nota en* AHORCAR **6** *vt, vi* (*cabeza*) inclinar (se) **7** *vi* **~ (above/over sth/sb)** pender (sobre algo/algn) **8** *vt* (*coloq*) mandar al diablo: *Do it and hang the expense!* ¡Hazlo y al diablo con los gastos! *Ver tb* CLIFF-HANGER
LOC **(and) thereby hangs a tale** (y) trae cola **to hang by a hair/a (single) thread** pender de un hilo **to hang in the balance** estar en la balanza **to hang on sb's lips/words/on sb's every word** quedarse embelesado escuchando a algn **to let it all hang out** (*argot*) soltarse el pelo **you may/might as well be hanged/hung for a sheep as (for) a lamb** (*refrán*) de perdidos al río *Ver tb* DOG¹, PEG, ROPE, TONGUE
PHR V **to be/get hung up (about/on sth/sb)** (*argot*) estar cortado (por algo/algn)
to be/get hung up (by sth) retrasarse (por algo)
to hang about/around (...) (*coloq*) **1** haraganear **2** esperar
to hang back (from sth) **1** echarse atrás (ante algo) **2** (*fig*) vacilar (ante algo)
to hang on **1** agarrarse **2** (*coloq*) esperar: *Hang on a minute–I'm nearly ready.* Espera un momento, estoy casi listo.
to hang on sth depender de algo
to hang on to sth **1** agarrarse a algo **2** (*fig*) aferrarse a algo **3** (*coloq*) guardarse algo
to hang out (*coloq*) **1** meterse: *Where does he hang out these days?* ¿Dónde se mete estos días? **2** aguantar
to hang sth out colgar algo
to hang together **1** (*persona*) mantenerse unidos **2** (*afirmación*) ser consistente
to hang up (on sb) (*coloq*) colgar (a algn) (*el teléfono*): *She hung up (on me) before I could say another word.* Me colgó antes de que pudiera decir otra palabra.

hang² /hæŋ/ *n* [*sing*] caída
LOC **to get the hang of sth** (*coloq*) coger el tranquillo a algo **not to care/give a hang (about sth/sb)** (*coloq*) importarle un pito a algn (algo/algn)

hangar /ˈhæŋə(r)/ *n* hangar

hangdog /ˈhæŋdɒg/ *adj* avergonzado

hanger /ˈhæŋə(r)/ (*tb* **clothes hanger**, **coat-hanger**) *n* percha

hanger-on /ˌhæŋər ˈɒn/ *n* (*pl* **hangers-on** /ˌhæŋəz ˈɒn/) (*pey*) parásito

hang-gliding /ˈhæŋ glaɪdɪŋ/ *n* (*Dep*) ala delta ☛ *Comparar con* GLIDING *en* GLIDE
▶ **hang-glider** *n* (*aparato*) ala delta

hanging /ˈhæŋɪŋ/ *n* **1** ahorcamiento: *to sentence sb to death by hanging* sentenciar a algn a morir en la horca **2** **hangings** [*pl*] colgaduras

hangman /ˈhæŋmən/ *n* (*pl* **-men** /mən/) **1** verdugo (*horca*) **2** (*juego*) el ahorcado

hang-out /ˈhæŋ aʊt/ *n* (*argot*) guarida

hangover /ˈhæŋəʊvə(r)/ *n* **1** resaca **2** legado

hang-up /ˈhæŋ ʌp/ *n* (*argot*) trauma

hank /hæŋk/ *n* madeja

hanker /ˈhæŋkə(r)/ *v*
PHR V **to hanker after/for sth** anhelar por algo: *I'm hankering for a new car.* Tengo ganas de coche nuevo.
▶ **hankering** *n* **~ (after/for sth)** añoranza (por algo)

hanky /ˈhæŋki/ **hankie** *n* (*coloq*) pañuelo (*de bolsillo*)

hanky-panky /ˌhæŋki ˈpæŋki/ *n* (*coloq*) **1** juego sucio **2** rollo (sexual)

Hansard /ˈhænsɑːd/ *n* [*sing*] actas oficiales de los debates del Parlamento británico

hansom /ˈhænsəm/ (*tb* **hansom cab**) *n* coche de caballos de dos ruedas usado como taxi

haphazard /hæpˈhæzəd/ *adj* de cualquier manera: *a haphazard guess* un cálculo aproximado
▶ **haphazardly** *adv* de cualquier manera

hapless /ˈhæpləs/ *adj* (*antic* o *ret*) desafortunado

happen /ˈhæpən/ *vi* **1** **~ (to sth/sb)** ocurrir, suceder, pasar a algo/algn: *If anything happens to him, let me know.* Si le pasa algo, dímelo. ◊ *What's happened to my clothes?* ¿Dónde está mi ropa? ◊ *How did the accident happen?* ¿Cómo ocurrió el accidente? ◊ *What happened next?* ¿Qué pasó después? ◊ *no matter what happens/whatever happens* pase lo que pase ◊ *These things happen.* Son cosas que pasan. **2** **~ to ...** si por casualidad...: *if you happen to go into town* si por casualidad vas al centro ◊ *You don't happen to have a car do you?* ¿No tendrás por casualidad un coche?
LOC **as it happens/happened** por casualidad *Ver tb* ACCIDENT
PHR V **to happen on sth** (*formal*) encontrar algo por casualidad
▶ **happening** /ˈhæpənɪŋ/ *n* **1** suceso **2** acontecimiento

happy /ˈhæpi/ *adj* (**-ier, -iest**) **1(a)** feliz: *a happy marriage, memory, child* un matrimonio, recuerdo, niño feliz ◊ *Happy birthday, Happy Christmas* ¡Feliz cumpleaños!, ¡Feliz Navidad! **(b)** contento: *Are you happy in your work/with your life?* ¿Estás contento con tu trabajo/tu vida? ◊ *I'm so happy for you.* Me alegro tanto por ti. **(c)** satisfecho ☛ *Ver nota en* GLAD **2** afortunado *Ver tb* TRIGGER-HAPPY
LOC **(as) happy as the day is long/as a sandboy/as Larry/as a lark** más contento que unas pascuas **a/the happy medium** un/el término medio **many happy returns (of the day)** que cumplas muchos más **to be happy to do sth** (*formal*): *I'd be only too happy to help you.* Para mí sería un placer ayudarte. *Ver tb* MEAN³
▶ **happily** *adv* **1** felizmente **2** afortunadamente: *Happily, nobody was injured.* Afortunadamente, no hubo heridos. **3** tranquilamente: *I could happily kill him for this.* Le podría matar por esto tranquilamente.
happiness *n* **1** felicidad **2** alegría

happy-go-lucky /ˌhæpi gəʊ ˈlʌki/ *adj* despreocupado

hara-kiri /ˌhærə ˈkɪri/ *n* haraquiri

harangue /həˈræŋ/ *n* arenga
■ **harangue** *vt* arengar

harass /ˈhærəs; *USA* həˈræs/ *vt* **1(a)** hostigar **(b)** (*preocupaciones*) atormentar **2** (*Mil*) acosar
▶ **harassment** *n* hostigamiento: *racial harassment* persecución racial ◊ *sexual harassment* acoso sexual

harbinger /ˈhɑːbɪndʒə(r)/ *n* (*ret*) presagio: *a harbinger of doom* un presagio del desastre

harbour (*USA* **harbor**) /ˈhɑːbə(r)/ *n* puerto: *harbour* *dues/fees* derechos portuarios ◊ *harbour master* capitán del puerto

■ **harbour** (*USA* **harbor**) **1** *vt* proteger: *Dirt harbours germs.* La suciedad da cobijo a los gérmenes. **2** *vt* (*sospechas*) albergar: *to harbour a grudge, doubts* albergar rencor, dudas **3** *vi* (*barco*) abrigar

▶ **harbourage** (*USA* **harborage**) /ˈhɑːbərɪdʒ/ *n* abrigo

hard /hɑːd/ *adj* (**-er, -est**) **1(a)** duro: *to get/become/grow hard* endurecerse ◊ *hard court* cancha de cemento ◊ *hard hat* casco protector **(b)** (*músculo*) firme **(c)** (*tierra, nieve*) duro **(d)** (*lápiz*) duro **2** difícil: *It's hard to tell.* Es difícil saber con seguridad. ◊ *It's hard for me to say no.* Me cuesta decir no. ◊ *hard to please* exigente ◊ *The lack of money was harder to cope with every day.* La falta de dinero se hacía más difícil de llevar cada día. **3(a)** duro, agotador: *It's hard work.* Es (un trabajo) agotador. ◊ *hard labour* trabajos forzados ◊ *a hard match* un partido muy reñido ◊ *a hard worker* una persona trabajadora **(b)** (*estudio*) intensivo **(c)** (*mirada*) fija, penetrante **4(a)** (*Pol*) extremista: *the hard left* la extrema izquierda **(b)** (*droga*) duro **(c)**: *hard porn* pornografía dura ☛ *Comparar con* HARD-CORE **5(a)** (*golpe*) fuerte, duro **(b)** (*palabras*) duro **6** (*penoso*) **(a)** (*vida*) duro **(b)** (*tiempos*) malo: *to fall on hard times* pasar por una mala racha **7(a)** (*invierno*) severo **(b)** (*helada*) fuerte **8(a)** (*persona, trato*) duro, severo, cruel: *hard-faced* insensible/severo **(b)** (*voz, tono, luz*) duro **(c)** (*color*) frío **9** (*consonante*) fuerte **10(a)** (*bebida*) alcohólico **(b)** (*licor*) espirituoso **(c)** (*agua*) duro *Ver tb* ROCK-HARD

■ **hard** *adv* (**-er, -est**) **1(a)** (*trabajar, llover*) mucho, de firme: *It's freezing hard.* Está helando fuerte. ◊ *She hit her head hard.* Se dio un fuerte golpe en la cabeza. **(b)** (*tirar, jalar*) fuertemente **(c)** (*pensar*) detenidamente **(d)** (*intentar*) con todas sus fuerzas **(e)** (*mirar*) fijamente **2** cerrado: *Turn hard left.* Haz un giro cerrado a la izquierda.

LOC (as) **hard as nails** (tan) duro como una piedra (as) **hard as stone/a rock** más duro que una piedra **hard and fast** estricto, rígido (*normas, etc*) **hard done by** tratado injustamente **hard facts/news** hechos concretos/información sólida **hard-fought** muy reñido: *a hard-fought game* un partido muy reñido **hard going** pesado **hard lines**; **hard, etc luck** (**on sb**) (*coloq*) mala pata, mala suerte (para algn): *That's your hard luck!* ¡Peor para ti! **hard of hearing** duro de oído **hard to take** difícil de tragar/aceptar **the hard way** por la vía difícil **to be hard at it/at work** estar trabajando duro **to be hard on sb 1** ser duro con algn **2** ser injusto para algn **to be hard on sth** estropear algo, arruinar algo: *It's hard on the feet.* Te cansa los pies. **to be hard put/hard-pressed** (**to do sth**) encontrar difícil (hacer algo) **to be hard up** estar mal de dinero *Ver tb* HARD-UP **to be hard up for sth** estar falto de algo **to come down hard on sb** castigar/criticar severamente a algn **to give sb/have a hard time** hacer pasar a algn/pasar un mal rato: *to have a hard time of it* pasarlo muy mal (**to give sth/sb**) **the hard sell** hacer una promoción agresiva de algo/a algn **too much like hard work** demasiado esfuerzo **to play hard to get** (*coloq*) hacerse el duro **to take a hard line** (**on/over sth**) adoptar una postura tajante (en algo) **to take sth hard** tomarse algo mal, ser algo un duro golpe para algn *Ver tb* DIE[1], DRIVE[1], HEEL, HIT, NUT, OLD

▶ **hardness** *n* dureza, severidad, rigor

hardback /ˈhɑːdbæk/ (*tb* **hardback book**) *n* libro de tapas duras: *hardback edition* edición en cartoné ◊ *in hardback* con tapa dura ☛ *Comparar con* PAPERBACK

hardboard /ˈhɑːdbɔːd/ *n* cartón madera

hard-boiled /ˌhɑːd ˈbɔɪld/ *adj* **1** (*huevo*) duro **2** (*coloq, fig*) duro, insensible

hard cash *n* dinero contante (y sonante)

hard copy *n* copia impresa

hard-core /ˈhɑːd kɔː(r)/ *adj* **1** intransigente **2** (*pornografía*) duro

hard core *n* **1** (*grava*) balasto **2** (*de un grupo, etc*) núcleo

hard currency *n* divisa fuerte, moneda fuerte

hard disk *n* disco duro

hard-earned /ˌhɑːd ˈɜːnd/ *adj* **1** logrado con mucho esfuerzo **2** (*dinero*) ganado con el sudor de la frente

harden /ˈhɑːdn/ **1** *vt, vi* (*cemento, etc*) secar(se) **2** *vt, vi* endurecer(se): *to harden your heart* mostrarse más duro ◊ *to harden sb's resolve* fortalecer la resolución de algn **3** *vt* (*fig*) curtir, endurecer, acostumbrar: *hardened criminal* criminal habitual

▶ **hardening** *n* endurecimiento

hard-headed /ˌhɑːd ˈhedɪd/ *adj* práctico, realista

hard-hearted /ˌhɑːd ˈhɑːtɪd/ *adj* insensible

hard-hitting /ˌhɑːd ˈhɪtɪŋ/ *adj* fuerte, muy franco

hard line *n* línea dura

■ **hard-line** *adj* radical, intransigente

▶ **hardliner** *n* partidario, -a de línea dura, radical

hardly /ˈhɑːdli/ *adv* **1** apenas: *I hardly know her.* Apenas la conozco. ☛ *Ver nota en* SOME *pron* **2** casi: *hardly anybody* casi nadie ◊ *hardly ever* casi nunca ◊ *I need hardly say that...* Huelga decir que... ☛ *Ver nota en* NEARLY **3** difícilmente, a duras penas: *It's hardly surprising.* Difícilmente puede sorprender. ◊ *He's hardly the world's best cook.* No es precisamente el mejor cocinero del mundo. ◊ *Hardly!* ¡Qué va!/¡Ni hablar!

hard-nosed /ˌhɑːd ˈnəʊzd/ *adj* (*coloq*) duro, intransigente

hard-on /ˈhɑːd ɒn/ *n* (*coloq*) erección: *to have a hard-on* tenerla empinada

hard-pressed /ˌhɑːd ˈprest/ *adj* **1** atareado **2** apremiado, en apuros (económicos)

hardship /ˈhɑːdʃɪp/ *n* apuro, privación: *to suffer great hardship* soportar muchas privaciones ◊ *It's no great hardship.* No es ningún inconveniente/problema.

hard shoulder *n* arcén

hard-up *adj* pelado, en un aprieto: *hard-up students* estudiantes de escasos recursos *Ver tb* TO BE HARD UP *en* HARD

hardware /ˈhɑːdweə(r)/ *n* **1** ferretería: *hardware store* ferretería **2** (*Mil*) equipos, arma(mento)s **3** (*Informát*) hardware, equipos

hard-wearing /ˌhɑːd ˈweərɪŋ/ *adj* resistente, duradero

hard-won /ˌhɑːd ˈwʌn/ *adj* ganado a duras penas

hardwood /ˈhɑːdwʊd/ *n* madera dura

hard-working /ˌhɑːd ˈwɜːkɪŋ/ *adj* trabajador

hardy /ˈhɑːdi/ *adj* (**-ier, -iest**) **1** robusto, intrépido **2** (*Bot*) resistente

hare /heə(r)/ *n* liebre

■ **hare** *vi*: *to hare past* pasar como un rayo ◊ *to hare across, down, etc sth* cruzar, bajar, etc algo a toda mecha

hare-brained /ˈheə breɪnd/ *adj* disparatado

harem /ˈhɑːriːm, -rəm; *USA* ˈhærəm/ *n* harén

hark /hɑːk/ *vi* (*antic*) escuchar

PHR V **to hark at sb** (*coloq, joc*): *Hark at him!* ¡Qué cosas dice! ◊ *Hark who's talking!* ¡Mira quién habla! **to hark back** (**to sth**) **1** (*tema, etc*) volver (a/sobre algo) **2** (*tiempo pasado*) recordar (algo) **3** (*datar de*) remontar (a algo)

harlequin /ˈhɑːləkwɪn/ *n* arlequín

harm /hɑːm/ *n* daño, mal: *He meant no harm* (*by it*). No tenía malas intenciones. ◊ *I see no harm/There's no harm in asking.* No pierdo nada con preguntar. ◊ (*There's*) *no harm done.* No pasó nada. ◊ *to do harm* hacer daño *Ver tb* GRIEVOUS BODILY HARM

LOC **out of harm's way** a salvo, fuera de peligro **to come to harm**: *You'll come to no harm.* No te pasará nada malo. **to do more harm than good** hacer más daño que bien: *It did more harm than good.* Fue peor el remedio que la enfermedad.

■ **harm** *vt* **1** (*persona*) hacer daño a, hacer mal a **2** (*cosa*) dañar **3** (*intereses*) perjudicar **LOC** *Ver* FLY[1]

▶ **harmful** *adj* **~ (to sth/sb)** dañino, nocivo, perjudicial (para algo/algn)

harmless *adj* **1** inocuo **2** inocente, inofensivo

harmonic /hɑːˈmɒnɪk/ *adj, n* armónico

▶ **harmonics** *n* armonía

harmonica /hɑːˈmɒnɪkə/ *n* armónica

harmonious /hɑːˈməʊniəs/ *adj* armonioso

harmonize, -ise /ˈhɑːmənaɪz/ **1** *vt, vi* armonizar **2** *vt* (*legislación, etc*) uniformar

▶ **harmonization, -isation** /ˌhɑːmənaɪˈzeɪʃn; *USA* -nɪˈz-/ *n* normalización, armonización

harmony /ˈhɑːməni/ *n* (*pl* **-ies**) armonía: *in harmony* en armonía

harness /ˈhɑːnɪs/ *n* **1** (*caballo*) arnés, arreos **2** andador (para niños) **3** *safety harness* arnés de seguridad ◊ *parachute harness* arnés de paracaídas

LOC in (double) harness conjuntamente *Ver tb* DIE[1]

■ **harness** *vt* **1 ~ sth (to sth)** enjaezar, enganchar algo (a algo): *to harness a horse to a wagon* enganchar un caballo a un carro **2** (*río, energía*) aprovechar, utilizar **3** (*apoyo, potencial*) explotar

harp[1] /hɑːp/ *n* arpa ☛ *Ver ilustración en* PERCUSSION

harp[2] /hɑːp/ *v*

PHR V to harp on (about) sth insistir sobre algo: *Don't harp on about it.* No sigas repitiéndolo.

harpist /ˈhɑːpɪst/ *n* arpista

harpoon /hɑːˈpuːn/ *n* arpón

■ **harpoon** *vt* arponear

harpsichord /ˈhɑːpsɪkɔːd/ *n* clavicémbalo

harried /ˈhærɪd/ *adj* agobiado

harrow /ˈhærəʊ/ *n* grada, rastrillo

harrowing /ˈhærəʊɪŋ/ *adj* angustioso, desgarrador

harsh /hɑːʃ/ *adj* (**-er, -est**) **1** (*textura, voz*) áspero **2** (*color, luz*) chillón, desagradable **3** (*condiciones*) riguroso **4** (*ruido, sonido, tono*) estridente **5** (*clima, invierno*) riguroso **6** (*proceso químico*) abrasivo **7** (*ley, castigo, juez, sentencia*) severo **8** (*palabra, profesor*) duro

▶ **harshly** *adv* **1** (*tratar, hablar*) duramente, severamente **2** (*juzgar*) rigurosamente, con severidad

harshness *n* **1** (*textura, voz*) aspereza **2** (*color, sonido*) estridencia **3** (*clima, condiciones*) dureza **4** (*castigo, palabra*) severidad

harvest /ˈhɑːvɪst/ *n* cosecha, recolección: *grape harvest* vendimia

■ **harvest** *vt* cosechar, segar: *The farmers are out harvesting the corn.* Los agricultores están recogiendo el trigo.

▶ **harvester** *n* **1(a)** segador, -ora **(b)** recolector, -ora **2** (*máquina*) segadora, cosechadora ☛ *Comparar con* COMBINE HARVESTER *en* COMBINE[2]

harvesting *n* cosecha

has /həz, əz, hæz/ *Ver* HAVE

has-been /ˈhæz biːn/ *n* (*coloq, pey*) vieja gloria

hash[1] /hæʃ/ *n* **1** picadillo **2** chapuza

LOC to make a hash of sth (*coloq*) hacer algo mal, estropear algo

hash[2] /hæʃ/ *n* (*coloq*) *Ver* HASHISH

hashish /ˈhæʃiːʃ/ (*tb* **hash**) *n* hachís

hasn't /ˈhæznt/ = HAS NOT *Ver* HAVE

hassle /ˈhæsl/ *n* (*coloq*) follón, jaleo: *Don't give me any hassle!* ¡No me fastidies más! ◊ *We had a lot of hassle persuading him.* Tuvimos muchos problemas para persuadirle. ◊ *It's not worth the hassle.* No vale la pena.

■ **hassle** *vt* (*coloq*) fastidiar: *We hassled them for an answer.* Les insistimos para que nos contestaran. ◊ *There's no point hassling them.* No vale la pena acosarles.

hassock /ˈhæsək/ *n* cojín (*especialmente para arrodillarse en la iglesia*)

haste /heɪst/ *n* prisa

LOC in haste de prisa **more haste, less speed** (*refrán*) vísteme despacio que tengo prisa **to make haste** (*antic* o *formal*) darse prisa **with all haste/speed** con toda prontitud *Ver tb* INDECENT

hasten /ˈheɪsn/ **1** *vi* apresurarse, darse prisa: *to hasten to do sth* apresurarse a hacer algo ◊ *...I hasten to add.* ...que conste. **2** *vt* acelerar

hastily /ˈheɪstɪli/ *adv* precipitadamente, apresuradamente: *hastily-built* construido de prisa

hasty /ˈheɪsti/ *adj* (**-ier, -iest**) **1** (*comida, despedida, salida*) precipitado **2** (*conclusión, decisión, palabras*): *Maybe I've been too hasty.* Quizás he sido demasiado impaciente. **LOC** *Ver* BEAT

hat /hæt/ *n* **1** sombrero ☛ *Ver ilustración en* SOMBRERO *Ver tb* SUNHAT, TOP HAT **2** (*coloq*) símbolo de posición oficial: *to wear two hats* tener dos funciones oficiales o profesionales ◊ *Wearing my treasurer's hat...* Poniéndome en mi posición de tesorero...

LOC out of a/the hat al azar: *the first name out of the hat* el primer nombre que salga al azar **to keep sth under your hat** no decir ni media **to take your hat off to sb** quitarse el sombrero ante algn *Ver tb* DROP, OLD, PASS[2], TALK[2]

hatband /ˈhætbænd/ *n* cinta de sombrero

hatch[1] /hætʃ/ *n* **1** (*tb* **hatchway**) escotilla **2** (*tb* **serving hatch**) ventanilla (*esp entre la cocina y el comedor*) **3** trampilla **LOC** *Ver* BATTEN

hatch[2] /hætʃ/ **1** *vi* **~ (out)** (*polluelo, etc*) salir del cascarón: *Have the eggs hatched (out) yet?* ¿Han salido ya los polluelos del cascarón? **2** *vt* **~ sth (out)** incubar algo; empollar algo **3** *vt* **~ sth (up)** tramar algo; idear algo **LOC** *Ver* COUNT[1]

hatchback /ˈhætʃbæk/ *n* **1** coche de tres o cinco puertas ☛ *Ver ilustración en* AUTOMÓVIL **2** puerta del maletero (*de un coche de tres o cinco puertas*)

hatchery /ˈhætʃəri/ *n* criadero, vivero

hatchet /ˈhætʃɪt/ *n* hacha **LOC** *Ver* BURY

hatchet job *n* (*coloq*) crítica feroz

hatchway /ˈhætʃweɪ/ *n Ver* HATCH[1] sentido 1

hate /heɪt/ *vt* **1** odiar: *She hates being called Grandma.* Odia que la llamen abuelita. ◊ *I hate it when people smoke in lifts.* Odio que la gente fume en los ascensores. ◊ *He hates me for giving in to them.* Me odia por dejarles que se salieran con la suya. **2** (*coloq*) lamentar, sentir: *I would hate you to think I didn't care.* No me gustaría que pensaras que no me importa. ◊ *I hate to bother you but...* Perdona que te moleste pero...

LOC to hate sb's guts (*coloq*): detestar/odiar a algn

■ **hate** *n* **1** odio **2** (*coloq*): *one of my pet hates* una de mis aversiones *Ver tb* LOVE-HATE RELATIONSHIP

▶ **hateful** /ˈheɪtfl/ *adj* odioso

hatpin /ˈhætpɪn/ *n* alfiler de sombrero

hatred /ˈheɪtrɪd/ *n* **~ (for/of sth/sb)** odio: *to feel hatred for sth/sb* odiar algo/a algn ◊ *hatred of sth/sb* odio a algo/algn

hatter /ˈhætə(r)/ *n* sombrerero, -a **LOC** *Ver* MAD

hat-trick *n* tres tantos: *to score a hat-trick* marcar tres tantos consecutivos

haughtily /ˈhɔːtɪli/ *adv* arrogantemente, con altivez

haughty /ˈhɔːti/ *adj* arrogante, altivo

haul /hɔːl/ *vt* arrastrar: *to haul a car out of the mud* sacar un coche del barro arrastrándolo ◊ *They hauled the boat up the beach.* Remolcaron el barco hasta la playa. ◊ *He was hauled off by the police.* La policía se lo llevó a rastras.

LOC to haul sb over the coals (*coloq*) echarle una bronca a algn

PHR V to haul sb up (before the courts/sb) (*coloq*) llevar a algn a juicio/ante algn

■ **haul** *n* **1** recorrido: *long-haul aircraft* avión de largo recorrido **2(a)** redada **(b)** botín **LOC** *Ver* LONG[1]

haulage /ˈhɔːlɪdʒ/ *n* **1** transporte: *road haulage* transporte por carretera ◊ *a haulage contractor* un contratista de transportes **2** gastos de transporte

haulier /ˈhɔːliə(r)/ (*USA* **hauler** /ˈhɔːlə(r)/) *n* transportista

haunch /hɔːntʃ/ *n* **1** cadera: *to sit on your haunches* sentarse en cuclillas **2** pierna: *a haunch of venison* una pierna de venado

haunt /hɔːnt/ *vt* **1** aparecerse en, rondar **2** (*lugar*) frecuentar **3** (*idea*) atormentar
■ **haunt** *n* lugar predilecto

haunted /ˈhɔːntɪd/ *adj* **1** (*casa*) embrujada **2** (*aspecto*) angustiado: *She had a haunted look.* Parecía angustiada.

haunting /ˈhɔːntɪŋ/ *adj* evocador e inquietante: *a haunting sound* un sonido que te persigue
▶ **hauntingly** *adv* inquietantemente

haute couture /ˌəʊt kuˈtjʊə(r)/ *n* (*Fr*) alta costura

haute cuisine /ˌəʊt kwɪˈziːn/ *n* (*Fr*) alta cocina

hauteur /əʊˈtɜː(r)/ *n* (*formal*) altanería

have

presente	*contracciones*	*negativa contracciones*	*pasado contracciones*
I **have**	I**'ve**	I **haven't**	I**'d**
you **have**	you**'ve**	you **haven't**	you**'d**
he **has**	he**'s**	he **hasn't**	he**'d**
she **has**	she**'s**	she **hasn't**	she**'d**
it **has**	it**'s**	it **hasn't**	it**'d**
we **have**	we**'ve**	we **haven't**	we**'d**
you **have**	you**'ve**	you **haven't**	you**'d**
they **have**	they**'ve**	they **haven't**	they**'d**

pasado	**had**
forma en -ing	**having**
participio pasado	**had**

have[1] /həv, hæv/ *v aux* haber: *If I hadn't seen it with my own eyes, I wouldn't have believed it.* Si no lo hubiera visto con mis propios ojos, no lo hubiera creído. ◊ *He'll have had the results by then.* Habrá obtenido los resultados para entonces. ◊ *'I've finished my work.' 'So have I.'* —He terminado mi trabajo. —Yo también. ◊ *He's gone home, hasn't he?* Se ha ido a casa, ¿no? ◊ *'Have you seen it?' 'Yes, I have.'* —¿Lo has visto? —Sí. ◊ *Had they left before you got there?* ¿Se habían ido antes de que llegaras? ◊ *'Look, it's stopped raining.' 'So it has!'* —Mira, ha dejado de llover. —¡Es verdad! ◊ *She may not have told him yet.* Puede que no se lo haya dicho todavía.
LOC to have been around/about (a bit) 1 saber lo suyo: *She looks innocent enough, but she's been around/about a bit.* Parece muy inocente, pero sabe lo suyo. **2** haber visto mucho mundo **to have had one too many** haber tomado una copa de más

have[2] /hæv/ (*GB tb* **have got**) *vt* (*pret, pp* **had** /hæd/) ☛ *Ver nota en* TENER

● **poseer 1** tener: *He has a house in France.* Tiene una casa en Francia. ◊ *Have you got any apples?* ¿Tiene manzanas? ◊ *Have you got time to phone him?* ¿Tienes tiempo de llamarle? ◊ *She has a good memory.* Tiene buena memoria. ◊ *The house has three bedrooms.* La casa tiene tres dormitorios. ◊ *He had the nerve to call me a liar!* Tuvo el valor de decir que soy un mentiroso. ◊ *I have a tooth missing.* Me falta un diente. ◊ *I've got two sisters.* Tengo dos hermanas. ◊ *I haven't the heart to tell him.* No me atrevo a decírselo. **2** llevar: *Have you got any money on you?* ¿Llevas encima dinero? ◊ *The notebook has my name on it.* El cuaderno lleva mi nombre.

● **experimentar, sentir** tener: *She's got appendicitis.* Tiene apendicitis. ◊ *to have flu/a headache* tener la gripe/dolor de cabeza ◊ *I've no doubt you're right.* No me cabe duda de que estás en lo cierto. ◊ *She had the impression that...* Tenía la impresión de que... ◊ *I haven't the faintest idea.* No tengo la menor idea.

● **cuidar**: *Are you having the children tomorrow?* ¿Vas a quedarte con los niños mañana? ◊ *We usually have my mother to stay over Christmas.* Mi madre se queda normalmente con nosotros en Navidad.

● **otros usos 1** *She had him by the throat.* Le tenía agarrado por la garganta. ◊ *to have your back to sth* ponerse de espaldas a algo **2 ~ (got) sth to do** tener algo que hacer: *He has a lot of homework to do tonight.* Tiene muchos deberes (que hacer) esta noche. ◊ *I have a bus to catch.* Tengo que coger el autobus. ◊ *She's got a family to feed.* Ella tiene una familia que alimentar.
LOC not to be having any of it (*coloq*) **1** no apetecerle a algn algo (para nada): *I wanted her to come with me, but she wasn't having any of it.* Quería que me acompañara, pero no le apetecía para nada. **2** *I asked him for some money, but he wasn't having any of it.* Le pedí dinero, pero no quiso ni oírme. **to have (got) a lot, not much, nothing, etc going for you** tener mucho, poco, nada, etc a su favor: *She's got a lot going for her.* Tiene mucho a su favor. **to have (got) it/that coming** (*coloq*) habérselo buscado: *He had it coming (to him).* Se lo estaba buscando. **to have (got) it in for sb** (*coloq*) tenerla tomada con algn, tenerle manía a algn: *He's got it in for me.* Me tiene manía. **to have (got) it in you (to do sth)** (*coloq*) ser capaz (*de hacer algo*) **to have (got) nothing on sth/sb** no tener comparación con algo/algn **to have (got) nothing to do with sth/sb** no tener nada que ver con algo/algn **to have (got) to (do sth)**: *I've got to go to the bank.* Tengo que ir al banco. ◊ *'I've got to go.' 'Do you have to?'* —Tengo que irme. —¿De verdad (tienes que irte)? ☛ *Ver nota en* MUST[1] ☛ Para otras expresiones con **have**, véanse las entradas del sustantivo, adjetivo, etc, p. ej. **to have a sweet tooth** en SWEET[1]
PHR V to have sth in tener suficiente de algo: *Have we got enough food in?* ¿Tenemos suficiente comida en casa?
to have sth on 1 llevar algo puesto: *He's got a tie on today.* Hoy lleva corbata. ◊ *to have nothing on* estar desnudo ☛ *Ver nota en* WEAR[1] **2** tener algo que hacer: *I've got a lot on next week.* La semana que viene estoy muy ocupado. ◊ *Have you got anything on tomorrow night?* ¿Tienes algo planeado para mañana por la noche?
to have sth on sb (*coloq*): *Have the police got anything on him?* ¿Tiene la policía alguna prueba contra él?
to have sth/sb to yourself poder disfrutar de algo/algn a solas: *I've got the house to myself.* Tengo la casa para mí solo.

have[3] /hæv/ *vt* (*pret, pp* **had** /hæd/)

● **realizar una acción 1 + sustantivo**: *to have a rest* (echarse a) descansar ◊ *to have a wash/a shower* lavarse/ducharse ◊ *to have a chat with sb* charlar con algn ◊ *to have a bath* tomar un baño ◊ *Let me have a try.* Déjame que pruebe. ◊ *to have a game of chess* jugar una partida de ajedrez

Nótese que la estructura **to have + sustantivo** a menudo se expresa en español con un verbo. Para ejemplos parecidos ver las entradas de los sustantivos.

2 tomar (*comida, bebida, etc*): *to have breakfast/lunch/supper* desayunar/comer/cenar ◊ *She's having her lunch.* Está comiendo. ◊ *I usually just have a sandwich for lunch.* Normalmente solo como un sandwich a mediodía. ◊ *We have coffee at 11.* A las 11 nos tomamos un café.

● **recibir, sufrir, experimentar**: *I had a letter from my brother today.* Hoy recibí una carta de mi hermano. ◊ *Have you had any news?* ¿Has recibido alguna noticia? ◊ *She'll have an accident one day.* Un día de estos tendrá un accidente. ◊ *to have an operation*

sufrir una operación ◊ *to have a good time* pasarlo bien ◊ *to have an argument* tener una pelea ◊ *I had a strange dream last night.* Anoche tuve un sueño raro.
● **producir, crear 1** dar a luz, parir: *She's had a little boy.* Ha tenido un niño. ◊ *She's going to have a baby.* Va a tener un niño. **2** *She had a lot of influence on other writers.* Influyó mucho en otros escritores. ◊ *His words had a calming effect.* Sus palabras me calmaron.
● **causar o permitir 1 ~ sth done** hacer/mandar hacer algo: *to have a dress made* encargar que te hagan un vestido ◊ *to have your hair cut* cortarse el pelo ◊ *She's had her wallet stolen.* Le han robado el monedero. **2** *The news had me worried.* La noticia hizo que me preocupara. ◊ *…I'll have you know* …para que sepa usted ◊ *He had us all laughing.* Nos hizo reír a todos. **3** permitir, consentir: *I will not have such behaviour.* No permitiré semejante conducta.
● **otros usos** (*coloq*) engañar a: *You've been had.* Te han dado el pego.
LOC to have it (that)…: *Rumour has it that…* Se rumorea que… ◊ *He will have it that…* Insiste en que… ◊ *As luck would have it…* Como quiso la suerte… **to have had it** (*coloq*): *When the brakes didn't work, I thought we'd had it.* Cuando fallaron los frenos pensé que nos matábamos. ◊ *He's had it as a politician.* Su carrera como político está acabada. ◊ *I've had it with…* Estoy hasta las narices de… **to have it off/away (with sb)** (⚠) ☛ *Ver nota en* TABÚ (*argot*) tirarse a algn **to have to (do sth)**: *Did you have to pay a fine?* ¿Tuviste que pagar una multa? ◊ *There has to be a solution.* Tiene que haber una solución. ◊ *It has to be done.* Hay que hacerlo. ◊ *Does it have to be washed separately?* ¿Hay que lavarlo por separado? ☛ *Ver nota en* MUST[1] **to have to do with sth/sb** tener que ver con algo/algn: *It has nothing to do with me.* No tiene nada que ver conmigo. ◊ *He won't have anything to do with us.* No quiere saber nada de nosotros.
☛ Para otras expresiones con **have**, véanse las entradas del sustantivo, adjetivo, etc, p.ej. **to have your eyes on stalks** en EYE[1]
PHR V to have sb back 1 dejar a algn volver: *She's says she won't have him back.* Dice que no le va a volver a admitir en casa. **2** *We had people back for drinks afterwards.* Acabamos tomando una copa en casa.
to have sth back: *Let me have it back soon.* Devuélvemelo pronto.
to have sb down: *We're having some friends down for the weekend.* Van a venir unos amigos a pasar el fin de semana (en casa).
to have sb on (*coloq*) tomarle el pelo a algn: *You're having me on!* ¡Me estás tomando el pelo!
to have sth out hacer quitar algo: *I had a tooth/my appendix out.* Me quitaron una muela/el apéndice.
to have sth out (with sb) dejar algo claro (con algn)
to have sb up (for sth) 1 *We're having some friends up for the weekend.* Van a venir unos amigos a pasar el fin de semana (en casa). **2** (*coloq*) acusar a algn (de algo): *He was had up for burglary.* Le acusaron de robo.

haven /ˈheɪvn/ *n* refugio: *to offer a safe haven for terrorists* ofrecer asilo a los terroristas ◊ *a haven of tranquility* un remanso de paz

haven't /ˈhævnt/ = HAVE NOT *Ver* HAVE

haversack /ˈhævəsæk/ *n* mochila

haves /hævz/ *n* [*pl*]: *the haves and the have-nots* los ricos y los pobres

having /həvɪŋ/ *Ver* HAVE

havoc /ˈhævək/ *n* [*incontable*] estragos
LOC to play/wreak havoc with sth echar a perder algo

Hawaii /həˈwaɪi/ *n* hawai
▶ **Hawaiian** *adj, n* hawaiano, -a

hawk¹ /hɔːk/ *n* halcón
▶ **hawkish** *adj* de línea dura

hawk² /hɔːk/ *vt* **~ sth (about/around)** vender puerta a puerta (algo)
▶ **hawker** *n* vendedor, -ora ambulante

hawthorn /ˈhɔːθɔːn/ *n* espino blanco

hay /heɪ/ *n* heno
LOC make hay while the sun shines (*refrán*) a la ocasión la pintan calva *Ver tb* TUMBLE

hay fever *n* fiebre del heno

haystack *n* almiar **LOC** *Ver* NEEDLE

haywire /ˈheɪwaɪə(r)/ *adj*
LOC to be/go haywire (*coloq*) andar/volverse loco

hazard /ˈhæzəd/ *n* peligro: *hazard warning lights* luces de emergencia ◊ *an occupational hazard* un riesgo de la profesión ◊ *This is a fire hazard.* Esto puede provocar un incendio. ◊ *a health hazard* un riesgo para la salud
■ **hazard** *vt*
LOC to hazard a guess atreverse a sugerir algo
▶ **hazardous** *adj* peligroso, arriesgado

haze /heɪz/ *n* **1** neblina: *heat haze* calima **2** (*fig*) estupor: *My mind was in a complete haze.* Tenía la mente del todo confusa.

hazel /ˈheɪzl/ *n* **1** (*árbol*) avellano **2** color avellana
■ **hazel** *adj* color avellana: *hazel eyes* ojos color avellana

hazelnut /ˈheɪzlnʌt/ *n* avellana ☛ *Ver ilustración en* NUT

hazy /ˈheɪzi/ *adj* (**hazier, haziest**) **1(a)** brumoso: *a little hazy sunshine* un sol nebuloso **(b)** de calima **2** (*memoria*) vago **3** (*perfil*) borroso
▶ **hazily** *adv* de manera confusa

H-bomb /ˈeɪtʃ bɒm/ *n* bomba H

he /hiː/ *pron pers* (*como sujeto*) él: *He's in Paris.* Él está en París.

> Nótese que el pronombre personal no se puede omitir en inglés.

■ **he** *n* [*sing*] macho: *Is it a he or a she?* ¿Es macho o hembra?

head

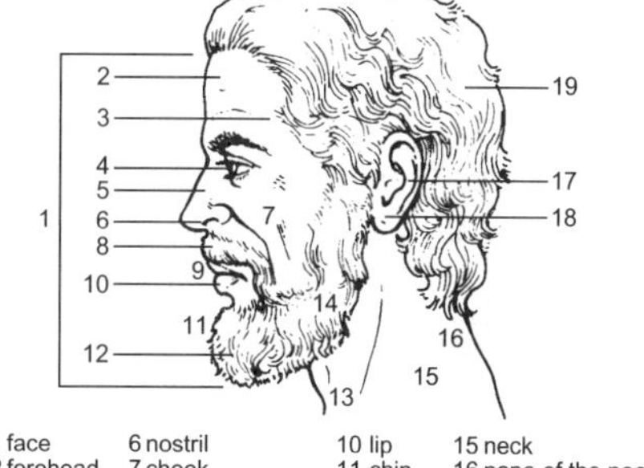

1 face	6 nostril	10 lip	15 neck
2 forehead	7 cheek	11 chin	16 nape of the neck
3 temple	8 moustache	12 beard	17 ear
4 eye	(*USA* mustache)	13 throat	18 ear lobe
5 nose	9 mouth	14 jaw	19 hair

head¹ /hed/ *n* **1** cabeza: *It never entered my head.* Jamás se me ocurrió. ◊ *to have a good head for business* tener talento para los negocios *Ver tb* BIG-HEAD, CLEAR-HEADED, COOL-HEADED, EGGHEAD, FAT-HEAD, FOREHEAD, HARD-HEADED, HOT-HEADED, LEVEL-HEADED, LIGHT-HEADED, PIG-HEADED, PINHEAD, REDHEAD, ROUNDHEAD, SKINHEAD, WRONG-HEADED **2 a/per head** por cabeza **3** jefe, -a: *the head of the family* la cabeza de familia **4** espuma (*de cerveza*) **5** cabecera: *at the head of the table* a la cabeza de la mesa ◊ *to be at the head of a queue* estar a la cabeza en la cola *Ver tb* LETTERHEAD, MASTHEAD, RAILHEAD, SPEARHEAD, WARHEAD **6 head** [*pl*] cabezas (*de ganado*): *50 head of cattle* 50 reses **7** (*tb* **Head**) (*Educ*) director, -ora **8** (*en topónimos*) promontorio

LOC **a head of steam** presión de vapor **from head to foot/toe** de (los) pies a (la) cabeza **head first** de cabeza **head over heels** de cabeza **heads or tails?** ¿cara o cruz? **heads will roll (for sth)** rodarán cabezas (a causa de algo) **off your head** (*coloq*) mal de la cabeza **on sb's/your (own) head be it** la responsabilidad es de algn/tuya **to beat/bang your head against a brick wall** (*coloq*) darse con la cabeza contra la pared **to be/fall head over heels in love** estar perdidamente enamorado **to be/go above/over your head** ser demasiado difícil, no entender nada **to be/stand head and shoulders above sth/sb** destacarse por encima de algo/algn **to bring sth to a head** hacer saltar algo **to bury/hide your head in the sand** hacer como el avestruz **to come to a head** llegar a un punto crítico **(to do sth) standing on your head** (*coloq*) (hacer algo) con los ojos vendados **to get sth into your head** metérsete algo en la cabeza **to go over sb's head** pasar por encima de algn **to go to sb's head** subírsele a la cabeza a algn **to have a good, etc head of hair** tener una buena, etc mata de pelo **to have a good head on your shoulders** ser sensato **to have your head in the clouds** estar en las nubes **to have your head screwed on (the right way)** (*coloq*) ser sensato **to hold your head (up) high** mantener la cabeza bien alta **to keep your head** mantener la calma **to keep your head above water** mantenerse a flote **to keep your head down** mantenerse al margen, no levantar la cabeza **to laugh, scream, etc your head off** reírse a carcajadas, gritar a todo pulmón, etc **to make head or tail of sth** conseguir entender algo: *I can't make head (n)or tail of these instructions.* Estas instrucciones no tienen pies ni cabeza. **to need, etc (to have) your head examined** (*coloq*): *He needs his head examined.* Necesita que le miren la cabeza. **to put sth into sb's head** meter algo en la cabeza de algn **to put our/your/their heads together** juntar las cabezas **to put sth out of your head** quitarse algo de la cabeza **to stand/turn sth on its head** dar la vuelta a algo **to take it into your head to do sth/that...** meterse en la cabeza hacer algo/que... **to turn sb's head** subírsele a la cabeza a algn *Ver tb* BAWL, BEAR[1], BEAT, BITE[1], BOTHER, DRIVE[1], DRUM[2], EYE[1], HAIR, HIT, KNOCK[1], LEVEL, OLD, PISTOL, PRICE, RIGHT[1], ROOF, SCRATCH, SHAKE[1], SHORT[1], SWELL[1], TALK[2], THICK, TOP[1], TWO

head² /hed/ *vt* **1** encabezar: *to head a procession* ir a la cabeza de una procesión *Ver tb* SPEARHEAD **2** acaudillar, dirigir: *The ship's captain headed the table.* El capitán del barco presidía la mesa. **3** dirigirse, ir camino de: *to head south* dirigirse hacia el sur **4** titular, encabezar: *headed note paper* papel con membrete **5** (*Dep*) dar de cabeza, cabecear

PHR V **to head back** volver

to head for sth dirigirse a/hacia algo: *He headed straight for the bar.* Se fue derecho hacia la barra. ◊ *to be heading for disaster* estar abocado al desastre

to head off marcharse

to head sth/sb off interceptar algo/a algn, cortarle el paso a algo/algn

headache /ˈhedeɪk/ *n* **1** dolor de cabeza: *a splitting headache* un terrible dolor de cabeza **2** quebradero de cabeza

headband /ˈhedbænd/ *n* banda/cinta para la cabeza

headboard /ˈhedbɔːd/ *n* cabecera, cabezal

headdress /ˈheddres/ *n* tocado de cabeza

header /ˈhedə(r)/ *n* cabezazo

headgear /ˈhedgɪə(r)/ *n* [*incontable*] tocado (*de mujer*): *They must wear the correct headgear.* Deben cubrirse la cabeza con la prenda adecuada.

headhunt /ˈhedhʌnt/ *vt* buscar ejecutivos o personal especializado: *He's been headhunted by an American company.* Una empresa americana le ha ofrecido un trabajo mejor.

headhunter /ˈhedhʌntə(r)/ *n* cazatalentos

heading /ˈhedɪŋ/ *n* encabezamiento, apartado: *It comes under the heading of...* Viene bajo el apartado de... ◊ *letter heading* membrete *Ver tb* SUBHEADING

headlamp *n Ver* HEADLIGHT

headland /ˈhedlənd/ *n* cabo

headless /ˈhedləs/ *adj* sin cabeza

LOC **to run/rush about like a headless chicken** estar de aquí para allá como un loco

headlight /ˈhedlaɪt/ (*tb* **headlamp** /ˈhedlæmp/) *n* **1** faro ☛ *Ver ilustración en* CAR **2** luz larga: *dipped headlights* luces cortas

headline /ˈhedlaɪn/ *n* **1** titular: *headline news* las noticias de primera plana **2 the headlines** [*pl*] resumen informativo

LOC **to make/reach the headlines** ser noticia *Ver tb* HIT

headlong /ˈhedlɒŋ/ *adv, adj* de cabeza: *to fall headlong* caer de cabeza ◊ *to rush headlong into danger* meterse precipitadamente en el peligro

headman /ˈhedmən/ *n* (*pl* **-men** /-mən/) cacique

headmaster /ˌhedˈmɑːstə(r)/ *n* director (*de un colegio*)

headmistress /ˌhedˈmɪstrəs/ *n* directora (*de un colegio*)

head office *n* central (*de una empresa*)

Head of State *n* (*pl* **Heads of State**) jefe de estado

head-on /ˌhed ˈɒn/ *adj, adv* de frente

headphones /ˈhedfəʊnz/ *n* [*pl*] auriculares

headquarters /ˌhedˈkwɔːtəz/ *n* (*abrev* **HQ**) [*v sing o pl*] cuartel general

headrest /ˈhedrest/ *n* cabezal, reposacabezas ☛ *Ver ilustración en* CAR

headroom /ˈhedruːm, -rʊm/ *n* altura (*por la que puede pasar un vehículo*): *max(imum) headroom 2.2 metres* altura máxima superior 2,2 metros

headscarf /ˈhedskɑːf/ *n* (*pl* **-scarves** /-skɑːvz/) pañuelo de cabeza

headset /ˈhedset/ *n* auriculares

headship /ˈhedʃɪp/ *n* puesto de director, -ora de colegio

head start *n* ventaja: *to give sb/to get a head start* darle a algn/llevar ventaja ◊ *You had a head start.* Me llevabas ventaja.

headstone /ˈhedstəʊn/ *n* lápida

headstrong /ˈhedstrɒŋ; *USA* -strɔːŋ/ *adj* testarudo, empezinado

headteacher /ˌhedˈtiːtʃə(r)/ *n* director, -ora (*de colegio*)

headway /ˈhedweɪ/ *n* avance: *to make headway* hacer progresos

headwind /ˈhedwɪnd/ *n* viento en contra

headword /ˈhedwɔːd/ *n* vocablo, lema

heady /ˈhedi/ *adj* **(-ier, -iest) 1** (*vino, etc*) cabezón **2** embriagador, excitante

heal /hiːl/ **1(a)** *vi* **~ (over/up)** cicatrizar, curar(se): *The cut soon healed (over/up).* El corte cicatrizó pronto. **(b)** *vt* **~ sth/sb** sanar algo/a algn: *healing powers* poderes curativos ◊ *He healed the sick by touching them.* Sanaba a los enfermos con tocarlos. **2** *vt* resolver: *Time heals all sorrows.* El tiempo cura las penas.

▶ **healer** *n* **1** *Time is a great healer.* El tiempo lo cura todo. **2** curandero, -a

healing *n* **1** curación **2** (*spiritual*) *healing* curación espiritual por imposición de las manos *Ver tb* FAITH HEALING

health /helθ/ *n* salud: *Good health!* ¡Salud! ◊ *public health* la sanidad pública ◊ *He retired for health reasons.* Se jubiló por motivos de salud. ◊ *health centre* centro de salud ◊ *health insurance* seguro de enfermedad ◊ *to be in good/poor health* tener buena/mala salud ◊ *health food* alimentos naturales ◊ *a health food shop* herbolario ◊ *a health club/farm* un gimnasio/una clínica de adelgazamiento *Ver tb* ILL HEALTH, NATIONAL HEALTH SERVICE **LOC** *Ver* CLEAN[1], DRINK[2], PICTURE, PINK

healthcare /ˈhelθkeə(r)/ *n* asistencia sanitaria: *the healthcare business* el negocio de la sanidad

health visitor *n* enfermero. -a de la seguridad social que hace visitas a domicilio para comprobar el progreso de las pacientes

healthy /ˈhelθi/ *adj* (**-ier, -iest**) **1** sano: *to have a healthy appetite* tener un buen apetito ◊ *a healthy diet* una dieta sana **2** saludable (*estilo de vida, etc*): *Isolation isn't healthy.* El aislamiento no es bueno para la salud. **3** (*curiosidad, etc*) natural, sano: *She has a healthy respect for…* Tiene un respeto sano hacia… **LOC** *Ver* EARLY

▶ **healthily** *adv* de forma sana

heap /hiːp/ *n* **1** montón: *a heap of rubble* un montón de escombros ◊ *to collapse in a heap* desplomarse *Ver tb* SCRAP HEAP **2 heaps** [*pl*] **~ (of sth)** (*coloq*) un montón (de algo): *We have heaps of time.* Tenemos un montón de tiempo. **3** (*coloq*) (*coche*) cacharro

LOC heaps (*coloq*) mucho: *heaps better* mucho mejor

■ **heap** *vt* **1 ~ sth (up)** amontonar algo: *heaped spoonful* cucharada colmada **2(a) ~ sth on/onto sth** amontonar algo en algo **(b) ~ sth with sth**: *Her plate was heaped with food.* Tenía un montón de comida en el plato. **3 ~ sth on sb's head/sb** (*fig*) **(a)** (*alabanzas, etc*) colmar a algn de algo: *They heaped praise on him.* Le colmaron de alabanzas. **(b)** (*insultos, etc*): *the criticism that was heaped on his head* las críticas que se le vinieron encima

hear /hɪə(r)/ (*pret, pp* **heard** /hɜːd/) **1** *vt, vi* (*percibir sonidos*) oír: *She doesn't/can't hear very well.* No oye bien. ◊ *I listened hard, but I couldn't hear a thing.* Me puse a escuchar pero no oí nada. ◊ *I heard someone laughing.* Oí a alguien que se reía. ◊ *Did you hear him go out?* ¿Le oíste cuando salió? **2** *vt* (*asimilando lo que se escucha*) escuchar: *You're not to go – do you hear me?* No te vas a ir, ¿me oyes? ◊ *Let's hear what they have to say.* Escuchemos lo que tienen que decir. ◊ *I heard it on the radio.* Lo oí en la radio. **3** *vt* (*Jur*) ver: *Which judge will hear the case?* ¿Qué juez va a ver el caso? **4** *vt* **~ sth** enterarse de algo: *I hear you've got a new job.* Me han dicho que tienes un nuevo trabajo. ◊ *I've heard it all before.* No es la primera vez que oigo esto. ◊ *How did you hear about the course?* ¿Cómo te enteraste de que había este curso? ◊ *Have you heard the one about…?* ¿Sabes el de…? ◊ *I've heard lots about you.* He oído hablar mucho de ti.

LOC hear! hear! ¡muy bien! **not/never to hear the end of sth**: *If we don't give her what she wants we'll never hear the end of it.* Si no le damos lo que quiere no parará. ◊ *We haven't heard the end of that one yet.* No hemos terminado con este asunto. **to hear a pin drop** oír(se) el vuelo de una mosca *Ver tb* EVIL, LAST[1], VOICE[1]

PHR V not to hear of sth no querer oír hablar de algo: *I won't hear of it!* ¡Ni hablar!

to hear about sth/sb enterarse de algo: *I've heard all about you from Mary.* Mary me ha contado todo sobre ti.

to hear from sb tener noticias de algn

to hear of sth/sb oír hablar de algo/algn: *She was never heard of again.* Nunca se volvió a saber de ella.

to hear sb out escuchar a algn hasta el final: *Hear me out!* ¡Déjame terminar!

▶ **hearer** *n* oyente

hearing /ˈhɪərɪŋ/ *n* **1** oído: *hearing problems* problemas auditivos **2** presencia: *in my hearing* en mi presencia ◊ *out of hearing* fuera del alcance del oído **3** oportunidad de ser escuchado: *He should be given a fair hearing.* Hay que darle la oportunidad de ser escuchado. **4** (*Jur*) vista **LOC** *Ver* FAIR[1], HARD

hearing aid *n* audífono

hearsay /ˈhɪəseɪ/ *n* rumores

hearse /hɜːs/ *n* coche fúnebre

heart /hɑːt/ *n* **1** corazón: *She felt her heart pounding.* Sentía su corazón latir con fuerza. ◊ *a heart attack* un ataque de corazón/infarto ◊ *heart failure* paro cardiaco ◊ *heart transplant operation* transplante de corazón **2** (*fig*) corazón: *He died of a broken heart.* Murió de pena. ◊ *She captured the hearts of the nation.* Cautivó el corazón de la nación. ◊ *Put more heart into your singing.* Pon más sentimiento en tus canciones. *Ver tb* BROKEN-HEARTED, COLD-HEARTED, DOWNHEARTED, FAINT-HEARTED, GOOD-HEARTED, HALF-HEARTED, HARD-HEARTED, LIGHT-HEARTED, LION-HEARTED, STOUT-HEARTED, SWEETHEART, TENDER-HEARTED, WARM-HEARTED, WHOLEHEARTED **3(a)** (*centro*) corazón: *the heart of the matter* el quid del asunto **(b)** cogollo (*de lechuga, etc*) **4(a) hearts** [*v sing o pl*] (*baraja francesa*) corazones: *Hearts are trumps.* Corazones son los triunfos. ◊ *the ten of hearts* el diez de corazones **(b)** (*naipe*) carta de corazones: *He began by playing a heart.* Empezó jugando corazones. ☛ *Ver ilustración en* CARTA ☛ *Ver nota en* BARAJA

LOC after your own heart: *He's a man after my own heart.* Es un hombre de los que a mí me gustan. **at heart** en el fondo: *I'm a country girl at heart.* En el fondo soy de campo. **by heart** de memoria: *to learn/know sth by heart* aprender/saber algo de memoria **have a heart!** (*coloq*) ¡ten piedad! **heart and soul** en cuerpo y alma: *to devote yourself heart and soul to sth* entregarse en cuerpo y alma a algo **in your heart (of hearts)** en lo más profundo del corazón **not to have the heart to do sth**: *I didn't have the heart to tell him.* No tuve el valor de decírselo. **to be close/dear/near to sb's heart** afectar a algn: *This subject is very close to my heart.* Este asunto me afecta. **to break sb's/your heart** partirle el corazón a algn/partírsete el corazón: *It broke her heart when he left.* Le partió el corazón cuando se marchó. **to give your heart to sb** enamorarse de algn **to have a heart of gold/stone** tener un corazón de oro/piedra **to have sth at heart**: *He has your welfare at heart.* Tiene presente tus intereses. **to have your heart in the right place** ser buena persona **to have your heart in your boots** tener el ánimo por los suelos **to have your heart in your mouth** tener el corazón en la boca **to set your heart on (having/doing) sth; to have your heart set on sth** poner el corazón en (tener/hacer) algo **to take heart** animarse **to take sth to heart** tomar algo a pecho **to your heart's content** tanto como se quiera **your heart bleeds (for sb)** morirse de pena (por algn) **your heart goes out to sb** sentir gran compasión por algn **your heart is in sth**: *Her heart's not in it.* No tiene puesto el corazón en ello. **your heart sinks**: *My heart sank.* Se me cayó el alma al suelo. **with all your heart/your whole heart** de todo corazón: *I love you with all my heart.* Te quiero con todo mi corazón. *Ver tb* BARE, BOTTOM, CHANGE, CROSS[1], CRY, EAT, FIND, HAND[1], LOSE, OPEN[2], PURE, SEARCH, SICK, SING, SOB, STRIKE[2], WEAR[1], YOUNG

heartache /ˈhɑːteɪk/ *n* angustia, pena

heartbeat /ˈhɑːtbiːt/ *n* latido (*del corazón*)

heartbreak /ˈhɑːtbreɪk/ *n* congoja

▶ **heartbreaking** *adj* que parte el corazón, angustioso **heartbroken** *adj* acongojado, angustiado

heartburn /ˈhɑːtbɜːn/ *n* acidez

hearten /ˈhɑːtn/ *vt* animar

▶ **heartening** *adj* alentador

heartfelt /ˈhɑːtfelt/ *adj* sincero

hearth /hɑːθ/ *n* **1** chimenea **2** (*lit* y *fig*) hogar

hearthrug /ˈhɑːθrʌg/ *n* alfombrilla (*que se coloca delante de la chimenea*)

heartily /ˈhɑːtɪli/ *adv* **1** con entusiasmo: *to laugh heartily* reírse a carcajadas ◊ *to eat heartily* comer con apetito **2** totalmente: *I'm heartily sick of this wet weather.* Estoy hasta la coronilla de tanta lluvia.

heartland /ˈhɑːtlænd/ *n* zona central, corazón: *Germany's industrial heartland* el corazón industrial de Alemania

heartless /ˈhɑːtlɪs/ *adj* inhumano, cruel

▶ **heartlessly** *adv* cruelmente, de forma inhumana
heartlessness *n* crueldad

heart-rending /ˈhɑːt rendɪŋ/ *adj* **1** (*grito*) estremecedor **2** (*relato, etc*) conmovedor, angustioso

heart-searching /ˈhɑːt sɜːtʃɪŋ/ *n* examen de conciencia: *after much heart-searching* después de mucho examen de conciencia

heartstrings /ˈhɑːtstrɪŋz/ *n* [*pl*]: *It tugs/pulls at the heartstrings.* Toca las fibras sensibles del corazón.

heart-throb /ˈhɑːt θrɒb/ *n* (*coloq*) ídolo

heart-to-heart /ˌhɑːt tə ˈhɑːt/ *n* conversación íntima

heart-warming /ˈhɑːt wɔːmɪŋ/ *adj* reconfortante

hearty /ˈhɑːti/ *adj* (**-ier, -iest**) **1** cordial: *my heartiest congratulations* mi más cordial enhorabuena **2** total: *a hearty distaste for sth* una profunda aversión hacia algo **3** jovial (*a veces en exceso*): *a hearty laugh* una carcajada **4** abundante: *to eat a hearty breakfast* desayunar fuerte **LOC** *Ver* HALE

heat /hiːt/ *n* **1(a)** temperatura: *Cook over a high heat.* Cocínelo a fuego fuerte. ◊ *to turn up/down the heat* subir/bajar el fuego **(b)** calor: *to suffer from the heat* padecer a consecuencia del calor **2** (*fig*) tensión: *She tried to take the heat out of the situation.* Intentó descargar la tensión. **3** (*Dep*) prueba clasificatoria *Ver tb* DEAD HEAT
LOC **in the heat of the moment** en un arrebato **the heat is on** (*refrán*) la tensión está al rojo **to be on heat**; *USA* **to be in heat** estar en celo
■ **heat** *vt, vi* **~ (up)** calentar(se)
▶ **heated** *adj* **1** caliente: *heated rollers* rulos calientes ◊ *a heated swimming-pool* una piscina climatizada ◊ *centrally heated* con calefacción central **2** (*discusión, persona*) acalorado: *They had a heated argument.* Discutieron acaloradamente.
heatedly *adv* acaloradamente
heater *n* (*aparato*) calefactor, calefacción ☛ *Ver ilustración en* CAR *Ver tb* IMMERSION HEATER, STORAGE HEATER

heath /hiːθ/ *n* brezal

heathen /ˈhiːðn/ *n* no creyente

heather /ˈheðə(r)/ *n* brezo

heating /ˈhiːtɪŋ/ *n* calefacción *Ver tb* CENTRAL HEATING

heatwave /ˈhiːtweɪv/ *n* ola de calor

heave /hiːv/ *vt* (*pret, pp* **heaved** o **hove** /həʊv/) **1** *vt, vi* arrastrar(se) (*con esfuerzo*) **2** *vi* **~ (at/on sth)** tirar con esfuerzo (de algo) **3** *vt* (*coloq*) arrojar (*algo pesado*) **4** *vi* (*pecho*) subir y bajar **5** *vi* **~ (up)** vomitar: *My stomach heaved at the thought of…* Se me revolvió el estómago con solo pensar en…
LOC **to heave a sigh of relief** exhalar un suspiro **to heave in sight/into view** hacerse visible
■ **heave** *n* tirón, empujón

heaven /ˈhevn/ (*tb* **Heaven**) *n* (*Relig*) cielo
LOC **(Good) Heavens!**; **Heavens above!** ¡cielo santo! **the heavens opened** empezó a llover a cántaros *Ver tb* FORBID, GOD, HELP, HIGH[1], KNOW, MOVE, SEVENTH

heavenly /ˈhevnli/ *adj* **1** (*Relig*) celestial **2** (*Astron*) celeste **3** (*coloq*) divino

heavily /ˈhevəli/ *adv* **1** muy: *heavily loaded* muy cargado ◊ *heavily armed* armados hasta los dientes **2** pesadamente: *to sit down heavily* sentarse pesadamente ◊ *to sigh heavily* suspirar profundamente **3** mucho: *to rain heavily* llover muchísimo ◊ *to drink heavily* beber en demasía ◊ *to be heavily dependent on sth/sb* depender mucho de algo/algn

heaviness /ˈhevinəs/ *n* pesadez

heavy /ˈhevi/ *adj* (**-ier, -iest**) **1** pesado: *How heavy is it?* ¿Cuánto pesa? ◊ *heavy breathing* respiración pesada **2(a)** más de lo normal: *heavy traffic* tráfico denso ◊ *a heavy frost/snowfall* una fuerte helada/nevada ◊ *to have a heavy cold* estar muy resfriado ◊ *to be a heavy sleeper* dormir como un tronco ◊ *to be a heavy drinker* beber en exceso **(b)** apretado: *a heavy schedule* un calendario de actividades apretado **3** (*facciones, movimiento*) torpe **4** (*argot*) peligroso **5** (*corazón*) triste *Ver tb* TOP-HEAVY
LOC **heavy going** pesado: *I find the work heavy going.* El trabajo me resulta muy pesado. ◊ *She's heavy going.* Es una persona cargante. **to be heavy on sth** tener algo en exceso **to make heavy weather of sth** complicar algo **with a heavy hand** con mano dura *Ver tb* TOLL[1]
■ **heavy** *adv* **LOC** *Ver* LIE[2]
■ **heavy** *n* (*pl* **-ies**) (*argot*) matón

heavy cream (*USA*) (*GB* **light cream**) *n* nata enriquecida

heavy-duty /ˈhevi djuːti/ (*tb* **heavy duty**) *adj* de gran resistencia

heavy-handed /ˈhevi hændɪd/ *adj* **1** torpe **2** de mano dura

heavyweight /ˈheviweɪt/ *n* **1** (*boxeo*) peso pesado: *the heavyweight championship* el campeonato de pesos pesados *Ver tb* LIGHT HEAVYWEIGHT **2** (*fig*) figura: *a literary heavyweight* una figura importante de las letras

Hebrew /ˈhiːbruː/ *adj* hebreo
■ **Hebrew** *n* **1** (*idioma*) hebreo **2** (*persona*) hebreo, -a

heck /hek/ *interj, n* (*coloq*): *Oh heck!* Maldita sea! ◊ *a heck of a lot of work* una cantidad de trabajo infernal ◊ *Why the heck should we help them!* ¿Por qué porras tenemos que ayudarles? ☛ *Comparar con* HELL

heckle /ˈhekl/ *vt, vi* interrumpir: *The candidate was heckled continuously.* El candidato fue continuamente interrumpido.
▶ **heckler** *n* **1** (*discurso, etc*) boicoteador, -ora **2** (*espectáculo*) espontáneo, -a

hectare /ˈhekteə(r)/ *n* hectárea ☛ *Ver apéndice 3*

hectic /ˈhektɪk/ *adj* frenético: *Today was hectic.* Hoy ha sido un día de locos.

he'd /hiːd/ **1** = HE HAD *Ver* HAVE **2** = HE WOULD *Ver* WOULD

hedge /hedʒ/ *n* **1** (*en un jardín, etc*) seto ☛ *Comparar con* HEDGEROW ☛ *Ver ilustración en* HOUSE **2** **~ (against sth)** protección (contra algo): *to buy gold as a hedge against inflation* comprar oro como escudo contra la inflación
■ **hedge** *vt, vi* esquivar: *Stop hedging!* No te vayas por las nubes.
LOC **to hedge your bets** no querer comprometerse
PHR V **to hedge sth/sb about/around (with sth)** limitar algo/a algn (por algo)

hedgehog /ˈhedʒhɒg; *USA* -hɔːg/ *n* erizo

hedgerow /ˈhedʒrəʊ/ *n* seto natural (*que divide los campos de cultivo*)

hedonism /ˈhiːdənɪzəm/ *n* hedonismo
▶ **hedonist** *n* hedonista
hedonistic *adj* hedonista

heebie-jeebies /ˌhiːbi ˈdʒiːbiz/ *n* [*pl*] (*coloq*) tembleque: *It gives me the heebie-jeebies.* Me da escalofríos.

heed /hiːd/ *vt* (*formal*) prestar atención a: *to heed what sb says* prestar atención a lo que dice algn ◊ *to heed a warning* hacer caso de una advertencia
■ **heed** *n*
LOC **to take heed (of sth)** hacer caso (de algo) *Ver tb* PAY[2]

heel /hiːl/ *n* **1** talón ☛ *Ver ilustración en* PIE *Ver tb* ACHILLES HEEL **2** tacón: *Low heels are back in fashion.* Se vuelven a llevar los zapatos con poco tacón. ☛ *Ver ilustración en* ZAPATO *Ver tb* HIGH-HEELED, STILETTO HEEL, WELL-HEELED **3** base de la mano **4** (*coloq*) canalla
LOC **at sb's heel(s)**: *to follow at sb's heels* pisarle los talones a algn **down at heel** desaliñado **to bring sb to heel** someter a algn **to come/follow (hard) on the heels of sth** venir justo después de algo **to come to heel** **1** someterse **2** (*perro*) seguir de cerca **to take to your heels** echar a correr **to turn on your heel(s)**

girar sobre los talones *Ver tb* COOL[2], DRAG, HEAD[1], HOT, KICK[1], ROCK[2], TREAD

■ **heel** *vt* poner tapas (a) (*zapato*)

hefty /ˈhefti/ *adj* (*coloq*) (**-ier, -iest**) **1** fornido **2(a)** pesado: *a hefty novel* una novela muy gorda **(b)** (*golpe*) fuerte **(c)** (*cantidad, aumento, etc*) considerable: *She earns a hefty salary.* Gana un sueldo considerable.

hegemony /hɪˈgeməni, ˈhedʒɪməni; *USA* ˈhedʒəməʊni, hɪˈdʒeməni/ *n* (*formal*) hegemonía

heifer /ˈhefə(r)/ *n* vaquilla

height /haɪt/ *n* **1(a)** estatura **(b)** altura: *at shoulder height* a la altura del hombro ◊ *The aircraft was losing height.* El avión iba perdiendo altura. ☛ *Ver ilustración en* DIMENSIÓN **2** (*Geog*) altitud **3 heights** [*pl*] **(a)** alturas: *He's afraid of heights.* Tiene miedo a las alturas. **(b)** (*Geog*) altos **4** (*fig*) **(a)** cumbre **(b)** *The storm was at its height.* La tormenta estaba en pleno desarrollo. ◊ *at/in the height of summer* en pleno verano **(c)**: *It is the height of impudence.* Es el colmo de la insolencia.

LOC **the height of fashion** la última moda *Ver tb* DRAW[2], NEW

heighten /ˈhaɪtn/ *vt* **1** intensificar **2** aumentar

heinous /ˈheɪnəs/ *adj* atroz

▶ **heinously** *adv* atrozmente

heir /eə(r)/ *n* ~ **(to sth)** heredero, -a (de algo): *heir apparent* heredero forzoso

LOC **heir to the throne** heredero de la corona ☛ *Ver nota en* HEREDERO

heiress /eəˈres, ˈeərɪs/ *n* heredera ☛ *Ver nota en* HEREDERO

heirloom /ˈeəluːm/ *n* recuerdo de familia

held *pret pp de* HOLD[1]

helicopter /ˈhelɪkɒptə(r)/ *n* helicóptero

heliotrope /ˈhiːliətrəʊp/ *n* **1** heliotropo **2** (color) violeta

helium /ˈhiːliəm/ *n* helio

helix /ˈhiːlɪks/ *n* (*pl* **helices** /ˈhiːlɪsiːz/) hélice (*espiral*)

hell /hel/ *n* **1** infierno: *to believe in Hell* creer en el infierno ◊ *She made my life hell.* Me hizo la vida un infierno. ☛ Nótese que en este sentido **hell** no lleva artículo. **2** (*coloq*) **(a)** (*enfado, sorpresa*): (*bloody*) *hell!* ¡coño! **(b)** *Get the hell out of here!* ¡Largo de aquí! ◊ *It scared the hell out of us.* Nos dio un susto de muerte. **(c)** *What the hell are you doing?* ¿Qué demonios haces? ◊ *Who the hell is he?* ¿Quién demonios es este?

LOC **all hell broke/was let loose** se armó la marimorena **a/one hell of a...** (*coloq*): *It was one hell of a journey.* Ha sido un viaje larguísimo. ◊ *I've learnt a hell of a lot.* He aprendido un montón. ◊ *I got a hell of a shock.* Me llevé un susto terrible. ◊ *He's a hell of a (nice) guy.* Es un tipo majísimo. **(come) hell or high water** contra viento y marea **hell for leather** a toda mecha **(just) for the hell of it** (*coloq*) *They stole a car just for the hell of it.* Robaron un coche solo porque se les puso en las narices. **like hell** (*coloq*) **1** (*énfasis*): *to drive like hell* conducir a toda mecha ◊ *screaming like hell* gritando como un loco ◊ *It hurts like hell.* Me duele muchísimo. **2** (*irón*) (*contradicción*): *'You'll pay, won't you?' 'Like hell I will!'* —¿No vas a pagar tú? —¡Ni loco! **there was/will be/would be hell to pay** (*coloq*): *There'll be hell to pay if we're caught.* Nos costará caro si nos cogen. **to beat, knock, etc (the) hell out of sb** (*coloq*) moler a palos a algn **to give sb hell** (*coloq*) hacerle sufrir a algn como un condenado **to go to hell** irse al diablo: *Oh go to hell!* ¡Vete a la mierda! **to hell with sth/sb**: *To hell with the lot of you!* ¡Marchaos todos al diablo! ◊ *To hell with it!* ¡Al diablo! **to play (merry) hell with sth/sb** (*coloq*) trastornar algo/a algn **what the hell** ¡Y qué! **why the hell** por qué demonios: *Why the hell should I do it?* ¿Pero por qué demonios tengo yo que hacerlo? *Ver tb* BAT[1], CAT, FUCKING *en* FUCK, HOPE, RAISE, SURE

he'll /hiːl/ = HE WILL *Ver* WILL[1]

hell-bent /ˌhel ˈbent/ *adj*

LOC **to be hell-bent on sth** estar empeñado en algo

Hellenic /heˈlenɪk, heˈliːnɪk/ *adj* helénico

▶ **Hellenistic** *adj* helenístico

hell-hole /ˈhel həʊl/ *n* lugar asqueroso

hellish /ˈhelɪʃ/ *adj* infernal

hello *interj Ver* HALLO

helm /helm/ *n* (*lit* y *fig*) timón

LOC **to be at the helm** llevar el timón **to take the helm** tomar el mando

helmet /ˈhelmɪt/ *n* casco *Ver tb* BALACLAVA (HELMET), CRASH HELMET

▶ **helmeted** *adj* con casco

helmsman /ˈhelmzmən/ *n* (*pl* **-men** /-men/) timonel

help /help/ **1** *vt, vi* ~ **(sb) (with sth)** ayudar: *I helped him (to) find his things.* Le ayudé a que encontrara sus cosas. ◊ *Can I help with the washing-up?* ¿Te ayudo a fregar? ◊ *How can I help you?* ¿En qué puedo servirle? ◊ *Can I do anything to help?* ¿Te puedo ayudar en algo? ◊ *Did his advice help at all?* ¿Te sirvió de algo su consejo? **2** *vi*: *Help!* ¡Socorro! **3** *vt* (*dolor*) aliviar **4** *v refl* ~ **yourself (to sth) (a)** servirse (algo): *She helped herself to a glass of wine.* Se sirvió un vaso de vino. **(b)** (*coloq, eufemismo*) (*robar*) llevarse algo **5** *vt* ~ **sb to sth** (*formal*) servir algo a algn

LOC **a helping hand**: *to give/lend (sb) a helping hand* echar una mano (a algn) **can/could (not) help sth** (no) poder evitar algo: *I couldn't help laughing.* No pude contener la risa. ◊ *I can't help thinking he's still alive.* No dejo de pensar que continúa con vida. ◊ *He can't help having big ears.* No es culpa suya tener orejas grandes. ◊ *She never does more than she can help.* Siempre hace lo menos posible. **can/could not help but do sth 1** *I can't help but think you've made a mistake.* Me temo que has cometido un error. **2** no poder menos que hacer algo: *You can't help but admire her nerve.* No puedes menos que admirar su valor. **every little (bit) helps** algo es algo **God/Heaven help sb**: *God help you if the teacher finds out!* ¡Que Dios te coja confesado si se entera la profesora! **it can't/couldn't be helped** no hay/había remedio **so help me (God)**: *I never stole the money, so help me.* Yo no robé el dinero, bien lo sabe Dios.

PHR V **to help sb into sth, out of sth, etc**: *She helped him out of the boat.* Le ayudó a bajarse de la barca. ◊ *He helped her up.* La ayudó a levantarse.

to help sb off/on with sth ayudarle a algn a quitarse/ponerse algo

to help (sb) out echar un cable (a algn)

■ **help** *n* **1** [*incontable*] **(a)** ayuda: *Help is at hand.* Ya viene ayuda. ◊ *The map wasn't much help.* El mapa no sirvió de mucho. **(b)** asistencia **2 a help** ayuda: *You're a great help!* ¡Pues vaya ayuda que eres! **3** asistenta *Ver tb* HOME HELP, MOTHER'S HELP, SELF-HELP

LOC **there's no help for it** no hay remedio **with/without sb's help** con/sin (la) ayuda de algn **with/without the help of sth/sb** con/sin (la) ayuda de algn/algo

helper /ˈhelpə(r)/ *n* ayudante

helpful /ˈhelpfl/ *adj* **1(a)** servicial **(b)** amable **2** útil: *helpful advice* un consejo muy útil

▶ **helpfully** *adv* amablemente

helpfulness *n* **1** amabilidad **2** utilidad

helping /ˈhelpɪŋ/ *n* porción: *Everyone wanted second helpings.* Todos quisieron repetir.

helpless /ˈhelplɪs/ *adj* **1** indefenso **2** desamparado **3** ~ **to do sth** incapaz de hacer algo **4** imposibilitado

LOC **to be helpless with laughter** morirse de risa

▶ **helplessly** *adv* **1** sin poder hacer nada **2** (*luchar, intentar*) en vano

helplessness *n* impotencia

helpline /ˈhelplaɪn/ *n* línea telefónica de ayuda

helter-skelter /ˌheltə ˈskeltə(r)/ *n* tobogán (*en espiral*)

■ **helter-skelter** *adj* precipitado

■ **helter-skelter** *adv* atropelladamente

hem /hem/ *n* dobladillo
■ **hem** *vt* (**-mm-**) coser el dobladillo de
PHR V **to hem sth/sb in 1** cercar algo/a algn **2** cohibir a algn: *He felt hemmed in by convention.* Se sintió cohibido por las convenciones.

he-man /ˈhiː mæn/ *n* (*pl* **-men** /-men/) (*irón*) machote

hemisphere /ˈhemɪsfɪə(r)/ *n* hemisferio: *northern/southern hemisphere* hemisferio norte/sur ☛ *Ver ilustración en* GLOBO

hemline /ˈhemlaɪn/ *n* bajo (*de falda*)

hemlock /ˈhemlɒk/ *n* cicuta

hemoglobin *n* (*USA*) *Ver* HAEMOGLOBIN

hemophilia *n* (*USA*) *Ver* HAEMOPHILIA

hemorrhage *n* (*USA*) *Ver* HAEMORRHAGE

hemorrhoids *n* (*USA*) *Ver* HAEMORRHOIDS

hemp /hemp/ *n* **1** cáñamo **2** hachís

hen /hen/ *n* **1** gallina: *hen-house* gallinero *Ver tb* MOTHER HEN **2** (*pájaro*) hembra

hence /hens/ *adv* **1** (*tiempo*) desde ahora: *3 years hence* de aquí a 3 años **2** (*por esta razón*) de ahí, por eso: *I fell off my bike–hence the bruises.* Me caí de la bicicleta, de ahí los moretones. **3** (*antic*) de aquí: *Get thee hence!* ¡Fuera de aquí!

henceforth /ˌhensˈfɔːθ/ (*tb* **henceforward** /ˌhensˈfɔːwəd/) *adv* (*formal*) **1** de ahora en adelante **2** (*tiempo pasado*) a partir de entonces, en lo sucesivo

henchman /ˈhentʃmən/ *n* (*pl* **-men** /-mən/) secuaz

henna /ˈhenə/ *n* alheña (*planta y tinte*)

hen-party /ˈhen pɑːti/ (*tb* **hen night**) *n* (*coloq*) despedida de soltera ☛ *Comparar con* STAG-NIGHT

henpecked /ˈhenpekt/ *adj* (*coloq*)
LOC **henpecked husband** calzonazos

hepatitis /ˌhepəˈtaɪtɪs/ *n* [*incontable*] hepatitis

her /hə(r), ɜː(r), ə(r), hɜː(r)/ *pron pers* **1** (*como complemento*) la, le, a ella: *Ask her.* Pregúntale a ella. ◊ *Give her the book.* Dale el libro. ◊ *I saw her.* La vi. ◊ *Give it to her.* Dáselo. ◊ *That must be her.* Debe ser ella. ◊ *I want her to go.* Quiero que vaya. **2** (*tras preposición o el verbo* **to be**) ella: *I think of her.* Pienso en ella. ◊ *I can wait for her.* La puedo esperar. ◊ *That must be her.* Ésa debe ser ella. ◊ *I'm taller than her.* Yo soy más alta que ella.
■ **her** *adj pos* su(s) (*de ella*): *her book(s)* su(s) libro(s) ◊ *She's broken her leg.* Se ha roto la pierna.

Nótese que **her** se utiliza también para referirse a coches, barcos o naciones. ☛ *Ver tb nota en* MY

herald /ˈherəld/ *n* heraldo
■ **herald** *vt* anunciar (*llegada, comienzo*): *His appointment heralded the start of a new era.* Su nombramiento anunció el comienzo de una nueva era.

herb /hɜːb; *USA* ɜːrb/ *n* (*Cocina, Med*) hierba ☛ *Comparar con* GRASS
▶ **herbal** *adj* herbario: *herbal teas* infusiones: *a herbal remedy* un remedio natural a base de hierbas
herbalist *n* **1** (*persona*) herbolario, -a **2 herbalist's** (*tienda*) herbolario ☛ *Ver nota en* CARNICERÍA

herbaceous /hɜːˈbeɪʃəs; *USA* ɜːr-/ *adj* herbáceo: *herbaceous border* arriate de plantas herbáceas

herbicide /ˈhɜːbɪsaɪd; *USA* ˈɜːr-/ *n* herbicida

herbivore /ˈhɜːbɪvɔː(r); *USA* ˈɜːr-/ *n* herbívoro: *A sheep is a herbivore.* Las ovejas son herbívoros.

herbivorous /hɜːˈbɪvərəs; *USA* ɜːr-/ *adj* herbívoro

herculean /ˌhɜːkjuˈliːən/ *adj* hercúleo

herd /hɜːd/ *n* **1** manada: *herd instinct* instinto gregario **2 the herd** [*sing*] (*pey*) la masa: *the common herd* el vulgo/el populacho
■ **herd 1** *vt* llevar en manada: *to herd sth/sb together* reunir algo/a algn en manada ◊ *to herd sth/sb into/onto sth* apiñar algo/a algn en algo **2** *vt, vi* pastorear *Ver tb* GOATHERD, SHEPHERD

here¹ /hɪə(r)/ *adv* **1** aquí: *Come (over) here.* Ven aquí. ◊ *He's here at last.* Por fin ha llegado. ◊ *We leave here tomorrow.* Mañana nos vamos de aquí. ◊ *Don't bring it in here.* No lo traigas aquí. **2** [*uso enfático*]: *Here it comes!* Ya viene. ◊ *Here's a bargain.* He aquí una ganga. ◊ *Here's my number.* Aquí tienes mi número. ◊ *my friend here* este amigo mío

En las oraciones que empiezan con **here** el verbo se coloca detrás del sujeto si este es un pronombre: *Here they are, at last!* Ya llegan, ¡por fin! ◊ *Here it is, on the table!* Aquí está, encima de la mesa. Sin embargo, el verbo se coloca delante del sujeto si este es un sustantivo: *Here comes the bus.* Ya llega el autobús.

3 aquí, en este punto: *Here the speaker paused.* En ese punto el conferenciante hizo una pausa.
LOC **here and there** aquí y allá **here's how, what, why, etc…** he aquí como, lo que, por qué, etc… **here's to sth/sb** brindemos por algo/algn

here² /hɪə(r)/ *interj* **1(a)** ¡oye! **(b)** trae acá: *Here, let me do it.* A ver, déjame que lo haga yo. **2** (*ofreciendo algo*) ¡toma! **3** (*respuesta*) ¡presente!

hereabouts /ˌhɪərəˈbaʊts/ (*tb* **hereabout**) *adv* por aquí (cerca)

hereafter /ˌhɪərˈɑːftə(r); *USA* -ˈæf-/ *adv* (*formal*) **1** (*ley*) a continuación, más adelante **2** de aquí en adelante
■ **the hereafter** *n* el más allá

hereby /ˌhɪəˈbaɪ/ *adv* (*formal*) **1** por este medio, por este acto **2** (*documentos*) por la presente

hereditary /həˈredɪtri; *USA* -teri/ *adj* hereditario

heredity /həˈredəti/ *n* herencia (*genética*)

herein /ˌhɪərˈɪn/ *adv* (*formal*) en esto, en este documento

hereinafter /ˌhiərɪnˈɑːftə(r)/ *adv* (*formal*) a continuación, más adelante

heresy /ˈherəsi/ *n* (*pl* **-ies**) herejía
▶ **heretic** *n* hereje
heretical /həˈretɪkl/ *adj* herético

hereto /ˌhɪəˈtuː/ *adv* (*formal*) a esto: *the parties hereto* las partes abajo firmantes

heretofore /ˌhɪətuˈfɔː(r)/ *adv* (*formal*) hasta ahora

herewith /ˌhɪəˈwɪð, -ˈwɪθ/ *adv* (*formal*) adjunto: *the cheque enclosed herewith* el cheque adjunto

heritage /ˈherɪtɪdʒ/ *n* [*gen sing*] herencia, patrimonio

hermaphrodite /hɜːˈmæfrədaɪt/ *adj, n* hermafrodita

hermit /ˈhɜːmɪt/ *n* ermitaño, -a

hernia /ˈhɜːniə/ *n* hernia

hero /ˈhɪərəʊ/ *n* (*pl* **~es**) héroe *Ver tb* ANTI-HERO
▶ **heroic** /həˈrəʊɪk/ *adj* heroico: *heroic efforts* esfuerzos sobrehumanos
heroically *adv* heroicamente
heroics *n* [*pl*] alharacas
heroism /ˈherəʊɪzəm/ *n* heroísmo

heroin /ˈherəʊɪn/ *n* heroína (*droga*)

heroine /ˈherəʊɪn/ *n* heroína

heron /ˈherən/ *n* garza

hero-worship /ˈhɪərəʊ wɜːʃɪp/ *n* adulación
■ **hero-worship** *vt* (**-pp-**) idealizar

herpes /ˈhɜːpiːz/ *n* herpes

herring /ˈherɪŋ/ *n* (*pl* **herring** o **~s**) arenque LOC *Ver* RED

herringbone /ˈherɪŋbəʊn/ *n* espiga: *herringbone pattern* dibujo en espiga ☛ *Ver ilustración en* PATTERN

hers /hɜːz/ *pron pos* (el) suyo, (la) suya, (los) suyos, (las) suyas (*de ella*): *This is hers.* Este es (el) suyo/de ella. ◊ *one of hers* uno de los suyos ◊ *a friend of hers* un amigo suyo ◊ *Where are hers?* ¿Dónde están los suyos?

herself /hɜːˈself/ *pron* **1** [*uso reflexivo*] se, a ella misma: *She hurt herself.* Se lastimó. ◊ *She bought herself a book.* Se compró un libro. **2** (*tras preposición*) sí (misma): *proud of herself* orgullosa de sí misma ◊ *angry with herself* enojada consigo misma ◊ *'I am free', she said to herself.* —Soy libre, se dijo a sí misma. **3** [*uso* *enfático*] ella misma: *She told me the news herself.* Me contó la noticia ella misma. ◊ *the Queen herself* la reina misma

LOC **(all) by herself 1** (*sin ayuda*) (completamente) sola **2** (*sin compañía*) (totalmente) sola ☛ *Ver nota en* ALONE

hertz /hɜːts/ *n* (*pl* **hertz**) (*abrev* **Hz**) hertzio

he's /hiːz/ **1** = HE IS *Ver* BE **2** = HE HAS *Ver* HAVE

hesitant /ˈhezɪtənt/ *adj* vacilante, indeciso: *to be hesitant about doing sth* no decidirse a hacer algo

▶ **hesitancy** *n* vacilación, indecisión

hesitantly *adv* de manera vacilante, con indecisión

hesitate /ˈhezɪteɪt/ *vi* **1 ~ about doing sth** dudar si hacer algo: *She hesitated about sending for the doctor.* No estaba segura de si debía mandar a buscar al médico. **2 ~ at sth** dudar ante algo: *They would hesitate at nothing to save the country.* No dudarían ante nada para salvar su patria. **3 ~ to do sth** dudar en hacer algo: *Don't hesitate to contact me if you need help.* No dudes en llamarme si necesitas ayuda. **4 ~ over sth** vacilar ante algo: *to hesitate over whether or not to accept* vacilar entre si aceptar o no **5 ~ in doing sth** dudar en el momento de hacer algo: *He did not hesitate in identifying them.* No dudó en identificarlos.

▶ **hesitation** *n* vacilación, duda: *without the slightest hesitation* sin vacilar siquiera/sin pensarlo dos veces ◊ *to have no hesitation in doing sth* no vacilar en hacer algo

hessian /ˈhesiən/ *n* [*incontable*] arpillera

heterogeneous /ˌhetərəˈdʒiːniəs/ *adj* heterogéneo

heterosexual /ˌhetərəˈsekʃuəl/ *adj, n* heterosexual

▶ **heterosexuality** *n* heterosexualidad

hexagon /ˈheksəgən; *USA* -gɒn/ *n* hexágono

▶ **hexagonal** *adj* hexagonal

hey /heɪ/ (*tb* **hi** /haɪ/) *interj* oye, eh

LOC **hey presto** hete aquí: *I just turned the wire in the lock and hey presto, the door opened.* Tan solo le di vuelta al alambre en la cerradura y, hete aquí, la puerta se abrió.

heyday /ˈheɪdeɪ/ *n* apogeo: *She was a great singer in her heyday.* En sus días de apogeo, fue una gran cantante.

HGV /ˌeɪtʃ dʒiː ˈviː/ (*GB*) *abrev de* **heavy goods vehicle**: *to have an HGV licence* tener carné de conducir para camiones y autobuses

hi /haɪ/ *interj* (*coloq*) **1** (*USA*) hola **2** (*GB*) *Ver* HEY

hiatus /haɪˈeɪtəs/ *n* intervalo: *After a three-month hiatus, the strike will go ahead.* Después de un intervalo de tres meses, la huelga saldrá adelante.

hibernate /ˈhaɪbəneɪt/ *vi* hibernar

▶ **hibernation** *n* hibernación

hibiscus /hɪˈbɪskəs/ *n* hibisco

hiccup (*tb* **hiccough**) /ˈhɪkʌp/ *n* **1** hipo: *to get (the) hiccups* dar hipo ◊ *She laughed so much she got (the) hiccups.* Se rio tanto que le dio hipo. **2** (*coloq*) problema: *There's been a slight hiccup.* Ha habido una ligera contrariedad.

■ **hiccup** *vi* hipar

hidden /ˈhɪdn/ **1** *pp de* HIDE[1] **2** *adj* oculto, escondido: *a hidden camera* una cámara oculta

LOC **a hidden agenda** un objetivo oculto

hide[1] /haɪd/ (*pret* **hid** /hɪd/ *pp* **hidden** /ˈhɪdn/) **1** *vt* **~ sth (from sb)** esconder, ocultar algo (a algn): *I have nothing to hide (from you).* No tengo nada que ocultar(te). ◊ *He hid the gun in his pocket.* Escondió la pistola en su bolsillo. ◊ *She hid her face.* Ocultó el rostro. **2** *vi* (*lit* y *fig*) esconderse, ocultarse: *You can hide under the table.* Puedes esconderte debajo de la mesa. ◊ *to hide behind a false identity* ocultarse tras una identidad falsa LOC *Ver* HEAD[1], MULTITUDE

PHR V **to hide out** esconderse

hide[2] /haɪd/ *n* **1** (*animal*) piel **2** (*coloq, joc*) (*persona*) pellejo LOC *Ver* SAVE, TAN[1]

hide-and-seek /ˌhaɪd n ˈsiːk/ *n* escondite

hideaway *n Ver* HIDEOUT

hideous /ˈhɪdiəs/ *adj* espantoso: *What a hideous hat!* ¡Qué sombrero más espantoso!

▶ **hideously** *adv* espantosamente

hideout /ˈhaɪdaʊt/ (*USA tb* **hideaway** /ˈhaɪdəweɪ/) *n* guarida, escondite: *a guerrilla hideout* un escondite para guerrilleros

hiding[1] /ˈhaɪdɪŋ/ *n*

LOC **(to be) in hiding** (estar) escondido: *He stayed in hiding for a year.* Permaneció escondido un año. **to go into/come out of hiding** ocultarse/salir del escondite: *She escaped and went into hiding.* Escapó y se ocultó.

hiding[2] *Ver* HIDE[1]

hiding[3] /ˈhaɪdɪŋ/ *n* (*coloq*) tunda: *to give sb a good hiding* darle una buena tunda a algn

hiding place *n* escondrijo, escondite

hierarchy /ˈhaɪərɑːki/ *n* (*pl* **-ies**) jerarquía

▶ **hierarchical** (*tb* **hierarchic**) *adj* jerárquico

hieroglyph /ˈhaɪərəglɪf/ *n* jeroglífico

▶ **hieroglyphic** *adj* jeroglífico

hieroglyphics /ˌhaɪərəˈglɪfɪks/ *n* [*pl*] jeroglíficos

hi-fi /ˈhaɪ faɪ/ *adj, n* (*coloq*) (equipo de) alta fidelidad

high[1] /haɪ/ *adj* (**-er, -est**) **1(a)** alto: *high speed* alta velocidad ◊ *the team's highest score this season* el mejor resultado del equipo de la temporada ◊ *a high degree of accuracy* un alto grado de precisión ◊ *higher levels of unemployment than before* niveles de desempleo más altos que anteriormente ◊ *a high-backed chair* una silla de respaldo alto ◊ *She sets the highest standards of all my teachers.* Es la que más exige de todos mis profesores. ◊ *high prices* precios altos ◊ *high ceilings* techos altos ◊ *My new boots have high heels.* Mis botas nuevas tienen tacón. ◊ *high heels* zapatos de tacón ◊ *high technology* alta tecnología **(b) to be X metres, feet, etc high** medir X metros, pies, etc de altura: *The wall is six feet high.* La pared mide seis pies de alto. ◊ *How high is it?* ¿Cuánto mide de alto?

Aunque **high** y **tall** tienen usos diferentes, ambos se traducen por *alto* y tienen en común el sustantivo **height**.

Nótese que el antónimo de **high** es **low**, y los antónimos de **tall** son **short** y **small**. *Ver tb ejemplos en* TALL *y nota en* ALTO *adj*

2(a) grande: *to have a high opinion of sb* tener buena opinión de algn ◊ *high hopes* grandes esperanzas ◊ *to be in high spirits* estar muy alegre **(b)** (*viento*) fuerte **(c)** elevado: *high stakes/earnings* apuestas/ganancias elevadas ◊ *a high rate of interest* un tipo de interés elevado ◊ *to set high standards* poner el listón muy alto ◊ *a high proportion of voters* una proporción elevada de votantes **3(a)** de lujo: *high living/the high life* una vida de lujo **(b)** mejor: *the high point of the evening* el mejor momento de la tarde **4** (*sonido*) agudo: *a high voice* una voz aguda **5** pleno: *in high summer* en pleno verano **6 ~ (on sth)** (*coloq*) (*drogas, alcohol*) ciego (de algo) *Ver tb* KNEE-HIGH, SKY-HIGH

LOC **high and dry** plantado: *to leave sb high and dry* dejar plantado a algn **high and mighty** (*coloq*) altanero **in high dudgeon**: *He stormed out of the meeting in high dudgeon.* Salió de la reunión echando chispas. **in high places** en altas esferas **to be/get on your high horse** (*coloq*) comportarse altaneramente **to smell/stink to high heaven** (*coloq*) **1** oler que apesta **2** (*fig*) oler a chanchullo *Ver tb* AIM, ESTEEM, FRIEND, HEAD[1], HELL, OPINION, TIME[1]

high[2] /haɪ/ *n* **1** punto alto, nivel alto: *It has reached an all-time/a record high.* Ha alcanzado niveles sin precedentes. **2** (*met*) zona de alta presión **3** (*coloq*): *to be on a high* estar a las mil maravillas

LOC **on high** en las alturas, en el cielo

■ **high** *adv* alto, a gran altura: *high overhead* muy por encima de la cabeza

LOC high and low por todas partes **to run high 1** (*mar*) estar bravo **2** (*río*) estar crecido **3** (*ánimos*) exaltarse: *Feelings are running high.* La gente está acalorada. *Ver tb* FLY[1]

highbrow /ˈhaɪbraʊ/ *adj* (*gen pey*) culto, intelectual ☛ *Comparar con* LOWBROW

high chair *n* trona de niño

High Church *adj* de un sector de la Iglesia anglicana más cercano a la liturgia y jerarquía católicas ☛ *Comparar con* LOW CHURCH

high-class /ˌhaɪ ˈklɑːs/ *adj* **1** de categoría, de clase alta **2** de lujo

high command (*tb* **High Command**) *n* [*incontable*] alto mando

High Commission *n* **1** embajada de los países de la Commonwealth **2 UN High Commission** Comisión de la ONU

▸ **High Commissioner** *n* Alto Comisionado

high-cost /ˌhaɪ ˈkɒst/ *adj* de coste elevado

High Court *n* Tribunal Supremo

high-energy /ˌhaɪ ˈenədʒi/ *adj* **1** (*Fís*) de alta carga energética **2** (*persona*) energética

higher education *n* educación superior

high-fat /ˌhaɪ ˈfæt/ *adj* de alto contenido en grasas

high-fibre /ˌhaɪ ˈfaɪbə/ *adj* de alto contenido en fibra

high-flyer (*tb* **high flier**) /ˌhaɪ ˈflaɪə(r)/ *n* persona ambiciosa

high-flying /ˌhaɪ ˈflaɪɪŋ/ *adj* ambicioso: *a high-flying career woman* una profesional ambiciosa

high-handed /ˌhaɪ ˈhændɪd/ *adj* despótico

high-heeled /ˌhaɪ ˈhiːld/ *adj* de tacón

the high jump *n* el salto de altura

LOC to be for the high jump (*coloq*) exponerse a una bronca: *He's for the high jump.* Se la va a ganar/cargar.

highland /ˈhaɪlənd/ *n* [*gen pl*] región montañosa

high-level /ˌhaɪ ˈlevl/ *adj* de alto nivel

highlight /ˈhaɪlaɪt/ *n* **1** punto culminante, momento/aspecto notable **2** [*gen pl*] (*en el pelo*) reflejo

■ **highlight** *vt* poner de relieve, (hacer) resaltar

highly /ˈhaɪli/ *adv* **1** muy, sumamente: *highly amusing/inflammable* divertidísimo/altamente inflamable **2** *to think/speak highly of sb* tener en mucho a algn/hablar muy bien de algn

LOC to be highly sexed tener un apetito sexual muy alto

highly strung *adj* muy excitable, (muy) nervioso

High Mass *n* Misa Mayor

high-minded /ˌhaɪ ˈmaɪndɪd/ *adj* noble: *high-minded principles* principios muy nobles

highness /ˈhaɪnəs/ *n* **Highness** alteza: *His/Her/Your Highness* su alteza *Ver tb* ROYAL HIGHNESS

high-performance /ˌhaɪ pəˈfɔːməns/ *adj* de primera calidad: *a high-performance car* un coche de gran potencia

high-pitched /ˌhaɪ ˈpɪtʃt/ *adj* agudo: *a high-pitched voice* una voz aguda

high-powered /ˌhaɪ ˈpaʊəd/ *adj* **1** (*coche*) de gran potencia **2** (*persona*) enérgico

high pressure *adj* **1** de mucha presión **2** (*fig*) con/bajo mucha presión: *a high pressure job* un trabajo estresante

high priest *n* sumo sacerdote

high priestess *n* suma sacerdotisa

high-priority /ˌhaɪ praɪˈɒrəti/ *adj* de máxima prioridad

high profile *adj* destacado: *a high profile campaign* una campaña destacada

high-quality /ˌhaɪ ˈkwɒləti/ *adj* de primera calidad

high-ranking /ˌhaɪ ˈræŋkɪŋ/ *adj* de alto rango

high-rise /ˈhaɪ raɪz/ *n* torre (*de muchos pisos*)

■ **high-rise** *adj* **1** (*edificio*) de muchos pisos **2** (*piso*) de un edificio alto

high-risk /ˌhaɪ ˈrɪsk/ *adj* de alto riesgo

high school *n* (*esp USA*) escuela de enseñanza secundaria

high season *n* temporada alta

high-speed /ˌhaɪ ˈspiːd/ *adj* de alta velocidad

high-spirited /ˌhaɪ ˈspɪrətɪd/ *adj* lleno de vida (*persona*)

high street *n* calle mayor: *high-street shops* tiendas de la calle principal

high tea *n* (*GB*) merienda cena que se toma con té ☛ *Ver nota en* DINNER

high-tech (*tb* **hi-tech**) /ˌhaɪ ˈtek/ *adj* (*coloq*) de alta tecnología

high tide (*tb* **high water**) *n* pleamar

high water *n Ver* HIGH TIDE: *high-water mark* marca que muestra el nivel de la pleamar o de alguna inundación

highway /ˈhaɪweɪ/ *n* **1** (*esp USA*) carretera, autopista **2** vía pública: *Highway Code* código de circulación ☛ *Ver nota en* ROAD

highwayman /ˈhaɪweɪmən/ *n* (*pl* **-men** /-mən/) salteador de caminos

hijack /ˈhaɪdʒæk/ *vt* **1** (*avión, vehículo*) secuestrar **2** (*fig*) acaparar, tomar el control de

■ **hijack** *n* secuestro

▸ **hijacker** *n* secuestrador, -ora

hijacking *n* secuestro

hike /haɪk/ *n* **1** caminata **2 ~ (in sth)** (*coloq*) (*precios, etc*) aumento (de algo)

■ **hike 1** *vi* ir de excursión a pie *Ver tb* HITCH-HIKE **2** *vt* (*esp USA, coloq*) (*precios, etc*) subir algo

PHR V to hike sth up subir algo (*falda, pantalón, etc*)

▸ **hiker** *n* excursionista, senderista

hiking *n* excursionismo (a pie), senderismo

hilarious /hɪˈleəriəs/ *adj* divertidísimo, chistosísimo

▸ **hilariously** *adv*: *to be hilariously funny* ser divertidísimo

hilarity /hɪˈlærəti/ *n* regocijo, risa(s)

hill /hɪl/ *n* **1** colina, cerro *Ver tb* FOOTHILLS, MOLEHILL **2** cuesta, pendiente: *We set off down the hill.* Partimos cuesta abajo. *Ver tb* DOWNHILL

LOC over the hill (*coloq*) demasiado viejo *Ver tb* OLD

▸ **hilly** *adj* (**-ier, -iest**) montañoso, accidentado

hillock /ˈhɪlək/ *n* montecillo, altozano

hillside /ˈhɪlsaɪd/ *n* ladera, loma

hilltop /ˈhɪltɒp/ *n* cima de la/una colina, cumbre

hilt /hɪlt/ *n* puño, empuñadura ☛ *Ver ilustración en* SWORD

LOC (up) to the hilt 1 completamente, hasta el cuello **2** *I'll back you to the hilt.* Te apoyaré incondicionalmente.

him /hɪm/ *pron pers* **1** (*como complemento*) le, lo: *When did you see him?* ¿Cuándo lo viste? ◊ *I hate him.* Lo odio. ◊ *I gave him the money/I gave the money to him.* Le di el dinero. ◊ *Give it to him.* Dáselo. ◊ *I hit him.* Le pegué. **2** (*tras preposición o el verbo* **to be**) él: *It must be him.* Debe de ser él. ◊ *I've got something for him.* Tengo algo para él. ◊ *He always has it with him.* Siempre lo tiene consigo. ◊ *I'm taller than him.* Soy más alto que él.

himself /hɪmˈself/ *pron* **1** [*uso reflexivo*] se, a él mismo: *He cut himself.* Se cortó. ◊ *He keeps himself to himself.* Evita tener contacto con otros. **2** (*tras preposición*) sí (mismo): *He can look after himself.* Sabe cuidar de sí mismo. ◊ *'I tried', he said to himself.* —Lo intenté, se dijo a sí mismo. ◊ *He ought to be ashamed of himself.* Debía darle vergüenza. ◊ *He found it out for himself.* Lo descubrió él solo. **3** [*uso enfático*] él mismo: *He said so himself.* Él mismo lo dijo. ◊ *the president himself* el presidente mismo

LOC (all) by himself 1 (*sin ayuda*) (completamente) solo **2** (*sin compañía*) (totalmente) solo ☛ *Ver nota en* ALONE

hind[1] /haɪnd/ *adj* trasero: *hind legs* patas traseras *Ver tb* FORE

hind[2] /haɪnd/ *n* (*pl* **hind** o **~s**) cierva *Ver tb* DOE

hinder /ˈhɪndə(r)/ *vt* **1 ~ sth/sb (from/in sth/doing sth)** impedir a algo/algn hacer algo: *to hinder sb from working/in his work* impedir a algn trabajar **2** (*progreso*) entorpecer, dificultar, estorbar

Hindi /ˈhɪndi/ *adj, n* hindi

hindquarters /ˌhaɪndˈkwɔːtəz/ *n* [*pl*] cuartos traseros

hindrance /ˈhɪndrəns/ *n* **~ (to sth/sb)** estorbo, obstáculo (para algo/algn)

hindsight /ˈhaɪndsaɪt/ *n* percepción retrospectiva: *with (the benefit of) hindsight/in hindsight* en retrospectiva ☛ *Comparar con* FORESIGHT

Hindu /ˌhɪnˈduː; *USA* ˈhɪnduː/ *adj, n* hindú

▶ **Hinduism** *n* hinduismo

hinge /hɪndʒ/ *n* **1** bisagra, gozne **2** (*fig*) eje

■ **hinge** *v*

PHR V **to hinge on sth** depender de algo

hint /hɪnt/ *n* **1** insinuación, indirecta **2** indicio, señal: *with a hint of regret* con un dejo de remordimiento ◊ *a faint hint of perfume* un tenue rastro de perfume **3** (*Cocina*) pizca, (ligero) toque **4** (*aviso*) consejo

LOC **to give sb a hint** darle una pista a algn: *I can't guess. Give me a hint.* No sé lo que es. Dame una pista. **to take a/the hint** darse por aludido, coger la indirecta *Ver tb* DROP

■ **hint 1** *vi* **~ at sth (a)** (*persona*) referirse indirectamente a algo **(b)** (*hecho*) indicar algo **2** *vt, vi* **~ (to sb) that...** dar a entender, insinuar (a algn) que...

hinterland /ˈhɪntəlænd/ *n* **1** interior **2** traspaís

hip[1] /hɪp/ *n* cadera: *hip-bone* articulación de la cadera ◊ *hip-flask* frasco de bolsillo ◊ *hip-pocket* bolsillo trasero/de atrás LOC *Ver* HAND[1]

hip[2] /hɪp/ (*tb* **rose-hip**) *n* escaramujo (*bot*)

hippie (*tb* **hippy**) /ˈhɪpi/ *n* (*pl* **-ies**) hippy, hippie

hippopotamus /ˌhɪpəˈpɒtəməs/ *n* (*pl* **-muses** /-məsɪz/ o **-mi** /-maɪ/) (*tb* **hippo**) hipopótamo ☛ *Ver nota en* HIPOPÓTAMO

hire /ˈhaɪə(r)/ *vt* **1(a) ~ sth (from sb)** (*pagando el alquiler*) alquilar algo (de algn): *a hire(d) car* un coche de alquiler **(b) ~ sth (out) (to sb)** (*recibiendo el alquiler*) alquilar algo (a algn) ☛ *Ver nota en* ALQUILAR **2 ~ sb** contratar a algn: *a hired assassin* un asesino a sueldo ◊ *a hired hand* un jornalero

■ **hire** *n* alquiler: *Bicycles for hire.* Se alquilan bicicletas. LOC *Ver* PLY[2]

hire purchase *n* (*abrev* **hp**) (*USA* **instalment plan**) compra a plazos: *to buy sth on hire purchase* comprar algo a plazos ◊ *a hire-purchase agreement* un acuerdo de compra a plazos

his /hɪz/ *adj pos* su(s) (*de él*): *It was his idea.* Fue su idea de él. ◊ *He broke his arm.* Se rompió el brazo. ☛ *Ver nota en* MY

■ **his** *pron pos* (el) suyo, (la) suya, (los) suyos, (las) suyas (*de él*): *His must be that one.* El suyo debe ser aquel. ◊ *a friend of his* un amigo suyo ◊ *I can't stand that sister of his.* No aguanto a su hermana. ◊ *I lost my gloves, so he lent me his.* Perdí mis guantes, así que me dejó los suyos.

Hispanic /hɪˈspænɪk/ *adj, n* hispánico, -a, hispano, -a

hiss /hɪs/ **1** *vi* **~ (at sth/sb)** sisear, silbar (a algo/algn): *with a loud hissing noise/sound* con un fuerte silbido **2(a)** *vt, vi* **~ (at) sth/sb** (*desaprobación*) silbar algo/a algn **(b)** *vt* decir siseando

■ **hiss** *n* silbido, siseo

historian /hɪˈstɔːriən/ *n* historiador, -ora

historic /hɪˈstɒrɪk; *USA* -ˈstɔːr-/ *adj* **1** (*que hace historia*) histórico, transcendente: *a/an historic day/meeting* un día histórico/una reunión histórica **2** (*tb* **historical**) (*relacionado con la historia*) histórico

▶ **historical** *adj* (*relacionado con la historia*) histórico: *a/an historical film* una película histórica ◊ *historical studies* estudios históricos ◊ *of historical interest* de interés histórico ◊ *to put sth in a/an historical context* poner algo en un contexto histórico

Nótese que cuando queremos decir que algo es *histórico* en el sentido de que es crucial, que hace historia, solo podemos utilizar **historic**.

historically *adv* históricamente

history /ˈhɪstri/ *n* (*pl* **-ies**) **1** historia **2** (*Med*) historial *Ver tb* CASE HISTORY, NATURAL HISTORY LOC *Ver* ANCIENT

histrionic /ˌhɪstriˈɒnɪk/ *adj* histriónico

▶ **histrionics** *n* histrionismo

hit /hɪt/ *vt* (**-tt-**) (*pret, pp* **hit**) **1(a)** golpear: *to hit a nail* darle a un clavo **(b) to hit sth (on/against sth)** golpearse algo (con/contra algo): *She hit her head against the wall.* Se golpeó la cabeza con la pared. **2** alcanzar: *He was hit in the leg by a bullet.* Fue alcanzado en la pierna por una bala. ◊ *Sales hit a record high.* Las ventas alcanzaron un máximo récord. **3** chocar contra **4** (*pelota*) dar a **5** afectar: *Rural areas were worst hit by the strike.* Las zonas rurales fueron las más afectadas por la huelga. **6** (*una carretera*) salir a **7** (*coloq*) toparse con: *to hit the rush hour* toparse con los atascos de la hora punta ◊ *to hit the headlines* salir en primera plana *Ver tb* HARD-HITTING

LOC **to hit sth/sb hard** afectar mucho a algo/algn **to hit it off (with sb)** (*coloq*): *Pete and Sue hit it off immediately.* Pete y Sue se cayeron bien desde el principio. **to hit the bottle** darle a la botella **to hit the headlines** aparecer en primera plana **to hit the jackpot** tocarle a algn la lotería **to hit the nail on the head** dar en el clavo **to hit the road**; *esp USA* **to hit the trail** (*coloq*) ponerse en marcha **to hit the sack** (*coloq*) irse al sobre *Ver tb* BELT, HOME, KNOW, MAN[1], MARK[1], NERVE, PATCH, ROOF

PHR V **to hit back (at sth/sb)** revolverse (contra algo/algn)

to hit on/upon sth dar con algo: *He hit upon the idea of a party.* Se le ocurrió la idea de una fiesta.

to hit out (at sth/sb) lanzarse (contra algo/algn)

■ **hit** *n* **1** golpe **2** impacto **3** éxito: *a hit record* un disco con éxito ◊ *the hit parade* la lista de éxitos ◊ *Abba's greatest hits* los grandes éxitos de Abba

hit-and-miss /ˌhɪt ən ˈmɪs/ (*tb* **hit-or-miss**) *adj* hecho a la buena de Dios

hit-and-run /ˌhɪt ən ˈrʌn/ *adj*: *a hit-and-run driver* conductor que atropella a algn y se da a la fuga

hitch[1] /hɪtʃ/ **1** *vt, vi* hacer dedo: *to hitch (a lift/ride) to the station* hacer autostop hasta la estación **2** *vt* **(a)** (*remolque*) enganchar **(b)** (*caballo*) atar

LOC **to get hitched** (*coloq*) casarse

PHR V **to hitch sth up 1** (*pantalones*) tirarse de algo: *He hitched up his trousers before sitting down.* Se tiró de los pantalones antes de sentarse. **2** (*falda*) arremangar algo

hitch[2] /hɪtʃ/ *n* pega: *without a hitch* sin pegas

hitch-hike /ˈhɪtʃ haɪk/ *vi* hacer autostop

▶ **hitch-hiker** *n* autostopista

hi-tech *adj Ver* HIGH-TECH

hither /ˈhɪðə(r)/ *adv* (*antic* o *ret*)

LOC **hither and thither** de acá para allá

hitherto /ˌhɪðəˈtuː/ *adv* (*formal*) hasta ahora

hit list *n* (*argot*) **1** lista de personas que se planea asesinar **2** lista negra

hit man *n* (*esp USA, argot*) asesino a sueldo

hit-or-miss /ˈhɪt ɔː mɪs/ *adj Ver* HIT-AND-MISS

HIV /ˌeɪtʃ aɪ ˈviː/ *abrev de* **Human Immunodeficiency Virus** Virus de Inmunodeficiencia Humana: *to be (diagnosed) HIV positive* ser seropositivo ◊ *people with HIV* la gente con el virus del sida

hive /haɪv/ (*tb* **beehive**) *n* colmena, enjambre: *a hive of activity* un bullicio de actividad *Ver tb* BEEHIVE

■ **hive** *v*
PHR V **to hive sth off (to/into sth)** traspasar algo (a algo)

hiya /ˈhaɪjə/ *interj* (*coloq*) hola

HM *abrev de* **Her/His Majesty('s)** (de) Su Majestad: *HM the Queen* Su Majestad la Reina

HMG (*GB*) *abrev de* **His/Her Majesty's Government** el Gobierno de Su Majestad

hmm *interj* um

HMS /ˌeɪtʃ em ˈes/ (*GB*) *abrev de* **Her/His Majesty's Ship** (*como parte del nombre de los barcos de guerra británicos*)

HMSO /ˌeɪtʃ em es ˈəʊ/ (*GB*) *abrev de* **Her/His Majesty's Stationery Office** imprenta del gobierno para documentos oficiales, etc

HNC /ˌeɪtʃ en ˈsiː/ (*GB, Educ*) *abrev de* **Higher National Certificate** curso reconocido oficialmente: *an HNC in Chemistry* un curso de química

HND /ˌeɪtʃ en ˈdiː/ (*GB*) *abrev de* **Higher National Diploma** título de diplomatura: *an HND course* una carrera técnica

hoard /hɔːd/ *n* **1** tesoro escondido: *a hoard of money* una reserva secreta de dinero **2** provisión: *a hoard of nuts* una reserva de nueces (para el invierno)
■ **hoard** *vt* acaparar, acumular

hoarding /ˈhɔːdɪŋ/ (*USA* **billboard**) *n* valla publicitaria

hoar frost /ˈhɔː frɒst; *USA* -frɔːst/ *n* escarcha

hoarse /hɔːs/ *adj* ronco: *He shouted himself hoarse.* Se quedó ronco de tanto gritar.
▶ **hoarsely** *adv* roncamente

hoary /ˈhɔːri/ *adj* **1** canoso **2** (*chiste, etc*) muy viejo

hoax /həʊks/ *n* broma de mal gusto, engaño: *a bomb hoax* un aviso de bomba falso

hob /hɒb/ *n* encimera: *gas hob and electric oven* encimera de gas y horno eléctrico

hobble /ˈhɒbl/ *vi* cojear

hobby /ˈhɒbi/ *n* (*pl* **-ies**) hobby

hobby-horse *n* **1** tema favorito **2** caballito de juguete

hock[1] /hɒk/ *n* vino del Rin

hockey

hockey (*USA* **field hockey**)

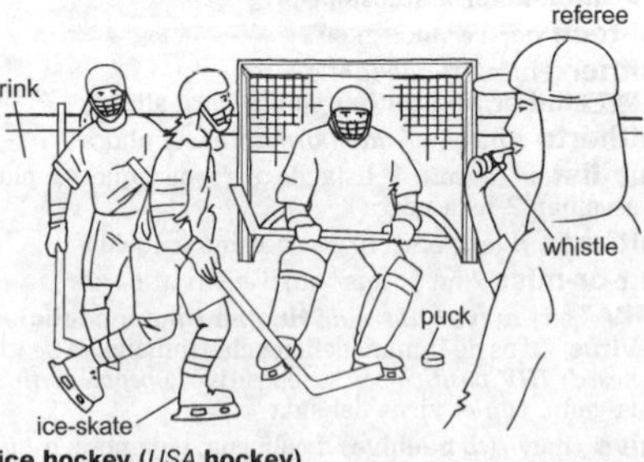

ice hockey (*USA* **hockey**)

hock[2] /hɒk/ *n* (*coloq*) **LOC** **in hock** empeñado
■ **hock** *vt* (*argot*) empeñar

hockey /ˈhɒki/ *n* [*incontable*] **1** (*USA* **field hockey**) hockey sobre hierba: *hockey stick* palo de hockey **2** (*USA*) (*GB* **ice hockey**) hockey sobre hielo

hocus-pocus /ˌhəʊkəs ˈpəʊkəs/ *n* patraña(s)

hoe /həʊ/ *n* (*pl* **hoes**) azada
■ **hoe** *vt* (*part pres* **hoeing** *pret, pp* **hoed**) azadonar

hog /hɒg; *USA* hɔːg/ *n* cerdo *Ver tb* HEDGEHOG
■ **hog** *vt* (*coloq*) acaparar: *to hog the road* acaparar toda la carretera ◊ *to hog the limelight* acaparar toda la atención

Hogmanay /ˈhɒgməneɪ/ *n* (*Escocia*) Nochevieja

the hoi polloi *n* (*pey*) [*pl*] el populacho

hoist /hɔɪst/ *vt* **1** izar **2** levantar
LOC **to be hoist with your own petard** caer en la propia trampa
■ **hoist** *n* grúa

hoity-toity /ˌhɔɪti ˈtɔɪti/ *adj* (*coloq, pey*) engreído

hokum /ˈhəʊkəm/ *n* (*USA, coloq*) **1** (*Teat*) bodrio **2** tonterías

hold[1] /həʊld/ (*pret, pp* **held** /held/)

● **v transitivo** **1** sostener, tener en la mano: *He was holding a gun.* Tenía una pistola en la mano. ◊ *to hold a baby* tener a un niño en brazos ◊ *Can you hold my coat a minute?* ¿Me aguantas el abrigo un momento? ◊ *She held the door (open) for me.* Me sostuvo la puerta abierta. ◊ *to hold sb's hand* cogerle la mano a algn ◊ *They were holding hands.* Iban cogidos de la mano. *Ver tb* HAND-HELD **2** agarrarse a: *She held the rail to stop herself falling.* Se agarró al pasamanos para no caerse. **3(a)** (*peso*) aguantar: *I don't think that chair will hold my weight.* No creo que esa silla aguante mi peso. **(b)** sujetar: *to hold sth in place/position* sujetar algo (en su sitio) **4** abrazar: *They held each other tight.* Se abrazaron con fuerza. **5** (*criminal, rehén, etc*) retener, tener detenido: *to hold sb hostage* retener a algn como rehén ◊ *to hold sb prisoner* tener preso a algn ◊ *Police are holding two men.* La policía ha detenido a dos hombres. **6** (*opinión*) sostener **7** mantener: *Hold your head up.* Mantén la cabeza alta. ◊ *to hold sb's attention* mantener la atención de algn ◊ *to hold a conversation* mantener una conversación **8** (*contener*) **(a)** tener espacio para: *Will this suitcase hold all my clothes?* ¿Me cabrá toda la ropa en esta maleta? ◊ *The car won't hold you all.* No vais a caber todos en el coche. ◊ *The tank holds 50 litres.* El depósito es de 50 litros. **(b)** (*fig*): *Who knows what the future holds for us?* ¿Quién sabe lo que nos depara el futuro? **9** (*poseer*) tener: *to hold a British passport* tener pasaporte británico ◊ *He holds the world long jump record.* Tiene el récord mundial de salto de longitud. ◊ *The Socialists hold 16 seats in Parliament.* Los socialistas tienen 16 escaños en el parlamento. **10** (*puesto, cargo*) ocupar **11** (*formal*) considerar: *to hold sb responsible for sth* considerar responsable a algn de algo ◊ *I hold that the government is mistaken.* Considero que el gobierno está equivocado. **12(a)** (*reunión, elecciones*) celebrar **(b)** (*investigación*) llevar a cabo **13** (*nota*) sostener **14** (*habitación, billete, etc*) reservar: *The hotel will only hold our room until nine.* El hotel solo nos reserva la habitación hasta las nueve.

● **v intransitivo** **1** (*no romperse, no soltarse*) aguantar: *Take the rope in your hands and hold tight.* Coge la cuerda y agárrala con fuerza. **2** (*buen tiempo, suerte*) durar **3** (*oferta, acuerdo*) ser válido, seguir en pie **4** (*reglas*) aplicarse **5** (*al teléfono*) esperar: *It's engaged. Will you hold?* Está comunicando, ¿quiere esperar?

LOC **hold it!** (*coloq*) ¡espera! **there is no holding sb**: *Once she gets on to films, there's no holding her.* Cuando se pone a hablar de cine, no hay quien la pare. **to hold no fears/terrors for sb** no dar ningún miedo a algn **to hold your drink/liquor** saber beber, aguantar la bebida **to hold your own** mantenerse: *The patient is holding her own although she is very ill.* La paciente se

mantiene a pesar de que está muy enferma. **to hold your own** (**against sth/sb**) (**in sth**) saber defenderse (ante algo/algn) (en algo): *She holds her own against anybody in an argument.* Sabe defenderse ante cualquiera en una discusión. **to hold your peace/tongue** guardar silencio
☛ Para otras expresiones con **hold**, véanse las entradas del sustantivo, adjetivo, etc, p. ej. **to hold sb to ransom** en RANSOM
PHR V **to hold sth against sb** (*coloq*) tener algo en contra de algn
to hold back vacilar
to hold sth back 1 ocultar algo **2** (*ira, lágrimas, risa*) contener algo
to hold sth/sb back 1 refrenar algo/a algn **2** *The other students are holding her back.* Los otros alumnos la impiden progresar.
to hold sth down 1 (*precios, inflación, etc*) mantener algo bajo **2** (*trabajo*) mantener algo
to hold sth/sb down sujetar algo/a algn
to hold forth echar un discurso
to hold sth in controlar algo
to hold off 1 (*lluvia, tormenta, etc*) aguantar (*no llover, etc*) **2** (*persona*) contenerse
to hold sth/sb off resistir algo/a algn: *They managed to hold off the enemy.* Lograron resistir al enemigo.
to hold on 1 esperar: *Hold on! You've left something behind.* ¡Espera! Te has dejado algo. **2** (*seguir*) aguantar: *I don't think I can hold on much longer.* No creo que pueda aguantar mucho más.
to hold sth on sujetar algo
to hold on; **to hold onto sth/sb** agarrarse (a algo/algn)
to hold onto sth (*coloq*) conservar algo, no soltar algo
to hold out 1 (*provisiones*) durar **2** (*persona*) aguantar
to hold sth out 1 (*mano*) tender algo **2** (*brazo*) extender algo **3** (*oportunidad, esperanza*) ofrecer algo
to hold out (**against sth/sb**) resistir algo/a algn (*ataque, enemigo, etc*)
to hold out for sth (*coloq*) retrasar un acuerdo con la esperanza de conseguir algo
to hold sth over aplazar algo
to hold to sth permanecer fiel a algo
to hold sb to sth hacer que algn cumpla algo
to hold together mantenerse unido
to hold sth together 1 pegar algo (precariamente) **2** (*partido, nación, etc*) mantener algo unido
to hold sth up (*mano*) levantar algo
to hold sth/sb up 1 (*trabajo, etc*) retrasar algo/a algn: *I got held up at the airport.* Me retuvieron en el aeropuerto. **2** poner algo/a algn como ejemplo
to hold up (**a bank, etc**) atracar (un banco, etc)
to hold with sth estar de acuerdo con algo

hold[2] /həʊld/ *n* **1(a)**: *to keep a firm hold of sth* tener algo bien agarrado ◊ *He lost his hold on the rope.* Se le fue la cuerda de las manos. *Ver tb* STRANGLEHOLD **(b)** (*judo*) llave **2 ~ (on/over sth/sb) (a)** influencia (sobre algo/algn) **(b)** control (sobre algo/algn): *to keep a firm hold on sth* mantener algo bajo un estricto control ◊ *The army has tightened its hold on the country.* El ejército ha intensificado su control del país. **3** (*alpinismo*) punto de apoyo *Ver tb* FOOTHOLD **4** (*barco, avión*) bodega *Ver tb* LEASEHOLD, STRONGHOLD, TOEHOLD
LOC **to catch/grab/seize hold of sth/sb** agarrar algo/a algn **to get hold of sb** ponerse en contacto con algn **to get hold of sth** (*coloq*) **1** (*obtener*) hacerse con algo: *The papers have got hold of the story.* Los periódicos se han hecho con la historia. **2** *Once she gets hold of an idea …* Cuando se le mete algo en la cabeza … **to keep hold of sth/sb 1** tener algo/a algn sujeto: *to keep hold of the opponent* mantener sujeto al adversario **2** tener algo/a algn bajo control: *to keep hold of their children* tener a sus hijos bien atados **to take hold of sth/sb** coger algo/a algn *Ver tb* CLAP[1], GRIP, LEAVE[1], LOOSEN

holdall /ˈhəʊldɔːl/ (*USA* **carry-all**) *n* bolsa de viaje

holder /ˈhəʊldə(r)/ *n* **1** (*persona*) **(a)** titular: *account-holder* titular de la cuenta ◊ *licence-holder* titular de la licencia *Ver tb* CARDHOLDER, POLICYHOLDER, SHAREHOLDER, SMALLHOLDER, STALLHOLDER, STOCKHOLDER **(b)** poseedor, -ora: *world record holder* poseedor del récord mundial *Ver tb* TITLE-HOLDER **2** (*tb* **cigarette holder**) boquilla **3** receptáculo

holding /ˈhəʊldɪŋ/ *n* **1** terreno arrendado **2** (*Com*) propiedad, participación: *a holding company* un holding

hold-up /ˈhəʊld ʌp/ *n* **1(a)** (*tráfico*) atasco **(b)** retraso **2** atraco

hole /həʊl/ *n* **1(a)** agujero **(b)** perforación **(c)** (*carretera*) bache **(d)** boquete *Ver tb* BLOWHOLE, BUTTONHOLE, KEYHOLE, LOOPHOLE, MANHOLE, PEEP-HOLE, PIGEON-HOLE, PLUGHOLE, POTHOLE **2** madriguera: *a mouse hole* ratonera **3** (*Dep*) hoyo ☛ *Ver ilustración en* GOLF **4** (*coloq*) aprieto: *I'm in a bit of a hole.* Estoy en un aprieto. **5** (*coloq*) cuchitril: *It's a real hole.* Es un agujero inmundo. *Ver tb* CUBBYHOLE, HELL-HOLE
LOC **hole in the wall** (*coloq*) **1** tugurio **2** cajero automático **to make a hole in** (**a budget, savings, etc**) llevarse gran parte de (un presupuesto, los ahorros, etc) *Ver tb* ACE, GOUGE, PICK
■ **hole** *vt* **1** hacer un agujero en **2** (*golf*) embocar
LOC **to be holed up** (*coloq*) esconderse

holiday /ˈhɒlədeɪ/ *n* **1** fiesta: *Monday is a holiday.* El lunes es fiesta. ☛ *Ver nota en* BANK HOLIDAY **2** (*USA* **vacation**) vacaciones: *to go on holiday* ir de vacaciones ◊ *the school holidays* las vacaciones escolares ◊ *holiday season* temporada de vacaciones ◊ *holiday resort* pueblo o ciudad de veraneo ◊ *holiday camp* colonia veraniega ☛ *Ver nota en* VACATION *Ver tb* PACKAGE HOLIDAY
LOC **to be on holiday/on your holidays** estar de vacaciones
■ **holiday** *vi* estar de vacaciones, pasar las vacaciones

holidaymaker /ˈhɒlədeɪmeɪkə(r)/ *n* veraneante, turista

holier-than-thou /ˌhəʊliə ðən ˈðaʊ/ *adj* de santito: *a holier-than-thou attitude* una actitud de santito

holiness /ˈhəʊlinəs/ *n* **1** santidad **2 His/Your Holiness** Su Santidad

holistic /həʊˈlɪstɪk/ *adj* que considera las cosas en su totalidad: *a holistic approach* un enfoque integral

holler /ˈhɒlə(r)/ *vi* (*USA, coloq*) gritar

hollow /ˈhɒləʊ/ *adj* **1** hueco **2** (*cara, ojos*) hundido **3** (*sonido*) hueco **4** (*fig*) **(a)** (*promesa*) poco sincero **(b)** (*tono, risa*) falso **(c)** (*placer*) vacío **(d)** (*victoria*) deslucido
LOC **to have hollow legs** (*GB, joc*) comer como una lima, beber como un cosaco *Ver tb* RING[2]
■ **hollow** *n* **1** hoyo **2** hondonada **3** hueco
■ **hollow** (*tb* **to hollow sth out**) *vt* **1** ahuecar algo **2** excavar algo

hollowness /ˈhɒləʊnəs/ *n* **1** vacío **2** falsedad **3** (*mejillas*) lo hundido **4** (*ruido*) lo hueco

holly /ˈhɒli/ *n* (*pl* **-ies**) acebo

hollyhock /ˈhɒlihɒk/ *n* malva real ☛ *Ver ilustración en* FLOR

holocaust /ˈhɒləkɔːst/ *n* holocausto

hologram /ˈhɒləɡræm/ *n* holograma

hols /hɒlz/ *n* [*pl*] (*GB, coloq*) vacaciones

holster /ˈhəʊlstə(r)/ *n* pistolera ☛ *Ver ilustración en* GUN

holy /ˈhəʊli/ *adj* (**holier, holiest**) **1** santo: *the Holy Bible* la Santa Biblia ◊ *a holy man* un hombre santo ◊ *the Holy Ghost/Spirit* el Espíritu Santo ◊ *the Holy Father* el Santo Padre ◊ *Holy Week* Semana Santa ☛ *Ver nota en* SEMANA **2(a)** sagrado: *Holy Communion* Sagrada Comunión ◊ *holy orders* órdenes sagradas **(b)** bendito: *holy water* agua bendita LOC *Ver* ORDER[1]

homage /ˈhɒmɪdʒ/ *n* (*formal*) homenaje: *to pay homage to sth/sb* rendir homenaje a algo/algn

home /həʊm/ *n* **1** casa, hogar: *Do you own your own home?* ¿Es tuya la casa donde vives? ◊ *broken homes* hogares rotos ◊ *Paris is my home.* Tengo mi vida en París. ◊ *They made their home in the States.* Se establecieron en los Estados Unidos. ◊ *to leave home* irse de casa **2** (*formal*) domicilio **3** (*coloq*) sitio: *I must find a home for all these books.* Tengo que encontrar sitio para todos estos libros. **4** (*ancianos, niños, etc*) residencia: *an old people's home* una residencia de la tercera edad ◊ *a children's home* un orfanato **5** (*fig*) cuna: *the home of democracy* la cuna de la democracia **6** (*Zool*) hábitat **7** (*juegos infantiles*) casa **8** (*carrera*) meta: *the first one home* el primero a la meta *Ver tb* MOBILE HOME, NURSING HOME, STATELY HOME, STAY-AT-HOME, TAKE-HOME PAY

LOC **a home from home**: *For them, it was a home from home.* Se sentían como si estuvieran en su propia casa. **at home 1** en casa **2** como en casa: *They made us feel at home.* Hicieron que nos sintiéramos como en casa. ◊ *Make yourself at home.* Ponte cómodo. **3** a sus anchas **4** (*Dep*) en casa **5** en mi, su, nuestro, etc país: *He's well-known both at home and abroad.* Es muy conocido tanto en su país como en el extranjero. **home sweet home** hogar dulce hogar **when he's, it's, etc at home** (*joc*): *Who's Gloria Button when she's at home?* ¿Y quién se supone que es esa tal Gloria Button? *Ver tb* CHARITY, CLOSE[1], EAT, PLACE[1], SCRAPE, TELL

■ **home** *adj* **1** (*vida*) familiar: *home comforts* las comodidades del hogar ◊ *home address/telephone number* dirección/número de teléfono particular ◊ *in a home environment* en un ambiente familiar **2** (*cocina, películas, etc*) casero: *home delivery* entrega a domicilio **3** nacional: *home news* noticias nacionales **4** (*Dep*) de/en casa: *a home match* un partido en casa ◊ *the home side* el equipo de casa **5** (*Dep, carrera*): *home straight/stretch* recta final **6** (*pueblo, país*) natal

■ **home** *adv* **1** a/en casa: *Is he home yet?* ¿Ha llegado ya a casa? ◊ *She's on her way home.* Va de camino a su casa. ◊ *to go home* ir a casa ◊ *to leave home* marcharse de casa ◊ *to see/walk sb home* acompañar a algn a casa **2** (*USA*) *to stay home* quedarse en casa **3** (*fijar, clavar, etc*) en el sitio

LOC **home and dry** sano y salvo **nothing to write home about** nada del otro mundo **to bring home the bacon** (*coloq*) **1** ganar los garbanzos **2** tener éxito **to bring sth home to sb** hacer que algn comprenda algo **to come home (to sb)**: *It finally came home to me that I was wrong.* Finalmente me di cuenta de que estaba equivocado. **to come home to roost** volverse contra algn **to hit/strike home** (*fig*) dar en el blanco *Ver tb* COW[1], DRIVE[1], INVALID[1], PRESS[2], ROMP, SHIP, WRITE

■ **home** *v*

PHR V **to home in (on sth)** apuntar (a algo), dirigirse hacia algo

homecoming /ˈhəʊmkʌmɪŋ/ *n* vuelta a casa

the Home Counties *n* los condados alrededor de Londres

home economics *n* economía doméstica

home-grown /həʊm ˈgrəʊn/ *adj* (*lit* y *fig*) de cosecha propia

home help *n* asistente, -a (*para tareas domésticas*)

homeland /ˈhəʊmlænd/ *n* **1** tierra natal **2** (*Africa del Sur*) zona reservada para la gente de color

homeless /ˈhəʊmlɪs/ *adj* sin hogar

■ **the homeless** *n* [*pl*] las personas sin hogar

► **homelessness** *n* carencia de vivienda

homely /ˈhəʊmli/ *adj* (**-ier, -iest**) **1** (*GB*) **(a)** (*persona*) sencillo **(b)** (*ambiente, lugar*) hogareño, acogedor **2** (*USA, pey*) chabacano

home-made /ˈhəʊm meɪd/ *adj* casero, hecho en casa

the Home Office *n* (*GB*) el Ministerio del Interior

homeopathic (*tb* **homoeopathic**) /ˌhəʊmiəˈpæθɪk/ *adj* homeopático

► **homeopathy** (*tb* **homoeopathy**) *n* homeopatía

home owner *n* proprietario, -a de una vivienda

home page *n* (*Informát*) página principal (*en Internet*)

Homer /ˈhəʊmə(r)/ *n* Homero

► **Homeric** *adj* homérico

Home Secretary (*GB*) *n* ministro, -a, del Interior ☛ *Ver págs 584-5*

homesick /ˈhəʊmsɪk/ *adj* nostálgico (*añorando su país, casa, familia, etc*): *He was homesick.* Tenía morriña.

homespun /ˈhəʊmspʌn/ *adj* casero (*filosofía, consejo, etc*)

homestead /ˈhəʊmsted/ *n* granja

homeward /ˈhəʊmwəd/ *adj* de regreso a casa: *the homeward journey* el viaje de vuelta ◊ *We're homeward bound.* Vamos de regreso a casa. ◊ *homeward-bound traffic* tráfico en dirección a casa

homewards /ˈhəʊmwədz/ *adv* hacia casa

homework /ˈhəʊmwɜːk/ *n* [*incontable*] **1** (*colegio*) deberes **2** (*fig*) trabajo preparatorio: *to do your homework* prepararse bien ◊ *She'd obviously done her homework.* Estaba claro que se había informado bien.

homicide /ˈhɒmɪsaɪd/ *n* **1** homicidio **2** (*person*) homicida

► **homicidal** *adj* homicida

homily /ˈhɒməli/ *n* (*pl* **-ies**) **1** (*pey*) sermón **2** (*formal*) homilía

homing /ˈhəʊmɪŋ/ *adj* de detección del blanco: *homing devices* dispositivos de detección del blanco

homoeopathy /ˌhəʊmiˈɒpəθi/ *n Ver* HOMEOPATHY

► **homoeopathic** /ˌhəʊmiəˈpæθɪk/ *adj Ver* HOMEOPATHIC

homogeneous /ˌhɒməˈdʒiːniəs/ *adj* homogéneo

► **homogeneity** *n* /ˌhɒmədʒəˈniːəti/ *n* homogeneidad

homogenize, -ise /həˈmɒdʒənaɪz/ *vt* homogeneizar

homosexual /ˌhəʊməˈsekʃuəl, ˌhɒm-/ *adj, n* homosexual

► **homosexuality** /ˌhəʊməˌsekʃuˈæləti, ˌhɒm-/ *n* homosexualidad

Hon /ɒn/ **1** *abrev de* **Honorary** *Ver tb* HON SEC **2** *abrev de* **Honourable**

hone /həʊn/ *vt* **1** afilar **2** (*fig*) pulir, perfeccionar

honest /ˈɒnɪst/ *adj* **1(a)** (*persona*) honrado: *to make an honest living* ganarse uno la vida honradamente **(b)** (*afirmación*) franco, sincero **(c)** (*cara*) honesto **2** (*sentimiento*) genuino **3** (*sueldo*) justo **4** (*sin pretensiones*) digno: *an honest attempt* un digno intento

LOC **honest to God/goodness** (*coloq*) ¡te lo juro por Dios! **to be (quite) honest (about it/with you)** (*coloq*) para decir(le) la verdad **to make an honest woman of sb** (*antic, joc*) hacer de algn una mujer honrada (*casarse con ella*)

■ **honest** *adv* (*coloq*) lo juro: *It wasn't me, honest.* No fui yo, (te) lo juro.

► **honestly** *adv* **1** honradamente **2** [*uso enfático*] de verdad, francamente: *Honestly?* ¿De veras? ◊ *Honestly, I'm all right.* En serio, estoy bien. ◊ *I don't honestly know.* Francamente, no lo sé. ◊ *I can honestly say that…* No miento cuando digo que… ◊ *Honestly! What a fuss!* ¡Vaya! ¡Qué jaleo!

honesty /ˈɒnəsti/ *n* **1** honradez, honestidad **2** franqueza

LOC **in all honesty** con toda franqueza

honey /ˈhʌni/ *n* (*pl* **~s**) **1** miel: *honey-bee* abeja (obrera) ◊ *honey-coloured* (de) color miel **2** (*USA, coloq*) (*tratamiento*) cariño

► **honeyed** *adj* meloso

honeycomb /ˈhʌnikəʊm/ (*tb* **comb**) *n* panal

► **honeycombed** *adj* agujereado: *honeycombed with burrows* lleno de madrigueras

honeydew /ˈhʌnidjuː/ *n* **1** savia dulce **2** (*tb* **honeydew melon**) melón dulce amarillo

honeymoon /ˈhʌnimuːn/ *n* (*lit* y *fig*) luna de miel

■ **honeymoon** *vi* pasar la luna de miel

▶ **honeymooner** *n* recién casado, -a

honeysuckle /ˈhʌnisʌkl/ *n* madreselva

honk /hɒŋk/ *n* **1** (*Ornitología*) graznido **2** bocinazo ■ **honk 1** *vi* graznar **2** *vt, vi* tocar (la) bocina: *He honked (his horn) at me.* Me tocó la bocina.

honor /ˈɒnə(r)/ *n* (*USA*) *Ver* HONOUR
▶ **honorable** /ˈɒnərəbl/ *adj* (*USA*) *Ver* HONOURABLE

honorary /ˈɒnərəri; *USA* ˈɒnəreri/ *adj* **1(a)** de honor **(b)** (*doctor*) honoris causa **2 Honorary** (*abrev* **Hon**) (*no remunerado*) honorario

honour (*USA* **honor**) /ˈɒnə(r)/ *n* **1** honor **2 an ~ to sth/sb** un honor para algo/algn **3** [*gen pl*] (*reconocimiento*) **(a)** honor: *buried with full military honours* enterrado con todos los honores militares **(b)** (*título*) condecoración: *honours list* lista de condecorados **(c)** (*concurso*) primer puesto: *to take the honours* distinguirse/sacar el primer puesto **4 honours** (*tb* **Honours**) [*pl*] (*abrev* **Hons**) (*Educ*): (*first class*) *honours degree* licenciatura superior (con sobresaliente) ◊ *to do an Honours degree in Spanish* hacer la carrera superior de español **5 your Honour, his/her Honour** su Señoría *Ver tb* MAID OF HONOUR
LOC honours are even se ha logrado un empate **(in) honour bound (to do sth)**; **on your honour (to do sth)** obligado por el honor (a hacer algo) **in honour of sth/sb**; **in sth's/sb's honour** en honor de/a algo/algn **to do sb an honour**; **to do sb the honour (of doing sth)** (*formal*) hacerle a algn el honor (de hacer algo) **to do sb honour** (*formal*) rendir honores a algn **to do the honours** (*coloq*) hacer los honores **to have the honour (of sth/doing sth)** (*formal*) tener el honor (de algo/de hacer algo) *Ver tb* DEBT, POINT[1]
■ **honour** *vt* **1 ~ sth/sb (with sth) (a)** honrar a algo/algn (con algo): *I would be honoured if…* Me sentiría honrado si… ◊ *I would be honoured to…* Sería un honor… **(b)** condecorar a algn (con algo) **2** (*opinión, etc*) respetar **3** (*Com*) pagar, cumplir (*con una deuda*) **4** (*compromiso*) cumplir (con) *Ver tb* TIME-HONOURED

honourable (*USA* **honorable**) /ˈɒnərəbl/ *adj* **1(a)** honorable: *honourable mention* mención honorífica **(b)** (*recto*) con honor: *to do the honourable thing* comportarse de forma digna **(c)** honroso: *an honourable defeat* una derrota honrosa **2 the Honourable** (*abrev* **Hon**) (*título*) **(a)** el Honorable **(b)** (*parlamento*) el Ilustre
▶ **honourably** *adv* honrosamente

Hons /ɒnz/ *abrev de* **Honours**

Hon Sec /ˌɒn ˈsek/ *abrev de* **Honorary Secretary** presidente honorario

hood[1] /hʊd/ *n* **1** capucha **2(a)** (*coche*) capota **(b)** (*máquina*) tapa, cubierta **3** (*USA*) (*GB* **bonnet**) capó
▶ **hooded** *adj* **1** (*ropa*) con capucha **2** (*persona*) encapuchado **3** (*ojos*) de párpados caídos **4** (*aparato*) con tapa

hood[2] /hʊd/ (*USA, argot*) (*GB* **hoodlum**) *n* (*coloq*) matón

hoodlum /ˈhuːdləm/ *n* **1** gamberro **2** (*USA* **hood**) matón

hoodwink /ˈhʊdwɪŋk/ *vt* **~ sb (into doing sth)** engañar a algn (para que haga algo)

hoof /huːf/ *n* (*pl* **~s** *o* **hooves** /huːvz/) casco, pezuña
LOC on the hoof 1 (*ganado*) vivo **2** (*fig*) sobre la marcha
■ **hoof** *vt*
LOC to hoof it (*coloq*) ir a pata

hook /hʊk/ *n* **1** gancho, garfio: *coat hook* percha para colgar abrigos ◊ *picture hook* gancho para colgar cuadros **2** (*tb* **fish-hook**) (*pesca*) anzuelo **3** (*costura*) corchete macho: *hooks and eyes* corchetes (macho y hembra) **4** (*boxeo*) gancho
LOC by hook or by crook por las buenas o por las malas, pase lo que pase **hook, line and sinker** totalmente: *He fell for it hook, line and sinker.* Se lo tragó todito. **off the hook** descolgado (*teléfono*) **to let/get sb off the hook** (*coloq*) dejar que algn se salve/sacar a algn del apuro *Ver tb* SLING

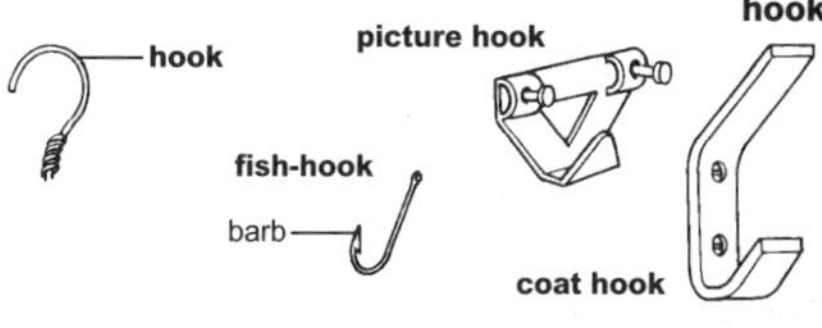

■ **hook 1** *vt, vi* **~ (sth) into/over sth (a)** enganchar algo (en/a/por algo); engancharse (en/a/por algo) **(b)** (*prenda de vestir*) abrochar algo (a/con algo); abrocharse algo (con algo) **2** *vt* (*lit* y *fig*) pescar, enganchar **3** *vt* encorvar, doblar en forma de gancho **4** *vt* (*Dep*) (hacer) desviar
LOC to be/get hooked (on sth) (*coloq*) estar enganchado/engancharse (a algo) **to be hooked (on sb)** (*coloq*) estar chiflado (por algn)
PHR V to hook (sth) up (with sth) transmitir en cadena (con algo), conectar algo (con algo)
to hook sth up (to sth) acoplar algo (a algo)
to hook sth/sb up abrochar algo, abrochar el vestido de algn
▶ **hooked** *adj* ganchudo

hooker /ˈhʊkə(r)/ *n* **1** (*Dep*) talonador **2** (*USA, coloq*) prostituta

hookey (*tb* **hooky**) /ˈhʊki/ *n*
LOC to play hookey (*USA, coloq*) hacer novillos ☛ Nótese que en inglés británico se dice **to play truant**.

hook-nosed /ˌhʊk ˈnəʊzd/ *adj* de nariz de gancho

hooligan /ˈhuːlɪgən/ *n* gamberro, -a
▶ **hooliganism** *n* [*incontable*] gamberrismo

hoop /huːp/ *n* aro *Ver tb* COCK-A-HOOP
LOC to put sb/go through the hoops hacer pasar a algn/pasar las de Caín

hooray /huˈreɪ/ *interj Ver* HURRAH

hoot /huːt/ *n* **1** (*búho*) ululato **2(a)** (*bocina*) bocinazo **(b)** toque de sirena **3** [*gen pl*] (*desprecio*) abucheo: *hoots of derision* un gran abucheo **4(a)** [*gen pl*] algarabía: *hoots of laughter* risotadas **(b)** (*coloq*) broma: *What a hoot!* Era para morirse de risa. ◊ *She looks a hoot!* Está hecha una mamarracha.
LOC not to give a hoot/two hoots (*coloq*) importarle a uno un bledo/un comino
■ **hoot 1** *vi* **(a)** (*búho*) ulular **(b)** (*persona*): *to hoot with laughter* reírse a carcajadas **(c) ~ (at sth/sb)** (*coche*) pitar (a algo/algn) **2** *vt* **~ sth (at sth/sb) (a)** (*bocina*) tocar algo (a algo/algn) **(b)** (*sirena*) hacer sonar algo (a algo/algn) **3** *vt* abuchear, silbar
▶ **hooter** *n* **1** (*GB*) (*fábrica*) sirena **2** (*antic, GB*) (*coche*) bocina **3** (*GB, coloq*) napia(s)

Hoover® /ˈhuːvə(r)/ *n* aspiradora ☛ *Ver nota en* ASPIRADORA
■ **hoover** *vt, vi* pasar la aspiradora (a)

hooves /huːvz/ *n plural de* HOOF

hop[1] /hɒp/ (**-pp-**) **1** *vi* **(a)** (*persona*) saltar a la pata coja **(b)** (*animal*) dar saltitos, brincar **2** *vt* cruzar de un salto **3** *vi* **to hop across/over (to…)** (*coloq*) darse una vuelta (por…)
LOC to be hopping mad (*coloq*) echar chispas **to hop it** (*coloq*) largarse
PHR V to hop in(to sth) meterse (en algo) de un salto (*cama, coche*)
to hop off (sth) bajarse (de algo) de un salto
to hop on(to sth) subir(se a algo)
to hop out (of sth) 1 (*coche*) bajarse (de algo) de un salto **2** (*cama*) levantarse (de algo) de un salto
■ **hop** *n* **1** salto: *in one hop* de un salto **2** (*avión*) etapa, vuelo (corto): *in one hop* sin hacer escala **3** (*coloq*) baile
LOC (to catch sb) on the hop (coger a algn) desprevenido

hop² /hɒp/ *n* lúpulo

hope /həʊp/ *n* **1 ~ (of/for sth); ~ (of doing sth/that…)** esperanza (de/en/para algo); (de hacer algo/de que…): *She has high hopes of winning.* Tiene muchas esperanzas de que va a ganar. ◊ *to give up hope* perder la esperanza **2** posibilidad, esperanza *Ver tb* NO-HOPER
LOC **in the hope of sth/doing sth/that…** en/con la esperanza de algo/de hacer algo/de que… **not a hope; some hope!** ni hablar, ¡espérate sentado! **not to have a hope in hell** no tener ni la más remota posibilidad **to be beyond hope** no tener remedio, ser un caso perdido **to build up/raise sb's hopes** dar de esperar a algn **to build up/raise your hopes** hacerse ilusiones **to dash/shatter sb's hopes** destrozar/acabar con las esperanzas de algn **to hold out (some/no) hope (of sth/that…)** tener (alguna)/no tener (ninguna) esperanza (de algo/de que…) *Ver tb* FORLORN, LIVE², RAISE
■ **hope 1** *vi* **~ (for sth)** esperar (algo): *ten instead of the hoped-for 100* diez en vez de los cien esperados **2** *vt* **~ (to do sth/that…)** esperar (hacer algo/que…): *I hope not/so.* Espero que no/sí. ☛ *Ver nota en* ESPERAR, SO *adv* sentido 6
LOC **to hope against hope (that…)** aferrarse a la esperanza (de que…) **to hope for the best** esperar que todo salga/vaya bien *Ver tb* CROSS¹

hope chest (*USA*) (*GB* **bottom drawer**) *n* ajuar de novia

hoped-for /ˈhəʊpt fɔː(r)/ *adj* esperado, ansiado

hopeful /ˈhəʊpfl/ *adj* **1 ~ (of/about sth)** (*persona*) esperanzado (acerca de algo); confiado (en algo): *to be hopeful that…* tener la esperanza de que… ◊ *He is hopeful of reaching an agreement.* Tiene la esperanza de llegar a un acuerdo. **2** (*situación*) prometedor, esperanzador
■ **hopeful** *n* (*candidato*) aspirante
▶ **hopefully** *adv* **1** (*modificando el verbo*) con optimismo, con esperanzas: *She spoke hopefully of the future.* Habló con optimismo del futuro. **2** (*modificando la oración*) en el mejor de los casos: *Hopefully, they'll agree.* Esperamos que estén de acuerdo.

> Hay un grupo de adverbios y expresiones adverbiales (p.ej. **frankly, sadly, to begin with**) que se pueden emplear de dos modos distintos:
> En primer lugar, pueden modificar la frase entera: *Frankly, you are wrong.* Si quieres que te diga la verdad, no llevas razón. ◊ *Sadly, he didn't survive the operation.* Lamentablemente, no salió con vida de la operación.
> En segundo lugar, pueden modificar simplemente el verbo: *She told him frankly what she felt.* Le dijo francamente lo que pensaba. ◊ *He spoke sadly of his dead child.* Habló con tristeza de su hijo muerto. Otros adverbios que se emplean así son **generally, personally, really, seriously** y **thankfully**.
> Nótese que aunque **hopefully** originalmente solo se utilizaba para modificar al verbo, cada vez está más aceptado su uso modificando la oración.

hopeless /ˈhəʊpləs/ *adj* **1(a)** desesperado: *to be hopeless* no tener remedio ◊ *a hopeless case* un caso perdido ◊ *Things were in a hopeless muddle.* Había un desorden total. **(b)** imposible: *a hopeless task* una tarea imposible **2** (*coloq*) (*persona*) malísimo: *to be hopeless* ser un desastre ◊ *He's hopeless at music.* Es un inútil para la música.
▶ **hopelessly** *adv* **1** totalmente: *hopelessly lost* totalmente perdido ◊ *hopelessly in love* perdidamente enamorado **2** sin esperanza, desesperadamente
hopelessness *n* **1** desesperación **2** imposibilidad

hopper /ˈhɒpə(r)/ *n* tolva

horde /hɔːd/ *n* **1** (*a veces pey*) multitud: *hordes of people* mareas de gente **2** (*Hist*) horda

horizon /həˈraɪzn/ *n* **1 the horizon** el horizonte **2** [*gen pl*] **horizons** (*fig*) horizonte, perspectiva
LOC **on the horizon 1** en el horizonte **2** (*fig*) en el futuro inminente: *There's trouble on the horizon.* Se avecinan problemas.

horizontal /ˌhɒrɪˈzɒntl; *USA* ˌhɔːr-/ *adj, n* horizontal
▶ **horizontally** *adv* horizontalmente, en posición horizontal

hormone /ˈhɔːməʊn/ *n* hormona
■ **hormone** *adj* hormonal: *hormone replacement therapy* terapía hormonal sustitutiva
▶ **hormonal** /hɔːˈməʊnl/ *adj* hormonal

horn /hɔːn/ *n* **1** cuerno, asta ☛ *Ver ilustración en* OVEJA *Ver tb* SHOEHORN **2** (*insecto*) antena **3** (*caracol*) tentáculo **4** (*Mús*) cuerno *Ver tb* FRENCH HORN **5** (*coche, etc*) bocina ☛ *Ver ilustración en* CAR, *Ver tb* FOGHORN
LOC **on the horns of a dilemma** entre la espada y la pared *Ver tb* BULL
▶ **horned** *adj* con cuernos: *long-horned* de cuernos largos
horny *adj* **1** córneo **2** (*piel*) calloso **3** (*coloq*) caliente, cachondo

hornet /ˈhɔːnɪt/ *n* avispón
LOC **a hornet's nest** un avispero: *to stir up a hornet's nest* revolver el ajo

horoscope /ˈhɒrəskəʊp; *USA* ˈhɔːr-/ *n* horóscopo

horrendous /hɒˈrendəs/ *adj* **1** horrendo **2** (*coloq*) (*excesivo*) tremendo

horrible /ˈhɒrəbl; *USA* ˈhɔːr-/ *adj* horrible
▶ **horribly** *adv* de forma horrible

horrid /ˈhɒrɪd; *USA* ˈhɔːrɪd/ *adj* **1** horrible, horroroso **2** (*persona*) antipático: *to be horrid to sb* portarse muy mal con algn

horrific /həˈrɪfɪk/ *adj* **1** horripilante, espantoso **2** (*coloq*) (*excesivo*) horroroso, tremendo

horrify /ˈhɒrɪfaɪ; *USA* ˈhɔːr-/ *vt* (*pret, pp* **-fied**) **1** horrorizar **2** (*asombrar*) escandalizar
▶ **horrifying** *adj* horroroso, horripilante

horror /ˈhɒrə(r); *USA* ˈhɔːr-/ *n* **1** horror: *To her horror, it was gone.* Para su horror, había desaparecido. ◊ *the horrors of war* los horrores de la guerra ◊ *to have a horror of sth* tener horror a algo ◊ *horror film* película de terror **2** (*coloq*) pillo, -a LOC *Ver* HAND¹

hors d'oeuvre /ˌɔː ˈdɜːvrə; *USA* -ˈdɜːv/ *n* (*pl* **-d'oeuvre** o **-d'oeuvres**) entremés

horse /hɔːs/ *n* **1** (*animal, aparato gimnástico*) caballo: *horse race* carrera de caballos ◊ *to ride a horse* montar a caballo ☛ *Comparar con* STALLION *Ver tb* HOBBY-HORSE, RACEHORSE, ROCKING HORSE, SEA HORSE, SHIRE-HORSE, STALKING-HORSE, VAULTING HORSE, WARHORSE, WHITE HORSES, WORKHORSE **2** (*tb* **clothes-horse**) (*para colada*) tendedero **3** (*coloq*) (*heroína*) caballo
LOC **hold your horses!** (*coloq*) ¡para el carro! **(straight) from the horse's mouth**: *I heard it straight from the horse's mouth.* Lo sé de buena tinta. **to change/swap horses in midstream** cambiar (de idea, etc) a mitad de camino *Ver tb* CART, DARK, FLOG, GIFT, HIGH¹, STABLE²
■ **horse** *v*
PHR V **to horse about/around** (*coloq*) hacer el mono

horseback /ˈhɔːsbæk/ *n*
LOC **on horseback** a caballo

horsebox /ˈhɔːsbɒks/ *n* remolque, camión (para transportar caballos)

horse chestnut *n* **1** (*árbol*) castaño de Indias **2** (*fruto*) castaña de Indias

horse-drawn /ˈhɔːs drɔːn/ *adj* tirado por caballos

horseman /ˈhɔːsmən/ *n* (*pl* **-men** /-mən/) jinete
▶ **horsemanship** *n* habilidad en el manejo del caballo

horseplay /ˈhɔːspleɪ/ *n* [*incontable*] payasadas

horsepower /ˈhɔːspaʊə(r)/ *n* (*pl* **horsepower**) (*abrev* **hp**) (*Fís*) caballo (de fuerza): *brake horsepower* potencia de frenado

horse racing *n* [*incontable*] carreras de caballos

horseradish /ˈhɔːsrædɪʃ/ *n* rábano picante

horse-riding /ˈhɔːs raɪdɪŋ/ (*tb* **riding**) *n* montar a caballo, equitación

horseshoe /ˈhɔːsʃuː/ *n* herradura

horse-trading /ˈhɔːs treɪdɪŋ/ *n* regateo

horsewoman /ˈhɔːswʊmən/ *n* (*pl* **-women** /-wɪmɪn/) jinete, amazona

horsey (*tb* **horsy**) /ˈhɔːsi/ *adj* (**-ier, -iest**) **1** aficionado a los caballos **2** caballuno

horticulture /ˈhɔːtɪkʌltʃə(r)/ *n* horticultura
▶ **horticultural** *adj* hortícola
horticulturist *n* horticultor, -ora

hose /həʊz/ *n* **1(a)** manguera, manga: *garden hose* manguera de jardín ☛ *Ver ilustración en* HOUSE **(b)** (*coche*) manguito **2** (*antic*) [*incontable*] **(a)** medias **(b)** calzas: *doublet and hose* jubón y calzas
■ **hose** *vt* regar
PHR V **to hose sth down** lavar algo con manguera

hosepipe /ˈhəʊzpaɪp/ *n* manguera

hosiery /ˈhəʊziəri; *USA* ˈhəʊʒəri/ *n* (*en tiendas, etc*) calcetería

hospice /ˈhɒspɪs/ *n* **1(a)** (*para incurables*) hospital **(b)** hospicio **2** (*antic, Relig*) hospedería

hospitable /hɒˈspɪtəbl, ˈhɒspɪtəbl/ *adj* ~ **(to/towards sb)** hospitalario (con algn)

hospital /ˈhɒspɪtl/ *n* hospital: *to be admitted to hospital* ingresar en el hospital ◊ *hospital staff* personal hospitalario ◊ *He was discharged from hospital.* Le dieron el alta en el hospital. ☛ *Ver nota en* THE

hospitality /ˌhɒspɪˈtæləti/ *n* hospitalidad

hospitalize, -ise /ˈhɒspɪtəlaɪz/ *vt* hospitalizar

host /həʊst/ *n* **1(a)** anfitrión, -ona: *the host nation* la nación anfitriona **(b)** (*TV*) presentador, -ora **(c)** (*antic* o *joc*) (*bar*) patrón **2 a ~ of sth (a)** una multitud de algo: *a host of admirers* una multitud de admiradores **(b)** un montón de algo: *a whole host of reasons* muchísimas razones **3** (*Biol, Zool*) huésped **4 the Host** (*Relig*) la hostia, la sagrada forma
LOC **to be/play host to sth/sb** ser la sede de algo/algn, recibir a algo/algn
■ **host** *vt* **1** *Barcelona hosted the 1992 Olympic Games.* Barcelona fue la sede de los Juegos Olímpicos de 1992. **2** (*TV*) presentar

hostage /ˈhɒstɪdʒ/ *n* rehén
LOC **to hold sb hostage** tener a algn como rehén **to take sb hostage** tomar a algn como rehén

hostage-taker /ˈhɒstɪdʒ teɪkə(r)/ *n* secuestrador, -ora
▶ **hostage-taking** *n* secuestro

hostel /ˈhɒstl/ *n* **1 youth hostel** albergue juvenil **2** (*estudiantes*) residencia *Ver tb* YOUTH HOSTELS ASSOCIATION

hostelry /ˈhɒstəlri/ *n* (*antic*) mesón

hostess /ˈhəʊstəs, -tes/ *n* **1(a)** anfitriona **(b)** (*TV*) presentadora **2** azafata *Ver tb* AIR HOSTESS

hostile /ˈhɒstaɪl/ *adj* **1** hostil: *a hostile crowd* una multitud hostil ◊ *to be hostile to change* oponerse al cambio **2** enemigo: *hostile territory* territorio enemigo

hostility /hɒˈstɪləti/ *n* (*pl* **-ies**) **1** hostilidad: *There's a great deal of hostility between the two teams.* Hay mucha hostilidad entre los dos equipos. **2 hostilities** [*pl*] hostilidades: *the outbreak/end of hostilities* el comienzo/cese de las hostilidades

hot /hɒt/ *adj* (**hotter, hottest**) **1(a)** caliente: *Careful, it's hot!* ¡Cuidado, quema! ◊ *hot and cold water* agua fría y caliente ◊ *the hot tap* el grifo del agua caliente **(b)** caluroso: *a hot day* un día caluroso ◊ *in hot weather* cuando hace calor **(c)** (*clima*) cálido ☛ *Ver nota en* CALIENTE **2** (*sabor*) picante: *hot pepper* guindilla **3(a)** (*competición*) muy reñido **(b)** (*coloq*) (*situación*) peligroso **4** (*argot*) recién robado **5** (*coloq*) radioactivo *Ver tb* RED-HOT, WHITE-HOT
LOC **a hot potato** asunto espinoso **(all) hot and bothered** (*coloq*): *Don't get all hot and bothered!* ¡No te lleves tal sofocón! **not so/too hot** (*coloq*): *'How do you feel?' 'Not so hot.'* —¿Cómo estás? —No muy bien. ◊ *The results aren't too hot.* Los resultados no son muy buenos. **to be hot 1** (*objeto, comida*) estar caliente **2** (*persona*) tener calor: *I'm getting hot.* Me estoy dando calor. **3** (*tiempo*): *It's very hot.* Hace mucho calor. **to be hot off the press** acabar de publicarse **to be hot on sb's heels** pisar los talones a algn **to be hot on sb's tracks/trail** (*coloq*) seguirle la pista a algn muy de cerca **to be hot stuff** (*argot*) **1** (*tb* **to be hot (at sth)**) ser un hacha (para algo) **2** estar algn muy bueno **to be in/get into hot water** (*coloq*) estar/meterse en un apuro **to get hot under the collar** (*coloq*) hinchársele a uno las narices **to go/sell like hot cakes** venderse como rosquillas **to have the hots for sb** (*coloq*) estar colado por algn **too hot for sb** (*coloq*): *Things got too hot for him at home.* El ambiente de casa fue demasiado para él. *Ver tb* BLOW, CAT, PIPING *en* PIPE, STRIKE[2], PURSUIT
■ **hot** *v*
PHR V **to hot sth up** intensificar algo (*investigación*) **to hot up** (*coloq*) **1** (*discusión*) acalorarse **2** (*fiesta*) animarse

hot-air balloon *n* globo (*aerostático*)

hotbed /ˈhɒtbed/ *n* **1 ~ of sth** (*fig*) foco de algo: *to become a hotbed of vice* convertirse en un foco de vicio **2** semillero

hotchpotch /ˈhɒtʃpɒtʃ/ (*tb* **hodgepodge** /ˈhɒdʒpɒdʒ/) *n* [*gen sing*] **1** mezcolanza **2** revoltillo

hot dog *n* perrito caliente

hotel /həʊˈtel/ *n* hotel ☛ *Ver nota en* PENSIÓN
▶ **hotelier** *n* hotelero, -a

hot-headed /ˈhɒt hedɪd/ *adj* impetuoso

hothouse /ˈhɒthaʊs/ *n* invernadero

hotline /ˈhɒtlaɪn/ *n* **1** línea directa **2** teléfono rojo

hotly /ˈhɒtli/ *adv* **1** (*decir*) acaloradamente, con pasión **2** enérgicamente: *hotly contested/disputed* muy discutido **3** (*perseguir*) muy de cerca

hotplate /ˈhɒtpleɪt/ *n* **1** calientaplatos **2** (*cocina*) placa

hot seat *n*
LOC **(to be) in the hot seat** (estar/encontrarse) en el ojo del huracán

hot spring *n* fuente de aguas termales

hot-water bottle *n* bolsa de agua caliente

hound /haʊnd/ **1** *vt* acosar **2** *n* perro de caza *Ver tb* BLOODHOUND, FOXHOUND, GREYHOUND

hour /ˈaʊə(r)/ *n* **1** (*abrev* **hr**) hora: *the lunch hour* la hora de la comida ◊ *an hour-long class* una clase de una hora ◊ *It's eighteen hundred hrs.* Son las 18:00 horas. *Ver tb* HALF-HOUR **2 hours** [*pl*] horario: *opening hours* horario de apertura *Ver tb* LICENSING HOURS, OFFICE HOURS **3** [*gen sing*] momento: *the country's finest hour* el mejor momento del país ◊ *in the hour of need* en las horas de necesidad
LOC **after hours** después de las horas de trabajo/de apertura, en horas no laborables
at the eleventh hour a última hora
at/till all hours a/hasta cualquier hora
on the hour a las en punto
out of hours 1 fuera de horas de trabajo **2** (*esp GB*) fuera de las horas en que está permitido servir bebidas alcohólicas
to keep late, regular etc hours seguir un horario tardío/regular *Ver tb* EARLY, KILL, POSTPONE, WAKE[1]

hourglass /ˈaʊəglɑːs/ *n* reloj de arena

hour hand *n* manecilla horaria: *the hour/minute hand* la manecilla/el minutero

hourly /ˈaʊəli/ *adv* **1** cada hora **2** a todas horas
■ **hourly** *adj* **1** cada hora **2** por hora, por horas

house

row of terraced houses/terrace

1 lintel
2 lamp post
3 knocker
4 doorbell
5 door
6 doorstep
7 drainpipe
8 drain
9 letter box (*USA* mailbox)
10 sash window
11 window sill
12 brick
13 slate
14 window pane

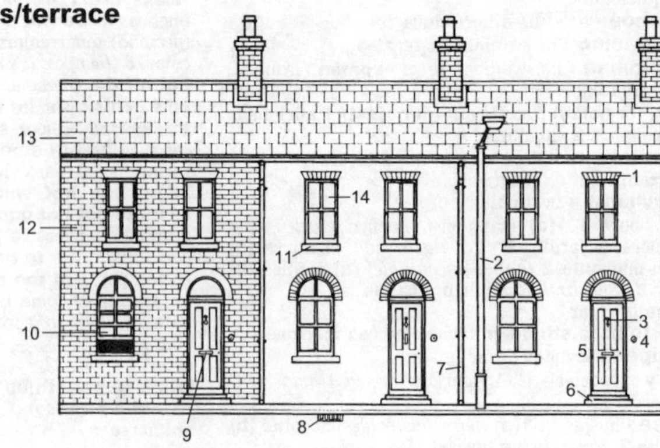

semi-detached houses

1 skylight
2 roof
3 pane
4 wall
5 porch
6 hanging basket
7 path
8 fence
9 bay window
10 garden gate
11 casement

detached house

1 chimney
2 chimney pot
3 eaves
4 gable
5 garage
6 drive
(*USA tb* driveway)
7 border
8 hose
9 sprinkler
10 lawn
11 rockery
12 trellis
13 hedge
14 picture window
15 climber
16 gutter
17 dormer window

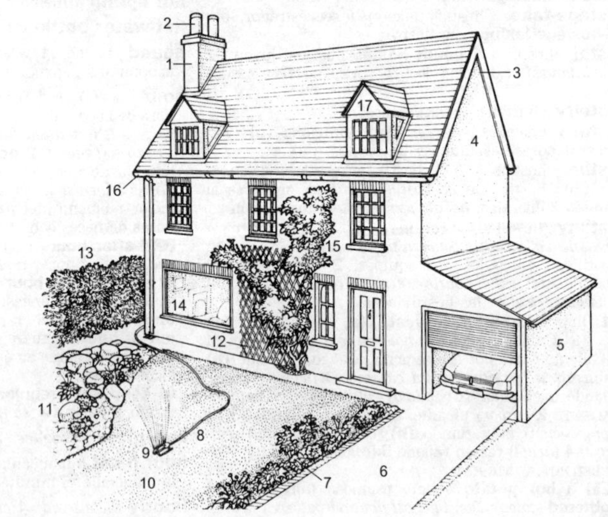

house /haʊs/ *n* (*pl* **houses** /ˈhaʊzɪz/) **1** casa: *a publishing house* una casa editorial **2** (*Educ*) grupo de alumnos **3** (*Pol*) **(a) the House** [*sing*] (*GB, coloq*) la Cámara de los Comunes/Lores ☛ *Ver págs 584–5* **(b)** (*USA*) la Cámara de los Representantes *Ver tb* THE LOWER HOUSE, THE UPPER HOUSE **4** (*Teat*) **(a)** público **(b)** sala de espectáculos: *There was a full house.* Se llenó al completo. **(c)** representación **5** casa celeste *Ver tb* BOARDING HOUSE, BOATHOUSE, CHARNEL HOUSE, CLEARING HOUSE, COUNCIL FLAT/HOUSE, COUNTRY HOUSE, COURTHOUSE, DETACHED HOUSE, DOGHOUSE, FARMHOUSE, FULL HOUSE, GATEHOUSE, GLASSHOUSE, GREENHOUSE, GUARDHOUSE, GUEST HOUSE, HOTHOUSE, IN-HOUSE, LIGHTHOUSE, LODGING HOUSE, MADHOUSE, NUTHOUSE, OAST HOUSE, PENTHOUSE, PLAYHOUSE, PUBLIC HOUSE, SAFE HOUSE, SEMI-DETACHED HOUSE, SLAUGHTERHOUSE, STOREHOUSE, SUMMER HOUSE, TERRACED HOUSE, TOWN HOUSE, WAREHOUSE, THE WHITE HOUSE, WORKHOUSE

LOC on the house cortesía de la casa **to bring the house down 1** hacer morirse de risa al público **2** arrancar una salva de aplausos al público **to get on like a house on fire** (*coloq*) llevarse de maravilla **to keep house** llevar la casa **to put/set your (own) house in order** poner en orden los asuntos propios **to set up house (together)** poner casa juntos *Ver tb* EAT, HALFWAY, LADY, MASTER sentido 1, MOVE sentido 2, OPEN[1], PEOPLE, SAFE[1]

■ **house** /haʊz/ *vt* **1(a)** alojar **(b)** albergar: *It will not house them all.* No cabrán todos. **(c)** (*animal*) resguardar **2** (*almacenar*) guardar: *It is housed in the cupboard.* Está guardado en el armario. **3** encajar

house arrest *n* arresto domiciliario

houseboat /ˈhaʊsbəʊt/ *n* barco vivienda

housebound /ˈhaʊsbaʊnd/ *adj* que no puede salir de casa

housebreaker /ˈhaʊsbreɪkə(r)/ *n* ladrón, -ona con escalo

▶ **housebreaking** *n* robo con escalo

housebuilder /ˈhaʊsbɪlde(r)/ *n* constructor, -ora de casas

▶ **housebuilding** *n* construcción de casas

housebuyer /ˈhaʊsbaɪ(r)/ *n* comprador, -ora de una casa

▶ **house-buying** *n* comprar casa

housecoat /ˈhaʊskəʊt/ *n* bata

housefly /ˈhaʊsflaɪ/ *n* (*pl* **-flies**) mosca (doméstica)

household /ˈhaʊshəʊld/ *n* casa, hogar: *a large household* un hogar de mucha gente ◊ *household chores* faenas domésticas

LOC a household name/word un nombre conocido: *He has become a household name.* Se ha convertido en una persona famosa.

▶ **householder** *n* **1** dueño, -a de la casa **2** inquilino, -a **3** propietario -a de vivienda

house-hunting /ˈhaʊs hʌntɪŋ/ *n*: *to be house-hunting* estar buscando casa

housekeeper /ˈhaʊskiːpə(r)/ *n* ama de llaves

housekeeping /ˈhaʊskiːpɪŋ/ *n* **1** gobierno de la casa **2** gastos de la casa **3** (*Informát*) reorganización de ficheros

house lights *n* [*pl*] luces de la sala (*teatro*)

housemaid /ˈhaʊsmeɪd/ *n* criada

houseman (*pl* **-men**) /ˈhaʊsmən/ *n* (*GB*) médico residente

house martin /ˈhaʊs mɑːtɪn/ *n* avión (*ave*)

housemaster /ˈhaʊsmɑːstə(r)/ *n* (*fem* **housemistress** /-mɪstrəs/) profesor, -ora encargado, -a de un grupo de alumnos

house of cards *n* castillo de naipes

the House of Commons (*tb* **the Commons**) *n* la Cámara de los Comunes ☛ *Ver págs 584–5*

House of God *n* (*formal*) Casa de Dios

the House of Lords (*tb* **the Lords**) *n* la Cámara de los Lores ☛ *Ver págs 584–5*

the House of Representatives *n* la Cámara de los Representantes ☛ *Ver págs 584–5*

house plant *n* planta de interior

house-proud /ˈhaʊs praʊd/ *adj* muy meticuloso (*en la limpieza y el orden en la casa*): *He is especially house-proud.* Es bastante amito de su casa.

houseroom /ˈhaʊsruːm, -rʊm/ *n*

LOC not to give sth/sb houseroom no recibir algo/a algn en tu casa: *I wouldn't give that table houseroom.* Yo no le haría sitio en casa a esa mesa.

the Houses of Parliament *n* el Parlamento (británico) ☛ *Ver nota en* PEER[2] ☛ *Ver tb págs 584–5*

house sparrow *n Ver* SPARROW

house-to-house /ˌhaʊs tə ˈhaʊs/ *adj* puerta a puerta

housetops /ˈhaʊstɒps/ *n*

LOC (to proclaim/shout sth) from the housetops (anunciar/decir algo) a los cuatro vientos

house-trained /ˈhaʊs treɪnd/ *adj* enseñado (a hacer sus necesidades cuando sale) (*perro, etc*)

house-warming /ˈhaʊs wɔːmɪŋ/ *n* fiesta de inauguración de una casa

housewife /ˈhaʊswaɪf/ *n* (*pl* **-wives**) ama de casa

housework /ˈhaʊswɜːk/ *n* [*incontable*] tareas domésticas: *to do the housework* hacer las tareas de la casa

housing /ˈhaʊzɪŋ/ *n* **1** [*incontable*] **(a)** vivienda **(b)** alojamiento *Ver tb* SHELTERED HOUSING **2** (*Mec*) **(a)** caja **(b)** cubierta

housing association *n* sociedad cooperativa para la vivienda

housing benefit *n* subsidio para vivienda

housing estate *n* urbanización

housing market *n* mercado de la vivienda

hove *pret, pp de* HEAVE

hovel /ˈhɒvl/ *n* (*pey*) cuchitril

hover /ˈhɒvə(r); *USA* ˈhʌvər/ *vi* **1 ~ (above/over sth)** (*pájaro*) planear (sobre algo) **2 ~ (above/over sth)** (*objeto*) quedarse suspendido (en el aire) (sobre algo) **3** (*persona*) rondar: *to hover around* andar rondando **4(a)** vacilar **(b)** (*precios*) fluctuar **(c)** balancearse: *to hover between life and death* debatirse entre la vida y la muerte

hovercraft /ˈhɒvəkrɑːft/ *n* (*pl* **hovercraft**) aerodeslizador

how /haʊ/ *adv interr* **1** cómo: *How can that be?* ¿Cómo puede ser? ◊ *Tell me how to spell it.* Dime cómo se escribe. ◊ *Do you know how to play?* ¿Sabes jugar? **2 how + to be + sujeto**: *How are they?* ¿Qué tal están? ◊ *How is your job?* ¿Cómo va el trabajo? *Ver tb* CÓMO **3 how + adj/adv ...?**: *How long did it take you?* ¿Cuánto tiempo tardaste? ◊ *How far can you go?* ¿Hasta dónde puedes llegar? ◊ *How fast were you going?* ¿A qué velocidad ibas? ◊ *How often do you meet?* ¿Cada cuánto os veis? ◊ *How old are you?* ¿Cuántos años tienes? **4 how many ...?; how much ...?** ¿cuánto, -a, -os, -as ...?: *How many litres of wine did you buy?* ¿Cuántos litros de vino compraste? ◊ *How much wine did you get?* ¿Cuánto vino compraste? ◊ *How much is it?* ¿Cuánto es? ◊ *How many letters did you write?* ¿Cuántas cartas escribiste?

LOC how about ...?: *How about it?* ¿Qué te parece? ◊ *How about going for a walk?* ¿Qué tal si damos un paseo? **how are you?** ¿cómo estás? **how come ...?** ¿cómo es que ...?: *How come he didn't tell us?* ¿Cómo es que no nos lo dijo? **how do you do?** es un placer, el placer es mío

How do you do? se usa en presentaciones formales, y se contesta con *How do you do?* En cambio **how are you?** se usa en situaciones informales, y se responde según se encuentre uno: *Fine, very well, not too well, etc.*

how's that? 1 ¿qué te parece? **2** ¿y eso?

■ **how** *adv* (*formal*) (*con sentido exclamativo*) **1 how + adj** qué ...: *How kind of you.* Qué amable de tu parte. ◊ *Strawberries! How nice!* ¡Fresas! ¡Qué bien! **2 how + adj/adv + suj + v** qué ...: *How cold it is!* ¡Qué frío hace! ◊ *How beautifully you sing!* ¡Qué bien cantas! ◊ *Look how fat he has got.* Mira qué gordo se ha puesto. **3 how**

+ suj + v cómo…: *How he snores!* ¡Cómo ronca! ◊ *How you've grown!* ¡Cómo has crecido!
LOC and how! (*coloq*) ¡y tanto!, ¡jo que sí!
■ **how** *conj* como: *I can dress how I like.* Me puedo vestir como me dé la gana.

however /haʊˈevə(r)/ *adv* **1** sin embargo, no obstante: *However, he changed his mind.* Sin embargo, cambió de opinión. **2 however + adj/adv + suj + v** por muy/mucho…: *You won't be able to do it, however strong you are.* Por muy fuerte que seas no podrás hacerlo. ◊ *however hard he tries* por mucho que lo intente
LOC however much/many por mucho(s): *however many jobs you've had* por muchos trabajos que hayas tenido ◊ *however much you spend* por mucho que gastes ◊ *however many you buy* por muchos que compres
■ **however** *conj* **1** (*tb* **how**) como: *You can do it how(ever) you like.* Puedes hacerlo como quieras. **2** de la forma que sea: *however you look at it* lo mires por donde lo mires
■ **however** (*tb* **how**) *adv interr* [*uso enfático*] cómo: *However did she get the money?* ¿Cómo demonios consiguió el dinero?

howitzer /ˈhaʊɪtsə(r)/ *n* obús (*cañón*)

howl /haʊl/ *n* **1** aullido **2** alarido: *He let out a howl of pain.* Soltó un alarido de dolor. ◊ *There were howls of protest.* Hubo muchos gritos de protesta. **3** (*viento*) bramido
■ **howl** *vi* **1** aullar **2** dar alaridos: *to howl at sb* gritarle a algn **3** (*viento*) bramar **4** berrear
▶ **howling** *adj* **1** (*viento*) huracanado **2** tremebundo: *a howling error* un error garrafal ◊ *a howling success* un éxito arrollador
howling *n* [*incontable*] **1** aullidos **2** berridos

howler /ˈhaʊlə(r)/ *n* (*coloq*) error garrafal, plancha: *to make a howler* llevarse una plancha

HP /ˌeɪtʃ ˈpiː/ (*GB*) *abrev de* **hire purchase**

hp /ˌeɪtʃ ˈpiː/ *abrev de* **horsepower**

HQ /ˌeɪtʃ ˈkjuː/ *abrev de* **headquarters**

hr (*pl* **hrs**) *abrev de* **hour**

HRH /ˌeɪtʃ ɑːr ˈeɪtʃ/ *abrev de* **His/Her Royal Highness** Su Alteza Real

hub /hʌb/ *n* **1** (*rueda*) cubo ☛ *Ver ilustración en* BICYCLE **2** (*fig*) eje: *the hub of the argument* el eje del debate

hubbub /ˈhʌbʌb/ *n* **1** alboroto **2** jaleo: *to create a hubbub* armar jaleo

hubby /ˈhʌbi/ *n* (*pl* **-ies**) (*GB, coloq*) maridito

hubcap /ˈhʌbkæp/ *n* tapacubos ☛ *Ver ilustración en* CAR

hubris /ˈhjuːbrɪs/ *n* (*formal*) orgullo desmedido

huddle /ˈhʌdl/ *vi* **1** acurrucarse: *to huddle together for warmth* acurrucarse para darse calor **2** apiñarse: *We huddled around the radio.* Nos apiñamos en torno a la radio.
■ **huddle** *n* **1** (*personas*) corrillo **2** (*objetos*) montón
LOC to go into a huddle (with sb) (*coloq*) ponerse a hablar en secreto (con algn)
▶ **huddled** *adj* **1** acurrucado **2** apiñado

hue /hjuː/ *n* (*formal*) **1** (*color, significado*) matiz **2** color
LOC hue and cry griterío

huff /hʌf/ *n* enfurruñamiento: *to be in a huff* estar enfurruñado
■ **huff** *vi* soplar
LOC to huff and puff resoplar: *We reached the top huffing and puffing.* Llegamos a la cima resoplando.

hug /hʌg/ *vt* (**-gg-**) **1** abrazar **2** apretar: *to hug sb close to you* apretar a algn entre los brazos **3** (*coche, barco, etc*) permanecer cerca de: *to hug the coastline* permanecer cerca de la costa **4** (*ropa*) pegarse a: *a figure-hugging dress* un vestido que marca la figura
■ **hug** *n* abrazo: *to give sb a hug* darle un abrazo a algn *Ver tb* BEAR-HUG

huge /hjuːdʒ/ *adj* enorme
▶ **hugely** *adv* enormemente: *to be hugely successful* tener muchísimo éxito

huh /hʌ/ *interj* (*coloq*) **1** (*expresando sorpresa o duda*) ¿qué? **2** (*esperando respuesta afirmativa*): *You're a student, huh?* Así que eres estudiante, ¿eh? **3** (*invitando a la repetición*) ¿eh?, ¿cómo?, ¿qué? **4** (*expresando mofa o incredulidad*) ¡ja!, sí,sí…

hulk /hʌlk/ *n* **1** (*barco*) casco viejo **2** mole

hull /hʌl/ *n* **1** (*barco*) casco ☛ *Ver ilustración en* YACHT **2** (*judía*) vaina **3** (*fresa*) rabo

hullabaloo /ˌhʌləbəˈluː/ *n* **1** barullo **2** lío: *to make a hullabaloo (about sth)* armar un lío (por algo)

hullo *Ver* HALLO

hum /hʌm/ *n* **1** zumbido **2** (*tráfico*) ruido **3** (*voces*) murmullo
■ **hum** (**-mm-**) **1** *vi* **(a)** zumbar **(b)** tararear **(c)** (*coloq*) bullir: *to hum with activity* bullir de actividad **2** *vt* tararear
LOC to hum and ha(w) (*coloq*) vacilar

human /ˈhjuːmən/ *adj, n* humano: *She's only human.* Es humana. ◊ *a human interest story* un reportaje de interés humano ◊ *human rights* derechos humanos ◊ *human nature* la naturaleza humana ◊ *the human race* la raza humana *Ver tb* SUPERHUMAN **LOC** *Ver* MILK

human being *n* ser humano

humane /hjuːˈmeɪn/ *adj* humanitario, humano
▶ **humanely** *adv* de forma humanitaria

humanism /ˈhjuːmənɪzəm/ *n* humanismo
▶ **humanist** *adj, n* humanista
humanistic *adj* humanístico

humanitarian /hjuːˌmænɪˈteəriən/ *adj* humanitario: *on humanitarian grounds* por razones humanitarias
■ **humanitarian** *n* persona humanitaria

humanity /hjuːˈmænəti/ *n* **1** [*incontable*] humanidad ☛ *Ver nota en* MANKIND **2 humanities** [*pl*] humanidades

humanize, -ise /ˈhjuːmənaɪz/ *vt* humanizar

humankind /ˌhjuːmənˈkaɪnd/ *n* (*formal*) el género humano

humanly /ˈhjuːmənli/ *adv* humanamente: *We did all that was humanly possible.* Hicimos todo lo humanamente posible.

humanoid /ˈhjuːmənɔɪd/ *adj, n* humanoide

humble /ˈhʌmbl/ (**-er, -est**) *adj* **1** humilde: *my humble apologies* mis más humildes disculpas ◊ *in my humble opinion* en mi humilde opinión **LOC** *Ver* EAT **2** modesto
■ **humble** *vt* hacer sentirse humilde: *a humbling experience* una lección de humildad ◊ *to humble yourself* adoptar una actitud humilde
▶ **humbly** *adv* **1** humildemente **2** modestamente

humbug /ˈhʌmbʌg/ *n* **1(a)** [*incontable*] embustes **(b)** farsante **2** (*GB*) caramelo de menta a rayas

humdrum /ˈhʌmdrʌm/ *adj* monótono, rutinario

humerus /ˈhjuːmərəs/ *n* (*pl* **humeri** /ˈhjuːmərаɪ/) húmero ☛ *Ver ilustración en* ESQUELETO

humid /ˈhjuːmɪd/ *adj* húmedo: *It's very humid today.* Hay mucha humedad hoy.
▶ **humidity** *n* (*pl* **-ies**) humedad

> **Humid** y **humidity** solo se refieren a la humedad atmosférica. *Ver tb nota en* MOIST

humiliate /hjuːˈmɪlieɪt/ *vt* humillar, avergonzar
▶ **humiliating** *adj* humillante, vergonzoso
humiliation *n* humillación

humility /hjuːˈmɪləti/ *n* humildad

hummingbird /ˈhʌmɪŋbɜːd/ *n* colibrí

humorist /ˈhjuːmərɪst/ *n* **1** (*escritor, -ora*) humorista **2** bromista

humorous /ˈhjuːmərəs/ *adj* humorístico, divertido
▶ **humorously** *adv* humorísticamente, en broma

humour (*USA* **humor**) /ˈhjuːmə(r)/ *n* **1** (sentido del) humor: *She has no sense of humour.* No tiene sentido del humor. **2** (*comicidad*) gracia **3** [*sing*] (*formal*) (*estado de ánimo*) humor: *I'm in no humour for…* No estoy de humor para… *Ver tb* GOOD HUMOUR

■ **humour** (*USA* **humor**) *vt* **~ sb** seguir la corriente a algn

▶ **humourless** (*USA* **humorless**) *adj* sin sentido del humor, sin gracia

hump /hʌmp/ *n* **1** joroba, giba **2** (*de tierra*) montecillo
LOC **to be/get over the hump** pasar lo peor **to give sb the hump** (*GB, coloq*) jorobar a algn: *Jane's got the hump.* Jane está de mal humor.

■ **hump** *vt, vi* **1** cargar con *Ver tb* CARRY **2** (⚠) ☛ *Ver nota en* TABÚ (*coloq*) tirarse a

humpback /ˈhʌmpbæk/ *n Ver* HUNCHBACK

▶ **humpbacked** *adj Ver* HUNCHBACKED *en* HUNCHBACK

hunch /hʌntʃ/ *n* corazonada, presentimiento: *My hunch is that…/I have a hunch that…* Me da la corazonada de que…

■ **hunch 1** *vt, vi* **~ (sth) (up)** encorvar (algo); encorvarse, acurrucarse: *with his shoulders hunched up* con la cabeza metida entre los hombros ◊ *She hunched forward.* Se inclinó hacia adelante encorvando el cuerpo. **2** *vi* **~ over sth** inclinarse sobre algo: *to sit hunched over sth* sentarse con el cuerpo inclinado sobre algo

hunchback /ˈhʌntʃbæk/ (*tb* **humpback**) *n* **1** joroba, chepa **2** (*persona*) jorobado, -a

▶ **hunchbacked** (*tb* **humpbacked**) *adj* jorobado

hundred /ˈhʌndrəd/ *adj, pron* cien, ciento: *He's a hundred (years old).* Tiene cien años. ◊ *a hundred-odd* ciento y pico ◊ *several hundred* varios centenares ◊ *several/a few hundred thousand* varios cientos de miles ◊ *one/two/three hundred and eighty pounds* ciento/doscientas/trescientas ochenta libras ☛ *Ver nota en* CIEN

■ **hundred** *n* ciento, centenar: *Men died in their hundreds/by the hundred.* Murieron centenares de hombres. ◊ *in the sixteen hundreds* en el siglo XVII
LOC *Ver* NINETY

▶ **hundredth 1** *adj, pron* centésimo: *the city's hundredth anniversary* el centenario de la ciudad **2** *n* (*proporción*) centésimo, centésima parte: *a/one hundredth of a second* una centésima de segundo ☛ *Ver apéndice 3*

hundredweight /ˈhʌndrədweɪt/ *n* (*pl* **hundredweight**) (*abrev* **cwt**) vigésima parte de una tonelada (*GB = 50.8 kg, US = 45.4 kg*) ☛ *Ver apéndice 3*

hung *pret, pp de* HANG[1]

hunger /ˈhʌŋgə(r)/ *n* **1** hambre **2** [*sing*] **~ for sth** (*fig*) hambre de algo ☛ *Ver nota en* HAMBRE

■ **hunger** *vi* (*antic*) tener hambre
PHR V **to hunger for/after sth** anhelar algo, ansiar algo

hunger strike *n* huelga de hambre: *to be/go on hunger strike* estar/ponerse en huelga de hambre

hungry /ˈhʌŋgri/ *adj* (**-ier, -iest**) **1** hambriento: *It made me (feel) hungry.* Me dio hambre. ◊ *I'm hungry.* Tengo hambre. **2 ~ for sth** (*fig*) hambriento de algo
LOC **to go hungry 1** pasar hambre **2** quedar sin comer

▶ **hungrily** *adv* ávidamente, con ganas

hunk /hʌŋk/ *n* **1** (buen) trozo **2** (*coloq, aprob*) cachas

hunt /hʌnt/ **1** *vt, vi* cazar, ir de cacería **2** *vt, vi* **~ (for)** buscar: *to hunt high and low* rebuscar en todas partes ◊ *I've been job hunting.* He estado buscando trabajo. **3** *vt* (*acosar*) perseguir
PHR V **to hunt sb down** acorralar a algn, perseguir a algn
to hunt sth down buscar (y dar con) algo
to hunt sth out/up buscar algo, conseguir encontrar algo

■ **hunt** *n* **1** caza, cacería *Ver tb* MANHUNT, WITCH-HUNT **2** [*gen sing*] búsqueda, busca: *to be on the hunt for sth* estar buscando/andar a la caza de algo **3** (*esp GB*) [*v sing o pl*] cazadores

▶ **hunter** *n* **1** cazador, -ora: *bargain-hunters* buscadores de gangas *Ver tb* BOUNTY HUNTER, HEADHUNTER **2** caballo de caza
hunting *n* caza, cacería: *to go hunting* ir de caza *Ver tb* FOX-HUNTING, HOUSE-HUNTING

hunting ground *n* coto de caza
LOC **a happy, etc hunting ground (for/of sb)** un terreno favorable (para algn)

huntsman /ˈhʌntsmən/ *n* (*pl* **-men** /-mən/) cazador, -ora

hurdle /ˈhɜːdl/ *n* **1(a)** valla: *hurdle race* carrera de vallas **(b) hurdles** [*pl*] vallas: *the 400 metros hurdles* los 400 metros vallas **2** (*fig*) obstáculo
LOC **to fall at the first hurdle 1** (*lit*) caer en el primer obstáculo **2** (*fig*) no pasar la primera prueba

■ **hurdle 1** *vi* correr en vallas **2** *vt* saltar por encima de

▶ **hurdler** *n* corredor, -ora de vallas

hurl /hɜːl/ *vt* **1** lanzar, arrojar: *to hurl yourself at sb* abalanzarse sobre algn **2** (*insultos, etc*) proferir

hurrah /həˈrɑː/ (*tb* **hurray**, **hooray** /həˈreɪ/) *interj* **~ (for sth/sb)** ¡viva! (algo/algn) *Ver tb* HIP[3]

■ **hurrah** (*tb* **hurray**) *n* hurra

hurricane /ˈhʌrɪkən; *USA* -keɪn/ *n* huracán

hurry /ˈhʌri/ *n* [*incontable*] prisa: *There's no hurry.* No hay prisa. ◊ *What's the hurry?* ¿Qué prisa tienes?
LOC **in a hurry 1** de prisa **2** *Are you in a hurry for this work?* ¿Le corre prisa este trabajo? ◊ *to be in a hurry to do sth* tener prisa por hacer algo **3** (*coloq*): *She won't do that again in a hurry.* No creo que lo vuelva a hacer pronto. **to be in no hurry/not in any hurry 1** no tener prisa **2** *I'm in no hurry to see him again.* No me importa si no vuelvo a verle.

■ **hurry** (*pret, pp* **hurried**) **1(a)** *vi* darse prisa, apresurarse: *to hurry to do sth* apresurarse a hacer algo ◊ *to hurry over sth* hacer algo deprisa y corriendo **(b)** *vt, vi* apresurar, dar prisa a: *They hurried him to hospital.* Le llevaron al hospital a toda prisa. ◊ *I was hurried into making a decision.* Me apresuraron a tomar una decisión. **2** *vt* **~ sth (along/up)** acelerar, apresurar algo: *a job that can't be hurried* un trabajo que no admite prisas
PHR V **to hurry up** (*coloq*) darse prisa
to hurry sb up hacer que algn se dé prisa

▶ **hurried** *adj* apresurado, rápido: *She made a hurried exit.* Ella se fue apresuradamente.
hurriedly *adv* apresuradamente

hurt /hɜːt/ (*pret, pp* **hurt**) **1(a)** *vt* lastimar, herir, hacer daño a: *to get hurt* hacerse daño **(b)** *vi* doler: *My leg hurts.* Me duele la pierna.

> Nótese que **hurt** puede indicar que se ha causado una herida grave o simplemente que alguien se ha hecho daño: *They were badly hurt in the accident.* Sufrieron heridas graves en el accidente. ◊ *I've hurt my finger.* Me he hecho daño en el dedo. *Ver tb nota en* HERIDA

2 *vt* (*apenar*) herir, ofender: *to hurt sb's feelings* herir los sentimientos de algn ◊ *to be hurt* sentirse dolido ◊ *to get hurt* salir perjudicado **3** *vt* (*intereses, reputación, etc*) perjudicar, dañar
LOC **it, etc won't/wouldn't hurt (sth/sb) (to do sth)** (*gen irón*): *It wouldn't hurt you not to go.* No te vas a morir por no ir. ◊ *It won't hurt to postpone the meeting.* No va a pasar nada por aplazar la reunión. *Ver tb* FLY[1]

■ **hurt** *n* **1** [*sing*] **~ (to sth)** daño, perjuicio (a algo); dolor **2** herida, dolor

■ **hurt** *adj* **1** (*físicamente*) lastimado, herido: *She was badly hurt.* Resultó gravemente herida. ☛ *Ver nota en* HERIDA **2** (*orgullo*) herido

▶ **hurtful** *adj* hiriente, cruel, perjudicial: *to be hurtful to sth/sb* perjudicar/dañar algo/a algn ◊ *to be hurtful to sb* ser cruel con algn

hurtle /ˈhɜːtl/ *vi* lanzarse, precipitarse: *The toboggan hurtled down the hill.* El trineo se lanzó colina abajo. ◊

The lorry hurtled past us. El camión nos adelantó a gran velocidad.

husband /ˈhʌzbənd/ *n* marido
LOC husband and wife marido y mujer *Ver tb* HENPECKED

husbandry /ˈhʌzbəndri/ *n* (*formal*) **1** agricultura: *animal husbandry* ganadería **2** dirección de recursos: *good husbandry* buen gobierno

hush /hʌʃ/ **1** *vi* callar: *Hush!* ¡Calla! **2** *vt* hacer callar
PHR V to hush sth/sb up acallar algo/a algn: *The scandal will be hushed up.* El escándalo será acallado.
■ **hush** *n* [*sing*] silencio: *A hush fell as the speaker rose to his feet.* Se hizo el silencio cuando el orador se levantó.
▶ **hushed** *adj*: *to speak in hushed voices.* Hablar en voz baja. ◊ *a hushed silence* un profundo silencio

hush-hush /ˌhʌʃ ˈhʌʃ/ *adj* (*coloq*) secreto, confidencial

husk /hʌsk/ *n* cáscara (*cereal*)

husky¹ /ˈhʌski/ *adj* ronco: *husky voice* voz ronca
▶ **huskily** *adv* con voz ronca

husky² /ˈhʌski/ *n* perro esquimal

hustings /ˈhʌstɪŋz/ *n* [*pl*] **the hustings** la campaña electoral: *to be at/on the hustings* estar en la campaña

hustle /ˈhʌsl/ **1** *vt* empujar: *The police hustled the thief out of the house.* La policía empujó al ladrón fuera de la casa. **2** *vi* (*esp USA, coloq*) estafar **3** *vi* (*USA, argot*) hacer la calle **4** *vi* (*USA*) apresurarse
■ **hustle** *n*
LOC hustle and bustle ajetreo: *I hate all the hustle and bustle of Saturday shopping.* Odio el ajetreo de ir de compras el sábado.

hustler /ˈhʌslə(r)/ *n* **1** (*esp USA, coloq*) estafador **2** (*USA, argot*) ramera, prostituto

hut /hʌt/ *n* choza: *mud huts* chozas de barro ◊ *mountain hut* albergue de montaña ◊ *beach hut* cabaña *Ver tb* MUD HUT

hutch /hʌtʃ/ *n* conejera

hyacinth /ˈhaɪəsmθ/ *n* jacinto ☛ *Ver ilustración en* FLOR

hyaena *n* hiena

hybrid /ˈhaɪbrɪd/ *adj, n* híbrido

hydrangea /haɪˈdreɪndʒə/ *n* hortensia

hydraulic /haɪˈdrɔːlɪk/ *adj* hidráulico

hydrocarbon /ˌhaɪdrəˈkɑːbən/ *n* hidrocarburo

hydrochloric acid /ˌhaɪdrəˌklɒrɪk ˈæsɪd/ *n* ácido clorhídrico

hydroelectric /ˌhaɪdrəʊɪˈlektrɪk/ *adj* hidroeléctrico: *hydroelectric power* energía hidroeléctrica

hydrofoil /ˈhaɪdrəfɔɪl/ *n* aerodeslizador

hydrogen /ˈhaɪdrədʒən/ *n* hidrógeno

hydrogen bomb (*tb* **H-bomb**) *n* bomba de hidrógeno

hydrogen peroxide *n Ver* PEROXIDE sentido 2

hyena (*tb* **hyaena**) /haɪˈiːnə/ *n* hiena

hygiene /ˈhaɪdʒiːn/ *n* higiene
▶ **hygienic** *adj* higiénico
hygienically *adv* higiénicamente

hymen /ˈhaɪmən/ *n* himen

hymn /hɪm/ *n* himno

hype /haɪp/ *n* (*argot*) propaganda (exagerada)
■ **hype** *v*
PHR V to hype sth (up) (*argot*) anunciar algo exageradamente

hyperactive /ˌhaɪpərˈæktɪv/ *adj* hiperactivo
▶ **hyperactivity** *n* hiperactividad

hyperbole /haɪˈpɜːbəli/ *n* hipérbole
▶ **hyperbolic(al)** *adj* hiperbólico

hypermarket /ˈhaɪpəmɑːkɪt/ *n* (*GB*) hipermercado

hypersensitive /ˌhaɪpəˈsensətɪv/ *adj* **~ (to/about sth)** hipersensible (a/acerca de algo)

hypertension /ˌhaɪpəˈtenʃn/ *n* hipertensión

hyphen /ˈhaɪfn/ *n* guion ☛ *Ver págs 592–3*
▶ **hyphenated** *adj* con guion: *The surname Cairns-Smith is hyphenated.* El apellido Cairns-Smith se escribe con guion.

hypnosis /hɪpˈnəʊsɪs/ *n* hipnosis: *to put sb under hypnosis* hipnotizar a algn

hypnotic /hɪpˈnɒtɪk/ *adj* hipnótico: *hypnotic stare* una mirada hipnotizante ◊ *to be in a hypnotic trance* estar en trance hipnótico

hypnotism /ˈhɪpnətɪzəm/ *n* hipnotismo
▶ **hypnotist** *n* hipnotizador, -ora

hypnotize, -ise /ˈhɪpnətaɪz/ *vt* (*lit* y *fig*) hipnotizar

hypochondria /ˌhaɪpəˈkɒndriə/ *n* hipocondría
▶ **hypochondriac** *adj, n* hipocondriaco, -a

hypocrisy /hɪˈpɒkrəsi/ *n* hipocresía

hypocrite /ˈhɪpəkrɪt/ *n* hipócrita
▶ **hypocritical** *adj* hipócrita

hypodermic /ˌhaɪpəˈdɜːmɪk/ *adj* hipodérmico

hypodermic (syringe) (*tb* **syringe**) *n* jeringuilla hipodérmica

hypotenuse /haɪˈpɒtənjuːz/ *n* hipotenusa ☛ *Ver ilustración en* TRIANGLE

hypothermia /ˌhaɪpəˈθɜːmiə/ *n* hipotermia

hypothesis /haɪˈpɒθəsɪs/ *n* (*pl* **hypotheses** /-siːz/) hipótesis: *There are various hypotheses as to what the 'Loch Ness Monster' really is.* Existen varias hipótesis en cuanto a lo que en realidad es el Monstruo del Lago Ness.

hypothetical /ˌhaɪpəˈθetɪkl/ *adj* hipotético

hysterectomy /ˌhɪstəˈrektəmi/ *n* histerectomía

hysteria /hɪˈstɪəriə/ *n* histeria: *mass hysteria* histeria colectiva

hysterical /hɪˈsterɪkl/ *adj* **1** histérico: *hysterical laughter* risa histérica ◊ *hysterical fans* fans histéricos **2** (*coloq*) muy divertido, desternillante: *Her performance was absolutely hysterical.* Su actuación fue muy divertida.
▶ **hysterically** *adv* histéricamente: *hysterically funny* superdivertido

hysterics /hɪˈsterɪks/ *n* [*pl*] **1** crisis de histeria: *to go into hysterics* ponerse histérico ◊ *Your mother would have hysterics if she knew you were using her car.* A tu madre le daría un ataque de nervios si supiera que estabas usando su coche. **2** (*coloq*) risa desbordante: *She had the audience in hysterics.* Ella tenía al público muriéndose de risa.

Hz *abrev de* **hertz**

Ii

I, i /aɪ/ *n* (*pl* **I's, i's** /aɪz/) (*letra*) I, i: *I for Italy* I de Italia
LOC *Ver* DOT

I[1] /aɪ/ *pron pers* (*como sujeto*) yo: *I am tired.* Estoy cansado.

Nótese que el pronombre personal no se puede omitir en inglés. ☛ *Ver nota en* SHALL, SHOULD

I[2] (*tb* **Is**) *abrev de* **Island/Isle**

iambic /aɪˈæmbɪk/ *adj* yámbico: *iambic pentameter* pentámetro yámbico

IBA /ˌaɪ biː ˈeɪ/ (*GB*) *abrev de* **Independent Broadcasting Authority**

Iberian /aɪˈbɪəriən/ *adj, n* ibérico, -a: *the Iberian Peninsula* la península ibérica

ibex /ˈaɪbeks/ *n* (*pl* **ibex** o **~es**) íbice

ibis /ˈaɪbɪs/ *n* ibis

IBM /ˌaɪ biː ˈem/ *abrev de* **International Business Machines** IBM: *IBM compatible* compatible con ordenadores IBM

ice /aɪs/ *n* **1** [*incontable*] hielo: *ice cubes* cubitos de hielo *Ver tb* BLACK ICE, DRY ICE **2(a)** *Ver* WATER ICE **(b)** helado *Ver tb* CHOC ICE
LOC on ice 1 en hielo: *to keep champagne on ice* mantener el champán frío **2** (*fig*) en reserva: *to put a proposal on ice* congelar una propuesta **3** *Cinderella on ice* Cenicienta sobre hielo **4** (*coloq*) en el saco: *The deal's on ice.* El acuerdo está servido. **to break the ice** romper el hielo **to cut no ice** (**with sb**) no tener efecto (sobre algn): *Her excuses cut no ice with me.* Sus excusas no me convencieron. *Ver tb* SKATE[1]
■ **ice 1** *vt* helar: *iced tea* té helado **2** *vt* alcorzar: *iced cakes* bizcochos cubiertos de alcorza
PHR V to ice over/up helar(se)

the Ice Age *n* Edad de Hielo

iceberg /ˈaɪsbɜːg/ *n* iceberg **LOC** *Ver* TIP[1]

ice blue *adj, n* azul muy claro

ice-breaker /ˈaɪs breɪkə(r)/ *n* rompehielos

ice cap *n* casquete de hielo

ice-cold /ˈaɪs kəʊld/ *adj* (*muy frío*) helado

ice cream *n* helado: *vanilla ice cream* helado de vainilla ☛ *Ver nota en* HELADO

ice cube *n* cubito de hielo

ice field *n* banquisa

ice floe /ˈaɪs fləʊ/ *n* témpano

ice hockey *n* hockey sobre hielo

ice lolly (*USA* **Popsicle**®) *n* polo

ice pack *n* bolsa de hielo

ice pick *n* piolet

ice rink *n* pista de hielo

ice-skate /ˈaɪs skeɪt/ *n* patín de cuchilla ☛ *Ver ilustración en* HOCKEY
■ **ice-skate** *vi* patinar sobre hielo
▸ **ice-skating** *n* patinaje sobre hielo

ice-tray /ˈaɪs treɪ/ *n* cubitera

icicle /ˈaɪsɪkl/ *n* carámbano

icing /ˈaɪsɪŋ/ (*USA* **frosting**) *n* alcorza
LOC the icing on the cake la guinda en el pastel

icing sugar *n* azúcar glas

icon (*tb* **ikon**) /ˈaɪkɒn/ *n* **1** (*Relig*) icono **2** (*Informát*) símbolo gráfico, icono

iconoclast /aɪˈkɒnəklæst/ *n* iconoclasta
▸ **iconoclastic** *adj* iconoclasta

icy /ˈaɪsi/ *adj* (**-ier, -iest**) **1** helado **2** (*fig*) gélido

ID /ˌaɪ ˈdiː/ (*esp USA*) *abrev de* **identification** identificación: *an ID card* una tarjeta de identificación ◊ *You need to show some ID.* Tienes que enseñar algo que lleve tu nombre y tu firma. ☛ *Ver nota en* CARNÉ

id /ɪd/ *n* (*Psicología*) inconsciente

I'd /aɪd/ **1** = I HAD *Ver* HAVE **2** = I WOULD *Ver* WOULD

idea /aɪˈdɪə/ *n* **1** idea: *What a good idea!* ¡Qué buena idea! ◊ *Yes, that's the idea.* Sí, de eso se trata. ◊ *the idea of the game* la idea del juego ◊ *What gave you the idea?* ¿Cómo se te ocurrió la idea? ◊ *The very idea makes me ill.* Solo de pensarlo me pongo enfermo. ◊ *What was the idea of leaving me?* ¿Qué pretendías con dejarme? ◊ *Have you any idea what time it is?* ¿Tienes idea de la hora que es? **2** ocurrencia: *What an idea!* ¡Qué ocurrencia!
LOC not to have the first/faintest/foggiest idea (**of/about sth**) no tener la menor idea (de/sobre algo) **to get/have the idea that...** tener la impresión de que...: *Where did you get that idea?* ¿De dónde sacaste esa idea? **to get the idea** hacerse a la idea **to give sb ideas** meter a algn ideas en la cabeza **to have no idea** no tener ni idea **to run away with the idea that...** (*coloq*): *Don't run away with the idea that it's easy.* No te vayas a creer que es fácil. **your idea of sth**: *his idea of a good time* su idea de pasarlo bien *Ver tb* BUCK[2]

ideal /aɪˈdiːəl/ *adj* **~** (**for sth/sb**) ideal (para algo/algn)
■ **ideal** *n* ideal
▸ **ideally** *adv* en el mejor de los casos: *to be ideally suited* complementarse de una forma ideal ◊ *Ideally, they should all help.* Lo ideal sería que todos ayudaran.

idealism /aɪˈdiːəlɪzəm/ *n* idealismo: *his youthful idealism* el idealismo de la juventud

idealist /aɪˈdiːəlɪst/ *n* idealista
▸ **idealistic** *adj* idealista

idealize, -ise /aɪˈdiːəlaɪz/ *vt* idealizar: *an idealized account* un relato idealizado

identical /aɪˈdentɪkl/ *adj* **1 ~** (**to/with sth/sb**) idéntico a algo/algn: *identical twins* gemelos **2 the identical** lo mismo: *It's the identical room.* Es la misma habitación.
▸ **identically** *adv* de manera idéntica

identification /aɪˌdentɪfɪˈkeɪʃn/ *n* identificación: *identification papers* documento de identidad

identification parade *n* rueda de reconocimiento

identify /aɪˈdentɪfaɪ/ *vt* (*pret, pp* **-fied**) **1 ~ sth/sb as sth/sb** identificar algo/a algn como algo/algn **2 ~ sth with sth** identificar algo con algo
PHR V to identify with sb identificarse con algn
to identify (**yourself**) **with sth/sb** relacionarse con algo/algn

Identikit® /aɪˈdentɪkɪt/ *n* **1** *Identikit picture* retrato robot **2** [*antes de sustantivo*] (*gen pey*): *identikit houses* casas en serie

identity /aɪˈdentəti/ *n* (*pl* **-ies**) **1** identidad **2** *a case of mistaken identity* un error de identificación ◊ *identity card* tarjeta de identificación ☛ *Ver nota en* CARNÉ

ideology /ˌaɪdiˈɒlədʒi/ *n* (*pl* **-ies**) ideología
▸ **ideological** *adj* ideológico
ideologically *adv* ideológicamente
ideologist (*tb* **ideologue**) *n* ideólogo, -a

idiocy /ˈɪdiəsi/ *n* idiotez

idiom /ˈɪdiəm/ *n* **1** modismo, locución **2** uso idiomático **3** (*individuo, época*) lenguaje, estilo

▶ **idiomatic** *adj* idiomático
idiosyncrasy /ˌɪdiəˈsɪŋkrəsi/ *n* (*pl* **-ies**) idiosincrasia
▶ **idiosyncratic** /ˌɪdiəsɪŋˈkrætɪk/ *adj* idiosincrático
idiot /ˈɪdiət/ *n* (*coloq, pey*) idiota: *You silly idiot!* ¡Imbécil!
▶ **idiotic** /ˌɪdiˈɒtɪk/ *adj* estúpido
idiotically *adv* tontamente, como un tonto
idle /ˈaɪdl/ *adj* **1** (*persona*) **(a)** desocupado, desempleado **(b)** ocioso **(c)** holgazán **2** (*tiempo*) de ocio **3** parado, improductivo: *to stand/lay idle* estar parado ◊ *idle capacity* capacidad sin utilizar **4** vano, inútil: *idle curiosity* mera curiosidad ◊ *idle gossip* chismorreo infundado *Ver tb* BONE IDLE
■ **idle** *vi* **1(a) ~ (about)** holgazanear, haraganear **(b)** ir lentamente, ir sin rumbo **2** marchar al ralentí
PHR V **to idle sth away** desperdiciar algo
▶ **idleness** *n* [*incontable*] ociosidad, ocio, holgazanería
idler *n* ocioso, -a, vago, -a, holgazán, -ana
idly *adv* distraídamente, ociosamente, vanamente: *to stand/sit idly by* quedarse sin hacer nada
idol /ˈaɪdl/ *n* ídolo *m*
idolatry /aɪˈdɒlətri/ *n* idolatría
idolize, -ise /ˈaɪdəlaɪz/ *vt* idolatrar
idyll /ˈɪdɪl; *USA* ˈaɪdl/ *n* idilio
▶ **idyllic** /ɪˈdɪlɪk; *USA* aɪˈd-/ *adj* idílico
ie /ˌaɪ ˈiː/ *abrev de* **id est** (**that is**) esto es, a saber ☛ *Ver nota en* VIZ
if /ɪf/ *conj* **1(a)** (*condición*) si: *I'll stay if you help me.* Me quedaré si me ayudas. ◊ *If necessary I'll come at 6.* Si es necesario vendré a las 6. ◊ *If he were here I could explain to him.* Si estuviera él aquí, se lo podría explicar.

El uso de **were**, y no **was**, con **I, he** o **she** después de **if** se considera más correcto: *If I were you...* Yo en tu lugar...

(b) (*tb* **whether**) (*opción*) si: *I'll see if she's in.* Voy a ver si está. ◊ *I wonder if you could help me?* ¿Podrías ayudarme? ☛ *Ver nota en* WHETHER **2** (*petición cortés*): *If you will take a seat I'll tell her you're here.* Por favor tome asiento y le diré que está usted aquí. ◊ *If I could just interrupt you there...* Si me permite que le interrumpa... ◊ *I'll stay, if I may.* Si me permiten, me quedaré. **3** cuando, siempre que: *The flowers close up if touched.* Las flores se cierran si se las toca. ◊ *if in doubt* en caso de duda **4** (*tb* **even if**) aunque, incluso si: *I couldn't stop her even if I tried.* No podría detenerla aunque lo intentara. **5** aunque también, si bien: *a clever, if rather arrogant fellow* un tipo astuto, si bien un poco arrogante ◊ *thoughtless if well-meaning* irreflexivo aunque bien intencionado **6** (*con sentido exclamativo en oración negativa*) pero si: *If it isn't my old friend Bob!* ¡Pero si es mi viejo amigo Bob!
LOC **if I were you**; **if I was/were in your shoes/place** yo que tú, yo en tu lugar **if not** si no: *Are you ready? If not, I'm going without you.* ¿Estás listo? Si no me voy sin ti. ◊ *It's as good, if not better.* Es igual de bueno, si no mejor. **if so** de ser así
■ **if** *n* (*coloq*) duda: *If he wins–and it's a big if...* Si gana, y es algo muy dudoso...
LOC **ifs and buts** peros: *I don't want any ifs and buts.* No hay peros que valgan.
ignite /ɪɡˈnaɪt/ **1** *vt, vi* prender (fuego a), encender(se) **2** *vt* (*fig*) inflamar, provocar
▶ **ignition** /ɪɡˈnɪʃn/ *n* **1** ignición **2** (*Mec*) encendido: *ignition key* llave de contacto ☛ *Ver ilustración en* CAR
ignoble /ɪɡˈnəʊbl/ *adj* innoble, vil
ignominy /ˈɪɡnəmɪni/ *n* ignominia, vergüenza
▶ **ignominious** *adj* vergonzoso
ignominiously *adv* vergonzosamente
ignorance /ˈɪɡnərəns/ *n* ignorancia: *to be in ignorance of sth* desconocer/ignorar algo ◊ *to keep sb in ignorance of sth* ocultarle algo a algn
ignorant /ˈɪɡnərənt/ *adj* ignorante: *to be ignorant of sth* desconocer/ignorar algo
ignore /ɪɡˈnɔː(r)/ *vt* **1 ~ sth/sb** no hacer caso de algo/a algn **2(a) ~ sb** ignorar a algn **(b) ~ sth** pasar algo por alto
ikon /ˈaɪkɒn/ *n Ver* ICON
ilk /ɪlk/ *n* (*gen pey*) ralea: *John and his ilk.* John y otros de su ralea.
LOC **of that/the same/his, her, etc ilk** de ese/del mismo/de su, etc ralea
ill[1] /ɪl/ *adv* mal: *ill-prepared* mal preparado ◊ *to speak/think ill of sb* hablar/pensar mal de algn ◊ *Such jealousy ill becomes you.* Tanta envidia no te sienta nada bien. ◊ *We can ill afford it.* Malamente podemos permitírnoslo.
LOC **ill at ease** incómodo, molesto *Ver tb* AUGUR, BODE, WISH
ill[2] /ɪl/ *adj* **1** (*USA tb* **sick**) enfermo: *to fall/be taken ill* caer enfermo ◊ *to feel ill* sentirse mal ☛ *Ver nota en* ENFERMO **2(a)** malo: *of ill omen* de mal agüero ◊ *an ill omen* un mal presagio ◊ *ill luck* mala suerte ◊ *of ill repute* de mal vivir **(b)** (*efecto*) nocivo **(c)** desagradable: *ill will* rencor
LOC **it's an ill wind (that blows nobody any good)** (*refrán*) a río revuelto ganancia de pescadores *Ver tb* LUCK
■ **ill** *n* (*formal*) **1 ills** males, problemas: *society's ills* los males de la sociedad **2** mal, daño: *I wish him no ill.* No le deseo ningún mal.
I'll /aɪl/ **1** = I SHALL *Ver* SHALL **2** = I WILL *Ver* WILL[1]
ill-advised /ˌɪl ədˈvaɪzd/ *adj* imprudente, poco acertado: *You would be ill-advised to do it.* Sería poco aconsejable hacerlo.
ill-concealed /ˌɪl kənˈsiːld/ *adj* mal disimulado
ill-considered /ˌɪl kənˈsɪdəd/ *adj* irreflexivo
ill-defined /ˌɪl dɪˈfaɪnd/ *adj* mal definido, poco claro
ill-disposed /ˌɪl dɪsˈpəʊzd/ *adj* **~ (towards sth/sb)** (*formal*) poco dispuesto (hacia algo/algn); malintencionado (hacia algn)
illegal /ɪˈliːɡl/ *adj* ilegal
▶ **illegality** /ˌɪlɪˈɡæləti/ *n* ilegalidad
illegally *adv* ilegalmente
illegible /ɪˈledʒəbl/ (*tb* **unreadable**) *adj* ilegible
illegitimate /ˌɪləˈdʒɪtəmət/ *adj* ilegítimo
▶ **illegitimacy** *n* ilegitimidad
ill-equipped /ˌɪl ɪˈkwɪpt/ *adj* **1** mal dotado **2 ~ (for sth/to do sth)** mal preparado (para algo/para hacer algo)
ill-fated /ˌɪl ˈfeɪtɪd/ *adj* infortunado, gafado
ill feeling *n* rencor, hostilidad
ill-fitting /ˌɪl ˈfɪtɪŋ/ *adj* **1** (*ropa*) que no sienta bien: *He wore an ill-fitting suit.* Llevaba un traje que no le sentaba bien. **2** (*Mec*) mal ajustado
ill-founded /ˌɪl ˈfaʊndɪd/ *adj* infundado, sin fundamento
ill-gotten /ˌɪl ˈɡɒtn/ *adj* (*antic* o *joc*) conseguido de forma deshonesta
ill health *n* mala salud
illiberal /ɪˈlɪbərəl/ *adj* intolerante
illicit /ɪˈlɪsɪt/ *adj* ilícito
▶ **illicitly** *adv* ilícitamente
ill-informed /ˌɪl ɪnˈfɔːmd/ *adj* mal informado
illiterate /ɪˈlɪtərət/ *adj* **1(a)** analfabeto **(b)** (*documento*) lleno de faltas **2** ignorante
■ **illiterate** *n* analfabeto, -a
▶ **illiteracy** *n* analfabetismo
ill-judged /ˌɪl ˈdʒʌdʒd/ *adj* imprudente
ill-mannered /ˌɪl ˈmænəd/ (*tb* **bad-mannered**) *adj* descortés, mal educado
illness /ˈɪlnəs/ *n* enfermedad: *mental illness* enfermedad mental ◊ *absences due to illness* absentismo por enfermedad ◊ *serious/terminal illness* enfermedad grave/terminal ☛ *Ver nota en* DISEASE

illogical /ɪˈlɒdʒɪkl/ *adj* ilógico
▶ **illogicality** /ɪˌlɒdʒɪˈkæləti/ *n* falta de lógica
illogically *adv* ilógicamente
ill-tempered /ˌɪl ˈtempəd/ *adj* malhumorado
ill-timed /ˌɪl ˈtaɪmd/ *adj* inoportuno
ill-treat /ˌɪl ˈtriːt/ *vt* maltratar
▶ **ill-treatment** *n* malos tratos, maltrato
illuminate /ɪˈluːmɪneɪt/ *vt* **1** iluminar: *illuminated sign* letrero luminoso **2** *(formal)* *(tema)* aclarar
▶ **illuminating** *adj* revelador
illumination *n* **1(a)** iluminación **(b)** revelación **2 illuminations** *[pl]* *(GB)* luminarias
illusion /ɪˈluːʒn/ *n* **1** *(ideas)* ilusión **2** *(imágenes)* espejismo, ilusión: *It gives an illusion of space.* Da la impresión de espacio. *Ver tb* OPTICAL ILLUSION
LOC **to be under an illusion** engañarse a uno mismo **to be under the illusion that...** hacerse ilusiones de que... **to be under/to have no illusion(s) about/that...** ser consciente de que...
illusory /ɪˈluːsəri/ *adj* ilusorio
illustrate /ˈɪləstreɪt/ *vt* **1** ilustrar **2** aclarar: *to illustrate the point...* para demostrar este punto... **3** demostrar
▶ **illustration** *n* **1** ilustración **2** ejemplo
illustrative /ˈɪləstrətɪv; *USA* ɪˈlʌs-/ *adj* **1** ilustrativo: *to be illustrative of sth* ejemplificar algo **2** *(dibujos)* ilustrador
illustrator *n* ilustrador, -ora
illustrious /ɪˈlʌstriəs/ *adj* ilustre
ILO /ˌaɪ el ˈəʊ/ *abrev de* **International Labour Organization** Organización Internacional de Trabajo
I'm /aɪm/ = I AM *Ver* BE
image /ˈɪmɪdʒ/ *n* imagen: *in sb's image* a imagen (y semejanza) de algn *Ver tb* MIRROR IMAGE, SELF-IMAGE
LOC **to be the (very/living/spitting) image of sth/sb** ser el vivo retrato de algo/algn *Ver tb* SMART
▶ **imagery** *n* *[incontable]* imágenes
imaging *n* producción de imágenes por medio de la tecnología: *magnetic resonance imaging* (obtener imágenes por) resonancia magnética
imaginable /ɪˈmædʒɪnəbl/ *adj* imaginable
imaginary /ɪˈmædʒɪnəri; *USA* -əneri/ *adj* imaginario
imagination /ɪˌmædʒɪˈneɪʃn/ *n* imaginación: *Is it my imagination?* ¿Me lo estoy imaginando? **LOC** *Ver* CATCH[1], STRETCH
▶ **imaginative** /ɪˈmædʒɪnətɪv; *USA* -əˈneɪtɪv / *adj* imaginativo
imaginatively *adv* imaginativamente, con imaginación
imagine /ɪˈmædʒɪn/ *vt* imaginar(se): *You're imagining things.* Son imaginaciones tuyas. ◊ *I can't imagine him doing it.* No me lo imagino haciéndolo. ◊ *Just imagine!* ¡Imagínate! ☛ *Ver nota en* so *adv* sentido 6
▶ **imaginings** *n* *[pl]* imaginaciones
imam /ɪˈmɑːm/ *n* imán *(musulmán)*
imbalance /ɪmˈbæləns/ *n* **1** desequilibrio, falta de equilibrio **2** *(Com)* saldo desfavorable
imbecile /ˈɪmbəsiːl; *USA* -sl/ *n* imbécil
■ **imbecile** *adj* imbécil
imbibe /ɪmˈbaɪb/ **1** *vi* *(formal o joc)* beber **2** *vt* *(fig)* **(a)** asimilar, embeberse de/en **(b)** *(aire)* inhalar
imbue /ɪmˈbjuː/ *vt* ~ **sth/sb with sth** *(formal)* imbuir algo/a algn de algo
IMF /ˌaɪ em ˈef/ *abrev de* **International Monetary Fund** Fondo Monetario Internacional
imitate /ˈɪmɪteɪt/ *vt* **1** imitar: *a machine that imitates human thought* una máquina que imita el pensamiento humano **2** *(pey)* remedar
▶ **imitator** *n* imitador, -ora
imitation /ˌɪmɪˈteɪʃn/ *n* **1** *(acción y efecto)* imitación, copia, reproducción: *imitation jewellery* joyas de imitación/bisutería ◊ *in imitation of* a imitación de **2** *(pey)* remedo
imitative /ˈɪmɪtətɪv; *USA* -teɪtɪv/ *adj* imitativo: *to be imitative of* imitar a
immaculate /ɪˈmækjələt/ *adj* **1** inmaculado **2** *(ropa)* impecable
▶ **immaculately** *adv* impecablemente, inmaculadamente
immaterial /ˌɪməˈtɪəriəl/ *adj* **1** irrelevante: *It is immaterial to me.* Me trae sin cuidado. **2** incorpóreo
immature /ˌɪməˈtjʊə(r); *USA* -tʊər/ *adj* **1** inmaduro **2** *(animal, planta)* joven
▶ **immaturity** *n* inmadurez, falta de madurez
immeasurable /ɪˈmeʒərəbl/ *adj* inconmensurable
▶ **immeasurably** *adv* desmesuradamente
immediate /ɪˈmiːdiət/ *adj* **1** inmediato: *to take immediate action* actuar de inmediato ◊ *in the immediate future* en un futuro inmediato ◊ *the immediate surroundings* el entorno inmediato ◊ *his immediate superiors* sus superiores inmediatos ◊ *There is no immediate danger.* No hay peligro inmediato. **2** urgente: *The immediate need is for...* La necesidad más urgente es... **3** *(familia, parientes)* más cercano
▶ **immediacy** (*tb* **immediateness**) *n* **1** proximidad, inmediatez: *She writes with such immediacy.* Escribe con mucho realismo. **2** urgencia
immediately **1** *adv* **(a)** inmediatamente: *in the years immediately after the war* en los años justo después de la guerra ◊ *immediately in front of me* justo delante de mí **(b)** directamente: *the houses most immediately affected* las casas más directamente afectadas **2** *conj* *(GB)* en cuanto: *immediately I saw her* en cuanto la vi/nada más verla
immemorial /ˌɪməˈmɔːriəl/ *adj* *(formal o ret)* inmemorial **LOC** *Ver* TIME[1]
immense /ɪˈmens/ *adj* inmenso
immensely *adv* inmensamente: *immensely popular* inmensamente conocido ◊ *immensely successful* con muchísimo éxito ◊ *They enjoyed the film immensely.* La película les gustó muchísimo.
immensity /ɪˈmensəti/ *n* inmensidad
immerse /ɪˈmɜːs/ *vt* ~ **sth/sb (in sth)**; ~ **yourself (in sth)** *(lit y fig)* sumergir(se) (en algo): *Do not immerse in water.* No sumergir en agua. ◊ *He immersed himself in his work.* Se sumergió por completo en su trabajo. ◊ *to be immersed in a book* estar absorto en un libro
immersion /ɪˈmɜːʃn; *USA* -ʒn/ *n* inmersión
immersion heater *n* calentador eléctrico de agua
immigrant /ˈɪmɪgrənt/ *adj, n* inmigrante
immigration /ˌɪmɪˈgreɪʃn/ *n* **1** inmigración **2** (*tb* **immigration control**) (control de) inmigración: *to go/pass through immigration* pasar por inmigración
imminent /ˈɪmɪnənt/ *adj* inminente: *imminent danger* peligro inminente.
▶ **imminently** *adv* inminentemente
immobile /ɪˈməʊbaɪl; *USA* -bl/ *adj* inmóvil
▶ **immobility** *n* inmovilidad
immobilize, -ise /ɪˈməʊbəlaɪz/ *vt* inmovilizar
▶ **immobilization, -isation** *n* inmovilización
immoderate /ɪˈmɒdərət/ *adj* inmoderado
immoral /ɪˈmɒrəl; *USA* ɪˈmɔːrəl/ *adj* inmoral: *immoral earnings* dinero procedente de la prostitución
▶ **immorality** *n* inmoralidad
immorally *adv* inmoralmente
immortal /ɪˈmɔːtl/ *adj* **1** *(alma, vida)* inmortal **2** *(fama)* imperecedero
▶ **immortality** *n* inmortalidad.
immortalize, -ise /ɪˈmɔːtəlaɪz/ *vt* inmortalizar
immovable /ɪˈmuːvəbl/ *adj* **1** *(objeto)* inmóvil **2** *(persona,actitud)* inflexible
immune /ɪˈmjuːn/ *adj* **1** ~ **(to/against sth)** inmune (a algo): *to be immune to smallpox/criticism* ser inmune a la viruela/a toda crítica ◊ *the immune system of the body* el sistema inmunitario del cuerpo **2** ~ **(from sth)** exento (de algo)

immunity /ɪˈmjuːnəti/ *n* (*pl* **-ies**) **1 ~ (to/against sth)** inmunidad (a algo): *diplomatic immunity* inmunidad diplomática **2 ~ (from sth)** exención (de algo)

immunize, -ise /ˈɪmjunaɪz/ *vt* **~ sb (against sth)** inmunizar a algn (contra algo)
▶ **immunization, -isation** *n* inmunización

immunology /ˌɪmjuˈnɒlədʒi/ *n* inmunología (*Med*)

immutable /ɪˈmjuːtəbl/ *adj* (*formal*) inmutable

imp /ɪmp/ *n* diablillo

impact¹ /ˈɪmpækt/ *n* (*lit* y *fig*) impacto: *to have/make a big impact on sth/sb* tener/hacer un gran impacto en algo/algn

impact² /ɪmˈpækt/ *vt* (*esp USA*) **~ (on) sth** tener un impacto en algo
▶ **impacted** *adj* (*diente*) impactado

impair /ɪmˈpeə(r)/ *vt* deteriorar: *impaired vision* vista debilitada
▶ **impairment** *n* deficiencia

impale /ɪmˈpeɪl/ *vt* **~ sth/sb (on sth)** atravesar algo/a algn (en algo): *to impale yourself on sth* atravesarse con algo ◊ *Their heads were impaled on spikes.* Clavaban las cabezas en postes.

impart /ɪmˈpɑːt/ *vt* (*coloq*) **1** conferir **2 ~ sth (to sb)** impartir algo (a algn)

impartial /ɪmˈpɑːʃl/ *adj* imparcial: *impartial advice* consejo imparcial
▶ **impartiality** *n* imparcialidad
impartially *adv* imparcialmente

impassable /ɪmˈpɑːsəbl; *USA* -ˈpæs-/ *adj* intransitable

impasse /ˈæmpɑːs; *USA* ˈɪmpæs/ *n* (*fig*) callejón sin salida: *Negotiations have reached an impasse.* Las negociaciones han llegado a un callejón sin salida.

impassioned /ɪmˈpæʃnd/ *adj* apasionado

impassive /ɪmˈpæsɪv/ *adj* impasible: *an impassive expression* una expresión impasible
▶ **impassively** *adv* impasiblemente

impatient /ɪmˈpeɪʃnt/ *adj* **1 ~ (at sth); ~ (with sth/sb)** impaciente (con algo); (con algo/algn): *You're too impatient with her.* Eres demasiado impaciente con ella. **2 ~ (to do sth); ~ (for sth)** impaciente (por hacer algo); (por algo): *She was getting impatient to leave.* Estaba poniéndose impaciente por salir. **3 ~ of sth** (*formal*) intolerante: *impatient of delay* intolerante con el retraso ◊ *The Prime Minister is accused of being impatient of criticism.* Se acusa al Primer Ministro de no aguantar las críticas.
▶ **impatience** /ɪmˈpeɪʃns/ *n* impaciencia
impatiently *adv* impacientemente

impeach /ɪmˈpiːtʃ/ *vt* **~ sb (for sth)** (*formal*) acusar a algn (de algo)

Nótese que tanto **impeach** como **impeachment** solo se emplean cuando el acusado tiene un alto cargo en la administración pública. En los demás casos utilizamos **to accuse sb (of sth)**.

▶ **impeachment** *n* acusación formulada contra un alto cargo: *The US Congress did not want to use the process of impeachment on the President.* El congreso de los Estados Unidos no quiso hacer uso del proceso de incapacitación presidencial con el presidente. ◊ *The judge is under scrutiny with a view to possible impeachment.* El juez está bajo escrutinio con una posibilidad de acusación.

impeccable /ɪmˈpekəbl/ *adj* impecable
▶ **impeccably** *adv* impecablemente

impede /ɪmˈpiːd/ *vt* obstaculizar: *Their progress was impeded by the bad weather.* El mal tiempo obstaculizó su avance.

impediment /ɪmˈpedɪmənt/ *n* **1 ~ (to sth/sb)** obstáculo (para algo/algn) **2** defecto: *a speech impediment* un defecto en el habla

impel /ɪmˈpel/ *vt* (**-ll-**) **~ sb to (do) sth** impulsar a algn a (hacer) algo: *As soon as the music started, they felt impelled to get up and dance.* Tan pronto como empezó la música, se sintieron impulsados a salir a bailar.

impending /ɪmˈpendɪŋ/ *adj* inminente: *his impending arrival* su llegada inminente ◊ *a feeling of impending doom* una sensación de una fatalidad inminente

impenetrable /ɪmˈpenɪtrəbl/ *adj* **1** impenetrable: *an impenetrable jungle/mystery* una jungla/un misterio impenetrable **2 ~ (to sb)** incomprensible (a algn): *impenetrable jargon* jerga incomprensible
▶ **impenetrability** *n* impenetrabilidad

imperative /ɪmˈperətɪv/ *adj* **1** urgente: *It is imperative that rescue forces get through to the disaster area.* Es urgente que las fuerzas de rescate lleguen a la zona del desastre. **2** imperativo: *an imperative tone of voice* un tono de voz imperativo
■ **imperative** *n* imperativo: *a moral imperative* un imperativo moral

imperceptible /ˌɪmpəˈseptəbl/ *adj* imperceptible: *an imperceptible change in temperature* un cambio imperceptible en la temperatura
▶ **imperceptibly** *adv* imperceptiblemente

imperfect /ɪmˈpɜːfɪkt/ *adj, n* imperfecto
▶ **imperfectly** *adv* imperfectamente, no muy bien: *These factors are still imperfectly understood.* Estos factores todavía no se entienden muy bien.

imperfection /ˌɪmpəˈfekʃn/ *n* imperfección, desperfecto

imperial /ɪmˈpɪəriəl/ *adj* **1** imperial **2** *the Imperial system* el sistema de medidas británico

imperialism /ɪmˈpɪəriəlɪzəm/ *n* imperialismo

imperialist /ɪmˈpɪəriəlɪst/ *adj, n* imperialista

imperil /ɪmˈperəl/ *vt* (**-ll-**, *USA tb* **-l-**) (*formal*) poner en peligro

imperious /ɪmˈpɪəriəs/ *adj* (*formal*) imperioso
▶ **imperiously** *adv* imperiosamente

impermanent /ɪmˈpɜːmənənt/ *adj* (*formal*) inestable, pasajero
▶ **impermanence** *n* inestabilidad

impermeable /ɪmˈpɜːmiəbl/ *adj* impermeable

impersonal /ɪmˈpɜːsənl/ *adj* impersonal: *a cold impersonal stare* una mirada fría e impersonal ◊ *an impersonal discussion* una discusión impersonal
▶ **impersonally** *adv* impersonalmente

impersonate /ɪmˈpɜːsəneɪt/ *vt* **1** imitar **2** hacerse pasar por

impersonation /ɪmˌpɜːsəˈneɪʃn/ *n* imitación: *a brilliant impersonation of the president* una imitación genial del presidente ☛ *Comparar con* IMITATION

impersonator /ɪmˈpɜːsəneɪtə(r)/ *n* imitador, -ora

impertinence /ɪmˈpɜːtɪnəns/ *n* [*incontable*] impertinencia: *Her impertinence annoys me.* Sus impertinencias me ponen de mal humor.

impertinent /ɪmˈpɜːtɪnənt/ *adj* impertinente
▶ **impertinently** *adv* impertinentemente

impervious /ɪmˈpɜːviəs/ *adj* **~ (to sth) 1** insensible (a algo): *impervious to criticism* insensible a las críticas **2** impermeable (a algo)

impetuous /ɪmˈpetʃuəs/ *adj* impetuoso
▶ **impetuosity** *n* impetuosidad
impetuously *adv* impetuosamente

impetus /ˈɪmpɪtəs/ *n* **1** impulso: *It gave (a) fresh impetus to trade.* Dio un nuevo impulso al comercio. **2** ímpetu

impiety /ɪmˈpaɪəti/ *n* impiedad

impinge /ɪmˈpɪndʒ/ *vi* **~ on/upon sth** (*formal*) afectar algo

impious /ˈɪmpiəs, ɪmˈpaɪəs/ *adj* (*formal*) impío

impish /ˈɪmpɪʃ/ *adj* pícaro
▶ **impishly** *adv* pícaramente

implacable /ɪmˈplækəbl/ *adj* implacable
▶ **implacably** *adv* implacablemente: *implacably opposed to the plan* opuesto implacablemente al plan

implant /ɪmˈplɑːnt; *USA* -ˈplænt/ *vt* **1 ~ sth (in sb)** inculcar algo (a algn) (*ideas, creencias, etc*) **2 ~ sth (in sth)** (*Med*) injertar algo (en algo)
■ **implant** /ˈɪmplɑːnt/ *n* **1** injerto, prótesis: *a breast implant* una prótesis de pecho **2** (*pelo*) implante
▶ **implantation** *n* **1** (*Med*) implantación, implante **2** (*idea*) inculcación

implausible /ɪmˈplɔːzəbl/ *adj* inverosímil

implement¹ /ˈɪmplɪmənt/ *n* utensilio: *farm implements* aperos de labranza

implement² /ˈɪmplɪment/ *vt* llevar a cabo, realizar: *to implement a decision* poner en práctica una decisión

implementation /ˌɪmplɪmenˈteɪʃn/ *n* realización, puesta en práctica: *the implementation of EEC legislation* la aplicación de la legislación de la CEE

implicate /ˈɪmplɪkeɪt/ *vt* **~ sb (in sth)** involucrar a algn (en algo): *He was deeply implicated in the plot.* Estaba muy involucrado en el complot.

implication /ˌɪmplɪˈkeɪʃn/ *n* **1 ~ (for sth/sb)** consecuencia (para algo/algn): *It has far-reaching implications for the future.* Tiene implicaciones trascendentales para el futuro. ◊ *The implication is that…* La consecuencia es que… **2** implicación (*delito*)

implicit /ɪmˈplɪsɪt/ *adj* **1 ~ (in sth)** implícito (en algo) **2** absoluto
▶ **implicitly** *adv* **1** implícitamente **2** absolutamente: *to trust sb implicitly* confiar en algn totalmente

implore /ɪmˈplɔː(r)/ *vt* (*formal*) implorar: *'Help me!' he implored.* "¡Ayúdame!" imploró. ◊ *They implored her to stay.* Le suplicaron que se quedara. ☛ La palabra menos formal es **beg**.

imploring /ɪmˈplɔːrɪŋ/ *adj* suplicante

imply /ɪmˈplaɪ/ *vt* (*pret, pp* **implied**) **1** dar a entender: *I don't wish to imply that you are wrong, but…* No es mi intención llevarle la contraria, pero… ◊ *His silence implied agreement.* Su silencio dio a entender que estaba de acuerdo. ◊ *implied criticism* una crítica tácita **2** implicar

impolite /ˌɪmpəˈlaɪt/ *adj* maleducado
▶ **impolitely** *adv* con mala educación
impoliteness *n* mala educación

import¹ /ɪmˈpɔːt/ *vt* importar: *imported goods* mercancías importadas ◊ *Wines from all over Europe are imported into Britain.* Gran Bretaña importa vinos de toda Europa. ◊ *They imported skilled managers into the company.* Trajeron ejecutivos expertos a la empresa.
■ **import** /ˈɪmpɔːt/ *n* importación: *cheap foreign imports* importaciones extranjeras baratas ◊ *import duty* aranceles ◊ *import licence* permiso de importación

import² /ɪmˈpɔːt/ *n* **1** importancia **2** significado

importance /ɪmˈpɔːtns/ *n* importancia: *the importance of industry to the economy* la importancia de la industria para la economía ◊ *They attached great importance to the project.* Le daban mucha importancia al proyecto. ◊ *It's of no importance.* No tiene importancia. **LOC** *Ver* FULL

important /ɪmˈpɔːtnt/ *adj* importante: *It's important for students to attend the lectures.* Es importante que los estudiantes asistan a clase. ◊ *It's important to me.* Para mí es importante. ◊ *She's an important person.* Es una persona importante. ◊ *It's vitally important to cancel the order.* Cancelar el pedido es de suma importancia. *Ver tb* ALL-IMPORTANT, SELF-IMPORTANT

importantly /ɪmˈpɔːtntli/ *adv* **1** *More importantly,…* Y lo que es aún más importante,… **2** dándose importancia

importation /ˌɪmpɔːˈteɪʃn/ *n* importación

importer /ɪmˈpɔːtə(r)/ *n* importador, -ora

impose /ɪmˈpəʊz/ **1** *vt* **~ sth (on sth/sb)** (*sentencia, multa, etc*) imponer algo (a algo/algn): *to impose a tax on sth* gravar algo con un impuesto ◊ *to impose restrictions on trade* imponer restricciones sobre el comercio **2** *vt* **~ sth (on sb)** imponer algo (a algn): *She imposed her ideas on the group.* Sus ideas prevalecieron en el grupo. ◊ *to impose yourself (on sb)* imponerse (sobre algn) *Ver tb* SELF-IMPOSED, SUPERIMPOSE
PHR V to impose on/upon sth/sb abusar de algo/algn: *I hope I'm not imposing on you.* Espero no estar abusando de tu hospitalidad.

imposing /ɪmˈpəʊzɪŋ/ *adj* imponente

imposition /ˌɪmpəˈzɪʃn/ *n* **~ (on sth/sb) 1** (*impuesto, restricción, etc*) imposición (sobre algo/algn) **2** molestia: *I'd like to stay if it's not too much of an imposition (on you).* Me gustaría quedarme, si no es una molestia (para ti).

impossibility /ɪmˌpɒsəˈbɪləti/ *n* imposibilidad: *a physical impossibility* una imposibilidad física

impossible /ɪmˈpɒsəbl/ *adj* **1** imposible: *It's impossible for me to be there before eight.* Me es imposible llegar antes de las ocho. ◊ *It's impossible to predict the future.* Es imposible predecir el futuro. **2** intolerable: *She's impossible to work with.* Es imposible trabajar con ella. ◊ *Their son is impossible.* Su hijo es insufrible.
■ **impossible** *n* [*sing*] lo imposible
▶ **impossibly** *adv* demasiado: *impossibly difficult* dificilísimo

impostor /ɪmˈpɒstə(r)/ *n* impostor, -ora

impotence /ˈɪmpətəns/ *n* impotencia

impotent /ˈɪmpətənt/ *adj* impotente
▶ **impotently** *adv* con impotencia

impound /ɪmˈpaʊnd/ *vt* **1** (*bienes*) incautar, requisar **2** (*vehículos, animales*): *The cattle were impounded.* Metieron las reses en un corral. ◊ *My car was impounded.* Se llevaron mi coche al parque municipal.

impoverish /ɪmˈpɒvərɪʃ/ *vt* empobrecer
▶ **impoverished** *adj* empobrecido
impoverishment *n* empobrecimiento

impracticable /ɪmˈpræktɪkəbl/ *adj* impracticable

impractical /ɪmˈpræktɪkl/ *adj* **1** poco práctico **2** (*una persona*) poco mañoso

imprecise /ˌɪmprɪˈsaɪs/ *adj* impreciso, inexacto

imprecision /ˌɪmprɪˈsɪʒn/ *n* imprecisión

impregnable /ɪmˈpregnəbl/ *adj* **1** impenetrable, inexpugnable **2** (*fig*) invulnerable

impregnate /ˈɪmpregneɪt; *USA* ɪmˈpreg-/ *vt* **1 ~ sth (with sth)** impregnar algo (de algo) **2** (*formal, Biol*) fertilizar

impresario /ˌɪmprəˈsɑːriəʊ/ *n* (*pl* **~s**) empresario artístico

impress /ɪmˈpres/ **1** *vt* **~ sb (with sth)** impresionar a algn (con algo): *I am not easily impressed.* No es fácil impresionarme. **2** *vt* **~ sth on/upon sb** recalcar algo a algn: *He impressed on his staff the importance of…* Les recalcó a sus empleados la importancia de… ◊ *I must impress upon you the seriousness of the situation.* He de resaltarle la gravedad de la situación. ◊ *His words impressed themselves on my memory.* Sus palabras se me grabaron en la memoria. **3** *vt* imprimir

impression /ɪmˈpreʃn/ *n* **1** impresión: *to make an impression on sb* impresionar a algn ◊ *your first impressions of sb* la primera impresión de algn ◊ *He gives the impression of being a hard worker.* Da la impresión de que es una persona muy trabajadora. ◊ *What gave you that impression?* ¿Qué te ha hecho pensar así? ◊ *to be under the impression that…* tener la impresión de que… ◊ *What was your impression of his speech?* ¿Qué te pareció su discurso? ◊ *my impressions of Spain* lo que pienso de España ◊ *an impression of spaciousness* una sensación de espacio ◊ *an artist's impression* un retrato robot **2 ~ (of sb)** imitación (de algn) **3** huella **4** (*Imprenta*) reimpresión

impressionable /ɪmˈpreʃənəbl/ *adj* impresionable, influenciable: *at an impressionable age* en una edad muy impresionable

impressionism /ɪmˈpreʃənɪzəm/ *n* (*tb* **Impressionism**) Impresionismo

impressionist /ɪmˈpreʃənɪst/ **Impressionist** *adj, n* (*Arte*) impresionista
■ **impressionist** *n* imitador, -ora
impressive /ɪmˈpresɪv/ *adj* impresionante
impressively /ɪmˈpresɪvli/ *adv*: *The orchestra performed impressively.* La orquesta ofreció una interpretación impresionante.
imprint /ɪmˈprɪnt/ *vt* **1** imprimir **2** (*fig*): *to be imprinted on your mind* tener grabado en la memoria
■ **imprint** /ˈɪmprɪnt/ *n* **1 ~ (in/on sth)**; **~ (on sb)** huella (en algo/algn) **2** pie de imprenta
imprison /ɪmˈprɪzn/ *vt* encarcelar a: *They feel imprisoned in their own homes.* Se sienten aprisionadas en sus propias casas.
▶ **imprisonment** *n* encarcelamiento: *ten years' imprisonment* diez años de cárcel ◊ *life imprisonment* cadena perpetua
improbable /ɪmˈprɒbəbl/ *adj* improbable: *It's highly improbable that he'll come.* Es muy poco probable que venga.
▶ **improbably** *adv* inverosímilmente: *an improbably large diamond* un brillante tan grande que no parece de verdad
impromptu /ɪmˈprɒmptjuː; *USA* -tuː/ *adj* improvisado
■ **impromptu** *adv* de manera improvisada
improper /ɪmˈprɒpə(r)/ *adj* **1** incorrecto **2** impropio **3** (*transacción*) irregular
▶ **improperly** *adv* **1** incorrectamente **2** de forma inadecuada **3** irregularmente
impropriety /ˌɪmprəˈpraɪəti/ *n* (*formal*) **1** comportamiento indecoroso o indebido **2** incorrección, irregularidad
improve /ɪmˈpruːv/ *vt, vi* mejorar: *a new improved washing powder* un nuevo detergente, mucho más eficaz
PHR V **to improve on/upon sth** superar algo
improvement /ɪmˈpruːvmənt/ *n* **1 ~ (on/in sth)** mejora (de algo): *There are signs of improvement in her condition.* Hay indicios de que está mejorando. ◊ *This car is an improvement on last year's model.* Este automóvil supera el modelo del año anterior. **2** reforma: *home improvements* reformas en la vivienda
improvisation /ˌɪmprəvaɪˈzeɪʃn; *USA* ɪmˌprɒvəˈzeɪʃn/ *n* improvisación
improvise /ˈɪmprəvaɪz; *USA* ˌɪmprəˈvaɪz/ *vt, vi* improvisar
impulse /ˈɪmpʌls/ *n* impulso: *the impulse to do sth* el impulso de hacer algo ◊ *impulse buying* comprar a lo loco
LOC **on impulse**: *On impulse, I picked up the phone and...* Me dejé llevar por un impulso, y cogí el teléfono y... ◊ *I acted on impulse.* Lo hice sin pensar.
impulsive /ɪmˈpʌlsɪv/ *adj* impulsivo: *She made the impulsive decision to resign.* De manera impulsiva, decidió dimitir.
▶ **impulsively** *adv* de forma impulsiva
impunity /ɪmˈpjuːnəti/ *n* (*pl* **-ies**) impunidad: *to break the law with impunity* quebrantar la ley y salir impune
impure /ɪmˈpjʊə(r)/ *adj* **1** (*aire, pensamiento*) impuro **2** (*sustancia*) con impurezas
impurity /ɪmˈpjʊərəti/ *n* (*pl* **-ies**) impureza
impute /ɪmˈpjuːt/ *vt* **~ sth (to sth/sb)** (*formal*) imputarle algo (a algo/algn); atribuirle algo (a algo/algn)
in[1] /ɪn/ *prep* **1** en: *not a cloud in the sky* ni una nube en el cielo ◊ *in alphabetical order* en orden alfabético ◊ *in here/there* aquí/ahí dentro **2** (*después de superlativo*) de: *the highest mountain in the world* la montaña más alta del mundo ◊ *the best pupil in the class* el mejor alumno de la clase **3** a: *When did you arrive in Spain?* ¿Cuándo llegaste a España? ☛ *Ver nota en* ARRIVE **4** (*tiempo*): *in the morning/afternoon/evening* por la mañana/tarde/noche ◊ *in the reign of Queen Victoria* durante el reinado de la reina Victoria ◊ *in the confusion* con el jaleo ◊ *in the daytime* de día ◊ *ten o'clock in the morning* las diez de la mañana ☛ *Ver nota en* MORNING **5** dentro de: *It will be ready in a week.* Estará listo dentro de una semana. ◊ *in a short time* dentro de poco ◊ *All will become clear in time.* Con el tiempo se aclarará todo. **6** (*tb* **for**) desde hace

En oraciones negativas y después de un superlativo se puede utilizar **in** en vez de **for** para hablar de duración: *the best weather we've had in/for years* el mejor tiempo que hemos tenido desde hace años ◊ *I haven't seen him in/for five years.* Hace cinco años que no le veo.

7 por: *at the rate of 15p in the pound* a razón de 15 peniques por libra ◊ *one in ten people* una de cada diez personas **8** (*descripción*) de: *dressed in rags* vestido de harapos ◊ *in mourning* de luto ◊ *covered in mud* cubierto de barro ◊ *to speak in English* hablar en inglés ◊ *in writing* por escrito ◊ *in this way* de este modo ◊ *He said it in good humour.* Lo dijo de buen humor. **9** a: *in the moonlight* a la luz de la luna ◊ *to go out in the rain* salir cuando llueve **10** (*estado o condición*) en: *in good repair* en buen estado ◊ *in love* enamorado ◊ *in flower* en flor ◊ *in a position to help* en condiciones de poder ayudar ◊ *in private* en privado ◊ *in fun* de broma **11** de: *equal in strength* igual de fuerte ◊ *three feet in length* tres pies de largo ◊ *a rise in prices* una subida de precios ◊ *better in health* mejor de salud ◊ *a country rich in minerals* un país rico en minerales **12 + ing**: *In saying that, you're contradicting yourself.* Al decir eso te contradices a ti mismo.
■ **in** *part adv* **1** dentro: *Look for the envelope with the money in.* Mira a ver si encuentras el sobre que tiene dentro el dinero. **2 to be in (a)** estar (*en casa, en el trabajo, etc*): *The manager isn't in today.* El gerente no ha venido hoy. ◊ *Is your mother in?* ¿Está tu madre en casa? ◊ *Hello! Is anyone in?* ¡Hola! ¿Hay alguien en casa? ◊ *Nobody was in when we called.* No había nadie cuando llamamos. **(b)** (*fruta, etc*) ser temporada **(c)** (*equipo, jugador*) batear **(d)** (*pelota*) entrar **3** (*llegado*): *The train was in when we got there.* El tren ya estaba allí cuando llegamos. ◊ *Applications must be in by 30 April.* Las solicitudes deberán llegar antes del 30 de abril. **4** (*recogido*): *The harvest was in early.* Recogimos la cosecha temprano. **5** (*marea, etc*): *The tide's in.* Ha subido la marea. ◊ *My luck's in!* ¡Estoy de suerte! **6** de moda: *Miniskirts are coming in again.* La minifalda vuelve a estar de moda. **7** (*Pol*): *when the Tories were in* bajo el gobierno conservador ◊ *He hasn't got a chance of getting in.* No tiene ninguna posibilidad de salir elegido. **8** (*coloq*): *He's in for 2 years.* Cumple una condena de 2 años. ◊ *What's she in for?* ¿Por qué está en la cárcel? *Ver tb* LIE-IN
LOC **(all) in one** a la vez **to be/get in on sth** (*coloq*) participar en algo, enterarse de algo: *I want to get in on the scheme.* Quiero participar en el proyecto. ◊ *Are you in on her secret?* ¿Estás enterado de su secreto? **to be in and out (of sth)**: *He's been in and out of trouble since he was a child.* No ha hecho más que meterse en líos desde que era pequeño. **to be in for sth** (*coloq*) **1** esperarle a algn algo: *He's in for a surprise!* ¡Vaya sorpresa que se va a llevar! ◊ *We're in for a storm.* Nos espera una tormenta. ◊ *You're in for it now!* ¡Ahora sí que te vas a meter en un lío! ◊ *Small businesses are in for a hard time.* A la pequeña empresa le esperan tiempos difíciles. **2** *I'm in for the 1 000 metres.* Voy a participar en la carrera de los mil metros.
☛ Para los usos de **in** en PHRASAL VERBS ver las entradas de los verbos correspondientes, p. ej. **to go in** en GO[1]
■ **in** *n*
LOC **the ins and outs (of sth)** los pormenores (de algo)
■ **in** *adj* de moda: *the in place to go* el sitio de moda ◊ *Bermuda shorts were the in thing to wear.* Los bermudas estaban de moda.

in² (*pl* **in** o **ins**) *abrev de* **inch**

inability /ˌɪnəˈbɪləti/ *n* **~ (of sb) (to do sth)** incapacidad (de algn) (para hacer algo): *the inability of the government to stop inflation* la incapacidad del gobierno para parar la inflación

inaccessible /ˌɪnækˈsesəbl/ *adj* **~ (to sb) 1** (*lit*) inaccesible (para algn) **2** (*fig*) incomprensible (para algn)
▶ **inaccessibility** *n* inaccesibilidad

inaccurate /ɪnˈækjərət/ *adj* inexacto, impreciso: *His work is inaccurate.* Su trabajo contiene errores.
▶ **inaccuracy** *n* (*pl* **-ies**) **1** inexactitud, imprecisión **2** [*gen pl*] error
inaccurately *adv* de forma imprecisa

inaction /ɪnˈækʃn/ *n* inactividad: *It fell through due to Government inaction.* Fracasó debido a la falta de iniciativa del gobierno.

inactive /ɪnˈæktɪv/ *adj* inactivo: *an inactive volcano* un volcán inactivo ◊ *an inactive machine* una máquina parada
▶ **inactivated** *adj* desactivado
inactivity *n* inactividad: *after years of inactivity* después de años de no hacer nada

inadequate /ɪnˈædɪkwət/ *adj* **1(a)** insuficiente **(b)** *She always felt inadequate.* Siempre pensó que no daba la talla. **2** incapaz
▶ **inadequacy** *n* (*pl* **-ies**) **1** insuficiencia **2** incapacidad **3** fallo
inadequately *adv* insuficientemente, inadecuadamente

inadmissible /ˌɪnədˈmɪsəbl/ *adj* inadmisible: *inadmissible evidence* una prueba improcedente

inadvertent /ˌɪnədˈvɜːtənt/ *adj* involuntario, por descuido
▶ **inadvertently** *adv* por descuido, sin darse cuenta

inadvisable /ˌɪnədˈvaɪzəbl/ *adj* imprudente

inalienable /ɪnˈeɪliənəbl/ *adj* (*formal*) inalienable: *inalienable rights* derechos inalienables

inane /ɪˈneɪn/ *adj* insustancial: *an inane remark* un comentario vano
▶ **inanity** /ɪˈnænəti/ *n* vanalidad

inanimate /ɪnˈænɪmət/ *adj* inanimado

inapplicable /ˌɪnəˈplɪkəbl/ *adj* **~ (to sth/sb)** inaplicable (a algo/algn): *The rules are inapplicable to this situation.* Las reglas no se pueden aplicar en esta situación.

inappropriate /ˌɪnəˈprəʊpriət/ *adj* **~ (to/for sth/sb)** poco apropiado, impropio (para algo/algn): *an inappropriate comment* un comentario poco apropiado
▶ **inappropriately** *adv* de forma poco apropiada: *inappropriately dressed for the funeral* vestido de manera poco apropiada para el funeral
inappropriateness *n* **~ (of sth)** falta de propiedad (de algo)

inarticulate /ˌɪnɑːˈtɪkjələt/ *adj* **1** que no se expresa bien: *She was inarticulate with rage.* No podía hablar de la rabia. **2** incomprensible: *an inarticulate speech* un discurso incomprensible ◊ *inarticulate grunts* gruñidos incomprensibles

inasmuch as /ˌɪnəzˈmʌtʃ əz/ *conj* (*formal*) ya que

inattention /ˌɪnəˈtenʃn/ *n* **~ (to sth/sb)** descuido (de algo/algn): *work marred by inattention to detail* trabajo echado a perder por descuidar los detalles
▶ **inattentive** *adj* **~ (to sth/sb)** descuidado (con algo/algn)

inaudible /ɪnˈɔːdəbl/ *adj* inaudible

inaugural /ɪˈnɔːgjərəl/ *adj* inaugural: *an inaugural speech* un discurso de apertura

inaugurate /ɪˈnɔːgjəreɪt/ *vt* **1 ~ sb (as sth)** investir a algn (algo) **2** inaugurar
▶ **inauguration** *n* inauguración, investidura

inauspicious /ˌɪnɔːˈspɪʃəs/ *adj* poco propicio

inauthentic /ˌɪnɔːˈθentɪk/ *adj* falso
▶ **inauthenticity** *n* falsedad

inborn /ˌɪnˈbɔːn/ *adj* innato: *an inborn talent for music* un talento innato para la música

inbred /ˌɪnˈbred/ *adj* **1** innato: *an inbred sense of duty* un sentido del deber innato **2** endogámico
▶ **inbreeding** *n* endogamia

inbuilt /ˌɪnˈbɪlt/ *adj* **1** instintivo **2** innato **3** inherente

Inc (*tb* **inc**) /ɪŋk/ (*USA, Com*) *abrev de* **Incorporated**

Inca /ˈɪŋkə/ *adj, n* inca

incalculable /ɪnˈkælkjələbl/ *adj* **1** incalculable: *incalculable damage* daño incalculable **2** imprevisible

incandescent /ˌɪnkænˈdesnt/ *adj* incandescente

incantation /ˌɪnkænˈteɪʃn/ *n* encantamiento

incapable /ɪnˈkeɪpəbl/ *adj* **1 ~ of (doing) sth** incapaz de (hacer) algo **2** incompetente

incapacitate /ˌɪnkəˈpæsɪteɪt/ *vt* **~ sb (for sth/from doing sth)** incapacitar a algn (para algo/para hacer algo)

incapacity /ˌɪnkəˈpæsəti/ *n* **~ (to do sth); ~ (for sth)** incapacidad (para algo): *a period of incapacity for work* la incapacidad laboral transitoria

incarcerate /ɪnˈkɑːsəreɪt/ *vt* (*formal*) encarcelar
▶ **incarceration** *n* encarcelamiento

incarnate /ɪnˈkɑːnət/ *adj* en persona: *He was the devil incarnate.* Era el diablo personificado.
■ **incarnate** /ɪnˈkɑːneɪt/ *vt* (*formal*) encarnar
▶ **incarnation** *n* encarnación

incautious /ɪnˈkɔːʃəs/ *adj* **1** (*afirmación*) precipitado **2** (*persona*) imprudente

incendiary /ɪnˈsendiəri; *USA* -dieri/ *adj* **1** incendiario: *incendiary device* artefacto incendiario **2** (*fig*) agitador

incense¹ /ˈɪnsens/ *n* incienso

incense² /ɪnˈsens/ *vt* encolerizar
▶ **incensed** *adj* **~ (by/at sth)** furioso (por algo)

incentive /ɪnˈsentɪv/ *n* **~ (to do sth)** incentivo, aliciente (para hacer algo)

inception /ɪnˈsepʃn/ *n* [*sing*] (*formal*) comienzo: *since/from its inception* desde su comienzo

incessant /ɪnˈsesnt/ *adj* incesante
▶ **incessantly** *adv* sin parar

incest /ˈɪnsest/ *n* incesto
▶ **incestuous** /ɪnˈsestjuəs; *USA* -tʃuəs/ *adj* **1** incestuoso **2** (*fig*) cerrado: *The film industry is an incestuous business.* La industria cinematográfica es un negocio cerrado.

inch /ɪntʃ/ *n* **1** (*abrev* **in**) pulgada (*25,4 milímetros*): *half an inch* media pulgada ◊ *two inches in diameter* dos pulgadas de diámetro ☛ *Ver apéndice 3 Ver tb* COLUMN-INCH **2** palmo: *He wouldn't budge an inch.* No cedió ni un palmo.
LOC **by inches** por un pelo **every inch 1** *Every inch of space has been used.* Se ha aprovechado hasta el último centímetro. **2** *every inch a gentleman* un caballero por los cuatro costados **give him an inch and he'll take a mile/yard** (*coloq*) si le das la mano se toma el brazo **inch by inch** paso a paso, poco a poco **within an inch of sth/doing sth** a punto de algo/hacer algo
PHR V **to inch forward, past, through, etc** avanzar, pasar, atravesar, etc palmo a palmo: *The traffic inched its way along.* El tráfico avanzaba lentamente.

inchoate /ɪnˈkəʊət, ˈɪnkəʊeɪt/ *adj* (*formal*) **1** (*idea*) incompleto, sin forma **2** rudimentario

incidence /ˈɪnsɪdəns/ *n* [*sing*] **1 ~ of sth** frecuencia, tasa, caso de algo: *the incidence of unemployment* la tasa de paro ◊ *the incidence of cancer in smokers* la frecuencia de cáncer en los fumadores **2** (*Fís*) incidencia

incident /ˈɪnsɪdənt/ *n* incidente: *the Manchester incident* el episodio de Manchester ◊ *It went ahead without incident.* Se desarrolló sin novedad. *Ver tb* OCCURRENCE

incidental /ˌɪnsɪˈdentl/ *adj* **1** ocasional, fortuito: *incidental music* música de fondo ◊ *incidental expenses* gastos ocasionales **2** sin importancia, secundario, marginal **3 ~ to sth** propio de algo: *the risks incidental to exploration* los riesgos que entraña la exploración

▶ **incidentally** *adv* **1** a propósito **2** de paso

incinerate /ɪnˈsɪnəreɪt/ *vt* incinerar
▶ **incineration** *n* incineración
incinerator *n* incinerador

incipient /ɪnˈsɪpiənt/ *adj* (*formal*) incipiente

incise /ɪnˈsaɪz/ *vt* **1** cortar **2** tallar
▶ **incision** /ɪnˈsɪʒn/ *n* incisión
incisor /ɪnˈsaɪzə(r)/ *n* (*diente*) incisivo ☛ *Ver ilustración en* DIENTE

incisive /ɪnˈsaɪsɪv/ *adj* **1** (*comentario*) incisivo **2** (*respuesta*) tajante **3** (*tono*) mordaz **4** (*cerebro*) penetrante

incite /ɪnˈsaɪt/ *vt* **~ sb (to sth)** incitar a algn (a algo)
▶ **incitement** *n* **~ (to sth)** incitación (a algo)

incivility /ˌɪnsəˈvɪləti/ *n* (*formal*) descortesía

incl *abrev de* **including/inclusive**: *Total £29.53 incl tax.* Total 29,53 libras impuestos incluidos.

inclement /ɪnˈklemənt/ *adj* (*formal*) inclemente

inclination /ˌɪnklɪˈneɪʃn/ *n* **1** inclinación, tendencia: *He showed no inclination to leave.* No mostraba ningunas ganas de irse. ◇ *to have a natural inclination to sth/to do sth* tener una disposición natural para algo/a hacer algo **2** inclinación, pendiente
LOC **by inclination** por naturaleza

incline[1] /ɪnˈklaɪn/ **1** *vt* **to be inclined to do sth** inclinarse a hacer algo: *I'm inclined to believe he's innocent.* Me inclino a creer que es inocente. **2** *vi* **~ towards sth** (*lit* y *fig*) inclinarse hacia algo: *She inclines towards depression.* Es propensa a la depresión. **3** *vt* inclinar **4** *vt* **~ sb towards sth** (*formal*) llevar a algn a algo
▶ **inclined** *adj* **~ (to do sth)** predispuesto (a hacer algo): *He only works when he feels inclined.* Solo trabaja cuando le parece. ◇ *She is very musically inclined.* Tiene aptitud para la música.

incline[2] /ˈɪŋklaɪn/ *n* pendiente

include /ɪnˈkluːd/ *vt* **~ (in/among sth)** incluir (en algo): *everything included* todo incluido ◇ *Does it include VAT?* ¿IVA incluido? ◇ *She sold everything, furniture included.* Lo vendió todo, incluso los muebles.
▶ **including** *prep* (*abrev* **incl**) **1** incluido: *including postage* franqueo incluido **2** inclusive: *up to and including page 5* hasta la página 5, inclusive **3** con (la inclusión de): *8 rooms including the kitchen* 8 habitaciones con la cocina

inclusion /ɪnˈkluːʒn/ *n* **~ (in sth)** inclusión (en algo)

inclusive /ɪnˈkluːsɪv/ *adj* (*abrev* **incl**) **1** incluido: *inclusive of tax* los impuestos incluidos ◇ *to be inclusive of sth* incluir algo **2** inclusive: *pages 7 to 26 inclusive* páginas 7 a 26, inclusive

incognito /ˌɪnkɒgˈniːtəʊ; *USA* ɪŋˈkɒgnətəʊ/ *adv, adj* de incógnito

incoherence /ˌɪŋkəʊˈhɪərəns/ *n* incoherencia

incoherent /ˌɪnkəʊˈhɪərənt/ *adj* incoherente
▶ **incoherently** *adv* de forma incoherente

income /ˈɪnkʌm, -kəm/ *n* ingresos: *joint income* ingresos conjuntos

income support *n* (*GB*) subsidio para las personas con pocos ingresos

Hasta 1988 este subsidio se llamaba **supplementary benefit**.

income tax *n* (*GB*) impuesto sobre la renta

incoming /ˈɪnkʌmɪŋ/ *adj* entrante: *incoming passengers* los pasajeros que llegan ◇ *It only receives incoming calls.* Solo sirve para recibir llamadas.

incommensurate /ˌɪnkəˈmenʃərət/ *adj* (*formal*) desproporcionado: *to be incommensurate to/with sth* no guardar relación con algo

incommunicado /ˌɪnkəˌmjuːnɪˈkɑːdəʊ/ *adj, adv* incomunicado

incomparable /ɪnˈkɒmprəbl/ *adj* incomparable
▶ **incomparably** *adv* incomparablemente

incompatible /ˌɪnkəmˈpætəbl/ *adj* **~ (with)** incompatible (con)
▶ **incompatibility** *n* incompatibilidad

incompetent /ɪnˈkɒmpɪtənt/ *adj, n* incompetente
■ **incompetent** *adj* (*Jur*) sin competencia
▶ **incompetence** *n* incompetencia
incompetently *adv* de manera incompetente

incomplete /ˌɪnkəmˈpliːt/ *adj* incompleto

incomprehensible /ɪnˌkɒmprɪˈhensəbl/ *adj* incomprensible

incomprehension /ɪnˌkɒmprɪˈhenʃn/ *n* incomprensión

inconceivable /ˌɪnkənˈsiːvəbl/ *adj* inconcebible
▶ **inconceivably** *adv* increíblemente

inconclusive /ˌɪnkənˈkluːsɪv/ *adj* **1** no concluyente **2** no decisivo
▶ **inconclusively** *adv* de modo poco concluyente

incongruity /ˌɪnkɒnˈgruːəti/ *n* incongruencia

incongruous /ɪnˈkɒŋgruəs/ *adj* incongruente

inconsequential /ɪnˌkɒnsɪˈkwenʃl/ *adj* sin trascendencia

inconsiderable /ˌɪnkənˈsɪdrəbl/ *adj* insignificante

Inconsiderable a menudo se utiliza en frases negativas para indicar algo de gran tamaño o valor: *a not inconsiderable sum of money* una suma de dinero nada despreciable.

inconsiderate /ˌɪnkənˈsɪdərət/ *adj* desconsiderado: *to be inconsiderate* no tener ninguna consideración

inconsistent /ˌɪnkənˈsɪstənt/ *adj* inconsecuente: *to be inconsistent with sth* no ser consecuente con algo
▶ **inconsistency** *n* (*pl* **-ies**) **1** inconsecuencia **2** inconsistencia

inconsolable /ˌɪnkənˈsəʊləbl/ *adj* inconsolable

inconspicuous /ˌɪnkənˈspɪkjuəs/ *adj* **1** apenas visible **2** poco llamativo: *to make yourself inconspicuous* procurar pasar inadvertido

inconstant /ɪnˈkɒnstənt/ *adj* (*formal*) **1** inconstante **2** variable
▶ **inconstancy** *n* **1** falta de constancia **2** infidelidad

incontestable /ˌɪnkənˈtestəbl/ *adj* irrecusable
▶ **incontestably** *adv* definitivamente

incontinence /ɪnˈkɒntɪnəns/ *n* incontinencia
▶ **incontinent** *adj* incontinente

incontrovertible /ˌɪnkɒntrəˈvɜːtəbl/ *adj* indiscutible

inconvenience /ˌɪnkənˈviːniəns/ *n* **1** [*incontable*] inconveniente: *to go to a lot of inconvenience* tomarse muchas molestias **2** molestia
■ **inconvenience** *vt* incomodar: *to inconvenience sb* causar molestias a algn

inconvenient /ˌɪnkənˈviːniənt/ *adj* **1** molesto **2** incómodo **3** inoportuno
▶ **inconveniently** *adv* **1** incómodamente **2** inoportunamente

incorporate /ɪnˈkɔːpəreɪt/ *vt* **1 ~ sth (in/into sth)** **(a)** incorporar algo (a algo) **(b)** incluir algo (en algo) **2** (*USA, Com*) constituir en sociedad anónima
▶ **incorporated** *adj* (*abrev* **Inc**) (*USA, Com*) sociedad anónima
incorporation *n* **1(a)** incorporación **(b)** inclusión **2** (*Com*) constitución en sociedad anónima

incorporeal /ˌɪnkɔːˈpɔːriəl/ *adj* (*formal*) incorpóreo

incorrect /ˌɪnkəˈrekt/ *adj* **1(a)** incorrecto **(b)** erróneo **2** inapropiado
▶ **incorrectly** *adv* incorrectamente

incorrigible /ɪnˈkɒrɪdʒəbl; *USA* -ˈkɔːr-/ *adj* incorregible: *He's incorregible!* ¡Es un perdido!
▶ **incorrigibly** *adv* incorregiblemente

incorruptible /ˌɪnkəˈrʌptəbl/ *adj* incorruptible

increase /ˈɪŋkriːs/ *n* **~ (in sth)** aumento (de algo): *a steady increase* un aumento constante ◇ *an increase of 50% over/on last year* un aumento del 50% con respecto al año pasado

LOC on the increase (*coloq*) en aumento
■ **increase** *vt, vi* **1** aumentar(se): *to increase profits by 2%* aumentar los beneficios en un 2% ◊ *to increase in size* aumentar de tamaño **2** incrementar(se) **3** acrecentar(se)
▶ **increasing** *adj* creciente *Ver tb* EVER-INCREASING
increasingly *adv* cada vez más: *increasingly difficult* cada vez más difícil

incredible /ɪnˈkredəbl/ *adj* **1** increíble **2** (*coloq*) asombroso
▶ **incredibly** *adv* **1** increíblemente **2** por increíble que parezca

incredulity /ˌɪnkrəˈdjuːləti; *USA* -ˈduː-/ *n* incredulidad

incredulous /ɪnˈkredjələs; *USA* -dʒuːl-/ *adj* incrédulo
▶ **incredulously** *adv* incrédulamente

increment /ˈɪŋkrəmənt/ *n* incremento: *an increment in salary* un incremento en el salario
▶ **incremental** /ˌɪŋkrəˈmentl/ *adj* incremental: *an incremental salary scale* escala salarial con incrementos automáticos periódicos ◊ *incremental growth/change* crecimiento gradual

incriminate /ɪnˈkrɪmɪneɪt/ *vt* incriminar
▶ **incriminating** *adj* incriminatorio
incrimination *n* incriminación

incubate /ˈɪŋkjubeɪt/ **1** *vt, vi* incubar(se) **2** *vi* (*fig*) madurar
▶ **incubation** *n* **1** incubación **2** (*tb* **incubation period**) período de incubación
incubator *n* incubadora

incubus /ˈɪŋkjʊbəs/ *n* (*pl* **~es** o **-bi** /-baɪ/) íncubo

inculcate /ˈɪnkʌlkeɪt; *USA* ɪnˈkʌl-/ *vt* (*formal*) **1 ~ sth (in/into sb)** inculcar algo (en algn) **2 ~ sb with sth** inculcar algo a algn

incumbent /ɪnˈkʌmbənt/ *adj* **1** (*formal*): *to be incumbent on/upon sb* incumbir algo a algn **2** titular: *the incumbent president* el actual presidente
■ **incumbent** *n* **1** titular de un cargo (oficial) **2** (*Relig*) beneficiado
▶ **incumbency** *n* **1** *during his incumbency* en el tiempo en que ocupó el cargo **2** (*Relig*) beneficio

incur /ɪnˈkɜː(r)/ *vt* (**-rr-**) **1** incurrir: *to incur sb's dislike* incurrir en el desprecio de algn ◊ *costs incurred* gastos en los que se ha incurrido **2** (*deuda*) contraer

incurable /ɪnˈkjʊərəbl/ *adj, n* incurable
▶ **incurably** *adv* sin remedio: *He's incurably romantic.* Es un romántico incurable.

incurious /ɪnˈkjʊəriəs/ *adj* (*formal*): *He is incurious.* No es curioso.

incursion /ɪnˈkɜːʃn; *USA* -ʒn/ *n* **~ (into/on/upon sth)** (*formal*) **1** incursión (en algo) **2** (*fig*) intrusión (en algo)

Ind (*Pol*) *abrev de* **Independent**

indebted /ɪnˈdetɪd/ *adj* **~ to sb (for sth)** (*lit* y *fig*) endeudado con algn (por algo): *We are indebted to him for his loyalty.* Estamos en deuda con él por su lealtad.
▶ **indebtedness** *n* (*lit* y *fig*) endeudamiento

indecency /ɪnˈdiːsnsi/ *n* indecencia

indecent /ɪnˈdiːsnt/ *adj* indecente
LOC with indecent haste de manera demasiado apresurada
▶ **indecently** *adv* indecentemente

indecent assault *n* agresión sexual

indecent exposure *n* escándalo público

indecipherable /ˌɪndɪˈsaɪfrəbl/ *adj* indescifrable

indecision /ˌɪndɪˈsɪʒn/ *n* indecisión

indecisive /ˌɪndɪˈsaɪsɪv/ *adj* **1** indeciso **2** no concluyente
▶ **indecisively** *adv* con indecisión: *to end indecisively* terminar sin resultado definitivo

indecorous /ɪnˈdekərəs/ *adj* (*formal*) indecoroso

indecorum /ˌɪndɪˈkɔːrəm/ *n* (*formal*) falta de decoro

indeed /ɪnˈdiːd/ *adv* **1** [*uso enfático*] de verdad: *'Indeed he did.'* "Ya lo creo." ◊ *That is a compliment indeed.* Eso sí que es una alabanza. ◊ *Thank you very much indeed!* ¡Muchísimas gracias! **2** (*comentario, respuesta o reconocimiento*) de veras: *Did you indeed?* ¿De veras? ◊ *A ghost indeed!* ¡Así que un fantasma! ◊ *'When will it improve?' 'When indeed!'* —¿Cuándo va a mejorar? —¡Eso digo yo! **3** (*formal*) en efecto: *It will not help. Indeed it will make matters worse.* No arreglará nada. De hecho empeorará las cosas. ◊ *I was annoyed, indeed furious.* Estaba, más que enfadado, furioso.

indefatigable /ˌɪndɪˈfætɪɡəbl/ *adj* infatigable

indefensible /ˌɪndɪˈfensəbl/ *adj* **1** (*comportamiento*) inexcusable **2** (*argumento*) insostenible

indefinable /ˌɪndɪˈfaɪnəbl/ *adj* indefinible

indefinite /ɪnˈdefɪnət/ *adj* **1** vago **2** indefinido: *indefinite closure* cierre indefinido
▶ **indefinitely** *adv* **1** indefinidamente **2** por tiempo indefinido

indefinite article *n* artículo indeterminado

indelible /ɪnˈdeləbl/ *adj* **1** indeleble **2** imborrable
▶ **indelibly** *adv* de manera imborrable

indelicate /ɪnˈdelɪkət/ *adj* **1** indelicado **2** indiscreto
▶ **indelicacy** *n* falta de delicadeza

indemnify /ɪnˈdemnɪfaɪ/ *vt* (*pret, pp* **-fied**) **1 ~ sb against sth** (*con una póliza, etc*) asegurar a algn contra algo **2 ~ sb for sth** indemnizar a algn por algo

indemnity /ɪnˈdemnəti/ *n* (*pl* **-ies**) **1** indemnización **2** indemnidad

indent /ɪnˈdent/ **1** *vt* (*texto*) sangrar **2** *vi* **~ for sth** (*Com*) encargar algo: *to indent on the firm for new equipment* hacer un pedido de nuevo equipo para la empresa
■ **indent** *n* (*Com*) pedido

indentation /ˌɪndenˈteɪʃn/ *n* **1** (*texto*) sangrado **2** (*depresión*) huella **3** (*en costa, etc*) entrante

independence /ˌɪndɪˈpendəns/ *n* independencia: *Independence Day* Día de la Independencia

independent /ˌɪndɪˈpendənt/ *adj* **1** independiente **2** privado: *independent television companies* televisiones privadas ◊ *independent schools* colegios privados ☛ *Ver nota en* ESCUELA
LOC of independent means de medios (*económicos*)
■ **Independent** *n* (*abrev* **Ind**) (*Pol*) independiente: *to stand as an Independent* presentarse como independiente
▶ **independently** *adv* **1** independientemente **2** por separado

in-depth /ˌɪn ˈdepθ/ *adj* a fondo, exhaustivo: *an in-depth study* un estudio a fondo

indescribable /ˌɪndɪˈskraɪbəbl/ *adj* indescriptible
▶ **indescribably** *adv* indescriptiblemente

indestructible /ˌɪndɪˈstrʌktəbl/ *adj* indestructible

indeterminate /ˌɪndɪˈtɜːmɪnət/ *adj* indeterminado

index /ˈɪndeks/ *n* **1** (*pl* **~es**) **(a)** (*libro*) índice **(b)** (*tb* **card index**) (*archivo*) ficha **2** (*pl* **~es** o **indices** /ˈɪndɪsiːz/) índice: *the retail price index* el índice de precios al consumo ◊ *an index of the country's prosperity* un índice de la prosperidad del país **3** (*pl* **indices** /ˈɪndɪsiːz/) (*Mat*) exponente
■ **index** *vt* **1(a)** poner índice a **(b)** clasificar **2** (*salario*) indexar (*según el índice de inflación*)
▶ **indexation** *n* indexación (*de salarios, etc*)

index finger *n* dedo índice ☛ *Ver ilustración en* HAND[1]

index-linked /ˈɪndeks lɪŋkt/ *adj* indexado (*según el coste de la vida*)

Indian /ˈɪndiən/ *adj, n* **1** indio, -a: *Indian Ocean* Océano Índico ◊ *Indian ink* tinta china **2** (*tb* **Amerindian**) amerindio, -a *Ver tb* RED INDIAN, WEST INDIAN
LOC an Indian summer veranillo de San Martín *Ver tb* FILE[3]

indicate /ˈɪndɪkeɪt/ **1** *vt* **(a)** indicar, señalar **(b)** ser indicio de **2** *vi* poner el intermitente: *I was indicating left.* Había dado al intermitente de la izquierda.

indication /ˌɪndɪˈkeɪʃn/ *n* **1** indicio: *She gave no indication of being unhappy.* No dio señal alguna de no ser feliz. **2** indicación

indicative /ɪnˈdɪkətɪv/ *adj* **1** (*Gram*) indicativo **2** **~ of sth** indicativo de algo: *This is indicative of a big change.* Esto es indicio de un gran cambio.

indicator /ˈɪndɪkeɪtə(r)/ *n* **1** indicador **2** (*coche*) intermitente ☛ *Ver ilustración en* CAR **3** (*poco frec*) (*estación, etc*) tablón de los horarios

indices *plural de* INDEX

indict /ɪnˈdaɪt/ *vt* **1** **~ sb (for sth) (a)** acusar a algn (de algo): *He was indicted for murder.* Fue acusado de asesinato. **(b)** procesar a algn (por algo) **2** (*fig*) condenar, censurar

indictment /ɪnˈdaɪtmənt/ *n* **1** (*Jur*) acusación, cargos **2** (*fig*) crítica: *It's a terrible/damning indictment of our society.* Es una crítica tremenda de nuestra sociedad.

indie /ˈɪndi/ *adj* (*coloq*) independiente: *an indie label* una compañía discográfica independiente ◊ *indie music* música producida por compañías independientes

indifference /ɪnˈdɪfrəns/ *n* **~ to/toward sth/sb** indiferencia ante/hacia algo/algn

indifferent /ɪnˈdɪfrənt/ *adj* **1** indiferente **2** (*pey*) mediocre

▸ **indifferently** *adv* **1** con indiferencia **2** indistintamente **3** (*pey*) de forma mediocre

indigenous /ɪnˈdɪdʒənəs/ *adj* (*formal*) **1** indígena **2** autóctono

indigent /ˈɪndɪdʒənt/ *adj* (*formal*) indigente

indigestible /ˌɪndɪˈdʒestəbl/ *adj* **1** indigesto **2** (*fig*) difícil de digerir

indigestion /ˌɪndɪˈdʒestʃən/ *n* indigestión, dolor de estómago

indignant /ɪnˈdɪgnənt/ *adj* indignado: *to be/get indignant about sth* indignarse por algo ◊ *an indignant look* una mirada de indignación

▸ **indignantly** *adv* con indignación

indignation /ˌɪndɪgˈneɪʃn/ *n* indignación

indignity /ɪnˈdɪgnəti/ *n* (*pl* **-ies**) humillación

indigo /ˈɪndɪgəʊ/ *adj, n* índigo, añil

indirect /ˌɪndəˈrekt, -daɪˈr-/ *adj* indirecto: *indirect object* objeto indirecto ◊ *indirect speech* estilo indirecto ◊ *an indirect free-kick* un libre indirecto ◊ *indirect taxation* impuestos indirectos

▸ **indirectly** *adv* indirectamente

indiscernible /ˌɪndɪˈsɜːnəbl/ *adj* imperceptible

indiscipline /ɪnˈdɪsɪplɪn/ *n* indisciplina

indiscreet /ˌɪndɪˈskriːt/ *adj* indiscreto

▸ **indiscreetly** *adv* indiscretamente

indiscretion /ˌɪndɪˈskreʃn/ *n* indiscreción

indiscriminate /ˌɪndɪˈskrɪmɪnət/ *adj* **1** indiscriminado: *indiscriminate use of force* uso indiscriminado de la fuerza **2** hecho sin discernimiento: *He's indiscriminate in his choice of friends.* No sabe elegir a sus amigos.

▸ **indiscriminately** *adv* indiscriminadamente: *The police fired indiscriminately into the crowd.* La policía disparó indiscriminidamente contra la multitud.

indispensable /ˌɪndɪˈspensəbl/ *adj* indispensable, imprescindible

indisposed /ˌɪndɪˈspəʊzd/ *adj* **1** indispuesto **2** no dispuesto: *I felt indisposed to help him.* No me sentía dispuesto a ayudarle.

indisputable /ˌɪndɪˈspjuːtəbl/ *adj* irrefutable, indiscutible

▸ **indisputably** *adv* indiscutiblemente

indissoluble /ˌɪndɪˈsɒljəbl/ *adj* (*formal*) **1** indisoluble **2** indestructible

indistinct /ˌɪndɪˈstɪŋkt/ *adj* **1** (*forma*) indistinto, poco definido **2** (*habla*) poco claro

▸ **indistinctly** *adv* **1** vagamente **2** indistintamente

indistinguishable /ˌɪndɪˈstɪŋgwɪʃəbl/ *adj* **~ (from sth)** que no se puede distinguir (*de algo*): *He's indistinguishable from his brother.* No se lo puede distinguir de su hermano.

individual /ˌɪndɪˈvɪdʒuəl/ *adj* **1(a)** individual: *individual portions* porciones individuales **(b)** personal **2** suelto: *In spite of the recession, individual companies are doing well.* A pesar de la crisis, hay compañías sueltas que van bien. ◊ *on an individual basis* uno por uno/considerado por separado ◊ *Each individual member has the right to vote.* Cada uno de los socios tiene derecho a voto. ◊ *The building was sold as individual flats.* El edificio se vendió como pisos sueltos. **3** (*aprob*) particular: *He writes in a very individual way.* Escribe de una manera muy particular.

■ **individual** *n* individuo: *as a private individual* a título personal

▸ **individually** *adv* **1** por separado, individualmente **2** *The flat is very individually furnished.* El piso está amueblado con un gusto muy particular.

individualism /ˌɪndɪˈvɪdʒuəlɪzəm/ *n* individualismo

▸ **individualist** *n* individualista

individualistic *adj* individualista

individuality /ˌɪndɪˌvɪdʒuˈæləti/ *n* individualidad

individualize, -ise /ˌɪndɪˈvɪdʒuəlaɪz/ *vt* individualizar

indivisible /ˌɪndɪˈvɪzəbl/ *adj* indivisible

indoctrinate /ɪnˈdɒktrɪneɪt/ *vt* adoctrinar

▸ **indoctrination** *n* adoctrinamiento

Indo-European /ˌɪndəʊ ˌjʊərəˈpiːən/ *adj, n* indoeuropeo, -a

indolent /ˈɪndələnt/ *adj* (*formal*) indolente

▸ **indolence** *n* indolencia

indomitable /ɪnˈdɒmɪtəbl/ *adj* (*formal*) indomable

Indonesian /ˌɪndəˈniːziən/ *adj* indonesio

■ **Indonesian** *n* **1** (*idioma*) indonesio **2** (*persona*) indonesio, -a

indoor /ˈɪndɔː(r)/ *adj* **1** interior: *indoor aerial* antena interior ◊ *indoor activities* actividades de sala ◊ *an indoor plant* una planta de interior ◊ *indoor sports* deportes bajo techo **2** (*Dep*) cubierto: *indoor swimming-pool* piscina cubierta ◊ *indoor football* fútbol en campo cubierto ☛ *Comparar con* OUTDOOR

indoors /ˌɪnˈdɔːz/ *adv* en casa: *to stay indoors* quedarse en casa

indubitable /ɪnˈdjuːbɪtəbl; *USA* -ˈduː-/ *adj* (*formal*) indudable

induce /ɪnˈdjuːs; *USA* -duːs/ *vt* **1** **~ sb to do sth (a)** inducir a algn a que haga algo **(b)** llevar a algn a hacer algo: *What induced you to do such a stupid thing?* ¿Qué te llevó a hacer una cosa tan tonta? **2(a)** causar: *illness induced by overwork* enfermedad causada por un exceso de trabajo **(b)** (*Med*) provocar el parto: *She had to be induced.* Tuvieron que provocarle el parto.

▸ **inducement** *n* **1** incentivo: *to offer a financial inducement* ofrecer un incentivo monetario **2** (*eufemismo*) soborno

induct /ɪnˈdʌkt/ *vt* **~ sb as sth** investir a algn como algo

induction /ɪnˈdʌkʃn/ *n* [*incontable*] **1** **~ (into sth/as sth/sb)** iniciación (en algo/como algo/algn): *an induction course* un curso de introducción **2** (*lógica, electrónica, mecánica*) inducción

inductive /ɪnˈdʌktɪv/ *adj* inductivo

indulge /ɪnˈdʌldʒ/ **1** *vt* **(a)** consentir, permitir: *She indulges his every whim.* Le permite todos sus caprichos. ◊ *to indulge your fantasies* dar rienda suelta a sus fantasías **(b)** **~ sb (with sth)** dar a algn el gusto (de algo) **2** *v refl* **~ yourself (with sth)** darse el gusto (de algo): *Why not indulge yourself?* ¿Por qué no permitirte un lujo? **3** *vi* **~ in sth** darse el gusto de algo; permitirse algo: *to indulge in (the luxury of) a long hot bath* permitirse el lujo de un baño de espuma ◊ *He indulged in certain illegal practices.* Participó en determinadas actividades ilegales.

indulgence /ɪnˈdʌldʒəns/ *n* **1** [*incontable*] indulgencia, complacencia: *to show great indulgence toward sb* ser muy complaciente con algn **2** [*incontable*] **~ in sth** complacencia en algo: *without any indulgence in self-pity* sin hacer ninguna concesión a la autocompasión ◊ *excessive indulgence in alcohol* el abuso excesivo del alcohol ◊ *an age of indulgence* una época de desenfreno **3** vicio, lujo: *A cigar after dinner is my only indulgence.* Mi único vicio es fumarme un puro después de comer. ◊ *an indulgence of the rich* un placer de los ricos **4** (*Relig*) indulgencia

indulgent /ɪnˈdʌldʒənt/ *adj* indulgente: *to be indulgent with sb* mostrarse indulgente con algn ◊ *indulgent parents* padres tolerantes *Ver tb* SELF-INDULGENT
▶ **indulgently** *adv* con indulgencia

industrial /ɪnˈdʌstriəl/ *adj* **1** industrial: *industrial estate* polígono industrial ◊ *the Industrial Revolution* la Revolución Industrial **2** laboral: *industrial accident* accidente laboral ◊ *industrial dispute* conflicto laboral ◊ *industrial relations* relaciones laborales ◊ *to take industrial action* tomar medidas de presión en un conflicto laboral

industrialist /ɪnˈdʌstriəlɪst/ *n* industrial: *leading industrialists* industriales destacados

industrialize, -ise /ɪnˈdʌstriəlaɪz/ *vt* industrializar
▶ **industrialization, -isation** /ɪnˌdʌstriəlaɪˈzeɪʃn; *USA* -lɪˈz-/ *n* industrialización

industrially /ɪnˈdʌstriəli/ *adv* industrialmente

industrious /ɪnˈdʌstriəs/ *adj* **1** trabajador **2** diligente

industry /ˈɪndəstri/ *n* (*pl* **-ies**) **1** industria: *heavy industry* la industria pesada ◊ *to work in industry* trabajar en el sector empresarial ◊ *service industries* el sector de servicios *Ver tb* COTTAGE INDUSTRY, LIGHT INDUSTRY **2** (*formal*) laboriosidad **LOC** *Ver* CAPTAIN

inebriated /ɪˈniːbrieɪtɪd/ *adj* intoxicado, ebrio

inebriation /ɪˌniːbriˈeɪʃn/ *n* ebriedad

inedible /ɪnˈedəbl/ *adj* (*formal*) **1** incomestible: *The fish was quite inedible.* El pescado no se podía comer. **2** no comestible

ineffable /ɪnˈefəbl/ *adj* (*formal*) inefable

ineffective /ˌɪnɪˈfektɪv/ *adj* **1** ineficaz **2** (*persona*) incompetente
▶ **ineffectively** *adv* sin éxito
ineffectiveness *n* **1** ineficacia **2** (*persona*) incapacidad

ineffectual /ˌɪnɪˈfektʃuəl/ *adj* ineficaz
▶ **ineffectually** *adv* ineficazmente

inefficiency /ɪnɪˈfɪʃnsi/ *n* (*pl* **-ies**) **1** ineficiencia **2** [*contable*] incompetencia

inefficient /ˌɪnɪˈfɪʃnt/ *adj* **1** ineficaz **2** incompetente
▶ **inefficiently** *adv* de manera ineficaz

inelastic /ˌɪnɪˈlæstɪk/ *adj* **1** inelástico **2** inflexible

inelegant /ɪnˈelɪgənt/ *adj* inelegante

ineligibility /ɪnˌelɪdʒəˈbɪləti/ *n* [*incontable*] ineligibilidad, falto de elegibilidad: *to appeal against ineligibility for benefit* apelar para que se le conceda el derecho al subsidio

ineligible /ɪnˈelɪdʒəbl/ *adj* **to be ~ (for sth/to do sth)** no tener derecho (a/para algo): *to be ineligible to vote* no tener derecho al voto ◊ *to be ineligible for tax allowances* no reunir las condiciones exigidas para las desgravaciones fiscales

inept /ɪˈnept/ *adj* inepto
▶ **ineptitude** *n* ineptitud

inequality /ˌɪnɪˈkwɒləti/ *n* (*pl* **-ies**) desigualdad: *racial inequality* la desigualdad racial

inequitable /ɪnˈekwɪtəbl/ *adj* (*formal*) injusto
▶ **inequity** *n* (*formal*) (*pl* **-ies**) injusticia

ineradicable /ˌɪnɪˈrædɪkəbl/ *adj* **1** (*memoria*) indeleble **2** (*enfermedad*) imposible de eradicar
▶ **ineradicably** *adv* de forma indeleble

inert /ɪˈnɜːt/ *adj* inerte: *She lay there inert.* Estaba tumbada allí inerte. ◊ *inert gas* gas inerte

inertia /ɪˈnɜːʃə/ *n* inercia: *She agreed to go from sheer inertia.* Accedió a ir por pura inercia.
▶ **inertial** *adj* inercial

inescapable /ˌɪnɪˈskeɪpəbl/ *adj* ineludible, inevitable
▶ **inescapably** *adv* de forma ineludible

inestimable /ɪnˈestɪməbl/ *adj* (*formal*) inestimable
▶ **inestimably** *adv* de manera inestimable: *inestimably grateful* infinitamente agradecido

inevitable /ɪnˈevɪtəbl/ *adj* **1** inevitable **2** consabido
■ **inevitable** *n* lo inevitable: *to bow to the inevitable* ceder ante lo inevitable
▶ **inevitability** *n* inevitabilidad
inevitably *adv* inevitablemente

inexact /ˌɪnɪgˈzækt/ *adj* inexacto
▶ **inexactitude** *n* inexactitud

inexcusable /ˌɪnɪkˈskjuːzəbl/ *adj* imperdonable: *inexcusable conduct/delay* conducta/retraso imperdonable
▶ **inexcusably** *adv* imperdonablemente

inexhaustible /ˌɪnɪgˈzɔːstəbl/ *adj* inagotable: *an inexhaustible supply of money* una fuente inagotable de dinero

inexorable /ɪnˈeksərəbl/ *adj* inexorable: *the inexorable march of progress* el avance inexorable del progreso
▶ **inexorability** *n* inexorabilidad: *the inexorability of fate* la inexorabilidad del destino
inexorably *adv* inexorablemente

inexpensive /ˌɪnɪkˈspensɪv/ *adj* económico
▶ **inexpensively** *adv* por poco dinero

inexperience /ˌɪnɪkˈspɪəriəns/ *n* inexperiencia
▶ **inexperienced** *adj* sin experiencia: *an inexperienced driver* un conductor sin experiencia ◊ *inexperienced in love/business* inexperto en el amor/los negocios ◊ *to be inexperienced in/at sth* tener poca experiencia en/de algo

inexpert /ɪnˈekspɜːt/ *adj* inexperto

inexplicable /ˌɪnɪkˈsplɪkəbl/ *adj* inexplicable: *an inexplicable phenomenon* un fenómeno inexplicable ◊ *For some inexplicable reason…* Por alguna razón inexplicable…
▶ **inexplicably** *adv* inexplicablemente

inexpressible /ˌɪnɪkˈspresəbl/ *adj* inefable, inexpresable: *inexpressible sorrow/joy* tristeza/alegría inefable

inextinguishable /ˌɪnɪkˈstɪŋgwɪʃəbl/ *adj* (*formal*) inextinguible: *inextinguishable hope/love* esperanza/amor inextinguible

inextricable /ˌɪnɪkˈstrɪkəbl, ɪnˈekstrɪkəbl/ *adj* inextricable
▶ **inextricably** *adv* de forma inextricable

infallible /ɪnˈfæləbl/ *adj* infalible: *None of us is infallible.* Nadie es perfecto. ◊ *an infallible remedy* un remedio infalible
▶ **infallibility** *n* infalibilidad: *the doctrine of Papal infallibility* la doctrina de la infalibilidad papal

infamous /ˈɪnfəməs/ *adj* **1** infame: *an infamous traitor/past* un traidor/pasado infame **2** de triste fama
▶ **infamy** *n* (*pl* **-ies**) (*formal*) infamia

infancy /ˈɪnfənsi/ *n* **1** infancia: *in early infancy* en la temprana infancia ◊ *to die in infancy* morir de niño **2** (*fig*): *The project was still in its infancy.* El proyecto todavía estaba en mantillas.

infant /ˈɪnfənt/ *n* niño pequeño: *infant school* escuela primaria (hasta los 7 años) ◊ *a very high infant mortality rate* una tasa de mortalidad infantil muy alta

> En general, **baby**, **toddler** y **child** son palabras más normales para referirnos a un niño pequeño.

■ **infant** *adj* naciente: *an infant industry* una industria naciente

infanticide /ɪnˈfæntɪsaɪd/ *n* **1** infanticidio: *commit infanticide* cometer un infanticidio **2** infanticida

infantile /ˈɪnfəntaɪl/ *adj* infantil
▶ **infantilism** *n* infantilismo

infantry /ˈɪnfəntri/ *n* [*v sing o pl*] infantería ☛ *Comparar con* CAVALRY

▶ **infantryman** *n* soldado de infantería

infant school *n* parvulario

infatuated /ɪnˈfætʃueɪtɪd/ *adj* ~ **(with/by sth/sb)** encaprichado (con algo/algn)

▶ **infatuation** *n* ~ **(with/for sth/sb)** encaprichamiento (con algo/algn): *a passing infatuation* un encaprichamiento pasajero

infect /ɪnˈfekt/ *vt* **1** infectar, contagiar: *an infected wound* una herida infectada **2** (*fig*) contagiar: *infect sb with your enthusiasm* contagiar a algn con su entusiasmo ◊ *a mind infected with racial prejudice* una mente corrompida por los prejuicios racistas

infection /ɪnˈfekʃn/ *n* infección, contagio: *A poor diet increases the risk of infection.* Una dieta inadecuada aumenta el riesgo de infección. ◊ *a throat infection* una infección de garganta ◊ *prevent the spread of infection* evitar que se extienda la infección

infectious /ɪnˈfekʃəs/ *adj* infeccioso, contagioso

▶ **infectiously** *adv* de manera contagiosa: *laugh infectiously* reírse de manera contagiosa ◊ *He was infectiously good-humoured.* Tenía un buen humor contagioso.

infectiousness *n* contagiosidad

infer /ɪnˈfɜː(r)/ *vt* (-rr-) **1** ~ **sth (from sth)** deducir algo (de algo) **2** insinuar: *What are you inferring?* ¿Qué insinuas?

▶ **inference** *n*: *by inference* por deducción ◊ *No inference can be drawn from this.* No se puede sacar conclusión alguna de esto.

inferior /ɪnˈfɪəriə(r)/ *adj* inferior: *I was never made to feel inferior to them.* Nunca me han hecho sentir inferior a ellos.

■ **inferior** *n*: *He is her intellectual inferior.* Es inferior a ella intelectualmente.

▶ **inferiority** *n* inferioridad: *inferiority complex* complejo de inferioridad

infernal /ɪnˈfɜːnl/ *adj* infernal: *an infernal nuisance* una molestia infernal

▶ **infernally** *adv* terriblemente: *Don't be so infernally conceited!* ¡No seas tan terriblemente engreído!

inferno /ɪnˈfɜːnəʊ/ *n* (*pl* ~**s**) **1** infierno **2** incendio: *It was a blazing inferno.* Ardía como una hoguera.

infertile /ɪnˈfɜːtaɪl; *USA* -tl/ *adj* estéril

infertility /ˌɪnfɜːˈtɪləti/ *n* **1** esterilidad **2** (*Agricultura*) infecundidad

infest /ɪnˈfest/ *vt* (*pey*) infestar: *infested with rats* plagado de ratas

▶ **infestation** *n* plaga, infestación

infidel /ˈɪnfɪdəl/ *n* (*antic, pey*) infiel: *the Infidel* los Infieles

infidelity /ˌɪnfɪˈdeləti/ *n* (*pl* **-ies**) (*formal*) infidelidad

infighting /ˈɪnfaɪtɪŋ/ *n* (*coloq*) lucha interna (*no física*): *political infighting* lucha política

infill /ˈɪnfɪl/ (*tb* **infilling**) *n* **1** (*construcción*) relleno **2** construcción que rellena huecos entre edificios existentes

infiltrate /ˈɪnfɪltreɪt/ *vt, vi* ~ **(into sth)**; ~ **A into B/B with A** infiltrar(se) (en algo); A en B

▶ **infiltration** *n* infiltración: *to prevent the infiltration of extremists into the Party* evitar la infiltración de extremistas en el partido

infiltrator *n* infiltrado, -a

infinite /ˈɪnfɪnət/ *adj* infinito: *an infinite variety* una variedad infinita

▶ **infinitely** *adv* infinitamente: *infinitely better/more* muchísimo mejor/más

■ **infinite** *n* [*sing*] el infinito

infinitesimal /ˌɪnfɪnɪˈtesɪml/ *adj* infinitesimal

infinitive /ɪnˈfɪnətɪv/ *n* (*Gram*) infinitivo **LOC** *Ver* SPLIT

infinity /ɪnˈfɪnəti/ *n* **1** infinidad **2** infinito **3** [*sing*] sinfín

infirm /ɪnˈfɜːm/ *adj* **1** débil **2** achacoso

LOC **infirm of purpose** irresoluto

▶ **infirmity** *n* (*pl* **-ies**) **1** debilidad: *infirmity of purpose* falta de resolución **2** achaque

the infirm *n* [*pl*] los enfermos o débiles

infirmary /ɪnˈfɜːməri/ *n* **1** hospital **2** enfermería

inflame /ɪnˈfleɪm/ *vt* enardecer, acalorar

▶ **inflamed** *adj* **1** (*Med*) inflamado: *to become inflamed* inflamarse **2** ~ **(by/with sth)** (*fig*) acalorado (por algo)

inflammable /ɪnˈflæməbl/ *adj* **1** inflamable

Nótese que **inflammable** y **flammable** son sinónimos.

2 (*coloq, fig*) **(a)** (*temperamento*) excitable **(b)** (*situación*) explosivo

inflammation /ˌɪnfləˈmeɪʃn/ *n* inflamación

inflammatory /ɪnˈflæmətri; *USA* -tɔːri/ *adj* **1** (*pey*) (*comentario*) incendiario **2** (*Med*) inflamatorio

inflate /ɪnˈfleɪt/ **1** *vt, vi* inflar(se), hinchar(se) **2** *vt* (*fig*) **(a)** exagerar **(b)** (*Fin*) inflar ☛ *Comparar con* DEFLATE

▶ **inflatable** **1** *adj* hinchable **2** *n* lancha, colchoneta, etc, inflable

inflated *adj* **1** hinchado **2** (*pey*) **(a)** exagerado: *to have an inflated opinion of yourself* creerse demasiado **(b)** (*lenguaje*) rimbombante **3** (*precio*) excesivo, inflado

inflation /ɪnˈfleɪʃn/ *n* inflación: *inflation rate* tasa de inflación

▶ **inflationary** *adj* inflacionista

inflect /ɪnˈflekt/ *vt* **1** (*Ling*) **(a)** (*verbo*) conjugar **(b)** (*sustantivo*) declinar **2** (*voz*) modular

▶ **inflected** *adj* flexivo: *an inflected language* una lengua flexiva

inflection (*tb* **inflexion**) *n* **1** (*Ling*) flexión **2** (*voz*) inflexión

inflexible /ɪnˈfleksəbl/ *adj* **1** inflexible **2** (*material*) rígido

▶ **inflexibility** *n* **1** inflexibilidad **2** (*fig*) rigidez

inflict /ɪnˈflɪkt/ *vt* **1** ~ **sth (on sb) (a)** (*sufrimiento, derrota*) infligir algo (a algn) **(b)** (*daño*) causar algo (a algn) *Ver tb* SELF-INFLICTED **2** ~ **sth on sb** (*coloq, gen joc*) imponer algo a algn: *I don't want to inflict myself on you.* No quiero imponerte mi presencia.

▶ **infliction** *n* **1** imposición: *to avoid the unnecessary infliction of pain* evitar que se cause un dolor innecesario **2** molestia

in-flight /ˌɪnˈflaɪt/ *adj* en vuelo: *in-flight meals* comidas a bordo

inflow /ˈɪnfləʊ/ *n* **1** afluencia **2** (*fig*) flujo

influence /ˈɪnfluəns/ *n* **1** ~ **(on/over sth/sb)** influencia (en/sobre algo/algn): *to be/have a good/bad influence* ser/ejercer una buena/mala influencia ◊ *under the influence of Freud* bajo la/por influencia de Freud **2** ~ **(with sb)** enchufe (con algn)

LOC **under the influence (of alcohol)** (*formal* o *joc*) en estado de embriaguez

■ **influence** *vt* **1** influir: *to influence a decision* influir en/sobre una decisión **2** influenciar: *to influence sb* ejercer influencia sobre algn ◊ *influenced by Picasso* influenciado por Picasso

influential /ˌɪnfluˈenʃl/ *adj* ~ **(in sth/doing sth)** influyente (en algo/hacer algo)

influenza /ˌɪnfluˈenzə/ *n* (*formal*) *Ver* FLU

influx /ˈɪnflʌks/ *n* ~ **(into sth) 1** (*personas*) afluencia a/en algo **2** (*capital*) entrada en algo

info /ˈɪnfəʊ/ *n* [*incontable*] (*coloq*) información: *For further info phone 886521.* Para más información llame al Tlf 886521.

inform /ɪnˈfɔːm/ *vt, vi* **1** ~ **sb (of/about sth) (a)** informar, avisar a algn (de algo): *to keep sb informed* mantener a algn al tanto **(b)** comunicar algo a algn: *We are pleased to inform you that…* Nos complace comunicarles que… **2** ~ **against/on sb** delatar a algn **3** (*formal*) (*obra*) informar

▶ **informant** *n* **1** (*tb* **informer**) soplón, -ona (*de la policía, etc*) **2** (*formal*) (*en encuesta, etc*) persona que proporciona información

informed *adj* **1** informado: *an informed guess* una

conjetura basada en el conocimiento **2** enterado **3** instruido *Ver tb* ILL-INFORMED, WELL-INFORMED

informer (*tb* **informant**) *n* soplón, -ona (*de la policía, etc*)

informal /ɪnˈfɔːml/ *adj* **1** (*charla, reunión, etc*) informal, no oficial **2** (*persona, tono*) campechano **3** sin etiqueta: *Dress will be informal.* Sin etiqueta. **4** (*lenguaje*) coloquial, familiar

▶ **informality** /ˌɪnfɔːˈmæləti/ *n* falta de ceremonia, informalidad

informally *adv* **1** de manera informal, no oficialmente **2** sin ceremonia: *to speak informally* hablar en tono de confianza

information /ˌɪnfəˈmeɪʃn/ (*coloq* **info**) *n* [*incontable*] ~ (**on/about sth/sb**) información (sobre/acerca de algo/algn): *to ask for information* pedir informes ◊ *for your information* para tu información/gobierno ◊ *a piece of information* un dato ◊ *further information* más información **LOC** *Ver* MINE[2]

information processing *n* tratamiento de información

information retrieval *n* recuperación de información

information technology *n* (*abrev* **IT**) informática, tecnología de la información

informative /ɪnˈfɔːmətɪv/ *adj* informativo, instructivo

infraction /ɪnˈfrækʃn/ *n* (*formal*) infracción: *infraction of the law* las infracciones de la ley

infra dig /ˌɪnfrə ˈdɪg/ *adj* (*antic*) indigno

infra-red /ˌɪnfrə ˈred/ *adj* infrarrojo

infrastructure /ˈɪnfrəstrʌktʃə(r)/ *n* infraestructura

infrequent /ɪnˈfriːkwənt/ *adj* poco frecuente, infrecuente

▶ **infrequently** *adv* raramente

infringe /ɪnˈfrɪndʒ/ **1** *vt* **(a)** (*leyes, etc*) infringir **(b)** (*derechos, etc*) violar **2** *vi* ~ **on/upon sth** transgredir algo

▶ **infringement** *n* **1** [*incontable*]: *laws subject to frequent infringement* las leyes que se infringen con más frecuencia **2** [*contable*] infracción (*de la ley*), violación (*de los derechos de algn*)

infuriate /ɪnˈfjʊərieɪt/ *vt* enfurecer: *to be infuriated by sth* estar enfurecido/exasperado por algo

▶ **infuriating** *adj* exasperante

infuriatingly *adv*: *She's infuriatingly slow.* Es lenta hasta la exasperación.

infuse /ɪnˈfjuːz/ **1** *vt* ~ **sth into sth/sb**; ~ **sth/sb with sth** infundir algo a algo/algn **2** *vi*: *Let the teabag infuse for a while.* Deje la bolsita de té en infusión un rato.

▶ **infusion** /ɪnˈfjuːʒn/ *n* infusión

ingenious /ɪnˈdʒiːniəs/ *adj* ingenioso: *She's ingenious at solving crossword puzzles.* Es muy ingeniosa haciendo crucigramas.

▶ **ingeniously** *adv* ingeniosamente

ingenuity /ˌɪndʒəˈnjuːəti; *USA* -ˈnuː-/ *n* ingenio: *to use your ingenuity* utilizar el ingenio

ingenuous /ɪnˈdʒenjuəs/ *adj* (*formal*) ingenuo: *an ingenuous smile* una sonrisa ingenua

ingest /ɪnˈdʒest/ *vt* (*formal*) ingerir

ingrained /ɪnˈgreɪnd/ *adj* **1** (*creencia, etc*) arraigado **2** (*suciedad*) incrustado

ingratiate /ɪnˈgreɪʃieɪt/ *v refl* ~ **yourself** (**with sb**) (*formal, pey*) congraciarse (con algn)

ingratiating /ɪnˈgreɪʃieɪtɪŋ/ *adj* (*pey*) zalamero: *his ingratiating manner* sus zalamerías

ingratitude /ɪnˈgrætɪtjuːd; *USA* -tuːd/ *n* ingratitud

ingredient /ɪnˈgriːdiənt/ *n* ingrediente, componente: *Communication is an essential ingredient of a lasting marriage.* La comunicación es el ingrediente esencial de un matrimonio duradero.

ingrowing toenail *n* uña encarnada

inhabit /ɪnˈhæbɪt/ *vt* habitar: *an inhabited island* una isla habitada

inhabitant /ɪnˈhæbɪtənt/ *n* habitante

inhale /ɪnˈheɪl/ **1** *vi* **(a)** aspirar, respirar: *Inhale deeply.* Respire profundamente. **(b)** (*fumador*) tragarse el humo **2** *vt* inhalar

▶ **inhalation** /ˌɪnhəˈleɪʃən/ *n* inhalación: *smoke inhalation* la inhalación de humo

inhaler /ɪnˈheɪlə(r)/ *n* inhalador

inherent /ɪnˈhɪərənt, -ˈher-/ *adj* ~ (**in sth/sb**) inherente (a algo/algn): *There is an inherent weakness in this design.* Este diseño tiene un defecto inherente a él. ◊ *the power inherent in the office of President* el poder inherente al cargo de presidente

▶ **inherently** *adv* intrínsecamente

inherit /ɪnˈherɪt/ *vt* ~ **sth** (**from sb**) heredar algo (de algn)

▶ **inheritor** *n* heredero, -a

inheritance /ɪnˈherɪtəns/ *n* **1** [*contable*] herencia: *When she was 21 she came into her inheritance.* Heredó a los 21 años. **2** [*incontable*] sucesión: *The title passes by inheritance to the eldest son.* El título pasa por sucesión al hijo mayor. ◊ *inheritance tax* impuesto sobre sucesiones

inhibit /ɪnˈhɪbɪt/ *vt* **1** ~ **sb** (**from doing sth**) impedir a algn (hacer algo): *Shyness inhibited him from speaking.* La timidez le impedía hablar. **2** (*un proceso, una acción*) inhibir, dificultar

inhibited /ɪnˈhɪbɪtɪd/ *adj* cohibido: *They felt inhibited by...* Se sintieron cohibidos por...

inhibition /ˌɪnhɪˈbɪʃn, ˌɪnɪˈb-/ *n* inhibición: *She had no inhibitions about asking for more.* Pidió más sin inhibiciones.

inhospitable /ˌɪnhɒˈspɪtəbl/ *adj* **1** inhospitalario **2** (*fig*) inhóspito

in-house /ˌɪn ˈhaʊs/ *adj* que se lleva a cabo en las instalaciones de una empresa: *an in-house designer/translator* un diseñador/traductor en la oficina

■ **in-house** *adv*: *We do the work in-house.* Hacemos el trabajo en la propia empresa.

inhuman /ɪnˈhjuːmən/ *adj* inhumano, despiadado: *to work under inhuman conditions* trabajar en condiciones infrahumanas

inhumane /ˌɪnhjuːˈmeɪn/ *adj* inhumano (*aplicado a personas o animales en cautividad*): *the inhumane treatment of refugees/livestock* el trato inhumano de los refugiados/del ganado

inhumanity /ˌɪnhjuːˈmænəti/ *n* inhumanidad: *man's inhumanity to man* la crueldad del hombre con el hombre

inimical /ɪˈnɪmɪkl/ *adj* ~ (**to sth/sb**) (*formal*) **1** desfavorable para algo/algn **2** hostil hacia algo/algn

inimitable /ɪˈnɪmɪtəbl/ *adj* inimitable

iniquitous /ɪˈnɪkwɪtəs/ *adj* **1** (*formal*) inicuo, injusto **2** (*precio*) desorbitado

iniquity /ɪˈnɪkwəti/ *n* (*pl* **-ies**) iniquidad **LOC** *Ver* DEN

initial /ɪˈnɪʃl/ *adj* [*antes de sustantivo*] inicial: *in the initial stages* en las etapas iniciales

■ **initial** *n* inicial: *Sign your name and initials.* Firme y ponga sus iniciales.

■ **initial** *vt* (**-ll-**, *USA* **-l-**) poner las iniciales

initially /ɪˈnɪʃəli/ *adj* en un principio, inicialmente

initiate[1] /ɪˈnɪʃieɪt/ *vt* **1** (*formal*) iniciar: *to initiate proceedings against sb* entablar un proceso contra algn **2** ~ **sb** (**into sth**) **(a)** admitir a algn (en algo) (*secta, sociedad, etc*) **(b)** iniciar a algn (en algo): *An older woman initiated him into the mysteries of love.* Una mujer mayor que él lo inició en los misterios del amor.

▶ **the initiated** *n* [*pl*] los iniciados

initiate[2] /ɪˈnɪʃiət/ *n* iniciado, -a

initiation /ɪˌnɪʃiˈeɪʃn/ *n* **1** ~ (**of sth**) (*formal*) inicio (de algo) **2** ~ (**into sth**) iniciación (en algo): *initiation ceremony* ceremonia de iniciación

initiative /ɪˈnɪʃətɪv/ *n* iniciativa: *The initiative has passed to us.* Ahora nos corresponde a nosotros actuar.

◊ *She showed great initiative.* Demostró una gran iniciativa.

LOC on your own initiative por iniciativa propia **to regain/take the initiative** recuperar/tomar la iniciativa

inject /ɪnˈdʒekt/ *vt* **1** inyectar: *inject drugs into the bloodstream* inyectar drogas en la sangre **2 ~ sth (into sth/sb)** (*fig*) infundir algo (en algo/algn): *Try to inject enthusiasm into your performance.* Trata de infundir entusiasmo en tu actuación.

injection /ɪnˈdʒekʃn/ *n* inyección: *Have you had your injections yet?* ¿Te has puesto ya las inyecciones? ◊ *to give sb an injection* ponerle a algn una inyección

injudicious /ˌɪndʒuˈdɪʃəs/ *adj* (*formal*) poco juicioso, imprudente

injunction /ɪnˈdʒʌŋkʃn/ *n* (*formal*) mandato judicial: *to be granted an injunction against sb* obtener un mandato judicial contra algn

injure /ˈɪndʒə(r)/ *vt* **1** herir, lesionar: *to be seriously injured* resultar seriamente herido ◊ *He injured his leg.* Se lesionó la pierna. **2** (*reputación, intereses*) perjudicar ☛ *Ver nota en* HERIDA, HURT

▶ **injured** *adj* **1** herido, lesionado **2** ofendido: *an injured tone* un tono ofendido ◊ *I'm the injured party here.* Yo soy el que ha salido perjudicado.

the injured *n* [*pl*] los heridos (*en un accidente, etc*)

injury /ˈɪndʒəri/ *n* (*pl* **-ies**) **1** herida, lesión: *a serious injury to his head* una lesión grave en la cabeza ☛ *Ver nota en* HERIDA *Ver tb* PERSONAL INJURY **2** (*fig*) perjuicio: *injury to his reputation* perjuicio a su reputación

LOC to do yourself an injury hacerse daño: *If you lift that suitcase you'll do yourself an injury!* ¡Si levantas esa maleta te harás daño! *Ver tb* ADD

injury time *n* tiempo de descuento (*Sport*)

injustice /ɪnˈdʒʌstɪs/ *n* injusticia

LOC to do sb an injustice juzgar mal a algn

ink /ɪŋk/ *n* tinta **LOC** *Ver* BLACK

inkling /ˈɪŋklɪŋ/ *n* [*incontable*] **~ (of sth/that...)** indicio, idea (de algo/de que...): *Can you give me some inkling of what is going on?* ¿Puedes darme algún indicio de lo que está pasando?

LOC to have an inkling of sth/that... olerse algo/que... (*sospecha*)

inky /ˈɪŋki/ *adj* **1** manchado de tinta **2** negro como la tinta

inlaid /ˌɪnˈleɪd/ *adj* **~ (with sth)** incrustado (de algo)

inland /ˈɪnlənd/ *adj* **1** del interior **2** interior: *an inland sea* un mar interior

■ **inland** /ˌɪnˈlænd/ *adv* hacia el interior

Inland Revenue *n* (*GB*) Hacienda ☛ *Comparar con* INTERNAL REVENUE SERVICE

in-laws /ˈɪn lɔːz/ *n* [*pl*] (*coloq*) **1** familia política **2** suegros

inlay /ˌɪnˈleɪ/ *n* incrustación

inlet /ˈɪnlet/ *n* **1** ensenada **2** entrada: *an air/oil/water inlet* una entrada de aire/petróleo/agua

inmate /ˈɪnmeɪt/ *n* interno, -a (*en un recinto vigilado*): *prison inmate* preso ◊ *asylum inmate* interno (de un asilo)

inmost /ˈɪnməʊst/ *adj* *Ver tb* INNERMOST

inn /ɪn/ *n* (*GB*) **1** taberna **2** (*antic*) posada

innards /ˈɪnədz/ *n* [*pl*] (*coloq*) tripas

innate /ɪˈneɪt/ *adj* innato

▶ **innately** *adv* de modo innato

inner /ˈɪnə(r)/ *adj* **1** interior: *an inner room* una habitación interior ☛ *Comparar con* OUTER **2** íntimo: *inner calm* tranquilidad mental

inner circle *n* grupo dentro de una organización con gran influencia

inner-city *n* la gran ciudad: *inner-city areas* áreas superpobladas y pobres de la gran ciudad

innermost /ˈɪnəməʊst/ *adj* **1** (*fig*) más secreto: *your innermost thoughts* sus pensamientos más íntimos **2** más recóndito

inner tube *n* cámara (*de una rueda*)

innings /ˈɪnɪŋz/ *n* (*pl* **innings**) (*cricket*) turno de batear

LOC to have had a good innings (*GB, coloq*) haber tenido una vida larga y feliz

innocent /ˈɪnəsnt/ *adj* **~ (of sth)** inocente (de algo)

▶ **innocence** *n* inocencia

LOC in all innocence sin malicia *Ver tb* PROFESS

innocently *adv* inocentemente

innocuous /ɪˈnɒkjuəs/ *adj* (*coloq*) **1** (*sustancia*) inocuo **2** (*comentario*) inofensivo

innovate /ˈɪnəveɪt/ *vi* introducir novedades

▶ **innovation** *n* **1** innovación **2** novedad: *technological innovations* novedades tecnológicas

innovative (*tb* **innovatory**) *adj* (*aprob*) innovador

innovator *n* innovador, -ora

innuendo /ˌɪnjuˈendəʊ/ *n* (*pl* **~s**) (*pey*) insinuación

innumerable /ɪˈnjuːmərəbl; *USA* ɪˈnuː-/ *adj* innumerable

inoculate (*tb* **innoculate**) /ɪˈnɒkjuleɪt/ *vt* **~ sb (with sth) (against sth)** vacunar a algn (con algo) (contra algo) ☛ *Comparar con* IMMUNIZE, -ISE, VACCINATE

▶ **inoculation** *n* vacuna

inoffensive /ˌɪnəˈfensɪv/ *adj* inofensivo

inoperable /ɪnˈɒpərəbl/ *adj* **1** (*tumor, etc*) inoperable **2** (*formal*) (*plan, etc*) impracticable

inordinate /ɪnˈɔːdɪnət/ *adj* (*formal*) excesivo: *an inordinate amount of time* una excesiva cantidad de tiempo

▶ **inordinately** *adv* excesivamente

inorganic /ˌɪnɔːˈgænɪk/ *adj* inorgánico ☛ *Comparar con* ORGANIC sentido 1

in-patient /ˈɪn peɪʃnt/ *n* paciente hospitalizado, -a: *in-patient care* tratamiento de pacientes hospitalizados

input /ˈɪnpʊt/ *n* **1 ~ (into/to sth)** contribución (en algo): *an input of manpower* una contribución (mayor) de mano de obra ◊ *financial input* inversión financiera **2** (*Informát*) entrada ☛ *Comparar con* OUTPUT

■ **input** *vt* **(-tt-)** (*pret, pp* **input** o **inputted**) **~ sth (into/to sth)** introducir algo (en algo) (*Comp*): *to input information into a computer* introducir información en un ordenador

inquest /ˈɪŋkwest/ *n* **1 ~ (on sb/into sth)** investigación (judicial) (acerca de algn/algo) **2 ~ (on/into sth)** indagación (acerca de algo) *Ver tb* CORONER'S INQUEST

inquire *vt, vi* *Ver* ENQUIRE

inquiry (*tb* **enquiry**) /ɪnˈkwaɪəri; *USA* ˈɪnkwəri/ *n* (*pl* **-ies**) **1 ~ (into sth)** investigación (sobre algo): *to conduct/set up an enquiry* llevar a cabo/abrir una investigación ◊ *to demand a public inquiry into sth* exigir una investigación pública de algo ◊ *a police/parliamentary inquiry* una investigación policial/parlamentaria ◊ *Two men are helping/assisting the police with/in their inquiries.* Dos hombres están ayudando a la policía en su investigación. **2** (*formal*) pregunta

Nótese que en el sentido de pregunta es más correcto utilizar **enquiry**. *Ver tb nota en* ENQUIRY.

Inquisition /ˌɪnkwɪˈzɪʃn/ *n* **1 the Inquisition** (*tb* **the Holy Office**) La Inquisición, El Santo Oficio **2 ~ (into sth)** (*formal* o *joc*) interrogatorio (sobre algo)

inquisitive /ɪnˈkwɪzətɪv/ *adj* **1** (*pey*) inquisitorio **2** (*aprob*) inquisitivo

inquisitor /ɪnˈkwɪzɪtə(r)/ *n* inquisidor

inroad /ˈɪnrəʊd/ *n* **~ (into sth)** incursión (en algo)

LOC to make inroads into/on sth 1 introducirse en algo (*de forma hostil*) **2** (*dinero, tiempo*) comer algo

insane /ɪnˈseɪn/ *adj* loco (*persona, idea, etc*): *It would be insane to sell the house.* Vender la casa sería una locura. ◊ *That noise is driving me insane.* Ese ruido me está volviendo loco.

the insane *n* [*pl*] los enfermos mentales

insanitary /ɪnˈsænətri; *USA* -teri/ *adj* insalubre

insanity /ɪnˈsænəti/ *n* **1** demencia, locura **2** (*Jur*) enajenación mental

insatiable /ɪnˈseɪʃəbl/ *adj* ~ (**for sth**) insaciable (de algo)

inscribe /ɪnˈskraɪb/ *vt* grabar (*palabras*): *The plaque was inscribed with the words...* En la placa estaban grabadas las palabras...

inscription /ɪnˈskrɪpʃn/ *n* inscripción (*en piedra, etc*), dedicatoria (*de un libro*)

inscrutable /ɪnˈskruːtəbl/ *adj* inescrutable

insect /ˈɪnsekt/ *n* insecto: *insect bite* picadura de un insecto ◊ *insect repellent* repelente para insectos

insecticide /ɪnˈsektɪsaɪd/ *n* insecticida

insecure /ˌɪnsɪˈkjʊə(r)/ *adj* inseguro (*situación, persona*): *an insecure job* un trabajo inseguro ◊ *She feels very insecure about her marriage.* Se siente muy insegura en su matrimonio.

insecurity /ˌɪnsɪˈkjʊərəti/ *n* (*pl* **-ies**) inseguridad

insemination /ɪnˌsemɪˈneɪʃn/ *n* inseminación

insensitive /ɪnˈsensətɪv/ *adj* **1** insensible (*persona*), falto de sensibilidad (*acto*) **2** ~ (**to sth**) insensible (a algo): *insensitive to pain* insensible al dolor

insensitivity /ɪnˌsensəˈtɪvəti/ *n* insensibilidad

inseparable /ɪnˈseprəbl/ *adj* inseparable

insert /ɪnˈsɜːt/ *vt* **1** introducir **2** (*Imprenta*) insertar
■ **insert** /ˈɪnsɜːt/ *n* (*Imprenta*) encarte

insertion /ɪnˈsɜːʃn/ *n* ~ (**into sth**) inserción, inclusión (en algo)

in-service /ˈɪn sɜːvɪs/ *adj*: *in-service training/course* adiestramiento/curso en horas de trabajo

inset /ˈɪnset/ *n* (*Imprenta*) recuadro
■ **inset** *vt* **1** (*pret, pp* **inset**) insertar **2** (*pret, pret* **-tt-**) (*Imprenta*) encartar

inshore /ˌɪnˈʃɔː(r)/ *adj* costero
■ **inshore** *adv* cerca de la costa

inside[1] /ɪnˈsaɪd/ *n* **1(a)** interior: *The inside of the box was lined with silk.* El interior de la caja estaba forrado de seda. ◊ *It had been locked from/on the inside.* Había sido cerrada desde dentro. **(b)** [*sing*] la parte de dentro de una curva, la acera, etc: *Thomson is coming up on the inside.* Thomson viene por el interior de la curva. **2** [*sing*] (*tb* **insides** /ɪnˈsaɪdz/ [*pl*]) (*coloq*) tripas: *My inside is/My insides are crying out for food.* Se me retuercen las tripas de hambre.
LOC **inside out 1** del revés: *You've got your sweater on inside out.* Llevas el suéter del revés. ◊ *to turn sth inside out* volver algo del revés ☛ *Ver ilustración en* REVÉS **2** de arriba abajo: *I know this city inside out.* Conozco esta ciudad de arriba abajo. ◊ *to turn a cupboard inside out* mirar de arriba abajo en un armario **on the inside 1** desde dentro: *They must have had someone on the inside to help them break in.* Deben haber tenido a alguien desde dentro que les ayudara a robar. **2** (*Transporte*) carril de la izquierda: *to overtake on the inside* adelantar por la izquierda ☛ Nótese que en España este sería el carril de la derecha. *Ver tb* KNOW

inside[2] /ɪnˈsaɪd/ *adj* **1** interior **2** desde dentro: *The robbery was an inside job.* El robo fue un trabajo desde dentro. ◊ *the inside story* el relato íntimo **3** *inside lane* carril para el tráfico lento ☛ Nótese que en Gran Bretaña el carril para el tráfico lento es el de la izquierda.

inside[3] /ɪnˈsaɪd/ (*USA* **inside of**) *prep* **1** dentro (de): *Inside the box there was a coin.* Dentro de la caja había una moneda. ◊ *Go inside the house.* Entra en la casa. ◊ *You'll feel better with a meal inside you.* Te sentirás mejor cuando comas algo. **2** en menos de: *It won't be finished inside (of) a year.* No se terminará en menos de un año.

inside[4] /ɪnˈsaɪd/ *adv* **1** dentro: *The coat has a detachable lining inside.* El abrigo lleva un forro que se puede quitar. ◊ *She shook it to make sure there was nothing inside.* Lo sacudió para asegurarse de que no había nada dentro. ◊ *We had to move inside when it started to rain.* Tuvimos que meternos dentro cuando empezó a llover. **2** (*coloq*) en la cárcel

insider /ɪnˈsaɪdə(r)/ *n* algn de dentro (*empresa, grupo, etc*): *insider dealing/trading* trato hecho con información privilegiada

insidious /ɪnˈsɪdiəs/ *adj* (*formal*) insidioso
▶ **insidiously** *adv* insidiosamente

insight /ˈɪnsaɪt/ *n* **1(a)** (*aprob*) entendimiento, perspicacia: *to show insight into human character* mostrar un buen entendimiento del carácter humano **(b)** idea: *a book full of remarkable insights* un libro lleno de excelentes ideas **2** ~ (**into sth**) idea, percepción (de algo): *She was given an unpleasant insight into what life would be like as his wife.* Se dio una idea no muy agradable de lo que sería su vida como su mujer. ◊ *to gain an insight into sth* hacerse una idea de algo

insignia /ɪnˈsɪgniə/ *n* [*pl*] insignia

insignificance /ˌɪnsɪgˈnɪfɪkəns/ *n* insignificancia: *Beside this crisis all the others pale into insignificance.* Al lado de esta crisis, lo demás es una insignificancia.

insignificant /ˌɪnsɪgˈnɪfɪkənt/ *adj* insignificante

insincere /ˌɪnsɪnˈsɪə(r)/ *adj* insincero

insinuate /ɪnˈsɪnjueɪt/ *vt* **1** insinuar: *What are you insinuating?* ¿Qué insinúas? ◊ *Are you insinuating that...?* ¿Insinúas que...? ◊ *an insinuating voice* una voz insinuante **2** ~ **sth/yourself into sth** (*formal*) insinuar algo/insinuarse en algo

insinuation /ɪnˌsɪnjuˈeɪʃn/ *n* insinuación

insipid /ɪnˈsɪpɪd/ *adj* (*pey*) insípido

insist /ɪnˈsɪst/ *vi* **1** ~ (**on sth**) insistir (en algo): *They are insisting on a meeting tomorrow.* Insisten en que nos reunamos mañana. ◊ *She kept insisting on her innocence.* Siguió insistiendo en que era inocente. **2** ~ **on sth/doing sth** empeñarse en algo/en hacer algo: *People should insist on fresh vegetables.* La gente debería empeñarse en comer verduras frescas. ◊ *She will insist on arriving late.* Se empeña en llegar tarde.

insistence /ɪnˈsɪstəns/ *n* ~ (**on sth**) insistencia (en algo): *at the insistence of her husband* por la insistencia de su marido

insistent /ɪnˈsɪstənt/ *adj* insistente: *He was most insistent about that.* Se mostró muy insistente en eso.
▶ **insistently** *adv* insistentemente

insofar as /ˌɪnsəˈfɑːr əz/ *Ver* IN SO FAR AS *en* FAR

insole /ˈɪnsəʊl/ *n* plantilla (*de zapato*)

insolence /ˈɪnsələns/ *n* [*incontable*] ~ (**to/towards sb**) insolencia hacia algn

insolent /ˈɪnsələnt/ *adj* ~ (**to/towards sb**) insolente hacia algn
▶ **insolently** *adv* insolentemente

insoluble /ɪnˈsɒljəbl/ *adj* insoluble

insolvent /ɪnˈsɒlvənt/ *adj* insolvente
▶ **insolvency** *n* insolvencia

insomnia /ɪnˈsɒmniə/ *n* insomnio: *suffer from insomnia* sufrir insomnio
▶ **insomniac** *n* insomne

Insp *abrev de* **Inspector**

inspect /ɪnˈspekt/ *vt* **1** inspeccionar **2** (*escuela, fábrica*) realizar una inspección de **3** (*tropas*) pasar revista a **4** ~ **sth/sb for sth** examinar algo/a algn en busca de algo: *to inspect sb/sb's head for lice* examinar a algn/la cabeza de algn en busca de piojos

inspection /ɪnˈspekʃn/ *n* inspección: *On closer inspection the notes proved to be forgeries.* Una inspección más detallada de los billetes demostró que eran falsos. ◊ *to carry out frequent inspections* llevar a cabo inspecciones frecuentes

inspector /ɪnˈspektə(r)/ *n* **1** (*abrev* **Insp**) (*de policía*) inspector, -ora **2** (*de billetes*) revisor, -ora **3** (*de colegios, fábricas, etc*) inspector, -ora

inspectorate /ɪnˈspektərət/ *n* cuerpo de inspectores

inspector of taxes (*tb* **tax inspector**) *n* inspector de hacienda

inspiration /ˌɪnspəˈreɪʃn/ *n* inspiración: *to find inspiration in sth* inspirarse en algo ◊ *His life was the inspiration for the book.* Su vida fue la inspiración del libro.

▶ **inspirational** *adj* inspirador

inspire /ɪnˈspaɪə(r)/ *vt* **1** inspirar **2 ~ sb (with sth)/sth (in sb)** (*entusiasmo, confianza, pánico*) infundir algo (en algn): *It didn't inspire us with much confidence/inspire confidence in us.* No nos infundió mucha confianza. **3 ~ sb to sth** servir a algn de incentivo para algo: *The war inspired him to attacks on the government.* La guerra le sirvió de incentivo para atacar al gobierno.

▶ **inspired** *adj* (*aprob*) inspirado: *an inspired guess* una conjetura inspirada

inspiring *adj* **1** inspirador **2** (*coloq*) estimulante: *It's not a very inspiring subject.* No es un tema muy estimulante. *Ver tb* AWE-INSPIRING

instability /ˌɪnstəˈbɪləti/ *n* inestabilidad

install (*USA tb* **instal**) /ɪnˈstɔːl/ *vt* **1 ~ sth (in sth)** instalar algo (en algo): *to install a heating system* instalar un sistema de calefacción **2 ~ sb/yourself (in sth)** instalar(se) (en algo): *They installed themselves in their new home.* Se instalaron en su casa nueva.

installation /ˌɪnstəˈleɪʃn/ *n* instalación

instalment (*USA* **installment**) /ɪnˈstɔːlmənt/ *n* **1** (*publicaciones*) entrega, fascículo **2** (*televisión*) episodio: *Don't miss the next instalment!* ¡No se pierda el próximo episodio! **3 ~ (on sth)** (*pago*) plazo (de algo): *to pay for sth in monthly instalments* pagar algo a plazos mensuales

instalment plan (*USA*) (*GB* **hire purchase**) *n* compra a plazos

instance /ˈɪnstəns/ *n* **~ (of sth)** caso (de algo)

LOC for instance por ejemplo **in the first instance** (*formal*) al principio **in this instance** en esta ocasión

instant[1] /ˈɪnstənt/ *adj* **1** inmediato: *to feel instant relief* sentir alivio inmediato **2** instantáneo: *instant coffee* café instantáneo

▶ **instantly** *adv* instantáneamente, inmediatemente: *The driver was killed instantly.* El conductor murió en el acto. ◊ *She recognized him instantly.* Lo reconoció inmediatemente.

instant[2] /ˈɪnstənt/ *n* instante

instantaneous /ˌɪnstənˈteɪniəs/ *adj* instantáneo

▶ **instantaneously** *adv* instantáneamente

instead /ɪnˈsted/ *adv* en vez de eso: *We couldn't go out so we watched TV instead.* No podíamos salir, así que estuvimos viendo la tele.

■ **instead** *prep* **~ of sth/sb** en vez de algo/algn: *We sometimes eat rice instead of potatoes.* A veces comemos arroz en vez de patatas.

instep /ˈɪnstep/ *n* empeine ☛ *Ver ilustración en* PIE, ZAPATO

instigate /ˈɪnstɪɡeɪt/ *vt* **1** (*huelga, disturbio*) instigar **2** (*investigación*) iniciar

▶ **instigation** *n* instigación: *at the instigation of Mr Brown* por instigación del Sr Brown

instigator *n* instigador, -ora

instil (*USA* **instill**) /ɪnˈstɪl/ *vt* **(-ll-) ~ sth (in/into sb)** infundir algo (en algn)

instinct /ˈɪnstɪŋkt/ *n* **~ (for sth/doing sth)**; **~ (to do sth)** instinto (de algo/de hacer algo): *an instinct for survival* un instinto de supervivencia ◊ *I acted on instinct.* Actué por instinto.

instinctive /ɪnˈstɪŋktɪv/ *adj* instintivo

▶ **instinctively** *adv* instintivamente

institute /ˈɪnstɪtjuːt; *USA* -tuːt/ *n* instituto, centro

■ **institute** *vt* (*formal*) **1** (*investigación*) iniciar **2** (*demanda judicial*) entablar

institution /ˌɪnstɪˈtjuːʃn; *USA* -tuːʃn/ *n* institución

institutional /ˌɪnstɪˈtjuːʃənl/ *adj* institucional

▶ **institutionalize, -ise** *vt* **1** institucionalizar: *institutionalized racism* racismo institucionalizado **2** meter en una institución (*penal o psiquiátrica*)

instruct /ɪnˈstrʌkt/ *vt* **1 ~ sb (in sth)** enseñar (algo) a algn **2** dar instrucciones: *I've instructed them to keep the room locked.* Les he dado instrucciones para que tengan la habitación cerrada con llave.

instruction /ɪnˈstrʌkʃn/ *n* **1 ~(s) (to do sth/that...)** instrucción, -iones (para hacer algo/de...): *to follow the safety instructions* seguir las instrucciones de seguridad **2 ~ (in sth)** formación (en algo): *to receive instruction in first aid* recibir un curso en primeros auxilios

instructive /ɪnˈstrʌktɪv/ *adj* (*aprob*) instructivo

▶ **instructively** *adv* instructivamente

instructor /ɪnˈstrʌktə(r)/ *n* profesor, -ora, instructor, -ora: *driving instructor* profesor de conducir

instrument /ˈɪnstrəmənt/ *n* instrumento: *musical instrument* instrumento musical *Ver tb* STRING INSTRUMENT, WIND INSTRUMENT

▶ **instrumentation** *n* **1** (conjunto de) instrumentos **2** (*Mús*) instrumentación

instrumental /ˌɪnstrəˈmentl/ *adj* **1 to be ~ in sth/in doing sth** jugar un papel decisivo en algo/en hacer algo **2** (*Mús*) instrumental

▶ **instrumentalist** *n* instrumentista

instrumentally *adv* instrumentalmente

insubordination /ˌɪnsəˌbɔːdɪˈneɪʃn/ *n* insubordinación

insubstantial /ˌɪnsəbˈstænʃl/ *adj* insustancial

insufferable /ɪnˈsʌfrəbl/ *adj* insufrible

insufficient /ˌɪnsəˈfɪʃnt/ *adj* **~ (for sth/to do sth)** insuficiente (para algo/para hacer algo): *He had insufficient time.* No tenía tiempo suficiente. ◊ *insufficient evidence* falta de pruebas

▶ **insufficiency** *n* insuficiencia

insufficiently *adv* insuficientemente

insular /ˈɪnsjələ(r); *USA* -sələr/ *adj* **1** insular **2** (*pey, fig*) estrecho de miras

▶ **insularity** *n* estrechez de miras

insulate /ˈɪnsjuleɪt; *USA* -səl-/ *vt* **1 ~ sth (from/against sth)** aislar algo (de algo) **2 ~ sb from/against sth** proteger a algn de algo

▶ **insulated** *adj* protegido

insulating *adj* aislante: *insulating tape* cinta aislante

insulation *n* **1** aislamiento **2** (*sustancia*) material aislante

insulator *n* aislante

insulin /ˈɪnsjəlɪn; *USA* -səl-/ *n* insulina: *insulin-dependent diabetics* los diabéticos que dependen de la insulina

insult /ˈɪnsʌlt/ *n* **~ (to sth/sb)** insulto, ofensa (para algo/algn): *I meant no insult.* No quería ofender. ◊ *Don't take it as a personal insult.* No te lo tomes como algo personal. ◊ *an insult to sb's intelligence* un insulto para la inteligencia de algn **LOC** *Ver* ADD

■ **insult** /ɪnˈsʌlt/ *vt* insultar, ofender: *You're insulting my intelligence!* ¿Me estás tomando por tonta?

▶ **insulting** *adj* **~ (to sth/sb)** insultante, ofensivo (para algo/algn)

insuperable /ɪnˈsuːpərəbl, -ˈsjuː-/ *adj* (*formal*) insuperable: *an insuperable difficulty* una dificultad insuperable

insupportable /ˌɪnsəˈpɔːtəbl/ *adj* (*formal*) insoportable

insurance /ɪnˈʃʊərəns/ *n* **~ (against sth)** seguro (contra algo): *insurance company/broker/policy* compañía/corredor/póliza de seguros ◊ *household/life insurance* seguro para el hogar/de vida ◊ *health/medical insurance* seguro médico ◊ *to make an insurance claim* hacer una reclamación al seguro *Ver tb* COMPREHENSIVE INSURANCE, LIFE ASSURANCE, LIFE INSURANCE, NATIONAL INSURANCE, THIRD-PARTY INSURANCE

insure /ɪnˈʃʊə(r), -ˈʃɔː(r)/ *vt* **1 ~ sth/sb (against sth)**

asegurar algo/a algn (contra algo): *to get yourself insured* asegurarse **2** (*USA*) *Ver* ENSURE
▶ **insurer** *n* asegurador, -ora

the insured (*tb* **the Insured Person**) *n* el asegurado, la asegurada

insurgency /ɪnˈsɜːdʒənsi/ *n* insurrección *Ver tb* COUNTER-INSURGENCY
▶ **insurgent** *adj* insurgente

insurmountable /ˌɪnsəˈmaʊntəbl/ *adj* (*formal*) insuperable

insurrection /ˌɪnsəˈrekʃn/ *n* insurrección

intact /ɪnˈtækt/ *adj* **1** intacto: *to preserve sth intact* conservar algo intacto **2** ileso

intake /ˈɪnteɪk/ *n* **1** [*v sing o pl*] (*personas*) número admitido: *We have an annual intake of 20.* Admitimos a 20 cada año. ◊ *this year's intake* los que han ingresado/los que admitieron este año ◊ *the new intake* los nuevos **2(a)** ~ (**of sth**) (*alcohol, comida, etc*) consumo (de algo): *a daily intake of 2 500 calories* un consumo diario de 2.500 calorías **(b)** *There was a sharp intake of breath.* Hubo un grito sofocado. **3** (*Mec*) toma, entrada

intangible /ɪnˈtændʒəbl/ *adj* intangible

integer /ˈɪntɪdʒə(r)/ *n* (número) entero (*Maths*)

integral /ˈɪntɪgrəl/ *adj* **1(a)** ~ (**to sth**) parte integrante (de algo) **(b)** integrante **2** completo, íntegro **3** incorporado **4** (*Mat*) integral
LOC **an integral part of sth** una parte fundamental de algo: *to play an integral part in sth* jugar un papel fundamental en algo

integrate /ˈɪntɪgreɪt/ **1** *vt* ~ **sth** (**into sth**); ~ **sth with sth** integrar algo (en algo); combinar algo con algo: *The buildings are well integrated with the landscape.* Los edificios se integran bien en el paisaje. **2** *vt, vi* ~ (**sb**) (**into/with sth**) integrar(se) (en algo)
▶ **integrated** *adj* **1** integrado **2** (*personalidad*) estable
integration *n* ~ (**into sth**) integración (en algo)

integrity /ɪnˈtegrəti/ *n* integridad

intellect /ˈɪntəlekt/ *n* intelecto

intellectual /ˌɪntəˈlektʃuəl/ *adj, n* intelectual
▶ **intellectually** *adv* intelectualmente

intelligence /ɪnˈtelɪdʒəns/ *n* **1** inteligencia: *of great intelligence* muy inteligente ◊ *artificial intelligence* inteligencia artificial *Ver tb* IQ **2** (*Mil*) inteligencia: *intelligence services* servicios de inteligencia *Ver tb* COUNTER-INTELLIGENCE
▶ **intelligent** *adj* inteligente
intelligently *adv* inteligentemente

the intelligentsia /ɪnˌtelɪˈdʒentsiə/ *n* [*v sing o pl*] la intelectualidad

intelligible /ɪnˈtelɪdʒəbl/ *adj* inteligible
▶ **intelligibility** *n* inteligibilidad

intemperate /ɪnˈtempərət/ *adj* (*formal*) incontrolado

intend /ɪnˈtend/ *vt* **1** ~ **to do sth/doing sth** pensar en hacer algo; tener la intención de hacer algo: *I came intending to stay.* Vine pensando en quedarme. ◊ *It didn't turn out as I intended* (*it should*). No salió como tenía pensado. **2(a)** ~ **sth for sth/sb** (*cosa*) destinar algo a algo/algn: *They're not intended for eating/to be eaten.* No son para comer. ◊ *The bomb was intended for me.* La bomba iba dirigida a mí. **(b)** (*persona*): *I intend you to take over/that you shall take over.* Es mi intención que te hagas cargo. **3** ~ **sth as sth**: *It was intended as a joke.* Se supone que era una broma. ◊ *The leaflet is intended as a guide.* El folleto pretende ser una guía. **4** ~ **sth by sth**: *What did he intend by that?* ¿Qué quería decir con eso?
▶ **intended** *adj* planeado: *I had to cancel my intended trip.* Tuve que cancelar el viaje que tenía planeado.

intense /ɪnˈtens/ *adj* **1** (*sensación, actividad*) intenso **2** (*emoción*) profundo, ardiente, fuerte **3** (*interés*) muy grande **4** (*persona*) que se lo toma todo muy en serio
▶ **intensely** *adv* intensamente, sumamente: *to dislike sth/sb intensely* sentir una profunda antipatía por algo/algn
intensify *vt, vi* (*pret, pp* **-fied**) intensificar(se) (*guerra, bombardeo, etc*)
intensification *n* intensificación
intensity *n* (*pl* **-ies**) intensidad, fuerza

intensive /ɪnˈtensɪv/ *adj* **1** intensivo: *intensive care unit* unidad de cuidados intensivos ◊ *to be in intensive care* estar bajo cuidados intensivos **2** (*bombardeo*) concentrado *Ver tb* LABOUR-INTENSIVE
▶ **intensively** *adv* **1** intensivamente, de manera intensiva **2** (*investigar*) detenidamente

intent[1] /ɪnˈtent/ *adj* **1** (*mirada, silencio*) intenso, concentrado **2 to be ~ on/upon sth/doing sth (a)** estar decidido a (hacer) algo: *She was intent upon revenge.* Estaba resuelta a vengarse. ◊ *to be intent on/upon doing sth* estar resuelto a hacer algo **(b)** estar concentrado en algo/haciendo algo

intent[2] /ɪnˈtent/ *n* ~ (**to do sth**) intención (de hacer algo): *to act with criminal intent* actuar con intenciones criminales ◊ *with intent to kill* con la intención de matar ◊ *to loiter with intent* merodear con intenciones delictivas ☛ **Intent** se utiliza mucho en lenguaje legal.
LOC **to all intents** (**and purposes**) a efectos prácticos

intention /ɪnˈtenʃn/ *n* intención: *I have no intention of doing it.* No tengo intención de hacerlo. ◊ *I came with every intention of staying, but…* Vine con toda la intención de quedarme pero… ◊ *voting intentions* intención de voto *Ver tb* WELL-INTENTIONED LOC *Ver* BEST

intentional /ɪnˈtenʃənl/ *adj* intencionado
▶ **intentionally** *adv* intencionadamente

intently /ɪnˈtentli/ *adv* **1** (*mirar*) fijamente **2** (*escuchar, etc*) atentamente

inter /ɪnˈtɜː(r)/ *vt* (**-rr-**) (*formal*) enterrar ☛ La palabra más normal es **bury**.

interact /ˌɪntərˈækt/ *vi* **1** relacionarse entre sí (*personas*) **2** ~ **with sth/sb** relacionarse con algo/algn **3** (*Quím*) reaccionar

interaction /ˌɪntərˈækʃn/ *n* **1** cooperación, relación (*entre personas*): *social interaction* relaciones sociales **2** interacción (*entre agentes o factores*) **3** (*Quím*) reacción

interactive /ˌɪntərˈæktɪv/ *adj* **1** que hace relacionarse: *His interactive skills are not developed.* Sus dotes de comunicación no están muy desarrolladas. **2** (*Informát*) interactivo

inter alia /ˌɪntər ˈeɪliə/ *adv* (*Lat*) entre otras cosas

interbreed /ˌɪntəˈbriːd/ *vt, vi* cruzar(se) (*entre diferentes especies*)

intercede /ˌɪntəˈsiːd/ *vi* (*formal*) **1** ~ (**with sb**) (**for/on behalf of sb**) interceder (con algn) (por algn) **2** mediar: *to intercede between A and B* mediar entre A y B

intercept /ˌɪntəˈsept/ *vt* interceptar
▶ **interception** *n* **1** intercepción **2** (*del teléfono*) intervención

intercession /ˌɪntəˈseʃn/ *n* intercesión

interchange /ˌɪntəˈtʃeɪndʒ/ *vt* intercambiar
■ **interchange** *n* **1** intercambio **2** (*en carreteras*) enlace
▶ **interchangeable** *adj* ~ (**with sth/sb**) intercambiable (por algo)
interchangeably *adv* de manera intercambiable

intercom /ˈɪntəkɒm/ *n* interfono: *to make an announcement on/over the intercom* dar un aviso por el interfono

interconnect /ˌɪntəkəˈnekt/ *vi* **1** conectarse entre sí **2** comunicarse entre sí: *Their room interconnects with ours.* Su habitación se comunica con la nuestra.
▶ **interconnected** *adj* conectado entre sí: *interconnected facts* hechos relacionados entre sí
interconnection *n* conexión

intercontinental /ˌɪntəˌkɒntɪˈnentl/ *adj* intercontinental

intercourse /ˈɪntəkɔːs/ *n* (*formal*) **1** (*tb* **sexual intercourse**) coito: *vaginal/anal intercourse* coito vaginal/anal **2** relaciones

interdenominational /ˌɪntədɪˌnɒmɪˈneɪʃənl/ *adj* multiconfesional

interdepartmental /ˌɪntəˌdiːpɑːtˈmentl/ *adj* de varios departamentos: *an interdepartmental meeting* una reunión entre varios departamentos

interdependent /ˌɪntədɪˈpendənt/ *adj* que dependen unos de otros: *interdependent life forms* formas de vida que dependen unas de otras
▶ **interdependence** *n* interdependencia

interdict /ˈɪntədɪkt/ *n* (*formal*) interdicto

interdisciplinary /ˌɪntəˈdɪsəplɪnəri/ *adj* interdisciplinario

interest[1] /ˈɪntrəst/ *n* **1** [*sing*] interés: *She showed little interest in the news.* Mostró poco interés por la noticia. ◊ *He did the course out of interest.* Hizo el curso por puro interés. ◊ *It is of no interest to me.* No me interesa. ◊ *to take an active interest in sth/sb* interesarse vivamente por algo/algn ◊ *He has lost interest in his job/going to work.* Ha perdido el interés en su trabajo/ir a trabajar. ◊ *of mutual interest* que interesa a los dos ◊ *of particular interest* de un interés especial **2** afición: *My interests include...* Entre mis aficiones se incluyen... **3** [*gen pl*] interés: *to safeguard your own interests* salvaguardar los intereses propios ◊ *He has your best interests at heart.* Hace las cosas por tu propio interés. **4** [*gen pl*] **~ (in sth)** (*Com*) participación (en algo): *He has considerable business interests.* Tiene considerables participaciones en algunos negocios. *Ver tb* CONTROLLING INTEREST **5** [*gen pl*] (*Com*) grupo de personas con intereses comunes: *landed interests* terratenientes ◊ *influential interest groups* grupos influyentes del mundo de los negocios **6** (*Fin*) interés: *to receive interest on an investment* recibir el interés de una inversión ◊ *the rate of interest/the interest rate* el tipo de interés ◊ *to pay interest on a mortgage* pagar intereses en una hipoteca ◊ *an interest-free loan* un préstamo sin intereses *Ver tb* SELF-INTEREST
LOC in sb's (best) interest(s) en beneficio de algn: *It would be in your best interests to accept.* Te convendría mucho aceptar. **in the interest(s) of sth**: *in the interest(s) of safety/hygiene* por razones de seguridad/higiene ◊ *In the interest of peace...* En pro de la paz... **(to repay, return, etc sth) with interest** (pagar, devolver, etc algo) con intereses *Ver tb* CONFLICT[1], DECLARE, DEVELOP, LOSE, VEST[2]

interest[2] /ˈɪntrəst/ *vt* **1** interesar: *a topic that interests me* un tema que me interesa ◊ *It may interest you to know that...* Quizá te interesaría saber que... **2 ~ sb in sth** hacer que algn se interese por algo

interested /ˈɪntrəstɪd/ *adj* **1 ~ (in sth/sb); ~ (to do/in doing sth)** (*que le interesa*) interesado (en algo/algn); (en hacer algo): *I shall be interested to know/in knowing what happens.* Estoy interesado en saber lo que pasa. *Ver tb* UNINTERESTED **2** (*que tiene intereses*) interesado: *As an interested party...* Como parte interesada... *Ver tb* DISINTERESTED

interesting /ˈɪntrəstɪŋ/ *adj* interesante: *The interesting thing is that...* Lo interesante es que...
▶ **interestingly** *adv* **1** curiosamente: *Interestingly enough...* Curiosamente... **2** de manera interesante

interface /ˈɪntəfeɪs/ *n* **1** superficie de contacto **2** (*Informát*) interfaz **3** (*fig*) punto de encuentro: *at the interface between art and science* en el punto de encuentro entre el arte y la ciencia

interfacing /ˈɪntəfeɪsɪŋ/ *n* entretela

interfere /ˌɪntəˈfɪə(r)/ *vi* **1 ~ (in sth)** entrometerse (en algo) **2 ~ with sth (a)** toquetear algo **(b)** interponerse en algo: *A job would interfere with his studies.* Un trabajo se interpondría en sus estudios. **3 ~ with sb (a)** molestar a algn **(b)** (*GB, eufemismo*) abusar sexualmente de algn
▶ **interfering** *adj* entrometido

interference /ˌɪntəˈfɪərəns/ *n* **1 ~ (in sth)** intromisión (en algo): *I don't want any interference from you!* ¡No quiero que te entrometas! **2** (*Radio*) interferencia *Ver tb* NON-INTERFERENCE

interim /ˈɪntərɪm/ *adj* [*antes de sustantivo*] **1** (*medida, gobierno*) provisional **2** (*pago*) a cuenta
■ **interim** *n*
LOC in the interim en el ínterin

interior /ɪnˈtɪəriə(r)/ *n* **1** interior: *interior decorator* pintor/empapelador ◊ *interior design/designer* diseño/decorador de interiores ☛ Nótese que en este sentido solo se utiliza delante de otros sustantivos. **2 the interior** [*sing*] (*Geog*) el interior **3** (*tb* **the Interior**) [*sing*] (*Pol*) Interior: *the Spanish Interior Minister/Ministry* el Ministro/Ministerio del Interior español

En Gran Bretaña el *Ministerio del Interior* se llama **the Home Office**, y el *Ministro del Interior*, **the Home Secretary**. Solo utilizamos **the Ministry/Minister of the Interior** cuando hablamos de los ministros y ministerios de otros países.

interject /ˌɪntəˈdʒekt/ *vt* **~ sth (into sth)** (*formal*) interponer algo (en algo): *'But I disagree', she interjected.* —Pero yo no estoy de acuerdo, interpuso ella.
▶ **interjection** *n* **1** (*Ling*) interjección **2** interrupción

interlace /ˌɪntəˈleɪs/ *vt, vi* entrelazar(se) (*las hebras en un tejido*)

interleave /ˌɪntəˈliːv/ *vt* intercalar: *The pages are interleaved with illustrations.* Las ilustraciones se intercalan entre las páginas.

interlink /ˌɪntəˈlɪŋk/ *vt, vi* **~ (with sth)** entrelazar(se), interrelacionar(se) (con algo)

interlock /ˌɪntəˈlɒk/ *vt, vi* entrelazar(se), acoplar(se)

interlocutor /ˌɪntəˈlɒkjətə(r)/ *n* (*formal*) interlocutor, -ora

interloper /ˈɪntələʊpə(r)/ *n* (*formal*) intruso, -a

interlude /ˈɪntəluːd/ *n* **1** intervalo: *a brief interlude of peace between two wars* un breve intervalo de paz entre dos guerras ◊ *a comic interlude* un paréntesis humorístico **2** (*Mús*) interludio **3** (*Teat*) entreacto

intermarriage /ˌɪntəˈmærɪdʒ/ *n* **1** matrimonio mixto **2** matrimonio endogámico

intermediary /ˌɪntəˈmiːdiəri; *USA* -dɪeri/ *n* (*pl* **-ies**) **~ (between sb and sb)** intermediario, -a (entre algn y algn): *to act as an intermediary* actuar como intermediario
■ **intermediary** *adj* (*papel*) intermediario

intermediate /ˌɪntəˈmiːdiət/ *adj* medio, intermedio: *an intermediate level* un nivel intermedio

intermediate-range *adj* de medio alcance

interment /ɪnˈtɜːmənt/ *n* (*formal*) sepelio ☛ La palabra más normal es **burial**.

interminable /ɪnˈtɜːmɪnəbl/ *adj* interminable
▶ **interminably** *adv* interminablemente

intermingle /ˌɪntəˈmɪŋgl/ *vt, vi* mezclar(se): *anxiety intermingled with fear* ansiedad mezclada con miedo

intermission /ˌɪntəˈmɪʃn/ *n* (*esp USA*) **1** (*Cine, Dep*) intermedio **2** (*formal*) interrupción: *without intermission* sin interrupción

intermittent /ˌɪntəˈmɪtənt/ *adj* intermitente: *intermittent rain* chubascos intermitentes
▶ **intermittently** *adv* de forma intermitente: *intermittently rainy* con periodos de lluvia

intern /ɪnˈtɜːn/ *vt* **~ sb (in sth)** confinar a algn (en algo) (*terroristas y prisioneros de guerra*)
▶ **internee** *n* prisionero, -a

internal /ɪnˈtɜːnl/ *adj* **1(a)** interno: *internal and external pressures* presiones internas y externas ◊ *internal bleeding/injury* hemorragia/herida interna **(b)** interior: *an internal partition wall* una pared divisoria interior **2** (*Pol*) nacional: *internal and foreign trade* el comercio nacional y extranjero ◊ *the internal market* el

mercado nacional ◊ *internal affairs* los asuntos nacionales
▶ **internalize, -ise** *vt* asimilar, interiorizar
internalization, -isation *n* interiorización
internally *adv* internamente, interiormente: *Not to be taken internally.* Para uso externo. ◊ *to feel sth internally* sentir algo interiormente
internal-combustion engine *n* motor de combustión interna
Internal Revenue Service *n* (*USA*) (*abrev* **IRS**) Hacienda ☛ *Comparar con* INLAND REVENUE
international /ˌɪntəˈnæʃnəl/ *adj* internacional: *an international agreement* un acuerdo internacional ◊ *an international call* una llamada internacional
■ **international** *n* **1** (*Dep*) campeonato internacional **2** (*Dep*) jugador, -ora internacional
▶ **internationalize, -ise** *vt* internacionalizar
internationalization, -isation *n* internacionalización
internationally *adv* **1** internacionalmente: *to compete internationally* competir internacionalmente **2** (*famoso*) mundialmente: *internationally acclaimed* aclamado mundialmente
the Internationale /ˌɪntənæʃəˈnɑːl/ *n* [*sing*] la Internacional
internecine /ˌɪntəˈniːsaɪn/ *adj* de destrucción mutua (*guerra, conflicto*)
Internet /ˈɪntənet/ *n* **the Internet** (*tb coloq* **the Net**) Internet
internment /ɪnˈtɜːnmənt/ *n* internamiento: *an internment camp* un campo de confinamiento
interpersonal /ˌɪntəˈpɜːsənl/ *adj* interpersonal: *interpersonal relations* relaciones entre personas
interplanetary /ˌɪntəˈplænɪtri; *USA* -teri/ *adj* interplanetario
interplay /ˈɪntəpleɪ/ *n* ~ (**of/between sth**) interacción (de/entre algo)
interpolate /ɪnˈtɜːpəleɪt/ *vt* (*formal*) interpolar
▶ **interpolation** *n* interpolación
interpose /ˌɪntəˈpəʊz/ *vt* (*formal*) **1** ~ **sth/sb** (**between A and B**) interponer algo/a algn (entre A y B) **2** interrumpir
▶ **interposition** *n* (*formal*) interposición
interpret /ɪnˈtɜːprɪt/ **1** *vt* ~ (**sth as sth**) interpretar (algo como algo): *to interpret sb's dream* interpretar el sueño de algn **2(a)** *vt, vi* traducir **(b)** *vi* trabajar como intérprete

Interpret se utiliza para referirse a la traducción oral, y **translate** para la traducción escrita.

▶ **interpretation** *n* interpretación
interpretative (*tb esp USA* **interpretive**) *adj* interpretativo
interpreter *n* intérprete: *He spoke through an interpreter.* Habló a través de un intérprete.
interpreting *n* el trabajo de intérprete
interracial /ˌɪntəˈreɪʃl/ *adj* interracial
interrelate /ˌɪntərɪˈleɪt/ *vt, vi* ~ (**sth**) (**with sth**) interrelacionar(se) (con algo)
▶ **interrelated** *adj* interrelacionado
interrelation /ˌɪntərɪˈleɪʃn/ (*tb* **interrelationship**) *n* ~ (**of/between A and B**) interrelación (de/entre A y B)
interrogate /ɪnˈterəgeɪt/ *vt* ~ **sb** (**about sth**) interrogar a algn (sobre algo)
▶ **interrogation** *n* interrogatorio: *He gave way under interrogation.* Se hundió durante el interrogatorio. ☛ *Comparar con* QUESTION MARK
interrogator *n* interrogador, -ora
interrogatory /ˌɪntəˈrɒgətri; *USA* -tɔːri/ *adj* (*formal*) interrogativo
interrogative /ˌɪntəˈrɒgətɪv/ *adj* interrogativo: *interrogative pronouns* pronombres interrogativos
■ **interrogative** *n* (*Ling*) palabra interrogativa
interrupt /ˌɪntəˈrʌpt/ *vt, vi* ~ (**sth/sb**) (**with sth**) interrumpir(se) (con algo): *We interrupt this programme to bring you a news flash.* Interrumpimos este programa para darles el último avance de noticias.
▶ **interruption** *n* interrupción: *She spoke without interruption.* Habló sin interrupción.
intersect /ˌɪntəˈsekt/ **1** *vt, vi* (*caminos*) cruzar(se), cortar(se) **2** *vt, vi* (*Mat*) intersecar(se)
intersection /ˌɪntəˈsekʃn/ *n* intersección, cruce
intersperse /ˌɪntəˈspɜːs/ *vt* ~ **sth with sth** (*anécdotas, etc*) intercalar algo con/en algo
interstate /ˌɪntəˈsteɪt/ *adj* interestatal, entre estados: *interstate highway* carretera nacional
intertwine /ˌɪntəˈtwaɪn/ **1** *vt, vi* entrelazar(se), entretejer(se) **2** *vi* (*fig*) entrecruzarse
interval /ˈɪntəvl/ *n* **1** intervalo **2** (*GB, Teat*) entreacto, intermedio **3** (*Dep*) descanso, medio tiempo **4** pausa
LOC at intervals a intervalos *Ver tb* REGULAR
intervene /ˌɪntəˈviːn/ *vi* (*formal*) **1(a)** ~ (**in sth**) intervenir (en algo) **(b)** ~ **with sb** interceder ante algn **2** (*tiempo*) pasar: *A year intervened.* Transcurrió un año. **3** interponerse
▶ **intervening** *adj* intermedio: *the intervening period* el ínterin
intervention /ˌɪntəˈvenʃn/ *n* intervención: *military intervention* intervención militar
▶ **interventionist** *adj, n* intervencionista: *an interventionist policy/state* una política/un estado intervencionista
interview /ˈɪntəvjuː/ *n* **1** entrevista **2** interviú
■ **interview 1** *vt* entrevistar, hacer un interviú: *those interviewed* los entrevistados/encuestados **2** *vi* hacer entrevistas
interviewee /ˌɪntəvjuːˈiː/ *n* entrevistado, -a
interviewer /ˈɪntəvjuːə(r)/ *n* entrevistador, -ora
inter-war /ˌɪntə ˈwɔː(r)/ *adj* [*antes de sustantivo*] de entreguerras
interweave /ˌɪntəˈwiːv/ (*pret* **-wove** /-ˈwəʊv/ *pp* **-woven** /-ˈwəʊvn/) **1** *vt, vi* entretejer(se) **2** *vi* (*fig*) entrecruzarse
intestine /ɪnˈtestɪn/ *n* intestino: *small/large intestine* intestino delgado/grueso ☛ *Ver ilustración en* DIGESTIVE
▶ **intestinal** *adj* intestinal
intimacy /ˈɪntɪməsi/ *n* (*pl* **-ies**) **1(a)** intimidad **(b)** (*eufemismo*) relaciones íntimas **2 intimacies** [*pl*] familiaridades
intimate¹ /ˈɪntɪmət/ *adj* **1(a)** (*amigo, restaurante, etc*) íntimo **(b)** (*eufemismo*): *to be intimate with sb* tener relaciones íntimas con algn **2** (*amistad*) estrecho **3** (*formal*) (*conocimiento*) profundo, detallado
LOC to be intimate with sth estar familiarizado con algo
■ **intimate** *n* amigo, -a íntimo, -a
▶ **intimately** *adv* **1** íntimamente, profundamente **2** estrechamente
intimate² /ˈɪntɪmeɪt/ *vt* ~ **sth** (**to sb**) (*formal*) dar(le) a entender, insinuar(le) algo (a algn)
intimation /ˌɪntɪˈmeɪʃn/ *n* (*formal*) **1** indicación, indicio **2** insinuación
intimidate /ɪnˈtɪmɪdeɪt/ *vt* intimidar
▶ **intimidating** *adj* intimidante
intimidation /ɪnˌtɪmɪˈdeɪʃn/ *n* intimidación
into /ˈɪntə, ˈɪntuː/ *prep* **1** (*dirección*) en, dentro de: *to come into a room* entrar en una habitación ◊ *He put it into the box.* Lo metió dentro de la caja. ☛ *Comparar con* OUT OF **2** a: *She went into town.* Fue al centro. ◊ *He fell into the water.* Se cayó al agua. ◊ *to translate into Spanish* traducir al español **3** hacia: *a journey into the unknown* un viaje hacia lo desconocido **4** con, contra: *The car ran into a wall.* El coche chocó con el muro. **5** (*tiempo, distancia*): *long into the night* bien entrada la noche. ◊ *5 minutes into the film* a los 5 minutos de empezar la película ◊ *far into the distance* a lo lejos

6 (*Mat*): *10 into 50* 50 dividido por 10 **7** (*resultado*): *to divide into two* dividir en dos

LOC to be into sth (*coloq*) *She's into motorbikes.* Es muy aficionada a las motos.

☛ Para los usos de **into** en PHRASAL VERBS ver las entradas de los verbos correspondientes, p. ej. **to look into sth** en LOOK[1]

intolerable /ɪnˈtɒlərəbl/ *adj* intolerable, insufrible

intolerance /ɪnˈtɒlərəns/ *n* intolerancia, intransigencia

intolerant /ɪnˈtɒlərənt/ *adj* (*gen pey*) **1** intolerante: *to be intolerant of sth* no tolerar algo **2** intransigente

intonation /ˌɪntəˈneɪʃn/ *n* entonación

intone /ɪnˈtəʊn/ *vt* **1** entonar **2** salmodiar

intoxicate /ɪnˈtɒksɪkeɪt/ *vt* (*formal, lit* y *fig*) embriagar: *intoxicated with/by sth* ebrio de algo

intoxication /ɪnˌtɒksɪˈkeɪʃn/ *n* **1** embriaguez **2** (*Med*) intoxicación

intractable /ɪnˈtræktəbl/ *adj* (*formal*) **1** (*problema*) insoluble **2** (*persona*) intransigente, obstinado

intramural /ˌɪntrəˈmjʊərəl/ *adj* **1** (*estudiante*) interno **2** (*estudios*) dentro de la universidad

intransigent /ɪnˈtrænsɪdʒənt/ *adj* (*formal, pey*) intransigente

▶ **intransigence** *n* intransigencia

intransitive /ɪnˈtrænsətɪv/ *adj* intransitivo

intrauterine /ˌɪntrəˈjuːtəraɪn/ *adj* intrauterino: *intrauterine device* dispositivo intrauterino

intravenous /ˌɪntrəˈviːnəs/ *adj* intravenoso

▶ **intravenously** *adv* por vía intravenosa

in-tray /ˈɪn treɪ/ *n* (*oficina*) bandeja de asuntos pendientes

intrepid /ɪnˈtrepɪd/ *adj* intrépido

intricacy /ˈɪntrɪkəsi/ *n* **1** [*incontable*] lo intrincado, complejidad **2 intricacies** [*pl*] complejidades

intricate /ˈɪntrɪkət/ *adj* intrincado, complejo

intrigue /ˈɪntriːg/ *n* intriga: *political intrigue* intriga política

■ **intrigue** /ɪnˈtriːg/ **1** *vi* intrigar **2** *vt* interesar, fascinar

▶ **intriguing** /ɪnˈtriːgɪŋ/ *adj* **1** (*relato, sugerencia, etc*) intrigante, fascinante **2** (*persona, idea, etc*) interesante, enigmático

intrinsic /ɪnˈtrɪnsɪk, -zɪk/ *adj* intrínseco: *It has no intrinsic value.* No tiene valor intrínseco.

▶ **intrinsically** *adv* intrínsecamente

intro /ˈɪntrəʊ/ *n* (*pl* **~s**) (*coloq*) *Ver* INTRODUCTION

introduce /ˌɪntrəˈdjuːs; *USA* -duːs/ *vt* **1 ~ sth/sb (to sb)** presentar algo/algn (a algn): *Allow me to introduce my wife.* Le voy a presentar a mi mujer. ◊ *I don't think we've been introduced.* Creo que no nos han presentado. ◊ *to introduce yourself* presentarse uno mismo ☛ *Ver nota en* PRESENTAR **2** (*ley*) presentar **3 ~ sb to sth** iniciar a algn en algo: *I was introduced to chess by my grandfather.* Mi abuelo me inició en el ajedrez. ◊ *to introduce young people to drugs* iniciar a los jóvenes en las drogas **4 ~ sth (in/into sth)** (*producto, reforma, etc*) introducir algo (en algo)

introduction /ˌɪntrəˈdʌkʃn/ (*coloq* **intro**) *n* **1 ~ (to sb)** presentación (a algn) **2 ~ (to sth) (a)** prólogo (de algo) **(b)** (*título*): *'An Introduction to Astronomy'* "Introducción a la Astronomía" **(c)** (*Mús*) introducción **3** [*sing*] **~ to sth** iniciación a/en algo: *his introduction to jazz* su iniciación en el jazz **4** [*incontable*] introducción (*de un producto, una reforma, etc*) **5** [*contable*] **~ (in/into sth)** incorporación (a/en algo)

introductory /ˌɪntrəˈdʌktəri/ *adj* **1** (*capítulo, curso*) preliminar **2** (*oferta*) introductorio

introspection /ˌɪntrəˈspekʃn/ *n* introspección

introspective /ˌɪntrəˈspektɪv/ *adj* introspectivo

introversion /ˌɪntrəˈvɜːʃn; *USA* -ˈvɜːrʒn/ *n* introversión

introvert /ˈɪntrəvɜːt/ *n* introvertido, -a ☛ *Comparar con* EXTROVERT

▶ **introverted** *adj* introvertido

intrude /ɪnˈtruːd/ (*formal*) **1** *vi* importunar, molestar: *I don't wish to intrude, but…* No quiero importunar, pero… **2** *vi* **~ (on/upon sth)** entrometerse, inmiscuirse (en algo): *I felt I was intruding on their private grief.* Sentí que me entrometía en su dolor más íntimo.

▶ **intruder** *n* intruso, -a

intrusion /ɪnˈtruːʒn/ *n* **~ (on/upon/into sth) 1** [*incontable*] invasión (de algo): *intrusion upon sb's privacy* invasión de la intimidad de algn **2** [*contable*] intromisión: *an intrusion into sb's private life* una intromisión en la vida privada de algn

intrusive /ɪnˈtruːsɪv/ *adj* intruso

intuition /ˌɪntjuˈɪʃn; *USA* -tuː-/ *n* intuición: *to know sth by intuition* saber algo por intuición ◊ *My intuitions proved correct.* Mi intuición no se equivocó.

intuitive /ɪnˈtjuːɪtɪv; *USA* -tuː-/ *adj* intuitivo

▶ **intuitively** *adv* intuitivamente

inundate /ˈɪnʌndeɪt/ *vt* **~ sth/sb (with sth)** inundar algo/a algn (de algo): *We were inundated with applications.* Nos vimos inundados de solicitudes.

▶ **inundation** *n* inundación

inure /ɪˈnjʊə(r)/ *vt* (*formal*) habituar: *to inure yourself to sth* acostumbrarse a algo

invade /ɪnˈveɪd/ **1** *vt* **(a)** invadir: *a city invaded by tourists* una ciudad invadida de turistas ◊ *a mind invaded with worries* una mente invadida de preocupaciones **(b)** (*derechos, vida privada, etc de algn*) violar **2** *vi* invadir

▶ **invader** *n* invasor, -ora

invalid[1] /ˈɪnvəlɪd/ *n* inválido, -a: *her invalid father* su padre inválido

■ **invalid** *vt*

LOC to invalid sb home (*Mil*) licenciar a algn (*por invalidez*) y enviarlo a casa: *He was invalided home.* Fue licenciado y enviado a casa.

PHR V to invalid sb out (of sth) licenciar a algn (de algo) por invalidez: *He was invalided out of the army.* Le dieron la baja en el ejército por invalidez.

▶ **invalidity** /ˌɪnvəˈlɪdəti/ *n* invalidez: *invalidity benefit* prestaciones por invalidez

invalid[2] /ɪnˈvælɪd/ *adj* no válido: *This passport is invalid.* Este pasaporte no es válido.

invalidate /ɪnˈvælɪdeɪt/ *vt* invalidar

▶ **invalidation** *n* invalidación

invaluable /ɪnˈvæljuəbl/ *adj* inapreciable: *Your help is invaluable to us.* Tu ayuda es inestimable para nosotros. ◊ *to prove invaluable* resultar ser valiosísimo

invariability /ɪnˌveəriəˈbɪləti/ *n* invariabilidad

invariable /ɪnˈveəriəbl/ *adj* invariable

▶ **invariably** *adv* invariablemente: *She invariably arrives late.* Llega tarde invariablemente.

invasion /ɪnˈveɪʒn/ *n* invasión: *to be prepared for possible invasion* estar preparado para una posible invasión ◊ *an invasion of privacy* una invasión de la vida privada

invective /ɪnˈvektɪv/ *n* (*formal*) invectiva/ataque verbal: *to let out a stream of invective* soltar un montón de improperios

inveigh /ɪnˈveɪ/ *vi* **~ against sth/sb** (*formal*) vituperar algo/algn

invent /ɪnˈvent/ *vt* inventar: *Can't you invent a better excuse than that?* ¿No te puedes inventar una excusa mejor?

invention /ɪnˈvenʃn/ *n* **1(a)** invención: *the invention of radio* la invención de la radio **(b)** (*eufemismo*) invención: *This was all invention.* Esto era pura invención. **2** invento **LOC** *Ver* NECESSITY

inventive /ɪnˈventɪv/ *adj* **1** [*antes de sustantivo*]: *inventive powers* poderes de invención **2** (*aprob*) inventivo: *an inventive mind* una mente inventiva

▶ **inventiveness** *n* inventiva

inventor /ɪnˈventə(r)/ *n* inventor, -ora

inventory /ˈɪnvəntri; *USA* -tɔːri/ *n* (*pl* **-ies**) inventario
inverse /ˈɪnvɜːs/ *n* **the inverse 1** (*Mat*) el inverso **2** lo contrario
■ **inverse** /ˌɪnˈvɜːs/ *adj* inverso: *to be in inverse proportion to sth* estar en proporción inversa a algo
▶ **inversely** *adv* inversamente, a la inversa
inversion /ɪnˈvɜːʃn; *USA* ɪnˈvɜːrʒn/ *n* inversión: *inversion of word order* inversión en el orden de las palabras
invert /ɪnˈvɜːt/ *vt* invertir
invertebrate /ɪnˈvɜːtɪbrət/ *adj, n* invertebrado
inverted commas *n* (*GB*) comillas: *in inverted commas* entre comillas
invest /ɪnˈvest/ **1(a)** *vt* invertir: *to invest money in sth* invertir dinero en algo ◊ *to invest time in learning a language* dedicar tiempo a aprender un idioma **(b)** *vi* invertir: *to invest in/with sth* invertir (dinero) en algo ◊ *You'll do better at interviews if you invest in a suit.* Tendrás mejores resultados en tus entrevistas si inviertes en un traje. **2** *vt* **~ sb (with sth)** (*formal*) investir a algn (con/de algo): *He was invested as Prince of Wales in 1969.* Fue investido Príncipe de Gales en 1969. **3** *vt* **~ sth/sb with sth** (*formal*) revestir algo/a algn de algo
investigate /ɪnˈvestɪgeɪt/ **1(a)** *vt* investigar: *The police are investigating the murder.* La policía está investigando el crimen. **(b)** *vi* llevar a cabo una investigación **2** *vt* examinar **3** *vt* estudiar **4** *vi* (*coloq*): *'What's that noise?' 'I'll go and investigate.'* —¿Qué es ese ruido? —Voy a ver qué pasa.
investigation /ɪnˌvestɪˈgeɪʃn/ *n* investigación: *The matter is under investigation.* El asunto se halla bajo investigación. ◊ *an investigation into sth* una investigación de algo
investigative /ɪnˈvestɪgətɪv; *USA* -geɪtɪv/ *adj* inquisitivo: *investigative journalism* periodismo de investigación
investigator /ɪnˈvestɪgeɪtə(r)/ *n* investigador, -ora
investiture /ɪnˈvestɪtʃə(r); *USA* -tʃʊər/ *n* investidura
investment /ɪnˈvestmənt/ *n* **1 ~ (in sth)** inversión (en algo) **2** investidura
investor /ɪnˈvestə(r)/ *n* inversor, -ora
inveterate /ɪnˈvetərət/ *adj* **1** (*costumbre, odio, etc*) arraigado **2** (*mentiroso, ladrón, etc*) empedernido, habitual
invidious /ɪnˈvɪdiəs/ *adj* odioso, injusto: *in an invidious position* en un compromiso
invigilate /ɪnˈvɪdʒɪleɪt/ *vt, vi* **~ (at) sth** (*GB*) vigilar (durante) algo (*examen*)
▶ **invigilator** *n* encargado, -a de vigilar un examen
invigorate /ɪnˈvɪgəreɪt/ *vt* dar nueva vida a, tonificar
▶ **invigorating** *adj* vigorizante, tonificante
invincible /ɪnˈvɪnsəbl/ *adj* invencible
inviolable /ɪnˈvaɪələbl/ *adj* (*formal*) inviolable
inviolate /ɪnˈvaɪələt/ *adj* (*formal*) inviolado
invisible /ɪnˈvɪzəbl/ *adj* **~ (to sth/sb)** invisible (a algo/para algn): *invisible ink* tinta simpática ◊ *invisible to the naked eye* invisible a simple vista
▶ **invisibility** *n* invisibilidad
invisibly *adv* invisiblemente
invite /ɪnˈvaɪt/ *vt* **1 ~ sb (to/for sth)/(to do sth) (a)** invitar a algn (a algo)/(a hacer algo): *to invite sb for/to dinner/to have dinner* invitar a algn a cenar ◊ *You are invited to attend…* Está usted invitado a asistir a… **(b)** (*formal*) llamar a algn (a algo)/(a hacer algo): *to invite sb for interview* llamar a algn a una entrevista **2** (*sugerencias*) pedir, solicitar **3** (*críticas, etc*) provocar: *to invite trouble* buscarse problemas ◊ *The current crisis invites comparison(s) with the 1930's.* La crisis actual se presta a comparaciones con la de los años 30.
PHR V to invite sb along invitar a algn a acompañar a uno
to invite sb back 1 invitar a algn a casa **2** devolver la invitación a algn **3** (*artista, etc*) volver a invitar a algn
to invite sb in invitar a algn a entrar
to invite sb out invitar a algn a salir
to invite sb over/round invitar a algn (a casa)
■ **invite** /ˈɪnvaɪt/ *n* (*coloq*) *Ver* INVITATION
▶ **invitation** *n* **~ (to sth/to do sth)** invitación (a algo/para/a hacer algo): *by invitation only* entrada exclusivamente con invitación ◊ *an invitation card* una tarjeta de invitación ◊ *an open invitation to burglars* una invitación al robo
inviting *adj* **1** atractivo, tentador **2** (*olor, comida*) apetitoso
invitingly *adv* **1** atractivamente, de modo tentador **2** apetitosamente
in vitro /ɪn ˈviːtrəʊ/ *adj, adv* in vitro: *in vitro fertilisation* fertilización in vitro
invocation /ˌɪnvəˈkeɪʃn/ *n* **~ (of/to sth/sb)** invocación (de/a algo/algn)
invoice /ˈɪnvɔɪs/ *n* **~ (for sth)** factura (de algo): *I sent her an invoice for the translation.* Le mandé la factura de la traducción.
■ **invoice** *vt* **1 ~ sth (to sb)** hacer una factura de algo (para algn) **2 ~ sb (for sth)** mandar una factura (de algo) a algn
invoke /ɪnˈvəʊk/ *vt* **1** invocar, acogerse a (*una ley, un derecho, etc*) **2(a)** (*Dios, etc*) implorar a **(b)** (*espíritu*) invocar **3** (*formal*) (*ayuda*) suplicar
involuntary /ɪnˈvɒləntri; *USA* -teri/ *adj* involuntario
▶ **involuntarily** *adv* involuntariamente, sin querer
involve /ɪnˈvɒlv/ *vt* **1** suponer, implicar: *The job involves me/my living in London.* El trabajo supondría vivir en Londres. ◊ *National security is involved here.* Aquí está en juego la seguridad nacional. ◊ *It involves a lot of expense.* Supone muchos gastos. ◊ *It involves an element of risk.* Implica cierto peligro. **2 ~ sb in sth (a)** hacer participar a algn en algo: *to be involved in sth* participar en algo ◊ *a meeting involving local people* una reunión con la participación de gente del lugar **(b)** involucrar, implicar a algn en algo: *I don't want to get involved.* No quiero tener nada que ver. ◊ *to be/become/get involved in crime* estar involucrado/involucrarse en actos delictivos **3 to be/become/get involved with sb (a)** (*pey*) mezclarse con algn **(b)** (*emocionalmente*) estar liado/liarse con algn: *I don't want to get too involved.* No quiero una relación seria.
▶ **involved** *adj* complicado, enrevesado
involvement *n* **1 ~ (in sth)** implicación, participación (en algo) **2 ~ (with sb)** relación (con algn)
invulnerable /ɪnˈvʌlnərəbl/ *adj* **~ (to sth)** invulnerable (a algo)
inward /ˈɪnwəd/ *adj* **1** (*pensamientos, etc*) interior, íntimo: *to give an inward sigh* suspirar para tus adentros **2** hacia dentro
■ **inward** (*tb* **inwards**) *adv* hacia dentro
▶ **inwardly** *adv* **1** por dentro **2** (*suspirar, sonreír, etc*) para tus adentros
inward-looking (*tb* **inward looking**) /ˈɪnwəd lʊkɪŋ/ *adj* introvertido
iodine /ˈaɪədiːn; *USA* -daɪn/ *n* yodo
ion /ˈaɪən; *USA* ˈaɪɒn/ *n* ion
▶ **ionize, -ise** *vt, vi* ionizar(se)
Ionic /aɪˈɒnɪk/ *adj* jónico, -a
iota /aɪˈəʊtə/ *n* ápice, pizca: *He hasn't changed one iota.* No ha cambiado en lo más mínimo.
IOU /ˌaɪ əʊ ˈjuː/ (*coloq*) *abrev de* **I owe you** pagaré: *to give sb an IOU for £20* darle a algn un pagaré por 20 libras
IQ /ˌaɪ ˈkjuː/ *abrev de* **intelligence quotient** coeficiente de inteligencia: *an IQ test* un test de inteligencia ◊ *She's got an IQ of 120.* Tiene un coeficiente de inteligencia de 120.
IRA /ˌaɪ ɑːr ˈeɪ/ *abrev de* **Irish Republican Army** IRA
irascible /ɪˈræsəbl/ *adj* (*formal*) irascible
irate /aɪˈreɪt/ *adj* airado, furioso

ire /ˈaɪə(r)/ *n* (*formal*) ira

Ireland /ˈaɪələnd/ *n* Irlanda: *Republic of Ireland* República de Irlanda ◊ *Northern Ireland* Irlanda del Norte ☛ *Ver nota e ilustración en* GREAT BRITAIN

iridescent /ˌɪrɪˈdesnt/ *adj* irisado, tornasolado

iris /ˈaɪrɪs/ *n* **1** (*Anat*) iris ☛ *Ver ilustración en* OJO **2** (*Bot*) lirio ☛ *Ver ilustración en* FLOR

Irish /ˈaɪrɪʃ/ *adj* irlandés: *the Irish Republic* la República de Irlanda ◊ *the Irish Sea* el Mar de Irlanda
■ **Irish** *n* **1** (*tb* **Erse**) (*idioma*) irlandés **2 the Irish** [*pl*] los irlandeses

Irishman /ˈaɪrɪʃmən/ *n* (*pl* **-men** /-mən/) (*persona*) irlandés

irk /ɜːk/ *vt* fastidiar, molestar
▶ **irksome** *adj* fastidioso, pesado

iron /ˈaɪən; *USA* ˈaɪərn/ *n* **1** (*Quím*) hierro: *iron ore* mineral de hierro ◊ *iron bars* barras de hierro ◊ *iron lung* pulmón de acero *Ver tb* CAST IRON, CORRUGATED IRON, PIG-IRON, WROUGHT IRON **2** (*para ropa*) plancha **3** (*tb* **branding iron**) hierro de marcar **4 irons** [*pl*] grillos, grilletes: *to put/clap sb in irons* poner grillos a algn **5** (*fig*) acero, hierro: *to have an iron constitution* ser de hierro ◊ *to have an iron will* tener una voluntad de hierro *Ver tb* SOLDERING IRON
LOC to have many, etc irons in the fire tener muchos, etc asuntos entre manos *Ver tb* PUMP[1], RULE, STRIKE[2]
■ **iron** *vt, vi* planchar
PHR V to iron sth out 1 (*problemas, malentendidos*) resolver algo, allanar algo **2** (*arrugas*) planchar algo

the Iron Age *n* la Edad de Hierro

the Iron Curtain *n* el telón de acero

ironic /aɪˈrɒnɪk/ (*tb* **ironical** /aɪˈrɒnɪkl/) *adj* irónico: *It's ironic that we only won the last match.* Resulta irónico que solo hayamos ganado el último partido. ◊ *He gave an ironic smile.* Sonrió con sorna.
▶ **ironically** *adv* irónicamente, con ironía: *He smiled ironically.* Sonrió con sorna. ◊ *Ironically enough…* En una de las ironías de la vida…

ironing /ˈaɪənɪŋ/ *n* **1** (*tarea*) plancha: *to do the ironing* planchar **2** (*ropa*) **(a)** ropa para planchar: *I've done your ironing for you.* He hecho lo que tenías para planchar. **(b)** ropa planchada: *I've put the ironing in the cupboard.* He puesto la ropa planchada en el armario.

ironing board *n* tabla de la plancha

ironmonger /ˈaɪənmʌŋgə(r)/ *n* (*GB*) ferretero, -a: *ironmonger's* (*shop*) ferretería ☛ *Ver nota en* CARNICERÍA

ironwork /ˈaɪənwɜːk/ *n* herraje, obra de hierro
▶ **ironworks** *n* [*sing*] (*GB*) fundición de hierro

irony /ˈaɪrəni/ *n* (*pl* **-ies**) ironía: *By an irony of fate…* Por una ironía del destino…

irradiate /ɪˈreɪdieɪt/ *vt* (*formal*) irradiar: *irradiated food* alimentos irradiados
▶ **irradiation** *n* irradiación

irrational /ɪˈræʃənl/ *adj* irracional: *an irrational fear* un miedo irracional
▶ **irrationality** /ɪˌræʃəˈnæləti/ *n* irracionalidad
irrationally *adv* irracionalmente

irreconcilable /ɪˈrekənsaɪləbl, ɪˌrekənˈsaɪləbl/ *adj* ~ **(with sth/sb)** (*formal*) irreconciliable (con algo/algn)

irrecoverable /ˌɪrɪˈkʌvərəbl/ *adj* (*formal*) irrecuperable

irredeemable /ˌɪrɪˈdiːməbl/ *adj* **1** (*Fin*) no amortizable **2** (*pérdida*) irrecuperable **3** (*pecado*) irredimible
▶ **irredeemably** *adv* (*formal*) irremediablemente

irreducible /ˌɪrɪˈdjuːsəbl/ *adj* irreducible, irreductible

irrefutable /ˌɪrɪˈfjuːtəbl, ɪˈrefjətəbl/ *adj* (*formal*) irrefutable

irregular /ɪˈregjələ(r)/ *adj* irregular: *an irregular verb* un verbo irregular ◊ *to keep irregular hours* mantener un horario fuera de lo normal ◊ *an irregular cycle/heartbeat* un ciclo/pulso irregular ◊ *at irregular intervals* a intervalos irregulares
▶ **irregularly** *adv* con irregularidad

irregularity /ɪˌregjəˈlærəti/ *n* (*pl* **-ies**) irregularidad

irrelevance /ɪˈreləvəns/ *n* **1** (*formal* **irrelevancy**) (*pl* **-ies**) (*contable*) algo que no viene al caso: *They considered the union an irrelevance.* Consideraban que el sindicato no servía para nada. **2** (*incontable*) lo poco que algo viene al caso: *the irrelevance of Latin to their real needs* lo poco que el latín tiene que ver con sus necesidades reales

irrelevant /ɪˈreləvənt/ *adj* ~ **(to sth)** que no viene al caso (con algo): *That is irrelevant to the subject.* Esto no tiene relación con el tema. ◊ *to go into irrelevant detail* meterse en detalles sin importancia ◊ *irrelevant remarks* observaciones que no vienen al caso ◊ *The money is irrelevant to me.* El dinero me es indiferente.

irreligious /ˌɪrɪˈlɪdʒəs/ *adj* irreligioso

irreparable /ɪˈrepərəbl/ *adj* irreparable: *irreparable damage* daños irreparables
▶ **irreparably** *adv* irreparablemente

irreplaceable /ˌɪrɪˈpleɪsəbl/ *adj* irreemplazable

irrepressible /ˌɪrɪˈpresəbl/ *adj* irreprimible: *irrepressible desire* deseo irreprimible

irreproachable /ˌɪrɪˈprəʊtʃəbl/ *adj* irreprochable

irresistible /ˌɪrɪˈzɪstəbl/ *adj* irresistible: *to become/prove irresistible* resultar ser irresistible
▶ **irresistibly** *adv* irresistiblemente

irresolute /ɪˈrezəluːt/ *adj* (*formal*) irresoluto

irrespective of /ˌɪrɪˈspektɪv ɒv/ *prep* sin tener en cuenta: *irrespective of race* sin distinción de raza

irresponsibility /ˌɪrɪˌspɒnsəˈbɪləti/ *n* irresponsabilidad

irresponsible /ˌɪrɪˈspɒnsəbl/ *adj* irresponsable: *His mother is irresponsible.* Su madre es una irresponsable. ◊ *It is irresponsible of you.* Es irresponsable por tu parte.
▶ **irresponsibly** *adv* de forma irresponsable

irretrievable /ˌɪrɪˈtriːvəbl/ *adj* (*formal*) **1** (*pérdida, ruptura*) irrecuperable **2** (*daño*) irreparable
▶ **irretrievably** *adv* de forma irrecuperable: *Talks have broken down irretrievably.* Las conversaciones se han roto para siempre.

irreverent /ɪˈrevərənt/ *adj* irreverente
▶ **irreverence** *n* [*incontable*] irreverencia

irreversible /ˌɪrɪˈvɜːsəbl/ *adj* irreversible
▶ **irreversibly** *adv* irreversiblemente

irrevocable /ɪˈrevəkəbl/ *adj* (*formal*) irrevocable
▶ **irrevocably** *adv* irrevocablemente

irrigate /ˈɪrɪgeɪt/ *vt* regar (*campos, cosechas*) ☛ *Comparar con* WATER[2] sentido 1
▶ **irrigation** *n* riego

irritability /ˌɪrɪtəˈbɪləti/ *n* irritabilidad

irritable /ˈɪrɪtəbl/ *adj* irritable
▶ **irritably** *adv* con irritación

irritant /ˈɪrɪtənt/ *adj* irritante
■ **irritant** *n* agente irritante

irritate /ˈɪrɪteɪt/ *vt* irritar: *He's easily irritated.* Se enfada con facilidad.
▶ **irritating** *adj* irritante: *How irritating!* ¡Qué fastidio!
irritatingly *adv*: *irritatingly slow* insufriblemente lento

irritation /ˌɪrɪˈteɪʃn/ *n* **1** inconveniente: *It's one of the minor irritations of the job.* Es uno de los pequeños inconvenientes del trabajo. **2** irritación: *Go away!, he said with irritation.* ¡Lárgate!, dijo irritado.

irruption /ɪˈrʌpʃn/ *n* (*formal*) irrupción

IRS /ˌaɪ ɑːr ˈes/ *abrev de* **Internal Revenue Service**

Is (*tb* **I**) *abrev de* **island/isle**

is /s, z, ɪz/ *Ver* BE

ISBN /ˌaɪ es biː ˈen/ *abrev de* **International Standard Book Number** ISBN

Islam /ɪzˈlɑːm; *USA* ˈɪslɑːm/ *n* Islam

Islamic /ɪzˈlæmɪk; *USA* ɪsˈlɑːmɪk/ *adj* islámico

island /ˈaɪlənd/ *n* **1** (*abrev* **I**, **Is**) isla *Ver tb* DESERT ISLAND ☛ *Ver nota en* ISLE **2** (*tb* **traffic island**) isleta (*tráfico*)
▶ **islander** /ˈaɪləndə(r)/ *n* isleño, -a

isle /aɪl/ *n* (*abrev* **I**, **Is**) isla

Island es la palabra más normal para referirnos a una isla. **Isle** se utiliza sobre todo en nombres de lugares, como *the Isle of Man, the British Isles*, etc. ☛ *Ver nota e ilustración en* GREAT BRITAIN

islet /ˈaɪlət/ *n* islote

ism /ˈɪzəm/ *n* (*gen pey*) ismo

isn't /ˈɪznt/ = IS NOT *Ver* BE

ISO /ˌaɪ es ˈəʊ/ *abrev de* **International Standards Organization** Organización Internacional de Calidades

isobar /ˈaɪsəbɑː(r)/ *n* isobara

isolate /ˈaɪsəleɪt/ *vt* **~ sth/sb (from sth/sb)** aislar algo/a algn (de algo/algn)
▶ **isolated** *adj* aislado
isolation *n* **~ (from sth/sb)** aislamiento (de algo/algn): *isolation ward* ala de infecciosos
LOC **in isolation (from sth/sb)** aislado (de algo/algn): *Looked at in isolation...* Considerado fuera del contexto... ◊ *to act in isolation* actuar por cuenta propia

isolationism /ˌaɪsəˈleɪʃənɪzəm/ *n* aislacionismo
▶ **isolationist** *adj, n* aislacionista

isosceles /aɪˈsɒsəliːz/ *adj* isósceles: *an isosceles triangle* un triángulo isósceles ☛ *Ver ilustración en* TRIANGLE

isotope /ˈaɪsətəʊp/ *n* isótopo

issue /ˈɪʃuː, ˈɪsjuː/ *n* **1** asunto, cuestión: *to avoid/confuse the issue* evitar/hacer más confuso el asunto ◊ *women's issues* temas de la mujer ◊ *a burning issue* un asunto al rojo vivo ◊ *to raise an issue* sacar un tema **2** número: *back issues* números atrasados ◊ *this week's issue* el número de esta semana **3** emisión: *date of issue* fecha de emisión ◊ *the place/point of issue* el sitio/punto de salida **4** (*formal*) resultado **5** (*formal*) descendencia: *to die without issue* morir sin descendencia
LOC **(the matter, point, etc) at issue** (el asunto, punto, etc) en cuestión **to make an issue (out) of sth** insistir (demasiado) sobre un tema: *Let's not make an issue of it.* No lo convirtamos en un problema. **to take issue with sb (about/on/over sth)**; **to take issue with sth** disentir con algn (sobre algo), disentir de algo *Ver tb* FOG, FORCE
■ **issue** (*formal*) **1** *vt* **(a) ~ sth (to sb)** (*comida, visado, nota de despido*) distribuir, expedir algo (a algn) **(b) ~ sb with sth** proveer a algn de algo: *The bank will issue you with a chequebook.* El banco te proveerá de un libro de cheques. **2** *vt* (*acciones, billetes de banco*) poner en circulación **3** *vt* **(a)** (*aviso, órdenes*) dar **(b)** (*declaración*) hacer **4** *vi* **~ from sth (a)** (*sangre*) fluir de algo **(b)** (*humo*) salir de algo

it¹ /ɪt/ *pron pers*

It sustituye a un animal o a una cosa como sujeto y complemento. También se puede utilizar para referirse a un bebé.

1 (*como sujeto*) él, ella, ello: *'Where's your car?' 'It's in the garage.'* —¿Dónde está tu coche? —Está en el garaje. ◊ *Where is it?* ¿Dónde está? ◊ *Will it be enough for a deposit?* ¿Será suficiente para un depósito? ◊ *The train left 10 minutes later than it should.* El tren salió 10 minutos más tarde de lo debido. ◊ *It's getting very competitive.* Se está poniendo muy competitivo. ◊ *The baby is crying, I think it's hungry.* El bebé está llorando, creo que tiene hambre. ◊ *Who is it?* ¿Quién es? ◊ *It's me.* Soy yo.

Nótese que el pronombre personal no se puede omitir en inglés.

2 (*como complemento*) lo, la, le: *Did you see it?* ¿Lo viste? ◊ *Give it a turn.* Dale la vuelta. ◊ *She wants to see it.* Quiere verlo. ◊ *I doubt it.* Lo dudo. ◊ *Give it to me.* Dámelo. **3** (*tras preposición o verbo* **to be**) ello: *We were talking about it.* Estábamos hablando de ello. ◊ *That must be it.* Eso debe ser.

it² /ɪt/ *pron* ☛ En muchos casos **it** carece de significado, sustituye a información que ya se ha dado o que se va a dar y se utiliza como sujeto gramatical para construir oraciones que en español suelen ser impersonales. Normalmente no se traduce. **1** *It appears that...* Parece que... ◊ *Does it matter what colour it is?* ¿Importa de qué color sea? ◊ *It's impossible.* Es imposible. ◊ *It's no use shouting.* Es inútil gritar. ◊ *It doesn't matter.* No importa./Da igual. ◊ *If it's convenient...* Si es oportuno... ◊ *It's Jim who's the clever one.* Jim es el listo. ◊ *It was here that we met.* Fue aquí que nos conocimos. ◊ *It's me.* Soy yo. **2** (*en frases impersonales de tiempo, distancia y tiempo atmosférico*): *It's ten past twelve.* Son las doce y diez. ◊ *It's the 12th of May.* Es el 12 de mayo. ◊ *It's our anniversary.* Es nuestro aniversario. ◊ *It's two miles to the beach.* Hay dos millas hasta la playa. ◊ *It's a long time since they left.* Hace mucho tiempo que partieron. ◊ *It's raining.* Está lloviendo. ◊ *It's hot.* Hace calor. **3** (*en juegos infantiles*): *You're it!* ¡Tú te quedas!

IT /ˌaɪ ˈtiː/ *abrev de* **Information Technology**: *to do an IT course* hacer un curso de informática

Italian /ɪˈtæliən/ *adj* italiano
■ **Italian** *n* **1** (*idioma*) italiano **2** (*persona*) italiano, -a
▶ **Italianate** /ɪˈtæljəneɪt/ *adj* de estilo italiano

italics /ɪˈtælɪks/ *n* [*pl*] cursivas: *in italics* en cursiva
▶ **italic** *adj* en cursiva
italicize, -ise *vt* poner en cursiva

itch /ɪtʃ/ *n* (*pl* **itches**) picor
■ **itch** *vi* **1** picar: *My leg itches.* Me pica la pierna. **2 ~ for sth/to do sth** (*coloq*) morirse por algo/por hacer algo: *He's itching for a chance to help.* Se muere por poder ayudar. ◊ *She itches to get back to work.* Se muere por volver a trabajar.
▶ **itching** *n* picazón, comezón
itchy *adj* que pica: *My skin feels itchy.* Siento picazón en la piel.
LOC **(to get/have) itchy feet** (*coloq*) (ponerse/ser) inquieto (*que quiere viajar*)

it'd /ˈɪtəd/ **1** = IT HAD *Ver* HAVE **2** = IT WOULD *Ver* WOULD

item /ˈaɪtəm/ *n* **1** unidad: *several useful items of information* varios detalles informativos útiles **2** (*Periodismo*) artículo: *a news item/an item of news* una noticia **3** objeto: *household items* artículos del hogar ◊ *an item in a catalogue* un artículo en un catálogo ◊ *luxury items* artículos de lujo **4** (*orden del día*) punto **5** (*coloq*) **an item** una pareja (*de novios*): *Are they still an item?* ¿Siguen juntos? *Ver tb* COLLECTOR'S ITEM
▶ **itemize, -ise** *vt* detallar: *an itemized bill* una factura detallada

itinerant /aɪˈtɪnərənt/ *adj* **1** itinerante **2** (*artista, vendedor*) ambulante

itinerary /aɪˈtɪnərəri, ɪˈtɪnərəri; *USA* -reri/ *n* (*pl* **-ies**) itinerario

it'll /ˈɪtl/ = IT WILL *Ver* WILL¹

ITN /ˌaɪ tiː ˈen/ (*GB, TV*) *abrev de* **Independent Television News** ITN

its /ɪts/ *adj pos* su(s): *Have you any idea of its value?* ¿Tienes alguna idea de su valor? ◊ *The dog had hurt its paw.* El perro se hizo daño en la pata. ☛ *Ver nota en* MY

Its acompaña a algo que pertenece a un animal o a una cosa, y también puede utilizarse con algo que pertenezca a un bebé.

it's /ɪts/ **1** = IT IS *Ver* BE **2** = IT HAS *Ver* HAVE

itself /ɪtˈself/ *pron* **1** [*uso reflexivo*] se, a sí mismo, a sí misma: *The body defends itself against disease.* El cuerpo se defiende a sí mismo contra las enfermedades. **2** (*tras preposición*) sí mismo, sí misma: *The dog can*

look after itself. El perro se sabe cuidar solo. **3** [*uso enfático*] (él) mismo, (ella) misma, (ello) mismo: *The job itself is easy.* Lo que es el trabajo en sí es fácil. ◊ *She is kindness itself.* Es la bondad personificada.
LOC **(all) by itself 1** (*sin ayuda*) (completamente) solo **2** (*sin compañía*) (totalmente) solo ☛ *Ver nota en* ALONE **in itself** de por sí

ITT /ˌaɪ tiː ˈtiː/ *abrev de* **International Telephone and Telegraph Corporation** ITT

ITV /ˌaɪ tiː ˈviː/ (*GB, TV*) *abrev de* **Independent Television** ITV ☛ *Ver nota en* CANAL

IUD /ˌaɪ juː ˈdiː/ *abrev de* **intrauterine (contraceptive) device** dispositivo (anticonceptivo) intrauterino ☛ La palabra más normal es **coil**.

I've /aɪv/ = I HAVE *Ver* HAVE

IVF /ˌaɪ viː ˈef/ *abrev de* **in vitro fertilization** fertilización in vitro

ivory /ˈaɪvəri/ *n* (*pl* **-ies**) **1** marfil **2** color marfil
LOC **an ivory tower** una torre de marfil

ivy /ˈaɪvi/ *n* (*pl* **ivies**) hiedra

J, j /dʒeɪ/ *n* (*pl* **J's, j's** /dʒeɪz/) (*letra*) jota: *"Joker" begins with* (*a*) *J.* "Joker" empieza por jota.

J (*tb* **j**) *abrev de* **joule**

jab /dʒæb/ *vt, vi* (**-bb-**) **to jab (at sth/sb) (with sth)**; **to jab sth/sb (with sth)** golpear, empujar, pinchar (algo/a algn) (con algo): *He jabbed at his opponent.* Le lanzó un puñetazo a su oponente.

PHR V **to jab sth into sth/sb** hincar algo a algn/en algo

■ **jab** *n* **1(a)** pinchazo **(b)** codazo **(c)** estocada **2** (*coloq, Med*) pinchazo

jabber /ˈdʒæbə(r)/ *vi* **~ (away/on)** (*pey*) farfullar: *They were jabbering away in Japanese.* Estaban parloteando en japonés. ◊ *to jabber sth out* farfullar algo

■ **jabber** (*tb* **jabbering**) *n* parloteo

jack¹ /dʒæk/ *n* **1** (*Mec*) gato **2** bandera: *the Union Jack* la bandera del Reino Unido **3** (*tb* **knave**) jota (*baraja francesa*) **4** **jacks** [*pl*] tabas: *to play jacks* jugar a las tabas

LOC **a jack of all trades (and master of none)** persona que sabe un poco de todo (y mucho de nada)

jack² /dʒæk/ *v*

PHR V **to jack sth in** (*argot*) abandonar algo

to jack sth up **1** (*Mec*) levantar algo con el gato **2** (*coloq, fig*) aumentar algo

jackal /ˈdʒækɔːl; *USA* -kl/ *n* chacal

jackass /ˈdʒækæs/ *n* **1** burro **2** (*coloq, fig*) borrico, -a

jackboot /ˈdʒækbuːt/ *n* **1** bota militar **2** (*fig*) yugo

jackdaw /ˈdʒækdɔː/ *n* grajilla

jacket /ˈdʒækɪt/ *n* **1** americana, chaqueta ☛ *Ver ilustración en* AMERICANA *Ver tb* DINNER JACKET, LIFE JACKET, SPORTS JACKET, STRAITJACKET ☛ *Comparar con* CARDIGAN **2** revestimiento **3** (*tb* **dust-jacket**) sobrecubierta **4** *jacket potatoes* patatas al horno con piel

jack-in-the-box /ˈdʒæk ɪn ðə bɒks/ *n* (*pl* **-boxes**) caja sorpresa

jackpot /ˈdʒækpɒt/ *n* **1** bote **2** premio gordo **LOC** *Ver* HIT

Jacobean /ˌdʒækəˈbiːən/ *adj* de la época de Jacobo I de Inglaterra

Jacobite /ˈdʒækəbaɪt/ *n* jacobita

jade /dʒeɪd/ *adj, n* **1** jade: *a jade necklace* un collar de jade **2** *jade-green* verde jade

jaded /ˈdʒeɪdɪd/ *adj* (*pey* o *joc*) cansado, hastiado: *a wine for a jaded palate* un vino para el paladar más acostumbrado

jagged /ˈdʒægɪd/ *adj* dentado: *a jagged edge* un filo dentado

jaguar /ˈdʒægjuə(r)/ *n* jaguar

jail (*tb* **gaol**) /dʒeɪl/ *n* cárcel: *to be sent to jail* ser enviado a la cárcel

■ **jail** *vt* **~ sb (for sth)** encarcelar a algn (por algo)

▶ **jailer** (*tb* **jailor**, **gaoler**) /dʒeɪlə(r)/ *n* carcelero, -a

jalopy /dʒəˈlɒpi/ *n* (*coloq*) cacharro (*coche*)

jam¹ /dʒæm/ *n* mermelada ☛ *Ver nota en* MARMALADE

LOC *Ver* MONEY

jam² /dʒæm/ (**-mm-**) **1** *vt* **to jam sth/sb in, under, between, etc sth** **(a)** (*objetos*) meter algo a la fuerza: *jammed in the letter-box* embutido en el buzón **(b)** (*personas*) apretar(se): *You'll get jammed in.* Te quedarás encajonado. ◊ *jammed full of people* atestado de gente **2** *vt* **to jam sth (up)** obstruir algo: *to jam the roads* embotellar las calles **3** *vt, vi* atascar(se): *The key jammed.* La llave se atascó. ◊ *jammed in the ice* atrancado en el hielo **4** *vt* (*Radio*) interferir

PHR V **to jam sth on**: *to jam on the brakes* frenar de golpe

■ **jam** *n* **1** atasco: *a traffic jam* un atasco *Ver tb* LOGJAM **2** (*coloq*) aprieto: *to be in/to get into a jam* estar/meterse en un aprieto

jamb /dʒæm/ *n* jamba

jamboree /ˌdʒæmbəˈriː/ *n* **1** francachela **2** congreso de scouts y guías

jammy /ˈdʒæmi/ *adj* (*coloq*) **1** (*GB*) **(a)** (*persona*) suertudo **(b)** (*trabajo*) chupado **2** lleno de mermelada

jam-packed /ˌdʒæmˈpækt/ *adj* **~ (with sth/sb)** (*coloq*) hasta los topes (de algo/algn)

Jan /dʒæn/ (*coloq*) *abrev de* **January**

jangle /ˈdʒæŋgl/ *vt, vi* (hacer) sonar de manera discordante

■ **jangle** (*tb* **jangling**) *n* sonido metálico desagradable

▶ **jangling** *adj* discordante

janitor /ˈdʒænɪtə(r)/ (*USA*) (*GB* **caretaker**) *n* portero, -a

January /ˈdʒænjuəri; *USA* -jʊeri/ *n* (*abrev* **Jan**) enero: *They are getting married this January/in January.* Se van a casar en enero. ◊ *She was born on January 8th.* Nació el 8 de enero. ◊ *We go on holiday every January.* Nos vamos de vacaciones todos los meses de enero. ◊ *last/next January* en enero del año pasado/que viene

Nótese que los nombres de los meses en inglés se escriben con mayúscula. *Ver tb nota en* FECHA

Jap /dʒæp/ (*coloq, ofen*) *abrev de* **Japanese**

Japanese /ˌdʒæpəˈniːz/ *adj* japonés

■ **Japanese** *n* **1** (*idioma*) japonés **2** (*coloq, ofen* **Jap**) (*persona*) japonés, -esa

jape /dʒeɪp/ *n* (*antic, coloq*) broma

jar¹ /dʒɑː(r)/ *n* **1** tarro **2** jarra **3** (*GB, coloq*): *to have a few jars* tomarse unas cañas

jar² /dʒɑː(r)/ (**-rr-**) **1** *vi* **to jar (on sth/sb)** irritar (a algo/algn): *to jar on your nerves* poner a algn los nervios de punta **2** *vi* **to jar (with sth)** (*fig*) desentonar (con algo) **3** *vt* golpear

PHR V **to jar against/on sth** chocar contra algo

■ **jar** *n* [*sing*] sacudida

jargon /ˈdʒɑːgən/ *n* jerga

jasmine /ˈdʒæzmɪn; *USA* ˈdʒæzmən/ *n* jazmín

jasper /ˈdʒæspə(r)/ *n* jaspe

jaundice /ˈdʒɔːndɪs/ *n* **1** (*Med*) ictericia **2** (*fig*) envidia

▶ **jaundiced** *adj* negativo: *a jaundiced outlook* una actitud negativa

jaunt /dʒɔːnt/ *n* excursión

jaunty /ˈdʒɔːnti/ *adj* garboso, desenvuelto, desenfadado

▶ **jauntily** *adv* garbosamente, con desenvoltura

jauntiness *n* garbo, desenvoltura

javelin /ˈdʒævlɪn/ *n* jabalina: *javelin thrower* lanzador, -ora de jabalina

jaw /dʒɔː/ *n* **1** (*persona*) [*gen pl*] mandíbula: *rescued from the jaws of death* rescatado de las fauces de la muerte ☛ *Ver ilustración en* HEAD¹ **2** (*animal*) **(a)** quijada **(b)** **jaws** [*pl*] fauces **3** **jaws** [*pl*] (*Mec*) mordaza **4** (*coloq*) cotilleo *Ver tb* JAWBONE

LOC **your jaw drops** (*coloq*) quedarse boquiabierto: *My jaw dropped when I saw how much it cost.* Me quedé boquiabierto cuando vi lo que costaba.

■ **jaw** *vi* (*coloq*) **1 to jaw (on) (at sb)** soltar el rollo (a algn) **2 to jaw (on)** darle a la lengua
jawbone /ˈdʒɔːbəʊn/ *n* maxilar
jay /dʒeɪ/ *n* arrendajo
jazz /dʒæz/ *n* **1** jazz: *jazz band* orquesta de jazz **2** (*argot, pey*) palabrería
LOC and all that jazz (*argot*) y todo eso
■ **jazz** *vt* **~ sth (up)** (*Mús*) sincopar algo
PHR V to jazz sth up animar algo
▶ **jazzy** *adj* (*coloq*) **1** de jazz **2** vistoso
jealous /ˈdʒeləs/ *adj* **~ (of sth/sb) 1** *You are just jealous of her.* Lo que te pasa es que le tienes envidia. ◊ *I am very jealous of your new car.* Tu coche nuevo me da mucha envidia. **2** celoso (de algo/algn): *to get jealous* ponerse celoso ◊ *to make sb jealous* dar celos a algn ◊ *She's jealous of her privileges.* Es muy celosa de sus privilegios.
▶ **jealously** *adv* celosamente
jealousy *n* [*incontable*] celos, envidia
jeans /dʒiːnz/ *n* [*pl*] (pantalones) vaqueros
Jeep® /dʒiːp/ *n* jeep, vehículo todoterreno
jeer /dʒɪə(r)/ *vt, vi* **~ (at) (sth/sb) 1** mofarse (de algo/algn): *"Coward" they jeered.* —¡Cobarde! dijeron burlándose. **2** abuchear (a algn): *They jeered (at) the speaker.* Abuchearon al conferenciante.
■ **jeer** *n* [*contable*] mofa, abucheo
▶ **jeering** *n* [*incontable*] mofa, abucheo
Jehovah's Witness /dʒɪˌhəʊvəz ˈwɪtnəs/ *n* testigo de Jehová
jell *vi Ver* GEL
jelly /ˈdʒeli/ *n* (*pl* **-ies**) **1** gelatina (*de sabores*): *Her legs were shaking like jelly.* Tenía las piernas como flanes. ☛ *Comparar con* GELATINE **2** jalea: *royal jelly* jalea real **3** *Ver tb* PETROLEUM
jellyfish /ˈdʒelifɪʃ/ *n* (*pl* **jellyfish** o **~es**) (*Zool*) medusa
jeopardize, -ise /ˈdʒepədaɪz/ *vt* poner en peligro
jeopardy /ˈdʒepədi/ *n*
LOC (to be, put, etc) in jeopardy (estar, poner, etc) en peligro
jerk /dʒɜːk/ *n* **1** sacudida, tirón: *The bus stopped with a jerk.* El autobús se detuvo dando una sacudida. ◊ *He gave the tooth a jerk and it came out.* Dio un tirón y la muela salió. ◊ *to sit up with a jerk* incorporarse de repente *Ver tb* KNEE-JERK **2** (*coloq, pey*) idiota **LOC** *Ver* PHYSICAL
■ **jerk** *vt, vi* sacudir(se): *The train jerked to a halt.* El tren se detuvo con una sacudida. ◊ *He jerked his head towards the door.* Volvió la cabeza hacia la puerta de una sacudida. *Ver tb* TEAR-JERKER
PHR V to jerk (yourself) off (⚠) ☛ *Ver nota en* TABÚ (*argot*) machacársela
▶ **jerky** *adj* abrupto: *jerky movements* movimientos abruptos
jerkily *adv* abruptamente
jersey /ˈdʒɜːzi/ *n* (*pl* **~s**) **1** jersey ☛ *Ver nota en* SWEATER **2** (*tb* **jersey-wool**) tela de punto de lana
jest /dʒest/ *n* broma ☛ La palabra más usada es **joke**.
LOC in jest en broma
■ **jest** *vi* **~ (with sb) (about sth)** bromear (con algn) (sobre algo) ☛ Normalmente se usa **to joke**.
▶ **jester** *n* bufón: *the court jester* el bufón de la corte
Jesuit /ˈdʒezjuɪt; *USA* ˈdʒeʒəwət/ *n* jesuita
Jesus /ˈdʒiːzəs/ *n* Jesús
LOC Jesus!; Jesus Christ! ¡por el amor de Dios!

Nótese que cuando alguien estornuda no se dice **Jesus!** ☛ *Ver nota en* ¡ACHÍS!

jet[1] /dʒet/ *n* **1** (*tb* **jet aircraft**) jet: *to travel by jet* viajar en un reactor ◊ *a jet fighter* un caza a reacción *Ver tb* TURBOJET **2** (*de agua, gas*) chorro
■ **jet** *vi* (**-tt-**) (*coloq*) volar en reactor: *She's always jetting off somewhere.* Siempre anda volando en jet a algún lado.
jet[2] /dʒet/ *n* azabache
jet black *adj* negro azabache: *jet black hair* pelo de azabache
jet engine *n* motor de propulsión a chorro
jet lag *n* desfase horario sufrido tras un viaje largo en avión
▶ **jet-lagged** (*tb* **jet lagged**) *adj* afectado por el desfase horario
jetsam /ˈdʒetsəm/ *n* **LOC** *Ver* FLOTSAM
jettison /ˈdʒetɪsn/ *vt* desechar
jetty /ˈdʒeti/ *n* embarcadero
Jew /dʒuː/ *n* judío, -a
jewel /ˈdʒuːəl/ *n* **1** (*lit* y *fig*) joya: *a jewel thief* ladrón de joyas **2** piedra preciosa **3** rubí (*en un reloj*)
▶ **jewelled** (*USA* **jeweled**) *adj* con pedrería
jeweller (*USA* **jeweler**) *n* joyero, -a
jeweller's (*tb* **jeweller's shop**) *n* joyería ☛ *Ver nota en* CARNICERÍA
jewellery (*tb* **jewelry** /ˈdʒuːəlri/) *n* [*incontable*] joyas *Ver tb* COSTUME JEWELLERY
Jewish /ˈdʒuːɪʃ/ *adj* judío
jib /dʒɪb/ *n* (*Náut*) foque ☛ *Ver ilustración en* YACHT
■ **jib** *vi* (**-bb-**) **to jib (at sth/doing sth)** resistirse (a algo/hacer algo)
jibe (*tb* **gibe**) /dʒaɪb/ *vi* **~ (at sth/sb)** mofarse (de algo/algn)
■ **jibe** *n* burla, pulla
jiffy /ˈdʒɪfi/ *n* (*coloq*) momento: *I shan't be a jiffy.* Me voy un momento. ◊ *I'll be with you in a jiffy.* Estoy contigo en un santiamén.
jig /dʒɪg/ *n* (*Mús*) giga
■ **jig** *vt, vi* dar saltos, hacer saltar: *to jig up and down in excitement* dar saltos de la emoción
jiggle /ˈdʒɪgl/ *vt, vi* (*coloq*) menear(se)
jigsaw /ˈdʒɪgsɔː/ (*tb* **jigsaw puzzle**) *n* rompecabezas
jilt /dʒɪlt/ *vt* dejar plantado a (*la pareja*)
jingle /ˈdʒɪŋgl/ *n* **1** [*incontable*] tintineo **2** anuncio cantado
■ **jingle** *vt, vi* (hacer) tintinear
jinx /dʒɪŋks/ *n* (*coloq*) gafe: *There's a jinx on it.* Trae mala suerte.
■ **jinx** *vt* (*coloq*) gafar: *It's jinxed.* Está gafado.
jittery /ˈdʒɪtəri/ *adj* (*coloq*) nervioso
▶ **the jitters** *n* [*pl*] mieditis: *She gives me the jitters.* Me pone nervioso. ◊ *to get/have the jitters* tener mieditis
jive /dʒaɪv/ *n* [*sing*] baile de los años cuarenta y cincuenta que se bailaba con música de jazz o rock
■ **jive** *vi* bailar este baile
Jnr (*tb* **Jr**, **Jun**) *abrev de* **Junior**
job /dʒɒb/ *n* **1(a)** (puesto de) trabajo, empleo: *to have a job* tener trabajo ◊ *full-time/part-time job* puesto de trabajo de jornada completa/a media jornada ◊ *job security* seguridad de empleo ◊ *job satisfaction* satisfacción profesional ◊ *to go job hunting* salir a buscar trabajo **(b)** oficio: *She knows her job.* Conoce su oficio. ☛ *Ver nota en* WORK[1] **2(a)** trabajo: *to pay sb by the job* pagar a algn a destajo **(b)** tarea **3(a)** responsabilidad: *It's not my job!* ¡No es asunto mío! ◊ *I've got the job of telling her.* Me toca a mí decírselo. **(b)** deber: *I'm only doing my job.* Estoy cumpliendo con mi deber. **4** (*coloq*) (*cosa*) cacharro, chisme **5** (*coloq*) robo *Ver tb* BLOW JOB, HATCHET JOB, ODD-JOB MAN, ODD JOBS
LOC a good job (*coloq*): *It's a good job you've come.* Menos mal que has venido. **jobs for the boys** (*coloq*) enchufismo **just the job/ticket** (*coloq, aprob*) lo ideal **on the job 1** trabajando: *on-the-job training* formación en el trabajo **2** (*GB, coloq*) echando un polvo **out of a job** en el paro **to be/have a job (doing sth)**: *It was quite a job finding it.* Fue difícil encontrarlo. ◊ *We had quite a job finishing.* Nos resultó difícil terminar. **to do the job/trick** (*coloq*) ser lo que hace falta **to give sth/sb up as a bad job** (*coloq*) dejar a algo/algn por imposible **to make a bad, excellent, good, poor, etc job of sth** hacer algo fatal, de maravilla, bien, mal, etc *Ver tb* BEST, DEVIL[1]

jobbing /ˈdʒɒbɪŋ/ *adj*: *a jobbing gardener* un jardinero a destajo
jobcentre /ˈdʒɒbsentə(r)/ *n* (*GB*) oficina de empleo
jobless /ˈdʒɒblɪs/ *adj* parado
▶ **the jobless** *n* [*pl*] los parados, los desempleados
job lot *n* lote
job-sharing *n* sistema de empleo en el que dos o más personas comparten el mismo puesto
Jock /dʒɒk/ *n* (*coloq, ofen*) un escocés
jockey /ˈdʒɒki/ *n* (*pl* **~s**) jockey *Ver tb* DISC JOCKEY
PHR V **to jockey for sth** maniobrar para conseguir algo
jockstrap /ˈdʒɒkstræp/ *n* coquilla
jocular /ˈdʒɒkjələ(r)/ *adj* jocoso
▶ **jocularity** *n* jocosidad
jodhpurs /ˈdʒɒdpəz/ *n* [*pl*] pantalones de montar
jog /dʒɒg/ *n* [*sing*] **1** *to go for a jog* hacer footing **2** empujoncito
■ **jog** (**-gg-**) **1** *vi* hacer footing: *to go jogging* hacer footing **2** *vt* empujar (ligeramente) **3** *vi* traquetear **4** *vi* trotar
LOC **to jog sb's memory** refrescar la memoria a algn
PHR V **to jog along/on** ir tirando
jogger /ˈdʒɒgə(r)/ *n* persona que hace footing
jogging /ˈdʒɒgɪŋ/ *n* footing
joggle /ˈdʒɒgl/ *vt, vi* menear(se)
joie de vivre /ˌʒwa də ˈviːvrə/ *n* (*Fr*) alegría de vivir
join /dʒɔɪn/ *n* **1** juntura **2** costura
■ **join 1** *vt* **(a) ~ sth (on)to sth** unir algo con algo **(b) ~ A and B (together/up)** juntar A y B **(c)** (*tubería, etc*) acoplar **2** *vi* **(a) ~ up with sth/sb** unirse a algo/algn **(b) ~ up (with sth/sb)** juntarse (con algo/algn) **(c)** (*carretera*) enlazar(se) **3** *vt* reunirse: *to join your family* reunirse con la familia ◊ *Will you join me for a drink?* ¿Quieres tomar una copa conmigo? ◊ *He will join us later.* Vendrá más tarde. **4** *vt* **~ sb in sth/doing sth**: *Join me in a toast to the happy couple.* Brindemos por la pareja feliz. ◊ *I joined them in welcoming the new members of the team.* Les di la bienvenida con todo el equipo a los recién llegados. **5** *vt, vi* **(a)** (*club, etc*) hacerse socio (de) **(b)** (*sindicato*) afiliarse (a) **(c)** (*ejército, etc*) alistarse (en) **(d)** (*empresa*) unirse (a) **(e)** (*UE*) ingresar (en)
LOC **join the club** no eres el único **to join battle (with sb)** (*formal*) empezar a pelear (con algn) **to join forces (with sb)** unirse (a algn) **to join hands** cogerse de la mano *Ver tb* BEAT
PHR V **to join in (sth)** participar en (algo)
to join (sth) on añadir algo: *It joins on here.* Se pone aquí.
to join up 1 alistarse **2** unirse
joiner /ˈdʒɔɪnə(r)/ *n* (*GB*) carpintero, -a ☛ *Comparar con* CARPENTER
▶ **joinery** *n* carpintería (*de una obra*)
joint¹ /dʒɔɪnt/ *n* **1** (*Anat*) articulación *Ver tb* DOUBLE-JOINTED **2(a)** junta **(b)** ensambladura **3** cuarto de carne: *the Sunday joint* el asado del domingo ☛ *Ver nota en* ROAST **4** (*argot, pey*) antro **5** (*argot*) porro
LOC **out of joint 1** dislocado **2** (*fig*) fuera de quicio *Ver tb* CASE², NOSE¹
■ **joint** *vt* **1** descuartizar **2** articular
▶ **jointed** *adj* articulado, plegable
joint² /dʒɔɪnt/ *adj* conjunto: *a joint account* una cuenta conjunta ◊ *a joint agreement* un acuerdo mutuo ◊ *a joint effort* un esfuerzo colectivo ◊ *joint heirs/owners* coherederos/copropietarios
▶ **jointly** *adv* conjuntamente, mutuamente: *jointly owned* en copropiedad
joist /dʒɔɪst/ *n* viga
joke /dʒəʊk/ *n* **1(a)** chiste: *to tell (sb) a joke* contar un chiste (a algn) **(b)** (*tb* **practical joke**) broma: *to play a joke on sb* gastar una broma a algn ◊ *He did it for a joke.* Lo hizo en broma. **2** [*sing*]: *He's a standing joke.* Le da risa a todo el mundo.
LOC **the joke's on sb** (*coloq*): *His trick backfired, and the joke was on him.* Le salió mal la broma, y al final la pagó él. **to be no joke**; **to be/get beyond a joke** no ser broma: *It's getting beyond a joke.* Ya pasa de castaño oscuro. **to have a joke with sb** bromear con algn **to make a joke about/of sth/sb** reírse de algo/algn **to see the joke** verle la gracia (a algo): *I don't see the joke.* No le veo la gracia. **to take a joke**: *Can't you take a joke?* ¿No se te puede gastar una broma?
■ **joke** *vi* **~ (with sb)** bromear (con algn): *I was only joking.* Lo dije en broma. ◊ *It's nothing to joke about.* No es broma.
LOC **joking apart** bromas aparte **You must be/have got to be joking!** ¡Pero qué dices!, ¡Tú debes estar loco!
joker /ˈdʒəʊkə(r)/ *n* **1** (*coloq*) **(a)** bromista, gracioso **(b)** tío, -a **2** (*cartas*) comodín **3** (*coloq*) hazmerreír
jokey /ˈdʒəʊki/ *adj* (**jokier, jokiest**) gracioso
joking /ˈdʒəʊkɪŋ/ *adj* chistoso: *I'm in no joking mood!* ¡No estoy para bromas!
▶ **jokingly** *adv* en/de broma
jollity /ˈdʒɒləti/ *n* (*antic*) regocijo
jolly /ˈdʒɒli/ *adj* (**-ier, -iest**) **1** alegre **2** divertido **3** jovial
LOC **jolly well** (*uso enfático*): *You jolly well have to!* ¡No te queda más remedio!
■ **jolly** *adv* (*GB, coloq*) muy: *Jolly good!* ¡Estupendo! ◊ *It was jolly hard work.* Fue la mar de difícil.
■ **jolly** *vt* (*pret, pp* **jollied**)
PHR V **to jolly sb along/up** (*coloq*) engatusar a algn
to jolly sth up animar algo
jolt /dʒəʊlt/ **1** *vi* (*vehículo*) traquetear **2** *vt* sacudir, empujar: *to jolt sb awake* despertar bruscamente a algn **3** *vt* (*fig*) conmover
PHR V **to jolt sb into/out of sth**: *to jolt sb out of their complacency and into action* sacar bruscamente a algn de su suficiencia y moverle a actuar
■ **jolt** *n* **1** sacudida, choque, empujón **2** susto: *He sat up with a jolt.* Se incorporó sobresaltado.
joss stick /ˈdʒɒs stɪk/ *n* barrita de incienso
jostle /ˈdʒɒsl/ **1** *vt, vi* empujar(se): *to jostle your way through the crowd* abrirse paso entre la multitud a empujones ◊ *the jostling crowds* las multitudes apresuradas **2** *vi* **~ (with sb) for sth** (*fig*) competir (con algn) por algo **3** *vi* (*fig*) **(a) ~ with sth/sb** (*persona*) codearse con algo/algn **(b) ~ with sth** (*cosa*) estar lado a lado con algo
jot¹ /dʒɒt/ *v* (**-tt-**)
PHR V **to jot sth down** anotar algo, apuntar algo
▶ **jottings** *n* [*pl*] apuntes
jot² /dʒɒt/ *n* pizca: *I don't care a jot.* Me importa un bledo. ◊ *You haven't changed a/one jot.* No has cambiado ni pizca.
joule /dʒuːl/ *n* (*abrev* **J, j**) (*Fís*) julio
journal /ˈdʒɜːnl/ *n* **1** revista especializada: *a medical journal* una revista para los profesionales de la medicina **2** (*formal*) diario: *He kept a travel journal.* Escribió un diario de sus viajes. ☛ *Ver nota en* DIARIO
▶ **journalism** *n* periodismo
journalist *n* periodista
journalistic *adj* periodístico
journey /ˈdʒɜːni/ *n* (*pl* **~s**) viaje, recorrido: *to break your journey* interrumpir uno su viaje/hacer una parada ◊ *a long/short journey* un viaje largo/corto ◊ *a bus journey* un viaje en autobús ◊ *It's a two hour journey by car.* En coche son dos horas. ☛ *Ver nota en* VIAJE²
■ **journey** *vi* viajar: *to journey on to…* seguir viaje hasta…
journeyman /ˈdʒɜːnimən/ *n* (*pl* **-men** /-mən/) oficial (*en un oficio*): *a journeyman printer* un oficial de imprenta
joust /dʒaʊst/ *n* justa

■ **joust** *vi* combatir en una justa
jovial /ˈdʒəʊviəl/ *adj* jovial
▶ **jovially** *adv* jovialmente
jowls /dʒaʊlz/ *n* [*pl*] parte de los carrillos que cae sobre la mandíbula *Ver tb* CHEEK
joy /dʒɔɪ/ *n* **1** alegría, júbilo: *to jump for joy* saltar de alegría **2** encanto, deleite: *It was a joy to hear.* Daba gusto escucharlo. *Ver tb* KILLJOY
LOC **(to get/have) no joy (from sb)** no lograr nada (de algn): *Any joy?* ¿Ha habido suerte? *Ver tb* BUNDLE, FULL, PRIDE
▶ **joyful** *adj* alegre, jubiloso: *a joyful reunion* un feliz reencuentro
joyfully *adv* alegremente, con júbilo
joyless *adj* sin alegría
joyous *adj* alegre, jubiloso
joyously *adv* alegremente, con alegría
joyride /ˈdʒɔɪraɪd/ *n* (*coloq*) paseo en un coche robado
▶ **joyrider** *n* persona que se pasea en un coche robado
joyriding *n* coger un coche sin permiso del dueño
joystick /ˈdʒɔɪstɪk/ *n* **1** palanca de mando **2** (*Informát*) joystick, mando
JP /ˌdʒeɪ ˈpiː/ *abrev de* **Justice of the Peace**
Jr (*tb* **Jnr**, **Jun**) *abrev de* **Junior**
jubilant /ˈdʒuːbɪlənt/ *adj* **~ (about/at/over sth)** jubiloso (por algo)
▶ **jubilation** *n* júbilo
jubilee /ˈdʒuːbɪliː/ *n* aniversario *Ver tb* GOLDEN JUBILEE, SILVER JUBILEE

La palabra más empleada para traducir aniversario es **anniversary**, pero utilizamos **jubilee** cuando celebramos aniversarios especiales: *the company's golden/diamond jubilee* el 50/75 aniversario de la compañía ◊ *the Queen's Silver Jubilee* el 25 aniversario de la coronación de la reina. *Comparar con* ANNIVERSARY

Judaism /ˈdʒuːdeɪɪzəm; *USA* -dɪɪzəm/ *n* judaísmo
judder /ˈdʒʌdə(r)/ *vi* dar sacudidas: *to judder to a halt* pararse dando sacudidas
judge /dʒʌdʒ/ *n* **1** (*Jur*) juez: *High Court Judge* Juez de la Audiencia Nacional **2** (*de competición*) juez, miembro del jurado ☛ *Ver ilustración en* TENNIS **3** conocedor, -ora: *You'll be the best judge of that.* Tú lo sabrás mejor que nadie. ◊ *She's a good judge of character.* Sabe juzgar a las personas. **LOC** *Ver* SOBER
■ **judge** *vt, vi* **1** juzgar, considerar, calcular: *judging/to judge by* a juzgar por ◊ *I would judge him to be about 40.* Yo calculo que tiene unos 40. ◊ *He judged himself (to be) a failure.* Se consideraba un fracaso. ◊ *She judged that shot well.* Calculó bien ese tiro. **2** (*causa, persona*) juzgar: *Who are you to judge other people?* ¿Quién eres tú para juzgar a los demás? **3** (*competición*) ser miembro del jurado *Ver tb* ILL-JUDGED
LOC **don't/you can't judge a book by its cover** (*refrán*) (el) hábito no hace al monje
judgement (*tb* **judgment**) /ˈdʒʌdʒmənt/ *n* **1 ~ (of/about/on sth)**; **~ (of sb)** opinión (de/sobre algo); (de/sobre algn): *value judgements* juicios de valor **2** (*Ley*) fallo, sentencia **3** juicio, criterio: *in my judgement* a mi juicio ◊ *to use your judgement* usar tu propio criterio **4 a judgement ~ (on sb)** un castigo (sobre algn)
LOC *Ver* BETTER, ERROR, PASS², RESERVE, SIT
▶ **judg(e)mental** *adj* crítico, duro
Judg(e)ment Day (*tb* **the Day of Judg(e)ment**, **the Last Judg(e)ment**) *n* día del juicio final
judicial /dʒuˈdɪʃl/ *adj* judicial: *judicial separation* separación legal
▶ **judicially** *adv* **1** judicialmente, legalmente **2** juiciosamente
judiciary /dʒuˈdɪʃəri; *USA* -ʃɪeri/ *n* [*v sing o pl*] judicatura
judicious /dʒuˈdɪʃəs/ *adj* juicioso
▶ **judiciously** *adv* juiciosamente
judo /ˈdʒuːdəʊ/ *n* judo
jug /dʒʌg/ (*USA* **pitcher**) *n* jarra
juggernaut /ˈdʒʌgənɔːt/ *n* **1** (*GB*) camión grande con remolque **2** (*fig*) monstruo (destructor), fuerza inexorable
juggle /ˈdʒʌgl/ *vt, vi* **1 ~ (sth/with sth)** hacer malabarismos (con algo) **2 ~ (with) sth** (*fig*) llevar en danza algo: *She juggles home, career and children.* Lleva en danza la casa, el trabajo y los hijos.
▶ **juggler** *n* malabarista
juggling *n* malabarismo
jugular /ˈdʒʌgjələ(r)/ (*tb* **jugular vein**) *n* yugular
LOC **to go for the jugular** entrar a matar
juice /dʒuːs/ *n* **1** (*de fruta*) zumo: *the rind and juice of a lemon* la raspadura y el zumo de un limón *Ver tb* LIME JUICE **2** [*gen pl*] (*de carne*) jugo **3** [*pl*] (*tb* **digestive juices**) (*Med*) jugos gástricos **LOC** *Ver* STEW¹
juicy /ˈdʒuːsi/ *adj* (**-ier, -iest**) **1** (*fruta, carne*) jugoso **2** (*coloq*) (*relato, etc*) picante **3** (*coloq*) (*negocio*) sustancioso
jukebox /ˈdʒuːkbɒks/ *n* tocadiscos automático, máquina de discos
Jul *abrev de* **July**
July /dʒuˈlaɪ/ *n* (*abrev* **Jul**) julio ☛ *Ver nota y ejemplos en* JANUARY
jumble /ˈdʒʌmbl/ *vt* **~ sth (up)** revolver algo
■ **jumble** *n* **1 ~ (of sth)** revoltijo, confusión (de algo) **2** (*GB*) objetos o ropa usados para un rastrillo
jumble sale *n* rastrillo
jumbo /ˈdʒʌmbəʊ/ *n* (*pl* **~s**) (*tb* **jumbo jet**) jumbo
■ **jumbo** *adj* (*coloq*) (de) tamaño familiar, enorme
jump¹ /dʒʌmp/ *n* **1** salto: *a parachute jump* un salto en paracaídas *Ver tb* BROAD JUMP, BUNGEE JUMPING, THE HIGH JUMP, THE LONG JUMP, SHOWJUMPING **2 ~ (in sth)** aumento (en algo): *a 20% jump in profits* un aumento del 20% en las ganancias
LOC **to keep, etc one jump ahead (of sb)** mantenerse en cabeza (*de algn*) *Ver tb* RUNNING
jump² /dʒʌmp/ **1** *vt, vi* saltar: *to jump out of a window/over a wall* saltar desde una ventana/por encima de un muro ◊ *to jump out at sb* saltarle encima a algn ◊ *to jump a fence* saltar un obstáculo ◊ *to jump up and down* dar saltos ◊ *Jump in!* ¡Corre, súbete! **2** *vi* pegarse un susto **3** *vi* **~ from sth to sth** saltar de algo a algo **4** *vt, vi* **~ (by) sth** subir de repente (en) algo: *Prices jumped (by) 60%.* Los precios subieron un 60%.
LOC **jump to it!** (*coloq*) ¡volando! **to jump bail** fugarse estando bajo fianza **to jump down sb's throat** (*coloq*) echarle la bronca a algn **to jump for joy** saltar de alegría **to jump out of your skin** pegarse un susto de muerte, pegar un brinco **to jump the gun** precipitarse **to jump the lights** saltarse un semáforo en rojo **to jump the queue** (*GB*) colarse **to jump the rails** descarrilar **to jump to conclusions** sacar conclusiones precipitadas **to make sb jump** dar un susto a algn *Ver tb* BANDWAGON
PHR V **to jump at sth** aceptar algo sin pensarlo
to jump on sb (*coloq*) poner verde a algn
to jump out at sb (*coloq*) saltarle a la vista a algn
jumper /ˈdʒʌmpə(r)/ *n* **1** (*GB*) jersey ☛ *Ver nota en* SWEATER **2(a)** caballo de saltos **(b)** (*atleta*) saltador, -ora
jumpsuit /ˈdʒʌmpsuːt/ *n* (*prenda*) mono ☛ Los monos de obrero se llaman **overalls** o **boiler suit**.
jumpy /ˈdʒʌmpi/ *adj* (*coloq*) nervioso, asustadizo
Jun **1** *abrev de* **June** **2** (*tb* **Jnr**, **Jr**) *abrev de* **Junior**
junction /ˈdʒʌŋkʃn/ *n* **1** (*de carretera*) cruce *Ver tb* T-JUNCTION **2** (*tb* **exit**) (*de autopista*) salida **3** (*ferroviario*) enlace
juncture /ˈdʒʌŋktʃə(r)/ *n*
LOC **at this juncture** (*formal*) en esta coyuntura
June /dʒuːn/ *n* (*abrev* **Jun**) junio ☛ *Ver nota y ejemplos en* JANUARY
jungle /ˈdʒʌŋgl/ *n* **1** jungla **2** (*fig*) maraña **LOC** *Ver* LAW

junior /ˈdʒuːniə(r)/ *adj* **1** (*Dep*) júnior: *the junior table tennis champion* la campeona de tenis de mesa júnior **2 Junior** (*abrev* **Jnr**, **Jr**, **Jun**) (*esp USA*) hijo: *Sammy Davies, Jnr* Sammy Davies, hijo **3 ~ (to sb)** subalterno (con respecto a algn): *a junior doctor/partner* un médico residente/socio menor **4** (*GB, Educ*) (de) primaria: *junior school* escuela primaria
■ **junior** *n* **1** subalterno, -a **2** (*GB, Educ*) alumno, -a (*de primaria*) **3** (*USA*) estudiante de tercero en un curso de cuatro años
LOC to be (x years, etc) sb's junior ser (x años, etc) más joven que algn: *He is three months her junior.* Él es tres meses más joven que ella.

juniper /ˈdʒuːnɪpə(r)/ *n* enebro: *juniper berries* bayas de enebro

junk /dʒʌŋk/ *n* (*coloq*) [*incontable*] **1** trastos: *junk mail* propaganda que se recibe por correo ◊ *junk shop* tienda de objetos usados **2** basura

junk food *n* (*coloq, pey*) comida basura

junkie /ˈdʒʌŋki/ *n* (*argot*) yonqui

junk mail *n* propaganda que se recibe por correo

Jupiter /ˈdʒuːpɪtə(r)/ *n* Júpiter

jurisdiction /ˌdʒʊərɪsˈdɪkʃn/ *n* **~ (over sth/sb)** jurisdicción (sobre algo/algn): *to fall outside sb's jurisdiction* salirse de la competencia de algn

juror /ˈdʒʊərə(r)/ *n* miembro del jurado

jury /ˈdʒʊəri/ *n* (*pl* **-ies**) jurado: *trial by jury* juicio con jurado *Ver tb* GRAND JURY ☛ *Ver nota en* JURADO

just[1] /dʒʌst/ *adj* **1** (*formal*) justo ☛ La palabra más usada es **fair**. **2** merecido: *to get/receive your just deserts* llevarse su merecido
▶ **justly** *adv* justamente, con razón

just[2] /dʒʌst/ *adv* **1** justo, exactamente: *It's just what I need.* Es justo lo que necesito. ◊ *Just how much money have you lost?* ¿Cuánto dinero has perdido exactamente? ◊ *Just my luck!* ¡Mi mala suerte de siempre! ◊ *just here/there* aquí/allí mismo ◊ *just right* perfecto **2 ~ as (a)** justo como: *It's just as I thought.* Es justo lo que/como yo pensaba. **(b)** justo cuando: *just as we were leaving* justo cuando nos íbamos **3 ~ as…as** tan…como: *He's just as useless as you.* Él es tan inútil como tú. **4 (only) ~ (a)** por muy poco: *It's just over the pound.* Pasa un poco del medio kilo. ◊ *I can (only) just reach the shelf.* Llego al estante a duras penas. **(b)** (*GB*) **to have (only) ~ done sth** acabar de hacer algo: *I have only just seen her.* Acabo de verla ahora mismo. ◊ *When you arrived he had (only) just left.* Cuando llegaste se acababa de ir. ◊ *Just married.* Recién casados.

Nótese que en inglés americano se utiliza el pasado simple en vez del pretérito perfecto: *I just saw him.* Lo acabo de ver.

5(a) inmediatamente: *I'm just off.* Ahora mismo me voy. **(b) ~ about/going to do sth** a punto de hacer algo: *I was just about to phone you.* Estaba a punto de llamarte. **6** sencillamente: *It's just one of those things.* Son cosas que pasan. ◊ *I just wanted to see if…* Solo quería ver si… ◊ *Just let me say something!* ¡Déjame hablar! ◊ *Just you wait!* ¡Espera y verás! **7 ~ (for) sth; ~ (to do sth)** solo (por/para) algo; (para hacer algo): *just for fun/for a laugh* para reírnos un poco ◊ *I waited an hour just to see you.* Esperé una hora solo para poder verte. ◊ *just for a moment* solo un momento ◊ *just for (this) once* solo esta vez **8** (*coloq*) verdaderamente: *just marvellous* verdaderamente fantástico ◊ *'He's rather pompous.' 'Isn't he just?'* —Es un tanto pomposo. —Y que lo digas.
LOC it is just as well (that…) menos mal (que) **it is/would be just as well (to do sth)** más valdría (hacer algo) **just about** (*coloq*) **1** más o menos: *just about everyone* más o menos todo el mundo ◊ *'Have you finished?' 'Just about.'* —¿Has terminado? —Casi. ◊ *I've just about had enough of your cheek.* Ya me estoy hartando de tu descaro. **2** aproximadamente: *He should be arriving just about now.* Tiene que llegar de un momento a otro. **just a minute** (*coloq*) un minuto **just as you are/it is** tal cual: *Tell her to come to the party (dressed) just as she is.* Dile que venga a la fiesta tal cual. **just in case** por si acaso **just like 1** igual que **2** típico de **just like that** sin más **just now 1** en estos momentos **2** hace un momento **just so** ordenado: *He likes everything to be just so.* Le gusta que todo esté en su sitio. **just such a sth (as sth)** (algo) tal como algo: *on just such a day (as this)* en un día tal como hoy **just the same 1** igual: *These two pictures are just the same (as one another).* Estos dos cuadros son iguales. **2** de todas formas **sb might just as well be/do sth** lo mismo le da a algn ser/hacer algo **(not) just any** (no) cualquiera: *You can't ask just anybody to the party.* No puedes invitar a cualquiera a la fiesta. **not just yet** todavía no: *'Are you ready?' 'Not just yet.'* —¿Estás listo? —No del todo. **that's just it** ahí está el problema: *That's just it, she never listens.* Precisamente ahí está el problema, nunca presta atención. *Ver tb* CORNER[1], CRICKET, DOCTOR, FUN, HELL, JOB, LOVE, LUCK, MEASURE[2], ONCE, ONLY, PRETTY, RECORD[1], SLEEP[1], SOON, WELL[4], WISH

justice /ˈdʒʌstɪs/ *n* **1** justicia: *a court of justice* un tribunal de justicia ◊ *a miscarriage of justice* un error judicial ◊ *the rules of natural justice* la ley natural **2 Justice** (*GB, Jur*) magistrado, -a: *Mr Justice Smith* El magistrado Sr Smith **3** (*USA, Jur*) juez: *Justice Smith* La juez Sra Smith (*en la suprema corte*)
LOC (not) to do yourself justice (no) estar a la altura de lo que se espera de ti: *She didn't do herself justice in the exams.* No rindió todo lo que pudo en los exámenes. **to bring sb to justice** llevar a algn ante la justicia **to do justice to sth/sb 1** hacer justicia a algo/algn **2** estar a la altura de algo/algn: *We couldn't do justice to her cooking.* No pudimos hacerle los honores que se merecía a su comida. *Ver tb* PERVERT[1], ROUGH[2]

Justice of the Peace *n* (*abrev* **JP**) juez de paz

justifiable /ˈdʒʌstɪfaɪəbl, ˌdʒʌstɪˈfaɪəbl/ *adj* justificable: *to take justifiable pride in sth* estar orgulloso de algo con razón
▶ **justifiably** *adv* justificadamente

justification /ˌdʒʌstɪfɪˈkeɪʃn/ *n* **~ (for sth/doing sth)** justificación (de algo/para hacer algo): *There is no justification for killing innocent people.* Matar a gente inocente nunca se puede justificar.
LOC in justification (for/of sth/sb) en defensa (de algo/algn)

justified /ˌdʒʌstɪfaɪd/ *adj* **1 to be ~ (in doing sth)** tener razón (en hacer algo): *You were entirely justified in leaving the company.* Tenías toda la razón en dejar la compañía. **2** justificado: *justified criticism* crítica justificada

justify /ˈdʒʌstɪfaɪ/ *vt* (*pret, pp* **-fied**) **1** justificar: *You can't justify neglecting your children.* No hay ninguna excusa que justifique el desatender a tus hijos. **2** (*imprenta*) justificar **LOC** *Ver* END[1]

jut /dʒʌt/ *v* (**-tt-**)
PHR V to jut out sobresalir: *His chin juts out.* La barbilla le sobresale. ◊ *a headland that juts out into the sea* un promontorio que se adentra en el mar

jute /dʒuːt/ *n* [*incontable*] yute

juvenile /ˈdʒuːvənaɪl/ *n* (*formal* o *Jur*) menor
■ **juvenile** *adj* **1** (*formal* o *Jur*) juvenil: *juvenile crime* delincuencia juvenil ◊ *juvenile court* tribunal de menores **2** (*pey*) pueril

juvenile delinquency *n* delincuencia juvenil

juvenile delinquent *n* delincuente juvenil

juxtapose /ˌdʒʌkstəˈpəʊz/ *vt* (*formal*) yuxtaponer
▶ **juxtaposition** *n* yuxtaposición

Kk

K, k /keɪ/ *n* (*pl* **K's, k's** /keɪz/) (*letra*) K, k: *K for Kate* K de kilo

K /keɪ/ *abrev de* **thousand** mil: *She earns 12K a year.* Gana doce mil libras al año.

kale (*tb* **kail**) /keɪl/ *n* [*incontable*] col rizada

kaleidoscope /kəˈlaɪdəskəʊp/ *n* calidoscopio

kamikaze /ˌkæmɪˈkɑːzi/ *n* kamikaze

kangaroo /ˌkæŋɡəˈruː/ *n* (*pl* **~s**) canguro

kaput /kəˈpʊt/ *adj* (*coloq*) kaputt: *He's kaput.* Está acabado.

karaoke /ˌkærəˈəʊkeɪ, ˌkæriˈəʊki/ *n* karaoke

karat *n* (*USA*) *Ver* CARAT sentido 2

karate /kəˈrɑːti/ *n* karate

karma /ˈkɑːmə/ *n* karma

kayak /ˈkaɪæk/ *n* kayak

kebab /kɪˈbæb/ *n* pincho moruno

keel /kiːl/ *n* quilla **LOC** *Ver* EVEN[1]

■ **keel** *v*

PHR V **to keel over** **1** (*barco*) volcar **2** (*coloq*) desplomarse

keen /kiːn/ *adj* (**-er, -est**) **1** entusiasta: *He's a keen gardener.* Es muy aficionado a la jardinería. **2** **to be keen to do sth/that…** tener ganas de hacer algo/de que… **3** intenso: *a keen interest in sth* un gran interés por algo ◊ *keen competition* competición muy reñida **4** (*olfato*) fino **5** (*oído, vista, inteligencia*) agudo: *to have a keen eye for detail* ser cuidadoso con el detalle ◊ *a keen sense of duty* un alto sentido del deber **6** (*viento*) penetrante **7** (*GB*) (*precio*) competitivo

LOC **(as) keen as mustard** (*coloq*) muy entusiasta **to be keen on sb**: *He seems keen on my sister.* Parece que le gusta mi hermana. **to be keen on sth/doing sth** **1** (*hobby*) ser aficionado a algo/hacer algo **2** estar entusiasmado por algo/tener muchas ganas de hacer algo: *She's not very keen on the idea.* No le entusiasma la idea. *Ver tb* MAD

▶ **keenly** *adv* **1** con entusiasmo, ansiosamente: *keenly awaited/anticipated* esperado con entusiasmo **2** (*sentir*) profundamente: *to be keenly aware of sth* estar muy consciente de algo **3** (*mirar*) fijamente **4** *keenly contested* muy reñido

keenness *n* **1** entusiasmo **2** **~ (to do sth)** interés (en/por hacer algo)

keep[1] /kiːp/ (*pret, pp* **kept** /kept/) **1** *vi* quedar(se), permanecer (*en cierto estado o posición*): *to keep quiet* quedarse callado/callarse ◊ *to keep calm* mantener la calma ◊ *Keep still!* ¡Estate quieto! ◊ *to keep warm* no enfriarse **2** *vi* **~ (on) doing sth** seguir haciendo algo; no parar de hacer algo: *He keeps interrupting me.* No para de interrumpirme. ◊ *to keep going* seguir (adelante) **3** *vt* (*con adj, adv o -ing*) mantener, tener (*en determinado estado o lugar*): *Keep your mouth shut!* ¡Mantén la boca cerrada! ◊ *to keep sb amused/happy* tener a algn entretenido/contento ◊ *to keep sb waiting* hacer esperar a algn ◊ *to keep sth in place* mantener algo en su sitio ◊ *to keep the engine running* dejar el motor en marcha ◊ *Don't keep us in suspense.* No nos tengas en suspenso. ◊ *to keep sth going* seguir adelante con algo *Ver tb* WELL-KEPT **4** *vi* (*dirección*) continuar: *to keep (to the) left* seguir por la izquierda ◊ *Keep straight on.* Sigue derecho. **5** *vt* entretener, retener: *What kept you?* ¿Por qué has tardado tanto? ◊ *Don't let me keep you.* No quiero entretenerte. **6** *vt* guardar, tener: *Will you keep my place in the queue?* ¿Me guardas el sitio en la cola? **7** *vt* (*no devolver*) quedarse con: *Keep the change.* Quédese con la vuelta. **8** *vt* (*negocio*) ser propietario de **9** *vt* (*animales*) criar, tener **10** *vt* (*secreto*) guardar: *to keep sth (a) secret* mantener algo en secreto **11** *vi* (*alimentos*) conservarse (fresco), durar: *It won't keep.* Hay que comérselo. **12** *vi* (*con adverbios o en preguntas con* **how**) estar (*de salud*): *How are you keeping?* ¿Cómo estás (de salud)? ◊ *Are you keeping well?* ¿Estás bien? **13** *vt* (*diario*) escribir, llevar **14** *vt* (*cuentas, registro*) llevar **15** *vt* (*familia, persona*) mantener (*económicamente*) **16** *vt* **~ sb from sth** (*formal*) proteger a algn de algo **17** *vt* (*cita*) acudir a **18** *vt* (*ley, promesa*) cumplir (con) **19** *vt* (*acuerdo*) respetar ☛ Para expresiones con **keep**, véanse las entradas del sustantivo, adjetivo, etc, p. ej. **to keep your word** en WORD

PHR V **to keep (sb) at sth** (hacer a algn) perseverar en algo: *Keep at it!* ¡Dale!

to keep away (from sth/sb) mantenerse alejado (de algo/algn): *You keep away from my son!* ¡No te acerques a mi hijo!

to keep sth/sb away (from sth/sb) mantener alejado algo/a algn (de algo/algn): *Her illness kept her away from work.* Su enfermedad le impedía ir al trabajo.

to keep (sb) back (from sth/sb) no (dejar a algn) acercarse (a algo/algn): *Keep back from the fire!* ¡No te acerques al fuego!

to keep sth back **1** (*enemigo, lágrimas, etc*) contener algo **2** (*no usar*) apartar algo

to keep sth back (from sb) ocultar algo (a algn)

to keep down no levantarse (*para que no te vean*)

to keep sb down oprimir a algn

to keep sth down **1** (*objeto*) sujetar algo **2** (*voz, precio, gastos*) mantener algo bajo **3** (*comida, etc*) retener algo: *I couldn't keep it down.* Lo vomité. **4** (*no dejar crecer*) controlar algo

to keep sth from sb ocultar algo a algn

to keep sth/sb from sth/doing sth impedir que algo/algn haga algo

to keep (yourself) from doing sth evitar hacer algo: *to keep (yourself) from laughing* contener la risa

to keep sb in no dejar salir a algn

to keep sb in sth proveer a algn de algo

to keep sth in contener algo, disimular algo

to keep yourself in sth proveerse de algo

to keep in with sb (*coloq*) **1** mantener buenas relaciones con algn **2** (*pey*) congraciarse con algn

to keep off: *if the rain/snow keeps off* si no llueve/nieva

to keep off (sth) no acercarse (a algo), no tocar (algo): *Keep off the grass.* Prohibido pisar el césped. ◊ *I'm keeping off alcohol/cigarettes.* No toco el alcohol/el tabaco. ◊ *We kept off the subject all evening.* No mencionamos el tema en toda la noche.

to keep sth/sb off (sth/sb) no dejar a algo/algn acercarse (a algo/algn): *Keep your hands off me!* ¡No me toques! ◊ *Try to keep her off that subject.* Procura que no toque ese tema.

to keep on (at sb) (about sth/sb) no parar de dar la tabarra (a algn) (sobre algo/algn): *Don't keep on (at me) about it!* ¡Deja de dar(me) la tabarra con eso!

to keep on (doing sth) seguir (haciendo algo)

to keep sb on no despedir a algn (*del trabajo*)

to keep sth on 1 (*ropa*) no quitarse algo **2** (*casa, etc*) seguir con algo
to keep out (**of sth**); **to keep sth/sb out** (**of sth**) no entrar (en algo), no dejar que algo/algn entre (en algo): *Keep Out!* ¡Prohibida la entrada!
to keep out of sth; **to keep sth/sb out of sth** no meterse en algo, evitar que algo/algn haga algo: *to keep out of trouble* no meterse en líos ◊ *to keep the sun out of your eyes* evitar que el sol te dé en los ojos ◊ *Keep out of the rain.* No salgas con la lluvia.
to keep to sth 1 (*camino, tema*) no salirse de algo **2** (*plan, acuerdo*) ceñirse a algo **3** (*promesa*) cumplir con algo
to keep sth to yourself guardarse algo (para sí): *You can keep your opinions to yourself!* ¡Puedes guardarte tus opiniones!
to keep (**yourself**) **to yourself** guardar las distancias
to keep sb under oprimir a algn
to keep up seguir (*lluvia, nieve, etc*): *If the snow keeps up...* Si sigue nevando...
to keep sb up tener a algn en vela
to keep sth up 1 mantener algo, seguir haciendo algo: *Keep up the good work!* ¡Sigue así! ◊ *to keep up appearances* mantener las apariencias **2** (*no dejar caer*) sostener algo **3** (*precio, ánimo*) mantener algo alto **4** (*casa, jardín*) mantener algo (en buen estado)
to keep up (**with sth**) subir al mismo ritmo (que algo)
to keep up (**with sth/sb**) mantener el mismo ritmo (que algo/algn)
to keep up with sb mantener el contacto con algn
to keep up with sth mantenerse al día con algo

keep^2 /kiːp/ *n* **1** sustento: *to earn your keep* ganarse el pan **2** torreón
LOC for keeps (*coloq*) para siempre

keeper /ˈkiːpə(r)/ *n* **1(a)** (*museo*) conservador, -ora **(b)** (*tb* **zookeeper**) guarda (*de un zoo*) **2** persona encargada de cuidar de algo: *Don't ask me where he is–I'm not his keeper.* No me preguntes a mí dónde está, yo no soy su niñera. *Ver tb* BOOKKEEPER, GATEKEEPER, HOUSEKEEPER, LIGHTHOUSE KEEPER, SHOPKEEPER, STOREKEEPER, TIMEKEEPER, WICKET-KEEPER **3** *Ver* GOALKEEPER

keep-fit *n* ejercicios de mantenimiento

keeping /ˈkiːpɪŋ/ *n Ver tb* HOUSEKEEPING, PEACEKEEPING
LOC in sb's keeping al cuidado de algn **in/out of keeping** (**with sth**) de acuerdo/en desacuerdo (con algo): *in keeping with what we expected* de acuerdo con lo que esperábamos ◊ *in keeping with the original architecture* en armonía con la arquitectura original *Ver tb* SAFE^1

keepsake /ˈkiːpseɪk/ *n* recuerdo personal

keg /keg/ *n* barrilete **LOC** *Ver* POWDER

ken^1 /ken/ *n*
LOC beyond/outside your ken incomprensible para uno

ken^2 /ken/ *vt, vi* (*Escocia*) (*pret* **kenned** o **kent**) (*pp* **kenned**) saber

kennel /ˈkenl/ *n* **1** perrera **2 kennels** [*v sing o pl*] residencia canina

kept *pret, pp de* KEEP^1

kerb (*USA* **curb**) /kɜːb/ *n* bordillo

kerb-crawler /ˈkɜːb krɔːlə(r)/ *n* conductor que busca una prostituta
▶ **kerb-crawling** *n* buscar una prostituta al volante de un coche

kernel /ˈkɜːnl/ *n* **1** almendra (*dentro del hueso de ciertas frutas*): *pine kernels* piñones ☛ *Ver ilustración en* NUT **2** (*fig*) meollo: *the kernel of her argument* el núcleo de su argumento

kerosene /ˈkerəsiːn/ *n* queroseno

kestrel /ˈkestrəl/ *n* cernícalo

ketchup /ˈketʃəp/ (*USA tb* **catsup** /ˈkætsəp/) *n* catchup

kettle /ˈketl/ *n* hervidora eléctrica **LOC** *Ver* DIFFERENT, POT

kettledrum /ˈketldrʌm/ *n* timbal ☛ *Ver ilustración en* PERCUSSION

key /kiː/ *n* (*pl* **keys**) **1** llave: *the car keys* las llaves del coche *Ver tb* MASTER KEY, SKELETON KEY **2** (*Mús*) tono *Ver tb* OFF-KEY **3** tecla *Ver tb* FUNCTION KEY **4 key** (**to sth**) clave (de algo): *Exercise is the key* (*to good health*). El ejercicio es la clave (de la buena salud). *Ver tb* LOW-KEY **LOC** *Ver* LOCK^2
■ **key** *adj* clave: *a key industry* una industría clave ◊ *She has played a key role in the debate.* Ha jugado un papel clave en el debate. ◊ *key element/factor* elemento/factor clave
■ **key** *vt* **to key sth** (**in**) (*Informát*) teclear algo
PHR V to key sth to sth ajustar algo a algo: *It was keyed to the needs of the local people.* Se ajustaba a las necesidades de la población.

keyboard /ˈkiːbɔːd/ *n* teclado ☛ *Ver ilustración en* ORDENADOR

keyed up *adj* nervioso

keyhole /ˈkiːhəʊl/ *n* ojo de la cerradura

keynote /ˈkiːnəʊt/ *n* tónica general: *a keynote speech/address* discurso de apertura en el que se establece el tema de la reunión

keyring /ˈkiːrɪŋ/ *n* llavero

key signature *n* (*Mús*) alteraciones de una tonalidad ☛ *Ver ilustración en* NOTACIÓN

keystone /ˈkiːstəʊn/ *n* **1** (*fig*) piedra angular **2** (*Arquit*) clave

kg (*pl* **kg**) *abrev de* **kilogram/kilogramme**

KGB /ˌkeɪ dʒi ˈbiː/ *abrev* KGB

khaki /ˈkɑːki/ *adj, n* caqui

kHz *abrev de* **kilohertz** kilohercio

kibbutz /kɪˈbʊts/ *n* (*pl* **kibbutzim** /ˌkɪbʊtˈsiːm/) kibutz

kick^1 /kɪk/ **1** *vt* **(a)** dar una patada a: *to kick sb* (*on the leg*) dar una patada a algn (en la pierna) **(b)** mover de una patada: *to kick the ball into the river* tirar la pelota al río de una patada ◊ *The police kicked the door open.* La policía abrió la puerta a patadas. **(c)** hacer a patadas: *to kick a hole in sth* abrir un agujero en algo a puntapiés **2** *vi* **(a)** (*persona*) patalear: *The child was screaming and kicking.* El niño gritaba y pataleaba. **(b)** (*animal*) cocear **3** *v refl* **~ yourself**: *I could've kicked myself.* Me daba de tortas por tonto.
LOC to kick over the traces sacar los pies del plato **to kick the bucket** (*argot*) estirar la pata **to kick the habit** (*coloq*) dejarse un vicio **to kick the shit out of sb** (⚠) ☛ *Ver nota en* TABÚ partir la cara a algn **to kick up a fuss/row/shindy/stink** (*coloq*) armar follón **to kick up your heels** (*coloq*) pasarlo bomba **to kick your heels** estar sin hacer nada **to kick sb when they are down** hacer leña del árbol caído *Ver tb* ALIVE, DUST^1, MAN^1
PHR V to kick against sth resistirse a algo
to kick sth around/round (*coloq*) dar vueltas a algo: *We'll kick some ideas around.* Hablaremos de ciertas ideas.
to kick sth in romper algo a patadas: *to kick in a door* romper una puerta a patadas
to kick off hacer el saque inicial
to kick (**sth**) **off** comenzar (algo): *I'll ask Tessa to kick off* (*the discussion*). Le pediré a Tessa que comience.
to kick sth off quitar algo de un puntapié
to kick sb out (**of sth**) (*coloq*) echar a algn (de algo)
▶ **kicker** *n* (*Dep*) jugador, -ora que golpea la pelota

kick^2 /kɪk/ *n* **1** patada: *a penalty kick* tiro de penalty *Ver tb* FREE-KICK, GOAL KICK **2** (*coloq*) emoción: *I get a big kick from/out of motor racing.* Me entusiasman las carreras de coches. ◊ *to do sth for kicks* hacer algo para divertirse **3** [*sing*] (*coloq*) fuerza: *This drink has* (*quite*) *a kick* (*to it*). Esta bebida pega fuerte. *Ver tb* SIDEKICK
LOC a kick in the teeth (*coloq*) una patada en la barriga (**to give sb, get, need, etc**) **a kick up the backside** (*coloq*) (dar a algn, recibir, necesitar, etc) una patada en el culo

kick-off /ˈkɪk ɒf/ *n* saque inicial (*fútbol*)
kick-start (*tb* **kickstart**) /ˈkɪk stɑːt/ *vt* **1** arrancar con el pedal **2** (*fig*) dar un empujón a
■ **kick-start** *n* **1** pedal de arranque **2** (*fig*) empujón
kid[1] /kɪd/ *n* **1** (*coloq*) crío, -a: *How are your wife and kids?* ¿Qué tal tu mujer y los críos? ◊ *When I was a kid…* Cuando yo era pequeño… ◊ *his kid sister/brother* su hermana/hermano menor *Ver tb* WHIZZ-KID **2(a)** (*Zool*) choto ☛ *Ver ilustración en* CABRA **(b)** (*piel*) cabritilla
LOC **to handle/treat sb with kid gloves** tratar a algn con guante blanco
kid[2] /kɪd/ (**-dd-**) **1** *vi* (*coloq*) bromear: *You're kidding!* ¡Estás de broma! ◊ *Are you kidding?* ¡Ni hablar! **2** *vt* (*coloq*) tomarle el pelo a **3** *v refl* **to kid yourself** engañarse
LOC **no kidding** (*coloq*) te lo juro, ¡no me digas!
kiddy (*tb* **kiddie**) /ˈkɪdi/ *n* (*pl* **-ies**) (*coloq*) chiquillo, -a
kidnap /ˈkɪdnæp/ *vt* (**-pp-**, *USA tb* **-p-**) secuestrar
■ **kidnap** *n* secuestro
▶ **kidnapper** *n* secuestrador, -ora
kidnapping *n* secuestro
kidney /ˈkɪdni/ *n* (*pl* **~s**) riñón: *kidney failure/transplant* trastorno renal/transplante de riñón *Ver tb* BEAN sentido 1, STEAK sentido 2
kill /kɪl/ **1** *vt, vi* matar: *Smoking kills.* Fumar mata. ◊ *My feet are killing me.* Los pies me están matando. ◊ *She was killed in a car crash.* Se mató en un accidente de coche. **2** *vt* (*coloq*) acabar con: *to kill a rumour* acabar con un rumor
LOC **to have time, an hour, etc to kill** tener tiempo, una hora, etc libre **to kill the goose that lays the golden eggs** (*refrán*) matar la gallina de los huevos de oro **to kill time/a few hours** matar el tiempo/unas horas **to kill two birds with one stone** (*refrán*) matar dos pájaros de un tiro **to kill sb with kindness** abrumar a algn con atenciones **to kill yourself** (**doing sth/to do sth**) (*coloq*) matarse (haciendo/por hacer algo) *Ver tb* CURIOUS, DRESS[2]
PHR V **to kill sth/sb off** deshacerse de algo/algn
■ **kill** *n* **1** *The lion made only one kill.* El león solo mató una vez. **2** presa
LOC **(to be) in at the kill** (estar) presente a la hora de la verdad **to go/move in for the kill** entrar a matar
▶ **killer** *n* ser o cosa que mata: *a killer disease* una enfermedad mortal ◊ *the killer instinct* el instinto de matar ◊ *a killer whale* una orca *Ver tb* LADYKILLER, WEEDKILLER
killing /ˈkɪlɪŋ/ *n* matanza
LOC **to make a killing** hacer el agosto
■ **killing** *adj* (*coloq*) **1** agotador **2** para morirse de risa
killjoy /ˈkɪldʒɔɪ/ *n* (*pey*) aguafiestas
kiln /kɪln/ *n* horno para cerámica
kilo /ˈkiːləʊ/ *n* (*pl* **~s**) (*coloq*) kilo
kilogram (*tb* **kilogramme**) /ˈkɪləgræm/ (*coloq* **kilo**) *n* (*abrev* **kg**) kilogramo: *60p a kilo* 60 peniques el kilo ☛ *Ver apéndice 3*
kilohertz /ˈkɪləhɜːts/ *n* (*pl* **kilohertz**) kilohertzio
kilometre (*USA* **kilometer**) /ˈkɪləmiːtə(r), kɪˈlɒmɪtə(r)/ *n* (*abrev* **km**) kilómetro ☛ *Ver apéndice 3*
kilowatt /ˈkɪləwɒt/ *n* (*abrev* **KW, kw**) kilovatio
kilt /kɪlt/ *n* falda escocesa
kimono /kɪˈməʊnəʊ; *USA* -nə/ *n* (*pl* **~s**) quimono
kin /kɪn/ *n* [*pl*] (*antic* o *formal*) familia, pariente: *Do you have any other kin?* ¿Tiene usted más familia? *Ver tb* NEXT OF KIN
▶ **kinship** *n* **1** *to claim kinship with sb* alegar parentesco con algn **2** (*fig*) afinidad
kind[1] /kaɪnd/ *adj* (**-er, -est**) amable: *kind eyes* ojos bondadosos ◊ *Would you be so kind as to help me?* ¿Sería usted tan amable de ayudarme? ◊ *It's very kind of you.* Es muy amable de tu parte.
▶ **kind-hearted** *adj* de buen corazón
kindness *n* [*incontable*] amabilidad, bondad: *out of the kindness of my heart* por bondad
LOC **to do/show sb a kindness** hacer un favor a algn *Ver tb* KILL, MILK
kind[2] /kaɪnd/ *n* tipo: *various kinds of fruit* diversos tipos de fruta ◊ *I know his kind.* Conozco a los de su calaña. ◊ *the best of its kind* el mejor de su categoría ◊ *We don't have that kind of money.* No tenemos esa cantidad de dinero. *Ver tb* MANKIND, WOMANKIND
LOC **in kind 1** en especie: *payment in kind* el pago en especie **2** (*fig*): *She paid him back in kind.* Le pagó con la misma moneda. **kind of** (*coloq*) en cierto modo, bastante: *I kind of like that painting.* En cierto modo me gusta ese cuadro. ◊ *She felt kind of scared.* Se sintió como asustada. **nothing of the kind/sort** nada de eso **of a kind 1** parecido: *They're two of a kind.* Son tal para cual. **2** (*pey*): *The government gave us help of a kind.* El gobierno nos concedió una asistencia exigua. **something of the kind** algo parecido *Ver tb* TWO
kindergarten /ˈkɪndəgɑːtn/ *n* jardín de infancia
kind-hearted /ˌkaɪnd ˈhɑːtɪd/ *adj* de buen corazón
kindle /ˈkɪndl/ **1** *vt, vi* prender(se) **2** *vt* (*fig*) suscitar: *to kindle hopes* avivar la esperanza ◊ *to kindle interest in sth* suscitar interés en algo
▶ **kindling** *n* palos (*para encender un fuego*)
kindly[1] /ˈkaɪndli/ *adv* **1** con amabilidad: *She has kindly agreed to sing.* Ha tenido la gentileza de ofrecerse a cantar. ◊ *It was kindly meant.* Lo dijo con buena intención. **2** por favor: *Kindly leave me alone!* ¡Haz el favor de dejarme en paz! ◊ *Customers are kindly requested…* Se ruega a los señores clientes…
LOC **(not) to look kindly on sb** (no) tener a algn en mucha estima **not to take kindly to sth/sb** no gustar a algn algo/algn: *I don't take kindly to being told I'm wrong.* No me gusta que me digan que estoy equivocado.
kindly[2] /ˈkaɪndli/ *adj* amable
▶ **kindliness** *n* bondad
kindred /ˈkɪndrəd/ *adj* [*antes de sustantivo*] (*antic* o *formal*) **1** emparentado **2** parecido
LOC **a kindred spirit** un alma gemela
kinetic /kɪˈnetɪk/ *adj* cinético: *kinetic energy* energía cinética
king /kɪŋ/ *n* **1** rey: *the king and the queen* los reyes/el rey y la reina ◊ *the Three Kings* los Reyes Magos ☛ *Ver nota en* REY **2** [*antes de sustantivo*]: *king penguin* pingüino real ◊ *king prawn* langostino **3** (*ajedrez*) rey ☛ *Ver ilustración en* AJEDREZ
▶ **kingly** *adj* regio
kingship *n* realeza
kingdom /ˈkɪŋdəm/ *n* reino
LOC **till/until kingdom come** (*coloq*) hasta el día del juicio final **to kingdom come** (*coloq*) a mejor vida: *The bomb blew them all to kingdom come.* La bomba los hizo pasar a mejor vida. *Ver tb* THE UNITED KINGDOM
kingfisher /ˈkɪŋfɪʃə(r)/ *n* martín pescador
king-size(d) /ˈkɪŋ saɪz(d)/ *adj*: *a king-size bed* una cama de matrimonio más grande de lo normal ◊ *king-sized portions* porciones enormes
kink /kɪŋk/ *n* **1(a)** (*en un cable, etc*) vuelta **(b)** (*en el pelo*) onda **2** (*fig*) manía
■ **kink** *vt, vi* retorcer(se)
▶ **kinky** *adj* (*coloq*) estrambótico (*esp en el terreno sexual*)
kinsman /ˈkɪnzmən/ *n* (*pl* **-men**) familiar, pariente (*masculino*)
kinswoman /ˈkɪnzwʊmən/ *n* (*pl* **-women** /-wɪmɪn/) familiar, pariente (*femenino*)
kiosk /ˈkiːɒsk/ *n* **1** quiosco **2** (*antic, GB*) cabina: *a telephone kiosk* una cabina telefónica
kip /kɪp/ *n* (*GB, argot*) sueño: *I didn't get much kip last night.* Anoche no pegué ojo.
■ **kip** *vi* (**-pp-**) (*argot*) echarse a dormir

kipper /ˈkɪpə(r)/ *n* arenque ahumado
kirk /kɜːk/ *n* (*Escocia*) iglesia
kirsch /kɪəʃ/ *n* kirsch
kiss /kɪs/ *vt, vi* besar(se): *to kiss sb goodnight* darle a algn un beso de buenas noches ◊ *Mummy will kiss it better*. Mamá te lo curará con un besito.
LOC to kiss and make up hacer las paces **to kiss sth goodbye/kiss goodbye to sth** (*coloq*) despedirse de algo: *You can kiss goodbye to a holiday this year!* ¡Despídete de las vacaciones este año! **to kiss sb goodnight** darle un beso de buenas noches a algn
■ **kiss** *n* beso
LOC the kiss of death (*coloq, gen joc*) la puntilla: *The review was the kiss of death for the film.* La crítica fue la puntilla para la película. **the kiss of life** el boca a boca *Ver tb* BLOW
kit /kɪt/ *n* **1** equipo: *a tool-kit* una caja de herramientas ◊ *a first-aid kit* un botiquín de primeros auxilios ◊ *sports kit* equipo deportivo ◊ *survival kit* equipo de supervivencia *Ver tb* DRUM KIT **2** conjunto para ensamblaje: *a model aircraft kit* un juego para hacer la maqueta de un avión
■ **kit** *v* (**-tt-**)
PHR V to kit sb out/up (**with sth**) equipar a algn (con algo)
kitbag /ˈkɪtbæg/ *n* petate
kitchen /ˈkɪtʃɪn/ *n* cocina: *kitchen units* armarios de cocina ◊ *fitted kitchen* cocina con armarios empotrados ◊ *kitchen sink* fregadero ◊ *kitchen implements* utensilios de cocina
LOC (**to take**) **everything but the kitchen sink** (*coloq, joc*) (llevarse) la casa a cuestas
kitchenette /ˌkɪtʃɪˈnet/ *n* cocina pequeña
kitchen garden *n* huerta
kitchen sink drama *n* tipo de drama que refleja la vida cotidiana de la clase obrera de manera realista
kitchenware /ˈkɪtʃɪnweə(r)/ *n* cacharros de cocina
kite /kaɪt/ *n* **1** cometa: *to fly a kite* hacer volar una cometa **2** milano real **LOC** *Ver* FLY[1]
kite-flying *n* **1** volar cometas **2** (*coloq*) tanteo del terreno
Kitemark /ˈkaɪtmɑːk/ *n* (*GB*) sello que garantiza que el producto cumple con las normas de calidad oficiales
kitsch /kɪtʃ/ *adj, n* kitsch
kitten /ˈkɪtn/ *n* gatito ☛ *Ver nota en* GATO
kitty[1] /ˈkɪti/ *n* (*coloq*) fondo: *We all put money in the kitty.* Todos ponemos dinero en el fondo.
kitty[2] /ˈkɪti/ *n* (*coloq*) gatito
kiwi /ˈkiːwiː/ *n* **1** (*tb* **kiwi fruit**) kiwi **2 Kiwi** (*coloq*) neozelandés, -esa
kJ (*tb* **KJ**) (*pl* **kJ**) *abrev de* **kilojoule** kilojulio
km (*pl* **km** o **kms**) *abrev de* **kilometre**
knack /næk/ *n* [*sing*] **1** ~ (**of sth**) tranquillo (a algo): *You'll get the knack of it.* Le cogerás el tranquillo. **2** ~ (**for/of doing sth**) don (para/de hacer algo)
knacker /ˈnækə(r)/ *vt* (*GB, argot*) dejar hecho polvo: *The work was really knackering.* El trabajo me dejó hecho polvo.
► **knackered** *adj* (*GB, argot*) hecho polvo: *I'm/This machine is completely knackered!* Estoy/Esta máquina está hecha polvo.
knapsack /ˈnæpsæk/ *n* (*antic*) *Ver* RUCKSACK
knave /neɪv/ *n* (*antic*) bribón
knead /niːd/ *vt* amasar
knee /niː/ *n* rodilla: *to sit on sb's knee* sentarse en las rodillas de algn
LOC to be/go (**down**) **on your knees** estar/ponerse de rodillas **to bring sb to their knees**; **to bring sth to its knees** someter a algn, acabar con algo *Ver tb* BEE, BEND, HAND[1], WEAK
■ **knee** *vt* (*pret, pp* **kneed**) pegar un rodillazo a: *to knee sb* (*in the groin*) pegar a algn un rodillazo (en la ingle)

kneecap /ˈniːkæp/ *n* rótula ☛ *Ver ilustración en* ESQUELETO
knee-deep /ˌniː ˈdiːp/ *adj, adv* ~ (**in sth**) hasta la rodilla (de algo) (*de profundidad*): *The snow was knee-deep.* La nieve llegaba hasta la rodilla.
LOC to be knee-deep in sth estar hasta el cuello de algo
knee-high /ˌniː ˈhaɪ/ *adj* hasta la rodilla (*de altura*): *knee-high boots* botas hasta la rodilla
LOC to be knee-high to a grasshopper (*joc*) no levantar un palmo del suelo
knee-jerk /ˈniː dʒɜːk/ *adj* (*pey*) reflejo: *a knee-jerk reaction* una reacción refleja

kneel /niːl/ *vi* (*pret, pp* **knelt** /nelt/ o *esp USA* **kneeled**) ☛ *Ver nota en* DREAM ~ (**down**) arrodillarse
knee-length /ˈniː leŋθ/ *adj* hasta la rodilla (*de longitud*): *a knee-length skirt* un falda hasta la rodilla
knees-up /ˈniːz ʌp/ *n* (*GB, coloq*) fiesta
knell /nel/ *n Ver* DEATH KNELL
knelt *pret, pp de* KNEEL
knew *pret de* KNOW
knickers /ˈnɪkəz/ *n* [*pl*] (*GB*) bragas: *a pair of knickers* unas bragas
LOC to get your knickers in a twist (*GB, argot*) ponerse nervioso
knick-knack /ˈnɪk næk/ *n* baratija

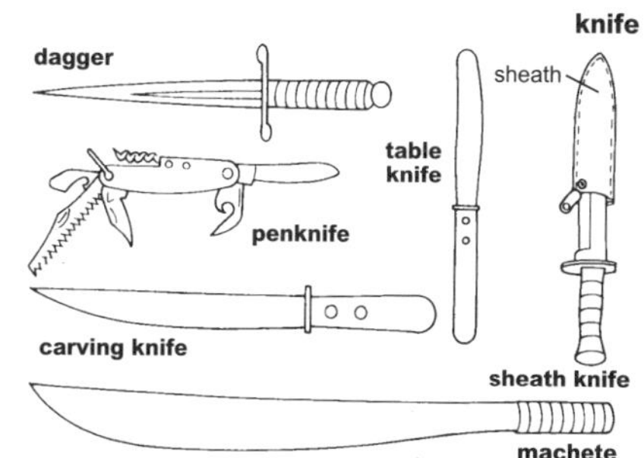

knife /naɪf/ *n* (*pl* **knives** /naɪvz/) cuchillo: *knife and fork* tenedor y cuchillo ◊ *table knife* cuchillo de mesa *Ver tb* BREADKNIFE, PALETTE KNIFE, POCKET KNIFE
LOC the knives are out for sb tenérsela jurada a algn
■ **knife** *vt* acuchillar
knife-edge /ˈnaɪf edʒ/ *n* **1** (*lit*) filo de un cuchillo **2** (*fig*) punto crítico: *a knife-edge victory* una victoria crítica
LOC (**to be**) **on a knife-edge 1** (estar) en vilo: *We've got him on a knife-edge.* Lo tenemos en vilo. **2** (estar) pendiente de un hilo: *The success of the project is on a knife-edge.* El éxito del proyecto pende de un hilo.
knight /naɪt/ *n* **1** (*título*) caballero **2** (*ajedrez*) caballo ☛ *Ver ilustración en* AJEDREZ
■ **knight** *vt* nombrar caballero a

▶ **knighthood** *n* título de caballero

knit /nɪt/ (**-tt-**) **1** *vt* (*pret, pp* **knitted**) **~ sth** (**for sb**) tejer algo (para algn) **2** *vi* (*pret, pp* **knitted**) hacer punto **3** *vt, vi* (*pret, pp* **knit**) **~** (**sth**) (**together**) **(a)** (*fig*) unir(se) (algo): *a closely knit family* una familia muy unida *Ver tb* CLOSE-KNIT **(b)** (*hueso*) soldar(se) (algo)

▶ **knitter** *n* tejedor, -a

knitting /ˈnɪtɪŋ/ *n* [*incontable*] labor de punto

knitting needle *n* aguja (*de hacer punto*)

knitwear /ˈnɪtweə(r)/ *n* [*incontable*] (prendas de) punto

knob /nɒb/ *n* **1(a)** (*de puerta, cajón, etc*) pomo: *the door knob* el pomo de la puerta *Ver tb* DOORKNOB **(b)** (*tb* **control knob**) (*de radio, televisor*) mando (*que gira hacia los lados*) **2** (*protuberancia*) nudo (*árbol, madera*) **3** (*de mantequilla*) trozo **4** (⚠) ☛ *Ver nota en* TABÚ (*coloq*) polla

knobbly /ˈnɒbli/ *adj* nudoso: *knobbly knees* rodillas huesudas

knock[1] /nɒk/ **1** *vi*: *to knock at/on the door* llamar a la puerta ◊ *to knock on the window* golpear en la ventana **2** *vt* golpear(se): *to knock your head on the ceiling* pegarse con la cabeza en el techo **3** *vt* tirar, volcar: *He knocked my drink flying.* Me tiró la bebida por los aires. **4** *vt* (*coloq*) criticar: *He's always knocking the way I do things.* Siempre critica la forma que tengo de hacer las cosas. **5** *vt* hacer a golpes: *to knock a hole in the wall* hacer un agujero en la pared

LOC **to knock it off** (*argot*): *Knock it off will you?* Dejadlo ya, ¿eh? **to knock sb's block/head off** (*argot*) romperle la crisma a algn **to knock sb senseless** golpear a algn y dejarle sin sentido: *I'll knock you senseless if you say that again!* ¡Te pego una torta que te enteras si vuelves a decir eso! **to knock sb sideways/for six** (*coloq*) dejar a algn de una pieza **to knock spots off sth/sb** (*coloq*) superar algo/a algn **to knock sth on the head**: *We soon knocked that idea on the head.* En seguida se nos quitó esa idea de la cabeza. **to knock the bottom out of sth** hacer desplomarse algo (*bolsa, etc*) **to knock the stuffing out of sb** (*coloq*) desmoralizar a algn **to knock your head against a brick wall** darse de golpes contra una pared **to knock your/their heads together** (*coloq*) meteros/meterles un poco de sentido en la cabeza **you could have knocked me down with a feather** (*coloq*) me quedé de piedra *Ver tb* DAYLIGHTS, HELL, SHAPE, SMILE

PHR V **to knock about** (*coloq*) andar de acá para allá: *He's knocking about somewhere!* ¡Anda por ahí!

to knock sth/sb about (*coloq*) golpear algo/a algn: *She gets knocked about by her husband.* Su marido le pega.

to knock sb back sth (*coloq*) costar a algn algo (*dinero*): *It'll knock you back a few quid.* Te va a costar una pasta.

to knock sth back (*coloq*) beber algo (de un trago)

to knock sb down tumbar a algn: *She was knocked down by a bus.* La atropelló un autobús.

to knock sth down derribar algo

to knock sth/sb down: *I managed to knock him/his price down (from £500 to £450).* Conseguí que bajara el precio (de 500 a 450 libras).

to knock sth in; **to knock sth into sth** clavar algo (en algo): *to knock in a few nails* clavar unos clavos

to knock off (**sth**) (*coloq*) terminar (algo): *What time do you knock off (work)?* ¿A qué hora terminas de trabajar?

to knock sb off (*argot*) cargarse a algn

to knock sth off 1 (*de un precio*) descontar algo **2** (*coloq*) acabar algo **3** (*argot*) robar algo

to knock sth off (**sth**) tirar algo (de algo) (*fuera de la superficie donde estaba*): *to knock a glass off the table* tirar un vaso de la mesa (al suelo)

to knock sb out 1 dejar a algn fuera de combate **2** dejar inconsciente a algn **3** (*coloq*) dejar boquiabierto a algn

to knock sb out (**of sth**) eliminar a algn (de algo) (*competición, etc*)

to knock sth/sb over tirar algo/a algn (*pasando de posición vertical a horizontal*): *You've knocked over my drink!* Has volcado mi copa.

to knock sth together/up improvisar algo

to knock sb up 1 (*GB, coloq*) despertar a algn **2** (*esp USA,* ⚠) ☛ *Ver nota en* TABÚ (*argot*) dejar embarazada a algn

knock[2] /nɒk/ *n* golpe: *There was a knock at the door.* Llamaron a la puerta.

LOC **to take a knock** (*coloq*) sufrir un duro golpe

knock-down /ˈnɒk daʊn/ *adj*: *knock-down prices* precios muy bajos

knocker /ˈnɒkə(r)/ *n* **1** aldaba ☛ *Ver ilustración en* HOUSE **2** (*coloq*) criticón, -ona **3** **knockers** (*GB,* ⚠) ☛ *Ver nota en* TABÚ (*argot*) melones: *a nice pair of knockers* un buen par de melones

knock-kneed /ˌnɒk ˈniːd/ *adj* patizambo

knock-on /ˌnɒk ˈɒn/ *adj*: *a knock-on effect on sth* repercusiones en algo

knockout /ˈnɒkaʊt/ *n* **1** (*tb* **knock-out blow/punch**) golpe que deja fuera de combate **2** eliminatoria **3** (*coloq*) maravilla: *She's an absolute knockout.* Está estupenda.

■ **knockout** (*tb* **knock-out**) *adj* **1** por eliminatorio: *knockout tournament* torneo por eliminatoria **2** que deja K.O.

knoll /nəʊl/ *n* cerro

knot[1] /nɒt/ *n* **1** nudo: *to tie a knot* hacer un nudo ◊ *to comb a knot out of your hair* desenredarse el pelo ◊ *a knot in your stomach* un nudo en el estómago **2** corrillo (*de gente*)

■ **knot** (**-tt-**) (*pret, pp*) **1(a)** *vt* hacer un nudo a: *to knot two ropes together* anudar dos cuerdas **(b)** *vi* enredarse: *My hair knots easily.* Se me enreda el pelo con facilidad. *Ver tb* SLIP-KNOT **2** *vi* **~** (**up**) **(a)** (*músculos*) agarrotarse **(b)** (*estómago*) encogerse: *My stomach knotted with fear.* El estómago se me encogió de miedo.

LOC **get knotted!** (*GB, argot*) ¡que te ondulen!

▶ **knotty** *adj* **1** nudoso **2** espinoso: *a knotty problem/question* un problema/asunto espinoso

knot[2] /nɒt/ (*Náut*) *n* nudo: *a top speed of 30 knots* una velocidad máxima de 30 nudos **LOC** *Ver* RATE[1]

know /nəʊ/ (*pret* **knew** /njuː; *USA* nuː/ *pp* **known** /nəʊn/) **1** *vt, vi* **(a)** saber: *We knew her to be honest.* Sabíamos que era sincera. ◊ *Can you let me know where it is?* ¿Me dices dónde está? ◊ *to know how to swim* saber nadar ◊ *You know?* ¿Sabes? ◊ *Well, you know…* Bueno, ya sabes… **(b)**: *I've never known it (to) snow in July before.* ¡Nunca se había visto que nevara en julio! ◊ *He's sometimes been known to sit there all day.* Algunas veces se le ha visto allí sentado todo el día. **2** *vt* conocer: *She's all right once you get to know her.* No está mal cuando la conoces. ◊ *Do you know the play?* ¿Conoces la obra? ◊ *We've known hardship.* Hemos conocido tiempos difíciles. ◊ *There's no known cure for cancer.* No hay cura conocida para el cáncer.

LOC **before you know where you are** en un santiamén **for all you know**: *For all I know he could be dead.* Por lo (poco) que yo sé, podría estar muerto. **God/goodness/Heaven knows** sabe Dios, bien sabe Dios **not to know any better**: *They're violent because they don't know any better.* Practican la violencia porque no conocen otra cosa. **not to know sb from Adam** (*coloq*) no conocer a algn de nada **not to know quite what to make of sth/sb** no saber a qué atenerse con algo/algn: *I don't know what to make of this letter.* No sé a qué atenerme respecto a esta carta. **not to know the first thing about sth/sb** no tener ni idea sobre algo/algn **not to know what hit you** (*coloq*) quedarse embobado **not to know where/which way to look** (*coloq*) no saber dónde meterse **not to know you are born** no saber lo que se tiene **not to know your arse from your elbow** (*GB,* ⚠) ☛ *Ver nota en* TABÚ (*argot*) confundir el culo con las témporas **not to know your ass from a hole in the ground** (*USA*, ⚠) ☛ *Ver nota en* TABÚ (*argot*) confundir el culo con las témporas **there's no knowing** no hay forma de saber **to know a thing or two (about sth/sb)** (*coloq*) saber un montón **to know best**: *The doctor knows best.* El médico sabe lo que hace. **to know better (than that/than to do sth)**: *You know better than that!* ¡Parece mentira que tú hayas hecho eso! ◊ *You ought to know better than to ask that.* ¿Cómo preguntas eso? Tendrías que tener más conocimiento. ◊ *I should have known better.* Tendría que haber espabilado. ◊ *They know better than the rest.* Saben más que los demás. **to know sb by sight** conocer a algn de vista **to know different/otherwise** (*coloq*) saber que no es así: *He said he went, but she knew otherwise.* Dijo que había ido, pero ella sabía que no era así. **to know full well** saber perfectamente **to know no bounds** (*formal*) no tener límites **to know sth backwards/inside out/like the back of your hand** (*coloq*) conocer algo como la palma de la mano **to know sweet FA/Fanny Adams about sth** (*GB, coloq*) no saber nada de nada sobre algo **to know the right people** tener enchufes **to know the score** (*coloq*) estar al tanto: *I just wanted you to know the score.* Solo quería que estuvieras al tanto. **to know sb through and through** conocer a algn totalmente **to know what's what** (*coloq*) saber de qué va **to know which side your bread is buttered** (*coloq, refrán*) saber uno arrimar el ascua a su sardina **to know your onions/stuff** (*coloq*) saber de qué va **to know your own mind** saber uno lo que quiere **to know your place** saber su lugar **to know your way around** saber de qué va la cosa: *He knows his way around when it comes to computers.* Sabe de qué va la cosa cuando se trata de ordenadores. **to let sb know sth** informar a algn de algo **to make yourself known to sb** presentarse a algn **(well) what do you know (about that)?** (*esp USA, coloq*) ¡(bien) qué te parece (eso)! **you never know** nunca se sabe *Ver tb* ANSWER, BETTER, FAMILIAR, OLD, PAT[2], REASON[1], ROPE, WANT[1]

PHR V **to know of sth/sb** saber de algo/algn: *Not that I know of.* Que yo sepa, no. ◊ *I know of one student who failed twice.* Sé de un estudiante que suspendió dos veces.

■ **know** *n*

LOC **in the know** (*coloq*) estar en el ajo

know-all (*tb* **know-it-all**) *n* (*coloq*) sabelotodo

know-how /ˈnəʊ haʊ/ *n* (*coloq*) la práctica: *technical know-how* conocimientos técnicos

knowing /ˈnəʊɪŋ/ *adj* **1** *a knowing look* una mirada de complicidad **2** astuto

▶ **knowingly** *adv* **1** intencionadamente: *I have never knowingly cheated anyone.* Nunca he engañado a nadie intencionadamente. **2** *He winked at her knowingly.* Le hizo un guiño de complicidad.

knowledge /ˈnɒlɪdʒ/ *n* [*incontable*] **1** conocimiento(s): *My knowledge of French is poor.* Mis conocimientos de francés son escasos. *Ver tb* GENERAL KNOWLEDGE, SELF-KNOWLEDGE **2** saber: *all branches of knowledge* todas las ramas del saber

LOC **confident/secure in the knowledge that...** con la seguridad de que... **in the knowledge that...** a sabiendas de que... **to be common/public knowledge** ser del dominio público **to your knowledge 1** *not to my knowledge* que yo sepa, no **2** *To my (certain) knowledge he was in France.* Sé (de sobra) que estaba en Francia. *Ver tb* BEST

▶ **knowledgeable** *adj* que posee muchos conocimientos sobre algo

knowledgeably *adv*: *to speak knowledgeably* hablar con mucho conocimiento

known *pp de* KNEW *Ver tb* WELL-KNOWN

knuckle /ˈnʌkl/ *n* nudillo *Ver tb* BRASS KNUCKLES ☛ *Ver ilustración en* HAND[1]

LOC **near the knuckle** (*coloq*): *The joke was a bit too near the knuckle.* El chiste se pasaba un poco de la raya. *Ver tb* RAP

■ **knuckle** *v*

PHR V **to knuckle down (to sth)** (*coloq*) poner manos a la obra/ponerse a hacer algo

to knuckle under (*coloq*) doblegarse

knuckleduster /ˈnʌkldʌstə(r)/ (*USA* **brass knuckles**) *n* puño americano (*arma*)

koala /kəʊˈɑːlə/ (*tb* **koala bear**) *n* koala

kopeck (*tb* **kopek**, **copeck**) /ˈkəʊpek/ *n* copec

Koran /kəˈrɑːn; *USA* -ˈræn/ *n* Corán

▶ **Koranic** *adj* coránico

kosher /ˈkəʊʃə(r)/ *adj* **1** que cumple los requisitos de los alimentos judíos **2** (*coloq*) legítimo

kowtow /ˌkaʊˈtaʊ/ *vi* ~ **(to sth/sb)** hacer reverencias (a algo/algn)

kph /ˌkeɪ piː ˈeɪtʃ/ *abrev de* **kilometres per hour** kilómetros por hora

kremlin (*tb* **Kremlin**) /ˈkremlɪn/ *n* kremlin

kudos /ˈkjuːdɒs/ *n* (*coloq*) prestigio

Ku Klux Klan /ˌkuː klʌks ˈklæn/ *n* Ku-Klux-Klan

kung fu /ˌkʌŋ ˈfuː/ *n* kung fu

kW (*tb* **KW**) (*pl* **kW**) *abrev de* **kilowatt**

Ll

L, l /el/ *n* (*pl* **L's, l's** /elz/) (*letra*) L, l: *L for Louise* L de Lugo

L 1 (*en topónimos*) *abrev de* **Lake** Lago **2** (*GB*) *abrev de* **learner-driver** *Ver* L-PLATE **3** (*talla*) *abrev de* **large**

l 1 *abrev de* **left**: *l to r* de izquierda a derecha **2** (*pl* **l**) *abrev de* **litre**

LA /ˌel ˈeɪ/ *abrev de* **Los Angeles** Los Ángeles

Lab /læb/ (*GB, Pol*) *abrev de* **Labour**

lab /læb/ *n* (*coloq*) laboratorio

label /ˈleɪbl/ *n* **1** etiqueta: *luggage labels* etiquetas de identificación para el equipaje **2** marca: *an independent record label* una casa discográfica independiente
▪ **label** *vt* (**-ll-**, *USA* **-l-**) **1** poner etiquetas a, etiquetar **2 ~ sth/sb as sth** calificar algo/a algn de algo

labelling /ˈleɪblɪŋ/ *n* etiquetado

labia /ˈleɪbɪə/ *n* [*pl*] labios de la vulva

labor *n, vi* (*USA*) *Ver* LABOUR[1]

laboratory /ləˈbɒrətri; *USA* ˈlæbrətɔːri/ *n* (*pl* **-ies**) (*coloq* **lab**) laboratorio

laborious /ləˈbɔːriəs/ *adj* **1** laborioso: *a laborious task* una tarea laboriosa **2** penoso
▶ **laboriously** *adv* laboriosamente

labor union (*USA*) (*GB* **trade union**) *n* sindicato

labour[1] (*USA* **labor**) /ˈleɪbə(r)/ *n* **1** [*incontable*] trabajo: *manual labour* trabajo manual **2** [*gen pl*] labor: *the fruit of your labours* el fruto de su labor **3** [*incontable*] mano de obra: *skilled labour* mano de obra especializada ◊ *price including both parts and labour* coste incluidos los repuestos y la mano de obra ◊ *labour relations* relaciones laborales ◊ *the labour force* la fuerza laboral ◊ *labour market* el mercado de trabajo ◊ *casual labour* mano de obra eventual **4** [*incontable*] parto: *to go into labour* ponerse de parto **5 Labour** (*abrev* **Lab**) (*tb* **the Labour Party**) (*GB, Pol*) el Partido Laborista: *the Labour vote* el voto a favor de los laboristas ◊ *Labour supporters* los seguidores del partido laborista
LOC **a labour of love** algo hecho por amor al arte

labour[2] (*USA* **labor**) /ˈleɪbə(r)/ *vi* esforzarse
LOC **to labour the point** darle vueltas a un mismo tema **to labour under a delusion/misconception** estar muy equivocado
PHR V **to labour under sth** (*formal*) padecer por algo
▶ **laboured** (*USA* **labored**) *adj* **1** dificultoso: *laboured breathing* respiración dificultosa **2** pesado: *a laboured style of writing* un estilo literario muy pesado
labourer (*USA* **laborer**) /ˈleɪbərə(r)/ *n* trabajador, -ora: *a farm labourer* un trabajador del campo

labour camp *n* campo de trabajos forzados

Labour Day (*USA* **Labor Day**) *n* Día del Trabajo ☛ *Comparar con* MAY DAY

Labour Exchange *n* (*antic, GB*) *Ver* JOBCENTRE

labour-intensive /ˌleɪbər ɪnˈtensɪv/ *adj* que necesita mucha mano de obra

Labour Party *n* (*GB*) Partido Laborista

labour-saving /ˈleɪbə seɪvɪŋ/ *adj* que ahorra trabajo y esfuerzo: *labour-saving devices* aparatos para ahorrar trabajo

Labrador /ˈlæbrədɔː(r)/ *n* perro labrador ☛ *Ver ilustración en* DOG[1]

laburnum /ləˈbɜːnəm/ *n* lluvia de oro (*Bot*)

labyrinth /ˈlæbərɪnθ/ *n* laberinto
▶ **labyrinthine** /ˌlæbəˈrɪnθaɪn; *USA* -θɪn/ *adj* laberíntico

lace /leɪs/ *n* **1** [*incontable*] encaje **2** [*contable*] cordón: *a pair of shoelaces* un par de cordones de zapato ☛ *Ver ilustración en* ZAPATO *Ver tb* BOOTLACE, STRAIT-LACED
▪ **lace 1** *vt, vi* **~ (sth) (up)** atar(se) (*con un lazo*): *a blouse that laces (up) at the front* una blusa que se ata con un lazo en la parte anterior ◊ *to lace (up) your shoes* atarse los cordones de los zapatos **2** *vt* **~ sth (with sth)** fortalecer una bebida con algo (*alcohol*): *My drink has been laced.* Me han echado alcohol en la bebida.

lacerate /ˈlæsəreɪt/ *vt* lacerar
▶ **laceration** *n* laceración

lace-ups /ˈleɪs ʌps/ *n* [*pl*] zapatos de cordoneras

lack /læk/ **1** *vt* **~ sth** carecer de algo: *to lack courage* carecer de coraje ◊ *to lack confidence* carecer de confianza en uno mismo **2** *vi* **~ for sth** (*formal*) necesitar algo: *They lacked for nothing.* No les faltaba de nada.
LOC **to be lacking** faltar **to be lacking in sth** carecer de algo: *to be lacking in respect* carecer del respeto debido ◊ *The district was lacking in sports facilities.* El distrito carecía de instalaciones deportivas. *Ver tb* COURAGE
▪ **lack** *n* [*sing*] falta: *due to a lack of space* por falta de espacio ◊ *a lack of interest in sth* una falta de interés en algo ◊ *a lack of money* una carencia de dinero

lackey /ˈlæki/ *n* (*pl* **~s**) lacayo

lacklustre /ˈlæklʌstə(r)/ *adj* sin vida: *They gave a lacklustre performance.* Ofrecieron una representación deslucida.

laconic /ləˈkɒnɪk/ *adj* lacónico
▶ **laconically** *adv* lacónicamente

lacquer /ˈlækə(r)/ *n* laca

lactate /ˈlækteɪt/ *vi* lactar
▶ **lactation** *n* lactancia

lactic acid *n* ácido láctico

lactose /ˈlæktəʊs, -əʊz/ *n* lactosa

lacy /ˈleɪsi/ *adj* de encaje: *lacy underwear* ropa interior de encaje

lad /læd/ *n* (*coloq*) **1** muchacho **2** (*GB, coloq*) muchacho juerguista: *He's a bit of a lad.* Es una buena pieza.

ladder /ˈlædə(r)/ *n* **1** escalera de mano: *a rope ladder* una escalera de cuerda *Ver tb* SNAKES AND LADDERS, STEP-LADDER **2** (*USA* **run**) carrera (*en las medias, etc*) **3** (*fig*) escala (*social, profesional, etc*): *a step up the social ladder* un peldaño más de la escala social
▪ **ladder** *vt, vi* hacerse una carrera (en)

laddie /ˈlædi/ *n* (*coloq*) chaval

laden /ˈleɪdn/ *adj* **~ (with sth)** cargado (de algo): *a lorry laden with oranges* un camión cargado de naranjas

ladies /ˈleɪdɪz/ *n* **1** *plural de* LADY **2 Ladies** [*sing*] (*USA* **ladies' room**) lavabo de señoras

ladies' man *n* (*pl* **ladies' men**) hombre al que le gustan todas las mujeres

ladle /ˈleɪdl/ *n* cucharón: *a soup ladle* un cacillo para la sopa ☛ *Ver ilustración en* UTENSIL
▪ **ladle** *vt* **~ sth (out)** servir algo con cucharón
PHR V **to ladle sth out** (*coloq*) repartir algo a tutiplén: *He doesn't ladle out praise.* Reparte sus alabanzas con cuentagotas.

lady /ˈleɪdi/ *n* (*pl* **-ies**) **1(a)** señora: *the old lady next door* la anciana de al lado ◊ *Ladies and gentlemen…*

Señoras y señores… ◇ *a lady doctor* una mujer médico *Ver tb* LANDLADY **(b)** (*USA, coloq*) señora: *Hey lady–you can't park there!* ¡Oiga, señora! ¡Que aquí no se puede aparcar! **2** dama **3 Lady** Lady (*como título nobiliario*) **4 Ladies** [*sing*] (*GB*) lavabo de señoras: *to go to the ladies* ir al lavabo ◇ *The Ladies is on the left.* El de señoras está a la izquierda.

LOC the lady of the house la señora de la casa

ladybird /ˈleɪdibɜːd/ (*USA* **ladybug** /ˈleɪdibʌg/) *n* (*Zool*) mariquita

lady-in-waiting /ˌleɪdi ɪn ˈweɪtɪŋ/ *n* (*pl* **ladies-in-waiting**) acompañante de reina o princesa

ladykiller /ˈleɪdikɪlə(r)/ *n* (*coloq*) donjuán

ladylike /ˈleɪdilaɪk/ *adj* propio de una dama: *ladylike behaviour* comportamiento propio de una dama

ladyship (*tb* **Ladyship**) /ˈleɪdɪʃɪp/ *n* tratamiento que se da a una dama noble: *Her Ladyship* Señora Marquesa, Condesa, etc

lag¹ /læg/ *vi* (**-gg-**)

LOC to lag behind (sth/sb) quedarse atrás (con respecto a algo/algn) **to lag behind in sth** estar/ir a la zaga en algo

■ **lag** (*tb* **time lag**) *n* retraso, lapso *Ver tb* JET LAG

lag² /læg/ *vt* (**-gg-**) **to lag sth (with sth) 1** (*tuberías, etc*) aislar, revestir algo (de algo) **2** (*calentadores de agua*) calorifugar

▶ **lagging** *n* aislante, revestimiento

lager /ˈlɑːgə(r)/ *n* cerveza ☛ *Ver nota en* CERVEZA

lager lout *n* (*coloq*) gamberro

laggard /ˈlægəd/ *n* **1** rezagado **2** holgazán

lagoon /ləˈguːn/ *n* **1** (*de mar*) albufera **2** (*de agua dulce*) laguna

lah (*tb* **la**) /lɑː/ *n* (*Mús*) la

laid *pret, pp de* LAY¹

laid-back /ˌleɪd ˈbæk/ *adj* (*coloq*) **1** (*persona*) cachazudo, despreocupado **2** (*actitud*) pasota

lain *pp de* LIE²

lair /leə(r)/ *n* (*lit* y *fig*) guarida

laird /leəd/ *n* (*Escocia*) señor, terrateniente

laity /ˈleɪəti/ *n* **the laity** [*v sing o pl*] (*Relig*) el laicado

lake /leɪk/ *n* lago: *the lakeside* la orilla (del lago)

lam¹ /læm/ *vt* (**-mm-**) **to lam (into sb)** (*GB, coloq*) vapulear, dar una paliza (a algn)

lam² /læm/ *n* (*USA, coloq*)

LOC on the lam prófugo

lamb /læm/ *n* **1(a)** (*animal*) cordero ☛ *Ver ilustración en* OVEJA **(b)** (*carne*) cordero **2** (*coloq*) (*término cariñoso*): *Poor little lamb!* ¡Pobrecito! ☛ *Ver nota en* CORDERO

LOC to go like a lamb to the slaughter ir como borrego al matadero **to take sth like a lamb** aceptar algo con la mayor tranquilidad *Ver tb* HANG¹, MUTTON, SHAKE²

▶ **lambing** *n* [*incontable*] (época del) nacimiento de los corderos: *the lambing season* la temporada en la que nacen los corderos

lambaste /læmˈbeɪst/ (*tb* **lambast** /læmˈbæst/) *vt* **1** dar una paliza a, vapulear **2** reprender con severidad

lambskin /ˈlæmskɪn/ *n* **1** (piel de) cordero **2** corderina

lambswool (*tb* **lamb's-wool**) /ˈlæmz wʊl/ *n* lana de cordero

lame /leɪm/ *adj* **1** cojo: *to go lame* quedarse cojo **2** (*excusa*) poco convincente, pobre

LOC a lame duck 1 un inepto, un incapaz: *a lame-duck company* una compañía insolvente **2** (*esp USA*) congresista o empleado público que no ha sido reelegido

▶ **lamely** *adv* **1** (*fig*) sin convicción **2** (*lit*) cojeando

lameness *n* **1** (*fig*) pobreza, falta de convicción **2** (*lit*) cojera

■ **lame** *vt* lisiar, dejar cojo

lament /ləˈment/ *vt, vi* **~ (for/over sth/sb)** lamentar(se) (de algo/algn): *It is to be lamented that…* Es de lamentar que…

■ **lament** *n* lamento

▶ **lamentable** *adj* lamentable

lamentably *adv* lamentablemente

lamentation *n* lamentación

lamented *adj* (*ret* o *joc*) lamentado, llorado

laminate /ˈlæmɪneɪt/ *vt* laminar

■ **laminate** /ˈlæmɪnət/ *n* material laminado

▶ **laminated** *adj* **1** laminado: *laminated wood* madera contrachapada **2** (*forrado*) plastificado

lamp /læmp/ *n* **1** lámpara *Ver tb* ANGLEPOISE (LAMP), FLOOR LAMP, STANDARD LAMP, TABLE LAMP **2** (*alumbrado público*) farola **3** (*vehículo*) faro *Ver tb* FOG LAMP ☛ La palabra más usada es **headlamp**. *Ver tb* BLOWLAMP

lamplight /ˈlæmplaɪt/ *n* luz de lámpara, farola: *by/in the lamplight* a la luz de la lámpara/farola

lampoon /læmˈpuːn/ *n* pasquín

■ **lampoon** *vt* ridiculizar (*en pasquines*)

lamp-post /ˈlæmp pəʊst/ *n* farola ☛ *Ver ilustración en* HOUSE

lampshade /ˈlæmpʃeɪd/ *n* pantalla (de lámpara)

lance /lɑːns; *USA* læns/ *n* **1** lanza **2** (*Med*) lanceta

■ **lance** *vt* abrir (algo) con una lanceta, sajar

lancet /ˈlɑːnsɪt; *USA* ˈlæn-/ *n* **1** (*Med*) lanceta **2** (*Arquit*) ojiva: *lancet window* ventana ojival

land¹ /lænd/ *n* **1** [*incontable*] (*en oposición al mar*) tierra: *by land/overland* por tierra ◇ *on dry land* en tierra firme ◇ *land forces* fuerzas terrestres ◇ *a land army* un ejército de tierra *Ver tb* MAINLAND **2** [*incontable*] (*área*) tierra(s), región **3** [*incontable*] (*para un fin específico*) tierra(s), terreno(s): *arable land* tierra de cultivo ◇ *building land* terreno edificable ◇ *a plot of land* una parcela *Ver tb* FARMLAND, HIGHLAND, LOWLAND, MOORLAND, SCRUBLAND, WASTELAND, WOODLAND **4 the land** [*incontable*] (*áreas rurales o de cultivo*) campo: *to work on the land* dedicarse a la agricultura ◇ *the drift from the land* el éxodo rural ◇ *land reform* reforma agraria **5** [*incontable*] (*propiedad*) tierra(s), terreno(s): *a plot of land* un terreno/una parcela ◇ *land tax* impuesto de bienes inmuebles **6** (*nación*) tierra, país: *my native land* mi tierra natal ◇ *the finest in the land* el mejor del país ◇ *the land of milk and honey* jauja *Ver tb* CLOUD-CUCKOO-LAND, DOCKLAND, FAIRYLAND, FATHERLAND, MOTHERLAND, NO MAN'S LAND, WONDERLAND

LOC in the land of the living (*joc*) vivo **to see how the land lies** tantear el terreno *Ver tb* LIVE²

land² /lænd/ **1** *vt, vi* **~ (sth/sb) (at…)** desembarcar (algo/a algn) (en…) **2** (*avión*) **(a)** *vt* poner en tierra **(b)** *vi* aterrizar **3** (*nave espacial*) **(a)** *vi* alunizar, pisar la luna **(b)** *vt* poner en la luna, etc **4** *vi* (*en agua*) amerizar, amarar **5** *vi* (*pájaro*) posarse **6** *vi* caer: *The ball landed in the water.* La pelota cayó al agua. **7** *vt* (*pez*) pescar, sacar del agua **8** *vt* (*coloq*) (*lograr*) **(a)** (*trabajo, etc*) conseguir **(b)** (*premio*) obtener **9** *vt, vi* (*coloq*) (*golpe*) asestar, atizar: *to land sb one in the eye* asestarle a algn un puñetazo en el ojo ◇ *The blow landed right on his nose.* El golpe le dio de lleno en la nariz. *Ver tb* CRASH-LAND **LOC** *Ver* FOOT¹, LAP¹

PHR V to land sb/yourself in sth (*coloq*) meter a algn/meterse en algo: *to land yourself in debt* meterse en deudas

to land up doing sth (*coloq*) acabar haciendo algo

to land up (in…) (*coloq*) acabar en, ir a parar en: *You'll land up in jail.* Acabarás en la cárcel.

to land sb with sth/sb (*coloq*) cargarle a algn con algo/algn: *to be/get landed with sth/sb* tener que cargar con algo/algn ◇ *I got landed with the washing up.* A mí me tocó fregar.

land-based /ˈlænd beɪst/ (*tb* **ground-based**) *adj* terrestre, de tierra, en tierra

landed /ˈlændɪd/ *adj* hacendado: *the landed classes/gentry* los hacendados/terratenientes ◇ *landed property* bienes raíces

landfall /ˈlændfɔːl/ *n* **1** aterrada, arribada **2** (*Náut*) recalada: *to make a landfall* recalar

landfill /ˈlændfɪl/ *n* **1** [*incontable*] entierro de residuos **2** (*tb* **landfill site**) vertedero (de basuras): *landfill pollution* contaminación proveniente de los vertederos

landing /ˈlændɪŋ/ *n* **1(a)** aterrizaje, amerizaje, alunizaje: *The plane made a bumpy landing.* El avión aterrizó dando botes. ◊ *to make a crash landing* estrellarse al aterrizar ◊ *landing-card* formulario de aduana ◊ *landing field/strip* pista de aterrizaje ◊ *landing gear* tren de aterrizaje ◊ *landing-lights* luces de aterrizaje **(b)** desembarco **2** (*tb* **landing-place**, **landing-stage**) atracadero **3** (*escalera*) rellano ☛ *Ver ilustración en* ESCALERA

landlady /ˈlændleɪdi/ *n* (*pl* **-ies**) **1** casera **2** patrona (*de un pub o una pensión*) ☛ *Comparar con* LANDLORD

landless /ˈlændlɪs/ *adj* sin tierras, que no posee tierras

landlocked /ˈlændlɒkt/ *adj* sin acceso al mar

landlord /ˈlændlɔːd/ *n* **1** casero, dueño (*de tierras*): *absentee landlord* propietario absentista **2** patrón (*de un pub o una pensión*) ☛ *Comparar con* LANDLADY

landmark /ˈlændmɑːk/ *n* **1(a)** (*lit*) punto destacado: *to use sth as a landmark* utilizar algo como punto de referencia **(b)** monumento histórico **2** (*fig*) hito: *a landmark victory* una victoria histórica ◊ *It was a landmark in British history.* Hizo época en la historia británica.

landmine /ˈlændmaɪn/ *n* mina terrestre

landowner /ˈlændəʊnə(r)/ *n* terrateniente, hacendado, -a

landscape /ˈlændskeɪp/ *n* **1** paisaje: *an industrial landscape* un paisaje industrial ◊ *the political landscape* el panorama político ◊ *landscape gardener* jardinero, -a paisajista ☛ *Ver nota en* PAISAJE **2** (*Arte*) **(a)** (*cuadro*) paisaje **(b)** arte del paisaje: *landscape painter* paisajista ■ **landscape** *vt* diseñar un jardín, parque, etc creando un paisaje artificial: *landscaped gardens* jardines diseñados de esta manera

landslide /ˈlændslaɪd/ *n* **1** (*tb* **landslip**) (*lit*) desprendimiento (*de tierras*) **2** (*fig*): *a Conservative landslide/a landslide victory for the Conservatives* una victoria aplastante para los conservadores

landward /ˈlændwəd/ *adj* (que da) hacia tierra

landwards /ˈlændwədz/ *adv* hacia tierra

lane /leɪn/ *n* **1** camino: *a winding country lane* un camino rural lleno de curvas **2** (*tb* **Lane**) (*en nombres de calles*) callejón ☛ *Ver nota en* CALLE **3** carril: *slow/inside lane* carril de tráfico lento ◊ *fast/outside lane* carril de adelantamiento ◊ *middle lane* carril central ◊ *left-hand/right-hand lane* carril de la izquierda/derecha ◊ *Single lane traffic only.* Un solo carril para tráfico en ambas direcciones. ◊ *cycle lane* carril-bici *Ver tb* BUS LANE **4** ruta: *shipping lanes* rutas de navegación **5** (*Dep*) calle LOC *Ver* LIVE², MEMORY

language /ˈlæŋgwɪdʒ/ *n* **1** lenguaje: *language skills* habilidades lingüísticas *Ver tb* BAD LANGUAGE **2** idioma, lengua: *a language barrier* la barrera del idioma ◊ *language school* escuela de idiomas *Ver tb* BODY LANGUAGE, SIGN LANGUAGE, TONE LANGUAGE LOC *Ver* SPEAK

languid /ˈlæŋgwɪd/ *adj* lánguido

languish /ˈlæŋgwɪʃ/ *vi* (*formal*) **1** languidecer, decaer **2** ~ (**for sth/sb**) languidecer (por algo/algn) **3** ~ (**in/under sth**) padecer (en/bajo algo)

languor /ˈlæŋgə(r)/ *n* languidez

languorous /ˈlæŋgərəs/ *adj* lánguido, placentero

lank /læŋk/ *adj* lacio

lanky /ˈlæŋki/ *adj* (**-ier**, **-iest**) larguirucho

lantern /ˈlæntən/ *n* farol

lap¹ /læp/ *n* regazo: *with an open book in her lap* con un libro abierto en las rodillas ◊ *to sit on sb's lap* sentarse en el regazo de algn
LOC **in the lap of luxury** por todo lo alto **to be in the lap of the gods** estar en manos del destino **to drop/dump sth in sb's lap** (*coloq*) cargarle algo a algn: *They dropped the problem in his lap.* Le cargaron con el problema. **to fall into/land in sb's lap**: *It just fell into my lap.* Me cayó del cielo. **to fall into your lap** (*coloq*) caerle a algn del cielo

lap² /læp/ (*Dep*) *n* **1** vuelta: *to complete two laps of the course* dar dos vueltas al circuito ◊ *to do a lap of honour* dar la vuelta de honor **2** (*de viaje*) etapa LOC *Ver* LAST¹
■ **lap** (**-pp-**) **1** *vt*: *She's lapped all the others.* Les lleva una vuelta a todos los demás. **2** *vi*: *They're lapping at over 180 kph.* Están dando la vuelta al circuito a más de 180 kph.

lap³ /læp/ (**-pp-**) **1** *vi* (*agua*) chapotear **2** *vt* **to lap sth** (**up**) lamer algo: *The cat lapped up the milk.* El gato lamió la leche.
PHR V **to lap sth up** (*coloq*) recibir algo con gusto, tragarse algo: *to lap up sunshine* empaparse de sol
▶ **lapping** *n* chapoteo

lapel /ləˈpel/ *n* solapa ☛ *Ver ilustración en* AMERICANA

lapse /læps/ *n* **1** error, lapso: *a lapse in judgement* un pequeño error de juicio ◊ *a lapse of concentration* una falta de concentración ◊ *temporary lapses of memory* pérdida temporal de la memoria **2** ~ (**from sth**) (**into sth**) bajón (de algo)(en algo): *She forgives her husband's lapses.* Perdona las faltas de su marido. ◊ *a lapse from grace* una caída en desgracia ◊ *I was disconcerted by his sudden lapse into silence.* Su repentino silencio me desconcertó. **3** (*de tiempo*) lapso, período: *after a lapse of 6 years* al cabo de 6 años
■ **lapse** *vi* **1** ~ (**from sth**) (**into sth**) caer (de algo)(en algo): *He lapsed into his old ways.* Volvió a las andadas. ◊ *a lapsed Catholic* un católico no practicante **2** ~ **into sth** caer en algo: *He lapsed into a sullen silence.* Cayó en un hosco silencio. **3** (*Jur*) caducar

laptop /ˈlæptɒp/ *adj*, *n* portátil

lard /lɑːd/ *n* manteca
■ **lard** *vt* ~ **sth with sth** (*fig*) adornar algo con algo

larder /ˈlɑːdə(r)/ *n* despensa

large /lɑːdʒ/ *adj* (**-er**, **-est**) **1** grande: *small, medium or large* pequeña, mediana o grande ◊ *clothes for the larger lady* ropa para señoras de talla grande ◊ *a large family* una familia numerosa ◊ *a large meal* una comida fuerte ◊ *to play a large part in sth* jugar una parte importante en algo ◊ *the city's largest employer* la empresa que emplea a más gente de toda la ciudad ◊ *large amounts of money* grandes sumas de dinero ◊ *in large quantities* en grandes cantidades ◊ *a large proportion* un alto porcentaje ◊ *to a large extent* en gran parte ◊ *large-boned* de estatura grande

> **A large amount of**, **a large number of** y **a large quantity of** son equivalentes más formales de **a lot of**. *Ver tb nota en* MANY

2 extenso, amplio
LOC (**as**) **large as life** (*joc*) en persona: *And there she was as large as life!* ¡Y allí estaba, en persona! **by and large** en términos generales **larger than life** de tamaño exagerado: *a larger-than-life character* un personaje desmedido *Ver tb* EXTENT, OAK
■ **large** *n* (*abrev* **L**) talla grande: *Did you buy a large or a medium?* ¿Te has comprado una talla grande o una mediana?
LOC **at large 1** en libertad: *to be at large* andar suelto ◊ *ambassador at large* embajador volante **2** extensamente **3** en general: *the public at large* el público en general

largely /ˈlɑːdʒli/ *adv* en gran parte, mayoritariamente: *to figure largely in sth* ocupar un lugar destacado en algo ◊ *His success was largely due to luck.* Su éxito se debió en gran parte a la suerte.

large-scale /ˈlɑːdʒ skeɪl/ *adj* **1** a gran escala, extenso: *a large-scale emergency* una emergencia de gran magnitud ◊ *large-scale redundancies* despidos masivos **2** (*mapa*) a gran escala

largess (*tb* **largesse**) /lɑːˈdʒes/ *n* **1** dadivosidad **2** dádiva

lark¹ /lɑːk/ *n* alondra: *to sing like a lark* cantar en un tono agudo y claro

LOC to be/get up with the lark levantarse con las gallinas *Ver tb* HAPPY

lark² /lɑːk/ *n* [*gen sing*] (*coloq*) **1** *to have a lark* divertirse ◊ *He did it for a lark.* Lo hizo para divertirse. ◊ *What a lark!* ¡Qué risa! ◊ *He's quite a lark.* Es un tío divertido. **2** (*GB, irón*) rollo: *I don't go for all this formal dressing lark.* A mí no me va el rollo este de vestirse de etiqueta. ◊ *We soon put a stop to their little lark.* Acabamos con sus tonterías muy pronto. ◊ *Blow this for a lark!* ¡Vaya rollo!

■ **lark** *vi* ~ (**about/around**) hacer el indio

larva /ˈlɑːvə/ *n* (*pl* **larvae** /ˈlɑːviː/) larva

larynx /ˈlærɪŋks/ *n* (*pl* **larynges** /læˈrɪndʒiːz/) laringe ☛ *Ver ilustración en* THROAT

lasagne (*tb* **lasagna**) /ləˈzænjə/ *n* lasaña

laser /ˈleɪzə(r)/ *n* láser: *They are using lasers to treat it.* Usan láser para tratarlo. ◊ *laser beam* rayo láser ◊ *laser printer* impresora láser ◊ *laser treatment* tratamiento láser

lash¹ /læʃ/ *n* **1** tralla **2** azote: *to feel the lash of sb's tongue* ser vituperado por algn *Ver tb* WHIPLASH **3** *Ver* EYELASH

lash² /læʃ/ *vt* **1(a)** (*viento, tormenta*) azotar: *Gale-force winds lashed the coast.* Vientos huracanados azotaban la costa. **(b)** (*tb* **to lash down**) llover a cántaros: *The rain/It was lashing down.* Llovía a cántaros. **(c)** (*fig*) zaherir **2** (*cola*) latiguear **3** amarrar: *The cargo was lashed to the deck.* Amarraron la carga a cubierta.

PHR V to lash sth down trincar algo

to lash out (at/against sth/sb) atacar (algo/a algn)

to lash out (on sth) (*coloq*) gastar un montón de dinero en algo: *I've just lashed out on a new car.* He tirado la casa por la ventana para comprar un coche nuevo.

▶ **lashing** *n* azotaina

lashings /ˈlæʃɪŋz/ *n* [*pl*] (*GB, coloq*) ~ (**of sth**) montones (de algo)

lass /læs/ (*tb* **lassie** /ˈlæsi/) *n* (*pl* **-ies**) (*Escocia*) muchacha ☛ *Comparar con* LADDIE

lassitude /ˈlæsɪtjuːd; *USA* -tuːd/ *n* (*formal*) lasitud

lasso /læˈsuː/ *n* (*pl* **~s** o **~es**) lazo (*de vaquero*)

■ **lasso** *vt* coger a lazo

last¹ /lɑːst; *USA* læst/ *adj* **1** último: *For the last time, be quiet!* ¡Por última vez, cállate! ◊ *She's the last person I'd tell.* Es la última persona a quien se lo contaría. ◊ *As a last resort I could ask my parents.* En último recurso puedo acudir a mis padres. ◊ *last thing at night* lo último por la noche ◊ *the last car but one* el penúltimo coche ◊ *the last rites* los últimos ritos ◊ *the Last Judgement* el Juicio Final **2** pasado: *last month* el mes pasado ◊ *last night* anoche ◊ *the night before last* anteanoche

LOC as a last resort/in the last resort como último recurso **at the last minute/moment** el último momento **every last ...** hasta el último...: *We've spent every last penny on the house.* Hemos gastado hasta el último céntimo en la casa. **last-ditch**: *a last-ditch attempt* un intento desesperado **sb's last word (on sth)** las palabras finales de algn (sobre algo) **the last gasp** el último esfuerzo **the last lap** la última etapa **the last word (in sth)** la última palabra (de algo): *the last word in elegance* la última palabra de la elegancia **the last word (on sth)** lo último (sobre algo): *His book is the last word on this subject.* Su libro es lo último sobre este asunto. **to be on your last legs** estar en las últimas **to have the last laugh** reírse el último **to have the last word** tener la última palabra *Ver tb* ANALYSIS, BREATH, FAMOUS, FIRST, STRAW, THING

■ **last** *n* **1 the ~ (of sth)** el último, la última (de algo): *She drank the last of the wine.* Se bebió lo último que quedaba del vino. ◊ *He was the last of the big spenders.* Fue el último de los grandes derrochadores. ◊ *the last but one* el penúltimo ◊ *She was the last to leave.* Fue la última en marcharse. **2** el/la anterior: *Each candidate was worse than the last.* Cada candidato era peor que el anterior.

LOC to hear/see the last of sth/sb 1 (*fig*) ver el punto final (de algo/algn): *You'll never hear the last of this.* Nunca verás el final de esto. **2** *That was the last I ever saw of her.* Fue la última vez que la vi. **to/till the last** hasta el final *Ver tb* BREATHE, FIRST, SECOND¹, WEEK

■ **last** *adv* **1** en último lugar: *He came last in the race.* Llegó el último en la carrera. **2** por última vez

LOC (and) last but not least y por último, aunque no por ello de menor importancia **at (long) last** por fin *Ver tb* FIRST, LAUGH

■ **last 1** *vt, vi* ~ (**for**) **sth** durar días, años, etc: *The war lasted (for) three years.* La guerra duró tres años. ◊ *We had enough to last for a week.* Teníamos para una semana. **2** *vt, vi* perdurar **3** *vt* ~ **sth** (**out**) **(a)** aguantar algo **(b)** sobrevivir algo *Ver tb* EVERLASTING

last² /lɑːst; *USA* læst/ *n* horma de calzado

lasting /ˈlɑːstɪŋ/ *adj* **1** duradero **2** permanente, perdurable *Ver tb* LONG-LASTING

lastly /ˈlɑːstli/ *adv* por último

last name (*tb* **surname, family name**) *n* apellido ☛ *Ver nota en* NAME¹

latch /lætʃ/ *n* **1** aldaba **2** picaporte

LOC on the latch cerrada de resbalón

■ **latch** *v*

PHR V to latch on (to sth) (*coloq*) enterarse (de algo) (*explicación, etc*)

to latch on to sb (*coloq*) pegarse a algn

late /leɪt/ *adj* (**later, latest**) **1(a)** tarde: *Go to bed, it's late.* Acuéstate ya, es tarde. ◊ *She's always late.* Siempre llega tarde. **(b)** *My flight was an hour late.* Mi vuelo se retrasó una hora. ◊ *Sorry I'm late.* Siento llegar tarde. ◊ *I was late for the match.* Llegué tarde al partido. **(c)** tardío **2(a)** a fines/finales de: *in the late 19th century* a fines del siglo XIX **(b)** *She married in her late twenties.* Se casó rondando la treintena. ◊ *in later life* en su madurez **3** [*antes de sustantivo*] **(a)** difunto: *her late husband* su difunto esposo **(b)** antiguo: *The late prime minister attended the ceremony.* Asistió a la ceremonia el antiguo primer ministro.

LOC at a later date más tarde **at the latest** a más tardar **it's never too late to mend** (*refrán*) nunca es tarde para cambiar, nunca es tarde si la dicha es buena **late of 1** *John Smith, late of the Diplomatic Service* John Smith, antiguo funcionario del servicio diplomático **2** *John Smith, late of 13 Broad Street* John Smith, con domicilio anterior en Broad Street 13 **of late** últimamente *Ver tb* NIGHT

■ **late** *adv* (**later, latest**) **1** tarde: *He came late.* Llegó tarde. ◊ *a week later* una semana después ◊ *I'll be home much later tomorrow.* Mañana llegaré a casa mucho más tarde. ◊ *She was later found to have a fractured skull.* Más adelante se descubrió que tenía una fractura de cráneo. **2** de retraso: *The plane arrived half an hour late.* El avión llegó con media hora de retraso. **3** *late in the century* a finales del siglo ◊ *late in the afternoon* a última hora de la tarde

LOC late in the day un poco tarde: *It's rather late in the day to say you're sorry.* Ya es un poco tarde para decir que lo sientes. **later on** más tarde *Ver tb* BETTER, SOON

latecomer /ˈleɪtkʌmə(r)/ *n*: *latecomers will not be admitted.* No se admitirá a quienes lleguen tarde.

lately /ˈleɪtli/ *adv* últimamente: *Until lately I hadn't thought about it.* No había pensado en ello hasta hace poco. ◊ *Have you seen her lately?* ¿La has visto últimamente? ☛ Se usa sobre todo en frases negativas y en interrogativas.

lateness /ˈleɪtnəs/ *n* tardanza, retraso

late-night /ˈleɪt naɪt/ *adj* de madrugada: *late-night chemist* farmacia que está abierta por la noche

latent /ˈleɪtnt/ *adj* latente

lateral /ˈlætərəl/ *adj* lateral: *lateral thinking* pensamiento lateral *Ver tb* MULTILATERAL

latest /ˈleɪtɪst/ *adj* **1** *superl de* LATE **2** último, más reciente: *her latest novel* su novela más reciente ◊ *the latest fashion* la última moda

El adjetivo **latest** tiene el sentido de *lo más reciente, lo más nuevo*: *It's the latest innovation in laser technology.* Es la última innovación en tecnología láser.
El adjetivo **last** tiene el sentido de *lo último de una serie*: *The last bus is at twelve.* El último autobús sale a las doce.

LOC **the latest thing in sth** lo último en algo

■ **the latest** *n* **1** lo último: *the very latest in computer games* lo ultimísimo en juegos de ordenador **2** la última: *Have you heard the latest?* ¿Has oído la última? **3** *The latest we can finish is Friday.* El último día para terminar es el viernes.

LOC **at the latest** a más tardar

latex /ˈleɪteks/ *n* látex

lath /lɑːθ; *USA* læθ/ *n* (*pl* **~s** /lɑːðz; *USA* læðz/) listón

lathe /leɪð/ *n* torno (*carpintería*)

lather /ˈlɑːðə(r); *USA* ˈlæð-/ *n* [*incontable*] **1** espuma **2** (*caballo*) sudor

LOC **to get into a lather** (*coloq*) **1** echar espuma **2** echar espumarajos

■ **lather 1** *vi* **~ (up)** espumar **2** *vt* poner espuma

Latin /ˈlætɪn; *USA* ˈlætn/ *adj* latino: *Latin Quarter* barrio latino

■ **Latin** *n* **1** (*idioma*) latín **2** (*persona*) latino, -a

Latin American *adj, n* latinoamericano, -a

Latino /læˈtiːnəʊ/ *adj, n* (*pl* **~s**) latinoamericano, -a

latitude /ˈlætɪtjuːd; *USA* -tuːd/ *n* **1** (*abrev* **lat**) (*Geog*) latitud ☛ *Ver ilustración en* GLOBO **2** libertad

latrine /ləˈtriːn/ *n* letrina

latter /ˈlætə(r)/ *adj* (*formal*) último: *the latter part of the year* la última parte del año

■ **the latter** *pron* (*pl* **the latter**) (*formal*) el segundo

latter-day /ˈlætə deɪ/ *adj* moderno: *the Latter-day Saints* Los Santos del Último Día

latterly *adv* últimamente

lattice /ˈlætɪs/ (*tb* **lattice-work**) *n* [*sing*] armazón de metal o madera en forma de cuadrícula, usado como biombo, espaldera o valla; cuadrícula

lattice window *n* ventana con cristales en forma de rombo colocados en una retícula de plomo

Latvia /ˈlætviə/ *n* Letonia

laud /lɔːd/ *vt* alabar, elogiar

▶ **laudable** *adj* loable

laudanum /ˈlɔːdənəm/ *n* láudano

laudatory /ˈlɔːdətəri; *USA* -tɔːri/ *adj* (*formal*) laudatorio

laugh /lɑːf; *USA* læf/ *vt, vi* reír(se): *to laugh aloud/out loud* reírse a carcajadas ◊ *'Come on!' he laughed.* "¡Vamos!" dijo riéndose.

LOC **he who laughs last laughs longest** (*refrán*) el que ríe el último ríe mejor **to laugh in sb's face** reírsele a algn a la cara **to laugh in the face of danger, death, etc** desafiar el peligro, la muerte, etc **to laugh like a drain** (*coloq*) reírse a carcajadas **to laugh on the other side of your face** (*coloq*): *They'll be laughing on the other side of their faces when they see the results.* Cuando vean los resultados, se les va a cambiar la cara. **to laugh your head off** desternillarse **to laugh yourself silly/sick** ponerse malo de risa *Ver tb* BURST

PHR V **to laugh at sth/sb 1** reírse de algo/algn **2** burlarse de algo/algn

to laugh sth off tomar algo a risa

■ **laugh** *n* **1** risa, carcajada: *to give/have a laugh* reírse *Ver tb* BELLY LAUGH **2** (*coloq*) (*suceso, persona*): *What a laugh!* ¡Es para partirse de risa! ◊ *to have a laugh* pasarlo bien ◊ *He is/it was a laugh.* Es un tipo/fue divertido. ◊ *We did it for a laugh.* Lo hicimos en broma/para hacer reír.

LOC **to be good for a laugh** ser una juerga: *Going water-skiing should be good for a laugh.* Hacer esquí aquático sería una risa. *Ver tb* BARREL, LAST[1], RAISE

▶ **laughable** *adj* risible, absurdo

laughing /ˈlɑːfɪŋ; *USA* ˈlæfɪŋ/ *adj* risueño

LOC **to be laughing** (*coloq*) estar en jauja **to be no laughing matter** no ser para tomarlo a risa *Ver tb* DIE[1]

▶ **laughingly** *adv* **1** riéndose, a risa **2** (*gen pey*) ridículamente

laughing stock *n* hazmerreír: *to make a laughing stock of sb* poner a algn en ridículo

laughter /ˈlɑːftə(r); *USA* ˈlæf-/ *n* [*incontable*] risa(s): *to roar with laughter* reírse a carcajadas/abiertamente ◊ *shrieks/hoots of laughter* grandes risotadas LOC *Ver* DISSOLVE, HELPLESS

launch[1] /lɔːntʃ/ *vt* **1** (*proyectil*) lanzar **2(a)** (*buque nuevo*) botar **(b)** (*lancha de socorro*) largar **3** (*emprender*) **(a)** (*ataque, campaña, producto, etc*) lanzar, iniciar **(b)** (*empresa*) fundar **(c)** *to launch sb in/on sth* iniciar a algn en algo

PHR V **to launch (out) into sth** lanzarse a algo, embarcarse en algo (*discurso, etc*)

■ **launch** *n* **1** lanzamiento **2** (*barco*) botadura **3** (*empresa*) fundación

▶ **launcher** *n* **1** (*para cohetes*) lanzacohetes **2** (*para granadas*) lanzagranadas

launch[2] /lɔːntʃ/ *n* lancha

launch pad (*tb* **launching pad**) *n* (*lit* y *fig*) plataforma de lanzamiento

launder /ˈlɔːndə(r)/ *vt* **1** (*formal*) lavar (y planchar) **2** (*dinero*) blanquear

launderette (*tb* **laundrette**) /lɔːnˈdret/ *n* lavandería (*donde uno se lava la ropa*)

laundry /ˈlɔːndri/ *n* (*pl* **-ies**) **1(a)** (*empresa*) lavandería **(b)** (*habitación*) lavadero **2** colada: *to do the laundry* hacer la colada

La traducción más corriente de *colada* es **washing**.

Laureate /ˈlɒriət; *USA* ˈlɔːr-/ *n Ver* POET LAUREATE

laurel /ˈlɒrəl; *USA* ˈlɔːrəl/ *n* **1** (*planta*) laurel **2** (*tb* **laurels** [*pl*]) (*corona*) laureles

LOC **to gain/win your laurels** cargarse de laureles **to look to your laurels** no dormirse en los laureles *Ver tb* REST[1]

lava /ˈlɑːvə/ *n* lava

lavatory /ˈlævətri/ *n* (*pl* **-ies**) **1** (*recipiente*) retrete, inodoro **2** (*habitación*) **(a)** (*en casa particular*) lavabo **(b)** (*público*) aseos, servicios ☛ *Ver nota en* TOILET

lavender /ˈlævəndə(r)/ *n* **1** espliego, lavanda **2** (*color*) color lavanda

lavish /ˈlævɪʃ/ *adj* **1 ~ (in/with sth)**; **~ (in doing sth)** pródigo, generoso (en/con algo): *to be lavish in your praise of sth/lavish in praising sth* prodigar elogios a algo **2** (*copioso*) abundante **3** (*suntuoso*) lujoso, ostentoso

■ **lavish** *v*

PHR V **to lavish sth on/upon sth/sb 1** colmar a algn de algo, prodigar algo a algo/algn **2** (*recursos*) gastar algo en algo/algn, derrochar algo en algo/algn

▶ **lavishly** *adv* pródigamente, abundantemente, lujosamente: *lavishly illustrated* con lujosas ilustraciones

law /lɔː/ *n* **1** ley: *to pass a law* dictar/aprobar una ley *Ver tb* BY-LAW, COMMON LAW **2** (*tb* **the law**) [*sing*] la ley: *the rule of law* la fuerza de la ley ◊ *against the law* en contra de la ley ◊ *civil/criminal law* derecho civil/penal ◊ *to be/keep within the law* obrar dentro/fuera de la ley ◊ *to break the law* infringir la ley **3** (*ciencia o asignatura*) derecho, jurisprudencia: *to read/study law* estudiar derecho ◊ *to practise law* ejercer (la profesión) de abogado *Ver tb* CASE LAW **4** (*tb* **the law**) [*sing*] (*profesión*) abogacía **5 the law** [*sing*] (*coloq*) la policía *Ver tb* BROTHER-IN-LAW, DAUGHTER-IN-LAW, FATHER-IN-LAW, IN-LAWS, MOTHER-IN-LAW, SISTER-IN-LAW, SON-IN-LAW

LOC a court of law un tribunal de justicia **law and order** orden público **the law of averages**: *By the law of averages you can expect to have your car stolen.* Estadísticamente, es lógico pensar que te van a robar el coche. **the law of the jungle** la ley del más fuerte **there's no law against sth** (*coloq*) no hay ley que prohíba algo **to be a law unto yourself/itself** hacer lo que (a uno) le viene en gana **to go to law (against sb)** pleitear (contra algn) **to have the law on sb** (*coloq*) denunciar a algn a la policía, llevar a algn a los tribunales **to lay down the law** hablar con gran autoridad **to take the law into your own hands** tomarse uno la justicia por su mano *Ver tb* ARM, EYE[1], LETTER

▶ **lawful** *adj* **1** (*permitido*) legal **2** (*reconocido*) legítimo

lawfully *adv* legalmente, legítimamente

lawless *adj* **1** (*país, etc*) sin ley(es), anárquico **2** (*persona*) rebelde, incontrolable **3** (*acto*) ilegal

lawlessness *n* desorden

law-abiding /ˈlɔː əbaɪdɪŋ/ *adj* respetuoso de la(s) ley(es)

law court /ˈlɔːkɔːt/ (*tb* **court of law**) *n* tribunal (de justicia)

law enforcement *n* aplicación de la ley

lawn[1] /lɔːn/ *n* césped ☛ *Ver ilustración en* HOUSE

lawn[2] /lɔːn/ *n* linón

lawnmower /ˈlɔːnməʊə(r)/ *n* cortacésped(es)

lawn tennis *n* **1** (*formal*) *Ver* TENNIS **2** tenis sobre hierba

lawsuit /ˈlɔːsuːt/ (*tb* **suit**) *n* pleito, proceso: *to bring a lawsuit against sb* demandar a algn

lawyer /ˈlɔːjə(r)/ *n* abogado, -a ☛ *Ver nota en* ABOGADO

lax /læks/ *adj* **1** negligente, deficiente **2** (*moralmente*) laxo, poco firme

▶ **laxity** *n* **1** negligencia, descuido **2** (*moral*) laxitud

laxative /ˈlæksətɪv/ *adj, n* laxante

lay[1] /leɪ/ *vt* (*pret, pp* **laid** /leɪd/) **1** colocar, poner: *He laid his hand on my shoulder.* Me puso la mano en el hombro. ◊ *Lay the material flat before you cut it out.* Extiende la tela antes de cortarla. **2** (*cable, etc*) tender **3** (*tubería*) instalar **4** (*mesa*) poner **5** (*cimientos*) echar: *to lay the foundations for sth* poner los cimientos de algo *Ver tb* BRICKLAYER **6 to lay A (on/over B)**; **to lay B with A** extender, colocar A (en B); cubrir B con A: *to lay the carpet on the floor* poner moqueta en el suelo ☛ *Ver nota en* LIE[2] **7** (*formal*): *to lay sth before sth/sb* presentar algo ante algo/algn ◊ *She laid the responsibility on me.* Me cargó la responsabilidad a mí. ◊ *to lay sb under an obligation to do sth* obligar a algn a hacer algo **8(a)** (*dinero*) apostar **(b)** (*apuesta*) hacer **9** [*gen en pasiva*] (*argot*) tirarse a: *I haven't been laid in weeks.* Hace semanas que no me como una rosca. ◊ *to get laid* echar un polvo **10** (*huevos*) poner **11** (**lay** + *sustantivo* + *preposición*): *to lay stress/emphasis on sth* hacer hincapié en algo ◊ *Don't lay the blame on me!* ¡A mí no me eches la culpa!

Algunas veces **lay** + *sustantivo* + *preposición* equivale a otro verbo relacionado con el sustantivo p. ej.. *to lay the blame on sb = to blame sb* ◊ *to lay stress/emphasis on sth = to stress/emphasize sth.*

LOC to lay it on thick/with a trowel (*coloq*) exagerar algo: *There is no need to lay it on so thick.* No hay que pasarse.

☛ Para otras expresiones con **lay**, véanse las entradas del sustantivo, adjetivo, etc, p. ej. **to lay your hands on sb** en HAND[1]

PHR V to lay about sth/sb (with sth) atacarle/pegarle a algo/algn (con algo)

to lay sth aside 1 poner algo a un lado **2** (*abandonar*) dejar algo de lado

to lay sth aside/by 1 guardar algo **2** (*dinero*) ahorrar algo

to lay sth down 1 (*carga*) poner algo en el suelo, depositar algo **2** (*armas*) deponer algo **3** (*trabajo*) dejar de hacer algo **4** (*regla*) dictar algo, estipular algo: *It is laid down that...* Está estipulado que... **5** (*pauta, precedente, principio*) establecer algo

to lay sb flat hacer tender a algn, acostar a algn

to lay sth flat (*cosecha, ciudad*) arrasar algo

to lay sth in proveerse de algo

to lay into sth/sb (*coloq, lit* y *fig*) dar una paliza a algo/algn

to lay off (sb) (*coloq*) dejar a algn en paz

to lay off (sth) (*coloq*) dejar (de hacer algo)

to lay sb off despedir a algn (*de un trabajo*)

to lay sth on 1 (*gas, luz, etc*) conectar algo, instalar algo: *with water laid on* con agua corriente **2** (*coloq*) (*facilitar*) proveer algo, organizar algo

to lay sb out derribar a algn

to lay sth out 1 (*sacar a la vista*) disponer algo, (ex)tender algo, preparar algo **2** (*argumento*) presentar algo, exponer algo **3** (*jardín, ciudad*) hacer el trazado de algo: *well laid out* bien distribuido/planificado **4** (*revista, etc*) componer algo **5** (*cadáver*) amortajar algo **6** (*coloq*) (*dinero*) gastar algo

to lay sb up [*gen en pasiva*] obligar a algn a guardar cama: *to be laid up with flu* estar en cama con la gripe

to lay sth up 1 (*suministros*) guardar algo, acumular algo **2** (*vehículo*) guardar algo

to lay sth up (for yourself): *You're laying up trouble (for yourself).* Te estás creando problemas para más tarde.

lay[2] /leɪ/ *n* (*coloq, ofen*): *a good lay* bueno en la cama

lay[3] /leɪ/ *adj* **1** laico **2** (*no experto*) lego, profano

lay[4] *pret de* LIE[2]

layabout /ˈleɪəbaʊt/ *n* (*GB, coloq*) vago, -a, holgazán, -ana

lay-by /ˈleɪ baɪ/ *n* (*pl* **lay-bys**) (*USA* **rest stop**) área de descanso (*carretera*)

layer /ˈleɪə(r)/ *n* **1** capa *Ver tb* OZONE LAYER **2** (*Geol*) estrato

■ **layer** *vt* (dis)poner en capas

▶ **layered** *adj* en capas, estratificado: *layered hair* pelo a capas

layman /ˈleɪmən/ *n* (*pl* **-men** /-mən/) **1** profano, -a: *in layman's terms* en términos simples **2** (*Relig*) lego, -a, seglar

lay-off /ˈleɪ ɒf/ *n* **1** (*de trabajadores*) despido (temporal), paro forzoso **2** (*por incapacidad*) baja, suspensión forzosa

layout /ˈleɪaʊt/ *n* **1** distribución, trazado **2** (*de revista, etc*) composición

layover *n* (*USA*) *Ver* STOPOVER

laze /leɪz/ *vt, vi* ~ **(about/around) 1** holgazanear **2** (*pey*) holgazanear

PHR V to laze the day, etc away pasar el día, etc holgazaneando

lazy /ˈleɪzi/ *adj* (**-ier, -iest**) **1** perezoso, holgazán **2** (*tarde*) lento, descansado

▶ **lazily** *adv* lentamente, perezosamente

laziness *n* pereza, holgazanería

lb (*pl* **lb** o **lbs**) *abrev de* **pound** (*peso*) libra: *apples 20p per lb* manzanas a 20 peniques la libra ◊ *2lb sugar* 2 libras de azúcar

lbw /ˌel biː ˈdʌbljuː/ *abrev de* **leg-before wicket**

LEA /ˌel iː ˈeɪ/ (*GB*) *abrev de* **Local Education Authority** Delegación Provincial de Educación

leach /liːtʃ/ *vi, vt* lixiviar(se), filtrar(se): *to leach sth out/away/to leach sth from sth* separar algo por lixiviación

▶ **leaching** *n* lixiviación, filtración

lead[1] /led/ *n* **1** plomo: *lead-free* sin plomo ◊ *lead-poisoning* saturnismo **2** (*de un lápiz*) mina: *lead pencil* lápiz

▶ **leaded** *adj* **1** (*gasolina*) con plomo **2** (*ventana, etc*) emplomado

leaden *adj* **1** pesado, muy lento **2** (*color*) plomizo

lead[2] /li:d/ *n* **1** ejemplo, iniciativa **2** (*Dep*) ventaja, delantera: *to have a lead of half a lap* llevar una ventaja de media vuelta **3 the lead** (*primer puesto*): *to be in the lead* llevar la delantera **4** (*Teat*) papel principal **5** (*naipes*) mano: *It's your lead.* Tú eres mano. **6** (*indicio*) pista **7** (*tb* **leash**) correa **8** (*Elec*) cable ☛ *Ver ilustración en* CAR

LOC **to give (sb) a lead 1** dar ejemplo (a algn) **2** dar una pista (a algn) **to take the lead** tomar la delantera **to take the lead (in doing sth)** tomar la iniciativa (en hacer algo) *Ver tb* DISPUTE, FOLLOW

lead[3] /li:d/ (*pret, pp* **led** /led/) **1** *vt, vi* llevar, conducir **2** *vt* (*influenciar*) **(a) ~ sb (to sth)** llevar a algn (a algo): *What led you to this conclusion?* ¿Qué fue lo que te llevó a esta conclusión? **(b) ~ sb (to do sth)** incitar, llevar a algn (a hacer algo): *He's easily led.* Es muy sugestionable. ◊ *Don't be led astray by him.* No dejes que te lleve por mal camino. **3** *vi* dar a: *This door leads into the garden.* Esta puerta da al jardín. ◊ *This road leads back to town.* Por este camino se vuelve a la ciudad. ◊ *corridors leading off the hall* pasillos que salen del vestíbulo **4** *vi* **~ to sth** (*tener como resultado*) conducir a algo; dar lugar a algo **5** *vt* (*vida*) llevar **6** *vt, vi* **~ (sth/sb) (in sth)** llevar la delantera (a algn); (en algo): *to lead by three goals* ir ganando por tres goles **7** *vt, vi* (*mandar*) dirigir, encabezar **8** *vt, vi* (*naipes*) salir

LOC **at/on the leading edge of sth** a la vanguardia de algo **to lead sb by the nose** manejar a algn a su gusto **to lead the way (to sth)** mostrar el camino (a algo), ir primero/adelante **to lead sb to believe (that)...** hacer creer a algn (que)... **to lead sb up the garden path** engatusar a algn *Ver tb* BLIND[1]

PHR V **to lead sth/sb away 1** llevar algo/a algn **2** (*fig*) desviar algo/a algn

to lead in (with sth) empezar (con algo)

to lead sth/sb in hacer entrar a algo/algn

to lead (sth) off 1 empezar (algo) **2** *Ver* TO LEAD STH/SB AWAY

to lead sb on (*coloq*) **1** engañar a algn, engatusar a algn **2** incitar a algn

to lead up to sth 1 llevar a algo, preparar el terreno para algo **2** preceder a algo

leader /ˈli:də(r)/ *n* **1(a)** líder, dirigente: *Leader of the House* Presidente de la Cámara ◊ *political leaders* autoridades políticas **(b)** jefe, -a **(c)** cabecilla *Ver tb* RINGLEADER **2** (*Mús*) **(a)** (*USA* **concert-master**) primer violín **(b)** (*USA*) director, -ora **3** (*GB*) (*tb* **leading article**) editorial

▶ **leadership** *n* **1** liderazgo **2** (*cargo*) jefatura, dirección: *under her leadership* bajo su jefatura/dirección **3** [*v sing o pl*] (*personas*) liderazgo, dirección

leading /ˈli:dɪŋ/ *adj* **1** principal, importante, sobresaliente: *to play a leading role in sth* jugar un papel importante en algo ◊ *leading lady/man* primera actriz/primer galán ◊ *leading light* figura eminente/destacada ◊ *leading question* pregunta tendenciosa **2** (*en el primer puesto*) primero, delantero

leading article (*tb* **leader**) *n* (*GB*) editorial

leaf /li:f/ *n* (*pl* **leaves** /li:vz/) **1** (*Bot, de papel*) hoja: *leaf-mould* mantillo *Ver tb* BAY LEAF, CLOVERLEAF, FIG LEAF, FLYLEAF, TEA LEAF **2** (*de metal*) lámina: *gold-leaf* pan de oro **3** (*de una mesa*) tablero

LOC **to come into/be in leaf** echar hojas/estar cubierto de hojas **to take a leaf out of sb's book** seguir el ejemplo de algn *Ver tb* NEW, SHAKE[1], TREMBLE

■ **leaf** *v*

PHR V **to leaf through sth** hojear algo

▶ **leafy** *adj* **1** frondoso **2** *leafy vegetables* verduras de hoja

leaflet /ˈli:flət/ *n* folleto

■ **leaflet** *vt, vi* repartir folletos (en)

league[1] /li:g/ *n* **1** (*alianza*) sociedad, liga: *the League of Nations* la Sociedad de Naciones **2** (*Dep*) liga *Ver tb* MAJOR-LEAGUE **3** (*coloq*) (*categoría*) clase: *They're not in the same league.* No hay comparación. ◊ *I'm not in her league.* No estoy a su altura.

LOC **in league (with sb)** conchabado/confabulado (con algn)

■ **league** *v*

PHR V **to league together** unirse, aliarse

league[2] /li:g/ *n* (*antic*) legua

leak /li:k/ *n* **1(a)** (*en una tubería*) agujero **(b)** (*en el techo*) gotera **(c)** (*Náut*) vía de agua **2** fuga, escape **3** (*fig*) filtración **4** (*coloq*): *to have/take/go for a leak* ir a mear LOC *Ver* SPRING

■ **leak 1** *Ver tb* DRIP (*recipiente*) **(a)** *vi* estar agujereado **(b)** *vt* gotear, dejar escapar **2** (*tubería*) **(a)** *vi* tener fuga(s) **(b)** *vt* dejar escapar/que se escape **(c)** *vi* (*tienda, zapatos*) dejar pasar el agua **(d)** *vi* (*techo*): *The roof is leaking.* Hay una gotera en el techo. **3** *vi* (*barca*) hacer agua **4** *vi* (*gas o líquido*) salirse, escaparse **5** *vt, vi* (*fig*) filtrar(se): *to leak sth to sb* filtrar algo a algn

PHR V **to leak in** entrarse

to leak out filtrarse, divulgarse

▶ **leakage** *n* **1** fuga, escape **2** (*fig*) filtración

leaky *adj* **1** (*recipiente*) agujereado **2** (*techo*) que gotea **3** (*bote*) que hace agua

lean[1] /li:n/ *adj* **(-er, -est) 1** delgado, flaco **2** (*carne*) magro **3** (*exiguo*) pobre, escaso **4** (*período*) difícil, improductivo: *the lean years* los años de las vacas flacas

lean[2] /li:n/ (*pret, pp* **leant** /lent/ o **leaned** /li:nd/) **1** *vi* inclinar(se), ladear(se): *to lean back in a chair* reclinarse en una silla ◊ *to lean out of the window/over the balcony* asomarse a la ventana/al balcón ◊ *to lean back/forward* inclinarse hacia atrás/adelante ◊ *to lean over/across (sth)* inclinarse (sobre/por encima de algo) **2** *vt, vi* **~ (sth) against/on sth** apoyar algo/apoyarse contra/en algo LOC *Ver* BACKWARD(S)

PHR V **to lean on sb** (*coloq*) presionar a algn

to lean towards sth inclinarse hacia/por algo, tender a algo

to lean (up)on sth/sb (for sth) apoyarse en algo/algn (para algo)

▶ **leaning** *n* inclinación, tendencia

lean-to /ˈli:n tu:/ *n* (*pl* **-tos**) anexo

leap /li:p/ (*pret, pp* **leapt** /lept/ o **leaped** /li:pt/) **1** *vi* **(a)** saltar, brincar **(b)** (*corazón*) dar un salto **2** *vi* (*precipitarse*) saltar, correr: *to leap to your feet* ponerse de pie de un salto ◊ *to leap out/up at sb* saltar/lanzarse sobre algn **3** *vt* (*obstáculo*) saltar (por encima de) *Ver tb* QUANTUM LEAP

LOC **look before you leap** (*refrán*) piénsalo dos veces (antes de hacer algo)

PHR V **to leap at sth** agarrar algo con ambas manos, apresurarse a aceptar algo

■ **leap** *n* (*lit* y *fig*) salto

LOC **by/in leaps and bounds** a pasos agigantados *Ver tb* DARK

leapfrog /ˈli:pfrɒg/ *n* pídola

leapfrog

■ **leapfrog** *vt, vi* **1** (*lit*) jugar a la pídola, saltar a pídola **2** (*fig*) saltar (por encima de)

leap year *n* año bisiesto

learn /lɜ:n/ *vt, vi* (*pret, pp* **learnt** /lɜ:nt/ o **learned** /lɜ:nd/) ☛ *Ver nota en* DREAM **1** aprender: *to learn (how) to swim* aprender a nadar **2 ~ (of/about) sth** enterarse de algo; saber algo

LOC **to learn your lesson** escarmentar *Ver tb* LIVE[2], ROPE

▶ **learned** /ˈlɜ:nɪd/ *adj* **1** (*persona*) sabio **2** (*documento, etc*) erudito **3** (*profesión*) liberal

learner *n* principiante: *learner driver* aprendiz(a) de conductor(a) ◊ *She's a fast learner.* Aprende con rapidez. ◊ *language learners* estudiantes de idiomas
learning *n* **1** (*acción*) aprendizaje: *a steep learning curve* una curva de aprendizaje pronunciada **2** (*conocimientos*) erudición: *a man of learning* un erudito

lease /liːs/ *n* contrato de arrendamiento: *to take out a lease on sth* arrendar algo LOC Ver NEW
■ **lease** *vt* ~ **sth (to/from sb)** arrendar algo (a algn) (*propietario o inquilino*) *Ver tb* SUB-LEASE

leasehold /ˈliːshəʊld/ *n* contrato de arrendamiento con el cual se compra un inmueble durante un determinado número de años ☛ *Comparar con* FREEHOLD
■ **leasehold** *adj*: *a leasehold property* una propiedad con contrato de arrendamiento
▶ **leaseholder** *n* arrendatario, -a

leash /liːʃ/ *n Ver* LEAD[2] sentido 7 LOC *Ver* STRAIN[1]

least /liːst/ (*superl de* **little**) *adj* menor: *I haven't the least idea.* No tengo la menor idea. ◊ *She didn't take the least bit of notice.* No hizo el menor caso. ◊ *the least little thing* la más mínima cosa *Ver tb* MUCH
LOC **at least** al menos, por lo menos: *You should at least write to her.* Deberías escribirle al menos. **least of all**: *you least of all/least of all you* tú menos que nadie ◊ *Least of all would I lie to you.* Tú eres la última persona a la que yo mentiría. **not in the least** de ninguna manera, en absoluto **not least** especialmente, sobre todo
■ **least** *pron* menos: *It's the least I can do.* Es lo menos que puedo hacer. ◊ *That's the least of my worries.* Eso es lo que menos me preocupa.
■ **least** *adv* menos: *when I least expected it* cuando menos lo esperaba ◊ *That's the one I like (the) least.* Ese es el que me gusta menos. ◊ *his least known work* su obra menos conocida

leather /ˈleðə(r)/ *n* cuero, piel *Ver tb* CHAMOIS-LEATHER LOC *Ver* HELL
▶ **leathery** *adj* **1** (*carne*) correoso **2** (*piel*) curtido

leave[1] /liːv/ (*pret, pp* **left** /left/) **1** *vt* dejar: *Leave it to me.* Yo me encargo. ◊ *Leave the door open.* Deja la puerta abierta. ◊ *Don't leave everything till the last minute.* No dejes todo para el último momento. **2** *vt* (*por descuido*) dejar, olvidar: *I left my umbrella at home.* Se me olvidó el paraguas en casa. **3** (*alejarse*) **(a)** *vt, vi* irse (de), marcharse (de), salir (de): *It's time for us to leave/time we left.* Es hora de que nos vayamos. ◊ *The bus leaves at six.* El autobús sale a las seis. ◊ *They left without saying goodbye.* Se marcharon sin despedirse. ◊ *She left home five minutes ago.* Salió de casa hace cinco minutos. **(b)** *vt* (*persona*) abandonar, dejar: *His wife has left him.* Su mujer lo ha abandonado. **4** *vt* (*de forma definitiva*) **(a)** (*empleo, colegio*) dejar: *She left school and started work immediately.* Dejo el colegio y se puso a trabajar acto seguido. **(b)** (*casa*) marcharse de **5** *vt, vi* (*herencia*) dejar, legar: *How much did he leave?* ¿Cuánto dinero ha dejado (en su herencia)? **6** *vt* (*tener disponible*) **(a)** quedar: *You've only got two days left.* Ya solo te quedan dos días. ◊ *to be left over* sobrar **(b)** (*Mat*): *7 from 10/10 minus 7 leaves 3.* 10 menos 7 son 3.
LOC **to be left over** quedar: *We've got some left over.* Nos queda algo. **to leave a bad/nasty taste in the mouth** dejar un mal sabor de boca **to leave a lot, much, something, etc to be desired** dejar mucho, algo, etc que desear **to leave sb cold** dejar frío a algn: *He leaves me cold.* Me deja frío. **to leave sb holding the baby** (*coloq*) dejar que algn cargue con el muerto: *I was left holding the baby.* Yo tuve que cargar con el muerto. **to leave sb in the lurch** (*coloq*) dejar a algn en la estacada/colgado **to leave it at that** (*coloq*) dejar las cosas así **to leave/let sth/sb alone/be** dejar algo/a algn en paz: *Leave me be!* ¡Déjame en paz! ◊ *Leave that alone.* Déjalo quieto. **to leave/let go (of sth)**; **to leave hold (of sth)** soltar algo **to leave no stone unturned (to do/in doing sth)** revolver Roma con Santiago (para hacer algo) **to leave the door open (for sth)** dejar la puerta abierta (a algo) (*ideas nuevas, cambios, etc*) **to leave sth to soak** dejar algo en/a remojo **to leave sb to their own devices/to themselves** dejar a algn a su libre albedrío **to leave sth/sb to the tender mercy/mercies of sth/sb** (*irón*) dejar algo/a algn a merced de algo/algn **to leave under a cloud** marcharse no muy honrosamente **to leave word (with sb)** dejar un mensaje (a/con algn) *Ver tb* DARK, MARK[1], OPTION, SHELF, WELL[4]
PHR V **to leave sth aside** dejar algo de lado
to leave sth/sb behind 1 dejar algo/a algn (atrás), olvidar algo/a algn: *to get left behind* quedar rezagado **2** (*huella*): *leaving behind a legacy of corruption* dejando tras sí un legado de corrupción
to leave off (sth/doing sth) (*coloq*) dejar (algo/de hacer algo): *Leave off, will you!* ¡No molestes! ◊ *Carry on from where you left off.* Continúa desde donde lo dejaste.
to leave sth off 1 (*ropa*) dejar de llevar algo, no ponerse algo **2** (*tapa*) no poner algo
to leave sth on 1 dejar algo puesto **2** (*luz*) dejar algo encendido
to leave sth/sb out (of sth) dejar fuera, excluir algo/a algn (de algo), omitir algo (de algo): *I felt a bit left out.* Me sentía un poco ignorado.
to leave sth over posponer algo, dejar algo

leave[2] /liːv/ *n* **1** (*en el trabajo*) **(a)** permiso, baja: *maternity leave* baja por maternidad *Ver tb* COMPASSIONATE LEAVE, SICK LEAVE **(b)** (*prolongado*) excedencia **2** ~ **to do sth** (*formal*) (*autorización*) permiso para hacer algo
LOC **by/with your leave** (*formal*) con su permiso **leave of absence** permiso (para ausentarse) **on leave** de permiso, de vacaciones **to take leave of your senses** volverse loco **to take (your) leave (of sb)** (*formal*) despedirse (de algn) **without as/so much as a by your leave** sin pedir permiso siquiera *Ver tb* BEG

leaver /ˈliːvə(r)/ (*tb* **school leaver**) *n* chico, -a que acaba de terminar en la escuela

leaves *plural de* LEAF

leave-taking /ˈliːv teɪkɪŋ/ *n* (*formal*) despedida

leavings /ˈliːvɪŋz/ *n* [*pl*] sobras, restos

(the) Lebanon /ˌðəˈlebənən/ *n* (el) Líbano
▶ **Lebanese** /ˌlebəˈniːz/ *adj, n* libanés, -esa

lecher /ˈletʃə(r)/ *n* (*pey*) lujurioso, -a
▶ **lecherous** *adj* lujurioso, lascivo
lechery *n* lujuria, lascivia

lectern /ˈlektən/ *n* **1** atril **2** (*de iglesia*) facistol ☛ *Ver ilustración en* IGLESIA

lecture /ˈlektʃə(r)/ *n* **1** conferencia: *to give a lecture* dar una conferencia ◊ *a lecture hall/theatre* una sala de conferencia **2** (*en universidades*) clase **3** (*reprimenda*) sermón
■ **lecture 1** *vi* ~ **(on sth) (a)** dar una conferencia (sobre algo) **(b)** (*en universidades*) dar clases (de algo) **2** *vt* ~ **sb (for/about sth)** sermonear a algn (por/sobre algo)
▶ **lecturer** *n* **1** ~ **(in sth)** (*de universidad*) profesor, -ora (de algo) **2** conferenciante
lectureship *n* puesto/plaza de profesor universitario

led *pret, pp de* LEAD[3]

ledge /ledʒ/ *n* **1(a)** cornisa **(b)** repisa: *a window-ledge* un alféizar **(c)** anaquel **(d)** moldura **2** plataforma **3(a)** saliente **(b)** arrecife

ledger /ˈledʒə(r)/ *n* libro mayor

lee /liː/ *n* [*sing*] **1** socaire: *in the lee of sth* al socaire de algo **2** (*Náut*) sotavento

leech /liːtʃ/ *n* **1** sanguijuela **2** (*pey*) (*persona*) chupón, -ona
LOC **to cling/stick to sb like a leech** pegarse a algn como una lapa

leek /liːk/ *n* puerro

leer /lɪə(r)/ *n* mirada maliciosa, mirada impúdica
■ **leer** *vi* **1 ~ (at sb)** mirar con lascivia (a algn) **2** sonreír malicioso

leeward /ˈliːwəd, ˈluːəd/ *adj, n* (de) sotavento
■ **leeward** *adv* a sotavento

leeway /ˈliːweɪ/ *n* **1** margen: *It leaves us plenty of leeway.* Nos permite gran flexibilidad. **2** deriva
LOC to make up leeway recuperar el tiempo perdido

left[1] *pret, pp de* LEAVE[1]

left[2] /left/ *n* **1** (*abrev* **l**) izquierda: *Take the second left.* Tome la segunda (calle) a la izquierda. ◊ *on the left* por/a la izquierda ☛ *Ver ilustración en* FOREGROUND **2** izquierdazo **3 the Left** (*Pol*) la izquierda
LOC left, right and centre (*coloq*) a diestro y siniestro *Ver tb* EYE[1], HAND[1], RIGHT[2], TWO
■ **left** *adj* izquierdo
■ **left** *adv* a la izquierda: *Turn/go left here.* Aquí gira a la izquierda.

left-back /ˈleft bæk/ *n* defensa izquierdo, -a

left-hand /ˈleft hænd/ *adj* a/de (la) izquierda: *on the left-hand side* a mano izquierda ◊ *My car is left-hand drive.* Mi coche tiene el volante a la izquierda. ☛ *Ver ilustración en* FOREGROUND
▶ **left-handed 1** *adv*: *to write left-handed* escribir con la izquierda **2** *adj* **(a)** zurdo: *to be left-handed* ser zurdo ◊ *left-handed scissors* tijeras para zurdos ◊ *a left-handed screw* un tornillo a izquierdas **(b)**: *a left-handed blow* un izquierdazo
left-handedness *n*: *Left-handedness can cause problems at school.* El ser zurdo puede ocasionar problemas en el colegio.
left-hander *n* **1** (*persona*) zurdo, -a **2** izquierdazo

leftist /ˈleftɪst/ *adj, n* izquierdista

left luggage office (*USA* **baggage room**) *n* consigna: *left luggage locker* consigna automática

leftover /ˈleftəʊvə(r)/ *adj* sobrante
▶ **leftovers** *n* [*pl*] sobras

leftward /ˈleftwəd/ (*tb* **leftwards**) *adj, adv* a/hacia la izquierda

left wing *n* izquierda: *on the left wing of the party* a la izquierda del partido
▶ **left-wing** *adj* izquierdista
left-winger *n* izquierdista

lefty (*tb* **leftie**) /ˈlefti/ *n* (*coloq, pey*) izquierdoso

leg[1] /leg/ *n* **1** pierna: *a wooden leg* una pata de palo *Ver tb* BANDY-LEGGED, BOW-LEGGED, CROSS-LEGGED, FOUR-LEGGED, LONG-LEGGED, THREE-LEGGED RACE **2** (*de animal/mueble*) pata *Ver tb* DADDY-LONG-LEGS, **3** (*carne*) **(a)** (*cordero*) pierna **(b)** (*cerdo*) pernil **(c)** (*pollo*) muslo **4** (*pantalón*) pernera **5(a)** (*viaje*) etapa **(b)** (*Dep*) fase
LOC not to have a leg to stand on (*coloq*) no tener uno nada que lo respalde **to be on your legs** (*coloq*) **1** estar de pie **2** (*coloq*): *He'll soon be (back) on his legs.* En seguida se repondrá. **to give sb a leg up** (*coloq*) **1** ayudar a algn a subirse a algo **2** (*fig*) ayudar a algn (*con dinero o influencia*) *Ver tb* ARM, FAST[1], FROG, HOLLOW, LAST[1], PULL[2], SHAKE[1], STRETCH, TAIL[1], TALK[2], WALK[1]

leg[2] /leg/ *vi*
LOC to leg it (*coloq*) **1** echar a correr **2** ir a pata

legacy /ˈlegəsi/ *n* (*pl* **-ies**) **1** legado **2** (*fig*) patrimonio

legal /ˈliːgl/ *adj* **1** legal, lícito: *to make sth legal* legalizar algo *Ver tb* LEGAL TENDER *en* TENDER[3] **2** jurídico, legal: *a legal matter* un asunto jurídico ◊ *a legal battle* una batalla legal ◊ *the legal system* el sistema judicial ◊ *to take legal advice* consultar a un abogado ◊ *to take legal action* entablar un proceso ◊ *the legal profession* la abogacía
▶ **legalism** *n* (*gen pey*) legalismo
legalistic *adj* (*gen pey*) legalista

legal aid *n* asistencia legal gratuita

legality /liːˈgæləti/ *n* (*pl* **-ies**) legalidad

legalize, -ise /ˈliːgəlaɪz/ *vt* **1** legalizar **2** (*droga*) despenalizar
▶ **legalization, -isation** *n* **1** legalización **2** (*droga*) despenalización

legally /ˈliːgəli/ *adv* **1** jurídicamente: *to be legally valid* tener validez jurídica **2** legalmente: *to be legally bound* estar obligado por ley **3** según estipula la ley

legal proceedings *n* [*pl*] pleito: *to take legal proceedings against sth/sb* poner un pleito a algo/algn

legal tender *n* moneda de curso legal

legate /ˈlegət/ *n* legado (*esp papal*)

legatee /ˌlegəˈtiː/ *n* legatario, -a

legation /lɪˈgeɪʃn/ *n* legación

legato /lɪˈgɑːtəʊ/ *adj, adv* (*Mús*) ligado

leg-before wicket *n* (*abrev* **lbw**) (*críquet*) modo de descalificar a un bateador por parar la pelota con el cuerpo

legend /ˈledʒənd/ *n* leyenda: *a legend in your (own) lifetime* una leyenda en vida **LOC** *Ver* LIVING[1]
▶ **legendary** *adj* legendario

legerdemain /ˌledʒədəˈmeɪn/ *n* (*formal*) juego de manos

leger line /ˈledʒə laɪn/ *n* (*Mús*) línea adicional ☛ *Ver ilustración en* NOTACIÓN

leggings /ˈlegɪŋz/ *n* [*pl*] leggings, mallas (*pantalón*)

leggy /ˈlegi/ *adj* (**-ier, -iest**) **1** (*persona*) patilargo **2** (*potro*) zanquilargo **3** (*planta*) larguirucho

legible /ˈledʒəbl/ *adj* legible
▶ **legibility** *n* legibilidad

legion /ˈliːdʒən/ *n* (*Mil, fig*) legión: *a legion of fans* una legión de fans
■ **legion** *adj* (*ret*) innumerables: *Their crimes are legion.* Sus delitos son innumerables.
▶ **legionary** *adj, n* legionario

legionnaire /ˌliːdʒəˈneə(r)/ *n* legionario (*de la Legión Extranjera*)

legionnaires' (disease) *n* legionella

legislate /ˈledʒɪsleɪt/ *vi* **1 ~ (on/against/for sth)** legislar (sobre/contra/en favor de algo) **2 ~ for sth** regular algo
▶ **legislation** *n* legislación
legislative *adj* legislativo: *a legislative assembly* una asamblea legislativa
legislator *n* (*formal*) legislador, -ora
legislature *n* (*formal*) asamblea legislativa

legitimacy /lɪˈdʒɪtɪməsi/ *n* (*formal*) legitimidad

legitimate /lɪˈdʒɪtɪmət/ *adj* **1(a)** (*hijo*) legítimo **(b)** (*negocio*) lícito **2(a)** (*queja*) justo **(b)** (*razón*) válido **3** auténtico
▶ **legitimately** *adv* legítimamente: *You might legitimately wonder…* Podrías dudar, y con toda la razón…
legitimation *n* legitimación
legitimize, -ise *vt* (*formal*) legitimar

legless /ˈlegləs/ *adj* **1** (*argot*) borracho, trompa **2** sin piernas

legroom /ˈlegruːm/ *n* espacio para las piernas

legume /ˈlegjuːm, lɪˈgjuːm/ (*Bot*) *n* **1** leguminosa **2** legumbre
▶ **leguminous** *adj* leguminoso

leg warmers *n* [*pl*] calientapiernas

leisure /ˈleʒə(r); *USA* ˈliːʒər/ *n* ocio: *leisure time* tiempo libre ◊ *leisure wear* ropa de sport ◊ *to lead a life of leisure* llevar una vida de ocio ◊ *to have the leisure to do sth* disponer de tiempo para algo ◊ *leisure activities* actividades de ocio
LOC at leisure 1 (*formal*) desocupado **2** sin prisas **at your leisure** cuando uno tenga tiempo libre
▶ **leisured** *adj* acomodado: *the leisured classes* las clases acomodadas
leisurely *adv* **1** *adj* pausado: *at a leisurely pace* a paso tranquilo **2** *adv* pausadamente

leisure centre *n* centro recreativo, polideportivo

leitmotiv (*tb* **leitmotif**) /ˈlaɪtməʊtiːf/ *n* leitmotiv (*Mús, fig*)

lemming /ˈlemɪŋ/ *n* (*Zool*) lemming

lemming-like /ˈlemɪŋ laɪk/ *adj* como borregos: *lemming-like readiness to follow their leaders* tendencia borreguil a seguir a los líderes

lemon /ˈlemən/ *n* **1** limón ☛ *Ver ilustración en* FRUTA **2** (*tb* **lemon tree**) limonero **3** (*tb* **lemon yellow**) (*color*) amarillo limón **4** (*argot*) bobalicón, -ona

lemonade /ˌleməˈneɪd/ *n* limonada

lemur /ˈliːmə(r)/ *n* lémur

lend /lend/ (*pret, pp* **lent** /lent/) **1** *vt* **~ sth to sb**; **~ sb sth** prestar algo a algn: *to lend your support to sth* prestar su apoyo a algo ☛ *Ver ilustración en* PRESTAR **2** *vt* dar: *to lend interest to sth* dar interés a algo

LOC to lend a (helping) hand echar una mano **to lend an ear (to sth/sb)** escuchar (con detenimiento) algo/a algn **to lend credence to sth** dar credibilidad a algo **to lend yourself/your name to sth** (*formal*) prestarse a/dar su nombre a algo *Ver tb* COLOUR[1], COUNTENANCE

PHR V to lend itself to sth prestarse a algo

lender /ˈlendə(r)/ *n* **1** prestador, -ora **2** prestamista *Ver tb* MONEYLENDER

lending /ˈlendɪŋ/ *n* [*incontable*] préstamos: *Mortgage lending is down due to the recession.* Los préstamos de hipotecas han bajado debido a la recesión económica.

length /leŋθ/ *n* **1** (*medida*) largo, longitud: *It's 20 metres in length.* Tiene 20 metros de largo. ◊ (*along*) *the length of the street* a lo largo de la calle ◊ *metre lengths* largos de un metro ☛ *Ver ilustración en* DIMENSIÓN **2** extensión **3** duración: *for some length of time* durante un buen rato/una temporada **4(a)** (*de madera*) trozo **(b)** (*de carretera*) tramo *Ver tb* FULL-LENGTH, HALF-LENGTH, SHOULDER-LENGTH, WAVELENGTH

LOC at length 1 (*formal*) por fin **2** detenidamente **the length and breadth of sth** lo ancho y largo de algo **to go to any, some, great, etc lengths (to do sth)**: *I went to great lengths to finish it.* Hice todo lo que pude para terminarlo. *Ver tb* ARM

lengthen /ˈleŋθən/ *vt, vi* **1** alargar(se) **2** prolongar(se) ☛ *Comparar con* SHORTEN

lengthways /ˈleŋθweɪz/ (*tb* **lengthwise, longways, longwise**) *adv, adj* a lo largo

lengthy /ˈleŋθi/ *adj* (**-ier, -iest**) **1** largo **2** (*pey*) prolongado

lenient /ˈliːniənt/ *adj* **1** indulgente: *to be lenient with sb* ser benévolo con algn **2** (*tratamiento*) clemente

▶ **lenience** (*tb* **leniency**) *n* **1** indulgencia **2** clemencia **leniently** *adv* **1** con indulgencia **2** con clemencia

lens /lenz/ *n* (*pl* **lenses**) **1(a)** lente *Ver tb* CONTACT LENS **(b)** lupa **(c)** (*gafas*) cristal **2** (*cámara*) objetivo *Ver tb* WIDE-ANGLE LENS, TELEPHOTO LENS, ZOOM LENS **3** (*Anat*) cristalino ☛ *Ver ilustración en* OJO

Lent /lent/ *n* Cuaresma

▶ **Lenten** *adj* de Cuaresma

lent *pret, pp de* LEND

lentil /ˈlentl/ *n* lenteja

Leo /ˈliːəʊ/ **1** *n* (*pl* **~s**) leo **2** *adj* leo ☛ *Ver ejemplos en* AQUARIUS ☛ *Ver ilustración en* ZODIACO

leonine /ˈliːənaɪn/ *adj* (*formal*) leonino

leopard /ˈlepəd/ *n* leopardo

LOC a leopard cannot change its spots genio y figura, hasta la sepultura

▶ **leopardess** *n* leopardo hembra

leotard /ˈliːətɑːd/ *n* leotardo, malla (*para gimnasia*)

leper /ˈlepə(r)/ *n* **1** leproso, -a **2** (*fig*) proscrito

leprechaun /ˈleprəkɔːn/ *n* duende (del folclore irlandés, con forma de viejecillo)

leprosy /ˈleprəsi/ *n* lepra

lesbian /ˈlezbiən/ *n* lesbiana

■ **lesbian** *adj* lesbiano

▶ **lesbianism** *n* lesbianismo

lesion /ˈliːʒn/ *n* lesión

less /les/ *pron, adj* (*comp de* **little**) **~ (than...)** menos (que/de...): *less than half* menos de la mitad ◊ *It's nothing less than scandalous.* No es sino escandaloso. ◊ *of less importance* de menor importancia

Less se usa como comparativo de **little** y normalmente va con sustantivos incontables: *'I've got very little money' 'I have even less money (than you).'* —Tengo poco dinero. —Yo tengo aún menos (que tú).
Fewer es el comparativo de **few** y normalmente va con sustantivos en plural: *fewer accidents, people, students, etc* menos accidentes, gente, estudiantes, etc. Sin embargo, en inglés hablado se utiliza más **less** que **fewer** aunque sea con sustantivos en plural.
Nótese que utilizamos **less of** y **fewer of** delante de pronombres o si el sustantivo al que preceden lleva un artículo o un adjetivo posesivo o demostrativo

■ **less** *adv* (*comp de* **little**) **~ (than...)** menos (que/de...): *less often* con menos frecuencia ◊ *I was less angry than hurt.* Me enojó más que herirme.

LOC even/much/still less mucho menos **less and less** cada vez menos **no less (than...)** nada menos (que ...): *with no less skill than enthusiasm* con tanta habilidad como entusiasmo

■ **less** *prep*: *his salary less tax* su salario menos impuestos

lessee /leˈsiː/ *n* arrendatario, -a

lessen /ˈlesn/ **1** *vi* disminuir(se) **2** *vt* reducir

lesser /ˈlesə(r)/ *adj* menor: *to a lesser extent* en menor grado

LOC the lesser of two evils el menor de dos males *Ver tb* MORTAL

lesson /ˈlesn/ *n* **1** clase: *to take/have/give lessons in sth* tener/ir a/dar clases de algo **2** lección: *Let this be a lesson to you.* Que te sirva de lección. *Ver tb* OBJECT LESSON **3** (*Relig*) lectura **LOC** *Ver* LEARN, TEACH

lessor /leˈsɔː(r)/ *n* arrendador, -ora

lest /lest/ *conj* (*formal*) **1** para que no, por miedo a que, en caso de que **2** ☛ A veces se usa **lest** detrás de los verbos **fear**, **be afraid of**, etc en lugar de **that**: *She was afraid lest he might drown.* Tenía miedo de que él se pudiera ahogar.

let[1] /let/ *vt* (**-tt-**) (*pret, pp* **let**) **1** dejar, permitir: *Let me think/see.* Déjame pensar/ver. ◊ *I wouldn't let her.* No se lo permití. ◊ *Let the baby have the toy.* Déjale el juguete al niño. ◊ *Let there be no mistake.* Que quede bien claro. ◊ *My dad won't let me smoke in my bedroom.* Mi padre no me deja fumar en mi habitación. ☛ *Ver nota en* PERMITIR **2** suponer: *Let Y equal 5...* Si Y equivale a 5... **3 to let sth (out/off) (to sb)** alquilar algo (a algn) ☛ *Ver nota en* ALQUILAR *Ver tb* BLOODLETTING, SUB-LET

Let us + infinitivo sin *to* se utiliza para hacer sugerencias. Excepto en el habla formal, normalmente se usa la contracción **let's**: *Let's go!* ¡Vamos! ◊ *Let's say...* Pongamos por caso... En negativa se usa **let's not** o (solo en GB) **don't let's**: *Let's not argue.* No discutamos. ◊ *Don't let's go there again!* ¡No vayamos allí otra vez!

LOC to let se alquila ☛ *Ver nota en* ALQUILAR **to let sth/sb go**; **to let go of sth/sb** soltar algo/a algn: *Let go of my arm!* ¡Suéltame el brazo! **to let sb have it** (*coloq*) **1** pegar a algn, dar a algn su merecido: *Let him have it!* ¡Dale! **2** decirle a algn cuatro verdades **to let it go (at that)** dejar las cosas como están **to let yourself go 1** dejarse llevar **2** volverse un dejado

☛ Para otras expresiones con **let**, véanse las entradas del sustantivo, adjetivo, etc, p. ej. **let's face it** en FACE[2]

PHR V to let sb down 1 decepcionar a algn **2** fallar a algn

to let sth down 1 (hacer) bajar algo **2** (*pelo*) soltar algo **3** (*rueda, etc*) deshinchar algo

to let sth in 1 (*agua*) calar algo **2** *to let the clutch in/out* apretar/soltar el embrague **3** (*luz*) permitir que entre algo

to let yourself in: *I'll give you a key so you can let yourself in.* Te daré la llave para que puedas entrar.
to let sb in for sth (*coloq*) depararle algo (negativo) a algn
to let yourself in for sth meterse en algo: *He doesn't know what he's letting himself in for.* No sabe en lo que se mete.
to let sb in/out dejar entrar/salir a algn: *She let me in.* Me abrió la puerta.
to let sb in on/into sth (*coloq*) dejar que algn sepa algo: *They let me into/in on the secret.* Me hicieron partícipe del secreto.
to let sth into sth empotrar algo en algo
to let sb off (sth) perdonar (algo) a algn
to let sth off 1 (*arma*) disparar algo **2** (*fuegos artificiales*) hacer estallar algo
to let sb off (with sth): *They let you off lightly.* Saliste bien del asunto. ◊ *I was let off with a warning.* Solo me amonestaron.
to let on (about sth/that...) (to sb) (*coloq*) revelar (algo/que...) (a algn): *Please don't let on to anyone about it.* Te ruego que no se lo digas a nadie. ◊ *They didn't let on.* No se lo dijeron a nadie.
to let sb out 1 acompañar a algn a la puerta **2** *He was let out (on bail).* Fue puesto en libertad (bajo fianza).
to let sth out 1 (*costura*) sacar algo **2** (*grito, etc*) soltar algo **3** (*secreto*) revelar algo
to let sth/sb past/through permitir que algo/algn pase
to let sb through aprobar a algn (*en un examen*)
to let up cesar: *Will the rain ever let up?* ¿Cuándo dejará de llover?

let[2] /let/ *n* (*GB*) arrendamiento: *I can't get a let for my house.* No consigo un arrendamiento para mi casa. ◊ *holiday lets* alquiler de residencias de vacaciones

let[3] /let/ *n* (*Dep*) red: *to play/serve a let* jugar/sacar red
LOC without let or hindrance (*formal*) sin obstáculos ni impedimentos

let-down /ˈlet daʊn/ *n* decepción

lethal /ˈliːθl/ *adj* **1** letal **2** (*arma*) mortífero

lethargic /ləˈθɑːdʒɪk/ *adj* aletargado

lethargy /ˈleθədʒi/ *n* aletargamiento

let-out /ˈlet aʊt/ *n* escapatoria

let's = LET US ☛ *Ver nota en* LET[1]

letter /ˈletə(r)/ *n* **1** carta: *to post a letter* echar una carta al correo *Ver tb* COVERING LETTER, NEWSLETTER **2** letra *Ver tb* FOUR-LETTER WORD **3 letters** [*pl*] (*formal*) letras: *a man/woman of letters* un hombre/una mujer de letras ◊ *to have letters after your name* tener título académico/honorífico
LOC the letter of the law la letra de la ley **to the letter** al pie de la letra *Ver tb* DEAD

letter bomb *n* carta-bomba

letter box (*USA* **mailbox**) *n* **1** (*tb* **postbox**) buzón (*en la calle*) **2** ranura en la puerta de una casa por la que se echan las cartas ☛ *Ver ilustración en* HOUSE

letterhead /ˈletəhed/ *n* **1** membrete **2** papel con membrete

lettering /ˈletərɪŋ/ *n* [*incontable*] **1** rotulación **2** caracteres

letting /ˈletɪŋ/ *n*: *a letting agency* agencia inmobiliaria (que arrienda propiedades)

lettuce /ˈletɪs/ *n* lechuga

let-up /ˈlet ʌp/ *n* **~ (in sth) 1** reducción (de fuerza/intensidad) en algo **2** tregua en algo

leukaemia (*USA* **leukemia**) /luːˈkiːmiə/ *n* leucemia

levee /ˈlevi/ *n* (*esp USA*) dique

level /ˈlevl/ *adj* **1(a)** (*suelo*) plano, llano **(b)** raso: *a level spoonful of sugar* una cucharada rasa de azúcar **2 ~ (with sth/sb)** al nivel (de algo/algn): *to draw level with sb* alcanzar a algn ◊ *The teams are level for the moment.* Los equipos van empatados por ahora. **3** nivelado **4** ecuánime
LOC level pegging totalmente igualados **to do/try your level best** hacer todo lo posible **to have/keep a level head** mantener la calma
■ **level** *n* **1** nivel: *1000 metres above sea level* a 1.000 metros sobre el nivel del mar ◊ *a multi-level car park* un aparcamiento de varios pisos ◊ *the level of alcohol in the blood* el nivel de alcohol en la sangre ◊ *Levels of unemployment vary from region to region.* Los niveles de paro varían de una región a otra. ◊ *I refuse to sink to your level.* Me niego a rebajarme a tu nivel. ◊ *discussions at Cabinet level* discusiones en el ámbito del Consejo de Ministros ◊ *high-/low-level negotiations* negociaciones de alto/bajo nivel ◊ *She was involved in politics at a local level.* Estaba metida en política a nivel local. ◊ *The archaeologists found gold coins in the lowest level of the site.* Los arqueólogos encontraron monedas de oro en el nivel inferior de la excavación. *Ver tb* EYE LEVEL, HIGH-LEVEL, LOW-LEVEL, SPLIT-LEVEL, TOP-LEVEL **2** *Ver* SPIRIT LEVEL **3 levels** [*pl*] (*GB*) llano
LOC on a level (with sth/sb) al mismo nivel (de algo/algn): *Technically, both players are on a level.* Técnicamente ambos jugadores están al mismo nivel. **on the level** (*coloq*) **1** de fiar: *Are you sure this deal is on the level?* ¿Seguro que esta transacción es de fiar? **2** con toda franqueza: *I'll tell you, on the level that he isn't going to last long in the company.* Te diré con toda franqueza que él no durará mucho en la compañía.
■ **level** *vt* (**-ll-**, *USA* **-l-**) **1** nivelar: *The ground should be levelled before you plant a lawn.* Hay que nivelar el suelo antes de plantar el césped. ◊ *She needs to win this point to level the score.* Necesita ganar este punto para nivelar el tanteo. ◊ *to level social differences* nivelar las diferencias sociales **2** arrasar: *a town levelled by an earthquake* un pueblo arrasado por un terremoto **3 ~ sth (at sb) (a)** apuntar algo (a algn): *The hostage had a rifle levelled at his head.* Al rehén le apuntaban la cabeza con un rifle. **(b)** dirigir algo (a algn)
PHR V to level sth at sb dirigir algo a algn: *to level criticism at the council* dirigir críticas al ayuntamiento ◊ *accusations levelled at the directors* acusaciones dirigidas a los directores
to level sth down/up redondear algo (*cifras, números*)
to level off/out 1 (*Aeronáut*) estabilizarse: *to level off at 20000 feet* estabilizarse a 20.000 pies **2** (*fig*) estabilizarse: *House prices show no sign of levelling off.* El precio de la vivienda no da señal de estabilizarse. ◊ *Share values have levelled off after yesterday's steep rise.* Tras la espectacular subida de ayer, el valor de las acciones se ha estabilizado. ◊ *Demand for electricity has levelled out.* La demanda de electricidad se ha estabilizado.
to level with sb (*coloq*) ser sincero con algn: *I've still got the feeling that he's not levelling with me.* Sigo teniendo la impresión de que no es sincero conmigo.

level crossing (*USA* **grade crossing**) *n* paso a nivel

level-headed /ˌlevl ˈhedɪd/ *adj* sensato

leveller (*USA* **leveler**) /ˈlevələ(r)/ *n* comunero: *death, the great leveller* la muerte, que todo lo iguala

lever /ˈliːvə(r); *USA* ˈlevər/ *n* palanca *Ver tb* GEAR LEVER
■ **lever** *vt* apalancar: *to lever a crate open* abrir un cajón con palanca
▶ **leverage** *n* **1** (*fig*) influencia **2** (*lit*) apalancamiento, fuerza de la palanca **3** (*USA*) (*GB* **gearing**) (*Fin*) apalancamiento

leveraged buyout *n* compra apalancada con financiación ajena

leviathan /ləˈvaɪəθn/ *n* **1** (*Relig*) leviatán **2** (*fig*) gigante, titán

levitate /ˈlevɪteɪt/ *vt, vi* elevar(se) por levitación
▶ **levitation** *n* levitación

levity /ˈlevəti/ *n* (*formal*) frivolidad

levy /ˈlevi/ *vt* (*pret, pp* **levied**) **1** (*impuesto, etc*) imponer **2** recaudar
■ **levy** *n* (*pl* **-ies**) **1** exacción **2** impuesto, gravamen

lewd /ljuːd; *USA* luːd/ *adj* (**-er, -est**) **1** lascivo **2** subido de tono

lexical /ˈleksɪkl/ *adj* léxico

lexicographer /ˌleksɪˈkɒɡrəfə(r)/ *n* lexicógrafo, -a
▶ **lexicography** *n* lexicografía

lexicon /ˈleksɪkən; *USA* -kɒn/ *n* léxico

lexis /ˈleksɪs/ *n* (*pl* **lexes**) léxico

ley[1] /leɪ/ *n* (*pl* **leys**) prado

ley[2] /leɪ/ (*tb* **ley line**) *n* (*pl* **leys**) camino prehistórico

liability /ˌlaɪəˈbɪləti/ *n* (*pl* **-ies**) **1** ~ (**for sth**) **(a)** responsabilidad (por algo): *tax liability* pasivo exigible en concepto de impuestos **(b)** obligación (de algo) **2** (*coloq*) lastre, problema **3 liabilities** [*pl*] (*Fin*) pasivo

liable /ˈlaɪəbl/ *adj* [*predicativo*] **1** ~ (**for sth**) responsable (de algo): *Am I liable for her debts?* ¿Soy responsable de sus deudas? **2** ~ **to sth** **(a)** sujeto a algo: *Offenders are liable to fines of up to £100.* Los trangresores están sujetos a multas de hasta 100 libras. ◊ *Alcohol and cigarettes are liable to duty.* El alcohol y los cigarrillos están sujetos a impuestos. **(b)** propenso a algo: *a road liable to flooding* una carretera propensa a las inundaciones **3** ~ **to do sth** tendente a hacer algo: *She's liable to shout.* Tiene tendencia a gritar.

liaise /liˈeɪz/ *vi* ~ (**with sb**) hacer de vínculo (con algn)

liaison /liˈeɪzn; *USA* ˈlɪəzɒn/ *n* **1** vinculación: *liaison officer* oficial de enlace **2** (*persona*) enlace **3** relación (sexual)

liar /ˈlaɪə(r)/ *n* mentiroso, -a

Lib /lɪb/ **1** (*GB, Pol*) *abrev de* **Liberal** (**Party**) **2** (*coloq*) *abrev de* **liberation**

libation /laɪˈbeɪʃn/ *n* libación

libel /ˈlaɪbl/ *n* **1** libelo **2** difamación: *libel damages* daños y perjuicios por difamación
■ **libel** *vt* (**-ll-**, *USA* **-l-**) difamar
▶ **libellous** *adj* difamatorio

liberal /ˈlɪbərəl/ *adj* **1** liberal: *liberal studies* humanidades **2** libre **3** generoso **4 Liberal** (*abrev* **Lib**) (*Pol*) liberal: *Liberal Party* partido liberal
■ **liberal** *n* **1** liberal **2 Liberal** (*abrev* **Lib**) (*Pol*) liberal

liberalism /ˈlɪbərəlɪzəm/ *n* liberalismo

liberalize, -ise /ˈlɪbrəlaɪz/ *vt* liberalizar
▶ **liberalization, -isation** *n* liberalización

liberally /ˈlɪbərəli/ *adv* **1** generosamente **2** libremente

liberate /ˈlɪbəreɪt/ *vt* ~ **sth/sb** (**from sth**) liberar algo/ a algn (de algo)
▶ **liberated** *adj* liberado
liberation *n* (*abrev* **Lib**) liberación: *the Animal Liberation Front* el Frente para la Liberación de los Animales *Ver tb* WOMEN'S LIBERATION
liberator *n* libertador, -ora

libertarian /lɪbəˈteəriən/ *adj, n* libertario, -a

libertine /ˈlɪbətiːn/ *n* libertino, -a

liberty /ˈlɪbəti/ *n* (*pl* **-ies**) libertad *Ver tb* CIVIL LIBERTIES
LOC **at liberty** (*formal*) **1** en libertad **2** sin ninguna restricción: *You are at liberty to leave.* Está libre de marcharse cuando lo desee. **to take liberties** (**with sth/sb**) tomarse libertades (con algo/algn): *What a liberty!* ¡Qué caradura! **to take the liberty of doing sth** tomarse la libertad de hacer algo

libido /lɪˈbiːdəʊ, ˈlɪbɪdəʊ/ *n* (*pl* **~s**) líbido

Libra /ˈliːbrə/ *n* libra
▶ **Libran** *n, adj* libra ☛ *Ver ejemplos en* AQUARIUS ☛ *Ver ilustración en* ZODIACO

librarian /laɪˈbreəriən/ *n* bibliotecario, -a

library /ˈlaɪbrəri, ˈlaɪbri; *USA* -breri/ *n* (*pl* **-ies**) biblioteca: *public library* biblioteca pública ◊ *a photo library* un archivo fotográfico

libretto /lɪˈbretəʊ/ *n* (*pl* **~s** o **libretti** /-tiː/) libreto

lice *plural de* LOUSE

licence (*USA* **license**) /ˈlaɪsns/ *n* **1** (*documento*) licencia, permiso *Ver tb* OFF-LICENCE, TV LICENCE

> **¿Licence o permit?**
> **Licence** es un documento oficial que te permite usar o poseer algo: *a gun licence* un permiso de armas ◊ *a driving licence* un carné de conducir.
> **Permit** es un documento que especifica que tienes permiso para hacer algo, normalmente durante un periodo de tiempo determinado: *a residence permit* un permiso de residencia ◊ *a work permit* un permiso de trabajo. *Ver tb nota en* PERMISSION

2 (*formal*) permiso (*concedido por una persona o una autoridad*): *to give sb licence to do sth* dar a algn permiso para hacer algo ☛ En este sentido la palabra más normal es **permission**. **3** libertinaje **4** licencia, libertad: *poetic licence* licencia poética

license /ˈlaɪsns/ *vt* autorizar, otorgarle un permiso/ una licencia a
■ **license** *n* (*USA*) *Ver* LICENCE
▶ **licensed** *adj* que tiene licencia/permiso: *licensed premises* establecimiento autorizado para vender bebidas alcohólicas
licensee /ˌlaɪsənˈsiː/ *n* **1** titular de un permiso o licencia **2** (*bar, etc*) persona al frente de un pub/bar

license plate (*USA*) (*GB* **number plate**) *n* placa de la matrícula

licensing hours *n* (*GB*) horario para la venta de alcohol

licensing laws *n* (*GB*) leyes reguladoras de la venta y consumo de alcohol

licentious /laɪˈsenʃəs/ *adj* (*formal*) licencioso

lichen /ˈlaɪkən/ *n* liquen

lick[1] /lɪk/ *vt* **1** lamer: *to lick sth clean* limpiar algo a lametones **2** (*argot*) dar una paliza a: *We licked them!* ¡Les hemos dado una paliza! ◊ *I've finally got it licked.* Al final lo he resuelto.
LOC **to lick sth/sb into shape** (*coloq*) poner algo/a algn en condiciones **to lick your wounds** recobrarse del golpe
PHR V **to lick sth from/off sth** quitar algo de algo de un lametón
to lick sth up beber algo a lametones

lick[2] /lɪk/ *n* **1** lametón **2** [*sing*] capa: *a lick of paint* una mano de pintura ◊ *a lick of polish* un poquito de cera **3** [*sing*] (*argot*) velocidad: *to go at a good lick* ir a una buena marcha LOC *Ver* FAIR[1]
▶ **licking** *n* (*argot*) paliza

licorice *n* (*USA*) *Ver* LIQUORICE

lid /lɪd/ *n* **1** tapa **2** *Ver* EYELID
LOC **to put the** (**tin**) **lid on sth/things** (*coloq*) ser la gota que colma el vaso **to take, lift, blow, etc the lid off sth** destapar el pastel de algo *Ver tb* BLOW, FLIP[1]

lie[1] /laɪ/ *vi* (*pret, pp* **lied** *part pres* **lying**) **to lie** (**to sb**) (**about sth**) mentir (a algn) (sobre algo)
LOC **to lie through your teeth** (*coloq*) mentir como un condenado **to lie your way into/out of sth** entrar en/ salir de algo con mentiras: *He lied his way into the job.* Consiguió el trabajo con mentiras. ◊ *You can't just lie your way out of this mess.* No puedes salir de este lío con mentiras.
■ **lie** *n* mentira: *to tell lies* decir mentiras LOC *Ver* PACK ☛ *Comparar con* FIB, WHITE LIE
LOC **to give the lie to sth** desmentir algo *Ver tb* LIVE[2]

lie[2] /laɪ/ *vt, vi* (*pret* **lay** /leɪ/ *pp* **lain** /leɪn/ *part pres* **lying**) **1** echarse, yacer: *He lay dead at her feet.* Estaba echado a sus pies, muerto. ◊ *Here lies…* Aquí yace… … **2** estar: *Clothes lay all over the floor.* Los vestidos estaban tirados por el suelo. ◊ *The factory lay idle.* La fábrica estaba abandonada. ◊ *It's obvious where our interest lies.* Está claro dónde están nuestros intereses. ◊ *the life that lay ahead of him* la vida que le esperaba ◊ *The problem lies in…* El problema está en… ◊ *It lies*

beyond my powers. Está fuera de mi alcance. **3** extenderse: *What lies before us?* ¿Qué nos depara el futuro?
LOC **to lie at sb's door** ser culpa de algn **to lie heavy on sth** pesar en algo: *a crime lying heavy on your conscience* un crimen que pesa en la conciencia **to lie in state** estar de cuerpo presente **to lie in wait (for sb)** esperar escondido (a algn) **to lie low** (*coloq*) estar callado/escondido **to take sth lying down** aceptar algo sin protestar *Ver tb* AMBUSH, BED, CLOSE[1], LAND[1], SLEEP[2]
PHR V **to lie about, around 1** pasar el tiempo sin hacer nada **2** estar esparcido
to lie back recostarse
to lie behind sth estar detrás de algo
to lie down echarse
to lie down under sth (*coloq*) aceptar algo sin rechistar
to lie in (*GB, coloq*) quedarse en la cama
to lie with sb (to do sth) (*formal*) ser responsabilidad de algn (hacer algo)

Compárense los verbos **lie** y **lay**. En primer lugar, es importante no confundir los dos verbos **lie**:
Lie (lay, lain, lying) es intransitivo y significa *estar echado*: *I was feeling ill, so I lay down on the bed for a while.* Me sentía mal, así que me eché un rato.
Lie (lied, lied, lying) también es intransitivo, pero significa *mentir*: *You lied to me.* Me mentiste.
El verbo **lay (laid, laid, laying)**, por su parte, es transitivo y tiene el significado de *poner sobre*: *She laid her dress on the bed to keep it neat.* Puso el vestido sobre la cama para que no se arrugara.

lie[3] /laɪ/ *n* [*sing*] posición
LOC **the lie of the land** (*GB*) **1** la configuración del terreno **2** (*coloq*) el estado de las cosas *Ver tb* LOW-LYING
☛ Nótese que en inglés americano se dice **the lay of the land.**
lie detector *n* detector de mentiras
lie-down /ˈlaɪ daʊn/ *n* (*GB, coloq*): *to have a short lie-down* echar una siestecita
lie-in /ˈlaɪ ɪn/ *n*: *to have a lie-in* quedarse en la cama
lieu /luː, ljuː/ *n*
LOC **in lieu (of sth)** a cambio (de algo)
Lieut (*tb* **Lt**) *abrev de* **Lieutenant**
lieutenant /lefˈtenənt; *USA* luːˈt-/ *n* (*abrev* **Lieut, Lt**) (*Mil*) teniente *Ver tb* SECOND LIEUTENANT
life /laɪf/ *n* (*pl* **lives** /laɪvz/) **1** vida: *without loss of life* sin bajas ◊ *Such is life!* ¡Así es la vida! ◊ *In later life...* Posteriormente... ◊ *She had children late in life.* Tuvo hijos ya mayor. ◊ *a friend for life* un amigo de por vida ◊ *home life* la vida casera *Ver tb* AFTERLIFE, HALF-LIFE, LONG-LIFE, NIGHTLIFE, PERSONAL LIFE, REAL LIFE, SHELF-LIFE, STILL LIFE, TRUE-LIFE, WILDLIFE **2** (*coloq*) (*tb* **life sentence, life imprisonment**) cadena perpétua
LOC **for dear life/your life** para salvar el pellejo: *run for your life!* ¡corre para salvarte! **for the life of me, you, etc** (*coloq*) aunque me, te, etc maten **life and limb**: *to risk life and limb* arriesgar la vida **not on your (sweet) life!** (*coloq*) ¡ni hablar! **such is life** así es la vida **the life and soul of sth** (*coloq*): *He's the life and soul of the party.* Es el alma de la fiesta. **to bring sth/sb to life** animar algo/a algn **to come to life** animarse **to lay down your life (for sth/sb)** (*ret*) dar la vida (por algo/algn) **to make (sb's) life a misery** hacerle la vida imposible (a algn) **to take sb's life** matar a algn **to take your life in your hands** arriesgarse mucho **to take your (own) life** suicidarse *Ver tb* BREATH, CHANGE, DEPART, END[2], FACT, FRIGHTEN, FULL, KISS, LARGE, LIVE[2], LOSE, LOVE, MATTER, NEW, NEXT, PERIL, QUIET, SAVE, SPRING, TIME[1], VARIETY, WALK[2], WAY[1]
life-and-death (*tb* **life-or-death**) *adj* de vida o muerte: *a life-and-death struggle* una lucha a vida o muerte
life assurance, life insurance *n* seguro de vida
lifebelt /ˈlaɪfbelt/ (*tb* **lifebuoy**) *n* salvavidas
lifeboat /ˈlaɪfbəʊt/ *n* **1** bote salvavidas **2** lancha de socorro
life expectancy *n* esperanza de vida
life-force *n* fuerza vital
life-giving /ˈlaɪf gɪvɪŋ/ *adj* vivificante
lifeguard /ˈlaɪfgɑːd/ *n* socorrista
life jacket *n* chaleco salvavidas
lifeless /ˈlaɪflɪs/ *adj* **1** exánime, sin vida **2** soso
lifelike /ˈlaɪflaɪk/ *adj* real, realista: *They were so lifelike people thought they were real.* Eran tan reales que la gente creía que eran de verdad.
lifeline /ˈlaɪflaɪn/ *n* **1** (*fig*) sustento **2** (*lit*) cuerda salvavidas
lifelong /ˈlaɪflɒŋ/ *adj* de toda la vida: *a lifelong ambition* una ambición de toda la vida
life-saver /ˈlaɪf seɪvə(r)/ *n* **1** (*Austral*) socorrista **2** (*fig*) salvavidas
life-size(d) /ˈlaɪf saɪz(d)/ *adj* de tamaño natural
lifestyle /ˈlaɪfstaɪl/ *n* estilo de vida
life-support machine *n* máquina para mantener viva a una persona
life-threatening /ˈlaɪf θretnɪŋ/ *adj* de peligro de muerte: *a life-threatening illness/situation* una enfermedad/una situación que puede ser mortal
lifetime /ˈlaɪftaɪm/ *n* toda una vida: *a lifetime subscription* una subscripción de por vida
LOC **the chance, etc of a lifetime** la oportunidad, etc de tu vida
lift /lɪft/ **1** *vt* **(a)** ~ **sth/sb (up)** (*físicamente*) levantar algo/a algn **(b)** (*embargo, toque de queda, control*) levantar **2** *vi* **(a)** (*neblina, nubes*) disiparse **(b)** (*corazón*) dar un salto **3** *vt* (*tubérculos*) recoger **4** *vt* ~ **sth (from sth/sb)** (*coloq*) **(a)** robar algo (de algo/a algn) **(b)** copiar algo (de algo/algn)
LOC **(not) to lift/raise a finger/hand (to help, etc)** (*coloq*) (no) mover un dedo (para ayudar, etc) *Ver tb* BLOCKADE, BLOW, FACE[1], HAND[1]
PHR V **to lift off** despegar
■ **lift** *n* **1** impulso: *to give sb a lift* levantar los ánimos a algn **2** (*USA* **elevator**) ascensor *Ver tb* CHAIRLIFT **3** *to give sb a lift* llevar a algn en coche ◊ *to thumb/hitch a lift* hacer dedo/auto-stop ◊ *I got a lift with Mary.* Me llevó Mary. *Ver tb* FACELIFT
▶ **lifting** *n* levantamiento: *the lifting of trade barriers* el levantamiento de aranceles *Ver tb* WEIGHTLIFTING
lift-off /ˈlɪft ɒf/ *n* despegue
ligament /ˈlɪgəmənt/ *n* ligamento
ligature /ˈlɪgətʃə(r)/ *n* **1** venda **2** (*Mús*) ligadura
light[1] /laɪt/ *n* **1** luz: *to turn the lights on/off* encender/apagar las luces ◊ *light and shade* claroscuro ◊ *a light shade* una pantalla (para la bombilla) ◊ *a beam/shaft of light* un rayo de luz ◊ *He read by the light of a candle.* Leía a la luz de una vela. ◊ *front/rear lights* luces delanteras/traseras ☛ *Ver ilustración en* BICYCLE *Ver tb* BRAKE LIGHT, CANDLELIGHT, DAYLIGHT, FIRELIGHT, FLOODLIGHT, FOOTLIGHTS, HALF-LIGHT, HEADLIGHT, HOUSE LIGHTS, LAMPLIGHT, LIMELIGHT, MOONLIGHT, REVERSING LIGHT, SEARCHLIGHT, SIDELIGHT, SKYLIGHT, SPOTLIGHT, STARLIGHT, STROBE LIGHT, SUNLIGHT, TAIL LIGHT **2 lights, traffic lights** [*pl*] semáforo: *The lights are (on) green.* El semáforo está (en) verde. *Ver tb* STOP LIGHT **3** fuego, lumbre: *Have you got a light?* ¿Tienes fuego?
LOC **according to your lights** (*formal*) a su juicio **in the light of sth** (*GB*) considerando algo: *In the light of his remarks...* Considerando sus declaraciones... ☛ Nótese que en inglés americano se dice **in light of sth. lights out**: *Lights out!* ¡Apaguen las luces! ◊ *No talking after lights out.* Prohibido hablar cuando se apaguen las luces. **to be/go out like a light** (*coloq*) desplomarse, caer como un tronco **to be/stand in sb's light** quitar la luz a algn **to bring sth to light** sacar algo a la luz: *New facts have been brought to light.* Han salido a la luz nuevos hechos. **to cast/shed/throw**

light on sth arrojar luz sobre algo **to come to light** salir a la luz **to see sth/sb in a different/new light** ver algo/a algn con otros ojos **to see the light 1** comprender **2** (*Relig*) ver la luz (**to see, etc**) **the light at the end of the tunnel** (ver, etc) el fin de los problemas **to see the light** (**of day**) ver la luz del día, hacerse público **to set light to sth** prender fuego a algo **to show, portray, etc sth/sb in a good, bad, etc light** dar a algo/algn un buen, mal, etc aspecto: *This event doesn't show him in a good light.* Este asunto no da una buena imagen de él. *Ver tb* BEST, BRIGHT, GREEN, JUMP[2], SWEETNESS

■ **light** *adj* **1** (*habitación*) luminoso, claro **2** (*color, etc*) claro

light[2] /laɪt/ (*pret, pp* **lit** /lɪt/ o **lighted**) **1** *vt, vi* encender(se): *This wood won't light.* Esta madera no prenderá. ◊ *to light a cigarette* encender un cigarrillo **2** *vt* iluminar: *poorly lit* muy poco iluminado ◊ *to light sb's way* alumbrarle el camino a algn

PHR V **to light up** (*coloq*) encender un cigarrillo

to light up (**with sth**) iluminarse (de algo): *Her eyes lit up with joy.* Se le iluminaron los ojos de alegría.

to light sth up iluminar algo: *A smile lit up his face.* Una sonrisa iluminó su cara.

▶ **lighted** *adj* [*antes de sustantivo*] encendido

Nótese que **lighted** se usa como adjetivo antes del sustantivo y **lit** como participio del verbo: *a lighted candle* una vela encendida ◊ *The candles were lit.* Las velas estaban encendidas. *Ver tb* CANDLELIT

light[3] /laɪt/ *adj* (**-er, -est**) **1** ligero: *He's three kilos lighter.* Pesa tres kilos menos. ◊ *light clothing* ropa ligera ◊ *a light snack* un aperitivo ligero ◊ *a few light duties* algunas obligaciones livianas ◊ *to be a light sleeper* tener el sueño ligero **2** (*golpe, viento, vino*) suave **3** (*en productos alimenticios*) (*tb* **lite**) light **4** alegre: *with a light heart* alegremente *Ver tb* MICROLIGHT

LOC (**as**) **light as air/as a feather** ligero como una pluma **light relief** distensión: *to provide some light relief* proporcionar cierto alivio **to make light of sth** no dar importancia a algo **to make light work of sth** hacer algo como si nada *Ver tb* HAND[1], TRAVEL

■ **light** *adv*: *to travel light* viajar ligero (de equipaje)

light[4] /laɪt/ *v* (*pret, pp* **lit** /lɪt/ o **lighted**) (*formal*)

PHR V **to light on/upon sth/sb** toparse con algo/algn

light bulb *n Ver* BULB sentido 2

light-coloured (*USA* **light-colored**) /ˌlaɪt ˈkʌləd/ *adj* de color claro

light cream (*USA*) (*GB* **single cream**) *n* nata líquida

lighten[1] /ˈlaɪtn/ *vi* iluminarse

lighten[2] /ˈlaɪtn/ **1** *vt, vi* aligerar(se): *to lighten a load* aligerar una carga **2** *vt, vi* alegrar(se): *His joke lightened the mood.* Su chiste alegró el ambiente. **3 to lighten up** *vi* relajarse

lightening *n Ver* LIGHTNING

light entertainment *n* programas de variedades, concursos, etc

lighter /ˈlaɪtə(r)/ *n* encendedor

light-fingered /ˌlaɪt ˈfɪŋgəd/ *adj* (*coloq*) de mano larga

light-headed /ˌlaɪt ˈhedɪd/ *adj* mareado

light-hearted (*tb* **lighthearted**) /ˌlaɪt ˈhɑːtɪd/ *adj* **1** despreocupado **2** (*comentario*) desenfadado

light heavyweight *n* peso semipesado

lighthouse /ˈlaɪthaʊs/ *n* faro

lighthouse keeper *n* farero, -a

light industry *n* industria ligera

lighting /ˈlaɪtɪŋ/ *n* iluminación (*en un teatro, etc*): *street lighting* alumbrado público

lighting-up /ˌlaɪtɪŋ ˈʌp/ *n* encendido de luces: *lighting-up time* la hora de encender el alumbrado

lightly /ˈlaɪtli/ *adv* **1** ligeramente, levemente: *She touched me lightly on the cheek.* Me acarició suavemente la mejilla. ◊ *lightly browned* ligeramente dorado **2** ágilmente **3** a la ligera: *This cannot be taken lightly.* Esto no se puede tomar a la ligera.

LOC **to get off/escape lightly** (*coloq*) salir bien parado

lightness[1] /ˈlaɪtnəs/ *n* claridad

lightness[2] /ˈlaɪtnəs/ *n* **1** ligereza **2** suavidad **3** agilidad **4** alegría

lightning (*tb* **lightening**) /ˈlaɪtnɪŋ/ *n* [*incontable*] **1** (*tb* **sheet lightning**) relámpago: *a flash of lightning* un relámpago **2** (*tb* **fork lightning**) rayo: *a bolt of lightning* un rayo ◊ *She was struck by lightning.* Le alcanzó un rayo.

LOC **lightning never strikes** (**in the same place**) **twice** (*refrán*) tales cosas no pasan más de una vez **like** (**greased**) **lightning** como un rayo *Ver tb* QUICK, STREAK

■ **lightning** *adj* rápido, repentino

LOC **with lightning speed** a la velocidad del rayo

lightning conductor (*USA* **lightning rod**) *n* pararrayos

lightweight /ˈlaɪtweɪt/ *n* **1** (*Dep*) peso ligero **2** (*coloq*) pelele

■ **lightweight** *adj* **1** (*boxeador*) de peso ligero **2** ligero

light year *n* año luz: *light years away* a años luz

lignite /ˈlɪgnaɪt/ *n* lignito

like[1] /laɪk/ *vt* gustar: *Do you like fish?* ¿Te gusta el pescado? ◊ *I like swimming.* Me gusta nadar. ◊ *She likes him but she doesn't love him.* Le tiene cariño pero no le quiere. ◊ *I like to sleep late.* Me gusta dormir hasta tarde. ◊ *How much would you like?* ¿Cuánto quiere? ◊ *I wouldn't like to be in your shoes.* No me gustaría estar en tu lugar. ◊ *Would you like something to eat?* ¿Te gustaría comer algo? ◊ *I don't like my children watching a lot of television.* No me gusta que mis hijos vean mucha televisión. *Ver tb* WELL-LIKED

LOC **if you like** si quieres **I like that!** (*irón*) ¡mira que bien! **that's what I'd like to know** (*coloq*) eso es lo que a mí me gustaría saber **to like the look/sound of sth/sb** gustar la pinta de algo/algn: *I don't like the sound of that cough.* No me gusta esa tos.

like[2] /laɪk/ *prep* **1** (*comparación*) como, igual de: *to look/be like sb* parecerse a algn ◊ *to run like the wind* correr como el viento ◊ *He cried like a child.* Lloró como un niño. ◊ *He acted like our leader.* Se comportó como si fuera nuestro líder. ◊ *Do it like this.* Hazlo así. **2** (*ejemplo*) como, tal como: *We could look at a modern poet, like Eliot.* Podríamos ver algún poeta moderno, como Eliot. **3 like + -ing** como + infinitivo: *It's like baking a cake.* Es como hacer un pastel.

LOC **like anything** (*coloq*) a tope, a más no poder: *I had to run like anything.* Tuve que correr muchísimo. ◊ *I was running like anything.* Corría a más no poder.

■ **like** *conj* (*coloq*) **1** como: *It didn't end quite like I expected it to.* No terminó como esperaba. **2** como si: *She acts like she owns the place.* Se comporta como si fuera la dueña. *Ver tb* AS IF/AS THOUGH *en* AS

like[3] /laɪk/ *adj* (*poco frec*) parecido LOC *Ver* FATHER

■ **like** *adv*

LOC (**as**) **like as not**; **like enough**; **most/very like** (*antic*) seguramente

■ **like** *n* [*sing*] lo mismo: *to compare like with like* comparar igual con igual ◊ *... and the like ...* y cosas semejantes

LOC **the likes of sth/sb** (*coloq*): *He won't speak to the likes of me.* No quiere hablar con personas como yo.

likeable /ˈlaɪkəbl/ *adj* agradable

likely /ˈlaɪkli/ *adj* (**-ier, -iest**) **1** probable: *It isn't likely to rain.* No es probable que llueva. ◊ *She's very likely to ring me/It's very likely that she'll ring me.* Es muy probable que me llame. **2** apropiado

LOC **a likely story** (*irón*) puro cuento

■ **likely** *adv*

LOC **as likely as not**; **most/very likely** probablemente **not** (**bloody, etc**) **likely!** (*coloq*) ¡ni hablar!

▶ **likelihood** *n* [*incontable*] probabilidad: *In all likelihood*... Con toda probabilidad...
like-minded /ˌlaɪk ˈmaɪndɪd/ *adj* de la misma opinión
liken /ˈlaɪkən/ *vt* ~ **sth to sth** (*formal*) comparar algo con algo
likeness /ˈlaɪknəs/ *n* **1** parecido: *to bear a remarkable likeness to sth/sb* tener un gran parecido con algo/algn ◊ *a family likeness* un aire de familia **2** [*sing*] retrato que se parece: *That photo is a good likeness of David.* Esa foto es un buen retrato de David. ◊ *It's not much of a likeness.* No es un retrato muy bueno.
likes /laɪks/ *n* [*pl*]
LOC likes and dislikes gustos
likewise /ˈlaɪkwaɪz/ *adv* (*formal*) **1** de la misma forma: *to do likewise* hacer lo mismo **2** asimismo
liking /ˈlaɪkɪŋ/ *n*
LOC to have a liking for sth tener afición a algo **to sb's liking** (*formal*) del agrado de algn: *I trust the meal was to your liking.* Confío en que la comida fuera de tu agrado. **to take a liking to sb** coger simpatía a algn: *She took an instant liking to the boy.* Le tomó simpatía al chico inmediatamente.
lilac /ˈlaɪlək/ *adj*, *n* **1** (*Bot*) lila **2** (*color*) lila
lilo /ˈlaɪləʊ/ *n* (*GB*) (*pl* **~s**) colchoneta hinchable
lilt /lɪlt/ *n* [*sing*] cadencia (*en la voz*): *an Irish lilt* un deje irlandés
▶ **lilting** *adj* cadencioso
lily /ˈlɪli/ *n* (*pl* **-ies**) **1** lirio **2** azucena ☛ *Comparar con* WATER LILY **LOC** *Ver* GILD
lily of the valley *n* lirio de los valles
limb /lɪm/ *n* (*Anat*) miembro, extremidad
LOC out on a limb (*coloq*) en una situación precaria *Ver tb* LIFE, TEAR[2]
limber /ˈlɪmbə(r)/ *v*
PHR V to limber up (*Dep*) calentar
limbo[1] /ˈlɪmbəʊ/ *n*
LOC in limbo en el aire: *The project is still in limbo.* El proyecto sigue estando en el aire.
limbo[2] /ˈlɪmbəʊ/ *n* (*pl* **~s**) limbo (*baile antillano*)
lime[1] /laɪm/ *n* **1** (*tb* **quicklime**) cal **2** *Ver* BIRDLIME
lime[2] /laɪm/ *n* lima, limero
■ **lime** *adj*, *n* (*tb* **lime green**) (color) verde lima
lime[3] /laɪm/ (*tb* **lime-tree**) *n* limero
lime juice *n* zumo de lima
limelight /ˈlaɪmlaɪt/ *n*: *in the limelight* en candelero
limerick /ˈlɪmərɪk/ *n* especie de quintilla humorística
limestone /ˈlaɪmstəʊn/ *n* piedra caliza
limit[1] /ˈlɪmɪt/ *n* límite: *He tried my patience to its limits.* Puso a prueba mi paciencia hasta el límite. ◊ *the speed limit* el límite de velocidad *Ver tb* TIME LIMIT
LOC (to be) the limit (*argot*) (ser) el colmo **off limits** (*USA*) prohibida la entrada **within limits** dentro de ciertos límites *Ver tb* SKY
▶ **limitation** *n* limitación
limitless *adj* ilimitado
limit[2] /ˈlɪmɪt/ *vt* ~ **sth/sb (to sth)** limitar algo/a algn (a algo)
▶ **limited** *adj* limitado
limiting *adj* restrictivo
limited edition *n* edición limitada
limited liability company *n* (*GB*) (*abrev* **Ltd**) sociedad (de responsabilidad) limitada
limo /ˈlɪməʊ/ *n* (*pl* **~s**) (*coloq*) limusina: *a stretch limo* una limusina extralarga
limousine /ˈlɪməziːn, ˌlɪməˈziːn/ *n* limusina
limp[1] /lɪmp/ *adj* **1** flácido **2** débil
▶ **limply** *adv* flácidamente, débilmente
limp[2] /lɪmp/ *vi* cojear: *He limped out.* Salió cojeando. *Ver tb* SHUFFLE sentido 3
■ **limp** *n* cojera: *He walks with a limp.* Cojea.
limpet /ˈlɪmpɪt/ *n* lapa
limpid /ˈlɪmpɪd/ *adj* límpido
linchpin /ˈlɪntʃpɪn/ *n* eje
line[1] /laɪn/ *n* **1** línea, raya: *a straight line* una línea recta ◊ *Double yellow lines mean 'no parking'.* Una línea amarilla doble significa "prohibido aparcar". ◊ *seventh in line to the throne* el séptimo en la línea al trono ◊ *behind enemy lines* detrás de las líneas enemigas ☛ *Ver ilustración en* SQUASH[1], TENNIS *Ver tb* COASTLINE, DIVIDING LINE, DOTTED LINE, FINISHING LINE, THE FRONT LINE, GOAL LINE, HAIRLINE, HEMLINE, NECKLINE, SHORELINE, SIDELINE, SKYLINE, STARTING LINE, TOUCHLINE, WAISTLINE, WATERLINE **2** fila: *a line of customers* una fila de clientes ◊ *lines of trees* hileras de árboles ◊ *a production line* una cadena de montaje *Ver tb* ASSEMBLY LINE, BREADLINE **3 lines** [*pl*] **(a)**: *Have you learnt your lines yet?* ¿Te has aprendido ya tu papel? *Ver tb* PUNCHLINE **(b)** (*Educ*) copias (*castigo*) **4** cuerda *Ver tb* CLOTHES LINE, FISHING LINE, LIFELINE **5** línea telefónica: *The line is engaged.* Está comunicando. ◊ *Speak up, it's a bad line!* ¡Habla más alto, la línea está muy mal! *Ver tb* HELPLINE, HOTLINE **6** (*tren*) vía, línea: *main/branch line* línea principal/secundaria ◊ *a main-line station* una estación en la línea principal **7** [*sing*]: *the official line* la postura oficial HARD LINE **8** [*sing*] **(a)** especialidad: *That's not (much in) my line.* Eso no es de mi especialidad. ◊ *What's your line of business?* ¿Qué tipo de negocio tiene usted? **(b)** (*Com*) línea: *They do a nice line in winter coats.* Tienen una línea de abrigos muy bonita. **9** arruga ☛ La palabra más común es **wrinkle**. *Ver tb* BOTTOM LINE, DEADLINE, HEADLINE, PIPELINE, SCORELINE, STREAMLINE
LOC all along the line (*coloq*) en todo momento **along, on the same, etc lines**: *another programme on the same lines* otro programa del mismo estilo ◊ *The novel develops along traditional lines.* La novela se desarrolla según formas tradicionales. ◊ *If you continue along these lines*... Si sigues así... **in (a) line (with sth)** en línea (con algo): *in line with inflation* a la par de la inflación **in line for sth** en (los puestos de) cabeza para algo **in line with sth** conforme a algo **in the line of duty** en el cumplimiento del deber **out of line (with sth/sb)** no en línea (con algo/algn), fuera de lugar **somewhere, etc along the line** en un determinado momento **the line of least resistance** la ley del mínimo esfuerzo **to bring, etc sth into line (with sth/sb)**; **to come, fall, get, move, etc into line (with sth/sb)** alinear algo (con algo/algn), ajustarse (a algo/algn) **to get, have, etc your lines crossed** (*coloq*) no entenderse con algn: *They're forever getting their lines crossed.* Nunca se entienden. **to give sb/get/have a line on sth** (*coloq*) dar a algn/obtener/tener información acerca de algo **to hold the line** no colgar el teléfono **to lay it on the line** (*coloq*) hablar franca y abiertamente **to lay sth on the line** arriesgar algo **(to put sth) on the line** (*coloq*) (poner algo) en peligro **(to stand) in/on line** (*USA*) (estar) en fila **to take a firm, etc line (on/over sth)** tomar una postura firme (en cuanto a algo) *Ver tb* DRAW[2], DROP, FINE[2], HARD, HOOK, READ, SIGN[2], STEP, TOE
line[2] /laɪn/ *vt* alinear(se): *to line the route* alinearse a lo largo de la ruta ◊ *lined with trees* bordeado de árboles
PHR V to line up (for sth) 1 ponerse en fila (para algo) **2** alinear(se) (para algo)
to line sth up (*coloq*) organizar algo: *I've got a lot lined up.* Tengo muchas cosas organizadas.
line[3] /laɪn/ *vt* ~ **sth (with sth) 1** forrar algo (de algo) **2** revestir algo (de algo)
LOC to line your (own)/sb's pocket(s) forrarse
lineage /ˈlɪniɪdʒ/ *n* (*formal*) linaje
lineal /ˈlɪniəl/ *adj* **1** (*formal*) *lineal heir* heredero en línea directa **2** *Ver* LINEAR
lineaments /ˈlɪniəmənts/ *n* [*pl*] (*formal*) facciones
linear /ˈlɪniə(r)/ (*tb* **lineal**) *adj* **1** lineal **2** de longitud

lined /laɪnd/ *adj* **1(a)** (*papel*) rayado **(b)** (*rostro*) arrugado **2(a)** forrado **(b)** revestido *Ver tb* TREE-LINED
line drawing *n* dibujo a lápiz o pluma
lineman *n* (*esp USA*) *Ver* LINESMAN
linen /ˈlɪnɪn/ *n* **1** lino **2** ropa blanca: *bed linen* ropa de cama *Ver tb* TABLE LINEN **LOC** *Ver* WASH
line-out /ˈlaɪn aʊt/ *n* saque de banda
liner¹ /ˈlaɪnə(r)/ *n* **1** transatlántico **2** tren de mercancías
liner² /ˈlaɪnə(r)/ *n* **1** forro *Ver tb* BIN LINER **2** revestimiento
linesman /ˈlaɪnzmən/ (*USA* **lineman** /ˈlaɪnmən/) *n* (*pl* **-men** /-mən/) **1** (*Dep*) juez de línea **2** encargado, -a del mantenimiento de la red eléctrica o telefónica **3** guardavía
line-up /ˈlaɪn ʌp/ *n* **1** formación, integración: *identification line-up* ronda de identificación **2** (*Dep*) alineación **3** (*TV*) programación
ling /lɪŋ/ *n* abadejo
linger /ˈlɪŋgə(r)/ *vi* **1** (*persona*) **(a)** quedarse un rato **(b)** entretenerse: *to linger (long) over your meal* tardar (mucho) en comer **(c)** tardar en morirse **2** (*duda*) persistir **3** (*olor*) permanecer **4** (*memoria*) perdurar
PHR V **to linger on** tardar en irse
▶ **lingering** *adj* **1** (*mirada*) prolongado **2** (*duda*) persistente
lingerie /ˈlænʒəri; *USA* ˌlɑːndʒəˈreɪ/ *n* lencería
lingo /ˈlɪŋgəʊ/ *n* (*pl* **~es**) (*coloq* o *joc*) **1** idioma extranjero **2** jerga
lingua franca /ˌlɪŋgwə ˈfræŋkə/ *n* lengua franca
linguist /ˈlɪŋgwɪst/ *n* **1** polígloto, -a: *She's an excellent linguist.* Domina varios idiomas. **2** lingüista
linguistic /lɪŋˈgwɪstɪk/ *adj* lingüístico
▶ **linguistically** *adv* desde el punto de vista lingüístico
linguistics /lɪŋˈgwɪstɪks/ *n* [*sing*] lingüística
liniment /ˈlɪnəmənt/ *n* linimento
lining /ˈlaɪnɪŋ/ *n* **1** forro **2** revestimiento **LOC** *Ver* CLOUD
link /lɪŋk/ *n* **1** eslabón **2(a)** lazo: *the weak link* el punto débil **(b)** vínculo **(c)** relación: *to forge close links* fraguar estrechas relaciones **(d)** conexión: *telephone/satellite link* conexión telefónica/vía satélite **(e)** empalme, enlace *Ver tb* CUFF LINK **LOC** *Ver* MISSING
■ **link** *vt* **~ A with B/A and B (together)**; **~ sth (up)** **1** unir, conectar A y B; algo: *linked by satellite* unido por satélite ◊ *to link arms* cogerse del brazo **2** vincular A y B; algo **3** relacionar A y B; algo *Ver tb* INDEX-LINKED
PHR V **to link up (with sth)** **1** conectar (con algo) **2** empalmar (con algo)
to link up (with sb) conectar (con algn)
linkage /ˈlɪŋkɪdʒ/ *n* **1** conexión **2** acoplamiento **3** (*Informát*) enlace
linkman /ˈlɪŋkmæn/ *n* (*pl* **-men** /-men/) presentador, -ora (*entre programas de TV o de radio*)
link-up /ˈlɪŋk ʌp/ *n* **1** conexión **2** acoplamiento
linnet /ˈlɪnɪt/ *n* pardillo
lino /ˈlaɪnəʊ/ *n* (*coloq*) linóleo
linocut /ˈlaɪnəʊkʌt/ *n* grabado al linóleo
linoleum /lɪˈnəʊliəm/ (*coloq* **lino** /ˈlaɪnəʊ/) *n* linóleo, Sintasol®
linseed /ˈlɪnsiːd/ *n* linaza: *linseed oil* aceite de linaza
lint /lɪnt/ *n* **1** gasa hidrófila: *a lint dressing* un vendaje de gasa **2** pelusa
lintel /ˈlɪntl/ *n* dintel ☛ *Ver ilustración en* HOUSE
lion /ˈlaɪən/ *n* **1** león *Ver tb* SEA LION **2** (*antic*) celebridad
LOC **the lion's share (of sth)** la parte del león (de algo)
lioness /ˈlaɪənes/ *n* leona
lion-hearted /ˌlaɪən ˈhɑːtɪd/ *adj* valiente
lionize, -ise /ˈlaɪənaɪz/ *vt* tratar como una celebridad
lion-tamer /ˈlaɪən teɪmə(r)/ *n* domador de leones, -ora
▶ **lion-taming** *n* doma de leones
lip /lɪp/ *n* **1** labio: *the lower/upper lip* el labio inferior/superior ☛ *Ver ilustración en* HEAD[1] *Ver tb* TIGHT-LIPPED **2(a)** (*taza*) borde **(b)** (*jarra*) pico **3** (*argot*) insolencia: *Less of your lip!* ¡No seas tan descarado!
LOC **my lips are sealed** mis labios están sellados *Ver tb* BUTTON, CURL, HANG[1], PURSE, SLIP
lipid /ˈlɪpɪd/ *n* lípido
lip-read /ˈlɪpriːd/ *vi* (*pret, pp* **lip-read** /-red/) leer los labios
▶ **lip-reading** *n* lectura labial
lipsalve /ˈlɪpsælv/ *n* crema protectora para labios
lip-service *n*
LOC **to give/pay lip-service to sth**: *He pays lip-service to feminism.* Está de acuerdo con el feminismo de boquilla.
lipstick /ˈlɪpstɪk/ *n* lápiz de labios
liquefy /ˈlɪkwɪfaɪ/ *vt, vi* (*pret, pp* **-fied**) licuar(se)
▶ **liquefaction** /ˌlɪkwɪˈfækʃn/ *n* licuefacción
liqueur /lɪˈkjʊə(r); *USA* -ˈkɜːr/ *n* licor
liquid /ˈlɪkwɪd/ *n* **1** líquido **2** (*Ling*) consonante líquida
■ **liquid** *adj* **1** líquido **2** (*sonido, ojos*) claro **3** (*Fin*) disponible
liquidate /ˈlɪkwɪdeɪt/ *vt* liquidar
▶ **liquidation** *n* liquidación
LOC **go into liquidation** entrar en liquidación
liquidator *n* liquidador, -ora
liquidity /lɪˈkwɪdəti/ *n* liquidez
liquidize, -ise /ˈlɪkwɪdaɪz/ *vt* licuar
▶ **liquidizer, -iser** (*tb esp USA* **blender**) *n* licuadora
liquor /ˈlɪkə(r)/ *n* **1(a)** (*GB*) alcohol: *intoxicating liquor* bebida alcohólica **(b)** (*USA*) bebida fuerte **2** jugo
liquorice (*USA* **licorice**) /ˈlɪkərɪs, -rɪʃ/ *n* [*incontable*] **1** regaliz **2** (*Bot*) orozuz
liquor store *n* (*GB* **off-licence**) tienda de vinos y licores
lira /ˈlɪərə/ *n* (*pl* **lire** /ˈlɪərə/ o **~s**) (*abrev* **L**) lira
lisp /lɪsp/ *n* ceceo: *to speak with a lisp* cecear
■ **lisp** *vt, vi* cecear
list¹ /lɪst/ *n* lista: *to make a list* hacer una lista ◊ *waiting list* lista de espera ◊ *list price* precio de catálogo ◊ *to be high/low on the list* tener/no tener prioridad *Ver tb* CAST LIST, CHECKLIST, CIVIL LIST, HIT LIST, MAILING LIST, SHORTLIST **LOC** *Ver* DANGER
■ **list** *vt* **1(a)** hacer una lista de **(b)** enumerar **2(a)** poner en una lista: *It's not listed.* No figura en la lista. ◊ *listed building* edificio de interés histórico-artístico **(b)** catalogar **3** (*Fin*) cotizar
list² /lɪst/ *vi* escorar: *The ship lists to port.* El barco escora a babor.
■ **list** *n* [*sing*] escora
listen /ˈlɪsn/ *vi* **1 ~ (to sth/sb)** escuchar (algo/a algn): *listening comprehension* comprensión oral **2 ~ to sth/sb** hacer caso a algo/a algn
PHR V **to listen in (on sth)** escuchar (algo) (*a hurtadillas*)
to listen (out) for sth estar atento a algo
■ **listen** *n* (*coloq*)
LOC **to have a listen** escuchar
▶ **listener** *n* **1** (*Radio*) oyente **2** *a good listener* uno que sabe escuchar
listing /ˈlɪstɪŋ/ *n* **1(a)** lista **(b)** (*Informát*) listado **2** (*en un listado*) entrada **3** (*Fin*) cotización
listless /ˈlɪstləs/ *adj* lánguido
▶ **listlessly** *adv* lánguidamente
lists /lɪsts/ *n* [*pl*] (*Hist*) liza
lit *pret, pp de* LIGHT[2] *Ver tb* MOONLIT, SUNLIT
litany /ˈlɪtəni/ *n* letanía: *a litany of complaints* una letanía de quejas
lite *Ver* LIGHT[3]
liter *n* (*USA*) *Ver* LITRE
literacy /ˈlɪtərəsi/ *n* **1** capacidad de leer y escribir: *His*

level of literacy is low for his age. Va atrasado en la lectura y la escritura. ◊ *adult literacy* alfabetización de adultos **2** nivel de conocimiento: *Some computer literacy is essential.* Saber manejar un ordenador es primordial.

literal /ˈlɪtərəl/ *adj* **1** literal **2** (*pey*) prosaico
■ **literal** (*tb* **literal error**) *n* errata
▶ **literally** *adv* literalmente

literary /ˈlɪtərəri; *USA* ˈlɪtəreri/ *adj* literario: *literary criticism* crítica literaria ◊ *literary agent* agente literario

literate /ˈlɪtərət/ *adj* **1** alfabetizado: *He's barely literate.* Apenas sabe leer y escribir. **2** que tiene un nivel de conocimientos: *Applicants must be computer literate.* Los solicitantes deben tener conocimientos de ordenador. **3** culto

literati /ˌlɪtəˈrɑːti/ *n* [*pl*] (*formal*) eruditos, gente de letras

literature /ˈlɪtrətʃə(r); *USA* -tʃʊər/ *n* **1** literatura **2** bibliografía **3** (*coloq*) información (*folletos, etc*)

lithe /laɪð/ *adj* (**-er, -est**) ágil

lithium /ˈlɪθiəm/ *n* litio

lithograph /ˈlɪθəgrɑːf; *USA* -græf/ *n* litografía
■ **lithograph** *vt* litografiar

litigant /ˈlɪtɪgənt/ *n* litigante

litigate /ˈlɪtɪgeɪt/ **1** *vt* litigar **2** *vi* litigar
▶ **litigation** *n* **1** litigio **2** litigación

litigious /lɪˈtɪdʒəs/ *adj* litigioso

litmus /ˈlɪtməs/ *n* tornasol: *litmus paper* papel tornasol ◊ *litmus test* prueba de tornasol

litre (*USA* **liter**) /ˈliːtə(r)/ *n* (*abrev* **l**) litro ☛ *Ver apéndice 3*

litter /ˈlɪtə(r)/ *n* **1** (*papel, etc en la calle*) basura **2** (*Zool*) camada **3** (*para animales domésticos*): *litter tray* caja para excrementos **4(a)** (*Med*) camilla **(b)** (*Hist*) litera
■ **litter 1** *vt* **(a)** (*lit*) estar esparcido por: *Newspapers littered the floor.* Había periódicos tirados por el suelo. **(b)** tirar, desparramar **2** *vt* (*fig*) llenar: *This article is littered with spelling mistakes.* Este artículo está lleno de faltas de ortografía. **3** *vi* (*animal*) parir

litter bin *n* papelera (*en la calle*) ☛ *Ver nota en* BIN

little /ˈlɪtl/ *adj* ☛ El comparativo **littler** y el superlativo **littlest** son poco frecuentes y normalmente se usan **smaller** y **smallest**. **1** pequeño: *I had curly hair when I was little.* Tenía el pelo rizado cuando era pequeño. ◊ *My little brother is 18.* Mi hermano pequeño tiene 18 años. ◊ *little finger* meñique **2** (*diminutivo*): *I've brought you a little present.* Te he traído un regalito. ◊ *Poor little thing!* ¡Pobrecillo! ◊ *a lovely little house* una casita preciosa ☛ *Ver tb nota en* SMALL **3** (*con sustantivos incontables*) poco: *It's only a little way now.* Ya falta poco para llegar. ◊ *You may have to wait a little while.* Puede que tengas que esperar un poco. ◊ *I have very little time for reading.* Tengo muy poco tiempo para leer. ◊ *There's little hope of recovery.* Hay pocas esperanzas de recuperación.

> ¿**Little** o **a little**? **Little** tiene un sentido negativo y equivale a "poco". **A little** tiene un sentido mucho más positivo y equivale a "algo de". Compara las siguientes oraciones: *There's little milk left.* Queda poca leche. ◊ *There's a little milk left.* Queda algo de leche. ☛ *Ver tb nota en* LESS, SOME *pron*

4 sin importancia: *a little mistake* un error sin importancia
■ **little** *n, pron* poco: *I understood very little of what he said.* Comprendí muy poco de lo que dijo. ◊ *She tried a little of the soup.* Probó un poco de sopa. ◊ *She drinks, but only a little.* Bebe, pero muy poco.
LOC **for a little** un ratito: *We chatted for a little.* Charlamos un ratito.
■ **little** *adv* (*comp* **less** *superl* **least**) poco: *He is little known as an artist.* Es poco conocido como artista. ◊ *She left little more than an hour ago.* Se marchó hace poco más de una hora. ◊ *These shoes are a little too big for me.* Estos zapatos me están un poco grandes.
LOC **little by little** poco a poco **little or nothing** casi nada: *Little or nothing is known of their whereabouts.* Apenas se sabe nada de su paradero.

liturgy /ˈlɪtədʒi/ *n* (*pl* **-ies**) liturgia
▶ **liturgical** *adj* litúrgico

live¹ /laɪv/ *adj* **1** vivo **2** vivito y coleando **3** (*fuego, etc*) encendido **4** (*bomba*) activado **5** (*Elec*) conectado **6** (*asunto*) candente **7(a)** (*TV*) en directo **(b)** (*grabación*) en vivo
LOC **a live wire** una persona con mucha vida
■ **live** *adv* en directo

live² /lɪv/ **1** *vi* vivir: *Long live the King!* ¡Viva el rey! ◊ *Where do you live?* ¿Dónde vives? ◊ *You haven't lived until you've seen Africa.* No habrás vivido hasta que hayas visto África. **2** *vi* (*fig*) permanecer vivo: *The memory will live in my heart for ever.* El recuerdo permanecerá vivo en mi corazón para siempre. **3** *vt*: *He lived a happy life.* Vivó feliz. ◊ *The doctor has given me three months to live.* El médico me ha dado tres meses de vida. *Ver tb* SHORT-LIVED
LOC **how the other half lives** como viven los demás **live and let live** (*refrán*) vive y deja vivir **to be living on borrowed time** tener los días contados **to live a lie** llevar una vida falsa **to live beyond/within your means** vivir uno más allá/dentro sus posibilidades **to live by your wits** vivir del cuento **to live from hand to mouth** vivir al día **to live in fear of your life** temer por la vida de uno **to live in hope (of sth)** conservar la esperanza (de algo) **to live in sin** (*antic*) vivir en pecado **to live in the fast lane** vivir deprisa/peligrosamente **to live in the past** vivir en el pasado **to live it up** pegarse la gran vida **to live life to the full** vivir intensamente/a tope **to live like a lord** vivir a cuerpo de rey **to live off the fat of the land** vivir a lo grande **to live off the land** vivir de la tierra **to live on bread and water** vivir a pan y agua **to live on the edge** vivir peligrosamente **to live rough** vivir sin comodidades **to live to tell the tale** vivir para contarlo **you live and learn** (*refrán*) a la cama no te irás sin saber una cosa más *Ver tb* CLOVER, EXPECTATION, FOOL¹, PEOPLE
PHR V **to live by doing sth** ganarse la vida haciendo algo
to live sth down lograr borrar algo (*escándalo, incidente embarazoso*)
to live for sth: *She lives for her work.* Vive para su trabajo.
to live in 1 ser interno **2** vivir en el lugar de trabajo
to live off sth vivir a costa de algo
to live on seguir viviendo, perdurar
to live on sth vivir de algo
to live through sth sobrevivir algo
to live together vivir juntos
to live up to sth 1 (*promesa*) cumplir algo **2** vivir con arreglo a algo **3** estar a la altura de su fama: *He's always lived up to his drunken reputation.* Siempre ha estado a la altura de su fama de borracho.
to live with sb vivir con algn
to live with sth aceptar algo: *You'll have to learn to live with it, I'm afraid.* Lo siento, pero tendrás que aceptarlo.

livelihood /ˈlaɪvlihʊd/ *n* medio de subsistencia: *to deprive sb of his livelihood* privar a algn de su medio de subsistencia

lively /ˈlaɪvli/ *adj* (**-ier, -iest**) **1** (*persona, imaginación*) vivo **2** activo **3** (*conversación*) animado **4** (*fiesta, color*) alegre
LOC **to look lively** espabilarse
▶ **liveliness** *n* viveza, animación

liven /ˈlaɪvn/ *v*
PHR V **to liven up** animarse, avivarse

to liven sth up animar algo: *to liven things up* alegrar el ambiente

liver /ˈlɪvə(r)/ *n* hígado: *liver disease* enfermedad hepática ☛ *Ver ilustración en* DIGESTIVE

Liverpudlian /ˌlɪvəˈpʌdliən/ *adj, n* (habitante) de Liverpool

livery /ˈlɪvəri/ *n* (*pl* **-ies**) **1(a)** (*uniforme, emblema*) librea: *servants dressed in ducal livery* criados uniformados con la librea ducal/los colores del duque ◊ *livery company* cofradía/gremio londinense **(b)** (*organización*) colores distintivos: *They have changed the livery of their trains.* Han cambiado los colores de sus trenes. **2** *to keep a horse in livery* tener a un caballo en una cuadra de pago ◊ *livery stable/yard* cuadra (de alquiler)
▶ **liveried** *adj* de librea

lives *plural de* LIFE

livestock /ˈlaɪvstɒk/ *n* **1** ganado **2** animales (*de cría*)

livid /ˈlɪvɪd/ *adj* lívido
LOC to be livid poner el grito en el cielo: *Her mother would be livid if she knew.* Su madre se pondría por las nubes si se enterara.

living[1] /ˈlɪvɪŋ/ *adj* vivo: *living creatures* seres vivos ◊ *the finest living writer* el mejor escritor vivo ◊ *a living language* una lengua viva *Ver tb* CLEAN-LIVING
LOC a living legend una leyenda viviente **to be living proof of sth** ser una prueba viviente de algo **within/in living memory** en unos tiempos que todavía recuerdan los viejos del lugar *Ver tb* DAYLIGHTS, IMAGE
▶ **the living** *n* [*pl*] los vivos **LOC** *Ver* LAND[1]

living[2] /ˈlɪvɪŋ/ *n* [*gen sing*] vida: *to earn/make a living* ganarse la vida ◊ *What do you do for a living?* ¿Cómo te ganas la vida? ◊ *cost/standard of living* coste de la vida/nivel de vida **LOC** *Ver* SCRAPE

living room (*GB tb* **sitting room**) *n* cuarto de estar ☛ *Ver nota en* RECEPTION ROOM

lizard /ˈlɪzəd/ *n* lagarto, lagartija

llama /ˈlɑːmə/ *n* llama

lo /ləʊ/ *interj* (*antic*) mira
LOC lo and behold (*joc* o *irón*) mira por dónde

load[1] /ləʊd/ *n* **1** carga: *a coach-load of tourists* un autocar lleno de turistas **2 loads (of sth)** [*pl*] (*coloq*) montones (de algo) *Ver tb* BOATLOAD, CASELOAD, WORKLOAD
LOC a load of (old) cobblers: *What a load of (old) cobblers!* ¡Qué tontería! **a load of (old) rubbish, etc** (*coloq*): *What a load of rubbish!* ¡Vaya montón de chorradas! **to get a load of sth/sb** (*coloq*): *Get a load of this!* ¡Fíjate en eso! *Ver tb* MIND[1]

load[2] /ləʊd/ **1** *vt* **(a) ~ sth (into/onto sth/sb)** cargar algo (en algo/algn) (*arena, ladrillos, etc*): *to load bricks onto a lorry* cargar ladrillos en un camión **(b) ~ sth (up) (with/into sth)** cargar algo (con algo) (*camión, barco, etc*): *to load a lorry (up) with bricks* cargar un camión de ladrillos **(c) ~ sth/sb (down)** cargar algo/a algn (*con mucho peso*): *loaded down with shopping* cargado hasta los topes de compras *Ver tb* OFFLOAD, UNLOAD **2** *vi* **~ (up)/(up with sth)** cargar algo (con algo): *The boat is loading.* Están cargando el barco. **3** *vt, vi* (*arma*) cargar: *Load... fire!* ¡Carguen... fuego! **4** *vt* **~ sb (down) (with sth)** (*fig*) agobiar a algn (con algo)
LOC to load the dice (against sb/in sb's favour) predisponer el resultado de algo (en contra/a favor de algn): *The dice were loaded against me.* Todo estaba predispuesto en mi contra.
▶ **loaded** *adj* **1** cargado: *loaded dice* dados trucados **2(a)** (*argot*) cargado de pasta **(b)** (*de copas*) cargado
LOC a loaded question una pregunta con segundas
loading *n*: *loading and unloading* carga y descarga

loaf[1] /ləʊf/ *n* (*pl* **loaves** /ləʊvz/) pan (*de molde, redondo, etc*): *a loaf of bread* una hogaza de pan ◊ *the miracle of the loaves and fishes* el milagro de los panes y los peces ☛ *Ver ilustración en* BARRA *Ver tb* COTTAGE LOAF
LOC half a loaf is better than none/than no bread (*refrán*) más vale poco que nada *Ver tb* USE[1]

loaf[2] /ləʊf/ *vi* **~ (around)** (*coloq*) holgazanear
▶ **loafer** *n* **1** gandul **2** mocasín

loam /ləʊm/ *n* mantillo, humus

loan /ləʊn/ *n* **1** préstamo: *I got it on loan from a friend.* Me lo prestó un amigo. ◊ *May I have the loan of your bicycle?* ¿Puedes prestarme tu bicicleta? **2** (*Com*) préstamo: *to ask for a loan* pedir un préstamo *Ver tb* BRIDGING LOAN **LOC** *Ver* SECURE
■ **loan** *vt* (*esp USA, formal*) **~ sth (to sb)** prestar algo (a algn) ☛ La palabra más normal es **lend**.

loath (*tb* **loth**) /ləʊθ/ *adj* **~ to do sth** (*formal*) reacio a hacer algo: *I was loath to start an argument.* Me resistía a empezar una discusión.
LOC nothing loath deseoso (de hacer algo)

loathe /ləʊð/ *vt* abominar
▶ **loathing** *n* aborrecimiento: *to have a loathing of sth* aborrecer algo
loathsome *adj* repelente

loaves *plural de* LOAF[1]

lob /lɒb/ *vt* (**-bb-**) volear
■ **lob** *n* lob (*tiro en parábola*)

lobby /ˈlɒbi/ *n* (*pl* **-ies**) **1** vestíbulo **2** (*política*) grupo (*de presión*)
■ **lobby** *vt* (*pret, pp* **lobbied**) **~ (sb) (for sth)** presionar (a algn) (para algo)
▶ **lobbying** *n* presión política
lobbyist *n* miembro de un grupo de presión

lobe /ləʊb/ *n* lóbulo *Ver tb* EAR LOBE

lobotomy /ləʊˈbɒtəmi/ *n* lobotomía

lobster /ˈlɒbstə(r)/ *n* langosta **LOC** *Ver* RED

local /ˈləʊkl/ *adj* **1** local, de la zona: *I'm not local.* No soy de aquí. ◊ *local wine* vino del país ◊ *local call/time* llamada/hora local ◊ *local authority/government* gobierno provincial/regional ◊ *local elections* elecciones municipales **2** (*Med*) localizado: *local anaesthetic* anestesia local
■ **local** *n* **1** [*gen pl*] vecino: *the locals* el vecindario **2** (*GB, coloq*) bar habitual
▶ **locally** *adv* localmente

locale /ləʊˈkɑːl; *USA* -ˈkæl/ *n* escenario (*de algo*)

locality /ləʊˈkæləti/ *n* (*pl* **-ies**) lugar

localize, -ise /ˈləʊkəlaɪz/ *vt* circunscribir a, localizar: *a localized infection* una infección localizada
▶ **localization, -isation** /ˌləʊkəlaɪˈzeɪʃn; *USA* -lɪˈz-/ *n* localización

locate /ləʊˈkeɪt; *USA* ˈləʊkeɪt/ *vt* **1** localizar: *I'm trying to locate Mr Smith.* Estoy intentando localizar al Señor Smith. **2** situar: *The office is located in the city centre.* La oficina está situada en el centro.

location /ləʊˈkeɪʃn/ *n* **1** ubicación, emplazamiento: *a hotel in a quiet location* un hotel en un lugar tranquilo **2** localización **3** (*persona*) paradero: *His exact location is not known.* Se desconoce su paradero exacto.
LOC (be) on location rodar en exteriores: *She's on location in Kenya.* Está rodando en Kenia. ◊ *filmed on location in India* exteriores rodados en la India

loch /lɒk, lɒx/ *n* (*Escocia*) **1** lago **2** ría

lock[1] /lɒk/ *n* **1** mechón: *a lock of hair* un mechón de pelo *Ver tb* FORELOCK **2 locks** (*ret* o *joc*) pelo

lock[2] /lɒk/ *n* **1** cerradura **2** (*canal*) esclusa: *a lock gate* una compuerta de esclusa **3** (*lucha*) llave: *to have sb's arm in a lock* hacer una llave a algn **4** (*vehículo*) ángulo de giro: *on full lock* con el volante girado al máximo *Ver tb* DEADLOCK
LOC lock, stock and barrel completamente **(to keep sth/put sth/be) under lock and key** (guardar algo/estar) bajo llave
■ **lock** *vt, vi* **1(a)** cerrar con llave: *This suitcase doesn't lock.* Esta maleta no se puede cerrar con llave. ◊ *to lock a bicycle* poner el candado en una bicicleta **(b)** encerrar con llave *Ver tb* CENTRAL LOCKING, DOUBLE-LOCK **2**

(*volante, etc*) bloquearse: *The brakes locked.* Los frenos se bloquearon.

PHR V **to lock sth away/up** guardar algo bajo llave
to lock sb/yourself in encerrar a algn/encerrarse en
to lock onto sth seguir a algo
to lock sb/yourself out (**of sth**): *I've lost my key and I'm locked out!* ¡He perdido la llave y no puedo entrar!
to lock (**sth**) **up** cerrar algo: *Don't forget to lock up the shop.* No olvides de cerrar la tienda.
to lock sb up encerrar a algn
▶ **locked** *adj* **1 ~ in sth** enzarzado: *two nations locked in a power struggle* dos naciones enzarzadas en la lucha por el poder **2 ~ into sth** atado: *locked into a relationship* atrapado por una relación **3 ~ together** enganchado

lockable /ˈlɒkəbl/ *adj* que se puede cerrar con llave

locker /ˈlɒkə(r)/ *n* taquilla (*en vestuarios, etc*): *left-luggage lockers* consigna automática

locker room *n* (*esp USA*) vestuario

locket /ˈlɒkɪt/ *n* guardapelo

lockjaw /ˈlɒkdʒɔː/ *n* trismo

lockout /ˈlɒkaʊt/ *n* cierre patronal

locksmith /ˈlɒksmɪθ/ *n* **1** (*persona*) cerrajero, -a **2** **locksmith's** (*tienda*) cerrajería ☛ *Ver nota en* CARNICERÍA

lock-up /ˈlɒk ʌp/ *n* **1** cárcel **2** (*tb* **lock-up garage**) garaje

loco /ˈləʊkəʊ/ *n* (*pl* **~s**) (*coloq*) *Ver* LOCOMOTIVE

locomotion /ˌləʊkəˈməʊʃn/ *n* (*formal*) locomoción

locomotive /ˈləʊkəməʊtɪv/ *adj* locomotriz
■ **locomotive** (*tb* **loco**) *n* locomotora *Ver* ENGINE sentido 2

locum /ˈləʊkəm/ *n* suplente (*de médico*)

locus /ˈləʊkəs/ *n* (*pl* **loci** /ˈləʊsaɪ/) **1** (*Mat*) lugar geométrico **2** (*Biol*) locus

locust /ˈləʊkəst/ *n* langosta (*insecto*)

locution /ləˈkjuːʃn/ *n* locución (*Lingüística*)

lode /ləʊd/ *n* filón

lodestar (*tb* **loadstar**) /ˈləʊdstɑː/ *n* **1** estrella polar **2** (*fig*) guía

lodge /lɒdʒ/ *n* **1** casa del guarda **2** (*de caza, pesca, etc*) pabellón **3** portería **4** (*masónica*) logia
■ **lodge** *vt, vi* **1 ~** (**with sb/at…**) hospedar(se) (con algn/en casa de…) **2 ~ in sth** alojarse en algo: *The bullet (was) lodged in his brain.* La bala se hallaba alojada en su cerebro. **3 ~ sth** (**with sb**) (**against sb**) presentar algo (a algn)(contra algn): *to lodge a complaint* presentar una queja **4** depositar: *to lodge your valuables in the bank* depositar los objetos de valor en el banco

lodger /ˈlɒdʒə(r)/ *n* huésped, -a: *to take in lodgers* alquilar habitaciones

lodging /ˈlɒdʒɪŋ/ *n* **1** alojamiento: *board and lodging* alojamiento y comida **2** **lodgings** [*pl*] habitaciones: *to live in lodgings* vivir en una pensión

lodging house *n* casa de huéspedes

loft /lɒft; *USA* lɔːft/ *n* **1** desván **2** pajar **3** (*de coro*) galería

lofty /ˈlɒfti; *USA* ˈlɔːfti/ *adj* (**-ier, -iest**) **1** noble: *lofty principles* nobles principios **2** (*pey*) altivo **3** (*ret*) alto: *to reach the lofty heights of sth* alcanzar lo más alto de algo
▶ **loftily** *adv* altivamente

log¹ /lɒg; *USA* lɔːg/ *n* **1** tronco **2** leño: *log cabin* cabaña de madera **LOC** *Ver* EASY¹, SLEEP²

log² /lɒg; *USA* lɔːg/ (*tb* **logbook**) *n* libro de bitácora/de vuelo
■ **log** *vt* (**-gg-**) **1** anotar: *All telephone calls are logged.* Todas las llamadas son anotadas. **2** *The pilot had logged over 200 hours in the air.* El piloto tenía más de 200 horas de vuelo.
PHR V **to log in/on** entrar en sesión (*Comp*)
to log off/out salir de sesión (*Comp*)

log³ /lɒg; *USA* lɔːg/ *n* (*coloq*) logaritmo: *log tables* tablas de logaritmos

loganberry /ˈləʊgənbəri; *USA* -beri/ *n* frambuesa norteamericana

logarithm /ˈlɒgərɪðəm; *USA* ˈlɔːg-/ *n* logaritmo

logarithmic /ˌlɒgəˈrɪðmɪk; *USA* ˌlɔːg-/ *adj* logarítmico

logbook /ˈlɒgbʊk/ *n* **1** *Ver* LOG² **2** documentación (de un vehículo)

loggerheads /ˈlɒgəhedz/ *n*
LOC **be at loggerheads** (**with sb**) estar enfrentado con algn

loggia /ˈləʊdʒə, ˈlɒdʒɪə/ *n* logia

logging /ˈlɒgɪŋ/ *n* tala: *a logging company* una compañía maderera

logic /ˈlɒdʒɪk/ *n* lógica: *the logic behind our strategy* la lógica de nuestra estrategia

logical /ˈlɒdʒɪkl/ *adj* lógico
▶ **logically** *adv* lógicamente

logistic(al) /ləˈdʒɪstɪk(l)/ *adj* logístico
▶ **logistically** *adv* desde un punto de vista logístico

logistics /ləˈdʒɪstɪks/ *n* logística

logjam /ˈlɒgdʒæm/ *n* (*esp USA*) estancamiento

logo /ˈləʊgəʊ/ *n* (*pl* **~s**) logotipo

loin /lɔɪn/ *n* **1** ijada **2** lomo

loincloth /ˈlɔɪnklɒθ/ *n* taparrabos

loiter /ˈlɔɪtə(r)/ *vi* **~** (**about/around**) merodear
▶ **loiterer** *n* merodeador, -a

loll /lɒl/ *vi* **1** recostarse: *to loll around* hacer el vago ◊ *She lolled back in her chair.* Se recostó en la butaca. **2** (*cabeza, lengua*) colgar: *its tongue lolling out with thirst* su lengua colgando de sed

lollipop /ˈlɒlipɒp/ *n* piruleta *Ver tb* LOLLIPOP LADY

lollipop lady *n* (*pl* **lollipop ladies**) (*GB*)

> **Lollipop lady** es una persona contratada para ayudar a los niños a cruzar la calle, especialmente al entrar y salir del colegio. Se llama así porque normalmente lleva una señal circular en forma de piruleta (**a lollipop**) con las palabras *Stop! Children Crossing* para detener el tráfico cuando cruzan los niños.

lollipop man *n* (*pl* **lollipop men**) (*GB*) ☛ *Ver nota en* LOLLIPOP LADY

lolly /ˈlɒli/ *n* (*GB*) **1** (*coloq*) piruleta *Ver tb* ICE LOLLY **2** (*argot*) pasta (*dinero*)

lone /ləʊn/ *adj* (*ret*) **1** solitario: *a lone figure in the distance* una figura solitaria a lo lejos **2** sin pareja: *a lone mother/lone parents* una madre soltera/padres solteros ☛ *Ver nota en* SINGLE *adj*

lonely /ˈləʊnli/ *adj* (**-ier, -iest**) solo, solitario: *Don't you ever get lonely?* ¿Nunca te sientes solo? ◊ *a lonely and deserted beach* una playa desierta y solitaria

> **¿Alone, solitary o lonely?**
> **Alone** y **solitary** son palabras neutras que indican que una persona o cosa está aislada o separada del resto: *I like being alone in the house.* Me gusta estar solo en casa. ◊ *She goes for long, solitary walks.* Se da largos paseos sola.
> **Lonely** (o **lonesome** en inglés americano) implica que la persona que está sola no quiere estarlo: *I feel very lonely.* Me siento muy solo.
> Nótese que **alone** no se usa delante de sustantivo, mientras que **solitary** y **lonely** sí: *a lonely person* una persona solitaria.
> Tanto **lonely** como **solitary** se pueden aplicar también a lugares aislados o poco frecuentados: *a lonely/solitary house* una casa solitaria.

▶ **loneliness** *n* soledad

loner /ˈləʊnə(r)/ *n* solitario, -a

lonesome /ˈləʊnsəm/ *adj* (*USA*) solitario ☛ *Ver nota en* LONELY
LOC **by/on your lonesome** (*coloq*) a solas

long[1] /lɒŋ; *USA* lɔːŋ/ *adj* (**longer** /ˈlɒŋɡə(r)/ **longest** /ˈlɒŋɡɪst/) **1** (*longitud*) largo: *It's two metres long.* Mide dos metros de largo. ◊ *Is it a long way?* ¿Está muy lejos? ☛ *Ver nota en* TON *Ver tb* DADDY-LONG-LEGS, MILE-LONG **2** (*tiempo*): *a long time ago* hace mucho tiempo ◊ *It will pay off in the longer term.* Será rentable a un plazo más largo. ◊ *How long are the holidays?* ¿Cuánto duran las vacaciones? ◊ *How long does it take?* ¿Cuánto (tiempo) te lleva? ◊ *He was left alone for longer and longer periods.* Cada vez le dejaban más tiempo solo. *Ver tb* DAY-LONG, LIFELONG, YEAR-LONG

LOC a long haul una ardua tarea **a long time** mucho tiempo **at the longest** como máximo **in the long run** a la larga **long in the tooth** (*joc*) un tanto viejo **long time no see!** (*coloq*) ¡dichosos los ojos! **not by a long chalk/shot** ni mucho menos **to be a long shot** ser poco probable **to cut a long story short** en resumen **to go a long way** dar mucho de sí (*comida, etc*): *She makes a little money go a long way.* Hace que el dinero le dé mucho de sí. **to have come a long way** haber avanzado mucho **to take the long view** considerar algo a largo plazo *Ver tb* ARM, BROAD, FAR, HAPPY, LAST[1], TERM, WEEK

■ **long** *adv* (**longer** /ˈlɒŋɡə(r)/ **longest** /ˈlɒŋɡɪst/) **1** mucho (tiempo): *long ago* hace mucho ◊ *long before/after* mucho antes/después ◊ *Stay as long as you like.* Quédate cuanto quieras. ◊ *Don't be too long.* No tardes mucho. ◊ *I can't wait much longer.* No puedo esperar mucho más. *Ver tb* RECENT

¿**Long** o **a long time**? Ambas formas adverbiales son intercambiables en frases interrogativas: *Have you been waiting (for) long/a long time?* ¿Has esperado mucho tiempo?
Long sólo se usa en frases afirmativas cuando va modificado por otro adverbio (**too**, **enough**, **so**, **very**, etc). En los demás casos se utiliza **a long time**: *It took so long!* ¡Tardó tanto (tiempo)! ◊ *She lived in India (for) a long time.* Vivió en la India mucho tiempo.
En frases negativas puede haber una diferencia de significado. Comparar las siguientes oraciones: *I haven't been here for a long time.* No he estado aquí desde hace mucho tiempo. ◊ *I haven't been here long.* No llevo mucho tiempo aquí.

2 todo: *We danced the whole night long.* Bailamos toda la noche. ◊ *all day long* todo el día

LOC any longer 1 *She doesn't work any longer.* Ya no trabaja. **2** más: *I can't wait any longer.* No puedo esperar más. **as/so long as 1** con tal de que **2** (*USA*) ya que **no longer/not any longer** ya no más: *He no longer works here./He doesn't work here any longer.* Ya no trabaja aquí. ◊ *That is no longer necessary.* Ya no hace falta. ◊ *They told her she was no longer required.* Le dijeron que sus servicios ya no eran necesarios. **so long** (*coloq*) hasta la vista *Ver tb* LAUGH, NIGHT

long[2] /lɒŋ; *USA* lɔːŋ/ *vi* **1** ~ **for sth**; ~ **to do sth** ansiar algo, ansiar hacer algo: *a (much) longed-for baby* un niño muy esperado ◊ *I'm longing to see you.* Estoy deseando verte. **2** ~ **for sb to do sth** estar deseando que algn haga algo: *She longed for him to leave.* Estaba deseando que se fuera.

▶ **longed-for** *adj* ansiado
longing *n* anhelo
longing *adj* anhelante
longingly *adv* con anhelo

long-distance /ˈlɒŋ dɪstəns/ *adj, adv* de larga distancia: *a long-distance runner* corredor de fondo ◊ *to phone long-distance* poner una conferencia

long-drawn-out /ˈlɒŋ drɔːn aʊt/ *adj* prolongado innecesariamente

longevity /lɒnˈdʒevəti/ *n* longevidad

longitude /ˈlɒndʒɪtjuːd; *USA* -tuːd/ *n* (*abrev* **long**) (*Geog*) longitud ☛ *Ver ilustración en* GLOBO
▶ **longitudinal** *adj* longitudinal

long johns *n* [*pl*] calzoncillos largos

the long jump (*USA tb* **broad jump**) *n* salto de longitud

long-lasting /ˌlɒŋ ˈlɑːstɪŋ; *USA* ˌlɔːŋ-/ *adj* duradero

long-legged /ˌlɒŋ ˈleɡɪd/ *adj* de piernas largas

long-life /ˈlɒŋ laɪf/ *adj*: *long-life batteries/milk* pilas/leche de larga duración

long-lost /ˈlɒŋ lɒst; *USA* ˈlɔːŋ lɔːst/ *adj* [*antes de sustantivo*] perdido/desaparecido hace mucho tiempo: *a long-lost relative* un familiar con el que no se ha tenido contacto en mucho tiempo ◊ *You remind him of his long-lost youth.* Le recuerdas a su lejana juventud.

long-range /ˈlɒŋ reɪndʒ/ *adj* **1** *long-range planning* planificación a largo plazo **2** de largo alcance: *a long-range missile* un misil de largo alcance

long-running /ˈlɒŋ rʌnɪŋ; *USA* ˈlɔːŋ-/ *adj* **1** (*en cartelera, pantalla*) que lleva tiempo **2** (*conflicto, etc*) largo, que viene de largo

long-sighted /ˈlɒŋ saɪtɪd/ (*USA* **far-sighted**) *adj* hipermétrope

long-sleeved /ˈlɒŋ sliːvd/ *adj* de manga larga

long-standing /ˈlɒŋ stændɪŋ/ *adj* de hace mucho tiempo: *a long-standing arrangement* un acuerdo de hace mucho tiempo

long-stay /ˈlɒŋ steɪ; *USA* ˈlɔːŋ-/ *adj*: *long-stay patients/hospitals* pacientes/hospitales de estancia prolongada ◊ *long-stay car park* aparcamiento de estancia prolongada

long-suffering /ˈlɒŋ sʌfərɪŋ/ *adj* resignado: *I pity his long-suffering wife.* Compadezco a su resignada esposa.

long-term /ˈlɒŋ tɜːm/ *adj* a largo plazo, de largo plazo: *a long-term commitment* un compromiso a largo plazo

long-time /ˈlɒŋ taɪm/ *adj* antiguo: *I'm a long-time admirer of her work.* Soy un antiguo admirador de su obra.

long wave *n* (*abrev* **LW**) onda larga

longways /ˈlɒŋweɪz; *USA* ˈlɔːŋ-/ *adv Ver* LENGTHWAYS

long-winded /ˈlɒŋ wɪndɪd/ *adj* prolijo: *a long-winded speech* un discurso prolijo
▶ **long-windedness** *n* prolijidad

loo /luː/ *n* (*pl* **loos**) (*GB, coloq*) cuarto de baño ☛ *Ver nota en* TOILET

look[1] /lʊk/ *vi* **1** mirar: *She looked out of the window/down at the floor.* Miró por la ventana/al suelo. ◊ *Look where you're going!* ¡Mira por dónde vas! ◊ *Look who's here!* ¡Mira quién ha venido! **2** parecer: *You look tired.* Pareces cansada. ◊ *If they find out, I shall look a fool.* Si se enteran, voy a parecer un idiota. ◊ *That photograph doesn't look like her at all.* Esa foto no se le parece en nada. ◊ *It looks like rain/It looks as if it's going to rain.* Parece que va a llover. **3** ~ **onto sth** dar a algo: *My bedroom looks onto the garden.* Mi dormitorio da al jardín. *Ver tb* BAD-LOOKING, FORWARD-LOOKING, GOOD-LOOKING, INWARD-LOOKING

LOC (not) to look yourself (no) parecer uno mismo **to be looking to do sth** estar tratando de hacer algo (**to be unable**) **to look sb in the eye(s)/face** (no poder) mirarle a algn a los ojos/la cara **to look at sth/sb** a juzgar por algo/algn: *To look at her, you'd never guess what she's been through.* A juzgar por su aspecto, no imaginarías por lo que ha pasado. **to look bad/good (for sb)** tener mala/buena pinta (para algn) **to look sb up and down** mirar a algn de arriba abajo

☛ Para otras expresiones con **look**, véanse las entradas del sustantivo, adjetivo, etc, p.ej. **to look your age** en AGE[1]

PHR V to look after sth encargarse de algo
to look after yourself/sb cuidarse/cuidar de/a algn
to look at sth 1 examinar algo **2** considerar algo
to look at sth/sb mirar algo/a algn
to look back (on sth) pensar (en algo pasado), mirar hacia atrás
to look down on sth/sb (*coloq*) despreciar algo/a algn
to look for sth/sb buscar algo/a algn: *They were looking for a fight.* Estaban buscando bronca.
to look forward to (doing) sth tener ganas de (hacer)

algo: *We're so much looking forward to seeing you again.* Tenemos tantas ganas de volver a verte.

to look in (on sb/at...) hacer una visita (a algn/a...)

to look into sth investigar algo: *to look into a complaint/a matter* investigar una queja/un asunto

to look on mirar (sin tomar parte): *Passers-by just looked on as he hit her.* Los transeúntes se limitaron a mirar mientras le pegaba.

to look on sth/sb considerar algo/a algn: *Shall we look on the money as a loan?* ¿Consideraremos el dinero como un préstamo? ◊ *I look on him/his behaviour with contempt.* Contemplo su conducta con desprecio.

to look out: *Look out!* ¡Cuidado!

to look out (for sth/sb) fijarse (por si se ve algo/a algn): *Look out for him.* Fíjate a ver si está. ◊ *Do look out for spelling mistakes.* Presta especial atención a las faltas de ortografía.

to look sth out (for sth/sb) buscar algo (para algo/algn)

to look sth over examinar algo

to look round 1 volver la cabeza para mirar **2** mirar por ahí

to look round sth visitar algo

to look sth through repasar algo, echar un vistazo a algo

to look to do sth tener pensado hacer algo

to look to sb for sth; to look to sb to do sth confiar en que algn haga algo: *We are looking to you for help/to help us.* Confiamos en que tú nos ayudes.

to look up 1 alzar la vista **2** (*coloq*) mejorar: *Things are definitely looking up.* Decididamente las cosas están mejorando.

to look sb up (*coloq*) visitar a algn

to look sth up buscar algo (*en un diccionario o en un libro*)

to look up to sb admirar a algn

look² /lʊk/ *n* **1** mirada, vistazo: *to have/take a look at sth* echar un vistazo a algo ◊ *Let me have/Let's have a look.* Déjame ver. ◊ *Have a good look.* Míralo bien. ◊ *I got some funny looks.* Me miraban extrañados. ◊ *Take a closer look at it.* Míralo con atención esta vez. ◊ *to have a look round sth* dar una vuelta por algo **2** búsqueda: *to have a look for sth* buscar algo **3** aspecto, aire, cara: *There was a faraway look in her eyes.* Tenía la mirada perdida. ◊ *I don't like the look of this.* No me gusta la pinta que tiene esto. **4** moda, look: *a new look* una nueva imagen **5 looks** [*pl*] físico: *She's got her mother's good looks.* Es guapa, como su madre. *Ver tb* GOOD LOOKS

LOC by/from the look of sth/sb a juzgar por algo/por el aspecto de algn **by/from the look of it/things** según parece *Ver tb* CLOSE¹, DIRTY

lookalike /ˈlʊkəlaɪk/ *n* doble (*persona*)

looker /ˈlʊkə(r)/ *n* (*coloq, aprob*) tía buena: *She's a real looker!* ¡Está super buena! *Ver tb* ONLOOKER

look-in /ˈlʊk ɪn/ *n*

LOC to get/have a look-in (*coloq*) tener una oportunidad

lookout /ˈlʊkaʊt/ *n* vigía

LOC to be sb's lookout (*coloq*) ser asunto de algn: *That's your look-out.* Eso es asunto tuyo. **to be on the lookout for sth/sb; to keep a lookout for sth/sb** *Ver* TO LOOK OUT (FOR STH/SB) *en* LOOK¹

loom¹ /luːm/ *n* telar

loom² /luːm/ *vi* **1** surgir, asomar(se): *to loom above/over sth* dominar algo ◊ *figures looming up out of the darkness* figuras surgiendo de la oscuridad **2** (*fig*) amenazar, vislumbrarse: *to loom large* cobrar mucha importancia ◊ *the crisis which looms ahead* la crisis que amenaza ◊ *with this threat looming over her* con esta amenaza pesando sobre ella

loony /ˈluːni/ *adj, n* (*coloq, ofen*) loco, -a

loop /luːp/ *n* **1(a)** vuelta (*de tirabuzón*) **(b)** (*con nudo*) lazo **(c)** (*de camino, río*) recodo **(d)** (*en ropa*) presilla: *belt loop* la trabilla del cinturón/de la cinturilla **(e)** (*figura aérea*) rizo **2** (*Elec*) circuito cerrado **3** (*Informát*) bucle

■ **loop 1** *vi* **(a)** dar vueltas: *We looped around the island.* Le dimos la vuelta a la isla. **(b)** (*avión, etc*) hacer el rizo **2** *vt* **(a)** colgar, enganchar (*formando una onda*): *to loop sth round/over sth* pasar algo alrededor de/por algo **(b)** (*soga, etc*) hacer una lazada en, enrollar **3** *vt* (*pelota*) lanzar en parábola

LOC to loop the loop rizar el rizo

loophole /ˈluːphəʊl/ *n* escapatoria: *tax loophole* agujero fiscal ◊ *legal loophole* laguna legal

loopy /ˈluːpi/ *adj* (*coloq*) loco

loose /luːs/ *adj* **(-er, -est) 1** suelto, flojo: *loose stones on the road* piedras sueltas en la carretera ◊ *My tooth is loose.* Se me mueve el diente. ◊ *loose covers* fundas ◊ *to have loose bowels* estar suelto de vientre ◊ *The horses were loose in the fields.* Los caballos estaban sueltos en el campo. **2** suelto: *loose change* (dinero) suelto ◊ *loose ends* cabos sueltos **3(a)** (*organización, etc*) libre **(b)** (*lazo familiar, etc*) no muy estrecho **(c)** (*grupo*) sin mucha cohesión: *We formed a loose coalition.* Formamos una coalición bastante relajada. **4(a)** vago, impreciso **(b)** (*traducción*) aproximado **(c)** (*estilo*) libre **5** (*vestido*) holgado, ancho: *loose fitting trousers* pantalones holgados **6(a)** (*tejido*) no tupido **(b)** (*tierra*) suelto, poco firme **7(a)** (*moral*) relajado **(b)** (*vida, conducta*) disoluto

LOC to be at a loose end no tener nada que hacer **to break loose (from sth/sb)** liberarse (de algo/algn): *to break loose from tradition* romper con la tradición **to come/work loose** aflojarse, soltarse **to cut loose** (*coloq*) soltarse **to cut loose (from sth)** independizarse (de algo), separarse (de algo) **to let sth/sb loose** soltar algo/a algn: *He let loose his imagination.* Dio rienda suelta a su imaginación. **to let sb loose on sth** dar a algn carta blanca con algo *Ver tb* FAST², HELL, SCREW, TIE

■ **loose** *vt* **1** (*tb* **to let loose**) soltar: *He loosed the dogs on me.* Me soltó los perros. **2** (*pasión*) desatar

PHR V to loose (sth) off (at sth/sb) disparar (algo) (sobre algo/algn)

Nótese que el verbo **lose** (*pret, pp* **lost**), que significa *perder*, no guarda ninguna relación con **loose** o **loosen**.

■ **loose** *n*

LOC (to be)/(go) on the loose estar/irse de juerga **to be on the loose** andar suelto

▶ **loosely** *adv* libremente, aproximadamente: *loosely woven* tejido no muy tupido ◊ *The two ideas are only loosely connected.* Existe una relación no muy estrecha entre las dos ideas.

loose-fitting /ˈluːs fɪtɪŋ/ *adj* (*hechura*) holgado

loosen /ˈluːsn/ **1** *vt, vi* aflojar(se), soltar(se), desatar(se): *to loosen your tie* aflojarse la corbata **2** *vt* (*control*) relajar ☞ *Ver nota en* LOOSE

LOC to loosen sb's tongue soltar la lengua a algn **to loosen your grip/hold (on sth/sb) 1** dejar de apretar tan fuerte (algo/a algn) **2** (*fig*) relajar el control (sobre algo/algn)

PHR V to loosen up 1 relajarse, soltarse **2** (*ejercicio*) (hacer) entrar en calor

to loosen sth up 1 desentumecer algo (*músculos*) **2** relajar algo (*control*)

loot /luːt/ *n* **1** botín **2** (*coloq*) pasta (*dinero*)

■ **loot 1** *vi* darse al saqueo **2** *vt* saquear

▶ **looter** *n* saqueador, -ora

looting *n* saqueo

lop /lɒp/ *vt* **(-pp-)** podar

PHR V to lop sth off/away cortar algo

to lop sth off/from sth (*coloq*) quitar algo de algo: *He lopped £5 from the price.* Rebajó el precio en cinco libras. ◊ *to lop time off a journey* ahorrar tiempo en un viaje

lope /ləʊp/ *vi* andar/correr a paso largo: *at/with a loping stride/run* dando zancadas
■ **lope** *n* paso largo

lopsided /ˌlɒpˈsaɪdɪd/ *adj* **1** torcido **2** (*fig*) desequilibrado

loquacious /ləˈkweɪʃəs/ *adj* (*formal*) locuaz

lord /lɔːd/ *n* **1** señor *Ver tb* LANDLORD, WARLORD **2 the Lord** (*Relig*) el Señor: *the Lord's Prayer* padrenuestro **3(a)** señor *m* (*de la nobleza*) **(b) the Lords** [*v sing o pl*] (*GB*) la Cámara de los Lores *Ver tb* THE HOUSE OF LORDS **4 Lord** (*GB*) (*como título*) Lord: *Lord Mayor* alcalde **5 My Lord (a)** señor **(b)** (*a juez*) señor juez **(c)** (*a obispo*) Ilustrísima
LOC **good Lord** *interj* ¡Dios mío! **lord and master** dueño y señor *Ver tb* LIVE², YEAR
■ **lord** *v*
PHR V **to lord it over sb** mandar a algn como si fuera el dueño

lordly /ˈlɔːdli/ *adj* **1** altanero **2** señorial

lordship /ˈlɔːdʃɪp/ *n*
LOC **your/his Lordship** su Señoría

lore /lɔː(r)/ *n* saber (popular) *Ver tb* FOLKLORE

lorry /ˈlɒri; *USA* ˈlɔːri/ *n* (*pl* **-ies**) (*USA* **truck**) camión: *lorry driver* camionero ◊ *a lorry-load of oranges* un cargamento de naranjas *Ver tb* TIPPER LORRY

lose /luːz/ (*pret, pp* **lost** /lɒst; *USA* lɔːst/) **1** *vt, vi* **(a)** perder: *What have you got to lose?* ¿Qué tienes tú que perder? ◊ *to lose your hair* perder el pelo ◊ *He lost two kilos.* Perdió dos kilos. ◊ *He's losing his looks.* Ya no es tan guapo como antes. ◊ *I'm afraid you've lost me.* Me temo que no te sigo. ◊ *to lose your virginity* perder la virginidad ◊ *to lose consciousness/patience* perder el conocimiento/la paciencia **(b) ~ (sth) (to sb)** perder (algo) (ante algn): *He lost his title to the Russian.* El ruso le quitó el título. ◊ *Italy lost to France.* Italia perdió ante Francia. **2** *vt* (*beneficio*) perder (el derecho a) **3** *vt* **~ sb sth** hacer perder algo a algn: *It lost us the game.* Nos costó el partido. **4** *vt* (*perseguidor, etc*) escapar de, deshacerse de **5** *vt, vi* (*reloj*): *My watch is losing time.* Mi reloj atrasa. *Ver tb* LONG-LOST
LOC **(it's) a losing battle** (es) una batalla perdida **not to lose sleep/to lose no sleep over sth** no perder el sueño por algo **to lose caste (with/among sb)** perder categoría (con/entre algn), bajar de rango **to lose face** desprestigiarse **to lose heart** desalentarse **to lose interest (in sth)** perder el interés (por algo) **to lose sight of sth/sb** perder algo/a algn de vista, pasar por alto algo/a algn **to lose the thread (of sth)** perder el hilo (de algo) **to lose touch/contact (with sth/sb)** perder el contacto (con algo/algn) **to lose your bearings** desorientarse **to lose your breath** quedarse sin aliento **to lose your grip (on sth)** perder el control (sobre algo) **to lose your heart (to sth/sb)** enamorarse (de algo/algn) **to lose your life** perder la vida **to lose your marbles** (*coloq*) volverse loco **to lose your mind** volverse loco **to lose your nerve** acobardarse **to lose your place** perderse (*al leer*) **to lose your seat** perder el escaño **to lose your tongue**: *Have you lost your tongue?* ¿Te has quedado mudo? **to lose your touch** perder facultades **to lose your voice** perder la voz **to lose your way** perderse *Ver tb* CONTROL, COOL², COUNT², GROUND¹, NECK, TEMPER¹, TIME¹, TOSS, TRACK, WEIGHT, WIN
PHR V **to lose yourself in sth** absorberse en algo
to lose out (on sth)/(to sth/sb) (*coloq*) salir perdiendo (en algo)/(con respecto a algo/algn)
▶ **loser** *n* perdedor, -ora, fracasado, -a: *to be the loser* salir perdiendo ◊ *She is on(to) a loser.* Ha apostado a un perdedor.

loss /lɒs; *USA* lɔːs/ *n* pérdida: *the enemy suffered heavy losses* el enemigo sufrió numerosas pérdidas ◊ *to sell sth at a loss* vender algo perdiendo dinero
LOC **to be at a loss** estar desorientado: *I'm at a loss what to do next.* No tengo ni idea de qué hacer ahora. **to cut your losses** cortar por lo sano *Ver tb* DEAD

loss-making /ˈlɒs meɪkɪŋ; *USA* ˈlɔːs-/ *adj* deficitario, no rentable

lost¹ *pret, pp de* LOSE

lost² /lɒst/ *adj* perdido: *to get lost* perderse
LOC **all is not lost** (*refrán*) no todo está perdido **a lost cause** una causa perdida **get lost!** (*argot*) ¡lárgate! **to be lost in sth** estar totalmente absorto en algo: *She was lost in thought.* Estaba totalmente absorta en sus pensamientos. **to be lost on sb**: *The joke was lost on her.* No entendió el chiste. **to give sb up for lost** dar a algn por desaparecido **to make up for lost time** recuperar el tiempo perdido *Ver tb* LOVE

lost property *n* objetos perdidos: *lost property office* oficina de objetos perdidos

lot¹ /lɒt/ *adj* **a lot of 1** (*coloq* **lots of**) mucho(s): *There were lots of people at the party.* Había un montón de gente en la fiesta. ◊ *She's got an awful lot of friends.* Tiene una barbaridad de amigos. **2** *What a lot of presents!* ¡Qué cantidad de regalos!
■ **a lot** *pron* (*coloq* **lots**) mucho(s): *He spends a lot on clothes.* Gasta mucho en ropa. ◊ *There are lots left.* Quedan muchos. ◊ *quite a lot* bastante
■ **the lot** (*tb* **the whole lot**) *n* todo(s): *That's the lot!* ¡Eso es todo! ◊ *Take the whole lot if you want.* Llévatelo(s) todo(s), si quieres. ◊ *He'd eaten the lot.* Se lo había comido todo. *Ver tb* JOB LOT
■ **a lot** *adv* **1** mucho: *It's a lot colder today.* Hoy hace mucho más frío. ◊ *She looks a lot like Sue.* Se parece mucho a Sue. **2** mucho: *Prices have gone up a lot.* Los precios han subido mucho. ◊ *Thanks a lot.* Muchas gracias.

lot² /lɒt/ *n* **1(a)** (*subasta*) lote **(b)** (*personas*) grupo **(c)** *What do you lot want?* ¿Qué queréis vosotros? ◊ *I don't go out with that lot any more.* Ya no salgo con esos. **2(a)** parcela **(b)** (*USA*) solar **(c)** *parking lot* aparcamiento **3** (*destino*) suerte: *to be content with your lot* contentarse uno con su suerte
LOC **to cast/draw lots (for sth)** echar a suertes (algo) **to fall to sb's lot to do sth** (*formal*): *It has fallen to my lot to open this exhibition.* Me ha caído en suerte inaugurar esta exposición. **to throw in your lot with sb** unir uno su suerte a la de algn *Ver tb* EGG¹

loth *adj Ver* LOATH

lotion /ˈləʊʃn/ *n* loción

lottery /ˈlɒtəri/ *n* (*lit* y *fig*) lotería: *lottery ticket* billete de lotería

lotto /ˈlɒtəʊ/ *n* lotería (*juego de salón*)

lotus /ˈləʊtəs/ *n* (*pl* **lotuses**) loto: *lotus flowers* flores de loto ◊ *lotus position* postura del loto

loud /laʊd/ *adj* (**-er, -est**) **1(a)** alto: *to speak in a loud voice* hablar alto **(b)** (*grito*) fuerte **2** (*pey*) **(a)** (*color*) chillón **(b)** gritón
■ **loud** *adv* (**-er, -est**) alto: *Speak louder.* Habla más alto.
LOC **loud and clear** alto y claro **out loud** en voz alta *Ver tb* ACTION, CRY

loud hailer /ˌlaʊd ˈheɪlə(r)/ (*USA* **bullhorn**) *n* megáfono

loudly /ˈlaʊdli/ *adv* **1(a)** fuertemente **(b)** alto **2** (*comportarse*) de forma exagerada

loudmouth /ˈlaʊdmaʊθ/ *n* (*coloq*) bocazas
▶ **loud-mouthed** *adj* gritón

loudspeaker /ˌlaʊdˈspiːkə(r)/ (*tb* **speaker**) *n* altavoz

lough /lɒk, lɒx/ *n* (*Irl*) lago *Ver tb* LOCH

lounge /laʊndʒ/ *n* **1** cuarto de estar ☛ *Ver nota en* RECEPTION ROOM **2** sala: *departure lounge* sala de embarque **3** salón
■ **lounge** *vi* **1 ~ about/around** gandulear **2 ~ against sth** apoyarse en algo

lounge bar (*USA* **saloon bar**) *n* salón-bar

louse /laʊs/ *n* **1** (*pl* **lice** /laɪs/) piojo *Ver tb* CRAB LOUSE, WOODLOUSE **2** (*pl* **louses**) (*argot*) canalla
■ **louse** *v* (*coloq*)

PHR V **to louse sth up** fastidiar algo

lousy /ˈlaʊzi/ *adj* **1** (*coloq*) **(a)** pésimo: *The weather was lousy.* Hacía un tiempo malísimo. **(b) ~ with sth** plagado de algo **2** piojoso

lout /laʊt/ *n* patán

▶ **loutish** *adj* grosero

louvre (*tb* **louver**) /ˈluːvə(r)/ *n* lama de persiana

▶ **louvred** *adj* tipo persiana

lovable /ˈlʌvəbl/ *adj* **1** encantador, adorable **2** simpático

love /lʌv/ *n* **1** [*incontable*] amor: *love at first sight* amor a primera vista ◊ *a love scene* una escena de amor ◊ *a love letter* una carta de amor ◊ *Take care, my love.* Cuídate, mi amor.

Nótese que con personas se dice **love for somebody** y con cosas **love of something**: *his love for his daughters* el amor que siente por sus hijas ◊ *a great love of books* un gran amor por los libros.

Ver tb TUG OF LOVE **2** afición, pasión **3 a love** (*coloq*) (*persona*) un cielo **4** [*incontable*] (*Dep*) nada, cero **5** (*al final de una carta*) un abrazo: *love, Mary* un abrazo, Mary ☛ *Ver págs 594–7*

LOC **for the love of God** por amor de Dios **(just) for love/for the love of sth** por amor al arte **not for love (n)or money** ni a tiros **the love of sb's life 1** el amor de la vida de uno: *I've met the love of my life.* He encontrado al amor de mi vida. **2** la pasión de uno: *Sailing is the love of his life.* Su pasión es navegar. **there's little/no love lost between A and B** A y B no se pueden ni ver **to be in love (with sb)** estar enamorado (de algn) **to be in love with sth**: *She's in love with Spain.* Le encanta España. **to fall in love (with sb)** enamorarse (de algn) **to give/send sb your love** dar/mandar recuerdos a algn **to make love (to sb)** hacer el amor (con algn) *Ver tb* CUPBOARD, HEAD[1], LABOUR[1]

■ **love** *vt* **1** amar, querer: *Do you love me?* ¿Me quieres? ◊ *They need to be loved.* Necesitan cariño. **2** encantar: *Children love playing.* A los niños les encanta jugar. ◊ *She loves horses.* Le encantan los caballos. ◊ *I'd love to come.* Me encantaría ir. ◊ *We'd love you to come to dinner.* Nos gustaría mucho que vinieras a cenar.

LOC **love me, love my dog** (*refrán*) quien quiere a Beltrán, quiere a su can

love affair *n* aventura amorosa

lovebird /ˈlʌvbɜːd/ *n* **1** periquito **2** (*coloq*) (*enamorado*) tortolito

love child *n* hijo, -a natural

love-hate relationship *n* relación de amor y odio

loveless /ˈlʌvlɪs/ *adj* sin amor: *a loveless marriage* un matrimonio sin amor

love life *n* vida amorosa

loveliness /ˈlʌvlinəs/ *n* **1** belleza **2** encanto

lovely /ˈlʌvli/ *adj* (**-ier, -iest**) **1(a)** precioso **(b)** encantador **2** muy agradable: *We had a lovely time.* Lo pasamos muy bien. ◊ *It was lovely to see you again.* Me ha encantado volver a verte. **3** [*uso enfático*]: *The water was lovely and warm.* El agua estaba calentita.

lovemaking /ˈlʌvmeɪkɪŋ/ *n* relaciones sexuales

love match *n* matrimonio por amor

lover /ˈlʌvə(r)/ *n* amante ☛ *Comparar con* MISTRESS

lovesick /ˈlʌvsɪk/ *adj* enfermo de amor

love-song /ˈlʌv sɒŋ/ *n* canción de amor

love-story /ˈlʌv stɔːri/ *n* historia de amor

loving /ˈlʌvɪŋ/ *adj* cariñoso *Ver tb* PEACE-LOVING

▶ **lovingly** *adv* amorosamente: *lovingly restored* cuidadosamente restaurado

low[1] /ləʊ/ *adj* (**lower, lowest**) **1** bajo: *be on a low income* tener ingresos bajos ◊ *The temperatures were in the low eighties.* Las temperaturas apenas pasaban de los ochenta grados Fahrenheit. ◊ *low pressure* baja presión ◊ *Mortgage rates have fallen to their lowest level for 25 years.* El interés de las hipotecas ha alcanzado su nivel más bajo en los últimos 25 años. ◊ *a low point in the year* un bajón en el año ◊ *low calorie* bajo en calorías ◊ *a call for lower interest rates* una llamada a la bajada de los tipos de interés ◊ *The radio was on low.* Tenía la radio puesta muy baja. ◊ *low quality* de baja calidad ◊ *to cook on a low flame* cocinar a fuego lento ◊ *Infant mortality was lowest in babies born to young mothers.* La más baja mortalidad infantil se dio entre los niños de madres jóvenes. ◊ *the lower middle class* la clase media baja **2 lower** inferior, de abajo: *the upper and lower limits* los límites superior e inferior ◊ *lower jaw/lip* mandíbula/labio inferior ◊ *the lower deck of the ship* la cubierta inferior del barco ◊ *lower back pains* dolores lumbares ◊ *His collar masked the lower half of his face.* El cuello le tapaba la mitad de la cara. **3** vulgar: *low comedy* farsa **4** (*tb* **low-pitched**) (*voz, sonido*) grave: *a low note/key* una nota baja/un tono bajo **5** abatido: *to feel low/in low spirits/low-spirited* estar abatido/bajo de moral ◊ *That was when I hit my lowest point.* Fue cuando llegué a mi punto más bajo.

LOC **at a low ebb** bajo mínimos: *Her spirits were at a very low ebb.* Tenía el ánimo bajo mínimos. **at its/your lowest ebb** en su punto más bajo, de capa caída **how low can you get?** ¡qué bajo has caído! **to be/run low** andar escaso(s) (*suministros*) **to be/run low (on sth)** quedarse sin algo **to keep, etc a low profile** procurar pasar desapercibido **to lay sth/sb low** derribar algo/a algn: *The whole family was laid low by/with flu.* Toda la familia cayó con la gripe. *Ver tb* ESTEEM, OPINION, SARCASM

■ **low** *adv* bajo: *to shoot/fly low* disparar/volar bajo ◊ *low-lying areas* zonas bajas ◊ *a low-cut dress* un vestido escotado

■ **low** *n* **1** mínimo: *Morale is at a low.* La moral está muy baja. ◊ *Inflation was at an all-time low.* La inflación estaba en el punto más bajo de la historia. **2** área de baja presión

▶ **lowest 1** *adv*: *the lowest paid* los peor pagados **2** *pron*: *This area's crime rate is the lowest in the country.* El índice de delicuencia de esta zona es el más bajo del país.

LOC **the lowest of the low** lo más bajo

low[2] /ləʊ/ *vi* mugir

low-alcohol /ləʊ ˈælkəhɒl/ *adj* bajo en alcohol

low-born /ˈləʊ bɔːn/ *adj* de humilde cuna

lowbrow /ˈləʊbraʊ/ *adj* (*gen pey*) poco culto ☛ *Comparar con* HIGHBROW

low-calorie /ˌləʊ ˈkæləri/ *adj* bajo en calorías

Low Church *adj* de un sector de la Iglesia anglicana que le da más importancia al Evangelio que a la liturgia ☛ *Comparar con* HIGH CHURCH

low-cost /ˈləʊ kɒst/ *adj* barato: *low-cost housing* alojamiento barato

low-cut /ˌləʊ ˈkʌt/ *adj* escotado

low-down[1] /ˈləʊ daʊn/ *adj* bajo: *a low-down thief* un ladrón de lo más bajo ◊ *a low-down trick* una jugarreta muy baja

low-down[2] /ˈləʊ daʊn/ *n* (*coloq*)

LOC **give sb/get the low-down (on sth/sb)** contar/obtener la verdad (sobre algn/algo): *Give me the low-down on her divorce.* Cuéntame la verdad sobre su divorcio.

lower /ˈləʊə(r)/ *vt, vi* **1** bajar(se): *to lower your eyes, voice* bajar la mirada, la voz ◊ *to lower the seat of a bicycle* bajar el asiento de una bicicleta **2** descender: *to lower supplies to the stranded men* descender suministros a los náufragos **3** *to lower the sails, a flag* arriar las velas, una bandera

LOC **to lower yourself** (*coloq*) rebajarse *Ver tb* SIGHT

PHR V **to lower (sth) away** arriar (algo)

lower case *adj, n*: *to be (written) in lower case* estar en minúsculas ◊ *lower case letters* minúsculas

the Lower House (*tb* **the Lower Chamber**) *n* la Cámara Baja ☛ *Ver págs 584-5*

low-fat /ˈləʊ fæt/ *adj*: *low-fat yogurt* yogur descremado ◊ *low-fat meals* comidas de bajo contenido graso

low-key /ˈləʊ kiː/ (*tb* **low-keyed**) *adj* discreto: *The wedding was a very low-key affair.* La boda fue una ceremonia muy discreta.

lowland /ˈləʊlənd/ *adj* de las tierras bajas

lowlands /ˈləʊləndz/ *n* **1** tierras bajas **2 the Lowlands** las Tierras Bajas de Escocia

low-level /ˈləʊ levəl/ *adj* **1** de bajo nivel **2** *low-level flying* vuelos a baja altura **3** *low-level waste* residuos de baja radioactividad ◊ *low-level radiation* radiación de baja intensidad

lowly /ˈləʊli/ *adj* (**-ier, -iest**) (*antic*) humilde: *of lowly birth* de humilde cuna

low-lying /ˌləʊ ˈlaɪɪŋ/ *adj* (*Geog*) bajo

low-paid /ˌləʊ ˈpeɪd/ *adj* mal renumerado, mal pagado

low-risk /ˈləʊ rɪsk/ *adj*: *low-risk investments* inversiones con poco riesgo ◊ *low-risk sexual activities* prácticas sexuales de bajo riesgo

low season *n* temporada baja

low tide *n* marea baja

loyal /ˈlɔɪəl/ *adj* ~ (**to sth/sb**) fiel, leal a algo/algn: *a loyal supporter, friend* un seguidor, amigo fiel
▶ **loyally** *adv* lealmente

loyalist /ˈlɔɪəlɪst/ *n* **1** partidario del régimen **2** (*en Irlanda del Norte*) unionista

loyalty /ˈlɔɪəlti/ *n* (*pl* **-ies**) lealtad: *to swear an oath of loyalty* jurar lealtad

lozenge /ˈlɒzɪndʒ/ *n* **1** *a throat lozenge* una pastilla para la garganta **2** rombo

LP /ˌel ˈpiː/ (*pl* **LPs**) (*Mús*) *abrev de* **long-playing (record)** elepé

L-plate /ˈel pleɪt/ *n* (*GB*) (*vehículo*) la L: *He's got L-plates on his car.* Su coche lleva la L.

En Gran Bretaña los conductores solo llevan la "L" cuando están aprendiendo a conducir. Para esto utilizan un carné provisional que les dan antes de pasar el examen. La "L" es roja sobre fondo blanco y se puede poner en cualquier vehículo que utilice el principiante para hacer las prácticas.

LSD /ˌel es ˈdiː/ *abrev de* **Lysergic acid diethylamide** LSD, ácido

Lt (*tb* **Lieut**) *abrev de* **Lieutenant**

Ltd (*GB*) *abrev de* **Limited (Liability Company)**

lubricant /ˈluːbrɪkənt/ *n* lubricante

lubricate /ˈluːbrɪkeɪt/ *vt* lubricar
▶ **lubrication** *n* lubricación

lucid /ˈluːsɪd/ *adj* lúcido
▶ **lucidly** *adv* lúcidamente

lucidity /luːˈsɪdəti/ *n* lucidez

luck /lʌk/ *n* suerte: *a stroke of luck* un golpe de suerte ◊ *...and good luck to him!* ¡...y que tenga suerte!
LOC as (good/ill) luck would have it quiso la suerte que... **just your luck**: *It was just my luck to break my leg!* ¡Con la mala suerte de siempre, me rompí la pierna! **no such luck** ¡ójala! **the luck of the draw** depende de la suerte **to be down on your luck** tener una/estar de mala racha **to be in/out of luck** estar de suerte/de malas **your luck is in** estar de suerte: *His luck was in that day.* Estaba de suerte ese día. *Ver tb* BEST, CHANCE, DEVIL[1], HARD, POT, PUSH, TRY, WORSE

luckless /ˈlʌkləs/ *adj* desafortunado

lucky /ˈlʌki/ *adj* (**-ier, -iest**) **1** (*persona*) afortunado **2** *It's lucky she's still here.* Suerte que todavía está aquí. ◊ *a lucky charm, number* un amuleto, número de la suerte ◊ *a lucky break* un golpe de suerte *Ver tb* HAPPY-GO-LUCKY
LOC you'll be lucky; **you should be so lucky** (*irón, refrán*) ¡que más quisiera! *Ver tb* ESCAPE, STRIKE[2], THANK
▶ **luckily** *adv* por suerte

lucrative /ˈluːkrətɪv/ *adj* lucrativo

lucre /ˈluːkə(r)/ *n* (*pey* o *joc*) lucro: *that filthy lucre* ese cochino dinero

ludicrous /ˈluːdɪkrəs/ *adj* ridículo
▶ **ludicrously** *adv* de manera ridícula

ludo /ˈluːdəʊ/ *n* parchís

lug /lʌg/ *vt* (**-gg-**) **1** arrastrar: *to lug a heavy suitcase up the stairs* arrastrar una pesada maleta escaleras arriba **2** cargar con
■ **lug** (*tb* **lug-hole**) *n* (*GB, argot*) oreja

luggage /ˈlʌgɪdʒ/ (*USA* **baggage**) *n* [*incontable*] equipaje: *I only have two pieces of luggage.* Solo llevo dos bultos/maletas. ☛ *Ver ilustración en* EQUIPAJE *Ver tb* HAND-LUGGAGE

luggage rack *n* **1** (*tren*) rejilla (*para el equipaje*) **2** (*tb* **roof-rack**) (*coche*) baca ☛ *Ver ilustración en* RACK

lugubrious /ləˈguːbriəs/ *adj* lúgubre

lukewarm /ˌluːkˈwɔːm/ *adj* tibio: *lukewarm water* agua tibia ◊ *to get a lukewarm reception* tener una acogida tibia

lull /lʌl/ *vt* **1** arrullar: *to lull a baby to sleep* arrullar a un bebé para que se duerma **2** calmar: *to lull sb into a false sense of security* producir en algn una falsa sensación de seguridad
■ **lull** *n* periodo de calma: *a lull before the storm* la calma que precede a la tormenta

lullaby /ˈlʌləbaɪ/ *n* nana

lumbago /lʌmˈbeɪgəʊ/ *n* lumbago

lumbar /ˈlʌmbə(r)/ *adj* lumbar: *lumbar puncture* punción lumbar

lumber /ˈlʌmbə(r)/ *n* [*incontable*] **1** (*GB*) (*muebles*) trastos **2** (*USA*) leña
■ **lumber 1** *vt* ~ **sb with sth/sb** hacer a algn cargar con algo/algn: *I always get lumbered with the worst jobs.* Siempre me cargan con los peores trabajos. **2** *vi* moverse pesadamente: *The bear lumbered off into the woods.* El oso se metió en el bosque andando pesadamente.
▶ **lumbering** *adj* torpe, pesado

lumberjack /ˈlʌmbədʒæk/ *n* leñador, -ora

luminary /ˈluːmɪnəri; *USA* -neri/ *n* (*pl* **-ies**) genio (*persona eminente*)

luminous /ˈluːmɪnəs/ *adj* luminoso: *luminous paint* pintura luminosa

lumme (*tb* **lummy**) /ˈlʌmi/ *interj* (*GB, argot, antic*) ¡anda!

lump /lʌmp/ *n* **1** trozo, pedazo: *sugar lump* terrón de azúcar **2** grumo **3** (*Med*) bulto, chichón **4** (*coloq*) zoquete
LOC to have a lump in your throat tener un nudo en la garganta
■ **lump** *vt* ~ **sth/sb together** juntar algo/a algn: *We've lumped all the students into a single class.* Hemos juntado a todos los estudiantes en una sola clase.
LOC to lump it (*coloq*) tragárselo (*aguantar*)

lump sum (*tb* **lump payment**) *n* pago único

lumpy /ˈlʌmpi/ *adj* (**-ier, -iest**) **1** (*salsa, etc*) lleno de grumos **2** (*colchón, etc*) lleno de bollos

lunacy /ˈluːnəsi/ *n* [*incontable*] (una) locura: *It's sheer lunacy driving in this weather.* Es una auténtica locura conducir con este tiempo.

lunar /ˈluːnə(r)/ *adj* lunar: *lunar month* mes lunar

lunatic /ˈluːnətɪk/ *adj, n* **1** (*antic*) lunático, -a: *lunatic asylum* manicomio **2** loco, -a: *a raving lunatic* un loco de atar
LOC the lunatic fringe (*pey*) los extremistas (*de un partido político*)

lunch /lʌntʃ/ *n* (*al mediodía*) almuerzo, comida: *to have lunch* comer ◊ *business lunch* comida de negocios ◊ *the lunch hour* la hora de la comida ◊ *a lunch box* una fiambrera ☛ *Ver nota en* DINNER *Ver tb* BAG LUNCH, PACKED LUNCH, PLOUGHMAN'S LUNCH
■ **lunch** *vi* comer

luncheon /ˈlʌntʃən/ *n* (*formal*) comida (*del mediodía*): *luncheon voucher* vale para la comida

lunchtime /ˈlʌntʃtaɪm/ *n* la hora de comer: *We sometimes have a lunchtime drink.* A veces tomamos una copa a la hora de comer.

lung /lʌŋ/ *n* pulmón: *lung cancer* cáncer de pulmón

lunge /lʌndʒ/ *n* embestida
■ **lunge** *vi* **~ at sb** embestir a algn: *She lunged at him with a knife.* Le embistió con un cuchillo en la mano.

lupin (*USA* **lupine**) /ˈluːpɪn/ *n* lupino

lurch /lɜːtʃ/ *n* **1(a)** sacudida: *The ship gave a lurch to starboard.* El barco dio una sacudida a estribor. **(b)** (*fig*) vuelco: *My heart gave a lurch when I heard his voice.* Me dio un vuelco el corazón cuando oí su voz. **2** tambaleo: *He rose from the table with a slight lurch.* Se levantó de la mesa tambaleándose ligeramente. **LOC** *Ver* LEAVE[1]
■ **lurch** *vi* **1** tambalearse **2(a)** dar un bandazo **(b)** (*fig*) dar tumbos

lure /lʊə(r)/ *n* **1** atractivo: *the lure of adventure* el atractivo de la aventura **2** (*caza*) cebo
■ **lure** *vt* atraer: *to lure sb into a trap* atraer a algn a una trampa

lurid /ˈlʊərɪd/ *adj* **1** (*color*) chillón: *a lurid green shirt* una camisa de un verde chillón **2** (*descripción, historia*) horripilante

lurk /lɜːk/ *vi* **1** acechar: *Danger lurked around every corner.* El peligro acechaba en cada rincón. **2** estar al acecho: *lurking doubts* dudas que quedan

luscious /ˈlʌʃəs/ *adj* **1** exquisito **2** voluptuoso: *luscious lips* labios voluptuosos

lush /lʌʃ/ *adj* **1** (*vegetación*) exuberante **2** de lujo, suntuoso: *a lush apartment* un apartamento de lujo

lust /lʌst/ (*pey*) *n* **1** lujuria **2 ~ for sth** sed, ansia de algo: *her lust for power* su sed de poder
■ **lust** *vi* **1 ~ after/for sb** desear a algn **2 ~ after/for sth** ambicionar, codiciar algo: *She was only lusting after my body.* Solo deseaba mi cuerpo.
▶ **lustful** *adj* lujurioso

lustre (*USA* **luster**) /ˈlʌstə(r)/ *n* lustre
▶ **lustrous** *adj* lustroso *Ver tb* LACKLUSTRE

lusty /ˈlʌsti/ *adj* (**-ier, -iest**) vigoroso
▶ **lustily** *adv* vigorosamente

lute /luːt/ *n* laúd

luv /lʌv/ *n* (*coloq*) cielo, cariño: *He's such a luv.* Es un encanto/cielo. ◊ *Be a luv and fetch me some milk from the fridge.* Anda, cielo, tráeme leche de la nevera.

luxuriant /lʌɡˈʒʊəriənt/ *adj* **1** (*vegetación*) exuberante **2** (*pelo*) hermoso y abundante
▶ **luxuriance** *n* exuberancia

luxuriate /lʌɡˈʒʊərieɪt/ *vi* (**in sth**) (*formal*) deleitarse (con algo)

luxurious /lʌɡˈʒʊəriəs/ *adj* lujoso: *a luxurious lifestyle* una vida de lujo
▶ **luxuriously** *adv* lujosamente: *a luxuriously furnished flat* un piso amueblado lujosamente

luxury /ˈlʌkʃəri/ *n* (*pl* **-ies**) lujo: *to live in luxury* llevar una vida de lujo ◊ *a luxury hotel* un hotel de lujo ◊ *luxury goods* artículos de lujo ◊ *the luxury of a long, hot bath* el lujo de un largo baño de agua caliente **LOC** *Ver* LAP[1]

lychee (*tb* **litchi**) /ˌlaɪˈtʃiː, ˈlaɪtʃiː/ *n* lichi

lying *Ver* LIE[1], LIE[2]

lymph /lɪmf/ *n* linfa: *lymph glands* glándulas linfáticas
▶ **lymphatic** *adj* linfático

lynch /lɪntʃ/ *vt* linchar
▶ **lynching** *n* linchamiento

lynx /lɪŋks/ *n* lince

lyre /ˈlaɪə(r)/ *n* lira (*instrumento*)

lyric /ˈlɪrɪk/ *adj* lírico
■ **lyric** *n* **1 lyrics** (*canción*) letra **2** lírica

lyrical /ˈlɪrɪkl/ *adj* lírico
LOC to wax lyrical (over sth) deshacerse en elogios (sobre algo)
▶ **lyrically** *adv* líricamente

lyricism /ˈlɪrɪsɪzəm/ *n* lirismo

lyricist /ˈlɪrɪsɪst/ *n* letrista

Mm

M, m /em/ *n* (*pl* **M's, m's** /emz/) (*letra*) M, m: *'Moscow' starts with (an) M.* "Moscú" empieza por M.

M 1 (*tb* **med**) (*talla*) *abrev de* **medium 2** (*pl* **M**) *abrev de* **million 3** /em/ (*GB*) *abrev de* **motorway**: *heavy traffic on the M25* tráfico lento en la M25

m 1 (*pl* **m**) *abrev de* **metre 2** (*Gram*) *abrev de* **masculine 3** (*tb* **M**) *abrev de* **male**

MA /ˌem ˈeɪ/ (*USA* **AM**) *abrev de* **Master of Arts** ☛ *Ver nota en* BACHELOR

ma /mɑː/ *n* (*coloq*) mamá *Ver tb* GRANDMA

ma'am /mæm/ *n* [*sing*] señora: *Can I help you, ma'am?* ¿En qué le puedo servir, señora?

mac (*tb* **mack**) /mæk/ *n* (*GB, coloq*) *Ver* MACKINTOSH ☛ *Ver nota en* IMPERMEABLE

macabre /məˈkɑːbrə/ *adj* macabro

macaroni /ˌmækəˈrəʊni/ *n* [*incontable*] macarrones

McCoy /məˈkɔɪ/ *n* **LOC** *Ver* REAL[1]

mace[1] /meɪs/ *n* bastón (*de mando*)

mace[2] /meɪs/ *n* (*especia*) macis

machete /məˈʃeti/ *n* machete ☛ *Ver ilustración en* KNIFE

machiavellian /ˌmækiəˈveliən/ *adj* (*tb* **Machiavellian**) maquiavélico

machination /ˌmæʃɪˈneɪʃn/ *n* [*gen pl*] maquinación

machine /məˈʃiːn/ (*lit* y *fig*) *n* máquina: *a sewing-machine* una máquina de coser ◊ *washing-machine* lavadora ◊ *the Conservative Party machine* la máquina del partido conservador *Ver tb* FRANKING-MACHINE, FRUIT MACHINE, LIFE-SUPPORT MACHINE, SLOT MACHINE, VENDING MACHINE, **LOC** *Ver* COG

■ **machine** *vt* hacer o terminar a máquina

machine-gun /məˈʃiːn gʌn/ *n* ametralladora ☛ *Ver ilustración en* GUN

■ **machine-gun** *vt* (**-nn-**) ametrallar

machine-made /məˈʃiːn meɪd/ *adj* hecho a máquina

machine-readable /məˈʃiːn riːdəbl/ *adj* (*Informát*) legible por máquina

machinery /məˈʃiːnəri/ *n* **1** maquinaria **2 ~ (of sth/ for doing sth)** infraestructura (de algo/para hacer algo): *We have no machinery for dealing with complaints.* No tenemos la infraestructura para hacer frente a las quejas.

machine tool *n* herramienta mecánica

machinist /məˈʃiːnɪst/ *n* operario, -a

macho /ˈmætʃəʊ/ *adj* viril: *He thinks it's macho to get into fights.* Cree que meterse en peleas es muy de hombres.

mackerel /ˈmækrəl/ *n* (*pl* **mackerel**) caballa: *a good catch of mackerel* una buena pesca de caballas

mackintosh /ˈmækɪntɒʃ/ (*tb* **mac, mack** /mæk/) *n* (*GB*) impermeable, gabardina ☛ *Ver nota en* IMPERMEABLE

macrobiotic /ˌmækrəʊbaɪˈɒtɪk/ *adj* macrobiótico

macroeconomic /ˌmækrəʊˌiːkəˈnɒmɪk/ *adj* macroeconómico

▶ **macroeconomics** *n* [*sing*] macroeconomía

mad /mæd/ *adj* (**madder, maddest**) **1** loco: *to be/go mad* estar/volverse loco ◊ *to drive/send sb mad* volver loco a algn ◊ *The crowd is mad with excitement.* La multitud está loca de entusiasmo. ◊ *to be mad about football/football mad* estar loco por el fútbol ◊ *He's mad about her.* Está loco por ella. **2** (*esp USA, coloq*) **mad (at/with sb)** furioso (con algn): *She was mad at/with him for losing the match.* Se puso furiosa con él por perder el partido. ◊ *to get mad about sth* ponerse furioso por algo

LOC (as) mad as a hatter (*coloq*) más loco que una cabra **like a mad dog** como un perro rabioso **like mad** (*coloq*) como loco: *They were clapping like mad.* Aplaudían como locos. ◊ *smoking like mad* fumando como un carretero **mad keen (on sth/sb)** (*coloq*) loco por algo/ algn: *She's mad keen on hockey.* Está loca por el hockey. *Ver tb* BARKING, HOP[1], STARK

▶ **madly** *adv* locamente: *She's madly in love with him.* Está perdidamente enamorada de él. ◊ *madly jealous* extremadamente celoso

madness *n* locura

madam /ˈmædəm/ *n* **1** (*tb* **Madam**) [*sing*] (*formal*) señora: *Dear Madam,...* Muy Señora mía:... ◊ *Madam Chairman* Señora Presidente ☛ *Ver págs 594–7*

Nótese que **madam** se utiliza sobre todo en un contexto comercial, p. ej. cuando los dependientes se dirigen a las clientas. ☛ *Comparar con* MISS[1] sentido 2

2 (*coloq, pey*) marisabidilla: *She's a real little madam!* ¡Es una marisabidilla! **3** madama (*de prostíbulo*)

madame /məˈdɑːm; *USA* məˈdæm/ *n* (*Fr*) **1** (*tb* **Madame**) (*formal*) señora **2** (*de prostíbulo*) madama, ama, dueña

madcap /ˈmædkæp/ *adj* disparatado: *a madcap scheme* un plan descabellado

maddening /ˈmædnɪŋ/ *adj* que saca de quicio: *maddening delays* retrasos exasperantes

▶ **maddeningly** *adv* exasperantemente: *maddeningly inefficient* terriblemente ineficaz

made *pret, pp de* MAKE[1]

made up *adj* **1** (*rostro*) maquillado **2** (*relato*) inventado

madhouse /ˈmædhaʊs/ *n* (*coloq, pey*) casa de locos: *This classroom is a madhouse: be quiet!* Esta clase es una casa de locos: ¡callaos!

madman /ˈmædmən/ *n* (*pl* **madmen** /ˈmædmən/) loco

the Madonna /məˈdɒnə/ *n* [*sing*] la Virgen

madrigal /ˈmædrɪgl/ *n* madrigal

madwoman /ˈmædwʊmən/ *n* (*pl* **-women** /-wɪmɪn/) loca

maelstrom /ˈmeɪlstrɒm/ *n* **1** remolino **2** (*fig*) vórtice

maestro /ˈmaɪstrəʊ/ (*tb* **Maestro**) *n* (*pl* **~s**) maestro (*gran artista*)

Mafia (*tb* **mafia**) /ˈmæfiə; *USA* ˈmɑːf-/ *n* Mafia

magazine[1] /ˌmægəˈziːn; *USA* ˈmægəziːn/ (*coloq* **mag**) *n* revista: *women's magazines* revistas femeninas ◊ *a magazine article* un artículo de revista

magazine[2] /mægəˈziːn; *USA* ˈmægəziːn/ *n* cargador (*de munición*) ☛ *Ver ilustración en* GUN

magenta /məˈdʒentə/ *adj, n* magenta

maggot /ˈmægət/ *n* gusano (*de mosca*)

Magi /ˈmeɪdʒaɪ/ *n* [*pl*] **the Magi** los Reyes Magos

magic /ˈmædʒɪk/ *n* (*lit* y *fig*) magia: *They believe that it was all done by magic.* Creen que todo se hizo por arte de magia. ◊ *black/white magic* magia negra/blanca ◊ *the magic of Shakespeare's poetry* la magia de la poesía de Shakespeare

LOC as if by/like magic como por arte de magia

■ **magic** *adj* **1** mágico: *magic word* palabra mágica ◊ *a magic spell* un hechizo **2** (*argot*) guay: *You got the tickets? Magic!* ¿Tienes las entradas? ¡Guay!

magical /ˈmædʒɪkl/ *adj* mágico
▶ **magically** *adv* mágicamente
magician /məˈdʒɪʃn/ *n* mago, -a ☛ *Comparar con* CONJURER *en* CONJURE
magisterial /ˌmædʒɪˈstɪəriəl/ *adj* (*formal*) magistral, autoritario
magistrate /ˈmædʒɪstreɪt/ *n* magistrado, juez municipal: *the Magistrates' Courts* el Juzgado de Paz *Ver tb* EXAMINING MAGISTRATE
▶ **magistracy** *n* magistratura
magnanimous /mægˈnænɪməs/ *adj* magnánimo: *a leader who was magnanimous in victory* un líder magnánimo en la victoria
▶ **magnanimity** /ˌmægnəˈnɪməti/ *n* magnanimidad
magnanimously *adv* con magnanimidad
magnate /ˈmægneɪt/ *n* magnate: *an oil magnate* un magnate del petróleo ◊ *a shipping magnate* un magnate naviero
magnesium /mægˈniːziəm; *USA* mægˈniːʒəm/ *n* magnesio
magnet /ˈmægnət/ *n* imán
▶ **magnetism** *n* magnetismo *Ver tb* ANIMAL MAGNETISM
magnetize, -ise *vt* **1** (*lit*) imantar **2** (*fig*) hipnotizar
magnetic /mægˈnetɪk/ *adj* magnético: *a magnetic smile* una sonrisa magnética ◊ *magnetic properties* propiedades magnéticas *Ver tb* ELECTROMAGNETIC
▶ **magnetically** *adv* magnéticamente
magnetic compass *n Ver* COMPASS sentido 1
magnetic field *n* campo magnético
magnetic needle *n* aguja magnética
magnetic tape *n* cinta magnética
magnificent /mægˈnɪfɪsnt/ *adj* magnífico
▶ **magnificence** *n* magnificencia
magnificently *adv* magníficamente
magnify /ˈmægnɪfaɪ/ (*pret, pp* **-fied**) **1** *vt, vi* aumentar **2** *vt, vi* (*formal*) magnificar(se): *The danger has been magnified out of all proportion.* El peligro ha sido magnificado desproporcionadamente. **3** *vt* (*antic*) alabar: *My soul doth magnify the Lord.* Mi alma magnifica el Señor.
▶ **magnification** *n* (capacidad de) aumento: *high magnification* gran aumento
magnifying glass *n* lupa
magnitude /ˈmægnɪtjuːd; *USA* -tuːd/ *n* magnitud: *The authorities covered up the magnitude of the incident.* Las autoridades ocultaron la magnitud del incidente. ◊ *a star of the first magnitude* una estrella de primera magnitud
magnolia /mægˈnəʊliə/ *n* magnolia
magnum /ˈmægnəm/ *n* botella de 1.5 litros (*alcohol*): *a magnum of champagne* una botella de champán de litro y medio
magnum opus *n* (*Lat*) obra maestra
magpie /ˈmægpaɪ/ *n* urraca
maharaja (*tb* **maharajah**) /ˌmɑːhəˈrɑːdʒə/ *n* marajá
mahogany /məˈhɒgəni/ *adj, n* **1** caoba: *This table is mahogany.* Esta mesa es de caoba. ◊ *a mahogany chair* una silla de caoba **2** (color) caoba: *His skin is mahogany colour.* Su piel es color caoba.
maid /meɪd/ *n* **1** criada: *a dairy-maid* una lechera ◊ *a nursemaid* una niñera *Ver tb* CHAMBERMAID, HANDMAID, HOUSEMAID, MILKMAID **2** (*antic*) doncella *Ver tb* OLD MAID **3** *Ver* MAID OF HONOUR
maiden /ˈmeɪdn/ *n* (*antic*) doncella
■ **maiden** *adj* primero: *maiden speech* primer discurso (en el parlamento de GB)
maiden aunt *n* tía solterona
maidenhair /ˈmeɪdnheə(r)/ (*tb* **maidenhair fern**) *n* culantrillo
maiden name *n* apellido de soltera ☛ *Ver nota en* MRS, MS
maiden voyage *n* viaje de botadura
maid of honour *n* dama de honor
maidservant /ˈmeɪdsɜːvənt/ *n* (*antic*) criada *f*
mail[1] /meɪl/ *n* (*esp USA*) correo: *the mail train* el tren correo ◊ *Is there any mail?* ¿Hay correo? *Ver tb* CERTIFIED MAIL, DIRECT MAIL, E-MAIL, JUNK MAIL

La palabra **post** sigue siendo más normal que **mail** en inglés británico y hay ocasiones en las que solo se puede usar **post**, como por ejemplo **post office**, **postman** y **first/second post**. Sin embargo, **mail** se ha ido introduciendo, especialmente en compuestos como **electronic mail**, **junk mail** y **airmail**.

■ **mail** *vt* **~ sth (to sb)** enviar por correo algo (a algn)
mail[2] /meɪl/ *n* malla: *a coat of mail* una cota de malla *Ver tb* CHAIN MAIL
mailbag /ˈmeɪlbæg/ (*USA*) (*GB* **postbag**) *n* saca de correos
mailbox /ˈmeɪlbɒks/ *n* (*USA*) **1** (*GB* **letter box**) buzón (*particular*) **2** (*GB* **postbox**) buzón (*en la calle*)
mailing /ˈmeɪlɪŋ/ *n* **1** [*incontable*] envíos postales, mailing **2** [*contable*] circular
mailing list *n* lista de mailing
mailman /ˈmeɪlmæn/ *n* (*pl* **-men** /-mən/) (*USA*) (*GB* **postman**) cartero
mail order (*tb* **mail-order**) *n* venta por correo: *to buy sth by mail order* comprar algo por correo ◊ *a mail-order business* una compañía de venta por correo ◊ *a mail-order catalogue* un catálogo de venta por correo
mailshot /ˈmeɪlʃɒt/ *n* propaganda (*por correo*)
maim /meɪm/ *vt* mutilar: *He was maimed for life.* Quedó lisiado de por vida.
main[1] /meɪn/ *adj* principal: *a main road* una carretera principal ◊ *the main street* la calle mayor ◊ *the main meal of the day* la comida más importante del día ◊ *the main course* (*of a meal*) el plato fuerte (de una comida) **LOC in the main** en general **the main thing** lo principal: *The main thing is not to worry.* Lo principal es no preocuparse. *Ver tb* EYE[1]
▶ **mainly** *adv* principalmente
main[2] /meɪn/ *n* **1** cañería: *a burst water main* una cañería reventada ◊ *a gas main* una tubería del gas **2 the mains** la red de suministros: *The electricity supply has been cut off at the mains.* Han cortado el suministro eléctrico. ◊ *mains gas/water* gas ciudad/agua corriente
main[3] /meɪn/ *n* **LOC** *Ver* MIGHT[2]
main clause *n* oración principal
main deck *n* cubierta principal
mainframe /ˈmeɪnfreɪm/ (*tb* **mainframe computer**) *n* computadora central
mainland /ˈmeɪnlænd/ *n* tierra firme, continente: *I've never been to mainland Spain, but I know Majorca.* Nunca he estado en la península, pero sí en Mallorca.
mainline /ˈmeɪnlaɪn/ *vt* **~ sth (into sth)** (*argot*) inyectarse algo (en algo)
■ **mainline** *adj* central: *the organisation's mainline activities* las actividades centrales de la organización
mainsail /ˈmeɪnseɪl/ *n* vela mayor ☛ *Ver ilustración en* YACHT
mainspring /ˈmeɪnsprɪŋ/ *n* **1** (*formal, fig*) origen, razón principal **2** (*lit*) muelle real (*de un reloj*)
mainstay /ˈmeɪnsteɪ/ *n* **1** (*fig*) pilar: *He is the mainstay of our theatre group.* Es el pilar de nuestro grupo teatral. **2** (*Náut*) estay mayor
mainstream /ˈmeɪnstriːm/ *n* corriente principal: *the mainstream of political thought* la corriente principal del pensamiento político ◊ *mainstream politics* política dominante
maintain /meɪnˈteɪn/ *vt* **1 ~ sth (with sth/sb)** mantener algo (con algo/algn): *to maintain friendly relations (with sb)* mantener relaciones amistosas (con algn) ◊ *to maintain law and order* mantener la ley y el orden **2** conservar: *to maintain the roads* mantener en buen estado las carreteras ◊ *a well-maintained house* una

casa bien cuidada **3** sostener: *to maintain your innocence* sostener que eres inocente

maintenance /ˈmeɪntənəns/ *n* **1** mantenimiento: *car maintenance* mantenimiento del coche ◊ *a maintenance engineer* un técnico de mantenimiento **2** (*esp GB*) pensión de manutención: *to pay child maintenance to sb* pasar la pensión de manutención de los hijos a algn ☛ *Comparar con* ALIMONY

maintenance order *n* orden judicial de pasar una pensión de manutención

maisonette /ˌmeɪzəˈnet/ *n* (*GB*) dúplex

maize /meɪz/ *n* maíz ☛ *Comparar con* CORN[1]

Nótese que cuando nos referimos al maíz ya cocinado decimos **sweetcorn**.

majestic /məˈdʒestɪk/ *adj* majestuoso
▶ **majestically** *adv* majestuosamente

majesty /ˈmædʒəsti/ *n* **1** majestuosidad **2 Majesty** Majestad: *Very well, Your Majesty.* De acuerdo, Su Majestad.

major[1] /ˈmeɪdʒə(r)/ *adj* **1** importante: *to make major changes* realizar cambios de importancia ◊ *a major obstacle* un obstáculo de importancia ◊ *a major breakthrough* un avance de gran importancia **2** (*Mús*) mayor: *a major scale* una escala mayor ◊ *the key of C major* la clave de Do mayor ☛ *Comparar con* MINOR
■ **major** *vi* **~ in sth** (*USA*) especializarse en algo: *She majored in math.* Se especializó en matemáticas.

major[2] /ˈmeɪdʒə(r)/ *n* **1** comandante **2** (*USA*) **(a)** especialidad: *Her major is French.* Su especialidad es francés. **(b)** estudiante: *She's a French major.* Se está especializando en francés. **3** (*Mús*) clave mayor **4 majors** [*pl*] (*tb* **major leagues**) (*USA*, *Dep*) las divisiones principales

major general *n* general de división *Ver tb* SERGEANT MAJOR

majority /məˈdʒɒrəti; *USA* -ˈdʒɔːr-/ *n* (*pl* **-ies**) **1** mayoría: *The majority of students were/was in favour.* La mayoría de los estudiantes estaba a favor. ◊ *majority opinion* opinión mayoritaria ◊ *majority rule* gobierno mayoritario ◊ *a clear/overall majority* una mayoría clara/absoluta ☛ *Comparar con* MINORITY **2** [*sing*] mayoría de edad
LOC to be in the/a majority ser mayoría *Ver tb* SILENT

majority verdict *n* veredicto por mayoría

major-league /ˈmeɪdʒə liːg/ *adj* (*USA*) **1** *major-league baseball* béisbol de primera división **2** de primera: *a major-league publisher* una de las grandes casas editoriales

make[1] /meɪk/ *vt* (*pret, pp* **made** /meɪd/)

● **to make + sustantivo**

En muchos casos, esta combinación equivale a un verbo que toma su significado del sustantivo, y **make** solo aporta la forma verbal (algo que causa, crea, lleva a cabo o propone el sustantivo), p.ej. *to make an enquiry = to enquire, to make a decision = to decide.*

1 (*causar o crear*): *to make a fuss* armar jaleo ◊ *The new law won't make much difference to people's lives.* La nueva ley no afectará mucho a la gente. ◊ *to make a mess* desordenar ◊ *to make a note of sth* anotar algo ◊ *They made a circle around him.* Formaron un círculo a su alrededor ◊ *to make an impression* impresionar **2** (*llevar a cabo*): *to make an improvement* hacer una mejora ◊ *to make a change/alteration* hacer un cambio ◊ *to make a decision/choice* decidirse/escoger ◊ *to make an attempt/effort* hacer un intento/esfuerzo ◊ *to make a phone call/reservation* hacer una llamada/reserva ◊ *to make a contribution* aportar algo ◊ *to make a visit/trip* hacer una visita/un viaje **3** (*proponer*): *to make an offer/objection* hacer una oferta/poner objeciones ◊ *to make arrangements/plans* organizar/hacer planes ◊ *We must make allowances for his inexperience.* Debemos tener en cuenta su falta de experiencia. ◊ *to make a promise* hacer una promesa ◊ *to make a suggestion/recommendation* hacer una sugerencia/recomendar **4** (*otros usos*): *to make a mistake* cometer un error ◊ *to make an excuse* poner una excusa ◊ *to make progress* hacer progresos ◊ *to make a comment/claim* hacer un comentario/afirmar ◊ *to make a point/rule* señalar un punto/dictar una regla ◊ *to make a noise* hacer (un) ruido

● **fabricar, construir o preparar a partir de distintos componentes 1 ~ sth (from/out of sth)** hacer algo (con/de algo): *He made a meringue from egg white.* Hizo un merengue con clara de huevo. ◊ *made in Japan* fabricado en Japón ◊ *What do the company make?* ¿Qué fabrica esa empresa? ◊ *What's it made (out) of?* ¿De qué está hecho? ◊ *to make your own clothes* hacerse la ropa ◊ *made locally from natural ingredients* hecho en la región con ingredientes naturales *Ver tb* HOME-MADE, MACHINE-MADE, MAN-MADE, READY-MADE, SELF-MADE, TAILOR-MADE **2 ~ sth (for sb)** hacer algo (para/a algn): *She makes films for children.* Hace películas para niños. ◊ *She's made a really good life for herself.* Logró situarse bien en la vida. ◊ *I'll make you a meal/cup of coffee.* Te voy a preparar una comida/una taza de café. ◊ *to make a hole in sth* hacer un agujero en algo ◊ *to make a list* hacer una lista ◊ *The children all make their own beds.* Todos los niños se hacen la cama. **3 ~ sth into sth** convertir algo en algo; hacer algo con algo: *They made the disused building into a theatre.* Convirtieron el edificio vacío en un teatro.

● **causando un cambio en la naturaleza de las cosas o de las personas 1 ~ sth/sb + adj/sustantivo/participio**: *He made me angry.* Hizo que me enfadara. ◊ *That will only make things worse.* Eso solo empeorará la situación. ◊ *to make sth clear* dejar algo claro ◊ *Make yourself comfortable.* Ponte cómodo. ◊ *It made my life hell.* Me hizo la vida imposible. ◊ *She couldn't make herself heard.* No podía hacerse oír. **2 ~ sth/sb do sth** hacer que algo/algn haga algo: *It made me laugh.* Me hizo reír. ◊ *I can't make him do it.* No puedo obligarle a hacerlo. ◊ *Onions make your eyes water.* Las cebollas hacen llorar. ◊ *What makes them say that?* ¿Por qué razón dicen eso? ◊ *You made him feel guilty.* Hiciste que se sintiera culpable.

Nótese que el verbo en infinitivo que viene después de **make** solo se escribe con *to* cuando va en pasiva: *He was made to wait at the police station.* Le hicieron esperar en la comisaría.

3 ~ sb sth hacer a algn algo: *to make sb king/prime minister* hacer a algn rey/primer ministro **4 ~ sth of sth/sb** hacer algo de algo/algn: *We'll make a footballer of him yet.* Todavía haremos de él un futbolista. ◊ *Don't make a habit of it.* No lo conviertas en una costumbre. ◊ *to make a mess/good job of sth* echar a perder algo/hacer un buen trabajo con algo ◊ *to make an enemy/a friend of sb* hacer de algn un enemigo/amigo ◊ *You've made a fool of me.* Me has hecho quedar como un imbécil.

● **otros usos 1** constituir: *He'll never make an actor.* No tiene madera de actor. ◊ *That makes two of us.* Ya somos dos. ◊ *How many members make a quorum?* ¿Cuántos socios hacen falta para que haya quórum? ◊ *What makes a good leader?* ¿De qué está hecho un buen líder? ◊ *It made a nice surprise.* Fue una sorpresa muy agradable. **2** (*dinero*) hacer: *to make a profit/loss* tener ganancias/pérdidas ◊ *to make a fortune* hacer una fortuna **3** calcular aproximadamente: *What time do you make it?* ¿Qué hora dirías que es? ◊ *How large do you make the audience?* ¿Cuánto público calculas que hay? ◊ *I make it 50.* Yo diría que 50. **4** (*coloq*) conseguir llegar a: *Will we make Oxford by midday?* ¿Llegaremos a Oxford para el mediodía? ◊ *They won't make the train.* Van a perder el tren. ◊ *Can you make it (to the party)?* ¿Podrás venir (a la fiesta)? ◊ *She'll never make the team.* Nunca logrará entrar en el equipo. ◊ *to make the headlines* salir en primera página **5** (*hacer que algo* *tenga éxito*): *His performance made the show.* Su actuación fue lo que hizo que el espectáculo tuviera éxito. ◊ *It made the evening for me.* Hizo que para mí la velada fuera inolvidable. **6 ~ (as if) to do sth** hacer como si fuera a hacer algo: *He made as if to strike her.* Hizo como si le fuera a pegar. ◊ *She made to go.* Hizo ademán de irse.

LOC **to make do with sth**; **to make (sth) do** arreglárselas (con algo) **to make good** llegar lejos **to make sth good 1** reponer algo: *She promised to make good the loss/damage.* Prometió reponer las pérdidas/pagar los daños. **2** llevar a cabo algo: *to make good a threat* llevar a cabo una amenaza **to make it** (*coloq*) triunfar: *He never really made it as a singer.* Nunca triunfó como cantante. **to make little of sth 1** no darle importancia a algo **2** no sacar mucho en claro de algo **to make much of sb** tratar a algn como si fuera especial **to make much of sth** sacar mucho partido de algo **to make or break sth/sb** ser el éxito o la ruina de algo/algn **to make the most of sth/sb/yourself** sacar el mayor provecho de algo/algn/ti mismo

☛ Para otras expresiones con **make**, véanse las entradas del sustantivo, adjetivo, etc, p. ej. **to make love** en LOVE.

PHR V **to be made for sb/each other** estar hecho para algn/estar hechos el uno para el otro

to make after sth/sb salir detrás de algo/algn

to make at sb abalanzarse sobre algn

to make away with sth (*coloq*) largarse con algo

to make for sth contribuir a (mejorar) algo

to make for sth/sb dirigirse hacia algo/algn: *to make for home* dirigirse hacia casa

to make it with sb (*argot*) acostarse con algn

to make sth of sth/sb opinar algo de algo/algn: *What do you make of it all?* ¿Qué opinas de todo esto? ◊ *What are we to make of her behaviour?* ¿Cómo podemos explicar su comportamiento?

to make off (with sth) (*coloq*) largarse (con algo)

to make out (*coloq*) ir: *How are you making out with Mary?* ¿Cómo te va con Mary?

to make sb out entender a algn

to make sth out escribir algo: *to make out a cheque for £10* escribir un cheque por valor de diez libras

to make sth out; **to make out if/whether...** entender algo, entender si...

to make sth/sb out distinguir algo/a algn: *to make out sb's handwriting* descifrar la escritura de algn

to make out that...; **to make sth/sb/yourself out to be...** dar a entender que..., dar la impresión de que algo/algn sea/de ser...

to make sth over (to sth/sb) pasar algo (a algo/algn) (*propiedades*)

to make sth up 1 constituir algo: *the groups that make up our society* los grupos que constituyen nuestra sociedad **2** hacer algo: *The pharmacist made up the prescription.* El farmaceútico hizo la receta. ◊ *to make up a bed for sb* preparar una cama para algn **3** echar carbón/leña a algo **4** inventar algo: *to make up an excuse* inventarse una excusa **5** completar algo: *We need one more to make up a team.* Nos falta uno para completar un equipo. **6** (*tiempo perdido, etc*) compensar algo

to make (yourself) up; **to make sb up** maquillarse, maquillar a algn

to make (it) up (with sb) hacer las paces (con algn): *Why don't you two kiss and make up?* ¿Por qué no os dais un beso y hacéis las paces?

to make up for sth compensar algo

to make up to sb (*coloq*) congraciarse con algn

to make up to sb for sth compensar a algn por algo

make[2] /meɪk/ *n* marca (*en productos con maquinaria*): *What make of radio is it?* ¿De qué marca es la radio? ☛ *Comparar con* BRAND

LOC **to be on the make** (*coloq, pey*) intentar sacar tajada: *He's always on the make.* Siempre quiere llevarse algo.

make-believe /ˈmeɪk bəliːv/ *n* ficción: *to live in a world of make-believe* vivir en un mundo imaginario

maker /ˈmeɪkə(r)/ *n* fabricante: *dressmaker* modisto, -a ◊ *decision maker* el/la que toma decisiones *Ver tb* FILMMAKER, MATCHMAKER, PACEMAKER, PEACEMAKER, SHOEMAKER, TROUBLEMAKER LOC *Ver* MEET[1]

makeshift /ˈmeɪkʃɪft/ *adj* provisional

make-up /ˈmeɪk ʌp/ *n* **1** [*incontable*] maquillaje **2** [*sing*] **(a)** carácter: *Jealousy is not part of his make-up.* Los celos no forman parte de su carácter. **(b)** constitución: *the chemical make-up of the product* la composición química del producto

making /ˈmeɪkɪŋ/ *n* fabricación, creación *Ver tb* DECISION-MAKING, LOSS-MAKING, LOVEMAKING, MONEYMAKING, PROFIT-MAKING

LOC **of your own making** producto de tu imaginación/que se lo busca uno mismo: *His problems are of his own making.* Sus problemas se los ha buscado él solito. **to be the making of sb** ser la clave del éxito de algn: *This job will be the making of her.* Este trabajo será la causa de su éxito. **to have the makings of sth 1** (*persona*) tener madera de algo: *She has the makings of a good lawyer.* Tiene madera de abogada. **2** (*cosa*) tener los ingredientes para ser algo: *The book has all the makings of a blockbuster.* Este libro tiene todos los ingredientes para ser una bomba.

maladministration /ˌmælədˌmɪnɪˈstreɪʃn/ *n* (*formal*) mala administración

malady /ˈmælədi/ *n* (*pl* **-ies**) (*formal, lit* y *fig*) mal, enfermedad

malaise /məˈleɪz/ *n* [*sing*] (*formal*) malestar

malaria /məˈleəriə/ *n* malaria

▶ **malarial** *adj* palúdico

male /meɪl/ *adj* **1** masculino: *her male colleagues* sus colegas masculinos ◊ *male nurse* enfermero

Male se aplica sobre todo a las características físicas de los hombres: *The male voice is deeper than the female.* La voz de los hombres es más profunda que la de las mujeres. ☛ *Comparar con* MASCULINE

2 (*abrev* **m**) (*Zool, Mec*) macho

■ **male** *n* macho, varón: *the male of the species* el macho de la especie ◊ *The attacker was a white male.* El agresor era un hombre blanco. ◊ *a male-dominated profession* una profesión dominada por los hombres ☛ *Ver nota en* FEMALE

male chauvinism (*tb* **chauvinism**) *n* (*pey*) machismo

male chauvinist (*tb* **chauvinist**) *n* (*pey*) machista: *a male chauvinist pig* un cerdo machista

malevolent /məˈlevələnt/ *adj* malévolo

▶ **malevolence** *n* malevolencia

malfunction /ˌmælˈfʌŋkʃn/ *n* (*formal*) mal funcionamiento

■ **malfunction** *vi* funcionar mal

malice /ˈmælɪs/ *n* malevolencia, mala intención: *She bears you no malice.* No te guarda rencor.

malicious /məˈlɪʃəs/ *adj* mal intencionado

▶ **maliciously** *adv* con mala intención

malign /məˈlaɪn/ *vt* calumniar

■ **malign** *adj* (*formal*) maligno: *a malign influence* una influencia maligna

malignant /məˈlɪɡnənt/ *adj* maligno: *malignant tumour* tumor maligno

mall /mæl, mɔːl/ (*tb* **shopping mall**) *n* centro comercial

mallard /ˈmælɑːd; *USA* ˈmælərd/ *n* (*pl* **mallard** o **~s**) (*Zool*) ánade real

malleable /ˈmæliəbl/ *adj* (*lit* y *fig*) maleable

▶ **malleability** *n* maleabilidad

mallet /ˈmælɪt/ *n* mazo

malnourished /ˌmælˈnʌrɪʃt; *USA* -ˈnɜː-/ *adj* desnutrido

malnutrition /ˌmælnjuːˈtrɪʃn; *USA* -nuː-/ *n* desnutrición

malpractice /ˌmælˈpræktɪs/ *n* conducta incorrecta: *to sue a doctor/lawyer for malpractice* demandar a un médico/abogado por negligencia

malt /mɔːlt/ *n* malta: *malt (whisky)* whisky de malta

mam /mæm/ *n (GB, coloq) Ver* MUM[1]

mama *n* **1** /məˈmɑː/ (*GB, antic*) mamá **2** (*tb* **mamma**) /ˈmɑːmə/ (*USA, coloq*) mamá

mammal /ˈmæml/ *n* mamífero
▶ **mammalian** *adj* mamífero

mammoth /ˈmæməθ/ *n* mamut
■ **mammoth** *adj* colosal: *a mammoth task* una tarea colosal

man[1] /mæn/ *n* (*pl* **men** /men/) **1** hombre: *a young man* un (hombre) joven ◊ *a man's shirt* una camisa de caballero ◊ *a real man* un hombre hecho y derecho ◊ *prehistoric man* el hombre prehistórico **2** agente: *our man in Rome* nuestro hombre en Roma **3** marido, novio: *Liz and her man* Liz y su novio ◊ *man and wife* marido y mujer **4** persona: *an eight man crew* una tripulación de ocho personas

> Nótese que aunque **man** puede significar *persona*, hoy en día se considera más correcto decir **person** para los casos en los que nos estamos refiriendo tanto a mujeres como a hombres: *an eight person crew. Ver tb nota en* MANKIND

5 (*juegos*) pieza, ficha *Ver tb* BEST MAN, BUSINESSMAN, CHAIRMAN, COUNTRYMAN, DOORMAN, DUTCHMAN, ENGLISHMAN, FELLOW MAN, FRENCHMAN, GARBAGE MAN, HE-MAN, HIT MAN, HORSEMAN, IRISHMAN, LADIES' MAN, LAYMAN, LINESMAN, LINKMAN, LOLLIPOP MAN, MADMAN, MAILMAN, MARKSMAN, MEDICINE MAN, MIDDLEMAN, MILKMAN, OARSMAN, OLD MAN, OMBUDSMAN, ONE-MAN, PLOUGHMAN, POLICEMAN, POSTMAN, RAG-AND-BONE MAN, RAILMAN, RIFLEMAN, SALESMAN, SCOTSMAN, SERVICEMAN, SHOWMAN, SIGNALMAN, SNOWMAN, SPOKESMAN, SPORTSMAN, SUPERMAN, TAXMAN, TRADESMAN, TRIBESMAN, WATCHMAN, WEATHERMAN, WELSHMAN, WORKMAN, YEOMAN, YES-MAN
LOC **a man about town** un hombre mundano **a man of God** (*formal, ret*) un hombre de Dios **every man for himself** (*refrán*) sálvese quien pueda **man!** (*esp USA, coloq*) ¡vaya!, ¡caramba! **man and boy** desde que era un muchacho: *He has worked for the firm man and boy.* Ha trabajado en la empresa desde pequeño. **man to man** de hombre a hombre: *a man-to-man talk* una conversación de hombre a hombre **the man in the street** (*GB*) el ciudadano de a pie **to be man enough (to do sth)** ser lo bastante hombre (como para hacer algo) **to be your man** ser el que buscas: *If you need a driver, I'm your man.* Si necesitas un conductor, ese soy yo. **to be your own man/woman** ser independiente: *He's his own man.* Es muy capaz de arreglárselas solo. **to hit/kick a man when he's down** hacer leña del árbol caído **to make a man (out) of sb** hacer un hombre a algn: *The army will make a man of him.* El ejército le hará un hombre. *Ver tb* BEST, DIRTY, EARLY, FAMILY, GRAND[1], MEDICINE, ODD, PART, POOR, RIGHT-HAND, SORT, TWICE, WORD

man[2] /mæn/ *vt* (**-nn-**) **1** (*oficina, etc*) **(a)** atender a, manejar **(b)** dotar de personal **2** (*nave*) tripular **3** (*fortaleza*) guarnecer

manacle /ˈmænəkl/ *n* [*gen pl*] grillete
■ **manacle** *vt* esposar

manage /ˈmænɪdʒ/ **1** *vt* **(a)** (*empresa*) dirigir **(b)** (*fondos, propiedad*) administrar **2** *vt* (*controlar*) manejar **3** *vi* **~ (without sth/sb)** arreglárselas (sin algo/algn): *I can't manage (to live) on £50 a week.* 50 libras a la semana no me llegan (para vivir). **4** *vt, vi*: *to manage to do sth* lograr/conseguir hacer algo ◊ *Can you manage all of it?* ¿Puedes con todo eso? ◊ *Can you manage 6 o'clock?* ¿Puedes venir a las 6? ◊ *I couldn't manage another bite.* Ya no podría comer ni un bocado más.
▶ **manageable** *adj* **1** manejable **2** (*persona o animal*) tratable, dócil **3** (*tarea*) posible de alcanzar

management /ˈmænɪdʒmənt/ *n* **1** dirección, administración, gestión: *a management committee* comité directivo/consejo de administración ◊ *a management consultant* consultor en dirección de empresas *Ver tb* PERSONNEL MANAGEMENT **2** [*v sing o pl*] (*personas*) dirección, gerencia: *Management/The management is/are considering…* La dirección está pensando… ◊ *senior/middle management* cuadros ejecutivos superiores/medios *Ver tb* TOP MANAGEMENT **3** (*habilidad para controlar*) manejo

manager /ˈmænɪdʒə(r)/ *n* **1(a)** director, -ora, gerente **(b)** (*de una propiedad*) administrador, -ora **(c)** (*Teat*) manager, empresario, -a *Ver tb* STAGE MANAGER **(d)** (*Dep*) manager **2** (*en sentido general*): *She's a good manager.* Es buena administradora. ☛ *Ver nota en* MANAGERESS

manageress /ˌmænɪdʒəˈres/ *n* administradora, gerente

> Nótese que **manageress** se utiliza para referirnos a una mujer que está a cargo de una tienda, un restaurante o un hotel. En empresas más grandes se utiliza **manager** para referirnos tanto a un hombre como a una mujer.

managerial /ˌmænəˈdʒɪəriəl/ *adj* directivo, administrativo, gerencial

managing director *n* director, -ora general

Mancunian /mænˈkjuːniən/ *adj, n* (habitante) de Manchester

Mandarin /ˈmændərɪn/ *adj* mandarín
■ **Mandarin** (*tb* **Mandarin Chinese**) *n* (*idioma*) mandarín

mandarin /ˈmændərɪn/ *n* **1** mandarín **2** (*tb* **mandarin orange**) mandarina

mandate /ˈmændeɪt/ *n* **1 ~ (to do sth)** mandato (para hacer algo) **2** (*antic*) (territorio bajo) mandato
■ **mandate** *vt* **1** encargar **2** poner bajo mandato

mandatory /ˈmændətəri; *USA* -tɔːri/ *adj* preceptivo

mandible /ˈmændɪbl/ *n* mandíbula ☛ *Ver ilustración en* ESQUELETO

mandolin /ˈmændəlɪn, ˌmændəˈlɪn/ *n* mandolina

mane /meɪn/ *n* **1** (*caballo*) crin **2** (*león o persona*) melena

maneuver *n, vt, vi* (*USA*) *Ver* MANOEUVRE

manful /ˈmænfl/ *adj* valiente
▶ **manfully** *adv* valientemente

manganese /ˈmæŋɡəniːz/ *n* manganeso

mange /meɪndʒ/ *n* sarna

manger /ˈmeɪndʒə(r)/ *n* pesebre **LOC** *Ver* DOG[1]

mangle[1] /ˈmæŋɡl/ *vt* (*lit* y *fig*) mutilar

mangle[2] /ˈmæŋɡl/ *n* escurridor

mango /ˈmæŋɡəʊ/ *n* (*pl* **~es** o **~s**) mango

mangrove /ˈmæŋɡrəʊv/ *n* mangle: *a mangrove swamp* un manglar

mangy /ˈmeɪndʒi/ *adj* (**-ier, -iest**) **1** (*lit*) sarnoso **2** (*fig*) andrajoso

manhandle /ˈmænhændl/ *vt* **1** mover a brazo **2** maltratar

manhole /ˈmænhəʊl/ *n* boca de alcantarilla, pozo de inspección

manhood /ˈmænhʊd/ *n* **1** edad viril: *to grow to/reach manhood* alcanzar la edad viril **2** hombría **3** hombres

manhunt /ˈmænhʌnt/ *n* batida

mania /ˈmeɪniə/ *n* manía: *to have a mania for sth/for doing sth* tener la manía de algo/de hacer algo
▶ **maniac** *adj, n* **1** maníaco, -a **2** (*ofen* o *joc*) **(a)** (*muy entusiasta*) loco, -a: *a football maniac* un loco del fútbol **(b)** (*salvaje*) loco, -a: *to drive like a maniac* conducir como un loco
maniacal /məˈnaɪəkl/ *adj* **1** maníaco **2** (*ofen* o *joc*) maniático

manic /ˈmænɪk/ *adj* **1** maníaco **2** frenético

manic-depressive /ˌmænɪk dɪˈpresɪv/ *adj, n* maniacodepresivo, -a

manicure /ˈmænɪkjʊə(r)/ *n* manicura: *to have a manicure* hacerse la manicura

■ **manicure** *vt* **1** hacer la manicura a **2** (*uñas*) arreglar

▶ **manicurist** *n* manicuro, -a

manifest /ˈmænɪfest/ *adj* **~** (**to sb**) manifiesto, evidente (para algn)

■ **manifest** *vt* manifestar, mostrar: *to manifest itself/themselves* manifestarse/hacerse patente

▶ **manifestation** *n* **1** manifestación **2** (*fantasma*) aparición

manifestly *adv* manifiestamente

■ **manifest** *n* manifiesto

manifesto /ˌmænɪˈfestəʊ/ *n* (*pl* **~s** o **~es**) **1** manifiesto **2** plataforma electoral

manifold /ˈmænɪfəʊld/ *adj* (*formal*) múltiple, diverso

■ **manifold** *n* colector: *the exhaust manifold* el colector de escape ☛ *Ver ilustración en* CAR

Manila (*tb* **Manilla**) /məˈnɪlə/ *n* **1** (*tb* **Manila hemp**) manila **2 manila** (*tb* **manila paper**) papel manila

manioc /ˈmænɪɒk/ *n* mandioca, yuca

manipulate /məˈnɪpjuleɪt/ *vt* manipular, manejar

▶ **manipulation** *n* manipulación

manipulative *adj* manipulador

manipulator *n* manipulador, -ora

mankind *n* **1** /mænˈkaɪnd/ género humano

Mankind y **man** se utilizan con el significado genérico de *todos los hombres y mujeres*. Sin embargo, mucha gente considera este uso discriminatorio, y prefiere utilizar términos como **humanity** [singular], **the human race** [singular], **humans** [plural], **human beings** [plural] y **people** [plural].

2 /ˈmænkaɪnd/ los hombres

manlike /ˈmænlaɪk/ *adj* **1** (*masculino*) varonil **2** (*de una mujer*) hombruna **3** (*de un animal*) de aspecto humano

manly /ˈmænli/ *adj* varonil, viril

▶ **manliness** *n* hombría

man-made /ˈmæn meɪd/ *adj* artificial: *man-made fibres* fibras sintéticas

manna /ˈmænə/ *n* maná

manned /mænd/ *adj* tripulado: *manned space flight* vuelos espaciales tripulados

mannequin /ˈmænɪkɪn/ *n* **1** (*antic*) modelo **2** maniquí

manner /ˈmænə(r)/ *n* **1** manera, forma: *the manner in which he died/the manner of his death* la forma en que murió **2** actitud, modo de comportarse: *bedside manner* forma de tratar a los enfermos **3 manners** [*pl*] **(a)** modales: *good/bad manners* educación/mala educación ◊ *It's bad manners to stare.* Es de mala educación mirar así. ◊ *He has no manners.* Es un mal educado. ◊ *Where are your manners?* ¿Qué modales son esos? **(b)** (*hábitos*) costumbres **4** (*formal* o *ret*) tipo: *What manner of man is he?* ¿Qué tipo de hombre es?

LOC **all manner of...** (*formal*) toda clase de... **(as/as if) to the manner born** como si lo hubiera hecho toda la vida **in a manner of speaking** como si dijéramos **in the manner of sth/sb** al estilo de algo/algn **not by any manner of means/by no manner of means** de ninguna de las maneras

▶ **mannered** *adj* amanerado *Ver tb* ILL-MANNERED, MILD-MANNERED, WELL-MANNERED

mannerism /ˈmænərɪzəm/ *n* **1** peculiaridad **2** (*Arte*) manierismo

mannish /ˈmænɪʃ/ *adj* hombruno

manoeuvrable (*USA* **maneuverable**) /məˈnuːvrəbl/ *adj* manejable, maniobrable

▶ **manoeuvrability** *n* maniobrabilidad

manoeuvre (*USA* **maneuver**) /məˈnuːvə(r)/ *n* maniobra: *The Government has little room for manoeuvre.* Existe un escaso margen de maniobra para el gobierno. ◊ *The army is on manoeuvres in the desert.* El ejército está de maniobras en el desierto.

■ **manoeuvre 1** *vi* **(a)** maniobrar: *to have room to manoeuvre* tener un margen de maniobra **(b)** moverse **(c)** (*Mil*) hacer maniobras **2** *vt*: *The car is difficult to manoeuvre.* Es difícil maniobrar con este coche. ◊ *He manoeuvred the van into the garage.* Metió el furgón en el garaje.

LOC **to manoeuvre sb into doing sth** inducir a algn a que haga algo

manor /ˈmænə(r)/ *n* **1** (*tb* **manor-house**) casa señorial **2** (*territorio*) señorío **3** (*GB, coloq*) (*policía*) distrito

▶ **manorial** *adj* señorial

manpower /ˈmænpaʊə(r)/ *n* mano de obra

manqué /ˈmɒŋkeɪ/ *adj* (*Fr*) frustrado: *He's an actor manqué.* Es un actor frustrado.

mansard /ˈmænsɑːd/ (*tb* **mansard roof**) *n* tejado en mansarda

manse /mæns/ *n* casa parroquial (*de un pastor protestante*)

mansion /ˈmænʃn/ *n* **1** mansión: *She lives in a ten-bedroom mansion.* Vive en una mansión con diez habitaciones. **2** casa solariega

manslaughter /ˈmænslɔːtə(r)/ *n* homicidio sin premeditación ☛ *Comparar con* HOMICIDE sentido 1, MURDER sentido 1

mantelpiece /ˈmæntlpiːs/ (*tb* **chimney-piece**) *n* repisa de la chimenea

mantis /ˈmæntɪs/ (*tb* **praying mantis**) *n* mantis religiosa

mantle /ˈmæntl/ *n* **1** (*ret*) papel: *to assume the mantle of commander* asumir el papel de comandante **2** (*lit* y *fig*) manto: *a mantle of snow* un manto de nieve **3** (*Geol*) manto **4** camisa incandescente

manual /ˈmænjuəl/ *adj* manual: *manual workers* trabajadores manuales

■ **manual** *n* **1** manual: *a training manual* un manual de instrucciones **2** (*órgano*) teclado

▶ **manually** *adv* manualmente

manufacture /ˌmænjuˈfæktʃə(r)/ *vt* **1(a)** fabricar, manufacturar **(b)** (*ropa*) confeccionar **(c)** (*comida*) elaborar **2** (*pruebas*) inventar

■ **manufacture** *n* **1(a)** fabricación: *There's a fault in the manufacture.* Hay un defecto de fabricación. **(b)** (*ropa*) confección **(c)** (*comida*) elaboración **2 manufactures** [*pl*] productos, manufacturas

▶ **manufacturer** *n* fabricante

manufacturing 1 *adj* manufacturero: *manufacturing industry* la industria manufacturera **2** *n* industria manufacturera: *workers in manufacturing* trabajadores en la industria manufacturera

manure /məˈnjʊə(r)/ *n* estiércol

■ **manure** *vt* estercolar

manuscript /ˈmænjuskrɪpt/ *adj, n* (*abrev* **MS**) manuscrito: *The publishers returned the original manuscript.* La editorial devolvió el original.

LOC **in manuscript** en forma manuscrita

many /ˈmeni/ *adj, pron* **1** muchos: *I don't own many valuables.* No tengo muchos objetos de valor. ◊ *Many people would disagree.* Mucha gente no estaría de acuerdo. ◊ *I haven't got many left.* No me quedan muchos. ◊ *In many ways, I regret it.* En cierta manera, lo lamento.

Mucho se traduce según el sustantivo al que acompaña o sustituye en inglés.
En oraciones afirmativas se suele utilizar **a lot (of)** o **lots (of)**: *She's got a lot of money.* Tiene mucho dinero. ◊ *Lots of people are poor.* Mucha gente es pobre.
En oraciones negativas e interrogativas empleamos **many** (o **a lot of** en un lenguaje más familiar) cuando el sustantivo es contable y **much** (o **a lot of** en un lenguaje más familiar) si el sustantivo es incontable: *I haven't met many women bosses.* No he conocido

muchos jefes que sean mujeres. ◊ *I haven't eaten much (food).* No he comido mucho.
En un inglés más formal se utilizan expresiones como **a great deal (of)** con sustantivos incontables, **a large amount (of)** y **plenty (of)** con sustantivos contables e incontables, y **a large number (of)** con sustantivos contables: *a great deal of effort* mucho esfuerzo ◊ *a large amount/plenty of people/money* mucha gente/mucho dinero ◊ *in a large number of cases* en muchos casos
Nótese que después de **so**, **as** y **too** solo se puede utilizar **much** o **many**, ya sea la oración afirmativa, negativa o interrogativa: *There weren't too many problems.* No hubo muchos problemas. ◊ *Are there so many students?* ¿Hay tantos alumnos? ◊ *There isn't so much work to do this time.* Esta vez no hay tanto trabajo. ☛ *Ver tb nota en* MOST[1]

Ver tb MUCHO
2 ~ a sth [*sing*]: *Many a politician has been ruined by scandle.* Muchos políticos han sido arruinados por escándalos. ◊ *I've thought about her many a time.* He pensado en ella muchas veces. **3 many's the sth**: *Many's the time I've thought about her.* Son muchas las veces que he pensado en ella. ◊ *Many's the man who would have given up.* Son muchos los hombres que se habrían rendido.
LOC a good/great many muchísimos: *I've read a great many reports on the subject.* He leído muchísimos informes al respecto. ◊ *A great many have been lost.* Se han perdido muchísimos. **as many 1** tantos: *We no longer have as many members.* Ya no tenemos tantos socios. **2** otros tantos: *She's had four jobs in as many months.* Ha tenido cuatro trabajos en otros tantos meses. **as many again/more** otros tantos: *He's walked six kilometres, and has as many again left.* Ha caminado seis kilómetros, y le quedan otros tantos. **as many as 1** tantos como: *I didn't win as many as my brother.* No gané tantos como mi hermano. ◊ *He'll steal as many as he can.* Robará tantos como pueda. **2** hasta: *There is room for as many as ten people.* Caben hasta diez personas. **3** *You ate three times as many as I did.* Comiste tres veces más que yo. **as many... as** tantos... como: *I don't have as many friends as you (do).* No tengo tantos amigos como tú. ◊ *Take as many suitcases as you need.* Trae tantas maletas como necesites. **how many** cuántos: *How many dictionaries have you got?* ¿Cuántos diccionarios tienes? **so many** tantos: *I've eaten so many biscuits (that) I feel ill.* Me he comido tantas galletas que me siento mal. ◊ *I've never seen so many!* ¡Nunca he visto tantos! **too many** demasiados
■ **the many** *n* la mayoría: *to favour the few at the expense of the many* favorecer a la minoría a costa de la mayoría

many-sided /ˌmeni ˈsaɪdɪd/ *adj* **1** poligonal **2** polifacético **3** complicado

map /mæp/ *n* **1** mapa: *a road map of France* un mapa de las carreteras de Francia ◊ *a map of the world* un planisferio ◊ *map-reading* interpretación de mapas **2** (*ciudad*) plano
LOC to put sth/sb on the map dar a conocer algo/a algn *Ver tb* WIPE
■ **map** *vt* (**-pp-**) levantar mapas de
PHR V to map sth out 1 planear algo: *She has her career mapped out.* Ya tiene planeada su carrera. **2** (*idea, propuesta*) exponer algo

maple /ˈmeɪpl/ *n* arce: *maple syrup* jarabe de arce

the maquis /ˈmækiː; *USA* ˈmɑːkiː/ **the Maquis** *n* el maquis

Mar *abrev de* **March**

mar /mɑː(r)/ *vt* (**-rr-**) **1** empañar **2** estropear: *We didn't let it mar our enjoyment of the holiday.* No dejamos que nos estropeara las vacaciones.
LOC to make or mar sth/sb ser el momento decisivo de algo/para algn: *This speech crisis could make or mar his career.* Este discurso podría ser el momento decisivo de su carrera.

maraschino /ˌmærəˈskiːnəʊ/ *n* (*pl* **~s**) **1** marrasquino **2** (*tb* **maraschino cherry**) cereza marrasquinada

marathon /ˈmærəθən; *USA* -θɒn/ *n* **1** (*tb* **Marathon**) maratón: *to run a marathon* tomar parte en un maratón **2** (*fig*): *The interview was a real marathon.* Fue una entrevista maratoniana.

marauder /məˈrɔːdə(r)/ *n* merodeador, -ora
▶ **marauding 1** *adj* merodeador **2** *n* merodeo

marble /ˈmɑːbl/ *n* **1** mármol: *a marble statue* una estatua de mármol **2** canica: *to play marbles* jugar a las canicas **LOC** *Ver* LOSE
▶ **marbled** *adj* jaspeado

March /mɑːtʃ/ *n* (*abrev* **Mar**) marzo ☛ *Ver nota y ejemplos en* JANUARY

march /mɑːtʃ/ **1** *vi* **(a)** marchar **(b)** manifestarse: *Students marched on Parliament.* Los estudiantes se manifestaron ante el Parlamento. **2** *vt* **(a)** hacer marchar **(b)** recorrer: *The army has marched thirty miles today.* El ejército ha recorrido treinta millas hoy.
LOC to get your marching orders ser despedido **to give sb their marching orders** (*trabajo*) despedir a algn
PHR V to march away/off marcharse de repente
to march sb away/off llevarse a algn
to march in entrar resueltamente
to march sb in hacer entrar a algn: *She marched him into the headmaster's office.* Lo hizo entrar en el despacho del director.
to march out salir bruscamente: *He stood up and marched out of the room.* Se levantó y salió bruscamente de la sala.
to march past (sb) desfilar (ante algn)
to march up to sb abordar a algn con resolución
■ **march** *n* **1** marcha **2** manifestación
LOC on the march en marcha *Ver tb* QUICK

marcher /ˈmɑːtʃə(r)/ *n* manifestante

marches /ˈmɑːtʃɪz/ *n* [*pl*] zona fronteriza entre Inglaterra y Gales o Escocia

marchioness /ˌmɑːʃəˈnes/ *n* marquesa

march past *n* desfile

mare /meə(r)/ *n* yegua, burra ☛ *Comparar con* FILLY

margarine /ˌmɑːdʒəˈriːn; *USA* ˈmɑːrdʒərɪn/ (*GB, coloq* **marge** /mɑːdʒ/) *n* margarina

margin /ˈmɑːdʒɪn/ *n* margen: *to live on the margin of poverty* vivir al borde de la pobreza ◊ *There was no margin for error.* No podían permitirse el lujo de equivocarse. ◊ *margin of error* margen de error ◊ *a business operating on tight (profit) margins* un negocio que funciona con un pequeño margen de beneficios *Ver tb* SAFETY MARGIN

marginal /ˈmɑːdʒɪnl/ *adj* **1** marginal: *marginal seat/constituency* escaño ganado/circunscripción ganada por un pequeño margen **2** (*notas*) al margen **3** (*persona*) marginado **4** (*tierra*) excedente
▶ **marginally** *adv* ligeramente
marginalize, -ise *vt* marginar
marginalization *n* marginación

marguerite /ˌmɑːgəˈriːt/ *n* margarita

marigold /ˈmærigəʊld/ *n* caléndula

marijuana (*tb* **marihuana**) /ˌmærəˈwɑːnə/ *n* marihuana

marina /məˈriːnə/ *n* puerto deportivo

marinade /ˌmærɪˈneɪd/ *n* salsa para macerar
■ **marinade** (*tb* **marinate**) *vt* macerar

marine /məˈriːn/ *adj* **1** marino: *a marine biologist* un biólogo marino **2(a)** marítimo: *marine insurance* seguro marítimo **(b)** naval: *marine engineering* ingeniería naval
■ **marine** *n* infante de marina: *the Marines* la infantería de marina **LOC** *Ver* TELL

mariner /ˈmærɪnə(r)/ *n* (*antic* o *formal*) navegante

marionette /ˌmæriəˈnet/ *n* marioneta

marital /ˈmærɪtl/ *adj* conyugal, matrimonial: *marital status* estado civil

maritime /ˈmærɪtaɪm/ *adj* marítimo

marjoram /ˈmɑːdʒərəm/ *n* mejorana

mark[1] /mɑːk/ *n* **1(a)** marca, mancha: *The scandal left a black mark on his career.* El escándalo dejó una mancha en su historial. *Ver tb* POSTMARK, WATERMARK **(b)** marca distintiva: *This scar is her main distinguishing mark.* Esta cicatriz es su principal marca distintiva. ☛ *Comparar con* BIRTHMARK *Ver tb* BOOKMARK, LANDMARK **2** señal: *punctuation marks* signos de puntuación ◊ *as a mark of respect* como señal de respeto *Ver tb* EXCLAMATION MARK, QUESTION MARK, QUOTATION MARKS **3** huella: *marks of suffering/old age* las huellas del sufrimiento/de la vejez *Ver tb* POCK-MARKED **4** (*Educ*) nota: *to get a good/poor mark in maths* sacar notas buenas/mediocres en matemáticas *Ver tb* FULL MARKS, PASS-MARK **5** cruz: *to put/make your mark (on sth)* firmar con una cruz (en algo) **6 Mark** (*de máquina, vehículo*) tipo, modelo: *a Mark IV Cortina* un Cortina IV *Ver tb* TRADE MARK **7** (*horno de gas*): *to cook at gas mark 5* cocer en el horno a 190° **8** (*formal*) blanco **9** (*Dep*) salida

LOC **not to be/feel (quite) up to the mark** no estar al cien por cien **on your marks, (get) set, go!** preparados, listos, ¡ya! **to be up to the mark** dar la talla: *Her school work isn't quite up to the mark.* Sus deberes dejan bastante que desear. **to hit/miss the mark** dar en el blanco/fallar **to leave/make your, its, etc mark (on sth/sb)** dejar su, etc huella (en algo/algn) **to make your mark** llegar a lo alto *Ver tb* OVERSHOOT, OVERSTEP, WIDE

mark[2] /mɑːk/ *vt* **1** marcar: *to mark your name on your clothes/mark your clothes with your name* marcar la ropa con el nombre ◊ *Prices are marked on the goods.* Los artículos llevan marcado el precio. ◊ *a style marked by precision and wit* la precisión y el ingenio marcan su estilo **2** señalar: *ceremonies to mark the Queen's birthday* ceremonias para conmemorar el cumpleaños de la reina **3** (*exámenes*) calificar **4** (*formal*) apuntar: *You mark/Mark my words.* Acuérdate de lo que te estoy diciendo. **5** (*Dep*) marcar

LOC **mark you** aunque la verdad es que... **to mark time 1** (*Mil*) marcar el paso **2** (*fig*) hacer tiempo

PHR V **to mark sth off** separar algo con una raya

to mark sth out marcar algo

to mark sb out for sth señalar a algn para algo: *a woman marked out for early promotion* una mujer nombrada para ascender antes de tiempo

to mark sb up/down calificar a algn por lo alto/bajo

to mark sth up/down aumentar/rebajar el precio de algo

▶ **marked** /mɑːkt/ *adj* notable

markedly /ˈmɑːkɪdli/ *adv* (*formal*) de forma notable

mark[3] /mɑːk/ *n* marco

markdown /ˈmɑːkdaʊn/ *n* rebaja

marker /ˈmɑːkə(r)/ *n* **1(a)** indicador: *a marker pen* un rotulador **(b)** examinador, -ora **2** marca: *a marker buoy* una boya de señalización

market /ˈmɑːkɪt/ *n* mercado: *a rising/falling market (in shares)* mercado (de acciones) en alza/en baja ◊ *to corner the market* acaparar el mercado ◊ *the securities market* el mercado de valores ◊ *the (European) single market* el mercado único europeo ◊ *There's not much (of a) market for these goods.* No hay mucho mercado para estos artículos. *Ver tb* THE BLACK MARKET, THE COMMON MARKET, FLEA MARKET, FREE MARKET, HOUSING MARKET, HYPERMARKET, NICHE MARKET, STOCK MARKET, SUPERMARKET

LOC **in the market for sth** (*coloq*) interesado en comprar algo **on the market** en el mercado: *to put sth on the market* poner algo en venta **to come onto the market** salir al mercado **to play the market** (*coloq*) jugar en la Bolsa *Ver tb* FLOOD, PRICE

■ **market** *vt* **1** poner a la venta **2 ~ sth (to sb)** ofertar algo (a algn)

▶ **marketable** *adj* vendible

market garden (*USA* **truck farm**) *n* huerto, huerta

market gardener *n* hortelano, -a

market gardening *n* horticultura

marketing /ˈmɑːkɪtɪŋ/ *n* marketing: *the marketing department* el departamento de marketing

market place *n* **1** (*tb* **market-square**) plaza del mercado **2 the market-place** [*sing*] el mercado: *Companies must be able to compete in the market-place.* Las empresas deben ser capaces de competir en el mercado.

market research *n* estudios de mercado

market share *n* participación en el mercado

marking /ˈmɑːkɪŋ/ *n* mancha: *a dog with white markings on its chest* un perro con manchas blancas en el pecho ◊ *marking ink* tinta indeleble

marksman /ˈmɑːksmən/ *n* (*pl* **-men** /-mən/) tirador, -ora

▶ **marksmanship** *n* puntería

mark-up /ˈmɑːk ʌp/ *n* porcentaje de beneficios (*en el precio*)

marl /mɑːl/ *n* marga

marmalade /ˈmɑːməleɪd/ *n* mermelada (*de cítricos*)

> Nótese que cualquier mermelada que no esté confeccionada con cítricos recibe el nombre de **jam**: *apricot jam* mermelada de albaricoque.

marmot /ˈmɑːmət/ *n* (*Zool*) marmota

maroon[1] /məˈruːn/ *adj, n* granate (*color*)

maroon[2] /məˈruːn/ *n* bengala (*de señales*)

marooned /məˈruːnd/ *adj* abandonado y aislado

marque /mɑːk/ *n* marca reconocida (*esp de coche*)

marquee /mɑːˈkiː/ *n* **1** carpa (*entoldado*) **2** (*esp USA*) marquesina

marquess (*tb* **marquis**) /ˈmɑːkwɪs/ *n* marqués

marquetry /ˈmɑːkɪtri/ *n* marquetería

marriage /ˈmærɪdʒ/ *n* **1** (*institución*) matrimonio: *marriage bed* lecho nupcial ◊ *a marriage partner* un cónyuge ◊ *marriage certificate* partida de matrimonio ◊ *marriage guidance* orientación matrimonial ◊ *to be related by marriage* ser pariente político ☛ *Ver nota en* POLÍTICO **2** (*ceremonia*) boda, enlace (matrimonial) ☛ *Ver nota en* BODA **3** (*fig*) unión: *a marriage of minds* una unión de cerebros

LOC **to give sb in marriage (to sb)** (*formal*) dar a algn en matrimonio (a algn) **to take sb in marriage** (*formal*) casarse con algn

▶ **marriageable** *adj* casadero: *of marriageable age* en edad de casarse

married /ˈmærid/ *adj* **1 ~ (to sb)** casado (con algn): *a married man/woman/couple* un casado/una casada/un matrimonio ◊ *to get married* casarse ◊ *engaged to be married* prometido **2** conyugal: *married quarters* alojamiento para matrimonio ◊ *married life* la vida conyugal ◊ *her married name* su apellido de casada **3 ~ to sth** (*fig*): *She's married to her work.* Solo vive para su trabajo.

marrow[1] /ˈmærəʊ/ *n* **1** (*lit*) médula, tuétano *Ver tb* BONE MARROW **2** (*fig*) meollo

LOC **to the marrow** hasta los tuétanos: *chilled to the marrow* completamente helado

marrow[2] /ˈmærəʊ/ (*tb* **vegetable marrow**) (*USA* **marrow squash**) *n* tipo de calabaza alargada

marrow squash *n* (*USA*) *Ver* MARROW[2]

marry /ˈmæri/ (*pret, pp* **married**) **1** *vi* casarse: *John married young.* John se casó joven. ☛ *Ver nota en* BODA **2** *vt* casar: *They were married by the bishop.* Los casó el obispo. **3 ~ (sth) with sth** (*fig*) unir, combinar (algo) con algo

PHR V **to marry into sth** emparentar con algo
to marry sb off (*joc*) casar a algn
to marry up (hacer) coincidir

Mars /mɑːz/ *n* Marte

marsh /mɑːʃ/ *n* **1** ciénaga: *marshland* cenagal ◊ *marsh gas* metano/gas de los pantanos **2** (*en la costa*) marisma *Ver tb* SALT MARSH
▶ **marshy** *adj* (**-ier, -iest**) pantanoso

marshal /ˈmɑːʃl/ *n* **1** mariscal **2** maestro de ceremonias **3** (*USA*) alguacil
■ **marshal** *vt* (**-ll-**, *USA* **-l-**) **1** (*tropas, etc*) formar: *to marshal the support of...* organizar el apoyo de... **2** (*ideas, datos, etc*) ordenar

marshmallow /ˌmɑːʃˈmæləʊ/ *n* dulce de malvavisco

marsupial /mɑːˈsuːpiəl/ *adj, n* marsupial

mart /mɑːt/ *n* **1** mercado **2** emporio **3** (*en un periódico*) bolsa (del automóvil, de la propiedad, etc)

marten /ˈmɑːtɪn; *USA* -tn/ *n* marta (*animal y piel*)

martial /ˈmɑːʃl/ *adj* marcial: *martial arts* artes marciales ◊ *martial law* ley marcial *Ver tb* COURT MARTIAL

Martian /ˈmɑːʃn/ *adj, n* marciano, -a

Martini® /mɑːˈtiːni/ *n* **1** vermú, vermut **2** (*tb* **martini**) (*cóctel*) martini

martyr /ˈmɑːtə(r)/ *n* **1** mártir: *to act the martyr/make a martyr of yourself* hacerse el mártir **2** ~ **to sth** víctima de algo: *She's a martyr to rheumatism.* El reumatismo la tiene martirizada.
■ **martyr** *vt* martirizar: *to martyr yourself* martirizarse
▶ **martyrdom** *n* martirio

marvel /ˈmɑːvl/ *n* maravilla, prodigio: *It's a marvel that he escaped unhurt.* Es un milagro que escapara ileso. ◊ *to work marvels* hacer maravillas ◊ *She's a marvel of patience.* Tiene una paciencia prodigiosa.
■ **marvel** *vi* (**-ll-**, *USA* **-l-**) ~ **at sth** maravillarse ante algo

marvellous (*USA* **marvelous**) /ˈmɑːvələs/ *adj* **1** maravilloso, excelente: *We had a marvellous time.* Lo pasamos de maravilla. ◊ *You've done a marvellous job.* Has hecho un trabajo excelente. ◊ *(That's) marvellous!* ¡Estupendo! **2** (*sorprendente*) asombroso
▶ **marvellously** (*USA* **marvelously**) *adv* maravillosamente, increíblemente

Marxism /ˈmɑːksɪzəm/ *n* marxismo

Marxist /ˈmɑːksɪst/ *adj, n* marxista

marzipan /ˈmɑːzɪpæn, ˌmɑːzɪˈpæn/ *n* mazapán

masc *abrev de* **masculine**

mascara /mæˈskɑːrə; *USA* -ˈskærə/ *n* rímel

mascot /ˈmæskət, -skɒt/ *n* mascota

masculine /ˈmæskjəlɪn/ *adj* **1** masculino **2** (*mujer*) hombruna ☛ *Comparar con* MALE
■ **masculine** *n* (*Gram*) **1** (*abrev* **m**) (*palabra*) masculino **2 the masculine** el (género) masculino
▶ **masculinity** *n* masculinidad

mash /mæʃ/ *n* **1** (*GB, coloq*) puré (de patatas): *sausages and mash* salchichas con puré de patatas **2** masa, pasta
■ **mash** *vt* **1** (*patatas, etc*) hacer puré de: *mashed potatoes* puré de patata **2** ~ **sth** (**up**) machacar, triturar algo

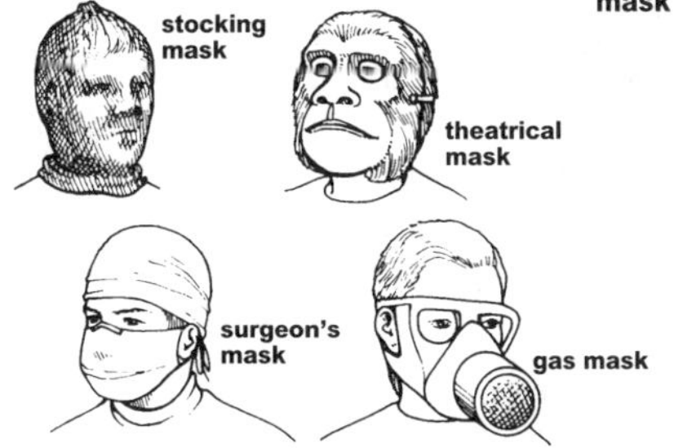

mask /mɑːsk; *USA* mæsk/ *n* **1** (*lit* y *fig*) máscara, careta **2** antifaz **3** (*traje*) disfraz **4** (*Med*) mascarilla **5** (*tb* **gas mask**) máscara antigás **6** (*de la cara*) molde (de cera) *Ver tb* OXYGEN MASK
■ **mask** *vt* **1** (*fig*) **(a)** ocultar **(b)** encubrir **(c)** tapar **2** (*lit*) enmascarar
▶ **masked** *adj* **1** enmascarado **2** (*atracador, etc*) encapuchado

masochism /ˈmæsəkɪzəm/ *n* masoquismo

masochist /ˈmæsəkɪst/ *n* masoquista
▶ **masochistic** *adj* masoquista

mason[1] /ˈmeɪsn/ *n* cantero, albañil *Ver tb* STONEMASON
▶ **masonry** *n* **1** albañilería **2** (*tb* **stone masonry**) mampostería

mason[2] /ˈmeɪsn/ (*tb* **Mason**, **freemason**) *n* masón
▶ **masonic** (*tb* **Masonic**) /məˈsɒnɪk/ *adj* masónico
masonry (*tb* **Masonry**, **freemasonry**) *n* masonería, francmasonería

masque /mɑːsk; *USA* mæsk/ *n* mascarada

masquerade /ˌmæskəˈreɪd, ˌmɑːsk-/ *n* mascarada, farsa
■ **masquerade** *vi* ~ **as sth** hacerse pasar por algo; disfrazarse de algo

mass[1] (*tb* **Mass**) /mæs/ *n* (*Relig, Mús*) misa *Ver tb* HIGH MASS

mass[2] /mæs/ *n* **1** ~ **(of sth)** **(a)** masa (de algo): *a mass of clouds/of colour* una masa de nubes/de color **(b)** montón, gran cantidad (de algo): *a mass of people* una multitud ◊ *We've had masses of letters.* Recibimos un montón de cartas. **2** [*antes de sustantivo*] (*gente*): *a mass grave* una fosa común ◊ *mass hysteria* histeria colectiva ◊ *mass media* medios de comunicación de masas **3** (*Fís*) masa **4 the masses** [*pl*] las masas
LOC **the (great) mass of...** la (inmensa) mayoría de... **to be a mass of sth** estar cubierto/lleno de algo
■ **mass** *vt, vi* **1** juntar(se) (en masa), reunir(se) **2** (*Mil*) formar(se), concentrar(se)

massacre /ˈmæsəkə(r)/ *n* **1** masacre **2** (*coloq, Dep*) paliza
■ **massacre** *vt* **1** masacrar **2** (*coloq, Dep*) dar una paliza a

massage /ˈmæsɑːʒ; *USA* məˈsɑːʒ/ *vt* **1** dar masaje a **2** (*fig*) manipular: *to massage the figures* manipular las cifras
■ **massage** *n* masaje

masseur /mæˈsɜː(r)/ *n* masajista *m*

masseuse /mæˈsɜːz/ *n* masajista *f*

massif /mæˈsiːf/ *n* (*Geog*) macizo montañoso

massive /ˈmæsɪv/ *adj* **1** enorme: *a massive amount* una cantidad enorme ◊ *a massive increase* un aumento vertiginoso ◊ *a massive building* un edificio monumental **2** masivo: *There were massive protests.* Hubo protestas masivas. **3** macizo, sólido
▶ **massively** *adv* enormemente: *It was massively successful.* Fue un éxito enorme.

mass-produce /ˌmæs prəˈdjuːs/ *vt* fabricar en serie

mass production *n* fabricación en serie

mast /mɑːst; *USA* mæst/ *n* **1** (*barco*) mástil *Ver tb* HALF MAST ☛ *Ver ilustración en* YACHT **2** (*televisión, etc*) torre LOC *Ver* NAIL

mastectomy /mæˈstektəmi/ *n* mastectomía

master /ˈmɑːstə(r); *USA* ˈmæs-/ *n* **1(a)** amo, dueño, señor *Ver tb* TASKMASTER **(b)** maestro: *the touch of a master* el toque de un maestro **(c)** (*de una situación*) el que lleva el control **2** (*Náut*) capitán **3 Master (a)** título de licenciatura superior ☛ *Ver nota en* BACHELOR **(b)** rector **(c)** señorito

En este sentido **Master** es el tratamiento que reciben los varones demasiado jóvenes para ser llamados **Mr**: *Master Charles Smith* el señorito Charles Smith

4 (*artesano, cantero, etc*) maestro 5 *the master bedroom* la habitación principal 6 (*cinta, película, etc*) original *Ver tb* BANDMASTER, GRANDMASTER, HEADMASTER, HOUSEMASTER, OLD MASTER, PAST MASTER, POSTMASTER, QUIZMASTER, SCHOOLMASTER

LOC **a master copy** un original **a master plan** un plan infalible **to be master in your own house** mandar en tu propia casa **(to be) your own master/mistress** 1 ser independiente 2 trabajar por cuenta propia *Ver tb* JACK[1], LORD

■ **master** *vt* 1 dominar 2 controlar 3 vencer

masterclass /ˈmɑːstəklɑːs; *USA* ˈmæstəklæs/ *n* clase maestra

masterful /ˈmɑːstəfl; *USA* ˈmæs-/ *adj* 1 dominante 2 imperioso

▶ **masterfully** *adv* magistralmente

master key (*tb* **pass key**) *n* llave maestra

masterly /ˈmɑːstəli; *USA* ˈmæs-/ *adj* magistral

mastermind /ˈmɑːstəmaɪnd; *USA* ˈmæs-/ *n* (*persona*) cerebro

■ **mastermind** *vt* planear, dirigir

Master of Ceremonies *n* (*abrev* **MC**) maestro de ceremonias

masterpiece /ˈmɑːstəpiːs; *USA* ˈmæs-/ *n* obra maestra

Master's degree (*tb* **Master's**) *n* máster

master stroke *n* toque maestro

mastery /ˈmɑːstəri; *USA* ˈmæs-/ *n* 1 ~ **(of sth)** dominio (de algo) 2 ~ **(over sth/sb)** supremacía (sobre algo/algn)

masthead /ˈmɑːsthed; *USA* ˈmæs-/ *n* 1 (*Náut*) tope (*de un mástil*) 2 (*periódico*) cabecera

mastic /ˈmæstɪk/ *n* resina

masticate /ˈmæstɪkeɪt/ *vt, vi* (*formal*) masticar ☛ La palabra más corriente es **chew**.

mastiff /ˈmæstɪf/ *n* mastín

mastitis /mæˈstaɪtɪs/ *n* mastitis

masturbate /ˈmæstəbeɪt/ *vi* masturbarse

▶ **masturbation** *n* masturbación

mat[1] /mæt/ *n* 1 estera, felpudo 2 colchoneta 3 salvamanteles 4 maraña *Ver tb* BATH MAT, DOORMAT LOC *Ver* WELCOME

mat[2] /mæt/ *vt, vi Ver* MATTED

matador /ˈmætədɔː(r)/ *n* matador, -ora

match[1] /mætʃ/ *n* cerilla: *to strike a match* encender una cerilla *Ver tb* SAFETY MATCH

match[2] /mætʃ/ *n* 1 (*Dep*) **(a)** partido **(b)** combate **(c)** encuentro *Ver tb* TEST MATCH 2 [*sing*] igual **3(a)** matrimonio **(b)** pareja **(c)** (*persona*) partido *Ver tb* LOVE MATCH 4 [*sing*] **(a)** ~ **(for sth/sb)** complemento (para algo/algn) **(b)** ~ **(of sth/sb)**: *a vase that's an exact match of the one we already have* un jarrón que hace pareja con el que ya tenemos

LOC **a good match** un buen partido **to find/meet your match** encontrar la horma de tu zapato *Ver tb* SLANG

match[3] /mætʃ/ 1 *vt, vi* **(a)** combinar con, hacer juego (con): *The curtains and the carpet match perfectly.* Las cortinas combinan muy bien con la moqueta. ◊ *matching shoes and handbag* zapatos y bolso a juego ◊ *These socks don't match.* Estos calcetines son de diferentes pares. **(b)** hacer pareja (con) 2 *vt, vi*: *to match particles of cotton with the victim's clothes* identificar partículas de algodón como parte de la ropa de la víctima 3 *vt* igualar: *You'll never match that story.* Nunca vas a encontrar una historia tan buena. 4 ~ **sth/sb with sth/sb (a)** *to match each candidate with a suitable position* encontrar la posición más adecuada para cada candidato **(b)** *to aim to match costs with benefits* tratar de igualar los costos con los beneficios

PHR V **to match sth/sb against/with sth/sb**: *Match your skill against the experts.* Confrontar tu habilidad con la de los expertos.

to match up coincidir

to match sth up (with sth) acoplar algo (con algo)

to match up to sth/sb igualar algo/a algn: *to match up to sb's expectations* colmar las esperanzas de algn

matchbox /ˈmætʃbɒks/ *n* caja de cerillas

matchless /ˈmætʃlɪs/ *adj* sin par

matchmaker /ˈmætʃmeɪkə(r)/ *n* casamentero, -a

▶ **matchmaking** *n* actividades/hacer de casamentero

match point *n* match-ball (*tenis*)

matchstick /ˈmætʃstɪk/ *n* palillo

mate[1] /meɪt/ *n* 1 (*GB, coloq*) **(a)** compañero, -a: *teammates* compañeros de equipo *Ver tb* CLASSMATE, FLATMATE, PLAYMATE, ROOM-MATE, RUNNING MATE, SOULMATE, WORKMATE **(b)** colega *m*: *Where are you off to, mate?* ¿A dónde vas, colega? 2 ayudante: *plumber's mate* ayudante de fontanero 3 (*Náut*) segundo de a bordo 4 (*Zool*) pareja

■ **mate** *vt, vi* aparear(se) *Ver tb* MATING

mate[2] /meɪt/ (*tb* **checkmate**) *n* mate

■ **mate** *vt, vi* ~ **(sb)** dar jaque mate (a algn)

material /məˈtɪəriəl/ *n* **1(a)** material: *building materials* materiales de construcción ◊ *archives material* material de archivo ◊ *reference materials* material de consulta **(b)** materia: *raw materials* materias primas 2 tela ☛ *Ver nota en* TELA 3 (*fig*): *to be officer material* tener madera de oficial

■ **material** *adj* 1 material: *the material world* el mundo material ◊ *material possessions* bienes materiales 2 ~ **(to sth)** esencial (para algo): *material evidence* pruebas esenciales ◊ *Is this point material to your argument?* ¿Es esto de alguna importancia para tu razonamiento?

▶ **materially** *adv* sensiblemente

materialism *n* materialismo

materialist (*tb* **materialistic**) *n* materialista

materialize, -ise /məˈtɪəriəlaɪz/ *vi* **1(a)** convertirse en realidad **(b)** tomar forma 2 (*persona*) aparecer

maternal /məˈtɜːnl/ *adj* 1 maternal 2 materno: *my maternal grandfather* mi abuelo materno

maternity /məˈtɜːnəti/ *n* maternidad: *maternity ward* sala de maternidad ◊ *maternity dress* vestido premamá ◊ *maternity leave* baja por maternidad ◊ *a maternity hospital* una maternidad

mathematical /ˌmæθəˈmætɪkl/ *adj* matemático

▶ **mathematically** *adv* matemáticamente

mathematician /ˌmæθəməˈtɪʃn/ *n* matemático, -a

mathematics /ˌmæθəˈmætɪks/ *n* 1 [*sing*] matemáticas 2 [*v sing o pl*] cálculos

maths/mæθs/ (*USA* **math** /mæθ/) *n* [*sing*] matemáticas: *maths teacher* profesor de matemáticas

matinée /ˈmætneɪ/ (*USA* **matinee** /ˌmætnˈeɪ/) *n* función de tarde (*cine o teatro*)

mating /ˈmeɪtɪŋ/ *n* 1 apareamiento 2 (*fig*) unión

LOC **mating season** época del celo

matins (*tb* **mattins**) /ˈmætɪnz; *USA* ˈmætnz/ *n* [*v sing o pl*] maitines

matriarch /ˈmeɪtriɑːk/ *n* matriarca

▶ **matriarchal** *adj* matriarcal

matriarchy *n* matriarcado

matrices *plural de* MATRIX

matricide /ˈmætrɪsaɪd/ *n* 1 matricidio 2 matricida

matriculate /məˈtrɪkjuleɪt/ *vt, vi* ingresar en la universidad

▶ **matriculation** *n* ingreso en la universidad

matrimony /ˈmætrɪməni; *USA* -məʊni/ *n* (*formal*) matrimonio

▶ **matrimonial** *adj* matrimonial

matrix /ˈmeɪtrɪks/ *n* (*pl* **~es** o **matrices** /ˈmeɪtrɪsiːz/) 1 (*Mat*) matriz *Ver tb* DOT MATRIX 2 origen

matron /ˈmeɪtrən/ *n* 1 (*escuela*) enfermera 2 (*hospital*) enfermera jefe 3 matrona 4 *matron of honour* madrina

▶ **matronly** *adj* de matrona

matt (*USA* **matte**) /mæt/ *adj* mate (*pintura, etc*) ☛ *Comparar con* GLOSS[1]

matted /ˈmætɪd/ *adj* enmarañado

matter /ˈmætə(r)/ *n* **1** asunto: *the heart of the matter* el meollo del asunto ◊ *There's the small matter of the money you owe me.* También está el asuntillo del dinero que me debes. ◊ *I have nothing further to say on the matter.* No tengo nada más que decir al respecto. *Ver tb* SUBJECT MATTER **2 (to be) a ~ of sth** (ser) cuestión de algo: *It's a matter of experience.* Es solo cuestión de experiencia. **3** (*Fís*) materia **4** material: *reading matter* material de lectura ◊ *printed matter* letra impresa **5** (*Med*) pus

LOC a matter of hours, minutes, days, etc cuestión de horas, minutos, días, etc: *It may be a matter of months before it's ready.* Pueden pasar meses antes de que esté listo. **a matter of life and death** cuestión de vida o muerte **a matter of opinion** cuestión de opiniones **a matter of time (before…)**: *It's simply a matter of time before the factory closes.* Es simplemente cuestión de tiempo el que la fábrica cierre. **as a matter of course** por costumbre **as a matter of fact** en realidad **for that matter** si vamos a eso **in the matter of sth** (*formal*) en materia de algo **no matter who, what, where, when, etc**: *Don't trust him, no matter what he says.* No te fíes de él, diga lo que diga. ◊ *no matter how rich he is* por muy rico que sea ◊ *Promise me you'll come, no matter what.* Prométeme que vendrás, pase lo que pase. **to be/make no matter** no tener importancia **to be the matter (with sb)** (*coloq*) pasarle algo a algn: *What's the matter with him?* ¿Qué le pasa? ◊ *Is anything the matter?* ¿Pasa algo? **to be the matter with sth**: *What's the matter with my dress?* ¿Qué tiene (de malo) mi vestido? **to let the matter drop/rest** dejar pasar por alto el asunto **to take matters into your own hands** tomar cartas en el asunto *Ver tb* DIFFERENT, FACT, LAUGHING, MINCE, MIND[1], WORSE

■ **matter** *vi* **~ (to sb)** importar (a algn): *Does it matter if we're a bit late?* ¿Importa si llegamos un poco tarde?

matter of fact /ˈmætər əv fækt/ *adj* **1** (*estilo*) prosaico **2** (*persona*) **(a)** impasible **(b)** realista

matting /ˈmætɪŋ/ *n* [*incontable*] estera(s)

mattock /ˈmætək/ *n* azadón

mattress /ˈmætrəs/ *n* colchón

maturation /ˌmætʃuˈreɪʃn/ *n* maduración

mature /məˈtʃʊə(r); *USA* -ˈtʊər/ *adj* **1** (*persona*) maduro, responsable **2** (*árbol*) adulto **3** (*Fin, póliza*) vencido **4** (*queso*) curado **5** (*estudiante*) mayor

■ **mature 1** *vi* **(a)** madurar **(b)** (*Fin*) vencer **2** *vt* hacer madurar

maturity /məˈtʃʊərəti, -ˈtjʊə-; *USA* -ˈtʊə-/ *n* (*pl* **-ies**) [*incontable*] madurez: *to reach maturity* llegar a la madurez

maudlin /ˈmɔːdlɪn/ *adj* **1** sensiblero **2** llorón

maul /mɔːl/ *vt* **1** (*animal salvaje*) atacar: *He died after being mauled by a tiger.* Murió tras ser atacado por un tigre. **2** (*fig*) destrozar, machacar

▸ **mauling** *n* (*fig*) paliza

maunder /ˈmɔːndə(r)/ (*tb* **to maunder on**) *vi* dar vueltas (*a un tema*)

Maundy Thursday *n* Jueves Santo

mausoleum /ˌmɔːsəˈliːəm/ *n* mausoleo

mauve /məʊv/ *adj, n* malva

maverick /ˈmævərɪk/ *n* **1** inconformista **2** becerro sin marcar

■ **maverick** *adj* inconformista

maw /mɔː/ *n* (*formal*) fauces

mawkish /ˈmɔːkɪʃ/ *adj* sensiblero

max /mæks/ *adj, n Ver* MAXIMUM

maxim /ˈmæksɪm/ *n* máxima

maximal /ˈmæksɪml/ *adj* máximo

maximize, -ise /ˈmæksɪmaɪz/ *vt* potenciar/llevar al máximo: *We must maximize profits.* Tenemos que potenciar al máximo las ganancias.

▸ **maximization** *n* potenciación al máximo

maximum /ˈmæksɪməm/ (*abrev* **max**) *n* (*pl* **maxima** /ˈmæksɪmə/) máximo: *81 out of a maximum of 100* 81 sobre un máximo de 100 ◊ *up to a maximum of £10 000* hasta un máximo de 10.000 libras

■ **maximum** *adj* máximo

May /meɪ/ *n* mayo ☛ *Ver nota y ejemplos en* JANUARY

may[1] /meɪ/ *v modal* (*pret* **might** /maɪt/ *neg* **might not** o **mightn't** /ˈmaɪtnt/)

> **May** es un verbo modal al que sigue un infinitivo sin *to*, y las oraciones interrogativas y negativas se construyen sin el auxiliar *do*. Solo tiene dos formas: presente, **may**, y pasado, **might**.

● **permiso** poder: *You may come if you wish.* Puedes venir si quieres. ◊ *May I go to the toilet?* ¿Puedo ir al servicio? ◊ *You may as well go home.* Más vale que vuelvas a casa. ◊ *I wonder if I might come?* ¿Le importa que venga? ◊ *Students may not enter.* No se permite entrar a los estudiantes.

> Para pedir permiso, **may** se considera más cortés que **can**, aunque **can** es mucho más normal: *Can I open the window?* ¿Puedo abrir la ventana? ◊ *May I come in?* ¿Puedo pasar? ◊ *I'll take a seat, if I may.* Tomaré asiento, si no le importa. Sin embargo, en el pasado se usa **could** mucho más que **might**: *She asked if she could come in.* Preguntó si podía entrar.

● **probabilidad** poder (que): *They may not come.* Puede que no vengan. ◊ *He may have got lost.* Puede que se haya perdido. ☛ *Ver nota en* PODER[2]

● **deseo** (*formal*) **may + suj + v**: *May you both be very happy!* Que seáis muy felices. ◊ *Long may she live to enjoy her fortune!* Ojalá viva mucho para disfrutar su fortuna.

may[2] /meɪ/ *n* (*GB*) **1** flor del espino **2** (*tb* **may tree**) espino

Maya /ˈmaɪjə/ (*tb* **Mayan**) *adj, n* maya

maybe /ˈmeɪbi/ *adv* quizá(s)

May Day *n* (*GB*) el primero de mayo

> En Gran Bretaña este día se celebra la llegada de la primavera. En otros países en esta fecha se celebra el Día del Trabajo (**Labour Day**).

mayday (*tb* **Mayday**) /ˈmeɪdeɪ/ *n* señal de socorro

mayfly /ˈmeɪflaɪ/ *n* cachipolla

mayhem /ˈmeɪhem/ *n* [*incontable*] **1** alboroto, caos, tumulto **2** (*USA, Jur*) delito de mutilación

mayn't /ˈmeɪənt/ = MAY NOT *Ver* MAY[1]

mayonnaise /ˌmeɪəˈneɪz; *USA* ˈmeɪəneɪz/ *n* mayonesa

mayor /meə(r); *USA* ˈmeɪər/ *n* alcalde

▸ **mayoral** /ˈmeərəl; *USA* ˈmeɪə-/ *adj* [*antes de sustantivo*] de alcalde

mayoralty /ˈmeərəlti; *USA* ˈmeɪər-/ *n* (*pl* **-ies**) alcaldía

mayoress /meəˈres; *USA* ˈmeɪərəs/ *n* **1** (*tb* **lady mayor**) alcaldesa **2** esposa del alcalde

maypole /ˈmeɪpəʊl/ *n* mayo (*palo*)

maze /meɪz/ *n* **1** laberinto **2** tinglado

MB /ˌem ˈbiː/ *abrev de* **Bachelor of Medicine** Licenciatura en Medicina

MBA /ˌem biː ˈeɪ/ *abrev de* **Master of Business Administration** Máster en Dirección de Empresas

MBE /ˌem biː ˈiː/ (*GB*) *abrev de* **Member (of the Order) of the British Empire** (*título*) Miembro de la Orden del Imperio Británico: *to get an MBE* recibir un MBE *Ver tb* CBE, OBE

MC /ˌem ˈsiː/ **1** *abrev de* **Master of Ceremonies 2** (*GB*) *abrev de* **Military Cross** (*medalla*) Cruz Militar

MD /ˌem ˈdiː/ **1** *abrev de* **Doctor of Medicine** Doctor en Medicina **2** (*coloq*) *abrev de* **Managing Director** Director, -ora Gerente **3** *abrev de* **mentally deficient** deficiente mental

me[1] /miː/ *pron pers* **1** (*como complemento*) me: *Don't hit me.* No me pegues. **2** (*tras preposición*) mí: *as for me* en cuanto a mí ◊ *Come with me.* Ven conmigo. **3** (*cuando* *va solo o tras el verbo* **to be**) yo: *Hello, it's me.* Hola, soy yo. ◊ *'Who's done that?' 'Me'* —¿Quién ha hecho eso? —Yo. ◊ *poor* (*old*) *me* pobre de mí

me² /miː/ *n* (*Mús*) *Ver* MI

meadow /ˈmedəʊ/ *n* prado, pradera ☛ *Ver nota en* PRADERA

meagre (*USA* **meager**) /ˈmiːɡə(r)/ *adj* escaso, pobre

meal¹ /miːl/ *n* comida: *an evening meal* una cena ◊ *to eat between meals* comer entre horas

LOC **to make a meal of sth** (*coloq*) hacer algo con una atención o un esfuerzo exagerado *Ver tb* SQUARE¹

meal² /miːl/ *n* cereales molidos *Ver tb* OATMEAL

mealtime (*tb* **meal-time**) /ˈmiːltaɪm/ *n* la hora de comer

mealy-mouthed /ˌmiːliˈmaʊðd/ *adj* (*pey*) enrevesado

mean¹ /miːn/ *vt* (*pret, pp* **meant** /ment/) **1 ~ sth (to sb)** significar algo (para algn): *A dictionary tells you what words mean.* Un diccionario dice lo que significan las palabras. ◊ *That symbol means danger.* Ese símbolo significa peligro. ◊ *Does the name Harry mean anything to you?* ¿El nombre de Harry te dice algo? ◊ *Money means nothing to me.* El dinero no me importa. **2** suponer: *This new order will mean (us) working overtime.* Este nuevo sistema supone que vamos a hacer horas extra. ◊ *Being married doesn't mean you lose your freedom.* El hecho de que te cases no implica que pierdas tu libertad. **3** pretender, tener intenciones de: *What does he mean to do if he's elected?* ¿Qué es lo que pretende hacer si sale elegido? ◊ *I really meant to do it but I forgot.* De verdad que quería hacerlo, pero se me olvidó. ◊ *I'm sorry I hurt you - I didn't mean to.* Siento haberte hecho daño, ha sido sin querer. ◊ *She meant it as a joke.* Lo dijo en broma. **4** querer decir: *Do you know what I mean?* ¿Sabes lo que quiero decir? ◊ *Do you mean to say you didn't see him?* ¿Quieres decir que no lo viste? ◊ *I didn't mean it.* No lo dije en serio. *Ver tb* WELL-MEANING

LOC **if you know what I mean** ¿me entiendes? **to be meant for each other** estar hechos el uno para el otro **to mean business** (*coloq*) ir en serio **to mean mischief** ir a hacer daño **to mean well** (*pey*) tener buenas intenciones

mean² /miːn/ *adj* (**-er, -est**) **1 ~ (with sth)** tacaño, mezquino (con algo) **2 ~ (to sb)** malo: *That was a mean trick!* Eso ha sido un truco sucio. **3** (*esp USA*) miserable **4** inferior **5** (*antic*) humilde **6** (*coloq, aprob*) extraordinario, genial: *He certainly is a mean guitarist.* Es un guitarrista extraordinario.

LOC **no mean sth** (*aprob*): *That was no mean achievement.* No fue un logro despreciable.

▶ **meanness** *n* tacañería, mezquindad

mean³ /miːn/ *n* **1** término medio **2** (*Mat*) media

LOC **the happy/golden mean** el justo medio *Ver tb* END¹

■ **mean** *adj* [*antes de sustantivo*] medio: *mean annual temperature* temperatura media anual

meander /miˈændə(r)/ *vi* **1** (*río*) serpentear **2** (*persona*) deambular **3** (*conversación*) divagar

▶ **meanderings** *n* [*pl*] **1** (*río*) meandros **2** divagaciones

meanie (*tb* **meany**) /ˈmiːni/ *n* (*pl* **-ies**) (*joc*) rata (*persona tacaña*)

meaning /ˈmiːnɪŋ/ *n* **1** significado: *It's a word with many distinct meanings.* Es una palabra con muchos significados distintos. ◊ *'What is the meaning of this?'* "¿Qué significa esto?" **2** sentido: *Respect for your elders has little meaning nowadays.* El respeto a los mayores tiene poco sentido hoy en día.

■ **meaning** *adj* significativo

meaningful /ˈmiːnɪŋfl/ *adj* **1** significativo: *She gave me a meaningful glance/look.* Me echó una mirada significativa. **2** con sentido: *a meaningful sentence* una frase con sentido **3** importante, relevante: *a meaningful experience/relationship* una experiencia/relación importante

▶ **meaningfulness** *n* relevancia

meaningfully *adv* significativamente

meaningless /ˈmiːnɪŋləs/ *adj* sin sentido

▶ **meaninglessly** *adv* sin sentido

meaninglessness *n* falta de sentido

means¹ /miːnz/ *n* [*v sing o pl*] medio: *I'll use whatever means necessary.* Haré todo lo que esté en mi mano.

LOC **a means to an end** medio para conseguir un fin **by all means** (*formal*) desde luego: *By all means have a look.* Desde luego, échale un vistazo. **by means of sth** (*formal*) mediante el uso de algo **by no means**; **not by any means** (*formal*) en absoluto *Ver tb* FAIR¹, MANNER, WAY¹

means² /miːnz/ *n* [*pl*] medios (económicos) LOC *Ver* INDEPENDENT, LIVE²

means test *n* investigación de los ingresos de una persona (*para determinar si tiene derecho a ciertos subsidios*)

means-tested /ˈmiːnz testɪd/ *adj*: *means-tested benefits* subsidios sujetos al ingreso

meant *pret, pp de* MEAN¹

meantime /ˈmiːntaɪm/ *adv* mientras tanto

LOC **in the meantime** mientras tanto

meanwhile /ˈmiːnwaɪl/ *adv* mientras tanto

measles /ˈmiːzlz/ *n* [*sing*] sarampión ☛ *Comparar con* GERMAN MEASLES

measly /ˈmiːzli/ *adj* (**-ier, -iest**) (*coloq, pey*) minúsculo

measurable /ˈmeʒərəbl/ *adj* **1** medible **2** apreciable, perceptible

▶ **measurably** *adv* sensiblemente, perceptiblemente

measure¹ /ˈmeʒə(r)/ **1** *vt, vi* **(a)** medir **(b)** (*fig*) estimar *Ver tb* TAPE-MEASURE **2** *vi* medir: *The room measures 10 metres across.* La habitación mide 10 metros de ancho. **3** *vt* considerar: *He's a man who measures his words.* Es un hombre que sabe medir sus palabras.

PHR V **to measure sth off** medir algo (*tela, etc*)

to measure sth out medir algo (*medicina, etc*)

to measure sth/sb up (for sth) medir algo/a algn: *The tailor measured me up for a suit.* El sastre me ha tomado medidas para un traje.

to measure up (to sth) estar a la altura (de algo)

measure² /ˈmeʒə(r)/ *n* **1** medida: *weights and measures* pesos y medidas ◊ *a measure of whisky* una medida estándar de whisky **2** [*sing*] **a ~ of sth** signo de algo: *His resignation is a measure of how angry he is.* Su dimisión muestra hasta qué punto llega su malestar. **3** (*disposición*) medida: *to take measures to prevent tax fraud* tomar medidas para prevenir el fraude fiscal *Ver tb* COUNTERMEASURE, HALF MEASURES, SAFETY MEASURE

LOC **beyond measure** (*formal*) en grado superlativo **in great, large, some, etc measure** (*formal*) en gran, cierta, etc medida **(just) for good measure** para no quedarse cortos **to give full/short measure** dar exactamente/de menos **to make sth to measure** hacer algo a medida

measured /ˈmeʒəd/ *adj* **1** comedido **2** acompasado: *measured steps* pasos acompasados

measureless /ˈmeʒəlɪs/ *adj* inconmensurable

measurement /ˈmeʒəmənt/ *n* **1** medición **2** medida

measuring tape /ˈmeʒərɪŋ teɪp/ *n Ver* TAPE-MEASURE

meat /miːt/ *n* **1** carne: *Dogs are meat-eating animals.* Los perros son animales carnívoros. *Ver tb* COLD MEATS, MINCEMEAT **2** (*fig*) meollo, sustancia

LOC **meat and drink to sb** pasión de algn

meatball /ˈmiːtbɔːl/ *n* albóndiga

meaty /ˈmiːti/ *adj* (**-ier, -iest**) **1** carnoso: *a meaty smell, taste, etc* un olor, sabor etc a carne **2** (*fig*) jugoso

mechanic /məˈkænɪk/ *n* mecánico, -a

mechanical /məˈkænɪkl/ *adj* mecánico

▶ **mechanically** *adv* mecánicamente: *I'm not mechanically minded.* No sirvo para las máquinas.

mechanical pencil (*USA*) (*GB* **propelling pencil**) *n* portaminas

mechanics /mə'kænɪks/ *n* **1** [*sing*] mecánica (*ciencia*) **2 the mechanics** [*pl*] **(a)** partes mecánicas **(b)** (*fig*) mecánica, proceso: *The mechanics of staging a play are very complicated.* La mecánica de poner una obra en escena es muy complicada.

mechanism /'mekənɪzəm/ *n* mecanismo

mechanistic /ˌmekə'nɪstɪk/ *adj* mecanicista

mechanize, -ise /'mekənaɪz/ *vt* mecanizar
▶ **mechanization, -isation** *n* mecanización

med *abrev de* **medium**

medal /'medl/ *n* medalla
▶ **medallist** (*USA* **medalist**) *n* medallista *Ver tb* GOLD MEDALLIST

medallion /mə'dæliən/ *n* medallón

meddle /'medl/ *vi* (*pey*) **1 ~ (in sth)** entrometerse (en algo) **2 ~ with sth** (*pey*) jugar con algo: *Don't meddle with witchcraft.* No juegues con la brujería.
▶ **meddler** *n* entrometido, -a
meddlesome /-səm/ *adj* (*formal*) entrometido

media /'mi:diə/ *n* **1** *plural de* MEDIUM **2 the media** [*pl*] los medios de comunicación: *media studies* estudios de periodismo ◊ *the mass media* los medios de comunicación de masas *Ver tb* MULTIMEDIA ☛ *Ver nota en* DATA

mediaeval *adj Ver* MEDIEVAL

median /'mi:diən/ (*Mat*) *adj* medio
■ **median** *n* **1** punto medio **2** (*USA tb* **median strip**) (*GB* **central reservation**) mediana

mediate /'mi:dieɪt/ **1** *vi* **~ (between)** mediar (entre): *They played a mediating role between the two.* Jugaron el papel de mediadores entre los dos. **2** *vt* arbitrar: *to mediate a solution* mediar para llegar a una solución
LOC mediated by sth mediatizado por algo
▶ **mediation** *n* mediación
mediator *n* mediador, -ora

medic /'medɪk/ *n* (*coloq*) **1** médico **2** estudiante de medicina

medical /'medɪkl/ *adj* **1** médico: *medical student/school* estudiante/facultad de medicina ◊ *medical records* historial clínico **2** clínica: *The hospital has a medical ward and a surgical ward.* El hospital tiene un ala clínica y otra quirúrgica.
■ **medical** *n* (*coloq*) reconocimiento médico
▶ **medically** *adv* médicamente

medical orderly *n Ver* ORDERLY[2]

medicated /'medɪkeɪtɪd/ *adj* medicinal

medication /ˌmedɪ'keɪʃn/ *n* medicación

medicinal /mə'dɪsɪnl/ *adj* medicinal

medicine /'medsn; *USA* 'medɪsn/ *n* **1** [*incontable*] (*ciencia*) medicina: *a Doctor of Medicine* un doctor en medicina **2** [*contable, incontable*] medicamento: *a medicine chest* un botiquín
LOC to take your medicine (like a man) (*joc*) mantener el tipo (como un hombre) *Ver tb* TASTE

medicine man *n Ver* WITCH DOCTOR

medico /'medɪkəʊ/ *n* (*pl* **~s**) (*argot, antic*) médico

medieval (*tb* **mediaeval**) /ˌmedi'i:vl; *USA* ˌmi:d-/ *adj* medieval

mediocre /ˌmi:di'əʊkə(r), ˌmed-/ *adj* mediocre
▶ **mediocrity** /ˌmi:di'ɒkrəti, ˌmed-/ *n* **1** mediocridad **2** (*persona*) mediocre

meditate /'medɪteɪt/ **1** *vi* **~ (on/upon sth)** meditar (sobre algo) **2** *vt* (*formal*) considerar: *to meditate revenge* premeditar la venganza
▶ **meditation** *n* meditación
meditative /'medɪtətɪv; *USA* -teɪt-/ *adj* meditabundo
meditatively *adv* pensativamente

Mediterranean /ˌmedɪtə'reɪniən/ *adj* mediterráneo: *a Mediterranean climate* un clima mediterráneo
■ **the Mediterranean** *n* el (mar) Mediterráneo

medium /'mi:diəm/ *n* (*pl* **~s** o **media** /'mi:diə/) **1** (*pl* **media**) medio: *Sound travels through the medium of air.* El sonido se transmite a través del aire. **2** (*pl* **~s**) punto medio: *a medium between severity and leniency* un punto medio entre la severidad y la indulgencia **3** (*pl* **~s**) (*de espíritus*) médium ☛ *Ver nota en* DATA **LOC** *Ver* HAPPY
■ **medium** *adj* **1** medio: *a medium-sized firm* una empresa de tamaño medio ◊ *medium-dry white wine* vino blanco semiseco ◊ *medium wave* onda media **2** (*abrev* **M**, **med**) (*talla*) mediana: *I'm medium.* Uso la talla mediana.

medlar /'medlə(r)/ *n* níspero

medley /'medli/ *n* (*pl* **~s**) popurrí

meek /mi:k/ *adj* manso
▶ **meekly** *adv* mansamente

meerschaum /'mɪəʃəm/ (*tb* **meerschaum pipe**) *n* pipa (*de espuma de mar*)

meet[1] /mi:t/ (*pret, pp* **met** /met/) **1** *vt, vi* **(a)** encontrar(se): *We met (each other) quite by chance.* Nos encontramos por casualidad. ◊ *What time shall we meet, and where?* ¿A qué hora y dónde quedamos? ◊ *He met his death in a road accident.* Encontró la muerte en un accidente de tráfico. ◊ *Their lips met.* Sus labios se encontraron. **(b)** (*formal*) reunirse **2** *vt, vi* conocer(se): *Have we met?* ¿Nos conocemos? ◊ *Pleased to meet you.* Encantado de conocerle. ◊ *I'd like you to meet my colleague Paul.* Quiero presentarte a mi colega Paul. **3** *vt* esperar: *Will you meet me at the station?* ¿Irás a esperarme a la estación? **4** *vt, vi* enfrentar(se) **5** *vi* cruzarse: *Our eyes met across the table.* Nuestras miradas se cruzaron en la mesa. **6** *vt* satisfacer: *Production failed to meet demand.* La producción no pudo satisfacer la demanda. ◊ *They failed to meet payments on their loan.* No pudieron pagar las letras del préstamo.
LOC there is more in/to sth/sb than meets the eye ser algo/algn más complejo, interesante de lo que parece **to meet sb's eye** mirar a algn a los ojos **to meet the case** aplicarse al caso **to meet the eye/ear** oírse/verse: *All sorts of strange sounds met the ear.* Se oían toda clase de sonidos extraños. **to meet your Maker** (*joc*) reunirse con el creador **to meet your Waterloo** llegar a algn su San Martín *Ver tb* END[1], MATCH[2], PLEASED
PHR V to meet up (with sb) reunirse, coincidir (con algn)
to meet with sb (*USA*) reunirse con algn
to meet with sth encontrarse con algo

meet[2] /mi:t/ *n* **1** (*GB*) partida de caza **2** (*USA, Dep*) encuentro

meet[3] /mi:t/ *adj* (*antic*) apropiado

meeting /'mi:tɪŋ/ *n* **1(a)** (*en gen*) reunión: *to call/hold a meeting* convocar/celebrar una reunión ◊ *to address a meeting* tomar la palabra **(b)** junta: *Annual General Meeting* junta general anual **(c)** encuentro: *a chance meeting at the station* un encuentro casual en la estación **(d)** (*Pol*) mitin **2** (*Dep*) encuentro ☛ *Comparar con* MEET[2] sentido 2 **3** (*río*) confluencia
LOC a meeting of minds un encuentro entre almas gemelas

meeting-place /'mi:tɪŋ pleɪs/ *n* lugar de encuentro

mega- *pref* **1** mega-: *megawatt* megavatio **2** *a megastar* una gran estrella
■ **mega** *adj* super-: *a mega hit* un superéxito ◊ *to be mega rich* ser superrico

megabyte /'megəbaɪt/ *n* megabyte

megahertz /'megəhɜ:ts/ *n* (*abrev* **MHz**) (*tb* **megacycle** /'megəsaɪkl/) megahertzio, megaciclo

megalith /'megəlɪθ/ *n* megalito
▶ **megalithic** /ˌmegə'lɪθɪk/ *adj* megalítico

megalomania /ˌmegələ'meɪniə/ *n* megalomanía
▶ **megalomaniac** *adj, n* (*fig*) megalómano, -a

megaphone /'megəfəʊn/ *n* megáfono

megaton /'megətʌn/ *n* megatón

melamine /'meləmi:n/ *n* melamina

melancholy /'melənkɒli/ *n* melancolía

■ **melancholy** *adj* **1** (*persona*) melancólico **2** (*cosa*) triste
▶ **melancholia** /ˌmelənˈkəʊliə/ *n* (*Med*) melancolía
melancholic /ˌmelənˈkɒlɪk/ *adj* melancólico
mélange /meɪˈlɑːnʒ/ *n* (*Fr*) mezcolanza
melanin /ˈmelənɪn/ *n* (*Biol*) melanina
mêlée /ˈmeleɪ; *USA* meɪˈleɪ/ *n* (*Fr*) melé
mellifluous /meˈlɪfluəs/ *adj* dulce
mellow /ˈmeləʊ/ *adj* (**-er**) **1(a)** (*fruta*) maduro **(b)** (*vino*) añejo **(c)** (*color*) suave **(d)** (*sonido*) dulce **2** (*actitud*) plácido: *She has become more mellow over the years.* Con los años se le ha suavizado el carácter. **3** (*coloq*) (*de beber*) alegre
■ **mellow 1** *vt, vi* suavizar(se): *Time has mellowed her.* El tiempo la ha suavizado. ◊ *We all mellow as we get older.* Todos nos calmamos al hacernos mayores. **2** *vi* (*vino*) envejecer
melodious /məˈləʊdiəs/ *adj* melodioso
▶ **melodiously** *adv* melodiosamente
melodrama /ˈmelədrɑːmə/ *n* melodrama
▶ **melodramatic** /ˌmelədrəˈmætɪk/ *adj* melodramático
melodramatically *adv* de forma melodramática
melody /ˈmelədi/ *n* (*pl* **-ies**) melodía
▶ **melodic** /məˈlɒdɪk/ *adj* melódico
melodically *adv* melodiosamente
melon /ˈmelən/ *n* melón ☛ *Ver ilustración en* FRUTA *Ver tb* WATERMELON
melt /melt/ **1** *vt, vi* derretir(se), fundir(se) **2(a)** *vi* (*fig*) deshacerse: *This cake melts in the mouth!* ¡Este pastel se deshace en la boca! **(b)** *vt, vi* disolver(se) **3** *vt, vi* (*fig*) ablandar(se): *She melted into tears.* Se deshizo en lágrimas. **LOC** *Ver* BACKGROUND, BUTTER
PHR V **to melt away** disolverse: *The crowd melted away when the storm broke.* Cuando empezó la tormenta, la multitud se disolvió. ◊ *Without her realizing it, her savings just melted away.* Sus ahorros se evaporaron sin que se diera cuenta.
to melt sth down fundir algo
to melt into sth 1 convertirse en algo: *Night slowly melted into day.* Lentamente la noche se convirtió en día. **2** fundirse en algo: *The two lovers melted into each other's arms.* Los dos amantes se fundieron en un abrazo.
meltdown /ˈmeltdaʊn/ *n* **1** sobrecalentamiento de un reactor atómico **2** (*fig*) desastre: *stock market meltdown* caída de la bolsa ◊ *The economy may be heading for meltdown.* La economía va camino de colapsar.
melting /ˈmeltɪŋ/ *adj* (*fig*) enternecedor
■ **melting** *n* **1** derretimiento **2** fundición
melting point *n* punto de fusión
melting pot *n* amalgama (*de razas, culturas, etc*)
LOC **to be in/go into the melting pot** estar en proceso de cambio
member /ˈmembə(r)/ *n* **1(a)** miembro: *a member of the family* un miembro de la familia ◊ *a member of the audience* uno de los asistentes **(b)** (*club*) socio: *to apply to become a member of a club* solicitar ser socio de un club *Ver tb* FOUNDER MEMBER, PRIVATE MEMBER **2** (*formal*) **(a)** (*Anat*) miembro **(b)** (*eufemismo*) pene **LOC** *Ver* CARD[1]
Member of Parliament *n* (*abrev* **MP**) diputado, -a
membership /ˈmembəʃɪp/ *n* **1** afiliación: *to apply for/resign membership of the association* solicitar/dejar de ser miembro de la asociación ◊ *membership card/fee* tarjeta/cuota de socio **2** (número de) miembros/socios: *a club with a large membership* un club con muchos socios
membrane /ˈmembreɪn/ *n* membrana *Ver tb* MUCOUS MEMBRANE
▶ **membranous** /ˈmembrənəs/ *adj* membranoso
memento /məˈmentəʊ/ *n* (*pl* **~s** o **~es**) objeto de recuerdo
memo /ˈmeməʊ/ *n* (*pl* **~s**) (*coloq*) comunicado: *an inter-office memo* una circular
memoir /ˈmemwɑː(r)/ *n* memoria: *to publish/write your memoirs* publicar/escribir sus memorias
memorabilia /ˌmemərəˈbiliə/ *n* [*pl*] objetos de recuerdo
memorable /ˈmemərəbl/ *adj* memorable
▶ **memorably** *adv* memorablemente
memorandum /ˌmeməˈrændəm/ *n* (*pl* **-da** /-də/ o **~s**) **1** memorándum, memorando **2** (*abrev* **memo**) **~ (to sb)** comunicado (a algn) **3** (*Jur*) minuta
memorial /məˈmɔːriəl/ *n* **~ (to sth/sb)** monumento conmemorativo (de algo/algn)
Memorial Day *n* (*USA*) Día de los Caídos ☛ *Comparar con* REMEMBRANCE SUNDAY
memorize, -ise /ˈmeməraɪz/ *vt* memorizar
memory /ˈmeməri/ *n* (*pl* **-ies**) **1** memoria: *to paint/speak from memory* pintar/hablar de memoria ◊ *This hasn't happened before within memory.* Que se recuerde, esto no ha pasado antes. ◊ *faithful to the memory of her dead husband* fiel a la memoria de su esposo muerto ◊ *a memory chip* un chip de memoria ☛ *Comparar con* BY HEART *en* HEART **2** recuerdo: *fond memories of childhood* recuerdos tiernos de la niñez
LOC **a trip/stroll down memory lane**: *It was a trip/stroll down memory lane.* Estuvimos recordando los viejos tiempos. **if memory serves (me right)** si la memoria no me falla **in memory of sb/to the memory of sb** en memoria de algn *Ver tb* JOG, LIVING[1], REFRESH, SEARCH
men *plural de* MAN[1]
menace /ˈmenəs/ *n* **1 ~ (to sth/sb)** amenaza (para algo/algn) **2 a menace** (*coloq* o *joc*) peligro
■ **menace** *vt* **~ sth/sb (with sth)** amenazar algo/a algn (con algo): *countries menaced by/with war* países amenazados por la guerra
▶ **menacing** *adj* amenazador
menacingly *adv* amenazadoramente
ménage /meɪˈnɑːʒ/ *n* (*formal*) menaje
menagerie /məˈnædʒəri/ *n* casa de fieras
mend /mend/ **1** *vt* arreglar: *to have the car mended* mandar el coche a arreglar ◊ *That won't mend matters.* Eso no arreglará la situación. **2** *vi* curarse
LOC **to mend your ways** reformarse *Ver tb* LATE, SAY
■ **mend** *n* remiendo
LOC **on the mend** (*coloq*) mejorando
mendacious /menˈdeɪʃəs/ *adj* (*formal*) mendaz
▶ **mendacity** /menˈdæsəti/ *n* (*formal*) mendacidad
mendicant /ˈmendɪkənt/ *adj, n* (*formal*) mendicante
mending /ˈmendɪŋ/ *n* **1** arreglo (*ropa*) **2** ropa para arreglar
menfolk /ˈmenfəʊk/ *n* [*pl*] hombres
menial /ˈmiːniəl/ (*pey*) *adj* servil, de baja categoría
■ **menial** *n* (*formal*) criado, -a, sirviente, -a
meningitis /ˌmenɪnˈdʒaɪtɪs/ *n* meningitis
menopause /ˈmenəpɔːz/ *n* menopausia
men's room (*USA*) (*GB* **the Gents**) *n* servicio de caballeros
menstrual /ˈmenstruəl/ *adj* menstrual
menstruate /ˈmenstrueɪt/ *vi* menstruar
▶ **menstruation** *n* menstruación
menswear /ˈmenzweə(r)/ *n* ropa de caballero
mental /ˈmentl/ *adj* **1** mental: *mental arithmetic* cálculo mental ◊ *mental asylum* manicomio ◊ *mental hospital* hospital para enfermos mentales ◊ *mental patient* enfermo mental **2** (*coloq, pey*) mal de la cabeza **LOC** *Ver* BLOCK
▶ **mentally** *adv* mentalmente: *mentally ill/handicapped* enfermo/minusválido mental ◊ *mentally disturbed* trastornado
mentality /menˈtæləti/ *n* **1** mentalidad **2** (*formal*) intelecto

menthol /ˈmenθɒl/ *n* mentol: *menthol cigarettes* cigarrillos mentolados

mention /ˈmenʃn/ *vt* mencionar, decir, hablar de: *Did she mention when she would come?* ¿Dijo cuándo vendría? ◊ *to mention sth/sb (as sth)* mencionar algo/a algn (como algo) ◊ *to mention sth/sb (to sb)* hablar de algo/algn (a algn) ◊ *I need hardly mention that...* Huelga decir que... ◊ *mentioning no names* sin citar nombres ◊ *worth mentioning* digno de mención

LOC don't mention it no hay de qué **not to mention** por no decir nada de, sin contar

■ **mention** *n* mención, alusión: *There was no mention of...* No se hizo mención de...

mentor /ˈmentɔː(r)/ *n* mentor

menu /ˈmenjuː/ *n* **1** menú, carta: *Could I see the menu please?* ¿Nos trae la carta por favor?

Nótese que la palabra inglesa **menu** solo se refiere a la carta de un restaurante. El menú del día que ofrecen algunos restaurantes es **set menu**.

2 (*Informát*) menú

MEP /ˌem iː ˈpiː/ (*pl* **MEPs**) *abrev de* **Member of the European Parliament** diputado, -a del Parlamento Europeo *Ver tb* EURO-MP

mercantile /ˈmɜːkəntaɪl; *USA* -tiːl, -tɪl/ *adj* mercantil: *mercantile marine* marina mercante

mercenary /ˈmɜːsənəri; *USA* -neri/ *n* (*pl* **-ies**) (*Mil*) mercenario, -a

■ **mercenary** *adj* **1** mercenario **2** (*fig*) interesado

merchandise /ˈmɜːtʃəndaɪz/ *n* [*incontable*] mercancía(s), mercadería(s)

■ **merchandise** *vt* comercializar

▶ **merchandising** *n* comercialización

merchant /ˈmɜːtʃənt/ *n* **1** comerciante (*esp al por mayor*): *diamond merchant* comerciante en diamantes ◊ *wine-merchant* vinatero ☛ *Comparar con* DEALER, TRADER **2** (*Hist*) mercader

■ **merchant** *adj* mercante: *merchant seaman* marino mercante ◊ *merchant ship* barco mercante ◊ *merchant shipping* navegación mercantil

merchant bank *n* banco mercantil

merchant navy (*tb* **merchant marine**) *n* marina mercante

merciful /ˈmɜːsɪfəl/ *adj* **1** ~ **(to/towards sb)** compasivo, clemente (con algn) **2** (*suceso*) feliz

▶ **mercifully** *adv* **1** compasivamente, con piedad **2** felizmente

mercurial /mɜːˈkjʊəriəl/ *adj* **1** (*carácter*) voluble, veleidoso **2** (*listo*) vivaz **3** (*Med*) mercurial, de mercurio

Mercury /ˈmɜːkjəri/ *n* Mercurio

mercury /ˈmɜːkjəri/ (*tb* **quicksilver**) *n* mercurio

mercy /ˈmɜːsi/ *n* (*pl* **-ies**) **1** compasión, clemencia: *to have mercy on sb* tener compasión de algn ◊ *to beg for mercy* suplicar clemencia ◊ *to show no mercy to sb* no mostrar compasión hacia algn ◊ *mercy killing* eutanasia ◊ *mercy mission* misión de ayuda **2** *It's a mercy that...* Es una suerte que...

LOC at the mercy of sth/sb a merced de algo/algn **to throw yourself on sb's mercy** (*formal*) encomendarse a la compasión de algn *Ver tb* LEAVE[1], SMALL

▶ **merciless** *adj* ~ **(to/towards sb)** despiadado (con algn)

mercilessly *adv* despiadadamente, sin piedad

mere[1] /mɪə(r)/ *adj* mero, simple: *He's a mere child.* No es más que un niño. ◊ *mere coincidence* pura casualidad ◊ *the mere thought of him* con solo pensar en él ◊ *a mere 45 per cent* solo un 45 por ciento

LOC the merest sth: *the merest noise* el menor ruido ◊ *The merest glimpse was enough.* Un simple vistazo fue suficiente. *Ver tb* MORTAL

▶ **merely** *adv* solo, simplemente, meramente

mere[2] /mɪə(r)/ *n* (*ret*) laguna

meretricious /ˌmerəˈtrɪʃəs/ *adj* engañoso

merge /mɜːdʒ/ *vt, vi* ~ **(sth) (together)**; ~ **(sth) (with/into sth) 1** (*Com*) fusionar(se) (con/en algo): *BDDI agreed to merge with Softwat.* BDDI acordó fusionarse con Softwat. ◊ *He bought the two companies and merged them together/into one.* Compró las dos empresas y las fusionó. **2** (*fig*) fundir(se), mezclar(se) (en/con algo): *to merge into one another* entremezclarse ◊ *Chanel's designs merge west with east.* Los diseños de Chanel funden occidente con oriente. ◊ *The reality and unreality merged together.* La realidad y la ficción se confundían entre sí. **LOC** *Ver* BACKGROUND

▶ **merger** *n* (*Com*) fusión

meridian /məˈrɪdiən/ *n* (*Astron, Geog*) meridiano

meringue /məˈræŋ/ *n* merengue

merino /məˈriːnəʊ/ *n* (*pl* **~s**) **1** (*tb* **merino sheep**) (oveja) merina **2** (*tela y lana*) merino

merit /ˈmerɪt/ *n* mérito: *to judge sth on its merits* juzgar algo por lo que vale

■ **merit** *vt* (*formal*) merecer

meritocracy /ˌmerɪˈtɒkrəsi/ *n* meritocracia

meritorious /ˌmerɪˈtɔːriəs/ *adj* (*formal*) meritorio

mermaid /ˈmɜːmeɪd/ *n* sirena (*ninfa marina*) ☛ *Comparar con* SIREN sentido 2

merry /ˈmeri/ *adj* (**-ier, -iest**) **1** alegre **2** (*coloq*) (*bebido*) alegre, chispado

LOC merry Christmas feliz Navidad **to make merry** (*antic*) divertirse *Ver tb* HELL

▶ **merrily** *adv* alegremente

merriment *n* (*formal*) alegría, regocijo: *amid merriment* entre risas

merry-go-round /ˈmeri gəʊ raʊnd/ *n* tiovivo

mesh /meʃ/ *n* **1** malla: *wire mesh* tela metálica **2** (*Mec*) engranaje **3** (*fig*) red: *as a part of a whole mesh of ideas and beliefs* como parte de una red de ideas y creencias

■ **mesh** *vi* ~ **(with sth) 1** engranar (con algo) **2** (*fig*) encajar (con algo)

mesmeric /mezˈmerɪk/ *adj* hipnótico

mesmerize, -ise /ˈmezməraɪz/ *vt* hipnotizar

mess[1] /mes/ *n* **1** desastre: *This kitchen's a mess!* ¡Esta cocina está hecha un desastre! ◊ *The builders left a terrible mess.* Los albañiles lo dejaron todo patas arriba. ◊ *You are a mess!* ¡Vas hecho un desastre! **2** (*coloq, eufemismo*) caca **3** enredo, lío: *A nice/fine mess you've made of that!* ¡Menudo lío/jaleo has montado!

LOC to get (yourself) into a mess meterse en un lío

■ **mess** *vt* (*coloq*) desordenar

PHR V to mess about/around 1 tontear: *Stop messing about and come and help!* ¡Deja de hacerte el tonto y ven a ayudar! **2** pasar el rato: *messing about with a ball in the park* entreteniéndose con una pelota en el parque **3** meterse

to mess sb about/around; **to mess about/around with sb** tratar con desconsideración a algn

to mess sth about/around; **to mess about/around with sth** enredar algo, toquetear algo, liar algo

to mess sb up (*coloq*) traumatizar a algn

to mess sth up 1 ensuciar algo, toquetear algo: *Don't mess up my hair!* ¡No me despeines! **2** estropear algo: *He arrived so late it messed up the whole evening.* Llegó tan tarde que estropeó la velada entera.

to mess with sth/sb (*coloq*) meterse con algo/algn: *Don't mess with me, mate!* ¡No te metas conmigo, amigo!

mess[2] /mes/ *n* (*Mil*) **1** compañía: *mess jacket* chaqueta militar **2** (*USA* **mess hall**) comedor

■ **mess** *vi* ~ **(in) together/with sb** comer juntos/con algn

message /ˈmesɪdʒ/ *n* **1** recado: *to leave a message* dejar un recado **2** mensaje: *a film with a message* una película que lleva mensaje ◊ *message board* tablón de anuncios **3** encargo

LOC to get the message (*argot*) enterarse

messenger /ˈmesɪndʒə(r)/ *n* mensajero, -a: *messenger boy* chico de los recados

Messiah (*tb* **messiah**) /mɪˈsaɪə/ *n* Mesías

▶ **messianic** /ˌmesiˈænɪk/ *n* mesiánico
messy /ˈmesi/ *adj* (**-ier, -iest**) **1** sucio: *Young children are messy eaters.* Los niños pequeños ensucian mucho al comer. **2** revuelto: *a messy office/desk* una oficina desordenada/un escritorio revuelto **3** (*fig*) embrollado
Met /met/ *adj* (*GB, coloq*) meteorológico: *the Met Office* la oficina meteorológica
met *pret, pp de* MEET[1]
the Met /met/ *n* (*GB, coloq*) la Policía Metropolitana de Londres
meta- /ˈmetə-/ *pref* meta-: *metalanguage* metalenguaje
metabolic /ˌmetəˈbɒlɪk/ *adj* metabólico
metabolism /məˈtæbəlɪzəm/ *n* metabolismo
metal /ˈmetl/ *n* metal: *scrap metal* chatarra ◊ *a metal detector* un detector de metales
■ **metal** *vt* (*antic*) asfaltar: *newly metalled roads* carreteras recién asfaltadas
▶ **metallic** /mɪˈtælɪk/ *adj* metálico
metal detector *n* detector de metales
metallurgy /məˈtælədʒi; *USA* ˈmetəlɜːrdʒi/ *n* metalurgia
▶ **metallurgical** *adj* metalúrgico
metallurgist *n* metalurgista
metalwork /ˈmetəlwɜːk/ *n* metalistería
▶ **metalworker** *n* metalista
metamorphose /ˌmetəˈmɔːfəʊz/ *vt, vi* (*formal*) convertir(se): *to metamorphose into a butterfly* convertirse en mariposa
▶ **metamorphosis** /ˌmetəˈmɔːfəsɪs/ *n* (*pl* **-oses** /-əsiːz/) (*formal*) metamorfosis
metaphor /ˈmetəfə(r)/ *n* metáfora
▶ **metaphorical** /ˌmetəˈfɒrɪkl; *USA* -ˈfɔːr-/ *adj* metafórico
metaphorically *adv* metafóricamente
metaphysics /ˌmetəˈfɪzɪks/ *n* [*incontable*] metafísica: *the study of metaphysics* el estudio de la metafísica
▶ **metaphysical** /ˌmetəˈfɪzɪkl/ *adj* metafísico
mete /miːt/ *v*
PHR V **to mete sth out (to sb)** (*formal*) infligir algo (a algn): *to mete out punishment* imponer un castigo
meteor /ˈmiːtiə(r), -iɔː(r)/ *n* meteorito
▶ **meteoric** /ˌmiːtɪˈɒrɪk; *USA* -ˈɔːr-/ *adj* meteórico: *a meteoric rise to fame* una subida meteórica a la fama
meteorite /ˈmiːtiəraɪt/ *n* meteorito
meteorology /ˌmiːtiəˈrɒlədʒi/ *n* meteorología
▶ **meteorological** *adj* meteorológico
meteorologist *n* meteorólogo, -a
meter[1] /ˈmiːtə(r)/ *n* contador: *an electricity meter* un contador de electricidad ◊ *a parking-meter* un parquímetro *Ver tb* MICROMETER
■ **meter** *vt* medir
meter[2] *n* (*USA*) *Ver* METRE
methadone /ˈmeθədəʊn/ *n* metadona
methane /ˈmiːθeɪn/ (*tb* **marsh gas**) *n* metano
method /ˈmeθəd/ *n* método: *methods of contraception* métodos anticonceptivos ◊ *various methods of payment* diferentes sistemas de pago
▶ **methodical** /məˈθɒdɪkl/ *adj* metódico
methodically *adv* metódicamente
Methodism /ˈmeθədɪzəm/ *n* Metodismo
▶ **Methodist** /ˈmeθədɪst/ *adj, n* metodista
methodology /ˌmeθəˈdɒlədʒi/ *n* (*pl* **-ies**) metodología: *to adopt similar methodologies in teaching* adoptar métodos similares en la enseñanza
▶ **methodological** /ˌmeθədəˈlɒdʒɪkl/ *adj* metodológico
methodologically *adv* de manera metodológica
meths *n Ver* METHYLATED SPIRITS
methyl alcohol /ˌmeθɪl ˈælkəhɒl, ˌmiːθaɪl/ (*tb* **wood spirit**) *n* alcohol metílico
methylated spirits /ˌmeθəleɪtɪd ˈspɪrɪts/ (*GB, coloq* **meths**) *n* alcohol desnaturalizado
meticulous /məˈtɪkjələs/ *adj* meticuloso: *He was meticulous in his dress.* Era meticuloso en el vestir.
▶ **meticulously** *adv* meticulosamente
meticulousness *n* meticulosidad
métier /ˈmetieɪ/ *n* (*Fr*) **1** especialidad **2** profesión
metre (*USA* **meter**) /ˈmiːtə(r)/ *n* (*abrev* **m**) metro ☛ *Ver apéndice 3*
metric /ˈmetrɪk/ *adj* **1** métrico: *a metric ton* una tonelada métrica **2** en el sistema métrico: *the metric equivalent* el equivalente en el sistema métrico **3** *Ver* METRICAL
metrical /ˈmetrɪkl/ (*tb* **metric**) *adj* en verso: *a metrical translation of the Iliad* una traducción en verso de La Ilíada
the metric system *n* el sistema métrico decimal
Metro /ˈmetrəʊ/ *n* **the Metro** el metro
metronome /ˈmetrənəʊm/ *n* (*Mús*) metrónomo
metropolis /məˈtrɒpəlɪs/ *n* (*pl* **-lises**) metrópoli
▶ **metropolitan** *adj* metropolitano
the Metropolitan Police (*tb* **the Met**) *n* la Policía Metropolitana de Londres
mettle /ˈmetl/ *n* valor: *a man of mettle* un hombre de temple
LOC **to be on your mettle** estar listo para presentar batalla **to put sb on their mettle** poner a algn a prueba
mew /mjuː/ *n* maullido
■ **mew** *vi* maullar
mews /mjuːz/ *n* (*pl* **mews**) (*GB*) casas o garajes reconvertidos de caballerizas
mezzanine /ˈmezəniːn/ *n* entresuelo
mg *abrev de* **milligram** miligramo
mi (*tb* **me**) /miː/ *n* mi
MI5 /ˌem aɪ ˈfaɪv/ *abrev* (*GB*) inteligencia militar para la seguridad del estado
MI6 /ˌem aɪ ˈsɪks/ *abrev* (*GB*) inteligencia militar para asuntos de espionaje
miaow (*tb* **meow**) /miːˈaʊ/ *n, interj* maullido, miau
■ **miaow** *vi* maullar
mica /ˈmaɪkə/ *n* mica
mice *plural de* MOUSE
Michaelmas /ˈmɪklməs/ *n* Fiesta de San Miguel (*29 de Septiembre*)
mickey /ˈmɪki/ *n*
LOC **to take the mickey (out of sb)** (*coloq*) burlarse (de algn)
micro /ˈmaɪkrəʊ/ *n* (*pl* **~s**) (*tb* **microcomputer**) ordenador personal
microbe /ˈmaɪkrəʊb/ *n* microbio
microbiologist /ˌmaɪkrəʊbaɪˈɒlədʒɪst/ *n* microbiólogo, -a
▶ **microbiology** *n* microbiología
microchip /ˈmaɪkrəʊtʃɪp/ (*tb* **chip**) *n* microchip
microcosm /ˈmaɪkrəkɒzəm/ *n* microcosmos
microelectronics /ˌmaɪkrəʊˌɪlekˈtrɒnɪks/ *n* [*sing*] microelectrónica
microfiche /ˈmaɪkrəʊfiːʃ/ *n* microficha
microfilm /ˈmaɪkrəʊfɪlm/ *n* microfilm
■ **microfilm** *vt* microfilmar
microlight /ˈmaɪkrəʊlaɪt/ *n* ultraligero (*avioneta*)
micrometer /maɪˈkrɒmɪtə(r)/ *n* micrómetro
micro-organism /ˌmaɪkrəʊ ˈɔːgənɪzəm/ *n* microorganismo
microphone /ˈmaɪkrəfəʊn/ *n* micrófono
microprocessor /ˈmaɪkrəʊprəʊsesə(r)/ *n* microprocesador
microscope /ˈmaɪkrəskəʊp/ *n* microscopio
▶ **microscopic** /ˌmaɪkrəˈskɒpɪk/ *adj* microscópico
microscopically *adv*: *microscopically small* infinitesimal
microwave /ˈmaɪkrəweɪv/ *n* **1** (*tb* **microwave oven**) microondas **2** microonda
■ **microwave** *vt* cocinar con microondas

mid /mɪd/ *adj*: *in mid-July* a mediados de julio ◊ *in mid-afternoon* a media tarde ◊ *mid brown/green* marrón/verde corriente ◊ *She stopped in mid sentence.* Se paró a mitad de frase.

mid-air /ˌmɪd ˈeə(r)/ *n* en el aire: *in mid-air* en el aire ◊ *a mid-air collision* una colisión en pleno vuelo ◊ *to leave sth in mid-air* dejar algo sin resolver

midday /ˌmɪdˈdeɪ/ *n* mediodía: *the midday meal* el almuerzo ◊ *the midday sun* el sol del mediodía

middle /ˈmɪdl/ *n* **1 the middle** [*sing*] medio, centro: *in the middle of the room* en el centro de la habitación ◊ *in the middle of the night* en medio de la noche ◊ *by the middle of next week* a mitad de la próxima semana ◊ *They were in the middle of dinner when I called.* Estaban cenando cuando llamé. **2** (*coloq*) cintura
LOC in the middle of nowhere (*coloq*) en el quinto pino
■ **middle** *adj* central, medio: *middle finger* dedo corazón ◊ *middle C* do mayor ◊ *middle-income families* familias de ingresos medios
LOC the middle ground terreno neutral **to (take/follow) a middle course** (hallar) un compromiso entre dos opciones opuestas

middle age *n* madurez
▶ **middle-aged** /ˈmɪdl eɪdʒd/ *adj* de mediana edad

middlebrow /ˈmɪdlbraʊ/ *adj* (*gen pey*) de cultura media

middle-class *adj, n* clase media: *a middle-class neighbourhood* un barrio de clase media

middle distance[1] *adj* (*Dep*) de medio fondo: *a middle distance runner* un mediofondista

middle distance[2] *n* (*Arte*) segundo plano

middle ear *n* oído medio

the Middle East *n* Oriente Medio: *Middle East politics* la política del Oriente Medio

Middle Eastern *adj* del Oriente Medio

middleman /ˈmɪdlmæn/ *n* (*pl* **-men** /-men/) intermediario

middle management *n* [*incontable*] ejecutivos de nivel intermedio

middle name *n* segundo nombre ☛ *Ver nota en* NAME[1]

middle-of-the-road /ˌmɪdl əv ðə ˈrəʊd/ *adj* (*gen pey*) moderado

middle school *n* (*esp GB*) colegio de enseñanza media (*para niños de 9 a 13 años*)

middleweight /ˈmɪdlweɪt/ *n* peso medio

middling /ˈmɪdlɪŋ/ *adj* mediano, regular

midfield /ˌmɪdˈfiːld/ *n* centro del campo: *midfield player* centrocampista ☛ *Ver ilustración en* FÚTBOL
▶ **midfielder** /ˌmɪdˈfiːldə(r)/ *n* centrocampista

midge /mɪdʒ/ *n* mosquito

midget /ˈmɪdʒɪt/ *n* enano

the Midlands /ˈmɪdləndz/ *n* los condados centrales de Inglaterra

mid-life crisis *n* crisis de los cuarenta

mid-morning /ˌmɪd ˈmɔːnɪŋ/ *n* a media mañana: *We had a snack mid-morning.* Comimos algo a media mañana. ◊ *a mid-morning coffee break* el café de media mañana

midnight /ˈmɪdnaɪt/ *n* medianoche: *at midnight* a medianoche ◊ *midnight mass* misa del gallo ◊ *the midnight sun* el sol de medianoche **LOC** *Ver* BURN[2]

mid-range /ˌmɪd ˈreɪndʒ/ *adj*: *mid-range car/hotel* coche/hotel de precio medio

midriff /ˈmɪdrɪf/ *n* barriga

midst /mɪdst/ *n* medio: *in our midst* entre nosotros
LOC in the midst of en medio de

midstream /ˌmɪdˈstriːm/ *n* **LOC** *Ver* HORSE

midsummer /ˌmɪdˈsʌmə(r)/ *n* periodo alrededor del solsticio de verano (*21 de junio*)

Midsummer('s) Day *n* día de San Juan (*24 de junio*)

mid-term /ˌmɪd ˈtɜːrm/ *n* **1** (*Educ*) mitad de un trimestre/semestre: *mid-term exams* exámenes parciales **2** (*Pol*) mitad del período de gobierno: *mid-term elections* elecciones que tienen lugar en la mitad del período de gobierno

midway /ˌmɪdˈweɪ/ *adv* ~ **(between sth and sth)** a medio camino (entre algo y algo): *midway through the year* a mediados del año

midweek /ˌmɪdˈwiːk/ *n* entre semana
LOC in midweek a mediados de semana

the Midwest /ˌmɪdˈwest/ *n* la zona norte central de los Estados Unidos

midwife /ˈmɪdwaɪf/ *n* (*pl* **midwives** /-waɪvz/) comadrona, partero
▶ **midwifery** /ˈmɪdwɪfəri/ *n* obstetricia

midwinter /ˌmɪdˈwɪntə(r)/ *n* periodo alrededor del solsticio de invierno (*21 de diciembre*)

miffed /mɪft/ *adj* (*coloq*) ofendido, disgustado

might[1] /maɪt/ *v modal* (*neg* **might not** o **mightn't** /ˈmaɪtnt/)

Might es un verbo modal al que sigue un infinitivo sin *to*, y las oraciones interrogativas y negativas se construyen sin el auxiliar *do*.

1 (*pasado de* **may** *en estilo indirecto*): *He said he might come tomorrow.* Dijo que a lo mejor venía mañana. **2** (*probabilidad*) poder (que): *He might still get here in time.* Puede que todavía llegue a tiempo. ◊ *You might be able to come with us.* Es posible que puedas venir con nosotros. ☛ *Ver nota en* PODER[2] **3** (*formal, ret*) (*permiso, petición*): *Might I make a suggestion?* ¿Podría hacer una sugerencia? ◊ *If I might just put in a word here…* Si me permiten un comentario… ◊ *And who might she be?* Y esa ¿quién es? ◊ *You might at least offer to help!* Lo menos que podrías hacer es echar una mano. ◊ *You might have told me!* Me lo tenías que haber dicho. ☛ *Ver nota en* MAY[1]

might[2] /maɪt/ *n* [*incontable*] fuerza: *with all their might* con todas sus fuerzas ◊ *military might* poderío militar
LOC might is right (*refrán*) la ley del más fuerte **with might and main** (*ret*) a más no poder
▶ **mightily** *adv* **1** (*coloq*) enormemente: *I was mightily impressed.* Me hizo una impresión fuertísima. **2** (*formal*) poderosamente

mightn't = MIGHT NOT *Ver* MIGHT[1]

mighty /ˈmaɪti/ *adj* (**-ier, -iest**) **1** poderoso, potente **2** enorme: *mighty mountain peaks* picos majestuosos
LOC *Ver* HIGH[1], PEN[1]
■ **mighty** *adv* (*esp USA, coloq*) muy: *He looks mighty determined.* Parece sumamente determinado.

migraine /ˈmiːɡreɪn; *USA* ˈmaɪɡreɪn/ *n* migraña

migrant /ˈmaɪɡrənt/ *adj* **1** (*persona*) emigrante: *a migrant worker* un trabajador extranjero **2** (*animal, ave*) migratorio
■ **migrant** *n* emigrante

migrate /maɪˈɡreɪt; *USA* ˈmaɪɡreɪt/ *vi* migrar
▶ **migration** *n* migración
migratory /ˈmaɪɡrətri, maɪˈɡreɪtəri; *USA* ˈmaɪɡrətɔːri/ *adj* migratorio

mike /maɪk/ *n* (*coloq*) micrófono

mild /maɪld/ *adj* (**-er, -est**) **1** (*carácter*) afable, apacible **2** (*clima*) templado: *a mild winter* un invierno suave **3** (*sabor, etc*) suave **4** (*Med*) leve: *a mild heart-attack* un leve ataque al corazón **5** ligero: *a mild punishment* un castigo leve **6** flojo: *in a milder form* en una forma menos fuerte
▶ **mildly** *adv* **1** ligeramente, suavemente **2** *mildly surprised* un poco sorprendido
LOC to put it mildly por decirlo de alguna forma: *It was a nuisance, to put it mildly.* Fue muy molesto, y me quedo corto.
mildness *n* suavidad, afabilidad, lo templado

mildew /ˈmɪldju:; *USA* ˈmɪldu:/ *n* **1** moho **2** (*de plantas*) mildiu
▶ **mildewed** *adj* **1** mohoso **2** atacado de mildiu
mild-mannered /ˌmaɪld ˈmænəd/ *adj* apacible, manso
mile /maɪl/ *n* **1** (*abrev* **ml**) milla ☛ *Ver apéndice 3* **2 miles, a mile** (*coloq*) *He's miles older than she is.* Es mucho más viejo que ella. ◊ *You missed it by a mile/by miles.* No te acercaste ni con mucho al objetivo. **3** *esp* **the mile** [*sing*] carrera de una milla
LOC **miles from anywhere/nowhere** en el quinto pino **to be miles away** (*coloq*) estar en la inopia **to be miles out** errar el cálculo por mucho **to run a mile (from sth/sb)** salir por patas (a la vista de algo/algn) **to see, tell, etc sth a mile off** (*coloq*) ver/notar algo a la legua **to stand/stick out a mile** ser evidente: *Her honesty sticks out a mile.* Su honradez es obvia. *Ver tb* INCH, MISS[2]
mileage (*tb* **milage**) /ˈmaɪlɪdʒ/ *n* **1** recorrido en millas, kilometraje **2** (*tb* **mileage allowance**) asignación por kilometraje **3** (*coloq, fig*) provecho, partido: *There's no mileage in that type of advertising.* A este tipo de publicidad no se le puede sacar ningún partido. ◊ *to get a lot of mileage out of sth* sacar mucho provecho a algo
mile-long /ˌmaɪl ˈlɒŋ/ *adj* de una milla de largo
miler /ˈmaɪlə(r)/ *n* (*coloq*) corredor , -ora de una milla
milestone /ˈmaɪlstəʊn/ *n* **1** mojón (kilométrico) **2** (*fig*) hito
milieu /ˈmi:ljɜ:; *USA* ˌmi:ˈljɜ:/ *n* (*pl* **~s** o **~x**) medio, entorno
militant /ˈmɪlɪtənt/ *adj* militante: *militant feminists* feministas militantes ◊ *in a militant mood* en una actitud combativa
■ **militant** *n* militante
▶ **militancy** *n* militancia
militarily /ˈmɪlɪtərɪli/ *adv* militarmente
militarism /ˈmɪlɪtərɪzəm/ *n* militarismo
▶ **militaristic** *adj* militarista: *a militaristic regime* un régimen militarista
militarize, -ise /ˈmɪlɪtəraɪz/ *vt* militarizar: *militarized zone* zona militarizada
military /ˈmɪlətri; *USA* ˈmɪlɪteri/ *adj* militar: *to do military service* hacer el servicio militar ◊ *military police* policía militar ◊ *with military precision* con una precisión militar
■ **military** *n* [*v sing o pl*] los militares: *The military were/was called in.* El ejército fue llamado.
militate /ˈmɪlɪteɪt/ *vi* **~ against sth** (*formal*) militar contra algo
militia /məˈlɪʃə/ *n* [*v sing o pl*] milicia
▶ **militiaman** *n* (*pl* **-men**) miliciano
milk /mɪlk/ *n* leche: *milk products* productos lácteos ◊ *a milk shake* un batido ◊ *coconut milk* leche de coco ◊ *soya milk* leche de soja ◊ *milk of magnesia* leche de magnesio ◊ *the milk float* la furgoneta del lechero *Ver tb* BUTTERMILK, EVAPORATED MILK
LOC **the milk of human kindness** la bondad de la naturaleza humana *Ver tb* CRY
■ **milk 1** *vt* ordeñar **2** *vi* dar leche **3** *vt* extraer: *to milk a tree of its sap/to milk the sap from a tree* extraer la savia de un árbol **4** *vt* (*fig*) chupar: *to milk sb of their money* chuparle a algn el dinero
▶ **milking** *n* ordeño
milk chocolate *n* chocolate con leche ☛ *Comparar con* PLAIN CHOCOLATE
milkmaid /ˈmɪlkmeɪd/ *n* (*antic*) (*mujer*) lechera
milkman /ˈmɪlkmən/ *n* (*pl* **-men**) lechero

> En Gran Bretaña los lecheros ofrecen un servicio de reparto a domicilio. Por la mañana temprano dejan las botellas en la puerta y recogen los envases vacíos. Para el reparto utilizan una furgoneta eléctrica que casi no hace ruido, el **milk float**.

milk white (*tb* **milky-white**) *adj* blanco como la leche
milky /ˈmɪlki/ *adj* (**-ier, -iest**) **1** con leche: *milky tea/coffee* té/café con leche **2** lechoso
the Milky Way *n* la Vía Láctea
mill /mɪl/ *n* **1** molino **2** molinillo **3** fábrica: *a steel mill* acerería *Ver tb* RUN-OF-THE-MILL, TREADMILL, WATERMILL, WINDMILL
LOC **to put sb/go through the mill** hacer pasar a algn/pasar las mil y una *Ver tb* GRIST
■ **mill** *vt* **1(a)** moler: *freshly milled pepper* pimienta molida **(b)** (*tejidos, etc*) abatanar **2** (*moneda*) acordonar
PHR V **to mill about/around** arremolinarse: *The fans were milling about in the streets.* Los hinchas circulaban en masa por las calles.
millenarian /ˌmɪlɪˈneəriən/ *adj, n* milenario, -a
millennium /mɪˈleniəm/ *n* (*pl* **-nia** /-niə/ o **~s**) **1** milenio **2 the millennium** (*fig*) el milenio
▶ **millennial** *adj* milenario
millepede (*tb* **millipede**) /ˈmɪlɪpi:d/ *n* milpiés
miller /ˈmɪlə(r)/ *n* molinero, -a
millet /ˈmɪlɪt/ *n* mijo
millibar /ˈmɪlibɑ:(r)/ *n* milibar
milligram /ˈmɪligræm/ *n* (*abrev* **mg**) miligramo ☛ *Ver apéndice 3*
millilitre /ˈmɪlili:tə(r)/ *n* (*abrev* **ml**) mililitro ☛ *Ver apéndice 3*
millimetre (*USA* **millimeter**) /ˈmɪlimi:tə(r)/ *n* (*abrev* **mm**) milímetro ☛ *Ver apéndice 3*
milliner /ˈmɪlɪnə(r)/ *n* sombrerero, -a (*de señoras*)
▶ **millinery** *n* sombreros (*de señora*)
million /ˈmɪljən/ *adj, pron, n* **1** (*abrev* **M**) millón: *ten million dollars* diez millones de dólares ◊ *She made her first million before she was thirty.* Hizo su primer millón antes de cumplir los treinta. **2** [*gen pl*] (*fig*) montón: *It has a million different uses.* Tiene un sinfín de usos distintos. ◊ *His idea is worth millions.* Su idea vale millones. ☛ *Ver apéndice 3*
LOC **one, etc in a million** excepcional *Ver tb* DOLLAR
▶ **millionth** *adj, pron, n* millonésimo, -a: *a/one millionth of a second* una millonésima de segundo
millionaire /ˌmɪljəˈneə(r)/ *n* (*fem* **millionairess** /ˌmɪljəˈneəres/) millonario, -a ☛ *Ver nota en* MILLONARIO *Ver tb* MULTIMILLIONAIRE
millipede *n Ver* MILLEPEDE
millisecond /ˈmɪlisekənd/ *n* milésima de segundo
millpond /ˈmɪlpɒnd/ *n* represa de molino LOC *Ver* CALM
mill-race /ˈmɪl reɪs/ *n* saetín (de molino)
millstone /ˈmɪlstəʊn/ *n* piedra de molino
LOC **a millstone round your/sb's neck** un peso muy grande (para uno/algn)
milord /mɪˈlɔ:d/ *n* milord
mime /maɪm/ *n* mimo: *a mime artist/troupe* un mimo/una compañía de mimo
■ **mime 1** *vt* imitar **2** *vi* hacer mimo
mimetic /mɪˈmetɪk/ *adj* mimético
mimic /ˈmɪmɪk/ *vt* (*pret, pp* **mimicked** *part pres* **mimicking**) imitar
■ **mimic** *n* imitador, -ora
■ **mimic** *adj* mímico: *mimic warfare* guerra simulada
▶ **mimicry** /ˈmɪmɪkri/ *n* imitación
mimosa /mɪˈməʊzə; *USA* -məʊsə/ *n* mimosa (*Bot*)
min 1 *abrev de* **minimum 2** (*pl* **mins**) *abrev de* **minute**
minaret /ˌmɪnəˈret/ *n* minarete
mince /mɪns/ **1** *vt* (*carne*) picar **2** *vi* andar con pasos cortos
LOC **not to mince matters; not to mince (your) words** no andarse con rodeos
■ **mince** (*USA* **ground beef**) *n* carne picada
▶ **mincer** *n* picadora
mincemeat /ˈmɪnsmi:t/ *n* relleno de frutas
LOC **to make mincemeat of sth/sb** (*coloq*) hacer picadillo algo/a algn

mince pie *n* pastelillo navideño relleno de frutas

mincing /ˈmɪnsɪŋ/ *adj* afectado

mind[1] /maɪnd/ *n* **1** ánimo: *to have complete peace of mind* tener total tranquilidad de ánimo ◊ *state of mind* estado de ánimo **2(a)** mente: *The human mind is amazingly complex.* La mente humana es sumamente compleja. ◊ *My mind's a complete blank.* Se me ha quedado la mente totalmente en blanco. ◊ *I'm afraid it slipped my mind.* Me temo que se me fue de la cabeza. **(b)** (*persona*) cerebro: *Great minds think alike.* Los grandes cerebros siempre coinciden. *Ver tb* MASTERMIND **3** pensamiento: *Don't let your mind wander!* ¡No dejes fantasear a tu imaginación! ◊ *I can't get his words out of my mind.* No puedo quitarme sus palabras de la cabeza. **4** juicio: *to be sound in mind and body* estar sano en cuerpo y alma ◊ *He's 94 and his mind is going.* Tiene 94 años y está empezando a fallarle la cabeza. *Ver tb* ONE-TRACK MIND

LOC **in your mind's eye** en la imaginación **mind over matter** el poder de la mente sobre la materia **the mind boggles**: *The mind boggles at what he might say!* ¡No me puedo imaginar lo que podría decir! **to bear/keep sth/sb in mind** tener algo/a algn en cuenta **to be of one mind (about sth)** estar totalmente de acuerdo (en algo) **to be on your mind** preocupar: *What's on your mind?* ¿Qué te preocupa? **to be out of your mind** (*coloq*) estar loco **to be/take a load/weight off sb's mind** quitar a algn/quitarse un peso de encima: *Paying my mortgage was an enormous weight off my mind!* ¡Cuando pagué la hipoteca me quité un peso enorme de encima! **to bring/call sth/sb to mind** acordarse de algo/algn **to come/spring to mind** ocurrírsele a algn: *Calling the police was the first thing that sprang to mind.* Llamar a la policía fue lo primero que se me ocurrió. **to give your mind to sth** entregarse a algo **to go out of/slip your mind** olvidarse **to have a (good) mind to do sth** (*coloq*) tener ganas de hacer algo: *I've a good mind to tell him exactly what I think of him.* Tengo ganas de decirle lo que pienso de él. **to have a mind of your own** ser independiente **to have sth/sb in mind (for sth)** tener algo/a algn pensado (para algo): *Who do you have in mind for the job?* ¿A quién piensas darle el puesto? **to have it in mind to do sth** (*formal*) pensar hacer algo **to have sth on your mind** estar preocupado por algo **to keep sth/sb in mind** tener presente algo/a algn **to keep your mind on sth** concentrarse en algo: *Keep your mind on the job!* ¡Concéntrate en tu trabajo! **to make up your mind** decidir(se): *Hurry up and make up your mind which one you want.* Date prisa y decide cuál quieres. **to make up your mind to (do) sth** (*formal*) decidir (hacer) algo: *We made up our minds to leave before the month was out.* Decidimos que nos iríamos antes de que el mes terminase. **to my mind** a mi parecer **to put sb in mind of sth/sb** recordar a algn algo/a algn: *Her way of speaking put me in mind of her mother.* Su forma de hablar me recordó a su madre. **to put/set/turn your mind to sth** centrarse en algo: *You could be a very good writer if you set your mind to it.* Podrías ser un buen escritor si te lo propusieras. **to put/set your/sb's mind at ease/rest** tranquilizarse/tranquilizar a algn: *The doctor's diagnosis put my mind at rest.* El diagnóstico del médico me tranquilizó. **to take your/sb's mind off sth** distraerse/distraer a algn de algo **to turn sth over in your mind** darle vueltas a algo en la cabeza *Ver tb* BACK[1], BEAR[2], BEND, BLOW, BOGGLE, CAST, CLOSE[2], CONCENTRATE, CROSS[1], EASE, FOCUS, FRAME[1], KNOW, LOSE, MEETING, OPEN[1], PIECE, PRESENCE, PREY, RIGHT[1], SAME[1], SIGHT, SLIP, SPEAK, STICK[2], TRACK, TURN[2], TWO, UNSOUND, UPPERMOST

mind[2] /maɪnd/ **1** *vt* cuidar de: *to mind the baby* cuidar del bebé ◊ *Could you mind the phone for five minutes?* ¿Podrías atender el teléfono cinco minutos? **2** *vt, vi* importar: *Do you mind (about) the noise?* ¿Te molesta el ruido? ◊ *I wouldn't mind a drink.* No me importaría tomar algo. ◊ *Do you mind if I smoke?* ¿Te molesta si fumo? ◊ *Would you mind helping me?* ¿Te importaría ayudarme? ◊ *'Shall we go to the cinema?' 'Okay, I don't mind'.* —¿Vamos al cine? —Bueno, me es igual. **3** *vt* preocuparse: *Don't mind him. He's always a bit short with people.* No le hagas caso. Siempre es un poco brusco con la gente. **4** *vt, vi* tener cuidado: *Mind your head!* ¡Cuidado con la cabeza! ◊ *This knife is sharp. Mind you don't cut yourself!* Este cuchillo está muy afilado. Ten cuidado de no cortarte.

LOC **do you mind?** (*irón*): *Do you mind! That's where I was sitting.* ¿Le importa? Ahí estaba sentado yo. **I don't mind if I do** (*coloq, irón*) muchas gracias caballero/señora/señorita **mind you**; **mind** a decir verdad: *They're getting divorced, I hear – mind you, I'm not surprised.* He oído que se van a divorciar, pero si quieres que te diga la verdad, no me sorprende. **never mind** no importa **never mind (doing) sth** dejar (de hacer) algo: *Turn the television up. Oh, never mind, I'll do it myself.* Sube la televisión. Bueno, deja, lo haré yo. **never you mind** (*coloq*) no preguntes: *'Who told you that?' 'Never you mind.'* —¿Quién te dijo eso? —No preguntes. **to mind your own business** no meterse en lo que no le importa a uno **to mind your p's and q's** tener cuidado con los modales **to mind your step** mirar por donde se pisa

PHRV **to mind out (for sth/sb)** tener cuidado (con algo/algn)

mind-blowing /ˈmaɪnd bləʊɪŋ/ *adj* (*coloq*) alucinante

mind-boggling /ˈmaɪnd bɒglɪŋ/ *adj* (*coloq*) increíble

minded /ˈmaɪndɪd/ *adj* **~ (to do sth)** (*formal*) dispuesto (a hacer algo): *He could do it if he were so minded.* Podría hacerlo si quisiera. *Ver tb* ABSENT-MINDED, BLOODY-MINDED, BROAD-MINDED, HIGH-MINDED, LIKE-MINDED, NARROW-MINDED, OPEN-MINDED, RIGHT-MINDED, SIMPLE-MINDED, SINGLE-MINDED, SMALL-MINDED, STRONG-MINDED

minder /ˈmaɪndə(r)/ *n* cuidador, -ora *Ver tb* CHILDMINDER

mindful /ˈmaɪndfl/ *adj* (*formal*) consciente: *mindful of the risks* consciente de los riesgos

mindless /ˈmaɪndləs/ *adj* tonto: *mindless drudgery* trabajo tonto

▶ **mindlessly** *adv* sin pensar

mine[1] /maɪn/ *pron pos* (el) mío, (la) mía, (los) míos, (las) mías: *He's a friend of mine.* Es un amigo mío. ◊ *The decision was entirely mine.* La decisión fue totalmente mía. ◊ *Where's mine?* ¿Dónde está la mía?

mine[2] /maɪn/ *n* **1** mina: *a coal-mine* una mina de carbón ◊ *a mine worker* un minero *Ver tb* COAL MINE, GOLD MINE **2** (*Mil*) mina: *to lay mines* sembrar minas *Ver tb* LANDMINE

LOC **a mine of information (about/on sth/sb)** una mina de información (sobre algo/algn)

■ **mine** **1** *vt* extraer (*minerales*) **2** *vt* (*lit* y *fig*) minar **3** *vt* sembrar minas

mine-detector /ˈmaɪn dɪtektə(r)/ *n* detector de minas

minefield /ˈmaɪnfiːld/ *n* **1** campo de minas **2** (*fig*) terreno peligroso: *a political minefield* un terreno político muy delicado

miner /ˈmaɪnə(r)/ *n* minero, -a *Ver tb* COAL MINER, GOLD MINER

mineral /ˈmɪnərəl/ *n* mineral: *mineral water* agua mineral

▶ **mineralogy** *n* mineralogía

minesweeper /ˈmaɪnswiːpə(r)/ *n* dragaminas

▶ **minesweeping** *n* dragado de minas

mineworker /ˈmaɪnwɜːkə(r)/ *n* minero, -a

mingle /ˈmɪŋgl/ **1** *vi* **~ (together)** mezclarse, alternar **2** *vt* mezclar

Mini® /ˈmɪni/ *n* (*pl* **Minis**) (*coloq*) mini (*coche*)

miniature /ˈmɪnətʃə(r); *USA* ˈmɪnɪətʃʊər/ *n* miniatura:

miniature railway tren de miniatura ◊ *a miniature Switzerland* una Suiza en miniatura

LOC **in miniature** en miniatura

minibus /ˈmɪnibʌs/ *n* (*GB*) microbús

minicab /ˈmɪnikæb/ *n* (*GB*) radiotaxi

minim /ˈmɪnɪm/ (*USA* **half note**) *n* (*Mús*) blanca ☛ *Ver ilustración en* NOTACIÓN

minimal /ˈmɪnɪməl/ *adj* mínimo

minimalist /ˈmɪnɪməlɪst/ *adj, n* minimalista

minimize, -ise /ˈmɪnɪmaɪz/ *vt* minimizar

minimum /ˈmɪnɪməm/ *n* (*pl* **minima** /-mə/) [*gen sing*] mínimo: *with a minimum of delay* con un mínimo retraso ◊ *with a minimum of effort* con un esfuerzo mínimo

■ **minimum** *adj* (*abrev* **min**) mínimo: *There is a minimum charge of £3.* Se cobra un mínimo de tres libras.

mining /ˈmaɪnɪŋ/ *n* minería: *the mining industry* la industria minera *Ver tb* COAL MINING, GOLD MINING

minion /ˈmɪniən/ *n* (*antic, pey* o *joc*) lacayo, -a: *The boss arrived with his minions trailing behind.* El jefe llegó con toda su corte detrás.

mini roundabout *n* pequeña rotonda para controlar el tráfico en cruces donde no hay semáforos

miniscule *adj Ver* MINUSCULE

miniskirt /ˈmɪniskɜːt/ *n* minifalda

minister /ˈmɪnɪstə(r)/ *n* **1** (*USA* **secretary**) **~ (for/of sth)** secretario, -a (de algo) *Ver tb* FOREIGN MINISTER, PRIME MINISTER ☛ *Ver nota en* MINISTRO ☛ *Ver tb págs 584–5* **2** ministro, -a (*plenipotenciario*) **3** pastor, -a (*protestante*) ☛ *Ver nota en* PRIEST

■ **minister** *vi* **~ to sth/sb** (*formal*) atender a algo/algn

ministerial /ˌmɪnɪˈstɪəriəl/ *adj* ministerial

ministrations /ˌmɪnɪˈstreɪʃnz/ *n* [*pl*] (*formal*) **1** atenciones **2** (*Relig*) administración (*de los sacramentos*)

ministry /ˈmɪnɪstri/ *n* (*pl* **-ies**) **1** (*USA* **department**) (*Pol*) ministerio *Ver tb* FOREIGN MINISTRY **2** (*Relig*) **(a) the ministry** el clero (*protestante*): *They intended him for the ministry.* Querían que fuera ministro de la Iglesia. ◊ *to enter/go into/take up the ministry* hacerse pastor/sacerdote **(b)** [*gen sing*] ministerio sacerdotal

mink /mɪŋk/ *n* visón: *mink coat* abrigo de visón

minnow /ˈmɪnəʊ/ *n* (*pl* **minnow** o **~s**) **1** (*lit*) pequeño pez de río **2** (*fig*): *The pushers were only minnows.* Los camellos eran solo peces pequeños.

Minoan /mɪˈnəʊən/ *adj, n* minoico, -a

minor /ˈmaɪnə(r)/ *adj* **1** secundario: *minor road* carretera secundaria ◊ *a minor part* un papel secundario ◊ *minor repairs* pequeñas reparaciones ◊ *minor injuries* heridas leves ◊ *of minor importance* de poca importancia **2** (*Mús*) menor ☛ *Comparar con* MAJOR[1]

■ **minor** *n* **1** (*Jur*) menor de edad **2** (*USA, Educ*) asignatura secundaria

■ **minor** *vi* (*USA*) **~ in sth** estudiar algo como asignatura secundaria

minority /maɪˈnɒrəti; *USA* -ˈnɔːr-/ *n* (*pl* **-ies**) minoría: *Only a minority of young men are bad drivers.* Solo una minoría de los jóvenes son malos conductores. ◊ *a minority government* un gobierno minoritario ◊ *an ethnic minority* una minoría étnica ☛ *Comparar con* MAJORITY

LOC **to be in a/the minority** estar en (una/la) minoría: *I'm in a minority of one.* Formo parte de una minoría de uno.

minstrel /ˈmɪnstrəl/ *n* trovador, juglar

mint[1] /mɪnt/ *n* **1** menta **2** pastilla de menta *Ver tb* PEPPERMINT

mint[2] /mɪnt/ *n* **1** (*tb* **the Royal Mint**) la Real Casa de la Moneda **2** [*sing*] (*coloq*) dineral: *It costs a mint to replace.* Cuesta un dineral cambiarlo.

LOC **in mint condition** en perfectas condiciones

■ **mint** *vt* acuñar (*palabras, monedas*)

minus /ˈmaɪnəs/ *prep* **1** menos: *5 minus 2* 5 menos 2 **2** (*coloq*) sin: *I'm minus my car today.* Estoy sin coche hoy. ◊ *He came back from the war minus a leg.* Volvió de la guerra con una pierna menos. **3** (*temperatura*) bajo cero: *minus three degrees* tres grados bajo cero

■ **minus** *adj* **1** (*Mat*) negativo, menos **2** (*Educ*) bajo: *B minus* (*B–*) notable bajo

■ **minus** *n* **1** (*tb* **minus sign**) (signo) menos **2** (*coloq*) desventaja: *the pluses and minuses of driving* los pros y los contras de conducir

minuscule /ˈmɪnəskjuːl/ (*tb* **miniscule**) *adj* minúsculo

minute[1] /ˈmɪnɪt/ *n* **1(a)** (*abrev* **min**) minuto: *My house is ten minutes (away) from the shops.* Mi casa está a diez minutos de las tiendas. ◊ *We arrived with only minutes to spare.* Llegamos por los pelos. ◊ *I enjoyed every minute of the show.* Disfruté del espectáculo al máximo. *Ver tb* UP-TO-THE-MINUTE **(b)** [*sing*] minuto, momento: *Wait a minute!* ¡Un momento! **(c)** [*sing*] instante: *at that very minute* en ese preciso instante ◊ *Stop it this minute!* ¡Estate quieto! **2** (*Geog, Geom*) minuto **3** nota (*oficial*): *to make a minute of sth* tomar nota de algo **4 minutes** [*pl*] actas (*de una reunión*) *to take the minutes* redactar las actas

LOC **(at) any minute/moment (now)** (*coloq*) en cualquier momento **in a minute** en un minuto, dentro de un minuto **not for a/one minute/moment** (*coloq*) ni por un segundo: *I never suspected for a minute that...* No sospeché ni por un segundo que... **the minute/moment (that)...** en cuanto...: *I want to see him the minute (that) he arrives.* Quiero verle en cuanto llegue. **to the minute** en punto: *at 9.05 to the minute* a las 9.05 en punto **up to the minute** (*coloq*) **1** (*de moda*) a la última **2** (*noticias, etc*) de última hora: *an up-to-the-minute news bulletin* un boletín informativo de última hora *Ver tb* BORN, JUST[2], LAST[1]

minute[2] /maɪˈnjuːt; *USA* -ˈnuːt/ *adj* (**-est**) **1** diminuto **2** minucioso

▸ **minutely** *adj* minuciosamente: *minutely analysed* analizado minuciosamente

minute hand *n* minutero

minute steak *n* filete al minuto

minutiae /maɪˈnjuːʃiiː; *USA* mɪˈnuːʃiiː/ *n* [*pl*] minucias

miracle /ˈmɪrəkl/ *n* milagro: *It'll be a miracle if he ever gives up smoking!* ¡Será un milagro que deje de fumar! ◊ *a miracle cure* una cura milagrosa ◊ *a miracle of modern technology* un milagro de la tecnología moderna

LOC **to do/work miracles/wonders** (*coloq*) hacer milagros

miraculous /mɪˈrækjələs/ *adj* **1** milagroso: *He had a miraculous escape.* Salió ileso de milagro. **2** (*coloq*) asombroso

▸ **miraculously** *adv* milagrosamente

mirage /ˈmɪrɑːʒ, məˈrɑːʒ/ *n* espejismo

mire /ˈmaɪə(r)/ *n* **1** ciénaga **2** (*fig*) fango: *The bank pulled us out of the mire.* El banco nos sacó del fango.

LOC *Ver* DRAG

mirror /ˈmɪrə(r)/ *n* **1** espejo: *driving-mirror* retrovisor ◊ *She looked at herself in the mirror.* Se miró en el espejo. *Ver tb* REAR-VIEW MIRROR, WING MIRROR **2** (*fig*) reflejo: *a mirror of society* un reflejo de la sociedad ◊ *She held up a mirror to his faults.* Le puso delante sus defectos.

■ **mirror** *vt* reflejar: *The trees were mirrored in the water.* Los árboles se reflejaban en el agua. ◊ *a novel that mirrors society* una novela que refleja la sociedad

▸ **mirrored** *adj*: *a wardrobe with mirrored doors* un armario con puertas de espejo

mirror image *n* **1** reflejo en el espejo **2** imagen invertida **3** réplica exacta

mirth /mɜːθ/ *n* (*formal*) **1** risa **2** alegría

misadventure /ˌmɪsədˈventʃə(r)/ *n* **1** (*formal*) desgracia **2** (*Jur*): *death by misadventure* muerte accidental

misapprehension /ˌmɪsæprɪˈhenʃn/ *n* malentendido, concepto equivocado

LOC to be under a misapprehension tener un concepto equivocado, estar equivocado: *They are under the misapprehension that...* Piensan, equivocadamente, que...

misbehave /ˌmɪsbɪˈheɪv/ *vi* portarse mal
▶ **misbehaviour** (*USA* **misbehavior**) /ˌmɪsbɪˈheɪvjə(r)/ *n* mal comportamiento

misc *abrev de* **miscellaneous**

miscalculate /ˌmɪsˈkælkjuleɪt/ *vt* calcular mal
▶ **miscalculation** *n* error de cálculo

miscarriage /ˈmɪskærɪdʒ, ˌmɪsˈk/ *n* **1** (*Med*) aborto (*espontáneo*) ☛ *Comparar con* ABORTION **2** (*Com*) extravío (*de mercancías, etc*)
LOC miscarriage of justice error judicial

miscarry /ˌmɪsˈkæri/ *vi* (*pret, pp* **-ried**) **1** abortar (*de forma espontánea*) **2** (*plan*) salir mal **3** (*Com*) extraviarse

miscellaneous /ˌmɪsəˈleɪniəs/ *adj* (*abrev* **misc**) variado, variopinto: *miscellaneous expenses* gastos varios

miscellany /mɪˈseləni; *USA* ˈmɪsəleɪni/ *n* miscelánea

mischief /ˈmɪstʃɪf/ *n* [*incontable*] **1** travesura, diablura: *Tell the children to keep out of mischief.* Diles a los niños que no hagan travesuras. ◊ *He's up to some mischief again!* Ya está haciendo alguna travesura. ◊ *to get into mischief* meterse en un lío **2** diablillo: *He's such a mischief!* ¡Es tan travieso! **3** guasa: *The kittens were full of mischief.* Los gatitos estaban muy juguetones. **4** daño
LOC to do sb/yourself a mischief (*coloq* o *joc*) hacerle daño a algn/hacerse daño **to make mischief** causar molestias, crear problemas *Ver tb* MEAN[1]

mischievous /ˈmɪstʃɪvəs/ *adj* **1** (*niño*) travieso **2** (*sonrisa*) pícaro **3** (*formal*) (*rumor*) malicioso
▶ **mischievously** *adv* **1** de manera traviesa **2** pícaramente **3** maliciosamente

misconceive /ˌmɪskənˈsiːv/ *vt* (*formal*) interpretar mal: *a misconceived project* un proyecto mal planteado

misconception /ˌmɪskənˈsepʃn/ *n* error, idea falsa: *It is a common misconception that...* Es un error muy común el creer que... **LOC** *Ver* LABOUR[2]

misconduct /ˌmɪsˈkɒndʌkt/ *n* (*formal*) **1** (*Jur*) mala conducta: *professional/wilful misconduct* un error profesional/intencionado **2** (*Com*) mala administración

miscreant /ˈmɪskriənt/ *n* (*antic*) truhán, -ana

misdeed /ˌmɪsˈdiːd/ *n* (*formal*) fechoría

misdemeanour (*USA* **-demeanor**) /ˌmɪsdɪˈmiːnə(r)/ *n* (*coloq* o *joc*) fechoría, jugarreta

misdirected /ˌmɪsdəˈrektɪd, -daɪˈrektɪd/ *adj*: *Her anger against you is misdirected.* No es contigo con quien debería enojarse. ◊ *They failed because their resources were misdirected.* No les salió bien porque emplearon mal los recursos que tenían.

miser /ˈmaɪzə(r)/ *n* avaro, -a

miserable /ˈmɪzrəbl/ *adj* **1** triste, infeliz: *They lead miserable lives.* Llevan una vida muy triste. **2** despreciable **3** miserable: *miserable weather* tiempo de perros ◊ *to live in miserable conditions* vivir en condiciones pésimas ◊ *I had a miserable time.* Lo pasé muy mal. ◊ *The plan was a miserable failure.* El plan fue un fracaso total. ◊ *a miserable salary* un sueldo miserable
LOC (as) miserable as sin (*coloq*) abatido por la pena

miserably /ˈmɪzrəbli/ *adv* **1** tristemente **2** miserablemente: *Their efforts failed miserably.* Sus esfuerzos fueron un fracaso total. ◊ *to be miserably poor* ser muy pobre ◊ *Their incomes are miserably low.* Sus ingresos son miserables.

miserly /ˈmaɪzəli/ *adj* (*pey*) **1** avaro **2** mísero: *The portions are miserly.* Las porciones son míseras.

misery /ˈmɪzəri/ *n* (*pl* **-ies**) **1** tristeza, sufrimiento: *to lead a life of misery* llevar una vida de perros **2** [*gen pl*] miseria: *the miseries of unemployment* las miserias del desempleo **3** (*GB, coloq*) aguafiestas: *He's a bit of a misery.* Es un amargado.
LOC to put sb out of their misery (*lit* y *fig*) acabar con la agonía de algn: *Put me out of my misery – tell me if I've passed or not!* Acaba con mi sufrimiento, dime si he aprobado o no. *Ver tb* ANIMAL, LIFE

misfire /ˌmɪsˈfaɪə(r)/ *vi* **1** (*arma, motor*) fallar **2** (*broma, plan*) salir mal
■ **misfire** *n* fallo

misfit /ˈmɪsfɪt/ *n* inadaptado, -a: *a social misfit* un inadaptado social

misfortune /ˌmɪsˈfɔːtʃuːn/ *n* desgracia

misgiving /ˌmɪsˈɡɪvɪŋ/ *n* [*gen pl*] duda, recelo: *to have grave misgivings about sth* tener muchas dudas sobre algo

misguided /ˌmɪsˈɡaɪdɪd/ *adj* (*formal*) equivocado: *misguided generosity* generosidad mal entendida
▶ **misguidedly** *adv* erróneamente

mishandle /ˌmɪsˈhændl/ *vt* **1** maltratar **2** (*fig*) manejar mal

mishap /ˈmɪshæp/ *n* **1** contratiempo **2** percance

mishear /ˌmɪsˈhɪə(r)/ *vt* (*pret, pp* **misheard** /-ˈhɜːd/) entender mal: *I must have misheard what they said.* Creo que no he entendido bien lo que han dicho.

mishmash /ˈmɪʃmæʃ/ *n* ~ **(of sth)** (*coloq, pey*) batiburrillo (de algo)

misinform /ˌmɪsɪnˈfɔːm/ *vt* ~ **sb (about sth)** (*formal*) informar mal a algn (acerca de algo)
▶ **misinformation** /ˌmɪsɪnfəˈmeɪʃn/ *n* información errónea ☛ *Comparar con* DISINFORMATION

misinterpret /ˌmɪsɪnˈtɜːprɪt/ *vt* **1** interpretar mal **2** tergiversar
▶ **misinterpretation** *n* **1** interpretación errónea **2** tergiversación

misjudge /ˌmɪsˈdʒʌdʒ/ *vt* **1** juzgar mal **2** calcular mal
▶ **misjudg(e)ment** /ˌmɪsˈdʒʌdʒmənt/ *n* desacierto

mislay /ˌmɪsˈleɪ/ *vt* (*pret, pp* **mislaid** /-ˈleɪd/) extraviar

mislead /ˌmɪsˈliːd/ *vt* (*pret, pp* **misled** /-ˈled/) ~ **sb (about/as to sth)** llevar a algn a conclusiones erróneas (respecto a algo): *Don't be misled by his appearance.* No te dejes engañar por su apariencia.
PHR V to mislead sb into doing sth engañar a algn para que haga algo
▶ **misleading** /mɪsˈliːdɪŋ/ *adj* engañoso
misleadingly *adv* de forma engañosa

mismanage /ˌmɪsˈmænɪdʒ/ *vt* administrar mal
▶ **mismanagement** *n* mala administración

mismatch[1] /ˌmɪsˈmætʃ/ *vt* emparejar mal

mismatch[2] /ˈmɪsmætʃ/ *n* discrepancia: *a mismatch between resources and expenditure* una discrepancia entre recursos y gastos

misnomer /ˌmɪsˈnəʊmə(r)/ *n* (*formal*) nombre inapropiado

misogynist /mɪˈsɒdʒɪnɪst/ *n* misógino
▶ **misogyny** /mɪˈsɒdʒɪni/ *n* misoginia

misplaced /ˌmɪsˈpleɪst/ *adj* **1** mal colocado **2** (*afecto, etc*) equivocado **3** fuera de lugar: *Their optimism looks misplaced.* Su optimismo parece estar fuera de lugar.

misprint /ˈmɪsprɪnt/ *n* errata

misquote /ˌmɪsˈkwəʊt/ *vt* citar mal
▶ **misquotation** /ˌmɪskwəʊˈteɪʃn/ *n* cita equivocada

misread /ˌmɪsˈriːd/ *vt* (*pret, pp* **misread** /-ˈred/) **1** leer mal **2** interpretar mal

misrepresent /ˌmɪsˌreprɪˈzent/ *vt* tergiversar: *This article misrepresents the facts.* Este artículo tergiversa los hechos.
▶ **misrepresentation** *n* tergiversación

misrule /ˌmɪsˈruːl/ *n* mal gobierno

miss[1] /mɪs/ *n* **1 Miss** (*con el apellido*) señorita: *Miss (Rose) Kelly* Señorita (Rose) Kelly ☛ *Ver nota en* MR, MRS, MS **2 Miss** (*sin apellido*) **(a)** (*en un restaurante,* *etc*) señorita: *Excuse me, Miss.* Perdone, señorita. ☛ *Comparar con* MADAM, SIR **(b)** (*esp GB*) (*en el colegio*) señorita: *Good morning, Miss!* ¡Buenos días, señorita!

En el colegio los niños suelen dirigirse a las profesoras como **Miss**, estén solteras o casadas: *Can I go to the toilet, Miss?*

3 Miss (*en un concurso*) Miss: *the Miss World contest* el concurso de Miss Mundo

En este sentido, **Miss** va siempre con el nombre de un país, de una ciudad, etc: *She was Miss France/Miss World.* Nótese que para traducir *Fue miss* diríamos *She was a beauty queen.*

4 (*pey* o *joc*) niña

miss² /mɪs/ *vt, vi* **1** no acertar: *He shot at the bird but missed.* Le disparó al pájaro pero falló. ◊ *to miss your footing* dar un traspié *Ver tb* HIT-AND-MISS **2** *vt* no ver, pasar (por alto): *The house is on the corner; you can't miss it.* La casa está en la esquina, no tiene pérdida. ◊ *I'm sorry, I missed what you said.* Lo siento, no he oído lo que dijiste. ◊ *to miss the point of sth* no ver la intención de algo **3** *vt* **(a)** perder(se): *He missed the 9.30 train.* Perdió el tren de las nueve y media. ◊ *to miss lunch/dinner* perderse la comida/la cena ◊ *Don't miss our bargain offers!* ¡No se pierdan nuestras gangas! **(b)** faltar a: *to miss work* faltar al trabajo **4** *vt* sentir la falta: *He's so rich that he wouldn't miss £100.* Es tan rico que no advertiría la falta de 100 libras. **5** *vt* echar de menos **6** *vt* evitar: *The driver narrowly missed (hitting) the lamp post.* El conductor no chocó con la farola por un pelo.

LOC not to miss much; **not to miss a trick** (*coloq*) ser muy espabilado: *He's only two, but he doesn't miss much.* Solo tiene dos años, pero es muy espabilado. **(to be) too good to miss** (ser) demasiado bueno para no aprovecharlo **to miss the boat/bus** (*coloq*) perder la oportunidad *Ver tb* MARK¹

PHR V to miss sth/sb out pasar algo/a algn: *My name's not on the list - I've been missed out.* Mi nombre no figura en la lista, me han pasado por alto.

to miss out (on sth) (*coloq*) perder la oportunidad (de algo)

■ **miss** *n* tiro errado: *to score ten hits and one miss* anotarse diez tiros certeros y uno errado

LOC a miss is as good as a mile (*refrán*) lo mismo da perder por mucho que por poco **to give sth a miss** (*coloq*) pasar de algo *Ver tb* NEAR¹

misshapen /ˌmɪsˈʃeɪpən/ *adj* deformado

missile /ˈmɪsaɪl; *USA* ˈmɪsl/ *n* **1** proyectil **2** (*Mil*) misil *Ver tb* GUIDED MISSILE

missing /ˈmɪsɪŋ/ *adj* **1(a)** extraviado **(b)** que falta: *He has two teeth missing.* Le faltan dos dientes. **2** desaparecido: *missing persons register* registro de desaparecidos ◊ *missing in action* desaparecido en acción

LOC a/the missing link un/el eslabón perdido

mission /ˈmɪʃn/ *n* misión

missionary /ˈmɪʃənri; *USA* -neri/ *n* (*pl* **-ies**) misionero, -a

missive /ˈmɪsɪv/ *n* (*formal, joc*) misiva

missus /ˈmɪsɪz/ *n* (*coloq, joc*) mujer (*esposa*), parienta

mist /mɪst/ *n* **1(a)** neblina: *mist patches on the motorway* neblina en puntos de la autopista **(b)** (*fig*) bruma: *a mist of emotion* la bruma de las emociones ◊ *lost in the mists of time* perdido en la noche de los tiempos **2** vapor (*en cristal*) **3** vaporización

■ **mist 1** *vi* empañarse: *His eyes (were) misted with tears.* Sus ojos estaban empañados del lágrimas.

PHR V to mist (sth) over/up empañar(se) algo

mistake¹ /mɪˈsteɪk/ *n* error, equivocación: *a bad mistake* un error garrafal ◊ *spelling mistakes* faltas de ortografía ◊ *to make a mistake* equivocarse/cometer un error

LOC and no mistake (*coloq*) sin duda alguna **by mistake** por equivocación **make no mistake (about sth)** (*coloq*) que no te quede ninguna duda (sobre algo)

¿Mistake o error?
Mistake es el término más corriente, pero, en general, **error** se utiliza cuando se habla de cálculos y en un contexto técnico o formal: *You have made an error in your calculations.* Has cometido un error en tus cálculos. ◊ *Marrying him was definitely a mistake.* Su boda fue clarísimamente una equivocación. ◊ *a computer error* un error informático.
En ciertas construcciones solo se puede utilizar **error**: *human error* error humano ◊ *an error of judgement* un error de cálculo.

mistake² /mɪˈsteɪk/ *vt* (*pret* **mistook** /mɪˈstʊk/ *pp* **mistaken** /mɪsˈteɪkən/) **1** equivocarse en: *I must have mistaken your meaning/what you meant.* Debí entender mal lo que dijiste. **2 ~ sth/sb for sth/sb** confundir algo/a algn con algo/algn: *She is often mistaken for her sister.* La confunden muchas veces con su hermana.

LOC there's no mistaking sth/sb 1 ser imposible no darse cuenta de algo **2** ser imposible confundir a algn

mistaken /mɪˈsteɪkən/ **1** *pp de* MISTAKE² **2** *adj* **~ (about sth/sb)** equivocado (sobre algo/algn): *If I'm not mistaken…* Si no me equivoco… ◊ *It's a case of mistaken identity.* Se han confundido de persona.

▶ **mistakenly** *adv* erróneamente, por equivocación

mister /ˈmɪstə(r)/ *n* señor ☛ *Comparar con* MR

mistime /ˌmɪsˈtaɪm/ *vt* hacer algo en un momento poco oportuno: *He mistimed a tackle.* Calculó mal el momento del regate. ◊ *The government's intervention was badly mistimed.* La intervención del gobierno vino muy a destiempo.

mistletoe /ˈmɪsltəʊ/ *n* muérdago

mistook *pret de* MISTAKE²

mistreat /ˌmɪsˈtriːt/ *vt* maltratar

▶ **mistreatment** *n* mal trato

mistress /ˈmɪstrəs/ *n* **1** señora: *mistress of her own affairs* dueña de sus propios asuntos ☛ *Comparar con* MASTER **2** dueña (*de un animal*) **3** (*esp GB*) profesora *Ver tb* HEADMISTRESS, SCHOOLMISTRESS **4** querida

LOC *Ver* MASTER

mistrust /ˌmɪsˈtrʌst/ *vt* desconfiar de

■ **mistrust** *n* **~ (of sth/sb)** desconfianza (hacia algo/algn): *a deep mistrust of anything new* un recelo profundo de cualquier cosa nueva

▶ **mistrustful** /ˌmɪsˈtrʌstfl/ *adj* **~ (of sth/sb)** receloso (de algo/algn)

mistrustfully *adv* con desconfianza

misty /ˈmɪsti/ *adj* (**-ier, -iest**) **1(a)** (*tiempo*) con neblina **(b)** (*cristal*) empañado **2** (*fig*) borroso: *a misty photograph* una fotografía borrosa ◊ *misty-eyed* con los ojos empañados

misunderstand /ˌmɪsʌndəˈstænd/ *vt, vi* (*pret, pp* **-stood** /-ˈstʊd/) entender mal

▶ **misunderstanding** *n* **1** malentendido **2** desavenencia

misunderstood *adj* incomprendido

misuse¹ /ˌmɪsˈjuːz/ *vt* **1(a)** (*palabra*) emplear mal **(b)** (*fondos*) malversar **2** maltratar ☛ *Comparar con* ABUSE¹

misuse² /ˌmɪsˈjuːs/ *n* **1** (*de palabra*) mal empleo **2** (*de fondos*) malversación **3** abuso

mite¹ /maɪt/ *n* **1** pizca **2** pequeño, -a: *Poor little mite!* ¡Pobrecito!

▶ **a mite** *adv* (*coloq*) *She seemed a mite offended.* Estaba un tanto ofendida.

mite² /maɪt/ *n* ácaro

mitigate /ˈmɪtɪgeɪt/ *vt* (*formal*) mitigar, atenuar: *mitigating circumstances* circunstancias atenuantes

▶ **mitigation** *n* **1** atenuante **2** mitigación

mitre (*USA* **miter**) /ˈmaɪtə(r)/ *n* **1** mitra **2** (*tb* **mitre-joint**) inglete

mitt /mɪt/ *n* **1** *Ver* MITTEN **2** (*argot*) mano: *Take your mitts off me!* ¡Quítame las manos de encima!

mitten /ˈmɪtn/ *n* **1** (*tb* **mitt**) manopla ☛ *Ver ilustración en* GUANTE **2** mitón

mix /mɪks/ **1** *vt, vi* mezclar(se): *to mix (up) cement* mezclar cemento ◊ *Oil and water don't mix.* El aceite y el agua no se mezclan. ◊ *to mix business with pleasure* mezclar los negocios con el placer **2** *vi* **to mix (with sth/sb)** tratar con algo/algn: *She mixes well with the other children.* Se lleva bien con los otros niños.
LOC **to be/get mixed up in sth** (*coloq*) estar metido/meterse en algo **to be/get mixed up with sb** (*coloq*) *Don't get mixed up with him.* No te juntes con él. **to mix it (with sb)**; *USA* **to mix it up (with sb)** (*coloq*) pelearse con algn
PHR V **to mix sth in(to sth)** añadir algo (a algo): *mix flour and water into a smooth paste* mezclar harina y agua para formar una masa fina
to mix sb up (about/over sth) confundir a algn (acerca de algo)
to mix sth/sb up (with sth/sb) confundir algo/a algn (con algo/algn): *He's always mixing me up with my sister.* Siempre me confunde con mi hermana.
■ **mix** *n* **1** mezcla **2** preparado: *a packet of cake mix* un paquete de preparado para hacer bizcocho

mixed /mɪkst/ *adj* **1** mixto, mezclado: *a mixed school* una escuela mixta ◊ *mixed ability classes* clases donde hay niños de distintas capacidades **2** surtido, variado: *mixed herbs* finas hierbas **3** (*tiempo*) variable **4** (*raza*) mixto: *people of mixed blood* gente mestiza
LOC **a mixed bag** de todo un poco: *We had a mixed bag of results.* En los resultados había de todo un poco. **to have mixed feelings (about sth/sb)** tener sentimientos encontrados (sobre algo/algn)

mixed-up /ˌmɪkst ˈʌp/ *adj* (*coloq*) confundido: *mixed-up kids who take drugs* jóvenes descentrados que se drogan

mixer /ˈmɪksə(r)/ *n* **1** mezclador: *a cement-mixer* una hormigonera ◊ *a food-mixer* una batidora ◊ *mixer tap* grifo de agua fría y caliente **2** bebida para combinar: *You can use orange juice as a mixer with champagne.* Puedes usar zumo de naranja para combinar con champán. **3** (*Cine*) mezclador, -ora (*máquina o persona*) **4** (*coloquial*) persona sociable: *to be a good/bad mixer* ser sociable/insociable

mixture /ˈmɪkstʃə(r)/ *n* **1** mezcla: *cough mixture* medicina para la tos **2** combinación

mix-up /ˈmɪks ʌp/ *n* (*coloq*) confusión: *There was a mix-up over the dates.* Hubo una confusión con las fechas.

Mk **1** (*moneda*) *abrev de* **mark** marco **2** (*coche*) *abrev de* **mark** modelo, tipo

ml (*pl* **ml** o **mls**) **1** (*USA* **mi**) *abrev de* **mile** milla **2** *abrev de* **millilitre**

mm (*pl* **mm** o **mms**) *abrev de* **millimetre**

mo /məʊ/ *n* (*pl* **mos**) (*GB, coloq*) momento

moan /məʊn/ **1** *vt, vi* gemir: *'Where's the doctor?', he moaned.* —¿Dónde está el médico?, dijo gimiendo. **2** *vi* **~ (about sth)** (*coloq*) quejarse (de algo)
■ **moan** *n* **1** gemido **2** (*coloq*) queja

moat /məʊt/ *n* foso (*de castillo*) ☛ *Ver ilustración en* CASTILLO
▶ **moated** *adj* con foso

mob /mɒb/ *n* **1** chusma **2 the mob** [*sing*] (*pey*) masas **3** (*argot*) **(a)** banda (*de delincuentes*) **(b)** mafia
■ **mob** *vt* (**-bb-**) **1** atacar en grupo **2** abalanzarse sobre: *He was mobbed by fans at the airport.* En el aeropuerto sus fans se abalanzaron sobre él.

mobile /ˈməʊbaɪl; *USA* -bl/ *adj* **1(a)** móvil, ambulante: *a mobile library* una biblioteca ambulante **(b)** móvil: *a mobile work-force* una mano de obra móvil ☛ *Comparar con* STATIONARY **(c)** portátil **2** (*cara*) cambiante
LOC **to be mobile** (*coloq*) estar motorizado: *Can you give me a lift if you're mobile?* ¿Puedes llevarme, si estás motorizada? *Ver tb* UPWARDLY MOBILE
■ **mobile** *n* móvil
▶ **mobility** /məʊˈbɪləti/ *n* movilidad

mobile home *n* caravana fija

mobile phone *n* teléfono portátil

mobilize, -ise /ˈməʊbɪlaɪz/ **1** *vt, vi* (*Mil*) movilizar(se) **2** *vt* **(a)** organizar **(b)** (*fondos*) reunir
▶ **mobilization, -isation** /ˌməʊbɪlaɪˈzeɪʃn; *USA* -lɪˈz-/ *n* movilización

mobster /ˈmɒbstə(r)/ *n* gángster

moccasin /ˈmɒkəsɪn/ *n* mocasín

mocha /ˈmɒkə; *USA* ˈməʊkə/ *n* moca

mock¹ /mɒk/ **1** *vt* burlarse de, mofarse de: *to mock sb's appearance* mofarse del aspecto de algn **2** *vi* **~ (at sth/sb)** burlarse, mofarse (de algo/algn): *a mocking smile/voice/laugh* una sonrisa/voz/risa burlona **3** *vt* (*formal*) (*intentos*) frustrar
■ **mock** *n*
LOC **to make (a) mock of sth/sb** poner algo/a algn en ridículo
▶ **mocker** /ˈmɒkə(r)/ *n* mofador, -ora
LOC **to put the mockers on sb** (*argot*) gafar a algn
mockingly *adv* de broma

mock² /mɒk/ *adj* **1** (*examen, entrevista*) de práctica **2** ficticio: *a mock battle* un simulacro de combate **3** falso: *mock Tudor beams* vigas de imitación de estilo tudor

mockery /ˈmɒkəri/ *n* **1** burla **2 ~ (of sth)** parodia (de algo): *The performance was an utter mockery.* La actuación fue una parodia total.
LOC **to make a mockery of sth** poner algo en ridículo

mock-up /ˈmɒk ʌp/ *n* **1** modelo a escala natural **2** maqueta

MOD /ˌem əʊ ˈdiː/ (*GB*) *abrev de* **Ministry of Defence** Ministerio de Defensa

modal /ˈməʊdl/ (*tb* **modal verb**, **modal auxiliary**, **modal auxiliary verb**) *n* modal
■ **modal** *adj* modal
▶ **modality** /məʊˈdæləti/ *n* (*pl* **-ies**) modalidad

mod cons /ˌmɒd ˈkɒnz/ *n* (*GB, coloq, aprob*) comodidades: *a house with all mod cons* una casa con todas las comodidades

mode /məʊd/ *n* **1** (*formal*) medio, modo: *mode of transport* medio de transporte ◊ *mode of production* modo de producción ◊ *modes of thought* formas de pensar **2** (*Mús*) modo

model¹ /ˈmɒdl/ *n* **1(a)** maqueta: *a scale model* una maqueta a escala ◊ *a model train/aeroplane/car* un coche/avión/tren en miniatura **(b)** modelo: *economic/political models* modelos económicos/políticos **2** modelo: *What is the make and model of your car?* ¿Cuál es la marca y modelo de su coche? **3 ~ (of sth)** (*aprob*) modelo (de algo): *a model farm, prison, etc* una granja, prisión, etc modelo *Ver tb* ROLE MODEL **4** (*de artista, de moda*) modelo **5** (*ropa*) modelo

model² /ˈmɒdl/ *vt, vi* (**-ll-**, *USA* **-l-**) **1** pasar modelos, ser modelo: *She models swimwear.* Es modelo de ropa de baño. **2** modelar
PHR V **to model yourself/sth on sth/sb** basarse/basar algo en algo/algn

modelling (*USA* **modeling**) /ˈmɒdəlɪŋ/ *n* **1** modelado **2** trabajo de modelo

modem /ˈməʊdem/ *n* módem

moderate¹ /ˈmɒdərət/ *adj* **1** moderado: *a moderate drinker* un bebedor moderado ◊ *cook over a moderate heat* calentar a fuego moderado **2** regular: *a moderate performance* una actuación regular
■ **moderate** *n* moderado, -a
▶ **moderately** *adv* moderadamente, medianamente

moderate² /ˈmɒdəreɪt/ *vt, vi* moderar(se): *to exercise a moderating influence on sb* ejercer una influencia

moderadora sobre algn ◊ *to moderate your temper* reprimir el genio
moderation /ˌmɒdəˈreɪʃn/ *n* moderación
LOC in moderation con moderación
moderator /ˈmɒdəreɪtə(r)/ *n* **1** mediador, -ora **2** (*de exámenes*) asesor, -ora **3** (*Relig*) moderador
modern /ˈmɒdn/ *adj* **1** moderno: *modern times* los tiempos modernos ◊ *to study modern languages* estudiar idiomas ◊ *modern-day* de hoy en día **2** (*aprob*) moderno: *modern marketing techniques* técnicas de mercadotecnia modernas *Ver tb* POST-MODERN
■ **modern** *n* (*antic* o *formal*) moderno, -a
▶ **modernity** /məˈdɜːnəti/ *n* modernidad
modernism /ˈmɒdənɪzəm/ *n* modernismo
▶ **modernist** /ˈmɒdənɪst/ *adj, n* modernista
modernistic /ˌmɒdəˈnɪstɪk/ *adj* modernista
modernize, -ise /ˈmɒdənaɪz/ *vt, vi* modernizar(se): *a fully modernized shop* una tienda totalmente modernizada
▶ **modernization, -isation** /ˌmɒdənaɪˈzeɪʃn; *USA* -nɪˈz-/ *n* modernización
modest /ˈmɒdɪst/ *adj* **1(a)** (*dinero*) módico: *to live on a modest income* vivir con unos ingresos modestos **(b)** pequeño: *a modest improvement* una pequeña mejoría ◊ *to make very modest demands* hacer unas demandas muy moderadas **(c)** modesto: *a modest little house* una casita modesta **2 ~ (about sth)** (*aprob*) modesto (con algo): *to be modest about your achievements* ser modesto con los propios triunfos **3** recatado
▶ **modestly** *adv* **1** modestamente **2** recatadamente
modesty /ˈmɒdəsti/ *n* (*aprob*) **1** modestia **2** pudor
modicum /ˈmɒdɪkəm/ *n* [*sing*] **~ (of sth)** mínimo (de algo): *to achieve success with a modicum of effort* conseguir éxito con poco esfuerzo
modifier /ˈmɒdɪfaɪə(r)/ *n* (*Gram*) modificador
modify /ˈmɒdɪfaɪ/ *vt* (*pret, pp* **-fied**) **1** modificar: *The union has been forced to modify its position.* El sindicato se ha visto obligado a modificar su posición. ☛ En este sentido la palabra más normal es **change**. **2** (*Gram*) modificar
▶ **modification** /ˌmɒdɪfɪˈkeɪʃn/ *n* modificación
modish /ˈməʊdɪʃ/ *adj* (*pey*) de moda
modulate /ˈmɒdjuleɪt; *USA* -dʒʊ-/ **1** *vt* modular **2** *vt, vi* **~ (from sth) (to sth)** (*Mús*) transportar (de algo) (a algo)
▶ **modulation** /ˌmɒdjuˈleɪʃn; *USA* -dʒʊˈl-/ *n* modulación
module /ˈmɒdjuːl; *USA* -dʒuːl/ *n* módulo: *a lunar module* un módulo lunar ◊ *a software module* un módulo de software
▶ **modular** /ˈmɒdjələ(r); *USA* -dʒə-/ *adj* **1** modular: *modular furniture* muebles modulares **2** (*curso*) dividido en módulos
modus operandi /ˌməʊdəs ˌɒpəˈrændiː/ *n* (*Lat*) modus operandi
modus vivendi /ˌməʊdəs vɪˈvendiː/ *n* (*Lat*) modus vivendi
moggie (*tb* **moggy**) /ˈmɒgi/ (*tb* **mog** /mɒg/) *n* (*pl* **-ies**) (*GB, coloq, joc*) minino, -a
mogul /ˈməʊgl/ *n* magnate
mohair /ˈməʊheə(r)/ *n* mohair
Mohican /məʊˈhiːkən/ *n* **1** (*amerindio*) mohicano, -a **2 mohican** (*GB*) corte de pelo a lo mohicano
moist /mɔɪst/ *adj* húmedo: *moist eyes* ojos húmedos ◊ *a moist fruit cake* un plum-cake esponjoso ◊ *in order to keep your skin soft and moist* para mantener tu piel suave e hidratada

Tanto **moist** como **damp** se traducen por *húmedo*, pero **damp** es más frecuente que **moist** y también puede tener un matiz negativo: *Use a damp cloth.* Usa un trapo húmedo. ◊ *damp walls* paredes con humedad ◊ *cold, damp, rainy weather* tiempo lluvioso, frío y húmedo.

Nótese que para referirnos a la humedad atmosférica utilizamos **humid**.

moisten /ˈmɔɪsn/ *vt, vi* humedecer(se): *His eyes moistened (with tears).* Sus ojos se humedecieron.
moisture /ˈmɔɪstʃə(r)/ *n* **1** humedad **2** vaho
moisturize, -ise /ˈmɔɪstʃəraɪz/ *vt* hidratar
▶ **moisturizer, -iser** *n* hidratante
molar /ˈməʊlə(r)/ *n* molar, muela ☛ *Ver ilustración en* DIENTE
molasses /məˈlæsɪz/ *n* [*incontable*] melaza
mold *n* (*USA*) *Ver* MOULD[1]
molder *vi* (*USA*) *Ver* MOULDER
molding *n* (*USA*) *Ver* MOULDING
moldy *adj* (*USA*) *Ver* MOULDY *en* MOULD[2]
mole¹ /məʊl/ *n* lunar
mole² /məʊl/ *n* **1** (*Zool*) topo **2** (*espía*) topo
molecule /ˈmɒlɪkjuːl/ *n* molécula
▶ **molecular** /məˈlekjulə(r)/ *adj* molecular
molehill /ˈməʊlhɪl/ *n* topera **LOC** *Ver* MOUNTAIN
molest /məˈlest/ *vt* agredir sexualmente ☛ *Comparar con* BOTHER, DISTURB
▶ **molester** *n* persona que comete agresiones sexuales
mollify /ˈmɒlɪfaɪ/ *vt* (*pret, pp* **-fied**) calmar, apaciguar
mollusc (*USA* **mollusk**) /ˈmɒləsk/ *n* molusco
molt *vi* (*USA*) *Ver* MOULT
molten /ˈməʊltən/ *adj* líquido (*metal, cristal, etc*): *molten lava* lava fundida
mom /mɒm/ *n* (*USA, coloq*) *Ver* MUM[1]
moment /ˈməʊmənt/ *n* **1** momento, instante: *One moment/Just a moment/Wait a moment.* Un momento. ◊ *I shall only be/I won't be a moment.* En seguida termino. ◊ *not a moment too soon* a última hora ◊ *I've only (just) this moment come in.* Acabo de llegar. ◊ *without a moment's hesitation* sin vacilar ni un momento **2** (*Fís*) momento
LOC at a moment's notice inmediatamente, casi sin aviso **at the moment** de momento, por ahora **for the moment/present** de momento, por ahora **in a moment**: *In a moment he appeared.* En un momento apareció. ◊ *I'll be back in a moment.* En seguida vuelvo. **of (great, little, etc) moment** (*formal*) de (mucha, poca, etc) importancia **the moment of truth** la hora de la verdad **to have your/its moments** tener (uno/algo) sus momentos *Ver tb* HEAT, LAST[1], MINUTE[1], SPUR
momentary /ˈməʊməntri; *USA* -teri/ *adj* momentáneo
▶ **momentarily** /ˈməʊməntrəli; *USA* ˌməʊmənˈterəli/ *adv* **1** momentáneamente **2** (*USA*) en seguida, de un momento a otro
momentous /məˈmentəs, məʊˈm-/ *adj* trascendental
momentum /məˈmentəm, məʊˈm-/ *n* **1** impulso, ímpetu **2** (*Fís*) momento: *to gain/gather momentum* cobrar velocidad
momma /ˈmɒmə/ (*tb* **mommy** /ˈmɒmi/) *n* (*USA, coloq*) *Ver* MUMMY[2]
mommy /ˈmɒmi/ *n* (*USA*) *Ver* MUMMY[1]
Mon *abrev de* **Monday**
monarch /ˈmɒnək/ *n* soberano, -a
▶ **monarchic(al)** /məˈnɑːkɪk(l)/ *adj* monárquico
monarchist *adj, n* monárquico, -a
monarchy *n* (*pl* **-ies**) monarquía
monastery /ˈmɒnəstri; *USA* -teri/ *n* (*pl* **-ies**) monasterio
monastic /məˈnæstɪk/ *adj* monástico
▶ **monasticism** *n* monacato
Monday /ˈmʌndeɪ, -di/ *n* (*abrev* **Mon**) lunes: *every Monday* todos los lunes ◊ *last/next Monday* el lunes pasado/que viene ◊ *I was born on a Monday.* Nací un lunes. ◊ *the Monday before last/after next* hace dos lunes/dentro de dos lunes ◊ *I'll see you (on) Monday.* Nos veremos el lunes. ◊ *They close on Monday afternoons.* Cierran los lunes por la tarde. ◊ *I do the*

shopping on Mondays/on a Monday. Hago la compra los lunes. ◊ *Monday morning/evening* el lunes por la mañana/tarde ◊ *Monday week/a week on Monday* el lunes (que viene) no, el siguiente ◊ *Did you read the article about Italy in Monday's paper?* ¿Leíste el artículo sobre Italia en el periódico del lunes? ◊ *The museum is open Monday(s) to Friday(s)*. El museo abre de lunes a viernes. **LOC** *Ver* WEEK

Nótese que los días de la semana en inglés se escriben con mayúscula

monetary /ˈmʌnɪtri; *USA* -teri/ *adj* monetario
▸ **monetarism** *n* monetarismo
monetarist *adj, n* monetarista

money /ˈmʌni/ *n* **1** [*incontable*] dinero: *to save/spend money* ahorrar/gastar dinero ◊ *to earn money* ganar dinero ◊ *money-back guarantee* garantía de devolución del/de su dinero ◊ *money order* giro postal ◊ *a money-saving scheme* un plan que ahorra dinero ◊ *the money supply* la masa monetaria ◊ *money worries* preocupaciones económicas *Ver tb* BLOOD MONEY, POCKET MONEY **2 moneys, monies** [*pl*] (*Fin, Jur*) cantidad (*de dinero*)
LOC for my money (*coloq*) a mi juicio **good money 1** buen sueldo **2** dinero contante y sonante **made of money** (*coloq*) forrado (de dinero) **money doesn't grow on trees** el dinero no crece en los árboles **money for jam/old rope** (*coloq*) dinero regalado **money talks** (*refrán*) poderoso caballero es don Dinero **there's money in sth** algo es buen negocio **to be in the money** (*coloq*) estar forrado **to get your money's-worth** sacar jugo al dinero **to have money to burn** tener dinero para dar y regalar **to make money** hacer dinero **to put money into sth** invertir en algo **to put your money on sth/sb** apostar a algo/por algn **to put your money where your mouth is** (*coloq*) predicar con el ejemplo **to throw your money about** (*coloq*) derrochar el dinero *Ver tb* COLOUR[1], LOVE, ROLL[2], RUN[2], VALUE
▸ **moneyed** *adj* (*antic*) adinerado

moneylender /ˈmʌnilendə(r)/ *n* prestamista

moneymaking /ˈmʌnɪmeɪkɪŋ/ *adj* lucrativo
■ **moneymaking** *n* enriquecimiento, lucro

money-spinner /ˈmʌni spɪnə(r)/ *n* (*GB, coloq*) fuente de dinero

mongol /ˈmɒŋgəl/ *n* (*pey*) mongólico, -a

mongrel /ˈmʌŋgrəl/ *n* **1** chucho, perro callejero **2** híbrido
■ **mongrel** *adj* **1** mestizo, híbrido **2** (*perro*) sin raza definida

monitor /ˈmɒnɪtə(r)/ *n* **1** (*TV, Informát*) monitor ☛ *Ver ilustración en* ORDENADOR **2(a)** (*Radio*) radioescucha **(b)** (*en elecciones*) observador, -ora
■ **monitor** *vt* **1** controlar, observar **2** (*Radio*) escuchar
▸ **monitoring** *n* control, supervisión

monk /mʌŋk/ *n* monje *m* ☛ *Comparar con* NUN

monkey /ˈmʌŋki/ *n* (*pl* **~s**) **1** mono **2** (*coloq*) (*niño*) diablillo
LOC not to give a monkey's (*coloq*) importarle a uno un comino

monkey business *n* tejemanejes, trampas

monkey-nut /ˈmʌŋki nʌt/ *n* cacahuete (*con cáscara*)

monkey wrench (*GB tb* **adjustable spanner**) *n* llave inglesa ☛ *Ver ilustración en* SPANNER

mono /ˈmɒnəʊ/ *adj* (*coloq*) monofónico
■ **mono** *n* sonido monofónico

monochrome /ˈmɒnəkrəʊm/ *adj* en blanco y negro, monocromo
■ **monochrome** *n* pintura/fotografía en blanco y negro

monocle /ˈmɒnəkl/ *n* monóculo

monogamy /məˈnɒgəmi/ *n* monogamia
▸ **monogamous** /məˈnɒgəməs/ *adj* monógamo

monogram /ˈmɒnəgræm/ *n* monograma
▸ **monogrammed** *adj* con monograma

monograph /ˈmɒnəgrɑːf; *USA* -græf/ *n* monografía

monolingual /ˌmɒnəˈlɪŋgwəl/ *adj* monolingüe ☛ *Comparar con* BILINGUAL, MULTILINGUAL

monolith /ˈmɒnəlɪθ/ *n* **1** monolito **2** (*fig*) mole
▸ **monolithic** /ˌmɒnəˈlɪθɪk/ *adj* (*lit* y *fig*) monolítico

monologue /ˈmɒnəlɒg/ (*USA tb* **monolog** /-lɔːg/) *n* monólogo

monopolize, -ise /məˈnɒpəlaɪz/ *vt* monopolizar
▸ **monopolization, -isation** /məˌnɒpəlaɪˈzeɪʃn; *USA* -lɪˈz-/ *n* monopolización

monopoly /məˈnɒpəli/ *n* (*pl* **-ies**) **1** (*Com*) monopolio **2** monopolio: *A good education should not be the monopoly of the rich*. Una buena educación no debería ser monopolio de los ricos.
▸ **monopolist** /-lɪst/ *n* monopolista
monopolistic /məˌnɒpəˈlɪstɪk/ *adj* monopolístico

monosyllable /ˈmɒnəsɪləbl/ *n* monosílabo
▸ **monosyllabic** /ˌmɒnəsɪˈlæbɪk/ *adj* **1** monosílabo **2** monosilábico

monotheism /ˈmɒnəʊθiɪzəm/ *n* monoteísmo
▸ **monotheistic** /ˌmɒnəʊθiˈɪstɪk/ *adj* monoteísta

monotone /ˈmɒnətəʊn/ *n* [*sing*] **1** tono monocorde: *to speak in a monotone* hablar con voz monótona **2** monotonía

monotonous /məˈnɒtənəs/ *adj* monótono
▸ **monotonously** *adv* de forma monótona

monotony /məˈnɒtəni/ *n* monotonía

monoxide /mɒˈnɒksaɪd/ *n* monóxido: *carbon monoxide* monóxido de carbono

Monsignor /mɒnˈsiːnjə(r)/ *n* (*abrev* **Mgr**) monseñor

monsoon /ˌmɒnˈsuːn/ *n* **1** monzón **2** época de los monzones

monster /ˈmɒnstə(r)/ *n* monstruo: *This tomato is a real monster!* ¡Este tomate es un verdadero monstruo!

monstrous /ˈmɒnstrəs/ *adj* monstruoso: *That's not true! It's a monstrous lie!* ¡Eso no es verdad! Es una mentira monstruosa.
▸ **monstrosity** /mɒnˈstrɒsəti/ *n* (*pl* **-ies**) monstruosidad
monstrously *adv* monstruosamente

montage /ˌmɒnˈtɑːʒ, ˈmɒnt-/ *n* montaje

month /mʌnθ/ *n* (*abrev* **mth**) mes: *next month* el mes que viene ◊ *She earns £1 000 a month*. Gana 1.000 libras al mes/mensuales. ◊ *The baby is three months old*. El niño tiene tres meses. ◊ *I haven't been to the cinema for months*. Hace meses que no voy al cine. ☛ *Ver nota en* CALENDAR
LOC for/in a month of Sundays hace siglos: *never in a month of Sundays* ni por casualidad *Ver tb* CALENDAR, NEXT

monthly /mʌnθli/ *adj* mensual
■ **monthly** *adv* mensualmente, al/por mes
■ **monthly** *n* publicación mensual

monument /ˈmɒnjumənt/ *n* **~ (to sth)** monumento (a algo): *an ancient/a national monument* un monumento antiguo/nacional

monumental /ˌmɒnjuˈmentl/ *adj* **1** monumental: *a monumental arch, column, façade, etc* un arco, una columna, una fachada, etc. monumental **2(a)** excepcional: *monumental achievements* logros excepcionales **(b)** (*en frases negativas*) garrafal: *The film was a monumental failure*. La película fue un fracaso garrafal.
▸ **monumentally** *adv* extremadamente

moo /muː/ *n* mu
■ **moo** *vi* mugir

mooch /muːtʃ/ *vt* **~ sth (off/from sb)** (*USA, coloq*) gorronear algo (a algn)
PHR V to mooch about/around (*coloq*) haraganear

mood[1] /muːd/ *n* **1** humor: *to be in a good/bad mood* estar de buen/mal humor **2** mal humor: *He's in a mood today*. Hoy está de mal humor. **3** (*ambiente*) aire
LOC (to be) in no mood for (doing) sth/to do sth no (estar) de humor para (hacer) algo: *The unions are in*

no mood for compromise. Los sindicatos no están para compromisos. **(to be) in the mood for (doing) sth/to do sth** (estar) de humor para (hacer) algo
▶ **moody** /ˈmuːdi/ *adj* **(-ier, -iest) 1** malhumorado **2** caprichoso
moodily *adv* con aire taciturno, malhumoradamente
moodiness *n* mal humor

mood² /muːd/ *n* (*Gram*) modo

moon¹ /muːn/ *n* luna: *a moon landing* un alunizaje ◊ *full/new moon* luna llena/nueva ◊ *the moons of Jupiter* las lunas de Júpiter *Ver tb* HALF-MOON
LOC many moons ago hace muchas lunas **over the moon** (*coloq*) loco de contento *Ver tb* ONCE, PROMISE²

moon² /muːn/ *vi* **~ (about/around)** (*coloq*) ir de aquí para allá distraídamente
PHR V to moon over sb (*coloq*) soñar con algn

moonbeam /ˈmuːnbiːm/ *n* rayo de luna

moonless /ˈmuːnlɪs/ *adj* sin luna

moonlight /ˈmuːnlaɪt/ *n* luz de la luna
■ **moonlight** *vi* (*pret, pp* **-lighted**) (*coloq*) tener un segundo empleo (que no se declara)
■ **moonlight** *adj* de luna
LOC to do a moonlight flit (*GB, coloq*) irse a la chita callando

moonlit /ˈmuːnlɪt/ *adj* iluminado por la luna

moonshine /ˈmuːnʃaɪn/ *n* **1** tontería **2** (*USA*) licor destilado ilegalmente

moonstruck /ˈmuːnstrʌk/ *adj* lunático

Moor /mʊə(r)/ *n* moro, -a
▶ **Moorish** /ˈmʊərɪʃ/ *adj* **1** moro **2** morisco, mudéjar

moor¹ /mɔː(r); *USA* mʊər/ *n* **1** páramo **2** (*de caza*) coto

moor² /mɔːr; *USA* mʊər/ *vt, vi* **~ sth (to sth)** amarrar algo (a algo)
▶ **mooring** /ˈmʊərɪŋ, ˈmɔːr-/ *n* **1 moorings** [*pl*] amarras **2** amarradero

moorhen /ˈmʊəhen, ˈmɔːh-/ *n* polla de agua

moorland /ˈmʊələnd/ *n* páramo

moose /muːs/ *n* (*pl* **moose**) alce

moot /muːt/ *vt* (*formal*) plantear, proponer
■ **moot** *adj*: *That is a moot point.* Eso es discutible.

mop /mɒp/ *n* **1** fregona **2** (*pelo*) pelambrera
■ **mop** *vt* **(-pp-) 1** limpiar, fregar **2** (*cara*) enjugarse
PHR V to mop sth up limpiar algo
to mop sth/sb up 1 (*lit* y *fig*) absorber algo/a algn: *to mop up the remaining shares* absorber las acciones restantes **2** (*Mil*) acabar con algo/algn

mope /məʊp/ *vi* abatirse
PHR V to mope about/around (...) abatirse: *He's been moping around the house all day.* Ha estado todo el día en casa sintiéndose desgraciado.

moped /ˈməʊped/ *n* ciclomotor, Vespino® ☛ *Ver ilustración en* MOTO

moral /ˈmɒrəl; *USA* ˈmɔːrəl/ *n* **1** moraleja **2 morals** [*pl*] moralidad: *a person of loose morals* una persona de poca moralidad
■ **moral** *adj* **1** moral **2** racional **3** *a moral tale* un cuento con moraleja
▶ **morally** *adv* moralmente: *to behave morally* comportarse honradamente

morale /məˈrɑːl; *USA* -ˈræl/ *n* moral (*ánimo*): *low morale among teachers* la baja moral entre los profesores ◊ *to boost sb's morale* levantarle la moral a algn
LOC *Ver* BOOSTER *en* BOOST

moralist /ˈmɒrəlɪst; *USA* ˈmɔːr-/ *n* (*gen pey*) moralista: *They are not well-known moralists.* No destacan por su moralidad.
▶ **moralistic** *adj* (*gen pey*) moralizador

morality /məˈræləti/ *n* (*pl* **-ies**) moral, moralidad: *standards of morality* valores morales ◊ *to discuss the morality of abortion* discutir la moralidad del aborto ◊ *Hindu morality* moral hindú

moralize, -ise /ˈmɒrəlaɪz; *USA* ˈmɔːr-/ *vt, vi* **~ (about/on sth)** (*gen pey*) moralizar (sobre algo)

morass /məˈræs/ *n* **1~ (of sth)** (*fig*) caos (de algo): *an economic morass* un caos económico **2** (*lit*) ciénaga

moratorium /ˌmɒrəˈtɔːriəm; *USA* ˌmɔːr-/ *n* (*pl* **~s**) moratoria: *to declare a moratorium on sth* imponer una moratoria sobre algo

morbid /ˈmɔːbɪd/ *adj* **1** morboso **2** (*Med*) mórbido
▶ **morbidity** *n* **1** morbosidad **2** (*Med*) morbidez
morbidly *adv* morbosamente

mordant /ˈmɔːdnt/ *adj* mordaz

more /mɔː(r)/ *adj* más: *more money than sense* más dinero que sentido común ◊ *more food than could be eaten* más comida de la que se podía comer ◊ *many more people* mucha más gente
■ **more** *pron* más: *You've had more to drink than me/than I have.* Has bebido más que yo. ◊ *more than £50* más de £50 ◊ *I hope we'll see more of you.* Esperamos verte más a menudo. ◊ *two more students* dos estudiantes más ◊ *two more of my students* otros dos de mis estudiantes
■ **more** *adv* **1** más ☛ Se usa para formar comparativos de *adjs* y *advs* de dos o más sílabas: *more quickly* más de prisa ◊ *more expensive* más caro **2** más: *I like her more than her husband.* Me gusta más ella que su marido. ◊ *once more* una vez más ◊ *It's more of a hindrance than a help.* Estorba más que ayuda. ◊ *That's more like it!* ¡Eso es! ◊ *even more so* aún más
LOC more and more cada vez más, más y más **more or less** más o menos: *a more-or-less immediate response* una respuesta más o menos inmediata ◊ *I've more or less finished.* Casi he terminado. **no more** no más: *no more than three* no más de tres ◊ *He was no more than twenty.* No tenía más de veinte años. ◊ *The USSR is no more.* La URSS ya no existe. ◊ *I could no more climb that than fly!* ¿Escalar esa montaña yo? ¡Ni loco! **the more... the more...** cuanto más... (tanto) más... **to be more than happy, glad, willing, etc to do sth** hacer algo con mucho gusto

moreover /mɔːrˈəʊvə(r)/ *adv* además, por otra parte

mores /ˈmɔːreɪz/ *n* [*pl*] costumbres

morgue /mɔːɡ/ *n* depósito de cadáveres

moribund /ˈmɒrɪbʌnd; *USA* ˈmɔːr-/ *adj* moribundo

Mormon /ˈmɔːmən/ *n* mormón, -ona
■ **Mormon** *adj* mormónico
▶ **Mormonism** *n* mormonismo

morn /mɔːn/ *n* (*Liter*) alba, mañana

morning /ˈmɔːnɪŋ/ *n* **1** mañana: *on Sunday morning* el domingo por la mañana ◊ *the morning papers* los periódicos matutinos ◊ *tomorrow morning* mañana por la mañana ◊ *on the morning of the wedding* la mañana de la boda ◊ *the morning star* el lucero del alba *Ver tb* GOOD MORNING **2** madrugada: *He died in the early hours of Sunday morning.* Murió la madrugada del domingo. ◊ *at three in the morning* a las tres de la madrugada *Ver tb* MID-MORNING
LOC in the morning 1 por la mañana: *11 o'clock in the morning* las 11 de la mañana **2** (*del día siguiente*): *I'll ring her up in the morning.* La llamaré mañana por la mañana.

Para referirnos a un momento determinado del día utilizamos la preposición **in** + artículo con los sustantivos **morning**, **afternoon** e **evening**: *at three o'clock in the afternoon* a las tres de la tarde, o bien la preposición **at** sin artículo con el sustantivo **night**: *at eleven at night* a las once de la noche.
Empleamos la preposición **on** para hacer referencia a un punto en el calendario: *on a cool May morning* en una fría mañana de mayo ◊ *on Monday afternoon* el lunes por la tarde ◊ *on the morning of the 4th of September* el cuatro de septiembre por la mañana.
Nótese que en combinación con **this, that, tomorrow** y **yesterday** no se usa preposición: *They'll leave this evening.* Se marchan esta tarde. ◊ *I saw her yesterday morning.* La vi ayer por la mañana.

morning-after pill *n* píldora del día después
morning coat *n* chaqué
morning dress *n* traje de etiqueta
mornings /ˈmɔːnɪŋz/ *adv* por las mañanas
morning sickness *n* las náuseas del embarazo
moron /ˈmɔːrɒn/ *n* (*coloq*, *ofen*) imbécil
▶ **moronic** /məˈrɒnɪk/ *adj* (*coloq*, *ofen*) imbécil, idiota
morose /məˈrəʊs/ *adj* huraño
▶ **morosely** *adv* malhumoradamente
morphine /ˈmɔːfiːn/ (*tb* **morphia** /ˈmɔːfiə/) *n* morfina
morphology /mɔːˈfɒlədʒi/ *n* morfología
▶ **morphological** /ˌmɔːfəˈlɒdʒɪkl/ *adj* morfológico
morris dance /ˈmɒrɪs dɑːns/ *n* danza tradicional inglesa
morrow /ˈmɒrəʊ; *USA* ˈmɔːr-/ *n* **the morrow** (*antic* o *ret*) el mañana: *on the morrow* al día siguiente
Morse /mɔːs/ *n* morse: *Morse code* código morse
morsel /ˈmɔːsl/ *n* bocado: *He hasn't a morsel of common sense!* ¡No tiene ni una pizca de sentido común!
mortal /ˈmɔːtl/ *n* mortal
LOC lesser/mere/ordinary mortals (*gen irón*) los simples/comunes mortales
■ **mortal** *adj* mortal: *a mortal sin* un pecado mortal ◊ *a mortal wound/injury* una herida mortal ◊ *Her reputation suffered a mortal blow as a result of the scandal.* Su reputación quedó irreparablemente dañada después del escándalo.
▶ **mortally** *adv* mortalmente: *mortally offended* terriblemente ofendido
mortality /mɔːˈtæləti/ *n* **1** mortalidad: *infant mortality (rate)* (tasa de) mortalidad infantil **2** mortandad **3** muerte: *traffic mortalities* muertes por accidente de tráfico
mortar¹ /ˈmɔːtə(r)/ *n* argamasa, mortero
mortar² /ˈmɔːtə(r)/ *n* **1** (*arma*) mortero: *under mortar fire/attack* bajo ataque de mortero **2** (*utensilio*) mortero, almirez: *a pestle and mortar* un mortero
■ **mortar** *vt* bombardear con mortero
▶ **mortaring** *n* bombardeo con mortero
mortarboard /ˈmɔːtəbɔːd/ *n* birrete
mortem *n Ver tb* POST-MORTEM
mortgage /ˈmɔːɡɪdʒ/ *n* hipoteca, préstamo hipotecario: *to take out a mortgage* conseguir una hipoteca ◊ *monthly mortgage (re)payments* pago hipotecario mensual ◊ *to pay off a mortgage* terminar de pagar una hipoteca
■ **mortgage** *vt* hipotecar: *They are mortgaging their children's future.* Están hipotecando el futuro de sus hijos.
mortician /mɔːˈtɪʃn/ (*USA*) (*GB* **undertaker**) *n* director, -ora de pompas fúnebres
mortify /ˈmɔːtɪfaɪ/ *vt* (*pret*, *pp* **-fied**) **1** humillar: *He was/felt mortified.* Se sintió humillado. **2** darle mucha vergüenza a
▶ **mortification** *n* **1** humillación **2** mortificación
mortifying *adj* humillante
mortuary /ˈmɔːtʃəri; *USA* ˈmɔːtʃʊeri/ *n* depósito de cadáveres
mosaic /məʊˈzeɪɪk/ *n* ~ **(of sth)** mosaico (de algo): *mosaic floors* suelos de mosaico
mosque /mɒsk/ *n* mezquita
mosquito /məsˈkiːtəʊ, mɒs-/ *n* (*pl* **~es** o **~s**) mosquito: *a mosquito bite* una picadura de mosquito
mosquito net *n* mosquitero
moss /mɒs; *USA* mɔːs/ *n* musgo
▶ **mossy** *adj* musgoso
most¹ /məʊst/ *adj* **1** más, la mayor parte de: *Who got (the) most votes?* ¿Quién consiguió más votos? ◊ *We spent most time in Rome.* Pasamos la mayor parte del tiempo en Roma. **2** la mayoría de, casi todo: *most days* casi todos los días

Most es el superlativo de **much** y de **many** y se usa con sustantivos incontables o en plural: *Who's got most time?* ¿Quién es el que tiene más tiempo? ◊ *most children* la mayoría de los niños. Sin embargo, delante de pronombres o cuando el sustantivo al que precede lleva un artículo o un adjetivo posesivo o demostrativo, se usa **most of**: *most of my friends* la mayoría de mis amigos ◊ *most of us* la mayoría de nosotros ◊ *most of these records* la mayoría de estos discos.

■ **most** *pron* **1** *I probably ate (the) most.* Yo fui probablemente el que más comió. ◊ *The most I could offer you would be…* Lo máximo que le podría ofrecer sería… **2** ~ **(of sth/sb)** la mayoría (de), la mayor parte (de): *most of the day* casi todo el día ◊ *As most of you know,…* Como la mayoría de vosotros sabe…
LOC at (the) most como mucho/máximo
▶ **mostly** *adv* principalmente, por lo general
most² /məʊst/ *adv* **1(a)** más: *Which is most important?* ¿Cuál es más importante? **(b)** más: *What did you most enjoy?* ¿Qué es lo que te gustó más? ◊ *What upset me (the) most was that…* Lo que más me dolió fue que… **2** muy: *a most unusual present* un regalo de lo más insólito ◊ *most likely* muy probablemente **3** (*USA*, *coloq*) casi: *most every day* casi todos los días
MOT /ˌem əʊ ˈtiː/ (*GB*) **1** *abrev de* **Ministry of Transport** Ministerio de Transporte **2** *n* (*tb* **MOT test**) (*coloq*) ITV: *She took her car in for its MOT.* Llevó el coche a ver si pasaba la ITV.
motel /məʊˈtel/ *n* motel
moth /mɒθ; *USA* mɔːθ/ *n* **1** mariposa nocturna **2** (*tb* **clothes moth**) polilla
mothball /ˈmɒθbɔːl/ *n* bola de naftalina
moth-eaten /ˈmɒθ iːtn/ *adj* **1** apolillado **2** (*coloq*, *fig*) **(a)** viejo **(b)** anticuado
mother /ˈmʌðə(r)/ *n* madre: *an expectant mother* una madre en estado ☛ *Ver nota en* PADRE, SINGLE *adj Ver tb* GODMOTHER, GRANDMOTHER, GREAT-GRANDMOTHER, QUEEN MOTHER, REVEREND MOTHER, STEPMOTHER
LOC *Ver* NECESSITY, OLD
■ **mother** *vt* **1** criar **2** mimar: *He needs mothering.* Necesita que lo mimen mucho.
motherfucker /ˈmʌðəfʌkə(r)/ *n* (*USA*, ⚠) ☛ *Ver nota en* TABÚ (*argot*) hijo de puta
mother hen *n* gallina clueca
motherhood /ˈmʌðəhʊd/ *n* maternidad
Mothering Sunday (*tb* **Mother's Day**) *n* Día de la Madre
mother-in-law /ˈmʌðər ɪn lɔː/ *n* (*pl* **mothers-in-law** /ˈmʌðəz ɪn lɔː/) suegra
motherland /ˈmʌðəlænd/ *n* madre patria
motherly /ˈmʌðəli/ *adj* maternal: *motherly affection* cariño maternal
Mother Nature *n* Madre Naturaleza
mother-of-pearl /ˌmʌðər əv ˈpɜːl/ (*tb* **nacre**) *n* madreperla
Mother's Day *n Ver* MOTHERING SUNDAY
mother's help *n* niñera, criada
Mother Superior *n* (madre) superiora
mother-to-be /ˌmʌðə tə ˈbiː/ *n* (*pl* **mothers-to-be**) futura madre
mother tongue *n* lengua materna
motif /məʊˈtiːf/ *n* **1** motivo, adorno **2** tema: *a recurring motif in his speech* un tema recurrente en su discurso
motion /ˈməʊʃn/ *n* **1** movimiento: *in perpetual motion* en movimiento continuo **2** moción: *to propose a motion* presentar una moción ◊ *to vote on a motion* votar una moción ◊ *The motion was carried.* La moción fue aprobada. **3** (*formal*) evacuación del vientre

LOC **to go through the motions (of doing sth)** (*coloq*) **1** fingir (hacer algo) **2** actuar como un robot (al hacer algo) **to put/set sth in motion** poner algo en marcha
■ **motion 1** *vi* **~ to/for sb** hacer señas a algn: *He motioned to/for me to sit down.* Me hizo una seña para que me sentara. **2** *vt* indicar con señas: *to motion sb in* indicar a algn que entre
▶ **motionless** *adj* inmóvil

motion picture *n* (*USA*) película de cine: *the motion picture industry* la industria cinematográfica

motivate /ˈməʊtɪveɪt/ *vt* motivar: *to be motivated by greed* estar motivado por la avaricia
▶ **motivated** *adj* motivado: *The crime was racially motivated.* El motivo del delito fue racial.
motivation *n* motivación
motivational *adj* motivador, que motiva

motive /ˈməʊtɪv/ *n* **~ (for sth)** motivo, móvil (de algo): *to question sb's motives* poner en duda los motivos de algn ◊ *He had an ulterior motive.* Iba detrás de algo. ☛ *Comparar con* REASON[1]
■ **motive** *adj* motriz: *motive force/power* fuerza motriz
▶ **motiveless** *adj* sin motivo

motley /ˈmɒtli/ *adj* (*pey*) variado, variopinto

motocross /ˈməʊtəʊ krɒs/ *n* motocross

motor /ˈməʊtə(r)/ *n* **1** motor: *motor-driven* propulsado por motor ☛ *Ver nota en* ENGINE **2** (*GB, antic, joc*) coche
■ **motor** *adj* **1** motorizado **2** de coche(s): *motor racing* carreras de coches ◊ *the motor trade/industry* la industria del automóvil ◊ *a motor mechanic* mecánico de automóviles
■ **motor** *vi* (*GB, antic* o *joc*) viajar en automóvil
▶ **motoring** *n* automovilismo

motorbike *n Ver* MOTORCYCLE

motor boat *n* lancha motora

motor car *n* (*GB, antic* o *formal*) *Ver* CAR

motorcycle /ˈməʊtəsaɪkl/ (*tb* **motorbike** /ˈməʊtəbaɪk/) *n* moto, motocicleta ☛ *Ver ilustración en* MOTO
▶ **motorcyclist** *n* motociclista
motorcycling *n* motociclismo

motorist /ˈməʊtərɪst/ *n* conductor, -ora de coche

motorized /ˈməʊtəraɪzd/ *vt* motorizado
▶ **motorization** *n* motorización

motorway /ˈməʊtəweɪ/ *n* (*abrev* **M**) (*USA* **freeway**, **expressway**) autopista: *a motorway service station* área de servicio en una autopista ☛ *Ver nota en* ROAD

mottled /ˈmɒtld/ *adj* **1** (*piel*) **(a)** (*persona*) con manchas **(b)** (*animal*) moteado **2** (*mancha*) salpicado

motto /ˈmɒtəʊ/ *n* (*pl* **~es**) lema

mould[1] (*USA* **mold**) /məʊld/ *n* **1** molde **2** carácter, temple: *to be cast in the same mould* tener el mismo carácter
LOC **to break the mould** romper el molde
■ **mould 1** *vt* **~ sth (into sth)**; **~ sth (from/out of/in sth)** moldear, modelar algo (de/en algo) **2** *vt* (*fig*) moldear, formar: *to mould yourself on/upon sth/sb* tomar algo/a algn como ejemplo **3** *vt, vi* **~ (sth) to/round sth** amoldarse a algo; amoldar algo a algo

mould[2] (*USA* **mold**) /məʊld/ *n* moho
▶ **mouldy** (*USA* **moldy**) *adj* **1** mohoso: *to go mouldy* enmohecerse ◊ *to smell mouldy* oler a humedad **2** (*GB, coloq, pey*) cochino

mould[3] (*USA* **mold**) /məʊld/ *n* (*Biol*) mantillo

moulder (*USA* **molder**) /ˈməʊldə(r)/ *vi* **~ (away)** desmoronarse, pudrirse
▶ **mouldering** *adj* desmoronado, podrido

moulding (*USA* **molding**) /ˈməʊldɪŋ/ *n* **1(a)** moldeado **(b)** (*fig*) formación **2** (*Arquit*) moldura

moult (*USA* **molt**) /məʊlt/ *vi* **1** (*pájaro*) mudar de pluma **2** (*perro, gato, serpiente*) mudar de pelaje/piel
■ **moult** *n* muda

mound /maʊnd/ *n* **1** montículo **2** montón

mount[1] /maʊnt/ *n* (*abrev* **Mt**) monte (*en nombres de montañas*)

mount[2] /maʊnt/ **1** *vt, vi* subir (a) **2** *vt, vi* (*caballo*) montar (a), subirse (a) **3** *vt, vi* (*bicicleta*) montar (en), subirse (a) ☛ Nótese que en este sentido la palabra más normal es **get on** (to). **4** *vt* **~ sb (on sth) (a)** montar a algn (en algo) **(b)** proveer a algn (de algo) **5** *vi* **~ (up) (to sth)** acumularse, crecer (hasta alcanzar algo): *bills that mount up* cuentas que se acumulan **6** *vt* **~ sth (on/onto/in sth) (a)** colocar, montar, instalar algo (en algo) **(b)** (*joya*) montar, engastar algo (en algo) **(c)** (*cuadro*) enmarcar algo (en algo) **(d)** (*sello*) pegar algo (en algo) **7** *vt* organizar, montar **8** *vt* (*ataque*) lanzar **9** *vt* (*Teat*) montar, poner en escena **10** *vt* (*investigación, pleito*) iniciar **11** *vt, vi* (*animal macho*) cubrir (a)
LOC **to mount guard**; **to mount guard over sth/sb** montar guardia, vigilar algo/a algn
■ **mount** *n* **1** soporte, montura **2** (*animal*) montura, caballería **3** (*de cuadro*) marco **4** (*joya*) montura
▶ **mounting** *adj* creciente

mountain /ˈmaʊntən; *USA* -ntn/ *n* **1** montaña: *mountain range/chain* cordillera ☛ *Ver ilustración en* MONTAÑA **2 the mountains** (*en contraste con la costa*) la montaña, la sierra **3 ~ of sth** (*fig*) montón de algo
LOC **to make a mountain out of a molehill** (*pey*) hacer una montaña de un grano de arena
▶ **mountaineer** *n* alpinista, montañero, -a ☛ *Ver ilustración en* MONTAÑA
mountaineering *n* alpinismo
mountainous *adj* **1** montañoso **2** (*fig*) gigantesco

mountain bike *n* bicicleta de montaña

mountain biking *n* ciclismo de montaña (*campo a través*)

mountainside /ˈmaʊntənsaɪd/ *n* ladera de la montaña, falda de la montaña

mourn /mɔːn/ **1** *vi* lamentarse, afligirse: *to mourn for/over sth/sb* lamentar (la pérdida de) algo/llorar la muerte de algn **2** *vi* estar de luto **3** *vt*: *to mourn sth/sb* lamentar algo/llorar la muerte de algn
▶ **mourner** *n* doliente
mournful *adj* triste, lúgubre
mournfully *adv* tristemente
mourning *n* **1** luto, duelo: *to go into/be in mourning* ponerse/estar de luto ◊ *to be in mourning for* llevar luto por **2** (*acción*) lamentación

mouse /maʊs/ *n* **1** (*pl* **mice** /maɪs/) **(a)** (*Zool*) ratón *Ver tb* DORMOUSE **(b)** (*Informát*) ratón ☛ *Ver ilustración en* ORDENADOR **2** [*sing*] (*pey* o *joc*) cobarde, tímido, -a LOC *Ver* CAT, QUIET
▶ **mousy** *adj* (*pey*) **1** (*pelo*) (de color) pardusco **2** (*persona*) tímido, asustadizo

mousetrap /ˈmaʊstræp/ *n* ratonera

mousse /muːs/ *n* **1** mousse **2** espuma (*para el pelo*)

moustache /məˈstɑːʃ/ (*USA* **mustache** /ˈmʌstæʃ/) *n* bigote(s) ☛ *Ver ilustración en* HEAD[1]

mouth /maʊθ/ *n* (*pl* **~s** /maʊðz/) **1** boca *Ver tb* BIGMOUTH, FOUL-MOUTHED, HAND-TO-MOUTH, LOUDMOUTH, MEALY-MOUTHED, OPEN-MOUTHED ☛ *Ver ilustración en* HEAD[1] **2** (*coloq, pey*) insolencias, grosería(s): *We'll have less of your mouth!* ¡Basta de insolencias! **3** (*de túnel, cueva, botella, etc*) boca *Ver tb* GOALMOUTH **4** (*de río*) desembocadura
LOC **down in the mouth** deprimido **to be all mouth** no hacer más que hablar **to keep your mouth shut (about sth)** (*coloq*) no decir una palabra (sobre algo) **with her, his, etc mouth agape** boquiabierto *Ver tb* BORN, BREAD, BUTTER, FOAM, FOOT[1], GIFT, HEART, HORSE, LEAVE[1], LIVE[2], MONEY, OPEN[2], ROOF, SHOOT, SHUT, WORD
■ **mouth** /maʊð/ **1(a)** *vi* mover los labios, hacer muecas **(b)** *vt* decir con los labios (*sin sonido*) **2** *vt* (*pey*) soltar, vocear
▶ **mouthful** *n* **1(a)** bocado: *in one mouthful* de un bocado **(b)** (*líquido*) trago: *in one mouthful* de un trago

2 [*sing*] (*coloq, joc*): *That's a bit of a mouthful!* ¡Vaya un trabalenguas!

mouthpiece /ˈmaʊθpiːs/ *n* **1(a)** (*Mús*) boquilla ☛ *Ver ilustración en* WOODWIND **(b)** (*de teléfono*) micrófono **2** (*a veces pey, fig*) portavoz

mouthwash /ˈmaʊθwɒʃ/ *n* enjuague bucal

mouth-watering /ˈmaʊθ wɔːtərɪŋ/ *adj* muy apetitoso

movable /ˈmuːvəbl/ *adj* movible
LOC **a movable feast 1** (*lit*) una fiesta movible **2** (*fig*) algo muy variable

move /muːv/ *n* **1** movimiento: *He was watching my every move.* Vigilaba cada uno de mis movimientos. **2(a)** (*de casa*) mudanza: *This is our second move this year.* Esta es la segunda vez que nos cambiamos de casa este año. **(b)** (*de trabajo*) traslado, cambio **3** (*ajedrez, etc*) jugada, turno: *It's your move.* Te toca jugar. ◊ *It's my move.* Yo juego. **4 ~ (towards sth/to do sth)** paso (hacia algo/para hacer algo): *to make the first move* dar el primer paso ◊ *a smart move* una maniobra inteligente ◊ *What's our next move?* ¿Cuál es nuestro siguiente paso?
LOC **to get a move on** (*coloq*) darse prisa, menearse **to make a move 1** ponerse en marcha **2** actuar **on the move** en marcha, en movimiento *Ver tb* FALSE
■ **move 1** *vt, vi* **(a)** mover(se): *Don't move!* ¡No te muevas! ◊ *It's your turn to move.* Te toca mover. ◊ *Unless the bosses move quickly, there will be a strike.* Si los jefes no se mueven rápido, va a haber una huelga. **(b)** trasladar(se), cambiar(se) de sitio: *Move the chair nearer to the fire.* Acerca la silla al fuego. ◊ *Have you moved my book? I can't find it.* ¿Has cambiado de sitio mi libro? No lo encuentro. ◊ *We are moving offices.* Nos cambiamos de oficina. ◊ *He has been moved to London.* Lo han trasladado a Londres. **2** *vi* **~ (in)/(out)** mudarse: *Our new neighbours are moving in today.* Los nuevos vecinos se mudan hoy (a la casa nueva). ◊ *They had to move out.* Tuvieron que dejar la casa. **3** *vi* **~ (ahead)** avanzar, progresar: *to move ahead of sb* adelantarse a algn **4** *vi* **~ (on)** (*tiempo*) pasar: *Time moves (on) slowly.* El tiempo pasa lentamente. **5** *vt* **(a) ~ sb (to sth)** conmover a algn (hasta algo): *to move sb to tears* hacer saltar las lágrimas a algn ◊ *deeply moved by the news* profundamente afectado por las noticias **(b) ~ sb (to do sth)** inducir a algn (a hacer algo): *His attitude moved me to act.* Su actitud me indujo a actuar. **6** *vt* **~ sth/that...** proponer algo/que...: *I move that the matter be discussed after lunch.* Propongo que el asunto sea discutido después de comer. **7** *vt, vi* (hacer) cambiar de opinión: *He wouldn't be moved.* No se dejó convencer. ◊ *The government won't move on this issue.* El gobierno no va a cambiar de parecer sobre este tema. **8** *vt, vi* (*formal, Med*) evacuar: *to move your bowels* hacer de vientre **9** *vt* (*Com*) vender **10** *vi* (*fig*): *That car was really moving!* Ese coche iba como el demonio.
LOC **to get moving 1** ponerse en marcha **2** actuar, empezar a trabajar: *Get moving!* ¡Muévete! **to get sth moving 1** poner algo en marcha **2** (*tráfico*) hacer circular algo **to move heaven and earth (to do sth)** (re)mover cielo y tierra (para hacer algo) **to move house** cambiar(se) de casa, mudarse (de casa) *Ver tb* DOWNMARKET, KILL, TIME[1], UPMARKET
PHR V **to move about/around** moverse (de acá para allá), cambiarse de lugar, trasladarse (de un lugar a otro)
to move sth/sb about/around mover algo (de acá para allá), cambiar algo de lugar, trasladar a algn de un lugar a otro
to move across/along/down/over/up correrse, avanzar, pasar adelante
to move (sth) aside apartarse, poner algo a un lado
to move away (*de casa*) irse, mudarse
to move (sth) away alejarse, alejar algo
to move in 1 avanzar, llegar **2** (*policía*) intervenir
to move (sth/sb) in instalarse, instalar algo/a algn
to move in sth: *He moves in high society.* Frecuenta la alta sociedad./Alterna con personas de la alta sociedad.
to move in on sth/sb avanzar hacia algo/algn, rodear algo/a algn
to move into sth 1 *to move into the front line/limelight/middle* pasar a la primera línea/empezar a ser el centro de atención/ponerse en medio **2** (*actividad*) meterse en algo, empezar a trabajar en algo **3** (*casa*) instalarse en algo
to move off 1 ponerse en marcha **2** (*vehículo*) alejarse
to move on 1 seguir (viajando) **2** (*no detenerse*) seguir caminando **3** (*dejar algo*) irse, cambiar de actividad: *Let's move on to the next item.* Pasemos al siguiente punto. **4** (*tiempo*) pasar
to move sb on hacer circular a algn, desalojar a algn
to move out 1 irse **2** (*tropas*) retirarse
to move sth/sb out 1 sacar algo, trasladar algo (a otra parte), desalojar a algn **2** (*tropas*) retirar algo
▶ **mover** *n* **1** promotor, -ora: *the prime mover in sth* el instigador de algo **2** (*de una moción*) autor, -ora
moving *adj* **1** móvil **2** conmovedor
movingly *adv* de modo conmovedor

movement /ˈmuːvmənt/ *n* **1** movimiento: *to keep a watch on a suspect's movements* vigilar los movimientos de un sospechoso ◊ *a symphony in four movements* una sinfonía en cuatro movimientos *Ver tb* THE WOMEN'S MOVEMENT **2** [*sing*] **~ (towards/away from sth)** tendencia (hacia/a distanciarse de algo) **3** (*Mec*) mecanismo **4** (*Med*) evacuación (*del vientre*) **LOC** *Ver* PINCER

movie /ˈmuːvi/ *n* (*esp USA*) **1** película (*de cine*): *movie stars* estrellas de cine **2 the movies** [*pl*] **(a)** (*tb* **movie house, movie theater**) (*el sitio*): *to go to the movies* ir al cine **(b)** (*la industria*) cine: *She works in the movies.* Trabaja en el cine.

mow /məʊ/ *vt* (*pret* **mowed** *pp* **mown** /məʊn/ o **mowed**) segar: *the smell of new-mown hay* el olor del heno recién segado ◊ *to mow the lawn* cortar el césped
PHR V **to mow sb down** aniquilar a algn
▶ **mower** *n* segador, -ora: *a lawn-mower* un cortacésped

MP /ˌem ˈpiː/ **1** (*pl* **MPs**) (*esp GB*) *abrev de* **Member of Parliament** diputado, -a *Ver tb* EURO-MP ☛ *Ver págs 584–5* **2** *abrev de* **military police** policía militar

mpg /ˌem piː ˈdʒiː/ *abrev de* **miles per gallon**: *This car does 40 mpg.* Este coche gasta un galón cada 40 millas.

mph /ˌem piː ˈeɪtʃ/ *abrev de* **miles per hour** millas por hora: *a 70 mph speed limit* un límite de velocidad de 70 millas por hora

M Phil /ˌem ˈfɪl/ *abrev de* **Master of Philosophy** doctorado en Filosofía

Mr /ˈmɪstə(r)/ *abrev* señor (=Sr.): *Mr President* Señor presidente
LOC **Mr Right** el hombre perfecto: *She's still waiting for Mr Right.* Todavía está esperando a su hombre perfecto.

Utilizamos los títulos **Mr**, **Ms**, **Mrs** o **Miss** seguidos de solo el apellido, de nombre y apellido, o bien, de las iniciales de los nombres y el apellido, pero NUNCA solo con el nombre: *Tom/Tom Brown/Mr Brown/Mr T. Brown/Mr Tom Brown.* ☛ *Ver tb nota en* MRS, MS

Mrs /ˈmɪsɪz/ *abrev* señora (=Sra.): *Mr and Mrs Brown* los señores Brown

Nótese que **Mrs** casi siempre se utiliza con el apellido del marido y a menudo también con sus iniciales: *Mr and Mrs M. A. Brown.* ☛ *Ver tb nota en* MR, MS

Ms /mɪz/ *abrev* señora, señorita

Ms se utiliza cuando nos dirigimos a una mujer y no sabemos si es casada o soltera, o bien, cuando una mujer prefiere no revelar su estado civil. Por otro lado, una mujer casada que quiere conservar su apellido de soltera puede utilizar tanto **Ms** como **Mrs** con su apellido, aunque **Ms** es más normal en este caso. ☛ *Ver tb nota en* MR

MSc /ˌem es ˈsiː/ *abrev de* **Master of Science** ☛ *Ver nota en* BACHELOR

Mt *abrev de* **Mount** (*en topónimos*) Monte

mth (*pl* **mths**) (*USA* **mo** *pl* **mos**) *abrev de* **month** mes: *6 mths old* seis meses de edad

much /mʌtʃ/ *adj* mucho: *It will not make much difference.* No habrá mucha diferencia. ◊ *There was so much traffic that…* Había tanto tráfico que… ◊ *She hasn't got very much money.* No tiene mucho dinero. ☛ *Ver nota en* MANY, MOST[1]

LOC **not much of a**: *She's not much of an actress.* No es gran cosa como actriz.

■ **much** *pron* mucho: *Much depends on whether…* Mucho depende de si… ◊ *How much is it?* ¿Cuánto es? ◊ *Eat as much as you can.* Come cuanto puedas. ◊ *Do you see much of Mary?* ¿Ves mucho a Mary? ◊ *He has much to learn.* Tiene mucho que aprender. ◊ *Her work isn't up to much.* Su trabajo no vale mucho. ◊ *They didn't have much to do.* No tenían mucho que hacer. ◊ *We spent much of the day talking.* Pasamos gran parte del día hablando. ☛ *Ver nota en* MOST[1]

■ **much** *adv* **1** mucho: *She doesn't work much.* No trabaja mucho. ◊ *I would very much like…* Me gustaría muchísimo… ◊ *Much to her surprise…* Para gran sorpresa suya… **2** muy: *a much-loved toy* un juguete muy querido ◊ *much-criticised* muy criticado ◊ *His work was much improved.* Su trabajo mejoró mucho. **3** *much better* mucho mejor ◊ *He's much too selfish to…* Es demasiado egoísta para… ◊ *much the best meal* con mucho la mejor comida

LOC **as much** lo mismo: *That is as much as to say I am a liar.* Eso es tanto como decir que soy un mentiroso. ◊ *I thought as much.* Como yo pensaba. **as much again** otro tanto **as much as** cuanto/tanto como, todo lo que **how much** cuánto: *How much petrol do you need?* ¿Cuánta gasolina necesitas? **much as** por más que: *Much as I would like to stay…* Por más que me gustaría quedarme… **not so much … as …**: *It wasn't so much what he said as the way he put it.* No fue tanto lo que dijo, sino cómo lo dijo. **not to be much to look at** (*coloq*) no parecer gran cosa **so much 1** tanto: *I've missed you so much!* ¡Te he echado tanto de menos! ◊ *so much the better* tanto mejor **2** *Thank you* (*ever*) *so much!* Muchísimas gracias. **3** *All his promises were just so much empty talk.* Todas sus promesas no eran más que palabras vacías. **so much for …!**: *So much for goodwill!* ¡Ahí tienes sus buenas intenciones! **so much so that …** tanto que …: *I'm very busy - so much so that I'm working this Sunday.* Estoy muy ocupado, tanto que voy a trabajar este domingo. **too much** demasiado: *He eats too much.* Come demasiado.

muchness /ˈmʌtʃnəs/ *n*

LOC **much of a muchness** tres cuartos de lo mismo

muck[1] /mʌk/ *n* (*coloq*) **1** estiércol: *spreading muck on the fields* echando estiércol en los campos **2** (*esp GB*) porquería: *I'm not eating that muck!* Yo no me como esa porquería. ◊ *I don't want my name dragged through the muck.* No quiero que arrastren mi nombre por el fango.

LOC **to make a muck of sth** (*coloq*) **1** ensuciar algo **2** hacer algo con el culo *Ver tb* COMMON[1]

▶ **muckraker** *n* (*pey*) algn que escarba en las vidas ajenas (*esp periodista*)

muckraking *n* sacar los trapos sucios

mucky *adj* (**-ier, -iest**) **1** sucio **2** guarro

muck[2] /mʌk/ *v*

PHR V **to muck about/around** (*GB, coloq*) hacer el indio

to muck sb about/around (*GB, coloq*) torear a algn

to muck in (*GB, coloq*) echar una mano

to muck (**sth**) **out** limpiar algo (*cuadra, etc*)

to muck sth up (*esp GB, coloq*) **1** ensuciar algo **2** echar algo a perder: *I really mucked up my chances.* Eché a perder mi oportunidad.

mucous membrane *n* mucosa

mucus /ˈmjuːkəs/ *n* [*incontable*] mucosidad: *a nose blocked with mucus* una nariz bloqueada por mucosidades

mud /mʌd/ *n* barro, lodo *Ver tb* STICK-IN-THE-MUD

LOC **mud sticks** (*refrán*) lo malo de uno es lo que siempre se recuerda **to fling, sling, throw, etc mud** (**at sb**) vilipendiar (a algn) *Ver tb* CLEAR[1], DRAG, NAME[1]

mudbath /ˈmʌdbɑːθ/ *n* **1** baño de barro **2** (*fig*) barrizal

muddle /ˈmʌdl/ *vt* **1(a)** ~ **sth** (**up**) revolver, desordenar algo **(b)** ~ **sb** (**up**) armar un lío a algn **(c)** ~ **sth/sb** (**up**) armarse un lío con algo/algn: *I muddled* (*up*) *the dates.* Me armé un lío con las fechas. **2** ~ **A** (**up**) **with B**; ~ **A and B** (**up**) confundir A con B

PHR V **to muddle along** (*pey*) vivir sin rumbo fijo, ir tirando

to muddle through arreglárselas

■ **muddle** *n* ~ (**about/over sth**) confusión, lío (con algo): *Your room's in a real muddle.* Tu habitación está toda revuelta. ◊ *to get* (*yourself*) *into a muddle* armarse un lío

▶ **muddled** *adj* enrevesado: *to get muddled* liarse

muddling *adj* lioso

muddy *vt* (*pret, pp* **muddied**) embarrar

LOC **to muddy the waters** (*pey*) enturbiar las aguas

■ **muddy** *adj* (**-ier, -iest**) **1** embarrado: *muddy shoes* zapatos embarrados ◊ *muddy footprints* pisadas de barro **2** (*fig*) turbio: *a muddy stream* un turbio riachuelo ◊ *muddy thinking* ideas poco claras

▶ **muddiness** *n* fangosidad

mudflap /ˈmʌdflæp/ *n* faldón (*del guardabarros*) ☛ *Ver ilustración en* BICYCLE

mudguard /ˈmʌdgɑːd/ *n* guardabarros ☛ *Ver ilustración en* BICYCLE

mud hut *n* chabola de barro

mud pack *n* mascarilla de barro

mud-slinging /ˈmʌd slɪŋɪŋ/ *n* vilipendio

muesli /ˈmjuːzli/ *n* muesli

muff[1] /mʌf/ *n* manguito

muff[2] /mʌf/ *vt* (*coloq, pey*): *She muffed a wonderful opportunity.* Dejó escapar una estupenda oportunidad.

muffin /ˈmʌfɪn/ *n* **1** tipo de bollo que se come caliente **2** (*USA*) magdalena

muffle /ˈmʌfl/ *vt* **1** ~ (**up**) (**in sth**) arrebujar(se) (de algo) **2** ~ **sth** (**with sth**) amortiguar algo (con algo): *She muffled her cry of delight.* Ahogó su grito de júbilo.

▶ **muffled** *adj*: *a muffled cry* un llanto ahogado ◊ *muffled voices* voces apagadas

muffler *n* **1** (*antic*) bufanda **2** (*USA*) (*GB* **silencer**) silenciador

mug[1] /mʌg/ *n* **1** taza (alta), jarra: *beer mug* jarra para cerveza ☛ *Ver ilustración en* TAZA **2** (*coloq, pey o joc*) jeta: *Keep your ugly mug out of this!* ¡No metas las narices donde no te importa!

mug[2] /mʌg/ *n* (*coloq*) bobo, -a: *What sort of a mug do you take me for?* ¿Te crees que yo soy imbécil?

LOC **a mug's game** (*GB, pey*) una pérdida de tiempo

mug[3] /mʌg/ *v* (**-gg-**)

PHR V **to mug sth up** (*GB, coloq*) empollar algo

mug[4] /mʌg/ *vt* (**-gg-**) atracar

▶ **mugger** *n* atracador, -ora

mugging *n* atraco: *Mugging appears to be on the increase.* Parece que ha aumentado el número de atracos.

muggy /ˈmʌgi/ *adj* (**-ier, -iest**) bochornoso (*tiempo*)

mugshot *n* (*coloq*) foto de la cara (*tomada por la policía*)

Muhammad (*tb* **Mohammed**) /məˈhæmɪd/ *n* Mahoma

Muhammadan (*tb* **Mohammedan**) /mʊˈhæmədən/ *adj, n* musulmán, -ana

mulberry /ˈmʌlbəri; *USA* ˈmʌlberi/ *n* **1** (*tb* **mulberry tree, mulberry bush**) moral, morera **2** mora: *mulberry juice* zumo de mora **3** morado

mulch /mʌltʃ/ *n* capa de paja, hojas, etc (*para proteger la tierra del jardín*)
■ **mulch** *vt* cubrir con esta capa

mule¹ /mjuːl/ *n* mulo
LOC **(as) obstinate/stubborn as a mule** (tan) terco como una mula
▶ **muleteer** /ˌmjuːləˈtɪə(r)/ *n* mulero, -a

mule² /mjuːl/ *n* babucha, chinela

mull /mʌl/ *v*
PHR V **to mull sth over** meditar algo

mulled wine *n* vino caliente con azúcar y especias

mullet /ˈmʌlɪt/ *n* (*pl* **mullet**): *red mullet* salmonete ◊ *grey mullet* mújol

mullion /ˈmʌliən/ *n* parteluz ☛ *Ver ilustración en* IGLESIA
▶ **mullioned** *adj* /ˈmʌliənd/ con parteluces

multi- /ˌmʌlti/ *pref* multi-: *a multi-million/-billion dollar project* un proyecto de varios millones de dólares ◊ *a multi-functional tool* una herramienta multiusos ◊ *a multi-talented performer* un artista con muchos talentos ◊ *a multi-user computer* un ordenador para muchos usuarios ◊ *a multi-ethnic society* una sociedad multiétnica ☛ Nótese que muchas palabras que se forman con el prefijo **multi**-a menudo se escriben con o sin guion: *a multi-functional/multifunctional tool.*

multicoloured (*USA* **multicolored**) /ˈmʌltikʌləd/ *adj* multicolor

multicultural /ˌmʌltiˈkʌltʃərəl/ *adj* multicultural

multidisciplinary /ˌmʌltidɪsəˈplɪnəri/ *adj* multidisciplinario

multifaceted /ˌmʌltiˈfæsɪtɪd/ *adj* polifacético

multifarious /ˌmʌltɪˈfeəriəs/ *adj* (*formal*) múltiple

multilateral /ˌmʌltiˈlætərəl/ *adj* multilateral

multilingual /ˌmʌltiˈlɪŋgwəl/ *adj* polígloto ☛ *Comparar con* BILINGUAL, MONOLINGUAL

multimedia /ˌmʌltiˈmiːdiə/ *n* multimedia

multimillionaire /ˌmʌltimɪljəˈneə(r)/ *n* multimillonario, -a

multinational /ˌmʌltiˈnæʃnəl/ *adj*, *n* multinacional

multi-party /ˌmʌlti ˈpɑːti/ *adj* pluripartidista: *multi-party system* sistema pluripartidista

multiple /ˈmʌltɪpl/ *adj* múltiple
■ **multiple** *n* (*Mat*) múltiplo: *lowest common multiple* mínimo común múltiplo

multiple-choice /ˌmʌltɪpl ˈtʃɔɪs/ *adj* de elección múltiple: *multiple-choice test* examen tipo test

multiple sclerosis *n* (*abrev* **MS**) esclerosis múltiple

multiplex /ˈmʌltɪpleks/ (*GB tb* **multiplex cinema**) *n* multicine

multiplication /ˌmʌltɪplɪˈkeɪʃn/ *n* multiplicación: *children learning to do multiplication* niños aprendiendo a multiplicar ◊ *multiplication sign* signo de multiplicar

multiplication table *n* tabla de multiplicar

multiplicity /ˌmʌltɪˈplɪsəti/ *n* **~ of sth** multiplicidad de algo: *a computer with a multiplicity of uses* un ordenador con multiplicidad de funciones

multiply /ˈmʌltɪplaɪ/ (*pret, pp* **-lied**) **1** *vt, vi* multiplicar (se): *2 multiplied by 4 makes 8.* 2 multiplicado por 4 es 8. **2** *vi* (*Biol*) multiplicarse

multi-purpose /ˌmʌlti ˈpɜːpəs/ *adj* multiuso: *multi-purpose gadget/tool* aparato/herramienta multiuso

multiracial /ˌmʌltɪˈreɪʃəl/ *adj* multirracial

multi-storey /ˌmʌlti ˈstɔːri/ *adj* de varios pisos: *multi-storey block* bloque de pisos ◊ *multi-storey car park* aparcamiento de pisos

multitude /ˈmʌltɪtjuːd; *USA* -tuːd/ *n* (*formal*) multitud: *just one of a multitude of problems* solo uno de los múltiples problemas
LOC **to cover/hide a multitude of sins** (*gen joc*) esconder algo (normalmente malo): *The description 'produce of more than one country' can cover a multitude of sins.* La descripción "producto de varios países" puede disfrazar muchas cosas.

multivitamin /ˌmʌltɪˈvɪtəmɪn/ *n* complejo vitamínico

mum¹ /mʌm/ (*GB* **mam**, *USA* **mom**) *n* (*coloq*) mamá

mum² /mʌm/ *adj* (*GB, coloq*) callado: *to keep mum* no decir ni pío
LOC **mum's the word** (*GB, coloq*) no sueltes prenda

mumble /ˈmʌmbl/ *vt, vi* musitar: *'Sorry', she mumbled.* —Lo siento, musitó. ◊ *He mumbled a greeting.* Farfulló un saludo. ◊ *Don't mumble.* Habla alto y claro.
■ **mumble** *n* [*sing*] murmullo: *He spoke in a mumble.* Habló entre dientes.

mumbo-jumbo /ˌmʌmbəʊ ˈdʒʌmbəʊ/ *n* [*incontable*] supercherías

mummified /ˈmʌmɪfaɪd/ *adj* momificado

mummy¹ /ˈmʌmi/ *n* (*pl* **-ies**) (*USA* **momma**, **mommy**) (*coloq*) mamá: *a mummy's boy* un niño enmadrado

mummy² /ˈmʌmi/ *n* (*pl* **-ies**) momia

mumps /mʌmps/ *n* [*sing*] paperas: *to have (the) mumps* tener paperas

munch /mʌntʃ/ *vt, vi* **~ (on) sth** ronzar, mascar algo

mundane /mʌnˈdeɪn/ *adj* corriente, mundano

municipal /mjuːˈnɪsɪpl/ *adj* municipal
▶ **municipality** *n* (*pl* **-ies**) /mjuːˌnɪsɪˈpæləti/ municipio

munitions /mjuːˈnɪʃnz/ *n* [*pl*] municiones: *a munitions dump* depósito de municiones

mural /ˈmjʊərəl/ *n* mural

murder /ˈmɜːdə(r)/ *n* **1** asesinato, homicidio: *a murder hunt* la búsqueda de un asesino ◊ *the murder weapon* el arma homicida ◊ *a murder trial* juicio por homicidio ☛ *Comparar con* MANSLAUGHTER ☛ *Ver nota en* ASESINAR **2** (*coloq, fig*) pesadilla: *It's murder trying to find a parking place in town.* Es de locos intentar buscar aparcamiento en el centro.
LOC **to get away with murder** (*coloq*) hacer lo que te dé la gana: *She lets her children get away with murder.* Deja a sus hijos que hagan lo que les da la gana. *Ver tb* BLUE
■ **murder** *vt* asesinar: *He murdered his boss with a knife.* Mató a su jefe con un cuchillo.
▶ **murderer** *n* asesino, -a
murderess *n* (*poco frec*) asesina ☛ Nótese que la palabra **murderer** es mucho más corriente que **murderess** para la forma femenina.

murderous /ˈmɜːdərəs/ *adj* **1** homicida: *a murderous attack* un ataque homicida ◊ *a murderous-looking knife* un cuchillo de aspecto peligroso ◊ *murderous look* mirada asesina **2** matador: *murderous heat/journey* calor/viaje matador

murk /mɜːk/ *n* oscuridad
▶ **murky** *adj* **(-ier, -iest) 1** lóbrego, sombrío: *a murky night* una noche oscura ◊ *murky streets* calles lóbregas ◊ *a murky sky* un cielo turbio ◊ *murky brown/green* marrón/verde sucio **2** (*lit* y *fig*) turbio: *to have a murky past* tener un pasado turbio

murmur /ˈmɜːmə(r)/ *n* **1** murmullo: *a murmur of conversation* un murmullo de voces ◊ *There was a murmur of protest.* Hubo un murmullo de protesta. **2** (*Med*) soplo: *a heart murmur* un soplo en el corazón
LOC **without a murmur** sin rechistar
■ **murmur** *vt, vi* susurrar: *He murmured words of love.* Susurró palabras de amor.

muscle /ˈmʌsl/ *n* **1** músculo: *to strain/tear a muscle* torcerse/desgarrarse un músculo ◊ *Don't move a muscle!* ¡No te muevas ni las pestañas! ◊ *muscle fibres* fibras musculares **2** (*fig*) poder: *industrial muscle* poder industrial **LOC** *Ver* FLEX²
■ **muscle** *v*
PHR V **to muscle in (on sth/sb)** (*coloq, pey*) introducirse sin derecho (en algo)

muscle-bound /ˈmʌsl baʊnd/ *adj* con músculos exageradamente grandes

muscular /ˈmʌskjələ(r)/ *adj* **1** muscular: *muscular dystrophy* distrofia muscular **2** musculoso

muse¹ /mjuːz/ *n* **1** musa **2 the Muses** [*pl*] las Musas

muse[2] /mju:z/ **1** *vi* **~ (about/over/on/upon sth)** meditar (algo); reflexionar (sobre algo): *to muse aloud* reflexionar en voz alta **2** *vt*: *'How interesting!' he mused.* "¡Qué interesante!" dijo pensativo.

museum /mjuˈziəm/ *n* museo ☛ *Ver nota en* MUSEO

museum piece *n* **1** pieza de museo **2** (*pey* o *joc*) antigualla

mush /mʌʃ/ *n* **1** (*gen pey*) masa (blanda) **2** (*coloq*, *pey*) sentimentalismo, sensiblería **3** (*coloq*, *pey*) jeta
▶ **mushy** *adj* **1** blando **2** (*coloq*, *pey*) sensiblero

mushroom /ˈmʌʃrʊm, -ru:m/ *n* seta, champiñón: *mushroom cloud* nube en forma de hongo ☛ *Ver nota en* SETA
■ **mushroom** *vi* **1** (*a veces pey*) crecer muy rápidamente **2** *to go mushrooming* ir a coger setas

music /ˈmju:zɪk/ *n* **1** música *Ver tb* FOLK MUSIC, SOUL MUSIC **2** (*texto*) partitura: *to read music* leer música
LOC to be music to sb's ears agradar a algn enormemente **to put/set sth to music** poner música a algo *Ver tb* FACE[2]

musical /ˈmju:zɪkl/ *adj* musical: *musical instruments* instrumentos musicales ◊ *musical qualifications* cualificaciones de música ◊ *to be musical* tener talento para la música ◊ *musical box* cajita de música
▶ **musicality** *adv* musicalidad
musically *adv* **1** melodiosamente **2** desde el punto de vista musical
■ **musical** (*tb* **musical comedy**) *n* comedia musical

musical chairs *n* juego de las sillas

music centre *n* equipo estereofónico

music hall *n* teatro de variedades: *music hall entertainers* artistas de variedades

musician /mjuˈzɪʃn/ *n* músico, -a
▶ **musicianship** *n* maestría musical

music stand *n* atril

music stool *n* taburete (*para piano*)

musings /ˈmju:zɪŋz/ *n* [*pl*] meditaciones

musk /mʌsk/ *n* **1(a)** almizcle **(b)** perfume de almizcle **2** (*Bot*) almizcleña
▶ **musky** *adj* (**-ier, -iest**) almizcleño: *a musky smell* un olor a almizcle

musket /ˈmʌskɪt/ *n* mosquete
▶ **musketeer** *n* mosquetero

Muslim /ˈmʊzlɪm; *USA* ˈmʌzləm/ (*tb* **Moslem** /ˈmɒzləm/) *n* musulmán, -ana
■ **Muslim** *adj* musulmán

muslin /ˈmʌzlɪn/ *n* muselina

mussel /ˈmʌsl/ *n* mejillón ☛ *Ver ilustración en* SHELLFISH

must[1] /məst, mʌst/ *v modal* (*neg* **must not** o **mustn't** /ˈmʌsnt/)

Must es un verbo modal al que sigue un infinitivo sin *to*, y las oraciones interrogativas y negativas se construyen sin el auxiliar *do*: *Must you go?* ¿Tienes que irte? ◊ *We mustn't tell her.* No debemos decírselo.
Must solo tiene la forma del presente: *I must leave early.* Tengo que salir temprano. Cuando necesitamos otras formas utilizamos **to have to**: *He'll have to come tomorrow.* Tendrá que venir mañana. ◊ *We had to eat quickly.* Tuvimos que comer rápido.

● **obligación y prohibición** deber, tener que: *You must show your passport.* Tienes que/debes enseñar el pasaporte. ◊ *Cars must not park here.* No se debe aparcar aquí. ◊ *We mustn't be late, must we?* No debemos llegar tarde, ¿verdad? ◊ *'Must you go so soon?' 'Yes, I must.'* —¿Tienes que irte tan pronto? —Sí.

Must se emplea para dar órdenes o para hacer que alguien o uno mismo siga un determinado comportamiento: *The children must be back by four.* Los niños tienen que volver a las cuatro. ◊ *I must stop smoking.* Tengo que dejar de fumar.
Cuando las órdenes son impuestas por un agente externo, p. ej. por una ley, una regla, etc, es más común usar **to have to**: *The doctor says I have to stop smoking.* El médico dice que tengo que dejar de fumar. ◊ *You have to send it before Tuesday.* Tienes que mandarlo antes del martes.
En negativa, **must not** o **mustn't** expresan una prohibición: *You mustn't open other people's post.* No debes abrir el correo de otras personas.
Sin embargo, **haven't got to** o **don't have to** expresan que algo no es necesario, es decir, que hay una ausencia de obligación: *You don't have to go if you don't want to.* No tienes que ir si no quieres.

● **necesidad** tener que: *We must see what they have to say.* Tenemos que ver qué dicen. ◊ *I must go to the bank.* Tengo que ir al banco. ◊ *Must you make so much noise?* ¿Tienes que hacer tanto ruido? ◊ *I must ask you not to do that again.* Tengo que pedirte que no vuelvas a hacer eso.

● **sugerencia o consejo** tener que: *You must come to lunch one day.* Tienes que venir a comer un día de estos. ☛ *Ver nota en* OUGHT TO

● **probabilidad** deber: *You must be hungry.* Debes de tener hambre. ◊ *You must be Mr Smith.* Vd. tiene que/debe ser el Sr. Smith. ◊ *He must have known what she wanted.* Tiene que haber sabido lo que quería.
LOC (I) mustn't grumble no me puedo quejar **if I, you, etc must** si no hay más remedio
■ **must** *n* (*coloq*) *His new book is a must for all students.* Su nuevo libro no se lo ha de perder ningún estudiante. ◊ *Insect repellent is a must here.* Aquí es imprescindible tener un repelente de insectos.

must[2] /mʌst/ *n* mosto (*de vino*)

mustache *n* (*USA*) *Ver* MOUSTACHE

mustard /ˈmʌstəd/ *n* **1** (*planta, salsa*) mostaza: *mustard powder* mostaza molida ◊ *mustard pot* mostacera **2** color mostaza **LOC** *Ver* KEEN

muster /ˈmʌstə(r)/ *vt, vi* **1** (*personas, esp tropas*) reunir(se) **2** (*captar*) reunir, juntar: *to muster (up) support/enthusiasm* conseguir apoyo/cobrar entusiasmo ◊ *to muster a smile* conseguir sonreír
■ **muster** *n* **1** asamblea, reunión **2** (*Mil*) revista **LOC** *Ver* PASS[2]

mustn't = MUST NOT *Ver* MUST[1]

musty /ˈmʌsti/ *adj* (**-ier, -iest**) **1** rancio: *a musty room* una habitación con un olor rancio ◊ *to smell/taste musty* oler/saber a rancio ◊ *musty old books* libros con olor a viejo **2** (*pey, fig*) pasado, rancio, viejo

mutant /ˈmju:tənt/ *adj, n* mutante

mutate /mju:ˈteɪt; *USA* ˈmju:teɪt/ **1** *vi* **~ (into sth) (a)** transformarse, sufrir una transformación (en algo) **(b)** (*Biol*) mutar (a algo) **2** *vt* mutar
▶ **mutation** *n* **1** mutación **2** transformación

mute /mju:t/ *adj* mudo
■ **mute** *n* **1** (*Mús*) sordina ☛ *Ver ilustración en* BRASS **2** (*antic*) (*persona*) mudo, -a *Ver tb* DEAF MUTE
■ **mute** *vt* **1** amortiguar **2** (*Mús*) poner sordina a
▶ **muted** *adj* **1** (*de sonidos y colores*) apagado **2** velado: *muted criticism* crítica velada **3** (*Mús*) sordo
mutely *adv* calladamente

mutilate /ˈmju:tɪleɪt/ *vt* mutilar: *mutilated bodies* cuerpos mutilados
▶ **mutilation** *n* mutilación

mutiny /ˈmju:təni/ *n* (*pl* **-ies**) motín
■ **mutiny** *vi* (*pret, pp* **-ied**) **~ (against sth/sb)** amotinarse (contra algo/algn)
▶ **mutineer** *n* amotinado, -a
mutinous *adj* **1** (*lit*) amotinado **2** (*fig*) rebelde
mutinously *adv* rebeldemente

mutt /mʌt/ *n* **1** (*pey*) chucho **2** (*coloq*) bobo, -a

mutter /ˈmʌtə(r)/ *vt, vi* **1 ~ (sth) (to sb) (about sth)** hablar entre dientes, murmurar (algo) (a algn) (sobre algo) **2 ~ (about/against/at sth/sb)** refunfuñar (de algo/algn)

■ **mutter** *n* murmullo: *to speak in a low mutter* hablar en un murmullo muy bajo
▶ **muttering** *n* refunfuño
mutton /ˈmʌtn/ *n* carne de carnero: *leg of mutton* pierna de carnero ☛ *Comparar con* LAMB
LOC **mutton dressed (up) as lamb** (*coloq, pey*) persona mayor que se viste de manera propia de gente más joven
mutual /ˈmjuːtʃuəl/ *adj* **1** mutuo: *mutual affection* afecto mutuo ◊ *The feeling is mutual.* El sentimiento es mutuo. ◊ *mutual insurance company* compañía de seguros mutuos **2** [*antes de sustantivo*] común: *a mutual friend* un amigo común ◊ *a mutual interest in art* un interés compartido en el arte
LOC **a mutual admiration society** (*pey*) situación en la que varias personas están constantemente alabándose unas a otras
▶ **mutuality** *n* mutualidad
mutually *adv* mutuamente: *The two assertions are mutually exclusive.* Las dos afirmaciones se excluyen mutuamente. ◊ *The contract was mutually beneficial.* El contrato era beneficioso para las dos partes.
mutual fund (*USA*) (*GB* **unit trust**) *n* fondo de inversión
Muzak® /ˈmjuːzæk/ *n* (*gen pey*) hilo musical
muzzle /ˈmʌzl/ *n* **1(a)** hocico **(b)** bozal **2** (*de arma de fuego*) boca: *muzzle velocity* velocidad inicial (de una bala, etc)
■ **muzzle** *vt* **1** (*perro*) poner un bozal **2** (*pey*) (*persona, etc*) amordazar: *Government censorship muzzled the press.* La censura del gobierno amordazó a la prensa.
muzzy /ˈmʌzi/ *adj* (**-ier, -iest**) **1** atontado: *After a few drinks my head felt all muzzy.* Tras unas cuantas copas, tenía la cabeza atontada. **2** borroso
MW *abrev de* **medium wave** (*Radio*) onda media
my /maɪ/ *adj pos* mi, mío: *It was my fault.* Ha sido culpa mía/mi culpa. ◊ *My feet are cold.* Tengo los pies fríos. ◊ *my darling* cariño mío ◊ *My goodness/God!* ¡Dios mío!

En inglés las partes del cuerpo y las prendas de vestir van normalmente precedidas por un adjetivo posesivo (**my**, **your**, **her**, etc).

■ **my** *interj* ¡caramba!
myopia /maɪˈəʊpiə/ *n* miopía
▶ **myopic** /maɪˈɒpɪk/ *adj* miope: *a myopic outlook* una perspectiva miope
myriad /ˈmɪriəd/ *n* miríada: *a myriad of delights* mil encantos
■ **myriad** *adj* [*antes de sustantivo*]: *the company's myriad activities* las miríadas de actividades de la empresa
myrrh /mɜː(r)/ *n* mirra
myrtle /ˈmɜːtl/ *n* mirto
myself /maɪˈself/ *pron* **1** [*uso reflexivo*] me, a mí mismo: *I cut myself.* Me corté. **2** (*tras preposición*) mí mismo: *I recited my lines to myself.* Recité mi papel para mí. **3** [*uso enfático*] yo mismo, yo misma: *I myself will present the prizes.* Yo misma entregaré los premios.
LOC **(all) by myself 1** (*sin compañía*) (completamente) solo: *I spent the evening by myself.* Pasé la tarde solo. **2** (*sin ayuda*) (totalmente) solo: *I did it (all) by myself.* Lo hice yo solita. ☛ *Ver nota en* ALONE
mysterious /mɪˈstɪəriəs/ *adj* misterioso
▶ **mysteriously** *adv* misteriosamente
mysteriousness *n* aire misterioso, misterio
mystery /ˈmɪstri/ *n* (*pl* **-ies**) **1** misterio: *It's all a bit of a mystery.* Es todo un poco misterioso. ◊ *shrouded in mystery* envuelto en un velo de misterio ◊ *It's a mystery to me how…* No tengo la menor idea de cómo… **2** [*antes de sustantivo*]: *a mystery guest* un invitado sorpresa ◊ *Police are searching for the mystery assailant.* La policía está buscando al agresor misterioso. ◊ *a mystery tour* un viaje sorpresa **3** obra de teatro, novela, etc de misterio
mystery play *n* misterio (*obra de teatro medieval que trata de la vida de Jesús*): *the medieval mystery plays* los misterios medievales
mystical /ˈmɪstɪkl/ (*tb* **mystic** /ˈmɪstɪk/) *adj* místico: *a mystical experience* una experiencia mística
■ **mystic** *n* místico, -a
mysticism /ˈmɪstɪsɪzəm/ *n* **1** misticismo **2** mística: *Christian mysticism* la mística cristiana
mystify /ˈmɪstɪfaɪ/ *vt* (*pret, pp* **-fied**) dejar perplejo: *She looked mystified.* Parecía perpleja.
▶ **mystifying** *adj* desconcertante
mystification /ˌmɪstɪfɪˈkeɪʃn/ *n* **1** misterio, perplejidad **2** (*pey*) confusión deliberada
mystique /mɪˈstiːk/ *n* [*sing*] (*aprob*) misterio
myth /mɪθ/ *n* mito: *the Creation myth* el mito de la Creación ◊ *ancient myth* mitos antiguos ◊ *the myth of human perfectibility* el mito de la perfección humana
▶ **mythical** *adj* mítico: *mythical beasts* bestias míticas ◊ *The story is set in a mythical country.* La historia se desarrolla en un país mítico.
mythology *n* (*pl* **-ies**) mitología: *Greek mythology* la mitología griega
mythological *adj* mitológico
mythologist *n* mitologista

Nn

N, n /en/ *n* (*pl* **N's, n's** /enz/) (*letra*) N, n: *N for Nadia* N de Navarra

N 1 *abrev de* **North 2** (*Elec*) *abrev de* **neutral**

N/A *abrev de* **Not Applicable** ☛ Se utiliza en un cuestionario, documento, etc cuando la pregunta no atañe a quien lo rellena.

nab /næb/ *vt* (**-bb-**) (*GB, coloq*) pillar: *He was nabbed by the police.* La policía le pescó.

nadir /ˈneɪdɪə(r); *USA* ˈneɪdər/ *n* **1** (*Astron*) nadir **2** (*fig*) punto más bajo ☛ *Comparar con* ZENITH

naff /næf/ *adj* (*GB, argot*) hortera

nag[1] /næg/ *n* (*coloq*) jamelgo

nag[2] /næg/ *vt, vi* (**-gg-**) **to nag (at) sb 1** dar la lata a algn: *He's always nagging me to get a haircut.* Siempre me está dando la lata con que me corte el pelo. **2** corroer a algn: *His words nagged at her.* Sus palabras no se le iban de la cabeza.

■ **nag** (*tb* **nagger**) *n* quejica, pesado, -a

▶ **nagging 1** *adj* **(a)** *a nagging pain* un dolor persistente ◊ *I had a nagging suspicion that...* No se me iba de la cabeza la sospecha de que... **(b)** pesado: *a nagging wife* una mujer que se pasa el día quejándose **2** *n* quejas

nah /næ/ *interj* (*argot*) *Ver* NO

nail /neɪl/ *n* **1** uña: *to bite your nails* comerse las uñas ◊ *toenails* las uñas de los pies *Ver tb* THUMBNAIL ☛ *Ver ilustración en* HAND[1] **2** clavo: *to hammer in a nail* clavar un clavo *Ver tb* DOORNAIL

LOC a nail in sth's/sb's coffin lo que remata algo/a algn: *This will be a nail in the coffin of democracy.* Esto será lo que acabe de rematar la democracia. **on the nail** (*coloq*) a tocateja *Ver tb* FIGHT, HARD, HIT, TOOTH

■ **nail** *vt* **~ sb** (*coloq*) coger a algn

LOC to nail your colours to the mast (of sth) proclamar tu lealtad (a algo)

PHR V to nail sb down (to sth) conseguir que algn se comprometa/dé una repuesta concreta (a algo)

to nail sth down 1 clavar algo **2** (*fig*) concretar algo

to nail sth on; to nail sth on/onto/to sth asegurar algo con clavos (a/en algo)

to nail sth up 1 clavar algo (*en la pared, etc*): *I nailed up a sign on the door.* Clavé un letrero en la puerta. **2** (*puerta, ventana*) condenar algo

nail-biting /ˈneɪl baɪtɪŋ/ *adj* emocionante

nail brush *n* cepillo de uñas ☛ *Ver ilustración en* CEPILLO

nail file *n* lima (de uñas)

nail scissors *n* [*pl*] tijeras de uñas

nail varnish (*USA* **nail polish**) *n* esmalte de uñas

naive (*tb* **naïve**) /naɪˈiːv/ *adj* ingenuo

▶ **naively** (*tb* **naïvely**) *adv* ingenuamente

naivety (*tb* **naïvety, naïveté**) *n* ingenuidad

naked /ˈneɪkɪd/ *adj* **1** desnudo: *stark naked* en cueros ◊ *half naked* medio desnudo ◊ *They stripped him naked.* Le desnudaron completamente.

"Desnudo" se traduce de tres formas en inglés: **bare, naked** y **nude**. **Bare** se usa para referirse a partes del cuerpo: *bare arms/legs*, y **naked** se refiere generalmente a todo el cuerpo: *a naked woman/body* ◊ *stripped naked*. Por otro lado, **nude** indica que el desnudo es integral y se usa especialmente con desnudos artísticos y eróticos: *a nude portrait/model* ◊ *in the nude*.

2 (*fig*): *a naked flame* una llama (sin protección) ◊ *the naked truth* la verdad sin tapujos

LOC to the naked eye a simple vista

▶ **nakedness** *n* desnudez

name[1] /neɪm/ *n* **1** nombre: *'What's your name?' 'My name is Peter.'* —¿Cómo te llamas? —Me llamo Peter. ◊ *Christian name* nombre de pila ◊ *What's your forename/first name?* ¿Cuál es tu nombre de pila? ◊ *maiden/married name* nombre de soltera/casada ◊ *I called (out) her name.* La llamé.

En los países de habla inglesa se utilizan dos nombres y un apellido. El primer nombre es **first name** o, si la persona está bautizada, **Christian name**. **Forename** es también el nombre de pila, pero se utiliza en lenguaje formal, especialmente en solicitudes y documentos oficiales.
El segundo nombre es **middle name**, aunque no se utiliza muy a menudo.
Surname, family name y **last name** se traducen por *apellido*, que normalmente es el del padre y no el de la madre.

Ver tb CODE NAME, NICKNAME, PEN-NAME, PLACE NAME, PROPER NAME, TRADE NAME

2 fama: *to clear your name* probar su inocencia ◊ *to give sth/sb a bad name* dar mala fama a algo/algn **3** persona famosa: *the great names of history* los grandes personajes de la historia

LOC by name de nombre **by/of the name of** (*formal*) llamado **in name only** solo de nombre **in the name of sth/sb 1** en nombre de algo/algn: *I arrest you in the name of the law.* Quedas detenido en nombre de la ley. **2** *in God's name* por dios **(not to be able) to put a name to sth/sb** (no) acordarse del nombre de algo/algn **not to have sth to your name**: *She hasn't a penny to her name.* No tiene ni un duro. **sb's name is mud**: *His name is mud around here.* Aquí nadie quiere ni oír hablar de él. **the name of the game**: *Large profits, that's the name of the game.* Grandes ganancias, de eso se trata. **to enter your name/put your name down (for sth)** inscribirse (en algo)/apuntarse (a algo) **to make a name for yourself/make your name** hacerse famoso **to take sb's name in vain** tomar el nombre de algn en vano *Ver tb* CALL, DOG[1], DRAG, GOD, HOUSEHOLD, LEND

name[2] /neɪm/ *vt* **1(a) ~ sth/sb sth** llamar algo a algo/algn **(b) ~ sth/sb (after sth/sb)** (*USA* **for sth/sb**) llamar algo/a algn (como algo/algn): *I was named after my father.* Me pusieron el nombre de mi padre. **2** nombrar **3** fijar: *to name a date for sth* fijar una fecha para algo **4 ~ sb (for sth)** proponer a algn (para algo) (*un cargo, puesto, etc*) **5 ~ sb as sth** nombrar a algn como algo: *A woman was named as the new director.* Han nombrado a una mujer como la nueva directora.

LOC to name but a few entre otros (muchos) **you name it** (*coloq*) todo lo habido y por haber: *You name it, he's done it.* Ha hecho absolutamente de todo.

name-dropping /ˈneɪm drɒpɪŋ/ *n*: *He likes name-dropping.* Le gusta presumir de que conoce a gente importante.

nameless /ˈneɪmləs/ *adj* **1** sin nombre **2** anónimo **3** indescriptible

LOC who/which shall remain/be nameless cuyo nombre no voy a mencionar

namely /ˈneɪmli/ *adv* a saber, concretamente

nameplate /ˈneɪmpleɪt/ *n* placa (*con el nombre grabado*)
namesake /ˈneɪmseɪk/ *n* tocayo, -a
nanny /ˈnæni/ *n* (*pl* **-ies**) (*GB*) **1** niñera ☛ *Ver nota en* CHILDMINDER **2** (*coloq*) (*tb* **nan, nana, nanna**) yaya
nanny goat *n* cabra (hembra) ☛ *Ver nota e ilustración en* CABRA
nap¹ /næp/ *n* sueñecito: *to have/take a nap* echarse una siestecita LOC *Ver* CATCH¹
■ **nap** *vi* (*pret, pp* **-pp-**) echarse un sueñecito
nap² /næp/ *n* pelo (*de tela de paño, etc*): *against the nap* a contrapelo ☛ *Comparar con* PILE sentido 3
napalm /ˈneɪpɑːm/ *n* napalm
nape /neɪp/ (*tb* **nape of the neck**) *n* nuca ☛ *Ver ilustración en* HEAD¹
napkin /ˈnæpkɪn/ *n* **1** (*tb* **table napkin**) servilleta: *a paper napkin* una servilleta de papel ◊ *napkin ring* servilletero **2** (*GB, formal*) *Ver* NAPPY
nappy /ˈnæpi/ *n* (*pl* **-ies**) (*USA* **diaper**) (*antic* o *formal* **napkin**) pañal: *a disposable nappy* un pañal desechable ◊ *to have nappy rash* tener el culito irritado
narcissism /ˈnɑːsɪsɪzəm/ *n* narcisismo
▶ **narcissistic** *adj* narcisista
narcissus /nɑːˈsɪsəs/ *n* (*pl* **narcissuses** /-ɪz/ o **narcissi** /nɑːˈsɪsaɪ/) narciso
narcotic /nɑːˈkɒtɪk/ *adj, n* narcótico: *the traffic in narcotics* el tráfico de drogas
narrate /nəˈreɪt; *USA* ˈnæreɪt/ *vt* narrar
▶ **narration** *n* **1** narración **2** relato
narrator *n* narrador, -ora
narrative /ˈnærətɪv/ *n* **1** relato **2** narrativa: *a master of narrative* un maestro de la narrativa
■ **narrative** *adj* narrativo
narrow /ˈnærəʊ/ *adj* (**-er, -est**) **1** estrecho: *He has narrow shoulders.* Es estrecho de hombros. **2** limitado **3** (*fig*) escaso: *to have a narrow lead* ir ganando por muy poco **4** de miras estrechas: *He has a very narrow mind.* Es muy estrecho de miras. **5** exacto: *in its narrowest sense* en su sentido más exacto LOC *Ver* ESCAPE, STRAIGHT
■ **narrow 1** *vi* **(a)** estrecharse **(b)** (*fig*) disminuir **2** *vt* estrechar
PHR V **to narrow (sth) down to sth** reducir(se) a algo
▶ **narrowly** *adv* por poco: *He narrowly escaped drowning.* No se ahogó por poco. ◊ *narrowly defeated* derrotado por poca diferencia
narrowness *n* estrechez
narrow-minded /ˌnærəʊ ˈmaɪndɪd/ *adj* estrecho de miras
narrows *n* [*pl*] estrecho
NASA /ˈnæsə/ (*USA*) *abrev de* **National Aeronautics and Space Administration** NASA
nasal /ˈneɪzl/ *adj* **1** nasal: *the nasal passages* los conductos nasales **2** gangoso
nascent /ˈnæsnt/ *adj* (*formal*) naciente, incipiente
nasturtium /nəˈstɜːʃəm; *USA* næ-/ (*pl* **~s**) *n* capuchina (*Bot*)
nasty /ˈnɑːsti; *USA* ˈnæ-/ *adj* (**-ier, -iest**) **1** desagradable, repugnante: *a nasty smell/taste* un olor/sabor repugnante ◊ *a nasty shock* una sorpresa desagradable ◊ *That's a nasty cut.* Ese corte tiene muy mala pinta. ◊ *I've got a nasty feeling it's going to rain.* Me da en la nariz que va a llover. ◊ *Bad publicity has a nasty habit of surfacing.* La mala publicidad tiene la mala costumbre de salir a la luz. **2** malo: *She has a nasty temper.* Tiene muy mal genio. ◊ *to be nasty to sb* tratar muy mal a algn ◊ *a person with a nasty mind* una persona muy mal pensada **3** grave: *a nasty accident* un accidente grave ◊ *It could turn nasty.* Se pueden poner las cosas feas. *Ver tb* VIDEO NASTY
LOC **a nasty piece of work** (*coloq*) un mal bicho *Ver tb* LEAVE¹
▶ **nastily** *adv* de forma muy desagradable, de forma horrible
nastiness *n* [*incontable*] maldad, lo horrible, lo desagradable
nation /ˈneɪʃn/ *n* nación *Ver tb* THE UNITED NATIONS (ORGANIZATION), UN
national /ˈnæʃnəl/ *adj* nacional: *higher than the national average* más alto que la media nacional ◊ *a national park* un parque nacional ◊ *on a national level* a nivel nacional ◊ *a national newspaper* un periódico de tirada nacional *Ver tb* AFRICAN NATIONAL CONGRESS, GROSS NATIONAL PRODUCT, MULTINATIONAL, SUPRANATIONAL, TRANSNATIONAL
■ **national** *n* ciudadano, -a: *He's a French national.* Es un ciudadano francés.
▶ **nationally** *adv* nacionalmente
national anthem *n* himno nacional
the National Curriculum *n* (*GB*) las directrices del gobierno para la enseñanza secundaria
National Debt *n* deuda pública
the National Guard *n* (*USA*) la Guardia Nacional
National Health Service *n* (*GB*) (*abrev* **NHS**) servicio de asistencia sanitaria de la Seguridad Social: *I got my hearing aid on the National Health (Service).* Conseguí el audífono por la seguridad social.
National Insurance *n* (*GB*) (*abrev* **NI**) seguridad social: *National Insurance contributions* las contribuciones a la seguridad social
nationalism /ˈnæʃnəlɪzəm/ *n* nacionalismo
▶ **nationalist** *adj, n* nacionalista
nationalistic *adj* nacionalista
nationality /ˌnæʃəˈnæləti/ *n* (*pl* **-ies**) nacionalidad
nationalize, -ise /ˈnæʃnəlaɪz/ *vt* nacionalizar: *a nationalized industry* una industria nacionalizada ☛ *Comparar con* PRIVATIZE, -ISE
▶ **nationalization, -isation** *n* nacionalización
national service *n* (*GB*) servicio militar: *to do your national service* hacer el servicio militar
the National Trust *n* (*GB*) (*abrev* **NT**) sociedad para la protección del patrimonio natural e histórico
nation state *n* estado-nación
nationwide /ˌneɪʃnˈwaɪd/ *adj, adv* por toda la nación: *a nationwide campaign* una campaña a escala nacional
native /ˈneɪtɪv/ *n* **1** (persona) natural **2** indígena, nativo, -a
■ **native** *adj* **1** natal: *your native land/country* tu tierra/país natal ◊ *He left his native Australia.* Dejó su Australia natal. ◊ *native language/tongue* lengua materna **2** indígena, nativo **3** (*cualidad*) innato **4 ~ to…** (*planta, animal*) originario de…
native speaker *n*: *a native speaker of Spanish* una persona cuya lengua materna es el español
nativity /nəˈtɪvəti/ (*tb* **the Nativity**) *n* Natividad
nativity play *n* auto de Navidad
NATO (*tb* **Nato**) /ˈneɪtəʊ/ *abrev de* **North Atlantic Treaty Organization** OTAN
natter /ˈnætə(r)/ *vi* (*GB, coloq*) **~ (on) (about sth)** parlotear (sin parar) (sobre algo)
■ **natter** *n* [*sing*] (*GB, coloq*) parloteo
natty /ˈnæti/ *adj* (**-ier, -iest**) (*coloquial*) **1** elegantón **2** ingenioso
natural /ˈnætʃrəl/ *adj* **1** natural: *natural disasters* desastres naturales ◊ *natural resources* los recursos naturales ◊ *to die of natural causes* morir de causas naturales ◊ *It's only natural that…* Es normal que… **2** innato: *a natural aptitude for maths* una aptitud innata para las matemáticas ◊ *She's a natural linguist.* Tiene una facilidad innata para los idiomas. **3** biológico: *They are not her natural parents.* No son sus padres biológicos.
■ **natural** *n* **1 ~ (for sth)** persona idónea (para algo): *He's a natural for the role.* Es idóneo para el papel. **2**

(*Mús*) **(a)** natural: *B natural* si natural ☛ *Comparar con* FLAT[1], SHARP ☛ *Ver ilustración en* NOTACIÓN **(b)** (*tb* **natural (sign)**) becuadro
▶ **naturalness** *n* naturalidad

natural history *n* historia natural

naturalism /ˈnætʃrəlɪzəm/ *n* naturalismo
▶ **naturalist** *adj, n* naturalista
naturalistic *adj* naturalista

naturalize, -ise /ˈnætʃrəlaɪz/ *vt* naturalizar
▶ **naturalization, -isation** *n* naturalización

naturally /ˈnætʃrəli/ *adv* **1** por naturaleza, de forma natural: *naturally gifted* dotado por naturaleza **2** por supuesto: *We were naturally very curious.* Por supuesto que teníamos curiosidad. ◊ *I naturally assumed…* Lógicamente di por hecho que… **3** *Her hair is naturally blonde.* Su pelo es rubio natural. **4** con naturalidad: *Try to act naturally.* Intenta actuar con naturalidad. **5** por instinto: *Do whatever comes naturally.* Haz lo que te diga tu instinto.

natural selection *n* selección natural

nature /ˈneɪtʃə(r)/ *n* **1(a)** (*tb* **Nature**) naturaleza: *forces/laws of nature* las fuerzas/leyes de la naturaleza **(b)** naturaleza, carácter: *It's not in my nature to kill.* No soy capaz de matar. ◊ *I'm impatient by nature.* Soy impaciente por naturaleza. ◊ *the changing nature of family life* la naturaleza cambiante de la vida familiar ◊ *human nature* la naturaleza humana *Ver tb* GOOD NATURE *Ver tb* MOTHER NATURE **2** [*sing*] tipo: *acts of a terrorist nature* los actos de tipo terrorista ◊ *or something of that nature* o algo por el estilo
LOC against nature contra natura **in the nature of…** algo así como… *Ver tb* SECOND[1], STATE[1]

nature trail *n* ruta para estudiar la naturaleza

naturist /ˈneɪtʃərɪst/ *adj, n Ver* NUDIST *en* NUDE

naught *n Ver* NOUGHT

naughty /ˈnɔːti/ *adj* (**-ier, -iest**) **1** (*coloq*) travieso: *I sent her to bed for being naughty.* La mandé a la cama por mala. **2** atrevido: *a naughty joke* un chiste atrevido
▶ **naughtiness** *n* mal comportamiento

nausea /ˈnɔːʒiə, ˈnɔːsiə/ *n* náusea

nauseate /ˈnɔːzieɪt, ˈnɔːsieɪt/ *vt* repugnar: *The idea nauseates me.* Ma da asco la idea.
▶ **nauseating** *adj* asqueroso, nauseabundo
nauseous *adj* **1** nauseabundo **2** mareado

nautical /ˈnɔːtɪkl/ *adj* náutico: *a nautical mile* una milla marina

naval /ˈneɪvl/ *adj* naval: *a naval power* una potencia marítima

nave /neɪv/ *n* (*Arquit*) nave ☛ *Ver ilustración en* IGLESIA

navel /ˈneɪvl/ *n* ombligo ☛ La palabra familiar es **belly button** o **tummy button**.

navigable /ˈnævɪgəbl/ *adj* navegable

navigate /ˈnævɪgeɪt/ **1** *vi* (*coche*) guiar, hacer de copiloto: *I'll drive the car: you navigate.* Yo conduzco, y tú nos guías. **2** *vi* (*avión, barco*) navegar (*usando mapas, brújula, etc*) **3** *vt* llevar **4** *vt* **(a)** (*río*) navegar por **(b)** (*calles*) guiarse por *Ver tb* CIRCUMNAVIGATE
▶ **navigation** *n* **1** navegación: *navigation aids* instrumentos de navegación **2** náutica
navigational *adj* de navegación
navigator *n* **1** navegante **2** copiloto

navvy /ˈnævi/ *n* (*pl* **-ies**) (*GB*) peón

navy /ˈneɪvi/ *n* (*pl* **-ies**) **the navy** (*tb* **the Navy**) (*Mil*) la armada: *to join the navy* alistarse en la armada ◊ *the Spanish Navy* la Marina española *Ver tb* MERCHANT NAVY

navy blue (*tb* **navy-blue**, **navy**) *adj, n* azul marino

nay /neɪ/ *adv* (*antic* o *ret*) **1** mejor dicho **2** no ☛ *Comparar con* YEA

Nazi /ˈnɑːtsi/ *adj, n* nazi
▶ **Nazism** *n* nazismo

NB (*tb* **nb**) /ˌen ˈbiː/ *abrev de* **nota bene** (**note well**) nótese, nota, N.B.

NBC /ˌen biː ˈsiː/ (*USA, TV*) *abrev de* **National Broadcasting Company**

NCO /ˌen siː ˈəʊ/ (*pl* **~s**) (*GB, Mil*) *abrev de* **noncommissioned officer** suboficial

NE *abrev de* **North-East(ern)**

Neanderthal /niˈændətɑːl/ *adj, n* Neanderthal: *Neanderthal man* hombre de Neanderthal

near[1] /nɪə(r)/ *adj* (**-er, -est**) **1** (*lit*) cercano: *Which town is nearer?* ¿Qué ciudad está más cerca? ◊ *The nearest shop was ten miles away.* La tienda más cercana estaba a diez millas. ◊ *He was glad that she was near.* Se alegró de que ella estuviera cerca. ◊ *to get nearer* acercarse ◊ *Measure it to the nearest millimetre.* Mídelo al milímetro. **2** (*fig*): *Who were his nearest relatives?* ¿Quiénes eran sus parientes más cercanos? ◊ *That would be nearer the truth.* Eso se asemejaría más a la verdad. ◊ *in the near future* en el futuro próximo ◊ *her nearest challenger/rival* su rival más cercano ◊ *They're the nearest thing I've got to a family.* De lo que tengo ellos son para mí lo que más se parece a una familia. ☛ *Ver nota en* NEARBY **3** *Ver* NEARSIDE
LOC or near(est) offer (*abrev* **ono**) negociable: *For sale £1500 ono.* Se vende: 1.500 libras negociables. ☛ *Ver nota en* ONO **(to be) a near miss 1** (dar) casi en el blanco **2** (ser) por los pelos **your nearest and dearest** (*joc*) los seres queridos *Ver tb* HEART, THING, NEARBY
■ **near** *adv* (**-er, -est**) cerca: *We found some shops quite near.* Encontramos varias tiendas bastante cerca. ◊ *as the time came/drew nearer* al acercarse el momento ☛ *Ver nota en* NEARBY
LOC as near as tan preciso como **as near as dammit**; **as near as makes no difference** (*coloq*) más o menos **nowhere/not anywhere near** para nada: *It's nowhere near the colour I'm looking for.* No es ni parecido al color que ando buscando. **so near and yet so far** tan cerca del final y para nada *Ver tb* BONE, FAR, HAND[1], KNUCKLE, SAIL, TEAR[1]
■ **near** *vt, vi* acercarse (a): *The ship was nearing land.* El barco se estaba acercando a tierra.
▶ **nearness** *n* proximidad

near[2] /nɪə(r)/ *prep* **1** cerca de: *Bradford is near Leeds.* Bradford está cerca de Leeds. ◊ *She needs some friends nearer her own age.* Necesita amigos que sean más de su edad. ◊ *Is there a bank near here?* ¿Hay un banco por aquí cerca? ◊ *He's nearer 40 than 30.* Está más cerca de los 40 que de los 30. ◊ *the desk nearest mine* la mesa que está más cerca de la mía ◊ *near the beginning of the book* hacia el principio del libro ◊ *We seem to be no nearer a solution.* Parece que no nos acercamos a una solución. ◊ *I'll tell you nearer the time what to bring.* Ya te diré cuando se vaya acercando la fecha qué tienes que traer. **2** (*abrev* **Nr**) (*en direcciones*): *Piddington Nr Bicester* Piddington (cerca de Bicester)
LOC nearer home: *The government is more worried about problems nearer home.* El gobierno está más preocupado por los problemas que tiene en casa. **to be, come, etc near to sth/doing sth** estar a punto/al borde de algo/hacer algo

nearby /ˌnɪəˈbaɪ/ *adj* cercano: *a nearby house* una casa por los alrededores
■ **nearby** *adv* (*tb* **near by**) cerca: *They live nearby.* Viven (por) aquí cerca. ☛ Nótese que **nearby** se usa mucho más que **near by**.

¿Near o nearby? Como adjetivos, solo **nearby** puede usarse delante de los sustantivos cuando hablamos de espacio: *a nearby village* un pueblo cercano, pero **near** es el único que tiene formas de comparativo y superlativo, y puede referirse al tiempo al igual que al espacio: *the near future* el futuro cercano ◊ *the nearest shop* la tienda que está más cerca ◊ *That town is nearer.* Esa ciudad está más cerca.
Como adverbios, solo **nearby** puede modificar toda la

oración, pero solo **near** puede ser calificado por otros adverbios: *Nearby, children were playing.* No muy lejos, los niños jugaban. ◊ *I live quite near.* Vivo bastante cerca.

the Near East *n* Oriente Próximo

nearly /ˈnɪəli/ *adv* casi: *The project is nearly finished.* El proyecto está casi terminado. ◊ *We're nearly there.* Ya casi estamos.

¿**Almost** o **nearly**? Por lo general actúan como sinónimos cuando hablamos de una condición que avanza o que se puede medir: *The baby is almost/nearly three.* El niño tiene casi tres años. ◊ *It's almost/nearly midnight.* Es casi medianoche.
Cuando hablamos de una condición que no avanza o que no se puede medir usamos **almost**: *It's almost unbelievable.* Es casi increíble.
Solo **almost** se puede usar para calificar otros adverbios en **-ly**: *almost certainly* casi seguramente ◊ *almost immediately* casi inmediatamente.
Solo **nearly** puede ser calificado por otros adverbios: *I very/so nearly lost my temper.* Me faltó muy poco para perder los estribos.
Solo **almost** puede ir con palabras negativas como **never**, **nobody**, **nothing**, etc aunque en realidad no se utiliza mucho y lo más normal es emplear **hardly** con la palabra positiva correspondiente: *hardly ever, anybody, anything, etc* casi nunca, nadie, nada, etc.

LOC not nearly para nada: *They're not nearly as stupid as they make out.* No son ni por asomo tan tontos como parecen.

nearside /ˈnɪəsaɪd/ (*tb* **near**) *adj, n* (*GB*) (*carril*) (d)el lado izquierdo (*el lado que está más cerca de la acera*) ☛ Nótese que en España **nearside** sería el lado derecho. *Comparar con* OFFSIDE

near-sighted /ˈnɪə saɪtəd/ *adj Ver* SHORT-SIGHTED sentido 1
▶ **near-sightedness** *n Ver* SHORT-SIGHTEDNESS sentido 1 *en* SHORT-SIGHTED

neat /niːt/ *adj* (**-er, -est**) **1** ordenado: *a neat garden* un jardín bien cuidado ◊ *She has very neat handwriting.* Tiene una letra muy clara. **2** (*persona*) esmerado **3** (*ropa*) elegante **4** atractivo: *She's got a neat figure.* Tiene muy buen tipo. **5** hábil: *a neat solution to the problem* una solución muy hábil al problema **6** (*esp USA, coloq*) estupendo **7** (*USA* **straight**) (*licores*) sólo
LOC neat and tidy muy arreglado, cada cosa en su sitio
▶ **neatly** *adv* **1** perfectamente: *to fit/slot in neatly* caber perfectamente ◊ *neatly folded* perfectamente doblado **2** (*vestido*) con esmero, pulcramente **3** con claridad: *It neatly sums up…* Resume claramente…
neatness *n* **1** orden **2** esmero, pulcritud **3** claridad

nebula /ˈnebjələ/ *n* (*pl* **nebulae** /-liː/ o **~s**) nebulosa

nebulous /ˈnebjələs/ *adj* nebuloso

necessarily /ˌnesəˈserəli, ˈnesəsərəli/ *adv* necesariamente: *This doesn't necessarily mean…* Esto no significa necesariamente que…

necessary /ˈnesəsəri; *USA* -seri/ *adj* **1** necesario: *Is it necessary for us to meet/necessary that we meet?* ¿Es necesario que nos reunamos? ◊ *to do everything necessary* hacer todo lo necesario ◊ *if necessary* si es necesario **2** inevitable
▶ **necessaries** *n* [*pl*] lo imprescindible

necessitate /nəˈsesɪteɪt/ *vt* (*formal*) exigir

necessity /nəˈsesəti/ *n* (*pl* **-ies**) **1** necesidad: *out of necessity* por necesidad ◊ *the necessity for reform* la necesidad de una reforma **2** cosa necesaria
LOC necessity is the mother of invention (*refrán*) la necesidad aguza el ingenio **of necessity** necesariamente *Ver tb* VIRTUE

neck

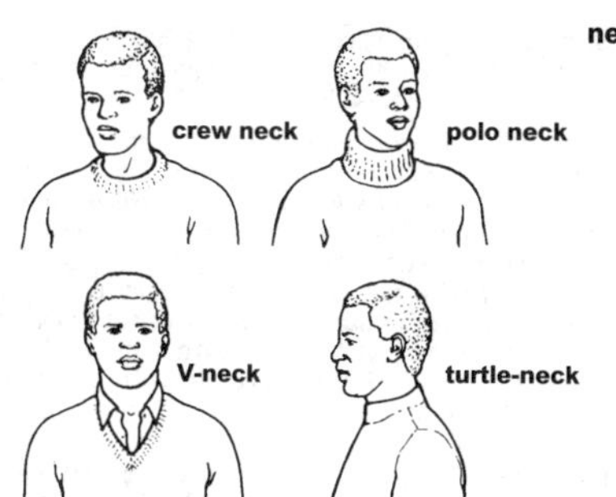

neck /nek/ *n* **1** (*persona, botella*) cuello: *She fell and broke her neck.* Se cayó y se desnucó. ☛ *Ver ilustración en* HEAD[1] **2** (*jersey*) cuello: *a V-neck sweater* un jersey con cuello de pico ◊ *a round neck T-shirt* una camiseta con cuello redondo *Ver tb* TURTLENECK ☛ *Comparar con* COLLAR **3** (*animal*) pescuezo **4** (*violín, guitarra*) mástil ☛ *Ver ilustración en* STRING *Ver tb* BOTTLENECK, RUBBERNECK
LOC neck and crop por completo **neck and neck (with sth/sb)** a la par (con algo/algn) **neck of the woods** (*coloq*) parajes: *What are you doing in this neck of the woods?* ¿Qué haces por estos parajes? **(to be) up to your neck in sth** (estar) metido hasta el cuello en algo **to break your neck (doing sth/to do sth)** (*coloq*) matarse (haciendo/para hacer algo) **to get it in the neck** (*coloq*) cargársela **to risk/save your neck** jugarse/salvar el pellejo **to win/lose by a neck** ganar/perder por una cabeza *Ver tb* BREATHE, CRANE, MILLSTONE, PAIN, SCRUFF[2], STICK[2], WRING
■ **neck** *vi* (*coloq*) besuquearse

necklace /ˈnekləs/ *n* collar (*joya*): *a diamond necklace* un collar de diamantes ☛ *Comparar con* COLLAR

neckline /ˈneklaɪn/ *n* escote (*de un vestido, etc*): *scooped neckline* escote redondo ◊ *a dress with a low cut neckline* un traje muy escotado ☛ *Comparar con* CLEAVAGE sentido 1

necktie /ˈnektaɪ/ *n* (*USA*) (*GB* **tie**) corbata

nectar /ˈnektə(r)/ *n* néctar

nectarine /ˈnektəriːn/ *n* fresquilla

née /neɪ/ *adj* de soltera: (*Mrs*) *Jane Smith, née Brown* La señora Jane Smith, de soltera Brown

need[1] /niːd/
● **v modal** (*neg* **need not** o **needn't** /ˈniːdnt/) (*formal*)

Cuando **need** es un verbo modal le sigue un infinitivo sin *to*, y construye las oraciones negativas e interrogativas sin el auxiliar *do*.
Se puede sustituir por el verbo transitivo seguido de TO, pero es menos formal: *You needn't finish/You don't need to finish that today.* No tienes que terminar eso hoy.

1 [*en frases negativas y en preguntas*] (*obligación*): *You needn't come if you don't feel like it.* No tienes que venir si no te apetece. ◊ *If she wants anything, she need only ask.* Si ella quiere algo, solo tiene que pedirlo. ◊ *I need hardly tell you that the work is dangerous.* No es necesario que le diga que el trabajo es peligroso.

Nótese que en este sentido **need** va muchas veces seguido de palabras como p. ej. **hardly**, **scarcely**, **only**, etc.

2 need + have + participio: *Need you have paid so much?* ¿Era necesario que pagaras tanto dinero? ◊ *You needn't have waited for me.* No tenías que haberme esperado. ◊ *You needn't have worried.* No tenías que haberte molestado.

Nótese que la construcción **needn't have** + *participio* solo se utiliza para hablar de algo innecesario que alguien hizo en el pasado.

● v **transitivo** (*neg* **don't/doesn't need** *pret* **didn't need**) **1** necesitar: *Do you need any help?* ¿Necesitas ayuda? ◊ *I need to talk to you urgently.* Necesito hablar contigo urgentemente. ◊ *Volunteers are needed for the project.* Se necesitan voluntarios para el proyecto. ◊ *The roses need watering.* Hay que regar las rosas. **2** (*obligación*) **~ to do sth** tener que hacer algo: *Our firm needs to be more competitive.* Nuestra empresa debe ser más competitiva. ◊ *I didn't need to go to the bank–I borrowed some money from Mary.* No tuve que ir al banco; le pedí dinero prestado a Mary.

En este sentido se puede usar el verbo modal, pero es mucho más formal: *I needn't go to the bank...*

LOC that's all I, we, etc need(ed)! ¡lo que me, nos, etc faltaba!: *A flat tyre? That's all we needed!* ¿Un pinchazo? ¡Lo que nos faltaba! *Ver tb* HEAD[1]

need[2] /niːd/ *n* **1** [*sing*] **~ (for sth)** necesidad (de algo): *to have need of sth* tener necesidad de algo **2 needs** [*pl*] necesidades: *Will £10 be enough for your immediate needs?* ¿Son diez libras suficientes para tus necesidades inmediatas? **3** necesidad: *in an hour of need* en tiempos de necesidad

LOC if need be si fuera necesario: *If need be, I can do extra work at the weekend.* Si fuera necesario, puedo hacer horas extra el fin de semana. **there's no need to (do sth)** no hay necesidad (de hacer algo): *There was no need to be so rude.* No había necesidad de ser tan mal educado. ◊ *There's no need to panic.* No hay necesidad de alarmarse. **to be in (urgent) need of sth** necesitar algo (urgentemente): *The council is in urgent need of cash.* El ayuntamiento necesita dinero urgentemente. **to have need of sth** (*formal*) precisar algo *Ver tb* CRYING

▶ **needs** *adv*

LOC if needs must si no queda más remedio

needle /ˈniːdl/ *n* aguja *Ver tb* KNITTING NEEDLE, MAGNETIC NEEDLE, PINS AND NEEDLES

LOC to look for a needle in a haystack (*refrán*) buscar una aguja en una pajar *Ver tb* SHARP

■ **needle** *vt* (*coloq*) meterse con, pinchar

needless /ˈniːdlɪs/ *adj* innecesario: *Their inefficiency caused needless delay.* Su ineficacia causó un innecesario retraso.

LOC needless to say ni que decir tiene: *Needless to say, I survived.* Ni que decir tiene que yo sobreviví.

▶ **needlessly** *adv* sin necesidad, innecesariamente

needlework /ˈniːdlwɜːk/ *n* [*incontable*] costura, bordado

needn't = NEED NOT *Ver* NEED[1]

needy /ˈniːdi/ *adj* necesitado: *needy children* niños necesitados

nefarious /nɪˈfeəriəs/ *adj* (*formal*) infame

neg *abrev de* **negative**

negate /nɪˈgeɪt/ *vt* (*formal*) anular, invalidar: *This ruling negates the previous declaration.* Esta decisión anula la declaración anterior.

negation /nɪˈgeɪʃn/ *n* (*formal*) negación

negative /ˈnegətɪv/ *adj* **1** negativo: *The results of her pregnancy test were negative.* Los resultados de la prueba de embarazo fueron negativos. ◊ *She was very negative about my play.* Fue muy negativa acerca de mi obra de teatro. **2** (*abrev* **neg**) (*Elec*) negativo

■ **negative** *n* **1** negativa: *an answer in the negative* una respuesta negativa **2** (*Fot*) negativo

▶ **negatively** *adv* negativamente

neglect /nɪˈglekt/ *vt* **1 ~ sth/sb** descuidar, desatender algo/a algn: *He neglects his health.* Descuida su salud. **2 ~ to do sth** omitir hacer algo: *You neglected to mention that he was jailed in 1942.* Omitiste mencionar que fue encarcelado en 1942.

■ **neglect** *n* abandono: *to suffer from neglect* sufrir un abandono

▶ **neglected** *adj* **1** descuidado **2** olvidado

negligent /ˈneglɪdʒənt/ *adj* negligente

▶ **negligence** *n* negligencia, olvido

negligently *adv* negligentemente

negligible /ˈneglɪdʒəbl/ *adj* insignificante

negotiable /nɪˈgəʊʃiəbl/ *adj* negociable: *The salary is negotiable.* El salario es negociable. ☛ *Ver nota en* ONO

negotiate /nɪˈgəʊʃieɪt/ **1(a)** *vi* **~ (with sb)** negociar (con algn): *We've decided to negotiate with the employers about our wage claim.* Hemos decidido negociar con los jefes nuestra reivindicación salarial. **(b)** *vt* **~ sth (with sb)** negociar algo (con algn): *They are negotiating the terms of the contract.* Están negociando las condiciones del contrato. **2** *vt* (*obstáculo*) salvar

LOC the negotiating table la mesa de negociaciones

negotiation /nɪˌgəʊʃiˈeɪʃn/ *n* [*gen pl*] negociación: *It's under negotiation.* Lo están negociando. ◊ *negotiations between the management and unions over pay* las negociaciones entre la patronal y los sindicatos sobre salarios

negotiator /nɪˈgəʊʃieɪtə(r)/ *n* negociador, -ora

Negro /ˈniːgrəʊ/ *adj, n* (*pl* **~es**) (*ofen*) negro, -a

neigh /neɪ/ *vi* relinchar

■ **neigh** *n* relincho

neighbour (*USA* **neighbor**) /ˈneɪbə(r)/ *n* **1** vecino **2** prójimo: *Love your neighbour.* Ama a tu prójimo.

▶ **neighbouring** (*USA* **neighboring**) *adj* vecino, contiguo: *the neighbouring country/village* el país/pueblo vecino ◊ *the neighbouring garden* el jardín contiguo

neighbourly (*USA* **neighborly**) *adj* amable: *to establish neighbourly relations with a country* establecer relaciones amistosas con un país

neighbourhood (*USA* **neighborhood**) /ˈneɪbəhʊd/ *n* **1** (*distrito*) barrio **2** (*personas*) vecindario: *a neighbourhood committee* un comité del vecindario

LOC in the neighbourhood of aproximadamente: *a sum in the neighbourhood of £500* una suma de unas 500 libras

neither /ˈnaɪðə(r); *USA* ˈniːðə(r)/ *adj* ningún: *Neither answer is correct.* Ninguna de las respuestas es correcta.

Nótese que **neither** acompaña a sustantivos contables en singular y equivale a "ninguno de los dos". *Ver tb nota en* NINGUNO

■ **neither** *pron* ninguno, -a, -os, -as: *Both were to blame but neither accepted responsibility.* Los dos tenían la culpa pero ninguno aceptó la responsabilidad.

Se usa **neither of** delante de artículo, adjetivo posesivo o demostrativo (**the**, **this**, **my**, etc), así como delante de otro pronombre. Nótese que tanto el sustantivo como el pronombre van en plural, pero el verbo va en singular en el habla formal: *Neither of us wants to go.* Ninguno de nosotros quiere ir. ◊ *Are/Is neither of your parents coming?* ¿No vienen ni tu madre ni tu padre?

■ **neither** *adv* **1** (*tb* **nor**) tampoco: *'I didn't go.' 'Neither did I.'* —Yo no fui. —Yo tampoco. ◊ *I can't swim and neither can my brother.* Yo no sé nadar y mi hermano tampoco.

Nótese que cuando **neither** significa *tampoco*, utiliza la misma estructura que **so** cuando significa *también*. *Ver nota en* TAMPOCO, SO *adv* sentido 9

2 neither ... nor ni ... ni: *He neither knows nor cares what happened.* Ni sabe ni le importa lo que pasó.

nemesis /ˈneməsɪs/ *n* (*pl* **-eses** /-əsiːz/) (*formal*) justo castigo: *to meet your nemesis* encontrar su justo castigo

neo- /ˌniːəʊ-/ *pref* neo-: *neo-classical* neoclásico ◊ *neo-fascist organizations* organizaciones neofascista ◊ *neo-Nazi* neo Nazi ◊ *neo-Georgian buildings* edificios neogeorgianos

neolithic /ˌniːəˈlɪθɪk/ *adj* neolítico

neon /ˈniːɒn/ *n* neón: *a neon light* una luz de neón

nephew /ˈnefjuː, ˈnevjuː/ *n* sobrino, sobrino político ☛ *Ver nota en* SOBRINO *Ver tb* GREAT-NEPHEW ☛ *Comparar con* NIECE

nepotism /ˈnepətɪzəm/ *n* nepotismo

Neptune /ˈneptjuːn; *USA* -tuːn/ *n* Neptuno

nerve /nɜːv/ *n* **1** nervio: *I had a drink to steady my nerves.* Me tomé algo para relajar los nervios. **2(a)** valor: *to lose your nerve* perder el valor **(b)** [*sing*] (*pey, coloq*) cara: *You've got a nerve!* ¡Qué cara tienes!
LOC to get on your/sb's nerves (*coloq*) ponerle a uno/algn los nervios de punta: *He gets on my nerves.* Me pone los nervios de punta. **to hit/touch a (raw) nerve** tocar un punto sensible *Ver tb* BUNDLE, STRAIN[1], WAR

nerve-racking (*tb* **nerve-wracking**) /ˈnɜːv rækɪŋ/ *adj* desesperante: *We had a nerve-racking hour while she was in the operating theatre.* Pasamos una hora horrible mientras ella estaba en el quirófano.

nervous /ˈnɜːvəs/ *adj* **1** (*Anat*) nervioso *Ver tb* CENTRAL NERVOUS SYSTEM **2 ~ (about/of sth/doing sth)** nervioso (por algo/hacer algo): *I'm nervous about the interview.* Estoy nervioso debido a la entrevista. ◊ *to feel/get nervous* estar/ponerse nervioso
LOC a nervous wreck un manojo de nervios
▶ **nervously** *adv* nerviosamente
nervousness *n* nerviosismo

nervous breakdown *n* depresión nerviosa

nervy /ˈnɜːvi/ *adj* (**-ier, -iest**) (*coloquial*) **1** (*GB*) nervioso **2** (*USA*) atrevido

nest /nest/ *n* (*lit* y *fig*) nido: *a wasps' nest* un avispero ◊ *an ants' nest* un hormiguero *Ver tb* CROW'S-NEST **LOC** *Ver* FEATHER, FLY[1], FOUL, HORNET
■ **nest** *vi* anidar

nestle /ˈnesl/ **1** *vi* acurrucarse: *She nestled close up to him.* Se acurrucó a su lado. ◊ *The village nestled at the foot of the hill.* El pueblo estaba enclavado al pie de la colina. **2** *vt, vi* **~ (sth) against, on, etc sth/sb** recostar(se) (algo) sobre, en, etc algo/algn: *She nestled her head on his shoulder.* Recostó la cabeza en su hombro.

net¹ /net/ *n* **1** (*lit* y *fig*) red: *fishing-net* red de pesca ◊ *to set (the/your) nets* colocar las redes ◊ *safety net* red de seguridad ☛ *Ver ilustración en* TENNIS *Ver tb* DRIFT-NET, HAIRNET, MOSQUITO NET, SAFETY NET ☛ *Comparar con* NETWORK **2** [*incontable*] malla, tul: *net curtains* visillos **3** (*Informát*) **the Net** (*tb* **the Internet**) Internet **LOC** *Ver* CAST, SLIP, SURF
■ **net** *vt, vi* (**-tt-**) (*Dep*) meter en la red

net² (*tb* **nett**) /net/ *adj* **1** neto: *net weight/salary* peso/salario neto ☛ *Comparar con* GROSS[2] sentido 4 **2** final: *the net result* el resultado final
■ **net** *vt* (**-tt-**) ganar: *She netted £5 from the sale.* Ella ganó £5 libras en la venta.

netball /ˈnetbɔːl/ *n* juego parecido al baloncesto muy popular en los colegios de niñas en GB

the Netherlands /ˈneðələndz/ *n* [*v sing o pl*] los Países Bajos

netting /ˈnetɪŋ/ *n* red: *wire netting* tela metálica

nettle /ˈnetl/ *n* (*Bot*) ortiga **LOC** *Ver* GRASP

network /ˈnetwɜːk/ *n* **1** (*sistema*) red: *a network of roads* una red de carreteras ☛ *Comparar con* NET[1] **2** (*TV*) cadena (de radio y televisión) **LOC** *Ver* OLD BOY
■ **network** *vt* retransmitir
▶ **networking** *n*: *The dinners provide the opportunity for informal networking.* Las cenas proporcionan una oportunidad para charlas informales.

neural /ˈnjʊərəl/ *adj* (*Anat*) neural

neurology /njʊəˈrɒlədʒi; *USA* nʊ-/ *n* neurología
▶ **neurological** *adj* neurológico
neurologist *n* neurólogo, -a

neuron /ˈnjʊərɒn/ *n* neurona

neurosis /njʊəˈrəʊsɪs; *USA* nʊ-/ *n* (*pl* **-oses** /-əʊsiːz/) neurosis

neurotic /njʊəˈrɒtɪk; *USA* nʊ-/ *adj, n* neurótico, -a

neuter¹ /ˈnjuːtə(r); *USA* ˈnuː-/ *adj, n* (*Gram*) neutro

neuter² *vt* castrar (a un animal)

neutral /ˈnjuːtrəl; *USA* ˈnuː-/ *adj* **1** neutral: *Switzerland is neutral.* Suiza es un país neutral. ◊ *to meet on neutral ground* encontrarse en terreno neutral **2** (*color*) neutro
■ **neutral** *n* **1** (*persona, país*) neutral **2** (*Mec*) punto muerto: *The car's in neutral.* El coche está en punto muerto. **3** (*abrev* **N**) (*cable de enchufe*) neutro
▶ **neutrality** *n* neutralidad

neutralize, -ise /ˈnjuːtrəlaɪz/ *vt* neutralizar
▶ **neutralization, -isation** *n* neutralización

neutron /ˈnjuːtrɒn; *USA* ˈnuː-/ *n* neutrón

neutron bomb *n* bomba de neutrones

never /ˈnevə(r)/ *adv* **1** nunca: *I've never seen anything like it.* Nunca he visto una cosa igual. ◊ *Don't worry, it may never happen.* No te preocupes, puede que nunca ocurra. ☛ *Ver nota en* ALWAYS, NUNCA, SOME *pron* **2** *That will never do.* Eso es totalmente inaceptable. ◊ *Never fear!* ¡No temas!
■ **never** *interj* (*coloq*): *'They won the pools'. 'Never!'* Ganaron las quinielas. —¿De verdad?

never-ending *adj*: *I'm tired of your never-ending complaints.* Estoy cansada de tus interminables quejas. ◊ *never-ending supplies* provisiones inagotables

nevertheless /ˌnevəðəˈles/ *adv* (*formal*) sin embargo

new /njuː; *USA* nuː/ *adj* (**newer, newest**) **1** nuevo: *a new invention* un nuevo invento ◊ *new clothes* ropa nueva ◊ *The cookers cost £200 new.* Una cocina nueva cuesta 200 libras. ◊ *What's new?* ¿Qué hay de nuevo? **2** **new (to sth)** nuevo en algo: *They are still new to the work.* Todavía son nuevos en el oficio. **3** otro: *She found a new job.* Ella encontró otro trabajo. *Ver tb* BRAND NEW
LOC a new broom (sweeps clean) (*refrán*) una persona recién nombrada para una posición de responsabilidad empieza a cambiar las cosas **a new lease of life**; *USA* **a new lease on life** una nueva vida: *Since her operation, she's had a new lease of life.* Desde su operación, ella ha empezado una nueva vida. **(as) good as new** como nuevo **to put a new face on sth** cambiar la cara de algo: *Additional evidence put a completely new face on the case.* El nuevo testimonio cambió totalmente el semblante del caso. **(to reach) new heights** (alcanzar) cotas insospechadas **to turn over a new leaf** empezar una nueva vida: *The thief was determined to turn over a new leaf.* El ladrón estaba decidido a empezar una nueva vida. **what's new?** ¿qué hay de nuevo? *Ver tb* BLOOD, BRAVE, GROUND[1], LIGHT[1], RING[2], ROOT[1], TEACH

new- *pref* recién: *new-laid eggs* huevos recién puestos ◊ *new-mown hay* heno recién segado ◊ *new-found faith* nueva fe ◊ *Her new-found enthusiasm for football surprised them.* Su nuevo entusiasmo por el fútbol les sorprendió.

newborn /ˈnjuːbɔːn/ *adj* recién nacido: *newborn babies* bebés recién nacidos
■ **newborn** *n* niño/animal recién nacido

newcomer /ˈnjuːkʌmə(r); *USA* ˈnuː-/ *n* recién llegado, -a

newfangled /ˌnjuːfæŋgld/ *adj* (*gen pey*) moderno: *newfangled gadgets* chismes modernos

newly /ˈnjuːli; *USA* ˈnuː-/ *adv* recién: *the newly painted fence* la valla recién pintada

newly-wed *n* [*gen pl*] recién casado, -a

new moon *n* luna nueva

newness /ˈnjuːnəs; *USA* nuː-/ *n* novedad

news /njuːz; *USA* nuːz/ *n* **1** [*incontable*] noticia(s): *a news item/a piece of news* una noticia ◊ *It's news to me.* Ahora me entero. ◊ *to be in the news* estar de actualidad/ser noticia ◊ *news agency* agencia de noticias ◊ *news bulletin* (boletín) informativo

Se dice **the news is** y nunca **the news are**. La traducción de "Tengo dos noticias" es *I've got two pieces of news.*

2 the news las noticias, informativo

LOC bad news 1 mala(s) noticia(s): *The figures are bad news for the government.* Las estadísticas son una mala noticia para el gobierno. **2** (*persona*): *She's bad news.* Seguro que nos traerá problemas. **no news is good news** (*refrán*) no recibir noticias es buena señal (*porque las malas noticias vuelan*) **to break the news (to sb)** dar la (mala) noticia (a algn) *Ver tb* HARD

newsagent /ˈnjuːʒeɪdzənt/ (*USA* **newsdealer**) *n* vendedor, -ora de periódicos

newsagent's /ˈnjuːzeɪdʒənts/ (*USA* **news-stand**) *n* tienda de periódicos ☛ *Ver nota en* ESTANCO, CARNICERÍA

newsdealer /ˈnjuːzdiːlə(r); *USA* ˈnuːz-/ (*USA*) (*GB* **newsagent**) *n* vendedor, -ora de periódicos

newsflash /ˈnjuːzflæʃ; *USA* ˈnuːz-/ *n* noticia de última hora

newsletter /ˈnjuːzletə(r); *USA* ˈnuːz-/ *n* boletín, hoja informativa

newspaper /ˈnjuːspeɪpə(r); *USA* ˈnuːz-/ *n* **1** periódico **2** (papel de) periódico

newsprint /ˈnjuːzprɪnt; *USA* ˈnuːz-/ *n* papel prensa

newsreader /ˈnjuːzriːdə(r); *USA* ˈnuːz-/ *n* presentador, -ora (*de telediario*)

newsreel /ˈnjuːzriːl; *USA* ˈnuːz-/ *n* reportaje (*del Nodo*)

newsroom /ˈnjuːsrʊm; *USA* ˈnuːz-/ *n* (sala de) redacción

news-sheet /ˈnjuːz ʃiːt; *USA* ˈnuːz ʃiːt/ *n* hoja informativa

news-stand /ˈnjuːz stænd; *USA* ˈnuːz stænd/ *n* quiosco de periódicos ☛ *Ver nota en* ESTANCO

newsworthy /ˈnjuːzwɜːði; *USA* ˈnuːz-/ *adj* de interés periodístico

newt /njuːt; *USA* nuːt/ *n* tritón **LOC** *Ver* PISSED

the New Testament *n* (*abrev* **NT**) el Nuevo Testamento

new year *n* año nuevo: *Happy New Year!* ¡Feliz Año Nuevo!

New Year's Day *n* día de año nuevo

New Year's Eve *n* nochevieja

next /nekst/ *adj* **1** próximo, siguiente: (*the*) *next time you see her* la próxima vez que la veas ◊ (*the*) *next day* al día siguiente ◊ *next month* el mes que viene ◊ *Who's next?* ¿Quién es el siguiente? ◊ *The next thing I knew...* No supe más hasta que... ◊ *It's not ideal but it's the next best thing.* No es ideal pero es lo mejor que hay. ☛ *Ver nota en* SIGUIENTE **2** (*contiguo*) de al lado: *in the next room* en la habitación de al lado

LOC the next few days, months, years, etc 1 (*para futuro*) los próximos días, meses, años, etc **2** (*para pasado*) los días, meses, años, etc que siguieron **the next life/world** la otra vida/el otro mundo **the next size up/down** una talla mayor/menor *Ver tb* TIME[1]

■ **next** *adv* **1** después, ahora: *What happened next?* ¿Qué pasó después? ◊ *Next we visited Tokyo.* Después visitamos Tokio. ◊ *What shall we do next?* ¿Qué hacemos ahora? ◊ *when we next meet* la próxima vez que nos veamos **2** (*comparación*): *the next oldest* el siguiente en antigüedad **3** (*sorpresa*): *whatever next!* ¡adónde iremos a parar!

LOC what next? ¿y ahora qué?

■ **the next** *n* [*sing*] el/la siguiente, el/la próximo, -a: *They were the next to go.* Fueron los siguientes en marcharse. **LOC** *Ver* DAY

■ **next to** *prep* **1** (*situación*) al lado de, junto a: *The boy who sits next to me.* El niño que se sienta junto a mi. **2** (*orden*) después de: *Next to Paris, I like Rome best.* Después de París, lo que más me gusta es Roma. **3** casi: *next to nothing* casi nada ◊ *next to last* el penúltimo

LOC *Ver* TIME[1]

next-best *adj* segundo: *the next-best thing/solution/idea* la segunda opción

next door (*tb* **next-door**) *adj* de al lado: *our next-door neighbour* nuestro vecino de al lado

■ **next door** *adv* al lado: *They live next door to the church.* Viven al lado de la iglesia.

next of kin *n* [*v sing o pl*] pariente(s) más cercano(s)

nexus /ˈneksəs/ *n* (*pl* **~es**) nexo

NHS /ˌen eɪtʃ ˈes/ (*GB*) *abrev de* **National Health Service**

NI /ˌen ˈaɪ/ (*GB*) *abrev de* **National Insurance**

nib /nɪb/ *n* punta (*de bolígrafo*)

nibble /ˈnɪbl/ *vt, vi* **~ (at sth)** mordisquear, picar (algo)

PHR V to nibble at sth mostrar cierto interés por algo

■ **nibble** *n* **1** mordisco, picada **2** (*comida*) bocadito

nice /naɪs/ *adj* (**nicer, nicest**) **1** (*persona*) **(a) ~ (to sb)** amable, simpático (con algn) ☛ Nótese que **sympathetic** se traduce por "compasivo". **(b)** (*atractivo*) bonito: *You look nice.* Estás muy guapo. ☛ *Ver nota en* BONITO *adj* **2** (*cosa*) **(a)** agradable: *to have a nice time* pasarlo bien ◊ *How nice!* ¡Qué bien! **(b)** (*comida*) rico **(c)** (*olor*) agradable: *It smells nice.* Huele bien. **(d)** (*atractivo*) bonito **(e)** (*tiempo*) buen(o) **3** (*irón*) bonito: *This is a nice mess you've got us into!* ¡En bonito lío nos has metido! **4(a)** (*distinción, etc*) fino, sutil **(b)** (*que requiere consideración*) delicado, difícil

LOC nice and... (*coloq*) bien, bastante: *nice and warm* calentito **nice work!** (*coloq*) ¡bien hecho! *Ver tb* PIE

▶ **nicely** *adv* **1(a)** bien **(b)** amablemente **2** *That'll do nicely.* Eso está muy bien. ◊ *He's doing/coming along nicely.* Está haciendo progresos. **3** sutilmente, delicadamente

niceness *n* amabilidad, simpatía

nicety /ˈnaɪsəti/ *n* (*pl* **-ies**) **1** precisión: *a point of great nicety* un asunto muy delicado **2** [*gen pl*] detalle, sutileza

LOC to a nicety con gran precisión

niche /nɪtʃ, niːʃ/ *n* **1** hornacina, nicho **2** (*fig*) rincón, lugar **3** (*Com*) segmento del mercado: *It has found a niche in the market.* Ha encontrado un hueco en el mercado. ◊ *niche products* productos dirigidos a una clientela determinada

niche market *n* mercado con un cliente muy determinado: *niche market cars* coches dirigidos a un consumidor muy determinado

nick[1] /nɪk/ *n* muesca, corte pequeño, mella

LOC in good, bad, etc nick (*GB, coloq*) en buen estado **in the nick of time** justo a tiempo, en el último momento

■ **nick** *vt* hacer(se) un corte en, mellar

nick[2] /nɪk/ **the nick** *n* [*sing*] (*GB, coloquial*) **1** comisaría **2** chirona

■ **nick** *vt* (*coloq*) **1 ~ sb (for sth)** trincar a algn (por algo) **2 ~ sth (from sth/sb)** birlar algo (de algo/algn)

nickel /ˈnɪkl/ *n* **1** níquel **2** (*Can, USA*) moneda de 5 centavos

nickname /ˈnɪkneɪm/ *n* apodo, mote

■ **nickname** *vt* apodar: *They nicknamed her...* Le dieron el apodo de...

nicotine /ˈnɪkətiːn/ *n* nicotina

niece /niːs/ *n* sobrina, sobrina política ☛ *Ver nota en* SOBRINO *Ver tb* GREAT-NIECE ☛ *Comparar con* NEPHEW

nifty /ˈnɪfti/ *adj* (*coloq*) **1(a)** hábil, ágil, diestro **(b)** (*útil*) práctico **2** elegante

niggardly /ˈnɪgədli/ *adj* **1** tacaño, avariento **2** (*de poco valor*) miserable, mezquino

nigger /ˈnɪgə(r)/ *n* (⚠) ☛ *Ver nota en* TABÚ negro, -a

niggle /ˈnɪgl/ **1** *vi* **~ (about/at/over sth) (a)** perder el tiempo (con algo); preocuparse (por algo) **(b)** quejarse

(por algo) **2** *vt, vi* **(a)** ~ **(at) sb** molestar, fastidiar a algn **(b)** preocupar a algn
▶ **niggling** *adj* **1** insignificante, nimio **2** (*irritante*) persistente

nigh /naɪ/ *prep, adv* (*antic*) cerca, casi *Ver tb* WELL-NIGH
LOC **nigh on** casi: *for nigh on 50 years* durante casi 50 años

night /naɪt/ *n* **1** noche: *tomorrow night* mañana por la noche ◊ *in/during the night* durante la noche ◊ *night school* escuela nocturna ◊ *last night* anoche ◊ *London by night* Londres de noche ☛ *Ver nota en* NOCHE *Ver tb* ALL-NIGHT, BONFIRE NIGHT, FLY-BY-NIGHT, GOODNIGHT, LATE-NIGHT, MIDNIGHT, STAG-NIGHT **2** (*Teat*): *first/opening night* estreno ◊ *last night* última representación
LOC **all night (long)** toda la noche **at night** de noche, por la noche: *ten o'clock at night* a las diez de la noche ☛ *Ver nota en* MORNING **night after night** noche tras noche **night and day/day and night** noche y día/día y noche **to have a good/bad night** dormir bien/mal **to have an early/a late night** acostarse temprano/no acostarse hasta tarde **to have a night out** salir (de juerga) por la noche **to make a night of it** armar una fiesta **to work nights** trabajar por la(s)noche(s)/en el turno de noche. *Ver tb* DAY, DEAD, SHIP, SPEND, STILL[2]
▶ **nightly 1** *adv* todas las noches, cada noche **2** *adj* **(a)** nocturno **(b)** (*regular*) de todas las noches

nightcap /ˈnaɪtkæp/ *n* **1** gorro de dormir **2** (*bebida*) último trago (antes de acostarse)

nightclothes /ˈnaɪtkləʊðz/ *n* ropa de dormir

nightclub /ˈnaɪtklʌb/ (*tb* **club**) *n* discoteca, sala de fiestas

nightdress /ˈnaɪtdres/ (*coloq* **nightie**) *n* camisón

nightfall /ˈnaɪtfɔːl/ *n* anochecer

nightgown /ˈnaɪtgaʊn/ *n* camisón

nightie (*tb* **nighty**) /ˈnaɪti/ *n* (*pl* **-ies**) (*coloq*) camisón

nightingale /ˈnaɪtɪŋgeɪl; *USA* -tng-/ *n* ruiseñor

nightlife /ˈnaɪtlaɪf/ *n* vida nocturna

nightmare /ˈnaɪtmeə(r)/ *n* (*lit* y *fig*) pesadilla
▶ **nightmarish** *adj* de pesadilla, espeluznante

nightshade /ˈnaɪtʃeɪd/ *n* hierba mora *Ver tb* DEADLY NIGHTSHADE

night shift *n* turno de noche

nightshirt /ˈnaɪtʃɜːt/ *n* camisa de dormir

nightspot /ˈnaɪtspɒt/ *n* local nocturno

night-time /ˈnaɪt taɪm/ *n* noche: *at night-time* de noche/por la noche

night-watchman /ˌnaɪt ˈwɒtʃmən/ *n* (*pl* **-men**) vigilante nocturno

nihilism /ˈnaɪɪlɪzəm/ *n* nihilismo
▶ **nihilist** *n* nihilista
nihilistic *adj* nihilista

nil /nɪl/ *n* **1** (*Dep*) cero: *to win a game three nil/three goals to nil* ganar un partido tres-cero ◊ *two nil down* perdiendo por dos a cero ◊ *a five nil lead* una ventaja de cinco a cero ☛ Nótese que en tenis para decir cero se utiliza **love**. *Comparar con* ZERO *y ver tb notas en* NOUGHT *y* O, O. **2** nulo: *His contribution was nil.* Su contribución fue nula. ◊ *produced at nil expense* producido sin gasto alguno

nimble /ˈnɪmbl/ *adj* (**-er, -est**) **1** ágil: *nimble fingers/movements* dedos/movimientos ágiles **2** (*mente*) despierto
▶ **nimbly** *adv* con destreza

nincompoop /ˈnɪŋkəmpuːp/ *n* (*coloq*) bobo, -a, papanatas

nine /naɪn/ *adj, pron, n* (*número*) nueve ☛ *Ver ejemplos en* FIVE
LOC **nine to five**: *I work nine to five.* Trabajo de nueve a cinco. ◊ *a nine-to-five job* un trabajo de oficina *Ver tb* CLOUD, DRESS[2], TIME[1]

nineteen /ˌnaɪnˈtiːn/ *adj, pron, n* (*número*) diecinueve: *1994* (*nineteen ninety four*) mil novecientos noventa y cuatro ◊ *in the nineteen hundreds* en el siglo XX ☛ *Ver ejemplos en* FIVE
LOC **to talk, etc nineteen to the dozen** hablar, etc por los codos
▶ **nineteenth 1** *adj* decimonoveno: *the 19th/nineteenth century* el siglo diecinueve ◊ *nineteenth-century values* valores decimonónicos **2** *n, pron* **(a)** el decimonoveno, la decimonovena, los decimonovenos, las decimonovenas **(b) the nineteenth** (*fecha*) el (día) diecinueve **(c) the nineteenth** (*rey, etc*) diecinueve **(d)** (*proporción*) diecinueveavo, diecinueveava parte **3** *adv* decimonoveno, en decimonoveno lugar ☛ *Ver ejemplos en* FIFTH

ninety /ˈnaɪnti/ *adj, pron, n* (*pl* **-ies**) (*número*) noventa ☛ *Ver ejemplos en* FIVE
LOC **(to be) in your nineties** (tener) noventa y tantos años **ninety-nine times out of a hundred** el noventa y nueve por ciento de las veces
■ **the nineties** *n* [*pl*] **1** (*temperatura*) los noventa grados (Fahrenheit) **2** (*abrev* **90's**) los años noventa ☛ *Ver ejemplos en* FIFTY
▶ **ninetieth 1** *adj, pron* nonagésimo **2** *n* (*proporción*) noventavo ☛ *Ver ejemplos en* FIFTH

ninth /ˈnaɪnθ/ *adj* noveno ☛ *Ver ejemplos en* FIFTH
■ **ninth** *n, pron* **1** el noveno, la novena, los novenos, las novenas **2 the ninth (a)** (*fecha*) el (día) nueve **(b)** (*rey, etc*) noveno, -a **3** (*proporción*) noveno, novena parte ☛ *Ver ejemplos en* FIFTH
■ **ninth** *adv* noveno, en noveno lugar ☛ *Ver ejemplos en* FIFTH

nip /nɪp/ *vt, vi* (**-pp-**) **1(a)** pellizcar **(b)** ~ **(at sth)** mordisquear algo **2** (*coloq*) correr: *Where did she nip off to?* ¿A dónde se ha pirado? ◊ *I'll nip on ahead.* Iré por delante. ◊ *She has nipped out to the bank.* Salió un momento al banco. ◊ *Nip upstairs and have a look.* Sube un momento de prisa y echa un vistazo. **3** (*de viento frío, etc*) dañar: *plants nipped by the frost* plantas dañadas con las heladas
LOC **to nip sth in the bud** acabar con algo en sus comienzos: *The plan was nipped in the bud.* Acabaron con el proyecto en sus comienzos.
PHR V **to nip sth off (sth)** cortar algo (de algo)
■ **nip** *n* **1** mordisco, pellizco **2** (*coloq*) chupito: *a nip of whisky* un chupito de whisky
LOC **a (cold) nip in the air** un aire frío

nipper /ˈnɪpə(r)/ *n* (*GB, coloq*) chiquillo, -a

nipple /ˈnɪpl/ *n* **1(a)** pezón **(b)** tetilla **2** (*esp USA*) *Ver* TEAT sentido 2

nippy /ˈnɪpi/ *adj* (**nippier, nippiest**) (*coloq*) **1** ágil: *a nippy little car* un cochecito muy rápido **2** frío: *It's nippy outside.* Hace mucho frío fuera.

nirvana (*tb* **Nirvana**) /nɪəˈvɑːnə/ *n* nirvana: *to attain nirvana* alcanzar el nirvana

nit /nɪt/ *n* **1** liendre **2** (*esp GB, coloq*) *Ver* NITWIT

nit-picking /ˈnɪt pɪkɪŋ/ *n* [*incontable*] crítica insignificante
■ **nit-picking** *adj*: *nit-picking questions* preguntas insignificantes

nitrate /ˈnaɪtreɪt/ *n* nitrato

nitric /ˈnaɪtrɪk/ *adj* nítrico

nitric acid *n* ácido nítrico

nitrogen /ˈnaɪtrədʒən/ *n* nitrógeno
▶ **nitrogenous** /naɪˈtrɒdʒɪnəs/ *adj* nitrogenado

nitroglycerine /ˌnaɪtrəʊˈglɪsəriːn, -rɪn/ *n* [*incontable*] nitroglicerina

nitrous oxide (*tb* **laughing gas**) *n* óxido nitroso

the nitty-gritty /ˌnɪti ˈgrɪti/ *n* [*sing*] (*coloq*) meollo: *Let's get down to the nitty-gritty.* Vayamos al meollo de la cuestión.

nitwit /ˈnɪtwɪt/ (*tb* **nit**) *n* (*coloq*) lelo, -a

No (*tb* **no**) (*pl* **Nos** o **nos**) *abrev de* **number**

no /nəʊ/ *adj* [*antes de sustantivo*] **1** ninguno: *No student is to leave.* Ningún estudiante puede salir. ◊ *No two* *people think alike.* No hay dos personas que piensen igual. ◊ *I have no plans for the time being.* Por ahora no tengo planes. ◊ *It's no trouble.* Sin problemas. ◊ *No doubt he is there.* Estará allí, sin duda. ☛ *Ver nota en* ANY **2** (*prohibición*): *No smoking.* Prohibido fumar. ◊ *No entry.* Prohibida la entrada. **3** (*protesta*): *No wage cuts!* ¡No a las reducciones de salario! **4** (*para enfatizar una negación*): *She's no fool.* No es ninguna tonta. ◊ *You're no friend of mine.* No eres mi amigo. ◊ *It's no joke.* No es broma.

■ **no** *adv* (*antes de comparativos*) no: *This book is no bigger/more expensive than that one.* Este libro no es más grande/caro que aquel. ◊ *She no longer lives here.* Ya no vive aquí. ☛ *Ver nota en* ANY

■ **no!** *interj* ¡no!: *to say no* decir que no ☛ *Ver nota en* SÍ[2], YES *interj*

LOC oh no you don't! ¡eso sí que no!

Noah /ˈnəʊə/ *n* Noé: *Noah's ark* el arca de Noé

nobble /ˈnɒbl/ *vt* (*GB, argot*) **1** (*ladrón*) agarrar **2** estropear a un caballo de carreras de manera que tenga menos posibilidades de ganar **3** *to nobble the judge before a trial* sobornar al juez antes del juicio

Nobel Prize *n* Premio Nobel

nobility /nəʊˈbɪləti/ *n* nobleza

noble /ˈnəʊbl/ *adj* (**-er, -est**) noble: *noble sentiments* sentimientos nobles

■ **noble** *n* noble

▶ **nobly** *adv* noblemente

nobleman /ˈnəʊblmən/ *n* (*pl* **-men**) noble

noblesse oblige /nəʊˌbles əˈbliːʒ/ *n* (*Fr, refrán*) nobleza obliga

nobody /ˈnəʊbədi/ (*tb* **no one** /ˈnəʊ wʌn/) *pron* nadie: *There was nobody there.* No había nadie allí. ◊ *nobody else* nadie más **LOC** *Ver* BUSINESS, FOOL[1], ILL[2]

En inglés no se pueden usar dos negativas en la misma frase. Como las palabras **nobody**, **nothing** y **nowhere** son negativas, el verbo siempre tiene que ir en afirmativa: *Nobody saw him.* No le vio nadie. ◊ *She said nothing.* No dijo nada. ◊ *Nothing happened.* No pasó nada. Cuando el verbo va en negativa tenemos que usar **anybody**, **anything** y **anywhere**: *I didn't see anybody.* No vi a nadie. ◊ *She didn't say anything.* No dijo nada.

■ **nobody** *n* (*pl* **-ies**) don nadie

no-claims bonus *n* bonificación (*por no haber reclamado nada al seguro*)

nocturnal /nɒkˈtɜːnl/ *adj* nocturno

nocturne /ˈnɒktɜːn/ *n* nocturno

nod /nɒd/ (**-dd-**) **1(a)** *vt, vi* asentir con la cabeza: *The teacher nodded (his head) in agreement.* El profesor asintió (con la cabeza). **(b)** *vi* **to nod (to/at sb)** saludar con la cabeza (a algn) **2** *vt, vi* indicar con la cabeza: *He nodded me a welcome.* Me dio la bienvenida inclinando la cabeza. ◊ *He nodded to me to leave the room.* Me hizo una señal con la cabeza para que saliera de la sala. **3** *vi* dar cabezadas

LOC to have a nodding acquaintance with sth/sb conocer algo/a algn de pasada

PHR V to nod off (*coloq*) dormirse

■ **nod** *n* inclinación de la cabeza: *She gave me a nod as she passed.* Me saludó inclinando la cabeza al pasar.

LOC a nod is as good as a wink (*refrán*) a buen entendedor pocas palabras **to give (sb) the nod** dar permiso (a algn) para hacer algo

node /nəʊd/ *n* **1** (*Bot*) nudo **2** nodo **3** nódulo

nodule /ˈnɒdjuːl; *USA* ˈnɒdʒuːl/ *n* nódulo

Noel /nəʊˈel/ *n* Navidad

no-go area *n* zona prohibida

no-hoper /ˌnəʊ ˈhəʊpə(r)/ *n* (*coloq*) inútil: *He's a complete no-hoper.* Es un completo inútil.

noise /nɔɪz/ *n* **1** ruido **2 noises** [*pl*] (*coloq*) comentarios convencionales: *She made polite noises about my work.* Dijo las cuatro cosas de turno sobre mi trabajo. ◊ *He made all the right noises.* Estuvo muy oportuno en todo momento.

LOC to make a noise (about sth) armar un escándalo (por algo) *Ver tb* BIG

noiseless /ˈnɔɪzləs/ *adj* silencioso

▶ **noiselessly** *adv* silenciosamente

noisily /ˈnɔɪzɪli/ *adv* ruidosamente, escandalosamente

noisome /ˈnɔɪsəm/ *adj* (*formal*) repugnante

noisy /ˈnɔɪzi/ *adj* (**-ier, -iest**) **1** ruidoso: *Don't be so noisy!* ¡No hagáis tanto ruido! **2** bullicioso

nomad /ˈnəʊmæd/ *n* nómada

▶ **nomadic** *adj* nómada

no man's land *n* tierra de nadie

nomenclature /nəˈmenklətʃə(r); *USA* ˈnəʊmənkleɪtʃər/ *n* (*formal*) nomenclatura

nominal /ˈnɒmɪnl/ *adj* nominal

nominally /ˈnɒmɪnəli/ *adv* en apariencia, de nombre: *in a nominally Christian society* en una sociedad cristiana al menos de nombre

nominate /ˈnɒmɪneɪt/ *vt* **1 ~ sb (as sth) (for sth)** nombrar a algn (como) algo (para algo): *She was nominated (as candidate) for the Presidency.* La nombraron como candidata para la presidencia. ◊ *The board nominated her as the new director.* La junta la nombró nueva directora. ◊ *to be nominated to a committee* ser nombrado miembro de un comité **2 ~ sth (as sth)** establecer algo (como algo)

nomination /ˌnɒmɪˈneɪʃn/ *n* nombramiento

nominee /ˌnɒmɪˈniː/ *n* candidato, -a

nonchalant /ˈnɒnʃələnt/ *adj* indiferente, despreocupado

▶ **nonchalance** *n* indiferencia, tranquilidad

nonchalantly *adv* con indiferencia, con calma

non-commissioned /ˌnɒn kəˈmɪʃnd/ *adj*: *non-commissioned officer* suboficial

non-committal /ˌnɒn kəˈmɪtl/ *adj* poco comprometedor, evasivo

nonconformist /ˌnɒnkənˈfɔːmɪst/ *adj, n* **1** inconformista **2 Nonconformist** protestante no anglicano

▶ **nonconformity** *n* **1** (*tb* **nonconformism**) inconformismo **2** (*tb* **nonconformism**) sectas protestantes fuera de la iglesia anglicana **3** discrepancia

non-denominational /ˌnɒn dɪnɒmɪˈneɪʃənl/ *adj* (*iglesia*) no confesional

nondescript /ˈnɒndɪskrɪpt/ *adj* **1** indefinido **2** anodino

none /nʌn/ *pron* **1** ninguno,-a,-os,-as: *We had three cats once—none (of them) is/are alive now.* Antes teníamos tres gatos; ahora no queda ninguno vivo. ◊ *None of the guests wants/want to stay.* Ninguno de los invitados se quiere quedar. **2** nada: *'Is there any bread left?' 'No, none at all.'* —¿Queda algo de pan? —No, no queda nada en absoluto. ◊ *I wanted some string but there was none in the house.* Quería un trozo de cuerda, pero no había nada en casa. ◊ *None of this money is mine.* Nada de este dinero es mío. ◊ *I want none of your cheek!* ¡Basta ya de ser tan descarado! ◊ *They tried to convince her but she would have none of it.* Intentaron convencerla pero dijo que nones. **3** (*formal*) nadie: *He is aware, none better than he, that…* Es consciente, y nadie lo es más que él, de que… ◊ *and none more so than…* y nadie más que…

LOC none but solo: *None but the emperor was permitted to know.* Solo al emperador se le permitía saberlo. **none other than**: *The new arrival was none other than the President.* El recién llegado no era ni más ni menos que el presidente.

■ **none** *adv* **1** *I'm none the wiser after hearing her talk on computers.* Después de oír su charla sobre los ordenadores sigo sin entender nada en absoluto. ◊ *He's none the worse for falling into the river.* No le ha pasado nada por caerse al río. **2** *The flat was none too clean.* El piso no estaba nada limpio.

nonentity /nɒˈnentəti/ *n* (*pey*) nulidad

nonetheless (*tb* **none the less**) /ˌnʌn ðə ˈles/ *adv* sin embargo: *It's not cheap but I think we should buy it nonetheless.* Es caro, pero sin embargo creo que lo deberíamos comprar.

non-event /ˌnɒn ɪˈvent/ *n* (*coloq*) fracaso: *The meeting was a non-event.* La reunión fue un chasco.

non-existent /ˌnɒn ɪɡˈzɪstənt/ *adj* inexistente
▶ **non-existence** *n* inexistencia

non-fiction /ˌnɒn ˈfɪkʃn/ *n* obras que no pertenecen al género de ficción

non-interference /ˌnɒn ɪntəˈfɪərəns/ (*tb* **non-intervention** /ˌnɒn ɪntəˈvenʃn/) *n* [*incontable*] no intervención

no-nonsense /ˌnəʊ ˈnɒnsns; *USA* -sens/ *adj* [*antes de sustantivo*] sensato, directo

non-payment /ˌnɒn ˈpeɪmənt/ *n* (*formal*) falta de pago

nonplus /ˌnɒnˈplʌs/ *vt* dejar pasmado: *I was nonplussed by the news.* La noticia me dejó pasmada.

non-returnable /nɒn rɪˈtɜːnəbl/ *adj* **1** (*dinero*) no reembolsable **2** (*envase*) no retornable

nonsense /ˈnɒnsns; *USA* -sens/ *n* [*incontable*] **1** disparates: *This translation is pure nonsense.* Esta traducción es un disparate. **2** chorradas, tonterías: *You're talking nonsense!* ¡Qué chorradas estás diciendo! ◊ *'I won't go.' 'Nonsense! You must go!'* —No pienso ir. —¡Tonterías! ¡Tienes que ir! ◊ *This discovery makes (a) nonsense of previous theories.* Este descubrimiento refuta las teorías anteriores. ◊ *He won't stand for any nonsense from the staff.* No tolera ninguna tontería por parte del personal. ◊ *Stop that nonsense!* ¡Deja de hacer el tonto! *Ver tb* NO-NONSENSE **LOC** *Ver* STUFF[1]

nonsensical /nɒnˈsensɪkl/ *adj* absurdo

non sequitur /ˌnɒn ˈsekwɪtə(r)/ *n* (*Lat*) incongruencia

non-smoker /ˌnɒn ˈsməʊkə(r)/ *n* **1** (*persona*) no fumador, ora **2** (*en un tren, etc*) asientos de no fumadores

non-smoking /ˌnɒn ˈsməʊkɪŋ/ (*tb* **no-smoking** /ˈnəʊ ˈsməʊkɪŋ/) *adj*: *non-smoking area* zona de no fumadores ◊ *Would you like smoking or non-smoking?* ¿Quiere de fumadores o de no fumadores?

non-standard /ˌnɒn ˈstændəd/ *adj* no estándar

non-starter /ˌnɒn ˈstɑːtə(r)/ *n* (*coloq*) *to be a non-starter* no tener futuro

non-stick /ˌnɒn ˈstɪk/ *adj* antiadherente (*sartén,etc*)

non-stop /ˌnɒn ˈstɒp/ *adv* **1** (*volar, viajar en tren, etc*) directamente, sin hacer escala: *to fly non-stop from New York to Paris* volar directamente de Nueva York a París **2** (*hablar, trabajar, etc*) sin parar, ininterrumpidamente: *He chattered non-stop all the way.* No paró de charlar durante todo el viaje.
■ **non-stop** *adj* **1** (*tren, vuelo, etc*) directo **2** (*acción*) ininterrumpido

non-violent /ˌnɒn ˈvaɪələnt/ *adj* no violento
▶ **non-violence** *n* no violencia

non-white /ˌnɒn ˈwaɪt/ *adj* de color
■ **non-white** *n* persona de color: *non-whites* gente de color

noodle /ˈnuːdl/ *n* fideo: *chicken noodle soup* sopa de pollo con fideos

nook /nʊk/ *n* rincón: *a shady nook* un rincón a la sombra
LOC **nook and cranny** (*coloq*) *I've searched every nook and cranny.* He buscado hasta en el último rincón.

noon /nuːn/ *n* [*sing*] (*formal*) mediodía: *at twelve noon* a las doce en punto ◊ *until noon* hasta el mediodía ◊ *since noon* desde el mediodía

no one *n* *Ver* NOBODY

noose /nuːs/ *n* soga, lazo

nope /nəʊp/ *interj* (*argot*) *Ver* NO *Ver tb* YEP

nor /nɔː(r)/ *conj, adv* **1** ni: *neither... nor...* ni... ni... ◊ *neither you nor I* ni tú ni yo **2** (*tb* **neither**) ni, tampoco: *She doesn't smoke and nor do I.* Ella no fuma, ni yo tampoco. ◊ *'I don't smoke.' 'Nor do I.'* —No fumo. —Yo tampoco.

Nótese que cuando **nor** significa *tampoco*, utiliza la misma estructura que **so** cuando significa *también*. *Ver nota en* TAMPOCO, SO *adv* sentido 9

LOC **... is neither here nor there** ...no viene al caso

Nordic /ˈnɔːdɪk/ *adj* nórdico

norm /nɔːm/ *n* **1** norma: *larger than the norm* mayor de lo normal **2** cantidad de trabajo que un trabajador tiene que realizar al día

normal /ˈnɔːml/ *adj* normal *Ver tb* SUBNORMAL
■ **normal** *n* lo normal: *Things are back to normal.* Las cosas han vuelto a la normalidad.

normality /nɔːˈmæləti/ (*USA* **normalcy** /ˈnɔːmlsi/) *n* normalidad

normalize, -ise /ˈnɔːməlaɪz/ *vt, vi* normalizar(se)
▶ **normalization, -isation** /ˌnɔːməlaɪˈzeɪʃn; *USA* -lɪˈz-/ *n* normalización

normally /ˈnɔːməli/ *adv* normalmente ☛ *Ver nota en* ALWAYS

Norman /ˈnɔːmən/ *adj* **1** (*Arquit*) normando **2** de los normandos: *Norman times* la época de los normandos
■ **Norman** *n* (*persona*) normando, -a

normative /ˈnɔːmətɪv/ *adj* normativo, prescriptivo

Norse /nɔːs/ *adj* nórdico
■ **Norse** (*tb* **Old Norse**) *n* (*idioma*) nórdico

north (*tb* **North**) /nɔːθ/ *n* [*sing*] (*abrev* **N**) **1** (*tb* **the north**) norte: *cold winds from the north* vientos fríos del norte ◊ *He lives to the north of here.* Vive al norte de aquí. **2 the north**, **the North** el norte: *the North of England* el norte de Inglaterra
■ **north** *adj* [*antes de sustantivo*] (del) norte: *a north wind* un viento (del) norte ◊ *the north wing* el ala norte ◊ *North Oxford* el norte de Oxford
■ **north** *adv* al norte, hacia el norte: *to head north* dirigirse hacia el norte
LOC **up north** al norte

North American *adj, n* norteamericano, -a

northbound /ˈnɔːθbaʊnd/ *adj* en dirección norte: *the northbound carriageway of the M6* el carril con dirección norte de la M6

north-east (*tb* **North-East**) /ˌnɔːθ ˈiːst/ *n* [*sing*] (*abrev* **NE**) noreste
■ **north-east** *adj*: *north-east London* el noreste de Londres
■ **north-east** *adv* hacia el noreste

north-easterly /ˌnɔːθ ˈiːstəli/ **1** *adj* **(a)** al noreste: *heading in a north-easterly direction* dirigiéndose en dirección noreste **(b)** (*viento*) del noreste: *a northeasterly wind* un viento del noreste **2** *n* (*pl* **-ies**) viento del noreste

north-eastern (*tb* **North-Eastern**) /ˌnɔːθ ˈiːstən/ *adj* (del) noreste: *north-eastern Spain* el noreste de España

northerly /ˈnɔːðəli/ *adj* **1** (*viento*) del norte **2** hacia el norte: *in a northerly direction* en dirección norte ◊ *the most northerly town on the island* la ciudad más al norte de la isla
■ **northerly** *n* (*pl* **-ies**) viento del norte

northern (*tb* **Northern**) /ˈnɔːðən/ *adj* (del) norte: *the northern climate* el clima del norte ◊ *the northern hemisphere* el hemisferio norte ◊ *the northern lights* la aurora boreal

northerner /ˈnɔːðənə(r)/ *n* norteño, -a: *He's a northerner.* Es del norte.

the North Pole *n* el Polo Norte

northward(s) /ˈnɔːθwəd(z)/ *adv* hacia el norte

north-west (*tb* **North-West**) /ˌnɔːθ ˈwest/ *n* [*sing*] (*abrev* **NW**) noroeste
■ **north-west** *adj* noroeste: *north-west London* el noroeste de Londres
■ **north-west** *adv* hacia el noroeste

north-westerly /ˌnɔːθ ˈwestəli/ **1** *adj* **(a)** al noroeste: *heading in a north-westerly direction* dirigiéndose en dirección noroeste **(b)** (*viento*) del noroeste **2** *n* (*pl* **-ies**) viento del noroeste

north-western (*tb* **North-Western**) /ˌnɔːθ ˈwestən/ *adj* (del) noroeste: *a north-western tradition* una tradición del noroeste

Norwegian /nɔːˈwiːdʒən/ *adj* noruego

■ **Norwegian** *n* **1** (*idioma*) noruego **2** (*persona*) noruego, -a

nose[1] /nəʊz/ *n* **1** nariz ☛ *Ver ilustración en* HEAD[1] **2** [*sing*] (*coloq*) olfato *to have a good nose for sth* tener muy buen olfato para algo **3** (*de un avión*) morro **4** (*de vino*) aroma *Ver tb* HARD-NOSED, HOOK-NOSED, PARSON'S NOSE, POPE'S NOSE, TOFFEE-NOSED

LOC **by a nose** por un pelo **on the nose** (*USA, coloq*) en el clavo: *You've hit it on the nose!* ¡Has dado en el clavo! (**right**) **under sb's** (**very**) **nose** (*coloq*) delante de las narices de algn **to get up sb's nose** (*coloq*) sacar de quicio a algn **to have your nose in sth** (*coloq*) *Peter's always got his nose in a book.* Peter siempre tiene la nariz pegada a un libro. **to keep your nose clean** (*coloq*) no meterse en líos **to keep your nose to the grindstone** (*coloq*) trabajar duro **to look down your nose at sth/sb** (*coloq*) mirar algo/a algn por encima del hombro **to poke/stick your nose into sth** (*coloq*) meter las narices en algo **to put sb's nose out of joint** (*coloq*) desconcertar a algn ofender a algn **to turn your nose up at sth** (*coloq*) despreciar algo **with your nose in the air** (*coloq*) dándose importancia *Ver tb* BLOW, FOLLOW, LEAD[3], PAY[2], PLAIN[1], POWDER, RUB[1], SKIN, THUMB

nose[2] /nəʊz/ *v*

PHR V **to nose about/around** (*coloq*) husmear

to nose forward avanzar con precaución

to nose into sth (*coloq*) husmear en algo

to nose sth out (*coloq*) lograr descubrir algo

nosebleed /ˈnəʊzbliːd/ *n* hemorragia nasal

nosey (*tb* **nosy**) /ˈnəʊzi/ *adj* (*coloq, pey*) curioso, fisgón

▶ **nosily** *adv* con curiosidad

nosiness *n* curiosidad, fisgoneo

Nosey Parker *n* (*GB, coloq, pey*) fisgón, -ona: *Don't be a Nosey Parker!* ¡No seas meticón!

nosh /nɒʃ/ *n* (*GB, Austral, coloq*) papeo

▶ **nosh-up** *n* (*GB, coloq*) comilona

nostalgia /nɒˈstældʒə/ *n* nostalgia

nostalgic /nɒˈstældʒɪk/ *adj* nostálgico

▶ **nostalgically** *adv* nostálgicamente

nostril /ˈnɒstrəl/ *n* agujero de la nariz ☛ *Ver ilustración en* HEAD[1]

not /nɒt/ *adv* **1** (*con verbos auxiliares y modales*) no: *She did not see him.* No lo vio. ◊ *I saw you at the meeting, didn't I?* Le vi en la reunión, ¿no es verdad? ◊ *He couldn't give me a satisfactory answer when I asked him why not.* No me supo dar una respuesta satisfactoria cuando le pregunté por qué no. ◊ *It's not impossible, but…* Imposible no es, pero…

> **Not** se usa para formar la negativa con verbos auxiliares y modales (**be**, **do**, **have**, **can**, **must**, etc). Muchas veces se usa en su forma contracta **-n't**, especialmente en el habla y en el lenguaje escrito informal: *She's not/isn't going.* ◊ *We did not/didn't go.* ◊ *I must not/mustn't go.* La forma no contracta (**not**) tiene un uso más formal o enfático: *I made my intentions clear, did I not?* Espero haberme explicado con toda claridad. ◊ *He will certainly not be invited back.* Te puedo asegurar que no le vuelvo a invitar.

2 (*para formar la negativa de los verbos subordinados*): *He warned me not to be late.* Me advirtió que no llegara tarde. ◊ *I'd rather not say.* Prefiero no decirlo. ◊ *He must learn not to tell lies.* Tiene que aprender a no mentir. ◊ *She hated not knowing.* Detestaba no saberlo. ◊ *I was sorry not to have seen him.* Me dio pena no haberle visto. **3**

> Con verbos como **believe**, **expect**, **hope**, **trust**, etc **not** sustituye a una oración subordinada negativa: *I hope not.* Espero que no. ◊ *I'm afraid not.* Me temo que no. ☛ *Ver nota en* SO *adv* sentido 6

4 (*para ofecer una alternativa negativa*): *Is she ready or not?* ¿Está lista o no? ◊ *I don't know if/whether he's telling the truth or not.* No sé si dice la verdad o no. **5** (*para responder negativamente a parte o a la totalidad de una pregunta*): *'Are you hungry?' 'Not hungry, just very tired.'* —¿Tienes hambre? —Hambre no, solo estoy muy cansado. ◊ *Not for me, thanks.* Para mí no, gracias. ◊ *Not so!* ¡No es así! ◊ *Of course not.* Claro que no. ◊ *Certainly not!* ¡Ni hablar! ◊ *Not any more.* Ya no. **6** (*para negar la palabra o frase a la que precede*): *It was not greed but ambition that drove him to crime.* No fue la avaricia sino la ambición lo que le llevó al crimen. ◊ *Not all the students have read the book.* No todos los estudiantes han leído el libro. ◊ *Not me.* Yo no. ◊ *It's his, not mine.* Es suyo, no mío. ◊ *Not even…* Ni siquiera… ◊ *in the not too distant future* en un futuro no muy lejano

LOC **not so/as…as sth/sb** no tan…como algo/algn: *He's not so clever as his sister.* No es tan listo como su hermana. ◊ *It didn't go as well as I had hoped.* No salió tan bien como esperaba.

notable /ˈnəʊtəbl/ *adj* notable

■ **notable** *n* persona importante

▶ **notably** *adv* notablemente, en particular

notation /nəʊˈteɪʃn/ *n* notación: *musical notation* notación musical ☛ *Ver ilustración en* NOTACIÓN

notch /nɒtʃ/ *n* **1** mella, muesca **2** grado: *top-notch* de primera **3** (*USA*) paso de montaña estrecho

■ **notch** *vt* mellar

PHR V **to notch sth up** (*coloq*) apuntarse algo

note[1] /nəʊt/ *n* **1** ~ (**of sth**) nota (de algo): *programme notes* notas de programa ◊ *to make a note (of sth)* tomar nota (de algo) ◊ *to take notes* tomar apuntes *Ver tb* FOOTNOTE **2** nota, recado **3** (*tb* **banknote**, *USA* **bill**) billete: *a £5 note* un billete de £5 *Ver tb* BANKNOTE **4** (*Mús*) **(a)** nota ☛ *Ver ilustración en* NOTACIÓN **(b)** tecla **5** renombre: *worthy of note* digno de mención **6** tono: *a note of sarcasm* una pizca de sarcasmo *Ver tb* KEYNOTE

LOC **of note** de renombre: *nothing of particular note* nada de especial importancia **to take note (of sth)** tomar nota (de algo), prestar atención (a algo): *Please, take note.* Por favor, tome nota. **to strike/sound a note (of sth)** expresar un tono (de algo) *Ver tb* COMPARE, FALSE

note[2] /nəʊt/ *vt* **1** advertir: *Please note that…* Por favor, adviertan que… ◊ *She noted (that) his hands were dirty.* Advirtió que tenía las manos sucias. **2** fijarse en: *Note the man here on the left.* Fíjense en el hombre de la izquierda. **3** apuntar

PHR V **to note sth down** anotar algo

▶ **noted** *adj* ~ (**for/as sth**) célebre, conocido (por/por ser algo)

notebook /ˈnəʊtbʊk/ *n* cuaderno, libreta

notepad /ˈnəʊtpæd/ *n* bloc de notas

notepaper /ˈnəʊtpeɪpə(r)/ *n* papel de cartas

noteworthy /ˈnəʊtwɜːði/ *adj* (**-ier, -iest**) digno de mención/interés

nothing /ˈnʌθɪŋ/ *pron* **1** nada: *There's nothing you can do.* No puedes hacer nada. ◊ *He's five foot nothing.* Mide un metro cincuenta justo. ◊ *We've got nothing to lose.* No tenemos nada que perder. ◊ *nothing to get excited about* nada del otro mundo ◊ *There's nothing small-minded about him.* No es nada mezquino. ☛ *Ver nota en* NOBODY *Ver tb* GOOD-FOR-NOTHING **2** cero: *Five times nothing is nothing.* Cinco por cero es cero. *Ver tb* NOUGHT

LOC **for nothing 1** gratis **2** en vano: *It was all for nothing.* Fue todo para nada. **nothing but** nada más que: *He did nothing but talk.* No ha hecho nada más que hablar. **nothing if not** (*coloq*) *It was nothing if not unusual.* Sobre todo fue raro. **nothing less than**: *It's nothing less than criminal.* No es ni más ni menos que

un crimen. **nothing like** (*coloq*) **1** *He's nothing like he looks on the television.* No es ni mucho menos lo que parece en la televisión. **2** de ningún modo **nothing more than** nada más que **nothing much** no gran cosa: *There's nothing much to eat.* Hay poca cosa que comer. **(there's) nothing to it** (es) facilísimo **to be nothing to sb** no significar nada para algn: *He's nothing to me.* No significa nada para mí.
▶ **nothingness** *n* la nada

notice /ˈnəʊtɪs/ *n* **1** anuncio, cartel: *to put up a notice* poner un anuncio ◊ *notices of births, deaths and marriages* anuncios de nacimientos, muertes y matrimonios **2 (a)** aviso: *until further notice* hasta nuevo aviso ◊ *to receive two months' notice to leave* recibir un aviso para irse con dos meses de antelación ◊ *to give one month's notice* avisar con un mes de antelación ◊ *a final notice to pay* un aviso de pago final ◊ *at short notice* con poca antelación ◊ *without prior notice* sin previo aviso ◊ *at a moment's notice* inmediatamente **(b)** dimisión: *She handed in her notice.* Presentó su dimisión. ◊ *He got his notice.* Le despidieron. ◊ *She's under notice.* Está sobre aviso. **3** reseña, crítica
LOC to bring sth to sb's notice (*formal*) hacer observar algo a algn: *It has been brought to my notice that…* Ha llegado a mi conocimiento que… **to come to sb's notice** (*formal*) llegar al conocimiento de algn **to take no notice/not take any notice (of sth/sb)** no hacer caso de algo/algn **to take notice (of sth)** prestar atención (a algo): *She wanted to make them sit up and take notice.* Quería que empezaran a tomarla en serio. *Ver tb* BLIND[1], ESCAPE, MOMENT, SIT
■ **notice** *vt* **1** darse cuenta: *Did you notice him coming in/come in?* ¿Te diste cuenta de cuando entró? ◊ *You don't notice it at first.* Al principio, uno no se da cuenta. ◊ *without being noticed* sin que nadie se diera cuenta **2** notar, fijarse en: *Did you notice his voice?* ¿Te fijaste en su voz? **3** prestar atención a: *You need to get yourself noticed.* Tienes que hacer que se fijen en ti. ◊ *He never even noticed her.* Nunca le prestó atención.
▶ **noticeable** *adj* perceptible: *There's been a noticeable improvement.* Ha mejorado sensiblemente. ◊ *It is noticeable that…* Se nota que…
noticeably *adv* perceptiblemente, sensiblemente: *Is it noticeably stained?* ¿Se notan mucho las manchas?

noticeboard /ˈnəʊtɪsbɔːd/ (*USA* **bulletin board**) *n* tablón de anuncios

notify /ˈnəʊtɪfaɪ/ *vt* (*pret, pp* **-fied**) **~ sb (of sth)**; **~ sth to sb** (*formal*) notificar, comunicar (algo) a algn
▶ **notification** *n* (*formal*) notificación

notion /ˈnəʊʃn/ *n* **1 ~ (that…)** noción, idea (de que…): *He has a notion that I'm cheating him.* Tiene la idea de que le engaño. **2** [*sing*] **~ of (sth)** idea de (algo): *Do you have any notion of what this means?* ¿Tienes la más remota idea de lo que significa? ☛ En este sentido **notion** se utiliza especialmente con **any**, **no** y **some**.
▶ **notional** *adj* teórico

notoriety /ˌnəʊtəˈraɪəti/ *n* (*pey*) mala fama, notoriedad (*por cosas negativas*)

notorious /nəʊˈtɔːriəs/ *adj* (*pey*) conocido, famoso (*por cosas negativas*): *to be notorious for/as sth* tener fama de algo ◊ *a notorious criminal* un delincuente famoso ☛ *Ver nota en* NOTORIO
▶ **notoriously** *adv* notoriamente

notwithstanding /ˌnɒtwɪθˈstændɪŋ/ *prep* (*formal*) a pesar de, pese a: *Language difficulties notwithstanding…* A pesar de las dificultades lingüísticas…

Nótese que la preposición **notwithstanding** puede ir antes o después del sustantivo al que se refiere: *Notwithstanding language difficulties…*

■ **notwithstanding** *adv* no obstante

nougat /ˈnuːɡɑː, ˈnʌɡət; *USA* ˈnuːɡət/ *n* turrón de almendras

nought /nɔːt/ *n* **1** cero

Se usa **nought** para hablar del cero como parte de una cifra: *A million has six noughts.* Un millón tiene seis ceros. ◊ *to get nought out of ten* sacar un cero. *Comparar con* NIL, ZERO *y ver nota en* O, O. ☛ *Ver tb apéndice 3.*

2 (*tb* **naught**) (*antic*): *It's all come to naught.* Todo ha quedado en nada.

noughts and crosses (*USA* **tic-tac-toe**) *n* tres en raya

noun /naʊn/ (*Gram*) *n* nombre, sustantivo *Ver tb* COLLECTIVE NOUN

nourish /ˈnʌrɪʃ/ *vt* **1** nutrir **2** (*formal, fig*) alimentar: *to nourish hopes* alimentar las esperanzas
▶ **nourishing** *adj* nutritivo
nourishment *n* **1** alimento **2** valor nutritivo

nous /naʊs/ *n* (*GB, coloq*) sentido común: *He didn't have the nous to say anything.* No tuvo el buen tino de decir algo.

nouveau riche /ˌnuːvəʊ ˈriːʃ/ *n* (*pl* **nouveaux riches**) nuevo rico

Nov *abrev de* **November**

novel[1] /ˈnɒvl/ *adj* original: *It's a novel idea.* Es una idea original.

novel[2] /ˈnɒvl/ *n* novela

novelist /ˈnɒvəlɪst/ *n* novelista

novelty /ˈnɒvlti/ *n* (*pl* **-ies**) **1** novedad: *The novelty soon wore off.* En seguida se acabó la novedad. **2** chuchería: *novelty pencil sharpeners* sacapuntas de fantasía

November /nəʊˈvembə(r)/ *n* (*abrev* **Nov**) noviembre ☛ *Ver nota y ejemplos en* JANUARY

novice /ˈnɒvɪs/ *n* **1** novato, principiante **2** novicio, -a

now /naʊ/ *adv* **1** ahora, ya: *until/before now* hasta ahora ◊ *Now's your chance!* ¡Esta es tu oportunidad! ◊ *That will do for now.* Esto servirá por ahora. ◊ *I've worked here for five years now.* Ya hace cinco años que trabajo aquí. ◊ *He'll be in London by now.* Ya debe de estar en Londres. ◊ *You can talk now.* Ya puedes hablar. ◊ *from now on* a partir de ahora **2** hoy en día: *Things are different now.* Hoy en día las cosas han cambiado bastante. **3** (*para introducir frases*): *Now what was your name again?* ¿Cómo has dicho que te llamas? ◊ *Now look here!* ¡Espera un momento!
LOC for now por ahora **now for…** y ahora…: *And now for some international news.* Y ahora las noticias internacionales. **now, now; now then**: *Now, now… watch what you're saying.* Bueno, bueno… cuidado con lo que dices. **now… now/then** ya… ya, ora… ora **now and then/again** de vez en cuando **now then** y bien *Ver tb* JUST[2], RIGHT[2]
■ **now** *conj* **now (that)…** ahora que…, ya que…

nowadays /ˈnaʊədeɪz/ *adv* hoy en día

nowhere /ˈnəʊweə(r)/ *adv* a/en/por ninguna parte: *That way, he was getting nowhere.* Así, no iba a ninguna parte. ◊ *My wages go nowhere.* Mi sueldo no da para mucho. ◊ *We're getting nowhere.* No estamos consiguiendo nada.
LOC to be nowhere to be found/seen no aparecer por ninguna parte: *The money was nowhere to be found.* El dinero no aparecía por ninguna parte. *Ver tb* MIDDLE, MILE, NEAR[1]
■ **nowhere** *pron* ningún lugar: *We've got nowhere else to go.* No tenemos ningún otro sitio adonde ir. ◊ *There's nowhere to park.* No hay donde aparcar. ☛ *Ver nota en* NOBODY

nowt /naʊt/ *pron* (*coloq*) nada

noxious /ˈnɒkʃəs/ *adj* (*formal*) nocivo

nozzle /ˈnɒzl/ *n* **1** boquilla **2** (*surtidor de gasolina*) pistola

Nr *abrev de* **near**

NSPCC /ˌen es ˌpiː siː ˈsiː/ (*GB*) *abrev de* **National Society for the Prevention of Cruelty to Children**

Sociedad Nacional para la Prevención de la Crueldad hacia los Niños

NT 1 (*GB*) *abrev de* **National Trust (land) 2** (*Relig*) *abrev de* **New Testament 3** (*GB*) *abrev de* **National Theatre** Teatro Nacional

nth /enθ/ *adj* (*coloq*) enésimo
LOC to the nth degree a la enésima potencia

nuance /ˈnjuːɑːns; *USA* ˈnuː-/ *n* matiz: *subtle nuances of meaning* matices de significado sutiles

nub /nʌb/ *n* [*sing*] quid: *to get to the nub of the problem* llegar al quid de la cuestión

nubile /ˈnjuːbaɪl; *USA* ˈnuːbl/ *adj* núbil

nuclear /ˈnjuːkliə(r); *USA* ˈnuː-/ *adj* nuclear: *nuclear disarmament* desarme nuclear ◊ *a country's nuclear capacity/capability* la potencia nuclear de un país ◊ *nuclear weapons/arms* armas nucleares ◊ *nuclear power/energy* energía nuclear ◊ *nuclear power station/plant* central/planta nuclear

nuclear family *n* (*Sociología*) unidad familiar (*padres e hijos*)

nucleic acid *n* ácido nucleico

nucleus /ˈnjuːkliəs; *USA* ˈnuː-/ *n* (*pl* **nuclei** /-kliaɪ/) núcleo

nude /njuːd; *USA* nuːd/ *adj* desnudo (integral) (*artístico y erótico*): *a nude model* una modelo posando desnuda ☛ *Ver nota en* NAKED
■ **nude** *n* desnudo: *a bronze nude by Rodin* un desnudo en bronce de Rodin
LOC in the nude desnudo
▶ **nudist** (*tb* **naturist**) *n* nudista: *a nudist camp/colony* una colonia nudista
nudity *n* desnudez

nudge /nʌdʒ/ *vt* **1** dar un codazo a **2** empujar suavemente: *Temperatures nudged 38° yesterday.* Las temperaturas rozaron ayer los 38°
■ **nudge** *n* codazo

nugget /ˈnʌgɪt/ *n* pepita (*de oro, etc*): *a book full of nuggets of useful information* un libro lleno de detalles útiles

nuisance /ˈnjuːsns; *USA* ˈnuː-/ *n* molestia: *to be a nuisance* ser una molestia/un pesado
LOC to make a nuisance of yourself ponerse pesado

null /nʌl/ *adj*
LOC null and void (*Jur*) nulo

nullify /ˈnʌlɪfaɪ/ *vt* (*formal*) (*pret, pp* **-fied**) **1** anular **2** invalidar
▶ **nullity** /ˈnʌləti/ *n* (*Jur*) nulidad: *a decree of nullity* una sentencia de nulidad

numb /nʌm/ *adj* entumecido: *His legs went numb.* Se le quedaron entumecidas las piernas. ◊ *She was numb with shock.* Se quedó paralizada del susto.
■ **numb** *vt* **1** entumecer **2** (*fig*): *We all felt numbed by the tragedy.* La tragedia nos dejó paralizados.
▶ **numbly** *adv* como paralizado
numbness *n* entumecimiento

number /ˈnʌmbə(r)/ *n* **1** número: *My telephone number is...* Mi número de teléfono es... ◊ *You've got the wrong number.* Se ha equivocado de número. ◊ *Ring directory enquiries – they'll give you the number.* Llama a información y te darán el teléfono. ◊ *A growing/increasing number of people...* Un número de personas cada vez mayor... ☛ *Ver nota en* LARGE *Ver tb* CARDINAL NUMBER *en* CARDINAL, ORDINAL NUMBER *en* ORDINAL, PRIME NUMBER, REGISTRATION NUMBER, SERIAL NUMBER **2** [*sing*] (*formal*) grupo: *one of our number* uno de los de nuestro grupo *Ver tb* OPPOSITE NUMBER **3** (*abrev* **No, no**): *He lives at No 23.* Vive en el número 23. *Ver tb* BOX NUMBER **4** [*sing*] (*argot*) modelo **5 numbers** [*pl*] (*coloq, Mat*) números
LOC a number of... varios/ciertos...

Nótese que **a number of...** lleva siempre el verbo en plural: *A number of problems have arisen.* Han surgido ciertos problemas. ◊ *It happened on a number of occasions.* Pasó en varias ocasiones.

any number of... muchísimos...
by numbers por medio de números
number one (*coloq*) **1** uno mismo: *to look after number one* cuidarse de sí mismo **2** número uno: *the number one problem, project, etc* el problema, proyecto, etc. principal
sb's number is up (*argot*) llegarle a algn la (última) hora
to have got sb's number (*argot*) tener calado a algn *Ver tb* CUSHY, ROUND[1], SAFETY
■ **number** *vt* **1** numerar **2** ascender a: *The rebels number 1 000 men.* Los rebeldes ascienden a 1.000 hombres. **LOC** *Ver* DAY
PHR V to number sth/sb among sth contar algo/a algn entre algo
to number off (*Mil*) numerarse

number plate (*USA* **license plate**) *n* placa de la matrícula ☛ *Ver ilustración en* CAR

numeral /ˈnjuːmərəl; *USA* ˈnuː-/ *n* cifra (*de un número*)

numerate /ˈnjuːmərət; *USA* ˈnuː-/ *adj* que sabe sumar, restar, dividir y multiplicar
▶ **numeracy** *n* habilidad en las matemáticas

numerical /njuːˈmerɪkl; *USA* nuː-/ *adj* numérico: *in numerical order* por orden numérico
▶ **numerically** *adv* numéricamente

numerous /ˈnjuːmərəs; *USA* ˈnuː-/ *adj* (*formal*) numeroso: *on numerous occasions* en numerosas ocasiones

numinous /ˈnjuːmɪnəs; *USA* ˈnuː-/ *adj* (*Relig*) divino

nun /nʌn/ *n* monja ☛ *Comparar con* MONK, PRIEST
▶ **nunnery** *n* convento de monjas

nuncio /ˈnʌnsiəʊ/ *n* (*pl* **~s**) nuncio

nuptial /ˈnʌpʃl/ *adj* (*formal*) nupcial
▶ **nuptials** *n* [*pl*] (*formal*) nupcias

nurse /nɜːs/ *n* **1** enfermero, -a *Ver tb* DISTRICT NURSE, NURSERY NURSE, REGISTERED NURSE **2** (*tb* **nursemaid**) niñera ☛ *Comparar con* NANNY **3** (*tb* **wet nurse**) nodriza
■ **nurse 1** *vt* (*lit* y *fig*) cuidar: *She nursed the patient back to health.* Cuidó del enfermo hasta que se recuperó. ◊ *to nurse a cold* cuidar un resfriado hasta curarse **2** *vt, vi* amamantar(se) **3** *vt* acunar: *to nurse a child/puppy* cuidar de/criar un niño/un cachorro **4** *vt* alimentar: *to nurse feelings of revenge* alimentar sentimientos de venganza ☛ *Comparar con* NURTURE sentido 2
▶ **nursing** *n* **1** enfermería: *to go into nursing* hacer enfermería **2** (*de enfermos*) cuidado

nursery /ˈnɜːsəri/ *n* (*pl* **-ies**) **1** guardería infantil: *nursery education* educación preescolar ☛ *Ver nota en* GUARDERÍA **2** habitación de los niños: *We're going to redecorate the nursery.* Vamos a cambiar la habitación de los niños. **3** vivero

nursery nurse *n* enfermero, -a infantil

nursery rhyme *n* canción infantil

nursery school *n* escuela infantil, jardín de infancia ☛ *Ver nota en* GUARDERÍA

nursing home *n* residencia privada de la tercera edad

nurture /ˈnɜːtʃə(r)/ *vt* **1** (*niño*) criar **2(a)** alimentar: *to nurture delicate plants* alimentar plantas delicadas **(b)** (*fig*) fomentar
■ **nurture** *n* **1** (*niño, planta*) cuidado **2** impulso: *the nurture of new talent* el impulso de los nuevos talentos **3** alimento

nut /nʌt/ *n* **1** fruto seco: *She cracked open the nut and ate it.* Cascó la nuez y se la comió. ◊ *nut roast* asado de nueces, castañas, etc ◊ *Brazil nuts* nueces del Brasil *Ver tb* MONKEY-NUT **2** tuerca: *to tighten up a nut* apretar una tuerca **3** (*argot*) coco, melón **4 nuts** [*pl*] (⚠) ☛ *Ver nota en* TABÚ (*argot*) huevos: *to kick sb in the nuts* darle a algn una patada en los huevos **5** (*argot, pey*) (*GB tb* **nutter**) chiflado, -a **6** (*argot, pey*) fanático,

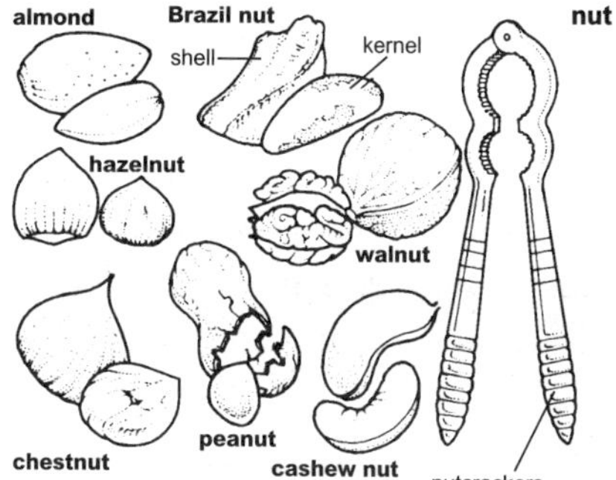

-a: *a health nut* un fanático de la vida sana *Ver tb* GINGER NUT
LOC a hard/tough nut (to crack) (*coloq*) **1** un hueso duro (de roer) **2** persona muy cabezona **(as) nutty as a fruitcake** (*argot*) más loco que una cabra **not to do sth for nuts/peanuts** (*GB, argot, pey*) no hacer algo de ninguna manera: *He can't play football for nuts!* ¡No puede jugar al fútbol ni de chiste! **off your nut** (*argot*) mal de la azotea: *You must be off your nut!* ¡Debes estar mal de la azotea! **the nuts and bolts** (*coloq*) los detalles básicos y prácticos **to do your nut** (*GB, argot*) ponerse negro (*enfadarse*): *She'll do her nut.* Se pondrá negra. *Ver tb* SLEDGE[2]
▶ **nutty** *adj* **1** *a nutty flavour* un sabor a fruto seco ◊ *a nutty cake* un pastel con frutos secos **2** (*argot*) chiflado

nut brown *adj* color avellana

nutcase /ˈnʌtkeɪs/ *n* (*argot*) chiflado, -a

nutcrackers /ˈnʌtkrækəz/ *n* [*pl*] cascanueces ☛ *Ver ilustración en* NUT

nuthouse /ˈnʌthaʊs/ *n* (*argot, ofen*) loquero

nutmeg /ˈnʌtmeg/ *n* nuez moscada: *to grate nutmeg* rallar nuez moscada ◊ *ground nutmeg* nuez moscada en polvo

nutrient /ˈnjuːtriənt; *USA* ˈnuː-/ *n* (*formal*) nutriente

nutrition /njuˈtrɪʃn; *USA* nuː-/ *n* nutrición
▶ **nutritional** *adj* nutritivo: *the nutritional value of a meal* el valor nutritivo de una comida
nutritionally *adv*: *This vitamin is nutritionally very important.* Esta vitamina es muy importante desde el punto de vista nutritivo. ◊ *nutritionally aware* consciente en lo relativo a la nutrición
nutritionist *n* experto, -a en nutrición
nutritious /njuˈtrɪʃəs; *USA* nuː-/ *adj* nutritivo
nutritive *adj* (*formal*) nutritivo

nuts /nʌts/ *adj* (*argot*) **1** loco: *You're nuts, that's crazy!* ¡Estás chiflado, eso es una locura! ◊ *It's driving me nuts!* ¡Me está volviendo loca! **2 ~ about/on sth/sb** loco por algo/algn: *I'm nuts about her.* Estoy loco por ella. ◊ *He's nuts about/on cars.* Está loco por los coches.

nutshell /ˈnʌtʃel/ (*tb* **shell**) *n* cáscara (*de fruto seco*) ☛ *Ver ilustración en* NUT
LOC (to put sth) in a nutshell (decir algo) en pocas palabras: *To put it in a nutshell, we're bankrupt.* En pocas palabras, estamos en la bancarrota.

nutter /ˈnʌtə(r)/ *n* (*GB, coloq*) loco, -a

nuzzle /ˈnʌzl/ *vt, vi* rozar suavemente con la nariz o el hocico
PHR V to nuzzle up to sth/sb; to nuzzle (up) against sth/sb arrimarse a algo/algn (*esp apretando la cabeza*)

NW *abrev de* **North-West(ern)**: *NW Australia* El noroeste de Australia

NY *abrev de* **New York** Nueva York

nylon /ˈnaɪlɒn/ *n* **1** nailon, nilón: *This dress is 80% nylon.* Este vestido tiene un 80% de nailon. ◊ *a nylon shirt* una camisa de nilón **2 nylons** [*pl*] medias de nailon: *a pair of nylons* un par de medias de nailon

nymph /nɪmf/ *n* ninfa

nymphet (*tb* **nymphette**) /nɪmˈfet/ *n* (*joc*) ninfa

nymphomania /ˌnɪmfəˈmeɪniə/ *n* ninfomanía
▶ **nymphomaniac 1** *n* ninfómana **2** *adj* ninfómano
nympho /ˈnɪmfəʊ/ *n* (*coloq, ofen*) (*pl* **~s**) ninfómana

NZ *abrev de* **New Zealand** Nueva Zelanda

Oo

O, o /əʊ/ *n* (*pl* **O's, o's** /əʊz/) **1** (*letra*) O, o: *O for orange* O de Orense **2** (*número*) cero

Cuando se nombra el cero en una serie de números, como por ejemplo números de teléfono, de cuenta corriente, etc, se pronuncia como la letra **O** (/əʊ/): *room 102* (*one-o-two*) habitación ciento dos ◊ *The code for Oxford is 01865* (*o-one-eight-six-five*). El prefijo de Oxford es cero uno ocho seis cinco. *Comparar con* NIL, ZERO *y ver tb nota en* NOUGHT ☛ *Ver apéndice 3*

■ **O** (*tb* **Oh**) *interj*: *Oh yes?* ¿Ah sí? ◊ *Oh no!* ¡Ay no! ◊ *O God our help.* Oh Dios, socorro nuestro.

oaf /əʊf/ *n* (*pl* **oafs**) zoquete
▶ **oafish** *adj* zafio y torpe

oak /əʊk/ *n* roble: *an oak tree* un roble ◊ *oak panelling* revestimiento de roble
LOC **big/tall/great/large oaks from little acorns grow** (*refrán*) las cosas importantes pueden tener orígenes humildes

OAP /ˌəʊ eɪ ˈpiː/ (*pl* **OAPs**) (*GB, coloq*) *abrev de* **old-age pensioner**

oar /ɔː(r)/ *n* remo
LOC **to put/shove/stick your oar in; to put/shove/stick in your oar** (*coloq*) *He's always sticking his oar in!* ¡Siempre está metiendo baza! *Ver tb* REST[1]

oarsman /ˈɔːzmən/ *n* (*pl* **-men**) remero

oarswoman /ˈɔːzwʊmən/ *n* (*pl* **-women** /-wɪmɪn/) remera

OAS /ˌəʊ eɪ ˈes/ (*USA*) *abrev de* **Organization of American States** Organización de Estados Americanos

oasis /əʊˈeɪsɪs/ *n* (*pl* **oases** /-siːz/) oasis

oast house /ˈəʊst haʊs/ *n* (*GB*) secadero (para lúpulo)

oath /əʊθ/ *n* **1** juramento **2** palabrota *Ver tb* COMMISSIONER FOR OATHS
LOC **on my oath** (*antic*) lo juro **to be on/under oath** estar bajo juramento **to put/place sb on/under oath** tomarle juramento a algn **to swear/take an oath** hacer juramento

oatmeal /ˈəʊtmiːl/ *n* harina de avena

oats /əʊts/ *n* **1** [*pl*] avena **2** (*tb* **porridge oats**) copos de avena *Ver tb* ROLLED OATS
LOC **to be getting your oats** (*coloq*) *He's not been getting his oats lately!* ¡Últimamente no la moja! **(to be) off your oats** (*coloq*) estar desganado *Ver tb* SOW[2]

OAU /ˌəʊ eɪ ˈjuː/ *abrev de* **Organization of African Unity** Organización para la Unidad Africana

obbligato /ˌɒblɪˈɡɑːtəʊ/ *adj, n* (*pl* **~s** o **-ti** /-tiː/) obligado (*Mús*)

obdurate /ˈɒbdjərət; *USA* -dər-/ *adj* (*formal*) obstinado
▶ **obduracy** *n* empecinamiento
obdurately *adv* con empecinamiento

OBE /ˌəʊ biː ˈiː/ (*GB*) *abrev de* **Officer of (the Order of) the British Empire** (*título*) Oficial de la Orden del Imperio Británico: *to be made an OBE* ser nombrado OBE *Ver tb* CBE, MBE

obedient /əˈbiːdiənt/ *adj* obediente
LOC **your obedient servant** (*antic* o *formal*) su seguro servidor
▶ **obedience** *n* obediencia: *to show obedience to sb* obedecer a algn
obediently *adv* obedientemente

obeisance /əʊˈbeɪsns/ *n* (*antic* o *formal*) **1** reverencia **2** homenaje
LOC **to do/pay/make obeisance to sb** rendir homenaje a algn

obelisk /ˈɒbəlɪsk/ *n* obelisco

obese /əʊˈbiːs/ *adj* (*formal*) obeso
▶ **obesity** *n* obesidad

obey /əˈbeɪ/ *vt, vi* obedecer

obfuscate /ˈɒbfʌskeɪt/ *vt* (*formal*) ofuscar
▶ **obfuscation** *n* ofuscación, confusión

obituary /əˈbɪtʃuəri; *USA* -tʃʊeri/ *n* (*pl* **-ies**) (*coloq* **obit**) necrología: *obituary notice* nota necrológica

object[1] /ˈɒbdʒɪkt/ *n* **1** objeto: *an object of attention/pity* un objeto de atención/compasión **2** objetivo: *to fail/succeed in your object* fracasar/triunfar en tu objetivo ◊ *with the object of doing sth* con el propósito de hacer algo **3** (*Gram*) complemento *Ver tb* DIRECT OBJECT
LOC **expense, money, etc is no object** sin consideraciones de dinero

object[2] /əbˈdʒekt/ *vi* **~ (to sth/sb)** oponerse (a algo/algn): *to strongly object to sth* estar muy en contra de algo ◊ *If he doesn't object.* Si él no tiene inconveniente. ◊ *'Not yet.', I objected.* —Todavía no, protesté. ◊ *I object to your talking about me like that.* No te consiento que hables de mí de esa manera.
▶ **objector** *n* objetor, -ora: *conscientious objector* objetor de conciencia

objection /əbˈdʒekʃn/ *n* **1 ~ (to/against sth/doing sth)** objeción (a algo/a hacer algo): *objections to the plan* protestas contra el proyecto ◊ *Is there any objection to my suggestion?* ¿Existe alguna objeción a mi sugerencia? **2 ~ (to/against sth/doing sth)** oposición (a algo/a hacer algo): *to raise/voice an objection* poner reparos/expresar su oposición ◊ *to have a strong objection to sth* estar muy en contra de algo **3 ~ (to/against sth/doing sth)** inconveniente, reparo (a algo/a hacer algo): *If there is no objection.* Si no hay inconveniente. **4** (*Jur*): *objection sustained/overruled* protesta aceptada/denegada

objectionable /əbˈdʒekʃnəbl/ *adj* **1** (*observación, olor*) desagradable **2** (*persona*) antipático **3** (*comentario*) inaceptable

objective /əbˈdʒektɪv/ *adj* objetivo: *to remain objective* mantener la objetividad
■ **objective** *n* objetivo: *to achieve an objective* conseguir un objetivo
▶ **objectively** *adv* objetivamente
objectivity /ˌɒbdʒekˈtɪvəti/ *n* objetividad

object lesson *n* lección práctica

objet d'art /ˌɒbʒeɪ ˈdɑː/ *n* (*pl* **objets d'art** /ˌɒbʒeɪ ˈdɑː/) (*Fr*) objeto de arte

obligate /ˈɒblɪɡeɪt/ *vt* (*formal*) obligar: *to feel obligated to do sth* sentirse obligado a hacer algo

obligation /ˌɒblɪˈɡeɪʃn/ *n* **1** obligación: *legal/moral obligation* obligación legal/moral ◊ *to fulfil an obligation* cumplir con una obligación **2** (*Com*) compromiso: *without obligation* sin compromiso ◊ *to meet your obligations* cumplir sus compromisos
LOC **to be under an/no obligation (to do sth)** tener obligación/no tener obligación (de hacer algo): *to be under an obligation to sb* tener un compromiso con algn **to place/put sb under an/no obligation (to do sth)** poner/no poner a algn bajo una obligación (a hacer algo): *It places us under an obligation to him.* Nos pone en un compromiso con él.

obligatory /əˈblɪɡətri; *USA* -tɔːri/ *adj* (*formal*) **1** obligatorio **2** de rigor, consabido

oblige /əˈblaɪdʒ/ *vt* obligar: *to feel obliged to do sth* sentirse obligado a hacer algo

■ **oblige** *vt, vi* ~ **(sb) (with sth/by doing sth)** (*formal*) complacer (a algn) (haciendo algo): *We'd be happy to oblige.* Nos encantaría complacerle. ◊ *Please oblige me by attending.* Hazme el favor de asistir.

▶ **obliged** *adj* [*predicativo*] ~ **(to sb) (for sth/doing sth)** estar agradecido (a algn) (por algo/hacer algo): *I should be much obliged.* Se lo agradecería enormemente.

LOC much obliged se agradece

obliging *adj* atento: *He is most obliging.* Es de lo más atento.

obligingly *adv* atentamente, amablemente

oblique /əˈbliːk/ *adj* **1** oblicuo: *oblique angle* ángulo oblicuo ◊ *oblique stroke* barra oblicua **2** (*fig*) indirecto: *an oblique reference* referencia velada

▶ **obliquely** *adv* **1** oblicuamente **2** indirectamente

obliterate /əˈblɪtəreɪt/ *vt* (*formal*) **1** eliminar, borrar **2** arrasar, destruir

▶ **obliteration** *n* eliminación, destrucción

oblivion /əˈblɪviən/ *n* olvido: *to fall/sink into oblivion* caer/sumirse en el olvido

oblivious /əˈblɪviəs/ *adj* ~ **of/to sth**: *oblivious of everything/to danger* sin percatarse de nada/del peligro

oblong /ˈɒblɒŋ; *USA* -lɔːŋ/ *n* rectángulo

■ **oblong** *adj* rectangular

Tanto **rectangular** como **oblong** significan *rectangular*, pero no deben confundirse.
Rectangular implica que los cuatro ángulos son de 90°. **Oblong** es un término más amplio y se refiere a una forma alargada pero no necesariamente con cuatro ángulos rectos (p. ej. una mesa rectangular con las esquinas redondeadas).

obnoxious /ɒbˈnɒkʃəs/ *adj* detestable

oboe /ˈəʊbəʊ/ *n* (*instrumento*) oboe ☛ *Ver ilustración en* WOODWIND

▶ **oboist** *n* (*músico*) oboe

obscene /əbˈsiːn/ *adj* obsceno: *obscene phone calls* llamadas telefónicas obscenas

▶ **obscenely** *adv* obscenamente

obscenity *n* (*pl* **-ies**) obscenidad: *He shouted obscenities at the woman.* Le dijo obscenidades a la mujer.

obscure /əbˈskjʊə(r)/ *adj* **1** (*significado*) poco claro: *For some obscure reason…* Por alguna razón no muy clara… **2** desconocido: *an obscure poet* un poeta desconocido

■ **obscure** *vt* tapar

obscurity /əbˈskjʊərəti/ *n* (*fig*) oscuridad

obsequious /əbˈsiːkwiəs/ *adj* ~ **(to sb)** (*pey*) servil (con algn)

observable /əbˈzɜːvəbl/ *adj* visible

observance /əbˈzɜːvəns/ *n* ~ **(of sth)** observancia (de algo)

observant /əbˈzɜːvənt/ *adj* observador

observation /ˌɒbzəˈveɪʃn/ *n* observación: *powers of observation* poderes de observación

LOC to be under observation estar bajo observación **to keep sb under observation** mantener a algn bajo observación

▶ **observational** *adj*: *observational methods* métodos de observación/vigilancia

observatory /əbˈzɜːvətri; *USA* -tɔːri/ *n* observatorio

observe /əbˈzɜːv/ *vt* **1** observar: *The police observed the man entering/enter the bank.* La policía observó al hombre que entraba en el banco. ◊ *to observe the law* observar la ley **2** (*formal*) (*fiesta*) guardar

▶ **observer** *n* **1** observador, -ora **2** persona que mira

obsess /əbˈses/ *vt* obsesionar: *to be obsessed by/with sth/sb* estar obsesionado con algo/algn

obsession /əbˈseʃn/ *n* ~ **(with/about sth/sb)** obsesión (con algo/algn)

▶ **obsessional** *adj* obsesivo

obsessive /əbˈsesɪv/ *adj* (*pey*) obsesivo: *She's obsessive about punctuality.* Es obsesiva respecto a la puntualidad.

■ **obsessive** *n* obseso, -a

▶ **obsessively** *adv* obsesivamente

obsolescence /ˈɒbselesns/ *n* (*formal*) lo obsoleto

obsolete /ˈɒbsəliːt/ *adj* obsoleto

obstacle /ˈɒbstəkl/ *n* obstáculo

obstetric(al) /əbˈstetrɪk/ *adj* obstétrico

obstetrician /ˌɒbstəˈtrɪʃn/ *n* tocólogo, -a

obstetrics /əbˈstetrɪks/ *n* [*sing*] obstetricia

obstinacy /ˈɒbstɪnəsi/ *n* obstinación

obstinate /ˈɒbstɪnət/ *adj* obstinado **LOC** *Ver* MULE[1]

▶ **obstinately** *adj* obstinadamente

obstruct /əbˈstrʌkt/ *vt* ~ **sth (with sth)** obstruir algo (con algo)

obstruction /əbˈstrʌkʃn/ *n* obstrucción

obstructive /əbˈstrʌktɪv/ *adj* **1** que obstruye **2** obstruccionista

obtain /əbˈteɪn/ *vt* **1** ~ **sth** obtener algo **2** ~ **sth for sb** obtener algo para algn

▶ **obtainable** *adj* que se puede conseguir: *Spare parts are easily obtainable.* Los repuestos se pueden conseguir con facilidad.

obtrusive /əbˈtruːsɪv/ *adj* demasiado prominente, que estorba

obtuse /əbˈtjuːs; *USA* -ˈtuːs/ *adj* **1** (*formal, pey*) obtuso **2** (*Mat*) obtuso

obverse /ˈɒbvɜːs/ *n* (*formal*) anverso

obviate /ˈɒbvieɪt/ *vt* (*formal*) evitar, obviar ☛ *Comparar con* AVOID

obvious /ˈɒbviəs/ *adj* obvio: *She is the obvious choice for the job.* Es la candidata indiscutible para el puesto. ◊ *There's no need to state the obvious.* No hace falta que nos expliques lo obvio. ◊ *He made it obvious that he wasn't interested.* Dejó claro que no le interesaba.

▶ **obviously** *adv* claramente: *He was obviously drunk.* Era obvio que estaba borracho.

occasion /əˈkeɪʒn/ *n* ocasión: *on this/that occasion* en esta/aquella ocasión ◊ *I've met him on several occasions.* Nos hemos encontrado en varias ocasiones. ◊ *a special/momentous occasion* una ocasión especial/memorable

Nótese que cuando *ocasión* tiene el sentido de "oportunidad" se traduce por **chance**: *I didn't have the chance to do it.* No tuve ocasión de hacerlo.

LOC on occasion (*formal*) en ocasiones **on the occasion of sth** (*formal*) con motivo de algo *Ver tb* SENSE

occasional /əˈkeɪʒənl/ *adj*: *He pays me occasional visits.* Me visita de vez en cuando. ◊ *She reads the occasional book.* Lee algún que otro libro.

▶ **occasionally** *adv* de vez en cuando ☛ *Ver nota en* ALWAYS

the Occident /ˈɒksɪdənt/ *n* [*sing*] (*formal*) Occidente

occidental (*tb* **Occidental**) /ˌɒksɪˈdentl/ *adj, n* occidental

occult /ˈɒkʌlt; *USA* əˈkʌlt/ *adj* oculto

▶ **the occult** *n* lo oculto

occultism *n* ocultismo

occupancy /ˈɒkjʊpənsi/ *n* **1** ocupación: *a hotel with a high occupancy rate* un hotel con un alto nivel de ocupación **2** estancia: *when their (period of) occupancy comes to an end* cuando tengan que dejar la casa/finalice el contrato de alquiler

occupant /ˈɒkjəpənt/ *n* **1** ocupante **2** inquilino, -a

occupation /ˌɒkjuˈpeɪʃn/ *n* **1** ocupación: *an army of occupation* un ejército de ocupación **2** profesión ☛ *Ver nota en* WORK[1]

occupational /ˌɒkjʊˈpeɪʃnl/ *adj* **1** ocupacional: *an* *occupational therapist* un terapeuta ocupacional **2** laboral: *occupational hazards* gajes del oficio **3** profesional

occupied /ˈɒkjupaɪd/ *adj* **1** ocupado: *the occupied territories* los territorios ocupados **2 ~ (in doing sth/with sth)** ocupado (en hacer algo/en algo)

occupier /ˈɒkjupaɪə(r)/ *n* ocupante *Ver tb* OWNER-OCCUPIER

occupy /ˈɒkjupaɪ/ (*pret, pp* **-pied**) **1** *vt* ocupar: *occupying forces* fuerzas de ocupación ◊ *This seat is occupied.* Este asiento está ocupado. **2** *v refl* **~ yourself (in doing sth/with sth)** entretenerse (haciendo algo): *She manages to keep herself occupied.* Siempre tiene algo que hacer.

occur /əˈkɜː(r)/ *vi* (**occurred**) **1(a)** ocurrir, producirse, tener lugar: *When did the accident occur?* ¿Cuándo ocurrió el accidente? **(b)** (*formal*) encontrarse: *It occurs naturally.* Aparece de forma natural. **2 ~ to sb** ocurrírsele a algn

occurrence /əˈkʌrəns/ *n* **1** hecho, caso: *a frequent occurrence* un hecho común ◊ *It's an everyday occurrence.* Está a la orden del día. **2** (*formal*) **(a)** existencia, aparición **(b)** incidencia, frecuencia ☛ *Comparar con* OCURRENCIA

ocean /ˈəʊʃn/ *n* océano: *ocean currents* las corrientes oceánicas ◊ *the Atlantic and Pacific Oceans* los océanos Atlántico y Pacífico ◊ *the Arctic/Antarctic/Indian Ocean* el océano Artico/Antártico/Índico ☛ *Ver nota en* OCÉANO

LOC oceans of sth (*coloq*) la mar de algo *Ver tb* DROP

ocean-going /ˈəʊʃn gəʊɪŋ/ *adj* de alta mar

oceanic /ˌəʊʃiˈænɪk/ *adj* (*formal*) oceánico

oceanography /ˌəʊʃəˈnɒgrəfi/ *n* oceanografía

▶ **oceanographer** *n* oceanógrafo, -a

ocelot /ˈɒsəlɒt; *USA* ˈɒsələt/ *n* ocelote

ochre (*USA tb* **ocher**) /ˈəʊkə(r)/ *n* ocre: *yellow ochre* amarillo ocre ◊ *ochre(-coloured) stone* piedra color ocre

o'clock /əˈklɒk/ *adv*: *at/after/before eleven (o'clock)* a/después de/antes de las once ◊ *at one (o'clock) in the afternoon/morning* a la una de la tarde/mañana ◊ *the six o'clock train* el tren de las seis *Ver tb* FIVE O'CLOCK SHADOW

Nótese que **o'clock** puede omitirse cuando en el contexto se entiende que estamos hablando de las horas en punto: *between five and six (o'clock)* entre las cinco y las seis. Por otro lado, **o'clock** no se puede omitir cuando, junto con la hora, funciona como adjetivo de un sustantivo: *the ten o'clock news* el telediario de las diez.

Oct *abrev de* **October**

octagon /ˈɒktəgən; *USA* -gɒn/ *n* octágono

▶ **octagonal** /ɒkˈtægənl/ *adj* octagonal

octane /ˈɒkteɪn/ *n* octano: *octane number/rating* octanaje

octave /ˈɒktɪv/ *n* octava

October /ɒkˈtəʊbə(r)/ *n* (*abrev* **Oct**) octubre ☛ *Ver nota y ejemplos en* JANUARY

octogenarian /ˌɒktədʒəˈneəriən/ *n* octogenario, -a

octopus /ˈɒktəpəs/ *n* (*pl* **octopuses**) pulpo

ocular /ˈɒkjələ(r)/ *adj* (*formal*) ocular

OD /ˌəʊ ˈdiː/ *abrev de* **overdose**: *He'll OD one day and kill himself.* Un día se va a meter de más y se va a morir.

odd /ɒd/ *adj* (**odder, oddest**) **1** raro: *How odd!* ¡Qué raro! ◊ *It struck me as odd that…* Me pareció raro que… **2** (*número*) impar: *even or odd* par o impar **3(a)** (*volumen, etc*) suelto **(b)** (*zapato, etc*) desparejado **(c)** sobrante: *odd bits of material* trozos sueltos de tela **4** unos, más o menos: *thirty-odd years* unos treinta años ◊ *twelve pounds odd* unas doce libras **5** [*antes de sustantivo*] algún/alguno que otro: *at odd times* a ratos ◊ *I take the odd bit of exercise.* Hago ejercicio a veces. ◊ *There will be the odd shower.* Habrá algunas lluvias.

LOC the/an odd man/one out 1 *He was the odd one out.* Fue el único desparejado. **2** *Which is the odd one out?* ¿Cuál es el que no pega? **3** (*coloq*) el que queda excluído *Ver tb* FISH[1]

oddball /ˈɒdbɔːl/ *n* (*coloq*) bicho raro

oddity /ˈɒdəti/ *n* (*pl* **-ies**) **1** (*tb* **oddness**) rareza **2(a)** cosa rara **(b)** manía: *She has her oddities.* Tiene sus manías. **(c)** (*persona*) bicho raro **(d)** particularidad

odd-job man *n* hombre que hace de todo

odd jobs *n* chapuzas: *to do odd jobs* hacer chapuzas

oddly /ˈɒdli/ *adv* extrañamente

LOC oddly enough curiosamente: *Oddly enough, we were just talking about the same thing.* Curiosamente, estábamos hablando exactamente de lo mismo.

oddment /ˈɒdmənt/ *n* [*gen pl*] **1** artículo suelto **2** (*de tela*) retal **3** trasto

oddness /ˈɒdnəs/ *n* lo raro

odds /ɒdz/ *n* [*pl*] **1** probabilidad: *The odds are in your favour/against you.* Tienes las de ganar/de perder. ◊ *The odds are that she'll win.* Lo más probable es que gane. **2** desventaja, dificultades: *in the face of overwhelming odds* a pesar de tener todo en su contra **3** (*apuestas*): *The odds are five to one on that horse.* Las apuestas a ese caballo son de cinco a uno.

LOC against (all) the odds contra todos los pronósticos **it makes no odds**: *It makes no odds to me.* Me da igual. **odds and ends, odds and sods** (*GB, coloq*): *There are just a few odds and ends left.* Solo quedan cuatro chismes. **over the odds** (*GB, coloq*) más de la cuenta: *They paid over the odds for the house.* Pagaron más de la cuenta por la casa. **to be at odds (with sb) (over/on sth) 1** estar reñido con algn (por algo), estar reñidos **2** discrepar (sobre algo) **to lay (sb) odds (of)**: *They are laying odds of ten to one.* Apuestan diez contra uno. **what's the odds?** (*coloq*) ¿qué más da? *Ver tb* PAY[2], STACK

odds-on /ˌɒdz ˈɒn/ *adj* probable: *the odds-on favourite* el probable ganador ◊ *It's an odds-on chance.* Es muy probable.

ode /əʊd/ *n* oda: *The Ode to Joy* El Himno a la Alegría

odious /ˈəʊdiəs/ *adj* (*formal*) odioso

odium /ˈəʊdiəm/ *n* (*formal*) odio

odour (*USA* **odor**) /ˈəʊdə(r)/ *n* (*formal*) **1** olor *Ver tb* BODY ODOUR

Odour se usa en contextos más formales que **smell** y a veces implica que es un olor desagradable.

2 (*fig*) aroma

LOC to be in good/bad odour (with sb): *I'm in good/bad odour with your father.* Tu padre me tiene en buena/mala consideración.

▶ **odourless** *adj* inodoro (*sin olor*)

odyssey /ˈɒdəsi/ *n* (*pl* **~**) odisea

OECD /ˌəʊ iː siː ˈdiː/ *abrev de* **Organization for Economic Co-operation and Development** Organización para la Cooperación y el Desarrollo Económico

Oedipus /ˈiːdɪpəs/ *n* Edipo: *Oedipus complex* complejo de Edipo

o'er /ɔː(r)/ (*antic*) *abrev de* **over**

oesophagus (*USA tb* **esophagus**) /iˈsɒfəgəs/ *n* (*pl* **~es, -phagi** /-gaɪ/) esófago ☛ *Ver ilustración en* DIGESTIVE, THROAT

oestrogen /ˈiːstrədʒən/ (*USA tb* **estrogen**) *n* estrógeno

oeuvre /ˈɜːvrə/ *n* [*sing*] (*Fr, formal*) obra (*de un pintor, etc*)

of /əv, ɒv/ *prep* **1** de: *made of wood* hecho de madera ◊ *2 kilos of potatoes* 2 kilos de patatas ◊ *a girl of six* una niña de seis años ◊ *the works of Shakespeare* las obras de Shakespeare ◊ *an item of value* un artículo de valor ◊ *that fool of a manager* el tonto del gerente **2** a: *fear of the dark* miedo a la oscuridad ◊ *a smell of onions* un olor a cebolla **3** (*con posesivos*) de: *a friend of John's/my* *sister's* un amigo de Juan/mi hermana ◊ *It's no business of mine/yours/theirs.* No es asunto mío/tuyo/suyo. ◊ *that house of yours in the country* esa casa tuya en el campo **4** (*uso partitivo*) de: *There were five of us.* Eramos cinco. ◊ *She invited the six of us.* Nos invitó a los seis. ◊ *most of all* más que nada ◊ *Three of them never came back.* Tres de ellos nunca regresaron. ◊ *They're the best of friends.* Son los mejores amigos. ◊ *He, of all people, ought to know better.* Él tendría que saberlo mejor que nadie. ◊ *How much of it is yours?* ¿Cuánto es tuyo? ◊ *today of all days* de todos los días que podía pasar, hoy precisamente **5** (*con fechas y tiempo*) de: *the first of March* el uno de marzo ◊ *his friend of a lifetime* su amigo de toda la vida **6** (*por parte de*) de: *It was very kind of him.* Fue muy amable de su parte. ◊ *How good of you to come.* Qué bien que hayáis venido. **7** (*causa*) de: *What did she die of?* ¿De qué murió? **8** (*antic*): *They used to visit me of a Sunday.* Solían visitarme los domingos. ◊ *of a morning* por las mañanas

off¹ /ɒf; *USA* ɔːf/ *adj* **1** [*predicativo*] (*coloq*) (*gente*) desagradable: *She was very off with me.* Estuvo muy desagradable conmigo. **2** (*comida*) pasado: *This fish has gone/is off.* Este pescado está pasado. ◊ *It smelt of off milk.* Olía a leche agria.

off² /ɒf; *USA* ɔːf/ *part adv* **1** (*a distancia*) **(a)** (*en el espacio*): *5 miles off* a 5 millas de distancia ◊ *some way off* a cierta distancia ◊ *He ran off.* Salió corriendo. ◊ *Be off/Off with you!* ¡Vete! **(b)** (*en el tiempo*): *That day is not far off.* Ese día no está lejos. ◊ *The meeting is only one week off.* Solo queda una semana para la reunión. **2** (*quitado*): *He's had his beard shaved off.* Se ha afeitado la barba. ◊ *Take your hat off.* Quítate el sombrero. ◊ *to leave the lid off a tin* dejar la lata destapada ◊ *Hands off!* ¡No toques! ◊ *with your shoes off* descalza **3** *I must be off soon.* Tengo que irme pronto. **4** (*coloq*) *The meeting is off.* Se ha cancelado la reunión. **5(a)** (*gas, electricidad*) desconectado: *to turn the gas off* desconectar el gas **(b)** (*máquinas, etc*) apagado: *The radio is off.* La radio está apagada. ◊ *to take the brake off* quitar el freno **(c)** (*grifo*) cerrado: *Have you turned the tap off?* ¿Has cerrado el grifo? **6** *She's off sick today.* Hoy no ha venido a trabajar porque está enferma. ◊ *The manager gave them the day off.* El director les dio el día libre. **7** (*en rebajas, etc*): *20 per cent off* un 20% de descuento **8** (*Teat*): *noises off* ruidos de fondo **9** (*coloq*): *Soup is off today.* Hoy no hay sopa.

LOC **off and on**; **on and off** de cuanto en cuanto **to be off (for sth)** (*coloq*) *How are you off for cash?* ¿Cómo estás de dinero? ◊ *If we were better off for time...* Si tuviéramos más tiempo...

☛ Para los usos de **off** en los PHRASAL VERBS ver las entradas de los verbos correspondientes, p. ej. **to go off** en GO¹.

off³ /ɒf; *USA* ɔːf/ *prep* **1** de: *to fall off a ladder* caerse de una escalera ◊ *to eat off a plate* comer de un plato ◊ *We're getting right off the subject.* Nos estamos desviando del tema. ◊ *Keep off the grass.* No pisar el césped. **2** que sale de: *a street off the main road* una calle que sale de la carretera principal **3** a cierta distancia de: *off the coast of Cornwall* a cierta distancia de la costa de Cornualles **4** (*coloq*) sin ganas de: *to be off your food* estar desganado ◊ *off drugs* desenganchado de la droga *Ver tb* LIFT-OFF

☛ Para los usos de **off** en PHRASAL VERBS ver las entradas de los verbos correspondientes, p. ej. **to go off** en GO¹

■ **the off** *n* [*sing*] la salida (*de carrera*): *They're ready for the off.* Están listos para la salida.

offal /ˈɒfl; *USA* ˈɔːfl/ *n* asaduras

off balance *adj* [*predicativo*]: *He was thrown off balance.* Perdió el equilibrio. ◊ *Her visit caught him off balance.* Su visita lo pilló de sorpresa.

offbeat /ˌɒfˈbiːt/ *adj* (*coloq*) fuera de lo común: *an offbeat film* una película original

off-centre (*USA* **off-center**) /ˌɒf ˈsentə/ *adj* fuera del centro

off chance *n*

LOC **on the off chance** por si acaso: *He came on the off chance that I would be at home.* Vino por si (acaso) yo estaba en casa.

off-course /ˌɒf ˈkɔːs/ *adj* fuera de rumbo

off-cut /ˈɒf kʌt; *USA* ˈɔːf kʌt/ *n* recorte, retal: *off-cuts of wood* trozos sobrantes de madera

off day *n* (*coloq*) día malo: *I'm having a bit of an off day.* Tengo un día malo.

off-duty /ˈɒf djuːti/ *adj* fuera de servicio: *an off-duty policeman* un policía fuera de servicio

offence (*USA* **offense**) /əˈfens/ *n* **1** delito: *an offence against humanity* un delito contra la humanidad ◊ *a first offence* primer delito ◊ *a criminal offence* un delito criminal **2** ofensa: *to give/cause offence* ofender ◊ *No offence meant.* No lo tomes a mal.

LOC **to take offence (at sth)** ofenderse (por algo)

offend /əˈfend/ *vt* ofender: *to be offended* ofenderse

▶ **offender** *n* **1** infractor, -ora: *That shop was one of the worst offenders.* Esa tienda era una de las que más había infringido la ley. ◊ *a traffic offender* un infractor de tráfico **2** delincuente: *a persistent offender* un reincidente ◊ *a first offender* persona que comete un delito por primera vez

offending *adj* [*antes de sustantivo*] que ofende: *They removed the offending paragraphs.* Quitaron los párrafos que resultaban ofensivos.

offense *n* (*USA*) **1** /ˈɔːfens/ (*Dep*) ofensiva **2** *Ver* OFFENCE

offensive /əˈfensɪv/ *adj* **1** ofensivo: *offensive weapons* armas ofensivas ◊ *I find your attitude offensive.* Encuentro que tu actitud es insultante. **2** repugnante: *an offensive smell* un olor repugnante

■ **offensive** *n* ofensiva: *to launch an offensive against sb* lanzar una ofensiva contra algn *Ver tb* COUNTER-OFFENSIVE

LOC **to be on the offensive** estar a la ofensiva **to go on/take the offensive** atacar

▶ **offensively** *adv* de manera ofensiva

offer /ˈɒfə(r); *USA* ˈɔːf-/ *vt, vi* ofrecer: *She is a person who has a lot to offer.* Es una persona con mucho que ofrecer. ◊ *They offered to help.* Se ofrecieron a ayudar. ◊ *to offer up a sacrifice* ofrecer un sacrificio

■ **offer** *n* oferta: *an offer of help/peace* una oferta de ayuda/paz ◊ *an offer of marriage* una proposición de matrimonio ◊ *They made an offer which I couldn't refuse.* Hicieron una oferta que no pude rechazar. ◊ *That's my final offer.* Esta es mi última oferta. ◊ *offer price* precio de oferta

LOC **on (special) offer** en oferta (especial) **under offer** (*GB*) con comprador (*inmuebles*) *Ver tb* NEAR¹, OPEN¹

▶ **offering** *n* **1** ofrecimiento: *the offering of bribes* el ofrecimiento de sobornos **2** ofrenda: *a church offering* una ofrenda religiosa ◊ *as a peace offering* como ofrenda de paz

offertory /ˈɒfətri; *USA* -tɔːri/ *n* **1** colecta: *offertory box/plate* el cepillo **2** (*Relig*) ofertorio

off guard *adj*

LOC **to catch/take sb off guard** coger a algn desprevenido

offhand /ˌɒfˈhænd; *USA* ˌɔːf-/ *adj* (*comportamiento*) brusco

■ **offhand** *adv* así de pronto: *I can't tell you offhand.* Así de pronto, no te lo sé decir.

office /ˈɒfɪs; *USA* ˈɔːf-/ *n* **1(a)** oficina: *an office job* un trabajo de oficina ◊ *the tourist office* la oficina de turismo ◊ *lost property office* oficina de objetos perdidos **(b)** despacho: *a ticket office* un despacho de billetes *Ver tb* BOOKING OFFICE, BOX OFFICE, HEAD OFFICE, LEFT LUGGAGE OFFICE, POST OFFICE, PUBLIC RECORD OFFICE, REGISTRY OFFICE, SORTING OFFICE **(c)** (*USA*) consulta (*de* *médico)* ☛ *Comparar con* SURGERY sentido 2 **2 Office** *Ver* THE FOREIGN OFFICE, THE HOME OFFICE **3** cargo: *to hold public office* ocupar un cargo público ◊ *to take office* entrar en funciones

LOC to be in/out of office estar en el poder/fuera del poder **to lay down office** *(formal)* dimitir de un cargo *Ver tb* DIVINE[1]

office block *n* bloque de oficinas

office hours *n* horas de oficina: *during/out of office hours* durante/fuera del horario de oficina

the Office of Fair Trading *n* la Junta de Precios

officer /ˈɒfɪsə(r); *USA* ˈɔːf-/ *n* **1** *(Mil)* oficial: *an army officer* un oficial del ejército *Ver tb* COMMANDING OFFICER, FLYING OFFICER, PETTY OFFICER **2** funcionario, -a *(de los tribunales y de ciertos departamentos provinciales)*: *an education/health officer* un funcionario del ministerio de educación/salud *Ver tb* RETURNING OFFICER **3** agente: *a customs officer* un agente de aduanas ◊ *a press officer* un agente de prensa **4** directivo: *a personnel officer* un jefe de personal **5** *(policía)* agente ☛ *Ver nota en* POLICE OFFICER

official /əˈfɪʃl/ *adj* oficial: *in his official capacity as mayor* en su capacidad oficial como alcalde ◊ *Official statistics/figures show…* Las estadísticas/cifras oficiales muestran… ◊ *to make sth official* declarar algo oficial

■ **official** *n* funcionario, -a (civil): *government officials* funcionarios del gobierno

► **officialdom** *n (formal)* **1** funcionariado **2** burocracia

officially *adv* oficialmente

officiate /əˈfɪʃieɪt/ *vi* **~ (at sth)** oficiar (en algo); celebrar (algo)

officious /əˈfɪʃəs/ *adj* mandón

offing /ˈɒfɪŋ; *USA* ˈɔːf-/ *n*

LOC in the offing *(coloq)* en perspectiva: *There's some trouble in the offing.* Hay problemas en perspectiva.

off-key /ˌɒf ˈkiː; *USA* ˌɔːf ˈkiː/ *adv* desafinadamente: *to sing off-key* desafinar al cantar

■ **off-key** *adj* desafinado

off-licence /ˈɒf laɪsns/ *(USA* **liquor store***)* *n* tienda de vinos y licores

off-limits /ˈɒf lɪmɪts/ *adj [predicativo] (acceso)* prohibido

off-line *(tb* **off line***)* /ˌɒf ˈlaɪn; *USA* ˌɔːf ˈlaɪn/ *adj, adv (Informát)* autónomo ☛ *Comparar con* ON-LINE

offload /ˌɒfˈləʊd; *USA* ˌɔːf/ *vt* **1** descargar **2 ~ sth/sb (on/onto sb)** *(coloq)* endosar algo/a algn a algn: *He tried to offload his work onto me.* Intentó endosarme su trabajo. ☛ *Comparar con* UNLOAD

off-peak /ˌɒf ˈpiːk; *USA* ˌɔːf ˈpiːk/ *adj* **1** fuera de las horas punta: *off-peak train services* servicios de trenes entre las horas punta ◊ *an off-peak telephone call* una llamada telefónica con la tarifa económica **2** de temporada baja: *off-peak holiday prices* precios de temporada baja ☛ *Comparar con* PEAK

off-putting /ˈɒf pʊtɪŋ; *USA* ˌɔːf ˈpʊtɪŋ/ *adj (coloq)* desconcertante, desalentador

off-road /ˌɒf ˈrəʊd/ *adj* (de) todo terreno

off-screen /ˌɒf ˈskriːn/ *adj* fuera de la pantalla

off-season /ˈɒf siːzn; *USA* ˈɔːf siːzn/ *n [sing]* temporada baja

offset /ˈɒfset; *USA* ˈɔːf-/ *vt* **(-tt-)** *(pret, pp* **offset***)* **1 ~ sth (by sth/doing sth)** compensar algo (con algo/haciendo algo) **2 ~ sth against sth** deducir algo de algo: *Losses can be offset against gains.* Las pérdidas pueden deducirse de las ganancias.

offshoot /ˈɒfʃuːt; *USA* ˈɔːf-/ *n* **1** *(Bot)* retoño **2** *(fig)* rama, filial

offshore /ˌɒfˈʃɔː(r); *USA* ˌɔːf-/ *adj* **1(a)** *(isla, barco, etc)* cerca de la costa *(en el mar)*: *an offshore oil rig* una plataforma petrolífera en el mar cerca de la costa ◊ *offshore fishing* pesca de bajura **(b)** *(viento)* terral ☛ *Comparar con* ONSHORE **2** *(mercados, empresas, etc)* en el extranjero, en un paraíso fiscal

offside /ˌɒfˈsaɪd; *USA* ˌɔːf-/ *adj, adv (Dep)* fuera de juego: *to be offside* estar fuera de juego

■ **offside** *(tb* **off***)* *adj, n (GB)* (d)el lado derecho *(el lado del conductor)*: *the rear offside tyre* la rueda trasera derecha ☛ Nótese que en España **offside** sería el lado izquierdo. *Comparar con* NEARSIDE

offspring /ˈɒfsprɪŋ; *USA* ˈɔːf-/ *n (pl* **offspring***)* *(formal)* **1** hijo(s): *to die without offspring* morir sin descendencia **2** cría(s)

off-stage /ˌɒf ˈsteɪdʒ; *USA* ˌɔːf ˈsteɪdʒ/ *adj, adv* **1** entre bastidores **2** fuera del escenario: *her off-stage life* su vida fuera del escenario

off the cuff 1 *adj (antes de sustantivo tb* **off-the-cuff***)* improvisado: *an off-the-cuff remark* un comentario improvisado **2** *adv* improvisadamente: *I gave an answer off the cuff.* Improvisé una contestación.

off the peg 1 *adj (antes de sustantivo tb* **off-the-peg***)* de confección **2** *adv*: *I buy my clothes off the peg.* Me compro la ropa hecha.

off the record 1 *adj (antes de sustantivo tb* **off-the-record***)* extraoficial **2** *adv* de forma extraoficial: *I can tell you off the record…* De forma extraoficial te puedo decir…

off the shoulder *adj (antes de sustantivo tb* **off-the-shoulder***)* que deja los hombros descubiertos: *an off-the-shoulder dress* un vestido con los hombros al descubierto

off-white /ˌɒf ˈwaɪt; *USA* ˌɔːf ˈhwaɪt/ *adj* blanco sucio

oft /ɒft; *USA* ɔːft/ *adv (antic, ret) Ver* OFTEN

often /ˈɒfn, ˈɒftən; *USA* ˈɔːfn/ *adv* a menudo: *We have often been there.* Hemos ido allí muchas veces. ◊ *He writes to me often.* Me escribe a menudo. ◊ *How often does the bus run?* ¿Cada cuánto pasa el autobús? ◊ *I see her quite often.* La veo bastante a menudo. ◊ *It's not often (that) you see…* No se ve con frecuencia que… ◊ *It cannot be said too often/often enough.* No está de más insistir sobre ello. ☛ *Ver nota en* ALWAYS

LOC as often as not la mitad de las veces **every so often** de vez en cuando **more often than not** la mayoría de las veces *Ver tb* ONCE

ogle /ˈəʊgl/ *vt, vi* **~ (at) sb** comerse con los ojos a algn

ogre /ˈəʊgə(r)/ *n* ogro

oh /əʊ/ *interj* **1** ¡ah!: *Oh look!* ¡Anda, mira!. **2** *Oh yes I will.* ¡Y tanto que lo haré! ◊ *Oh no you don't!* ¡Ni mucho menos!

LOC oh dear! 1 ¡qué pena! **2** ¡mecachis!

ohm /əʊm/ *n* ohmio

OHMS /ˌəʊ eɪtʃ em ˈes/ *(GB) abrev de* **On Her/His Majesty's Service** Al servicio de Su Majestad *(normalmente impreso en formularios, sobres, etc oficiales)*

oil /ɔɪl/ *n* **1** aceite: *olive oil* aceite de oliva ◊ *an oil-lamp* una lámpara de aceite ◊ *to put some oil in the car* poner aceite al coche ◊ *to check/change the oil* comprobar/cambiar el aceite (del coche) ◊ *a can of oil* una lata de aceite (para el coche) *Ver tb* CASTOR OIL, COD LIVER OIL, CORN OIL **2** petróleo: *to strike oil* encontrar petróleo ◊ *an oil company* una compañía petrolífera ◊ *oil-rich countries* países ricos en petróleo *Ver tb* CRUDE OIL **3** *(coloq)* óleo: *an exhibition of oils and water-colours* una exposición de óleos y acuarelas **4 oils** *[pl]* pinturas al óleo: *to paint in oils* pintar al óleo **LOC** *Ver* BURN[2], POUR, STRIKE[2]

■ **oil** *vt* lubricar, engrasar *Ver tb* WELL-OILED

► **oiliness** *n* lo aceitoso

oil can *n* aceitera de motores ☛ *Ver ilustración en* CAN[1]

oilcloth /ˈɔɪlklɒθ/ *n* hule

oil drum *n* bidón de aceite

oilfield /ˈɔɪlfiːld/ *n* yacimiento petrolífero

oil-painting *n* pintura al óleo: *an oil-painting of the Queen* un retrato al óleo de la reina

LOC to be no oil-painting (*coloq*) no ser ningún Adonis/ninguna belleza

oil rig *n* plataforma de perforación, torre de perforación

oilskin /ˈɔɪlskɪn/ *n* **1** tela impermeable (*parecida al hule*) **2 oilskins** [*pl*] chaquetón y pantalón impermeables

oil slick *n Ver* SLICK

oil tanker *n* (barco) petrolero

oil well *n* pozo petrolífero

oily /ˈɔɪli/ *adj* (**-ier, -iest**) **1** oleaginoso **2** aceitoso, grasiento: *oily food* comida aceitosa ◊ *oily skin* piel grasa **3** (*pey*) (*persona*) pegajoso

ointment /ˈɔɪntmənt/ *n* pomada **LOC** *Ver* FLY[1]

OK *abrev de* **okay**

okay (*abrev* **OK**) /ˌəʊˈkeɪ/ *adj, adv* (*coloq*) bien: *Is it OK with you if I go out?* ¿Te importa si salgo? ◊ *It's okay with me.* No tengo ningún inconveniente.
■ **okay** *interj* (*coloq*) vale: *'Will you help me?' 'Okay'* —¿Me quieres ayudar? —Vale.
■ **okay** *vt* (*coloq*) aprobar
■ **okay** *n* (*coloq*) consentimiento: *to give sth the okay* dar el visto bueno a algo

okra /ˈəʊkrə, ˈɒkrə/ *n* quingombó

old /əʊld/ *adj* (**older, oldest**) ☛ *Ver nota en* ELDER[1] **1** viejo, mayor: *old people* los ancianos ◊ *the older generation* la generación de los mayores ◊ *in the old days* en los viejos tiempos ◊ *As you get older...* Según te vas haciendo mayor... ◊ *the old church* la vieja iglesia ◊ *They were my oldest friends.* Eran mis amigos de toda la vida. ◊ *He was only thirty, but he looked much older.* Tenía solo treinta años pero parecía mucho más mayor. *Ver tb* AGE-OLD ☛ *Comparar con* AGED[2], ELDERLY **2** (*edad*): *How old are you?* ¿Cuántos años tienes? ◊ *He is two years older than me.* Me lleva dos años. ◊ *Seven year olds should be able to read.* Los niños de siete años deberían saber leer. ◊ *when you're older* cuando seas mayor ◊ *my older sister* mi hermana mayor

Nótese que hay tres formas posibles de decir *una mujer de 20 años*: *a woman of twenty, a twenty-year-old* y *a twenty-year-old woman. Ver tb nota en* YEAR

3 [*antes de sustantivo*] antiguo (*anterior, previo*): *one of my old teachers* uno de mis antiguos profesores ◊ *my old school* mi antiguo colegio ☛ *Comparar con* ANCIENT, ANTIQUE **4** [*antes de sustantivo*] (*coloq*) *Poor old Paul!* ¡Pobre de Paul! ◊ *Any old thing will do.* Cualquier cosa valdrá. ☛ Nótese que cuando **old** se utiliza para dar énfasis o como término cariñoso no se traduce en español.
LOC an old trout (*coloq*) una bruja **an old wives' tale** un cuento de viejas **any old how** (*coloq*) de cualquier manera (**as**) **old as the hills** más viejo que matusalén **for old times' sake** por los viejos tiempos **of old** de antiguo: *We know him of old.* Lo conocemos de antiguo. ◊ *in days of old* en tiempos pasados **old beyond your years** maduro para su edad **old habits die hard** las viejas costumbres nunca mueren **one of the old school** algn de la vieja escuela **the good old days** los viejos tiempos: *In the good old days young people respected their elders.* En mis tiempos los jóvenes respetaban a la gente mayor. (**to be**) **old before your time** (ser) como un viejo (**to be**) **old enough to be sb's father/mother** poder ser el padre/la madre de algn (**to be**) **old enough to know better** (ser) mayorcito para saber lo que se ha de hacer **to be old hat** (*coloq, pey*) estar pasado (**to have**) **an old head on young shoulders** (ser) sensato para su edad **to pay/settle an old score** saldar una antigua deuda *Ver tb* CAMPAIGNER *en* CAMPAIGN, CHIP, DIRTY, GRAND[1], LOAD[1], MONEY, RAKE[1], RING[2], SAME[1], TEACH, TOUGH, TRICK, WEEK, YOUNG

the old *n* los ancianos

old age *n* vejez: *It's old age.* Son los años.

old-age pension *n* pensión de jubilación

old-age pensioner *n* (*abrev* **OAP**) pensionista (*de la tercera edad*)

old boy *n* (*fem* **old girl**) **1** ex alumno, -a **2** (*coloq*) viejo, -a
LOC the old boy network amiguismo (*esp entre ex alumnos de colegios privados*)

the old country *n* la madre patria

olden /ˈəʊldən/ *adj* (*antic*) viejo: *in the olden days* en los viejos tiempos/antaño

Old English *n* inglés antiguo

old-fashioned /ˈəʊld fæʃnd/ *adj* **1** pasado de moda **2** tradicional

old girl *n Ver* OLD BOY

Old Glory *n* (*USA*) bandera de los Estados Unidos

old guard *n* la vieja guardia

old hand *n* veterano, -a
LOC to be an old hand at (**doing**) **sth** ser un experto en algo/haciendo algo

oldie /ˈəʊldi/ *n* (*coloq*) pieza de museo **LOC** *Ver* GOLDEN

oldish /ˈəʊldɪʃ/ *adj* algo viejo

old lady *n* (*coloq*) **1** (*madre*) vieja **2** (*esposa*) parienta

old maid *n* (*coloq, pey*) solterona

old man *n* (*coloq*) **1** (*padre*) viejo **2** (*marido*) pariente

Old Master *n* (pintura de un) maestro antiguo

old people's home *n* residencia de ancianos

old school *adj* (*fig*) de la vieja escuela
LOC old school tie sistema por el que se favorece a antiguos compañeros de colegio

old stager *n* (*coloq*) veterano, -a

old-style /ˈəʊld staɪl/ *adj* a la antigua

the Old Testament *n* (*abrev* **OT**) el Antiguo Testamento

old-time /ˈəʊld taɪm/ *adj* antiguo
▶ **old-timer** *n* **1** veterano, -a **2** viejo, -a

old woman *n* (*coloq*) parienta (*esposa*)

old-world /ˈəʊld wɜːld/ *adj* de los viejos tiempos

the Old World *n* el Viejo Mundo

oleander /ˌəʊliˈændə(r)/ *n* adelfa

O level /ˈəʊ levl/ (*pl* **O levels**) (*tb* **GCE O level**) (*GB, antic, Educ*) *abrev de* **Ordinary level** ☛ *Ver nota en* GCSE

olfactory /ɒlˈfæktəri/ *adj* olfativo

oligarchy /ˈɒlɪgɑːki/ *n* (*pl* **-ies**) oligarquía

olive /ˈɒlɪv/ *n* **1** aceituna **2** (*tb* **olive-tree**) olivo: *olive groves* olivares **3** (*tb* **olive-green**) verde oliva
■ **olive** *adj* **1** verde oliva **2** (*piel*) cetrino

olive branch *n* rama de olivo (*símbolo de paz*)
LOC to hold out/offer/extend an olive branch (**to sb**) tenderle la mano a algn en son de paz

olive oil *n* aceite de oliva

Olympiad /əˈlɪmpiæd/ *n* olimpiada
▶ **Olympian** *adj* olímpico (*altivo*)

Olympic /əˈlɪmpɪk/ *adj* olímpico

the Olympic Games *n* **1** los Juegos Olímpicos **2** (*tb* **the Olympics**) la Olimpiada

ombudsman /ˈɒmbʊdzmən, -mæn/ *n* (*pl* **-men** /-mən/) defensor, -ora del pueblo

omega /ˈəʊmɪgə; *USA* əʊˈmegə/ *n* omega

omelette (*tb* **omelet**) /ˈɒmlət/ *n* tortilla: *Spanish omelette* tortilla de patatas
LOC (**you can't**) **make an omelette without breaking eggs** (*refrán*) no se puede lograr nada sin sufrir algún daño primero

omen /ˈəʊmen/ *n* ~ (**of sth**) presagio (de algo): *of ill omen* de mal agüero

ominous /ˈɒmɪnəs/ *adj* ominoso, de mal agüero
▶ **ominously** *adv* de manera amenazadora

omission /əˈmɪʃn/ *n* omisión, olvido

omit /əˈmɪt/ *vt* (**-tt-**) (*formal*) **1** omitir: *She omitted to tell me.* Omitió decírmelo. **2** dejar de hacer

omnibus /ˈɒmnɪbəs/ *n* (*pl* **-es**) **1** tomo colectivo **2** (*antic* o *formal*) autobús

omnipotent /ɒmˈnɪpətənt/ *adj* omnipotente
▶ **omnipotence** *n* omnipotencia

omnipresent /ˌɒmnɪˈpreznt/ *adj* omnipresente

omniscient /ɒmˈnɪsiənt/ *adj* omnisciente
▶ **omniscience** *n* omnisciencia

omnivorous /ɒmˈnɪvərəs/ *adj* **1** omnívoro **2** (*fig*) insaciable

on[1] /ɒn/ *part adv* **1** (*con un sentido de continuidad*): *The band played on.* El grupo siguió tocando. **2** (*más lejano en tiempo o espacio*): *The shop is further on.* La tienda queda más lejos. ◊ *from that day on* a partir de aquel día ◊ *three months on* tres meses más tarde ◊ *well on in the year* muy entrado el año **3** (*ropa, etc*) puesto: *to have your glasses on* llevar las gafas puestas **4** (*máquinas, etc*) conectado, encendido: *to leave the light on* dejar la luz encendida **5** (*grifo*) abierto **6** programado: *What time is the group on?* ¿A qué hora actúa el grupo? ◊ *Have we got anything on for this evening?* ¿Tenemos algo que hacer esta tarde? ◊ *The film was already on.* La película ya había empezado. **7** (*trabajando*): *The night nurse goes on at 7 pm.* La enfermera de la noche empieza a las siete. ◊ *Which doctor is on today?* ¿Qué médico está hoy? **8** (*en un autobús, etc*) a bordo
LOC **not to be on** (*coloq*) *That just isn't on.* Eso es inadmisible. **on and on** sin parar **to be/go/keep on at sb** (**to do sth**) (*pey*) darle la paliza a algn (para que haga algo) **to be on for sth** (*coloq*) *Are you on for this game?* ¿Te apetece jugar este partido? **to be on the up/the up-and-up** (*GB, coloq*) estar mejorando **to be on to sth/sb** estar tras algo/algn
☛ Para los usos de **on** en los PHRASAL VERBS ver las entradas de los verbos correspondientes, p. ej. **to get on** en GET

on[2] /ɒn/ *prep* **1(a)** (*tb* **upon**) en, sobre: *on the table* en/sobre la mesa ◊ *on the wall* en la pared ◊ *a town on the coast* un pueblo en la costa **(b)** *on the committee* en el comité ◊ *Which side are you on?* ¿De qué lado estás? **(c)** (*medios de transporte*): *to travel on the bus/the tube* viajar en autobús/en metro ◊ *I'll go on my bike.* Iré en bici. **2** encima: *I've got no money on me.* No llevo dinero encima. **3** (*fechas*): *on Sunday(s)* el/los domingo(s) ◊ *on May 3rd* el tres de mayo ◊ *on my birthday* el día de mi cumpleaños ☛ *Ver nota en* MORNING **4** (*tb* **upon**) **(a)** (*on + -ing*) a + infinitivo: *on arriving home* al llegar a casa **(b)** (*on + sustantivo*) a + sustantivo: *on the death of his parents* a la muerte de sus padres **5** (*acerca de*) sobre: *to lecture on Byron* dar clases sobre Byron **6** (*consumo*): *He's on tranquilizers.* Está tomando calmantes. ◊ *to live on bread and water* vivir de pan y agua **7** hacia: *to march on Rome* marchar hacia Roma **8** (*dinero*) con: *to feed a family on £20 a week* mantener a una familia con 20 libras a la semana ◊ *to be on £22 000 a year* ganar 22.000 libras al año **9** por cuenta de: *an operation on the NHS* una operación por cuenta de la seguridad social ◊ *Drinks are on me.* Las bebidas corren de mi cuenta. **10** (*teléfono*) por: *to speak on the telephone* hablar por teléfono **11** con: *I cut myself on the glass.* Me corté con el cristal. **12** (*tb* **upon**) (*impuestos, etc*) sobre: *a tax on tobacco* un impuesto sobre el tabaco **13** (*actividad, estado, etc*) de: *on holiday* de vacaciones ◊ *to be on offer* estar de oferta ◊ *to be on duty* estar de servicio **14** tras: *to receive insult on insult* recibir insulto tras insulto
☛ Para los usos de **on** en PHRASAL VERBS ver las entradas de los verbos correspondientes, p. ej. **to get on** en GET

once /wʌns/ *adv, conj* una vez (que): *once a week* una vez a la semana ◊ *She was once famous.* En su día fue famosa. ◊ *He never once visited us.* No nos visitó ni una sola vez. ◊ *Once you understand this...* Una vez que comprendas esto... ◊ *once the most famous man in Hollywood* en su día el hombre más famoso de Hollywood

Nótese que **once** se puede combinar con adjetivos para formar compuestos, y se traduce por *en su día*: *This once-beautiful city...* Esta ciudad, muy bella en su día...

LOC **all at once** de repente **at once 1** en seguida **2** a la vez (**every**) **once in a while** de vez en cuando, alguna que otra vez (**just**) **for once**; **just this once** por una vez **once a... always a...**: *Once a liar, always a liar.* El que es mentiroso morirá mintiendo. **once again**; **once more** una vez más **once and for all** de una vez por todas **once bitten, twice shy** el gato escaldado del agua fría huye **once in a blue moon** de Pascuas a Ramos **once or twice** un par de veces **once too often** más de la cuenta **once upon a time** érase una vez *Ver tb* COUSIN, ONLY, YOUNG
■ **once** *n* (*coloq*) una sola vez: *just this once* solo esta vez

once-over /ˈwʌns əʊvə(r)/ *n*
LOC **to give sth/sb the once-over** (*coloq*) mirar algo/a algn de arriba abajo

oncoming /ˈɒnkʌmɪŋ/ *adj* en dirección contraria

one[1] /wʌn/ *adj, pron* **1** (*número*) un(o), una: *I've got two brothers and one sister.* Tengo dos hermanos y una hermana. ◊ *I work one morning and two afternoons a week.* Trabajo una mañana y dos tardes a la semana. ☛ *Ver ejemplos en* FIVE

Nótese que **one** nunca funciona como artículo indefinido (**a/an**), y que cuando precede a un sustantivo lo hace como número: *I'm going with just one friend.* Voy con un amigo solamente. ◊ *I'm going with a friend, not with my family.* Voy con un amigo, no con mi familia.

2 [*uso enfático*] único: *the one way to succeed* la única forma de triunfar ◊ *If there's one thing I hate...* Si hay algo que odio... **3** mismo: *They all went off in one direction.* Se fueron todos en la misma dirección. ◊ *They were of one mind.* Eran de la misma opinión.
LOC **one by one** uno a uno **to be at one** (**with sth/sb**) (*GB*) estar completamente de acuerdo (con algo/algn) **to be one up** (**on sb**) llevar ventaja (a algn)
■ **one** *adj indef* **1** un, -a, algún, -una: *One morning last week...* Una mañana la semana pasada... ◊ *One day you'll be grateful for what I've done.* Algún día me agradecerás lo que he hecho (por ti). **2** (*formal*) (*con nombre de persona*) un tal: *One Tim Smith called.* Llamó un tal Tim Smith. **3** [*uso enfático*] (*esp USA, coloq*): *That's one handsome guy.* Ese sí que es un chico guapo. ◊ *It was one hell of a match.* Fue un partido de miedo.
■ **one** *pron indef* **1** uno, -a: *I need a pen. Can you lend me one?* Necesito un bolígrafo. ¿Me prestas uno? ◊ *to tell one from the other* distinguir uno del otro

En este sentido, **one** se puede utilizar para evitar la repetición de un sustantivo mencionado anteriormente.

2 one of... uno, -a de... ☛ Se utiliza con pronombres o con sustantivos en plural precedidos por un artículo o un adjetivo posesivo o demostrativo (**the**, **my**, **these**, etc): *One of them is my son.* Uno de ellos es mi hijo. ◊ *one of their customers* uno de sus clientes ◊ *We think of her as one of the family.* Le consideramos como de la familia. ◊ *One of my friends lives there.* Una de mis amigas vive allí.
■ **one** *n* **1** (*número*) uno ☛ *Ver ejemplos en* FIVE **2** (*precedido por* **this**, **that** *o* **which**): *I prefer that one.* Prefiero ese. ◊ *Which one(s) have you read?* ¿Cuál(es) has leído?

Nótese que el uso de **ones** después de **these** o **those** se considera coloquial: *Do you prefer these shoes or those (ones)?* ¿Prefieres estos zapatos o esos?

3 (*como palabra de apoyo con un adjetivo que no puede ir solo*): *These shoes are too small. I need some new ones.* Estos zapatos son demasiado pequeños. Necesito unos nuevos. ◊ *Her new car goes faster than her old one.* Su coche nuevo va más rápido que el viejo. ◊ *Your plan is a good one.* Tu plan es bueno.

Cuando se utilizan dos adjetivos para hacer una comparación, el uso de **one(s)** se considera coloquial: *If you compare British schools with American (ones)...* Si comparamos los colegios británicos con los americanos...
Nótese que **one(s)** se omite después de un posesivo: *This is my car and that's hers/my mother's.* Este es mi coche y ese el suyo/de mi madre.

4 (*para concretar algo ya mencionado*) el, la, los, las que: *The ones I bought are better.* Los que compré yo son mejores. ◊ *I'm the one who is complaining.* La que protesta soy yo. **5** (*para hacer referencia a una persona no mencionada anteriormente*): *The little ones are in bed.* Los pequeños están en la cama.
LOC a one (*esp GB, coloq*) *He is a one, your son!* ¡Cómo es tu hijo! **just the one** (*coloq*) solo uno: *'How many sugars do you take?' 'Just the one, thanks.'* —¿Cuántas cucharadas de azúcar quieres? —Solo una por favor.

one² /wʌn/ *pron pers* (*formal*) (*como sujeto*) uno, -a: *One must be sure.* Uno debe estar seguro.
■ **one** *pron* (*formal*) alguien: *He's not one who is easily frightened.* No es de los que se asustan fácilmente. ◊ *I'm not one to complain...* No soy de los que se quejan... ◊ *to work like one possessed* trabajar como un poseso
LOC (to be) one for (doing) sth (ser) entusiasta de algo

one another *pron* uno al otro: *We help one another with the work.* Nos ayudamos el uno al otro con el trabajo. ☛ *Ver nota en* EACH OTHER

one-man *adj* (*fem* **one-woman**) de una sola persona: *a one-man show* espectáculo en el que solo actúa una persona
LOC one-man band hombre orquesta

oneness /ˈwʌnnəs/ *n* unidad: *He experienced a sense of oneness with nature.* Se sintió uno con la naturaleza.

one-night stand *n* (*coloq*) ligue de una noche: *Last night was only a one-night stand.* Lo de anoche fue solo un rollo.

one-off /ˌwʌn ˈɒf/ *adj, n* (algo) excepcional/único

one-parent family *n* familia monoparental (*formada por hijo(s) y solo uno de los padres*) ☛ *Ver nota en* SINGLE *adj*

one-party *adj* de partido único

one-piece /ˌwʌn ˈpiːs/ *adj* de una sola pieza: *a one-piece swimsuit* un bañador entero

onerous /ˈəʊnərəs/ *adj* oneroso

oneself /wʌnˈself/ *pron* (*formal*) **1** [*uso reflexivo*]: *to wash and dress oneself* lavarse y vestirse **2** (*tras preposición*) sí mismo: *to talk about oneself* hablar de sí mismo **3** [*uso enfático*] uno mismo, una misma: *One could easily do it oneself.* Uno mismo lo podría hacer fácilmente.
LOC (all) by oneself solo ☛ *Ver nota en* ALONE

Nótese que en el habla familiar no se utilizan los pronombres **one** y **oneself** para hablar de la gente en general, sino **you** y **yourself**: *You could easily do it yourself.* Uno mismo lo podría hacer fácilmente. ◊ *You get used to this way of life quickly.* Te acostumbras en seguida a esta forma de vida. ◊ *You have to watch yourself in the centre of the city.* Hay que andar con cuidado en el centro de la ciudad.

one-sided /ˌwʌn ˈsaɪdɪd/ *adj* **1** parcial **2** desigual

one-time /ˈwʌn taɪm/ *adj* antiguo

one-to-one /ˌwʌn tə ˈwʌn/ *adj, adv* de uno a uno

one-track mind *n*: *to have a one-track mind* no tener más que una idea en la cabeza

one-upmanship /wʌn ˈʌpmənʃɪp/ *n* (*coloq*) arte de aventajar a otros

one-way /ˌwʌn ˈweɪ/ *adj* de sentido único: *a one-way ticket* un billete de ida

one-woman *adj* *Ver* ONE-MAN

ongoing /ˈɒngəʊɪŋ/ *adj* **1** (*conversación, proceso, etc*) en curso: *the ongoing debate* el debate en curso **2** que sigue existiendo: *an ongoing problem* un problema que no ha sido resuelto

onion /ˈʌnjən/ *n* cebolla *Ver tb* SPRING ONION **LOC** *Ver* KNOW

on-line /ˌɒn ˈlaɪn/ *adj, adv* (*Informát*) conectado, en línea ☛ *Comparar con* OFF-LINE

onlooker /ˈɒnlʊkə(r)/ *n* espectador, -ora (*circunstancial*): *The accident was seen by five onlookers.* Cinco personas presenciaron el accidente.

only /ˈəʊnli/ *adv* **1** solo, solamente: *'Members only'* "Solo socios" ◊ *It's only 50 metres away.* Está a solo 50m. **2(a)** (*antes del verbo*): *We can only guess what happened.* Lo único que podemos hacer es suponer lo que pasó. ◊ *I only wish I could go too!* ¡Lo único que desearía es poder ir yo también! **(b) to be ~ sth**: *It's only natural that she should be homesick.* Es natural que sienta nostalgia. **(c) only + infinitivo**: *He came back, only to find she'd already gone home.* Regresó y se encontró con que ella ya se había ido a casa.
LOC not only... but also... no solo... sino también...: *It would be not only pointless but also risky.* No solo sería absurdo sino también arriesgado. **only just 1** no hace mucho: *We've only just arrived.* Acabamos de llegar ahora mismo. **2** apenas: *I could only just hear the music.* Apenas se podía escuchar la música. **only too** (pero que) muy: *I remember it only too well.* Lo recuerdo pero que muy bien. ◊ *I'll be only too happy to help.* Con mucho gusto te ayudaré en lo que pueda. **you're only young once** (*refrán*) solo se vive una vez, solo se es joven una vez en la vida *Ver tb* BEAUTY, EXPECT, EYE[1], NAME[1], SECOND[1]
■ **only** *adj* [*antes de sustantivo*] **1** único: *an only child* un hijo único **2** (*coloq*) mejor: *It's the only way to do it.* Es la mejor manera de hacerlo.
LOC one and only único *Ver tb* PEBBLE
■ **only** *conj* (*coloq*) **1** solo que: *She looks like Mary, only much taller.* Se parece a Mary, solo que mucho más alta. **2** si no fuera porque: *He would get good results only he gets very nervous.* Sacaría buenas notas si no fuera porque se pone muy nervioso.
LOC if only 1 ojalá, si: *If only I were rich.* ¡Si fuera rico! ◊ *If only I had known!* ¡De haberlo sabido! **2** aunque solo: *I'd like to go, if only for a few days.* Me gustaría ir, aunque solo fuera por unos cuantos días.

ono /ˌəʊ en ˈəʊ/ (*GB*) *abrev de* **or near(est) offer** negociable

La abreviatura **ono** aparece junto al precio en los anuncios de venta de artículos: *For sale: £535 ono.* Se vende: 535 libras negociables.

onomatopoeia /ˌɒnəˌmætəˈpiːə/ *n* onomatopeya

onset /ˈɒnset/ *n* llegada: *the onset of winter* la llegada del invierno ◊ *the onset of illness* el aparición de la enfermedad

onshore /ˈɒnʃɔː(r)/ *adj, adv* **1** (*viento*) del mar: *an onshore breeze* una brisa marina **2** costero, en tierra ☛ *Comparar con* OFFSHORE

onslaught /ˈɒnslɔːt/ *n* **~ (on sth/sb)** ataque, arremetida (contra algo/algn)

on-stage /ˌɒnˈsteɪdʒ/ *adv* en escena, a escena: *to go on-stage* salir a escena ◊ *to be on-stage* estar en escena

onto (*tb* **on, on to**) /ˈɒntə, ˈɒntu/ *prep* sobre, en, a (*con movimiento*): *to climb (up) onto sth* subirse a algo ◊ *Move the books onto the second shelf.* Pon los libros en el segundo estante. ◊ *The crowd ran onto the pitch.* La multitud entró corriendo en el campo.
PHR V to be onto sb 1 (*coloq*) seguir la pista de algn: *I think they're onto us.* Creo que van tras nosotros.

2 *Have you been onto the solicitor yet?* ¿Has hablado ya con el abogado?
to be onto sth haber dado con algo

the onus /ˈəʊnəs/ *n* [*sing*] (*formal*) la responsabilidad: *The onus is on you (to finish it).* Sobre ti recae la responsabilidad (de terminarlo).

onward /ˈɒnwəd/ *adj* [*antes de sustantivo*] (*formal*) hacia delante: *the onward march of progress* el avance del progreso ◊ *to confirm your onward journey to Rome* confirmar que continúa el viaje a Roma
▶ **onwards** *adv* hacia delante: *from then onwards* a partir de entonces ◊ *from now/today onwards* de ahora/hoy en adelante

onyx /ˈɒnɪks/ *n* ónice

oops /ʊps/ *interj Ver* WHOOPS

ooze /uːz/ **1** *vi* **~ from/out of sth; ~ out/away** rezumar, salirse de algo **2** *vt, vi* **~ (with) sth** irradiar (algo): *to ooze (with) sex appeal* irradiar atractivo sexual ◊ *She oozes (with) self-confidence.* Irradia confianza en sí misma.
■ **ooze** *n* cieno

op /ɒp/ *n* (*coloq*) *Ver* OPERATION sentido 1

opal /ˈəʊpl/ *n* ópalo

opaque /əʊˈpeɪk/ *adj* opaco

OPEC /ˈəʊpek/ *abrev de* **Organization of Petroleum Exporting Countries** OPEP

open¹ /ˈəʊpən/ *adj* **1(a)** abierto: *Leave the door open.* Deja la puerta abierta. ◊ *open (to the public) from four till seven* abierto (al público) de cuatro a siete ◊ *There's always an open door here.* Aquí siempre habrá una puerta abierta. *Ver tb* WIDE OPEN **(b)** (*fig*) abierto: *an open character* una personalidad abierta ◊ *He was very open with me.* Fue muy franco conmigo. **2** (*tierra, vista*) despejado: *the open sea* alta mar ◊ *open spaces* espacios abiertos ◊ *an open fire* una chimenea **3** (*camisa, etc*) desabrochado **4** público: *an open meeting* una reunión pública ◊ *an open letter* una carta abierta **5** (*sin conclusión*): *Let's leave it open.* Dejemos el asunto pendiente. ◊ *Is the job still open?* ¿Sigue sin cubrirse la vacante?
LOC in the open air al aire libre **open to sb** posible (para algn): *You have only one course of action open to you.* Solo te queda un camino posible. **to be an open secret** ser un secreto a voces **to be/lay (yourself) (wide) open to sth** exponerse a algo: *to lay yourself open to criticism* exponerse a ser objeto de críticas ◊ *open to misunderstanding* que se puede malinterpretar **to be open to offer/offers** estar abierto a considerar ofertas **to be open to sth** estar abierto a algo **to have/keep an open mind (about/on sth)** tener/mantener una mente abierta (sobre algo) **to keep open house** tener la casa abierta a todo el mundo **to keep your ears/eyes open** mantener los ojos bien abiertos/estar pendiente **to throw sth open 1** (*puerta, etc*) abrir algo de par en par **2** (*competición, etc*) abrir algo a todo el mundo **3** (*casa, etc*) abrir algo al público **with open arms** con los brazos abiertos *Ver tb* BURST, CLICK, EYE¹, LEAVE¹, OPTION, SLIT, WEATHER, WIDE
▶ **openly** *adv* abiertamente
openness *n* [*incontable*] franqueza

open² /ˈəʊpən/ **1** *vt, vi* abrir(se): *She opened the windows.* Abrió las ventanas. ◊ *The door opened.* La puerta se abrió. ◊ *The shop opens/I open the shop at nine.* La tienda abre/Abro la tienda a las nueve. ◊ *When she opened her eyes/When her eyes opened…* Cuando abrió los ojos… **2** *vt, vi* (*proceso, reunión, historia*) empezar: *to open a meeting* empezar una reunión ◊ *The story opens with a murder.* La historia empieza con un asesinato. **3** *vi* (*obra, espectáculo*) estrenarse: *The play opens on Friday.* La obra se estrena el viernes. **4** *vt, vi* (*edificio, exposición, etc*) inaugurar(se)
LOC not to open your mouth no decir ni pío, no abrir la boca **to open sb's eyes (to sth)** abrirle los ojos a algn: *This opened my eyes to his true character.* Esto me abrió los ojos y descubrí su verdadera personalidad. **to open fire (at/on sth/sb)** abrir fuego (contra algo/algn) **to open the floodgates (to sth/sb)** abrir las puertas (de algo) (a algo/algn): *This will open the floodgates to a rush of complaints.* Esto le abrirá las puertas a una avalancha de quejas. **to open your heart/mind to sb** abrirse a algn *Ver tb* HEAVEN, WELCOME
PHR V to open into/onto sth dar a algo
to open out 1 (*vista, etc*) extenderse **2** (*camino*) hacerse más ancho
to open sth out desplegar algo
to open (sth) up 1 (*negocio, perspectivas*) abrir algo/abrirse **2** (*vista*) revelar algo/revelarse
to open up (*coloq*) abrirse, coger confianza
to open sth up 1 (*paquete, habitación*) abrir algo: *Police! Open up!* ¡Abran! ¡Policía! **2** (*tierras vírgenes*) desarrollar algo
▶ **opener** *n* **1** persona/cosa que abre, persona/cosa que empieza: *His speech was the opener for the evening.* Su discurso fue lo que abrió la noche. ◊ *a letter opener* un abrecartas *Ver tb* BOTTLE OPENER, CAN-OPENER, EYE-OPENER, TIN-OPENER **2** (*Dep*) **(a)** (*cricket*) primer bateador **(b)** (*partido, carrera, etc*) primero de la temporada **(c)** (*fútbol*) primer gol **3(a)** (*espectáculo*) primer número **(b)** (*Mús*) primera canción
LOC for openers (*USA, coloq*) para empezar

the open *n* el aire libre
LOC to bring sth (out) into the open sacar algo a la luz **to come (out) into the open** salir a la luz

open air *adj* al aire libre: *an open air restaurant/swimming pool* un restaurante al aire libre/una piscina descubierta

open day *n* jornada de puertas abiertas

open-ended /ˌəʊpən ˈendəd/ *adj* sin límites, sin barreras: *an open-ended question* una pregunta general ◊ *an open-ended commitment* un apoyo incondicional

opening /ˈəʊpnɪŋ/ *n* **1(a)** abertura, agujero **(b)** (*en bosque o nubes*) claro **2** (*temporada, etc*) comienzo **3** (*tb* **opening-night**) (*Teat, Cine*) estreno **4** (*tienda, etc*) apertura: *Sunday opening* la apertura de tiendas los domingos ◊ *opening times* horario de apertura **5** (*de edificio, exposición, etc*) inauguración: *opening ceremony/speech* ceremonia/discurso de inauguración **6** (*trabajo*) vacante **7** (*ocasión favorable*) oportunidad
■ **opening** *adj* primero: *her opening remarks* lo primero que dijo

open-minded /ˌəʊpən ˈmaɪndəd/ *adj* sin prejuicios, de mente abierta

open-mouthed /ˌəʊpən ˈmaʊðd/ *adj* boquiabierto

open-plan /ˈəʊpən plæn/ *adj* de planta corrida: *an open-plan office* una oficina sin tabiques divisorios

open question *n* interrogante

the Open University *n* (*GB*) la Universidad de Educación a Distancia

open verdict *n* (*Jur*) veredicto de causa de muerte desconocida: *The jury returned an open verdict.* El jurado emitió el fallo de causa de muerte desconocida.

opera /ˈɒprə/ *n* ópera: *opera-house* teatro de la ópera ◊ *opera singer* cantante de ópera *Ver tb* SOAP OPERA
▶ **operatic** *adj* operístico

operate /ˈɒpəreɪt/ **1** *vi* **(a)** funcionar: *The law operates to our advantage.* La ley está de nuestro lado. **(b)** (*persona*) actuar, trabajar **2** *vt* **(a)** (*maquinaria*) manejar, controlar **(b)** (*servicio público*) ofrecer **(c)** (*negocio*) dirigir **3** *vi* **~ (from sth)** (*Com, Mil*) operar (desde algo) **4** *vi* **~ (on sb) (for sth)** (*Med*) operar (a algn) (de algo): *operating table* mesa de operaciones

operating system *n* (*Informát*) sistema operativo

operating theatre *n* quirófano

operation /ˌɒpəˈreɪʃn/ *n* **1** (*tb* **op**) **~ (on sth); ~ (on sb) (for sth); ~ (to do sth)** (*Med*) operación (de algo); (a algn) (de algo); operación (para hacer algo): *She needed an operation to remove the tumour.* Necesitó que la operaran para quitarle el tumor. ◊ *I had an operation* *on my leg.* Me operaron de la pierna. **2** operación, plan: *the rescue operation* la operación de rescate **3** funcionamiento **4** (*Com*) **(a)** empresa **(b)** [*gen pl*] operación (*bancaria, etc*) **5** [*gen pl*] (*Mil*) operación

LOC **to be in operation** estar en funcionamiento **to bring/put sth into operation** poner algo en funcionamiento **to come into operation** entrar en funcionamiento

▶ **operational** *adj* **1** operativo, de funcionamiento: *at an operational level* a un nivel operativo ◊ *operational costs* gastos de funcionamiento **2** en funcionamiento: *to be/become operational* estar/entrar en funcionamiento

operative /ˈɒpərətɪv; *USA* -reɪt-/ *adj* en funcionamiento

LOC **(... being) the operative word** (y ... es) la palabra clave

■ **operative** *n* **1** operario, -a **2** (*espía*) agente

operator /ˈɒpəreɪtə(r)/ *n* **1** operario, -a, maquinista: *switchboard operator* telefonista (de una centralita) ◊ *radio operator* radiotelegrafista **2** (*tb* **telephone operator**) operador, -ora (*en una compañía telefónica*) **3** (*Com*) compañía: *selling public services off to private operators* vendiendo la empresa pública a compañías privadas *Ver tb* TOUR OPERATOR **4** (*coloq, gen pey*) caradura: *a smooth operator* un vivales

operetta /ˌɒpəˈretə/ *n* opereta

ophthalmic /ɒfˈθælmɪk/ *adj* oftálmico: *an ophthalmic optician/surgeon* un óptico/médico oftalmólogo

ophthalmologist /ˌɒfθælˈmɒlədʒɪst/ *n* oftalmólogo, -a

opiate /ˈəʊpiət/ *n* opiáceo

opine /əˈpaɪn/ *vi* (*formal*) opinar

opinion /əˈpɪniən/ *n* **1 ~ (of/about sth/sb)** opinión (de/sobre/acerca de algo/algn): *What's your opinion of him?* ¿Qué opinas de él? ◊ *to ask sb's opinion* pedir su opinión a algn ◊ *public opinion* la opinión pública ◊ *a difference of opinion* una diferencia de opinión **2** (*profesional*) opinión: *to get a second opinion* consultarlo con otro especialista ◊ *an expert opinion* la opinión de un experto

LOC **in my, your, etc opinion** en mi, tu, etc opinión **to be of the opinion that...** opinar que... **to have a bad/low opinion of sth/sb** tener mala opinión de algo/algn **to have a good/high opinion of sth/sb** tener buena opinión de algo/algn *Ver tb* CONSIDER, GROUNDSWELL, MATTER

▶ **opinionated** (*tb* **self-opinionated**) *adj* dogmático

opinion poll *n* sondeo de opinión

opium /ˈəʊpiəm/ *n* opio

opponent /əˈpəʊnənt/ *n* **1 ~ (at/in sth)** adversario, -a, contrincante (en algo) **2 ~ (of sth)** detractor, -ora (de algo): *to be an opponent of sth* ser contrario a algo

opportune /ˈɒpətjuːn; *USA* -tuːn/ *adj* oportuno

opportunism /ˌɒpəˈtjuːnɪzəm; *USA* -ˈtuːn-/ *n* oportunismo

▶ **opportunist** *adj, n* oportunista

opportunistic *adj* oportunista

opportunity /ˌɒpəˈtjuːnəti; *USA* -ˈtuːn-/ *n* (*pl* **-ies**) **~ (for/of doing sth)**; **~ (to do sth)** oportunidad (de hacer algo): *equal opportunities* igualdad de oportunidades ◊ *at the earliest/first opportunity* a la primera oportunidad ◊ *to miss your opportunity* desaprovechar una oportunidad ◊ *an ideal/unique opportunity* una oportunidad ideal/única ◊ *He is rude to me at every opportunity.* Es un maleducado conmigo cada vez que puede. *Ver tb* EQUAL OPPORTUNITIES EMPLOYER, PHOTO OPPORTUNITY

LOC **to take the opportunity to do sth/of doing sth** aprovechar la ocasión para hacer algo *Ver tb* GOLDEN

oppose /əˈpəʊz/ *vt* **1** oponerse a **2** (*competir con*) enfrentarse a: *She will oppose him at the next election.* Se va a enfrentar a él en las próximas elecciones.

▶ **opposed** *adj* contrario: *to be opposed to sth* ser contrario a algo

LOC **as opposed to** a diferencia de: *manual as opposed to intellectual labour* trabajo manual más que intelectual

opposing *adj* contrario: *the opposing side* el equipo contrario

opposite /ˈɒpəzɪt/ *adj* **1** de enfrente: *the house opposite* la casa de enfrente ◊ *to drive on the opposite side of the road* conducir por el otro lado de la carretera **2 ~ (to sth/sb)** contrario, opuesto (a algo/algn): *a member of the opposite sex* un miembro del sexo opuesto ◊ *They sat at opposite ends of the table to each other.* Se sentaron en extremos opuestos de la mesa. ◊ *He was going in the opposite direction to me.* Iba en dirección contraria a la mía. ◊ *Her words had the opposite effect.* Sus palabras tuvieron el efecto contrario. ◊ *to go to the opposite extreme* irse al extremo opuesto

■ **opposite** *prep* **1** enfrente de, frente a: *opposite each other* frente a frente ◊ *a tick opposite your name* una cruz al lado de tu nombre ◊ *He sat opposite me.* Se sentó enfrente de mí. ☛ Nótese que **in front of** se traduce por "delante de". **2 ~ sb** (*Cine, Teat*) junto a algn: *Tom Hanks plays opposite Meg Ryan.* Tom Hanks aparece junto a Meg Ryan.

■ **opposite** *adv* enfrente: *She was sitting opposite.* Estaba sentada enfrente.

■ **opposite** *n* **~ (of sth)** lo contrario (de algo): *They are complete opposites.* Son completamente opuestos.

LOC *Ver* POLAR

opposite number *n* homólogo, -a

opposition /ˌɒpəˈzɪʃn/ *n* **1(a) ~ (to sth/sb)** oposición (a algo/algn) **(b)** [*v sing o pl*] competencia, adversarios: *The opposition is/are tough tonight.* La competencia es dura de roer esta noche. **2 the Opposition** [*v sing o pl*] (*Pol*) la oposición

LOC **in opposition (to sth/sb) 1** en contra (de algo/algn): *to form a party in opposition to the government* formar un partido para oponerse al gobierno **2** (*Com*) en competencia (con algo/algn): *He set up in business in opposition to us.* Empezó el negocio en competencia con nosotros.

oppress /əˈpres/ *vt* **1** oprimir **2** agobiar

▶ **oppressed 1** *adj* oprimido, agobiado **2 the oppressed** *n* [*pl*] los oprimidos

oppression *n* opresión, agobio

oppressive *adj* **1** opresivo **2** agobiante, sofocante

oppressor *n* opresor, -ora

opt /ɒpt/ *vi* **to opt to do sth** optar por hacer algo

PHR V **to opt for sth** optar por algo

to opt out (of sth) 1 optar por no hacer algo: *to opt out of a game* no participar en un juego **2** (*GB, Pol*) optar por independizarse (de algo) (*del control de los gobiernos locales*)

▶ **opt-out** *adj* independizado (*del control de los gobiernos locales*)

optic /ˈɒptɪk/ *adj* óptico: *optic nerve* nervio óptico ☛ *Ver ilustración en* OJO

▶ **optics** *n* óptica (*ciencia*)

Nótese que **optics** se refiere solo a la óptica como ciencia. Para hablar de la tienda donde venden gafas decimos **optician's** ☛ *Ver nota en* CARNICERÍA.

optical /ˈɒptɪkl/ *adj* óptico: *optical scanner* lector óptico

optical illusion *n* ilusión óptica

optician /ɒpˈtɪʃn/ *n* **1** (*profesión*) óptico, -a **2 optician's** (*tienda*) óptica

optimal /ˈɒptɪməl/ *adj Ver* OPTIMUM

optimism /ˈɒptɪmɪzəm/ *n* optimismo

▶ **optimist** *n* optimista

optimistic *adj* **~ (about sth)** optimista (en cuanto a algo)

optimistically *adv* con optimismo

optimize, -ise /ˈɒptɪmaɪz/ *vt* optimizar

optimum /ˈɒptɪməm/ *n* (*pl* **optima** /ˈɒptɪmə/) lo

óptimo, lo ideal, punto óptimo: *to be at its optimum* estar en su punto óptimo

■ **optimum** (*tb* **optimal**) *adj* óptimo

option /ˈɒpʃn/ *n* **1** opción, posibilidad: *to have no option but to...* no tener otra opción sino... ◇ *without the option of...* sin la posibilidad de... ◇ *the easy/soft option* la opción más fácil ◇ *The best/only option is to...* La mejor opción/La única alternativa es... ◇ *The cheapest option is to...* La alternativa más barata es... **2** (*Com, Fin*) opción (*de compra*): *to have an option on sth* tener una opción de compra en algo

LOC **to keep/leave your options open** no descartar ninguna posibilidad

▶ **optional** *adj* opcional, optativo: *an optional extra* un extra que no viene incluido en el precio

opulent /ˈɒpjələnt/ *adj* **1** opulento **2** abundante

▶ **opulence** *n* opulencia, abundancia

opus /ˈəʊpəs/ *n* (*pl* **opera** /ˈɒpərə/) (*Mús*) opus

or /ɔː(r)/ *conj* **1** o, ó, u: *seven or eight* siete u ocho ◇ *There were 25 or 30 people there.* Había 25 ó 30 personas. ◇ *250g, or half a pound* 250g, o media libra ☛ *Comparar con* EITHER ... OR *en* EITHER **2** o, si no: *Hands up or I'll shoot!* ¡Arriba las manos o disparo! **3** (*después de negativa*) ni: *He can't read or write.* No sabe leer ni escribir. ☛ *Comparar con* NEITHER ... NOR *en* NEITHER

LOC **... or so** ... más o menos: *an hour or so* una hora más o menos

oracle /ˈɒrəkl/ *n* oráculo

oral /ˈɔːrəl/ *adj* **1** (*hablado*) oral: *both written and oral exams* tanto exámenes orales como escritos ◇ *oral tradition* tradición oral **2** (*Anat*) bucal, de vía oral: *an oral contraceptive* (*pill*) un anticonceptivo por vía oral ◇ *oral sex* ◇ sexo oral

■ **oral** *n* (examen) oral

▶ **orally** *adv* **1** oralmente, de forma oral **2** (*tomar*) por vía oral

orange /ˈɒrɪndʒ; *USA* ˈɔːr-/ *n* **1** (*fruta*) naranja: *orange squash* naranjada ◇ *orange juice* zumo de naranja ◇ *orange rind/peel* piel de naranja ☛ *Ver ilustración en* FRUTA **2** **orange tree** naranjo **3** (*bebida*) naranjada **4** (*color*) naranja

■ **orange** *adj* (color) naranja, (a)naranjado

orang-utan /ɔːˌræŋuːˈtæn; *USA* əˌræŋəˈtæn/ *n* orangután

oration /ɔːˈreɪʃn/ *n* (*formal*) discurso ☛ La palabra más normal es **speech**.

orator /ˈɒrətə(r)/ *n* orador, -ora

oratorio /ˌɒrəˈtɔːriəʊ/ *n* (*pl* **~s**) oratorio (*Mús*)

oratory /ˈɒrətri/ *n* oratoria

orbit /ˈɔːbɪt/ *n* órbita: *planets in orbit around the stars* planetas en órbita alrededor de las estrellas ◇ *to put sth into orbit* poner algo en órbita

■ **orbit** *vt, vi* **~** (**around sth**); **~** (**sth**) girar (alrededor de algo)

▶ **orbital** *adj* orbital

orchard /ˈɔːtʃəd/ *n* huerto de frutales

orchestra /ˈɔːkɪstrə/ *n* [*v sing o pl*] orquesta: *A symphony/chamber orchestra is/are playing tonight.* Una orquesta sinfónica/de cámara toca esta noche.

▶ **orchestral** /ɔːˈkestrəl/ *adj* orquestal

orchestra pit *n* foso de la orquesta

orchestrate /ˈɔːkɪstreɪt/ *vt* orquestar

▶ **orchestration** *n* orquestación

orchid /ˈɔːkɪd/ *n* orquídea

ordain /ɔːˈdeɪn/ *vt, vi* **1** (*Relig*) ordenar **2** (*formal*) (*mandar*) **(a)** (*Ley*) ordenar **(b)** (*Dios o el destino*) disponer

ordeal /ɔːˈdiːl, ˈɔːdiːl/ *n* experiencia terrible, suplicio: *They went through a dreadful ordeal.* Sufrieron una experiencia terrible.

order[1] /ˈɔːdə(r)/ *n* **1** (*disposición*) orden: *in alphabetical order* por/en orden alfabético ◇ *to do away with the old order* acabar con el viejo orden ◇ *public order offences* delitos contra el orden público ◇ *in order of importance/priority* por orden de importancia/según tus prioridades **2** (*mandato*) orden: *She gave orders for work to start.* Dio órdenes de que empezara el trabajo. ◇ *compulsory purchase order* orden de expropiación *Ver tb* COURT ORDER **3** (*Com*) pedido: *to place an order for sth* hacer un pedido de algo *Ver tb* MAIL ORDER **4** (*Fin*) giro: *to pay by banker's order* pagar por giro bancario *Ver tb* STANDING ORDER **5** [*gen pl*] (*pey o joc*) clase: *the lower orders* las clases bajas **6** [*v sing o pl*] (*Biol*) orden **7** [*v sing o pl*] (*civil, militar, religioso*) Orden: *the Order of the Garter* la Orden de la Jarretera

LOC **by order of/on the orders of sb** por orden de algn: *by order of the court* por sentencia del tribunal **in order 1** en orden, en regla **2** *I think an apology is in order.* Creo que sería indicado pedir disculpas. **in order that...** para que... **in order to...** para... **in running/working order** en funcionamiento: *to be in perfect working order* funcionar perfectamente (**made**) **to order** (hecho) de encargo: *We don't make them to order.* No los hacemos de encargo. **of/in the order of sth** del orden de algo: *costs in the order of £5000* costes del orden de 5.000 libras **on order** pedido: *It is on order.* Está pedido. **out of order 1** estropeado: *It's out of order.* No funciona. **2** (*coloq*) fuera de lugar: *His behaviour was really out of order.* Su comportamiento estaba totalmente fuera de lugar. **the order of the day 1** (*en una reunión*) el orden del día **2** (*fig*): *to be the order of the day* estar a la orden del día **to be under orders** (**from sb**) (**to do sth**) tener órdenes (de algn) (de hacer algo) **to take** (**holy**) **orders** ordenarse sacerdote **to take orders from sb** recibir órdenes de algn: *I don't take orders from anyone!* ¡A mí no me da órdenes nadie! **under the orders of sb** a las órdenes de algn *Ver tb* HOUSE, LAW, MARCH[2], PECK, POINT[1], REVERSE[2], SHORT[1], STARTER, TALL, WORKING

order[2] /ˈɔːdə(r)/ **1** *vt* **~ sb to do sth** ordenar, mandar a algn que haga algo

Para decirle a alguien que haga algo se pueden utilizar los verbos **tell**, **order** y **command**.
Tell es el verbo que se emplea con más frecuencia. No es muy fuerte y se utiliza en situaciones cotidianas.
Order es más fuerte, y es empleado por personas que tienen autoridad: *I'm not telling you, I'm ordering you.* No te lo pido, te lo mando.
Por otro lado, **command** tiene un uso principalmente militar: *He commanded his troops to retreat.* Ordenó a sus tropas que se retiraran.

2 *vt* **~ sth** (**for sb**) (*mercancías*) pedir, hacer un pedido de algo (para algn) **3** *vt, vi* **~** (**sth**) (**for sb**) (*comida, etc*) pedir (algo) (para algn): *Have you ordered yet?* ¿Habéis pedido ya? ◇ *Are you ready to order?* ¿Han decidido ya qué van a pedir los señores? **4** *vt* (*formal*) poner en orden, ordenar **LOC** *Ver* DOCTOR

PHR V **to order sb about/around** mandar a algn de acá para allá, dar órdenes a algn

to order sb off expulsar a algn (*de un campo de deporte*)

to order sb out (**of sth**) ordenar a algn que salga/se marche (de algo)

orderly[1] /ˈɔːdəli/ *adj* **1** ordenado, metódico: *an orderly mind* una mente metódica ◇ *an orderly queue* una fila ordenada **2** disciplinado, pacífico: *The crowd left in an orderly manner/fashion.* La muchedumbre se marchó de forma pacífica.

▶ **orderliness** *n* **1** orden **2** (*de conducta*) disciplina

orderly[2] /ˈɔːdəli/ *n* **1** (*pl* **-ies**) (*tb* **medical orderly**) celador, -ora **2** (*Mil*) ordenanza: *the orderly room* la oficina (del cuartel)

ordinal /ˈɔːdɪnl/ *adj, n* ordinal: *an ordinal* (*number*) un número ordinal

ordinance /ˈɔːdɪnəns/ *n* (*formal*) ordenanza (*ley*)

ordinary /ˈɔːdnri; *USA* ˈɔː rdəneri/ *adj* **1** corriente,

normal, medio: *This was no ordinary day.* Este no fue un día cualquiera. ◊ *She's no ordinary woman.* No es una mujer corriente. ◊ *Ordinary people are suffering.* El ciudadano medio está sufriendo. ◊ *ordinary/O level* bachillerato elemental ◊ *ordinary shares* acciones ordinarias **2** (*pey*) mediocre, ordinario
LOC **in the ordinary way/course of events** normalmente, en circunstancias normales **out of the ordinary** fuera de lo común, extraordinario *Ver tb* MORTAL
▶ **ordinarily** /ˈɔːdnrəli; *USA* ˌɔːrdnˈerəli/ *adv* generalmente, normalmente: *more than ordinarily quiet* más callado que de costumbre ◊ *If you are ordinarily resident in the UK...* Si tiene residencia habitual en el Reino Unido...
ordinariness *n* lo normal, lo corriente

Ordinary level *Ver* O LEVEL

ordination /ˌɔːdɪˈneɪʃn; *USA* -dnˈeɪʃn/ *n* ordenación: *the ordination of women as priests* la ordenación de mujeres

ordnance /ˈɔːdnəns/ *n* [*sing*] **1** artillería: *ordnance factory* fábrica de artillería **2** *Royal* (*Army*) *Ordnance* (*Corps*) Cuerpo Real de Armamento y Material

Ordnance Survey *n* (*GB*) (*abrev* **OS**) servicio estatal de cartografía: *an OS map* un mapa del servicio estatal de cartografía

ore /ɔː(r)/ *n* mineral: *iron ore* mineral de hierro

oregano /ˌɒrɪˈɡɑːnəʊ/ *n* orégano

organ[1] /ˈɔːɡən/ *n* **1** (*Biol*) órgano: *vital organs* órganos vitales **2** (*Pol*) organismo, órgano: *an organ of public opinion* un organismo para la opinión pública ☛ *Comparar con* ORGANISM

organ[2] /ˈɔːɡən/ (*USA tb* **pipe-organ**) *n* órgano: *electric/electronic organ* órgano eléctrico/electrónico ◊ *organ music* música de órgano ◊ *an organ stop* un registro de órgano *Ver tb* BARREL ORGAN
▶ **organist** *n* organista

organic /ɔːˈɡænɪk/ *adj* **1(a)** (*hortalizas*) de cultivo biológico **(b)** (*leche, carne*) de producción biológica **(c)** (*agricultura*) biológico **2** orgánico
▶ **organically** *adv* **1** biológicamente **2** orgánicamente

organism /ˈɔːɡənɪzəm/ *n* (*Biol*) organismo: *a living organism* un organismo vivo ☛ *Comparar con* ORGAN[1] sentido 2 *Ver tb* MICRO-ORGANISM

organization, -isation /ˌɔːɡənaɪˈzeɪʃn ; *USA* -nɪˈz-/ *n* **1** (*acción*) organización: *the organization of the Olympic Games* la organización de los Juegos Olímpicos **2** (*condición, estado*) orden: *the organization of the room* cómo está ordenada la habitación **3** (*grupo, sistema*) organización
▶ **organizational, -isational** *adj* organizativo: *organizational skills* dotes de organización

organize, -ise /ˈɔːɡənaɪz/ *vt* **1** organizar: *to get organized* organizarse ◊ *an organizing committee* un comité organizador ◊ *Who will do the organizing?* ¿Quién se ocupará de la organización? **2** (*pensamientos*) poner en orden **3** ~ **sb** (**into sth**) organizar a algn (en algo) (*en sindicatos, cooperativas, etc*)
▶ **organized, -ised** *adj* organizado
organizer, -iser *n* organizador, -ora *Ver tb* PERSONAL ORGANIZER, -ISER

orgasm /ˈɔːɡæzəm/ *n* orgasmo: *to have an orgasm* tener un orgasmo ◊ *to reach orgasm* llegar al orgasmo

orgy /ˈɔːdʒi/ *n* (*pl* **-ies**) **1** (*lit*) orgía **2 an orgy ~ of sth** (*fig*) un desenfreno, un exceso de algo
▶ **orgiastic** *adj* orgiástico

orient /ˈɔːrɪent/ *vt* (*esp USA*) *Ver* ORIENTATE

the Orient /ðiː ˈɔːriənt/ *n* (*formal* o *ret*) el (Lejano) Oriente (*Japón, China, etc*)

oriental /ˌɔːriˈentl/ (*tb* **Oriental**) *adj* **1** oriental, del este ☛ La palabra más normal es **east(ern)**. **2** (*persona*) oriental, de raza amarilla
■ **oriental** *n* (*a veces pey*) oriental (*persona de raza amarilla*)

orientate /ˈɔːriənteɪt/ (*tb esp USA* **orient** /ˈɔːrɪent/) *vt* ~ **sth/sb** (**towards sth/sb**) orientar algo/a algn (hacia algo/algn): *to orientate yourself* orientarse ◊ *market-orientated* orientado hacia el mercado
▶ **orientation** *n* orientación: *regardless of your sexual orientation* sin tener en cuenta tus preferencias sexuales

orienteering /ˌɔːriənˈtɪərɪŋ/ *n* (ejercicio de) orientación (*con mapa y brújula*)

orifice /ˈɒrɪfɪs/ *n* (*formal*) orificio

origin /ˈɒrɪdʒɪn/ *n* **1** origen: *ethnic origin* origen étnico ◊ *your country of origin* tu país de origen/procedencia ◊ *These matters are spiritual in origin.* Estos temas tienen un origen/una base espiritual. **2** [*gen pl*] origen, ascendencia: *of humble origin* de origen humilde

original /əˈrɪdʒənl/ *adj* **1** (*del principio*) primero, original: *the original inhabitants* los primeros habitantes ◊ *from an original design* de un diseño original ◊ *in its original form* en su forma primitiva **2** (*innovador, no copiado*) original: *an original idea* una idea original ◊ *an original Goya* un Goya original
■ **original** *n* (*cuadro, manuscrito, etc*) original: *to photocopy sth from the original* fotocopiar algo del original
LOC **in the original** en versión original: *to read Homer in the original* leer a Homero en la versión original
▶ **originality** *n* originalidad
originally *adv* **1** en un principio, originalmente: *Originally, I said no, but then...* En un principio dije que no, pero luego... ◊ *as originally intended/expected* como se pretendía/esperaba en un principio **2** con originalidad

original sin *n* el pecado original

originate /əˈrɪdʒɪneɪt/ **1** *vi* **(a) ~ in sth** originarse, tener su origen en algo **(b) ~ from sth** (pro)venir de algo: *His family originates from Poland.* Su familia es de Polonia. **(c) ~** (**as sth**) (*comenzar*) nacer, empezar (como algo): *It originated as a way of saving.* Empezó como una forma de ahorrar. **(d) ~ with sb** provenir, ser obra de algn **2** *vt* originar, crear
▶ **originator** *n* inventor, -ora, autor, -ora

ornament /ˈɔːnəmənt/ *n* **1** [*incontable*] adorno, ornamento: *for/as ornament* de adorno **2** [*contable*] (objeto de) adorno
■ **ornament** *vt* ~ **sth** (**with sth**) adornar algo (con algo)
▶ **ornamental** *adj* decorativo, de adorno
ornamentation *n* decoración, adorno(s)

ornate /ɔːˈneɪt/ *adj* (*gen pey*) **1** elaborado, recargado **2** (*lenguaje, estilo*) florido, recargado

ornithology /ˌɔːnɪˈθɒlədʒi/ *n* ornitología
▶ **ornithological** *adj* ornitológico
ornithologist *n* ornitólogo, -a

orphan /ˈɔːfn/ *n* huérfano, -a
■ **orphan** *vt* [*gen en pasiva*]: *She was orphaned in the war.* (Se) quedó huérfana durante la guerra. ◊ *orphaned children* niños huérfanos
▶ **orphanage** *n* orfanato

orthodox /ˈɔːθədɒks/ *adj* ortodoxo: *orthodox Jews* judíos ortodoxos
▶ **orthodoxy** *n* (*pl* **-ies**) ortodoxia

orthography /ɔːˈθɒɡrəfi/ *n* (*formal*) ortografía ☛ La palabra más normal es **spelling**.
▶ **orthographic** /ˌɔːθəˈɡræfɪk/ *adj* (*formal*) ortográfico

orthopaedic (*tb* **orthopedic**) /ˌɔːθəˈpiːdɪk/ *adj* ortopédico: *orthopaedic surgery* cirugía ortopédica

OS /ˌəʊ ˈes/ (*GB*) *abrev de* **Ordnance Survey**

Oscar /ˈɒskə(r)/ *n* Oscar: *an Oscar-winning performance* una actuación que ha obtenido un Oscar

oscillate /ˈɒsɪleɪt/ *vt, vi* **~** (**between sth and sth**) (hacer) oscilar (entre algo y algo)
▶ **oscillation** *n* (*formal*) oscilación

osmosis /ɒzˈməʊsɪs/ *n* ósmosis

ossified /ˈɒsɪfaɪd/ *adj* (*formal*) anquilosado

ostensible /ɒˈstensəbl/ *adj* aparente

▶ **ostensibly** *adv* aparentemente
ostentation /ˌɒstenˈteɪʃn/ *n* ostentación
▶ **ostentatious** *adj* ostentoso
ostentatiously *adv* con ostentación
osteoporosis /ˌɒstiəʊpəˈrəʊsɪs/ *n* osteoporosis
ostracize, -ise /ˈɒstrəsaɪz/ *vt* (*formal*) condenar al ostracismo
▶ **ostracism** *n* (*formal*) ostracismo
ostrich /ˈɒstrɪtʃ/ *n* avestruz
OT *abrev de* **Old Testament**
other /ˈʌðə(r)/ *adj* **1** otro: *some other time* otro día ◊ *the other children* los demás niños ◊ *No other car has this feature.* Ningún otro coche tiene este detalle. ◊ *Do you have any other sizes?* ¿Tiene alguna otra talla? ◊ *Invite Ana and two other people.* Invita a Ana y a otras dos personas. ☛ *Ver nota en* OTRO **2 ~ ... than ...** (*formal*) otro ... aparte de ...: *other places than those on the map* otros lugares aparte de los del mapa
LOC the other day, morning, week, etc el otro día, la otra mañana, semana, etc **your other half** tu media naranja
■ **other** *pron* **1 others** otros, -as: *to help others less fortunate* ayudar a otros que son menos afortunados. ◊ *Kate, among others, didn't want to go.* Kate, entre otros, no quería ir. ◊ *Invite her and two others.* Invítala a ella y a otros dos. **2 the other** el otro, la otra: *One car is here and the other is in the garage.* Uno de los coches está aquí y el otro está en el garaje. **3 the others** los, las demás: *He came, but the others didn't.* Él vino, pero los demás no. *Ver tb* EACH OTHER
LOC one or other of them, us, etc alguno de ellos, nosotros, etc **somebody/something/somewhere or other** (*coloq*) algn/algo/en alguna parte *Ver tb* SOMETIME
■ **other than** *prep* **1** aparte de, excepto: *Is there anyone other than her?* ¿Hay alguien más aparte de ella? **2** de otra manera que: *She is never anything other than pleasant to me.* Conmigo no ha sido más que amable.
otherness /ˈʌðənəs/ *n* (*formal*) cualidad de ser diferente
otherwise /ˈʌðəwaɪz/ *adv* **1** (*formal*) de otra manera: *Unless otherwise agreed...* A no ser que se decida de otra manera... **2** por lo demás: *an ugly feature in an otherwise beautiful spot* algo feo en un sitio por lo demás precioso **LOC** *Ver* KNOW
■ **otherwise** *conj* de no ser así, si no
■ **otherwise** *adj* [*predicativo*] distinto: *The truth is quite otherwise.* La verdad es bastante distinta.
other-worldly (*tb* **otherworldly**) /ˌʌðə ˈwɜːldli/ *adj* de(l) otro mundo
OTT /ˌəʊ tiː ˈtiː/ (*esp GB, coloq*) *abrev de* **over the top** exagerado: *She went completely OTT.* Se pasó muchísimo.
otter /ˈɒtə(r)/ *n* nutria
Ottoman /ˈɒtəmən/ *adj, n* otomano, -a: *the Ottoman Empire* el Imperio Otomano
OU /ˌəʊ ˈjuː/ (*GB*) *abrev de* **Open University** Universidad de Educación a Distancia
ouch /aʊtʃ/ *interj* ay: *Ouch! That hurts!* ¡Ay! ¡Que duele!
oughtn't = OUGHT NOT *Ver* OUGHT TO
ought to /ˈɔːt tə, ˈɔːt tu/ *v modal* (*neg* **ought not** o **oughtn't** /ˈɔːtnt/)

> **Ought to** es un verbo modal, y las oraciones interrogativas y negativas se construyen sin el auxiliar *do.*

1 (*tb* **should**) (*sugerencias y consejos*): *You ought to do it.* Deberías hacerlo. ◊ *She ought to go out more often.* Debería salir más a menudo.

> En este sentido también se puede utilizar **must**, pero tiene un significado más fuerte y definido que **ought to** o **should** porque expresa más confianza en que algo va a pasar o en que algo es verdad: *The doctor said I must stop smoking.* El médico dice que tengo que dejar de fumar. ◊ *You really ought to/should give up smoking.* Realmente deberías dejar de fumar. ◊ *Joe must be there by now.* Joe debe estar ahí ya. ◊ *Joe ought to/should be there by now.* Joe debería estar ahí ya.

2 (*tb* **should**) (*probabilidad, predicción*): *Five ought to be enough.* Cinco deberían ser suficientes. ◊ *The dress ought to fit now.* El vestido debería sentarte bien ahora. **3** (*tb* **should**) (*obligación*) **ought to + have + participio** ☛ Nótese que en este sentido **ought to** implica una obligación no cumplida en el pasado: *I ought to have gone.* Debería haber ido. ◊ *He ought to have told you.* Debería habértelo dicho.
Ouija board /ˈwiːdʒə bɔːd/ *n* (tablero de) ouija
ounce /aʊns/ *n* **1** (*abrev* **oz**) onza (*28,35 gramos*) ☛ *Ver apéndice 3* **2** [*sing*] **~ of sth** (*coloq*) pizca de algo *Ver tb* FLUID OUNCE
our /ɑː(r), ˈaʊə(r)/ *adj pos* nuestro, -a, -os, -as: *our two dogs* nuestros dos perros ◊ *Our Lady* Nuestra Señora ☛ *Ver nota en* MY
ours /ɑːz, ˈaʊəz/ *pron pos* (el) nuestro, (la) nuestra, (los) nuestros, (las) nuestras: *Their house is similar to ours.* Su casa es parecida a la nuestra. ◊ *in a country like ours* en un país como el nuestro ◊ *He is an old friend of ours.* Es un viejo amigo nuestro.
ourselves /ɑːˈselvz, aʊəˈselvz/ *pron* **1** [*uso reflexivo*] nos, a nosotros mismos, a nosotras mismas: *We try and keep ourselves informed.* Intentamos mantenernos informados. **2** (*tras preposición*) nosotros (mismos), nosotras (mismas): *We'd like to see it for ourselves.* Nos gustaría verlo con nuestros propios ojos. ◊ *We were proud of ourselves.* Estábamos orgullosos de nosotros mismos. **3** [*uso enfático*] nosotros mismos, nosotras mismas: *We discovered this ourselves.* Nosotros mismos lo descubrimos.
LOC (all) by ourselves 1 (*sin ayuda*) solos, solas: *We managed it (all) by ourselves.* Pudimos (con todo) solos. **2** (*sin compañía*) solos, solas: *We were not left by ourselves.* No nos dejaron solos. ☛ *Ver nota en* ALONE
oust /aʊst/ *vt* **~ sb (from sth)** (*formal*) echar a algn (de algo): *to oust sb as leader* echar a algn de su puesto de líder
out /aʊt/ *part adv* **1** fuera: *to shut sb out* dejar a algn fuera ◊ *Out!* ¡Fuera! ◊ *I'm out here.* Estoy aquí fuera. ◊ *on the voyage out* en el viaje de ida ◊ *The manager is out.* El director no está. ◊ *Let's have an evening out tonight.* ¿Por qué no salimos esta noche? **2** (*a cierta distancia*): *She lives out in the country.* Vive en mitad del campo. **3** (*que ha salido a la luz*): *The secret is out.* El secreto se ha descubierto. ◊ *The roses are out.* Las rosas están en flor. ◊ *The sun is out.* Ha salido el sol. ◊ *Her new book is out.* Ya está a la venta su nuevo libro. ◊ *Out with it!* ¡Desembucha! **4** (*con adjetivos superlativos*) que existe: *It's the best game out.* Es el mejor juego que existe. **5** fuera del poder: *The Labour party went out in 1980.* El partido laborista salió del poder en 1980. **6** pasado de moda **7** inconsciente: *He's out* (*cold*). Está inconsciente. **8** en huelga **9** (*coloq*) (*posibilidad, etc*) descartado: *Swimming in the sea is out.* Bañarse en el mar está descartado. **10** (*luz, etc*) apagado: *Lights out at 9.* Se apagan las luces a las 9. **11** (*hasta que termine*): *before the week is out* antes de que termine la semana **12** (*claramente*): *to tell sb sth straight out* decirle algo a algn claramente ◊ *to call out* (*loud*) llamar en voz alta **13** (*cálculo*) equivocado: *The bill is out by five pounds.* Se han equivocado en cinco libras en la cuenta. **14** (*Dep*) **(a)** (*jugador*) eliminado **(b)** (*pelota*) fuera (*de la línea*) *Ver tb* ALL-OUT, DOWN AND OUT, LAYOUT, LET-OUT, OUT AND OUT **LOC to be out for sth** buscar algo **to be out to do sth** estar decidido a hacer algo: *They went all out to win the cup.* Hicieron todo lo posible para ganar la copa.
☛ Para los usos de **out** en los PHRASAL VERBS ver las entradas de los verbos correspondientes, p. ej. **to pick out** en PICK.

■ **out** *n* (*USA*) **1** (*béisbol*) jugada fuera de juego **2** (*coloq*) escapatoria **LOC** *Ver* IN[1]

out and out *adj* [*antes de sustantivo*] redomado: *an out and out thief* un ladrón redomado

outback /ˈaʊtbæk/ *n* [*sing*]: *the Australian outback* la Australia del interior

outbid /ˌaʊtˈbɪd/ *vt* (**-dd-**) (*pret, pp* **outbid**): *to outbid sb for sth* pujar más alto que algn por algo ◊ *She was outbid.* Su puja fue superada.

outboard /ˈaʊtbɔːd/ *n* **1 outboard (motor)** motor fueraborda **2** lancha (con motor) fueraborda

outbound /ˈaʊtbaʊnd/ *adj* de ida: *outbound flights* los vuelos de salida

outbreak /ˈaʊtbreɪk/ *n* brote: *the outbreak of war* el estallido de la guerra

outbuilding /ˈaʊtbɪldɪŋ/ *n* anexo

outburst /ˈaʊtbɜːst/ *n* **1** arrebato **2** estallido (*de emoción*): *outbursts of vandalism* brotes de vandalismo

outcast /ˈaʊtkɑːst; *USA* -kæst/ *n* marginado, -a, paria: *a social outcast* un marginado social

outclass /ˌaʊtˈklɑːs; *USA* -ˈklæs/ *vt* **~ sth/sb** superar algo/a algn; aventajar algo/a algn

outcome /ˈaʊtkʌm/ *n* resultado

outcrop /ˈaʊtkrɒp/ *n* (*Geol*) afloramiento

outcry /ˈaʊtkraɪ/ *n* (*pl* **-ies**) protesta: *There was a public outcry about/over the building of a new airport.* Hubo protestas del público por la construcción de un nuevo aeropuerto.

outdated /ˌaʊtˈdeɪtɪd/ *adj* pasado de moda, anticuado

outdo /ˌaʊtˈduː/ *vt* (*3ª pers sing pres* **-does** /-ˈdʌz/ *pret* **-did** /-ˈdɪd/ *pp* **-done** /-ˈdʌn/) superar: *Not to be outdone…* Con el fin de no ser superado…

outdoor /ˈaʊtdɔː(r)/ *adj* **1** (*ropa*) de calle **2** al aire libre: *outdoor swimming pool* piscina descubierta ☛ *Comparar con* INDOOR **3** (*persona*) que le gusta estar al aire libre: *He's not really an outdoor type.* No es realmente un tipo deportista. **4** (*planta*) de exterior

outdoors /ˌaʊtˈdɔːz/ *adv* al aire libre, fuera **LOC** *Ver* GREAT

outer /ˈaʊtə(r)/ *adj* **1** externo, exterior: *Outer Mongolia* Mongolia Exterior ◊ *the outer suburbs of the city* las afueras de la ciudad ◊ *at the outer edge of the village* en la linde del pueblo ◊ *All the outer walls of the house were whitewashed.* Todas las paredes exteriores de la casa estaban encaladas. **2** más alejado: *outer space* el espacio sideral ☛ *Comparar con* INNER

outermost /ˈaʊtəməʊst/ *adj* más alejado, más externo

outfall /ˈaʊtfɔːl/ *n* desembocadura, desagüe

outfit /ˈaʊtfɪt/ *n* **1** (*ropa*) conjunto **2** (*herramientas*) juego **3** (*coloq*) **(a)** empresa **(b)** equipo: *a small publishing outfit* un pequeño equipo editorial

outflank /ˌaʊtˈflæŋk/ *vt* (*formal*) **1** (*Mil*) flanquear **2** (*fig*) aventajar

outflow /ˈaʊtfləʊ/ *n* **~ (from sth)** flujo (de algo)

outgoing /ˈaʊtgəʊɪŋ/ *adj* **1** extrovertido, sociable **2** que sale: *outgoing mail* correo de salida **3** (*Pol*) **(a)** (*presidente*) saliente **(b)** (*gobierno*) cesante

outgoings /ˈaʊtgəʊɪŋz/ *n* [*pl*] gastos

outgrow /ˌaʊtˈgrəʊ/ *vt* (*pret* **outgrew** /-ˈgruː/ *pp* **outgrown** /-ˈgrəʊn/) **1** *He's outgrown these shoes.* Estos zapatos se le han quedado pequeños. **2 ~ sb** crecer más que algn **3** (*hábito, etc*) cansarse de, abandonar

outhouse /ˈaʊthaʊs/ *n* **1** cobertizo **2** (*USA*) retrete exterior

outing /ˈaʊtɪŋ/ *n* excursión: *to go on an outing* ir de excursión

outlandish /aʊtˈlændɪʃ/ *adj* **1** (*ropa*) estrafalario, extravagante **2** (*idea*) descabellado

outlast /ˌaʊtˈlɑːst; *USA* -ˈlæst/ *vt* **~ sth/sb** sobrevivir a algo/algn

outlaw /ˈaʊtlɔː/ *vt* **1** (*una persona*) declarar fuera de la ley **2** (*drogas, armas, etc*) declarar ilegal, ilegalizar

■ **outlaw** *n* forajido

outlay /ˈaʊtleɪ/ *n* **~ (on sth)** inversión (en algo)

outlet /ˈaʊtlet/ *n* **1 ~ (for sth)** desagüe, salida (para algo) **2 ~ (for sth)** (*fig*) desahogo (para algo) **3** (*Com*) punto de venta **4** (*USA*) toma de corriente

outline /ˈaʊtlaɪn/ *n* **1** contorno, perfil: *to fill in an outline* rellenar un contorno **2** líneas generales, esbozo: *an outline for an essay* líneas generales para un ensayo **LOC in outline** en líneas generales: *to describe sth in broad outline* describir algo en líneas generales

■ **outline** *vt* **1** perfilar, esbozar **2** exponer en líneas generales

outlive /ˌaʊtˈlɪv/ *vt* **~ sth/sb** sobrevivir a algo/algn: *He outlived his wife by three years.* Vivió tres años más que su esposa. ◊ *He felt that he had outlived his usefulness.* Sentía que ya había pasado el tiempo en que era útil.

outlook /ˈaʊtlʊk/ *n* **1 ~ (on sth)** (*fig*) punto de vista (sobre algo) **2 ~ (for sth)** perspectiva, pronóstico (para algo): *the economic outlook for next year* las perspectivas económicas para el año próximo ◊ *outlook for tomorrow, dry and sunny* pronóstico para mañana, seco y soleado **3 ~ (onto/over sth)** (*lit*) perspectiva, vista (sobre algo)

outlying /ˈaʊtlaɪɪŋ/ *adj* periférico, alejado: *outlying villages* pueblos periféricos

outmanoeuvre (*USA* **outmaneuver**) /ˌaʊtməˈnuːvə(r)/ *vt* **~ sth/sb** superar en estrategia a algo/algn

outmoded /ˌaʊtˈməʊdɪd/ *adj* anticuado

outnumber /ˌaʊtˈnʌmbə(r)/ *vt* **~ sb** superar en número a algn: *We were outnumbered two to one.* Nos superaban en una proporción de dos a uno.

out of *prep* **1** fuera de: *out of season* fuera de temporada ◊ *out of danger* fuera de peligro ◊ *out of context* fuera de contexto ◊ *to jump out of bed* saltar de la cama ☛ *Comparar con* INTO **2** (*causa*) por: *She only did it out of necessity.* Solo lo hizo por necesidad. ◊ *out of interest* por interés **3** de: *Eight out of every ten people questioned said…* Ocho de cada diez personas consultadas dijeron que… ◊ *to drink beer out of the can* beber cerveza del bote ◊ *She looked like something out of a fashion magazine.* Parecía que había salido de una revista de modas. ◊ *to copy sth out of a book* copiar algo de un libro **4** (*material*) de, con: *toys made out of plastic* juguetes (hechos) de plástico **5** sin: *to be out of work* estar sin trabajo ◊ *to be out of flour* estar sin harina **6** *to cheat sb out of their money* ganarle el dinero a algn con engaños **7** a…de: *The ship sank 10 miles out of Stockholm.* El buque se hundió a diez millas de Estocolmo. **8** *I'm glad to be out of it.* Me alegro de no tener nada que ver con ello.
LOC to be/feel out of it/out of place/out of things (*coloq*) estar/sentirse fuera de lugar *Ver tb* BLUE, HAND[1]

out-of-bounds *adj*: *This area is out-of-bounds.* Está prohibido el paso a esta zona.

out-of-date /ˌaʊt əv ˈdeɪt/ *adj* **1** anticuado: *out-of-date ideas* ideas anticuadas **2** (*producto*) caducado **LOC** *Ver* DATE[1]

out-of-the-way *adj* **1** apartado **2** rebuscado

out-of-town *adj*: *out-of-town stores* almacenes en el extrarradio

out-of-work *adj* sin trabajo

outpace /ˌaʊtˈpeɪs/ *vt* dejar atrás (*andando*)

outpatient /ˈaʊtpeɪʃnt/ *n* paciente externo, -a

outperform *vt* **~ sth/sb** sobresalir sobre algo/algn

outplay /ˌaʊtˈpleɪ/ *vt* **~ sb** superar a algn en el juego

outpost /ˈaʊtpəʊst/ *n* **1** (*Mil*) puesto de avanzada **2** avanzada

outpouring /ˈaʊtpɔːrɪŋ/ *n* efusión

output /ˈaʊtpʊt/ *n* **1** [*sing*] **(a)** producción **(b)** rendimiento **2** [*sing*] energía (*de dinamo, etc*) **3** (*Informát*) salida de datos: *inputs and outputs* entrada y salida de datos

■ **output** *vt* (*pret, pp* **output** o **outputted**) **~ sth** (*Informát*) dar salida a algo

outrage /ˈaʊtreɪdʒ/ *n* (*pey*) **1** atrocidad **2** escándalo **3 ~ (at sth)** indignación (ante algo): *moral outrage* reacción escandalizada

■ **outrage** /aʊtˈreɪdʒ/ *vt* **~ sth/sb** ultrajar a algo/algn: *in an outraged voice* con voz de agravio

outrageous /aʊtˈreɪdʒəs/ *adj* **1** escandaloso, monstruoso **2** extravagante

▶ **outrageously** *adv* escandalosamente

outran *pret de* OUTRUN

outreach /ˈaʊtriːtʃ/ *n* extensión, alcance

■ **outreach** /aʊtˈriːtʃ/ *vt* tener mayor alcance que

outrider /ˈaʊtraɪdə(r)/ *n* (motociclista de) escolta

outright /aʊtˈraɪt/ *adj* **1** (*sin reservas*) abierto **2** (*completo*): *the outright winner* el ganador indiscutible ◊ *an outright majority/refusal* una mayoría absoluta/una negativa rotunda

■ **outright** *adv* **1** (*sin reservas*) abiertamente, de plano **2** (*al momento*) instantáneamente, de golpe **3** (*completamente*): *He won outright.* Ganó con rotundidad. ◊ *to buy a house outright* comprar una casa en su totalidad

outrun /ˌaʊtˈrʌn/ *vt* (*pret* **outran** /-ˈræn/ *pp* **outrun**) **1** correr más que, dejar atrás: *He outran his strength.* Agotó sus fuerzas. **2** (*fig*) superar

outset /ˈaʊtset/ *n*

LOC at/from the outset (of sth) al/desde el principio (de algo)

outshine /ˌaʊtˈʃaɪn/ *vt* (*pret, pp* **outshone** /-ˈʃɒn/) (*fig*) eclipsar: *She always outshone her brother.* Siempre destacó sobre su hermano.

outside[1] /ˌaʊtˈsaɪd/ *n* exterior: *on/from the outside* por/desde fuera ◊ *Seen from the outside…* Visto desde fuera…

LOC at the outside como máximo **to be on the outside looking in** estar dejado de lado

■ **outside** /ˈaʊtsaɪd/ *adj* **1** exterior: *an outside call* una llamada afuera/desde fuera ◊ *the outside lane* el carril de los rápidos/adelantamiento ◊ *an outside broadcast* una transmisión de exteriores **2** (*de otra área o esfera*) externo, de fuera: *She has a lot of outside interests.* Tiene muchos intereses al margen de su trabajo. **3** (*opinión*) independiente **4** (*posibilidad*) mínimo, remoto **5** (*lo más grande posible*) máximo

outside[2] /ˌaʊtˈsaɪd/ (*esp USA* **outside of**) *prep* **1** fuera de: *to wait outside the door* esperar en la puerta ◊ *to park outside the house* estacionar frente a la casa ◊ *just outside Oxford* justo en las afueras de Oxford ◊ *That's outside our jurisdiction.* Eso queda fuera de nuestra jurisdicción. **2** a excepción de, fuera de **LOC** *Ver* CONTROL, KEN[1]

■ **outside** *adv* fuera, afuera: *Wait outside.* Espera fuera.

outsider /ˌaʊtˈsaɪdə(r)/ *n* **1(a)** forastero, -a, persona de fuera **(b)** (*pey*) intruso, -a **2** (*competidor*) desconocido

outsize /ˈaʊtsaɪz/ *adj* de talla muy grande (*esp de ropa*)

outskirts /ˈaʊtskɜːts/ *n* [*pl*] afueras

outsmart /ˌaʊtˈsmɑːt/ *vt* ser más listo que, burlar

outspoken /aʊtˈspəʊkən/ *adj* directo, franco: *to be outspoken* no tener pelos en la lengua

▶ **outspokenly** *adv* abiertamente, francamente
outspokenness *n* franqueza

outspread /ˌaʊtˈspred/ *adj* (*manos, alas*) abierto, extendido

outstanding /aʊtˈstændɪŋ/ *adj* **1** destacado, excepcional: *an area of outstanding natural beauty* una zona de gran belleza natural **2** (*sin pagar o resolver*) pendiente: *We have work still outstanding.* Tenemos trabajo pendiente. ◊ *outstanding debts* deudas pendientes

▶ **outstandingly** *adv* excepcionalmente, extraordinariamente

outstay /ˌaʊtˈsteɪ/ *vt* **1** quedarse más tiempo que **2** (*adversario*) resistir más que **LOC** *Ver* WELCOME

outstretched /ˌaʊtˈstretʃt/ *adj* (*brazos, piernas*) extendido, estirado

outstrip /ˌaʊtˈstrɪp/ *vt* (**-pp-**) **1** dejar atrás, aventajar **2** (*exceder*) superar

out-tray *n* bandeja de salida (*de correspondencia*)

outvote /ˌaʊtˈvəʊt/ *vt* vencer en la votación: *to be outvoted* perder/ser rechazado en la votación

outward /ˈaʊtwəd/ *adj* **1** externo, exterior **2** (*viaje*) de ida

■ **outward** *adv Ver* OUTWARDS

▶ **outwardly** *adv* por fuera, aparentemente

outwards /ˈaʊtwədz/ (*tb esp USA* **outward**) *adv* **1** hacia fuera **2** *travelling outwards from/to London* habiendo salido de Londres/con rumbo a Londres

LOC to be outward bound from/to… haber salido de/ir con rumbo a…

outweigh /ˌaʊtˈweɪ/ *vt* pesar más que, importar más que

outwit /ˌaʊtˈwɪt/ *vt* (**-tt-**) ser más listo que, burlar

ouzo /ˈuːzəʊ/ *n* ouzo

ova *plural de* OVUM

oval /ˈəʊvl/ *adj* oval, ovalado

■ **oval** *n* óvalo

ovary /ˈəʊvəri/ *n* (*pl* **-ies**) ovario ☛ *Ver ilustración en* REPRODUCTOR

ovation /əʊˈveɪʃn/ *n* ovación: *standing ovation* ovación con el público puesto en pie ◊ *to win/get/receive an ovation* ser ovacionado ◊ *to give sb an ovation* ovacionar a algn

oven /ˈʌvn/ *n* horno: *oven gloves* guantes de cocina

LOC like an oven como un horno: *It's like an oven in here!* ¡Esto parece un horno! *Ver tb* BUN

ovenproof /ˈʌvnpruːf/ *adj* resistente al horno

over[1] /ˈəʊvə(r)/ *part adv* **1** (*de arriba abajo*): *to knock sth over* tirar/volcar algo ◊ *to fall over* caer(se) **2** (*de un lado a otro*): *to turn sth over* dar la vuelta a algo ◊ *Turn over the page.* Pasa la página. **3** (*lugar*): *over here/there* por aquí/allí ◊ *They came over to see us.* Vinieron a vernos. ◊ *He has gone over to/is over in France.* Ha ido a/Está en Francia. ◊ *It's over to you now.* Ahora te toca a ti (hablar/decidir). **4** (*repetición*): *several times over* varias veces seguidas ◊ *twice over* dos veces **5** (*tb* **left over**) (*sin usar*): *Is there any food* (*left*) *over?* ¿Queda algo de comida? **6** (*más*): *children of five and over* niños de cinco años en adelante **7** terminado: *It's all over between us.* Hemos terminado. **8** (*Radio*) ¡cambio!: *Over and out.* Cambio y cierro.

LOC (all) over again otra vez, de nuevo **over and over (again)** una y otra vez

☛ Para los usos de **over** en los PHRASAL VERBS ver las entradas de los verbos correspondientes, p. ej. **to think over** en THINK.

over[2] /ˈəʊvə(r)/ *prep* **1** (*cubriendo*) sobre: *Put a cloth over the table.* Pon un mantel sobre la mesa. ◊ *He put a blanket over the baby.* Echó una manta sobre el bebé. **2** (*tb* **above**) sobre, por encima de (*sin tocar*): *the sky over our heads* el cielo por encima de nuestras cabezas ◊ *the room over this one* la habitación encima de esta **3** (*de un lado a otro*) al otro lado de: *a bridge over the river* un puente sobre el río ◊ *He lives over the road.* Vive al otro lado de la calle. ◊ *She threw it over the hedge.* Lo tiró por encima del seto. ◊ *Over the river is private land.* Al otro lado del río es propiedad privada. ◊ *We're over the most difficult stage.* Hemos superado la etapa más difícil. **4** (*con números, edades, dinero y tiempo*) más de: *He's over 50.* Tiene más de 50 años. ◊ (*for*) *over a month* (durante) más de un mes ◊ *It costs over £100.* Cuesta más de 100 libras. **5** (*poder*) **(a)** sobre: *He ruled over a great empire.* Gobernó sobre un gran imperio. **(b)** (*tb* **above**) por encima de: *She has only the director over her.* Solo tiene al director por encima de ella. **6** durante, mientras: *We'll discuss it over breakfast.* Lo discutiremos durante el desayuno. ◊ *He went to sleep over his work.* Se quedó dormido mientras trabajaba. ◊ *over the years* con el paso de los años ◊ *They stayed over Christmas.* Se quedaron para navidades. **7(a)** (*a causa de*) por: *an argument over money* una discusión por cuestión de dinero **(b)** (*relativo a*) sobre: *a disagreement over the best way to proceed* un desacuerdo sobre el mejor modo de proceder **8** (*comunicaciones*) por: *We heard it over the radio.* Lo oímos por radio.

LOC **over and above** además de **to get/put one over sb** (*coloq*) llevar ventaja a algn

☛ Para los usos de **over** en PHRASAL VERBS ver las entradas de los verbos correspondientes, p. ej. **to think over** en THINK.

over- /ˈəʊvə(r)/ *pref* **1(a)** excesivamente: *over-ambitious* excesivamente ambicioso ◊ *an over-subscribed organization* una organización con demasiados socios ◊ *over-anxious parents* padres que se preocupan excesivamente **(b)** excesivo: *over-simplification* una simplificación excesiva ◊ *over-production* exceso de producción ◊ *over-indulgence* exceso (de comida, bebida, etc)

Nótese que muchas palabras que se forman con el prefijo **over-** a menudo se escriben con o sin guion: *an over-subscribed/oversubscribed organization.*

2 (*edad*) mayor de: *the over-40s* los mayores de cuarenta años

overall[1] /ˌəʊvərˈɔːl/ *adj* **1** (*que incluye todo*) total: *the overall winner* el ganador absoluto ◊ *the overall cost* el coste total **2** (*general*) global: *the overall effect* el efecto global

■ **overall** *adv* **1** en total **2** en general

overall[2] /ˈəʊvərɔːl/ *n* **1** (*GB*) guardapolvo, bata **2 overalls** (*USA* **coveralls**) [*pl*] mono (*de trabajo*)

overarching /ˌəʊvərˈɑtʃɪŋ/ *adj* que abarca todo: *an overarching structure* una estructura que lo abarca todo

overate *pret de* OVEREAT

overawed /ˌəʊvərˈɔːd/ *adj* intimidado

overbalance /ˌəʊvəˈbæləns/ *vi* perder el equilibrio

overbearing /ˌəʊvəˈbeərɪŋ/ *adj* dominante

overblown /ˌəʊvəˈbləʊn/ *adj* **1** (*estilo*) pomposo, ampuloso **2** (*flores*) demasiado abierto

overboard /ˈəʊvəbɔːd/ *adv* por la borda: *Man overboard!* ¡Hombre al agua! ◊ *to fall overboard* caer por la borda

LOC **to go overboard** (**about sth/sb**) (*coloq, gen ofen*) exagerar (sobre algo/algn)

overburden /ˌəʊvəˈbɜːdn/ *vt* **~ sb** (**with sth**) sobrecargar a algn (de algo)

overcame *pret de* OVERCOME

overcast /ˌəʊvəˈkɑːst; *USA* -ˈkæst/ *adj* nublado, cubierto

overcharge /ˌəʊvəˈtʃɑːdʒ/ *vt, vi* **~** (**sb**) (**for sth**) cobrar de más (a algn) (por algo)

overcoat /ˈəʊvəkəʊt/ *n* abrigo

overcome /ˌəʊvəˈkʌm/ *vt, vi* (*pret* **overcame** /-ˈkeɪm/ *pp* **overcome**) **1** (*oponente*) vencer **2** (*dificultad, etc*) superar, dominar **3** apoderarse de: *to be overcome with grief* sentirse abrumado por la pena ◊ *to be overcome by smoke* ser vencido por el humo

overcompensate /ˌəʊvəˈkɒmpenseɪt/ *vi* **~** (**for sth**) compensar de sobra (algo)

overcook /ˌəʊvəˈkʊk/ *vt* cocinar demasiado

overcrowded /ˌəʊvəˈkraʊdɪd/ *adj* atestado: *to live in overcrowded conditions* vivir hacinados

▶ **overcrowding** *n* masificación, congestión, hacinamiento

overdeveloped /ˌəʊvədɪˈveləpt/ *adj* **1** (*Fot*) sobreexpuesto (*a los líquidos de revelado*) **2** (*terrenos, etc*) sobrexplotado **3** (*país, músculos*) superdesarrollado

overdo /ˌəʊvəˈduː/ *vt* (*pret* **overdid** /-ˈdɪd/ *pp* **overdone** /-ˈdʌn/) **1** exagerar, pasarse con **2** (*usar demasiado*) irse la mano con **3** (*alimento*) cocer demasiado

LOC **to overdo it/things** pasarse: *She's been overdoing it and needs a rest.* Ha trabajado demasiado y necesita un descanso.

▶ **overdone** *adj* **1** exagerado, excesivo **2** (*alimento*) demasiado cocido

overdose /ˈəʊvədəʊs/ *n* (*lit* y *fig*) sobredosis: *to take an overdose* tomar una sobredosis

■ **overdose** (*abrev* **OD**) *vi* **~** (**on sth**) tomar una sobredosis (de algo)

overdraft /ˈəʊvədrɑːft; *USA* -dræft/ *n* descubierto (*en una cuenta bancaria*)

overdraw /ˌəʊvəˈdrɔː/ *vt, vi* (*pret* **overdrew** /-ˈdruː/ *pp* **overdrawn** /-ˈdrɔːn/) quedarse en descubierto (en): *If you overdraw* (*your account*)*...* Si te quedas en descubierto (en tu cuenta)...

▶ **overdrawn** *adj*: *I am overdrawn by £500/I am £500 overdrawn.* Tengo un descubierto de 500 libras.

overdressed /ˌəʊvəˈdrest/ *adj* demasiado arreglado (*para la ocasión*): *to be overdressed* ir demasiado arreglado

overdrive /ˈəʊvədraɪv/ *n* (*coche*) quinta marcha

LOC **to go into overdrive 1** (*lit*) meter la quinta marcha **2** (*fig*) ponerse a toda marcha

overdue /ˌəʊvəˈdjuː; *USA* -ˈduː/ *adj* **1** (*Fin*) vencido y no pagado: *to be overdue* haber vencido ◊ *overdue debts* deudas morosas **2** retrasado: *to be* (*ten minutes*) *overdue* llevar (diez minutos de) retraso ◊ *The reform is long overdue.* Hace ya mucho tiempo que se necesita la reforma.

overeat /ˌəʊvərˈiːt/ *vi* (*pret* **overate** /-ˈet/ *pp* **overeaten** /-ˈiːtn/) comer demasiado

overestimate /ˌəʊvərˈestɪmeɪt/ *vt* sobrestimar

overexpose /ˌəʊvərɪkˈspəʊz/ *vt* sobreexponer (*a la luz*)

▶ **overexposure** *n* sobreexposición

overfeed /əʊvəˈfiːd/ *vt* (*pret, pp* **overfed** /ˌəʊvəˈfed/) sobrealimentar

overflew *pret de* OVERFLY

overflow /ˌəʊvəˈfləʊ/ **1** *vi* **(a)** rebosar: *to be packed/full to overflowing* estar lleno a rebosar ◊ *to be overflowing with happiness, etc* estar rebosando de alegría, etc ◊ *overflowing ashtrays* ceniceros llenos a rebosar **(b)** (*río*) desbordarse **2** *vt* desbordar

■ **overflow** /ˈəʊvəfləʊ/ *n* **1(a)** desbordamiento **(b)** derrame **2** (*de gente*) exceso **3** (*tb* **overflow pipe**) cañería de desagüe

overfly /ˌəʊvəˈflaɪ/ *vt* (*pret* **overflew** /-fluː/ *pp* **overflown** /-fləʊn/) sobrevolar

overground /ˈəʊvəgraʊnd/ *adj, adv* por encima de la superficie

overgrown /ˌəʊvəˈgrəʊn/ *adj* **1** crecido: *He behaves like an overgrown child.* Se comporta como un niño grande. **2 ~** (**with sth**) (*jardín, etc*) invadido (por algo)

overhang /ˌəʊvəˈhæŋ/ *vt, vi* (*pret, pp* **overhung** /-ˈhʌŋ/) sobresalir (por encima de): *overhanging eaves/branches* aleros/ramas sobresalientes

■ **overhang** /ˈəʊvəhæŋ/ *n* **1** saledizo **2** (*de un techo*) alero

overhaul /ˌəʊvəˈhɔːl/ *vt* **1** revisar, poner a punto **2** superar: *to overhaul sth/sb* adelantar algo/a algn

■ **overhaul** /ˈəʊvəhɔːl/ *n* revisión, puesta a punto

overhead /ˈəʊvəhed/ *adj* **1** elevado: *an overhead railway* un paso elevado de tren ◊ *an overhead light* una luz de techo ◊ *an overhead power line* un tendido eléctrico aéreo **2** (*Com*) indirecto: *overhead costs* gastos generales

■ **overhead** /ˌəʊvəˈhed/ *adv* por encima de la cabeza, en alto, por lo alto

overhead projector *n* proyector de transparencias

overheads /ˈəʊvəhedz/ *n* [*pl*] gastos generales

overhear /ˌəʊvəˈhɪə(r)/ *vt* (*pret, pp* **overheard** /-ˈhɜːd/) oír (*por casualidad*)

overheat /ˌəʊvəˈhiːt/ *vt, vi* **1** (*motor*) recalentar(se) **2** (*líquido*) calentar(se) demasiado
overhung *pret, pp de* OVERHANG
overjoyed /ˌəʊvəˈdʒɔɪd/ *adj* **~ (at sth/to do sth)** contentísimo (por algo/de hacer algo): *to be overjoyed* estar eufórico
overkill /ˈəʊvəkɪl/ *n* exceso
overlaid *pret, pp de* OVERLAY
overland /ˈəʊvəlænd/ *adj* terrestre
■ **overland** *adv* por tierra
overlap /ˌəʊvəˈlæp/ **(-pp-) 1** *vi* **~ (with sth)** (*fig*) coincidir en parte (con algo): *overlapping responsibilities* responsabilidades que coinciden **2** *vt, vi* (*lit*) superponer(se)
■ **overlap** /ˈəʊvəlæp/ *n* **1** (*lit*) superposición **2** (*fig*) coincidencia: *There was an overlap in time between the two jobs.* Durante un tiempo los dos trabajos coincidieron.
overlay /ˌəʊvəˈleɪ/ *vt* (*pret, pp* **overlaid** /-ˈleɪd/) **~ with sth** cubrir con/de algo: *wood overlaid with gold* madera chapada en oro
■ **overlay** /ˈəʊvəleɪ/ *n* capa
overleaf /ˌəʊvəˈliːf/ *adv* a la vuelta de la página
overload /ˌəʊvəˈləʊd/ *vt* **~ sth/sb (with sth)** sobrecargar algo/a algn (de algo)
■ **overload** /ˈəʊvələʊd/ *n* sobrecarga
overlook /ˌəʊvəˈlʊk/ *vt* **1** dar a, tener vistas a **2(a)** pasar por alto: *It is easy to overlook this sort of detail.* Es fácil no notar este tipo de detalle. **(b)** (*perdonar*) dejar pasar
overlord /ˈəʊvəlɔːd/ *n* señor
overly /ˈəʊvəli/ *adv* demasiado
overmanned /ˌəʊvəˈmænd/ *adj*: *We are overmanned.* Tenemos empleados de más.
▶ **overmanning** *n* exceso de plantilla/personal
overmuch /ˌəʊvəˈmʌtʃ/ *adj, adv* (*formal*) *overmuch analysis* un exceso de análisis ◊ *I do not like her overmuch.* No le tengo excesiva simpatía.
overnight /ˌəʊvəˈnaɪt/ *adv* **1** durante la noche: *to travel overnight* viajar por la noche ◊ *to stay overnight* quedarse a pasar la noche **2** (*coloq*) de la noche a la mañana
■ **overnight** /ˈəʊvənaɪt/ *adj* [*antes de sustantivo*] **1** *the overnight train* el tren correo ◊ *overnight accommodation* alojamiento para una noche ◊ *an overnight bag* un bolso de viaje **2** (*coloq*) *an overnight success* un éxito repentino
over-optimistic /ˌəʊvər ɒptɪˈmɪstɪk/ *adj* optimista en exceso
overpass /ˈəʊvəpɑːs; *USA* -pæs/ (*esp USA*) (*GB tb* **flyover**) *n* paso elevado
overpay /ˌəʊvəˈpeɪ/ *vt* (*pret, pp* **overpaid** /-ˈpeɪd/) pagar de más/en exceso
overplay /ˌəʊvəˈpleɪ/ *vt* dar demasiada importancia a, exagerar
LOC **overplay your hand** arriesgarse demasiado
overpopulated /ˌəʊvəˈpɒpjuleɪtɪd/ *adj* superpoblado
▶ **overpopulation** *n* superpoblación
overpower /ˌəʊvəˈpaʊə(r)/ *vt* **1** dominar, vencer: *The soldiers were quickly overpowered.* Los soldados fueron dominados con rapidez. **2** (*calor, etc*) sofocar **3** (*emociones*) abrumar
overpowering /ˌəʊvəˈpaʊərɪŋ/ *adj* agobiante, arrollador
overpriced /ˌəʊvəˈpraɪst/ *adj* de precio excesivo
overproduction /ˌəʊvəprəˈdʌkʃn/ *n* (*Econ*) superproducción
overprotective /ˌəʊvəprəˈtektɪv/ *adj* superprotector
overran *pret de* OVERRUN
overrate /ˌəʊvəˈreɪt/ *vt* sobrestimar, sobrevalorar: *to overrate the importance of sth* dar demasiada importancia a algo
▶ **overrated** *adj* (*pey*) sobrevalorado
overreach /ˌəʊvəˈriːtʃ/ *vt, vi* (*gen pey*) ir más allá de las posibilidades de uno
overreact /ˌəʊvəriˈækt/ *vi* reaccionar desmedidamente
▶ **overreaction** *n* reacción desmesurada
override /ˌəʊvəˈraɪd/ *vt* (*pret* **overrode** /-ˈrəʊd/ *pp* **overridden** /-ˈrɪdn/) **1(a) ~ sth/sb** hacer caso omiso de algo/algn **(b)** invalidar, anular **2** tener preferencia **3** (*programa*) anular
▶ **overriding** *adj* capital, primordial: *of overriding importance* de importancia capital
overrule /ˌəʊvəˈruːl/ *vt* denegar, anular
overrun /ˌəʊvəˈrʌn/ (*pret* **overran** /-ˈræn/ *pp* **overrun**) **1** *vt* invadir: *overrun by tourists* invadido por los turistas **2** *vi* rebasar: *He overran by ten minutes.* Rebasó su tiempo en diez minutos.
overseas /ˌəʊvəˈsiːz/ *adj, adv* exterior, extranjero: *overseas trade* comercio exterior ◊ *overseas students* estudiantes extranjeros ◊ *to go overseas* ir al extranjero
oversee /ˌəʊvəˈsiː/ *vt* (*pret* **oversaw** /-ˈsɔː/ *pp* **overseen** /-ˈsiːn/) supervisar, inspeccionar
▶ **overseer** *n* superintendente, capataz
overshadow /ˌəʊvəˈʃædəʊ/ *vt* **1** (*entristecer*) ensombrecer **2** (*persona, logro*) eclipsar
overshoot /ˌəʊvəˈʃuːt/ *vt* (*pret, pp* **overshot** /-ˈʃɒt/) ir más allá: *I overshot the turning.* Me pasé la bocacalle.
LOC **to overshoot the mark** pasarse de la raya
oversight /ˈəʊvəsaɪt/ *n* omisión, olvido
oversimplify /ˌəʊvəˈsɪmplɪfaɪ/ *vt* (*pret, pp* **oversimplified** /-faɪd/) simplificar en exceso
▶ **oversimplification** *n* simplificación excesiva
oversized /ˈəʊvəsaɪzd/ (*tb* **oversize** /-saɪz/) *adj* **1** mayor de lo normal, extra grande **2** tremendo, descomunal
oversleep /ˌəʊvəˈsliːp/ *vi* (*pret, pp* **overslept** /-ˈslept/) quedarse dormido (*no despertarse a tiempo*)
overspend /ˌəʊvəˈspend/ *vt, vi* (*pret, pp* **overspent** /-ˈspent/) gastar en exceso: *to overspend a budget* pasarse del presupuesto
overstaffed /ˌəʊvəˈstɑːft; *USA* -stæft/ *adj*: *to be overstaffed* tener exceso de plantilla
overstate /ˌəʊvəˈsteɪt/ *vt* exagerar
▶ **overstatement** /ˈəʊvəsteɪtmənt/ *n* exageración: *That's a bit of an overstatement.* Eso es una ligera exageración.
overstay /ˌəʊvəˈsteɪ/ *vt* quedarse más de lo debido
LOC *Ver* WELCOME
overstep /ˌəʊvəˈstep/ *vt* **(-pp-)** pasarse
LOC **to overstep the mark** pasarse de la raya
overstretched /ˌəʊvəˈstretʃt/ *adj* estirado al máximo: *Resources are already greatly overstretched.* Ya hemos estirado los recursos al máximo.
oversubscribed /ˌəʊvəsəbˈskraɪbd/ *adj* con demasiados solicitantes, con demasiados socios: *All local schools were oversubscribed.* Ningún colegio local tenía plazas suficientes.
overt /ˈəʊvɜːt; *USA* əʊˈvɜːrt/ *adj* (*formal*) abierto: *overt hostility* hostilidad abierta
▶ **overtly** *adv* abiertamente
overtake /ˌəʊvəˈteɪk/ *vt, vi* (*pret* **overtook** /-ˈtʊk/ *pp* **overtaken** /-ˈteɪkən/) **1(a)** (*coche*) adelantar **(b)** (*fig*) sobrepasar **2** sobrecoger: *He was overtaken by fear.* Quedó sobrecogido por el miedo.
overtax /ˌəʊvəˈtæks/ *vt* **1** (*formal*) (*fuerza*) agotar **2** hacer pagar impuestos excesivos
over the top *adj* (*tb* **over-the-top**) (*abrev* **OTT**) exagerado: *That joke was over the top.* Ese chiste se pasó un poco.
overthrow /ˌəʊvəˈθrəʊ/ *vt* (*pret* **overthrew** /-ˈθruː/ *pp* **overthrown** /-ˈθrəʊn/) derrocar: *to overthrow the government* derrocar al gobierno
■ **overthrow** /ˈəʊvəθrəʊ/ *n* derrocamiento

overtime /ˈəʊvətaɪm/ *n, adv* **1** horas extras: *to be on overtime/to work overtime* trabajar horas extras **2** (*fig*): *My brain was working overtime.* La cabeza me iba a estallar.

overtired /əʊvəˈtaɪəd/ *adj* agotado

overtone /ˈəʊvətəʊn/ *n* [*gen pl*] connotación

overtook *pret de* OVERTAKE

overture /ˈəʊvətʃʊə(r), -tjʊə(r)/ *n* (*Mús*) obertura **LOC to make overtures (to sb) 1** hacer propuestas (a algn): *The company is making overtures to London banks.* La compañía se ha acercado a los bancos londinenses con la intención de negociar. **2** (*sexual*) hacerle insinuaciones a algn

overturn /ˌəʊvəˈtɜːn/ **1** *vt, vi* volcar, dar la vuelta a **2** *vt* **(a)** (*gobierno*) derrocar **(b)** (*decisión*) anular

overuse /ˌəʊvəˈjuːs/ *n* uso excesivo
▶ **overused** *adj* usado en exceso

overview /ˈəʊvəvjuː/ *n* (*formal*) perspectiva (general)

overweening /ˌəʊvəˈwiːnɪŋ/ *adj* [*antes de sustantivo*] (*formal*) desmesurado: *overweening ambition* ambición arrogante

overweight /ˌəʊvəˈweɪt/ *adj*: *to be overweight* tener exceso de peso ◊ *It is five kilograms overweight.* Pesa cinco kilos de más. ☛ *Comparar con* FAT[1]

overwhelm /ˌəʊvəˈwelm; *USA* -ˈhwelm/ *vt* **1(a)** abatir, derribar: *to be overwhelmed* ser abatido **(b)** sumergir, inundar **2** (*fig*) abrumar: *overwhelmed with grief* abrumado por el dolor

overwhelming /ˌəʊvəˈwelmɪŋ/ *adj* abrumador: *an overwhelming majority* una abrumadora mayoría
▶ **overwhelmingly** *adv* abrumadoramente

overwork /ˌəʊvəˈwɜːk/ **1** *vt, vi* (hacer) trabajar en exceso: *overworked and underpaid* explotado y mal remunerado **2** *vt* (*frase*) desgastar
■ **overwork** *n* trabajo excesivo

overwrought /ˌəʊvəˈrɔːt/ *adj* exaltado

overzealous /ˌəʊvəˈzeləs/ *adj* entusiasta en exceso

ovoid /ˈəʊvɔɪd/ *adj, n* (*formal*) ovoide

ovulate /ˈɒvjuleɪt/ *vi* ovular
▶ **ovulation** *n* ovulación

ovum /ˈəʊvəm/ *n* (*pl* **ova** /ˈəʊvə/) óvulo

ow! /aʊ/ *interj* ¡ay!: *Ow! That hurts!* ¡Ay! ¡Que duele!

owe /əʊ/ *vt, vi* deber, estar en deuda: *He owes his father five pounds/He owes five pounds to his father.* Le debe a su padre cinco libras. ◊ *They owe me for the work.* Me deben por el trabajo. ◊ *You owe me a favour/an apology.* Me debes un favor/una disculpa. ◊ *He owes his success to luck.* Su éxito se debe a la suerte. ◊ *His success owes much to…* Su éxito se debe en gran parte a …

owing /ˈəʊɪŋ/ *adj* [*predicativo*]: *Five pounds is owing.* Quedan a deber cinco libras. ◊ *I have some leave owing to me.* Me deben unos días de vacaciones.

owing to *prep* debido a, a causa de

owl /aʊl/ *n* búho, lechuza *Ver tb* BARN OWL

own¹ /əʊn/ *adj, pron* **1** propio, mío, tuyo, suyo, nuestro, vuestro: *I saw it with my own eyes.* Lo vi con mis propios ojos. ◊ *It was her own idea.* Fue idea suya. ◊ *I'd rather do it my own way.* Prefiero hacerlo a mi manera. **2** propio: *She makes her own clothes.* Se hace su propia ropa.
LOC (all) on my, your, etc own 1 solo: *She lives on her own.* Vive sola. ☛ *Ver nota en* ALONE **2** por sí solo: *He got the job on his own.* Consiguió el empleo él solo. **3** (*coloq*) *When it comes to craftsmanship, Sally is on her own.* Cuando se trata de artesanía, Sally se queda sola. **of your own** propio: *You'd like a car of your own.* Le gustaría tener su propio coche. ◊ *something of my very own* algo que es mío solamente

own² /əʊn/ *vt* **1** poseer: *She owns two cars.* Ella tiene dos coches. ◊ *Her husband seems to think he owns her.* Su marido se cree que es su dueño. *Ver tb* FAMILY-OWNED **2 to own (to sth/doing sth)** (*antic*) confesar (algo/haber hecho algo)
PHR V to own up (to sth) (*coloq*) confesarse culpable (de algo): *Nobody owned up to the theft.* Nadie se confesó culpable del robo.

own brand (*tb* **own label**) *n* marca propia (*de supermercados, etc*)

owner /ˈəʊnə(r)/ *n* dueño, -a *Ver tb* HOME OWNER, LANDOWNER

owner-occupier /ˌəʊnər ˈɒkjupaɪə(r)/ *n* propietario, -a de la casa donde vive: *The percentage of owner-occupiers is increasing.* El porcentaje de las viviendas en propiedad está aumentando.

ownership /ˈəʊnəʃɪp/ *n* [*incontable*] propiedad: *The ownership of the land is disputed.* La propiedad de esta tierra está en duda. *Ver tb* COLLECTIVE OWNERSHIP

own goal *n* gol en la propia portería

ox /ɒks/ *n* (*pl* **oxen** /ˈɒksn/) buey: *a team of oxen ploughing the field* una yunta de bueyes arando el campo

Oxbridge /ˈɒksbrɪdʒ/ *n* Universidades de Oxford y/o Cambridge: *You don't have to go to Oxbridge to receive a good university education.* No hace falta ir a Oxford o Cambridge para recibir una buena educación universitaria

oxen *plural de* OX

Oxfam /ˈɒksfæm/ (*GB*) organización benéfica *abrev de* **Oxford Committee for Famine Relief**: *a concert in aid of Oxfam* un concierto en ayuda de Oxfam

oxidation /ˌɒksɪˈdeɪʃən/ (*tb* **oxidization, -isation** /ˌɒksidaɪˈzeɪʃn; *USA* -dɪˈz-/) *n* oxidación

oxide /ˈɒksaɪd/ *n* (*Quím*) óxido: *iron oxide* óxido de hierro *Ver tb* NITROUS OXIDE

oxidize, -ise /ˈɒksɪdaɪz/ *vt* oxidar

oxtail /ˈɒksteɪl/ *n* rabo de buey: *oxtail soup* sopa de rabo de buey

oxygen /ˈɒksɪdʒən/ *n* oxígeno: *She died from lack of oxygen.* Murió por falta de oxígeno. ◊ *oxygen tanks* tanques de oxígeno ◊ *liquid oxygen* oxígeno líquido
▶ **oxygenate** *vt* oxigenar

oxygen mask *n* máscara de oxígeno

oyster /ˈɔɪstə(r)/ *n* ostra: *oyster sauce* salsa de ostras ☛ *Ver ilustración en* SHELLFISH **LOC** *Ver* WORLD

oystercatcher /ˈɔɪstəkætʃə(r)/ *n* ostrero (*Zool*)

oz (*pl* **oz** u **ozs**) *abrev de* **ounce**

ozone /ˈəʊzəʊn/ *n* **1** ozono **2** (*coloq*) aire puro

ozone-friendly *adv*: *ozone-friendly products* productos que no dañan la capa de ozono

ozone layer *n* capa de ozono: *the hole in the ozone layer over Antarctica* el agujero en la capa de ozono de la Antártida

Pp

P, p /piː/ *n* (*pl* **p's** /piːz/) (*letra*) P, p: *P for Peter* P de Pedro **LOC** *Ver* MIND[2]

P *abrev de* **parking**

p[1] **1** (*pl* **pp**) *abrev de* **page** **2** (*Mús*) *abrev de* **piano**

p[2] /piː/ (*GB*) *abrev de* **penny/pence**

PA /ˌpiː ˈeɪ/ **1** (*pl* **PAs**) *abrev de* **personal assistant** **2** *abrev de* **Press Association** **3** *abrev de* **public address (system)** sistema de megafonía

pa[1] (*Lat*) *abrev de* **per annum** al año

pa[2] /pɑː/ *n* (*antic, coloq*) papá *Ver tb* GRANDPA

pace /peɪs/ *n* **1** paso: *to quicken your pace* apretar el paso **2** ritmo: *to speed up the pace of reform* acelerar el ritmo de las reformas

LOC **to keep pace (with sth/sb)** **1** ir al mismo paso (que algo/algn) **2** mantenerse al corriente (de algo/algn) **to put sth/sb through its/their paces** poner a prueba algo/a algn **to set the pace** **1** marcar el ritmo **2** (*fig*) llevar la voz cantante *Ver tb* FAIR[1], FORCE, SNAIL

■ **pace** *vt* (*con inquietud*) pasearse por: *Her husband was pacing the corridor.* Su marido paseaba pasillo arriba, pasillo abajo.

LOC **to pace up and down (a room, etc)** pasearse con inquietud (por una habitación, etc) **to pace yourself** seguir uno su propio ritmo

PHR V **to pace sth off/out** medir algo a pasos

pacemaker /ˈpeɪsmeɪkə(r)/ *n* **1** (*Med*) marcapasos **2** (*tb* **pace-setter**) (*Dep*) persona que marca el paso

pacific /pəˈsɪfɪk/ *adj* pacífico

pacifist /ˈpæsɪfɪst/ *adj, n* pacifista

▶ **pacifism** *n* pacifismo

pacify /ˈpæsɪfaɪ/ *vt* (*pret, pp* **-fied**) **1** (*temores, ira*) apaciguar **2** (*región*) pacificar

▶ **pacifier** (*USA*) (*GB* **dummy**) *n* chupete

pack /pæk/ *n* **1** (*esp USA*) (*cigarrillos*) paquete ☛ *Ver nota en* PARCEL **2** envase: *family pack* envase familiar *Ver tb* GIFT PACK **3** mochila *Ver tb* BACKPACK **4** (*animal*) carga **5** (*perros*) jauría **6** (*lobos*) manada **7** (*personas*) grupo **8** (*USA* **deck**) (*cartas*) baraja: *to shuffle the pack* barajar las cartas **9** (*Med*) compresa (*para la fiebre, etc*) *Ver tb* ICE PACK, MUD PACK **10** (*papeles*) carpeta: *an information pack* una carpeta informativa

LOC **a pack of lies** una sarta de mentiras

■ **pack** **1** *vi* hacer las maletas **2** *vt* (*maleta*) hacer **3** *vt* (*objeto*) **(a)** meter: *She packed her clothes into boxes.* Metió su ropa en cajas. ◊ *Don't forget to pack your toothbrush.* No te olvides de meter el cepillo de dientes. **(b)** embalar **4** *vt* **~ sth in sth** envolver algo con algo **5** *vt* (*caja*) llenar **6** *vt* (*comida*) empaquetar, envasar *Ver tb* VACUUM-PACKED **7** *vt* (*habitación*) atestar **8** *vt* (*USA, coloq*) (*pistola*) llevar **9** *vi* (*nieve*) endurecerse

LOC **to pack a (hard, etc) punch** (*coloq*) pegar duro **to pack them in** atraer a mucha gente (*teatro, etc*) **to pack your bags** (*fig*) irse, hacer la maleta *Ver tb* SEND

PHR V **to pack sth away** guardar algo

to pack sth in (*coloq*) dejar algo: *I've packed in my job.* He dejado mi trabajo.

to pack into sth apiñarse en algo

to pack sth/sb into sth apiñar algo/a algn en algo

to pack sb off (to bed, school, etc) (*GB*) mandar a algn (a la cama, al colegio, etc)

to pack up (*GB, coloq*) cascar (*averiarse*)

to pack sth up **1** guardar algo **2** embalar algo **3** dejar (de hacer) algo

▶ **packed** *adj* **1** a tope: *a packed courtroom* un tribunal abarrotado ◊ *The play opened to a packed house.* En el estreno de la obra hubo un lleno total. **2 ~ with sth** abarrotado de algo *Ver tb* ACTION-PACKED, JAM-PACKED

packer *n* empaquetador, -ora

package /ˈpækɪdʒ/ *n* **1** paquete: *an aid package* un paquete de ayudas **2** (*equipaje*) bulto **3** (*USA*) (*GB* **parcel**) paquete ☛ *Ver nota en* PARCEL

■ **package** *vt* envasar

▶ **packaging** *n* embalaje

package holiday *n* viaje organizado

package store (*USA*) (*GB* **off-licence**) *n* tienda de vinos y licores

package tour *n* viaje organizado

packed lunch (*USA* **(brown) bag lunch**) *n* almuerzo, comida (*para llevar*) ☛ *Ver nota en* DINNER

packet /ˈpækɪt/ *n* **1** (*esp USA* **pack**) paquete: *a packet of cigarettes* un paquete de cigarrillos ☛ *Ver nota en* PARCEL **2** (*coloq*) pastón *Ver tb* PAY PACKET

packing /ˈpækɪŋ/ *n* **1** embalaje: *postage and packing* gastos de envío **2** *Have you done your packing yet?* ¿Has hecho ya las maletas?

packing case *n* caja de embalaje

pact /pækt/ *n* pacto: *to make a pact with sb* pactar con algn

pad /pæd/ *n* **1** almohadilla: *shin pads* espinilleras ◊ *shoulder pads* hombreras ☛ *Ver ilustración en* CRICKET, HOCKEY **2** (*papel*) bloc *Ver tb* NOTEPAD **3** (*tb* **ink-pad**) tampón **4** (*Aeronáut*) plataforma: *a launch pad* una plataforma de lanzamiento **5** (*argot*) casa **6** pisada amortiguada

■ **pad** *vt* (**-dd-**) acolchar: *padded cell* celda de aislamiento ◊ *padded shoulders* hombreras

PHR V **to pad about, along, around, etc** andar, pasar, caminar, etc (con pasos suaves)

to pad sth out **1** acolchar algo **2** (*libro*) meterle paja a algo

▶ **padding** *n* **1** relleno, guata **2** (*libro*) paja

paddle /ˈpædl/ *n* **1** (*remo*) pala **2** (*barco*) **(a)** rueda de paletas **(b)** paleta **3** (*USA*) (*GB* **bat**) (*tenis de mesa*) raqueta

LOC **to have a paddle** chapotear, mojarse los pies *Ver tb* CREEK

■ **paddle** **1** *vt* (*barca*) dirigir (remando) **2** *vt* (*pies, manos*) mojar(se): *to paddle your feet in the pool* chapotear con los pies en la piscina **3** *vi* remar **4** *vi* chapotear, mojarse los pies (*en la orilla*)

paddle steamer *n* barco de vapor de ruedas

paddling pool /ˈpædlɪŋ puːl/ (*USA* **wading pool**) *n* piscina para niños

paddock /ˈpædək/ *n* **1** (*para caballos*) prado **2** (*en una pista de carreras*) paddock

paddy /ˈpædi/ *n* (*pl* **-ies**) (*tb* **paddy-field**) arrozal

padlock /ˈpædlɒk/ *n* candado

■ **padlock** *vt* cerrar con candado

padre /ˈpɑːdreɪ/ *n* **1** capellán **2** (*tratamiento*) padre **3** (*GB*) cura

paean /ˈpiːən/ *n* (*formal*) himno

LOC **paeans of praise** alabanzas

paediatric (*USA* **pediatric**) /ˌpiːdiˈætrɪk/ *adj* pediátrico: *a paediatric ward* una sala de pediatría

▶ **paediatrics** (*USA* **pediatrics**) *n* pediatría

paediatrician (*USA* **pediatrician**) *n* pediatra

paedophile /ˈpiːdəʊfaɪl/ (*USA* **pedophile** /ˌpedə-/) *n* pederasta
▶ **paedophilia** (*USA* **pedophilia** /ˌpedə-/) *n* pedofilia
pagan /ˈpeɪgən/ *adj, n* pagano, -a
▶ **paganism** *n* paganismo
page /peɪdʒ/ *n* **1** (*abrev* **p**) página: *on page 35* en la página 35 ◊ *pp 15 and 16* páginas 15 y 16 ◊ *a 300 page report* un informe de 300 páginas *Ver tb* FRONT PAGE, FULL-PAGE, HOME PAGE, TITLE-PAGE, YELLOW PAGES **2** (*tb* **page-boy**) (*USA* **bellboy**) (*hotel*) botones **3** (*tb* **page-boy**) paje **LOC** *Ver* PROBLEM
■ **page** *vt* **1** llamar por el altavoz **2** llamar por el busca: *a paging device* un busca **3** (*Informát*) paginar
▶ **pager** *n* busca
paging *n* paginación
pageant /ˈpædʒənt/ *n* **1** representación pública de escenas históricas **2** pompa **3** desfile
▶ **pageantry** *n* pompa
paginate /ˈpædʒɪmeɪt/ *vt* paginar
▶ **pagination** *n* paginación
pagoda /pəˈgəʊdə/ *n* pagoda
paid /peɪd/ **1** *pret, pp de* PAY[2] **2** *adj* **(a)** (*empleado*) a sueldo **(b)** (*trabajo*) remunerado *Ver tb* LOW-PAID
LOC **to put paid to sth** (*coloq*) acabar con algo
paid-up *adj* **1** (*Fin*) liberado **2** (*socio*) de pleno derecho, que paga su cuota: *He's a paid-up member of the party.* Es miembro afiliado del partido.
pail /peɪl/ *n* cubo
pain /peɪn/ *n* **1** dolor: *Is she in pain?* ¿Tiene dolores? ◊ *chest pains* dolores de pecho ◊ *I've got a pain in the shoulder.* Me duele el hombro. *Ver tb* GROWING PAINS **2** (*coloq*) lata: *Don't be a pain!* ¡No me des la lata!
LOC **a pain in the arse/ass** (⚠) ☛ *Ver nota en* TABÚ un coñazo **a pain in the neck** (*coloq*) una lata **for your pains**: *She got nothing for her pains.* Después de tantos esfuerzos, no consiguió nada. **on pain of death, etc** (*formal*) so pena de muerte, etc **to be at pains to do sth** esforzarse por hacer algo **to take (great) pains to do sth** esmerarse mucho en hacer algo *Ver tb* GREAT, SPARE[2]
■ **pain** *vt* (*formal*) **1** (*fig*) dar lástima: *It pains me to have to tell you this.* Me duele tener que decirte esto. **2** doler
▶ **pained** *adj* **1** (*expresión*) de dolor, afligido **2** ofendido: *to look pained* parecer ofendido
painful /ˈpeɪnfl/ *adj* **1** dolorido: *Is it painful?* ¿Te duele? **2** doloroso **3** (*deber*) penoso **4** (*decisión*) desagradable **5** (*coloq*) malísimo
▶ **painfully** *adv* **1** dolorosamente **2** terriblemente: *He's painfully thin.* Da pena ver lo flaco que está.
LOC **to be painfully aware of sth** conocer/saber algo de sobra
painkiller /ˈpeɪnkɪlə(r)/ *n* analgésico: *to be on painkillers* estar tomando analgésicos
painless /ˈpeɪnlɪs/ *adj* **1** que no duele **2** (*procedimiento*) sin dificultades
▶ **painlessly** *adv* **1** sin dolor **2** sin dificultades
painstaking /ˈpeɪnzteɪkɪŋ/ *adj* **1** (*trabajo*) laborioso **2** (*persona*) concienzudo
▶ **painstakingly** *adv* laboriosamente
paint /peɪnt/ *n* (*material*) pintura: *paint remover/stripper* decapante ◊ *paint roller* rodillo de pintar
■ **paint** *vt, vi* pintar: *to paint the door green* pintar la puerta de verde ◊ *He paints a vivid picture of army life.* Nos ofrece una viva imagen de la vida castrense. *Ver tb* HAND-PAINTED
LOC **to paint the town red** (*coloq*) irse de juerga *Ver tb* BLACK
PHR V **to paint sth in/out** añadir/tapar algo (*en un cuadro*)
to paint over sth **1** tapar algo (*con pintura*) **2** repintar algo
paintbox /ˈpeɪntbɒks/ *n* caja de acuarelas
paintbrush /ˈpeɪntbrʌʃ/ (*tb* **brush**) *n* pincel, brocha ☛ *Ver ilustración en* CEPILLO
painter /ˈpeɪntə(r)/ *n* **1** pintor, -ora: *painter and decorator* pintor de brocha gorda **2** (*Náut*) amarra
▶ **painterly** *adj* artístico
painting /ˈpeɪntɪŋ/ *n* pintura: *a painting by Picasso* un cuadro de Picasso ◊ *an oil painting* un óleo *Ver tb* CAVE PAINTING
paintwork /ˈpeɪntwɜːk/ *n* pintura (*superficie*): *The paintwork's chipped.* Se está desconchando la pintura.
pair /peə(r)/ *n* **1** par: *a pair of shoes* un par de zapatos **2** *a pair of trousers* unos pantalones ◊ *a pair of binoculars* unos prismáticos

Las palabras que designan objetos compuestos por dos elementos (como gafas, guantes, tijeras, pantalones, etc), llevan el verbo en plural: *My trousers are very tight.* Los pantalones me están muy justos. Cuando nos referimos a más de uno de estos objetos, utilizamos la palabra **pair**: *I've got two pairs of trousers.* Tengo dos (pares de) pantalones.

3 pareja: *These lamps are a pair.* Estas lámparas forman pareja. ◊ *Be quiet, the pair of you!* ¡Callaos, los dos! ◊ *in pairs* por parejas ☛ *Comparar con* COUPLE **4** (*caballos*) tronco **5** (*bueyes*) yunta
■ **pair** **1** *vt* emparejar **2** *vi* (*Biol*) aparearse **3** *vi* ~ **(with sb)** emparejarse (con algn): *I was paired with Tim.* Me pusieron a Tim de pareja.
PHR V **to pair off/up (with sb)** emparejarse (con algn) **to pair sb off (with sb)** emparejar a algn (con algn)
▶ **pairing** *n* **1** emparejamiento **2** (*Biol*) apareamiento
paisley /ˈpeɪzli/ *adj* (*diseño*) de cachemir
pajamas *n* (*USA*) *Ver* PYJAMAS
pal /pæl/ *n* (*coloquial*) **1** amigo, colega *Ver tb* PEN-PAL **2** (*para dirigirse a algn*) tío
■ **pal** *v* (*coloq*)
PHR V **to pal up** hacerse amigos
to pal up with sb hacerse amigo de algn
palace /ˈpæləs/ *n* palacio: *a palace spokesman* un portavoz del Palacio
palaeolithic /ˌpæliəʊˈlɪθɪk/ (*USA* **paleolithic** /ˌpeɪl-/) *adj* paleolítico
palaeontology /ˌpæliɒnˈtɒlədʒi/ (*USA* **paleontology** /ˌpeɪl-/) *n* paleontología
▶ **palaeontologist** *n* paleontólogo, -a
palatable /ˈpælətəbl/ *adj* **1** sabroso **2** comestible **3** (*fig*) aceptable
palate /ˈpælət/ *n* paladar: *hard palate* (bóveda del) paladar ◊ *soft palate* velo del paladar ☛ *Ver ilustración en* THROAT *Ver tb* CLEFT PALATE
▶ **palatal** *adj, n* palatal
palatial /pəˈleɪʃl/ *adj* **1** (*decoración*) suntuoso **2** (*edificio*) magnífico
palaver /pəˈlɑːvə(r); *USA* -ˈlæv-/ *n* (*coloquial*) **1** engorro **2** (*discusión*) conferencia
pale /peɪl/ *adj* (**paler, palest**) **1** pálido: *She's looking very pale.* Está muy pálida. **2** (*color*) claro: *pale blue eyes* ojos azul claro **3** (*luz*) tenue
LOC **to go/turn pale** palidecer
■ **pale** *vi* **1** palidecer **2** quedar eclipsado: *His achievements pale beside his sister's success.* Sus logros se quedan en nada comparados con el éxito de su hermana.
LOC **to pale into insignificance (beside sth)** parecer insignificante (al lado de algo)
■ **pale** *n* estaca
LOC **beyond the pale**: *Her remarks were quite beyond the pale.* Sus comentarios eran totalmente inaceptables.
▶ **palely** *adv* pálidamente
paleness *n* **1** palidez **2** (*luz*) tenuidad
paleolithic *adj* (*USA*) *Ver* PALAEOLITHIC
paleontology *n* (*USA*) *Ver* PALAEONTOLOGY
palette /ˈpælət/ *n* paleta (*de artista*)
palette knife *n* espátula

palimpsest /ˈpælɪmpsest/ *n formal* (*fig*) algo con varias capas o niveles: *The novel is a multiple palimpsest with one textual layer over another.* La novela tiene varios niveles superpuestos en el texto.
paling /ˈpeɪlɪŋ/ *n* [*gen pl*] (valla) empalizada
palisade /ˌpælɪˈseɪd/ *n* empalizada
pall¹ /pɔːl/ *vi* **~ (on sb)** cansar (a algn) (*de aburrimiento*): *It soon palled* (*on us*). Nos cansó muy pronto.
pall² /pɔːl/ *n* **1** paño mortuorio **2** (*fig*) manto
pall-bearer /ˈpɔːl beərə(r)/ *n* portador, -ora del féretro
pallet¹ /ˈpælɪt/ *n* plataforma de carga para carretilla elevadora
pallet² /ˈpælɪt/ *n* jergón
palliate /ˈpælieɪt/ *vt* (*formal*) paliar
palliative /ˈpæliətɪv/ *n* **1** paliativo **2** medida atenuante
■ **palliative** *adj* paliativo
pallid /ˈpælɪd/ *adj* pálido (*gen por enfermedad*)
pallor /ˈpælə(r)/ *n* palidez
pally /ˈpæli/ *adj* (*coloq*) amable
LOC to be/become pally ser/hacerse amigos **to be/become pally with sb** ser/hacerse amigo de algn
palm¹ /pɑːm/ *n* (*mano*) palma ☛ *Ver ilustración en* HAND¹
LOC to have sb in the palm of your hand tener a algn metido en el bolsillo *Ver tb* GREASE
■ **palm** *v*
PHR V to palm sb off (with sth) (*coloq*) engatusar a algn (con algo)
to palm sth/sb off (on sb) (*coloq*) endosarle algo/algn (a algn)
palm² /pɑːm/ (*tb* **palm-tree**) *n* palmera, palma: *palm oil* aceite de palma ◊ *Palm Sunday* Domingo de Ramos
LOC *Ver* BEAR², YIELD
palpable /ˈpælpəbl/ *adj* **1** (*lit* y *fig*) palpable **2** (*formal*) evidente
▶ **palpably** *adv*: *That's palpably absurd/untrue.* Eso es a todas luces absurdo/falso.
palpitation /ˌpælpɪˈteɪʃn/ *n* [*gen pl*] palpitación: *The thought of it gives me palpitations.* Solo de pensarlo me pongo nervioso.
palsy /ˈpɔːlzi/ *n* parálisis: *cerebral palsy* parálisis cerebral
paltry /ˈpɔːltri/ *adj* (**-ier, -iest**) insignificante: *only a paltry two per cent* tan solo un insignificante dos por ciento
pampas /ˈpæmpəs; *USA* -əz/ **the pampas** *n* [*pl*] pampa
pamper /ˈpæmpə(r)/ *vt* (*gen pey*) mimar: *to pamper yourself* cuidarse con mimo
▶ **pampered** *adj* mimado
pamphlet /ˈpæmflət/ *n* **1** (*informativo*) folleto **2** (*político*) octavilla, panfleto
pan¹ /pæn/ *n* **1** (*utensilio de cocina*) cazo, cacerola: *a pan of hot water* un cazo de agua caliente ◊ *a roasting pan* ◊ una fuente de horno para asar ◊ *a grill pan* ◊ una plancha ☛ *Ver ilustración en* OLLA **2** (*retrete*) taza **3** (*balanza*) platillo **4** (*buscador de oro*) batea *Ver tb* DUSTPAN
LOC to go down the pan irse a pique *Ver tb* FLASH¹
■ **pan** *vt* (**-nn-**) **1** (*fig*) poner por los suelos: *The film was panned by the critics.* Los críticos pusieron la película de vuelta y media. **2** (*lit*) lavar (grava) con batea
PHR V to pan out 1 (*coloq, fig*) resultar: *It depends how things pan out.* Depende de cómo salgan las cosas. **2** (*lit*) producir (oro, etc)
pan² /pæn/ (**-nn-**) (*Cine*) **1** *vt* hacer una toma panorámica **2** *vi*: *The shot panned slowly across the room.* Hicieron una toma panorámica de la habitación.
panacea /ˌpænəˈsiːə/ *n* panacea
panache /pəˈnæʃ, pæ-/ *n* [*incontable*] desenvoltura
pancake /ˈpænkeɪk/ *n* torta, tortita
Pancake Day *n* Martes de Carnaval ☛ *Ver nota en* MARTES
pancreas /ˈpæŋkriəs/ *n* páncreas ☛ *Ver ilustración en* DIGESTIVE
▶ **pancreatic** *adj* pancreático
panda /ˈpændə/ (*tb* **giant panda**) *n* (oso) panda
pandemic /pænˈdemɪk/ *n* pandemia, plaga
■ **pandemic** *adj* pandémico
pandemonium /ˌpændəˈməʊniəm/ *n* pandemónium
pander /ˈpændə(r)/ *v*
PHR V to pander to sth/sb (*pey*) complacer a algo/algn, hacerle el juego a algo/algn: *He refused to pander to their whims.* Se negó a consentirles los caprichos.
p and p /ˌpiː ən ˈpiː/ (*GB*) *abrev de* (**cost of**) **postage and packing** gastos de envío
pane /peɪn/ *n* cristal: *pane of glass* hoja de vidrio ◊ *The window panes were misted up.* Los cristales estaban empañados. ☛ *Ver ilustración en* HOUSE
panel /ˈpænl/ *n* **1** (*pared, puerta, etc*) panel **2** (*techo*) artesón **3** (*de carrocería*) cada una de las partes: *The crash dented four body panels on the car.* El golpe abolló cuatro piezas de la carrocería. **4** (*de un vestido*) pieza **5** (*de controles*) panel: *an instrument panel* un panel de mandos **6** [*v sing o pl*] panel (de expertos): *The panel has/have agreed.* El panel está de acuerdo. ◊ *a panel game* un programa concurso **7** [*v sing o pl*] jurado: *an interview/a selection panel* una comisión entrevistadora/seleccionadora ◊ *the panel of judges in a competition* el jurado de una competición
▶ **panelled** (*USA* **paneled**) *adj* (revestido) con paneles: *a panelled ceiling* un techo artesonado
panelling (*USA* **paneling**) *n* **1** revestimiento (*de las paredes, etc*): *oak panelling* revestimiento de roble **2** tableros (para hacer paneles)
panellist (*USA* **panelist**) /ˈpænəlɪst/ *n* miembro del panel, concursante
pang /pæŋ/ *n* (*lit* y *fig*) punzada: *pangs of hunger/hunger pangs* punzadas de hambre
panic /ˈpænɪk/ *n* pánico: *Keep calm, there's no panic!* ¡Calma, que no cunda el pánico! ◊ *a panic attack* un momento de pánico
■ **panic** *vt, vi* (*pret, pp* **panicked** *part pres* **panicking**) aterrar(se): *The gunfire panicked the horses.* Los disparos aterrorizaron a los caballos. ◊ *He did not panic.* No se dejó llevar por el pánico. ◊ *Don't panic!* ¡Tranquilo, cálmate!
PHR V to panic sb into doing sth [*gen en pasiva*] aterrorizar a algn para que haga algo: *They refused to be panicked into rash decisions.* Se negaron a que los forzaran a tomar decisiones precipitadas.
▶ **panicky** *adj* (*coloq*) **1** aterrado: *He gets panicky in enclosed spaces.* Le aterran los espacios cerrados. **2** causado por (el) pánico: *panicky feelings* sentimientos provocados por el pánico
panic-stricken /ˈpænɪk strɪkən/ *adj* preso de pánico: *He made a panic-stricken dash for the door.* Corrió hacia la puerta preso de pánico.
pannier /ˈpæniə(r)/ *n* (*mula, bicicleta etc*) alforja
panoply /ˈpænəpli/ *n* (*formal*) (*pl* **-ies**) **1** (*fig*) conjunto **2** (*antic*) panoplia
panorama /ˌpænəˈrɑːmə; *USA* -ˈræmə/ *n* panorama
▶ **panoramic** *adj* panorámico
pan pipes *n* [*pl*] zampoña, caramillo
pansy /ˈpænzi/ *n* (*pl* **-ies**) **1** (*Bot*) pensamiento ☛ *Ver ilustración en* FLOR **2** (*coloq, ofen*) marica
pant /pænt/ **1** *vi* jadear: *puffing and panting* resoplando y jadeando ◊ *to pant for breath* intentar recobrar el aliento **2** *vt* decir jadeante
■ **pant** *n* jadeo
pantaloons /ˌpæntəˈluːnz/ *n* [*pl*] (*antic* o *joc*) pantalones
pantheon /ˈpænθiən; *USA* -θɪɒn/ *n* panteón
panther /ˈpænθə(r)/ *n* **1** pantera **2** (*USA*) puma
panties /ˈpæntiz/ *n* [*pl*] (*coloq*) bragas: *a pair of panties* unas bragas

pantile /ˈpæntaɪl/ *n* teja árabe

panto /ˈpæntəʊ/ *n* (*pl* **~s**) (*coloq*) *Ver* PANTOMIME

pantomime /ˈpæntəmaɪm/ *n* **1** (*GB*) (*coloq* **panto**) (*Teat*) comedia musical navideña basada en cuentos de hadas **2** (*fig*) farsa: *What a pantomime!* ¡Qué farsa! **3** pantomima

pantry /ˈpæntri/ *n* (*pl* **-ies**) despensa

pants /pænts/ *n* [*pl*] **1** (*GB*) calzoncillos: *a pair of pants* unos calzoncillos **2** (*GB*) bragas **3** (*USA*) pantalones: *ski pants* pantalones de esquiar **LOC** *Ver* ANT, BEAT, CATCH[1], SCARE, WEAR[1]

pap /pæp/ *n* **1** (*comida*) papilla **2** [*incontable*] (*libro, revista, etc*) paparruchas

papa /pəˈpɑː; *USA* ˈpɑːpə/ *n* (*antic, coloq*) papá

papacy /ˈpeɪpəsi/ *n* papado

papal /ˈpeɪpl/ *adj* papal: *papal bull* bula (papal)

papaya /pəˈpaɪə/ *n* **1** (*fruta*) papaya **2** (*árbol*) papayo

paper /ˈpeɪpə(r)/ *n* **1** papel: *a piece/sheet of paper* una hoja de papel ◊ *cigarette paper* papel de fumar ◊ *paper bag* bolsa de papel ◊ *paper handkerchief* pañuelo de papel ◊ *paper money* papel moneda ◊ *toilet paper* papel higiénico *Ver tb* BLOTTING PAPER, BROWN PAPER, GRAPH PAPER, GREASEPROOF PAPER, NOTEPAPER, SANDPAPER, WASTE PAPER, WRAPPING PAPER **2** periódico: *a daily paper* un diario ◊ *the quality papers* los periódicos serios *Ver tb* NEWSPAPER **3** (*tb* **wallpaper**) papel pintado **4 papers** [*pl*] **(a)** documentación: *He asked to see my papers.* Me pidió la documentación. **(b)** papeles, papeleo **5** examen: *to mark (examination) papers* corregir exámenes ◊ *written paper* examen escrito **6** (*científico, académico*) artículo, ponencia *Ver tb* GREEN PAPER, WHITE PAPER

LOC a paper tiger un gallito **on paper 1** por escrito: *to put a proposal down on paper* poner una propuesta por escrito **2** (*fig*) en teoría: *It seems simple enough on paper.* En teoría parece sencillo. *Ver tb* PEN[1]

■ **paper** *vt* empapelar

LOC to paper over the cracks ocultar los problemas

PHR V to paper over sth 1 cubrir algo con papel pintado **2** (*fig*) ocultar algo (*desacuerdo, problema, etc*)

paperback /ˈpeɪpəbæk/ *n* libro en rústica: *When is the novel coming out in paperback?* ¿Cuándo sale la novela en rústica?

paper boy *n* repartidor de periódicos

paper clip *n* clip, sujetapapeles ☛ *Ver ilustración en* CLIP[1]

paper girl *n* repartidora de periódicos

paperknife /ˈpeɪpənaɪf/ *n* (*pl* **paperknives**) abrecartas

paper-thin /ˈpeɪpə θɪn/ *adj* finísimo, delgadísimo: *paper-thin slices* lonchas finísimas

paperweight /ˈpeɪpəweɪt/ *n* pisapapeles

paperwork /ˈpeɪpəwɜːk/ *n* [*incontable*] **1** papeleo **2** tareas administrativas

papery /ˈpeɪpəri/ *adj* como de papel

papier mâché *n* (*Fr*) cartón piedra, papel maché

papist /ˈpeɪpɪst/ *n* papista

paprika /ˈpæprɪkə; *USA* pəˈpriːkə/ *n* **1** (*pimiento*) paprika **2** (*especia*) pimentón dulce

papyrus /pəˈpaɪrəs/ *n* (*pl* **papyri** /pəˈpaɪriː/) papiro

par[1] /pɑː(r)/ *n* **1** (*Fin*) par: *par of exchange* tipo de cambio ◊ *par value* valor nominal ◊ *to sell shares below par* vender acciones por debajo de la par ◊ *at par to the dollar* en paridad de cambio con el dólar **2** (*golf*) par: *three below par* tres bajo par

LOC below par (*coloq*) **1** en baja forma: *I'm feeling a bit below par today.* Hoy me encuentro en baja forma. **2** de (una) calidad inferior **to be on a par with sth/sb** estar en pie de igualdad con algo/algn **to be par for the course** (*coloq*) ser lo que uno se esperaba **to place/put sth/sb on a par with sth/sb**: *This success puts them on a par with the best.* Este éxito los equipara con los mejores. **up to par** (*coloq*) tan bien como de costumbre

par[2] (*tb* **para**) *abrev de* **paragraph**

parable /ˈpærəbl/ *n* (*cuento, historia*) parábola ☛ *Comparar con* PARABOLA

parabola /pəˈræbələ/ *n* (*Geom*) parábola ☛ *Comparar con* PARABLE

▶ **parabolic** *adj* (*Geom, de historia*) parabólico

paracetamol /ˌpærəˈsiːtəmɒl/ *n* [*incontable*] paracetamol

parachute /ˈpærəʃuːt/ *n* paracaídas: *parachute jump* salto en paracaídas

■ **parachute 1** *vi* tirarse en paracaídas **2** *vt* lanzar en paracaídas: *Supplies were parachuted into the area.* Lanzaron provisiones en paracaídas sobre la zona.

▶ **parachuting** *n* paracaidismo

parachutist *n* paracaidista

parade /pəˈreɪd/ *n* **1** desfile: *victory parade* desfile de la victoria ◊ *fashion parade* desfile de modelos **2** (*tb* **parade ground**) plaza de armas **3** *a parade of shops* una calle de tiendas

LOC to be on parade 1 (*Mil*) estar desfilando, estar formando revista **2** (*fig*) estar en exposición

■ **parade 1** *vi* (*Mil*) formar revista, pasar revista **2** *vi* desfilar **3** *vi* (*pey*) pavonearse **4** *vt* (*pey*) (*conocimientos, etc*) hacer alarde de **5** *vt* (*esp por las calles*) exhibir **6** *vt* (*Mil*) formar: *The colonel paraded his troops.* El coronel formó a sus tropas.

paradigm /ˈpærədaɪm/ *n* paradigma

▶ **paradigmatic** *adj* paradigmático

paradise /ˈpærədaɪs/ *n* **1 Paradise** el paraíso **2** (*fig*) paraíso: *a smuggler's paradise* un paraíso para los contrabandistas **LOC** *Ver* FOOL[1]

paradox /ˈpærədɒks/ *n* paradoja

▶ **paradoxical** *adj* paradójico

paradoxically *adv* paradójicamente

paraffin /ˈpærəfɪn/ *n* **1** queroseno: *paraffin lamp* lámpara de petróleo ◊ *paraffin heater* estufa de petróleo **2** (*tb* **paraffin wax**) parafina

paragliding /ˈpærəglaɪdɪŋ/ *n* (*Dep*) parapente

▶ **paraglider** *n* (*aparato*) parapente

paragon /ˈpærəgən; *USA* -gɒn/ *n* **1** dechado: *a paragon of virtue* un dechado de virtudes **2** *to be a paragon* ser perfecto

paragraph /ˈpærəgrɑːf; *USA* -græf/ *n* **1** (*abrev* **par, para**) párrafo: *new paragraph* punto y aparte **2** (*tb* **paragraph mark**) (*tipografía*) símbolo de punto y aparte **3** (*periódico*) artículo corto

parakeet /ˈpærəkiːt/ *n* lorito

parallax /ˈpærəlæks/ *n* (*Astron*) paralaje

parallel /ˈpærəlel/ *adj* **1** paralelo: *It runs parallel with the main road.* Corre paralelo a la calle principal. ◊ *the parallel bars* las paralelas **2** (*Informát*) en paralelo

■ **parallel** *n* **1** paralelo: *to draw a parallel between A and B* establecer un paralelo entre A y B **2** línea paralela **3** (*Geog*) paralelo

LOC in parallel (*Elec*) en paralelo

■ **parallel** *vt* **1** (*logros, etc*) igualar **2** *Her experiences parallel mine.* Hay un paralelismo entre sus experiencias y las mías.

▶ **parallelism** *n* paralelismo

parallelogram *n* paralelogramo

paralyse (*USA* **paralyze**) /ˈpærəlaɪz/ *vt* paralizar: *paralysed with fear* paralizado de miedo

paralysis /pəˈræləsɪs/ *n* (*pl* **-ses**) **1** parálisis **2** (*fig*) paralización

paralytic /ˌpærəˈlɪtɪk/ *adj, n* paralítico, -a

■ **paralytic** *adj* (*GB, coloq*) como una cuba: *She was completely paralytic last night.* Anoche estaba como una cuba.

paramedic /ˌpærəˈmedɪk/ *n* profesional conectado con la medicina

▶ **paramedic(al)** *adj* paramédico

parameter /pəˈræmɪtə(r)/ *n* parámetro

paramilitary /ˌpærəˈmɪlətri; *USA* -teri/ *adj, n* (*pl* **-ies**) paramilitar

paramount /ˈpærəmaʊnt/ *adj* primordial: *our paramount aim* nuestro objetivo primordial ◊ *This matter is of paramount importance.* Este asunto es de suma importancia.

paranoia /ˌpærəˈnɔɪə/ *n* paranoia

▶ **paranoid** (*tb* **paranoiac**) *adj, n* paranoico, -a: *paranoid schizophrenia* esquizofrenia paranoica ◊ *She's paranoid about her appearance.* Es una maniática de su aspecto.

paranormal /ˌpærəˈnɔːml/ *adj* paranormal

■ **the paranormal** *n* lo paranormal

parapet /ˈpærəpɪt, -pet/ *n* parapeto

paraphernalia /ˌpærəfəˈneɪliə/ *n* [*sing*] **1** avíos **2** parafernalia ☛ *Ver nota en* DATA

paraphrase /ˈpærəfreɪz/ *n* paráfrasis

■ **paraphrase** *vt* parafrasear

paraplegic /ˌpærəˈpliːdʒɪk/ *adj, n* parapléjico, -a

parascending /ˈpærəsendɪŋ/ *n* paracaidismo de arrastre acuático

parasite /ˈpærəsaɪt/ *n* parásito: *to be a parasite on society* ser un parásito de la sociedad

▶ **parasitic(al)** *adj* parasitario

parasol /ˈpærəsɒl; *USA* -sɔːl/ *n* sombrilla ☛ *Ver ilustración en* BUNGALOW

paratroop(er) /ˈpærətruːp(ə)/ *n* paracaidista (*del ejército*)

parboil /ˈpɑːbɔɪl/ *vt* dar un hervor a

parcel /ˈpɑːsl/ *n* **1** (*USA* **package**) paquete: *parcel bomb* paquete bomba ◊ *parcel post* servicio de paquetes postales **2** parcela **LOC** *Ver* PART

> **¿Parcel, packet o pack?**
> **Parcel** (USA **package**) se emplea para referirse a los paquetes que se envían por correo. Para hablar de los paquetes que se entregan en mano utilizamos **package**.
> **Packet** (USA **pack**) es el término que utilizamos para referirnos a un paquete o una bolsa que contiene algún producto que se vende en una tienda: *a packet of cigarettes/crisps.*
> **Pack** se utiliza para hablar de un conjunto de cosas diferentes que se venden juntas: *The pack contains needles and thread.* El envase contiene agujas e hilo. *Ver tb* PACKAGING *en* PACKAGE

■ **parcel** *v* (**-ll-**, *USA* **-l-**)

PHR V **to parcel sth out 1** parcelar algo **2** repartir algo

to parcel sth up 1 embalar algo **2** empaquetar algo

parch /pɑːtʃ/ *vt* resecar

▶ **parched** *adj* **1** (*tierra, etc*) reseco **2** muerto de sed: *I'm parched.* Estoy muerto de sed.

parchment /ˈpɑːtʃmənt/ *n* pergamino

pardon /ˈpɑːdn/ *n* **1** perdón **2** (*Jur*) indulto: *to grant a full pardon* conceder un indulto total **LOC** *Ver* BEG

■ **pardon** *vt* (*formal*) perdonar: *pardon my asking* perdona que te lo pregunte ◊ *if you'll pardon the expression* si me perdona la expresión

LOC **pardon?** (*USA* **pardon me?**) ¿cómo? (*cuando no se ha entendido algo*) **pardon me**: *Pardon me for interrupting.* Perdona que te interrumpa. ◊ *Pardon me!* ¡Perdón! *Ver tb* FRENCH

▶ **pardonable** *adj* perdonable

pare /peə(r)/ *vt* **1** recortar: *to pare your nails* cortarse las uñas **2** (*fruta*) mondar **3** (*palo*) pelar

LOC **to pare sth to the bone** recortar algo drásticamente

PHR V **to pare sth away/off 1** (*piel*) quitar algo a tiras **2** (*fig*) quitar algo

to pare sth down: *We have pared down our expenses to the minimum.* Hemos reducido los gastos al mínimo.

parent /ˈpeərənt/ *n* **1** madre, padre: *He lives with his parents.* Vive con sus padres. ◊ *She/He tries hard to be a good parent.* Se esfuerza por ser buena madre/buen padre. ☛ *Ver nota en* PADRE, SINGLE *adj Ver tb* GODPARENT, GRANDPARENT, SINGLE PARENT **2** (*Bot*) madre: *the parent tree* el árbol madre **3** (*empresa*) matriz

▶ **parentage** *n* **1** ascendencia **2** [*sing*] padres: *of unknown parentage* de padres desconocidos

parental *adj* de los padres: *parental support* apoyo de los padres

parent company *n* empresa matriz

parenthesis /pəˈrenθəsɪs/ *n* (*pl* **-eses** /-əsiːz/) **1** (*fig*) paréntesis: *in parentheses* entre paréntesis **2** (*USA*) (*GB* **bracket**) paréntesis

▶ **parenthetic(al)** *adj* entre paréntesis

parenthood /ˈpeərənthʊd/ *n* maternidad, paternidad: *the responsibilities of parenthood* las responsibilidades de ser padre/madre

parenting /ˈpeərəntɪŋ/ *n* cuidado de los hijos

parents-in-law /ˈpeərənts ɪn lɔː/ *n* suegros

parent-teacher association *n* (*abrev* **PTA**) asociación de padres y profesores

par excellence /ˌpɑːr ˈeksəlɑːns/ *adv* (*Fr*) por excelencia

pariah /pəˈraɪə/ *n* paria

parish /ˈpærɪʃ/ *n* **1** parroquia: *parish church* iglesia parroquial ◊ *the parish priest* el párroco **2** municipio: *parish council* concejo del distrito

▶ **parishioner** *n* feligrés, -esa

Parisian /pəˈrɪziən/ *adj, n* parisino, -a

parity /ˈpærəti/ *n* (*formal*) paridad

park /pɑːk/ *n* **1** parque: *national park* parque nacional ◊ *park bench* banco de parque ◊ *park-keeper* guarda de parque *Ver tb* AMUSEMENT PARK, BUSINESS PARK, THEME PARK **2** (*USA*) campo (de béisbol) *Ver tb* BALLPARK

■ **park 1** *vt, vi* aparcar: *Where can we park (the car)?* ¿Dónde podemos aparcar (el coche)? ◊ *a row of parked cars* una hilera de coches aparcados *Ver tb* DOUBLE-PARK **2** *vt* (*coloq*) dejar: *Park your bags here.* Deja las maletas aquí. **3** *v refl* **~ yourself** (*coloq*) sentarse

parka /ˈpɑːkə/ *n* parka

park-and-ride /ˌpɑːk ən ˈraɪd/ *n* sistema de transporte público entre aparcamientos en las afueras y el centro de una ciudad

parking /ˈpɑːkɪŋ/ *n* (*abrev* **P**) aparcamiento: *No parking.* Prohibido aparcar. ◊ *a parking fine* una multa por aparcamiento indebido ◊ *parking space* aparcamiento

parking lot (*USA*) (*GB* **car park**) *n* aparcamiento

parking meter *n* parquímetro

parking ticket *n* multa por aparcamiento indebido

Parkinson's (disease) *n* enfermedad de Parkinson

parkland /ˈpɑːklænd/ *n* **1** zona verde **2** parque

parkway /ˈpɑːkweɪ/ *n* (*USA*) avenida

parky /ˈpɑːki/ *adj* (*GB, coloq*) frío: *It's a bit parky today isn't it?* Hace fresco hoy, ¿no?

parlance /ˈpɑːləns/ *n* (*formal*) lenguaje: *in legal parlance* en lenguaje legal

parley /ˈpɑːli/ *n* (*pl* **~s**) (*reunión*) parlamento

■ **parley** *vi* **~ (with sb)** parlamentar (con algn)

parliament /ˈpɑːləmənt/ *n* **1** (*Pol*) parlamento **2** **Parliament** (*GB*) Parlamento: *a Member of Parliament* un diputado ☛ *Ver págs 584-5 Ver tb* THE HOUSES OF PARLIAMENT

▶ **parliamentarian** *n* parlamentario, -a

parliamentary *adj* parlamentario: *parliamentary candidate* candidato parlamentario

parlour (*USA* **parlor**) /ˈpɑːlə(r)/ *n* **1** sala (de recibir): *parlour game* juego de salón **2** (*tienda*) local en el que se ofrecen ciertos bienes o servicios: *beauty parlour* salón de belleza ◊ *ice cream parlour* heladería *Ver tb* FUNERAL PARLOUR

parlous /ˈpɑːləs/ *adj* (*formal*) lamentable

Parmesan (cheese) /ˈpɑːmɪzæn/ *n* (queso) parmesano

parochial /pəˈrəʊkiəl/ *adj* **1** (*pey*) (*mentalidad, etc*) provinciano **2** (*formal*) parroquial

▶ **parochialism** *n* estrechez de miras
parody /ˈpærədi/ *n* (*pl* **-ies**) parodia
■ **parody** *vt* (*pret, pp* **-died**) parodiar
▶ **parodic** *adj* paródico
parole /pəˈrəʊl/ *n* libertad condicional: *to release sb on parole* dejar a algn en libertad condicional
■ **parole** *vt* poner en libertad condicional
paroxysm /ˈpærəksɪzəm/ *n* paroxismo
parquet /ˈpɑːkeɪ; *USA* pɑːrˈkeɪ/ *n* parqué
parricide /ˈpærɪsaɪd/ *n* **1** parricida **2** parricidio
parrot /ˈpærət/ *n* loro
■ **parrot** *vt* repetir como un loro
parrot-fashion /ˈpærət fæʃn/ *adv* (*pey*) como un loro: *to learn sth parrot-fashion* aprender algo como un loro
parry /ˈpæri/ (*pret, pp* **parried**) **1** *vt* (*golpe*) parar **2** *vt* (*pregunta*) eludir **3** *vi* (*formal*) reponer: *'You too!', she parried.* —¡Tú también!, repuso. **4** *vi* (*Dep*) parar: *Dave shot and Pete parried.* Dave disparó y Pete paró.
■ **parry** *n* (*esgrima*) parada
parsimonious /ˌpɑːsɪˈməʊniəs/ *adj* (*formal*) tacaño
▶ **parsimony** *n* tacañería
parsing /ˈpɑːzɪŋ/ *n* análisis sintáctico
parsley /ˈpɑːsli/ *n* perejil
parsnip /ˈpɑːsnɪp/ *n* chirivía ☛ *Ver ilustración en* NABO
parson /ˈpɑːsn/ *n* **1** (*Relig*) pastor, -ora **2** clérigo
▶ **parsonage** *n* casa del pastor
parson's nose (*USA* **pope's nose**) *n* (*coloq*) rabadilla (*pollo, etc*)
part /pɑːt/ *n* **1** ~ (**of sth**) parte (de algo): *The film is good in parts.* La pélicula tiene partes buenas. ◊ *He had no part in the decision.* No tenía parte en la decisión. **2** pieza: *moving parts* piezas móviles **3(a)** (*TV*) episodio, capítulo **(b)** (*abrev* **Pt**) (*obra de teatro*) parte: *Henry IV PT 2* Enrique IV segunda parte **(c)** (*publicación*) fascículo **4** (*Cine, Teat*) papel: *to play a part* hacer un papel ◊ *Have you learnt your part yet?* ¿Ya te sabes tu papel? *Ver tb* BIT PART **5** (*Mús*) parte: *the piano part* la parte del piano **6 parts** [*pl*] región: *She's not from these parts.* No es de aquí. *Ver tb* PRIVATE PARTS
LOC **a man/woman of (many) parts** un hombre/una mujer de talento **for my part** por mi parte **for the most part** por lo general, en general **in (great) part** en (gran) parte **on the part of sb/on sb's part**: *It was an error on my part.* Fue un error por mi parte. **part and parcel of sth**: *It's part and parcel of my job.* Es parte integrante de mi trabajo. **the best/better part of sth** la mayor parte de algo: *We've lived here for the best part of a year.* Hemos vivido aquí casi un año. **to look the part**: *He may be a teacher but he doesn't look the part.* Puede que sea profesor, pero no lo parece. **to play a part (in sth)**: *She plays an important part in local politics.* Desempeña un papel importante en la política local. **to take sth in good part** tomarse algo de buena manera **to take sb's part** ponerse de parte de algn **to take part (in sth)** tomar parte (en algo) *Ver tb* DISCRETION, INTEGRAL
■ **part** *adv*: *The dress is part silk, part wool.* El vestido es parte de seda, parte de lana. ◊ *He's part Italian, part Irish.* Es medio italiano, medio irlandés.
■ **part 1** *vt, vi* separar(se): *It took four men to part them.* Hicieron falta cuatro hombres para separarlos. **2** *vt* partir: *He parted it in two.* Lo partió en dos. **3** *vt* (*pelo*) hacerse la raya: *He parts his hair down the middle.* Lleva la raya en medio. **4** *vt* apartar: *He parted the curtains.* Apartó las cortinas.
LOC **to part company (with sb) 1** separarse (de algn), despedirse (de algn) **2** no estar de acuerdo (con algn)
PHR V **to part with sth 1** renunciar a algo **2** (*dinero*) gastar algo
partake /pɑːˈteɪk/ *vi* (*formal*) (*pret* **partook** /-ˈtʊk/ *pp* **partaken** /-ˈteɪkən/) **1** ~ **of sth (a)** comer algo **(b)** tomar algo **2** ~ **in/of sth** participar (en algo)
parterre /pɑːˈteə(r)/ *n* parterre
part exchange *n* parte del pago: *to offer sth in part exchange* ofrecer algo como parte del pago
partial /ˈpɑːʃl/ *adj* **1** parcial: *a partial recovery* una recuperación parcial **2** ~ (**towards sth/sb**) predispuesto (a favor de algo/algn): *He's bound to be partial.* Estoy seguro de que será parcial.
LOC **to be partial to sth/sb** ser aficionado a algo/algn
▶ **partiality** *n* **1** parcialidad **2** afición
partially *adv* **1** parcialmente **2** de manera parcial
participant /pɑːˈtɪsɪpənt/ *n* participante
participate /pɑːˈtɪsɪpeɪt/ *vi* ~ (**in sth**) participar (en algo)
▶ **participation** *n* participación
participle /ˈpɑːtɪsɪpl/ *n* participio: *past/present participle* participio de pasado/presente
particle /ˈpɑːtɪkl/ *n* partícula
particular /pəˈtɪkjələ(r)/ *adj* **1** en concreto, en particular: *in this particular case* en este caso en particular **2** especial: *a matter of particular importance* un asunto de especial importancia **3** ~ (**about sth**) exigente, especial (con algo): *He's very particular about what he eats.* Es muy especial con lo que come.
LOC **in particular** en particular
■ **particular** *n* detalle: *exact in every particular* exacto en todos los detalles
▶ **particularity** (*tb* **particularism**) *n* particularidad, singularidad
particularly /pəˈtɪkjələli/ *adv* **1** particularmente, especialmente **2** en particular
parting /ˈpɑːtɪŋ/ *n* **1** despedida: *a tearful parting* una despedida con lágrimas ◊ *his parting words* sus palabras de despedida **2** (*pelo*) raya ☛ *Ver ilustración en* PELO
LOC **parting of the ways** momento de la separación
parting shot *n* comentario de despedida (*gen desagradable*)
partisan /ˌpɑːtɪˈzæn, ˈpɑːtɪzæn; *USA* ˈpɑːrtɪzn/ *n* **1** partidario, -a **2** (*Mil*) partisano, -a
■ **partisan** *adj* parcial: *Try not to be partisan.* Intenta no ser tan parcial.
▶ **partisanship** *n* parcialidad
partition /pɑːˈtɪʃn/ *n* **1** (*Pol*) división **2** (*construcción*) tabique
■ **partition** *vt* dividir
PHR V **to partition sth off** tabicar algo, levantar un tabique en algo
partly /ˈpɑːtli/ *adv* en parte: *It was partly my fault.* En parte fue culpa mía.
partner /ˈpɑːtnə(r)/ *n* **1** (*Com*) socio *Ver tb* SILENT PARTNER, SLEEPING PARTNER **2** (*baile, deportes*) pareja *Ver tb* SPARRING PARTNER **3** (*sexual*) pareja ☛ *Ver nota en* PAREJA
LOC **partners in crime** cómplices, compinches
■ **partner** *vt* **1** (*baile*) hacer de pareja con **2** (*Dep*) formar pareja con **3** acompañar a
PHR V **to partner sb off (with sb)** emparejar a algn (con algn)
▶ **partnership** *n* **1** asociación **2** (*Com*) sociedad
LOC **in partnership (with sb)** en asociación (con algn) **to go into partnership (with sb)** asociarse (con algn)
part of speech *n* parte de la oración
partook *pret de* PARTAKE
partridge /ˈpɑːtrɪdʒ/ *n* perdiz
part-time /ˈpɑːt taɪm/ *adj, adv* **1** por horas: *part-time work* trabajo por horas ◊ *to work part-time* trabajar por horas **2** a tiempo parcial: *He's doing a part-time course.* Está haciendo un curso a tiempo parcial.
▶ **part-timer** *n* trabajador, -ora por horas
party /ˈpɑːti/ *n* (*pl* **-ies**) **1** (*reunión*) fiesta: *a birthday party* una fiesta de cumpleaños *Ver tb* GARDEN PARTY, HEN-PARTY, TEA PARTY **2** (*Pol*) partido *Ver tb* DEMOCRATIC PARTY, MULTI-PARTY, ONE-PARTY **3** grupo *Ver tb* WORKING

PARTY **4** (*Jur*) parte: *the guilty party* la parte culpable *Ver tb* THIRD-PARTY **5** (*antic, coloq*) tipo: *He was a queer party.* Era un tipo raro.

LOC party piece numerito de fiesta **party pooper** (*coloq*) aguafiestas **the party's over** se acabó la fiesta **to be (a) party to sth** participar en algo

■ **party** *vi* (*coloq*) (*pret, pp* **partied**) estar de fiesta: *We partied all night until dawn.* Estuvimos de fiesta hasta el amanecer.

party political *adj* de política de partido: *a party political broadcast by the Labour Party* retransmisión de política de partido del Partido Laborista

party politics *n* política de partido

parvenu /ˈpɑːvənjuː; *USA* -nuː/ *n* (*pey*) advenedizo

pass¹ /pɑːs; *USA* pæs/ *n* **1** (*nota*) aprobado: *to get a pass in Maths* aprobar matemáticas **2** (*permiso*) pase: *a security pass* un pase de seguridad **3** (*autobús, etc*) bono **4** (*fútbol, esgrima*) pase **5** (*montaña*) puerto *Ver tb* BYPASS

LOC to bring sth to pass (*formal*) llevar algo a cabo **to come to pass** (*formal*) suceder **to make a pass at sb** (*coloq*) intentar ligarse a algn *Ver tb* PRETTY

pass² /pɑːs; *USA* pæs/ **1** *vt, vi* pasar: *He stood aside to let her pass.* Se puso a un lado para dejarla pasar. ◊ *We passed through Oxford on our way to London.* Pasamos por Oxford camino de Londres. ◊ *Six months had passed.* Habían pasado seis meses. ◊ *His anger will soon pass.* Pronto se le pasará el enfado. ◊ *Pass (me) the salt, please.* Pásame la sal, por favor. ◊ *He passed (the ball) to the winger.* Le pasó el balón al alero. ◊ *just to pass the time* solo para pasar el tiempo ◊ *to pass sth around* circular algo **2** *vt* (*barrera, etc*) cruzar **3** *vt* (*límite, etc*) superar **4** *vt, vi* **~ (by) sth** pasar por delante de algo: *Turn right after passing the Post Office.* Gira a la derecha una vez pasado correos. **5** *vt* (*examen, ley, etc*) aprobar **6** *vt* (*sentencia*) pronunciar **7** *vt* (*Med*) expulsar (*con la orina o las heces*) **8** *vi* (*comportamiento, etc*) ignorar, pasar (*sin castigo*): *I don't like it but I'll let it pass.* No me gusta, pero lo dejaré pasar. **9** *vi* suceder, pasar: *after all that has passed between them* después de todo lo que ha sucedido entre ellos **10** *vi* (*bridge, etc*) pasar

LOC to pass judgement (on sth/sb) emitir una opinión sobre algo/algn: *to pass judgment* fallar ◊ *to pass judgment on sb* pronunciar sentencia sobre algn **to pass muster** ser pasable **to pass the buck (to sb)** (*coloq*) pasarle la pelota (a algn) **to pass the hat round** (*coloq*) pasar la gorra **to pass the time of day (with sb)** hablar un poco (con algn) *Ver tb* WATER¹, SHIP

PHR V to pass as sth/sb; to pass for sth/sb pasar por algo/algn (*ser tomado por*)

to pass away (*eufemismo*) morir

to pass by (sth/sb) pasar al lado (de algo/algn)

to pass sth/sb by 1 *Life is passing me by.* Tengo la sensación de que no he vivido. **2** ignorar algo/a algn

to pass sth down transmitir algo (*de una generación a otra*)

to pass for sth/sb *Ver* TO PASS AS STH/SB

to pass into sth incorporarse a algo

to pass off 1 transcurrir: *The meeting passed off without incident.* La reunión transcurrió sin incidentes. **2** (*dolor*) pasar

to pass sth/sb off as sth/sb hacer pasar algo/a algn por algo/algn: *He tried to pass it off as a joke.* Quiso dar la impresión de que había sido una broma.

to pass on (*eufemismo*) morir

to pass on (to sth): *Let's pass on to the next item on the agenda.* Pasemos al punto siguiente del orden del día.

to pass sth on (to sb): *I passed the message on to his mother.* Le pasé el recado a su madre.

to pass out 1 desmayarse **2** (*Mil*) acabar el curso de formación

to pass sb over pasar a algn por alto

to pass over sth ignorar algo

to pass through estar de paso

to pass through sth atravesar algo

to pass sth up (*coloq*) rechazar algo (*oportunidad, etc*)

passable /ˈpɑːsəbl; *USA* ˈpæs-/ *adj* **1** aceptable **2** transitable

passage /ˈpæsɪdʒ/ *n* **1** (*tb* **passageway**) **(a)** callejón **(b)** pasadizo, pasillo **2** paso: *the passage of time* el paso del tiempo **3** acceso: *to guarantee safe passage* garantizar el acceso seguro **4** pasaje: *He worked his passage to Australia.* Trabajó durante la travesía a Australia para pagarse el pasaje. **5** conducto: *the nasal passages* el conducto nasal ◊ *back passage* recto **6** pasaje: *selected passages* selecciones **7** paso: *The bill had a difficult passage through Parliament.* La ley tuvo un paso difícil por el Parlamento.

passageway /ˈpæsɪdʒweɪ/ *n Ver* PASSAGE sentido 1

passbook /ˈpɑːsbʊk/ *n* libreta de banco

passé /ˈpæseɪ; *USA* pæˈseɪ/ *adj* (*Fr*) pasado de moda

passenger /ˈpæsɪndʒə(r)/ *n* pasajero, -a: *Will passengers please proceed…* Rogamos a los señores pasajeros que pasen… ◊ *passenger seat* asiento del copiloto

passenger train *n* tren de pasajeros

passer-by /ˌpɑːsə ˈbaɪ; *USA* ˌpæsər/ *n* (*pl* **passers-by** /ˌpɑːsəz ˈbaɪ/) transeúnte

passing¹ /ˈpɑːsɪŋ; *USA* ˈpæs-/ *adj* **1** (*pensamiento*) pasajero **2** (*mirada, referencia*) de pasada: *a passing resemblance* cierto parecido físico **3** (*tráfico*) que pasa

passing² /ˈpɑːsɪŋ; *USA* ˈpæs-/ *n* [*incontable*] **1** paso: *the passing of time* el paso del tiempo **2** (*formal*) desaparición: *the passing of the old year* el fin del año viejo **3** (*formal, eufemismo*) muerte

LOC in passing de pasada

passion /ˈpæʃn/ *n* **1 ~ (for sth/sb)** pasión, amor (por algo/algn): *She has a passion for collecting things.* Tiene pasión por coleccionar cosas. ◊ *Music is a passion for him.* La música es su pasión. **2** pasión: *Passions were running high.* La gente estaba muy exaltada. **3 the Passion** (*Relig*) la Pasión (de Cristo)

passionate /ˈpæʃənət/ *adj* apasionado: *a passionate defender of sth* un ardiente defensor de algo

▶ **passionately** *adv* apasionadamente: *to be passionately opposed to sth* oponerse con todas tus fuerzas a algo

passion fruit *n* maracuyá

Passion play *n* drama de la pasión (*de Cristo*)

passive /ˈpæsɪv/ *adj* pasivo: *passive smoker* fumador pasivo ◊ *passive resistance* resistencia pasiva

■ **passive** (*tb* **passive voice**) *n* (voz) pasiva: *in the passive* en pasiva

▶ **passively** *adv* pasivamente

passivity *n* pasividad

pass-mark *n* nota de aprobado

Passover /ˈpɑːsəʊvə(r); *USA* ˈpæs-/ *n* Pascua (*judía*)

passport /ˈpɑːspɔːt; *USA* ˈpæs-/ *n* **~ (to sth)** pasaporte (a algo): *the passport to success* el pasaporte para el éxito

password /ˈpɑːswɜːd/ (*tb* **watchword**) *n* contraseña

past¹ /pɑːst; *USA* pæst/ *adj* **1** pasado: *in past centuries* en siglos pasados ◊ *in times past* antiguamente ◊ *The time for discussion is past.* El tiempo de discusión se ha acabado. ◊ *His past record is impressive.* Su historial es impresionante. ◊ *past students* antiguos alumnos ◊ *the past tense* el (tiempo) pasado **2** último: *in the past few weeks* en las últimas semanas **3** anterior: *in a past life* en una vida anterior

■ **past** *n* **1 the past** el pasado: *in the recent past* hace poco tiempo **2** historia, pasado: *a woman with a past* una mujer con pasado **3** (*tb* **past tense**) pretérito, pasado *Ver tb* PAST CONTINUOUS, PAST SIMPLE **LOC** *Ver* LIVE², THING

past² /pɑːst; *USA* pæst/ *prep* **1** (*con expresiones de tiempo*): *half past two* las dos y media ◊ *ten (minutes) past six* las seis y diez ◊ *It was past midnight.* Era más de medianoche. **2** (*con verbos de movimiento*): *She* *walked past the shop.* Pasó por delante de la tienda. ◊ *He hurried past me.* Pasó deprisa por mi lado. ◊ *It's the first on the right past the traffic lights.* Es la primera a mano derecha después del semáforo. **3** (*con años*): *an old man past seventy* un anciano de más de 70 años **4** más allá de: *I'm past caring.* Ya me trae sin cuidado. ◊ *It's past repair.* Ya no se puede reparar. ◊ *She's past playing with dolls.* Ya no tiene edad para jugar con muñecas. ◊ *She's long past retirement age.* Ya se debería haber jubilado.

LOC not to put it past sb (to do sth) creer a algn capaz (de hacer algo): *I wouldn't put anything past her.* Es capaz de cualquier cosa. ◊ *I wouldn't put it past him to steal from his own grandmother!* ¡Le creo capaz de robar a su propia abuela! **to be past it** (*coloq*) estar/ser demasiado viejo para hacer algo *Ver tb* DISPUTE, DOUBT, REASON[1], RECALL, REDEMPTION

■ **past** *adv* al lado, por delante: *to walk past* pasar por delante ◊ *She went past without stopping.* Pasó sin detenerse.

pasta /ˈpæstə; *USA* ˈpɑːstə/ *n* [*incontable*] (*Cocina*) pasta

past continuous *n* pasado continuo

El **past continuous** se forma con el pasado simple del verbo auxiliar **to be** más el participio presente: *I was walking down the street.* ◊ *Were you working at home yesterday?* ◊ *She wasn't wearing a coat.*
Ver tb PAST SIMPLE

paste[1] /peɪst/ *n* **1** pasta, masa: *Blend to a smooth paste.* Mezcle hasta formar una masa sin grumos. **2** cola: *wallpaper paste* cola de empapelar **3** paté **4** pasta (*para cuentas, joyas, etc*) *Ver tb* TOOTHPASTE

paste[2] /peɪst/ *vt* **1** encolar **2 ~ sth (on) to sth** pegar algo en algo **3 ~ sth on (sth)** pegar algo con cola (en algo)

PHR V to paste sth up pegar algo (*en una pared, etc*)

pastel /ˈpæstl; *USA* pæˈstel/ *adj, n* (*color*) pastel: *pastel colours* colores pastel

pasteurize, -ise /ˈpɑːstʃəraɪz; *USA* ˈpæs-/ *vt* pasteurizar

pastiche /pæˈstiːʃ/ *n* imitación, pastiche

pastime /ˈpɑːstaɪm; *USA* ˈpæs-/ *n* pasatiempo

pasting /ˈpeɪstɪŋ/ *n* (*coloq*) paliza

past master *n* **~ (at sth/doing sth)** experto, -a (en algo/hacer algo)

pastor /ˈpɑːstə(r); *USA* ˈpæs-/ *n* pastor (*sacerdote*)

pastoral /ˈpɑːstərəl; *USA* ˈpæs-/ *adj* **1** pastoril, bucólico: *pastoral poetry* poesía pastoril **2** pastoral

past perfect (*tb* **pluperfect**) *n* pluscuamperfecto

El **past perfect** se forma con el pasado simple del verbo auxiliar **to have** más el participio pasado: *They'd waited for over an hour.* ◊ *Had you known her for long?* ◊ *I hadn't ever thought of that.*
Ver tb PAST PERFECT CONTINUOUS, PRESENT PERFECT

past perfect continuous *n* pluscuamperfecto continuo

El **past perfect continuous** se forma con el pasado simple del verbo auxiliar **to have** más el participio pasado de **be** y el participio presente del verbo: *He'd been talking on the phone for ages.* ◊ *How long had you been working there?* ◊ *She told me she hadn't been sleeping very well.*
Ver tb PAST PERFECT, PRESENT PERFECT

pastrami /pæˈstrɑːmi/ *n* fiambre de carne de vaca con especias ahumada

pastry /ˈpeɪstri/ *n* (*pl* **-ies**) **1** masa (*de una tarta, etc*): *shortcrust pastry* pasta quebrada ◊ *puff pastry* hojaldre **2** pastel (*de bollería*) *Ver tb* DANISH (PASTRY)

past simple *n* pasado simple

En los verbos regulares, el **past simple** se forma añadiendo la desinencia **-ed** al infinitivo. Las formas interrogativa y negativa se forman con el pasado del verbo auxiliar **to do** más el infinitivo del verbo: *I worked all day in the garden.* ◊ *Did she answer your letter?* ◊ *He didn't look well.*
Para verbos irregulares, ver apéndice 1.
Ver tb PAST CONTINUOUS

pasture /ˈpɑːstʃə(r); *USA* ˈpæs-/ *n* **1** pasto **2** prado, pradera

pasty[1] /ˈpeɪsti/ *adj* **1** pálido: *a pasty face* una cara pálida y enfermiza **2** pastoso

pasty[2] /ˈpæsti/ *n* (*pl* **-ies**) (*GB*) empanada *Ver tb* CORNISH PASTY

Pat *abrev de* **patent (number)** (número de) patente

pat[1] /pæt/ *vt* (**-tt-**) **1** dar golpecitos: *He patted him on the back.* Le dio una palmadita en la espalda. **2** acariciar

LOC to pat sb/yourself on the back felicitar a algn/felicitarse

■ **pat** *n* **1** palmadita **2** caricia **3** trozo (*de mantequilla, etc*) *Ver tb* COW-PAT

LOC to give sb a pat on the back felicitar a algn

pat[2] /pæt/ *adv* sin vacilar

LOC to have/know sth off pat saberse algo al dedillo

■ **pat** *adj* **1** oportuno **2** (*pey*) demasiado rápido

patch /pætʃ/ *n* **1** (*tela*) parche **2** (*color*) mancha **3** (*niebla, etc*) zona **4** (*tb* **vegetable patch**) (*en un jardín*) trozo (*donde se cultivan verduras, etc*) **5** (*GB, coloq*) (*policía, etc*) zona, territorio: *He knows every house in his patch.* Conoce todas las casas de su zona.

LOC in patches: *The essay is good in patches.* El trabajo es bueno en partes. **not to be a patch on sth/sb** no tener ni comparación con algo/algn **to go through/to hit a bad patch** (*coloq*) pasar por/tener una mala racha

■ **patch** *vt* poner un parche a **LOC** *Ver* QUARREL

PHR V to patch sth together arreglar algo (de cualquier manera)

to patch sth up 1 (*reparación temporal*) ponerle parches a algo **2** (*disputa*) resolver algo

patchwork /ˈpætʃwɜːk/ *n* **1** labor de costura a base de retales **2** (*fig*) mosaico

patchy /ˈpætʃi/ *adj* **1** (*niebla, etc*) variable, intermitente **2** (*actuación, etc*) desigual, con altibajos **3** (*conocimientos*) escaso, con lagunas

▸ **patchily** *adv* a trozos

pâté /ˈpæteɪ; *USA* pɑːˈteɪ/ *n* paté (*de carne o pescado*)

patent /ˈpeɪtnt; *USA* ˈpætnt/ *adj* **1** patente: *a patent lie* una mentira patente **2** patentado

■ **patent** *n* patente: *patent office* oficina de patentes ◊ *patent applied for/pending* solicitada la/pendiente de patente ◊ *patent number* número de patente

■ **patent** *vt* patentar

▸ **patentee** *n* titular de una patente

patently *adv* claramente: *That's patently absurd.* Eso es claramente absurdo.

patent leather *n* charol

paternal /pəˈtɜːnl/ *adj* **1** paternal **2** paterno

paternalism /pəˈtɜːnəlɪzəm/ *n* paternalismo

▸ **paternalistic** *adj* paternalista

paternity /pəˈtɜːnəti/ *n* paternidad: *to file a paternity suit* presentar una demanda de paternidad

path /pɑːθ; *USA* pæθ/ *n* (*pl* **paths** /pɑːðz; *USA* pæðz/) **1** (*tb* **pathway**, **footpath**) sendero, camino *Ver tb* BRIDLE PATH *en* BRIDLEWAY ☛ *Ver ilustración en* HOUSE **2** paso: *Our path was blocked.* El paso estaba cortado. **3** huella: *the path of a hurricane* la huella de un huracán **4** trayectoria **5** órbita **6** (*fig*) camino: *the path to success* el camino al éxito *Ver tb* WARPATH **LOC** *Ver* BEAT, CROSS[1], LEAD[3], SMOOTH

pathetic /pəˈθetɪk/ *adj* **1** patético: *pathetic cries for help* gritos patéticos pidiendo ayuda ◊ *You're pathetic!* ¡Me sacas de quicio! **2** (*coloq*) (*insuficiente*) pobre, pésimo: *a pathetic excuse* una excusa pobre

▸ **pathetically** *adv* patéticamente

pathfinder /ˈpɑːθfaɪndə(r); *USA* ˈpæθ-/ *n* pionero, -a
pathogen *n* agente patógeno
▶ **pathogenic** *adj* patógeno
pathological /ˌpæθəˈlɒdʒɪkl/ *adj* patológico
▶ **pathology** *n* patología
pathologist *n* patólogo, -a
pathos /ˈpeɪθɒs/ *n* patetismo
patience /ˈpeɪʃns/ *n* **1** paciencia: *to lose your patience* perder la paciencia ◊ *She's got the patience of a saint.* Tiene más paciencia que el santo Job. **2** (*GB*) (*juego de cartas*) solitario **LOC** *Ver* TRY
patient /ˈpeɪʃnt/ *n* paciente *Ver tb* IN-PATIENT, OUTPATIENT
■ **patient** *adj* paciente: *Be patient.* Ten paciencia.
▶ **patiently** *adv* pacientemente
patina /ˈpætɪnə/ *n* pátina
patio /ˈpætiəʊ/ *n* (*pl* **~s**) **1** terraza **2** patio
patisserie /pəˈtiːsəri/ *n* **1** pastelería **2** repostería
patois /ˈpætwɑː/ *n* (*pl* **patois** /-twɑːz/) dialecto ☛ La palabra más normal es **dialect**.
patriarch /ˈpeɪtriɑːk; *USA* ˈpæt-/ *n* **1** patriarca **2 Patriarch** Patriarca
▶ **patriarchal** *adj* patriarcal
patriarchate *n* (*Relig*) patriarcado
patriarchy *n* (*Pol*) patriarcado
patrician /pəˈtrɪʃn/ *adj, n* patricio, -a
patrimony /ˈpætrɪməni; *USA* -məʊni/ *n* (*pl* **-ies**) patrimonio
▶ **patrimonial** *adj* patrimonial
patriot /ˈpætriət, ˈpeɪt-; *USA* ˈpeɪt-/ *n* patriota
patriotic /ˌpætriˈɒtɪk; *USA* ˌpeɪt-/ *adj* patriótico
▶ **patriotism** *n* patriotismo
patrol /pəˈtrəʊl/ *vt* (**-ll-**) **1** patrullar **2** (*portero, etc*) hacer la ronda
■ **patrol** *n* patrulla: *a police patrol car* un coche patrulla de la policía
LOC on patrol 1 (*Mil*) de patrulla **2** de ronda
patron /ˈpeɪtrən/ *n* **1** patrocinador, -ora **2** (*antic*) mecenas **3** cliente (habitual)
patronage /ˈpætrənɪdʒ; *USA* ˈpeɪt-/ *n* **1** patrocinio **2** (*de un cliente habitual*) apoyo **3** patronazgo: *royal patronage* patronazgo real
patronize, -ise /ˈpætrənaɪz; *USA* ˈpeɪt-/ *vt* **1** (*persona*) tratar con aires de superioridad a (*como si fuera tonto*) **2** (*tienda, etc*) patrocinar **3** apadrinar
▶ **patronizing, -ising** *adj* condescendiente
patronizingly, -isingly *adv* con condescendencia, con aires de superioridad
patron saint *n* patrón, -ona (*santo*)
patter /ˈpætə(r)/ *n* **1** verborrea: *sales patter* labia de vendedor **2** [*incontable*] pataleo, repiqueteo
LOC the patter of tiny feet (*joc*) los pasitos de niño: *We're going to be hearing the patter of tiny feet soon.* Pronto tendremos un niño.
■ **patter** *vi* repiquetear
PHR V to patter along, down, etc (**sth**) pasar, bajar, etc con pasos ligeros (por algo)

pattern

checked

striped

herringbone

polka dots

zigzag

pattern /ˈpætn/ *n* **1** dibujo (*en tela, etc*), estampado: *a stripy pattern* un dibujo de rayas **2(a)** (*lit*) patrón: *a sewing pattern* un patrón de costura **(b)** (*fig*) norma a seguir: *to set a pattern for sth* sentar las normas para algo **3** pauta: *patterns of behaviour* pautas de conducta ◊ *A pattern has emerged.* Se ha observado una tendencia determinada. ◊ *to follow a pattern* seguir una pauta **4** muestra (*de telas, etc*): *a pattern book* un muestrario
■ **pattern** *vt* **~ sth** (**on sth**) modelar algo (en algo)
▶ **patterned** *adj* estampado
paucity /ˈpɔːsəti/ *n* [*incontable*] **~** (**of sth**) (*formal*) escasez (de algo)
paunch /pɔːntʃ/ *n* panza
pauper /ˈpɔːpə(r)/ *n* indigente
pause /pɔːz/ *n* **1 ~** (**in sth**) pausa (en algo) **2** (*Elec*) pausa: *She pressed pause.* Pulsó el botón de pausa. **3** (*Mús*) calderón
LOC to give (**sb**) **pause for thought** hacer pensar (a algn) **without pause** sin pausa *Ver tb* PREGNANT
■ **pause** *vi* **~** (**for sth/to do sth**) hacer una pausa, pararse (para algo/hacer algo): *to speak without pausing for breath* hablar sin pararse para respirar
pave /peɪv/ *vt* **~ sth** (**with sth**) pavimentar algo (con algo)
LOC to pave the way (**for sth/sb**) preparar el camino (para algo/algn) *Ver tb* STREET
▶ **paved** *adj* pavimentado
pavement /ˈpeɪvmənt/ *n* **1** (*USA* **sidewalk**) acera **2** (*USA*) pavimento
pavilion /pəˈvɪliən/ *n* **1** (*GB*) pabellón **2** quiosco: *the refreshments pavilion* el quiosco de refrescos
paving /ˈpeɪvɪŋ/ *n* pavimento
paving stone *n* losa
paw /pɔː/ *n* **1** pata: *The dog jumped up and put its paws on his shirt.* El perro saltó y le apoyó las patas en la camisa. ◊ *front paws* patas delanteras ◊ *dirty paw prints* huellas de patas sucias **2** (*coloq, joc*) manaza
■ **paw 1** *vt, vi* **~** (**at**) **sth** (*animal*) arañar con la pata algo **2** *vt, vi* (*caballo, toro*) golpear con la pata, piafar **3** *vt* (*persona*) manosear, toquetear
pawn[1] /pɔːn/ *n* (*ajedrez, lit* y *fig*) peón ☛ *Ver ilustración en* AJEDREZ
pawn[2] /pɔːn/ *vt* empeñar
pawnbroker /ˈpɔːnbrəʊkə(r)/ *n* prestamista
pay[1] /peɪ/ *n* [*incontable*] sueldo, retribución: *a pay increase/cut* un aumento/recorte de sueldo ◊ *pay negotiations/bargaining* negociaciones de sueldo ◊ *equal pay* igualdad de retribución ◊ *pay claim* reclamación salarial ◊ *sick pay* sueldo durante la baja por enfermedad *Ver tb* HALF PAY, SICK PAY, TAKE-HOME PAY
LOC in the pay of sth/sb (*pey*) a sueldo de algo/algn
pay[2] /peɪ/ (*pret, pp* **paid**) **1** *vt, vi* **~** (**sb**) (**for sth**) pagar (a algn) (por algo): *When do you get paid?* ¿Cuándo te pagan? ◊ *a paying guest* un inquilino ◊ *to pay by the hour* pagar por horas ◊ *I'd like to pay you for your trouble.* Me gustaría compensarle por sus molestias. **2** *vi* ser rentable **3** *vi* valer la pena: *Crime doesn't pay.* El crimen no compensa. ◊ *It pays to be honest.* Vale la pena decir la verdad. **4** *vt* **~ sth** (**to sb**) (**for sth**) pagar algo (a algn) (por algo): *I paid a fortune for this car.* Pagué una fortuna por este coche. ◊ *The company will pay all expenses.* La compañía abonará todos los gastos. ◊ *to pay taxes* pagar impuestos ◊ *to pay a bill* pagar una cuenta **5** *vt* compensar: *It would pay you to use an accountant.* Te compensaría emplear a un contable.
LOC he who pays the piper calls the tune (*refrán*) el que paga manda **to pay sb a compliment/pay a compliment to sb** hacer un cumplido a algn **to pay a premium for sth** pagar un precio exagerado por algo **to pay a/the price** (**for sth**) pagar el precio (de algo) **to pay** (**a**) **tribute to sth/sb** rendir tributo a algo/algn **to pay attention** (**to sth/sb**) prestar atención (a algo/

algn) **to pay sth/sb a visit** visitar algo/a algn **to pay dividends** recompensar **to pay heed (to sth/sb)** prestar atención (a algo/algn) **to pay homage (to sth/sb)** rendir homenaje (a algo/algn) **to pay over the odds (for sth)** pagar demasiado (por algo) **to pay the consequences** cargar con las consecuencias **to pay the penalty (for sth/doing sth)** pagar (algo/el haber hecho algo) **to pay through the nose (for sth)** (*coloq*) pagar demasiado/mucho (por algo) **to pay your dues/debt** saldar tus deudas **to pay your/its way** autofinanciarse **to pay your last respects (to sb)** (*formal*) darle el pésame (a algn) **to pay your respects (to sb)** (*formal*) presentar sus respetos (a algn) *Ver tb* ARM, DEVIL[1], EARTH, EXPENSE, HELL, LIP-SERVICE, OBEISANCE, OLD, ROB

PHR V **to pay sb back (for sth)** hacer pagar a algn (por algo)

to pay sb back (sth); **to pay sth back** devolver (algo) a algn, devolver algo

to pay (dearly) for sth pagar (caro) por algo

to pay sth in ingresar algo: *to pay a cheque into your account* ingresar un cheque en tu cuenta

to pay off (*coloq*) dar fruto

to pay sb off **1** pagar y despedir a algn **2** (*coloq*) sobornar a algn

to pay sth off terminar de pagar algo: *to pay off your debts* terminar de pagar las deudas

to pay sth out pagar algo (*regularmente*)

to pay up pagar del todo

▶ **payable** *adj* pagadero: *payable in instalments* que puede abonarse a plazos ◊ *Who do I make the cheque payable to?* ¿A quién hago pagadero el cheque?

pay cheque (*USA* **pay check**) *n* cheque de la nómina

pay day *n* día de paga

PAYE /ˌpiː eɪ waɪ ˈiː/ (*GB*) *abrev de* **pay-as-you-earn** sistema de recaudación de impuestos por medio de retenciones sobre el salario

payee /ˌpeɪˈiː/ *n* beneficiario, -a (*de un cheque, etc*)

payer /ˈpeɪə(r)/ *n* pagador, -ora *Ver tb* TAXPAYER

paying-in book *n* talonario para ingresos bancarios

payload /ˈpeɪləʊd/ *n* carga útil

paymaster /ˈpeɪmɑːstə(r)/ *n* tesorero, -a

payment /ˈpeɪmənt/ *n* **~ (for sth)** **1** pago (por algo): *payment in instalments* pago a plazos ◊ *payment in full for sth* un reembolso total por algo ◊ *monthly payments* pagos mensuales *Ver tb* BALANCE OF PAYMENTS, DOWN PAYMENT, NON-PAYMENT **2** [*incontable*]: *in payment for your kindness* como recompensa a su amabilidad ◊ *as payment for all your hard work* en pago a tu excelente labor

pay-off *n* (*coloq*) **1** pago, soborno: *an insurance pay-off* un pago del seguro **2** recompensa **3** desenlace

payout /ˈpeɪaʊt/ *n* pago

pay packet (*USA* **pay check**) *n* el sobre de la paga

payphone /ˈpeɪfəʊn/ *n* teléfono público

pay rise (*tb* **pay increase**) *n* subida de sueldo

payroll /ˈpeɪrəʊl/ *n* nómina

PC /ˌpiː ˈsiː/ **1** (*pl* **PCs**) *abrev de* **personal computer** **2** (*pl* **PCs**) *abrev de* **police constable** (agente de) policía *Ver tb* WPC **3** *abrev de* **politically correct** políticamente correcto

pcm /ˌpiː siː ˈem/ *abrev de* **per calendar month** al mes: *The rent is £260 pcm.* El alquiler son 260 libras al mes. ☛ *Ver nota en* CALENDAR

PE /ˌpiː ˈiː/ (*Educ*) *abrev de* **Physical Education** Educación Física

pea /piː/ *n* guisante: *pea soup* puré de guisantes *Ver tb* CHICKPEA, SWEET PEA

LOC **(as) like as two peas/as peas in a pod** como dos gotas de agua

peace /piːs/ *n* **1** paz: *to leave sb in peace* dejar a algn en paz ◊ *peace movement* movimiento pacifista ◊ *peace talks* negociaciones de paz **2** tranquilidad: *peace of mind* tranquilidad de conciencia **3** **Peace** Paz: *The Peace of Versailles* La Paz de Versalles *Ver tb* JUSTICE OF THE PEACE

LOC **peace and quiet** paz y tranquilidad **to be at peace (with sth/sb)** estar en armonía (con algo/algn) **to keep the peace** mantener el orden público **to make (your) peace (with sb)** hacer las paces (con algn) *Ver tb* BREACH, DISTURB, THE WICKED

peaceable /ˈpiːsəbl/ *adj* pacífico

▶ **peaceably** *adv* en paz: *to live peaceably with your neighbours* vivir en paz con los vecinos

peaceful /ˈpiːsfl/ *adj* **1** pacífico: *a peaceful demonstration* una manifestación pacífica **2** tranquilo

▶ **peacefully** *adv* **1** pacíficamente **2** tranquilamente

peacefulness *n* tranquilidad

peacekeeping /ˈpiːskiːpɪŋ/ *n* mantenimiento de la paz

■ **peace-keeping** *adj* de pacificación: *peace-keeping forces* fuerzas encargadas del mantenimiento de la paz

peace-loving /ˈpiːs lʌvɪŋ/ *adj* amante de la paz

peacemaker /ˈpiːsmeɪkə(r)/ *n* pacificador, -ora

peacetime /ˈpiːstaɪm/ *n* tiempo de paz

peach /piːtʃ/ *n* **1** melocotón ☛ *Ver ilustración en* FRUTA **2** (*tb* **peach tree**) melocotonero **3** color melocotón **4** (*coloq*) (*chica*) monada **5** **a ~ (of a sth)** (*coloq*): *That was a peach of a goal!* Fue una maravilla de gol.

peachy /ˈpiːtʃi/ *adj* **(-ier , -iest)** **1** color melocotón **2** (*textura*) aterciopelado

peacock /ˈpiːkɒk/ *n* pavo real **LOC** *Ver* PROUD

peak /piːk/ *n* **1** (*montaña*) pico, cumbre ☛ *Ver ilustración en* MONTAÑA **2** punta **3** (*gorra*) visera ☛ *Ver ilustración en* SOMBRERO **4** punto máximo: *The traffic reaches a peak at 8 o'clock.* El tráfico alcanza el punto máximo a las 8. *Ver tb* OFF-PEAK

LOC **peaks and troughs** altos y bajos

■ **peak** *adj* máximo: *peak viewing time* las horas de máxima audiencia ◊ *peak hours* horas punta ◊ *peak rate* tarifa alta ◊ *to be in peak condition* estar en condiciones óptimas

■ **peak** *vi* alcanzar el punto máximo

▶ **peaked** *adj* en punta: *peaked cap* gorra con visera

peaky /ˈpiːki/ *adj* **(-ier, -iest)** (*coloq*) enfermizo

LOC **to look peaky** estar pálido

peal /piːl/ *n* **1** (*campanas*) repique **2** carrillón **3** *a peal of thunder* un trueno ◊ *peals of laughter* carcajadas

■ **peal** *vi* **~ (out)** repicar

peanut /ˈpiːnʌt/ *n* **1** (*tb* **groundnut**) cacahuete: *peanut butter* mantequilla de cacahuete ☛ *Ver ilustración en* NUT **2** **peanuts** [*pl*] (*coloq*) una miseria: *He gets paid peanuts.* Le pagan una miseria. **LOC** *Ver* NUT

pear /peə(r)/ *n* **1** pera: *pear-shaped* con forma de pera ☛ *Ver ilustración en* FRUTA **2** (*tb* **pear tree**) peral *Ver tb* PRICKLY PEAR

pearl /pɜːl/ *n* **1** perla **2** (*fig*) joya *Ver tb* MOTHER-OF-PEARL, SEEDPEARL

LOC **pearls of wisdom** sabias palabras

▶ **pearly** *adj* **(-lier, -liest)** nacarado: *pearly white teeth* dientes blancos nacarados

LOC **the Pearly Gates** las Puertas del Cielo

peasant /ˈpeznt/ *n* **1** campesino, -a ☛ *Ver nota en* CAMPESINO **2** (*coloq, pey*) palurdo, -a

▶ **peasantry** *n* campesinado

pea-shooter /ˈpiː ʃuːtə(r)/ *n* cerbatana

peat /piːt/ *n* turba (*carbón*): *a peat bog* una turbera

▶ **peaty** *adj* lleno de turba

pebble /ˈpebl/ *n* guijarro

LOC **not the only pebble on the beach** no la única persona a tener en cuenta

▶ **pebbly** *adj*: *a pebbly beach* una playa de guijarros

pebble-dash /ˈpebl dæʃ/ *n* (*GB*) revestimiento para paredes exteriores con piedras pequeñas

pecan /ˈpiːkən, pɪˈkæn; *USA* pɪˈkɑːn/ *n* pacana

peccadillo /ˌpekəˈdɪləʊ/ *n* (*pl* **~es** o **~s**) desliz

peck /pek/ **1** *vt, vi* picotear: *The birds pecked a hole in* *the sack.* Los pájaros hicieron un agujero en el saco. *Ver tb* HENPECKED **2** *vt* (*coloq*) dar un besito a: *to peck sb on the cheek* dar un besito a algn en la mejilla

LOC **pecking order** (*coloq*) jerarquía

■ **peck** *n* **1** picotazo **2** (*coloq*) besito

pecker /ˈpekə(r)/ *n* (*USA*, ⚠) ☛ *Ver nota en* TABÚ polla

LOC **to keep your pecker up** (*GB*, *coloq*) no desanimarse

peckish /ˈpekɪʃ/ *adj* (*coloq*) hambriento: *to be peckish* tener un poco de hambre

pectin /ˈpektɪn/ *n* pectina

pectoral /ˈpektərəl/ *adj*, *n* pectoral

peculiar /pɪˈkjuːliə(r)/ *adj* **1** extraño: *What a peculiar man!* ¡Qué hombre más extraño! **2** especial: *a peculiar charm* un encanto especial **3 ~ (to sth/sb)** peculiar (de algo/algn): *These changes are not peculiar to London.* Estos cambios no son exclusivos de Londres. LOC *Ver* FUNNY

▶ **peculiarity** *n* (*pl* **-ies**) **1** peculiaridad: *a physical peculiarity* una peculiaridad física **2** [*incontable*] lo extraño

peculiarly *adv* **1** especialmente **2** característicamente: *He has a peculiarly British mentality.* Tiene una mentalidad característicamente británica. **3** de una manera extraña

pecuniary /pɪˈkjuːniəri; *USA* -ɪeri/ *adj* (*formal*) pecuniario

pedagogic(al) /ˌpedəˈgɒdʒɪk, -ɪkl/ *adj* (*formal*) pedagógico

▶ **pedagogy** *n* pedagogía

pedagogue (*USA tb* **pedagog**) /ˈpedəgɒg/ *n* (*formal*) pedagogo, -a

pedal /ˈpedl/ *n* pedal: *the brake pedal* el pedal del freno ◊ *pedal car* cochecito a pedales ◊ *pedal cycle* bicicleta ☛ *Ver ilustración en* BICYCLE

■ **pedal** (*pret* **-ll-**, *USA* **-l-**) **1** *vi* pedalear **2** *vt*: *to pedal a bicycle across a field* atravesar un campo en bicicleta *Ver tb* BACK-PEDAL, SOFT PEDAL

pedalo /ˈpedələʊ/ *n* (*pl* **~s** o **~es**) patín, hidropedal

pedant /ˈpednt/ *n* (*pey*) **1** maniático, -a **2** pedante

pedantic /pɪˈdæntɪk/ *adj* (*pey*) **1** maniático **2** pedante **3** redicho

▶ **pedantry** *n* pedantería

peddle /ˈpedl/ *vt* **1** vender de puerta en puerta **2** (*drogas, etc*) vender en la calle **3** (*ideas, chismes, etc*) ofrecer: *peddling dreams* vendiendo sueños

▶ **peddler** (*GB tb* **pedlar**) *n* **1** vendedor, -ora ambulante **2** (*tb* **drug peddler**) vendedor, -ora de drogas, camello

pedestal /ˈpedɪstl/ *n* pedestal

LOC **to place, put, etc sb on a pedestal** poner a algn en un pedestal

pedestrian /pəˈdestriən/ *n* peatón, -ona: *pedestrian precinct* zona peatonal ◊ *pedestrian crossing* paso de peatones

■ **pedestrian** *adj* (*pey*) vulgar, pedestre

▶ **pedestrianize, -ise** *vt* convertir en zona peatonal

pediatric *adj* (*USA*) *Ver* PAEDIATRIC

▶ **pediatrician** *n* (*USA*) *Ver* PAEDIATRICIAN *en* PAEDIATRIC

pediatrics *n* (*USA*) *Ver* PAEDIATRICS *en* PAEDIATRIC

pedigree /ˈpedɪgriː/ *n* **1** pedigrí **2** (*persona*) **(a)** genealogía **(b)** casta: *to show your pedigree* poner uno de manifiesto su casta **(c)** formación: *He doesn't have the right pedigree for the job.* Su formación no es la adecuada para el puesto.

■ **pedigree** *adj* **1** con pedigrí **2** (*caballo*) de raza

pediment /ˈpedɪmənt/ *n* frontón (*de un pórtico*) ☛ *Ver ilustración en* COLUMNA

pedlar *n Ver tb* PEDDLER *en* PEDDLE

pedophile *n* (*USA*) *Ver* PAEDOPHILE

pee /piː/ *vi* (*coloq*) hacer pis

■ **pee** *n* (*coloq*) pis: *to have a pee* hacer pis

peek /piːk/ *vi* **~ at sth/sb** echar una mirada a algo/algn: *I opened the door and peeked inside.* Abrí la puerta y eché una mirada al interior.

■ **peek** *n* mirada

LOC **to have/take a peek at sth/sb** echar una mirada a algo/algn

> **Peek** implica una mirada rápida y muchas veces furtiva.

peel /piːl/ **1** *vt*, *vi* pelar(se): *My back is beginning to peel.* Se me está empezando a pelar la espalda. **2 ~ (away/off) (a)** (*papel pintado*) despegarse **(b)** (*pintura*) desconcharse **(c)** (*corteza*) desprenderse LOC *Ver* EYE[1]

PHRV **to peel sth away/back/off 1** despegar algo **2** quitar algo

to peel off 1 (*coloq*) quitarse la ropa **2** (*avión*) separarse (del grupo)

to peel sth off quitarse algo: *She peeled off her gloves.* Se quitó los guantes.

■ **peel** *n* [*incontable*] **1** cáscara **2** (*fruta*) piel ☛ *Ver ilustración en* FRUTA **3** (*cítricos*) corteza: *candied peel* fruta escarchada

> Para cáscaras duras, como de nuez o de huevo, se emplea **shell** en vez de **peel**. Para la corteza del limón se utiliza **rind** o **peel**, mientras que para la naranja se usa solo **peel**. La piel de la patata y de la manzana se llama **peel**, y **skin** se utiliza para la piel del plátano, de la cebolla y para otras frutas con piel más fina, como la uva.

▶ **peeler** *n* mondador: *potato peeler* mondapatatas ☛ *Ver ilustración en* PATATA

peelings *n* [*pl*] mondas

peep[1] /piːp/ *n* vistazo

LOC **to have/take a peep at sth/sb** echar una ojeada a algo/algn

> **Peep** implica una mirada rápida y muchas veces furtiva, especialmente si se mira por un agujerito.

■ **peep** *vi* **1 ~ at sth/sb** echar una ojeada a algo/algn **2 ~ over, through, etc sth** atisbar por encima de, por, etc algo: *I caught her peeping through the keyhole.* La pillé atisbando por el ojo de la cerradura.

PHRV **to peep (sth) out/through** asomar algo/asomarse: *She peeped her head out from behind the sofa.* Asomó la cabeza por detrás del sofá.

peep[2] /piːp/ *n* (*lit* y *fig*) pío: *I haven't heard a peep out of him all day.* No ha dicho ni pío durante todo el día.

peep-hole /ˈpiːp həʊl/ *n* mirilla

Peeping Tom *n* (*pey*) mirón, -ona

peer[1] /pɪə(r)/ *vi* **~ at sth/sb** mirar algo/a algn: *She peered closely at the photograph.* Miró de cerca la fotografía. ◊ *They peered out of the window.* Miraron por la ventana.

PHRV **to peer out (of sth)** sacar la cabeza (por algo)

> **Peer** implica una mirada prolongada y que la mayoría de las veces supone esforzar la vista.

peer[2] /pɪə(r)/ *n* **1** igual: *As a sculptor, she has no peer.* Como escultora, no tiene igual. **2** contemporáneo, -a **3** (*GB*, *Pol*) par: *a peer of the realm* un par del reino **4** (*GB*) noble: *the peers* la nobleza

LOC **peer (group) pressure** la presión que ejercen los compañeros

▶ **peerage** *n* [*v sing o pl*] **1 the peerage (a)** (*Pol*) los pares: *to be elevated to the peerage* recibir la dignidad de par

> **The peerage** es el conjunto de miembros laicos de la Cámara de los Lores del Parlamento Británico. Todos tienen un título nobiliario y se dividen en **hereditary peers**, con un escaño hereditario, y **life peers**, con derecho al escaño de por vida. ☛ *Ver tb págs 584-5*

(b) la nobleza **2 a peerage (a)** (*Pol*) la dignidad de par:

to be given a peerage recibir la dignidad de par **(b)** un título de nobleza **3 Peerage** guía nobiliaria

peer group *n* **1** compañeros **2** (*formal*) (*Sociología*) grupo paritario **LOC** *Ver* PEER[2]

peerless /ˈpɪəlɪs/ *adj* sin par

peeved /piːvd/ *adj* (*coloq*) molesto (*enfadado*): *He looks very peeved about something.* Parece muy molesto por algo.

▶ **peevish** *adj* **1** gruñón **2** malhumorado: *to get peevish* ponerse de mal humor

peg /peg/ *n* **1** (*tb* **clothes-peg**) (*para tender*) pinza ☛ *Ver ilustración en* PINZA **2** (*en la pared*) colgador **3(a)** (*tb* **tuning peg**) (*violín, guitarra, etc*) clavija ☛ *Ver ilustración en* STRING **(b)** (*esp de madera*) clavija **4** (*tonel*) espiche

LOC a peg to hang sth on un pretexto para (hacer) algo *Ver tb* OFF THE PEG

LOC to bring/take sb down a peg (or two) bajarle a algn los humos *Ver tb* SQUARE[1]

■ **peg** *vt* (**-gg-**) **1** fijar (el nivel de): *Pay increases were pegged at five per cent.* Los incrementos salariales se fijaron en un cinco por ciento. **2 ~ sth to sth** ligar algo a algo: *Pay rises are pegged to inflation.* Los aumentos salariales están ligados a la inflación. **LOC** *Ver* LEVEL

PHR V to peg sth down sujetar algo con clavijas

to peg out estirar la pata

to peg sth out 1 (*terreno*) marcar algo con mojones **2** (*colada*) tender algo

pejorative /pɪˈdʒɒrətɪv; *USA* -ˈdʒɔːr-/ *adj* (*formal*) peyorativo

Pekinese /ˌpiːkɪˈniːz/ *n* pequinés ☛ *Ver ilustración en* DOG[1]

pelican /ˈpelɪkən/ *n* pelícano

pelican crossing *n* paso de peatones (*con semáforo*)

pellet /ˈpelɪt/ *n* **1** (*papel, etc*) bola **2** píldora **3** perdigón **4** (*fertilizantes, etc*) gránulo

pell-mell /ˌpelˈmel/ *adv* **1** en tropel **2** en desorden

pellucid /pəˈluːsɪd/ *adj* (*formal*) **1** transparente **2** (*estilo*) lúcido

pelmet /ˈpelmɪt/ (*USA* **valance**) *n* bastidor (*para cubrir la barra de las cortinas*)

pelt[1] /pelt/ *n* **1** pellejo **2** piel

pelt[2] /pelt/ *vt* (*coloq*) tirar: *They pelted each other with snowballs.* Se tiraron bolas de nieve unos a otros.

LOC to pelt down/with rain llover a cántaros *Ver tb* FULL

PHR V to pelt along, down, up, etc (sth) ir, bajar, subir, etc a todo meter por algo: *The bus went pelting down the hill.* El autobús iba a todo meter cuesta abajo.

pelvis /ˈpelvɪs/ *n* pelvis ☛ *Ver ilustración en* ESQUELETO

▶ **pelvic** *adj* pelviano

pen[1] /pen/ *n* **1** bolígrafo: *a pen portrait of sb* una biografía breve de algn **2** pluma: *pen-and-ink drawings* dibujos hechos a pluma *Ver tb* BALLPOINT (PEN), FELT-TIP (PEN), FOUNTAIN PEN

LOC the pen is mightier than the sword puede más la pluma que la espada **to put pen to paper** (*formal*) ponerse a escribir *Ver tb* SLIP

■ **pen** *vt* escribir

pen[2] /pen/ *n* **1** corral: *sheep-pen* redil **2** (*submarino*) muelle cubierto **3** (*bebé*) parque *Ver tb* PLAYPEN

PHR V to pen sth/sb in/up encerrar algo/a algn

penal /ˈpiːnl/ *adj* penal

penalize, -ise /ˈpiːnəlaɪz/ *vt* **1** penalizar **2** sancionar **3** perjudicar: *The law penalizes the poorest.* La ley perjudica a los más pobres.

penalty /ˈpenlti/ *n* (*pl* **-ies**) **1** castigo, pena: *death penalty* pena de muerte ◊ *penalty clause* cláusula punitiva **2** (*en letreros, etc*) multa: *'No Smoking. Penalty £100'* "Prohibido fumar. Multa: 100 libras" **3** desventaja: *One of the penalties of fame is...* Una de las desventajas de ser famoso es... **4** (*Dep*) penalización: *a 20 point penalty* 20 puntos de penalización **5** (*fútbol*) penalti: *to award a penalty* señalar penalti ◊ *penalty area* área de penalti ☛ *Ver ilustración en* FÚTBOL

LOC *Ver* PAY[2]

penance /ˈpenəns/ *n* penitencia (*Relig y fig*): *to do penance for sth* hacer penitencia por algo ◊ *to perform penance* cumplir la penitencia

pence /pens/ *n plural de* PENNY *Ver tb* TWOPENCE

penchant /ˈpɒ̃ʃɒ̃/ *n* (*Fr*) predilección: *to have a penchant for sth* tener predilección por algo

pencil /ˈpensl/ *n* lápiz: *an eye pencil* un lápiz de ojos ◊ *a pencil drawing* un dibujo a lápiz *Ver tb* EYEBROW PENCIL, MECHANICAL PENCIL, PROPELLING PENCIL

■ **pencil** *vt* (**-ll**, *USA* **-l**) escribir/dibujar a lápiz: *a pencilled note* una nota escrita a lápiz

PHR V to pencil sth in anotar algo de forma provisional

pencil case *n* estuche (*para lápices, etc*)

pencil sharpener /ˈpensl ʃɑːpnə/ *n* sacapuntas

pendant /ˈpendənt/ *n* colgante

■ **pendant** *adj* (*formal*) *pendant lights* lámparas que cuelgan del techo

pending /ˈpendɪŋ/ *adj* (*formal*) pendiente: *to be pending* quedar pendiente

■ **pending** *prep* en espera de: *pending an enquiry* en espera de una investigación

pendulum /ˈpendjələm; *USA* -dʒʊləm/ *n* péndulo

LOC *Ver* SWING

penetrate /ˈpenɪtreɪt/ *vt* **1** penetrar **2** (*organización*) infiltrar **3** (*defensa*) atravesar **4** (*sentimiento*) invadir

PHR V to penetrate into sth introducirse en algo

to penetrate through sth atravesar algo

▶ **penetrating** *adj* **1** perspicaz **2** (*mirada, sonido*) penetrante

penetration /ˌpenɪˈtreɪʃn/ *n* **1** penetración **2** perspicacia **3** (*Com*) introducción (en un mercado)

penetrative /ˈpenɪtrətɪv; *USA* -treɪtɪv/ *adj* **1** perspicaz **2** (*sexo*) con penetración

penfriend /ˈpenfrend/ (*USA* **pen-pal**) *n* amigo, -a por correspondencia

penguin /ˈpeŋgwɪn/ *n* pingüino

penicillin /ˌpenɪˈsɪlɪn/ *n* penicilina

peninsula /pəˈnɪnsjələ; *USA* -nsələ/ *n* península: *the Iberian Peninsula* la Península Ibérica

▶ **peninsular** *adj* peninsular

penis /ˈpiːnɪs/ *n* pene ☛ *Ver ilustración en* REPRODUCTOR

penitence /ˈpenɪtəns/ *n* **1** arrepentimiento: *to show penitence for your sins* arrepentirse de los pecados **2** (*Relig*) penitencia

▶ **penitent 1** *adj* arrepentido **2** *n* penitente

penitential *adj* penitencial

penitentiary /ˌpenɪˈtenʃəri/ *n* (*USA*) penitenciaría

penknife /ˈpennaɪf/ *n* (*pl* **-knives**) navaja, cortaplumas ☛ *Ver ilustración en* KNIFE

pen-name /ˈpen neɪm/ *n* (*escritor*) seudónimo

pennant /ˈpenənt/ *n* **1** (*colegio, etc*) banderín ☛ *Ver ilustración en* FLAG[1] **2** (*Náut*) gallardete

penniless /ˈpeniləs/ *adj* sin dinero: *He was left penniless.* Se quedó sin un céntimo.

penny /ˈpeni/ *n* **1** (*pl* **pence** /pens/) (*abrev* **p**) (*dinero*) penique: *a 50 pence coin* una moneda de 50 peniques ◊ *Yours for only eighty pence a week.* Suyo por solo ochenta peniques a la semana. ◊ *a 25p stamp* un sello de 25 peniques ☛ *Ver apéndice 3 Ver tb* HALFPENNY **2** (*pl* **pennies**) (*fig*): *He's worth every penny.* Vale su peso en oro. ◊ *We managed to save a few pennies.* Nos las arreglamos para no gastar tanto. **3** (*pl* **pennies**) (*USA, coloq*) centavo

LOC a penny for your thoughts ¿en qué piensas? **in for a penny, in for a pound** de perdidos, al río **the**

penny drops (*coloq*): *The penny finally dropped.* Por fin caí en la cuenta. **to be two/ten a penny 1** estar regalado **2** *Psychoanalysts are two a penny in the States.* En los EE.UU. hay psicoanalistas hasta debajo de las piedras. **to turn up like a bad penny** (*coloq*) ir de mano en mano como la falsa moneda *Ver tb* COST, SPEND

penny-pinching /ˈpeni pmtʃɪŋ/ *adj* tacaño
■ **penny-pinching** *n* tacañería

pen-pal *n* (*USA*) *Ver* PENFRIEND

pension /ˈpenʃn/ *n* pensión: *to draw your pension* cobrar la pensión *Ver tb* OLD-AGE PENSION
■ **pension** *vt* **1** pagar una pensión a **2** jubilar a
PHR V **to pension sb off** jubilar a algn
to pension sth off desechar algo
▶ **pensionable** *adj* (*trabajo*) con derecho a jubilación
LOC **of pensionable age** en edad de jubilarse

pensioner /ˈpenʃənə(r)/ *n* jubilado, -a *Ver tb* OLD-AGE PENSIONER

pensive /ˈpensɪv/ *adj* pensativo
▶ **pensively** *adv* pensativamente

pentagon /ˈpentəgən; *USA* -gɒn/ *n* **1** (*Geom*) pentágono **2 the Pentagon** el Pentágono

pentameter /penˈtæmɪtə(r)/ *n* pentámetro

pentathlon /penˈtæθlən, -lɒn/ *n* pentatlón

Pentecost /ˈpentɪkɒst/ *n* Pentecostés

penthouse /ˈpenthaʊs/ *n* ático (*gen de lujo*)

pent-up /ˈpent ʌp/ *adj* **1** (*ira, etc*) contenido **2** (*deseo*) reprimido **3** (*persona*) tenso: *to feel/be pent up* sentirse tenso

penultimate /penˈʌltɪmət/ *adj* penúltimo

penury /ˈpenjəri/ *n* penuria: *to live in penury* vivir en la penuria

peony /ˈpiːəni/ *n* (*pl* **-ies**) peonía

people /ˈpiːpl/ *n* **1** [*pl*] gente: *Were there many people?* ¿Había mucha gente? ◊ *People are beginning to worry.* La gente empieza a preocuparse. *Ver tb* BOAT PEOPLE, TOWNSPEOPLE **2** [*pl*] personas ☛ *Ver nota en* PERSON **3 the people** [*pl*] (*público*) el pueblo: *a man of the people* un hombre del pueblo **4** [*contable*] (*nación*) pueblo: *all Spanish-speaking peoples* todos los pueblos hispanoparlantes
LOC **people (who live) in glass houses shouldn't throw stones** (*refrán*) siempre habla el que tiene más por qué callar *Ver tb* BLOOD, KNOW
■ **people** *vt* poblar: *to be peopled with/by* estar poblado por

pep /pep/ *n* (*coloq*) empuje, energía: *to give sb a pep talk* decir a algn unas palabras de ánimo
PHR V **to pep sb up** animar a algn

pepper /ˈpepə(r)/ *n* **1** pimienta: *pepper steak* filete a la pimienta ◊ *pepper grinder/mill* molinillo de pimienta ◊ *pepper pot* pimentero **2** pimiento *Ver tb* GREEN PEPPER, RED PEPPER **3** (*Bot*) pimentero
■ **pepper** *vt* **1** sazonar con pimienta **2** acribillar: *to pepper sth with bullets* acribillar algo a balazos **3** (*fig*) salpicar: *His speech was peppered with sarcastic comments.* Su discurso estaba salpicado de comentarios sarcásticos.
▶ **peppery** *adj* **1** (*sabor*) picante **2** (*persona*) enojadizo

peppercorn /ˈpepəkɔːn/ *n* grano de pimienta

peppermint /ˈpepəmɪnt/ *n* **1** menta: *peppermint tea* infusión de menta **2** (*tb* **mint**) caramelo de menta

per /pə(r)/ *prep* **1** por: *per person* por persona ◊ *per capita* per cápita **2** al/a la: *£60 per day/per week* 60 libras al día/a la semana **3** el/la: *80 pence per kilo* 80 peniques el kilo

perambulation /pəˌræmbjuˈleɪʃn/ *n* paseo

per annum *adv* al año

perceivable /pəˈsiːvəbl/ *adj* perceptible

perceive /pəˈsiːv/ *vt* **1** (*formal*) (*observar*) percibir, notar: *I perceived a change in his behaviour.* Noté un cambio en su comportamiento. **2 ~ sth (as sth)** interpretar algo (como algo): *The decision was perceived as a challenge.* La decisión se interpretó como un reto. ◊ *a perceived threat* lo que se considera como una amenaza

per cent *adj, adv* por ciento: *a fifty per cent increase* un aumento del cincuenta por ciento ◊ *Costs have been cut by twenty per cent.* Han recortado los gastos en un veinte por ciento. ◊ *I'm a hundred per cent convinced of his innocence.* Estoy convencido cien por cien de su inocencia. ☛ *Ver apéndice 3*
▶ **percentage** *n* porcentaje: *in a small percentage of cases* en un pequeño porcentaje de los casos ◊ *a percentage increase* un aumento porcentual

perceptible /pəˈseptəbl/ *adj* **1** perceptible **2** (*mejoría, etc*) notable
▶ **perceptibly** *adv* **1** de forma perceptible **2** de forma notable

perception /pəˈsepʃn/ *n* (*formal*) **1** percepción *Ver tb* EXTRASENSORY PERCEPTION **2** sensibilidad, perspicacia **3** punto de vista

perceptive /pəˈseptɪv/ *adj* (*formal*) perspicaz
▶ **perceptively** *adv* con perspicacia

perch /pɜːtʃ/ *n* **1(a)** (*en jaula*) palo **(b)** posición (elevada): *his perch on top of the wall* su posición en lo alto del muro **2** (*pez*) perca
■ **perch** *vi* **1** (*pájaro*) posarse **2** [*gen en pasiva*] **(a)** (*persona*) sentarse: *perched uncomfortably on a stool* sentado incómodamente en un taburete **(b)** (*edificio*) encaramarse: *a castle perched high on hill* un castillo encaramado en la cumbre de una colina

perchance /pəˈtʃɑːns; *USA* -ˈtʃæns/ *adv* (*antic*) **1** acaso **2** por ventura

percolate /ˈpɜːkəleɪt/ *vi* **1 ~ (through sth)** (*líquido*) filtrar(se) (a través de algo) **2 ~ through (to sb)** (*información, etc*) llegar finalmente hasta algn
▶ **percolator** *n* cafetera de filtro

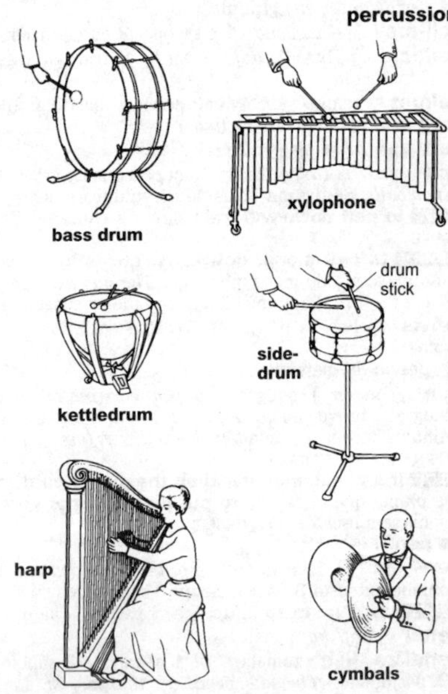

percussion /pəˈkʌʃn/ *n* percusión: *percussion instrument* instrumento de percusión
▶ **percussionist** *n* percusionista

peregrine /ˈperɪgrɪn/ (*tb* **peregrine falcon**) *n* halcón peregrino

peremptory /pəˈremptəri; *USA* ˈperəmptɔːri/ *adj* (*formal*) perentorio

perennial /pəˈreniəl/ *adj* **1** perenne **2** eterno
■ **perennial** *n* perenne
▶ **perennially** *adv* perennemente

perfect /ˈpɜːfɪkt/ *adj* **1** perfecto **2 ~ for sth/sb** ideal para algo/algn **3** *a perfect gentleman* todo un caballero ◊ *a perfect stranger* un perfecto desconocido **LOC** *Ver* PRACTICE
■ **perfect** /pɜːˈfekt/ *vt* perfeccionar
■ **the perfect** *n* [*sing*] (*Gram*) el tiempo perfecto
▶ **perfectibility** /pəˌfektəˈbɪləti/ *n* perfectibilidad
perfectible /pəˈfektəbl/ *adj* perfectible, perfeccionable

perfection /pəˈfekʃn/ *n* perfección
LOC **to perfection** a la perfección
▶ **perfectionist** /-ʃənɪst/ *n* perfeccionista

perfectly /ˈpɜːfɪktli/ *adv* perfectamente: *She's perfectly capable of doing it herself.* Es perfectamente capaz de hacerlo ella sola. ◊ *You know perfectly well what I mean.* Sabes de sobra lo que quiero decir. ◊ *Now she can play it perfectly.* Ya lo toca a la perfección. ◊ *A cheap camera is perfectly adequate for a small child.* Una cámara barata es suficiente para un niño pequeño. ◊ *It's perfectly clear.* Está muy claro.

perforate /ˈpɜːfəreɪt/ *vt* perforar, agujerear
▶ **perforated** *adj* **1** perforado **2** con línea perforada de puntos
perforation *n* **1** perforación **2** perforado

perform /pəˈfɔːm/ **1** *vt* (*función*) desempeñar **2** *vt* (*operación, ritual, trabajo, truco*) realizar **3** *vt* (*compromiso*) cumplir **4** *vt* **(a)** (*obra de teatro*) representar **(b)** (*danza*) ejecutar **5** *vt* (*música*) interpretar **6** *vi* (*actor*) actuar, representar **7** *vi* (*cantante*) cantar **8** *vi* (*músico*) ejecutar, interpretar **9** *vi* (*animal amaestrado*) hacer trucos **10** *vi* (*coche, máquina*) funcionar, comportarse

performance /pəˈfɔːməns/ *n* **1** desempeño **2** realización **3** cumplimiento: *in the performance of his duties* en el ejercicio de su cargo **4** función: *the evening performance* la función de noche **5** espectáculo **6** (*Mús*) actuación, interpretación **7** (*Teat*) actuación, representación **8** (*coche, firma*) rendimiento **9** (*máquina*) funcionamento *Ver tb* HIGH-PERFORMANCE

performer /pəˈfɔːmə(r)/ *n* **1** (*Mús*) intérprete **2** (*Teat*) actor, actriz

performing /pəˈfɔːmɪŋ/ *adj* amaestrado

performing arts *n* artes interpretativas

perfume /ˈpɜːfjuːm; *USA* pərˈfjuːm/ *n* perfume
■ **perfume** /pəˈfjuːm/ *vt* perfumar
▶ **perfumed** /ˈpɜːfjuːmd/ *adj* perfumado: *perfumed soap* jabón perfumado/de olor
perfumery /pəˈfjuːməri/ *n* (*en tiendas*) perfumería: *the perfumery department* el departamento de perfumería

perfunctory /pəˈfʌŋktəri/ *adj* somero, superficial
▶ **perfunctorily** /-trəli; *USA* -tɔːrəli/ *adv* someramente, superficialmente

perhaps /pəˈhæps, præps/ *adv* quizá(s), tal vez, a lo mejor: *perhaps not* puede que no ◊ *Perhaps you would be kind enough to…* Le agradecería que…

peril /ˈperəl/ *n* (*formal*) peligro, riesgo: *to be in peril* estar en peligro ◊ *the perils of travelling alone* los peligros de viajar solo ☛ La palabra más normal es **danger**.
LOC **at your peril** por tu cuenta y riesgo **to be in peril of your life**: *He's in peril of his life.* Su vida corre peligro.
▶ **perilous** /ˈperələs/ *adj* arriesgado, peligroso
perilously *adv* peligrosamente: *They came perilously close to splitting up.* Estuvieron a punto de separarse.

perimeter /pəˈrɪmɪtə(r)/ *n* perímetro

period /ˈpɪəriəd/ *n* **1** periodo: *over a period of three years* a lo largo de tres años **2** periodo, época: *a painting from his early period* un cuadro de su primera época ◊ *period dress/furniture* prendas/muebles del periodo/de la época **3** plazo: *within a two month period* dentro de un plazo de dos meses *Ver tb* COOLING-OFF PERIOD **4** (*Educ*) clase **5** (*Med*) periodo, regla **6** (*esp USA*) *Ver* FULL STOP

periodic /ˌpɪəriˈɒdɪk/ (*tb* **periodical**) *adj* periódico
▶ **periodically** *adv* periódicamente

periodical /ˌpiərɪˈɒdɪkl/ *n* revista

periodic table *n* tabla periódica (*de elementos*)

peripatetic /ˌperipəˈtetɪk/ *adj* (*profesor, etc*) que trabaja en más de un centro

peripheral /pəˈrɪfərəl/ *adj* periférico

periphery /pəˈrɪfəri/ *n* (*formal*) periferia

periscope /ˈperɪskəʊp/ *n* periscopio

perish /ˈperɪʃ/ **1** *vi* (*formal*) perecer, fallecer **2** *vt, vi* (*esp GB*) deteriorar(se), echar(se) a perder
LOC **perish the thought!** (*coloq*) ¡Dios me libre!

perishable /ˈperɪʃəbl/ *adj* perecedero
▶ **perishables** *n* [*pl*] productos perecederos

perishing /ˈperɪʃɪŋ/ *adj* (*esp GB*) *I'm perishing!* Estoy helado. ◊ *It's perishing.* Hace un frío que pela.

perjure /ˈpɜːdʒə(r)/ (*tb* **forswear**) *v refl* **~ yourself** cometer perjurio
▶ **perjury** *n* perjurio: *to commit perjury* cometer perjurio

perk /pɜːk/ *v* (*coloq*)
PHR V **to perk up 1** animarse, sentirse mejor **2** (*negocios, tiempo*) mejorar
to perk sb up animar a algn
to perk sth up dar nueva vida a algo
■ **perk** *n* (*coloq*) beneficio (adicional) (*de un trabajo, etc*): *One of the perks of living in Oxford is that …* Una de las ventajas de vivir en Oxford es que …
▶ **perky** *adj* (*coloq*) **1** animado, espabilado **2** (*descarado*) fresco

perm /pɜːm/ *n* permanente: *to have a perm* hacerse la permanente
■ **perm** *vt*: *to have your hair permed* hacerse la permanente

permanence /ˈpɜːmənəns/ *n* permanencia

permanent /ˈpɜːmənənt/ *adj* **1** permanente, fijo: *permanent staff/job* empleados fijos/trabajo fijo ◊ *on a permanent basis* de forma permanente **2** (*daño*) irreparable
▶ **permanently** *adv* permanentemente, para siempre: *permanently disabled* incapacitado de por vida ◊ *The line is permanently engaged.* La línea está siempre ocupada.

permeate /ˈpɜːmieɪt/ *vt, vi* **~ (through) sth 1** penetrar, impregnar algo: *permeated with sth* impregnado de algo **2** (*fig*) extenderse por algo
▶ **permeable** *adj* permeable
permeability *n* permeabilidad

permissible /pəˈmɪsəbl/ *adj* permisible, admisible: *It is not permissible to…* No se permite…

permission /pəˈmɪʃn/ *n* **~ (for sth/to do sth)** permiso, autorización (para algo/para hacer algo): *to give sb permission to do sth* dar permiso a algn para hacer algo ◊ *planning permission* permiso de obra

> **Permission** se refiere al permiso para hacer algo concedido por una persona o una autoridad de forma verbal o escrita, pero nunca se refiere al documento. *Ver tb nota en* LICENCE

permissive /pəˈmɪsɪv/ *adj* (*gen pey*) permisivo
▶ **permissiveness** *n* permisividad

permit /pəˈmɪt/ *vt, vi* **(-tt-)** (*formal*) permitir: *Dogs are not permitted.* No se admiten perros. ◊ *If time permits…* Si da tiempo… ◊ *weather permitting* si el tiempo lo permite ☛ *Ver nota en* PERMITIR
■ **permit** /ˈpɜːmɪt/ *n* **1** (*documento*) permiso, autorización: *a work permit* un permiso de trabajo ◊ *Permit holders only.* Aparcamiento reservado. ☛ *Ver nota en* LICENCE, PERMISSION **2** (*de entrada*) pase

permutation /ˌpɜːmjuˈteɪʃn/ *n (formal)* permutación

pernicious /pəˈnɪʃəs/ *adj (formal)* pernicioso, nocivo

peroxide /pəˈrɒksaɪd/ *n* **1** peróxido **2** (*tb* **hydrogen peroxide**) agua oxigenada ☛ *Ver nota en* AGUA

perpendicular /ˌpɜːpənˈdɪkjələ(r)/ *adj* **1** ~ **(to sth)** perpendicular (a algo) **2** (*pared de roca*) vertical
■ **perpendicular** *n* perpendicular

perpetrate /ˈpɜːpətreɪt/ *vt (formal)* perpetrar
▶ **perpetrator** *n* responsable, autor, -ora (*de un crimen*)

perpetual /pəˈpetʃuəl/ *adj* **1** perpetuo: *perpetual motion* movimiento continuo **2** constante: *perpetual nagging* quejas interminables
▶ **perpetually** *adv* perpetuamente, constantemente

perpetuate /pəˈpetʃueɪt/ *vt* perpetuar *Ver tb* SELF-PERPETUATING
▶ **perpetuation** *n* perpetuación

perpetuity /ˌpɜːpəˈtjuːəti; *USA* -ˈtuː-/ *n*
LOC **in perpetuity** *(formal)* a perpetuidad

perplex /pəˈpleks/ *vt* dejar perplejo a
▶ **perplexed** *adj* perplejo: *I was perplexed by their decision.* Su decisión me dejó perplejo.
perplexing *adj* **1** que deja perplejo: *to be perplexing to sb* dejar perplejo a algn **2** (*problema*) complicado
perplexity *n* perplejidad

per se /ˌpɜː ˈseɪ/ *adv* per se, en sí

persecute /ˈpɜːsɪkjuːt/ *vt* **1** ~ **sb (for sth)** perseguir a algn (por algo) (*p. ej. por su raza, religión, etc*) **2** ~ **sb (with sth)** acosar a algn (con algo)
▶ **persecution** *n* persecución: *persecution complex* complejo persecutorio
persecutor *n* persona que persigue a otras por causa de su raza, religión, etc

persevere /ˌpɜːsɪˈvɪə(r)/ *vi* **1** ~ **(in/with sth)** perseverar (en algo) **2** ~ **(with sb)** seguir insistiendo (con algn)
▶ **perseverance** *n* perseverancia

Persian /ˈpɜːʃn; *USA* ˈpɜːrʒn/ *adj* persa: *the Persian Gulf* el Golfo Pérsico ◊ *Persian carpet/rug* alfombra persa ◊ *Persian cat* gato persa
■ **Persian** *n* (*idioma, persona*) persa

persist /pəˈsɪst/ *vi* **1** ~ **(in sth/in doing sth)** insistir, empeñarse (en algo/en hacer algo) **2** ~ **with sth** continuar con algo **3** persistir
▶ **persistence** *n* **1** perseverancia **2** persistencia
persistent *adj* continuo, constante, persistente: *persistent offenders* delincuentes reincidentes
persistently *adv* con empeño, persistentemente, constantemente

person /ˈpɜːsn/ *n* persona: *I'm not a jealous person.* No soy una persona celosa. ◊ *two per person* dos por persona ◊ *written in the third person* escrito en tercera persona ◊ *an elderly person* un anciano ◊ *She was attacked by persons unknown.* Fue atacada por unos desconocidos. *Ver tb* CHAIRPERSON, SPOKESPERSON

> **¿People o persons?**
> **People** es el plural más normal de **person**: *at least 100 people* por lo menos 100 personas ◊ *French people* los franceses. **Persons** se utiliza solo en un lenguaje formal o legal: *The house was broken into by a person or persons unknown.* El robo fue cometido por una persona o personas desconocidas.

LOC **in person** en persona **in the person of sb** en la forma de algn **to have sth about/on your person** llevar algo (encima)

persona /pəˈsəʊnə/ *n* (*pl* **-nae** /-niː/) imagen (*de persona*)

personable /ˈpɜːsənəbl/ *adj* **1** bien parecido **2** amable

personage /ˈpɜːsənɪdʒ/ *n (formal)* personaje (*persona importante*)

personal /ˈpɜːsənl/ *adj* personal: *for personal reasons* por razones personales ◊ *Don't make personal remarks.* No hagas comentarios personales.
LOC **personal belongings/effects/possessions** efectos personales **to become/get personal** empezar a hacer críticas personales

personal assistant *n* (*abrev* **PA**) secretario, -a de dirección

personal best *n* récord personal

personal column *n* sección de anuncios por palabras

personal computer *n* (*abrev* **PC**) ordenador personal

personal injury *n* daños corporales

personality /ˌpɜːsəˈnæləti/ *n* (*pl* **-ies**) **1** personalidad **2 personalities** [*pl*] personalismos

personality cult *n* culto a la personalidad

personalize, -ise /ˈpɜːsənəlaɪz/ *vt* personalizar
▶ **personalized, -ised** *adj* **1** marcado con las iniciales de uno **2** con membrete **3** (*matrícula*) personalizado

personal life *n* vida privada

personally /ˈpɜːsənəli/ *adv* personalmente: *I don't know him personally.* No lo conozco personalmente. ☛ *Ver nota en* HOPEFULLY
LOC **to take it personally** darse por aludido **to take sth personally** ofenderse por algo

personal organizer, -iser *n Ver* FILOFAX®

personal pronoun *n* pronombre personal

personal property (*tb* **personal estate**) *n* bienes muebles

personal stereo *n* (*pl* **~s**) walkman®

persona non grata *n* (*Lat*) persona no grata

personify /pəˈsɒnɪfaɪ/ *vt* (*pret, pp* **-fied**) personificar
LOC **to be sth personified** ser algo en persona
▶ **personification** *n* personificación

personnel /ˌpɜːsəˈnel/ *n* **1** personal: *a personnel carrier* vehículo de transporte militar **2** (*tb* **personnel department**) departamento de personal

personnel management *n* gestión de personal

personnel manager (*tb* **personnel officer**) *n* jefe, -a de personal

perspective /pəˈspektɪv/ *n* perspectiva: *It's out of perspective.* No está en perspectiva. ◊ *from a historical perspective* desde una perspectiva histórica
LOC **to be in perspective** estar en perspectiva **to get/see sth in/out of perspective** considerar/no considerar algo objetivamente **to keep things in perspective** ver el asunto en su justa medida **to put sth in (its right/true) perspective** poner algo en su justa perspectiva

Perspex® /ˈpɜːspeks/ *n* metacrilato

perspicacious /ˌpɜːspɪˈkeɪʃəs/ *adj (formal)* perspicaz
▶ **perspicacity** *n* perspicacia

perspire /pəˈspaɪə(r)/ *vi (formal)* transpirar
▶ **perspiration** *n* **1** sudor: *beads of perspiration* gotitas de sudor **2** transpiración ☛ La palabra más corriente es **sweat**, tanto para el verbo como para el sustantivo.

persuade /pəˈsweɪd/ *vt* **1** ~ **sb to do sth** persuadir a algn de que haga algo: *They finally persuaded her to stay.* Por fin la persuadieron de que se quedara. ◊ *to persuade sb not to do sth* disuadir a algn de hacer algo **2** ~ **sb (of sth)** convencer a algn (de algo): *He is easily persuaded.* Se deja convencer fácilmente.
▶ **persuasion** *n* **1** persuasión: *powers of persuasion* capacidad de persuasión **2(a)** creencia **(b)** opinión: *I'm not of that persuasion.* No comparto esa opinión. **3** secta

persuasive /pəˈsweɪsɪv/ *adj* **1** convincente **2** persuasivo
▶ **persuasively** *adv* **1** convincentemente **2** de modo persuasivo
persuasiveness *n* poder de persuasión

pert /pɜːt/ *adj* descarado, coqueto

pertain /pəˈteɪn/ *vi (formal)* **1** ~ **to sth** estar relacionado con algo: *evidence pertaining to the case* pruebas relacionadas con el caso **2** ~ **to sth/sb** pertenecer a algo/algn

pertinent /ˈpɜːtɪnənt; *USA* -tənənt/ *adj* (*formal*) pertinente
▶ **pertinence** *n* pertinencia
perturb /pəˈtɜːb/ *vt* (*formal*) perturbar
▶ **perturbation** *n* perturbación
peruse /pəˈruːz/ *vt* (*formal*) **1** leer **2** examinar
▶ **perusal** *n* (*formal*) **1** lectura: *She handed me the letter for my perusal.* Me dio la carta para que la leyera. **2** examen
pervade /pəˈveɪd/ *vt* **~ sth 1(a)** (*olor*) extenderse por algo **(b)** (*luz*) difundirse por algo **2** (*obra, libro, etc*) impregnar algo: *A keen sense of irony pervades her work.* Un agudo sentido de la ironía impregna su obra.
▶ **pervasive** (*tb* **pervading**) *adj* generalizado, dominante
perverse /pəˈvɜːs/ *adj* **1** (*persona*) **(a)** terco **(b)** retorcido **2** (*decisión, comportamiento*) a mala idea **3** (*placer, deseo*) perverso
▶ **perversely** *adv* **1** tercamente **2** a mala idea **3** perversamente
perversion /pəˈvɜːʃn; *USA* -ʒn/ *n* **1** corrupción **2** perversión **3** tergiversación
perversity /pəˈvɜːsəti/ *n* **1** terquedad **2** perversidad
pervert¹ /pəˈvɜːt/ *vt* **1** tergiversar **2** corromper **3** (*Med*) pervertir
LOC to pervert the course of justice entorpecer la marcha de la justicia
▶ **perverted** *adj* pevertido
pervert² /ˈpɜːvɜːt/ *n* pervertido, -a
peseta /pəˈseɪtə/ *n* peseta
pesky /ˈpeski/ *adj* (**-ier, -iest**) (*USA, coloq*) molesto
peso /ˈpeɪsəʊ/ *n* (*pl* **~s**) peso (*moneda*)
pessary /ˈpesəri/ *n* **1** supositorio vaginal **2** pesario
pessimism /ˈpesɪmɪzəm/ *n* pesimismo
▶ **pessimist** *n* pesimista
pessimistic /ˌpesɪˈmɪstɪk/ *adj* pesimista: *She's pessimistic about the future.* Es pesimista en cuanto al futuro.
▶ **pessimistically** *adv* con pesimismo
pest /pest/ *n* **1** (*Biol*) plaga: *pest control* control de plagas **2** (*coloq, fig*) plasta
pester /ˈpestə(r)/ *vt* **1** molestar: *Stop pestering me!* ¡Deja de darme la lata! **2** atosigar **3 ~ sb for sth** dar el follón a algn pidiéndole algo
pesticide /ˈpestɪsaɪd/ *n* pesticida
pestilence /ˈpestɪləns/ *n* (*antic*) peste
pestle /ˈpesl/ *n* maza (*de mortero*)
pet /pet/ *n* **1** animal doméstico: *a pet snake* una serpiente domesticada ◊ *pet shop* tienda de animales ◊ *pet food* comida para animales domésticos **2** (*persona*) **(a)** (*pey*) enchufado, -a: *the teacher's pet* el enchufado del profesor **(b)** (*coloq*) encanto **(c)** (*término cariñoso*) cariño
■ **pet** *adj* predilecto: *a pet theory* una teoría predilecta ◊ *sb's pet hate* lo que más detesta algn ◊ *pet name* nombre cariñoso
■ **pet 1** *vt* acariciar **2** *vi* besuquearse
petal /ˈpetl/ *n* pétalo ☛ *Ver ilustración en* FLOR
peter /ˈpiːtə(r)/ *v*
PHR V to peter out 1 (*entusiasmo, amistad*) desvanecerse **2** (*película, partido*) perder interés **3** (*sonido, conversación*) irse apagando **4** (*suministro*) agotarse poco a poco
petit bourgeois /ˌpeti ˈbʊəʒwɑː; *USA* ˌbʊəʒˈwɑː/ *adj, n* (*pl* **petit bourgeois**) (*Fr*) pequeñoburgués, -esa
petite /pəˈtiːt/ *adj* (*Fr, aprob*) menuda (*solo aplicado a mujeres*)
petit(e) bourgeoisie (*tb* **petty bourgeoisie**) *n* pequeña burguesía
petition /pəˈtɪʃn/ *n* **1** (*lista de firmas*) petición **2** (*Jur*) petición **3** (*formal, Relig*) súplica
■ **petition 1** *vt* **~ sb (for sth)** solicitar (algo) a algn: *to petition the government for a change in the law* solicitar al gobierno que cambie la ley **2** *vi* **(a)** organizar una petición **(b) ~ for sth** solicitar algo: *to petition for divorce* pedir el divorcio
▶ **petitioner** *n* peticionario, -a
petrified /ˈpetrɪfaɪd/ *adj* petrificado, muerto de miedo
petrify /ˈpetrɪfaɪ/ *vt* (*pret, pp* **-fied**) **1** (*aterrar*) petrificar: *I was absolutely petrified.* Me quedé petrificado. **2** (*lit*) petrificar
petrochemical /ˌpetrəʊˈkemɪkl/ *adj* petroquímico: *petrochemical industry* industria petroquímica
■ **petrochemicals** *n* productos petroquímicos
petrol /ˈpetrəl/ (*USA* **gasoline**, **gas**) *n* gasolina: *unleaded petrol* gasolina sin plomo ◊ *petrol bomb* bomba incendiaria ◊ *petrol cap* tapón del depósito de la gasolina ◊ *petrol gauge* indicador del nivel de gasolina ◊ *petrol pump/tank* surtidor/depósito de gasolina ☛ *Ver ilustración en* CAR
petroleum /pəˈtrəʊliəm/ *n* [*incontable*] petróleo: *petroleum jelly* vaselina
petrol station (*USA* **gas station**, **service station**) *n* gasolinera
petticoat /ˈpetɪkəʊt/ *n* enaguas
pettiness /ˈpetinəs/ *n* mezquindad, estrechez de miras
petting /ˈpetɪŋ/ *n* besuqueo
petty /ˈpeti/ *adj* (*pey*) **1** (*detalle, regla*) insignificante: *petty disputes* discusiones triviales **2** (*delito, gasto*) menor: *petty cash* dinero para gastos menores **3** (*persona, conducta*) **(a)** mezquino: *petty and childish behaviour* conducta mezquina e infantil **(b)** quisquilloso
petty bourgeoisie *n Ver* PETIT(E) BOURGEOISIE
petty officer *n* (*abrev* **PO**) contramaestre
petulant /ˈpetjulənt; *USA* -tʃʊ-/ *adj* mimado, irascible
▶ **petulance** *n*: *I'm sick of his petulance.* Estoy harto de que siempre esté de mal humor.
petunia /pəˈtjuːniə; *USA* -ˈtuː-/ *n* petunia
pew /pjuː/ *n* banco (*de iglesia*) ☛ *Ver ilustración en* IGLESIA
LOC take a pew! (*joc*) ¡toma asiento!
pewter /ˈpjuːtə(r)/ *n* (*aleación de estaño y plomo*) peltre
■ **pewter** *adj* de color plomo
pfennig /ˈfenɪg/ *n* pfennig
PG /ˌpiː ˈdʒiː/ (*GB, Cine*) *abrev de* **parental guidance** menores acompañados
PGCE /ˌpiː dʒiː siː ˈiː/ (*GB, Educ*) *abrev de* **Postgraduate Certificate of Education** CAP
phalanx /ˈfælæŋks/ *n* (*pl* **phalanges** /fəˈlændʒiːz/ o **~es**) falange ☛ *Ver ilustración en* ESQUELETO
phallic /ˈfælɪk/ *adj* fálico
phallus /ˈfæləs/ *n* (*pl* **~es** o **phalli** /-laɪ/) falo
phantasmagoria /ˌfæntæzməˈgɒriə; *USA* -ˈgɔːrɪə/ *n* (*formal*) fantasmagoría
▶ **phantasmagoric** *adj* fantasmagórico
phantom /ˈfæntəm/ *n* fantasma
■ **phantom** *adj* ilusorio: *phantom pregnancy* embarazo psicológico
pharaoh /ˈfeɪrəʊ/ *n* faraón
Pharisee /ˈfærɪsiː/ *n* fariseo, -a
pharmaceutical /ˌfɑːməˈsuːtɪkl, -ˈsjuː-/ *adj* farmacéutico
■ **pharmaceutical** *n* producto farmacéutico
pharmacist /ˈfɑːməsɪst/ *n* farmacéutico, -a
pharmacological /ˌfɑːməkəˈlɒdʒɪkl/ *adj* farmacológico
pharmacologist /ˌfɑːməˈkɒlədʒɪst/ *n* farmacólogo, -a
▶ **pharmacology** *n* farmacología
pharmacy /ˈfɑːməsi/ *n* (*pl* **-ies**) **1** (*tb* **chemist's shop**, *USA tb* **drugstore**) (*tienda*) farmacia **2** (*ciencia*) farmacia
pharyngitis /ˌfærɪnˈdʒaɪtɪs/ *n* [*incontable*] faringitis

pharynx /ˈfærɪŋks/ *n* (*pl* **pharynges** /fəˈrɪndʒiːz/ o **~es**) faringe ☛ *Ver ilustración en* THROAT

phase /feɪz/ *n* **1** fase: *the critical phase of an illness* la fase crítica de una enfermedad **2** etapa: *It's just a phase she's going through.* No es más que una etapa por la que está pasando.

LOC **in phase** sincronizado **out of phase** desfasado

■ **phase** *vt* escalonar: *a phased withdrawal of troops* una retirada escalonada de las tropas

PHR V **to phase sth in** introducir algo de una manera escalonada

to phase sth out retirar algo de una manera escalonada

PhD /ˌpiː eɪtʃ ˈdiː/ (*tb* **DPhil**) *abrev de* **Doctor of Philosophy** Doctor(ado) en Filosofía y Letras: *to do a PhD in English Literature* hacer el doctorado de Literatura Inglesa

pheasant /ˈfeznt/ *n* (*pl* **pheasant** o **~s**) faisán

phenomena *n plural de* PHENOMENON

phenomenal /fəˈnɒmɪnl/ *adj* fenomenal: *Her memory is phenomenal.* Tiene una memoria fenomenal.

▶ **phenomenally** *adv* de modo fenomenal

phenomenon /fəˈnɒmɪnən; *USA* -nɒn/ *n* (*pl* **-ena** /-ɪnə/) fenómeno: *natural phenomena* fenómenos naturales

▶ **phenomenology** *n* [*incontable*] fenomenología

pheromone /ˈferəməʊn/ *n* feromona

phew /fjuː/ *interj* ¡uf! (*expresión de alivio o cansancio*)

phial /ˈfaɪəl/ (*tb* **vial** /ˈvaɪəl/) *n* frasco, ampolla (*de vidrio*)

philanderer /fɪˈlændərə(r)/ *n* (*pey*) tenorio

▶ **philandering** *n* [*incontable*] donjuanismo

philanthropic /ˌfɪlənˈθrɒpɪk/ *adj* filantrópico

▶ **philanthropist** *n* filántropo, -a

philanthropy *n* filantropía

philatelic /ˌfɪləˈtelɪk/ *adj* filatélico

▶ **philately** *n* filatelia

philharmonic /ˌfɪlɑːˈmɒnɪk/ *adj* filarmónico: *London Philharmonic Orchestra* Orquesta Filarmónica de Londres

philistine /ˈfɪlɪstaɪn; *USA* -stiːn/ *adj*, *n* inculto, -a

■ **Philistine** *n* filisteo, -a

▶ **philistinism** *n* incultura

philology /fɪˈlɒlədʒi/ *n* historia de la lengua ☛ *Ver nota en* FILOLOGÍA

▶ **philological** *adj* relativo al estudio de la historia de la lengua

philologist *n* experto, -a o estudiante de historia de la lengua

philosopher /fəˈlɒsəfə(r)/ *n* filósofo, -a: *philosopher's stone* piedra filosofal

philosophical /ˌfɪləˈsɒfɪkl/ (*tb* **philosophic** /ˌfɪləˈsɒfɪk/) *adj* filosófico: *philosophical principles* principios filosóficos

▶ **philosophically** *adv* filosóficamente

philosophize, -ise /fɪˈlɒsəfaɪz/ *vi* **~ (about/on sth)** filosofar (sobre algo)

philosophy /fəˈlɒsəfi/ *n* (*pl* **-ies**) filosofía

phlegm /flem/ *n* flema

phlegmatic /flegˈmætɪk/ *adj* flemático

phobia /ˈfəʊbiə/ *n* fobia: *to have a phobia about sth* sentir fobia hacia algo

▶ **phobic** *adj* que padece fobia

Phoenician /fəˈniːʃən/ *adj*, *n* fenicio, -a

phoenix /ˈfiːnɪks/ *n* fénix

phone /fəʊn/ *n Ver* TELEPHONE

phone booth (*esp USA*) (*GB* **telephone box**) *n* cabina telefónica

phone box (*GB tb* **telephone box**) *n* cabina telefónica

phonecard /ˈfəʊnkɑːd/ *n* tarjeta telefónica

phone-in /ˈfəʊn ɪn/ (*USA* **call-in**) *n* programa de radio o televisión abierto al público

phoneme /ˈfəʊniːm/ *n* fonema

phonetic /fəˈnetɪk/ *adj* fonético

▶ **phonetics** *n* [*sing*] fonética

phon(e)y /ˈfəʊni/ *adj* (**-ier, -iest**) (*coloq*) **1** falso **2** (*acento*) fingido

■ **phon(e)y** *n*: *This diamond is a phoney.* Este diamante es falso. ◊ *The man's a complete phoney.* Ese hombre no es en absoluto lo que parece.

phonograph /ˈfəʊnəgrɑːf; *USA* -græf/ *n* (*antic*) fonógrafo

phonology /fəˈnɒlədʒi/ *n* fonología

phosphate /ˈfɒsfeɪt/ *n* fosfato

phosphorescent /ˌfɒsfəˈresnt/ *adj* fosforescente

▶ **phosphorescence** *n* fosforescencia

phosphorus /ˈfɒsfərəs/ *n* fósforo

photo /ˈfəʊtəʊ/ *n* (*pl* **~s**) **1** *Ver* PHOTOGRAPH **2** *The race was a photo finish.* La carrera se resolvió con la foto-finish.

photocall /ˈfəʊtəkɔːl/ *n* sesión fotográfica con la prensa

photocopier /ˈfəʊtəʊkɒpiə(r)/ *n* fotocopiadora

photocopy /ˈfəʊtəʊkɒpi/ *vt* (*pret, pp* **-pied**) fotocopiar

■ **photocopy** *n* (*pl* **-ies**) fotocopia: *to make/do a photocopy of sth* hacer una fotocopia de algo

▶ **photocopying** *n* hacer fotocopias, fotocopiar

Photofit /ˈfəʊtəʊfɪt/ *n* retrato robot

photogenic /ˌfəʊtəʊˈdʒenɪk/ *adj* fotogénico

photograph /ˈfəʊtəgrɑːf; *USA* -græf/ (*tb* **photo**) *n* fotografía: *to take a photograph* (*of sth/sb*) sacar una fotografía (de algo/algn) ◊ *a colour/black and white photograph* una fotografía en color/en blanco y negro ◊ *photograph album* álbum de fotos

LOC **to take a good photograph**: *She takes a good photograph.* Sale muy bien en las fotos.

■ **photograph 1** *vt* fotografiar **2** *vi* salir en una foto: *I never photograph well.* Nunca salgo bien en las fotos.

▶ **photographer** *n* fotógrafo, -a *Ver tb* PRESS PHOTOGRAPHER

photographic /ˌfəʊtəˈgræfɪk/ *adj* fotográfico: *She's got a photographic memory.* Tiene memoria fotográfica.

▶ **photographically** *adv* fotográficamente

photography /fəˈtɒgrəfi/ *n* fotografía

photon /ˈfəʊtɒn/ *n* fotón

photo opportunity *n* **1** sesión fotográfica con la prensa **2** oportunidad para una buena foto

photosynthesis /ˌfəʊtəʊˈsɪnθəsɪs/ *n* fotosíntesis

phrasal verb *n* verbos con preposición o partícula adverbial

phrase /freɪz/ *n* **1(a)** (*palabras*) frase, locución: *the key phrase* la frase más importante *Ver tb* CATCHPHRASE **(b)** (*Mús*) frase **2** expresión: *a memorable phrase* una expresión memorable

LOC **to turn a phrase** tener una salida graciosa *Ver tb* COIN, TURN[2]

■ **phrase** *vt* **1** expresar: *to phrase your criticism carefully* expresar las críticas con cuidado **2** (*Mús*) frasear

▶ **phrasing** *n* **1** (*Mús*) fraseo **2(a)** forma de expresión **(b)** fraseología

phrase book *n* guía de bolsillo para el viajero

phraseology /ˌfreɪziˈɒlədʒi/ *n* fraseología

phylum /ˈfaɪləm/ *n* (*pl* **-la** /-lə/) filum

physical /ˈfɪzɪkl/ *adj* físico: *physical fitness* buena forma física ◊ *physical education* educación física ◊ *physical geography* geografía física

LOC **physical jerks** (*coloq*) ejercicios físicos **to get physical (with sb)** (*coloq*) utilizar violencia (contra algn)

■ **physical** *n* (*coloq*) reconocimiento médico

▶ **physically** *adv* físicamente: *physically fit* en buena forma física ◊ *physically handicapped* minusválido ◊ *physically impossible* materialmente imposible

physician /fɪˈzɪʃn/ *n* médico, -a

physicist /ˈfɪzɪsɪst/ *n* físico, -a: *nuclear physicist* físico nuclear

physics /ˈfɪzɪks/ *n* [*sing*] física: *nuclear physics* física nuclear ◊ *the laws of physics* las leyes de la física

physio /ˈfɪziəʊ/ *n* (*coloq*) **1** (*pl* **~s**) fisioterapeuta **2** [*incontable*] fisioterapia: *I've got physio tomorrow.* Mañana tengo fisioterapia.

physiognomy /ˌfɪziˈɒnəmi; *USA* -ˈɒgnəʊmi/ *n* (*formal*) fisonomía

physiological /ˌfɪziəˈlɒdʒɪkl/ *adj* fisiológico

physiologist /ˌfɪziˈɒlədʒɪst/ *n* fisiólogo, -a

physiology /ˌfɪziˈɒlədʒi/ *n* fisiología

physiotherapist /ˌfɪziəʊˈθerəpɪst/ (*coloq* **physio**) *n* fisioterapeuta

physiotherapy /ˌfɪziəʊˈθerəpi/ (*coloq* **physio**) *n* fisioterapia

physique /fɪˈziːk/ *n* físico (*aspecto*)

pi /paɪ/ *n* pi

pianist /ˈpɪənɪst/ *n* pianista: *concert pianist* concertista de piano

piano¹ /piˈænəʊ/ *n* (*pl* **~s**) (*formal* **pianoforte** /piˌænəʊˈfɔːti; *USA* piˈænəfɔːrt/) piano: *upright/grand piano* piano vertical/de cola ◊ *piano music* música para piano ◊ *piano teacher* profesor de piano ◊ *piano-stool* taburete de piano

piano² /ˈpjɑːnəʊ/ *adj, adv* (*abrev* **p**) (*intensidad, Mús*) piano

piazza /piˈætsə; *USA* piːˈɑːzə/ *n* plaza

picaresque /ˌpɪkəˈresk/ *adj* picaresco

piccolo /ˈpɪkələʊ/ *n* (*pl* **~s**) (*Mús*) flautín ☛ *Ver ilustración en* WOODWIND

pick /pɪk/ **1** *vt* elegir (*esp sin pensarlo mucho*): *Pick a card, any card.* Escoge una carta, cualquiera. *Ver tb* HAND-PICKED ☛ *Comparar con* CHOOSE, SELECT **2** *vt* **(a)** (*flor, fruta, etc*) coger: *to go blackberry picking* ir a coger moras **(b)** (*con los dedos*) escarbar: *to pick a hole (in sth)* hacer un agujero (en algo) ◊ *to pick a lock* forzar una cerradura ◊ *to pick your teeth* escarbarse los dientes ◊ *to pick your nose* hurgarse la nariz **(c)** (*con los dedos*) quitar: *to pick a hair off sb's jacket* quitar un pelo de la americana de algn *Ver tb* NIT-PICKING **3** *vi* **~ at sth (a)** comer algo con poca gana **(b)** (*piel, etc*) escarbar algo **4** *vt* (*Mús*) *Ver* PLUCK *vt* sentido 4

LOC **to pick a fight/quarrel (with sb)** buscar pelea (con algn) **to pick and choose 1** ser muy exigente **2** (*pey*) ser quisquilloso **to pick a winner 1** (*hípica*) elegir un ganador **2** (*fig*) elegir muy bien **to pick sb's brains** exprimirle el cerebro a algn **to pick holes in sth** buscar defectos en algo **to pick sb's pocket(s)** robar algo del bolsillo de algn **to pick up speed** cobrar velocidad **to pick up the pieces/threads** solucionar los problemas, rehacerse: *It's difficult to pick up the pieces after a tragedy like that.* Es difícil rehacer tu vida después de una tragedia como esa. **to pick your way across, through, etc sth** andar con cuidado a través de, por entre, etc algo *Ver tb* BONE, GAUNTLET¹, PIECE

PHR V **to pick sth/sb off** abatir algo/a algn de un tiro, un flechazo, etc

to pick on sb 1 meterse con algn **2** elegir a algn (*para un trabajo desagradable*)

to pick sth out 1 (*Mús*) tocar algo (*esp vacilando*) **2** identificar algo **3** destacar algo

to pick sth/sb out 1 escoger algo/a algn **2** (*en una multitud, etc*) distinguir algo/a algn

to pick sth over examinar algo (*antes de escoger*)

to pick up 1 mejorar **2** (*viento*) soplar más fuerte **3** seguir: *We'll pick up where we left off yesterday.* Seguiremos donde lo dejamos ayer.

to pick sb up 1 (*esp en coche*) (ir a) recoger a algn **2** (*coloq*) ligar con algn **3** detener a algn: *She was picked up for shoplifting.* La detuvieron por robar en una tienda. **4** reñir a algn

to pick sth up 1 aprender algo: *I picked up a few tricks from him.* Aprendí algunos trucos de él. **2** (*enfermedad, acento, costumbre*) coger algo **3** (*noticia*) enterarse de algo **4** (*cuenta*) pagar algo **5** (*pista, rastro*) encontrar algo **6** (*emisora*) sintonizar algo

to pick sth/sb up coger algo/a algn, recoger algo/a algn: *to pick up the telephone* coger el teléfono

to pick yourself up levantarse

to pick up on sth darse cuenta de algo

to pick sb up on sth corregirle algo a algn

■ **pick** *n* **1(a)** (derecho de) elección: *Take your pick.* Coge el/la que quieras. ◊ *It was my pick.* Me tocó a mí elegir. **(b)** selección **(c) the ~ (of sth)** lo mejor (de algo): *the pick of the bunch* el mejor de todos **2** pico (*herramienta*) *Ver tb* ICE PICK, TOOTHPICK

pickaxe /ˈpɪkæks/ *n* (*herramienta*) piqueta, pico

picker /ˈpɪkmiʌp/ *n* recolector, -ora

picket /ˈpɪkɪt/ *n* **1** (*industrial*) piquete: *They attempted to cross the picket line.* Intentaron cruzar la línea de piquetes. *Ver tb* FLYING PICKET **2** estaca

■ **picket 1** *vt* piquetear **2** *vi* formar piquetes

▶ **picketing** *n* [*incontable*] piquetes: *Picketing was declared illegal.* Los piquetes fueron declarados ilegales.

pickings /ˈpɪkɪŋz/ *n* [*pl*] **1** ganancias: *There are rich pickings to be had.* Se pueden conseguir grandes ganancias. **2** (*comida*) sobras

pickle /ˈpɪkl/ *n* **1** encurtidos **2** vinagre, escabeche

LOC **to be in a pickle** estar en un lío

■ **pickle** *vt* conservar en escabeche/vinagre

▶ **pickled** *adj* **1(a)** en vinagre: *pickled cucumbers/onions* pepinillos/cebollas en vinagre **(b)** en escabeche **2** (*coloq*) borracho

pick-me-up /ˈpɪk mi ʌp/ *n* (*coloq*) reconstituyente

pickpocket /ˈpɪkpɒkɪt/ *n* (*coloq*) carterista

pick-up /ˈpɪk ʌp/ *n* (*pl* **pick-ups**) **1** (*tb* **pick up truck**) furgoneta **2** ligue **3** brazo del tocadiscos

pick-up point *n* lugar de recogida

picnic /ˈpɪknɪk/ *n* (*comida de campo*) picnic: *to go for a picnic* hacer un picnic

LOC **to be no picnic** (*coloq*) no ser nada fácil

■ **picnic** *vi* (**-ick-**) hacer un picnic

▶ **picnicker** *n* excursionista

pictorial /pɪkˈtɔːriəl/ *adj* **1** gráfico: *a pictorial representation* una representación gráfica **2** (*Arte*) pictórico **3** (*revista, etc*) ilustrado

■ **pictorial** *n* revista ilustrada

▶ **pictorially** *adv* **1** gráficamente **2** (*Arte*) pictóricamente

picture /ˈpɪktʃə(r)/ *n* **1(a)** cuadro: *picture frame* marco del cuadro **(b)** ilustración, dibujo: *picture book* libro ilustrado ◊ *to draw a picture* hacer un dibujo **(c)** foto: *to take a picture of sth/sb* sacar una foto de algo/algn ◊ *picture postcard* tarjeta postal **(d)** retrato **2** (*fig*) preciosidad: *She looked a picture in white.* Estaba hecha una preciosidad vestida de blanco. **3(a)** imagen: *The report paints a grim picture of society.* El artículo nos da una imagen deprimente de la sociedad. **(b)** idea **4** (*TV*) imagen **5** (*GB*) **(a)** película **(b) the pictures** [*pl*] el cine *Ver tb* MOTION PICTURE

LOC **to be a/the picture of health, happiness, etc** ser la viva imagen de la salud, la felicidad, etc **to get the picture** (*coloq*) entender **to put sb in the picture** poner a algn al corriente *Ver tb* FADE, PRETTY

■ **picture** *vt* **1** imaginarse: *She pictured herself lying on a tropical beach.* Se imaginaba a sí misma tumbada en una playa tropical. **2(a)** retratar **(b)** fotografiar

picture gallery *n* galería de arte

picturesque /ˌpɪktʃəˈresk/ *adj* pintoresco

▶ **picturesquely** *adv* de manera pintoresca

pidgin /ˈpɪdʒɪn/ *n* versión simplificada de una lengua utilizada como lengua franca: *pidgin English* lengua franca formada a base de palabras inglesas

pie /paɪ/ *n* **1** (*dulce*) tarta, pastel: *apple pie* tarta de manzana *Ver tb* MINCE PIE **2** (*salado*) empanada, pastel: *chicken and mushroom pie* pastel de pollo y champiñones *Ver tb* SHEPHERD'S PIE ☛ *Ver nota en* TART[2]

LOC pie in the sky (*coloq*) castillos en el aire **to be (as) nice/sweet as pie** ser la mar de encantador *Ver tb* EASY[1], EAT, FINGER

piece /piːs/ *n* **1** pieza: *a three-piece suit* un traje de tres piezas ◊ *to take sth to pieces* desmontar algo ◊ *chess pieces* figuras de ajedrez *Ver tb* EYEPIECE, MOUTHPIECE, ONE-PIECE, TIMEPIECE, TWO-PIECE **2** pedazo: *to tear sth to pieces* romper algo en pedazos ◊ *to break sth into pieces* hacer pedazos algo ◊ *The cup lay in pieces on the floor.* La taza estaba hecha añicos en el suelo. **3** trozo: *a piece of bread/cheese* un trozo de pan/queso **4** (*papel*) hoja **5** (*con sustantivos incontables*): *a piece of furniture* un mueble ◊ *a few pieces of jewellery* unas joyas ◊ *a fine piece of work* un buen trabajo

Nótese que **a piece of** o **pieces of** se usan con algunos sustantivos que en inglés son incontables para hacerlos contables: *a piece of advice* un consejo ◊ *an interesting piece of news* una noticia interesante ◊ *three pieces of coloured chalk* tres tizas de colores

6 (*Mús, Arte*) obra: *a piece of music* una obra musical *Ver tb* CENTREPIECE, MASTERPIECE, MUSEUM PIECE, PARTY PIECE, SET PIECE, SHOW PIECE **7** (*periodismo*) artículo **8** moneda: *a ten-pence piece* una moneda de diez peniques

LOC a piece of piss (*coloq*) chupado (*fácil*) **in one piece** sano y salvo **piece by piece** pieza por pieza **to be (all) of a piece with sth 1** concordar con algo **2** (*estéticamente*) entonar con algo **to be a piece of cake** (*coloq*) estar chupado **to give sb a piece of your mind** decir a alguien cuatro verdades **to go (all) to pieces** venirse abajo (*emocionalmente*) **to pick/pull sth to pieces** echar por tierra algo **to tear/pull sb to pieces** poner verde a algn *Ver tb* ACTION, BIT[1], NASTY, PICK, SAY, VILLAIN

■ **piece** *v*

PHR V to piece sth together 1 (*pruebas, datos, etc*) recoger algo (poco a poco) **2** (*pasado*) reconstruir algo: *I was beginning to piece everything together.* Estaba empezando a atar cabos.

piecemeal /ˈpiːsmiːl/ *adv* poco a poco (*esp desordenadamente*)

■ **piecemeal** *adj* gradual (*esp poco sistemático*)

piecework /ˈpiːswɜːk/ *n* trabajo a destajo

pied /paɪd/ *adj* moteado (*caballo*)

pier /pɪə(r)/ *n* **1** (*GB*) paseo con juegos y atracciones sobre un muelle **2** embarcadero **3** (*Arquit*) estribo

pierce /pɪəs/ *vt* **1(a)** (*bala, cuchillo, etc*) atravesar **(b)** perforar: *to have your ears pierced* hacerse agujeros en las orejas **2** (*sonido, etc*) penetrar en

▶ **piercing** *adj* **1** (*grito, sonido*) agudo **2** (*mirada, ojos*) penetrante

piety /ˈpaɪəti/ *n* piedad (*religiosa*)

pig /pɪɡ/ *n* **1** cerdo *Ver tb* GUINEA PIG, SUCKLING PIG ☛ *Ver nota en* CARNE **2** (*coloq*) **(a)** cerdo: *Don't be such a pig!* ¡No seas tan cerdo! ◊ *He's pig ignorant.* Es un completo ignorante. **(b)** (*tb* **greedy pig**) glotón, -ona **(c)** *It's a pig of a job.* Es un trabajo muy puñetero. **3 the pigs** (*argot*) la bofia

LOC pigs might fly (*refrán*) y yo soy la reina de Saba **to make a pig of yourself** ponerse como un cerdo **to**

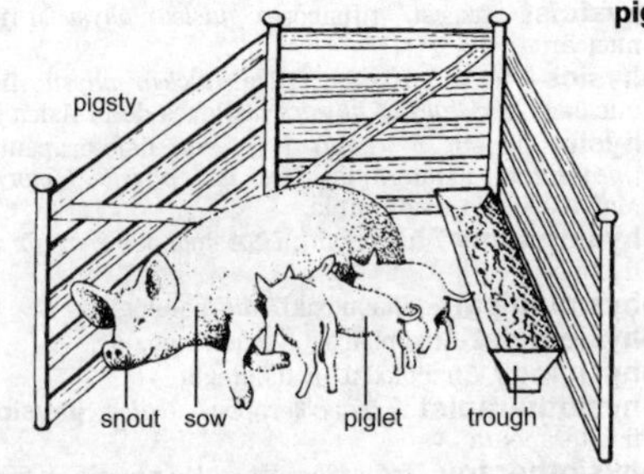

make a pig's ear (out) of sth (*coloq*) hacer una chapuza de algo *Ver tb* BUY

■ **pig** *v refl* **(-gg-)** (*GB, argot*) **~ yourself** ponerse morado

PHR V to pig out (*USA*) ponerse morado

pigeon /ˈpɪdʒɪn/ *n* **1** paloma: *pigeon fancier* colombófilo *Ver tb* CARRIER PIGEON **2** pichón **LOC** *Ver* CAT

pigeon-hole /ˈpɪdʒɪn həʊl/ *n* casilla (*de correspondencia*)

■ **pigeon-hole** *vt* (*gen pey*) **1** clasificar **2** encasillar

piggery /ˈpɪɡəri/ *n* **1** pocilga **2** granja de cerdos

piggy /ˈpɪɡi/ *n* (*coloq*) cerdito

■ **piggy** *adj* (*ojos, cara, etc*) de cerdito

piggyback /ˈpɪɡibæk/ *n*: *to give sb a piggyback* llevar a algn a caballo

piggy bank *n* hucha (*en forma de cerdito*)

pig-headed /ˌpɪɡ ˈhedɪd/ *adj* terco

pig-iron /ˈpɪɡ aɪən/ *n* hierro en lingotes

piglet /ˈpɪɡlət/ *n* cerdo joven, cerdito ☛ *Ver ilustración en* PIG

pigment /ˈpɪɡmənt/ *n* pigmento

▶ **pigmentation** *n* pigmentación

pigmy *n Ver* PYGMY

pigsty /ˈpɪɡstaɪ/ *n* (*lit* y *fig*) pocilga ☛ *Ver ilustración en* PIG

pigtail /ˈpɪɡteɪl/ *n* **1 pigtails** [*pl*] trenzas, coletas (*una en cada lado de la cabeza*) ☛ *Ver ilustración en* TRENZA **2** (*torero*) coleta

pike /paɪk/ *n* **1** (*Mil*) pica **2** (*pl* **pike**) (*pez*) lucio *Ver tb* TURNPIKE

pilaf(f) /ˈpiːlæf; *USA* pɪˈlɑːf/ (*tb* **pilau** /ˈpiːlaʊ/) *n* plato oriental de arroz

pilaster /pɪˈlæstə(r)/ *n* pilastra

pilchard /ˈpɪltʃəd/ *n* sardina (*grande*)

pile /paɪl/ *n* **1** montón: *a pile of books* un montón de libros ◊ *to be in a pile* estar amontonado *Ver tb* STOCKPILE **2 piles (of sth)** (*coloq*) un montón (de algo): *She always wears piles of make-up.* Siempre lleva un montón de maquillaje. *Ver tb* PILES **3** (*moqueta*) pelo ☛ *Comparar con* NAP[2] **4** (*Arquit*) pilote **5** (*joc*) caserón **6** (*tb* **atomic pile**) pila atómica

LOC to make a pile (*coloq*) ganar un dineral **to make your pile** (*coloq*) hacer fortuna

■ **pile** *vt* **1** amontonar **2** apilar **3 piled with sth** colmado de algo

LOC to pile it on (*coloq*) exagerar **to pile on the agony** (*coloq*) sentir lástima de ti mismo

PHR V to pile in/out entrar/salir en tropel: *The children piled into the bus.* Los niños subieron al autobús en tropel.

to pile into sth/sb chocar contra algo/algn

to pile up 1 amontonarse **2** (*vehículos*) chocarse unos contra otros

to pile sth up amontonar algo

piledriver /ˈpaɪldraɪvə(r)/ *n* martinete (*herramienta*)

piles /paɪlz/ *n* [*pl*] hemorroides

pile-up /ˈpaɪl ʌp/ *n* accidente múltiple

pilfer /ˈpɪlfə(r)/ *vt, vi* hurtar
▶ **pilferer** *n* ratero, -a

pilgrim /ˈpɪlgrɪm/ *n* peregrino, -a: *the Pilgrim Fathers* los padres peregrinos
▶ **pilgrimage** *n* peregrinación: *to go on/to make a pilgrimage* ir de peregrinación

pill /pɪl/ *n* **1** píldora: *vitamin pill* píldora vitamínica ◊ *sleeping pill* somnífero **2 the pill** (*coloq*) (*anticonceptivo*) la píldora: *to be on the pill* tomar la píldora *Ver tb* MORNING-AFTER PILL
LOC to sugar/sweeten the pill dorar la píldora *Ver tb* BITTER[1]

pillage /ˈpɪlɪdʒ/ *vt* saquear
■ **pillage** *n* pillaje
▶ **pillager** *n* saqueador, -ora

pillar /ˈpɪlə(r)/ *n* **1(a)** (*Arquit*) pilar ☛ *Ver ilustración en* IGLESIA **(b)** (*humo, nubes, etc*) columna **2 ~ of sth** (*fig*) pilar de algo: *a pillar of society* un pilar de la sociedad
LOC to go from pillar to post ir de la Ceca a la Meca

pillar box *n* (*GB*) buzón (*en la calle*)

pillbox /ˈpɪlbɒks/ *n* **1** pastillero **2** sombrero redondo y pequeño, sin alas

pillion /ˈpɪliən/ *n* asiento trasero (de una moto)
■ **pillion** *adv*: *to ride pillion* ir en el asiento de atrás

pillock /ˈpɪlək/ *n* (*ofen*) imbécil

pillory /ˈpɪləri/ *vt* (*pret, pp* **-ried** /-lərɪd/) ridiculizar, poner en la picota
■ **pillory** *n* picota

pillow /ˈpɪləʊ/ *n* almohada

pillowcase /ˈpɪləʊkeɪs/ (*tb* **pillow slip**) *n* funda de almohada

pilot /ˈpaɪlət/ *n* **1** (*de avión, barco o helicóptero*) piloto: *fighter pilot* piloto de caza *Ver tb* AUTOMATIC PILOT, AUTOPILOT, CO-PILOT **2** (*TV*) programa piloto **3** (*tb* **pilot-light**) llamita
■ **pilot** *adj* piloto (*experimental*): *pilot scheme* proyecto piloto
■ **pilot** *vt* **1(a)** (*barco, avión*) pilotar **(b)** (*proyecto de ley*) apoyar **2** poner a prueba

pimento /pɪˈmentəʊ/ *n* (*pl* **~s**) **1** pimentón **2** (*tb* **pimiento** /pɪˈmjentəʊ/) pimiento

pimp /pɪmp/ *n* (*de prostituta*) chulo
■ **pimp** *vi* hacer de chulo

pimple /ˈpɪmpl/ *n* grano (*en la piel*) *Ver tb* GOOSE PIMPLES
▶ **pimply** *adj* cubierto de granos

PIN /pɪn/ (*coloq* **PIN number**) *abrev de* **personal identification number** número de identificación personal (*en tarjetas de crédito, etc*)

pin /pɪn/ *n* **1** alfiler: *a tiepin* un alfiler de corbata ◊ *a hatpin* un alfiler de sombrero *Ver tb* HAIRPIN, SAFETY PIN, STICKPIN **2** broche: *a diamond pin* un broche de diamantes **3** (*tb* **drawing pin**) chincheta **4** clavija: *a two-pin plug* un enchufe con dos clavijas ☛ *Ver ilustración en* ENCHUFE **5** (*Med*) clavo **6** (*juego*) bolo *Ver tb* TENPIN BOWLING **7** (*granada*) espoleta **8 pins** [*pl*] (*coloq*) piernas *Ver tb* ROLLING PIN
LOC not to care/give a pin/two pins (**for sth**) no importarle a uno un bledo algo *Ver tb* HEAR, TWO
■ **pin** *vt* (**-nn-**) **1(a) to pin sth to sth**; **to pin sth** (**together**) (*con alfileres, etc*) prender, sujetar algo (a algo) **(b) to pin sth/sb to sth** (*persona, brazos, etc*) sujetar algo/a algn a algo: *They pinned him against the wall.* Lo sujetaron contra la pared. **2 to pin sth on sb (a)** (*crimen, etc*) endosar algo a algn: *to pin the blame on sb* echar la culpa a algn **(b)** *to pin your hopes on sth/sb* poner las esperanzas en algo/algn
LOC to pin back your ears aguzar el oído **to pin your faith on sth** cifrar todas sus esperanzas en algo
PHR V to pin sb down 1 hacer que algn concrete **2** (*en el suelo*) inmovilizar a algn
to pin sth down 1 precisar algo **2** (*con chinchetas, etc*) sujetar algo
to pin sth up clavar algo (*aviso, póster, etc*)

pinafore /ˈpɪnəfɔː(r)/ *n* delantal

pinball /ˈpɪnbɔːl/ *n* (máquina del) millón

pincer /ˈpɪnsə(r)/ *n* **1** (*Zool*) pinza ☛ *Ver ilustración en* SHELLFISH **2 pincers** [*pl*] (*herramienta*) tenazas: *a pair of pincers* unas tenazas
LOC pincer movement estrategia de pinza/tenaza

pinch /pɪntʃ/ **1** *vt* pellizcar: *He pinched my arm.* Me pellizcó el brazo. **2** *vt, vi* apretar: *These boots pinch* (*me*). Estas botas me aprietan. **3** *vt* **~ sth** (**from sth/sb**) (*coloq*) birlar algo (de algo/algn): *Someone's pinched my book.* Alquien me ha birlado el libro. *Ver tb* PENNY-PINCHING
PHR V to pinch sth off/out quitar algo a pellizcos
■ **pinch** *n* **1** pellizco **2** pizca: *a pinch of salt* una pizca de sal
LOC at a pinch en caso de necesidad **if it comes to the pinch** si pasa lo peor **to take sth with a pinch of salt** aceptar algo con reservas *Ver tb* FEEL[1]
▶ **pinched** *adj*: *to have a pinched face* tener cara de cansado ◊ *pinched with cold* muerto de frío

pincushion /ˈpɪnkʊʃn/ *n* acerico

pine[1] /paɪn/ *n* **1** (*tb* **pine tree**) pino: *pine cone/nut* piña/piñón ◊ *pine-needle* aguja de pino ◊ *pine forest/wood* pinar **2** (madera de) pino: *pine furniture* muebles de pino

pine[2] /paɪn/ *vi* **1 ~** (**away**) languidecer, consumirse **2 ~ for sth/sb** echar de menos, añorar algo/a algn

pineapple /ˈpaɪnæpl/ *n* (*planta y fruta*) piña ☛ *Ver ilustración en* FRUTA

ping /pɪŋ/ *n* **1** sonido (metálico): *The bell on the reception desk went ping.* Sonó el timbre del mostrador de recepción. **2** (*de bala*) silbido
■ **ping** *vi*
LOC to make a pinging sound hacer un sonido metálico

ping-pong /ˈpɪŋpɒŋ/ *n* (*coloq*) (*tb* **table tennis**) pimpón: *ping-pong bat* raqueta de pimpón

pinhead /ˈpɪnhed/ *n* cabeza de alfiler

pinion /ˈpɪniən/ *vt* **~ sth/sb against/to sth** sujetar algo/a algn contra algo

pink /pɪŋk/ *adj* **1** rosa: *pink champagne* champán rosado **2** (*de vergüenza, etc*) colorado **LOC** *Ver* TICKLE
■ **pink** *n* **1** rosa: *dressed in pink* vestido de rosa **2** (*Bot*) clavellina
LOC to be in the pink (**of condition/health**) rebosar salud
▶ **pinkish** *adj* rosáceo

pinking shears *n* tijeras dentadas ☛ *Ver ilustración en* TIJERA

pinnacle /ˈpɪnəkl/ *n* **1** (*fig*) cúspide: *at the pinnacle of his profession* en la cúspide de su profesión **2** (*Arquit*) pináculo ☛ *Ver ilustración en* IGLESIA **3** (*de montaña*) pico

pinny /ˈpɪni/ *n* (*pl* **-ies**) *Ver* APRON sentido 1

pinpoint /ˈpɪnpɔɪnt/ *vt* precisar, identificar: *to pinpoint the causes of sth* establecer las causas de algo
■ **pinpoint** *n* punta de un alfiler
LOC with pinpoint accuracy con absoluta precisión

pinprick /ˈpɪnprɪk/ *n* **1** pinchazo **2** pequeña molestia

pins and needles *n* (*coloq*) hormigueo

pinstripe /ˈpɪnstraɪp/ *n* **1** (*diseño*) raya fina **2** (*tb* **pinstripes**) traje a rayas
■ **pin-stripe** (*tb* **pinstriped**) *adj* (*tela, traje*) a rayas

pint /paɪnt/ *n* **1** (*abrev* **pt**) (*medida*) pinta (*0.568 litros*): *a pint of milk* una pinta de leche ☛ *Ver apéndice 3* **2** (*cerveza*): *to have a pint* tomarse una cerveza ◊ *a pint glass* un vaso/una jarra de pinta **LOC** *Ver* QUART

pint-sized /ˈpaɪnt saɪzd/ *adj* (*coloq*) diminuto

pin-up /ˈpɪn ʌp/ *n* **1** foto, póster (*de persona atractiva,* *normalmente una chica con poca ropa*) **2** (*fig*) sex symbol

pioneer /ˌpaɪəˈnɪə(r)/ *n* **1** pionero, -a **2** colono, -a
■ **pioneer** *vt* ser pionero en: *He pioneered the use of laser technology.* Fue pionero en el uso de la tecnología del láser.
▶ **pioneering** *adj* pionero: *pioneering work* trabajo pionero ◊ *the pioneering days of aviation* los primeros días de la aviación

pious /ˈpaɪəs/ *adj* **1** piadoso, devoto **2** (*pey*) beato
▶ **piously** *adv* piadosamente

pip¹ /pɪp/ *n* pepita: *orange pips* pepitas de naranja ☛ *Ver ilustración en* FRUTA

pip² /pɪp/ *n* señal (*telec*): *the pips* la señal

pip³ /pɪp/ *vt* (**-pp-**) (*coloq*)
LOC **to pip sb at the post** ganar a algn por un pelo

pipe /paɪp/ *n* **1(a)** tubería, conducto: *a burst water pipe* una tubería de agua reventada *Ver tb* BLOWPIPE, DRAINPIPE, HOSEPIPE, WASTE PIPE, WINDPIPE **(b) pipes** [*pl*] cañería(s) **2** pipa: *pipe-cleaner* limpiapipas ◊ *pipe tobacco* tabaco de pipa **3** (*Mús*) **(a)** flauta **(b)** (*de órgano*) cañón **(c) pipes** [*pl*] *Ver* BAGPIPES, PAN PIPES
LOC **put that in your pipe and smoke it!** (*coloq*) ¡chúpate esa!
■ **pipe 1** *vt* trasportar (*por tubería, gaseoducto, oleoducto*) **2** *vt* retransmitir: *piped music* hilo musical **3** *vt, vi* tocar (*con flauta, gaita, etc*) **4** *vt, vi* **(a)** (*niño*) chillar **(b)** (*pájaro*) cantar **5** *vt* (*Náut*): *to pipe sb aboard/ashore* recibir/despedir a algn al son del silbato **6** *vt* **(a)** (*costura*) ribetear **(b)** (*pastel*) decorar (*con manga pastelera*): *a piping bag* una manga pastelera
PHR V **to pipe down** (*coloq*) callarse
to pipe up (with sth) (*coloq*) saltar (con algo) (*un comentario, etc*)
▶ **piper** *n* gaitero, -a, flautista LOC *Ver* PAY²
piping *n* **1** tubería(s), cañería(s) **2** (*costura*) ribete(s)
piping *adj* (*voz*) agudo
LOC **piping hot** hirviendo

pipe dream *n* sueño imposible

pipeline /ˈpaɪplaɪn/ *n* tubería, gaseoducto, oleoducto
LOC **to be in the pipeline 1** (*pedido*) estar tramitándose **2** (*cambio, propuesta, etc*) estar preparándose

pipe-organ *n* (*USA*) *Ver* ORGAN²

pipette /pɪˈpet/ *n* pipeta

piquancy /ˈpiːkənsi/ *n* **1** lo picante **2** (*fig*) gracia, sabor
▶ **piquant** *adj* **1** picante, sabroso **2** (*fig*) estimulante

pique /piːk/ *vt* **1** ofender **2** (*interés, etc*) picar
■ **pique** *n* resentimiento: *in a fit of pique* por resentimiento

piracy /ˈpaɪrəsi/ *n* piratería

piranha /pɪˈrɑːnə/ *n* piraña

pirate /ˈpaɪrət/ *n* pirata: *pirate recording* grabación pirata
■ **pirate** *vt* piratear: *a pirated edition* una edición pirata

pirouette /ˌpɪruˈet/ *n* pirueta
■ **pirouette** *vi* piruetear

Pisces /ˈpaɪsiːz/ *n* piscis
▶ **Piscean** *n, adj* piscis ☛ *Ver ejemplos en* AQUARIUS ☛ *Ver ilustración en* ZODIACO

piss /pɪs/ (⚠) ☛ *Ver nota en* TABÚ (*coloq*) **1** *vt, vi* mear **2** *v refl* **~ yourself** mearse: *to piss yourself* (*laughing*) mearse de risa
PHR V **to piss about/around** hacer el mono
to piss sb about/around jorobar a algn
to piss down diluviar: *It's pissing down.* Está diluviando.
to piss off (*GB*) largarse: *Piss off!* ¡Vete a la mierda!
to piss sb off cabrear a algn: *to be pissed off* estar cabreado ◊ *It pisses me off.* Me cabrea.
■ **piss** *n* meados: *to have a piss* mear ◊ *to go for a piss* ir a mear
LOC **a piss artist** un borrachuzo **to take the piss (out of sth/sb)** cachondearse (de algo/algn) *Ver tb* PIECE

pissed /pɪst/ *adj* (⚠) ☛ *Ver nota en* TABÚ (*coloq*) **1** (*GB*) borracho: *to be pissed* estar pedo ◊ *to get pissed* emborracharse **2** (*USA*) fastidiado
LOC **(as) pissed as a fart/newt** (*GB*) como una cuba

piss-up /ˈpɪs ʌp/ *n* (*GB*, ⚠) ☛ *Ver nota en* TABÚ (*coloq*) juerga y borrachera

pistachio /pɪˈstæʃiəʊ, -ˈtɑːʃiəʊ/ *n* (*pl* **~s**) **1** (*tb* **pistachio nut**) pistacho **2** pistachero

piste /piːst/ *n* (*Fr*) (*esquí*) pista

pistol /ˈpɪstl/ *n* pistola ☛ *Ver ilustración en* GUN
LOC **to hold a pistol to sb's head** tener a algn atrapado: *The universities feel that the government is holding a pistol to their heads.* Las universidades piensan que el gobierno las está amenazando.

piston /ˈpɪstən/ *n* pistón

pit¹ /pɪt/ *n* **1** foso: *Her stomach is a bottomless pit.* Su estómago es un pozo sin fondo. *Ver tb* SANDPIT **2** (*de carbón, etc*) pozo: *pit closures* el cierre de pozos ◊ *gravel-pit* pozo de grava **3** hoyo (*en la superficie de algo*) **4 the pit** (*GB, Teat*) platea ☛ *Comparar con* ORCHESTRA PIT **5** (*en un taller de coches*) foso **6 the pits** [*pl*] (*en carreras de coches*) box **7** (*tb* **pitfall**) (*trampa*) fosa
LOC **the pit of your stomach** el estómago: *I had a sickening feeling in the pit of my stomach.* Tenía una sensación horrible en el estómago. **to be the pits** (*coloq*) ser rematadamente malo: *This hotel is the pits.* Este hotel es pésimo.
■ **pit** *v* (**-tt-**)
PHR V **to pit sth/sb against sth/sb**: *to pit your wits against sth/sb* oponer el ingenio de uno a algo/algn ◊ *to pit yourself against sth/sb* oponerse uno a algo/algn ◊ *a match which pitted the two best teams against each other* un partido que enfrentó a los dos mejores equipos
▶ **pitted** *adj* agujereado: *a face pitted with smallpox* una cara picada de viruela ◊ *The road was pitted with potholes.* La carretera estaba llena de agujeros.

pit² /pɪt/ (*USA*) (*GB* **stone**) *n* hueso (*de una fruta*)
■ **pit** *vt* quitar el hueso (*a una fruta*): *pitted olives* aceitunas sin hueso

pitch¹ /pɪtʃ/ *n* brea LOC *Ver* BLACK

pitch² /pɪtʃ/ **1** *vt* montar (*tienda de campaña*) **2** *vt* **(a)** (*Mús*) entonar: *a high-pitched voice* una voz de un tono alto *Ver tb* HIGH-PITCHED **(b)** (*fig*): *The programme was pitched at the right level.* El programa fue producido al nivel adecuado. ◊ *to pitch your hopes high* picar muy alto **3(a)** *vt* lanzar: *She was pitched over backwards.* Fue lanzada hacia atrás. ◊ *We were pitched into darkness.* Fuimos arrojados a la oscuridad. **(b)** *vi*: *He pitched forward on his head.* Se tiró de cabeza. **4** *vi* (*barco*) cabecear: *The boat pitched and tossed in heavy seas.* El barco cabeceaba y se tambaleaba en un mar agitado. **5** *vt* (*pelota*) lanzar
PHR V **to pitch in (with sth)** ayudar (con algo): *They pitched in with contributions of money.* Ayudaron con contribuciones de dinero. ◊ *Everyone pitched in.* Todo el mundo colaboró.
to pitch into sb (*coloq*) arremeter contra algn
to pitch into sth/in (*coloq*) **1** *They pitched into the work/They pitched in.* Se pusieron manos a la obra. **2** *They pitched into the meal/They pitched in.* Comieron con buen apetito.

pitch³ /pɪtʃ/ *n* **1** (*Dep*) **(a)** campo ☛ *Ver ilustración en* FÚTBOL **(b)** lanzamiento **2** (*Mús*) tono: *to have perfect pitch* tener un tono perfecto **3** [*sing*] (*intensidad*) tono: *Speculation has reached such a pitch that…* La especulación ha alcanzado tal tono que… ◊ *The excitement rose to a pitch.* La emoción subió de tono. **4 ~ of sth** punto de algo: *the pitch of perfection* el punto de perfección **5** inclinación (*de un tejado, etc*) **6** (*GB*) puesto (*en el mercado*) **7** (*tb* **sales pitch**) palabrería de vendedor
LOC *Ver* FEVER, QUEER

pitch-black /ˌpɪtʃ ˈblæk/ *adj* negro como la boca del lobo

pitch-dark /ˌpɪtʃ ˈdɑːk/ *adj* completamente oscuro

pitched /pɪtʃt/ *adj* **1** (*tejado*) inclinado **2** (*batalla*) campal

pitcher¹ /ˈpɪtʃə(r)/ *n* **1** (*GB*) cántaro **2** (*USA*) jarra

pitcher² /ˈpɪtʃə(r)/ *n* (*béisbol*) lanzador, -ora

pitchfork /ˈpɪtʃfɔːk/ *n* horca
■ **pitchfork** *vt* enhorcar
PHR V **to pitchfork sb into sth** meter a algn en algo a la fuerza

piteous /ˈpɪtiəs/ *adj* (*formal*) lastimoso
▶ **piteously** *adv* lastimosamente

pitfall /ˈpɪtfɔːl/ *n* **1** escollo: *to avoid the pitfalls of* (*doing*) *sth* eludir los escollos de (hacer) algo **2** *Ver* PIT¹ sentido 7

pith /pɪθ/ *n* **1** (*Bot*) médula **2 the ~ of sth** (*fig*) el meollo de algo

pithy /ˈpɪθi/ *adj* (**-ier, -iest**) enjundioso

pitiable /ˈpɪtiəbl/ *adj* lastimoso: *He was pitiable.* Estaba hecho una pena.

pitiful /ˈpɪtɪfl/ *adj* **1** lastimoso, conmovedor **2** penoso
▶ **pitifully** *adv* **1** lastimosamente, desoladoramente **2** lamentablemente

pitiless /ˈpɪtiləs/ *adj* **1** despiadado **2** (*fig*) implacable

pitta /ˈpɪtə/ (*tb* **pita**, **pitta bread**) *n* tipo de pan plano y delgado típico de Grecia y de Oriente Medio ☛ *Ver ilustración en* BARRA

pittance /ˈpɪtns/ *n* [*sing*] miseria: *They're paying me a pittance.* Me estan pagando una miseria.

pituitary /pɪˈtjuːɪtəri/ (*tb* **pituitary gland**) *n* glándula pituitaria

pity /ˈpɪti/ *n* **1** pena, compasión: *I felt pity for her.* Sentí pena por ella. *Ver tb* SELF-PITY **2** lástima, pena: *It was a great pity that...* Fue una lástima que...
LOC **for pity's sake!** ¡por el amor de Dios! **more is the pity** desgraciadamente **to take pity on sb** apiadarse de algn **What a pity!** ¡Qué lástima!
■ **pity** *vt* (*pret, pp* **pitied**) compadecerse de: *I pity you.* Me das pena.
▶ **pitying** *adj* de pena: *to give sb a pitying look* mirar a algn con pena

pivot /ˈpɪvət/ *n* **1** pivote **2** (*fig*) eje
■ **pivot** *vi* **1 ~ (on sth)** girar (sobre algo) **2 ~ on sth** (*fig*) depender de algo
▶ **pivotal** *adj* central

pixel /ˈpɪksl/ *n* (*Informát*) punto, pixel (*de imagen digital*)

pixie /ˈpɪksi/ *n* duende

pizza /ˈpiːtsə/ *n* pizza

Pl *abrev de* **Place**

placard /ˈplækɑːd/ *n* pancarta ☛ *Ver ilustración en* FLAG¹

placate /pləˈkeɪt; *USA* ˈpleɪkeɪt/ *vt* apaciguar a
▶ **placatory** /pləˈkeɪtəri; *USA* pleɪkətɔːri/ *adj* apaciguador

place¹ /pleɪs/ *n* **1** sitio, lugar: *I can't be in two places at once.* No puedo estar en dos sitios a la vez. ◊ *faraway places* lugares lejanos ◊ *in some places* en algunos lugares ◊ *to put everything away in the correct place* guardar cada cosa en su lugar *Ver tb* BIRTHPLACE, HIDING PLACE, MARKET PLACE, MEETING-PLACE, RESTING PLACE, WATERING PLACE, WORKPLACE **2 ~ of sth** lugar de algo: *place of work* lugar de trabajo ◊ *place of worship* templo **3** parte: *The jumper was worn in places.* El jersey estaba gastado en algunas partes. ◊ *They laughed in all the right places.* Rieron en todos los momentos apropiados. **4** puesto, sitio: *I've kept you a place.* Te he guardado un sitio. ◊ *Is this place taken?* ¿Está ocupado? ◊ *the place of honour* el sitio de honor ◊ *I took my place at the table.* Ocupé mi sitio en la mesa. ◊ *to apply for a place at Oxford* solicitar una plaza en Oxford ◊ *He finished in third place.* Terminó en tercer lugar. **5** lugar (adecuado): *This is no place for a girl like you.* Este no es lugar para una chica como tú. ◊ *This is neither the time nor the place* (*for jokes*). Este no es lugar ni momento (para bromas). ◊ *a good place to start* un buen lugar para empezar **6** (*coloq*) casa: *They have a place in the country.* Tienen una casa en el campo. ◊ *You can stay at my place.* Puedes quedarte en mi casa. ◊ *Your place or mine?* ¿Tu casa o la mía?
LOC **all over the place** (*coloq*) **1** en todas partes **2** en desorden **a place in the sun** una situación de privilegio **from place to place** de un sitio para otro **in my, your, etc place** en mi, tu, etc lugar **in place** en su sitio **in place of sth/sb**; **in sth/sb's place** en lugar de algo/algn **in the first, second, etc place** en primer, segundo, etc lugar (**not**) **to be sb's place to do sth** (no) ser el indicado para hacer algo **out of place 1** desplazado: *It looks out of place here.* No pega aquí. **2** fuera de lugar **there's no place like home** (*refrán*) no hay lugar como la propia casa **to change/swap places** (**with sb**) **1** intercambiar el sitio (con algn) **2** cambiarse (por algn) **to fall, fit, slot, etc into place** encajar (*sentido*): *Now it all begins to fall into place.* Ahora todo empieza a encajar. **to go places** (*coloq*) comerse el mundo **to have no place**: *Laziness has no place in this office.* En esta oficina no hay lugar para la pereza. **to lay/set a place** poner un cubierto **to put sb in their place** poner a algn en su sitio **to put yourself in sb else's/sb's place** ponerse en el lugar de algn **to take place** tener lugar: *What took place that night?* ¿Qué ocurrió esa noche? **to take sth's/sb's place**; **to take the place of sth/sb** ocupar el lugar de algo/de algn *Ver tb* FRIEND, HAIR, HEART, HIGH¹, KNOW, LIGHTNING, LOSE, PRIDE, RIGHT¹

place² /pleɪs/ *vt* **1** poner: *to place your trust in sth/sb* poner su confianza en algo/algn ◊ *to place sth in sb's hands* poner algo en las manos de algn ◊ *to place sth before a committee* plantear algo al comité ◊ *to place sb under arrest* poner a algn bajo arresto ◊ *to place emphasis on sth* poner énfasis en algo **2** identificar: *I can't quite place him.* No lo identifico. **3 ~ sth (with sth/sb)** hacer algo (con algo/algn): *They placed an order with us.* Nos hicieron un pedido. ◊ *Place your bets.* Hagan sus apuestas. ◊ *to place an advertisement* poner un anuncio **4 ~ sb (in sth)**; **~ sb (with sth/sb)** colocar a algn (en algo); a algn (con algo/algn): *to place a child with foster parents* encontrar padres adoptivos a un niño ◊ *We place about 200 secretaries each year.* Colocamos a unas 200 secretarias al año. **5** situar: *The team was placed fifth.* El equipo estaba situado en la quinta posición. ◊ *conveniently/ideally placed* convenientemente situado
LOC **to be well, etc placed for sth/to do sth**: *We are better placed than most.* Estamos en una posición mejor que la mayoría. *Ver tb* ARREST, OBLIGATION, PAR¹

placebo /pləˈsiːbəʊ/ *n* (*pl* **~s**) placebo

placement /ˈpleɪsmənt/ *n* puesto: *a work placement* un puesto temporal de trabajo

place name *n* [*gen pl*] topónimo

placenta /pləˈsentə/ *n* (*pl* **-tae** /-tiː/ o **~s**) placenta

place setting *n* cubierto

placid /ˈplæsɪd/ *adj* plácido
▶ **placidly** *adv* plácidamente

placing /ˈpleɪsɪŋ/ *n* colocación

plagiarism /ˈpleɪdʒərɪzəm/ *n* plagio
▶ **plagiarize, -ise** *vt* plagiar

plague /pleɪɡ/ *n* **1** peste *Ver tb* BUBONIC PLAGUE **2 ~ of sth** plaga de algo LOC *Ver* AVOID
■ **plague** *vt* **1** importunar: *to plague sb with questions* atormentar a algn con preguntas **2** acosar: *The team has been plagued by injury.* Las lesiones han acosado al equipo.

plaice /pleɪs/ *n* (*pl* **plaice**) platija

plaid /plæd/ *n* tela de lana de cuadros escoceses

plain¹ /pleɪn/ *adj* (**-er, -est**) **1** claro: *to be plain (for all to see)* estar claro ◊ *the plain fact (of the matter) is that…* lo que está claro es que… **2** franco, directo: *the plain truth* la verdad lisa y llana ◊ *There will have to be some plain speaking.* Habrá que decir las cosas con claridad. **3(a)** sencillo: *plain food* comida sencilla **(b)** liso: *a plain carpet* una moqueta sin dibujo ◊ *plain paper* papel blanco ◊ *a plain background* un fondo neutro ◊ *plain knitting* punto de media **4** (*físico*) sin atractivo

LOC **(all) plain sailing** coser y cantar **(as) plain as a pikestaff 1** (*persona*) del montón **2** (*tb* **as plain as the nose on your face**) más claro que el agua **in plain English** sin rodeos: *Why didn't you say so in plain English?* ¿Por qué no me lo dijiste claramente? **plain and simple** sin darle más vueltas, sin vuelta de hoja **to make sth plain** dejar algo claro

▶ **plainly** *adv* **1** claramente: *They are plainly visible.* Se ven con claridad. **2** evidentemente: *It was plainly intended to offend.* Era evidente que quería ofender.

plain² /pleɪn/ *adv* simplemente: *It's just plain stupid.* Es simplemente estúpido.

plain³ /pleɪn/ *n* **1(a)** llanura **(b)** pradera **2** punto de media

plain chocolate *n* chocolate puro ☛ *Comparar con* MILK CHOCOLATE

plain clothes (*tb* **plain-clothes**) *adj* de paisano: *a plain-clothes policeman* un policía de paisano

plain flour *n* harina (*sin levadura*) ☛ *Comparar con* SELF-RAISING FLOUR

plaintiff /ˈpleɪntɪf/ *n* demandante

plaintive /ˈpleɪntɪv/ *adj* lastimero

▶ **plaintively** *adv* lastimeramente

plait /plæt/ (*USA* **braid**) *n* trenza ☛ *Ver ilustración en* TRENZA

■ **plait** *vt* trenzar: *to plait your hair* hacerse trenzas/una trenza

plan /plæn/ *n* **1(a)** plan: *What are your plans?* ¿Qué planes tienes? ◊ *a five-year plan* un plan quinquenal ◊ *to draw up/make plans* hacer planes ◊ *a plan of action* un plan de acción **(b)** programa *Ver tb* INSTALMENT PLAN **2** (*Arquit*) plano: *a street plan* un callejero *Ver tb* OPEN-PLAN **3** esquema: *seating plan* esquema de situación para sentarse

LOC **to go according to plan/go as planned** salir de acuerdo con lo previsto *Ver tb* MASTER

■ **plan** (**-nn-**) **1** *vt* **(a)** planear: *to plan a trip* planear un viaje **(b)** pensar: *What do you plan to do?* ¿Qué piensas hacer? **(c)** proyectar **2** *vi* hacer planes: *to plan for the future* hacer planes para el futuro ◊ *to plan ahead* planear de antemano

PHR V **to plan on (doing) sth 1** tener pensado (hacer) algo: *I was planning on going to the cinema this evening.* Tenía pensado ir al cine esta noche. **2** contar con (hacer) algo: *I hadn't planned on spending so much.* No contaba con gastar tanto.

to plan sth out planificar algo: *to plan out a route* planificar un a ruta

plane /pleɪn/ *n* **1** (*tb* **aeroplane**, *USA* **airplane**) avión: *a plane ticket* un billete de avión ◊ *a plane crash* un accidente de aviación ◊ *to go by plane* ir en avión *Ver tb* BIPLANE **2** (*Geom*) plano **3(a)** cepillo (de carpintero) **(b)** garlopa **4** (*tb* **plane-tree**) plátano (de sombra)

■ **plane** *adj* plano: *plane geometry* geometría plana

■ **plane 1** *vi* (*avión, etc*) planear **2** *vt* cepillar

planet /ˈplænɪt/ *n* planeta

LOC **to be on another planet** estar en las nubes

▶ **planetary** *adj* planetario

planetarium /ˌplænɪˈteəriəm/ *n* (*pl* **~s** o **-ria** /-rɪə/) planetario

plank /plæŋk/ *n* **1(a)** tabla: *a plank of wood* una tabla de madera **(b)** tablón *Ver tb* GANGPLANK **2** (*fig*) elemento fundamental (*de creencia, política, etc*)

LOC *Ver* THICK

plankton /ˈplæŋktən/ *n* plancton

planned /plænd/ *adj* planeado: *planned economy* economía dirigida/planificada

planner /ˈplænə(r)/ *n* **1** planificador, -ora **2** (*tb* **town planner**) urbanista

planning /ˈplænɪŋ/ *n* **1** planificación: *planning permission* permiso de obras *Ver tb* FAMILY PLANNING **2** (*tb* **town planning**) urbanismo

plant /plɑːnt; *USA* plænt/ *n* **1** (*Bot*) planta: *plant pot* tiesto *Ver tb* EGGPLANT, HOUSE PLANT **2** (*Mec*) **(a)** maquinaria **(b)** equipo: *plant hire* alquiler de máquinas/equipos **3** planta (industrial): *manufacturing plant* planta industrial ◊ *nuclear power plant* central nuclear **4** (*coloq*) **(a)** prueba falsa **(b)** agente infiltrado: *a police plant* un agente de la policía infiltrado

■ **plant** *vt* **1(a)** (*flor, etc*) plantar **(b)** (*jardín, campo*) sembrar: *fields planted with corn* campos sembrados de maíz **2(a)** (*pies, etc*) plantar **(b) ~ (yourself)** poner(se): *She planted herself in the corner.* Se puso en el rincón. **3** (*coloq*) **(a)** (*objetos robados, etc*) colocar: *to plant drugs on sb* colocarle a algn drogas para comprometerle **(b)** infiltrar: *The police had planted a spy in the gang.* La policía había infiltrado a un espía en la banda. **4** (*dudas, etc*) sembrar **5** (*beso*) plantar **LOC** *Ver* SEED

PHR V **to plant (sth) out** trasplantar algo (*flor, etc*)

plantain /ˈplæntɪn/ *n* **1** (árbol que produce) fruta parecida al plátano **2** llantén

plantation /plɑːnˈteɪʃn; *USA* plæn-/ *n* **1** (*finca*) plantación **2** arboleda

planter /ˈplɑːntə(r)/ *n* **1** (*persona*) cultivador, -ora **2** (*máquina*) plantador **3** (*esp USA*) maceta

plaque /plɑːk; *USA* plæk/ *n* **1** placa (conmemorativa) **2** placa (dental)

plasm(a) /ˈplæzm(ə)/ *n* plasma

plaster /ˈplɑːstə(r); *USA* aplæs-/ *n* **1** yeso **2** enlucido **3** (*tb* **plaster of Paris**) yeso mate **4** (*Med*) **(a)** (*tb* **sticking plaster**) esparadrapo, tirita **(b)** escayola: *to put sb's arm in plaster* escayolarle a algn el brazo ◊ *to have your leg in plaster* tener la pierna escayolada

■ **plaster** *vt* **1** enyesar **2** embadurnar: *Her clothes were plastered in mud.* Tenía la ropa embadurnada de barro. **3** (*fig*) llenar, cubrir: *The walls were plastered with photos.* Las paredes estaban cubiertas de fotos. **4** (*Med*) escayolar

PHR V **to plaster sth down**: *to plaster your hair down* aplastarse el pelo

▶ **plastered** *adj* (*argot*) como una cuba: *He got absolutely plastered!* ¡Se agarró una borrachera tremenda!

plasterer *n* yesero, -a

plasterwork *n* yesería (*decorado*)

plasterboard /ˈplɑːstəbɔːd/ *n* placa de yeso, Pladur®

plaster cast *n* **1** (*Med*) escayola: *Her arm was in a plaster cast.* Tenía el brazo escayolado. **2** vaciado de escayola

plastic /ˈplæstɪk/ *n* **1** plástico **2** (*coloq*) tarjeta (de crédito): *They don't accept plastic.* No se puede pagar con tarjeta. **3 plastics** [*sing*] la producción de plásticos: *the plastics industry* la industria del plástico

■ **plastic** *adj* **1** de plástico: *plastic bag* bolsa de plástico ◊ *plastic bullet* pelota de goma ◊ *plastic sheeting* plásticos **2** plástico: *plastic explosive(s)* explosivo plástico ◊ *the plastic arts* las artes plásticas

Plasticine® /ˈplæstəsiːn/ *n* (*esp GB*) plastilina

plastic surgeon *n* cirujano plástico, cirujana plástica

plastic surgery *n* cirugía plástica

plate¹ /pleɪt/ *n* **1** plato: *dinner plate* plato llano **2** (*iglesia*) bandeja **3** (*de oro, plata*) **(a)** (*en casa*) vajilla (de oro/plata) **(b)** (*en iglesia*) vasos sagrados (de oro/plata) **4** chapado *Ver tb* GOLD PLATE, SILVER PLATE, TIN PLATE **5** (*metal*) placa: *steel plates* planchas de acero *Ver tb* BRASS PLATE, BREASTPLATE, HOTPLATE, NAMEPLATE **6** (*tb* **number plate**) (*coche*) matrícula *Ver tb* LICENSE PLATE, L-PLATE **7** (*Anat, Geol, Fot*) placa: *plate tectonics* tectónica de placas **8** (*imprenta*) lámina **9** prótesis dental

LOC on your plate entre manos: *I know you've got a lot on your plate right now.* Sé que estás muy ocupado en este momento. **to hand/give sb sth on a plate** (*coloq*) servir algo a algn en bandeja de plata

▶ **plateful** *n* plato: *a plateful of biscuits* un plato (lleno) de galletas

plate² /pleɪt/ *vt* **1 ~ (with gold, silver, etc)** chapar (en oro, plata, etc) **2** blindar

▶ **plated** *adj* **1** chapado: *silver-plated spoons* cucharas chapadas en plata *Ver tb* ELECTROPLATED **2** blindado *Ver tb* ARMOUR-PLATED

plateau /ˈplætəʊ; *USA* plæˈtəʊ/ *n* (*pl* **~s** o **-teaux** /-təʊz/) **1** meseta **2** (*límite*) techo: *Prices have now reached a plateau.* Los precios ya han tocado techo.

plate glass *n* vidrio cilindrado: *a plate glass window* una ventana de vidrio cilindrado

platelet /ˈpleɪtlət/ *n* plaqueta

plate rack *n* escurreplatos ☛ *Ver ilustración en* RACK

platform /ˈplætfɔːm/ *n* **1(a)** tribuna **(b)** estrado **2** andén: *The London train is at platform 5* . El tren de Londres está en la vía 5. **3** (*Pol*) programa **4** (*para desarrollo, etc*) base **5** plataforma (petrolífera) **6** *platform shoes/soles* zapatos/suelas de plataforma

plating /ˈpleɪtɪŋ/ *n* **1** chapado **2** blindaje

platinum /ˈplætɪnəm/ *n* platino: *platinum blonde* rubia platino

platitude /ˈplætɪtjuːd; *USA* -tuːd/ *n* lugar común

▶ **platitudinous** *adj* (*formal*) banal

platonic /pləˈtɒnɪk/ *adj* platónico

platoon /pləˈtuːn/ *n* pelotón (*militar*)

platter /ˈplætə(r)/ *n* fuente (*cocina*)

platypus /ˈplætɪpəs/ (*tb* **duck-billed platypus**) *n* (*pl* **~es**) ornitorrinco

plaudits /ˈplɔːdɪts/ *n* [*pl*] aclamaciones

plausible /ˈplɔːzəbl/ *adj* **1** creíble: *She could find no plausible explanation.* No se le ocurrió ninguna explicación creíble. **2** (*persona*) convincente

▶ **plausibility** *n* credibilidad

plausibly *adv* convincentemente

play /pleɪ/ *n* **1** (*Teat*) obra *Ver tb* MYSTERY PLAY, NATIVITY PLAY, PASSION PLAY **2** [*incontable*] (*movimiento*) holgura: *We need more play on the rope.* Necesitamos más holgura en la soga. **3** (*de fuerzas, personalidades, etc*) interacción **4** (*Dep*) [*incontable*] **(a)** partido: *There was no play yesterday because of the rain.* No hubo partido ayer a causa de la lluvia. **(b)** jugadas: *There was little attacking play.* Hubo pocas jugadas de ataque. **5** [*incontable*] juego: *I lost £500 in one evening's play.* Perdí 500 libras en una noche de juego. *Ver tb* FAIR PLAY, FOUL PLAY, HORSEPLAY, ROLE-PLAY

LOC a play on words un juego de palabras **at play** jugando: *She could hear children at play.* Oía a los niños jugando. **in play 1** en broma **2** (*Dep*) en el área de juego **out of play** fuera de juego **to bring sth into play** poner algo en juego **to come into play** entrar en juego **to make a play for sb** tratar de seducir a algn **to make a play for sth** tratar de lograr algo *Ver tb* CHILD, FREE, FULL

■ **play 1** *vt, vi* jugar: *to play cards* jugar a las cartas ◊ *He never plays with his children.* Nunca juega con sus hijos. ◊ *The final was played yesterday.* La final se jugó ayer. ◊ *Are you coming out to play?* ¿Sales a jugar? ◊ *Let's play at pirates!* ¡Vamos a jugar a los piratas! ◊ *Who's playing in goal?* ¿Quién juega de portero? **2** *vi* **~ for sth** jugar con algo (*equipo*): *His ambition is to play for his country.* Su ambición es jugar con el equipo de su país. **3** *vt* (*golpe*) dar: *He played a brilliant shot to start the game.* Empezó el partido con un chute genial. **4** *vt* **~ sb** (*Dep*) jugar con algn: *Have you played her at tennis?* ¿Has jugado con ella al tenis? **5** *vt, vi* (*instrumento, pieza*) tocar: *Can you play the piano?* ¿Sabes tocar el piano? **6** *vt* (*disco, cinta*) poner **7** *vi* (*música*) sonar: *There was a record playing in the next room.* Sonaba un disco en la habitación de al lado. **8** *vt* (*broma*) gastar: *He's always playing tricks on me.* Siempre me está gastando bromas. **9** (*Teat*) *vt* (*papel*) interpretar, hacer de **10** (*Teat*) *vt, vi* representar(se): *It played for two years.* Se representó durante dos años. ◊ *They play the scene for laughs.* Representan la escena de forma cómica. **11** *vt* (*lugar*) actuar en: *They are going to play Wembley Stadium.* Van a actuar en el estadio de Wembley. **12** *vt* hacer(se): *He likes to play the victim.* Le gusta hacerse la víctima. ◊ *to play the fool* hacerse el tonto **13** *vt* (*manguera*) dirigir **14** *vi* (*luz*) rielar **15** *A smile played across her lips.* Se le dibujó una sonrisa en los labios.

LOC ☛ Para expresiones con **play**, véanse las entradas del sustantivo, adjetivo, etc p.ej. **to play fair** en FAIR².

PHR V to play about/around (with sth/sb) jugar (con algo/algn) de forma descuidada

to play along (with sb) seguirle la corriente (a algn)

to play at sth tramar algo: *What are you playing at?* ¿Qué estás tramando?

to play back (a recording, etc) reproducir (una grabación, etc)

to play sth down restarle importancia a algo

to play yourself in acostumbrarse a las condiciones de juego

to play off jugar el desempate

to play A off against B enfrentar a A y a B

to play on 1 (*Mús*) seguir tocando **2** (*Dep*) seguir jugando

to play on sth 1 (*temores, etc*) jugar con algo **2** *The affair has been playing on my mind.* No hago más que darle vueltas en la cabeza al asunto

to play sth out desarrollar algo: *The drama was played out over a period of four years.* El drama se desarrolló durante un periodo de cuatro años.

to play sth over tocar algo hasta el final

to play through sth tocar algo hasta el final

to play (sb) up (*coloq*) **1** dar guerra (a algn) **2** dar problemas (a algn): *My shoulder plays (me) up from time to time.* El hombro me da problemas de vez en cuando. ◊ *My car's been playing up recently.* Últimamente mi coche no marcha bien.

to play sth up magnificar algo

to play up to sb (*coloq*) hacerle la pelota a algn

to play with sb manipular a algn, jugar con algn

to play with sth (*idea, etc*) considerar algo

to play with yourself (*eufemismo*) toquetearse

play-acting /ˈpleɪ æktɪŋ/ *n* [*incontable*] (*pey*): *It's just play-acting, don't take any notice.* No es más que una comedia, no le hagas caso.

playback /ˈpleɪbæk/ *n* reproducción (*de una grabación*)

playboy /ˈpleɪbɔɪ/ *n* play-boy

player /ˈpleɪə(r)/ *n* **1** jugador, -ora: *tennis player* tenista ☛ *Ver ilustración en* DART, HOCKEY, SNOOKER **2** (*Mús*) **(a)** *trumpet/clarinet player* trompetista/clarinetista **(b)** músico *Ver tb* CASSETTE PLAYER, RADIO CASSETTE PLAYER, RECORD PLAYER **3** (*antic*) actor, actriz

playful /ˈpleɪfl/ *adj* **1** juguetón **2** (*humor*) alegre **3** (*comentario*) jocoso

▶ **playfully** *adv* **1** alegremente **2** en broma

playfulness *n* **1** alegría **2** carácter juguetón

playground /ˈpleɪgraʊnd/ *n* **1(a)** patio (de recreo) **(b)** parque infantil **2** (*fig*) zona de recreo

playgroup /ˈpleɪgruːp/ (*tb* **play school**) *n* guardería ☛ *Ver nota en* GUARDERÍA

playhouse /ˈpleɪhaʊs/ *n* **1** teatro **2** (*tb* **Wendy house**) casita para niños

playing /ˈpleɪɪŋ/ *n* **1** (*Mús*) interpretación **2** juego

playing card (*tb* **card**) *n* carta, naipe ☛ *Ver ilustración en* CARTA

playing field *n* **1** campo de juegos **2** terreno de juego
playmate /ˈpleɪmeɪt/ *n* compañero, -a de juegos
play-off /ˈpleɪ ɒf/ *n* desempate
playpen /ˈpleɪpen/ *n* parque de niño
playroom /ˈpleɪrʊm/ *n* cuarto de jugar
play school (*tb* **playgroup**) *n* guardería ☛ *Ver nota en* GUARDERÍA
plaything /ˈpleɪθɪŋ/ *n* juguete (*objeto y persona*)
playtime /ˈpleɪtaɪm/ *n* (hora del) recreo
playwright /ˈpleɪraɪt/ *n* dramaturgo, -a
plaza /ˈplɑːzə; *USA* ˈplæzə/ *n* **1** plaza **2** (*USA*) centro comercial
PLC (*tb* **plc**) /ˌpiː el ˈsiː/ (*GB*) *abrev de* **Public Limited Company** Sociedad Anónima
plea /pliː/ *n* **1 ~ (for sth)** petición (de algo) **2** súplica **3** pretexto **4** (*Jur*) **(a)** declaración: *to enter a plea of guilty/not guilty* declararse culpable/inocente **(b)** alegación: *a plea of insanity* una alegación de desequilibrio mental
LOC **to make a plea for sth** pedir algo
plead /pliːd/ (*pret, pp* **pleaded**, *USA* **pled** /pled/) **1** *vi* **(a) ~ (with sb)** suplicar (a algn): *He pleaded with her not to leave him.* Le suplicó que no lo dejara. **(b) ~ for sth** pedir algo **(c) ~ for sb** hablar en favor de algn **2** *vt* (*defensa*) alegar: *He pleaded lack of funds.* Alegó falta de medios económicos.
LOC **how do you plead?** ¿Se declara culpable o inocente? **to plead sb's case/cause** hablar en favor de algn **to plead guilty/not guilty** declararse culpable/inocente
▶ **pleading 1** *adj* suplicante **2** *n* **(a)** súplicas **(b)** (*Jur*) alegato
pleasant /ˈpleznt/ *adj* **(-er, -est)** agradable
▶ **pleasantly** *adv* **1** agradablemente: *She was pleasantly surprised.* Quedó gratamente sorprendida. **2** con amabilidad
pleasantry /ˈplezntri/ *n* (*pl* **-ies**) (*formal*) **1** (*comentario*) ocurrencia **2** fórmula de cortesía
please /pliːz/ **1** *vt* complacer: *He's difficult to please.* Es difícil de complacer. **2** *vi* **(a)** complacer: *He's always keen to please.* Siempre tiene ganas de complacer. **(b)**: *You may stay as long as you please.* Te puedes quedar lo que quieras. ◊ *He does whatever he pleases.* Hace lo que le da la gana.
LOC **as you please** como quieras: *He can come and go as he pleases.* Puede ir y venir a su aire. **if you please 1** (*petición*) si no te importa **2** (*sorpresa*) ¡fíjate! **please God** si Dios quiere **please yourself!** como quieras
■ **please** *interj* **1** por favor: *Please sit down.* Siéntese, por favor. **2** (*más formal*): *Please come in.* Haga el favor de entrar. ◊ *Please keep off the grass.* Se ruega no pisar el césped.
LOC **please do!** ¡por supuesto! **(yes,) please** sí, gracias
pleased /pliːzd/ *adj* **1** contento **2** satisfecho: *Are you pleased with the results?* ¿Estás satisfecha con los resultados? ☛ *Ver nota en* GLAD
LOC **pleased to meet you** encantado de conocerle **to be (as) pleased as Punch** estar más contento que unas Pascuas **to be pleased for sb** alegrarse por algn **to be pleased to do sth 1** *I'm pleased to see you so looking so well.* Me alegro de verte tan bien. **2** *I'm pleased to welcome you all here.* Tengo el placer de darles la bienvenida a todos. **3** (*aceptando ofertas*): *I'd be pleased to come.* Me encantaría ir. **to be pleased with yourself** estar satisfecho de sí mismo
pleasing /ˈpliːzɪŋ/ *adj* **1** grato **2** agradable **3** (*perspectiva*) halagüeño
▶ **pleasingly** *adv* gratamente
pleasurable /ˈpleʒərəbl/ *adj* placentero
▶ **pleasurably** *adv* gratamente
pleasure /ˈpleʒə(r)/ *n* **1** placer: *It gives me great pleasure to introduce our guest.* Tengo el gran placer de presentarles a nuestra invitada. ◊ *It's been a pleasure meeting you.* Ha sido un placer conocerle. **2** (*formal*) (*deseo*): *What is your pleasure?* ¿En qué puedo servirle?
LOC **for pleasure** por gusto: *to read for pleasure* leer por gusto **my pleasure** no hay de qué **to do sth at your pleasure** hacer algo a placer **to take pleasure in sth** disfrutar con algo **with pleasure** con mucho gusto *Ver tb* BUSINESS
pleasure boat *n* barco de recreo
pleat /pliːt/ *n* (*costura*) pliegue
■ **pleat** *vt* plisar: *a pleated skirt* una falda plisada
plebeian /pləˈbiːən/ *adj, n* plebeyo, -a
▶ **pleb** *n* (*coloq*) **1** plebeyo, -a **2 the plebs** [*pl*] la plebe
plebiscite /ˈplebɪsɪt; *USA* -saɪt/ *n* plebiscito
plectrum /ˈplektrəm/ *n* (*pl* **-tra** /-trə/) púa (*de guitarra*)
pled (*USA*) *pret, pp de* PLEAD
pledge /pledʒ/ *n* **1** promesa **2** compromiso: *the government's pledge to reduce taxation* el compromiso del gobierno de reducir los impuestos **3** (*fianza*) prenda
LOC **to sign/take the pledge** (*gen joc*) renunciar al alcohol
■ **pledge 1** *vt* (*formal*) prometer **2** *vt* comprometerse: *She pledged her support for the scheme.* Se comprometió a apoyar el proyecto. **3** *vt* (*joyas, etc*) empeñar
plenary /ˈpliːnəri/ *adj* plenario: *plenary session* sesión plenaria
plenipotentiary /ˌplenɪpəˈtenʃəri/ *adj, n* plenipotenciario, -a
plentiful /ˈplentɪfl/ *adj* abundante: *a plentiful supply of sth* una abundancia de algo
LOC **to be in plentiful supply** abundar
plenty /ˈplenti/ *pron* **1** de sobra: *There's plenty of beer in the fridge.* Tenemos cerveza de sobra en la nevera. **2** mucho: *There's always plenty to do.* Siempre hay mucho que hacer. **3** bastante: *That's plenty, thank you.* Ya basta, gracias.
LOC **days, years, etc of plenty** (*ret*) días, años, etc de vacas gordas **in plenty** (*formal*) en abundancia
■ **plenty** *adv* **1** (*coloq*) lo bastante: *The wall's plenty high enough.* La muralla es lo bastante alta. **2** (*USA*) mucho: *I like you plenty.* Me gustas mucho.
LOC **plenty more 1** de sobra: *There's plenty more bread in the kitchen.* Queda pan de sobra en la cocina. **2** (*personas*) otros muchos: *There were plenty more who didn't agree.* Había muchos otros que no estaban de acuerdo. *Ver tb* FISH[1], ROPE
plenum /ˈpliːnəm/ *n* pleno
plethora /ˈpleθərə/ *n* (*formal*) plétora
pleurisy /ˈplʊərəsi/ *n* pleuresía
plexus /ˈpleksəs/ *n* plexo *Ver tb* SOLAR PLEXUS
pliable /ˈplaɪəbl/ (*tb* **pliant** /ˈplaɪənt/) *adj* **1** flexible **2** influenciable
pliers /ˈplaɪəz/ *n* [*pl*] alicates: *a pair of pliers* unos alicates
plight /plaɪt/ *n* **1** (mala) situación: *to ease the plight of the poor* mejorar la situación de los pobres **2** crisis
■ **plight** *vt*
LOC **to plight your troth** (*antic*) comprometerse en matrimonio
plimsoll /ˈplɪmsəl/ (*tb* **pump**, *USA* **sneaker**) *n* playera (*zapatilla*)
plinth /plɪnθ/ *n* (*Arquit*) plinto ☛ *Ver ilustración en* COLUMNA
PLO /ˌpiː el ˈəʊ/ *abrev de* **Palestine Liberation Organization** OLP
plod /plɒd/ *vi* **(-dd-)** caminar penosamente: *She plodded up the stairs.* Subió penosamente la escalera.
PHR V **to plod along** avanzar penosamente
to plod away (at sth) trabajar con empeño (en algo)
▶ **plodding** *adj* **1** (*paso*) lento **2** (*estilo, etc*) laborioso
plonk[1] /plɒŋk/ *n* **1** ruido seco **2** ¡catapún!

■ **plonk** *vt*
LOC to plonk yourself down dejarse caer
PHR V to plonk sth down dejar caer algo pesadamente
plonk² /plɒŋk/ *n* (*coloq, pey*) vino (peleón)
plop /plɒp/ **1** *n* (*sonido*) **(a)** chas **(b)** pum **2** *vi* (**-pp-**) caer con un chas
plot /plɒt/ *n* **1** parcela: *a plot of land* una parcela ◇ *vegetable plot* parte del jardín en la que se cultivan verduras **2** solar **3** (*libro, película, etc*) argumento **4** complot **5** intriga
LOC the plot thickens la cosa se complica
■ **plot** (**-tt-**) **1** *vt* (*rumbo, etc*) trazar: *They plotted the ship's course.* Trazaron el rumbo del buque. **2** *vt* urdir: *They plotted the President's downfall.* Urdieron el derrocamiento del Presidente. **3** *vi* **~ (with sb) (to do sth)** conspirar (con algn) (para hacer algo) **4** *vi* **~ (against sb)** intrigar (contra algn)
▶ **plotter** *n* **1** conspirador, -ora **2** (*Informát*) trazador de gráficos
plough (*USA* **plow**) /plaʊ/ *n* **1** arado *Ver tb* SNOWPLOUGH **2 the Plough** (*USA* **the Big Dipper**) la Osa Mayor
LOC to be under the plough ser tierra de labor **to go under the plough** roturarse
■ **plough** *vt, vi* arar, surcar: *a ploughed field* un campo arado
LOC to plough your way through sth arrastrarse por algo
PHR V to plough sth back 1 (*ganancias*) reinvertir algo **2** (*cosecha*) dejar algo sin cosechar
to plough into sth/sb chocar contra algo/algn
to plough through sth 1 (*muro, barrera*) destrozar algo **2** abrirse camino por/entre algo
to plough sth up 1 roturar algo **2** (*vegetación*) arrancar algo con el arado
▶ **ploughing** *n* **1** arada **2 ploughing back** reinversión
ploughland (*USA* **plowland**) /ˈplaʊlənd/ *n* tierra de labor
ploughman (*USA* **plowman**) /ˈplaʊmən/ *n* (*pl* **-men** /-mən/) labrador
ploughman's lunch *n* (*GB*) almuerzo de pan, queso y encurtidos
ploughshare (*USA* **plowshare**) /ˈplaʊʃeə(r)/ (*tb* **share**) *n* reja del arado
plover /ˈplʌvə(r)/ *n* chorlito
plow *n* (*USA*) *Ver* PLOUGH
▶ **plowland** *n* (*USA*) *Ver* PLOUGHLAND
plowman *n* (*USA*) *Ver* PLOUGHMAN
plowshare *n* (*USA*) *Ver* PLOUGHSHARE
ploy /plɔɪ/ *n* ardid, táctica
pluck /plʌk/ *vt* **1** (*flores, fruta*) coger **2** desplumar **3** (*cejas*) depilarse **4** (*Mús*) **(a)** (*cuerda*) pulsar **(b)** (*tb* **pick**) (*guitarra*) puntear **5 ~ sth from sth (a)** arrancar algo de algo **(b)** coger algo de algo **6 ~ sb from sth (a)** (*del mar*) rescatar a algn de algo **(b)** (*del anonimato*) sacar a algn de algo
LOC to pluck sth out of the air sacarse algo de la manga **to pluck up courage (to do sth)** armarse de valor (y hacer algo)
PHR V to pluck at sth tirar de algo: *She was plucking at my sleeve.* Me tiraba de la manga.
to pluck sth out (of sth) arrancar algo (de algo)
■ **pluck** *n* **1** (*coloq*) **(a)** valor **(b)** agallas: *She's got a lot of pluck.* Tiene muchas agallas. **2** tirón
▶ **plucky** *adj* (**-ier, -iest**) valiente
pluckily *adv* con valentía
plug /plʌg/ *n* **1** tapón **2** (*Elec*) **(a)** (*unido al cable*) enchufe (*macho*) ☛ *Ver ilustración en* ENCHUFE **(b)** (*coloq*) (*en la pared*) enchufe (*hembra*) ☛ La palabra más normal en este sentido es **socket**.

En Gran Bretaña los enchufes tienen tres clavijas (**pins**) y la electricidad es de 240 voltios.

3 bujía **4** (*coloq*) propaganda: *Can I just give my book a plug?* ¿Puedo hacer propaganda de mi libro? **5** (*USA*) rollo de tabaco (de mascar) **LOC** *Ver* PULL²
■ **plug** *vt* (**-gg-**) **1(a)** (*agujero, etc*) tapar **(b)** (*escape*) sellar **(c)** (*oídos*) taponar **(d)** (*hueco*) rellenar **2** (*coloq*) hacer propaganda de **3** (*USA, coloq*) **(a)** pegar un tiro a **(b)** pegar
PHR V to plug away (at sth) perseverar (en algo)
to plug sth in enchufar algo
to plug sth into sth enchufar algo en algo
plughole /ˈplʌghəʊl/ (*USA* **drain**) *n* desagüe (*de lavabo, baño*)
plum /plʌm/ *n* **1** ciruela: *plum jam* mermelada de ciruela ☛ *Ver ilustración en* FRUTA **2** (*tb* **plum tree**) ciruelo **3** (de) color ciruela **4** (*coloq*) (*trabajo*) chollo
plumage /ˈpluːmɪdʒ/ *n* plumaje
plumb /plʌm/ (*tb* **plumb line**) *n* plomada
LOC to be out of plumb no estar vertical
■ **plumb** *adv* **1** justo: *plumb in the middle of the room* justo en el centro de la sala **2** (*USA, coloq*) de remate: *He's plumb crazy.* Está loco de remate.
■ **plumb** *vt* (*aguas*) sondear
LOC to plumb the depths of sth llegar a los límites de algo: *He's plumbed the depths of despair.* Ha llegado a los límites de la desesperación.
PHR V to plumb sth in instalar algo
plumber /ˈplʌmə(r)/ *n* fontanero, -a
▶ **plumbing** *n* fontanería
plume /pluːm/ *n* **1** (*adorno*) pluma **2** penacho **3** (*humo*) columna
■ **plume 1** *vt* limpiarse las plumas **2** *v refl* **~ yourself (on sth)** vanagloriarse de algo
▶ **plumed** *adj* con plumas
plummet /ˈplʌmɪt/ *n* plomada
■ **plummet** *vi* **1** caer en picado **2** bajar drásticamente
plummy /ˈplʌmi/ *adj* **1** (*voz*) relamido **2** color ciruela
plump /plʌmp/ *adj* **1** rollizo, relleno: *Rubens' plump women* las rollizas mujeres de Rubens **2** (*pollo*) gordo **3** mullido ☛ *Comparar con* FAT¹
■ **plump** *vt, vi*
LOC to plump yourself down (in a chair, etc) desplomarse (en una silla, etc)
PHR V to plump for sth/sb 1 decidirse por algo/algn **2** elegir algo/a algn
to plump sth up 1 (*cojín*) ahuecar algo **2** (*pollo*) engordar algo
▶ **plumpness** *n* rechonchez
plum pudding *n Ver* CHRISTMAS PUDDING
plunder /ˈplʌndə(r)/ *vt* saquear
■ **plunder** *n* **1** saqueo **2** botín
▶ **plunderer** *n* saqueador, -ora
plunge /plʌndʒ/ **1** *vt* **(a)** sumergir: *He plunged his hand into the stream.* Sumergió la mano en el arroyo. **(b)** (*en bolsillo, bolsa, etc*) meter **(c)** sumir: *The country was plunged into war.* El país se vio sumido en una guerra. **(d)** (*cuchillo, etc*) hundir **2** *vi* **(a)** caerse **(b)** caer en picado **(c)** precipitarse: *The car plunged into the sea.* El coche se precipitó en el mar. **(d)** zambullirse **(e)** (*barco*) cabecear
■ **plunge** *n* **1(a)** caída **(b)** (*precios*) bajón **2** zambullida **3** salto
LOC to take the plunge dar el gran paso
▶ **plunger** *n* **1** (*Mec*) émbolo **2** desatascador
plunging *adj*: *a dress with a plunging neckline* un vestido muy escotado
pluperfect /ˌpluːˈpɜːfɪkt/ *adj, n Ver* PAST PERFECT
plural /ˈplʊərəl/ *adj, n* plural: *in the plural* en plural
▶ **pluralism** *n* **1** pluralismo **2** (*Relig*) pluriempleo
pluralist 1 *n* pluralista **2** (*tb* **pluralistic**) *adj* pluralista
plurality /plʊəˈræləti/ *n* **1** pluralidad **2** (*USA, Pol*) mayoría relativa
plus /plʌs/ *prep* **1** (*Mat*) más: *2 plus 5 equals 7.* 2 más 5 son 7. **2** además de: *plus the fact that…* además de que…

■ **plus** *conj* además
■ **plus** *adj* **1** como mínimo: *The work will cost £10 000 plus.* La obra le costará unas 10.000 libras como mínimo. **2** y pico: *He must be forty plus.* Debe de tener cuarenta y pico años. **3** (*Elec, Mat*) positivo
■ **plus** *n* **1** (*tb* **plus sign**) signo (de) más **2 a ~ (for sb)** (*coloq*) un punto a favor (de algn): *Her age is a big plus.* Su edad es un gran punto a su favor.
plush /plʌʃ/ *n* felpa
■ **plush** *adj* **1** (*coloq*) lujoso: *a plush restaurant* un restaurante de lujo **2** afelpado **3** (*USA*) de peluche
Pluto /ˈpluːtəʊ/ *n* Plutón
plutonium /pluːˈtəʊniəm/ *n* plutonio
ply[1] /plaɪ/ *n* [*incontable*] **1** *Ver* PLYWOOD **2(a)** hoja: *two-ply tissues* pañuelos de papel de dos capas **(b)** cabo: *four-ply wool* lana de cuatro cabos
ply[2] /plaɪ/ *vt* (*pret, pp* **plied** /plaɪd/) **1** (*formal*) (*utensilio*) emplear **2** (*mar*) navegar por **3** (*ruta*) hacer
LOC **to ply between A and B** ir y venir entre A y B (*esp barcos*) **to ply for hire** buscar clientes **to ply your trade** desempeñar su trabajo
PHR V **to ply sb with drink/food** dar de beber/comer a algn (constantemente): *He plied me with drink all evening.* Me estuvo dando de beber toda la tarde.
to ply sb with questions acosar a algn de preguntas
plywood /ˈplaɪwʊd/ (*tb* **ply**) *n* madera contrachapada
PM /ˌpiː ˈem/ (*coloq*) *abrev de* **Prime Minister**
pm /ˌpiː ˈem/ (*USA* **PM**) *abrev de* **post meridiem** de la tarde: *at 3.30 pm* a las tres y media de la tarde

Nótese que cuando decimos **am** o **pm** con las horas en punto no podemos utilizar **o'clock**: *We've arranged a meeting for 3 o'clock/3 pm.* Hemos organizado una reunión para las tres (de la tarde). ◊ *She woke at 5 am.* Se despertó a las cinco de la mañana.

PMT /ˌpiː em ˈtiː/ *abrev de* **premenstrual tension**
PND /ˌpiː en ˈdiː/ *abrev de* **post-natal depression**
pneumatic /njuːˈmætɪk; *USA* nuː-/ *adj* neumático: *pneumatic drill* martillo neumático
pneumonia /njuːˈməʊniə; *USA* nuː-/ *n* [*incontable*] (*coloq*) **1** pulmonía: *to catch pneumonia* coger una pulmonía **2** (*Med*) neumonía
PO /ˌpiː ˈəʊ/ **1** *abrev de* **Post Office** Correos: *PO box* apartado de correos **2** *abrev de* **postal order** giro postal **3** *abrev de* **Petty Officer**
poach /pəʊtʃ/ **1** *vt* (*cocina*) **(a)** cocer: *poached salmon* salmón cocido **(b)** (*huevo*) escalfar **2** *vt, vi* **(a)** cazar/pescar furtivamente **(b)** (*ideas, etc*) robar
▶ **poacher** *n* **1** escalfador **2** cazador/pescador furtivo
poaching *n* caza/pesca furtiva
pocket /ˈpɒkɪt/ *n* **1** bolsillo: *pocket dictionary* diccionario de bolsillo ◊ *accommodation to suit every pocket* alojamiento para todos los bolsillos *Ver tb* VEST-POCKET **2** núcleo: *pockets of resistance* núcleos de resistencia **3** (*billar*) tronera ☛ *Ver ilustración en* SNOOKER
LOC **in pocket**: *to be £100 in pocket* haber ganado 100 libras **out of pocket**: *I don't want to end up out of pocket.* No quiero terminar perdiendo dinero. **to be in sb's pocket** estar controlado por algn **to have sb in your pocket** tener a algn en el bolsillo *Ver tb* DIG, LINE[3], PICK
■ **pocket** *vt* **1** meterse en el bolsillo **2** embolsarse **3** (*billar*) meter en la tronera **LOC** *Ver* HAND[1]
pocketbook /ˈpɒkɪtbʊk/ *n* **1** cuaderno de notas **2** *Ver* WALLET **3** (*USA*) cartera
pocketful /ˈpɒkɪtfʊl/ *n*: *a pocketful of coins* un bolsillo lleno de monedas
pocket knife *n* navaja
pocket money *n* (*GB*) propina (para niños)
pocket-sized /ˈpɒkɪt saɪzd/ *adj* tamaño bolsillo
pock-marked /ˈpɒk mɑːkt/ *adj* picado (de viruelas, etc)
pod /pɒd/ *n* **1** vaina (*judías, etc*) **2** (*Aeronáut*) cápsula **LOC** *Ver* PEA

podgy /ˈpɒdʒi/ *adj* (*pey, coloq*) (**-ier, -iest**) rechoncho: *podgy fingers* dedos rechonchos ☛ *Comparar con* FAT[1]
podium /ˈpəʊdiəm/ *n* (*pl* **~s** o **podia**) podio
poem /ˈpəʊɪm/ *n* poema
poet /ˈpəʊɪt/ *n* poeta
poetic /pəʊˈetɪk/ *adj* poético: *poetic justice* justicia divina ◊ *poetic licence* licencia poética
▶ **poetical** *adj* poético
poetically *adv* poéticamente
Poet Laureate (*tb* **Laureate**) *n* (*GB*) Poeta Laureado, -a (*poeta de la Casa Real, que escribe poesía para ocasiones oficiales*)
poetry /ˈpəʊətri/ *n* [*incontable*] poesía
po-faced /ˈpəʊ feɪst/ *adj* (*coloq, pey, GB*) con cara solemne
pogrom /ˈpɒgrəm; *USA* pəˈgrɒm/ *n* pógrom, pogromo
poignancy /ˈpɔɪnjənsi/ *n* patetismo
poignant /ˈpɔɪnjənt/ *adj* conmovedor
▶ **poignantly** *adv* con patetismo
point[1] /pɔɪnt/ *n* **1** punta: *the point of a pin* la punta de un alfiler ◊ *sharpened to a point* afilado en punta **2** (*Geog*) punta **3** (*Geom*) punto **4** (*Mat*) coma: *two point six* dos coma seis **5** punto: *points of light* puntos de luz ◊ *meeting point* punto de reunión ◊ *At that point I left.* Llegado ese punto me marché. ◊ *She made an interesting point.* Destacó un punto interesante. ◊ *sb's good, strong, bad points* los puntos buenos, fuertes, malos de algn **6** momento: *at some point* en un momento dado/determinado **7** cuestión: *That's not the point.* Esa no es la cuestión. **8** sentido: *There's not much point in complaining.* No tiene sentido quejarse. ◊ *What's the point?* ¿Para qué? **9** (*abrev* **pt**) (*competición*) punto: *She won by six points.* Ganó por seis puntos. *Ver tb* BROWNIE **10** (*tb* **power point**) enchufe **11 points** [*pl*] **(a)** (*ballet*) puntillas **(b)** (*GB*) (*USA* **switch**) (*ferrocarril*) agujas *Ver tb* BOILING POINT, CASHPOINT, CHECKPOINT, FLASHPOINT, FREEZING POINT, MATCH POINT, MELTING POINT, PICK-UP POINT, PRESSURE POINT, SELLING POINT, STANDPOINT, STARTING POINT, STRONG POINT, TALKING POINT, TURNING POINT, VANISHING POINT, VANTAGE POINT
LOC **(at/to) breaking point**: *The constant pressures have strained the system to breaking point.* Las presiones constantes han dejado el sistema a punto de desmoronarse. **beside the point**: *That's beside the point.* Eso no tiene nada que ver. **if/when it came/comes to the point** a la hora de la verdad **in point of fact** de hecho **on the point of doing sth** a punto de hacer algo **point of departure** punto de partida: *taking 'Das Kapital' as a point of departure* tomando como punto de partida la obra "El Capital" **point of honour/conscience** cuestión de honor **point of order** cuestión de procedimiento **point of view** punto de vista **the point of no return** momento a partir del cual ya no se puede volver atrás **to be beside the point** no tener nada que ver **to come/get to the point** ir al grano **to keep to the point** no irse por las ramas **to make a point of doing sth** asegurarse de hacer algo **to make your point** dejar clara una idea, propuesta, etc: *All right, you've made your point.* Vale, ya lo has dejado claro. **to take sb's point**: *I quite take your point.* Entiendo muy bien lo que dices. ◊ *OK, point taken.* Vale, está clarísimo. **to the point 1** al caso **2** al grano **to the point of sth** hasta el punto de (ser) algo **up to a (certain) point** hasta cierto punto *Ver tb* CARDINAL, CASE[1], FINE[2], LABOUR[2], PROVE, SORE, STRETCH, STRONG, WIN
point[2] /pɔɪnt/ **1** *vi* **~ (at/to sth/sb)** **(a)** señalar (con el dedo) (algo/a algn) **(b)** apuntar (hacia algo/algn) **2** *vi* **~ to sth** (*fig*) **(a)** indicar algo: *All the evidence seems to point to his guilt.* Todas las pruebas parecen indicar su culpabilidad. **(b)** señalar algo **3** *vt* **(a)** indicar: *to point your finger* (*at sth/sb*) indicar (algo/a algn) con el dedo **(b)** apuntar: *to point a gun at sb* apuntar a algn con una pistola **(c)** (*telescopio*) enfocar **4** *vt* **(a)** (*punto*) subrayar **(b)** (*chimenea*) rejuntar

LOC to point the finger (at sb) (*coloq*) señalar (a algn) (*acusatoriamente*) **to point the way (to/towards sth)** mostrar el camino (a algo)

PHR V to point sth out (to sb) señalar algo a (a algn): *'We've got no choice.', he pointed out.* "No hay más remedio.", señaló.

to point sth up hacer patente algo

point-blank /ˌpɔɪnt ˈblæŋk/ *adj* **1** bocajarro: *He shot her at point-blank range.* Le disparó a quemarropa. **2** (*fig*) tajante: *a point-blank refusal* una negativa de plano

■ **point-blank** *adv* **1** a bocajarro **2** (*fig*) de forma tajante

point duty *n* (*GB*) control de tráfico

pointed *adj* **1(a)** afilado **(b)** puntiagudo **2** (*fig*) intencionado: *a pointed remark* una observación intencionada **3** satírico

▶ **pointedly** *adv* intencionadamente

pointer /ˈpɔɪntə(r)/ *n* **1** indicador **2** puntero **3** (*coloq*) sugerencia **4** pista **5** (perro) perdiguero

pointillism /ˈpɔɪntɪlɪzəm, ˈpwænt-/ *n* puntillismo (*Art*)

▶ **pointillist** *n* puntillista

pointless /ˈpɔɪntləs/ *adj* **1** sin sentido: *It's pointless.* No tiene sentido. **2** inútil

▶ **pointlessly** *adv* innecesariamente

pointlessness *n* futilidad

point-to-point /pɔɪnt tə ˈpɔɪnt/ *n* (*GB*) carrera de caballos a campo traviesa

poise /pɔɪz/ *n* **1** elegancia **2** aplomo

■ **poise** *vi* permanecer suspendido

▶ **poised** *adj* **1** suspendido: *poised in mid-air* suspendido en el aire **2** con aplomo

LOC to be poised to do sth estar listo para hacer algo

poison /ˈpɔɪzn/ *n* veneno: *rat poison* veneno para ratas

LOC what's your poison? ¿qué quieres beber?

■ **poison** *vt* **1** envenenar **2** (*fig*) **(a)** (*mente*) emponzoñar **(b)** (*amistad, etc*) envenenar

▶ **poisoned** *adj* **1** envenenado **2** infectado

poisoner /ˈpɔɪzənə(r)/ *n* envenenador, -ora

poisoning /ˈpɔɪzənɪŋ/ *n* envenenamiento: *blood poisoning* un envenenamiento de la sangre *Ver tb* FOOD POISONING

poisonous /ˈpɔɪzənəs/ *adj* **1** venenoso: *poisonous fumes* humo venenoso **2** (*fig*) **(a)** corruptor **(b)** (*persona*) malicioso

poke /pəʊk/ *vt* dar (*con el dedo, etc*): *to poke sb in the ribs* dar a algn con el dedo en las costillas ◊ *to poke a hole in sth* hacer un agujero en algo con el dedo, etc ◊ *She poked her finger into the hole.* Metió el dedo en el agujero. ◊ *to poke sb in the eye* meter a algn el dedo, etc en el ojo

LOC to poke fun at sth/sb burlarse de algo/algn **to poke your head round the door, through the window, etc** asomarse por la puerta, la ventana, etc *Ver tb* NOSE[1]

PHR V to poke about/around (*coloq*) **1** fisgonear **2** curiosear

to poke at sth dar golpecitos a algo (*con el dedo, etc*)

to poke out (of sth)/through (sth) asomar (por algo)

to poke sth out sacar algo

■ **poke** *n* sacudida: *to give the fire a poke* atizar el fuego ◊ *a gentle poke at common beliefs* una burla a las creencias populares **LOC** *Ver* BETTER, BUY

poker[1] /ˈpəʊkə(r)/ *n* atizador

poker[2] /ˈpəʊkə(r)/ *n* póquer: *to keep a poker-face* mantener un rostro impasible

poker-faced /ˈpəʊkə feɪst/ *adj* de rostro impasible

poky /ˈpəʊki/ *adj* (*coloq*) (**-ier, -iest**) diminuto: *The kitchen's very poky.* La cocina es enana.

polar /ˈpəʊlə(r)/ *adj* polar: *the polar regions* las regiones polares ◊ *polar attraction* magnetismo polar

LOC polar opposites/extremes (*formal*) polos opuestos

polar bear *n* oso polar

polarity /pəˈlærəti/ *n* (*pl* **-ies**) **1** polaridad **2** (*fig*) polarización

polarize, -ise /ˈpəʊləraɪz/ *vt, vi* polarizar(se)

▶ **polarization, -isation** *n* polarización

Polaroid® /ˈpəʊlərɔɪd/ *n* polaroid®

Pole /pəʊl/ *n* (*persona*) polaco, -a

pole[1] /pəʊl/ *n* **1** (*Geog*) polo: *the North/South Pole* el Polo Norte/Sur ☛ *Ver ilustración en* GLOBO **2** (*Fís*) polo: *the negative/positive pole* el polo negativo/positivo

LOC to be poles apart ser polos opuestos: *In terms of religious conviction, they are poles apart.* Por lo que respecta a sus convicciones religiosas, son polos opuestos.

pole[2] /pəʊl/ *n* **1** palo: *tent pole* mástil de una tienda de campaña *Ver tb* TOTEM POLE **2** (*telegráfico, etc*) poste **3** (*bandera*) asta **4** (*cortina*) barra *Ver tb* BARGEPOLE

pole-axe /ˈpəʊl æks/ *vt* [*gen en pasiva*] **1** dejar sin sentido **2** (*emocionalmente*) dejar aplastado

pole bean (*USA*) (*GB* **runner bean**) *n* judía verde

polecat /ˈpəʊlkæt/ *n* **1** turón **2** (*USA*) *Ver* SKUNK

polemic /pəˈlemɪk/ *n* **1** (*pey*) polémica: *She launched into a polemic against capitalism.* Lanzó un ataque en contra del capitalismo. **2 polemics** polémica

▶ **polemical** *adj* (*formal, pey*) polémico

polemicist *n* polemista

pole star *n* estrella polar

pole vault *n* salto con pértiga

■ **pole vault** (*tb* **pole-vault**) *vt, vi* saltar con pértiga

police /pəˈliːs/ *n* [*pl*] policía: *The police have not made any arrests.* La policía no ha efectuado muchas detenciones. ◊ *to call the police* llamar a la policía. ◊ *police constable* (agente de) policía ◊ *police dog* perro policía ◊ *police force* cuerpo de policía ◊ *police state* estado policial *Ver tb* THE METROPOLITAN POLICE

■ **police** *vt* vigilar

policeman /pəˈliːsmən/ *n* (*pl* **-men** /-mən/) policía *Ver tb* SLEEPING POLICEMAN

police officer (*tb* **officer**) *n* (agente de) policía

> **¿Police officer o officer?**
> Para hablar de agentes de policía podemos utilizar cualquiera de los dos términos: *Thirty (police) officers were present at the meeting.* Había treinta policías/agentes presentes en la reunión.
> Por otro lado, para dirigirnos a un agente, solo se puede utilizar el término **officer**: *Excuse me, officer,...* Perdone, agente,...

police station *n* comisaría (de policía)

policewoman /pəˈliːswʊmən/ *n* (*pl* **-women** /-wɪmɪn/) (mujer) policía

policy[1] /ˈpɒləsi/ *n* (*pl* **-ies**) política: *British foreign policy* la política exterior británica ◊ *policy maker* consejero político

policy[2] /ˈpɒləsi/ *n* (*pl* **-ies**) póliza: *fire insurance policy* póliza de seguros contra incendios *Ver tb* ENDOWMENT POLICY

policyholder /ˈpɒləsihəʊldə(r)/ *n* tenedor, -ora de una póliza

polio /ˈpəʊliəʊ/ *n* polio(mielitis)

Polish /ˈpəʊlɪʃ/ *adj, n* polaco

> Una persona polaca se llama **a Pole**.

polish /ˈpɒlɪʃ/ *vt* **1(a)** sacar brillo a **(b)** encerar **(c)** pulimentar **2** (*gafas, zapatos*) limpiar **3** (*fig*) pulir: *to polish a speech* pulir un discurso

PHR V to polish sb off cepillarse a algn (*matar*)

to polish sth off (*coloq*) **1** zampar algo **2** (*trabajo*) cepillarse algo

■ **polish** *n* **1** cera: *furniture polish* cera para muebles, **2** líquido (para limpiar metales) **3** (*zapatos*) betún **4** (*uñas*) esmalte **5** pulimentado: *It's lost its polish.* Se ha deslustrado. **6** abrillantado: *It needs a polish.* Hay que sacarle brillo. **7** (*fig*) **(a)** finura **(b)** refinamiento

▶ **polished** *adj* **1** brillante **2** pulido **3** (*manera, estilo, etc*) **(a)** refinado **(b)** pulido **4** (*actuación*) impecable

politburo /ˈpɒlɪtbjʊərəʊ/ *n* (*pl* **~s**) politburó

polite /pəˈlaɪt/ *adj* (**-est**) **1(a)** cortés: *polite remarks* observaciones de cortesía **(b)** (*niño, etc*) educado **(c)** (*comportamiento*) correcto: *They were very polite with him.* Estuvieron muy correctos con él. **2** (*formal*) (*sociedad*) buena: *in polite society* en la buena sociedad ◊ *in polite company.* en compañía de gente educada

▶ **politely** *adv* cortésmente

politeness *n* cortesía: *I did it out of politeness.* Lo hice por cortesía.

politic /ˈpɒlətɪk/ *adj* (*formal*) político (*prudente*)

political /pəˈlɪtɪkl/ *adj* político: *political asylum* asilo político ◊ *political geography* geografía política ◊ *political prisoner* preso político ◊ *political science* ciencias políticas ◊ *He's very political.* Es politicón. *Ver tb* PARTY POLITICAL

▶ **politically** *adv* políticamente

politician /ˌpɒləˈtɪʃn/ *n* político, -a: *a leading politician* un político destacado

politicize, -ise /pəˈlɪtɪsaɪz/ *vt* politizar

▶ **politicization** *n* politización

politicking /ˈpɒlətɪkɪŋ/ *n* (*gen pey*) politiqueo

politics /ˈpɒlətɪks/ *n* **1(a)** [*v sing o pl*] política: *local politics* política a nivel municipal ◊ *to go into politics* meterse en política ◊ *office politics* los tejemanejes de la oficina **(b)** [*pl*] opiniones políticas: *What are your politics?* ¿Cuál es tu ideario político? **2** [*sing*] (*asignatura*) ciencias políticas

polity /ˈpɒləti/ *n* (*formal*) **1** (*gobierno*) régimen **2** estado

polka /ˈpɒlkə; *USA* ˈpəʊlkə/ *n* polca

polka dots *n* lunares ☛ *Ver ilustración en* PATTERN

poll /pəʊl/ *n* **1(a)** elección **(b)** votación: *to take a poll on sth* someter algo a votación **(c)** [*sing*] votos: *to head the poll* llevarse el mayor número de votos **(d) the polls** [*pl*] urnas: *to go to the polls* acudir a las urnas **2** encuesta, sondeo: *to conduct a poll* encuestar *Ver tb* OPINION POLL, STRAW POLL

■ **poll** *vt* **1** (*votos*) recibir: *She polled over 3 000 votes.* Recibió más de tres mil votos. **2** encuestar, sondear

pollard /ˈpɒləd/ *vt* (*árbol*) desmochar

■ **pollard** *n* árbol desmochado

pollen /ˈpɒlən/ *n* polen: *This area has a very high pollen count.* En esta zona del país hay mucho polen en el aire.

pollinate /ˈpɒləneɪt/ *vt* polinizar

▶ **pollination** *n* polinización

polling /ˈpəʊlɪŋ/ *n* **1** votación: *polling day* día de las elecciones ◊ *polling booth* cabina de votar ◊ *polling station* mesa electoral **2** sondeo (de opinión)

pollster /ˈpəʊlstə(r)/ *n* (*coloq*) encuestador, -ora

poll tax *n* impuesto de contribución urbana por persona

pollutant /pəˈluːtənt/ *n* contaminante

pollute /pəˈluːt/ *vt* **1 ~ (with sth)** contaminar (de algo): *to pollute the environment* contaminar el medio ambiente **2** (*fig*) corromper

▶ **polluter** *n* contaminador, -ora: *the 'polluter pays' principle* el principio de "el que contamine paga (por la limpieza)"

pollution *n* **1** contaminación: *water pollution* contaminación del agua ◊ *noise pollution* contaminación por los ruidos *Ver tb* AIR POLLUTION **2** (*fig*) corrupción

polo /ˈpəʊləʊ/ *n* polo (*deporte*): *water-polo* waterpolo

polonaise /ˌpɒləˈneɪz/ *n* polonesa

polo neck *n* (*jersey*) cuello alto/vuelto ☛ *Ver ilustración en* NECK

poltergeist /ˈpəʊltəgaɪst, ˈpɒlt-/ *n* poltergeist

poly /ˈpɒli/ *n* (*pl* **polys**) (*coloq*) politécnico

polyester /ˌpɒliˈestə(r); *USA* ˈpɒliːestər/ *n* poliéster: *a polyester shirt* una camisa de poliéster

polygamy /pəˈlɪgəmi/ *n* poligamia

▶ **polygamous** *adj* polígamo

polyglot /ˈpɒliglɒt/ *adj, n* (*formal*) polígloto

polygon /ˈpɒlɪgən; *USA* -gɒn/ *n* polígono

polymer /ˈpɒlɪmə(r)/ *n* polímero

polyp /ˈpɒlɪp/ *n* pólipo

polyphonic /ˌpɒliˈfɒnɪk/ *adj* polifónico

▶ **polyphony** *n* polifonía

polystyrene /ˌpɒliˈstaɪriːn/ *n* poliestireno

polytechnic /ˌpɒliˈteknɪk/ (*coloq* **poly**) *n* (*esp GB*) politécnico

polythene /ˈpɒlɪθiːn/ *n* politeno: *polythene bag* bolsa de politeno

polyunsaturate /ˌpɒlɪʌnˈsætʃərət/ *n* poliinsaturado

▶ **polyunsaturated** *adj* poliinsaturado

polyurethane /ˌpɒliˈjʊərəθeɪn/ *n* poliuretano

pomegranate /ˈpɒmɪgrænɪt/ *n* **1** (*fruta*) granada **2** (*árbol*) granado

pommy /ˈpɒmi/ (*tb* **pom**) *n* (*Austral, coloq, pey*) inglés

pomp /pɒmp/ *n* **1** pompa **2** (*pey*) ostentación

LOC **pomp and circumstance** pompa y ceremonia

pom-pom /ˈpɒmpɒm/ *n* pompón

pomposity /pɒmˈpɒsəti/ *n* pomposidad

pompous /ˈpɒmpəs/ *adj* (*pey*) **1** pomposo **2** (*persona*) presumido

▶ **pompously** *adv* pomposamente

ponce /pɒns/ *n* (*GB*) **1** (*de prostituta*) chulo **2** (*coloq, pey*) chulo

■ **ponce** *v* (*coloq, pey*)

PHR V **to ponce about/around** (*GB*) **1** pavonearse **2** perder el tiempo

poncho /ˈpɒntʃəʊ/ *n* (*pl* **~s**) poncho

pond /pɒnd/ *n* **1** estanque **2** charca *Ver tb* MILLPOND

ponder /ˈpɒndə(r)/ *vt, vi* **~ (on/over sth)** reflexionar (sobre algo)

ponderous /ˈpɒndərəs/ *adj* **1** (*movimiento, etc*) pesado **2** (*pey*) (*estilo, etc*) laborioso

▶ **ponderously** *adv* pesadamente

pong /pɒŋ/ *n* (*GB, coloq*) peste, tufo

■ **pong** *vi* (*coloq*) apestar

pontiff /ˈpɒntɪf/ *n* **1** (*antic*) pontífice **2 the (Supreme) Pontiff** el Sumo Pontífice

▶ **pontifical** *adj* pontifical

pontificate[1] /pɒnˈtɪfɪkət/ *n* pontificado

pontificate[2] /pɒnˈtɪfɪkeɪt/ *vi* **~ (about/on sth)** (*pey*) pontificar (sobre algo)

pontoon /pɒnˈtuːn/ *n* **1** (*barco*) pontón **2** (*juego*) veintiuna

pony /ˈpəʊni/ *n* (*pl* **-ies**) poni: *pony-trekking* excursión en poni LOC *Ver* SHANK

ponytail /ˈpəʊniteɪl/ *n* (*pelo*) coleta, cola de caballo ☛ *Ver ilustración en* TRENZA

poodle /ˈpuːdl/ *n* caniche ☛ *Ver ilustración en* DOG[1]

poof /pʊf/ (*tb* **poofter** /ˈpʊftə(r)/) *n* (*GB*, ⚠) ☛ *Ver nota en* TABÚ marica

pooh /puː/ *interj* (*coloq*) **1** ¡bah! **2** (*mal olor*) ¡puf!

■ **pooh** (*tb* **poo**) *n* (*palabra infantil*) caca

pooh-pooh /ˌpuː ˈpuː/ *vt* rechazar con desdén (*idea, sugerencia, etc*)

pool[1] /puːl/ *n* **1** charca **2** charco: *pool of blood* charco de sangre **3** (*tb* **swimming pool**) piscina *Ver tb* PADDLING POOL, WADING POOL **4** (*luz*) haz **5** (*río*) pozo **6** estanque *Ver tb* WHIRLPOOL

pool[2] /puːl/ *n* **1(a)** (*dinero*) fondo (común) **(b)** (*coches, etc*) reserva **2** (*Com*) **(a)** (*secretarias, etc*) pool **(b)** (*cartel*) pool **3** billar americano: *pool table* mesa de billar americano ◊ *poolroom* sala de billar **4 the (football) pools** [*pl*] las quinielas

■ **pool** *vt* aunar, juntar (*recursos, ideas, etc*)

poop /puːp/ *n* **1** (*Náut*) **(a)** popa **(b)** (*tb* **poop deck**) cubierta de popa **2** (*coloq*) caca (de perro)

poor /pɔː(r); *USA* pʊər/ *adj* (**-er, -est**) **1** pobre: *soil poor in nutrients* tierra pobre en nutrientes **2(a)** malo: *in poor condition* en malas condiciones ◊ *to be in poor health* tener mala salud ◊ *in poor taste* de mal gusto **(b)** (*nivel, ingresos, etc*) bajo: *poor quality* de baja calidad ◊ *a poor return on your investment* un bajo rendimiento de su inversión **3** (*desafortunado, etc*) pobre: *Poor John has just lost his job!* El pobre Juan acaba de perder su empleo. ◊ *You poor thing!* ¡Pobrecito! **4** (*antic*) **(a)** despreciable **(b)** (*gen irón*) modesto: *in my poor opinion* en mi modesta opinión

LOC **a poor relation** (*fig*) pariente pobre **the poor man's sth/sb**: *Sparkling wine is the poor man's champagne.* El vino espumoso es el champán de los pobres.

■ **the poor** *n* [*pl*] los pobres

poorly /ˈpʊəli/ *adv* **1** mal: *The street is poorly lit.* La calle está mal iluminada. ◊ *He always does poorly at maths.* Siempre va mal en matemáticas. **2** pobremente

LOC **to be poorly off** andar muy mal de dinero

■ **poorly** *adj* malo, enfermo

pop¹ /pɒp/ *n* **1(a)** pequeño estallido **(b)** taponazo **2** (*coloq*) (*bebida*) gaseosa

■ **pop** *adv*: *to go pop* hacer ¡pum!, reventar

■ **pop** (**-pp-**) **1** *vi* **(a)** dar un taponazo **(b)** hacer ¡pum! **(c)** (*globo*) estallar **2** *vt* **(a)** (*globo*) reventar **(b)** (*corcho*) hacer saltar **(c)** (*maíz*) tostar

LOC **to pop the question** (*coloq*) pedir la mano

PHR V **to pop across, back, down, out etc** *She's popped over to see her mother.* Se ha ido un momento a ver a su madre. ◊ *He's just popped out for a few minutes.* Ha salido un momento. ◊ *A strange thought popped into her head.* De repente se le ocurrió una extraña idea. ☛ Tiene el significado coloquial de irse a un determinado sitio, normalmente por poco tiempo o de repente.

to pop sth back, in, into, etc *She popped the tart into the oven.* Metió la tarta en el horno. ◊ *He popped the letter back in the envelope.* Volvió a meter la carta en el sobre. ◊ *He popped his head round the door.* Asomó la cabeza por la puerta. ☛ Se usa coloquialmente con varias preposiciones como sinónimo de **put**, a veces para indicar un movimiento rápido.

to pop in visitar (brevemente)

to pop off (*coloq*) cascar (*morir*)

to pop out (of sth) salir repentinamente (de algo)

to pop up (*coloq*) aparecer (de repente)

pop² /pɒp/ *n* (*coloq*) **1** papá **2** (*viejo*) abuelo

pop³ /pɒp/ *n* (música) pop: *pop group* grupo de pop

■ **pop** *adj* (*cultura, etc*) popular: *pop art* arte pop

pop⁴ *abrev de* **population**

popcorn /ˈpɒpkɔːn/ *n* palomitas de maíz

pope /pəʊp/ *n* papa

▶ **popery** *n* (*pey*) papismo

pope's nose (*USA*) (*GB* **parson's nose**) *n* (*coloq*) rabadilla (*pollo, etc*)

pop-eyed /ˈpɒp aɪd/ *adj* **1** de ojos saltones: *to be pop-eyed* tener los ojos saltones **2** con ojos de asombro

popgun /ˈpɒpgʌn/ *n* pistola de jugete (*con corcho*)

popish /ˈpəʊpɪʃ/ *adj* (*pey*) papista

poplar /ˈpɒplə(r)/ *n* álamo, chopo

poplin /ˈpɒplɪn/ *n* popelín

popper /ˈpɒpə(r)/ *n* (*GB, coloq*) (*formal* **press stud**) (*Costura*) botón automático, corchete

poppet /ˈpɒpɪt/ *n* (*GB, coloq*) **1(a)** chiquitín: *Don't cry, poppet.* No llores, chiquitín. **(b)** cariño **2** *Isn't she a poppet?* ¡Qué preciosidad!

poppy /ˈpɒpi/ *n* (*pl* **-ies**) amapola ☛ *Ver ilustración en* FLOR ☛ *Ver nota en* REMEMBRANCE SUNDAY

poppycock /ˈpɒpikɒk/ *n* [*incontable*] (*coloq*) disparates

Popsicle® /ˈpɒpsɪkl/ (*USA*) (*GB* **ice lolly**) *n* polo

pop star *n* estrella de pop

populace /ˈpɒpjələs/ *n* **1** (*formal*) (*público*) pueblo **2** (*pey*) populacho

popular /ˈpɒpjələ(r)/ *adj* **1** popular: *measures popular with the electorate* medidas populares entre el electorado ◊ *by popular request* a petición del público ◊ *(not) to be popular with sb* (no) caer bien a algn ◊ *the popular press* la prensa popular **2** común, de moda: *Alexander is a very popular name.* Alexander es un nombre muy común. **3** (*lugares*) frecuentado, visitado **4** bien visto, estimado **5** solicitado: *Está muy solicitada.* She's very popular. **6** (*creencia, etc*) generalizado: *a popular misconception* un concepto erróneo generalizado ◊ *popular opinion* opinión general

▶ **popularly** *adv* popularmente: *a popularly held belief* una creencia sostenida popularmente

popularity /ˌpɒpjuˈlærəti/ *n* popularidad

popularize, -ise /ˈpɒpjʊləraɪz/ *vt* **1** popularizar **2** vulgarizar

populate /ˈpɒpjuleɪt/ *vt* poblar: *sparsely populated areas* zonas escasamente pobladas

population /ˌpɒpjuˈleɪʃn/ *n* (*abrev* **pop**) población: *population explosion* explosión demográfica ◊ *the working population* la población trabajadora

populist /ˈpɒpjəlɪst/ *adj, n* populista

▶ **populism** *n* [*incontable*] populismo

populous /ˈpɒpjələs/ *adj* populoso

pop-up /ˈpɒp ʌp/ *adj* **1** (*libro*) con ilustraciones en tres dimensiones **2** (*tostadora*) automática

porcelain /ˈpɔːsəlɪn/ *n* [*incontable*] porcelana

porch /pɔːtʃ/ *n* **1** porche ☛ *Ver ilustración en* HOUSE, IGLESIA **2** (*USA*) portal, terraza

porcupine /ˈpɔːkjupaɪn/ *n* puerco espín

pore¹ /pɔː(r)/ *n* poro

pore² /pɔː(r)/ *v*

PHR V **to pore over sth** estudiar algo detenidamente

pork /pɔːk/ *n* (carne de) cerdo: *roast pork* cerdo asado ◊ *pork pie/chops* empanada/chuletas de cerdo

▶ **porkie** *n* (*GB, coloq*) mentirijilla: *to tell porkies* decir mentiras

porn /pɔːn/ *n* (*coloq*) porno: *soft/hard porn* pornografía blanda/dura

■ **porn** (*tb* **porno**) *adj* [*antes de sustantivo*] (*coloq*) porno

pornography /pɔːˈnɒgrəfi/ *n* pornografía

▶ **pornographic** *adj* pornográfico

porous /ˈpɔːrəs/ *adj* poroso: *porous rock* roca porosa

porphyry /ˈpɔːfəri/ *n* pórfido

porpoise /ˈpɔːpəs/ *n* marsopa

porridge /ˈpɒrɪdʒ; *USA* ˈpɔːr-/ *n* [*incontable*] gachas de avena: *porridge oats* copos de avena (para hacer gachas)

port¹ /pɔːt/ *n* **1** (*abrev* **Pt**) puerto: *naval port* puerto naval ◊ *to put into port* entrar a puerto ◊ *port of entry* puerto de entrada ◊ *port facilities* instalaciones portuarias **2** (*Informát*) puerto *Ver tb* SEAPORT

LOC **any port in a storm** (*refrán*) en momentos difíciles se acepta cualquier ayuda **port of call** puerto de escala

port² /pɔːt/ *n* **1** (*abertura*) **(a)** (*Náut*) portalón **(b)** (*tb* **porthole**) (*Náut*) portilla **2** [*incontable*] babor

port³ /pɔːt/ *n* [*incontable*] oporto

portable /ˈpɔːtəbl/ *adj* portátil

■ **portable** *n* televisión, ordenador, máquina de escribir, etc portátil

Portakabin® /ˈpɔːtl/ *n* caseta portátil

portal /ˈpɔːtl/ *n* portada (*de edificio*)

portcullis /pɔːtˈkʌlɪs/ *n* rastrillo (*de castillo*) ☛ *Ver ilustración en* CASTILLO

portend /pɔːˈtend/ *vt* presagiar

portent /ˈpɔːtent/ *n* presagio: *portents of disaster* presagios de un desastre
▶ **portentous** *n* portentoso
porter /ˈpɔːtə(r)/ *n* **1** (*estación, hotel*) **(a)** mozo **(b)** maletero **2** (*USA* **doorman**) portero: *porter's lodge* portería
portfolio /pɔːtˈfəʊliəʊ/ *n* (*pl* **~s**) **1** carpeta **2** (*artista, ministro, inversión*) cartera
porthole /ˈpɔːthəʊl/ *n* portilla
portico /ˈpɔːtɪkəʊ/ *n* (*pl* **~es** o **~s**) pórtico
portion /ˈpɔːʃn/ *n* **1** porción **2** (*comida*) ración: *children's portions* raciones para niños **3** (*formal*) destino
■ **portion** *v*
PHR V **to portion sth out (among/between sb)** repartir algo (entre algn)
portly /ˈpɔːtli/ *adj* corpulento
portmanteau /pɔːtˈmæntəʊ/ *n* (*pl* **~s** o **-teaux** /-təʊz/) (*antic*) **1** baúl armario **2 portmanteau word** palabra formada al combinar otras dos (*p. ej. brunch=breakfast + lunch*)
portrait /ˈpɔːtreɪt, -trət/ *n* **1** retrato: *to paint sb's portrait* retratar a algn ◊ *portrait painter* retratista *Ver tb* SELF-PORTRAIT **2** (*descripción*) retrato: *a fascinating portrait of Parisian life* un retrato fascinante de la vida parisiense
▶ **portraiture** *n* [*incontable*] retrato(s): *Elizabethan portraiture* retratos de la época isabelina
portray /pɔːˈtreɪ/ *vt* **~ sth/sb (as sth) 1** retratar algo/a algn (como algo): *The play portrays society as corrupt.* La obra retrata a la sociedad como corrupta. **2** (*Teat*) representar a algn (como algo)
▶ **portrayal** *n* representación
Portuguese /pɔːtjuˈɡiːz/ *adj* portugués
■ **Portuguese** *n* **1** (*idioma*) portugués **2 the Portuguese** [*pl*] los portugueses
pose /pəʊz/ *vi* **1** (*para retratarse, etc*) posar **2** (*dificultad, pregunta*) plantear: *to pose a problem/threat/question* plantear un problema/peligro/interrogante **3** (*pey*) comportarse de forma afectada **4 ~ as sth/sb** hacerse pasar por algo/algn: *He poses as an expert.* Se hace pasar por experto.
■ **pose** *n* **1** postura **2** (*pey*) pose: *His concern is just a pose.* Su preocupación es pura pose. **LOC** *Ver* STRIKE[2]
▶ **poser** *n* **1** problema difícil **2** *Ver* POSEUR
poseur /pəʊˈzɜː(r)/ (*tb* **poser**) *n* (*fem* **poseuse** /pəʊˈzɜːz/) (*pey, coloq*) pretencioso, -a
posh /pɒʃ/ *adj* **(-er, -est) 1** (*hotel, coche, etc*) de lujo **2** (*zona*) elegante: *the posh end of town* la parte elegante de la ciudad **3** (*gen pey*) (*persona*) pijo **4** (*gen pey*) (*acento*) afectado
■ **posh** *adv* (*coloq*): *to talk posh* hablar muy fino
posit /ˈpɒzɪt/ *vt* (*formal*) postular
position /pəˈzɪʃn/ *n* **1** posición: *in a horizontal/vertical position* en posición horizontal/vertical **2** situación: *to be in an awkward position* estar en una situación delicada **3** lugar: *in first/second position* en primer/segundo lugar **4 ~ (on sth)** (*opinión*) posición (respecto a algo) **5** (*trabajo*) puesto **6** (*Dep*) posición
LOC **out of position** fuera de su lugar **to be in a/no position to do sth** estar/no estar en condiciones de hacer algo **to be in position** estar en posición **to get into position** ponerse en posición *Ver tb* FALSE
■ **position** *vt* **1** colocar **2** situar
positive /ˈpɒzətɪv/ *adj* **1** positivo: *a positive attitude* una actitud positiva ◊ *The tests were/proved positive.* Las pruebas resultaron positivas. **2** definitivo, categórico: *positive proof* prueba definitiva **3 ~ (about sth/that...)** seguro (de algo/de que ...): *It was him, I'm positive.* Fue él, estoy seguro. **4** total, auténtico: *It's a positive disgrace.* Es un escándalo total.
■ **positive** *n* **1** (*Ling, Mat*) positivo **2** (*Fot*) positiva
positively /ˈpɒzətɪvli/ *adv* **1** verdaderamente: *This is positively the last straw.* Esto es verdaderamente el colmo. **2** categóricamente **3** positivamente: *He responded positively to the criticism.* Respondió positivamente a las críticas. ◊ *positively charged* con carga positiva **4** con optimismo
positivism /ˈpɒzətɪvɪzəm/ *n* positivismo
▶ **positivist** *adj, n* positivista
posse /ˈpɒsi/ *n* (*esp USA*) **1** partida al mando de un sheriff **2** (*fig*) pandilla: *a posse of journalists* un grupo de periodistas
possess /pəˈzes/ *vt* **1(a)** poseer: *everything he possessed* todo lo que poseía ◊ *possessed by the devil/by jealousy* poseído por el diablo/por los celos **(b)** tener **2** dominar: *A fit of rage possessed her.* Un ataque de furia la dominó. ◊ *What possessed you to do that?* ¿Cómo se te ocurrió hacer eso? *Ver tb* SELF-POSSESSED **3 ~ yourself of sth** hacerse con algo **4 ~ sb** (*antic*) (*sexualmente*) poseer a algn
LOC **like sb possessed**: *She fought like a woman possessed.* Luchó como una endemoniada. **to be possessed of sth** (*formal*) tener algo (*habilidad, etc*)
▶ **possessor** *n* poseedor, -ora
possession /pəˈzeʃn/ *n* **1** posesión: *to gain possession of sth* conseguir la posesión de algo ◊ *possession of drugs/firearms* posesión de drogas/armas de fuego ◊ *my most prized possession* mi posesión más valiosa **2 possessions** [*pl*] pertenencias
LOC **to be in sb's possession** obrar en manos/poder de algn **to be in possession of sth** tener algo **to have possession** tener el balón/la pelota **to take possession (of sth)** (*formal*) **1** tomar posesión (de algo) **2** (*lugar*) apoderarse (de algo) *Ver tb* PERSONAL
possessive /pəˈzesɪv/ *adj* **1 ~ (about/with sth/sb)** posesivo (con algo/algn) **2** (*Ling*) posesivo
■ **possessive** *n* (*Ling*) posesivo
▶ **possessively** *adv* posesivamente
possessiveness *n* actitud posesiva
possibility /ˌpɒsəˈbɪləti/ *n* (*pl* **-ies**) **1** posibilidad: *within/beyond the bounds of possibility* dentro/más allá de lo posible ◊ *What is the possibility of his finding out?* ¿Qué posibilidad hay de que se entere? ◊ *It is a distinct possibility.* Es una clara posibilidad. **2 possibilities** [*pl*] potencial
possible /ˈpɒsəbl/ *adj* **1** posible: *if possible* si es posible ◊ *It is just possible that...* Existe una pequeña posibilidad de que... ◊ *Is it possible to speak to Pete, please ?* ¿Puedo hablar con Pete? **2** *Come as quickly as possible.* Ven lo más rápido posible. ◊ *as far as possible* dentro de lo posible ◊ *as soon as possible* cuanto antes
LOC **to make sth possible** posibilitar algo *Ver tb* DOUBT
■ **possible** *n* candidato (posible)
possibly /ˈpɒsəbli/ *adv* posiblemente: *Do it, if you possibly can.* Hazlo, si te es posible. ◊ *You can't possibly mean that.* No es posible que quieras decir eso. ◊ *What can they possibly hope to achieve?* ¿Qué es lo que esperan conseguir?
post[1] /pəʊst/ *n* **1(a)** (*fútbol, en gen*) poste **(b)** estaca, palo *Ver tb* FOUR-POSTER, GATEPOST, GOALPOST, LAMP-POST, SIGNPOST **2** (*carrera*) poste de llegada/salida: *the starting/finishing post* el poste de salida/llegada ◊ *the winning post* la meta **LOC** *Ver* DEAF, PILLAR, PIP[3], RETURN[2]
■ **post** *vt* **1(a) ~ sth (up)** (*carteles, etc*) fijar algo: *Post no bills.* Prohibido fijar carteles. **(b)** (*anunciar*) declarar: *He was posted as missing.* Le declararon desaparecido. **2 ~ with bills, etc** (*pared*) pegar de carteles, etc
post[2] /pəʊst/ *n* **1** (*militar, profesional*) puesto: *a post in the government* un puesto en el gobierno ◊ *to be at your post* estar en su puesto **2** (*tb* **trading post**) punto comercial
■ **post** *vt* **1** (*Mil*) **(a)** destinar **(b)** enviar **2** (*soldado*) apostar: *They posted two men at the door.* Apostaron a dos hombres en la puerta.
post[3] /pəʊst/ (*tb esp USA* **mail**) *n* correo: *to send sth by*

post mandar algo por correo ◊ *It got lost in the post.* Se perdió en el correo. ◊ *first/second post* el correo de la mañana/de la tarde ◊ *first/second class post* correo de primera/segunda clase ◊ *Is there any post?* ¿Hay correo? ☛ *Ver nota en* MAIL[1], SELLO *Ver tb* POSTBOX, REGISTERED POST

■ **post** (*tb esp USA* **to mail**) *vt* **1** echar (al correo) **2** (*carta*) mandar

LOC to keep sb posted (about sth) tener/mantener a algn al corriente (de algo)

post- /pəʊst/ *pref* pos(t), después de: *the post-1945 situation* la situación después de 1945 ◊ *post-Impressionist* post-impresionista ◊ *post-war Europe* la Europa de la posguerra

postage /ˈpəʊstɪdʒ/ *n* franqueo: *postage stamp* sello (de correo) ◊ *postage and packing* gastos de envío ◊ *postage paid/due* porte pagado/a pagar

postal /ˈpəʊstl/ *adj* **1** postal: *postal code/district* código/distrito postal ◊ *postal charges* tarifa de correo ◊ *postal workers* trabajadores de correos ◊ *postal order* giro postal **2** por correo: *postal application/vote* solicitud/voto por correo

postbag /ˈpəʊstbæg/ *n* **1** (*USA* **mailbag**) saca (de correo) **2** (*esp GB, coloq*) (*cartas recibidas*) correo

postbox /ˈpəʊstbɒks/ (*USA* **mailbox**) *n* buzón

postcard /ˈpəʊstkɑːd/ *n* (tarjeta) postal

postcode /ˈpəʊstkəʊd/ *n* código postal

post-date /ˌpəʊst ˈdeɪt/ *vt* poner fecha posterior en: *a post-dated cheque* cheque con fecha posterior

poster /ˈpəʊstə(r)/ *n* **1** (*anuncio*) cartel: *poster paint* témpera **2** póster

posterior /pɒˈstɪəriə(r)/ *adj* **~ (to sth)** (*formal*) posterior a algo

■ **posterior** *n* (*eufemismo*) trasero

posterity /pɒˈsterəti/ *n* posteridad: *preserved for posterity* preservado para la posteridad

postgraduate /ˌpəʊstˈgrædʒuət/ *adj, n* posgraduado, -a

Postgraduate Certificate of Education *Ver* PGCE

posthumous /ˈpɒstjʊməs; *USA* ˈpɒstʃəməs/ *adj* póstumo

▶ **posthumously** *adv* póstumamente

posting /ˈpəʊstɪŋ/ *n* (*esp GB*) destino (*militar, oficial*)

postman /ˈpəʊstmən/ (*USA* **mailman**) *n* (*pl* **-men** /-mən/) cartero

postmark /ˈpəʊstmɑːk/ *n* matasellos

▶ **postmarked** *adj*: *It's postmarked Tokyo.* Lleva matasellos de Tokyo.

postmaster /ˈpəʊstmɑːstə(r); *USA* -mæst-/ *n* (*fem* **postmistress** /-mɪstrɪs/) administrador, -ora de correos: *Postmaster General* Director General de Correos

postmodern /ˌpəʊstˈmɒdən/ *adj* posmoderno

▶ **postmodernism** *n* posmodernidad

postmodernist *adj, n* posmoderno, -a

post-mortem /ˌpəʊst ˈmɔːtəm/ *n* autopsia

post-natal /ˌpəʊst ˈneɪtl/ *adj* **1** posnatal **2** de posparto: *postnatal depression* depresión posparto

post office *n* **1** (oficina de) correos *Ver tb* SUB-POST OFFICE ☛ *Ver nota en* ESTANCO **2 the Post Office** (*abrev* **PO**) (*organización*) Correos: *post office employee/worker* empleado de correos ◊ *post office box* apartado de correos ◊ *post office savings bank* caja postal de ahorros

postpone /pəˈspəʊn/ *vt* aplazar: *The match was postponed.* Se aplazó el partido.

LOC to postpone the evil hour/day aplazar el mal momento

▶ **postponement** *n* aplazamiento

postscript /ˈpəʊstskrɪpt/ *n* **1** (*abrev* **PS**) posdata **2** (*fig*) nota final

postulate /ˈpɒstjuleɪt; *USA* -tʃʊ-/ *vt* (*formal*) postular

posture /ˈpɒstʃə(r)/ *n* **1** postura: *bad posture* una mala postura **2** actitud

■ **posture** *vi* **1** (*pey*) hacer pose **2** adoptar una postura

▶ **posturing** *n* pose

post-war /ˌpəʊst ˈwɔː(r)/ *adj* de la posguerra

postwoman /ˈpəʊstwʊmən/ *n* (*pl* **-women** /-wɪmɪn/) cartera

posy /ˈpəʊzi/ *n* (*pl* **-ies**) ramillete

pot /pɒt/ *n* **1(a)** (*para cocinar*) olla: *pot roast* carne asada en una olla ◊ *pots and pans* batería de cocina **(b)** (*recipiente*): *coffee pot* cafetera ◊ *a pot of paint* un bote de pintura *Ver tb* CHAMBER POT, MELTING POT **(c)** tarro: *They've eaten a whole pot of jam.* Se han comido el tarro entero de mermelada. **(d)** (*decorativo*) cacharro **(e)** (*planta*) tiesto: *a pot plant* una maceta **2** (*coloq*) *pots of money* un montón de dinero **3** (*argot*) marihuana **4** (*GB*) (*billar*) tiro que mete una bola **5** *Ver* POT-SHOT

LOC the pot calling the kettle black (*refrán*) ¡mira quién va a hablar! **to go to pot** (*coloq*) echarse a perder **to take pot luck** conformarse con lo que haya (de comer) *Ver tb* GOLD, QUART

■ **pot** *vt* (*pret, pp* **-tt-**) **1 ~ sth (up)** plantar en un tiesto: *He potted (up) the shoots.* Plantó los retoños en un tiesto. **2** (*billar*) meter **3** (*alimentos*) conservar (en tarros) **4** (*caza*) matar

potable /ˈpəʊtəbl/ *adj* (*formal*) potable

potash /ˈpɒtæʃ/ *n* potasa

potassium /pəˈtæsiəm/ *n* potasio

potato /pəˈteɪtəʊ/ *n* (*pl* **~es**) patata: *roast/boiled/sauté potatoes* patatas al horno/cocidas/salteadas ◊ *jacket/baked potato* patata asada (con piel) ◊ *mashed potato(es)* puré de patatas ◊ *potato salad* ensalada de patata ☛ *Ver ilustración en* PATATA *Ver tb* COUCH POTATO, SWEET POTATO **LOC** *Ver* HOT, SACK[1]

pot-bellied /ˈpɒt belɪd/ *adj* **1** barrigón, -ona **2** (*por desnutrición*) de vientre hinchado

potent /ˈpəʊtnt/ *adj* **1** potente: *a potent symbol of poverty* un potente símbolo de la pobreza **2** poderoso *Ver tb* OMNIPOTENT

▶ **potency** *n* (*pl* **-ies**) fuerza

potentate /ˈpəʊtnteɪt/ *n* potentado, -a

potential /pəˈtenʃl/ *adj* potencial: *There are three potential candidates.* Hay tres candidatos potenciales. ◊ *a potential danger* un peligro en potencia

■ **potential** *n* **1 ~ for sth** potencial de/para algo: *to fulfil your potential* realizar uno su potencial **2** (*Elec*) potencial

▶ **potentially** *adv* en potencia

potentiality /pəˌtenʃiˈæləti/ *n* (*pl* **-ies**) **~ for sth** (*formal*) potencial para algo

pothole /ˈpɒthəʊl/ *n* **1** (*Geol*) cueva **2** (*carretera*) bache

▶ **potholer** *n* espeleólogo, -a

potholing *n* espeleología

potion /ˈpəʊʃn/ *n* poción

pot-pourri /ˌpəʊ pʊˈriː, ˌpəʊ ˈpʊri/ *n* (*música, flores, etc*) popurrí

pot-shot /ˈpɒt ʃɒt/ (*tb* **pot**) *n* **1** tiro al azar **2** intento al azar

LOC to take a pot-shot at sth/sb disparar al azar contra algo/algn

potted /ˈpɒtɪd/ *adj* **1** en conserva: *potted meat* carne en conserva **2** (*planta*) en maceta **3** (*relato*) resumido: *a potted history of England* una historia resumida de Inglaterra

potter¹ /ˈpɒtə(r)/ (*USA* **putter**) *v*
PHR V **to potter about/around (sth) 1** pasearse (por algo): *to potter around the exhibition* pasearse por la exposición **2** hacer trabajillos (en algo): *pottering around the house* haciendo trabajillos en casa

potter² /ˈpɒtə(r)/ *n* alfarero, -a: *potter's wheel* torno (*de alfarero*)

pottery /ˈpɒtəri/ *n* (*pl* **-ies**) **1** (*lugar, arte*) alfarería **2** (*objetos*) cerámica **3 the Potteries** [*pl*] centro de la industria alfarería inglesa, en Staffordshire

potty¹ /ˈpɒti/ *adj* (*coloq*) (**-ier, -iest**) (*GB*) **1(a)** (*loco*) ido: *She's totally potty.* Está totalmente ida. **(b) ~ about sth/sb** loco por algo/algn: *He's potty about jazz.* Está loco por el jazz. **2** (*pey*) insignificante

potty² /ˈpɒtɪ/ *n* (*coloq*) orinal (*para niños*)

potty-trained /ˈpɒti treɪnd/ *adj*: *Our baby is potty-trained now.* Nuestro nene ya no necesita pañales.

pouch /paʊtʃ/ *n* **1(a)** bolsa (pequeña): *a money pouch* una bolsa de dinero **(b)** (*cazador, soldado*) morral **(c)** (*tabaco*) petaca **2** (*cutis*) bolsa **3(a)** (*canguro, etc*) bolsa (abdominal) **(b)** abazón

pouffe (*tb* **pouf**) /puːf/ *n* puf

poulterer /ˈpəʊltərə(r)/ *n* (*GB*) **1** (*persona*) pollero, -a **2 poulterer's** (*tienda*) pollería ☛ *Ver nota en* CARNICERÍA

poultice /ˈpəʊltɪs/ *n* cataplasma

poultry /ˈpəʊltri/ *n* [*incontable*] aves (de corral): *poultry farming* avicultura

pounce /paʊns/ *vi* **~ (on sth/sb) 1** abalanzarse (sobre algo/algn) **2** (*fig*) saltar (sobre algo/algn): *to pounce on a mistake* saltar sobre un error
■ **pounce** *n* (*ataque*) salto súbito

pound¹ /paʊnd/ *n* **1** (*dinero*) **(a)** (*abrev* **£**) (*moneda británica*) libra: *a five-pound note* un billete de cinco libras ◊ *It cost me £53.* Me costó 53 libras. ◊ *pound sterling* libra esterlina ☛ *Ver apéndice 3* **(b)** (*moneda de otros países*) libra **2** (*abrev* **lb**) (*peso*) libra: *There are more than two pounds to the kilo.* Hay más de dos libras en cada kilo. ☛ *Ver apéndice 3* **LOC** *Ver* PENNY
▸ **poundage** *n* **1** (*Fin*) comisión por libra **2** peso (en libras)

pound² /paʊnd/ *n* **1** perrera municipal **2** depósito de vehículos

pound³ /paʊnd/ **1** *vi* golpear: *Someone was pounding at the door.* Alguien estaba golpeando en la puerta. **2** *vi* correr pesadamente: *She pounded down the corridor.* Corrió por el pasillo pesadamente. **3** *vi* **~ (with fear, excitement, etc)** latir fuertemente (de miedo, emoción, etc) **4** *vt* **(a)** machacar **(b)** aporrear **(c)** (*Mil*) sacudir: *Artillery fire pounded the town.* Fuego de artillería sacudió la ciudad.
LOC **to pound the beat** (*coloq*) hacer la ronda (*policía, etc*)
▸ **pounding** *n* **1** (*lit* y *fig*) paliza **2** (*olas*) embate

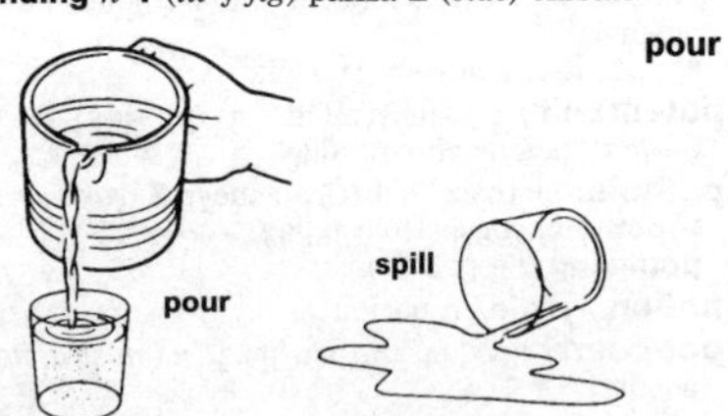

pour /pɔː(r)/ **1** *vt* **(a)** (*té, etc*) echar: *Pour the milk into a jug.* Echar la leche en una jarra. **(b)** (*bebida*) servir: *He poured himself a whisky.* Se sirvió un whisky. **2** *vi* **(a)** fluir **(b)** correr: *Sweat was pouring down his face.* El sudor le corría por la cara. **(c)** (*tetera, cafetera, etc*) servir: *This teapot doesn't pour well.* Esta tetera no sirve bien. **3** *vi* **~ (with rain)** llover a cántaros: *It's pouring (with rain).* Está lloviendo a cántaros.
LOC **to pour oil on the flames** echarle leña al fuego **to pour oil on troubled waters** suavizar la situación **to pour scorn on sth/sb** hablar de algo/algn con desprecio *Ver tb* RAIN, COLD
PHR V **to pour in 1** entrar a raudales **2** inundar: *Complaints poured into head office.* La oficina principal fue inundada de quejas.
to pour sth in echar algo (*añadir*)
to pour out (of sth) 1 fluir (de algo) **2** salir en tropel (de algo): *The fans poured out of the stadium.* Los fans salieron en tropel del estadio.
to pour sth out 1 (*bebida*) servir algo **2** (*expresar*) sacar algo: *He poured out all his hatred in a vicious article.* Sacó todo su odio en un artículo cruel.

pout /paʊt/ *vi* **1** hacer un mohín **2** (*provocativamente*) poner morritos
■ **pout** *n* mohín

poverty /ˈpɒvəti/ *n* **1** pobreza: *to live below the poverty line* vivir en la miseria ◊ *poverty trap* trampa de la pobreza **2** miseria **3** (*de ideas, etc*) falta
▸ **poverty-stricken** *adj* que vive en la miseria

POW /ˌpiː əʊ ˈdʌbljuː/ *abrev de* **prisoner of war** prisionero, -a de guerra

powder /ˈpaʊdə(r)/ *n* polvo: *to grind sth to a powder* moler algo en polvo ◊ *powder blue* azul pastel ◊ *powder puff* borla *Ver tb* BAKING POWDER, GUNPOWDER, SCOURING POWDER, TALCUM POWDER
LOC **a powder keg** un polvorín **to keep your powder dry** estar con la escopeta cargada
■ **powder** *vt* empolvar: *to powder your face/nose* empolvarse la cara/nariz
LOC **to powder your nose** (*eufemismo*) ir a empolvarse la nariz
▸ **powdered** *adj* en polvo: *powdered milk/eggs* leche/huevos en polvo
powdery *adj* polvoriento

power /ˈpaʊə(r)/ *n* **1** poder: *I will do everything in my power to help you.* Haré todo lo que esté en mi poder para ayudarte. ◊ *The President has exceeded his powers.* El presidente ha excedido sus poderes. ◊ *to seize power* coger el poder ◊ *to come to power* llegar al poder ◊ *to have power over sth/sb* tener poder sobre algo/algn *Ver tb* BALANCE OF POWER, PURCHASING POWER **2 powers** [*pl*] **(a)** capacidad: *powers of concentration* capacidad de concentración **(b)** facultades: *to be at the height of your powers* estar en la plenitud de tus facultades **3** fuerza: *the powers of darkness* las fuerzas del mal *Ver tb* STAYING POWER, WILL-POWER **4** potencia: *a great naval power* una gran potencia naval ◊ *power (assisted) steering* servodirección *Ver tb* AIR POWER, FIREPOWER, HIGH-POWERED, HORSEPOWER, MANPOWER, SUPER-POWER **5** energía: *nuclear power* energía nuclear **6** (*electricidad*) luz: *power cut* corte eléctrico ◊ *power tool* herramienta eléctrica ◊ *power point* enchufe **7** (*Mat*) potencia: *four to the (power of) five* cuatro elevado a cinco
LOC **more power to your elbow** (*coloq*) que tengas suerte **the powers that be** (*irón*) los que mandan **the (real) power behind the throne** el poder en la sombra **to do sb a power of good** (*coloq*) ser muy beneficioso para algn *Ver tb* BALANCE, CORRIDOR
■ **power 1** *vi* **~ ahead (with sth)** seguir adelante (con algo) **2** *vt* **(a)** impulsar: *powered by jet engines* impulsado por motores a reacción ◊ *mains powered* conectado a la red eléctrica **(b)** potenciar *Ver tb* HIGH-POWERED

powerboat /ˈpaʊəbəʊt/ *n* lancha motora

powerful /ˈpaʊəfl/ *adj* **1(a)** poderoso: *a powerful enemy* un enemigo poderoso **(b)** (*máquina, etc*) potente **2** (*brazos, golpe, bebida*) fuerte **3** (*imagen, obra, etc*) intenso

▶ **powerfully** *adv* **1** fuertemente, con fuerza: *powerfully built* fornido **2** con potencia **3** intensamente

powerhouse /ˈpaʊəhaʊs/ *n* **1** (*fig*) **(a)** fuerza motriz **(b)** persona dinámica **2** central eléctrica

powerless /ˈpaʊələs/ *adj* **1(a)** sin poder: *to render sb powerless* dejar a algn sin poder **(b)** impotente: *to feel powerless* sentirse impotente **2** ~ **to do sth** impotente para hacer algo: *I am powerless to intervene.* Soy incapaz de intervenir.

▶ **powerlessness** *n* **1** impotencia (*no sexual*) **2** incapacidad

power station *n* central eléctrica

powwow /ˈpaʊwaʊ/ *n* (*coloq*) **1** (*reunión*) conferencia **2** reunión

■ **powwow** *vi* ~ **(about sth)** (*coloq*) conferenciar (sobre algo)

pox /pɒks/ *n* **1 the pox** (*antic, coloq*) sífilis **2** (*Med*) viruela *Ver tb* CHICKENPOX

pp[1] **1** *abrev de* **pages** págs. **2** (*Mús*) *abrev de* **pianissimo**

pp[2] /ˌpiː ˈpiː/ *abrev de* **per pro** (**on behalf of**) p.a., p.o.: *pp J E Symonds* p.o. J E Symonds

PR /ˌpiː ˈɑː(r)/ **1** *abrev de* **public relations** relaciones públicas: *a PR exercise* un ejercicio de relaciones públicas **2** (*Pol*) *abrev de* **proportional representation** representación proporcional

practicable /ˈpræktɪkəbl/ *adj* **1** (*proyecto, etc*) factible **2** (*carretera*) practicable

▶ **practicability** *n* factibilidad

practical /ˈpræktɪkl/ *adj* **1** práctico: *She has no practical experience.* No tiene experiencia práctica. ◊ *These shoes aren't very practical.* Estos zapatos no son muy prácticos. **2** (*persona*) pragmático, sensato **3** *It's a practical disaster area.* Es prácticamente una zona catastrófica.

LOC for (all) practical purposes/in practical terms en la práctica

■ **practical** *n* **1** clase práctica **2** examen práctico

practicality /ˌpræktɪˈkæləti/ *n* (*pl* **-ies**) **1** (*objeto*) funcionalidad **2** (*persona*) **(a)** dotes prácticas **(b)** pragmatismo **3** (*proyecto, etc*) factibilidad **4 practicalities** [*pl*]: *We need to discuss the practicalities.* Tenemos que discutir los aspectos prácticos.

practical joke *n* broma

practically /ˈpræktɪkli/ *adv* **1** prácticamente: *It rained practically every day.* Llovió prácticamente todos los días. **2** de forma práctica

practice /ˈpræktɪs/ *n* **1** práctica: *It is common practice.* Es práctica habitual. ◊ *The project combines theory and practice.* El proyecto combina teoría y práctica. ◊ *You'll improve with practice.* Mejorarás con la práctica. **2** (*Dep*) entrenamiento: *a practice match* un partido de entrenamiento **3** (*Mús*) ejercicios: *piano practice* ejercicios de piano **4(a)** (*médico*) consultorio: *She has a private practice in London.* Tiene un consultorio privado en Londres. *Ver tb* GENERAL PRACTICE, GROUP PRACTICE **(b)** (*abogado*) bufete **5** (*de una profesión*) ejercicio

LOC in practice en la práctica **practice makes perfect** la práctica hace al maestro **to be in practice 1** estar en forma **2** ejercer de médico **3** ejercer de abogado **4** practicarse: *That method is no longer in practice.* Ese método ya no se practica. **to be out of practice** haber perdido práctica **to put sth into practice** poner algo en práctica **to set up in practice (as sth)** empezar a ejercer (de médico, abogado, etc) *Ver tb* HABIT, SHARP

practise (*USA* **practice**) /ˈpræktɪs/ **1** *vt, vi* practicar: *If you don't practise, you won't get any better.* Si no practicas, no mejorarás. ◊ *I need to practise my Italian.* Necesito practicar el italiano. **2** *vt, vi* (*Dep*) entrenar (se): *They're practising their tennis.* Están entrenando al tenis. **3** (*Mús*) **(a)** *vt, vi* ensayar: *to practise the piano* hacer los ejercicios de piano **(b)** *vt* (*pieza*) estudiar **4** (*profesión*) **(a)** *vi* ~ **(as sth)** ejercer (de algo) **(b)** *vt, vi* ejercer: *to practise criminal law* ejercer el derecho criminal **5** *vt, vi* (*Relig*) practicar **6** *vt* ejercitar: *to practise self-restraint* ejercer el autocontrol

LOC to practise deceit on sb engañar a algn **to practise what you preach** predicar con el ejemplo

▶ **practised** (*USA* **practiced**) *adj* ~ **(in sth)** experto (en algo): *She is practised in the art of deception.* Es experta en el arte del engaño.

practitioner /prækˈtɪʃənə(r)/ (*tb* **practician**) *n* **1** profesional: *He is a seasoned practioner at the art of selling.* Es un experto en el arte de vender. **2** (*tb* **medical practitioner**) médico, -a *Ver tb* GENERAL PRACTITIONER

pragmatic /prægˈmætɪk/ *adj* pragmático

▶ **pragmatically** *adv* pragmáticamente

pragmatism /ˈprægmətɪzəm/ *n* pragmatismo

▶ **pragmatist** *n* pragmático, -a

prairie /ˈpreəri/ *n* pradera ☛ *Ver nota en* PRADERA

prairie dog *n* perro de las praderas

praise /preɪz/ *vt* **1** elogiar **2** (*a Dios*) alabar

■ **praise** *n* [*incontable*] **1** elogios: *She was full of praise for him.* No tuvo más que elogios para él. ◊ *to speak in praise of sth/sb* elogiar algo/a algn ◊ *I didn't get a word of praise.* No me dijeron ni una sola palabra de alabanza. **2** halago: *She heaped praises on him.* Lo llenó de halagos. **3** (*Relig*) alabanza: *hymn of praise* himno de alabanza ◊ *to give praise to God* alabar a Dios

LOC Praise be (to God)! ¡Dios sea loado! *Ver tb* DAMN, PAEAN, SING

▶ **praiseworthy** *adj* loable

praline /ˈprɑːliːn/ *n* praliné

pram /præm/ (*USA* **baby carriage**) *n* cochecito (de niño)

prance /prɑːns; *USA* præns/ *vi* hacer cabriolas

PHR V to prance about/around dar brincos

prank /præŋk/ *n* travesura: *a childish prank* una travesura infantil

▶ **prankster** *n* bromista

prat /præt/ *n* (*argot*) imbécil

prate /preɪt/ *vi* (*antic*) parlotear: *to prate on about sth* parlotear sobre algo

prattle /ˈprætl/ *vi* **1** (*niño*) balbucear **2** charlotear: *to prattle on about sth* hablar interminablemente de algo

■ **prattle** *n* charloteo

prawn /prɔːn/ *n* gamba: *prawn cocktail* cóctel de gambas ◊ *king prawn* langostino

pray /preɪ/ **1** *vi* (*Relig*) rezar, orar: *The priest prayed for her.* El sacerdote rezó por ella. ◊ *They prayed that she would recover.* Rezaron para que se recuperara. **2** *vt* (*antic*): *I pray God he survives.* Ruego a Dios que sobreviva.

■ **pray** *interj* (*formal*) por favor: *Pray be seated.* Siéntese, por favor. ◊ *What, pray, is the use of that?* ¿De qué sirve eso, pues?

prayer /preə(r)/ *n* **1** ~ **(for sth)** (*Relig*) oración: *to say your prayers* decir tus oraciones ◊ *the Lord's Prayer* el Padre Nuestro ◊ *to be in prayer* estar en oración ◊ *a prayer meeting* una reunión de rezos **2 prayers** [*pl*] (*reunión*) oraciones

LOC Book of Common Prayer devocionario usado en los servicios anglicanos **not to have a prayer** no tener ni la más mínima oportunidad

prayer book *n* **the Prayer Book** (*tb* **the Book of Common Prayer**) devocionario (*usado en los servicios anglicanos*)

praying mantis *n* mantis religiosa

pre- /priː/ *pref* pre, antes de: *the pre-Gorbachev era* la era pre Gorbachev ◊ *the pre-1939 political climate* el clima político que existía antes de 1939 ◊ *I went for a pre-dinner walk.* Di un paseo antes de cenar. ◊ *the* *pre-Christmas period* el período que precede a la Navidad

preach /priːtʃ/ **1** *vi* **(a)** (*Relig*) predicar **(b)** **~ (at/to sb)** (*pey*) sermonear (a algn) **2** *vt* **(a)** (*Relig*) predicar: *to preach the word of God* predicar la palabra de Dios **(b)** aconsejar: *to preach tolerance* aconsejar la tolerancia **(c)** celebrar: *to preach the virtues of socialism* celebrar las virtudes del socialismo

LOC to preach to the converted predicar al converso *Ver tb* PRACTISE

▶ **preacher** *n* predicador, -ora

preamble /ˌpriˈæmbl, ˈpriːæmbl/ *n* **~ (to sth)** preámbulo (a algo)

pre-arranged /ˌpriː əˈreɪndʒd/ *vt* arreglado de antemano: *a pre-arranged signal* una señal determinada de antemano

precarious /prɪˈkeəriəs/ *adj* precario

▶ **precariously** *adv* precariamente

pre-cast /ˌpriː ˈkɑːst; *USA* ˌpriː ˈkæst/ *adj* precolado: *pre-cast concrete* hormigón precolado

precaution /prɪˈkɔːʃn/ *n* precaución: *I took the precaution of notifying the police.* Tomé la precaución de notificar a la policía. ◊ *security precautions* medidas de seguridad *Ver tb* SAFETY PRECAUTION *en* SAFETY MEASURE

LOC to take precautions (against sth) tomar precauciones (contra algo)

▶ **precautionary** *adj* cautelar: *precautionary measures* medidas cautelares

precede /prɪˈsiːd/ *vt* **1** preceder a **2** introducir: *She preceded her speech with a vote of thanks.* Comenzó su discurso con unas palabras de agradecimiento.

precedence /ˈpresɪdəns/ *n* precedencia: *in order of precedence* en orden de precedencia

LOC to give sth/sb precedence (over sth/sb) dar precedencia a algo/algn (sobre algo/algn) **to take precedence (over sth/sb)** tener precedencia (sobre algo/algn)

precedent /ˈpresɪdənt/ *n* precedente: *to create/set a precedent (for sth)* sentar precedente para algo ◊ *to break with precedent* romper con la costumbre

preceding /prɪˈsiːdɪŋ/ *adj* **1** (*párrafo, etc*) precedente **2** (*tiempo*) anterior: *during the preceding weeks* durante las semanas anteriores

precept /ˈpriːsept/ *n* precepto

preceptor /prɪˈseptə(r)/ *n* preceptor, -ora

precinct /ˈpriːsɪŋkt/ *n* **1** (*GB*) zona: *pedestrian/shopping precinct* zona peatonal/comercial **2** (*tb* **precincts**) (*iglesia, colegio*) recinto **3** (*USA, Pol*) circunscripción **4** (*USA*) distrito

precious /ˈpreʃəs/ *adj* **1** (*valioso*) precioso: *precious metals* metales preciosos ◊ *precious stones* piedras preciosas *Ver tb* SEMI-PRECIOUS **2** **~ to sb** de gran valor para algn: *These books are very precious to me.* Estos libros tienen un gran valor para mí. **3** (*gen irón*) querido: *No one is allowed to touch his precious car.* No permite que nadie toque su querido coche. **4** (*pey*) (*estilo, etc*) afectado

■ **precious** *adv*

LOC precious few/little: *There is precious little time left now.* Queda muy poco tiempo ahora. ◊ *precious few people* muy poca gente

■ **precious** (*tb* **my precious**) *n* (*coloq*) cariño mío

▶ **preciously** *adv* de manera afectada

preciousness *n* **1** (*precio*) valor **2** afectación

precipice /ˈpresəpɪs/ *n* precipicio

precipitate¹ /prɪˈsɪpɪteɪt/ **1** *vt* (*formal*) provocar: *Her resignation precipitated a national crisis.* Su dimisión provocó una crisis nacional. **2** *vt, vi* (*Quím*) precipitar

▶ **precipitation** *n* (*formal*) precipitación

precipitate² /prɪˈsɪpɪtət/ *adj* (*formal*) precipitado

precipitous /prɪˈsɪpɪtəs/ *adj* (*formal*) **1** escarpado **2** precipitado

précis /ˈpreɪsiː; *USA* preɪˈsiː/ *n* (*pl* **précis** /-iːz/) resumen

■ **précis** *vt* resumir

precise /prɪˈsaɪs/ *adj* **1(a)** exacto, preciso: *a more/less precise description* una descripción más/menos precisa **(b)** (*explicaciones, etc*) claro **2** (*persona*) meticuloso

▶ **precisely** *adv* **1(a)** exactamente, precisamente: *That is precisely what I mean!* ¡Eso es precisamente lo que quiero decir! **(b)** en punto: *at precisely three o'clock* a las tres en punto **2** con precisión: *a precisely worded contract* un contrato redactado con precisión

precision /prɪˈsɪʒn/ *n* exactitud, precisión: *precision instruments* instrumentos de precisión

preclude /prɪˈkluːd/ *vt* (*formal*) impedir: *I was precluded from taking part.* Se me impidió tomar parte. ◊ *to preclude the possibilty of sth* excluir la posibilidad de algo

precocious /prɪˈkəʊʃəs/ *adj* precoz

▶ **precociously** *adv* precozmente

precocity *n* precocidad

precognition /ˌpriːkɒɡˈnɪʃn/ *n* (*formal*) precognición

preconceived /ˌpriːkənˈsiːvd/ *adj* preconcebido: *preconceived ideas* ideas preconcebidas

▶ **preconception** *n* idea preconcebida

precondition /ˌpriːkənˈdɪʃn/ *n* condición previa

precursor /priːˈkɜːsə(r)/ *n* (*formal*) precursor

pre-date /priː ˈdeɪt/ *vt* ser anterior a algo

predator /ˈpredətə(r)/ *n* **1** (*animal*) depredador **2** (*fig*) **(a)** (*persona*) buitre **(b)** (*empresa*) depredador

▶ **predatory** *adj* **1** (*animal*) depredador **2** (*ejército*) de rapiña **3** (*empresas, personas*) buitre

predecessor /ˈpriːdɪsesə(r); *USA* ˈpredə-/ *n* predecesor, ora

predestined /ˌpriːˈdestɪnd/ *adj* predestinado

▶ **predestination** *n* predestinación

predetermine /ˌpriːdɪˈtɜːmɪn/ *vt* predeterminar

▶ **predetermination** *n* predeterminación

predicament /prɪˈdɪkəmənt/ *n* situación difícil: *In our present predicament we cannot pay the bill.* En nuestra situación actual no podemos pagar la factura. ◊ *to be in a predicament* estar en un apuro

predicate¹ /ˈpredɪkət/ *n* predicado

predicate² /ˈpredɪkeɪt/ *vt* (*formal*) **1** basar: *The theory is predicated on scientific principles.* La teoría está basada en principios científicos. **2** afirmar

predict /prɪˈdɪkt/ *vt* **1** predecir, prever: *to predict the future* predecir el futuro ◊ *Further interest rate cuts are predicted.* Se prevén más reducciones en los tipos de interés. ◊ *We lost, as predicted.* Perdimos, como estaba previsto. **2** pronosticar

predictable /prɪˈdɪktəbl/ *adj* previsible: *It was a predictable decision.* Fue una decisión previsible. ◊ *You're so predictable!* ¡Eres tan previsible!

▶ **predictably** *adv* previsiblemente

predictability *n* carácter previsible

prediction /prɪˈdɪkʃn/ *n* **1** predicción **2** pronóstico

▶ **predictive** *adj* profético

predictor /prɪˈdɪktə(r)/ *n*: *Cholesterol level is the strongest predictor of heart disease.* El nivel de colesterol es el factor más importante para predecir dolencias cardiacas.

predilection /ˌpriːdɪˈlekʃn; *USA* ˌpredlˈek-/ *n* (*formal*) predilección

predispose /ˌpriːdɪˈspəʊz/ *vt* (*formal*) predisponer: *I'm predisposed in his favour.* Estoy predispuesto a su favor.

▶ **predisposition** *n* predisposición

predominance /prɪˈdɒmɪnəns/ *n* **~ (over sth/sb)** predominio (sobre algo/algn): *There is a predominance of nitrogen in the atmosphere.* Hay un predominio de nitrógeno en la atmósfera.

predominant /prɪˈdɒmɪnənt/ *adj* predominante
▶ **predominantly** *adv* predominantemente
predominate /prɪˈdɒmɪneɪt/ *vi* ~ **(over sth/sb)** predominar (sobre algo/algn)
pre-eminent /priˈemɪnənt/ *adj* preeminente
▶ **pre-eminence** *n* preeminencia
pre-eminently *adv* preeminentemente
pre-empt /priˈempt/ *vt* **1** adelantarse a **2** apropiarse de
▶ **pre-emptive** *adj* **1** (*táctica*) preventivo **2** (*ataque*) por sorpresa
preen /priːn/ **1** *v refl* ~ **yourself (a)** (*pájaro*) limpiarse **(b)** atildarse **(c)** pavonearse **2** *vt*: *The bird was preening its feathers with its beak.* El pájaro se arreglaba las plumas con el pico.
LOC to preen yourself on sth enorgullecerse de algo
pre-existing /ˌpriː ɪgˈzɪstɪŋ/ *adj* preexistente
prefab /ˈpriːfæb; *USA* ˌpriːˈfæb/ *n* (*coloq*) construcción prefabricada
prefabricated /ˌpriːˈfæbrɪkeɪtɪd/ *vt* prefabricado
▶ **prefabrication** *n* prefabricación
preface /ˈprefəs/ *n* **1** prefacio, prólogo: *author's preface* prólogo del autor **2** (*discurso, etc*) introducción
■ **preface** *vt* prologar: *He prefaced the speech with a short anecdote.* Prologó el discurso con una corta anécdota.
▶ **prefatory** *adj* introductorio
prefect /ˈpriːfekt/ *n* **1** (*GB*) (*colegio*) alumno,-a de mayor edad que tiene ciertas responsabilidades sobre los alumnos más jóvenes **2** (*tb* **Prefect**) prefecto, -a
▶ **prefecture** *n* prefectura
prefer /prɪˈfɜː(r)/ *vt* (**-rr-**) preferir: *I'd prefer to be alone.* Preferiría estar solo. ◊ *They'd prefer you not to come.* Preferirían que no vinieras. ☛ *Ver nota en* PREFERIR
LOC to prefer a charge/charges against sb presentar un cargo/cargos contra algn
preferable /ˈprefrəbl/ *adj* preferible
▶ **preferably** *adv* preferiblemente
preference /ˈprefrəns/ *n* preferencia: *He did not express a preference.* No expresó ninguna preferencia. ◊ *preference shares* acciones preferentes
LOC in preference to sth/sb en lugar de algo/algn **to give preference to sth/sb** dar preferencia a algo/algn
▶ **preferential** *adj* preferente: *Members will be given preferential treatment.* Los socios recibirán un trato preferente.
preferment /prɪˈfɜːmənt/ *n* (*formal*) **1** (*trabajo*) ascenso **2** nombramiento
prefigure /ˌpriːˈfɪgə(r); *USA* -gjər/ *vt* (*formal*) prefigurar
prefix /ˈpriːfɪks/ *n* prefijo
■ **prefix** *vt* **1** anteponer **2** (*Ling*) prefijar
pregnant /ˈpregnənt/ *adj* **1** embarazada: *She is four months pregnant.* Está embarazada de cuatro meses. **2** preñado **3** ~ **with sth** (*fig*) cargado de algo
LOC a pregnant pause/silence una pausa/un silencio llena/o de expectación **to become/get pregnant** quedarse embarazada **to get/make sb pregnant** dejar a algn embarazada
▶ **pregnancy** *n* (*pl* **-ies**) embarazo: *pregnancy test* prueba del embarazo
preheat /ˌpriːˈhiːt/ *vt* precalentar
prehistory /ˌpriːˈhɪstri/ *n* prehistoria
▶ **prehistoric** *adj* prehistórico.
prejudge /ˌpriːˈdʒʌdʒ/ *vt* prejuzgar
prejudice /ˈpredʒudɪs/ *n* **1(a)** [*incontable*] prejuicios **(b)** prejuicio **2** parcialidad
LOC to have a prejudice against sth/sb estar predispuesto contra algo/algn **to have a prejudice in favour of sth/sb** estar predispuesto a favor de algo/algn **without prejudice to sth/sb** sin detrimento de algo/algn
■ **prejudice** *vt* **1** (*persona*) predisponer: *Her charm prejudiced the judge in her favour.* Su encanto predispuso al juez en su favor. **2** (*decisión, resultado, etc*) influir en **3** perjudicar
▶ **prejudiced** *adj* **1** parcial **2** intolerante: *She's very prejudiced.* Tiene muchos prejuicios.
LOC to be prejudiced against sth/sb 1 (*persona*) estar predispuesto contra algo/algn **2** (*ley*) discriminar a algo/algn
prejudicial /ˌpredʒuˈdɪʃl/ *adj* ~ **(to sth)** perjudicial (para algo)
prelate /ˈprelət/ *n* prelado
prelim /ˈpriːlɪm/ *n* (*coloq*) **1** [*gen pl*] examen preliminar **2** (*Dep*) eliminatoria **3 prelims** [*pl*] (*imprenta*) páginas preliminares
preliminary /prɪˈlɪmɪnəri; *USA* -neri/ *adj* **1** preliminar **2** (*Dep*) eliminatorio
▶ **preliminaries** *n* [*pl*] preliminares, prolegómenos
prelude /ˈpreljuːd/ *n* **1** (*Mús*) preludio **2** (*fig*) prólogo
premarital /ˌpriːˈmærɪtl/ *adj* prematrimonial
premature /ˈpremətʃə(r); *USA* ˌpriːməˈtʊər/ *adj* prematuro: *premature ageing* vejez prematura ◊ *The baby was five weeks premature.* El bebé se adelantó cinco semanas.
LOC to be premature (in doing sth) precipitarse (en hacer algo)
▶ **prematurely** *adv* prematuramente
premeditated /ˌpriːˈmedɪteɪtɪd/ *adj* premeditado
▶ **premeditation** *n* premeditación
premenstrual tension (*abrev* **PMT**) (*USA* **premenstrual syndrome** *abrev* **PMS**) *n* tensión premenstrual
premier /ˈpremiə(r); *USA* ˈpriːmɪər/ *n* primer ministro, primera ministra
■ **premier** *adj* principal: *Scotland's premier industries* las principales industrias de Escocia
▶ **premiership** *n* cargo de primer ministro
première /ˈpremieə(r); *USA* prɪˈmɪər/ *n* estreno
■ **première** *vt* estrenar: *The film was premièred at the Cannes festival.* La película se estrenó en el festival de Cannes.
premise (*tb* **premiss**) /ˈpremɪs/ *n* premisa
■ **premise** *vt* basar: *to be premised on sth* estar basado en algo
premises /ˈpremɪsɪz/ *n* [*pl*] **1** (*tienda, bar, etc*) local: *He was asked to leave the premises.* Se le pidió que abandonara el local. **2** (*empresa*) oficinas **3** (*en gen*) edificio
premium /ˈpriːmiəm/ *n* (*pago*) prima
LOC to be at a premium 1 (*Com*) estar sobre la par: *The shares are at a 20% premium.* Las acciones están a un 20% sobre la par. **2** escasear **to put a premium on sth/sb** conceder mucha importancia a algo/algn *Ver tb* PAY[2]
■ **premium** *adj*: *premium beer* cerveza de calidad superior
Premium Bond *n* (*GB*) bono del estado que no paga intereses, sino que ofrece premios mensuales
premolar /priːˈməʊlə(r)/ *n* premolar ☛ *Ver ilustración en* DIENTE
premonition /ˌpriːməˈnɪʃn, ˌprem-/ *n* premonición
▶ **premonitory** *adj* (*formal*) premonitorio
preoccupation /priɒkjuˈpeɪʃn/ *n* ~ **(with sth)** preocupación (por algo)
▶ **preoccupied** *adj* **1** preocupado **2** abstraído **3** ~ **with sth** ocupado con algo
preoccupy *vt* (*pret, pp* **-pied**) **1** preocupar **2** ocupar
preordain /ˌpriːɔːˈdeɪn/ *vt* predestinar
prep /prep/ *n* (*GB, coloq*) deberes
prepaid /ˌpriːˈpeɪd/ *adj* pagado de antemano, pagado por adelantado: *a prepaid envelope* un sobre franqueado
preparation /ˌprepəˈreɪʃn/ *n* **1** preparación **2 preparations (for sth)** preparativos (para algo) **3** (*Med*) preparación
LOC in preparation for sth como preparación para algo **to be in preparation** estar en preparación
preparatory /prɪˈpærətri; *USA* -tɔːri/ *adj* preparatorio

preparatory school (*coloq* **prep school**) *n* (*GB*) escuela preparatoria privada (*para alumnos de 7 a 13 años*)

prepare /prɪˈpeə(r)/ **1** *vi* **~ for sth/to do sth (a)** prepararse para algo/para hacer algo **(b)** hacer preparativos para algo/para hacer algo **2** *vt* **~ (sth/sb) (for sth/sb)** preparar (algo/a algn) (para algo/algn)
LOC to be prepared to do sth estar dispuesto a hacer algo **to prepare the ground/way (for sth)** preparar el terreno (para algo)
▶ **preparedness** *n* [*incontable*] preparación, disposición: *A successful class depends on the students' preparedness to respond.* El que funcione bien una clase depende de la disposición de los estudiantes a responder.

prepayment /ˌpriːˈpeɪmənt/ *n* pago por adelantado

preponderance /prɪˈpɒndərəns/ *n* preponderancia

preposition /ˌprepəˈzɪʃn/ *n* preposición (*gramática*)

prepossessing /ˌpriːpəˈzesɪŋ/ *adj* **1** (*aspecto*) atractivo **2** (*manera*) agradable

preposterous /prɪˈpɒstərəs/ *adj* absurdo

preprogrammed /priːˈprəʊgræmd/ *adj* programado de antemano

Pre-Raphaelite /ˌpriː ˈræfəlaɪt/ *adj, n* prerrafaelista

pre-recorded /ˌpriː rɪˈkɔːdɪd/ *adj* grabado (de antemano)

prerequisite /ˌpriːˈrekwəzɪt/ (*tb* **precondition**) *n* **~ (for/of sth)** condición previa (para algo)

prerogative /prɪˈrɒgətɪv/ *n* prerrogativa

presage /ˈpresɪdʒ/ *vt* presagiar
■ **presage** *n* presagio

Presbyterian /ˌprezbɪˈtɪəriən/ *adj, n* presbiteriano, -a

presbytery /ˈprezbɪtri; *USA* -teri/ *n* presbiterio

pre-school /ˌpriː ˈskuːl/ *adj* preescolar: *a pre-school child* un niño en edad preescolar

prescience /ˈpresiəns/ *n* presciencia

prescribe /prɪˈskraɪb/ *vt, vi* **1 ~ (sth) (for sth) (a)** (*medicina*) recetar (algo) (para algo): *the prescribed dose* la dosis recomendada **(b)** recomendar (algo) (para algo) **2** (*formal*) (*ley, etc*) prescribir
▶ **prescription** *n* **1** (*lit* y *fig*) receta: *on prescription* con receta ◊ *prescription charges* contribución del paciente al costo de las medicinas recetadas **2** (*acto*) prescripción
prescriptive *adj* (*formal*) **1** preceptivo **2** (*ley*) prescrito

presence /ˈprezns/ *n* **1** (*gen*) presencia **2** asistencia **3** existencia
LOC presence of mind presencia de ánimo **to make your presence felt** hacerse notar *Ver tb* ADMIT

present[1] /ˈpreznt/ *adj* **1(a) ~ (at sth)** (*lugar*) presente (en algo) *Ver tb* OMNIPRESENT **(b) ~ (in sth)** (*sustancia*) presente (en algo) **2** (*tiempo*) **(a)** actual ☛ *Ver nota en* CURRENT **(b)** (*mes, año, etc*) corriente: *during the present year* en el año que corre **3** (*bajo consideración*) presente: *the present proposal* la presente propuesta
LOC in the present day en la actualidad **on present form** a juzgar por acontecimientos recientes **present company excepted/excepting present company** con excepción de lo presente/los presentes **to the present day** hasta el presente
■ **present** *n* **1 the present** (*tiempo*) el presente **2** (*tb* **present tense**) presente *Ver tb* PRESENT CONTINUOUS, PRESENT SIMPLE
LOC at present actualmente: *in use at present* en uso actual *Ver tb* MOMENT

present[2] /ˈpreznt/ *n* regalo: *to give sth to sb as a present/to give a present to sb* regalar algo a algn
LOC to make sb a present of sth 1 (*lit*) regalar algo a algn **2** (*fig*) dar algo a algn medio regalado

present[3] /prɪˈzent/ **1** *vt* **~ sb with sth; ~ sth (to sb)** hacer entrega de algo a algn; de algo (a algn) **2** *vt* **~ sb (to sb)** presentar a algn (a algn) **3** *vt* **~ sb with sth** (*formal*) obsequiar a algn con algo: *They were presented with free tickets.* Fueron obsequiados con entradas gratuitas. **4** *vt* (*propuesta, informe, etc*) presentar **5** *vt* (*amenaza, etc*) constituir: *The state often presents a threat to individuality.* El estado a menudo constituye una amenaza contra la individualidad. **6** *vt* (*argumento*) exponer **7** *v refl* **~ yourself (for sth)** (*entrevista, etc*) presentarse (para algo) **8** *v refl* **~ itself (to sb)** (*oportunidad*) presentarse a algn **9** *vt* **~ sb with sth; ~ sth (to sb) (a)** (*desafío, etc*) presentar algo (a algn) **(b)** (*problema*) plantear algo (a algn) **10** *vt* (*Teat, TV*) presentar: *presenting Fernando Rey as Don Lope* con Fernando Rey en el papel de Don Lope
▶ **presentable** *adj* **1** presentable: *to make yourself presentable* ponerse presentable **2** (*decente*) visible
presenter *n* presentador, -ora

presentation /ˌpreznˈteɪʃn; *USA* ˌpriːzen-/ *n* **1** presentación: *on presentation of* a presentación de **2** (*argumento*) exposición **3** (*Teat*) representación **4** (*premio*) **(a)** (*ceremonia*) entrega: *to make sb a presentation* hacerle a algn entrega de un obsequio **(b)** (*cosa*) obsequio

present continuous *n* presente continuo

> El **present continuous** se forma con el presente del verbo auxiliar **to be** más el participio presente: *I'm working very hard at the moment.* ◊ *Are they staying with you?* ◊ *You aren't doing that right.*
> *Ver tb* PRESENT SIMPLE

present-day /ˈpreznt deɪ/ *adj* actual ☛ *Ver nota en* CURRENT

presentiment /prɪˈzentɪmənt/ *n* (*formal*) presentimiento: *to have a presentiment that…* presentir que…

presently /ˈprezntli/ *adv* **1** (*GB*) (*al final de la frase*) en un momento, dentro de poco: *as we shall see presently* como veremos luego **2** (*GB*) (*al principio de la frase*) al poco tiempo: *Presently I heard her leave the house.* Al rato la oí salir de casa. **3** (*esp USA*) (*en medio de la frase*) ahora, actualmente: *She is presently working on another project.* Está trabajando en otro proyecto en este momento. ☛ En Gran Bretaña es más normal decir **currently**.

present perfect *n* pretérito perfecto

> El **present perfect** se forma con el presente del verbo auxiliar **to have** más el participio pasado: *I've been to Paris several times.* ◊ *Have you cleaned your teeth?* ◊ *She still hasn't answered my letter.*
> *Ver tb* PRESENT PERFECT CONTINUOUS, PAST PERFECT

present perfect continuous *n* pretérito perfecto continuo

> El **present perfect continuous** se forma con el presente simple del verbo auxiliar **to have** más el participio pasado de **be** y el participio presente del verbo: *She's been working all afternoon.* ◊ *Have they been waiting long?* ◊ *It hasn't been raining long.*
> *Ver tb* PRESENT PERFECT

present simple *n* presente simple

> En los verbos regulares, el **present simple** tiene la misma forma que el infinitivo, solo que se añade la desinencia **-s** o **-es** a la tercera persona del singular. Las formas interrogativa y negativa se forman con el verbo auxiliar **to do** más el infinitivo del verbo: *He lives in London.* ◊ *We go to the theatre quite often.* ◊ *Do you work here?* ◊ *I don't like coffee.* ◊ *She doesn't like flying.*
> Para verbos irregulares, ver apéndice 1.
> *Ver tb* PRESENT CONTINUOUS

preservation /ˌprezəˈveɪʃn/ *n* **1** (*acto*) preservación: *preservation order* orden de preservación **2** (*estado, condición*) conservación

preservative /prɪˈzɜːvətɪv/ *adj, n* conservante

preserve /prɪˈzɜːv/ *vt* **1(a)** (*en buen estado*) conservar **(b) ~ sth (for sth)** preservar algo (para algo) **(c) ~ sb (from sth/sb)** preservar, proteger a algn (de algo/algn)

2 (*comida*) conservar, poner en conserva ☛ *Comparar con* CONSERVE
■ **preserve** *n* **1** (*esp fruta*) **(a)** [*gen pl*] fruta en conserva **(b)** [*incontable*] confitura ☛ *Comparar con* CONSERVE **2** (*caza, lit* y *fig*) coto: *the exclusive preserve of party members* el coto privado de los miembros del partido

pre-set /ˌpriːˈset/ *vt* (**-tt-**) (*pret, pp* **pre-set**) programar (*con anterioridad*)

preside /prɪˈzaɪd/ *vi* **~ (over/at sth)** presidir (algo)

presidency /ˈprezɪdənsi/ *n* presidencia

president /ˈprezɪdənt/ *n* presidente, -a
▶ **presidential** *adj* presidencial

press¹ /pres/ *n* **1** (*tb* **the Press**) [*v sing o pl*] la prensa: *freedom of the press* libertad de prensa ◊ *a press briefing* un informe de prensa ◊ *press coverage* cobertura de prensa ◊ *a press statement* una declaración a la prensa ◊ *the tabloid press* la prensa amarilla ◊ *the quality press* la prensa seria *Ver tb* GUTTER PRESS **2** planchado: *Those trousers need a press.* Esos pantalones necesitan un planchado. **3** aparato de prensar: *a trouser press* una prensa plancha-pantalones **4** lagar **5** (*tb* **printing press**) imprenta: *to go to press* ir a imprenta **6** *at the press of a button* con solo apretar un botón **7** [*incontable*] multitud: *a press of people* una piña de gente *Ver tb* STOP PRESS
LOC to have/get good/bad press tener buena/mala prensa *Ver tb* HOT

press² /pres/ **1** *vt, vi* apretar: *to press hard* apretar fuerte ◊ *to press yourself against the wall* apretarse contra la pared **2** *vt* pulsar **3** *vt, vi* **~ (sb) (for sth/to do sth)** presionar (a algn) (para que haga algo): *They pressed him for an opinion.* Le presionaron para que diera su opinión. **4** *vi* agolparse **5** *vt* (*uvas*) pisar **6** *vt* (*aceitunas*) prensar **7** *vt* (*flores, hojas*) secar (*p. ej. en un libro*) **8** *vt* (*ropa delicada*) planchar ☛ La palabra más general para "planchar" es **iron**. **9** *vt* insistir en: *to press the point* insistir en el tema **10** *vt* (*disco*) imprimir *Ver tb* HARD-PRESSED
LOC to be pressed for time andar muy escaso de tiempo **to press sth home** sacar partido de algo **to press sth/sb into service** echar mano de algo/algn *Ver tb* CHARGE¹
PHR V to press ahead/on (with sth) seguir adelante (con algo)
to press sth down comprimir algo
to press down on sth pesar sobre algo
to press for sth presionar para que se haga algo: *to press for changes* presionar para que haya cambios
to press in on sb oprimir a algn
to press sth on sb insistir en que algn acepte algo: *He pressed it on me.* Me obligó a aceptarlo.
to press up against sb arrimarse a algn

Press Association *n* (*GB*) (*abrev* **PA**) agencia de prensa

press baron *n* magnate de la prensa

press box *n* tribuna de la prensa

press conference *n* rueda de prensa

press cutting *n* recorte de prensa

press gallery *n* galería de prensa

press-gang *n* (*antic*) leva de enganche
■ **press-gang** *vt* **to press-gang sb into (doing) sth** enganchar a algn para (hacer) algo

pressing /ˈpresɪŋ/ *adj* acuciante: *a pressing issue* un asunto urgente

press officer *n* jefe, -a de prensa

press photographer *n* fotógrafo, -a de prensa

press release *n* nota a la prensa

press run *n* (*USA*) (*GB* **printing**) (*de un libro, etc*) edición, tirada

press secretary *n* secretario, -a de prensa

press stud (*coloq* **popper**, *USA* **snap fastener**) *n* corchete

press-up /ˈpres ʌp/ (*USA* **push-up**) *n* flexión

pressure¹ /ˈpreʃə(r)/ *n* **1** (*Fís*) presión: *Pressure builds up.* Aumenta la presión. ◊ *blood pressure* presión sanguínea ◊ *a band of low/high pressure* una franja de baja/alta presión ◊ *to apply/exert pressure* aplicar presión ◊ *atmospheric pressure* presión atmosférica **2 ~ (of sth); ~ (to do sth)** (*influencia*) presión (de algo); (para hacer algo): *the pressure of work* la presión del trabajo ◊ *mounting/growing pressure* creciente presión ◊ *pressure of time* la escasez de tiempo ◊ *to work under pressure* trabajar bajo presión *Ver tb* HIGH PRESSURE
LOC to bring pressure to bear on sb (to do sth) ejercer presión sobre algn (para que haga algo) **to put pressure on sb (to do sth)** presionar a algn (para que haga algo) **to take the pressure off** aliviar la presión **under pressure 1** (*Fís*) a presión **2** (*fig*) bajo presión: *She was under a lot of pressure at work.* Tenía muchas presiones en el trabajo. *Ver tb* PEER², STEP

pressure² /ˈpreʃə(r)/ *vt Ver* PRESSURIZE, -ISE

pressure cooker *n* olla a presión ☛ *Ver ilustración en* OLLA

pressure gauge *n* manómetro

pressure group *n* grupo de presión

pressure point *n* punto de presión

pressurize, -ise /ˈpreʃəraɪz/ (*tb* **pressure**) *vt* **1 ~ sb into sth/doing sth** presionar a algn para que haga algo: *to feel pressurized* sentirse presionado **2** (*Fís*) presurizar: *a pressurized cabin* una cabina presurizada

prestige /preˈstiːʒ/ *n* prestigio
▶ **prestigious** *adj* prestigioso

presto /ˈprestəʊ/ **LOC** *Ver* HEY

presumably /prɪˈzjuːməbli/ *adv* según parece: *Presumably they've forgotten.* Imagino que se han olvidado.

presume /prɪˈzjuːm; *USA* -ˈzuːm/ *vt* **1** asumir: *'I presume so.'* —Eso creo. ◊ *missing, presumed dead* desaparecido, dado por muerto **2** pretender: *I don't presume to understand him.* No pretendo comprenderle.

presumption /prɪˈzʌmpʃn/ *n* **1** presunción: *on the presumption that...* suponiendo que... **2** atrevimiento

presumptuous /prɪˈzʌmptʃuəs/ *adj* presuntuoso

presuppose /ˌpriːsəˈpəʊz/ *vt* presuponer
▶ **presupposition** *n* (*formal*) presuposición

pre-tax /ˌpriː ˈtæks/ *adj* preimpositivo: *pre-tax profits* beneficios antes de deducir los impuestos

pretence (*USA* **pretense**) /prɪˈtens/ *n* **1(a)** [*incontable*] engaño(s): *No more pretence.* Basta de engaños. **(b) ~ of sth**: *They abandoned all pretence of objectivity.* Dejaron de fingir que eran objetivos. **2(a) ~ to sth**: *I have no pretence to being an expert.* No pretendo ser un experto. **(b)** (*formal*) ostentación **LOC** *Ver* FALSE

pretend /prɪˈtend/ **1** *vt, vi* fingir: *I pretended to be asleep.* Fingí estar dormido. ◊ *They pretended not to see us.* Hicieron como que no nos veían. **2** *vt* pretender: *We don't pretend to cater for sophisticated users.* No pretendemos dar respuesta a un usuario más sofisticado. **3** *vt* **~ to be sth/sb** hacerse pasar por algo/algn: *He pretended to be a stockbroker.* Se hizo pasar por corredor de bolsa. ◊ *They're pretending to be explorers.* Están jugando a los exploradores.
PHR V to pretend to sth (*formal*): *I don't pretend to any great understanding of music.* No me considero un experto en música.
■ **pretend** *adj* (*coloq*) **1** de juguete **2** fingido
▶ **pretender** *n* pretendiente

pretension /prɪˈtenʃn/ *n* **1** [*gen pl*] **~ (to sth/to doing sth)** pretensión (a algo/de hacer algo): *social pretensions* pretensiones sociales **2** [*incontable*] (*afectación*) pretensiones

pretentious /prɪˈtenʃəs/ *adj* pretencioso
▶ **pretentiousness** *n* **1** pretenciones **2** lo pretencioso

preterite (*USA* **preterit**) /ˈpretərət/ *adj, n* pretérito

pretext /ˈpriːtekst/ *n* pretexto: *on/under the pretext of* *doing sth* con/bajo el pretexto de hacer algo ◊ *as a pretext for doing sth* como pretexto para hacer algo

pretty /ˈprɪti/ *adj* (**-ier, -iest**) bonito: *She looks very pretty in that hat.* Está muy guapa con ese sombrero. ☛ *Ver nota en* BONITO *adj*

LOC **(as) pretty as a picture** muy bonito **not to be a pretty sight** no ser nada agradable **not to be just a pretty face** (*joc*) no ser solo una cara bonita **to come to a pretty pass**: *We've come to a pretty pass!* ¡A buen sitio hemos ido a parar! *Ver tb* COST

■ **pretty** *adv* bastante: *You're pretty late.* Llegas bastante tarde. ☛ *Ver nota en* FAIRLY

LOC **pretty much/well** más o menos: *The two are pretty much the same.* Los dos son casi iguales. *Ver tb* SIT

▶ **prettily** *adv* con gracia

prettiness *n* belleza

pretzel /ˈpretsl/ *n* galleta crujiente y salada en forma de rosquilla

prevail /prɪˈveɪl/ *vi* (*formal*) **1** (*ley, condiciones*) imperar **2** predominar **3** (*fig*) prevalecer: *Common sense finally prevailed.* Al final, prevaleció el sentido común.

PHR V **to prevail (up)on sb to do sth** (*formal*) convencer a algn para que haga algo: *I've been prevailed upon to attend the ceremony.* Me han convencido para que asista a la ceremonia.

▶ **prevailing** *adj* (*formal*) **1** reinante: *the prevailing weather conditions* las condiciones atmosféricas reinantes **2** (*viento*) predominante

prevalent /ˈprevələnt/ *adj* (*formal*) **1** difundido **2** predominante

▶ **prevalence** *n* **1** difusión **2** predominancia

prevaricate /prɪˈværɪkeɪt/ *vi* (*formal*) dar evasivas

▶ **prevarication** *n* evasivas

prevent /prɪˈvent/ *vt* **1 ~ sb from doing sth** impedir que algn haga algo **2 ~ sth (a)** evitar algo **(b)** prevenir algo

▶ **preventable** *adj* evitable

prevention /prɪˈvenʃn/ *n* prevención

LOC **prevention is better than cure** (*refrán*) más vale prevenir que curar

preventive /prɪˈventɪv/ (*tb* **preventative** /prɪˈventətɪv/) *adj* preventivo: *preventive measures* medidas preventivas

preview /ˈpriːvjuː/ *n* **1** preestreno: *a press preview* un preestreno para la prensa **2** (*escrito*) avance

■ **preview** *vt*

LOC **to be previewed** preestrenarse

previous /ˈpriːviəs/ *adj* **1** anterior **2** (*poco frec*) prematuro

LOC **previous to doing sth** antes de hacer algo

▶ **previously** *adv* anteriormente

pre-war /ˌpriːˈwɔː(r)/ *adj* de (la) preguerra

prey /preɪ/ *n* (*lit* y *fig*) presa

LOC **to fall prey to sth/sb**; **to be a prey to sth/sb** ser presa de algo/algn: *He is prey to fear.* Es presa del miedo.

■ **prey** *vi*

LOC **to prey on sb's mind** preocupar a algn

PHR V **to prey on sth/sb 1** cazar algo/a algn **2** vivir a costa de algo/algn

price /praɪs/ *n* precio: *to go up/down in price* subir/bajar de precio ◊ *at cost price* a precio de coste ◊ *price-list* lista de precios ◊ *price war* guerra de precios *Ver tb* ASKING PRICE, CUT-PRICE, HALF-PRICE, SELLING PRICE, TRADE PRICE

LOC **at any price** a toda costa **at a price**: *Strawberries are available–at a price.* Hay fresas, si estás dispuesto a pagarlas. **not at any price** por nada del mundo **to put a price on sth** poner precio a algo **to put a price on sb's head** poner precio a la cabeza de algn **what price...?** (*GB, coloq*) ¿qué posibilidades hay de (que)...? *Ver tb* CHEAP, COST, PAY[2]

■ **price** *vt* **1** fijar el precio de: *competitively/reasonably priced* con un precio razonable **2** valorar **3** poner el precio a

LOC **to price yourself out of the market** subir tanto los precios que no compra nadie

priceless /ˈpraɪslɪs/ *adj* **1** que no tiene precio: *a priceless painting* una pintura valiosísima **2** (*coloq*) increíble

price tag *n* **1** etiqueta del precio **2 ~ (on sth)** (*fig*) precio (de algo)

pricey (*tb* **pricy**) /ˈpraɪsi/ *adj* (*GB, coloq*) caro

prick /prɪk/ *n* **1** punzada **2(a)** pinchazo **(b)** (*fig*) remordimiento *Ver tb* PINPRICK **3** (⚠) ☛ *Ver nota en* TABÚ (*coloq*) **(a)** polla **(b)** gilipollas

■ **prick** *vt* **1** pinchar **2 ~ sth (on/with sth)** (*dedos, etc*) pincharse algo (con algo) **3** (*fig*) remorder (*la conciencia*): *His conscience is pricking him.* Le remuerde la conciencia.

LOC **to prick the bubble** echar por tierra las ilusiones de algn **to prick up your ears 1** levantar las orejas **2** aguzar el oído

▶ **pricking** *n* picazón

prickle /ˈprɪkl/ *n* **1** (*Bot*) espina **2** (*Zool*) púa **3** picazón

■ **prickle** *vi* picar

▶ **prickly** *adj* (**-ier, -iest**) **1** espinoso **2** que pica: *prickly heat* sarpullido causado por el calor **3** (*coloq*) malhumorado

prickly pear *n* **1** chumbera **2** higo chumbo

pride /praɪd/ *n* **1 ~ (in sth)** orgullo (por algo): *The new car was the pride of the whole family.* El nuevo coche era el orgullo de toda la familia. ◊ *It was a blow to her pride.* Fue un golpe para su orgullo. **2** (*pey*) orgullo, soberbia **3** (*leones*) manada

LOC **(to be) sb's pride and joy** (ser) el ojito derecho de algn **to give sth pride of place** dar el lugar de honor a algo **to give sth/sb pride of place** dar prioridad a algo/algn **to take (a) pride in sth/sb** enorgullecerse de algo/algn **to take pride in sth**: *He takes great pride in his work.* Pone muchísimo interés en su trabajo. **to take pride of place 1** ocupar el lugar de honor **2** tener prioridad *Ver tb* SWALLOW[1]

■ **pride** *vi*

LOC **to pride yourself on sth** preciarse de algo

priest /priːst/ *n* sacerdote, cura: *a parish priest* un párroco *Ver tb* HIGH PRIEST

La palabra **priest** se refiere a los sacerdotes de la Iglesia católica, ortodoxa y anglicana, aunque normalmente la gente utiliza este término para referirse a los sacerdotes católicos.
Vicar es el párroco o sacerdote anglicano, y **minister** es el pastor de las demás religiones protestantes.

▶ **priesthood** *n* **1** sacerdocio: *to enter the priesthood* hacerse sacerdote **2** clero: *the Catholic priesthood* el clero católico

priestly *adj* sacerdotal

priestess /ˈpriːstes/ *n* sacerdotisa *Ver tb* HIGH PRIESTESS

prig /prɪg/ *n* (*pey*) mojigato, -a: *Don't be such a prig!* ¡No seas mojigato!

▶ **priggish** *adj* mojigato

prim /prɪm/ *adj* (*pey*) **1** remilgado: *She's very prim and proper.* Es de lo más remilgada. **2** (*aspecto*) recatado

prima ballerina *n* primera bailarina

primacy /ˈpraɪməsi/ *n* primacía

prima donna *n* **1** prima donna **2** (*pey*) divo, -a

primaeval *Ver* PRIMEVAL

prima facie *adv, adj* prima facie: *prima facie evidence* pruebas prima facie

primal /ˈpraɪml/ *adj* (*formal*) **1** primitivo **2** primordial

primarily /praɪˈmerəli, ˈpraɪmərəli/ *adv* principalmente, sobre todo

primary /ˈpraɪməri; *USA* -meri/ *adj* **1(a)** primario: *primary rocks* rocas primarias ◊ *primary colour* color primario ◊ *primary education* enseñanza primaria ◊ *primary school* escuela primaria **(b)** (*etapa*) primero **2** primordial: *to be of primary importance* ser de una importancia primordial **3** principal: *What is your primary source of income?* ¿Cuál es tu principal fuente de ingresos? **4** de primaria: *primary teachers* profesores de (enseñanza) primaria

■ **primary** *n* (*pl* **-ies**) (*USA*) (*tb* **primary election**) elecciones primarias: *the presidential primaries* elecciones primarias para la presidencia

primate[1] /ˈpraɪmeɪt/ *n* primado

primate[2] /ˈpraɪmeɪt/ *n* primate

prime[1] /praɪm/ *adj* **1** principal: *He is the prime suspect.* Es el principal sospechoso. ◊ *prime time* hora de mayor audencia ◊ *prime mover* promotor principal **2** de primera: *prime beef* carne de vacuno de primera ◊ *a prime example* un ejemplo excelente ◊ *of prime importance* de suma/primordial importancia

■ **prime** *n* la flor de la vida: *He is past his prime.* Ya no está en la flor de la vida.

prime[2] /praɪm/ *vt* **1(a)** (*bomba, etc*) cargar **(b) ~ sb (for sth)** preparar a algn (para algo): *They're priming themselves for stardom.* Se están preparando para el estrellato. **2 ~ sth (with sth)** imprimar algo (con algo) **3 ~ sb (with sth)** poner al tanto a algn (de algo)

Prime Minister *n* (*abrev* **PM**) primer ministro, primera ministra ☛ *Ver nota en* PRESIDENTE sentido 1 ☛ *Ver tb págs 584-5*

prime number *n* número primo

primer /ˈpraɪmə(r)/ *n* **1** (*pintura*) imprimación **2** (*bomba*) carga **3** (*antic*) texto elemental

primeval (*tb* **primaeval**) /praɪˈmiːvl/ *adj* **1** (*antiguo*) primario, original **2** (*deseos*) primitivo

primitive /ˈprɪmətɪv/ *adj* primitivo: *primitive man* el hombre primitivo ◊ *Living conditions were primitive.* Las condiciones de vida eran primitivas.

■ **primitive** *n* (*Arte*) pintor, -ora naif

▶ **primitively** *adv* primitivamente

primly /ˈprɪmli/ *adv* recatadamente

primordial /praɪˈmɔːdiəl/ *adj* (*formal*) primitivo

primrose /ˈprɪmrəʊz/ *n* prímula amarilla

■ **primrose** *adj, n* amarillo pálido

primula /ˈprɪmjələ/ *n* prímula

Primus® /ˈpraɪməs/ (*pl* **Primuses**) (*tb* **Primus stove**) *n* infiernillo

prince /prɪns/ *n* **1** príncipe: *the Prince of Wales* el Príncipe de Gales ◊ *Prince Consort* Príncipe Consorte ◊ *Prince Charming* el príncipe azul ☛ *Ver nota en* PRÍNCIPE **2** (*fig*) príncipe: *a prince among chefs* príncipe de los cocineros

▶ **princely** *adj* **1** principesco **2** (*gen irón*) magnífico: *They paid me the princely sum of 50p.* Me pagaron la extraordinaria cantidad de 50 peniques.

princess /ˌprɪnˈses/ *n* princesa: *Princess Margaret* la Princesa Margarita ☛ *Ver nota en* PRÍNCIPE

principal /ˈprɪnsəpl/ *adj* principal

■ **principal** *n* **1** (*colegio*) director, -ora **2** (*teatro*) primera figura, protagonista

principality /ˌprɪnsɪˈpæləti/ *n* (*pl* **-ies**) **1** principado **2 the Principality** (*GB*) el principado de Gales

principally /ˈprɪnsəpli/ *adv* principalmente

principle /ˈprɪnsəpl/ *n* **1** (*concepto*) principio: *the basic principles of geometry* los principios básicos de geometría **2(a)** [*gen pl*] principio: *It's against my principles.* Va en contra de mis principios. **(b)** [*incontable*] principios: *a woman of (high) principle* una mujer de principios

LOC in principle en principio **on principle** por principio

▶ **principled** *adj* **1** (*persona*) de principios **2** (*acción*) por principio

print /prɪnt/ *vt* **1** imprimir **2** (*en periódicos*) publicar: *They won't print such rubbish.* No publicarán semejantes bobadas. **3** escribir con letras de imprenta **4** estampar: *cloth printed with flowers* tela estampada de flores **5** (*copias de fotografías*) sacar

LOC the printed word la palabra escrita

PHR V to print (sth) out imprimir (algo) (*Informát*)

■ **print** *n* **1** (*tipografía*) letra: *in large print* en letras grandes *Ver tb* THE SMALL PRINT **2** huella: *The thieves hadn't left any prints.* Los ladrones no habían dejado ninguna huella. *Ver tb* FINGERPRINT, FOOTPRINT **3** (*Arte*) grabado **4** (*Fot*) copia **5** tela estampada *Ver tb* BLUEPRINT, NEWSPRINT

LOC in print 1 (*libro*) disponible **2** impreso: *to see your work in print* ver tu trabajo publicado **out of print** agotado: *Her first novel is out of print.* Su primera novela está agotada. **to get into print** publicarse *Ver tb* RUSH[1]

▶ **printer** *n* **1** (*persona*) impresor, -ora **2** (*máquina*) impresora *Ver tb* TELEPRINTER **3 the printers** (*taller*) la imprenta

printing /ˈprɪntɪŋ/ *n* **1** imprenta (*técnica*): *a printing error* una errata **2** (*libros, etc*) impresión **3** (*tb* **print-run**) (*USA* **press run**) (*Imprenta*) edición, tirada (*de un libro, etc*)

printing press *n* prensa (*máquina*)

printout /ˈprɪntaʊt/ *n* copia impresa (*esp informática*)

prior[1] /ˈpraɪə(r)/ *adj* previo: *They had no prior knowledge of the decision.* No tenían conocimiento previo de la decisión.

■ **prior to** *adv* **1** antes de: *She lived in Paris prior to becoming a teacher.* Vivió en París antes de hacerse profesora. **2** anterior a: *during the weeks prior to the election* durante las semanas anteriores a las elecciones

prior[2] /ˈpraɪə(r)/ *n* prior

prioress /ˈpraɪərəs/ *n* priora

priority /praɪˈɒrəti; *USA* -ˈɔːr-/ *n* (*pl* **-ies**) **~ (over sth/sb)** prioridad (sobre algo/algn): *Give this matter (top) priority.* ¡Dé prioridad a este asunto! ◊ *Money is low on her list of priorities.* El dinero no es una de sus prioridades. *Ver tb* HIGH-PRIORITY

LOC to get your priorities right saber cuáles son tus prioridades **to take priority (over sth)** tener prioridad (frente a algo)

priory /ˈpraɪəri/ *n* priorato

prise /praɪz/ (*USA tb* **prize, pry**) *v*

PHR V to prise sth apart, off, open, etc (with sth) separar, quitar, abrir, etc algo (haciendo palanca con algo): *She prised off the lid with a coin.* Quitó la tapa haciendo palanca con una moneda.

to prise sth out of sb forzar a algn a que revele algo

prism /ˈprɪzəm/ *n* prisma

prison /ˈprɪzn/ *n* cárcel: *He was sent to prison for five years.* Lo condenaron a cinco años de cárcel. ◊ *the prison system* el sistema penitenciario ◊ *the prison population* la población reclusa ☛ *Ver nota en* THE

prison camp *n* campo de de prisioneros

prisoner /ˈprɪznə(r)/ *n* **1** preso, -a: *political prisoners* presos políticos ◊ *prisoner of conscience* preso de conciencia **2** prisionero, -a: *prisoners of war* prisioneros de guerra **3** detenido, -a **4** (*en juzgado*) acusado, -a

LOC *Ver* CAPTIVE

prissy /ˈprɪsi/ *adj* (*pey*) (**-ier, -iest**) remilgado

pristine /ˈprɪstiːn/ *adj* prístino

LOC in pristine condition en perfectas condiciones

privacy /ˈprɪvəsi; *USA* ˈpraɪv-/ *n* intimidad: *in the privacy of her office* en la intimidad de su oficina ◊ *the individual's right to privacy* el derecho a la intimidad del individuo

private /ˈpraɪvət/ *adj* **1** privado: *the private lives of the stars* la vida privada de las estrellas ◊ *the private sector* el sector privado ◊ *private property* propiedad privada ◊ *private enterprise* iniciativa privada **2** (*de individuo*) particular: *It isn't a hotel, it's a private house.* No es un hotel, es una casa particular. **3** (*persona*) reservado **4** (*lugar*) íntimo

■ **private** *n* **1** (*Mil*) soldado raso: *Private Smith* el soldado Smith **2 privates** [*pl*] (*coloq*) partes (pudendas)

LOC **in private** en privado

private detective (*tb* **private eye**) *n* investigador privado, investigadora privada

privateer /ˌpraɪvəˈtɪə(r)/ *n* corsario, -a

privately /ˈpraɪvətli/ *adv* en privado: *Privately, they admit they were wrong.* En privado, admiten que se equivocaron. ◇ *She was privately educated.* Fue educada en un colegio privado. ◇ *a privately-owned firm* una empresa privada

private member *n* (*GB*) diputado que no es ministro

private member's bill *n* (*GB*) proyecto de ley propuesto por un diputado que no es ministro

private parts *n* partes pudendas

privation /praɪˈveɪʃn/ *n* (*formal*) privación

privatize, -ise /ˈpraɪvɪtaɪz/ *vt* privatizar

▶ **privatization, -isation** *n* privatización

privet /ˈprɪvɪt/ *n* ligustro: *a privet hedge* un seto de ligustro

privilege /ˈprɪvəlɪdʒ/ *n* **1** (*gen*) privilegio **2** (*Jur*) inmunidad: *parliamentary privilege* inmunidad parlamentaria

▶ **privileged** *adj* **1** (*gen*) privilegiado: *a privileged background* una educación privilegiada ◇ *I was privileged to work with her for two years.* Tuve el privilegio de trabajar con ella durante dos años. **2** (*información*) confidencial

privy[1] /ˈprɪvi/ *adj* (*antic*) privado: *a privy matter* un asunto privado

LOC **to be privy to sth** (*formal*) estar al tanto de algo: *I wasn't privy to the negotiations.* No estaba al tanto de las negociaciones.

privy[2] /ˈprɪvi/ *n* retrete

Privy Council *n* Consejo Privado (*del monarca*)

Privy Councillor *n* miembro del Consejo Privado del monarca

privy purse *n* dinero que el estado da al monarca para gastos personales

prize[1] /praɪz/ *n* premio *Ver tb* NOBEL PRIZE

■ **prize** *adj* **1** premiado: *a prize exhibit* un ejemplar premiado **2** de primera: *prize cattle* ganado de primera **3** (*irón*) de remate: *a prize idiot* un idiota de remate

■ **prize** *vt* estimar: *her most prized possession* la cosa que más estimaba

prize[2] *vt* (*USA*) *Ver* PRISE

prize draw *n* sorteo

prizefighter /ˈpraɪzfaɪtə/ *n* (*antic*) boxeador, -ora

▶ **prizefighting** *n* boxeo

prize-giving (ceremony) *n* ceremonia de entrega de premios

pro[1] /prəʊ/ *n* (*pl* **pros**)

LOC **the pros and (the) cons** los pros y los contras

pro[2] /prəʊ/ *adj, n* (*pl* **pros**) (*coloq*) (*deportista, etc*) profesional: *to turn pro* hacerse profesional

pro- /prəʊ/ *pref* pro-, a favor de: *He's very pro-European.* Es muy pro-Europa.

proactive /prəʊˈæktɪv/ *adj* proactivo: *Our approach should be proactive rather than reactive.* Nuestro enfoque debería ser el de hacer que las cosa ocurran, no el de esperar a ver qué pasa.

probable /ˈprɒbəbl/ *adj* probable: *It seems probable that he'll arrive tomorrow.* Parece probable que llegue mañana.

▶ **probability** *n* (*pl* **-ies**) probabilidad

LOC **in all probability** con toda probilidad

probably /ˈprɒbəbli/ *adv* probablemente

En inglés se suele emplear el adverbio en los casos en que se utilizaría el giro *es probable que* en español: *They will probably go.* Es probable que vayan.

probate /ˈprəʊbeɪt/ *n* **1** legalización (*de un testamento*) **2** testamento legalizado

probation /prəˈbeɪʃn; *USA* prəʊ-/ *n* **1** libertad condicional: *probation officer* persona que vigila a los delincuentes que están en libertad provisional **2** (periodo de) prueba

LOC **on probation 1** en libertad condicional **2** en periodo de prácticas, en prueba

▶ **probationary** *adj* de prueba

probe /prəʊb/ *n* **1** sonda **2** (*tb* **space probe**) sonda espacial **3 ~ (into sth)** (*periodismo, etc*) investigación (de algo) **4** sondeo

■ **probe 1** *vt* (*Med*) sondar **2** *vt* explorar **3** *vt* **~ sb about/on sth** examinar a algn de algo **4** *vi* **~ (into sth)** investigar (algo)

▶ **probing** *adj* penetrante

probity /ˈprəʊbəti/ *n* (*formal*) probidad

problem /ˈprɒbləm/ *n* **1** problema: *No problem!* ¡No hay ningún problema! **2** *a problem child* un niño difícil

LOC **the problem page** el consultorio (*de un periódico, etc*)

▶ **problematic** (*tb* **problematical**) *adj* **1** problemático **2** (*esp resultado*) dudoso

proboscis /prəˈbɒsɪs/ *n* (*pl* **~es**) probóscide

procedural /prəˈsiːdʒərəl/ *adj* de procedimiento

procedure /prəˈsiːdʒə(r)/ *n* **1** procedimiento **2** (*gestión*) trámite(s): *What's the procedure for…?* ¿Qué trámites hay que hacer para…?

proceed /prəˈsiːd, prəʊ-/ *vi* **1** proceder: *Work is proceeding slowly.* El trabajo avanza despacio. **2 ~ (to sth/to do sth)** pasar (a algo/a hacer algo) **3** (*formal*) (*encaminarse*) avanzar **4 ~ (with sth)** continuar (con algo) **5 ~ (with sth)** (*empezar*) ir adelante (con algo) **6 ~ against sb** (*jur*) proceder contra algn

▶ **proceedings** *n* [*pl*] **1** (*jur*) proceso **2** (*lo que sucede*) acto **3 ~ (of sth)** (*reunión, etc*) actas (de algo)

proceeds /ˈprəʊsiːdz/ *n* [*pl*] **~ (of/from sth)** ganancias (de algo)

process /ˈprəʊses; *USA* ˈprɒses/ *n* **1** proceso **2** (*método*) procedimiento **3** (*jur*) proceso

LOC **in the process** al hacerlo **to be in the process of sth/doing sth** estar haciendo algo

■ **process 1** *vt* (*materia prima, alimento*) tratar **2** *vt* (*solicitud*) tramitar **3** *vt* (*Fot*) revelar **4** *vt* (*Informát*) procesar **5** /prəˈses/ *vi* desfilar

▶ **processing** /ˈprəʊsesɪŋ/ *n* **1** tratamiento **2** (*Fot*) revelado **3** (*Informát*) proceso: *word processing* tratamiento de textos *Ver tb* INFORMATION PROCESSING

procession /prəˈseʃn/ *n* **1** (*lit y fig*) desfile **2** (*Relig*) procesión

processor *n* procesador *Ver tb* CENTRAL PROCESSOR, FOOD PROCESSOR, MICROPROCESSOR, WORD PROCESSOR

proclaim /prəˈkleɪm/ *vt* **1** proclamar *Ver tb* SELF-PROCLAIMED **2** (*formal*) (*demostrar*) revelar LOC *Ver* HOUSETOPS

▶ **proclamation** /ˌprɒkləˈmeɪʃn/ *n* **1** (*acto*) proclamación **2** proclama

proclivity /prəˈklɪvəti/ *n* (*pl* **-ies**) **~ (for/to/towards sth/doing sth)** (*formal*) propensión, tendencia (a algo/a hacer algo)

procrastinate /prəʊˈkræstɪneɪt/ *vi* (*formal, pey*) dejar las cosas para más tarde

▶ **procrastination** *n* [*incontable*] (*formal, pey*) demora

procreate /ˈprəʊkrieɪt/ *vi* (*formal*) procrear

▶ **procreation** *n* procreación

procure /prəˈkjʊə(r)/ **1** *vt* **~ sth (for sb)** (*formal*) conseguir algo (para algn) **2** *vt* (*pey*) (*prostituta*) proporcionar **3** *vi* dedicarse al proxenetismo

▶ **procurement** *n* (*formal*) adquisición

prod /prɒd/ (**-dd-**) **1** *vt, vi* **~ (at) sth/sb** (*lit*) pinchar (algo/a algn) **2** *vt* (*coloq, fig*) persuadir

LOC **to prod sb into action** incitar a algn a actuar

■ **prod** *n* **1** (*lit y fig*) pinchazo **2** (*instrumento*) pincho

prodigal /ˈprɒdɪgl/ *adj* **1** (*formal, pey*) pródigo **2 ~ (of sth)** (*formal, aprob*) pródigo (en algo)

prodigious /prəˈdɪdʒəs/ *adj* prodigioso

prodigy /ˈprɒdədʒi/ *n* (*pl* **-ies**) prodigio *m*: *a child prodigy* un niño prodigio

produce /prəˈdjuːs; *USA* -ˈduːs/ *vt* **1** producir *Ver tb* MASS-PRODUCE **2(a)** (*cultivo, animal*) dar **(b)** (*cría*) tener **3 ~ sth (from/out of sth)** sacar algo (de algo) **4** (*pruebas*) presentar **5(a)** (*Teat*) poner en escena **(b)** (*película, disco*) producir

■ **produce** /ˈprɒdjuːs; *USA* -duːs/ *n* [*incontable*] productos (agrícolas): *produce of France* producto de/producido en Francia ◊ *Wash all fresh produce before eating.* Lave todas las frutas y verduras antes de consumirlas. *Ver tb* DAIRY PRODUCE ☛ *Ver nota en* PRODUCT

producer /prəˈdjuːsə(r); *USA* -ˈduː-/ *n* **1** productor, -ora **2(a)** (*Cine, TV*) productor, -ora **(b)** (*Teat*) director, -ora de escena

product /ˈprɒdʌkt/ *n* (*lit* y *fig*) producto: *It's the product of your imagination.* Es producto de tu imaginación. ◊ *Coal was once a major industrial product.* El carbón fue en un tiempo uno de los productos industriales más importantes. ◊ *a new beauty product* un nuevo producto de belleza *Ver tb* BY-PRODUCT, GROSS NATIONAL PRODUCT

Product se utiliza para referirse a productos industriales, mientras que **produce** se emplea para los productos del campo. ☛ *Ver ejemplos en* PRODUCE

production /prəˈdʌkʃn/ *n* **1** producción: *oil production* producción de petróleo ◊ *production costs* costes de producción ◊ *production company* empresa productora ◊ *to increase production* aumentar la producción ◊ *production line* cadena de montaje *Ver tb* MASS PRODUCTION **2(a)** (*Teat*) producción, representación **(b)** (*Cine, TV*) producción

LOC **on production of sth** al presentar algo **to go into/out of production** empezar a/dejar de producirse

productive /prəˈdʌktɪv/ *adj* productivo *Ver tb* COUNTER-PRODUCTIVE

LOC **to be productive of sth** (*formal*) producir algo

▶ **productively** *adv* de forma productiva

productivity /ˌprɒdʌkˈtɪvəti/ *n* productividad: *productivity bonus/agreement* bono/convenio de productividad

prof /prɒf/ (*coloq*) *abrev de* **professor**

profane /prəˈfeɪn; *USA* prəʊ-/ *adj* (*formal*) **1** (*secular*) profano **2** (*blasfemo*) sacrílego **3** (*obsceno*) ofensivo

■ **profane** *vt* (*formal*) profanar

▶ **profanity** *n* (*pl* **-ties**) (*formal*) **1** profanación **2** [*gen pl*] obscenidad

profess /prəˈfes/ *vt* (*formal*) **1 ~ to be sth** pretender ser algo; declararse algo **2 ~ sth** declarar algo: *He professed himself satisfied.* Se declaró satisfecho. **3** (*Relig*) profesar

LOC **to profess your innocence** declararse inocente

professed /prəˈfest/ *adj* **1** (*presunto*) supuesto **2(a)** declarado: *a professed atheist* un ateo declarado **(b)** (*Relig*) profeso

profession /prəˈfeʃn/ *n* profesión: *a lawyer by profession* abogado de profesión ◊ *the medical profession* el cuerpo médico ☛ *Ver nota en* WORK[1]

professional /prəˈfeʃənl/ *adj* profesional: *to turn professional* hacerse profesional ◊ *to take professional advice* asesorarse con un profesional

■ **professional** (*coloq* **pro**) *n* (*persona*) profesional

▶ **professionalism** *n* profesionalismo

professionally *adv* profesionalmente

professor /prəˈfesə(r)/ *n* (*abrev* **prof**) **1** (*USA tb* **full professor**) catedrático, -a de universidad **2** (*USA*) profesor, -ora de universidad

▶ **professorship** *n* cátedra

proffer /ˈprɒfə(r)/ *vt* (*formal*) ofrecer

proficiency /prəˈfɪʃənsi/ *n* **~ (in sth/doing sth)** competencia, habilidad (en algo/hacer algo): *proficiency test* prueba de capacidad

proficient /prəˈfɪʃnt/ *adj* **~ (in/at sth/doing sth)** competente en algo/hacer algo

profile /ˈprəʊfaɪl/ *n* perfil: *a profile drawing* un dibujo de un perfil *Ver tb* HIGH PROFILE

LOC **in profile** de perfil *Ver tb* LOW[1], RAISE

■ **profile** *vt* **1** perfilar **2** describir

profit /ˈprɒfɪt/ *n* **1(a)** [*incontable*] ganancia(s): *to do sth for profit* hacer algo con fines lucrativos ◊ *They're interested in a quick profit.* Les interesan las ganancias rápidas. ◊ *profit and loss account* cuenta de ganancias y pérdidas **(b)** [*contable*] beneficio: *to make a profit of £20* sacar un beneficio de 20 libras ◊ *to sell at a profit* vender con beneficios ◊ *pre-tax profits* beneficios preimpositivos ◊ *profit margin* margen de beneficios **2** (*formal, fig*) provecho

■ **profit** *vt, vi* **~ sb** servir a algn: *It doesn't profit me to obey.* No me sirve obedecer.

PHR V **to profit by sth** aprender de algo

to profit from sth beneficiarse de algo

▶ **profitability** *n* rentabilidad

profitable *adj* **1** rentable **2** (*fig*) provechoso

profitably *adv* **1** de forma rentable **2** (*fig*) de manera provechosa

profiteering /ˌprɒfɪˈtɪərɪŋ/ *n* explotación (*en economía*)

profit-making /ˈprɒfɪt meɪkɪŋ/ *adj* lucrativo

profit-sharing /ˈprɒfɪt ʃeərɪŋ/ (*tb* **profit-share**) *n* participación de beneficios

profligacy /ˈprɒflɪgəsi/ *n* (*formal, pey*) **1** despilfarro **2** libertinaje

profligate /ˈprɒflɪgət/ *adj* (*formal, pey*) despilfarrador: *profligate spending* despilfarro

■ **profligate** *adj, n* libertino, -a

profound /prəˈfaʊnd/ *adj* profundo: *to make a profound impression on sb* impresionar profundamente a algn

▶ **profoundly** *adv* profundamente, extremadamente

profundity /prəˈfʌndəti/ *n* (*formal*) profundidad

profuse /prəˈfjuːs/ *adj* **1** profuso: *profuse apologies* una profusión de disculpas **2 ~ in sth** pródigo en algo

▶ **profusely** *adv* profusamente

profusion /prəˈfjuːʒn/ *n* profusión, abundancia

LOC **in profusion** en abundancia

progenitor /prəʊˈdʒenɪtə(r)/ *n* (*formal*) progenitor, -ora

progeny /ˈprɒdʒəni/ *n* [*pl*] (*formal*) progenie (*descendencia*)

progesterone /prəˈdʒestərəʊn/ *n* progesterona

prognosis /prɒgˈnəʊsɪs/ *n* (*formal*) (*pl* **-ses** /-siːz/) pronóstico (*esp Med*)

prognostication /prɒgˌnɒstɪˈkeɪʃn/ *n* (*formal*) pronóstico

programme /ˈprəʊgræm/ (*USA* **program** /-grəm/) *n* programa: *TV programme* programa de televisión ◊ *theatre programme* programa teatral ◊ *programme-maker* productor de programas de televisión

Nótese que en lenguaje informático se escribe **program**.

■ **programme** (*USA* **program** /-grəm/) *vt, vi* **(-mm-)** programar: *The lights are programmed to come on at six.* Las luces están programadas para encenderse a las seis.

▶ **programmatic** *adj* programático

programmer (*tb* **computer programmer**) *n* programador, -ora

programming /ˈprəʊgræmɪŋ/ *n* programación: *programming language* lenguaje de programación

progress[1] /ˈprəʊgres; *USA* ˈprɒg-/ *n* [*incontable*] **1** progreso: *Are we making any progress?* ¿Estamos haciendo algún progreso? ◊ *progress report* informe sobre la labor realizada **2** avance: *to make progress* avanzar **3** (*antic*) (*viaje*) progreso

LOC **in progress** en marcha: *An inquiry is now in progress.* Está en marcha una investigación.

progress² /prəˈgres/ *vi* avanzar
progression /prəˈgreʃn/ *n* progresión, evolución
progressive /prəˈgresɪv/ *adj* **1** (*enfermedad, etc*) progresivo **2** (*Pol*) progresista **3** (*Gram*) continuo
■ **progressive** *n* progresista
▶ **progressively** *adv* progresivamente: *It's getting progressively worse.* Va empeorando poco a poco.
prohibit /prəˈhɪbɪt; *USA* prəʊ-/ *vt* (*formal*) **1** prohibir: *Smoking is prohibited.* Se prohibe fumar. ◊ *to prohibit sb (from) doing sth* prohibir a algn hacer algo **2** impedir: *Bad eyesight prohibits him from driving.* La mala vista le impide conducir.
prohibition /ˌprəʊɪˈbɪʃn; *USA* ˌprəʊəˈbɪʃn/ *n* **1** prohibición **2** (**the**) **Prohibition** (*USA*) la ley seca, la Prohibición
▶ **prohibitionist** *n* partidario, -a de la ley seca
prohibitive /prəˈhɪbətɪv; *USA* prəʊ-/ *adj* prohibitivo
▶ **prohibitively** *adv*: *The new model is prohibitively expensive.* El coste del nuevo modelo es prohibitivo.
project¹ /ˈprɒdʒekt/ *n* proyecto: *project management/manager* gestión/director del proyecto
project² /prəˈdʒekt/ **1** *vt* proyectar: *to project a confident image* proyectar una imagen llena de seguridad **2** *vi* **(a)** sobresalir **(b)** (*actor, etc*) hacerse oír
projectile /prəˈdʒektaɪl; *USA* -tl/ *n* proyectil
projection /prəˈdʒekʃn/ *n* **1** proyección: *projection room* sala de proyección ◊ *sales projections for the next year* proyecciones de ventas para el próximo año **2** saliente
projectionist /prəˈdʒekʃnɪst/ *n* operador, -ora del proyector
projector /prəˈdʒektə(r)/ *n* proyector (*de cine*) *Ver tb* OVERHEAD PROJECTOR
prolapse /ˈprəʊlæps/ *n* prolapso
■ **prolapse** *vi* sufrir un prolapso
prole /prəʊl/ *n* (*coloq, pey*) proletario: *the proles* el proletariado
proletariat /ˌprəʊləˈteəriət/ *n* proletariado
▶ **proletarian** *adj* proletario
proliferate /prəˈlɪfəreɪt; *USA* prəʊ-/ *vi* proliferar
▶ **proliferation** *n* proliferación: *a non-proliferation treaty* un tratado de no proliferación
prolific /prəˈlɪfɪk/ *adj* prolífico
prolix /ˈprəʊlɪks; *USA* prəʊˈlɪks/ *adj* (*formal*) prolijo
prologue /ˈprəʊlɒg/ (*USA* **prolog** /-lɔːg/) *n* ~ **(to sth)** prólogo (de algo) (*lit* y *fig*)
prolong /prəˈlɒŋ; *USA* -ˈlɔːŋ/ *vt* (*esp tiempo*) prolongar, alargar
LOC to prolong the agony prolongar la agonía
▶ **prolongation** *n* **1** prolongación **2** extensión
prolonged *adj* prolongado: *prolonged delays* retrasos prolongados
prom /prɒm/ *n* (*coloq*) **1** (*GB*) **(a)** (*tb* **promenade**) paseo marítimo **(b)** (*tb* **promenade concert**) concierto en el que una parte del público se sitúa en una zona sin asientos **2** (*USA*) baile de fin de curso
promenade /ˌprɒməˈnɑːd; *USA* -ˈneɪd/ *n* **1** (*GB, coloq* **prom**) paseo marítimo **2** (*formal*) paseo: *promenade deck* cubierta de paseo **3** (*USA*) baile de gala
■ **promenade** *vi* (*formal*) pasearse
promenade concert *n Ver* PROM
prominence /ˈprɒmɪnəns/ *n* prominencia: *to come to prominence* adquirir prominencia ◊ *to give prominence to sth/sb* dar prominencia a algo/algn
prominent /ˈprɒmɪnənt/ *adj* **1** prominente: *prominent cheekbones* pómulos prominentes **2** importante
▶ **prominently** *adv* en un lugar prominente: *prominently displayed* expuesto en un lugar prominente
LOC to feature/figure prominently desempeñar un papel importante
promiscuity /ˌprɒmɪˈskjuːəti/ *n* promiscuidad
promiscuous /prəˈmɪskjuəs/ *adj* promiscuo
▶ **promiscuously** *adv* promiscuamente
promise¹ /ˈprɒmɪs/ *n* **1** promesa: *to break/keep/make a promise* faltar a/cumplir/hacer una promesa ◊ *to hold sb to their promise* hacer a algn cumplir su promesa **2** *to show great promise* ser muy prometedor **LOC** *Ver* BREACH
promise² /ˈprɒmɪs/ *vt, vi* prometer: *She promised him she wouldn't tell anyone.* Le prometió que no se lo diría a nadie. ◊ *The match promises to be very close.* El partido promete ser muy reñido. ◊ *It won't happen again, I promise.* No pasará otra vez, te lo prometo.
LOC the promised land la tierra prometida **to promise sb the earth/moon** prometer la luna a algn **to promise well** ser prometedor
▶ **promising** *adj* prometedor: *after a promising start* tras un comienzo prometedor ◊ *This restaurant looks promising.* Este restaurante tiene buena pinta.
promisingly *adv* bien: *It began promisingly.* Empezó bien.
promo /ˈprəʊməʊ/ *n* (*pl* ~**s**) promoción (*publicitaria*)
promontory /ˈprɒməntri; *USA* -tɔːri/ *n* promontorio
promote /prəˈməʊt/ *vt* **1** (*en el trabajo*) ascender **2** (*buenas relaciones, etc*) promover **3** (*Com*) promocionar **4** (*propuesta de ley*) apoyar **5** (*Quím*) provocar
▶ **promoter** *n* promotor, -ora
promotion /prəˈməʊʃn/ *n* **1** ascenso: *to gain/win promotion* conseguir el ascenso **2** promoción **3** fomento
▶ **promotional** *adj* promocional
prompt /prɒmpt/ *adj* **1** sin dilación: *The situation demands prompt action.* La situación requiere actuar con prontitud. **2** (*servicio, etc*) rápido **3** (*persona*) puntual
■ **prompt** *adv* en punto: *at 6 o'clock prompt* a las seis en punto
■ **prompt** *vt, vi* **1** incitar: *What prompted him to be so generous?* ¿Qué le incitó a mostrarse tan generoso? **2** (*reacción*) provocar **3** animar: *Prompted by the success of his first novel …* Animado por el éxito de su primera novela … **4** (*Teat*) apuntar
■ **prompt** *n* **1** (*Teat*): *She needed an occasional prompt.* De vez en cuando necesitaba que la apuntaran. **2** (*Teat, persona*) apuntador, -ora **3** (*Informát*) mensaje al operador
▶ **prompter** *n* apuntador, -ora
prompting /ˈprɒmptɪŋ/ *n* **1** indirecta **2** sugerencia: *at the prompting of sb* por instigación de algn ◊ *without prompting* por iniciativa propia
promptly /ˈprɒmptli/ *adv* **1** con prontitud **2** puntualmente **3** de inmediato
promulgate /ˈprɒmlgeɪt/ *vt* (*formal*) promulgar
prone /prəʊn/ *adj* **1** ~ **to sth (a)** propenso a algo **(b)** *The team has been prone to injuries.* El equipo ha tenido muchas lesiones. **2 -prone**: *This factory has always been strike-prone.* Siempre se han declarado muchas huelgas en esta fábrica. *Ver tb* ACCIDENT-PRONE **3** (*formal*) tumbado
LOC to be prone to do sth tener tendencia a hacer algo
prong /prɒŋ; *USA* prɔːŋ/ *n* diente (*de un tenedor*)
pronominal /prəʊˈnɒmɪnl/ *adj* pronominal
pronoun /ˈprəʊnaʊn/ *n* pronombre *Ver tb* PERSONAL PRONOUN
pronounce /prəˈnaʊns/ *vt* **1** pronunciar **2** declarar: *She was pronounced guilty by the jury.* El jurado la declaró culpable. **3** (*Jur*) dictar: *to pronounce sentence on sb* dictarle sentencia a algn
LOC to pronounce for/in favour of sth/sb pronunciarse en favor de algo/algn **to pronounce on/upon sth** pronunciarse sobre algo
pronounced /prəˈnaʊnst/ *adj* **1** (*acento*) fuerte **2** (*mejora*) marcado **3** (*movimiento*) pronunciado **4** (*opiniones, etc*) definido

pronouncement /prəˈnaʊnsmənt/ *n* **~ (on sth)** declaración (sobre algo)

pronunciation /prəˌnʌnsiˈeɪʃn/ *n* pronunciación

proof /pruːf/ *n* **1** [*incontable*] prueba(s): *The case was dismissed because of lack of proof.* Se rechazó la acusación por falta de pruebas. ◊ *proof of identity* documentación ◊ *a mathematical proof* una prueba matemática **2** comprobación **3 (page) proofs** [*pl*] (*imprenta*) pruebas *Ver tb* GALLEY PROOF **4** (*Fot*) prueba
LOC the proof of the pudding (is in the eating) (*refrán*) el movimiento se demuestra andando **to be X degrees proof** tener X% de volumen de alcohol

> **Proof** se utiliza para medir la graduación alcohólica de las bebidas: **70 degrees proof** equivalen a 40% de volumen de alcohol.
> Nótese que en Estados Unidos **70 proof** equivale a 35% de volumen de alcohol.

to put sth/sb to the proof/test poner algo/a algn a prueba *Ver tb* LIVING[1]
■ **proof** *adj* **1 ~ against sth** a prueba de algo: *The floor is proof against damp.* El suelo está a prueba de humedad. **2 -proof**: *a flameproof jacket* una chaqueta incombustible *Ver tb* BOMBPROOF, BULLETPROOF, CHILDPROOF, DAMP-PROOF COURSE, FIREPROOF, FOOLPROOF, RAINPROOF, RUSTPROOF, SHOCKPROOF, SOUNDPROOF, WATERPROOF, WEATHERPROOF, WINDPROOF
■ **proof** *vt* (*formal*) impermeabilizar

proof-read /ˈpruːf riːd/ *vt* (*pret, pp* **proof-read** /-red/) corregir (las) pruebas (de)
▸ **proof-reader** *n* corrector, -ora de pruebas

prop[1] /prɒp/ *n* **1** (*lit* y *fig*) apoyo **2** puntal **3** (*plantas*) horca **4** (*tb* **prop forward**) (*Dep*) en rugby, delantero que juega en la primera fila de la melé
■ **prop** *vt* **(-pp-) ~ sth (up) against sth** apoyar algo contra algo
LOC to prop up the bar (*coloq*) estar pegado a la barra
PHR V to prop sb up sujetar a algn
to prop sth up 1 sujetar algo **2** (*Arquit*) apuntalar algo **3** (*pey*) (*régimen, etc*) respaldar algo

prop[2] /prɒp/ (*coloq*) **1** *abrev de* **propeller 2** (*Teat*) *abrev de* **property 3** *abrev de* **proprietor**

propaganda /ˌprɒpəˈɡændə/ *n* propaganda: *propaganda film* película de propaganda
▸ **propagandist 1** *n* propagandista **2** *adj* propagandístico

propagate /ˈprɒpəɡeɪt/ *vt, vi* propagar(se)
▸ **propagation** *n* propagación
propagator *n* propagador

propane /ˈprəʊpeɪn/ *n* (gas) propano

propel /prəˈpel/ *vt* **(-ll-) 1** impulsar **2** (*Mec*) propulsar

propeller /prəˈpelə(r)/ *n* (*abrev* **prop**) hélice: *propeller shaft* árbol de la hélice

propelling pencil (*USA* **mechanical pencil**) *n* portaminas

propensity /prəˈpensəti/ *n* (*formal*) **~ (for/to sth)** propensión (a algo)

proper /ˈprɒpə(r)/ *adj* **1** debido: *to pay proper attention to sth* prestar la debida atención a algo **2** adecuado **3** de verdad: *She hadn't had a proper holiday for years.* Hacía años que no se cogía unas vacaciones de verdad. **4** correcto: *the proper way to do sth* la manera correcta de hacer algo **5** (*educación*) respetable **6** decente **7** [*predicativo*] propiamente dicho: *the competition proper* el campeonato propiamente dicho **8** (*coloq*) *I felt a proper idiot.* Me sentí como un perfecto idiota.
▸ **properly** *adv* **1** bien: *The window isn't properly closed.* La ventana no está bien cerrada. **2** (*comportarse, etc*) con propiedad, adecuadamente **3** (*coloq*) totalmente: *I was properly ashamed of myself.* Estaba totalmente avergonzado de mí mismo.
LOC properly speaking propiamente dicho

proper name *n* nombre propio

property /ˈprɒpəti/ *n* (*pl* **-ies**) **1** [*incontable*] bienes: *personal property* bienes muebles ◊ *stolen property* bienes robados. ◊ *Lost Property* Objetos Perdidos **2(a)** propiedad: *property tax* impuesto sobre la propiedad ◊ *a woman of property* una mujer hacendada ◊ *It has soothing properties.* Tiene propiedades calmantes. **(b)** finca **3** (*abrev* **prop**) [*gen pl*] (*Teat*) accesorio
LOC *Ver* PUBLIC
▸ **propertied** *adj* hacendado

prophecy /ˈprɒfəsi/ *n* (*pl* **-ies**) profecía

prophesy /ˈprɒfəsaɪ/ (*pret, pp* **-sied**) **1** *vt* predecir **2** *vi* profetizar

prophet /ˈprɒfɪt/ *n* profeta
LOC a prophet of doom un(a) catastrofista
▸ **prophetic** *adj* profético

prophylactic /ˌprɒfɪˈlæktɪk/ *adj, n* (*formal*) profiláctico

propitiate /prəˈpɪʃieɪt/ *vt* (*formal*) propiciar
▸ **propitiatory** *adj* propiciatorio

propitious /prəˈpɪʃəs/ *adj* (*formal*) propicio

proponent /prəˈpəʊnənt/ *n* defensor, -ora (*de una causa*)

proportion /prəˈpɔːʃn/ *n* proporción: *a crisis of huge proportions* una crisis de enormes proporciones
LOC a high/large proportion of sth/sb un alto porcentaje de algo/algn: *A large proportion of small companies went bust.* Un alto porcentaje de compañías pequeñas se fueron a pique. **in proportion to sth** en proporción a algo **out of (all) proportion 1** desmesuradamente: *The problem has been magnified out of all proportion.* El problema ha sido exagerado desmesuradamente. **2** desproporcionado **to get/keep things in proportion** ver el asunto en su justa medida **to get sth out of proportion** exagerar algo *Ver tb* SENSE
▸ **proportional** *adj* **~ (to sth)** proporcional a algo; en proporción con algo: *proportional representation* representación proporcional
proportionally *adv* proporcionalmente

proportionate /prəˈpɔːʃənət/ *adj* (*formal*) proporcionado
▸ **proportionately** *adv* proporcionalmente

proportioned /prəˈpɔːʃənd/ *adj* proporcionado: *a perfectly proportioned figure* una figura perfectamente proporcionada

proposal /prəˈpəʊzl/ *n* **1** propuesta **2** (*tb* **proposal of marriage**) propuesta de matrimonio

propose /prəˈpəʊz/ **1** *vt* (*sugerencia*) proponer: *the proposed amendment* el cambio propuesto **2** *vt* proponerse: *I propose to make an early start tomorrow.* Me propongo empezar pronto mañana. ◊ *What do you propose to do about it?* ¿Qué piensas hacer al respecto? **3** *vi* **~ (to sb)** pedir la mano (a algn)
LOC to propose a toast (to sb) brindar por algn
▸ **proposer** *n* proponente

proposition /ˌprɒpəˈzɪʃn/ *n* **1** proposición, propuesta: *The company has made a highly attractive proposition.* La compañía ha hecho una proposición que no se puede rechazar. **2** (*coloq*) tarea: *It's a tough proposition.* Es una tarea difícil. **LOC** *Ver* DIFFERENT
■ **proposition** *vt* hacer proposiciones deshonestas a

propound /prəˈpaʊnd/ *vt* (*formal*) proponer: *to propound a theory* proponer una teoría

proprietary /prəˈpraɪətri; *USA* -teri/ *adj* **1** propietario **2** patentado: *proprietary medicines* medicinas patentadas
LOC proprietary rights derechos de propiedad

proprietor /prəˈpraɪətə(r)/ *n* (*abrev* **prop**) propietario, -a
▸ **proprietorial** *adj* **1** propietario **2** (*pey*) posesivo

propriety /prəˈpraɪəti/ *n* (*formal*) **1(a)** decoro **(b) the proprieties** [*pl*] los cánones sociales **2** conveniencia

propulsion /prəˈpʌlʃn/ *n* propulsión: *jet propulsion* propulsión por reacción

propulsive /prəˈpʌlsɪv/ *adj* (*formal*) propulsor

pro rata *adj* proporcional: *a pro rata increase in price* un aumento proporcional de precio
■ **pro rata** *adv* proporcionalmente

prosaic /prəˈzeɪɪk/ *adj* prosaico
▶ **prosaically** *adv* prosaicamente

proscenium /prəˈsiːniəm/ *n* proscenio: *proscenium arch* arco del proscenio

proscribe /prəˈskraɪb; *USA* prəʊ-/ *vt* (*formal*) proscribir
▶ **proscription** *n* proscripción

prose /prəʊz/ *n* **1** prosa: *prose writer* prosista **2** (*tb* **prose composition**) traducción a un idioma extranjero

prosecute /ˈprɒsɪkjuːt/ *vt* **1** procesar: *Trespassers will be prosecuted.* Los intrusos serán procesados. ◊ *the prosecuting lawyer* el fiscal **2** (*formal*) (*guerra, disputa*) proseguir
▶ **prosecution** *n* **1(a)** enjuiciamiento: *the threat of prosecution* la amenaza de enjuiciamiento **(b)** procesamiento **2** (*abogados, etc*) acusación: *counsel for the prosecution* el ministerio fiscal ◊ *a witness for the prosecution* un testigo de cargo **3** cumplimiento: *in the prosecution of his duties* en el cumplimiento de su deber
prosecutor *n* fiscal

proselytize, -ise /ˈprɒsələtaɪz/ (*formal*) **1** *vi* ganar prosélitos **2** *vt* convertir a

prospect¹ /ˈprɒspekt/ *n* **1** perspectiva: *I don't relish the prospect.* Esa perspectiva no me apetece nada. ◊ *The job has no prospects.* El puesto no tiene perspectivas. **2(a)** expectativa: *to have little prospect of success* tener pocas expectativas de éxito **(b)** posibilidad **3** (*persona*) **(a)** candidato, -a **(b)** cliente probable **4** (*antic*) panorama, vista
▶ **prospective** *adj* **1** futuro: *his prospective mother-in-law* su futura suegra **2** probable: *prospective changes in the law* probables cambios en la ley

prospect² /prəˈspekt; *USA* ˈprɒspekt/ *vi* (*en busca de oro, petróleo*) explorar
LOC **to prospect for sth** buscar algo (*oro, petróleo*)
▶ **prospector** *n* buscador, -ora: *gold prospector* buscador de oro

prospectus /prəˈspektəs/ *n* prospecto (*folleto promocional*)

prosper /ˈprɒspə(r)/ *vi* prosperar
▶ **prosperity** /prɒˈsperəti/ *n* prosperidad: *economic prosperity* prosperidad económica
prosperous /ˈprɒspərəs/ *adj* próspero

prostate /ˈprɒsteɪt/ (*tb* **prostate gland**) *n* próstata
☛ *Ver ilustración en* REPRODUCTOR

prosthesis /prɒsˈθiːsɪs/ *n* (*pl* **-theses**) prótesis
▶ **prosthetic** *adj* protésico

prostitute /ˈprɒstɪtjuːt; *USA* -tuːt/ *n* **1** prostituta **2** **male prostitute** prostituto
■ **prostitute 1** *v refl* **~ yourself** prostituirse **2** *vt* prostituir: *poets prostituting their talent to earn money* poetas que prostituyen su talento para ganar dinero
▶ **prostitution** *n* **~ (of sth)** prostitución (de algo)

prostrate /ˈprɒstreɪt/ *adj* **1** postrado: *to lie prostrate before sb* postrarse ante algn **2 ~ (with sth)** abatido (por algo): *She was prostrate with grief.* Estaba abatida por la pena. ◊ *The country, prostrate after years of war…* El país, abatido tras años de guerra…
■ **prostrate** /prɒˈstreɪt; *USA* ˈprɒstreɪt/ **1** *v refl* **~ yourself (before sth/sb)** postrarse (ante algo/algn) **2** *vt* (*formal*) abatir
▶ **prostration** *n* **1** postración **2** abatimiento

protagonist /prəˈtæɡənɪst/ *n* **1** protagonista: *the leading protagonist of the drama* el principal protagonista de la obra **2 ~ (of sth)** defensor, -ora (de algo)

protean /ˈprəʊtiən, prəʊˈtiːən/ *adj* (*formal*) proteico

protect /prəˈtekt/ *vt* **~ sth/sb (against/from sth)** proteger algo/a algn (contra/de algo): *to protect yourself against the cold* protegerse del frío

protection /prəˈtekʃn/ *n* **1 ~ (for sb) (against/from sth); ~ (for sth)** protección (para algn) (contra algo); (para/de algo): *the protection of the environment* la protección del medioambiente **2** proteccionismo **3** (*tb* **protection money**) pago a una organización criminal para proteger un negocio
▶ **protectionism** *n* proteccionismo
protectionist *adj* proteccionista

protective /prəˈtektɪv/ *adj* **1** protector: *protective clothing* ropa protectora **2 ~ (towards sb)** de actitud protectora (hacia algn): *to feel protective towards sb* tener una actitud protectora hacia algn
▶ **protectively** *adv* de forma protectora
protectiveness *n* actitud protectora

protective custody *n* detención de algn por su propia seguridad personal

protector /prəˈtektə(r)/ *n* protector, -ora

protectorate /prəˈtektərət/ *n* protectorado

protégé (*fem* **protégée**) /ˈprɒtɪʒeɪ; *USA* ˌprəʊtɪˈʒeɪ/ *n* protegido, -a

protein /ˈprəʊtiːn/ *n* proteína: *a high protein diet* una dieta alta en proteínas

protest¹ /ˈprəʊtest/ *n* protesta: *to make/stage a protest about/against sth* protestar contra algo ◊ *He resigned in protest at/over the decision.* Dimitió en señal de protesta por la decisión. ◊ *protest songs* canciones protesta ◊ *a protest march/strike* una marcha de protesta/una huelga en protesta
LOC **under protest** bajo protesta

protest² /prəˈtest/ **1** *vi* **~ (about/at sth); ~ (against sth)** protestar (por/de algo); (contra algo) **2** *vt* afirmar enérgicamente: *He protested his innocence.* Declaró su inocencia. ◊ *to protest your loyalty* declarar su lealtad
▶ **protester** (*tb* **protestor**) *n* manifestante

Protestant /ˈprɒtɪstənt/ *adj, n* protestante: *the Protestant Church* la Iglesia protestante
▶ **Protestantism** *n* protestantismo

protestation /ˌprɒtəˈsteɪʃn/ *n* (*formal*) protesta, declaración: *protestations of innocence* declaraciones de inocencia

protocol /ˈprəʊtəkɒl; *USA* -kɔːl/ *n* protocolo

proton /ˈprəʊtɒn/ *n* protón

prototype /ˈprəʊtətaɪp/ *n* prototipo

protracted /prəˈtræktɪd; *USA* prəʊ-/ *adj* prolongado

protrude /prəˈtruːd; *USA* prəʊ-/ *vi* **~ (from sth)** sobresalir (de algo): *protruding teeth* dientes salientes
▶ **protrusion** *n* **1** protuberancia **2** saliente

proud /praʊd/ *adj* **(-er, -est) 1** (*aprob*) **(a) ~ (of sth/sb); ~ (to do sth/that…)** orgulloso (de algo/algn); (de hacer algo/de que…): *the proud owner of a new car* el orgulloso propietario de un nuevo coche *Ver tb* HOUSE-PROUD **(b)** memorable: *It was a proud day.* Fue un día memorable. ◊ *his proudest possession* su posesión más preciada **2** (*pey*) soberbio
LOC **(as) proud as a peacock** más engreído que un pavo real
■ **proud** *adv*
LOC **to do sb proud** (*coloq*) tratar a algn con todos los honores
▶ **proudly** *adv* con orgullo

prove /pruːv/ (*pret* **proved** *pp* **proved** o *esp USA* **proven** /ˈpruːvn/) **1** *vt* **~ sth (to sb)** probar, demostrar algo (a algn): *Can you prove it to me?* ¿Puedes probarlo? ◊ *He proved me wrong.* Me demostró que estaba equivocado. ◊ *innocent until proven guilty* inocente hasta que se demuestre lo contrario **2** *vt, vi* **~ (yourself) (to be) sth** resultar (ser) algo: *The task proved (to be) very difficult.* La tarea resultó (ser) muy difícil. ◊ *It proved a disadvantage.* Resultó ser una desventaja. **3** *vi* (*masa*) subir **4** *vt* (*USA* **probate**) (*formal*) (*testamento*) verificar
LOC **to prove your/the case/point** demostrar que se está en lo cierto *Ver tb* EXCEPTION

Nótese que **prove** y **shave** poseen tanto formas regulares como irregulares para el participio pasado (**proved/proven**, **shaved/shaven**). En inglés británico se prefieren las formas regulares, **proved** y **shaved**, mientras que **shaven** y **proven** se utilizan más como adjetivos: *a well-proven method* un método bien comprobado ◊ *a shaven head* una cabeza rapada.

proven /ˈpruːvn; *Escocia* ˈprəʊvn/ **1** *pp de* PROVE **2** *adj* comprobado ☞ *Ver nota en* PROVE

provenance /ˈprɒvənəns/ *n* (*formal*) procedencia: *of French provenance* de procedencia francesa

proverb /ˈprɒvɜːb/ *n* proverbio, refrán
▶ **proverbial** *adj* **1** proverbial **2** por todos conocido

provide /prəˈvaɪd/ **1** *vt* ~ **sb** (**with sth**); ~ **sth** (**for sb**) proporcionar, dar algo a algn: *This provides a basis for research.* Esto nos proporciona una base para la investigación. ◊ *Accommodation will be provided.* Se proporcionará alojamiento. **2** *vt* ~ (**that...**) (*formal*) tener por condición (que...)
PHR V **to provide against sth** (*formal*) tomar precauciones contra algo
to provide for sb mantener a algn: *His father left him well provided for.* Su padre lo dejó bien situado económicamente.
to provide for sth 1 prevenir algo **2** estipular algo
▶ **provider** *n* fuente (*de ingresos, información, etc*): *the chief provider of the family* el sostén económico de la familia

provided /prəˈvaɪdɪd/ (*tb* **providing** /prəˈvaɪdɪŋ/) *conj* ~ (**that**)... a condición de que, siempre que, con tal (de) que

providence /ˈprɒvɪdəns/ *n* providencia LOC *Ver* TEMPT
▶ **provident** *adj* previsor
providential *adj* providencial

providing *Ver* PROVIDED

province /ˈprɒvɪns/ *n* **1** provincia **2 the provinces** [*pl*] provincias: *to live in the provinces* vivir en provincias **3(a)** (*área de responsabilidad*) competencia: *The matter is outside my province.* El asunto está fuera de mi competencia. **(b)** (*área de actividad*) campo
▶ **provincial 1** *adj* **(a)** provincial: *the provincial capital* la capital de provincia **(b)** de provincias: *provincial newspapers* periódicos de provincias **2** *n* (*ofen*) provinciano, -a

provision /prəˈvɪʒn/ *n* **1** ~ **of sth** suministro, abastecimiento de algo: *to be responsible for the provision of medical services* tener la responsabilidad de facilitar servicios médicos **2** ~ **for/against sth** medida previsora para/contra algo: *to make provision for your old age* ser previsor para la vejez ◊ *to make provision for your family* asegurar el porvenir de su familia ◊ *The present law makes no provision for this.* La ley actual no contempla este caso. **3 provisions** [*pl*] víveres, provisiones **4** (*Jur*) disposición, estipulación: *under the provisions of the agreement* según las disposiciones del acuerdo
■ **provision** *vt* ~ **sth/sb** (**with sth**) (*formal*) abastecer, aprovisionar algo/a algn (de algo)

provisional /prəˈvɪʒənl/ *adj* provisional
▶ **provisionally** *adv* provisionalmente

proviso /prəˈvaɪzəʊ/ *n* (*formal*) (*pl* ~**s**) condición

provocation /ˌprɒvəˈkeɪʃn/ *n* provocación: *at the slightest provocation* a la mínima provocación
▶ **provocative** *adj* provocador, provocativo
provocatively *adv* provocativamente

provoke /prəˈvəʊk/ *vt* **1(a)** ~ **sb** provocar a algn: *I am not easily provoked.* No me enfado con facilidad. **(b)** ~ **sb into doing sth/to do sth** inducir, incitar a algn a hacer algo **2** ~ **sth** provocar, causar algo
▶ **provoking** *adj* irritante

provost /ˈprɒvəst; *USA* ˈprəʊ-/ *n* **1** (*universidad*) director, -ora, rector, -ora **2** (*Escocia*) alcalde **3** (*GB, Relig*) preboste

prow /praʊ/ *n* proa

prowess /ˈpraʊəs/ *n* **1** proeza **2** habilidad

prowl /praʊl/ *vt, vi* ~ (**about/around**) (**sth**) merodear (por algo)
■ **prowl** *n*
LOC **to be/go on the prowl** estar/ir a la caza
▶ **prowler** *n* merodeador, -ora

proximity /prɒkˈsɪməti/ *n* proximidad: *the proximity of sth* la cercanía de algo ◊ *in close proximity to each other* muy cerca el uno del otro

proxy /ˈprɒksi/ *n* **1** apoderado, -a, representante **2** poder: *a proxy vote* un voto por poderes ◊ *to marry by proxy* casarse por poderes

prude /pruːd/ *n* (*ofen*) mojigato, -a
▶ **prudish** *adj* mojigato

prudent /ˈpruːdnt/ *adj* prudente
▶ **prudence** *n* prudencia
prudently *adv* con prudencia, prudentemente

prune¹ /pruːn/ *n* ciruela pasa

prune² /pruːn/ *vt* **1** (*Bot*) podar **2** (*fig*) recortar: *The budget will have to be pruned.* Habrá que recortar el presupuesto. ◊ *to prune an essay of irrelevant detail* eliminar la paja de una redacción
PHR V **to prune sth away/back** podar algo, recortar algo
to prune sth down 1 (*lit*) podar algo **2** (*fig*) recortar algo
▶ **pruning** *n* poda

prurient /ˈprʊəriənt/ *adj* (*formal, ofen*) lascivo

pry /praɪ/ (*pret, pp* **pried** /praɪd/) **1** *vi* fisgonear, entrometerse: *safe from prying eyes* lejos de ojos curiosos ◊ *to pry into sb's affairs* entrometerse en los asuntos de algn **2** *vt* (*USA*) *Ver* PRISE

PS /ˌpiː ˈes/ *abrev de* **postscript** posdata

psalm /sɑːm/ *n* salmo

psalter /ˈsɔːltə(r)/ *n* salterio

pseudo (*tb* **pseudo-**) /ˈsjuːdəʊ; *USA* ˈsuː-/ *adj* (*coloq*) (p)seudo-

pseudonym /ˈsjuːdənɪm; *USA* ˈsuːdənɪm/ (*tb* **nom de plume**) *n* seudónimo

psoriasis /səˈraɪəsɪs/ *n* soriasis

psych (*tb* **psyche**) /saɪk/ *vt* ~ **sb** (**out**) (*coloq*) poner nervioso a algn
PHR V **to psych sb/yourself up** mentalizar a algn/mentalizarse

psyche /ˈsaɪki/ *n* psique, psiquis

psychedelic /ˌsaɪkəˈdelɪk/ *adj* psicodélico

psychiatry /saɪˈkaɪətri; *USA* sə-/ *n* [*incontable*] psiquiatría
▶ **psychiatric** *adj* psiquiátrico
psychiatrist *n* psiquiatra

psychic /ˈsaɪkɪk/ *adj* **1** (*tb* **psychical** /ˈsaɪkɪkl/) psíquico **2** (*persona*) con poderes sobrenaturales: *to be psychic* tener poderes parapsicológicos
■ **psychic** *n* una persona que tiene poderes parapsicológicos

psycho /ˈsaɪkəʊ/ *n* (*pl* ~**s**) (*coloq, pey*) (p)sicópata

psychoanalysis /ˌsaɪkəʊəˈnæləsɪs/ (*tb* **analysis**) *n* psicoanálisis
▶ **psychoanalyst** (*tb* **analyst**) *n* psicoanalista
psychoanalytic (*tb* **psychoanalytical**) *adj* psicoanalítico

psychological /ˌsaɪkəˈlɒdʒɪkl/ *adj* psicológico: *psychological warfare* guerra psicológica
▶ **psychologically** *adv* psicológicamente

psychology /saɪˈkɒlədʒi/ *n* (*pl* **-ies**) psicología
▶ **psychologist** *n* psicólogo, -a

psychopath /ˈsaɪkəʊpæθ/ *n* psicópata
▶ **psychopathic** *adj* psicópata: *psychopathic behaviour* conducta psicópata

psychosis /saɪˈkəʊsɪs/ *n* (*pl* **-choses** /-ˈkəʊsiːz/) psicosis

psychosomatic /ˌsaɪkəʊsəˈmætɪk/ *adj* psicosomático

psychotherapy /ˌsaɪkəʊˈθerəpi/ *n* psicoterapia
▶ **psychotherapist** *n* psicoterapeuta

psychotic /saɪˈkɒtɪk/ *adj* psicótico
■ **psychotic** *n* psicótico, -a

PT /ˌpiː ˈtiː/ (*Educ*) *abrev de* **physical training** educación física

pt 1 (*obra de teatro*) *abrev de* **part 2** (*pl* **pts**) (*medida*) *abrev de* **pint 3** (*pl* **pts**) *abrev de* **point 4** (*en un mapa*) *abrev de* **port**

PTA /ˌpiː tiː ˈeɪ/ *abrev de* **Parent-Teacher Association** Asociación de Padres y Profesores

pterodactyl /ˌterəˈdæktɪl/ *n* pterodáctilo

PTO /ˌpiː tiː ˈəʊ/ *abrev de* **please turn over** vease al dorso

pub /pʌb/ (*tb* **public house**) *n* (*GB*) bar

puberty /ˈpjuːbəti/ *n* pubertad

pubescent /pjuːˈbesnt/ *adj* púber

pubic /ˈpjuːbɪk/ *adj* púbico: *pubic hair* vello púbico ☛ *Ver ilustración en* REPRODUCTOR

public /ˈpʌblɪk/ *adj* público: *The result was not made public.* El resultado no se hizo público. ◊ *to hold a public inquiry into sth* abrir una investigación sobre algo ◊ *public convenience* aseos públicos ◊ *public holiday* fiesta ◊ *public library* biblioteca pública ◊ *public limited company* sociedad anónima ◊ *public opinion* opinión pública ◊ *public relations* relaciones públicas ◊ *the public sector* el sector público ◊ *public transport* transporte público
LOC in the public domain de(l) dominio público **to be in the public eye** ser objeto de la atención pública **to be public knowledge** ser bien conocido **to be public property** ser del dominio público: *Their financial problems are public property now.* Sus problemas monetarios ya son del dominio público. **to go public 1** (*Com*) salir al mercado público **2** hacer revelaciones
■ **public** *n* **1 the public** el público: *closed to (members of) the public* cerrado al público **2** público
LOC in public en público *Ver tb* WASH

publican /ˈpʌblɪkən/ *n* dueño, -a de un bar

publication /ˌpʌblɪˈkeɪʃn/ *n* publicación: *publication date* fecha de publicación

public house (*tb* **pub**) *n* bar

publicist /ˈpʌblɪsɪst/ *n* publicista

publicity /pʌbˈlɪsəti/ *n* publicidad: *publicity agent* agente de publicidad ◊ *to attract a lot of publicity* atraer gran publicidad ◊ *publicity campaign* campaña publicitaria **LOC** *Ver* GLARE

publicize, -ise /ˈpʌblɪsaɪz/ *vt* **1** hacer público **2** promover, promocionar

public limited company *n* (*abrev* **PLC**) sociedad anónima (=SA)

publicly /ˈpʌblɪkli/ *adv* públicamente

Public Record Office *n* Archivo General

public school *n* **1** (*GB*) colegio privado ☛ *Ver nota en* ESCUELA **2** (*USA*) colegio público

public-spirited /ˌpʌblɪk ˈspɪrɪtɪd/ *adj*
LOC to be public-spirited tener gran espíritu cívico

publish /ˈpʌblɪʃ/ *vt* **1** publicar **2** hacer público
▶ **publisher** *n* **1** editor, -ora **2** (casa) editorial
publishing *n* mundo editorial: *She's in publishing.* Trabaja en una editorial. ◊ *publishing house* casa editorial

puce /pjuːs/ *n* (de color) pardo rojizo

puck /pʌk/ *n* disco de hockey sobre hielo ☛ *Ver ilustración en* HOCKEY

pucker /ˈpʌkə(r)/ **1** *vt* (*labios, boca*) fruncir **2** *vi* **(a)** estar fruncido **(b)** arrugarse
PHR V to pucker up fruncir los labios
■ **pucker** *n* arruga

pudding /ˈpʊdɪŋ/ *n* **1** (*GB*) (*tb* **dessert**, **sweet**) postre: *What's for pudding?* ¿Qué hay de postre? ◊ *a pudding basin* un cuenco **2** pudin, budín *Ver tb* BLACK PUDDING, BREAD AND BUTTER PUDDING, CHRISTMAS PUDDING, RICE PUDDING, YORKSHIRE PUDDING **LOC** *Ver* PROOF

puddle /ˈpʌdl/ *n* charco

pudenda /pjuːˈdendə/ *n* [*pl*] (*formal*) partes pudendas

pudgy /ˈpʌdʒi/ *adj* (*coloq*) regordete

puerile /ˈpjʊəraɪl; *USA* -rəl/ *adj* (*pey*) pueril

puff /pʌf/ *n* **1(a)** soplo: *a puff of wind* un soplo de viento **(b)** resoplido **(c)** bocanada: *a puff of steam* una bocanada de humo ◊ *to vanish in a puff of smoke* desvanecerse como el humo **(d)** (*coloq*) (*cigarrillo*) calada **2** (*tb* **powder puff**) borla **3** pastel de hojaldre: *cream puff* hojaldre relleno de nata **4** (*coloq*) aliento: *I'm out of puff.* Estoy sin aliento.
■ **puff 1** *vi* **(a)** jadear **(b) ~ (away) at/on a cigar, a pipe, etc** chupar un puro, una pipa, etc **(c) ~ (away)** fumar **2** *vt* **(a)** (*humo*) echar **(b)** (*cigarro, etc*) chupar
LOC to be puffed up with pride, etc estar hecho un engreído **to puff and blow/pant** resollar *Ver tb* HUFF
PHR V to puff sb out (*coloq*): *That run has puffed me out.* Esa carrera me ha dejado sin aliento.
to puff sth out hinchar algo: *to puff out your cheeks/chest* hinchar los mofletes/el pecho
to puff up hincharse
▶ **puffed** (*tb* **puffed out**) *adj* (*coloq*) sin aliento
puffy *adj* (**-ier, -iest**) hinchado (*esp cara*)

puffin /ˈpʌfɪn/ *n* (*Zool*) frailecillo

pug /pʌg/ *n* buldog enano

pugnacious /pʌgˈneɪʃəs/ *adj* (*formal*) pugnaz

puke /pjuːk/ (*argot*) **1** *vi* **~ (up)** echar las potas: *It makes me puke.* Me da asco. **2** *vt* **~ sth up** devolver algo
■ **puke** *n* (*argot*) pota

pull¹ /pʊl/ *n* **1 ~ (at/on sth)** tirón (de/a algo): *I felt a pull at my sleeve.* Sentí que me tiraban de la manga. **2** [*sing*] **the pull of sth** la atracción de algo: *the pull of the wandering life* la llamada de la vida errante **3** (*coloq, fig*) enchufe, ventaja **4 ~ (at sth) (a)** trago (a algo) **(b)** calada a algo **5** [*sing*]: *It was a hard pull.* Resultó un duro esfuerzo.
LOC (to be) on the pull (ir) de ligue

pull² /pʊl/ **1** *vt* dar un tirón a, tirar de: *I had to pull them apart.* Tuve que apartarlos a tirones. ◊ *to pull up the floorboards* arrancar el entarimado ◊ *Would you rather pull or push?* ¿Prefieres tirar o empujar? ◊ *to pull the toilet chain* tirar de la cadena ◊ *I pulled her to the ground.* La tiré al suelo de un tirón. ◊ *to pull sb's hair* dar un tirón de pelos a algn ◊ *Pull lever to open.* Para abrir, tire de la palanca. ☛ *Ver ilustración en* PUSH **2** *vt* sacar: *to pull a cork* sacar un corcho ◊ *to pull a pint* tirar una cerveza **3** desgarrarse: *a pulled tendon* un tendón desgarrado ◊ *to pull a muscle* tener un tirón en un músculo **4** *vt* (*gatillo*) apretar **5** *vt* (*argot*) ligarse a **6** *vt* (*argot*) *They pulled a bank job.* El robo del banco les salió bien. ◊ *He's pulling some sort of trick.* Está saliendo con algún truco. **7** *vi* **~ (for sth)** remar (hacia algo) **8** *vi* **~ at/on sth (a)** tirar de algo **(b)** dar una calada, dar un trago a algo **9** *vi* girar: *The car pulled sharply to the right.* El coche giró con rapidez a la derecha.
LOC not to pull your punches (*coloq*) no pararse en barras **pull the other one (- it's got bells on)** (*refrán, coloq*) ahora cuéntame una de vaqueros **to pull a fast one (on sb)** (*coloq*) hacer trampa (a algn) **to pull a stunt (on sb)** hacerle una broma a algn **to pull out all the stops (to do sth)** (*coloq*) hacer lo indecible (para hacer algo) **to pull rank (on sb)** hacer valer tus privilegios (con algn) **to pull sb's leg** (*coloq*) tomar el pelo a algn **to pull strings (for sb)** (*coloq*) mover los hilos (para ayudar a algn) **to pull the carpet/rug (out) from under sb's feet** (*coloq*) dejar a algn colgado **to pull the plug on sth/sb** (*argot*) terminar con algo/algn **to pull the strings** tener la sartén por el mango **to pull the**

wool over sb's eyes (*coloq*) engañar a algn **to pull up your roots** empezar de nuevo **to pull yourself up by your (own) bootstraps** (*coloq*) ascender por méritos propios **to pull your socks up** (*GB, coloq*) esforzarse más/por mejorar **to pull your weight** hacer tu parte *Ver tb* FACE[1], FINGER, PIECE

PHR V to pull ahead (of sth/sb) ponerse delante (de algo/algn)

to pull sth along arrastrar algo

to pull sth apart partir algo en dos (*tirando*)

to pull away arrancar y salir: *The car pulled away from the kerb.* El coche se alejó de la acera.

to pull (sb) back retirar a algn/retirarse

to pull sth back tirar de algo hacia atrás: *to pull back the curtains* descorrer las cortinas

to pull sth down 1 derribar algo **2** bajar algo **3** (*coloq*) ganar algo (*dinero, etc*)

to pull sb in (*coloq*) **1** detener a algn **2** atraer a algn: *How many voters can he pull in?* ¿A cuántos votantes puede atraer? ◊ *to pull in the crowds* atraer a las muchedumbres

to pull sth in (*GB, coloq*) ganar algo (*dinero, etc*) ☛ Nótese que en inglés americano se dice **to pull sth down**.

to pull into sth; to pull in (to sth) 1 (*tren*) llegar (a algo) **2** (*vehículo*) detenerse (en algo)

to pull off (sth) salirse (de algo): *to pull off the road* salirse de la carretera

to pull sth off 1 (*coloq*) conseguir algo **2** (*ropa*) quitarse algo de un tirón

to pull sth on ponerse algo de un tirón (*ropa*)

to pull out salir (*coche, barco, etc*): *A car pulled out without a signal.* Un coche salió sin avisar. ◊ *The train pulled out of the station.* El tren salió de la estación.

to pull sth out sacar algo

to pull (sth/sb) out (of sth) retirar(se) (de algo)

to pull over hacerse a un lado (*vehículo*)

to pull (sb) round/through (*coloq*) (hacer a algn) volver en sí

to pull through salir adelante

to pull together cooperar

to pull yourself together dominarse

to pull up detenerse (*vehículo*)

to pull sb up (*coloq*) reprender a algn

to pull sth up alzar algo

pulley /ˈpʊli/ *n* (*pl* **~s**) polea

pull-out /ˈpʊl aʊt/ *n* suplemento (*de revista, etc*)

pullover /ˈpʊləʊvə(r)/ *n* jersey ☛ *Ver nota en* SWEATER

pulmonary /ˈpʌlmənəri; *USA* -neri/ *adj* pulmonar

pulp /pʌlp/ *n* **1(a)** pulpa **(b)** pasta: *paper pulp* pasta de papel ◊ *to beat sb to a pulp* hacer papilla a algn **2** (*pey*) (*tb* **pulp fiction**) literatura barata **LOC** *Ver* BEAT

■ **pulp** *vt* hacer una pasta con

pulpit /ˈpʊlpɪt/ *n* púlpito ☛ *Ver ilustración en* IGLESIA

pulsate /pʌlˈseɪt; *USA* ˈpʌlseɪt/ *vi* **1** (*tb* **pulse**) palpitar, latir **2 ~ (with sth)** vibrar (con algo)

▶ **pulsating** *adj* palpitante

pulse¹ /pʌls/ *n* **1(a)** pulso: *His pulse raced.* Se le aceleró el pulso. ◊ *pulse rate* pulso **(b)** (*Mús*) ritmo **2** pulsación: *electrical pulses* pulsaciones eléctricas

LOC to feel/take sb's pulse tomar el pulso a algn *Ver tb* FINGER

■ **pulse** *vi* latir

pulse² /pʌls/ *n* [*gen pl*] legumbre seca (*p. ej. lenteja, garbanzo, etc*)

pulverize, -ise /ˈpʌlvəraɪz/ **1** *vt, vi* (*formal*) pulverizar (se) **2** *vt* (*coloq* o *joc*) machacar

puma /ˈpjuːmə/ *n* puma

pumice /ˈpʌmɪs/ (*tb* **pumice-stone**) *n* piedra pómez

pummel /ˈpʌml/ (*tb* **pommel**) *vt* (**-ll-**, *USA tb* **-l-**) aporrear

pump¹ /pʌmp/ *n* **1** bomba (*de aire, agua, etc*): *a petrol pump* un surtidor de gasolina ◊ *a bicycle pump* una bomba de bicicleta ☛ *Ver ilustración en* BICYCLE **2** bombeo **LOC** *Ver* HAND[1]

■ **pump 1** *vt* bombear: *to pump the air out of sth* vaciar el aire de algo con una bomba ◊ *They pumped him full of medication.* Lo inflaron a medicamentos. **2** *vi* **(a)** usar una bomba **(b)** latir **3** *vt* (*coloq*) mover de arriba para abajo (*como si estuviera bombeando*) **4** *vt* **~ sb (for sth); ~ sth out of sb** (*coloq*) sonsacar a algn (para averiguar algo); sonsacar algo a algn

LOC to pump iron hacer pesas

PHR V to pump sth in; to pump sth into sth/sb 1 (*dinero*) invertir algo, invertir algo en algo/algn **2** (*coloq*) meter algo en la cabeza de algo/algn

to pump sth up inflar algo

pump² /pʌmp/ *n* **1** *Ver* PLIMSOLL **2** (*de ballet, etc*) zapatilla

pumpkin /ˈpʌmpkɪn/ *n* calabaza

pun /pʌn/ *n* **~ (on sth)** juego de palabras (con algo)

Punch /pʌntʃ/ *n* Polichinela: *a Punch and Judy show* un espectáculo de guiñol **LOC** *Ver* PLEASED

punch¹ /pʌntʃ/ *n* **1** (*para metal, etc*) punzón **2** (*para cuero*) sacabocados **3** (*tb* **hole puncher**) (*para papel*) perforadora **4** (*Mec*) taladradora

■ **punch** *vt* **1 ~ sth (in sth)** (*perforar*) hacer algo (en algo) **2** picar (*billete, etc*)

punch² /pʌntʃ/ *n* ponche

punch³ /pʌntʃ/ *vt* **1** dar un puñetazo a **2** *He spent all day punching computer keys.* Pasó todo el día aporreando las teclas del ordenador.

■ **punch** *n* **1(a)** puñetazo **(b)** *She had a strong punch.* Daba buenos puñetazos. **2** (*fig*) fuerza **LOC** *Ver* PACK, PULL[2]

punchbag /ˈpʌntʃbæg/ *n* saco de arena (*boxeo*)

punchcard /ˈpʌntʃkɑːd/ *n* ficha perforada

punchline /ˈpʌntʃlaɪn/ *n* final de un chiste

punch-up /ˈpʌntʃ ʌp/ *n* (*GB, coloq*) pelea a puñetazos

punchy /ˈpʌntʃi/ *adj* (*coloq*) con garra, incisivo

punctilious /pʌŋkˈtɪliəs/ *adj* (*formal*) meticuloso

punctual /ˈpʌŋktʃuəl/ *adj* puntual

▶ **punctuality** /ˌpʌŋktʃuˈæləti/ *n* puntualidad

punctuate /ˈpʌŋktʃueɪt/ *vt* **1** (*Gram*) puntuar **2 ~ sth (with sth) (a)** interrumpir algo (con algo) **(b)** salpicar algo (con algo)

▶ **punctuation** *n* puntuación

punctuation mark *n* signo de puntuación

puncture /ˈpʌŋktʃə(r)/ *n* pinchazo: *We got a puncture on the way.* Pinchamos por el camino.

■ **puncture 1** *vt, vi* pinchar(se) **2** *vt* (*Med*) reventar **3** *vt* (*confianza, orgullo*) minar

pundit /ˈpʌndɪt/ *n* entendido, -a

pungency /ˈpʌndʒənsi/ *n* acritud

▶ **pungent** *adj* acre

punish /ˈpʌnɪʃ/ *vt* castigar

▶ **punishable** *adj* **~ (by sth)** punible (con algo): *punishable by death* penado con la pena de muerte

punishing *adj* extenuante

punishment *n* **1** castigo *Ver tb* CAPITAL PUNISHMENT, CORPORAL PUNISHMENT **2** (*fig*) paliza **LOC** *Ver* GLUTTON

punitive /ˈpjuːnətɪv/ *adj* (*formal*) **1** punitivo: *punitive measures* sanciones **2** leonino

punk /pʌŋk/ *n* **1(a)** (*tb* **punk rock**) música punk **(b)** (*tb* **punk rocker**) punk(i) **2** (*USA tb, coloq, pey*) gamberro, -a

■ **punk** *adj* punk(i)

punnet /ˈpʌnɪt/ *n* cesta pequeña (*para fresas, etc*)

punt /pʌnt/ *n* (*GB*) barca larga y plana que se impulsa con una pértiga

■ **punt** (*tb* **to go punting**) *vi* pasearse/ir en bote

punter /ˈpʌntə(r)/ *n* (*GB, coloq*) **1** cliente **2** miembro del público

puny /ˈpjuːni/ *adj* (*pey*) **1** raquítico **2** enclenque

pup /pʌp/ *n* **1** *Ver* PUPPY **2** cría (*de animal*)

pupa /ˈpjuːpə/ *n* (*pl* **~s** o **pupae** /ˈpjuːpiː/) crisálida
pupil¹ /ˈpjuːpl/ *n* **1** alumno, -a **2** discípulo, -a
pupil² /ˈpjuːpl/ *n* (*Anat*) pupila ☛ *Ver ilustración en* OJO
puppet /ˈpʌpɪt/ *n* marioneta, títere: *a puppet government* un gobierno títere ◊ *a puppet show* un teatro de marionetas
▶ **puppeteer** *n* titiritero, -a
puppy /ˈpʌpi/ *n* (*pl* **-ies**) (*tb* **pup** /pʌp/) cachorro ☛ *Ver nota en* PERRO
purchase /ˈpɜːtʃəs/ *n* (*formal*) **1** compra: *the purchase of new premises* la adquisición de nuevos locales ◊ *Do you have proof of purchase?* ¿Puede demostrar que efectuó la compra? *Ver tb* HIRE PURCHASE **2** sujeción **LOC** *Ver* COMPULSORY
■ **purchase** *vt* **~ sth (with sth)/(for sb)** (*formal*) comprar algo (con algo)/(para algn): *purchasing manager* jefe de compras
▶ **purchaser** *n* (*formal*) comprador, -ora
purchasing power *n* poder adquisitivo
purdah /ˈpɜːdə/ *n* reclusión
pure /pjʊə(r)/ *adj* (**purer** /ˈpjʊərə(r)/ **purest** /ˈpjʊərɪst/) puro: *pure mathematics* matemáticas puras ◊ *pure chance/coincidence* pura casualidad/coincidencia
LOC (as) pure as the driven snow purísimo **pure and simple** (*coloq*) sin más vuelta de hoja **the pure in heart** los limpios de corazón
purée /ˈpjʊəreɪ; *USA* pjʊəˈreɪ/ *n* puré: *tomato purée* concentrado de tomate
■ **purée** *vt* hacer puré de: *puréed carrots* puré de zanahorias
purely /ˈpjʊəli/ *adv* simplemente: *purely by chance* por pura casualidad ◊ *His interest in her is purely sexual.* Su interés por ella es solo sexual. ◊ *It's purely a matter of time.* Es simplemente una cuestión de tiempo.
purgatory /ˈpɜːgətri; *USA* -tɔːri/ *n* purgatorio
purge /pɜːdʒ/ *vt* **1 ~ sth/sb (of sth)** purgar, limpiar algo/a algn (de algo): *to purge the party of racists* limpiar el partido de racistas **2 ~ sth/sb (from sth)** purgar, expulsar algo/a algn (de algo): *to purge racists from the party* expulsar a los racistas del partido
■ **purge** *n* purga
purification /ˌpjʊərɪfɪˈkeɪʃn/ *n* purificación
purify /ˈpjʊərɪfaɪ/ *vt* (*pret, pp* **-fied**) purificar
purist /ˈpjʊərɪst/ *n* purista
puritan (*tb* **Puritan**) /ˈpjʊərɪtən/ *adj, n* puritano, -a
▶ **puritanical** /ˌpjʊəriˈtænɪkl/ *adj* (*pey*) puritano
puritanism (*tb* **Puritanism**) *n* puritanismo
purity /ˈpjʊərəti/ (*tb* **pureness**) *n* pureza
purloin /pɜːˈlɔɪn, ˈpɜːlɔɪn/ *vt* (*formal* o *joc*) hurtar
purple /ˈpɜːpl/ *adj, n* morado: *to go purple in the face* ponerse lívido de ira
▶ **purplish** *adj* violáceo
purport /pəˈpɔːt/ *vt* (*formal*) pretender: *He purports to be an authority on the subject.* Afirma ser una autoridad en la materia.
▶ **purported** *adj* supuesto
purportedly *adv* supuestamente
purpose /ˈpɜːpəs/ *n* **1** propósito, intención: *For the purposes of illustration…* Para ilustrar mejor mi punto… ◊ *a general purpose cleaner* un producto para la limpieza general ◊ *for commercial purposes* para usos comerciales ◊ *This will be suitable for her purposes.* Esto servirá para sus propósitos. ◊ *It serves no useful purpose.* No sirve para nada. *Ver tb* ALL-PURPOSE, CROSS PURPOSES, GENERAL-PURPOSE, MULTI-PURPOSE **2** determinación: *It gave her a sense of purpose.* Le dio sentido a su vida.
LOC for a purpose por alguna razón **for this purpose** para este fin **on purpose** a propósito **to good purpose** (*formal*) con resultado positivo **to no/little purpose** (*formal*) sin resultado positivo *Ver tb* INFIRM, INTENT², PRACTICAL, SERVE

purpose-built /ˌpɜːpəs ˈbɪlt/ *adj* (*GB*) construido con un fin específico: *They moved to purpose-built premises.* Se trasladaron a unas instalaciones especialmente construidas.
purposeful /ˈpɜːpəsfl/ *adj* resuelto, decidido
▶ **purposefully** *adv* con determinación
purposely /ˈpɜːpəsli/ *adv* intencionadamente
purr /pɜː(r)/ *vi* ronronear
■ **purr** *n* ronroneo
purse /pɜːs/ *n* **1** monedero **2** fondos: *the public purse* el erario público *Ver tb* PRIVY PURSE **3** premio (*en efectivo*) **4** (*USA*) bolso (*de señora*) *Ver tb* HANDBAG
■ **purse** *vt*
LOC to purse your lips apretar los labios (*en desaprobación, con rabia, etc*)
the purse strings *n* [*pl*] el presupuesto
LOC to hold, control, etc the purse strings administrar el dinero *Ver tb* TIGHTEN *en* TIGHT
pursuance /pəˈsjuːəns; *USA* -ˈsuː-/ *n* (*formal*)
LOC in (the) pursuance of sth en cumplimiento de algo
▶ **pursuant** *adv* (*formal*)
LOC pursuant to sth conforme a algo
pursue /pəˈsjuː; *USA* -ˈsuː/ *vt* (*formal*) **1(a)** (*presa, objetivos*) perseguir ☛ La palabra más corriente es **chase**. **(b)** (*felicidad, perfección*) buscar **2(a)** (*política, plan*) seguir (con): *to pursue your studies* proseguir los estudios ◊ *I have decided not to pursue the matter further.* He decidido no continuar con este tema. ◊ *to pursue a claim* seguir adelante con una demanda **(b)** (*profesión*) dedicarse a: *to pursue a career in Law* dedicarse a la abogacía
▶ **pursuer** *n* perseguidor, -ora
pursuit /pəˈsjuːt; *USA* -ˈsuːt/ *n* (*formal*) **1 ~ of sth** búsqueda de algo **2** [*gen pl*] actividad: *outdoor pursuits* actividades al aire libre
LOC in (hot) pursuit en los talones **in pursuit of sth** en busca de algo **in pursuit (of sth/sb)** a la caza (de algo/algn)
purveyor /pəˈveɪə(r)/ *n* (*formal*) proveedor, -ora
▶ **purvey** *vt* (*formal*) proveer
purview /ˈpɜːvjuː/ *n* (*formal*) competencia: *not within the purview of our inquiry* fuera de la competencia de nuestra investigación
pus /pʌs/ *n* pus

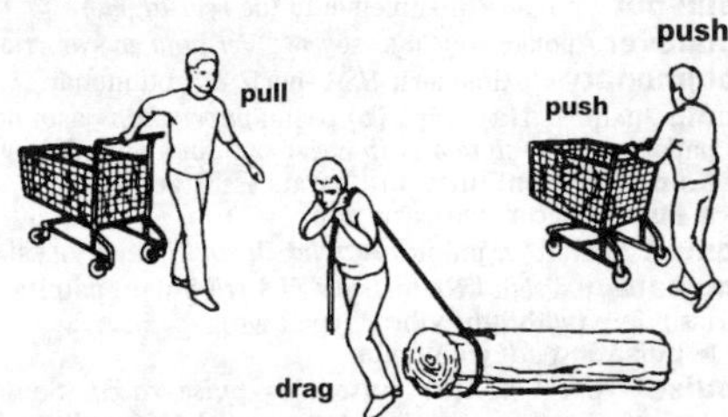

push /pʊʃ/ *n* **1** empujón: *at the push of a button* con solo apretar un botón ◊ *Will you give me a push?* ¿Me das un empujoncito? **2** (*Mil*) ofensiva
LOC at a push (*GB, coloq*) en el peor de los casos **if/when it comes to the push** llegado el caso **to get the push** (*GB, coloq*) **1** ser despedido **2** ser plantado **to give sb the push** (*GB, coloquial*) **1** dar la patada a algn **2** plantar a algn **when push comes to shove** cuando llega la hora de la verdad
■ **push 1** *vt* empujar: *to push sth aside/away* apartar algo de un empujón ◊ *to push the door open/shut* abrir/cerrar la puerta de un empujón ◊ *The crowd pushed past (us).* La gente (nos) pasó a empujones. ◊ *pushing back the frontiers of human knowledge* ensanchando las

fronteras del conocimiento humano **2** *vt, vi* **~ (on/against) sth** (*botón*) apretar algo **3** (*coloq*) (*idea, producto*) promover **4** (*coloq*) (*drogas*) pasar

LOC to be pushed for sth (*coloq*) andar justo de algo **to be pushed to do sth** (*coloq*) verse negro para hacer algo **to be pushing fifty, sixty, etc** estar rondando los cincuenta, sesenta, etc **to push sb over the edge** llevar a algn a la locura **to push the boat out** (*coloq*) tirar la casa por la ventana **to push up (the) daisies** (*coloq, joc*) criar malvas **to push your luck** (*coloq*) tentar a la suerte: *Don't push your luck!* ¡No tientes a la suerte!

PHR V to push ahead/forward/on (with sth) seguir adelante (con algo)

to push along marcharse

to push sb around (*coloq*) mangonear a algn

to push for sth presionar para (que se haga) algo

to push yourself forward hacerse notar

to push in colarse

to push sth/sb in/into sth tirar algo/a algn a algo (de un empujón) (*río, agujero, etc*): *She pushed her little brother in (the pool).* Tiró a su hermano pequeño a la piscina (de un empujón).

to push sb into sth/doing sth presionar a algn para que haga algo

to push off (*coloq*) largarse: *Push off!* ¡Lárgate!

to push off apartar un barco de la orilla

to push sth/sb out desplazar algo/a algn

to push sth/sb over derribar algo/a algn de un empujón

to push sth through agilizar algo

to push sth up hacer subir algo

to push your way in(to sth), out (of sth), through (sth), etc abrirse paso a empujones para entrar (a algo), salir (de algo), atravesar (algo), etc

push-bike /ˈpʊʃ baɪk/ *n* (*coloq*) bicicleta ☛ Las palabras más normales son **bicycle** o **bike**.

push-button (*tb* **push button**) /ˈpʊʃ bʌtn/ *adj* de botones: *a push-button phone* un teléfono de teclas

pushchair /ˈpʊʃtʃeə(r)/ (*GB tb* **buggy**, *USA* **stroller**) *n* silla de paseo (*de niño*)

pusher /ˈpʊʃə(r)/ *n* (*coloq*) camello (*drogas*)

pushover /ˈpʊʃəʊvə(r)/ *n* (*coloq*) cosa fácil: *He's a pushover.* Es pan comido.

push-up /ˈpʊʃ ʌp/ (*esp USA*) (*GB* **press-up**) *n* flexión

pushy /ˈpʊʃi/ *adj* (**-ier, -iest**) (*coloq, ofen*) insistente: *a pushy salesperson* un vendedor agresivo

puss /pʊs/ *n* minino: *Puss, puss!* ¡Michino, michino! ► **pussy** *n* **1** (*tb* **pussy-cat**) gatito **2** (⚠) ☛ *Ver nota en* TABÚ conejo

pussyfoot /ˈpʊsifʊt/ *vi* **~ (about/around)** (*coloq*) andarse con rodeos

put /pʊt/ *vt* (**-tt-**) (*pret, pp* **put**) **1** (*en cierto lugar o posición*) poner, colocar, meter: *Did you put sugar in my tea?* ¿Me has puesto azúcar en el té? ◊ *She put the glass to her lips.* Acercó la copa a los labios. ◊ *I'd put him among the ten best writers.* Lo pondría entre los diez mejores escritores. ◊ *Put them together.* Júntalos. **2** (*en cierto estado o condición*) poner, dejar: *to put sb in a bad mood/in an awkward position* poner a algn de mal humor/en una situación difícil ◊ *to put sb out of work* dejar a algn sin trabajo **3** (*expresar*) decir, poner: *She put it very tactfully.* Lo expresó muy diplomáticamente. ◊ *How shall I put it?* ¿Cómo lo diría? ◊ *to put the case for the defence* presentar la defensa ◊ *Well put!* ¡Bien dicho! **4** (*una propuesta*) presentar **5** (*formal*) (*pregunta, sugerencia*) hacer ☛ Nótese que sería más normal decir *to ask a question* y *to make a suggestion.* **6** (*a votación*) someter: *to put sth to the vote* someter algo a votación **7** dedicar, invertir: *She put a lot of time and effort into the project.* Dedicó mucho tiempo y esfuerzo al proyecto. ◊ *to put a lot of money into sth* invertir mucho dinero en algo

☛ Para expresiones con **put**, véanse las entradas del sustantivo, adjetivo, etc, p.ej. **to put sth right** en RIGHT[1].

PHR V to put sth about hacer correr algo (*rumor, etc*)

to put sth above/before sth poner algo por encima de algo

to put sth across/over (to sb) hacer entender algo (a algn): *to put your ideas across* saber comunicar tus ideas

to put yourself across/over (to sb) hacerse valer (ante algn): *He doesn't put himself across well at interviews.* No sabe venderse en las entrevistas.

to put sth aside/to one side 1 (*objeto*) dejar algo a un lado **2** (*dinero*) ahorrar algo, separar algo **3** (*no hacer caso de*) olvidar algo

to put sth at sth calcular(se) algo en algo: *The cost of the project is put at two billion pounds.* El coste del proyecto se calcula en dos billones de libras.

to put sb away encarcelar a algn

to put sth away 1 guardar algo **2** (*dinero*) ahorrar algo **3** (*coloq*) (*comida, bebida*) zamparse algo

to put sth back 1 devolver algo a su lugar, guardar algo: *Put that back where you found it!* ¡Deja eso donde estaba! **2** (*reloj*) retrasar algo **3** (*posponer*) aplazar algo **4** retrasar algo: *The strike put back our deliveries by over a month.* La huelga ha retrasado las entregas más de un mes.

to put sth before sth *Ver* TO PUT STH ABOVE/BEFORE STH

to put sth by 1 (*dinero*) ahorrar algo **2** guardar algo, apartar algo: *to put sth by for a customer* apartar algo para un cliente

to put sb down 1 (*pasajeros*) dejar bajar a algn **2** (*coloq*) humillar a algn, despreciar a algn

to put sth down 1 dejar algo, soltar algo (*en el suelo, etc*): *Put it down!* ¡Déjalo en su sitio! ◊ *I can't put this novel down.* No puedo dejar esta novela. **2** (*escribir*) apuntar algo, anotar algo **3** hacer un desembolso incial de algo: *He put down £500 on the car.* Dio una entrada de 500 libras para el coche. **4** (*rebelión*) sofocar algo, reprimir algo: *to put down a rebellion* sofocar una rebelión **5** (*animal*) sacrificar algo (*por enfermedad o vejez*)

to put sb down as sth/sb calificar a algn como algo/algn: *I had put him down as a coward.* Lo había considerado un cobarde.

to put sb/yourself down for sth apuntar a algn/apuntarse para algo (*en una lista, etc*)

to put sth down to sth atribuir algo a algo

to put sb forward proponer a algn (*como candidato*)

to put sth forward 1 (*cita, reloj*) adelantar algo **2** (*propuesta*) presentar algo **3** (*sugerencia*) hacer algo

to put yourself forward for sth presentarse como candidato a algo

to put sth in 1 (*comentario*) decir algo (*interrumpiendo*): *Could I just put in a word here?* ¿Podría decir algo ahora? **2** (*partido político*) elegir algo **3** (*aparato*) instalar algo **4** agregar algo, incluir algo **5** (*reclamación, etc*) presentar algo **6** (*periodo de tiempo*) trabajar algo: *We're all putting in 40 hours a week.* Todos trabajamos cuarenta horas a la semana.

to put in for sth (*trabajo, vacaciones*) pedir algo: *to put in for a week's leave* pedir una semana de vacaciones

to put sb/yourself in for sth (*concurso*) apuntar a algn/apuntarse para algo

to put sth into (doing) sth dedicar algo a (hacer) algo, invertir algo en (hacer) algo

to put sb off 1 decir a algn que no venga, anular una cita con algn **2** desanimar a algn **3** distraer a algn **4** (*pasajeros*) dejar a algn

to put sb off (sth/doing sth) quitarle a algn las ganas (de algo/de hacer algo): *to put sb off their food* quitarle a algn el apetito *Ver tb* OFF-PUTTING

to put sth off 1 (*una cita, etc*) aplazar algo: *Don't put off until tomorrow what you can do today.* No dejes para

mañana lo que puedas hacer hoy. **2** (*la luz, etc*) apagar algo
to put sth on 1 (*ropa*) ponerse algo **2** (*luz, etc*) poner algo, encender algo **3** engordar algo: *I've put on three kilos.* He engordado tres kilos. ◊ *to put on weight* engordar **4** (*obra de teatro*) hacer algo, montar algo **5** fingir algo: *She wasn't angry really; she was only putting it on.* No estaba enojada de verdad, solo estaba fingiendo. ◊ *to put on a French accent* poner acento francés
to put sth on sth 1 (*impuesto, etc*) poner algo en algo **2** apostar algo en algo: *to put £10 on a horse* apostar diez libras por un caballo **3** (*precio*) subir algo (en) algo: *to put a penny on a litre of petrol* subir un penique el litro de gasolina
to put sb onto sb 1 recomendar algn a algn **2** denunciar algn a algn, poner a algn sobre la pista de algn
to put sb onto sth recomendar algo a algn
to put sb out (*coloq*) enfadar a algn
to put sth out 1 sacar algo: *to put out the dustbins* sacar la basura **2** (*fuego, luz*) apagar algo **3** (*producto*) producir algo, sacar algo (*al mercado*) **4** (*parte del cuerpo*) dislocar algo **5** (*mano*) tender algo **6** (*emitir*) publicar algo: *The police have put out a description of the suspect.* La policía ha publicado una descripción del sospechoso. **7** (*cálculo*) causar un desajuste en algo: *This devaluation has put out our estimates by several million.* Esta devaluación ha causado un desajuste de varios millones en nuestros cálculos.
to put sb/yourself out (*coloq*) molestar a algn/molestarse
to put yourself out to do sth (*coloq*) **1** molestarse en hacer algo **2** sacrificarse para hacer algo
to put sth over (to sb) *Ver* TO PUT STH ACROSS/OVER (TO SB)
to put yourself over (to sb) *Ver* TO PUT YOURSELF ACROSS/OVER (TO SB)
to put sth through 1 (*plan, reforma, etc*) llevar a cabo algo **2** (*trato*) cerrar algo
to put sth/sb through pasar algo/a algn, poner algo/a algn (*en el teléfono*): *Ask to be put through to me.* Pide que te pongan conmigo. ◊ *to put through a telephone call* pasar una llamada telefónica
to put sb through sth someter a algn a algo
to put sth to sb sugerir algo a algn, proponer algo a algn
to put sth together 1 juntar algo, reunir algo: *You eat more than all the others put together.* Comes más que todos los demás juntos. **2** (*aparato*) armar algo, montar algo: *to put the engine back together again* volver a armar el motor **3** preparar algo: *to put together a meal/case for the defence* preparar una comida/la defensa de un caso
to put sth towards sth contribuir (con) algo a algo
to put sb up alojar a algn
to put up sth oponer algo (*resistencia*)
to put sth up 1 (*bandera*) izar algo **2** (*mano*) levantar algo **3** (*pelo*) recoger algo **4** (*edificio*) construir algo, levantar algo **5** (*letrero, etc*) poner algo **6** (*precio*) subir algo **7** (*dinero*) poner algo, dar algo
to put sb/yourself up (as/for sth) presentarse/proponer a algn (como/para algo): *We want to put you up for club treasurer.* Te queremos proponer como tesorero del club.
to put sb up to (doing) sth incitar a algn a (hacer) algo
to put up with sth/sb aguantar algo/a algn ☛ *Ver nota en* AGUANTAR

putative /ˈpjuːtətɪv/ *adj* (*formal*) putativo

put-down /ˈpʊt daʊn/ *n* humillación

putrefy /ˈpjuːtrɪfaɪ/ *vt, vi* (*pret, pp* **-fied**) (*formal*) pudrir(se)
▸ **putrefaction** *n* (*formal*) putrefacción

putrid /ˈpjuːtrɪd/ *adj* **1(a)** podrido **(b)** putrefacto **2** (*color, etc*) asqueroso

putsch /pʊtʃ/ *n* golpe de estado ☛ La palabra más normal es **coup**.

putt /pʌt/ *vt, vi* (*golf*) golpear suavemente: *putting green* green (de entrenamiento)
■ **putt** *n* (*golpe de golf*) putt
▸ **putter 1** *n* (*palo de golf*) putter **2** *vi* (*USA*) *Ver* POTTER[1]

putty /ˈpʌti/ *n* masilla (*para ventanas*)
LOC **to be putty in sb's hands** ser un títere en manos de algn

puzzle /ˈpʌzl/ *n* **1** acertijo: *She's good at puzzles.* Es buena con los acertijos. ◊ *a crossword puzzle* un crucigrama ◊ *a jigsaw puzzle* un rompecabezas **2** misterio
■ **puzzle** *vt* desconcertar: *Her reply puzzled me.* Su respuesta me desconcertó.
PHR V **to puzzle sth out 1** averiguar algo **2** resolver algo
to puzzle over sth 1 devanarse los sesos con algo **2** tratar de resolver algo: *They puzzled over it for ages.* Pasaron horas tratando de descifrarlo.
▸ **puzzled** *adj* perplejo, desconcertado: *She looked puzzled.* Pareció desconcertada. ◊ *a puzzled expression* una expresión desconcertada
puzzlement *n* perplejidad
puzzling *adj* desconcertante

PVC /ˌpiː viː ˈsiː/ *abrev de* **polyvinyl chloride** (plástico) PVC

pygmy (*tb* **pigmy**) /ˈpɪgmi/ *n* **1** pigmeo, -a **2** (*Zool*) enano: *the pigmy shrew* la musaraña enana

pyjamas (*USA* **pajamas**) /pəˈdʒɑːməz/ *n* [*pl*] pijama: *My pyjamas are dirty.* Mi pijama está sucio. ◊ *a pair of pyjamas* un pijama ☛ *Ver nota en* PAIR

> **Pyjamas** se usa en singular cuando va delante de otro sustantivo: *pyjama trousers* el pantalón del pijama.

pylon /ˈpaɪlən; *USA* ˈpaɪlɒn/ *n* **1** poste (de conducción eléctrica) **2** (*Aeronáut*) pilón (de señal)

pyramid /ˈpɪrəmɪd/ *n* pirámide
▸ **pyramidal** *adj* piramidal

pyre /ˈpaɪə(r)/ *n* pira: *funeral pyre* pira funeraria

Pyrex® /ˈpaɪreks/ *n* pyrex®: *a Pyrex dish* una fuente de pyrex

pyromaniac /ˌpaɪrəʊˈmeɪniæk/ *n* pirómano

pyrotechnics /ˌpaɪrəˈteknɪks/ *n* **1** [*sing*] pirotecnia **2** [*pl*] fuegos artificiales **3** [*pl*] (*fig*) brillantez (*en una actuación, etc*)

Pyrrhic victory /ˌpɪrɪk ˈvɪktəri/ *n* victoria pírrica

python /ˈpaɪθən; *USA* ˈpaɪθɒn/ *n* pitón

Qq

Q, q /kjuː/ *n* (*pl* **Q's, q's** /kjuːz/) (*letra*) Q, q: *Q for question* Q de queso **LOC** *Ver* MIND[2]

Q *abrev de* **question**

QC /ˌkjuː ˈsiː/ (*GB, Jur*) *abrev de* **Queen's Counsel**

qty *abrev de* **quantity**

qua /kweɪ, kwɑː/ *prep* (*formal*) en cuanto, como

quack[1] /kwæk/ *n* graznido ☛ *Ver nota en* GRAZNIDO
■ **quack** *interj* cua cua
■ **quack** *vi* graznar

quack[2] /kwæk/ *n* (*coloq, pey*) curandero, -a

quad /kwɒd/ *n* (*coloq*) **1** *Ver* QUADRANGLE **2** *Ver* QUADRUPLET

quadrangle /ˈkwɒdræŋgl/ *n* **1** cuadrángulo **2** (*formal*) (*coloq* **quad**) patio interior, claustro

quadrant /ˈkwɒdrənt/ *n* cuadrante

quadraphonic (*tb* **quadrophonic**) /ˌkwɒdrəˈfɒnɪk/ *adj* cuadrafónico

quadratic /kwɒˈdrætɪk/ *adj, n* cuadrático: *quadratic equation* ecuación de segundo grado

quadrilateral /ˌkwɒdrɪˈlætərəl/ *adj, n* cuadrilátero

quadrille /kwəˈdrɪl/ *n* contradanza

quadrophonic *Ver* QUADRAPHONIC

quadruped /ˈkwɒdruped/ *n* cuadrúpedo

quadruple /ˈkwɒdrʊpl; *USA* kwɒˈdruːpl/ *adj, adv* cuádruple: *quadruple the number of people* cuatro veces más gente
■ **quadruple** *n* cuádruplo
■ **quadruple** *vt, vi* cuadruplicar(se)

quadruplet /ˈkwɒdrʊplət; *USA* kwɒˈdruːp-/ *n* (*coloq* **quad**) cuatrillizo, -a

quaff /kwɒf; *USA* kwæf/ *vt* (*antic*) beber (*a grandes tragos*)

quagmire /ˈkwægmaɪə(r), ˈkwɒg-/ *n* **1** cenagal, lodazal **2** atolladero

quail[1] /kweɪl/ *n* (*pl* **quail** o **~s**) codorniz

quail[2] /kweɪl/ *vi* **~ (at sth/sb)** acobardarse ante algo/algn

quaint /kweɪnt/ *adj* (**-er, -est**) **1** (*idea, costumbre, etc*) curioso **2** (*lugar, edificio*) pintoresco
▶ **quaintly** *adv* **1** de modo singular **2** de modo pintoresco

quake /kweɪk/ *vi* temblar
LOC to quake in your boots estremecerse (de miedo)
■ **quake** *n* (*coloq*) terremoto

Quaker /ˈkweɪkə(r)/ *adj, n* cuáquero, -a

qualification /ˌkwɒlɪfɪˈkeɪʃn/ *n* **1** (*diploma, etc*) título: *What formal qualifications are needed for the job?* ¿Qué títulos oficiales se necesitan para este puesto? **2** requisito: *What qualifications are there for membership?* ¿Qué requisitos son necesarios para hacerse socio? **3** derecho **4** (*Dep*) clasificación **5(a)** modificación **(b)** reserva: *I can recommend him without qualification.* Lo puedo recomendar sin reserva. **6** calificación

qualified /ˈkwɒlɪfaɪd/ *adj* **1(a)** titulado **(b)** cualificado **2** capacitado: *the person best qualified for the job* la persona mejor capacitada para el puesto ◊ *I don't feel qualified to give an opinion.* No me siento capacitado para dar una opinión. **3** limitado: *The event was a qualified success.* El evento tuvo un éxito limitado.

qualifier /ˈkwɒlɪfaɪə(r)/ *n* **1(a)** (*persona*) clasificado, -a **(b)** (*partido*) eliminatoria **2** (*Gram*) calificativo

qualify /ˈkwɒlɪfaɪ/ (*pret, pp* **-fied**) **1** *vt* **~ sb (for sth/to do sth) (a)** capacitar a algn (para algo/para hacer algo): *This course won't qualify you for a job like that.* Este curso no te capacitará para un trabajo así. **(b)** dar derecho a algn (a algo/a hacer algo): *Residence in the area automatically qualifies you for membership.* Los residentes tienen automáticamente derecho a ser miembros. **2** *vi* **~ (as sth) (a)** obtener el título (de algo): *She won't qualify (as a doctor) until next year.* Le queda un año para ser médico. **(b)** contar (como algo): *It's an old building, but it doesn't qualify as an ancient monument.* Es un edificio viejo, pero eso no quiere decir que sea un monumento antiguo. **3** *vi* **~ (for sth)** cumplir los requisitos (para algo): *I'm afraid you don't qualify (for a grant).* Me temo que no cumples los requisitos (para que te den una beca). **4** *vi* **~ for sth/to do sth** tener derecho a algo/a hacer algo: *Do I qualify for a discount?* ¿Tengo derecho a descuento? **5** *vi* **~ (for sth)** (*Dep*) calificarse (para algo) **6** *vt* matizar: *to qualify a statement* matizar una declaración **7** *vt* (*Gram*) calificar a
▶ **qualifying** *adj* **1** eliminatorio **2** (*Gram*) calificativo

qualitative /ˈkwɒlɪtətɪv; *USA* -teɪt-/ *adj* cualitativo
▶ **qualitatively** *adv* cualitativamente

quality /ˈkwɒləti/ *n* (*pl* **-ies**) **1** calidad: *quality control* control de calidad *Ver tb* HIGH-QUALITY **2** clase: *There are many different qualities of silver.* Hay muchas clases distintas de plata. **3** cualidad: *They praised her leadership qualities.* Alabaron sus dotes de mando. **4** característica **5** (*voz*) tono
■ **quality** *adj* de calidad: *a quality product* un producto de calidad ◊ *to spend quality time with sb* aprovechar el tiempo que se pasa con algn ◊ *the quality press* la prensa seria

qualm /kwɑːm/ *n* escrúpulo: *to have no qualms about doing sth* no tener escrúpulos en hacer algo

quandary /ˈkwɒndəri/ *n*
LOC to be in a quandary 1 tener un dilema **2** estar en un aprieto

quango /ˈkwæŋgəʊ/ *n* (*pl* **~s**) organismo que actúa independientemente del gobierno pero con su apoyo

quantify /ˈkwɒntɪfaɪ/ *vt* (*pret, pp* **-fied**) cuantificar
▶ **quantifiable** *adj* cuantificable
quantification *n* cuantificación

quantitative /ˈkwɒntɪtətɪv; *USA* -teɪt-/ *adj* cuantitativo

quantity /ˈkwɒntəti/ *n* (*pl* **-ies**) cantidad ☛ *Ver nota en* LARGE **LOC** *Ver* UNKNOWN

quantity surveyor *n* aparejador, -ora (*encargado de presupuestar los materiales en una obra*)

quantum /ˈkwɒntəm/ *n* (*pl* **quanta** /-tə/) **1** (*formal*) cierta cantidad: *I am only asking for a quantum of commitment.* Solo pido una cierta dedicación. **2** (*Fís*): *quantum mechanics* mecánica cuántica ◊ *quantum physics* física cuántica ◊ *quantum theory* teoría cuántica

quantum leap *n* acelerón (*fig*)

quarantine /ˈkwɒrəntiːn; *USA* ˈkwɔːr-/ *n* cuarentena
■ **quarantine** *vt* poner en cuarentena

quark /kwɑːk/ *n* (*Fís*) cuark

quarrel /ˈkwɒrəl; *USA* ˈkwɔːrəl/ *n* **1** riña: *to have a quarrel with sb* reñir con algn **2** queja: *I have no quarrel with him.* No tengo queja de él.
LOC to patch up/settle a quarrel (with sb) hacer las paces (con algn) **to pick/start a quarrel with sb** buscar bronca con algn

■ **quarrel** *vi* (**-ll-**, *USA* **-l-**) **1 ~ (with sb) (about/over sth)** reñir (con algn) (por algo) **2 ~ with sth/sb** discrepar de algo/algn
▶ **quarrelsome** *adj* pendenciero
quarry[1] /ˈkwɒri; *USA* ˈkwɔːri/ *n* (*pl* **-ies**) (*lit* y *fig*) presa
quarry[2] /ˈkwɒri; *USA* ˈkwɔːri/ *n* (*pl* **-ies**) cantera
■ **quarry** (*pret, pp* **quarried**) **1** *vt* (*piedra*) extraer **2** *vt* (*información*) rebuscar **3** *vi* **to ~ for sth** abrir una cantera para extraer algo
quart /kwɔːt/ *n* cuarto de galón (= *2 pintas/1,14 litros*) ☛ *Ver apéndice 3*
LOC to put a quart into a pint pot pedir peras al olmo
quarter /ˈkwɔːtə(r)/ *n* **1 a quarter** (*proporción*) un cuarto, una cuarta parte: *three and a quarter miles* tres millas y cuarto ◊ *an hour and a quarter* una hora y cuarto ◊ *The cinema was only a quarter full.* El cine solo se llenó en una cuarta parte. ☛ *Ver apéndice 3. Ver tb* THREE-QUARTERS **2** (*con expresiones de tiempo*) cuarto: *It's (a) quarter to/past four.* Son las cuatro menos/y cuarto. **3** (*recibos, alquiler, etc*) trimestre **4** (*Can, USA*) veinticinco centavos **5** barrio: *the Latin quarter of Paris* el barrio latino de París **6** (*lateral trasero de un barco*) cuarta: *the port/starboard quarter* la cuarta de babor/de estribor **7** (*grupo*) círculo: *The remark was interpreted in some quarters as an accusation.* El comentario fue interpretado por algunas personas como una acusación. ◊ *as is believed in some quarters* como se cree en ciertos círculos **8** (*dirección*) **(a)** parte: *The wind blew from all quarters.* El viento venía de todos lados. **(b)** (*Náut*) cuarta (*punto cardinal*) **9 quarters** [*pl*] alojamiento: *the servants' quarters* las habitaciones de los criados *Ver tb* HEADQUARTERS **10** (*antic* o *formal*) (*piedad*) cuartel **LOC** *Ver* CLOSE[1]
■ **quarter** *vt* **1(a)** (*dividir*) cuartear **(b)** reducir a la cuarta parte **2 ~ sb (on sb)** alojar a algn (en casa de algn)
quarterback /ˈkwɔːtəbæk/ *n* (*fútbol americano*) medio campo (*jugador*)
quarter-final /ˌkwɔːtə ˈfaɪnl/ *n* cuartos de final
▶ **quarter-finalist** *n* jugador/equipo en cuartos de final
quarterly /ˈkwɔːtəli/ *adj* trimestral
■ **quarterly** *adv* trimestralmente
■ **quarterly** *n* (*pl* **-ies**) revista trimestral
quarter note (*USA*) (*GB* **crotchet**) *n* (*Mús*) negra ☛ *Ver ilustración en* NOTACIÓN
quartet /kwɔːˈtet/ *n* **1** (*Mús*) cuarteto **2** (*formal*) grupo de cuatro
quartz /kwɔːts/ *n* cuarzo
quasar /ˈkweɪzɑː(r)/ *n* cuasar (*Astron*)
quash /kwɒʃ/ *vt* **1** (*sentencia*) anular **2** (*rebelión*) sofocar **3** (*rumor, sospecha, etc*) poner fin a
quasi- /ˈkweɪzaɪ-, ˈkweɪsaɪ-/ *pref* cuasi: *a quasi-scientific approach* un enfoque cuasi científico
quaver /ˈkweɪvə(r)/ *vi* temblar (*voz, etc*)
■ **quaver** *n* **1** temblor **2** (*USA* **eighth note**) (*Mús*) corchea ☛ *Ver ilustración en* NOTACIÓN
quay /kiː/ (*tb* **quayside** /ˈkiːsaɪd/) *n* muelle: *a quayside restaurant* un restaurante en el muelle
queasy /ˈkwiːzi/ *adj* mareado
queen /kwiːn/ *n* **1 (a)** (*tb* **Queen**) reina: *Queen Elizabeth II* la reina Isabel II ☛ *Ver nota en* REY **(b)** *a beauty queen* una reina de los concursos de belleza **2** (*baraja*) dama: *the queen of hearts* la dama de corazones **3** loca (*homosexual*) **4** (*ajedrez*) reina ☛ *Ver ilustración en* AJEDREZ
queen bee *n* abeja reina
queen consort *n* reina consorte
queen mother *n* reina madre
Queen's Counsel *n* (*abrev* **QC**) (*GB, Jur*) letrado, -a que puede representar a la Corona
queer /kwɪə(r)/ *adj* **1** raro **2** (⚠) ☛ *Ver nota en* TABÚ maricón **3** (*antic, coloq*) mareado **LOC** *Ver* FISH[1]
■ **queer** *n* (⚠) ☛ *Ver nota en* TABÚ maricón
■ **queer** *vt* (*coloq, poco frec*)
LOC to queer sb's pitch chafar los planes a algn
quell /kwel/ *vt* **1** (*revuelta, etc*) aplastar **2** (*miedo, dudas, etc*) disipar
quench /kwentʃ/ *vt* apagar (*sed, fuego, pasión*)
querulous /ˈkwerələs, -rjə-/ *adj* quejumbroso
query /ˈkwɪəri/ *n* (*pl* **-ies**) **1** (*pregunta*) duda: *I have a few queries about your report.* Quiero aclarar un par de cosas de tu informe. ◊ *to raise/put a query* poner una pregunta sobre la mesa ◊ *to answer a query* aclarar una duda ☛ *Comparar con* QUESTION **2** (*poco frec*) interrogante
■ **query** *vt* (*pret, pp* **queried**) **1** cuestionar **2 ~ sb (about sth)** (*USA*) preguntar a algn (algo)
quest /kwest/ *n* **~ (for sth)** (*formal*) búsqueda (de algo)
LOC in quest of sth en busca de algo
▶ **questing** *adj* emprendedor
question /ˈkwestʃən/ *n* **1** (*abrev* **Q**) pregunta: *a question-and-answer session* una sesión de preguntas y respuestas ◊ *to ask/answer a question* hacer/responder a una pregunta ◊ *rhetorical question* pregunta retórica **2 ~ (of sth)** cuestión (de algo): *the Palestinian question* la cuestión palestina ◊ *That's another question altogether.* Esa es otra cuestión diferente. ◊ *a key question* una cuestión clave *Ver tb* OPEN QUESTION
LOC in question en cuestión **there is no question of...** no se ha planteado siquiera la posibilidad de que... **to be beyond question** estar fuera de toda duda **to be out of the question** ser impensable **to bring/call sth into question** poner algo en duda **to put the question** someter una moción a votación **without question** sin lugar a duda *Ver tb* ASK, BEG, CALL, DOLLAR, FAIR[1], LOADED *en* LOAD[2], POP[1], VEX
■ **question** *vt* **1(a)** hacer preguntas a **(b)** interrogar a *Ver tb* CROSS-QUESTION **2(a) ~ sth** dudar de algo **(b) ~ (if/whether...)** preguntarse (si...)
▶ **questionable** *adj* dudoso
questioner *n* persona que hace las preguntas
questioning /ˈkwestʃənɪŋ/ *n* interrogatorio: *A man has been brought in for questioning.* Han detenido a un hombre para interrogarlo.
■ **questioning** *adj* inquisitivo, expectante
▶ **questioningly** *adv* con curiosidad
question mark *n* signo de interrogación: *A question mark hangs over his future.* Su futuro está en el aire. ☛ *Ver págs 592-3*
questionnaire /ˌkwestʃəˈneə(r)/ *n* cuestionario
question time *n* (*GB*) tiempo reservado para que los ministros contesten a las preguntas de los diputados
queue /kjuː/ *n* cola (*de personas, etc*) **LOC** *Ver* JUMP[2]
■ **queue** *vi* **1 ~ (up) (for sth/to do sth)** hacer cola (para algo/para hacer algo) **2 ~ up to do sth** (*fig*) pelearse por hacer algo
quibble /ˈkwɪbl/ *n* objeción
■ **quibble** *vi* **1 ~ (with/at sth)** poner objeciones (a algo) **2 ~ (over/about sth)** discutir (por algo)
quiche /kiːʃ/ *n* quiche
quick /kwɪk/ *adj* (**-er, -est**) **1** rápido: *He made a remarkably quick recovery.* Se recuperó muy de prisa. ◊ *Be quick about it!* ¡Date prisa! ◊ *a quick drink* una copa rápida ◊ *to secure a quick sale* asegurar una venta rápida ◊ *She is quick to learn.* Aprende rápido. ◊ *He was too quick for me.* Iba demasiado deprisa para mí. ☛ *Ver nota en* FAST[1] **2** pronto: *It's quicker to walk.* Llegamos antes si vamos andando. **3(a)** (*mente*) agudo **(b)** listo: *You're too quick for me.* Eres demasiado listo para mí.
LOC a quick temper un genio vivo **(as) quick as a flash**; **(as) quick as lightning** como un rayo **(to be) quick on your feet** (ser) ágil **to be quick to do sth** no tardar en hacer algo *Ver tb* BUCK[3], DRAW[1], SHOT[1], SUCCESSION, UPTAKE
■ **quick** *adv* (**-er, -est**) rápido *Ver tb* DOUBLE QUICK

LOC as quick as you can tan pronto como puedas **Quick march!** ¡Marchen!, ¡Paso ligero! *Ver tb* RICH
▶ **quickness** *n* rapidez

the quick /kwɪk/ *n* [*sing*] carne viva (*debajo de las uñas*)
LOC to cut sb to the quick herir a algn en lo más vivo

quick-drying *adj* de secado rápido

quicken /ˈkwɪkən/ *vt, vi* **1** acelerar(se) **2** (*ritmo, interés*) avivar(se)

quickie /ˈkwɪki/ *n* (*coloq*) (*copa, pregunta, sexo*) uno rápido, una rápida: *We've just got time for a quickie.* Nos da tiempo a una rápida.

quicklime /ˈkwɪklaɪm/ *n Ver* LIME[1] sentido 1

quickly /ˈkwɪkli/ *adv* de prisa, rápidamente

quicksand /ˈkwɪksænd/ *n* arenas movedizas

quicksilver /ˈkwɪksɪlvə(r)/ *n Ver* MERCURY

quick-tempered /ˌkwɪk ˈtempəd/ *adj* de genio vivo

quick-thinking *n* rapidez de respuesta
■ **quick-thinking** *adj* rápido en responder

quick-witted /ˌkwɪk ˈwɪtɪd/ *adj* perspicaz

quid /kwɪd/ *n* (*pl* **quid**) (*GB, coloq*) libra
LOC to be quids in forrarse

quiescent /kwiˈesnt/ *adj* (*formal*) inactivo

quiet /ˈkwaɪət/ *adj* (**-er, -est**) **1(a)** silencioso, tranquilo: *to keep someone quiet* mantener a algn tranquilo ◊ *to lead a quiet life* llevar una vida tranquila **(b)** (*paso*) suave **(c)** (*persona*) callado: *He went/kept very quiet.* Estuvo muy callado. ◊ *Be quiet!* ¡Cállate! ◊ *Quiet, please!* ¡Silencio, por favor! **2** (*negocio*) parado: *a quiet day on the stock exchange* un día muy tranquilo en la Bolsa **3** (*color*) apagado **4(a)** (*sentimientos*) interior: *quiet desperation* desesperación interior **(b)** *to have a quiet word with sb about sth* hablar en privado con algn sobre algo
LOC anything for a quiet life lo que sea con tal de que le dejen a uno tranquilo **(as) quiet as a mouse** callado, tímido **to keep quiet about sth**; **to keep sth quiet** no decir nada de algo
■ **quiet** *n* **1** silencio **2** tranquilidad
LOC on the quiet a la chita callando *Ver tb* PEACE
▶ **quieten** (*esp USA* **quiet**) *vt* ~ **(sth/sb) (down)** (*esp GB*) calmar (algo/a algn)
PHR V to quieten down tranquilizarse, calmarse

quietly /ˈkwaɪətli/ *adv* **1** en silencio **2** tranquilamente: *I was quietly minding my own business when…* Estaba ocupándome de mis cosas tranquilamente cuando… ◊ *She died quietly in her bed.* Murió tranquila en su cama. ◊ *to come quietly* no armar alboroto **3** (*hablar*) en voz baja **4** *He's quietly confident about the exam.* Por dentro, sabe que va a aprobar.

quietness /ˈkwaɪətnəs/ *n* tranquilidad

quiff /kwɪf/ *n* (*GB*) tupé

quill /kwɪl/ *n* **1** (*tb* **quill pen**) pluma **2** espina (*de erizo*)

quilt /kwɪlt/ (*tb* **continental quilt**) *n* edredón *Ver tb* DUVET, EIDERDOWN
▶ **quilted** *adj* acolchado

quince /kwɪns/ *n* membrillo: *quince jelly* confitura de membrillo

quinine /kwɪˈniːn; *USA* ˈkwaɪnaɪn/ *n* quinina

quintessential /ˌkwɪntɪˈsenʃl/ *adj* por antonomasia: *He's the quintessential gentleman.* Es el caballero por antonomasia.
▶ **quintessentially** *adv* por excelencia

quintet /kwɪnˈtet/ *n* quinteto

quip /kwɪp/ *n* salida (*ingeniosa o cortante*)
■ **quip** *vt, vi* (**-pp-**) bromear

quirk /kwɜːk/ *n* **1** rareza **2** capricho: *By some curious quirk of fate,…* Por uno de esos caprichos del destino…
▶ **quirky** *adj* extraño

quit /kwɪt/ (**-tt-**) (*pret, pp* **quit** o **quitted**) (*coloq*) **1** *vt, vi* dejar: *to quit (your job)* dejar tu trabajo ◊ *I quit!* ¡Me largo! **2** *vt* ~ **sth/doing sth** (*coloq*) dejar algo/de hacer algo: *to quit smoking* dejar de fumar **3** *vi* marcharse: *to receive notice to quit* recibir una notificación de desahucio **4** *vi* rendirse
LOC to be quit of sth/sb haberse librado de algo/algn

quite /kwaɪt/ *adv* **1** bastante: *He played quite well.* Tocó bastante bien. ☛ *Ver nota en* FAIRLY **2** absolutamente: *That was quite the nicest meal I've ever had.* Esa ha sido sin duda la mejor comida que he tomado. ◊ *She played quite brilliantly.* Tocó de maravilla. **3** totalmente: *The theatre was not quite full.* El teatro no estaba totalmente lleno. ◊ *Quite frankly,…* Para ser totalmente sincero,… ◊ *Are you quite sure?* ¿Estás totalmente seguro? ◊ *I'm not feeling quite myself.* No me encuentro del todo bien. ◊ *The jacket is not quite big enough.* La chaqueta no es lo bastante grande. ◊ *I quite understand.* Lo comprendo perfectamente. ◊ *That's quite all right.* No hay ningún problema. ◊ *I stood quite still.* Me quedé completamente quieto. ◊ *That's quite enough from you.* Ya basta. ◊ *I don't quite know what to do.* No sé que hacer. ◊ *I can quite believe it!* Me lo creo totalmente.
LOC quite a; **quite some** (*aprob, esp USA*) todo un: *It must be quite some car.* Debe de ser cochazo. ◊ *We had quite a party.* Tuvimos una buena fiesta. ◊ *It's quite an achievement.* Esto es todo un logro. ◊ *It gave me quite a shock.* Me dio un buen susto. ◊ *They've got quite a task ahead of them.* Les espera una buena faena. **quite a few** un número considerable **quite as much/many** tanto **quite (so)!** ¡y que lo digas!

quits /kwɪts/ *adj*
LOC to be quits (with sb) estar en paz (con algn) *Ver tb* CALL, DOUBLE[2]

quitter /ˈkwɪtə(r)/ *n* (*pey*) rajado, -a

quiver[1] /ˈkwɪvə(r)/ *vi* temblar
■ **quiver** *n* temblor
▶ **quivering** *adj* tembloroso

quiver[2] /ˈkwɪvə(r)/ *n* carcaj

quixotic /kwɪkˈsɒtɪk/ *adj* quijotesco

quiz /kwɪz/ *n* (*pl* **quizzes**) concurso, prueba (*de conocimientos*)
■ **quiz** *vt* (**-zz-**) ~ **sb (about sth/sb)** interrogar a algn (sobre algo/algn)

quizmaster /ˈkwɪzmɑːstə(r)/ *n* moderador, -ora

quizzical /ˈkwɪzɪkl/ *adj* inquisitivo
▶ **quizzically** *adv* inquisitivamente

quorum /ˈkwɔːrəm/ *n* [*gen sing*] quórum: *to form a quorum* tener quórum

quota /ˈkwəʊtə/ *n* **1** cupo: *a quota on the number of immigrants* un límite en el número de inmigrantes **2** cuota, parte

quotation /kwəʊˈteɪʃn/ *n* **1** (*tb* **quote**) (*de un libro, etc*) cita **2** cotización **3** (*tb* **quote**) presupuesto

quotation marks (*tb* **quotes**) *n* [*pl*] comillas: *to open/close quotation marks* abrir/cerrar comillas ◊ *in quotes* entre comillas ☛ *Ver págs 592-3* ☛ *Comparar con* INVERTED COMMAS

quote /kwəʊt/ **1** *vt, vi* ~ **(sth) (from sth/sb)** citar (algo) (de algo/algn) **2** *vt* dar: *Can you quote (me) an example?* ¿Puedes dar(me) un ejemplo? **3** *vt* ~ **sth (to sb)** dar un presupuesto de algo (a algn) **4** *vt* ~ **sth (at sth)** cotizar algo (a algo)
■ **quote** *n* **1** *Ver* QUOTATION sentido 1 **2** *Ver* QUOTATION sentido 3 **3 quotes** [*pl*] *Ver* QUOTATION MARKS
LOC quote (…unquote) , y cito…: *He said I was, quote 'original' unquote.* Dijo que yo era, y cito: "original".

quotient /ˈkwəʊʃnt/ *n* cociente

Rr

R, r /ɑː(r)/ *n* (*pl* **R's, r's** /ɑːz/) (*letra*) R, r: *R for Raymond* R de Ramón **LOC** *Ver* ROLL², THREE

r *abrev de* **right**: *l to r* de izquierda a derecha

RA /ˌɑːr ˈeɪ/ (*GB*) *abrev de* (**member of the**) **Royal Academy** miembro de la Real Academia de arte

rabbi /ˈræbaɪ/ *n* (*pl* **~s**) rabino: *the Chief Rabbi* el gran rabino ◊ *Rabbi Yosef* el rabino Yosef
▶ **rabbinical** *adj* rabínico

rabbit /ˈræbɪt/ *n* conejo: *rabbit warren* madriguera ◊ *rabbit hutch* conejera ☛ *Ver nota en* CONEJO
■ **rabbit** *vi* **~ (on) (about sth/sb)** (*coloq*) cotorrear (sobre algo/algn)

rabble /ˈræbl/ *n* **1** chusma **2 the rabble** el populacho: *rabble-rousing speech* una arenga

rabid /ˈræbɪd, ˈreɪb-/ *adj* rabioso

rabies /ˈreɪbiːz/ *n* rabia (*enfermedad*)

RAC /ˌɑːr eɪ ˈsiː/ (*GB*) *abrev de* **Royal Automobile Club** Real Club del Automóvil

raccoon (*tb* **racoon**) /rəˈkuːn/ *n* mapache

race¹ /reɪs/ *n* **1** raza: *the human race* la raza humana ◊ *race relations* relaciones raciales ◊ *race riot* disturbio racial **2** (*formal*) estirpe

race² /reɪs/ *n* **1** carrera: *a 200 metres race* una carrera de 200 metros ◊ *the race for the presidency* la carrera para la presidencia ◊ *a boat-race* una regata *Ver tb* THREE-LEGGED RACE **2 the races** (*hípica*) las carreras: *race meeting* concurso hípico *Ver tb* MILL-RACE
LOC a race against time/against the clock una carrera contra reloj *Ver tb* RAT
■ **race 1** *vi* **(a)** correr **(b)** correr a toda velocidad: *They raced out of the house.* Salieron de la casa corriendo a toda velocidad. **(c)** competir **(d)** (*pulso, corazón*) latir muy rápido **2** *vt* **(a)** echar una carrera con: *I'll race you home.* Te echo una carrera hasta casa. **(b)** llevar a toda prisa: *A taxi raced him to the meeting.* Un taxi lo llevó a toda prisa a la reunión. **(c)** (*caballo*) hacer correr, presentar (en un concurso hípico) **(d)** (*motor*) acelerar al máximo

racecourse /ˈreɪskɔːs/ (*USA* **racetrack**) *n* hipódromo

racegoer /ˈreɪsgəʊə(r)/ *n* aficionado, -a a las carreras de caballos

racehorse /ˈreɪshɔːs/ *n* caballo de carreras

racer /ˈreɪsə(r)/ *n* **1** (*competidor*) corredor, -a **2** (*propietario*): *He is a greyhound racer.* Tiene galgos de carreras. **3(a)** bicicleta de carreras **(b)** motocicleta de carreras

racetrack /ˈreɪstræk/ *n* **1(a)** circuito (de automovilismo, etc) **(b)** canódromo **2** (*USA*) *Ver* RACECOURSE

racial /ˈreɪʃl/ *adj* racial: *racial discrimination* discriminación racial *Ver tb* MULTIRACIAL
▶ **racially** *adv* racialmente: *a racially diverse society* una sociedad multirracial ◊ *racially motivated attacks* ataques con motivos raciales

racialism /ˈreɪʃəlɪzəm/ (*tb* **racism**) *n* racismo
▶ **racialist** (*tb* **racist**) *adj, n* racista

racing /ˈreɪsɪŋ/ *n* **1** carreras: *to watch the racing on TV* ver las carreras (de caballos) en la tele ◊ *motor racing* carreras de coches **2** *a racing car* un coche de carreras ◊ *racing driver* piloto de carreras *Ver tb* HORSE RACING

racism /ˈreɪsɪzəm/ *n* racismo
▶ **racist** *adj, n* racista

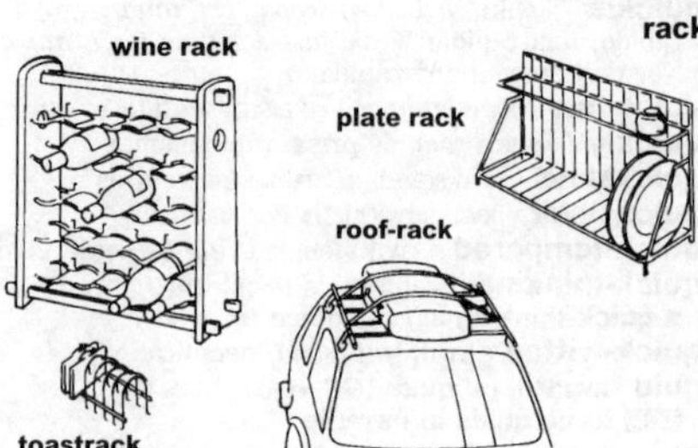

rack /ræk/ *n* **1** soporte: *a bicycle rack* un soporte para bicicletas **2** (*en tienda*) estante, estantería **3** (*para equipaje*) rejilla ☛ *Ver ilustración en* BICYCLE **4** (*en compuestos*): *a wine rack* botellero ◊ *a coat rack* un perchero ◊ *a gun rack* un armero ◊ *a toastrack* una rejilla para servir las tostadas **5** (*Mec*) cremallera (*barra dentada*) **6 the rack** (*tortura*) el potro: *to put sb on the rack* atormentar a algn *Ver tb* NERVE-RACKING
LOC to go to rack and ruin echarse a perder
■ **rack** *vt* [*gen en pasiva*] sacudir
LOC to be racked by/with doubt/grief/guilt estar atormentado por la duda/la pena/la culpa **to rack your brain(s)** devanarse los sesos

racket /ˈrækɪt/ *n* **1** (*tb* **racquet**) **(a)** raqueta: *tennis racket* raqueta de tenis ☛ *Ver ilustración en* SQUASH¹, TENNIS **(b) rackets** (*juego*) frontón, frontenis **2** alboroto: *to make a racket* armar un jaleo **3** timo: *What a racket!* ¡Qué timo! **4** (*coloq*) ocupación: *What's your racket?* ¿A qué te dedicas?

racketeer /ˌrækəˈtɪə(r)/ *n* timador, -ora
▶ **racketeering** *n* estafa

raconteur /ˌrækɒnˈtɜː(r)/ *n* narrador, -ora (*que cuenta cosas con gracia*)

racoon *Ver* RACCOON

racquet *Ver* RACKET sentido 1

racy /ˈreɪsi/ *adj* **1** (*estilo*) vivo **2** (*chiste*) picante

RADA /ˈrɑːdə/ (*GB*) *abrev de* **Royal Academy of Dramatic Art** Real Academia de Artes Escénicas

radar /ˈreɪdɑː(r)/ *n* [*incontable*] **1** radar: *a radar station* una estación de radar **2** (*tb* **radar screen**) pantalla de radar

radial /ˈreɪdiəl/ *adj* radial

radiant /ˈreɪdiənt/ *adj* **1 ~ (with sth)** radiante (de algo): *a radiant smile* una sonrisa radiante ◊ *radiant with joy* radiante de alegría **2** (*Fís*) radiante
▶ **radiance** *n* resplandor

radiate /ˈreɪdieɪt/ **1** *vt, vi* (*luz, calor, alegría*) irradiar **2** *vi* (*de un punto central*) salir: *Five roads radiate from this roundabout.* De esta rotonda salen cinco carreteras.

radiation /ˌreɪdiˈeɪʃn/ *n* radiación: *radiation sickness* enfermedad por radiación ◊ *radiation treatment* tratamiento por radiaciones

radiator /ˈreɪdieɪtə(r)/ *n* radiador ☛ *Ver ilustración en* CAR

radical /ˈrædɪkl/ *adj* radical
■ **radical** *n* **1** (*Pol*) radical **2** (*Quím, Mat*) radical **3** (*tb* **radicle**) (*Bot*) radícula

▶ **radicalism** *n* radicalismo
radically *adv* radicalmente
radicle /ˈrædɪkl/ *n* radícula
radii *plural de* RADIUS
radio /ˈreɪdiəʊ/ *n* (*pl* **~s**) radio: *a radio station* una emisora de radio ◊ *radio waves* ondas de radio ◊ *on the radio* en la radio ◊ *They made radio contact.* Se pusieron en contacto por radio. *Ver tb* RADIO CASSETTE PLAYER
■ **radio** *vt* (*pret, pp* **radioed**) (*mensaje*) radiar
radioactive /ˌreɪdiəʊˈæktɪv/ *adj* radiactivo: *radioactive fall-out* polvo radiactivo ◊ *radioactive waste* residuos radiactivos
▶ **radioactivity** *n* radiactividad
radiocarbon /ˌreɪdiəʊˈkɑːbən/ *n* radiocarbono: *radiocarbon dating* datación por carbono 14
radio cassette player /ˌreɪdiəʊ kəˈset pleɪə(r)/ *n* radiocasete
radio-controlled /ˌreɪdiəʊ kənˈtrəʊld/ *adj* teledirigido
radiography /ˌreɪdiˈɒɡrəfi/ *n* radiografía (*procedimiento*)
▶ **radiograph** *n* radiografía (*imagen*)
radiographer *n* radiógrafo, -a
radiology /ˌreɪdiˈɒlədʒi/ *n* radiología
▶ **radiologist** *n* radiólogo, -a
radio telescope *n* radiotelescopio
radiotherapy /ˌreɪdiəʊˈθerəpi/ *n* radioterapia
▶ **radiotherapist** *n* radioterapeuta
radish /ˈrædɪʃ/ *n* rábano *Ver tb* HORSERADISH
radium /ˈreɪdiəm/ *n* radio (*elemento*)
radius /ˈreɪdiəs/ *n* (*pl* **-dii** /-diaɪ/) **1** (*Geom*) radio: *within a six mile radius* en un radio de seis millas **2** (*Anat*) radio ☛ *Ver ilustración en* ESQUELETO
radon /ˈreɪdɒn/ *n* radón
RAF /ˌɑːr eɪ ˈef , *coloq* ræf/ (*GB*) *abrev de* **Royal Air Force** Ejército del Aire británico
raffia /ˈræfiə/ *n* rafia
raffish /ˈræfɪʃ/ *adj* chulesco
raffle /ˈræfl/ *n* rifa: *to hold a raffle* organizar una rifa ◊ *a raffle ticket* un boleto para la rifa
■ **raffle** *vt* **~ sth (off)** rifar algo
raft /rɑːft; *USA* ræft/ *n* **1(a)** balsa: *life raft* balsa salvavidas **(b) ~ (of sth)** (*USA, coloq*) montón (de algo) **2** *vi*: *to raft down a river* navegar por un río en una balsa
▶ **rafting** *n* rafting *Ver tb* WHITE WATER
rafter /ˈrɑːftə(r); *USA* ˈræf-/ *n* viga: *the rafters* el techo
rag /ræɡ/ *n* **1** trapo: *a rag doll* una muñeca de trapo **2** **rags** [*pl*] **(a)** andrajos **(b)** trapos **3** (*coloq, pey*) periodicucho **4** (*Mús*) pieza de ragtime **5** (*antic*) broma
LOC **from rags to riches** de la nada a la riqueza **rag week** semana durante la cual los estudiantes universitarios recaudan dinero para obras benéficas *Ver tb* GLAD, RED, WET
ragamuffin /ˈræɡəmʌfɪn/ *n* pilluelo, -a
rag-and-bone man *n* (*GB*) trapero
ragbag /ˈræɡbæɡ/ *n* **1** (*fig*) mezcolanza **2** (*costura*) bolsa de restos de tela
rage /reɪdʒ/ *n* (*ira*) cólera: *to fly into a rage* montar en cólera
LOC **to be all the rage** hacer furor *Ver tb* FASHION[1]
■ **rage** *vi* **1** ponerse furioso **2** (*tormenta*) rugir **3** (*batalla*) continuar con furia **4** (*incendio*) hacer estragos
ragged /ˈræɡɪd/ *adj* **1(a)** (*ropa*) roto **(b)** (*persona*) andrajoso **2** (*silueta, forma*) accidentado: *a ragged coastline* un litoral accidentado **3** (*actuación*) desigual
▶ **raggedly** *adv* pobremente
raging /ˈreɪdʒɪŋ/ *adj* **1** (*dolor, etc*) atroz: *raging thirst* sed atroz **2** (*mar*) enfurecido **3** (*tormenta*) violento
ragout /ˈræɡuː/ *n* (*Fr*) ragú
ragtime /ˈræɡtaɪm/ *n* ragtime
rag trade *n* (*coloq*) industria de la confección
ragwort /ˈræɡwɜːt/ *n* hierba cana
raid /reɪd/ *n* **1 ~ (on sth) (a)** ataque, incursión (contra algo) *Ver tb* AIR RAID **(b)** (*robo*) asalto (a algo): *a raid on a jewellery shop* un asalto a una joyería **2** (*policial*) redada: *to carry out a dawn raid* realizar una redada al amanecer **3** (*Fin*) manipulación de precios
■ **raid** *vt* **1** atracar, asaltar **2** (*policía*) registrar, hacer una redada en: *Customs men raided the house.* Aduaneros registraron la casa. **3** (*fig*) saquear: *She raided her money box.* Saqueó su hucha.
▶ **raider** *n* **1** asaltante **2** invasor, -ora
rail[1] /reɪl/ *n* **1(a)** barandilla **(b)** pasamanos **(c)** (*para cortinas*) riel *Ver tb* GUARD RAIL, HANDRAIL, TOWEL-RAIL **2** (*Ferrocarril*) **(a)** raíl **(b)** ferrocarril: *a rail strike* una huelga de ferroviarios ◊ *to travel by rail* viajar en tren ◊ *rail network* red de ferrocarriles ◊ *rail timetable* horario de trenes
LOC **to go off the rails** (*GB, coloq*) **1** descarriarse **2** volverse loco *Ver tb* FREE, JUMP[2]
■ **rail** *vi* despotricar
PHR V **to rail against/about sth** clamar contra algo
rail[2] /reɪl/ *n* rascón
railcard /ˈreɪlkɑːd/ *n* carné para obtener ciertos descuentos en el tren
railhead /ˈreɪlhed/ *n* término de la vía férrea
railing /ˈreɪlɪŋ/ (*tb* **railings**) *n* verja: *He leaped over the railings.* Saltó la verja.
railman /ˈreɪlmən/ *n* (*pl* **-men** /-mən/) ferroviario
railroad /ˈreɪlrəʊd/ *n* (*USA*) *Ver* RAILWAY
■ **railroad** *v*
PHR V **to railroad sb into doing sth** forzar a algn a hacer algo
to railroad sth through tramitar algo rápidamente (*legislación*)
railway /ˈreɪlweɪ/ (*USA* **railroad**) *n* **1** ferrocarril: *railway station* estación de ferrocarril ◊ *railway carriage* vagón ◊ *railway bridge* puente ferroviario ◊ *railway system* red ferroviaria **2** (*tb* **railway line/track**) vía férrea
railway worker (*antic* **railwayman**) *n* ferroviario
rain /reɪn/ *n* (*lit* y *fig*) lluvia: *heavy/light rain* lluvia fuerte/ligera ◊ *a rain of arrows, bullets, etc* una lluvia de flechas, balas, etc ◊ *It looks like rain.* Parece que va a llover. *Ver tb* ACID RAIN
LOC **come rain, come shine**; **(come) rain or shine** pase lo que pase *Ver tb* PELT[2], RIGHT[1]
■ **rain** *vi* **1** llover: *It's raining.* Está lloviendo. ◊ *Is it raining hard?* ¿Llueve mucho? **2 ~ on sth/sb** (*fig*) llover sobre algo/algn: *Blows rained on the door.* Hubo una lluvia de golpes en la puerta.
LOC **it never rains but it pours** las desgracias nunca vienen solas **to be rained off** (*Dep*) ser suspendido por la lluvia **to rain buckets**; **to rain cats and dogs** llover a cántaros
PHR V **to rain down (on sth/sb)** llover (sobre algo/a algn): *Ash rained down from the volcano.* Cayó una lluvia de cenizas del volcán.
rainbow /ˈreɪnbəʊ/ *n* arco iris **LOC** *Ver* GOLD
rain-check *n* (*USA*) **1** vale que se recibe cuando se suspende un concierto, espectáculo, etc por mal tiempo **2** vale que garantiza el precio de oferta de un producto que se ha agotado en un supermercado
LOC **to take a rain-check (on sth)** (*coloq*) declinar una invitación, etc dando a entender que se aceptará en otra ocasión: *I'll take a rain-check on that.* Ya lo haremos otro día.
raincoat /ˈreɪnkəʊt/ *n* gabardina
raindrop /ˈreɪndrɒp/ *n* gota de lluvia
rainfall /ˈreɪnfɔːl/ *n* [*incontable*] precipitación
rainforest /ˈreɪnfɒrɪst/ *n* selva
rainproof /ˈreɪnpruːf/ *adj* impermeable
rain slicker (*USA*) *n* impermeable (*gen amarillo*)
rainstorm /ˈreɪnstɔːm/ *n* tormenta, chaparrón

rainwater /ˈreɪnwɔːtə(r)/ *n* agua de lluvia
rainy /ˈreɪni/ *adj* lluvioso
LOC **to save, keep, etc sth for a rainy day** ahorrar/guardar algo para tiempos difíciles
raise /reɪz/ *vt* **1** (*lit* y *fig*) levantar: *to raise your hand* levantar la mano ◊ *to raise your voice* levantar la voz ◊ *to raise your hat to sb* quitarse el sombrero ante algn ◊ *to raise a flag* izar una bandera ◊ *to raise doubts, suspicions, etc in people's minds* levantar dudas, sospechas, etc en la gente ◊ *to raise yourself on one elbow* levantarse apoyándose en el codo ◊ *to raise a siege* levantar un asedio *Ver tb* CURTAIN-RAISER, HAIR-RAISING, SELF-RAISING FLOUR **2** ~ **sth** (**to sth**) subir algo (a algo): *to raise salaries/prices/profits to record levels* subir los salarios/precios/beneficios a un nivel sin precedentes **3** (*esperanzas, conocimiento*) aumentar: *to raise standards in schools* mejorar el nivel de los colegios **4** suscitar: *to raise a fuss* provocar un alboroto ◊ *to raise a protest* dar lugar a protestas **5** (*tema, asunto*) plantear, mencionar **6** (*préstamo*) conseguir **7** (*fondos*) recaudar *Ver tb* FUND-RAISER **8** (*niño, ganado*) criar **9** (*ejército*) reclutar **10** ~ **sth** (**to sth/sb**) (*edificar*) erigir algo (a algo/a algn) **11** (*GB, coloq*) localizar: *I couldn't raise her on the phone.* No pude localizarla por teléfono. **12** (*juegos de cartas*) aumentar (*apuesta*)
LOC **to raise a laugh/smile** provocar risas/una sonrisa: *It raised a smile.* Nos hizo sonreír. **to raise Cain/hell/the roof** (*coloq*) ponerse como una fiera **to raise sb's hackles** ofender a algn **to raise sb's hopes/spirits** levantar la moral a algn **to raise the alarm** dar la alarma **to raise the profile of sth/sb** atraer la atención a algo/algn **to raise the temperature** aumentar la tensión **to raise your eyebrows** (**at sth**) **1** arquear las cejas (por algo) **2** (*fig*): *This did not raise any eyebrows in Spain.* Esto no causó ninguna sorpresa en España. **to raise your glass** (**to sb**) alzar la copa (por algn) **to raise your voice against sth/sb** protestar contra algo/algn *Ver tb* BLOCKADE, DUST[1], HAND[1], HOPE, LIFT, SIGHT
■ **raise** *n* (*USA*) aumento (*salarial*)
raisin /ˈreɪzn/ *n* pasa ☛ *Comparar con* SULTANA
raising /ˈreɪzɪŋ/ *n* **1** elevación: *the raising of interest rates* la elevación de los tipos de interés **2** (*fondos*) captación, recaudación
raison d'être /ˌreɪzɒ̃ ˈdetrə/ *n* (*Fr*) razón de ser
raj /rɑːdʒ/ *n* (*tb* **the British Raj**) la soberanía británica en la India
rajah (*tb* **raja**) /ˈrɑːdʒə/ *n* rajá
rake[1] /reɪk/ *n* **1(a)** (*de jardín*) rastrillo **(b)** (*agricultura*) rastro **2** (*en el juego*) rastrillo LOC *Ver* THIN
■ **rake 1** *vt, vi* rastrillar **2** *vt* ~ **sth** (**out**) (*fuego*) rastrillar algo **3** *vt* barrer: *to rake the enemy lines with machine-gun fire* barrer las líneas enemigas con fuego de ametralladora
LOC **to rake over old ashes** remover memorias del pasado
PHR V **to rake around** (**for sth**) escudriñar (por algo)
to rake sth/it in (*coloq*) ganar algo/forrarse: *to rake in thousands of pounds* ganar miles de libras
to rake sth together, up, etc recoger algo con el rastrillo
to rake sth up (*coloq*) sacar a relucir algo: *Don't rake up the past.* No saques a relucir el pasado.
to rake sth/sb up (*coloq*) encontrar algo/a algn: *We need to rake up two more players to form a team.* Necesitamos encontrar a dos jugadores más para formar un equipo.
rake[2] /reɪk/ *n* (*antic*) libertino
rakish /ˈreɪkɪʃ/ *adj* **1** disoluto **2** coqueto: *He wore his hat at a rakish angle.* Llevaba el sombrero echado de lado.
rally /ˈræli/ (*pret, pp* **rallied**) **1(a)** *vi* ~ (**round/to sth/sb**); ~ (**round**) reunirse (en torno a algo/algn): *They all rallied round when their mother was ill.* Cuando su madre estaba enferma se unieron para apoyarla. **(b)** *vt* ~ **sb** (**round sb**); ~ **sb** (**together**) reunir a algn (en torno a algn): *The Minister has rallied the party leadership behind him.* El Ministro ha reunido a la cúpula del partido en torno suyo. **2** *vi* recuperarse
■ **rally** *n* (*pl* **-ies**) **1** mitin **2** (*Mil*) repliegue **3** recuperación **4** (*Dep*) peloteo **5** (*de coches*) rally
ram[1] /ræm/ *n* **1** carnero ☛ *Ver ilustración en* OVEJA **2** (*tb* **battering ram**) (*Mil*) ariete
ram[2] /ræm/ (**-mm-**) **1(a)** *vt, vi* **to ram** (**into sth**) chocar (con algo): *They rammed their car into a wall.* Lanzaron el coche contra una pared. **(b)** *vt* (*Náut*) atacar con el espolón **2** *vt* **to ram sth in, into, on, etc sth** introducir algo en algo a la fuerza: *He rammed his hat on his head.* Se metió el sombrero en la cabeza a la fuerza.
LOC **to ram sth down sb's throat** hacerle tragar algo a algn
PHR V **to ram sth down** apisonar algo
to ram sth home 1 meter algo en su sitio a la fuerza **2** (*fig*) machacar algo
RAM /ræm/ (*Informát*) *abrev de* **Random Access Memory** memoria de acceso aleatorio o directo
Ramadan /ˌræməˈdæn, -ˈdɑːn/ *n* ramadán
ramble /ˈræmbl/ *vi* **1** pasear **2** ~ (**on**) (**about sth/sb**) (*fig*) divagar (acerca de algo/algn) **3** trepar
■ **ramble** *n* paseo: *to go for/on a ramble in the country* ir de excursión a pie por el campo
▶ **rambler** *n* **1** excursionista (*a pie*) **2** (*Bot*) planta trepadora
rambling /ˈræmblɪŋ/ *adj* **1** laberíntico **2** (*Bot*) trepador **3** (*discurso*) divagador
■ **rambling** *n* **1** (*Dep*) pasear por el campo **2** verborrea
ramification /ˌræmɪfɪˈkeɪʃn/ *n* ramificación
ramp /ræmp/ *n* **1(a)** rampa **(b)** (*en carretera*) desnivel *Ver tb* ENTRANCE RAMP, EXIT RAMP **2** (*Aeronáut*) escalerillas
rampage /ˈræmpeɪdʒ/ *n* desmán
LOC **to be/go on the rampage** desmandarse
■ **rampage** *vi* desmandarse
rampant /ˈræmpənt/ *adj* **1** desenfrenado **2** (*planta*) exuberante **3** (*Heráldica*) rampante
▶ **rampantly** *adv* exageradamente
rampart /ˈræmpɑːt/ *n* muralla
ramrod /ˈræmrɒd/ *n* baqueta
LOC (**as**) **stiff/straight as a ramrod** más tieso que un palo
ramshackle /ˈræmʃækl/ *adj* destartalado
ran *pret de* RUN[1]
ranch /rɑːntʃ; *USA* ræntʃ/ *n* **1** rancho **2** granja **3** hacienda
▶ **rancher** *n* ranchero, -a
rancid /ˈrænsɪd/ *adj* rancio
rancour (*USA* **rancor**) /ˈræŋkə(r)/ *n* rencor
R and D /ˌɑːr ən ˈdiː/ (*Com*) *abrev de* **research and development** investigación y desarrollo
random /ˈrændəm/ *adj* [*gen antes de sustantivo*] **1** al azar: *random breath testing* pruebas de alcoholemia al azar **2** aleatorio
■ **random** *n*
LOC (**to choose, take, etc**) **at random** (escoger, coger, etc) al azar
▶ **randomly** *adv* al azar
randy /ˈrændi/ *adj* (*GB, coloq*) cachondo
rang *pret de* RING[2]
range[1] /reɪndʒ/ *n* **1** (*Geog*) cadena: *a mountain-range* una cadena montañosa **2** gama: *to sell/stock a wide range of dresses* vender/tener una amplia gama de vestidos ◊ *a new range of beauty products* una nueva línea de productos de belleza *Ver tb* TOP-OF-THE-RANGE **3** escala: *within your price range* dentro de lo que te puedes permitir **4** (*visión, sonido*) campo (de alcance) **5** (*armas*) alcance: *in/within/out of/beyond range* dentro/fuera de alcance ◊ *at point-blank range* a quemarropa

Ver tb INTERMEDIATE-RANGE, LONG-RANGE, MID-RANGE, SHORT-RANGE **6** (*Mec*) autonomía (*de un coche, etc*) **7** (*Mil*) campo de tiro **8** (*USA*) zona de pasto *Ver tb* FREE-RANGE **9** (*antic*) cocina de leña/carbón

range² /reɪndʒ/ **1** *vi* **(a) ~ from ...; ~ between ...** (*cifra*) oscilar entre ... y ...: *Their ages range from 25 to 50.* Sus edades oscilan entre 25 y 50 años. **(b) ~ from A to B** extenderse desde A hasta B: *His interests range from chess to canoeing.* Sus intereses van desde el ajedrez hasta el piragüismo. **2** *vt* alinear **3** *vi* **~ (over/through sth)** recorrer (algo): *His imagination ranged over the possibilities.* Su imaginación recorrió las distintas posibilidades. *Ver tb* WIDE-RANGING

ranger /ˈreɪndʒə(r)/ *n* guardabosque

rank¹ /ræŋk/ *n* **1** categoría: *a painter of the first/top rank* un pintor de primera categoría **2** (*Mil*) grado, rango **3** hilera: *taxi rank* una parada de taxis **4** (*Mil*) **(a)** fila: *to keep/break ranks* mantener/romper filas **(b) the ranks** [*pl*] (*tb* **other ranks**) la tropa: *to be reduced to the ranks* ser degradado a soldado raso **LOC** *Ver* CLOSE², PULL²

■ **rank 1** *vt* **~ sth/sb (as sth)** clasificar algo/a algn (de algo): *I rank her among the country's best writers.* La considero entre los mejores escritores del país. **2** *vi* situarse: *a high-ranking official/delegate* un oficial/delegado de alto rango ◊ *to rank alongside sth/sb* estar a la misma altura de algo/algn *Ver tb* TOP-RANKING **3** *vt* (*USA, Mil*) ser de más alta graduación que

rank² /ræŋk/ *adj* **1** repugnante **2** (*pey*) auténtico: *His theory is really just rank lunacy.* Su teoría es una auténtica locura.

the rank and file *n* **1** (*Mil*) la tropa **2** (*fig*) la base: *the rank-and-file workers* los trabajadores de a pie

ranking /ˈræŋkɪŋ/ *n* ranking

rankle /ˈræŋkl/ *vi* doler

ransack /ˈrænsæk; *USA* rænˈsæk/ *vt* **1 ~ sth (for sth)** registrar algo (en busca de algo) **2** desvalijar

ransom /ˈrænsəm/ *n* rescate: *ransom money* el dinero de un rescate

LOC to hold sb to ransom 1 secuestrar a algn para pedir rescate **2** (*fig*) chantajear a algn

■ **ransom** *vt* **1** rescatar **2** pedir un rescate a

rant /rænt/ *vi* **~ (at sth/sb)** (*pey*) vociferar (a algo/algn)

LOC to rant and rave (at sth/sb) despotricar (contra algo/algn)

rap /ræp/ *n* **1** golpe seco: *There was a rap at/on the door.* Hubo un golpe seco en la puerta. **2** (*música*) rap: *a rap band* un grupo de rap

LOC to give sb a rap on/over the knuckles; to get a rap on/over the knuckles (*coloq*) echar un rapapolvo a algn, recibir un rapapolvo **to take the rap (for sth)** (*coloq*) cargar con la culpa (de algo) *Ver tb* BEAT

■ **rap (-pp-) 1** *vt, vi* golpear: *She rapped my knuckles.* Me golpeó en los nudillos. **2** *vt* (*coloq*): *The club was rapped for poor hygiene.* Amonestaron al club por su falta de higiene. **3** *vt* **to rap (out)** decir bruscamente: *He rapped out a terse reply to the question.* Contestó a la pregunta en tono brusco. **4** *vi* (*Mús*) hacer rap

rapacious /rəˈpeɪʃəs/ *adj* (*formal*) **1** (*apetito*) voraz **2** avaricioso

rape¹ /reɪp/ *vt* violar

■ **rape** *n* **1** violación *Ver tb* DATE RAPE **2** (*fig*) destrucción ☛ *Comparar con* VIOLATION *en* VIOLATE

▶ **rapist** *n* violador ☛ *Comparar con* VIOLATOR *en* VIOLATE

rape² /reɪp/ *n* colza

rapid /ˈræpɪd/ *adj* rápido: *rapid growth/turnover* crecimiento/movimiento de mercancías rápido

▶ **rapidly** *adv* deprisa: *rapidly changing technology* tecnología que cambia muy deprisa ◊ *This is rapidly becoming a trend.* Se está poniendo de moda muy deprisa.

rapidity *n* rapidez

rapids /ˈræpɪds/ *n* [*pl*] rápidos

rapier /ˈreɪpiə(r)/ *n* estoque ☛ *Ver ilustración en* SWORD

rapport /ræˈpɔː(r); *USA* -ˈpɔːrt/ *n* **~ (with sb/between ...)** compenetración (con algn/entre ...)

rapprochement /ræˈprɒʃmɒŋ, -prəʊʃ-; *USA* ˌræprəʊʃˈmɒŋ/ *n* (*Fr*) **~ (with sb/between ...)** reconciliación (con algn/entre ...)

rapt /ræpt/ *adj* **~ (in sth)** absorto (en algo): *He listened to the music with rapt attention.* Escuchó la música absorto.

rapture /ˈræptʃə(r)/ *n* éxtasis

LOC to be in, go into, etc raptures (about/over sth/sb) estar, quedarse, etc encantado (con algo/algn)

▶ **rapturous** *adj* entusiasta: (*explosions of*) *rapturous applause* (una explosión de) aplausos entusiastas

rapturously *adv* con entusiasmo

rare¹ /reə(r)/ *adj* (**rarer, rarest**) **1** poco común: *a rare butterfly* una mariposa poco común ◊ *It is rare to find...* Es poco común encontrar ... ◊ *a rare opportunity* una de esas ocasiones poco frecuentes **2** (*atmósfera*) enrarecido **3(a)** [*antes de sustantivo*] (*antic*) extraordinario: *We had a rare old time.* Lo pasamos estupendamente. **(b)** inusitado

▶ **rarely** *adv* pocas veces, rara vez ☛ *Ver nota en* ALWAYS

rare² /reə(r)/ *adj* poco hecho (*carne*)

rarebit /ˈreəbɪt/ *n* (*tb* **Welsh rarebit**) pan con queso tostado

rarefied /ˈreərɪfaɪd/ *adj* enrarecido

raring /ˈreərɪŋ/ *adj* (*coloq*)

LOC to be raring to do sth tener muchas ganas de hacer algo: *The team is raring to go for Saturday's match.* El equipo tiene muchas ganas de jugar el partido del sábado.

rarity /ˈreərəti/ *n* (*pl* **-ies**) **1** algo poco común, cosa rara **2** rareza

rascal /ˈrɑːskl; *USA* ˈræskl/ *n* pillo

rase *Ver* RAZE

rash¹ /ræʃ/ *n* **1** erupción cutánea, sarpullido: *I break out/come out in a rash if I eat chocolate.* Cuando como chocolate me sale un sarpullido. ◊ *The heat brought her out in a rash.* El calor le produjo una erupción. **2** [*sing*] **~ of sth** (*fig*) oleada súbita de algo: *a recent rash of attacks* una oleada reciente de ataques

rash² /ræʃ/ *adj* (**-er, -est**) irreflexivo, precipitado

▶ **rashly** *adv* precipitadamente, temerariamente

rashness *n*: *in a moment of rashness* en un momento de irreflexión

rasher /ˈræʃə(r)/ *n* loncha (*de bacon o jamón*)

rasp /rɑːsp; *USA* ræsp/ *n* **1** [*sing*] sonido estridente: *the rasp in her chest* la carraspera del pecho **2** escofina

■ **rasp** *vt, vi* **1 ~ (out)**: *to rasp (out) orders* dar órdenes con voz áspera **2** escofinar, raspar

▶ **rasping** *adj*: *a rasping voice* una voz áspera ◊ *a rasping cough* una tos seca

raspberry /ˈrɑːzbəri; *USA* ˈræzberi/ *n* (*pl* **-ies**) **1** frambuesa **2** (*tb* **raspberry bush, raspberry cane**) frambueso **LOC** *Ver* BLOW

Rastafarian /ˌræstəˈfeəriən/ (*tb* **Rasta**) *adj, n* (miembro) de una secta jamaicana que considera a los negros como el pueblo elegido por Dios para la salvación

▶ **Rastafarianism** *n* rastafarianismo

rat /ræt/ *n* **1** rata **2** (*coloq, fig*) **(a)** desertor, -ora **(b)** canalla

LOC the rat race (*coloq, pey*) la carrera de la vida moderna: *to opt out of the rat race* retirarse de la carrera de la vida moderna *Ver tb* DROWN, SMELL

■ **rat** *vi* (*coloq*) (**-tt-**) **1 to rat (on sth)** incumplir (algo): *They ratted on their promise.* Incumplieron su palabra. **2 to rat (on sb)** chivarse (de lo que algn ha hecho): *Who ratted on me to the teacher?* ¿Quién se chivó al profesor?

▶ **ratbag** *n* (*argot*) rata (*persona despreciable*)
rats *interj* (*antic, coloq*) ¡narices!

ratatat (*tb* **rat-a-tat-tat**) *Ver* RAT-TAT

rate[1] /reɪt/ *n* **1** razón (*proporción*): *at a rate of 50 a/per week* a razón de cincuenta por semana ◊ *the infant mortality rate* el índice de mortalidad infantil *Ver tb* BIRTH RATE, DEATH RATE **2** tarifa: *the going rate for the job* la tarifa actual por el trabajo ◊ *a low/high hourly rate of pay* una paga por hora alta/baja **3** (*Fin*) tipo: *the interest rate* el tipo de interés ◊ *the exchange rate/the rate of exchange* el tipo de cambio **4** ritmo: *at a steady rate* a un ritmo constante ◊ *At the rate you work, you'll never finish.* Al ritmo que trabajas, no terminarás nunca. **5** (*GB*) [*gen pl*] (*antic*) contribución municipal *Ver tb* FIRST-RATE, SECOND-RATE, THIRD-RATE, ZERO-RATED
LOC at any rate de todos modos **at a rate of knots** (*coloq*) a toda velocidad **at this/that rate** (*coloq*) a este/ese paso *Ver tb* GOING
▶ **rateable** *adj* (*GB, antic*): *the rateable value of a house* el valor catastral de una casa
ratepayer *n* (*GB, antic*) persona que paga la contribución municipal

rate[2] /reɪt/ *vt, vi* **1** estimar, valorar: *I didn't rate his performance that highly.* No valoré su actuación en mucho. ◊ *She is highly rated as a novelist.* Es tenida en gran estima como novelista. ◊ *I don't rate his chances.* No apostaría por él. **2** considerar como **3** clasificar: *That film is "X" rated.* Esta película está clasificada X. **4** (*USA, coloq*) merecer: *That joke didn't rate a laugh.* Ese chiste no mereció una carcajada. **LOC** *Ver* CHANCE

rather /ˈrɑːðə(r); *USA* ˈræ-/ *adv* algo, bastante: *The weather rather spoiled our trip.* El tiempo estropeó algo nuestra excursión. ◊ *It's rather a shame that…* Es una pena que… ◊ *I rather suspect…* Me inclino a sospechar… ◊ *It was a rather nice present.* Fue un regalo realmente estupendo. ◊ *This room looks rather untidy.* Esta habitación está bastante desordenada. ☛ *Ver nota en* FAIRLY
LOC I'd, you'd, etc rather… (than): *I'd rather walk than take a bus.* Prefiero ir andando a coger el autobús. ☛ *Ver nota en* PREFERIR **or rather…** mejor dicho… **rather/sooner you, him, etc than me!** me alegro de no ser yo el que lo que tiene que hacer, decir, etc
■ **rather!** *interj* (*antic, GB*) ¡ya lo creo!
▶ **rather than** *prep* mejor que: *a cold drink rather than coffee* un refresco mejor que un café ◊ *Rather than risk …* En lugar de arriesgarse a… ◊ *Anything rather than that!* ¡Lo que sea menos eso!

ratify /ˈrætɪfaɪ/ *vt* (*pret, pp* **-fied**) ratificar
▶ **ratification** *n* ratificación

rating /ˈreɪtɪŋ/ *n* **1(a)** clasificación: *a high/low popularity rating* un nivel alto/bajo de popularidad **(b)** [*gen pl*] (*TV*): *Our programme has gone up in the ratings.* Nuestro programa ha subido en los niveles de popularidad. ◊ *The show's ratings soared.* La popularidad del programa subió mucho. **(c)** valuación **2** (*Náut*): *officers and ratings* oficiales y marineros

ratio /ˈreɪʃiəʊ/ *n* (*pl* **~s**) ratio, razón: *in the ratio of 3 to 1* un ratio de 3 a 1 ◊ *teacher-pupil ratios* la relación profesor-alumno

ration /ˈræʃn/ *n* **1** ración: *a ration book* una cartilla de racionamiento **2 rations** [*pl*] (*Mil*): *to draw rations* recibir los víveres **LOC** *Ver* SHORT[1]
■ **ration** *vt* **~ sth/sb (to sth)** racionar algo/a algn (a algo)
PHR V to ration sth out racionar algo
▶ **rationing** *n* racionamiento: *petrol rationing* el racionamiento de gasolina

rational /ˈræʃnəl/ *adj* **1** racional, razonable: *The rational thing to do would be…* Lo lógico sería… **2** cuerdo
▶ **rationale** *n* base lógica: *the rationale behind a decision* la base lógica detrás de una decisión
rationalism *n* racionalismo
rationalist *adj, n* racionalista
rationality *n* racionalidad
rationalization, -isation *n* **1** racionalización **2** (*industria*) reconversión
rationalize, -ise *vt* **1** racionalizar **2** (*industria*) reconvertir
rationally *adv* racionalmente

rat-tat /ˌræt ˈtæt/ (*tb* **rat-a-tat** /ˌræt ə ˈtæt/ **rat-a-tat-tat** /ˌræt ə tæt ˈtæt/) *n* [*sing*] pum pum

rattle /ˈrætl/ *vt, vi* **1** (hacer) crujir, traquetear: *The wind rattled the window.* El viento hacía crujir la ventana. ◊ *to rattle a tin for charity* hacer sonar un bote para pedir dinero para beneficencia **2** (*coloq*) agitar (*a algn*)
LOC to get rattled ponerse nervioso
PHR V to rattle along, off, past, etc traquetear: *A cart rattled past (us).* Un carromato (nos) pasó traqueteando.
to rattle away/on parlotear
to rattle sth off farfullar algo: *The child rattled off the poem.* El niño farfulló la poesía.
to rattle through sth: *He rattled through the list of names.* Repitió rápidamente la lista de nombres.
■ **rattle** *n* **1** traqueteo: *the rattle of chains* el ruido de cadenas **2** carraca, sonajero: *a baby's rattle* un sonajero
▶ **rattling** (*coloq, antic*) **1** *adj* [*antes de sustantivo*]: *to set a rattling pace* fijar un paso rápido **2** *adv* muy: *to spin a rattling good yarn* contar un cuento estupendo

rattlesnake /ˈrætlsneɪk/ (*USA, coloq* **rattler**) *n* serpiente de cascabel

ratty /ˈræti/ *adj* (**-ier, -iest**) (*GB, coloq*) irritable

raucous /ˈrɔːkəs/ *adj* ronco, estridente: *raucous laughter* risas estridentes

raunchy /ˈrɔːntʃi/ *adj* (*coloq*) sexy, picante

ravage /ˈrævɪdʒ/ *vt* **1** devastar: *forests ravaged by fire* bosques devastados por el fuego **2** asolar
■ **ravage** *n* [*pl*] **~ of sth** estragos de algo: *the ravages of time* los estragos del tiempo

rave /reɪv/ *vi* **1 ~ (on) about sth/sb** (*coloq*) poner por las nubes algo/a algn: *He didn't stop raving on about her.* No hacía más que ponerla por las nubes. **2 ~ (at/against/about sth/sb)** despotricar (contra algo/algn)
LOC to go raving ir de juerga (*a un "rave"*) **to rave it up** (*antic*) pasarlo bomba *Ver tb* RANT
■ **rave** *n* (*GB*) fiesta multitudinaria, generalmente ilegal, que se asocia con la droga éxtasis
■ **rave** *adj* (*coloq*) entusiasta: *to get rave reviews* recibir críticas entusiastas
▶ **raver** *n* (*coloq*) juerguista
rave-up *n* (*GB, antic, coloq*) juerga
raving *adj, adv* de remate: *a raving lunatic* un loco de remate **LOC** *Ver* STARK
ravings *n* [*pl*] delirios

raven /ˈreɪvn/ *n* cuervo
■ **raven** *adj* (*pelo*) negro lustroso

ravenous /ˈrævənəs/ *adj* muy hambriento: *a ravenous appetite* un apetito voraz
▶ **ravenously** *adv* vorazmente

ravine /rəˈviːn/ *n* barranco

ravioli /ˌræviˈəʊli/ *n* [*sing*] raviolis

ravish /ˈrævɪʃ/ *vt* (*poco frec*) **1** embelesar **2** (*antic* o *formal*) violar

ravishing /ˈrævɪʃɪŋ/ *adj* encantador

raw /rɔː/ *adj* **1** crudo: *raw fish* pescado crudo ◊ *a raw February morning* una cruda mañana de febrero **2** sin refinar: *raw silk* seda salvaje **3** (*aguas residuales*) sin tratar **4** (*datos*) en bruto **5** (*piel*) en carne viva: *My hands were red raw.* Tenía las manos destrozadas. **6** (*tela*) sin dobladillo **7** (*fig, persona*) verde: *raw recruits* reclutas novatos **8** (*sin pulir*) tosco **LOC** *Ver* DEAL[2], NERVE
■ **raw** *n*
LOC in the raw en cueros: *life seen in the raw* la vida vista al desnudo *Ver tb* TOUCH[1]

▶ **rawness** *n* **1** crudeza **2** tosquedad **3** inexperiencia

raw material *n* materia prima

ray[1] /reɪ/ *n* rayo: *X-rays* rayos X ◊ *a ray of hope* un rayo de esperanza *Ver tb* COSMIC RAYS, GAMMA RAY

ray[2] (*tb* **re**) /reɪ/ *n* (*Mús*) re

raze (*tb* **rase**) /ˈreɪz/ *vt* arrasar: *to raze sth to the ground* arrasar algo

razor /ˈreɪzə(r)/ *n* maquinilla/navaja de afeitar: *an electric razor* una maquinilla de afeitar eléctrica *Ver tb* CUT-THROAT RAZOR ☛ *Comparar con* SHAVER *en* SHAVE

razor blade *n* cuchilla de afeitar

razor-sharp /reɪzə ˈʃɑːp/ *adj* afiladísimo: *razor-sharp wit* un ingenio afiladísimo

razzle /ˈræzl/ *n*

LOC **to be/to go (out) on the razzle** (*coloq*) estar/salir de juerga

razzmatazz /ˌræzməˈtæz/ (*tb* **razzamatazz** /ˌræzəməˈtæz/) *n* (*coloq*) bombo y platillo

R & B /ˌɑːr ən ˈbiː/ (*Mús*) *abrev de* **Rhythm and Blues**

RC /ˌɑː ˈsiː/ **1** (*Relig*) *abrev de* **Roman Catholic** **2** *abrev de* **Red Cross**

Rd *abrev de* **Road**

RE /ˌɑːr ˈiː/ (*GB, Educ*) *abrev de* **Religious Education** religión

re[1] *Ver* RAY[2]

re[2] /riː/ *prep* (*formal*) ref. a: *Re your letter of 1 September…* Ref. a su carta del 1 de septiembre…

reach /riːtʃ/ **1** *vi* **(a)** ~ **for sth**; ~ **out (to sth/sb)** alargar la mano para coger algo; alargar la mano (a algo/algn): *He reached for his gun.* Echó mano a su pistola. **(b)** ~ **out (to sth/sb)** (*fig*): *We must reach out to those in need.* Debemos tender la mano a los necesitados. **2** *vt, vi* alcanzar: *They reached him just in time.* Le alcanzaron justo a tiempo. ◊ *Her hair reached down to her waist.* El pelo le llegaba a la cintura. ◊ *Can you reach?* ¿Llegas? ◊ *Now that I've reached 50…* Ahora que he cumplido los 50 años… **3** *vt* localizar: *I can't reach him by phone.* No puedo localizarle por teléfono. **4** *vt* llegar a: *Not a sound reached our ears.* No nos llegaba ningún sonido. ◊ *to reach an agreement/compromise* llegar a un acuerdo/arreglo *Ver tb* FAR-REACHING

LOC **to reach for the stars** aspirar a las estrellas *Ver tb* HEADLINE, NEW, ROCK-BOTTOM

■ **reach** *n* **1** [*sing*] alcance **2** [*gen pl*] tramo (*de río, canal, etc*): *the upper/lower reaches of the Thames* el curso alto/bajo del Támesis

LOC **beyond/out of/within (your) reach** fuera del alcance/al alcance (de algn): *within arm's reach* al alcance de la mano ◊ *Keep out of reach of children.* Manténgase fuera del alcance de los niños. **within (easy) reach (of sth/sb)** a corta distancia (de algo/algn)

▶ **reachable** *adj* alcanzable

react /riˈækt/ *vi* **1** ~ **(to sth/sb)** reaccionar (a/ante algo/algn) **2** ~ **(against sth/sb)** oponerse (a algo/algn): *to react against tradition* reaccionar contra la tradición **3** ~ **with sth/(together)**; ~ **on sth** (*Quím*) reaccionar con algo; en algo

reaction /riˈækʃn/ *n* ~ **(to sth/sb)** reacción (a/ante algo/algn): *an allergic reaction to dust* una reacción alérgica al polvo ◊ *a nuclear reaction* una reacción nuclear

reactionary /riˈækʃənri/ *adj, n* reaccionario, -a

reactivate /riˈæktɪveɪt/ *vt* reactivar

reactive /riˈæktɪv/ *adj* **1** *to favour a reactive rather than a preventive strategy* tender a reaccionar cuando las cosas ocurren en vez de prevenir que ocurran **2** (*Quím*) reactivo

reactor /riˈæktə(r)/ *n* **1** (*tb* **nuclear reactor**) reactor nuclear **2** reactor

read /riːd/ (*pret, pp* **read** /red/) **1** *vt, vi* ~ **(about sth/sb)**; ~ **(of sth/sb)** (*formal*) leer (sobre algo/algn) **2** *vt, vi* ~ **(for) sth** estudiar algo: *to read classics at university* estudiar clásicas en la universidad ◊ *to read for a physics degree* estudiar una licenciatura de física **3** *vt* ~ **sth (as sth)** interpretar algo (como algo): *How do you read the present situation?* ¿Cómo interpretas la situación actual? ◊ *to read sb's mind/thoughts* leer la mente de algn **4(a)** *vt* decir, rezar: *The telegram read:…* El telegrama decía:… **(b)** *vt* marcar: *The meter reads 500 units.* El contador marca 500 unidades. **(c)** *vi* sonar: *The poem reads like a translation.* El poema suena como si fuese una traducción. ◊ *This paragraph would read better if you said…* Este párrafo sonaría mejor si pusieras… **5** *vt* (*por radio*) oír: *Are you reading me?* ¿Me oyes? *Ver tb* LIP-READ, MACHINE-READABLE, PROOF-READ, WELL-READ

LOC **to read between the lines** leer entre líneas **to read sb like a book** (*coloq*) leer el pensamiento de algn **to read (sb) the Riot Act** leer la cartilla (a algn) **to take it/sth as read** dar algo por sentado

PHR V **to read sth back** leer algo en alto

to read sth into sth atribuir algo a algo

to read on seguir leyendo

to read sth out (loud) leer algo en voz alta

to read through sth leer algo

to read up on sth/sb leer mucho sobre algo/algn

■ **read** *n* [*sing*] (*esp GB, coloq*) lectura: *Can I have a read of that timetable?* ¿Puedo echar una ojeada a ese horario?

■ **read** /red/ *adj*: *a well-read person* una persona leída

▶ **readable** *adj* leíble

readability /ˌriːdəˈbɪləti/ *n* **1** (*de estilo*) amenidad **2** (*de escritura*) legibilidad

readdress /ˌriːəˈdres/ (*tb* **redirect**) *vt* ~ **sth** cambiar las señas de algo; reexpedir algo: *Readdress the parcel to her new home.* Cambia las señas del paquete por las de su nueva dirección.

reader /ˈriːdə(r)/ *n* **1** lector, -ora **2** libro de lectura, cartilla **3 Reader (in sth)** (*GB*) profesor, -ora titular (de algo) *Ver tb* NEWSREADER

▶ **readership** *n* **1** [*sing*] número de lectores: *a wide readership* un gran número de lectores **2** ~ **(in sth)** (*GB*) puesto de profesor titular (de algo)

readily /ˈredɪli/ *adv* **1** de buena gana: *He readily agreed to…* Accedió de buena gana a… **2** inmediatamente **3** fácilmente

readiness /ˈredinəs/ *n* **1** *to do sth in readiness for sth* hacer algo en preparación de algo **2** disposición: *her readiness to help* su disposición para ayudar **3** prontitud: *readiness of wit* rapidez mental

reading /ˈriːdɪŋ/ *n* **1** lectura: *Her articles make interesting reading.* Sus artículos son una lectura interesante. ◊ *a reading from the gospel according to St John* una lectura del evangelio según San Juan ◊ *to have a reading age of ten* tener el nivel de lectura de un niño de diez años ◊ *reading glasses* gafas para leer ◊ *reading matter* material de lectura ◊ *reading lamp/light* lámpara para leer ◊ *reading list* lista de lecturas **2** interpretación: *My reading of events differs from hers.* Mi interpretación de los hechos difiere de la suya. **3** indicación: *to take a reading of sth* ver cuánto marca algo **4** (*Pol*): *to give a bill a second reading* leer un proyecto de ley por segunda vez **5** (*de una obra*) recital

readjust /ˌriːəˈdʒʌst/ **1** *vi* ~ **(yourself) (to sth)** readaptarse (a algo) **2** *vt* reajustar

▶ **readjustment** *n* reajuste

ready /ˈredi/ *adj* **(-ier, -iest)** **1** listo, preparado: *to be ready* (*for sth/to do sth*) estar listo (para algo/para hacer algo) ◊ *to get ready* (*for sth/to do sth*) prepararse (para algo/para hacer algo) ◊ *to be ready for anything* estar preparado para lo que sea ◊ *ready-to-wear clothes* ropa de confección ◊ *to pay in ready money* pagar en efectivo ◊ *to get/make sth ready* preparar algo **2** dispuesto: *He's always ready to help his friends.* Está siempre dispuesto a ayudar a sus amigos. **3** ~ **to do**

sth a punto de hacer algo: *I'm ready to drop!* ¡Estoy hecho polvo! **4** (*sonrisa, ingenio*) rápido **5 to be ~ with sth** tener algo a punto: *She's too ready with excuses.* Tiene excusas siempre a punto. **6** a mano: *Keep your dictionary ready* (*to hand*). Ten a mano el diccionario. ◊ *There's a ready market for antiques.* Hay un mercado muy fácil para las antigüedades.

LOC ready and waiting: *'Where's the driver?' 'Ready and waiting, sir!'* —¿Dónde está el chófer? —Listo cuando usted quiera, señor. **ready, steady, go!** ¡preparados, listos, ya! **to make ready** (for sth) prepararse (para algo) *Ver tb* ROUGH[2]

■ **the ready** *n* [*sing*] (*coloq*) (*tb* **readies** [*pl*]) (*dinero*) pasta

LOC at the ready a punto en ristre

■ **ready** *adv*: *ready cooked* precocinado ◊ *ready-mixed cement* cemento premezclado *Ver tb* READY-MADE

■ **ready** *vt* (*pret, pp* **readied**) **~ sth/sb (for sth)** poner a punto algo/a algn (para algo)

ready-made /ˈredi meɪd/ *adj* **1** (*ropa*) de confección **2** ya hecho: *When he married her, he found himself the head of a ready-made family.* Cuando se casó con ella se convirtió en el cabeza de una familia ya hecha. **3** (*pey*) (*no original*): *ready-made ideas* ideas tomadas de algn **4** ideal: *a ready-made answer to the problem* una respuesta que ni pintada al problema

reaffirm /ˌriːəˈfɜːm/ *vt* reafirmar

real[1] /ˈriːəl, rɪəl/ *adj* **1** [*antes de sustantivo*] real, verdadero: *real life* la vida real ◊ *to bring about real change* introducir cambios reales ◊ *the real reason* la verdadera razón **2** (*oro, piel, etc*) auténtico, legítimo: *real coffee* café-café ◊ *a real man/woman* un hombre/mujer de verdad ◊ *real ale* cerveza de barril tradicional **3** (*Fin, Jur*) real (*ingresos, etc*): *in real terms* en términos reales ◊ *real estate* bienes inmuebles

LOC for real (*coloq*) **1** en serio **2** auténtico: *I don't think her tears were for real.* No creo que estuviera llorando de verdad. **the real thing/McCoy** (*coloq*) *It's the real thing/McCoy.* Es auténtico. *Ver tb* HANDFUL, POWER

real[2] /ˈriːəl, rɪəl/ *adv* (*USA, Escocia, coloq*) *Ver* REALLY sentido 2

real estate agent (*USA*) (*GB* **estate agent**) *n* agente inmobiliario

realign /ˌriːəˈlaɪn/ *vt* realinear

▶ **realignment** *n* realineación, reorganización

realism /ˈriːəlɪzəm, ˈrɪəl-/ *n* [*incontable*] realismo

realist /ˈriːəlɪst, ˈrɪəl-/ *n* **1** persona realista: *I'm a realist.* Soy muy realista. **2** (*Arte*) pintor, -ora, escritor, -ora, etc realista

realistic /ˌriːəˈlɪstɪk, ˌrɪəl-/ *adj* **1** realista **2** (*salario, precio*) adecuado

▶ **realistically** *adv* de forma realista, con realismo

reality /riˈæləti/ *n* (*pl* **-ies**) realidad: *to face reality* aceptar la realidad ◊ *the harsh realities of unemployment* la dura realidad del desempleo ◊ *The dream will soon become a reality.* El sueño pronto se hará realidad. *Ver tb* VIRTUAL REALITY

LOC in reality en realidad

realization, -isation /ˌrɪəlaɪˈzeɪʃn; *USA* -lɪˈz-/ *n* comprensión: *The realization dawned on him that…* Se dio cuenta de que…

realize, -ise /ˈriːəlaɪz, ˈrɪəl/ **1** *vt* **~ sth** darse cuenta de algo: *She realized that…* Se dio cuenta de que… ◊ *I fully realize why you did it.* Me doy perfecta cuenta de por qué lo hiciste. ◊ *Not realizing that…* Sin darse cuenta de que… **2** *vt* cumplir, llevar a cabo: *Her worst fears were realized.* Se confirmaron sus peores sospechas. **3** *vt* (*formal*) hacer efectivo **4** *vi* darse cuenta: *It was then that I realized.* Ahí fue donde me di cuenta.

LOC *Ver* ERROR

real life *adj* [*antes de sustantivo*] (*situaciones, hechos, etc*): de la vida real *her real life husband* su marido en la vida real

really /ˈriːəli, ˈrɪəl-/ *adv* **1** de verdad, en realidad: *What do you really think about it?* ¿Qué es lo que piensas de verdad? ◊ *What's she really like to live with?* ¿Cómo es en realidad para vivir con ella? ◊ *I really mean that.* Te lo digo de verdad. ◊ *We really must be going now.* Nos tenemos que ir ahora mismo. ◊ *You really ought to see a doctor.* La verdad es que tendrías que ir al médico. ☛ *Ver nota en* HOPEFULLY **2** (*USA, Escocia* **real**) (*con adjetivos*) muy, realmente: *really, really good* buenísimo **3** (*para expresar sorpresa, interés, etc*): *Oh, really?* ¿De verdad? ◊ *Really?* ¿En serio? ◊ *I don't know, really.* Bueno, no sé.

LOC to be really something ser algo fenomenal

realm /relm/ *n* **1** (*formal* o *ret*) reino **2** (*fig*) terreno: *the realms of possibility* el ámbito de lo posible

Realtor® /ˈrɪəltə(r)/ (*USA*) (*GB* **estate agent**) *n* agente inmobiliario

reams /riːmz/ *n* [*pl*] (*coloq*) montañas (*de páginas, cartas, etc*)

reap /riːp/ *vt* **1** segar: *to reap a harvest* cosechar **2** (*fig*) recoger: *to reap the benefits of sth* recoger los beneficios de algo ◊ *You'll reap the reward of your efforts.* Cosecharás los frutos de tus esfuerzos.

LOC (sow the wind and) reap the whirlwind (*refrán*) quien siembra vientos recoge tempestades

▶ **reaper** *n* **1** segador, -ora: *the Grim Reaper* la muerte **2** cosechadora

reappear /ˌriːəˈpɪə(r)/ *vi* reaparecer

▶ **reappearance** *n* reaparición

reapply /ˌriːəˈplaɪ/ (*pret, pp* **reapplied**) **1** *vt* (*crema, pintura, etc*) volver a aplicar **2** *vi* **~ (for sth)** volver a presentarse (pidiendo algo) (*trabajo, etc*)

reappoint /ˌriːəˈpɔɪnt/ *vt* **~ sb** volver a nombrar a algn

reappraisal /ˌriːəˈpreɪzl/ *n* revaluación (*segunda evaluación*)

rear[1] /rɪə(r)/ *n* **1 the rear** [*sing*] la parte trasera, la retaguardia (*del enemigo*): *at/to the rear of the house* en la parte trasera de la casa ◊ *the theatre at the rear of the pub* el teatro detrás del pub **2** (*coloq, eufemismo*) trasero

LOC to bring up the rear (*carrera*) cerrar la marcha

■ **rear** *adj* de atrás, trasero: *rear window* luna trasera ☛ *Ver ilustración en* CAR

rear[2] /rɪə(r)/ **1** *vt* criar **2** *vi* **~ (up)** (*caballo*) encabritarse **3** *vt* erguir: *Terrorism is rearing its ugly head again.* El terrorismo hace acto de presencia de nuevo.

rearguard /ˈrɪəgɑːd/ *n* retaguardia

rearm /riˈɑːm/ *vt, vi* rearmar(se)

▶ **rearmament** /riˈɑːməmənt/ *n* rearme

rearrange /ˌriːəˈreɪndʒ/ *vt* **1** arreglar, cambiar (*el orden establecido*): *Do you like the way I've rearranged the room?* ¿Te gusta cómo he arreglado la habitación? **2** (*planes*) volver a organizar

▶ **rearrangement** *n* cambio, arreglo

rear-view mirror /ˈrɪə vjuː/ *n* espejo retrovisor ☛ *Ver ilustración en* CAR

rearwards /ˈrɪəwədz/ (*tb* **rearward**) *adv* hacia atrás

reason[1] /ˈriːzn/ *n* **1 ~ (for sth/doing sth)**; **~ (why…/that…)** motivo, razón (de/para algo/para hacer algo); (por la/el que…/de que…): *There is no reason to doubt his sincerity.* No hay motivo para dudar de su sinceridad. ◊ *There is every reason to believe that the recession is coming to an end.* Todos los factores apuntan a que la crisis se está terminando. ◊ *for one/some reason or other* por lo que sea ◊ *to be all the more reason to do sth* ser razón suficiente para hacer algo ◊ *for the simple reason that…* por la sencilla razón de que… ☛ *Comparar con* MOTIVE **2** razón, sentido común: *to see/listen to/be open to/hear reason* atender a razones/entrar en razón ◊ *There's a good deal of reason in what you say.* Tiene bastante sentido lo que dices. ◊ *to lose your reason* perder la razón

LOC **beyond/past all reason** fuera de razón **by reason of sth** (*formal*) en virtud de algo **for reasons/some reason best known to yourself** por motivos que solo uno sabe **it/that stands to reason** es lógico **to bring sb to reason**; **to make sb see reason** hacer razonar a algn, hacer entrar en razón a algn (**to do anything**) **in/within reason** (hacer cualquier cosa) dentro de lo razonable *Ver tb* RHYME

reason² /ˈriːzn/ *vi* razonar

PHR V **to reason sb into/out of sth** persuadir/disuadir a algn de algo: *He was reasoned into a sensible course of action.* Fue persuadido a actuar con sensatez.

to reason sth out solucionar algo razonándolo

to reason with sb razonar con algn: *There's no reasoning with them.* No hay forma de razonar con ellos.

▶ **reasoned** *adj* razonado

reasoning *n* razonamiento

reasonable /ˈriːznəbl/ *adj* **1** razonable, sensato: *That sounds perfectly reasonable.* Eso parece perfectamente razonable. **2** tolerable: *reasonable weather/food* tiempo/comida regular **LOC** *Ver* DOUBT

▶ **reasonableness** *n* **1** sensatez **2** lo razonable

reasonably *adv* bastante, con sensatez: *He seems reasonably intelligent.* Parece tener una inteligencia aceptable.

reassemble /ˌriːəˈsembl/ **1** *vi* volverse a reunir: *Parliament has reassembled after a recess of seven weeks.* El parlamento ha vuelto a celebrar sesión después de siete semanas de vacaciones. **2** *vt* **(a)** (*grupo, reunión, etc*) volver a reunir **(b)** (*máquina, motor, etc*) volver a ensamblar/montar

reassert /ˌriːəˈsɜːt/ *vt* reafirmar, reiterar: *to reassert your authority* reafirmar tu autoridad

▶ **reassertion** *n* [*incontable*] reafirmación, reiteración

reassess /ˌriːəˈses/ *vt* reexaminar, revalorar: *to reassess the situation* volver a estudiar la situación

▶ **reassessment** *n* reexaminación, revaloración

reassurance /riːəˈʃɔːrəns/ *n* **1** consuelo: *to offer reassurance to sb* restablecer la confianza a algn **2** palabras tranquilizadoras

reassure /ˌriːəˈʃʊər, -ʃɔː(r)/ *vt* tranquilizar: *The police reassured her about her child's safety.* La policía la tranquilizó acerca de la seguridad de su hijo.

▶ **reassuring** *adj* tranquilizador

reassuringly *adv* de manera tranquilizadora

reawaken /ˌriːəˈweɪkən/ *vt, vi* volver a despertar(se), (hacer) renacer: *to reawaken interest* volver a despertar el interés

rebate /ˈriːbeɪt/ *n* bonificación ☛ *Comparar con* REFUND

rebel /ˈrebl/ *n* rebelde: *rebel forces* fuerzas insurgentes

■ **rebel** /rɪˈbel/ *vi* (**-ll-**) rebelarse

rebellion /rɪˈbeljən/ *n* rebelión

▶ **rebellious** /rɪˈbeljəs/ *adj* rebelde

rebelliously *adv* de forma rebelde

rebelliousness *n* rebeldía

rebirth /ˌriːˈbɜːθ/ *n* **1** renacimiento **2** resurgimiento

reboot /riːˈbuːt/ *vt, vi* (*Informát*) reiniciar

reborn /ˌriːˈbɔːn/ *adj* renovado: *to be reborn* renacer ☛ *Comparar con* BORN-AGAIN

rebound /rɪˈbaʊnd/ *vi* **1** rebotar: *The ball rebounded from/off the wall.* La pelota rebotó en la pared. **2** ~ (**on sb**) repercutir (en algn)

■ **rebound** /ˈriːbaʊnd/ *n* rebote

LOC **on the rebound** de rebote: *to marry sb on the rebound* casarse con algn de rebote (tras desengaño amoroso)

rebuff /rɪˈbʌf/ *n* **1** desaire **2** rechazo

■ **rebuff** *vt* **1** desairar **2** rechazar

rebuild /ˌriːˈbɪld/ *vt* (*pret, pp* **rebuilt** /ˌriːˈbɪlt/) reconstruir: *to rebuild your life* rehacer tu vida

rebuke /rɪˈbjuːk/ *vt* reprender

■ **rebuke** *n* reprimenda

rebut /rɪˈbʌt/ *vt* (**-tt-**) refutar

▶ **rebuttal** /-tl/ *n* refutación

recalcitrant /rɪˈkælsɪtrənt/ *adj* (*formal*) recalcitrante

▶ **recalcitrance** *n* (*formal*) obstinación

recall /rɪˈkɔːl/ **1** *vi* recordar **2** *vt* **(a)** llamar: *to recall an ambassador* (*from their post*) retirar un embajador (de su puesto) **(b)** (*biblioteca*) reclamar (*libro*) **(c)** (*parlamento*) convocar

■ **recall** /ˈriːkɔːl/ *n* **1(a)** retirada **(b)** (*libro*) reclamación **2** memoria: *a remarkable power of recall* una memoria prodigiosa **3** (*Mil*) retreta: *to sound the recall* tocar retreta

LOC **beyond/past recall** irrevocable

recant /rɪˈkænt/ *vt, vi* (*formal*) **1** renunciar (a) **2** retractar(se)

▶ **recantation** /ˌriːkænˈteɪʃn/ *n* (*formal*) retractación

recap /ˈriːkæp/ *vt, vi* (**-pp-**) (*coloq*) (*formal* **recapitulate**) resumir

■ **recap** *n* (*coloq*) (*formal* **recapitulation**) resumen

recapitulate /ˌriːkəˈpɪtʃuleɪt/ *vt, vi* (*coloq* **recap**) resumir

▶ **recapitulation** *n* (*coloq* **recap**) resumen

recapture /ˌriːˈkæptʃə(r)/ *vt* **1(a)** recobrar **(b)** reconquistar **2** (*fig*) revivir: *to recapture a period atmosphere* reproducir el ambiente de la época

■ **recapture** *n* **1** recuperación **2** reconquista

recast /ˌriːˈkɑːst; *USA* -ˈkæst/ *vt* (*pret, pp* **recast**) **1** dar nueva forma a **2** (*Teat*) cambiar el reparto de

recce /ˈreki/ *n* (*GB, coloq*) **1** reconocimiento **2** vistazo: *to go on a recce* ir a echar un vistazo *Ver tb* RECONNAISSANCE

recd *abrev de* **received**

recede /rɪˈsiːd/ *vi* **1** retroceder: *a receding chin* una barbilla retraída ◊ *receding hair(line)* entradas **2** (*marea*) bajar **3** (*Mil*) retirarse **4** (*temor, etc*) disminuir

receipt /rɪˈsiːt/ *n* **1** (*formal*) recibo: *to acknowledge receipt of sth* acusar recibo de algo ◊ *We are in receipt of your letter of the 15th.* Obra en nuestro poder su carta del 15. **2** ~ (**for sth**) recibo (de algo): *a receipt book* un libro talonario **3** **receipts** ingresos

receivable /rɪˈsiːvəbl/ *adj* (*Com*) por cobrar: *receivables* cuentas por cobrar

receive /rɪˈsiːv/ *vt* recibir: *She was received with warm applause.* Fue recibida con grandes aplausos. ◊ *rooms ready to receive the visitors* habitaciones listas para recibir a los visitantes ◊ *to receive a programme via satellite* recibir un programa vía satélite ◊ *He has been received into the Church.* Ha sido acogido en el seno de la iglesia. ◊ *She received a severe wound in her chest.* Sufrió una herida grave en el pecho.

LOC **to be at/on the receiving end** (**of sth**) (*coloq*) ser el blanco (de algo) **to receive** (**stolen**) **goods** traficar con artículos robados *Ver tb* SHORT

▶ **received** *adj* **1** admitido: *received pronunciation* pronunciación estándar **2** (*abrev* **recd**) (*paquete, etc*) recibido

receiver /rɪˈsiːvə(r)/ *n* **1** (*radio, TV*) receptor **2** (*teléfono*) auricular: *to lift the receiver* descolgar (el auricular) **3** destinatario, -a **4** (*tb* **Official Receiver**) síndico de quiebras: *to call in the receivers* solicitar la suspensión de pagos **5** (*de artículos robados*) perista

▶ **receivership** *n* liquidación: *to go into receivership* ser declarado en suspensión de pagos

recent /ˈriːsnt/ *adj* reciente: *in recent years* en los últimos años ◊ *a recent arrival* un recién llegado

▶ **recently** *adv* **1** recientemente: *until quite recently* hasta hace muy poco ◊ *as recently as last week* hace tan solo una semana **2** recién: *a recently-appointed director* una directora recién nombrada

receptacle /rɪˈseptəkl/ *n* (*formal*) recipiente

reception /rɪˈsepʃn/ *n* **1** recepción: *reception class* primera clase a la que van los niños cuando empiezan la escuela ◊ *wedding reception* recepción de bodas ☛ *Ver nota en* BODA **2** (*hotel, oficinas, etc*) **(a)** (*tb* **reception area**) recepción: *I'll meet you at reception.* Te veré en recepción. **(b)** (*tb* **reception desk**) (mesa de) recepción **3** acogida: *a warm reception* una calurosa acogida ◊ *reception committee* comité de bienvenida

receptionist /rɪˈsepʃənɪst/ *n* recepcionista

reception room *n* **1** sala de estar

Reception room es un término utilizado por las inmobiliarias para describir cualquier habitación de una casa que puede hacer la función de cuarto de estar, salón o comedor: *The property has two reception rooms and three bedrooms.* La propiedad tiene un salón-comedor, un cuarto de estar y tres dormitorios.

2 salón de recepciones

receptive /rɪˈseptɪv/ *adj* **~ (to sth)** receptivo (a algo)
▸ **receptivity** (*tb* **receptiveness**) *n* receptividad

recess /rɪˈses; *USA* ˈriːses/ *n* **1** (*parlamento*) periodo de vacaciones **2** descanso **3** (*USA*) (*GB* **break**) recreo **4** (*nicho*) hueco **5** [*gen pl*] **(a)** escondrijo: *the dark recesses of a cave* los oscuros recovecos de una cueva **(b)** (*fig*) lugar recóndito: *the innermost recesses of the mind* lo más recóndito de la mente
■ **recess 1** *vt* **(a)** (*sesión*) suspender **(b)** (*armario, etc*) empotrar **2** *vi* suspender la sesión

recession /rɪˈseʃn/ *n* **1** (*Com, Fin*) recesión: *economic recession* recesión económica **2** (*formal*) retroceso
▸ **recessionary** *adj* recesivo (*en economía*)

recessive /rɪˈsesɪv/ *adj* recesivo (*en biología*)

recharge /ˌriːˈtʃɑːdʒ/ *vt* recargar
LOC **to recharge your batteries** (*coloq*) recargar las baterías
▸ **rechargeable** *adj* recargable

recherché /rəˈʃeəʃeɪ/ *adj* (*formal*) rebuscado

recidivism /rɪˈsɪdɪvɪzəm/ *n* (*formal*) reincidencia
▸ **recidivist** *n* (*formal*) reincidente

recipe /ˈresəpi/ *n* **1 ~ (for sth)** (*cocina*) receta (de algo): *recipe book* libro de recetas **2 ~ for sth** (*fig*) receta de/para algo: *a recipe for success* una receta para alcanzar el éxito

recipient /rɪˈsɪpiənt/ *n* **1** destinatario, -a **2** (*dinero, etc*) beneficiario, -a

reciprocal /rɪˈsɪprəkl/ *adj* recíproco
■ **reciprocal** *n* (*Mat*) recíproca

reciprocate /rɪˈsɪprəkeɪt/ (*formal*) **1** *vt* **(a)** intercambiar **(b)** corresponder: *Her kindness was not always reciprocated.* Su amabilidad no siempre fue correspondida. **2** *vi* **(a)** corresponder: *He reciprocated by wishing her good luck.* Correspondió deseándole buena suerte. **(b)** (*Mec*) oscilar
▸ **reciprocation** (*tb* **reciprocity**) *n* reciprocidad

recital /rɪˈsaɪtl/ *n* **1** recital: *piano recital* recital de piano **2** (*de sucesos, etc*) **(a)** recitación **(b)** narración

recitation /ˌresɪˈteɪʃn/ *n* recitación

recitative /ˌresɪtəˈtiːv/ *adj, n* recitativo

recite /rɪˈsaɪt/ **1** *vt, vi* recitar **2** *vt* enumerar

reckless /ˈrekləs/ *adj* **1** temerario: *reckless driving* conducción temeraria **2** imprudente
▸ **recklessly** *adv* temerariamente: *to drive recklessly* conducir sin cuidado
recklessness *n* **1** temeridad **2** imprudencia

reckon /ˈrekən/ **1** *vt* **(a)** considerar: *He's reckoned to be a good pianist.* Se le considera un buen pianista. **(b)** creer: *What do you reckon she'll do?* ¿Qué crees que hará? ◊ *I reckon so.* Supongo que sí. **(c)** calcular: *How long do you reckon it will take you?* ¿Cuánto calculas que tardarás? **2** *vi* **(a)** hacer cálculos **(b)** reflexionar
PHR V **to reckon on sth/sb** contar con algo/algn
to reckon sth up computar algo
to reckon with sth/sb contar con algo/algn: *There is still your father to be reckoned with.* Todavía hay que vérselas con tu padre.
to reckon without sth/sb no contar con algo/algn

reckoning /ˈrekənɪŋ/ *n* **1** [*incontable*] **(a)** cálculos: *by my reckoning* según mis cálculos **(b)** cuentas: *a time of reckoning* un momento de hacer cuentas ◊ *in the final reckoning* en el momento de la verdad **2** (*antic*) (*factura*) cuenta

reclaim /rɪˈkleɪm/ *vt* **1** recuperar: *reclaimed desert* desierto recuperado **2** (*materiales, etc*) reciclar: *reclaimed building materials* materiales de construcción reciclados
■ **reclaim** *n*: *baggage reclaim* recogida de equipajes
▸ **reclamation** *n* recuperación: *land reclamation scheme* plan de rescate de terrenos

recline /rɪˈklaɪn/ *vt, vi* reclinar(se), recostar(se)
▸ **reclining** *adj* **1** (*silla, etc*) reclinable **2** (*figura*) **(a)** acostado **(b)** (*Arte*) yacente

recluse /rɪˈkluːs/ *n* solitario, -a: *to lead the life of a recluse* llevar una vida solitaria
▸ **reclusive** *adj* solitario

recognition /ˌrekəɡˈnɪʃn/ *n* reconocimiento: *in recognition of sth* en reconocimiento a algo ◊ *to have changed beyond recognition* estar irreconocible

recognizable, -isable /ˈrekəɡnaɪzəbl, ˌrekəɡˈnaɪzəbl/ *adj* reconocible
▸ **recognizably, -isably** *adv* reconociblemente

recognize, -ise /ˈrekəɡnaɪz/ *vt* **1 ~ sth/sb (by sth)** reconocer algo/a algn (por algo) **2** reconocer, admitir: *They recognize the need for change.* Reconocen que es necesario cambiar.
▸ **recognized** *adj* **1** reconocido: *a recognized qualification* un título reconocido **2** acreditado

recoil¹ /rɪˈkɔɪl/ *vi* **1 ~ (at/from sth/sb)** sentir repugnancia (ante algo/algn) **2** retroceder **3** (*fusil*) dar un culatazo

recoil² /ˈriːkɔɪl/ *n* culatazo (*de rifle*)

recollect /ˌrekəˈlekt/ *vi* recordar: *I can't recollect a thing.* No puedo recordar nada.
▸ **recollection** *n* **1** (*capacidad*) rememoración: *I have no recollection of that day.* No puedo recordar aquel día. ◊ *to the best of my recollection* que yo recuerde **2** [*gen pl*] recuerdo

recommence /ˌriːkəˈmens/ *vi* recomenzar

recommend /ˌrekəˈmend/ *vt* **1** recomendar: *highly recommended* muy recomendado ◊ *to recommend sb to do sth* recomendar a algn que haga algo **2** *The hotel has much/little to recommend it.* El hotel tiene muchos/pocos atractivos. ◊ *a plan with nothing to recommend it* un plan sin atractivos ◊ *recommended retail price* precio de venta al público
▸ **recommendation** *n* recomendación: *on the doctor's recommendation* por recomendación del médico

recompense /ˈrekəmpens/ *vt* **~ sb (for sth)** (*formal*) recompensar a algn (por algo)
■ **recompense** *n* [*sing*] (*formal*) **1** recompensa **2** indemnización

reconcile /ˈrekənsaɪl/ *vt* **1** reconciliar **2 ~ sth (with sth)** (*diferencias, etc*) conciliar algo (con algo) **3** *to reconcile yourself to sth* resignarse a algo ◊ *to reconcile sb to sth* hacer a algn conformarse con algo

reconciliation /ˌrekənˌsɪliˈeɪʃn/ *n* [*sing*] **1** conciliación **2** reconciliación: *to bring about a reconciliation* ser el artífice de una reconciliación

recondite /ˈrekəndaɪt/ *adj* (*formal*) recóndito

recondition /ˌriːkənˈdɪʃn/ *vt* reacondicionar: *a reconditioned engine* un motor reacondicionado

reconnaissance /rɪˈkɒnɪsns/ *n* (*Mil*) reconocimiento: *to carry out reconnaissance* efectuar un reconocimiento *Ver tb* RECCE

reconnect /riːkəˈnekt/ *vt* reconectar

reconnoitre (*USA* **reconnoiter**) /ˌrekəˈnɔɪtə(r)/ *vt, vi* (*Mil*) reconocer (el terreno)

reconsider /ˌriːkənˈsɪdə(r)/ **1** *vt* reconsiderar **2** *vi* volver a considerarlo

▶ **reconsideration** *n* reconsideración: *on reconsideration* tras reconsiderarlo

reconstitute /ˌriːˈkɒnstɪtjuːt; *USA* -tuːt/ *vt* reconstituir
▶ **reconstitution** *n* reconstitución

reconstruct /ˌriːkənˈstrʌkt/ *vt* ~ **sth** (**from sth**) reconstruir algo (de algo)

reconstruction /ˌriːkənˈstrʌkʃn/ *n* reconstrucción

reconvene /ˌriːkənˈviːn/ *vt, vi* reanudar(se)

record[1] /ˈrekɔːd; *USA* ˈrekərd/ *n* **1(a)** registro: *to make/keep a record of sth* hacer/llevar un registro de algo **(b)** relación **(c)** archivo: *police records* los archivos policiales **(d)** constancia: *I can find no record of that.* No hay constancia de eso. *Ver tb* TRACK RECORD **2** [*sing*] historial, antecedentes: *a criminal record* antecedentes penales **3** disco: *to put on/play a record* poner un disco ◊ *a record company* una casa discográfica **4** récord: *to beat/break a record* batir/superar un récord ◊ *the world record for sth* el récord mundial en algo ◊ *record sales* ventas sin precedentes ◊ *to set a record for sth* establecer un récord de algo
LOC (**just**) **for the record** para que conste **off-the-record** (*coloq*) (de modo) extraoficial **on record 1** registrado: *the fastest on record* el más rápido registrado **2** *to put sth on record* hacer constar algo ◊ *He is on record as saying…* Ha declarado públicamente que… **to put/set the record straight** dejar/poner las cosas claras

record[2] /rɪˈkɔːd/ *vt* **1** registrar, anotar **2** ~ (**sth**) (**from sth**) (**on sth**) grabar (algo) (de algo) (en algo) **3** (*termómetro, etc*) marcar
▶ **recorded** *adj* **1** grabado **2** escrito, registrado: *the hottest day in recorded history* el día más caluroso del que se tiene constancia *Ver tb* PRE-RECORDED

record-breaker /ˈrekɔːd breɪkə(r)/ *n* plusmarquista
▶ **record-breaking** *adj* [*antes de sustantivo*] sin precedentes: *a record-breaking time* un tiempo que ha batido todos los récords

recorded delivery (*USA* **certified mail**) *n*: *to send sth by recorded delivery* enviar algo con acuse de recibo ☛ *Comparar con* REGISTERED POST

recorder /rɪˈkɔːdə(r)/ *n* **1** grabador *Ver tb* CASSETTE RECORDER, TAPE RECORDER **2** (*Mús*) flauta dulce ☛ *Ver ilustración en* WOODWIND **3** (*GB, Jur*) juez

record holder *n* titular de un récord

recording /rɪˈkɔːdɪŋ/ *n* grabación: *a recording studio* un estudio de grabación *Ver tb* SOUND RECORDING, TAPE RECORDING

record player (*antic* **gramophone**) *n* tocadiscos

recount /rɪˈkaʊnt/ *vt* ~ **sth** (**to sb**) referir algo (a algn)

re-count /ˌriː ˈkaʊnt/ *vt* recontar (*votos*)
■ **re-count** *n* recuento

recoup /rɪˈkuːp/ *vt* recuperar, recobrar: *to recoup sb for sth* indemnizar a algn por algo

recourse /rɪˈkɔːs/ *n* recurso
LOC **to have recourse to sth/sb** (*formal*) recurrir a algo/algn

recover /rɪˈkʌvə(r)/ **1** *vt* **(a)** recuperar **(b)** recobrar **(c)** rescatar **2** *vi* ~ (**from sth**) recuperarse, reponerse (de algo): *fully recovered* completamente recuperado
▶ **recoverable** *adj* recuperable

re-cover /ˌriː ˈkʌvə(r)/ *vt* **to** ~ **sth** (**in/with sth**) recubrir algo (en/con algo)

recovery /rɪˈkʌvəri/ *n* (*pl* **-ies**) **1** recuperación, rescate: *recovery service* servicio de rescate **2** [*sing*] ~ (**from sth**) restablecimiento (de algo): *to make a quick recovery* restablecerse rápidamente **3** postoperatorio: *recovery room/ward* sala de postoperatorio

recreate /ˌriːkrɪˈeɪt/ *vt* recrear
▶ **re-creation** *n* recreación

recreation /ˌrekriˈeɪʃn/ *n* **1** recreo, pasatiempo, esparcimiento: *recreation centre* centro de recreo ◊ *recreation ground/room* parque/sala de recreo **2** [*incontable*] (hora del) recreo
▶ **recreational** *adj* recreativo: *recreational facilities* instalaciones recreativas

recriminate /rɪˈkrɪmɪneɪt/ *vi* (*formal*) recriminar

recrimination /rɪˌkrɪmɪˈneɪʃn/ *n* [*gen pl*] recriminación

recrudescence /ˌriːkruːˈdesns/ *n* (*formal*) recrudecimiento

recruit /rɪˈkruːt/ *n* recluta
■ **recruit** *vt* ~ (**sb**) (**as/to sth**) reclutar (a algn) (de/para algo)
▶ **recruiting** *n* reclutamiento

recruitment /rɪˈkruːtmənt/ *n* reclutamiento: *a recruitment agency* una agencia de colocaciones

rectal /ˈrektəl/ *adj* rectal

rectangle /ˈrektæŋgl/ *n* rectángulo

rectangular /rekˈtæŋgjələ(r)/ *adj* rectangular ☛ *Ver nota en* OBLONG

rectification /ˌrektɪfɪˈkeɪʃn/ *n* rectificación

rectify /ˈrektɪfaɪ/ *vt* (*pret, pp* **-fied**) rectificar
▶ **rectifiable** *adj* rectificable

rectilinear /ˌrektɪˈlɪniə(r)/ *adj* rectilíneo

rectitude /ˈrektɪtjuːd; *USA* -tuːd/ *n* (*formal*) rectitud

rector /ˈrektə(r)/ *n* **1** párroco **2** (*GB*) (*universidad*) rector, -a

rectory /ˈrektəri/ *n* casa del párroco

rectum /ˈrektəm/ *n* (*pl* **~s** o **recta**) (*Anat*) recto ☛ *Ver ilustración en* DIGESTIVE

recumbent /rɪˈkʌmbənt/ *adj* (*formal*) yacente, recostado

recuperate /rɪˈkjuːpəreɪt, -ˈkuː-/ **1** *vi* ~ (**from sth**) (*formal*) recuperarse, reponerse, restablecerse (de algo) **2** *vt* recuperar: *to recuperate costs* recuperar costes

recuperation /rɪˌkjuːpəˈreɪʃn, -ˌkuː-/ *n* recuperación, restablecimiento: *rest and recuperation* descanso y recuperación

recur /rɪˈkɜː(r)/ *vi* (**-rr-**) recurrir, repetirse: *3.9 recurring* 3,9 periodo
▶ **recurrence** /rɪˈkʌrəns/ *n* recurrencia, reaparición
recurrent /rɪˈkʌrənt/ *adj* recurrente, repetido

recycle /ˌriːˈsaɪkl/ *vt* reciclar: *recycled paper* papel reciclado
▶ **recyclable** *adj* reciclable
recycling *n* reciclaje: *waste recycling* reciclaje de basuras ◊ *plastic for recycling* plástico para reciclar

red /red/ *adj* (**redder, reddest**) **1** rojo: *light/dark red* rojo claro/oscuro ◊ *red cabbage* col roja ◊ *a red card* una tarjeta roja ◊ *to go through a red light* pasarse un semáforo en rojo *Ver tb* BLOOD RED, INFRA-RED **2** (*cara*) **(a)** colorado: *to go red in the face* ruborizarse **(b)** encarnado: *He went red with the exertion.* Se puso encarnado del esfuerzo. **3** (*vino*) tinto **4** (*pelo*) pelirrojo **5** (*tb* **Red**) (*coloq, pey, Pol*) rojo: *the Red Army* el Ejército Rojo
LOC **a red herring** una pista falsa (**as**) **red as a beetroot/lobster** (tan) rojo como un tomate (**like**) **a red rag to a bull**: *Her remarks were like a red rag to a bull.* Sus comentarios le pusieron furioso.
■ **red** *n* rojo: *The traffic lights are on red.* El semáforo está en rojo. ◊ *dressed in red* vestido de rojo
LOC **to be in the red** (*coloq*) estar en números rojos **to be out of the red**; **to get out of the red** (*coloq*) no estar en/salir de los números rojos **to get into the red** contraer deudas **to go/be red** (**in the face**) ponerse colorado **to make sb see red** sacar de sus casillas a algn **to see red** (*coloq*) salirse de sus casillas *Ver tb* PAINT

red alert *n* alerta roja

red-blooded /red ˈblʌdɪd/ *adj* ardiente, fogoso: *red-blooded males* hombres de pelo en pecho

red-brick /ˈred brɪk/ *adj* **1** de ladrillo rojo **2** (*GB*) (*universidad*) fundada a finales del siglo XIX o después

red carpet *n*
LOC to give the red carpet treatment to sb ponerle la alfombra roja a algn
The Red Cross *n* (*abrev* **RC**) la Cruz Roja
redcurrant /ˌredˈkʌrənt/ *n* **1** grosella: *redcurrant jelly* jalea de grosella **2** grosellero
redden /ˈredn/ **1** *vt, vi* enrojecer(se) **2** *vi* ponerse rojo
reddish /ˈredɪʃ/ *adj* rojizo: *reddish-brown hair* pelo marrón rojizo
redecorate /ˌriːˈdekəreɪt/ *vt* volver a empapelar/pintar
▶ **redecoration** *n* pintura, empapelado
redeem /rɪˈdiːm/ *vt* **1** recompensar: *His sole redeeming feature is...* Lo único bueno que tiene es... **2(a) ~ sth (from sth/sb)** desempeñar algo (de algo/algn) **(b)** (*acciones*) canjear algo (de algo/algn) **(c)** (*deuda*) amortizar algo (de algo/algn) **3** redimir: *to redeem yourself* salvarse **4** (*formal*) (*promesa*) cumplir
▶ **redeemable** *adj* **1** redimible **2** (*Fin*) amortizable
redefine /ˌriːdɪˈfaɪn/ *vt* redefinir
▶ **redefinition** *n* definición revisada
redemption /rɪˈdempʃn/ *n* (*formal*) **1** redención **2** (*Fin*) amortización
LOC (to be) beyond/past redemption: *The situation is beyond redemption.* La situación ya no tiene remedio.
▶ **redemptive** *adj* (*formal*) (*trabajo, proceso*) redentor
redeploy /ˌriːdɪˈplɔɪ/ *vt* (*Mil*) reorganizar, trasladar
▶ **redeployment** *n* (*Mil*) reorganización
redesign /ˌriːdɪˈzaɪn/ *vt* volver a diseñar
redevelop /ˌriːdɪˈveləp/ *vt* remodelar, reestructurar
▶ **redevelopment** *n* remodelación, reestructuración
red-eyed /ˌred ˈaɪd/ *adj* con los ojos enrojecidos
red-faced /ˌred ˈfeɪst/ *adj* muerto de vergüenza
red-haired /ˌred ˈheəd/ *adj* pelirrojo
red-handed /ˌred ˈhændɪd/ *adj* **LOC** *Ver* CATCH[1]
redhead /ˈredhed/ *n* pelirrojo, -a
red-hot /ˌred ˈhɒt/ *adj* **1** (*metal, etc*) candente: *The water is red-hot.* El agua está hirviendo. **2** (*fig*) fenomenal **3** (*coloq, fig*): *a red-hot story* una noticia de última hora
redid *pret de* REDO
Red Indian *n* piel roja
redirect /ˌriːdəˈrekt/ *vt* reexpedir, remitir (*carta*)
rediscover /ˌriːdisˈkʌvə(r)/ *vt* volver a descubrir
▶ **rediscovery** *n* redescubrimiento
redistribute /ˌriːdɪˈstrɪbjuːt/ *vt* hacer una nueva distribución de
▶ **redistribution** *n* redistribución: *the redistribution of wealth* la redistribución de la riqueza
red-letter day *n* día señalado
red-light district *n* barrio chino
redness /ˈrednəs/ *n* rojez
redo /ˌriːˈduː/ *vt* (*pret* **redid** /-ˈdɪd/ *pp* **redone** /-ˈdʌn/) rehacer
redolent /ˈredələnt/ *adj* **~ of sth** (*formal*) **1** (*fig*) que recuerda a algo **2** que huele a algo
redouble /ˌriːˈdʌbl/ *vt, vi* redoblar(se)
redoubtable /rɪˈdaʊtəbl/ *adj* imponente
red pepper *n* pimiento rojo
redraft /ˌriːˈdrɑːft/ *vt* volver a redactar
redraw /ˌriːˈdrɔː/ *vt* volver a trazar, revisar
redress /rɪˈdres/ *vt* (*formal*) reparar: *to redress an injustice* reparar una injusticia
LOC to redress the balance compensar la balanza
■ **redress** *n* compensación, resarcimiento
red tape *n* papeleo: *too much red tape* un exceso de burocracia
reduce /rɪˈdjuːs; *USA* -ˈduːs/ *vt* **1 ~ sth (from sth) (to/by sth)** reducir, rebajar algo (de algo) (a/en algo) **2 ~ sth/sb (from sth) to sth**: *to reduce the house to ashes* reducir la casa a cenizas ◊ *to reduce sb to tears* hacer llorar a algn ◊ *to reduce sb to poverty* llevar a algn a la miseria ◊ *We were reduced to begging.* No nos quedaba otro remedio que mendigar. **3 ~ sth to sth** simplificar algo a algo
▶ **reduced** *adj* rebajado: *This dress is reduced.* Este vestido está rebajado.
reduction /rɪˈdʌkʃn/ *n* **1 ~ (in sth)** reducción (en algo): *a 50 per cent reduction in size* una reducción del cincuenta por ciento de tamaño **2** rebaja, descuento: *to sell sth at a huge reduction* vender algo muy rebajado **3** copia en tamaño reducido ☛ *Comparar con* ENLARGEMENT *en* ENLARGE
redundancy /rɪˈdʌndənsi/ *n* (*pl* **-ies**) **1** despido, cese: *redundancy pay* indemnización por despido ◊ *to take voluntary redundancy* coger el retiro voluntario **2** redundancia
redundant /rɪˈdʌndənt/ *adj* **1** sin trabajo: *They made 10 workers redundant.* Despidieron a diez trabajadores. **2** superfluo: *to be redundant* estar de más **3** redundante
red wine *n* vino tinto
redwood /ˈredwʊd/ *n* secuoya
reed /riːd/ *n* **1** (*Bot*) junco, caña **2** (*Mús*) lengüeta ☛ *Ver ilustración en* WOODWIND
▶ **reedy** *adj* **(-ier, iest) 1** lleno de juncos **2** (*pey*) aflautado
re-educate /ri ˈedʒukeɪt/ *vt* **~ sb (to do sth)** reeducar a algn (para que haga algo)
▶ **re-education** *n* reeducación
reef /riːf/ *n* arrecife *Ver tb* BARRIER REEF
reefer /ˈriːfə(r)/ *n* (*coloq*) porro
reek /riːk/ *n* [*sing*] (*pey*) hedor
■ **reek** *vi* **~ (of sth)** (*lit* y *fig*) apestar (a algo)

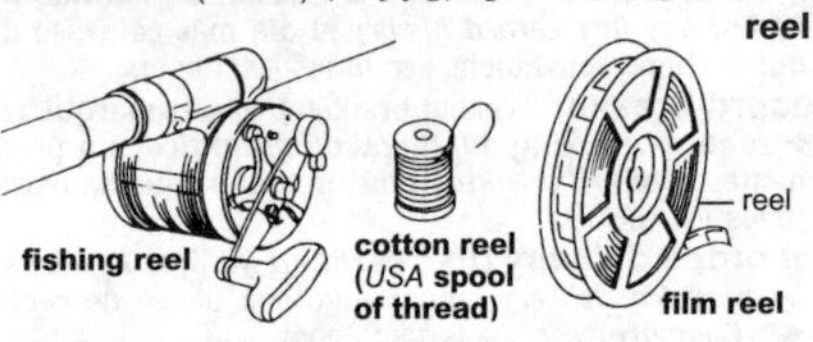

reel[1] /riːl/ *n* **1** bobina, carrete: *reel-to-reel tapes* cintas de bobina ◊ *a six-reel film* una película de seis rollos ◊ *a fishing reel* un carrete de caña de pescar *Ver tb* NEWSREEL **2** (*USA* **spool**) (*Costura*) bobina, carrete: *cotton reel* carrete (para hilo) ◊ *reel of cotton* bobina de hilo
■ **reel** *vt* **~ sth in/out 1** (*pesca*): *to reel a line in* recoger el sedal **2** (des)enroscar algo: *to reel a hosepipe in/out* enroscar/desenroscar una manguera
PHR V to reel sth off recitar algo (de una tirada)
■ **reel** *n* baile de origen escocés
reel[2] /riːl/ *vi* (*lit* y *fig*) tambalearse: *She reeled back.* Retrocedió tambaleándose. ◊ *His mind reeled.* Le dio vueltas la cabeza. ◊ *The party is still reeling from the electoral defeat.* El partido aún se está tambaleando después de la derrota electoral.
re-elect /ˌriː ɪˈlekt/ *vt* **~ sb (as/to sth)** reelegir a algn (como/para algo)
▶ **re-election** *n* reelección
re-emerge /ˌriː ɪˈmɜːdʒ/ *vi* resurgir, reaparecer
▶ **re-emergence** *n* resurgimiento, reaparición
re-enact /riː əˈnækt/ *vt* **1** (*acontecimiento histórico*) representar **2** (*crimen*) reconstruir
▶ **re-enactment** *n* **1** (*acontecimiento histórico*) representación **2** (*crimen*) reconstrucción
re-enter /ri ˈentə(r)/ *vt* **~ sth** volver a entrar, reingresar en algo
▶ **re-entry** *n* reentrada
re-evaluate /ˌriː ɪˈvæljueɪt/ *vt* revaluar (*volver a evaluar*)
▶ **re-evaluation** *n* revaluación (*segunda evaluación*)
re-examine /ˌriː ɪɡˈzæmɪn/ *vt* (*Jur*) volver a examinar (*pruebas, etc*)

▶ **re-examination** *n* (*Jur*) segundo examen

ref[1] /ref/ *n* (*coloq, Dep*) árbitro

ref[2] /ref/ (*Com*) *abrev de* **reference** referencia: *our ref 14A; your ref 392* n/ref.14A; s/ref. 392

refectory /rɪˈfektri/ *n* refectorio

refer /rɪˈfɜː(r)/ (**-rr-**) **1** *vi* **~ to sth/sb** referirse, aludir a algo/algn: *I wasn't referring to you when I said that.* Cuando dije eso, no me refería a ti. ◊ *What I have to say refers to everybody.* Lo que tengo que decir se refiere a todos. **2** *vt, vi* remitir(se), consultar: *She referred to her notes.* Se remitió a sus apuntes. ◊ *Refer to page 2.* Véase la página 2. ◊ *The reader is referred to page 3.* Se remite al lector a la página 3. ◊ *to refer a patient to a specialist* remitir a un paciente a un especialista

PHR V **to refer sth back** (**to sb**) remitir algo (a algn)

▶ **referent** *n* referente

referee /ˌrefəˈriː/ *n* **1** (*coloq* **ref**) (*Dep*) árbitro, -a ☛ *Ver ilustración en* FÚTBOL, HOCKEY **2** juez árbitro **3** (*GB*) referencia (*persona*): *to act as (a) referee for sb* hacer de referencia para algn

■ **referee** *vt, vi* (*Dep*) arbitrar

▶ **refereeing** *n* arbitraje

reference /ˈrefərəns/ *n* **1** referencia: *to make (a) reference to sth* hacer referencia a algo ◊ *He made a reference to my job.* Hizo alusión a mi trabajo. ◊ *reference point* punto de referencia ◊ *for future reference* para referencia futura ◊ *reference book/library* libro/biblioteca de consulta ◊ *With reference to…* Con respecto a… ◊ *She has excellent references from former employers.* Tiene referencias excelentes de antiguos patrones. *Ver tb* CROSS-REFERENCE **2** (*abrev* **ref**) (*Com*) referencia

LOC **in/with reference to sth/sb** (*esp Com*) en relación a algo/algn: *I am writing with reference to your job application.* Le escribo en relación a su solicitud de trabajo. **to have some/no reference to sth** tener/no tener relación con algo **without reference to sth/sb** sin consultar algo/a algn *Ver tb* FRAME[1], TERMS

referendum /ˌrefəˈrendəm/ *n* (*pl* **referendums**) referéndum: *to hold a referendum on sth* celebrar un referéndum sobre algo

referral /rɪˈfɜːrəl/ *n* remisión

refill /ˌriːˈfɪl/ *vt* **1** rellenar **2** recargar

■ **refill** *n* relleno, recambio: *Would you like a refill?* ¿Quieres un recambio?

refinance /riːˈfaɪnæns/ *vt* volver a financiar

▶ **refinancing** *n* segunda financiación

refine /rɪˈfaɪn/ *vt* **1** (*azúcar, aceite, etc*) refinar: *refining processes* procesos de refinación **2** (*modelo, técnica, etc*) pulir **3** (*fig, modales, etc*) refinar

▶ **refined** *adj* **1** refinado **2** pulido

refinement /rɪˈfaɪnmənt/ *n* **1** [*incontable*] (*petróleo, etc*) refinado **2** (*elegancia*) refinamiento, finura: *a person of great refinement* una persona muy refinada **3** mejora: *to add further refinements to the original model* añadir otras mejoras al modelo original **4** sutileza: *refinements of meaning* las sutilezas de significado

refinery /rɪˈfaɪnəri/ *n* (*pl* **-ies**) refinería: *an oil refinery* una refinería de petróleo

refit /ˌriːˈfɪt/ (**-tt-**) *vt* **1** (*Náut*) acondicionar (*un barco*): *The ferry was refitted as a troop-ship.* El ferry fue acondicionado como barco de transporte. **2** renovar (*cocina, etc*)

■ **refit** *n* **1** reparación (*de un barco, etc*) **2** renovación

▶ **refitting** *n* acondicionamiento, renovación

reflect /rɪˈflekt/ **1** *vt* reflejar: *He looked at his face reflected in the mirror.* Miró su cara reflejada en el espejo. ◊ *His statement doesn't reflect the views of the council.* Su declaración no refleja las opiniones del ayuntamiento. **2** *vi* **~** (**on/upon sth**) reflexionar (sobre algo)

LOC **to reflect on sth/sb**: *to reflect well/badly on sth/sb* decir mucho/poco en favor de algo/algn ◊ *This will reflect (badly) on the Party.* Esto va a decir muy poco en favor del partido. **to reflect sth on sth/sb**: *This reflects credit on the team.* Esto honra al equipo. ◊ *to reflect dishonour on sb* deshonrar a algn

reflection (*GB tb* **reflexion**) /rɪˈflekʃn/ *n* **1** reflejo: *to see your reflection in sth* verse el reflejo en algo ◊ *to be a pale reflection of your former self* ser una sombra de lo que se fue **2** **~** (**on sth**) (*pensamiento*) reflexión (sobre algo): *deep in reflection* en profunda reflexión ◊ *idle reflections on the past* reflexiones ociosas sobre el pasado

LOC **on reflection** pensándolo bien: *on further reflection* pensándolo mejor **to be a reflection on sth/sb** dar mala impresión de algo/algn: *His rudeness is no reflection on you.* Su mala educación no es culpa tuya. ◊ *It is a sad reflection on the times that…* Es un reflejo triste de nuestros tiempos que…

reflective /rɪˈflektɪv/ *adj* **1** (*carácter*) reflexivo **2** reflectante

▶ **reflectively** *adv* reflexivamente

reflector /rɪˈflektə(r)/ *n* reflector ☛ *Ver ilustración en* BICYCLE

reflex /ˈriːfleks/ (*tb* **reflex action**) *n* reflejo: *to have quick reflexes* tener reflejos rápidos

reflexion (*GB*) *Ver* REFLECTION

reflexive /rɪˈfleksɪv/ *adj, n* (*Gram*) reflexivo: *a reflexive verb* un verbo reflexivo

reforest /ˌriːˈfɒrɪst; *USA* -ˈfɔːr-/ *vt* reforestar

▶ **reforestation** *n* reforestación

reform /rɪˈfɔːm/ *vt, vi* reformar(se): *He's a reformed character.* Es una persona reformada.

■ **reform** *n* reforma: *to bring about social reform* efectuar una reforma social ◊ *reform laws* leyes de reforma

▶ **reformer** *n* reformador, -ora

reformist *adj, n* reformista

re-form /ˌriː ˈfɔːm/ *vt, vi* reorganizar(se), reagrupar(se)

reformation /ˌrefəˈmeɪʃn/ *n* **1** reforma **2 the reformation** (*tb* **the Reformation**) [*sing*] la Reforma *Ver tb* COUNTER-REFORMATION

refract /rɪˈfrækt/ *vt* refractar

▶ **refraction** *n* refracción

refractory /rɪˈfræktəri/ *adj* **1** (*formal*) obstinado **2** **~** (**to sth**) (*enfermedad, etc*) resistente a algo (*medicamento, etc*) **3** (*Fís*) refractario

refrain[1] /rɪˈfreɪn/ *n* (*formal*) estribillo: *a familiar refrain amongst politicians* una cantinela muy usada por los políticos ☛ *Comparar con* CHORUS

refrain[2] /rɪˈfreɪn/ *vi* **~** (**from sth**) (*formal*) abstenerse (de algo): *Please refrain from smoking.* Se ruega no fumar.

refresh /rɪˈfreʃ/ *vt* refrescar: *to refresh yourself with sth* refrescarse con algo

LOC **to refresh sb's memory** (**about sth/sb**) refrescar la memoria a algn (sobre algo/algn)

▶ **refresher** *n* recordatorio

refreshing *adj* **1** refrescante **2** (*fig*) alentador: *a refreshing change* un cambio estimulante ◊ *It was refreshing to find someone so honest.* Fue alentador encontrar una persona tan honesta.

refreshingly *adv*: *with a refreshingly different taste* con un sabor nuevo y diferente

refresher course *n* curso de actualización

refreshment /rɪˈfreʃmənt/ *n* **1** frescor **2** **refreshments** [*pl*] refrigerios: *Refreshments were served.* Pusieron algo para picar.

En este sentido, **refreshments** se utiliza en singular solo cuando va delante de otro sustantivo: *a refreshment stall* un puesto de refrescos ◊ *There will be a refreshment stop.* Habrá una parada para tomar algo.

refrigerate /rɪˈfrɪdʒəreɪt/ *vt* refrigerar: *to keep milk refrigerated* refrigerar la leche

▶ **refrigeration** *n* refrigeración

refrigerator /rɪˈfrɪdʒəreɪtə(r)/ (*coloq* **fridge** /frɪdʒ/) *n* frigorífico *Ver tb* FREEZER

refuel /ˌriːˈfjuːəl/ (**-ll-**, *USA* **-l-**) **1** *vi* repostar (*combustible*) **2** *vt* reabastecer de combustible
▶ **refuelling** *n* reabastecimiento: *a refuelling stop* una escala para repostar

refuge /ˈrefjuːdʒ/ *n* **1 ~ (from sth/sb)** refugio (de algo/algn): *to take refuge in sth* refugiarse en algo **2** (*Pol*) asilo: *to seek refuge* pedir asilo

refugee /ˌrefjuˈdʒiː; *USA* ˈrefjʊdʒiː/ *n* refugiado, -a: *refugee camps* campos de refugiados ◊ *to grant sb refugee status* concederle a algn el asilo político

refund /riˈfʌnd/ *vt* reembolsar: *Money will be refunded in full.* Se le reembolsará todo el dinero.
■ **refund** /ˈriːfʌnd/ *n* reembolso ☛ *Comparar con* REBATE
▶ **refundable** *adj* reembolsable: *a refundable deposit* una fianza reembolsable

refurbish /riːˈfɜːbɪʃ/ *vt* renovar, hacer reformas en
▶ **refurbishment** *n* reforma: *Closed for refurbishment.* Cerrado por reformas.

refusal /rɪˈfjuːzl/ *n* **1(a)** denegación, rechazo **(b)** negativa: *a flat refusal* una negativa rotunda ◊ *their refusal to help* su negativa a ayudar **2** **(the) refusal** [*sing*] opción de compra: *to have the refusal on a car* tener opción de compra en un coche ◊ *He said he'd give me (the) first refusal.* Dijo que me daría la opción de compra a mí primero.

refuse[1] /ˈrefjuːs/ *n* [*sing*] (*formal*) desperdicios: *refuse collection* recogida de basuras ☛ *Ver nota en* BASURERO, RUBBISH

refuse[2] /rɪˈfjuːz/ **1** *vt* rechazar, rehusar: *to refuse an offer* rechazar una oferta ◊ *to refuse (sb) entry/entry (to sb)* negar la entrada (a algn) **2** *vi* **~ (to do sth)** negarse (a hacer algo)

refuse collector *n* (*formal*) basurero, -a

Nótese que la palabra más normal para *basurero* es **dustman**.

refute /rɪˈfjuːt/ *vt* refutar, rebatir
▶ **refutation** /ˌrefjuˈteɪʃn/ *n* refutación

regain /rɪˈgeɪn/ *vt* **1** recuperar: *to regain consciousness* recobrar el conocimiento **2** retomar: *to regain possession* volver a tomar posesión LOC *Ver* INITIATIVE

regal /ˈriːgl/ *adj* regio

regale /rɪˈgeɪl/ *vt* (*formal* o *joc*) **1 ~ sb with sth** entretener a algn con algo **2 ~ sb on/with sth** agasajar a algn con algo

regalia /rɪˈgeɪliə/ *n* [*v sing o pl*] vestiduras

regard /rɪˈgɑːd/ *vt* **1 ~ sth/sb as sth** considerar algo/a algn algo: *Your work is highly regarded.* Tu trabajo se tiene en alta estima. ◊ *to regard sb with suspicion* recelar de algn **2 ~ sth/sb (with sth)** (*formal*) mirar algo/a algn (con algo) **3 ~ sth** (*poco frec*) hacer caso de algo
LOC **as regards sth/sb** en/por lo que se refiere a algo/algn
■ **regard** *n* **1 ~ for/to sth/sb** respeto a/por algo/algn: *to drive without regard for/to speed limits* conducir sin respetar los límites de velocidad ◊ *to show little regard for sth* no tener ningún respeto por algo **2 ~ (for sth/sb)** estima (por algo/algn): *out of regard for sb* por consideración a algn ◊ *to hold sb in high regard* tener buen concepto de algn **3 regards** [*pl*] saludos: *Give/Send my regards to your brother.* Saluda a tu hermano de mi parte. **4** (*formal*) mirada
LOC **in this/that/one regard** en este/ese/un aspecto **in/with regard to sth/sb** con respecto a algo/algn
▶ **regardful of** *prep* (*formal*) atento a
regarding *prep* referente a
regardless *adv* (*coloq*) sin hacer caso, pase lo que pase: *She had to carry on regardless.* Tenía que continuar a toda costa.
regardless of *prep* sea cual sea, sin tener en cuenta: *regardless of the consequences* sean cuales sean las consecuencias

regatta /rɪˈgætə/ *n* regata

regd *abrev de* **registered** registrado

regency /ˈriːdʒənsi/ *n* (*pl* **regencies**) regencia

regenerate /rɪˈdʒenəreɪt/ *vt* regenerar
▶ **regeneration** *n* regeneración
regenerative *adj* regenerador

regent (*tb* **Regent**) /ˈriːdʒənt/ *n* regente

reggae /ˈregeɪ/ *n* reggae: *reggae music* (música) reggae

regicide /ˈredʒɪsaɪd/ *n* **1** regicidio **2** regicida

regime /reɪˈʒiːm, ˈreʒiːm/ *n* **1** (*gobierno*) régimen: *under the present regime* bajo el régimen actual **2** (*sistema*) régimen

regimen /ˈredʒɪmən/ *n* (*formal* o *Med*) (*instrucciones*) régimen

Nótese que para hablar de un régimen para adelgazar decimos **diet**.

regiment /ˈredʒɪmənt/ *n* **1** (*Mil*) regimiento **2 ~ of sth/sb** (*formal, fig*) ejército de algo/algn
▶ **regimental** /ˌredʒɪˈmentl/ *adj* **1** (*Mil*) del regimiento **2** (*fig*) militar
regimented /ˌredʒɪˈmentɪd/ *adj* reglamentado

region /ˈriːdʒən/ *n* región
LOC **in the region of sth** alrededor de algo: *an inflation rate in the region of 4%* una tasa de inflación de alrededor del 4%
▶ **regional** *adj* regional
regionalism *n* regionalismo
regionally *adv* de las regiones, por las regiones

register /ˈredʒɪstə(r)/ *n* **1(a)** registro: *an electoral register* un registro electoral **(b)** (*en el colegio*) lista: *to call the register* pasar lista **2** máquina registradora *Ver tb* CASH REGISTER **3** (*Mús*) registro: *notes in the middle register* notas del registro intermedio **4** (*Ling*) registro
■ **register 1** *vt* **~ sth (in sth)**; **~ sb as sth** registrar algo (en algo); a algn como algo **2** *vi* **~ (at/for/with sth)** matricularse, inscribirse (en/para/con algo) **3** *vt* **~ sth (with sb)/(at sth)** presentar (oficialmente) algo (a algn)/(por/en algo): *to register a complaint with the authorities* presentar una queja a las autoridades ◊ *to register a protest at the decision* presentar una protesta por la decisión **4** *vt* registrar: *It registers the slightest vibration.* Registra la menor vibración. **5** *vt* acusar, mostrar: *Her face registered surprise.* Su cara mostraba sorpresa. **6** (*coloq*) **(a)** *vt* notar: *I registered (the fact) that he was late.* Noté que había llegado tarde. **(b)** *vi* **~ (with sb)** producir impresión (en algn): *It didn't register with him.* No cayó en la cuenta. **7** *vt* **(a)** (*correo*) mandar certificado: *to register a letter* certificar una carta **(b) ~ sth (to sth)** facturar algo (a algo)

registered nurse *n* (*abrev* **RN**) (*USA*) enfermero diplomado, enfermera diplomada

registered post (*USA* **registered mail**) *n* correo certificado: *to send sth by registered post* mandar algo por correo certificado ☛ *Comparar con* RECORDED DELIVERY

registered trade mark *n* (*abrev* **R**) marca registrada

register office *n Ver* REGISTRY OFFICE

registrar /ˌredʒɪˈstrɑː(r), ˈredʒɪstrɑː(r)/ *n* **1** funcionario, -a (*del registro civil, etc*) **2** (*universidad*) vicerrector, -ora (*al cargo de matriculación, exámenes, etc*) **3** (*GB, Med*) médico asistente

registration /ˌredʒɪˈstreɪʃn/ *n* **1** [*incontable*] registro: *The registration of births takes place here.* El registro de nacimientos se hace aquí. **2** [*incontable*] matriculación: *registration fee* el dinero de la matrícula **3** inscripción **4** *Registration is at a quarter to nine.* Se pasa lista a las nueve menos cuarto.

registration number *n* número de la matrícula ☛ *Ver ilustración en* CAR

registry /ˈredʒɪstri/ *n* **1** (oficina del) registro **2** (*universidad*) secretaría

registry office (*tb* **register office**) *n* registro civil: *to get married in a registry office* casarse por lo civil en el juzgado ☛ *Ver nota en* BODA

regress /rɪˈgres/ *vi* ~ (**to sth**) (*formal*) experimentar una regresión (a algo)
▶ **regression** *n* regresión
regressive *adj* regresivo

regret /rɪˈgret/ *n* **1** ~ (**at/about sth**) pesar (por algo): *It is with deep regret that I must tell you…* Debo decirles con gran pesar que… **2** ~ (**for sth**) remordimiento (por algo): *to have no regrets* no arrepentirse de nada **3** **regrets** [*pl*] (*formal*) excusas: *Please accept my regrets for…* Le ruego acepten mis disculpas por…
■ **regret** *vt* (**-tt-**) **1** lamentar: *It is to be regretted.* Es de lamentar. ◇ *We regret to inform you that…* Lamentamos tener que decirle que… **2** arrepentirse de: *I do not regret the decision.* No me arrepiento de la decisión.
▶ **regretful** *adj* **1** arrepentido **2** ~ **that…** lamentable que…: *It is regretful that…* Es lamentable que… **3** ~ **about/at sth**: *He is regretful at having to leave.* Lamenta tener que irse.
regretfully *adv* con pesar, con pena: *Regretfully, I must decline.* Muy a mi pesar tengo que decir que no.
regrettable *adj* lamentable
regrettably *adv* lamentablemente

regroup /ˌriːˈgruːp/ **1** *vt* ~ (**sth**) (**for sth**) reagrupar (algo) (para algo) **2** *vi* reagruparse
▶ **regrouping** *n* reagrupación

regular /ˈregjələ(r)/ *adj* **1** regular: *to take regular exercise* hacer ejercicio con regularidad **2** habitual: *our regular customers* nuestros clientes habituales **3** normal: *the regular procedure* el procedimiento normal **4** (*aprob*): *regular teeth* dientes parejos **5** (*coloq, gen irón*) total: *This is a regular mess.* Esto es un lío total.
LOC (**as**) **regular as clockwork** (*coloq*) como un reloj **at regular intervals** en intervalos regulares **on a regular basis** con regularidad
■ **regular** *n* **1** (*Mil*) soldado regular **2** (*coloq*) **(a)** cliente habitual **(b)** parroquiano, -a
▶ **regularity** /ˌregjuˈlærəti/ *n* (*pl* **-ies**) regularidad
regularly *adv* **1** regularmente, con regularidad **2** a menudo

regularize, -ise /ˈregjələraɪz/ *vt* **1** normalizar **2** formalizar
▶ **regularization, -isation** *n* **1** normalización **2** formalización

regulate /ˈregjuleɪt/ *vt* regular, reglamentar
▶ **regulator** *n* regulador: *a temperature regulator* un regulador de temperatura
regulatory *adj* regulador

regulation /ˌregjuˈleɪʃn/ *n* **1** regulación *Ver tb* SELF-REGULATION **2** [*gen pl*] reglamento: *That would be against the safety regulations.* Eso iría contra las normas de seguridad. ◇ *rules and regulations* normas y reglamentos
■ **regulation** *adj* [*antes de sustantivo*] reglamentario: *the regulation uniform* el uniforme reglamentario

regurgitate /rɪˈgɜːdʒɪteɪt/ *vt* (*formal*) **1** (*lit*) regurgitar **2** (*fig*) repetir (*palabra por palabra*)
▶ **regurgitation** *n* **1** (*lit*) regurgitación **2** (*fig*) repetición

rehabilitate /ˌriːəˈbɪlɪteɪt/ *vt* rehabilitar
▶ **rehabilitation** *n* rehabilitación: *a rehabilitation centre* un centro de rehabilitación

rehash /ˌriːˈhæʃ/ *vt* (*coloq, pey*) (*ideas, etc*) hacer un refrito de
■ **rehash** *n* refrito

rehearse /rɪˈhɜːs/ *vt, vi* **1** ~ (**sb**) (**for sth**) ensayar (con algn) (algo): *a well-rehearsed speech* un discurso bien ensayado **2** (*formal*) repetir mentalmente
▶ **rehearsal** *n* **1** (*Teat*) ensayo *Ver tb* DRESS REHEARSAL **2** (*formal*) repetición mental
LOC **in rehearsal**: *We have two plays in rehearsal.* Estamos ensayando dos obras.

reheat /ˌriːˈhiːt/ *vt* recalentar

rehouse /ˌriːˈhaʊz/ *vt* realojar a

Reich /raɪk, raɪx/ *n* Reich: *the Third Reich* el Tercer Reich

reign /reɪn/ *n* reinado: *a reign of terror* un reinado de terror
■ **reign** *vi* ~ (**over sth/sb**) reinar (sobre algo/algn)
LOC **to reign supreme** predominar
▶ **reigning** *adj* **1** (*monarca*) reinante **2** (*campeón*) actual

reimburse /ˌriːɪmˈbɜːs/ *vt* ~ **sth** (**to sb**); ~ **sb** (**for sth**) reembolsar algo (a algn); a algn los gastos (de algo)
▶ **reimbursement** *n* reembolso

rein /reɪn/ *n* **1** rienda: *to pull in the reins* tirar de las riendas **2** **reins** [*pl*] (*formal, fig*) riendas: *Who will take up/over the reins?* ¿Quién va a coger las riendas?
LOC **to give free/full rein to sth/sb** dar rienda suelta a algo/algn **to keep a tight, short rein on sth/sb** controlar algo/a algn

reincarnate /ˌriːɪnˈkɑːneɪt/ *vt* **to be reincarnated** (**as sth/sb**) reencarnarse (en forma de algo/algn)
▶ **reincarnation** *n* reencarnación

reindeer /ˈreɪndɪə(r)/ *n* (*pl* **reindeer**) reno

reinforce /ˌriːɪnˈfɔːs/ *vt* reforzar
▶ **reinforcement** *n* **1** refuerzo **2** **reinforcements** [*pl*] (*Mil*) refuerzos

reinstate /ˌriːɪnˈsteɪt/ *vt* (*formal*) **1** ~ **sth/sb** (**in/as sth**) restituir algo/a algn (en/como algo) **2** ~ **sth/sb** (**to sth**) rehabilitar algo/a algn (en algo)
▶ **reinstatement** *n* **1** ~ (**in/as sth**) restitución (en/como algo) **2** ~ (**to sth**) reintegración (en algo)

reinsurance /ˌriːɪnˈʃʊərəns, -ˈʃɔːr-/ *n* reaseguros

reintegrate /ˌriːɪnˈsteɪt/ *vt, vi* reintegrar(se)
▶ **reintegration** *n* reintegración

reinterpret /ˌriːɪnˈtɜːprɪt/ *vt* reinterpretar
▶ **reinterpretation** *n* reinterpretación

reintroduce /ˌriːɪntrəˈdjuːs/ *vt* reintroducir
▶ **reintroduction** *n* reintroducción

reinvent /ˌriːɪnˈvent/ *vt* reinventar

reinvest /ˌriːɪnˈvest/ *vt* reinvertir
▶ **reinvestment** *n* reinversión

reissue /ˌriːˈɪʃuː/ *vt* **1** ~ **sth** (**in/as sth**) volver a sacar algo (en/como algo): *The novel was reissued as a/in paperback.* Se volvió a editar la novela en rústica. **2** emitir: *They reissued the stamp.* Volvieron a emitir el sello.
■ **reissue** *n* **1** reedición **2** nueva emisión

reiterate /riˈɪtəreɪt/ *vt* (*formal*) reiterar
▶ **reiteration** *n* reiteración

reject /rɪˈdʒekt/ *vt* **1** rechazar **2** (*monedas*) no aceptar **3** (*formal*) negar: *I reject the allegations.* Rechazo las alegaciones.
■ **reject** /ˈriːdʒekt/ *n* **1** marginado, -a **2** cosa defectuosa
▶ **rejection** /rɪˈdʒekʃn/ *n* rechazo

rejoice /rɪˈdʒɔɪs/ *vi* (*formal*) **1** ~ (**at/in sth**); ~ (**that…**) alegrarse (por/de algo); (de que…): *We rejoiced to hear of his success.* Su éxito nos llenó de alegría. ◇ *Rejoice in the Lord!* ¡Alegrarse en el Señor! **2** ~ (**at/in/over sth**) regocijarse (por algo)
▶ **rejoicing** *n* alegría, regocijo

rejoin[1] /ˌriːˈdʒɔɪn/ *vt* **1** (*grupo, carretera*) reincorporarse a **2** volver a unir: *to rejoin the broken pieces* juntar los trozos rotos

rejoin[2] /rɪˈdʒɔɪn/ *vi* (*formal*) replicar

rejoinder /rɪˈdʒɔɪndə(r)/ *n* réplica

rejuvenate /rɪˈdʒuːvəneɪt/ *vt* rejuvenecer, renovar: *to feel rejuvenated* sentirse rejuvenecido ◇ *plans to rejuvenate the company* planes para renovar la compañía
▶ **rejuvenation** *n* rejuvenecimiento, renovación

rekindle /ˌriːˈkɪndl/ *vt* reavivar

relapse /rɪˈlæps/ *vi* recaer: *to relapse into silence* recaer en el silencio

■ **relapse** *n* recaída

relate /rɪˈleɪt/ **1** *vt* **~ sth (to/with sth)** relacionar algo (con algo): *to relate cause and effect* relacionar la causa y el efecto **2** *vt* **~ sth (to sb)** (*formal*) relatar algo (a algn)

PHR V **to relate to sth/sb 1** estar relacionado con algo/algn: *data relating to economic growth* datos relativos al crecimiento económico **2** identificarse con algo/algn: *I can't relate to children.* No me entiendo con los niños. *Ver tb* STRANGE

related /rɪˈleɪtɪd/ *adj* **~ (to sth/sb) 1** relacionado (con algo/algn): *crime related to drug abuse/drug-related crime* crimen relacionado con la droga **2** emparentado (con algo/algn): *I'm related to Ann.* Ann y yo estamos emparentados. ◊ *to be closely/distantly related to sb* ser pariente cercano/lejano de algn

relation /rɪˈleɪʃn/ *n* **1** (*tb* **relationship**) **~ (to sth)** relación (con algo): *to bear no relation to sth* no guardar ninguna relación con algo **2(a)** (*persona*) pariente: *a relation by marriage* un pariente político **(b)** parentesco: *What relation are you?* ¿Qué parentesco tenéis? ◊ *Is he any relation (to you)?* ¿Es familiar tuyo? **3 relations** [*pl*] relaciones: *diplomatic relations* relaciones diplomáticas

LOC **to have (sexual) relations (with sb)** tener relaciones (sexuales) (con algn) **in/with relation to** (*formal*) con relación a *Ver tb* BEAR², POOR

relational /rɪˈleɪʃənl/ *adj* (*Informát*) relacional

relationship /rɪˈleɪʃnʃɪp/ *n* **1 ~ (between A and B); ~ (of A to/with B)** relación (entre A y B): *the relationship between poverty and crime* la relación entre la pobreza y la delicuencia ◊ *to bear no relationship to sth* no guardar ninguna relación con algo **2(a)** (relación de) parentesco **(b)** relación (*sentimental o sexual*) *Ver tb* LOVE-HATE RELATIONSHIP

relative¹ /ˈrelətɪv/ *n* pariente, -a: *a close relative* un pariente próximo

relative² /ˈrelətɪv/ *adj* **1 ~ (to sth)** relativo (a algo): *the relative merits of the two plans* los méritos relativos de los dos planes **2 ~ to sth** (*formal*) relativo a algo **3** [*antes de sustantivo*] (*Gram*) relativo

▶ **relatively** *adv* relativamente

relativism *n* [*incontable*] relativismo

relativity /ˌreləˈtɪvəti/ *n* (*pl* **-ies**) relatividad

relaunch /ˌriːˈlɔːntʃ/ *vt* **1** relanzar **2** reflotar

■ **relaunch** *n* relanzamiento

relax /rɪˈlæks/ **1** *vt* **(a)** aflojar: *to relax your grip* aflojar la mano **(b)** (*disciplina, vigilancia*) relajar **(c)** *This will relax you.* Esto hará que te relajes. **2** *vi* **(a)** relajarse: *His face relaxed into a smile.* Su cara se relajó y sonrió. **(b)** (*descansar*) relajarse: *Relax!* ¡Tranquilo!

relaxation /ˌriːlækˈseɪʃn/ *n* **1** relajación: *relaxation exercises* ejercicios de relajación **2** descanso **3** pasatiempo

relaxed /rɪˈlækst/ *adj* relajado: *to feel relaxed* sentirse relajado

relaxing /rɪˈlæksɪŋ/ *adj* relajante

relay¹ /ˈriːleɪ/ *n* **1** turno, tanda: *They worked in relays.* Trabajaban haciendo turnos/por tandas. **2** (*tb* **relay race**) carrera de relevos **3** (*Radio*): *relay station* estación repetidora

relay² /ˈriːleɪ, rɪˈleɪ/ *vt* (*pret, pp* **relayed**) **1** (*órdenes, información*) trasmitir **2** (*GB*) retransmitir

release /rɪˈliːs/ *vt* **1** liberar: *to release sb from a promise* liberar a algn de una promesa ◊ *He was released on bail.* Fue puesto en libertad bajo fianza. **2** soltar: *to release your grip on sth/sb* soltar algo/a algn **3(a)** dar a conocer: *The police have released no further details about the crime.* La policía no ha dado a conocer más detalles acerca del crimen. **(b)** (*disco*) poner a la venta: *Has it been released on video yet?* ¿Lo han sacado en vídeo ya? **(c)** (*película*) estrenar

■ **release** *n* **1(a) ~ (from sth)** liberación (de algo): *a welcome release from pain* una bienvenida liberación del dolor **(b)** aflojamiento **2** (*momento*) **(a)** (*disco, etc*) aparición **(b)** (*libro*) publicación **(c)** (*película*) estreno: *The film is on general release.* Pasan la película en todos los cines. **3** (*objeto*): *the latest releases* los últimos estrenos ◊ *a new release* una nueva grabación ◊ *a press release* un comunicado de prensa **4** (*humo, gas*) escape, fuga

relegate /ˈrelɪgeɪt/ *vt* **1** relegar: *relegated to the role of assistant* postergado al puesto de asistente ◊ *That old sofa has been relegated to the basement.* Ese sofá viejo ha sido arrumbado en el sótano. **2** (*esp GB*) bajar: *Will Swindon be relegated to the third division?* ¿El Swindon bajará a tercera?

▶ **relegation** *n* **1** relegación **2** (*Dep*) descenso

relent /rɪˈlent/ *vi* ceder, ablandarse

relentless /rɪˈlentləs/ *adj* **1** implacable **2** (*ambición*) tenaz, constante **3** (*crítica*) despiadado

▶ **relentlessly** *adv* **1** despiadadamente **2** sin descanso

relevance /ˈreləvəns/ (*tb* **relevancy** /-ənsi/) *n* pertinencia

relevant /ˈreləvənt/ *adj* **~ (to sth/sb)** pertinente (a algo/algn): *the relevant documents* los documentos pertinentes ◊ *the facts relevant to the case* los hechos pertinentes al caso ☛ Nótese que "relevante" se traduce por **important**.

reliability /rɪˌlaɪəˈbɪləti/ *n* fiabilidad

reliable /rɪˈlaɪəbl/ *adj* **1** (*persona*) de confianza: *a reliable witness* un testigo de confianza **2** (*datos*) fiable **3** (*fuente*) fidedigno **4** (*método, aparato*) seguro

▶ **reliably** *adv*: *I am reliably informed that…* Me han informado de buena fuente que…

reliance /rɪˈlaɪəns/ *n* **~ on sth/sb** dependencia de algo/algn; confianza en algo/algn

reliant /rɪˈlaɪənt/ *adj* **~ on sth/sb** dependiente de algo/algn; confiado en algo/algn: *He's heavily reliant on bank loans.* Depende mucho de los préstamos del banco. *Ver tb* SELF-RELIANT

relic /ˈrelɪk/ *n* **1** reliquia **2** (*fig*) vestigio

relief¹ /rɪˈliːf/ *n* **1** alivio: *The drug gives some relief from pain.* La droga proporciona algún alivio al dolor. ◊ *I breathed/heaved a sigh of relief.* Di un suspiro de alivio. ◊ *Much to my relief/To my great relief, I wasn't late.* Gracias a Dios no llegué tarde. ◊ *What a relief!* ¡Qué alivio! ◊ *It's a great relief to find you here.* ¡Qué alivio encontrarte aquí! **2** ayuda: *famine relief* ayuda contra el hambre ◊ *relief supplies* provisiones de auxilio ◊ *tax relief* desgravación de impuestos **3** [*incontable*]: *by way of light relief* a modo de diversión **4(a)** (*persona*) relevo: *a relief driver* un conductor de relevo **(b)** (*autobús, tren, etc*): *a relief service* un servicio suplementario

relief² /rɪˈliːf/ *n* relieve: *in high/low relief* en alto/bajo relieve ◊ *relief map* mapa de relieve

relief road *n* carretera auxiliar

relieve /rɪˈliːv/ **1** *vt* aliviar: *to relieve suffering* aliviar el sufrimiento **2** *v refl* **~ yourself** (*eufemismo*) hacer sus necesidades **3** *vt* relevar: *to relieve a driver* relevar a un conductor

LOC **to relieve your feelings** desahogarse

PHR V **to relieve sb of sth 1** (*formal*) *He was relieved of his responsibilities.* Fue relevado de sus responsabilidades. **2** (*joc*): *Let me relieve you of your coat.* Permítame tomarle el abrigo. **3** (*coloq, joc*) aliviarle algo a algn: *The thief relieved him of his wallet.* El ladrón le alivió la cartera.

▶ **relieved** *adj* aliviado: *to feel relieved* sentirse aliviado ◊ *a relieved expression* una expresión de alivio

religion /rɪˈlɪdʒən/ *n* religión

▶ **religious** *adj* religioso: *religious education* clase de religión

religiously *adv* religiosamente

relinquish /rɪˈlɪŋkwɪʃ/ *vt* **~ sth (to sb)** (*formal*) renun-

ciar a algo (en favor de algn): *to relinquish the struggle* abandonar la lucha
LOC to relinquish your grip (on sth/sb) soltar (algo/a algn)

relish /ˈrelɪʃ/ *n* **1 ~ (for sth)** gusto (por algo): *with great relish* con gran placer **2** aliño
■ **relish** *vt* **~ sth** disfrutar algo

relive /ˌriːˈlɪv/ *vt* revivir

reload /ˌriːˈləʊd/ *vt, vi* recargar(se)

relocate /ˌriːləʊˈkeɪt/ *vt, vi* trasladar(se)
▶ **relocation** *n* traslado: *relocation expenses* gastos de traslado

reluctant /rɪˈlʌktənt/ *adj* **~ (to do sth)** reacio (a hacer algo)
▶ **reluctance** *n* desgana
reluctantly *adv* de mala gana

rely /rɪˈlaɪ/ *v* (*pret, pp* **relied**)
PHR V to rely on/upon sth/sb (to do sth) depender de, confiar en algo/algn (para hacer algo): *You can rely on me.* Cuenta conmigo.

remade *pret, pp de* REMAKE

remain /rɪˈmeɪn/ *vi* (*formal*) **1** quedar(se): *She left, but I remained (behind).* Ella se fue pero yo me quedé. **2** permanecer: *to remain standing/seated* permanecer de pie/sentado ◊ *to remain friends* seguir siendo amigos ☛ La palabra más corriente es **stay**.
LOC it remains to be seen whether... queda por ver si... *Ver tb* FACT, NAMELESS, UPPERMOST
▶ **remains** *n* [*pl*] **1** restos **2** ruinas: *Roman remains* ruinas romanas **3** (*formal*) (*cadáver*) restos

remainder /rɪˈmeɪndə(r)/ *n* [*sing*] **1 the ~ (of sth)** (*formal*) el resto (de algo) ☛ La palabra más normal es **rest**. **2** (*Mat*) resto

remake /ˌriːˈmeɪk/ *vt* (*pret, pp* **remade** /ˌriːˈmeɪd/) volver a hacer
■ **remake** /ˈriːmeɪk/ *n* nueva versión (*de una película*)

remand /rɪˈmɑːnd; *USA* -ˈmænd/ *vt*: *to remand sb in custody* poner a algn en prisión preventiva ◊ *to remand sb on bail* dejar a algn en libertad bajo fianza
■ **remand** *n* custodia
LOC on remand detenido

remark /rɪˈmɑːk/ *vt* **1** comentar: *They remarked that he was looking better.* Comentaron que tenía mejor aspecto. **2** (*antic* o *formal*) mencionar
PHR V to remark on/upon sth/sb hacer un comentario sobre algo/algn
■ **remark** *n* **1** comentario **2** (*antic* o *formal*) mención

remarkable /rɪˈmɑːkəbl/ *adj* **1** extraordinario **2 ~ (for sth)** notable (por algo)
▶ **remarkably** *adv* notablemente

remarry /ˌriːˈmæri/ *vt, vi* (*pret, pp* **-ried**) volver a casarse (con)
▶ **remarriage** /ˌriːˈmærɪdʒ/ *n* segundo matrimonio

remedial /rɪˈmiːdiəl/ *adj* **1** (*acción, medidas*) reparador, rectificador **2** (*clases*) para niños con dificultades de aprendizaje

remedy /ˈremədi/ *n* (*pl* **-ies**) **~ (for sth) 1** remedio (para algo): *a popular remedy for flu* un remedio muy conocido para curar la gripe **2** (*fig*) remedio, solución
■ **remedy** *vt* (*pret, pp* **-died**) remediar: *The situation could not be remedied.* La situación no pudo ser arreglada.

remember /rɪˈmembə(r)/ **1** *vt, vi* acordarse (de): *Do you remember where you bought it?* ¿Te acuerdas de dónde lo compraste? ◊ *I can't/don't remember.* No me acuerdo. ◊ (*not*) *as far as I remember* (no) que yo recuerde ◊ *I remember her as a slim young girl.* La recuerdo como una niña delgadita. ◊ *I remember John dissecting a frog.* Me acuerdo de John diseccionando una rana. ☛ *Ver nota en* REMIND **2** *vt* **~ that...** acordarse de que...: *Remember that I'm coming on Friday.* Acuérdate de que voy el viernes. **3** *vt* **(a) ~ doing sth** recordar haber hecho algo: *I remember leaving it there.* Recuerdo haberlo dejado ahí. **(b) ~ to do sth** acordarse de hacer algo: *Remember to phone your mother.* Acuérdate de llamar a tu madre.

Nótese que **remember** varía de significado según se use con infinitivo o con una forma en **-ing**. Cuando va seguido de infinitivo, este hace referencia a una acción que todavía no se ha realizado: *Remember to post that letter.* Acuérdate de echar esa carta. Cuando se usa seguido por una forma en **-ing**, este se refiere a una acción que ya ha tenido lugar: *I remember posting that letter.* Recuerdo haber echado esa carta al correo. ☛ *Comparar con* REMIND

4 *vt* **~ sb for sth** recordar a algn por algo: *She 'll be remembered for her bravery.* Se la recordará por su valentía. **5** *vt* dejar dinero o propiedades a (*testamento*): *to remember sb in your will* acordarse de algn en el testamento **LOC** *Ver* WORTH
PHR V to remember sb to sb dar recuerdos a algn de parte de algn: *Please remember me to Anna.* Dale recuerdos de mi parte a Ana.

remembrance /rɪˈmembrəns/ *n* (*formal*) recuerdo
LOC in remembrance of sth/sb en memoria de algo/algn

Remembrance Sunday (*tb* **Remembrance Day**) *n* (*GB*) conmemoración por los caídos en las dos guerras mundiales

Este día, también llamado **Poppy Day**, la gente lleva amapolas de papel para recordar a los caídos. Las amapolas representan las que crecían en los campos de Flandes y simbolizan a los soldados que murieron allí. El dinero recogido de la venta de estas amapolas se destina a los veteranos y a las viudas de guerra.

remind /rɪˈmaɪnd/ *vt* recordar (*hacer recordar*): *I reminded her how much the fare was.* Le recordé cúanto era el billete. ◊ *She reminded him of the time.* Le recordó la hora (que era). ◊ *Remind me to phone my mother.* Recuérdame que llame a mi madre. ◊ *Can somebody remind her that I'll be late?* ¿Puede recordarle alguien que llegaré tarde?

No debemos confundir **remind** con **remember**. Utilizamos **remember** cuando recordamos algo y **remind** cuando queremos que alguien nos recuerde algo: *Remind me to post that letter.* Recuérdame que eche esa carta. ◊ *Remember to post that letter.* Acuérdate de echar esa carta. ☛ *Comparar con* REMEMBER

LOC that reminds me... por cierto...: *That reminds me, I must get some eggs.* Lo que me recuerda que tengo que comprar huevos.
PHR V to remind sb of sth/sb: *She reminds me of her sister.* Me recuerda a su hermana. ◊ *It reminded her of her childhood.* Le trajo recuerdos de su infancia.

Utilizamos **to remind sb of sth/sb** cuando algo o alguien nos recuerda a otra cosa o a otra persona: *Your brother reminds me of John.* Tu hermano me recuerda a John. ◊ *That song reminds me of my first girlfriend.* Esa canción me recuerda a mi primera novia.

▶ **reminder** *n* **1** recuerdo, recordatorio: *Her scars were a constant reminder of the past.* Sus cicatrices eran el recuerdo constante del pasado. **2** aviso

reminiscent /ˌremɪˈnɪsnt/ *adj* **~ of sth/sb** con reminiscencias de algo/algn
▶ **reminisce** *vi* **~ (about the past)** rememorar (el pasado)
reminiscence *n* recuerdo, evocación

remiss /rɪˈmɪs/ *adj* (*formal*) descuidado

remission /rɪˈmɪʃn/ *n* **1** (*condena*) indulto **2(a)** (*pago*) exención: *full or partial remission of fees* exención total o parcial de la matrícula **(b)** (*deuda*) perdón **3** (*enfermedad*) remisión **4** (*pecados*) absolución

remit[1] /rɪˈmɪt/ *vt* (**-tt-**) (*formal*) **1** enviar: *Payment will be remitted to you in full.* Le será enviada la cantidad total. **2** perdonar (*una condena*) **3** cancelar (*una deuda*)

PHR V to remit sth to sb remitir algo a algn: *to remit a problem to the committee* remitir el problema al comité
▶ **remittance** *n* remesa
remit² /ˈriːmɪt/ *n* competencia (*responsabilidad*)
remix /ˈriːmɪks/ *n* (*Mús*) versión nueva: *They've released a remix of their first single.* Han sacado otra versión de su primer sencillo.
■ **remix** /ˌriːˈmɪks/ *vt* (*Mús*) hacer una versión nueva de
remnant /ˈremnənt/ *n* **1(a)** resto: *the remnants of a shattered army* los restos de un ejército derrotado **(b)** (*fig*) vestigio **2** retal (*tela*)
remodel /ˌriːˈmɒdl/ *vt* (**-ll-**, *USA* **-l-**) **1** (*escultura, facciones*) remodelar **2** (*edificio*) reformar **3** (*institución*) reestructurar, modificar, reorganizar
▶ **remodelling** (*USA* **remodeling**) *n* reforma: *closed for remodelling* cerrado por reformas ◊ *the remodelling of the Armed Forces* la reforma de las Fuerzas Armadas
remonstrance /rɪˈmɒnstrəns/ *n* (*formal*) protesta
remonstrate /ˈremənstreɪt; *USA* rɪˈmɒnstreɪt/ *vi* **~ (with sb)** (*formal*) protestar, quejarse (a algn): *They remonstrated with him about his dogs.* Se quejaron (a él) de sus perros.
remorse /rɪˈmɔːs/ *n* **~ (for sth)** remordimiento (por algo)
▶ **remorseful** *adj* arrepentido
remorsefully *adv* con remordimiento
remorseless /rɪˈmɔːsləs/ *adj* **1** despiadado: *remorseless cruelty* crueldad despiadada **2** implacable
▶ **remorselessly** *adv* implacablemente
remote /rɪˈməʊt/ *adj* (**-er, -est**) **~ (from sth)** **1** (*lit* y *fig*) remoto, lejano, alejado (de algo): *in the remote future* en un futuro lejano ◊ *His work is remote from our concerns.* Su trabajo se aleja de nuestros intereses. **2** (*pariente*) lejano **3** (*persona*) distante **4** (*posibilidad*) remoto
▶ **remotely** *adv* remotamente: *It isn't remotely possible.* No hay la más remota posibilidad.
remoteness *n* (*lit* y *fig*) lo remoto, distancia
remote control *n* control remoto
remount /ˌriːˈmaʊnt/ *vt, vi* montar de nuevo (en)
remove /rɪˈmuːv/ **1** *vt* **~ sth (from sth)** **(a)** quitar(se) algo (de algo): *to remove your coat* quitarse el abrigo ◊ *She removed all traces of make-up.* Se quitó los restos del maquillaje. ◊ *Remove the pan from the heat and cool.* Aparte el cazo del fuego y déjelo enfriar. **(b)** (*fig*) eliminar algo (de algo): *to remove restrictions on imports* eliminar las restricciones a las importaciones ☛ Es más normal decir **take out**, **take off**, **take away**, etc: *to take off your coat.* **2** *vt* **~ sb (from sth)** sacar, destituir a algn (de algo)
LOC removed from sth que dista mucho de algo: *an explanation far removed from the truth* una explicación que dista mucho de la verdad *Ver tb* COUSIN
▶ **removable** *adj* que se puede quitar
removal *n* **1** eliminación: *the removal of trade barriers* la eliminación de los aranceles ◊ *tips for stain removal* consejos para quitar manchas **2** mudanza: *a removal van* un camión de la mudanza
remover *n* **1** *an eye make-up remover* un desmaquillante para ojos ◊ *a stain remover* un quitamanchas **2** empresa de mudanzas
remunerate /rɪˈmjuːnəreɪt/ *vt* (*formal*) remunerar
▶ **remunerative** *adj* remunerativo
remuneration /rɪˌmjuːnəˈreɪʃn/ *n* remuneración
renaissance /rɪˈneɪsns; *USA* ˈrenəsɑːns/ *n* **1 the Renaissance** (*Arte*) el Renacimiento **2** (*fig*) renacimiento
renal /ˈriːnl/ *adj* renal
rename /ˌriːˈneɪm/ *vt* poner un nombre nuevo a
render /ˈrendə(r)/ *vt* (*formal*) **1 ~ sth (for sth/to sb)** prestar algo (por algo/a algn): *a reward for services rendered* un premio por los servicios prestados **2** (*cuenta*) presentar **3** hacer: *Your action has rendered our contract invalid.* Tu acción ha invalidado nuestro contrato. **4** interpretar: *The piano solo was well rendered.* El solo de piano fue bien interpretado. **5 ~ sth (into sth)** traducir algo (a algo) **6** enlucir
LOC to render an account of yourself, your behaviour, etc (*formal*) dar explicaciones de lo dicho, hecho, etc
PHR V to render sth down derretir algo (*grasa*)
to render sth up (*formal*) entregar algo
rendering /ˈrendərɪŋ/ *n* **1** (*Teat*) interpretación: *his rendering of Hamlet* su interpretación de Hamlet ◊ *a faithful rendering of events* una fiel descripción de los hechos **2** traducción **3** enlucido
rendezvous /ˈrɒndɪvuː/ *n* (*pl* **rendezvous** /-vuːz/) **1 ~ (with sb)** cita (con algn) **2** lugar de reunión
■ **rendezvous** *vi* **~ (with sb)** reunirse (con algn)
rendition /renˈdɪʃn/ *n* (*formal*) interpretación (*artística*)
renegade /ˈrenɪɡeɪd/ *n* (*formal, pey*) **1** renegado, -a: *a renegade priest* un sacerdote renegado **2** rebelde
renege (*tb* **renegue**) /rɪˈniːɡ, rɪˈneɪɡ/ *vi* **~ (on sth)** (*formal*) incumplir (algo)
renew /rɪˈnjuː; *USA* -ˈnuː/ *vt* **1** renovar: *to work with renewed enthusiasm* trabajar con renovado entusiasmo ◊ *to renew a passport/permit/lease/contract* renovar un pasaporte/permiso/arrendamiento/contrato **2(a) ~ sth (with sth/sb)** reanudar algo (con algo/algn): *to renew your efforts* reanudar los esfuerzos ◊ *to renew an attack* reanudar un ataque **(b)** reafirmar
▶ **renewable** *adj* renovable
renewal *n* renovación
renewed *adj* renovado: *There has been renewed fighting in the area.* La lucha se ha reanudado en la zona.
rennet /ˈrenɪt/ *n* cuajo
renounce /rɪˈnaʊns/ *vt* **~ sth/sb (for sth)** (*formal*) renunciar a algo/algn (por algo): *to renounce the armed struggle* renunciar a la lucha armada
renovate /ˈrenəveɪt/ *vt* restaurar
▶ **renovation** *n* restauración
renown /rɪˈnaʊn/ *n* (*formal*) renombre
▶ **renowned** *adj* **~ (as/for sth)** famoso (como/por algo)
rent¹ /rent/ *n* (*de casa, habitación, etc*) alquiler: *to pay the rent* pagar el alquiler ◊ *rent arrears* atrasos de alquiler ◊ *rent-free* sin pagar alquiler *Ver tb* RENTAL
LOC for rent (*esp USA*) se alquila(n)
■ **rent 1** *vt* **~ sth (from sb)** (*pagando el alquiler*) alquilar algo (de algn): *I rent a garage from a neighbour.* Un vecino me alquila su garaje. ◊ *Do you own or rent your video?* ¿Es tuyo el vídeo o alquilado? **2** *vt* **~ sth (out) (to sb)** (*recibiendo el alquiler*) alquilar algo (a algn): *We rented out the house to some students.* Les alquilamos nuestra casa a unos estudiantes. **3** *vi* (*USA*) **~ (at/for sth)** alquilarse (por algo) ☛ *Ver nota en* ALQUILAR
▶ **rentable** *adj* alquilable
rental *n* alquiler (*coches, electrodomésticos, etc*)
rent² /rent/ *n* desgarradura
rent boy *n* puto
renunciation /rɪˌnʌnsiˈeɪʃn/ *n* renuncia
reopen /ˌriːˈəʊpən/ *vt, vi* abrir(se) de nuevo: *The murder trial was reopened.* El caso por asesinato se volvió a abrir.
reorder /ˌriːˈɔːdə(r)/ *vt, vi* **1** pedir de nuevo **2** reordenar
■ **reorder** *n* segundo pedido
reorganize, -ise /ˌriːˈɔːɡənaɪz/ *vt, vi* reorganizar(se)
▶ **reorganization, -isation** /ˌriːˌɔːɡənaɪˈzeɪʃn; *USA* -nɪˈz-/ *n* reorganización
rep /rep/ *n* (*coloq*) **1** *Ver* REPRESENTATIVE *n* sentido 1 **2** *Ver* REPERTORY sentido 2
repaid *pret, pp de* REPAY
repaint /riːˈpeɪnt/ *vt* volver a pintar

repair /rɪˈpeə(r)/ *vt* **1** reparar: *to repair a road/watch* reparar una calle/un reloj **2** remediar
PHR V **to repair to sth** (*formal* o *ret*) irse a algo: *Let's repair to the pub.* Vámonos al pub.
■ **repair** *n* **1** reparación: *a road under repair* calle en reparaciones ◊ *It's completely beyond repair.* No tiene arreglo. ◊ *repair costs* gastos de reparaciones **2** (*Arquit*) obras: *The shop is closed for repairs.* La tienda está cerrada por obras.
LOC **in good, bad, etc repair**; **in a good, bad, etc state of repair** en buen, mal, etc estado: *to keep a car in good repair* mantener un coche en buen estado
▶ **repairer** *n* persona que repara: *a watch repairer* un relojero

reparation /ˌrepəˈreɪʃn/ *n* (*formal*) **1** ~ (**for sth**) reparación (por algo): *to make reparation to sb for sth* indemnizar a algn por algo **2** (*Fin*) indemnización **3** **reparations** [*pl*] (*posguerra*) compensación

repartee /ˌrepɑːˈtiː/ *n* [*incontable*] salidas graciosas

repast /rɪˈpɑːst; *USA* rɪˈpæst/ *n* (*formal*) comida

repatriate /ˌriːˈpætrieɪt; *USA* ˈpeɪt-/ *vt* repatriar
▶ **repatriation** *n* repatriación

repay /rɪˈpeɪ/ *vt* (*pret, pp* **repaid** /rɪˈpeɪd/) **1(a)** (*dinero, favor*) devolver: *to repay sb in full* devolver a algn la suma entera **(b)** (*persona*) reembolsar **(c)** (*préstamo, deuda*) pagar **2(a)** corresponder a: *How can I ever repay your kindness?* ¿Cómo podré corresponder a su amabilidad? **(b)** (*pey*) pagar en la misma moneda **3** compensar: *It repays the effort.* Es algo que compensa el esfuerzo.
▶ **repayable** *adj* reembolsable
repayment *n* **1** reembolso, devolución: *repayment mortgage* préstamo hipotecario en el que se va amortizando el capital al mismo tiempo que se pagan los intereses **2** (*cantidad*) pago: *monthly repayments* pagos mensuales

repeal /rɪˈpiːl/ *vt* abolir, derogar
■ **repeal** *n* abolición, derogación

repeat /rɪˈpiːt/ *vt, vi* repetir(se): *Does history repeat itself?* ¿Se repite la historia? ◊ *Don't repeat what I said to anyone.* No cuentes lo que te dije a nadie.
■ **repeat** *n* **1** repetición: *to avoid a repeat of sth* evitar que se repita algo ◊ *a repeat showing* una retransmisión **2** (*Mús*) bis
▶ **repeatable** *adj* repetible: *His comments are not repeatable.* Sus comentarios son irrepetibles.

repeated /rɪˈpiːtɪd/ *adj* **1** repetido **2** reiterado
▶ **repeatedly** *adv* repetidamente, en repetidas ocasiones

repel /rɪˈpel/ *vt* (**-ll-**) **1** repeler **2** (*oferta, etc*) rechazar **3** repugnar
▶ **repellent** **1** *adj* ~ (**to sb**) repelente (para algn): *a water-repellent fabric* un tejido impermeable **2** *n*: *insect repellent* repelente de insectos

repent /rɪˈpent/ **1** *vi* ~ (**of sth**) arrepentirse (de algo): *to repent of your sins* arrepentirse de los pecados **2** *vt* (*formal*) arrepentirse de: *He bitterly repented his folly.* Se arrepintió mucho de su imprudencia.
▶ **repentance** *n* arrepentimiento: *to show signs of repentance* dar muestras de arrepentimiento
repentant *adj* arrepentido

repercussion /ˌriːpəˈkʌʃn/ *n* repercusión: *to have repercussions* tener resonancia

repertoire /ˈrepətwɑː(r)/ (*tb* **repertory**) *n* repertorio (*de un músico, actor, etc*)

repertory /ˈrepətri; *USA* -tɔːri/ *n* **1** *Ver* REPERTOIRE **2** (*tb* **repertory company/theatre**) (*coloq* **rep**) compañía de repertorio

repetition /ˌrepəˈtɪʃn/ *n* repetición: *to avoid a repetition of sth* evitar que se repita algo

repetitive /rɪˈpetətɪv/ (*tb* **repetitious** /ˌrepəˈtɪʃəs/) *adj* repetitivo

rephrase /ˌriːˈfreɪz/ *vt* decir con otras palabras

replace /rɪˈpleɪs/ *vt* **1** colocar de nuevo en su sitio **2** reponer **3(a)** reemplazar **(b)** ~ **sth/sb with/by sth/sb** sustituir algo/a algn con/por algo/algn **4** (*algo roto*) cambiar: *to replace a broken window* cambiar el cristal roto **5** destituir
▶ **replaceable** *adj* sustituible: *It is easily replaceable.* Es fácil de reemplazar.
replacement *n* **1** sustitución, reemplazo **2** (*persona*) **(a)** sustituto, -a **(b)** suplente: *replacement staff* plantilla suplente **3** (*pieza*) repuesto

replant /ˌriːˈplɑːnt/ *vt* ~ **sth** (**with sth**) replantar, reforestar algo (de algo)

replay[1] /ˌriːˈpleɪ/ *vt* **1** (*partido*) volver a jugar **2** (*grabación*) volver a poner

replay[2] /ˈriːpleɪ/ *n* **1** partido de desempate **2** (*TV*) repetición: *an action replay* la repetición de una jugada ◊ *slow-motion replay* repetición a cámara lenta *Ver tb* ACTION REPLAY

replenish /rɪˈplenɪʃ/ *vt* **1** (*provisiones*) reponer, reabastecer **2** volver a llenar
▶ **replenishment** *n* reabastecimiento, reaprovisionamiento

replete /rɪˈpliːt/ *adj* ~ (**with sth**) (*formal*) repleto (de algo)

replica /ˈreplɪkə/ *n* **1** (*Arte*) réplica **2** modelo

replicate /ˈreplɪkeɪt/ *vt* (*formal*) **1** (*Arte*) reproducir **2** (*éxito, etc*) repetir
▶ **replication** *n* repetición

reply /rɪˈplaɪ/ *vi* (*pret, pp* **replied**) responder: *to reply to a question* responder a una pregunta ◊ *to reply to a letter* contestar una carta
■ **reply** *n* (*pl* **-ies**) contestación, respuesta: *in reply to sth* en contestación a algo ◊ *We await your reply.* En espera de sus noticias.

report /rɪˈpɔːt/ **1** *vt, vi* ~ (**on sth/sb**); ~ **sth** informar (de/sobre algo/algn): *Several newspapers reported the meeting.* Varios periódicos informaron sobre la reunión. ◊ *He was reported to have resigned.* Se informó que había dimitido. ◊ *Our correspondent reports from Seville.* Nuestro corresponsal informa desde Sevilla. **2** *vt* dar parte de **3** *vt* comunicar: *Please report any problems.* Por favor comunica cualquier problema. ◊ *He is reported to have been drunk.* Se dice que estaba borracho. **4** *vi* **(a)** presentarse: *to report to reception* presentarse en recepción ◊ *to report for work* presentarse al trabajo **(b)** darse por: *to report sick* darse de baja por enfermedad **5** *vi* ~ **to sb** rendir cuentas a algn **6** *vt* denunciar: *I reported her to the police.* La denuncié a la policía. **7** *vt* declarar: *There are few reported cases.* Se declaran pocos casos. **8** *vt* ~ **to sth/sb**: *All representatives report* (*directly*) *to the sales manager.* El jefe de ventas está a cargo de todos los representantes.
PHR V **to report back 1** rendir cuentas **2** regresar
■ **report** *n* **1(a)** noticia: *a disturbing report* una noticia inquietante **(b)** ~ (**on sth**) reportaje (sobre algo) **2(a)** (*de sucesos*) relato **(b)** informe: *a report by University professors* un informe elaborado por catedráticos ◊ *law reports* actas de procesos **(c)** (*Fin*) memoria (*informe*) **3** rumor: *There are widespread reports that she wants a divorce.* Se han difundido rumores de que quiere divorciarse. **4** *I've heard good reports of that restaurant.* He oído buenos comentarios de ese restaurante. **5** (*USA* **report card**) informe escolar **6** (*pistola*) detonación

reportage /rɪˈpɔːtɪdʒ, ˌrepɔːˈtɑːʒ/ *n* [*incontable*] reportaje: *a piece of reportage* un artículo periodístico

reportedly /rɪˈpɔːtɪdli/ *adv* según nuestras fuentes

reported speech *n* estilo indirecto

reporter /rɪˈpɔːtə(r)/ *n* **1** reportero, -a **2** locutor, -ora

repose /rɪˈpəʊz/ *vt, vi* (*formal*) **1** reposar(se) **2** descansar
■ **repose** *n* (*formal*) **1** reposo **2** sosiego

reposition /ˌriːpəˈzɪʃn/ *vt* volver a colocar

repository /rɪˈpɒzətri; *USA* -tɔːri/ *n* (*pl* **-ies**) **1** depósito: *an underground repository* un depósito subterráneo

◊ *furniture repository* guardamuebles **2** depositario, -a

repossess /ˌriːpəˈzes/ *vt* embargar: *to repossess a house* embargar una casa

▶ **repossession** *n* embargo: *repossession order* orden de embargo

repot /riːˈpɒt/ *vt* transplantar (*solo plantas*)

reprehensible /ˌreprɪˈhensəbl/ *adj* (*formal*) reprensible

represent[1] /ˌreprɪˈzent/ *vt* **1** representar: *What does this symbol represent?* ¿Qué representa este símbolo? ◊ *It represents years of research.* Es el resultado de años de investigación. ◊ *He will represent Great Britain at the Olympic Games.* Representará a Gran Bretaña en los Juegos Olímpicos. ◊ *to be well represented* tener una fuerte representación **2** describir **3** (*Jur*): *Who is representing you in the case?* ¿Quién te va a defender/va a defender tu acusación?

represent[2] /ˌriːprɪˈzent/ *vt* volver a presentar (*un cheque*)

representation /ˌreprɪzenˈteɪʃn/ *n* **1** representación: *proportional representation* representación proporcional **2** (*formal*) **(a)** petición **(b)** queja

LOC **to make representations** (**to sb**) (*formal*) quejarse (a algn)

▶ **representational** *adj* figurativo (*Art*)

representative /ˌreprɪˈzentətɪv/ *adj* representativo: *a representative sample* una muestra representativa

■ **representative** *n* **1** (*coloq* **rep**) representante: *sales representative* representante de ventas ☛ *Ver nota en* REPRESENTANTE **2** (*Pol*) diputado, -a *Ver tb* THE HOUSE OF REPRESENTATIVES **3** apoderado, -a

repress /rɪˈpres/ *vt* **1** reprimir **2** contener: *to repress an urge to do sth* contener las ganas de hacer algo

▶ **repressed** *adj* reprimido: *a repressed desire* un deseo reprimido

repression *n* represión

repressive *adj* represivo

reprieve /rɪˈpriːv/ *vt* **1** (*Jur*) indultar **2** (*fig*) dar un respiro a

■ **reprieve** *n* **1(a)** indulto **(b)** conmutación **2** (*fig*) respiro

reprimand /ˈreprɪmɑːnd; *USA* -mænd/ *vt* reprender a: *He was severely reprimanded.* Fue duramente reprendido.

■ **reprimand** *n* reprimenda

reprint[1] /ˌriːˈprɪnt/ *vt* reimprimir

reprint[2] /ˈriːprɪnt/ *n* reimpresión

reprisal /rɪˈpraɪzl/ *n* represalia: *to take reprisals against sb* tomar represalias contra algn

reproach /rɪˈprəʊtʃ/ *vt* ~ **sb** (**for/with sth**) reprochar (algo) a algn: *I have nothing to reproach myself for.* No tengo nada que reprocharme.

■ **reproach** *n* reproche

LOC **above/beyond reproach** por encima de toda crítica, intachable

▶ **reproachful** *adj* **1** acusador **2** (*mirada*) de reproche

reproachfully *adv* con reproche, con tono acusador

reprobate /ˈreprəbeɪt/ *adj, n* réprobo, -a

reprocess /riːˈprəʊses/ *vt* reprocesar (*esp combustible nuclear*): *reprocessing plant* planta de reciclaje (de deshechos nucleares)

reproduce /ˌriːprəˈdjuːs; *USA* -ˈduːs/ *vt, vi* reproducir(se)

▶ **reproduction** *n* **1** [*incontable*] reproducción: *sound reproduction* reproducción de sonido ◊ *sexual reproduction* reproducción sexual **2** [*contable*] (*obras de arte*) imitación: *Regency reproduction furniture* muebles estilo siglo XVIII

reproductive /ˌriːprəˈdʌktɪv/ *adj* reproductor: *the reproductive system* el aparato reproductor ☛ *Ver ilustración en* REPRODUCTOR

reproof /rɪˈpruːf/ *n* (*formal*) reprensión

reprove /rɪˈpruːv/ *vt* (*formal*) reprender

reptile /ˈreptaɪl; *USA* -tl/ *n* reptil

▶ **reptilian** *adj* reptil

republic /rɪˈpʌblɪk/ *n* república: *Republic of Ireland* República de Irlanda

republican /rɪˈpʌblɪkən/ *adj, n* **1** republicano **2** **Republican** (*USA*) republicano: *Republican Party* Partido Republicano

▶ **republicanism** *n* republicanismo

republish /riːˈpʌblɪʃ/ *n* reeditar

repudiate /rɪˈpjuːdieɪt/ *vt* **1** repudiar **2** (*opinión, decisión, etc*) rechazar

▶ **repudiation** *n* **1** repudiación **2** rechazo

repugnant /rɪˈpʌgnənt/ *adj* repugnante

▶ **repugnance** *n* repugnancia

repulse /rɪˈpʌls/ *vt* (*formal*) repeler

▶ **repulsion** *n* repulsión

repulsive /rɪˈpʌlsɪv/ *adj* repulsivo

repurchase /riːˈpɜːtʃɪs/ *vt* (*Fin*) readquirir

■ **repurchase** *n* readquisición

reputable /ˈrepjətəbl/ *adj* **1** (*persona*) **(a)** de buena reputación **(b)** de confianza **2** (*empresa*) acreditado

reputation /ˌrepjuˈteɪʃn/ *n* reputación: *to have a good/bad reputation* tener buena/mala reputación ◊ *He's got a bit of a reputation.* Tiene mala fama. ◊ *She has a reputation for getting results.* Tiene fama de obtener unos resultados excelentes. ◊ *He certainly lives up to his reputation.* Realmente se merece la reputación que tiene.

repute /rɪˈpjuːt/ *n* (*formal*) reputación, renombre: *to hold sb in high repute* tener un concepto muy alto de algn ◊ *house of ill repute* casa de mala fama

LOC **of repute** famoso

reputed /rɪˈpjuːtɪd/ *adj* **1** supuesto: *the reputed owner of the property* el supuesto dueño de la propiedad **2** *He is reputed to be the best surgeon in Paris.* Tiene fama de ser el mejor cirujano de París. ◊ *She is reputed to be very wealthy.* Se dice que es muy rica.

▶ **reputedly** *adv* según se dice

request /rɪˈkwest/ *n* ~ (**for sth**) **1** petición (de algo): *to make a request for sth* pedir algo ◊ *request stop* parada discrecional **2** solicitud (de algo)

LOC **at sb's request/at the request of sb** a petición de algn **on request**: *available on request* disponible a petición del cliente

■ **request** *vt* ~ **sth** (**from/of sb**) (*formal*) pedir, solicitar algo (a algn): *You are requested not to smoke.* Se ruega no fumar. ☛ La palabra más normal es **ask**.

requiem /ˈrekwiəm, -iem/ *n* **1** (*tb* **requiem mass**) misa de réquiem **2** (*Mús*) réquiem

require /rɪˈkwaɪə(r)/ *vt* **1** requerir **2** (*formal*) **(a)** necesitar: *Do you require any assistance?* ¿Necesita ayuda? ☛ La palabra más normal es **need**. **(b)** exigir: *It is required (of me) that I give evidence.* Se me exige que aporte pruebas. **(c)** desear: *Will you require tea in the morning?* ¿Desea té por la mañana?

▶ **required** *adj* **1** prescrito: *the required number* el número prescrito **2** obligatorio: *required reading* lectura obligatoria ◊ *You are required by law to do it.* La ley te obliga a hacerlo. **3** necesario

requirement *n* **1** necesidad: *to meet sb's requirements* satisfacer las necesidades de algn **2** requisito: *There are no entry requirements for the course.* No hay requisitos para matricularse en el curso. **3** estipulación

requisite /ˈrekwɪzɪt/ *adj* (*formal*) **1** requerido, prescrito **2** necesario: *She lacks the requisite experience.* No tiene la experiencia necesaria.

■ **requisite** *n* (*formal*) cosa necesaria: *toilet requisites* artículos de baño

requisition /ˌrekwɪˈzɪʃn/ *vt* **1** requisar **2** ~ **sb to do sth** requerir a algn que haga algo

■ **requisition** *n* **1** requisición **2** requisa

requite /rɪˈkwaɪt/ *vt (formal)* corresponder a: *requited love* amor correspondido

re-route /ˌriː ˈruːt/ *vt* desviar

rerun /ˌriːˈrʌn/ *vt* (**-nn-**) (*pret* **reran** /ˌriːˈræn/ *pp* **rerun**) **1** (*TV, teatro, etc*) reponer **2** (*carrera*) volver a hacer

■ **rerun** /ˈriːrʌn/ *n* **1** (*TV, teatro, etc*) reposición **2** (*suceso*) repetición: *We don't want a rerun of Monday's fiasco.* No quisiéramos una repetición del fiasco del lunes.

resale /ˈriːseɪl, ˌriːˈseɪl/ *n* reventa

reschedule /ˌriːˈʃedjuːl; *USA* ˌriːˈskedʒuːl/ *vt* **1** (*reunión*) cambiar la hora/fecha de **2** (*deuda, préstamo*) renegociar

rescind /rɪˈsɪnd/ *vt (formal)* **1** rescindir **2** anular

rescue /ˈreskjuː/ *vt* **1** rescatar **2** salvar: *You rescued me from an embarrassing situation.* Me salvaste de una situación embarazosa.

■ **rescue** *n* **1** rescate: *rescue operation/team/services* operación/equipo/servicios de rescate **2** salvamento: *rescue helicopter* helicóptero de salvamento

LOC **to come/go to sb's rescue** acudir en ayuda de algn

▶ **rescuer** *n* salvador, -ora

research /rɪˈsɜːtʃ, ˈriːsɜːtʃ/ *n* ~ (**into/on sth**) [*incontable*] investigación (sobre algo) (*no policial*): *More research needs to be done.* Se necesita investigar más. ◊ *research worker* investigador ◊ *research grant* beca para la investigación ◊ *research and development* investigación y desarrollo *Ver tb* MARKET RESEARCH

■ **research 1** *vi* ~ (**into/on sth**) investigar (algo) **2** *vt* investigar: *to research a book* documentarse para escribir un libro

▶ **researcher** *n* investigador, -ora

resell /ˌriːˈsel/ *vt* (**-ll-**) (*pret, pp* **resold** /ˌriːˈsəʊld/) revender

resemble /rɪˈzembl/ *vt* parecerse a: *to (closely) resemble sth/sb* parecerse mucho a algo/algn

▶ **resemblance** *n* parecido: *to bear a close/striking resemblance to sth/sb* guardar un gran/asombroso parecido con algo/algn ◊ *The plot bears no resemblance to reality.* El argumento no tiene ninguna base en la realidad. ◊ *He bears a passing resemblance to James Dean.* Tiene un cierto parecido a James Dean.

resent /rɪˈzent/ *vt* resentirse de/por

resentful /rɪˈzentfl/ *adj* **1** (*mirada, etc*) de resentimiento **2** resentido

▶ **resentfully** *adv* con resentimiento

resentment /rɪˈzentmənt/ *n* resentimiento

reservation /ˌrezəˈveɪʃn/ *n* **1** reserva: *hotel reservation* reserva de hotel ◊ *to make a reservation* hacer una reserva **2** [*incontable*] (*duda*) reserva(s): *I support this measure without reservation.* Apoyo esta medida sin reservas. ◊ *She had reservations about her daughter's boyfriend.* Tenía sus reservas acerca del novio de su hija. **3** (*tb* **central reservation**) (*USA* **median strip**) (*autopista*) mediana

reserve /rɪˈzɜːv/ *vt* **1** reservar: *These seats are reserved.* Estos asientos están reservados. **2** (*derecho, etc*) reservarse: *The management reserves the right to refuse admission.* La gerencia se reserva el derecho de admisión. **3** conservar

LOC **to reserve judgement (on sth/sb)** (*formal*) reservarse uno su juicio (sobre algo/algn)

■ **reserve** *n* **1** reserva: *the gold reserve* las reservas de oro ◊ *reserve team* equipo de reserva **2** (*Mil*) **(a) the Reserve** la reserva **(b) reserves** [*pl*] reservistas **3** [*incontable*] reservas: *We accept your statement without reserve.* Aceptamos su declaración sin reservas. **4** (*GB tb* **reserve price**) (*USA* **base price**) (*subasta*) precio mínimo

LOC **in reserve** de reserva: *to keep sth in reserve* guardar algo de reserva *Ver tb* DIG

reserved /rɪˈzɜːvd/ *adj* reservado

reservist /rɪˈzɜːvɪst/ *n* reservista

reservoir /ˈrezəvwɑː(r)/ *n* **1** (*lit*) embalse **2** (*fig*) **(a)** cúmulo: *reservoir of information* cúmulo de datos **(b)** pozo: *She's a reservoir of knowledge.* Es un pozo de sabiduría.

reset /ˌriːˈset/ *vt* (**-tt-**) (*pret, pp* **reset**) **1** (*joya*) engarzar de nuevo **2** (*hueso roto*) poner en su sitio **3** (*tipografía*) recomponer **4** (*indicador*) poner en cero **5** (*examen*) volver a preparar

resettle /ˌriːˈsetl/ *vt* asentar (*esp a refugiados*)

▶ **resettlement** *n* asentamiento

reshape /ˌriːˈʃeɪp/ *vt* dar nueva forma a, reestructurar

reshuffle /ˌriːˈʃʌfl/ *vt* **1** reorganizar **2** (*naipes*) volver a barajar

■ **reshuffle** *n* reorganización: *a (Cabinet) reshuffle* una reorganización del gabinete

reside /rɪˈzaɪd/ *vi (formal)* residir: *to reside abroad* residir en el extranjero

PHR V **to reside in sth/sb** residir en algo/algn: *Supreme authority resides in the President.* La suprema autoridad reside en el presidente.

residence /ˈrezɪdəns/ *n (formal)* **1** (*tb* **residency**) residencia, domicilio: *hall of residence* colegio mayor ◊ *a residence permit* un permiso de residencia **2** (*ret*) casa

LOC **in residence** residente **to take up residence** fijar residencia, instalarse

residency /ˈrezɪdənsi/ *n* (*pl* **-cies**) (*GB*) (*de un músico, artista*) periodo de actuaciones contratadas

resident /ˈrezɪdənt/ *n* **1** residente **2** (*hotel*) huésped, -a **3** vecino, -a: *residents' association* asociación de vecinos

■ **resident** *adj* residente: *to be resident abroad* residir en el extranjero

residential /ˌrezɪˈdenʃl/ *adj* **1** de viviendas, residencial: *residential area* zona de viviendas **2** *residential summer courses* cursos de verano con alojamiento incluido ◊ *residential care for the elderly* cuidado de ancianos en residencias

residual /rɪˈzɪdjuəl; *USA* -dʒʊ-/ *adj* residual

residue /ˈrezɪdjuː; *USA* -duː/ *n* residuo

resign /rɪˈzaɪn/ *vt, vi* dimitir: *He's threatening to resign as president.* Está amenazando con dimitir del cargo de presidente.

PHR V **to resign yourself to sth** resignarse a algo: *to be resigned to your fate* resignarse a la suerte que te toque

▶ **resignation** *n* **1** dimisión: *to tender your resignation* presentar la dimisión **2** resignación

resigned /rɪˈzaɪnd/ *adj* resignado

LOC **to be to resigned to (doing) sth** resignarse a (hacer) algo

▶ **resignedly** *adv* resignadamente

resilient /rɪˈzɪliənt/ *adj* **1** (*material*) elástico **2** resistente

▶ **resilience** *n* **1** elasticidad **2** capacidad de recuperación

resin /ˈrezɪn; *USA* ˈrezn/ *n* resina

resist /rɪˈzɪst/ **1** *vt, vi* resistir(se) a: *He could resist no longer.* No pudo resistir más. ◊ *to resist an enemy/attack* repeler al enemigo/a un ataque ◊ *to resist arrest* resistirse al arresto ◊ *I just can't resist chocolate.* El chocolate me vuelve loco. **2** *vt* (*presión, reforma*) oponerse a **3** *vt* (*corrosión, humedad, enfermedades*) resistir, repeler

resistance /rɪˈzɪstəns/ *n* ~ (**to sth/sb**) resistencia (a algo/algn): *armed resistance* la resistencia/rebelión armada ◊ *He didn't put up/offer much resistance.* No opuso mucha resistencia. ◊ *passive resistance* la resistencia pasiva ◊ *The firm needs to overcome its resistance to new technology.* La compañía tiene que superar su oposición a la nueva tecnología. ◊ *the Resistance* (*movement*) la resistencia ◊ *a resistance fighter* un soldado de la resistencia **LOC** *Ver* LINE[1]

resistant /rɪˈzɪstənt/ *adj* **~ (to sth)** resistente (a algo)
resistible /rɪˈzɪstəbl/ *adj* resistible
resistor /rɪˈzɪstə(r)/ *n* (*Elec*) resistencia
resit /ˌriːˈsɪt/ *vt* **(-tt-)** (*pret, pp* **resat** /ˌriːˈsæt/) *Ver* RETAKE sentido 3
■ **resit** /ˈriːsɪt/ *n Ver* RETAKE *vt* sentido 2
resold *pret, pp de* RESELL
resolute /ˈrezəluːt/ *adj* resuelto, decidido: *to be resolute* mantenerse firme ☛ La palabra más normal es **determined**.
▶ **resolutely** *adv* con firmeza, con resolución: *He's resolutely opposed to that policy.* Se opone firmemente a esa política.
resolution /ˌrezəˈluːʃn/ *n* **1** resolución, decisión: *to show great resolution* mostrar gran resolución ◊ *a man lacking in resolution* un hombre carente de firmeza **2** propósito: *to make good resolutions* hacer buenos propósitos ◊ *New Year resolutions* propósitos de Año Nuevo **3** resolución, acuerdo: *to pass/adopt/reject a resolution* aprobar/adoptar/rechazar un acuerdo ◊ *a resolution in favour of/demanding better conditions* una resolución a favor de/exigiendo mejores condiciones **4** (*formal*) solución, resolución
resolve /rɪˈzɒlv/ (*formal*) **1** *vt* (*disputa, dificultad, crisis*) solucionar, resolver **2** *vi* **~ to do sth** resolverse por hacer algo; decidir hacer algo **3** *vt* **~ that...** acordar que...: *The Senate resolved that...* El Senado acordó que...
■ **resolve** *n* **1** determinación, resolución: *We can never break their resolve.* Nunca quebrantaremos su determinación. **2** decisión: *her resolve to stay in the job* su decisión de permanecer en el trabajo
resonance /ˈrezənəns/ *n* resonancia
▶ **resonant** *adj* /ˈrezənənt/ resonante
resonate /ˈrezəneɪt/ *vi* **~ (with sth)** resonar (de algo)
resort /rɪˈzɔːt/ *vt* **~ to sth** recurrir a algo: *to resort to violence* hacer uso de/recurrir a la violencia
■ **resort** *n* **1 ~ to sth** recurso a algo: *without resort to sth* sin pasar a algo **2** centro de vacaciones: *a seaside resort* lugar de veraneo ◊ *a ski resort* un centro de esquí ◊ *a health resort* un balneario
resound /rɪˈzaʊnd/ *vi* **1** resonar, repercutir **2 ~ (with sth)** hacer eco, retumbar (con algo): *The hall resounded with laughter.* Las risas retumbaban en la sala.
▶ **resounding** *adj* rotundo: *a resounding 'no'* un "no" rotundo ◊ *a resounding success/failure* un éxito/fracaso rotundo
resource /rɪˈsɔːs/ *n* recurso: *natural/human resources* recursos naturales/humanos ◊ *financial resources* recursos económicos ◊ *a resource centre* un centro que sumistra información
▶ **resourceful** *adj* inventivo, de recursos
resourcefulness *n* recursos, inventiva
respect /rɪˈspekt/ *n* **1 ~ (for sth/sb)** respeto, consideración (por algo/a algn): *with (all due) respect* con el mayor respeto ◊ *I've got a lot of respect for what she does.* Respeto mucho lo que hace. ◊ *Have some respect for your grandmother!* ¡A ver si le tienes más respeto a tu abuela! ◊ *out of respect* por respeto *Ver tb* SELF-RESPECT **2** concepto: *in this respect* bajo este concepto ◊ *in one important respect* en un detalle importante ◊ *in some/many/other respects* en ciertos/muchos/otros aspectos ◊ *in all respects* en todos los conceptos
LOC in respect of sth (*formal*) respecto a algo, en lo tocante a algo **with respect to sth** (*formal*) *This is true with respect to English but...* Esto es verdad en lo que atañe al inglés pero... ◊ *With respect to your enquiry...* Por lo que respecta a su consulta...
■ **respect** *vt* **~ sth/sb (for sth)** respetar algo/a algn (por algo): *I respect you for your honesty.* Aprecio tu sinceridad. ◊ *to respect sb's wishes/opinions/feelings* respetar los deseos/opiniones/sentimientos de algn ◊ *to respect a contract/treaty* respetar un contrato/tratado
■ **respects** *n* [*pl*] (*formal*) saludos, recuerdos: *to give sb your respects* mandar recuerdos a algn **LOC** *Ver* PAY[2]
respectability /rɪˌspektəˈbɪləti/ *n* respetabilidad
respectable /rɪˈspektəbl/ *adj* **1** decente: *respectable people* gente respetable ◊ *respectable society* la buena sociedad **2** respetable, apreciable: *It's worth a respectable sum of money.* Vale una cantidad de dinero considerable. ◊ *She came a respectable third in the race.* Acabó la carrera en un digno tercer puesto. ◊ *Allow a respectable period of time to elapse.* Deje que pase bastante tiempo.
respected /rɪsˈpektɪd/ *adj* respetado: *a respected businessman* un respetado hombre de negocios
respectful /rɪˈspektfl/ *adj* respetuoso: *to stand at a respectful distance* mantenerse a respetuosa distancia
▶ **respectfully** *adv* respetuosamente, con respeto: *Yours respectfully* Le saluda respetuosamente
respecting /rɪˈspektɪŋ/ *prep* con respecto a, en lo que concierne a
respective /rɪˈspektɪv/ *adj* respectivo
▶ **respectively** *adv* respectivamente
respiration /ˌrespəˈreɪʃn/ *n* respiración: *artificial respiration* la respiración artificial
respirator /ˈrespəreɪtə(r)/ (*tb* **ventilator**) *n* ventilador
respiratory /rəˈspɪrətri, ˈrespərətri; *USA* ˈrespərətɔːri/ *adj* respiratorio: *respiratory tract* vías respiratorias
respite /ˈrespaɪt/ *n* respiro: *They gave them no respite.* No les dieron ni un respiro. ◊ *without respite* sin tregua
resplendent /rɪˈsplendənt/ *adj* resplandeciente: *He was resplendent in a scarlet coat.* Estaba resplandeciente con su abrigo rojo.
respond /rɪˈspɒnd/ *vi* **1 ~ (to sth)** responder (a algo): *The patient is responding to treatment.* El paciente está respondiendo al tratamiento. **2** (*formal*) contestar: *I wrote to them last week but they haven't responded.* Les escribí la semana pasada pero no han contestado. ☛ Para decir "contestar" **answer** y **reply** son palabras más normales.
respondent /rɪˈspɒndənt/ *n* **1** acusado, -a **2** respondedor, -ora **3** (*Jur*) demandado, -a
response /rɪˈspɒns/ *n* **1 ~ (to sth/sb)** respuesta, contestación (a algo/algn): *In response to your inquiry...* En contestación a su pregunta... ◊ *His accusations brought an immediate response.* Sus acusaciones provocaron una réplica inmediata. **2** reacción: *The appeal met with a generous response.* La respuesta al llamamiento fue muy generosa. **3** (*Relig*) responso
responsibility /rɪˌspɒnsəˈbɪləti/ *n* (*pl* **-ies**) **~ (for sth/sb); ~ (to sb)** responsabilidad (de algo/algn); (ante algn): *a position of great responsibility* un puesto de mucha responsabilidad ◊ *her sense of responsibility* su sentido de la responsabilidad ◊ *to take full responsibility for sth/sb* asumir toda la responsabilidad de algo/algn ◊ *It's my responsibility to lock the doors.* Yo soy el encargado de cerrar todas las puertas. ◊ *the responsibilities of the post* las responsabilidades del cargo ◊ *I have a responsibility to my students.* Soy responsable ante mis estudiantes.
responsible /rɪˈspɒnsəbl/ *adj* **1 ~ (for sth/sb); ~ (to sth/sb)** responsable (de algo/algn); (ante algo/algn): *I'm responsible for their safety.* Soy el responsable de su seguridad. ◊ *to be responsible to sb* ser responsable ante algn ◊ *to hold sb responsible for sth* hacer a algn responsable de algo **2 ~ (for doing sth)** encargado (de hacer algo): *Who's responsible for doing the accounts?* ¿Quién es el encargado de las cuentas? **3** responsable, serio: *a responsible citizen/adult* un ciudadano/adulto responsable **4** (*puesto, etc*) de confianza, de responsabilidad
▶ **responsibly** *adv* con responsabilidad, responsablemente
responsive /rɪˈspɒnsɪv/ *adj* **1** que responde positivamente: *a responsive audience* un público que responde ◊

He wasn't very responsive. No parecía muy interesado. ◊ *to be responsive to sth* ser sensible a algo **2** *to be responsive (to sth)* responder (a algo) ◊ *a virus that is not responsive to treatment* un virus que no responde al tratamiento
▶ **responsiveness** *n* sensibilidad, interés

rest[1] /rest/ **1** *vi* **~ (from sth)** descansar (de algo): *He will never rest until he knows the truth.* No estará tranquilo hasta que no sepa la verdad. ◊ *He won't rest until the culprit is found.* No parará hasta que se encuentre al culpable. **2** *vi* estar sin trabajo (*un actor*) **3(a)** *vt* descansar: *Are you rested enough?* ¿Has descansado lo suficiente? ◊ *to feel rested* sentirse descansado **(b)** *vi* (*ret*) descansar: *May he rest in peace.* Descanse en paz. **4** *vi* **~ on/against sth** apoyarse en/contra algo **5** *vt* **~ sth on/against sth** apoyar algo en/contra algo: *She rested her elbows on the table.* Puso sus codos sobre la mesa. **6** *vi* **~ on sth/sb (a)** depender de algo/algn: *The responsibility rests on you.* Pesa sobre ti la responsabilidad. **(b)** clavarse en algo/algn (*la mirada*) **7** *vi* (*formal*) quedar: *The matter cannot rest there.* El asunto no puede quedarse ahí. ◊ *to let the matter rest* dejar el asunto **8** (*Jur*) **(a)** *vi*: *The defence rests.* La defensa no tiene más que decir. **(b)** *vt*: *to rest your case* terminar la presentación de argumentos **9** (*Agricultura*) **(a)** *vi* estar sin cultivar **(b)** *vt* dejar sin cultivar
LOC **to rest easy** estar sin preocupación **to rest on your laurels** dormirse en los laureles **to rest your oars** descansar **(you can/may) rest assured that...** (*formal*) tenga la seguridad de que... *Ver tb* MATTER
PHR V **to rest on sth** basarse en algo (*una teoría*)
to rest up descansar
to rest with sb (*formal*) depender de algn: *It rests with the committee to decide.* La decisión depende del comité.
■ **rest** *n* **1** descanso: *to have/take a rest* tomarse un descanso ◊ *to get some rest* descansar un poco **2** soporte *Ver tb* HEADREST ☛ *Ver ilustración en* STRING **3** (*Mús*) silencio ☛ *Ver ilustración en* NOTACIÓN
LOC **at rest 1** *to be at rest* estar en reposo **2** (*eufemismo*): *to be at rest* estar en paz ◊ *to lie at rest* yacer **to come to rest** pararse (*un vehículo*) posarse (*un insecto*) **to give it a rest** (*coloq*) *Give it a rest, will you?* Cambia de tema, ¿quieres? **to lay sb to rest** (*eufemismo*) enterrar a algn *Ver tb* CHANGE, MIND[1], THE WICKED

rest[2] /rest/ *n* **the ~ (of sth) 1** [*sing*] el resto (de algo) **2** [*pl*] los/las demás, los otros/las otras: *The rest of the players went over to congratulate him.* Los demás jugadores fueron a felicitarlo. ◊ *What will the rest of you do?* ¿Qué vais a hacer vosotros?
LOC **and the rest** (*coloq, irón*) y todo lo demás **for the rest** (*formal*) por lo demás

restart /riːˈstɑːt/ **1** *vt* volver a empezar, empezar de nuevo: *to restart the engine* volver a arrancar el motor **2** *vi* empezar de nuevo
■ **restart** *n* vuelta a empezar, reanudación

restate /ˌriːˈsteɪt/ *vt* repetir, volver a exponer

restatement /ˌriːsteɪtment/ *n* **1** reafirmación, repetición **2** nuevo planteamiento

restaurant /ˈrestrɒnt; *USA* -tərənt/ *n* restaurante

restaurateur /ˌrestərəˈtɜː(r)/ (*USA* **restauranteur** /-tərən-/) *n* (*formal*) propietario, -a de un restaurante

restful /ˈrestfl/ *adj* descansado, sosegado

resting place *n* (*eufemismo*) última morada

restitution /ˌrestɪˈtjuːʃn; *USA* -ˈtuː-/ *n* **1** (*formal*) restitución, devolución **2** (*Jur*): *to make restitution for sth* indemnizar por algo

restive /ˈrestɪv/ *adj* **1** inquieto: *to grow restive* impacientarse **2** (*caballo*) repropio

restless /ˈrestləs/ *adj* **1** agitado: *the restless motion of the sea* el movimiento constante del mar **2** inquieto: *to become/grow restless* impacientarse ◊ *She was restless to be back at work.* Estaba impaciente por volver al trabajo. **3** insomne: *to have a restless night* pasar una mala noche
▶ **restlessly** *adv* con desasosiego: *She tossed and turned restlessly.* Se revolvía inquieta en la cama.
restlessness *n* inquietud, desasosiego

restock /ˌriːˈstɒk/ *vt* reaprovisionar

restoration /ˌrestəˈreɪʃn/ *n* **1** devolución **2** restauración **3** restablecimiento **4** (*renovación*) restauración: *restoration work* trabajos de restauración **5** (*un edificio*) reconstrucción **6 the Restoration** [*sing*] la Restauración

restorative /rɪˈstɔːrətɪv/ *adj* reconstituyente

restore /rɪˈstɔː(r)/ *vt* **1 ~ sth (to sth/sb)** (*formal*) devolver algo (a algo/algn) **2(a)** restablecer: *to restore sb to health* restablecer la salud a uno ◊ *to restore sb's sight* recobrar la vista a algn **(b)**: *to restore an officer to his command* restituir a un oficial en su graduación **3** restaurar (*tradiciones, etc*) **4** restaurar (*un edificio, una obra de arte, etc*)

restorer /rɪˈstɔːrə(r)/ *n* **1** restaurador, -ora **2** *hair restorer* loción capilar

restrain /rɪˈstreɪn/ **1** *vt* contener, refrenar: *to restrain sb from doing sth* impedir que algn haga algo **2** *v refl* **~ yourself** contenerse: *Please, restrain yourself!* ¡Por favor, cálmese! ◊ *He couldn't restrain himself from telling the joke.* No pudo contenerse y contó el chiste.

restrained /rɪˈstreɪnd/ *adj* moderado, comedido

restraint /rɪˈstreɪnt/ *n* (*formal*) **1** control: *to keep sth under restraint* mantener algo bajo control *Ver tb* SELF-RESTRAINT **2** limitación, restricción **3** moderación, reserva: *to act with restraint* actuar con autodominio
LOC **without restraint** sin restricción

restrict /rɪˈstrɪkt/ **1** *vt* limitar: *It restricts our view.* Nos quita vista. **2** *v refl* **~ yourself to sth** limitarse a algo

restricted /rɪˈstrɪktɪd/ *adj* **1** limitado: *to be restricted to sth* limitarse a algo ◊ *restricted area* zona de acceso restringido ◊ *to have a restricted outlook* ser de miras estrechas **2** prohibido

restriction /rɪˈstrɪkʃn/ *n* restricción: *to place a restriction on the sale of alcohol* restringir la venta de alcohol

restrictive /rɪˈstrɪktɪv/ *adj* restrictivo

restroom /ˈrestrʊm/ (*USA*) (*GB* **the toilets**) *n* (*eufemismo*) los servicios ☛ *Ver nota en* TOILET

restructure /ˌriːˈstrʌktʃə(r)/ *vt* reestructurar
▶ **restructuring** *n* [*gen sing*] reestructuración

rest stop (*USA*) (*GB* **lay-by**) *n* área de descanso (*carretera*)

result /rɪˈzʌlt/ *n* **1** resultado: *as a result of* a consecuencia de ◊ *The incident was a direct result of...* El incidente se debió a... **2 results** [*pl*] resultados (positivos)
■ **result** *vi* **~ (from sth)** resultar (de algo); originarse (por algo): *injuries resulting from a fall* lesiones originadas por una caída ◊ *delays resulting from...* retrasos debidos a...
PHR V **to result in sth** dar algo por resultado, terminar en algo, producir algo
▶ **resultant** *adj* (*formal*) resultante, consiguiente

resume /rɪˈzuːm, -ˈzjuː-/ (*formal*) **1** *vt, vi* reanudar(se), continuar(se): *'And so,' he resumed...* —Entonces, dijo reanudando la conversación... **2** recobrar: *to resume your seat* volver a sentarse
▶ **resumption** /rɪˈzʌmpʃn/ *n* [*sing*] (*formal*) reanudación: *on the resumption of play* al reanudarse el juego

résumé /ˈrezjumeɪ; *USA* ˌrezʊˈmeɪ/ *n* **1** resumen **2** (*USA*) *Ver* CURRICULUM VITAE

resurface /ˌriːˈsɜːfɪs/ **1** *vt* poner nueva superficie a, rehacer el firme de (*una carretera*) **2** *vi* volver a emerger: *Old prejudices began to resurface.* Viejos prejuicios empezaron a salir a la luz.

resurgence /rɪˈsɜːdʒəns/ *n* (*formal*) resurgimiento
▶ **resurgent** *adj* (*formal*) resurgente

resurrect /ˌrezəˈrekt/ *vt* **1** resucitar: *to resurrect old traditions* resucitar viejas tradiciones **2** (*joc*) desenterrar: *to resurrect a dress from the sixties* desenterrar un vestido de los años sesenta

resurrection /ˌrezəˈrekʃn/ *n* **1 the Resurrection** (*Relig*) la resurrección **2** (*formal*) resurrección

resuscitate /rɪˈsʌsɪteɪt/ *vt* reanimar, resucitar
▶ **resuscitation** *n* reanimación, resucitación

retail /ˈriːteɪl/ *adj, adv* de venta al por menor: *the retail trade/sector* el comercio/sector de venta al por menor ◊ *recommended retail price* precio de venta al público recomendado ◊ *the retail price index* el índice de precios al consumo ◊ *a retail outlet/chain* una tienda/cadena de tiendas ◊ *retail sales figures* cifras de ventas al por menor
■ **retail** *n* venta al por menor ☛ *Comparar con* WHOLESALE
■ **retail** *vt, vi* ~ **(sth) at/for sth** vender(se) al público a/por algo: *They retail at/for 70 pence.* Se venden al público a/por 70 peniques.
▶ **retailer** *n* comerciante minorista
retailing *n* comercio minorista: *to work in retailing* trabajar en el comercio

retain /rɪˈteɪn/ *vt* (*formal*) **1** quedarse con: *The customer retains a copy.* El cliente se queda con una copia. **2** mantener, conservar: *to retain control of the situation* mantener el control de la situación ◊ *They have retained the character of the original building.* Han mantenido el carácter original del edificio. ◊ *to retain a title/your dignity* conservar el título/la dignidad **3** quedarse con (*en la memoria*) **4** retener: *A sponge retains water.* Una esponja retiene agua.

retainer /rɪˈteɪnə(r)/ *n* **1** cantidad que se paga para no perder algo o a algn: *If we pay a retainer, we can have the flat.* Si pagamos un pequeño alquiler, nos reservan el piso. **2** (*Jur*) anticipo (*sobre los honorarios*) **3** (*antic*) sirviente

retake /ˌriːˈteɪk/ *vt* (*pret* **retook** /-ˈtʊk/ *pp* **retaken** /-ˈteɪkən/) **1** reconquistar **2** (*Fot*) volver a tomar **3** (*tb* **resit**) (*examen*) repetir
■ **retake** /ˈriːteɪk/ *n* (*coloq*) **1** (*Fot*) nueva toma **2** (*tb* **resit**) (*Educ*) examen de recuperación

retaliate /rɪˈtælieɪt/ *vi* ~ **(against sth/sb)** vengarse (de algo/algn); tomar represalias (contra algo/algn)

retaliation /rɪˌtæliˈeɪʃn/ *n* ~ **(against sth/sb)**; ~ **(for sth)** represalia (contra algo/algn); (por algo): *in retaliation for the attack* como represalia por el ataque
▶ **retaliatory** /rɪˈtæliətri; *USA* -tɔːri/ *adj* como represalia: *to take retaliatory action* tomar represalias

retard /rɪˈtɑːd/ *vt* (*formal*) retrasar
▶ **retarded** *adj* (*ofen*) retrasado: *a (mentally) retarded person* una persona retrasada (mental)

retch /retʃ/ *vi* dar arcadas: *The smell makes you retch.* El olor te hace dar arcadas.

retell /ˌriːˈtel/ *vt* (*pret, pp* **retold** /-ˈtəʊld/) ~ **sth (to sb)** volver a contar algo (a algn))

retention /rɪˈtenʃn/ *n* (*formal*) **1** retención, conservación: *retention of your rights* conservación de tus derechos ◊ *extraordinary powers of retention* una memoria fuera de lo normal **2** retención: *water/fluid retention* retención de líquido

rethink /ˌriːˈθɪŋk/ *vt* (*pret, pp* **-thought** /-ˈθɔːt/) reconsiderar: *Some rethinking is needed.* Habrá que replanteárselo.
■ **rethink** *n* reconsideración: *We'll need to have a rethink.* Necesitamos reconsiderarlo.

reticent /ˈretɪsnt/ *adj* **1** reservado **2** ~ **(about/on sth)** reacio (a hablar de algo): *He was very reticent about it.* Se mostró muy reacio a hablar del tema.
▶ **reticence** *n* reticencia

retina /ˈretɪnə; *USA* ˈretənə/ *n* (*pl* **~s** o **retinae**) retina ☛ *Ver ilustración en* OJO

retinue /ˈretɪnjuː; *USA* ˈretənuː/ *n* séquito: *her retinue (of servants)* su séquito (de sirvientes)

retire /rɪˈtaɪə(r)/ **1** *vt, vi* ~ **(sb) (from sth)** jubilar a algn, jubilarse (de algo): *to retire early* jubilarse anticipadamente ◊ *I was retired on full pay.* Me jubilaron con toda la paga. ◊ *to retire from public life* retirarse de la vida pública **2** *vi* ~ **(from...) (to...)** (*formal*) (*Mil*) retirarse (de...) (a...) **3** *vi* (*ret*) retirarse a sus aposentos: *I'm going to retire for the night.* Me voy a la cama. **4** *vi* ~ **(from sth)** (*Dep*) abandonar (algo): *He retired from competitive soccer.* Abandonó el fútbol profesional.
▶ **retired** *adj* jubilado: *recently/newly retired* recién jubilado
retiring *adj* **1** retraído: *shy and retiring* tímido y retraído **2** que se jubila

retirement /rɪˈtaɪəmənt/ *n* jubilación, retiro: *retirement age* edad de jubilación ◊ *to take early retirement* coger la jubilación anticipada
LOC to go into retirement/come out of retirement retirarse/volver al trabajo

retold *pret, pp de* RETELL

retook *pret de* RETAKE

retort¹ /rɪˈtɔːt/ *n* réplica, contestación
■ **retort** *vt* replicar

retort² /rɪˈtɔːt/ *n* (*Quím*) retorta

retouch /ˌriːˈtʌtʃ/ *vt* retocar

retrace /rɪˈtreɪs/ *vt* **1** (*camino*) desandar: *to retrace your steps* volver sobre tus pasos **2** reconstruir: *Police retraced his movements.* La policia reconstruyó sus movimientos.

retract /rɪˈtrækt/ *vt, vi* (*formal*) **1** retractarse (de): *He refused to retract (his statement).* Se negó a retractarse (de su declaración). **2** (*garra, uña, etc*) retraer(se) **3** replegar(se): *to retract the undercarriage* replegar el tren de aterrizaje
▶ **retractable** *adj* replegable, retráctil
retraction *n* retracción: *to demand an immediate retraction* exigir que algn se retracte de inmediato

retrain /ˌriːˈtreɪn/ *vt, vi* reciclar(se) (*trabajadores*)
▶ **retraining** *n* reciclaje

retreat /rɪˈtriːt/ *vi* **1** (*Mil*) batirse en retirada **2** (*fig*) refugiarse
■ **retreat** *n* **1** retirada: *to be in full retreat* retirarse en masa **2 the retreat** (*Mil*) retreta **3(a)** alejamiento, retiro **(b)** refugio: *a country retreat* un refugio en el campo **(c)** (*Relig*) retiro espiritual **LOC** *Ver* BEAT

retrenchment /rɪˈtrentʃmənt/ *n* reducción de gastos

retrial /ˌriːˈtraɪəl/ *n* nuevo juicio

retribution /ˌretrɪˈbjuːʃn/ *n* (*formal*) **1** justo castigo: *divine retribution* el justo castigo de Dios **2** venganza: *to seek retribution* buscar venganza

retrieval /rɪˈtriːvl/ *n* (*formal*) recuperación *Ver tb* INFORMATION RETRIEVAL

retrieve /rɪˈtriːv/ *vt* **1** (*formal*) recobrar, recuperar: *to retrieve a (dropped) handkerchief* recoger un pañuelo (caído) ◊ *to retrieve lost time* recuperar el tiempo perdido ◊ *to retrieve a body from the river* rescatar un cadáver del río **2** (*Informát*) recuperar **3** (*perro de caza*) cobrar (*la pieza matada*)
▶ **retriever** *n* perro de caza

retrograde /ˈretrəgreɪd/ *adj* (*formal*) retrógrado, que constituye un retroceso: *a retrograde step* un paso hacia atrás

retrospect /ˈretrəspekt/ *n*
LOC in retrospect mirando hacia atrás
▶ **retrospective 1** *adj* **(a)** retrospectivo **(b)** retroactivo: *a retrospective pay rise* aumento de sueldo con efecto retroactivo **2** *n* exposición retrospectiva
retrospectively *adv* retrospectivamente, con carácter retroactivo

return¹ /rɪˈtɜːn/ **1** *vi* **(a)** ~ **(to...) (from...)** regresar (de...) (a...): *Has he returned from Spain?* ¿Ha vuelto ya de España? ◊ *to return home/to the house* regresar a casa/a la casa **(b)** ~ **(to sth/sb)** volver (a algo/algn): *to return to normal* volver a la normalidad ◊ *My good humour soon returned (to me).* En seguida recuperé el buen humor. **2** *vt* **(a)** devolver: *I returned the letter unopened.* Devolví la carta sin abrirla. ◊ *to return a* *visit* devolver una visita ◊ *to return a serve* devolver un saque **(b)** (*amor, etc*) corresponder a **(c)** (*favor, etc*) devolver **3** *vt* (*formal, Jur*) declarar, emitir: *to return a verdict of guilty* declarar a algn culpable **4** *vt* (*ganancia*) producir, dar **5** *vt* **~ sb (to sth)** elegir a algn (para algo): *He was returned to Parliament.* Fue elegido diputado.

LOC return to sender devolver al remitente **to return to the fold** (*formal*) volver al redil

return² /rɪˈtɜːn/ *n* **1(a) ~ (to...) (from...)** vuelta, regreso (a...) (de...): *on my/your/their return* a mi/vuestra/su vuelta **(b) ~ (to sth)** regreso, retorno (a algo): *a return to normal working hours* regreso al horario normal **(c) ~ (of sth)** reaparición (de algo): *the return of symptoms* la reaparición de síntomas **2 ~ (to sth/sb) (a)** devolución (a algo/algn): *the return of stolen goods* la devolución de artículos robados **(b)** (*Dep*): *Her return (of the ball) is very strong.* Su resto es muy fuerte. **3(a)** declaración: *(income-)tax return* declaración de la renta **(b) election returns** resultados del escrutinio **4 ~ (on sth)** rendimiento (de algo): *a high/low rate of return* un alto/bajo rendimiento **5(a)** (*GB tb* **return ticket**) (*USA* **round trip**) billete de ida y vuelta *Ver tb* DAY RETURN **(b)** [*antes de sustantivo*] de vuelta: *the return flight* el vuelo de regreso ◊ *a return visit* una segunda visita *Ver tb* RETURN JOURNEY

LOC by return (of post) a vuelta de correo **in return (for sth)** en recompensa/a cambio (de algo) *Ver tb* HAPPY, POINT¹, SALE

returnable /rɪˈtɜːnəbl/ *adj* **1** (*dinero*) reembolsable: *a returnable deposit* una cantidad a cuenta reembolsable **2** (*envase*) retornable *Ver tb* NON-RETURNABLE

return address *n* (*GB*) remite

return fare *n* (*GB*) precio del billete de ida y vuelta

return game (*tb* **return match**) *n* partido de vuelta

returning officer *n* (*GB*) persona encargada oficialmente del escrutinio de votos y de anunciar el resultado

return journey (*tb* **return trip**) *n* viaje de vuelta

reunification /riːˌjuːnɪfɪˈkeɪʃn/ *n* reunificación

reunion /riːˈjuːniən/ *n* reunión, reencuentro: *a family reunion* una reunión familiar

reunite /ˌriːjuːˈnaɪt/ *vt, vi* **1** reunir(se), reencontrar(se): *They were reunited with their children.* Padres e hijos volvieron a estar juntos de nuevo. **2** reconciliar(se): *attempts to reunite the party* intentos de reconciliar el partido

reuse /ˌriːˈjuːz/ *vt* reutilizar

▶ **reusable** *adj* que se puede volver a usar

Rev (*tb* **Revd**) *abrev de* **Reverend**

rev /rev/ *n* [*gen pl*] (*coloq*) revolución (*de motor*): *Give it a few revs.* Dale caña al motor.

■ **rev** *vt* **(-vv-)** (*motor*) revolucionar

PHR V to rev (sth) up acelerar (algo): *Don't rev the engine up so hard.* No des tantos acelerones.

revalue /ˌriːˈvæljuː/ *vt* **1** (*propiedad, etc*) revalorar **2** (*moneda*) revalorizar

▶ **revaluation** *n* revalorización

revamp /ˌriːˈvæmp/ *vt* (*coloq*) modernizar

reveal /rɪˈviːl/ *vt* **1** (*secretos, datos, etc*) revelar: *I can't reveal who told me.* No puedo decir quién me lo dijo. ◊ *to reveal sb's identity* revelar la identidad de algn **2** mostrar, descubrir: *She drew back the curtain to reveal the prize.* Descorrió la cortina para descubrir el premio.

▶ **revealing** *adj* **1** (*tb* **revelatory**) revelador: *a revealing comment* un comentario revelador ◊ *a revelatory experience* una experiencia reveladora **2** atrevido: *a rather revealing dress* un vestido bastante atrevido

revel /ˈrevl/ *vi* **(-ll-,** *USA* **-l-)** (*antic* o *joc*) estar de juerga

PHR V to revel in sth/doing sth deleitarse en algo/en hacer algo

■ **revel** *n* [*gen pl*] (*antic*) juerga

▶ **reveller** (*USA* **reveler**) /ˈrevələ(r)/ *n* (*antic* o *joc*) juerguista

revelation /ˌrevəˈleɪʃn/ *n* **1** revelación: *Her speech was a revelation to me.* Su discurso fue toda una sorpresa para mí. **2 (the Book of) Revelation** (*Relig*) el (libro) Apocalipsis

revelatory /ˌrevəˈleɪtəri/ *adj Ver* REVEALING *en* REVEAL

revelry /ˈrevlri/ *n* juerga

revenge /rɪˈvendʒ/ *n* **1** venganza: *a desire for revenge* un deseo de venganza ◊ *a revenge attack* un ataque en venganza ◊ *to seek revenge* buscar venganza **2** revancha

LOC out of/in revenge (for sth) en venganza (por algo) **to have/exact/take (your) revenge (on sb) (for sth)** vengarse (de algn) (por algo): *They swore to take their revenge on the kidnappers.* Juraron vengarse de los secuestradores.

■ **revenge** *vt* vengar

LOC to revenge yourself/be revenged (on sb) vengarse (de algn): *I was revenged.* Me vengué.

revenue /ˈrevənjuː; *USA* -ənuː/ *n* [*gen sing*] ingresos (*de empresa, estado, etc*): *advertising revenue* ingresos por (la) publicidad ◊ *a source of additional/extra revenue* una fuente de ingresos extra *Ver tb* INLAND REVENUE

reverberate /rɪˈvɜːbəreɪt/ *vi* **1** resonar **2** (*fig*) tener repercusiones

▶ **reverberation** *n* **1** (*coloq* **reverb**) retumbo: *the reverberations of the explosion* el retumbar de la explosión **2 reverberations** (*fig*) repercusiones

revere /rɪˈvɪə(r)/ *vt* **~ sth/sb (for sth)** (*formal*) venerar algo/a algn (por algo)

reverence /ˈrevərəns/ *n* **~ (for sth/sb)** reverencia (por algo/algn) (*veneración*) ☛ *Comparar con* BOW²

Reverend /ˈrevərənd/ *adj* (*abrev* **Rev**, **Revd**) (*título, Relig*) reverendo: *the Rev John Smith* el reverendo John Smith ◊ *Most Reverend Paul Brown* el ilustrísimo Paul Brown

■ **reverend** *n* (*coloq, Relig*) pastor

Reverend Mother *n* Reverenda Madre

reverent /ˈrevərənt/ *adj* reverente

▶ **reverently** *adv* con reverencia

reverential /ˌrevəˈrenʃl/ *adj* (*formal*) reverencial

▶ **reverentially** *adv* con reverencia

reverie /ˈrevəri/ *n* ensueño: *to be lost/sunk in reverie* estar ensimismado

reversal /rɪˈvɜːsl/ *n* **1** (*opinión*) cambio de 180° **2** (*suerte, fortuna*) revés: *a dramatic/sudden reversal of fortune* un revés dramático/repentino de la fortuna **3** (*Ley*) revocación: *a reversal of a court decision* una revocación de la decisión del tribunal **4** inversión: *a reversal of roles/a role reversal* un intercambio de papeles

reverse¹ /rɪˈvɜːs/ *adj* **1** (*orden, sentido*) contrario: *to have the reverse effect* tener el efecto contrario **2** (*lado, cara*) reverso: *the reverse side of a record* el reverso de un disco

LOC in/into reverse order en orden inverso

reverse² /rɪˈvɜːs/ *n* **1 the reverse (of sth)** lo contrario (de algo): *Quite the reverse!* ¡Al contrario! **2** reverso **3** revés **4** dorso: *the address shown on the reverse* la dirección que aparece al dorso **5(a)** [*incontable*] (*tb* **reverse gear**) marcha atrás: *to put the car into reverse* poner la marcha atrás **(b)** (*tb* **reverse turn**) giro en marcha atrás **6** (*formal*) derrota

LOC in reverse al revés: *In reverse 'dog' reads 'god'.* Leyendo "arroz" al revés sale "zorra". **in reverse order** empezando por el final (*lista de ganadores, etc*)

reverse³ /rɪˈvɜːs/ **1** *vt* invertir: *Writing is reversed in a mirror.* La escritura se invierte en un espejo. **2** (*Mec*) **(a)** *vt* poner en marcha atrás **(b)** *vi* ir marcha atrás **3** *vt* (*efecto, tendencia*) invertir: *to reverse the effect of sth* invertir el efecto de algo **4** revocar: *to reverse a verdict/decision* revocar un veredicto/una decisión

LOC **to reverse (the) charges** (*GB*) llamar a cobro revertido ☛ Nótese que en inglés americano se dice **to call collect**.

▶ **reversible** *adj* reversible

reversing light *n* luz de marcha atrás

revert /rɪˈvɜːt/ *vi* **1 ~ to sth** volver a algo (*estado, tema, etc anterior*): *to revert to bad habits* volver a las malas costumbres (de antes) **2 ~ (to sth/sb)** revertir (a algo/algn)

LOC **to revert to type** volver a las andadas

▶ **reversion** *n* vuelta, reversión

review¹ /rɪˈvjuː/ *n* **1** análisis, examen: *the annual pay review* la revisión anual de los salarios ◊ *They demanded a defence policy review.* Exigieron que se reconsiderara la política en defensa. **2** informe: *an annual review of progress* un informe anual del progreso **3(a)** reseña: *book reviews* reseñas literarias **(b)** revista: *a scientific review* una revista científica **4** (*Mil*) revista (*militar*)

LOC **to be/come under review** ser tomado en consideración de nuevo **to be/come up for review**: *Her case comes up for review on Monday.* Su caso va a ser reconsiderado el lunes. **under review** bajo consideración

review² /rɪˈvjuː/ *vt* **1(a)** reconsiderar: *The government is reviewing the situation.* El gobierno está reconsiderando la situación. ◊ *The case is to be reviewed.* El caso se volverá a considerar. **(b)** analizar: *to review your progress* analizar tu progreso **2** hacer una reseña de **3** (*Mil*) pasar revista a **4** (*esp USA*) repasar ☛ *Comparar con* REVISE

▶ **reviewer** *n* crítico, -a

revile /rɪˈvaɪl/ *vt* (*formal*) injuriar

revise /rɪˈvaɪz/ **1** *vt* **(a)** revisar: *revised edition* edición revisada **(b)** modificar: *a revised syllabus* un programa de estudios actualizado **2** *vt, vi* (*GB*) **~ (sth) (for sth)** repasar, estudiar (algo) (para algo) (*un examen*)

the Revised Version *n* (*abrev* **RV**) versión revisada en 1885 de la biblia anglicana

revision /rɪˈvɪʒn/ *n* **1** revisión, modificación ☛ Nótese que para la "revisión del coche" decimos **service**. **2** (*GB*) repaso: *to do some revision for the exam* repasar para el examen

revisionist /rɪˈvɪʒənɪst/ *adj, n* revisionista

revisit /ˌriːˈvɪzɪt/ *vt* volver a visitar

revitalize, -ise /riːˈvaɪtəlaɪz/ *vt* revitalizar

▶ **revitalization, -isation** *n* revitalización

revival /rɪˈvaɪvl/ *n* **1** restablecimiento: *the revival of hope* el restablecimiento de la esperanza ◊ *economic revival* restablecimiento de la economía **2** resurgimiento **3** (*obra, etc*) reposición

▶ **revivalist** *n* **1** evangelista **2** *Seventies revivalists* los enamorados de los años setenta

revive /rɪˈvaɪv/ **1** *vt* **(a)** (*enfermo*) reanimar **(b)** (*recuerdos*) refrescar **2(a)** *vt, vi* (*economía*) reactivar(se) **(b)** *vt* (*tradición*) restablecer: *to revive old traditions* restablecer viejas tradiciones **3** *vt* (*Teat*) reponer

revoke /rɪˈvəʊk/ *vt* (*formal*) revocar

revolt /rɪˈvəʊlt/ **1** *vi* **~ (against sth/sb)** sublevarse, rebelarse contra algo/algn **2** *vt* repugnar a: *He revolted me.* Me repugnaba. ◊ *I was revolted by their behaviour.* Su comportamiento me dio asco.

■ **revolt** *n* **~ (over sth)** sublevación, rebelión (por algo)

LOC **in revolt** en rebelión

revolting /rɪˈvəʊltɪŋ/ *adj* (*coloq*) repugnante

revolution /ˌrevəˈluːʃn/ *n* **1 ~ (in sth)** (*levantamiento*) revolución (en algo) *Ver tb* COUNTER-REVOLUTION **2 ~ (round/on sth)** (*giro*) revolución (alrededor de/sobre algo) **3** (*abrev* **rev**) (*motor*) revolución *Ver tb* RPM

revolutionary /ˌrevəˈluːʃənəri; *USA* -neri/ *adj, n* (*pl* **-ies**) revolucionario, -a

revolutionize, -ise /ˌrevəˈluːʃənaɪz/ *vt* revolucionar

revolve /rɪˈvɒlv/ *vt, vi* girar

PHR V **to revolve around sth/sb** centrarse en/girar alrededor de algo/algn

▶ **revolving** *adj* giratorio

revolver /rɪˈvɒlvə(r)/ *n* revólver ☛ *Ver ilustración en* GUN

revolving door *n* puerta giratoria

revue /rɪˈvjuː/ *n* revista (*musical, etc*)

revulsion /rɪˈvʌlʃn/ *n* [*incontable*] **1** repugnancia **2** (*formal*) giro de 180° (*en la opinión, etc*)

reward /rɪˈwɔːd/ *n* recompensa: *in reward for his bravery* en recompensa por su valentía ◊ *He got his just reward.* Tuvo lo que se merecía. LOC *Ver* VIRTUE

■ **reward** *vt* **~ sb (for sth/doing sth)** recompensar a algn (por algo/hacer algo)

▶ **rewarding** *adj* gratificante: *a rewarding experience* una experiencia gratificante

rewind /ˌriːˈwaɪnd/ (*pret, pp* **rewound** /-ˈwaʊnd/) *vt* rebobinar

rewire /ˌriːˈwaɪə(r)/ *vt* cambiar la instalación eléctrica de

rework /ˌriːˈwɜːk/ *vt* revisar, rehacer

rewrite /ˌriːˈraɪt/ *vt* (*pret* **rewrote** /-rəʊt/ *pp* **rewritten** /-ˈrɪtn/) volver a escribir: *You can't just rewrite history.* No puedes cambiar la historia.

■ **rewrite** /ˈriːraɪt/ *n* nueva versión de un texto

rhapsody /ˈræpsədi/ *n* rapsodia

LOC **to go into rhapsodies (over sth/sb)** extasiarse (con algo/algn)

rhesus /ˈriːsəs/ (*tb* **rhesus monkey**) *n* macaco de la India

Rhesus factor (*tb* **Rh factor** /ɑːr ˈeɪtʃ fæktə(r)/) *n* (*Med*) factor Rhesus: *a rhesus baby* un bebé con factor Rhesus ◊ *Rhesus positive/negative* Rhesus positivo/negativo

rhetoric /ˈretərɪk/ *n* retórica

rhetorical /rɪˈtɒrɪkl; *USA* -ˈtɔːr-/ *adj* retórico: *a rhetorical question* una pregunta retórica

▶ **rhetorically** *adv* retóricamente

rheumatic /ruˈmætɪk/ *adj, n* reumático: *rheumatic fever* fiebre reumática

▶ **rheumatics** *n* [*pl*] (*coloq*) reumatismo

rheumatism /ˈruːmətɪzəm/ *n* reumatismo

▶ **rheumatoid** *adj* reumatoide: *rheumatoid arthritis* reúma articular

rhino /ˈraɪnəʊ/ *n* (*pl* **rhino** o **~s**) rinoceronte

rhinoceros /raɪˈnɒsərəs/ *n* (*pl* **rhinoceros** o **~es**) (*formal*) rinoceronte ☛ La palabra más normal es **rhino** [*pl*] **rhinos**.

rhododendron /ˌrəʊdəˈdendrən/ *n* rododendro

rhombus /ˈrɒmbəs/ *n* rombo

▶ **rhomboid** /ˈrɒmbɔɪd/ **1** *adj* romboidal **2** *n* romboide

rhubarb /ˈruːbɑːb/ *n* ruibarbo

rhyme /raɪm/ *n* **1** (*identidad de sonido*): *Is there a rhyme for/to 'hiccups'?* ¿Hay algo que rime con "hiccups"? **2** (*poema*) verso, rima: *nursery rhymes* canciones infantiles

LOC **without rhyme or reason** sin ton ni son

■ **rhyme** *vt, vi* rimar: *to rhyme with sth* rimar con algo

▶ **rhyming** *adj* que rima: *rhyming slang* argot en el que se sustituye una palabra por otra palabra o expresión que rima con la primera (*apples and pears = stairs*)

rhythm /ˈrɪðəm/ *n* ritmo: *rhythm method* método Ogino

▶ **rhythmic** (*tb* **rhythmical**) *adj* rítmico

rhythmically *adv* rítmicamente

rib /rɪb/ *n* **1** (*Anat*) costilla ☛ *Ver ilustración en* ESQUELETO *Ver tb* SPARE RIB **2** (*de un paraguas o abanico*) varilla **3** (*Bot, Arquit*) nervio, nervadura **4** (*Náut*) cuaderna, costilla **5** (*trabajo de punto*) cordoncillo LOC *Ver* DIG

■ **rib** *vt* (**-bb-**) **to rib sb (about/for sth)** (*coloq*) tomarle el pelo a algn (por algo)

▶ **ribbed** *adj* de cordoncillo, acanalado

ribbon /ˈrɪbən/ *n* **1** (*usado como adorno o para atar algo*) cinta **2** (*pedazo largo y delgado de algo*) tira: *Her clothes hung in ribbons (about her).* Llevaba la ropa hecha jirones. **3** (*Mil*) galón
LOC to tear, cut, slash, etc sth to ribbons hacer algo trizas

ribcage /ˈrɪbkeɪdʒ/ *n* caja torácica

rice /raɪs/ *n* arroz: *rice fields/paddies* arrozales ◊ *brown rice* arroz integral *Ver tb* RICE PUDDING

rice pudding *n* arroz con leche

rich /rɪtʃ/ *adj* (**-er, -est**) **1** (*adinerado*) rico: *to become/ get rich* enriquecerse **2** (*lujoso*) suntuoso **3(a)** rico, abundante: *a rich harvest* una cosecha abundante **(b) to be ~ in sth** ser rico, abundar en algo: *Oranges are rich in vitamin C.* Las naranjas son ricas en vitamina C. ◊ *a country rich in oil* un país con abundante petróleo **4** (*tierra*) fértil **5** (*comida*) **(a)** (*aprob*) sabroso **(b)** (*pey*) pesado, empalagoso **6** (*colores*) vivo, intenso **7** (*voz*) sonoro
LOC to get rich quick hacerse rico como sea *Ver tb* STRIKE[2]
▶ **the rich** *n* los ricos
richly *adv* ricamente, abundantemente, exquisitamente
LOC to richly deserve sth bien merecer algo: *He richly deserved the punishment he received.* Tuvo bien merecido su castigo.
richness *n* **1** riqueza, abundancia, suntuosidad **2** (*tierra*) fertilidad **3** (*voz*) sonoridad

riches /ˈrɪtʃɪz/ *n* [*pl*] riqueza(s) **LOC** *Ver* RAG

the Richter scale *n* la escala de Richter

rickety /ˈrɪkəti/ *adj* (*coloq*) **1** (*estructura*) desvencijado **2** (*mueble*) cojo **3** (*fig*) inestable: *a rickety coalition government* una inestable coalición de gobierno

ricochet /ˈrɪkəʃeɪ; *USA* ˌrɪkəˈʃeɪ/ *vi* (*pret, pp* **ricocheted, ricochetted**) **~** (**off sth**) rebotar en algo
■ **ricochet** *n* rebote

rid /rɪd/ *vt* (**-dd-**) (*pret, pp* **rid**) **to rid sth/sb of sth/sb** librar algo/a algn de algo/algn; eliminar algo de algo: *to rid the world of famine* acabar con el hambre en el mundo
LOC to be/get rid of sth/sb haberse librado/librarse de algo/algn

riddance /ˈrɪdns/ *n*
LOC good riddance hasta nunca: *Good riddance to him!* ¡Me alegro de que se haya ido!

ridden /ˈrɪdn/ **1** *pp de* RIDE **2** *adj* **~ with/by sth** agobiado, acosado por algo: *guilt-ridden/ridden with/by guilt* agobiado por la culpabilidad

riddle[1] /ˈrɪdl/ *n* **1** acertijo, adivinanza **2** misterio, enigma: *She's a complete riddle, even to her parents.* Es un enigma, hasta para sus padres. ◊ *to speak in riddles* hablar en enigmas

riddle[2] /ˈrɪdl/ *n* criba
■ **riddle** *vt* **1** cribar **2** (*a balazos*) acribillar **3** *They are riddled with disease.* Están plagados de enfermedades. ◊ *an administration riddled with corruption* una administración llena de corrupción

ride /raɪd/ *n* **1** (*a caballo, etc*) paseo: *to go for a donkey-ride on the beach* dar un paseo en burro por la playa **2** (*en vehículo*) viaje: *It's a ten-minute ride on the bus.* Es un viaje de diez minutos en autobús. ◊ *We went for a ride in her new car.* Fuimos a dar una vuelta en su nuevo coche. ◊ *Can I give you a ride to the station?* ¿Te llevo a la estación? ◊ *The luxury model gives a smoother ride.* Uno viaja más cómodamente en el modelo de lujo. *Ver tb* JOYRIDE
LOC to be taken for a ride hacer el primo **to take sb for a ride** (*coloq*) darle a algn gato por liebre *Ver tb* BUMPY, ROUGH[2]
■ **ride** *vt, vi* (*pret* **rode** /rəʊd/ *pp* **ridden** /ˈrɪdn/) **1** (*a caballo, en bicicleta, etc*) montar: *to ride a horse/a bicycle/a donkey* montar a caballo/en bicicleta/en burro ◊ *She rode the course in a very fast time.* Hizo el recorrido (a caballo) en muy poco tiempo. ◊ *to ride off/ away* irse (montado a caballo, en moto, en bicicleta, etc) ◊ *to ride on sb's shoulders* ir sentado en los hombros de algn

> Nótese que cuando **ride** aparece sin ningún tipo de complemento, se traduce normalmente por *montar a caballo*: *She rides twice a week.* Monta a caballo dos veces a la semana.

2 (*en un vehículo*) viajar, ir: *to ride in a bus/on a train* viajar en autobús/en tren ◊ *You ride in the back (of the car) with your brother.* Vete en el asiento de atrás con tu hermano. *Ver tb* PARK-AND-RIDE **3** (*las aguas, el viento, etc*) surcar: *The moon was riding high in the sky.* La luna estaba en lo alto del cielo. **4** (*al impacto de un golpe, etc*) ceder
LOC to let sth ride (*coloq*) dejar las cosas estar **to ride at anchor** estar anclado **to ride on sb's coat-tails** subirse al tren de éxito de algn **to ride roughshod over sth/sb** pasar por encima de algo/algn *Ver tb* ANCHOR
PHR V to ride sb down atropellar a algn
to ride sth out aguantar algo, sobrevivir algo
to ride up 1 (*ropa*) subirse **2** (*a caballo, en bicicleta, etc*) acercarse
▶ **rider** *n* **1(a)** (*a caballo*) jinete: *She's no rider.* No sabe montar. **(b)** (*en bicicleta*) ciclista **(c)** (*en moto*) motociclista **2** (*cláusula o comentario adicional*) aditamento, anexo: *We should like to add a rider to the previous remarks.* Quisiéramos añadir algo a los anteriores comentarios.
riderless *adj* sin jinete

ridge /rɪdʒ/ *n* **1** (*montaña*) cresta ☛ *Ver ilustración en* MONTAÑA **2(a)** (*tejado*) caballete **(b)** (*tierra labrada*) caballón **3** (*submarino*) estribación **4** *a ridge of high pressure* una línea de alta presión
▶ **ridged** *adj* estriado

ridicule /ˈrɪdɪkjuːl/ *n* ridículo: *to be held up to ridicule* ser puesto en ridículo
■ **ridicule** *vt* **~ sb** ridiculizar a algn

ridiculous /rɪˈdɪkjələs/ *adj* ridículo, absurdo: *to make yourself ridiculous* ponerse ridículo **LOC** *Ver* SUBLIME
▶ **ridiculously** *adv* ridículamente, absurdamente

riding /ˈraɪdɪŋ/ *n* **1** (*tb* **horse-riding**) montar a caballo, equitación **2** [*antes de sustantivo*]: *riding school* escuela de equitación ◊ *riding hat/boot* gorro/bota de montar ◊ *riding crop* fusta

rife /raɪf/ *adj* (*formal*)

> **Rife** se usa generalmente detrás del verbo *to be* para describir la abundancia de algo desagradable o malo. Se traduce por verbo: *Disease was rife.* Abundaba la enfermedad. ◊ *The country was rife with rumours.* Cundieron los rumores en el país.

riff /rɪf/ *n*: *a guitar riff* un estribillo de guitarra

riffle /ˈrɪfl/ *v*
PHR V to riffle through sth hojear algo

riff-raff /ˈrɪf ræf/ *n* [*incontable*] gentuza

rifle[1] /ˈraɪfl/ *n* fusil, rifle: *rifle range* campo de tiro ☛ *Ver ilustración en* RIFLE

rifle[2] /ˈraɪfl/ *vt* desvalijar
PHR V to rifle through sth registrar algo

rifleman /ˈraɪflmən/ *n* (*pl* **-men**) fusilero

rift /rɪft/ *n* **1** (*Geog*) grieta: *rift valley* fosa tectónica **2** (*fig*) división: *to heal the rift* superar la división

rig[1] /rɪg/ *vt* (**-gg-**) (*Náut*) enjarciar
PHR V to rig sb out (in/with sth) 1 equipar a algn con algo **2** (*coloq*) *rigged out in her best clothes* ataviada con sus mejores ropas
to rig sth up armar algo, improvisar algo
■ **rig** *n* **1** (*tb* **rigging**) (*Náut*) aparejo, jarcia ☛ *Ver ilustración en* YACHT **2** aparato **3** (*tb* **oil rig**) plataforma de perforación, torre de perforación

rig[2] /rɪg/ *vt* (**-gg-**) amañar

▶ **rigging** *n* [*incontable*] amaño

right[1] /raɪt/ *adj* **1(a)** justo: *It seems only right to warn you.* Creo que es justo advertirte. ◊ *to be right to do sth/ in doing sth* estar en lo cierto al hacer algo ◊ *It doesn't seem right that she should suffer.* No es justo que sea ella la que tenga que sufrir. **(b)** correcto, exacto: *Yes, that's right.* Sí, eso es. ◊ *You're quite right.* Tienes toda la razón. ◊ *Have you got the right time?* ¿Me dices la hora exacta? **(c)** adecuado: *the right moment* el momento oportuno ◊ *if the price is right* si el precio es razonable ◊ *Are we on the right road?* ¿Vamos por buen camino? ◊ *He knows how to say the right thing.* Sabe dar en el clavo. **2** (*abrev* **r**) derecho: *the right hand side* el lado derecho **3** *I don't feel right here.* No estoy a gusto aquí. ◊ *I don't feel right in a skirt.* No me gusto con falda. *Ver tb* ALL RIGHT **4** (*GB, coloq*) ☛ Se usa a menudo para enfatizar un comentario despectivo: *I felt a right fool.* Me sentí un completo tonto. ◊ *You made a right mess of that!* ¡Lo liaste todo de mala manera! **5** (*Pol*) de derechas

LOC **all's right with the world** todo anda bien (**as**) **right as rain** (*coloq*) *You'll soon be as right as rain.* Pronto estarás perfectamente. **at right angles** en ángulo recto (**not**) **in your right mind**: *Nobody in their right mind would do that.* Nadie en su sano juicio haría eso. **not** (**quite**) **right in the/your head** (*coloq*) *She's not quite right in the head.* Le falta un tornillo. **right** (**you are**)!; **right-oh!** (*esp GB, coloq*) vale **to be in the right place at the right time** tener una suerte loca **to come right in the end** acabar bien **to do the right/ wrong thing** hacer lo que se debe/no se debe **to do the right/wrong thing by sb** tratar a algn con justicia/ injusticia **to get sth right/straight** dejar algo claro: *Let me get this straight...* A ver si lo entiendo... **to give your right hand** dar el brazo derecho **to put/set sth/sb right** corregir algo/a algn, arreglar algo: *to put the clock right* poner el reloj en hora ◊ *to put your mistakes right* corregir tus errores *Ver tb* HAND[1], HEAD[1], HEART, KNOW, MR, PERSPECTIVE, ROYAL, SIDE, STEP, TIME[1], TOUCH[1], TRACK

right[2] /raɪt/ *adv* **1** *right beside you* justo a tu lado ◊ *It hit me right on the nose.* Me dio en toda la nariz. **2** completamente: *right to the very end* hasta el mismísimo final ◊ *to turn right round* darse una vuelta completa ◊ *rotten right through* completamente podrido **3** bien, correctamente: *Nothing is going right for me.* Nada me sale bien. ◊ *It's her right enough.* Sí que es ella. ◊ *If I remember right.* Si mal no recuerdo. **4** a la derecha: *Turn right.* Tuerza a la derecha. **5** (*coloq*) enseguida: *I'll be right back.* Vuelvo ahora mismo.

LOC **right and left**: *She owes money right and left.* Debe dinero a diestra y siniestra. **right here** aquí mismo **right now** ahora mismo **right on** (*coloq*) eso es **right/ straight away/off** enseguida **to go right on**: *He went right on talking.* Siguió hablando tan fresco. **too right!** (*coloq*) ¡Ni que lo digas! **to see sb right** ocuparse de algn *Ver tb* CARD[1], CUE[1], EYE[1], LEFT[2], NOSE[1], PRIORITY, SERVE

right[3] /raɪt/ *n* **1** bien: *right and wrong* el bien y el mal **2(a)** (*abrev* **r**) derecha: *on the right* a la derecha ☛ *Ver ilustración en* FOREGROUND **(b)** derechazo **(c) the Right** (*Pol*) la derecha **3 ~ to sth/to do sth** derecho a algo/a hacer algo **4 rights** [*pl*] derechos: *human rights* los derechos humanos ◊ *all rights reserved* reservados todos los derechos *Ver tb* BIRTHRIGHT, CIVIL RIGHTS, COPYRIGHT

LOC **as of right/by right** (*formal*) por derecho **by rights 1** en buena ley **2** en teoría **in your own right** por derecho propio **the rights and wrongs of sth** los hechos verdaderos de algo **to be in the right** tener razón **to be within your rights** (**to do sth**) estar en tu derecho (de hacer algo) **to do right by sb** tratar a algn con justicia **to put/set sth to rights** arreglar algo, ordenar algo **to stand on your rights** defender tus derechos *Ver tb* TWO

right[4] /raɪt/ **1** *vt* enderezar **2** *vt* corregir: *to right a wrong* deshacer un agravio **3** *v refl* **~ yourself** corregirse, enderezarse

right angle *n* ángulo recto: *at right angles to sth* en ángulo recto con algo ☛ *Ver ilustración en* TRIANGLE

▶ **right-angled** *adj*: *a right-angled triangle* un triángulo rectángulo ☛ *Ver ilustración en* TRIANGLE

right-back /ˌraɪt ˈbæk/ *n* defensa derecho

righteous /ˈraɪtʃəs/ *adj* **1** (*formal*) (*persona*) recto, honrado **2** (*indignación*) justificado **3** (*pey*) virtuoso *Ver tb* SELF-RIGHTEOUS

▶ **righteously** *adv* justamente, virtuosamente

righteousness *n* rectitud, justicia, virtud

rightful /ˈraɪtfl/ *adj* [*antes de sustantivo*] legítimo: *the rightful owner* el propietario legítimo

▶ **rightfully** *adv* legítimamente, con todo derecho

right-hand /ˈraɪt hænd/ *adj* [*antes de sustantivo*]: *on the right-hand side* a mano derecha ☛ *Ver ilustración en* FOREGROUND

LOC **right-hand man** brazo derecho

▶ **right-handed 1** *adj* diestro: *right-handed scissors* tijeras para personas diestras **2** *adv*: *to play right-handed* jugar con la derecha

rightly /ˈraɪtli/ *adv* correctamente, justificadamente: *rightly or wrongly* con o sin razón ◊ *and rightly so* y con razón ◊ *I don't rightly know.* No lo sé muy bien.

right-minded /ˌraɪt ˈmaɪndɪd/ *adj* razonable, honrado

rightness /ˈraɪtnəs/ *n* **1** conveniencia **2** moralidad

right of way *n* **1** derecho de paso **2** (*en la carretera*) prioridad

right-on /ˌraɪt ˈɒn/ *adj* (*coloq*) progre

right wing *n* (*Pol*) derecha

▶ **right-wing** *adj* de derecha(s), derechista

right-winger *n*: *to be a right-winger* ser de derechas

rigid /ˈrɪdʒɪd/ *adj* **1** rígido: *We were rigid with terror.* El miedo nos dejó paralizados. **2** (*actitud*) inflexible

▶ **rigidity** *n* (*pl* **-ies**) rigidez, inflexibilidad

rigidly *adv* rígidamente, inflexiblemente

rigmarole /ˈrɪgmərəʊl/ *n* (*pey*) rollo: *the long rigmarole about her divorce* el rollo de su divorcio

rigorous /ˈrɪgərəs/ *adj* (*formal*) riguroso: *rigorous discipline* disciplina estricta ◊ *a rigorous climate* un clima riguroso

▶ **rigorously** *adv* rigurosamente

rigour (*USA* **rigor**) /ˈrɪgə(r)/ *n* (*formal*) rigor: *the rigours of the life of an athlete* los rigores de la vida de un atleta

rile /raɪl/ *vt* (*coloq*) irritar: *That really riles me.* Eso me saca de quicio.

rim /rɪm/ *n* **1** (*taza, etc*) borde **2** llanta ☛ *Ver ilustración en* BICYCLE **3** (*gafas*) montura: *spectacles with gold rims* unas gafas con montura de oro

■ **rim** *vt* (**-mm-**) bordear

▶ **rimless** *adj* sin montura (*gafas*)

rimmed *adj*: *rimmed with gold* con el borde de oro

rind /raɪnd/ *n* **1** (*de limón, bacon, queso*) corteza ☛ *Ver nota en* PEEL **2** (*Cocina*) raspadura: *orange/lemon rind* raspadura de naranja/limón

ring[1] /rɪŋ/ *n* **1** anillo: *ring finger* dedo anular *Ver tb* ENGAGEMENT RING, SIGNET RING, WEDDING RING **2** aro, anilla: *inflatable rubber rings* flotadores ◊ *curtain rings* anillas para las cortinas *Ver tb* KEYRING **3** (*cocina eléctrica*) placa **4** círculo: *There were rings round her eyes.* Tenía ojeras. **5** (*tb* **ringmark**) (*mancha*) cerco **6** (*grupo de personas*) red: *spy/drugs ring* red de espías/ narcotraficantes **7** (*tb* **circus ring**) pista de circo **8** (*tb* **boxing ring**) ring **9** (*tb* **bullring**) ruedo

LOC **to run rings round sb** (*coloq*) dar cien vueltas a algn (haciendo algo)

■ **ring** *vt* **1 ~ sth/sb** (**with sth**) rodear algo/a algn (de algo) **2** *Ring the correct answer.* Haga un círculo en la respuesta correcta. **3** (*animal o pájaro*) anillar

ring² /rɪŋ/ (*pret* **rang** /ræŋ/ *pp* **rung** /rʌŋ/) **1** *vi* sonar: *The phone's ringing.* Suena el teléfono. **2** *vt* tocar (*un timbre*): *to ring the doorbell* llamar al timbre **3** *vt, vi* (*USA* **call**) **~ (sth/sb) (up)** llamar a algo/algn (*por teléfono*): *I'll ring you tonight.* Te llamo esta noche. ◇ *Ring (up) the airport.* Llama al aeropuerto. **4** *vi* **~ (for sth/sb)** llamar (para pedir algo/para que venga algn): *Please ring for assistance.* Por favor llame para que le atiendan. **5** *vi* **~ (with sth)** (*fig*) resonar (con algo) **6** *vi* zumbar: *His words were ringing in her ears.* Sus palabras retumbaban en sus oídos. **7** *vi* (*fig*) sonar: *to ring true* sonar verdad **8** *vt* dar: *The clock rang twelve.* El reloj dio las doce.

LOC **to ring a bell** (*coloq*) sonar: *His name rings a bell.* Su nombre me suena. **to ring false/hollow** sonar a falso **to ring out the old year and ring in the new** despedir al año que acaba y dar la bienvenida al nuevo año **to ring the changes (on sth)** introducir variaciones (en algo) **to ring up/down the curtain (on sth) 1** (*Teat*) levantar/bajar el telón (en algo) **2** (*fig*) marcar el comienzo/fin (de algo)

PHR V **to ring off** (*GB*) colgar (*el teléfono*)
to ring out resonar
to ring sth up registrar algo (*en una máquina registradora*)

■ **ring** *n* **1** *There was a ring at the door.* Llamaron a la puerta. ◇ *the ring of the telephone* el sonido del teléfono **2** [*sing*] sonido: *the ring of happy voices* el sonido de voces alegres **3** [*sing*] **~ of sth**: *That has a ring of truth about it.* Eso tiene pinta de ser verdad. **4** (*coloq*) (*USA* **call**) telefonazo: *Give me a ring.* Llámame.

▶ **ringing 1** *n* **(a)** *I couldn't hear the ringing of the phone.* No oí sonar el teléfono. **(b)** (*oreja*) zumbido **2** *adj* sonoro: *ringing tone* señal de llamada

ringer /ˈrɪŋə(r)/ *n* **1** campanero, -a **2** (*USA*) caballo, coche de carreras, etc que sustituye a otro similar pero con peores perspectivas de ganar **LOC** *Ver* DEAD

ringleader /ˈrɪŋliːdə(r)/ *n* (*pey*) cabecilla

ringlet /ˈrɪŋlət/ *n* tirabuzón

ring road *n* (*GB*) carretera de circunvalación

ringside /ˈrɪŋsaɪd/ *n* (*boxeo*): *a ringside seat/a seat at the ringside* un asiento de primera fila

LOC **to have a ringside seat** verlo todo desde muy cerca

rink /rɪŋk/ *n* pista (*de patinaje*) *Ver tb* ICE RINK ☛ *Ver ilustración en* HOCKEY

rinse /rɪns/ *vt* **1** (*lavar*) enjuagar **2** (*quitar el jabón etc*) aclarar

PHR V **to rinse sth out** enjuagar algo
to rinse sth out of/from sth: *I rinsed the shampoo out of my hair.* Me aclaré el pelo (para quitarme champú).

■ **rinse** *n* **1** aclarado **2** tinte

riot /ˈraɪət/ *n* **1** disturbio, motín: *Riots broke out in several areas.* Estallaron disturbios en varias zonas. ◇ *riot gear/police* equipo/policía antidisturbios ◇ *There'll be a riot if...* Habrá un tumulto si... ◇ *A riot broke out when ...* Hubo un tumulto cuando... **2 a ~ of sth**: *a riot of colour* una exuberancia de color **3 a riot** (*coloq*) *She's a riot!* ¡Es muy divertida! ◇ *It was a riot.* Fue la monda. **LOC** *Ver* READ

LOC **to run riot** desmandarse: *to let your imagination run riot* dar rienda suelta a la imaginación

■ **riot** *vi* causar disturbios, amotinarse

▶ **rioter** *n* alborotador, -a
rioting *n* disturbios

riotous /ˈraɪətəs/ *adj* **1** (*fiesta*) desenfrenado, bullicioso **2** (*formal* o *Jur*) alborotador **3** divertidísimo

RIP /ˌɑːr aɪ ˈpiː/ *abrev de* **Rest In Peace**

rip /rɪp/ (**-pp-**) **1** *vt* rasgar: *He ripped a page from the book.* Arrancó una página del libro. ◇ *to rip sth open* abrir algo desgarrándolo ◇ *to rip sth to pieces* hacer algo trizas **2** *vi* rasgarse

LOC **to let rip**: *to let rip against sth/sb* arremeter contra algo/algn ◇ *to let rip with sth* soltar algo **to let sth rip** (*coloq*) dar gas a algo

PHR V **to rip sb off** (*coloq*) timar a algn
to rip sth off 1 arrancar algo **2** (*coloq*) robar algo
to rip sth out arrancar algo
to rip sth up desgarrar algo

■ **rip** *n* desgarrón

ripe /raɪp/ *adj* **1** (*fruta, queso*) maduro: *to get ripe* madurar **2** (*edad*) avanzado **3 ~ (for sth)** listo (para algo): *land that is ripe for development* tierra que está lista para urbanizar **LOC** *Ver* TIME¹

▶ **ripeness** *n* madurez

ripen /ˈraɪpən/ *vt, vi* madurar (*queso, fruta*) ☛ Nótese que para gente decimos **grow up**.

rip-off /ˈrɪp ɒf/ *n* (*coloq*) timo, robo: *He's a rip-off merchant.* Es un ladrón.

riposte /rɪˈpɒst/ *n* réplica

ripple /ˈrɪpl/ *n* **1(a)** onda **(b)** (*fig*): *He didn't make much of a ripple.* No causó una gran impresión. ◇ *It sent ripples through the stock market.* Tuvo un efecto adverso en la bolsa. **2** ondulación **3** murmullo (*de risas, interés, etc*)

■ **ripple 1** *vt, vi* ondular(se): *corn rippling in the breeze* maíz ondulándose con la brisa ◇ *rippling muscles* músculos ondulantes **2** ondular

rise¹ /raɪz/ *vi* (*pret* **rose** /rəʊz/ *pp* **risen** /ˈrɪzn/) **1** (*la inflación, el humo*) subir: *Her voice rose in anger.* Su voz se alzó con enfado. ◇ *Her hopes rose.* Sus esperanzas crecieron. ◇ *Her spirits rose.* Se animó. **2** (*formal*) (*personas*) levantarse ☛ La palabra más normal es **get up**. **3** (*formal, Pol*) suspenderse **4** (*pelo*) ponerse de punta **5 ~ (up) (against sth/sb)** (*formal*) sublevarse (contra algo/algn) **6** (*viento*) levantarse **7** (*sol, luna*) salir **8** ascender (*en rango*) **9** subir **10** (*río*) nacer

LOC **rise and shine!** (*GB*) ¡Arriba, levántate! **to rise again/from the dead** resucitar **to rise from the ashes** resurgir de las cenizas **to rise to the bait** picar **to rise to the occasion, task, etc** ponerse a la altura de las circunstancias, del trabajo, etc *Ver tb* EARLY, HACKLES

PHR V **to rise above sth** estar por encima de algo, sobreponerse a algo

rise² /raɪz/ *n* **1(a)** subida, ascenso: *the rise and fall of the British Empire* el ascenso y la caída del imperio británico *Ver tb* SUNRISE **(b)** subida, aumento, crecimiento: *a rise in unemployment* un aumento en el desempleo **2** cuesta **3** (*USA* **raise**) aumento (*de sueldo*) *Ver tb* HIGH-RISE

LOC **to get/take a rise out of sb** burlarse de algn **to give rise to sth** (*formal*) dar lugar a algo, provocar algo

risen *pp de* RISE¹

riser /ˈraɪzə(r)/ *n*: *early riser* madrugador, -ora ◇ *late riser* persona que se levanta tarde

rising /ˈraɪzɪŋ/ *n* **1** sublevación **2** salida (*del sol, etc*) **3** (*Pol*) levantamiento

■ **rising** *adj* creciente (*numero, cantidad*): *the rising sun* el sol naciente ◇ *rising damp* humedad en las paredes ◇ *rising politician* político en alza

risk /rɪsk/ *n* **~ (of sth/that...)** riesgo (de algo/de que...). *Is it worth the risk?* ¿Merece la pena correr ese riesgo? ◇ *high risk factors* factores de alto riesgo ◇ *He's a poor risk.* No merece la pena arriesgarse con esa persona. *Ver tb* HIGH-RISK, LOW-RISK

LOC **at risk** en peligro **at risk to sth/sb** poniendo en peligro algo/a algn, arriesgando algo/a algn **at the risk of (doing sth)** a riesgo de (hacer algo) **at your own risk** bajo su propia responsabilidad **to run risks** correr riesgos **to run the risk (of doing sth)** correr el riesgo/peligro (de hacer algo) **to take a risk/risks** arriesgarse: *That's a risk I'm prepared to take.* Es un riesgo que estoy dispuesto a correr.

■ **risk** *vt* **1** arriesgar(se): *to risk your life* arriesgar la vida ◊ *to risk a fine* arriesgarse a una multa **2(a) ~ doing sth** exponerse, arriesgarse a hacer algo: *I risk losing everything.* Me estoy arriesgando a perder todo. **(b) ~ sth being...** exponerse, arriesgarse a que...: *You risk it being rejected.* Te expones a que lo rechacen. **LOC** *Ver* NECK

▶ **risky** *adj* (**-ier, -iest**) arriesgado: *a risky business* un asunto arriesgado

risqué /ˈriːskeɪ; *USA* rɪˈskeɪ/ *adj* atrevido

rite /raɪt/ *n* rito: *the last rites* la extremaunción

ritual /ˈrɪtʃuəl/ *n* ritual, rito

■ **ritual** *adj* ritual: *ritual phrases of greeting* las frases rituales de saludo

▶ **ritualism** *n* (*gen ofen*) ritualismo

ritualistic *adj* ritual

ritualize, -ise *vt* convertir en ritual

ritually *adv* de forma ritual

rival /ˈraɪvl/ *n* **~ (for/in sth)** rival (para/en algo)

■ **rival** *vt* (**-ll-**, *USA tb* **-l-**) **~ sth/sb (for/in sth)** rivalizar con algo/algn (en algo)

■ **rival** *adj* rival, competidor

▶ **rivalry** *n* (*pl* **-ies**) rivalidad

riven /ˈrɪvn/ *adj* **1** (*formal*) hendido **2 ~ by sth** (*ret*) desgarrado por algo

river /ˈrɪvə(r)/ *n* río: *river traffic* tráfico fluvial ◊ *up/down river* río arriba/abajo ☛ *Ver nota en* RÍO

riverbank /ˈrɪvəbæŋk/ *n* orilla (del río)

riverbed /ˈrɪvəbed/ *n* lecho (del río)

riverside /ˈrɪvəsaɪd/ *n* orilla (del río): *a riverside pub* un pub al lado del río

rivet /ˈrɪvɪt/ *vt* **1** (*lit*) remachar **2** (*fig*) **(a)** (*fijar*): *We were riveted to the spot.* Nos quedamos inmóviles. ◊ *His eyes were riveted on her.* Tenía los ojos clavados en ella. **(b)** (*atraer*): *to rivet sb's attention* cautivar la atención de algn ◊ *He listened, riveted.* Escuchaba fascinado.

▶ **riveting** *adj* fascinante

■ **rivet** *n* remache

rivulet /ˈrɪvjələt/ *n* riachuelo: *rivulets of rain on the windows* hilillos de lluvia en los cristales

RN /ˌɑːr ˈen/ **1** (*USA*) *abrev de* **registered nurse 2** (*GB*) *abrev de* **Royal Navy** Armada británica

RNA /ˌɑːr en ˈeɪ/ (*Biol*) *abrev de* **ribonucleic acid** ácido ribonucleico

roach¹ /rəʊtʃ/ *n* (*pl* **roach**) escarcho

roach² /rəʊtʃ/ *n* (*pl* **~es**) (*coloq*) **1** (*esp USA*) *Ver* COCKROACH **2** filtro (*de porro*)

road /rəʊd/ *n* **1** (*entre ciudades*) carretera: *the Oxford road* la carretera de Oxford ◊ *a main road* una carretera principal ◊ *the road from Oxford to Thame* la carretera de Oxford a Thame ◊ *across/further down the road* enfrente/un poco más abajo ◊ *no through/dead end road* calle sin salida ◊ *Are we on the right road?* ¿Vamos por buen camino? ◊ *a road accident* un accidente de tráfico ◊ *a road map* un mapa de carreteras ◊ *He shouldn't be allowed on the road.* No le deberían dejar conducir. *Ver tb* ACCESS ROAD, A-ROAD, BACK ROAD, B-ROAD, BYROAD, CROSSROADS, DIRT ROAD, MIDDLE-OF-THE-ROAD, OFF-ROAD, RELIEF ROAD, RING ROAD, SERVICE ROAD, SLIP ROAD, TRUNK ROAD **2 Road** (*abrev* **Rd.**) (*en la ciudad*) calle: *Sandra lives at 6 Walton Well Road.* Sandra vive en el número 6 de la calle Walton Well. ◊ *I live in Denbigh Road.* Vivo en la calle Denbigh. ☛ *Ver nota en* CALLE **3** (*la superficie*) calzada: *Don't play in the road.* No jueguen en la calzada. *Ver tb* RAILROAD **LOC by road** por carretera **off the road** fuera de circulación (*coche*) **one for the road** (*coloq*) la última (copa) **on the road 1** de viaje **2** (*Teat*) de gira **3** (*Com*): *to be on the road* ser viajante **4** (*del precio de un vehículo nuevo*) en carretera **the road to sth** el camino de algo: *on the road to recovery* en vías de recuperación **to take to the road** convertirse en un vagabundo, echarse a la calle *Ver tb* HIT

roadblock /ˈrəʊdblɒk/ *n* control (policial)

roadshow /ˈrəʊdʃəʊ/ *n* programa de TV o radio transmitido desde fuera del estudio

roadside /ˈrəʊdsaɪd/ *n* borde de la carretera: *a roadside café* una cafetería de carretera

road sign *n* señal de tráfico

road tax *n* impuesto de circulación

roadway /ˈrəʊdweɪ/ *n* calzada

roadworks /ˈrɑʊdwɜːks/ *n* [*pl*] obras (de carretera)

roadworthy /ˈrəʊdwɜːði/ *adj* (*vehículo*) en condiciones para circular

roam /rəʊm/ **1** *vt* vagar por, recorrer **2** *vi* vagar: *to roam about* andar sin rumbo fijo

roar /rɔː(r)/ *n* **1** (*león, etc*) rugido: *the roar of the wind* el rugido del viento **2** (*ruido muy grande*) estruendo: *a roar of applause* un aplauso estruendoso ◊ *roars of laughter* carcajadas ◊ *the roars of the crowd* el griterío del público **3** (*de dolor o de ira*) bramido **4** (*ruido prolongado*) fragor: *the roar of machinery* el fragor de la maquinaria

■ **roar 1(a)** *vi* (*hacer un ruido grande*) gritar: *to roar with laughter* reírse a carcajadas **(b)** (*león, etc*) rugir **(c)** (*de dolor o de ira*) bramar **2** *vt* **~ sth (out)** decir algo a gritos: *The crowd roared its approval.* El público manifestó su aprobación a gritos. ◊ *to roar out an order* dar una orden a gritos **3** *vi* (*trueno*) retumbar

PHR V to roar along, past, etc: *Cars roared past.* Los coches pasaban con gran estruendo.

roaring /ˈrɔːrɪŋ/ *adj* ruidoso: *a roaring fire* un fuego que arde furiosamente **LOC** *Ver* TRADE¹

■ **roaring** *adv*: *roaring drunk* extremadamente borracho

roast /rəʊst/ *vt, vi* **1** (*carne, verduras*) asar(se) ☛ *Ver nota e ilustración en* BAKE **2** (*café, frutos secos*) tostar(se) **3** (*persona*) asarse

■ **roast** *adj* asado: *roast beef* rosbif

■ **roast** *n* asado

En Gran Bretaña los domingos es tradicional hacer la comida principal al mediodía. Esta consiste típicamente en un asado **(the Sunday roast/joint)** con verduras y, con el rosbif, **Yorkshire pudding** (una masa a base de leche, huevos y harina que se hace en el horno).

▶ **roasting** *adj* (*coloq*) abrasador: *It's roasting in here!* ¡Hace un calor abrasador aquí! ◊ *I'm roasting!* ¡Me estoy asando!

roasting *n*

LOC to give sb a roasting; **to get a roasting** criticar duramente/vapulear a algn, ser duramente criticado/vapuleado

rob /rɒb/ *vt* (**-bb-**) **to rob sth/sb (of sth)** (*privar de*) robar (algo) a algo/algn

Los verbos **rob**, **steal** y **burgle** significan *robar*. **Rob** se utiliza con complementos de persona o lugar: *He robbed me (of all my money).* Me robó (todo mi dinero). ◊ *to rob a bank* atracar un banco

Steal se emplea cuando mencionamos el objeto robado (de un lugar o a una persona): *He stole all my money (from me).* Me robó todo mi dinero.

Burgle se refiere a robos en casas particulares o tiendas, normalmente cuando los dueños están fuera: *The house has been burgled.* Han robado en la casa. *Ver tb notas en* THEFT, THIEF

LOC to rob Peter to pay Paul desnudar a un santo para vestir a otro

▶ **robber** *n* **1** ladrón, -ona **2** (*de bancos*) atracador, -ora **3** (*en el camino*) salteador, -ora ☛ *Ver nota en* THIEF

robbery *n* (*pl* **-ies**) **1** robo **2** (*con violencia*) atraco *Ver tb* ARMED ROBBERY **LOC** *Ver* DAYLIGHT

robe /rəʊb/ *n* **1** bata *Ver tb* BATHROBE **2** manto: *the judge's robes and wig* la toga y peluca del juez

■ **robe** *vt* (*formal*) vestir (*de manto, etc*)

robin /ˈrɒbɪn/ (*tb* **robin redbreast**) *n* petirrojo

robot /ˈrəʊbɒt/ *n* robot

▸ **robotic** *adj* robótico
robotics *n* [*sing*] robótica

robust /rəʊˈbʌst/ *adj* **1** robusto: *a robust defence* una enérgica defensa **2** resistente
▸ **robustly** *adv* robustamente
robustness *n* robustez

rock¹ /rɒk/ *n* **1(a)** roca: *rock formation* formación rocosa **(b)** (*USA*) piedra **2** (*GB*) [*incontable*]: *a stick of rock* un pirulí
LOC **on the rocks 1** (*barco*) en escollos **2** (*coloq*) (*matrimonio, negocio*) en crisis **3** (*coloq*) (*bebida*) con hielo: *scotch on the rocks* whisky con hielo **the Rock of Gibraltar** el Peñón de Gibraltar *Ver tb* HARD
▸ **rockery** (*tb* **rock-garden**) *n* jardín con rocas y plantas alpestres ☛ *Ver ilustración en* HOUSE

rock² /rɒk/ **1** *vt, vi* mecer(se): *to rock a baby to sleep* acunar a un bebé para que se duerma **2** *vt, vi* sacudir(se): *The town was rocked by an earthquake.* La casa fue sacudida por un terremoto. **3** *vt* (*fig*) estremecer: *The news rocked the world.* La noticia estremeció al mundo entero.
LOC **to rock on your heels** quedarse de una pieza **to rock the boat** (*coloq*) trastornar una situación: *Don't (do anything to) rock the boat.* No hagas nada que trastorne el asunto.

rock³ /rɒk/ (*tb* **rock music**) *n* (música) rock: *a rock star* una estrella del rock ◊ *a rock concert/festival* concierto/festival de rock
■ **rock** *vi* (*coloq*) bailar: *to rock the night away* bailar toda la noche

rock-bottom *n* [*sing*]: *Our spirits were at rock-bottom.* Teníamos los ánimos por los suelos. ☛ Nótese que **rock-bottom** nunca se usa con artículo.
LOC **to reach/touch rock-bottom** tocar fondo
■ **rock-bottom** *adj* bajísimo: *rock-bottom prices* precios bajísimos

rock-climbing *n* (*Dep*) escalada (*de roca*)

rocker /ˈrɒkə(r)/ *n*
LOC **off your rocker** (*argot*) mal de la cabeza: *She's gone off her rocker.* Está mal de la cabeza.

rocket /ˈrɒkɪt/ *n* cohete: *space rocket* cohete espacial ◊ *rocket launcher* lanzacohetes
■ **rocket** *vi* aumentar muy rápidamente: *He rocketed to stardom overnight.* Se hizo famoso de la noche a la mañana.

rock face *n* pared rocosa

rock-hard /ˌrɒk ˈhɑːd/ *adj* duro como una piedra

rocking chair (*tb* **rocker**) *n* mecedora

rocking horse *n* caballito de balancín

rock'n'roll (*tb* **rock and roll**) /ˌrɒknˈrəʊl/ *n* rock and roll

rock-solid /rɒk ˈsɒlɪd/ *adj* **1** muy sólido **2** (*lit*) como una piedra

rock-steady /rɒk ˈstedi/ *adj* muy estable

rocky /ˈrɒki/ *adj* (**-ier, -iest**) **1** rocoso **2** (*fig*) inestable

rococo /rəˈkəʊkəʊ/ *adj* rococó

rod /rɒd/ *n* **1** barra *Ver tb* RAMROD **2** vara **3** (*tb* **fishing rod**) caña de pescar
LOC **to make a rod for your own back** hacer algo uno que le trae dificultades más tarde *Ver tb* RULE

rode *pret de* RIDE

rodent /ˈrəʊdnt/ *n* roedor

rodeo /rəʊˈdeɪəʊ; *USA* ˈrəʊdiəʊ/ *n* (*pl* **~s**) rodeo

roe¹ /rəʊ/ *n* hueva

roe² /rəʊ/ (*pl* **roe(s)**) (*tb* **roe deer**) *n* corzo, -a

roger¹ /ˈrɒdʒə(r)/ *interj* recibido

roger² /ˈrɒdʒə(r)/ *vt* (*GB*, ⚠) ☛ *Ver nota en* TABÚ (*argot*) tirarse a (*sexualmente*)

rogue /rəʊg/ *n* **1** (*antic*) sinvergüenza **2** (*joc*) pícaro, -a **3(a)** animal salvaje que vive separado de la manada: *a rogue elephant* un elefante solitario **(b)** (*fig*) anormal
▸ **roguish** *adj* pícaro: *a roguish grin* una sonrisa pícara

role (*tb* **rôle**) /rəʊl/ *n* papel: *to play an active role in sth* desempeñar un papel activo en algo ◊ *a leading/supporting role* un papel principal/secundario *Ver tb* TITLE ROLE

role model *n* modelo a imitar

role-play *n* juego de representación

roll¹ /rəʊl/ *n* **1(a)** rollo: *rolls of fat* michelines ◊ *a roll of cloth* un rollo de tela *Ver tb* TOILET ROLL **(b)** (*de fotos*) carrete: *a roll of film* un carrete de fotos ☛ *Ver ilustración en* ROLLO **2** bollo de pan: *brown rolls* bollos integrales ◊ *a dozen bread rolls* una docena de panecillos ◊ *a ham roll* bocadillo de jamón ☛ *Ver ilustración en* BARRA *Ver tb* SAUSAGE ROLL, SWISS ROLL **3** balanceo: *the slow roll of the ship* el lento balanceo del barco **4** registro: *the electoral roll* el censo electoral ◊ *the payroll* la nómina ◊ *to call the roll* pasar lista **5** redoble: *a drum roll* un redoble de tambores ◊ *the distant roll of thunder* el fragor distante del trueno **6** fajo: *a huge roll of five-pound notes* un enorme fajo de billetes de cinco libras *Ver tb* ROCK'N'ROLL
LOC **to be on a roll** estar de buena racha

roll² /rəʊl/ **1** *vt, vi* (hacer) rodar: *He rolled the ball towards me.* Hizo rodar la pelota hacia mí. **2** *vt, vi* dar vueltas (a algo) **3 ~ (up) (a)** *vt, vi* enrollar(se): *to roll wool (up) into a ball* enrollar lana en una bola ◊ *to roll up a carpet* enrollar una alfombra ◊ *to roll your sleeves up* remangarse **(b)** *v refl* **~ yourself (up)** envolver(se): *He rolled himself (up) in his blanket.* Se envolvió en la manta. ◊ *to roll yourself into a ball* hacerse un ovillo **4** *vt* (*cigarrillo*) liar **5** *vt* allanar con un rodillo: *to roll out the dough* extender la masa con un rodillo **6** *vt, vi* balancear(se) **7** *vi* revolcarse **8** *vi* (*trueno*) retumbar **9** (*coloq*) (*cámara*) rodar
LOC **rolled into one** todo en uno **roll up! roll up!** ¡vengan, acérquense! **to be rolling (in money/it/cash)** (*coloq*) estar forrado **to be rolling in the aisles** troncharse de risa: *He had us rolling in the aisles with his stories.* Nos hizo troncharnos de risa con sus historias. **to roll your eyes** poner los ojos en el blanco **to roll your r's** pronunciar las erres fuerte *Ver tb* BALL¹, HEAD¹
PHR V **to roll sth back** hacer retroceder algo
to roll in (*coloq*) **1** llegar en grandes cantidades **2** presentarse
to roll (sth) on 1 extender algo, extenderse (*con un rodillo*) **2** pasar: *The years rolled on.* Pasaron los años. **3** *Roll on the holidays!* ¡Que lleguen pronto las vacaciones!
to roll over darse la vuelta
to roll sth over volcar algo, dar la vuelta a algo
to roll up (*coloq*) presentarse

roll-call /ˈrəʊl kɔːl/ *n* (acto de pasar) lista

rolled gold *n*: *It's rolled gold.* Está chapado en oro.

rolled oats *n* copos de avena

roller /ˈrəʊlə(r)/ *n* **1(a)** rodillo: *a paint roller* un rodillo para pintar ◊ *a garden roller* una apisonadora de césped *Ver tb* STEAMROLLER **(b)** (*pelo*) rulo: *with her hair in rollers* con rulos en el pelo ◊ *heated rollers* rulos calientes **2** ola grande

Rollerblade® /ˈrəʊləbleɪd/ *n* patín de rueda en línea

roller blind (*USA* **window shade**) *n* estor enrollable

roller coaster (*GB tb* **switchback**, **big dipper**) *n* montaña rusa

roller skate (*tb* **skate**) *n* patín de ruedas
■ **roller skate** *vi* patinar sobre ruedas

roller skating (*tb* **skating**) *n* patinaje sobre ruedas

rollicking /ˈrɒlɪkɪŋ/ *adj* [*antes de sustantivo*] (*antic*) divertido, alegre: *to have a rollicking good time* pasarlo bomba
■ **rollicking** *n*: *to give sb a rollicking* echar una bronca a algn

rolling /ˈrəʊlɪŋ/ *adj* ondulante: *rolling hills* colinas ondulantes

rolling pin *n* rodillo (*de cocina*) ☛ *Ver ilustración en* UTENSIL

rolling stock *n* material móvil (*en ferrocarriles*)

roll-neck *adj* de cuello vuelto: *a roll-neck jumper* un jersey de cuello vuelto

roll-on (deodorant) /ˈrəʊl ɒn/ *n* desodorante de bola

roll-on roll-off /ˌrəʊl ɒn ˌrəʊl ˈɒf/ *adj* (*abrev* **roro**) (*barco*) de carga horizontal

roll-top *adj*: *a roll-top desk* un buró de persiana

roly-poly /ˌrəʊli ˈpəʊli/ *n* (*tb* **jam roly-poly**) (*GB*) especie de brazo de gitano relleno de mermelada

■ **roly-poly** *adj, n* (*coloq*) gordito, -a: *He's a real roly-poly.* Es una bolita.

ROM /rɒm/ (*Informát*) *abrev de* **Read-Only Memory** memoria ROM *Ver tb* CD-ROM

Roman /ˈrəʊmən/ *adj, n* **1** romano, -a: *the Roman empire* el imperio romano **2 roman** (*Imprenta*) (letra) redonda

Roman Catholic (*tb* **Catholic**) *adj, n* (*abrev* **RC**) (*Relig*) católico romano, católica romana

Roman Catholicism (*tb* **Catholicism**) *n* catolicismo

Romance /rəʊˈmæns/ *adj* románico, romance

romance /rəʊˈmæns/ *n* **1** romanticismo: *the romance of foreign lands* el romanticismo de las tierras lejanas ◊ *Prague is a city of great romance.* Praga es una ciudad con mucho romanticismo. **2(a)** amor: *Romance is in the air.* El amor está en el aire. **(b)** idilio, amorío: *a holiday romance* un idilio de verano **3(a)** (*Liter*) novela de amor: *He writes romances.* Escribe novelas rosas. **(b)** (*Cine*) película de amor **4** (*Liter*) **(a)** obra romántica: *a chivalric romance* una novela de caballería **(b)** literatura romántica: *medieval romance* literatura romántica medieval **5** fantasía, invención **6** (*Mús*) romanza *f*

Romanesque /ˌrəʊməˈnesk/ *adj, n* (*Arquit*) románico

Roman numerals *n* [*pl*] números romanos

romantic (*tb* **Romantic**) /rəʊˈmæntɪk/ *adj, n* romántico, -a: *a romantic novel* una novela romántica ◊ *Romantic poets* poetas del romanticismo

▶ **romantically** *adv* románticamente

romanticism (*tb* **Romanticism**) *n* romanticismo

romanticize, -ise 1 *vt* (*pey*) idealizar **2** *vi* **~ (about sth/sb)** fantasear (sobre algo/algn)

Romeo /ˈrəʊmiəʊ/ *n* (*pl* **~s**) (*pey*) donjuán

romp /rɒmp/ *vi* **1 ~ (about/around)** retozar, corretear alegremente **2 ~ ahead** (*acciones, ventas, etc*) ir hacia delante con vigor

LOC **to romp home/in/to victory** ganar con facilidad

PHR V **to romp through (sth)** (*coloq*) pasar (algo) con facilidad: *She romped through her exams.* Aprobó con facilidad.

■ **romp** *n* [*sing*] **1** revolcón **2** (*coloq*) (*cine, teatro, literatura*) obra divertida y sin pretensiones

rompers /ˈrɒmpəz/ *n* [*pl*] traje enterizo (*de bebé*)

rondo /ˈrɒndəʊ/ *n* (*pl* **~s**) rondó (*Mús*)

roof /ruːf/ *n* (*pl* **~s**) **1** (*edificio*) tejado: *a flat/sloping roof* un tejado plano/inclinado ☛ *Ver ilustración en* HOUSE **2** (*coche, cueva, etc*) techo: *a sunroof* un techo corredizo/solar ☛ *Ver ilustración en* CAR ☛ *Comparar con* CEILING

LOC **the roof of your mouth** el cielo de la boca **to go through/hit the roof** (*coloq*) poner el grito en el cielo **to have, etc a roof over your head** tener, etc donde cobijarse **under one roof** en el mismo edificio **under the same roof** bajo el mismo techo *Ver tb* RAISE

■ **roof** *vt* (*pret, pp* **roofed** /ruːft/) techar

▶ **roofless** *adj* sin tejado

roof garden *n* terraza con jardín (*en la azotea*)

roofing /ˈruːfɪŋ/ *n* [*incontable*] materiales para techar

roof-rack /ˈruːf ræk/ (*tb* **luggage rack**) *n* baca ☛ *Ver ilustración en* CAR, RACK

rooftop /ˈruːftɒp/ *n* **1** azotea **2** tejado LOC *Ver* SHOUT

rook¹ /rʊk/ *n* grajo

rook² /rʊk/ (*tb* **castle**) *n* (*ajedrez*) torre ☛ *Ver ilustración en* AJEDREZ

rookie /ˈrʊki/ *n* (*coloq*) novato, -a

room /ruːm, rʊm/ *n* **1** habitación, cuarto: *the front/back room* la habitación de delante/de detrás ◊ *a single/double room* una habitación individual/doble ◊ *a spare room* la habitación de invitados **2** sala: *conference/meeting room* sala de conferencias/reuniones ◊ *interview room* sala de entrevistas ◊ *waiting room* sala de espera **3 rooms** [*pl*] habitaciones (*alquiladas*) **4** [*incontable*] sitio, espacio: *Is there room for me?* ¿Hay sitio para mí?/¿Quepo yo? ◊ *This table takes up too much room.* Esta mesa ocupa demasiado sitio. ◊ *There's no room to work here.* Aquí no hay sitio para trabajar. ◊ *I need room to breathe.* Necesito espacio para respirar. ◊ *to make room for sth/sb* hacer sitio para algo/algn ◊ *plenty of room* mucho sitio *Ver tb* ELBOW ROOM, HEADROOM, HOUSEROOM, LEGROOM, STANDING ROOM **5** [*incontable*] lugar: *It left a lot of room for interpretation.* Daba lugar a la interpretación. ◊ *There's no room for doubt.* No cabe duda. ◊ *There's room for improvement.* Podría mejorarse. *Ver tb* ANTE-ROOM, BACK ROOM, BAGGAGE ROOM, BALLROOM, BATHROOM, BEDROOM, BOARDROOM, BOXROOM, CHANGING ROOM, CLASSROOM, CLOAKROOM, COMMON ROOM, COURTROOM, CUTTING-ROOM, DARKROOM, DINING ROOM, DRAWING ROOM, DRESSING ROOM, EMERGENCY ROOM, FITTING ROOM, FRONT ROOM, GUARDROOM, LIVING ROOM, LOCKER ROOM, MEN'S ROOM, NEWSROOM, PLAYROOM, RECEPTION ROOM, SCHOOLROOM, SITTING ROOM, SHOWROOM, STAFFROOM, STOREROOM, TEAROOM, UTILITY ROOM, WASHROOM, WORKROOM

LOC **no room to swing a cat** (*coloq, refrán*): *There's no room to swing a cat in here.* Aquí no cabe ni un alfiler. **room and board** pensión completa *Ver tb* CRAMP

■ **room** *vi* (*esp USA*) alojarse

roomful /ˈruːmfʊl, ˈrʊmfʊl/ *n*: *a whole roomful of people/furniture* una habitación llena de gente/muebles

room-mate /ˈruːm meɪt, ˈrʊm meɪt/ *n* **1** compañero, -a de habitación **2 roommate** (*USA*) compañero, -a de piso ☛ *Comparar con* FLATMATE

room service *n* servicio de habitaciones

room temperature *n* temperatura ambiente

roomy /ˈruːmi, ˈrʊmi/ *adj* (**-ier, -iest**) (*aprob*) espacioso

roost /ruːst/ *n* percha (*para aves*) LOC *Ver* RULE

■ **roost** *vi* (*pájaros*) posarse (*para dormir*) LOC *Ver* HOME

rooster /ˈruːstə(r)/ (*esp USA*) (*GB* **cock**) *n* gallo

root¹ /ruːt/ *n* **1** raíz: *to pull hair out/a plant up by the roots* arrancar el pelo/una planta de raíz ◊ *the root of the problem* la raíz del problema ◊ *Money is the root of all evil.* El dinero es la raíz de todos los males. ◊ *square root* raíz cuadrada *Ver tb* GRASS ROOTS **2** (*tb* **base form**) (*Gram*) raíz

LOC **root and branch 1** *adv* de raíz: *to destroy sth root and branch* acabar con algo de raíz **2** *adj* radical: *root and branch reforms* reformas radicales **the root cause (of sth)** la causa fundamental (de algo) **to get at/get to/strike at the root(s) of sth** llegar a la raíz de algo **to put down (new) roots** (*fig*) echar raíces **to take/strike root** arraigar *Ver tb* PULL²

▶ **rootless** *adj* desarraigado

root² /ruːt/ **1** *vt* [*gen en pasiva*] (*fig*) arraigar: *rooted prejudices* prejuicios arraigados ◊ *a story rooted in reality* una historia con sus orígenes en la realidad ◊ *to have a rooted objection to sth* oponerse firmemente a algo *Ver tb* DEEP-ROOTED **2** *vi* echar raíces: *This plant roots easily.* Esta planta echa raíces con facilidad.

LOC **to root sb to the spot/ground** dejar a algn clavado en el sitio: *to be/stand rooted to the spot/ground* estar/quedarse clavado en el sitio ◊ *Fear rooted him to the spot.* El miedo le dejó clavado en el sitio.

PHR V **to root sth out** erradicar algo, arrancar algo de raíz: *determined to root out corruption* empeñado en erradicar la corrupción
to root sth up arrancar algo
root³ /ruːt/ *v*
PHR V **to root about/around (for sth) 1** (*cerdo*) hozar (algo) **2** (*persona*) hurgar (en busca de algo)
to root for sth/sb (*coloq*) **1** animar algo/a algn **2** apoyar algo/a algn
to root sth out (*coloq*) desenterrar algo
root crop *n* cultivo de hortalizas de raíz comestible
root vegetable *n* hortaliza de raíz comestible
rope /rəʊp/ *n* cuerda, cabo: *a rope ladder* una escala de cuerda *Ver tb* SKIPPING ROPE, TIGHTROPE
LOC **give sb enough rope (and they'll hang themselves)** (*refrán*) deja a algn hacer lo que quiera, que ya se cavará su propia fosa **to give sb plenty of/some rope** dar a algn un poco de margen (*libertad*) **to show sb/know/learn the ropes** enseñarle a algn/saber/aprender cómo funciona todo *Ver tb* MONEY
■ **rope** *vt* **1** amarrar **2** (*ganado*) coger con lazo
PHR V **to rope sb in (to do sth)** (*coloq*) enganchar a algn (para hacer algo)
to rope sth off acordonar algo (*lugar*)
ropey (*tb* **ropy**) /ˈrəʊpi/ *adj* (**-ier, -iest**) (*GB, coloq*) desvencijado: *I feel pretty ropy.* Estoy bastante pachucho.
rosary /ˈrəʊzəri/ *n* **the rosary** (el) rosario
rose¹ *pret de* RISE¹
rose² /rəʊz/ *n* **1** (*Bot*) rosa: *rosewater* agua de rosas ◊ *rose beds/petals* macizos/pétalos de rosas ◊ *rose bush* rosal ◊ *rose garden* rosaleda ☛ *Ver ilustración en* FLOR **2** roseta (*de regadera*) **3** (*tb* **ceiling rose**) (*Arquit*) rosetón
LOC **not all roses** no (ser) un lecho de rosas **there's no rose without a thorn** no hay rosa sin espina **to see, etc sth through rose-coloured/rose-tinted spectacles, etc** ver algo color de rosa *Ver tb* BED, SMELL
rosé /ˈrəʊzeɪ; *USA* rəʊˈzeɪ/ *n* (vino) rosado
rosebud /ˈrəʊzbʌd/ *n* capullo de rosa: *rosebud lips* labios de coral
rosemary /ˈrəʊzməri; *USA* ˈrəʊzmeri/ *n* romero
rosette /rəʊˈzet/ *n* **1** escarapela **2** (*Arquit*) rosetón
rosewood /ˈrəʊzwʊd/ *n* (madera de) palo de rosa
roster /ˈrɒstə(r)/ *n* (*USA*) lista (*de turnos, guardias, etc*)
■ **roster** *vt* poner en la lista (*de turnos, guardias, etc*)
rostrum /ˈrɒstrəm/ *n* (*pl* **~s, rostra** /ˈrɒstrə/) tribuna
rosy /ˈrəʊzi/ *adj* (**-ier, -iest**) **1** sonrosado **2** (*fig*) prometedor: *to paint a rosy picture* pintar una imagen prometedora
rot /rɒt/ (**-tt-**) **1** *vi* **(a)** pudrirse **(b)** (*lit*) descomponerse **2** *vt* pudrir: *Sugar rots your teeth.* El azúcar pica los dientes.
■ **rot** *n* [*sing*] **1** podredumbre, putrefacción *Ver tb* DRY ROT **2** (*antic, GB, coloq*) bobadas: *Don't talk such utter rot!* No digas semejantes bobadas. ◊ *What (a load of) rot!* ¡Tonterías!
LOC **the rot sets in** las cosas empiezan a venirse abajo
rota /ˈrəʊtə/ *n* (*pl* **rotas**) (*GB*) lista (*de turnos*): *a rota system for the washing up* turnos para fregar los platos
rotary /ˈrəʊtəri/ *adj* (*formal*) rotatorio
rotate /rəʊˈteɪt; *USA* ˈrəʊteɪt/ *vt, vi* **1** (hacer) girar: *rotating blades* cuchillas giratorias **2** alternar(se)
▶ **rotation** *n* rotación: *crop rotation* rotación de cultivos
LOC **in rotation** por turno
rote /rəʊt/ *n*
LOC **by rote** de memoria: *to learn sth by rote* aprender algo de memoria (a fuerza de repetirlo) ◊ *rote learning* memorización
rotor /ˈrəʊtə(r)/ (*tb* **rotor blade**) *n* aspa (*de helicóptero*)
rotten /ˈrɒtn/ *adj* **1** podrido **2** corrompido **3** (*coloq*) malísimo: *She's a rotten cook.* Es una cocinera pésima. ◊ *What rotten luck!* ¡Que suerte más negra! ◊ *They made him suffer something rotten.* Se las hicieron pasar negras. **LOC** *Ver* SPOIL
rotund /rəʊˈtʌnd/ *adj* (*eufemismo, joc*) gordo, voluminoso
rouble (*tb* **ruble**) /ˈruːbl/ *n* rublo
rouge /ruːʒ/ *n* [*incontable*] colorete ☛ La palabra que más se usa es **blusher**.
rough¹ /rʌf/ *n* **1** (*poco frec*) borrador (*de un dibujo, plano, etc*) **2** (*USA* **roughneck**) (*coloq*) matón **3** (*en un campo de golf*) rough ☛ *Ver ilustración en* GOLF
LOC **in rough** a grandes rasgos **in (the) rough** en boceto/sucio **to take the rough with the smooth** estar a las duras y a las maduras
■ **rough** *vt*
LOC **to rough it** (*coloq*) vivir sin comodidades
PHR V **to rough sth out** hacer un boceto de algo
to rough sb up (*coloq*) pegar una paliza a algn
to rough sth up desordenar algo, hacer algo desigual
rough² /rʌf/ *adj* (**-er, -est**) **1** (*superficie*) **(a)** (*piel, tela*) áspero **(b)** (*terreno*) accidentado **2** (*condiciones atmosféricas*) **(a)** (*mar*) encrespado **(b)** (*tiempo*) tormentoso **(c)** (*viaje*): *a rough crossing* un viaje con mala mar ◊ *a rough landing* un aterrizaje brusco **3** (*conducta*) **(a)** (*comportamiento*) violento **(b)** (*tratamiento*) inconsiderado **(c)** (*juego*) duro **(d)** (*vecindad*) peligroso **4** (*sin refinar*) **(a)** (*persona*) inculto: *to knock off/smooth sb's rough edges* pulir a algn **(b)** (*materia*) bruto **(c)** (*trabajo*) chapucero **5** (*cálculo*) aproximado: *at a rough guess* aproximadamente ◊ *To give you a rough idea of the size,...* Para darle una idea aproximada de la talla,... ◊ *a rough guide to sth* una guía indicativa de algo ◊ *a rough draft* un boceto **6** (*coloq*) (*salud*) malo: *I feel a bit rough.* No me encuentro bien.
LOC **a rough diamond** un diamante en bruto **a rough ride** tiempos difíciles **rough and ready** tosco pero eficaz **rough at the edges** chabacano (*de personas*) **rough justice** castigo bien merecido **rough stuff** violencia: *If he tries any rough stuff...* Si se pone gallito... **to be rough (on sb)** (*coloq*) ser duro (para algn) **to give sb/have a rough time** hacer pasarlo mal a algn/pasarlo mal *Ver tb* DEAL², GUESS
■ **rough** *adv* duro: *He plays rough.* Juega duro.
LOC **to cut up rough** (*coloq*) ponerse hecho una fiera *Ver tb* LIVE², SLEEP²
▶ **roughen** *vt, vi* **1** (*superficie, piel*) poner(se) áspero **2** (*terreno*) hacer(se) desigual
roughly *adv* **1** aproximadamente, más o menos **2** bruscamente: *to treat sb roughly* maltratar a algn ◊ *to push sb roughly* empujar a algn de manera violenta **3** toscamente: *Chop the onions roughly.* Corte las cebollas en trozos grandes.
LOC **roughly speaking** por decirlo de alguna manera
roughness *n* aspereza, rudeza, lo accidentado
roughage /ˈrʌfɪdʒ/ *n* [*sing*] fibra
rough-and-tumble *n* follón, jaleo
rough-hewn /ˌrʌf ˈhjuːn/ *adj* (*formal* o *ret*) toscamente labrado
roughshod /ˈrʌfʃɒd/ *adv* **LOC** *Ver* RIDE
roulette /ruːˈlet/ *n* ruleta
round¹ /raʊnd/ *adv*: *all year round* durante todo el año ◊ *to find a shorter way (a)round* encontrar un camino más corto ◊ *It' s a long way round.* Es mucho rodeo. ◊ *round the clock* las 24 horas ◊ *round at María's* en casa de María ◊ *to ask sb round* invitar a algn a casa *Ver tb* WHIP-ROUND
LOC **round about** de alrededor: *the countryside round about* los campos de alrededor **the wrong way (a)round** al revés
■ **round** *part adv Ver* ABOUT, AROUND
■ **round** (*tb* **around**) *prep* **1** por: *to show sb round the house* enseñarle a algn la casa **2** a la vuelta de: *just round the corner* a la vuelta de la esquina **3** alrededor

de: *She wrapped the towel round her waist.* Se enrolló la toalla alrededor de la cintura. **4 ~ (about) sth** a eso de algo: *We're leaving round (about) midday.* Saldremos a eso de mediodía.

LOC round the clock a todas horas

round² /raʊnd/ *adj* **1** redondo **2** completo: *a round dozen* una docena redonda *Ver tb* ALL-ROUND, ALL-ROUNDER

LOC in round figures/numbers en números redondos *Ver tb* SQUARE[1]

▶ **roundness** *n* redondez

round³ /raʊnd/ *n* **1** (*de comida*) rodaja: *a round of toast* una tostada **2(a)** sucesión: *a continual round of parties* una sucesión continua de fiestas **(b)** rutina (diaria): *the milkman's/postman's round* el recorrido diario del lechero/cartero ◊ *a doctor on her rounds* una doctora haciendo sus visitas **3** (*Dep*) **(a)** vuelta **(b)** asalto **(c)** recorrido, partida **4** ronda: *It's my round.* Esta ronda (de bebidas) la pago yo. ◊ *the second round of talks* la segunda ronda de negociaciones **5** *a round of applause* una salva de aplausos **6** (*elecciones*) vuelta **7(a)** (*tiro*) disparo, ráfaga **(b)** (*balas, cartuchos*): *a round of ammunition* municiones suficientes para disparar una vez ◊ *We've three rounds left.* Nos quedan tres balas/cartuchos.

LOC in the round 1 (*Teat*) en redondo **2** en su totalidad **to do/go the rounds** estar circulando: *That joke has been doing/going the rounds for years.* Ese chiste lleva años circulando. **to do/go the rounds of sth** (*coloq*) hacer el recorrido de algún sitio **to make your rounds** hacer su ronda (de inspección)

round⁴ /raʊnd/ *vt* **1** redondear **2** doblar: *to round the corner* doblar la esquina

PHR V to round sth off 1 (*terminar algo*): *to round off the meal with coffee* redondear la comida con café **2** (*perfeccionar algo*): *to round off the corners* redondear las esquinas

to round on/upon sb volverse contra algn

to round sth out completar algo

to round sth/sb up juntar algo/a algn: *cowboys rounding up cattle* vaqueros acorralando el ganado

to round sth up/down redondear algo subiendo/rebajando (*cifra, precio, etc*)

roundabout /ˈraʊndəbaʊt/ *adj* de forma indirecta: *I heard the news in a roundabout way.* Me llegó la noticia de forma indirecta.

■ **roundabout** *n* **1** (*tb* **merry-go-round**, *USA* **carrousel**) tiovivo **2** (*USA* **traffic circle**, **rotary**) glorieta, rotonda *Ver tb* MINI ROUNDABOUT **LOC** *Ver* SWING

rounded /ˈraʊndɪd/ *adj* **1** redondeado **2** (*cara, figura*) rellenito **3** (*descripción, imagen*) equilibrado: *The book provides a rounded picture of her early life.* El libro nos da una imagen completa de los primeros años de su vida.

rounders /ˈraʊndəz/ *n* [*sing*] (*GB*) juego parecido al béisbol

Roundhead /ˈraʊndhed/ *n* Cabeza Pelada (en la guerra civil inglesa)

roundly /ˈraʊndli/ *adv* rotundamente

round trip *n* **1** viaje en el que la vuelta se hace por una ruta diferente a la de la ida **2** (*USA*) (*GB* **return ticket**) billete de ida y vuelta

round-up /ˈraʊnd ʌp/ *n* **1** (*policía*) redada **2** resumen, síntesis: *a round-up of today's news events* un resumen de las noticias del día

rouse /raʊz/ *vt* **1 ~ sb (from/out of sth)** (*formal*) **(a)** despertar a algn (de algo) **(b)** *to rouse sb from their apathy/depression* sacar a algn de su apatía/depresión **2 ~ sth/sb (to sth)** provocar algo/algn (a algo): *to rouse sb to anger by their insults* provocar el enfado de algn con sus insultos

▶ **rousing** *adj* vehemente: *a rousing speech* un discurso enardecedor

rout /raʊt/ *n* derrota (*que acaba en alboroto*)

LOC to put sb to rout (*antic* o *formal*) hacer sufrir a algn una derrota total

■ **rout** *vt* vencer

PHR V to rout sb out (of sth) sacar a algn (de algo) (*por la fuerza*)

route /ruːt; *USA* raʊt/ *n* **1** ruta: *to plan a route (for a journey)* trazar un itinerario ◊ *a route map* un mapa de carreteras *Ver tb* EN ROUTE **2** (*de autobús, etc*) recorrido

■ **route** *vt* (*part pres* **routeing** *pret, pp* **routed**) enviar por una ruta determinada: *The flight is routed via New York.* El vuelo pasa por Nueva York.

routine /ruːˈtiːn/ *n* **1** rutina: *as a matter of routine* de forma rutinaria ◊ *the daily routine* la rutina diaria **2** [*sing*] número: *a dance routine* pasos de baile

■ **routine** *adj* rutinario, habitual: *a routine task* una labor habitual

▶ **routinely** *adv* de forma rutinaria

rove /rəʊv/ *vt, vi* **1** (*ret*) vagar **2 ~ about/around (sth)** recorrer (algo): *His eye roved around the room.* Pasó la mirada por toda la habitación.

▶ **rover** *n* trotamundos

roving *adj* errante: *a roving ambassador* un embajador itinerante

LOC to have a roving eye estar a la caza

row¹ /rəʊ/ *n* fila: *standing in a row/in rows* formando hilera ◊ *six in a row* en fila de a seis *Ver tb* DEATH ROW, FRONT ROW, HEDGEROW, SKID ROW

LOC in a row uno tras otro: *the third week in a row* la tercera semana seguida

row² /rəʊ/ *vt, vi* remar, navegar a remo: *to row across the lake* cruzar el lago a remo ◊ *Will you row me across (the river)?* ¿Me llevas al otro lado (del río) en bote?

■ **row** *n*: *to go for a row* hacer un paseo en barca de remos

▶ **rower** *n* remero, -a

rowing *n* remo

row³ /raʊ/ *n* [*sing*] (*coloq*) **1(a)** ruido: *Stop that row!* ¡Cállate! ◊ *to make a row* hacer ruido **(b)** jaleo: *to kick up a row* armar camorra **2** bronca: *They've had a row.* Han tenido una bronca. ◊ *to get into a row with sb* pelearse con algn

■ **row** *vi* **~ (with sb)** pelear(se), reñir (con algn)

rowdy /ˈraʊdi/ *adj* (**-ier, -iest**) (*pey*) **1** (*persona*) **(a)** ruidoso **(b)** pendenciero **2** alborotado: *a rowdy meeting* una reunión alborotada

▶ **rowdiness** *n* ruido, alboroto

rowing boat /ˈrəʊɪŋ bəʊt/ (*tb esp USA* **row-boat**) *n* bote de remos

royal /ˈrɔɪəl/ *adj* **1** real: *the royal family* la familia real **2** regio: *a royal welcome* una bienvenida regia

LOC the royal 'we' el plural mayestático **to have a right royal time** pasarlo en grande

▶ **royally** *adv* (*fig*) espléndidamente

■ **royal** *n* (*coloq*) miembro de la familia real: *the royals* la realeza

▶ **royalist** *n* monárquico, -a

Royal Highness *n* Su Alteza Real (*título*)

royalty /ˈrɔɪəlti/ *n* **1** [*sing*] realeza: *the duties of royalty* las obligaciones de los personajes reales **2 royalties (a)** derechos de autor **(b)** derechos de petróleo

RPI /ˌɑː piː ˈaɪ/ *abrev de* **Retail Price Index** IPC

rpm /ˌɑː piː ˈem/ *abrev de* **revolutions per minute** revoluciones por minuto

RRP /ˌɑːr ɑː ˈpiː/ *abrev de* **recommended retail price** P.V.P. recomendado

RSA /ˌɑːr es ˈeɪ/ (*GB*) *abrev de* **Royal Society of Arts** Real Sociedad de las Artes

RSC /ˌɑːr es ˈsiː/ (*GB, Teat*) *abrev de* **Royal Shakespeare Company**

RSM /ˌɑːr es ˈem/ *abrev de* **Regimental Sergeant Major** sargento mayor de regimiento

RSPB /ˌɑːr es piː ˈbiː/ (*GB*) *abrev de* **Royal Society for**

the Protection of Birds Real Sociedad Protectora de Pájaros

RSPCA /ˌɑːr es ˌpiː siː ˈeɪ/ *(GB) abrev de* **Royal Society for the Prevention of Cruelty to Animals** Real Sociedad Protectora de Animales

RSVP /ˌɑːr es viː ˈpiː/ *(en invitaciones) abrev de* **répondez s'il vous plaît** se ruega contestación

rub¹ /rʌb/ *vt* **(-bb-) 1 to rub (sth) (with sth) (a)** restregar (algo) (con algo) **(b)** frotarse: *rubbing his hands together* frotándose las manos **2** friccionar: *Rub this cream onto the sore spot.* Friccione la parte dolorida con esta pomada. **3** (hacer algo) frotando: *He rubbed himself dry.* Se secó frotándose. ◊ *He rubbed the glass clean (with a cloth).* Limpió el vaso frotándolo (con un trapo). **4 to rub sth in sth**: *to rub a hole in the knee of your trousers* hacer un agujero en el pantalón de tanto rozarlo **5** *vi* **to rub (on/against sth)** rozar(se) contra algo: *The heel of my shoe is rubbing.* El zapato me está rozando el talón. *Ver tb* BRASS RUBBING

LOC to rub elbows/shoulders with sb codearse con algn **to rub sb's nose in it** *(coloq, pey)* refregarle algo a algn por las narices **to rub salt into the wound/sb's wounds** escarbar en la herida **to rub sb up the wrong way** *(coloq)* coger a contrapelo a algn

PHR V to rub along with sb/together *(coloq)* llevarse bien con algn

to rub (sth/sb/yourself) down secar algo/secar a algn/secarse frotando

to rub sth down alisar algo frotando

to rub sth in/into sth: *Rub the oil well into the skin.* Masajea bien el aceite para que penetre en la piel.

to rub it in refregar por las narices

to rub off (on/onto sb) pegar(se) (a algn)

to rub (sth) off (sth) quitar (algo) (de algo) restregando

to rub (sth) out borrar (algo)

to rub sb out *(USA, argot)* cargarse a algn

to rub sth up sacarle brillo a algo

to rub up against sb *(coloq)* tropezar(se) con algn

to rub up on sth refrescar algo *(la memoria)*

rub² /rʌb/ *n* frote: *to give sth a rub* frotar algo

▸ **rubbing** *n* **1** frotamiento, fricción **2** *(copia)* calco

rubber¹ /ˈrʌbə(r)/ *n* **1** goma, caucho: *rubber plant* ficus ◊ *rubber tree* árbol de caucho ◊ *rubber gloves* guantes de goma **2** *(tb esp USA* **eraser) (a)** *(para lápiz o tinta)* goma *(de borrar)* **(b)** *(para pizarra)* borrador **3** *(esp USA, coloq)* goma, condón

▸ **rubbery** *adj* gomoso, correoso

rubber band *(tb* **elastic band)** *n* goma, gomita

rubberneck /ˈrʌbənek/ *vi (USA, coloq, pey)* curiosear

▸ **rubbernecker** *n (USA, coloq, pey)* mirón, -ona, turista

rubber stamp *n* **1** sello de goma **2** *(fig)* aprobación automática

■ **rubber-stamp** *vt* aprobar sin más

rubbing alcohol /ˌrʌbɪŋ ˈælkəhɒl; *USA* -hɔːl/ *(USA)* *(GB* **surgical spirit)** *n* alcohol de 90 grados

rubbish /ˈrʌbɪʃ/ *n [incontable]* **1** basura: *rubbish dump/tip* basurero/basural ◊ *rubbish bin* cubo de la basura **2** *(pey) (de las ideas)* tonterías: *Rubbish!* ¡Tonterías! ◊ *You talk a load of rubbish!* Dicen una tontería detrás de otra.

> En inglés británico, *basura* se traduce por **rubbish**, que también tiene un sentido figurado, o **refuse**, que se utiliza en contextos formales y solo en sentido literal: *Take the rubbish out.* Saca la basura. ◊ *That's rubbish!* ¡Eso es mentira! ◊ *the contract for refuse collection* el contrato para la recogida de basuras.
> En inglés americano, *basura* se traduce por **trash** o **garbage**, que también tienen un sentido figurado. En inglés británico estas palabras solo se emplean en el sentido figurado: *What a load of garbage/trash!* ¡Vaya sarta de tonterías! *Ver tb nota en* BIN.

■ **rubbish** *vt* condenar de plano, poner por los suelos

▸ **rubbishy** *adj (coloq)* **1** *(documento)* malísimo **2** *(mercancías)* de mala calidad

rubble /ˈrʌbl/ *n [incontable]* escombros, cascotes

rubella /ruːˈbelə/ *n Ver* GERMAN MEASLES

ruble *Ver* ROUBLE

rubric /ˈruːbrɪk/ *n* **1** epígrafe, introducción explicatoria **2** rúbrica

ruby /ˈruːbi/ *n (pl* **-ies)** rubí

■ **ruby** *adj* **1** *(color)* (de) color rubí: *ruby red* rojo como el rubí **2** *(collar, sortija, etc)* de rubíes

RUC /ˌɑː juː ˈsiː/ *abrev de* **Royal Ulster Constabulary** Policía de Irlanda del Norte

ruck /rʌk/ *n* arruga

PHR V to ruck up arrugar(se)

rucksack /ˈrʌksæk/ *(tb* **knapsack**, *USA tb* **backpack)** *n* mochila ☛ *Ver ilustración en* EQUIPAJE

ruckus /ˈrʌkəs/ *n (esp USA, coloq)* alboroto

ructions /ˈrʌkʃnz/ *n [pl] (coloq)* alboroto, bronca

rudder /ˈrʌdə(r)/ *n (en una nave)* timón ☛ *Ver ilustración en* YACHT

ruddy¹ /ˈrʌdi/ *adj* **(-ier, -iest) 1** *(tez)* rubicundo **2** *(cielo, luz, etc)* rojizo

ruddy² /ˈrʌdi/ *adj (GB, antic, coloq)* maldito

rude /ruːd/ *adj* **(ruder, rudest) 1(a)** *(ofensivo)* grosero, maleducado: *He was very rude to me.* Estuvo muy grosero conmigo. ◊ *It's rude to interrupt.* Interrumpir es de mala educación. **(b)** *(mal visto)* de mala educación **2** indecente **3** *(chiste)* verde **4** *(primitivo)* tosco **5** *(abrupto)* violento, inesperado

LOC a rude awakening *(fig)* una ducha de agua fría

▸ **rudely** *adv* **1** groseramente, con descortesía **2** toscamente **3** violentamente, bruscamente

rudeness *n [incontable]* **1** grosería, tosquedad **2** falta de educación

rudiment /ˈruːdɪmənt/ *n* **1** *[pl]* **rudiments (of sth)** rudimentos (de algo) **2** *(Biol)* rudimento

▸ **rudimentary** *adj* rudimentario

rue /ruː/ *vt (part pres* **rueing** o **ruing** *pret, pp* **rued)** arrepentirse de, lamentar

▸ **rueful** *adj* arrepentido

ruefully *adv* con pesar, tristemente

ruff /rʌf/ *n* **1** gorguera **2** *(Ornitología, Zool)* collarín

ruffian /ˈrʌfiən/ *n (antic)* rufián, hampón

ruffle /ˈrʌfl/ *vt* **1(a)** *(superficie)* agitar **(b)** *(pelo)* desarreglar **(c)** *(plumas)* encrespar **(d)** *(tela)* arrugar **2** *(la serenidad de algn)* perturbar, alterar

■ **ruffle** *n* volante fruncido

rug /rʌg/ *n* **1** *(en el suelo)* alfombra *Ver tb* HEARTHRUG **2** *(frazada)* manta **LOC** *Ver* PULL²

rugby /ˈrʌgbi/ *(tb* **Rugby football)** *n* rugby

Rugby League *n (GB)* liga de rugby semiprofesional con equipos de 13 jugadores

Rugby Union *(coloq* **rugger)** *n (abrev* **RU)** *(GB)* liga de rugby con equipos de 15 jugadores

rugged /ˈrʌɡɪd/ *adj* **1** (*terreno*) escabroso, accidentado **2** (*físico*) robusto **3** (*facciones*) acentuado **4** (*severo*) duro

rugger /ˈrʌɡə(r)/ *n* (*coloq, esp GB*) rugby

ruin /ˈruːɪn/ *n* **1** ruina: *The abbey is now a ruin.* De la abadía solo quedan las ruinas. **2** ruina: *Gambling was his ruin.* El juego fue su ruina. LOC *Ver* RACK

LOC **in ruins** en ruinas

■ **ruin** *vt* **1** arruinar, destrozar: *He ruined his chances.* Echó a perder la posibilidad de ganar. **2** (*malograr*) estropear, arruinar

► **ruination** *n* ruina, perdición

ruinous *adj* ruinoso

rule /ruːl/ *n* **1** regla, norma: *the rules of the game* las reglas del juego ◊ *rules and regulations* normas y reglamentos *Ver tb* GROUND RULE, WORK-TO-RULE **2** costumbre: *to make it a rule to do sth* tener costumbre de hacer algo ◊ *to make it a rule not to do sth* procurar no hacer algo **3** imperio, dominio, gobierno: *the rule of law* el imperio de la ley ◊ *under French rule* bajo el dominio francés ◊ *majority rule* gobierno de la mayoría *Ver tb* SELF-RULE **4** (*tiempo en el cargo*) **(a)** (*de presidente*) mandato **(b)** (*de monarca*) reinado **5** (*instrumento*) regla (*de carpintero*) *Ver tb* SLIDE RULE **6** (*trazado*) línea

LOC **as a rule of thumb** como regla general **to work to rule** hacer huelga de celo, trabajar al pie de la letra *Ver tb* BEND, EXCEPTION, GENERAL, GOLDEN

■ **rule 1** *vi* ~ **(over sth/sb)** (*Pol*) gobernar (algo/a algn) **2** *vt, vi* (*monarca*) reinar (en) **3** *vt, vi* (*tener influencia*) dominar, regir **4** *vi* (*Jur*) fallar, decidir: *The judge has not ruled on the case yet.* El juez aún no ha emitido su fallo sobre el caso. **5** *vt* (*con una regla*) **(a)** (*línea*) trazar **(b)** (*papel*) rayar

LOC **to rule the roost** mandar, llevar la voz cantante **to rule (sth/sb) with a rod of iron/with an iron hand** gobernar (algo/a algn) con mano de hierro

PHR V **to rule sth out** hacer algo imposible: *The noise ruled out any conversation.* El ruido hacía imposible el conversar.

to rule sth/sb out (as sth) descartar algo/a algn (por algo)

► **ruled** *adj* (*papel*) rayado

ruler /ˈruːlə(r)/ *n* **1** gobernante **2** (*instrumento*) regla

ruling /ˈruːlɪŋ/ *adj* **1** imperante **2** (*Pol*) en el poder: *ruling body* organismo rector ◊ *the ruling classes* las clases dirigentes

■ **ruling** *n* fallo: *to give/make a ruling* fallar

rum¹ /rʌm/ *n* ron

rum² /rʌm/ *adj* (*GB, coloq*) raro

rumble¹ /ˈrʌmbl/ *vi* **1** retumbar, hacer un ruido sordo **2** (*estómago*) sonar

■ **rumble** *n* **1** ruido sordo, retumbo **2** (*del estómago*) ruido

► **rumbling** *n* ruido sordo, rumor

rumble² /ˈrʌmbl/ *vt* (*GB, coloq*) calar: *We've been rumbled!* ¡Nos han calado! ◊ *They rumbled the fact that…* Se dieron cuenta de que…

rumbustious /rʌmˈbʌstʃəs/ (*tb esp USA* **rambunctious**) *adj* bullicioso

ruminate /ˈruːmɪneɪt/ *vi* **1** ~ **(about/on/over sth)** rumiar, meditar (sobre algo) **2** (*animal*) rumiar

► **rumination** *n* **1** (*fig*) reflexión, meditación **2** (*lit*) rumia

rummage /ˈrʌmɪdʒ/ *vi* ~ **about/around**; ~ **among /in/ through sth (for sth)** revolver, hurgar (en) algo (en busca de algo)

■ **rummage** *n* búsqueda

rummage sale (*tb* **jumble sale**) *n* rastrillo

rumour (*USA* **rumor**) /ˈruːmə(r)/ *n* rumor: *Rumour has it that…* Hay rumores de que…

■ **rumour** (*USA* **rumor**) *vt* [*gen en pasiva*]: *He/She/It is rumoured to be…* Se dice/Se rumorea que…

rump /rʌmp/ *n* **1(a)** (*de caballo, etc*) grupa, ancas **(b)** (*de ave*) rabadilla **(c)** (*joc*) (*de persona*) trasero **2** (*tb* **rump steak**) (carne del) cuarto trasero

rumple /ˈrʌmpl/ *vt* **1** (*ropa*) arrugar **2** (*pelo*) desgreñar

rumpus /ˈrʌmpəs/ *n* follón, jaleo: *to kick up a rumpus* armar follón

run¹ /rʌn/ (**-nn-**) (*pret* **ran** /ræn/ *pp* **run**) **1** *vt, vi* correr: *I had to run to catch the bus.* Tuve que correr para coger el autobús. ◊ *I ran nearly ten kilometres.* He corrido casi diez kilómetros. ◊ *to run a race* correr en una carrera *Ver tb* HIT-AND-RUN **2** *vi* ~ **(in sth)** (*Dep*) (*en carreras*) correr, participar (en algo) *Ver tb* CLOSE-RUN **3** *vt, vi* recorrer: *to run your fingers through sb's hair* pasar los dedos por el pelo de algn ◊ *to run your eyes over sth* echar un vistazo a algo ◊ *She ran her eye around the room.* Recorrió la habitación con la mirada. ◊ *A shiver ran down her spine.* Un escalofrío le recorrió la espalda. ◊ *Trains run on rails.* Los trenes van sobre raíles. ◊ *The car ran off the road.* El coche se salió de la carretera. **4** *vi* extenderse: *A fence runs round the field.* Una valla circunda el prado. ◊ *The cable runs the length of the wall.* El cable recorre todo el largo de la pared. **5** *vt, vi* (*autobús, tren, etc*): *The buses run every half hour.* Hay un autobús cada media hora. ◊ *They will have to run extra trains.* Tendrán que poner más trenes. ◊ *How often do the buses run?* ¿Cada cuánto pasan los autobuses? **6** *vt* llevar (*en coche*): *Can I run you to the station?* ¿Quieres que te lleve a la estación? **7** *vi* ir (*en coche*): *Let's run down to the coast.* Vamos (en coche) hasta el mar. **8** *vi* ~ **(for…)** durar (…) (*horas, días, etc*): *The campaign ran for four weeks.* La campaña duró cuatro semanas. **9** *vi* (*Teat*) representarse: *How long does the play run?* ¿Durante cuánto tiempo se va a representar la obra? **10** (*líquidos*) *vi* correr: *The tears ran down her cheeks.* Las lágrimas le corrían por las mejillas. ◊ *The river runs into the North Sea.* El río desemboca en el Mar del Norte. ◊ *to leave the tap running* dejar abierto el grifo ◊ *Your nose is running.* Tienes mocos. ◊ *The smoke makes my eyes run.* El humo me hace llorar. **11** *vt*: *to run the tap* abrir el grifo ◊ *to run a bath* preparar un baño **12** *vi* (*tinte*) desteñir **13** *vi* (*argumento*) decir: *The story runs that…* Según se cuenta… **14** *vi* ~ **+ adj**: *Food supplies are running low.* Nos queda poca comida. ◊ *Money was running short.* El dinero se estaba acabando. ◊ *The water ran cold.* El agua salía fría. ◊ *to run dry* secarse **15** *vt* (*negocio, etc*) administrar, dirigir: *Stop trying to run my life!* ¡Deja de organizarme la vida! *Ver tb* FAMILY-RUN, WELL-RUN **16** *vt* (*servicio, curso, etc*) organizar, ofrecer **17** *vt, vi* (*máquina, sistema, organización*) (hacer) funcionar: *Everything is running smoothly.* Todo marcha sobre ruedas. ◊ *Run the engine for a few minutes before you start.* Ten el motor en marcha unos minutos antes de arrancar. ◊ *This car runs well/on diesel.* Este coche funciona bien/con gasóleo. **18** *vi* (*con expresión de tiempo*): *We're running ahead of schedule.* Vamos adelantados en nuestros planes. ◊ *The train is running an hour late.* El tren llega/viene con una hora de retraso. **19** *vt* (*vehículo, etc*) tener, mantener: *I can't afford to run a car.* No me puedo permitir un coche. ◊ *It's cheap to run.* El mantenimiento resulta económico. **20** (*esp USA, Pol*) **(a)** *vi* ~ **(for/in sth)** presentarse como candidato (a/en algo) **(b)** *vt* ~ **sb (for/in sth)** presentar a algn como candidato (a/en algo) **21** *vt* (*Informát*) ejecutar **22** *vt* (*Periodismo*): *to run a story* publicar un artículo **23** *vt* (*armas, drogas, etc*) pasar de contrabando **24** *vi* (*medias*) hacerse una carrera **25** *vi* (*plantas*): *roses running up the walls* rosales subiendo por los muros **26** *vi* tener validez, estar en vigor/vigencia **27** *vi* (*poco frec, Náut*) navegar: *to run aground* encallar

LOC **to run for it** echar a correr

☛ Para otras expresiones con **run**, véanse las entradas del sustantivo, adjetivo, etc, p. ej. **to run riot** en RIOT.

PHR V **to run about/around** corretear

to run across sth/sb toparse con algo/algn

to run after sb perseguir a algn
to run along irse ☛ Se utiliza normalmente en imperativo para decirle a alguien, generalmente a un niño, que se vaya.
to run at sb abalanzarse sobre algn
to run at sth: *Inflation is running at 25%.* La inflación alcanza el 25%.
to run away (from sth/sb) huir (de algo/algn), escaparse (de algo/algn)
to run away/off with sb; to run away/off (together) (*coloq*) fugarse (con algn)
to run away/off with sth (*robar*) huir con algo
to run away with sth ganar algo fácilmente (*partido, premio*)
to run away with you: *Her imagination tends to run away with her.* A veces se deja llevar por la imaginación.
to run back volver corriendo
to run sth back rebobinar algo (*película, etc*)
to run back over sth repasar algo
to run (sth) down 1 gastarse, gastar algo **2** (*batería*) descargarse, descargar algo **3** (*producción*) reducirse, reducir algo
to run sth/sb down 1 (*vehículo*) atropellar algo/a algn **2** menospreciar algo/a algn
to run sb in (*coloq*) detener a algn
to run sth in rodar algo (*vehículo*)
to run into sth alcanzar algo: *Her income runs into six figures.* Sus ingresos alcanzan cantidades de seis cifras.
to run into sth/sb tropezar con algo/algn: *to run into debt* endeudarse
to run (sth) into sth/sb chocarse contra algo/atropellar a algn: *He ran the car into a tree.* Se chocó contra un árbol.
to run off huir, escaparse
to run (sth) off salirse/dejar salir (algo) (*líquidos*)
to run sth off copiar algo: *to run off ten copies* hacer diez copias
to run off with sb; to run off (together) *Ver* TO RUN AWAY/OFF WITH SB, TO RUN AWAY/OFF (TOGETHER)
to run off with sth *Ver* TO RUN AWAY/OFF WITH STH
to run on prolongarse: *The meeting did run on so!* ¡La reunión se prolongó muchísimo!
to run (sth) on ir seguido/continuar algo (*líneas de un texto*)
to run on sth girar alrededor de algo (*de pensamientos, conversación*)
to run out 1 acabarse, agotarse **2** (*acuerdo, documento*) caducar
to run out of sth quedarse sin algo
to run out on sb dejar plantado a algn
to run over rebosar, desbordarse
to run over sb; to run sb over atropellar a algn
to run over sth repasar algo, echar un vistazo a algo
to run over with sth estar rebosando de algo (*energía, entusiasmo*)
to run through sth 1 pasar por algo, recorrer algo **2** estar presente en algo, percibirse en algo **3** (*documento*) echar un vistazo a algo **4** repasar algo, resumir algo **5** (*Teat*) ensayar algo
to run to sth 1 *The book runs to 800 pages.* Este libro alcanza las 800 páginas. **2** *I can't run to a new car.* No me alcanza para comprar un coche nuevo.
to run sth up 1 (*bandera*) izar algo **2** (*costura*) hacer algo rápidamente **3** (*deuda, etc*) acumular algo
to run up against sth tropezar con algo

run² /rʌn/ *n* **1** (*Dep*) carrera: *to go for a run* salir a correr ◊ *to break into a run* echar a correr **2** paseo: *to take the car out for a run* sacar el coche para dar un paseo **3** recorrido: *Several buses do the Oxford to London run.* Varios autobuses hacen el recorrido entre Oxford y Londres. **4** período: *a run of bad luck* una temporada de mala suerte ◊ *The play is nearing the end of its run.* Están a punto de quitar la obra de cartel. **5** run on sth demanda de algo **6** corral **7 the run of sth** la tendencia de algo **8** (*Mús*) carrerilla **9** pista **10** (*USA*) *Ver* LADDER sentido 2 **11** (*de peces*) migración **12 the runs** [*pl*] (*argot*) diarrea *Ver tb* DRY RUN, PRESS RUN
LOC a (good, etc) run for your money 1 *They may win the game, but we'll give them a good run for their money.* Puede que ganen, pero les va a costar lo suyo. **2** *The TV gave us a good run for our money.* Hemos amortizado bien la tele. **at a run** corriendo **on the run 1** fugándose: *He is on the run from the police.* Lo busca la policía. **2** ocupado: *I've been on the run all day.* No he parado en todo el día. **the common, general, ordinary, etc run (of sth)** la media (de algo): *a hotel out of the ordinary run* un hotel que supera la media **to give sb/get/have the run of sth** darle a algn/tener acceso a algo *Ver tb* BOLT², LONG¹

runaway /ˈrʌnəweɪ/ *adj* **1** fugitivo **2** (*caballo*) desbocado **3** (*vehículo*) fuera de control: *runaway inflation* inflación galopante **4** (*éxito, victoria, etc*) aplastante, fácil
■ **runaway** *n* fugitivo, -a

run-down *n* **1(a)** disminución **(b)** (*de una industria, etc*) cierre progresivo **2 ~ (of/on sth)** resumen (de algo): *She gave me a run-down on the situation.* Me puso al día sobre la situación.
■ **run-down** *adj* **1** (*edificio*) en un estado de abandono, ruinoso **2** (*persona*) debilitado, agotado

rune /ruːn/ *n* runa
▶ **runic** /ˈruːnɪk/ *adj* rúnico

rung¹ /rʌŋ/ *n* **1** (*lit y fig*) peldaño **2** (*de una silla*) travesaño

rung² *pp de* RING²

run-in *n* **1 ~ (to sth)** periodo previo a algo **2 ~ (with sb)** (*esp USA, coloq*) altercado (con algn)

runner /ˈrʌnə(r)/ *n* **1** corredor, -ora: *He is not a serious runner in this election.* No es un candidato serio en estas elecciones. *Ver tb* FORERUNNER, FRONT RUNNER **2** contrabandista *Ver tb* GUN-RUNNER **3(a)** (*de patines*) cuchilla **(b)** (*de muebles*) rodillo **4** (*Bot*) tallo **5** (*de mesa*) tapete
LOC to do a runner (*coloq, pey*) **1** desaparecer, largarse: *to do a runner on sb* abandonar a algn **2** (*en un restaurante, etc*) largarse sin pagar

runner bean (*tb* **string bean**, *USA* **pole bean**) *n* judía verde

runner-up /ˌrʌnər ˈʌp/ *n* (*pl* **runners-up** /ˌrʌnəz ˈʌp/) subcampeón, -ona

running /ˈrʌnɪŋ/ *n* **1** footing: *running shoes* calzado deportivo **2** (*de una máquina*) funcionamiento **3** (*de una operación*) gestión, dirección *Ver tb* LONG-RUNNING
LOC in/out of the running (for sth) (*coloq*) tener/no tener posibilidades (de conseguir algo) **to make the running** (*coloq*) marcar la pauta/el paso
■ **running** *adj* **1** continuo: *a running commentary on the election results as they are announced* un comentario de los resultados de las elecciones a medida que los van anunciando ◊ *to keep a running total of expenditure* llevar al día la cuenta de los gastos **2** consecutivo: *to win three times running* ganar tres veces consecutivas **3** (*agua*) corriente **4** de mantenimiento: *running costs* costes corrientes/de mantenimiento ◊ *running repairs* reparaciones menores **5** (*herida*) supurante
LOC to come running venir corriendo **to take a running jump 1** tomar carrerilla y saltar **2** (*argot*) largarse *Ver tb* ORDER¹

running-board *n* estribo

running mate *n* (*USA, Pol*) candidato para vicegobernador, vicepresidente, etc

running stitch *n* pespunte

runny /ˈrʌni/ *adj* (**-ier, -iest**) (*coloq*) **1** líquido **2** (*nariz y ojos*) con mucosidad: *You've got a runny nose!* ¡Que te gotea la nariz!

run-off *n* **1** (*Dep*) (carrera de) desempate **2** (*Pol*) segunda vuelta

run-of-the-mill *adj* (*pey*) común y corriente
runt /rʌnt/ *n* **1** (*animal*) enano **2** (*pey*) (*persona*) botarate
run-through *n* **1** (*sumario*) resumen **2** (*prueba*) ensayo
run-up *n* **1** (*Dep*) carrera preparatoria **2 ~ (to sth)** periodo previo a algo
runway /ˈrʌnweɪ/ *n* (*Aeronáut*) pista
rupee /ruːˈpiː/ *n* rupia
rupture /ˈrʌptʃə(r)/ *n* **1** (*formal, lit* y *fig*) ruptura **2** (*Med*) desgarro
■ **rupture 1(a)** *vt, vi* perforar(se) **(b)** *vt* **~ yourself** desgarrarse **2** *vt, vi* (*formal*) romper(se)
rural /ˈrʊərəl/ *adj* rural
ruse /ruːz/ *n* ardid, trama
rush[1] /rʌʃ/ **1** *vi* ir de prisa, apresurarse: *Water went rushing through the lock gates.* El agua entró con fuerza por las compuertas. ◊ *The children rushed out of school.* Los niños salieron corriendo del colegio. ◊ *His comments sent the blood rushing to her cheeks.* Sus comentarios hicieron que se le enrojecieran de pronto las mejillas. ◊ *He rushed in screaming.* Entró corriendo y gritando. **2** *vt* **(a) ~ sb** meter prisa a algn: *Don't rush me – this needs thinking about.* No me metas prisa, que esto hay que pensárselo. ◊ *to rush sb into signing a contract* meterle prisa a algn para que firme un contrato **(b) ~ sth** hacer algo de prisa: *You can't rush a work of art.* Las obras de arte no se pueden hacer con prisas. **3** *vt* asaltar: *to rush the barriers* abalanzarse sobre las barreras
LOC **to rush (sth) into print** llevar algo a imprenta precipitadamente *Ver tb* FOOT[1]
PHR V **to rush into (doing) sth** hacer algo sin pensarlo bien: *to rush into marriage* casarse sin pensarlo bien
to rush sth in enviar algo a toda prisa: *Relief supplies were rushed in.* Se enviaron a toda prisa suministros de ayuda.
to rush sth out sacar algo precipitadamente
to rush sth through (sth) presentar algo a toda prisa (ante algo): *to rush a bill through Parliament* presentar precipitadamente un proyecto de ley ante el Parlamento
rush[2] /rʌʃ/ *n* **1** [*sing*] precipitación: *to make a rush for the door* salir corriendo por la puerta ◊ *People were trampled in the headlong rush.* Hubo gente que resultó pisoteada en la avalancha. *Ver tb* GOLD RUSH **2** (*coloq*) prisa: *the Christmas rush* la actividad navideña ◊ *I'm in a dreadful/tearing rush so I can't stop.* Tengo una prisa loca y no puedo detenerme. ◊ *the rush hour* la hora punta ◊ *She's in a rush for this.* Esto le corre prisa. ◊ *a rush job* un trabajo hecho a todo correr **3** [*sing*] **(a)** arranque: *She felt a rush of envy.* Notó que se llenaba de envidia. **(b)** (*de aire*) ráfaga **4 ~ on/for sth** (*Com*) demanda de algo **5 rushes** [*pl*] (*coloq, Cine*) fragmentos (*del original*) **LOC** *Ver* BUM
rush[3] /rʌʃ/ *n* junco
► **rushy** *adj* de juncos
rusk /rʌsk/ *n* galleta (*para bebés*)
russet /ˈrʌsɪt/ *adj* rojizo
■ **russet** *n* color rojizo
Russian /ˈrʌʃn/ *adj* ruso: *Russian roulette* ruleta rusa
■ **Russian** *n* **1** (*idioma*) ruso **2** (*persona*) ruso, -a
rust /rʌst/ *n* **1** óxido, orín: *rust eaten old cars* viejos coches oxidados **2** color rojizo, color herrumbre **3** (*Bot*) moho rojizo
■ **rust** *vt, vi* **~ (sth) (away/through)** oxidar(se) (algo): *The hinges had rusted away.* Los goznes se habían oxidado.
rustic /ˈrʌstɪk/ *adj* **1** (*aprob*) rústico **2** vulgar **3** (*madera*) basto
■ **rustic** *n* (*pey*) aldeano, -a
► **rusticity** /rʌˈstɪsəti/ *n* rusticidad
rusticate /ˈrʌstɪkeɪt/ *vt* (*GB*) expulsar temporalmente (*de la universidad*)
rustle /ˈrʌsl/ **1** *vt, vi* (*papeles*) crujir **2** *vi* (*viento*) susurrar: *The wind made the bushes rustle.* El viento hizo que crepitaran los arbustos. **3** *vt* (*USA*) (*ganado, caballos*) robar
PHR V **to rustle sth/sb up** (*coloq*) conseguir algo/a algn: *I'll rustle up some eggs and bacon for you.* En seguida te prepararé unos huevos con jamón.
■ **rustle** *n* [*incontable*] **1** (*de papeles*) crujido **2** (*con el viento*) susurro
► **rustler** /ˈrʌslə(r)/ *n* (*USA*) ladrón, -ona (*de ganado*)
rustling /ˈrʌslɪŋ/ *n* **1(a)** (*de papeles*) crujido **(b)** (*de viento*) susurro **2** (*de ganado*) robo
rustproof /ˈrʌstpruːf/ *adj* anticorrosivo, inoxidable
■ **rustproof** *vt* tratar con un producto anticorrosivo
rusty /ˈrʌsti/ *adj* **(-ier, -iest) 1** oxidado **2** (*fig*) falto de práctica: *My German is rather rusty.* Me falta práctica en alemán.
► **rustiness** *n* **1** herrumbre **2** (*fig*) falta de práctica
rut[1] /rʌt/ *n* **1** surco **2** rodada **3** bache
LOC **to be (stuck) in a rut** quedarse estancado **to get into a rut** hundirse en un atolladero **to get out of a rut** salir del bache
rut[2] /rʌt/ (*tb* **the rut**) *n* celo: *to be in rut* estar en celo
■ **rut** *vi* **(-tt-)** estar en celo: *a rutting stag* un ciervo en celo
rutabaga /ˌruːtəˈbeɪgə/ *n* (*USA*) nabo sueco ☛ *Comparar con* SWEDE
ruthless /ˈruːθləs/ *adj* **1** desalmado: *to be utterly ruthless* mostrarse del todo desalmado **2** (*dictador*) implacable **3** (*ambición*) inexorable **4** (*eficacia*) brutal **5** (*educación*) riguroso
► **ruthlessly** *adv* **1** sin piedad **2** rigurosamente **3** inexorablemente
ruthlessness /ˈruːθləsnəs/ *n* **1** crueldad **2** inhumanidad **3** inexorabilidad
rutted /ˈrʌtɪd/ *adj* **1** surcado **2** lleno de baches
rye /raɪ/ *n* **1** centeno: *rye bread.* pan de centeno **2** (*tb* **rye whisky**) (*esp USA*) whisky de centeno
ryegrass /ˈraɪgrɑːs/ *n* ballico

Ss

S, s /es/ *n* (*pl* **S's, s's** /ˈesɪz/) (*letra*) S, s: *S for Sarah* S de Sevilla

S 1 (*tb* **St**) (*pl* **SS**) *abrev de* **Saint 2** (*talla*) *abrev de* **small 3** (*USA tb* **So**) *abrev de* **South**

Sabbath /ˈsæbəθ/ *n* **the Sabbath 1** (*de los cristianos*) domingo **2** (*de los judíos*) sábado

sabbatical /səˈbætɪkl/ *adj* sabático
■ **sabbatical** *n* año/trimestre sabático: *to be on sabbatical* tener un año/trimestre sabático

saber *n* (*USA*) *Ver* SABRE

sable /ˈseɪbl/ *n* marta cebellina
■ **sable** *adj* (*formal*) negro

sabotage /ˈsæbətɑːʒ/ *n* sabotaje: *an act of sabotage* un acto de sabotaje
■ **sabotage** *vt* sabotear
▶ **saboteur** *n* saboteador, -ora

sabre (*USA* **saber**) /ˈseɪbə(r)/ *n* sable ☛ *Ver ilustración en* SWORD

sac /sæk/ *n* (*Anat*) saco

saccharin /ˈsækərɪn/ *n* sacarina
▶ **saccharine** *adj* (*ofen*) empalagoso

sachet /ˈsæʃeɪ; *USA* sæˈʃeɪ/ *n* bolsita, sobrecito (*de azúcar, etc*)

sack[1] /sæk/ *n* saco, costal *Ver tb* HAVERSACK, RUCKSACK
LOC like a sack of potatoes como un saco de patatas *Ver tb* HIT
▶ **sackful** *n* saco (*cantidad*)
sacking *n* arpillera

sack[2] /sæk/ *vt* (*esp GB, coloq*) despedir (*del trabajo*)
▶ **the sack** *n* despido: *to give sb the sack* despedir a algn (del trabajo)◊ *to get the sack* ser despedido
sacking *n* despido

sack[3] /sæk/ *vt* saquear
■ **sack** *n* saqueo

sacrament /ˈsækrəmənt/ *n* **1** sacramento **2 the sacrament** (*tb* **the Blessed Sacrament**, **the Holy Sacrament**) la Eucaristía: *to receive the sacrament* recibir la Eucaristía
▶ **sacramental** *adj* sacramental

sacred /ˈseɪkrɪd/ *adj* **1** (*Relig*) sagrado, sacro: *sacred music* música sacra ◊ *sacred relics* reliquias sagradas ◊ *sacred to the memory of...* consagrado a la memoria de... **2 ~ (to sb)** (*muy importante*) sagrado (para algn): *Is nothing sacred?* ¿Es que ya no hay nada sagrado?
LOC a sacred cow una vaca sagrada

sacrifice /ˈsækrɪfaɪs/ *n* sacrificio: *a sacrifice to the gods* un sacrificio a los dioses ◊ *to make sacrifices* privarse de algo *Ver tb* SELF-SACRIFICE
■ **sacrifice** *vt* **~ sth (for sth/sb)** sacrificar algo (por algo/algn)
▶ **sacrificial** *adj* de sacrificio, para el sacrificio, expiatorio: *the sacrificial lamb* el chivo expiatorio

sacrilege /ˈsækrəlɪdʒ/ *n* sacrilegio
▶ **sacrilegious** *adj* sacrílego

sacrosanct /ˈsækrəʊsæŋkt/ *adj* (*gen irón*) sacrosanto

sad /sæd/ *adj* (**sadder, saddest**) **1** (*afligido*) triste: *to make sb sad* entristecer a algn **2** (*deplorable*) lamentable: *a sad state of affairs* una situación lamentable
LOC sadder but wiser escarmentado: *The divorce left him a sadder but a wiser man.* El divorcio lo dejó escarmentado. **sad to say** por desgracia, lamentablemente
▶ **sadden** *vt, vi* entristecer(se)

sadly *adv* **1** (*con pena*) tristemente **2** (*deplorablemente*) muy: *His inability became sadly obvious.* Su incapacidad se hizo muy evidente. **3** (*desafortunadamente*) lamentablemente: *Sadly, we have no more money.* Lamentablemente, se nos acabó el dinero. ☛ *Ver nota en* HOPEFULLY
sadness *n* **1** (*la condición de estar triste*) tristeza, melancolía **2** (*una causa de tristeza*) pena

saddle /ˈsædl/ *n* **1(a)** (*para caballo*) silla *Ver tb* SIDE-SADDLE **(b)** (*USA* **seat**) (*para bicicleta o moto*) sillín ☛ *Ver ilustración en* BICYCLE **2** (*Geog*) ensillada ☛ *Ver ilustración en* MONTAÑA **3** (*una clase de carne*) cuarto trasero
LOC in the saddle 1 cabalgando, a caballo **2** (*fig*) en el poder
■ **saddle** *vt* **1 ~ sth** ensillar algo **2 ~ sb with sth** hacer cargar a algn con algo; echar algo a cuestas a algn: *They are saddled with enormous debts.* Tienen que cargar con enormes deudas.
PHR V to saddle (sth) up ensillar (algo)
▶ **saddler** *n* guarnicionero, -a, talabartero, -a
saddlery /ˈsædləri/ *n* guarnicionería, talabartería

saddle-bag *n* **1** (*para caballo, etc*) alforja **2** (*para bicicleta, etc*) cartera

sadism /ˈseɪdɪzəm/ *n* sadismo
▶ **sadist** *n* sádico, -a
sadistic *adj* sádico

sae /ˌes eɪ ˈiː/ *abrev de* **stamped addressed envelope** sobre sellado con nombre y dirección: *For further information send an sae to...* Para más información envíe un sobre con sellos y su dirección a...

safari /səˈfɑːri/ *n* (*pl* **-ris**) safari: *on safari* de safari ◊ *safari park* parque aventura

safe[1] /seɪf/ *adj* (**safer, safest**) **1** (*fuera de peligro*) **(a) ~ (from sth/sb)** a salvo (de algo/algn): *safe from attack* a salvo de un ataque ◊ *The plane crashed but the crew are safe.* El avión estrelló pero la tripulación está a salvo. **(b)** seguro: *a safe place/investment* un lugar seguro/una inversión segura ◊ *Your secret is safe with me.* Tu secreto está seguro conmigo. ◊ *dishwasher/microwave safe* resistente al lavaplatos/microondas **2** ileso **3** (*que no causa daño o riesgo*) **(a)** *a safe road* una carretera sin peligro ◊ *safer methods of testing drugs* métodos más seguros para experimentar drogas nuevas ◊ *It's not safe to go out.* Es peligroso salir. ◊ *It is safe to say that...* Se puede decir sin temor a equivocarse que... ◊ *safer sex* sexo sin riesgos **(b)** (*persona*) digno de confianza **4** (*cauteloso*) prudente: *a safe driver/speed* un conductor/una velocidad prudente ◊ *from a safe distance* desde una distancia prudente *Ver tb* FAIL-SAFE
LOC a safe bet una apuesta segura: *It's always a safe bet.* Nunca falla. **(as) safe as houses** totalmente seguro **for safe keeping**: *to give sth to sb for safe keeping* dar algo a algn para mayor seguridad **in safe hands/keeping** en buenas manos **in sb's safe keeping** al cuidado (de algn) **on the safe side**: (*just*) *to be on the safe side* por si acaso/para mayor seguridad ◊ *It's best to be on the safe side.* Es mejor no correr riesgos. **safe and sound/well** sano y salvo **to play (it) safe** ser precavido, no correr riesgos *Ver tb* BETTER
▶ **safeness** *n* seguridad

safe[2] /seɪf/ *n* caja fuerte
▶ **safe-breaker** (*USA tb* **safe-cracker**) *n* ladrón, -ona de cajas fuertes

safe conduct *n* salvoconducto
safeguard /ˈseɪfgɑːd/ *n* **~ (against sth)** protección, resguardo (contra algo): *as a safeguard* como precaución
■ **safeguard** *vt* **~ sth/sb (against sth/sb)** proteger algo/a algn (de algo/algn)
safe house *n* piso franco
safely /ˈseɪfli/ *adv* **1** (*sin haber sufrido daño*) sin novedad, sin accidente: *to arrive safely* llegar sin novedad/accidente **2** (*sin riesgo*) tranquilamente, sin peligro: *We can safely dispense with this item.* Podemos tranquilamente prescindir de este detalle. ◊ *The machine can safely be turned off.* Se puede apagar la máquina sin peligro. ◊ *Drive safely!* ¡Conduce con cuidado! ◊ *We can safely say that…* Podemos decir sin temor a equivocarnos que… **3** (*seguramente*): *safely locked away* guardado bajo llave en un lugar seguro
safety /ˈseɪfti/ *n* seguridad: *for safety's sake* para mayor seguridad ◊ *safety precautions* medidas de seguridad ◊ *road safety* seguridad vial
LOC **safety first** (*refrán*) ante todo la seguridad **there's safety in numbers** (*refrán*) cuantos más, menos peligro
safety belt *n* cinturón de seguridad *Ver* SEAT BELT
safety catch *n* **1** (*arma de fuego*) seguro **2** (*pulsera*) cadena de seguridad
safety deposit *n* bóveda de seguridad
safety deposit box *n* caja de seguridad
safety glass *n* vidrio inastillable
safety margin *n* margen de seguridad
safety match *n* cerilla de seguridad
safety measure (*tb* **safety precaution**) *n* medida de seguridad
safety net *n* **1** red de seguridad **2** (*fig*) protección
safety pin *n* imperdible
safety valve *n* **1** válvula de seguridad **2** (*fig*) válvula de escape
saffron /ˈsæfrən/ *n* (*especia*) azafrán ☛ *Comparar con* CROCUS
■ **saffron** *adj* de color azafrán
sag /sæg/ *vi* **(-gg-) 1** combarse: *The mattress is sagging.* El colchón está hundido. **2** (*tela, etc*) pingar, colgar **3** (*cuerpo, moral*) caer, flaquear: *Her shoulders sagged.* Tenía los hombros caídos.
▶ **sagging** (*coloq* **saggy**) *adj*: *a sagging roof* un tejado hundido ◊ *saggy breasts* pechos caídos
saga /ˈsɑːgə/ *n* saga: *the long-running saga of his illness* la larga historia de su enfermedad
sagacious /səˈgeɪʃəs/ *adj* (*formal*) sagaz
▶ **sagacity** /səˈgæsəti/ *n* (*formal*) sagacidad
sage[1] /seɪdʒ/ *n* (*formal*) sabio, -a
■ **sage** *adj* sagaz, sensato
▶ **sagely** *adv* sabiamente
sage[2] /seɪdʒ/ *n* salvia
Sagittarius /ˌsædʒɪˈteəriəs/ *n* sagitario
▶ **Sagittarian** *n, adj* sagitario ☛ *Ver ejemplos en* AQUARIUS ☛ *Ver ilustración en* ZODIACO
said /sed/ **1** *pret, pp de* SAY **2** *adj* [*antes de sustantivo*] (*formal*) susodicho
sail /seɪl/ *n* **1** vela: *to set/hoist the sails* izar las velas ◊ *to lower the sails* arriar las velas ◊ *to trim/take in the sail* amainar las velas **2** [*sing*] **(a)** paseo en barco: *to go for a sail* dar un paseo en barco **(b)**: *How many days' sail is it?* ¿Cuánto se tarda en barco? **3** (*pl* **sail**) (*Náut*) barco: *thirty sail* treinta barcos **4** (*molino*) aspa
LOC **to set sail (to/for…)** zarpar (rumbo a …) *Ver tb* WIND[1]
■ **sail 1** *vt, vi* navegar: *to sail around the world* dar la vuelta al mundo en barco ◊ *to sail up the Nile* subir por el Nilo ◊ *to sail the seas* surcar los mares ◊ *The president sailed to Casablanca in 1943.* El presidente fue en barco a Casablanca en 1943. **2** *vt, vi* (*manejar*) pilotar **3** *vi* **~ (from…) (for/to…)** salir (desde…) (para …): *The ship sails at noon.* El barco zarpa a las 12 del mediodía. **4** *vi* (*fig*) **(a)** (*objeto*) volar **(b)** (*nube*) flotar
LOC **to sail close/near to the wind** ir/andar por un terreno peligroso
PHR V **to sail across, into, past, etc sth** cruzar, entrar en, pasar, etc algo a vela tendida
to sail into sb arremeter contra algn
to sail through (sth) hacer algo sin dificultad: *She sailed through her exams.* Aprobó los exámenes sin problemas.
sailboard /ˈseɪlbɔːd/ *n* tabla a vela
▶ **sailboarder** *n* windsurfista
sailboarding *n* windsurfing
sailcloth /ˈseɪlklɒθ/ *n* lona
sailing /ˈseɪlɪŋ/ *n* **1** navegar: *Sailing is a very popular sport.* La vela es un deporte muy popular. **2** *There are three sailings a day.* Hay tres salidas diarias. LOC *Ver* PLAIN[1]
sailing boat *n* velero
sailing ship *n* barco de vela
sailor /ˈseɪlə(r)/ *n* marinero, marino
LOC **to be a bad/good sailor** marearse fácilmente/no marearse
saint /seɪnt/ *n* **1** santo, -a: *saint's day* (día del) santo *Ver tb* ALL SAINTS' DAY ☛ *Ver nota en* SANTO **2** (*abrev* **S, St**) /seɪnt, snt/: *St James* Santiago ◊ *St John the Baptist* San Juan Bautista ◊ *Today is St George's day.* Hoy es San Jorge. ◊ *a St Bernard* un San Bernardo ◊ *St Mary's (Church)* (la iglesia de) Santa María *Ver tb* PATRON SAINT
▶ **saintly** *adj* **(-ier, -iest) 1** *a saintly expression* una expresión de santo **2** (*pey*) santurrón, -ona
saintliness *n* santidad
sake /seɪk/ *n*
LOC **for God's, goodness', Heaven's, pity's, etc sake** por (el amor de) Dios **for the sake of argument** por poner un ejemplo **for the sake of sth/sb/doing sth; for sth's/sb's sake** por algo/algn/hacer algo, por (el) bien de algo/algn: *art for art's sake* el arte por el arte ◊ *for your own sake* por tu propio bien ◊ *for all our sakes* por bien de todos ◊ *She argues for the sake of arguing.* Discute por discutir. ◊ *just for the sake of it* solo porque sí *Ver tb* OLD
salacious /səˈleɪʃəs/ *adj* (*pey*) salaz
▶ **salaciousness** *n* salacidad
salad /ˈsæləd/ *n* ensalada: *green/mixed salad* ensalada de lechuga/mixta ◊ *a salad bowl* una ensaladera ◊ *salad dressing* aliño ◊ *fruit salad* ensalada de frutas
LOC **your salad days** la juventud
salami /səˈlɑːmi/ *n* [*incontable*] salami
salary /ˈsæləri/ *n* (*pl* **-ies**) salario (*mensual, anual*): *a salary increase* un aumento de sueldo
▶ **salaried** *adj* asalariado: *salaried staff* personal asalariado
sale /seɪl/ *n* **1** venta: *to make a sale* vender algo *Ver tb* AFTER-SALES SERVICE, BRING-AND-BUY SALE, CAR-BOOT SALE, GARAGE SALE, JUMBLE SALE, RUMMAGE SALE, WHOLESALE **2 sales** [*pl*] ventas: *Sales department* Servicio de ventas ◊ *sales conference* conferencia de ventas ◊ *sales drive/promotion* promoción de ventas ◊ *sales manager/executive* jefe/ejecutivo de ventas **3** rebajas: *to hold/have a sale* tener rebajas **4** subasta: *sale(s)-room* sala de subastas
LOC **for sale** en venta: *For sale.* Se vende. ◊ *to put sth up for sale* poner algo en venta **on sale** a la venta: *to go on sale* poner(se) a la venta **(on) sale or return** artículos que un minorista puede devolver al proveedor si no se venden
▶ **saleable** *adj* vendible: *They are highly saleable.* Tienen fácil venta.
salesman /ˈseɪlzmən/ *n* (*pl* **-men** /-mən/) vendedor, dependiente: *travelling salesman* viajante de comercio
▶ **salesmanship** *n* arte de vender

saleswoman /ˈseɪlzwʊmən/ *n* (*pl* **-women** /-wɪmɪn/) dependienta, vendedora: *a travelling saleswoman* una viajante comercial

salient /ˈseɪliənt/ *adj* (*fig*) sobresaliente: *salient features/points* rasgos/puntos destacados

■ **salient** *adj*, *n* saliente

saline /ˈseɪlaɪn; *USA* -liːn/ *adj* salino: *a saline solution* una solución salina

saliva /səˈlaɪvə/ *n* saliva

▶ **salivate** *vi* (*formal*) salivar

sallow /ˈsæləʊ/ *adj* (**-er**, **-est**) (*tez*) amarillento

sally /ˈsæli/ *n* **1** (*Mil*) avanzada **2** (*joc*) salida (rápida)

■ **sally** *v* (*pret*, *pp* **sallied**)

PHR V **to sally out/forth** (*antic* o *joc*) avanzar

salmon /ˈsæmən/ *n* (*pl* **salmon**) salmón: *smoked salmon* salmón ahumado ◊ *salmon trout* trucha asalmonada ◊ *salmon pink* rosa-salmón

salmonella /ˌsælməˈnelə/ *n* salmonella

salon /ˈsælɒn; *USA* səˈlɒn/ *n* salón (*de belleza*): *beauty/hairdressing salon* salón de belleza/peluquería

saloon /səˈluːn/ *n* **1** salón (*de hotel, nave, etc*) **2** (*USA*) bar **3** (*GB*) (*tb* **saloon car**) (*USA* **sedan**) automóvil de cuatro puertas: *a family saloon* un turismo familiar de cuatro puertas ☛ *Ver ilustración en* AUTOMÓVIL

saloon bar (*USA*) (*GB* **lounge bar**) *n* salón-bar

SALT /sɔːlt/ *abrev de* **Strategic Arms Limitation Talks** negociaciones para la reducción de armas estratégicas

salt /sɔːlt/ *n* **1** (*tb* **common salt**) sal (común): *a grain/pinch of salt* un grano/un pellizco de sal ◊ *table/sea salt* sal de mesa/marina ◊ *Add salt and pepper to taste.* Salpimentar al gusto. ◊ *salt cellar/pot* salero **2 salts** [*pl*] sales: *bath salts* sales de baño **3** (*fig*) gracia, sal

LOC **the salt of the earth** un pilar de la sociedad *Ver tb* DOSE, PINCH, RUB[1]

■ **salt** *vt* **1** poner sal en: *salted peanuts* cacahuetes salados ◊ *to salt the roads* echar sal en las calles **2 ~ sth (down)** salar algo

PHR V **to salt sth away** poner algo a buen recaudo

▶ **salty** (*tb* **salt**) *adj* (**-ier**, **-iest**) salado

salt marsh *n* marisma

saltpetre (*USA* **saltpeter**) /sɔːltˈpiːtə(r)/ *n* salitre

salt water *adj* de agua salada

salubrious /səˈluːbriəs/ *adj* (*formal*) salubre

salutary /ˈsæljətri; *USA* -teri/ *adj* saludable: *a salutary lesson* una experiencia muy saludable

salutation /ˌsæljuˈteɪʃn/ *n* (*formal*) salutación

salute /səˈluːt/ *vt* (*formal*) saludar (*a un soldado, etc*): *to salute sth/sb* (*as sth*) saludar algo/a algn (como algo) ◊ *I salute his courage.* Me quito el sombrero ante su valentía.

■ **salute** *n* **1** saludo: *to give a salute* hacer un saludo **2** salva: *to fire a salute* disparar una salva

LOC **in salute** como saludo **to take the salute** contestar al saludo (*de soldados*)

salvage /ˈsælvɪdʒ/ *n* **1(a)** salvamento: *a salvage operation* una operación de salvamento **(b)** material aprovechable para reciclaje **2** *vt* **~ sth (from sth)** recuperar algo (de algo)

salvation /sælˈveɪʃn/ *n* salvación

the Salvation Army *n* el Ejército de Salvación

salve /sælv; *USA* sæv/ **1** *n* **(a)** pomada: *lip-salve* protector labial **(b)** [*sing*] **~ to sth** remedio para algo **2** *vt*: *to salve your conscience* tranquilizar tu conciencia

salver /ˈsælvə(r)/ *n* (*formal*) bandeja: *silver salver* bandeja de plata

salvo /ˈsælvəʊ/ *n* (*pl* **~s** o **~es**) salva

SAM /sæm/ *abrev de* **surface-to-air-missile** misil tierra-aire

Samaritan /səˈmærɪtən/ *n* **The Samaritans** [*pl*] el teléfono de la esperanza

LOC **a good Samaritan** un buen samaritano

samba /ˈsæmbə/ *n* samba

same[1] /seɪm/ *adj* mismo, igual (*idéntico*): *the very same man* el mismísimo hombre ◊ *to say the same thing* decir lo mismo ◊ *the same film as yesterday* la misma película que ayer ◊ *the same man that I saw yesterday* el mismo hombre que vi ayer ◊ *Her situation is the same as his.* Su situación es igual que la de él. *Ver tb* SELFSAME

Same va normalmente precedido por **the**, pero a veces, para dar énfasis, se usa un adjetivo demostrativo (**this** o **that**) o **the very**: *She left the very same day/that same day.* Se marchó ese mismo día.

LOC **at the same time 1** a la vez **2** no obstante, sin embargo **by the same token** por la misma regla de tres **in the same breath** inmediatamente después (de decir algo) **not in the same street** (**as sth/sb**) que no se puede comparar (con algo/algn) **one and the same**: *They are one and the same.* Son la misma cosa/persona. **on the same wavelength** (**as sb**) en la misma onda (que algn) **the same old story** la historia de siempre **to amount to/come to/be the same thing** venir a ser lo mismo **to be in the same boat** estar en el mismo barco **to be of the same mind** (**about sth/sb**) (*formal*) ser de la misma opinión (sobre algo/algn) *Ver tb* LIGHTNING, ROOF, SPEAK, TAR

■ **the same** *adv* de la misma manera, igual: *'How do you feel?' 'I feel the same.'* —¿Cómo te sientes? —Igual. ◊ *We treat all employees the same.* Tratamos a todos los empleados de la misma manera.

same[2] /seɪm/ *pron* **1 the same** (**as sth/sb/...**) el mismo, la misma, lo mismo, etc (que algo/algn/...): *I think the same as you.* Pienso igual que tú. ◊ *I would do the same again.* Haría lo mismo otra vez. ◊ *And the same applies to you.* Y lo mismo te digo a ti. ◊ *'Was it George?' 'The (very) same.'* ¿Era George? El mismo. **2** [*gen sin artículo*] (*formal*) (*factura*): *to repairing same, £2* el arreglo del mismo, dos libras

LOC **all/just the same 1** *Thanks all the same.* Gracias de todos modos. **2** *It's all the same to me.* Me da igual. **much the same** prácticamente igual **same here** (*coloq*) lo mismo digo (**the**) **same again**: *Same again, please!* ¡Otra ronda, por favor! (**the**) **same to you** igualmente

sameness /ˈseɪmnəs/ *n* uniformidad, igualdad

sample /ˈsɑːmpl; *USA* ˈsæmpl/ **1** *n* muestra: *a free sample* una muestra gratis ◊ *a blood sample* una muestra de sangre ◊ *a random/representative sample of people* una muestra de gente escogida al azar/representativa ◊ *a sample page* una página de muestra **2** *vt* **(a)** probar **(b)** (*opinión, etc*) hacer un muestreo de

sampler /ˈsɑːmplə(r)/ *n* **1** (*bordado*) dechado, modelo **2** (*de producto*) muestra: *a sampler pack of beauty products* un conjunto de muestras de productos de belleza **3** (*Mús*) mezclador

sanatorium /ˌsænəˈtɔːriəm/ (*USA* **sanitarium**, **sanitorium**) *n* (*pl* **~s** o **-ria** /-rɪə/) sanatorio

sanctification /ˌsæŋktɪfɪˈkeɪʃn/ *n* santificación

sanctify /ˈsæŋktɪfaɪ/ *vt* (*pret*, *pp* **-fied**) santificar

sanctimonious /ˌsæŋktɪˈməʊniəs/ *adj* (*pey*) mojigato

▶ **sanctimoniously** *adv* con mojigatería

sanctimoniousness (*tb* **sanctimony**) *n* mojigatería

sanction /ˈsæŋkʃn/ *n* **1** aprobación: *to give your sanction to sth* dar su aprobación a algo **2** sanción: *to apply economic sanctions against a repressive regime* aplicar sanciones económicas contra un regimen represivo ◊ *to lift sanctions* levantar sanciones

■ **sanction** *vt* dar el permiso para: *I can't sanction your methods.* No puedo aprobar tus métodos. ◊ *Who sanctioned bombing the town?* ¿Quién dio el permiso para bombardear el pueblo?

sanctity /ˈsæŋktəti/ *n* **1** lo sagrado, santidad **2** inviolabilidad

sanctuary /ˈsæŋktʃuəri; *USA* -ʊeri/ *n* (*pl* **-ies**) **1** santuario: *The rebels took sanctuary in the church.* Los rebeldes se refugiaron en la iglesia. ◊ *a bird sanctuary* un santuario de aves **2** asilo: *to claim/seek/take/be offered sanctuary* pedir/buscar/tomar/ser ofrecido asilo **3** presbiterio de una iglesia

sanctum /ˈsæŋktəm/ *n* lugar sagrado

sand /sænd/ *n* **1** arena *Ver tb* QUICKSAND **2** [*gen pl*] playa **LOC** *Ver* HEAD[1]

■ **sand** *vt* **1 ~ sth (down)** lijar algo **2** cubrir con arena

sandal /ˈsændl/ *n* sandalia

sandalwood /ˈsændlwʊd/ *n* sándalo: *sandalwood soap* jabón de sándalo

sandbag /ˈsændbæg/ *n* saco de arena

■ **sandbag** *vt* **(-gg-)** proteger con sacos de arena

sandbank /ˈsændbæŋk/ (*tb* **sand bar**) *n* banco de arena

sandblast /ˈsændblɑːst/ *vt* limpiar con arena a presión

sandboy /ˈsændbɔi/ *n* **LOC** *Ver* HAPPY

sandcastle /ˈsændkɑːsl/ *n* castillo de arena

sand dune (*tb* **dune**) *n* duna

sander /ˈsændə(r)/ (*tb* **sanding-machine**) *n* lijadora

sandpaper /ˈsændpeɪpə(r)/ *n* papel de lija

■ **sandpaper** *vt* lijar

sandpit /ˈsændpɪt/ *n* cajón de arena (*para juegos infantiles*)

sand-shoes /ˈsænd ʃuːz/ *n* playeras

sandstone /ˈsændstəʊn/ *n* (piedra) arenisca

sandstorm /ˈsændstɔːm/ *n* tormenta de arena

sand trap (*USA*) (*GB* **bunker**) *n* búnker (*de golf*) ☛ *Ver ilustración en* GOLF

sandwich /ˈsænwɪdʒ; *USA* -wɪtʃ/ *n* bocadillo, sandwich

■ **sandwich** *vt* apretujar, intercalar: *I sandwiched myself between two fat men.* Me apretujé entre dos hombres gordos.

sandwich-board *n* cartelón (*que lleva el hombre-anuncio*)

sandwich course *n* curso donde se practica trabajando lo que se estudia

sandy /ˈsændi/ *adj* **(-ier, -iest) 1** arenoso **2** (*pelo*) rubio rojizo

sane /seɪn/ *adj* **(saner, sanest) 1** cuerdo: *It was the only thing that kept me sane.* Fue la única cosa que me mantuvo cuerdo. **2** juicioso

▶ **sanely** *adv* juiciosamente

sang *pret de* SING

sang-froid /ˌsɒŋ ˈfrwɑː/ *n* (*Fr*) sangre fría

sanguine /ˈsæŋgwɪn/ *adj* (*formal*) optimista

▶ **sanguinely** *adv* con optimismo

sanitarium /ˌsænəˈteəriəm/ *n* (*USA*) *Ver* SANATORIUM

sanitary /ˈsænətri; *USA* -teri/ *adj* **1** higiénico: *sanitary towel/pad* compresa higiénica **2** sanitario

sanitation /ˌsænɪˈteɪʃn/ *n* **1** condiciones de salubridad **2(a)** servicios sanitarios: *sanitation department* departamento de salud e higiene **(b)** instalación sanitaria

sanitize, -ise /ˈsænɪtaɪz/ *vt* **1** sanear **2** (*pey, fig*) ocultar: *The film does not sanitize the violence of war.* La película no oculta la violencia de la guerra.

sanitorium /ˌsænəˈtɔːriəm/ *n* (*USA*) *Ver* SANATORIUM

sanity /ˈsænəti/ *n* **1** cordura: *to doubt/question sb's sanity* dudar/desconfiar de la cordura de algn **2** sensatez

sank *pret de* SINK

Sanskrit /ˈsænskrɪt/ *adj, n* sánscrito

Santa Claus /ˈsæntə klɔːz/ (*USA, GB*) (*GB tb* **Father Christmas**) *n* Papá Noel

sap[1] /sæp/ *n* savia

■ **sap** *vt* **(-pp-) 1** agotar: *I was sapped by months of illness.* Quedé agotado tras meses de enfermedad. ◊ *She's been sapped of her optimism.* Le han minado su optimismo. **2** socavar: *Stop sapping his confidence!* ¡Deja de socavar su seguridad en sí mismo!

sap[2] /sæp/ *n* (*coloq*) tonto

sapling /ˈsæplɪŋ/ *n* arbol joven

sapper /ˈsæpə(r)/ *n* zapador

sapphire /ˈsæfaɪə(r)/ *adj, n* (color) zafiro: *The water was a deep sapphire blue.* El agua era de un azul zafiro oscuro.

Saracen /ˈsærəsn/ *adj, n* sarraceno

sarcasm /ˈsɑːkæzəm/ *n* sarcasmo

LOC sarcasm is the lowest form of wit (*refrán*) el sarcasmo es la forma más vil del ingenio

sarcastic /sɑːˈkæstɪk/ *adj* sarcástico, mordaz *Ver tb* SARKY

▶ **sarcastically** *adv* con sorna, sarcásticamente

sarcophagus /sɑːˈkɒfəgəs/ *n* (*pl* **~es** o **-gi** /-gaɪ/) sarcófago

sardine /ˌsɑːˈdiːn/ *n* sardina

LOC (packed, squashed, etc) like sardines (*coloq*) como sardinas en lata

sardonic /sɑːˈdɒnɪk/ *adj* sardónico, sarcástico y burlón

▶ **sardonically** *adv* sardónicamente, con sorna

sarge /sɑːdʒ/ *n* (*coloq*) sargento

> Sarge solo se utiliza para dirigirse a un sargento. Para hablar de las personas que ejercen este cargo, se dice **sergeant**: *Can I go now, sarge?* ¿Puedo irme ya, sargento? ◊ *He's been made a sergeant.* Le han ascendido a sargento.

sari /ˈsɑːri/ *n* sari

sarky /ˈsɑːki/ *adj* (*GB, coloq*) sarcástico, mordaz

sarnie /ˈsɑːni/ *n* (*coloq*) bocata

sarong /səˈrɒŋ/ *n* pareo

sartorial /sɑːˈtɔːriəl/ *adj* (*formal*) en el vestir: *sartorial elegance* elegancia en el vestir

SAS /ˌes eɪ ˈes/ *abrev de* **Special Air Service** (*GB*) tropas especiales de las Fuerzas Aéreas

sash /sæʃ/ *n* **1** fajín **2** marco de ventana de guillotina

sash cord *n* cuerda de ventana (de guillotina)

sash window *n* ventana de guillotina ☛ *Ver ilustración en* HOUSE

sass /sæs/ *n* (*USA, coloq*) descaro

sassy /ˈsæsi/ *adj* **(-ier, -iest) 1** (*USA, coloq*) descarado **2** *He's a real sassy dresser.* Viste con mucho estilo.

Sat *abrev de* **Saturday**: *Sat 2 May* sábado 2 de mayo

sat *pret, pp de* SIT

Satan /ˈseɪtn/ *n* Satán

▶ **satanic** *adj* satánico: *satanic rites* ritos satánicos

satanically *adv* satánicamente

Satanism /ˈseɪtənɪzəm/ *n* Satanismo

▶ **Satanist** *n* satanista

satchel /ˈsætʃəl/ *n* cartera (*para el colegio*)

sated /ˈseɪtɪd/ *adj* **~ (with sth)** (*formal*) saciado (de algo)

satellite /ˈsætəlaɪt/ *n* **1** (*Astron*) satélite: *satellite television* televisión por satélite **2** (*tb* **satellite state**) (país) satélite

satellite dish *n* antena parabólica

satiate /ˈseɪʃieɪt/ *vt* (*formal*) saciar

satin /ˈsætɪn; *USA* ˈsætn/ *n* raso, satén

■ **satin** *adj* **1** de satén **2** satinado: *The paint has a satin finish.* La pintura tiene un acabado satinado.

▶ **satiny** *adj* satinado

satire /ˈsætaɪə(r)/ *n* **~ (on sth/sb)** sátira (de algo/algn)

▶ **satirical** *adj* satírico

satirically *adv* satíricamente

satirist /ˈsætərɪst/ *n* escritor satírico, escritora satírica

▶ **satirize** *vt* satirizar

satisfaction /ˌsætɪsˈfækʃn/ *n* satisfacción: *I had the satisfaction of seeing her get her degree.* Tuve la satisfacción de verla acabar la carrera. ◊ *to resolve sth to everyone's satisfaction* resolver algo para la satisfacción de todos

satisfactory /ˌsætɪsˈfæktəri/ *adj* satisfactorio

▶ **satisfactorily** *adv* satisfactoriamente

satisfy /ˈsætɪsfaɪ/ *vt* (*pret, pp* **-fied**) **1** satisfacer: *to satisfy sb's curiosity* satisfacer la curiosidad de algn **2(a)** (*condiciones, etc*) cumplir con **(b)** (*requisitos*) llenar **3 ~ sb (as to sth)** convencer a algn (de algo): *I am satisfied that he is telling the truth.* Estoy convencido de que dice la verdad.

LOC **to satisfy the examiners** aprobar un examen

▶ **satisfied** *adj* **~ (with sth)** satisfecho (con algo) *Ver tb* SELF-SATISFIED

satisfying *adj* que satisface: *a satisfying meal* una comida que llena ◊ *It was satisfying to see her hard work appreciated.* Daba gusto ver que su duro trabajo era apreciado.

satsuma /sætˈsuːmə/ *n* mandarina

saturate /ˈsætʃəreɪt/ *vt* **~ (with sth) 1** empapar (de algo) **2** saturar (de algo): *The market is saturated.* El mercado está saturado.

▶ **saturated** *adj* **1** empapado **2** (*Quím*) saturado: *a saturated solution of salt* una solución saturada de sal ◊ *low in saturated fats* bajo en grasas saturadas *Ver tb* POLYUNSATURATE

saturation /ˌsætʃəˈreɪʃn/ *n* saturación: *saturation bombing* bombardeo de saturación ◊ *saturation point* punto de saturación

Saturday /ˈsætədeɪ, -di/ *n* (*abrev* **Sat**) sábado ☛ *Ver nota y ejemplos en* MONDAY

Saturn /ˈsætɜːn, ˈsætən/ *n* Saturno

saturnine /ˈsætənaɪn/ *adj* (*formal*) saturnino

satyr /ˈsætə(r)/ *n* sátiro

sauce /sɔːs/ *n* **1** salsa *Ver tb* SOY SAUCE, TARTARE SAUCE, WHITE SAUCE **2** (*GB, coloq*) insolencia: *Less of your sauce, young man!* No sea insolente, joven. **3 the sauce** (*USA, coloq*) (*bebida alcohólica*) la botella: *Stay off the sauce!* ¡No le des a la botella!

LOC **on the sauce** (*USA, coloq*) borracho **what is sauce for the goose is sauce for the gander** (*refrán*) (*comportamiento*) lo que vale para uno, vale para el otro

■ **sauce** *vt* (*GB, coloq*) **~ sb** ser insolente con algn

sauce-boat /ˈsɔːs bəʊt/ *n* salsera

saucepan /ˈsɔːspən; *USA* -pæn/ *n* cazo: *a set of saucepans* un juego de cazos ☛ *Ver ilustración en* OLLA

saucer /ˈsɔːsə(r)/ *n* (*coloq*) platillo: *a cup and saucer* una taza con platillo ☛ *Ver ilustración en* TAZA *Ver tb* FLYING SAUCER

saucy /ˈsɔːsi/ *adj* (**-ier, -iest**) **1** (*chiste, etc*) picante **2** pícaro, fresco

sauerkraut /ˈsaʊəkraʊt/ *n* chucrut

sauna /ˈsɔːnə, ˈsaʊnə/ *n* sauna: *to have a sauna* darse una sauna

saunter /ˈsɔːntə(r)/ *vi* pasearse: *He sauntered over to the bar.* Fue hacia la barra con mucha tranquilidad.

■ **saunter** *n* paseíto, paseo tranquilo

sausage /ˈsɒsɪdʒ; *USA* ˈsɔːs-/ *n* **1** salchicha: *sausage meat* carne de embutido **2** embutido, salchichón

LOC **not a sausage** (*coloq*) nada de nada

sausage dog *n* (*GB, coloq*) perro salchicha

sausage roll *n* hojaldre relleno de carne de salchicha

sauté /ˈsəʊteɪ; *USA* səʊˈteɪ/ *vt* (*pret, pp* **sautéed** o **sautéd** *part pres* **sautéing**) (*Fr*) saltear

■ **sauté** *adj* (*Fr*) salteado: *sauté potatoes* patatas salteadas

savage /ˈsævɪdʒ/ *adj* **1** salvaje **2** (*perro, etc*) enfurecido **3** (*ataque, régimen*) brutal **4** terrible: *savage cuts in our budget* recortes terribles en nuestro presupuesto

■ **savage** *n* salvaje

■ **savage** *vt* atacar con ferocidad

▶ **savagely** *adv* brutalmente

savageness *n* ferocidad

savagery *n* salvajismo

savannah (*tb* **savanna**) /səˈvænə/ *n* sabana

savant /ˈsævənt; *USA* sæˈvɑːnt/ *n* (*formal*) sabio, -a

save /seɪv/ **1** *vt* **~ sb (from sth)** salvar a algn (de algo): *to save sb from drowning* salvar a algn de morir ahogado ◊ *to save sb's life* salvarle la vida a algn **2** *vt, vi* **~ (sth) (up) (for sth)** (*dinero*) ahorrar (algo) (para algo) **3** *vt* **~ sth (for sth/sb)** guardar algo (para algo/algn): *Save some for me!* ¡Guárdame un poco! **4** *vt* **~ (sb) sth** evitar (a algn) algo: *That will save us a lot of trouble.* Eso nos evitará muchos problemas. **5** *vt* **to ~ (on) sth** economizar algo: *to save time* economizar tiempo **6** *vt* (*fuerzas*) conservar **7** *vt* (*Relig*) redimir: *God save us!* ¡Dios nos ayude! **8** *vt* (*Dep*) parar: *to save a goal* hacer una parada **9** *vt* (*Informát*) guardar

LOC **to save my, your, etc life**: *I can't cook to save my life.* No sé guisar ni aunque me maten. **to save sb's bacon** (*coloq*) salvarle el pellejo a algn **to save (sb's/your) face** salvar las apariencias **to save the day/situation** salvar la situación **to save your breath** ahorrarse saliva **to save your (own) hide/skin** salvar el pellejo *Ver tb* NECK, SCRAPE, SCRIMP, STITCH

■ **save** *prep, conj* salvo: *all save him* todos salvo él ◊ *We know nothing about her save that her surname is Jones.* No sabemos nada de ella salvo que su apellido es Jones.

■ **save** *n* parada (*de balón*)

▶ **saver** *n* **1** ahorrador, -ora: *The dishwasher is a wonderful time-saver.* El lavaplatos es una maravilla para ahorrar tiempo. *Ver tb* LIFE-SAVER **2** (*GB*) billete económico

saving[1] /ˈseɪvɪŋ/ *adj*

LOC **saving grace** lo que salva a algn/algo: *His one saving grace is his humour.* Lo que le salva es su sentido de humor. *Ver tb* FACE-SAVING, LABOUR-SAVING, SPACE-SAVING, TIME-SAVING

saving[2] /ˈseɪvɪŋ/ *n* **1** ahorro: *a saving on travel costs* un ahorro en los gastos de viaje ◊ *to make great savings on sth* ahorrarse una fortuna en algo **2 savings** [*pl*] ahorros

savings account *n* cuenta de ahorros *Ver tb* ACCOUNT

savings bank *n* caja de ahorros

saviour (*USA* **savior**) /ˈseɪviə(r)/ *n* **1** salvador, -ora **2 the/Our Saviour** (*Relig*) el/Nuestro Salvador

savour (*USA* **savor**) /ˈseɪvə(r)/ *vt* saborear: *to savour (the taste of) sth* saborear algo

■ **savour** *n* (*formal*) sabor ☛ La palabra más común es **taste**.

savoury (*USA* **savory**) /ˈseɪvəri/ *adj* **1** (*comida*) **(a)** salado: *savoury food* lo salado **(b)** sabroso **2** limpio, respetable: *He's not a very savoury character.* No es una persona muy respetable.

saw[1] *pret de* SEE[1]

saw[2] /sɔː/ *n* sierra, serrucho *Ver tb* CHAINSAW, HACKSAW

■ **saw** (*pret* **sawed** *pp* **sawn** /sɔːn/ *USA* **sawed**) **1** *vt* serrar, cortar con una sierra **2** *vi* **to saw (away) (at sth)** serrar (algo): *sawing away at the branch for ages* serrando la rama durante horas ◊ *sawing at his fiddle* rascando su violín

PHR V **to saw sth down** derribar algo con la sierra **to saw sth off (sth)** cortar algo (de algo) con la sierra **to saw sth up** serrar algo

sawdust /ˈsɔːdʌst/ *n* serrín

sawn-off /ˌsɔːn ˈɒf/ *adj* recortado: *a sawn-off shotgun* una escopeta de cañones recortados

Saxon /ˈsæksn/ *adj* sajón

■ **Saxon** *n* **1** (*tb* **Anglo-Saxon**) (*idioma*) anglosajón **2** (*persona*) sajón, -ona

saxophone /ˈsæksəfəʊn/ (*coloq* **sax**) *n* saxofón

▶ **saxophonist** /sækˈsɒfənɪst; *USA* ˈsæksəfəʊnɪst/ *n* saxofonista

say /seɪ/ *vt* (*3ª pers sing pres* **says** /sez/ *pret, pp* **said** /sed/) **1 to say sth (to sb)** decir algo (a algn): *He said (that) he was coming.* Dijo que iba a venir. ◊ *Perhaps I'm not saying it right.* Quizá no lo estoy diciendo bien. ◊ *This poem doesn't say much to me.* Este poema no me dice mucho. ◊ *a notice saying 'Keep Out'* un cartel que dice "No entrar" ◊ *I would say he's right.* Diría que tiene razón.

¿Say o tell?

Say suele utilizarse cuando se mencionan las palabras textuales o para introducir una oración en estilo indirecto precedida por **that**: *'I'll leave at nine', he said.* —Me marcho a las nueve, dijo. ◊ *He said that he would leave at nine.* Dijo que se marcharía a las nueve.

Tell se utiliza para introducir una oración en estilo indirecto y tiene que ir seguido de un sustantivo, un pronombre o un nombre propio: *He told me that he would leave at nine.* Me dijo que se marcharía a las nueve.

Para dar órdenes o consejos utilizamos **tell**: *I told them to hurry up.* Les dije que se dieran prisa. ◊ *She's always telling me what I ought to do.* Siempre me está diciendo lo que tengo que hacer. *Ver tb nota en* DECIR[2]

2 poner por caso: *Let's take any writer, say Dickens…* Coge cualquier escritor, por ejemplo Dickens… ◊ *Say you have an accident…* Supongamos que tienes un accidente…

LOC before you can/could say Jack Robinson en un santiamén **I'll say!** (*coloq*) desde luego **I must say**: *Well that's daft, I must say!* ¡Te digo que me parece una estupidez! **I say!** (*GB, antic*) ¡ey!, ¡oye! **it goes without saying (that…)** se da por supuesto (que…) **it says a lot, very little, etc for sth/sb** dice mucho, muy poco, etc de algo/algn **I wouldn't say no (to sth)** (*coloq*) no diría que no (a algo) **least said soonest mended** (*GB, refrán*) mejor no decir nada **let us say…** digamos que… **never say die** (*refrán*) la esperanza es lo último que se pierde **not to be saying much** no querer decir mucho **not to say…** por no decir…: *It was thoughtless, not to say stupid.* Fue desconsiderado, por no decir estúpido. **not to say a dicky bird** (*GB, coloq*) no decir ni pío **not to say boo to a goose** (*GB*) no matar una mosca **say cheese!** ¡decid patata! **say no more 1** no (me) digas más **2** ya veo **say when** tú dirás cuánto/cuándo: *More wine? Say when.* ¿Más vino? Dime hasta dónde. **that is to say** es decir **the less/least said the better** cuanto menos digas mejor **there's no saying** no se sabe: *There's no saying what he'll do next.* No se sabe lo que va a hacer ahora. **to have something, nothing, etc to say for yourself** tener algo, no tener nada, etc que decir: *What have you got to say for yourself?* ¿Qué excusa tienes? **to say nothing of sth** por no decir algo/y no digamos algo **to say no (to sth)** decir que no (a algo) **to say the least** sin exagerar **to say the word** (no tener más que) decirlo/pedirlo/dar la orden **to say you are sorry** disculparse **to say your piece** decir lo que tienes que decir **what do/would you say (to sth/doing sth)?** ¿qué te parece/parecería (algo/hacer algo)? **what/whatever sb says goes** (*coloq*) lo que dice algn va a misa **you can say that again** y que lo digas **you don't say!** (*coloq*) ¡no me digas! **you said it!** (*coloq*) ¡eso es! *Ver tb* DARE[1], EASY[2], FAREWELL, NEEDLESS, SAD, SOON, STRANGE, SUFFICE, WORD

■ **say** *n* **~ (in sth)** voz y voto (en algo): *He has no say in the matter.* No tiene ni voz ni voto en el asunto.

LOC to have your say expresar tu opinión

■ **say** *interj* (*USA, coloq*) ¡oye!

saying /ˈseɪɪŋ/ *n* refrán: *As the saying goes…* Como dice el refrán…

scab /skæb/ *n* **1** (*de una herida*) costra **2** (*coloq, pey*) esquirol **3** escabro (*sarna de las plantas*)

scabbard /ˈskæbəd/ *n* (*de espada o bayoneta*) vaina ☛ *Ver ilustración en* SWORD

scabies /ˈskeɪbiːz/ *n* sarna

scabious /ˈskeɪbiəs/ *n* escabiosa (*Bot*)

scaffold /ˈskæfəʊld/ *n* **1** andamio **2** patíbulo

scaffolding /ˈskæfəldɪŋ/ *n* [*incontable*] andamiaje

scald /skɔːld/ *vt* **1** escaldar **2** (*esp leche*) calentar hasta que casi hierva **3** (*cazuelas, etc*) limpiar con agua hirviendo

▶ **scalding** (*tb* **scalding hot**) *adj* hirviendo (*que quema*)

scale[1] /skeɪl/ *n* **1** (*pez, reptil*) escama ☛ *Ver ilustración en* FISH[1] **2(a)** (*tb esp GB* **fur**) (*del agua*) cal **(b)** (*de los dientes*) sarro

■ **scale** *vt* quitar las escamas de (*pescado*)

▶ **scaly** *adj* (**-ier, -iest**) lleno de escamas

scale[2] /skeɪl/ *n* **1** escala: *a large-scale map* un mapa a gran escala ◊ *a scale model* una maqueta a escala ◊ *to move up/down the social scale* subir/bajar en la escala social ◊ *What timescale are we working to?* ¿Qué plazo de tiempo tenemos para hacer el trabajo? ◊ *On a scale of one to ten, how do you rate it?* En una escala del uno al diez, ¿qué le das? ◊ *a pay scale* una escala salarial ◊ *At the other end of the scale we find gross poverty.* En el otro extremo de la escala tenemos la pobreza absoluta. *Ver tb* THE RICHTER SCALE, SLIDING SCALE, SMALL-SCALE **2** alcance, magnitud: *The sheer scale of the disaster was horrifying.* La magnitud del desastre era horrorosa. ◊ *a full-scale attack* un ataque a toda escala **3** (*Mús*) escala (musical)

LOC to scale a escala: *drawn to scale* dibujado a escala

■ **scale** *v*

PHR V to scale sth down/up reducir/aumentar algo (a escala): *a scaled-down version* una versión reducida

scale[3] /skeɪl/ *n* **1 scales** balanza, báscula: *a pair/set of scales* una balanza ◊ *bathroom scales* báscula de cuarto de baño ◊ *kitchen scales* peso de cocina **2** platillo (*de una balanza*) **LOC** *Ver* TIP[2]

scale[4] /skeɪl/ *vt* escalar, trepar

scallion /ˈskæliən/ (*USA*) (*GB* **spring onion**) *n* cebolleta

scallop /ˈskɒləp/ *n* vieira

scalp /skælp/ *n* cuero cabelludo

scalpel /ˈskælpəl/ *n* escalpelo, bisturí

scam /skæm/ *n* (*coloq*) timo, estafa

scamper /ˈskæmpə(r)/ *vi* corretear: *to scamper up the steps* subir corriendo las escaleras ◊ *The rabbit scampered away/off.* El conejo se escapó corriendo.

scampi /ˈskæmpi/ *n* [*pl*] **1** gambas ☛ La palabra más usada es **prawns**. **2** gambas a la gabardina

scan /skæn/ (**-nn-**) **1** *vt* escudriñar, examinar: *Her eyes scanned the crowded room.* Sus ojos se pasearon por la sala llena de gente. **2** *vt* explorar con un escáner **3** *vt* echar un vistazo a **4** *vi* (*en poesía*) atenerse a las reglas de la métrica

■ **scan** *n* exploración con un escáner: *a brain scan* un escáner del cerebro

▶ **scanner** *n* escáner

scandal /ˈskændl/ *n* **1** escándalo: *to cause a scandal* armar un escándalo **2** [*sing*] vergüenza: *It's a scandal that…* Es una vergüenza que… **3** cotilleo: *It became a scandal in the neighbourhood.* Se convirtió en la comidilla del barrio.

▶ **scandalize, -ise** *vt* escandalizar

scandalous *adj* **1** escandaloso **2** difamatorio

scandalously *adv* escandalosamente, vergonzosamente

Scandinavia /ˌskændɪˈneɪvjə/ *n* Escandinavia

▶ **Scandinavian** *adj, n* escandinavo, -a

scant /skænt/ *adj* (*formal*) escaso: *with scant regard for others* con poca consideración hacia los demás

▶ **scanty** *adj* (**-ier, -iest**) escaso, insuficiente: *scanty evidence* pruebas insuficientes

scapegoat /ˈskeɪpɡəʊt/ *n* chivo expiatorio

scapula /ˈskæpjʊlə/ *n* (*formal*) omoplato ☛ La palabra más normal es **shoulder blade**.

scar /skɑː(r)/ *n* cicatriz, marca: *to bear the scars of an unhappy marriage* mostrar las huellas de un matrimonio desgraciado

■ **scar** *vt* (**-rr-**) dejar una cicatriz en: *to be scarred by sth* quedar marcado por algo

scarce /skeəs/ *adj* (**-er, -est**) escaso (*que queda poco*): *Food was scarce.* Los alimentos escaseaban. ◊ *scarce resources* recursos escasos

LOC **to make yourself scarce** (*coloq*) esfumarse: *I'll make myself scarce.* Me largaré.

scarcely /ˈskeəsli/ *adv* **1** apenas: *There were scarcely a hundred people present.* Apenas había un centenar de personas. ◊ *I scarcely know him.* Apenas lo conozco. ◊ *Scarcely a day passes without my thinking about it.* Apenas pasa un día sin que piense en ello. **2** ni mucho menos: *You can scarcely expect me to believe that.* Si te piensas que me lo creo lo llevas claro. ◊ *It is scarcely surprising that...* No me sorprende en nada que...

scarcity /ˈskeəsəti/ *n* escasez

scare /ˈskeə(r)/ *vt, vi* asustar(se)

LOC **to scare the pants off sb** pegarle un susto de muerte a algn **to scare the shit out of sb** (*argot*) hacer que algn se cague de miedo *Ver tb* DAYLIGHTS, FRIGHTEN

PHR V **to scare sb away/off** ahuyentar a algn

to scare sb into doing sth intimidar a algn para que haga algo

■ **scare** *n* susto: *a scare story* una historia alarmista ◊ *scare tactics* tácticas de intimidación ◊ *a health scare about smoking* una preocupación generalizada por los efectos nocivos del tabaco *Ver tb* BOMB SCARE

▶ **scared** *adj* **to be ~ (of sth/sb)/(of doing sth)** tener miedo (de algo/algn)/(de hacer algo): *I'm scared of ghosts.* Los fantasmas me dan miedo. ◊ *He was scared of walking in the woods.* Le daba miedo andar por el bosque. ◊ *Don't be scared.* No tengas miedo.

LOC **to be running scared (of sth)** pasar miedo (con algo) **to be scared stiff (of sth/sb)** (*coloq*) tener mucho miedo (de algo/algn): *He's scared stiff of me.* Me tiene mucho miedo. *Ver tb* SHIT, STIFF

scarecrow /ˈskeəkrəʊ/ *n* espantapájaros

scaremongering /ˈskeəmʌŋgərɪŋ/ *n* (*pey*) alarmismo

scarf /skɑːf/ *n* (*pl* **~s** o **scarves** /skɑːvz/) **1** bufanda **2** pañuelo de cuello, foulard, pañoleta ☛ *Comparar con* HANDKERCHIEF *Ver tb* HEADSCARF

scarlet /ˈskɑːlət/ *adj, n* escarlata, carmesí: *to blush/flush/turn scarlet* ponerse colorado (como un tomate)

scarlet fever *n* escarlatina

scarper /ˈskɑːpə(r)/ *vi* (*GB, argot*) darse el piro

scary /ˈskeəri/ *adj* (**-ier, -iest**) (*coloq*) espeluznante

scathing /ˈskeɪðɪŋ/ *adj* **1** (*ataque, crítica*) mordaz **2 ~ (about sth/sb)** cáustico (sobre algo/algn): *to be scathing about sth/sb* criticar algo/a algn duramente

▶ **scathingly** *adv* mordazmente

scatological /ˌskætəˈlɒdʒɪkl/ *adj* escatológico

scatter /ˈskætə(r)/ **1** *vi* dispersar **2** *vt* **(a)** esparcir, desparramar: *small villages scattered throughout the region* pequeños pueblos desparramados por la zona **(b) ~ sth with sth** sembrar algo de algo

▶ **scattered** *adj* esparcido, disperso: *scattered showers* chubascos aislados

scattering *n* dispersión: *a scattering of people* unas cuantas personas desperdigadas

scavenge /ˈskævɪndʒ/ *vt* **1** buscar carroña **2** rebuscar (*en la basura*): *to scavenge for food* escarbar buscando comida

▶ **scavenger** *n* **1** carroñero **2** persona que busca en la basura

scavenging *adj* carroñero

scenario /səˈnɑːriəʊ; *USA* -ˈnær-/ *n* (*pl* **~s**) **1** panorama: *the worst case scenario* el peor de los panoramas **2** (*Teat*) argumento

scene /siːn/ *n* **1** lugar, escenario: *the scene of the crime* el lugar del crimen **2** escena: *horrific scenes after the earthquake* terribles escenas tras el terremoto **3** escándalo: *Please, don't make a scene.* Por favor, no hagas una escena. **4** (*Teat*) **(a)** escena: *Act 1, Scene 2* acto primero, escena segunda **(b)** decorado: *a scene change* un cambio de decorado **5** escena, paisaje: *to need a change of scene* necesitar un cambio de aires. **6 the scene** [*sing*] (*coloq*) el mundillo: *the music scene* el mundillo de la música

LOC **behind the scenes** entre bastidores **not to be sb's scene** (*coloq*) no irle a algn **on the scene** presente **to come on the scene** llegar, aparecer **to set the scene (for sth) 1** describir el escenario (de algo) **2** preparar el terreno (para algo) *Ver tb* FADE, CHANGE, STEAL

scenery /ˈsiːnəri/ *n* [*incontable*] **1** paisaje ☛ *Ver nota en* PAISAJE **2** (*Teat*) decorado, escenografía

scenic /ˈsiːnɪk/ *adj* pintoresco

scent /sent/ *n* **1** fragancia, aroma **2** (*esp GB*) perfume: *a bottle of scent* un frasco de perfume **3(a)** rastro (*dejado por animales*): *to pick up/lose the scent* encontrar/perder el rastro **(b)** olfato (*en perros, etc*) **4 ~ of sth** presentimiento de algo

LOC **to be on the scent (of sth/sb)** estar tras la pista (de algo/algn) **to put/throw sb off the scent** despistar a algn

■ **scent** *vt* **1 ~ sth (with sth)** perfumar algo (con algo): *scented soap* jabón perfumado **2(a)** oler **(b)** (*fig*) presentir

scepter *n* (*USA*) *Ver* SCEPTRE

sceptic (*USA* **skeptic**) /ˈskeptɪk/ *n* escéptico, -a

sceptical (*USA* **skeptical**) /ˈskeptɪkəl/ *adj* **~ (of/about sth)** escéptico (acerca de algo)

scepticism (*USA* **skepticism**) /ˈskeptɪsɪzəm/ *n* escepticismo

sceptre (*USA* **scepter**) /ˈseptə(r)/ *n* cetro

schedule /ˈʃedjuːl; *USA* ˈskedʒʊl/ *n* **1** programa, calendario: *to be two months ahead of/behind schedule* llevar dos meses de adelanto/retraso con respecto a lo previsto ◊ *I've got a very tight schedule.* Tengo un programa muy apretado. ◊ *to be on/run to schedule (for sth)* ir según lo programado (con algo) **2** *Ver* TIMETABLE

■ **schedule** *vt* **~ sth (for sth)** programar algo (para algo)

▶ **scheduling** *n* programación

scheduled flight *n* vuelo regular ☛ *Comparar con* CHARTER FLIGHT

schema /ˈskiːmə/ *n* (*pl* **-mata** /-mətə/) (*formal*) esquema

schematic /skiːˈmætɪk/ *adj* esquemático

scheme /skiːm/ *n* **1 ~ (for sth/to do sth) (a)** plan, proyecto (para algo/para hacer algo): *a training scheme* un programa de formación ◊ *a pension scheme* un plan de pensiones **(b)** truco, plan: *He worked out a scheme for not paying tax.* Se hizo con un plan para no pagar impuestos. **2** combinación *Ver tb* COLOUR SCHEME

■ **scheme** *vi* **~ (for sth/against sb)** conspirar (para algo/contra algn)

▶ **schemer** *n* intrigante

scheming 1 *adj* intrigante **2** *n* [*sing*] intrigas

scherzo /ˈskeətsəʊ/ *n* (*pl* **~s**) scherzo

schism /ˈsɪzəm/ *n* cisma

schizophrenia /ˌskɪtsəˈfriːniə/ *n* esquizofrenia

▶ **schizophrenic** *adj, n* esquizofrénico, -a

schizoid *adj, n* esquizoide

scholar /ˈskɒlə(r)/ *n* **1** becario, -a **2** erudito, -a

▶ **scholarly** *adj* **1** erudito **2** académico: *a scholarly journal* una revista académica

scholarship /ˈskɒləʃɪp/ *n* **1** beca **2** erudición

scholastic /skəˈlæstɪk/ *adj* **1** (*formal*) académico **2** escolástico

▶ **scholasticism** *n* escolasticismo

school[1] /skuːl/ *n* **1** escuela, colegio: *You aren't old enough for/to go to school yet.* Todavía no tienes edad suficiente para ir a la escuela. ◊ *He left school when he was sixteen.* Abandonó los estudios cuando tenía 16

iː	i	ɪ	e	æ	ɑː	ʌ	ʊ	uː	u	ɒ	ɔː
see	happy	sit	ten	hat	arm	cup	put	too	situation	got	saw

años. *Ver tb* AFTER-SCHOOL, BOARDING SCHOOL, BUSINESS SCHOOL, COMPREHENSIVE SCHOOL, DRIVING SCHOOL, FINISHING SCHOOL, GRAMMAR SCHOOL, GRADE SCHOOL, HIGH SCHOOL, INFANT SCHOOL, MIDDLE SCHOOL, NURSERY SCHOOL, OLD SCHOOL, PLAY SCHOOL, PREPARATORY SCHOOL, PRE-SCHOOL, PUBLIC SCHOOL, SUNDAY SCHOOL ☛ *Ver nota en* ESCUELA, THE **2** conservatorio: *art/music school* conservatorio de arte/música **3** (*USA*) universidad: *Jane will graduate from school this year.* Jane se licenciará este año. **4** [*sing*] clases: *School begins at 9 am.* Las clases empiezan a las 9 de la mañana. **5** facultad: *the law/medical school* facultad de derecho/medicina ☛ En este sentido se dice también **faculty**. **6** escuela (*de pensadores, pintura, etc*): *the Dutch school of painting* la escuela de pintura flamenca

LOC a school of thought un corriente de opinión *Ver tb* OLD

■ **school** *vt* **~ sb (in sth)** instruir a algn (en algo)

■ **school** *adj* escolar: *school bus/trip/uniform* autobús/viaje/uniforme escolar

school² /sku:l/ *n* banco (*de peces*)

schoolboy /ˈsku:lbɔɪ/ *n* colegial ☛ *Ver nota en* COLEGIAL

schoolchild /ˈsku:ltʃaɪld/ *n* (*pl* **-children** /-tʃɪldrən/) colegial, -ala escolar

schooldays /ˈsku:ldeɪz/ *n* años de colegio: *They have been friends since their schooldays.* Han sido amigos desde que que iban al colegio.

schoolfriend /ˈsku:lfrend/ *n* amigo, -a del colegio

schoolgirl /ˈsku:lgɜ:l/ *n* colegiala ☛ *Ver nota en* COLEGIAL

schooling /ˈsku:lɪŋ/ *n* (*formal*) educación, estudios

school leaver *n* chico, -a que acaba de terminar en la escuela

schoolmaster /ˈsku:lmɑ:stə(r)/ *n* (*antic*) maestro

schoolmistress /ˈsku:lmɪstrəs/ *n* (*antic*) maestra

schoolroom /ˈsku:lru:m/ *n* (*poco frec*) clase, aula (*en un colegio pequeño*)

schoolteacher /ˈsku:lti:tʃə(r)/ *n* profesor, -ora

schoolwork /ˈsku:lwɜ:k/ *n* trabajo escolar

schooner /ˈsku:nə(r)/ *n* goleta

science /ˈsaɪəns/ *n* **1** ciencia: *I prefer science to the humanities.* Prefiero las ciencias a las humanidades. **2** [*sing*] arte *Ver tb* DOMESTIC SCIENCE **LOC** *Ver* BLIND¹

science fiction (*coloq* **sci-fi**) *n* (*abrev* **SF**) ciencia-ficción

scientific /ˌsaɪənˈtɪfɪk/ *adj* científico

▸ **scientifically** *adv* científicamente

scientist /ˈsaɪəntɪst/ *n* científico, -a

sci-fi /ˌsaɪ ˈfaɪ/ *n* (*coloq*) *Ver* SCIENCE FICTION

scimitar /ˈsɪmɪtə(r)/ *n* cimitarra ☛ *Ver ilustración en* SWORD

scintillating /ˈsɪntɪleɪtɪŋ; *USA* -təleɪt-/ *adj* brillante: *scintillating conversation* conversación brillante

scissors /ˈsɪzəz/ *n* [*pl*] tijeras: *a pair of scissors* unas tijeras ☛ *Ver ilustración en* TIJERA *Ver tb* NAIL SCISSORS

sclerosis *Ver* MULTIPLE SCLEROSIS

scoff¹ /skɒf; *USA* skɔ:f/ *vi* **~ (at sth/sb)** mofarse (de algo/algn)

scoff² /skɒf; *USA* skɔ:f/ *vt* (*argot*) zamparse

scold /skəʊld/ (*antic*) **1** *vt* **~ sb (for sth)** regañar a algn (por algo) **2** *vi* quejarse

▸ **scolding** *n* regañina

scone /skɒn; *USA* skəʊn/ *n* bollito que se suele servir con el té: *fruit scones* bollitos con pasas ◊ *scones with cream and jam* bollitos con nata y mermelada

scoop /sku:p/ *n* **1(a)** (*herramienta*) pala **(b)**: *an ice cream scoop* una cuchara para servir el helado **2** cucharada: *a scoop of ice cream* una bola de helado **3(a)** (*Periodismo*) primicia **(b)** (*Com*) golpe de mano financiero: *to make a scoop* dar un golpe de mano financiero

■ **scoop** *vt* **1** cavar, sacar (*con pala*) **2** (*fig*) sacar (*beneficios, primicia*)

PHR V to scoop sth out sacar algo (*con la mano, una cuchara, etc*)

to scoop sth up recoger algo (*como con pala*): *She scooped the child up in her arms.* Cogió al niño en brazos.

scoot /sku:t/ *vi* (*coloq, joc*) **1** largarse: *Get out of here! Scoot!* ¡Fuera de aquí! ¡Lárgate! **2** salir pitando: *You'll have to scoot or you'll be late.* O aligeras o llegarás tarde.

scooter /ˈsku:tə(r)/ *n* **1** Vespa® ☛ *Ver ilustración en* MOTO **2** (*juguete*) patinete

scope /skəʊp/ *n* **1** ~ **(for sth/to do sth)** potencial (para algo/para hacer algo) **2** ámbito, alcance: *within/outside/beyond the scope of this dictionary* dentro/fuera/más allá del ámbito de este diccionario

scorch /skɔ:tʃ/ **1** *vt, vi* chamuscar(se), quemar(se): *scorched earth policy* estrategia militar con la que se arrasa con todo lo que pueda servirle al enemigo **2** *vt* agostar

■ **scorch** (*tb* **scorch-mark**) *n* quemadura

▸ **scorcher** *n* (*GB, coloq*) día de calor abrasador

scorching 1 *adj* abrasador: *scorching heat/sun* calor/sol abrasador **2** *adv*: *scorching hot* extremadamente caluroso

score /skɔ:(r)/ *n* **1** (*juego, concurso, etc*) tanteo, tanto: *a high score* un tanteo alto ◊ *to keep the score* llevar la cuenta de los tantos ◊ *The final score was 4-3.* El resultado final fue de 4-3. ◊ *a score draw* un empate **2** (*examen, etc*) puntuación

Las palabras más normales para hablar de la puntuación de un examen son **mark** y **result**. **Score** se utiliza solo cuando se habla de la nota que se saca en términos numéricos o con porcentajes: *a score of 120 in the IQ test* una puntuación de 120 en la prueba de inteligencia.

3 (*en superficie*) muesca **4** [*sing*] (*antic, coloq*) cuenta **5(a)** (*pl* **score**) veintena **(b) scores** [*pl*] **~ (of sth)** montones (de algo) **6(a)** partitura: *a musical score* una partitura musical **(b)** tema musical: *a film score* la banda sonora de una película

LOC on more scores than one por varias razones **on that score** en ese sentido *Ver tb* KNOW, OLD, SETTLE²

■ **score 1** *vt, vi* (*juego, concurso, etc*) marcar: *to score a point/goal* anotarse un punto/marcar un gol **2** *vt* (*examen*) sacar

El verbo **to score** se utiliza con números y porcentajes. Para aprobado, suspenso, etc se utiliza el verbo **to get**: *He scored 65% which was just enough to get an A.* Sacó un 65% que le dio para un sobresaliente justo.

3(a) *vt* **~ sth (against sb)** apuntarse algo (contra algn): *to score an instant success with sth* apuntarse un triunfo con algo **(b)** *vi* **~ (with sb)** (*coloq*) ligar, acostarse (con algn) **(c)** *vi* (*argot*) pillar droga **4** *vt* **(a)** (*superficie*) rayar **(b)** (*iniciales, corazones*) grabar **5** *vt* **~ sth (for sth)** instrumentar algo (para algo)

PHR V to score sth out/through tachar algo

▸ **scoreless** *adj* sin tantos

scoreboard /ˈskɔ:bɔ:d/ *n* marcador

scorecard /ˈskɔ:kɑ:d/ *n* tarjeta de resultados

scoreline /ˈskɔ:laɪn/ *n* (*formal*) resultado final (*de un partido*)

scorer /ˈskɔrə(r)/ *n* jugador, -ora que marca un tanto: *the team's top/leading scorer* el mejor goleador del equipo

scorn /skɔ:n/ *n* **1** ~ **(for sth)** desdén, desprecio (hacia algo) **2** [*sing*] **to be the ~ of sb** (*formal*) ser despreciado por algn **LOC** *Ver* POUR

■ **scorn** *vt* **1** despreciar: *to scorn sb's advice* despreciar los consejos de algn **2** **~ to do sth** (*formal*) negarse a hacer algo

▸ **scornful** *adj* desdeñoso

scornfully *adv* con desdén

Scorpio /ˈskɔːpiəʊ/ *n* (*pl* **~s**) escorpio
▶ **Scorpion** *n, adj* escorpio ☛ *Ver ejemplos en* AQUARIUS ☛ *Ver ilustración en* ZODIACO

scorpion /ˈskɔːpiən/ *n* escorpión

Scot /skɒt/ *n* (*persona*) escocés, -esa ☛ *Ver nota en* SCOTTISH

Scotch /skɒtʃ/ *adj* (*ofen*) escocés
■ **Scotch** (*tb* **Scotch whisky**) *n* whisky escocés ☛ *Ver nota en* SCOTTISH

Scotch egg *n* huevo duro envuelto en carne y empanado

Scotch tape® *n* (*USA*) papel celo

Scotch terrier (*tb* **Scottish terrier**) *n* terrier escocés ☛ *Ver ilustración en* DOG[1]

Scotch whisky *n* whisky escocés

scot-free /ˌskɒt ˈfriː/ *adv* **1** impune: *to get off/escape scot-free* salir impune **2** ileso

Scotland /ˈskɒtlənd/ *n* Escocia ☛ *Ver nota e ilustración en* GREAT BRITAIN

Scotland Yard (*tb* **the Yard**) *n* Scotland Yard

Scots /skɒts/ *adj* escocés: *Scots law* derecho escocés ◊ *Scots pine* pino escocés ☛ *Ver nota en* SCOTTISH

Scotsman /ˈskɒtsmən/ *n* (*pl* **-men** /-mən/) escocés ☛ *Ver nota en* SCOTTISH

Scotswoman /ˈskɒtswʊmən/ *n* (*pl* **-women** /-wɪmɪn/) (*persona*) escocesa ☛ *Ver nota en* SCOTTISH

Scottish /ˈskɒtɪʃ/ *adj* escocés

Compárense las palabras **Scottish**, **Scot(s)** y **Scotch**. **Scottish** es el adjetivo de uso más generalizado y se utiliza para hablar de la gente y de las cosas escocesas en general: *I love the Scottish countryside.* Me encanta el paisaje escocés.
Scots como adjetivo se emplea únicamente para hablar de la gente, de la ley o del idioma: *Scots law* el derecho escocés.
El sustantivo **Scot** (*pl* **Scots**) se utiliza para hablar de una persona escocesa, aunque si queremos especificar el sexo, diremos **a Scotsman** o **a Scotswoman**.
El adjetivo **Scotch** se aplica principalmente a ciertos productos típicos, como por ejemplo el whisky. También se puede utilizar en lugar de los adjetivos **Scottish** o **Scots**, pero a los escoceses les resulta ofensivo o les suena anticuado.
El sustantivo **Scotch** siempre se refiere al whisky: *a Scotch on the rocks* un whisky (escocés) con hielo.

scoundrel /ˈskaʊndrəl/ *n* canalla

scour[1] /ˈskaʊə(r)/ *vt* **1 to ~ sth (out)** fregar algo **2 to ~ sth (out)** (*río*) erosionar algo
PHR V **to scour sth away/off** limpiar algo fregando
▶ **scourer** (*tb* **scouring pad**) *n* estropajo

scour[2] /ˈskaʊə(r)/ *vt* **~ sth (for sth/sb)** recorrer algo (en busca de algo/algn): *She scoured Paris looking for her son.* Recorrió todo París buscando a su hijo.

scourge /skɜːdʒ/ *n* azote: *the scourge of war* el azote de la guerra
■ **scourge** *vt* azotar

scouring powder *n* polvos para fregar

scout /ˈskaʊt/ *n* **1** (*Mil*) explorador, -ora: *scout ship* barco de reconocimiento **2** (*tb* **Boy Scout**, **Scout**) scout *Ver tb* GUIDE sentido 3 **3** (*Teat, Dep*) descubridor, -ora: *a talent scout* un descubridor de talentos **4** [*sing*] búsqueda: *I'll have a scout around for it.* Echaré una mirada a ver si lo encuentro.
■ **scout** *vi* **~ (a)round (for sth/sb)**: *to scout around town for work* buscar trabajo por toda la ciudad
▶ **scoutmaster** *n* jefe de una sección de scouts

scowl /skaʊl/ *n* ceño fruncido
■ **scowl** *vi* **~ (at sth/sb)** mirar con el ceño fruncido algo/a algn
▶ **scowling** *adj* con el ceño fruncido: *a scowling face* un rostro ceñudo

scrabble /ˈskræbl/ *v*
PHR V **to scrabble about (for sth) (in sth)** escarbar (en busca de algo) (en algo)

scraggy /ˈskrægi/ *adj* esmirriado

scramble /ˈskræmbl/ **1** *vt* **~ sth (up) (a)** revolver algo **(b)** (*mensaje*) codificar algo **2** *vi* **~ along, away, through, etc (sth)** pasar, irse, atravesar, etc trepando: *to scramble up/over sth* trepar a algo ◊ *He scrambled out of the hole.* Salió trepando del agujero. **3** *vi* **~ (for sth)** pelearse (por algo)
LOC **to scramble to your feet** ponerse en pie (con mucha dificultad o prisa)
■ **scramble** *n* **1** [*sing*] subida dificultosa **2** [*sing*] **~ (for sth)** pelea (por algo): *a scramble for seats* una pelea para conseguir un asiento **3** carrera de motocross
▶ **scrambling** *n* motocross: *to go scrambling* hacer motocross

scrambled eggs *n* huevos revueltos

scrap /skræp/ *n* **1(a)** pedazo: *a scrap of material/cloth* un resto de tela ◊ *a scrap of paper* un trozo de papel **(b)** **scraps** [*pl*] restos de la comida (*que se quedan en el plato*) **2** chatarra: *a scrap dealer* un chatarrero ◊ *a scrap (metal) business* una chatarrería ◊ *to be sold/fit for scrap* ser vendido como/valer para chatarra ◊ *scrap paper* papel para apuntes **3** [*sing*] (*fig*) pizca, retazo: *They haven't got a scrap of evidence.* No tienen ninguna prueba.
■ **scrap** (**-pp-**) **1** *vt* **(a)** desguazar **(b)** (*fig*) descartar: *to scrap a plan* descartar un plan **2** *vi* **~ (with sb)** pelearse (con algn)
■ **scrap** *n* **~ (with sb)** pelea (con algn)
▶ **scrappy** *adj* (**-ier, -iest**) **1** inconexo, desorganizado: *a scrappy note* una nota escrita deprisa y corriendo **2** (*USA, coloq*) luchador

scrapbook /ˈskræpbʊk/ *n* álbum de recortes

scrape /skreɪp/ *n* **1** chirrido **2** arañazo: *a scrape on the paintwork* una raspadura en la pintura **3** (*coloq*) lío: *to get sb out of a scrape* sacar a algn de un apuro ◊ *She's always getting into scrapes.* Siempre está metiéndose en líos. **4** poquitín
■ **scrape 1** *vt* **~ sth (against/on sth)** raspar, rayar algo (contra/en algo): *I scraped my knee.* Me hice un arañazo en la rodilla. ◊ *to scrape sth clean* limpiar algo raspando **2** *vi* **~ (against sth)** rozar (contra algo) **3** *vt*: *to scrape a pass/a victory* aprobar/ganar por los pelos
LOC **to scrape a living** ganar lo justo para vivir **to scrape and save** sacar dinero de debajo de las piedras **to scrape home** ganar por los pelos **to scrape (the bottom of) the barrel** tocar fondo **to scrape (up) an acquaintance with sb** arreglárselas para conocer a algn *Ver tb* BOW[2]
PHR V **to scrape along/by (on sth)** pasar/vivir con lo justo
to scrape sth away/off quitar algo raspando
to scrape sth back recoger algo hacia atrás: *She had scraped her hair back into a bun.* Se había recogido el pelo en un moño.
to scrape in/into sth entrar en algo por los pelos: *She just scraped into university.* Entró en la universidad a duras penas.
to scrape sth off (sth) quitar algo (de algo) raspando: *She's scraped the skin off her elbow.* Se despellejó el codo.
to scrape through (sth) aprobar (algo) por los pelos: *to scrape through the test* aprobar el examen por un pelo
to scrape sth together/up reunir algo a duras penas: *to scrape up enough money for sth* reunir a duras penas bastante dinero para algo
▶ **scraper** *n* espátula
scraping *n* raspaduras: *potato scrapings* mondas de patata

scrap heap (*tb* **scrapheap**) *n* montón de chatarra

LOC on the scrap heap *The unemployed feel they are on the scrap heap.* Los parados sienten que son un desecho.

scrapyard /ˈskræpjɑːd/ *n* desguace, chatarrería

scratch /skrætʃ/ **1** *vt, vi* arañar(se): *to scratch (at) the door* arañar la puerta **2** *vt* **(a)** rascarse **(b)** rayar: *to scratch a record* rayar un disco ◊ *to scratch your name on sth* grabar tu nombre en algo **(c) ~ yourself/sth (on sth)** arañarse/arañar algo (con algo) **3** *vi* chirriar **4** *vt, vi* **~ (sth/sb) (from sth)** retirar (algo/a algn) (de algo); retirarse (de algo)

LOC to scratch the surface (of sth) tratar algo por encima **to scratch your head** devanarse los sesos **you scratch my back and I'll scratch yours** (*refrán*) favor con favor se paga

PHR V to scratch about/around (for sth) escarbar (buscando algo)

to scratch sth away, off, etc raspar algo de algo: *I'll scratch your eyes out!* ¡Te voy a sacar los ojos!

to scratch sth together/up *Ver* TO SCRAPE STH TOGETHER/UP *en* SCRAPE

■ **scratch** *n* **1(a)** rasguño: *without a scratch* sin un solo rasguño **(b)** arañazo **2** [*sing*]: *The dog gave itself a good scratch.* El perro se rascó de lo lindo.

LOC (to be/come) up to scratch (estar/llegar) a la altura: *I'm afraid he isn't up to scratch.* Me temo que no da la talla. **(to bring sth) up to scratch** (dejar algo) a la altura *Ver tb* START

■ **scratch** *adj* improvisado: *a scratch meal* una comida improvisada

▶ **scratchy** *adj* **(-ier, -iest) 1** áspero: *scratchy wool* lana que pica **2** (*disco*) rayado **3** chirriante: *a scratchy pen* un bolígrafo que raspa **4** garabateado

scrawl /skrɔːl/ *n* **1** [*sing*] garabatos **2** garabato: *an illegible scrawl* un garabato ilegible

■ **scrawl 1** *vt* garabatear **2** *vi* hacer garabatos

scrawny /ˈskrɔːni/ *adj* **(-ier, -iest)** (*pey*) esmirriado

scream /skriːm/ *n* **1** chillido: *a scream of pain* un grito de dolor **2** [*sing*] (*coloq*) algo/algn divertidísimo: *He's an absolute scream.* Es una persona divertidísima.

■ **scream 1** *vt* **~ sth (at sb)** gritar algo (a algn) **2** *vi* **(a)** chillar **(b) ~ (out) (at sb); ~ (with sth)** chillar (a algn); (de algo): *to scream with excitement* gritar de emoción ◊ *She screamed (out) (at me) in anger.* Me gritó enfadada. ◊ *to scream with laughter* reírse a carcajadas

PHR V to scream past, etc rugir al pasar, etc

scree /skriː/ *n* pedregal (*en una ladera*)

screech /skriːtʃ/ **1** *vt* **~ sth (out) (at sb)** chillar algo (a algn) **2** *vi* **(a)** chillar: *to screech (out) in pain* dar un chillido de dolor **(b)** chirriar

PHR V to screech along, past, through, etc pasar, atravesar, etc chirriando

■ **screech** *n* [*sing*] **1** chillido **2** chirrido

screen /skriːn/ *n* **1(a)** pantalla: *screen-editing* edición en pantalla ☛ *Ver ilustración en* ORDENADOR **(b)** biombo *Ver tb* SMOKESCREEN, SUNSCREEN, WINDSCREEN **2** (*tb* **the screen**) [*sing*] (*Cine*) pantalla: *a star of stage and screen* una estrella de teatro y de la gran pantalla ◊ *a screen actor* un actor de cine ◊ *screen rights* derechos cinematográficos ◊ *a screenwriter* guionista *Ver tb* OFF-SCREEN **LOC** *Ver* SILVER

■ **screen** *vt* **1 ~ sth/sb (off) (from sth/sb)** proteger, tapar algo/a algn (de algo/algn) **2 ~ sb (from sth/sb)** (*fig*) proteger a algn (de algo/algn) **3 ~ sth/sb (for sth)** examinar algo/a algn (para ver si hay/tiene algo) **4(a)** (*Cine*) proyectar **(b)** (*TV*) emitir

▶ **screening** *n* **1** (*Cine*) proyección **2** (*TV*) emisión

screenplay /ˈskriːnpleɪ/ *n* guion (*cinematográfico*)

screen saver *n* protector de pantalla, salvapantallas

screen test *n* prueba cinematográfica

screw /skruː/ *n* **1** tornillo **2** husillo *Ver tb* CORKSCREW **3** hélice **4** (*Dep*) efecto **5** (*GB, argot*) carcelero, -a **6** (⚠) ☛ *Ver nota en* TABÚ (*argot*) polvo

LOC to have a screw loose faltarle un tornillo a algn

to put the screws on (sb) apretarle las clavijas (a algn) *Ver tb* TURN[2]

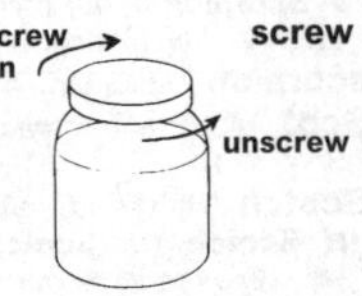

■ **screw 1** *vt* **(a)** atornillar, fijar con tornillos: *to screw a bracket to the wall* atornillar un soporte a la pared **(b)** enroscar: *to screw the lid on (a jar)* enroscar la tapa (de un tarro) ◊ *to screw a bulb in* enroscar una bombilla **2** *vt* (*coloq*) engañar, estafar: *We got screwed when we bought this house.* Cuando compramos esta casa nos engañaron. ◊ *How much did they screw you for?* ¿Cuánto tuviste que soltar? **3** *vt vi* (⚠, *argot*) echarle un polvo a

LOC screw him, you, that, etc (⚠, *coloq*) *Screw you!* ¡Que te den por el culo! **to be screwed up** (*coloq*) estar trastornado **to screw up your courage** armarse de valor *Ver tb* HEAD[1]

PHR V to screw around (⚠, *argot*) acostarse con todo el mundo

to screw sth out of sth/sb (*argot*) conseguir sacar algo de algo/algn

to screw up (*argot*) cagarla

to screw sth up 1 (*papel*) hacer una pelota con algo: *I screwed up the note and threw it on the fire.* Hice una pelota con la nota y la tiré al fuego. **2** (*cara*) torcer algo **3** (*coloq*) (*planes, situación, etc*) fastidiar algo

☛ Para términos y expresiones marcados con el símbolo ⚠, véase nota en TABÚ.

screwball /ˈskruːbɔːl/ *n* (*USA, coloq*) chiflado, -a: *a screwball comedy* una comedia loca

screwdriver /ˈskruːdraɪvə(r)/ *n* destornillador: *Phillips screwdriver* destornillador de punta de estrella ☛ *Ver ilustración en* DESTORNILLADOR

screw top /ˈskruː tɒp/ *adj* con tapa a rosca

screwy /ˈskruːi/ *adj* (*coloq*) **(-ier, -iest)** pirado

scribble /ˈskrɪbl/ **1** *vt* garabatear: *to scribble sth down* garabatear algo **2** *vi* hacer garabatos

■ **scribble** *n* [*incontable*] garabatos: *I can't read this scribble.* No puedo leer estos garabatos.

▶ **scribbler** *n* (*pey*) escritor, -ora de pacotilla

scribe /skraɪb/ *n* **1** copista, escribiente **2** escriba

scrimp /skrɪmp/ *vi*

LOC to scrimp and save apretarse el cinturón

script /skrɪpt/ *n* **1** guion: *film script* guion de cine **2** letra: *a large, ornate script* una letra grande y llena de adornos *Ver tb* TYPESCRIPT **3** escritura: *Cyrillic script* escritura cirílica **4** (*GB*) (*examen*) contestaciones (escritas) *Ver tb* POSTSCRIPT

■ **script** *vt* escribir (el guion para)

▶ **scripted** *adj* preparado (*escrito de antemano*)

scriptwriter *n* guionista

scripture /ˈskrɪptʃə(r)/ *n* **1 Scripture/the Scriptures** las Sagradas Escrituras: *a Scripture lesson* una clase de Historia Sagrada **2 scriptures** [*pl*] escrituras: *Vedic scriptures* escrituras védicas

▶ **scriptural** *adj* bíblico

scroll /skrəʊl/ *n* **1(a)** pergamino **(b)** (*egipcio*) papiro **(c)** rollo de papel **2** (*libro antiguo*) escritura **3** (*adorno*) voluta

■ **scroll** *vi* (*Informát*) pasar las páginas

PHR V to scroll down/up (sth) pasar (la página, etc) hacia delante/hacia atrás

▶ **scrolling** *n* (*Informát*) pasar las páginas

Scrooge /skruːdʒ/ *n* tacaño, -a

scrotum /ˈskrəʊtəm/ *n* (*pl* **~s** o **scrota** /ˈskrəʊtə/) escroto ☛ *Ver ilustración en* REPRODUCTOR

scrounge /ˈskraʊndʒ/ **1** *vt* gorronear: *Can I scrounge a cigarette off you?* ¿Te puedo gorronear un cigarrillo? **2** *vi* **~ (off sb)** vivir de gorra (de algn)

■ **scrounge** *n* (*coloq*)

LOC to be on the scrounge: *I'm on the scrounge for*

some sugar. Vengo a gorronear un poco de azúcar.
▶ **scrounger** *n* gorrón, -ona

scrub[1] /skrʌb/ *n* [*incontable*] matorrales
▶ **scrubby** *adj* (**-ier, -iest**) **1** cubierto de maleza **2** (*pey*) **(a)** pequeño **(b)** achaparrado

scrub[2] /skrʌb/ *vt* (**-bb-**) **1** fregar: *scrubbed hands* manos restregadas **2** (*coloq*) **(a)** cancelar **(b)** borrar: *Scrub my name off the list.* Bórrame de la lista.
LOC **scrub that** miento
PHR V **to scrub up** lavarse las manos (*cirujano*)
■ **scrub** *n*: *Give your nails a good scrub.* Cepíllate bien las uñas.
▶ **scrubber** *n* **1** (*coloq, ofen*) puta **2** estropajo

scrubbing-brush /ˈskrʌbɪŋ brʌʃ/ *n* cepillo de fregar ☛ *Ver ilustración en* CEPILLO

scrubland /ˈskrʌblænd/ *n* monte bajo

scruff[1] /skrʌf/ *n* (*coloq*) guarro, -a: *He's a dreadful scruff!* ¡Es un guarro!

scruff[2] /skrʌf/ *n*
LOC **by the scruff of the neck** por el cogote

scruffy /ˈskrʌfi/ *adj* (*coloq*) (**-ier, -iest**) desaliñado
▶ **scruffily** *adv*: *scruffily dressed* vestido de manera desaliñada

scrum /skrʌm/ *n* **1** (*fig*) melée **2** (*tb* **scrummage**) (*rugby*) melée

scrumptious /ˈskrʌmpʃəs/ *adj* (*coloq*) delicioso, sabroso

scrunch /ˈskrʌntʃ/ *vt, vi* (hacer) crujir
PHR V **to scrunch sth up 1** (*papel, etc*) arrugar algo: *He scrunched up my letter and threw it away.* Hizo una pelota con mi carta y la tiró. **2** (*cara*) arrugar algo

scruple /ˈskru:pl/ *n* escrúpulos: *to have no scruples about doing sth* no tener escrúpulos en hacer algo ◊ *He is without scruple.* No tiene escrúpulos.

scrupulous /ˈskru:pjələs/ *adj* escrupuloso
▶ **scrupulously** *adv* escrupulosamente: *scrupulously clean* impecable
scrupulousness *n* escrupulosidad

scrutineer /ˌskru:təˈnɪə(r); *USA* -tnˈɪər/ *n* (*GB*) escrutador, -ora

scrutinize, -ise /ˈskru:tənaɪz/ *vt* **1** examinar, escudriñar **2** observar: *He was scrutinizing her from across the room.* La observaba desde el otro lado de la habitación. **3** (*Pol*) escrutar

scrutiny /ˈskru:təni/ *n* **1** examen detallado: *On closer scrutiny he discovered several errors.* Tras un estudio más de cerca descubrió varios errores. **2** (*Pol*) escrutinio
LOC **to keep/put sth/sb under scrutiny** mantener/poner algo/a algn bajo estricta viligancia **to stand up to scrutiny** salir bien del examen

scuba /ˈsku:bə/ *n* **1** equipo de submarinismo: *scuba diver* submarinista **2** (*tb* **scuba diving**) submarinismo

scud /skʌd/ *vi* (**-dd-**) **1** (*esp nubes*) correr: *clouds scudding across the sky* nubes pasando rápidamente por el cielo **2** (*Náut*) correr viento en popa

scuff /skʌf/ *vt* hacer rayones en: *His shoes were scuffed.* Tenía los zapatos llenos de rayones.
■ **scuff** (*tb* **scuff-mark**) *n* rayón, rozadura

scuffle /ˈskʌfl/ *n* **1** (*pelea*) enfrentamiento: *Scuffles broke out between police and demonstrators.* Hubo enfrentamientos entre policías y manifestantes. **2** forcejeo
■ **scuffle** *vi* **1** (*llegar a las manos*) enfrentarse **2** forcejear **3** arrastrar los pies

scull /skʌl/ *n* **1** remo corto **2** bote de remos cortos
■ **scull** *vi* remar

scullery /ˈskʌləri/ *n* trascocina

scullion /ˈskʌliən/ *n* pinche

sculpt /skʌlpt/ *vt, vi* esculpir

sculptor /ˈskʌlptə(r)/ *n* escultor, -ora

sculpture /ˈskʌlptʃə(r)/ *n* escultura
■ **sculpture** *vt* esculpir
▶ **sculptural** *adj* escultural
sculptured *adj* escultural

scum /skʌm/ *n* **1(a)** espuma **(b)** escoria **(c)** verdín **2** (*pey, fig*) hez: *She treats him like scum.* Lo trata como basura.

scumbag /ˈskʌmbæg/ *n* (*argot*) (*ofen* o *joc*) cabronazo, -a, cerdo, -a

scupper /ˈskʌpə(r)/ *vt* (*GB*) **1** (*proyecto, etc*) echar por tierra: *We're scuppered!* ¡Estamos hundidos! **2** (*barco*) hundir

scurrilous /ˈskʌrələs/ *adj* procaz: *to make a scurrilous attack on sb* atacar a algn de modo procaz
▶ **scurrilously** *adv* de modo procaz

scurry /ˈskʌri/ *vi* (*pret, pp* **scurried**) **1** ir apresuradamente: *He scurried across the road.* Cruzó apresuradamente la carretera. ◊ *She scurried out of the room.* Abandonó apresuradamente la sala. ◊ *The noise sent them scurrying for cover.* El ruido les hizo correr a resguardarse. **2 ~ to do sth** darse prisa para hacer algo
PHR V **to scurry about/around 1** trajinar **2** corretear **to scurry away/off** irse a toda prisa
■ **scurry** (*tb* **scurry of feet**) *n* ruido de pasos precipitados

scurvy /ˈskɜ:vi/ *n* escorbuto
■ **scurvy** *adj* (*antic*) vil

scuttle /ˈskʌtl/ **1** *vt* **(a)** (*barco*) hundir **(b)** (*planes, etc*) echar a pique **2** *vi* **(a)** (*araña, etc*) deslizarse **(b)** *She scuttled back to her car.* Volvió a su coche a toda prisa. ◊ *to scuttle away/off* escabullirse
■ **scuttle** (*tb* **coal scuttle**) *n* cubo del carbón

scythe /saɪð/ *n* guadana
■ **scythe** *vt, vi* segar (con guadaña)

SDLP /ˌes di: el ˈpi:/ (*GB, Pol*) *abrev de* **Social and Democratic Labour Party** Partido Laborista Socialdemócrata (de Irlanda del Norte)

SE *abrev de* **South-East**

sea /si:/ *n* **1** mar: *sea water/air* agua/aire de mar ◊ *out at sea* en alta mar ◊ *We've been at sea for two weeks.* Hemos pasado dos semanas en el mar. ◊ *They were lost at sea.* Desaparecieron en el mar. ◊ *by/beside the sea* a orillas del mar ◊ *to go by sea* ir en barco *Ver tb* DEEP-SEA ☛ *Ver nota en* MAR **2** *sea battle* batalla naval ◊ *sea creatures* animales marinos ◊ *sea port* puerto marítimo ◊ *sea power* fuerza naval **3 seas** [*pl*] **(a)** oleaje: *The liner foundered in heavy seas.* El crucero se fue a pique con el fuerte oleaje. **(b)** aguas: *The ship sank in British seas.* El buque se hundió en aguas británicas. **4 sea of sth** (*fig*) mar de algo: *a sea of angry faces* un mar de rostros enfurecidos
LOC **at sea** en el mar **on the sea** en la costa (*casa, etc*) **the seven seas** (*ret*) los siete mares: *to sail the seven seas* cruzar los siete mares **to be all at sea** estar en medio de un mar de dudas **to go to sea** hacerse marinero **to put (out) to sea** hacerse a la mar *Ver tb* DEVIL[1], FISH[1]

sea anemone *n* anémona de mar

seabed /ˈsi:bed/ *n* lecho marino

seabird /ˈsi:bɜ:d/ *n* ave marina

seaboard /ˈsi:bɔ:d/ *n* litoral

seaborne /ˈsi:bɔ:n/ *adj* **1** (*comercio, etc*) marítimo **2** (*invasión, ataque*) naval, por el mar

sea breeze /ˈsi: bri:z/ *n* brisa marina

sea captain *n* capitán de barco

sea change *n* cambio radical

seafarer /ˈsi:feərə(r)/ *n* marinero
▶ **seafaring 1** *adj* marinero: *a seafaring nation* una nación marinera **2** *n* marinería

seafood /ˈsi:fu:d/ *n* [*incontable*] mariscos: *a seafood restaurant* una marisquería

seafront /ˈsiːfrʌnt/ *n* paseo marítimo: *a seafront restaurant* un restaurante frente al mar
LOC **on the seafront** en primera línea de playa
sea green /ˈsiː griːn/ *adj* verdemar
seagull /ˈsiːgʌl/ *n* gaviota
sea horse *n* caballito de mar, hipocampo
seal¹ /siːl/ *n* foca
seal² /siːl/ *n* **1** sello: *a wax seal* un sello de lacre **2** (*mercancías*) precinto **3** (*puerta, tapadera*) junta
LOC **seal of approval** visto bueno: *The deal needs the Minister's seal of approval.* El acuerdo necesita el visto bueno del ministro. **to set the seal on sth** dar el remate a algo: *This award has set the seal on her career.* Este premio es la culminación de su carrera.
■ **seal** *vt* **1** sellar: *sealed with a kiss* sellado con un beso **2** (*documento*) **(a)** sellar **(b)** lacrar **(c)** emplomar **3** (*sobre*) cerrar **4** (*mercancías*) precintar: *hermetically sealed* cerrado herméticamente **5** impermeabilizar **6** (*destino*) decidir: *Her fate is sealed.* Su destino ya está decidido. **7** (*carne*) encerrar los jugos de **LOC** *Ver* LIP
PHR V **to seal sth in** retener algo, encerrar algo
to seal sth off precintar algo, acordonar algo: *Police sealed off the town centre.* La policía precintó el centro de la ciudad.
▶ **sealant** *n* silicona (*para sellar*)
sea level /ˈsiː levl/ *n* nivel del mar: *50 metres above sea level* 50 metros sobre el nivel del mar
sealing /ˈsiːlɪŋ/ *n* caza de focas
sealing wax *n* lacre
sea lion *n* león marino
seam /siːm/ *n* **1** (*tela*) costura **2** junta, línea de soldadura **3** filón, veta
LOC **to come/fall apart at the seams** desintegrarse *Ver tb* BURST
▶ **seamed** *adj* **1** (*medias*) con costura **2** (*cara*) arrugado **3 ~ with sth** con vetas de algo
seaman /ˈsiːmən/ *n* (*pl* **-men** /-mən/) marinero
▶ **seamanship** *n* náutica
seamless /ˈsiːmləs/ *adj* **1(a)** (*medias*) sin costura **(b)** sin soldadura **2** (*fig*) **(a)** ininterrumpido **(b)** completo
▶ **seamlessly** *adv* **1** de modo imperceptible **2** ininterrumpidamente
seamstress /ˈsemstrɪs/ *n* costurera
seamy /ˈsiːmi/ *adj* (**-ier, -iest**) sórdido: *the seamier parts of London* los barrios bajos de Londres
seance /ˈseɪɒ̃s/ *n* sesión de espiritismo
seaport /ˈsiːpɔːt/ *n* puerto de mar
sear /sɪə(r)/ *vt* **1** chamuscar **2** (*Med*) cauterizar **3** soasar
search /sɜːtʃ/ **1** *vi* **~ for sth** buscar algo: *She searched through the files for his card.* Buscó su ficha en los archivos. **2** *vt* **(a) ~ sth (for sth)** buscar (algo) en algo: *She searched the list for her son's name.* Buscó el nombre de su hijo en la lista. **(b)** (*casa, etc*) registrar **(c)** cachear *Ver tb* HEART-SEARCHING, SOUL-SEARCHING
LOC **search me** (*coloq*) yo no sé nada **to search your heart/conscience** (*formal*) hacer examen de conciencia **to search your memory (for sth)** esforzarse por recordar (algo)
PHR V **to search after sth** ir en busca de algo
to search sth/sb out descubrir algo/a algn
■ **search** *n* **1 ~ (for sth/sb)** búsqueda (de algo/algn): *search party* equipo de búsqueda **2** (*policial*) **(a)** registro: *search warrant* orden de registro **(b)** cacheo
LOC **in search of sth/sb** en busca de algo/algn
▶ **searcher** *n* **1** buscador, -ora, investigador, -ora **2** miembro de una partida de rescate
searching *adj* **1** penetrante **2** perspicaz
search engine *n* (*Informát*) buscador
searchlight /ˈsɜːtʃlaɪt/ *n* reflector (*foco*)
searing /ˈsɪərɪŋ/ *adj* **1** (*calor*) abrasador **2** (*dolor*) punzante **3** (*ataque, crítica*) feroz
seascape /ˈsiːskeɪp/ *n* paisaje marino
sea shanty *n* saloma
seashell /ˈsiːʃel/ *n* concha marina
seashore /ˈsiːʃɔː(r)/ *n* orilla del mar: *by/on the seashore* en la playa
seasick /ˈsiːsɪk/ *adj* mareado: *to get seasick* marearse
▶ **seasickness** *n* [*incontable*] mareo
seaside /ˈsiːsaɪd/ *n* **1** playa: *to go to the seaside* ir a la playa **2** costa: *a seaside resort* un centro turístico en la costa ◊ *at the seaside* en la costa
season /ˈsiːzn/ *n* **1** estación: *the rainy season* la estación de las lluvias **2** temporada: *the football season* la temporada de fútbol ◊ *season ticket* abono de temporada *Ver tb* CLOSE SEASON, CLOSED SEASON, HIGH SEASON, LOW SEASON, OFF-SEASON **3** (*películas, etc*) ciclo
LOC **in season 1** (*fruta*) que está en la temporada: *Strawberries aren't in season.* No es temporada de fresas. **2** (*animal*) en celo **3** (*centro turístico*) en plena temporada **4** (*caza*): *Deer are in season.* Se ha abierto la veda del ciervo. **out of season 1** durante la temporada baja **2** durante la época de veda **the season's greetings** feliz Navidad *Ver tb* MATING
■ **season** *vt* **1** condimentar, sazonar: *Season to taste.* Se condimenta al gusto. **2** (*madera*) curar
seasonal /ˈsiːzənl/ *adj* **1** (*estadística*) estacional **2** propio de la estación **3** (*trabajo*) de temporada
▶ **seasonally** *adv* según la estación: *the seasonally unemployed* los parados estacionales ◊ *seasonally adjusted figures* cifras ajustadas a la estación
seasoned /ˈsiːzənd/ *adj* **1** condimentado **2** (*madera*) seco, curado **3** (*persona*) con mucha experiencia: *a seasoned campaigner* un aguerrido luchador **4 ~ with sth** (*fig*) salpicado de algo: *a speech seasoned with classical allusions* un discurso salpicado de alusiones clásicas
seasoning /ˈsiːzənɪŋ/ *n* **1(a)** condimento **(b)** sazón **2** (*madera*) secado
seat /siːt/ *n* **1(a)** (*coche, etc*) asiento: *driver's/passenger seat* asiento del conductor/pasajero ☛ *Ver ilustración en* CAR *Ver tb* BACK SEAT, EJECTOR SEAT, FOUR-SEATER, HOT SEAT, TWO-SEATER **(b)** (*parque*) banco **(c)** (*teatro, etc*) butaca: *to take your seat* sentarse ◊ *to keep a seat for sb* guardar lugar para algn **(d)** (*de silla, retrete*) asiento **2** (*eufemismo*) trasero **3** (*pantalones*) fondillos **4(a)** (*avión, etc*) plaza: *There are no seats left on the flight.* No quedan plazas en el avión. **(b)** (*teatro, etc*) localidad **5** (*Pol*) **(a)** escaño: *to lose your seat* perder el escaño ☛ *Ver págs 584–5* **(b)** circunscripción electoral: *a marginal seat* una circunscripción electoral muy reñida **6** (*formal*) **(a)** (*de poder*) sede **(b)** *seat of learning* centro de estudio **(c)** (*revolución*) cuna **7** (*tb* **family seat**) (*formal*) residencia familiar **8** [*sing*] (*equitación*): *to keep your seat* seguir en la silla ◊ *to lose your seat* caerse del caballo **LOC** *Ver* DRIVER, EDGE, LOSE, RINGSIDE
■ **seat** *vt* [*esp en pasiva*] (*formal*) **1** sentar: *Please be seated.* Siéntese, por favor. ◊ *remain seated* permanecer sentado *Ver tb* DEEP-SEATED **2 ~ x (people)** **(a)** (*teatro, etc*) tener un aforo de x: *a theatre that seats 500* un teatro con un aforo de 500 **(b)** (*autobús, etc*) tener x plazas **(c)** (*mesa*): *The table seats nine or ten people.* Hay sitio para nueve o diez personas en la mesa.
seat belt (*tb* **safety belt**) *n* cinturón de seguridad ☛ *Ver ilustración en* CAR
-seater /-ˌsiːtə/ *suf* **1** (*vehículo*): *a ten-seater minibus* un microbús de diez plazas **2** (*teatro, etc*): *a 100-seater auditorium* un auditorio con un aforo de 100
seating /ˈsiːtɪŋ/ *n* [*incontable*] **1** asientos **2** (*tb* **seating arrangements**) distribución de asientos **3** butacas
sea urchin *n* erizo de mar
sea wall /ˈsiː wɔːl/ *n* dique marítimo, malecón
seaward /ˈsiːwəd/ *adj* hacia el mar
LOC **to seaward** hacia el mar
■ **seaward** *adv* (*tb* **seawards**) hacia el mar
seaweed /ˈsiːwiːd/ *n* alga ☛ *Ver nota en* ALGA

seaworthy /ˈsiːwɜːði/ *adj* en buen estado para navegar

sebaceous /sɪˈbeɪʃəs/ *adj* sebáceo

sec /sek/ *n* (*GB, coloq*) segundo: *Just a sec!* ¡Un segundo!

secateurs /ˈsekətɜːz, ˌsekəˈtɜːz/ *n* [*pl*] (*GB*) tijeras de podar (*con muelle*) ☛ *Ver ilustración en* TIJERA

secede /sɪˈsiːd/ *vi* ~ **(from sth)** (*formal*) separarse (de algo)

secession /sɪˈseʃn/ *n* (*formal*) secesión

▶ **secessionist** *adj* (*formal*) secesionista

seclude /sɪˈkluːd/ *vt* (*formal*) recluir: *She secluded herself in her study to work.* Se recluyó en su despacho a trabajar.

secluded /sɪˈkluːdɪd/ *adj* **1** (*lugar*) apartado **2** (*vida*) retirado

▶ **seclusion** *n* **1** aislamiento **2** soledad: *a life of seclusion* una vida retirada

second[1] /ˈsekənd/ *adj, pron* **1** segundo, -a, segundos, -as: *the second richest family in the USA* la segunda familia más rica de los EE.UU. ◊ *second chamber* cámara alta ◊ *In the second half of the match…* En la segunda mitad del partido… ◊ *second generation/home* segunda generación/vivienda ☛ *Ver ejemplos en* FIFTH **2 a second** otro (*cuando ya hay uno*): *I've already got one car - I don't need a second.* Ya tengo un coche, no necesito otro. ◊ *You won't get a second chance.* No tendrás otra oportunidad. ◊ *They decided not to have a second child.* Decidieron no tener otro hijo.

LOC a/your second childhood una/su segunda infancia **(not) to give sth/sb a second thought**: *I didn't give it a second thought.* No me lo pensé dos veces. **on second thoughts…** (*GB*) pensándolo bien… ☛ Nótese que en inglés americano se dice **on second thought**. **second nature (to sb)** algo automático (para algn): *In the end, driving becomes second nature to you.* Al final, conducir se convierte en algo que haces sin pensar. **second only to sth/sb** solo por debajo de algo/algn: *He is only second to my own son in my affections.* Después de mi propio hijo, es la persona a la que más quiero. **second to last** penúltimo **second to none** sin par **to have second thoughts**: *We had second thoughts.* Nos lo pensamos mejor. **to get your second wind** volver a recuperar las fuerzas *Ver tb* FIDDLE

■ **second** *n* **1 the second (a)** el segundo, la segunda, los segundos, las segundas **(b)** (*fecha*) el (día) dos: *on the second of May/on May 2* el (día) dos de mayo **(c)** (*rey, etc*) segundo, -a: *George II/the second* Jorge II ☛ *Ver ejemplos en* FIFTH **2** (*GB*) (*tb* **second class degree**) ~ **(in sth)** (*universidad*) **(a)** (*tb* **2:1**, **upper second**) notable (en algo) **(b)** (*tb* **2:2**, **lower second**) bien (en algo): *I got a 2:2/(lower) second in French.* Me licencié en francés con un bien. ☛ *Ver nota en* FIRST **3** (*tb* **second gear**) (*automóvil*) segunda (marcha) ☛ *Ver ejemplos en* FIFTH **4** [*gen pl*] artículo con algún desperfecto de fábrica **5 seconds** [*pl*] (*comida*): *Are there any seconds?* ¿Queda para repetir? ◊ *Help yourself to seconds.* Si quieres más, repite. **6** (*acompañante*) **(a)** (*boxeo*) segundo **(b)** (*duelo*) padrino

■ **second** *adv* en segundo lugar (*en una carrera, en una sucesión, etc*): *She finished second in the race.* Acabó la carrera en segundo lugar.

LOC to come second ser secundario: *Work comes second, family first.* La familia está antes que el trabajo.

second[2] /ˈsekənd/ *n* **1** (*lit*) segundo: *a split second* una fracción de segundo ◊ *the second hand* el segundero **2** (*coloq* **sec**) (*fig*) momento: *Just a second!* ¡Un segundo! ◊ *I'll be ready in a second.* Estaré lista enseguida.

■ **second** *vt* **1** (*propuesta, candidato*) secundar **2** (*boxeo*) ser el segundo de **3** (*duelo*) apadrinar

▶ **seconder** *n*: *Can we have a seconder for that proposal?* ¿Hay alguien que secunde la propuesta?

second[3] /sɪˈkɒnd/ *vt* (*GB*) trasladar: *She was seconded to the Foreign Office.* Fue trasladada al Ministerio de Asuntos Exteriores.

▶ **secondment** *n* traslado: *I'm here on a two month secondment.* He sido trasladado aquí para dos meses. ◊ *on secondment* a destacamento

secondary /ˈsekəndri; *USA* -deri/ *adj* secundario: *a secondary school* una escuela secundaria

▶ **secondarily** *adv* en segundo lugar

second-best /ˈsekənd best/ *adj* **1** segundo mejor: *my second-best suit* mi segundo mejor traje **2** inferior

■ **second-best** *n* **1** sustituto **2** lo inferior: *They'll have to settle for second-best.* Tendrán que conformarse con lo inferior.

LOC to come off second-best quedar en segundo lugar

second-class /ˌsekənd ˈklɑːs/ *adj* **1** de segunda clase **2** (*correo*) de franqueo normal **3** *a second-class (History) degree* una licenciatura (en Historia) con nota media de notable

■ **second-class** *adv* **1** (*viajar*) en segunda **2** por correo normal

second class *n* **1** segunda (clase) **2** correo de franqueo normal

second-degree /ˈsekən dɪgriː/ *adj* de segundo grado

second-generation /ˈsekənd dʒenəreɪʃən/ *adj* de la segunda generación

second-guess /ˌsekənd ˈges/ *vt* **1** criticar (a posteriori) **2** prever

second-hand /ˈsekənd hænd/ *adj, adv* de segunda mano: *second-hand car* coche de segunda mano ◊ *to hear sth second-hand* enterarse de algo por boca de otros

second in command *n* segundo, -a de a bordo

second lieutenant *n* alférez

secondly /ˈsekəndli/ *adv* **1** (*enumerando una lista de cosas*) en segundo lugar ☛ *Ver ejemplos en* FIFTHLY **2** (*dando dos razones para algo*) además, también: *Firstly, it's too expensive; and secondly, it's very ugly.* Para empezar es muy caro y, por si fuera poco, muy feo.

second-rate /ˈsekənd reɪt/ *adj* de segunda fila

second sight *n* clarividencia

secrecy /ˈsiːkrəsi/ *n* **1** secretismo: *The preparations have been shrouded in secrecy.* Los preparativos han estado envueltos en un gran secretismo. **2** confidencialidad **3** discreción **LOC** *Ver* STRICT

secret /ˈsiːkrət/ *adj* **1** secreto: *secret ballot* votación secreta ◊ *secret agent/service* agente/servicio secreto ◊ *secret police/weapon* policía/arma secreta *Ver tb* TOP SECRET, TRADE SECRET **2** (*persona*) reservado

LOC to keep sth secret (from sb) mantener algo en secreto (delante de algn), ocultarle algo a algn

■ **secret** *n* secreto: *Her identity is a closely-guarded secret.* Su identidad se mantiene en gran secreto. ◊ *to keep a secret* guardar un secreto ◊ *to let sb in on a secret* revelar a algn un secreto

LOC in secret en secreto **to be in (on) the secret** estar en el secreto **to make no secret of sth** no intentar ocultar algo *Ver tb* CLOSE[1], OPEN[1]

secretarial /ˌsekrəˈteəriəl/ *adj* **1** (*personal*) administrativo **2** (*trabajo*) de secretario, -a: *She does secretarial work.* Trabaja como secretaria.

secretariat /ˌsekrəˈteəriət, -iæt/ *n* secretaría

secretary /ˈsekrətri; *USA* -rəteri/ *n* (*pl* **-ies**) **1** secretario, -a **2 Secretary (a)** *Ver* SECRETARY OF STATE **(b)** (*USA*) secretario, -a: *Defence Secretary* secretario de Defensa **(c)** (*GB*) ministro, -a: *Employment Secretary* ministro de Trabajo *Ver tb* FOREIGN SECRETARY, HOME SECRETARY, PRESS SECRETARY, UNDER-SECRETARY ☛ *Ver nota en* MINISTRO ☛ *Ver tb págs 584-5*

Secretary-General /ˌsekrətri ˈdʒenrəl/ *n* secretario, -a general

Secretary of State *n* **1** (*GB*) ministro, -a: *the new Secretary of State for Education* el nuevo ministro de Educación **2** (*USA*) ministro, -a de Asuntos Exteriores

secrete /sɪˈkriːt/ *vt* (*formal*) **1** (*Med*) segregar **2** ocultar

secretion /sɪˈkriːʃn/ *n* secreción

secretive /ˈsiːkrətɪv/ *adj* reservado

LOC to be secretive about sth mantener algo en secreto

▶ **secretively** *adv* sigilosamente

secretiveness *n* secretismo

secretly /ˈsiːkrətli/ *adv* en secreto, a escondidas

sect /sekt/ *n* secta

sectarian /sekˈteəriən/ *adj* sectario

▶ **sectarianism** *n* sectarismo

section /ˈsekʃn/ *n* **1(a)** sección: *the string section* la sección de cuerda **(b)** parte **(c)** (*carretera*) tramo **(d)** (*sociedad*) sector **(e)** (*USA*) (*ciudad*) zona **(f)** (*documento*) párrafo: *section mark* signo de párrafo **(g)** (*ley, código*) artículo **2** (*Mat, Med, Mil*) sección *Ver tb* CAESAREAN, CROSS-SECTION

■ **section** *vt* **1** dividir **2** (*Med*) seccionar

PHR V to section sth off vallar algo

▶ **sectional** *adj* **1** (*mueble, etc*) desmontable **2** (*intereses*) de grupo **3** (*diagrama*) en corte

sector /ˈsektə(r)/ *n* sector: *private/public sector* sector privado/público

secular /ˈsekjələ(r)/ *adj* **1** laico **2** secular **3** profano

▶ **secularism** *n* laicismo

secularist *adj, n* laicista

secularize, -ise /ˈsekjuləraɪz/ *vt* secularizar

▶ **secularization, -isation** *n* secularización

secure /sɪˈkjʊə(r)/ *adj* **1** seguro: *She's a happy, secure child.* Es una niña feliz y segura. ◊ *a secure investment* una inversión segura ◊ *Is that ladder secure?* ¿Es esa escalera segura? **2** (*opinión*) firme **3** (*prisión*) de alta seguridad **4 ~ (from/against sth)** protegido (contra algo)

LOC secure in the knowledge that ... con la seguridad de que ...

■ **secure** *vt* **1(a)** (*ventana*) cerrar firmemente **(b)** (*escalera*) asegurar **(c)** (*objeto*) fijar: *Check that the lid is firmly secured.* Compruebe que la tapa esté bien fijada. **2 ~ sth (against/from sth)** proteger algo (contra/de algo) **3** (*acuerdo, contrato, etc*) conseguir **4** (*posición*) consolidar

LOC a secured loan un préstamo garantizado **to secure (yourself) sth** asegurarse algo: *France secured victory in the final seconds.* Francia se aseguró la victoria en los últimos segundos.

▶ **securely** *adv* firmemente: *Make sure all doors are securely locked.* Cerciórate de que todas las puertas están bien cerradas.

security /sɪˈkjʊərəti/ *n* **1** seguridad: *the security of a family* la seguridad de una familia ◊ *security arrangements* medidas de seguridad ◊ *a maximum security prison* una prisión de máxima seguridad ◊ *a security risk* un riesgo para la seguridad ◊ *to have job security* tener trabajo asegurado ◊ *security of tenure* tenencia asegurada ◊ *security system* sistema de seguridad *Ver tb* SOCIAL SECURITY **2** (*préstamo*) fianza **3 securities** [*pl*] (*Fin*) **(a)** valores: *the securities market* el mercado de valores **(b)** títulos: *government securities* títulos del Estado

Security Council *n* Consejo de Seguridad: *The UN Security Council* el Consejo de Seguridad de la ONU

security forces *n* [*pl*] fuerzas de seguridad

security guard *n* guardia jurado

sedan /sɪˈdæn/ *n* **1** (*USA*) turismo (*coche*) **2** (*tb* **sedan-chair**) silla de manos

sedate /sɪˈdeɪt/ *adj* **1** sosegado **2** serio

■ **sedate** *vt* sedar, administrar sedantes a

▶ **sedately** *adv* **1** tranquilamente **2** en serio **3** a un paso sosegado

sedation /sɪˈdeɪʃn/ *n* sedación

LOC to be under sedation estar bajo los efectos de calmantes

sedative /ˈsedətɪv/ *adj, n* sedante

sedentary /ˈsedntri; *USA* -teri/ *adj* sedentario

sedge /sedʒ/ *n* junco

sediment /ˈsedɪmənt/ *n* sedimento

▶ **sedimentary** *adj* sedimentario

sedimentation *n* sedimentación

sedition /sɪˈdɪʃn/ *n* sedición

▶ **seditious** *adj* sedicioso

seduce /sɪˈdjuːs; *USA* -ˈduːs/ *vt* **1** seducir **2 ~ from duty, etc** (*formal*) apartar del deber, etc **3 to ~ sb into doing sth** engatusar a algn para que haga algo

▶ **seducer** *n* seductor, -ora

seduction *n* seducción

seductive /sɪˈdʌktɪv/ *adj* **1** seductor **2** tentador

▶ **seductively** *adv* seductoramente

see[1] /siː/ *vt, vi* (*pret* **saw** /sɔː/ *pp* **seen** /siːn/) **1** ver: *I saw a programme on TV about that.* Vi un programa en la tele sobre eso. ◊ *to go to see a film* ir a ver una película ◊ *She'll never see again.* No volverá a ver nunca. ◊ *See page 158.* Véase página 158. ◊ *Go and see if the postman's been.* Ve a ver si ha venido el cartero. ◊ *Let's see.* Vamos a ver. ◊ *This school has seen many changes.* Este colegio ha visto muchos cambios. ◊ *I'm seeing Sue tonight.* He quedado con Sue esta noche. ◊ *I can't see her changing her mind.* No creo que cambie de opinión. **2 to see sb (about sth)** ver a algn (con relación a algo): *I must see the doctor about my foot.* Tengo que ir al médico por lo del pie. ◊ *The manager can see you now.* El gerente puede atenderle ahora. **3** acompañar: *He saw her to the door.* La acompañó hasta la puerta. **4** encargarse: *I'll see that it's done.* Ya me encargaré de que se lleve a cabo. **5** salir con: *She's seeing a married man.* Sale con un hombre casado. **6** comprender: *to see a joke* comprender un chiste **7** (*póquer, etc*) ver *Ver tb* FORESEE

LOC for all (the world) to see a la vista de todo el mundo **seeing that...** en vista de que... **see you (around)**; **(I'll) be seeing you** (*coloq*) hasta luego **to see a lot, nothing, etc of sb** ver mucho a algn/no ver nada a algn, etc: *I saw quite a lot of her during the holidays.* La vi bastante durante las vacaciones. **to see for yourself** ver por sí mismo

☛ Para otras expresiones con **see**, véanse las entradas del sustantivo, adjetivo, etc, p.ej. **to make sb see reason** en REASON[1].

PHR V to see about (doing) sth encargarse de (hacer) algo: *I'll have to see about getting the roof mended.* Tendré que encargarme de que reparen el tejado.

to see sth in sth/sb ver algo en algo/algn: *I can't think what she sees in him.* No entiendo lo que puede ver en él.

to see sb off 1 ir a despedir a algn: *They saw him off at the station.* Le despidieron en la estación. **2** echar a algn

to see sth out quedarse hasta el final de algo

to see over sth examinar algo

to see through sth/sb calar algo/a algn: *We saw through him straight away.* Le calamos en seguida.

to see sth through cumplir algo

to see sb through (sth) ayudar a algn a aguantar (algo)

to see to sth/sb ocuparse de algo/algn, atender a algo/algn: *I'll see to the guests, you finish cooking.* Yo atenderé a los invitados, tú termina de cocinar.

to see to it that... asegurarse de que...: *See to it that you're ready on time!* ¡Asegúrate de estar listo a tiempo!

see[2] /siː/ *n* (*formal*) sede: *the Holy see/the see of Rome* la Santa Sede

seed /siːd/ *n* **1(a)** semilla, pepita ☛ *Ver ilustración en* FRUTA **(b)** simiente *Ver tb* BIRDSEED **(c)** [*antes de sustantivo*] de siembra **2** (*Dep*) favorito, -a: *second seed* segundo de los favoritos

LOC to go/run to seed 1 granar, producir semillas **2** (*fig*) estropearse **(to plant/sow) the seeds of sth** sembrar la semilla de algo

■ **seed** *vt, vi* **1** granar, producir semillas **2 ~ sth (with sth)** sembrar algo (con algo) **3** quitar las pepitas: *one tomato, seeded and chopped* un tomate, troceado y sin pepitas **4** (*tenis*) distribuir a los jugadores para que los favoritos no se enfrenten entre sí en los primeros partidos: *seeded fifth in the world* quinto en la clasificación mundial

seedbed /ˈsiːdbed/ *n* semillero

seedless /ˈsiːdlɪs/ *adj* sin pepitas

seedling /ˈsiːdlɪŋ/ *n* plántula

seedpearl /ˈsiːdpɜːl/ *n* aljófar

seedy /ˈsiːdi/ *adj* (**-ier, -iest**) **1** sórdido **2** sucio **3** con muchas pepitas

seeing /ˈsiːɪŋ/ (*tb* **seeing that**) (*coloq* **seeing as**) *conj* en vista de que

seek /siːk/ *vt, vi* (*pret, pp* **sought** /sɔːt/) (*formal*) **1 ~ (after/for sth)** buscar (algo): *refugees seeking asylum* refugiados que piden asilo político *Ver tb* HIDE-AND-SEEK **2 ~ sth (from sb)** solicitar algo (de algn): *seek advice* pedir consejo **3 ~ to do (sth)** intentar hacer (algo): *They are seeking to bring the conflict to an end.* Están intentando poner fin al conflicto. *Ver tb* SELF-SEEKING
LOC **to seek your fortune** buscar fortuna
PHR V **to seek sth/sb out** buscar algo/a algn
▶ **seeker** *n* **~ (after sth)** persona que busca algo: *asylum seekers* personas que piden asilo político

seem /siːm/ *vi* parecer: *It seems (to me) (to be) the best solution.* A mí me parece la mejor solución. ◊ *It seemed (like) a disaster at the time.* Entonces pareció un desastre. ◊ *They seem to know what they're doing.* Parece que saben lo que hacen. ◊ *So it seems.* Eso parece. ◊ *It seems that…* Parece que… ◊ *How did she seem to you?* ¿Cómo la encontraste? ☛ *Ver nota en* THERE *pron*
▶ **seeming** *adj* [*antes de sustantivo*] aparente
seemingly *adv* aparentemente

seemly /ˈsiːmli/ *adj* apropiado, decoroso

seen *pp de* SEE[1]

seep /siːp/ *vi* **~ through (sth)**; **~ in(to sth)**; **~ out (of sth)** filtrarse (por algo); (en algo); (de algo): *Oil is seeping out through a crack.* Rezuma el petróleo por una grieta.

seepage /ˈsiːpɪdʒ/ *n* filtración (*proceso y líquido*)

seer /sɪə(r)/ *n* (*antic* o *ret*) profeta, vidente

see-saw /ˈsiːsɔː/ *n* **1** sube y baja **2** (*movimiento, fig*) vaivén
■ **see-saw** *vi* oscilar

seethe /siːð/ *vi* **1** burbujear **2 ~ (with sth)** **(a)** estar abarrotado (de algo): *a seething mass of people* una marea de gente **(b)** (*de ira, etc*) hervir

see-through /ˈsiː θruː/ *adj* transparente

segment /ˈsegmənt/ *n* **1** (*Geom*) segmento **2** sección **3** (*de naranja, etc*) gajo
■ **segment** *vt* hacer segmentos
▶ **segmentation** *n* segmentación

segregate /ˈsegrɪgeɪt/ *vt* **~ sth/sb (from sth/sb)** aislar, segregar algo/a algn (de algo/algn)
▶ **segregation** *n* segregación: *racial segragation* segregación racial

seismic /ˈsaɪzmɪk/ *adj* sísmico
▶ **seismograph** *n* sismógrafo
seismologist *n* sismólogo, -a
seismology *n* sismología

seize /siːz/ *vt* **1** coger, agarrar: *He seized her hand.* La cogió de la mano. ◊ *to seize hold of sth* agarrar algo **2** (*armas, drogas, etc*) incautarse de **3** (*personas, edificios*) capturar **4** (*bienes*) embargar **5** (*control, etc*) hacerse con: *to seize power* hacerse con el poder **6** (*oportunidad, etc*) aprovechar: *to seize the initiative* tomar la iniciativa **7** (*emociones*) apoderarse de: *Panic seized us.* El pánico se apoderó de nosotros. ◊ *She was seized with fear.* La invadió el miedo.
PHR V **to seize on/upon sth** aprovecharse de algo: *She seized on my suggestion.* Se apresuró a aceptar mi propuesta.
to seize up agarrotarse, atascarse

seizure /ˈsiːʒə(r)/ *n* **1** (*de contrabando, etc*) incautación **2** captura **3** toma **4** (*Med*) ataque

seldom /ˈseldəm/ *adv* rara vez: *We seldom go out.* Rara vez salimos. ☛ *Ver nota en* ALWAYS

select /sɪˈlekt/ *vt* **~ sth/sb (as sth)** elegir, seleccionar algo/a algn (como algo) (*esp después de considerarlo con cuidado*) ☛ *Comparar con* CHOOSE, PICK
■ **select** *adj* **1** seleccionado: *a select few* una minoría privilegiada **2** selecto

select committee *n* comisión parlamentaria

selection /sɪˈlekʃn/ *n* **1** selección **2** elección: *a selection committee* un comité de nombramiento *Ver tb* NATURAL SELECTION

selective /sɪˈlektɪv/ *adj* **1** selectivo **2 ~ (about sth/sb)** selectivo (en cuanto a algo/a algn)
▶ **selectively** *adv* selectivamente
selectivity *n* selectividad

selector /sɪˈlektə(r)/ *n* seleccionador, -ora

self /self/ *n* (*pl* **selves** /selvz/) **1** ser: *the inner self* el yo interior ◊ *She's her old self again.* Es la misma de siempre otra vez. **2** mí, ti, etc mismo: *You always put self first.* Siempre te pones a ti mismo por delante. LOC *Ver* SHADOW

self-absorbed /ˌself əbˈsɔːbd/ *adj* egocéntrico
▶ **self-absorption** *n* egocentricidad

self-addressed /ˌself əˈdrest/ *adj* con el nombre y dirección de uno mismo

self-adhesive /ˌself ədˈhiːsɪv/ *adj* autoadhesivo

self-analysis /ˌself əˈnæləsɪs/ *n* autoanálisis

self-appointed /ˌself əˈpɔɪntɪd/ *adj* autoproclamado

self-assembly /ˌself əˈsembli/ *adj* (*mobiliario*) *diseñado para que lo monte el comprador*

self-assessment /ˌself əˈsesmənt/ *n* autoevaluación

self-assurance /ˌself əˈʃʊərəns; *USA* -ˈʃɔːr-/ *n* [*incontable*] seguridad de sí mismo, confianza en sí mismo
▶ **self-assured** /-əʃʊed, -ˈʃɔːd/ *adj* seguro de sí mismo

self-awareness /ˌself əˈweənəs/ *n* autoconocimiento, conocimiento de las propias limitaciones, valores, etc

self-catering /ˌself ˈkeɪtərɪŋ/ *adj* con facilidades para cocinar: *a self-catering apartment in Benidorm* un apartamento con facilidades para cocinar en Benidorm

self-centred (*USA* **-centered**) /ˌself ˈsentəd/ *adj* egocéntrico

self-confessed /ˌself kənˈfest/ *adj* confeso

self-confident /ˌself ˈkɒnfɪdənt/ *adj* seguro de sí mismo
▶ **self-confidence** *n* seguridad en sí mismo

self-conscious /ˌself ˈkɒnʃəs/ *adj* **1** inseguro, tímido **2** poco natural
▶ **self-consciously** *adv* **1** de forma insegura, de forma tímida **2** de forma afectada
self-consciousness *n* **1** timidez **2** falta de naturalidad

self-contained /ˌself kənˈteɪnd/ *adj* (*piso*) **1** completo (*con entrada propia*) **2** (*persona*) autónomo

self-control /ˌself kənˈtrəʊl/ *n* autocontrol

self-critical /ˌself ˈkrɪtɪkəl/ *adj* autocrítico: *Don't be so self-critical!* ¡Tienes que valorarte más!
▶ **self-criticism** *n* autocrítica

self-deception /ˌself dɪˈsepʃən/ *n* autoengaño

self-defeating /ˌself dɪˈfiːtɪŋ/ *adj* contraproducente

self-defence /ˌself dɪˈfens/ *n* defensa propia

self-denial /ˌself dɪˈnaɪəl/ *n* [*incontable*] abnegación, sacrificio

self-deprecating /ˌself ˈdeprəkeɪtɪŋ/ *adj* humilde

self-destruct /ˌself dɪsˈtrʌkt/ *vi* autodestruirse
▶ **self-destruction** *n* autodestrucción
self-destructive *adj* autodestructivo

self-determination /ˌself dɪˌtɜːmɪˈneɪʃn/ *n* autodeterminación
self-discipline /ˌself ˈdɪsəplɪn/ *n* autodisciplina
self-doubt /ˌself ˈdaʊt/ *n* poca seguridad en uno mismo
self-drive /ˌself ˈdraɪv/ *adj* (*GB*) de alquiler sin chófer
self-effacing /ˌself ɪˈfeɪsɪŋ/ *adj* modesto
self-employed /ˌself ɪmˈplɔɪd/ *adj* autónomo (*en el trabajo*)
▶ **self-employment** *n* ser autónomo
self-esteem /ˌself ɪˈstiːm/ *n* amor propio
self-evaluation /ˌself ɪˌvæljuˈeɪʃn/ *n* autoevaluación
self-evident /ˌself ˈevɪdənt/ *adj* evidente, patente
self-expression /ˌself ɪkˈspreʃn/ *n* [*incontable*] expresión personal
self-fulfilling /ˌself fʊlˈfɪlɪŋ/ *adj*: *a self-fulfilling prophecy/prediction* una predicción que contribuye a su propio cumplimiento
self-governing /ˌself ˈɡʌvənɪŋ/ *adj* autónomo
▶ **self-government** *n* autogobierno, autonomía
self-help /ˌself ˈhelp/ *n* ayuda propia
self-image /ˌself ˈɪmɪdʒ/ *n* imagen de sí mismo
self-important /ˌself ɪmˈpɔːtənt/ *adj* engreído
self-imposed /ˌself ɪmˈpəʊzd/ *adj* autoimpuesto: *self-imposed exile* exilio voluntario
self-indulgent /ˌself ɪnˈdʌldʒənt/ *adj* autocomplaciente
▶ **self-indulgence** *n* autocomplacencia
self-inflicted /ˌself ɪnˈflɪktɪd/ *adj* (*herida, etc*) autoinfligido
self-interest /ˌself ˈɪntrəst/ *n* interés propio
selfish /ˈselfɪʃ/ *adj* egoísta
▶ **selfishly** *adv* egoístamente
selfishness *n* egoísmo
self-knowledge /ˌself ˈnɒlɪdʒ/ *n* conocimiento de sí mismo
selfless /ˈselfləs/ *adj* (*formal*) desinteresado
self-made /ˌself ˈmeɪd/ *adj* que se ha hecho a sí mismo: *self-made man* hombre que ha triunfado por su propio esfuerzo
self-perpetuating /ˌself pəˈpetʃueɪtɪŋ/ *adj* que se autoperpetúa
self-pity /ˌself ˈpɪti/ *n* autocompasión
self-portrait /ˌself ˈpɔːtreɪt, -trɪt/ *n* autorretrato
self-possessed /ˌself pəˈzest/ *adj* sereno, dueño de sí mismo
self-proclaimed /ˌself prəˈkleɪmd/ *adj* (*formal*) (*líder, etc*) autoproclamado
self-raising flour *n* harina (*con levadura*) ☛ *Comparar con* PLAIN FLOUR
self-regulation /ˌself reɡjuˈleɪʃən/ *n* autorregulación
self-reliant /ˌself rɪˈlaɪənt/ *adj* independiente
▶ **self-reliance** *n* independencia
self-respect /ˌself rɪˈspekt/ *n* dignidad
▶ **self-respecting** *adj* que se precia: *No self-respecting person would do it.* Ninguna persona que se precia lo haría.
self-restraint /ˌself rɪˈstreɪnt/ *n* dominio de sí mismo
self-righteous /ˌself ˈraɪtʃəs/ *adj* santurrón
self-rule /ˌself ˈruːl/ *n* autonomía
self-sacrifice /ˌself ˈsækrɪfaɪs/ *n* sacrificio personal
selfsame /ˈselfseɪm/ *adj* mismísimo
self-satisfied /ˌself ˈsætɪsfaɪd/ *adj* satisfecho, -a de sí mismo
▶ **self-satisfaction** *n* suficiencia
self-seeking /ˌself ˈsiːkɪŋ/ *adj* aprovechado (*egoísta*)
self-service /ˌself ˈsɜːvɪs/ *adj* autoservicio
self-serving /ˌself ˈsɜːvɪŋ/ *adj Ver* SELF-SEEKING
self-styled /ˌself ˈstaɪld/ *adj* (*pey*) supuesto
self-sufficient /ˌself səˈfɪʃənt/ (*tb* **self-supporting**) *adj* autosuficiente
▶ **self-sufficiency** *n* autosuficiencia
self-supporting /ˌself səˈpɔːtɪŋ/ *adj* autofinanciado
self-taught /ˌself ˈtɔːt/ *adj* autodidacto
sell /sel/ (*pret, pp* **sold** /səʊld/) **1** *vt* **~** (**sth**) (**to sb**) (**at/for sth**) vender (algo) (a algn) (por/para algo): *I sold my car (to a friend) for £750.* Vendí mi coche (a un amigo) por 750 libras. ◊ *Will you sell me your camera?* ¿Me vendes tu cámara? ◊ *to sell sth at a loss* vender algo con pérdidas ◊ *Her name will help to sell the book.* Su nombre ayudará a vender el libro. **2** *vi* **~** (**at/for sth**) venderse (a algo): *The badges sell at 50p each.* Las chapas se venden a 50 peniques cada una. **3** *vt* (*coloq*) **(a) ~ sth/sb** (**to sb**): *You'll never sell that idea to the work-force.* Nunca convencerás a los trabajadores con esa idea. **(b) ~ sth to sb** meter una bola a algn **4** *v refl* **~ yourself** (**to sb**) **(a)** venderse (a algn) **(b)** *You have to sell yourself at an interview.* Tienes que convencer en una entrevista de que eres el mejor.
LOC **to be sold on sth/sb** (*coloq*) entusiasmarse por algo/algn **to be sold out** (**of sth**): *The match is sold out.* Las entradas para el partido se han agotado. **to sell sb down the river** (*coloq*) traicionar a algn **to sell sth/sb short 1** infravalorar algo/a algn **2** engañar a algn **to sell your body** (*ret*) vender el cuerpo **to sell your soul** vender el alma *Ver tb* HOT
PHR V **to sell sth off** vender algo (a bajo precio)
to sell out agotarse (*entradas*)
to sell sb out traicionar (a algn)
to sell out (**to sb**) venderse (a algn)
to sell (**sth**) **out** (**to sb**) vender (algo) (a algn)
to sell (**sth**) **up** vender todo
■ **sell** *n* (*coloq*) estafa **LOC** *Ver* HARD
sell-by date /ˈsel baɪ deɪt/ *n* fecha de caducidad
seller /ˈselə(r)/ *n* **1** vendedor, -ora: *newspaper seller* vendedor de periódicos *Ver tb* BOOKSELLER **2** *This model is a poor seller.* Este modelo tiene poca demanda. *Ver tb* BEST-SELLER
selling /ˈselɪŋ/ *n* venta
selling point *n* atractivo para el comprador
selling price *n* precio de venta
sell-off /ˈsel ɒf/ *n* venta (*de acciones, empresas estatales, etc*)
Sellotape® /ˈseləteɪp/ *n* (*GB*) (*esp USA* **sticky tape**) cinta adhesiva, papel celo
■ **sellotape** *vt* pegar con cinta adhesiva
sell-out /ˈsel aʊt/ *n* **1** lleno, éxito de taquilla: *The concert was a sell-out.* Se agotaron las entradas para el concierto. **2** (*coloq*) traición
selves *plural de* SELF
semantic /sɪˈmæntɪk/ *adj* semántico
▶ **semantics** *n* [*sing*] semántica
semaphore /ˈseməfɔː(r)/ *n* semáforo
■ **semaphore** *vt, vi* comunicar por semáforo
semblance /ˈsembləns/ *n* **~ of sth** apariencia de algo: *The party is trying to maintain some semblance of unity.* El partido está intentando dar una apariencia de unidad.
semen /ˈsiːmen/ *n* semen
semester /sɪˈmestə(r)/ *n* semestre
semi /ˈsemi/ *n* (*pl* **~s**) (*GB, coloq*) casa adosada
semi-automatic /ˌsemi ˌɔːtəˈmætɪk/ *adj* semiautomático
semibreve /ˈsemibriːv/ (*USA* **whole note**) *n* (*Mús*) semibreve, redonda ☛ *Ver ilustración en* NOTACIÓN
semicircle /ˈsemisɜːkl/ *n* semicírculo
▶ **semicircular** *adj* semicircular
semicolon /ˌsemiˈkəʊlən; *USA* ˈsemɪk-/ *n* punto y coma ☛ *Ver págs 592–3* ☛ *Comparar con* COLON[2]
semiconductor /ˌsemikənˈdʌktə(r)/ *n* semiconductor
semi-conscious /ˌsemiˈkɒnʃəs/ *adj* semiconsciente
semi-detached /ˌsemi dɪˈtætʃt/ *adj* adosado (*casa, etc*)
semi-detached house *n* vivienda adosada a otra casa por uno de sus lados ☛ *Ver ilustración en* HOUSE

semi-final /ˌsemi ˈfaɪnl/ *n* semifinal
▶ **semi-finalist** *n* semifinalista

seminal /ˈsemɪnl/ *adj* **1** (*Biol*) seminal **2** (*importante*) germinal

seminar /ˈsemɪnɑː(r)/ *n* **1** seminario (*clase*) **2** congreso

seminary /ˈsemɪnəri; *USA* -neri/ *n* (*pl* **-ies**) seminario (*colegio religioso*)

semiotics /ˌsemiˈɒtɪks/ *n* [*sing*] semiótica

semi-precious /ˌsemi ˈpreʃəs/ *adj* semiprecioso

semiquaver /ˈsemikweɪvə(r)/ (*USA* **sixteenth note**) *n* (*Mús*) semicorchea ☛ *Ver ilustración en* NOTACIÓN

semi-skilled /ˌsemi ˈskɪld/ *adj* semicualificado

semi-skimmed /ˈsemi skɪmd/ *adj* semidesnatada

Semitic /səˈmɪtɪk/ *adj* semítico *Ver tb* ANTI-SEMITIC

semitone /ˈsemitəʊn/ (*USA* **half tone**) *n* semitono

semolina /ˌseməˈliːnə/ *n* sémola

senate /ˈsenət/ (*tb* **Senate**) *n* **1** (*Pol*) Senado **2** (*universidad*) consejo universitario

senator /ˈsenətə(r)/ (*tb* **Senator**) *n* (*abrev* **Sen**) senador, -ora
▶ **senatorial** *adj* senatorial

send /send/ *vt* (*pret, pp* **sent** /sent/) **1** enviar, mandar: *They sent me a letter.* Me mandaron una carta. **2** (*persona*) mandar: *She was sent to bed without any supper.* La mandaron a la cama sin cenar. ◊ *His mother sent him for the bread.* Su madre le mandó a por el pan. ◊ *to send sb to prison* mandar a algn a la cárcel **3 ~ sth** (**out**) emitir, transmitir algo **4** (*dolor, sensación, etc*) producir: *The blow sent pains all down his arm.* El golpe le producía dolores por todo el brazo. ◊ *The story sent shivers down my spine.* La historia me dio escalofríos. **5** (*cohete, pelota, etc*) lanzar: *His kick sent the ball straight through the window.* Su puntapié lanzó el balón a través de la ventana. **6** (*causar*) hacer (que), provocar: *The news sent the government into a panic.* La noticia provocó el pánico entre el gobierno. ◊ *The explosion sent us running out of the building.* La explosión hizo que saliéramos corriendo del edificio. ◊ *to send sb to sleep* dormir a algn ◊ *He tripped and sent the crockery to the ground.* Tropezó y estrelló los platos contra el suelo. **7** volver: *to send sb mad* volver loco a algn ◊ *to send sb into a rage* poner furioso a algn **8** (*argot, antic*) chiflar: *That music really sends me!* ¡Esa música me chifla!
LOC these things are sent to try us! ¡estas cosas nos las envía el cielo/Señor para probarnos! **to send sb away with a flea in their ear** mandar a algn con viento fresco: *She sent him away with a flea in his ear.* Lo despachó con cajas destempladas. **to send forth** (*ret*) arrojar **to send sth/sb flying**: *The blow sent him flying.* El golpe lo lanzó volando por los aires. **to send sb packing** (*coloq*) mandar a algn a freír espárragos **to send sb to Coventry** hacerle el vacío a algn **to send word to sb** (**of sth**) avisar a algn (de algo) *Ver tb* LOVE
PHR V to send away (**to sb**) (**for sth**); **to send off for sth** encargar algo
to send sb away despedir a algn
to send sth/sb back devolver algo/hacer volver a algn
to send sb down (*GB*) **1** (*coloq*) mandar a algn a la cárcel **2** (*universidad*) expulsar a algn
to send for sb llamar a algn (*para que venga*): *We sent for the police.* Llamamos a la policía.
to send for sth pedir/encargar algo
to send sb in enviar a algn (*esp tropas, policía, etc*)
to send sth in enviar algo: *Have you sent in your application?* ¿Has mandado tu solicitud?
to send sb off 1 despedir a algn **2** (*Dep*) expulsar a algn
to send sth off 1 echar algo al correo **2** despachar algo **3** facturar algo
to send off for sth *Ver* TO SEND AWAY (TO SB) (FOR STH)
to send sth on (**to sb**) hacer llegar algo (a algn): *Can you have my mail sent on to me?* ¿Puedes hacerme llegar el correo? ◊ *We'll send your belongings on to you.* Le mandaremos sus cosas.
to send sth out 1 (*rayos, etc*) emitir algo **2** (*invitaciones, etc*) enviar algo
to send out for sth mandar traer algo: *I've sent out for pizzas.* He mandado traer pizzas.
to send sth/sb up (*GB, coloq*) parodiar algo/a algn

sender /ˈsendə(r)/ *n* remitente **LOC** *Ver* RETURN[1]

send-off /ˈsend ɒf/ *n* despedida

send-up /ˈsend ʌp/ *n* parodia

senile /ˈsiːnaɪl/ *adj* senil: *senile dementia* demencia senil ◊ *to go senile* estar senil
▶ **senility** *n* senilidad

senior /ˈsiːniə(r)/ *adj* **1** (*rango*) superior: *senior management* dirección superior ◊ *senior partner* socio mayoritario ◊ *to be senior* (*to sb*) ser de más rango (que algn) ◊ *senior school* escuela secundaria **2** (*edad*) mayor: *senior citizen* ciudadano de la tercera edad **3** (*experiencia*) (más) antiguo: *She consulted some of her senior colleagues.* Consultó con algunos de sus colegas de más antigüedad. **4 Senior** (*abrev* **Sr**, **Snr**) (*nombre*) padre: *John Brown, Senior* John Brown, padre **5** (*colegio*) secundario
■ **senior** *n* **1** mayor: *She is two years my senior.* Me lleva dos años. **2** (*colegio*) **(a)** alumno, -a de escuela secundaria **(b)** (*USA*) alumno, -a de último año

seniority /ˌsiːniˈɒrəti; *USA* -ˈɔːr-/ *n* antigüedad (*rango, años, etc*)

sensation /senˈseɪʃn/ *n* **1** (*físico, mental*) sensación **2** (*éxito, emoción*) sensación: *The news caused a sensation.* La noticia causó sensación. ◊ *The play was an overnight sensation in London.* La obra fue un exitazo de la noche a la mañana.

sensational /senˈseɪʃənl/ *adj* **1** sensacional: *You look sensational in that dress.* Estás sensacional con ese vestido. **2** (*pey*) sensacionalista
▶ **sensationalism** *n* sensacionalismo
sensationalist *adj* sensacionalista
sensationalize, -ise *vt* sensacionalizar
sensationally *adv* **1** de forma sensacionalista **2** sensacionalmente

sense /sens/ *n* **1** (*Anat*) sentido: *sense organ* órgano sensorial ◊ *sense of smell/touch/taste* olfato/tacto/gusto ◊ *to have a keen sense of hearing* tener buen oído **2** sentido: *to have a sense of humour* tener sentido del humor ◊ *to have no sense of direction* no tener sentido de la dirección ◊ *There's no sense in crying over the past.* No tiene sentido llorar por el pasado. ◊ *in the broad sense* (*of the word*) en el sentido amplio de la palabra ◊ *in every sense of the word* en todos los sentidos *Ver tb* COMMON SENSE **3** sensación: *It gives him a sense of security.* Le da una sensación de seguridad. **4** juicio, sensatez: *to have the* (*good*) *sense to do sth* tener el juicio de hacer algo ◊ *There's a lot of sense in what she says.* Hay mucha sensatez en lo que ella dice. ◊ *I thought you'd have more sense than to tell her.* Pensaba que tendrías más sensatez que para decírselo. **5** (*tb* **senses**) [*pl*] juicio: *to come to your senses* recobrar el juicio ◊ *to make sb see sense* hacer que algn entre en razón ◊ *to talk sense* hablar con juicio
LOC in a sense en cierto sentido, hasta cierto punto **in your senses** en su sano juicio **out of your senses**: *You must be out of your senses!* ¡Debes haber perdido el juicio! **sense of proportion** sentido de la proporción **to beat, knock, drive, etc** (**some**) **sense into sb** (*coloq*) hacer que algn entre en razón **to bring sb to their senses** hacer que algn entre en razón **to come to your senses 1** recobrar el juicio **2** volver en sí (**to have**) **a sense of occasion 1** (*acontecimiento*) (tener) un aire de solemnidad **2** (*persona*) (tener) la habilidad de ponerse a la altura de las circunstancias (**to have**) **sense of occasion** (ser) oportuno **to make sense** tener sentido **to make sense of sth** descifrar algo **to see sense** entrar en razón *Ver tb* LEAVE[2], SIXTH

■ **sense** *vt* **1** sentir, ser consciente de **2** (*máquina*) detectar

senseless /ˈsensləs/ *adj* **1** insensato **2** sin sentido

sensibility /ˌsensəˈbɪləti/ *n* (*pl* **-ies**) **1** sensibilidad **2** **sensibilities** [*pl*] sensibilidad: *The story might offend some readers' sensibilities.* La historia podría ofender la sensibilidad de algunos lectores.

sensible /ˈsensəbl/ *adj* **1(a)** sensato: *a sensible idea* una idea sensata ◊ *It was sensible of you to lock the door.* Hiciste muy bien cerrando con llave la puerta. ☛ Nótese que la palabra española "sensible" se dice **sensitive. (b)** (*ropa*) cómodo, práctico **2 ~ of sth** (*formal*) consciente de algo

▶ **sensibly** *adv* **1** (*comportarse*) con prudencia **2** (*vestirse*) adecuadamente

sensitive /ˈsensətɪv/ *adj* **1** sensible: *She's a caring and sensitive friend.* Es una amiga atenta y sensible. ◊ *heat-sensitive* sensible al calor ☛ Nótese que la palabra inglesa **sensible** se traduce por "sensato". **2** susceptible: *She's very sensitive to criticism.* Es muy susceptible a la crítica. **3** (*asunto, piel*) delicado **4** *sensitive documents* documentos confidenciales

▶ **sensitively** *adv* con consideración

sensitivity /ˌsensəˈtɪvəti/ *n* (*pl* **-ies**) **1** sensibilidad **2** susceptibilidad **3** (*asunto, piel*) delicadeza

sensitize, -ise /ˈsensətaɪz/ *vt* sensibilizar

sensor /ˈsensə(r)/ *n* sensor: *heat-sensor* sensor térmico

sensory /ˈsensəri/ *adj* sensorial: *sensory deprivation* aislamiento sensorial

sensual /ˈsenʃuəl/ *adj* sensual

▶ **sensuality** *n* sensualidad

sensuous /ˈsenʃuəs/ *adj* sensual

▶ **sensuously** *adv* sensualmente

sent *pret, pp de* SEND

sentence /ˈsentəns/ *n* **1** (*Gram*) frase, oración **2** (*Jur*) **(a)** sentencia: *The judge passed/pronounced sentence.* El juez pronunció sentencia. ◊ *to serve your sentence* cumplir la condena impuesta **(b)** condena: *a life sentence* condena perpetua ◊ *under sentence of death* condenado a la pena de muerte

■ **sentence** *vt* sentenciar, condenar: *He was sentenced to three years in prison.* Lo condenaron a tres años en la cárcel.

sententious /senˈtenʃəs/ *adj* (*formal*) sentencioso

sentient /ˈsenʃnt/ *adj* (*formal*) sensible: *a sentient being* un ser sensible

sentiment /ˈsentɪmənt/ *n* **1** sentimentalismo **2** (*actitud*) sentimiento **3 sentiments** [*pl*] (*formal*) opinión: *My sentiments exactly!* ¡Es mi opinión!

sentimental /ˌsentɪˈmentl/ *adj* **1** sentimental: *It has sentimental value.* Tiene valor sentimental. **2** sensiblero

sentimentality /ˌsentɪmenˈtæləti/ *n* sentimentalismo, sensiblería

sentimentalize /ˌsentɪˈmentəlaɪz/ *vt* sentimentalizar

sentinel /ˈsentɪnl/ *n* (*antic*) centinela

sentry /ˈsentri/ *n* (*pl* **-ies**) centinela: *to be on sentry duty* estar de guardia ◊ *sentry box* garita de centinela

separable /ˈsepərəbl/ *adj* separable

separate¹ /ˈseprət/ *adj* **1** separado: *They lead separate lives.* Llevan vidas separadas. ◊ *We went our separate ways.* Fuimos cada una por su lado. ◊ *Keep it separate from other food.* Guárdalo separado de otra comida. **2** distinto: *to ask for separate bills* pedir cuentas individuales ◊ *It happened on three separate occasions.* Ocurrió en tres ocasiones distintas. ◊ *That is a separate issue.* Ese es una cuestión aparte. **3** independiente

LOC (to send, etc) under separate cover (enviar, etc) por separado (*por correo*)

▶ **separately** *adv* separadamente, por separado

separates *n* coordinados

separate² /ˈsepəreɪt/ **1** *vt, vi* separar(se) **2** *vt* dividir: *We separated the children into three groups.* Dividimos a los niños en tres grupos. **3** *vt* **~ sth (out)** apartar algo

LOC to separate the sheep from the goats separar a los buenos de los malos **to separate the wheat from the chaff** separar el trigo de la paja

▶ **separated** *adj* separado

separation /ˌsepəˈreɪʃn/ *n* separación

separatism /ˈsepərətɪzəm/ *n* separatismo

▶ **separatist** *n* separatista

sepia /ˈsiːpiə/ *adj, n* sepia (*color*)

September /sepˈtembə(r)/ *n* (*abrev* **Sept**) se(p)tiembre ☛ *Ver nota y ejemplos en* JANUARY

septet /sepˈtet/ *n* septeto

septic /ˈseptɪk/ *adj* séptico: *to become/go septic* ponerse séptico ◊ *septic tank* pozo séptico

septicaemia (*USA* **septicemia**) /ˌseptɪˈsiːmiə/ *n* septicemia

septuagenarian /ˌseptjuədʒəˈneəriən; *USA* -tʃʊdʒə-/ *adj, n* (*formal*) septuagenario, -a

sepulchre (*USA* **sepulcher**) /ˈseplkə(r)/ *n* (*antic*) sepulcro

▶ **sepulchral** *adj* (*formal*) sepulcral

sequel /ˈsiːkwəl/ *n* **1** (*película, libro, etc*) continuación **2** secuela

sequence /ˈsiːkwəns/ *n* **1** (*acontecimientos, acciones, etc*) sucesión, serie **2** (*orden*) secuencia: *in sequence* en sucesión **3** (*Cine*) secuencia **4** (*Gram*): *sequence of tenses* concordancia de los tiempos verbales **5** (*naipes*) escalera

sequential /sɪˈkwenʃl/ *adj* secuencial

sequester /sɪˈkwestə(r)/ *vt* (*formal*) **1** (*tb* **sequestrate**) (*Jur*) secuestrar **2** aislar: *to sequester yourself away from the world* aislarse del mundo

▶ **sequestered** *adj* (*formal*) aislado

sequestration /ˌsiːkwəˈstreɪʃn/ *n* (*formal*) secuestración

sequin /ˈsiːkwɪn/ *n* lentejuela

sequoia /sɪˈkwɔɪə/ *n* secuoya

seraph /ˈserəf/ *n* (*pl* **~s** o **seraphim** /-fɪm/) serafín

serenade /ˌserəˈneɪd/ *n* serenata

■ **serenade** *vt* dar serenata a

serene /səˈriːn/ *adj* sereno

▶ **serenely** *adv* serenamente

serenity *n* serenidad

serf /sɜːf/ *n* siervo, -a (*de la gleba*)

▶ **serfdom** *n* servidumbre (*sistema feudal*)

serge /sɜːdʒ/ *n* sarga

sergeant (*tb* **serjeant**) /ˈsɑːdʒənt/ *n* sargento ☛ *Ver nota en* SARGE

sergeant major *n* brigada

serial /ˈsɪəriəl/ *adj* **1** de/en serie: *a serial killer* un asesino múltiple **2** de serial: *in serial form* en forma de serial

■ **serial** *n* serie: *a six-part serial* una serie de seis capítulos ◊ *a television serial* una serie de televisión/ una tele-novela ☛ *Ver nota en* SERIE

▶ **serialization, -isation** *n* **1** (*TV*) serialización **2** (*en revista*) publicación por entregas

serialize, -ise *vt* **1** poner en forma de serial **2** publicar/televisar por entregas

serial number *n* número de serie

series /ˈsɪəriːz/ *n* (*pl* **series**) **1** serie: *a series of caves* una serie de grutas **2** (*Radio, TV*) serie: *a television series* una serie de televisión ☛ *Ver nota en* SERIE **3** sucesión: *a series of checks* una sucesión de verificaciones ◊ *in series* en serie

serious /ˈsɪəriəs/ *adj* **1 ~ (about sth)**: *Is he serious (about it)?* ¿Lo dice en serio? ◊ *She was serious about having a child on her own.* Iba en serio cuando dijo que quería tener un hijo ella sola. ◊ *You can't be serious!* ¡Venga ya! ¡No me lo creo! **2 ~ (about sb)**: *to be serious about sb* ir en serio con algn **3** (*enfermedad, error,* *crimen*) grave **4** *serious money* cantidades importantes de dinero

▶ **seriously** *adv* **1(a)** seriamente: *He said he would seriously consider the idea.* Dijo que consideraría seriamente la idea. ◊ *Train services have been seriously affected by the snow.* Los trenes se han visto seriamente afectados por la nieve. **(b)** gravemente: *seriously wounded* gravemente herido **2** (*coloq*) (hablando) en serio: *Seriously though, what do you think?* Pero en serio, ¿qué opinas? **3** (*coloq*) súper: *seriously rich* súper rico ☛ *Ver nota en* HOPEFULLY

LOC to take sth/sb seriously tomarse algo/a algn en serio

seriousness *n* **1** seriedad **2** gravedad

LOC in all seriousness (*coloq*) (muy) en serio

sermon /ˈsɜːmən/ *n* sermón: *Who preached the sermon?* ¿Quién dijo el sermón?

serpent /ˈsɜːpənt/ *n* (*antic*) serpiente

▶ **serpentine** *adj* (*formal*) serpenteante

serrated /səˈreɪtɪd; *USA* ˈsereɪtɪd/ *adj* dentado: *a serrated edge* un borde dentado

serried /ˈserid/ *adj* (*antic* o *formal*) apretado: *serried ranks* filas cerradas

serum /ˈsɪərəm/ *n* (*pl* **sera** /ˈsɪərə/ o **~s**) suero

servant /ˈsɜːvənt/ *n* **1** criado, -a **2 ~ (of sth/sb)** (*antic* o *formal*) (*fig*) servidor, -ora (de algo/algn) *Ver tb* CIVIL SERVANT, MAIDSERVANT **LOC** *Ver* OBEDIENT

serve /sɜːv/ *vt, vi* **1 ~ (sb)(with sth); ~ sth (up) (to sb)** servir (a algn) (con algo); algo (a algn): *Dinner is served.* La cena está servida. ◊ *serves two* para dos ◊ *Serve hot.* Sírvase caliente. **2** valer: *It has served me well.* Me ha sido muy útil. **3** atender: *Are you being served?* ¿Le atienden? **4** (*formal*) servir: *It will serve our purpose.* Servirá para nuestro propósito. ◊ *This will serve as an example to us all.* Esto nos servirá a todos de ejemplo. ◊ *It served to make us more careful.* Nos enseñó a ser más cuidadosos. ◊ *The room will serve many purposes.* La sala tendrá varios usos. **5** (*condena*) cumplir: *to serve life* cumplir una condena a cadena perpetua **6** (*Mil*) servir **7 ~ sth (on sb)**; **~ sb with sth** (*Jur*) presentar algo (a algn); a algn algo **8 ~ (sth) (to sb)** (*Dep*) servir (algo) (a algn)

LOC to serve sb right estarle (bien) merecido a algn **to serve your/the purpose** (*formal*) servir para el caso *Ver tb* FIRST, MEMORY

PHR V to serve sth out 1 servir algo **2** distribuir algo **to serve sth up** (*coloq, gen pey*) ofrecer algo

■ **serve** *n* servicio (*tenis, etc*): *Whose serve is it?* ¿De quién es el servicio? ◊ *to have a strong serve* tener un buen servicio

server /ˈsɜvə(r)/ *n* **1** (*Informát*) servidor **2** (*Dep*) jugador, -ora que tiene el saque **3** (*Cocina*) cubierto para servir

service /ˈsɜːvɪs/ *n* **1 ~ (to sth)** servicio (a algo): *on active service* en servicio activo ◊ *room service* servicio de habitaciones ◊ *10% extra for service* un 10% extra por el servicio ◊ *military service* servicio militar *Ver tb* AFTER-SALES SERVICE, THE CIVIL SERVICE, COMMUNITY SERVICE, IN-SERVICE, INTERNAL REVENUE SERVICE, LIP-SERVICE, NATIONAL HEALTH SERVICE, ROOM SERVICE, SELF-SERVICE, SHUTTLE SERVICE, SOCIAL SERVICES **2** (*Relig*) oficio: *a funeral service* un oficio de difuntos ◊ *Easter services* los oficios de Semana Santa ☛ La Iglesia protestante se diferencia de la católica en que **service** no siempre incluye una misa. **3** (*Mec*) revisión: *to take your car in for a service* llevar el coche a que le hagan la revisión **4** (*tb* **dinner service**) vajilla **5** (*Dep*) servicio ☛ *Ver ilustración en* SQUASH[1], TENNIS

LOC at sb's service al servicio de algn (**to be**) **of service (to sb)** (serle) útil (a algn) *Ver tb* PRESS[2]

■ **service** *vt* **1** (*vehículo*) hacerle la revisión a **2** (*deuda*) cubrir

▶ **serviceable** *adj* **1** servible **2** duradero

service area (*tb* **services** [*pl*]) *n* área de servicios (*autopista*)

service charge *n* servicio (*restaurante*): *a 15% service charge* un 15% de servicio

service flat *n* (*GB*) apartamento con servicio de limpieza

serviceman /ˈsɜːvɪsmən/ *n* (*pl* **-men** /-mən/ *fem* **servicewoman** /ˈsɜːvɪswʊmən/ *pl* **-women** /-wɪmɪn/) militar

service road *n* vía de servicio

services *n Ver* SERVICE AREA

service station *n* (*USA*) *Ver* PETROL STATION

serviette /ˌsɜːviˈet/ *n* servilleta ☛ Se dice también **napkin**.

servile /ˈsɜːvaɪl; *USA* -vl/ *adj* servil

▶ **servility** *n* servilismo

serving /ˈsɜːvɪŋ/ *n* ración

servitude /ˈsɜːvɪtjuːd; *USA* -tuːd/ *n* (*formal*) esclavitud: *penal servitude* trabajos forzados

sesame /ˈsesəmi/ *n* sésamo: *sesame seeds* semillas de sésamo

session /ˈseʃn/ *n* **1** sesión: *an emergency session of parliament* una sesión de emergencia del parlamento **2** (*Educ*) **(a)** año académico **(b)** (*USA*) trimestre **3** *to have a long session with sb* tener una larga entrevista con algn

LOC to be in session estar reunido: *The court is now in session.* El tribunal está reunido.

set[1] /set/ *n* **1** juego, conjunto: *a set of cutlery* una cubertería ◊ *a set of saucepans* una batería de cocina ◊ *a set of false teeth/dentures* una dentadura postiza ◊ *a set of instructions/rules* una serie de instrucciones/reglas **2** (*de libros*) colección **3** (*de personas*) círculo, grupo **4** (*Mat*) conjunto **5** (*Elec*) aparato: *a television/TV set* un receptor de televisión **6** (*Dep*) set: *game, set and match* el juego, el set y el partido **7** (*Cine, Teat*) decorado: *set designer* diseñador de decorados **8** (*Teat*) escenario **9** (*Cine*) plató **10** (*Mús*) repertorio **11** (*peluquería*): *a shampoo and set* lavar y marcar *Ver tb* SUNSET, THICKSET

set[2] /set/ (**-tt-**) (*pret, pp* **set**) **1** *vt* [*gen en pasiva*] (*localizar*): *The film is set in Austria.* La película se desarrolla en Austria. ◊ *a village set in a valley* un pueblo situado en un valle ◊ *Her eyes are set very close together.* Tiene los ojos muy juntos. **2** *vt* (*preparar*) poner: *to set the table/an exam* poner la mesa/un examen ◊ *He set the alarm clock for six.* Puso el despertador para las seis. ◊ *I've set the video to record the match.* He programado el vídeo para grabar el partido. ◊ *to set your watch by sth* poner tu reloj en hora con algo **3** *vt* fijar, establecer: *They've set a date for the wedding.* Han fijado fecha para la boda. ◊ *She's set a new world record.* Ha establecido un nuevo récord mundial. ◊ *to set a precedent* sentar precedente ◊ *to set a good example* dar un buen ejemplo ◊ *Can we set a limit to the cost of the trip?* ¿Podemos fijar un límite para el coste del viaje? **4** *vt* imponer: *I've set myself a limit/target of £100.* Me he impuesto un límite/una meta de 100 libras. ◊ *to set sb/yourself a task* ponerle a algn/ponerse una tarea ◊ *We've been set a lot of homework today.* Hoy nos han puesto muchos deberes. **5** *vt* (*cambio de estado*) **(a) to set sth/sb doing sth** hacer que algo/algn haga algo: *Her remarks set me thinking.* Sus palabras me hicieron pensar. ◊ *The noise set the dog barking.* El ruido hizo que el perro ladrara. **(b)** *to set sb to work* poner a trabajar a algn ◊ *to set sth in motion* poner algo en marcha ◊ *They set the prisoners free.* Pusieron en libertad a los prisioneros. **6** *vi* (*sol, luna*) ponerse: *the setting sun* el sol que se pone **7** *vi* **(a)** (*cemento*) fraguar **(b)** (*gelatina*) cuajar **(c)** (*pegamento*) endurecerse **8** *vt* **to set sth (to music)** (*libro, relato*) poner música a algo: *to set a poem to music* poner música a un poema **9** *vt, vi* (*hueso roto*) encajar(se): *The surgeon set her broken arm.* El cirujano le puso en su sitio el hueso del brazo. **10** *vt* (*pelo*) marcar: *to have* *your hair set* marcarse el pelo **11** *vt* (*formal*) poner, colocar: *He set the book before me.* Me puso el libro delante. **12** *vt* **to set A in B/B with A** (*joyas*) engastar A en B/B con A: *a bracelet set with emeralds* un brazalete engastado con esmeraldas *Ver tb* DEEP-SET

LOC ☛ Para expresiones con **set**, véanse las entradas del sustantivo, adjetivo, etc p. ej. **to set sail** en SAIL.

PHR V **to set about sb** (*coloq*) atacar a algn
to set about sth/doing sth ponerse a hacer algo
to set sb against sb poner a algn en contra de algn
to set sth/sb apart (**from sth/sb**) distinguir algo/a algn (de algo/algn): *Her experience sets her apart.* Su experiencia la hace única.
to set sth aside 1 poner algo a un lado **2** reservar algo
to set sth back retrasar algo
to set sth down (**on paper**) poner algo por escrito
to set forth (*formal*) partir (*emprender un viaje*)
to set sth forth (*formal*) exponer algo (*teoría, objetivos*)
to set off salir: *to set off on a journey* salir de viaje
to set sth off 1 (*bomba, mina*) hacer explotar algo **2** (*fuegos artificiales*) lanzar algo **3** (*reacción*) desencadenar algo **4** (*belleza, color*) hacer resaltar algo
to set on/upon sb echarse encima de algn
to set sth/sb on sb azuzar algo/a algn contra algn
to set out emprender un viaje: *to set out from London* salir de Londres
to set sth out exponer algo: *They set out their belongings on the table.* Pusieron todas sus pertenencias en la mesa.
to set out to do sth proponerse hacer algo: *She set out to break the record.* Se propuso batir el récord.
to set sb up tender una trampa a algn
to set sth up 1 (*monumento, etc*) levantar algo **2** (*negocio, campamento*) montar algo: *She wanted to set up her own business.* Quería montar su propio negocio. **3** (*reunión*) organizar algo: *Have you got anything set up for the weekend?* ¿Tienes algún plan para el fin de semana? **4** (*comisión, etc*) fundar algo
to set (**yourself**) **up as sth/sb** establecerse como algo/algn: *She set up on her own.* Se estableció por su cuenta. ◊ *He set* (*himself*) *up as a painter.* Se estableció como pintor.

set³ /set/ *adj* **1** situado: *a house set next to the river* una casa situada junto al río ◊ *She has deep-set eyes.* Tiene los ojos hundidos. **2** determinado: *a set phrase* una frase hecha ◊ *the set menu* el menú del día **3** (*opiniones, ideas*) fijo *Ver tb* OFFSET

LOC **to be all set** (**for sth/to do sth**) estar preparado (para algo/para hacer algo): *Are we all set?* ¿Estamos preparados? **to be set on sth/doing sth** estar decidido a hacer algo *Ver tb* DEAD

setback /ˈsetbæk/ *n* revés: *She suffered a severe setback.* Sufrió un duro revés.

set piece /ˈset piːs/ *n* **1** (*en película, novela, etc*) escena típica **2** (*Mús*) pieza obligatoria **3** (*Dep*) jugada preparada **4** (*fig*) discurso (*que siempre se suelta*)

settee /seˈtiː/ *n* sofá ☛ También se dice **sofa** y **couch**.

setter /ˈsetə(r)/ *n* setter: *an Irish/a red setter* un setter irlandés ☛ *Ver ilustración en* DOG¹

setting /ˈsetɪŋ/ *n* **1(a)** marco: *to be in an attractive setting* tener una ubicación muy atractiva ◊ *the setting for the conference* el marco de la conferencia **(b)** (*cine o teatro*) ambientación **2** (*Mús*) versión musical: *Schubert's setting of a poem by Goethe* la versión de Schubert de un poema de Goethe **3** posición, ajuste **4** (*tb* **place setting**) cubierto (*comensal*) ☛ *Comparar con* CUTLERY **5** (*de joyas*) montura

settle¹ /ˈsetl/ *n* escaño (*mueble*)

settle² /ˈsetl/ **1** *vi* **(a)** establecerse: *to feel settled* sentirse establecido/instalado **(b)** quedarse a vivir **2** *vi* ~ (**on sth**) **(a)** posarse (en algo) **(b)** (*nieve*) cuajar (en algo) **3** *vi* ~ (**over sth**) posarse en algo **4** *vi* ~ (**back**) acomodarse **5(a)** *vi* (*tiempo*) calmarse **(b)** *vt* (*nervios*) calmar **(c)** *vi* (*condiciones*) volver a la normalidad **(d)** *vt* (*estómago*) asentar **6** *vt* ~ **sth** (**with sb**) **(a)** (*disputa*) resolver algo (con algn) **(b)** acordar algo (con algn): *Nothing is settled.* Nada está decidido. ◊ *to settle how to do sth* acordar cómo hacer algo **(c)** llegar a un acuerdo (con algn): *They settled out of court.* Llegaron a un acuerdo sin ir a juicio. **7(a)** *vt: to settle the bill* pagar la cuenta **(b)** *vi* ~ (**up**) (**with sb**) liquidar las cuentas (con algn) **8** *vt, vi* ~ (**sth**) (**with sb**) (*fig*) ajustar cuentas (con algn) **9** *vi* **(a)** (*sedimento*) depositarse **(b)** (*líquido*) clarificarse **(c)** (*edificio*) asentarse

LOC **to settle a score** (**with sb**) saldar una cuenta (con algn): *I've a score to settle with him.* Tengo que saldar una cuenta con él. **to settle your/an account** (**with sb**) ajustar cuentas (con algn) *Ver tb* DUST¹, OLD, QUARREL

PHR V **to settle down 1** acomodarse **2** acostumbrarse: *to settle down in a job* acostumbrarse a un trabajo ◊ *to marry and settle down* casarse y sentar la cabeza
to settle (**sb**) **down** calmar a algn, calmarse: *Things began to settle down.* Las cosas empezaron a calmarse.
to settle (**down**) **to sth** concentrarse en algo: *to settle* (*down*) *to work* ponerse a trabajar en serio
to settle for sth aceptar algo, conformarse con algo: *to settle for second place* resignarse al segundo puesto
to settle in establecerse
to settle in/into sth adaptar(se) a algo: *to settle back into the routine* amoldarse a la rutina
to settle on sth decidirse por algo
to settle sth on sb (*Jur*): *He settled his estate on his son.* Le cedió la propiedad al hijo.

settled /ˈsetld/ *adj* **1** (*tiempo*) estable **2** (*acuerdo*) fijo **3** (*vida*) tranquilo

settlement /ˈsetlmənt/ *n* **1(a)** acuerdo: *to reach a settlement with sb* llegar a un acuerdo con algn **(b)** (*cuenta*) ajuste **(c)** (*deuda*) liquidación **(d)** (*problema*) solución **(e)** (*diferencias*) arreglo **2** (*Jur*) arreglo: *a divorce settlement* un acuerdo de divorcio ◊ *a marriage settlement* un dote **3(a)** colonización **(b)** establecimiento **(c)** poblado

LOC **in settlement** (**of sth**): *in settlement of your account* en pago de su cuenta

settler /ˈsetlə(r)/ *n* **1** poblador, -ora **2** colonizador, -ora

set-to /ˌset ˈtuː/ *n* (*coloq*) pelea agarrada

set-up /ˈset ʌp/ *n* **1** organización, sistema: *to know the set-up* conocer el tinglado **2** (*pey*): *It was a set-up.* Hubo tongo.

seven /ˈsevn/ *adj, pron, n* (*número*) siete ☛ *Ver ejemplos en* FIVE **LOC** *Ver* DEADLY, SEA, SIX

seventeen /ˌsevnˈtiːn/ *adj, pron, n* (*número*) diecisiete ☛ *Ver ejemplos en* FIVE

► **seventeenth 1** *adj* decimoséptimo **2** *n, pron* **(a)** el decimoséptimo, la decimoséptima, los decimoséptimos, las decimoséptimas **(b) the seventeenth** (*fecha*) el (día) diecisiete **(c) the seventeenth** (*rey, etc*) diecisiete **(d)** (*proporción*) diecisieteavo, diecisieteava parte **3** *adv* decimoséptimo, en decimoséptimo lugar ☛ *Ver ejemplos en* FIFTH

seventh /ˈsevnθ/ *adj* séptimo ☛ *Ver ejemplos en* FIFTH

LOC **seventh heaven** (*coloq*) el séptimo cielo

■ **seventh** *n, pron* **1** el séptimo, la séptima, los séptimos, las séptimas **2 the seventh (a)** (*fecha*) el (día) siete **(b)** (*rey, etc*) séptimo, -a **3** (*proporción*) séptimo, séptima parte ☛ *Ver ejemplos en* FIFTH

■ **seventh** *adv* séptimo, en séptimo lugar ☛ *Ver ejemplos en* FIFTH

seventy /ˈsevnti/ *adj, pron, n* (*pl* **-ies**) (*número*) setenta ☛ *Ver ejemplos en* FIVE

LOC (**to be**) **in your seventies** (tener) setenta y tantos años

■ **the seventies** *n* [*pl*] **1** (*temperatura*) los setenta grados (Fahrenheit) **2** (*abrev* **70's**) los años setenta ☛ *Ver ejemplos en* FIFTY

► **seventieth 1** *adj, pron* septuagésimo **2** *n* (*proporción*) setentavo ☛ *Ver ejemplos en* FIFTH

sever /ˈsevə(r)/ *vt (formal)* **1 ~ sth (from sth)** cortar algo (de algo): *a severed limb* un miembro cortado **2** *(fig)* romper: *to sever relations with sb* romper relaciones con algn

several /ˈsevrəl/ *adj, pron* varios, -as: *several times/weeks* varias veces/semanas ◊ *several of you/of the paintings* varios de vosotros/de los cuadros
▶ **severally** *adv (antic* o *formal)* por separado

severance /ˈsevərəns/ *n (formal)* **1** ruptura **2** despido: *severance pay* indemnización por despido

severe /sɪˈvɪə(r)/ *adj* (**-er, -est**) **1(a)** *(semblante/castigo)* severo **(b) to be ~ (on/with sb)** tratar con rigor (a algn) **2(a)** *(tormenta/helada)* fuerte **(b)** *(dolor)* intenso **(c)** *(lesión)* grave **(d)** *(golpe)* duro **3** *(prueba)* riguroso **4** *(aspecto)* austero
▶ **severely** *adv* **1** *(castigado)* duramente **2** *(herido)* de gravedad
severity *n* **1(a)** *(castigo)* dureza **(b)** *(invierno)* rigor **(c)** *(problema)* gravedad, severidad **(d)** *(dolor)* agudeza **2** **severities** *(formal)* condiciones rigurosas

sew /səʊ/ *vt, vi (pret* **sewed** *pp* **sewn** /səʊn/ o **sewed**) coser: *to sew by hand/by machine* coser a mano/a máquina
PHR V **to sew sth in/into sth**: *to sew sth into the lining* coser algo al forro
to sew sth up 1 coser algo: *to sew up a hole* zurcir un agujero **2** *(coloq)* arreglar algo: *to sew up a deal* arreglar un trato ◊ *to have the market sewn up* dominar el mercado

sewage /ˈsuːɪdʒ, ˈsjuː-/ *n [sing]* aguas residuales: *sewage disposal* depuración de aguas residuales ◊ *sewage works* planta depuradora (de aguas residuales) ◊ *sewage system* alcantarillado

sewer /ˈsuːə(r), ˈsjuː-/ *n* alcantarilla, cloaca
▶ **sewerage** *n* **1** alcantarillado **2** aguas fecales

sewing /ˈsəʊɪŋ/ *n* costura *(labor o afición)*: *sewing machine* máquina de coser ◊ *to do some sewing* coser ☛ *Comparar con* STITCHING *en* STITCH

sewn *pp de* SEW

sex /seks/ *n* **1** sexo: *sex life* vida sexual ◊ *a sex offender* un condenado por delitos sexuales ◊ *sex object* objeto sexual ◊ *to have a sex change* hacerse una operación de cambio de sexo ◊ *sex education* educación sexual ◊ *the opposite sex* el sexo opuesto *Ver tb* THE FAIR SEX, SINGLE-SEX **2** trato sexual: *to have sex (with sb)* tener relaciones sexuales (con algn) ◊ *sex appeal* atractivo sexual *Ver tb* CASUAL SEX
▶ **sexed** *adj* LOC *Ver* HIGHLY

sexagenarian /ˌseksədʒɪˈneəriən/ *adj, n (formal)* sexagenario, -a

sex discrimination *n* discriminación por razones de sexo

sexism /ˈseksɪzəm/ *n* sexismo
▶ **sexist** *adj, n* sexista

sexless /ˈseksləs/ *adj* **1** desprovisto de instinto/atractivo sexual **2** asexual

sextant /ˈsekstənt/ *n* sextante

sextet *(tb* **sextette**) /seksˈtet/ *n* sexteto

sexton /ˈsekstən/ *n* sacristán

sexual /ˈsekʃuəl/ *adj* sexual: *sexual harassment* acoso sexual ◊ *sexual abuse* abuso sexual *Ver tb* TRANSSEXUAL
LOC *Ver* RELATION
▶ **sexuality** *n* sexualidad
sexually *adv* sexualmente: *sexually transmitted disease* enfermedad de transmisión sexual ◊ *to be sexually abused* sufrir abusos sexuales

sexual intercourse *n* relaciones sexuales

sexy /ˈseksi/ *adj (coloq)* (**-ier, -iest**) **1** *(persona/ropa)* sexy **2** *(libro/película)* erótico **3** *(coloq) (producto)* seductor
▶ **sexily** *adv* provocativamente
sexiness *n* cachondez

SF /ˌes ˈef/ *(coloq) abrev de* **Science Fiction**

Sgt *abrev de* **Sergeant**

sh /ʃ/ *interj* ¡ssss! *(silencio)*

shabby /ˈʃæbi/ *adj* (**-ier, -iest**) **1(a)** *(ropa)* raído **(b)** *(cosas)* en mal estado **(c)** *(gente)* desharrapado **2(a)** *(comportamiento)* mezquino **(b)** *(excusa)* poco convincente
▶ **shabbily** *adv* **1** *shabbily dressed* pobremente vestido **2** mezquinamente
shabbiness *n* **1** mal estado **2** mezquindad

shack /ʃæk/ *n* choza
■ **shack** *v*
PHR V **to shack up (with sb/together)** *(GB, argot)* arrejuntarse (con algn)

shackle /ˈʃækl/ *n* **1** grillete **2 shackles** *(fig)* ataduras, trabas
■ **shackle** *vt* poner grillos a

shade /ʃeɪd/ *n* **1** *[sing]* sombra: *to sit in the shade of a tree* sentarse a la sombra de un árbol ◊ *welcome shade from the sun* una grata sombra cuando hace sol ◊ *light and shade* luz y sombra ☛ *Ver ilustración en* SOMBRA **2(a)** pantalla *(de lámpara)* **(b)** persiana *Ver tb* WINDOW SHADE **(c) shades** *[pl] (coloq)* gafas de sol **3** tono: *doors painted in the same shade of green* puertas pintadas del mismo tono de verde **4(a)** matiz: *a word with many shades of meaning* una palabra con muchos matices en su significado **(b)** *[sing]* **a ~ (better, worse, etc)** un poquito (mejor, peor, etc): *to move a shade to the right* moverse un poquito hacia la derecha
LOC **put sth/sb in the shade** hacer sombra a algo/algn
■ **shade** *vt* **1** dar sombra a: *She shaded her eyes from the sun.* Se protegió los ojos del sol. ◊ *shaded by cypress trees* con sombra de cipreses **2** poner pantalla a **3** sombrear: *He shaded (in) the houses in his drawing.* Sombreó las casas en su dibujo.
▶ **shading** *n* sombreado

shadow /ˈʃædəʊ/ *n* **1** sombra: *The bad news cast a shadow on/over our meeting.* La mala noticia ensombreció nuestra reunión. ☛ *Ver ilustración en* SOMBRA **2 shadows** *[pl]* tinieblas **3** *The police put a shadow on the suspect.* La policía hizo seguir al sospechoso. **4** *to catch at/chase after shadows* cazar fantasmas **5** *[sing]* **~ of sth** sombra: *not a shadow of (a) doubt* ni sombra de duda *Ver tb* EYESHADOW, FIVE O'CLOCK SHADOW
LOC **a shadow of your/its former self** la sombra de lo que uno fue
■ **shadow** *vt* **1** ensombrecer **2** seguir y vigilar secretamente *Ver tb* FORESHADOW
■ **shadow** *adj (GB, Pol)* de la oposición: *the Shadow Cabinet* el gobierno en la oposición
▶ **shadowy** *adj* **1** *(lugar)* oscuro **2** *(fig)*: *a shadowy figure* una figura indefinida

shadow-boxing /ˈʃædəʊ bɒksɪŋ/ *n* boxeo con un adversario imaginario
▶ **shadow-box** *vi* boxear con un adversario imaginario

shady /ˈʃeɪdi/ *adj* (**-ier, -iest**) **1(a)** *(sitio)* sombreado **(b)** *(árbol)* que da sombra **2** *(coloq, pey)* sospechoso: *a shady deal* un trato turbio ◊ *associate with shady characters* asociarse con tipos sospechosos

shaft /ʃɑːft; *USA* ʃæft/ *n* **1** dardo **2** mango largo **3** fuste ☛ *Ver ilustración en* COLUMNA **4** eje *Ver tb* CRANKSHAFT **5** *the lift-shaft* el hueco de ascensor ◊ *a mine-shaft* un pozo minero ◊ *a ventilation shaft* un pozo de ventilación **6 ~ (of sth)** rayo (de algo): *a shaft of light* un rayo de luz

shag[1] /ʃæg/ *n* tabaco picado

shag[2] /ʃæg/ *vt, vi (GB,* ⚠) ☛ *Ver nota en* TABÚ *(argot)* joder
■ **shag** *n*: *to have a shag* echar un polvo
▶ **shagged (out)** *adj (GB, argot)* hecho polvo

shag[3] /ʃæg/ *n* cormorán moñudo

shaggy /ˈʃægi/ *adj* (**-ier, -iest**): *shaggy hair* pelo desgreñado ◊ *shaggy eyebrows* cejas peludas

shaggy-dog story *n* chiste interminable

shah /ʃɑː/ *n* sha

shake[1] /ʃeɪk/ (*pret* **shook** /ʃʊk/ *pp* **shaken** /ˈʃeɪkən/) **1** *vt* **~** (**about/around**) sacudir, mover: *Shake bottle well before using.* Agite bien la botella antes de usar. **2** *vi* temblar: *shaking with cold/fear* temblando de frío/miedo ◊ *shaking with laughter* partiéndose de risa ◊ *His voice shook with emotion.* La voz le temblaba de emoción. **3** *vt* **(a) ~ sb** (**up**) perturbar a algn: *The news quite shook me.* La noticia me dejó trastornado. ◊ *It shook us rigid.* Nos pasmó. **(b)** debilitar: *shake sb's faith* hacer flaquear la fe de algn **4** *vi* (*coloq*) darse la mano: *We're agreed, so let's shake* (*on it*). Estamos de acuerdo, así que vamos a darnos la mano.

LOC to shake a leg (*GB, coloq*) mover el culo: *Come on, shake a leg!* ¡Venga! ¡Mueve el culo! **to shake sb's hand/shake hands** (**with sb**)**/shake sb by the hand** dar la mano a algn **to shake in your shoes** (*coloq*) temblar de miedo **to shake like a leaf** temblar como una hoja **to shake with fear/cold** temblar de miedo/frío **to shake your fist** (**at sb**) amenazar (a algn) con el puño **to shake your head** negar con la cabeza

PHR V to shake sth from, into, onto, out of, etc sth mover algo en la dirección especificada sacudiéndolo: *to shake grass from your trousers* sacudirse la hierba de los pantalones ◊ *He shook some pepper into the saucepan.* Echó pimienta a la cazuela.

to shake sb off quitarse a algn de encima

to shake sth off: *to shake off a cold* quitarse un catarro ◊ *to shake off a fit of depression* salir de un periodo de depresión

to shake sth off (**sth**) quitar algo (de algo): *to shake the snow off* sacudirse la nieve

to shake sth out desplegar algo sacudiendo

to shake sb up dar una sacudida a algn

to shake sth up agitar algo

► **shaken** *adj* emocionado, desencajado: *She was visibly shaken.* Estaba visiblemente emocionada.

shaker *n*: *a cocktail-shaker* una coctelera ◊ *a salt shaker* un salero

shake-up (*tb* **shake-out**) *n* reorganización

shaking *n* [*sing*] sacudida

shake[2] /ʃeɪk/ *n* **1** [*gen sing*] sacudida: *a shake of the head* una negación con la cabeza ◊ *to give sth a shake* sacudir algo **2 the shakes** (*coloq*) los temblores: *to get/have the shakes* tener temblores

LOC in a couple of shakes/in two shakes (**of a lamb's tail**) (*coloq*) en un abrir y cerrar de ojos *Ver tb* GREAT

Shakespearian (*tb* **Shakespearean**) /ʃeɪkˈspɪəriən/ *adj* shakespeariano

shaky /ˈʃeɪki/ *adj* (**-ier, -iest**) **1** tembloroso: *He's a bit shaky on his feet.* Tiene las piernas débiles. **2** *a shaky chair* una silla inestable ◊ *My French is a bit shaky.* Mi francés es un poco inseguro. ◊ *He was on shaky ground.* Estaba en terreno poco firme.

► **shakily** *adv* temblorosamente

shale /ʃeɪl/ *n* (*Geol*) esquisto

shall /ʃəl, ʃæl/ (*contracción* **'ll** *neg* **shall not** o **shan't** /ʃɑːnt/)

● **v aux** (*esp GB*) (*para formar el futuro*): *As we shall see...* Como veremos... ◊ *I shall tell her tomorrow.* Se lo diré mañana. ◊ *I shall be in touch with you again shortly.* Te llamaré o te veré dentro de poco.

> **Shall** y **will** se usan para formar el futuro en inglés. **Shall** se utiliza con la primera persona del singular y del plural, **I** y **we**, y **will** con las demás personas.
> Sin embargo, en inglés hablado **will** (o **'ll**) tiende a utilizarse con todos los pronombres: *I'll never finish in time.* Nunca terminaré a tiempo. ◊ *It'll be our first holiday for years.* Serán nuestras primeras vacaciones en años.

● **v modal**

> **Shall** es un verbo modal al que sigue un infinitivo sin *to*, y las oraciones interrogativas y negativas se construyen sin el auxiliar *do*.

1 (*oferta, petición, sugerencia*): *Shall we pick you up?* ¿Te vamos a buscar? ◊ *Shall I drive?* ¿Quieres que conduzca yo? ◊ *Shall we take our swimsuits?* ¿Nos llevamos el bañador? ◊ *Where shall we go now?* ¿A dónde vamos ahora? **2** (*formal*) (*voluntad, determinación*): *He shall be given a fair trial.* Tendrá un juicio justo. ◊ *I shan't go.* No iré. ☛ En este sentido, **shall** es más formal que **will**, especialmente cuando se usa con pronombres que no sean *I* y *we*. **3** (*formal*) (*obligación*): *The proprietor shall not be held liable for repairs.* El proprietario no será responsable de las reparaciones. ☛ Nótese que en este sentido se utiliza en documentos legales y a menudo con la tercera persona.

shallot /ʃəˈlɒt/ *n* chalote

shallow[1] /ˈʃæləʊ/ *adj* (**-er, -est**) **1(a)** (*agua*) poco profundo **(b)** (*ángulo*) agudo **(c)** (*plato*) llano **2** (*pey*) (*persona*) superficial

► **shallowness** *n* **1** superficialidad **2** poca profundidad

shallow[2] /ˈʃæləʊ/ *n* (*en un río, el mar, etc*) bajío

shalt /ʃælt/ *v aux, v modal* forma arcaica de la segunda persona del singular de 'shall'

sham /ʃæm/ *vt vi* (**-mm-**) (*pey*) fingir(se)

■ **sham** *n* **1(a)** impostor, -ora **(b)** farsa **2** mentira

■ **sham** *adj* falso, fingido

shaman /ˈʃæmən, ˈʃɑːmən/ *n* chamán

shamble /ˈʃæmbl/ *vi* arrastrar los pies

shambles /ˈʃæmblz/ *n* [*sing*] (*coloq*) desastre: *to be* (*in*) *a shambles* estar hecho un desastre

shambolic /ʃæmˈbɒlɪk/ *adj* (*GB, coloq*) caótico

shame /ʃeɪm/ *n* **1** vergüenza: *to hang your head in shame* inclinar la cabeza avergonzado ◊ *To my shame...* Para vergüenza mía... **2** deshonra **3 a shame** (*coloq*) lástima: *What a shame you didn't win.* ¡Qué lástima que no ganaras! ◊ *It's a crying shame.* ¡Qué lástima tan grande! ◊ *It's a shame* (*that*) *she can't come.* Es una lástima que no pueda venir.

LOC shame on you! ¡qué vergüenza! **to put sth/sb to shame** dejar a algn a la altura del betún *Ver tb* CRYING

■ **shame** *vt* **1** avergonzar **2** deshonrar: *You've shamed your family.* Has deshonrado a tu familia.

PHR V to shame sb into/out of doing sth: *to shame sb into apologizing* hacer que uno se avergüence y pida perdón

shamefaced /ˌʃeɪmˈfeɪst/ *adj* avergonzado

► **shamefacedly** *adv* con vergüenza

shameful /ˌʃeɪmfl/ *adj* vergonzoso

► **shamefully** *adv* vergonzosamente

shameless /ˈʃeɪmləs/ *adj* descarado, sinvergüenza

► **shamelessly** *adv* descaradamente

shampoo /ʃæmˈpuː/ *n* (*pl* **~s**) **1** champú **2** lavado (con champú): *to give sb a shampoo* lavar el pelo a algn ◊ *a shampoo and set* un lavado y marcado

■ **shampoo** *vt* (*pret, pp* **-pooed** *part pres* **-pooing**) lavar (con champú)

shamrock /ˈʃæmrɒk/ *n* trébol

shandy /ˈʃændi/ *n* (*GB*) cerveza con gaseosa

shank /ʃæŋk/ *n* mango (*herramienta*)

LOC on Shanks's pony (*coloq, joc*) a pata

shan't = SHALL NOT *Ver* SHALL

shanty /ˈʃænti/ *n* (*pl* **-ies**) chabola *Ver tb* SEA SHANTY

shanty town *n* barrio de chabolas

shape /ʃeɪp/ *n* **1** forma: *trees in all shapes and sizes* árboles de todas formas y tamaños **2** figura **3** (*coloq*) (*estado*) forma: *She's in good/bad shape.* Está en buena/mala forma.

LOC in any shape (**or form**) (*coloq*) de cualquier tipo **in shape** en forma: *She exercises regularly to stay in shape.* Hace ejercicio regular para estar en forma. **in the shape/form of sth/sb** (*coloq*) en forma de algo/

algn **out of shape 1** deformado **2** en baja forma **the shape of things to come**: *This building is the shape of things to come.* Este edificio representa el futuro. **to get/knock/lick sth/sb into shape** poner algo/a algn a punto **to get (yourself) into shape** ponerse en forma **to give shape to sth** plasmar **to take shape** ir cobrando forma **to take the shape of sth** cobrar la forma de algo

■ **shape 1** *vt* **~ sth (into sth) (a)** formar algo (en algo); dar forma a algo **(b)** (*barro*) modelar algo (en forma de algo) **(c)** (*madera*) tallar algo (en forma de algo) **2** *vt* forjar, determinar: *A decision which shaped the course of the war.* Una decisión que forjó el curso de la guerra.

PHR V **to shape up 1** ir cobrando forma: *How is the new team shaping up?* ¿Cómo va el nuevo equipo? **2** (*USA*) comportarse mejor

shapeless /ˈʃeɪpləs/ *adj* informe, sin forma

shapely /ˈʃeɪpli/ *adj* **(-ier, -iest) 1** bien formado **2** de buen talle

shard /ʃɑːd/ (*tb* **sherd** /ʃɜːd/) *n* trozo (*de cerámica, cristal*)

share /ʃeə(r)/ *n* **1 ~ (in/of sth)** parte (en/de algo): *Make sure everyone gets an equal share.* Asegúrate que todos vayan a partes iguales. **2** (*Fin*) acción: *share capital* capital social ◊ *share index* índice de Bolsa *Ver tb* MARKET SHARE, TIME-SHARE

LOC **to go shares (with sb) (in sth)** (*GB, coloq*) ir a escote (con algn) (en algo) **to have a share in sth** participar en algo **to have your share of sth** tener (más que) suficiente de algo: *He's had his share of suffering.* Ya ha sufrido bastante. ◊ *She's had more than her fair share of luck.* Ha tenido más suerte de la que le correspondía. *Ver tb* CAKE, FAIR[1], LION

■ **share 1** *vt* **~ sth (out) (among/between sb)** repartir algo (entre algn): *to share the sweets among the children* repartir los dulces a los niños **2** *vt, vi* **~ (sth) (with sb)** compartir (algo) (con algn): *There's only one bedroom, so we'll have to share.* Solo hay un dormitorio, así que tendremos que compartir. ◊ *She won't share her secret (with us).* No quiere compartir su secreto (con nosotros). ◊ *to share in sth* participar en algo *Ver tb* JOB-SHARING, PROFIT-SHARING

LOC **to share and share alike** ir a partes iguales

shareholder /ˈʃeəhəʊldə(r)/ *n* accionista

shareholding /ˈʃeəhəʊldɪŋ/ *n* acciones

share-out /ˈʃeər aʊt/ *n* reparto

shark /ʃɑːk/ *n* **1** tiburón **2** (*coloq, pey*) estafador, -ora

sharp /ʃɑːp/ *adj* **(-er, -est) 1(a)** (*cuchillo*) afilado *Ver tb* RAZOR-SHARP **(b)** (*aguja*) puntiagudo **2** (*curva*) cerrado **3(a)** brusco, repentino **(b)** pronunciado: *a sharp rise in crime* un pronunciado aumento del crimen **4** nítido **5** (*sonido*) agudo **6** (*sabor*) ácido **7** (*olor*) acre **8** (*viento*) cortante **9** (*dolor*) agudo **10** (*persona*) agudo: *to keep a sharp look-out* vigilar bien **11 ~ (with sb)** (*pey*) cortante (con algn): *He has a sharp tongue.* Tiene una lengua mordaz. **12** poco escrupuloso **13** (*coloq*) elegante: *to be a very sharp dresser* vestir con elegancia **14** (*Mús*) sostenido: *in the key of C sharp minor* clave de Do sostenido menor ☛ *Ver ilustración en* NOTACIÓN

LOC **(as) sharp as a needle** más listo que el hambre **sharp practice** trampa **to look sharp** espabilarse: *You'd better look sharp or you'll be late.* Más vale que te espabiles o llegarás tarde.

■ **sharp** *n* (*Mús*) sostenido *Ver tb* CARD-SHARP ☛ *Comparar con* FLAT, NATURAL

■ **sharp** *adv* **1** (*coloq*) en punto: *at seven (o'clock) sharp* a las siete en punto **2** (*coloq*) abruptamente: *He turned sharp right.* Torció de repente a la derecha. **3** (*Mús*) agudamente, demasiado alto

▶ **sharply** *adv* **1** bruscamente **2** claramente **3** de manera cortante

sharpness *n* **1** brusquedad **2** nitidez

sharpen /ˈʃɑːpən/ *vt, vi* **1** afilar **2** (*fig*) agudizar: *Their appetites were sharpened by the long walk.* Se les agudizó el apetito con la caminata. **3** (*lápiz*) sacar punta a **4** hacer más definido

sharpener /ˈʃɑːpnə(r)/ *n* **1** (*tb* **pencil sharpener**) sacapuntas **2** (*aparato*) afilador

sharp-eyed /ˌʃɑːp ˈaɪd/ *adj* con vista aguda

sharpish /ˈʃɑːpɪʃ/ *adv* (*coloq*) deprisa, prontito

shat *pret, pp de* SHIT

shatter /ˈʃætə(r)/ *vt, vi* **1** hacer(se) añicos **2(a)** destruir: *shattered nerves* nervios destrozados **(b)** (*salud*) quebrantar **(c)** (*esperanza*) frustrar **3** (*coloq*) (*cansar o abatir*) dejar hecho cisco: *We were shattered by the news.* La noticia nos dejó hechos cisco.

LOC **to shatter your faith in sth** quebrantar la fe que tiene uno en algo *Ver tb* HOPE

▶ **shattered** *adj* **1** hecho polvo **2** trastornado

shattering *adj* demoledor, aplastante *Ver tb* EARTH-SHATTERING

shave /ʃeɪv/ *vt, vi* (*pret* **shaved** *pp* **shaved** o *esp USA* **shaven** /ˈʃeɪvn/) ☛ *Ver nota en* PROVE **1** afeitar(se): *shaving foam/cream* espuma/crema de afeitar ◊ *shaving brush* brocha de afeitar **2** (*madera*) acepillar **3** (*coloq*) (*casi tocar al pasar*) pasar rozando, raspar

PHR V **to shave sth off (sth)** afeitar(se) algo (de algo)

■ **shave** *n* afeitado: *to have a shave* afeitarse *Ver tb* AFTERSHAVE LOC *Ver* CLOSE[1]

▶ **shaven 1** *pp de* SHAVE **2** *adj* rapado, afeitado *Ver tb* CLEAN-SHAVEN

shaver (*tb* **electric razor**) *n* maquinilla de afeitar

shavings *n* [*pl*] virutas

shawl /ʃɔːl/ *n* chal

she /ʃiː/ *pron pers* (*como sujeto*) ella (*se usa también para referirse a coches, barcos o naciones*): *She didn't come.* No vino.

Nótese que el pronombre personal no se puede omitir en inglés.

■ **she** *n* hembra: *Is it a he or a she?* ¿Es macho o hembra?

sheaf /ʃiːf/ *n* (*pl* **sheaves** /ʃiːvz/) **1** (*de trigo, etc*) gavilla **2** (*de papeles, etc*) fajo

shear /ʃɪə(r)/ *vt, vi* (*pret* **sheared** *pp* **sheared** o **shorn** /ʃɔːn/) **1** (*una oveja*) esquilar **2** (*cortar*) cercenar

LOC **to be shorn of sth** estar despojado de algo

PHR V **to shear off** cercenarse

to shear sth off (sth/sb) cercenar algo (de algo/a algn)

▶ **shearer** *n* esquilador, -ora

shears /ʃɪəz/ (*tb* **gardening shears**) *n* [*pl*] tijeras de podar ☛ *Ver ilustración en* TIJERA

sheath /ʃiːθ/ *n* (*pl* **sheaths** /ʃiːðz/) **1(a)** cubierta, funda **(b)** (*arma, herramienta*) vaina, estuche: *sheath knife* cuchillo de monte ☛ *Ver ilustración en* KNIFE **2** (*anticonceptivo*) preservativo

sheathe /ʃiːð/ *vt* **1** (*un arma*) envainar **2 ~ sth (in/with sth)** recubrir algo (de algo)

sheaves *plural de* SHEAF

shed[1] /ʃed/ *n* cobertizo: *an engine-shed* una cochera de tren ◊ *a cattle shed* un establo ◊ *a garden shed* un cobertizo para las herramientas *Ver tb* COWSHED, WATERSHED ☛ *Ver ilustración en* BUNGALOW

shed[2] /ʃed/ *vt* **(-dd-)** (*pret, pp* **shed**) **1** (*dejar caer*) **(a)** (*árbol*) despojarse de: *The lorry has shed its load.* Al camión se le ha desparramado la carga. **(b)** (*piel*) mudar **(c)** (*formal*) (*sangre, lágrimas*) derramar *Ver tb* BLOODSHED **2** (*deshacerse de*) despojarse de, desprenderse de: *to shed your clothes/inhibitions* despojarse de la ropa/desprenderse de las inhibiciones **3 ~ sth (on sth/sb)** (*luz, calor, etc*) arrojar, difundir algo (sobre algo/algn) LOC *Ver* LIGHT[1]

she'd /ʃiːd/ **1** = SHE HAD *Ver* HAVE **2** = SHE WOULD *Ver* WOULD

sheen /ʃiːn/ *n* lustre

sheep /ʃiːp/ *n* (*pl* **sheep**) oveja: *a sheep farmer* un criador de ganado ovino ☛ *Ver ilustración en* OVEJA

LOC like sheep como una manada de borregos *Ver tb* BLACK, HANG[1], SEPARATE[2], WOLF
▶ **sheepish** *adj* tímido, avergonzado
sheepishly *adv* tímidamente
sheepdog /ˈʃiːpdɒg/ *n* perro pastor: *sheepdog trials* concurso(s) de pastoreo
sheepskin /ˈʃiːpskm/ *n* **1** piel de carnero **2** (*usada como forro*) badana
sheer[1] /ʃɪə(r)/ *adj* **1** (*absoluto*) puro: *by sheer chance/coincidence* por pura casualidad ◊ *out of sheer desperation* por pura desesperación ◊ *The sheer size of the debt was such that…* Tal era el tamaño de la deuda que… **2** (*de la tela*) diáfano
■ **sheer** *adj, adv* (*casi vertical*) escarpado
sheer[2] /ʃɪə(r)/ *v*
PHR V to sheer away (from sth)/sheer off (sth) desviarse (de algo)
sheet /ʃiːt/ *n* **1** (*para una cama*) sábana **2(a)** (*de papel*) hoja: *sheet music* partituras *Ver tb* BALANCE SHEET, BROADSHEET, CHARGE SHEET, NEWS-SHEET, SPREADSHEET, TIME SHEET **(b)** (*de vidrio*) lámina **(c)** (*de metal*) placa, chapa, lámina: *sheet metal* metal en lámina(s) **(d)** (*de estaño*) hoja **3(a)** (*de agua, etc*) extensión: *The road was a sheet of ice.* La carretera era una pista de hielo. **(b)** (*hielo*) capa **(c)** (*llamas*) cortina *Ver tb* FLYSHEET, GROUNDSHEET
LOC between the sheets en la cama *Ver tb* WHITE
▶ **sheeting** *n* **1** (*de tela*) lencería para sábanas **2** (*de metal, etc*) placas
sheikh (*tb* **sheik**) /ʃeɪk; *USA* ʃiːk/ *n* jeque
shelf /ʃelf/ *n* (*pl* **shelves** /ʃelvz /) **1(a)** estante *Ver tb* BOOKSHELF **(b)** anaquel, tabla **(c)** (*de horno*) parrilla **2(a)** (*Náut*) bajío, plataforma **(b)** (*Geol*) repisa
LOC (to buy sth) off the shelf (comprar algo) de confección: *I bought it off the shelf.* Lo compré ya hecho. **on the shelf** (*coloq*) olvidado **to be/get left on the shelf** quedarse para vestir santos
shelf-life *n* tiempo de durabilidad antes de la venta
shell /ʃel/ *n* **1(a)** (*marisco*) cáscara **(b)** (*molusco*) concha *Ver tb* SEASHELL ☛ *Ver ilustración en* SHELLFISH **(c)** (*tb* **eggshell**) (*huevo*) cáscara **(d)** (*tb* **nutshell**) (*frutos secos*) cáscara ☛ *Ver ilustración en* NUT **(e)** (*guisante*) vaina **(f)** (*tortugas, insectos*) caparazón ☛ *Ver nota en* PEEL **2(a)** (*barco*) casco **(b)** (*edificio, cubierta*) armazón: *the metal shell of the aircraft engine* el armazón metálico del motor del avión **3** (*Mil*) obús, proyectil *Ver tb* BOMBSHELL
LOC to come out of your shell salir de su concha **to go, retire, withdraw, etc into your shell** meterse en su concha
■ **shell** *vt, vi* **1(a)** (*guisantes*) desvainar **(b)** (*nueces*) quitar la cáscara **(c)** (*mariscos, moluscos*) quitar la concha/cáscara **2** (*Mil*) bombardear
PHR V to shell out (for sth) (*coloq*) soltar la pasta (para algo)
to shell out sth (for sth): *I had to shell out £2 000 for her wedding.* Tuve que aflojar 2.000 libras para su boda.
she'll /ʃiːl/ = SHE WILL *Ver* WILL[1]
shellfire /ˈʃelfaɪə(r)/ *n* fuego de artillería, bombardeo

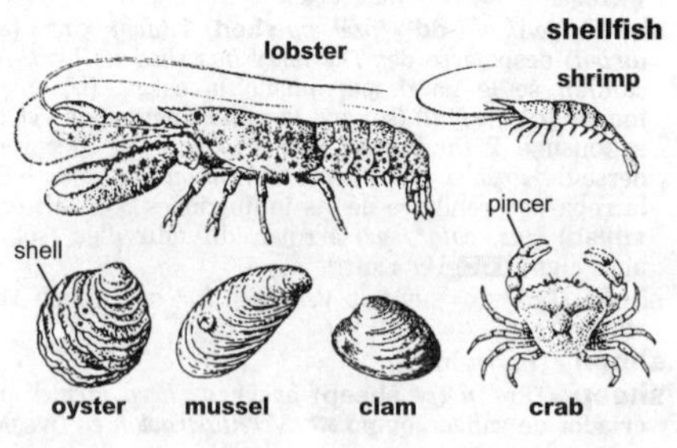

shellfish /ˈʃelfɪʃ/ *n* (*pl* **shellfish**) **1** (*como alimento*) marisco **2** (*Zool*) crustáceo
shelling /ʃelɪŋ/ *n* bombardeo
shell-shock /ˈʃel ʃɒk/ *n* neurosis de guerra
▶ **shell-shocked** *adj* **1** (*lit*) padeciendo neurosis de guerra **2** (*fig*) anonadado
shell suit *n* chándal (*gen de nailon*)
shelter /ˈʃeltə(r)/ *n* **1 ~ (from sth)** (*protección*) abrigo, resguardo (contra algo): *The fence gave/afforded (us) some shelter from the wind.* La valla (nos) resguardaba del viento. ◊ *to get under shelter* ponerse al abrigo ◊ *to take shelter* refugiarse **2** (*lugar*) refugio: *an air-raid shelter* un refugio antiaéreo ◊ *a night shelter* un albergue para pasar la noche *Ver tb* BUS SHELTER
■ **shelter** *vt, vi* **1 ~ sth/sb (from sth/sb) (a)** resguardar(se), abrigar(se) algo/a algn (de algo/algn): *to shelter an escaped prisoner* dar refugio a un prisionero fugado **(b)** proteger algo/a algn (contra algo/algn): *to shelter sb from criticism* proteger a algn contra las críticas. **2 ~ (from sth)** refugiarse, ponerse al abrigo (de algo)
▶ **sheltered** *adj* **1** (*no expuesto a los elementos*) abrigado **2** (*resguardado de la incomodidad, etc*) protegido: *a sheltered life* una vida protegida
sheltered housing (*tb* **sheltered accommodation**) *n* viviendas vigiladas para ancianos y minusválidos
shelve[1] /ʃelv/ *vt* **1** (*de libros*) colocar en los estantes **2** (*fig*) archivar: *Plans for a new theatre have had to be shelved.* Ha habido que archivar los planes para un nuevo teatro.
▶ **shelving** *n* estantería
shelve[2] /ʃelv/ *vi* **~ (away/down/off)** inclinarse: *The shore shelves down to the sea.* La playa baja hacia el mar.
shelves *plural de* SHELF
shepherd /ˈʃepəd/ *n* pastor *Ver tb* GERMAN SHEPHERD
■ **shepherd** *vt* guiar, conducir
shepherdess /ˌʃepəˈdes; *USA* ˈʃepərdɪs/ *n* pastora
shepherd's pie (*tb* **cottage pie**) *n* (*GB*) pastel de carne picada con puré de patatas
sherbet /ˈʃɜːbət/ *n* **1** (*esp GB*) (*golosina*) polvos picapica **2** (*USA*) (*GB* **sorbet**) sorbete
sherd *Ver* SHARD
sheriff /ˈʃerɪf/ *n* **1** (*GB*) (*tb* **High Sheriff**) sheriff **2** (*Escocia*) juez **3** (*USA*) sheriff
sherry /ˈʃeri/ *n* jerez
she's /ʃiːz/ **1** = SHE IS *Ver* BE **2** = SHE HAS *Ver* HAVE
shied *pret, pp de* SHY
shield /ʃiːld/ *n* **1** escudo **2** (*premio*) placa **3** blindaje: *eye-shield* careta protectora
■ **shield** *vt* **~ sth/sb (from sth/sb)** proteger algo/a algn (contra algo/algn)
shift /ʃɪft/ **1** *vi* **(a)** moverse, cambiar de sitio: *She shifted uneasily in her seat.* Se movía inquietamente en su asiento. **(b)** (*posición, actitud*) cambiar **(c)** (*USA*) (*tb* **to shift up/down**) cambiar (de marcha): *I shifted out of first into second.* Cambié de primera a segunda. **(d)** (*GB, coloq*) darse prisa **2** *vt* **(a)** (*coloq*) mover: *Help me to shift the sofa.* Ayúdame a mover el sofá. ◊ *She tried to shift the blame onto me.* Intentó echarme la culpa a mí. **(b)** (*mancha*) quitar **(c)** (*mercancías*) deshacerse de **(d)** (*USA*) (*marcha*) cambiar de
LOC to shift your ground cambiar de actitud
PHR V to shift for yourself valerse por sí mismo
■ **shift** *n* **1(a)** movimiento: *There has been a gradual shift towards capitalism.* Ha habido un movimiento gradual hacia el capitalismo. **(b)** cambio: *the shifts in public opinion* los cambios en la opinión pública **(c)** desplazamiento **2** (*trabajo*) turno: *to work in shifts* trabajar por turnos ◊ *shift workers* trabajadores de turno *Ver tb* DAY SHIFT, NIGHT SHIFT **3** (*USA*) palanca de cambio de velocidades **4** tejemaneje **5** (*antic*) vestido recto y suelto **6** (*teclado*) tecla para las mayúsculas

LOC to make shift (with sth) arreglárselas/arreglarse con algo
▶ **shifting** *adj* movedizo
shifty /ˈʃɪfti/ *adj* (**-ier, -iest**) sospechoso, furtivo
▶ **shiftily** *adv* furtivamente
shilling /ˈʃɪlɪŋ/ *n* chelín
shimmer /ˈʃɪmə(r)/ *vi* relucir
■ **shimmer** *n* luz trémula
▶ **shimmering** *adj* reluciente
shin /ʃɪn/ *n* **1(a)** espinilla **(b)** (*tb* **shin-bone**) tibia **2** (*carne*) jarrete
■ **shin** *v* (**-nn-**)
PHR V to shin down sth bajar de algo usando las extremidades para agarrarse
to shin up sth trepar a algo
shine /ʃaɪn/ (*pret, pp* **shone** /ʃɒn; *USA* ʃəʊn/) **1** *vi* **(a)** (*sol, etc*) brillar **(b)** (*metal*) relucir **(c) ~ (with sth)** (*cara*) irradiar algo: *His face shone with excitement.* Su cara irradiaba excitación. **2** *vi* **~ (at/in sth)** (*sobresalir*) brillar, distinguirse (en algo) **3** *vt* (*pret, pp* **shined**) **(a)** (*coloq*) (*zapatos*) sacar brillo a **(b)** (*metal, etc*) lustrar **4** *vt* **(a)** (*linterna, etc*) dirigir **(b)** (*reflector, etc*) proyectar *Ver tb* MOONSHINE, SHOESHINE, SUNSHINE
■ **shine** *n* brillo: *The metal has lost its shine.* El metal ha perdido el brillo.
LOC to take a shine to sth/sb caerle simpático algo/algn: *I think that dog has taken a shine to me.* Creo que a ese perro le caigo simpático. **to take the shine off sth** quitar a algo su encanto *Ver tb* HAY, RAIN, RISE[1]
▶ **shining** *adj* **1** brillante, reluciente: *That was a shining example of…* Eso fue un magnífico ejemplo de… **2** (*cara*) radiante **3** (*pelo*) lustroso
shingle /ˈʃɪŋgl/ *n* [*incontable*] guijarros
shingles /ˈʃɪŋglz/ (*tb* **herpes zoster**) *n* herpes
shiny /ˈʃaɪni/ *adj* (**-ier, -iest**) brillante, reluciente
ship /ʃɪp/ *n* **1** barco, buque: *a sailing ship* un barco de vela ◊ *merchant ship* buque mercante ◊ *the ship's company* la tripulación (del barco) ☛ *Ver nota en* BARCO *Ver tb* BATTLESHIP, FLAGSHIP, GUNSHIP, WARSHIP **2** (*coloq*) nave (*espacial*): *an alien ship* una nave extraterrestre *Ver tb* SPACESHIP
LOC (like) ships that pass in the night como naves que se cruzan en la noche **when your ship comes home/in** cuando lleguen las vacas gordas
■ **ship** *vt* (**-pp-**) enviar (*por vía marítima*)
PHR V to ship sth/sb off (*coloq*) despachar algo/a algn
shipbuilder /ˈʃɪpbɪldə(r)/ *n* constructor, -ora de buques
shipbuilding /ˈʃɪpbɪldɪŋ/ *n* construcción naval: *a shipbuilding company* una compañía de construcción naval
shipload /ˈʃɪpləʊd/ *n* cargamento (*de un buque*)
shipmate /ˈʃɪpmeɪt/ *n* camarada de a bordo, compañero, -a de tripulación
shipment /ˈʃɪpmənt/ *n* **1** embarque: *The goods are ready for shipment.* Las mercancías están listas para embarcar. **2** transporte (marítimo) **3(a)** cargamento: *a shipment of grain* un cargamento de grano **(b)** consignación
shipowner /ˈʃɪpəʊnə(r)/ *n* naviero, -a
shipper /ˈʃɪpə(r)/ *n* **1** consignatario, -a **2** empresa naviera
shipping /ˈʃɪpɪŋ/ *n* **1** buques: *Attention all shipping…* Atención todos los buques… ◊ *shipping lanes* rutas de navegación ◊ *shipping forecast* pronóstico marítimo ◊ *a danger to shipping* un peligro para la navegación ◊ *a shipping company/line* una compañía naviera **2** (*tb* **shipment**) **(a)** transporte marítimo **(b)** embarque
shipshape /ˈʃɪpʃeɪp/ *adj* en buen orden
shipwreck /ˈʃɪprek/ *n* naufragio
■ **shipwreck** *vt* naufragar
▶ **shipwrecked** *adj* náufrago: *to be shipwrecked* naufragar
shipyard /ˈʃɪpjɑːd/ *n* astillero
shire /ˈʃaɪə(r), -ʃə(r)/ *n* (*GB*) **1** (*antic*) condado **2 the shires** [*pl*] los condados centrales de Inglaterra
shire-horse /ˈʃaɪə hɔːs/ *n* percherón, -ona
shirk /ʃɜːk/ **1** *vt* **(a)** escaquearse de **(b)** (*responsabilidad, etc*) esquivar **2** *vi* escaquearse: *to shirk doing sth* evadir hacer algo
▶ **shirker** *n* haragán, -ana
shirt /ʃɜːt/ *n* **1** camisa: *dress shirt* camisa de frac ☛ *Ver ilustración en* AMERICANA **2** camiseta *Ver tb* HAIR SHIRT, NIGHTSHIRT, SWEATSHIRT, T-SHIRT
LOC keep your shirt on! (*coloq*) ¡cálmate! **to put your shirt on sth** (*argot*) apostarlo todo a algo
shirtsleeve /ˈʃɜːtsliːv/ *n* manga de camisa: *in your shirtsleeves* en mangas de camisa
shirt-tail /ˈʃɜːt teɪl/ *n* faldón (de camisa)
shirty /ˈʃɜːti/ *adj* (*coloq*) (**-ier, -iest**) enfadado: *to get shirty with sb* enfadarse con algn
shit /ʃɪt/ *n* (⚠) ☛ *Ver nota en* TABÚ (*argot*) **1** [*incontable*] mierda: *to have a shit* cagar ◊ *to feel/look like shit* estar hecho una mierda **2** [*incontable*] chorradas: *You do talk a load of shit.* No dices más que chorradas. *Ver tb* BULLSHIT **3** cabrón, -ona **4 the shits**: *to have the shits* tener cagalera
LOC not to give a shit (about sth/sb): *He doesn't give a shit about anybody else.* Los demás le importan una mierda. **to beat/kick the shit out of sb** dar una paliza/darle de patadas a algn **to be in the shit** haberla cagado **to be shit scared (of sth/sb)** (*argot*) tener un miedo que se caga (de algo/algn) **to be up shit creek (without a paddle)** estar metido en un buen marrón, estar jodido (*en apuros*) *Ver tb* SCARE, TREAT
■ **shit** *vt, vi* (**-tt-**) (*pret, pp* **shitted** o **shat** /ʃæt/) (⚠) ☛ *Ver nota en* TABÚ (*coloq*) cagar: *to shit yourself* cagarse
LOC to shit bricks/yourself cagarse de miedo
■ **shit!** *interj* (⚠) ☛ *Ver nota en* TABÚ (*argot*) ¡mierda!
▶ **shitty** *adj* (*GB*, ⚠) ☛ *Ver nota en* TABÚ (*argot*) (**-ier, -iest**) **1** de mierda: *shitty food* comida asquerosa **2** repugnante
shiver /ˈʃɪvə(r)/ *vi* **1 ~ (with sth) (a)** temblar de algo **(b)** (*de frío*) tiritar **2** estremecerse
■ **shiver** *n* **1** escalofrío: *It sent a shiver down my spine.* Me dio escalofríos. **2 the shivers** [*pl*] escalofríos
▶ **shivery** *adj* **1** destemplado **2** estremecido
shoal /ʃəʊl/ *n* **1** (*peces*) banco **2 shoals of** (*fig*) una multitud de: *shoals of tourists* una multitud de turistas **3** banco de arena
shock[1] /ʃɒk/ *n* **1** (*fig*) **(a)** conmoción: *to be in a state of shock* estar en un estado de conmoción ◊ *The result came as a shock to us all.* El resultado nos asombró a todos. ◊ *to give sb a shock* dar un susto a algn ◊ *to launch a campaign of shock tactics* lanzar una campaña de guerra psicológica **(b)** golpe (duro) **2** (*tb* **electric shock**) descarga eléctrica: *electric shock treatment* tratamiento con descargas eléctricas **3** choque, sacudida: *shock wave* onda expansiva ◊ *shock absorber* amortiguador ☛ *Ver ilustración en* CAR **4** (*Med*) shock: *to suffer from shock* padecer una postración nerviosa *Ver tb* SHELL-SHOCK
shock[2] /ʃɒk/ *n* **shock of hair** greña (*pelo*)
shock[3] /ʃɒk/ *vt* **1** conmover, trastornar: *I was shocked at the news of her death.* La noticia de su muerte me trastornó. **2** escandalizar **3** asombrar
shocker /ˈʃɒkə(r)/ *n* (*coloq*) **1** (*persona*) bruto, -a **2** horror
shocking /ˈʃɒkɪŋ/ *adj* **1** (*comportamiento*) escandaloso **2** (*noticia, crimen, etc*) espantoso **3** (*coloq*) horrible, malísimo: *The room was in a shocking state.* La habitación estaba de susto.
■ **shocking** *adj* (*con colores*): *shocking pink* rosa estridente
▶ **shockingly** *adv* **1** de modo escandaloso **2** (*coloq*) terriblemente

shockproof /ˈʃɒkpruːf/ *adj* a prueba de choques

shod /ʃɒd/ **1** *pret, pp de* SHOE **2** *adj* **~ in/with sth** con zapatos de algo

shoddy /ˈʃɒdi/ *adj* **(-ier, -iest)** de muy mala calidad, chapucero, de pacotilla

shoe /ʃuː/ *n* **1** zapato: *to put your shoes on* ponerse los zapatos ◊ *to take your shoes off* quitarse los zapatos ◊ *What size shoe do you take?* ¿Qué número de zapato gastas? ◊ *a shoe brush* cepillo de zapatos ◊ *shoe shop* zapatería ◊ *shoe polish* betún ☛ *Ver ilustración en* ZAPATO *Ver tb* SAND-SHOES, SNOWSHOE **2** (*tb* **horseshoe**) (*caballo*) herradura **3** (*freno*) zapata

LOC **in sb's shoes** en el pellejo de algn, en el lugar de algn: *I wouldn't like to be in your shoes.* No quisiera estar en tu pellejo. ◊ *Put yourself in her shoes.* Ponte en su lugar. *Ver tb* SHAKE[1]

■ **shoe** *vt* (*pret, pp* **shod** /ʃɒd/) herrar

shoehorn /ˈʃuːhɔːn/ *n* calzador

shoelace /ˈʃuːleɪs/ (*USA tb* **shoestring**) *n* cordón de zapato

shoemaker /ˈʃuːmeɪkə(r)/ *n* zapatero, -a

shoeshine /ˈʃuːʃaɪn/ *n* (*USA*) **1** (*tb* **shoeshine boy**) limpiabotas **2** limpieza de zapatos

shoestring /ˈʃuːstrɪŋ/ *n* (*USA*) *Ver* SHOELACE

LOC **on a shoestring** con escasos medios

shoe-tree /ˈʃuː triː/ *n* horma (*para zapatos*)

shone *pret, pp de* SHINE

shoo /ʃuː/ *interj* ¡fuera!

■ **shoo** *vt* (*pret, pp* **shooed**) **~ sth/sb (away/off)** (*pájaros, etc*) espantar algo, ahuyentar a algn

shook *pret de* SHAKE[1]

shoot /ʃuːt/ (*pret, pp* **shot** /ʃɒt/) **1** *vt* pegar un tiro a **2** *vt* herir (*con un disparo*): *She was shot in the leg.* Le dispararon en la pierna. **3** *vt* **~ sb (dead)** matar (a tiros) a algn **4** *vt* fusilar **5** *vt* (*conejos, etc*) cazar **6** *vt* **(a)** (*misil*) lanzar **(b)** (*bala, flecha*) disparar **7** *vt* (*mirada*) lanzar: *She shot him an angry glance.* Le lanzó una mirada de enfado. **8** *vt* (*película*) rodar: *The film was shot in black and white.* La película se rodó en blanco y negro. **9** *vt* (*foto*) sacar **10** *vt* (*barco, coche, etc*) atravesar: *to shoot the rapids* atravesar los rápidos ◊ *The car shot the lights.* El coche se saltó el semáforo en rojo. **11** *vt* (*USA, Dep*) jugar: *to shoot pool* jugar al billar americano ◊ *to shoot craps* jugar a los dados **12** *vt* (*argot*) (*droga*) chutarse **13** *vi* **~ at sth/sb** disparar a algo/contra algn **14** *vi* (*disparar*) tirar: *They were shooting to kill.* Tiraban a matar. **15** *vi* **~ along, past, out, etc** ir, pasar, salir, etc, volando: *The sports car shot past us.* El deportivo pasó a nuestro lado volando. ◊ *She shot up the stairs.* Subió la escalera zumbando. ◊ *He shot out of the door.* Salió disparado por la puerta. **16** *vi* (*planta*) retoñar **17** *vi* (*Dep*) chutar *Ver tb* BLOODSHOT, PEASHOOTER, TROUBLESHOOTER

LOC **a shoot to kill policy** una política de tirar a matar **to be/get shot of sth/sb** (*coloq*) deshacerse de algo/algn **to shoot it out (with sb)** (*coloq*) discutir (con algn) **to shoot the breeze** (*USA, coloq*) cotillear (*charlar*) **to shoot the works** (*USA, coloq*) apostarlo todo **to shoot your bolt** (*coloq*) darlo todo **to shoot your mouth off (about sth)** (*coloq*) **1** marcarse un farol (sobre algo) **2** irse de la lengua (hablando de algo) **to shoot your way into sth/out of sth** entrar/salir a balazos

PHR V **to shoot sb down 1** matar a algn a tiros **2** echar por tierra las ideas, opiniones de algn

to shoot sth down 1 (*avión*) derribar algo **2** (*teoría*) echar abajo algo

to shoot sth off 1 (*arma*) disparar **2** *His arm was shot off in the war.* Una bala le cercenó el brazo en la guerra.

to shoot out extenderse rápidamente

to shoot up 1 (*precios*) dispararse **2** (*niño*) pegar un estirón **3** (*edificio*) construirse de la noche a la mañana **4** (*planta*) crecer rápidamente **5** (*argot*) (*drogadicto*) picarse

■ **shoot** *n* **1** brote *Ver tb* OFFSHOOT **2** (*GB*) cacería **3** (*GB*) coto de caza **4** (*Dep*) concurso de tiro al blanco

shooting /ˈʃuːtɪŋ/ *n* **1** [*incontable*] caza: *to go shooting* ir de caza ◊ *a shooting party* una partida de caza **2(a)** asesinato **(b)** fusilamiento **3** tiroteo: *a shooting incident* un tiroteo **4** (*cine*) rodaje **5** [*incontable*] tiro (al blanco): *shooting gallery* galería de tiro al blanco

shooting star (*tb* **falling star**) *n* estrella fugaz

shoot-out /ˈʃuːt aʊt/ *n* **1** intercambio de disparos, tiroteo **2** (*Dep*) desempate a penaltis

shop /ʃɒp/ *n* **1** (*USA tb* **store**) tienda: *clothes shop* tienda de ropa ◊ *I'm going out to the shops.* Voy de compras. ◊ *shop assistant* dependiente ◊ *a shop window/front* una vitrina/un escaparate *Ver tb* BETTING SHOP, BOOKSHOP, CHARITY SHOP, CHEMIST'S (SHOP), CHIP SHOP, FLOWER SHOP, GIFT SHOP, SWEET SHOP **2** almacén **3** (*tb* **workshop**) taller: *paint shop* taller de carrocería **4** (*en la industria*) (*coloq*) negocio *Ver tb* CLOSED SHOP, SWEATSHOP

LOC **all over the shop** (*coloq*) por todas partes **to keep shop** encargarse de la tienda **to set up shop** poner una tienda **the shop floor 1** taller (*en una fábrica*) **2** los obreros: *trouble on the shop floor* problemas entre los obreros *Ver tb* BULL, SHUT, TALK[2]

■ **shop** **(-pp-)** **1** *vi* ir de compras, hacer compras: *to shop for sth* buscar algo (en las tiendas) **2** *vt* (*GB, argot*) chivarse de

PHR V **to shop around** (*coloq*) comparar precios

▸ **shopper** *n* comprador, -ora

shop floor *n* **1** (*fábrica*) planta: *a shop-floor worker* un obrero que trabaja en la planta **2** obreros

shopkeeper /ˈʃɒpkiːpə(r)/ *n* comerciante, tendero, -a

shoplift /ˈʃɒplɪft/ *vi* robar en las tiendas

▸ **shoplifter** *n* ratero, -a ☛ *Ver nota en* THIEF

shoplifting *n*: *She was charged with shoplifting.* La acusaron de haber robado en las tiendas.

shopping /ˈʃɒpɪŋ/ *n* [*incontable*] **1** compras: *to do the shopping* hacer la compra ◊ *She's gone shopping.* Ha salido de compras. ◊ *Christmas shopping* compras de Navidad *Ver tb* WINDOW-SHOPPING **2** *shopping bag/trolley* cesta/carrito de la compra ◊ *shopping list* lista de compras ◊ *shopping centre/shopping mall* centro comercial

shop-soiled /ˈʃɒp sɔɪld/ *adj* deteriorado

shop steward *n* enlace sindical

shore /ʃɔː(r)/ *n* **1** (*del mar, lago*) orilla: *to go on shore* desembarcar ◊ *on the shore(s) of Lake Como* a orillas del lago Como ◊ *to swim to shore* nadar a la orilla ◊ *on shore* en tierra ☛ *Comparar con* BANK[1] **2** (*USA*) playa **3 shores** (*ret*) tierras: *the first Africans to reach these shores* los primeros africanos que han pisado estas tierras *Ver tb* OFFSHORE, ONSHORE

■ **shore** *v*

PHR V **to shore sth up 1** (*casa*) apuntalar **2** (*fig*) reforzar

shoreline /ˈʃɔːlaɪn/ *n* línea de la costa

shorn *pp de* SHEAR

short[1] /ʃɔːt/ *adj* **(-er, -est) 1** corto: *She's got short blond hair.* Tiene el pelo corto y rubio. ◊ *The days are getting shorter.* Los días se hacen más cortos. ◊ *I was only there for a short while.* Solo estuve allí un rato. ◊ *a short dress* un vestido corto ◊ *a short story* un cuento ◊ *a short time ago* hace poco ☛ *Ver nota en* TON **2** (*persona*) bajo **3** escaso: *Water is short.* El agua es escasa. **4** (*dinero*): *I'm £15 short.* Me faltan 15 libras. ◊ *I'm a bit short this week.* Ando mal de dinero esta semana. **5 ~ of sth** escaso de algo: *The hospital is short of drugs.* El hospital anda escaso de medicamentos. ◊ *They seem to be getting short of ideas.* Parece que se les están secando las ideas. ◊ *short of time* corto de tiempo ◊ *short of breath* corto de resuello **6 ~ on sth** (*coloq*) *He's short on tact.* No tiene mucho tacto. ◊ *The film is* *rather short on excitement.* A la película le falta emoción. **7 ~ for sth** diminutivo de algo: *Ben is short for Benjamin.* Ben es el diminutivo de Benjamín. **8** (*pey*) brusco: *to be short with sb* tratar a algn con sequedad **9** (*vocal, sílaba*) breve **10** (*bebida alcohólica*) corto y fuerte **11** (*Com*) a corto plazo **12** (*pasteles, masa*) sabroso y denso por contener mucha grasa: *short crust pastry* pasta quebrada

LOC at short notice con poca antelación **by a short head 1** (*carrera de caballos*) por una cabeza escasa **2** (*ganar*) por muy poco **for short** abreviado **in short** resumiendo **in short order** en un periquete **in short supply** escaso **little/nothing short of sth** nada menos que algo: *He'll settle for nothing short of total victory.* No se conformará con nada menos que una victoria total. ◊ *Our escape was little short of miraculous.* Nos escapamos de puro milagro. **short and sweet** corto pero agradable **to be on a short fuse** no tener mucha paciencia **to be on short rations**: *They were on short rations.* Les disminuyeron la ración. **to get/receive short shrift (from sb)** ser despachado sin contemplaciones (por algn) **to give sth/sb short shrift** despachar algo/a algn sin contemplaciones, darle puerta a algo/algn **to have a short temper** tener poca paciencia **to have sb by the short hairs/by the short and curlies** (*coloq*) tener a algn agarrado por donde le duele **to make short work of sth/sb** despachar algo/a algn rápidamente *Ver tb* BREATH, DRAW[1], LONG[1], MEASURE[2], REIN, TERM, THICK

short² /ʃɔːt/ *adv*

LOC short of sth a menos que ocurra algo: *Short of a miracle,...* A menos que ocurra un milagro,... **to cut sth short** truncar algo: *We had to cut our holiday short.* Tuvimos que truncar nuestras vacaciones. **to cut sth/sb short** interrumpir algo/a algn **to fall short of sb's expectations** defraudar a algn **to fall short of sth** no alcanzar algo **to go/run short (of sth)** andar escaso (de algo): *We never went short of anything.* No nos faltó nada. *Ver tb* SELL, STOP

■ **short** *n* **1** (*coloq*) (*tb* **short circuit**) cortocircuito **2** (*Cine*) corto **3** copa (*de whisky, coñac, etc*) **LOC** *Ver* SELL

shortage /ˈʃɔːtɪdʒ/ *n* escasez: *food shortages* escasez de comida ◊ *the housing shortage* la crisis de la vivienda

shortbread /ˈʃɔːtbred/ (*GB tb* **shortcake**) *n* galleta hecha con harina, azúcar y mucha mantequilla

shortcake /ˈʃɔːtkeɪk/ *n* **1** (*GB*) *Ver* SHORTBREAD **2** torta: *strawberry shortcake* torta de fresas

short change /ʃɔːt ˈtʃeɪndʒ/ *vt* **~ sb 1** (*en una tienda*) devolver de menos a algn en la vuelta **2** (*fig*) timar a algn

short circuit /ʃɔːt ˈsɜːkɪt/ (*coloq* **short**) *n* cortocircuito

■ **short circuit 1** *vi* tener un cortocircuito: *The lights short circuited.* Hubo un cortocircuito en las luces. **2** *vt* causar un cortocircuito en

shortcoming /ˈʃɔːtkʌmɪŋ/ *n* deficiencia

shortcrust /ˈʃɔːtkrʌst/ *adj*: *shortcrust pastry* masa quebrada

short cut *n* atajo: *I took a short cut across the field.* Tomé un atajo por el campo.

shorten /ˈʃɔːtn/ *vt, vi* acortar(se) ☛ *Comparar con* LENGTHEN

shortfall /ˈʃɔːtfɔːl/ *n* déficit

shorthand /ˈʃɔːthænd/ *n* taquigrafía: *shorthand typist* taquimecanógrafo, -a

shortlist /ˈʃɔːtlɪst/ *n* lista de candidatos escogidos: *to draw up a shortlist* elaborar una lista de candidatos escogidos

■ **shortlist** *vt* poner en la lista de candidatos escogidos: *Have you been shortlisted?* ¿Figuras en la lista de los candidatos escogidos?

short-lived /ˌʃɔːt ˈlɪvd; *USA* ˈlaɪvd/ *adj* efímero

shortly /ˈʃɔːtli/ *adv* dentro de poco: *shortly afterwards* poco después

shortness /ˈʃɔːtnəs/ *n* **1** baja estatura **2** brevedad **3** (*manera*) sequedad

short-range /ˈʃɔːt reɪndʒ/ *adj* **1** (*pronóstico*) a corto plazo **2** (*misil*) de corto alcance

shorts /ʃɔːts/ *n* [*pl*] **1** pantalones cortos: *I need to buy some/a pair of shorts.* Necesito comprarme unos pantalones cortos. ◊ *These shorts don't fit me.* Estos pantalones cortos no me caben. **2** (*USA*) calzoncillos (*con pata*) ☛ En GB se dice **boxer shorts**.

short-sighted *adj* **1** (*tb* **near-sighted**) miope **2** (*fig*) imprudente

▶ **short-sightedness** *n* **1** (*tb* **near-sightedness**) miopía **2** (*fig*) falta de previsión

short-sleeved /ˈʃɔːt sliːvd/ *adj* de manga corta

short-staffed /ʃɔːt ˈstɑːft/ *adj* falto de personal

short-stay /ˌʃɔːt ˈsteɪ/ *adj*: *short-stay patients/hospitals* pacientes/hospitales de estancia limitada ◊ *short-stay car park* aparcamiento de estancia limitada ◊ *short-stay accomodation* alojamiento por poco tiempo

short-tempered /ʃɔːt ˈtempəd/ *adj* de mal genio

short-term /ˈʃɔːt tɜːm/ *adj* a corto plazo: *short-term car parking* zona de estacionamiento limitado

■ **short term** *n*: *in the short term* a corto plazo

short wave *n* (*abrev* **SW**) onda corta: *short-wave radio* radio de onda corta

shot¹ /ʃɒt/ *n* **1 ~ (at sth/sb)** disparo a algo/algn: *to take a shot at the enemy* disparar al enemigo ◊ *a warning shot* un disparo de advertencia *Ver tb* PARTING SHOT **2** intento: *He had a shot at (solving) the equation.* Intentó resolver la ecuación. **3** (*Dep*) **(a)** golpe **(b)** tiro **4 the shot** [*sing*] (*Dep*) el peso: *to put the shot* lanzar el peso **5** (*tb* **lead shot**) perdigones **6** tirador, -ora **7(a)** (*Fot*) foto *Ver tb* SNAPSHOT **(b)** (*Cine*) toma *Ver tb* MUGSHOT **8** (*coloq*) inyección *Ver tb* POT-SHOT

LOC a shot in the arm un estímulo **quick as/like a shot** (*coloq*) como una bala **to give sth a shot/your best shot** hacer algo lo mejor que se puede *Ver tb* BIG, CALL, DARK, LONG[1]

shot² *pret, pp de* SHOOT

shotgun /ˈʃɒtgʌn/ *n* escopeta: *a sawn-off shotgun* una escopeta de cañones recortados ☛ *Ver ilustración en* GUN

should /ʃəd, ʃʊd/ (*neg* **should not** o **shouldn't** /ˈʃʊdnt/)

● **v aux** (*para formar el condicional*): *We should be grateful if...* Le quedaríamos agradecidos si...

Should y **would** se usan para formar el condicional en inglés. **Should** es bastante formal y solo se utiliza con la primera persona del singular y del plural, **I** y **we**, mientras que **would** (o **'d**) es mucho más corriente y tiende a utilizarse con todos los pronombres.

● **v modal**

Should es un verbo modal al que sigue un infinitivo sin *to*, y las oraciones interrogativas y negativas se construyen sin el auxiliar *do*.

1 (*pasado de* **shall** *en estilo indirecto*): *They asked what they should do.* Preguntaron qué era lo que tenían que hacer. **2** (*tb* **ought to**) (*sugerencias y consejos*) deber: *You shouldn't drink and drive.* No deberías conducir si has bebido. ◊ *I should leave, shouldn't I?* Debería irme, ¿verdad? ◊ *There shouldn't be any problem.* No debería haber problema alguno. ☛ *Ver nota en* OUGHT TO **3** (*tb* **ought to**) (*probabilidad, predicción*) deber de: *They should be there by now.* Ya deberían de haber llegado. **4** (*para hablar de algo poco probable*) (*formal*) *If you should change your mind...* Si cambia de opinión... ◊ *Should anyone phone, tell them I'm busy.* Si me llaman por teléfono, di que estoy ocupado. **5** (*con pronombres interrogativos y exclamativos para expresar sorpresa*): *How should I know?* ¿Y a mí qué me cuentas? ◊ *Why should he think that?* ¿Por qué iba a pensar eso? ◊ *Who should be sitting behind me but my ex-wife!* ¡Quién está sentada detrás sino mi ex-mujer! **6 ...that + suj +**

should...: *It's natural that he should want to go.* Es lógico que quiera ir. ◊ *It's important that she should talk to me when she gets here.* Es importante que hable conmigo cuando llegue. **7** (*tb* **ought to**) **should + have + pp** (*para hablar de una obligación no cumplida en el pasado*): *I should have been nicer to her.* Debería haber sido más agradable con ella. **8** (*tb* **would**) (*con verbos como* **imagine**, **say**, **think**, *etc para dar una opinión*): *I should say she's over forty.* Yo diría que pasa de los cuarenta. ◊ *I should imagine he is there by now.* Me imagino que ya estará allí.

LOC **I should hope/think so/not** espero/creo que sí/no **I should/would have thought...** (*sorpresa*): *I should have thought he'd like it, but he didn't.* Yo hubiera jurado que le iba a gustar, pero nada, no le gustó.

shoulder /ˈʃəʊldə(r)/ *n* (*Anat*) hombro: *broad shoulders* hombros anchos/espalda ancha ◊ *a shoulder bag* un bolso de colgar al hombro ◊ *Lift your arms to shoulder height.* Levantad los brazos hasta la altura de los hombros. ◊ *shoulder straps* tirantes (de vestido, etc) *Ver tb* HARD SHOULDER, OFF-THE-SHOULDER

LOC **a shoulder to cry on** un hombro sobre el que llorar **shoulder to shoulder** hombro con hombro *Ver tb* CHIP, COLD, HEAD[1], OLD, RUB[1]

■ **shoulder** *vt* **1** (*fig*) cargar con (*responsabilidad, culpa*) **2** (*poco frec, lit*) echarse al hombro

shoulder blade *n* omoplato ☛ *Ver ilustración en* ESQUELETO

shoulder-length /ˈʃəʊldə leŋθ/ *adj*: *She has shoulder-length hair.* El pelo le llega al hombro.

shoulder pad *n* hombrera

shouldn't = SHOULD NOT *Ver* SHOULD

shout /ʃaʊt/ *n* grito: *Give me a shout if you need me.* Dame un grito si me necesitas.

■ **shout** *vt, vi* **~ (sth) (out) (at/to sb)** gritar (algo) (a algn): *to shout for help* gritar pidiendo socorro

Cuando utilizamos **to shout** con **at sb** tiene el sentido de *reñir*, pero cuando lo utilizamos con **to sb** tiene el sentido de *decir a gritos*: *Don't shout at him, he's only little.* No le grites, que es muy pequeño. ◊ *She shouted the number out to me from the car.* Me gritó el número desde el coche.

LOC **to shout sth from the rooftops** gritar algo a los cuatros vientos *Ver tb* HOUSETOPS

PHR V **to shout sb down** callar a algn con abucheos

▸ **shouting** *n* [*incontable*] gritos

shove /ʃʌv/ **1** *vt, vi* empujar: *He shoved her out of the way.* La apartó de un empujón. **2** *vt* (*coloq*) meter: *to shove your hands in your pockets* meter las manos en los bolsillos LOC *Ver* OAR

PHR V **to shove off** (*coloq*) largarse: *Shove off!* ¡Lárgate!

to shove over/up (*coloq*) correrse, moverse: *Can you shove up a bit?* ¿Podéis correros un poco?

■ **shove** *n* [*gen sing*] empujón LOC *Ver* PUSH

shovel /ˈʃʌvl/ *n* pala: *a pick and shovel* un pico y una pala

■ **shovel** *vt* (**-ll-**, *USA* **-l-**) echar con pala

show /ʃəʊ/ *n* **1(a)** espectáculo: *a TV game show* un programa-concurso de la televisión *Ver tb* CHAT SHOW **(b)** función **2** feria (*exposición*): *a fashion show* un desfile de modas ◊ *the annual motor show* el salón anual del automóvil *Ver tb* ROADSHOW, SIDESHOW **3(a)** alarde: *a show of strength* un alarde de fuerza **(b)** pompa

LOC **for show** para impresionar **on show** expuesto **to make a show of (doing) sth** hacer gran alarde de (hacer) algo

■ **show** (*pret* **showed** *pp* **showed** o **shown** /ʃəʊn/) **1** *vt* mostrar, demostrar: *to show sb how to do sth* enseñar a algn como hacer algo ◊ *He showed her the book/the book to her.* Le enseñó el libro. **2** *vt* dejar ver: *A dark suit doesn't show the dirt.* Un traje oscuro no deja ver la suciedad. **3** *vi* notarse: *Does the scar still show?* ¿Se nota todavía la cicatriz? **4** *vt* **(a)** (*película*) proyectar **(b)** (*Arte*) exponer

LOC **to show every sign of sth** dar muestras claras de algo: *He shows every sign of becoming an excellent player.* Da claras muestras de convertirse en un jugador excelente. **to show sb the door** poner a algn de patitas en la calle **to show (sb) the way** mostrar el camino (a algn) **to show willing** mostrar buena voluntad **to show your face** (*coloq*) aparecer *Ver tb* BEST, FLAG[1], FRONT, KINDNESS *en* KIND[1], ROPE

PHR V **to show sb in, up, etc** hacer pasar, subir, etc a algn

to show off (to sb) (*coloq, pey*) fardar (delante de algn)

to show sth/sb off 1 (*aprob*) hacer resaltar algo/a algn **2** (*pey*) presumir de algo/algn

to show up 1 (*coloq*) presentarse **2** verse

to show sb up (*coloq*) avergonzar a algn

show business (*coloq* **showbiz** /ˈʃəʊbɪz/) *n* el mundo del espectáculo: *to go into show business* meterse en el mundo del espectáculo

showcase /ˈʃəʊkeɪs/ *n* **1** (*lit*) vitrina (*de museo, etc*) **2** **~ (of sth)** (*fig*) escaparate (de algo)

showdown /ˈʃəʊdaʊn/ *n* enfrentamiento

shower /ˈʃaʊə(r)/ *n* **1** ducha: *a shower cap* un gorro de ducha ◊ *to take/have a shower* ducharse ◊ *a shower curtain* una cortina de ducha **2** chubasco: *scattered showers* chubascos aislados **3** (*fig*) lluvia: *a shower of insults* una lluvia de insultos **4** (*USA*) fiesta (*en la que una persona recibe regalos*) **5** (*coloq*) panda de inútiles: *What a shower!* ¡Vaya una panda de inútiles!

■ **shower 1** *vi* ducharse **2** *vi* **~ (down) on sth/sb** caer en forma de lluvia sobre algo/algn: *Ash showered down on the town.* Cayó una lluvia de ceniza sobre la ciudad. **3** *vt* **~ sb with sth; ~ sth on/upon sb (a)** rociar a algn de algo ☛ *Comparar con* SPRAY **(b)** colmar a algn de algo

▸ **showery** *adj* lluvioso, -a

showing /ˈʃəʊɪŋ/ *n* **1** (*Cine, TV*) proyección: *its first showing on TV* la primera vez que lo dan en la televisión **2** actuación: *their disastrous showing in the polls* su desastrosa actuación en las elecciones

showjumping /ˈʃəʊdʒʌmpɪŋ/ *n* concurso hípico

showman /ˈʃəʊmən/ *n* (*pl* **-men**) showman: *My neighbour is a natural showman.* Mi vecino es teatrero de naturaleza.

▸ **showmanship** *n* sentido de la teatralidad

shown *pp de* SHOW

show-off /ˈʃəʊ ɒf/ *n* (*pey*) chulo, -a

showpiece /ˈʃəʊpiːs/ *n* objeto de exposición: *the showpiece of the display* lo mejor de la exposición

showroom /ˈʃəʊruːm, -rʊm/ *n* sala de exposición (*de artículos a la venta*): *a car showroom* una exposición de coches

showy /ˈʃəʊɪ/ *adj* (**-ier, -iest**) (*pey*) ostentoso, llamativo

shrank *pret de* SHRINK[1]

shrapnel /ˈʃræpnəl/ *n* metralla

shred /ʃred/ *n* **1(a)** jirón: *to tear/rip a dress to shreds* hacer jirones un vestido ◊ *He tore my argument to shreds.* Hizo trizas mi argumento. **(b)** (*papel*) tira **2** **~ of sth** (*fig*) pizca de algo: *They don't have a shred of evidence.* No tienen ni una sola prueba. ◊ *a shred of decency* una pizca de honradez

LOC **in shreds** hecho trizas, hecho jirones

■ **shred** *vt* (**-dd-**) cortar en tiras, hacer trizas

▸ **shredder** *n* trituradora

shrew /ʃruː/ *n* **1** musaraña **2** (*pey*) arpía

shrewd /ʃruːd/ *adj* (**-er, -est**) **1** perspicaz, astuto: *a shrewd businessman* un lince para los negocios **2** atinado, hábil: *a shrewd investment* una inversión muy acertada

▸ **shrewdly** *adv* con astucia, con perspicacia

shrewdness *n* astucia, perspicacia

shriek /ʃriːk/ **1** *vi* **~ (out) with sth** chillar de algo: *to shriek with laughter* reírse a carcajadas **2** *vt* **~ sth (out) (at sb)** decir algo chillando (a algn)

■ **shriek** *n* chillido: *shrieks of laughter* risas a carcajadas

shrift /ʃrɪft/ *n* **LOC** *Ver* SHORT[1]

shrill /ʃrɪl/ *adj* **(-er, -est) 1(a)** (*silbato, grito*) agudo, estridente **(b)** (*voz*) chillón **2** (*protesta, demanda*) ensordecedor

▶ **shrillness** *n* estridencia

shrilly *adv* de modo ensordecedor

shrimp /ʃrɪmp/ *n* **1** (*Zool*) camarón, quisquilla ☛ *Ver ilustración en* SHELLFISH **2** (*fig*) enano, -a

shrine /ʃraɪn/ *n* **1 ~ (to sth/sb)** santuario (dedicado a algo/algn) **2** sepulcro

shrink[1] /ʃrɪŋk/ *vt, vi* (*pret* **shrank** /ʃræŋk/ o **shrunk** /ʃrʌŋk/ *pp* **shrunk**) **1** encoger: *It doesn't shrink in the wash.* No encoge en la lavadora. **2** reducir(se)

LOC a shrinking violet (*joc*) una persona tímida

PHR V to shrink (away/back) from sth/sb retroceder ante algo/algn: *to shrink back in horror* retroceder horrorizado

to shrink from sth/doing sth no atreverse a algo/hacer algo

▶ **shrinkage** *n* **1** (*formal*) que encoge: *Treating the wood will prevent it from shrinkage.* El tratamiento de la madera evita que encoja. **2** contracción

shrink-wrap 1 *vt* empaquetar al calor **2** *n* envasado al calor

shrink[2] /ʃrɪŋk/ *n* (*esp USA, argot*) psiquiatra

shrivel /ˈʃrɪvl/ *vt, vi* **(-ll-**, *USA* **-l-) ~ (sth) (up) 1** secar(se) (*arrugado y reducido en tamaño*) **2** (*piel*) apergaminar(se) **3** (*planta, flor, etc*) marchitar(se)

shroud /ʃraʊd/ *n* **1** sudario **2 ~ (of sth)** (*fig*) manto, velo (de algo)

■ **shroud** *vt* **~ sth in sth 1** cubrir algo de algo **2** envolver algo en algo: *shrouded in secrecy* envuelto en secreto

Shrove Tuesday *n* Martes de Carnaval ☛ *Ver nota en* MARTES

shrub /ʃrʌb/ *n* arbusto

▶ **shrubbery** *n* (*pl* **-ries**) macizo de arbustos

shrug /ʃrʌg/ *vt, vi* **(-gg-) ~ (your shoulders)** encogerse de hombros

PHR V to shrug sth aside dejar algo de lado

to shrug sth off hacer caso omiso de algo

■ **shrug** *n*: *She gave a shrug.* Se encogió de hombros.

shrunk *pret, pp de* SHRINK[1]

shrunken /ˈʃrʌŋkən/ *adj* **1** encogido: *shrunken cheeks* mejillas consumidas **2** reducido

shudder /ˈʃʌdə(r)/ *vi* **1 ~ (with sth)** estremecerse (de algo): *I shudder to think what might have happened.* Tiemblo con solo pensar lo que podía haber pasado. ◊ *He shuddered at the prospect.* Se estremeció al pensar lo que iba a pasar. **2** sacudirse: *to draw to a shuddering halt* pararse dando sacudidas **3** (*máquina*) vibrar

■ **shudder** *n* **1** estremecimiento: *to give a shudder* sacudirse **2** sacudida **3** vibración

LOC to give sb the shudders (*coloq*) dar a algn escalofríos

shuffle /ˈʃʌfl/ *n* **1** reorganización *Ver tb* RESHUFFLE **2** *to give the pack a good shuffle* barajar bien las cartas **3** *to walk with a shuffle* caminar arrastrando los pies

■ **shuffle 1** *vt* **(a)**: *to shuffle your feet* arrastrar los pies **(b)** (*cartas*) barajar **(c)** (*papeles*) traspapelar **2** *vi* **(a)** caminar arrastrando los pies **(b) ~ about** moverse, revolverse (*de nervios, aburrimiento, etc*)

shun /ʃʌn/ *vt* **(-nn-) 1** evitar, esquivar: *to shun people* evitar a la gente **2** rechazar: *to shun a proposal* rechazar una propuesta **3** (*publicidad*) rehuir

shunt /ʃʌnt/ *vt* **1** (*coloq, fig*) **(a)** mover: *to shunt sb away/off* mandar a algn de un sitio para otro ◊ *I've been shunted all around the department.* Me han pasado por todo el departamento. **(b)** desviar **2** (*tren, etc*) cambiar de vía

LOC to shunt to and fro trajinar de aquí para allá

shush /ʃʊʃ/ *interj* ¡silencio!, ¡chis!

■ **shush** *vt* **~ sb (up)** (*coloq*) hacer callar a algn

shut /ʃʌt/ *vt, vi* **(-tt-)** (*pret, pp* **shut**) cerrar(se): *When do the bars open and shut?* ¿Cuándo abren y cierran los bares? ◊ *I heard the door shut.* Oí cerrarse la puerta.

LOC to shut sb's mouth (*coloq*) cerrar el pico a algn **to shut the door on sth** cerrar las puertas a algo **to shut up shop** cerrar el negocio (*para siempre*) **to shut your ears to sth/sb** no querer oír algo/a algn **to shut your mouth/face** (*argot*) callarse la boca *Ver tb* DOOR, EYE[1], MOUTH

PHR V to shut sth/sb away 1 (*lit*) encerrar algo/a algn **2** (*fig*) recluir algo/a algn

to shut (sth) down 1 (*fábrica, etc*) cerrar (algo) **2** (*máquina*) apagar (algo) **3** clausurar (algo)

to shut sth in sth pillar(se) algo con algo

to shut yourself/sb in (sth) encerrarse/encerrar a algn (en algo): *to feel shut in* sentirse encerrado

to shut sth off cortar algo: *to shut off the gas* cortar el gas

to shut sth/sb off (from sth) aislar algo/a algn (de algo)

to shut sth/sb out (of sth) excluir algo/a algn (de algo): *to feel shut out* sentirse excluido ◊ *to shut out the view* tapar la vista ◊ *to shut out the noise* evitar que entre el ruido

to shut up; to shut sb up (*coloq*) callarse, hacer callar a algn: *Shut up!* ¡Cállate!

to shut sth up cerrar algo: *to shut up the house* cerrar la casa

to shut sth/sb up (in sth) encerrar algo/a algn (en algo)

■ **shut** *adj* cerrado: *to slam/snap/bang a door shut* cerrar una puerta de un portazo ◊ *with her eyes tightly shut* con los ojos completamente cerrados ◊ *The door remained firmly shut.* La puerta permaneció completamente cerrada. **LOC** *Ver* CLICK ☛ Nótese que **shut** no se suele usar delante de un sustantivo. En ese caso se utilizaría **closed**: *a closed door* una puerta cerrada.

shutdown /ˈʃʌtdaʊn/ *n* (*coloq*) cierre

shutter /ˈʃʌtə(r)/ *n* **1** contraventana **2** persiana: *to raise the shutters* subir la persiana **3** (*Fot*) obturador: *shutter speed* tiempo de exposición

▶ **shuttered** *adj* con las contraventanas cerradas

shuttle /ˈʃʌtl/ *n* **1** lanzadera espacial: *the shuttle launch* el lanzamiento de la lanzadera espacial **2** (*tb* **shuttle flight**) puente (aéreo) **3** (*de transporte público*) servicio (regular) de enlace: *a shuttle bus/train to the airport* un autobús/tren que enlaza con el aeropuerto

■ **shuttle** *vt, vi* **~ (sth) about/around** trajinar (algo) de acá para allá

shuttlecock /ˈʃʌtlkɒk/ *n* volante (*badminton*)

shuttle service *n* servicio de enlace

shy /ʃaɪ/ *adj* **(shyer, shyest) 1** tímido: *She was very shy and retiring.* Era muy tímida e introvertida. ◊ *He was shy about speaking in public.* Le daba vergüenza hablar en público. **2 shy of sth/sb/doing sth** asustado de algo/algn/de hacer algo **LOC** *Ver* FIGHT, ONCE

■ **shy** *vi* (*pret, pp* **shied** /ʃaɪd/) **shy (at sth)** (*caballo*) asustarse (por culpa de algo)

PHR V to shy away from sth/doing sth huir/rehuir de algo/de hacer algo

▶ **shyly** *adv* tímidamente

shyness *n* timidez

Siamese cat *n* gato siamés

Siamese twins *n* hermanos siameses, hermanas siamesas

sibling /ˈsɪblɪŋ/ *n* (*formal*) hermano, -a

Nótese que aunque **sibling** significa hermano/hermana, es más normal utilizar **brother** para *hermano*, y **sister** para *hermana.* ☛ *Ver nota en* HERMANO

sic /sɪk/ *adv* sic (*cita textual*)

sick /sɪk/ *adj* (**sicker, sickest**) **1** enfermo: *to be sick* estar enfermo ☛ *Ver nota en* ENFERMO **2(a)** mareado, con náuseas: *You'll make yourself sick.* Te vas a poner malo. ◊ *a sick bag* una bolsa para el mareo *Ver tb* CARSICK, SEASICK, TRAVEL-SICK **(b)** (*fig*): *to be sick with fear/worry* estar muerto de miedo/de preocupación **3 ~ of sth/sb; ~ of doing sth** (*coloq*) harto de algo/algn; de hacer algo: *I'm sick of the sight of you!* Estoy harto de verte. **4** (*coloq*) morboso: *a sick joke* un chiste asqueroso *Ver tb* LOVESICK

LOC sick at heart (*formal*) desgraciado **sick to the/your stomach** (*esp USA*) asqueado **to be on sick leave** estar de baja por enfermedad **to be sick** vomitar

Be sick, **vomit** y **throw up** significan lo mismo, aunque **vomit** se usa más en un contexto médico.

to be sick to death of sth/sb; to be sick and tired of sth/sb (*coloq*) estar hasta la coronilla/las narices de algo/algn **to fall sick (with sth);** (*formal*) **to take sick** caer enfermo (con algo) **to get sick (of sth/sb)** (*coloq*) hartarse (de algo/algn): *I get sick of him.* Se me hace pesado. **to make sb sick** poner a algn enfermo *Ver tb* LAUGH, WORRY

■ **sick** *n* **1** (*coloq*) vómito **2 the sick** [*pl*] los enfermos

sicken /ˈsɪkən/ **1** *vt* dar asco a **2** *vi* **~ for sth** (*GB*) incubar algo: *I do hope you're not sickening for anything.* Espero que no hayas cogido algo.

PHR V to sicken of sth (*formal*) hartarse de algo

▶ **sickening** *adj* **1** nauseabundo **2** repugnante **3** irritante

sickeningly *adv* **1** asquerosamente **2** de forma irritante

sickle /ˈsɪkl/ *n* hoz

sick leave *n* baja por enfermedad: *to be on sick leave* estar de baja (por enfermedad)

sickly /ˈsɪkli/ *adj* **1** enfermizo **2** (*sonrisa, mirada*) lánguido **3(a)** (*olor*) nauseabundo **(b)** (*comida, historia*) empalagoso **(c)** (*color*) repugnante

sickness /ˈsɪknəs/ *n* **1** [*incontable*] enfermedad **2** naúseas: *travel sickness* mareo (cuando se viaja en coche, etc) *Ver tb* MORNING SICKNESS

sickness benefit *n* (*GB*) subsidio por enfermedad (*pagada por el estado*)

sick pay *n* salario que se recibe mientras se está de baja por enfermedad

side /saɪd/ *n* **1** lado: *to sit at/by sb's side* sentarse al lado de algn ◊ *On the far side of the room...* Al fondo de la habitación... ◊ *to sway from side to side* moverse hacia los lados ◊ *the funny side of the situation* lo divertido de la situación ◊ *to tell your side of the story* contar tu versión de lo ocurrido ◊ *We had mussels as a side dish.* Tomamos mejillones de acompañamiento. ◊ *Put it on a side plate.* Ponlo en un plato pequeño. *Ver tb* DOCKSIDE, FLIP SIDE, HILLSIDE, MANY-SIDED, MOUNTAINSIDE, NEARSIDE, OFFSIDE, ONE-SIDED, RINGSIDE, RIVERSIDE, ROADSIDE, SEASIDE WATERSIDE **2** cara: *on the other side* por el otro lado/en la otra cara ◊ *Cook the chicken breast side down.* Ponga el pollo con la pechuga boca abajo. *Ver tb* TOPSIDE **3** (*de cosa*) costado: *a side door* una puerta lateral ◊ *The box lay on its side.* La caja estaba tumbada sobre su costado. **4** (*Anat*) **(a)** (*de persona*) costado, lado: *paralysed down her right side* paralizada del lado derecho ◊ *He lay on his side.* Se tumbó de costado. **(b)** (*de animal*) flanco **5(a)** bando, lado: *to change sides* pasarse al otro bando ◊ *Whose side are you on?* ¿Del lado de quién estás tú? ◊ *to keep your side of the bargain* atender a tu parte del trato **(b)** (*GB, Dep*) equipo: *the home side* el equipo de casa **6** aspecto: *the business side of the project* el aspecto comercial del proyecto **7** (*GB*) (*tb* **channel**) canal (*de televisión*)

LOC on/from all sides; on/from every side por/de todos lados, por/de todas partes **on the big, small, high, etc side (for sth/sb)** (*coloq*) algo grande, pequeño, alto, etc (para algo/algn): *That car is a bit on the big side for me.* Ese coche es algo grande para mí. **on the side** (*coloq*) **1** aparte: *He sells cars on the side.* Vende coches aparte. **2** secretamente **side by side; side-by-side** uno al lado del otro, codo con codo **the other side of the coin** la otra cara de la moneda **to get on the right/wrong side of sb** quedar bien/mal con algn **to let the side down** dejar a algn en la estacada **to put sth on/to one side** dejar algo a un lado **to take sb on(to) one side** llevarse a algn aparte **to take sides (with sb)** tomar partido (por algn) *Ver tb* BED, BRIGHT, ERR, GRASS[1], HAND[1], KNOW, LAUGH, SAFE[1], WRONG

■ **side** *v*

PHR V to side with sb (against sb) ponerse del lado de algn (en contra de algn)

sideboard /ˈsaɪdbɔːd/ *n* aparador

sideboards /ˈsaɪdbɔːdz/ (*USA* **sideburns** /ˈsaɪdbɜːnz/) *n* [*pl*] patillas ☛ *Ver ilustración en* PELO

sidecar /ˈsaɪdkɑː(r)/ *n* sidecar

side effect *n* efecto secundario

sidekick /ˈsaɪdkɪk/ *n* (*coloq*) colega

sidelight /ˈsaɪdlaɪt/ *n* **1** (*de coche*) luz de posición ☛ *Ver ilustración en* CAR **2 ~ (on sth/sb)** (*fig*) aclaración, comentario (sobre algo/algn)

sideline /ˈsaɪdlaɪn/ *n* **1** ocupación complementaria **2 sidelines** [*pl*] (*Dep*) línea de banda ☛ *Ver ilustración en* TENNIS

LOC from/on the sidelines desde fuera/al margen

sidelong /ˈsaɪdlɒŋ/ *adj* de reojo: *a sidelong glance* una mirada de reojo

side-saddle /ˈsaɪd sædl/ *adv* a lo amazona

sideshow /ˈsaɪdʃəʊ/ *n* atracción secundaria, barraca de feria

sidestep /ˈsaɪdstep/ *vt* (**-pp-**) **1** (*pregunta, enfrentamiento, responsabilidad*) eludir **2** (*golpe*) hacerse a un lado (*para evitar algo*)

side street *n* bocacalle, callejuela

sidetrack /ˈsaɪdtræk/ *vt* distraer: *to get/be sidetracked by sth/sb* distraerse con/ser distraído por algo/algn

side view *n* **1** (*de cosa*) vista lateral **2** (*de cara*) perfil

sidewalk /ˈsaɪdwɔːk/ (*USA*) (*GB* **pavement**) *n* acera

sideways /ˈsaɪdweɪz/ *adv* **1** (*andar, caerse, etc*) de lado **2** (*mirar*) de reojo **LOC** *Ver* KNOCK[1]

■ **sideways** *adj* de reojo

siding /ˈsaɪdɪŋ/ *n* vía muerta

sidle /ˈsaɪdl/ *vi* **~ up/over (to sth/sb)** dirigirse, acercarse (a algo/algn) (*sigilosamente*)

PHR V to sidle along, past, away, etc ir, pasar, marcharse, etc, sigilosamente

siege /siːdʒ/ *n* **1** sitio (*de una ciudad, un castillo, etc*): *to be under siege/in a state of siege* estar en un estado de sitio **2** (*de policía*) cerco policial

LOC to lay siege to sth poner sitio a algo (*ciudad, castillo, etc*)

siesta /siˈestə/ *n* siesta: *to have a siesta* echarse una siesta

sieve /sɪv/ *n* tamiz, colador

■ **sieve** *vt* tamizar, colar

sift /sɪft/ **1** *vt* **(a)** tamizar **(b) ~ sth (out) from sth; ~ sth out** separar pasando por un tamiz **2** *vt, vi* **~ (through) sth** (*fig*) pasar por una criba algo

sigh /saɪ/ *vi* suspirar: *to sigh deeply/heavily* suspirar hondo

■ **sigh** *n* suspiro: *to heave a sigh of relief* dar un suspiro de alivio

sight /saɪt/ *n* **1** vista: *to lose your sight* perder la visión ◊ *to fade from sight* desaparecer *Ver tb* CLEAR-SIGHTED, EYESIGHT, FORESIGHT, HINDSIGHT, SECOND SIGHT **2(a)** *We* *saw some amazing sights.* Vimos cosas asombrosas. ◊ *a sad sight* algo que da pena verlo ◊ *It's a familiar sight.* Se ve con frecuencia. **(b)** *He/It looks a sight!* ¡Está/Es horroroso! **3 the sights** [*pl*] los lugares de interés: *to see the sights of London* visitar los monumentos de Londres

LOC a damn/bloody sight more, better, etc (*coloq*) cien veces más, mejor, etc: *He's a damn sight more handsome than you.* Es cien veces más guapo que tú. **a sight for sore eyes** (*coloq*) un regalo para la vista **in sight** a la vista: *There's no end in sight (to the conflict).* No se ve el final (del conflicto). **in the sight of sb** (*formal*) a los ojos de algn **on sight** nada más verlo **out of (sb's) sight** fuera de la vista (de algn): *Keep out of my sight!* ¡Aléjate de mi vista! **out of sight, out of mind** (*refrán*) ojos que no ven, corazón que no siente **to be/come within sight of sth** estar muy cerca/acercarse a algo **to come into sight** aparecer **to hate/loathe/be sick of, etc the sight of sth/sb** (*coloq*) no poder ver algo/a algn **to raise/lower your sights** aspirar a más/a menos **to set your sights on sth** tener la vista puesta en algo *Ver tb* CATCH[1], DARN, FIRST, HEAVE, KNOW, LOSE, PRETTY

■ **sight** *vt* (*formal*) **1** ver: *He was last sighted in Italy.* La última vez que lo vieron fue en Italia. **2** (*tierra*) divisar

sighted /ˈsaɪtɪd/ *adj*: *partially sighted* con cierto grado de visión *Ver tb* FAR-SIGHTED, LONG-SIGHTED, NEAR-SIGHTED, SHORT-SIGHTED

sighting /ˈsaɪtɪŋ/ *n*: *the first sighting of Mars* la primera vez que se vio Marte

sightseeing /ˈsaɪtsiːɪŋ/ *n* turismo: *to go sightseeing* hacer turismo ◊ *a sightseeing tour* un recorrido turístico

Cuando hablamos de la industria del turismo decimos **tourism**.

▶ **sightseer** *n* visitante

sign[1] /saɪn/ *n* **1** signo: *What sign of the zodiac are you?* ¿De qué signo (del zodiaco) eres? **2(a)** señal: *to give sb a sign* hacer a algn una señal ◊ *a road sign* una señal de tráfico **(b)** letrero **3 ~ (of sth) (a)** señal, indicio (de algo): *At the first signs of spring…* A la primera señal de la primavera… ◊ *a warning sign* una advertencia ◊ *to show signs of sth* dar indicios de algo ◊ *There are few/no signs of change.* Hay pocos indicios/No hay indicios de cambio. **(b)** (*Med*) síntoma (de algo)

LOC a sign of the times un signo de nuestros tiempos **no sign of sth/sb** ni rastro de algo/algn: *There was no sign of her.* No había ni rastro de ella. ◊ *Is there any sign of it?* ¿Lo has visto? *Ver tb* SHOW, SURE

sign[2] /saɪn/ **1** *vt, vi* firmar: *signed and sealed* firmado y sellado **2** *vi* hablar por señas **3** *vt, vi* **~ (sb)/(for/with sth/sb)** (*Dep*) fichar (a algn)/(por algo/algn): *to sign for Arsenal* fichar por el Arsenal *Ver tb* COUNTERSIGN

LOC to sign on the dotted line (*coloq*) echar una firma *Ver tb* PLEDGE

PHR V to sign sth away firmar la cesión de algo

to sign for sth firmar el recibí de algo

to sign in firmar el libro de entradas y salidas

to sign off 1 terminar (de trabajar) **2** despedirse (*en una carta*) **3** (*Radio*) finalizar (*un programa*)

to sign on (*GB, coloq*) apuntarse al paro: *I'm signing on at the moment.* Estoy en el paro. ◊ *I've got to go and sign on today.* Hoy voy a que me sellen la tarjeta del paro.

to sign sth over (to sb) ceder algo (a algn) legalmente

to sign sb up 1 contratar a algn **2** (*Dep*) fichar a algn

to sign up (for sth) 1 matricularse (en algo) **2** hacerse socio (de algo) **3** alistarse (en algo)

signal /ˈsɪgnəl/ *n* señal: *hand signals* señas con la mano ◊ *distress signal* señal de socorro ◊ *signal failure* fallo en las señales (ferroviarias)

■ **signal** *vt, vi* (**-ll-**, *USA* **-l-**) **1 ~ (to sth/sb) (for sth)** hacer señas (a algo/algn) (para algo): *to signal (to) sb to do sth* hacer señas a algn para que haga algo **2** mostrar: *to signal your discontent* mostrar tu descontento **3** (*fig*) señalar: *an event which signals a change* un acontecimiento que señala un cambio

signal box *n* (*GB*) caseta de señales

signalling /ˈsɪgnəlɪŋ/ *n* señalización

signalman /ˈsɪgnəlmən/ *n* (*pl* **-men** /-mən/) **1** guardagujas **2** (*Mil*) encargado del sistema de señales

signatory /ˈsɪgnətri; *USA* -tɔːri/ *n* (*pl* **-ies**) **~ (to sth)** signatario, -a (de algo)

signature /ˈsɪgnətʃə(r)/ *n* firma *Ver tb* TIME SIGNATURE

signature tune (*tb* **theme song**) *n* sintonía

signet ring *n* sello (*sortija*)

significance /sɪgˈnɪfɪkəns/ *n* trascendencia, importancia: *It's of no significance to them what you do.* Lo que tú hagas no tiene ninguna importancia para ellos.

▶ **significant** *adj* **1** (*contribución, fecha*) significativo **2** (*cambio, cantidad, ventaja*) importante, considerable

significantly *adv* significativamente, de forma considerable

signify /ˈsɪgnɪfaɪ/ *vt* (*pret, pp* **-fied**) indicar, simbolizar

signing /ˈsaɪnɪŋ/ *n* **1** (*de documento*) firma: *the signing of a peace treaty* la firma de un tratado de paz **2** (*persona*) fichaje, adquisición

sign language *n* lenguaje de las señas

signpost /ˈsaɪnpəʊst/ *n* poste indicador

■ **signpost** *vt* señalizar

Sikh /siːk/ *adj, n* sij

silage /ˈsaɪlɪdʒ/ *n* forraje fermentado en silos

silence /ˈsaɪləns/ *n* silencio: *an awkward/stony silence* un silencio extraño/sepulcral ◊ *He looked at her in stunned silence.* La miró en silencio anonadado.

LOC in silence en silencio **silence is golden** (*refrán*) en boca cerrada no entran moscas *Ver tb* DEAFENING *en* DEAFEN, PREGNANT

■ **silence** *vt* acallar

■ **silence** *interj* ¡silencio!

silencer /ˈsaɪlənsə(r)/ (*USA* **muffler**) *n* silenciador ☛ *Ver ilustración en* CAR

silent /ˈsaɪlənt/ *adj* **1** silencioso **2** callado: *the strong, silent type* un tipo fuerte y reservado ◊ *to fall/keep silent* quedarse/estar callado **3** (*letra, película*) mudo: *a silent film/movie* una película muda ◊ *a silent 'h'* una hache muda

LOC the silent majority la mayoría silenciosa

▶ **silently** *adv* silenciosamente

silent partner (*USA*) (*GB* **sleeping partner**) *n* socio capitalista

silhouette /ˌsɪluˈet/ *n* silueta

LOC in silhouette: *the cathedral in silhouette* la silueta de la catedral

■ **silhouette** *vt* **to be silhouetted (against sth)** perfilarse (sobre algo)

silica /ˈsɪlɪkə/ *n* sílice

silicon /ˈsɪlɪkən/ *n* silicio: *silicon chip* chip de silicio

silicone /ˈsɪlɪkəʊn/ *n* silicona: *a silicone implant* un implante de silicona

silk /sɪlk/ *n* seda: *a silk scarf* un pañuelo de seda *Ver tb* WATERED SILK **LOC** *Ver* SMOOTH

▶ **silken** *adj* **1** (*pelo*) sedoso **2** de seda

silky *adj* sedoso

silkworm /ˈsɪlkwɜːm/ *n* gusano de seda

sill /sɪl/ *n* (*tb* **window sill**) alféizar

silliness /ˈsɪlinəs/ *n* [*incontable*] tontería

silly /ˈsɪli/ *adj* (**sillier, silliest**) **1** tonto: *Silly old fool!* ¡Viejo tonto! ☛ *Ver nota en* TONTO **2** ridículo: *to feel silly* sentirse ridículo **LOC** *Ver* ASK, LAUGH

silo /ˈsaɪləʊ/ *n* (*pl* **~s**) silo

silt /sɪlt/ *n* cieno

■ **silt** *v*

PHR V to silt up enfangarse

to silt sth up enfangar algo

▶ **silty** *adj* (**-ier, -iest**) cenagoso

silver /ˈsɪlvə(r)/ *n* [*incontable*] **1** plata **2** (*GB*) monedas: *£20 in notes and £5 in silver.* 20 libras en billetes y cinco libras en monedas ◊ *Have you got any silver?* ¿Tienes suelto?

En GB la palabra **silver** se usa para las monedas de 50, 20, 10 y 5 peniques, que están hechas de un metal plateado. **Copper** se usa para las monedas de uno y dos peniques, que son de un metal cobrizo.

3 (objetos de) plata: *the family silver* la plata de la familia

■ **silver** *adj* **1** de plata: *a silver medal* una medalla de plata **2** plateado

LOC **the silver screen** la gran pantalla: *stars of the silver screen* las estrellas de la gran pantalla *Ver tb* BORN, CLOUD

▶ **silvery** *adj* **1** plateado **2** (*sonido*) argentino

silver birch *n* abedul

silver foil *n* papel de plata

silver jubilee *n* vigésimo quinto aniversario ☛ *Ver nota en* JUBILEE

silver plate *n* [*incontable*] objetos plateados

▶ **silver-plated** *adj* con un baño de plata: *silver-plated spoons* cucharas con un baño de plata

silversmith /ˈsɪlvəsmɪθ/ *n* orfebre (*que trabaja la plata*)

silverware /ˈsɪlvəweə(r)/ *n* [*incontable*] (objetos de) plata

silver wedding (*tb* **silver wedding anniversary**) *n* bodas de plata

similar /ˈsɪmələ(r)/ *adj* ~ (**to sth/sb**) parecido (a algo/algn): *The dresses were very similar in style.* Los vestidos eran de un estilo muy parecido. ◊ *along similar lines* en la misma línea ◊ *in a similar vein/way* de una forma parecida ◊ *They are very similar.* Se parecen mucho.

▶ **similarity** *n* (*pl* **-ies**) similitud, semejanza: *a close/striking similarity between two things* un gran/sorprendente parecido entre las dos cosas

similarly *adv* **1** (*en medio de la frase*) **(a)** de forma parecida **(b)** igualmente, del mismo modo: *Not everyone was similarly affected.* No todos resultaron igualmente afectados. **2** (*al principio de la frase*) asimismo: *Similarly,...* Asimismo,...

simile /ˈsɪməli/ *n* símil

simmer /ˈsɪmə(r)/ **1** *vt, vi* hervir a fuego lento **2** *vi* ~ (**with sth**) estar a punto de estallar (de algo) (*ira, rabia, etc*): *This row has been simmering for months.* Esta bronca se ha venido cociendo desde hace meses.

PHR V **to simmer down** (*coloq*) calmarse

■ **simmer** *n* [*sing*] fuego lento

simper /ˈsɪmpə(r)/ *vi* sonreír tontamente

■ **simper** *n* sonrisa tonta

simple /ˈsɪmpl/ *adj* (**-er, -est**) **1** simple, sencillo: *There is no simple answer.* No existe una respuesta sencilla. ◊ *It's as simple as that.* No tiene mayor complicación. **2** (*persona*) tonto, lento **3** [*antes de sustantivo*]: *simple greed* pura codicia ◊ *It's a simple matter of principles.* Es simplemente una cuestión de principios. LOC *Ver* PLAIN[1], PURE

simple-minded /ˌsɪmpl ˈmaɪndɪd/ *adj* (*ofen*) corto de entendederas

simpleton /ˈsɪmpltən/ *n* tonto, -a

simplicity /sɪmˈplɪsəti/ *n* (*pl* **-ies**) sencillez

LOC **to be simplicity itself** ser de lo más sencillo

simplify /ˈsɪmplɪfaɪ/ *vt* (*pret, pp* **-fied**) simplificar

▶ **simplification** *n* simplificación

simplistic /sɪmˈplɪstɪk/ *adj* simplista

simply /ˈsɪmpli/ *adv* **1** sencillamente: *I simply refuse to go!* Sencillamente me niego a ir. **2** con sencillez: *simply furnished* amueblado sencillamente ◊ *to live simply* vivir modestamente **3** tan solo: *It's simply a matter/question of...* Es solo una cuestión de... ◊ *He did it simply because he was afraid.* Lo hizo solamente porque tenía miedo. **4** [*uso enfático*]: *He simply must go.* Tiene que ir y no hay más que hablar.

simulate /ˈsɪmjuleɪt/ *vt* simular

▶ **simulated** *adj* falso, artificial

simulation *n* **1** simulación **2** simulacro: *a computer simulation* un simulacro en computadora

simulator *n* simulador

simultaneous /ˌsɪmlˈteɪniəs; *USA* ˌsaɪm-/ *adj* ~ (**with sth**) simultáneo (a algo)

▶ **simultaneously** *adv* simultáneamente

sin /sɪn/ *n* pecado: *to forgive sins* perdonar los pecados ◊ *to confess your sins* confesar los pecados *Ver tb* ORIGINAL SIN LOC *Ver* DEADLY, LIVE[2], MISERABLE, MULTITUDE, UGLY

■ **sin** *vi* (**-nn-**) **to sin** (**against sth**) pecar (contra algo)

▶ **sinful** *adj* **1** pecador, pecaminoso **2** (*coloq*) imperdonable

sinfulness *n* maldad

since /sɪns/ *conj* **1** desde que ☛ Con pretérito perfecto, pluscuamperfecto o pasado simple: *We have known each other since we were young.* Nos conocemos desde que éramos jóvenes. ◊ *Since he had told her about it he had done nothing.* Desde que se lo dijo no había hecho nada. ◊ *It's ages since I've seen her.* Hace años que no la veo. **2** puesto que: *Since he already knows, we can talk freely.* Puesto que ya lo sabe, podemos hablar sin problemas. ◊ *Since she's English...* Como es inglesa... LOC *Ver* EVER

■ **since** *prep* desde ☛ Con pretérito perfecto o pluscuamperfecto: *I have been here since three o'clock.* Estoy aquí desde las tres. ◊ *since leaving school* desde que dejó la escuela ◊ *I had been there since Tuesday, when...* Estaba allí desde el martes cuando...

Tanto **since** como **from** se traducen por "desde" y se usan para especificar el punto de partida de la acción del verbo. **Since** se usa cuando la acción se extiende en el tiempo hasta el momento presente: *She has been here since three.* Ha estado aquí desde las tres. **From** se usa cuando la acción ya ha terminado o no ha empezado todavía: *I was there from three until four.* Estuve allí desde las tres hasta las cuatro. ◊ *I'll be there from three.* Estaré allí a partir de las tres. ☛ *Ver nota en* FOR

■ **since** *adv* desde entonces ☛ Con pretérito perfecto o pluscuamperfecto: *We haven't heard from him since.* No hemos sabido nada de él desde entonces.

sincere /sɪnˈsɪə(r)/ *adj* sincero

▶ **sincerely** *adv* sinceramente: *I sincerely hope that...* Espero sinceramente que... ☛ *Ver págs 594–7* LOC *Ver* YOURS

sincerity *n* sinceridad: *We do not doubt her sincerity.* No dudamos de su sinceridad.

sine /saɪn/ *n* (*abrev* **sin**) seno (*matemáticas*) ☛ *Comparar con* COSINE

sinew /ˈsɪnjuː/ *n* **1** tendón **2 sinews** [*pl*] nervios (*en la carne*)

▶ **sinewy** *adj* **1** nervudo **2** (*fig*) vigoroso

sing /sɪŋ/ (*pret* **sang** /sæŋ/ *pp* **sung** /sʌŋ/) **1** *vt, vi* ~ (**sth**) (**for/to sb**) cantar (algo) (a algn): *You're not singing in tune.* Estás desafinando. **2** *vi* (*esp USA, coloq*) cantar (*dando información*)

LOC **to sing a different song/tune** cambiar de opinión, no opinar lo mismo **to sing sth's/sb's praises** poner algo/a algn por las nubes **to sing your heart out** cantar a pleno pulmón

PHR V **to sing along** (**with sth/sb**) acompañar (algo/algn) cantando

to sing up cantar más alto

▶ **singer** *n* cantante: *a singer-songwriter* un cantautor

singing *n* canto: *I heard singing next door.* Oí cantar en la casa de al lado. ◊ *We heard some carol singing in the distance.* Oímos gente cantando villancicos a lo lejos.

singe /sɪndʒ/ *vt, vi* (*part pres* **singeing**) chamuscar(se)

single /ˈsɪŋgl/ *adj* **1** [*antes de sustantivo*] **(a)** solo: *a* *single layer of paint* una sola capa de pintura **(b)** (*en frases negativas*): *There was not a single person in sight.* No se veía ni una persona. ◊ *I can't think of a single thing to say.* No se me ocurre nada que decir. **(c)** único: *a single market for Europe* un mercado único europeo **(d)**: *every single day* todos los días sin excepción ◊ *the single most important factor* el factor más importante con diferencia **2** individual: *a single bed/room* una cama/habitación individual **3** (*USA* **one-way**) de ida: *a single ticket* un billete de ida ☛ *Comparar con* RETURN[2] **4** soltero: *single women* mujeres solteras ◊ *to remain single* quedarse soltero

Nótese que cuando hablamos de **single mothers/fathers/parents** nos referimos tanto a las personas que tienen hijos fuera del matrimonio como a los divorciados o viudos que se quedan al cargo de sus hijos. Otra forma de expresar esto es **lone mothers/fathers/parents**, aunque es menos frecuente.
Para referirnos a este tipo de familia, decimos **one-parent family** o **single parent family**: *special grants for one-parent families* ayudas especiales para familias monoparentales

LOC **(in) single figures** menos de diez *Ver tb* BLOW, HANG[1], FILE[3]

■ **single** *n* **1** billete de ida **2** (*Mús*) single: *a hit single* un single de éxito **3 singles** [*pl*] **(a)** (*Dep*) individuales ☛ *Ver ilustración en* TENNIS **(b)** (*esp USA*) solteros: *a singles bar* un bar de solteros

■ **single** *v*

PHR V **to single sth/sb out (for sth)** escoger algo/a algn (para algo): *He was singled out for punishment.* Lo escogieron a él de entre todos para ser castigado.

▶ **singly** *adv* individualmente, por separado

single-breasted /ˌsɪŋgl ˈbrestɪd/ *adj* de abotonadura sencilla

single combat *n* combate cuerpo a cuerpo

single cream (*USA* **light cream**) *n* nata líquida

single figures *n* número de una sola cifra: *Women are in single figures in this department.* Las mujeres en este departamento se pueden contar con los dedos de una mano. ◊ *Inflation is down to single figures.* La inflación está debajo del diez por ciento.

single-handed /ˌsɪŋgl ˈhændəd/ (*tb* **single-handedly**) *adv* sin ayuda: *to do sth single-handed* hacer algo sin ayuda

single-minded /ˌsɪŋgl ˈmaɪndɪd/ *adj* resuelto

▶ **single-mindedly** *adv* con perseverancia

single-mindedness *n* perseverancia

single parent *n* madre soltera, padre soltero ☛ *Ver nota en* SINGLE

single parent family *n Ver* ONE-PARENT FAMILY

single-sex /ˈsɪŋgl seks/ *adj* no mixto: *single-sex education/school* educación/colegio solo para niños/niñas

singlet /ˈsɪŋglət/ *n* camiseta sin mangas (*gen para correr, etc*)

sing-song (*tb* **sing-song**) /ˈsɪŋsɒŋ/ *n* (*coloq*) *We had a lovely sing-song around the piano.* Nos pusimos a cantar todos alrededor del piano.

■ **sing-song** *adj* cantarín: *in a sing-song voice* con voz cantarina

singular /ˈsɪŋgjələ(r)/ *adj* **1** (*Gram*) singular **2** (*formal*) extraordinario, singular

■ **singular** *n* singular: *in the singular* en singular

▶ **singularly** *adv* (*formal*) excepcionalmente, particularmente: *The government have singularly failed to respond to this problem.* El gobierno ha fracasado estrepitosamente en darle una respuesta a este problema.

singularity *n* (*formal*) (*pl* **-ies**) singularidad

sinister /ˈsɪnɪstə(r)/ *adj* siniestro

sink /sɪŋk/ (*pret* **sank** /sæŋk/ *pp* **sunk** /sʌŋk/) **1** *vt, vi* **~ (sth) (into sth)** hundir(se) (en algo) **2** *vi* **~ (into sth)** **(a)** penetrar, sumirse (en algo): *to sink into (a deep) sleep* sumirse en un sueño profundo **(b)** (*coloq*) meterse (en algo): *It hasn't sunk into his head.* No le ha entrado en la cabeza. **3** *vt, vi* reducir(se): *His voice sank to a whisper.* Su voz se redujo a un susurro. **4** *vi* **(a)** (*moneda, valores, etc*) caer, bajar: *The pound continues to sink against the dollar.* La libra sigue cayendo frente al dólar. **(b)** (*sol*) ocultarse **5** *vt* **~ sth into sth** **(a)** (*haciendo un agujero*) clavar algo en algo: *to sink your teeth into a bun* hincar los dientes en un bollo **(b)** (*dinero*) invertir algo en algo **6** *vt* (*coloq*) **(a)** (*bebida*) acabar con **(b)** (*plan, proyecto, etc*) echar a perder **7** *vt* **(a)** (*pozo*) perforar **(b)** (*cimiento*) echar **(c)** hincar

LOC **a/that sinking feeling** (*coloq*) un/el presentimiento **to be sunk** (*coloq*) estar perdido **to be sunk in sth** estar sumido en algo **to sink like a stone** hundirse como el plomo **to sink or swim** (*refrán*) hundirse o salir a flote de una vez por todas: *It's a sink-or-swim situation.* Es una situación que o nos salva o nos hunde para siempre. **to sink your differences** hacer las paces *Ver tb* DEPTH, HEART

PHR V **to sink in 1** ser absorbido **2** (*palabras, etc*) ser digerido: *The news hasn't sunk in yet.* Todavía no ha digerido las noticias.

■ **sink** *n* **1** fregadero *Ver tb* KITCHEN SINK DRAMA **2** (*USA*) lavabo ☛ *Comparar con* BASIN sentido 1 **LOC** *Ver* KITCHEN

sinker /ˈsɪŋkə(r)/ *n* plomada **LOC** *Ver* HOOK

sink unit *n* fregadero (*con armario*)

sinner /ˈsɪnə(r)/ *n* pecador, -ora

sinuous /ˈsɪnjuəs/ *adj* sinuoso

sinus /ˈsaɪnəs/ *n* seno (*nasal, etc*): *blocked sinuses* nariz taponada ☛ La palabra para *senos* (*de mujer*) es **breasts**.

sip /sɪp/ *vt* (**-pp-**) beberse a sorbos

■ **sip** *n* sorbo

siphon /ˈsaɪfn/ (*tb* **soda siphon**) *n* sifón

■ **siphon** *v*

PHR V **to siphon sth into sth** meter algo en algo con un sifón

to siphon sth off (*coloq, gen pey*) desviar algo (*dinero, etc*)

to siphon sth out of sth; **to siphon sth off/out** sacar algo (de algo) con un sifón

sir /sɜː(r)/ *n* **1** (*sin nombre ni apellido*) **(a)** (*en un restaurante, etc*) señor: *Yes, sir.* Sí, señor. ☛ *Comparar con* MADAM, MISS[1] **(b)** (*en el colegio*): *Please sir, can I be excused?* Por favor, ¿puedo salir?

En el colegio los niños se dirigen a los profesores como **sir**, o como **Mr** con el apellido: *Mr Brown/Sir, can I go to the toilet?*

(c) (*tb* **Sir**) (*en una carta*) señor: *Dear sir,…* Muy señor mío:… ☛ *Ver págs 594–7* **2 Sir** (*título nobiliario*) Sir: *Sir Laurence Olivier* Sir Laurence Olivier

LOC **no sir!** (*USA, coloq*) ¡no señor!

sire /saɪr, saɪə(r)/ *n* (*Zool*) padre

■ **sire** *vt* (*Zool*) ser el padre de

siren /ˈsaɪrən/ *n* **1** (*de ambulancia, etc*) sirena **2** (*de la mitología griega*) sirena

La sirena como ninfa marina, mitad mujer y mitad pez, se llama **mermaid**.

sirloin /ˈsɜːlɔɪn/ *n* lomo (*de ternera*): *a sirloin steak* un filete de lomo ◊ *I've bought some sirloin.* He comprado lomo.

sissy /ˈsɪsi/ *Ver* CISSY

sister /ˈsɪstə(r)/ *n* **1** hermana: *my brothers and sisters* mis hermanos ◊ *my little/younger sister* mi hermana pequeña ☛ *Ver nota en* HERMANO, SIBLING *Ver tb* HALF-SISTER, STEPSISTER **2** compañera **3** (*USA, coloq*) (*para dirigirse a una mujer*) mujer **4** (*GB, Med*) jefa de enfermeras **5 Sister** (*abrev* **Sr**) (*Relig*) hermana **6** [*antes de sustantivo*] gemela: *a sister vessel* una nave gemela

■ **sister** *adj* hermana: *a sister company* una empresa hermana
▶ **sisterhood** *n* hermandad
sisterly *adj*: *sisterly love* amor de hermana

sister-in-law /ˈsɪstər ɪn lɔː/ *n* (*pl* **sisters-in-law** /ˈsɪstəz ɪn lɔː/) cuñada

sit /sɪt/ *vi* (**-tt-**) (*pret, pp* **sat** /sæt/) **1** estar sentado: *She was sitting on the floor.* Estaba sentada en el suelo. **2 (a)** sentarse: *She sat on the floor.* Se sentó en el suelo. **(b)** tomar asiento **3 to sit (for sb)** (*Arte*) posar (para algn) **4** (*GB*) **to sit (for sth)** (*diputado*) representar (a algo) (*distrito electoral*) **5** (*parlamento*) permanecer en sesión **6** (*comité, etc*) reunirse **7 to sit (on sb)** (*con adverbios de modo*) sentar (a algn): *That dress sits well on you.* Ese vestido te sienta muy bien. ◊ *to sit heavy on your conscience* remorderle la conciencia **8** estar (*en cierto lugar o posición*)
LOC **to be sitting pretty** (*coloq*) estar bien situado **to sit (for) an exam/examination** presentarse a un examen **to sit in judgement (on/over sb)** juzgar (a algn): *He has no right to sit in judgement over me.* El no es quién para juzgarme. **to sit on the fence** nadar entre dos aguas **to sit slouched** repanchingarse: *The man sat slouched in his armchair.* El hombre estaba repanchingado en su sillón. **to sit tight 1** quedarse quieto **2** mantenerse firme **to sit up (and take notice)** (*coloq*) espabilar
PHR V **to sit around** esperar sentado: *to sit around doing nothing* pasarse el día sin hacer nada
to sit back ponerse cómodo, recostarse: *to sit back and do nothing* cruzarse de brazos
to sit sb down hacer que algn se siente
to sit (yourself) down 1 sentarse **2** tomar asiento
to sit down under sth (*formal*) aguantar algo sin protestar
to sit in hacer una sentada
to sit in on sth asistir a algo como oyente
to sit on sb ponerle freno a algn
to sit on sth 1 formar parte de algo (*comité, etc*) **2** (*coloq*) no hacer nada con algo (*no tramitarlo*)
to sit sth out 1 aguantar algo hasta el final **2** no participar en algo (*un baile, un juego, etc*)
to sit through sth aguantar algo hasta el final: *I can't sit through six hours of this!* ¡No aguantaré seis horas de esto!
to sit up incorporarse
to sit up; to sit up for sb estar levantado, esperar levantado a algn
to sit sb up incorporar a algn

sitcom /ˈsɪtkɒm/ *n* (*coloq*) *Ver* SITUATION COMEDY

sit-down /ˈsɪt daʊn/ *n* **1** *to have a short sit-down* sentarse un ratito **2** *Ver* SIT-DOWN STRIKE
■ **sit-down** *adj* [*antes de sustantivo*]: *a sit-down meal* una comida con todos sentados ◊ *a sit-down protest/demonstration* una sentada de protesta

sit-down strike (*tb* **sit-down**) *n* huelga de brazos caídos

site /saɪt/ *n* **1(a) ~ (for sth)** emplazamiento (para algo): *an archaeological site* un yacimiento arqueológico *Ver tb* CAMPSITE **(b)**: *to work on site* trabajar en la obra *Ver tb* BUILDING SITE **2 ~ (of sth)** lugar (de algo): *the site of the battle* el lugar de la batalla *Ver tb* BOMB-SITE
■ **site** *vt* situar, ubicar: *The hotel is well sited for the beach.* El hotel está bien situado para la playa.

sit-in /ˈsɪt ɪn/ *n* sentada

sitter /ˈsɪtə(r)/ *n* modelo (*de artista*)

sitting /ˈsɪtɪŋ/ *n* **1** sesión: *a sitting of parliament* una sesión parlamentaria **2** tanda (*para comer*) **3** *to finish a book at one sitting* terminarse un libro de una sentada

sitting duck *n* (*coloq*) *Ver* SITTING TARGET

sitting room *n* (*esp GB*) *Ver* LIVING ROOM

sitting target (*coloq* **sitting duck**) *n* blanco fácil

sitting tenant *n* inquilino, -a

situ /ˈsɪtʃu/ *n*
LOC **in situ** en el lugar original o apropiado: *The old fireplace is still in situ.* La chimenea es la original.

situate /ˈsɪtʃueɪt; *USA* ˈsɪtʃʊeɪt/ *vt* **1** (*formal*) situar **2** [*gen en pasiva*]: *You are better situated than me.* Tu situación es mejor que la mía. ◊ *How are you situated for cash?* ¿Cómo andas de dinero?

situation /ˌsɪtʃuˈeɪʃn/ *n* **1** situación **2** (*formal*) puesto de trabajo: *Situations vacant.* Ofertas de trabajo LOC *Ver* SAVE
▶ **situational** *adj* de situación

situation comedy (*coloq* **sitcom**) *n* (*TV*) serie humorística

sit-up /ˈsɪt ʌp/ *n* abdominal

six /sɪks/ *adj, pron, n* (*número*) seis: *He's six-foot tall.* Mide seis pies de altura. ◊ *a six-month-old baby* un bebé de seis meses ☛ *Ver ejemplos en* FIVE
LOC **(it is) six of one and half a dozen of the other** tanto monta, monta tanto **to be at sixes and sevens** (*coloq*) estar hecho un lío *Ver tb* KNOCK[1]

sixpence /ˈsɪkspəns/ *n* (*GB, antic*) moneda de seis peniques

sixteen /ˌsɪksˈtiːn/ *adj, pron, adj* (*número*) dieciséis ☛ *Ver ejemplos en* FIVE
▶ **sixteenth 1** *adj* decimosexto **2** *n, pron* **(a)** el decimosexto, la decimosexta, los decimosextos, las decimosextas **(b) the sixteenth** (*fecha*) el (día) dieciséis **(c) the sixteenth** (*rey, etc*) dieciséis **(d)** (*proporción*) dieciseisavo, dieciseisava parte **3** *adv* decimosexto, en decimosexto lugar ☛ *Ver ejemplos en* FIFTH

sixteenth note (*USA*) (*GB* **semiquaver**) *n* (*Mús*) semicorchea ☛ *Ver ilustración en* NOTACIÓN

sixth /sɪksθ/ *adj* sexto ☛ *Ver ejemplos en* FIFTH
LOC **sixth sense** sexto sentido
■ **sixth** *n, pron* **1** (*tb* **the sixth**) el sexto, la sexta, los sextos, las sextas ☛ *Ver ejemplos en* FIFTH **2 the sixth (a)** (*fecha*) el (día) seis **(b)** (*rey, etc*) sexto, -a ☛ *Ver ejemplos en* FIFTH **3** (*proporción*) sexto, sexta parte ☛ *Ver ejemplos en* FIFTH **4** (*Educ*) **(a) the upper sixth** segundo de bachillerato **(b) the lower sixth** primero de bachillerato
■ **sixth** *adv* sexto, en sexto lugar (*en una carrera, en una sucesión, etc*) ☛ *Ver ejemplos en* FIFTH

sixth form *n* (*GB*) bachillerato: *a sixth form college* un instituto de bachillerato

sixth-former /ˈsɪks fɔːmə(r)/ *n* (*GB*) alumno, -a de bachillerato

sixty /ˈsɪksti/ *adj, pron, n* (*pl* **-ies**) (*número*) sesenta ☛ *Ver ejemplos en* FIVE
LOC **(to be) in your sixties** (tener) sesenta y tantos años: *She is in her sixties.* Es una sesentona.
■ **the sixties** *n* [*pl*] **1** (*temperatura*) los sesenta grados (Fahrenheit) **2** (*abrev* **60's**) los años sesenta ☛ *Ver ejemplos en* FIFTY
▶ **sixtieth 1** *adj, pron* sexagésimo **2** *n* (*proporción*) sesentavo ☛ *Ver ejemplos en* FIFTH

size /saɪz/ *n* **1** tamaño: *What size is it?* ¿De qué tamaño es? ◊ *She's roughly your size.* Es igual de alta que tú. **2** talla: *What size do you take?* ¿Qué talla tiene usted? ◊ *to try sth on for size* probarse algo para ver la talla ◊ *It's a size too big.* Me sobra una talla. **3** (*fig*) magnitud *Ver tb* FULL-SIZE, GIANT-SIZE, KING-SIZE(D), LIFE-SIZE(D), PINT-SIZED, POCKET-SIZED
LOC **to cut sb down to size** poner a algn en su lugar **that's about it/about the size of it**: *Well, that's about the size of it.* Así están las cosas. *Ver tb* NEXT
■ **size** *v*
PHR V **to size sth/sb up** (*coloq*) calibrar algo/a algn

sizeable (*tb* **sizable**) /ˈsaɪzəbl/ *adj* considerable

sizzle /ˈsɪzl/ *vi* (*coloq*) chisporrotear
■ **sizzle** *n* chisporroteo

skate[1] /skeɪt/ *n* **1** (*tb* **ice-skate**) patín **2** *Ver* ROLLER SKATE

LOC to get/put your skates on (*coloq*) *Get your skates on or you'll miss the bus.* ¡Aligera o perderás el autobús!
■ **skate** *vi* patinar
LOC to be skating on thin ice estar pisando terreno resbaladizo
PHR V to skate over/round sth tratar algo muy por encima
▶ **skater** *n* patinador, -ora
skating *n* patinaje: *ice skating* patinaje sobre hielo ◊ *roller skating* patinaje sobre ruedas

skate² /skeɪt/ *n* (*pl* **skate** o **~s**) (*Zool*) raya

skateboard /ˈskeɪtbɔːd/ *n* monopatín
▶ **skateboarding** *n* deporte del monopatín

skedaddle /skɪˈdædl/ *vi* (*GB, coloq*) pirárselas

skein /skeɪn/ *n* madeja

skeletal /ˈskelətl/ *adj* esquelético

skeleton /ˈskelɪtn/ *n* **1** (*Anat*) esqueleto ☛ *Ver ilustración en* ESQUELETO **2** (*edificio*) armazón **3** (*fig*) esquema **4** [*antes de sustantivo*]: *skeleton staff/service* personal/servicio mínimo
LOC a skeleton in the cupboard un secreto (vergonzoso)

skeleton key *n* llave maestra

skeptic *n* (*USA*) *Ver* SCEPTIC
▶ **skeptical** *adj* (*USA*) *Ver* SCEPTICAL
skepticism *n* (*USA*) *Ver* SCEPTICISM

sketch /sketʃ/ *n* **1** (*dibujo/idea*) bosquejo, esquema: *sketch-book/pad* bloc de dibujo **2** (*Teat*) sketch
■ **sketch** *vt, vi* bosquejar, dibujar
PHR V to sketch sth in/out bosquejar algo

sketchy /ˈsketʃi/ *adj* (**-ier, -iest**) (*gen pey*) **1** superficial **2** impreciso

skewed /ˌskjuː ˈwɪf/ *adj* torcido, distorsionado

skewer /ˈskjuːə(r)/ *n* brocheta
■ **skewer** *vt* espetar

ski /skiː/ *vi* (*3ª pers sing pres* **skis** *pret, pp* **ski'd** o **skied** *part pres* **skiing**) esquiar *Ver tb* WATER-SKI
■ **ski** *n* esquí: *a ski lift* un telesquí ◊ *a ski slope/resort* una pista/estación de esquí ◊ *ski jumping* salto de esquí ◊ *ski stick* bastón
▶ **skier** /ˈskiːə(r)/ *n* esquiador, -ora
skiing /ˈskiːɪŋ/ *n* esquí: *to go skiing* ir a esquiar ◊ *cross country skiing* esquí de fondo

skid /skɪd/ *vi* (**-dd-**) **1** (*coche*) derrapar **2** (*persona*) resbalar
■ **skid** *n* derrape: *a skid mark* la marca de un derrape
LOC to be on the skids (*argot*) estar al borde del fracaso **to put the skids under sth/sb** (*argot*) poner la zancadilla a algo/algn

skid row *n* (*USA, argot*) barrio bajo (*donde se juntan los alcohólicos y drogadictos*)

skies *plural de* SKY

skilful (*USA* **skillful**) /ˈskɪlfl/ *adj* **1 ~ (at/in sth/doing sth)** hábil (para/en algo/hacer algo) **2** diestro: *a skilful painter/player* un pintor/jugador muy diestro
▶ **skilfully** *adv* hábilmente, con destreza

skill /skɪl/ *n* **1** [*incontable*] **~ (at/in sth/doing sth)** habilidad (para algo/hacer algo): *practical skills* habilidades prácticas **2** destreza: *a test of skill* una prueba de destreza **3** arte, técnica

skilled /skɪld/ *adj* **1 ~ (at/in sth/doing sth)** (*persona*) **(a)** hábil para/en algo/hacer algo **(b)** cualificado en algo/hacer algo: *a skilled worker* un trabajador cualificado **2** [*antes de sustantivo*] (*trabajo*) especializado *Ver tb* SEMI-SKILLED

skim /skɪm/ *vt* (**-mm-**) **1** descremar, espumar: *skimmed milk* leche descremada *Ver tb* SEMI-SKIMMED **2** (*piedra*) hacer rebotar **3 ~ (across/over) sth** pasar algo rozando **4 ~ (through/over) sth** leer (algo) por encima
PHR V to skim sth from/off sth; to skim sth off: *He skimmed the fat off the soup.* Quitó la grasa de la sopa.

skimp /skɪmp/ (*tb* **scamp** /skæmp/) *vt, vi* **~ (on sth)** escatimar algo

skimpy /ˈskɪmpi/ *adj* (**-ier, -iest**) **1** (*ropa*) exiguo **2** (*comida*) mezquino

skin /skɪn/ *n* **1** (*persona*) **(a)** piel: *skin cancer* cáncer de la piel **(b)** cutis **(c)** tez *Ver tb* FORESKIN **2** (*animal*) piel, pellejo *Ver tb* BUCKSKIN, GOATSKIN, LAMBSKIN, OILSKIN, SHEEPSKIN **3** (*fruta, embutidos*) piel, cáscara ☛ *Ver ilustración en* FRUTA ☛ *Ver nota en* PEEL **4** (*leche*) costra **5** (*aluminio, etc*) cubierta *Ver tb* THICK-SKINNED
LOC by the skin of your teeth (*coloq*) por un pelo **soaked/wet to the skin** calado hasta los huesos **to be no skin off your nose** (*coloq*) *It's no skin off my nose.* Me tiene sin cuidado. **to be (nothing but/all) skin and bone** (*coloq*) estar en los huesos **to get under sb's skin** (*coloq*) **1** sacarle de quicio a algn **2** cautivar a algn **to have a thin/thick skin** (*coloq*) ser muy susceptible/poco sensible a las críticas, los insultos, etc **to have got sb under your skin** (*coloq*) tener sorbido el seso por algn *Ver tb* BEAUTY, JUMP², SAVE
■ **skin** *vt* (**-nn-**) **1** despellejar **2** desollar(se)
LOC to skin sb alive romperle a algn los huesos *Ver tb* EYE¹

skin-deep /ˌskɪn ˈdiːp/ *adj* superficial

skin diving /ˈskɪn daɪvɪŋ/ *n* buceo (de superficie)

skinflint /ˈskɪnflɪnt/ *adj, n* (*coloq*) tacaño, -a

skinful /ˈskɪnfʊl/ *n* (*argot*) pítima: *to have a skinful* coger una pítima

skin graft *n* injerto de piel

skinhead /skɪnhed/ *n* (*GB*) cabeza rapada

skinny /ˈskɪni/ *adj* (**-ier, -iest**) (*coloq, gen pey*) flaco ☛ *Ver nota en* DELGADO

skint /skɪnt/ *adj* (*GB, coloq*) pelado (*sin dinero*)

skintight /ˈskɪntaɪt/ *adj* ceñido

skip¹ /skɪp/ (**-pp-**) **1** *vi* **(a)** brincar: *to skip from one subject to another* saltar de un tema a otro ◊ *to skip over/across to Paris* hacer una escapada a París **(b)** saltar a la comba: *skipping rope* comba **2** *vt* saltarse: *to skip a class/a chapter* saltarse una clase/un capítulo **3** *vt, vi* **~ (out of) sth** largarse de algo: *to skip (out of) the country* largarse del país
LOC skip it! (*coloq*) ¡déjalo ya!
■ **skip** *n* brinco

skip² /skɪp/ *n* contenedor (*para escombros*) ☛ *Ver nota en* BIN

skipper /ˈskɪpə(r)/ *n* capitán, -ana
■ **skipper** *vt* capitanear

skipping rope /ˈskɪpɪŋ rəʊp/ *n* cuerda, comba

skirmish /ˈskɜːmɪʃ/ *n* escaramuza
▶ **skirmishing** *n* [*incontable*] escaramuzas

skirt /skɜːt/ *n* **1(a)** falda **(b)** faldones **2** (*antic, ofen, argot*) tía buena *Ver tb* MINISKIRT
■ **skirt** *vt* bordear
PHR V to skirt (a)round sth esquivar algo

skirting board (*USA* **baseboard**) *n* rodapié

skit /skɪt/ *n* **~ (on sth)** sátira (de algo)

skittish /ˈskɪtɪʃ/ *adj* (*caballo*) juguetón

skittle /ˈskɪtl/ *n* **1** bolo: *skittle alley* bolera **2 skittles** [*sing*] (juego de) bolos: *to play skittles* jugar a los bolos *Ver tb* BOWLING

skive /skaɪv/ *vi* (*GB, argot*) **~ (off)** escurrir el bulto: *to skive off a class* fumarse una clase
▶ **skiver** *n* gandul, -a

skivvy /ˈskɪvi/ *n* (*GB, coloq, pey*) fregona
■ **skivvy** *vi* (*GB, coloq*) (*pret, pp* **skivvied**) **~ (for sb)** trabajar de fregona (para algn)

skulk /skʌlk/ *vi* (*pey*) merodear: *skulking around/about a place* merodeando alrededor de/por un sitio

skull /skʌl/ *n* calavera, cráneo: *She had a fractured skull.* Tenía una fractura de cráneo. ☛ *Ver ilustración en* ESQUELETO
LOC skull and crossbones símbolo pirata con la calavera *Ver tb* THICK

skullcap /ˈskʌlkæp/ *n* solideo ☛ *Ver ilustración en* SOMBRERO

skunk /skʌŋk/ *n* **1** (*USA* **polecat**) (*Zool*) mofeta **2** (*coloq*) canalla

sky /skaɪ/ *n* (*pl* **skies**) cielo
LOC **the sky's the limit** (*refrán, coloq*) no hay límite **to praise, etc sth/sb to the skies** poner algo/a algn por las nubes *Ver tb* PIE

sky blue /ˌskaɪ ˈbluː/ *adj, n* azul celeste

skydiving /ˈskaɪdaɪvɪŋ/ *n* paracaidismo de caída libre

sky-high (*tb* **sky high**) /ˌskaɪ ˈhaɪ/ *adj, adv* por las nubes: *to send prices sky-high* poner los precios por las nubes ◊ *to blow sth sky-high* hacer algo pedazos

skylight /ˈskaɪlaɪt/ *n* claraboya, tragaluz ☛ *Ver ilustración en* HOUSE

skyline /ˈskaɪlaɪn/ *n* línea del horizonte (en una ciudad)

skyscraper /ˈskaɪskreɪpə(r)/ *n* rascacielos

skyward(s) /ˈskaɪwədz/ *adv* al cielo

slab /slæb/ *n* **1** (*mármol*) losa **2** (*hormigón*) bloque **3** (*chocolate*) tableta

slack /slæk/ *adj* (**-er, -est**) **1** flojo: *Business is very slack.* El negocio está muy flojo. **2** descuidado
■ **slack** *n* parte sin tensar (*de una cuerda*): *Give it a bit of slack.* Aflójala un poco.
LOC **to take up the slack** tensar
■ **slack** *vi* holgazanear
PHR V **to slack off/up** aflojar
▶ **slacker** *n* (*coloq*) gandul, -ula

slacken /ˈslækən/ *vt, vi* **~ (sth) (off/up)** aflojar (algo): *to slacken your grip* aflojar la mano ◊ *The pace is slackening.* El ritmo está aflojando.

slacks /slæks/ *n* [*pl*] (*antic*) pantalones

slag /slæg/ *n* **1** escoria: *slag-heap* escombrera **2** (*GB*, ⚠) ☛ *Ver nota en* TABÚ (*argot*) golfa
■ **slag** *v* (**-gg-**)
PHR V **to slag sb off** (*GB, argot*) poner a algn verde

slain *pp de* SLAY

slake /sleɪk/ *vt* (*formal*) apagar (*un ansia, etc*): *to slake your thirst* apagar la sed

slalom /ˈslɑːləm/ *n* eslalon

slam /slæm/ (**-mm-**) **1** *vt, vi* **~ (sth) (to/shut)** cerrar(se) (de golpe): *He slammed the door to.* Cerró la puerta de golpe. **2** *vt* **~ sth into, on, down, etc (sth)** poner algo de golpe en, sobre, etc (algo): *to slam your brakes on* frenar de golpe ◊ *He slammed the book down.* Dio un golpe con el libro. **3** *vt* (*coloq*) (*criticar*) poner verde a
LOC *Ver* DOOR
■ **slam** *n* [*gen sing*] **1** portazo **2** golpe *Ver tb* GRAND SLAM

slander /ˈslɑːndə(r); *USA* ˈslæn-/ *n* calumnia
■ **slander** *vt* calumniar

slang /slæŋ/ *n* argot: *rhyming slang* argot que rima con la palabra que sustituye
■ **slang** *vt* (*coloq*)
LOC **a slanging match** una pelea insultándose a voz en grito

slant /slɑːnt; *USA* slænt/ **1** *vt, vi* **(a)** (*objetos*) ladear(se) **(b)** (*escritura*) inclinar(se) **2** *vt* (*pey*) presentar de forma subjetiva: *a slanted account* una relación de los hechos parcial
■ **slant** *n* **1** (*lit*) inclinación **2 ~ (on/to sth)** (*coloq, fig*) aspecto (a algo): *to give a new slant on sth* dar a algo un aspecto nuevo
LOC **at a slant** ladeado **on a/the slant** inclinado
▶ **slanting** *adj* inclinado: *slanting eyes* ojos achinados

slap /slæp/ *vt* (**-pp-**) **1(a)** (*cara*) abofetear **(b)** (*espalda*) dar palmadas a **2** arrojar/tirar/dejar caer (con un golpe)
PHR V **to slap sb down** (*coloq*) hacer callar a algn
to slap sth on sth (*coloq*) añadir algo al precio de algo: *to slap 10p on the price* añadir diez peniques al precio
■ **slap** *n* **1** (*en la espalda*) palmada: *to give sb a slap on the back* dar a algn una palmada en la espalda **2** (*de castigo*) palo **3** (*en la cara*) bofetada
LOC **a slap in the face** una bofetada en la cara **a slap on the wrist** un tirón de orejas **slap and tickle** (*GB, coloq, joc*) besuqueo y manoseo
■ **slap** (*tb* **slap-bang**) *adv* (*coloq*) de lleno: *She ran slap into me.* Tropezó de lleno conmigo. ◊ *slap(-bang) in the middle of sth* justo en medio de algo

slapdash /ˈslæpdæʃ/ **1** *adj* descuidado **2** *adv* descuidadamente

slapstick /ˈslæpstɪk/ (*tb* **slapstick humour**) *n* payasada

slap-up /ˈslæp ʌp/ *adj* (*GB, coloq*) de rechupete

slash¹ /slæʃ/ *vt* **1** cortar: *They'd slashed his throat.* Le habían rebanado la garganta. ◊ *to slash your wrists* cortarte las venas **2** (*vandalismo*) destrozar a navajazos (*ruedas, pinturas, etc*) **3** (*precios, costes, impuestos, etc*) aplastar
PHR V **to slash at sth (with sth)** fustigar algo (con algo)
to slash your way through, past, etc sth abrirse paso a través, por, etc algo (*con una espada, etc*)

slash² /slæʃ/ *n* **1(a)** navajazo, cuchillada **(b)** tajo, corte **2** (*GB*) (*tipografía*) barra ☛ *Ver págs 592–3* **3** (*argot*) meada

slat /slæt/ *n* [*gen pl*] listón
▶ **slatted** *adj* de listones: *slatted wooden seats* asientos de listones de madera

slate¹ /sleɪt/ *n* **1(a)** (*Geol*) pizarra: *slate-coloured* de color pizarra **(b)** teja de pizarra: *a loose slate* una teja suelta ◊ *a slate roof* un tejado de pizarra ☛ *Ver ilustración en* HOUSE **2** (*Educ*) pizarra **3** (*USA*) lista de candidatos: *on the Democratic slate* en la lista de candidatos de los demócratas
LOC **(to put sth) on the slate** (*coloq*) (apuntar algo) a la púa (*para pagar más tarde*) *Ver tb* WIPE

slate² /sleɪt/ *vt* **1** (*USA, coloq*) **(a) ~ sb (for sth)** proponer a algn (para algo): *slated for the Presidency* nominado para la Presidencia **(b) ~ sth** fijar algo **2 ~ sth/sb (for sth)** (*GB, coloq*) criticar severamente algo/a algn (por algo) **3** empizarrar

slaughter /ˈslɔːtə(r)/ *n* **1(a)** (*de animales*) matanza **(b)** (*de personas*) masacre **2** (*coloq, fig*) paliza LOC *Ver* LAMB
■ **slaughter** *vt* **1(a)** (*animales*) sacrificar (*en matadero*) **(b)** (*personas*) masacrar **2** (*coloq, fig*) dar una paliza a *Ver tb* MANSLAUGHTER

slaughterhouse /ˈslɔːtəhaʊs/ (*tb* **abattoir**) *n* matadero

Slav /slɑːv/ *adj, n* eslavo, -a
▶ **Slavonic** (*tb* **Slavic**) *adj* eslavo

slave /sleɪv/ *n* **~ (of/to sth/sb)** esclavo, -a (de algo/algn): *a slave to duty/drink* un esclavo del deber/de la bebida
■ **slave** *vi* **~ (away) (at sth)** matarse a trabajar (en algo)

slave-driver /ˈsleɪv draɪvə(r)/ *n* (*pey*) negrero, -a

slaver /ˈslævə(r)/ *vi* **~ (over sth/sb)** (*pey*) caérsele a uno la baba (con algo/algn)
▶ **slavering** *adj* babeante, baboso

slavery /ˈsleɪvəri/ *n* esclavitud

slave trade *n* [*incontable*] comercio de esclavos

slavish /ˈsleɪvɪʃ/ *adj* (*pey*) **1** servil: *slavish devotion* una devoción servil **2** vil: *a slavish imitation* una vil imitación
▶ **slavishly** *adv* servilmente, vilmente

slay /sleɪ/ *vt* (*pret* **slew** /sluː/ *pp* **slain** /sleɪn/) (*USA*) matar (*violentamente*)

sleazy /ˈsliːzi/ *adj* (**-ier, -iest**) (*coloq*) sórdido
▶ **sleaze** *n* sordidez

sledge¹ /sledʒ/ (*tb* **sled**) *n* trineo ☛ *Comparar con* SLEIGH
■ **sledge** *vi* deslizarse en trineo: *to go sledging* montar en trineo

sledge² /sledʒ/ (*tb* **sledge-hammer**) *n* mazo

LOC **(to take/use) a sledgehammer to crack a nut** (emplear) fuerza excesiva para lograr algo

sleek /sliːk/ *adj* (**-er, -est**) **1** lustroso: *sleek hair/fur* cabello/piel suave y brillante **2** bien diseñado

sleep[1] /sliːp/ *n* **1** [*incontable*] sueño: *to have a restful sleep* tener un sueño descansado **2** [*incontable*] (*coloq*) legaña: *There is some sleep in your eye.* Tienes legañas.
LOC **to cry/sob yourself to sleep** llorar hasta quedarse dormido **to go to sleep** (*coloq*) dormirse: *My leg has gone to sleep.* Se me ha dormido la pierna. **to put (an animal) to sleep** (*eufemismo*) sacrificar **to put sb to sleep** dormir a algn *Ver tb* LOSE, WINK

sleep[2] /sliːp/ (*pret, pp* **slept** /slept/) **1** *vi* dormir **2** *vt* albergar: *The villa sleeps four people.* La casa tiene camas para cuatro.
LOC **not to sleep a wink** no pegar ojo **sleep tight/well!** (*coloq*) ¡que duermas bien! **to let sleeping dogs lie** (*refrán*) dejar dormir un asunto **to sleep like a log/top** (*coloq*) dormir como un tronco **to sleep rough** dormir al raso
PHR V **to sleep around** (*pey, coloq*) ser ligero de cascos
to sleep in (*USA, coloq*) quedarse en la cama
to sleep sth off dormir para recuperarse de algo: *to sleep it off* dormirla
to sleep on sth consultar algo con la almohada
to sleep out dormir bajo las estrellas
to sleep through sth no ser despertado por algo (*despertador, etc*)
to sleep together (*eufemismo*) dormir juntos
to sleep with sb (*eufemismo*) acostarse con algn

sleeper /ˈsliːpə(r)/ *n* **1** durmiente: *to be a heavy/light sleeper* tener el sueño pesado/ligero **2** (*USA* **tie**) (*en las vías del tren*) traviesa **3** (*en el tren*) litera: *a sleeper (service)* tren con coches-cama **4** (*GB*) pendiente de aro

sleeping bag *n* saco de dormir

sleeping car *n* coche cama

sleeping partner (*USA* **silent partner**) *n* socio capitalista

sleeping pill *n* pastilla para dormir

sleeping policeman *n* (*coloq*) muerto (*en la carretera para evitar que los coches vayan rápido*)

sleepless /ˈsliːpləs/ *adj* en vela: *a sleepless night* una noche en vela
▶ **sleeplessness** *n* insomnio ☛ *Comparar con* INSOMNIA

sleepwalker /ˈsliːpwɔːkə(r)/ *n* sonámbulo, -a

sleepwalking /ˈsliːpwɔːkɪŋ/ *n* sonambulismo

sleepy /ˈsliːpi/ *adj* (**-ier, -iest**) **1** somnoliento **2** tranquilo
▶ **sleepily** *adv* somnolientamente, semidormido
sleepiness *n* somnoliencia

sleet /sliːt/ *n* aguanieve
■ **sleet** *vi* llover aguanieve: *It is sleeting.* Está cayendo aguanieve.

sleeve /sliːv/ *n* **1** manga ☛ *Ver ilustración en* AMERICANA *Ver tb* LONG-SLEEVED, SHORT-SLEEVED **2** (*tb* **album sleeve**, *USA* **jacket**) cubierta (*de disco*) **3** funda (*de cable, etc*)
LOC **(to have sth) up your sleeve** (tener algo) guardado en la manga *Ver tb* ACE, CARD[1], TRICK, WEAR[1]

sleeveless /ˈsliːvləs/ *adj* sin mangas

sleigh /sleɪ/ *n* trineo de caballos ☛ *Comparar con* SLEDGE[1]

sleight /slaɪt/ *n*
LOC **sleight of hand** juego de manos

slender /ˈslendə(r)/ *adj* (**-er, -est**) **1** (*aprob*) **(a)** delgado: *slender fingers* dedos delgados **(b)** esbelto: *a slender girl/figure* una chica/figura esbelta ☛ *Ver nota en* DELGADO **2** escaso: *slender means* medios escasos ◊ *going on slender evidence* basarse en pruebas insuficientes

slept *pret, pp de* SLEEP[2]

sleuth /sluːθ/ *n* (*coloq, joc*) sabueso

slew /sluː/ **1** *pret de* SLAY **2** (*USA* **slue**) **(a)** *vi* girar: *The car slewed round.* El coche viró en redondo. **(b)** *vt* ~ **(sth) round** hacer girar (algo)
■ **slew** *n* [*sing*] (*coloq*) montón

slice /slaɪs/ *n* **1(a)** (*pan*) rebanada ☛ *Ver ilustración en* BARRA **(b)** (*fruta*) rodaja **(c)** (*jamón*) loncha **(d)** (*carne*) tajada **2** (*coloq*) porción **3** (*tb* **fish slice**) espumadera, pala **LOC** *Ver* ACTION, CAKE
■ **slice** *vt* **1** cortar: *a sliced loaf* un pan en rebanadas **2** ~ **sth off** cercenar algo **3** ~ **through/into sth** cortar algo limpiamente **4** ~ **sth up** cortar algo en lonchas, rebanadas, etc **5** (*pelota*) golpear con efecto

slick /slɪk/ *adj* (**-er, -est**) **1** (*representación*) logrado **2** (*gen pey*) (*vendedor*) astuto **3** (*actor*) pulido
■ **slick** (*tb* **oil slick**) *n* mancha (*de petróleo*)
■ **slick** *v*
PHR V **to slick sth down** (*pelo*) alisar(se) algo
▶ **slicker** *n* (*USA, coloq*) tramposo, -a: *a city slicker* un sabelotodo de ciudad *Ver tb* RAIN SLICKER

slide /slaɪd/ *n* **1(a)** resbalón **(b)** (*fig*) deslizamiento *Ver tb* LANDSLIDE **2** tobogán **3** diapositiva: *slide projector* proyector de diapositivas **4** (*microscopio*) portaobjetos **5** (*trombón*) vara corredera ☛ *Ver ilustración en* BRASS **6** (*GB*) (*tb* **hairslide**) pasador (*de pelo*)
■ **slide** /slaɪd/ (*pret, pp* **slid** /slɪd/) **1** *vi* **(a)** resbalar: *We slid down the slope.* Resbalamos por la cuesta. **(b)** deslizarse: *to slide in/out* deslizarse hacia dentro/afuera **(c)** (*cerrojo*) correr **2** *vt* **(a)** deslizar **(b)** (hacer) correr **3** (*precios*) descender (*gradualmente*)
LOC **to let sth slide** (*coloq*) desentenderse de algo
PHR V **to slide into sth** caer gradualmente en algo
to slide over sth tratar algo a la ligera

slide rule *n* regla de cálculo

sliding door *n* puerta corredera

sliding scale *n* escala proporcional

slight[1] /slaɪt/ *n* ~ **(on sth/sb)** desaire (a algo/algn)
■ **slight** *vt* desairar: *to feel slighted* sentirse agraviado ◊ *a slighting remark* un comentario ofensivo

slight[2] /slaɪt/ *adj* (**-er, -est**) **1(a)** imperceptible **(b)** mínimo, ligero: *without the slightest difficulty* sin la menor dificultad **(c)** insignificante **(d)** leve **2** (*persona*) **(a)** delgado **(b)** frágil
LOC **not in the slightest** ni lo más mínimo
▶ **slightly** *adv* **1** ligeramente: *He is slightly better.* Está un poco mejor. ◊ *It costs slightly more.* Cuesta algo más. **2** *slightly built* de complexión delgada

slim /slɪm/ *adj* (**slimmer, slimmest**) **1(a)** (*aprob*) (*persona*) delgado ☛ *Ver nota en* DELGADO **(b)** (*oportunidad*) escaso **(c)** (*esperanza*) ligero **2** *vt, vi* (**-mm-**) ~ **(down)** adelgazar
PHR V **to slim sth down** reducir algo
▶ **slimly** *adv* **1** *slimly built* de complexión delgada **2** escasamente
slimmer *n* persona que está adelgazando
slimming *n* adelgazamiento
slimness *n* delgadez

slime /slaɪm/ *n* **1(a)** lodo **(b)** cieno **2** baba
▶ **slimy** *adj* (**-ier, -iest**) **1(a)** (*caracol*) baboso **(b)** (*suelo*) fangoso **(c)** (*alga*) viscoso **2** (*coloq*) (*persona*) rastrero

slimline /ˈslɪmlaɪn/ *adj* **1** (*producto alimenticio*) light, bajo en calorías **2** pequeño, delgado: *a slimline stereo system* una cadena musical de diseño moderno y compacto

sling /slɪŋ/ *n* **1** (*Med*) cabestrillo: *to have your arm in a sling* llevar el brazo en cabestrillo **2** honda
■ **sling** *vt* (*pret, pp* **slung** /slʌŋ/) **1** (*coloq*) lanzar (*con fuerza*) *Ver tb* MUD-SLINGING **2** colgar
LOC **to sling your hook** (*GB, argot*) irse a la porra
PHR V **to sling (sb) out** echar a algn

slingshot /ˈslɪŋʃɒt/ (*USA*) (*GB* **catapult**) *n* tirachinas, honda

slink /slɪŋk/ *vi* (*pret, pp* **slunk** /slʌŋk/) **1** deslizarse (*sigilosamente*): *to slink away* largarse furtivamente **2** moverse seductoramente

▶ **slinky** *adj* (**-ier, -iest**) **1** seductor, sensual (*sobre todo de mujeres*) **2** (*ropa*) provocativo, ceñido

slip /slɪp/ *n* **1** resbalón **2(a)** error **(b)** desliz: *a Freudian slip* un desliz que deja al descubierto los pensamientos **3** (*ropa*) combinación **4 pillow slip** *Ver* PILLOWCASE **5** (*papel*) resguardo: *a payslip* la hoja de la nómina **6** esqueje

LOC a slip of a boy, girl, etc un niño/una niña pequeñajo/a **a slip of the pen/tongue** un lapsus **there's many a slip 'twixt (the) cup and (the) lip** (*refrán*) hacer las cuentas de la lechera **to give sb the slip** (*coloq*) darle a algn el esquinazo: *He gave his pursuers the slip.* Burló a sus perseguidores.

■ **slip** /slɪp/ (**-pp-**) **1** *vi* **(a)** resbalar: *His foot slipped.* Se le fue el pie. ◊ *She slipped (over) on the ice.* Se resbaló en el hielo. **(b)** deslizarse **2** *vi* **~ from/out of/through sth** escurrirse de/entre algo **3** *vt* deslizar **4** *vt* **~ sth (from/off sth)** soltar algo (de algo)

LOC to be slipping (*coloq*) estar fallando **to let sth slip**: *I let it slip that I was married.* Se me escapó decir que estaba casado. **to slip a disc** herniarse un disco **to slip anchor** soltar (las) amarras **to slip through the net** colarse **to slip through your fingers** escaparse (algo) de las manos **to slip your mind**: *It slipped my mind.* Se me fue de la cabeza.

PHR V to slip away escabullirse

to slip in/into sth: *It slipped into the harbour.* Entró sigilosamente al puerto.

to slip sth off quitarse algo

to slip sth on ponerse algo

to slip out 1 salir un momento **2** escabullirse **3** *It just slipped out.* Se me escapó.

to slip up (on sth) 1 resbalar con algo **2** (*coloq*) equivocarse en algo

slip-knot /ˈslɪp nɒt/ *n* nudo corredizo

slip-on /ˈslɪp ɒn/ *n* zapato sin cordones

■ **slip-on** *adj* de quitaipón

slippage /ˈslɪpɪdʒ/ *n* **1** (*precio*) baja **2** demora

slipped disc *n* hernia de disco

slipper /ˈslɪpə(r)/ *n* zapatilla

slippery /ˈslɪpəri/ *adj* (**-ier, -iest**) **1(a)** (*suelo*) resbaladizo **(b)** (*pez*) escurridizo **2** (*coloq, fig*) escurridizo: *He's a slippery customer.* Ese tipo no es de fiar. **3** (*coloq*) (*tema*) delicado

LOC the 'slippery slope' argument (*coloq*) el argumento de que algo no se debe permitir porque da paso a abusos **to be on slippery ground** pisar terreno resbaladizo

slip road (*USA* **entrance ramp, exit ramp**) *n* carretera de acceso a/salida de la autopista

slipshod /ˈslɪpʃɒd/ *adj* **1** descuidado **2** chapucero

slipstream /ˈslɪpstriːm/ *n* **1** estela **2** chorro de aire

slip-up /ˈslɪp ʌp/ *n* (*coloq*) **1** error **2** lapsus

slipway /ˈslɪpweɪ/ *n* grada, rampa (*para barcos*)

slit /slɪt/ *n* **1** ranura **2** (*falda, etc*) raja **3** corte **4** rendija: *She peered out through a slit in the curtains.* Miró afuera a través de una rendija entre las cortinas.

■ **slit** *vt* (**-tt-**) (*pret, pp* **slit**) cortar: *to slit your wrists* abrirse las venas

LOC to slit sth open abrir algo con un cuchillo **to slit sb's throat** degollar a algn

slither /ˈslɪðə(r)/ *vi* deslizarse

▶ **slithery** *adj* escurridizo

sliver /ˈslɪvə(r)/ *n* **1(a)** astilla **(b)** esquirla **2** rodaja fina

slob /slɒb/ *n* (*GB, coloq*) guarro, -a

slobber /ˈslɒbə(r)/ *vi* echar baba

PHR V to slobber over sb (*coloq*) besuquear a algn

sloe /sləʊ/ *n* endrina: *sloe gin* aguardiente

slog /slɒg/ (*tb* **slug**) (**-gg-**) **1** *vt, vi* (*Dep*) golpear (la pelota) (*sin control*) **2** *vi* (*caminar*) ir renqueando: *We slogged up the hill.* Subimos la pendiente renqueando.

LOC to slog it out (*coloq*) llevar una disputa hasta el final *Ver tb* GUT

PHR V to slog (away) at sth (*coloq*) romperse la espalda trabajando en algo

■ **slog** *n* (*coloq*) **1** (*Dep*) golpe fuerte e incontrolado **2** (*trabajo duro*) paliza **3** caminata: *It was a long, hard slog back to the hotel.* La caminata de vuelta al hotel fue muy pesada.

slogan /ˈsləʊgən/ *n* (e)slogan

sloop /sluːp/ *n* balandra

slop /slɒp/ (**-pp-**) **1** *vt* echar: *He slopped some water into a bowl.* Echó agua en un cuenco. **2** *vi* (*líquido*) caerse: *Most of the tea had slopped into the saucer.* La mayor parte del té se había caído al plato.

PHR V to slop about/around chapotear

■ **slop** *n* [*gen pl*] **1** agua sucia **2** bazofia **3** posos de té

slope /sləʊp/ *n* **1** (*cuesta*) pendiente: *a steep slope* una pendiente pronunciada **2** ladera, vertiente **3** (*esquí*) pista **LOC** *Ver* SLIPPERY

■ **slope** *vi* inclinarse: *The field slopes (away) to the east.* La ladera del campo da al este.

PHR V to slope off (*GB, coloq*) largarse

▶ **sloping** *adj* **1** en pendiente **2** inclinado **3** (*hombros*) caídos

sloppy /ˈslɒpi/ *adj* (**-ier, -iest**) **1** descuidado **2** chapucero **3** desaliñado **4** (*coloq*) sensiblero **5** (*pey*) **(a)** mojado **(b)** líquido: *The custard is very sloppy.* Las natillas están muy líquidas.

▶ **sloppily** *adv* (*coloq*) de modo descuidado: *sloppily dressed* vestido de cualquier manera

sloppiness *n* **1** descuido **2** sensiblería

slosh /slɒʃ/ *vt* echar (*líquido*)

PHR V to slosh about/around chapotear

▶ **sloshed** *adj* (*GB, coloq*) borracho: *to get sloshed* cocerse

slot /slɒt/ *n* **1** ranura **2** (*horario, orden, etc*) hueco, puesto: *a ten-minute slot on TV* un espacio de diez minutos en la televisión **3** sitio, espacio: *parking slot* plaza de aparcarmiento

■ **slot** *vt, vi* (**-tt-**) *Ver tb* PLACE[1]

PHR V to slot in 1 encajar: *The piece slotted into place.* La pieza encajó bien. **2** (*persona*) incorporarse (*a un equipo, una compañía, etc*)

to slot sb in incorporar a algn (*a un equipo, una compañía, etc*)

to slot sth in 1 introducir/meter algo: *He slotted in the third goal.* Metió el tercer gol. ◊ *Slot the disk into the machine.* Introduce el disquete en el ordenador. **2** incluir algo

to slot together encajarse (*dos piezas*)

to slot A and B together encajar A y B

▶ **slotted** *adj* con ranuras: *a slotted spoon* una espumadera ◊ *a slotted screw* un tornillo de cabeza ranurada

sloth /sləʊθ/ *n* **1** (*formal*) pereza **2** (*Zool*) (oso) perezoso

▶ **slothful** *adj* (*formal*) perezoso

slot machine *n* máquina tragaperras

slouch /slaʊtʃ/ *vi* tener los hombros caídos: *She slouched out of the room.* Salió de la habitación de hombros caídos. ◊ *Don't slouch!* ¡Ponte recto! **LOC** *Ver* SIT

PHR V to slouch about/around andar repanchingado

■ **slouch** *n*

LOC to be no slouch (*coloq*) *He's no slouch when it comes to housework.* Se le dan muy bien las tareas de la casa.

slough[1] /slaʊ; *USA* sluː/ *n* **1** cenagal **2 ~ of despair, melancholy, etc** abatimiento de desesperación, melancolía, etc

slough[2] /slʌf/ *vt* **~ sth (off)** (*Zool*) mudar algo: *The snake sloughs off its outer skin.* La serpiente muda su camisa.

PHR V to slough sth off deshacerse de algo

slovenly /ˈslʌvnli/ *adj* **1** desaliñado **2** descuidado **3** chapucero

slow /sləʊ/ *adj* (**-er, -est**) **1** lento: *slow lane* carril lento ◊ *slow motion* cámara lenta ◊ *We're making slow progress.* Estamos avanzando lentamente. ◊ *to be slow off the mark* tardar en actuar ◊ *Bake it in a slow oven.* Cocínalo en el horno a fuego lento. *Ver tb* GO-SLOW **2** (*mentalmente*) torpe: *He's a bit slow on the uptake.* Le cuesta bastante entender las cosas. **3(a)** (*negocio*) flojo: *Business is rather slow today.* El negocio anda bastante flojo hoy. **(b)** (*vida*) tranquilo **4** (*reloj*) atrasado: *That clock is five minutes slow* . Ese reloj está cinco minutos atrasado.

LOC **to be slow to anger** no enfadarse con facilidad **to be slow to do sth/in doing sth** tardar en hacer algo: *The government has been slow to act.* El gobierno ha tardado en actuar. *Ver tb* DRAW[1], UPTAKE

■ **slow** *adv* (**-er, -est**) despacio, lentamente

LOC **to go slow** hacer una huelga de celo

■ **slow 1** *vt* (*tb* **to slow sth up/down**) **(a)** reducir la velocidad de **(b)** (*desarrollo, avance, etc*) entorpecer, retrasar **2** (*tb* **to slow up/down**) *vi* **(a)** reducir la velocidad, ir más despacio **(b)** (*producción*) reducirse **(c)** (*economía*) ralentizar

slowcoach /ˈsləʊkəʊtʃ/ *n* (*GB, coloq*) lento, -a, tortuga

slowdown /ˈsləʊdaʊn/ *n* **1** deceleración **2** huelga de brazos caídos

slowly /ˈsləʊli/ *adv* **1** despacio, lentamente **2** poco a poco: *Slowly, things began to improve.* Poco a poco las cosas empezaron a mejorar.

LOC **slowly but surely** lento pero seguro

slowness /ˈsləʊnəs/ *n* **1** lentitud **2** (*mental*) torpeza

slow-worm /ˈsləʊwɜːm/ *n* lución

sludge /slʌdʒ/ *n* **1** fango, lodo **2** sedimento **3** aguas residuales

slue *vt, vi* (*USA*) *Ver* SLEW

slug /slʌg/ *n* **1** (*animal*) babosa **2** (*USA, coloq*) **(a)** (*bala*) posta **(b)** bala **3** porrazo, puñetazo **4** (*coloq*) (*licor*) trago

■ **slug** *vt* (**-gg-**) **1** dar un porrazo a **2 ~ sth** (**back**) beber algo de un trago

LOC **to slug it out** llegar a las manos

sluggish /ˈslʌgɪʃ/ *adj* **1** lento **2** aletargado **3** (*Econ*) flojo

▶ **sluggishly** *adv* lentamente

sluggishness *n* lentitud

sluice /sluːs/ *n* **1** canal (*por donde sale el agua de una esclusa*) **2** (*tb* **sluice-gate**) compuerta

■ **sluice** *vt* **~ sth** (**down/out**) regar algo (*a chorro*): *We sluiced the car (down) with a hose.* Lavamos el coche con una manguera.

slum /slʌm/ *n* **1** (*tb* **slum area**) barrio bajo: *She grew up in the slums of Paris.* Se crio en los barrios bajos de París. **2(a)** (*lit*) chabola: *slum clearance* deschabolización **(b)** (*fig*) pocilga

■ **slum** *vi* (**-mm-**)

LOC **to slum it** (*coloq*) vivir como un pobre

slumber /ˈslʌmbə(r)/ *vi* (*formal* o *joc*) **1** dormir plácidamente **2** (*fig*) estar inactivo

■ **slumber** *n* **1** sueño **2** sopor

slump /slʌmp/ *vi* **1** (*tb* **to slump down**) desplomarse: *She slumped (down) on to the sofa.* Se desplomó en el sofá. **2** (*Com*) sufrir un bajón

■ **slump** *n* **1** (*Com*) depresión **2** bajón

▶ **slumped** *adj* tirado: *She lay slumped over the desk.* Estaba tirada sobre el escritorio.

slung *pret, pp de* SLING

slunk *pret, pp de* SLINK

slur /slɜː(r)/ *vt* (**-rr-**) **1** articular mal **2** (*Mús*) ligar **3** difamar

LOC **to slur your speech/words** articular mal las palabras (*esp por estar borracho*)

■ **slur** *n* **1(a)** calumnia: *to cast a slur on sb* calumniar a algn **(b)** (*reputación*) mancha **2** (*Mús*) **(a)** ligado **(b)** ligadura

slurp /slɜːp/ *vt, vi* (*coloq*) (*bebida*) sorber ruidosamente

■ **slurp** *n* (*coloq*) sorbo ruidoso

slurry /ˈslʌri/ *n* gachas: *farm slurry* estiércol líquido

slush /slʌʃ/ *n* **1** nieve derretida y sucia **2** (*coloq, pey*) sensiblería

▶ **slushy** *adj* (**-ier, -est**) **1(a)** (*nieve*) medio derretido **(b)** (*carretera*) lleno de aguanieve **2** (*coloq*) sensiblero

slush fund *n* (*pey*) fondo con fines ilegales (sobornos, etc)

slut /slʌt/ *n* (*ofen*) **1** marrana **2** puta

sly /slaɪ/ *adj* (**slyer, slyest**) **1** astuto **2** (*mirada, etc*) furtivo

LOC **on the sly** a hurtadillas

▶ **slyly** *adv* **1** astutamente **2** furtivamente

smack /smæk/ *n* **1(a)** manotazo **(b)** golpe **2** (*coloq*) besazo sonoro **3 a ~ of sth** un toque de algo: *There was a smack of malice in her voice.* Había un toque de malicia en su voz. **4** (*argot*) (*heroína*) caballo **5** (*Náut*) queche

■ **smack** *vt* dar un manotazo a

■ **smack** *v*

PHR V **to smack of sth 1** saber a algo **2** (*fig*) oler a algo: *Their comments smack of racism.* Sus comentarios huelen a racismo.

■ **smack** (*tb* **smack bang**) *adv* (*coloq*) **1** de lleno: *The blow hit him smack between the eyes.* El golpe le dio de lleno entre los ojos. **2** (*situación*) precisamente: *It's smack bang in the middle of the city.* Está en el mismo centro de la ciudad.

smacking /ˈsmækɪŋ/ *n* torta: *This child needs a good smacking.* Este niño necesita una buena torta.

small /smɔːl/ *adj* (**-er, -est**) **1** pequeño: *small children* niños pequeños ◊ *a small number of people* unas pocas personas ◊ *small businesses* pequeñas empresas ◊ *Our house is smaller than yours.* Nuestra casa es más pequeña que la vuestra. ◊ *She's got a very small appetite.* Come muy poco. ◊ *The dress was too small for me.* El vestido me venía pequeño. ◊ *small change* calderilla ◊ *in the small hours* de madrugada ◊ *the small screen* la pequeña pantalla ◊ *small arms* armas cortas ◊ *the small claims court* el tribunal de litigios ordinarios ◊ *small-boned* de estatura pequeña ◊ *She had prepared the room down to the smallest detail.* Había preparado la habitación teniendo en cuenta hasta el último detalle. **2** (*letra*) minúscula **3** (*abrev* **S**) (*talla*) pequeño **4** (*asunto*) sin importancia: *small talk* cháchara **5** poco: *It was small comfort to her.* Le sirvió de poco consuelo. **6** (*reserva*) escaso

¿**Small** o **little**? **Small** suele utilizarse como el opuesto de **big** o **large** y puede ser modificado por adverbios como **quite**, **rather**, etc: *I have a fairly small income.* Tengo unos ingresos bastante modestos.
Little no suele ir acompañado por adverbios y a menudo se utiliza para dar un matiz afectuoso o peyorativo, especialmente detrás de otros adjetivos como **pretty**, **ugly**, etc: *He's a horrid little man.* Es un hombre horrible. ◊ *What a lovely little house!* ¡Qué casita tan encantadora!

LOC **a small fortune** un dineral **it's a small world** el mundo es un pañuelo **small beer** (*coloq*) poca cosa **small eater** persona que come poco **small fry** (*coloq*) un don nadie (**to be**) **grateful/thankful for small mercies** alegrarse de que una situación mala no sea peor **to look/feel small** parecer/sentirse poca cosa **to make sb feel small** humillar a algn **to make yourself small** agazaparse *Ver tb* ACCOUNT, GREAT, WAY[1], WONDER

■ **small** *adv*: *Cut it small.* Córtalo en trozos pequeños ◊ *Don't draw the picture too small.* No hagas el dibujo demasiado pequeño.

■ **small** *n*

LOC **the small of the back** (*Anat*) la región lumbar

■ **smalls** *n* [*pl*] (*GB, coloq*) paños menores

small ads *n* anuncios por palabras: *to advertise in the small ads column* poner un anuncio por palabras

smallholder /ˈsmɔːlhəʊldə(r)/ *n* (*GB*) propietario, -a/arrendatario, -a de una granja pequeña

▶ **smallholding** *n* granja pequeña

smallish /ˈsmɔːlɪʃ/ *adj* más bien pequeño

small-minded /ˌsmɔːl ˈmaɪndɪd/ *adj* (*pey*) mezquino, de miras estrechas

smallness /ˈsmɔːlnəs/ *n* pequeñez

smallpox /ˈsmɔːlpɒks/ *n* viruela

the small print (*tb* **the fine print**) *n* la letra pequeña: *You should always read the small print.* Siempre hay que leer la letra pequeña.

small-scale /ˈsmɔːl skeɪl/ *adj* **1** a pequeña escala **2** (*tamaño*) modesto

small-time /ˈsmɔːl taɪm/ *adj* (*coloq*) de poca monta

small-town /ˈsmɔːl taʊn/ *adj* provinciano: *small-town life* la vida provinciana

smarmy /ˈsmɑːmi/ *adj* (**-ier, -iest**) (*GB, coloq*) zalamero

smart /smɑːt/ *adj* (**-er, -est**) **1** elegante: *He looked very smart in his new suit.* Estaba muy elegante con su traje nuevo. **2(a)** (*inteligente*) listo: *a smart alec* un sabelotodo ◊ *smart card* tarjeta inteligente **(b)** astuto: *That was a smart move on your part.* Lo que hiciste fue muy astuto por tu parte. **3** rápido: *Look smart about it!* ¡Date prisa! **4** (*golpe, crítica*) fuerte

■ **smart 1(a)** *vt, vi* escocer **(b)** *vi* **~ (from/over sth)** estar herido (por algo): *smarting over their humiliation* heridos por su humillación

LOC **the smart money**: *For this job, the smart money is on him.* Para este trabajo, cualquiera que tenga dos dedos de cerebro pensaría en él.

■ **smart** *n* escozor

▶ **smarten** *vt*

LOC **to smarten up your act/image** realzar la imagen

PHR V **to smarten sth up** lavarle la cara a algo

to smarten (yourself) up arreglar(se)

smartly *adv* **1** con elegancia **2** inteligentemente **3** rápidamente

smartness *n* **1** elegancia **2** inteligencia **3** rapidez

smash /smæʃ/ **1** *vt* (*hacer añicos*) **(a)** romper **(b)** destrozar **2** *vi* (*vajilla*) hacerse añicos **3** *vt* **(a)** golpear con mucha fuerza **(b)** (*tenis*) dar un mate a **4** *vt* estrellar: *He smashed a bottle over my head.* Me estrelló una botella en la cabeza. **5** *vt* (*coloq*) (*ganar*) aplastar **6** *vt* (*revolución, etc*) acabar con

LOC **to smash sth to bits, pieces, smithereens, etc** hacer añicos algo

PHR V **to smash against, into, through, etc sth**: *The car smashed into the wall.* El coche se estrelló contra la pared.

to smash sth down derribar algo a golpes

to smash sth in destrozar algo: *I'll smash your face in!* ¡Te voy a partir la cara!

to smash sth up destrozar algo, hacer algo pedazos

■ **smash** *n* **1** estrépito: *The plate hit the floor with a smash.* El plato cayó al suelo con estrépito. **2** rotura, quiebra **3** (*tb* **smash-up**) accidente de tráfico **4** (*tenis*) mate **5** (*tb* **smash hit**) (*coloq*) exitazo

■ **smash** *adv* con estrépito

▶ **smashed** *adj* (*coloq*) **1** (*borracho*) cocido **2** flipado

smash and grab *adj*: *a smash and grab raid* un robo donde se rompe el escaparate y se coge lo que se puede

smashing /ˈsmæʃɪŋ/ *adj* (*GB*) estupendo: *We had a smashing time.* Lo pasamos estupendamente.

smattering /ˈsmætərɪŋ/ *n* [*sing*] **~ (of sth) 1** nociones (de algo): *to have a smattering of French* tener nociones de francés **2** puñado (de algo)

smear /smɪə(r)/ **1** *vt* **~ sth/sb (with sth)** untar, embadurnar algo/a algn (con algo) **2** *vt* **(a)** (*cristales*) manchar **(b)** (*la reputación de algn*) manchar **3** *vt* **(a)** (*maquillaje, tinta, etc*) correr **(b)** (*dibujo, pintura, etc*) difuminar **4** *vi* **(a)** (*maquillaje, tinta, etc*) correrse **(b)** (*cristales*) mancharse

■ **smear** *n* **1** churrete **2 ~ (on sth/sb)** calumnia (contra algo/algn): *a smear campaign* una campaña de difamación ◊ *smear tactics* tácticas de difamación **3** (*Med*) **(a)** (*tb* **smear test**) citología **(b)** frotis: *a cervical smear* un frotis del cuello uterino

smell /smel/ *n* **1** (*tb* **sense of smell**) olfato: *a keen sense of smell* un (sentido del) olfato muy agudo **2** olor: *a smell of gas/cooking* un olor a gas/comida ☛ *Ver nota en* ODOUR **3** *to have a smell of sth* oler algo

■ **smell** (*pret, pp* **smelt** /smelt/ o **smelled**) ☛ *Ver nota en* DREAM **1** *vt* **(a)** oler **(b)** (*fig*) olfatear: *to smell danger* olfatear el peligro

Es muy normal en este sentido el uso del verbo **smell** con **can** o **could**: *I can smell something burning.* Huele a quemado. ◊ *I could smell gas.* Olía a gas.

2 *vi* **(a)** oler (*mal*): *Your breath smells.* Te huele el aliento. **(b) ~ (of sth)** oler (a algo): *What does it smell of?* ¿A qué huele? *Ver tb* SWEET-SMELLING **3** *vi* tener olfato

LOC **to come up smelling of roses** arreglárselas para salir bien parado de un atolladero **to smell a rat** (*coloq*) olerse algo raro (*sospechar*) *Ver tb* HIGH[1]

PHR V **to smell sth out** husmear algo

to smell sth/sb out olfatear algo/a algn

▶ **smelly** *adj* (**-ier, -iest**) (*coloq*) que huele mal, maloliente

smelt /smelt/ **1** *pret, pp de* SMELL **2** *vt* fundir

smile /smaɪl/ *n* sonrisa: *to give sb a smile* sonreír a algn

LOC **to be all smiles** tener una sonrisa de oreja a oreja **to knock/wipe the smile off sb's face** (*coloq*) quitar la sonrisa de la cara de algn *Ver tb* RAISE

■ **smile 1** *vi* **~ (at sth/sb)** sonreír (a algo/algn) **2** *vt* (*una emoción*) expresar con una sonrisa: *I smiled my thanks.* Se lo agradecí con una sonrisa.

PHR V **to smile on sth/sb** (*formal*) sonreír a algo/algn: *Fortune smiled on us.* La suerte nos sonrió.

▶ **smiling** *adj* sonriente: *a smiling face* una cara sonriente

smirk /smɜːk/ *n* sonrisa socarrona

■ **smirk** *vi* sonreír con sorna

smite /smaɪt/ *vt* (*pret* **smote** /sməʊt/ *pp* **smitten** /ˈsmɪtn/) (*antic* o *formal*) **1** golpear **2** afligir

smith /smɪθ/ *n* herrero, -a *Ver tb* BLACKSMITH, GOLDSMITH, LOCKSMITH, SILVERSMITH

smithereens /ˌsmɪðəˈriːnz/ *n* [*pl*] añicos: *to smash sth to smithereens* hacer algo añicos

smithy /ˈsmɪði/ *n* herrería

smitten /ˈsmɪtn/ **1** *adj* **(a) ~ with sth** profundamente afectado por algo **(b) ~ (with sb)** (*joc*) colado (por algn) **2** *pp de* SMITE

smock /smɒk/ *n* **1** (*de pintor*) guardapolvos **2** (*de mujer*) blusón

smog /smɒg/ *n* neblina producida por la contaminación

smoke /sməʊk/ **1** *vi* **(a)** fumar: *to smoke like a chimney* fumar como un carretero **(b)** echar humo **2** *vt* **(a)** (*tabaco etc*) fumar: *to smoke a pipe* fumar en pipa *Ver tb* CHAIN-SMOKE **(b)** (*carne, pescado, cristal, etc*) ahumar

LOC *Ver* PIPE

PHR V **to smoke sth/sb out** sacar algo/a algn con humo

to smoke sth out llenar algo de humo

■ **smoke** *n* **1** humo: *a smoke detector/alarm* una alarma/un detector de humos ◊ *cigarette/tobacco smoke* humo de cigarrillos/tabaco ◊ *a puff of smoke* una nube de humo ◊ *smoke signals* señales de humo ☛ *Comparar con* FUME **2(a)** (*coloq*) *to have a smoke* fumar un pito **(b)** (*antic, coloq*) cigarrillo

LOC (there's) no smoke without fire (*refrán*) cuando el río suena, agua lleva **to go up in smoke 1** quemarse totalmente, hacerse humo **2** (*fig*) quedar en nada

▶ **smoked** *adj* ahumado: *smoked salmon/glass* salmón/cristal ahumado

smokeless *adj* **1** sin humo: *smokeless fuel* combustible que no produce humo **2** *smokeless zone* zona donde está prohibido usar combustibles que producen humo

smoker *n* **1** fumador, -ora: *She's a heavy smoker.* Fuma mucho. **2** (*en un tren*) vagón de fumadores *Ver tb* NON-SMOKER

smoking *n* [*incontable*] fumar: *no smoking* prohibido fumar ◊ *to give up smoking* dejar de fumar ◊ *He wanted to sit in the smoking compartment of the train.* Quería sentarse en el vagón de fumadores.

smoke detector *n* detector de humo

smokescreen /ˈsməʊkskriːn/ *n* cortina de humo

smoky /ˈsməʊki/ (*tb* **smokey**) *adj* (**-ier, -iest**) **1** (*habitación*) lleno de humo **2** (*fuego*) que echa mucho humo **3** (*sabor, color, etc*) ahumado

smolder *vi* (*USA*) *Ver* SMOULDER

smooch /smuːtʃ/ *vi* **1** bailar amartelados **2** achucharse

smooth /smuːð/ *vt* alisar: *to smooth back your hair* peinarse hacia atrás ◊ *to smooth down your dress* alisarse el vestido

LOC to smooth sb's path allanar el camino a algn: *to smooth the path/way towards sth* allanar el camino hacia algo

PHR V to smooth sth away/over allanar algo (*dificultades*)

to smooth sth down 1 alisar algo, allanar algo **2** desbastar algo (*madera*)

to smooth sth out 1 alisar algo, aplanar algo **2** solucionar algo (*problemas*)

■ **smooth** *adj* (**-er, -est**) **1** (*piel, superficie*) suave, liso: *a smooth road* una carretera sin baches ◊ *a smooth finish* un acabado liso **2** (*sin problemas*) tranquilo: *to ensure the smooth running of the business* asegurarse de que el negocio vaya sobre ruedas **3** (*viaje, aterrizaje, etc*) suave, cómodo **4** (*salsa, etc*) sin grumos **5(a)** (*puro, whisky*) suave: *a smooth wine* un vino abocado **(b)** (*voz*) melifluo **6** (*pey*) (*persona*) zalamero: *to be a smooth talker* tener un pico de oro ◊ *a smooth operator* un vivales

LOC (as) smooth as silk/velvet/a baby's bottom tan suave como la seda/el culo de un bebé *Ver tb* ROUGH[1]

▶ **smoothly** *adv* suavemente: *The engine is running smoothly.* El motor marcha sin fallos. ◊ *Everything ran/went smoothly.* Todo fue sobre ruedas.

smoothness *n* suavidad, llaneza

smote *pret de* SMITE

smother /ˈsmʌðə(r)/ *vt* **1** asfixiar, sofocar **2** (*bostezo, sonrisa*) contener **3 ~ sth/sb with/in sth** cubrir algo/a algn de algo: *to smother sb with kisses* colmarle a algn de besos

smoulder (*USA* **smolder**) /ˈsməʊldə(r)/ *vi* **1** arder sin llamas: *The fire was still smouldering.* El fuego todavía tenía brasas. **2** (*fig*) consumirse: *smouldering resentment* resentimiento que consume

smudge /smʌdʒ/ *n* mancha

■ **smudge 1** *vt* manchar **2** *vt, vi* emborronar(se), correr(se)

smug /smʌg/ *adj* (**smugger** /ˈsmʌgə(r)/ **smuggest** /ˈsmʌgɪst/) (*gen pey*) pagado de sí mismo

▶ **smugly** *adv* con aires de suficiencia

smugness *n* suficiencia, petulancia

smuggle /ˈsmʌgl/ *vt* **1(a) ~ sth/sb (into sth/in)** meter de contrabando algo/a algn (en algo): *to smuggle drugs (into the country)* meter drogas de contrabando (en el país) ◊ *to smuggle a letter into prison* meter una carta en la cárcel ilegalmente **(b) ~ sth/sb (out of sth/out)** sacar de contrabando algo/a algn (de algo): *He smuggled her out (of the country).* La sacó (del país) ilegalmente. **2 ~ sth/sb (across sth/across)**; **~ sth/sb (through sth/through)** pasar de contrabando algo/a algn (por algo): *to smuggle gold through customs/across the border* pasar oro de contrabando por la aduana/frontera

▶ **smuggler** *n* contrabandista

smuggling *n* contrabando

smut /smʌt/ *n* **1** (*coloq, pey*) guarradas, obscenidades **2** tiznajo

▶ **smutty** *adj* **1** (*coloq, pey*) guarro: *smutty jokes* chistes guarros **2** tiznado

snack /snæk/ *n* tentempié: *to have a snack* picar algo de comer

■ **snack** *vi* (*coloq*) picar

snack bar *n* cafetería

snag /snæg/ *n* **1** pega: *the only snag is that…* la única pega es que… ◊ *We ran into/hit a snag.* Encontramos inconvenientes. **2** (*en las medias, etc*) enganchón

■ **snag** *vt* (**-gg-**) engancharse

snail /sneɪl/ *n* caracol

LOC at a snail's pace a paso de tortuga

snake /sneɪk/ *n* serpiente, culebra: *a snake charmer* un encantador de serpientes ◊ *snakeskin* piel de serpiente *Ver tb* GRASS SNAKE, RATTLESNAKE

LOC a snake in the grass un traidor

■ **snake** *v*

PHR V to snake (its way) across/past/through sth serpentear a través de algo (*carretera, río, etc*)

snakebite /ˈsneɪkbaɪt/ *n* mordedura de serpiente

snakes and ladders *n* juego parecido al de la oca que utiliza serpientes y escaleras para avanzar o retroceder en las casillas

snap[1] /snæp/ (**-pp-**) **1** *vt, vi* partir(se), quebrar(se): *I snapped it in two.* Lo partí en dos. ◊ *It snapped off in his hands.* Se le partió en las manos. **2** (*fig*) **(a)** *vi* explotar: *Something in her snapped.* Algo se disparó en su interior. **(b)** *vt, vi* (hacer) reaccionar (*repentinamente*): *This snapped her back to reality.* Esto la hizo volver a la realidad de un golpe. **3** *vt, vi* **(a) ~ (sth) open** abrir(se) (*con un clic*) **(b) ~ (sth) shut** cerrar(se) (*con un clic*): *She snapped her bag shut.* Cerró el bolso. **4** *vi* **(a) ~ (back) (at sb)** espetar, replicar (a algn) (*enfadado*): *'Shut up!', she snapped (back) angrily at him.* —Cállate, le gritó enfadada. **(b)** intentar morderle a algn **5** *vt, vi* (*coloq*) sacar una foto (de)

LOC snap to it! (*coloq*) ¡marchando! **to snap out of it** (*coloq*) animarse: *Snap out of it!* ¡Anímate, hombre! **to snap your fingers** chasquear los dedos

PHR V to snap at sth morder algo: *The dog snapped at my ankles.* El perro se tiró a morderme en los tobillos.

to snap sth/sb up llevarse algo/a algn, no dejar escapar algo/a algn: *to snap up a bargain* hacerse con una ganga

snap[2] /snæp/ *n* **1** chasquido **2** (*tiempo*) ola: *a cold snap* una ola de frío **3** (*tb* **snapshot**) foto

■ **snap** *adj* [*antes de sustantivo*] (*coloq*) repentino: *a snap decision* una decisión repentina

▶ **snappy** *adj* (**-ier, -iest**) **1** (*coloq*) de moda: *She's a snappy dresser.* Viste a la última. **2** (*coloq*) vigoroso **3** irritable

LOC make it snappy!; **look snappy** (*coloq*) ¡acelera!

snapshot /ˈsnæpʃɒt/ (*tb* **snap**) *n* foto

snare /sneə(r)/ *n* cepo

■ **snare** *vt* atrapar

snarl[1] /snɑːl/ **1** *vi* **~ (at sth/sb)** (*perro*) gruñir (a algo/algn) **2** *vt, vi* **~ (sth) (at sb)** (*persona*) decir (algo) (a algn) (*con un gruñido*)

■ **snarl** *n* gruñido

snarl[2] /snɑːl/ *v*

PHR V to snarl sth up [*gen en pasiva*] (*coloq*) enmarañar algo, liar algo: *We got snarled up in traffic.* Nos quedamos atrapados en un atasco.

▶ **snarl-up** *n* atasco de tráfico

snatch /snætʃ/ *vt* **1** arrebatar: *She snatched the letter* *from me/out of my hand.* Me arrebató la carta de las manos. ◊ *Her bag was snatched.* Le quitaron el bolso. **2** raptar a **3** hacerse con: *to snatch a few hours' sleep* sacar una pocas horas de sueño

PHR V **to snatch at sth 1** (*objeto*) tratar de agarrar algo **2** (*oportunidad*) agarrarse a algo

■ **snatch** *n* **1** trozito: *snatches of conversation* trozos de una conversación **2** (*arrebatamiento*): *to make a snatch at sth* intentar arrebatar algo **3** (*coloq*) hurto, robo

snazzy /ˈsnæzi/ *adj* (**-ier, -iest**) (*coloq*) estiloso

sneak /sniːk/ **1** *vt* (*coloq*) hacer a escondidas: *to sneak a look at the presents* echarle una miradita a los regalos a escondidas **2** *vi* **~ (on sb) (to sb)** (*GB, coloq, pey*) chivarse (de algn) (a algn)

PHR V **to sneak in, out, past, etc** entrar, salir, pasar, etc a hurtadillas: *to sneak away* irse a hurtadillas **to sneak sth/sb in/out** meter/sacar algo/a algn furtivamente **to sneak into, out of, past, etc sth** entrar en, salir de, pasar por, etc algo a hurtadillas: *He sneaked out of the house.* Salió de la casa a hurtadillas. ◊ *to sneak past the doorman* pasar a hurtadillas por delante del portero **to sneak up (on sth/sb)** acercarse a hurtadillas (a algo/algn)

■ **sneak** *n* (*coloq*) soplón, -ona

■ **sneak** *adj* [*antes de sustantivo*] sorpresa: *a sneak preview* un preestreno

▶ **sneaking** *adj* secreto: *a sneaking respect/suspicion* un cierto respeto/una cierta sospecha

sneaky *adj* **1** (*persona*) taimado, cuco **2** (*comportamiento, manera*) solapado

sneaker /ˈsniːkə(r)/ *n* (*USA*) (*GB* **plimsoll**, **trainer**) zapatilla de deporte (*de tela*)

sneer /snɪə(r)/ *vi* **1 ~ (at sth/sb)** reírse (de algo/algn): *She sneered at his idealism.* Se reía de su idealismo. **2 ~ at sth/sb** despreciar algo/a algn ☛ *Ver nota en* SMIRK

■ **sneer** *n* **1** cara de desprecio **2** comentario desdeñoso

sneeze /sniːz/ *n* estornudo

■ **sneeze** *vi* estornudar

LOC **not to be sneezed at** (*coloq, gen joc*) no ser para hacerle ascos: *A prize of £50 is not to be sneezed at.* Un premio de 50 libras no es para hacerle ascos.

snick /snɪk/ *vt* hacer un pequeño corte en

■ **snick** *n* corte pequeño

snicker /ˈsnɪkə(r)/ *vi* **~ (at sth/sb)** reírse (con disimulo) (de algo/algn)

■ **snicker** *n* risitas (sofocadas)

snide /snaɪd/ *adj* despreciativo: *a snide remark* un comentario de desprecio

sniff /snɪf/ **1** *vi* **(a)** husmear, oler **(b)** (*con ruido*) sorber **2** *vt* **(a)** inhalar **(b)** (*droga*) esnifar **(c)** (*flor, etc*) oler **(d)** gimotear: *'Nobody understands me', he sniffed.* —Nadie me comprende, gimoteó.

LOC **not to be sniffed at** no ser de despreciar

PHR V **to sniff at sth** desdeñar algo **to sniff sth/sb out** olfatear algo/a algn

■ **sniff** *n* **1** inhalación: *I could hear his sniffs.* Le oía sorber. **2** gimoteo

LOC **to get/have a sniff of sth 1** (*fig*): *I never got a sniff of the money.* El dinero, ni siquiera llegué a olerlo. **2** (*lit*) aspirar algo

sniffer dog *n* perro adiestrado en la detección de drogas/explosivos

sniffle /ˈsnɪfl/ *vi* **1** sorberse la nariz **2** gimotear

■ **sniffle** *n* gimoteo

LOC **to get the sniffles** (*coloq*) resfriarse **to have the sniffles** (*coloq*) estar un poco resfriado

snifter /ˈsnɪftə(r)/ *n* (*coloq*) chupito

snigger /ˈsnɪgə(r)/ *n* risita sofocada

■ **snigger** *vi* **~ (at sth/sb)** reírse (con disimulo) (de algo/algn)

snip /snɪp/ *vt* (**-pp-**) cortar con tijeras: *to snip sth off* recortar algo

■ **snip** *n* **1** tijeretazo **2** (*tejido*) recorte **3** (*GB, coloq*) ganga: *It's a snip at £15.* Por solo 15 libras, es una ganga.

snipe¹ /snaɪp/ *n* (*pl* **snipe**) agachadiza

snipe² /snaɪp/ *vi* **1 ~ (at sth/sb)** tirar desde un escondite (a algo/algn) **2 ~ (at sb)** (*fig*) atacar (de forma incisiva) (a algn)

▶ **sniper** *n* francotirador, -ora

LOC **to come under sniper fire** ser tiroteado por francotiradores

snippet /ˈsnɪpɪt/ *n* (*lit* y *fig*) retazo: *I only caught a few snippets of the conversation.* Solo pude escuchar algunos retazos de la conversación.

snitch /snɪtʃ/ (*GB, argot*) **1** *vt* birlar **2** *vi* **~ (on sb)** chivarse (de algn)

snivel /ˈsnɪvl/ *vi* (**-ll-**, *USA tb* **-l-**) lloriquear

▶ **snivelling** (*USA tb* **sniveling**) *adj* llorica: *a snivelling brat* un quejica

snob /snɒb/ *n* esnob: *She's an intellectual snob.* Es una esnob intelectual.

LOC **to have snob appeal/value** ser un signo de superioridad social

▶ **snobbery** *n* esnobismo

snobbish *adj* esnob

snog /snɒg/ *vi* (*GB, coloq*) (**-gg-**) **~ (with sb)** (*GB*) hacerse arrumacos (con algn)

■ **snog** *n*

LOC **to have a snog (with sb)** hacerse arrumacos (con algn)

snook /snuːk/ *n* **LOC** *Ver* COCK

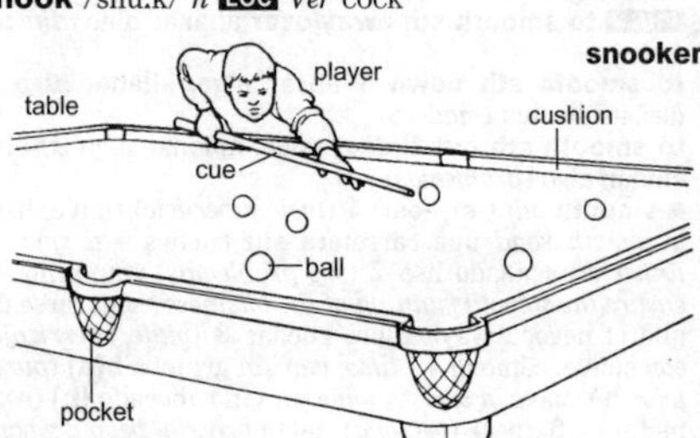

snooker /ˈsnuːkə(r)/ *n* snooker

■ **snooker** *vt* **1** (*Dep*) interponer una bola en la línea del tiro del contrincante **2** (*fig*) poner a algn en un aprieto

snoop /snuːp/ *vi* (*coloq*) (*tb* **to snoop about/around**) fisgonear

PHR V **to snoop about/around sth** registrar algo

■ **snoop** *n*

LOC **to have a snoop about/around** reconocer el terreno **to have a snoop about/around sth** fisgonear algo

▶ **snooper** *n* fisgón, -ona

snooty /ˈsnuːti/ *adj* (**-ier, -iest**) (*coloq*) **1** (*persona*) estirado **2** (*carta, comentario*) de tono subido **3** altanero

▶ **snootily** *adv* **1** con tono altanero **2** de forma altanera

snooze /snuːz/ *vi* (*coloq*) dormitar

■ **snooze** *n* (*coloq*) sueñecito: *to have a snooze* echar un sueñecito

snore /snɔː(r)/ *vi* roncar

■ **snore** *n* ronquido

▶ **snoring** *n* [*incontable*] ronquidos

snorkel /ˈsnɔːkl/ *n* **1** tubo de bucear **2** (*submarinismo*) tubo snorkel

■ **snorkel** *vi* (**-ll-**, *USA* **-l-**) bucear con tubo (*sin botella*)

▶ **snorkelling** (*USA* **snorkeling**) *n* buceo con tubo (*sin botella*)

snort /snɔːt/ **1** *vi* (*animal*) bufar **2** *vi* (*persona*) **(a)** bufar: *to snort with rage* bufar de rabia **(b)** (*desdeño, etc*) gruñir **3** *vt* (*droga*) esnifar

■ **snort** *n* **1** bufido: *She gave a snort of contempt.* Soltó un bufido de desdén. **2** (*coloq*) **(a)** trago **(b)** (*droga*) raya

snot /snɒt/ *n* [*incontable*] (*coloq*) mocos
▶ **snotty** *adj* (**-ier, -iest**) **1** (*tb* **snotty-nosed**) **(a)** (*niño, etc*) mocoso **(b)** (*fig*) presumido **2** (*pañuelo, etc*) lleno de mocos

snout /snaʊt/ *n* **1** (*animal*) hocico ☛ *Ver ilustración en* PIG **2** (*fusil*) boca **3** (*GB, argot*) napias: *She's always poking her snout into my business.* Siempre está metiendo las narices en mis asuntos.

snow[1] /snəʊ/ *n* **1** nieve: *snow-bound* aislado por la nieve **2** (*argot*) (*cocaína*) nieve **3** (*pantalla*) lluvia **LOC** *Ver* PURE, WHITE

snow[2] /snəʊ/ **1** *vi* nevar **2** *vt* (*USA, coloq*) camelar
LOC to be snowed in/up estar aislado por la nieve **to be snowed under (with sth)**: *I was snowed under with work.* Estaba inundado de trabajo.
▶ **snowy** *adj* (**-ier, -iest**) **1** cubierto de nieve **2** (*día, etc*) de nieve **3** blanco como la nieve

snowball /ˈsnəʊbɔːl/ *n* bola de nieve: *to throw snowballs at sb* lanzar bolas de nieve a algn
■ **snowball** *vi* (*gastos, etc.*) multiplicarse (rápidamente)

snow-blind /ˈsnəʊ blaɪnd/ *adj* cegado por la nieve

snowboarding /ˈsnəʊbɔːdɪŋ/ *n* snowboard: *to go snowboarding* hacer snowboard

snow-capped /ˈsnəʊ kæpt/ *adj* coronado de nieve

snow-covered /ˈsnəʊ kʌvəd/ *adj* cubierto de nieve

snowdrift /ˈsnəʊdrɪft/ *n* ventisquero

snowdrop /ˈsnəʊdrɒp/ *n* campanilla de invierno ☛ *Ver ilustración en* FLOR

snowfall /ˈsnəʊfɔːl/ *n* **1** nevada **2** [*incontable*]: *The average snowfall is 10 cm a year.* La media de nieve es de 10 cm al año.

snowflake /ˈsnəʊfleɪk/ *n* copo de nieve

snowman /ˈsnəʊmæn/ *n* (*pl* **-men** /-men/) muñeco de nieve: *the Abominable Snowman* el abominable hombre de las nieves

snowplough (*USA* **snowplow**) /ˈsnəʊ plaʊ/ *n* quitanieves

snowshoe /ˈsnəʊʃuː/ *n* raqueta de nieve

snowstorm /ˈsnəʊstɔːm/ *n* ventisca de nieve

Snow White *n* Blancanieves: *Snow White and the Seven Dwarfs* Blancanieves y los Siete Enanitos

snow white /ˈsnəʊ waɪt/ *adj* blanco como la nieve

SNP /ˌes en ˈpiː/ *abrev de* **Scottish National Party** Partido Nacionalista Escocés

Snr (*tb* **Sr**) *abrev de* **Senior**

snub /snʌb/ *vt* (**-bb-**) **1** hacer un desaire a **2** (*oferta*) rechazar
■ **snub** *n* desaire
▶ **snub-nosed** *adj* chato

snuff /snʌf/ *vt* (*vela*) espabilar
LOC to snuff it (*GB, argot*) estirar la pata
PHR V to snuff sth out 1 (*llama*) apagar **2** (*esperanza*) acabar con
■ **snuff** *n* rapé

snuffle /ˈsnʌfl/ *vi* **1** olisquear **2** hacer ruido con la nariz
■ **snuffle** *n* olisqueo

snug /snʌg/ *adj* (**-gg-**) **1** (*habitación, etc*) cómodo y agradable **2** (*ropa*) ajustado: *a snug-fitting coat* un abrigo de corte ajustado
■ **snug** *n* (*GB*) salón pequeño de un pub
▶ **snugly** *adv* cómodamente **LOC** *Ver* FIT[2]

snuggle /ˈsnʌgl/ *vi* **1(a) ~ down** hacerse un ovillo **(b) ~ up to sb** hacerse un ovillo junto a algn: *The child snuggled up to her mother.* El niño se hizo un ovillo junto a su madre. **2** (*pareja*) arrimarse: *They snuggled up on the sofa.* Se arrimaron en el sofá.

So (*USA*) *abrev de* **South(ern)**

so /səʊ/ *adv* **1(a)** tan: *Don't be so silly!* ¡No seas tan bobo! ◊ *It all happened so fast.* ¡Fue todo tan rápido! ◊ *I was so angry (that) I couldn't speak.* Estaba tan enfadado que me quedé sin habla. **(b)** [*uso enfático*]: *It's so cold!* ¡Qué frío hace! ◊ *I'm so sorry!* ¡Cuánto lo siento! **2** (*antic*): *I did so want to meet him!* ¡Tenía muchísimas ganas de conocerlo! ◊ *I love her so!* ¡La quiero tanto!

Nótese que esta estructura no se utiliza mucho y que es más normal decir *I wanted to meet him so much!* y *I love her so much.*

3 so... a sth (as...): *He is not so good a player as his wife.* No es tan buen jugador como su mujer. ◊ *He's not so strict a teacher as we first thought.* No es un profesor tan estricto como nos pareció al principio.

Nótese que esta estructura es bastante formal y solo puede emplearse con un sustantivo singular y contable: *so complex a problem* un problema tan complejo ◊ *so able a student* un estudiante tan capacitado. Suele utilizarse más la estructura *such a complex problem* y *such an able student.* ☛ *Ver tb nota en* SUCH

4 así: *So it seems.* Así parece. ◊ *Hold out your hand, (like) so.* Extiende la mano, así. ◊ *The table is about so big.* La mesa es más o menos así de grande. ◊ *So it was that he became a musician.* Y así fue como se hizo músico. ◊ *She may phone today. If so, take a message.* Puede que llame hoy. Si es así, coge un recado. **5** lo: *He always wanted to leave, but he never did so.* Siempre quiso irse, pero nunca lo hizo. ◊ *She jumped, and in so doing, sprained her ankle.* Saltó, y al hacerlo, se torció el tobillo. ◊ *I'm single, and intend to remain so.* Soy soltera y pienso seguir siéndolo. ◊ *Why? Because I say so.* ¿Por qué? Porque te lo digo yo. ◊ *I told you so.* Eso es lo que te dije. **6** *I imagine so.* Me lo imagino. ◊ *I'm afraid so.* Me temo que sí. ◊ *I believe so.* Creo que sí. ◊ *Let's hope so.* Esperemos que sí. ◊ *I expect so.* Espero que sí.

Nótese que utilizamos **so** para no repetir información con verbos como **believe**, **hope**, **suppose**, **guess**, **expect**, **be afraid**, **think**, **imagine**, **reckon** cuando damos una opinión sobre algo que se ha mencionado anteriormente: *'Are you going to be late?' 'I think so.'* —¿Vas a llegar tarde? —Creo que sí.
Existen dos formas de construir la negativa de esta estructura, bien con el verbo en afirmativa seguido de **not**, o bien con el verbo en negativa seguido de **so**: *I suppose not./I don't suppose so.* Supongo que no. La excepción a esta regla son los verbos **be afraid** y **hope**, que siempre forman la negativa de esta estructura con el verbo en afirmativa seguido de **not**: *I'm afraid not./I hope not.* Me temo que no./Espero que no.

7 [*uso enfático*]: *He's as clever as his brother, maybe more so.* Es tan listo como su hermano, puede que incluso más. ◊ *Some are rich, others less so.* Algunos son ricos, y otros no tanto. ◊ *She has complained, and rightly so.* Se ha quejado y con mucha razón. **8** cierto: *Is that so?* ¿Es eso cierto? ◊ *Quite so.* Sí, por cierto. ◊ *Tell me it isn't so!* Dime que no es verdad. **9** [*uso enfático*] **(a)** (*para expresar acuerdo*) también: *Peter went, and so did his brother.* Peter fue, y su hermano también.

Cuando **so** significa "también" se utiliza la estructura: **so + v aux/v modal + suj**: *'I'm hungry.' 'So am I.'* —Tengo hambre. —Yo también. ◊ *If I can do it so can you.* Si yo puedo hacerlo, tú también.
Nótese que para expresar acuerdo en negativa utilizamos la misma estructura con **neither** o **nor**: *'I don't like it.' 'Neither/Nor do I.'* —No me gusta. —A mí tampoco. ☛ *Ver nota en* TAMPOCO

(b) (*para expresar sorpresa*): *'It's raining.' 'So it is.'* —Está lloviendo. —Anda, es cierto. ◊ *So I see.* Ya veo. ◊ *'Philip's gone home.' 'So he has.'* —Philip se ha ido a casa. —Anda, es verdad. **(c)** (*formal*) *I said I'd help, and so I will.* Dije que ayudaría, y ayudaré. **LOC to be**

so... as to do sth ser tan... de hacer algo: *How could you be so stupid as to believe him?* ¿Cómo pudiste ser tan tonto de creértelo? ◊ *Her crime is not so serious as to deserve imprisonment.* Su crimen no es tan grave como para merecer la cárcel.

■ **so** *conj* **1** así que: *The shops were closed so I didn't get any milk.* Las tiendas estaban cerradas así que no compré la leche. ◊ *You invited me, so here I am!* Me invitaste, ¡así que aquí estoy! ◊ *So you're here at last.* Así que ya estás aquí, por fin. **2** entonces: *So why did you do it?* ¿Y entonces, por qué lo hiciste? **3** (*coloq*) para que: *She whispered to me so no one else would hear.* Me lo susurró para que nadie más lo oyera. ☛ En lenguaje más formal, se diría *...so that no one else would hear.*

soak /səʊk/ **1** *vt* **(a)** (*lit*) remojar **(b)** empapar **(c)** poner en/a remojo **2** *vi* estar en/a remojo: *to leave sth to soak* dejar algo en remojo

LOC **to get soaked through** empaparse *Ver tb* LEAVE[1], SKIN

PHR V **to soak in** penetrar (*líquidos*)

to soak into sth ser absorbido por algo

to soak through calar (*líquido*)

to soak sth up 1 (*líquido*) absorber algo **2** (*fig*) empaparse de algo

■ **soak** *n* **1** (*tb* **soaking**) remojo: *Give it a good soak/soaking.* Ponlo a remojo. **2** (*tb* **old soak**) (*coloq*) borrachín, -ina

▶ **soaked** *adj* empapado: *You're soaked!* ¡Estás empapado!

soaking (*tb* **soaking wet**) *adj* empapado

soaking *n* **1** (*tb* **soak**) remojo **2** *We got a soaking.* Nos calamos hasta los huesos.

so-and-so /ˈsəʊ ən səʊ/ *n* (*pl* **so-and-so's**) (*coloq*) **1** fulano, -a de tal: *Mr So-and-so* don fulano de tal **2** (*pey, eufemismo*) hijo, -a de su madre

soap /səʊp/ *n* **1** [*incontable*] jabón: *a bar of soap* una pastilla de jabón ◊ *soap powder* detergente (para ropa) ◊ *a soap dish* una jabonera *Ver tb* CARBOLIC SOAP, SOFT SOAP **2** (*coloq*) *Ver* SOAP OPERA

■ **soap** *vt* enjabonar, jabonar

soapbox /ˈsəʊpbɒks/ *n* tribuna improvisada

LOC **to get on your soapbox** dar un discurso improvisado

soap opera (*coloq* **soap**) *n* culebrón (*televisión*)

soapy /ˈsəʊpi/ *adj* (**-ier, -iest**) **1** jabonoso: *soapy water* agua jabonosa **2** cubierto de jabón

soar /sɔː(r)/ *vi* **1(a)** (*avión, etc*) remontarse **(b)** (*subir mucho*) dispararse: *Prices soared during the war.* Los precios se dispararon durante la guerra. **2** (*ave, etc*) planear **3** (*esperanzas*) renacer

▶ **soaring** *adj* en alza: *They blamed the closure on soaring costs.* Han echado la culpa del cierre al aumento vertiginoso de los costes. ◊ *her soaring popularity in the polls* su popularidad en alza en las encuestas ◊ *soaring inflation* inflación galopante

sob /sɒb/ *vi* (**-bb-**) sollozar

LOC **to sob your heart out** llorar a lágrima viva *Ver tb* SLEEP[1]

■ **sob** *n* sollozo

▶ **sobbing** *n* [*incontable*] sollozos

sober /ˈsəʊbə(r)/ *adj* **1** (*no borracho*) sobrio **2** serio: *a sober analysis of the facts* un análisis serio de los hechos **3** (*ropa, etc*) sobrio

LOC **(as) sober as a judge** totalmente sobrio

■ **sober** *vt, vi* calmar: *The bad news had a sobering effect.* Las malas noticias tuvieron un efecto calmante.

PHR V **to sober (sb) up** quitarle la mona (a algn)

▶ **sobering** *adj*: *a sobering thought* algo que te hace pensar

soberly *adv* **1** seriamente **2** sobriamente

sobriety /səˈbraɪəti/ *n* **1** sobriedad **2** seriedad

Soc *abrev de* **Society**

so-called /ˌsəʊ ˈkɔːld/ *adj* (*pey*) llamado: *We live in the so-called civilized world.* Vivimos en el llamado mundo desarrollado.

soccer /ˈsɒkə(r)/ *n* [*incontable*] fútbol

sociable /ˈsəʊʃəbl/ *adj* (*aprob*) sociable

▶ **sociability** *n* afabilidad

social /ˈsəʊʃl/ *adj* social: *a busy social life* una vida social ajetreada ◊ *social sciences* ciencias sociales ◊ *a social club* un club social ◊ *He has become a social outcast.* Se ha convertido en un marginado social. ◊ *a social climber* un(a) arribista ◊ *social class* clase social ◊ *the Social Democrat party* el partido socialdemócrata

■ **social** (*USA* **sociable**) *n* velada

▶ **socially** *adv* socialmente

socialism /ˈsəʊʃəlɪzəm/ *n* socialismo

▶ **socialist** *n* socialista

socialite /ˈsəʊʃəlaɪt/ *n* persona mundana

socialize, -ise /ˈsəʊʃəlaɪz/ **1** *vi* **(a)** ~ **(with sb)** relacionarse (con algn) **(b)** (*relacionarse*) alternar: *He doesn't socialize much.* No sale mucho. **2** *vt* adaptar a la sociedad, socializar

▶ **socialization** *n* **1** socialización **2** integración social

social security (*USA* **welfare**) *n* seguridad social: *to live on social security* vivir de la seguridad social

social services *n* [*pl*] servicios sociales

social welfare *n* asistencia social

social work *n* trabajo social

social worker *n* asistente, -a social

society /səˈsaɪəti/ *n* (*pl* **-ies**) **1** sociedad: *high society* la alta sociedad ◊ *a society wedding* una boda de sociedad **2** (*formal*) compañía: *polite society* compañía bien educada **3** (*abrev* **Soc**) sociedad, asociación: *a drama society* asociación de teatro *Ver tb* BUILDING SOCIETY, DEBATING SOCIETY **LOC** *Ver* MUTUAL

socio-economic (*tb* **socioeconomic**) /ˌsəʊsiəʊ iːkəˈnɒmɪk/ *adj* socioeconómico

sociolinguistic /ˌsəʊsiəʊlɪŋˈgwɪstɪk/ *adj* sociolingüístico

▶ **sociolinguistics** *n* [*sing*] sociolingüística

sociological /ˌsəʊsiəˈlɒdʒɪkl/ *adj* sociológico

sociology /ˌsəʊsiˈɒlədʒi/ *n* sociología

▶ **sociologist** *n* sociólogo, -a

sock /sɒk/ *n* **1** calcetín **2** (*coloq*) puñetazo

LOC **to put a sock in it** (*GB, coloq*) callar la boca *Ver tb* PULL[2]

■ **sock** *vt* (*coloq*) dar un puñetazo a

LOC **to sock it to sb** (*antic, coloq*) demostrar a algn lo que uno vale

socket /ˈsɒkɪt/ *n* **1** (*ojo*) cuenca **2** (*Elec*) **(a)** (*en la pared*) enchufe (*hembra*) ☛ *Ver ilustración en* ENCHUFE **(b)** (*tb* **light socket**) portalámparas

sod[1] /sɒd/ *n* (*formal*) tepe

sod[2] /sɒd/ *n* (*GB, argot*) **1(a)** cabrón: *You stupid sod!* ¡Estúpido cabrón! **(b)** desgraciado: *the poor sod* el pobre desgraciado ◊ *You lucky sod!* ¡Qué suerte tienes, guarro! **2** coñazo

■ **sod** *vt* (*argot*) (**-dd-**)

LOC **sod all** nada: *I did sod all last weekend.* No he dado golpe en todo el fin de semana. **sod (it, her, him, etc)!** ¡que le den por el saco!: *Sod the money! Let's have a good time.* ¡Que le den por el saco al dinero! Vamos a pasarlo bien.

PHR V **to sod off** pirárselas

▶ **sodding** *adj* (*GB, argot*) maldito, puñetero

soda /ˈsəʊdə/ *n* **1** [*incontable*] sosa: *caustic soda* sosa caústica ◊ *washing-soda* carbonato sódico ◊ *bicarbonate of soda* bicarbonato sódico **2** soda: *soda siphen* sifón **3** (*tb* **soda pop**) (*USA, coloq*) gaseosa **4** (*tb* **ice cream soda**) (*USA*) bebida hecha de helado, caramelo y gaseosa

soda water /ˈsəʊdə wɔːtə(r)/ *n* soda

sodden /ˈsɒdn/ *adj* empapado

sodium /ˈsəʊdiəm/ *n* [*incontable*] sodio: *sodium*

bicarbonate/carbonate bicarbonato/carbonato sódico ◊ *sodium chloride* cloruro sódico

sodomy /ˈsɒdəmi/ *n* sodomía

▶ **sodomite** *n* (*antic* o *formal*) sodomita

sofa /ˈsəʊfə/ *n* sofá: *a sofa-bed* un sofá-cama

soft /sɒft; *USA* sɔːft/ *adj* (**-er, -est**) **1** blando: *soft drugs* drogas blandas ◊ *soft porn* pornografía blanda ◊ *Underneath his fierceness he's really quite soft-hearted.* Aunque parezca muy fiero, en verdad es un pedazo de pan. ◊ *soft cheese* queso fundido ◊ *soft toy* muñeco de peluche ◊ *soft option* opción fácil ◊ *a soft job* un chollo ◊ *soft palate* velo del paladar ◊ *soft fruit such as strawberries, blackberries, etc* fruta delicada como las fresas, las moras, etc ◊ *soft furnishings* tapicería **2** (*piel, color, luz, sonido*) suave **3** (*brisa*) ligero **4** (*voz*) bajo **5** ~ **(on sb)** (*poco severo*) blando (con algn) **6** (*tb* **soft in the head**) (*coloq*) tonto **7** (*bebida*) sin alcohol **8** (*consonante*) débil

LOC in soft focus difuminado (*foto, etc*) **to have a soft spot for sth/sb** (*coloq*) tener debilidad por algo/algn *Ver tb* TOUCH²

softball /ˈsɒftbɔːl/ *n* variedad de béisbol que se juega con pelota blanda

soft-boiled /ˈsɒft bɔɪld/ *adj* pasado por agua (*huevo*)

soft drink *n* refresco

soften /ˈsɒfn; *USA* ˈsɔːfn/ *vt, vi* **1** ablandar(se) **2** suavizar(se): *Her face softened.* La expresión de su cara se suavizó. ◊ *to soften the blow* amortiguar el golpe

PHR V to soften sb up (*coloq*) camelarse a algn

softener /ˈsɒfənə(r)/ *n* **1** (*agua*) suavizador **2** (*tb* **fabric softener**) suavizante

softie (*tb* **softy**) /ˈsɒfti; *USA* ˈsɔːfti/ *n* (*pl* **-ies**) (*coloq*) **1** enclenque **2** sentimental, blandengue

softly /ˈsɔːftli/ *adv* **1** suavemente **2** en voz baja

softly-softly /ˌsɒftli ˈsɒftli/ *adj* cauteloso (*actitud, táctica, etc*)

softness /ˈsɒftnəs/ *n* **1** suavidad **2** blandura **3** debilidad

soft pedal /ˌsɒft ˈpedl/ *vt* (**-ll-**, *USA* **-l-**) quitar importancia a

soft soap /ˌsɒft ˈsəʊp/ *vt* (*coloq*) dar jabón a

soft-spoken /ˌsɒft ˈspəʊkən/ *adj* de voz suave

software /ˈsɒftweə(r)/ *n* software (*informática*): *software package* paquete de software

softwood /ˈsɒftwʊd/ *n* madera blanda

softy *Ver* SOFTIE

soggy /ˈsɒgi/ *adj* (**-ier, -iest**) **1** empapado **2** (*pastel, pan, etc*) gomoso

so(h) /səʊ/ (*tb* **sol** /sɒl/) *n* sol

soil /sɔɪl/ *n* (*para plantas, etc*) tierra: *sandy soil* tierra arenosa ◊ *I was born on British soil.* Nací en tierra británica. *Ver tb* TOPSOIL ☛ *Ver nota en* EARTH

■ **soil** *vt* (*formal*) **1** ensuciar **2** (*reputación*) manchar

▶ **soiled** *adj* (*formal*) **1** (*ropa*) sucio, manchado **2** (*compresa*) usado *Ver tb* SHOP-SOILED

sojourn /ˈsɒdʒən/ *n* (*formal*) estancia

solace /ˈsɒləs/ *n* (*formal*) solaz, consuelo: *She sought solace in drink.* Buscó consuelo en la bebida.

solar /ˈsəʊlə(r)/ *adj* solar: *solar system* sistema solar ◊ *solar eclipse* eclipse solar ◊ *solar cell* célula solar ◊ *solar energy* energía solar ◊ *a solar panel* un panel solar ◊ *solar-powered* que funciona con energía solar

solarium /səˈleəriəm/ *n* (*pl* **~s**) solario

solar plexus *n* plexo solar

sold *pret, pp de* SELL

solder /ˈsɒldə(r); *USA* ˈsɒdər/ **1** *n* soldadura **2** *vt* soldar

soldering iron *n* soldador

soldier /ˈsəʊldʒə(r)/ *n* soldado

■ **soldier** *v*

PHR V to soldier on seguir al pie del cañón

sole¹ /səʊl/ *n* (*pl* **sole** o **~s**) lenguado

sole² /səʊl/ *n* **1** (*pie*) planta ☛ *Ver ilustración en* PIE **2** suela: *leather soles* suelas de cuero ◊ *rubber-soled boots* botas con suelas de goma ☛ *Ver ilustración en* ZAPATO

■ **sole** *vt* poner suelas a

sole³ /səʊl/ *adj* **1** único: *He was the sole survivor of the crash.* Fue el único sobreviviente del accidente. ◊ *He did it for the sole purpose of annoying me.* Lo hizo con el solo propósito de hacerme enfadar. **2** exclusivo: *sole suppliers* proveedores exclusivos ◊ *to take sole responsibility for sth* asumir toda la responsabilidad de algo

▶ **solely** *adv* **1** sólamente, únicamente **2** exclusivamente

solecism /ˈsɒlɪsɪzəm/ *n* (*formal*) **1** solecismo **2** falta de educación

solemn /ˈsɒləm/ *adj* **1** (*aspecto, manera*) serio **2** (*acontecimiento, promesa*) solemne

▶ **solemnly** *adv* **1** seriamente **2** solemnemente

solemnity /səˈlemnəti/ *n* (*formal*) solemnidad

sol-fa /ˌsɒl ˈfɑː; *USA* ˌsəʊl-/ (*tb* **tonic sol-fa**) *n* solfeo

solicit /səˈlɪsɪt/ **1** *vt* (*formal*) solicitar: *to solicit sb's approval/support for sth* solicitar la aprobación/el apoyo de algn para algo ◊ *Both candidates solicited my opinion.* Ambos candidatos solicitaron mi opinión. ◊ *to solicit (sb) for money/to solicit money (from sb)* pedir dinero a algn **2** *vi* (*en un lugar público*) ejercer la prostitución

▶ **soliciting** *n*: *She was arrested for soliciting.* La arrestaron por ejercer la prostitución.

solicitor /səˈlɪsɪtə(r)/ *n* (*GB*) **1** abogado, -a **2** notario, -a ☛ *Ver nota en* ABOGADO

Solicitor-General *n* (*GB*) procurador, -ora del estado

solicitous /səˈlɪsɪtəs/ *adj* (*formal*) **1** solícito **2** atento

▶ **solicitously** *adv* (*formal*) atentamente

solicitude /səˈlɪsɪtjuːd; *USA* -tuːd/ *n* (*formal*) solicitud

solid /ˈsɒlɪd/ *adj* **1** sólido: *solid fuels* combustibles sólidos ◊ *on solid ground* en tierra firme **2** compacto: *The traffic was solid all the way home.* El tráfico estaba fatal todo el camino hasta casa. ◊ *The room was packed solid.* En la habitación no cabía un alfiler. **3** macizo: *solid gold taps* grifos de oro macizo **4** (*color*) uniforme **5** (*apoyo*) unánime: *solid support* apoyo unánime ◊ *The miners were solid on this issue.* Los mineros se mostraron unánimes en este asunto. ◊ *The project has the solid backing of the government.* El acuerdo cuenta con el apoyo unánime del gobierno. **6** seguido: *I slept for ten hours solid.* Dormí diez horas seguidas. **7** (*persona*) de fiar **8** (*argumento*) bien fundamentado *Ver tb* ROCK-SOLID **LOC** *Ver* FREEZE

■ **solid** *n* **1 solids** [*pl*] sólidos **2** (*Geom*) figura de tres dimensiones, sólido

solidarity /ˌsɒlɪˈdærəti/ *n* solidaridad

solidify /səˈlɪdɪfaɪ/ *vi* (*pret, pp* **-fied**) **~ (into sth) 1** solidificarse **2** (*ideas, etc*) cristalizar

solidity /səˈlɪdəti/ (*tb* **solidness**) *n* **1** solidez **2** unanimidad

solidly /ˈsɒlɪdli/ *adv* **1** sólidamente **2** seguidamente: *It rained solidly for three hours.* Llovió seguidamente durante tres horas. **3** unánimemente

solid state /ˌsɒlɪd ˈsteɪt/ *adj* de estado sólido (*electrónica*)

soliloquy /səˈlɪləkwi/ *n* soliloquio

solitaire /ˌsɒlɪˈteə(r); *USA* ˈsɒlɪteər/ *n* **1** juego de tablero para una sola persona **2** (*joya*) solitario

solitary /ˈsɒlətri; *USA* -teri/ *adj* **1** solitario, retirado: *to lead a solitary life* llevar una vida retirada **2** (*lugar*) apartado ☛ *Ver nota en* LONELY **3** único, solo: *There's not one solitary instance of corruption.* No existe ni una sola instancia de corrupción.

solitary confinement (*coloq* **solitary**) *n* incomunicación: *to be in solitary confinement* estar incomunicado

solitude /ˈsɒlɪtjuːd; *USA* -tuːd/ *n* soledad

solo /ˈsəʊləʊ/ *n* (*pl* **~s**) solo: *a piano solo* un solo de piano

■ **solo** *adj* **1** en solitario: *a solo album* un álbum en solitario **2** (*Mús*): *a piece for solo cello* un solo para violoncelo

■ **solo** *adv* en solitario: *to fly solo across the Atlantic* cruzar el Atlántico volando en solitario

soloist /ˈsəʊləʊɪst/ *n* solista

solstice /ˈsɒlstɪs/ *n* solsticio: *summer/winter solstice* solsticio de verano/invierno

soluble /ˈsɒljəbl/ *adj* soluble: *soluble aspirin* aspirina soluble

solution /səˈluːʃn/ *n* solución

solve /sɒlv/ *vt* resolver

solvent /ˈsɒlvənt/ *adj* **1** solvente **2** (*formal*) disolvente

■ **solvent** *n* disolvente: *solvent abuse* inhalación de disolventes

▶ **solvency** *n* solvencia

sombre (*USA* **somber**) /ˈsɒmbə(r)/ *adj* **1** sombrío **2** (*color*) oscuro **3** (*manera, humor*) melancólico

▶ **sombrely** *adv* **1** oscuramente **2** melancólicamente

some /sʌm/ *adj* **1** (*con sustantivos incontables*) algo de, un poco de: *You left some money on the table.* Te has dejado algo de dinero en la mesa. ◊ *There's some ice in the fridge.* Hay hielo en la nevera. ◊ *Please have some cake.* Toma un poco de pastel. ◊ *If you save some money each week*... Si ahorras un poco de dinero todas las semanas... ◊ *Would you like some?* ¿Quieres un poco? **2** (*con sustantivos en plural*) unos (cuantos), algunos: *Some children were playing in the park.* Había unos cuantos niños jugando en el parque. ◊ *I need some books.* Necesito unos libros. ◊ *There are some problems.* Hay problemas. ◊ *Some people liked it, others didn't.* A algunos les gustó, pero a otros no. **3** (*en interrogativas cuando se espera una respuesta afirmativa*): *Would you like some milk in your tea?* ¿Quieres leche con el té? ◊ *Do you want some crisps?* ¿Quieres patatas fritas? ◊ *Can I borrow some money?* ¿Me puedes dejar dinero? **4** (*otros usos de* **some**) **(a)** cierto: *There is some improvement.* Ha habido cierta mejoría. ◊ *to some extent* hasta cierto punto **(b)** gran, grande: *I was having some difficulty.* Tuve bastantes dificultades. ◊ *It was some occasion!* Fue una gran ocasión. **(c)** un, algún (*para referirse a algo o algn desconocido*): *some day* algún día ◊ *There is some man at the door.* Hay un hombre en la puerta. **(d)** aproximadamente (*delante de una cifra*): *some twelve years ago* hace unos nueve años **(e)** menudo: *Some people!* ¡Vaya gente! ◊ *Some help you are!* ¡Menuda ayuda eres tú!

■ **some** *pron* algo, alguno, -a, -os, -as: *There's some left.* Queda algo. ◊ *Have some of my money.* Coge de mi dinero. ◊ *There are some left.* Quedan algunos. ◊ *Have some more!* ¡Sírvete (algo) más! ◊ *Do you want some?* ¿Quieres un poco? ◊ *some of us* algunos de nosotros

¿Some o any?

Ambos se utilizan con sustantivos incontables o en plural, y aunque muchas veces no se traducen en español, en inglés no se pueden omitir.

Normalmente, **some** se usa en las oraciones afirmativas y **any** en las interrogativas y negativas: *I've got some money.* Tengo (algo de) dinero. ◊ *Have you got any children?* ¿Tienes hijos? ◊ *I don't want any sweets.* No quiero caramelos.

Some se puede usar en oraciones interrogativas cuando se espera una respuesta afirmativa, por ejemplo, para ofrecer o pedir algo: *Would you like some coffee?* ¿Quieres café? ◊ *Can I have some bread, please?* ¿Puedo coger un poco de pan?

Any se puede usar en oraciones afirmativas con palabras como **without**, **never**, **little**, **hardly**, etc que le den un sentido negativo a la oración: *There were hardly any people there.* Apenas había gente allí. ◊ *I made it without spending any money.* Lo hice sin gastar dinero. ◊ *He never has any time.* Nunca tiene tiempo. ◊ *There was little point in offering her any help.* Tenía poco sentido ofrecerle ayuda.

En los demás casos, cuando **any** se usa en oraciones afirmativas significa "cualquiera": *Any parent would have worried.* Cualquier padre se habría preocupado. ☛ *Ver ejemplos en* ANY

■ **some** *adv* [*predicativo*] (*USA*) **1** un poco: *after relaxing some* después de descansar un poco **2** mucho: *I'll have to work some.* Tendré que trabajar mucho.

somebody /ˈsʌmbədi/ (*tb* **someone** /ˈsʌmwʌn/) *pron* alguien: *Did I hear somebody at the door?* ¿Han llamado a la puerta? ◊ *somebody else* otra persona ◊ *There's somebody at the door.* Hay alguien en la puerta. ◊ *He thinks he's somebody.* Se cree alguien. ☛ La diferencia entre **somebody** y **anybody**, o entre **someone** y **anyone**, es la misma que hay entre **some** y **any**. *Ver tb nota en* ALGUIEN, EVERYBODY, SOME

■ **somebody** *n*: *to be a somebody* ser alguien

some day *adv* algún día

somehow /ˈsʌmhaʊ/ (*USA tb* **someway** /ˈsʌmweɪ/) *adv* **1** de alguna manera, de algún modo **2** por alguna razón

LOC **somehow or other** de una forma u otra

someone /ˈsʌmwʌn/ *pron Ver* SOMEBODY

someplace /ˈsʌmpleɪs/ *adv* (*esp USA, coloq*) *Ver* SOMEWHERE

somersault /ˈsʌməsɔːlt/ *n* salto mortal: *to turn/do somersaults* dar saltos mortales

■ **somersault** *vi* dar un salto mortal

something /ˈsʌmθɪŋ/ *pron* **1** algo: *something else* otra cosa ◊ *something to eat/drink* algo de comer/beber ◊ *Is something the matter?* ¿Pasa algo? ◊ *That's something!* ¡Ya es algo! ◊ *He's got something there.* Hay mucha verdad en lo que dice. ◊ *She's called Kate something.* Se llama Kate algo. ☛ La diferencia entre **something** y **anything** es la misma que hay entre **some** y **any**. *Ver nota en* SOME. **2** y pico: *It's five something.* Son las cinco y pico. ◊ *It was three pounds something.* Fueron tres libras y pico.

LOC **or something** (*coloq*) o algo así **something like a sth/sb** algo así como algo/algn **something like it** algo así **something of a sth**: *I'm something of an expert.* Soy algo/medio experto. *Ver tb* OR

■ **something** *adv* (*coloq*) *It hurts something rotten.* Me duele bastante.

sometime /ˈsʌmtaɪm/ *adv* algún día, un día: *sometime afterwards* algún tiempo después ◊ *I'll come to see you sometime next week.* Iré a verte un día de la semana que viene.

LOC **sometime or other** uno de estos días

■ **sometime** *adj* [*antes de sustantivo*] (*antic* o *formal*) antiguo: *sometime vicar of this parish* antiguo vicario de esta parroquia

sometimes /ˈsʌmtaɪmz/ *adv* **1** a veces, algunas veces **2** de vez en cuando ☛ *Ver nota en* ALWAYS

someway /ˈsʌmweɪ/ *adv* (*esp USA, coloq*) *Ver* SOMEHOW

somewhat /ˈsʌmwɒt/ *adv* algo, en cierto modo: *somewhat surprised* algo sorprendido

somewhere /ˈsʌmweə(r)/ (*USA tb* **someplace**) *adv* a/en/por algún sitio: *somewhere else* en algún otro lugar ◊ *She had read it somewhere.* Lo había leído en alguna parte.

■ **somewhere** *pron* algún sitio: *to have somewhere to go* tener algún lugar adonde ir ☛ La diferencia entre **somewhere** y **anywhere** es la misma que hay entre **some** y **any**. *Ver nota en* SOME y en ALGUNO.

somnolent /ˈsɒmnələnt/ *adj* (*formal*) somnoliento

son /sʌn/ *n* hijo: *She has four children - three sons and one daughter.* Tiene cuatro hijos - tres chicos y una chica. ☛ *Ver nota en* HIJO *Ver tb* GODSON, GRANDSON, GREAT-GRANDSON, STEPSON

LOC **a son of a bitch** (*ofen, argot*) un hijo de puta *Ver tb* FATHER

sonar /ˈsəʊnɑː(r)/ *n* sonar, sónar

sonata /səˈnɑːtə/ *n* sonata

song /sɒŋ; *USA* sɔːŋ/ *n* canción, canto: *song-book* cancionero ◊ *to burst into song* ponerse a cantar *Ver tb* BIRDSONG, FOLK SONG, LOVE-SONG, SING-SONG, SWANSONG, THEME SONG
LOC for a song (*coloq*) por cuatro perras: *It was going for a song.* Lo vendían por cuatro perras. **(to make) a song and dance (about sth)** (*coloq, pey*) (armar) jaleo (por algo) *Ver tb* SING

songbird /ˈsɒŋbɜːd/ *n* pájaro cantor

songwriter /ˈsɒŋraɪtə(r)/ *n* compositor, -ora (*de canciones*)
▶ **songwriting** *n* composición (*de canciones*)

sonic /ˈsɒnɪk/ *adj* **1** (*explosión*) sónico **2** (*mina*) acústico *Ver tb* SUPERSONIC, ULTRASONIC

son-in-law /ˈsʌn ɪn lɔː/ *n* (*pl* **sons-in-law** /ˈsʌnz ɪn lɔː/) yerno

sonnet /ˈsɒnɪt/ *n* soneto

sonority /səˈnɒrəti; *USA* -ˈnɔːr-/ *n* (*pl* **-ies**) (*formal*) sonoridad
▶ **sonorous** *adj* (*formal*) sonoro

soon /suːn/ *adv* (**-er, -est**) pronto, en seguida, dentro de poco: *Write soon.* Escribe pronto. ◊ *How soon can you be ready?* ¿Cuánto tardarás en estar listo? ◊ *He'll be here very soon.* Vendrá en seguida. ◊ *We shall be home quite soon.* Llegaremos a casa dentro de poco. ◊ *We soon got there.* Llegamos allí en un momento.
LOC all too soon demasiado pronto: *It was over all too soon.* Se acabó volando. **as soon as** en cuanto, tan pronto como: *as soon as possible* en cuanto sea posible **as soon as may be** (*antic*) lo más pronto posible **I, he, we, etc would as soon do sth as sth**: *She would as soon leave the house naked as without make-up.* Antes saldría de la casa desnuda que sin maquillaje. **(just) as soon do sth (as do sth)** lo mismo me da hacer algo (que hacer algo): *I'd (just) as soon stay at home as go for a walk.* Lo mismo me quedo en casa que me voy a dar un paseo. **none too soon** no antes de tiempo **no sooner... than...** nada más... que... ☛ Nótese que en este sentido cuando una frase empieza con **no sooner**, el verbo que le sigue se construye como en las oraciones interrogativas: *No sooner had he arrived than they asked him to leave.* Nada más llegar le pidieron que se marchase. ◊ *No sooner did she say it...* Apenas lo dijo... **no sooner said than done** dicho y hecho **soon after (sth/sb)** poco después (de algo/que algn) **sooner do sth (than do sth)** (*formal*) preferir hacer algo (antes que hacer algo): *I'd sooner emigrate!* ¡Antes prefiero emigrar! **sooner or later** (más) tarde o (más) temprano **sooner rather than later**: *I'd like to get it finished sooner rather than later.* Preferiría tenerlo acabado cuanto antes mejor. **the sooner the better** cuanto antes mejor **the sooner... the sooner...** cuanto antes... antes...: *The sooner you begin the sooner you'll finish.* Cuanto antes empieces, antes acabarás. *Ver tb* RATHER, SAY, SPEAK

soot /sʊt/ *n* hollín
▶ **sooty** *adj* **1** tiznado **2** de color hollín

soothe /suːð/ *vt* **1** (*persona*) tranquilizar, calmar **2** (*dolor, etc*) aliviar
▶ **soothing** *adj* **1** tranquilizador, calmante: *a soothing voice* una voz acariciadora ◊ *a soothing effect* un efecto tranquilizador **2** balsámico
soothingly *adv* tranquilizadoramente

soothsayer /ˈsuːθseɪə(r)/ *n* (*antic*) adivino, -a

sop /sɒp/ *n* **sop (to sth/sb)** soborno, compensación (para algo/a algn)

sophisticated /səˈfɪstɪkeɪtɪd/ *adj* sofisticado
▶ **sophistication** *n* sofisticación

sophomore /ˈsɒfəmɔː(r)/ *n* (*USA*) estudiante de segundo año

soporific /ˌsɒpəˈrɪfɪk/ *adj* soporífero

sopping /ˈsɒpɪŋ/ (*tb* **sopping wet**) *adj* empapado

soppy /ˈsɒpi/ *adj* (*GB, coloq*) **1** sensiblero **2** (*persona*) bobo

soprano /səˈprɑːnəʊ; *USA* -ˈpræn-/ *n* (*pl* **~s**) **1** (*cantante*) soprano **2(a)** (*voz*) de soprano **(b)** (*saxofón*) soprano
■ **soprano** *adv*: *to sing soprano* cantar la voz de soprano

sorbet /ˈsɔːbeɪ/ (*USA* **sherbet**) *n* sorbete: *lemon sorbet* sorbete de limón

sorcerer /ˈsɔːsərə(r)/ *n* hechicero
▶ **sorceress** *n* hechicera
sorcery *n* hechicería

sordid /ˈsɔːdɪd/ *adj* **1** sórdido **2** (*comportamiento*) vil

sore /sɔː(r)/ *n* llaga *Ver tb* COLD SORE, EYESORE
■ **sore** *adj* **1** dolorido: *medicine for sore throats* medicina para el dolor de garganta ◊ *I've got sore eyes.* Me duelen los ojos. **2** (*USA*) **~ (about sth)**; **~ (at/with sb)** resentido (por algo); (con algn) **3** (*antic*): *She is in sore need of help.* Necesita ayuda desesperadamente.
LOC a sore point un asunto delicado **to stand/stick out like a sore thumb** no pegar ni con cola *Ver tb* BEAR[1], SIGHT
▶ **sorely** *adv* (*formal*) *She will be sorely missed.* Se la echará de menos enormemente. ◊ *I was sorely tempted to do it.* Tuve grandes tentaciones de hacerlo. ◊ *Financial help is sorely needed.* Hay gran necesidad de ayuda económica.
soreness *n* dolor

sorrel[1] (*Bot*) /ˈsɒrəl; *USA* ˈsɔːrəl/ *n* acedera

sorrel[2] /ˈsɒrəl; *USA* ˈsɔːrəl/ *adj, n* alazán, -ana

sorrow /ˈsɒrəʊ/ *n* **1** pesar: *to express your sorrow for sth* expresar su pesar por algo ◊ *to my great sorrow* con gran pesar mío **2** tristeza
LOC more in sorrow than in anger con más pesar que enojo *Ver tb* DROWN
■ **sorrow** *vi* **~ (at/for/over sth)** (*formal*) estar afligido (por algo)
▶ **sorrowful** *adj* **1** triste **2** afligido
sorrowfully *adv* tristemente

sorry /ˈsɒri/ *interj* **1** perdón **2 sorry?** (*USA* **excuse me?**) ¿cómo? ☛ *Ver nota en* EXCUSE
■ **sorry** *adj* **1(a)** *I'm sorry I'm late.* Siento llegar tarde. ◊ *I'm sorry to say that I won't be able to attend.* Siento (el) no poder asistir. ◊ *I'm so sorry!* ¡Lo siento mucho! ◊ *I'm sorry to hear that.* Me da pena. ◊ *She was sorry about the tension between them.* Lamentaba la tensión entre ellos. **(b)** *She's very sorry for what she's done.* Está muy arrepentida por lo que ha hecho. ◊ *You'll be sorry!* ¡Te arrepentirás! **2** (**-ier, -iest**) **(a)** (*visión, historia*) triste **(b)** (*estado*) lastimoso: *The house was in a sorry state.* La casa estaba en un estado lastimoso. **LOC** *Ver* BETTER, FEEL[1], SAY

sort /sɔːt/ *n* **1** tipo, especie, clase: *What sort of music do you like?* ¿Qué tipo de música te gusta? ◊ *They sell all sorts of gifts.* Venden toda clase de regalos. **2** (*coloq*) **(a)**: *I feel sort of uneasy.* Me siento como inquieto. **(b)** *The film is a sort of autobiography.* La película es una especie de autobiografía. **3** (*antic, coloq*) persona: *He's not a bad sort really.* No es mala persona. ◊ *I'm not the sort to complain all the time.* No soy de los que se están quejando todo el tiempo.
LOC it takes all sorts (to make a world) (*refrán*) de todo tiene que haber en la viña del Señor **nothing of the sort** nada de eso **of a sort/of sorts** (*coloq*) *He's written some poetry of a sort.* Ha escrito algunos poemas, si se les puede llamar así. **something of the sort** algo por el estilo **to be out of sorts** (*coloq*) **1** estar malo **2** estar de mal humor *Ver tb* KIND[2]
■ **sort** *vt* **1** clasificar: *They sorted the clothes into piles.* Separaron la ropa en montones. **2** (*coloq*) arreglar: *I'll have more time when I've got things sorted at home.* Tendré más tiempo cuando haya arreglado las cosas en casa. ◊ *Sorted!* ¡Arreglado!

LOC **to sort out the men from the boys**: *This will sort out the men from the boys.* Esto probará quienes son hombres de verdad.
PHR V **to sort sb out** (*coloq*) ajustar las cuentas a algn
to sort sth out arreglar algo
to sort sth out (**from sth**) separar algo (de algo): *We have to sort out the new books from the old ones.* Hay que separar los libros nuevos de los viejos.
to sort yourself out arreglárselas
to sort through sth clasificar algo

sortie /ˈsɔːti/ *n* **1** (*Mil*) salida **2** (*fig*) incursión: *She made a brief sortie into politics.* Hizo una breve incursión en el mundo de la política.

sorting office *n* oficina de clasificación (*gen del correo*)

SOS /ˌes əʊ ˈes/ *n* **1** (*lit*) SOS: *to send out an SOS* enviar un SOS **2** (*fig*) llamada de socorro

so-so /ˌsəʊ ˈsəʊ/ *adj, adv* (*coloq*) así así

sotto voce /ˌsɒtəʊ ˈvəʊtʃi/ *adj, adv* en voz baja

soufflé /ˈsuːfleɪ; *USA* suːˈfleɪ/ *n* soufflé

sought *pret, pp de* SEEK

sought after /ˈsɔːt ɑːftə; *USA* -ˌæftə/ *adj* codiciado, solicitado

soul /səʊl/ *n* **1** (*Relig*) alma: *May the Lord have mercy on his soul.* Que Dios tenga misericordia de su alma. ◊ *a lost soul* un alma en pena *Ver tb* ALL SOULS' DAY **2** (*actuación, etc*) sentimiento, ánimo **3** (*persona*) **(a)** alma: *There wasn't a soul to be seen.* No se veía un alma. ◊ *Don't tell a soul.* No se lo digas a nadie. **(b)**: *He's lost everything, poor soul.* Ha perdido todo, el pobre. ◊ *She's a dear old soul.* Es un alma de Dios. **4** (*Mús*) soul
LOC **to be the soul of sth**: *She is the soul of discretion.* Es la discreción personificada. **upon my soul!** (*antic*) ¡pardiez! *Ver tb* BARE, BODY, COMMEND, HEART, LIFE, SELL

soul-destroying /ˈsəʊl dɪstrɔɪɪŋ/ *adj* desmoralizador

soul food *n* (*USA*) comida que se asocia con los negros americanos de los estados del sur

soulful /ˈsəʊlfl/ *adj* conmovedor

soulless /ˈsəʊlləs/ *adj* **1** monótono **2** pobre de espíritu

soulmate /ˈsəʊlmeɪt/ *n* amigo, -a del alma

soul music *n* música soul

soul-searching /ˈsəʊl sɜːtʃɪŋ/ *n* examen de conciencia: *After much soul-searching, he made a decision.* Después de pensarlo y repensarlo se decidió.

sound[1] /saʊnd/ *adj* (**-er, -est**) **1** sano: *to be sound in mind and body* estar sano de cuerpo y espíritu ◊ *environmentally sound* que no daña el medio ambiente **2** (*estructura*) sólido **3** (*creencia, base*) firme **4** (*consejo, conocimientos, paliza*) bueno: *to have sound reasons for doing sth* tener buenas razones para hacer algo ◊ *She gave me a sound thrashing.* Me dio una buena paliza. ◊ *a sound policy* una política prudente ◊ *He has a sound business instinct.* Tiene muy buen instinto para los negocios. **5** (*sueño*) profundo: *He's a sound sleeper.* Duerme profundamente. **6** competente
LOC **(as) sound as a bell** más sano que una manzana **being of sound mind** en pleno uso de sus facultades mentales *Ver tb* SAFE[1]
■ **sound** *adv*
LOC **to be sound asleep** estar profundamente dormido
▶ **soundly** *adv* **1** (*dormir*) profundamente **2** (*perder*) estrepitosamente: *They were soundly beaten.* Les dieron una buena paliza. **3** (*basado*) sólidamente: *soundly based principles* principios con una base muy sólida

sound[2] /saʊnd/ *n* **1** sonido: *sound technician/engineer* técnico de sonido ◊ *to break the sound barrier* atravesar la barrera del sonido ◊ *sound effects* efectos sonoros ◊ *The sound quality is very poor.* La calidad del sonido es muy mala. ◊ *sound wave* onda sonora *Ver tb* ULTRASOUND **2** ruido: *without (making) a sound* sin hacer ruido **3** impresión (*que se tiene de algo/algn*): *I don't like the sound of her husband!* ¡Me parece que su marido no me va a gustar nada!
LOC **by/from the sound of it** por lo que parece **to like, love, etc the sound of your own voice** (*pey*) gustarle a algn escucharse a sí mismo **to the sound of sth** al son de algo *Ver tb* PING, WIRE
■ **sound 1** *vi* sonar: *Your voice sounds a bit odd.* Tu voz suena un poco rara. ◊ *a foreign-sounding name* un nombre que suena extranjero ◊ *The trumpet sounded.* Sonó la trompeta. **2** *vi* parecer: *She sounded very surprised.* Parecía muy sorprendida. ◊ *It sounds like/as if we've arrived.* Parece que hemos llegado. **3** *vt* **(a)** (*trompeta, etc*) tocar **(b)** (*alarma*) dar **4** *vt* (*formal, Ling*) pronunciar: *You don't sound the 'h'.* No se pronuncia la "h". **LOC** *Ver* FALSE, NOTE[1]
PHR V **to sound off** (**about sth**) (*coloq*) fanfarronear (sobre algo)

sound[3] /saʊnd/ *vt* (*mar*) sondar
PHR V **to sound sb out** (**about/on sth**) tantear a algn (sobre algo)

soundbite /ˈsaʊndbaɪt/ *n* frase corta sacada de una entrevista, campaña, etc que resume su contenido

soundcheck /ˈsaʊndtʃek/ *n* prueba de sonido

sounding board *n* caja de resonancia

soundings /ˈsaʊndɪŋz/ *n* [*pl*] **1** (*lit*) sondeos **2** (*fig*) sondeos: *to take soundings on sth* sondear la opinión sobre algo ☛ *Comparar con* OPINION POLL

soundless /ˈsaʊndləs/ *adj* silencioso
▶ **soundlessly** *adv* sin hacer ruido

soundness /ˈsaʊndnəs/ *n* **1** (*estructura*) firmeza **2** (*negocio*) solvencia **3** (*de consejo, decisión, comentario, etc*) solidez, sensatez: *the soundness of his judgement* lo acertado de su juicio

soundproof /ˈsaʊndpruːf/ *vt* insonorizar: *a soundproofed room* una habitación insonorizada
▶ **soundproofing** *n* insonorización

sound recording *n* grabación de sonido

sound system *n* equipo de sonido

soundtrack (*tb* **sound track**) /ˈsaʊndtræk/ *n* banda sonora

soup /suːp/ *n* sopa, caldo: *soup kitchen* comedor de beneficiencia ◊ *a soup bowl/tureen* un plato sopero/una sopera
LOC **to be in the soup**; **to land/put sb in the soup** (*coloq*) estar en un apuro; meter a algn en un apuro

soup spoon *n* (*cubierto*) cuchara sopera ☛ *Ver ilustración en* CUCHARA

sour /ˈsaʊə(r)/ *adj* **1(a)** (*sabor, etc*) agrio *Ver tb* SWEET AND SOUR **(b)** (*fig*) amargo: *The discussion ended on a sour note.* La discusión acabó amargamente. **2** (*leche*) cortado
LOC **sour grapes** (*refrán*) dicho cuando algn pretende que algo no es importante solo porque no ha podido conseguirlo: *He says he didn't really want the job, but it's just sour grapes.* Dice que no quería el trabajo, pero lo que pasa es que no se lo han dado. **to go/turn sour 1** (*leche*) cortarse **2** (*fig*) estropearse
■ **sour** *vt, vi* agriar(se): *The dispute has soured relations between the two countries.* La disputa ha dañado las relaciones entre los dos países.
▶ **sourly** *adv* **1** en tono áspero **2** agriamente

source /sɔːs/ *n* **1** (*información*) fuente: *The news is from a reliable source.* La noticia viene de una fuente bien informada. ◊ *your main source of income* tu principal fuente de ingresos ◊ *source language* lenguaje de partida ◊ *a source of energy/an energy source* una fuente de energía ◊ *source material for a thesis* las fuentes para una tesis ◊ *A source close to the Prime Minister…* Una fuente cercana al Primer Ministro… ◊ *What is the source?* ¿De dónde procede? **2** (*río*) nacimiento
LOC **at source** en origen

sour cream (*tb* **soured cream**) *n* nata amarga que se usa para cocinar

south (*tb* **South**) /saʊθ/ *n* [*sing*] (*abrev* **S**) **1** (*tb* **the south**) sur: *warm winds from the south* vientos cálidos del sur **2 the south, the South** el sur: *the South of France* el sur de Francia

■ **south** *adj* (del) sur: *the south coast* la costa sur ◊ *South America* América del Sur/Suramérica ◊ *South Africa* Sudáfrica ◊ *South Wales* el sur de Gales ◊ *a south wind* un viento (del) sur

■ **south** *adv* al sur, hacia el sur: *a south-facing slope* una ladera que dé al sur

LOC **down south** (*coloq*) al sur

South American *adj, n* suramericano, -a

southbound /ˈsaʊθbaʊnd/ *adj* que va en dirección sur

south-east (*tb* **South-East**) /saʊθ ˈiːst/ *n* [*sing*] (*abrev* **SE**) sureste

■ **south-east** *adj* sureste: *south-east Asia* el sureste asiático

■ **south-east** *adv* hacia el sureste

south-easterly /ˌsaʊθ ˈiːstəli/ **1** *adj* **(a)** al sureste: *heading in a south-easterly direction* dirigiéndose en dirección sureste **(b)** (*viento*) del sureste **2** *n* (*pl* **-ies**) viento del sureste

south-eastern (*tb* **South-Eastern**) /ˌsaʊθ ˈiːstən/ *adj* (del) sureste: *the south-eastern corner of Belgium* el rincón sureste de Bélgica

southerly /ˈsʌðəli/ *adj* **1** (*viento*) del sur **2** hacia el sur: *in a southerly direction* en dirección al sur ◊ *The captain set a southerly course for the ship.* El capitán puso el barco rumbo al sur.

■ **southerly** *n* (*pl* **-ies**) viento del sur

southern (*tb* **Southern**) /ˈsʌðən/ *adj* **1** (del) sur: *the Southern hemisphere* el hemisferio sur ◊ *the southern region of the country* la región sur del país ◊ *southern Italy* el sur de Italia **2** meridional: *Southern Europe* Europa meridional

southerner /ˈsʌðənə(r)/ *n* **1** (*USA*) sureño, -a **2** persona del sur: *I'm a southerner.* Soy del sur.

southernmost /ˈsʌðənməʊst/ *adj* más meridional: *the southernmost point of the island* el punto más meridional de la isla

south-facing /ˈsaʊθ feɪsɪŋ/ *adj* orientado hacia el sur (*ventana, ladera, etc*)

the South Pole *n* el Polo Sur

southward(s) /ˈsaʊθwədz/ *adv* hacia el sur

south-west (*tb* **South-West**) /ˌsaʊθ ˈwest/ *n* [*sing*] (*abrev* **SW**) suroeste

■ **south-west** *adj* suroeste: *south-west Africa* el suroeste de África

■ **south-west** *adv* hacia el suroeste: *The room faces south-west.* La habitación da al suroeste.

south-westerly /ˌsaʊθ ˈwestəli/ **1** *adj* **(a)** al suroeste: *heading in a south-westerly direction* dirigiéndose en dirección suroeste **(b)** (*viento*) del suroeste **2** *n* (*pl* **-ies**) viento del suroeste

south-western (*tb* **South-Western**) /ˌsaʊθ ˈwestən/ *adj* (del) suroeste: *south-western China* el suroeste de China

souvenir /ˌsuːvəˈnɪə(r); *USA* ˈsuːvənɪər/ *n* recuerdo (*objeto*): *a souvenir shop* una tienda de recuerdos

sovereign /ˈsɒvrɪn/ *adj* soberano: *an independent sovereign state* un estado soberano independiente

■ **sovereign** *n* **1** soberano, -a **2** (*GB*) (*moneda antigua*) soberano

▶ **sovereignty** *n* soberanía

Soviet /ˈsəʊviət, ˈsɒv-/ *adj* soviético: *Soviet Union* Unión Soviética

■ **Soviet** *n* **1** (*tb* **soviet**) (*consejo*) soviet **2** (*persona*) soviético, -a

sow[1] /saʊ/ *n* cerda ☛ *Ver ilustración en* PIG

sow[2] /səʊ/ *vt* (*pret* **sowed** *pp* **sown** /səʊn/ o **sowed**) **1** sembrar: *to sow a field with wheat* sembrar un campo de trigo ◊ *Sow the seeds in spring.* Siembre las semillas en primavera. **2** (*dudas, confusión, etc*) sembrar

LOC **to sow your wild oats** correrla de joven: *He sowed his wild oats before he married.* Antes de casarse las corrió bien. *Ver tb* REAP, SEED

▶ **sowing** *n* siembra

soya /ˈsɔɪə/ (*USA* **soy** /sɔɪ/) *n* soja: *soya bean/milk/protein* semilla/leche/proteína de soja

soy sauce *n* salsa de soja

spa /spɑː/ *n* balneario

space /speɪs/ *n* **1** espacio: (*with*)*in the space of two hours* en dos horas ◊ *in a short space of time* en un corto período ◊ *to stare into space* mirar al vacío ◊ *a parking space* un aparcamiento ◊ *a blank space* un espacio en blanco **2** [*sing*] (*cabida*) espacio, sitio: *There's no space for my suitcase.* No queda sitio para mi maleta. ◊ *The sofa takes up a lot of space.* El sofá ocupa mucho sitio. **3** (*tb* **outer space**) (*Aeronáut*) espacio (*exterior*): *a space flight* un vuelo espacial ◊ *space flight/travel* viajes espaciales LOC *Ver* CRAMP, WATCH[1]

■ **space** *vt* ~ **sth (out)** espaciar algo *Ver tb* DOUBLE SPACED

LOC **to be/feel spaced out** estar colocado/sentirse como un zombi

▶ **spacing** *n* espaciamiento: *with double spacing* a doble espacio

space-age *n* era espacial

■ **space-age** *adj* ultramoderno

spacecraft /ˈspeɪskrɑːft/ *n* (*pl* **spacecraft**) (*tb* **spaceship**) nave espacial

space-saving /ˈspeɪs seɪvɪŋ/ *adj* que economiza espacio

spaceship /ˈspeɪsʃɪp/ *n Ver* SPACECRAFT

space shuttle *n* transbordador (espacial)

spacesuit /ˈspeɪssuːt/ *n* traje espacial

spacious /ˈspeɪʃəs/ *adj* espacioso, amplio

▶ **spaciousness** *n* espaciosidad, amplitud

spade[1] /speɪd/ *n* pala LOC *Ver* CALL

spade[2] /speɪd/ *n* **1 spades** [*v sing o pl*] (*baraja francesa*) picas **2** (*naipe*) carta de picas: *She won with a spade.* Ganó con una carta de picas. ☛ *Ver ilustración en* CARTA ☛ *Ver nota en* BARAJA

spadework /ˈspeɪdwɜːk/ *n* (*fig*) trabajo preliminar

spaghetti /spəˈgeti/ *n* [*incontable*] espagueti(s)

Spain /speɪn/ *n* España

span[1] /spæn/ *n* **1** (*de tiempo*) lapso, duración: *time span/span of time* lapso (de tiempo) ◊ *attention span* capacidad de prestar atención ◊ *life span* duración de la vida **2** (*de un puente*) **(a)** (*entre estribos*) arcada **(b)** (*extensión total*) luz **3** (*de la mano*) distancia entre los dedos pulgar y meñique *Ver tb* WINGSPAN

■ **span** *vt* **(-nn-) 1** (*puente*) cruzar **2** (*comprender*) extenderse a/sobre, abarcar

span[2] /spæn/ *adj* LOC *Ver* SPICK

spangle /ˈspæŋgl/ *n* lentejuela

spangled /ˈspæŋgld/ *adj* **1** (*tela, etc*) con lentejuelas **2** centelleante: *star-spangled* centelleante de estrellas

Spaniard /ˈspænjəd/ *n* (*persona*) español, -ola

spaniel /ˈspænjəl/ *n* perro de aguas *Ver tb* COCKER SPANIEL

Spanish /ˈspænɪʃ/ *adj* español: *Spanish-speaking people* los hispanohablantes

■ **Spanish** *n* **1** (*idioma*) español **2 the Spanish** [*pl*] los españoles

Nótese que para hablar de una persona española decimos a **Spaniard**.

spank /spæŋk/ *vt* dar una zurra a, dar un(os) azote(s) a

■ **spank** *n* azote

▶ **spanking 1** *n* zurra **2** *adj* (*antic, coloq*) *at a spanking pace* a paso rápido **3** *adv*: *spanking new* flamante

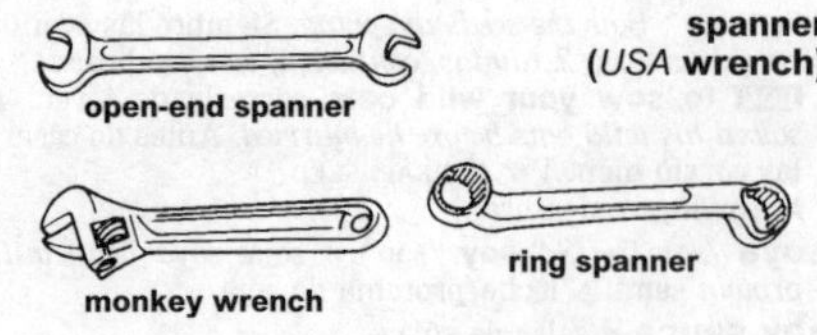

spanner /ˈspænə(r)/ (*USA* **wrench**) *n* llave fija (*para tuercas*): *fork/open-end spanners* llaves de boca
LOC **a spanner in the works** (*GB, coloq*) estorbo: *to throw a spanner in the works* meter un palo en la rueda

spar /spɑː(r)/ *vi* (**-rr-**) **~ (with sb) 1** entrenarse (en el boxeo) (con algn) **2** (*fig*) discutir (con algn)

spare¹ /speə(r)/ *adj* **1(a)** sobrante, de sobra: *There are no spare seats/no seats spare.* No quedan asientos. ◊ *There are two tickets going spare.* Quedan/sobran dos entradas. ◊ *spare capacity* capacidad de sobra ◊ *the spare room* la habitación de invitados **(b)** (*de emergencia*) de repuesto, de reserva **2** (*tiempo*) libre, de ocio **3** (*formal*) (*escaso*) parco
LOC **to go spare** (*GB, coloq*) enfurecerse
■ **spare** *n* (pieza de) repuesto

spare² /speə(r)/ *vt* **1** escatimar: *No expense was spared.* No repararon en gastos. ◊ *He does not spare himself.* No se da tregua. **2 ~ sth (for sth/sb)** (*tiempo, dinero, etc*) tener algo (para algo/algn); dar, regalar algo (a algn): *Can you spare a moment?* ¿Tienes un momento? ◊ *Can you spare me a cigarette?* ¿Tienes/Me puedes regalar un cigarrillo? ◊ *to spare a thought for sth/sb* pensar un momento en algo/algn **3(a)** perdonar (*no dañar*): *Most of the paintings seem to have been spared.* La mayoría de los cuadros parecen haberse salvado. **(b)** perdonar la vida a **(c)** ahorrar, evitar: *Spare me the gory details.* Ahórrame los detalles desagradables. **4** prescindir de
LOC **to spare** de sobra: *enough and to spare* más que suficiente ◊ *with two minutes to spare* faltando dos minutos **to spare sb's feelings** no herir los sentimientos de algn **to spare no effort/pains doing/to do sth** no escatimar esfuerzos para hacer algo *Ver tb* EXPENSE
▸ **sparing** *adj* **~ with/of/in sth** parco en algo; mesurado con algo: *He was not sparing in his criticism.* No escatimaba críticas.
sparingly *adv* con moderación

spare part *n* (pieza de) repuesto

spare rib *n* costilla de cerdo

spare time *n* tiempo libre

spare tyre *n* **1** rueda de repuesto **2** (*GB, coloq, joc*) michelines

spark /spɑːk/ *n* **1** (*lit* y *fig*) chispa **2** [*sing*] **~ of sth** (*indicio*) chispa, atisbo de algo: *He hasn't a spark of generosity in him.* No tiene ni un atisbo de generosidad.
LOC *Ver* BRIGHT, FLY¹
■ **spark** *vi* **1** chispear, echar chispas **2** (*bujía*) hacer contacto
PHR V **to spark sth (off)** (*coloq*) provocar algo, ocasionar algo

sparkle /ˈspɑːkl/ *vi* **~ (with sth) 1** centellear, destellar (de/a causa de algo) **2** (*fig*) brillar, resplandecer (de algo): *She always sparkles at parties.* Siempre es muy animada en las fiestas.
■ **sparkle** *n* **1** centelleo **2** (*fig*) brillo, vida
▸ **sparkler** *n* bengala
sparkling *adj* **1** (*tb* **sparkly**) centelleante **2** (*vino, etc*) espumoso **3** (*fig*) brillante, chispeante

spark plug (*tb* **sparking plug** /ˈspɑːkɪŋ plʌɡ/) *n* bujía ☛ *Ver ilustración en* CAR

sparring partner *n* **1** (*boxeo*) sparring **2** (*coloq, fig*) antiguo adversario

sparrow /ˈspærəʊ/ (*tb* **house sparrow**) *n* gorrión

sparse /spɑːs/ *adj* **1** escaso, esparcido **2** (*población*) disperso **3** (*pelo*) ralo
▸ **sparsely** *adv* escasamente: *a sparsely attended meeting* una reunión con escasa asistencia ◊ *sparsely furnished* con pocos muebles

spartan /ˈspɑːtn/ *adj* espartano

spasm /ˈspæzəm/ *n* **1** espasmo: *a coughing spasm* un ataque/acceso de tos **2** (*fig*) acceso, arranque

spasmodic /spæzˈmɒdɪk/ *adj* **1** intermitente, irregular **2** (*Med*) espasmódico
▸ **spasmodically** *adv* de forma intermitente, irregularmente

spastic /ˈspæstɪk/ *adj, n* **1** (*Med*) (persona) con parálisis cerebral **2** (⚠) ☛ *Ver nota en* TABÚ subnormal

spat¹ /spæt/ *pret, pp de* SPIT¹

spat² /spæt/ *n* discusión, riña

spate /speɪt/ *n* [*sing*] **1** racha, ola **2** (*de palabras*) torrente
LOC **in spate** crecido (*río*)

spatial /ˈspeɪʃl/ *adj* (*formal*) espacial

spats /spæts/ *n* [*pl*] polainas

spatter /ˈspætə(r)/ **1** *vt* **~ sth (on/over sth/sb); ~ sth/sb (with sth)** rociar algo (sobre algo/algn); salpicar algo/algn (de algo) **2** *vi* (*lluvia*) gotear, caer

spatula /ˈspætʃələ/ *n* **1** (*para pintar, etc*) espátula, paleta **2** (*de cocina*) espátula, lengua ☛ *Ver ilustración en* UTENSIL

spawn /spɔːn/ *n* [*incontable*] **1** (*de peces*) huevas **2** (*de rana*) huevos
■ **spawn 1** *vi* desovar **2** *vt* (*pey*) engendrar, producir

spay /speɪ/ *vt* sacar los ovarios a

speak /spiːk/ (*pret* **spoke** /spəʊk/ *pp* **spoken** /ˈspəʊkən/) **1** *vi* **~ (to/with sb) (about/of sth/sb)** hablar (con algn) (de algo/algn): *'May I speak to Kate?' 'Speaking.'* —¿Me pone con Kate, por favor? —Al aparato. ◊ *We're not speaking to each other.* No nos hablamos. **2** *vt* (*idioma*) hablar: *I don't speak a word of Russian.* No sé ni una palabra de ruso. ☛ *Ver nota en* HABLAR **3** *vi* **~ (on/about sth)** hablar, pronunciar un discurso (sobre algo): *public speaking* oratoria
LOC **broadly, roughly, generally, personally, etc speaking** en términos generales, más o menos, en general, personalmente hablando, etc **nothing/not/no sth to speak of** nada digno de mención: *There were no customers to speak of.* No había clientes que digamos. ◊ *It's nothing to speak of.* No tiene importancia. **so to speak** por así decirlo **spoken for** reservado **speaking of...** a propósito de... **to be on speaking terms (with sb) 1** conocer a algn lo suficiente como para hablarle **2** *They're not on speaking terms after last night.* Después de lo de anoche no se dirigen la palabra. **to speak for itself** hablar por sí solo **to speak for yourself** dar uno su opinión: *Speak for yourself!* ¡Eso será lo que tú piensas! ◊ *Speaking for myself...* Yo por mi parte... **to speak the same language (as sb)** (*coloq*) entenderse bien (con algn) **to speak too soon** hablar antes de tiempo **to speak volumes for sth/sb** ser un testimonio acerca de algo/algn **to speak your mind** decir uno lo que piensa *Ver tb* ACTION, DEVIL¹, EVIL, FACT, FORKED, MANNER, PROPER, STRICT
PHR V **to speak for sb 1** hablar en nombre de algn **2** defender a algn, interceder por algn
to speak for sth hablar en favor de algo
to speak of sth (*formal*): *She has a face that speaks of suffering.* Su cara refleja lo que ha sufrido.
to speak out hablar claro: *to speak out against sth* denunciar algo
to speak to sb (*eufemismo*) llamarle la atención a algn
to speak up 1 hablar (más) alto **2** (*tb* **to speak out**) hablar claro
to speak up (for sb) hablar (en favor de algn), defender a algn
▸ **speaker** *n* **1** (*en público*) orador, -ora, conferenciante **2** (*tb* **loudspeaker**) altavoz **3** (*de idioma*) hablante: *French speakers/speakers of French* los que hablan

francés *Ver tb* NATIVE SPEAKER **4 the Speaker** (*en parlamento, etc*) presidente, -a

spear /spɪə(r)/ *n* **1** lanza **2** (*para pesca*) arpón **3** (*Bot*) tallo, brote

■ **spear** *vt* **1** alancear, herir con lanza, matar con lanza **2** arponear **3** (*fig*) pinchar, atravesar

spearhead /ˈspɪəhed/ *n* (*lit* y *fig*) punta de lanza

■ **spearhead** *vt* encabezar

spec /spek/ *n* (*coloq*) especificación

LOC on spec (*coloq*) **1** *to go on spec* ir a probar suerte/por si acaso **2** (*Com*): *to buy sth on spec* comprar algo para especular

special /ˈspeʃl/ *adj* **1** especial, particular: *nothing special* nada en particular ◊ *What makes you so special?* ¿Y tú qué tienes de especial? ◊ *special constable* civil en la reserva de la policía ◊ *special delivery* correo/entrega urgente ◊ *The special effects in the film were superb.* Los efectos especiales en la película eran estupendos. ◊ *something extra special* algo muy especial **2** (*reunión, edición, pago*) extraordinario: *a special offer* una ganga ☛ *Comparar con* ESPECIAL **LOC** *Ver* OFFER

■ **special** *n* **1** tren especial **2** (*policía*) guardia auxiliar **3** (*TV*) (programa) especial **4** (*Periodismo*) número extraordinario **5** (*USA, coloq*) oferta especial: *to be on special* estar de oferta

▶ **specialism** *n* especialidad

Para traducir *especialidad* la palabra más normal es **speciality**.

specialist *n* especialista: *eye specialist* oculista ◊ *cancer specialist* (médico) oncólogo ◊ *specialist advice* asesoría especializada

speciality /ˌspeʃiˈæləti/ (*tb esp USA* **specialty** /ˈspeʃəlti/) *n* (*pl* **-ies**) **1** especialidad **2** (*Cocina*) plato especial, especialidad (de la casa)

specialize, -ise /ˈspeʃəlaɪz/ *vi* ~ (**in sth**) especializarse (en algo)

▶ **specialization, -isation** /ˌspeʃəlaɪˈzeɪʃn; *USA* -lɪˈz-/ *n* especialización, especialidad

specialized, -ised *adj* especializado

specially /ˈspeʃəli/ *adv* especialmente, expresamente: *I asked for it specially.* Lo pedí a propósito. ◊ *specially made for the wedding* hecho expresamente para la boda ◊ *He wrote the song specially for her.* Escribió la canción especialmente para ella. ☛ *Ver nota en* ESPECIALLY

species /ˈspiːʃiːz/ *n* (*pl* **species**) especie

specific /spəˈsɪfɪk/ *adj* específico, preciso, concreto: *specific gravity* peso específico

■ **specific** *n* específico: *specifics* detalles concretos ◊ *to get down to* (*the*) *specifics* concretar

▶ **specifically** *adv* concretamente, específicamente, especialmente: *specifically aimed at children* especialmente dirigido a los niños

specification /ˌspesɪfɪˈkeɪʃn/ *n* **1** (*acción*) especificación **2** (*coloq* **spec**) [*gen pl*] especificación, plan detallado: (*technical*) *specifications* detalles técnicos

specificity /ˌspesɪˈfɪsəti/ *n* (*formal*) [*incontable*] precisión: *The report lacks specificity.* El informe carece de precisión.

specify /ˈspesɪfaɪ/ *vt* (*pret, pp* **-fied**) especificar, precisar: *Please arrive at the specified time.* Se ruega puntualidad. ◊ *Unless otherwise specified…* A no ser que se diga lo contrario…

specimen /ˈspesɪmən/ *n* **1** espécimen, ejemplar, muestra: *specimen copy* ejemplar de muestra ◊ *specimen signature* muestra de firma **2** (*orina, sangre*) muestra **3** (*coloq, a veces pey*) (*persona*): *a fine/an odd specimen* un tipo admirable/raro

specious /ˈspiːʃəs/ *adj* especioso

speck /spek/ *n* **1** (*de suciedad*) manchita **2** (*de polvo*) mota **3** (*pequeño pedazo*) partícula, pizca: *not a speck of initiative* ni pizca de iniciativa **4** *a speck on the horizon* un punto en el horizonte

speckled /spekld/ *adj* moteado, con puntos

specs /speks/ *n* [*pl*] (*coloq*) gafas, anteojos *Ver* GLASSES *en* GLASS sentido 4

spectacle /ˈspektəkl/ *n* espectáculo

LOC to make a spectacle of yourself ponerse en ridículo

spectacles /ˈspektəklz/ *n* [*pl*] (*formal*) (*abrev* **specs**) gafas, anteojos ☛ La palabra más normal es **glasses**. *Ver nota en* PAIR.

spectacular /spekˈtækjələ(r)/ *adj* espectacular

■ **spectacular** *n* programa/función especial

▶ **spectacularly** *adv* espectacularmente: *spectacularly bad* horrorosamente malo

spectator /spekˈteɪtə(r); *USA* ˈspekteɪtər/ *n* espectador

spectator sport *n* deporte de espectador

spectral /ˈspektrəl/ *adj* (*formal*) espectral

spectre (*USA* **specter**) /ˈspektə(r)/ *n* (*formal*) espectro, fantasma

spectrometer /spekˈtrɒmɪtə(r)/ *n* espectrómetro

spectroscope /ˈspektrəskəʊp/ *n* espectroscopio

▶ **spectroscopic** /ˌspektrəˈskɒpɪk/ *adj* espectroscópico

spectrum /ˈspektrəm/ *n* (*pl* **spectra** /ˈspektrə/) espectro: *a broad spectrum of opinions* un amplio abanico de opiniones

speculate /ˈspekjuleɪt/ *vi* **1** ~ (**about sth**) especular (sobre/acerca de algo) **2** ~ (**in sth**) (*Com*) especular (en algo)

speculation /ˌspekjuˈleɪʃn/ *n* ~ (**on/about sth**); ~ (**in sth**) especulación (sobre algo); (en algo): *His future in the company is the subject of speculation.* Su futuro en la compañía es incierto. **LOC** *Ver* FUEL

speculative /ˈspekjələtɪv; *USA* ˈspekjəleɪtɪv/ *adj* especulativo

speculator /ˈspekjuleɪtə(r)/ *n* especulador, -a

sped *pret, pp de* SPEED

speech /spiːtʃ/ *n* **1** habla: *the power of speech* la facultad del habla ◊ *His speech was slurred.* No podía articular bien. ◊ *freedom of speech* libertad de expresión ◊ *a speech impediment* un problema de dicción *Ver tb* FIGURE OF SPEECH, PART OF SPEECH, REPORTED SPEECH **2(a)** ~ (**on/about sth**) discurso (sobre algo): *to make/deliver/give a speech* hacer/dar/pronunciar un discurso ◊ *an after-dinner speech* un discurso de sobremesa **(b)** (*Teat*) parlamento **LOC** *Ver* SLUR

speech day *n* día de entrega de premios (*en un colegio*)

speechless /ˈspiːtʃləs/ *adj* sin habla, mudo: *The events left me speechless.* Lo que pasó me dejó sin habla.

speech therapist *n* terapeuta linguístico

speech therapy *n* terapia linguística

speed /spiːd/ *n* **1** velocidad, rapidez: *at a speed of…* a una velocidad de… ◊ *at the speed of light* a la velocidad de la luz ◊ *a high speed train* un tren de alta velocidad ◊ *to gather/reduce speed* aumentar/disminuir la velocidad ◊ *a ten-speed bicycle* una bicicleta de diez velocidades ◊ *speed restrictions/limits* límites de velocidad ☛ *Ver nota en* VELOCITY **2** (*Fot*) **(a)** sensibilidad **(b)** velocidad: *shutter speed* velocidad de obturación **3** (*argot*) anfetamina, speed *Ver tb* HIGH-SPEED

LOC at speed a gran/*toda velocidad Ver tb* FULL, HASTE, LIGHTNING, PICK, TURN[2]

■ **speed 1** *vi* (*pret, pp* **sped** /sped/) ir a toda velocidad: *He sped down the street.* Bajó la calle a toda velocidad. **2** *vt* (*pret, pp* **speeded**) acelerar **3** *vi* (*pret, pp* **speeded**) exceder el límite de velocidad

PHR V to speed (**sth**) **up** acelerar (algo)

speedboat /ˈspiːdbəʊt/ *n* motora, lancha rápida

speedily /ˈspiːdɪli/ *adv* rápidamente, prontamente

▶ **speediness** *n* rapidez, prontitud

speeding /ˈspiːdɪŋ/ *n* exceso de velocidad

speed limit *n* límite de velocidad

speedometer /spiːˈdɒmɪtə(r)/ *n* velocímetro ☛ *Ver ilustración en* CAR

speed-up /ˈspiːd ʌp/ *n* (*coloq*) aceleración, agilización
speedway /ˈspiːdweɪ/ *n* **1** pista de carreras **2** carrera de motos/motocicletas: *a speedway champion* un campeón de motociclismo
speedwell /ˈspiːdwel/ *n* verónica
speedy /ˈspiːdi/ *adj* (**-ier, -iest**) (*gen coloq*) pronto, rápido
spell¹ /spel/ *n* conjuro, hechizo: *to be under a spell* estar hechizado ◊ *to cast/put a spell on sb* encantar/hechizar a algn ◊ *He fell under her spell.* Cayó presa de su hechizo.
spell² /spel/ *n* **1** temporada, racha: *a cold spell* una temporada fría ◊ *to go through a bad spell* pasar por un mal rato **2 ~ (at/on sth)** tanda, turno: *Why don't you let me have a spell at the wheel?* ¿Por qué no me dejas que coja el volante un rato?
spell³ /spel/ *vt, vi* (*pret, pp* **spelled** o **spelt** /spelt/) **1** deletrear, escribir: *She can't spell.* No sabe escribir correctamente. ◊ *D-O-G spells dog.* D-O-G se lee dog. ◊ *How do you spell ...?* ¿Cómo se escribe ...? **2** (*fig*) suponer, significar: *His arrival spelt disaster.* Su llegada auguraba una catástrofe.
PHR V to spell sth out 1 (*lit*) deletrear algo **2** (*fig*) explicar algo detalladamente, exponer algo
spellbinding /ˈspelbaɪndɪŋ/ *n* fascinante, cautivador
▶ **spellbound** /-baʊnd/ *adj* hechizado, encantado, embelesado: *to hold sb spellbound* tener a algn hechizado/embelesado/fascinado
spelling /ˈspelɪŋ/ *n* ortografía: *a spelling mistake* una falta de ortografía
spelt *pret, pp de* SPELL³
spend /spend/ *vt* (*pret, pp* **spent** /spent/) **1 ~ sth (on/ sth)** gastar algo (en algo) **2 ~ sth (on sth/on doing sth)** dedicar algo (a algo/a hacer algo): *to spend a lot of time on (doing) sth* dedicar mucho tiempo a (hacer) algo **3** pasar: *How do you spend your spare time?* ¿Cómo pasas tu tiempo libre? **4** agotar: *The blizzard quickly spent itself.* La ventisca se amainó rápidamente.
LOC to spend a penny (*coloq, eufemismo*) hacer pipí **to spend the night with sb** (*eufemismo*) pasar la noche con alguien *Ver tb* DIRTY
spender /ˈspendə(r)/ *n*: *a big spender* un gran gastador
spending /ˈspendɪŋ/ *n* **1** gastos: *public spending* el gasto público ◊ *government spending on education* el presupuesto del gobierno para educación **2** [*antes de sustantivo*]: *spending money* dinero para gastos personales ◊ *spending cuts* recortes presupuestarios
spendthrift /ˈspendθrɪft/ *n* derrochador, -ora, despilfarrador, -ora
spent /spent/ *pret, pp de* SPEND
■ **spent** *adj* **1** usado, consumido: *a spent cartridge* un cartucho vacío **2** (*formal*) exhausto, agotado
sperm /spɜːm/ *n* **1** (*pl* **sperm** o **~s**) espermatozoide **2** [*incontable*] esperma: *sperm count* recuento de espermatozoides
spermatozoon /ˌspɜːmətəˈzəʊən/ *n* espermatozoide
spermicide /ˈspɜːmɪsaɪd/ *n* espermicida
▶ **spermicidal** /ˌspɜːmɪˈsaɪdl/ *adj* espermicida
sperm whale *n* cachalote
spew /spjuː/ *vt, vi* **~ (sth) (out/up)** (*coloq*) vomitar, arrojar
sphere /sfɪə(r)/ *n* **1** (*lit*) esfera **2** (*fig*) ámbito, esfera (*de influencia, etc*): *different spheres of activity* campos diferentes de actividad
▶ **spherical** /ˈsferɪkl/ *adj* esférico
sphinx /sfɪŋks/ (*tb* **the Sphinx**) *n* esfinge
spice /spaɪs/ *n* **1** (*lit*) especia(s): *spice rack* especiero **2** (*fig*) picante, sabor **LOC** *Ver* VARIETY
■ **spice** *vt* **1** (*lit*) sazonar, echar especias en **2 ~ sth (up)** (*fig*) sazonar algo; dar más sabor, dar picante a algo
▶ **spicy** *adj* (**-ier, -iest**) **1** (*lit*) condimentado, picante **2** (*fig*) picante, interesante

spiciness *n* lo picante
spick /spɪk/ *adj*
LOC spick and span 1 reluciente **2** (*de una persona*) pulcro
spider /ˈspaɪdə(r)/ *n* araña: *a spider's web* una telaraña
▶ **spidery** *adj* **1** (largo y) delgado **2** (*de la escritura*) de patas de araña
spied *pret, pp de* SPY
spiel /ʃpiːl; *USA* spiːl/ *n* (*coloq, gen pey*) discursito, perorata
spike /spaɪk/ *n* **1(a)** púa, pincho **(b)** (*un extremo*) punta **2** (*para cartas, etc*) clavo **3(a)** (*en una zapatilla de deporte*) clavo **(b) spikes** [*pl*] zapatillas con clavos
■ **spike** *vt* **1** atravesar con un pincho, pinchar **2** fortalecer con alcohol (*una bebida*)
▶ **spiked** *adj* **1** con púas, con pinchos, en punta **2** (*de zapatillas*) claveteado
spiky *adj* (**-ier, -iest**) **1** (*lit*) armado de púas, erizado **2** (*coloq, fig*) susceptible
spill /spɪl/ *vt, vi* (*pret, pp* **spilt** /spɪlt/ o **spilled**) ☛ *Ver nota en* DREAM **1(a)** derramar(se), verter(se): *Much blood was spilt in vain.* Mucha sangre se derramó en vano. ☛ *Ver ilustración en* POUR **(b)** (*un jinete, etc*) hacer caer **2 ~ sth (out)** (*coloq*) (*un secreto, etc*) revelar algo
LOC spill the beans (*coloq*) irse de la lengua: *Go on, spill the beans!* ¡Venga, cuéntame todo lo que sabes! *Ver tb* CRY
PHR V to spill out 1 verterse, derramarse **2** (*de personas*): *They spill out of the pubs at closing time.* A la hora del cierre salen como desparramados de los bares.
to spill over rebosar, desbordarse
■ **spill** *n* **1** *Ver* SPILLAGE **2** (*de un caballo, etc*) caída: *to take/have a spill* dar un tumbo/sufrir una caída
▶ **spillage** (*tb* **spill**) *n* **1** derramamiento **2** (*la porción derramada*) derrame
spin /spɪn/ *vt, vi* (**-nn-**) (*pret, pp* **spun** /spʌn/) **1(a) ~ sth (round)** (hacer) girar algo; dar vueltas a algo **(b) ~ (round)** dar vueltas, girar: *My head is spinning.* Me estoy mareando. **(c)** (*en una lavadora*) centrifugar **(d)** (*una moneda*) echar a cara o cruz **(e)** (*un trompo*) hacer bailar **(f)** (*una pelota*) dar efecto a **2** (*tela, ovillo, capullo o telaraña*) hilar
LOC to send sth/sb spinning echar algo/a algn a rodar **to spin (sb) a yarn** contar un cuento (a algn) *Ver tb* COIN
PHR V to spin along (sth) correr rápidamente (por algo)
to spin sth out alargar, prolongar: *to spin your money out* estirar el dinero
■ **spin** *n* **1** vuelta, giro: *to give sth a spin* hacer girar algo **2** (*Aeronáut*) barrena: *to go into a spin* entrar en barrena **3** (*coloq*) (*un paseo*) vuelta: *to go for a spin* dar una vuelta **4** centrifugado **5** (*pelota*) efecto *Ver tb* TAIL-SPIN
spinach /ˈspɪnɪtʃ, -ɪdʒ/ *n* [*incontable*] **1** (*Bot*) espinaca **2** (*Cocina*) espinacas
spinal /ˈspaɪnl/ *adj* espinal
spinal column *n* columna vertebral, espina dorsal
spindle /ˈspɪndl/ *n* **1** (*para hilar*) huso **2** (*Mec*) eje
▶ **spindly** *adj* (*a veces ofen*) larguirucho, como un palillo
spin-drier *n* centrifugadora
▶ **spin dry** *vt, vi* centrifugar(se)
spine /spaɪn/ *n* **1** (*tb* **backbone**) (*Anat*) columna vertebral ☛ *Ver ilustración en* ESQUELETO **2** (*Bot*) espina **3** (*Zool*) púa **4** (*libro*) lomo
▶ **spineless** *adj* (*ofen, fig*) débil de carácter, sumiso
spiny *adj* (**-ier , -iest**) espinoso
spine-chiller *n* un libro, una película, etc que causa miedo
▶ **spine-chilling** *adj* escalofriante
spinnaker /ˈspɪnəkə(r)/ *n* (*Náut*) balón, espínaquer ☛ *Ver ilustración en* YACHT

spinner /ˈspɪnə(r)/ *n* hilandero, -a *Ver tb* MONEY-SPINNER

spinning *n* hilandería, (arte de) hilar: *spinning-wheel* rueca

spin-off *n* subproducto, efecto indirecto, beneficio indirecto

spinster /ˈspɪnstə(r)/ *n* (*gen ofen*) solterona

spiral /ˈspaɪrəl/ *n* espiral, hélice
■ **spiral** *adj* (en) espiral, helicoidal: *a spiral staircase* una escalera de caracol
■ **spiral** *vi* (**-ll-**, *USA* **-l-**) **1** moverse dando vueltas: *to spiral up(wards)* subir en espiral ◊ *to spiral down(wards)* bajar/caer en espiral **2** subir/bajar vertiginosamente: *spiralling costs* la subida vertiginosa de los costos
▶ **spirally** *adv* en espiral

spire /ˈspaɪə(r)/ *n* (*Arquit*) aguja, chapitel ☛ *Ver ilustración en* IGLESIA

spirit /ˈspɪrɪt/ *n* **1** espíritu, alma **2** (*ser inmaterial*) espíritu, fantasma **3** (*con adjetivos*) alma, persona: *a mean spirit* una persona mezquina **4** (*coraje*) espíritu, temple: *to break sb's spirit* quebrantarle el espíritu a algn ◊ *a person of some spirit* una persona de temple **5** (*vigor*) brío, ánimo **6** (*humor*) espíritu: *the party/christmas spirit* el espíritu festivo/navideño ◊ *to take sth in the wrong spirit* tomarse algo a las malas ◊ *community/team spirit* espíritu de comunidad/equipo **7** (*el verdadero sentido*) espíritu: *the spirit, not the letter of the law* el espíritu, no la letra de la ley **8 spirits** [*pl*] (*bebida alcohólica*) licor **9 spirits** [*pl*] (*Quím*) alcohol *Ver tb* METHYLATED SPIRITS, SURGICAL SPIRIT, WHITE SPIRIT **10 spirits** [*pl*] (*estado de ánimo*) humor: *in high spirits* de muy buen humor/muy alegre ◊ *to raise sb's spirits* levantarle el ánimo a algn ◊ *to keep your spirits up* no dejarse desanimar
LOC in spirit: *I shall be with you in spirit.* Te tendré presente en mis pensamientos. **the spirit is willing (but the flesh is weak)** (*refrán*) a pesar de las buenas intenciones, la carne es débil *Ver tb* ENTER, KINDRED, RAISE
■ **spirit** *v*
PHR V to spirit sth/sb away/off hacer desaparecer algo/a algn, llevarse algo/a algn
▶ **spirited** *adj* lleno de vida, enérgico: *a spirited horse* un caballo fogoso *Ver tb* HIGH-SPIRITED, PUBLIC-SPIRITED
spiritless *adj* **1** apocado, sin ánimo **2** (*deprimido*) abatido

spirit level *n* nivel de aire, nivel de burbuja

spiritual /ˈspɪrɪtʃuəl/ *adj* espiritual
■ **spiritual** (*tb* **Negro spiritual**) *n* espiritual (negro)
▶ **spirituality** *n* espiritualidad
spiritually *adv* espiritualmente

spiritualism /ˈspɪrɪtʃuəlɪzəm/ *n* espiritismo
▶ **spiritualist** *n* espiritista

spit[1] /spɪt/ *vt, vi* (**-tt-**) (*pret, pp* **spat** /spæt/ (*esp USA* **spit**) **1 ~ at/on(to) sth/sb** escupir a/en algo/algn **2(a)** bufar (*de rabia*) **(b)** (*un insulto, etc*) proferir **3** (*del fuego, etc*) chisporrotear **4** (*coloq*) *It's spitting (with rain).* Están cayendo algunas gotas de lluvia.
LOC spit it out! (*coloq*) ¡Suéltalo ya! *Ver tb* IMAGE
PHR V to spit sth out escupir algo
■ **spit** *n* **1** [*incontable*] saliva **2** [*contable*] salivazo, escupitajo

spit[2] /spɪt/ *n* **1** punta, lengua (*de tierra*), banco (*de arena*) **2** (*un pincho*) espetón, asador
■ **spit** *vt* (**-tt-**) espetar

spite /spaɪt/ *n* despecho, ojeriza: *out of/from spite* por despecho
LOC in spite of a pesar de
■ **spite** *vt* molestar, fastidiar: *just to spite us* nada más que para molestarnos ☛ Nótese que **spite** solo se utiliza en infinitivo con *to*.
▶ **spiteful** *adj* malévolo, rencoroso
spitefully *adv* malévolamente, por despecho, con rencor

spittle /ˈspɪtl/ *n* saliva, baba

splash /splæʃ/ **1** *vt* **~ sth (on/onto/over sth/sb)**; **~ sth/sb (with sth)**: *The car splashed mud onto my trousers.* El coche me salpicó los pantalones de barro. ◊ *He splashed himself with hot oil.* Le salpicó aceite caliente. **2** *vi* **(a)**: *to splash across sth* pasar algo chapoteando ◊ *to splash along, through sth* ir chapoteando por algo **(b)** rociarse, esparcirse **3** *vt* **~ sth (across, on, etc sth)** (*Periodismo*): *It was splashed all over the front page.* Salió con grandes titulares en primera plana.
PHR V to splash about/around (in sth) chapotear (en algo)
to splash sth about/around derrochar algo (*dinero*)
to splash down amerizar
to splash out (on sth) (*coloq*) derrochar dinero (en algo), permitirse el lujo de comprar (algo)
■ **splash** *n* **1(a)** (*acción*) chapoteo **(b)** (*sonido*): *He fell into the water with a splash.* Cayó ruidosamente al agua. **2** (*mancha*) salpicadura **3** (*de color*) mancha **4** (*GB*) (*de un líquido que se añade a una bebida*) chorrito
LOC to make a splash (*coloq*) causar (una) sensación

splashdown /ˈsplæʃdaʊn/ *n* amaraje, amerizaje

splatter /ˈsplætə(r)/ (*tb* **spatter**) **1** *vi* chapotear **2** *vt* salpicar

splay /spleɪ/ *v*
PHR V to splay (sth) (out) extenderse/extender algo, ensancharse/ensanchar algo

spleen /spliːn/ *n* **1** (*Anat*) bazo ☛ *Ver ilustración en* DIGESTIVE **2** (*antic* o *formal, fig*) mal humor: *to vent your spleen on sb* descargar la mala bilis con algn

splendid /ˈsplendɪd/ *adj* **1** espléndido, magnífico **2** (*muy bueno*) excelente
▶ **splendidly** *adv*: *You are doing splendidly!* ¡Lo estás haciendo muy bien!

splendour (*USA* **splendor**) /ˈsplendə(r)/ *n* esplendor: *the splendours of Rome* las maravillas de Roma

splice /splaɪs/ *vt* **1** empalmar **2** (*Náut*) ayustar
LOC get spliced (*coloq*) casarse
■ **splice** *n* empalme, unión

splint /splɪnt/ *n* tablilla: *to put in splints* entablillar

splinter /ˈsplɪntə(r)/ *n* astilla, espigón, esquirla
■ **splinter** *vt, vi* **1** astillar(se): *to splinter sth to pieces* hacer algo astillas **2** (*desunir*) dividir(se)
PHR V to splinter off (into sth) (*fig*) separarse (para formar algo)
to splinter (sth) off (*lit*) separar(se)

splinter group *n* grupo disidente

split /splɪt/ (**-tt-**) (*pret, pp* **split**) **1** *vt, vi* (*romper*) partir(se): *to split sth in two* partir algo en dos ◊ *He fell and split his head open.* Se cayó y se abrió la cabeza. **2** *vt, vi* (*separar en partes*) dividir(se): *to split the atom* dividir el átomo ◊ *This debate has split the party.* Este debate ha dividido al partido. **3** *vt* (*distribuir*) repartir(se): *to split the cost of sth* repartir el coste de algo **4** *vi* **~ on sb (to sb)** (*coloq*) delatar a algn (a algn) **5** *vi* (*esp USA, argot*) largarse
LOC to split an infinitive en inglés, poner un adverbio entre la partícula "to" y el infinitivo **to split hairs** ser demasiado sutil/minucioso **to split the difference** repartirse la diferencia (a partes iguales) **to split your sides (laughing/with laughter)** desternillarse de risa
PHR V to split (sth) away/off (from sth) **1** separar(se) (de algo) **2** (*rama*) desgajar(se)
to split (sth) (open) abrir(se)
to split (sth/sb) up (into sth) partir, dividir (algo/a algn) (en algo)
to split up (with sb) **1** (*de un grupo*) separarse (de algn) **2** (*de una pareja*) romper (con algn)
■ **split** *n* **1** división, ruptura **2** (*hendidura*) abertura, grieta **3 the splits** [*pl*] (*ballet, etc*): *to do the splits* abrirse de piernas

■ **split** *adj* partido, dividido: *split personality* doble personalidad

split infinitive *n* infinitivo al que se le pone un adverbio entre la partícula "to" y el verbo

split-level *adj* (*un piso*) en dos niveles

split second *n* instante, fracción de segundo

▶ **split-second** *adj*: *split-second timing* coordinación precisa (en cuanto al tiempo)

splitting /ˈsplɪtɪŋ/ *adj*

LOC **a splitting headache** un dolor de cabeza insoportable *Ver tb* EAR-SPLITTING

splurge /splɜːdʒ/ *n* (*coloq*) **1** (*de dinero*) despilfarro, derroche **2** (*ostentación*) fachenda, boato

■ **splurge** *vt* derrochar, despilfarrar

splutter /ˈsplʌtə(r)/ *vt, vi* **1 ~ sth (out)** farfullar, balbucear algo **2** (*tb* **sputter**) (*fuego, etc*) chisporrotear **3** (*motor*) renquear

■ **splutter** *n* balbuceo, chisporroteo

spoil /spɔɪl/ *vt, vi* (*pret, pp* **spoilt** /spɔɪlt/ o **spoiled** /spɔɪld/) ☛ *Ver nota en* DREAM **1** estropear(se), arruinar(se), echar(se) a perder: *You'll spoil your appetite.* Se te va a quitar el apetito. **2** mimar, consentir

LOC **to be spoiling for sth**: *He's spoiling for a fight.* Tiene ganas de pelearse. **to be spoilt for choice** tener demasiado donde escoger **to spoil sb rotten** mimar mucho a algn: *He's spoilt rotten.* Está muy mimado. *Ver tb* COOK

■ **spoil** *n* (*poco frec*) *Ver* SPOILS sentido 1

▶ **spoilt** *adj* **1** estropeado **2** mimado

spoils /spɔɪlz/ *n* [*pl*] **1** (*tb* **spoil**) (*algo robado*) botín **2** (*beneficios*) ventajas

spoilsport /ˈspɔɪlspɔːt/ *n* aguafiestas

spoke[1] /spəʊk/ *n* (*rueda*) radio ☛ *Ver ilustración en* BICYCLE

LOC **to put a spoke in sb's wheel** (*GB*) fastidiarle los planes a algn

spoke[2] *pret de* SPEAK

spoken *pp de* SPEAK *Ver tb* SOFT-SPOKEN, WELL-SPOKEN

spokesman /ˈspəʊksmən/ *n* (*pl* **-men** /-mən/) portavoz: *He acted as spokesman for the group.* Habló por todo el grupo.

Nótese que aunque existen las formas **spokesman** y **spokeswoman**, muchas veces se prefiere utilizar el término **spokesperson**, que se refiere tanto a un hombre como a una mujer.

spokesperson /ˈspəʊkspɜːsn/ *n* (*pl* **~s** o **-people**) portavoz ☛ *Ver nota en* SPOKESMAN

spokeswoman /ˈspəʊkswʊmən/ *n* (*pl* **-women** /-wɪmɪn/) portavoz *f*: *a Government spokeswoman* una portavoz del Gobierno ☛ *Ver nota en* SPOKESMAN

sponge /spʌndʒ/ *n* **1** esponja: *a bath sponge* una esponja de baño **2** (*tb* **sponge cake**) bizcocho

LOC **to throw in the sponge/towel** tirar la toalla

■ **sponge** *vt* (*coloq*) **1 ~ (sth) from/off sb** (*cigarrillos, etc*) gorronear (algo) a algn **2** (*dinero*) sablear (algo) a algn

PHR V **to sponge sth/sb down** limpiar algo/a algn con una esponja

to sponge sth off/out quitar algo con una esponja

to sponge on/off sb (*coloq*) vivir a costa de algn: *I'm fed up with him sponging off me.* Estoy harto de que viva a mi costa.

▶ **sponger** *n* gorrón, -ona

sponge bag /ˈspʌndʒ bæg/ (*tb* **washbag** /ˈwɒʃbæg/) *n* (*GB*) bolsa de aseo

spongy /ˈspʌndʒi/ *adj* (**-ier, -iest**) esponjoso

sponsor /ˈspɒnsə(r)/ *n* **1** patrocinador, -ora **2** (*de una ley, moción*) proponente

■ **sponsor** *vt* **1** (*arte, etc*) patrocinar **2** (*ley*) promover

▶ **sponsored** *adj* patrocinado: *a sponsored walk* acontecimiento en el que los participantes reciben donativos para asociaciones benéficas según la distancia recorrida

sponsorship *n* **1** patrocinio **2** (*ley*) respaldo

spontaneity /ˌspɒntəˈneɪəti/ *n* espontaneidad

spontaneous /spɒnˈteɪniəs/ *adj* espontáneo: *spontaneous combustion* combustión espontánea

▶ **spontaneously** *adv* espontáneamente

spoof /spuːf/ *n* **1 ~ (of/on sth)** parodia de algo: *It's a spoof on washing powder adverts.* Es una parodia de los anuncios de detergente. ◊ *a spoof horror film* una parodia de una película de miedo **2** engaño

■ **spoof** *vt* **1** parodiar **2** engañar

spook /spuːk/ *n* (*coloq*) fantasma

■ **spook** *vt* (*esp USA, coloq*) pegar un susto a

▶ **spooky** *adj* (**-ier, -iest**) (*coloq*) **1** de aspecto embrujado **2** misterioso

spool /spuːl/ *n* **1** bobina **2** (*esp USA*) carrete (*de hilo*) ☛ En inglés británico se dice más **reel**. ☛ *Ver ilustración en* REEL[1] *Ver tb* TAKE-UP SPOOL **3** (*poco frec*) carrete (*de fotos*) ☛ La palabra más normal es **roll**.

spoon /spuːn/ *n* **1** (*cubierto*) cuchara: *a serving spoon* una cuchara de servir ☛ *Ver ilustración en* CUCHARA **2** (*tb* **spoonful**) (*medida*) cucharada **LOC** *Ver* BORN

■ **spoon** *vt*: *She spooned the mixture out of the bowl.* Sacó la mezcla del cuenco con una cuchara.

spoon-feed /ˈspuːn fiːd/ *vt* (*pret, pp* **-fed** /-fed/) **1** (*bebé*) dar de comer con una cuchara **2** (*fig*): *She does not need to be spoon-fed.* No hace falta servírselo todo en bandeja.

spoonful /ˈspuːnfʊl/ *n* (*pl* **-fuls**) cucharada

sporadic /spəˈrædɪk/ *adj* esporádico

▶ **sporadically** *adv* esporádicamente

spore /spɔː(r)/ *n* espora

sport /spɔːt/ *n* **1** deporte: *She plays a lot of sport.* Hace mucho deporte. ◊ *sports field* campo de deportes ◊ *sports centre* polideportivo ◊ *sports coverage* programas deportivos ◊ *sports facilities* instalaciones deportivas *Ver tb* BLOOD SPORTS, SPECTATOR SPORT, WATER SPORT **2** (*diversión*): *He only did it for sport.* Sólo lo hizo para divertirse. ◊ *to say sth in sport* decir algo en broma **3** (*coloq*) **(a)** buen chico, buena chica: *Come on, be a sport!* Vamos, sé buen chico. **(b)**: *a good/bad sport* un buen/mal perdedor *Ver tb* SPOILSPORT **4** (*Austral, coloq*) amigo, -a: *How are you doing, sport?* ¿Cómo te va, amigo?

LOC **to make sport of sb** (*formal*) burlarse de algn

■ **sport** *vt* lucir (*llevar*): *She was sporting a new jacket.* Lucía una chaqueta nueva.

sporting /ˈspɔːtɪŋ/ *adj* deportivo: *a sporting event* un acontecimiento deportivo ◊ *sporting behaviour* conducta deportiva

LOC **to have a sporting chance**: *We've still got a sporting chance of winning.* Aún tenemos bastantes posibilidades de ganar.

▶ **sportingly** *adv* **1** con deportividad **2** con magnanimidad

sports car *n* coche deportivo

sports jacket *n* (*GB*) americana ☛ *Ver ilustración en* AMERICANA

sportsman /ˈspɔːtsmən/ *n* (*pl* **-men** /-mən/) deportista *m*

▶ **sportsmanlike** *adj* deportivo (*justo*)

sportsmanship *n* deportividad: *bad sportsmanship* una falta de deportividad

sportswear /ˈspɔːtsweə(r)/ *n* ropa de deporte

sportswoman /ˈspɔːtswʊmən/ *n* (*pl* **-women** /-wɪmɪn/) deportista *f*

sporty /ˈspɔːti/ *adj* (*coloq*) **1** (*persona*) deportista **2** (*ropa*) deportivo

spot[1] /spɒt/ (**-tt-**) **1** *vt* **(a)** divisar: *She spotted her friend in the crowd.* Divisó a su amiga en medio de la multitud. **(b)** encontrar: *He finally spotted a shirt he liked.* Por fin encontró una camisa que le gustó. **(c)** notar: *Nobody spotted the mistake.* Nadie notó el error. **2** *vt*

(a) salpicar **(b)** manchar **3** *vi* (*GB*) *It's beginning to spot* (*with rain*). Empieza a chispear.

▶ **spotter** *n* observador, -ora: *He's an avid train-spotter.* Es un ávido observador de trenes.

spot² /spɒt/ *n* **1** (*diseño*) lunar, punto: *a white skirt with red spots* una falda blanca con lunares rojos **2(a)** (*en ropa, animales, etc*) mancha: *There were spots of blood on his shirt.* Había manchas de sangre en su camisa. **(b)** (*fig*): *There isn't a spot on her reputation.* Su reputación no tiene mancha alguna. **3** (*Med*) grano: *She came out in spots.* Le salieron granos. **4** lugar, punto: *This is the very spot where he was killed.* Este es el lugar exacto donde lo mataron. ◇ *He stood rooted to the spot.* Quedó inmovilizado. ◇ *running on the spot* carrera en parado ◇ *That was the only bright spot in the whole business.* Eso fue lo único bueno de todo el asunto. *Ver tb* BEAUTY SPOT, BLACK SPOT, BLIND SPOT, NIGHTSPOT **5** (*lluvia*) gota **6** (*televisión, etc*) espacio: *a ten-minute guest spot* un espacio de diez minutos para un invitado **7** (*GB, coloq*) **~ of sth**: *Would you like a spot of lunch?* ¿Quieres comer algo? ◇ *You seem to be having a spot of bother.* Parece que tienes algunos problemas. **8** (*tb* **spotlight**) (*Teat*) foco

LOC on the spot 1 en el acto: *The driver was killed on the spot.* El conductor murió en el acto. **2** *an on the spot broadcast from the conference* una emisión en directo desde la conferencia ◇ *Our reporters were on the spot to witness the meeting.* Nuestros reporteros estaban allí para presenciar la reunión. **to be in a** (**tight**) **spot** (*coloq*) estar en un aprieto **to put sb on the spot** acorralar a algn *Ver tb* CHANGE, KNOCK¹, LEOPARD, ROOT², SOFT

spot check *n* inspección hecha al azar

spotless /ˈspɒtləs/ *adj* **1** (*muy limpio*) inmaculado **2** (*reputación*) intachable

▶ **spotlessly** *adv*

LOC spotlessly clean inmaculado

spotlight /ˈspɒtlaɪt/ *n* **1** (*tb* **spot**) foco **2 the spotlight** (*fig*) el foco de atención: *to be in the spotlight* ser el centro de la atención ◇ *to turn/put the spotlight on sth* centrarse en algo

■ **spotlight** *vt* (*pret, pp* **spotlit** /ˈspɒtlɪt/ o **spotlighted**) **1** iluminar (*con un foco*) **2** (*fig*) poner de relieve

spot on *adj* preciso, acertado

LOC to be spot on dar en el blanco

spotted /ˈspɒtɪd/ *adj* **1** (*animal*) con manchas **2** (*ropa*) con lunares

spotty /ˈspɒti/ *adj* (**-ier, -iest**) **1** granujiento **2** (*tela*) de lunares

spouse /spaʊz; *USA* spaʊs/ *n* (*antic, Jur* o *joc*) cónyuge

spout /spaʊt/ *n* **1(a)** (*de tetera*) pitorro **(b)** (*de canalón*) caño **2** (*líquido*) chorro

LOC up the spout (*coloq*) arruinado, hecho polvo

■ **spout 1(a)** *vi* **~** (**out/up**); **~** (**out of/from sth**) salir a chorros, brotar (de algo) **(b)** *vt* **~ sth** (**out/up**) echar algo **2** (*coloq, gen pey*) **(a)** *vt* recitar **(b)** *vi* disertar, declamar

sprain /spreɪn/ *vt* torcer(se): *to sprain your wrist* torcerse la muñeca ◇ *He's got a sprained ankle.* Se ha torcido el tobillo.

■ **sprain** *n* torcedura

sprang *pret de* SPRING

sprawl /sprɔːl/ (*pey*) **1** *vi* **~** (**out**) (**across, in, on, etc sth**) tumbarse, repantigarse (por, en, etc algo): *to send sb sprawling* dejar tendido a algn en el suelo ◇ *He lay sprawled across his desk.* Estaba tendido encima de su mesa. ◇ *sprawled out in front of the fire* tumbados delante de la chimenea **2** *vi* (*ciudad, etc*) extenderse (*desordenadamente*)

■ **sprawl** *n* [*gen sing*] extensión (*de edificios, etc*): *urban sprawl* crecimiento urbano descontrolado

▶ **sprawling** *adj* **1** (*ciudad, etc*) desparramado, en crecimiento descontrolado: *a large sprawling city* una gran ciudad en crecimiento descontrolado **2** (*letra*) irregular y grande **3** (*persona*) tumbado

spray /spreɪ/ *n* **1(a)** rociada **(b)** (*del mar*) espuma **2** (*líquido*) **(a)** (*para el pelo, etc*) spray *Ver tb* HAIRSPRAY **(b)** (*para moscas*) insecticida **(c)** *spray paint* pintura en spray ◇ *spray gun* pistola rociadora **3** (*bote*) pulverizador, spray, atomizador **4** ramita

■ **spray 1** *vt* **~ sth** (**on/over sth/sb**); **~ sth/sb** (**with sth**) rociar algo/a algn de algo: *to spray paint on a car* pintar un coche con pistola **2** *vi* **~** (**out**) (**over, across, etc sth/sb**) salpicar (algo/a algn)

spread /spred/ (*pret, pp* **spread**) **1** *vt* **(a) ~ sth** (**out**) (**on/over sth**) extender, desplegar algo (en/sobre/por algo): *to spread* (*out*) *your arms* abrir los brazos **(b) ~ sth with sth** cubrir algo de/con algo **2** *vt* **(a)** untar: *to spread butter on your bread/your bread with butter* untar mantequilla en el pan **(b)** *vi* untarse: *Spreads easily.* Fácil de untar. **3** *vt, vi* **(a)** extender(se), propagar(se): *It was certain flies which spread the disease.* Fue cierta mosca la que propagó la enfermedad. **(b)** (*noticia*) divulgar(se): *News spreads fast.* Las nuevas noticias se saben enseguida. **4** *vt* distribuir: *The payments are spread over two years.* Los pagos se efectúan a lo largo de un período de dos años. *Ver tb* WIDESPREAD

LOC to spread like wildfire correr como la pólvora **to spread your wings** ampliar tus horizontes

PHR V to spread (**yourself**) **out 1** desplegarse, esparcirse **2** ponerse a sus anchas

■ **spread** *n* **1(a)** extensión **(b)** (*opinión, etc*) abanico **(c)** (*alas*) envergadura **2** propagación, difusión: *the spread of crime* el aumento de la delincuencia ◇ *attempts to halt/prevent/stop the spread of AIDS* intentos de parar/impedir la propagación del SIDA **3** (*Periodismo*) artículo: *a double-page spread* un artículo a doble página **4** (*coloq*) comilona **5** (*Cocina*) pasta para untar: *cheese spread* queso para untar ◇ *low-fat spread* margarina baja en calorías

spreadeagled /ˌspredˈiːgld/ *adj* con los brazos y las piernas extendidos

spreadsheet /ˈspredʃiːt/ *n* hoja de cálculo (*inform*)

spree /spriː/ *n* excursión: *to go on a shopping/spending spree* salir a gastar dinero ◇ *a drinking spree* una juerga

sprig /sprɪg/ *n* ramita, espiga

sprightly /ˈspraɪtli/ *adj* (**-ier, -iest**) lleno de energía

spring /sprɪŋ/ *n* **1** primavera: *spring flowers* flores primaverales ◇ *in the spring* en (la) primavera ◇ *a/one spring morning* una mañana primaveral **2** salto **3** manantial: *hot spring* fuente termal ◇ *spring water* agua de manantial **4(a)** (*Mec*) resorte **(b)** (*colchón, sillón*) muelle: *a coiled spring* muelle en spiral *Ver tb* MAINSPRING **5(a)** (*cualidad*) elasticidad, flexibilidad **(b)** (*fig*) energía: *with a spring in your step* a paso ligero *Ver tb* OFFSPRING **LOC** *Ver* CHICKEN, FULL

■ **spring** (*pret* **sprang** /spræŋ/ *pp* **sprung** /sprʌŋ/) **1** *vi* **(a)** saltar: *to spring out of bed/to your feet* saltar de la cama/levantarse de un salto ◇ *to spring into action* lanzarse a la acción ◇ *to spring open* abrirse de golpe **(b)** (*líquido*) brotar: *Tears sprang to his eyes.* Se le llenaron los ojos de lágrimas. *Ver tb* JUMP² **(c)** brotar, nacer **2** *vt* **(a)** (*trampa*) hacer saltar **(b)** (*mina*) volar

LOC to spring a leak empezar a hacer/perder agua **to spring to life** cobrar vida *Ver tb* MIND¹

PHR V to spring back rebotar

to spring from sth 1 (*fig*) provenir de algo **2** (*coloq, lit*) salir de algo: *Where did you spring from?* ¿De dónde has salido?

to spring sth on sb (*coloq*) coger a algn de imprevisto con algo: *to spring a surprise on sb* coger a algn por sorpresa

to spring up 1 aparecer, surgir **2** (*persona*) levantarse de un salto

▶ **springy** *adj* (**-ier, -iest**) **1** elástico, flexible **2** (*paso*) ligero **3** (*césped*) mullido

springboard /ˈsprɪŋbɔːd/ *n* **1** trampolín **2 ~ (for/to sth)** (*fig*) trampolín (para/hacia algo)

spring-clean *vt* hacer limpieza general

■ **spring-clean** (*tb* **spring-cleaning** [*incontable*]) *n* limpieza general: *to do some spring-cleaning* hacer la limpieza general ◊ *to give the house a spring-clean* hacer la limpieza general de la casa

spring onion (*USA* **green onion**, **scallion**) *n* cebolleta

springtime /ˈsprɪŋtaɪm/ *n* primavera

sprinkle /ˈsprɪŋkl/ *vt* **~ (on/onto/over sth)**; **~ (with sth)** rociar, salpicar (sobre algo); (de algo): *Sprinkle liberally with parsley.* Espolvorear con perejil al gusto.

■ **sprinkle** *n* salpicadura

▶ **sprinkler** *n* **1** (*en el jardín*) aspersor: *sprinkler system* sistema de riego por aspersión ☛ *Ver ilustración en* HOUSE **2** (*antiincendio*) rociador: *sprinkler system* sistema de rociadores en el techo **3** (*azúcar, sal*) espolvoreador

sprinkling *n* **~ (of sth/sb)**: *a sprinkling of film stars* unas cuantas estrellas de cine ◊ *a sprinkling of thyme* un poquito de tomillo

sprint /sprɪnt/ *vi* **1** correr a toda velocidad: *to sprint past sb* pasar a algn a toda velocidad ◊ *to sprint off/away* irse corriendo **2** (*Dep*) sprintar

■ **sprint** *n* carrera de velocidad, sprint

▶ **sprinter** *n* sprinter, velocista

sprocket /ˈsprɒkɪt/ *n* **1** piñón (*de un engranaje*) **2** (*tb* **sprocket-wheel**) rueda de cadena ☛ *Ver ilustración en* BICYCLE

sprout /spraʊt/ **1** *vi* **~ (out/up) (from sth) (a)** (*Bot*) brotar, echar retoños (de algo) **(b)** (*fig*) salir (de algo): *New houses are sprouting up everywhere.* Están apareciendo casas nuevas por todas partes. **2** *vt* **(a)** (*Bot*) echar (*flores, brotes, etc*) **(b)** (*bigotes*) crecer

■ **sprout** *n* **1** brote *Ver tb* BEAN SPROUTS **2** *Ver* BRUSSELS SPROUT

spruce[1] /spruːs/ *adj* pulcro

PHR V **to spruce sb/yourself up** poner a algn/ponerse de punta en blanco

to spruce sth up arreglar algo

spruce[2] /spruːs/ *n* picea

sprung /sprʌŋ/ *pp de* SPRING

spry /spraɪ/ *adj* **(-er, -est)** ágil

spud /spʌd/ *n* (*coloq*) patata

spun *pret, pp de* SPIN

spunk /spʌŋk/ *n* **1** (*antic*) osadía **2** (*coloq*) semen

spur /spɜː(r)/ *n* **1** espuela **2 ~ (to sth)** (*fig*) acicate (para algo)

LOC **(on) the spur of the moment** impulsivamente: *It was a spur of the moment decision.* Fue una decisión impulsiva. *Ver tb* WIN

■ **spur** *vt* **(-rr-) ~ sth/sb (on/on to sth) 1** espolear algo/a algn (para que haga algo) **2** incitar a algn (a algo): *The magnificent goal spurred the team on to victory.* El magnífico gol incitó al equipo a hacerse con la victoria. ◊ *The decision was spurred by the leaking of three reports.* La filtración de tres informes aceleró la decisión.

spurious /ˈspjʊəriəs/ *adj* falso

spurn /spɜːn/ *vt* (*formal*) rechazar

spurt /spɜːt/ **1** *vi* **~ (out) (from sth)** salir a chorros (de algo): *Water spurted from a broken pipe.* El agua salía a chorros de una tubería rota. ◊ *A huge flame spurted from the motor.* Una enorme llama saltó del motor. **2** *vt* **~ sth (out)** (*líquido, llama*) soltar algo: *The wound was spurting blood.* La herida soltaba sangre.

■ **spurt** *n* **1** chorro **2** arranque: *a sudden spurt of energy* un repentino arranque de energía

sputter /ˈspʌtə(r)/ *vi* **1** chisporrotear **2** *Ver* SPLUTTER sentido 2

spy /spaɪ/ *n* (*pl* **spies**) espía: *spy thrillers* novelas de espionaje

■ **spy** (*pret, pp* **spied**) **1** *vi* **to spy (on sth/sb)** espiar (algo/a algn) **2** *vt* (*formal, joc*) ver, divisar

LOC **I spy...** (*juego*): *'I spy with my little eye, something beginning with P.'* —Veo, veo... —¿Qué ves? —Una cosita. —¿Con qué letrita? —Con la letra P.

▶ **spying** *n* espionaje

Sq (*en nombres de calles*) *abrev de* **Square**

sq (*área*) *abrev de* **square**

squabble /ˈskwɒbl/ *vi* **~ (with sb) (about/over sth)** reñir (con algn) (por algo)

■ **squabble** *n* riña: *nations indulging in petty squabbles* países que se dedican a reñir por tonterías

▶ **squabbling** *n* riña: *All this squabbling is giving me a headache.* Tanta riña me da dolor de cabeza.

squad /skwɒd/ *n* **1** (*Mil*) pelotón *Ver tb* DEATH SQUAD **2** (*policía*) brigada: *drugs squad* la brigada antidrogas ◊ *squad car* coche-patrulla *Ver tb* FLYING SQUAD **3** (*Dep*) equipo: *the Olympic squad* el equipo olímpico

squaddie (*tb* **squaddy**) /ˈskwɒdi/ *n* (*pl* **-ies**) (*GB, argot*) soldado raso

squadron /ˈskwɒdrən/ *n* escuadrón

squalid /ˈskwɒlɪd/ *adj* (*pey*) sórdido, miserable

squall /skwɔːl/ *n* chubasco tormentoso

squalor /ˈskwɒlə(r)/ *n* miseria: *They live in conditions of unspeakable squalor.* Viven en unas condiciones de miseria execrable.

squander /ˈskwɒndə(r)/ *vt* **~ sth (on sth) 1** (*dinero*) despilfarrar algo (en algo): *He's squandered all his savings on drink.* Despilfarró todos sus ahorros en la bebida. **2** (*tiempo*) malgastar algo (en algo) **3** (*energía, oportunidad*) desperdiciar algo (en algo)

square[1] /skweə(r)/ *adj* **1** (*forma*) cuadrado **2** con ángulo recto *Ver tb* T-SQUARE **3 ~ (with sth)** en paralelo (a algo): *tables arranged square with the wall* mesas paralelas a la pared **4** (*abrev* **sq**) (*área*) cuadrado: *one square metre* un metro cuadrado **5** directo: *She was square with me.* Fue directa conmigo. **6** justo, equitativo **7** (*coloq*) carca *Ver tb* FOUR-SQUARE

LOC **a square meal** una comida en condiciones: *He hasn't had a square meal for days.* No ha hecho una comida en condiciones en días. **a square peg (in a round hole)** como un pulpo en un garaje: *I've always felt like a square peg in a round hole at work.* Siempre me he sentido un poco fuera de lugar en la oficina. **to be (all) square (with sb)** quedar en paz (con algn): *I paid yesterday, so you pay today and we'll call it square.* Ayer pagué yo, así que hoy pagas tú. De este modo quedamos en paz.

■ **square** *adv* directamente: *to look sb square in the eye(s)* mirar a algn directamente a los ojos. ◊ *It hit him square on the nose.* Le ha dado de lleno en la nariz.

LOC *Ver* FAIR[2]

■ **square** *n* **1** (*Geom, Mat*) cuadrado: *The square of seven is 49.* El cuadrado de siete es 49. **2(a)** cuadrado: *Join hands and form a square.* Daos la mano y formad un cuadrado. **(b)** (*tablero de ajedrez*) casilla **3** (*abrev* **Sq**) plaza: *95 Russell Sq* Pza. Russell número 95. **4** (*coloq*) carca

LOC **back to square one** vuelta a empezar (desde el principio): *That idea hasn't worked, so it's/we're back to square one.* Esa idea no ha servido, así que vuelta a empezar.

square[2] /skweə(r)/ **1** *vt* cuadrar **2** *vt* (*hombros*) enderezar **3** *vt* (*Mat*) elevar al cuadrado: *3 squared is 9* tres al cuadrado son nueve **4** *vt, vi* **~ (sth) with sth** (*coloq*) cuadrar (algo) con algo: *Your theory doesn't square with the facts.* Su teoría no cuadra con los hechos. ◊ *I can't square it with my conscience.* No cuadra con mis principios.

LOC **to square the circle** querer la cuadratura del círculo

PHR V **to square sth off** cortar algo en ángulo recto

to square up (to sth/sb) (*coloq*) **1** ponerse en plan de ataque (contra algo/algn) **2** hacer frente a algo,

enfrentarse a algn: *You must square up to him and speak your mind.* Enfréntate a él y dile lo que piensas.
to square up (with sb) pagar una deuda (a algn)
square brackets *n* corchetes ☛ *Ver págs 592–3*
squarely /ˈskweəli/ *adv* **1** *Her hat was set squarely on her head.* Llevaba el sombrero completamente derecho. ◊ *squarely built* construido a base de ángulos rectos **2** firmemente **3** directamente **4** honradamente
square root *n* raíz cuadrada

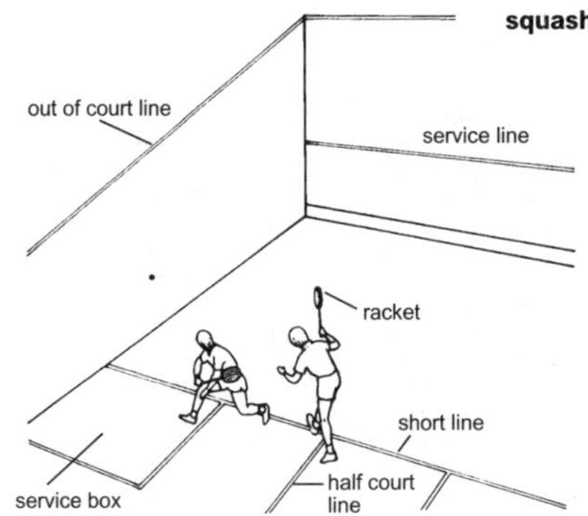

squash[1] /skwɒʃ/ **1** *vt, vi* aplastar(se): *It was squashed flat.* Estaba aplastado. **2** *vt*: *living squashed together in terrible accommodation* viviendo apiñados en unas casas deplorables

Como verbo transitivo **squash** puede ir con una preposición o adverbio, por ejemplo **against**, **down**, **in**, **into**, **together**, etc: *to squash clothes into a suitcase* meter ropa en una maleta a presión ◊ *She squashed him against her chest.* Se lo aplastó contra su pecho. ◊ *He squashed the grass down with his heel.* Aplastó la hierba con el talón.

3 *vt* (*coloq*) **(a)** (*persona*) apabullar: *I felt completely squashed by her sarcastic comment.* Me sentí totalmente apabullada ante su sarcástica observación. **(b)** (*coloq*) (*idea, propuesta*) descartar: *My plan was firmly squashed by the committee.* El comité descartó con firmeza mi proyecto.
PHR V **to squash (sb) up (against sth/sb)**: *He squashed up against me.* Se aplastó contra mí. ◊ *She squashed me up against the wall.* Me aplastó contra la pared.
to squash up apretarse: *We'll have to squash up a bit.* Nos vamos a tener que apretar un poco.
■ **squash** *n* **1** *What a squash!* ¡Qué apretujones! ◊ *Ten people is too much of a squash.* Con diez personas iremos muy apretujados. **2** (*GB*) refresco (de frutas edulcorado): *orange/lemon squash* refresco de naranja/limón **3** (*formal* **squash rackets**) (*Dep*) squash: *a squash racket/court* una raqueta/pista de squash
▶ **squashy** *adj* blando
squash[2] /skwɒʃ/ *n* (*pl* **squash** o **~es**) (*Bot*) calabaza
squat[1] /skwɒt/ *vi* (**-tt-**) **~ (down)** **1** (*persona*) ponerse en cuclillas ☛ *Ver ilustración en* KNEEL **2** (*animal*) agazaparse
■ **squat** *adj* (**-tter, -ttest**) **1** (*persona*) bajo, rechoncho **2** (*edificio*) bajo
squat[2] /skwɒt/ *vi* (**-tt-**) ocupar un lugar sin permiso o derecho: *to squat in a derelict house* ocupar una casa abandonada
■ **squat** *n* lugar ocupado ilegalmente
▶ **squatter** *n* okupa: *to claim squatters' rights* reclamar derechos de okupa
squatting *n* ocupación sin permiso de un lugar

squaw /skwɔː/ *n* mujer o esposa entre los indios norteamericanos
squawk /skwɔːk/ *vi* graznar, chillar
■ **squawk** *n* graznido, chillido
squeak /skwiːk/ *n* **1** (*animal, etc*) chillido: *Not one squeak out of you about it!* ¡No quiero oír ni media palabra sobre el tema! **2** (*gozne, etc*) chirrido
■ **squeak** *vi* **1** (*animal, etc*) chillar **2** (*gozne, etc*) chirriar
▶ **squeaky** *adj* (**-ier, -iest**) **1** (*animal, etc*) chillón: *in a squeaky voice* en voz chillona **2** (*gozne, etc*) que chirría
LOC **squeaky clean 1** (*lit*) relimpio **2** (*fig*) limpio de polvo y paja
squeal /skwiːl/ *n* alarido, chillido: *the squeal of brakes* el chillido de frenos ◊ *squeals of excitement* alaridos de excitación
■ **squeal** *vt, vi* **1** chillar: *He squealed like a pig.* Chillaba como un cerdo. ◊ *squealing in/with pain* chillando de dolor **2** (*argot*) chivarse: *He squealed on his friends.* Delató a sus amigos. ◊ *He squealed to the police.* Cantó a la policía. **3 ~ sth (out)** decir algo con voz chillona
squeamish /ˈskwiːmɪʃ/ *adj* **1** aprensivo, remilgado: *definitely not for the squeamish* decididamente no para personas aprensivas **2** escrupuloso
▶ **squeamishness** *n* **1** aprensión, remilgos **2** escrúpulos
squeeze /skwiːz/ **1** *vt* **(a)** apretar: *to squeeze sb's hand* apretar la mano de algn **(b)** (*fig*): *profits greatly squeezed by rising costs* beneficios muy comprimidos por los costes crecientes **2** *vt* **~ sth into sth** moldear algo en algo **3** *vt* exprimir, estrujar: *to squeeze the juice out of a lemon* exprimir el zumo de un limón ◊ *to squeeze (out) a sponge* estrujar una esponja **4** *vt, vi* **~ (sth/sb) into, past, through, etc (sth)**: *to squeeze through a gap in the hedge* pasar con dificultad por un hueco en el seto ◊ *Can you squeeze past/by?* ¿Puedes pasar? ◊ *Can you squeeze anything else into that case?* ¿Puedes meter algo más en esa maleta? ◊ *I could squeeze you in at midday.* Podría meterle al mediodía.
PHR V **to squeeze sth out of sb** sacar algo a algn a la fuerza
to squeeze up: *There'll be room if we all squeeze up a bit.* Si nos apretamos un poquito habrá sitio.
■ **squeeze** *n* **1(a)** apretón: *She gave my hand a gentle squeeze.* Me apretó la mano suavemente. **(b)** estrujón **(c)** apretura: *It was quite a squeeze in the train.* El tren iba hasta los topes. **2** chorrito: *a squeeze of lemon* un chorrito de limón **3** (*coloq, Fin*) restricción: *a credit squeeze* restricción de créditos
LOC **to put the squeeze on sb (to do sth)** (*coloq*) apretarle las tuercas a algn (para que haga algo) *Ver tb* FEEL[1], TIGHT
▶ **squeezer** *n* exprimidor: *a lemon-squeezer* exprimidor de limones
squelch /skweltʃ/ *vi* chapotear
■ **squelch** *n* chapoteo
squib /skwɪb/ *n* buscapiés LOC *Ver* DAMP[1]
squid /skwɪd/ *n* (*pl* **~s** o **squid**) calamar
squidgy /ˈskwɪdʒi/ *adj* (*coloq*) blanducho
squiggle /ˈskwɪgl/ *n* garabato
squint /ˈskwɪnt/ *vi* **1 ~ (at, through, etc sth)** mirar con los ojos entreabiertos: *squinting in the bright sunlight* con los ojos entreabiertos por la brillante luz ◊ *squinting through the letter-box* mirando por el buzón **2** bizquear
■ **squint** *n* **1** estrabismo **2** (*GB, coloq*) mirada: *Have/take a squint at this.* Échale una mirada a esto.
squire /ˈskwaɪə(r)/ *n* **1** hacendado **2** (*antic*) escudero **3** (*GB, coloq, joc*) señor: *What can I get you, squire?* ¿En qué puedo servirle, señor?
squirm /skwɜːm/ *vi* **1** retorcerse **2** abochornarse
squirrel /ˈskwɪrəl; *USA* ˈskwɜːrəl/ *n* ardilla
squirt /skwɜːt/ **1** *vt* (*líquido*): *to squirt soda water into a*

glass echar un chorro de soda en un vaso **2** *vt* **~ sth/sb (with sth)** mojar algo/a algn con un chorro (de algo) **3** *vi* **~ (out of/from sth)** salir a chorros (de algo): *I squeezed the bottle and the sauce squirted out.* Apreté el frasco y la salsa salió a chorros.

■ **squirt** *n* **1** chorro **2** (*coloq, pey*) mequetrefe

Sr 1 (*tb* **Snr**) *abrev de* **Senior 2** (*Relig*) *abrev de* **Sister**: *Sr Mary Francis* La hermana Mary Francis

SS 1 *abrev de* **Saints 2** /ˌes ˈes/ *abrev de* **steamship**: *SS Warwick Castle* el vapor Warwick Castle

SSSI /ˌes ˌes ˌes ˈaɪ/ *abrev de* **site of special scientific interest** zona natural protegida por su valor científico

St 1 (*tb* **S**) (*pl* **SS**) *abrev de* **Saint 2** *abrev de* **Street** ☛ *Ver nota en* ROAD

st (*pl* **st**) (*GB*) (*peso*) *abrev de* **stone**

stab /stæb/ *vt* (**-bb-**) **1** apuñalar: *He was stabbed to death.* Lo mataron a puñaladas. **2** pinchar: *She stabbed the meat with her fork.* Pinchó la carne con el tenedor.

LOC to stab sb in the back (*coloq*) apuñalar a algn por la espalda

PHR V to stab at sth/sb: *He stabbed at the keyboard.* Aporreó el teclado.

■ **stab** *n* **1** puñalada: *several stab wounds* varias heridas de arma blanca **2** punzada, dolor muy agudo: *a stab of pain in the chest* un dolor agudísimo en el pecho

LOC a stab in the back (*coloq*) una puñalada a traición **to have a stab at sth/doing sth** (*coloq*) intentar algo/hacer algo

▶ **stabbing 1** *adj* (*dolor, etc*) punzante: *a stabbing pain in the chest* un dolor punzante en el pecho **2** *n* apuñalamiento

stability /stəˈbɪləti/ *n* estabilidad

stabilize, -ise /ˈsteɪbəlaɪz/ *vt, vi* estabilizar(se)

▶ **stabilization** *n* estabilización

stabilizer *n* **1** estabilizador **2** rueda de apoyo

stable[1] /ˈsteɪbl/ *adj* **1** estable: *The patient's condition is stable.* La condición del paciente es estable. **2** equilibrado

stable[2] /ˈsteɪbl/ *n* **1** establo **2** (*tb* **stables** [*v sing o pl*]) cuadra: *Is there a riding stables near here?* ¿Hay por aquí alguna cuadra donde montar a caballo?

Nótese que cuando **stable** va delante de otro sustantivo solo se utiliza en singular: *a stable lad* un mozo de cuadra.

3 (*fig*) escuela: *actors from the same stable* actores de la misma escuela

LOC to lock, etc the stable door after the horse has bolted tomar precauciones para evitar algo cuando ya es demasiado tarde

■ **stable** *vt* poner, tener en un establo

staccato /stəˈkɑːtəʊ/ *adj, adv* staccato: *staccato notes* notas en staccato

stack /stæk/ *n* **1** pila (*de libros, leña, etc*) **2** almiar *Ver tb* HAYSTACK **3 a ~ of sth** (*coloq*) un montón de algo: *I've got stacks/a stack of work to do.* Tengo montones/un montón de cosas que hacer. **4** (*en biblioteca*) estantería

■ **stack** *vt* **1 ~ sth (up)** apilar algo: *to stack the chairs* poner las sillas unas sobre otras **2 to be stacked with sth** estar lleno (de montones) de algo

LOC to have the cards/odds stacked against you tener todas las de perder

stadium /ˈsteɪdiəm/ *n* (*pl* **~s** o **stadia** /ˈsteɪdiə/) estadio (*de deportes*)

staff /stɑːf; *USA* stæf/ *n* **1** [*pl*] personal, empleados: *The staff are all working long hours.* Todos los empleados están trabajando hasta tarde. *Ver tb* BAR STAFF **2** [*v sing o pl*] plantilla: *to join the staff* incorporarse a la plantilla ☛ *Ver nota en* PLANTILLA **3** (*tb* **stave**) (*Mús*) pentagrama **4** bastón

■ **staff** *vt* dotar de personal: *The school is staffed by temporary workers.* El personal del colegio está formado por trabajadores temporales. *Ver tb* SHORT-STAFFED

▶ **staffing** *n* dotación de personal: *cuts in staffing* recortes de plantilla

staffroom (*tb* **staff room**) /ˈstɑːf rʊm; *USA* ˈstæfrʊm/ *n* sala de profesores

stag /stæg/ *n* ciervo macho adulto ☛ *Ver nota en* CIERVO *Ver tb* BUCK[1], FAWN[1] ☛ *Ver ilustración en* DEER

stage /steɪdʒ/ *n* **1(a)** (*Teat*) escenario: *stage door* entrada de artistas **(b)** tarima *Ver tb* BACKSTAGE, DOWN-STAGE, OFF-STAGE, ON-STAGE **2 the stage** [*sing*] (*fig*) el teatro, la escena: *to adapt a novel for the stage* adaptar una novela para el teatro **3** etapa: *They took their plan a stage further.* Hicieron avanzar su plan una etapa más. ◊ *at this stage* en este momento/a estas alturas ◊ *in stage one of the plan* en la primera etapa del plan

LOC stage by stage paso por paso **to be/go on the stage** ser/hacerse actor,-triz **to set the stage for sth** crear el marco para algo *Ver tb* DOWNSTAGE, UPSTAGE

■ **stage** *vt* **1** (*Teat*) poner en escena **2** organizar: *to stage a protest rally* organizar una marcha de protesta

stagecoach /ˈsteɪdʒkəʊtʃ/ *n* diligencia

stage fright *n* miedo a salir a escena

stagehand /ˈsteɪdʒhænd/ *n* tramoyista

stage manager *n* director, -ora de escena

▶ **stage-manage 1** *vt, vi* (*Teat*) ser director, -ora de escena (de) **2** *vt* (*fig*) organizar

stagger /ˈstægə(r)/ **1** *vi* andar tambaleándose: *He staggered back home/to his feet.* Volvió a su casa/Se puso en pie tambaleándose. ◊ *He staggered in/into the room.* Entró (en la habitación) tambaleándose. **2** *vt* dejar atónito: *I was staggered to hear of his death.* Me quedé atónito al enterarme de su muerte. **3** *vt* (*vacaciones, etc*) escalonar (*para que no coincida una cosa con otra*)

■ **stagger** *n* tambaleo

staggering /ˈstægərɪŋ/ *adj* asombroso: *They paid a staggering £5 000.* Pagaron la friolera de 5.000 libras.

▶ **staggeringly** *adv* asombrosamente

staging /ˈsteɪdʒɪŋ/ *n* **1** (*exposición, etc*) montaje: *the staging of the conference* la organización de la conferencia **2** (*Teat*) **(a)** puesta en escena, montaje **(b)** técnica escénica, escenotecnia **3** (*construcción*) andamiaje

stagnant /ˈstægnənt/ *adj* estancado: *a stagnant economy* una economía estancada

stagnate /stægˈneɪt; *USA* ˈstægneɪt/ *vi* estancarse: *I feel I'm stagnating in this job.* Me siento anquilosado en este trabajo.

▶ **stagnation** *n* estancamiento

stag-night (*tb* **stag party**) *n* despedida de soltero ☛ *Comparar con* HEN-PARTY

staid /steɪd/ *adj* (*gen pey*) serio, formal, aburrido

stain /steɪn/ *n* **1** mancha: *a stain remover* un quitamanchas ◊ *a coffee stain* una mancha de café *Ver tb* BLOOD-STAINED **2** (*para madera*) tinte

Cuando hablamos de tintes para el pelo, la ropa, etc, la palabra más utilizada es **dye**.

■ **stain 1** *vt* **~ sth (with sth)** manchar (algo) (de algo): *fingers stained with nicotine* dedos manchados de nicotina **2** *vt* teñir **3** *vi* mancharse

▶ **stainless** *adj* impoluto

stained glass *n* vidriera: *stained-glass windows* vidrieras ☛ *Ver ilustración en* IGLESIA

stainless steel *n* acero inoxidable

stair /steə(r)/ *n* **1 stairs** [*pl*] escalera: *to run up/down the stairs* subir/bajar las escaleras corriendo ☛ *Ver nota en* STAIRCASE ☛ *Comparar con* LADDER *Ver tb* DOWNSTAIRS, UPSTAIRS **2** peldaño ☛ *Ver ilustración en* ESCALERA

staircase /ˈsteəkeɪs/ (*tb* **stairway**) *n* escalera: *spiral staircase* escalera de caracol

Nótese que **staircase** se refiere a toda la estructura que forma la escalera (peldaños, pasamanos, descansillo, hueco de la escalera, etc).

Por otro lado, **stairs** se refiere a la estructura formada únicamente por los peldaños: *He was sitting on the stairs.* Estaba sentado en la escalera. ☛ *Ver ilustración en* ESCALERA

stairwell /ˈsteəwel/ *n* hueco de escalera

stake /steɪk/ *n* **1** estaca **2 the stake** [*sing*] la hoguera: *to be burnt at the stake* ser quemado en la hoguera **3** [*gen pl*] apuesta: *to raise the stakes* subir las apuestas **4** [*sing*] (*Fin*) intereses: *a 60% stake in a company* una participación en la empresa del 60% **5 stakes**: *to come first in the popularity stakes* ser el primero en el índice de popularidad.

LOC at stake en juego: *His reputation is at stake.* Está en juego su reputación.

■ **stake** *vt* **1 ~ sth (on sth)** apostar algo (a algo): *to stake £5 on the favourite* apostar cinco libras al favorito ◊ *I'm prepared to stake my reputation on it.* Estoy dispuesto a jugarme mi reputación. **2** apuntalar

LOC to stake (out) a/your claim (to sth/sb) mostrar interés (por algo/algn): *Several teams have staked a/their claim to this footballer.* Varios equipos han mostrado interés por este futbolista.

PHR V to stake sth out 1 marcar con estacas algo **2** reclamar algo, reivindicar algo

stalactite /ˈstæləktaɪt; *USA* stəˈlæktaɪt/ *n* estalactita ☛ *Ver ilustración en* ESTALACTITA

stalagmite /ˈstæləgmaɪt; *USA* stəˈlægmaɪt/ *n* estalagmita ☛ *Ver ilustración en* ESTALACTITA

stale /steɪl/ *adj* **1** (*comida, olor*) rancio: *stale bread* pan duro ◊ *stale air* aire rancio **2** (*ideas, etc*) viejo: *stale news* noticias viejas **3** (*persona*) cansado: *I feel I'm getting stale in this job.* Me estoy anquilosando en esto trabajo.

stalemate /ˈsteɪlmeɪt/ *n* **1** tablas **2** (*fig*) estancamiento, punto muerto: *to reach (a) stalemate* estancarse/llegar a un punto muerto

■ **stalemate** *vt* **1** dejar en tablas **2** (*fig*) paralizar

stalk[1] /stɔːk/ *n* (*Bot*) **1** tallo ☛ *Ver ilustración en* FLOR **2** (*de fruto*) rabo ☛ *Ver ilustración en* FRUTA **LOC** *Ver* EYE[1]

stalk[2] /stɔːk/ **1** *vi* **~ (along)** andar majestuosamente: *to stalk off/out* irse/salir airadamente **2** *vt, vi* (*formal, ret*) (*epidemia, catástrofe*) asolar **3** *vt* (*presa, persona*) acechar

stalking-horse /ˈstɔːkɪŋ hɔːs/ *n* **1** pretexto **2** (*Pol*) candidato falso

stall /stɔːl/ *n* **1** (*en mercado*) puesto, tenderete *Ver tb* BOOKSTALL **2 stalls** [*pl*] (*GB, Teat*) platea, patio de butacas **3** (*en establo*) compartimento, casilla **4** (*en iglesia*): *the choir stalls* la sillería del coro ☛ *Ver ilustración en* IGLESIA

■ **stall 1** *vi, vt* (*coche, motor*) calar(se): *He stalled.* Se le caló el motor. **2** *vt, vi* (*fig*) atascar(se), estancar(se) **3** *vi* buscar evasivas **4** *vt* (*persona, asunto*) darle largas a

stallholder /ˈstɔːlhəʊldə(r)/ *n* dueño, -a de un puesto (en el mercado)

stallion /ˈstæliən/ *n* **1** semental, garañón **2** (*ret*) caballo (macho): *riding a white stallion* montado en un caballo blanco

stalwart /ˈstɔːlwət/ *adj* **1** (*antic* o *formal*) recio, fornido **2** firme, incondicional

■ **stalwart** *n* incondicional

stamen /ˈsteɪmən/ *n* estambre

stamina /ˈstæmɪnə/ *n* **1** resistencia **2** (*mental*) vigor

stammer /ˈstæmə(r)/ **1** (*tb* **stutter**) *vi* tartamudear **2** *vt* **~ sth (out)** decir algo tartamudeando

■ **stammer** *n* tartamudeo: *to have a stammer/to speak with a stammer* tartamudear

▶ **stammering** *n* tartamudeo

stamp /stæmp/ **1** *vt, vi*: *She stamped the soil flat/down.* Apisonó la tierra con los pies. ◊ *to stamp the ground* dar patadas en el suelo ◊ *to stamp about/around* pisar muy fuerte **2** *vt* **~ A (on B)**; **~ B (with A)** imprimir, estampar A (en B); sellar B (con A): *a ticket stamped with the date* un billete con la fecha impresa ◊ *I got my passport stamped at customs.* Me sellaron el pasaporte en la aduana. **3** *vt* (*carta*) poner sello a, franquear: *a stamped addressed envelope* un sobre con sello y con las señas propias **4** *vi* (*caballo*) piafar **5** *vt* **~ sth (on sth/sb)** (*fig*) dejar grabado algo (en algo/algn): *The date is stamped on her memory.* La fecha está grabada en su memoria. **6** *vt* **~ sb as sth** señalar, marcar a algn como algo

PHR V to stamp on sth 1 pisotear algo **2** (*fig*) dominar algo **3** (*rebelión*) sofocar algo

to stamp sth out 1 (*fuego*) apagar algo con el pie **2** (*fig*) erradicar algo, acabar con algo **3** (*rebelión*) sofocar algo

■ **stamp** *n* **1** (*de correos*) sello: *stamp album* álbum para sellos ◊ *stamp collector* filatelista ◊ *a stamp machine* un expendedor automático de sellos ◊ *stamp collecting* filatelia ◊ *stamp collection* colección de sellos ☛ *Ver nota en* SELLO *Ver tb* RUBBER STAMP **2** (*fiscal*) timbre: *stamp-duty* impuestos que se pagan con timbres **3** (*tb* **trading stamp**) vale, cupón **4** (*de goma*) sello **5** (*para metal*) cuño **6** (*fig*) sello: *the stamp of genius* el sello de la genialidad ◊ *stamp of approval* aprobación ◊ *to leave your stamp on sth* dejar tu sello en algo **7** (*formal*) estampa, carácter **8** (*con el pie*) patada

stampede /stæmˈpiːd/ *n* (*lit* y *fig*) estampida, desbandada: *There was a stampede for the exit.* Todos se precipitaron hacia la salida.

■ **stampede 1** *vi* desbandarse, huir en estampida **2** *vt* **(a)** (*animales*) hacer huir en estampida **(b)** (*fig*): *to stampede sb into sth/doing sth* presionar a algn para que haga algo precipitadamente

stamping ground *n* (*coloq*) territorio, lugar predilecto

stance /stæns, stɑːns/ *n* **1** postura **2 ~ (on sth)** postura, actitud (hacia algo)

stanchion /ˈstæntʃən, ˈstɑːn-/ *n* puntal, montante

stand[1] /stænd/ *n* **1** *to be at/come to a stand* estar parado/pararse **2** posición: *to take your stand* ponerse en posición **3 ~ (on sth)** (*fig*) postura, actitud (hacia algo) **4** (*Mil*) resistencia **5** pie, soporte: *hatstand* perchero ◊ *umbrella stand* paragüero *Ver tb* MUSIC STAND **6** puesto, quiosco *Ver tb* NEWS-STAND **7** (*en exposición*) caseta, stand **8** (*de taxis, etc*) parada **9** [*gen pl*] (*tb* **grandstand**) (*Dep*) tribuna ☛ *Ver ilustración en* FÚTBOL **10** (*Teat*) función **11** (*USA, Jur*) tribuna: *to take the stand* subir a la tribuna de los testigos *Ver tb* BYSTANDER, ONE-NIGHT STAND

LOC to make a stand (against sth/sb) oponer resistencia (a algo/algn) **to make a stand for sth/sb** defender algo/a algn **to take a/your stand (on sth)** adoptar una postura/pronunciarse (sobre algo)

stand[2] /stænd/ (*pret, pp* **stood** /stʊd/) **1** *vi* estar de pie, mantenerse de pie: *Don't stand there arguing about it.* No os quedéis ahí discutiendo. ◊ *to stand waiting* esperar de pie ◊ *Stand still.* Estate quieto. ◊ *She left them all standing.* Dejó a todos atrás. ◊ *Not one building was left standing.* No quedaba en pie ni un edificio. *Ver tb* FREE-STANDING **2** *vi* **~ (up)** ponerse de pie, levantarse **3** *vt* poner, colocar: *Stand the ladder (up/upright) against the wall.* Pon la escalera contra la pared. **4** *vi* (*esp GB*) (*USA* **run**) **~ (for sth)** (*Pol*) presentarse (a algo) **5** *vi* estar, encontrarse: *A house once stood here.* Antes había una casa aquí. **6** *vi* (*fig*): *Where do you stand on this?* ¿Qué opinión tienes sobre esto? ◊ *I don't know where I stand with her.* No sé en que situación me encuentro con ella. **7** *vi* (*vehículo*) estar parado **8** *vi* (*ley, acuerdo, oferta, etc*) seguir en pie, seguir vigente **9** *vi* permanecer, estar: *to stand empty* permanecer vacío ◊ *The building stood idle for three years.* El edificio estuvo sin usarse tres años. ◊ *as things stand* tal como están las cosas ◊ *He stood convicted of fraud.* Lo declararon culpable de fraude. ◊ *She stands high in their esteem.* La tienen en gran estima. **10** *vi* **~ at sth** estar en algo: *The record stands at 15 seconds.* El récord está en 15 segundos. **11** *vi* **~ to do sth**: *to stand to win/lose* tener la posibilidad de ganar/estar en peligro de perder **12** *vi* (*líquido, mezcla*) reposar: *Let it stand for 20 minutes.* Déjalo reposar 20 minutos. **13** *vt* aguantar, soportar: *I can't stand him.* No lo aguanto. ◊ *It won't stand the cold.* No resistirá el frío. **14** *vt* invitar: *to stand sb a meal* invitar a algn a comer ◊ *She stood drinks all round.* Pagó una ronda. **15** *vi* medir, tener una altura de: *He stands six feet in his socks.* Mide seis pies sin zapatos.

LOC to stand well, etc with sb estar bien, etc considerado por algn

☛ Para otras expresiones con **stand**, véanse las entradas del sustantivo, adjetivo, etc p. ej. **to stand a chance** en CHANCE.

PHR V to stand aside 1 apartarse, hacerse a un lado **2** (*fig*) mantenerse aparte

to stand back (from sth) 1 retirarse (de algo) **2** (*edificio*) estar apartado (de algo)

to stand by 1 *How can you stand by and do nothing?* ¿Cómo puedes estar allí sin hacer nada? **2** estar alerta, estar preparado: *Stand by for more news.* Estén atentos a más noticias. ◊ *Stand by for a shock!* ¡Prepárate para un susto!

to stand by sb apoyar a algn

to stand by sth (*decisión, promesa*) sostener algo: *She still stands by every word she said.* Sigue sosteniendo todo lo que dijo.

to stand down (*testigo, candidato*) retirarse

to stand for sth 1 (*inicial, abreviatura*) significar algo: *'T' stands for Thomas.* La "T" es de Thomas. **2** representar algo: *I condemn fascism and all it stands for.* Condeno el fascismo y todo lo que representa. **3** apoyar algo, propugnar algo **4** (*coloq*) tolerar algo: *I won't stand for this insolence.* No voy a tolerar esta insolencia.

to stand in (for sb) suplir (a algn): *We need someone to stand in.* Necesitamos un suplente.

to stand out (against sth) (*GB*) mantenerse firme (contra algo)

to stand out (from/against sth) destacarse (sobre/contra algo)

to stand out (from sth/sb) sobresalir (entre algo/algn), destacarse (de algo/algn)

to stand out for sth (*GB*) *They're standing out for a 7% rise.* Están aguantando hasta que les den un aumento del 7%.

to stand over sb vigilar a algn

to stand up ponerse de pie, levantarse: *to be standing up* estar de pie

to stand sb up (*coloq*) dejar plantado a algn

to stand up for sth/sb/yourself defender algo/a algn/defenderse

to stand up (to sth) 1 salir bien (de algo), defenderse (contra algo) **2** (*argumento*) convencer, ser lógico: *It doesn't stand up to close scrutiny.* No resiste un examen a fondo. **3** (*acusación*) mantenerse (frente a algo)

to stand up to sb hacer frente a algn, defenderse contra algn

to stand up to sth resistir algo (*uso, etc*)

stand-alone /ˈstænd ələʊn/ *adj* (*Informát*) autónomo

standard /ˈstændəd/ *n* **1 standards** [*pl*] criterio, valor: *by today's standards* según los índices de hoy día ◊ *She gets up early, even by my standards.* Se levanta pronto, incluso para mí. **2** nivel: *to set a standard* establecer un nivel *Ver tb* DOUBLE STANDARD, GOLD STANDARD **3** estandarte

LOC to be up to/below standard (no) ser del nivel requerido

■ **standard** *adj* **1** normal, común: *Calls are charged at standard rate.* Las llamadas se cobran según tarifa normal. ◊ *This method is becoming standard (practice) nowadays.* Este método se ha convertido en una cosa normal hoy en día. **2** estándar, oficial: *standard English* inglés estándar *Ver tb* CENTRAL STANDARD TIME, NON-STANDARD, SUB-STANDARD

standard-bearer /ˈstændəd beərə(r)/ *n* **1** abanderado, -a **2** (*fig*) portaestandarte

standardize, -ise /ˈstændədaɪz/ *vt* estandarizar

▶ **standardization, -isation** /stændədaɪˈzeɪʃn; *USA* -drˈz-/ *n* estandarización, normalización

standard lamp (*USA* **floor lamp**) *n* lámpara de pie

standard of living *n* nivel de vida

standard time *n* hora legal

standby /ˈstændbaɪ/ *n* (*pl* **-bys**) **1** (*cosa*) recurso, repuesto: *Carry a spare battery as a standby.* Llévate una pila de respuesto por lo que pudiera pasar. **2** (*persona*) reserva **3** (*avión*) lista de espera: *standby ticket* billete para la lista de espera

LOC on standby preparado para partir, ayudar, etc: *to put sb on standby* poner a algn de reserva/avisar a algn para que esté preparado

stand-in /ˈstænd ɪn/ *n* **1** sustituto, -a, suplente **2** (*cine*) doble

standing[1] /ˈstændɪŋ/ *n* **1** prestigio: *Somebody of his standing shouldn't be cleaning offices.* Alguien de su prestigio no debería estar limpiando oficinas. ◊ *a woman of very high standing in the writing world* una mujer de mucho prestigio en el mundo literario ◊ *the company's international standing* el prestigio internacional de la compañía **2** *an agreement of long standing* un acuerdo que lleva en vigencia mucho tiempo ◊ *a friend of ten years' standing* un amigo desde hace diez años

standing[2] /ˈstændɪŋ/ *adj* **1** (*comité, acuerdo*) permanente: *a standing joke* una broma clásica *Ver tb* LONG-STANDING **2** de pie: *a standing start* una salida de pie ◊ *The singer got a standing ovation.* El cantante recibió una ovación del público en pie.

standing order *n* domiciliación bancaria

standing room *n* sitio para estar de pie

stand-off /ˈstænd ɒf/ *n* (*esp USA*) (*en negociaciones, etc*) punto muerto

stand-offish /ˌstænd ˈɒfɪʃ/ *adj* reservado, frío

standpoint /ˈstændpɔɪnt/ *n* punto de vista

standstill /ˈstændstɪl/ *n* parado: *to be at/come to/bring sth to a standstill* estar parado/pararse/parar algo ◊ *The traffic was at a standstill for half an hour.* El tráfico estaba paralizado durante media hora. **LOC** *Ver* GRIND

stand-up /ˈstænd ʌp/ *adj* **1** (*comida*) (tomado) de pie **2** *a stand-up comedian/comic* un cómico **3** (*pelea*) violento, cara a cara

stank *pret de* STINK

stanza /ˈstænzə/ *n* estrofa

staple[1] /ˈsteɪpl/ *n* grapa

■ **staple** *vt* grapar

▶ **stapler** /ˈsteɪplə(r)/ *n* grapadora

staple[2] /ˈsteɪpl/ *adj* principal, de primera necesidad: *They live on a staple diet of meat and vegetables.* Se alimentan principalmente de carne y verduras.

■ **staple** *n* producto principal, producto de primera necesidad

star /stɑː(r)/ *n* **1** estrella: *The dolphins were the star attraction of the zoo.* Los delfines eran la atracción principal del zoo. ◊ *a four-star hotel* un hotel de cuatro estrellas ◊ *a movie star* una estrella de cine *Ver tb* THE EVENING STAR, LODESTAR, POLE STAR, POP STAR, SHOOTING STAR, STARLIT, THE STARS AND STRIPES, SUPERSTAR **2** asterisco **3 the stars** horóscopo: *Have you read your stars today?* ¿Has leído tu horóscopo hoy? *Ver tb* STAR SIGN **LOC** *Ver* REACH, THANK

■ **star (-rr-) 1(a)** *vi* **~ (in sth)** ser el protagonista (de algo); protagonizar (algo) *Ver tb* CO-STAR **(b)** *vt* tener como protagonista a: *a new film starring Hugh Grant* una nueva película, protagonizada por Hugh Grant **2** *vt* poner asteriscos en **3** *vt* decorar con estrellas

starboard /ˈstɑːbəd/ *n* estribor: *on the starboard side* a estribor

starch /stɑːtʃ/ *n* **1** almidón **2** fécula

■ **starch** *vt* almidonar

▶ **starchy** *adj* (**-ier, -iest**) **1(a)** feculento **(b)** con mucha fécula **2** (*coloq, ofen*) estirado

starched *adj* almidonado

stardom /ˈstɑːdəm/ *n* estrellato

stare /steə(r)/ *vi* ~ (**at sth/sb**) mirar fijamente (algo/a algn): *It's rude to stare.* Es de mala educación quedarse mirando a la gente.

LOC **to be staring sb in the face** saltar a la vista *Ver tb* STARK

■ **stare** *n* mirada fija

starfish /ˈstɑːfɪʃ/ *n* (*pl* **starfish**) estrella de mar

stark /stɑːk/ *adj* (**-er, -est**) **1(a)** desolador **(b)** crudo **(c)** escueto **2** (*contraste*) manifiesto

■ **stark** *adv* completamente

LOC **stark raving/staring mad** loco de remate

▶ **starkly** *adv* **1** crudamente **2** absolutamente, completamente

starlet /ˈstɑːlət/ *n* (*pey*) estrella en ciernes

starlight /ˈstɑːlaɪt/ *n* luz de las estrellas

starling /ˈstɑːlɪŋ/ *n* estornino

starlit /ˈstɑːlɪt/ *adj* estrellado: *a starlit night* una noche estrellada

starry /ˈstɑːri/ *adj* (**-ier, -iest**) estrellado

starry-eyed /ˌstɑːri ˈaɪd/ *adj* (*coloq*) **1** idealista **2** sentimentaloide

the Stars and Stripes *n* las barras y estrellas

star sign *n* (*coloq*) signo del Zodiaco

start /stɑːt/ *n* **1** principio: *from start to finish* de principio a fin ◊ *a good start in life* un buen comienzo en la vida ◊ *to make an early start* empezar temprano ◊ *From the start I didn't like him.* Desde el principio, no me gustó. **2 the start** [*sing*] salida **3** oportunidad: *to give sb a fresh start* dar a algn una nueva oportunidad **4** ventaja **5** sobresalto: *to give sb a start* asustar a algn *Ver tb* FALSE START, FLYING START, HEAD START

LOC **for a start** para empezar **to get off to a good, bad, etc start** tener un comienzo bueno, malo *Ver tb* FIT[3]

■ **start 1** *vt, vi* ~ (**doing/to do**) **sth** empezar (a hacer) algo: *It started raining/to rain.* Empezó a llover. ◊ *They have started discussions about the peace process.* Han iniciado las conversaciones sobre el proceso de paz. ◊ *He started the society ten years ago.* Fundó la sociedad hace diez años. ◊ *It still isn't known who or what started the fire.* Todavía no se conoce cuál fue la causa del incendio. ☛ *Ver nota en* BEGIN **2** *vt, vi* (*coche, motor*) arrancar *Ver tb* KICK-START **3** *vt* (*rumor*) iniciar **4** *vi* (*formal*) dar/pegar un brinco

LOC **to start a family** tener hijos **to start (sth) from scratch** empezar (*algo*) *de cero* **to start with** para empezar *Ver tb* BALL[1], QUARREL

PHR V **to start back** emprender el regreso

to start for... salir para/hacia...

to start off salir

to start sb off (**on sth**) hacer que algn empiece (con algo): *The teacher started them off on some irregular verbs.* El profesor los hizo empezar con verbos irregulares. ◊ *Don't start her off on politics!* ¡No le des cuerda hablando de política!

to start sth off provocar algo, causar algo

to start out (**on sth**); **to start out** (**to do sth**) **1** salir **2** iniciar

to start over (*USA*) empezar otra vez

to start (**sth**) **up** empezar (algo): *She started up her own business.* Abrió su propio negocio.

▶ **starting** *adj*: *starting salary* sueldo inicial ◊ *starting price* precio de salida

starter /ˈstɑːtə(r)/ *n* **1** (*Dep*) **(a)** participante **(b)** juez de salida **2** (*tb* **starter motor**) motor de arranque **3** (*esp GB, coloq*) primer plato *Ver tb* NON-STARTER

LOC **for starters** (*coloq*) para empezar **under starter's orders** listo para la señal de salida

starting block /ˈstɑːtɪŋ blɒk/ *n* bloque de salida

starting gate /ˈstɑːtɪŋ geɪt/ *n* barrera de salida

starting line *n* línea de salida

starting point /ˈstɑːtɪŋ pɔɪnt/ *n* punto de partida

startle /ˈstɑːtl/ *vt* sobresaltar

startling /ˈstɑːtlɪŋ/ *adj* **1** asombroso, sorprendente: *a startling result* un resultado sorprendente **2** alarmante **3** llamativo

▶ **startlingly** *adv* asombrosamente: *startlingly beautiful* sorprendentemente hermoso

start-up /ˈstɑːt ʌp/ *n* puesta en marcha: *the start-up costs of a new company* los gastos iniciales/de puesta en marcha de una nueva empresa

starvation /stɑːˈveɪʃn/ *n* **1** hambre: *to die of starvation* morir de hambre ◊ *a starvation diet* una dieta de hambre **2** inanición ☛ *Ver nota en* HAMBRE

starve /stɑːv/ **1(a)** *vi* pasar hambre: *starve* (*to death*) morir de hambre **(b)** *vt* matar de hambre, hacer pasar hambre **(c)** *v refl* ~ **yourself** (*coloq*) pasar hambre (*por propia voluntad*) **2** *vt* ~ **sth/sb of sth** (*fig*) privar a algo/algn de algo: *hospitals starved of funds* hospitales faltos de fondos **3** *vi* (*coloq*) morirse de hambre: *I'm starving!* Me muero de hambre.

PHR V **to starve sb into sth/doing sth**: *They were starved into surrender/surrendering.* Los sitiaron hasta que el hambre les hizo rendirse.

to starve sb out (**of sth**): *They starved him out of the building.* Le hicieron salir del edificio cortando la provisión de alimentos.

▶ **starving** *adj* hambriento ☛ *Ver nota en* HAMBRE

stash /stæʃ/ *vt* ~ **sth** (**away**) (*coloq*) esconder algo

■ **stash** *n* alijo

state[1] /steɪt/ *n* **1** estado: *state of mind* estado mental ◊ *in a bad state of repair* en malas condiciones ◊ *in a state of undress* desnudo ◊ *not to be in a fit state to drive* no estar en condiciones para conducir ◊ *He was in no state to...* No estaba en condiciones para... ◊ *What's the state of play at the moment?* ¿Cómo está la situación en este momento? *Ver tb* SOLID STATE **2** (*Pol*) estado: *the United States of America/the States* los Estados Unidos *Ver tb* CITY STATE, NATION STATE **3** [*incontable*] (*gobierno*) estado: *the State* el Estado ◊ *state-owned* propiedad del Estado ◊ *state-run* estatal ◊ *state-controlled companies* empresas controladas por el estado ◊ *state school* escuela pública *Ver tb* HEAD OF STATE, SECRETARY OF STATE, WELFARE STATE

LOC **a state of affairs** circunstancias **a state of emergency** un estado de excepción/emergencia **in/into a state** (*coloq*) **1** en un estado de excitación: *to get (yourself) into a state* ponerse nervioso ◊ *to be in a state* estar nervioso **2** en un estado deplorable: *It's in a real state!* Está en un estado lamentable. **in state** con gran pompa *Ver tb* LIE[2]

state[2] (*tb* **State**) /steɪt/ *adj* [*antes de sustantivo*] estatal: *state secrets* secretos de Estado ◊ *under state control* bajo el control del estado ◊ *a state visit* una visita oficial ◊ *a state banquet* un banquete de gala ◊ *a state pension* una pensión estatal

state[3] /steɪt/ *vt* **1** manifestar, declarar: *to state the obvious* manifestar lo obvio ◊ *The document clearly states what is being planned.* El documento manifiesta claramente lo que se está planeando. ◊ *State your name.* Haga constar su nombre. **2** establecer: *within the stated limits* dentro de los límites establecidos

stateless /ˈsteɪtləs/ *adj* apátrida

stately /ˈsteɪtli/ *adj* (**-ier, -iest**) majestuoso

stately home *n* (*GB*) casa señorial

statement /ˈsteɪtmənt/ *n* **1** declaración: *to issue a* *statement* dar un informe ◊ *He regards his painting as a political statement.* Considera su pintura como una afirmación política. ◊ *The police asked the man to make a statement.* La policía le pidió al hombre que redactase una declaración. **2** estado de cuenta

state of the art /ˌsteɪt əv ðiː ˈɑːt/ *adj*: *state of the art lighting* lo último en iluminación

statesman /ˈsteɪtsmən/ *n* (*pl* **-men** /-mən/) estadista **LOC** *Ver* ELDER[1]

statesmanlike /ˈsteɪtsmənlaɪk/ *adj* como o propio de un estadista

statesmanship /ˈsteɪtsmənʃɪp/ *n* habilidad de estadista

static /ˈstætɪk/ *adj* estático

■ **static** *n* [*incontable*] **1** (*Radio*) interferencias **2** (*tb* **static electricity**) electricidad estática

statics /ˈstætɪks/ *n* [*sing*] estática

station[1] /ˈsteɪʃn/ *n* **1** (*tren, etc*) estación: *railway station* estación (de ferrocaril) ◊ *tube/underground station* estación del metro ◊ *bus station* terminal de autobuses **2** (*lugar, edificio*): *nuclear power station* central nuclear ◊ *police station* comisaría ◊ *petrol station* gasolinera *Ver tb* FIRE STATION, GAS STATION, WORKSTATION **3** (*Radio*) emisora **4** (*antic* o *formal*) posición social: *people in all stations of life* gente de todas las categorías sociales ◊ *to marry below your station* malcasarse **5** puesto: *to take up your station* tomar posiciones **6** (*Mil*): *army station* cuartel ◊ *navy station* base naval **LOC** *Ver* ACTION

station[2] /ˈsteɪʃn/ *vt* **1** colocar: *He stationed himself among the bushes.* Se apostó entre los arbustos. **2** (*Mil*) destinar

stationary /ˈsteɪʃənri; *USA* -neri/ *adj* **1** parado: *a stationary vehicle* un vehículo parado ◊ *to remain stationary* quedarse inmóvil **2** fijo: *a stationary crane* una grúa fija ☛ *Comparar con* MOBILE **3** estacionario

stationer /ˈsteɪʃnə(r)/ *n* dueño, -a de una papelería: *stationer's (shop)* papelería ☛ *Ver nota en* CARNICERÍA

stationery /ˈsteɪʃənri; *USA* -neri/ *n* material de escritorio

station wagon (*USA*) (*GB* **estate (car)**) *n* (coche modelo) ranchera

statistic /stəˈtɪstɪk/ *n* estadística

statistical /stəˈtɪstɪkl/ *adj* estadístico

▸ **statistically** *adv* estadísticamente: *It has been proved statistically that... ...* Se ha probado por medio de estadísticas que...

statistician /ˌstætɪˈstɪʃn/ *n* estadístico, -a

statistics /stəˈtɪstɪks/ *n* **1** [*pl*] (*datos*) estadísticas *Ver tb* VITAL STATISTICS **2** [*sing*] (*ciencia*) estadística

statuary /ˈstætʃuəri; *USA* -ʊeri/ *n* [*incontable*] **1** estatuas **2** estatuaria

statue /ˈstætʃuː/ *n* estatua

statuesque /ˌstætʃuˈesk/ *adj* (*aprob*) escultural

statuette /ˌstætʃuˈet/ *n* estatuilla

stature /ˈstætʃə(r)/ *n* **1** (*lit*) estatura **2** (*fig*) talla, rango

status /ˈsteɪtəs/ *n* [*incontable*] categoría: *What's your official status in the company?* ¿Cuál es tu categoría oficial en la compañía? ◊ *social status* posición social ◊ *marital status* estado civil ◊ *status symbol* símbolo de condición social

status quo /ˌsteɪtəs ˈkwəʊ/ *n* **the status quo** statu quo

statute /ˈstætʃuːt/ *n* estatuto: *by statute* según la ley ◊ *statute book* código de leyes ◊ *statute law* derecho escrito

statutory /ˈstætʃətri; *USA* -tɔːri/ *adj* establecido por la ley, reglamentario

staunch /stɔːntʃ/ *adj* (**-er, -est**) fiel, firme

stave[1] /steɪv/ (*tb* **staff**) *n* (*Mús*) pentagrama

stave[2] /steɪv/ *v*

PHR V **to stave sth in** (*pret, pp* **staved** o **stove** /stəʊv/) romper algo: *The side of the boat was staved in by the collision.* El costado del barco se agujereó a causa de la colisión.

to stave sth off (*pret, pret* **staved**) librarse de algo: *They managed to stave off bankruptcy.* Consiguieron evitar la bancarrota. ◊ *We ate a few biscuits to stave off (the pangs of) hunger.* Nos comimos unas galletas para matar el gusanillo.

stay[1] /steɪ/ **1** *vi* **(a)** quedarse: *to stay (at) home* quedarse en casa ◊ *I'm afraid I can't stay.* Lo siento pero no me puedo quedar. ◊ *to stay in bed* quedarse en la cama ◊ *to stay away from school* no ir a la escuela ☛ *Ver nota en* AND **(b)** permanecer: *to stay awake* permanecer despierto ◊ *to stay single* quedarse soltero ◊ *They stayed friends for years.* Fueron amigos durante años. ◊ *He's so exhausted he can't stay on his feet.* Está tan cansado que no puede tenerse en pie. **2** *vi* quedarse: *It's late–why don't you stay?* Es tarde, ¿por qué no te quedas? ◊ *What hotel are you staying in?* ¿En qué hotel estás? ◊ *to stay the night with sb* quedarse a pasar la noche en casa de algn **3** *vi* seguir, continuar: *It stayed fine.* El tiempo siguió bueno. **4** *vt* (*formal*) (*un castigo, juicio*) demorar: *to stay the progress of a disease* detener el proceso de una enfermedad ◊ *a little food to stay your hunger* un poco de comida para engañar el hambre

LOC **stay cool** (*USA, coloq*) tranqui colega **to be here to stay/have come to stay** (*coloq*) estar/*haberse implantado*: *The fine weather is here/has come to stay.* El buen tiempo va a seguir. **to stay put** (*coloq*) quedarse quieto **to stay the course/the distance** seguir hasta el final *Ver tb* CLEAR[2]

PHR V **to stay away (from sth/sb)** permanecer alejado (de algo/algn)

to stay behind quedarse

to stay down **1** *Nothing will stay down.* No retiene nada en el estómago. **2** quedarse abajo **3** (*escuela*) repetir el curso

to stay for/to sth quedarse a algo: *Will you stay for/to supper?* ¿Te quedarás a cenar?

to stay in **1** quedarse en casa **2** quedarse en la escuela (castigado)

to stay on **1** quedar puesto: *My hat won't stay on properly.* El sombrero no se me queda puesto. **2** quedarse encendido, enchufado, etc: *The TV stays on all day at this place.* En este lugar la tele está puesta todo el día.

to stay on (at...) quedarse (en)

to stay out **1** estar fuera de casa **2** continuar en huelga

to stay out of sth mantenerse alejado de algo, no meterse en algo

to stay over quedarse a dormir

to stay up **1** no acostarse: *to stay up late* acostarse tarde ◊ *Don't stay up for us:* No nos esperéis levantados. **2** no caerse: *That so-called garage won't stay up five minutes.* Eso que llaman garaje no va a durar cuatro días.

stay[2] /steɪ/ *n* estancia: *a 7-day stay* una estancia de 7 días *Ver tb* LONG-STAY, SHORT-STAY

stay[3] /steɪ/ *n* **1** soporte, puntal **2** (*fig*) apoyo

stay-at-home /ˈsteɪ ət həʊm/ *n* (*coloq*) persona casera: *He's the stay-at-home type.* Es el tipo de persona muy de su casa.

stayer /ˈsteɪə(r)/ *n* persona o animal con mucho aguante

staying power *n* resistencia, aguante

STD /ˌes tiː ˈdiː/ (*GB*) **1** *abrev de* **sexually transmitted disease** enfermedad de transmisión sexual: *an STD clinic* una clínica especializada en enfermedades venéreas **2** *abrev de* **subscriber trunk dialling**: *STD code* prefijo ◊ *The STD code for Oxford is 01865.* El prefijo de Oxford es 01865.

stead /sted/ *n*

LOC **in sth's/sb's stead** (*formal*) *in my stead* en mi lugar **to stand sb in good stead** ser útil a algn

steadfast /ˈstedfɑːst; *USA* -fæst/ *adj* (*formal*) firme, constante

▸ **steadfastly** *adv* firmemente: *She steadfastly refused.* Se negó en redondo.

steadfastness *n* firmeza, constancia

steadily /ˈstedɪli/ *adv* **1** constantemente, gradualmente: *His health is getting steadily worse.* Su salud va empeorando gradualmente. **2** (*mirada, etc*) fijamente **3** sin parar: *I've been working steadily since eight.* Llevo desde las ocho trabajando sin parar.

steadiness /ˈstedinəs/ *n* **1** firmeza **2** constancia, regularidad **3** sensatez

steady[1] /ˈstedi/ *adj* (**-ier, -iest**) **1** firme: *to hold a ladder steady* sujetar una escalera con firmeza ◊ *He's not very steady on his legs.* No tiene las piernas muy firmes. ◊ *with a steady hand* con mano firme ◊ *steady nerves* nervios de acero **2** constante, regular: *at a steady rate* a un ritmo constante ◊ *a steady faith* una fe firme ◊ *with a steady purpose* resuelto ◊ *steady boyfriend* novio formal ◊ *steady income/job* sueldo/empleo fijo ◊ *a steady demand* una demanda constante ◊ *The pacient was making steady progress* El paciente seguía mejorando. **3** sensato: *steady worker* trabajador aplicado *Ver tb* ROCK-STEADY

LOC **steady (on)!** (*coloq*) ¡Espera un momento! *Ver tb* READY

■ **steady** (*pret, pp* **-died**) **1** *vi* estabilizarse: *a steadying hand* una mano en que apoyarse ◊ *She had a steadying influence on me.* Me ayudó a sentar la cabeza. **2** *v refl* **~ yourself** recuperar el equilibrio **3** *vt* (*nervios*) calmar

steady[2] /ˈstedi/ **1** *adv* (*antic*): *to go steady* (*with sb*) salir (con algn) ◊ *Is she going steady with him?* ¿Es su novio formal? **2** *interj* ¡despacio!, ¡con calma!

steak /steɪk/ *n* **1** filete *Ver tb* MINUTE STEAK **2** ternera: *steak and kidney pie* pastel de carne y riñones **3** (*pescado*) rodaja

steal /stiːl/ *vt, vi* (*pret* **stole** /stəʊl/ *pp* **stolen** /ˈstəʊlən/) **1(a)** **~** (**sth**) (**from sth/sb**) robar (algo) (a algo/algn): *Someone has stolen my watch/I've had my watch stolen.* Me han robado el reloj. ◊ *She stole him away from his wife.* Se lo quitó a su mujer. ☛ *Ver nota en* ROB **(b)** (*fig*) *to steal a kiss* robar un beso ◊ *to steal a glance at sb* echar una mirada furtiva a algn **2** **~ in, out, away, etc**: *He stole into the room.* Entró en la habitación a hurtadillas. ◊ *They stole away.* Salieron furtivamente. ◊ *to steal up on sb* acercarse a algn sin ruido

LOC **steal sb's thunder** chafar algo a algn **to steal the scene/show** llevarse todos los aplausos *Ver tb* RECEIVE

stealth /stelθ/ *n* sigilo: *by stealth* a hurtadillas

stealthy /ˈstelθi/ *adj* (**-ier, -iest**) sigiloso

▸ **stealthily** *adv* sigilosamente

steam /stiːm/ *n* vapor: *a steam engine/iron* una máquina/plancha de vapor

LOC **to get up steam** **1** coger velocidad **2** (*coloq*) hacer acopio de energía **to let off steam** (*coloq*) desfogarse **to run out of steam** (*coloq*) perder el ímpetu **under your own steam** por sus propios medios *Ver tb* FULL, HEAD[1]

■ **steam** **1** *vi* echar vapor: *steaming hot coffee* café caliente humeante ◊ *The soup was steaming (away).* La sopa humeaba. **2** *vt* **(a)** cocinar al vapor **(b)** *to steam clean* limpiar a vapor ◊ *to steam open an envelope* abrir un sobre con vapor

LOC **to get** (**all**) **steamed up** (**about/over sth**) (*coloq*) excitarse por algo

PHR V **to steam away, off, in, etc**: *The train steamed into the station.* El tren entró en la estación (echando humo). ◊ *We were steaming along at 50 mph.* Íbamos a 50 millas/h.

to steam sth up empañar algo

to steam up empañarse

steamboat /ˈstiːmbəʊt/ *n* buque de vapor

steam engine *n* máquina de vapor

steamer /ˈstiːmə(r)/ *n* **1** buque de vapor *Ver tb* PADDLE STEAMER **2** recipiente para cocinar al vapor

steamroller /ˈstiːmrəʊlə(r)/ *n* apisonadora

■ **steamroller** *vt* **1** apisonar **2** (*fig*) aplastar

PHR V **to steamroller sb into sth/doing sth** imponer a algn algo

steamy /ˈstiːmi/ *adj* (**-ier, -iest**) **1(a)** lleno de vapor, húmedo **(b)** (*ventana*) empañado **2** (*coloq*) apasionado

steed /stiːd/ *n* (*antic* o *joc*) corcel

steel /stiːl/ *n* acero: *steel-rimmed glasses* gafas con montura de acero ◊ *the steel strike* la huelga del sector del acero ◊ *steel mill* acerería ◊ *the steel industry* la industria siderúrgica *Ver tb* STAINLESS STEEL

LOC **of steel**: *nerves of steel* nervios de acero ◊ *a man of steel* un hombre de hierro

■ **steel** *v refl* **~ yourself/sth** (**against sth**) **1** *She steeled her heart against pity.* Endureció su corazón para no sentir pena. **2** *Steel yourself.* Ármate de valor. ◊ *He steeled himself to face his father.* Se armó de valor para enfrentarse a su padre.

steel band *n* banda (jamaicana) que toca instrumentos de percusión de metal

steelworks /ˈstiːlwɜːks/ *n* [*v sing o pl*] acerería

steely /ˈstiːli/ *adj* (**-ier, -iest**) **1** (*voluntad*) de acero **2** (*color*) acerado **3** duro: *a steely look* una mirada dura ◊ *a steely blue* un azul metálico

steep[1] /stiːp/ *adj* (**-er, -est**) **1(a)** empinado: *a steep mountain* una montaña escarpada **(b)** abrupto, brusco **2** (*coloq*) (*precio, exigencia*) excesivo: *£30? That's a bit steep!* ¿30 libras? ¡Se ha pasado un poco!

steep[2] /stiːp/ *vt* **~ sth** (**in sth**) macerar algo (en algo)

PHR V **to steep sb/yourself/sth in sth**: *steeped in mystery* lleno de misterio ◊ *He steeped himself in…* Se empapó en… ◊ *a city steeped in history* una ciudad impregnada de historia

steepen /ˈstiːpən/ *vi* hacerse más empinado

steeple /ˈstiːpl/ *n* (*Arquit*) torre con aguja ☛ *Ver ilustración en* IGLESIA

steeplechase /ˈstiːpltʃeɪs/ *n* carrera de obstáculos

steeply /ˈstiːpli/ *adv* con mucha pendiente: *The plane was climbing steeply.* El avión ascendía vertiginosamente. ◊ *Share prices fell steeply.* Las acciones bajaron en picado.

steepness /ˈstiːpnəs/ *n* pendiente (*terreno*)

steer[1] /stɪə(r)/ *vt, vi* **1** conducir, gobernar: *She steered me towards the bar.* Me condujo al bar. ◊ *to steer by the stars* guiarse por las estrellas ◊ *to steer north* seguir rumbo al norte **2** navegar **3** (*fig*): *He steered the discussion away from the subject.* Llevó la conversación hacia otro tema. ◊ *You're steering a dangerous course.* Llevas un rumbo peligroso. LOC *Ver* CLEAR[2]

steer[2] /stɪə(r)/ *n* novillo

steering /ˈstɪərɪŋ/ *n* (*automóvil*) dirección: *power steering* dirección asistida

steering committee *n* comité de dirección, comisión directiva

steering wheel *n* **1** (*vehículo*) volante ☛ *Ver ilustración en* CAR **2** (*nave*) timón

stellar /ˈstelə(r)/ *adj* (*formal*) estelar

stem[1] /stem/ *n* **1** (*Bot*) **(a)** tallo ☛ *Ver ilustración en* FLOR **(b)** rabo **2(a)** (*de un vaso*) pie **(b)** (*de una pipa*) boquilla **3** (*Gram*) raíz

■ **stem** *v* (**-mm-**)

PHR V **to stem from sth** tener el origen en algo

stem[2] /stem/ *vt* (**-mm-**) **1** contener: *to stem the tide of indignation* contener la ola de indignación **2** (*sangre*) restañar

stench /stentʃ/ *n* hedor

stencil /ˈstensl/ *n* **1** patrón picado **2** plantilla **3** (*para máquina de escribir*) cliché

■ **stencil** *vt, vi* (**-ll-**, *USA tb* **-l-**) estarcir, dibujar con plantilla

step /step/ *vi* (**-pp-**) dar un paso, andar: *to step on sth* pisar algo ◊ *to step into a boat* subirse a una barca ◊ *Step this way, please.* Pase por aquí, por favor. ◊ *to step over sth* pasar por encima de algo *Ver tb* SIDESTEP

LOC **step on it!** (*coloq*) ¡date prisa! **to step out of line** sacar los pies del tiesto **to step up the pressure** aumentar la presión

PHR V **to step aside** hacerse a un lado, apartarse

to step back dar un paso hacia atrás, retroceder

to step down retirarse: *to step down in favour of sb else* retirarse en favor de otro

to step forward **1** dar un paso hacia adelante **2** (*ofrecerse*) presentarse voluntario

to step in intervenir

to step out **1** salir **2** (*andar más rápido*) alargar el paso

to step up **1** avanzar, acercarse **2** incrementar: *to step up a campaign* reforzar una campaña

■ **step** *n* **1** paso: *to take a step* dar un paso ◊ *It's only a (short) step from here.* Estamos a un paso. ◊ *I recognized her step.* Reconocí sus pasos. **2** (*tb* **footstep**) **(a)** (*el sonido*) paso **(b)** (*la impresión*) huella **3** (*gestión*) paso: *What's the next step?* ¿Cuál es el siguiente paso? ◊ *It's a great step forward.* Es un gran paso hacia delante. **4** escalón, peldaño, grada *Ver tb* DOORSTEP **5** **steps** [*pl*] escalera: *a pair of steps* una escalera de tijera **6** (*grado o rango*) escalón

LOC **a step in the right direction** un paso en el buen camino **every step of the way** a cada paso **step by step/one step at a time** paso a paso: *step-by-step instructions* instrucciones paso a paso **to be in/out of step (with sth/sb)** **1** (*lit*) llevar/perder el paso (de algo) **2** (*fig*) estar/no estar de acuerdo con (algo/algn) **to keep step (with sb)** mantener el paso (de algn) **to take steps to do sth** tomar medidas para hacer algo *Ver tb* FALSE, MIND[2], WATCH[1]

stepbrother /ˈstepbrʌðə(r)/ *n* hermanastro

stepchild /ˈsteptʃaɪld/ *n* (*pl* **-children** /-tʃɪldrən/) hijastro

stepdaughter /ˈstepdɔːtə(r)/ *n* hijastra ☛ *Ver nota en* HIJASTRO

stepfather /ˈstepfɑːðə(r)/ *n* padrastro

step-ladder *n* escalera de tijera

stepmother /ˈstepmʌðə(r)/ *n* madrastra

stepping stone /ˈstepɪŋ stəʊn/ *n* **1** (*lit*) pasadera **2** (*fig*) paso, escalón

stepsister /ˈstepsɪstə(r)/ *n* hermanastra

stepson /ˈstepsʌn/ *n* hijastro ☛ *Ver nota en* HIJASTRO

stereo /ˈsteriəʊ/ *n* (*pl* **~s**) estéreo: *stereo broadcasting* emisión en estéreo ◊ *to buy a stereo* comprar un estéreo *Ver tb* PERSONAL STEREO

stereotype /ˈsteriətaɪp/ *n* **1** estereotipo **2** (*Imprenta*) cliché

■ **stereotype** *vt* estereotipar

▶ **stereotyped** *adj* estereotipado

stereotypical *adj* estereotípico

stereotyping *n* tipificación

sterile /ˈsteraɪl; *USA* ˈsterəl/ *adj* estéril

▶ **sterility** *n* esterilidad

sterilize, -ise /ˈsterəlaɪz/ *vt* esterilizar

▶ **sterilization, -isation** *n* esterilización

sterling /ˈstɜːlɪŋ/ *adj* **1** de ley: *sterling silver* plata de ley **2** (*fig*) excelente: *a sterling job* un excelente trabajo

■ **sterling** (*tb* **pound sterling**) *n* libra esterlina

stern[1] /stɜːn/ *adj* (**-er, -est**) severo, duro

▶ **sternly** *adv* con severidad, con dureza

stern[2] /stɜːn/ *n* **1** (*Náut*) popa ☛ *Ver ilustración en* YACHT **2** (*coloq, gen joc*) trasero

sternum /ˈstɜːnəm/ (*pl* **~s** o **-na**) *n* esternón

steroid /ˈsterɔɪd, ˈstɪərɔɪd/ *n* esteroide *Ver tb* ANABOLIC STEROIDS

stethoscope /ˈsteθəskəʊp/ *n* estetoscopio

stetson /ˈstetsn/ *n* sombrero de vaquero ☛ *Ver ilustración en* SOMBRERO

stew[1] /stjuː; *USA* stuː/ **1** *vi* cocer **2** *vt* **(a)** (*carne*) guisar, estofar: *stewing steak* ternera de guisar **(b)** (*fruta*) cocer: *stewed apple* compota de manzana **3** *vi* (*coloq*) (*tener mucho calor*) asarse

LOC **to let sb stew** (*coloq*) dejar a algn que sufra las consecuencias **to stew in your own juice** (*coloq*) cocerse en su propia salsa

▶ **stewed** *adj* **1** (*del té*) recocido **2** (*coloq*) (*borracho*) cocido

stew[2] /stjuː; *USA* stuː/ *n* guiso: *a stew pan/pot* una cazuela

LOC **to get (yourself) into/to be in a stew (about sth)** (*coloq*) estar como un flan (por algo)

steward /stjuːəd; *USA* ˈstuːərd/ *n* **1** (*de una propiedad*) administrador *Ver tb* SHOP STEWARD **2** (*de un evento o local público*) encargado, auxiliar **3** (*fem* **stewardess** /ˌstjuːəˈdes/) **(a)** (*en un avión*) auxiliar de vuelo: *a(n air) stewardess* una azafata **(b)** (*en un tren o un barco*) camarero, -a

▶ **stewardship** *n* administración

stick[1] /stɪk/ *n* **1** palo, vara: *a cocktail stick* un palillo *Ver tb* CANDLESTICK, CHOPSTICKS, DRUMSTICK, JOSS STICK, JOYSTICK, LIPSTICK, MATCHSTICK, YARDSTICK **2** (*tb* **walking stick**) bastón **3** barra: *a stick of celery* un tallo de apio ◊ *a stick of dynamite* un cartucho de dinamita **4** (*de bombas*) serie **5** [*gen pl*] (*coloq*) mueble: *These few sticks of furniture are all he has left.* Estos cuatro muebles son todo lo que le queda. **6** (*coloq*) tío, -a: *He's a boring old stick.* Es un tío aburrido. **7** **the sticks** [*pl*] (*coloq*) *to live (out) in the sticks* vivir en medio del campo

LOC **to give sb stick**; **to get/take (a lot of) stick (from sb)** (*coloq*) dar/recibir una buena paliza (a/de algn) *Ver tb* BETTER, BIG, CARROT, CLEAVE[1], MUD, UP[3], WRONG

stick[2] /stɪk/ *vt, vi* (*pret, pp* **stuck** /stʌk/) **1(a)** (*introducir*) hincar: *The ostrich stuck its head in(to) the sand.* El avestruz hincó la cabeza en la arena. **(b)** (*perforar*) clavar: *She had an arrow sticking in her back.* Tenía una flecha clavada en la espalda. ◊ *a cushion stuck full of pins* un cojín lleno de alfileres ◊ *to stick a needle in your finger* clavarse una aguja en el dedo. ◊ *to stick your fork into a potato* pinchar una patata con el tenedor **2** (*encolar*) pegar(se): *Jam sticks to your fingers.* La mermelada se pega a los dedos. *Ver tb* NON-STICK **3** (*coloq*) (*colocar*) poner: *He stuck the pen behind his ear.* Se puso el boli detrás de la oreja. **4** atascarse: *The drawer's stuck fast.* El cajón está completamente atascado. ◊ *The bus stuck in the mud.* El autobús se atascó en el barrizal. ◊ *The lift stuck between floors 6 and 7.* El ascensor se atrancó entre los pisos 6 y 7. **5** (*coloq*) (*soportar*) aguantar ☛ Casi siempre en frases negativas e interrogativas: *I can't stick it any longer.* No aguanto más. **6** (*coloq*) (*establecerse*): *They couldn't make the charges stick.* No pudieron probar los cargos. ◊ *The name has stuck.* El apodo se le ha quedado pegado. **7** **~ at sth** seguir trabajando, persistir en algo **8(a)** **~ by sb** apoyar a algn **(b)** **~ by sth** mantener algo: *I'm sticking by what I said before.* Mantengo lo que dije antes. **9** **~ to sth** **(a)** (*limitarse*) atenerse: *stick to the facts/the rules* atenerse a los hechos/las reglas ◊ *Stick to the path.* Manténgase en el sendero. **(b)** (*insistir*) aferrarse: *He stuck fast to his theory.* Se aferraba firmemente a su teoría. **(c)** (*no abandonar*) persistir **10** **~ with sth/sb** (*coloq*) quedarse con algo/algn: *It looks as if we're stuck with him.* Parece que no vamos a poder deshacernos de él.

LOC **a sticking point** un escollo **stick 'em up!** (*coloq*) ¡arriba las manos! **to stick in your mind** quedarse grabado **to stick in your throat** (*coloq*) **1** ser superior a las fuerzas de uno: *It sticks in my throat to have to accept charity from them.* Aceptar su caridad es algo superior a mis fuerzas. **2** (*de palabras*) atascarse en la garganta de uno **to stick/stop at nothing** no arredrarse ante nada **to stick to your guns** (*coloq*) mantenerse firme (en sus convicciones) **to stick your neck out** (*coloq*) arriesgarse *Ver tb* LEECH, MILE, NOSE[1], OAR, SORE

PHR V to stick around (*coloq*) quedarse por ahí, aquí, etc

to stick down 1 pegar **2** (*coloq*) poner: *Stick it down anywhere you like.* Pónlo donde quieras.

to stick in 1 pegar **2** (*introducir*) hincar, clavar

to stick on pegar

to stick out salir: *His ears stick out.* Tiene las orejas muy salidas.

to stick it/sth out (*coloq*) aguantar algo

to stick sth out 1 (*la lengua o la mano*) sacar **2** (*la cabeza*) asomar

to stick out for sth (*coloq*) no ceder hasta conseguir algo

to stick together 1 pegar(se) **2** (*de personas*) mantenerse unidos

to stick up 1 sobresalir **2** (*del pelo*) ponerse de punta **3** (*encolar*) pegar **4** (*coloq*) (*un banco, etc*) atracar

to stick up for yourself/sth/sb defenderse uno mismo, defender algo/a algn

sticker /ˈstɪkə(r)/ *n* pegatina

stickiness /ˈstɪkinəs/ *n* **1** pegajosidad **2** (*tiempo*) lo bochornoso

sticking plaster /ˈstɪkɪŋ plɑːstə(r)/ (*tb* **plaster**, *USA* **adhesive bandage**, **Band-Aid**®) *n* esparadrapo

stick-in-the-mud /ˈstɪk ɪn ðə mʌd/ *n* (*coloq, ofen*) carca

stickler /ˈstɪklə(r)/ *n* ~ **for sth** persona rigurosa con algo: *My boss is a stickler for punctuality.* Mi jefa es muy rigurosa con la puntualidad.

stick-on /ˈstɪk ɒn/ *adj* adhesivo

stickpin /ˈstɪkpɪn/ (*USA*) (*GB* **tiepin**) *n* alfiler de corbata

stick-up /ˈstɪk ʌp/ *n* (*coloq*) atraco

sticky /ˈstɪki/ *adj* **1(a)** pegajoso: *sticky fingers* dedos pegajosos **(b)** adhesivo: *a sticky label* una etiqueta adhesiva **(c)** (*tiempo*) bochornoso **2** (*coloq*) **(a)** (*persona*) problemático: *He's a sticky character.* Pone muchas pegas. **(b)** (*problema, etc*) peliagudo

LOC (to be on) a sticky wicket (estar en) una situación difícil *Ver tb* END[1]

sticky tape (*tb* **sellotape**) *n* cinta adhesiva, papel celo

stiff /stɪf/ *adj* (**-er, -est**) **1** rígido: *stiff cardboard* cartón duro ◊ *a stiff collar* un cuello almidonado ◊ *a stiff brush* un cepillo de cerdas duras ◊ *a stiff door* una puerta atrancada **2** agarrotado: *to have a stiff neck* tener tortícolis ◊ *I felt stiff from sitting in the draught.* Me quedé agarrotado de sentarme en la corriente. **3** (*Cocina*) espeso, firme: *Whisk egg whites until stiff.* Bata las claras hasta que estén firmes. **4** duro, difícil: *a stiff task* una tarea difícil ◊ *stiff competition/opposition* una fuerte competencia/oposición **5** (*carácter, comportamiento*) seco, estirado **6** (*coloq*) (*precio*) caro **7** (*brisa*) fuerte **8** (*bebida alcohólica*) fuerte: *I need a stiff drink.* Necesito un buen trago.

LOC (as) stiff as a board agarrotado *Ver tb* BORE[2], FREEZE, RAMROD, SCARE

■ **stiff** *adv* (*coloq*)

LOC to scare/worry sb stiff dejar a algn muerto de miedo/preocupación *Ver tb* WORRY

▶ **stiffly** *adv* rígidamente: *He got stiffly to his feet.* Se puso de pie con mucha dificultad.

stiffness *n* rigidez

stiffen /ˈstɪfn/ **1** *vi* ~ **(up) (with sth)** ponerse rígido (de algo): *He stiffened in fear/at the thought.* Se puso rígido de miedo/sólo de pensarlo. **2** *vt* ~ **sth (up) (with sth)** reforzar algo (con algo)

▶ **stiffening** *n* refuerzo

stifle /ˈstaɪfl/ *vt* **1** ahogar(se): *He felt stifled in the relationship.* Le agobiaba la relación. **2** (*pey*) reprimir, contener: *to stifle opposition/resistance* contener la rebelión/resistencia ◊ *to stifle an initiative/impulse/discussion* reprimir una iniciativa/un impulso/una discusión ◊ *She stifled a yawn.* Contuvo un bostezo. **3** (*fuego*) apagar

▶ **stifling** *adj* sofocante: *It's stifling in here!* ¡Hace un calor agobiante aquí dentro!

stigma /ˈstɪgmə/ *n* **1** estigma: *There is no stigma attached to divorce.* Ya no hay un estigma asociado al divorcio. **2** (*Bot*) estigma

▶ **stigmatize, -ise** *vt* (*formal*) **1** convertir en un estigma **2** ~ **sth/sb as sth** catalogar algo/a algn como algo

stigmata /ˈstɪgmətə/ *n* [*pl*] estigmas, llagas (*de Cristo*)

stile /staɪl/ *n* escalones para pasar por encima de una cerca

stiletto /stɪˈletəʊ/ *n* (*pl* **~s**) zapato de tacón de aguja

stiletto heel *n* tacón de aguja

still[1] /stɪl/ *adv* **1** todavía, aún: *Is the permit still valid?* ¿Es el permiso válido todavía? ◊ *There are still two more.* Hay todavía dos más.

> **¿Still o yet? Still** se usa en frases afirmativas e interrogativas y siempre va detrás de los verbos auxiliares o modales y delante de los demás verbos: *He still talks about her.* Todavía habla de ella. ◊ *Are you still here?* ¿Todavía estás aquí?
>
> **Still** se puede usar con frases negativas cuando queremos darle énfasis a la oración. En este caso siempre se coloca delante del verbo, aunque sea auxiliar o modal: *He still hasn't done it.* Aún no lo ha hecho. ◊ *He still can't do it.* Todavía no sabe hacerlo.
>
> Por otro lado, **yet** se usa en frases negativas y siempre va al final de la oración: *He hasn't done it yet.* No lo ha hecho todavía. ◊ *Aren't they here yet?* ¿Aún no han llegado? En lenguaje formal **yet** se puede utilizar en frases afirmativas con la estructura **to have yet to** + infinitivo para expresar algo que todavía no se ha realizado: *I have yet to meet the man of my dreams.* Todavía no he encontrado a mi príncipe azul.

2 aún así, de todos modos: *Whatever he's done, he's still your son.* Haga lo que haga, siempre será tu hijo. ◊ *Still, at least we're alive.* Pero bueno, por lo menos estamos vivos. ◊ *She'll say no. Still, we can ask.* Va a decir que no. Pero aún así podemos preguntarle. **3** (*con comparativos*) todavía: *She is still more beautiful now than before.* Es todavía más guapa ahora que antes. ◊ *More worrying still,...* Todavía más preocupante, ...

LOC better/worse still... todavía mejor/peor...: *Phone me, or, better still, come round.* Llámame, o, mejor aún, pásate por casa. *Ver tb* WET

still[2] /stɪl/ *adj* **1** quieto, apacible: *a still evening* una tarde en la que no se mueve ni una hoja **2** (*agua, etc*) sin gas

LOC still waters run deep del agua mansa líbreme Dios (que de la brava ya me libro yo)

■ **still** *adv* tranquilo: *to stand still* estarse quieto ◊ *Keep still!* ¡No muevas! *Ver tb* STOCK-STILL

■ **still** *n* fotograma

LOC (in) the still of the night (en) el silencio de la noche

▶ **stillness** *n* **1** quietud, tranquilidad **2** inmovilidad *Ver tb* STANDSTILL

stillborn /ˈstɪlbɔːn/ *adj* **1** (*bebé*) nacido muerto **2** (*proyecto, etc*) que no llega a ver la luz

still life (*tb* **still-life**) *n* (*pl* **still lifes**) bodegón (*Arte*)

stilt /stɪlt/ *n* **1** pilote: *The house was built on stilts.* La casa está construida sobre pilotes. **2** zanco

stilted /ˈstɪltɪd/ *adj* poco natural: *a stilted conversation* una conversación muy forzada

Stilton /ˈstɪltən/ *n* (*GB*) queso Stilton

stimulant /ˈstɪmjələnt/ *n* estimulante

stimulate /ˈstɪmjuleɪt/ *vt* **1** estimular, animar: *to* *stimulate a desire for sth* estimular un deseo de algo **2** interesar

▶ **stimulation** *n* **1** estimulación: *sensory stimulation* estimulación de los sentidos **2** estímulo **3** excitación

stimulating *adj* estimulante: *a stimulating effect/conversation* un efecto/una conversación estimulante

stimulus /ˈstɪmjələs/ *n* (*pl* **-li** /-laɪ/) **~ (to do sth)** estímulo (para hacer algo)

sting[1] /stɪŋ/ *n* **1** picadura: *a bee/nettle sting* una picadura de abeja/ortiga **2** (*de insecto, etc*) aguijón **3** (*de ortiga, etc*) pelo urticante **4** (*fig*) dolor punzante: *Her presence took the sting out of the news.* Su presencia amortiguó el impacto de la noticia. ◊ *a sting of remorse* un pinchazo de remordiento

LOC **a sting in the tail** una sorpresa desagradable (*que aparece al final*)

sting[2] /stɪŋ/ (*pret, pp* **stung** /stʌŋ/) **1** *vt, vi* (*insectos, plantas*) picar **2** *vt, vi* (*lit* y *fig*) escocer, doler: *Her words stung.* Sus palabras me dolieron. **3** *vt* **~ sb (to/into sth)** pinchar a algn (para que haga algo) **4** *vt* **~ sb (for sth)** (*coloq*) (*en el precio*) clavar a algn (por algo)

stingy /ˈstɪndʒi/ (**-gier, -giest**) *adj* **1** (*persona*) tacaño **2** (*ración, donativo, etc*) mezquino

stink /stɪŋk/ *vi* (*coloq*) (*pret* **stank** /stæŋk/ o **stunk** /stʌŋk/ *pp* **stunk**) **~ (of sth)** apestar (a algo): *This deal stinks!* ¡Este contrato apesta! LOC *Ver* HIGH[1]

PHR V **to stink sth out** apestar algo (*un lugar*)

■ **stink** *n* **1** (*coloq*) peste **2** [*sing*] (*argot*) follón

LOC **like stink** (*argot*) como un loco *Ver tb* KICK[1]

▶ **stinking 1** *adj* (*argot*) maldito: *I've got a stinking cold.* Tengo un resfriado asqueroso. **2** *adv* (*argot*) *They're stinking rich!* ¡Están podridos de dinero! ◊ *stinking drunk* borracho como una cuba

stint /stɪnt/ *n* turno, temporada (*en un trabajo*): *She's doing a stint as a reporter.* Esta trabajando como periodista una temporada.

LOC **without stint** (*formal*) sin restricción

■ **stint 1** *vi* **~ (on sth)** privarse (de algo) **2** *vt* **~ sb/yourself** privar a algn/privarse

stipend /ˈstaɪpend/ *n* estipendio

stipulate /ˈstɪpjuleɪt/ *vt* (*formal*) estipular

▶ **stipulation** *n* (*formal*) condición

stir /stɜː(r)/ (**-rr-**) **1** *vt* **(a) ~ sth (with sth)** remover algo (con algo): *Bring to the boil, stirring constantly.* Déjelo que hierva sin dejar de remover. **(b) ~ sth in/into sth** añadir algo (a algo): *Stir in the flour.* Añada la harina sin dejar de remover. **2** *vt, vi* mover(se): *She didn't stir when I went in.* Ni se movió cuando entré. ◊ *Something stirred in the undergrowth.* Algo se movió en la maleza. ◊ *to stir from the spot* apartarse del lugar **3** *vt* **~ sb (to sth)** incitar a algn (a algo): *stirred by thoughts of the night before* conmovido por los pensamientos de la noche anterior **4** *vi* (*sentimientos, etc*) despertar(se) **5** *vi* (*coloq, pey*) meter cizaña

LOC **to stir your/the blood** emocionar

PHR V **to stir sb up** azuzar a algn

to stir sth up provocar algo: *Her speech has stirred up a controversy.* Su discurso ha provocado una gran polémica.

■ **stir** *n* **1** *Give the soup a stir.* Remueve la sopa. **2** alboroto: *She caused quite a stir.* Montó un buen alboroto.

▶ **stirring** *adj* emocionante: *a stirring finish to the race* un emocionante final a la carrera

stirring *n* indicio, movimiento: *the first stirrings of young love* los primeros indicios del primer amor

stir-fry *vt* (*pret, pp* **-fried**) rehogar

■ **stir-fry** *n* plato oriental que se hace rehogando los ingredientes

stirrup /ˈstɪrəp/ *n* **1** (*silla de montar*) estribo **2** (*oído*) estribo ☛ *Ver ilustración en* OÍDO

stitch /stɪtʃ/ *n* **1(a)** (*cosiendo*) puntada **(b)** (*tejiendo*) punto *Ver tb* CABLE STITCH **(c)** (*Med*) punto: *I had to have five stitches in my arm.* Me tuvieron que dar cinco puntos en el brazo. **2** [*gen sing*] punzada en el costado *Ver tb* RUNNING STITCH

LOC **a stitch in time saves nine** (*refrán*) una puntada a tiempo ahorra ciento **in stitches** (*coloq*) muerto de risa **not to have (got) a stitch on; not to be wearing a stitch** (*coloq*) estar en cueros *Ver tb* DROP

■ **stitch** *vt, vi* **~ (sth) (up) 1** dar puntadas (a), coser (algo) **2** suturar (algo)

PHR V **to stitch sb up** traicionar a algn

to stitch sth up completar algo

▶ **stitching** *n* [*sing*] costura (*serie de puntadas en una prenda*): *The stitching has come undone.* La costura se ha deshecho. ☛ La palabra para *costura* como afición o labor es **sewing**.

stoat /stəʊt/ *n* armiño

stock /stɒk/ *n* **1(a)** existencias: *Stock levels were low.* Nos estábamos quedando sin existencias. **(b) ~ (of sth)** reservas (de algo): *She has built up a good stock of knowledge.* Ha ampliado enormemente sus conocimientos. **2** (*Fin*) **(a)** [*gen pl*] valores: *stocks and shares* acciones y valores ◊ *a stock company* una sociedad de acciones **(b)** bonos del Estado **3** (*Cocina*) caldo (*concentrado*): *beef stock* caldo de ternera **4** (*tb* **livestock**) [*sing*] ganado: *breeding stock* ganado para la cría **5** [*sing*] linaje: *of wealthy European stock* de buena familia europea *Ver tb* BLOODSTOCK **6** [*sing*] (*antic* o *formal*) reputación **7** [*sing*] materia prima **8** (*Bot*) **(a)** alhelí **(b)** patrón (*donde se mete un injerto*) **9 stocks** [*pl*] **(a)** cepo (*de tortura*) **(b)** astillero *Ver tb* LAUGHING STOCK, ROLLING STOCK

LOC **(to be) in/out of stock** tener/no tener en existencias **on the stocks** en preparación **to take stock (of sth) 1** hacer inventario (de algo) **2** (*fig*) hacer balance (de algo) *Ver tb* LOCK[2]

■ **stock** *adj* **1** gastado: *a stock idea/phrase* una idea/frase muy gastada **2** en existencias

■ **stock** *vt*: *Do you stock cigarettes?* ¿Vende cigarillos? ◊ *a well-stocked supermarket* un supermercado bien surtido ◊ *He would always keep the freezer stocked with bread.* Siempre tenía el congelador lleno de pan.

PHR V **to stock up (on/with sth)** abastecerse (de algo): *She stocked up on oil while it was cheap.* Se abasteció de aceite cuando estaba barato.

stockade /stɒˈkeɪd/ *n* estacada

stockbroker /ˈstɒkbrəʊkə(r)/ (*tb* **broker**) *n* corredor, -ora de Bolsa

▶ **stockbroking** *n* corretaje de Bolsa

stock certificate *n* (*USA*) certificado de valores

stock cube *n* cubito de caldo concentrado

the Stock Exchange *n* la Bolsa

stockholder /ˈstɒkhəʊldə(r)/ *n* (*esp USA*) accionista

stocking /ˈstɒkɪŋ/ *n* **1** media (*para liguero*): *in stockinged feet* sin zapatos ◊ *a pair of stockings* un par de medias **2** (*tb* **Christmas stocking**) (*en navidades*) calcetín que la noche del 24 de diciembre se cuelga en los pies de la cama para que Papá Noel lo llene de regalos: *a stocking filler* regalo pequeño que se mete en el calcetín

stock-in-trade *n* [*sing*] **1** existencias **2** (*fig*) repertorio

stockist /ˈstɒkɪst/ *n* distribuidor, -a

stock market *n* bolsa, mercado de valores

stockpile /ˈstɒkpaɪl/ *n* reserva

■ **stockpile** *vt* almacenar, acumular

stock-still *adv* completamente inmóvil: *He stood stock-still.* Se quedó completamente inmóvil.

stocktaking /ˈstɒkteɪkɪŋ/ *n* [*sing*] **1** inventario: *to do the stocktaking* hacer el inventario **2** balance

stocky /ˈstɒki/ *adj* (**-ier, -iest**) bajo y fornido

stodge /stɒdʒ/ *n* [*sing*] (*coloq, pey*) comida pesada

▶ **stodgy** *adj* (**-ier, -iest**) (*coloq, pey*) pesado (*comida, libro, persona, etc*)

stoic /ˈstəʊɪk/ *n* (*formal*) estoico, -a

▶ **stoical** (*tb* **stoic**) *adj* (*formal*) estoico

stoically *adv* estoicamente

stoicism *n (formal)* estoicismo

stoke /stəʊk/ *vt* **~ sth (up) 1** *(caldera, fuego, etc)* alimentar algo: *We stoked the fire with wood.* Alimentamos el fuego con leña. **2** *(miedos, sospechas, etc)* avivar algo (de algo)

PHR V to stoke up (with sth) *(coloq)* atiborrarse (de algo)

stole[1] /stəʊl/ *n* estola

stole[2] *pret de* STEAL

stolen *pp de* STEAL

stolid /ˈstɒlɪd/ *adj (pey)* impasible

stomach /ˈstʌmək/ *n* **1** estómago: *to have an upset stomach/a stomach bug* estar malo del estómago ◊ *a stomach ache/stomach pains* dolor/dolores de estómago ◊ *a stomach upset* un trastorno estomacal ☛ *Ver ilustración en* DIGESTIVE **2** *(coloq)* barriga **3** *[sing]* **~ for sth** *(fig)* ganas de algo: *I didn't have a/the stomach for an argument.* No me apetecía discutir.

LOC on an empty/a full stomach con el estómago vacío/lleno: *Don't drink on an empty stomach.* No bebas con el estómago vacío. **to turn your stomach** revolver a algn el estómago *Ver tb* BUTTERFLY, EYE[1], PIT[1], SICK, STRONG

■ **stomach** *vt* aguantar, tragar

stomp /stɒmp/ *vi* **~ (about, around)** *(coloq)* pisar muy fuerte: *to stomp off/out* irse/salir airadamente

stone /stəʊn/ *n* **1** piedra: *stone walls* paredes de piedra ◊ *a stone-built garage* un garage construido de piedra *Ver tb* CORNERSTONE, FLAGSTONE, FOUNDATION STONE, GRAVESTONE, GRINDSTONE, HAILSTONE, HEADSTONE, KEYSTONE, LIMESTONE, LODESTONE, MILESTONE, MILLSTONE, PAVING STONE, SANDSTONE, STEPPING STONE, TOMBSTONE, TOUCHSTONE **2** *(tb* **precious stone***)* piedra (preciosa) **3** *(USA tb* **pit***)* *(de fruta)* hueso ☛ *Ver ilustración en* FRUTA **4** cálculo, piedra: *kidney stones* cálculos renales *Ver tb* GALLSTONE **5** *(pl* **stone***)* *(abrev* **st***)* *(GB)* unidad de peso equivalente a 14 libras o 6.348 kg ☛ *Ver apéndice 3*

LOC a stone's throw: *within a stone's throw of/a stone's throw from here* a tiro de piedra de aquí *Ver tb* BLOOD, HARD, HEART, KILL, LEAVE[1], PEOPLE, SINK

■ **stone** *vt* **1** apedrear: *to be stoned to death* morir lapidado **2** *(fruta)* deshuesar

LOC stone me/the crows! *(GB, coloq)* ¡caray!

▶ **stoned** *adj (coloq) (bebida, droga)* ciego, colocado

the Stone Age *n* la Edad de Piedra

stonemason /ˈstəʊnmeɪsn/ *n* albañil

stonewall /ˌstəʊnˈwɔːl/ *(esp GB, coloq)* **1** *vi* practicar el obstruccionismo, emplear evasivas **2** *vt* obstruir con evasivas

▶ **stonewalling** *n* táctica(s) obstruccionista(s)

stonework /ˈstəʊnwɜːk/ *n* cantería

stony /ˈstəʊni/ *adj* **(-ier, -iest) 1** pedregoso, cubierto de piedras: *a stony beach* una playa de guijarros **2** *(mirada)* frío: *stony-faced* con expresión imperturbable **3** *(silencio)* sepulcral **LOC** *Ver* BROKE[2]

▶ **stonily** *adv* fríamente

stood *pret, pp de* STAND[2]

stooge /stuːdʒ/ *n* **1** *(de cómico)* compañero, -a **2** *(coloq, pey)* secuaz, pelele

stool /stuːl/ *n* **1** banqueta, taburete *Ver tb* MUSIC STOOL **2** *(tb* **footstool***)* escabel **3** *[gen pl] (Med)* deposición

LOC *Ver* TWO

stoop /stuːp/ **1(a)** *vi* **~ (down)** agacharse, inclinarse **(b)** *vt* inclinar **2** *vi (defecto)* andar encorvado

LOC to stoop so low (as to do sth) llegar tan bajo (como para hacer algo) *Ver tb* DEPTH

PHR V to stoop to sth/doing sth rebajarse a algo/a hacer algo

■ **stoop** *n* espalda encorvada: *to walk with a stoop* andar encorvado

stop /stɒp/ **(-pp-) 1** *vt* parar, detener **2** *vt (proceso)* interrumpir **3** *vt (injusticia, etc)* acabar con, poner fin a **4** *vt* **~ (doing) sth** dejar de (hacer) algo: *to stop work* dejar/terminar de trabajar ◊ *Stop it!* ¡Basta ya! ◊ *He never stops talking.* No para de hablar. **5** *vt* **~ sth/sb (from) doing sth** impedir que algo/algn haga algo: *I can't stop myself doing it.* No puedo dejar de hacerlo. ◊ *He had to stop himself from crying out.* Tuvo que hacer un esfuerzo para no gritar. **6** *vi* parar(se), detenerse: *The rain has stopped.* Ha dejado de llover. ◊ *without stopping* sin parar ◊ *Stop!* ¡Alto! ◊ *stopping train* tren que para en todas las estaciones ☛ *Ver nota en* AND **7** *vt* impedir: *There's nothing to stop you.* No hay nada que te lo impida. ◊ *I couldn't stop him seeing it.* No pude evitar que lo viera. **8** *vt* **~ sth (up) (with sth)** tapar, taponar algo (con algo): *to stop your ears* taparse los oídos **9** *vt (diente)* empastar **10** *vt (vacaciones, etc)* cancelar **11** *vt (pago)* suspender: *to stop sth out of/from sb's wages* retener algo del sueldo de algn **12** *vt (cheque)* anular, cancelar **13** *vi (GB, coloq)* quedarse: *I can't stop now.* Ahora no me puedo quedar. *Ver tb* NON-STOP, WHISTLE-STOP

LOC to stop dead (in your tracks); **to stop short** parar(se) en seco **to stop short of sth/doing sth** detenerse antes de hacer algo *Ver tb* BUCK[4], STICK[2]

PHR V to stop at/with sth quedarse con algo

to stop behind quedarse

to stop by *(esp USA) to stop by for a chat* ir/venir un rato de visita ◊ *to stop by sb's house* pasarse por casa de algn

to stop in/out quedarse en casa/fuera

to stop off (at/in ...) pasar (por ...)

to stop over (at/in ...) hacer escala (en ...), pasar la noche (en ...)

to stop up quedarse levantado

■ **stop** *n* **1** parada, alto: *to come to a stop* detenerse/parar(se) **2** estada: *to make/have an overnight stop* pasar la noche **3** descanso, pausa **4** *(autobús, tren, etc)* parada *Ver tb* BUS STOP, REST STOP **5** *(tb* **full stop***)* *(puntuación)* punto **LOC** *Ver* END[1], PULL[2]

stopgap /ˈstɒpgæp/ *n* **1** sustituto, -a **2** recurso provisional: *stopgap measures* medidas provisionales

stop light *n (USA) (GB* **traffic light***)* semáforo

stopover /ˈstɒpəʊvə(r)/ *(USA* **layover** /ˈleɪəʊvər/*)* *n* escala *(en un viaje)*

stoppage /ˈstɒpɪdʒ/ *n* **1** paro **2 stoppages** *[pl] (Fin)* deducciones **3** *(de pago)* suspensión **4** *(de vacaciones)* cancelación **5** obstrucción

stopper /ˈstɒpə(r)/ *(USA* **plug***)* *n* tapón

■ **stopper** *vt* taponar

stop press *n [incontable] (GB)* noticia(s) de última hora

stopwatch /ˈstɒpwɒtʃ/ *n* cronómetro

storage /ˈstɔːrɪdʒ/ *n* **1(a)** almacenamiento, almacenaje: *storage space* sitio para guardar cosas ◊ *storage tank* tanque de almacenaje **(b)** depósito, almacén: *to put sth in(to) storage* poner algo en depósito/almacén *Ver tb* COLD STORAGE **2** (gastos de) almacenamiento

storage heater *n* acumulador, radiador de acumulación

store /stɔː(r)/ *n* **1** provisión, reserva: *a furniture store* un guardamuebles **2 ~ (of sth)** *(fig)* mina, reserva (de algo) **3 stores** *[pl]* **(a)** provisiones, víveres **(b)** *(Mil)* pertrechos **4** *(esp USA)* tienda, almacén *Ver tb* CHAIN STORE, DISCOUNT STORE, LIQUOR STORE, PACKAGE STORE **5** *(tb* **department store***)* (grandes) almacenes

LOC in store: *There's a surprise in store for you.* Te aguarda una sorpresa. ◊ *what fate had in store for him* lo que el futuro le tenía reservado **to set (great/little/no/not much) store by sth** conceder (mucha/poca/no conceder) importancia a algo

■ **store** *vt* **~ sth (up/away)** almacenar, guardar algo: *He is storing up trouble for himself.* Se está acumulando problemas.

storehouse /ˈstɔːhaʊs/ *n* **1** almacén, depósito **2 ~ of sth** (*fig*) mina de algo

storekeeper /ˈstɔːkiːpə(r)/ *n* (*esp USA, antic*) tendero, -a, comerciante

storeroom /ˈstɔːruːm/ *n* despensa, almacén

storey (*USA* **story**) /ˈstɔːri/ *n* (*pl* **~s**, *USA* **-ies**) piso: *a five-storey building* un edificio de cinco pisos *Ver tb* MULTI-STOREY

stork /stɔːk/ *n* cigüeña

storm /stɔːm/ *n* **1** tormenta, temporal *Ver tb* HAILSTORM, RAINSTORM, SANDSTORM, SNOWSTORM, THUNDERSTORM **2 ~ (of sth)** lluvia (de algo): *a storm of criticism* fuertes críticas ◊ *The article caused a storm.* El artículo levantó una polvareda. *Ver tb* BRAINSTORM, BRAINSTORMING

LOC a storm in a teacup una tempestad en un vaso de agua **to take sth/sb by storm 1** tomar algo/a algn por asalto: *to take a city by storm* tomar una ciudad por asalto **2** (*público*) cautivar *Ver tb* CALM, PORT[1]

■ **storm 1** *vi* **~ in(to)/off/out** entrar/irse/salir furioso: *He came storming in.* Entró furioso. ◊ *He stormed off.* Se fue furioso. ◊ *She stormed out.* Salió furiosa. **2** *vt* (*edificio*) asaltar

storm cloud *n* nubarrón

stormy /ˈstɔːmi/ *adj* (**-ier, -iest**) **1** tormentoso **2(a)** (*debate*) acalorado **(b)** (*relación*) turbulento

story[1] /ˈstɔːri/ *n* (*pl* **-ies**) **1(a)** historia **(b)** cuento *Ver tb* FAIRY STORY, GHOST STORY, LOVE-STORY, SHAGGY-DOG STORY **2** (*tb* **story-line**) argumento **3** (*Periodismo*) noticia, historia **4** mentira

LOC that's another story eso es otro cuento **that's the story of my life** (*coloq*) siempre me pasa lo mismo *Ver tb* COCK, LIKELY, LONG[1], SAME[1], TALL

story[2] *n* (*USA*) *Ver* STOREY

story book *n* libro de cuentos: *a story book ending* un final feliz

storyteller /ˈstɔːritelə(r)/ *n* narrador, -ora de cuentos

▶ **storytelling** *n* narración de cuentos

stout[1] /staʊt/ *adj* **1** (*gen eufemismo*) fornido (*gordo*) ☛ *Comparar con* FAT[1] **2** (*objeto*) fuerte, resistente **3** tenaz, firme

stout[2] /staʊt/ *n* cerveza negra

stout-hearted /ˈstaʊt hɑːtɪd/ *adj* valiente

stoutly /ˈstaʊtli/ *adv* tenazmente, firmemente

stove /stəʊv/ *n* **1** cocina **2** estufa *Ver tb* GAS STOVE

■ **stove** *pret, pp de* STAVE[2]

stow /stəʊ/ *vt* **~ sth (away)** guardar, estibar algo

PHR V to stow away viajar de polizón

stowaway /ˈstəʊəweɪ/ *n* polizón

straddle /ˈstrædl/ *vt* **1** poner una pierna a cada lado de **2** (*ciudad*) hacer puente sobre

strafe /strɑːf; *USA* streɪf/ *vt* bombardear

straggle /ˈstrægl/ *vi* **1** (*planta*) desparramarse **2** (*persona*) rezagarse

▶ **straggler** *n* rezagado, -a

straggly *adj* (**-ier, -iest**) desordenado, desaliñado

straight /streɪt/ *adj* (**-er, -est**) **1** recto: *straight hair* pelo liso ☛ *Ver ilustración en* PELO **2** en orden: *It took us hours to get the house straight.* Nos costó horas ordenar la casa. ◊ *Is my tie straight?* ¿Llevo la corbata bien? **3** derecho: *Put the picture straight.* Ponga el cuadro derecho. **4** (*persona*) franco, honrado **5** (*actor, obra*) serio **6** (*en sucesión*) seguido: *ten straight wins* diez victorias seguidas **7** (*whisky, etc*) sin mezclar, sin diluir **8** (*coloq*) serio, convencional **9** (*coloq*) heterosexual

LOC the straight and narrow (*coloq*) el buen camino **to keep a straight face** no reírse *Ver tb* RAMROD, RECORD[1]

■ **straight** *adv* (**-er**) **1(a)** en línea recta **(b)** recto: *Look straight ahead.* Mira recto. ◊ *straight on* todo recto **(c)** derecho: *to sit up straight* sentarse derecho **(d)** (*pensar*) claramente **2** directamente: *Come straight home.* Vuelve directamente a casa. **3** francamente: *I told him straight that I didn't like him.* Le dije claramente que no me gustaba. **4** (*beber*) sin mezcla

LOC straight away; **straightaway** inmediatamente **straight off** inmediatamente **straight out** sin vacilar **to be all straight** estar en orden **to be straight (with sb) 1** comportarse honradamente (con algn) **2** ser franco (con algn), hablar con franqueza (con algn) **to come straight to the point** ir al grano **to get sth straight** entender algo: *Now let me get this straight…* A ver si lo he entendido bien… **to put sb straight (about sth)** aclararle las cosas a algn **to put things straight** ordenar las cosas **to go straight** reformarse, ir por el buen camino *Ver tb* HORSE, RIGHT[1], THINK[1]

■ **straight** *n* recta: *the home straight* la recta final

straighten /ˈstreɪtn/ **1** *vi* volverse recto **2** *vt, vi* **(a)** poner derecho: *Straighten your back.* Ponga la espalda derecha. **(b)** (*corbata, falda*) arreglar

PHR V to straighten out (*carretera*) enderezarse

to straighten sth out desenmarañar algo

to straighten up ponerse derecho

to straighten sth up ordenar algo, poner algo bien

straightforward /ˌstreɪtˈfɔːwəd/ *adj* **1** (*persona*) **(a)** honrado **(b)** franco **2** (*estilo*) sencillo

▶ **straightforwardly** *adv* **1** francamente **2** honradamente **3** sencillamente

straight-laced *Ver* STRAIT-LACED

strain[1] /streɪn/ **1** *vi* esforzarse: *She strained to hear what they were saying.* Se esforzó por oír lo que decían. **2** *vi* **~ at sth** tirar de algo: *dogs straining at the lead* perros tirando de la correa **3** *vt* tensar: *to strain a rope to breaking-point* tensar una cuerda hasta el punto de ruptura **4** *vt* (*paciencia*) abusar de **5** *vt* **(a)** (*el oído, la vista*) aguzar: *to strain your ears/eyes* aguzar el oído/la vista **(b)** (*voz*) forzar **6** *vt* **(a)** (*músculo, espalda*) torcer: *to strain a muscle/your back* torcer un músculo/la espalda **(b)** cansar: *to strain your eyes/voice/heart* cansar la vista/la voz/el corazón **(c)** (*irón, fig*) hacerse daño: *I'd welcome some help – but don't strain yourself!* Agradecería tu ayuda, pero ¡no te hagas daño! **7** *vt* **~ (sth off)** colar

LOC to strain at the leash (to do sth) (*coloq*) impacientarse (por hacer algo) **to strain every nerve (to do sth)** esforzarse al máximo (por hacer algo)

■ **strain** *n* **1(a)** tensión: *The rope broke under the strain.* La cuerda se rompió debido a la tensión que soportaba. ◊ *rope with 100 kg breaking strain* cuerda que resiste una tensión equivalente a 100 kilos **(b)** (*fig*): *Lack of money puts a strain on our relationship.* La falta de dinero somete nuestra relación a grandes tensiones. **2(a)** tensión, presión: *the strains of modern life* las tensiones de la vida moderna ◊ *nervous strain* agotamiento nervioso **(b)** tirantez: *Their relationship is showing signs of strain.* Su relación da muestras de tirantez. **(c)** preocupación: *He finds his new job a real strain.* Su nuevo trabajo le causa mucha preocupación. **3** torcedura: *a groin strain* una torcedura de la ingle ◊ *eye strain* vista cansada **4** (*formal, Mús*) compases: *The strains of a well-known waltz.* Los compases de un vals bien conocido. *Ver tb* EYE STRAIN **LOC** *Ver* CRACK[3]

▶ **strained** *adj* **1** (*risa, tono de voz*) forzado **2** preocupado **3** tirante, tenso

strain[2] /streɪn/ *n* **1** (*en el carácter*) vena **2(a)** (*Zool*) raza **(b)** (*Bot, Med*) variedad

strainer /ˈstreɪnə(r)/ *n* colador: *a tea strainer* un colador de té

strait /streɪt/ *n* **1** estrecho: *Magellan Straits* Estrecho de Magallanes **2 straits** [*pl*] aprieto: *to be in dire straits* estar en un terrible aprieto

straitened /ˈstreɪtnd/ *adj*

LOC in straitened circumstances en un apuro (económico)

straitjacket /ˈstreɪtdʒækɪt/ *n* **1** camisa de fuerza **2**

(*fig*) limitación: *to put sb in a straitjacket* coartarle a algn la libertad de acción

strait-laced /ˌstreɪt ˈleɪst/ (*tb* **straight-laced**) *adj* puritano, mojigato

strand[1] /strænd/ *n* **1** (*de cuerda*) ramal **2** (*de cable*) filamento **3** (*de hilo*) hebra **4** (*de pelo*) mechón **5** (*de historia*) hilo **6** (*de perlas, etc*) vuelta

strand[2] /strænd/ *n* (*Liter*) playa, ribera

■ **strand** *vt* (*Náut*) varar, encallar

▶ **stranded** *adj* abandonado, tirado: *to leave sb stranded* dejar a algn plantado

strange /streɪndʒ/ *adj* (**-er, -est**) **1** (*poco familiar*) desconocido: *a strange person* un desconocido **2** raro, extraño: *I find it strange that…* Me extraña que… ◊ *a strange-looking man* un hombre de aspecto extraño **3 ~ to sth**: *He's strange to the work/The work is strange to him.* El trabajo es nuevo para él.

LOC **strange to relate/say…; strange as it may seem…** aunque parece mentira…

▶ **strangely** *adv* extrañamente, por extraño que parezca

strangeness *n* rareza, extrañeza

stranger /ˈstreɪndʒə(r)/ *n* **1** desconocido, -a **2** forastero, -a: *I'm a stranger here.* Soy nuevo aquí.

LOC **to be a/no stranger to sth/sb** desconocer/conocer bien algo/a algn

strangle /ˈstræŋgl/ *vt* **1** estrangular, ahogar **2** (*fig*) **(a)** (*impedir el desarrollo de*) sofocar **(b)** (*la voz*) ahogar

▶ **strangler** *n* estrangulador, -ora

strangulation *n* [*incontable*] estrangulación

stranglehold /ˈstræŋglhəʊld/ *n* **1 ~ (on sth)** (*fig*): *to have a stranglehold on sth/sb* dominar algo/a algn completamente **2** (*Dep*) llave

strap /stræp/ *n* **1(a)** correa, tira **(b)** (*de un vestido*) tirante *Ver tb* JOCKSTRAP **2 the strap** (*castigo*): *I got/was given the strap.* Me pegaron con la correa.

■ **strap** *vt* **1** amarrar, sujetar algo (*con correas*) **2 ~ sth (up)** (*Med*) vendar algo **3** (*castigar*): *to strap sb* darle a algn con la correa

PHR V **to strap sth down/on** amarrar, sujetar algo (*con correas*)

to strap sb in ponerle cinturón a algn

▶ **strapless** *adj* sin tirantes

strapped *adj* (*coloq*)

LOC to be strapped (for sth) andar apurado (de algo): *to be strapped for cash* estar sin blanca

strapping *adj* (*gen joc*) fortachón

strata *plural de* STRATUM

stratagem /ˈstrætədʒəm/ *n* (*pl* **-ies**) estratagema, treta

strategic /strəˈtiːdʒɪk/ (*tb* **strategical** /-ɪkl/) *adj* estratégico

▶ **strategically** *adv* estratégicamente: *to be strategically important* tener importancia estratégica

strategy /ˈstrætədʒi/ *n* (*pl* **-ies**) estrategia

▶ **strategist** *n* estratega

stratosphere /ˈstrætəsfɪə(r)/ *n* estratosfera

▶ **stratospheric** *adj* estratosférico

stratum /ˈstrɑːtəm; *USA* ˈstreɪtəm/ *n* (*pl* **strata** /-tə/) **1** (*Geol*) estrato **2** (*Sociología*) estrato, clase

straw /strɔː/ *n* paja: *a straw hat* un sombrero de paja

LOC **to clutch/grasp at a straw/straws** agarrarse a un clavo ardiendo **the last/final straw (that breaks the camel's back)** la gota que colma el vaso *Ver tb* BRICK, DRAW[1]

strawberry /ˈstrɔːbəri; *USA* -beri/ *n* (*pl* **-ies**) **1** (*fruta*) fresa **2** (*color*): *She has strawberry blonde hair.* Tiene el pelo rubio rojizo.

straw-coloured *adj* pajizo

straw poll (*tb* **straw vote**) *n* (*esp USA*) encuesta extraoficial

stray /streɪ/ *vi* **1** extraviarse **2** apartarse: *to stray from the path* apartarse del camino **3** vagar, ir sin rumbo fijo **4** (*moralmente*) ir por mal camino **5** (*pensamientos*) divagar: *Don't stray (away) from the point.* No te desvíes del tema.

■ **stray** *adj* **1** extraviado: *a stray dog* un perro callejero **2** (*separado*) aislado: *a stray bullet* una bala perdida ◊ *a few stray passers-by* alguno que otro transeúnte

■ **stray** *n* **1** animal extraviado **2** niño abandonado

streak /striːk/ *n* **1** veta **2** (*en el carácter*) rasgo, vena: *There's a cruel streak in him.* Su personalidada tiene un lado cruel. **3** (*de suerte*) racha: *to be on/hit a winning/losing streak* tener una racha de suerte/mala suerte

LOC **like a streak of lightning** como un rayo

■ **streak 1** *vt* **~ sth (with sth)** rayar, vetear algo (de algo): *to have your hair streaked* darse mechas en el pelo **2** *vi* correr como un rayo: *to streak past* pasar como un rayo **3** *vi* correr desnudo (*por un lugar público*)

▶ **streaker** *n* exhibicionista (*que atraviesa corriendo un lugar público*)

streaky *adj* (**-ier, -iest**) veteado: *streaky bacon* tocino de veta

stream /striːm/ *n* **1** arroyo, riachuelo **2** (*flujo*) **(a)** (*de líquido, palabras*) corriente: *a stream of abuse* un chorro de insultos **(b)** (*de gente*) oleada **(c)** (*de coches*) caravana *Ver tb* BLOODSTREAM, DOWNSTREAM, SLIPSTREAM, UPSTREAM **3** (*dirección*) corriente **4** (*esp GB, Educ*) grupo (*según aptitud*): *the C stream* el grupo C *Ver tb* MAINSTREAM

LOC **stream of consciousness** monólogo interior **(to come) on stream** (entrar) en funcionamiento **to go, swim, etc against/with the stream/tide** ir contra/con la corriente

■ **stream** *vt, vi* **1(a)** (*agua, sangre*) manar: *to stream past* pasar ininterrumpidamente **(b)** (*lágrimas*) correr **(c)** (*luz*) entrar/salir a raudales **2** derramar: *The wound streamed blood.* De la herida manaba sangre. **3 ~ (with sth) (a)**: *His face was streaming with sweat.* El sudor le corría por la cara. **(b)** (*ojos*) llorar **4** ondear **5** (*esp GB, Educ*) dividir en grupos (*según la aptitud*)

▶ **streamer** *n* **1** (*bandera*) flámula **2** (*cinta de papel*) serpentina

streamline /ˈstriːmlaɪn/ *vt* **1** aerodinamizar **2** (*fig*) racionalizar

▶ **streamlined** *adj* **1** aerodinámico **2** (*fig*) racionalizado

street /striːt/ *n* **1** (*abrev* **St**) calle: *the High Street* la calle Mayor ◊ *a street map* un plano callejero ◊ *street vendor* vendedor ambulante ◊ *street value* valor al público ◊ *street-sweeper* barrendero ◊ *street-lamp* farol ◊ *back streets* callejuelas ◊ *a street market* un mercado callejero ☛ *Ver nota en* CALLE *Ver tb* SIDE STREET **2** (*personas*): *Our street is against the plan.* La gente de nuestra calle se opone al plan.

LOC **(right) up your street**: *This job seems right up your street.* Este trabajo te va que ni pintado. **streets apart** polos opuestos **to be on the streets 1** estar sin hogar **2** (*eufemismo*) (*como prostituta*) hacer la calle **to be streets ahead (of sth/sb)** adelantar por mucho (a algo/algn) **(to think, etc that) the streets are paved with gold** (creer, etc que) atan los perros con longanizas *Ver tb* EASY[1], MAN[1], SAME[1]

streetcar /ˈstriːtkɑː(r)/ (*USA*) (*GB* **tram**) *n* tranvía

street credibility (*tb* **street cred**) *n* (*coloq*) conocimiento de una subcultura urbana de moda

streetwise /ˈstriːtwaɪz/ *adj* astuto: *streetwise kids* chiquillos que se las saben todas ◊ *to be streetwise* saber arreglárselas en la calle

strength /streŋθ/ *n* **1** [*incontable*] fuerza, vigor: *strength of character* (firmeza de) carácter ◊ *His strength failed him.* Le abandonaron las fuerzas. ☛ *Comparar con* FORCE **2** [*contable*] punto fuerte, virtud: *Tolerance is one of her strengths.* La tolerancia es una de sus virtudes. **3** [*incontable*] número, efectivos: *What's the strength of the workforce?* ¿Cuántos trabajadores hay? **4** [*incontable*] (*materiales*) resistencia

5 [*incontable*] (*luz, colores, etc*) intensidad 6 (*divisas*) valor

LOC **in (full, great, etc) strength** en gran número **on the strength of sth** fundándose en algo: *on the strength of his recommendation* confiando en su recomendación **to be at full/to be below strength** tener todo el personal trabajando/estar cortos de personal **to bring sth/to be up to (full) strength** llevar algo/estar al nivel deseado **(to go) from strength to strength** (ir) viento en popa *Ver tb* GATHER, TOWER

▶ **strengthen** *vt, vi* fortalecer(se), reforzar(se)

strengthening 1 *n* fortalecimiento **2** *adj* (*Med*) fortificante

strenuous /ˈstrenjuəs/ *adj* **1** enérgico: *to make strenuous efforts to do sth* esforzarse enérgicamente por hacer algo **2** agotador

▶ **strenuously** *adv* enérgicamente

stress /stres/ *n* **1** tensión (nerviosa), estrés: *to be under great stress* estar estresado **2** ~ **(on sth)** énfasis (en algo): *to lay great stress on punctuality* dar mucha importancia a la puntualidad **3** (*Ling, Mús*) acento **4** (*Mec*) tensión

■ **stress** *vt* **1** subrayar, recalcar **2** (*Ling*) acentuar

▶ **stressful** *adj* estresante

stretch /stretʃ/ **1** *vt, vi* estirar(se), alargar(se): *She got up and stretched with a big yawn.* Se levantó y se desperezó con un gran bostezo. **2** *vt, vi* dar de sí: *We'll have to make the food stretch.* Tendremos que hacer que la comida llegue para todos. ◊ *Our resources are already stretched.* Nuestros recursos no dan más de sí. ◊ *to make the money stretch* estirar el dinero **3** *vt, vi* extender(se): *Our friendship stretches back a long way.* Nuestra amistad viene de lejos. **4** *vt* **(a)** (*persona*) exigir el máximo esfuerzo a **(b)** (*cosa*) forzar: *to stretch the truth* exagerar (la realidad)

LOC **to stretch a point** hacer una excepción **to stretch your legs** dar una vuelta *Ver tb* FULLY

PHR V **to stretch (sth) out** hacer llegar (algo), extender (algo)

to stretch (yourself) out tenderse, estirarse

■ **stretch** *n* **1** [*gen sing*] extensión: *to have a stretch* estirarse ◊ *stretch marks* estrías **2** elasticidad: *stretch fabric* tela elástica **3** ~ **(of sth)** (*lugar, tiempo*) trecho (de algo): *along this stretch of the river* en este tramo del río ◊ *a four-hour stretch* un intervalo de cuatro horas **4** [*gen sing*] (*argot*) condena **5** tramo: *the home stretch* la recta final

LOC **at a stretch** sin interrupción: *six hours at a stretch* seis horas seguidas **not by any/by no stretch of the imagination** ni remotamente *Ver tb* FULL

stretcher /ˈstretʃə(r)/ *n* camilla

stretchy /ˈstretʃi/ *adj* **(-ier, -iest)** (*coloq*) elástico

strew /struː/ *vt* (*pret* **strewed** *pp* **strewed** o **strewn** /struːn/) desparramar, cubrir

stricken /ˈstrɪkən/ *adj* ~ **(by/with sth)** afligido (por algo): *He was stricken with guilt/remorse.* Le remordía la conciencia. ◊ *drought-stricken area* zona afectada por la sequía *Ver tb* GRIEF-STRICKEN, PANIC-STRICKEN

strict /strɪkt/ *adj* **(-er, -est) 1** severo: *on the strict understanding that…* bajo la condición rigurosa de que… **2(a)** estricto: *under strict instructions* bajo instrucciones precisas **(b)** absoluto: *in strictest confidence* en la más absoluta confianza

LOC **in strict secrecy** en gran secreto *Ver tb* CONFIDENCE

▶ **strictly** *adv* **1** rigurosamente: *Smoking is strictly prohibited.* Terminantemente prohibido fumar. **2** estrictamente **3** absolutamente: *That's not strictly true.* Eso no es del todo verdad. **4** severamente

LOC **strictly between ourselves** en confianza entre los dos **strictly speaking** en rigor *Ver tb* BIRD

strictness *n* severidad, exactitud

stricture /ˈstrɪktʃə(r)/ *n* [*gen pl*] **1** (*formal*) crítica: *to pass strictures on sb* censurar a algn **2** (*Med*) constricción

stride /straɪd/ *vi* (*pret* **strode** /strəʊd/) (*pp* **stridden** /ˈstridn/) **1** andar a pasos largos **2** ~ **across/over sth** pasar, etc de una zancada por encima de algo

■ **stride** *n* **1** zancada **2** paso

LOC **to get into your stride** coger el tranquillo de algo **to make great, rapid, etc strides** hacer grandes progresos **to take sth in your stride** sabérselo tomar bien: *She takes anything in her stride.* Es capaz de aceptar todo sin alterarse.

strident /ˈstraɪdnt/ *adj* **1** (*voz, etc*) estridente **2** (*color, etc*) chillón

▶ **stridency** *n* estridencia

stridently *adv* ruidosamente

strife /straɪf/ *n* **1** (*Mil*) lucha **2** contienda: *internal strife* disensión interna ◊ *civil strife* disturbios civiles

strike[1] /straɪk/ *n* **1** huelga: *to go on strike* declararse en huelga *Ver tb* HUNGER STRIKE, SIT-DOWN STRIKE **2** (*de oro, etc*) descubrimiento **3** (*Mil*) ataque

strike[2] /straɪk/ (*pret, pp* **struck** /strʌk/) **1** *vt* **(a)** golpear, pegar: *The tree was struck by lightning.* Cayó un rayo en el árbol. ◊ *Who struck the first blow?* ¿Quién empezó la pelea? **(b)** derribar (de un golpe) **(c)** atropellar: *She was struck by a car.* Fue arrollada por un coche. **2** *vt* chocar contra: *He struck his head on/against the beam.* Dio con la cabeza contra la viga. **3** *vi* **(a)** atacar **(b)** (*fig*) aquejar: *Disaster strikes when you least expect it.* Los desastres llegan cuando menos se esperan. **4** *vi* declararse en huelga **5** *vi* dar la hora **6** *vt* hallar: *We finally struck the track.* Por fin dimos con el camino. **7** *vt* (*producir*) **(a)** (*cerilla etc*) encender **(b)** (*moneda etc*) acuñar **(c)** (*nota, etc*) tocar **8** *vt* **(a)** ocurrirse a **(b)** impresionar a: *What struck me was…* Lo que me llamó la atención fue… **(c)** parecerle a: *It strikes me as unusual that…* Me parece raro que… **9** *vt* dejar: *to be struck blind/dumb, etc* dejar a algn ciego/sin habla, etc *Ver tb* MOONSTRUCK

LOC **to be struck off**: *He was struck off for incompetence.* Fue apartado de la profesión por incompetencia. **to be struck on sth/sb** (*coloq*) gustarle algo/algn mucho: *He's quite struck on the idea* . Le atrae bastante la idea.

to strike a balance/happy medium (between A and B)/ encontrar el término medio (entre A y B)

to strike a bargain (with sb) cerrar un trato (con algn)

to strike a blow for/against sth asestar un golpe a favor de/contra algo

to strike a chord (with sb) sonarle algo (a algn)

to strike an attitude/a pose adoptar una actitud

to strike camp levantar el campamento

to strike fear, etc into sb/sb's heart infundir terror, etc en algn

to strike gold/oil; to strike (it) lucky (*coloq*) tener mucha suerte

to strike it rich (*coloq*) descubrir un buen filón

to strike out for yourself/on your own volar con sus propias alas

to strike while the iron is hot (*refrán*) al hierro caliente, batir de repente

within striking-distance al alcance *Ver tb* FALSE, HOME, LIGHTNING, NOTE[1], ROOT[1]

PHR V **to strike back (at sth/sb)** devolver golpe por golpe (a algo/algn)

to strike sb down 1 (*formal*) derribar (a algn) **2** (*enfermedad, etc*): *He was struck down by cancer.* Le acometió un cáncer. ◊ *She was struck down in the prime of life.* Se murió en la flor de la vida.

to strike sth off cortar algo de golpe

to strike sth/sb off (sth) tachar algo/a algn (de algo)

to strike out (at sth/sb) 1 dar golpes (a algo/algn) **2** (*fig*) atacar (a algo/algn)

to strike out (for/towards sth) ponerse en camino

(hacia algo): *He struck out for the shore.* Empezó a nadar hacia la orilla.
to strike sth out/through tachar algo
to strike (sth) up empezar a tocar (algo)
to strike up sth (with sb) iniciar algo (con algn): *to strike up a conversation* entablar conversación ◊ *to strike up a friendship with sb* trabar amistad con algn
strike-bound /ˈstraɪk baʊnd/ *adj* paralizado por la huelga
striker /ˈstraɪkə(r)/ *n* **1** huelguista **2** (*Dep*) delantero
striking /ˈstraɪkɪŋ/ *adj* **1** llamativo **2** impresionante
strikingly /ˈstraɪkɪŋli/ *adv* sorprendentemente, de forma notable

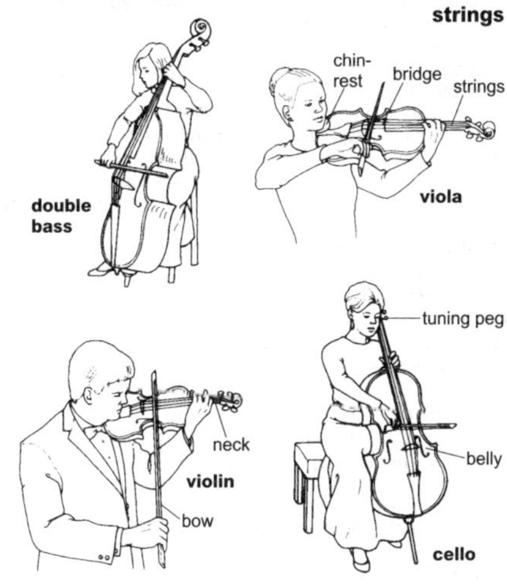

string /strɪŋ/ *n* **1(a)** [*incontable*] cuerda: *I need some thick string.* Necesito una cuerda gruesa. **(b)** [*contable*] cuerda (*de una raqueta de tenis, de una marioneta, etc*): *a balloon on a string* un globo con una cuerda *Ver tb* SHOESTRING **2** (*Mús*) cuerda: *string instrument* instrumento de cuerda ◊ *string quartet* cuarteto de cuerda ◊ *the strings* la cuerda **3(a)** (*perlas, etc*) sarta **(b)** (*ajos, etc*) ristra **4** (*serie*) sarta, hilera (*de personas*): *a string of hotels* una cadena de hoteles **5** (*Bot*) hebra *Ver tb* BOWSTRING, HAMSTRING, HEARTSTRINGS, THE PURSE STRINGS
LOC **first/second string** primera/segunda opción: *We've got Mary as our second string if Jean doesn't turn up.* Tenemos a Mary como segunda posibilidad si Jean no aparece. **to have another/a second string to your bow** tener algo como reserva **to have/keep sb on a string** tener a algn bajo control **(with) no strings attached/without strings** (*coloq*) sin condiciones *Ver tb* PULL², TIE
■ **string** /strɪŋ/ *vt* (*pret, pp* **strung** /strʌŋ/) **1** (*violín, raqueta*) encordar **2(a)** (*perlas, etc*) ensartar **(b)** (*ajos, etc*) enristrar **3 ~ sth (up)** colgar algo (*con una cuerda*) **4** (*judías verdes*) quitarle las hebras a *Ver tb* HIGHLY STRUNG
PHR V **to string along**: *Do you mind if I string along?* ¿Os importa si voy yo también? ◊ *to string along with sb* pegarse a algn
to string sb along tomarle el pelo a algn, engañar a algn
to string (sth) out extenderse/extender algo
to string sth together juntar algo: *He can't string two sentences together.* No puede juntar dos frases.
to string sb up (*coloq*) linchar a algn
to string sth up colgar algo

▶ **stringed** *adj* (*Mús*) de cuerda: *stringed instruments* instrumentos de cuerda
string bean (*tb* **runner bean**) *n* (*GB*) judía verde
stringent /ˈstrɪndʒənt/ *adj* **1** riguroso **2** (*Fin*) difícil
▶ **stringency** *n* rigor, dificultad
stringently *adv* rigurosamente
string instrument *n* instrumento de cuerda
stringy /ˈstrɪŋi/ *adj* **(-ier, -iest)** fibroso (*apio, etc*), duro (*carne*)
strip¹ /strɪp/ **(-pp-) 1** *vt* **(a)** desmantelar (*una máquina*), quitar (*pintura, etc*): *to strip a bed* quitar toda la ropa de cama ◊ *stripped pine doors* puertas de pino natural **(b) ~ sth from/off sth**: *to strip the bark off a tree* arrancar la corteza de un árbol **(c) ~ sth of sth** despojar a algo de algo: *The wind stripped the trees of leaves.* El viento despojó a los árboles de sus hojas. ◊ *Her face, stripped of all its make-up, was...* Su cara, despojada de todo maquillaje, estaba... *Ver tb* ASSET-STRIPPING **2(a)** *vi* **~ (off)** desnudarse: *They stripped off and ran into the water.* Se desnudaron y se echaron al agua. ◊ *to strip to your underwear* quedarse solo con la ropa interior ◊ *to strip to the waist* desnudarse de cintura para arriba **(b)** *vi* hacer striptease **(c)** *vt* desnudar: *The prisoners were stripped and searched.* Desnudaron a los prisioneros y los registraron. **3** *vt* **~ sb of sth** despojar a algn de algo : *He was stripped of all the privileges of his rank.* Le quitaron todos los privilegios de su rango.
LOC **to strip to the buff** (*coloq*) quedarse en cueros
PHR V **to strip sth down** desmontar algo
to strip sth off arrancar algo: *The paint will be difficult to strip off.* Va a ser difícil arrancar la pintura.
strip² /strɪp/ *n* **1** tira (*de papel, etc*), franja (*de tierra, agua, etc*), fleje (*metal*): *strip lighting/light* iluminación/luz fluorescente *Ver tb* COMIC STRIP **2** *to do a strip* desnudarse ◊ *strip club* club donde hacen striptease **3** (*coloq, Dep*) colores de equipo LOC *Ver* TEAR²
strip cartoon (*tb* **comic strip**) *n* (*GB*) historieta
stripe /straɪp/ *n* **1** raya *Ver tb* PINSTRIPE, THE STARS AND STRIPES **2** franja **3** (*Mil*) galón
striped /straɪpt/ (*coloq* **stripy**) *adj* de rayas: *white striped with blue* blanco con rayas azules ◊ *a blue and white striped t-shirt* una camiseta a rayas blancas y azules ☛ *Ver ilustración en* PATTERN
stripper /ˈstrɪpə(r)/ *n* **1** estriptista **2** *paint stripper* quitapintura/decapante
striptease /ˈstrɪptiːz/ *n* striptease
stripy /ˈstraɪpi/ *adj* **(-ier, -iest)** (*coloq*) *Ver* STRIPED
strive /straɪv/ *vi* (*pret* **strove** /strəʊv/ *pp* **striven** /ˈstrɪvn/) (*formal*) **1 ~ (for/after sth)** esforzarse (por algo): *to strive for perfection* esforzarse por la perfección ◊ *She was always striving to please.* Siempre se esforzaba por complacer. **2 ~ (against sth/sb)** luchar (contra algo/algn)
▶ **striving** *n* [*incontable*] esfuerzo
strobe light /ˈstrəʊb laɪt/ (*tb* **strobe**) *n* luz estroboscópica
strode *pret de* STRIDE
stroke¹ /strəʊk/ *n* **1** golpe **2** (*natación*) **(a)** brazada **(b)** estilo *Ver tb* BACKSTROKE, BREASTSTROKE **3 a ~ of sth** (*fig*) un golpe de algo (*genio, suerte, etc*): *That was a stroke of genius!* ¡Qué idea más genial! *Ver tb* MASTERSTROKE **4** (*de lápiz, pincel, etc*) trazo, pincelada: *quick strokes of the brush* rápidas pinceladas *Ver tb* BRUSH-STROKE **5** (*de reloj*) campanada: *at the third stroke* cuando suene la tercera campanada ◊ *on the stroke of three* cuando den las tres **6** (*Med*) derrame cerebral: *He had/suffered a stroke.* Tuvo un derrame cerebral. *Ver tb* FOUR-STROKE, SUNSTROKE, TWO-STROKE
LOC **at a/one stroke** de un golpe **not to do a stroke (of work)** no dar ni golpe
stroke² /strəʊk/ *vt* acariciar: *He stroked her hair.* Le acarició el pelo. ◊ *He stroked his chin thoughtfully.* Se

acariciaba la barbilla pensativamente. ◊ *to stroke a cat* acariciar a un gato

■ **stroke** *n* caricia

stroll /strəʊl/ *n* paseo: *to go for/take a stroll* dar un paseo

■ **stroll** *vi* pasearse: *They strolled along the beach/through the park.* Paseaban por la playa/por el parque. **LOC** *Ver* MEMORY

stroller /ˈstrəʊlə(r)/ (*USA*) (*GB* **buggy**, **pushchair**) *n* silla de paseo (*de niño*)

strong /strɒŋ; *USA* strɔːŋ/ *adj* (**-er** /-ŋgə(r)/ **-est** /-ŋgɪst/) **1** fuerte: *a strong constitution* una constitución de hierro ◊ *We have a strong chance of winning.* Tenemos muchas posibilidades de ganar. ◊ *There are strong arguments against it.* Existen varios argumentos muy convincentes en contra. ◊ *The government has never been in a stronger position.* El gobierno nunca ha estado en una posición más fuerte que ahora. ◊ *She bears a strong resemblance to her mother.* Tiene un gran parecido con su madre. ◊ *physically strong* fornido ◊ *She's a strong advocate of discipline.* Es una gran defensora de la disciplina. ◊ *a very strong candidate* un candidato con posibilidades *Ver tb* HEADSTRONG **2** (*después de números*): *a team 40 strong* un equipo de 40 ◊ *We were at least 30 strong.* Éramos por lo menos 30. **3** (*Gram*) **(a)** (*verbo*) irregular **(b)** (*pronunciación*) fuerte **LOC strong meat/stuff** (*coloq*) algo demasiado fuerte, subido de tono: *That scene was strong stuff.* Esa escena fue un poco demasiado fuerte. **to be (as) strong as a horse/an ox** estar hecho un toro **to be strong on sth** ser bueno con/en algo: *I'm not very strong on dates.* No soy muy bueno para las fechas. **to be your/sb's strong point/suit** ser el (punto) fuerte de algn: *Arithmetic isn't my strong point.* Las matemáticas no son mi fuerte. **to have a strong head** aguantar bien el alcohol **to have a strong stomach** tener mucho estómago, poder comer de todo *Ver tb* CARD[1]

■ **strong** *adv*

LOC to be going strong (*coloq*) estar muy fuerte: *The runner is still going strong on the last lap.* El corredor todavía está muy fuerte en la última vuelta. **to come on strong (to sb)** echarle los tejos a algn descaradamente

strong-arm /ˈstrɒŋ ɑːm/ *adj* [*antes de sustantivo*] (*táctica, etc*) de fuerza

stronghold /ˈstrɒŋhəʊld/ *n* **1** fortaleza **2** (*fig*) reducto

strongly /ˈstrɒŋli/ *adv* con fuerza, firmemente: *I feel strongly that...* Creo firmemente que... ◊ *to smell strongly of sth* oler muy fuerte a algo ◊ *a strongly-worded statement* una afirmación usando palabras muy fuertes ◊ *strongly anti-imperialist views* unos puntos de vista firmemente antiimperialistas ◊ *I strongly approve of it.* Lo apruebo firmemente. ◊ *He was strongly criticized.* Le criticaron duramente.

strong-minded /ˌstrɒŋ ˈmaɪndɪd/ *adj* decidido

strong point *n* punto fuerte: *Patience has never been my strong point.* La paciencia nunca ha sido mi punto fuerte.

strong-willed /ˌstrɒŋ ˈwɪld/ *adj* **1** resuelto, decidido: *He was strong-willed enough to resist the temptation.* Tuvo la suficiente fuerza de voluntad para resistir la tentación. **2** (*ofen*) obstinado, terco

stroppy /ˈstrɒpi/ *adj* (*GB, coloq*) (**-ier, -iest**) borde: *to get stroppy* ponerse borde

▶ **strop** *n* (*coloq*) *to get into a strop* ponerse hecho un basilisco

strove *pret de* STRIVE

struck *pret, pp de* STRIKE[2] *Ver tb* THUNDERSTRUCK

structuralism /ˈstrʌktʃərəlɪzəm/ *n* estructuralismo

▶ **structuralist** *adj, n* estructuralista

structure /ˈstrʌktʃə(r)/ *n* **1** estructura: *molecular structure* estructura molecular **2** construcción *Ver tb* INFRASTRUCTURE, SUPERSTRUCTURE

■ **structure** *vt* estructurar: *The course was structured to cover...* El curso se estructuró para cubrir...

▶ **structural** *adj* estructural: *structural damage* daño en las estructuras

structurally *adv* estructuralmente: *The building is structurally sound.* Los cimientos y las paredes del edificio son sólidos.

structured *adj* estructurado

strudel /ˈstruːdl/ *n* pastel de hojaldre relleno de fruta

struggle /ˈstrʌgl/ *vi* **1 ~ (against/with sth/sb) (for sth)** luchar (contra/con algo/algn) (por algo): *She struggled to make ends meet.* Luchó para salir adelante. **2** esforzarse: *The old man struggled up the hill.* El anciano subió con dificultad la colina. **3 ~ (with sb)** pelear con algn/pelearse **4 ~ (against/with sth/sb)** forcejear (con algo/algn)

PHR V to struggle along/on/through seguir adelante con dificultad

■ **struggle** *n* lucha, pelea: *an armed struggle* una lucha armada ◊ *a struggle for survival/to survive* lucha por la vida ◊ *It was a struggle to persuade him.* Costó mucho esfuerzo persuadirle. *Ver tb* CLASS STRUGGLE

strum /strʌm/ (**-mm-**) **1** *vt* rasguear **2** *vi* **~ (on sth)** tocar una melodía (en algo)

■ **strum** (*tb* **strumming**) *n* rasgueo

strung *pret, pp de* STRING *Ver tb* HIGHLY STRUNG

strung up *adj* nervioso

strut[1] /strʌt/ *n* puntal, tornapunta

strut[2] /strʌt/ *vi* (**-tt-**) **~ (about/along)** pavonearse: *She strutted past us.* Pasó por delante de nosotros dándose aires.

strychnine /ˈstrɪkniːn/ *n* estricnina

stub /stʌb/ *n* **1** (*vela, lápiz*) cabo **2** (*cigarrillo, etc*) colilla **3** (*planta*) cepa **4** (*talonario, recibo, etc*) matriz, resguardo

■ **stub** *vt* (**-bb-**)

LOC to stub your toe (against/on sth) golpearse el dedo del pie (contra algo)

PHR V to stub sth out (*cigarrillo*) apagar algo: *He stubbed out the cigarette with his foot.* Apagó el cigarrillo pisándolo.

stubble /ˈstʌbl/ *n* **1** rastrojo **2** barba incipiente

stubborn /ˈstʌbən/ *adj* **1** terco, tenaz **2** *a stubborn cough* una tos rebelde **LOC** *Ver* MULE[1]

▶ **stubbornly** *adv* tenazmente

stubbornness *n* terquedad

stubby /ˈstʌbi/ *adj* (**-ier, -iest**) rechoncho, achaparrado

stucco /ˈstʌkəʊ/ *n* estuco

stuck[1] *pret, pp de* STICK[2]

stuck[2] /stʌk/ *adj* [*antes de sustantivo*] **1** atascado: *to be stuck in a traffic jam* estar en un atasco ◊ *The jeep got stuck in sand.* El jeep se atascó en la arena. ◊ *stuck in a lift* atrapado en un ascensor **2 ~ on sb** (*coloq*) colado por algn **3 ~ with sth/sb** (*coloq*): *I'm always stuck with the washing-up.* Siempre me toca a mí lavar los platos. **LOC to get stuck in/into sth** (*coloq*) meterse de lleno (en algo) *Ver tb* GROOVE, RUT[1]

stuck-up *adj* (*coloq*) engreído

stud[1] /stʌd/ *n* **1** tachuela **2** (*en la suela del zapato*) taco **3** gemelo (*para el cuello de la camisa*) *Ver tb* PRESS STUD

■ **stud** *vt* (**-dd-**) **~ sth (with sth)** tachonar algo (de algo): *a crown studded with jewels* una corona con incrustaciones de piedras preciosas

stud[2] /stʌd/ *n* **1** caballo semental **2** (*tb* **stud-farm**) caballeriza **3** (⚠) ☛ *Ver nota en* TABÚ (*joc*) (*joven*) semental

LOC to put (a horse) out to stud poner (un caballo) de semental

student /ˈstjuːdnt; *USA* ˈstuː-/ *n* **1** estudiante universitario, -a: *a student teacher* un profesor en prácticas ◊ *a student demonstration* una manifestación estudiantil ◊ *a medical student* un estudiante de medicina ◊ *student loans* préstamos a estudiantes ◊ *a student grant* una beca ◊ *to join the students' union* hacerse miembro de la asociación de estudiantes ◊ *a student (identity) card* un carné de estudiante **2** alumno

studied /ˈstʌdid/ *adj* deliberado, calculado: *with studied indifference* con deliberada indiferencia

studio /ˈstjuːdiəʊ; *USA* ˈstuː-/ *n* (*pl* **~s**) **1** (*de pintor, escultor, etc*) estudio, taller **2** (*TV, Cine, Radio*) estudio: *a television studio* un estudio de televisión ◊ *a studio audience* público invitado a la grabación de un programa ☛ *Comparar con* STUDY

studious /ˈstjuːdiəs; *USA* ˈstuː-/ *adj* **1** estudioso, aplicado **2** (*formal*) deliberado

▶ **studiously** *adv*: *He studiously ignored me.* Me ignoró deliberadamente.

study /ˈstʌdi/ *n* (*pl* **-ies**) **1** (*proceso de aprendizaje*) estudio: *to make a study of sth* realizar una investigación de algo *Ver tb* BUSINESS STUDIES, CASE STUDY ☛ *Comparar con* STUDIO **2** (*habitación*) despacho

■ **study** *vt, vi* (*pret, pp* **studied**) estudiar, examinar: *to study for an exam* preparar un examen

stuff[1] /stʌf/ *n* **1** material, sustancia: *What stuff is this jacket made of?* ¿De qué está hecha esta chaqueta? ◊ *the stuff that great leaders are made of* la madera de la que están hechos los grandes líderes **2** (*argot*) chismes, cosas: *Leave your stuff in the hall.* Deja tus cosas en el recibidor. ◊ *Have you got any salad stuff?* ¿Tiene algo para hacer una ensalada? ◊ *Vodka is dangerous stuff.* El vodka es peligroso. *Ver tb* FOODSTUFFS

LOC **...and stuff** (*coloq*) ...y tal/y todo eso **good, great, etc stuff!** ¡genial! **stuff and nonsense!** (*antic, coloq*) ¡ni hablar! **that's the stuff!** (*coloq*) ¡así me gusta! **to do your stuff** (*coloq*) mostrar lo que eres capaz de hacer *Ver tb* HOT, KNOW, ROUGH[2]

stuff[2] /stʌf/ (*coloq*) **1** *vt* **~ sth (up) (with sth)** rellenar algo (con algo): *My nose is stuffed up.* Tengo la nariz entaponada. **2** *vt* **~ sth into sth/in** meter algo en algo (*hasta que no cabe más*) **3** *vt* poner (*sin orden*): *Just stuff your things anywhere.* Pon tus cosas en cualquier parte. **4** *v refl* **~ yourself (with sth)** (*comida*) atiborrarse (de algo): *I'm stuffed.* Estoy lleno. **5** *vt* **~ sth (with sth)** (*Cocina*) rellenar algo (de algo) **6** *vt* disecar **7** *vt* (*argot*) *You can stuff the job!* ¡Métete el trabajo por donde te quepa!

LOC **get stuffed!** (*GB, argot*) ¡que te den! **to stuff your face** (*GB, coloq*) ponerse ciego a comer

▶ **stuffed** *adj* **1** (*animal*) disecado: *a stuffed owl* un búho disecado **2** (*juguete*) de peluche **3** (*Cocina*) relleno

stuffing (*USA tb* **dressing**) *n* relleno **LOC** *Ver* KNOCK[1]

stuffy /ˈstʌfi/ *adj* (**-ier, -iest**) **1** (*habitación, etc*) cargado, mal ventilado: *It's stuffy inside.* Dentro huele a cerrado. **2** (*coloq*) (*persona*) estirado

▶ **stuffiness** *n* aire viciado, ambiente cargado

stultify /ˈstʌltɪfaɪ/ *vt* (*pret, pp* **-fied**) (*formal*) **1** anular, ridiculizar **2** atontar

stumble /ˈstʌmbl/ *vi* **1 ~ (over sth)** dar un traspié, tropezar (con algo) **2 ~ (over sth); ~ through sth** atrancarse: *She stumbled briefly (over the unfamiliar word).* Se atrancó un poco (con la palabra que no conocía). ◊ *He stumbled through the piece.* Tocó la pieza parando y equivocándose.

PHR V **to stumble about, along, around, etc** ir dando tropezones

to stumble across/on sth/sb encontrarse algo/con algn por casualidad

■ **stumble** *n* tropezón

stumbling block *n* obstáculo, tropiezo

stump /stʌmp/ *n* **1** pequeño trozo que queda de algo **2** (*de árbol*) tocón **3** (*de extremidad*) muñón **4** (*críquet*) palo

LOC **to be/go on the stump** estar/ir de campaña política

■ **stump 1** *vt* (*coloq*) *I'm stumped.* Estoy confundida. ◊ *We were stumped by the problem.* Estábamos desconcertados por el problema. **2** *vt, vi* (*esp USA*) hacer campaña (política)

PHR V **to stump up (sth) (for sth)** (*coloq*) apoquinar (algo) (para algo): *to stump up (cash) for sth* soltar pasta para algo

stumpy /ˈstʌmpi/ *adj* (**-ier, -iest**) rechoncho

stun /stʌn/ *vt* **1** (**-nn-**) (*fig*) asombrar: *a stunned silence* un silencio de desconcierto ◊ *We were stunned by the news.* La noticia nos dejó estupefactos. **2** (*lit*) aturdir

▶ **stunning** *adj* (*coloq*) pasmoso: *a stunning success* un éxito imponente ◊ *She is stunning.* Es despampanante.

stunningly *adv*: *She is stunningly beautiful.* Es de una belleza despampanante.

stung *pret, pp de* STING[2]

stunk *pret, pp de* STINK

stunt[1] /stʌnt/ *n* (*coloq*) **1** truco: *a publicity stunt* un truco publicitario **2** acrobacia: *She does all her own stunts.* Hace todas las escenas peligrosas ella misma.

LOC *Ver* PULL[2]

▶ **stuntman** *n* (*pl* **-men** /-mən/) (*Cine*) doble (*para escenas peligrosas*)

stunt[2] /stʌnt/ *vt* frenar el crecimiento

stupefy /ˈstjuːpɪfaɪ; *USA* ˈstuː-/ *vt* (*pret, pp* **-fied**) **~ sb (with sth) 1** atontar: *stupefied with drink* atontado por la bebida **2** dejar estupefacto: *stupefying simplicity* asombrosa simplicidad

▶ **stupefaction** /ˌstjuːpɪˈfækʃn; *USA* ˌstuː-/ *n* (*formal*) estupefacción

stupendous /stjuːˈpendəs; *USA* stuː-/ *adj* formidable

stupid /ˈstjuːpɪd; *USA* ˈstuː/ *adj* (**-er, -est**) **1** tonto: *What a stupid thing to do!* ¡Qué estupidez! ◊ *This stupid car!* ¡Este coche estúpido! ☛ *Ver nota en* TONTO **2 ~ (with sth)** (*formal*) atontado: *stupid with sleep* atontado por el sueño

LOC **how stupid can you get?** (*coloq*) ¿hasta dónde puede llegar su estupidez?

▶ **stupidity** /stjuːˈpɪdəti; *USA* stuː-/ *n* **1** [*incontable*] estupidez **2** (*pl* **-ties**) [*gen pl*] tontería

stupidly *adv* tontamente

stupor /ˈstjuːpə(r); *USA* ˈstuː-/ *n* aletargamiento, estupor: *in a drunken stupor* atontado por la bebida

sturdy /ˈstɜːdi/ *adj* (**-ier, -iest**) **1** (*zapatos, constitución*) fuerte **2** (*mesa*) sólido **3** (*persona, planta*) robusto **4** (*resistencia*) firme

▶ **sturdily** *adv* sólidamente

sturdiness *n* resistencia

sturgeon /ˈstɜːdʒən/ *n* esturión

stutter /ˈstʌtə(r)/ *vi* tartamudear

■ **stutter** *n* tartamudeo

▶ **stutterer** /ˈstʌtərə(r)/ *n* tartamudo, -a

sty[1] /staɪ/ *n* pocilga *Ver tb* PIGSTY

sty[2] (*tb* **stye**) /staɪ/ *n* (*pl* **sties** o **styes**) orzuelo

style /staɪl/ *n* **1** estilo: *after/in the style of Goya* al estilo de Goya **2** modo: *style of living* modo de vida ◊ *American-style hamburger* hamburguesa a la manera americana ◊ *a buffet style meal* una comida tipo buffet **3** distinción: *a touch of style* un toque de distinción ◊ *to have style* tener clase **4** (*ropa/muebles*) modelo: *the latest style* la última moda ◊ *good sense of style* buen sentido del gusto **5** (*formal*) título **6** (*Bot*) estilo *Ver tb* HAIRSTYLE, LIFESTYLE, OLD-STYLE

LOC **in (great, grand, etc) style**: *He does everything in style.* Todo lo hace con lujo. **(not/more) sb's style**: *Big cars are not my style.* Los coches grandes no van con mi estilo. *Ver tb* CRAMP

■ **style** *vt* **1(a)** diseñar **(b)** (*pelo*) peinar **2** (*formal*) dar(se) el nombre: *He styled himself 'Emperor of the World'.* Se autodenominaba 'Emperador del Mundo'.

▶ **styling** *n* diseño: *classic styling* el diseño clásico ◊ *a styling brush* un cepillo moldeador

stylish *adj* elegante

stylishly *adv*: *stylishly dressed* vestida con mucho estilo

stylishness *n* elegancia

stylist /ˈstaɪlɪst/ *n* **1** (*prosa*) estilista **2** (*ropa*) diseñador, -ora **3** (*tb* **hair stylist**) peluquero, -a ☛ La palabra más normal es **hairdresser**.

▶ **stylistic** /staɪˈlɪstɪk/ *adj* estilístico

stylistically *adv* estilísticamente

stylistics *n* [*sing*] estilística

stylized, -ised /ˈstaɪlaɪzd/ *adj* estilizado

▶ **stylization, -isation** /ˌstaɪlaɪˈzeɪʃn; *USA* -lɪˈz-/ *n* estilización

stylus /ˈstaɪləs/ *n* **1** (*tocadiscos*) aguja **2** (*para escribir*) estilo

stymie /ˈstaɪmi/ *vt* (*pret, pp* **stymied** *part pres* **stymieing**) (*coloq*) bloquear: *to be stymied by sth* estar bloqueado por algo

suave /swɑːv/ *adj* **1** (*aprob*) (*hombre*) afable **2** (*aspecto*) estudiado **3** (*pey*) (*modales*) afectado

sub /sʌb/ *n* (*coloq*) **1** submarino **2** suplente **3** [*gen pl*] cuota **4** anticipo, avance

■ **sub** *vi* **1** *Ver* SUB-EDIT **2 to sub for sb** hacer las veces de algn

subaltern /ˈsʌbltən; *USA* səˈbɔːltərn/ *n* (*GB*) subalterno

subcommittee /ˈsʌbkəmɪti/ *n* subcomité

subconscious /ˌsʌbˈkɒnʃəs/ *adj, n* subconsciente

▶ **subconsciously** *adv* subconscientemente

subcontinent /ˌsʌbˈkɒntɪnənt/ *n*: *the Indian subcontinent* el subcontinente indio

subcontract /ˈsʌbkɒntrækt/ *n* subcontrato

■ **subcontract** /ˌsʌbkənˈtrækt; *USA* -ˈkɒntrækt/ *vt, vi* **~ sth (to sb)** subcontratar algo (a algn)

▶ **subcontractor** /ˌsʌbkənˈtræktə(r); *USA* -ˈkɒntræk-/ *n* subcontratista

subculture /ˈsʌbkʌltʃə(r)/ *n* subcultura

subcutaneous /ˌsʌbkjuˈteɪmiəs/ *adj* subcutáneo

subdivide /ˌsʌbdɪˈvaɪd/ *vt, vi* **~ (sth) (into sth)** subdividir(se) algo (en algo)

▶ **subdivision** /ˌsʌbdɪˈvɪʒn/ *n* subdivisión

subdue /səbˈdjuː; *USA* -ˈduː/ *vt* **1** (*persona*) someter **2** (*emoción*) apaciguar

▶ **subdued** /səbˈdjuːd; *USA* -ˈduːd/ *adj* **1** (*voz*) bajo **2** (*luz, colores*) suave **3** (*emoción*) contenido **4** (*persona*) abatido **5** (*modales*) sumiso

sub-edit /sʌb ˈedɪt/ *vt* (*abrev* **sub**) corregir (*para la prensa*)

▶ **sub-editor** *n* redactor, -ora

subheading /ˈsʌbhedɪŋ/ *n* subtítulo

subject[1] /ˈsʌbdʒɪkt/ *n* **1(a)** (*libro, conversación*) tema: *on the subject of sth* en/sobre el tema de algo ◊ *While we're on the subject …* Mientras hablamos del tema … **(b)** (*colegio*) asignatura **2** (*investigación, experimento*) sujeto **3 ~ for sth** (*pena, felicitación*) motivo de algo **4** (*Gram*) sujeto **5** súbdito: *a British subject* súbdito británico **6** (*Mús*) tema **LOC** *Ver* CHANGE

subject[2] /səbˈdʒekt/ *vt* **~ sth/sb (to sth)** someter, exponer algo/a algn (a algo): *to subject sb to questioning* someter a algn a un interrogatorio ◊ *to subject sb to criticism* exponer a algn a críticas

▶ **subjection** /səbˈdʒekʃn/ *n* sometimiento

subject[3] /ˈsʌbdʒɪkt/ *adj* **1 ~ to sth/sb** sujeto a algo/a algn: *to be subject to the law/to delay/availability* estar sujeto a la ley/a restrasos/a la disponibilidad ◊ *to be subject to colds* ser propenso a los resfriados **2** [*antes de sustantivo*] sometido

subjective /səbˈdʒektɪv/ *adj* subjetivo

▶ **subjectively** *adv* subjetivamente

subjectivity /ˌsʌbdʒekˈtɪvəti/ *n* (*pl* **-ies**) subjetividad

subject matter *n* **1** (*novela, etc*) tema **2** (*carta*) contenido

subjugate /ˈsʌbdʒugeɪt/ *vt* subyugar

▶ **subjugation** /ˌsʌbdʒʊˈgeɪʃn/ *n* subyugación

subjunctive /səbˈdʒʌŋktɪv/ (*Gram*) **1** *n* **the subjunctive** el subjuntivo **2** *adj* subjuntivo

sub-lease /ˌsʌb ˈliːs/ (*tb* **sublet**) *vt* **~ sth (to sb)** subarrendar, realquilar algo (a algn)

■ **sub-lease** (*tb* **sublet**) *n* subarriendo, realquiler

sublet /ˌsʌbˈlet/ *Ver* SUB-LEASE

sub-let /ˌsʌb ˈlet/ *vt* (**-tt-**) (*pret, pp* **sub-let**) **~ sth (to sb)** subarrendar algo (a algn)

sublimate /ˈsʌblɪmeɪt/ *vt* sublimar

■ **sublimate** *n* sublimado

▶ **sublimation** *n* sublimación

sublime /səˈblaɪm/ *adj* **1** sublime: *The food was absolutely sublime.* La comida fue sublime. **2** [*antes de sustantivo*] (*pey*) supino: *a sublime lack of concern* una indiferencia total

LOC from the sublime to the ridiculous de lo sublime a lo ridículo

▶ **sublimely** *adv* de forma sublime, maravillosamente

sublimity *n* sublimidad

subliminal /ˌsʌbˈlɪmɪnl/ *adj* subliminal

sub-machine gun /sʌb məˈʃiːn gʌn/ *n* metralleta ☛ *Ver ilustración en* GUN

submarine /ˌsʌbməˈriːn; *USA* ˈsʌbməriːn/ *n* submarino

■ **submarine** *adj* [*antes de sustantivo*] submarino

submerge /səbˈmɜːdʒ/ **1** *vt, vi* sumergir(se): *a wall submerged by flood water* una pared sumergida en el agua de la inundación **2** *vt* (*fig*) sumergir, inundar: *to be submerged by paperwork* estar inundado de papeles

▶ **submersion** /səbˈmɜːʃn; *USA* -mɜːrʒn/ *n* sumersión

submersible /səbˈmɜːsəbl/ *adj, n* sumergible

submission /səbˈmɪʃn/ *n* **~ (to sth/sb) 1** sumisión (a algo/algn): *submission to sb's will* sumisión a la voluntad de otro ◊ *to beat sb into submission* golpear a algn hasta conseguir su sumisión **2** presentación **3** (*Jur*) argumento: *In my submission, the witness is lying.* En mi opinión, el testigo está mintiendo.

submissive /səbˈmɪsɪv/ *adj* sumiso

▶ **submissively** *adv* de forma sumisa

submissiveness *n* sumisión

submit /səbˈmɪt/ (**-tt-**) **1** *vi* **~ (to sth/sb)** someterse (a algo/algn): *The two sides submitted the dispute to arbitration.* Las dos partes sometieron el litigio al arbitraje. ◊ *to submit to the enemy* rendirse al enemigo **2** *vt* **~ sth (to sth/sb)** presentar algo (a algo/algn): *to submit plans to the council for approval* presentar los planes al ayuntamiento para su aprobación **3** *vt* (*Jur*) sostener

subnormal /ˌsʌbˈnɔːml/ *adj* subnormal

subordinate /səˈbɔːdɪnət; *USA* -dənət/ *adj* **~ (to sth/sb)** subordinado (a algo/algn) *Ver tb* SUBORDINATE CLAUSE

■ **subordinate** *n* subordinado, -a

■ **subordinate** *vt* **~ sth (to sth)** subordinar algo (a algo)

▶ **subordination** /səˌbɔːdɪˈneɪʃn; *USA* -dənˈeɪʃn/ *n* subordinación

subordinate clause *n* (*Gram*) oración subordinada

subpoena /səˈpiːnə/ (*Jur*) *n* citación

■ **subpoena** *vt* citar: *to subpoena sb to testify* citar a algn para testificar

sub-post office *n* subdelegación de correos: *to buy stamps at the local sub-post office* comprar sellos en la subdelegación de correos local

subscribe /səbˈskraɪb/ **1** *vt, vi* **~ (sth) (to sth)** contribuir (algo) (a algo): *to subscribe money to the cause* contribuir a la causa con dinero **2** *vi* **~ (to sth) (a)** suscribir, abonarse (a algo): *Which journal(s) do you subscribe to?* ¿A qué revista(s) estás suscrito? ◊ *subscribed capital* capital suscrito **(b)** (*formal*) (*opinión*) suscribir (algo) **3** *vt* **~ sth (to sth)** (*formal*) poner la firma (en algo)

PHR V to subscribe to sth (*formal*) suscribir algo

subscriber /səbˈskraɪbə(r)/ *n* **1** suscriptor, -ora **2** abonado

subscription /səbˈskrɪpʃn/ *n* **1** suscripción, abono: *to* *take out a subscription to sth* abonarse a algo **2** cuota: *to renew your annual subscription* renovar la cuota anual de uno

subsection /ˈsʌbsekʃn/ *n* subsección

subsequent /ˈsʌbsɪkwənt/ *adj* [*antes de sustantivo*] posterior, subsiguiente: *a policy pursued by subsequent governments* una política continuada por los gobiernos posteriores

▶ **subsequently** *adv* posteriormente, más tarde

subsequent to *prep* (*formal*) posterior a, después de

subservient /səbˈsɜːviənt/ *adj* ~ **(to sth/sb) 1** (*pey*) servil (a algo/algn) **2** secundario (a algo/algn)

▶ **subservience** *n* subordinación

subside /səbˈsaɪd/ *vi* **1** (*agua*) bajar: *The flood waters gradually subsided.* Las aguas de la inundación bajaron poco a poco. **2** (*tierra, carretera*) hundirse **3(a)** (*viento*) amainar **(b)** (*emoción*) calmarse **(c)** (*peligro*) pasar **(d)** (*dolor*) desaparecer **4** (*coloq, joc*) dejarse caer: *subsiding onto the sofa/into an armchair* dejándose caer en el sofá/en un sillón

▶ **subsidence** /səbˈsaɪdns, ˈsʌbsɪdns/ *n* hundimiento

subsidiary /səbˈsɪdiəri; *USA* -dɪeri/ *adj* **1** ~ **(to sth)** secundario, subsidiario (a algo): *a subsidiary subject* una asignatura secundaria **2** filial

■ **subsidiary** *n* (*pl* **-ies**) filial

subsidize, -ise /ˈsʌbsɪdaɪz/ *vt* subvencionar: *subsidized industries* industrias subvencionadas

subsidy /ˈsʌbsədi/ *n* (*pl* **-ies**) subvención: *food subsidies* subvenciones para la comida

subsist /səbˈsɪst/ *vi* ~ **(on sth)** (*formal*) subsistir (con algo)

subsistence /səbˈsɪstəns/ *n* subsistencia: *to live at subsistence level* vivir a un nivel de subsistencia ◊ *subsistence farming/agriculture* agricultura de subsistencia ◊ *subsistence allowance* dietas

subsoil /ˈsʌbsɔɪl/ *n* subsuelo

subsonic /ˌsʌbˈsɒnɪk/ *adj* subsónico ☛ *Comparar con* SUPERSONIC

substance /ˈsʌbstəns/ *n* **1** sustancia: *a poisonous substance like cyanide* una sustancia venenosa como el cianuro **2** sustancia: *Ghosts have no substance.* Los espíritus no tienen sustancia. ◊ *an argument of little substance* un argumento sin sustancia **3** esencia **4** (*formal*) *a man of substance* un hombre acaudalado **LOC** *Ver* SUM

sub-standard /ˌsʌb ˈstændəd/ *adj* inferior

substantial /səbˈstænʃl/ *adj* **1** considerable, importante: *a substantial amount of money* una suma de dinero considerable ◊ *to incur substantial losses* sufrir unas pérdidas importantes **2** sólido: *a substantial chair/wall* una silla/pared sólida **3** acaudalado **4** [*antes de sustantivo*] en gran parte: *We are in substantial agreement.* Estamos de acuerdo en gran parte.

substantially /səbˈstænʃəli/ *adv* **1** considerablemente: *They contributed substantially to our success.* Contribuyeron de manera considerable a nuestro éxito. **2** esencialmente **3** de construcción sólida: *dwellings substantially built with local stone* alojamientos de construcción sólida con la piedra local

substantiate /səbˈstænʃieɪt/ *vt* **1** probar, establecer **2** (*argumento*) justificar

substantive /ˈsʌbstəntɪv/ *adj, n* sustantivo (*fundamental*)

substitute /ˈsʌbstɪtjuːt; *USA* -tuːt/ *n* **1** ~ **(for sb)** sustituto, -a (de algn) **2** ~ **(for sth)** sustitutivo (de algo): *a substitute machine* una máquina sustitutiva **3** (*Dep*) reserva

■ **substitute** *vt, vi* ~ **A (for B)/(B with A)** sustituir B (por A): *You can substitute yoghurt for cream in this recipe.* En esta receta se puede sustituir la nata por yogur. ◊ *to substitute yoghurt with cream* sustituir el yogur por nata ◊ *I'm substituting for Jan today.* Estoy sustituyendo a Jan hoy. ◊ *Literature cannot substitute for reality.* La literatura no puede sustituir a la realidad.

▶ **substitution** *n* sustitución

subsume /səbˈsjuːm; *USA* -ˈsuːm/ *vt* [*gen en pasiva*] (*formal*) absorber: *The party was subsumed within the coalition.* El partido fue absorbido por la coalición.

subterfuge /ˈsʌbtəfjuːdʒ/ *n* subterfugio

subterranean /ˌsʌbtəˈreɪniən/ *adj* subterráneo

subtitle /ˈsʌbtaɪtl/ *n* subtítulo ☛ *Ver nota en* VERSIÓN

■ **subtitle** *vt* subtitular

subtle /ˈsʌtl/ *adj* **(-er, -est) 1** sutil **2** (*sabor*) delicado **3** (*persona*) perspicaz **4** (*olor, color*) suave

▶ **subtlety** *n* (*pl* **-ies**) sutileza, delicadeza

subtly *adv* sutilmente, con delicadeza

subtotal /ˈsʌbtəʊtl/ *n* total parcial

subtract /səbˈtrækt/ **1** *vt, vi* (*Mat*) restar **2** *vt* quitar

▶ **subtraction** *n* sustracción, resta

subtropical /ˌsʌbˈtrɒpɪkl/ *adj* subtropical

suburb /ˈsʌbɜːb/ *n* barrio (exterior): *the suburbs* las afueras de la ciudad

▶ **suburban** *adj* /səˈbɜːbən/ **1** (*lit*) suburbano **2** (*pey, fig*) de miras estrechas: *a suburban attitude* una actitud provinciana

Suburbia *n* (*gen pey*) zonas residenciales de las afueras

subversive /səbˈvɜːsɪv/ *adj* subversivo

■ **subversive** *n* (elemento) subversivo

subvert /səbˈvɜːt/ *vt* subvertir

▶ **subversion** *n* subversión

subway /ˈsʌbweɪ/ *n* **1** (*GB*) paso subterráneo **2** (*USA*) (*transporte*) metro ☛ *Comparar con* TUBE

sub-zero /ˌsʌb ˈzɪərəʊ/ *adj* bajo cero

succeed /səkˈsiːd/ *vt, vi* **1** tener éxito, triunfar: *to succeed in doing sth* conseguir/lograr hacer algo ◊ *The plan succeeded.* El plan fue un éxito. **2** ~ **(sb)** suceder (a algn) **3** ~ **(to sth)** heredar (algo): *to succeed to the throne* subir al trono

▶ **succeeding** *adj* sucesivo, subsiguiente: *In the succeeding months…* En los meses que siguieron…

success /səkˈses/ *n* éxito, triunfo: *to make a success of sth* tener éxito/triunfar en algo ◊ *to be a success* tener éxito ◊ *Hard work is the key to success.* El trabajo es la clave del éxito. ◊ *to meet with success* tener éxito

▶ **successful** *adj* exitoso: *to be successful in sth* tener éxito/triunfar en algo ◊ *to be successful in doing sth* lograr hacer algo con éxito ◊ *a successful conclusion* una feliz conclusión ◊ *the successful candidate* el candidato elegido ◊ *a successful writer* un escritor de éxito

successfully *adv* con éxito, con buen resultado

succession /səkˈseʃn/ *n* **1** sucesión **2** serie **LOC in (quick) succession**: *three times in quick succession* tres veces seguidas

successive /səkˈsesɪv/ *adj* sucesivo: *her fifth successive game* su quinto partido seguido

▶ **successively** *adv* sucesivamente

successor /səkˈsesə(r)/ *n* ~ **(to sth/sb)** sucesor, -ora (a/para algo/de algn): *successor to the former world title holder* sucesor del último campeón del mundo

succinct /səkˈsɪŋkt/ *adj* sucinto

▶ **succinctly** *adv* de manera sucinta

succour (*USA* **succor**) /ˈsʌkə(r)/ *n* (*formal*) socorro

■ **succour** *vt* socorrer

succulent /ˈsʌkjələnt/ *adj* suculento

succumb /səˈkʌm/ *vi* ~ **(to sth)** sucumbir (a algo)

such /sʌtʃ/ *adj, pron* **1** semejante, tal: *Whatever gave you such an idea?* ¿Cómo se te ocurre semejante idea? ◊ *I did no such thing!* ¡Yo no hice tal cosa! ◊ *some such excuse* una excusa semejante ◊ *on an occasion such as this* en una ocasión tal como esta ◊ *such evidence as I have* la evidencia que yo tengo ◊ *There's no such thing as ghosts.* Los fantasmas no existen. ◊ *Such was her opinion.* Esa era su opinión. **2** [*uso enfático*] tan, tanto: *I'm in such a hurry.* Tengo tanta prisa. ◊ *We had such a* *wonderful time.* Nos lo pasamos tan bien. ◊ *such a good book* un libro tan bueno

Such se usa con adjetivos que acompañan a un sustantivo y **so** con adjetivos solos. Compárense los siguientes ejemplos: *The food was so good.* ◊ *We had such good food.* ◊ *You are so intelligent.* ◊ *You are such an intelligent person.* ☛ *Ver nota en* so *adv* sentido 3

3(a) ~ that…: *Such is the influence of TV that…* La influencia de la TV es tal que… **(b) ~ as to do sth**: (*formal, poco frec*) *a crisis such as to precipitate the coup* una crisis que podría precipitar el golpe de estado

Nótese que la única diferencia entre las estructuras **such that…** y **such as to do sth** es que la segunda solo se utiliza en lenguaje formal: *Her character is such that she often upsets people.* ◊ *She has such a character as to upset people often.* Tiene un caracter tal que a menudo la gente se enfada con ella.

LOC as such como tal, propiamente dicho: *It's not a promotion as such.* No es un ascenso como tal. **such as 1** *Such as?* ¿Por ejemplo? ◊ *flowers such as orchids* flores como las orquídeas **2** (*formal*) *Such as I have is yours.* Todo lo que tengo es tuyo. **such as it is**: *This is my flat, such as it is.* Tal como es, este es mi apartamento.

such-and-such /ˈsʌtʃ ən sʌtʃ/ *pron, adj* tal o cual

suchlike /ˈsʌtʃlaɪk/ *pron* por el estilo: *hooligans and suchlike* gamberros y otros por el estilo

suck /sʌk/ *vt, vi* **1** chupar **2** (*bomba*) succionar **3** (*bebé*) mamar **4** (*esp USA, coloq*) *This music sucks.* Esta música apesta.

PHR V to suck (away) (at/on sth) chupar (algo)

to suck sth/sb down tragar algo/a algn

to suck sb in/into sth meter a algn en algo: *to get sucked into sth* verse involucrado en algo

to suck sth in 1 aspirar algo: *to suck in your cheeks* meter las mejillas **2** (*fig*) atraer algo

to suck sth into sth introducir algo en algo

to suck sth out chupar algo

to suck sth/sb under tragar algo/a algn

to suck up (to sb) (*coloq, pey*) dar coba (a algn), hacer la pelota (a algn)

to suck sth/sb up (ab)sorber algo/a algn, aspirar algo: *to suck water up a straw* beber agua con paja

■ **suck** *n* chupada: *to have/take a suck (at sth)* dar una chupada (a algo)

▶ **sucker** *n* **1** ventosa **2** (*coloq*) (*persona fácil de engañar*) primo, -a **3** (*coloq*) *to be a sucker for sth* no poder resistir a algo

suckle /ˈsʌkl/ **1** *vt* dar de mamar **2** *vi* mamar

suckling pig *n* **1** lechón **2** (*Cocina*) cochinillo

sucrose /ˈsuːkrəʊz, -rəʊs/ *n* sucrosa

suction /ˈsʌkʃn/ *n* succión

sudden /ˈsʌdn/ *adj* **1** súbito **2** repentino: *She felt a sudden rush of anger.* Sintió que la invadía la ira. **3** imprevisto

LOC all of a sudden de pronto, de repente **sudden death** para desempatar

▶ **suddenly** *adv* **1** de pronto **2** repentinamente

suddenness *n* lo repentino

suds /sʌdz/ *n* [*pl*] espuma de jabón

sue /suː, sjuː/ **1** *vi* **to sue for sth** solicitar algo: *to sue for divorce* solicitar el divorcio **2** *vt* **to sue (sb) (for sth)** demandar (a algn) (por algo)

suede /sweɪd/ *n* ante: *a suede jacket* una chaqueta de ante

suet /ˈsuːɪt, ˈsjuːɪt/ *n* sebo

suffer /ˈsʌfə(r)/ **1** *vi* **~ (from/with sth)** padecer, sufrir (de algo): *The city suffers from overpopulation.* La ciudad tiene un gran problema de superpoblación. **2** *vt, vi* sufrir: *to suffer pain/defeat* tener dolor/sufrir una derrota ◊ *How they must have suffered.* Cuánto han debido de sufrir. ◊ *The business has suffered badly.* El negocio ha sido afectado seriamente. ◊ *He made a rash decision – now he's suffering for it.* Tomó una decisión apresurada, y ahora sufre las consecuencias. **3** *vt* aguantar, tolerar **4** *vi* ser perjudicado: *Your studies will suffer if you play too much football.* Si juegas demasiado al fútbol, tus estudios van a salir perjudicados. *Ver tb* LONG-SUFFERING

LOC not/never to suffer fools gladly tener muy poca paciencia con la gente que dice tonterías *Ver tb* AGONY

▶ **sufferer** *n* persona que padece algo: *asthma sufferers* los asmáticos

suffering /ˈsʌfərɪŋ/ *n* sufrimiento

sufferance /ˈsʌfərəns/ *n*

LOC on sufferance por tolerancia

suffice /səˈfaɪs/ *vi* **~ (for sth/sb)** (*formal*) ser suficiente (para algo/algn)

LOC suffice it to say (that)… sobra con decir (que)…

sufficient /səˈfɪʃnt/ *adj* **~ (for sth/sb)** suficiente (para algo/algn) *Ver tb* SELF-SUFFICIENT

▶ **sufficiently** *adv* suficientemente

suffix /ˈsʌfɪks/ *n* sufijo

suffocate /ˈsʌfəkeɪt/ **1** *vt, vi* asfixiar(se) **2** *vi* ahogarse: *I'm suffocating in here; can't we open a few windows?* Me estoy ahogando aquí. ¿No se pueden abrir unas cuantas ventanas?

▶ **suffocating** *adj* sofocante

suffocation *n* asfixia

suffrage /ˈsʌfrɪdʒ/ *n* sufragio

suffragette /ˌsʌfrəˈdʒet/ *n* sufragista

suffuse /səˈfjuːz/ *vt* **~ sth (with sth)** inundar algo (de algo): *The evening sky was suffused with pink.* El cielo del atardecer se pintó de rosa.

sugar /ˈʃʊgə(r)/ *n* azúcar *Ver tb* CASTOR SUGAR, GRANULATED SUGAR, ICING SUGAR

■ **sugar** *vt* **1** poner azúcar en: *Is this tea sugared?* ¿Tiene azúcar este té? **2** garrapiñar: *sugared almonds* almendras garrapiñadas **LOC** *Ver* PILL

sugar beet *n* remolacha

sugar bowl *n* azucarero

sugar cane *n* caña de azúcar

sugar-coated /ˌʃʊgə ˈkəʊtɪd/ *adj* garrapiñado, azucarado

sugar cube *Ver* SUGAR LUMP

sugar daddy *n* (*coloq*) viejo rico amante de una mujer joven

sugar-free /ˌʃʊgə ˈfriː/ *adj* sin azúcar

sugar lump (*tb* **sugar cube**) *n* terrón de azúcar

sugary /ˈʃʊgəri/ *adj* **1** azucarado **2** (*pey*) meloso, empalagoso

suggest /səˈdʒest; *USA* səgˈdʒ-/ *vt* **1(a)** proponer, sugerir: *He suggested taking the children to the zoo.* Propuso llevar a los niños al parque zoológico. **(b)** aconsejar: *What would you suggest?* ¿Qué me aconseja usted? ◊ *I suggest you go to the doctor.* Te aconsejo que vayas al médico. **2** indicar: *The figures suggest that the recession is far from over.* Los datos indican que la recesión aún no ha terminado. **3** insinuar: *Are you suggesting that I'm not telling the truth?* ¿Está usted insinuando que no digo la verdad?

▶ **suggestible** *adj* sugestionable

suggestion /səˈdʒestʃən; *USA* səgˈdʒ-/ *n* **1** sugerencia: *to make a suggestion* hacer una sugerencia ◊ *We went at her suggestion.* Fuimos porque ella nos lo sugirió. **2** indicio: *There is no suggestion of foul play.* No hay ningún indicio de que haya sido un acto criminal. **3** insinuación: *He dismissed as nonsense any suggestion that he was about to resign.* Desmintió cualquier insinuación de que iba a renunciar.

suggestive /-ɪv/ *adj* **1 ~ (of sth)** indicativo (de algo) **2** insinuante

suggestively *adv* insinuantemente

suicidal /ˌsuːɪˈsaɪdl/ *adj* **1** suicida **2(a)** (*lit*) a punto de suicidarse **(b)** (*fig*) con ganas de pegarse un tiro

suicide /ˈsuːɪsaɪd/ *n* **1** suicidio: *to commit suicide* suicidarse **2** suicida

suit /suːt/ *n* **1** traje: *a two-/three-piece suit* un traje de dos/tres piezas *Ver tb* BATHING SUIT, BOILER SUIT, CATSUIT, JUMPSUIT, SHELL SUIT, SPACESUIT, SWIMSUIT, TRACKSUIT, WETSUIT **2** palo (*naipe*) **3** (*tb* **lawsuit**) pleito
LOC *Ver* BIRTHDAY, FOLLOW
■ **suit 1** *vt* quedar bien: *Does this skirt suit me?* ¿Me queda bien esta falda? **2** *vt* **(a)** convenir: *Will Thursday suit (you)?* ¿Te conviene el jueves? **(b)** sentar bien: *The hot weather doesn't suit him.* El calor no le sienta bien. **3** *v refl* **~ yourself** (*coloq*) hacer lo que uno quiere: *You don't want to join the club? Oh well, suit yourself.* ¿Que no quieres pertenecer al club? Pues haz lo que quieras. **4** *vt* **~ sth to sth/sb** adecuar algo a algo/algn: *to suit the punishment to the crime* adecuar la pena al delito
LOC **to suit sb down to the ground** (*coloq*) venir de maravilla a algn
▶ **suited** *adj* **1 ~ (for/to sth/sb)** adecuado (para algo/algn): *The course was well suited to our needs.* El curso era adecuado para nuestras necesidades. **2** *He and his wife are well suited (to each other).* Él y su esposa están hechos el uno para el otro.

suitability /ˌsuːtəˈbɪləti, ˌsjuːt-/ (*tb* **suitableness**) *n* [*incontable*] **1** aptitud **2** conveniencia

suitable /ˈsuːtəbl/ *adj* **~ (for sth/sb) 1** adecuado (para algo/algn): *the most suitable person for the job* la persona más indicada para el trabajo ◊ *This toy isn't suitable for children under five years of age.* Este juguete no es apropiado para niños menores de cinco años. **2** conveniente (para algo/algn)
▶ **suitably** *adv* debidamente: *to be suitably dressed for the weather* llevar ropa adecuada al clima

suitcase /ˈsuːtkeɪs/ *n* maleta

suite /swiːt/ *n* **1** juego: *a three-piece suite* un tresillo **2** suite: *the bridal suite* la suite nupcial *Ver tb* EN SUITE

suitor /ˈsuːtə(r)/ *n* (*antic*) pretendiente

sulfur *n* (*USA*) *Ver* SULPHUR

sulk /sʌlk/ *vi* (*pey*) **1** enfurruñarse **2** tener la cara larga
▶ **sulky** /ˈsʌlki/ *adj* (**-ier, -iest**) enfurruñado

sullen /ˈsʌlən/ *adj* (*pey*) **1** hosco **2** (*fig*) sombrío
▶ **sullenly** *adv* sombríamente, a regañadientes: *She looked at them sullenly.* Les lanzaba miradas resentidas.
sullenness *n* hosquedad, mal humor

sully /ˈsʌli/ *vt* (*pret, pp* **sullied**) (*formal, fig*) manchar, mancillar

sulphur (*USA* **sulfur**) /ˈsʌlfə(r)/ *n* azufre: *sulphur dioxide* dióxido/bióxido de azufre
▶ **sulphate** (*USA* **sulfate**) *n* sulfato
sulphide (*USA* **sulfide**) *n* sulfuro
sulphurous (*USA* **sulfurous**) *adj* sulfuroso

sulphuric acid (*USA* **sulfuric acid**) *n* ácido sulfúrico

sultan /ˈsʌltən/ *n* sultán

sultana /sʌlˈtɑːnə; *USA* -ænə/ *n* **1** pasa (*de Esmirna*) **2** sultana

sultry /ˈsʌltri/ *adj* (**-ier, -iest**) **1** bochornoso **2** sensual

sum /sʌm/ *n* **1** suma: *to be good at sums* ser bueno en cálculo **2 sum (of sth)** (*dinero*): *the sum of £200* la suma de 200 libras *Ver tb* LUMP SUM **3(a) sum (of sth)** (*total*): *The sum of 5 and 3 is 8.* La suma de 5 y 3 es 8. **(b) the sum (total) of sth** la totalidad de algo
LOC **in sum** (*antic*) en suma **sum and substance** el punto principal: *However much we wanted to buy the car, the sum and substance is we didn't have enough money.* A pesar de lo mucho que queríamos comprar el coche, lo esencial es que no teníamos suficiente dinero. **to do your sums** hacer las cuentas: *Their estimate was way out – they didn't do their sums properly.* Su presupuesto estaba completamente equivocado, hicieron mal las cuentas.

■ **sum** *v* (**-mm-**)
PHR V **to sum (sth) up 1** resumir (algo): *It can be summed up in one word: rubbish!* Puede resumirse en una palabra: ¡basura! ◊ *to sum up* en resumen **2** (*Jur*) recapitular (algo)
to sum sth/sb up hacerse una idea de algo/algn: *She summed up the situation at a glance.* Se hizo una idea de la situación rápidamente.

Sumerian /sʊˈmɪəriən/ *adj, n* sumerio, -a

summarize, -ise /ˈsʌməraɪz/ *vt, vi* resumir

summary[1] /ˈsʌməri/ *n* (*pl* **-ies**) resumen
■ **summary** *adj* (*informe*) sumario

summary[2] /ˈsʌməri/ *adj* sumario (*justicia, castigo, etc*)
▶ **summarily** /ˈsʌmərəli; *USA* səˈmerəli/ *adv* sumariamente

summation /sʌˈmeɪʃn/ *n* (*formal*) **1** recapitulación **2** compendio

summer /ˈsʌmə(r)/ *n* **1** verano: *last summer* el verano pasado ◊ *a summer's day* un día de verano ◊ *summer school* curso de verano ◊ *summer weather* tiempo veraniego ◊ *summer flowers* flores estivales *Ver tb* MIDSUMMER **2** (*ret*) *a girl of ten summers* una niña de diez abriles **LOC** *Ver* INDIAN, SWALLOW[2]

summer house *n* glorieta

summertime /ˈsʌmətaɪm/ *n* verano: *in (the) summertime* en el verano

summer time (*USA* **daylight saving time**) *n* hora de verano

summery /ˈsʌməri/ *adj* veraniego

summing-up /ˌsʌmɪŋ ˈʌp/ *n* (*pl* **summings-up**) (*Jur*) recapitulación

summit /ˈsʌmɪt/ *n* cumbre (*montaña, reunión, fig*): *summit conference/meeting* cumbre

summon /ˈsʌmən/ *vt* **1(a)** convocar, llamar: *to summon the shareholders to a meeting* convocar a los accionistas a una reunión ◊ *He was summoned to the headmaster's office.* Fue llamado a la oficina del director. ◊ *to summon help* pedir ayuda **(b) ~ sb** (*Jur*) emplazar a algn **2 ~ sth (up)** (*valor, etc*) hacer acopio, armarse de algo: *I couldn't summon (up) the energy.* No encontré la energía.
PHR V **to summon sth up** evocar algo

summons /ˈsʌmənz/ *n* (*pl* **summonses**) **1** (*Jur*) citación **2** llamamiento
■ **summons** *vt* **~ sb (for sth)** (*Jur*) enviar a algn una citación (por algo): *He was summonsed for speeding.* Le enviaron una citación por exceso de velocidad.

sumo /ˈsuːməʊ/ *n* sumo

sump /sʌmp/ *n* **1** (*aceite del coche*) cárter **2** (*mina*) sumidero **3** (*aguas residuales*) pozo negro/séptico

sumptuous /ˈsʌmptʃuəs/ *adj* suntuoso
▶ **sumptuously** *adv* suntuosamente
sumptuousness *n* suntuosidad

Sun *abrev de* **Sunday**

sun /sʌn/ *n* sol: *The sun was shining.* Hacía sol. ◊ *to sit in the sun* sentarse al sol ◊ *The sun's in my eyes.* Me da el sol en los ojos. ◊ *the midday sun* el sol del mediodía
LOC **under the sun** del mundo: *the best wine under the sun* el mejor vino del mundo **with the sun** con el sol: *to be/get up with the sun* levantarse con el sol *Ver tb* CATCH[1], HAY, PLACE[1]
■ **sun** *v refl* (**-nn-**) **to sun yourself** tomar el sol

sunbathe /ˈsʌnbeɪð/ *vi* tomar el sol
▶ **sunbathing** *n* tomar el sol

sunbeam /ˈsʌnbiːm/ *n* rayo de sol

sunbed /ˈsʌnbed/ *n* **1** tumbona **2** cama de rayos ultravioleta

sunblock /ˈsʌnblɒk/ *n* protección solar total

sunburn /ˈsʌnbɜːn/ *n* [*incontable*] quemaduras de sol: *Use a cream to prevent sunburn.* Usa una crema para que no te quemes. ◊ *to get sunburn* quemarse
☛ *Comparar con* SUNTAN

▶ **sunburnt** (*tb* **sunburned**) *adj* **1** quemado por el sol: *Be careful not to get sunburnt.* Ten cuidado no te vayas a quemar. **2** bronceado, curtido por el sol

sundae /ˈsʌndeɪ; *USA* -diː/ *n* copa de helado: *a peach sundae* una copa de helado con trozos de melocotón

Sunday /ˈsʌndeɪ, ˈsʌndi/ *n* (*abrev* **Sun**) domingo: *a traditional Sunday lunch* una comida tradicional de domingo ◊ *Palm/Easter Sunday* Domingo de Ramos/ Resurrección *Ver tb* MOTHERING SUNDAY, REMEMBRANCE SUNDAY, WHIT SUNDAY ☛ *Ver nota y ejemplos en* MONDAY ☛ *Ver nota en* ROAST
LOC **your Sunday best** (*coloq, joc*) traje de domingo: *She was all dressed up in her Sunday best.* Vino toda endomingada. *Ver tb* MONTH
■ **Sunday** *adj* dominical: *a Sunday paper* un periódico dominical

Sunday school *n* catequesis para niños (*que en los países anglosajones suele tener lugar los domingos*)

sunder /ˈsʌndə(r)/ *vt* (*formal, ret*) separar (*esp por la fuerza o para siempre*)

sundial /ˈsʌndaɪəl/ *n* reloj de sol

sundown /ˈsʌndaʊn/ (*USA, antic*) *n* puesta de sol

sun-drenched /ˈsʌn drentʃt/ *adj* (*aprob*) inundado de sol

sundry /ˈsʌndri/ *adj* [*antes de sustantivo*] vario: *on sundry occasions* en diversas ocasiones ◊ *The bill includes labour and other sundry costs.* La cuenta incluye mano de obra y gastos varios.
LOC **all and sundry** (*coloq*) todos y cada uno: *He seems to have told all and sundry.* Parece que se lo ha contado a todo hijo de vecino.
▶ **sundries** *n* [*pl*] varios: *My expenses claim includes £15 for sundries.* Mi reclamación de gastos incluye 15 libras para gastos varios.

sunflower /ˈsʌnflaʊə(r)/ *n* girasol: *sunflower seeds* pipas de girasol ◊ *sunflower oil* aceite de girasol

sung *pp de* SING

sunglasses /ˈsʌnɡlɑːsɪz/ *n* [*pl*] gafas de sol: *a pair of sunglasses* unas gafas de sol

sunhat /ˈsʌnhæt/ *n* pamela

sunk *pp de* SINK

sunken /ˈsʌŋkən/ *adj* [*antes de sustantivo*] hundido: *a sunken ship* un barco hundido ◊ *sunken cheeks* mejillas hundidas ◊ *a sunken terrace at the bottom of the garden* una terraza a nivel más bajo al fondo del jardín

sunless /ˈsʌnləs/ *adj* sin sol

sunlight /ˈsʌnlaɪt/ *n* luz solar, luz del sol

sunlit /ˈsʌnlɪt/ *adj* iluminado por el sol

sunlounger /ˈsʌnlaʊndʒə(r)/ *n* tumbona

sunny /ˈsʌni/ *adj* (**-ier, -iest**) **1** soleado: *It's sunny today.* Hoy hace sol. **2** (*fig*) alegre: *to look on the sunny side* mirar el lado bueno de las cosas
▶ **sunnily** *adv* alegremente

sunrise /ˈsʌnraɪz/ *n* salida del sol: *at sunrise* a la salida del sol ◊ *from sunrise to sunset* desde el amanecer hasta el anochecer

sunroof /ˈsʌnruːf/ *n* techo corredizo/solar

sunscreen /ˈsʌnskriːn/ *n* filtro solar: *sunscreen filters* filtros UVB ◊ *maximum protection sunscreen lotion* loción para el sol de máxima protección

sunset /ˈsʌnset/ *n* puesta del sol: *at sunset* a la puesta del sol

sunshine /ˈsʌnʃaɪn/ *n* **1** sol: *to sit in the sunshine* sentarse al sol **2** (*coloq, fig*) alegría **3** (*GB, coloq*) **(a)** (*término cariñoso*) solete **(b)** (*irón*) majo, -a

sunstroke /ˈsʌnstrəʊk/ *n* [*incontable*] insolación: *to get sunstroke* coger una insolación

suntan /ˈsʌntæn/ *n* bronceado: *to get a suntan* broncearse ◊ *suntan lotion* loción bronceadora ☛ *Comparar con* SUNBURN
▶ **suntanned** *adj* bronceado

sun terrace *n* terraza

sup /sʌp/ (**-pp-**) **1** *vt* (*GB*) beber a sorbos **2** *vi* **to sup (on/off sth)** (*antic*) cenar (algo): *They supped on the leftovers.* Cenaron de las sobras.
■ **sup** *n* sorbo

super¹ /ˈsuːpə(r)/ *adj* estupendo

super² /ˈsuːpə(r)/ *n* (*GB, coloq*) comisario (de policía)

superabundant /ˌsuːpərəˈbʌndənt/ *adj* (*formal*) sobreabundante: *superabundant imagination* una imaginación desbordante
▶ **superabundance** *n* sobreabundancia

superannuated /ˌsuːpərˈænjueɪtɪd, ˌsjuː-/ *adj* (*coloq, gen joc*) caduco

superannuation /ˌsuːpərˌænjuˈeɪʃn, ˌsjuː-/ *n* **1** jubilación **2** pensión de retiro

superb /suːˈpɜːb/ *adj* magnífico
▶ **superbly** *adv* de maravilla: *a superbly situated house* una casa en un sitio magnífico

supercharge /ˈsuːpətʃɑːdʒ/ *vt* sobrealimentar (*un motor*)
▶ **supercharger** *n* sobrealimentador

supercilious /ˌsuːpəˈsɪliəs, ˌsjuː-/ *adj* desdeñoso, arrogante
▶ **superciliously** *adv* con desdén, con arrogancia
superciliousness *n* desdén, arrogancia

superconductivity /ˌsuːpəˌkɒndʌkˈtɪvəti, ˌsjuː-/ *n* superconductividad
▶ **superconductor** *n* superconductor

super-duper /ˌsuːpə ˈduːpə(r)/ *adj* (*coloq, antic*) guay

superego /ˌsuːpərˈiːɡəʊ, ˌsjuː-/ *n* super-ego

superficial /ˌsuːpəˈfɪʃl/ *adj* superficial: *a superficial wound/similarity* una herida/semejanza superficial ◊ *a superficial knowledge* un conocimiento superficial
▶ **superficiality** *n* superficialidad
superficially *adv* superficialmente, aparentemente: *Superficially, little appears to have changed.* Aparentemente, parece que ha cambiado poco.

superfine /ˈsuːpəfaɪn/ *adj* superfino

superfluous /suːˈpɜːfluəs, sjuː-/ *adj* superfluo, innecesario: *to be superfluous* estar de más
▶ **superfluity** *n* (*formal*) superfluidad

supergrass /ˈsuːpəɡrɑːs, ˈsjuː-/ *n* soplón, -ona

superhuman /ˌsuːpəˈhjuːmən/ *adj* sobrehumano: *superhuman effort* un esfuerzo sobrehumano ◊ *superhuman powers* poderes sobrehumanos ◊ *superhuman strength* fuerza sobrehumana

superimpose /ˌsuːpərɪmˈpəʊz/ *vt* **~ (on sth)** superponer (en algo): *They superimposed another image onto the photo.* Superpusieron otra imagen encima de la foto.

superintendent /ˌsuːpərɪnˈtendənt/ *n* **1** (*GB*) (*abrev* **Supt**) (*coloq* **super**) comisario (de policía): *the chief superintendent* el comisario jefe **2** encargado, -a, supervisor, -ora: *the park superintendent* el vigilante del parque
▶ **superintendence** *n* supervisión

superior /suːˈpɪəriə(r), sjuː-/ *adj* **1 ~ (to sth/sb)** superior (a algo/algn: *of superior quality* de calidad superior ◊ *Their products are far superior to ours.* Sus productos son con mucho superiores a los nuestros. **2** soberbio: *a superior air* un aire de suficiencia ◊ *Don't be so superior!* ¡No seas tan soberbio!
■ **superior** *n*: *She is my superior in knowledge.* Ella me supera en conocimientos. ◊ *Mother Superior* la Madre Superiora
▶ **superiority** /suːˌpɪəriˈɒrəti, sjuː-/ *n* **~ (in sth)**; **~ (over/to sth/sb)** superioridad (en algo); (sobre algo/ algn)

superiority complex *n* complejo de superioridad

superlative /suˈpɜːlətɪv, sju-/ *adj, n* superlativo

superman /ˈsuːpəmæn/ *n* (*pl* **-men** /-men/) superhombre

supermarket /ˈsuːpəmɑːkɪt/ *n* supermercado

supernatural /ˌsuːpəˈnætʃrəl/ *adj* sobrenatural: *supernatural powers* poderes sobrenaturales
■ **the supernatural** *n* lo sobrenatural

superpower /ˈsuːpəpaʊə(r)/ *n* superpotencia: *a superpower summit* una cumbre de superpotencias

supersede /ˌsuːpəˈsiːd/ *vt* reemplazar, sustituir

supersonic /ˌsuːpəˈsɒnɪk/ *adj* supersónico: *supersonic speeds* velocidades supersónicas ☛ *Comparar con* SUBSONIC

superstar /ˈsuːpəstɑː(r)/ *n* (*coloq*) estrella (*famoso*): *Hollywood superstars* estrellas de Hollywood

superstition /ˌsuːpəˈstɪʃn/ *n* superstición
▶ **superstitious** *adj* supersticioso
superstitiously *adv* supersticiosamente

En Gran Bretaña el día que supuestamente trae mala suerte es el viernes 13, no el martes. Si un gato negro se te cruza es un signo de buena suerte, no de mala.

superstore /ˈsuːpəstɔː(r)/ *n* hipermercado

superstructure /ˈsuːpəstrʌktʃə(r)/ *n* superestructura

supertanker /ˈsuːpətæŋkə(r)/ *n* superpetrolero

supervise /ˈsuːpəvaɪz/ *vt* supervisar
▶ **supervision** *n* supervisión: *under the supervision of a doctor* bajo la supervisión de un médico
supervisor *n* supervisor, -ora
supervisory *adj* de supervisor: *a supervisory committee* un comité supervisor

supine /ˈsuːpaɪn, ˈsjuː-/ *adj* (*formal*) **1** supino **2** (*ofen, fig*) abúlico

supper /ˈsʌpə(r)/ *n* cena: *to have supper* cenar ☛ *Ver nota en* DINNER

supplant /səˈplɑːnt/ *vt* (*formal*) **1** reemplazar **2** (*fraudulentamente*) suplantar

supple /ˈsʌpl/ *adj* **1** flexible **2** ágil: *a supple mind* una mente ágil
▶ **suppleness** *n* **1** flexibilidad **2** agilidad

supplement /ˈsʌplɪmənt/ *n* **1** complemento: *a vitamin supplement* un complemento vitamínico ◊ *a single room supplement* una cantidad extra por la habitación individual **2** (*de un periódico*) suplemento: *the Sunday supplements* los suplementos del periódico del domingo **3** (*de un libro*) apéndice
■ **supplement** *vt* complementar, completar: *to supplement your income* complementar tus ingresos

supplementary /ˌsʌplɪˈmentri; *USA* -teri/ *adj* adicional, suplementario

supplementary benefit *n* (*GB, antic*) subsidio para las personas con pocos ingresos

Este subsidio fue sustituido en 1988 por el **income support**.

supplicant /ˈsʌplɪkənt/ (*tb* **suppliant** /ˈsʌpliənt/) *adj, n* (*formal*) suplicante

supplication /ˌsʌplɪˈkeɪʃn/ *n* súplica

supplier /səˈplaɪə(r)/ *n* proveedor, -ora, distribuidor, -ora

supply /səˈplaɪ/ *vt* (*pret, pp* **-lied**) **1** ~ **sb (with sth)** proveer, abastecer a algn (de algo) **2** ~ **sth (to sb)** suministrar, facilitar algo (a algn): *Batteries not supplied.* Viene sin pilas. ◊ *to supply a need/demand* cubrir una necesidad/demanda
■ **supply** *n* (*pl* **-ies**) **1** suministro: *the gas supply industry* la industria de suministro de gas ◊ *a constant supply of hot water* un suministro constante de agua caliente ◊ *to cut off the power supply* cortar la electricidad ◊ *blood supply* riego sanguíneo **2** [*gen pl*] provisión: *food, water and medical supplies* las reservas de comida, agua y medicinas ◊ *office supplies* material de oficina ◊ *emergency supplies and reinforcements* las provisiones de emergencia y los refuerzos ◊ *oil supplies* reservas de petróleo
LOC **supply and demand** la oferta y la demanda *Ver tb* PLENTIFUL, SHORT[1]
■ **supply** *adj* suplente: *a supply teacher* un maestro suplente

support /səˈpɔːt/ *vt* **1** (*peso*) sostener, soportar: *a beam supporting a roof* una viga sosteniendo el techo ◊ *to support yourself with a walking-stick* apoyarse en un bastón **2** (*causa*) apoyar, respaldar: *Which football team do you support?* ¿De qué equipo eres? **3** (*económicamente*) mantener
■ **support** *n* **1** apoyo, ayuda: *support groups/services* grupos/servicios de apoyo ◊ *He was a great support to us when my father died.* Nos ayudó mucho cuando murió mi padre. ◊ *financial support* ayuda económica *Ver tb* INCOME SUPPORT **2** (*de un peso*) soporte *Ver tb* LIFE-SUPPORT MACHINE
LOC **in support of sth/sb** en apoyo de algo/algn *Ver tb* GROUNDSWELL
▶ **supporter** *n* **1** (*Pol*) partidario, -a **2** (*Fútbol*) hincha **3** (*de una teoría*) seguidor, -ora
supporting *adj* **1** que apoya: *supporting evidence* pruebas acreditativas *Ver tb* SELF-SUPPORTING **2** (*Cine, Teat*) secundario: *a supporting role* un papel secundario
supportive *adj* que ayuda/apoya: *a very supportive family* una familia que ayuda mucho ◊ *to be supportive of sth/sb* apoyar algo/a algn

suppose /səˈpəʊz/ *vt* **1** suponer, imaginarse: *What do you suppose he wanted?* ¿Qué crees que quería? ◊ *He was widely supposed to be dead.* Se le suponía muerto. ◊ *Suppose you had a million pounds.* Imagínate que tuvieras un millón de libras. ◊ *I suppose so/not.* Supongo que sí/no. ◊ *Supposing he comes…?* Pongamos que viene… ◊ *I don't suppose you can help, but…* Lo más seguro es que no puedas hacer nada, pero… ☛ *Ver nota en* SO *adv* sentido 6 **2** presuponer: *a theory which supposes the existence of other worlds* una teoría que presupone la existencia de otros mundos **3** (*en imperativo para hacer una sugerencia*): *Suppose we change the subject?* ¿Qué te parece si cambiamos de tema?
LOC **to be supposed to be 1** (*intención*) suponerse que es, son, etc: *It's supposed to be a secret.* Se supone que es un secreto. **2** (*irón*): *Was that supposed to be funny?* ¿Querías hacer gracia? **to be supposed to do sth** deber hacer algo: *I'm supposed to be on stage in five minutes.* Debo salir a escena en cinco minutos.
▶ **supposed** *adj* supuesto
supposedly *adv* supuestamente, según cabe suponer
supposing (that)… *conj* **1** suponiendo que… **2** (*con sugerencias*) y si…

supposition /ˌsʌpəˈzɪʃn/ *n* suposición, hipótesis

suppository /səˈpɒzətri/ (*pl* **-ries**) *n* supositorio

suppress /səˈpres/ *vt* **1** (*rebelión, etc*) reprimir **2** (*pruebas*) ocultar **3** (*sentimientos*) contener, reprimir: *to suppress your anger/excitement* contener la ira/la emoción ◊ *to suppress the urge to…* reprimir el deseo de… ◊ *to suppress a yawn* ahogar un bostezo
▶ **suppression** *n* supresión, represión

supranational /ˌsuːprəˈnæʃnəl/ *adj* supranacional

supremacy /suːˈpreməsi, sjuː-/ *n* ~ **(over sth/sb)** supremacía (sobre algo/algn)

supreme /suːˈpriːm, sjuː-/ *adj* supremo, sumo: *the supreme court* el tribunal supremo ◊ *a supreme effort* un esfuerzo supremo ◊ *to reign supreme* gozar del dominio absoluto
▶ **supremely** *adv* sumamente

supremo /suːˈpriːməʊ/ *n* (*pl* **~s**) gran jefe, gran jefa

Supt (*GB, coloq*) *abrev de* **superintendent**

surcharge /ˈsɜːtʃɑːdʒ/ *n* ~ **(on sth)** recargo (sobre algo)
■ **surcharge** *vt* aplicar un recargo a

sure /ʃɔː(r); *USA* ʃʊər/ *adj* (**surer, surest**) seguro, cierto: *Are you sure he's coming?* ¿Estás seguro de que vendrá? ◊ *It's sure to rain.* Seguro que llueve. ◊ *There's no sure remedy for a cold.* No hay un remedio infalible para el resfriado. ◊ *One thing is sure…* Una cosa es cierta… ◊ *to feel/be sure about sth* estar seguro de algo

LOC for sure (*coloq*) sin ninguna duda: *I couldn't say for sure.* No podría decirlo con seguridad. ◊ *She won't come back here again, that's for sure!* ¡No volverá por aquí, eso es seguro! **sure of yourself** seguro de ti mismo **sure (thing)!** (*esp USA, coloq*) ¡claro! **to be a sure sign of sth/that...** ser una señal inequívoca de algo/que... **to be sure** efectivamente, ciertamente **to be sure of sth** estar seguro de algo: *They have to win to be sure of a place.* Tienen que ganar para asegurarse un puesto. **to be sure to do sth; to be sure and do sth** no dejar de hacer algo: *Be sure (to write) and tell me all your news.* No dejes de (escribirme y) contarme todas tus noticias. **to make sure (of sth/that...) 1** cerciorarse (de algo/de que...) **2** asegurarse (de algo/de que...) **3** verificar (algo)

■ **sure** *adv* (*esp USA, coloq*) seguro: *I sure won't do that again!* ¡Seguro que no lo vuelvo a hacer!

LOC (as) sure as eggs is eggs/as I'm standing here (*coloq*) (tan) cierto como que estoy aquí ahora mismo **sure as hell** (*esp USA, coloq*) segurísimo: *I sure as hell don't need you!* ¡Segurísimo que no te necesito! **sure enough** efectivamente: *I said it would happen, and sure enough it did.* Dije que esto iba a pasar, y efectivamente así fue.

▶ **sure-fire** *adj* seguro: *a sure-fire success* un éxito seguro

sure-footed *adj* de pie firme

sureness *n* seguridad, certeza

surely /ˈʃʊəli, ˈʃɔːli/ *adv* sin duda, por supuesto: *Surely you don't expect me to pay?* ¿No me digas que quieres que pague? ◊ *Surely he won't mind?* Seguro que no le importa, ¿verdad? **LOC** *Ver* SLOWLY

surety /ˈʃʊərəti, ˈʃɔːr-/ *n* (*Fin*) **1** fianza: *to offer £100 as (a) surety* ofrecer 100 libras de fianza **2** fiador, -ora: *to stand surety for sb* ser fiador de algn

surf /sɜːf/ *n* oleaje, olas

■ **surf** *vi* hacer surf *Ver tb* WINDSURF

LOC to surf the net navegar por Internet

▶ **surfer** *n* surfista

surfing *n* el surf

surface /ˈsɜːfɪs/ *n* **1** superficie: *surface area* área de la superficie ◊ *by surface mail* por correo terrestre o marítimo ◊ *surface tension* tensión superficial ◊ *surface wound* herida superficial ◊ *road surface* firme de la carretera ◊ *to rise to the surface* salir a la superficie **2** cara: *A cube has six surfaces.* Un cubo tiene seis caras. **3** (*fig*) apariencia

LOC on the surface a primera vista, a simple vista *Ver tb* SCRATCH

■ **surface 1** *vt* **~ (with sth)** recubrir (con algo): *to surface a road* asfaltar una carretera **2** *vi* salir a la superficie **3** *vi* (*coloq*) aparecer: *He hid himself in his room and didn't surface for three days.* Se metió en su habitación y no volvió a salir en tres días. **4** *vi* (*coloq*) levantarse (*de la cama*): *He finally surfaced at midday.* Por fin se levantó a mediodía.

surface-to-air /ˌsɜːfɪs tu ˈeə(r)/ *adj* tierra-aire: *surface-to-air missile* misil tierra-aire

surface-to-surface /ˈsɜːfɪs tə ˈsɜːfɪs/ *adj* tierra-tierra: *surface-to-surface missile* misil tierra-tierra

surfboard /ˈsɜːfbɔːd/ *n* tabla de surf

surfeit /ˈsɜːfɪt/ *n* **~ (of sth)** exceso (de algo)

surge /sɜːdʒ/ *vi* **1** *The waves surged against the rocks.* Las olas rompían contra las rocas. ◊ *They surged into the stadium.* Entraron en tropel en el estadio. **2 ~ (up)** levantarse: *Anger surged (up) within him.* La ira se apoderó de él. ◊ *Blood surged to her cheeks.* Le subió la sangre a las mejillas. ◊ *Exports surged by more than 7%.* Las exportaciones subieron más del 7%.

■ **surge** *n* **1 ~ (of sth)** oleada (de algo) **2 ~ (of/in sth)** arranque (de algo); aumento (de algo)

surgeon /ˈsɜːdʒən/ *n* cirujano, -a: *heart surgeon* cardiólogo ◊ *veterinary surgeon* veterinario ◊ *dental surgeon* dentista *Ver tb* PLASTIC SURGEON

surgery /ˈsɜːdʒəri/ *n* (*pl* **-ies**) **1** cirugía: *brain surgery* neurocirugía ◊ *to undergo surgery* someterse a una intervención quirúrgica ◊ *She's in surgery.* Está en el quirófano. ◊ *She had surgery on her leg.* La operaron en la pierna. *Ver tb* COSMETIC SURGERY, PLASTIC SURGERY **2** (*GB*) **(a)** consultorio (*de un médico*) **(b)** consulta: *surgery hours* horas de consulta

surgical /ˈsɜːdʒɪkl/ *adj* [*antes de sustantivo*] quirúrgico

▶ **surgically** *adv* quirúrgicamente

surgical spirit (*USA* **rubbing alcohol**) *n* alcohol de 90 grados

surly /ˈsɜːli/ *adj* (**-ier, -iest**) arisco

surmise /səˈmaɪz/ *vt* (*formal*) suponer

■ **surmise** /ˈsɜːmaɪz/ *n* (*coloq*) suposición, conjetura

surmount /səˈmaʊnt/ *vt* **1** (*vencer*) superar **2** (*Arquit*) coronar

surname /ˈsɜːneɪm/ (*GB*) (*tb* **family name, last name**) *n* apellido ☛ *Ver nota en* NAME[1]

surpass /səˈpɑːs; *USA* -ˈpæs/ (*formal*) **1** *vt* superar **2** *vt* **~ sb in sth** sobrepasar a algn en algo **3** *v refl* **~ yourself** superarse: *He's surpassed himself this time!* ¡Esta vez se ha lucido!

▶ **surpassing** *adj* [*antes de sustantivo*] excepcional

surplus /ˈsɜːpləs/ *n* excedente, superávit: *trade surplus* superávit comercial ◊ *the food surplus in Western Europe* el excedente de alimentos en Europa Occidental

LOC in surplus en superávit

■ **surplus** *adj* sobrante: *surplus stock* saldos ◊ *to be surplus to requirements* exceder de las necesidades

surprise /səˈpraɪz/ *n* sorpresa: *Much to my surprise...* Con gran sorpresa por mi parte... ◊ *You gave me quite a surprise!* ¡Me diste una buena sorpresa! ◊ *She looked at me in surprise.* Me miró, sorprendida. ◊ *It came as a complete surprise (to me).* Me llegó como una completa sorpresa. ◊ *a surprise visit* una visita sorpresa ◊ *a surprise announcement* un anuncio inesperado

LOC surprise, surprise! (*irón*) ¡sorpresa!: *Look who's won again: surprise, surprise!* Fíjate quien ha ganado otra vez: ¡sorpresa! **to take sth/sb by surprise** coger algo/a algn por sorpresa

■ **surprise** *vt* **1** sorprender: *I wouldn't/shouldn't be surprised if it rained.* No me extrañaría que lloviera. **2 ~ sb** coger a algn por sorpresa

surprised /səˈpraɪzd/ *adj* **~ (at sth/sb)** sorprendido (por algo/con algn): *a surprised look* una mirada de extrañeza ◊ *You'd be surprised if you saw the way they behave at school.* Te sorprendería si vieras cómo se comportan en el colegio. ◊ *I'm very surprised to see you here.* Me sorprende mucho verte aquí. ◊ *He was surprised to hear that...* Se sorprendió mucho al saber que... ◊ *I'm surprised (that) he didn't come.* Me sorprende que no viniera. ◊ *I was pleasantly surprised.* Me sorprendió con agrado. ◊ *I'm not surprised.* No me extraña.

surprising /səˈpraɪzɪŋ/ *adj* sorprendente

▶ **surprisingly** *adv* sorprendentemente

surreal /səˈriːəl/ *adj* (*situación, hecho*) surrealista

▶ **surrealism** /səˈriːəlɪzəm/ *n* surrealismo

surrealist /səˈrɪəlɪst/ *adj, n* surrealista (*pintor, escritor*)

surrealistic /səˌriːəˈlɪstɪk/ *adj* surrealista

surrender /səˈrendə(r)/ **1** *vi* **~ (to sb)** rendirse (a algn): *I surrender!* ¡Me rindo! **2** *v refl* **~ yourself to sb** (*formal*) entregarse a algn: *They surrendered themselves to the police.* Se entregaron a la policía. **3** *vt* **~ sth (to sb)** (*formal*) entregar algo (a algn): *They surrendered their guns to the police.* Entregaron sus armas a la policía. **4** *vt* (*territorio*) ceder **5** *vt* (*derecho*) renunciar a **PHR V to surrender (yourself) to sth** (*formal* o *ret*) entregarse a algo

■ **surrender** *n* rendición, entrega: *to demand unconditional surrender* pedir una rendición incondicional ◊ *surrender value* valor de rescate

surreptitious /ˌsʌrəpˈtɪʃəs/ *adj* subrepticio, furtivo

▶ **surreptitiously** *adv* subrepticiamente, furtivamente

surrogate /ˈsʌrəgət/ *n* ~ **(for sth/sb)** (*formal*) sustituto, -a (de algo/algn): *surrogate mother* madre de alquiler

▶ **surrogacy** /ˈsʌrəgəsi/ *n* alquiler de úteros

surround /səˈraʊnd/ *vt* rodear: *It's surrounded by a wall.* Está rodeado por un muro. ◊ *He likes to surround himself with beautiful things.* Le gusta rodearse de cosas bellas.

■ **surround** *n* marco, borde

surrounding /səˈraʊndɪŋ/ *adj* [*antes de sustantivo*] circundante: *York and the surrounding countryside* York y el campo de los alrededores

▶ **surroundings** *n* [*pl*] **1** alrededores: *They want to live in Oxford or its surroundings.* Quieren vivir en Oxford o en los alrededores. **2** ambiente

surveillance /sɜːˈveɪləns/ *n* vigilancia: *to keep sb under surveillance* tener a algn bajo vigilancia

survey /səˈveɪ/ *vt* **1** contemplar **2** (*examinar*) estudiar: *In this book, the author surveys…* En este libro, el autor estudia… **3** ~ **sth** (*Geog*) medir algo; levantar un plano de algo **4** (*GB*) (*edificio, construcción, etc*) hacer un reconocimiento de **5** encuestar *Ver tb* ORDNANCE SURVEY **6** (*tropas*) pasar revista a

■ **survey** /ˈsɜːveɪ/ *n* (*pl* **~s**) **1** panorama, vista de conjunto, reseña: *a survey of the situation* un panorama de la situación **2** (*de una zona, etc*) **(a)** medición **(b)** mapa topográfico **3** (*GB*) (*de un edificio, etc*) inspección, tasación **4** encuesta **5** estudio: *a survey of prices in the area* un estudio de los precios en la zona

▶ **surveying** /səˈveɪɪŋ/ *n* agrimensura, topografía

surveyor /səˈveɪə(r)/ *n* **1** tasador, -ora **2** persona que lleva a cabo la inspección de edificios, etc: *quantity surveyor* experto en materiales de construcción **3** agrimensor, -ora, topógrafo, -a

survival /səˈvaɪvl/ *n* **1** supervivencia: *to fight for survival* luchar para sobrevivir **2** ~ **(from sth)** vestigio (de algo)

survive /səˈvaɪv/ **1** *vi* **(a)** sobrevivir **(b)** ~ **(from sth)** sobrevivir (de algo) **(c)** ~ **(on sth)** subsistir (a base de algo) **2** *vt* ~ **sth** (*un naufragio, fuego, etc*) sobrevivir a algo **3** *vt* ~ **sb** sobrevivir a algn

▶ **survivor** *n* superviviente

susceptibility /səˌseptəˈbɪləti/ *n* **1** ~ **(to sth)** **(a)** vulnerabilidad frente a algo **(b)** (*Med*) propensión a algo **2** **susceptibilities** [*pl*] susceptibilidad: *to offend sb's susceptibilities* ofender la susceptibilidad de algn

susceptible /səˈseptəbl/ *adj* **1** ~ **to sth** **(a)** susceptible de algo **(b)** (*Med*) propenso a algo **2** susceptible

suspect /səˈspekt/ *vt* **1** sospechar: *She suspects nothing.* Ella no sospecha nada. ◊ *I suspect he may be right.* Tengo la sospecha de que puede tener razón. ◊ *I suspected as much.* Ya me lo imaginaba. **2** recelar de **3** ~ **sb** sospechar de algn: *I suspected him of writing the letter.* Sospeché que él había escrito la carta.

■ **suspect** /ˈsʌspekt/ *n* sospechoso, -a

■ **suspect** /ˈsʌspekt/ *adj* sospechoso

suspected /səˈspektɪd/ *adj*: *a suspected fracture* una posible fractura ◊ *the hideout of suspected terrorists* el escondite de los presuntos terroristas

suspend /səˈspend/ *vt* **1** ~ **sth (from sth)** (*formal*) (*colgar*) suspender algo (de algo) **2(a)** (*una norma, un servicio, etc*) suspender **(b)** (*aplazar*) suspender: *to suspend judgement* reservarse una opinión ◊ *He is serving a 2-year suspended sentence.* Está cumpliendo dos años de libertad provisional. **3** ~ **sb (from sth)** suspender a algn (para que no haga algo): *She was suspended from driving for a year.* Le quitaron el permiso de conducir un año.

suspended animation *n* muerte aparente

suspender /səˈspendə(r)/ *n* **1** (*USA* **garter**) ligas **2** (*USA*) **suspenders** [*pl*] (*GB* **braces**) tirantes

suspender belt (*USA* **garter belt**) *n* liguero

suspense /səˈspens/ *n* suspense: *to wait in suspense* esperar con tensión ◊ *He kept us in suspense.* Nos tuvo en tensión.

suspension /səˈspenʃn/ *n* suspensión ☛ *Ver ilustración en* CAR

suspension bridge *n* puente colgante

suspicion /səˈspɪʃn/ *n* **1(a)** [*incontable*] sospecha, recelo: *He was arrested on suspicion of…* Fue arrestado bajo sospecha de… ◊ *to arouse no suspicion* no levantar sospechas ◊ *to regard sb with suspicion* mirar a algn con recelo **(b)** [*contable*] sospecha: *I have a (sneaking) suspicion that…* Tengo la (ligera) sospecha de que… ◊ *I have my suspicions (about it).* Tengo mis sospechas. **2** [*sing*] ~ **(of sth)** pizca, atisbo, indicio de algo: *at the slightest suspicion of danger* al menor indicio de peligro

LOC **(to be) above/under suspicion** (*estar*) *por encima de toda sospecha/bajo sospecha*

suspicious /səˈspɪʃəs/ *adj* **1** ~ **(about/of sth/sb)** receloso (de algo/algn): *Something made me suspicious of him.* Algo me hizo recelar de él. **2** sospechoso: *It looks rather suspicious.* Es bastante sospechoso.

▶ **suspiciously** *adv* de forma sospechosa, con recelo: *It looked suspiciously like a set-up.* Tenía toda la pinta de ser una encerrona.

suss (*tb* **sus**) /sʌs/ *vt* **(-ss-)** (*coloq*) **1** ~ **sb (out)**: *I've got him sussed (out).* Le tengo calado. **2** ~ **sth (out)** averiguar algo: *We've sussed (out) who did it.* Hemos averiguado quien lo hizo. ◊ *I've got it sussed (out).* Ahora lo entiendo.

PHR V **to suss sth out** investigar algo a fondo

sustain /səˈsteɪn/ *vt* **1** (*formal*) (*peso, presión*) soportar **2(a)** mantener: *not enough oxygen to sustain life* oxígeno insuficiente para mantener la vida **(b)** (*fig*) sostener: *a sustained effort/attack* un esfuerzo/ataque sostenido ◊ *She was sustained by her love.* La sostuvo su amor. **3** (*formal*) (*una derrota, lesión, pérdida, etc*) sufrir **4** (*Jur*) mantener: *Objection sustained!* Se mantiene la objeción.

▶ **sustainability** *n* durabilidad, mantenimiento: *to question the sustainability of modern living* cuestionarse si el modo de vida que tenemos ahora se puede mantener por más tiempo

sustainable *adj* **1** sostenible **2** (*Ecología, recursos, desarrollo, crecimiento*) renovable, duradero (*que no daña el medio ambiente*): *sustainable living* modo de vida haciendo uso de recursos renovables ◊ *sustainable forests* bosques renovables

sustenance /ˈsʌstənəns/ *n* sustento

suture /ˈsuːtʃə(r)/ (*Med*) *n* sutura

■ **suture** *vt* suturar

svelte /svelt/ *adj* (*aprob*) esbelto

SW **1** (*Radio*) *abrev de* **short wave** **2** *abrev de* **south-west**

swab /swɒb/ *n* **1** torunda **2** muestra (*tomada con una torunda*)

■ **swab** *vt* **(-bb-)** **1** (*Med*) limpiar (*con algodón*) **2** ~ **sth (down)** fregar algo

swagger /ˈswægə(r)/ *vi* andar con aire arrogante: *Don't swagger (around).* No te vayas pavoneando de esa manera.

■ **swagger** *n* fanfarronería: *to walk with a swagger* caminar con aire arrogante

swallow[1] /ˈswɒləʊ/ **1** *vt, vi* (*comida, etc*) tragar(se): *She swallowed her anger.* Se tragó el enfado. **2** *vt* (*pastillas*) tomar **3** *vt* (*un sonido, una letra, etc*) comerse **4** *vt* (*coloq*) (*insultos, críticas, etc*) tragarse **5** *vt* (*coloq*) (*creer*) tragarse: *She swallowed it whole.* Se lo tragó todo. **6** *vt* ~ **sth/sb (up)** (*fig*) tragarse algo/a algn: *He wished the ground would swallow him up.* Deseó que la tierra se lo tragara. ◊ *The cost of the trial swallowed up all their savings.* Los costes del juicio se tragaron todos sus ahorros.

LOC **to swallow the bait** tragarse el anzuelo **to swallow your pride** tragarse el orgullo **to swallow your**

tongue quedarse mudo **to swallow your words** tragarse/*comerse las palabras Ver tb* BITTER[1]
■ **swallow** *n* trago: *With one swallow it was gone.* Se lo tragó de un golpe.

swallow² /ˈswɒləʊ/ *n* golondrina
LOC one swallow does not make a summer (*refrán*) una golondrina no hace verano

swam *pret de* SWIM

swamp¹ /swɒmp/ *n* pantano

swamp² /swɒmp/ *vt* **1** (*lit*) inundar **2 ~ sth/sb (with sth)** (*fig*) inundar algo/a algn (de algo)

swampy /ˈswɒmpi/ *adj* pantanoso

swan¹ /swɒn/ *n* cisne

swan² /swɒn/ *vi* **(-nn-) ~ off, around, etc** (*coloq, pey*) irse despreocupadamente

swank /swæŋk/ (*coloq, pey*) *vi* fanfarronear, pavonearse
■ **swank** *n* **1** fanfarronada, fardada **2** fanfarrón, -ona
▶ **swanky** *adj* **1** ostentoso **2** fanfarrón, fardón

swansong /ˈswɒnsɒŋ/ *n* canto de cisne

swap (*tb* **swop**) /swɒp/ **(-pp-)** (*coloq*) **1** *vt* intercambiar, trocar: *They swapped stories about their army days.* Se intercambiaron historias de sus días en el ejército. ◊ *I'll swap (you) my tape for your album.* Te cambio mi cinta por tu álbum. ◊ *She swapped the chairs (round).* Cambió de lugar las sillas. **2** *vi* hacer un intercambio: *We took it in turns to drive, swapping over half-way.* Condujimos por turnos cambiando a medio camino.
LOC *Ver* HORSE, PLACE[1]
■ **swap** *n* **1** intercambio, trueque: *Shall we do a swap?* ¿Qué tal si hacemos intercambio? **2** cosa que se intercambia

swarm /swɔːm/ *n* **1** enjambre (*de abejas*), nube (*de moscas*) **2** (*multitud*) enjambre: *There were swarms of spectators.* Había un enjambre de espectadores.
■ **swarm 1** *vi* (*abejas*) salir o volar en enjambre **2** *vi*: *swarm in/out* entrar/salir en manadas **3** *vi* pulular: *crowds swarming in the streets* multitudes que pululan por las calles ◊ *I had so many thoughts swarming (around) in my head.* Tenía tantos pensamientos que me bullían en la cabeza. **4** *vt* pulular por
PHR V to swarm with sth/sb ser un hervidero de algo/algn

swarthy /ˈswɔːði/ *adj* **(-ier, -iest)** moreno

swashbuckling /ˈswɒʃbʌklɪŋ/ *adj* **1** romántico y aventurero **2** (*película*) de capa y espada

swastika /ˈswɒstɪkə/ *n* esvástica

swat /swɒt/ *vt* **(-tt-)** aplastar (*un insecto*)

swathe¹ /sweɪð/ (*tb* **swath** /swɒθ/) *n* franja (*de hierba, tierra, etc*)
LOC to cut a swathe through sth abrirse camino a través de algo

swathe² /sweɪð/ *vt* **~ sth/sb (in sth)** envolver algo/a algn (en algo)

swatter *n* /ˈswɒtə(r)/ matamoscas

sway /sweɪ/ **1** *vt, vi* **(a)** balancear(se): *He swayed slightly, as if about to fall.* Se tambaleó ligeramente como si se fuera a caer. **(b)** (*sin cambiar de sitio*) mecer(se): *trees swaying in the wind* árboles meciéndose al viento **2** *vt* influir, persuadir: *a speech that swayed many voters* un discurso que influyó a muchos votantes
■ **sway** *n* **1** balanceo **2** (*ret*) dominio
LOC to hold sway (over sth/sb) (*antic* o *ret*) ejercer dominio sobre (algo/algn)

swear /sweə(r)/ (*pret* **swore** /swɔː(r)/ *pp* **sworn** /swɔːn/) **1** *vi* decir tacos: *Your sister swears a lot.* Tu hermana dice muchos tacos. ◊ *to swear at sb* insultar a algn **2** *vt, vi* jurar: *I could have sworn I heard a knock at the door.* Juraría haber oído a alguien llamar a la puerta. ◊ *to swear on the bible* jurar sobre la biblia
LOC to swear blind (*coloq*) jurar y perjurar **to swear like a trooper** hablar como un carretero *Ver tb* OATH
PHR V to swear by sth/sb 1 jurar por algo/algn: *I swear by almighty God.* Lo juro por Dios todopoderoso. **2** (*coloq*) confiar plenamente en algo/algn
to swear sb in tomarle juramento a algn
to swear off sth (*coloq*) renunciar a algo
to swear to sth (*coloq*) jurar algo

swear word *n* taco, palabrota

sweat /swet/ *n* **1** sudor: *with the sweat of your brow* con el sudor de su frente ◊ *to be in/break out in a sweat* echarse a sudar **2** (*coloq, fig*) paliza, esfuerzo: *It's not worth the sweat.* No merece la pena.
LOC all of a sweat (*coloq*) **1** sudoroso **2** todo preocupado **no sweat** (*coloq*) ningún problema **to get into a sweat about sth** preocuparse por algo, agobiarse por algo
■ **sweat 1** *vi* sudar: *to sweat like a pig* sudar como un pollo **2** *vi* (*coloq, fig*) apurarse **3** *vt* (*GB*) (*carne, verduras*) rehogar
LOC to sweat blood (*coloq*) sudar la gota gorda *Ver tb* GUT
PHR V to sweat sth off adelgazar algo sudando
to sweat it out (*coloq*) aguantar
to sweat sth out curarse algo sudando
▶ **sweaty** /ˈsweti/ *adj* **(-ier, -iest)** sudoroso

sweater /ˈswetə(r)/ *n* jersey

Otras formas de decir *jersey* son **jumper**, **pullover** y **jersey**. *Comparar con* CARDIGAN

sweatshirt /ˈswetʃɜːt/ *n* sudadera

sweatshop /ˈswetʃɒp/ *n* (*pey*) fábrica etc. donde se explota a los obreros

Swede /swiːd/ *n* (*persona*) sueco, -a

swede /swiːd/ (*USA tb* **rutabaga**) *n* colinabo, nabo sueco ☛ *Ver ilustración en* NABO

Sweden /swiːdn/ *n* Suecia

Swedish /ˈswiːdɪʃ/ *adj* sueco
■ **Swedish** *n* **1** (*idioma*) sueco **2 the Swedish** [*pl*] los suecos

Una persona sueca se llama a **Swede**.

sweep¹ /swiːp/ (*pret, pp* **swept** /swept/) **1** *vt, vi* barrer: *to sweep away bits of paper* barrer trozos de papel ◊ *to sweep out the porch* barrer el porche **2** *vt* arrasar, barrer: *Old laws were swept away by the revolution.* La revolución arrasó con las viejas leyes. **3** *vt, vi* azotar, barrer: *Cold winds swept the plains.* Vientos fríos azotaron las llanuras. ◊ *The party swept the country.* El partido se impuso en todo el país. **4** *vi* moverse majestuosamente: *She swept out of the room.* Salió de la habitación con paso majestuoso. **5** *vi* extenderse: *The road sweeps round the lake.* La carretera bordea el lago. **6** *vt* recorrer: *The searchlights swept the sky.* Los reflectores peinaron el cielo. **7** *vt* (*chimenea*) deshollinar
LOC to sweep sb off their feet 1 (*lit*) tirar a algn al suelo **2** (*de sorpresa*) dejar a algn boquiabierto **3** (*de amor*) dejar a algn locamente enamorado **to sweep the board** ganar todos los premios **to sweep sth under the carpet** correr un velo sobre algo *Ver tb* CARPET
PHR V to sweep sth aside 1 hacer algo a un lado **2** (*fig*) desechar algo
to sweep (sth) away/up barrer (algo), limpiar (algo): *to sweep the dead leaves up* barrer las hojas muertas
▶ **sweeper** *n* **1** (*persona*) barrendero **2** (*objeto*) escoba, cepillo **3** (*en fútbol*) líbero

sweep² /swiːp/ *n* **1** (*tb* **sweep-out**) barrido: *The room needed a sweep.* La habitación necesitaba barrerse. **2** movimiento: *with a sweep of his arm* con un gesto de su brazo **3** extensión: *the impressive sweep of a historical novel* la impresionante extensión de una novela histórica **4** peinado, rastreo **5** (*tb* **chimney sweep**) deshollinador, -a **6** (*coloq*) *Ver* SWEEPSTAKE **LOC** *Ver* CLEAN[1], NEW

sweeping /swiːpɪŋ/ *adj* **1(a)** (*cambio*) radical **(b)** decisivo **2** (*pey*) (*comentario, etc*) demasiado general

sweepings /ˈswiːpɪŋz/ *n* [*pl*] barreduras

sweepstake /ˈswiːpsteɪk/ (*coloq* **sweep**) *n* **1** apuesta en la que un solo ganador se lleva todo lo apostado **2** carrera o competición en la que el ganador se lleva todo lo apostado

sweet¹ /swiːt/ *adj* (**-er, -est**) **1** dulce: *Do you like your tea sweet?* ¿Te gusta el té con azúcar? ◊ *the sweet feeling of freedom, success, etc* el dulce sentimiento de la libertad, del éxito, etc **2** (*olor*) fragante **3** (*sonido*) melodioso **4** fresco: *the sweet air of the mountains* el aire fresco de la montaña **5(a)** (*coloq*) lindo: *a sweet little dog/baby* un perrito/un niño monísimo **(b)** (*carácter*) encantador: *It is sweet of you to have remembered us.* Ha sido todo un detalle que te hayas acordado de nosotros. ◊ *a sweet-tempered/sweet-natured girl* una chica de carácter dulce *Ver tb* BITTER-SWEET
LOC **at your own sweet will**; **in your own sweet time**; **in your own sweet way** cuando/como quieras, a su tiempo, a su manera **sweet dreams!** (*coloq*) ¡Que duermas bien! **sweet nothings** (*coloq, joc*) palabras de amor **to be sweet on sb** (*coloq, antic*) estar un poco enamorado de algn **to have a sweet tooth** (*coloq*) ser goloso **to keep sb sweet** (*coloq*) ser amable con algn para sacarle algo *Ver tb* KNOW, LIFE, PIE, SHORT¹

sweet² /swiːt/ *n* **1** (*USA* **candy**) caramelo **2** (*GB*) (*tb* **dessert**, **pudding**) postre: *What's for sweet?* ¿Qué hay de postre? **3 sweets** [*pl*] dulzura: *the sweets of success, freedom, etc* la dulzura del éxito, de la libertad, etc **4** cariño

sweet and sour *adj* agridulce: *sweet and sour pork* cerdo agridulce

sweetbreads /ˈswiːtbredz/ *n* [*pl*] mollejas, lechecillas

sweetcorn /ˈswiːtkɔːn/ *n* maíz tierno ☛ *Comparar con* MAIZE

sweeten /ˈswiːtn/ **1** *vt, vi* endulzar(se): *I never sweeten my tea.* Nunca le pongo azúcar al té. **2** *vt* **~ sb (up)** (*coloq*) ablandar a algn **LOC** *Ver* PILL

sweetener /ˈswiːtnə(r)/ *n* **1** edulcorante **2** (*coloq*) soborno

sweetheart /ˈswiːthɑːt/ *n* **1** (*antic*) novio, -a **2** cariño

sweetie /ˈswiːti/ *n* (*coloq*) **1** (*GB*) caramelo **2** (*esp GB*) encanto **3** cariño

sweetly /ˈswiːtli/ *adv* dulcemente, con dulzura: *He very sweetly offered to help me.* Se ofreció ayudarme con mucha amabilidad.

sweetness /ˈswiːtnəs/ *n* dulzura
LOC **(all) sweetness and light** (*irón*) todo dulzura

sweet pea *n* guisante de olor

sweet potato *n* (*pl* **~es**) batata ☛ *Comparar con* YAM

sweet shop *n* tienda de golosinas

sweet-smelling /ˌswiːt ˈsmelɪŋ/ *adj* perfumado

sweet-talk (*USA, coloq*) *n* [*incontable*] halagos
■ **sweet-talk** *vt* engatusar

sweet william *n* (*Bot*) minutisa

swell¹ /swel/ *vt, vi* (*pret* **swelled** /sweld/ *pp* **swollen** /ˈswəʊlən/ o **swelled**) ☛ *Ver nota en* DREAM **1 ~ (sth) (up)** hinchar algo/hincharse: *eyes swollen from crying* ojos hinchados de tanto llorar ◊ *Her ankle began to swell (up).* Se le empezó a hinchar el tobillo. **2** *vt, vi* aumentar: *to swell the ranks* engrosar las filas **3** *vi (fig)* llenar(se): *swollen with pride* henchido de orgullo **4** *vi* **~ (into/to sth)** convertirse (en algo): *The murmur swelled into a roar.* El murmullo se convirtió en un rugido. **5** *vt, vi* (*mar, río*) (hacer) crecer **6** *vt, vi* **~ (sth) (out)** (*velas*) hinchar algo/hincharse
LOC **to have a swelled/swollen head** (*coloq*) subírsele algo a algn a la cabeza
■ **swell** *n* **1** (*Náut*) marejada, oleaje **2** hinchazón **3** (*Mús*) crescendo
▶ **swelling** *n* hinchazón

swell² /swel/ *adj* (*esp USA, coloq, antic*) estupendo: *a swell party* una fiesta de órdago

swelter /ˈsweltə(r)/ *vi* (*coloq*) sofocarse (de calor): *a sweltering(-hot) day* un día bochornoso ◊ *I'm sweltering.* Me ahogo (de calor).

swept *pret, pp de* SWEEP¹ *Ver tb* WINDSWEPT

swept-back *adj* **1** (*alas de avión*) en flecha **2** (*pelo*) peinado hacia atrás

swerve /swɜːv/ *vt, vi* desviar(se) bruscamente
■ **swerve** *n* viraje, desvío

swift¹ /swɪft/ *n* vencejo

swift² /swɪft/ *adj* (**-er, -est**) **1 ~ (to do sth/in doing sth)** rápido, pronto (en hacer algo): *to be swift to anger* tener un genio vivo **2** ligero (*de pie*)
▶ **swiftly** *adv* con prontitud, rápidamente
swiftness *n* prontitud, rapidez

swig /swɪg/ *vt* (**-Gg-**) (*coloq*) beber a grandes tragos
■ **swig** *n* trago: *Have a swig of this.* Toma un trago de esto.

swill /swɪl/ **1** *vt* **~ sth (out/down)** (*esp GB*) enjuagar algo **2** *vt* (*coloq, pey*) (*bebida*) tragar(se) **3** *vi* **~ around** (*líquido*) fluir: *Water swilled around his feet.* Agua fluía por entre sus pies.
■ **swill** *n* **1** enjuague **2** (*tb* **pigswill**) bazofia

swim /swɪm/ (**-mm-**) (*pret* **swam** /swæm/ *pp* **swum** /swʌm/) **1** *vt*: *to swim breast-stroke* nadar a braza ◊ *to swim the Channel* atravesar el Canal a nado **2** *vi* nadar **3** *vi* (*fig*) **(a) ~ (with sth)** estar inundado (de algo): *Her eyes were swimming (with tears).* Tenía los ojos inundados de lágrimas. **(b) ~ in sth** flotar en algo: *meat swimming in gravy* carne flotando en salsa **4** *vi* dar vueltas: *The room swam before his eyes.* La habitación daba vueltas a su alrededor.
LOC **to swim against the tide** ir contracorriente **to swim with the tide** seguir la corriente *Ver tb* SINK
■ **swim** *n*: *to go for a swim* ir a nadar
LOC **in the swim** (*coloq*) al corriente
▶ **swimmer** *n* nadador, -ora
swimming *n* natación: *No swimming allowed.* Prohibido bañarse. ◊ *swimming baths* piscina ◊ *swimming cap* gorro de baño

swimming costume *Ver* SWIMSUIT

swimmingly /ˈswɪmɪŋli/ *adv*
LOC **to go swimmingly** (*coloq*) marchar como una seda

swimming pool *n* piscina

swimming trunks /ˈswɪmɪŋ trʌŋks/ *n* [*pl*] bañador (de caballero)

swimsuit /ˈswɪmsuːt/ (*tb* **swimming costume**) *n* bañador (de mujer)

swimwear /ˈswɪmweə(r)/ *n* ropa de baño

swindle /ˈswɪndl/ *vt* (*coloq*) estafar, timar: *He swindled me out of £10.* Me estafó diez libras.
■ **swindle** *n* **1** estafa **2** engaño
▶ **swindler** *n* estafador, -ora

swine /swaɪn/ *n* **1** [*pl*] (*antic* o *formal, lit*) cerdos **2** [*incontable*] (*coloq, pey, fig*) puerco, -a: *You swine!* ¡Cerdo!

swing /swɪŋ/ (*pret, pp* **swung** /swʌŋ/) **1** *vt, vi* balancear(se): *swinging his arms* balanceando los brazos **2** *vt, vi* columpiar(se) **3** *vi* colgar: *A bag swung from her shoulder.* Llevaba un bolso colgado al hombro. ◊ *to swing for murder* ser ahorcado por homicidio **4** *vt, vi*: *to swing (along) from branch to branch* columpiarse de rama en rama ◊ *He swung himself (up) into the saddle.* Se subió a la silla de un salto. **5** *vi* **(a)** contonearse: *She swung gaily down the street.* Iba calle abajo contoneándose. **(b)** (*Mús*) tener ritmo **6** *vi* (*con adverbios*): *to swing clear* hacer un viraje (para evitar algo) ◊ *The door swung open/shut.* La puerta se abrió/cerró. **7** *vt, vi* **~ (sth) (a)round (a)** darse media vuelta **(b)** (hacer) girar: *to swing a propeller round* hacer girar una hélice **8** *vt, vi* **~ (sb) (from sth) to sth** pasar (de algo) a algo; hacer pasar a algn (de algo) a algo: *to swing from optimism to despair* pasar del optimismo a la desesperación **9** *vt* **~ sth** (*coloq*) lograr algo: *I never thought I'd* *swing it so that she'd come.* Nunca pensé que lograría que viniera. **10** *vt, vi* (intentar) golpear: *He swung (his fist) at me.* Me lanzó un golpe (con el puño).

LOC to swing into action poner manos a la obra *Ver tb* ROOM

■ **swing** *n* **1** columpio: *Would you like a swing?* ¿Quieres columpiarte? **2** (*péndulo, etc*) oscilación, balanceo **3** cambio, viraje: *mood swings* cambios bruscos de humor ◊ *a swing back* una vuelta **4(a)** ritmo marcado: *to walk with a swing* andar balanceando los brazos **(b)** (*tb* **swing music**) musica swing **5** golpe (lateral): *He took a swing at me.* Me asestó un golpe.

LOC swings and roundabouts (*esp GB, coloq*) *Higher earnings mean more tax, so it's all swings and roundabouts.* Un sueldo mayor significa más impuestos, así que se gana por un lado y se pierde por otro. **the swing of the pendulum** el flujo y reflujo de la opinión pública **to get in the swing (of sth)** (*coloq*) cogerle el tranquillo (a algo) **to go with a swing** (*coloq*) ser muy entretenido *Ver tb* FULL

swingeing /ˈswɪndʒɪŋ/ *adj* (*esp GB*) severísimo

swinging /ˈswɪŋɪŋ/ *adj* (*antic*) desenfadado: *a swinging party* una fiesta desenfadada ◊ *the swinging sixties* los despreocupados años sesenta

swipe /swaɪp/ (*coloq*) **1** *vt, vi* **~ (at) sth/sb** asestar a algo/algn **2** *vt* birlar

■ **swipe** *n* golpetazo

swirl /swɜːl/ *vt, vi* arremolinar(se): *a swirling wind* un viento arremolinado

■ **swirl** *n* **~ (of sth) 1** (*movimiento*) remolino (de algo) **2** (*forma*) espiral

swish¹ /swɪʃ/ **1** *vt, vi* **(a)** (*cola de caballo, etc*) sacudir: *His tail swished back and forth.* Sacudió la cola de un lado a otro. **(b)** (*látigo, vara*) restallar, silbar: *The arrow swished through the air.* La lanza salió silbando por el aire. ◊ *He swished his whip around.* Restalló su látigo. **2** *vi* crujir, silbar: *Her skirts swished as she moved.* La falda hizo ruido al rozarse con el movimiento de su caminar. **3** (*agua*) *vi* sisear

■ **swish** *n* **1(a)** (*cola*) sacudida **(b)** (*látigo, vara*) restallido **2** silbido, crujido: *the swish of the windscreen wipers* el silbido de los limpiaparabrisas **3** (*de agua*) susurro

swish² /swɪʃ/ *adj* (*esp GB, coloq*) elegante

Swiss /swɪs/ *adj* suizo

■ **the Swiss** *n* [*pl*] los suizos

Swiss roll *n* brazo de gitano

switch /swɪtʃ/ *n* **1** interruptor: *Turn the light switch on/off.* Enciende/Apaga la luz. **2** (*tb* **switch-over**) (*coloq*) cambio, viraje: *a switch to Labour* un cambio hacia los laboristas **3** (*de madera, etc*) vara **4** (*USA*) (*GB* **point**) (*ferrocarril*) agujas

■ **switch** *vt, vi* **1 ~ (sth) (over) (to sth)** cambiar algo (de algo) (a algo): *to switch to modern methods* pasarse a métodos modernos ◊ *to switch channels* cambiar de canal **2 ~ (sth) (with sth/sb); ~ (sth) over/round** intercambiar algo (con algo/algn): *to switch roles (with each other)* intercambiarse los papeles ◊ *The price tags have been switched (round).* Han intercambiado las etiquetas de precio. **3** (*USA*) (*tren*) desviar

PHR V to switch (sth) off desenchufar (algo), apagar (algo), cortar (algo)

to switch off (*coloq*) desconectar (*la mente*)

to switch (sth) on encender (algo)

switchback /ˈswɪtʃbæk/ *n* **1** (*esp GB*) *Ver* ROLLER COASTER **2** camino de fuertes altibajos

switchboard /ˈswɪtʃbɔːd/ *n* centralita: *switchboard operators* telefonistas

Switzerland /ˈswɪtsələnd/ *n* Suiza

swivel /ˈswɪvl/ *n* pivote: *a swivel chair* una silla giratoria

■ **swivel** *vt, vi* (**-ll-**, *USA* **-l-**) (hacer) girar

PHR V to swivel round girar(se): *He swivelled round to face us.* Giró sobre sus talones para mirarnos.

swollen *pp de* SWELL¹

swoon /swuːn/ *vi* **1** (*antic*) desmayarse **2 ~ (over sth/sb)** (*joc, fig*) entusiasmarse (con algo/algn)

■ **swoon** *n* (*antic*) desmayo: *She fell into a swoon.* Cayó desmayada.

swoop /swuːp/ *vi* **~ (down) (on sth/sb) 1** descender en picado (sobre algo/algn) **2** (*fig*) abalanzarse

■ **swoop** *n* **1** calada **2** redada: *Police made a dawn swoop.* La policía realizó una incursión al amanecer.

LOC *Ver* FELL

swop *Ver* SWAP

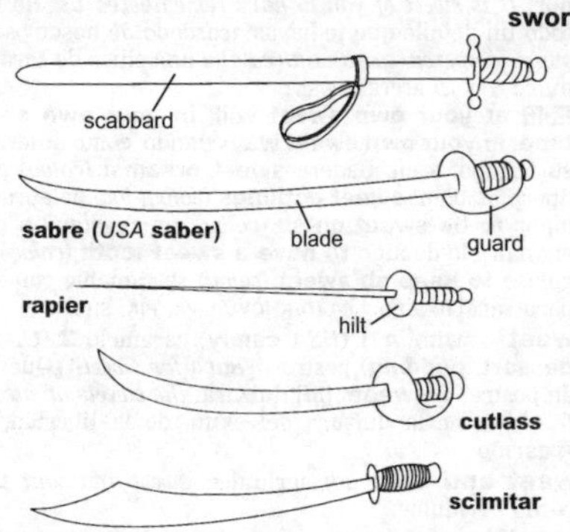

sword /sɔːd/ *n* espada: *a sword-swallower* tragasables

LOC a two-edged sword un arma de dos filos **to put sb to the sword** (*antic* o *ret*) pasar a algn a cuchillo *Ver tb* CROSS¹, PEN¹

swordfish /ˈsɔːdfɪʃ/ *n* pez espada

swore *pret de* SWEAR

sworn¹ *pp de* SWEAR

sworn² /swɔːn/ *adj* [*antes de sustantivo*] **1** (*declaración*) jurado **2** (*enemigo*) acérrimo

swot /swɒt/ *vt, vi* (**-tt-**) **~ (up) (for/on sth); ~ sth up** (*GB, coloq, gen pey*) empollar (para) algo: *to swot up (on) your maths* empollar matemáticas

■ **swot** (*tb* **swotter**) *n* empollón, -ona

swum *pp de* SWIM

swung *pret, pp de* SWING

sycamore /ˈsɪkəmɔː(r)/ *n* sicómoro (*árbol y madera*)

sycophancy /ˈsɪkəfənsi/ *n* (*formal, pey*) adulación

▶ **sycophant** *n* adulador, -ora

sycophantic *adj* adulatorio

syllable /ˈsɪləbl/ *n* sílaba *Ver tb* MONOSYLLABLE

LOC *Ver* WORD

▶ **syllabic** *adj* silábico

syllabus /ˈsɪləbəs/ *n* (*pl* **~es, -bi**) programación (*de una asignatura*), temario

syllogism /ˈsɪlədʒɪzəm/ *n* silogismo

▶ **syllogistic** *adj* silogístico

sylph /sɪlf/ *n* sílfide

symbiosis /ˌsɪmbaɪˈəʊsɪs/ *n* simbiosis

▶ **symbiotic** *adj* simbiótico

symbol /ˈsɪmbl/ *n* **~ (of/for sth)** símbolo (de algo)

▶ **symbolic** (*tb* **symbolical**) *adj* **~ (of sth)** simbólico (de algo)

symbolically *adv* simbólicamente

symbolism /ˈsɪmbəlɪzəm/ *n* simbolismo

▶ **symbolist** *adj, n* simbolista

symbolize, -ise /ˈsɪmbəlaɪz/ *vt* simbolizar

symmetrical /sɪˈmetrɪkl/ (*tb* **symmetric** /sɪˈmetrɪk/) *adj* simétrico

▶ **symmetrically** *adv* simétricamente

symmetry /ˈsɪmətri/ *n* simetría

sympathetic /ˌsɪmpəˈθetɪk/ *adj* **1 ~ (to/towards/with sb)** compasivo, comprensivo (con algn): *to lend a sympathetic ear* escuchar con comprensión ◊ *He wasn't at all sympathetic.* No mostró compasión alguna.

Nótese que *simpático* se dice **nice** o **friendly**.

2 (*carácter*) agradable **3 ~ (to sth/sb)** bien dispuesto (hacia algo/algn): *a sympathetic account* un grato relato ◊ *to be sympathetic to communism* apoyar el comunismo **4** (*Fís*) simpático
▶ **sympathetically** *adv* comprensivamente, con compasión

sympathize, -ise /ˈsɪmpəθaɪz/ *vi* **~ (with sth/sb) 1(a)** compadecerse de algo/algn **(b)** comprender algo **2** estar de acuerdo con algo/algn
▶ **sympathizer, -iser** *n* simpatizante

sympathy /ˈsɪmpəθi/ *n* **1 ~ (for/towards sb) (a)** compasión (por/hacia algn): *to feel sympathy for sb* compadecer a algn **(b)** condolencia: *My deepest sympathy (on the death of sb).* Mi más sentido pésame. **2 sympathies** [*pl*] simpatías: *to have nationalist sympathies* simpatizar con los nacionalistas **3** comprensión (mutua)
LOC in sympathy (with sth/sb) en apoyo (de algo/algn): *to strike in sympathy* declararse en huelga por solidaridad **to have no, some, etc sympathy with sth/sb** no apoyar, apoyar algo/a algn: *I've no sympathy with his point of view.* No comparto su criterio. ◊ *to have every sympathy with their cause* apoyar totalmente su causa

symphony /ˈsɪmfəni/ *n* (*pl* **-ies**) sinfonía: *a symphony orchestra* una orquesta sinfónica
▶ **symphonic** *adj* sinfónico

symposium /sɪmˈpəʊziəm/ *n* (*pl* **-sia** /-ziə/) simposio

symptom /ˈsɪmptəm/ *n* **1** síntoma **2** señal, indicio
▶ **symptomatic** /ˌsɪmptəˈmætɪk/ *adj* **~ (of sth)** sintomático (de algo)

synagogue /ˈsɪnəgɒg/ *n* sinagoga

sync *Ver* SYNCHRONIZATION, -ISATION *en* SYNCHRONIZE, -ISE

synchronize, -ise /ˈsɪŋkrənaɪz/ *vt, vi* **~ (sth) (with sth)** sincronizar (algo) (con algo): *synchronized swimming* natación sincronizada
▶ **synchronization, -isation** (*coloq* **sync**) *n* sincronización: *to be out of sync* no estar sincronizado ◊ *in sync* en sincronización

syncopate /ˈsɪŋkəpeɪt/ *vt* sincopar: *a syncopated rhythm* un ritmo sincopado
▶ **syncopation** *n* síncopa

syndicalism /ˈsɪndɪkəlɪzəm/ *n* sindicalismo
▶ **syndicalist** *adj, n* sindicalista

syndicate /ˈsɪndɪkət/ *n* agrupación, corporación: *a crime syndicate* una organización mafiosa ◊ *Most people buying lottery tickets are members of syndicates.* La mayoría de la gente que juega a la lotería lo hace con una peña. ☛ Nótese que la palabra para "sindicato" es **union**.

syndrome /ˈsɪndrəʊm/ *n* síndrome *Ver tb* DOWN'S SYNDROME

synergy /ˈsɪnədʒi/ *n* sinergia

synod /ˈsɪnɒd, -nəd/ *n* sínodo

synonym /ˈsɪnənɪm/ *n* sinónimo
▶ **synonymous** /sɪˈnɒnɪməs/ *adj* **~ (with sth)** sinónimo (de algo)

synopsis /sɪˈnɒpsɪs/ *n* (*pl* **-opses** /-siːz/) sinopsis

syntactic /sɪnˈtæktɪk/ *adj* sintáctico

syntax /ˈsɪntæks/ *n* sintaxis: *syntax error* error sintáctico

synthesis /ˈsɪnθəsɪs/ *n* (*pl* **-theses** /-siːz/) síntesis

synthesize, -ise /ˈsɪnθəsaɪz/ *vt* sintetizar: *synthesized music* música sintetizada
▶ **synthesizer, -iser** *n* sintetizador

synthetic /sɪnˈθetɪk/ *adj* **1** sintético: *synthetic fibres* fibras sintéticas **2** (*coloq, pey*) artificial: *synthetic blonde* rubio teñido
▶ **synthetically** *adv* sintéticamente

syphilis /ˈsɪfɪlɪs/ (*coloq* **the pox**) *n* sífilis
▶ **syphilitic** *adj, n* sifilítico, -a

syringe /sɪˈrɪndʒ/ *n* jeringa: *hypodermic syringe* jeringuilla hipodérmica
■ **syringe** *vt* (*oídos*) quitar los tapones

syrup /ˈsɪrəp/ *n* **1** almíbar **2** jarabe: *cough syrup* jarabe para la tos **3** *Ver* GOLDEN SYRUP
▶ **syrupy** *adj* **1** (*lit* y *fig*) almibarado **2** como el jarabe

system /ˈsɪstəm/ *n* **1** sistema: *the democratic system* el sistema democrático ◊ *a stereo system* un equipo estéreo *Ver tb* CENTRAL NERVOUS SYSTEM, CLASS SYSTEM, EARLY WARNING SYSTEM, THE METRIC SYSTEM, OPERATING SYSTEM, SOUND SYSTEM **2** método **3** organismo **4** orden: *to introduce some system into sth* introducir un orden en algo **5 the system** [*sing*] (*coloq*) *You can't beat/buck the system.* No se puede ir contra el sistema.
LOC all systems are go! ¡todos los sistemas a punto! **to get sth out of your system** (*coloq*) quitarse algo de encima

systematic /ˌsɪstəˈmætɪk/ *adj* **1** sistemático: *systematic destruction* destrucción sistemática **2** metódico: *a systematic approach* un enfoque metódico
▶ **systematically** *adv* sistemáticamente, metódicamente

systematize, -ise /ˈsɪstəmətaɪz/ *vt* sistematizar
▶ **systematization, -isation** *n* sistematización

systemic /sɪˈstemɪk, sɪˈstiːmɪk/ *adj* sistémico

systems analysis *n* análisis de sistemas

systems analyst *n* analista de sistemas

Tt

T, t /tiː/ *n* (*pl* **T's, t's** /tiːz/) (*letra*) T, t: *'Committee' is spelt with two t's.* "Committee" se escribe con dos tes. *Ver tb* T-JUNCTION, T-SHIRT, T-SQUARE

LOC **to a T/tee** (*coloq*) a la perfección: *That's my brother to a T.* Eso es típico de mi hermano. *Ver tb* DOT

t (*pl* **t**) (*USA* **tn**) *abrev de* **ton/tonne**

TA *abrev de* **Territorial Army**

ta /tɑː/ *interj* (*GB, coloq*) gracias

tab /tæb/ *n* **1(a)** (*de lata de bebida, etc*) anilla **(b)** etiqueta **2** (*USA*) cuenta: *to pick up the tab* pagar la cuenta

LOC **to keep a tab/tabs on sth/sb** (*coloq*) vigilar algo/ a algn

■ **tab** *n* (*coloq*) (*teclado*) tabulador: *to set the tabs* establecer los márgenes

tabard /ˈtæbəd/ *n* (*antic*) tabardo

tabby /ˈtæbi/ *adj* atigrado

■ **tabby** *n* gato atigrado

tabernacle /ˈtæbənækl/ *n* tabernáculo

table[1] /ˈteɪbl/ *n* **1** mesa: *bedside table* mesilla de noche ◊ *dressing table* tocador ◊ *dining table* mesa de comedor ◊ *Her table manners are dreadful.* No sabe comportarse en la mesa. ◊ *a table mat* un salvamanteles ◊ *to lay/set the table* poner la mesa ◊ *to clear the table* quitar la mesa ◊ *to leave the table* levantarse de la mesa ◊ *table leg* pata de mesa ◊ *He passed out at the dinner table.* Se desmayó durante la cena. ◊ *snooker table* mesa de billar ☛ *Ver ilustración en* SNOOKER *Ver tb* CARD TABLE **2(a)** tabla: *table of contents* índice de materias ◊ *to learn your (multiplication) tables* aprenderse las tablas de multiplicar ◊ *six times table* tabla del seis **(b)** cuadro, lista **(c)** (*Dep*) clasificación *Ver tb* PERIODIC TABLE, TIMETABLE **3** (*tb* **tableland**) meseta

LOC **at table** a/en la mesa: *They were at table.* Estaban comiendo. **on the table**: *to put proposals on the table* ofrecer propuestas para discusión **to turn the tables (on sb)** dar la vuelta a la tortilla: *They turned the tables on their opponents.* Hicieron que cambiaran las tornas para sus adversarios. **under the table 1** bajo mano **2** (*coloq*) *He could drink me under the table.* Bebiendo aguanta mucho más que yo. *Ver tb* CARD[1], CLEAR[3], DRINK[2], NEGOTIATE, WAIT

table[2] /ˈteɪbl/ *vt* **1** (*GB*) presentar, someter a discusión: *to table an amendment* presentar una enmienda ◊ *to table a motion* presentar una moción **2** (*esp USA*) aplazar (*una discusión, etc*)

tableau /ˈtæbləʊ/ *n* (*pl* **tableaux** /-ləʊz/) cuadro vivo

tablecloth /ˈteɪblklɒθ/ *n* mantel

table lamp *n* lámpara de mesa

table linen *n* mantelería

tablespoon /ˈteɪblspuːn/ *n* **1** (*cubierto*) cuchara (de servir) ☛ *Ver ilustración en* CUCHARA **2** (*tb* **tablespoonful**) (*abrev* **tbsp**) (*medida*) cucharada sopera

tablet /ˈtæblət/ *n* **1** tableta, pastilla **2** lápida

table tennis *n* [*incontable*] tenis de mesa

table top /ˈteɪbl tɒp/ *n* tablero (*de mesa*)

tableware /ˈteɪblweə(r)/ *n* vajilla

table wine *n* vino de mesa

tabloid /ˈtæblɔɪd/ *n* tabloide (*en GB periódico popular*): *the tabloid press* la prensa sensacionalista

taboo /təˈbuː; *USA* tæˈbuː/ *adj, n* (*pl* **~s**) tabú: *a taboo subject* un tema tabú

tabular /ˈtæbjələ(r)/ *adj* tabular: *in tabular form* en forma de tabla

tabulate /ˈtæbjuleɪt/ *vt* tabular

tabulator /ˈtæbjʊleɪtə(r)/ (*coloq* **tab**) *n* (*teclado*) tabulador

tachograph /ˈtækəgrɑːf/ *n* tacógrafo

tacit /ˈtæsɪt/ *adj* tácito

▸ **tacitly** *adv* tácitamente

taciturn /ˈtæsɪtɜːn/ *adj* taciturno

tack /tæk/ **1** *vt* clavar (con tachuelas) **2** *vt* hilvanar **3** *vi* (*Náut*) virar, cambiar de bordada

PHR V **to tack sth on (to sth)** (*coloq, gen pey*) añadir algo (a algo)

■ **tack** *n* **1** tachuela *Ver tb* THUMBTACK **2** (*Náut*) virada, bordada **3** (*de caballos*) guarniciones **4** [*sing*] (*fig*) plan de acción: *to change tack/to take a different tack* cambiar de plan **LOC** *Ver* BRASS

tackle /ˈtækl/ *n* **1** [*incontable*] (*de un barco*) aparejos **2** [*incontable*] equipo, avíos: *fishing-tackle* aparejos de pesca **3** (*Dep*) **(a)** (*fútbol, etc*) entrada **(b)** (*rugby*) placaje *Ver tb* FLYING TACKLE

■ **tackle** *vt* **1 ~ sth** ponerse a hacer algo **2 ~ sth** (*problema*) abordar, hacer frente a algo **3 ~ sb about/on/over sth** abordar a algn sobre algo **4** (*Dep*) **(a)** (*fútbol, etc*) hacer una entrada **(b)** (*rugby*) placar

tacky /ˈtæki/ *adj* (**-ier, -iest**) **1** pegajoso **2** (*coloq*) hortera

taco /ˈtɑːkəʊ/ *n* (*pl* **~s**) taco (*torta de maíz*)

tact /tækt/ *n* tacto

tactful /ˈtæktfʊl/ *adj* diplomático, discreto

▸ **tactfully** *adv* diplomáticamente, discretamente

tactic /ˈtæktɪk/ *n* táctica: *delaying tactics* tácticas dilatorias

tactical /ˈtæktɪkəl/ *adj* **1** táctico: *tactical voting* voto útil **2** estratégico: *tactical weapons* armas estratégicas

▸ **tactically** *adv* tácticamente

tactician /tækˈtɪʃn/ *n* táctico, -a

tactile /ˈtæktaɪl; *USA* -təl/ *adj* (*formal*) táctil

tactless /ˈtæktləs/ *adj* indiscreto, poco diplomático

▸ **tactlessly** *adv* sin ningún tacto

tactlessness *n* falta de tacto

tad /tæd/ *n* (*coloq*) poquito

tadpole /ˈtædpəʊl/ *n* renacuajo

taffeta /ˈtæfɪtə/ *n* tafetán

taffy /ˈtæfi/ (*USA*) *n* [*incontable*] caramelo masticable

tag /tæg/ *n* **1(a)** (*lit* y *fig*) etiqueta: *a name-tag* una etiqueta con el nombre ◊ *a price tag* etiqueta con el precio **(b)** cabo, herrete **2** (*fig*) final: *the tag end of sth* el final de algo **3(a)** coletilla **(b)** cita **4** (*tb* **tig**): *to play tag* jugar al tócame tú

■ **tag** *vt* (**-gg-**) etiquetar: *electronic tagging* etiquetado electrónico

PHR V **to tag along (behind/with sb)** acompañar a algn: *Do you mind if I tag along (with you)?* ¿Te importa si te acompaño?

to tag sth on (to sth) añadir algo (al final de algo)

tail[1] /teɪl/ *n* **1** rabo, cola *Ver tb* DOVETAIL, PIGTAIL, PONYTAIL, SHIRT-TAIL ☛ *Ver ilustración en* FISH[1] **2 tails** [*pl*] (*tb* **tailcoat**) frac *Ver tb* COAT-TAILS **3** (*coloq*) persona que sigue a algn: *They've put a tail on him.* Le han puesto un detective para que le siga **4 tails** [*pl*] (*de* *moneda*) cruz: *Heads or tails?* ¿Cara o cruz? **5** (*antic, coloq*) culo

LOC **the tail wagging the dog** se dice cuando un aspecto poco importante de algo pasa a controlar su desarrollo **to be on sb's tail** pisar los talones a algn **to turn tail** poner pies en polvorosa **with your tail between your legs** (*coloq*) con el rabo entre las piernas *Ver tb* HEAD[1], SHAKE[2], STING[1]

▶ **-tailed** *suf* de cola: *long-tailed* de cola larga ◊ *curly-tailed* de cola rizada

tail² /ˈteɪl/ *vt* **1** perseguir: *to tail a suspect* perseguir a un sospechoso **2** cortar la punta de (*judías verdes, etc*)

PHR V **to tail away/off 1** disminuir, desvanecerse **2** (*ruido, etc*) apagarse

tailback /ˈteɪlbæk/ *n* caravana (*de coches, etc*)

tailcoat /ˈteɪlkəʊt/ *n* frac

tail-end /ˈteɪl end/ *n* [*gen sing*] final: *the tail-end of the conversation* el final de la conversación

tailgate /ˈteɪlgeɪt/ *n* puerta trasera (*de camión/coche*)

tail light *n* luz trasera (*de coche, etc*) ☛ *Ver ilustración en* CAR

tailor /ˈteɪlə(r)/ *n* **1** sastre, -a: *tailor's chalk* jaboncillo ◊ *tailor's dummy* maniquí **2 tailor's** sastrería ☛ *Ver nota en* CARNICERÍA

■ **tailor** *vt* **1** hacer, confeccionar (*prendas de vestir*): *a well-tailored coat* un abrigo de buen corte **2 ~ sth for/to sth/sb** adaptar algo para/a algo/algn: *homes tailored to the needs of the elderly* viviendas adaptadas a las necesidades de la tercera edad

tailor-made /ˈteɪlə meɪd/ *adj* **1** a medida: *a tailor-made suit* un traje a medida **2** (*fig*) idóneo

tailspin /ˈteɪlspɪn/ *n* barrena: *to go into/put in a tailspin* entrar en barrena

taint /teɪnt/ *n* imperfección, contaminación: *No man is free from all taint of sin.* No hay nadie sin mácula. ◊ *a taint of evil* un rastro de maldad

■ **taint** *vt* contaminar: *tainted meat* carne podrida ◊ *His reputation was tainted by the scandal.* Su reputación quedó manchada por el escándalo.

take¹ /teɪk/ (*pret* **took** /tʊk/ *pp* **taken** /ˈteɪkən/)

● **v transitivo 1 ~ sth/sb (with you)**; **~ sth (to sb)** llevar algo/a algn (contigo); algo (a algn): *It's your turn to take the dog for a walk.* Ahora te toca a ti sacar a pasear al perro. ◊ *Her energy and talent took her to the top of her profession.* Su energía y talento la llevaron a la cima de su profesión. ◊ *I'm taking the children for a swim later.* Luego voy a llevar a los niños a la piscina. **2** llevarse: *I'll take the grey trousers, please.* Me llevo los pantalones grises, por favor. **3** (*con la mano*) coger: *I passed him the rope and he took it.* Le di la cuerda y la cogió. ◊ *to take sb's hand/take sb by the hand* coger a algn de la mano ◊ *She took a cigarette from the packet.* Sacó un cigarrillo del paquete. **4(a)** quitar: *Did the burglars take anything of value?* ¿Se han llevado algo de valor los ladrones? **(b) ~ sth from sth** sacar algo de algo: *Part of her article is taken from my book.* Su artículo está sacado en parte de mi libro. **(c) ~ sth (from sth)** (*Mat*) restar algo (de algo) **5** (*adueñarse*) **(a)** (*ciudad, fortaleza*) tomar **(b)** (*como preso*) capturar: *to take sb alive* capturar a algn vivo **(c)** (*premio*) obtener **(d)** (*en ajedrez*) comerse **6** aceptar: *She was accused of taking bribes.* Le acusaron de aceptar sobornos. ◊ *to take responsibility* responsabilizarse ◊ *to take a* (*telephone*) *call* coger una llamada (de teléfono) ◊ *to take the credit/blame* llevarse los honores/la culpa **7** tener capacidad para: *This bus takes 60 passengers.* Este autobús tiene capacidad para 60 pasajeros. **8** soportar: *He can take a joke.* No le importa que se rían de él. ◊ *Go on! Tell me the bad news – I can take it.* Venga, dame las malas noticias que no me voy a morir. **9 ~ sth (as sth)** (*interpretar*) tomarse algo (como algo): *to take things too seriously* tomarse las cosas demasiado en serio ◊ *She took what he said as a compliment.* Se tomó lo que le dijo como un cumplido. **10 ~ sth/sb for sth/sb**

take

'Bring me my newspaper.'

'Take it into the kitchen.'

(*confundir*) tomar algo/a algn por algo/algn: *Do you take me for a fool?* ¿Me tomas por imbécil? **11** comprender: *I don't think she took my meaning.* Creo que no entendió lo que dije. **12** (*casa, piso*) alquilar **13** (*periódico*) comprar (*de forma regular*) **14** (*pastillas, drogas*) tomar **15(a)** (*tiempo*) tardar: *It won't take long* (*to do*). No se tardará mucho (en hacerlo). ◊ *She didn't take much persuading.* No hizo falta mucho para convencerla. **(b)** necesitar: *It takes stamina to run a marathon.* Se necesita aguante para correr en una maratón. **16** (*talla*) tener: *What size shoes do you take?* ¿Qué número calzas? **17** (*Gram*) llevar **18** (*examen*) presentarse a: *What subjects are you taking?* ¿A qué asignaturas te presentas? **19 ~ sb (for sth)** (*Educ*) dar clase a algn (de algo) **20** anotar: *The policeman took my name and address.* El policía tomó mi nombre y mi dirección. ◊ *to take notes* tomar apuntes **21** (*medidas*) tomar: *to take sb's pulse/temperature/blood pressure* tomar el pulso/la temperatura/la tensión arterial de algn **22** (*vehículo*) coger: *to take the coach, plane, train, bus, etc* coger el autocar, avión, tren, autobús, etc. **23** (*dirección*) tomar, coger: *He took the first on the left.* Tomó la primera a la izquierda. ◊ *You took that corner much too fast.* Doblaste esa esquina a demasiada velocidad. **24** (*punto de vista*) adoptar: *to take a tough line on sth* adoptar una actitud inflexible en cuestión de algo ◊ *to take an interest in sth* interesarse por algo **25** tomar como ejemplo: *Take the case of the Gulf War.* Pongamos el caso de la Guerra del Golfo. **26** (*asiento*): *Take a chair.* Coge una silla. ◊ *Take a seat.* Tome asiento. ◊ *Is this seat taken?* ¿Está ocupado este asiento? **27** (*foto*) sacar: *to have your picture taken* hacerse una foto ◊ *to take a photograph* sacar una foto **28** (*coloq*) (*mujer*) tener relaciones sexuales con **29 + sustantivo**: *to take a holiday* tomarse unas vacaciones ◊ *to take a bath/shower* tomar un baño/una ducha ◊ *to take a walk* dar un paseo ◊ *to take a deep breath* aspirar profundamente

● **v intransitivo 1(a)** (*vacuna*) surtir efecto **(b)** (*tinte*) agarrar **2** (*pez*) picar el anzuelo

LOC **take it from me (that...)** (*coloq*) que te/os lo digo yo (que ...) **to take sth/sb as he/she/it comes** aceptar algo/a algn tal como es: *She takes life as it comes.* Acepta las cosas tal como le vienen. **to take it/a lot out of sb** dejar rendido/agotar a algn: *Her job takes a lot out of her.* Su trabajo la deja rendida. **to take it on/upon yourself to do sth** decidir hacer algo (sin pedir permiso **I/we take it (that...)** supongo/suponemos (que...) **to take some/a lot of doing** (*coloq*) ser muy difícil **to take the bad with the good** poner al mal tiempo buena cara

☛ Para otras expresiones con **take**, véanse las entradas del sustantivo, adjetivo, etc, p.ej. **to take the biscuit** en BISCUIT.

PHR V **to be taken aback** quedar sorprendido

to be taken up with sth/sb estar ocupado con algo/algn

to be taken with sth/sb encantar algo/algn a algn: *I think he's rather taken with the idea.* Creo que le encanta la idea.

to take after sb parecerse a algn: *In that respect, he takes after his father.* En eso se parece a su padre.

to take sth apart desmontar algo

to take sth/sb apart (*coloq*) **1** (*Dep*) despedazar algo/a algn: *We were simply taken apart by the opposition.* Nos despedazó la oposición. **2** demoler algo/a algn: *She took my suggestion apart, point by point.* Desmoronó mi propuesta punto por punto.

to take sth away 1 (*GB*) (*comida preparada*) llevar algo a casa ☛ Nótese que en inglés americano se dice to take sth out. **2** (*dolor, etc*) quitar algo

to take sth away (from sth) (*Mat*) restar algo (de algo)

to take sth/sb away (from sth/sb) apartar algo/a algn (de algo/algn): *What takes you away so early?* ¿A qué se debe que te vayas tan temprano?

to take sth back 1 devolver algo (*a una tienda*) **2** (*palabras*) retirar algo

to take sb back (to sth) hacer recordar a algn (algo): *That takes me back to my schooldays.* Eso me hace recordar mi época de colegial.

to take sb before sth/sb llevar a algn ante algo/algn

to take sth down 1 bajar algo: *to take down your trousers* bajarse los pantalones **2** desmontar algo **3** anotar algo

to take sb in 1 acoger a algn (*en la casa de uno*): *She takes in lodgers.* Tiene huéspedes. ◊ *She took me in when I was homeless.* Me acogió en su casa cuando yo no tenía un techo. **2** engañar a algn

to take sth in 1 absorber algo **2** (*prenda de vestir*) meter algo **3** (*trabajo*) aceptar algo **4** comprender algo: *The tour takes in six European capitals.* La gira incluye seis capitales europeas. **5** (*espectáculo*) asistir a algo **6** fijarse en algo **7** asimilar algo

to take it/sth out on sb tomarla con algn

to take off 1 (*avión*) despegar **2** (*coloq*) salir a toda prisa **3** (*coloq*) tener éxito: *The new dictionary has really taken off.* El nuevo diccionario ha sido muy bien recibido.

to take sb off imitar a algn

to take sb off (sth) quitar a algn (de algo)

to take sth off 1 (*ropa*) quitarse algo **2** amputar algo **3** (*obra de teatro*) quitar algo de cartel **4** (*tren*) suspender algo **5** (*tiempo*) tomarse algo libre: *to take the day/morning/afternoon off* tomarse el día/la mañana/la tarde libre

to take sth off (sth) quitar algo (de algo): *to take the lid off a jar* quitar/desenroscar la tapa de un tarro ◊ *to take the phone off the hook* descolgar el teléfono

to take sth off sth 1 (*dinero*) rebajar algo (en) algo **2** (*producto*) retirar algo de algo

to take yourself off (to...) (*coloq*) marcharse (a...)

to take on 1 (*coloq*) ponerse de moda: *The idea never really took on.* La idea nunca cuajó. **2** (*antic, coloq*) disgustarse

to take on sth asumir algo: *Her eyes took on a hurt expression.* Sus ojos adoptaron una expresión compungida.

to take sb on 1 (*personal*) contratar a algn **2** jugar contra algn

to take sth on emprender algo: *to take on responsibilities* asumir responsabilidades ◊ *to take on fuel* aprovisionarse de combustible

to take sb out 1 acompañar a algn, salir con algn **2** (*coloq*) matar a algn

to take sth out 1 (*USA*) (*comida preparada*) llevar algo a casa ☛ Nótese que en inglés británico se dice **to take sth away**. **2** (*Med*) extirpar algo **3** obtener algo: *to take out an insurance policy/a mortgage* sacarse una póliza de seguros/conseguir una hipoteca ◊ *to take out a summons against sb* expedir un auto de comparecencia contra algn **4** (*coloq, Mil*) destruir algo

to take sth out (of sth) 1 sacar algo (de algo) **2** deducir algo (de algo) **3** (*hacer desaparecer*) quitar algo (de algo)

to take sb out of themselves hacer que algn se olvide de sus problemas, preocupaciones, etc

to take (sth) over tomar control (de algo): *The army is threatening to take over.* El ejército amenaza con subir al poder.

to take (sth) over (from sb) hacerse cargo de algo (en sustitución de otro): *Shall I take over the driving?* ¿Quieres que ahora conduzca yo? ◊ *I took the job over from my father.* Sustituí a mi padre en el puesto.

to take sth over adquirir algo (*una empresa*)

to take to... huir a...: *to take to your bed* meterse en la cama

to take to sth/sb caer bien algo/algn a algn: *I took to her the moment I met her.* Nada más conocerla, me cayó bien.

to take to (doing) sth darle a algn por (hacer) algo: *She's taken to drink.* Le ha dado por beber.

to take up 1 continuar: *The story takes up where his mother dies.* La historia continúa en el momento que su madre muere. **2** (*conversación*) reanudar

to take up sth ocupar algo: *This table takes up too much room.* Esta mesa ocupa demasiado espacio.

to take sb up contradecir a algn: *I must take you up on that point.* No estoy de acuerdo contigo en ese punto.

to take sth up 1 levantar algo: *to take up your pen* ponerse a escribir **2** absorber algo **3** (*costura*) subir algo **4** (*pasatiempo*) empezar a dedicarse a algo: *I've taken up German at evening classes.* He empezado a estudiar alemán por las noches. **5** (*trabajo*) empezar a trabajar en algo: *She takes up her duties/responsibilities next week.* La semana que viene inicia su cometido. **6** (*canción*) unirse a algo **7** (*narración*) reanudar algo **8** (*posición*) adoptar algo **9** (*desafío, oferta*) aceptar algo

to take sb up on sth (*coloq*) aceptar algo de algn: *We'll take you up on your offer.* Aceptamos tu oferta.

to take up with sb (*coloq*) entablar una relación con algn

to take sth up with sb suscitar algo con algn

take² /teɪk/ *n* **1** (*dinero*) taquilla **2(a)** (*Cine*) toma **(b)** (*Mús*) grabación *Ver tb* DOUBLE TAKE

takeaway /ˈteɪkəweɪ/ *n* (*GB*) **1** restaurante que vende comida para llevar **2** (*USA* **take-out**) comida para llevar: *takeaway hamburgers/pizzas* hamburguesas/pizzas para llevar

take-home pay (*coloq* **take-home**) *n* paga neta

taken *pp de* TAKE¹

take-off *n* **1** (*Aeronáut*) despegue **2 ~ (of sb)** imitación (de algn)

take-out *n* (*USA*) *Ver* TAKEAWAY

takeover /ˈteɪkəʊvə(r)/ *n* **1** (*empresa*) absorción, adquisición: *a takeover bid* oferta pública de adquisición (OPA) **2** (*Mil*) toma del poder

taker /ˈteɪkə(r)/ *n*: *There's still some cake left–any takers?* Aún queda algo de pastel. ¿Quién se apunta? ◊

It's better to be a giver than a taker. Es mejor dar que recibir. *Ver tb* HOSTAGE-TAKER

take-up /ˈteɪk ʌp/ *n*: *a high take-up rate on university places* un alto porcentaje de plazas universitarias aceptadas ◊ *The take-up for this grant is low.* Esta subvención no se ha solicitado mucho.

take-up spool *n* captador

takings /ˈteɪkɪŋz/ *n* [*pl*] recaudación

talc /tælk/ (*tb* **talcum** /ˈtælkəm/) *n* **1** talco **2** polvos de talco

talcum powder *n* polvos de talco

tale /teɪl/ *n* **1** cuento, historia *Ver tb* FAIRY-TALE, FOLK TALE **2** (*cotilleo*) chisme **LOC** *Ver* HANG[1], LIVE[2], OLD, TELL

talent /ˈtælənt/ *n* **1** ~ (**for sth**) talento (para algo): *a talent scout/spotter* un cazatalentos **2** persona de talento **3** (*argot*) tío, -a bueno, -a: *Dan's a real bit of talent.* Dan está muy bueno.

▶ **talented** /ˈtæləntɪd/ *adj* talentoso

talisman /ˈtælɪzmən, ˈtælɪs-/ *n* (*pl* **talismans**) talismán

talk[1] /tɔːk/ *n* **1** conversación: *to have a talk with sb* tener una conversacion con algn *Ver tb* SWEET-TALK **2** charla: *He gave a talk on grammar.* Dio una charla sobre gramática. **3 talks** (*Pol*) negociaciones: *to break off talks* suspender las conversaciones ◊ *The two governments are meeting for talks.* Los dos gobiernos se están reuniendo para dialogar. **4** [*incontable*] **(a)**: *She's not very good at small talk.* Con ella no puedes hablar de trivialidades. **(b)** rumor: *There is talk of...* Corre la voz que... **5** (*pey*) palabrería

LOC the talk of sth la comidilla de algo **to be all talk (and no action)** no hacer más que hablar *Ver tb* FIGHT

talk[2] /tɔːk/ **1** *vi* ~ (**to/with sb**) (**about/of sth/sb**) hablar (con algn) (sobre/de algo/algn): *Don't you talk to me like that!* ¡No me hables así! ◊ *What are they talking about?* ¿De qué están hablando? ◊ *The police persuaded the suspect to talk.* La policía persuadió al sospechoso a que hablara. ☛ *Ver nota en* HABLAR **2** *vt* **(a)** hablar de: *to talk business/politics* hablar de negocios/política **(b)** hablar: *to talk sense/nonsense* hablar con sentido/decir tonterías ◊ *to talk French* hablar francés **3** *vi* cotillear **4** *vi* hablar: *You can teach some parrots to talk.* A algunos loros se les puede enseñar a hablar.

LOC look who's talking; you can/can't talk (*coloq*) mira quien habla **now you're talking** (*coloq*) eso es más razonable: *Take the day off? Now you're talking!* ¿Un día de vacaciones? ¡Eso es más razonable! **talking of sth/sb** hablando de algo/algn (**to be able**) **to talk the hind legs off a donkey** (*coloq*) hablar sin parar **to talk sb's head off** marear a algn hablando **to talk shop** (*pey*) hablar de asuntos profesionales **to talk through your hat** decir tonterías **to talk your head off** hablar hasta por los codos **to talk your way out of sth/doing sth** librarse de algo/hacer algo por medio de la labia *Ver tb* DEVIL[1], FORKED, MONEY

PHR V to talk away hablar sin parar

to talk back (**to sb**) contestar con descaro (a algn)

to talk sth/sb down controlar el aterrizaje de algo/algn por radio

to talk down to sb hablar a algn como si fuera tonto/un niño

to talk sb into/out of doing sth persuadir a algn que haga/no haga algo

to talk sth out/through discutir algo

to talk sb over/round (**to sth**) convencer a algn (sobre algo)

to talk sth over (**with sb**) repasar algo (con algn)

to talk round sth hablar con rodeos de algo

to talk sth through *Ver* TO TALK STH OUT/THROUGH

▶ **talkative** /ˈtɔːkətɪv/ *adj* hablador

talker /ˈtɔːkə(r)/ *n* hablador, -ora

talking *n* **1** *I don't want to do the talking.* Yo no quiero hablar. **2** *No talking, please.* Silencio por favor.

talking point /ˈtɔːkɪŋ pɔɪnt/ *n* tema de conversación

talking-to /ˈtɔːkɪŋ tuː/ *n* (*pl* **talking-tos**) rapapolvo: *I'm going to give him a good talking-to.* Voy a echarle un buen rapapolvo.

tall /tɔːl/ *adj* (**-er, -est**) ☛ *Ver nota en* ALTO *adj*, HIGH[1] **1(a)** (*persona, césped*) alto: *How tall are you?* ¿Cuánto mides? ◊ *We saw a tall and slim figure.* Vimos una figura alta y delgada. ◊ *hidden in the tall grass* escondido entre la hierba alta **(b)** (*árbol, edificio, chimenea*) alto **2 to be X metres, feet, etc tall** medir X metros, pies, etc de altura: *Tom is six feet tall.* Tom mide 1.80. ◊ *After one year, the beech tree was two metres tall.* Al año, el haya medía dos metros.

LOC a tall story (*coloq*) un cuento chino **to be a tall order** (*coloq*) ser muy difícil *Ver tb* OAK, WALK[1]

tallow /ˈtæləʊ/ *n* sebo

tally /ˈtæli/ *n* **1** cuenta: *to keep a tally of sth* llevar cuenta de algo **2** resultado

■ **tally** *vi* (*pret, pp* **tallied**) ~ (**with sth**) **1** coincidir, corresponder (con algo) **2** (*cifra*) cuadrar (con algo)

talon /ˈtælən/ *n* garra

tambourine /ˌtæmbəˈriːn/ *n* (*Mús*) pandereta

tame /teɪm/ *adj* (**tamer, tamest**) **1(a)** domesticado **(b)** (*dócil*) manso **2** (*fiesta, libro, etc*) insulso

■ **tame** *vt* **1(a)** domesticar **(b)** (*león*) domar **2(a)** (*genio*) reprimir **(b)** (*pasión*) dominar

▶ **tamely** *adv* dócilmente

tamer *n* domador, -ora *Ver tb* LION-TAMER

tamp /tæmp/ *v*

PHR V to tamp sth down (*formal*) apisonar algo (*para que se apelmace*)

tamper /ˈtæmpə(r)/ *v*

PHR V to tamper with sth 1 alterar algo: *Somebody has tampered with this lock.* Alguien ha tratado de forzar esta cerradura. **2** *to tamper with a jury* sobornar al jurado

tampon /ˈtæmpɒn/ *n* tampón

tan[1] /tæn/ *n* **1** (*tb* **suntan**) bronceado (*del cutis*): *to get a tan* broncearse **2** color canela

■ **tan** *adj* de color canela

■ **tan** (**-nn-**) **1** *vt, vi* broncear(se): *You tan quickly don't you?* Tú te bronceas muy rápidamente, ¿verdad? **2** *vt* curtir

LOC to tan sb's hide (*coloq*) zurrar a algn

▶ **tanner** /ˈtænə(r)/ *n* curtidor, -ora

tannery /ˈtænəri/ *n* curtiduría

tan[2] /tæn/ (*Mat*) *abrev de* **tangent**

tandem /ˈtændəm/ *n* tándem

LOC in tandem uno detrás de otro, en pareja: *to work in tandem* trabajar conjuntamente

tang /tæŋ/ *n* sabor: *with a tang of lemon* con un sabor fuerte a limón

▶ **tangy** *adj* (*sabor*) ácido

tangent /ˈtændʒənt/ *n* **1** (*Geom*) tangente **2** (*abrev* **tan**) (*Mat*) tangente ☛ *Comparar con* COSINE, SINE

LOC to go/fly off at a tangent salirse por la tangente

tangerine /ˌtændʒəˈriːn; *USA* ˈtændʒəriːn/ *n* (*tb* **tangerine orange**) mandarina

■ **tangerine** *adj, n* (de) color naranja oscuro

tangible /ˈtændʒəbl/ *adj* (*formal*) palpable, tangible: *tangible assets* inmovilizado

▶ **tangibly** *adv* perceptiblemente

tangle /ˈtæŋgl/ *n* **1** enredo **2** lío: *to get into a tangle* hacerse un lío

■ **tangle 1** *vt, vi* ~ (**sth**) (**up**) enredar (algo); enredarse **2** *vi* ~ **with sb** pelearse con algn

▶ **tangled** *adj* enredado

tango /ˈtæŋgəʊ/ *n* (*pl* **~s**) tango

■ **tango** *vi* (*part pres* **tangoing** *pret, pp* **tangoed**) bailar el tango **LOC** *Ver* TWO

tangy *Ver tb* TANG

tank /tæŋk/ *n* **1(a)** depósito **(b)** (*de peces*) pecera **2** (*Mil*) tanque *Ver tb* ANTI-TANK, THINK-TANK

■ **tank** *v*
PHRV **to be/get tanked up** (*argot*) estar borracho/emborracharse
to tank up llenar el depósito de un vehículo

tankard /ˈtæŋkəd/ *n* jarra (*de cerveza, etc*) ☛ *Ver ilustración en* TAZA

tanker /ˈtæŋkə(r)/ *n* **1** petrolero, buque cisterna *Ver tb* OIL TANKER, SUPERTANKER **2** (*USA tb* **tank truck**) camión cisterna

tanned /tænd/ *adj* bronceado, moreno

tanner, tannery *Ver tb* TAN[2]

tannin /ˈtænɪn/ *n* tanino

Tannoy® (*tb* **tannoy**) /ˈtænɔɪ/ *n* sistema de megafonía

tantalize, -ise /ˈtæntəlaɪz/ *vt* tentar, atormentar
▶ **tantalizing, -ising** *adj* tentador
tantalizingly, -isingly *adv* de manera tentadora

tantamount /ˈtæntəmaʊnt/ *adj* **to be ~ to sth** equivaler a algo: *Her statement is tantamount to a confession of guilt.* Su declaración equivale a una confesión de culpabilidad.

tantrum /ˈtæntrəm/ *n* berrinche: *to throw a tantrum* tener un berrinche

tap[1] /tæp/ *n* **1(a)** (*USA* **faucet**) grifo: *to turn the tap on/off* abrir/cerrar el grifo **(b)** (*gas*) llave **(c)** (*barril*) espita **2** *to put a tap on a phone* intervenir un teléfono
LOC **on tap 1** (*cerveza*) de barril **2** (*fig*) a mano
■ **tap** *vt* (**-pp-**) **1 to tap sth (off) (from sth)** sacar algo (de algo) **2(a)** (*árbol*) sangrar **(b) to tap sth (off)** extraer algo (*savia*) **3 to tap sth (for sth)** (*recursos*) explotar algo (para algo) **4** (*teléfono*) intervenir
LOC **to tap sb for money** sacar dinero a algn

tap[2] /tæp/ *n* golpecito: *He felt a tap on his shoulder.* Sintió una palmadita en el hombro.
■ **tap** (**-pp-**) **1** *vt* **(a) to tap sth/sb (with sth)** dar un golpecito a algo/algn (con algo): *to tap sb on the shoulder* dar una palmadita a algn en la espalda **(b) to tap sth (against/on sth)** dar golpecitos con algo (en algo): *tapping her fingers on the table* dando golpecitos en la mesa con los dedos **2** *vi* **to tap (at/on sth)** dar golpecitos (en algo): *Who's that tapping at the window/door?* ¿Quién está tocando en la ventana/puerta? ◊ *She had been tapping away at her typewriter all day.* Estuvo tecleando en la máquina de escribir todo el día. ◊ *to tap your foot* seguir el compás con el pie/taconear de impaciencia

tap-dance /ˈtæp dɑːns/ *n* zapateado
■ **tap-dance** *vi* zapatear
▶ **tap-dancer** *n* bailarín, -ina (*de zapateado*)
tap-dancing (*tb* **tap**) *n* zapateado

tape /teɪp/ *n* **1** cinta: *sticky tape* cinta adhesiva *Ver tb* RED TAPE, SCOTCH TAPE, SELLOTAPE **2** (*Dep*) cinta (*en una meta*) **3** cinta (*de grabación*): *to have sth on tape* tener algo grabado ◊ *a blank tape* una cinta virgen *Ver tb* MAGNETIC TAPE, VIDEOTAPE **4** *Ver* TAPE-MEASURE
■ **tape 1** *vt, vi* grabar: *She set the video to tape the film.* Programó el vídeo para grabar la película. **2** *vt* **~ sth (up)** atar algo con cinta
LOC **to have (got) sth/sb taped** saber por donde anda algo/algn

tape deck *n* pletina

tape-measure /ˈteɪp meʒə(r)/ (*tb* **tape**, **measuring tape**) *n* cinta métrica

taper[1] /ˈteɪpə(r)/ *n* candela

taper[2] /ˈteɪpə(r)/ *vt, vi* **1 ~ (sth) (off) (to sth)** estrecharse, estrechar (algo) (hasta algo): *a blade that tapers off to a fine point* una cuchilla que se afila hasta tener una punta muy aguda ☛ *Comparar con* FLARE[2] **2 ~ (sth) off** ir disminuyendo, disminuir: *to taper off production* disminuir la producción poco a poco
■ **taper** *n* estrechamiento
▶ **tapering** *adj* que se va estrechando

tape recorder *n* grabadora, casete

tape recording /ˈteɪp rɪkɔːdɪŋ/ *n* grabación (*en cinta*)

tapestry /ˈtæpəstri/ *n* (*pl* **-ies**) **1** tapiz **2** tapicería

tapeworm /ˈteɪpwɜːm/ *n* solitaria

tapioca /ˌtæpiˈəʊkə/ *n* tapioca

tapir /ˈteɪpə(r)/ *n* tapir

tap water *n* agua del grifo

tar /tɑː(r)/ *n* alquitrán: *low tar cigarettes* cigarillos de bajo contenido en alquitrán
■ **tar** *vt* (**-rr-**) alquitranar
LOC **to tar and feather sb** emplumar a algn **to tar with the same brush (as sb) 1** juzgar a algn por su asociación con otros **2** medir por el mismo rasero
▶ **tarry** /ˈtɑːri/ *adj* (**-ier, -iest**) alquitranado

taramasalata /ˌtærəməsəˈlɑːtə/ *n* crema/salsa hecha con huevas de pescado ahumado

tarantula /təˈræntʃələ; *USA* -tʃələ/ *n* tarántula

tardy /ˈtɑːdi/ *adj* (**-ier, -iest**) (*formal*) **1** lento **2** tardío
▶ **tardily** *adv* **1** lentamente **2** tardíamente

target /ˈtɑːgɪt/ *n* **1** blanco: *The rocket was dead on target.* El cohete llevaba la dirección que se había previsto. ◊ *target practice* tiro al blanco **2** objetivo: *a target amount* una cantidad prevista ◊ *a target market/audience* el público/mercado al que el producto va dirigido ◊ *target language* lengua de destino *Ver tb* SITTING TARGET
■ **target** *vt* **~ sth (at/on sth/sb)**; **~ sth/sb** dirigir algo (a algo/algn); dirigir(se) a algo/algn: *They targeted the product at the youth market.* Dirigieron el producto al mercado juvenil. ◊ *The campaign targeted pensioners.* La campaña se dirigía a los jubilados.

tariff /ˈtærɪf/ *n* **1** tarifa **2** arancel

tarmac® /ˈtɑːmæk/ *n* **1** asfalto **2** pista (*de aeropuerto*)
■ **tarmac** *vt* asfaltar

tarn /tɑːn/ *n* lago pequeño entre montañas

tarnish /ˈtɑːnɪʃ/ **1** *vt, vi* deslustrar(se): *tarnished metal* metal deslustrado **2** *vt* (*fig*) desacreditar
■ **tarnish** *n* deslustre

tarot /ˈtærəʊ/ *n* tarot

tarpaulin /tɑːˈpɔːlɪn/ *n* (*abrev* **tarp**) toldo, lona impermeable

tarragon /ˈtærəgən; *USA* -gɒn/ *n* estragón

tarsal /ˈtɑːsl/ *n* (*Anat*) tarso: *metatarsal* metatarso ☛ *Ver ilustración en* ESQUELETO

tart[1] /tɑːt/ *adj* **1** (*sabor*) agrio, ácido **2** (*fig*) cortante, áspero
▶ **tartly** *adv* de manera cortante, con aspereza
tartness *n* acritud, aspereza

tart[2] /tɑːt/ *n* **1** (*esp GB*) tarta

> **¿Pie, tart o flan?**
> **Pie** es una tarta o empanada de hojaldre o masa que tiene tapa y que está rellena de dulce o salado.
> **Tart** y **flan** se utilizan para las tartas dulces que tienen una base de hojaldre o masa pero que no tienen tapa.

2 tartaleta

tart[3] /tɑːt/ *n* (*argot*) **1** furcia **2** (*pey*) zorra
■ **tart** *v* (*coloq*)
PHRV **to tart sth up** arreglar algo: *They've tarted up the restaurant but the food hasn't improved.* Han arreglado el restaurante pero la comida no ha mejorado.
to tart yourself up acicalarse

tartan /ˈtɑːtn/ *n* tartán

tartar[1] /ˈtɑːtə(r)/ *n* **1** sarro **2** tártaro (*del mosto*)

tartar[2] /ˈtɑːtə(r)/ *n* fiera

tartare sauce /ˌtɑːtə(r) ˈsɔːs; *USA* ˈtɑːrtər sɔːs/ (*USA* **tartar sauce**) *n* salsa tártara

task /tɑːsk; *USA* tæsk/ *n* tarea: *to take on/undertake a task* encargarse de una tarea
LOC **to take sb to task (about/for/over sth)** reprender a algn (por algo)
■ **task** *vt* **~ sb with sth** encargar algo a algn

task force *n* agrupación de fuerzas (*para una operación especial*)

taskmaster /ˈtɑːskmɑːstə(r)/ *n* (*fem* **taskmistress** /-mɪstrɪs/) tirano, -a (*jefe*)

LOC to be a hard taskmaster ser muy exigente

tassel /ˈtæsl/ *n* borla

taste /teɪst/ *n* **1** (*sensación*) sabor, gusto **2** (*sentido*) gusto **3 ~ (of sth) (a)** (*comida, bebida*) poquito (de algo): *to have a taste of sth* probar algo **(b)** (*fig*) muestra (de algo): *her first taste of life in the city* su primera experiencia de la vida en la ciudad **4 ~ (for sth)** gusto (por algo): *She has developed a taste for football.* Le ha cogido gusto al fútbol. ◊ *She has a taste for eating out.* Le gusta comer fuera. ◊ *It is not (to) her taste.* No es de su gusto. **5** (buen) gusto: *He's got no taste.* No tiene ningún gusto. *Ver tb* FORETASTE

LOC (to be) in good, bad, poor taste (ser) de buen, mal gusto **to give sb a taste of their own medicine** pagarle a algn con la misma moneda **to taste**: *Add salt to taste.* Añadir sal al gusto. *Ver tb* ACCOUNT, ACQUIRE, DEVELOP, LEAVE[1]

■ **taste 1** *vt, vi* gustar, notar el sabor/gusto (de): *I can't taste (anything).* No le noto el gusto a nada. **2** *vi* **~ (of sth)** saber (a algo): *It tastes salty.* Sabe salado. **3** *vt* probar: *He tasted the soup.* Probó la sopa. **4** *vt* probar, comer: *I haven't tasted food for/in two days.* Llevo dos días sin probar bocado. **5** *vt* (*fig*) experimentar, conocer: *to taste defeat* experimentar la derrota

▶ **taster** *n* **1** catador, -ora **2** (*coloq*) muestra: *a taster of what was to come* una muestra de lo que iba a suceder

tasting *n* degustación

taste bud *n* papila gustativa

tasteful /ˈteɪstfl/ *adj* de buen gusto

▶ **tastefully** *adv* con buen gusto

tasteless /ˈteɪstləs/ *adj* **1** insípido, soso **2** de mal gusto

▶ **tastelessly** *adv* con mal gusto

tastelessness *n* mal gusto

tasty /ˈteɪsti/ *adj* **(-ier, -iest)** sabroso

▶ **tastiness** *n* rico sabor, lo sabroso

tat[1] /tæt/ *n* [*incontable*] (*GB, coloq*) birria(s)

tat[2] /tæt/ *n* **LOC** *Ver* TIT[2]

tattered /ˈtætəd/ *adj* **1** (*cosa*) hecho jirones **2** (*persona*) andrajoso

tatters /ˈtætəz/ *n* [*pl*] harapos

LOC in tatters 1 hecho jirones **2** (*fig*) destrozado, por los suelos

tattoo[1] /təˈtuː; *USA* tæˈtuː/ *vt* tatuar

■ **tattoo** *n* (*pl* **~s**) tatuaje

tattoo[2] /təˈtuː; *USA* tæˈtuː/ *n* (*pl* **~s**) **1** (*Mil*) retreta **2** (*espectáculo*) parada militar **3** repiqueteo, tamborileo: *The rain beat a tattoo on the roof.* La lluvia repiqueteaba en el tejado.

tatty /ˈtæti/ *adj* **(-ier, -iest)** (*GB, coloq*) **1** raído **2** (*edificio, etc*) de aspecto pobre, en mal estado

taught *pret, pp de* TEACH *Ver tb* SELF-TAUGHT

taunt /tɔːnt/ *vt* mofarse de: *to taunt sb with sth* picar a algn con algo

■ **taunt** *n* pulla, mofa

Taurus /ˈtɔːrəs/ *n* tauro

▶ **Taurean** *n, adj* tauro ☛ *Ver ejemplos en* AQUARIUS ☛ *Ver ilustración en* ZODIACO

taut /tɔːt/ *adj* **1** tirante, tenso **2** (*fig*) sobrio, tenso: *a taut psychological thriller* un drama psicológico tenso

▶ **tauten** *vt, vi* tensar(se)

tautly *adv* **1** de manera tensa/tirante **2** (*fig*) sobriamente

tautness *n* **1** tensión, tirantez **2** (*fig*) sobriedad

tautology /tɔːˈtɒlədʒi/ *n* (*pl* **-gies**) tautología

▶ **tautological** *adj* tautológico

tavern /ˈtævən/ *n* (*antic*) taberna

tawdry /ˈtɔːdri/ *adj* **(-ier, -iest)** **1** de oropel **2** sórdido

▶ **tawdriness** *n* sordidez

tawny /ˈtɔːni/ *adj* leonado (*color*)

tax /tæks/ *n* impuesto: *to levy a tax on sth* gravar algo con un impuesto ◊ *tax avoidance* práctica de pagar la mínima cantidad legal de impuestos ◊ *tax evasion* evasión de impuestos ◊ *tax-collector* recaudador de impuestos ◊ *tax relief* desgravación de impuestos ◊ *tax return* declaración de (la) renta ◊ *tax exemption* exención de impuestos ◊ *a tax rebate/refund* una devolución de impuestos ◊ *the tax year* el año fiscal *Ver tb* CORPORATION TAX, DIRECT TAX, INCOME TAX, INSPECTOR OF TAXES, PRE-TAX, POLL TAX, ROAD TAX, VALUE ADDED TAX

■ **tax** *vt* **1(a)** (*artículos*) gravar con un impuesto **(b)** (*personas*) imponer contribuciones a **2** (*fig*) **(a)** (*recursos*) exigir demasiado a **(b)** (*paciencia, etc*) poner a prueba, abusar de

LOC to tax your/sb's brain(s) poner a prueba la inteligencia de algn

▶ **taxable** *adj* imponible: *taxable income* sueldo imponible

taxation *n* (recaudación/pago de) impuestos: *to reduce/increase taxation* reducir/aumentar los impuestos

tax-deductible /ˌtæks dɪˈdʌktəbl/ *adj* desgravable

tax-free /ˌtæks ˈfriː/ *adj* libre de impuestos

taxi[1] /ˈtæksi/ (*tb* **taxi-cab**, *tb esp USA* **cab**) *n* taxi: *a taxi driver* un taxista

taxi[2] /ˈtæksi/ *vi* rodar (*avión*): *The plane taxied along the runway.* El avión rodaba por la pista.

taxidermy /ˈtæksɪdɜːmi/ *n* taxidermia

▶ **taxidermist** *n* taxidermista

taxing /ˈtæksɪŋ/ *adj* agotador, extenuante

taxi rank (*USA* **cab-rank**, **cab stand**, **taxi stand**) *n* parada de taxis

taxi stand *n* (*USA*) *Ver* TAXI RANK

taxman /ˈtæksmæn/ *n* (*pl* **men** /-men/) **1** recaudador de impuestos **2 the taxman** (*coloq*) hacienda, el fisco

taxonomy /tækˈsɒnəmi/ *n* taxonomía

▶ **taxonomist** *n* taxónomo, -a

taxpayer /ˈtækspeɪə(r)/ *n* contribuyente

TB /ˌtiː ˈbiː/ *abrev de* **tuberculosis**

tbsp (*pl* **tbsps**) (*medida*) *abrev de* **tablespoon(ful)**

tea /tiː/ *n* **1** té: *a tea caddy* una caja para guardar el té ◊ *a tea service/set* un servicio/juego de té ◊ *a tea strainer* un colador de té **2** (*comida*) té, merienda *Ver tb* HIGH TEA ☛ *Ver nota en* DINNER

LOC not for all the tea in China ni por todo el oro del mundo *Ver tb* CUP

tea bag *n* bolsita de té

tea break *n* (*GB*) descanso (*para el té, café , etc*)

teacake /ˈtiːkeɪk/ *n* (*GB*) bollo

teach /tiːtʃ/ (*pret, pp* **taught** /tɔːt/) **1** *vt* enseñar: *He taught me (how) to drive.* Me enseñó a conducir. ◊ *That'll teach you.* Eso te enseñará. **2** *vt, vi* dar clases (de): *to teach Spanish* dar clases de español ◊ *She's been teaching for 15 years now.* Lleva dando clases 15 años.

LOC (you can't) teach an old dog new tricks (*refrán*) (*es difícil*) *cambiar las ideas, etc de las personas mayores* **to teach sb a lesson** darle a algn una lección: *It taught him a lesson he never forgot.* Le dio una lección que nunca olvidó.

▶ **teaching** *n* **1** enseñanza: *language teaching* la enseñanza de idiomas ◊ *to go into teaching* meterse de profesor **2** *teaching materials* materiales didácticos ◊ *a teaching career* una carrera docente ◊ *the teaching staff* los profesores ◊ *teaching practice* práctica docente

teacher /ˈtiːtʃə(r)/ *n* profesor, -ora: *teacher training* formación pedagógica *Ver tb* GRADE SCHOOL TEACHER, HEADTEACHER, SCHOOLTEACHER

tea chest *n* caja (*para transportar té*)

tea cloth *n* (*GB*) *Ver* TEA TOWEL

tea cosy *n* (*pl* **-ies**) cubretetera

teacup /ˈtiːkʌp/ *n* taza para té **LOC** *Ver* STORM

teak /tiːk/ *n* (madera de) teca

tea leaf *n* (*pl* **tea leaves**) hoja de té

team /tiːm/ *n* equipo: *a team game* un juego de equipo ◊ *a production team* un equipo de producción ◊ *team spirit* compañerismo ◊ *the home/away team* el equipo de casa/visitante ☛ *Ver nota en* EQUIPO **LOC** *Ver* BEST

PHR V **to team up (with sb)** formar equipo (con algn)
team-mate /ˈtiːm meɪt/ *n* compañero, -a de equipo
teamwork /ˈtiːmwɜːk/ *n* trabajo en equipo
tea party *n* té, merienda
teapot /ˈtiːpɒt/ *n* tetera ☛ *Ver ilustración en* POT
tear[1] /tɪə(r)/ *n* lágrima: *to fight back the tears* tragarse las lágrimas ◊ *He burst into tears.* Rompió a llorar. ◊ *It brought tears to her eyes.* La hizo llorar.
LOC **close/near to tears** a punto de llorar **in tears** llorando: *It all ended in tears.* Terminó en tragedia. *Ver tb* BORE[2], CROCODILE, DISSOLVE, GULP, VALE
▶ **tearful** *adj* lloroso
tearfully *adv* con lágrimas en los ojos
tear[2] /teə(r)/ (*pret* **tore** /tɔː(r)/ *pp* **torn** /tɔːn/) **1** *vt, vi* rasgar(se), romper(se): *to tear a sheet of paper in two* rasgar una hoja de papel de parte a parte ◊ *a torn handkerchief* un pañuelo roto ◊ *This cloth tears easily.* Esta tela se rasga fácilmente. ◊ *I've torn a hole in my trousers.* Me he hecho un agujero en los pantalones. ◊ *Tear along the dotted line.* Corte por la línea de puntos. **2** *vt* **~ sth/sb from/out of sth** arrancar algo/a algn de algo: *She tore the article out of the magazine.* Arrancó el artículo de la revista. **3** *vt* desgarrar: *a country torn by war* un país desgarrado por la guerra **4** *vi* moverse rápidamente en la dirección especificada: *cars tearing past* coches que pasan a toda velocidad ◊ *She tore downstairs.* Bajó las escaleras a toda prisa.
LOC **that's torn it** (*coloq*) la hemos hecho buena **(to be in) a tearing hurry** (tener) muchísima prisa: *Where are you going in such a tearing hurry?* ¿Adónde vas con tanta prisa? **to tear a hole, etc in sth** hacer un agujero en algo **to tear sb limb from limb** despedazar a algn **to tear sb off a strip; to tear a strip off sb** (*coloq*) echar una bronca a algn **to tear sth/sb to pieces, to shreds, to bits** destrozar algo: *They tore the play to shreds.* Pusieron la obra por los suelos. **to tear your hair (out)** (*coloq*) tirarse de los pelos *Ver tb* WEAR[2]
PHR V **to tear sth/sb apart** destruir algo/a algn: *We were tearing each other apart.* Nos estábamos destruyendo. ◊ *The country was torn apart by war.* El país estaba destrozado por la guerra.
to be torn between A and B: *torn between love and duty* atormentada entre el amor y la obligación
to tear at sth (with sth) arremeter contra algo (con algo)
to tear yourself away (from sth/sb) dejar algo/a algn de mala gana
to tear sth down derribar algo
to tear into sth/sb atacar algo/a algn física o verbalmente
to tear sth out arrancar algo
to tear sth up hacer pedazos algo: *She tore up all the letters he had sent her.* Hizo pedazos todas las cartas que él le había mandado.
■ **tear** *n* desgarrón
tearaway /ˈteərəweɪ/ *n* (*coloq*) gamberro, -a
teardrop /ˈtɪədrɒp/ *n* lágrima
tear gas *n* gases lacrimógenos: *to fire tear-gas* lanzar gases lacrimógenos
tear-jerker /ˈtɪə dʒɜːkə(r)/ *n* (*coloq*) historia, película, etc que hace llorar
tearoom /ˈtiːruːm, -rʊm/ (*tb* **teashop**) *n* salón de té
tease /tiːz/ *vt* **1(a)** (*provocar*) atormentar **(b)** tomarle el pelo a algn: *She was only teasing.* Lo ha hecho en broma. **2 ~ sth out (a)** desenredar algo **(b)** sonsacar algo (*información*) **3** (*lana, etc*) cardar
■ **tease** *n* **1** bromista **2** (*sexualmente*) persona provocativa
▶ **teaser** (*tb* **brain-teaser**) *n* (*coloq*) rompecabezas
teasingly *adv* en broma
teasel (*tb* **teazel**, **teazle**) /ˈtiːzl/ *n* cardencha
teaspoon /ˈtiːspuːn/ *n* **1** (*cubierto*) cucharilla ☛ *Ver ilustración en* CUCHARA **2** (*tb* **teaspoonful**) (*abrev* **tsp**) (*medida*) cucharadita

teat /tiːt/ *n* **1** (*de animal hembra*) tetilla ☛ *Ver ilustración en* COW[1] **2** (*esp USA* **nipple**) (*de biberón*) tetina
teatime /ˈtiːtaɪm/ *n* hora del té
tea towel (*tb* **tea cloth**, *USA* **dish towel**) *n* trapo de cocina
tea trolley *n* (*pl* **~s**) carrito (*para el té*) ☛ *Ver ilustración en* TROLLEY
tech /tek/ *n* (*GB, coloq*) instituto de formación profesional
technical /ˈteknɪkl/ *adj* **1** técnico: *a technical hitch* un fallo técnico **2** [*antes de sustantivo*] según la ley: *a technical point* una cuestión de forma
▶ **technicality** /ˌteknɪˈkæləti/ *n* (*pl* **-ies**) **1** detalle técnico, tecnicismo **2** formalismo: *a mere technicality* un simple formalismo
technically *adv* **1** técnicamente, en términos técnicos **2** estrictamente: *technically (speaking)* estrictamente hablando
technical college (*coloq* **tech**) *n* (*GB*) instituto de formación profesional
technician /tekˈnɪʃn/ *n* técnico, -a
Technicolor (*tb* **technicolor**) /ˈteknɪkʌlə(r)/ **1** *n* tecnicolor **2** *adj* en/de tecnicolor
technique /tekˈniːk/ *n* técnica
technocracy /tekˈnɒkrəsi/ *n* tecnocracia
▶ **technocrat** *n* tecnócrata
technocratic *adj* tecnocrático
technology /tekˈnɒlədʒi/ *n* (*pl* **-ies**) tecnología: *We don't have the technology to do it.* No tenemos la tecnología para poder hacerlo. ◊ *recent advances in medical technology* los recientes avances en la tecnología médica *Ver tb* HIGH-TECH, INFORMATION TECHNOLOGY
▶ **technological** *adj* tecnológico: *a major technological breakthrough* un avance tecnológico decisivo
technologically *adv* tecnológicamente
technologist *n* tecnólogo, -a
teddy bear (*tb* **teddy** *pl* **-ies**) *n* osito de peluche
Teddy boy (*tb* **ted**) *n* (*GB, coloq*) joven rebelde en los años 50
tedious /ˈtiːdiəs/ *adj* tedioso, pesado
▶ **tediously** *adv* tediosamente: *tediously long* aburridamente largo
tedium /ˈtiːdiəm/ *n* tedio
tee /tiː/ *n* (*golf*) tee **LOC** *Ver* T *en* T, T
■ **tee** *v* (*pret, pp* **teed**)
PHR V **to tee off** dar el primer golpe
to tee sb off (*USA, argot*) enfadar a algn
teem /tiːm/ *vi* **1(a) ~ with sth** estar a rebosar de algo: *The streets were teeming with people.* Las calles estaban a rebosar de gente. **(b)** abundar **2 ~ (with rain); (down)** llover a cántaros: *It was teeming with rain/it was teeming down.* Estaba lloviendo a cántaros.
teenage /ˈtiːneɪdʒ/ *adj* de adolescentes: *teenage fashions* moda joven
▶ **teenager** *n* adolescente
teens /tiːnz/ *n* [*pl*] edad entre los 13 y los 19 años: *to be in your teens* estar en la adolescencia ◊ *in her early teens* cuando tenía 13 o 14 años
teeny /ˈtiːni/ *adj* (*coloq*) **(-ier, -iest)** (*tb* **teeny-weeny** /ˌtiːni ˈwiːni/) chiquitín: *a teeny bit* un poquitín
tee shirt *Ver* T-SHIRT
teeter /ˈtiːtə(r)/ *vi* balancearse: *teetering on the brink of disaster* balanceándose al borde del desastre
teeth *plural de* TOOTH
teethe /tiːð/ *vi* echar los dientes
LOC **teething problems/troubles** dificultades menores en los inicios de un negocio
▶ **teething** *n* dentición
teetotal /ˌtiːˈtəʊtl; *USA* ˈtiːtəʊtl/ *adj* abstemio
▶ **teetotaller** (*USA tb* **teetotaler**) *n* abstemio, -a
TEFL /ˌtiː iː ef ˈel *coloq* ˈtefl/ (*Educ*) *abrev de* **Teaching English as a Foreign Language** Enseñanza de Inglés como Lengua Extranjera

tel *abrev de* **telephone** (**number**) número de teléfono: *tel 65325* tlf 65325

telecommunications /ˌtelikəˌmjuːnɪˈkeɪʃnz/ *n* [*pl*] telecomunicaciones

teleconference /ˌteliˈkɒnfərəns/ *n* videoconferencia

telegram /ˈtelɪgræm/ *n* telegrama

telegraph /ˈtelɪgrɑːf; *USA* -græf/ *n* telégrafo: *telegraph pole* poste telegráfico ◊ *telegraph line/wire* hilo telegráfico

■ **telegraph** *vt, vi* telegrafiar

▶ **telegraphic** /ˌtelɪˈgræfɪk/ *adj* telegráfico

telepathic /ˌtelɪˈpæθɪk/ *adj* telepático

telepathy /təˈlepəθi/ *n* telepatía

telephone /ˈtelɪfəʊn/ (*tb* **phone**) *n* teléfono: *to answer the telephone* contestar el teléfono ◊ *If the telephone rings, can you get it for me?* Si suena el teléfono, ¿lo puedes coger tú? ◊ *by telephone* por teléfono ◊ *telephone call* llamada telefónica ◊ *telephone number* número de teléfono ◊ *telephone book/directory* guía telefónica ◊ *cordless phone* teléfono inalámbrico *Ver tb* DIRECT DIAL TELEPHONE, MOBILE PHONE

LOC on the telephone 1 (*conectado*): *We're not on the telephone.* No tenemos teléfono. **2** (*hablando*): *You're wanted on the telephone.* Te llaman por teléfono. ◊ *He spends hours on the telephone.* Se pasa horas al teléfono. ◊ *She's on the telephone.* Está hablando por teléfono.

■ **telephone** (*tb* **phone**) *vt, vi* llamar por teléfono, telefonear (a algo/algn): *They telephoned for help.* Llamaron por teléfono para pedir ayuda.

telephone booth *n* (*esp USA*) *Ver* TELEPHONE BOX

telephone box (*tb* **phone box**, **call box**, *tb esp USA* **telephone booth**, **phone booth**) *n* cabina telefónica

telephone exchange *n* central teléfonica

telephonist /təˈlefənɪst/ *n* telefonista

telephoto lens /ˈtelifəʊtəʊ ˈlenz/ *n* teleobjetivo

teleprinter /ˈteliprɪntə(r)/ *n* teletipo

telesales /ˈteliseɪlz/ *n* televentas

telescope /ˈtelɪskəʊp/ *n* telescopio *Ver tb* RADIO TELESCOPE

telescopic /ˌtelɪˈskɒpɪk/ *adj* telescópico: *telescopic umbrella* paraguas plegable ◊ *telescopic sight* mira telescópica ☛ *Ver ilustración en* GUN

teletext /ˈtelitekst/ *n* teletexto

televise /ˈtelɪvaɪz/ *vt* televisar

television /ˈtelɪvɪʒn/ (*GB, coloq* **telly**) *n* (*abrev* **TV**) **1** televisión: *to watch television* ver la televisión ◊ *television broadcast* trasmisión televisiva ◊ *television programme* programa de televisión ◊ *television screen* pantalla de televisión ☛ *Ver nota en* CANAL *Ver tb* CABLE TELEVISION **2** (*tb* **television set**) televisor: *to turn the television on/off* encender/apagar el televisor

LOC on (**the**) **television**: *Is there anything good on (the) television?* ¿Hay algo bueno en la televisión? ◊ *The President, speaking on television, said that…* El Presidente, hablando por televisión, dijo que… *Ver tb* GLARE

telex /ˈteleks/ *n* télex

■ **telex 1** *vt* enviar por télex **2** *vi* enviar un télex

tell /tel/ (*pret, pp* **told** /təʊld/) **1** *vt* decir, contar (*chistes, historias, etc*): *I could tell you a thing or two about him.* Te podría contar unas cuantas cosas sobre él. ◊ *Did she tell you her name?* ¿Te dijo su nombre? ◊ *Tell me where you live.* Dime dónde vives. ◊ *I can't tell you how happy I am.* No te puedo decir lo feliz que soy. ◊ *So I've been told.* Eso me han dicho. ◊ *Tell me all about it.* Cuéntamelo todo. ◊ *Don't tell me you'd forgotten!* ¡No me digas que se te había olvidado! ◊ *Nobody tells me anything around here.* Aquí nadie me cuenta nada. ◊ *to tell sb's fortune* decirle a algn la buenaventura **2** *vt* **(a)** decir ☛ En estilo indirecto **tell** va generalmente seguido por un objeto directo de persona: *Tell him to wait.* Dile que espere. ◊ *She told him to hurry up.* Le dijo que se diera prisa. ◊ *I told you not to touch that book!* ¡Te dije que no tocaras ese libro! ◊ *Do what I tell you.* Haz lo que te digo. ◊ *Children must do as they're told.* Los niños deben hacer lo que se les dice. ◊ *You won't be told, will you?* No se te puede decir nada, ¿verdad? ◊ *Stop telling me what to do!* ¡Deja de decirme lo que tengo que hacer! ◊ *There's no telling you, is there?* No se te puede decir nada, ¿verdad? **(b)** (*para dar información*) **~ sb** (**that**)**…** decirle a algn que…: *Jim tells me you're new here.* Jim me ha dicho que eres nuevo aquí. ◊ *She told her boss (that) she'd decided to resign.* Le dijo a su jefe que había decidido dimitir. ☛ *Ver nota en* SAY **3** *vt* (*explicar, indicar*) decir: *a book which tells you all you need to know about…* un libro que dice todo lo que necesitas saber sobre… ◊ *This gauge tells you how much petrol you have left.* Este manómetro te dice cuánta gasolina te queda. **4** *vt* (*la verdad, mentiras*) decir: *to tell the truth* decir la verdad ◊ *I can't tell a lie.* No puedo decir una mentira. **5** *vi* revelar un secreto: *Promise you won't tell.* Promete que no lo contarás. ◊ *to kiss and tell* confesar secretos amorosos **6(a)** *vt* saber: *You can tell she's French by the way she speaks.* Se sabe que es francesa por su forma de hablar. ◊ *The only way to tell if you like something is by trying it.* La única forma de saber si te gusta algo es probándolo. **(b)** *vi* saber: *It's hard to tell.* Es difícil saberlo. ◊ *As far as I can tell…* Por lo que yo sé… **(c)** *vt* **~ A from B** distinguir A de B: *to tell right from wrong* distinguir el bien del mal ◊ *Can you tell Tom from his twin brother?* ¿Puedes distinguir a Tom de su hermano gemelo? ◊ *How can you tell which is which?* ¿Cómo puedes distinguir el uno del otro? **7** *vi* **(a)** tener efecto: *Her lack of experience told against her.* Su falta de experiencia obró en su contra. **(b) ~ on sth/sb** hacer mella en algo/a algn: *All this work is telling on him.* Todo ese trabajo le está haciendo mella. *Ver tb* FORETELL

LOC all told en total

I/I'll tell you what (*coloq*) ¿sabes lo que te digo?: *I'll tell you what – let's ask Fred to help.* Se me ocurre una idea. Vamos a pedirle a Fred que nos ayude.

I told you (**so**) (*coloq*) ya te lo dije

tell me another! (*coloq*) ¡cuéntame otra!

tell that to the marines! (*coloq*) ¡cuéntaselo a tu abuela!

there's no telling es imposible saberlo

to tell sb a few home truths decirle a algn cuatro verdades

to tell its own tale hablar por sí mismo

to tell tales (**about sb**) contar cuentos (sobre algn): *Don't come to me telling tales!* ¡No me vengas con cuentos!

to tell the difference distinguir: *I can't tell the difference between margarine and butter.* No puedo distinguir la margarina de la mantequilla. ◊ *I can't tell the difference.* A mí me parecen iguales.

to tell the time (*GB*) decir la hora ☛ Nótese que en inglés americano se dice **to tell time**.

to tell the world decírselo a todo el mundo

to tell sb where to get off (*coloq*) poner a algn en su sitio

to tell (**you**) **the truth** a decir verdad

you can never tell; **you never can tell** nunca se sabe

you're telling me! (*coloq*) ¡me lo vas a decir a mí! *Ver tb* BIRD, LIVE[2], MILE

PHR V to tell sb off (**for sth/doing sth**) (*coloq*) reñir a algn (por algo/hacer algo): *We were/got told off for being late.* Nos riñeron por llegar tarde.

to tell on sb (*coloq*) chivarse de lo que hace algn: *John caught his sister smoking and told on her.* John sorprendió a su hermana fumando y se chivó.

teller /ˈtelə(r)/ *n* **1** narrador, -ora: *storyteller* narrador de cuentos *Ver tb* FORTUNE-TELLER **2** (*Pol*) escrutador **3** (*tb* **bank teller**) cajero, -a: *automated teller machine* cajero automático

telling /ˈtelɪŋ/ *adj* **1** revelador, significativo **2** eficaz

▶ **tellingly** *adv* de forma eficaz, reveladoramente

telling-off /ˌtelɪŋ ˈɒf/ *n* bronca: *to give sb a (good) telling-off (for sth)* echar una buena bronca a algn (por algo)

tell-tale /ˈtel teɪl/ *n* soplón, -ona: *Don't be such a tell-tale!* ¡No seas tan acusica!

■ **tell-tale** *adj* [*antes de sustantivo*] revelador, delator

telly /ˈteli/ *n* (*GB, coloq*) tele: *to watch (the) telly* ver la tele ◇ *What's on the telly?* ¿Qué ponen en la tele?

temerity /təˈmerəti/ *n* (*formal*) temeridad

temp¹ /temp/ *n* (*coloq*) empleado, -a eventual: *temp agency* agencia de empleo temporal

■ **temp** *vi* (*coloq*) trabajar con un contrato eventual

temp² *abrev de* **temperature**

temper¹ /ˈtempə(r)/ *n* humor, genio: *Tempers at the meeting became frayed.* Los ánimos en la reunión se exacerbaron. ◇ *to get into a temper* ponerse de mal genio ◇ *Temper, temper!* ¡Ese genio! ◇ *to fly into a temper* montar en cólera ◇ *fit of temper/temper tantrum* rabieta *Ver tb* BAD-TEMPERED, ILL-TEMPERED, QUICK-TEMPERED, SHORT-TEMPERED

LOC **in a (bad, foul, rotten, etc) temper** de mal genio **in a good temper** de buen humor **to keep/lose your temper** dominarse/perder los estribos *Ver tb* QUICK, SHORT¹

temper² /ˈtempə(r)/ *n* temple (*de un metal*)

■ **temper** *vt* **1** templar (*un metal*) **2 ~ sth (with sth)** templar algo (con algo)

temperament /ˈtemprəmənt/ *n* temperamento

temperamental /ˌtemprəˈmentl/ *adj* temperamental

▶ **temperamentally** *adv* por naturaleza

temperance /ˈtempərəns/ *n* **1** (*formal*) (*moderación*) templanza **2** abstinencia (*del alcohol*): *temperance society* sociedad antialcohólica

temperate /ˈtempərət/ *adj* **1** (*clima, región, etc*) templado **2** (*comportamiento, carácter, etc*) moderado

temperature /ˈtemprətʃə(r); *USA* ˈtempərtʃʊər/ *n* (*abrev* **temp**) temperatura *Ver tb* ROOM TEMPERATURE

LOC **to have/run a temperature** tener fiebre: *I've got a bit of a temperature.* Tengo un poco de fiebre. **to take sb's temperature** tomar la temperatura a algn *Ver tb* RAISE

tempest /ˈtempɪst/ *n* (*formal*) tempestad

tempestuous /temˈpestʃuəs/ *adj* (*formal*) tempestuoso

template /ˈtempleɪt/ *n* plantilla (*molde*)

temple /ˈtempl/ *n* **1** (*Relig*) templo **2** (*Anat*) sien ☛ *Ver ilustración en* HEAD¹

tempo /ˈtempəʊ/ *n* **1** (*Mús*) (*pl* **tempi** /ˈtempiː/) tiempo **2** (*fig*) (*pl* **~s**) ritmo

temporal /ˈtempərəl/ *adj* temporal

temporarily /ˈtemprərəli; *USA* ˌtempəˈrerəli/ *adv* temporalmente

temporary /ˈtemprəri; *USA* -pəreri/ *adj* **1** temporal, provisional **2** (*medida*) transitorio **3** (*trabajador*) eventual **4** interino

temporize, -ise /ˈtempəraɪz/ *vi* (*formal*) **1** demorar (una respuesta etc) **2** contemporizar

tempt /tempt/ *vt* **~ sb (into sth/doing sth)** tentar a algn (a hacer algo/para que haga algo): *I'm tempted not to go.* Estoy tentado de no ir.

LOC **to tempt fate/providence** tentar a la suerte/a Dios

▶ **temptress** *n* seductora

temptation /tempˈteɪʃn/ *n* **1** tentación: *to give way/yield to temptation* ceder a la tentación ◇ *to put temptation in sb's way* tentar a algn **2** tendencia: *There is always a temptation to…* Siempre existe una tendencia a…

tempting /ˈtemptɪŋ/ *adj* **1** (*oferta*) tentador **2** (*comida*) apetitoso

▶ **temptingly** *adv* de manera tentadora

ten /ten/ *adj, pron, n* (*número*) diez: *tens of thousands* decenas de miles ☛ *Ver ejemplos en* FIVE

LOC **ten to one**: *Ten to one he'll be late.* Te apuesto diez a uno a que llega tarde. **(to feel) ten feet tall** (ponerse) más ancho que largo *Ver tb* PENNY

tenable /ˈtenəbl/ *adj* **1** defensible, sostenible **2** [*predicativo*]: *The post is tenable for three years.* El puesto se puede ocupar por tres años.

tenacious /təˈneɪʃəs/ *adj* tenaz

▶ **tenaciously** *adv* tenazmente

tenacity /təˈnæsəti/ *n* tenacidad

tenancy /ˈtenənsi/ *n* (*pl* **-ies**) **1** (*de piso/casa*) inquilinato **2** (*de tierras*) arrendamiento

tenant /ˈtenənt/ *n* **1** (*de piso/casa*) inquilino, -a *Ver tb* SITTING TENANT **2** (*de tierras*) arrendatario, -a: *a tenant farmer* arrendatario de tierras de cultivo

tench /tentʃ/ *n* (*pl* **tench**) (*Zool*) tenca

tend¹ /tend/ **1** *vt, vi* cuidar, atender: *to tend a wound* cuidar de una herida ◇ *to tend shop* atender la tienda ◇ *to tend to the needs of sb* atender las necesidades de algn **2** *vt* vigilar

tend² /tend/ *vi* **1 ~ to (do sth)** tender, tener tendencia a (hacer algo): *That tends to happen.* Suele ser así. **2 ~ to/towards sth** inclinarse a/por algo: *She tends to conservatism.* Se inclina por el conservadurismo.

tendency /ˈtendənsi/ *n* (*pl* **-ies**) tendencia, propensión: *a tendency towards fatness/to get fat* tendencia a engordar

tendentious /tenˈdenʃəs/ *adj* (*pey*) tendencioso

▶ **tendentiously** *adv* de manera tendenciosa

tender¹ /ˈtendə(r)/ *adj* **1** (*planta/carne*) tierno **2** (*herida, etc*) dolorido **3** (*mirada, etc*) cariñoso **4** (*asunto*) delicado

LOC **at a tender age/of tender age** a la tierna edad de/de tierna edad: *at the tender age of 16* a la temprana edad de 16 años *Ver tb* LEAVE¹

tender² /ˈtendə(r)/ *n* (*de un tren*) ténder

tender³ /ˈtendə(r)/ (*tb esp USA* **bid**) *n* **1** oferta a un concurso de adjudicación: *to put work out to tender* sacar un servicio/obra a concurso de adjudicación ◇ *to make/put in a tender for sth* hacer una oferta para algo **2 legal tender** moneda de curso legal

■ **tender 1** *vi* **~ (for sth)** presentar una oferta a un concurso de adjudicación (para algo) **2** *vt* **~ sth (to sb)** (*formal*) ofrecer, presentar algo (a algn): *to tender your resignation* presentar la dimisión

▶ **tendering** *n*: *competitive tendering* sistema de adjudicación por concurso

tenderfoot /ˈtendəfʊt/ *n* (*pl* **-foots**) recién llegado, -a, novato, -a

tender-hearted /ˌtendə ˈhɑːtɪd/ *adj* compasivo, bondadoso

tenderly /ˈtendəli/ *adv* tiernamente, con ternura

tenderness /ˈtendənəs/ *n* **1** ternura **2** (*carne, etc*) lo tierno

tendon /ˈtendən/ *n* tendón *Ver tb* ACHILLES TENDON

tendril /ˈtendrəl/ *n* zarcillo

tenement /ˈtenəmənt/ *n* piso/habitación de alquiler: *a tenement block/tenement house* bloque de pisos

tenet /ˈtenɪt/ *n* principio, creencia

tenfold /ˈtenfəʊld/ *adj, adv*: *It increased tenfold/There was a tenfold increase.* Aumentó diez veces.

tenner /ˈtenə(r)/ *n* (*GB, coloq*) (billete de) diez libras

tennis /ˈtenɪs/ *n* tenis: *tennis court/racket* pista/raqueta de tenis ◇ *tennis elbow* codo de tenista ◇ *a tennis player* un tenista *Ver tb* TABLE TENNIS

tenor /ˈtenə(r)/ *n* **1** (*Mús*) tenor **2(a)** (*derrotero*) curso **(b)** (*significado*) sentido, tenor

■ **tenor** *adj* de tenor

tenpin bowling /ˌtenpɪn ˈbəʊlɪŋ/ (*USA* **bowling**) *n* [*pl*] (juego de) bolos

tense¹ /tens/ *adj* **1** tenso **2** (*persona*) tenso, nervioso **3** estirado, tieso

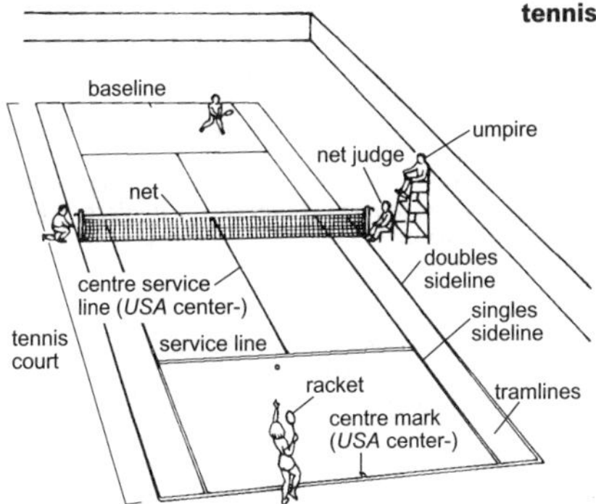

▶ **tensely** *adv* en tensión
tenseness *n* tirantez, tensión
■ **tense** *vt* **1** (*cuerpo*) poner(se) en tensión **2** (*cuerda etc*) tensar
LOC to be/get tensed up estar/ponerse tenso: *You're all tensed up.* Estás muy tenso.

tense² /tens/ *n* (*Gram*) tiempo: *in the past tense* en tiempo pasado

tensile /ˈtensaɪl; *USA* ˈtensl/ *adj* relativo a la tensión: *tensile strength* resistencia a la tensión

tension /ˈtenʃn/ *n* tensión, tirantez *Ver tb* HYPERTENSION, PREMENSTRUAL TENSION

tent /tent/ *n* **1** tienda de campaña: *tent peg* estaquilla ☛ *Ver ilustración en* PINZA **2** (*de circo*) carpa

tentacle /ˈtentəkl/ *n* tentáculo

tentative /ˈtentətɪv/ *adj* **1** provisional **2** cauteloso, indeciso
▶ **tentatively** *adv* cautelosamente, provisionalmente
tentativeness *n* cautela

tenterhooks /ˈtentəhʊks/ *n*
LOC (to be) on tenterhooks (estar) en ascuas: *They kept me on tenterhooks for a week.* Me tuvieron una semana en ascuas.

tenth /tenθ/ *adj* décimo ☛ *Ver ejemplos en* FIFTH
■ **tenth** *pron, n* **1** el décimo, la décima, los décimos, las décimas **2 the tenth (a)** (*fecha*) el (día) diez **(b)** (*rey, etc*) décimo, -a **3** (*proporción*) décimo, décima parte ☛ *Ver ejemplos en* FIFTH
■ **tenth** *adv* décimo, en décimo lugar ☛ *Ver ejemplos en* FIFTH

tenuous /ˈtenjuəs/ *adj* **1** tenue **2** (*control*) ligero **3** (*relación, parecido*) escaso
▶ **tenuously** *adv* superficialmente

tenure /ˈtenjə(r); *USA* -jər/ *n* **1(a)** (*universitario*) permanencia: *security of tenure* derecho de permanencia ◊ *to be granted tenure* obtener una plaza fija ◊ *teacher with/without tenure* profesor numerario **(b)** (*de un puesto*) estancia **2** (*de tierra/propiedad*) tenencia: *land tenure* tenencia de tierras

tepee /ˈtiːpiː/ *n* tipi

tepid /ˈtepɪd/ *adj* tibio
▶ **tepidly** *adv* tibiamente

tequila /təˈkiːlə/ *n* tequila

term /tɜːm/ *n Ver tb* TERMS **1** trimestre: *the autumn/spring/summer term* el primer/segundo/tercer trimestre ◊ *end-of-term exams* exámenes trimestrales *Ver tb* HALF-TERM **2** periodo, plazo: *term of office* mandato ◊ *the long-term risks* los riesgos a largo plazo ◊ *a fixed term savings account* una cuenta de ahorro a plazo fijo *Ver tb* LONG-TERM, MID-TERM, SHORT-TERM **3** (*formal*) (*fin*) término: *a pregnancy approaching its term* un embarazo que llega a su término **4** expresión, término
LOC in the long/short term a largo/corto plazo *Ver tb* CONTRADICTION
■ **term** *vt* (*formal*) calificar de

terminal¹ /ˈtɜːmɪnl/ *n* **1** estación terminal, terminal: *Flights leave from Terminal 2.* Los vuelos salen de la terminal 2. **2** (*Elec*) borne **3** (*Informát*) terminal

terminal² /ˈtɜːmɪnl/ *adj* terminal: *His illness is terminal.* Su enfermedad está en fase terminal. ◊ *The sector is in terminal decline.* El sector está en una fase de declive sin salvación.
▶ **terminally** *adv*: *terminally ill patients* pacientes en fase terminal

terminate /ˈtɜːmɪneɪt/ (*formal*) **1** *vt* **(a)** terminar **(b)** (*contrato, etc*) rescindir **(c)** (*embarazo*) interrumpir **2** *vi* acabar: *This train terminates at Euston.* Este tren tiene su término en Euston.

termination /ˌtɜːmɪˈneɪʃn/ *n* **1** terminación, rescisión **2** (*Med*) aborto

terminology /ˌtɜːmɪˈnɒlədʒi/ *n* terminología

terminus /ˈtɜːmɪnəs/ *n* (*pl* **~es** o **-ni** /-naɪ/) término, estación términal

termite /ˈtɜːmaɪt/ *n* termita

terms /tɜːmz/ *n* [*pl*] **1(a)** condiciones: *the terms of the contract* las condiciones del contrato **(b)** condiciones de pago: *reduced terms* descuentos ◊ *hire-purchase on easy terms* una compra con facilidades de pago **2** términos: *to protest in the strongest terms* protestar enérgicamente ◊ *in simple terms* en lenguaje sencillo
LOC in terms of sth; in sth terms: *Think of it in terms of an investment.* Piénsalo como una inversión. ◊ *in abstract terms* en términos abstractos ◊ *in material terms* desde el punto de vista material **on your own/on sb's terms**: *I'll come back, but on my own terms.* Voy a volver, pero poniendo mis condiciones. ◊ *on his terms* con sus condiciones **terms of reference** ámbito: *The committee decided that the matter lay outside its terms of reference.* El comité decidió que el asunto no era de su competencia. **to be on good, bad, etc terms (with sb)** tener buenas, malas relaciones con algn: *to be on first name terms with sb* tutearse con algn ◊ *They're on friendly terms.* Se llevan muy bien. **to come to terms (with sb)** llegar a un acuerdo (con algn) **to come to terms with sth/sb** aceptar algo/a algn *Ver tb* EASY¹, EQUAL, PRACTICAL, SPEAK, UNCERTAIN

term-time /ˈtɜːm taɪm/ *n* trimestre: *in/during term-time* durante el curso

tern /tɜːn/ *n* golondrina de mar

terrace /ˈterəs/ *n* **1** terraza **2** (*Dep*) **the terraces** [*pl*] las gradas **3** casa adosada, hilera de casas adosadas ☛ *Ver ilustración en* HOUSE **4** (*Agricultura*) bancal, terraza
▶ **terraced** *adj* **1** (*casa*) adosado **2** (*jardín, campo*) en terrazas, escalonado
terracing *n* **1** (*Dep*) gradas **2** (*Agricultura*) terrazas

terraced house *n* casa que forma parte de una hilera de casas adosadas entre sí *Ver tb* BUNGALOW, COTTAGE, DETACHED HOUSE, SEMI-DETACHED HOUSE, TOWN HOUSE ☛ *Ver ilustración en* HOUSE

terracotta /ˌterəˈkɒtə/ *n* **1** terracota **2** color terracota

terrain /təˈreɪn, ˈtereɪn/ *n* terreno

terrestrial /təˈrestriəl/ *adj* terrestre

terrible /ˈterəbl/ *adj* **1** (*accidente, heridas, etc*) terrible **2** (*coloq*) fatal, terrible: *I'm terrible at maths.* Soy fatal en matemáticas. ◊ *What a terrible meal!* ¡Qué comida más horrible! ◊ *It looks terrible.* Queda fatal.
▶ **terribly** *adv* terriblemente: *to suffer terribly* sufrir terriblemente ◊ *I'm terribly sorry.* Lo siento muchísimo.

terrier /ˈteriə(r)/ *n* terrier *Ver tb* BULL TERRIER, FOX TERRIER, SCOTCH TERRIER

terrific /təˈrɪfɪk/ *adj* (*coloq*) **1** tremendo **2** fabuloso, estupendo: *'How are things with you?' 'Terrific!'* —¿Qué tal te van las cosas? —¡Fenomenal!
▶ **terrifically** *adv* **1** tremendamente **2** de maravilla

terrify /ˈterɪfaɪ/ *vt* (*pret, pp* **-fied**) aterrorizar: *to terrify* *sb into sth/doing sth* aterrorizar a algn para que haga algo **LOC** *Ver* FRIGHTEN

▶ **terrified** *adj* aterrorizado: *I'm terrified at the thought of being alone.* Me aterra pensar en quedarme sola. ◊ *She's terrified of flying.* Le aterra volar. ◊ *He's terrified of spiders.* Le aterran las arañas. ◊ *I was terrified that I would end up like him.* Me aterraba pensar que pudiera acabar como él.

terrifying *adj* aterrador, espantoso

terrifyingly *adv* espantosamente, aterradoramente

terrine /teˈriːn/ *n* **1** pastel (*de carne, etc*) **2** molde para hacer este pastel

territorial /ˌterəˈtɔːriəl/ *adj* territorial: *territorial waters* aguas jurisdiccionales

Territorial Army *n* (*abrev* **TA**) (*GB*) ejército formado por un grupo de voluntarios que ejercen como soldados en su tiempo libre

▶ **Territorial** *n* (*GB*) miembro de este ejército

territory /ˈterətri; *USA* -tɔːri/ *n* (*pl* **-ies**) **1** territorio **2** (*de viajante de comercio, etc*) zona **3** terreno: *Legal problems are Jane's territory.* Los problemas legales son el terreno de Jane.

terror /ˈterə(r)/ *n* **1** terror: *to scream with terror* gritar de terror ◊ *to run away in terror* escapar aterrorizado ◊ *to live in terror of sth* vivir aterrorizado de algo ◊ *She was terror-stricken.* Estaba aterrorizada. **2** (*coloq*) *That child's a little terror.* Ese niño es un pequeño horror.

terrorism /ˈterərɪzəm/ *n* terrorismo

▶ **terrorist** *n* terrorista *Ver tb* ANTI-TERRORIST

terrorize, -ise /ˈterəraɪz/ *vt* aterrorizar: *to terrorize sb into sth/doing sth* aterrorizar a algn para que haga algo

terse /tɜːs/ *adj* lacónico, seco: *a terse reply* una respuesta escueta

▶ **tersely** *adv* lacónicamente

tertiary /ˈtɜːʃəri; *USA* -ʃieri/ *adj* terciario: *tertiary education* educación superior

TESL /ˌtiː iː es ˈel *coloq* ˈtesl/ (*Educ*) *abrev de* **Teaching English as a Second Language** Enseñanza de Inglés como Segunda Lengua

test /test/ *n* **1** prueba: *an endurance test* una prueba de resistencia ◊ *to run a test on sth* poner a prueba algo ◊ *a test flight* un vuelo de ensayo *Ver tb* MEANS TEST, SCREEN TEST **2** (*Med*) **(a)** prueba, examen: *to have an eye test* examinarse la vista ◊ *a pregnancy test* la prueba del embarazo *Ver tb* BREATH TEST **(b)** (*de sangre*) análisis **3** (*Educ*) test, examen *Ver tb* DRIVING TEST **4** (*coloq*) *Ver* TEST MATCH

LOC **to put sth to the test** someter algo a prueba **to stand the test of time** resistir el paso del tiempo *Ver tb* PROOF

■ **test 1** *vt* **(a)** probar, poner a prueba: *to have your eyes tested* examinarse la vista ◊ *to test positive for cocaine* dar positivo en la prueba de la cocaína ◊ *to test sth on animals* probar algo en animales **(b) ~ sth/sb for sth** someter algo/a algn a pruebas de algo: *He was tested for AIDS.* Le sometieron a la prueba del SIDA. ◊ *to test the water for pollution* someter el agua a pruebas de (niveles de) contaminación **2** *vt* **~ sb (on sth)** (*Educ*) examinar a algn (de algo) **3** *vi* **~ (for sth)** evaluar (el nivel de algo): *They were testing for oil.* Estaban haciendo pruebas para ver si había petróleo. ◊ *The entrance exam tests for mathematical accuracy.* El examen de ingreso evalúa el nivel de precisión matemática. ◊ *Testing, testing…* Probando, probando… **LOC** *Ver* TRY

testament /ˈtestəmənt/ *n* (*formal*) **1 ~ (to sth)** testimonio (de algo) *Ver tb* THE NEW TESTAMENT, THE OLD TESTAMENT **2** *Ver* WILL[4]

test case *n* **1** (*Jur*) caso que puede sentar precedente **2** (*fig*) prueba: *This project will be a test case for all that follow.* Este proyecto servirá de precedente para aquellos que se hagan en el futuro.

test drive 1 (*tb* **test-drive**) *vt* (*pret* **-drove** /drəʊv/ *pp* **-driven** /ˈdrɪvn/) probar (*un coche con la intención de comprarlo*) **2** *n*: *to take a car for a test drive* salir a probar un coche

tester /ˈtestə(r)/ *n* **1** probador, -ora (*de un producto*) **2** controlador, -ora (*de calidad*)

testicle /ˈtestɪkl/ *n* testículo ☛ *Ver ilustración en* REPRODUCTOR

testify /ˈtestɪfaɪ/ (*pret, pp* **-fied**) **1** *vt, vi* (*Jur*) declarar, dar testimonio: *to testify in favour of/against sb* declarar a favor/en contra de algn ◊ *He testified under oath that…* Declaró bajo juramento que… **2** *vi* (*formal*) **~ to sth** dar fe de algo: *tears that testified to her grief* lágrimas que daban fe de su dolor

testily /ˈtestɪli/ *adv* con irritación: *to reply testily* contestar con irritación

testimonial /ˌtestɪˈməʊniəl/ *n* **1** carta de recomendación ☛ *Comparar con* REFERENCE **2** tributo: *a testimonial match* un partido en honor a algn

testimony /ˈtestɪməni; *USA* -məʊni/ *n* (*pl* **-ies**) **1** testimonio: *to bear testimony to sth* atestar algo **2** muestra, señal

testing /ˈtestɪŋ/ *n* pruebas: *nuclear testing* pruebas nucleares ◊ *animal testing* experimentos con animales

■ **testing** *adj* (*periodo, etc*) duro: *a testing time for the family* tiempos difíciles para la familia

test match (*coloq* **test**) *n* (*críquet, rugby*) partido internacional

testosterone /teˈstɒstərəʊn/ *n* testosterona

test tube /ˈtest tjuːb/ *n* tubo de ensayo

▶ **test-tube** *adj* probeta: *test-tube baby* niño probeta

testy /ˈtesti/ *adj* (**-ier, -iest**) irritable, malhumorado

tetanus /ˈtetənəs/ *n* tétanos

tetchy /ˈtetʃi/ *adj* (**-ier, -iest**) malhumorado

tête-à-tête /ˌteɪt ɑː ˈteɪt/ *n* conversación íntima/privada

tether /ˈteðə(r)/ **1** *vt* atar (con cuerda) **2** *n* cuerda, atadura **LOC** *Ver* END[1]

tetrahedron /ˌtetrəˈhiːdrən/ *n* tetraedro

Teutonic /tjuːˈtɒnɪk; *USA* tuː-/ *adj* teutónico

text /tekst/ *n* **1** texto: *set text* texto de estudio **2** tema

textbook /ˈtekstbʊk/ *n* libro de texto: *a textbook example of sth* un ejemplo clásico de algo

textile /ˈtekstaɪl/ *n* [*gen pl*] textil: *the textiles industry* la industria textil

textual /ˈtekstʃuəl/ *adj* textual

texture /ˈtekstʃə(r)/ *n* textura

▶ **textural** *adj* de textura

textured *adj* texturado: *textured wallpaper* papel pintado con relieve

than /ðən, ðæn/ *conj, prep* **1** (*después de comparativos*) que: *He's happier than ever.* Es más feliz que nunca. ◊ *He's never more annoying than when he's trying to help.* Cuando intenta ayudar es cuando más molesto resulta. ◊ *I'd rather starve than ask him for money.* Prefiero morirme de hambre antes que pedirle dinero.

> En inglés, sobre todo en el lenguaje hablado, es frecuente que **than** vaya seguido por el pronombre objeto en vez del pronombre sujeto: *He's younger than me/than I.* Es más joven que yo.
>
> A veces esto puede dar lugar a confusiones cuando no se sabe lo que significa la frase: *You gave me less than him.* Me diste menos que a él./Me diste menos de lo que me dio él. Para evitar esta confusión, el último caso se debería expresar: *You gave me less than he (did).* Me diste menos de lo que me dio él.

2 (*con tiempo y distancia*) de: *more/less than an hour/a kilometre* más/menos de una hora/de un kilómetro **3** (*con oraciones comparativas*) de lo/la que, de los/las que, del que: *It was better than he thought.* Fue mejor de lo que había pensado.

> **Than** se utiliza para introducir oraciones subordinadas comparativas, pero con las oraciones subordinadas superlativas utilizamos **that**: *It's better than the one*

I've seen. Es mejor que la que he visto. ◊ *It's the best one (that) I've seen.* Es la mejor que he visto.

thank /θæŋk/ *vt* **~ sb (for sth/doing sth)** dar las gracias a algn (por algo/hacer algo); agradecer algo a algn

LOC I'll thank you for sth/to do sth: *I'll thank you to mind your own business.* Te ruego que no te metas en lo que no te importa. **thank God/goodness/heaven(s)** gracias a Dios: *Thank heavens for that!* ¡Menos mal! **thank you** gracias: *Thank you very much.* Muchísimas gracias. **to have yourself/sb to thank (for sth)** (*irón*): *She only has herself to thank for what happened.* Ella es la responsable de lo que pasó. **to thank your lucky stars**: *You can thank your lucky stars (that) you don't have to go.* Le debes a la suerte el no tener que ir.

thankful /θæŋkfl/ *adj* agradecido: *to be thankful for sth* dar las gracias por algo **LOC** *Ver* SMALL

▶ **thankfully** *adv* **1** (*coloq*) afortunadamente, felizmente **2** con gratitud ☛ *Ver nota en* HOPEFULLY

thankfulness *n* agradecimiento

thankless /ˈθæŋklɪs/ *adj* ingrato: *a thankless task* una tarea ingrata

thanks /ˈθæŋks/ *n* [*pl*] gracias, agradecimiento: *to say thanks to sb* dar las gracias a algn ◊ *That's all the thanks I get.* Y así me agradece.

LOC no thanks to sth/sb: *It's no thanks to you we arrived on time.* A ti no te debemos el haber llegado a tiempo. **thanks to sth/sb 1** gracias a algo/algn **2** debido a: *Thanks to you we'll be late.* Por culpa tuya llegaremos tarde. *Ver tb* VOTE

■ **thanks** *interj* (*coloq*) gracias: *No, thanks.* No, gracias. ◊ *Many thanks/Thanks a lot for everything.* Muchas gracias por todo.

thanksgiving /ˌθæŋksˈgɪvɪŋ/ *n* **1** (*Relig*) acción de gracias **2 Thanksgiving (Day)** (*USA*) (el día de) Acción de Gracias

Thanksgiving Day se celebra el cuarto jueves de noviembre en los Estados Unidos y el segundo lunes de octubre en Canadá. La comida tradicional es pavo asado y tarta de calabaza.

thank-you /ˈθæŋk juː/ *n* gracias: *thank-you letters* cartas de agradecimiento ◊ *a big thank-you* mis gracias más sinceras

that[1] /ðət, ðæt/ *conj* **1** que: *I told him that he should wait.* Le dije que esperase. ◊ *He died (so) that we might live.* Murió para que nosotros pudiéramos vivir. **2** (*ret*) *Oh that I could see him again!* ¡Ojalá vuelva a verlo! ◊ *That I should live to see it!* ¡Ojalá que pudiera vivir para verlo!

LOC in that en tanto que **not that**: *She hasn't written to me - not that she ever said she would.* No me ha escrito, aunque no es que dijera que lo iba a hacer. ◊ *It's not that I don't want to, but…* No es que no quiera, sino que… **so that** para que: *She worked hard so that everything would be ready on time.* Trabajó duro para que todo estuviera listo a tiempo.

that[2] /ðət, ðæt/ *pron rel* **1(a)** (*como sujeto del verbo subordinado*) que: *The letter that came this morning is from my father.* La carta que llegó esta mañana es de mi padre. **(b)** (*como complemento del verbo subordinado*): *Here are the books (that) I borrowed from you.* Aquí tienes los libros que me prestaste. ◊ *the only part (that) I liked* lo único que me gustó

Nótese que, en inglés, cuando **that** es el sujeto de un verbo subordinado, no se puede omitir: *The person that sent this…*
Por otro lado, **that** a menudo se omite cuando es el complemento del verbo subordinado: *The person (that) I sent this to…*

2 (*como complemento de una preposición*) el que, la que, los que, las que, el cual, la cual, los cuales, las cuales: *the man (that) I was talking to* el hombre con el que hablaba ☛ Nótese que en este sentido **that** se puede omitir. **3** (*con oraciones subordinadas de superlativo*): *the greatest writer that ever lived* el escritor más grande que ha existido ◊ *the only part of the show that was a success* la única parte del espectáculo que fue un éxito ☛ *Ver nota en* THAN sentido 3 **4** (*después de una expresión temporal*) en que: *the year (that) my father died* el año en que murió mi padre ◊ *the day (that) the war broke out* el día en que empezó la guerra ☛ Nótese que en este sentido **that** se puede omitir.

that[3] /ðæt/ *adj* (*pl* **those** /ðəʊz/) ese/esa/esos/esas, aquel/aquella/aquellos/aquellas: *That box is bigger than this.* Esa caja es mayor que esta. ◊ *that friend of his* ese amigo suyo ◊ *at that time/in those days* durante aquella época ☛ *Comparar con* THIS ☛ *Ver nota en* ONE[1] *n*

■ **that** *adv* **1** tan: *that far* tan lejos ◊ *It's that long.* Es así de largo. ◊ *that much worse* tanto peor ◊ *I'm not that good a player.* No soy tan buen jugador. **2** (*coloq*) *I was that annoyed.* Me enfadé muchísimo.

that[4] /ðæt/ *pron* (*pl* **those** /ðəʊz/) **1** ese, esa, eso, esos, esas, aquel, aquella, aquello, aquellos, aquellas: *Those look better than these.* Esos/Aquellos parecen mejores que estos. ◊ *That's a nice hat.* ¡Qué sombrero tan bonito! ◊ *Hello, is that Joan?* Oiga, ¿es Joan? ◊ *That's fine.* Está bien. ◊ *Is that why they left?* ¿Por eso se marcharon?

En inglés, **that** se utiliza frecuentemente con el verbo **to be** cuando nos referimos a personas, cosas, sucesos, etc y generalmente no se traduce en español: *Who's that?* ¿Quién es (ese)? ◊ *When was that?* ¿Cuándo fue?

2 lo, la, los, las: *those who remain* los que se quedan ◊ *the skin, like that of an aubergine* la piel, como la de la berenjena ◊ *There are those who are against it.* Hay quienes están en contra.

En este sentido **that** va seguido de **of**, **by** etc, y **those** de **who**, **of**, **by**, etc.

LOC and (all) that y todo eso/lo demás **at that 1** *Very few came at that.* Además, pocos vinieron. **2** *And at that they left.* Y con eso se fueron. **that's all there is to it** eso es todo lo que hay **that's as may be** eso puede ser **that's it** eso es, se acabó: *That's it, enough.* Ya está bien, basta. **that's that** eso es todo, no hay más que hablar: *So that's that.* Así que no hay más que hablar.

thatch /θætʃ/ **1** *n* **(a)** paja **(b)** (*techo*) tejado de paja **(c)** [*sing*] (*coloq*) (*pelo*) mata de pelo **2** *vt* poner un tejado de paja: *a thatched cottage* una casita con tejado de paja

thaw /θɔː/ **1(a)** *vt* **~ sth out** descongelar, deshelar algo **(b)** *vi* derretirse, deshelarse **2** *vi* **~ (out)** (*persona*) volverse más agradable

■ **thaw** *n* [*gen sing*] deshielo

the /ðə/ ☛ Antes de vocal se pronuncia /ðɪ/ o, si se quiere dar énfasis, /ðiː/. *art def* **1** el/la/lo, los/las: *the Smiths* los Smith ◊ *the Fifties* los (años) cincuenta ◊ *Charles the Third* Carlos Tercero ◊ *to do the impossible* hacer lo imposible ☛ *Ver nota en* BED **2** *I am paid by the hour.* Me pagan por horas. ◊ *100 pesetas to the dollar* 100 pesetas al dólar ◊ *How many miles to the gallon?* ¿Cuántas millas por cada 10 litros? **3** (*uso enfático*): *Not the Michael Jackson?* ¿Michael Jackson, en carne y hueso?

LOC the more, less, etc… the more, less, etc… cuanto más/menos… más/menos…: *The nicer it is, the more it costs.* Cuanto más bonito, más suele costar. ◊ *the sooner the better* cuanto antes mejor

El artículo definido en inglés:
1 No se utiliza con sustantivos contables en plural cuando hablamos en general: *Books are expensive.* Los libros son caros. ◊ *Children learn very fast.* Los niños aprenden muy rápido.
2 Se omite con sustantivos incontables cuando se refieren a una sustancia o a una idea en general: *I like cheese/pop music.* Me gusta el queso/la música pop.
3 Normalmente se omite con nombres propios y con

nombres que indican relaciones familiares: *Mrs Morley* la Sra Morley ◊ *Ana's mother* la madre de Ana ◊ *Nanna came yesterday.* Ayer vino la abuela.
4 Con las partes del cuerpo y los objetos personales se suele usar el posesivo en vez del artículo: *Give me* **your** *hand.* Dame la mano. ◊ *He put* **his** *tie on.* Se puso la corbata.
5 Hospital, school, prison y **church** pueden utilizarse con artículo o sin él, pero el significado es distinto:
Utilizamos estas palabras sin artículo cuando alguien va al colegio como alumno o profesor, a la iglesia para rezar, al hospital como paciente, o a la cárcel como preso: *She's gone into hospital.* La han ingresado en el hospital. ◊ *I enjoyed being at school.* Me gustaba ir al colegio. ◊ *We go to church every Sunday.* Vamos a misa todos los domingos. ◊ *He was sent to prison.* Lo mandaron a la cárcel.
Usamos el artículo cuando nos referimos a estos sitios por algún otro motivo: *I have to go to the school to talk to John's teacher.* Tengo que ir a la escuela a hablar con el profesor de John. ◊ *She works at the hospital/prison.* Trabaja en el hospital/la cárcel.

theatre /ˈθɪətə(r)/ (*USA* **theater** /ˈθiːətər/) *n* **1(a)** teatro: *to go to the theatre* ir al teatro ◊ *theatre company* compañía de teatro **(b)** *lecture theatre* aula **(c)** (*Med*): *operating theatre* quirófano **2** (*fig*): *theatre of conflict* escenario de lucha

theatre-goer /ˈθɪətə gəʊə(r)/ *n* aficionado, -a al teatro

theatrical /θiˈætrɪkl/ *adj* teatral, de teatro
▶ **theatrically** *adv* teatralmente, de manera teatral
theatricals *n* [*pl*] representaciones teatrales: *amateur theatricals* teatro de aficionados

thee /ðiː/ *pron pers* (*antic*) **1** te: *Get thee gone!* ¡Vete! **2** ti: *thanks to thee* gracias a ti

theft /θeft/ *n* robo: *to commit a theft* robar

Theft es el término que se utiliza para los robos que se realizan sin que nadie los vea y sin recurrir a la violencia: *car/cattle thefts* robos de coches/ganado.
Robbery se refiere a los robos llevados a cabo por medio de la violencia o con amenazas: *armed/bank robbery* robo a mano armada/de un banco.
Burglary se usa para los robos en casas o tiendas cuando los dueños están ausentes. *Ver tb notas en* THIEF, ROB

their /ðeə(r)/ *adj pos* **1** su(s) (*de ellos*): *their friend/friends* su amigo/sus amigos ☛ *Ver nota en* MY **2** (*coloq*) (*en vez de* **his or her**) de ellos, de ellas: *If anyone telephones, ask for their number.* Si llama alguien, le pides su número de teléfono.

theirs /ðeəz/ *pron pos* (el) suyo, (la) suya, (los) suyos, (las) suyas (*de ellos*): *It's theirs.* Es suyo/de ellos. ◊ *Theirs are red.* Los suyos son rojos. ◊ *He is a friend of theirs.* Es amigo suyo. ◊ *Our flat isn't as big as theirs.* Nuestro piso no es tan grande como el suyo.

theism /ˈθiːɪzəm/ *n* teísmo *Ver tb* MONOTHEISM

them /ðəm, ðem/ *pron pers* **1** (*como complemento*) los, las, les: *I saw them yesterday.* Los vi ayer. ◊ *I will buy them some sweets.* Les compraré unos caramelos. ◊ *Give them to me.* Dámelos. ◊ *He gave it to them.* Se lo entregó (a ellos). **2** (*tras preposición o el verbo* **to be**) ellos, ellas: *one of them* uno de ellos ◊ *between/near them* entre ellos/cerca de ellos ◊ *That must be them.* Esos deben ser ellos. **3** (*coloq*) (*en vez de* **him or her**): *If a customer comes in ask them to wait.* Si viene algún cliente le dices que espere.

thematic /θɪˈmætɪk/ *adj* temático
▶ **thematically** *adv* temáticamente

theme /θiːm/ *n* tema

theme park *n* parque de atracciones (temático)

theme song (*tb* **theme tune**) *n* **1** motivo principal **2** *Ver* SIGNATURE TUNE

themselves /ðəmˈselvz/ *pron* **1** [*uso reflexivo*] se, sí mismos, sí mismas: *Everyone enjoyed themselves.* Todo el mundo se divertía. ◊ *They watched themselves on the monitor.* Se vieron a sí mismos en el monitor. **2** (*tras preposición*) sí mismos, sí mismas: *They were talking about themselves.* Estaban hablando de sí mismos. **3** [*uso enfático*] ellos mismos, ellas mismas: *the teachers themselves* los profesores mismos ◊ *They themselves had done it.* Ellos mismos lo habían hecho.
LOC (all) by themselves 1 (*sin ayuda*) solos, solas **2** (*sin compañía*) solos, solas ☛ *Ver nota en* ALONE

then /ðen/ *adv* **1** entonces: *until then* hasta entonces ◊ *from then on* a partir de entonces ◊ *just then* en ese mismo momento ◊ *Then what do you want?* Entonces ¿qué quieres? ◊ *He'll be sixteen by then.* Tendrá dieciséis años para entonces. **2** en aquella época: *She was only 16 then.* En aquel tiempo solo tenía 16 años. **3** luego: *the soup and then the chicken* la sopa y luego el pollo **4** además: *Then there's your family.* Además está tu familia. **5** en ese caso: *You know him, then?* ¿Así que le conoces?
LOC and then what? y luego ¿qué? **(but) then again** (pero) por otra parte **then and there** *Ver tb* THERE AND THEN *en* THERE
■ **then** *adj* de ese momento: *the then Prime Minister* el primer ministro de entonces

thence /ðens/ *adv* (*antic* o *formal*) **1** de ahí/allí **2** por consiguiente

theologian /ˌθiːəˈləʊdʒən/ *n* teólogo, -a

theological /ˌθiːəˈlɒdʒɪkl/ *adj* teológico

theology /θiˈɒlədʒi/ *n* (*pl* **-ies**) teología

theorem /ˈθɪərəm/ *n* (*pl* **-ries**) teorema

theoretical /ˌθɪəˈretɪkl/ *adj* teórico
▶ **theoretically** *adv* teóricamente, en teoría

theorist /ˈθɪərɪst/ *n* teórico, -a

theorize, -ise /ˈθɪəraɪz/ *vi* ~ **(about sth)** teorizar (sobre algo)

theory /ˈθɪəri/ *n* (*pl* **-ies**) teoría
LOC in theory en teoría

theosophical /ˌθiːəˈsɒfɪkl/ *adj* teosófico

theosophy /θiˈɒsəfi/ *n* teosofía

therapeutic /ˌθerəˈpjuːtɪk/ *adj* terapéutico
▶ **therapeutics** *n* [*sing*] terapéutica

therapist /ˈθerəpɪst/ *n* terapeuta *Ver tb* SPEECH THERAPIST

therapy /ˈθerəpi/ *n* (*pl* **-ies**) terapia *Ver tb* RADIOTHERAPY, SPEECH THERAPY

there /ðeə(r)/ *adv* **1** allí, ahí, allá: *My car is there, in front of the pub.* Mi coche está allí, delante del bar. ◊ *that building there* ese edificio que ves ahí ◊ *back/down/in there* allí atrás/abajo/dentro ◊ *Is there anyone there?* ¿Hay alguien ahí? ◊ *over/through there* por ahí ◊ *There's the taxi.* Por ahí viene el taxi. ◊ *inside/under there* ahí dentro/debajo **2** en ese punto: *He's right there.* En eso tiene razón.
LOC there again por otra parte **there and then** en el acto: *They sacked him there and then.* Lo despidieron en el acto. ◊ *Fix the date there and then.* Fija la fecha entonces, no lo dejes para más tarde. **there is/was nothing (else) for it (but to do sth)** no hay/había más remedio (que hacer algo) **there, there!** ¡ya, ya! **there you are 1** aquí tienes **2** eso es **there you go/go again** ya estás otra vez
■ **there** *pron* **1 there + to be**: *There's someone at the door.* Hay alguien en la puerta. ◊ *How many are there?* ¿Cuántos hay? ◊ *There'll be twelve guests at the party.* Habrá doce invitados en la fiesta. ◊ *There was a terrible accident yesterday.* Hubo un accidente horrible ayer. ◊ *There has been very little rain recently.* Ha llovido muy poco últimamente. ☛ *Ver nota en* HABER[2] **2 there + v modal + be**: *There must be no mistakes.* No debe haber ningún error. ◊ *There might be rain later.* Puede que llueva más tarde. ◊ *There shouldn't be any problems.*

No creo que haya ningún problema. ◊ *How can there be that many?* ¿Cómo es posible que haya tantos?

There se usa también con **seem** y **appear**: *There seem/appear to be two ways of looking at this problem.* Parece que hay dos formas de ver este problema.

■ **there** *interj*: *You there!* ¡Eh, usted! ◊ *There (now)!* ¿Ves? ◊ *There's gratitude for you.* Para que veas qué gratitud.

LOC **so there!** ¡ala!, ¡te fastidias!

thereabouts /ˌðeərəˈbaʊts/ (*USA* **thereabout**) *adv* **1** por ahí/allí **2** más o menos

thereafter /ðeərˈɑːftə(r); *USA* -ˈæf-/ *adv* (*formal*) a partir de entonces: *shortly thereafter* poco después

thereby /ˌðeəˈbaɪ/ *adv* (*formal*) **1** por eso/ello **2** de este modo LOC *Ver* HANG[1]

therefore /ˈðeəfɔː(r)/ *adv* **1** por (lo) tanto: *I think, therefore I am.* Pienso, luego existo. **2** por consiguiente

therefrom /ˌðeəˈfrɒm/ *adv* de ahí, de allí

therein /ˌðeərˈɪn/ *adv* (*formal* o *Jur*) **1** allí dentro **2** en eso: *Therein lies the problem.* Ahí está el problema.

thereof /ˌðeərˈɒv/ *adv* (*formal* o *Jur*) de esto/eso: *a proportion thereof* una proporción del mismo

thereto /ˌðeəˈtuː/ *adv* (*formal* o *Jur*) a eso/ello: *additions thereto* adiciones al mismo

thereupon /ˌðeərəˈpɒn/ *adv* (*formal*) en seguida

therm /θɜːm/ *n* termia

thermal /ˈθɜːml/ *adj* **1** térmico **2** (*fuente*) termal **3** (*unidad*) calorífico

■ **thermal** *n* **1** corriente (de aire) ascendente **2** **thermals** ropa interior térmica

thermodynamics /ˌθɜːməʊdaɪˈnæmɪks/ *n* [*sing*] termodinámica

▶ **thermodynamic** *adj* termodinámico

thermometer /θəˈmɒmɪtə(r)/ *n* termómetro

Thermos® /ˈθɜːməs/ (*tb* **Thermos flask**) (*USA* **Thermos bottle**) *n* termo

thermostat /ˈθɜːməstæt/ *n* termostato

▶ **thermostatic** *adj* termostático

thermostatically *adv*: *thermostatically controlled* controlado por un termostato

thesaurus /θɪˈsɔːrəs/ *n* (*pl* **~es** o **thesauri** /θɪˈsɔːraɪ/) **1** tesoro **2** diccionario

these *Ver* THIS

thesis /ˈθiːsɪs/ *n* (*pl* **theses** /ˈθiːsiːz/) tesis

Thespian (*tb* **thespian**) /ˈθespiən/ *adj* (*ret* o *joc*) **1** dramático **2** teatral

■ **thespian** *n* actor, actriz

they /ðeɪ/ *pron pers* (*como sujeto*) **1** ellos, ellas: *They arrived.* Llegaron. ◊ *They're both doctors.* Los dos son médicos. ◊ *They say it's going to be hot.* Dicen que va a hacer calor. ◊ *as they say* como quien dice **2** (*coloq*) (*en vez de* **he or she**): *If anyone arrives late they'll have to wait outside.* Si alguien llega tarde, tendrá que esperar fuera.

Nótese que el pronombre personal no se puede omitir en inglés.

they'd /ðeɪd/ **1** = THEY HAD *Ver* HAVE **2** = THEY WOULD *Ver* WOULD

they'll /ðeɪl/ = THEY WILL *Ver* WILL[1]

they're /ðeə(r)/ = THEY ARE *Ver* BE

they've /ðeɪv/ = THEY HAVE *Ver* HAVE

thick /θɪk/ *adj* (**-er, -est**) **1** (*capa, objeto*) grueso, gordo: *It's 3 cm thick.* Tiene un grueso de 3 cm. **2** espeso: *This sauce is too thick.* Esta salsa está demasiado espesa. ◊ *thick fog* niebla espesa **3** (*barba*) poblado: *She's got lovely thick hair.* Tiene una buena mata de pelo. **4** (*acento*) marcado, fuerte **5** (*coloq*) (*torpe*) negado, tonto **6** (*coloq*) íntimo

LOC **(as) thick as thieves** (*coloq*) ser uña y carne **(as) thick as two short planks** (*argot*) más corto que las mangas de un chaleco **(to be) thick with sth** lleno de algo **to give sb a thick ear/lip** (*argot*) dar a algn a base de bien/en la boca **to have, etc a thick head** (*coloq*) **1** ser un lerdo **2** padecer de dolor de cabeza/resaca **(to have) a thick skull** (*coloq*) (ser) corto mental *Ver tb* BLOOD, SKIN

■ **thick** *adv* **1** (*tb* **thickly**) grueso: *to slice meat thickly* cortar filetes gruesos ◊ *Don't spread the butter too thick.* No te pongas demasiada mantequilla. **2** *thick-set yoghurt* yogur espeso ◊ *thick-soled* con suela gruesa

LOC **thick and fast** con rapidez y en abundancia

■ **thick** *n*

LOC **in the thick of sth** (*donde está la acción*): *He's always in the thick of things.* Siempre está en medio de todo lo que ocurre. **through thick and thin** contra viento y marea

thicken /ˈθɪkən/ **1** *vt, vi* espesar(se) **2** *vi* (*muchedumbre*) multiplicarse LOC *Ver* PLOT

thicket /ˈθɪkɪt/ *n* matorral

thickness /ˈθɪknəs/ *n* **1** espesor, grosor: *4 cm in thickness* 4 cm de espesor **2** capa

thickset /θɪkˈset/ *adj* (*persona*) robusto, macizo

thick-skinned /ˌθɪk ˈskɪnd/ *adj* duro de pelar

thief /θiːf/ *n* (*pl* **thieves** /θiːvz/) ladrón, -ona

Thief es el término general que se utiliza para designar a un ladrón que roba cosas, generalmente sin que nadie lo vea y sin recurrir a la violencia.
Robber se aplica a la persona que roba bancos, tiendas, etc, a menudo mediante la violencia o con amenazas.
Burglar se utiliza para los ladrones que roban en una casa o en un local comercial cuando no hay nadie.
Shoplifter es la persona que se lleva cosas de una tienda sin pagarlas. *Ver tb notas en* ROB, THEFT

LOC **like a thief in the night** como un ladrón **set a thief to catch a thief** (*refrán*) poner contra pillo, pillo y medio *Ver tb* THICK

thieve /θiːv/ *vt, vi* hurtar *Ver tb* ROB

▶ **thieving** *adj, n* ladrón, -ona

thigh /θaɪ/ *n* muslo

thimble /ˈθɪmbl/ *n* dedal

thin /θɪn/ *adj* (**thinner, thinnest**) **1(a)** (*persona*) delgado: *She was painfully thin.* Estaba tan delgada que daba pena verla. **(b)** (*cosa*) delgado, fino: *a thin slice of bread* una rebanada delgada de pan ◊ *The ice was too thin to walk on.* La capa de hielo era demasiado fina como para andar por encima. ◊ *My hair gets thinner as I get older.* Con los años cada vez tengo menos pelo. ☛ *Ver nota en* DELGADO **(c)** (*sopa*) aguado *Ver tb* PAPER-THIN, WAFER-THIN **2** (*poco denso*): *thin mountain air* aire de montaña enrarecido **3** poco: *News was thin.* Había pocas noticias. **4** (*fig*) pobre: *a thin excuse* una excusa poco creíble

LOC **to be (as) thin as a rake** estar hecho un palillo **the thin end of the wedge** el primero de muchos males **to be/get thin on top** estar/quedarse calvo **(to be) thin on the ground** (ser) escaso **to get/grow thin** adelgazarse **to have a thin time (of it)** (*coloq*) tenerlo muy difícil **to vanish, etc into thin air** desaparecer como por arte de magia *Ver tb* SKATE[1], SKIN, THICK, WEAR[1]

■ **thin** *adv* fino: *thin-lipped* de labios finos ◊ *The bread is cut thin.* Las rebanadas de pan son finas.

■ **thin** *vt, vi* (**-nn-**) **~ (sth) (out)** hacer algo/hacerse menos denso: *My hair is thinning out.* Estoy perdiendo pelo. ◊ *You must thin out the carrots.* Tienes que arrancar los brotes de zanahoria más débiles.

PHR V **to thin down** adelgazar

to thin sth down aclarar algo, diluir algo (*puré, etc*)

thine /ðaɪn/ *pron pos* (*antic* o *Relig*) (el/lo) tuyo, (la) tuya, (los) tuyos, (las) tuyas

■ **thine** *adj pos* (*antic* o *Relig*) tu ☛ Se usa esta forma en lugar de **thy** antes de vocal o de "h".

thing /θɪŋ/ *n* **1(a)** cosa: *I can't see a thing.* No veo nada.

(b) chisme, aparato **2** asunto, cuestión: *a difficult thing to do* algo difícil de hacer ◊ *the thing to do* lo que hay que hacer ◊ *the main thing* lo más importante ◊ *Forget the whole thing.* Olvídate del asunto. **3** *poor old thing* pobrecito **4 things** [*pl*] **(a)** cosas: *swimming things* ropa de baño ◊ *Take your things off.* Quítate la ropa. ◊ *things of value* objetos de valor **(b)**: *Think things over.* Piénsatelo bien. ◊ *to take things seriously* tomárselo todo en serio ◊ *the way things are going* tal como está la situación **(c)**: *things Spanish* todo lo español *Ver tb* PLAYTHING

LOC **a close/near thing** por poco: *We managed to win, but it was a close thing.* Logramos ganar, pero por muy poco. **all things being equal** suponiendo que no haya imprevistos **all things considered** teniendo todo en cuenta **as things stand** según como está la cosa **a thing of the past** algo que ha pasado de moda/a la historia **bad thing** algo malo: *A bit of rain would be no bad thing.* Un poco de lluvia no sería algo malo. **first/ last thing** a primera/última hora **for one thing** para empezar **(just) one of those things**: *It's just one of those things.* Son cosas que pasan. **(not) quite the (done) thing** (no) exactamente lo apropiado **one (damned, etc) thing after another** una cosa detrás de otra **taking one thing with another** teniendo todo en cuenta **the thing is…** la cosa es que… **to be a good thing (that)…** menos mal (que) … **to be on to a good thing** (*coloq*) *He knows when he's on to a good thing.* Sabe lo que le conviene. **to be seeing things** (*coloq*) ver visiones **to do your own thing** (*coloq*) ir uno a su aire **to have a thing about sth/sb** (*coloq*) **1** estar obsesionado por algo/algn **2** tener un prejuicio hacia algo/algn **to make a thing of sth** (*coloq*) dar mucha importancia a algo **what with one thing and another** (*coloq*) entre una cosa y otra, entre esto y lo otro *Ver tb* BOTH, CHANCE, DONE[2], EASY[2], FINE[2], FIRST, KNOW, LOOK[2], MAIN[1], OVERDO, PERSPECTIVE, PROPORTION, REAL[1], RIGHT[1], SAME[1], SEND, SHAPE, SURE, WAY[1], WORSE

thingummy /ˈθɪŋəmi/ (*tb* **thingamajig** /ˈθɪŋəmədʒɪɡ/ **thingy** /ˈθɪŋi/) *n* (*coloq*) **1** chisme **2** fulano, -a

think[1] /θɪŋk/ (*pret, pp* **thought** /θɔːt/) **1(a)** *vt, vi* pensar: *What are you thinking (about)?* ¿En qué estás pensando? ◊ *Just think!* ¡Imagínate! ◊ *Who'd have thought it?* ¿Quién lo hubiera pensado? ◊ *to think positive* pensar positivamente ◊ *to think small* ver las cosas en plan pequeño ◊ *She acted without thinking.* Actuó sin pensar. **(b)** *vi* reflexionar: *Give me time to think.* Dame tiempo para reflexionar. **2** *vt* creer: *I think so.* Creo que sí. ◊ *I don't think so.* Creo que no. ◊ *What do you think (of her)?* ¿Qué opinas (de ella)? ◊ *It would be nice don't you think?* Sería estupendo, ¿no te parece? ◊ *more than we would ever have thought possible* más de lo que hubiéramos creído que fuera posible ◊ *I think this is the house.* Me parece que esta es la casa. ◊ *I can't think what you mean.* No sé a lo que te refieres. ◊ *I thought it strange at the time.* Me pareció extraño entonces. ◊ *I hope you won't think me rude.* Espero que no pienses que estoy siendo maleducado. ☛ *Ver nota en* SO *adv* sentido 6

LOC **come to think of it** (*coloq*) ahora que lo pienso **I should think so (too)!; I should think not!** ¡faltaría más! **I thought as much** eso es lo que me sospechaba **not to think twice (about sth)** no pensarse dos veces (algo) **think nothing of it** de nada, no tiene importancia **to think (all) the better of sb** pensar muy bien de algn **to think aloud** pensar en alto **to think better of (doing) sth** decidir no hacer algo **to think little, poorly, etc of sb** tener en poco a algn: *I don't think much of him.* No le tengo en mucho. **to think nothing of sth/doing sth**: *She thinks nothing of it.* Para ella no es nada. **to think straight** concentrarse: *She couldn't think straight with all the noise.* No pudo concentrarse con todo el ruido. **to think to do sth**: *I didn't think to ask his opinion.* No se me ocurrió pedirle su opinión. **to think the world/highly/a lot of sth/sb** tener algo/a algn en alta estima **to think twice about sth/doing sth** reflexionar bien, pensárselo dos veces antes de hacer algo *Ver tb* FIT[1]

PHR V **to think about sth/sb 1** reflexionar sobre algo/ algn: *when you really think about it* cuando te pones a pensarlo ◊ *It's given me a lot to think about.* Me ha dado mucho que pensar. **2** recordar algo/a algn **3** tener algo/a algn en cuenta

to think about sth/doing sth pensar en algo/en hacer algo: *I'll think about it.* Lo pensaré.

to think ahead (to sth) pensar en lo que puede suceder

to think back (to sth) recordar (algo)

to think for yourself decidir algo por uno mismo

to think of sth recordar algo: *I can't think of his name.* No me acuerdo de cómo se llama.

to think of sth/doing sth 1 pensar en algo/hacer algo: *I did think of going to see her.* Pensé en ir a verla. ◊ *What do you think of it?* ¿Qué te parece? **2** imaginar algo: *Just think of their reaction!* ¡Imagínate su reacción! **3** proponer algo: *Who thought of the idea?* ¿A quién se le ocurrió la idea?

to think sth out: *a well thought out plan* un plan bien pensado

to think sth over reflexionar sobre algo

to think sth through examinar algo detenidamente

to think sth up (*coloq*) inventar/pensar algo

think[2] /θɪŋk/ *n* (*coloq*) **to have a think** pensárselo: *I'd better have a think about it.* Tendré que pensármelo.

LOC **to have (got) another think coming** llevarlo claro: *If you think I'm going to pay, you've got another think coming.* Si crees que voy a pagar, lo llevas claro.

thinkable /ˈθɪŋkəbl/ *adj* imaginable, concebible

thinker /ˈθɪŋkə(r)/ *n* pensador, -ora

thinking /ˈθɪŋkɪŋ/ *n* [*incontable*] forma de pensar: *to do some hard thinking* pensárselo bien ◊ *Quick thinking* ¡Bien pensado! ◊ *What's your thinking on this question?* ¿Qué piensas de esta cuestión? ◊ *the thinking behind the new law* lo que se pretende con la nueva ley *Ver tb* QUICK-THINKING LOC *Ver* WAY[1], WISHFUL

■ **thinking** *adj* [*antes de sustantivo*] racional, inteligente: *All thinking people…* Todo el que piense un poco…

think-tank /ˈθɪŋk tæŋk/ *n* grupo de expertos

thinly /ˈθɪnli/ *adv* **1** escasamente: *thinly disguised* apenas camuflado **2** *thinly-sliced ham* lonchas finas de jamón

thinness /ˈθɪnnəs/ *n* [*incontable*] **1** (*persona*) delgadez **2** (*objeto*) ligereza, delgadez: *The fabric's thinness makes it suitable for summer wear.* La tela es tan fina que se puede usar en verano. ◊ *This oil is very thin.* Este aceite no es muy espeso. **3** (*argumento*) pobreza

third /θɜːd/ *adj* tercer(o): *She won third prize.* Ganó el tercer premio. ◊ *I only learnt this third-hand.* Me enteré de esto por terceros. ◊ *the third person singular* la tercera persona del singular ☛ *Ver ejemplos en* FIFTH

LOC **third time lucky** a la tercera va la vencida

■ **third** *n, pron* **1** (*tb* **the third**) el tercero, la tercera, los terceros, las terceras **2 the third (a)** (*fecha*) el (día) tres: *on the third of May/on May 3* el (día) tres de mayo **(b)** (*rey, etc*) tercero, -a: *Henry III/the Third* Enrique III **3** (*proporción*) tercio, tercera parte: *two thirds of the electorate* dos terceras partes del electorado **4** (*GB*) (*tb* **third class degree**) **~ (in sth)** (*universidad*) aprobado (en algo): *to get a third in biology* licenciarse en biología con un aprobado ☛ *Ver nota en* FIRST **5** (*tb* **third gear**) (*automóvil*) tercera (marcha) ☛ *Ver ejemplos en* FIFTH

■ **third** *adv* tercero, en tercer lugar (*en una carrera, en una sucesión, etc*) ☛ *Ver ejemplos en* FIFTH

third-class /ˌθɜːd ˈklɑːs/ *adj* de tercera clase

third degree burn *n* quemadura de tercer grado

third-generation /ˈθɜːd dʒenəˈreɪʃən/ *adj* de la tercera generación

thirdly /ˈθɜːdli/ *adv* en tercer lugar (*enumerando una lista de cosas*)

third-party *n* tercera persona: *Was there a third-party involved?* ¿Hubo terceras personas involucradas?

third-party insurance *n* seguro contra terceros

third-rate /ˌθɜːd ˈreɪt/ *adj* bastante malo, de segunda fila

the Third World *n* el Tercer Mundo

▶ **third-world** *adj* tercermundista: *third-world countries* países tercermundistas ◊ *third-world poverty* la pobreza del Tercer Mundo

thirst /θɜːst/ *n* **1** sed: *to quench your thirst* quitarse la sed **2 ~ (for sth)** (*fig*) sed (de algo)

■ **thirst** *v*

PHR V **to thirst for sth** tener ansias de algo, añorar algo

▶ **thirsty** *adj* **(-ier, -iest) ~ (for sth)** sediento (de algo): *to be/feel thirsty* tener sed ◊ *thirsty work* un trabajo que te hace sudar *Ver tb* BLOODTHIRSTY

thirstily *adv* con sed

thirteen /ˌθɜːˈtiːn/ *adj, pron, n* (*número*) trece: *a thirteen-year-old* un chico de trece años ☛ *Ver ejemplos en* FIVE

▶ **thirteenth 1** *adj* décimotercero **2** *n, pron* **(a)** el trigésimo, la trigésima, los trigésimos, las trigésimas **(b) the thirteenth** (*fecha*) el (día) trece **(c) the thirteenth** (*rey, etc*) trece **(d)** (*proporción*) treceavo, treceava parte **3** *adv* trigésimo, en trigésimo lugar ☛ *Ver ejemplos en* FIFTH

thirty /ˈθɜːti/ *adj, pron, n* (*pl* **-ies**) (*número*) treinta ☛ *Ver ejemplos en* FIVE

LOC **(to be) in your thirties** (tener) treinta y tantos años

■ **the thirties** *n* [*pl*] **1** (*temperatura*) los treinta grados (Fahrenheit) **2** (*abrev* **30's**) los (años) treinta ☛ *Ver ejemplos en* FIFTY

▶ **thirtieth 1** *adj* trigésimo **2** *n, pron* **(a)** el trigésimo, la trigésima, los trigésimos, las trigésimas **(b) the thirtieth** (*fecha*) el (día) treinta **(c)** (*proporción*) treintavo ☛ *Ver ejemplos en* FIFTH

thirty-second note (*USA*) (*GB* **demisemiquaver**) *n* (*Mús*) fusa ☛ *Ver ilustración en* NOTACIÓN

this /ðɪs/ (*pl* **these** /ðiːz/) *adj* este, esta, estos, estas: *this week/month* esta semana/este mes ◊ *this minute* ahora (mismo) ◊ *these days* hoy en día ◊ *These shoes are more comfortable than those.* Estos zapatos son más cómodos que ésos. ◊ *Come this way.* Ven por aquí ◊ *this job of his* ese trabajo que tiene ◊ *Would you like this one or that one?* ¿Le gustaría éste o aquél? ☛ Nótese que *esta noche* se dice **tonight**. ☛ *Comparar con* THAT[3] ☛ *Ver nota en* ONE[1] *n*

LOC **this and that; this, that and the other** esto y lo otro; esto, lo otro y lo de más allá **this is it** llegó la hora: *This is it. Let's go!* Ya llegó la hora. ¡Vamos!

■ **this** *pron* **1** éste, ésta, éstos, éstas: *Is this the book you mean?* ¿Es éste el libro que decías? ◊ *Would you give her these?* ¿Le das éstos? **2** esto: *Listen to this…* Escucha esto… ◊ *Do it like this.* Hazlo así. ◊ *This is where I work.* Aquí trabajo yo.

LOC **this is…** (*con nombres de personas*) **1** (*en presentaciones*) te presento a…: *This is Kate.* Te presento a Kate. **2** (*por teléfono*) soy…: *Hi Ana, this is Kate.* Hola Ana, soy Kate. **3** (*señalando en una foto, etc*) Éste es…: *This is Kate.* Ésta es Kate.

■ **this** *adv*: *this high* así de alto ◊ *I didn't think we'd get this far.* No pensé que llegaríamos tan lejos. ◊ *Can you afford this much?* ¿Te puedes permitir tanto? ◊ *about this long* por aquí de largo

thistle /ˈθɪsl/ *n* cardo ☛ *Ver ilustración en* FLOR

thither /ˈðɪðə(r)/ *adv* (*antic*) (hacia) allí **LOC** *Ver* HITHER

tho' /ðəʊ/ *abrev de* **though**

thong /θɒŋ; *USA* θɔːŋ/ *n* tira (*de cuero*)

thorax /ˈθɔːræks/ *n* (*pl* **~es** o **thoraces**) tórax

thorn /θɔːn/ *n* espina (*de rosal, etc*) ☛ *Comparar con* BONE sentido 2 ☛ *Ver ilustración en* FLOR *Ver tb* BLACKTHORN, HAWTHORN

LOC **(to be) a thorn in sb's flesh/side** (ser) una espina que algn tiene clavada *Ver tb* ROSE[2]

▶ **thorny** *adj* **(-ier, -iest) 1** con espinas **2** (*fig*) espinoso: *a thorny problem* un problema espinoso

thorough /ˈθʌrə; *USA* ˈθʌrəʊ/ *adj* **1(a)** (*cosa*) a fondo: *a thorough training* un entrenamiento concienzudo ◊ *a thorough investigation* una investigación a fondo **(b)** (*persona*) meticuloso **2** [*antes de sustantivo*] (*pey*) verdadero: *a thorough nuisance* una verdadera lata

▶ **thoroughgoing** *adj* [*antes de sustantivo*] completo, minucioso

thoroughly *adv* **1** a conciencia, a fondo: *thoroughly cleaned* bien lavado **2** enormemente: *I thoroughly recommend it.* Lo recomiendo sin ninguna duda. ◊ *He's a thoroughly nice person.* Es una bellísima persona. ◊ *We thoroughly enjoyed the play.* Disfrutamos enormemente de la obra.

thoroughness *n* minuciosidad

thoroughbred /ˈθʌrəbred/ (*tb* **pure-bred**) *adj, n* (de) purasangre

thoroughfare /ˈθʌrəfeə(r)/ *n* vía pública

those *Ver* THAT

thou /ðaʊ/ *pron pers* (*antic*) vos: *Who art thou?* ¿Quién sois vos? *Ver tb* HOLIER-THAN-THOU

though (*abrev* **tho'**) /ðəʊ/ *conj* **1** aunque: *Strange though it may seem…* Aunque parezca extraño… ◊ *Young though she is…* Por muy joven que sea… **2** pero: *He'll say no, though it's worth asking.* Dirá que no, pero no se pierde nada preguntándoselo. ☛ *Ver nota en* ALTHOUGH, AUNQUE **LOC** *Ver* BUTTER

■ **though** *adv* (*coloq*) de todas formas: *Our team lost. It was a good game though.* Nuestro equipo perdió. Con todo y con eso, fue un buen partido.

thought[1] *pret, pp de* THINK[1]

thought[2] /θɔːt/ *n* **1** pensamiento: *deep/lost in thought* perdido en sus propios pensamientos ◊ *thought-provoking* que da que pensar ◊ *She turned her thoughts to him.* Comenzó a pensar en él. ◊ *thought process* proceso mental **2 ~ (for sth/sb)** consideración (hacia algo/algn): *He acted without thought.* Actuó sin pensar. ◊ *I've given it some serious thought.* Lo he considerado seriamente. **3** idea: *Let me have your thoughts on the subject.* Dime qué piensas del tema. ◊ *He keeps his thoughts to himself.* Es muy reservado. ◊ *to give any/much/some thought to sth* plantearse algo ◊ *I've just had a thought!* ¡Se me acaba de ocurrir una idea! **4 ~ (of doing sth)** idea (de hacer algo) *Ver tb* AFTERTHOUGHT, FORETHOUGHT **LOC** *Ver* COLLECT[1], FOOD, GATHER, PAUSE, PENNY, PERISH, SCHOOL[1], SECOND[1], TRAIN[1], WISH

▶ **thoughtful** *adj* **1** pensativo **2(a)** (*obra, comentario*) bien pensado, meditado **(b)** (*persona*) que piensa lo que dice, cabal **3** atento: *It was very thoughtful of you.* Fue todo un detalle por tu parte.

thoughtfully *adv* **1** pensativamente **2** cuidadosamente **3** atentamente

thoughtfulness *n* consideración, seriedad

thoughtless *adj* **1** inconsciente **2** desconsiderado

thoughtlessly *adv* **1** sin pensar **2** desconsideradamente

thoughtlessness *n* **1** descuido **2** falta de consideración

thousand /ˈθaʊznd/ *adj, pron, n* mil: *I've got a thousand and one things to do.* Tengo mil cosas que hacer. ◊ *two thousand two hundred and one people* 2201 personas ◊ *ten thousand pounds* diez mil libras ☛ *Ver nota en* MIL

▶ **thousandth 1** *adj*: *the city's thousandth anniversary* el milenario de la ciudad **2** *n* milésima parte: *a/one thousandth of a second* una milésima de segundo ☛ *Ver apéndice 3*

thrall /θrɔːl/ *n*
LOC **in thrall (to sth/sb)** bajo el yugo (de algo/algn)

thrash /θræʃ/ **1** *vt* azotar, golpear **2** *vt* (*en un concurso, etc*) dar una paliza a **3** *vi* **~ (about/around)** revolcarse, retorcerse
PHR V **to thrash sth out 1** discutir algo a fondo **2** idear algo
▶ **thrashing** *n* (*lit* y *fig*) paliza: *to give sb/get a good thrashing* dar a algn/recibir una buena paliza

thread /θred/ *n* **1** hilo, hebras: *loose threads* hilachas ◊ *a needle and thread* aguja e hilo ☛ *Ver ilustración en* REEL[1] **2 ~ (of sth)** (*fig*) hilo (de algo): *a thread of smoke* un hilo de humo ◊ *to pick/take up the thread(s)* retomar el hilo ◊ *A common thread runs through the stories.* Las historias están enlazadas por un factor común. **3** rosca (*de un tornillo*): *against the thread* en el sentido contrario de la rosca **4 threads** [*pl*] (*USA, argot*) ropa
LOC *Ver* HANG[1], LOSE, PICK
■ **thread** *vt* **1** enhebrar: *to thread a needle* (*with cotton*) enhebrar una aguja (con hilo de algodón) **2** (*perlas, cuentas, etc*) ensartar **3** (*cuerda, cable, etc*) pasar: *to thread the wire through the pulley* pasar el cable por la polea
LOC **to thread your way through (sth)** abrirse paso (a través de algo)

threadbare /ˈθredbeə(r)/ *adj* **1** (*alfombra, sofá*) raído, gastado **2** (*fig*) gastado: *threadbare arguments* argumentos muy gastados

threat /θret/ *n* **1 ~ (against sth/sb)** amenaza (contra algo/algn): *empty threats* amenazas al aire ◊ *the very real/serious threat posed by the coup* la seria amenaza que supone el golpe de estado ◊ *to make threats* lanzar amenazas **2** [*gen sing*] **~ (to sth/sb) (of sth)** amenaza (para algo/algn) (de algo): *a threat to national security* una amenaza para la seguridad nacional ◊ *the constant threat of famine* la constante amenaza del hambre
LOC **under threat (of sth)** amenazado (con algo): *under threat of closure* amenazado con el cierre

threaten /θretn/ *vt* **1 ~ sth/sb (with sth)** amenazar algo/a algn (con algo) **2 to be threatened (by/with sth)** estar amenazado (de algo): *a species threatened by/with extinction* una especie amenazada de extinción **3 ~ sth/to do sth** amenazar con hacer algo: *He threatened legal action.* Amenazó con ir a los tribunales. ◊ *She threatened to kill us.* Amenazó con matarnos.
▶ **threatened** *adj* en peligro de extinción
threatening *adj* amenazador *Ver tb* LIFE-THREATENING
threateningly *adv* de modo amenazador

three /θriː/ *adj, pron, n* (*número*) tres ☛ *Ver ejemplos en* FIVE
LOC **the three R's** lectura, escritura y aritmética *Ver tb* TWO

three-bedroom(ed) /ˌθriː ˈbedruːm(d)/ *adj* de tres dormitorios (*casa, piso, etc*)

three-course (*tb* **three course**) /ˈθriː kɔːs/ *adj* de tres platos (*cena, comida, etc*)

three-dimensional /ˌθriː daɪˈmenʃənl/ (*tb* **three-D**, **3-D** /ˌθriː ˈdiː/) *adj* en tres dimensiones, tridimensional

threefold /ˈθriːfəʊld/ *adj, adv* por triplicado

three-legged race /ˌθriː ˈlegɪd reɪs/ *n* carrera en la que una persona tiene atada la pierna a la de su compañero

three-piece /ˈθriː piːs/ *adj* de tres piezas: *a three-piece suit* traje de tres piezas ◊ *a three-piece suite* un tresillo

three-point turn *n* cambio de sentido en tres maniobras (*en vehículos*)

three-quarter /ˌθriː ˈkwɔːtə(r)/ *adj* [*antes de sustantivo*] tres cuartos: *a three-quarter length coat* un abrigo tres cuartos ◊ *two and three-quarter hours* dos horas y tres cuartos

three-quarters (*tb* **three quarters**) /ˌθriː ˈkwɔːtəz/ *n* las tres cuartas partes, tres cuartos: *three-quarters of the voters* las tres cuartas partes de los votantes ◊ *three quarters of an hour* tres cuartos de hora

threesome /ˈθriːsəm/ *n* trío, grupo de tres

three-way /ˌθriː ˈweɪ/ *adj*: *a three-way switch* un enchufe con tres posiciones ◊ *a three-way discussion* una discusión entre tres personas/grupos

thresh /θreʃ/ *vt* trillar
▶ **threshing** *n* trilla: *a threshing floor* una era

threshold /ˈθreʃhəʊld/ *n* **1** umbral: *to cross the threshold* cruzar el umbral **2** (*fig*) umbral: *on the threshold of a new era* en el umbral de una nueva era ◊ *to have a high/low pain threshold* tener un umbral alto/bajo de dolor

threw *pret de* THROW[1]

thrice /θraɪs/ *adv* (*formal*) tres veces

thrift /θrɪft/ *n* frugalidad *Ver tb* SPENDTHRIFT
▶ **thrifty** *adj* (**-ier, -iest**) ahorrativo

thrill /θrɪl/ *n* **1** escalofrío: *a thrill of fear* un escalofrío de miedo **2** emoción: *What a thrill!* ¡Qué emoción! ◊ *He does it for the thrill.* Lo hace por la emoción.
LOC **(the) thrills and spills (of sth)** la emoción (de algo)
■ **thrill** *vt* entusiasmar, emocionar: *We were thrilled to hear the news.* Las noticias nos entusiasmaron.
LOC **(to be) thrilled to bits (with sth/sb)** (*coloq*) (estar) encantadísimo (con algo/algn)
▶ **thriller** *n* obra de suspense (*película, novela, etc*)
thrilling *adj* emocionante

thrive /θraɪv/ *vi* (*pret* **throve** /θrəʊv/ o **thrived** *pp* **thrived**) **~ (on sth)** prosperar, crecerse (con algo): *a thriving industry* una industria floreciente ◊ *He thrives on criticism.* Se crece con las críticas.

throat

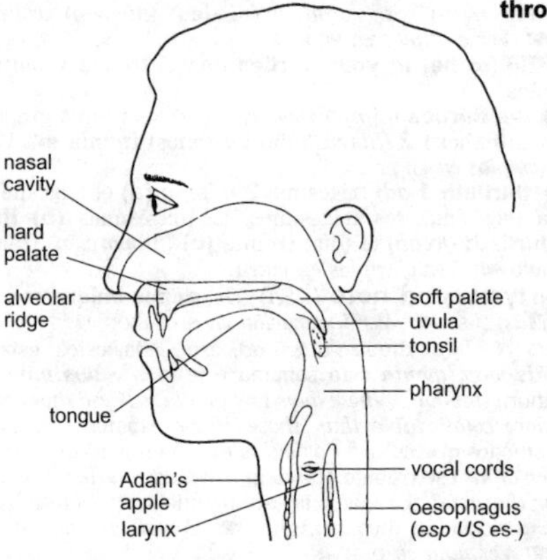

throat /θrəʊt/ *n* garganta: *to clear your throat* carraspear ◊ *to cut sb's throat* rebanar el cuello a algn ◊ *a sore throat* dolor de garganta ◊ *a throat infection* una infección de garganta *Ver tb* CUT-THROAT, CUT-THROAT RAZOR ☛ *Ver ilustración en* HEAD[1]
LOC **at each other's throats** como el perro y el gato **to cut your own throat** (*coloq, fig*) suicidarse: *Resigning would be cutting your own throat.* Dimitir ahora sería suicida. **to force, thrust, ram, etc sth down sb's throat** (*coloq*) hacer tragar algo a algn (*ideas*) *Ver tb* CLEAR[3], FROG, JUMP[2], LUMP, RAM[2], SLIT, STICK[2]
▶ **throaty** *adj* (**-ier, -iest**) **1** (*voz*) gutural **2** (*tos*) ronco

throb /θrɒb/ *vi* (**-bb-**) **~ (with sth)** vibrar, palpitar (de algo): *My head's really throbbing!* ¡Me va a estallar la cabeza de dolor!
■ **throb** *n* palpitación, vibración *Ver tb* HEART-THROB

throes /θrəʊz/ *n* [*pl*] agonía
LOC **in the throes of sth/doing sth** (*coloq*) hasta el cuello metido en algo/hacer algo: *in the throes of moving house* en la vorágine de la mudanza *Ver tb* DEATH

thrombosis /θrɒmˈbəʊsɪs/ *n* trombosis: *to have thrombosis* tener una trombosis *Ver tb* CORONARY THROMBOSIS

throne /θrəʊn/ *n* trono: *to succeed to the throne* suceder en el trono ◊ *to be the heir to the throne* ser heredero al/del trono **LOC** *Ver* ASCEND, POWER

throng /θrɒŋ; *USA* θrɔːŋ/ *n* multitud
■ **throng 1** *vi* apretujarse **2** *vt* **~ sth (with sth/sb)** abarrotar algo (de algo/algn)

throttle /ˈθrɒtl/ *vt* estrangular, ahogar
PHR V to throttle (sth) back/down desacelerar (algo)
■ **throttle** *n* **1** válvula que controla el combustible de un motor: *at full/half throttle* a todo/medio gas **2** acelerador (*en el puño de las motos, etc*)

through (*USA, coloq tb* **thru**) /θruː/ *prep* **1** a través de, por: *through the window* por la ventana ◊ *He could see people through the mist.* A través de la niebla podía ver gente. ◊ *The bullet went straight through him.* La bala le atravesó limpiamente. ◊ *She made her way through the traffic.* Se hizo paso a través del tráfico. ◊ *to breathe through your nose* respirar por la nariz ◊ *to drive through the traffic lights* saltarse el semáforo *Ver tb* SEE-THROUGH **2** durante, a lo largo de: *to nurse sb through an illness* cuidar a algn durante una enfermedad ◊ *He will not live through the night.* No pasará de esta noche. ◊ *I'm half-way through the book.* Ya voy por la mitad del libro. *Ver tb* RUN-THROUGH **3** (*USA*) hasta ... (inclusive): *Tuesday through Friday* de martes a viernes **4** por (medio de): *I heard of the job through an advertisement.* Me enteré del trabajo por un anuncio. ◊ *through the post* por correo **5** por (culpa de): *through carelessness* por descuido
■ **through** *part adv* **1** de un lado a otro: *Can you get through?* ¿Puedes pasar al otro lado? ◊ *Let the water run through.* Deja que pase el agua. **2** de principio a fin: *I've read the poem through once.* Me he leído el poema entero una vez. ◊ *The baby slept right through.* El niño durmió sin interrupción. ◊ *all night through* toda la noche **3** de largo: *This train goes straight through.* Este tren pasa de largo.
LOC through and through de cabo a rabo: *He's an Englishman through and through.* Es inglés de la cabeza a los pies. **to be wet, soaked, etc through** estar empapado
☛ Para los usos de **through** en PHRASAL VERBS ver las entradas de los verbos correspondientes, p. ej. **to break through** en BREAK[1].
■ **through** *adj* directo: *a through train* un tren directo ◊ *through traffic* tráfico de paso ◊ *No through road.* Callejón sin salida.

throughout /θruːˈaʊt/ *prep* **1** por todo: *throughout Europe* por toda Europa **2** durante todo: *throughout his life* toda su vida ◊ *throughout their marriage* en toda su vida de casados
■ **throughout** *adv* **1** por todas partes: *painted green throughout* pintado de verde totalmente **2** todo el tiempo: *She slept throughout.* Estuvo dormida todo el tiempo.

throughput /ˈθruːpʊt/ *n* movimiento: *the annual throughput of patients* el movimiento anual de pacientes

throughway /ˈθruːweɪ/ (*USA*) (*tb* **freeway**, *GB* **motorway**) *n* autopista

throve *pret de* THRIVE

throw[1] /θrəʊ/ *vt* (*pret* **threw** /θruː/ *pp* **thrown** /θrəʊn/) **1(a) ~ sth (to sb)** tirar, lanzar algo (a algo/algn): *Throw the ball to your sister.* Tírale la pelota a tu hermana. **(b) ~ sth (at sth/sb)** tirar, lanzar algo (a algo/algn): *She threw me an angry look.* Me lanzó una mirada furiosa. ◊ *She threw the plate at the wall in anger.* Lanzó el plato contra la pared en un ataque de rabia. ☛ *Ver nota en* TIRAR **2 + loc adv** echar: *He threw back his head.* Echó la cabeza atrás. ◊ *She threw up her hands in horror.* Levantó los brazos horrorizada. **3 ~ sth on/off** (*coloq*) ponerse/quitarse algo con prisa **4** (*caballo, etc*) derribar **5** (*coloq*) desconcertar **6** dejar (*de cierta forma*): *Hundreds were thrown out of work.* Fueron cientos los que se quedaron sin trabajo. ◊ *We were thrown into confusion by the news.* La noticia nos dejó confusos. **7** (*luz, sombra*) proyectar **8** (*golpes*) soltar **9(a)** (*dados*) echar **(b)** (*juego de dados*) sacar: *He threw three sixes in a row.* Sacó tres seises seguidos. **10** (*cerámica*) moldear en el torno **11** (*palanca, manivela, etc*) darle a **12** *to throw a tantrum* tener una pataleta ◊ *She threw a fit when I told her.* Se puso como una loca cuando se lo dije. **13** (*coloq*) (*fiesta*) dar, organizar **14 ~ sth around/over sth/sb** echar algo encima de algo/algn (*ropa, mantas, etc*) **15 ~ sb** (*judo, lucha libre*) tumbar, hacerle una llave a algn
LOC ☛ Para expresiones con **throw**, véanse las entradas del sustantivo, adjetivo, etc, p. ej. **to throw sb off the track** en TRACK.
PHR V to throw sth about/around desparramar algo
to throw yourself at sb (*coloq, pey, fig*) ir detrás de algn descaradamente (*gen una mujer detrás de un hombre*)
to throw yourself at sth/sb tirarse a algo/algn, echarse encima de algo/algn
to throw sth away 1 tirar algo (*a la basura*) **2** (*oportunidad*) desaprovechar algo **3** decir algo como sin darle importancia
to throw sb back on sth [*gen en pasiva*]: *We were thrown back on the few resources left.* Tuvimos que recurrir a lo poco que quedaba.
to throw sth in 1 dar algo de regalo (*con la compra de algo*) **2** agregar algo (*en una conversación*)
to throw yourself into sth meterse de lleno en algo
to throw sth/sb off librarse de algo/algn: *to throw off a cold* librarse de un catarro
to throw sb out 1 expulsar a algn **2** confundir a algn
to throw sth out 1 (*idea, etc*) soltar algo **2** (*propuesta, etc*) rechazar algo **3** tirar algo (*a la basura*)
to throw sb over abandonar a algn
to throw sb together reunir a algn: *Fate had thrown them together.* El destino les había unido.
to throw sth together hacer algo a toda prisa (*una comida, etc*)
to throw (sth) up vomitar (algo) ☛ *Ver nota en* ENFERMO, SICK
to throw sth up 1 renunciar a algo: *to throw up your job* dimitir del trabajo **2** sacar algo a la luz **3** lanzar algo al aire

throw[2] /θrəʊ/ *n* **1(a)** lanzamiento **(b)** (*dados, baloncesto, etc*) tiro: *It's your throw.* Te toca a ti (jugar). **(c)** (*judo, etc*) llave **2** (*coloq*) (*unidad*): *They're/He gets £10 a throw.* Cuestan/Le pagan 10 libras cada uno. **3** (*tejido*) cobertor **LOC** *Ver* STONE

throwaway /ˈθrəʊəweɪ/ *adj* [*antes de sustantivo*] **1** de tirar: *throwaway cups* vasos de tirar **2** como de pasada: *a throwaway remark* un comentario como de pasada

throwback /ˈθrəʊbæk/ *n* atavismo
LOC a throwback to sth un salto hacia atrás/una vuelta a algo

thrown *pp de* THROW[1]

thru (*USA*) *Ver* THROUGH

thrush[1] /θrʌʃ/ *n* zorzal, tordo

thrush[2] /θrʌʃ/ *n* (*Med*) afta

thrust /θrʌst/ (*pret, pp* **thrust**) **1** (*lit y fig*) **(a)** *vt, vi* empujar (con brusquedad): *to thrust your way through the crowd* abrirse paso entre la multitud ◊ *My objections were thrust aside.* Echaron mis objeciones a un lado. ◊ *to thrust sb aside/out of the way* apartar a algn bruscamente **(b)** *vt* **~ sth/sb into sth/sb**: *to thrust your hand into your pocket* meter la mano en el bolsillo ◊ *to thrust a dagger into sb's back* clavarle un puñal en la espalda de algn ◊ *He has been thrust into the limelight.* Se ha convertido en el centro de atención sin buscarlo. **2** *vt, vi* **~ at sb (with sth) /sth at sb** plantarle (algo) a algn (*de malas maneras*): *He thrust the bag at me.* Me dio la bolsa de malas maneras.

PHR V **to thrust sth/sb on/upon sb** obligar a algn a aceptar algo/a algn, imponer algo a algn
to thrust sth out/forward **1** (*cabeza, pecho*) sacar **2** (*mano*) extender (bruscamente)
to thrust yourself forward llamar la atención hacia sí mismo, ofrecerse desvergonzadamente
■ **thrust** *n* **1(a)** empujón **(b)** (*de espada*) estocada **(c)** (*de puñal*) puñalada **(d)** (*Mil*) ataque, acometida **2 ~ (at sb)** (*fig*) crítica (contra/de algn) **3** (*de motor*) empuje: *forward/reverse thrust* empuje de avance/de marcha atrás **4 ~ (of sth)**: *the main thrust of her argument* la idea/el aspecto fundamental de su argumento

thud /θʌd/ *n* ruido (sordo), golpe (sordo): *He fell/landed with a thud.* Cayó ¡pum!
■ **thud** *vi* **(-dd-)** **1** hacer un ruido sordo, caer con un ruido sordo: *to thud against/into sth* golpear/chocar contra algo con un ruido sordo **2** (*corazón*) latir fuertemente

thug /θʌg/ *n* gamberro, -a, matón, -a

thumb /θʌm/ *n* pulgar ☛ *Ver ilustración en* HAND[1]
LOC **to give sth/sb the thumbs up/down** aprobar/desaprobar algo/a algn **under sb's thumb**: *She's got him under her thumb./He is under her thumb.* Lo tiene totalmente dominado. *Ver tb* FINGER, RULE, SORE, TWIDDLE
■ **thumb** *vt, vi* **~ (through) sth** (*libro, etc*) hojear algo *Ver tb* WELL-THUMBED
LOC **to thumb a lift** hacer dedo **to thumb your nose at sth/sb** burlarse de algo/algn, despreciar algo/a algn

thumbnail /ˈθʌmneɪl/ *n* uña del pulgar: *thumbnail sketch* croquis/breve descripción

thumbtack /ˈθʌmtæk/ (*USA*) (*GB* **drawing pin**) *n* chincheta

thump /θʌmp/ **1** *vt, vi* golpear, dar un golpe a: *to thump on the door* golpear la puerta **2** *vi* (*corazón*) latir fuertemente **3** *vi* **~ about/around** ir con pasos pesados
■ **thump** *n* **1** (*golpe*) puñetazo, porrazo **2** (*sonido*) ruido sordo: *to fall/land with a thump* caer y hacer ¡pum!
▶ **thumping** (*tb* **thundering**) (*coloq*) **1** *adj* enorme, tremendo: *a thumping majority/victory* una mayoría/victoria aplastante ◊ *a thumping headache* un dolor de cabeza terrible **2** *adv*: *a thumping great lie* una gran mentira

thunder /ˈθʌndə(r)/ *n* **1** [*incontable*] trueno: *a clap of thunder* un trueno ◊ *thunder and lightning* rayos y truenos **2** [*incontable*] estruendo, fragor
LOC **with a face like/as black as thunder** con cara de furia *Ver tb* STEAL
■ **thunder** *vi* **1** ☛ con *it* tronar: *It thundered all night.* Estuvo tronando toda la noche. **2(a)** (*sonar*) retumbar **(b)** (*en una dirección específica*): *to thunder along, by, past, through, etc* pasar con estruendo **3(a) ~ against sth/at sb** tronar contra algo/algn; fulminar amenazas/censuras contra algn **(b)**: *'No!' he thundered.* "¡No!" dijo en voz de trueno.
▶ **thundering** *adj, adv Ver* THUMPING *en* THUMP
thunderous *adj* estruendoso, atronador: *thunderous applause* estruendosos aplausos
thundery *adj* tormentoso

thunderbolt /ˈθʌndəbəʊlt/ *n* **1** rayo **2** (*fig*) bomba

thunderclap /ˈθʌndəklæp/ *n* trueno

thunderstorm /ˈθʌndəstɔːm/ *n* tormenta

thunderstruck /ˈθʌndəstrʌk/ *adj* estupefacto

Thursday /ˈθɜːzdeɪ, -di/ *n* (*abrev* **Thur**, **Thurs**) jueves *Ver tb* MAUNDY THURSDAY ☛ *Ver nota y ejemplos en* MONDAY

thus /ðʌs/ *adv* (*formal*) **1** así, de esta manera **2** (*por esta razón*) por (lo) tanto, así que **3** (*hasta este punto*): *thus far* hasta aquí

thwart /θwɔːt/ *vt* frustrar, impedir

thy /ðaɪ/ *pron pos* (*antic* o *Relig*) tu(s)

thyme /taɪm/ *n* tomillo

thyroid /ˈθaɪrɔɪd/ (*tb* **thyroid gland**) *n* (glándula) tiroides

ti /tiː/ *n* (*Mús*) si

tiara /tiˈɑːrə/ *n* diadema

tibia /ˈtɪbiə/ *n* (*pl* **tibiae** /-biiː/) tibia ☛ *Ver ilustración en* ESQUELETO

tic /tɪk/ *n* tic: *a nervous tic* un tic nervioso

tick[1] /tɪk/ *n* **1** (*de reloj, etc*) tictac **2** (*coloq*) momento: *I won't be a tick.* En seguida voy. ◊ *Just a tick.* Un momentito. **3** (*USA* **check (mark)**) (*marca*) señal: *to put a tick against sth* marcar algo con una cruz
■ **tick 1** *vi* (*reloj, etc*) hacer tictac **2** *vt* (*USA* **check**) marcar con una cruz

tick (*USA* **check**)

shopping list
milk
toothpaste
apples
chicken

LOC **what makes sb tick** (*coloq*) lo que mueve a algn
PHR V **to tick away/by** (*tiempo*) pasar
to tick sth away marcar (el paso de): *The clock ticked the precious minutes away.* El reloj marcaba como se consumían los valiosos minutos.
to tick sb off (*coloq*) reñir a algn
to tick sth/sb off poner una cruz al lado de algo/algn en una lista
to tick over (*GB*) **1** (*motor*) funcionar al ralentí **2** (*actividad*) ir tirando, marcar el paso

tick[2] /tɪk/ *n* (*Zool*) garrapata

tick[3] /tɪk/ *n* (*esp GB, coloq*) crédito: *on tick* a crédito/de fiado

ticket /ˈtɪkɪt/ *n* **1(a)** (*tren, etc*) billete: *a one way/return ticket* un billete de ida/de ida y vuelta ◊ *the ticket collector/inspector* el revisor ◊ *the ticket office* la taquilla **(b)** (*Teat, Cine*) entrada **(c)** (*biblioteca*) ficha, tarjeta **2** (*rótulo*) etiqueta **3** (*Pol*) **(a)** [*gen sing*] (*esp USA*) lista de candidatos propuestos por un partido **(b)** programa (electoral) **4** (*tráfico*) multa **5 the ticket** [*sing*] (*coloq*) *That's (just) the ticket!* ¡Es justo lo que quería!

ticking /ˈtɪkɪŋ/ *n* [*incontable*] **1** (*de reloj*) tictac **2** (*tela de colchones*) cutí

ticking-off /ˌtɪkɪŋ ˈɒf/ *n* (*pl* **tickings-off**) (*coloq*) bronca: *I got a right ticking-off.* Me echaron una buena bronca.

tickle /ˈtɪkl/ **1** *vt, vi* hacer cosquillas (a): *That tickles!* ¡Eso me hace cosquillas! ◊ *My nose is tickling.* Me pica la nariz. **2** *vt* (*divertir*) hacer gracia a
LOC **(to be) tickled pink/to death** (*coloq*) **1** (*divertido*): *It tickled me to death.* Me hizo mucha gracia. **2** (*contento*) estar encantado **to tickle sb's fancy** hacer gracia a algn, apetecer a algn
■ **tickle** *n* cosquilleo, picor: *to have a tickle in your throat* tener un picor en la garganta ◊ *to give sb a tickle* hacerle cosquillas a algn **LOC** *Ver* SLAP
▶ **tickly** *adj* **1** (*tela*) que pica **2** (*tos*) irritante

ticklish /ˈtɪklɪʃ/ *adj* **1** que tiene cosquillas: *to be ticklish* tener cosquillas **2** (*coloq*) **(a)** (*problema o situación*) delicado, difícil **(b)** (*persona*) susceptible, quisquilloso

tic-tac-toe /ˌtɪk tæk ˈtəʊ/ (*USA*) (*GB* **noughts and crosses**) *n* tres en raya

tidal /ˈtaɪdl/ *adj* de (la) marea: *tidal rivers* ríos afectados por la marea ◊ *Is this lake tidal?* ¿Hay mareas en este lago?

tidal wave *n* **1** maremoto **2 ~ (of sth)** (*fig*) ola (de algo)

tidbit *n* (*USA*) *Ver* TITBIT

tiddly /ˈtɪdli/ *adj* **(-ier, -iest)** (*GB, coloq*) **1** achispado **2** (*muy pequeño*) diminuto

tide /taɪd/ *n* **1** marea: *The tide has turned.* Ha cambiado la marea. ◊ *to swim against the tide* nadar contra la corriente *Ver tb* EBB TIDE, HIGH TIDE, LOW TIDE **2** (*fig*) corriente **LOC** *Ver* STREAM
■ **tide** *v*
PHR V **to tide sb over (sth)** sacar a algn de apuros

tidings /ˈtaɪdɪŋz/ *n* [*pl*] (*antic* o *joc*) (*noticias*) nuevas

tidy /ˈtaɪdi/ *adj* (**-ier, -iest**) **1** ordenado: *a tidy mind* una mente organizada **2** (*apariencia*) pulcro, aseado **3** (*coloq*) (*cantidad*) considerable **LOC** *Ver* NEAT

■ **tidy** (*pret, pp* **tidied**) **1** *vt* ~ **sth** (**up**) arreglar, ordenar algo **2** *v refl* ~ **yourself** (**up**) arreglarse, asearse

PHR V **to tidy sth away** poner algo en su sitio

to tidy sth out ordenar algo

▶ **tidily** *adv* ordenadamente, pulcramente

tidiness *n* orden, pulcritud

tie /taɪ/ *n* **1** (*USA* **necktie**) corbata ☛ *Ver ilustración en* AMERICANA *Ver tb* BLACK TIE, BOW TIE, WHITE TIE **2** (*cordón, etc*) atadura **3** [*gen pl*] (*fig*) lazo, atadura: *family ties* lazos familiares **4** (*Dep*) empate *Ver tb* CUP-TIE **5** (*Mús*) ligadura ☛ *Ver ilustración en* NOTACIÓN **LOC** *Ver* OLD SCHOOL

■ **tie** *vt, vi* (*part pres* **tying** *pret, pp* **tied**) **1** atar(se) *Ver tb* TONGUE-TIED **2** (*corbata, etc*) anudar(se) **3** (*Dep*) empatar **4** (*Mús*) ligar ☛ *Ver ilustración en* NOTACIÓN

LOC **to be tied to sb's apron strings** estar pegado a las faldas de algn **to tie the knot** (*coloq*) pasar por la vicaría **to tie up loose ends** atar los cabos sueltos **to tie yourself into/(up) in knots** embarullarse, liarse *Ver tb* HAND[1]

PHR V **to tie sth back** (*pelo, cortinas*) recoger algo

to tie sb/yourself down (obligar a algn a) comprometerse: *to tie sb down to sth* obligar a algn a hacer algo ◊ *She was beginning to feel really tied down in the relationship.* Empezó a sentirse muy atada con la relación.

to tie sth down sujetar algo

to tie in (with sth) concordar (con algo)

to tie sb up 1 atar a algn **2** [*gen en pasiva*] ocupar a algn: *to be tied up* estar ocupado

to tie sth up 1 (*paquete, etc*) atar algo **2** (*capital*) inmovilizar algo **3** (*negocio, asunto*) concluir algo, arreglar algo **4** (*problema*) resolver algo **5** [*gen en pasiva*]: *It's all tied up with his ideas about progress.* Está todo vinculado con sus ideas sobre el progreso.

▶ **tied** *adj* (*casa, alojamiento*) destinado al trabajador que ocupa determinado puesto

tie-break /ˈtaɪ breɪk/ (*tb* **tie-breaker** /-ə(r)/) *n* **1** desempate **2** (*tenis*) muerte súbita

tie-in /ˈtaɪ ɪn/ *n* conexión, vinculación

tie-on /ˈtaɪ ɒn/ *adj* atable

tiepin /ˈtaɪpɪn/ (*USA* **stickpin, tie-tack**) *n* alfiler de corbata

tier /tɪə(r)/ *n* **1** grada, fila, piso: *a box in the first tier* un palco en el primer piso **2** (*grado*) nivel

▶ **tiered** *adj* en gradas: *a three-tiered cake* un pastel de tres pisos ◊ *a two-tiered system* un sistema de dos niveles

tie-up /ˈtaɪ ʌp/ *n* ~ (**with sth/sb**) vinculación, asociación (con algo/algn)

tiff /tɪf/ *n* riña: *a lovers' tiff* una pelea de amantes

tiger /ˈtaɪɡə(r)/ *n* tigre **LOC** *Ver* FIGHT

▶ **tigress** *n* tigresa

tight /taɪt/ *adj* (**-er, -est**) **1** apretado, ajustado: *My shoes are too tight.* Me aprietan los zapatos. ◊ *It's a tight fit.* Queda muy estrecho/ajustado. ◊ *to keep a tight hold of/on sth* seguir fuertemente agarrado a algo *Ver tb* SKIN-TIGHT **2** lleno: *a tight schedule* un programa apretado **3** reñido: *a tight finish* un final reñido **4** (*curva*) cerrado **5** (*control, disciplina, etc*) riguroso, estricto **6** (*estirado*) tirante **7** (*coloq*) borracho: *to get tight* emborracharse **8** (*Fin, dinero*) difícil de obtener, escaso **9** (*coloq*) tacaño *Ver tb* WATERTIGHT

LOC **a tight corner/spot** un aprieto **a tight squeeze**: *It was a tight squeeze in the car.* Íbamos muy apretados en el coche. **to keep a tight rein on sth/sb** controlar algo rigurosamente, atar corto a algn *Ver tb* BUDGET

■ **tight** *adv* (**-er**) bien, apretado, fuertemente: *Hold tight!* ¡Agárrate fuerte! ◊ *The bag was packed tight.* La bolsa estaba llena a reventar. **LOC** *Ver* SIT, SLEEP[2]

▶ **tighten** *vt, vi* ~ (**sth**) (**up**) **1** apretar(se): *to tighten (up) a screw* apretar un tornillo **2** (*cuerda*) estirar(se), apretar(se) **3** (*ley, etc*) reforzar(se)

LOC **to tighten the purse strings** apretarse el cinturón **to tighten your belt** apretarse el cinturón

PHR V **to tighten (sth) up** volverse/hacer (algo) más eficiente

to tighten up on sth/sb volverse más estricto (con algo/algn)

tightly *adv* bien, fuertemente, rigurosamente: *Hold me tightly.* Abrázame fuerte.

¿Tight o tightly? Después de un verbo, el adverbio **tight** se puede utilizar en vez de **tightly**, especialmente en inglés hablado: *Pull it tight(ly).* Tira hasta que quede apretado.
Por otro lado, solo **tightly** puede utilizarse delante de un participio: *Your seat belt must be tightly fastened./ Your seat belt must be fastened tight(ly).* Tienes que asegurar bien el cinturón de seguridad.

tightness *n* **1** (*Med*) tensión: *tightness in his chest* opresión en el pecho **2** (*persona*) tacañería **3** (*ropa, nudo, etc*) lo apretado **4** (*regla, control, etc*) rigurosidad **5** escasez

tight-fisted /ˌtaɪt ˈfɪstɪd/ *adj* tacaño, agarrado

tight-fitting /ˈtaɪt fɪtɪŋ/ *adj* (*hechura*) muy ajustado

tight-lipped /ˌtaɪt ˈlɪpt/ *adj* **1** con los labios tensos **2** (*silencioso*) callado

tightrope /ˈtaɪtrəʊp/ *n* cuerda floja: *tightrope walker* funámbulo/equilibrista

LOC **to tread/walk a tightrope** estar en la cuerda floja

tights /taɪts/ *n* [*pl*] **1** (*tb esp USA* **panty hose**) pantis, medias **2** (*para ballet, etc*) mallas, leotardos

tile /taɪl/ *n* **1** (*tejado*) teja ☛ *Ver ilustración en* BUNGALOW **2** (*pared*) azulejo, baldosa **3** (*suelo*) baldosa **4** (*en juegos*) ficha

LOC **(out) on the tiles** (*coloq*) de juerga

■ **tile** *vt* **1** (*tejado*) tejar **2** (*pared*) alicatar **3** (*suelo*) embaldosar

▶ **tiled** *adj* **1** (*tejado*) con tejas **2** (*suelo*) embaldosado **3** (*pared*) revestido de azulejos

till[1] *Ver* UNTIL

till[2] /tɪl/ *n* caja registradora **LOC** *Ver* FINGER

till[3] /tɪl/ *vt* labrar

▶ **tillage** *n* **1** labranza **2** tierra de labranza

tiller /ˈtɪlə(r)/ *n* caña del timón ☛ *Ver ilustración en* YACHT

tilt /tɪlt/ *vt, vi* inclinar(se), ladear(se)

PHR V **to tilt at sth/sb** (*lit* y *fig*) arremeter contra algo/algn

■ **tilt** *n* **1** inclinación, ladeo: *at/on a tilt* inclinado/ladeado **2** (*con lanza*) lanzada **LOC** *Ver* FULL

timber /ˈtɪmbə(r)/ *n* **1** [*incontable*] (*USA* **lumber**) madera: *timber-merchant* maderero ◊ *timber-yard* almacén de madera

Nótese que **timber** se utiliza para la madera preparada como material de construcción. En otros casos decimos **wood**.

2 [*incontable*] árboles (madereros) **3** [*contable*] **(a)** madero, viga **(b)** (*Náut*) cuaderna

▶ **timbered** *adj* enmaderado *Ver tb* HALF-TIMBERED

timber-framed /ˈtɪmbə(r) freɪmd/ (*tb* **timber-frame**) *adj*: *a timber-frame(d) house* una casa con la estructura de madera

time[1] /taɪm/ *n* **1** [*incontable*] tiempo: *It's a waste of time.* Es una pérdida de tiempo. ◊ *I'm pressed for time.* Ando escaso de tiempo. ◊ *You've been a long time!* ¡Has tardado mucho! ◊ *Time is up.* El tiempo se ha acabado. ◊ *in two hours time* dentro de dos horas ◊ *I'll do it if I have time.* Lo haré si tengo tiempo. **2** [*incontable*] (*según el reloj*) hora: *What time is it?/What's the time?* ¿Qué hora es? ◊ *It's time we were going/time for us to go.* Es hora de que nos vayamos. **3** [*incontable*] (*de trabajo*) jornada: *to be on short time* trabajar jornadas reducidas

4 (*instante*) momento: *by the time we reached home* para cuando llegamos a casa ◊ (*by*) *this time next year* para estas fechas el año que viene ◊ *at the present time* actualmente ◊ *This is not the time to…* Este no es el momento de… **5** vez, ocasión: *last time* la última vez ◊ *every time* cada vez ◊ *for the first time* por primera vez ◊ *I've told him a hundred times.* Se lo he dicho cien veces. **6** tiempo, época: *in ancient times* en tiempos antiguos ◊ *in my time* en mis tiempos ◊ *Times are hard.* Son tiempos difíciles. **7** [*incontable*] (*Mús*) compás, tiempo: *in three eight time* al compás de tres por ocho ◊ *in time to/with the music* al compás de la música ◊ *You're out of time with the beat.* Has perdido el ritmo. *Ver tb* ACCESS TIME, ALL-TIME, CENTRAL STANDARD TIME, CLOSING TIME, DAYLIGHT SAVING TIME, DAYTIME, DOUBLE TIME, FATHER TIME, FIRST-TIME, FULL-TIME, GREENWICH MEAN TIME, HALF-TIME, INJURY TIME, LIFETIME, LONG-TIME, LUNCHTIME, MEALTIME, NIGHT-TIME, OLD-TIME, ONE-TIME, PART-TIME, PEACETIME, PLAYTIME, QUESTION TIME, SMALL-TIME, SPARE TIME, SPRINGTIME, STANDARD TIME, SUMMERTIME, SUMMER TIME, TEATIME, TERM-TIME, WARTIME

LOC **about time**: *It's about time you got a job.* Ya es hora de que encuentres un trabajo. **after a time** después de un rato **against time** contra reloj **ahead of time** adelantado: *to arrive an hour ahead of time* llegar con una hora de adelanto **(all) in good time** (todo) a su tiempo **all the time** todo el tiempo **(and) about time (too)** (*coloq*) ya era hora **any time 1** cuando sea: *Come round any time (you want/like).* Puedes venir cuando quieras. **2** (*respondiendo a gracias*) encantado **3** nunca: *The government is more unpopular than at any time since the election.* El gobierno es menos popular que nunca desde las elecciones. **any time now** en cualquier momento, de un momento a otro **at all times** en todo momento **at a time**: *one at a time* uno por uno ◊ *two at a time* de dos en dos ◊ *a bit at a time* un poco cada vez ◊ *for months at a time* durante meses enteros **at my, your, etc time of life** a mi, tu, etc edad **at one time 1** en cierta época **2** a la vez **at the time** en aquel momento **at times** a veces **before your time**: *a bit before my time* un poco antes de mis tiempos **behind time** retrasado **for a time** (por) un momento, durante algún tiempo **for the time being** por el momento, de momento **from/since time immemorial** desde tiempos inmemoriales **from time to time** de vez en cuando **(how) time flies** el tiempo vuela **in good time** temprano, con tiempo **(in) half the time 1** *I could have done it in half the time.* Yo hubiera podido hacerlo en la mitad del tiempo. **2** *Half the time they don't know what they want.* La mitad de las veces no saben lo que quieren. **in (less than/next to) no time** en menos que canta un gallo **in time** con el tiempo **in time (for sth/to do sth)** a tiempo (para algo/para hacer algo) **in your own good time** cuando le venga bien a uno **in your own time** en el tiempo libre de uno **it's high/about time…** ya es hora de que… **many's the time (that)**; **many a time** muchas veces **nine times out of ten** el noventa y nueve por ciento de las veces **not before time** ya era hora **on time** a la hora **quite some time** bastante tiempo: *It happened quite some time ago.* Pasó hace bastante tiempo. ◊ *I might be quite some time.* Puede que tarde bastante. **(there is) no time like the present** (*refrán*) no hay mejor momento que el presente **the time is right** ha llegado el momento: *When the time is right, I'll know.* Cuando llegue el momento lo sabré. **the time is ripe for sth/sb to do sth** es el momento propicio para que algo/algn haga algo **the time of day** la hora **this time next week** de hoy en una semana **time after time**; **time and (time) again** una y otra vez **time (alone) will tell** el tiempo (lo) dirá **time and a half** (*horas extras*) 50% más de lo que se cobra normalmente **time presses** el tiempo apremia **time was (when)…** hubo un tiempo en que… **to be ahead of your time** anticiparse a su época **to be behind the times 1** ser un anticuado **2** estar anticuado **to do time** (*coloq*) estar a la sombra **to give sb/have a rough, hard, thin, etc time (of it)** (hacer a algn) pasarlas negras **to have a good time** pasarlo en grande **to have a lot of/no time for sth/sb** tener muy buena opinión de/no aguantar algo/a algn **to have the time of your life** pasarlo bomba **to have time on your hands/time to kill** tener tiempo de sobra **to have time on your side** tener la ventaja de que te queda tiempo **to keep time 1** (*reloj*): *to keep good/bad time* andar bien/mal **2** (*Mús*) llevar el compás **to keep up/move with the times** ir con los tiempos, mantenerse al día **to lose/waste no time (in doing sth)** no perder el tiempo (en hacer algo) **to make good, etc time** tardar poco, etc tiempo **to play for time** intentar ganar tiempo **to take your time (over sth/to do sth/doing sth) 1** tomarse uno el tiempo que necesite (para algo/hacer algo) **2** (*irón*) tardar mucho (en hacer algo): *You took your time getting here!* ¡Tardaste bastante en llegar! **until such time as…** hasta que… *Ver tb* BEAT, BEST, BIDE, BIG, BUY, DEVIL[1], EASY[1], FULLNESS, GAIN[2], HARD, KILL, LIVE[2], LONG[1], LOST[2], MARK[2], MATTER, NICK[1], NINETY, OLD, ONCE, PASS[2], RACE[2], RIGHT[1], ROUGH[2], ROYAL, SAME[1], SIGN[1], STITCH, SWEET[1], TELL, THIN, WATCH[1], WHALE

time² /taɪm/ *vt* **1** (*fijar la hora*) programar, prever: *Kick-off is timed for two thirty.* El saque inicial está previsto para las dos y media. **2 ~ sth + frase adverbial**: *to time sth well/badly* escoger el momento más oportuno/inoportuno para (hacer) algo **3** (*con cronómetro, etc*) medir el tiempo de, cronometrar *Ver tb* ILL-TIMED, TWO-TIME, WELL-TIMED

time bomb *n* bomba de relojería

time-consuming /ˈtaɪm kənsjuːmɪŋ/ *adj* que lleva demasiado tiempo

time-honoured (*USA* **-honored**) /ˈtaɪmɒnəd/ *adj* clásico, consagrado

timekeeper /ˈtaɪmkiːpə(r)/ *n* **1** (*aparato*) reloj, cronómetro: *a good/bad timekeeper* un reloj exacto/inexacto **2** (*persona*) cronometrador, -ora: *to be a good/bad timekeeper* ser/no ser puntual

▶ **timekeeping** *n* **1** cronometraje **2** (*fábrica*) control

time lag *n* intervalo, desfase

timeless /ˈtaɪmləs/ *adj* eterno, intemporal

▶ **timelessness** *n* eternidad

time limit *n* limitación de tiempo, plazo, (fecha) tope

timely /ˈtaɪmli/ *adj* (**-ier, -iest**) oportuno

▶ **timeliness** *n* oportunidad

timepiece /ˈtaɪmpiːs/ *n* (*formal*) reloj

timer /ˈtaɪmə(r)/ *n* **1** temporizador **2** reloj automático: *Set the oven timer for 20 minutes.* Pon el reloj del horno para que suene dentro de 20 minutos. *Ver tb* EGG-TIMER

time-saving /ˈtaɪm seɪvɪŋ/ *adj* (*aparato, etc*) que ahorra tiempo

timescale /ˈtaɪmskeɪl/ *n* escala de tiempo

time-share /ˈtaɪmʃeər/ *adj* (*apartamento*) de multipropiedad

time sheet *n* ficha de horas trabajadas

time signature *n* (*Mús*) compás ☛ *Ver ilustración en* NOTACIÓN

timetable /ˈtaɪmteɪbl/ (*tb esp USA* **schedule**) *n* **1** horario **2** programa, itinerario

time zone *n* huso horario

timid /ˈtɪmɪd/ *adj* tímido

▶ **timidity** *n* timidez

timidly *adv* tímidamente

timing /ˈtaɪmɪŋ/ *n* **1** momento escogido: *the timing of the announcement* el momento que se escogió para dar el anuncio ◊ *good/bad timing* momento oportuno/inoportuno **2** cronometraje

timorous /ˈtɪmərəs/ *adj* tímido, asustadizo

timpani /ˈtɪmpəni/ *n* [*v sing o pl*] tímpanos

tin /tɪn/ *n* **1(a)** estaño: *a tin mine* una mina de estaño

(b) hojalata **2** (*tb* **can, tin can**) (*recipiente*) lata: *a tin of tomatoes* una lata de tomates ☛ *Ver nota en* LATA
LOC *Ver* LID
■ **tin** (*tb* **can**) *vt* (**-nn-**) enlatar
▶ **tinned** (*tb* **canned**) *adj* en lata, de lata
tinny *adj* (**-ier, -iest**) **1** (*objeto metálico*) poco sólido, de pacotilla **2** (*sonido*) metálico
tincture /ˈtɪŋktʃə(r)/ *n* **1** tintura **2** (*fig*) tinte, matiz, traza
tinder /ˈtɪndə(r)/ *n* yesca
tinfoil /ˈtɪnfɔɪl/ *n* papel de estaño
tinge /tɪndʒ/ *n* ~ (**of sth**) tinte, matiz (de algo)
tinged /tɪndʒd/ *adj* ~ (**with sth**) teñido, matizado (de algo): *anger tinged with contempt* enfado matizado de desprecio
tingle /ˈtɪŋgl/ *vi* **1** *Her feet tingled.* Sentía hormigueo en los pies./Le hormigueaban los pies. **2** ~ **with sth** (*fig*) estremecerse de algo
■ **tingle** *n* **1** hormigueo **2** (*fig*) estremecimiento
tinker /ˈtɪŋkə(r)/ *n* **1** calderero **2** *to have a tinker at/with sth* hacer un apaño a algo
■ **tinker** *vi* ~ (**at/with sth**) **1** enredar (con algo) **2** (*dañar*) manosear, estropear (algo)
tinkle /ˈtɪŋkl/ **1** *n* **(a)** tintineo **(b)** (*GB, coloq, poco frec*): *to give sb a tinkle* echar una llamada a algn **2** *vt, vi* (hacer) tintinear
tinned *Ver tb* TIN
tinny *Ver* TIN
tin-opener /ˈtɪn əʊpnə(r)/ (*tb* **can-opener**) *n* abrelatas
tin plate *n* hojalata
tinsel /ˈtɪnsl/ *n* **1** espumillón **2** (*pey*) oropel, relumbrón
tint /tɪnt/ *n* **1** (*de colores*) matiz **2** (*fig*) tinte **3** (*en peluquería*) tinte
■ **tint** *vt* **1** teñir, matizar **2** (*fig*) teñir
tiny /ˈtaɪni/ *adj* (**tinier, tiniest**) pequeñito, diminuto, minúsculo **LOC** *Ver* PATTER
tip¹ /tɪp/ *n* **1** punta *Ver tb* FELT-TIP (PEN), FINGERTIP, WING-TIP **2** (*bastón*) contera **3** (*zapato*) puntera **4** (*cigarrillo*) boquilla, filtro
LOC (**to have sth**) **on the tip of your tongue** (tener algo) en la punta de la lengua **the tip of the iceberg** la punta del iceberg
■ **tipped** *adj*: *red petals tipped with white* pétalos rojos con las puntas blancas ◊ *filter-tipped cigarettes* cigarrillos con filtro
tip² /tɪp/ *vt, vi* (**-pp-**) **1 to tip** (**sth**) (**up**) inclinar(se): *to tip a chair backwards* inclinar una silla hacia atrás **2** tirar, verter: *No tipping.* Prohibido tirar basura. ◊ *to tip the water into/down the sink* verter el agua en el fregadero ◊ *It tipped me off balance.* Me hizo perder el equilibrio.
LOC to tip the balance/scale ser el factor decisivo **to tip the scales** (**against sb/in sb's favour**) inclinar la balanza (en contra/a favor de algn)
PHR V to tip (**sth**) **over** volcarse/volcar algo
■ **tip** *n* **1** vertedero, basurero **2** (*coloq, fig*) pocilga
▶ **tipper** /tɪpə(r)/ (*tb* **tipper lorry, tipper truck**) *n* volquete
tip³ /tɪp/ *vt* (**-pp-**) **1** tocar ligeramente **2** dar (una) propina: *to tip the driver five pounds* darle al conductor una propina de cinco libras **3** pronosticar: *He is being tipped to succeed the President.* Pronostican que será el sucesor del presidente.
LOC to tip sb the wink (*coloq*) darle el soplo a algn
PHR V to tip sb off (*coloq*) darle el chivatazo a algn, avisar a algn
■ **tip** *n* **1** propina: *to leave a tip* dejar propina **2** consejo (práctico) **3** (*en apuestas*) pronóstico *Ver tb* TIP-OFF
tip-off *n* chivatazo, soplo
tipper lorry (*tb* **tipper truck**) *n Ver* TIPPER *en* TIP²
Tipp-Ex® /ˈtɪp eks/ **1** *n* Tipp-Ex® **2** *vt* cubrir con Tipp-Ex®
tipple /ˈtɪpl/ *vi* beber
■ **tipple** *n* bebida (*alcohólica*): *What's your tipple?* ¿Qué quieres tomar?
tipster /ˈtɪpstə(r)/ *n* pronosticador, -ora
tipsy /ˈtɪpsi/ *adj* (**-ier, -iest**) achispado, alegre
tiptoe /ˈtɪptəʊ/ *n* **on** ~ de puntillas: *to walk/stand on tiptoe* caminar/ponerse de puntillas
■ **tiptoe** *vi* ir de puntillas: *to tiptoe in/out* entrar/salir de puntillas
tip-top /ˌtɪp ˈtɒp/ *adj* (*coloq*) de primera, excelente: *It was in tip-top condition.* Estaba en excelentes condiciones.
tip-up /ˈtɪp ʌp/ *adj* abatible
tirade /taɪˈreɪd/ *n* diatriba
tire¹ /ˈtaɪə(r)/ *vt, vi* **1** cansar(se) **2** ~ **of sth/sb/of doing sth** (*aburrirse*) cansarse, hartarse de algo/algn/de hacer algo
PHR V to tire sb/yourself out agotar a algn/agotarse
▶ **tireless** *adj* incansable
tirelessly *adv* incansablemente
tire² *n* (*USA*) *Ver* TYRE
tired /ˈtaɪəd/ *adj* **1** cansado: *dead tired* muerto de cansancio ◊ *to be/feel tired* estar/sentirse cansado ◊ *You look tired.* Pareces cansado. *Ver tb* DOG-TIRED **2** (*pey*) **(a)** (*tema*) trillado **(b)** (*cosa*) gastado
LOC tired out agotado, rendido **to be** (**sick and**) **tired of sth/sb/doing sth** estar harto de algo/algn/de hacer algo, estar hasta la coronilla de algo/algn/de hacer algo **to get/grow tired of sth/sb** hartarse de algo/algn
▶ **tiredness** *n* cansancio
tiresome /ˈtaɪəsəm/ *adj* **1** (*tarea*) fastidioso **2** (*persona*) pesado
tiring /ˈtaɪərɪŋ/ *adj* que cansa: *a tiring day* un día muy pesado
tissue /ˈtɪʃuː/ *n* **1** (*Biol, Bot*) tejido **2** pañuelo de papel **3** (*tb* **tissue-paper**) papel de seda **4 a** ~ **of sth** (*fig*) una sarta de algo: *His story is a tissue of lies.* Su historia es una sarta de mentiras.
tit¹ /tɪt/ *n* paro *Ver tb* BLUE TIT
tit² /tɪt/ *n*
LOC tit for tat ojo por ojo, diente por diente
tit³ /tɪt/ *n* (⚠) ☛ *Ver nota en* TABÚ (*coloq*) **1(a)** teta **(b)** pezón **2** (*GB*) gilipollas
LOC to get on sb's tits tocarle las pelotas a algn
titanic /taɪˈtænɪk/ *adj* titánico
titanium /tɪˈteɪniəm/ *n* titanio
titbit /ˈtɪtbɪt/ (*USA* **tidbit** /ˈtɪdbɪt/) *n* **1** golosina **2** ~ (**of sth**): *titbits of scandal* habladurías
tithe /taɪð/ *n* diezmo
titillate /ˈtɪtɪleɪt/ *vt, vi* excitar
titillating /ˈtɪtɪleɪtɪŋ/ *adj* excitante, excitador
title /ˈtaɪtl/ *n* **1(a)** título, nombre (*de un libro, etc*) **(b)** titular, cabecera **2(a)** título nobiliario **(b)** tratamiento **3** ~ (**to sth**) (*Jur*) derecho (a algo) **4** (*Dep*) título: *to hold the title* ser el campeón ◊ *the world heavyweight title* el título de pesos pesados del mundo
titled /ˈtaɪtld/ *adj* de título (*nobleza*)
title deed *n* [*gen pl*] título de la propiedad
title-holder /ˈtaɪtl həʊldə(r)/ *n* (*Dep*) campeón, -ona
title-page /ˈtaɪtl peɪdʒ/ *n* portada
title role *n* (*Cine, Teat*) papel principal (*que también es el título de la obra*)
titter /ˈtɪtə(r)/ *n* risa disimulada, risita
■ **titter** *vi* soltar una risita
tittle-tattle /ˈtɪtl tætl/ *n* habladurías
■ **tittle-tattle** *vi* chismorrear
titular /ˈtɪtjʊlə(r); *USA* -tʃʊ-/ *adj* (*formal*) nominal
tizzy /ˈtɪzi/ *n* (*coloq*) *be in/get in(to) a tizzy* aturrullarse ◊ *to send sb into a tizzy* poner a algn en un estado de nervios
T-junction /ˈtiː dʒʌŋkʃn/ *n* (*GB*) cruce en forma de T
TNT /ˌtiː en ˈtiː/ *abrev de* **trinitrotoluene** TNT

to¹ /tə, tʊ, tu:/ *prep* **1** (*dirección*) a: *I'm going to the shops.* Voy a las tiendas. ◊ *to travel from town to town* viajar de ciudad en ciudad ◊ *the road to Barcelona* la carretera de Barcelona ◊ *Pisa is to the west (of Florence).* Pisa está al oeste (de Florencia). **2** (*con objeto indirecto*) a: *He gave it to Bob.* Se lo dio a Bob. ◊ *Who did she send the book to?* ¿A quién le envió el libro? ◊ *What would you say to a cup of coffee?* ¿Te apetece tomar un café? **3** hacia: *Move to the left.* Muévete hacia la izquierda. ◊ *She sang her baby to sleep.* Durmió al niño cantando. **4** hasta: *Her dress reached down to her ankles.* El vestido le llegaba hasta los tobillos. ◊ *It's accurate to a second.* Es exacto hasta el segundo. ◊ *faithful to the end/last* leal hasta el final ◊ *from morning to night* de la mañana a la noche ◊ *from beginning to end* desde el principio hasta el final ◊ *from Monday to Friday* de lunes a viernes **5** (*tiempo*): *a quarter to six* las seis menos cuarto **6** (*pertenencia*) de: *the key to the door* la llave de la puerta ◊ *secretary to the director* secretaria del director ◊ *the words to a tune* la letra de una canción **7** (*comparación*) a: *I prefer walking to climbing.* Prefiero pasear a escalar. ◊ *We won by six goals to three.* Ganamos por seis goles a tres. ◊ *Compared to me, he's rich.* Comparado conmigo, él es rico. **8** contra: *odds of a hundred to one* una probabilidad de cien contra uno **9** en: *There are 100 pence to the pound.* Hay 100 peniques en una libra. **10** (*proporción*) por: *How many miles to the litre does it do?* ¿Cuántas millas hace por litro? **11** a: *three to four centimetres long* de tres a cuatro centímetros de largo ◊ *a hotel with about 40 to 50 bedrooms* un hotel con unas 40 ó 50 habitaciones ◊ *It lasts two to three hours.* Dura entre dos y tres horas. **12** (*proximidad*): *with an ear to the door* con una oreja en la puerta ◊ *nose to tail* en caravana **13** (*propósito*): *to go to sb's aid* ir en ayuda de algn ◊ *to come to sb's rescue* venir al rescate de algn **14** para: *Much to my surprise...* Para mi gran sorpresa... ◊ *To my shame, I forgot his birthday.* Para mi vergüenza, me olvidé de su cumpleaños. ◊ *How long is it to lunch?* ¿Cuánto falta para la comida? **15** (*opinión*) a, para: *This doesn't taste of anything to me.* A mí esto no me sabe a nada.

to² /tə, tʊ, tu:/ *prep*

La partícula **to** se pone delante de la forma simple de los verbos para formar el infinitivo en inglés (**to go, to be**, etc) y tiene varios usos:

1 (*el infinitivo como objeto del verbo*): *He wants to go.* Quiere ir. ◊ *She asked me to go.* Me pidió que fuera. **2** (*el infinitivo para expresar propósito o resultado*) para: *They came to help me.* Vinieron para ayudarme. ◊ *We make our goods to last.* Elaboramos nuestros productos para que duren. ◊ *I came to see you.* Vine para/a verte. **3** (*la partícula* **to** *en vez del infinitivo*): *I'd like to do it but I don't know how to.* Me gustaría hacerlo pero no sé cómo. ◊ *You don't have to go if you don't want to.* No tienes que ir si no quieres. ☛ Nótese que tenemos que utilizar la partícula **to** sin el verbo en vez de repetir un infinitivo que ya se ha mencionado. En español no se traduce. **4** (*otros usos del infinitivo*): *Would you like something to drink?* ¿Quieres tomar algo? ◊ *I've got a lot to do.* Tengo mucho que hacer. ◊ *She's not to be trusted.* No hay que fiarse de ella. ◊ *something to eat* algo de comer ◊ *He didn't know what to do.* No sabía qué hacer. ◊ *It's for you to decide.* Tienes que decidirlo tú. ☛ *Ver nota en* AND

to³ /tu:/ *adv* **1** (*cerrado*): *Push the door to.* Cierra la puerta. **2** (*Med*): *to come to* volver en sí

toad /təʊd/ *n* **1** sapo **2** *What a slimy toad your boss is!* ¡Cuidado que tu jefe es un bicho repulsivo!

toadstool /ˈtəʊdstu:l/ *n* seta venenosa

toady /ˈtəʊdi/ (*pey*) *n* pelotilla, lameculos

■ **toady** *vi* (*pret, pp* **toadied**): *to toady to sb* hacerle la pelota a algn

toast¹ /təʊst/ *n* [*incontable*] tostada: *to make some toast* hacer tostadas ◊ *a piece/slice of toast* una tostada ◊ *Put the toastrack on the table.* Pon la rejilla para las tostadas en la mesa. **LOC** *Ver* WARM¹

■ **toast** *vt* tostar: *a toasted sandwich* un sandwich a la plancha ◊ *to toast yourself/your feet in front of the fire* calentarse/calentarse los pies delante de la chimenea

▶ **toasty** *adj* calentito

toast² /təʊst/ *vt* brindar por

■ **toast** *n* brindis: *to drink a toast to sb* brindar por algn **LOC** *Ver* PROPOSE

toaster /ˈtəʊstə(r)/ *n* tostador, tostadora

tobacco /təˈbækəʊ/ *n* (*pl* **~s**) **1** tabaco **2** planta de tabaco

tobacconist /təˈbækənɪst/ *n* estanquero, -a: *tobacconist's* estanco ☛ *Ver nota en* ESTANCO

toboggan /təˈbɒgən/ *n* trineo

▶ **tobogganing** *n* actividad de ir en trineo

tod /tɒd/ *n*

LOC on your tod (*GB, coloq*) solo

today /təˈdeɪ/ *adv, n* **1** hoy: *a week (from) today/today week* de hoy en una semana ◊ *today's paper* el periódico de hoy ◊ *What day is it today?* ¿Qué día es hoy? ◊ *Today is the 6th.* Estamos a 6. ◊ *It was a year ago today that...* Hoy hace un año que... **2** hoy (en) día: *Women today no longer accept such treatment.* Las mujeres hoy (en) día ya no se dejan tratar así. **LOC** *Ver* WEEK

toddle /ˈtɒdl/ *vi* **1** hacer pinitos **2** (*coloq*) irse: *to toddle along/off* marcharse ◊ *to toddle round to see a friend* acercarse a ver a un amigo

toddler /ˈtɒdlə(r)/ *n* niño pequeño (*que está en edad de andar*)

toddy /ˈtɒdi/ *n* ponche

to-do /təˈdu:/ *n* (*coloq*) (*pl* **to-dos**) follón: *to make a great to-do about sth* armar un follón por algo

toe /təʊ/ *n* (*pl* **~s**) **1** dedo del pie ☛ *Ver ilustración en* PIE **2** (*zapato, calcetín*) puntera ☛ *Ver ilustración en* ZAPATO

LOC on your toes: *to keep sb on his toes* mantener a algn alerta ◊ *to keep on your toes* estar alerta *Ver tb* HEAD¹, TOP¹, TREAD

■ **toe** *vt* (*pret, pp* **toed** *part pres* **toeing**)

LOC to toe the (party) line; *USA tb* **toe the mark** conformarse

toehold /ˈtəʊhəʊld/ *n* punto de apoyo (*para el pie*): *The firm gained a toehold in the European market.* La compañía consiguió meterse en el mercado europeo.

toenail /ˈtəʊneɪl/ *n* uña del pie ☛ *Ver ilustración en* PIE *Ver tb* INGROWING TOENAIL

toff /tɒf/ *n* (*GB, antic, argot*) persona encopetada

toffee /ˈtɒfi; *USA* ˈtɔ:fi/ *n* toffee

LOC not to be able to do sth for toffee (*coloq*) ser malísimo haciendo algo: *She can't sing for toffee!* ¡Canta fatal!

toffee apple *n* (*GB*) manzana acaramelada

toffee-nosed *adj* (*GB, argot*) engreído, estirado

tofu /ˈtəʊfu:/ *n* tofu

tog /tɒg/ *v* (**-gg-**)

PHR V to tog yourself out/up (in sth) (*coloq*) ataviarse/emperejilarse (con algo)

▶ **togs** *n* [*pl*] (*coloq*) ropa

toga /ˈtəʊgə/ *n* toga

together /təˈgeðə(r)/ *adv* **1** juntos, juntas: *I hear they're living together.* He oído que viven juntos. ◊ *We're in this together.* Todos estamos metidos en esto. ◊ *We need to join together.* Tenemos que unirnos. **2** (*en contacto o unidos*): *to glue two boards together* pegar dos tablas ◊ *She rubbed her hands together.* Se frotó las manos. ◊ *to bring the two sides in a dispute closer together* acercar los dos lados de una disputa ◊ *They belong together.* Son el uno para el otro. **3** a la vez **4** sin interrupción: *for three days together* durante tres días seguidos *Ver tb* GET-TOGETHER

LOC to get sth/it together (*coloq*) organizar algo/organizarse **to pull yourself together** dominarse/sobreponerse **to put sth together** montar algo **together with** junto con *Ver tb* ACT, ADD, BAND, BIRD, BODY, CLOSE[1], COUNSEL, HAND[1], HEAD[1], HOUSE, KNOCK[1], TWO

■ **together** *adj* (*argot*) organizado, capaz

▶ **togetherness** *n* unidad, armonía

toggle /ˈtɒgl/ *n* muletilla

toil /tɔɪl/ *vi* (*formal, ret*) **1 ~ away (at/over sth)** trabajar duro (haciendo algo) **2** moverse despacio: *The bus toiled up the hill.* El autobús subió trabajosamente la cuesta. ◊ *We toiled on.* Seguimos avanzando con dificultad.

■ **toil** *n* (*formal, ret*) trabajo duro, esfuerzo

toilet /ˈtɔɪlət/ *n* **1** wáter, retrete: *the toilet seat* el asiento del wáter **2** (*en una casa*) lavabo, cuarto de baño: *I need to go to the toilet.* Necesito ir al baño. **3 the toilets** (*USA* **restroom**) (*en un lugar público*) los aseos, los servicios

En inglés británico se dice **toilet** o **loo** (*coloq*) para referirnos al aseo de las casas particulares (**lavatory** y **WC** han caído en desuso). **The Gents**, **the Ladies**, **the toilets**, **the cloakroom** o **public conveniences** se emplean para hablar de los servicios en lugares públicos.

En inglés americano se dice **lavatory**, **toilet** o **bathroom** si es en una casa particular, y **washroom** o **restroom** en edificios públicos.

▶ **toiletries** *n* [*pl*] productos de tocador

toilet bag *n* neceser

toilet paper *n* papel higiénico

toilet roll *n* rollo de papel higiénico ☛ *Ver ilustración en* ROLLO

toilet-train /ˈtɔɪlɪt treɪn/ *vt* (*niño*) enseñar a pedir para ir al wáter

toilet water *n* (agua de) colonia

toing /ˈtuːɪŋ/ *n*

LOC toing and froing ir y venir

token /ˈtəʊkən/ *n* **1** señal: *a small token of my gratitude* una pequeña muestra de mi agradecimiento **2** (*para el teléfono, etc*) ficha **3** vale: *a £15 book/record token* un vale de 15 libras para comprar libros/discos *Ver tb* GIFT TOKEN

LOC in token of sth en señal de algo *Ver tb* SAME[1]

■ **token** *adj* simbólico: *a token payment* un pago simbólico ◊ *the token woman on the committee* la mujer que pusieron en el comité para salvar las apariencias

told *pret, pp de* TELL

tolerate /ˈtɒləreɪt/ *vt* **1** tolerar, soportar **2** resistir, aguantar

▶ **tolerable** *adj* **1** tolerable, soportable **2** (*comida*) regular

tolerably *adv* de forma tolerable, bastante, medianamente

tolerance *n* tolerancia: *racial tolerance* tolerancia racial

tolerant *adj* **~ (of/towards sth/sb)** tolerante (con algo/algn)

tolerantly *adv* con tolerancia

toleration *n* (*formal*) tolerancia

toll[1] /təʊl/ *n* **1** peaje **2** costo, daño *Ver tb* DEATH TOLL

LOC to take a heavy toll/take its toll (of sth) cobrarse su saldo (de algo): *Drunken driving takes its toll.* El alcohol se cobra sus víctimas en las carreteras.

toll[2] /təʊl/ *vt, vi* **~ (for sth/sb)** (*campana*) doblar, tocar (por algo/algn)

■ **toll** *n* [*sing*] tañido, doblar

toll bridge *n* puente de peaje

Tom /tɒm/ *n*

LOC (any/every) Tom, Dick and Harry (cualquier) fulano, mengano y zutano

tom /tɒm/ *n Ver* TOM-CAT

tomahawk /ˈtɒməhɔːk/ *n* tomahawk

tomato /təˈmɑːtəʊ; *USA* təˈmeɪtəʊ/ *n* (*pl* **~es**) tomate: *tomato puree* puré de tomate concentrado ◊ *tomato plants* tomateras ◊ *tomato ketchup* catchup *Ver tb* CHERRY TOMATO

tomb /tuːm/ *n* tumba

tombola /tɒmˈbəʊlə/ *n* (*GB*) tómbola

tomboy /ˈtɒmbɔɪ/ *n* niña a la que le gustan los juegos típicamente considerados “de niños”

tombstone /ˈtuːmstəʊn/ *n* lápida (sepulcral)

tom-cat /ˈtɒm kæt/ (*tb* **tom**) *n* gato (macho) ☛ *Ver nota en* GATO

tome /təʊm/ *n* librote, mamotreto

tomfoolery /tɒmˈfuːləri/ *n* (*poco frec*) payasadas

tommy-gun /ˈtɒmi gʌn/ *n* ametralladora ligera

tomorrow /təˈmɒrəʊ/ *n, adv* mañana: *tomorrow morning* mañana por la mañana ◊ *tomorrow week* dentro de ocho días ☛ *Ver nota en* MORNING **LOC** *Ver* DAY, WEEK

tom-tom /ˈtɒm tɒm/ *n* tam-tam

ton /tʌn/ *n* **1** (*peso*) tonelada: *It weighs a ton.* Pesa una tonelada. ◊ *a metric ton* una tonelada métrica

Nótese que la medida de masa **ton** representa 2.240 libras en Gran Bretaña (**long ton**, *abrev* **t**) y 2.000 libras en los Estados Unidos (**short ton**, *abrev* **tn**). Para referirnos a una tonelada métrica (1.000 kilos) decimos **tonne**. ☛ *Ver apéndice 3.*

2 (*capacidad*) tonelada (cúbica) **3 tons (of sth)** [*pl*] (*coloq*) montones (de algo): *They've got tons of money.* Tienen montones de dinero.

LOC (to come down on sb) like a ton of bricks (*coloq*) (criticar o castigar a algn) con gran dureza: *His father came down on him like a ton of bricks.* Su padre le echó una bronca tremenda. *Ver tb* WEIGH

tonal /ˈtəʊnl/ *adj* tonal

▶ **tonality** /təʊˈnæləti/ *n* tonalidad

tone[1] /təʊn/ *n* **1** tono: *Don't speak to me in that tone (of voice).* No me hables en ese tono. ◊ *to lower/raise the tone of sth* bajar/subir el tono de algo ◊ *good muscular tone* buen tono muscular ◊ *the ringing tone* el tono de llamada ◊ *the dialling tone* la señal de que hay línea *Ver tb* HALF TONE, MONOTONE, SEMITONE **2** (*luz, color*) tonalidad: *two-tone design* diseño en dos tonalidades

▶ **toneless** *adj* apagado, monótono

tonelessly *adv* en tono apagado

tone[2] /təʊn/ *vt* matizar, entonar

PHR V to tone sth down bajar el tono de algo, suavizar el tono de algo, moderar algo

to tone in (with sth) entonar (con algo), armonizar (con algo)

▶ **toner** *n* **1** (*cutis*) tónico, loción tonificante **2(a)** (*Fot*) virador **(b)** (*fotocopiadora*) tóner **3** (*ejercicio, máquina*) tonificador: *tummy toner* tonificador de los músculos de la barriga

tone-deaf *adj* que no tiene (buen) oído

tone language *n* idioma en el que el significado de una palabra depende del tono con el que se pronuncia

toner /ˈtəʊnə(r)/ *n* **1** (*para la piel*) tónico **2** (*fotocopiadora*) tóner

tongs /tɒŋz/ *n* [*pl*] tenazas, tenacillas: *a pair of tongs* unas tenazas **LOC** *Ver* HAMMER[1]

tongue /tʌŋ/ *n* **1** (*Anat*) lengua ☛ *Ver ilustración en* DIENTE, THROAT **2** (*formal* o *ret*) lengua, idioma: *to speak in tongues* hablar en lenguas desconocidas *Ver tb* MOTHER TONGUE **3** (*zapato*) lengüeta ☛ *Ver ilustración en* ZAPATO

LOC to get your tongue round/around sth conseguir pronunciar algo difícil **to put/stick your tongue out** sacar la lengua **tongues are wagging** (*coloq*) hay cotilleos: *You've really set tongues wagging.* Has dado mucho que hablar. **with your tongue hanging out 1** muerto de sed **2** con la lengua fuera **with (your)**

tongue in (your) cheek medio en broma *Ver tb* BITE[1], CAT, EVIL, FORKED, LOOSEN, LOSE, SLIP, SWALLOW[1], TIP[1]

tongue-tied /ˈtʌŋ taɪd/ *adj* (*con la lengua trabada*) cohibido, tímido: *She became hopelessly tongue-tied.* Se quedó cortadísima.

tongue-twister /ˈtʌŋ twɪstə(r)/ *n* trabalenguas

tonic /ˈtɒnɪk/ *n* **1** tónico **2** (*tb* **tonic water**) (agua) tónica: *a gin and tonic* un gin tonic **3** (*Mús*) tónica

tonight /təˈnaɪt/ *n, adv* esta noche: *tonight's match* el partido de esta noche

tonnage /ˈtʌnɪdʒ/ *n* tonelaje

tonne /tʌn/ *n* (*abrev* **t**) tonelada métrica (*1.000 kilos*) ☛ *Ver nota en* TON

tonsil /ˈtɒnsl/ *n* amígdala: *to have your tonsils out* operarse de anginas ☛ *Ver ilustración en* THROAT

▶ **tonsillitis** /ˌtɒnsəˈlaɪtɪs/ *n* [*incontable*] amigdalitis, anginas

too /tuː/ *adv* **1** también: *I've been to Paris too.* Yo también he estado en París. ☛ *Ver nota en* TAMBIÉN **2** demasiado: *to drive too fast* conducir demasiado deprisa ◊ *These shoes are too small for me.* Estos zapatos me resultan demasiado pequeños. ☛ *Ver nota en* ENOUGH *adv* **3** para colmo, encima: *I've lost an earring. It was an expensive one too.* He perdido un pendiente y encima era caro. **4** muy: *I'm not too sure.* No estoy muy segura. ◊ *Too true!* ¡Y además de verdad!

LOC **to be too clever, sentimental, etc by half** pasarse de listo, de sentimental, etc **to be too much for sb** ser demasiado para algn **too bad 1** una pena: *It's too bad you can't come.* Es una pena que no puedas venir. **2 too bad!** ¡peor para ti! **too many** demasiados: *Don't eat too many sweets.* No comas demasiados caramelos. ◊ *There are too many of you.* Sois demasiados. ◊ *We've got three too many.* Nos sobran tres. **too much** demasiado: *Don't eat too much.* No comas demasiado. ◊ *I have too much work to do.* Tengo demasiado trabajo.

took *pret de* TAKE[1]

tool /tuːl/ *n* **1** herramienta: *tool box* caja de herramientas ◊ *tool kit* juego de herramientas ◊ *the tools of your trade* tus herramientas de trabajo ◊ *a tool shed* una caseta para las herramientas *Ver tb* MACHINE TOOL **2** (*fig*) instrumento **3** (*coloq, argot*) cipote **LOC** *Ver* DOWN[3], WORKMAN

toot /tuːt/ *n* pitido, bocinazo

■ **toot** *vt, vi* pitar: *to toot your horn* hacer sonar la bocina

tooth /tuːθ/ *n* (*pl* **teeth** /tiːθ/) **1** diente: *to have a tooth out* sacarse un diente ◊ *to brush/clean your teeth* lavarse los dientes ☛ *Ver ilustración en* DIENTE *Ver tb* BUCK-TOOTH, EYE-TOOTH, WISDOM TOOTH **2** (*de peine*) púa *Ver tb* FINE-TOOTH COMB

LOC **in the teeth of sth 1** contra algo (*viento, etc*) **2** a pesar de algo (*oposición, etc*) **to cut your teeth on sth** ganar experiencia con algo **to fight, etc, tooth and nail** pelear, etc con uñas y dientes **to get your teeth into sth** hincarle el diente a algo **to set sb's teeth on edge** dar dentera a algn *Ver tb* ARMED, BARE, BIT[2], EYE[1], FED UP, FIGHT, GNASH, GRIT, KICK[2], LIE[1], LONG[1], SKIN, SWEET[1]

▶ **toothed** *adj* dentado

toothy *adj* dentón: *He gave me a toothy grin.* Me sonrió enseñándome todos los dientes.

toothless *adj* sin dientes: *a toothless grin* una sonrisa desdentada

toothache /ˈtuːθeɪk/ *n* dolor de muelas

toothbrush /ˈtuːθbrʌʃ/ *n* cepillo de dientes ☛ *Ver ilustración en* CEPILLO

toothpaste /ˈtuːθpeɪst/ *n* pasta de dientes

toothpick /ˈtuːθpɪk/ *n* mondadientes, palillo

top[1] /tɒp/ *n* **1** lo más alto, la parte de arriba: *at the top of the building/stairs* en lo más alto del edificio/de la escalera ◊ *the top of the page* la cabecera de la página ◊ *to look at sb over the top of your glasses* mirar a algn por encima de las gafas ◊ *It hit me on the top of my head.* Me dio en la cabeza. ☛ *Ver ilustración en* FOREGROUND **2** (*de colina, etc, lit* y *fig*) cumbre: *at the top of her profession* en la cumbre de su profesión ◊ *life at the top* la vida en la cumbre ◊ *She's worked her way to the top.* Ha llegado hasta arriba trabajando. **3** (*posición más importante*) cabeza: *the top of the table* la cabecera de la mesa ◊ *top of the league* la cabeza de la liga ◊ *Her name is at the top of the list.* Es la primera de la lista. ◊ *He was top of his class in maths.* Sacó la mejor nota de la clase en matemáticas. **4** (*de la calle*) final **5** (*parte superior*): *The oil floated to the top.* El aceite subió a la superficie. ◊ *the table top* el tablero de la mesa **6** tapón, tapa: *a screw top* tapón de rosca **7** (*USA*) (*de coche*) capota **8** prenda de vestir que se lleva en la parte superior del cuerpo: *a bikini top* la parte de arriba del biquini ◊ *I've got loads of skirts but not many tops.* Tengo muchas faldas pero no muchas partes de arriba. **9** (*tb* **top gear**) directa (*velocidad en un coche*) *Ver tb* BIG TOP, CLIFFTOP, DESKTOP, HILLTOP, HOUSETOPS, OVER THE TOP, ROLL-TOP, ROOFTOP, TREETOP, WORKTOP

LOC **at the top of your voice** a voz en grito: *They were shouting at the top(s) of their voices.* Estaban llamando a voz en grito. **from top to bottom** de arriba abajo **from top to toe** de la cabeza a los pies **off the top of your head** (*coloq*) sin pensarlo: *I can't tell you off the top of my head.* No puedo decírtelo sin pensarlo. **on top** (por) encima: *a cake with cream on top* un bizcocho con nata encima **on top of sth/sb 1** sobre algo/algn: *The building collapsed on top of them.* El edificio cayó sobre ellos. **2** además de algo/algn: *It's just one thing on top of another.* Es una cosa tras otra. ◊ *And on top of all that…* Y para colmo… **(the) top brass** (*argot*) los jerifaltes **the tops** (*coloq*) fenomenal **to be, feel, etc, on top of the world** estar en el séptimo cielo **to be, go, etc, over the top** (*coloq*) pasarse **to be on top (of sth)** dominar (algo) **to be top dog** (*argot*) mandar en el cotarro **to get on top of sb** poder con algn: *Problems at work got on top of him.* Los problemas en el trabajo pudieron con él. **top of the class** el primero de la clase *Ver tb* BLOW

■ **top** *adj* **1** (*lit* y *fig*) superior: *a top floor flat* un piso en la última planta ◊ *top quality* calidad suprema ◊ *on the top shelf* en el estante de arriba ◊ *the top jobs* los mejores empleos ◊ *a top British scientist* un científico británico de primera fila ◊ *the top end of the market* el sector más caro, con mayor poder adquisitivo, etc del mercado **2** máximo: *to travel at top speed* viajar a la máxima velocidad ◊ *a top-security prison* una prisión de máxima seguridad

■ **top (-pp-) 1** *vt* rematar: *ice cream topped with chocolate sauce* helado coronado con chocolate líquido **2** *vt* **(a)** superar: *Exports topped the £80 million mark.* Las exportaciones superaron los 80 millones de libras. **(b)** ser primero en: *a chart-topping record* un disco primero en la lista de éxitos **3** *vt* llegar a la cima de **4** *v refl* **to top yourself** (*argot*) matarse (*suicidio*)

LOC **(and) to top it all…** y para acabarla de rematar… **to top and tail beans, etc** quitar las puntas a las alubias, etc **to top the bill** encabezar el cartel

PHR V **to top (sth) up** rellenar (algo): *to top up with petrol* rellenar de gasolina ◊ *Let me top you up.* Deja que te rellene el vaso.

top[2] /tɒp/ *n* peonza **LOC** *Ver* SLEEP[2]

topaz /ˈtəʊpæz/ *n* topacio

top-class /ˌtɒp ˈklɑːs; *USA* -ˈklæs/ *adj* de primera

top flight 1 *n* primera categoría **2** *adj* de primera categoría

top gear *n* directa (*velocidad en un coche*)

top hat (*tb* **topper**) *n* chistera: *top hat and tails* frac y chistera ☛ *Ver ilustración en* SOMBRERO

top-heavy /ˌtɒp ˈhevi/ *adj* demasiado pesado por arriba

topic /ˈtɒpɪk/ *n* tema: *a topic of conversation* un tema de conversación
▶ **topical** *adj* actual: *topical issues* temas de actualidad **topicality** *n* actualidad

topless /ˈtɒpləs/ *adj* topless

top-level /ˌtɒp ˈlevl/ *adj* de alto nivel, de alta categoría

top management *n* dirección ejecutiva

topmost /ˈtɒpməʊst/ *adj* [*antes de sustantivo*] más alto: *on the topmost shelf* en el estante más alto

top-notch /ˌtɒp ˈnɒtʃ/ *adj* (*coloq*) de primerísima categoría

top-of-the-range *adj* de lujo

topography /təˈpɒgrəfi/ *n* topografía
▶ **topographical** /ˌtɒpəˈgræfɪkl/ *adj* topográfico **topographically** *adv* topográficamente

topper /ˈtɒpə(r)/ *n* (*coloq*) *Ver* TOP HAT

topping /ˈtɒpɪŋ/ *n* **1** (*helado, pastel*) salsa: *ice cream with a chocolate topping* helado con una capa de chocolate **2** (*pizza*) ingrediente

topple /ˈtɒpl/ ~ (**over**) **1** *vt* volcar, derribar **2** *vi* **(a)** volcarse, perder el equilibrio **(b)** (*fig*) venirse abajo

top-ranking /ˌtɒp ˈræŋkɪŋ/ *adj* de gran categoría, de alto rango

tops /tɒps/ *n* [*pl*] **the tops** (*coloq*) lo mejor

top secret *adj* de alto secreto: *top secret information* información de alto secreto ◊ *It's top secret.* Es de alto secreto.

topside /ˈtɒpsaɪd/ *n* (*GB*) tapa (*carne*)

topsoil /ˈtɒpsɔɪl/ *n* capa superior de la tierra

topsy-turvy /ˌtɒpsi ˈtɜːvi/ *adv* patas arriba
■ **topsy-turvy** *adj* embarullado

the top ten/twenty/forty *n* los diez/veinte/cuarenta discos más vendidos

top-up /ˈtɒp ʌp/ *n* **1** *Who's ready for a top-up?* ¿Quién quiere que le rellene (el vaso)? **2** [*antes de sustantivo*] (*Fin*): *a top-up loan* un crédito para complementar uno anterior ◊ *top-up insurance* seguro extra

tor /tɔː(r)/ *n* colina abrupta y rocosa

torch /tɔːtʃ/ *n* **1** (*USA* **flashlight**) linterna **2** (*USA*) (*tb* **blowtorch**) soplete **3** antorcha LOC *Ver* CARRY
▶ **torchlight** *n* [*incontable*]: *by torchlight* a la luz de las antorchas ◊ *a torchlight procession* un desfile con antorchas

tore *pret de* TEAR[2]

toreador /ˈtɒriədɔː(r); *USA* ˈtɔːr-/ *n* torero, rejoneador

torment[1] /ˈtɔːment/ *n* tormento: *to be in torment* estar atormentado

torment[2] /tɔːˈment/ *vt* **1** atormentar **2** fastidiar
▶ **tormentor** /tɔːˈmentə(r)/ *n* atormentador, -ora

torn *pp de* TEAR[2] *Ver tb* WAR-TORN

tornado /tɔːˈneɪdəʊ/ *n* (*pl* **~es**) tornado

torpedo /tɔːˈpiːdəʊ/ *n* (*pl* **~es**) torpedo
■ **torpedo** *vt* (*pret, pp* **torpedoed** *part pres* **torpedoing**) (*lit* y *fig*) torpedear

torpid /ˈtɔːpɪd/ *adj* (*formal*) **1** aletargado **2** apático

torpor /ˈtɔːpə(r)/ *n* (*formal*) aletargamiento: *to sink into torpor* sumirse en el aletargamiento

torque /tɔːk/ *n* torsión

torrent /ˈtɒrənt; *USA* ˈtɔːr-/ *n* torrente: *a torrent of abuse* una lluvia de insultos
▶ **torrential** /təˈrenʃl/ *adj* torrencial

torrid /ˈtɒrɪd; *USA* ˈtɔːr-/ *adj* tórrido

torsion /ˈtɔːʃn/ *n* torsión

torso /ˈtɔːsəʊ/ *n* (*pl* **~s**) torso

tort /tɔːt/ *n* (*Jur*) agravio: *tort claims* reclamaciones por daños

tortoise /ˈtɔːtəs/ *n* tortuga (*de tierra*) ☛ *Ver ilustración en* TORTUGA

tortoiseshell /ˈtɔːtəʃel/ *n* carey, concha
■ **tortoiseshell** *adj* de (color) carey: *a tortoiseshell cat* un gato con manchas marrones, negras y blancas

tortuous /ˈtɔːtʃuəs/ *adj* **1** tortuoso **2** (*fig*) retorcido

torture /ˈtɔːtʃə(r)/ *n* **1** [*incontable*] tortura **2** (*fig*) tormento: *This tooth of mine is sheer torture!* ¡Esta muela es un tormento!
■ **torture** *vt* **1** torturar **2** (*fig*) atormentar
▶ **torturer** /ˈtɔːtʃərə(r)/ *n* torturador, -ora

Tory /ˈtɔːri/ *n* (*pl* **-ies**) *adj* conservador, -ora: *the Tory Party* el Partido Conservador

toss /tɒs; *USA* tɔːs/ **1** *vt* **(a)** ~ **sth** (**to sb**) tirar, echar algo (a algn): *to toss sth aside/away/out* echar algo a un lado/dejar algo de lado **(b)** (*torero*) tirar de una cornada **2** *vt* (*cabeza, etc*) sacudir **3** *vi* agitarse: *to toss and turn in bed* dar vueltas en la cama **4** *vt* (*ensalada*) revolver, mover **5** *vt* (*tortita, etc*) darle la vuelta (*en el aire*) **6** *vt, vi* ~ (**up**) (**sth**); ~ (**sb**) **for sth** jugarse algo a cara o cruz (con algn): *There's only one pillow – I'll toss you for it.* No hay más que una almohada. Te la juego a cara o cruz. LOC *Ver* COIN
PHR V **to toss sth off 1** (*bebida*) apurar algo **2** (*artículo, etc*) escribir algo (*deprisa y corriendo*)
to toss (**yourself**) **off** (*GB*, ⚠) ☛ *Ver nota en* TABÚ (*argot*) masturbarse
■ **toss** *n* **1** (*de la cabeza*) movimiento brusco, sacudida **2** (*moneda*) tirada, echada
LOC **not to give a toss** (**about sth/sb**) (*argot*) importarle (algo/algn) un bledo a algn (**to decide, etc**) **on/by the toss of a coin** (decidir, etc) a cara o cruz **to win/lose the toss** ganar/perder al echar la moneda al principio de un partido *Ver tb* ARGUE

toss-up /ˈtɒs ʌp/ *n* (*coloq*) *to have a toss-up* echarlo a cara o cruz ◊ *It's a toss-up between going to the cinema or getting a video.* Podemos hacer dos cosas: ir al cine o ver un vídeo.

tot[1] /tɒt/ *n* **1** nene, -a **2** traguito

tot[2] /tɒt/ *v* (**-tt-**)
PHR V **to tot** (**sth**) **up** (*coloq*) sumar
to tot up to sth (*coloq*) ascender a algo

total /ˈtəʊtl/ *adj* [*antes de sustantivo*] total
■ **total** *n* total: *What does the total come to?* ¿A cúanto asciende el total? ◊ *the grand total* el importe total *Ver tb* GRAND TOTAL
LOC **in total** en total
■ **total** *vt* (**-ll-**, *USA tb* **-l-**) **1** ~ (**up**) sumar: *When you total up all her expenses…* Cuando sumas todos sus gastos… **2** ascender a
▶ **totally** *adv* totalmente

totalitarian /təʊˌtæləˈteəriən/ *adj* totalitario
▶ **totalitarianism** *n* totalitarismo

totality /təʊˈtæləti/ *n* totalidad

totem /ˈtəʊtəm/ *n* tótem

totem pole *n* tótem

totter /ˈtɒtə(r)/ *vi* **1** titubear **2** tambalearse: *The country is tottering on the brink of war.* El país se tambalea al borde de la guerra.
▶ **tottery** /ˈtɒtəri/ *adj* vacilante

toucan /ˈtuːkæn, -kən; *USA* tʊˈkɑːn/ *n* tucán

touch[1] /tʌtʃ/ **1** *vt* tocar: *Don't touch that dish – it's very hot!* ¡No toques ese plato, está que arde! ◊ *Don't let the children touch my papers!* ¡Que no me toquen los niños los papeles! **2** *vt, vi* rozar(se): *One of the branches was just touching the water.* Una de las ramas apenas rozaba el agua. ◊ *The speedometer was touching 100 mph.* El cuentakilómetros rozaba los 160. **3** *vt* probar: *You've hardly touched your steak.* Apenas si has probado el filete. **4** *vt* **(a)** ~ **sth/sb** (**with sth**) conmover algo/a algn (con algo) **(b)** ~ **sth/sb** (**on sth**) herir algo/a algn (en algo): *You've touched me on a tender spot.* Me has tocado en lo más vivo. **5** *vt* igualar
LOC **to touch bottom** tocar fondo **to touch sb on the raw** herir a algn en lo más vivo **to touch the right chord** dar en el clavo **touch wood** (*refrán*) toca madera *Ver tb* FORELOCK, NERVE, ROCK-BOTTOM
PHR V **to touch at sth** hacer escala (*barco*)
to touch down 1 aterrizar **2** (*Dep*) poner en tierra

to touch sb for sth (*argot*) dar un sablazo a algn de algo
to touch sth off 1 hacer estallar **2** (*fig*) provocar algo
to touch on/upon sth hablar de pasada de algo
to touch sb up (*argot*) sobar a algn
to touch sth up retocar

touch² /tʌtʃ/ *n* **1** toque: *to put the finishing touches to a piece of work* dar el toque final a un trabajo ◊ *His work lacks that professional touch.* A su trabajo le falta el toque profesional. **2** tacto: *soft to the touch* suave al tacto ◊ *by touch* al tacto **3 a ~ (of sth)** una pizca, un poquito (de algo): *a touch more garlic/paprika* una pizca más de ajo/pimentón ◊ *I've got a touch of flu.* Tengo un poco de gripe. **4** maña: *This is his fifth girlfriend in a month. He hasn't lost his touch!* Esta es la quinta chica del mes.¡Se ve que no ha perdido la maña! **5** (*Dep*) fuera de juego
LOC **an easy/a soft touch** (*argot*) un blando **at a touch** al menor roce **a touch** un tanto: *It's a touch colder today.* Hoy hace algo más fresco. **in/out of touch (with sb)** en/fuera de contacto (con algn): *Let's keep in touch.* Tenemos que seguirnos tratando. ◊ *Do get in touch soon.* Ponte pronto en contacto. **in/out of touch with sth** estar/no estar al corriente de algo *Ver tb* COMMON¹, LOSE

touch-and-go /ˌtʌtʃ ən ˈɡəʊ/ *adj* (*coloq*) *It's touch-and-go whether they'll succeed.* No es nada seguro que vayan a tener éxito. ◊ *His chances of survival were touch-and-go for two hours.* Durante dos horas no supieron si iba a sobrevivir.

touchdown /ˈtʌtʃdaʊn/ *n* **1** aterrizaje **2** (*Dep*) tocado en tierra

touched /tʌtʃt/ *adj* [*predicativo*] **1** conmovido **2** (*coloq*) chiflado

touching /ˈtʌtʃɪŋ/ *prep* (*formal*) tocante a
■ **touching** *adj* conmovedor
▶ **touchingly** *adv* conmovedoramente: *touchingly innocent* tan inocente que llega al corazón

touchline /ˈtʌtʃlaɪn/ *n* línea de banda

touchstone /ˈtʌtʃstəʊn/ *n* piedra de toque

touch-type /ˈtʌtʃ taɪp/ *vi* mecanografiar sin mirar al teclado

touchy /ˈtʌtʃi/ *adj* (**-ier, -iest**) **1** (*persona*) susceptible, quisquilloso **2** (*situación*) delicado: *It can be a touchy subject.* Puede herir susceptibilidades.
▶ **touchiness** *n* susceptibilidad

tough /tʌf/ *adj* (**-er, -est**) **1(a)** duro **(b)** fuerte, sólido **(c)** tenaz **(d)** (*medida*) severo: *to take a tough line with sb* mostrarse severo con algn **2** (*esp USA*) (*barrio*) violento: *a tough criminal* un criminal duro **3** (*pey*) (*carne*) duro **4** difícil: *to have a tough time* pasarlo muy mal **5** (*coloq*) *Tough luck!* ¡Mala pata!
LOC **(as) tough as old boots** (*coloq*) duro como una suela **a tough customer** (*coloq*) un tipo difícil **to be/get tough (with sb)** ponerse duro (con algn) *Ver tb* GOING, NUT
■ **tough** (*tb* **toughie** /ˈtʌfi/) *n* (*coloq*) matón, -ona
PHR V **to tough sth out** (*coloq*) aguantar algo
▶ **toughen 1** *vt* endurecer: *toughened glass* cristal reforzado **2** *vi* **~ (up)** endurecerse: *You'll have to toughen up.* Tendrás que volverte más duro.
toughness *n* **1** dureza, resistencia **2** firmeza

toupee /ˈtuːpeɪ; *USA* tuːˈpeɪ/ *n* bisoñé

tour /tʊə(r), tɔː(r)/ *n* **1** excursión: *a cycling/walking tour* una excursión a pie/en bicicleta ◊ *a round-the-world tour* un viaje de vuelta al mundo ☛ *Ver nota en* VIAJE² *Ver tb* PACKAGE TOUR **2** visita: *a conducted/guided tour* una visita con guía ◊ *to make/do a tour of sth* hacer una visita a algo ◊ *a tour of inspection* un recorrido de inspección **3** gira: *to be on tour/go on tour in Spain* estar de gira/hacer una gira por España
■ **tour 1(a)** *vt* recorrer **(b)** *vi* estar de viaje **2** *vt, vi* efectuar una gira (por)
▶ **touring 1** *n*: *to go touring* hacer turismo **2** *adj* **(a)** (*teatro, compañía*) ambulante **(b)** (*equipo*) en gira, visitante

tour de force /ˌtʊə də ˈfɔːs/ *n* (*pl* **tours de force**) (*Fr*) proeza

tourism /ˈtʊərɪzəm, ˈtɔːr-/ *n* turismo ☛ *Comparar con* SIGHTSEEING

tourist /ˈtʊərɪst, tɔːr-/ *n* **1** turista: *a tourist attraction* lugar de interés turístico ◊ *the tourist office* la oficina de turismo ◊ *the tourist trade* la industria del turismo ◊ *a tourist trap* una zona demasiado turística **2** (*Dep*) miembro de un grupo en gira
▶ **touristy** *adj* (*coloq, gen pey*) turístico

tourist guide *n* **1** (*tb* **tour guide**) (*persona*) guía (turístico) *Ver* COURIER sentido 1 **2** (*tb* **guide(book)**) (*libro*) guía turística

tournament /ˈtʊənəmənt, ˈtɔːn-, ˈtɜːn-/ *n* torneo

tourniquet /ˈtʊənɪkeɪ; *USA* ˈtɜːrnɪkət/ *n* torniquete

tour operator *n* tour operador

tousled /ˈtaʊzld/ *adj* despeinado

tout /taʊt/ **1** *vi*: *to tout for custom* solicitar clientela **2** *vt* (*GB*) (*entradas*) revender
■ **tout** *n*: *a ticket tout* revendedor de entradas

tow /təʊ/ *vt* remolcar
PHR V **to tow (sth) away** llevar(se) (algo) a remolque
■ **tow** *n* [*gen sing*] remolque: *Can you give me a tow?* ¿Me puedes remolcar?
LOC **in tow** (*coloq*) *He had his family in tow.* Llevaba a la familia a remolque. **on tow** (llevado) a remolque

towards /təˈwɔːdz; *USA* tɔːrdz/ (*tb* **toward** /təˈwɔːd; *USA* tɔːrd/) *prep* **1** (*dirección, tiempo*) hacia: *to walk towards sth/sb* caminar hacia algo/algn ◊ *towards the middle/end of the month* a mediados del/hacia finales del mes ◊ *towards the end of the film* casi al terminar la película **2(a)** con: *to be friendly towards sb* ser amable con algn ◊ *to be respectful towards sb* ser respetuoso hacia algn **(b)** respecto a: *their policy towards Europe* su política respecto a Europa **3** (*propósito*) para: *to put money towards sth* poner dinero para algo ◊ *to save towards sth* ahorrar para comprar algo LOC *Ver* FAR, POINT², WAY¹

towel /ˈtaʊəl/ *n* **1** toalla: *paper towel* toalla de papel *Ver tb* TEA TOWEL **2** (*eufemismo*) compresa (higiénica) ☛ *Comparar con* COMPRESS² ☛ La forma más normal de decir "compresa" es **sanitary towel**.
■ **towel** *vt* (**-ll-**, *USA* **-l-**) **~ yourself/sb (down)** secarse/secar a algn
LOC **to throw in the towel** (*coloq*) tirar la toalla
▶ **towelling** (*USA* **toweling**) *n* tejido de toalla

towel-rail /ˈtaʊəl reɪl/ *n* toallero

tower /ˈtaʊə(r)/ *n* torre: *a bell tower* un campanario *Ver tb* WATCHTOWER ☛ *Ver ilustración en* CASTILLO, IGLESIA
LOC **a tower of strength**: *My sister was a tower of strength.* Mi hermana fue mi fortaleza. *Ver tb* IVORY
■ **tower** *v*
PHR V **to tower above/over sth/sb 1** alzarse por encima de algo/algn **2** (*fig*) destacar sobre algo/algn

tower block *n* (*GB*) bloque de pisos alto

towering /ˈtaʊərɪŋ/ *adj* [*antes de sustantivo*] **1** dominante, elevado **2** (*aprob, fig*) destacado **3** *a towering rage* una furia intensa

town /taʊn/ *n* **1** (*núcleo urbano, habitantes*) ciudad: *a small town* una ciudad pequeña ◊ *town life* vida urbana ◊ *The whole town went to see her.* La ciudad entera fue a verla. ☛ *Ver nota en* CIUDAD *Ver tb* COUNTY TOWN, DORMITORY TOWN, GHOST TOWN, SHANTY TOWN, SMALL-TOWN, TWIN TOWN **2(a)** el centro urbano: *to go into town* ir al centro *Ver tb* DOWNTOWN, UPTOWN **(b)** la capital (*en Inglaterra se refiere a Londres*): *He went up to town.* Fue a Londres. ◊ *to spend the weekend in town* pasar el fin de semana en la capital ☛ Nótese que en estos dos últimos sentidos **town** no lleva artículo.

LOC **to be/go (out) on the town** andar de juerga: *They took him out on the town.* Se lo llevaron de juerga. **to go to town (on sth)** (*coloq*) **1** tirar la casa por la ventana: *They've gone to town on their wedding.* Han tirado la casa por la ventana en la boda. **2** cebarse en algo *Ver tb* MAN[1], PAINT

town centre *n* (*esp GB*) centro urbano y comercial

town clerk *n* secretario, -a del ayuntamiento

town council *n* (*GB*) ayuntamiento

town councillor *n* concejal, -ala

town crier *n* pregonero, -a

town hall *n* ayuntamiento (*edificio*)

town house *n* **1** casa de la ciudad (*de algn con otra propiedad en el campo*) **2** vivienda urbana

townie /ˈtaʊni/ *n* (*pey*) persona de ciudad

town planner *n* urbanista

town planning *n* urbanismo

townscape /ˈtaʊnskeɪp/ *n* paisaje urbano

townsfolk /ˈtaʊnsfəʊk/ *n* [*pl*] ciudadanos

township /ˈtaʊnʃɪp/ *n* **1** (*personas, lugar*) pueblo **2** (*Suráf*) barrio (*para las personas de color*): *black townships* barrios negros

townspeople /ˈtaʊnzpiːpl/ *n* [*pl*] ciudadanos

towpath /ˈtəʊpɑːθ/ *n* camino de sirga

toxic /ˈtɒksɪk/ *adj* tóxico: *toxic waste* residuos tóxicos
▶ **toxicity** *n* toxicidad

toxin /ˈtɒksɪn/ *n* toxina

toy /tɔɪ/ *n* **1** juguete: *a toy train* un tren de juguete ◊ *toy box* caja de juguetes ◊ *a toy shop* una juguetería **2** (*gen pey*) bagatela
■ **toy** *adj* [*antes de sustantivo*] (*perro*) miniatura
■ **toy** *v*
PHR V **to toy with sth** **1** dar vueltas a algo: *to toy with the idea of doing sth* rumiar la idea de hacer algo **2** juguetear con algo

toyboy /ˈtɔɪbɔɪ/ *n* amante joven de una mujer mayor

trace[1] /treɪs/ *n* rastro, huella: *to vanish without trace* desaparecer sin dejar rastro ◊ *We've lost all trace of him.* No hay ni rastro de él. ◊ *She spoke without a trace of an Irish accent.* Hablaba sin ningún deje irlandés.
■ **trace** *vt* **1(a)** ~ **sth/sb (to sth)** dar con algo/algn (en algo): *The call was traced to a phone box.* Se ha localizado la llamada en una cabina. **(b)** seguir la pista **2** ~ **sth (back) to sth** remontar(se): *It can be traced back to the Middle Ages.* Se remonta hasta la Edad Media. **3(a)** describir, narrar **(b)** ~ **sth (out)** delinear, trazar algo **4** calcar

trace[2] /treɪs/ *n* tirante (*caballo*) **LOC** *Ver* KICK[1]

trace element *n* oligoelemento

tracer /ˈtreɪsə(r)/ *n* **1** trazador: *tracer bullet* bala trazadora **2** (isótopo) indicador

tracery /ˈtreɪsəri/ *n* (*Arquit*) tracería ☛ *Ver ilustración en* IGLESIA

trachea /trəˈkiːə/ *n* tráquea
▶ **tracheotomy** *n* traqueotomía

tracing /ˈtreɪsɪŋ/ *n* calco: *tracing paper* papel de calco

track /træk/ *n* **1** huella **2** curso, trayectoria: *off track* fuera de rumbo **3** camino, senda *Ver tb* DIRT TRACK **4** pista, circuito: *a running track* pista de atletismo ◊ *track racing* carreras en pista *Ver tb* RACETRACK **5** vía: *single track* vía única **6** riel **7(a)** canción *Ver tb* SOUNDTRACK **(b)** (*Informát, Mús*) pista: *a sixteen-track tape recorder* una grabadora de 16 pistas **8** (*Mec*) oruga
LOC **in your tracks** (*coloq*) ahí mismo, en el sitio: *He fell dead in his tracks.* Cayó muerto en el sitio. **on the right/wrong track** por buen/mal camino **to be on sb's track** seguir la pista a algn **to have a one-track mind** solo pensar en una cosa **to keep/lose track of sth/sb** seguir/perder la pista de algo/algn: *I lost track of what he was saying.* Perdí la pista de lo que estaba diciendo. ◊ *to lose track of time* perder la noción del tiempo ◊ *to keep track of new developments* estar al tanto de nuevos desarrollos **to make tracks (for...)** (*coloq*) marcharse (a...) **to throw sb off the track** despistar a algn *Ver tb* BEAT, COVER[1], HOT
■ **track** *vt* **1** ~ **sb (to sth)** seguir la pista/las huellas de algn (hasta algo) **2** ~ **sth (to sth)** seguir el curso de algo (hasta algo): *to track an animal to its lair* rastrear un animal hasta su guarida
PHR V **to track sth/sb down** localizar algo/a algn

tracker /ˈtrækə(r)/ *n* rastreador, -ora

tracker dog *n* perro rastreador

track events *n* pruebas deportivas de pista ☛ *Comparar con* FIELD EVENTS

track record *n* expediente, hoja de servicios: *She's got a good track record.* Tiene buenos antecedentes.

tracksuit /ˈtræksuːt/ *n* chándal

tract[1] /trækt/ *n* **1** *enormous tracts of rainforest* enormes extensiones de selva **2** (*Anat*) tracto: *the digestive tract* el tracto digestivo ◊ *the intestinal tract* el tracto intestinal ◊ *the respiratory track* vías respiratorias

tract[2] /trækt/ *n* panfleto (*político, religioso*)

tractable /ˈtræktəbl/ *adj* (*formal*) dócil, manejable

traction /ˈtrækʃn/ *n* **1** tracción: *a traction engine* una locomotora de tracción ☛ *Comparar con* FOUR-WHEEL DRIVE **2** (*Med*) tracción: *to have your leg in traction* tener la pierna en tracción **3** (*neumático*) agarre

tractor /ˈtræktə(r)/ *n* **1** tractor **2** (*USA*) (*camiones, etc*) cabina

tractor-trailer /ˈtræktə treɪlə(r)/ *n* (*USA*) camión articulado

trade[1] /treɪd/ *n* **1** [*incontable*] ~ **(with sth/sb)** comercio (con algo/algn): *the retail trade* el comercio al por menor ◊ *Trade is picking up.* Cada vez hay más movimiento en los comercios. ◊ *a trade deficit* el déficit comercial ◊ *a trade embargo* un embargo comercial ◊ *foreign/domestic trade* comercio exterior/interior ◊ *the Board/Department of Trade* el Ministerio de Comercio ◊ *a trade agreement* un acuerdo comercial ◊ *the removal of trade barriers* la desaparición de los aranceles ◊ *a trade fair* una feria de muestras ◊ *a trade secret* un secreto comercial ◊ *trade relations* relaciones comerciales *Ver tb* BALANCE OF TRADE, FREE TRADE, SLAVE TRADE ☛ *Comparar con* COMMERCE **2** [*incontable*] ~ **(in sth)** industria (de/en algo): *the tourist trade* la industria turística *Ver tb* RAG TRADE **3** oficio: *to be a butcher by trade* ser carnicero de oficio ◊ *to learn a trade* aprender un oficio ☛ *Ver nota en* WORK[1] **4 the trade** el ramo: *to offer discounts to the trade* ofrecer descuentos al ramo *Ver tb* STOCK-IN-TRADE
LOC **to do a brisk/roaring trade (in sth)** hacer un negocio redondo (en algo) *Ver tb* JACK[1], PLY[2], TRICK

trade[2] /treɪd/ **1** *vi* ~ **(in sth) (with sb)** comerciar (en algo) (con algn): *to trade at a profit/loss* comerciar con ganancias/pérdidas ◊ *to cease trading* cerrar/dejar de operar ◊ *trading partners* socios comerciales ◊ *a firm which trades in arms* una empresa que comercia en armas ◊ *Their shares are now trading at £30.* Sus acciones están a 30 libras. **2** *vi* (*USA*) ~ **at sth** comprar en algo: *Which store do you trade at?* ¿En qué tienda compras tú? **3** *vt* ~ **(sb) sth for sth** cambiar (a algn) algo por algo: *She traded him a record for the poster.* Le cambió un disco por el póster.
PHR V **to trade sth in (for sth)** dar algo como parte del pago (de algo)
to trade sth off (against sth) sacrificar algo (con tal de tener algo)
to trade on sth (*gen pey*) aprovecharse de algo: *They traded on his good will.* Se aprovecharon de su buena voluntad.

trade mark *n* **1** marca registrada **2** (*fig*) sello distintivo

trade name *n* nombre comercial

trade-off *n* ~ **(between sth and sth)** equilibrio (entre algo y algo): *a trade-off between efficiency and elegance* un equilibrio entre la eficacia y la elegancia

trade price *n* precio al por mayor

trader /ˈtreɪdə(r)/ *n* comerciante (*esp en mercados nacionales o internacionales*): *a street/market trader* vendedor ambulante/de mercado ◊ *an international currency trader* un operador en divisas ☛ *Comparar con* DEALER, MERCHANT

trade secret *n* **1** secreto comercial **2** (*coloq, fig*) secreto

tradesman /ˈtreɪdzmən/ *n* (*pl* **-men** /-mən/) **1** proveedor, -ora: *the tradesmen's entrance* entrada de servicio **2** comerciante

Trades Union Congress *n* (*GB*) (*abrev* **TUC**) Federación de los Sindicatos

trade union (*tb* **trades union**, **union**, *USA* **labor union**) *n* sindicato: *trade union leaders* los líderes de los sindicatos ◊ *a trade union vote* un voto sindical

trade unionism (*tb* **unionism**) *n* sindicalismo

trade unionist *n* sindicalista

trading /ˈtreɪdɪŋ/ *n* **1** comercio: *illegal Sunday trading* comercio ilegal en domingo **2** (*Fin*) mercado: *Trading was brisk on the Stock Exchange today.* Hoy ha habido un mercado muy activo en la Bolsa. ◊ *In the final hour of trading...* En la última hora de mercado... *Ver tb* HORSE-TRADING, THE OFFICE OF FAIR TRADING

trading estate *n* (*GB*) polígono industrial

trading post *Ver* POST[2] sentido 2

trading stamp *n* vale (*cupón*)

tradition /trəˈdɪʃn/ *n* tradición: *by tradition* por tradición ◊ *to break with tradition* romper con la tradición ◊ *to follow in a tradition* seguir una tradición

▶ **traditional** *adj* tradicional

traditionalism *n* tradicionalismo

traditionalist *n* tradicionalista

traditionally *adv* tradicionalmente

traffic /ˈtræfɪk/ *n* **1** tráfico: *heavy traffic* tráfico denso ◊ *a traffic cone* un cono para el tráfico ◊ *sea traffic* tráfico marítimo *Ver tb* AIR TRAFFIC CONTROL, AIR TRAFFIC CONTROLLER **2 ~ (in sth)** tráfico (de algo): *the traffic in drugs* el tráfico de drogas

■ **traffic** *vt* (*pret, pp* **trafficked** *part pres* **trafficking**) **~ (in sth)** traficar (con algo): *drug trafficking* traficar con drogas

▶ **trafficker** *n* traficante

traffic circle (*USA*) (*GB* **roundabout**) *n* glorieta, rotonda

traffic island (*tb* **island**, *USA* **safety zone**) *n* isleta, isla peatonal

traffic jam *n* atasco: *long traffic jams* largos atascos ◊ *We got stuck in a traffic jam.* Nos cogió un embotellamiento.

traffic light(s) *n* semáforo: *The traffic lights were red.* El semáforo estaba en rojo.

traffic warden *n* guardia de tráfico

Nótese que los **traffic wardens** no son policías y solo se encargan de los problemas de aparcamiento.

tragedy /ˈtrædʒədi/ *n* (*pl* **-ies**) tragedia

tragic /ˈtrædʒɪk/ *adj* trágico

▶ **tragically** *adv* trágicamente

trail /treɪl/ *n* **1** estela: *a trail of smoke* una estela de humo ◊ *to leave a trail of destruction behind you* dejar tras de sí un rastro de destrucción *Ver tb* VAPOUR TRAIL **2** senda: *the tourist trail* la senda turística *Ver tb* NATURE TRAIL **3** pista: *to pick up sb's trail* coger el rastro de algn **LOC** *Ver* BLAZE[3], HIT, HOT

■ **trail 1** *vt, vi* arrastrar: *Her coat trailed in the mud.* Su abrigo arrastró por el barro. ◊ *to trail your feet* arrastrar los pies **2** *vi* **~ along behind (sth/sb)** caminar despacio detrás (de algo/algn) **3** *vt* **~ sth/sb (to sth)** seguir la pista de algo/a algn (hasta algo) **4** *vi* **~ (by/in sth)** perder (por/en algo): *trailing by two goals to one* perdiendo por dos goles a uno ◊ *to be trailing in the opinion polls* ir perdiendo en las encuestas de opinión **5** *vi* (*Bot*) trepar

PHR V to trail away/off apagarse (*voces, música, etc*)

trailer /ˈtreɪlə(r)/ *n* **1(a)** remolque **(b)** (*esp USA*) (*GB* **caravan**) caravana *Ver tb* TRACTOR-TRAILER **2** (*Cine*) trailer

train[1] /treɪn/ *n* **1** tren: *to get on/off a train* montar en tren/bajar de un tren ◊ *to change trains* hacer transbordo ◊ *on the train* en el tren ◊ *by train* en tren ◊ *a through train* un tren directo *Ver tb* BOAT-TRAIN, FREIGHT TRAIN, GOODS TRAIN, PASSENGER TRAIN **2** séquito **3 ~ (of sth)** sucesión (de algo): *a train of events* una serie de acontecimientos **4** (*de vestido*) cola **5** fila: *the mule train* la recua

LOC in train (*formal*) en marcha **train of thought** hilo del pensamiento

train[2] /treɪn/ **1(a)** *vi* **~ (as sth/in sth)**: *She trained to be a lawyer.* Estudió para abogada. ◊ *He trained in medicine.* Estudió medicina. ◊ *to train as a nurse* estudiar enfermería **(b)** *vt* **~ sb** formar a algn: *They train people to use computers.* Enseñan informática. ◊ *We must train the editors well before beginning the project.* Es importante formar bien a los editores antes de empezar el proyecto. *Ver tb* POTTY-TRAINED, TOILET-TRAIN **2** *vt, vi* (*Dep*) **(a)** (*persona*) entrenar(se): *She's training for the marathon.* Se está entrenando para el maratón. **(b)** (*animal*) preparar(se) **3** *vt* (*animal*) adiestrar *Ver tb* HOUSE-TRAINED **4** *vt* (*voz*) educar **5 ~ sth on sth/sb (a)** (*pistola*): *to train a gun on sb* apuntarle a algn con una pistola **(b)** (*cámara, etc*): *to train binoculars on sth* enfocar algo con unos prismáticos **6** *vt* (*planta*) guiar

trainee /ˌtreɪˈniː/ *n* aprendiz, -iza: *a trainee teacher* un profesor en prácticas ◊ *a trainee manager* empleado haciendo prácticas de gerencia

trainer /treɪˈnə(r)/ *n* **1(a)** (*de atletas*) entrenador, -ora **(b)** (*de animales*) preparador, -ora, domador, -ora **2** (*avión*) entrenador **3** (*USA* **sneaker**) zapatilla de deporte

training /ˈtreɪnɪŋ/ *n* **1** formación, preparación: *to do a teacher training course* hacer un curso de formación de profesores ◊ *training college* escuela profesional **2** (*Dep*) entrenamiento: *to be in/out of training* estar entrenado/desentrenado **3** (*Mil*) adiestramiento **4** (*animales*) amaestramiento

trainspotter /ˈtreɪnspɒtə(r)/ *n* persona que como hobby colecciona los números de los trenes que ha visto

traipse /treɪps/ *vi* (*coloq*) andar perezosamente: *We traipsed round the museums.* Nos recorrimos todos los museos.

PHR V to traipse about ir de acá para allá

trait /treɪt, treɪ/ *n* rasgo (*de personalidad*)

traitor /ˈtreɪtə(r)/ *n* **~ (to sth/sb)** traidor, -ora (a algo/algn): *a traitor to the socialist cause* traidor a la causa socialista

LOC to turn traitor volverse traidor

▶ **traitorous** /ˈtreɪtərəs/ *adj* (*formal*) traicionero

trajectory /trəˈdʒektəri/ *n* (*pl* **-ies**) trayectoria

tram /træm/ (*tb* **tramcar** /ˈtræmkɑː(r)/) (*USA* **streetcar**, **trolley**) *n* tranvía

tramp /træmp/ *vt, vi* **1** andar pesadamente **2** patear: *to tramp the streets looking for work* patear las calles buscando trabajo

■ **tramp** *n* **1** vagabundo, -a **2** caminata: *a good long tramp in the hills* una buena caminata por el monte **3** [*sing*] ruido de pasos fuertes: *the tramp of marching soldiers* el ruido de los soldados desfilando **4** (*ofen*) (*con mujeres*) zorra

trample /ˈtræmpl/ *vt, vi* **~ sth/sb (down)**; **~ on sth/sb** (*lit* y *fig*) pisotear algo/a algn: *Ten people were trampled to death.* Murieron diez personas pisoteadas. ◊ *to trample on sb's feelings* pisotear los sentimientos de algn

trampoline /ˈtræmpəliːn/ *n* trampolín

tramway /ˈtræmweɪ/ *n* vía/carril de tranvía
trance /trɑːns; *USA* træns/ *n* trance: *to go/fall into a trance* entrar/caer en un trance
tranche /trɑːnʃ/ *n* (*Fin*) parte (*de capital, etc*)
tranquil /ˈtræŋkwɪl/ *adj* (*lugar*) lleno de paz, relajado
▶ **tranquillity** (*USA tb* **tranquility**) /træŋˈkwɪləti/ *n* tranquilidad
tranquilly *adv* tranquilamente
tranquillize, -ise /ˈtræŋkwəlaɪz/ (*USA tb* **tranquilize**) *vt* tranquilizar (*sobre todo por medio de sedantes*)
▶ **tranquillizer, -iser** (*USA tb* **tranquilizer**) *n* tranquilizante: *She's on tranquillizers.* Toma tranquilizantes.
transact /trænˈzækt/ *vt* (*formal*) gestionar, negociar: *to transact a deal with sb* gestionar un trato con algn
▶ **transaction** *n* **~ (of sth)** transacción (de algo): *cash transactions* operación al contado
transatlantic /ˌtrænzətˈlæntɪk/ *adj* transatlántico
transcend /trænˈsend/ *vt* (*formal*) **1** trascender **2 ~ sth/sb (in sth)** superar algo/a algn (en algo)
transcendent /trænˈsendənt/ *adj* (*formal, aprob*) trascendente
▶ **transcendence** *n* trascendencia
transcendental /ˌtrænsenˈdentl/ *adj* trascendental: *transcendental meditation* meditación trascendental
transcontinental /ˌtrænzˌkɒntɪˈnentl/ *adj* transcontinental
transcribe /trænˈskraɪb/ *vt* **1** transcribir: *to transcribe medieval music into modern notation* transcribir música medieval a la notación moderna **2 ~ sth (for sth)** (*Mús*) adaptar algo (para algo): *a piano piece transcribed for the guitar* una pieza de piano adaptada para guitarra
transcript /ˈtrænskrɪpt/ *n* **1** transcripción **2** (*USA, Educ*) expediente
transcription /trænˈskrɪpʃn/ *n* transcripción: *a phonetic transcription* una transcripción fonética
transept /ˈtrænsept/ *n* (*Arquit*) crucero ☛ *Ver ilustración en* IGLESIA
transfer¹ /trænsˈfɜː(r)/ (**-rr-**) **1** *vt, vi* trasladar(se): *The head office has been transferred from London to Cardiff.* La sede se ha trasladado de Londres a Cardiff. ◊ *to transfer your allegiance* cambiar de bando **2** *vt* transferir: *to transfer rights to sb* transferir derechos a algn ◊ *to transfer computer data from disk to tape* transferir datos de ordenador de disco a cinta **3** *vi* **~ (from ...) (to ...)** hacer transbordo (de ...) (a ...)
▶ **transferable** *adj* transferible: *not transferable* no transferible
transferability *n* transferibilidad
transfer² /ˈtrænsfɜː(r)/ *n* **1** transferencia: *bank transfer* transferencia bancaria ◊ *the transfer of power* el traspaso de poderes **2** (*Dep*) traspaso: *to ask for a transfer to another club* pedir el traspaso a otro club **3** (*empleado*) traslado **4** transbordo **5** (*esp USA*) billete con el que se puede hacer transbordo sin pagar extra **6** (*esp GB*) calcomanía
transference /ˈtrænsfərəns; *USA* trænsˈfɜːrəns/ *n* transferencia
transferral (*USA* **transferal**) /trænsˈfɜːrəl/ *n* transferencia
transfigure /trænsˈfɪgə(r); *USA* -gjər/ *vt* (*formal*) transfigurar
▶ **transfiguration** *n* (*formal, Relig*) transfiguración ☛ Cuando se usa en sentido religioso se escribe con mayúscula.
transfix /trænsˈfɪks/ *vt* [*gen en pasiva*] (*formal*) paralizar: *transfixed with grief* paralizado por el dolor ◊ *transfixed by the beauty of her voice* paralizado por la belleza de su voz
transform /trænsˈfɔːm/ *vt* transformar: *Changes in climate transformed the area into a desert.* Los cambios climáticos transformaron la zona en un desierto.
▶ **transformation** /ˌtrænsfəˈmeɪʃn/ *n* transformación: *to undergo a transformation* experimentar una transformación
transformer /trænsˈfɔːmə(r)/ *n* transformador
transfusion /trænsˈfjuːʒn/ *n* transfusión: *a blood transfusion* una transfusión de sangre
transgress /trænzˈgres/ **1** *vt* (*formal*) infringir **2** *vi* **~ (against sth)** (*antic*) pecar (contra algo)
▶ **transgression** *n* (*formal*) **1** infracción **2** (*Relig*) pecado
transgressor *n* (*formal*) **1** infractor, -ora **2** (*Relig*) pecador, -ora
transient /ˈtrænziənt; *USA* ˈtrænʃnt/ *adj* fugaz, pasajero
■ **transient** *adj, n* transeúnte
transistor /trænˈzɪstə(r), -ˈsɪst-/ *n* transistor: *transistor radio* transistor (portátil)
transit /ˈtrænzɪt, -sɪt/ *n* tránsito: *transit camp* campo de refugiados de paso ◊ *transit visa* visado de tránsito
LOC in transit en tránsito
transition /trænˈzɪʃn/ *n* **~ (from sth) (to sth)** transición (de algo) (a algo): *a period of transition* un período de transición
▶ **transitional** *adj* transicional: *a transitional government* un gobierno de transición
transitive /ˈtrænsətɪv/ *adj* (*Gram*) transitivo
transitory /ˈtrænsətri; *USA* -tɔːri/ *adj* transitorio
translate /trænsˈleɪt/ *vt* **1** traducir: *to translate sth from French (in)to Dutch* traducir algo del francés al holandés ◊ *It translates as 'fatherland'.* Se traduce como "fatherland". ☛ *Ver nota en* INTERPRET **2** convertir: *to translate ideas into action* convertir ideas en acción **3 ~ sth as sth** interpretar algo como algo **4** (*formal*) trasladar
translation /trænzˈleɪʃn/ *n* **1** traducción: *translation into/from Spanish* traducción al/del español ◊ *to do a translation* hacer una traducción ◊ *a rough translation* una traducción aproximada **2** adaptación **3** traslado
LOC in translation: *Cervantes in translation* Cervantes traducido
translator /trænzˈleɪtə(r)/ *n* traductor, -ora
transliterate /trænsˈlɪtəreɪt/ *vt, vi* transcribir
▶ **transliteration** *n* transliteración
translucent /trænsˈluːsnt/ *adj* translúcido
transmigration /ˌtrænzmaɪˈgreɪʃn/ *n* transmigración
transmission /trænsˈmɪʃn/ *n* transmisión: *a live/satellite transmission* una transmisión en directo/vía satélite ◊ *transmission shaft* el eje de la transmisión ☛ *Ver ilustración en* CAR
transmit /trænsˈmɪt/ *vt* (**-tt-**) **~ sth (from ...) (to ...)** transmitir algo (de ...) (a ...): *It is being transmitted live.* Se está transmitiendo en directo. ◊ *sexually transmitted diseases* enfermedades transmitidas sexualmente
transmitter /trænzˈmɪtə(r)/ *n* **1** (*Elec*) **(a)** transmisor: *a radio transmitter* un aparato de radio **(b)** emisora **2** transmisor, -ora
transmute /trænzˈmjuːt/ *vt* **~ sth (into sth)** transmutar algo (en algo)
▶ **transmutation** *n* transmutación
transnational /ˌtrænzˈnæʃnəl/ *adj* transnacional
transparency /trænsˈpærənsi/ *n* (*pl* **-ies**) **1** transparencia **2** diapositiva, transparencia
transparent /trænsˈpærənt/ *adj* **1** transparente **2** evidente: *a transparent lie* una mentira evidente
▶ **transparently** *adv* claramente, evidentemente
transpiration /ˌtrænspɪˈreɪʃn/ *n* transpiración
transpire /trænˈspaɪə(r)/ *vi* **1** revelarse, saberse: *This, it later transpired, was untrue.* Esto, luego se supo, no era cierto. **2** (*coloq*) suceder: *Let me know what transpires.* Infórmame de lo que pasa. **3** (*Bot*) transpirar
transplant /trænsˈplɑːnt; *USA* -ˈplænt/ *vt* **1** trasplantar **2** (*fig*) trasladar **3** adaptar

■ **transplant** /ˈtrænsplɑːnt/ *n* trasplante: *a heart transplant* un trasplante de corazón

transplantation /ˌtrænsplɑːnˈteɪʃn; *USA* -plæn-/ *n* [*incontable*] trasplante

transport /trænˈspɔːt/ *vt* **~ sth/sb (from ...) (to ...) 1** transportar, llevar algo/a algn (de ...) (a ...) **2** (*Hist*) deportar a algn

■ **transport** /ˈtrænspɔːt/ *n* **1** [*incontable*] (*tb esp USA* **transportation**) transporte: *public transport* transporte público ◊ *road and rail transport* transporte por carretera y ferrocarril ◊ *Have you got your own transport?* ¿Tienes coche (moto, etc)? **2** [*contable*] avión/navío de transporte

LOC to be in a transport/in transports of sth (*ret*) *to be in a transport of delight* estar extasiado

transportation /ˌtrænspɔːˈteɪʃn/ *n* **1** (*esp USA*) transporte **2** (*Hist*) deportación

transport café *n* bar de camioneros

transporter /trænˈspɔːtə(r)/ *n* **1** transportador **2** transportista

transpose /trænˈspəʊz/ *vt* **1** (*letras etc*) cambiar (de sitio) **2** (*Mús*) transportar **3** *to transpose a novel to the stage* adaptar una novela para el teatro

transposition /ˌtrænspəˈzɪʃn/ *n* transposición

transsexual /trænzˈsekʃuəl/ *adj, n* transexual

transverse /ˈtrænzvɜːs/ *adj* transverso, transversal

transvestism /trænzˈvestɪzəm/ *n* travestismo

transvestite /trænzˈvestaɪt/ *n* travesti

trap /træp/ *n* **1** trampa: *to lay/set a trap* poner una trampa ◊ *to be caught in/fall into a trap* ser cogido en/caer en una trampa *Ver tb* BOOBY TRAP, SAND TRAP **2** sifón (*de desagüe*) **3** coche de caballos de dos ruedas **4** lanzaplatos **5** *Ver* TRAPDOOR **6** (*argot*) boca: *Shut your trap!* ¡Cierra la boca! **7** truco

■ **trap** *vt* **(-pp-) 1** atrapar, aprisionar: *to be trapped underground* estar aprisionado bajo tierra **2(a)** recoger: *A filter traps the dust from the air.* Un filtro recoge el polvo del aire. **(b)** (*calor*) conservar **3** engañar: *I was trapped into telling all I knew.* Fui engañado para decir todo lo que sabía. **4** poner trampas: *to trap birds* poner trampas a los pájaros **5** (*dedo*) pillarse

▶ **trapper** *n* trampero, -a

trapdoor /ˈtræpdɔː(r)/ (*tb* **trap**) *n* escotillón

trapeze /trəˈpiːz; *USA* træ-/ *n* trapecio (*circo*): *a trapeze artist* un trapecista

trapezium /trəˈpiːziəm/ *n* (*pl* **~s**) (*USA* **trapezoid**) trapecio (*geometría*)

trapezoid /ˈtræpəzɔɪd/ (*USA* **trapezium**) *n* trapezoide

trappings /ˈtræpɪŋz/ *n* [*pl*] rasgos, símbolos, arreos

Trappist /ˈtræpɪst/ *adj, n* trapense

trash /træʃ/ *n* [*incontable*] **1** (*USA*) (*GB* **rubbish**) basura: *It's trash.* No vale para nada. **2** (*USA, coloq, pey*) gentuza **3** (*esp USA, fig*) tonterías ☛ *Ver nota en* RUBBISH

■ **trash** *vt* **1** despreciar **2** destruir

▶ **trashy** *adj* malo, inútil

trash-can (*USA*) (*GB* **dustbin**) *n* cubo de basura

trauma /ˈtrɔːmə; *USA* ˈtraʊmə/ *n* (*pl* **traumas**) trauma

traumatic /trɔːˈmætɪk; *USA* traʊ-/ *adj* traumático

traumatize, -ise /ˈtrɔːmətaɪz/ *vt* traumatizar

travel /ˈtrævl/ *n* **1** los viajes, el viajar: *air/sea travel* los viajes en avión/barco ◊ *Travel broadens the mind.* El viajar ensancha la mente. ◊ *travel brochure/insurance* folleto/seguro de viaje ☛ *Ver nota en* VIAJE[2] **2 travels** [*pl*]: *to be on your travels* estar de viaje ◊ *Did you see John on your travels?* ¿Viste a John en tus viajes?

■ **travel** (**-ll-**, *USA* **-l-**) **1** *vi* **(a)** viajar: *I love travelling.* Me encanta viajar. ◊ *to travel by car/plane* viajar/ir en coche/avión ◊ *to travel round the world* dar la vuelta al mundo **(b)** ir, correr: *to travel at 100 kilometres an hourh* ir a 100 kilómetros por hora ◊ *News travels quickly.* Las noticias viajan rápido. ◊ *to travel up/down the escalator* subir/bajar las escaleras mecánicas **(c)** (*fig*): *Her eyes travelled round the room.* Recorrió la habitación con la mirada. **2** *vi* ser viajante: *He travels in carpets.* Es viajante de alfombras. **3** *vi* (*coloq*) llevar velocidad: *The car was certainly travelling.* El coche iba a buena marcha. **4** *vt* recorrer: *to travel the world/forty miles* recorrer el mundo/cuarenta millas

LOC to travel light viajar ligero

travel agency (*tb* **travel bureau**) *n* agencia de viajes

travel agent *n* empleado de una agencia de viajes

travelled (*USA* **traveled**) /ˈtrævld/ *adj* **1** *a widely-travelled journalist* un periodista que ha viajado mucho **2** *a much-travelled road* un camino muy utilizado

traveller (*USA* **traveler**) /ˈtrævlə(r)/ *n* **1** viajero, -a: *a seasoned traveller* un viajero veterano **2** viajante: *a commercial traveller* un viajante (comercial) **3** (*GB*) nómada (*en las sociedades occidentales*) *Ver tb* FELLOW-TRAVELLER

traveller's cheque (*USA* **traveler's check**) *n* cheque de viaje

travelling (*USA* **traveling**) /ˈtrævlɪŋ/ *adj* [*antes de sustantivo*] **1** ambulante, itinerante **2** (*bolsa, reloj*) de viaje

travelling salesman *n* viajante

travelogue /ˈtrævəlɒg/ (*USA tb* **travelog** /-lɔːg/) *n* documental sobre viajes

travel-sick /ˈtrævəl sɪk/ *adj* mareado: *to be/get travel-sick* estar mareado/marearse

▶ **travel-sickness** *n* [*incontable*] mareo: *He suffers from travel-sickness.* Se marea cuando viaja.

traverse /trəˈvɜːs; *USA* ˈtrævɜːs/ *vt* (*formal*) atravesar

■ **traverse** *n* **1** (*alpinismo*) escalada oblicua **2** travesaño, traviesa

travesty /ˈtrævəsti/ *n* parodia: *a travesty of justice* una parodia de la justicia

trawl /trɔːl/ *n* **1** (*tb* **trawl-net**) red barredera **2** (*tb* **trawl line, setline**) (*USA*) palangre

■ **trawl 1** *vi* pescar al arrastre: *to trawl for cod* pescar bacalao al arrastre **2** *vt, vi* **~ (through) sth (for sth)** (*fig*) rastrear (en) algo (para algo)

▶ **trawler** *n* arrastrero

trawling *n* pesca de arrastre

tray /treɪ/ *n* **1** bandeja: *a tea-tray* una bandeja de té ◊ *in-tray/out-tray* bandeja de documentos pendientes/terminados *Ver tb* ICE-TRAY **2** cajón **3** (*Fot*) cubeta

treacherous /ˈtretʃərəs/ *adj* traicionero, pérfido

▶ **treacherously** *adv* traidoramente

treachery /ˈtretʃəri/ *n* **1** traición, perfidia ☛ *Comparar con* TREASON **2** falsedad

treacle /ˈtriːkl/ (*USA* **molasses**) *n* melaza

tread /tred/ (*pret* **trod** /trɒd/ *pp* **trodden** /ˈtrɒdn/ o **trod**) **1** *vi* **~ (on/in sth)** pisar (algo): *to tread in a puddle* pisar un charco **2** *vi* (*fig*): *to tread carefully* andar con pies de plomo **3** *vt* **~ sth (in/down/out)** aplastar algo: *to tread grapes* pisar las uvas ◊ *to tread the streets* recorrer las calles ◊ *to tread the earth down* aplastar la tierra ◊ *to tread in seedlings* asegurar las plántulas pisando la tierra **4** *vt* (*camino*) hollar *Ver tb* DOWNTRODDEN

LOC to tread on air flotar de felicidad **to tread on sb's corns/toes** (*coloq*) *I don't want to tread on anybody's toes.* No quiero ofender a nadie. **to tread on sb's heels** pisar los talones a algn **to tread the boards** (*ret* o *joc*) pisar las tablas **to tread water** pedalear en el agua (para flotar) *Ver tb* FINE[2], TIGHTROPE

■ **tread** *n* **1** [*sing*] paso: *to walk with (a) heavy tread* andar con paso pesado **2** (*escalera*) peldaño **3** (*zapato*) suela **4** banda de rodamiento

treadle /ˈtredl/ *n* pedal (*de máquina*)

treadmill /ˈtredmɪl/ *n* **1** (*fig*) rutina: *It's back to the treadmill.* Hay que volver a la monotonía del trabajo. **2** rueda de molino (*de tracción animal*)

treason /ˈtriːzn/ *n* alta traición: *to commit treason* cometer alta traición

Treason se utiliza específicamente para referirse a un acto de traición hacia el propio país. *Comparar con* TREACHERY.

▸ **treasonable** *adj* traidor: *a treasonable act* un acto de alta traición

treasure /ˈtreʒə(r)/ *n* **1** tesoro: *art treasures* joyas de arte **2** (*fig*) joya: *She is a real treasure.* Es una joya.

■ **treasure** *vt* **1** apreciar muchísimo **2** guardar como un tesoro: *one of her most treasured possessions* una de sus posesiones más preciadas

treasurer /ˈtreʒərə(r)/ *n* tesorero, -a

treasure trove *n* **1** tesoro hallado **2** (*fig*) joya

treasury /ˈtreʒəri/ *n* **1 the Treasury** Ministerio de Economía y Hacienda ☛ *Ver págs 584–5* **2** erario **3** (*fig*) tesoro: *a treasury of poetic gems* tesoro de joyas poéticas

treat /triːt/ **1** *vt* tratar: *to treat sth/sb with respect* tratar algo/a algn con respeto ◊ *They treated me like a queen.* Me trataron como a una reina. ◊ *to treat sth as a joke* tomar algo en broma ◊ *How's life treating you?* ¿Cómo te trata la vida? ◊ *to treat rheumatism* tratar el reumatismo ◊ *She was treated for sunstroke.* Le tuvieron que tratar de insolación. ◊ *to treat a question in detail* tratar una cuestión con detalle ◊ *to treat sth with insecticide* tratar algo con insecticida *Ver tb* ILL-TREAT **2** *vi* **~ of sth** (*antic* o *formal*) (*libro, etc*) tratar de algo **3(a)** *vt* **~ sb (to sth)** invitar a algn (a algo): *Let me treat you.* Déjame invitarte. **(b)** *v refl* **~ yourself (to sth)** darse el lujo (de algo) **4** *vi* **~ with sb** (*antic* o *formal*) negociar con algn

LOC **to treat sb like dirt/a dog** (*coloq*) tratar a algn como a un perro **to treat sb like shit** tratar a algn como si fuera mierda *Ver tb* KID[1]

■ **treat** *n* **1(a)** placer, gusto **(b)** sorpresa especial: *You've got a treat in store for you.* Te espera una sorpresa estupenda. **(c)** lujo: *I'm going to give myself a treat.* Me voy a mimar un poco. **(d)** recompensa: *as a special treat* como recompensa especial **2** obsequio: *This is my treat.* Invito yo.

LOC **a treat** (*coloq*) a las mil maravillas: *It worked a treat.* Salió a las mil maravillas. *Ver tb* TRICK

treatise /ˈtriːtɪs, -tɪz/ *n* **~ (on sth)** tratado (sobre algo)

treatment /ˈtriːtmənt/ *n* **1** tratamiento: *to respond to treatment* responder al tratamiento ◊ *She's having treatment for her corns.* Le están quitando los callos. **2** trato: *our treatment of prisoners* el trato que damos a los prisioneros LOC *Ver* RED CARPET

treaty /ˈtriːti/ *n* (*pl* **-ies**) **1** tratado **2** trato

treble¹ /ˈtrebl/ *adj, n* triple: *He earns treble my salary.* Gana el triple de mi salario.

■ **treble** *vt, vi* triplicar(se)

treble² /ˈtrebl/ *n* **1** tiple **2** [*incontable*] agudos

■ **treble** *adj* atiplado: *treble clef* clave de sol

tree /triː/ *n* árbol: *the tree of knowledge* el árbol de la ciencia ◊ *tall trees* árboles altos *Ver tb* CORK TREE, FAMILY TREE, GUM TREE, SHOE-TREE LOC *Ver* BARK[2], MONEY, WOOD

tree-lined /ˈtriː laɪnd/ *adj* bordeado de árboles

treetop /ˈtriːtɒp/ *n* [*gen pl*] copa del árbol

tree trunk *n* tronco de un árbol

trefoil /ˈtrefɔɪl/ *n* trébol

trek /trek/ *n* caminata

■ **trek** *vi* (**-kk-**) **1** caminar (penosamente): *to trek up and down stairs all day* llevar todo el día escaleras arriba y escaleras abajo. **2** (*Hist*) emigrar **3** *to go pony-trekking* hacer una excursión en pony

trellis /ˈtrelɪs/ *n* espaldera (*para plantas*) ☛ *Ver ilustración en* HOUSE

tremble /ˈtrembl/ *n* temblor, estremecimiento: *to be all of a tremble* temblar de pies a cabeza

■ **tremble** *vi* **~ (with/at sth)** temblar (de/por algo)

LOC **to tremble like a leaf** temblar como una hoja

▸ **trembling 1** *n* temblor **2** *adj* tembloroso LOC *Ver* FEAR[1]

tremendous /trəˈmendəs/ *adj* **1** enorme: *a tremendous number* una gran cantidad **2** estupendo: *a tremendous success* un éxito extraordinario

▸ **tremendously** *adv* enormemente

tremor /ˈtremə(r)/ *n* temblor, estremecimiento: *earth tremors* temblores de tierra

tremulous /ˈtremjələs/ *adj* (*formal*) **1** (*voz*) trémulo **2** (*mirada*) tímido

trench /trentʃ/ *n* **1** (*Mil*) trinchera: *trench warfare* guerra de trincheras **2** zanja

trenchant /ˈtrentʃənt/ *adj* mordaz

▸ **trenchantly** *adv* mordazmente

trench coat *n* trinchera

trend /trend/ *n* tendencia: *market trend* tendencia del mercado ◊ *a growing trend* una tendencia creciente ◊ *the latest fashion trends* las últimas tendencias de la moda

LOC **to set a/the trend** marcar la tónica *Ver tb* BUCK[2]

trendsetter /ˈtrendsetə(r)/ *n* persona que hace moda

trendy /ˈtrendi/ *adj* (**-ier, -iest**) (*coloq*) muy al día: *trendy clothes* ropa de moda

■ **trendy** *n* (*GB, coloq, pey*) modernillo, -a

▸ **trendily** *adv*: *dress trendily* vestir de moda

trendiness *n* ultramodernismo

trepidation /ˌtrepɪˈdeɪʃn/ *n* inquietud, agitación

trespass /ˈtrespəs/ *vi* **1 ~ (on sth)** entrar sin derecho (en algo): *no trespassing* prohibido el paso **2 ~ on/upon sth** (*formal*) abusar de algo **3 ~ (against sb)** (*antic* o *Relig*) pecar

■ **trespass** *n* **1** entrada sin derecho **2** infracción **3** (*antic* o *Relig*) pecado: *forgive us our trespasses* perdónanos nuestras deudas

▸ **trespasser** *n* intruso, -a: *Trespassers will be prosecuted.* Propiedad privada. Prohibido el paso.

tress /tres/ *n* (*formal*) trenza: *her dark tresses* su melena negra

trestle /ˈtresl/ *n* caballete: *trestle-table* mesa de caballete

triad /ˈtraɪæd/ *n* tríada

trial /ˈtraɪəl/ *n* **1** juicio, proceso: *trial by jury* juicio por/ante jurado ◊ *to come to trial* ir a juicio **2** prueba: *a trial period* un periodo de prueba ◊ *trial of strength* prueba de fuerza ◊ *to undergo trials* ser sometido a prueba ◊ *to give sth a trial run* dar algo a prueba (para ver si gusta, etc) **3** (*animales*): *sheepdog trials* concurso de perros pastores **4** (*deporte*) preselección **5 ~ (to sb)** molestia (para algn): *He is a trial to his teachers.* Es un tormento para sus profesores.

LOC **on trial** a prueba: *to take sth on trial* llevarse algo a prueba **to go on trial/stand trial (for sth)**: *She went on/stood trial for murder.* Fue procesada por asesinato. **to put sb/be on trial (for sth)** someter algn a juicio/ser procesado (por algo) **trial and error**: *trial and error methods* métodos de tanteo ◊ *We discovered it by trial and error.* Lo descubrimos a fuerza de probar. **trials and tribulations** tribulaciones

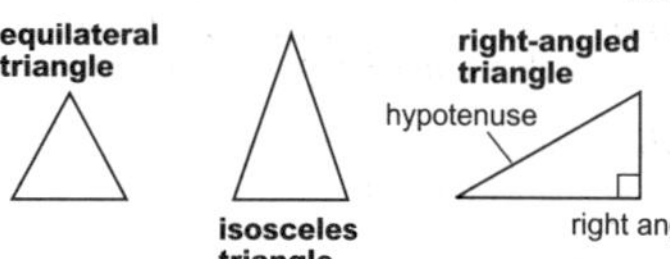

triangle /ˈtraɪæŋgl/ *n* triángulo LOC *Ver* ETERNAL

triangular /traɪˈæŋgjələ(r)/ *adj* triangular

triathlon /traɪˈæθlən, -lɒn/ *n* triatlón

tribal /ˈtraɪbl/ *adj* tribal, de tribu

tribe /traɪb/ *n* **1** tribu **2** (*coloq, joc*): *tribes of holidaymakers* hordas de veraneantes **3** (*gen pey, fig*) raza, ralea

tribesman /ˈtraɪbzmən/ *n* (*pl* **-men**) miembro de una tribu

tribulation /ˌtrɪbjuˈleɪʃn/ *n* tribulación **LOC** *Ver* TRIAL

tribunal /traɪˈbjuːnl/ *n* tribunal

tribune /ˈtrɪbjuːn/ *n* **1** (*plataforma*) tribuna **2** (*persona*) tribuno

tributary /ˈtrɪbjətri; *USA* -teri/ *n* (*pl* **-ies**) (*Geog*) afluente

■ **tributary** *adj* **1** ~ **(to sth)** (*Geog*) afluente (de algo): *rivers tributary to the Thames* ríos afluentes del Támesis **2** [*antes de sustantivo*] tributario

tribute /ˈtrɪbjuːt/ *n* **1** homenaje: *floral tributes* ofrendas florales **2 a** ~ **(to sth)**: *Her recovery is a tribute to the doctor's skill.* Su recuperación acredita la aptitud del médico. **3** (*Hist*) tributo (*impuesto*) **LOC** *Ver* PAY[2]

trice /traɪs/ *n*

LOC in a trice en un abrir y cerrar de ojos

triceps /ˈtraɪseps/ *n* (*pl* **triceps**) tríceps

trick /trɪk/ *n* **1** engaño, broma: *to play a trick on sb* gastarle una broma a algn ◊ *His memory played tricks on him.* La memoria le jugaba malas pasadas. ◊ *a dirty trick* una mala pasada ◊ *There must be some trick.* Debe haber trampa. ◊ *a trick question* una pregunta con truco ◊ *a trick of the light* un truco de la luz *Ver tb* CONFIDENCE TRICK **2** truco: *The trick is to wait.* El truco está en esperar. **3(a)** (*magia*): *conjuring tricks* juegos de manos ◊ *card tricks* trucos con cartas **(b)** (*perro, etc*) monería: *to do tricks* hacer monerías **4** tendencia, manía: *It has a trick of repeating itself.* Tiene tendencia a repetirse. **5** (*naipes*) baza: *to take/win a trick* ganar una baza *Ver tb* HAT-TRICK

LOC every/any trick in the book todos los trucos: *I tried every trick in the book.* Lo intenté todo. **how's tricks?** (*argot*) ¿Cómo te va? **the tricks of the trade** los trucos del oficio **to be up to your (old) tricks** (*coloq*) hacer de las tuyas **to have a trick up your sleeve** tener una carta en la manga **trick or treat** (*USA*) frase que dicen los niños cuando van por las casas la noche de Halloween *Ver tb* JOB, MISS[2], TEACH

■ **trick** *vt* **1** engañar: *You've been tricked.* Te han embaucado. **2(a)** ~ **sb into sth/doing sth** embaucar a algn para que haga algo **(b)** ~ **sb out of sth** estafar algo a algn

LOC tricked out (in/with sth) ataviado (de algo)

▶ **trickery** *n* engaños, astucia: *to get sth by trickery* obtener algo con engaños

trickster *n* estafador, -ora, timador, -ora

trickle /ˈtrɪkl/ *vi* **1** salir en un chorro fino, gotear: *Blood trickled out of his nose.* Sangraba de la nariz. **2** ~ **away/back/down/through** ir saliendo (etc) poco a poco: *News is starting to trickle through.* Las noticias empiezan a llegar poco a poco.

■ **trickle** *n* **1** chorrito, hilo: *a trickle of blood* un hilo de sangre **2** [*gen sing*] ~ **(of sth)** goteo (de algo): *the trickle of refugees* el goteo de refugiados

tricky /ˈtrɪki/ *adj* (**-ier, -iest**) **1** (*situación/pregunta*) complicado, difícil: *It's all rather tricky.* Es todo muy delicado. **2** (*persona*) astuto, mañoso

tricolour /ˈtrɪkələ(r)/ (*USA* **tricolor** /ˈtraɪkʌlər/) *n* **1** bandera tricolor **2 the Tricolour** [*sing*] bandera francesa

tricycle /ˈtraɪsɪkl/ (*coloq* **trike**) *n* triciclo

trident /ˈtraɪdnt/ *n* tridente

tried *pret, pp de* TRY *Ver tb* WELL-TRIED

triennial /traɪˈeniəl/ *adj* trienal

trifle /ˈtraɪfl/ *n* **1(a)** nadería, bagatela **(b)** baratija, chuchería **2(a)** miseria: *to buy sth for a (mere) trifle* comprar algo por cuatro perras **(b)** poquito **3** postre hecho a base de capas de bizcocho, fruta, crema y nata **LOC a trifle** algo: *It's a trifle short.* Es un poquito corto.

■ **trifle** *vi* ~ **with sth/sb** jugar con algo/algn: *He's not a man to be trifled with.* No es un hombre con el que se pueda jugar.

▶ **trifling** /ˈtraɪflɪŋ/ *adj* sin importancia, nimio

trigger /ˈtrɪgə(r)/ *n* gatillo, disparador: *to pull the trigger* apretar el gatillo ☛ *Ver ilustración en* GUN

■ **trigger** *vt* ~ **sth (off) 1** (*fig*) provocar, desencadenar algo **2** (*alarma etc*) accionar algo

trigger-happy /ˈtrɪgə hæpi/ *adj* (*coloq, pey*) (*persona*) que dispara a la menor provocación

trigonometry /ˌtrɪgəˈnɒmətri/ *n* trigonometría

trike /traɪk/ *n* (*coloq*) *Ver* TRICYCLE

trilateral /ˌtraɪˈlætərəl/ *adj* trilateral

trilby /ˈtrɪlbi/ *n* sombrero de fieltro (*de hombre*)

trilingual /ˌtraɪˈlɪŋgwəl/ *adj* trilingüe

trill /trɪl/ *n* **1** trino **2** (*Mús*) quiebro, gorgorito **3** (*de la erre*) sonido vibrante

■ **trill 1** *vi* trinar **2** *vi* gorjear, gorgoritear **3** *vt* pronunciar con un sonido vibrante

trillion /ˈtrɪljən/ *n, pron, adj* billón ☛ *Ver nota en* BILLION

trilogy /ˈtrɪlədʒi/ *n* trilogía

trim[1] /trɪm/ *adj* (*aprob*) **1** bien cuidado, aseado **2** esbelto, elegante

trim[2] /trɪm/ *vt* (**-mm-**) **1** recortar: *I want my hair trimmed.* Quiero que me corte las puntas. **2** ~ **sth off (sth)** quitarle algo (a algo): *Trim the fat off (the meat).* Quítale la grasa (a la carne). **3** (*arbusto, rama*) podar **4** ~ **sth (with sth)** (*vestido, etc*) adornar algo (con algo) **5** (*Náut, velas*) orientar

■ **trim** *n* **1** recorte: *to have a trim* cortarse las puntas **2(a)** (*vestido, etc*) adorno, ribete **(b)** (*tapicería*) acabado **(c)** (*madera*) moldura **(d)** (*coche*) embellecedor

LOC to be in/get into trim estar/ponerse en forma

trimaran /ˈtraɪməræn/ *n* trimarán

trimming /ˈtrɪmɪŋ/ *n* **1** adorno, motivo decorativo **2 trimmings** [*pl*] **(a)** (*comida*) guarnición: *roast pork with all the trimmings* cerdo asado con toda la guarnición tradicional ◊ *a church wedding with all the trimmings* una boda por la iglesia con toda la parafernalia tradicional **(b)** recortes

trinity /ˈtrɪnəti/ *n* (*formal*) trinidad: *the Holy Trinity* la Santísima Trinidad ◊ *Trinity Sunday* domingo de la Santísima Trinidad

trinket /ˈtrɪŋkɪt/ *n* fruslería, baratija

trio /ˈtriːəʊ/ *n* (*pl* **~s**) trío

trip /trɪp/ (**-pp-**) **1** *vi* **(a)** ~ **(over/up)** tropezar, dar un traspié: *She tripped (up) on a stone.* Tropezó con una piedra. **(b)** ~ **up** equivocarse **2** *vt* ~ **sb (up)** hacer tropezar a algn: *He tried to trip me up.* Intentó ponerme la zancadilla. **3** *vi* ~ **along, across, etc** caminar, cruzar, etc a paso ligero **4** *vt* accionar, disparar **5** *vi* (*tb* **to go tripping**) (*coloq*) tomar drogas alucinógenas

LOC to trip off your tingue salir con soltura (*palabras*): *Lies seemed simply to trip off her tongue.* Soltaba mentiras con la mayor facilidad.

PHR V to trip (sb) up confundir a algn/confundirse

■ **trip** *n* **1** viaje, excursión: *to go on/take a trip* hacer un viaje ◊ *a business trip* un viaje de negocios ◊ *a coach trip* una excursión en autobús ☛ *Ver nota en* VIAJE[2] *Ver tb* DAY TRIP, EGO TRIP, ROUND TRIP **2** (*coloq*) (*drogas*) viaje (*con drogas alucinógenas*): *a good/bad trip* un viaje malo/bueno **3** traspié, tropiezo **4** disparador: *a trip switch* un interruptor **LOC** *Ver* MEMORY

tripartite /traɪˈpɑːtaɪt/ *adj* (*formal*) tripartito

tripe /traɪp/ *n* [*incontable*] **1** callos **2** (*argot*) **(a)** tontería: *What utter tripe!* ¡Vaya necedad! **(b)** birria

triple /ˈtrɪpl/ *adj, n* triple: *at triple the speed* al triple de velocidad

■ **triple** *vt, vi* triplicar(se)

triplet /ˈtrɪplət/ *n* **1** [*gen pl*] trillizo, -a **2** (*Mús*) tresillo

triplicate /ˈtrɪplɪkət/ *n*

LOC in triplicate por triplicado
tripod /ˈtraɪpɒd/ *n* trípode
tripper /trɪpə(r)/ *n* excursionista
tripping /trɪpɪŋ/ *adj* ligero, ágil
triptych /ˈtrɪptɪk/ *n* tríptico
trite /traɪt/ *adj* trillado, manido
▶ **triteness** *n* lo trillado
triumph /ˈtraɪʌmf/ **1** *n* triunfo, éxito: *to return home in triumph* regresar a casa triunfalmente ◇ *a shout of triumph* un grito de júbilo **2** *vi* **~ (over sth/sb)** triunfar (sobre algo/algn)
triumphal /traɪˈʌmfl/ *adj* triunfal: *a triumphal arch* un arco triunfal
triumphant /traɪˈʌmfənt/ *adj* **1** triunfante **2** jubiloso **3** victorioso
▶ **triumphantly** *adv* triunfalmente, jubilosamente
triumvirate /traɪˈʌmvərət/ *n* triunvirato
trivet /ˈtrɪvɪt/ *n* trébedes
trivia /ˈtrɪviə/ *n* [*pl*] (*gen pey*) trivialidades, nimiedades
trivial /ˈtrɪviəl/ *adj* (*gen pey*) **1** trivial, insignificante **2** (*formal*) (*persona*) frívolo
▶ **triviality** /ˌtrɪviˈæləti/ *n* (*pl* **-ies**) (*pey*) trivialidad
trivially *adv* trivialmente
trivialize, -ise /ˈtrɪvɪəlaɪz/ *vt* (*pey*) trivializar, quitarle importancia a
▶ **trivialization, -isation** *n* trivialización
trod *pret, pp de* TREAD
trodden *pp de* TREAD *Ver tb* WELL-TRODDEN
troglodyte /ˈtrɒglədaɪt/ *n* troglodita
troika /ˈtrɔɪkə/ *n* **1** troika **2** triunvirato
Trojan /ˈtrəʊdʒən/ *adj, n* troyano, -a: *the Trojan horse/war* el caballo/la guerra de Troya
troll /trəʊl/ *n* gnomo

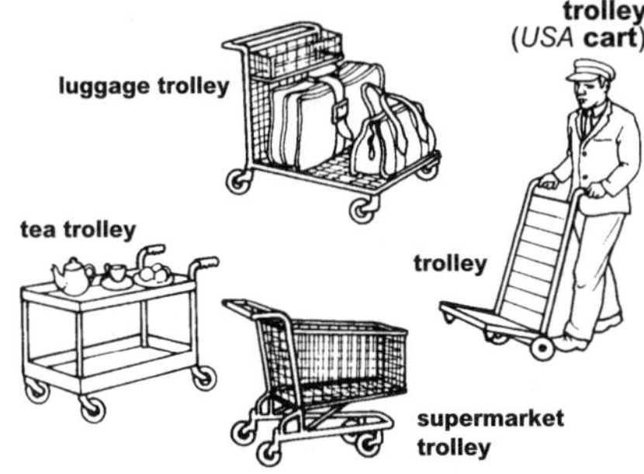

trolley /ˈtrɒli/ *n* (*pl* **~s**) **1** (*USA* **cart**) carrito: *a shopping trolley* un carrito de la compra ◇ *a supermarket trolley* un carrito de supermercado ◇ *a luggage trolley* un carrito para el equipaje *Ver tb* TEA TROLLEY ☛ *Ver ilustración en* GOLF **2** (*hospital*) camilla **3** vagoneta **4** (*USA*) (*GB* **tram**) tranvía
LOC to be off your trolley (*coloq*) estar chiflado
trolleybus /ˈtrɒlibʌs/ *n* trolebús
trollop /ˈtrɒləp/ *n* (*antic, pey*) marrana
trombone /trɒmˈbəʊn/ *n* (*instrumento*) trombón ☛ *Ver ilustración en* BRASS
▶ **trombonist** *n* (*músico*) trombón
troop /tru:p/ *n* **1** tropel, manada **2 troops** [*pl*] tropas **3** escuadrón
■ **troop** *v*
LOC to troop the colour desfilar con la bandera
PHR V to troop in(to), out (of), etc entrar, salir, etc en tropel: *The children trooped off to the park.* Los niños salieron en tropel hacia el parque.
to troop past (sth/sb) desfilar (por delante de algo/algn)
trooper /tru:pə(r)/ *n* **1** soldado de caballería **2** (*USA*) agente de policía (estatal) **LOC** *Ver* SWEAR
trophy /ˈtrəʊfi/ *n* (*pl* **-ies**) trofeo
tropic /ˈtrɒpɪk/ *n* **1** trópico: *the Tropic of Cancer/Capricorn* el trópico de Cáncer/Capricornio ☛ *Ver ilustración en* GLOBO **2 the tropics** [*pl*] el trópico
tropical /ˈtrɒpɪkl/ *adj* tropical
trot /trɒt/ (**-tt-**) **1** (*caballo*) **(a)** *vi* trotar **(b)** *vt* poner al trote **2** (*persona*) **(a)** trotar: *The child was trotting along behind his mother.* El niño trotaba detrás de su madre. **(b)** (*coloq*) ir: *We must be trotting along/off now.* Nos tenemos que ir ya.
PHR V to trot sth out (*coloq, pey*) sacar algo, dar algo (*disculpa, argumento, etc*): *He always trots out the same old excuses.* Siempre da las mismas excusas.
■ **trot** *n* **1** [*sing*] trote: *to break into a trot* empezar a trotar **2 the trots** [*pl*] (*coloq*) diarrea: *to have the trots* tener la barriga suelta
LOC on the trot (*coloq*) **1** seguido: *for eight hours on the trot* durante ocho horas seguidas **2** *I've been on the trot all day.* Llevo todo el día sin parar.
Trotskyism /ˈtrɒtskiɪzəm/ *n* trotskismo
Trotskyist /ˈtrɒtskiɪst/ (*tb* **Trotskyite** /ˈtrɒtskiaɪt/) *adj, n* trotskista
trotter /ˈtrɒtə(r)/ *n* **1** (*Cocina*) manita de cerdo **2** (*caballo*) trotón *Ver tb* GLOBE-TROTTER
troubadour /ˈtru:bədɔ:(r); *USA* -dʊər/ *n* trovador
trouble /ˈtrʌbl/ *n* **1** [*incontable*] problemas: *We're having trouble with our car.* El coche nos está dando problemas. ◇ *He had no trouble doing it.* Lo hizo sin ningún problema. ◇ *If we're late, there'll be trouble.* Si llegamos tarde, tendremos problemas. ◇ *What's the trouble?* ¿Qué pasa? ◇ *That's just the trouble.* Ese es precisamente el problema. ◇ *The trouble is…* Lo malo es que… ◇ *to get sb out of trouble* sacar a algn de un apuro **2** [*pl*] preocupaciones, penas: *money troubles* dificultades económicas ◇ *That's the least of my troubles.* Eso es lo que menos me preocupa. ◇ *My troubles are over now.* Ya no tendré de qué preocuparme. **3** [*incontable*] molestia, dificultad, esfuerzo: *I don't want to be any trouble to you.* No quiero causarte molestias. ◇ *It's no trouble.* No me supone ninguna molestia. ◇ *Save yourself the trouble of mending it.* No te molestes en arreglarlo. ◇ *It's not worth the trouble.* No vale la pena. ◇ *She had all that trouble for nothing.* Se esforzó tanto para nada. **4** disturbios, conflicto **5** [*incontable*] enfermedad: *heart trouble* enfermedad cardiaca
LOC to be in trouble 1 tener problemas, estar en un apuro **2** (*coloq*) estar embarazada **to get into trouble** meterse en un lío **to get sb into trouble 1** meter a algn en un lío **2** (*coloq*) dejar embarazada a algn **to give sb trouble** dar problemas a algn: *He never gave us any trouble.* Nunca nos dio un disgusto. **to go to a lot of, considerable, etc trouble (to do sth)** molestarse/esforzarse (en hacer algo): *He went to a lot of trouble to make her welcome.* Se esforzó muchísimo para que se sintiera bien recibida. **to look for trouble** (*coloq*) buscar pelea **to make trouble (for sb)** amargar la vida (a algn) **to take the trouble to do sth** tomarse la molestia de hacer algo **to take trouble over sth/with sth/to do sth/doing sth** esmerarse con algo/haciendo algo *Ver tb* ASK
■ **trouble 1** *vt* molestar: *I'm sorry to trouble you, but…* Siento tener que molestarle, pero… **2** *vt* preocupar: *What troubles me is that…* Lo que me preocupa es… **3** *vt* doler: *My back's troubling me.* Me duele la espalda. **4** *vt* **~ sb for sth/to do sth** (*formal*) (*en peticiones*) ☛ En este sentido **trouble** va normalmente precedido por **may** o **might**: *May I trouble you for the salt?* ¿Me hace el favor de pasarme la sal? ◇ *Might I trouble you to give me a lift to the station?* ¿Le importaría llevarme a la estación? **5** *vi* (*formal*) *to trouble* (*to do sth*) molestarse (en hacer algo)

▶ **troubled** *adj* **1** preocupado (*expresión, voz*): *She looked troubled.* Parecía preocupada. **2** (*período*) agitado **3** (*vida*) accidentado **LOC** *Ver* POUR

trouble-free /ˈtrʌbl friː/ *adj* sin problemas (*una infancia*), sin ninguna avería (*un viaje*)

troublemaker /ˈtrʌblmeɪkə(r)/ *n* agitador, -ora, alborotador, -ora

troubleshooter /ˈtrʌblʃuːtə(r)/ *n* investigador de conflictos laborales

troublesome /ˈtrʌblsəm/ *adj* molesto, penoso

trough /trɒf; *USA* trɔːf/ *n* **1** comedero, bebedero ☛ *Ver ilustración en* PIG **2** canal (*de desagüe*) **3** seno (*entre dos olas*) **4** (*meteorología*) depresión **5** (*fig*) punto bajo **LOC** *Ver* PEAK

trounce /traʊns/ *vt* **1** derrotar a **2** (*antic*) pegar

troupe /truːp/ *n* [*v sing o pl*] compañía (*de ballet, etc*)
▶ **trouper** *n* **1** miembro de una compañía de teatro: *an old trouper* un veterano **2** (*coloq, aprob*): *She's a real trouper.* Siempre está dispuesta a echar una mano.

trouser /ˈtraʊzə(r)/ *adj*: *trouser leg* pernera de pantalón ◊ *trouser pocket* bolsillo del pantalón ◊ *trouser suit* traje pantalón

trousers /ˈtraʊzəz/ *n* [*pl*] pantalones: *a pair of trousers* un pantalón **LOC** *Ver* CATCH[1], WEAR[1]

trousseau /ˈtruːsəʊ/ *n* (*pl* **~s** o **~x**) ajuar de novia

trout /traʊt/ *n* (*pl* **trout**) trucha **LOC** *Ver* OLD

trowel /ˈtraʊəl/ *n* **1** llana (*de albañil*) **2** desplantador

truant /ˈtruːənt/ *n* **1** (*Educ*) novillero, -a **2** holgazán
LOC to play truant (*GB*) hacer novillos ☛ Nótese que en inglés americano se dice **to play hooky**.
▶ **truancy** *n* acción/costumbre de hacer novillos, ausentismo escolar

truce /truːs/ *n* tregua: *to call a truce* suspender las hostilidades ◊ *a three-day truce* una tregua de tres días

truck[1] /trʌk/ *n* **1** (*GB*) vagón (*de mercancías*) **2** (*USA*) camión **3** carretilla *Ver tb* FORK-LIFT TRUCK
▶ **trucker** *n* (*USA*) camionero
trucking *n* (*USA*) transporte

truck[2] /trʌk/ *n* (*USA*) hortalizas
LOC to have no truck with sb no tener relaciones con algn **to have no truck with sth** no tener nada que ver con algo

truck farm (*USA*) (*GB* **market garden**) *n* huerto de hortalizas

truculent /ˈtrʌkjələnt/ *adj* (*pey*) truculento, agresivo
▶ **truculence** *n* truculencia, agresividad
truculently *adv* de modo agresivo

trudge /trʌdʒ/ *vi* andar con dificultad
■ **trudge** *n* caminata

true /truː/ *adj* (**truer, truest**) **1** cierto, verdad: *a true story* una historia verídica ◊ *The food is good and the same is true of the service.* La comida es buena y el servicio también lo es. ◊ *Too true!* ¡Es verdad! ◊ *to ring true* sonar convincente **2** verdadero: *The frog is not a true reptile.* La rana no es un reptil propiamente dicho. ◊ *a true Scotsman* un escocés auténtico **3** fiel (*un relato, una copia*) **4** derecho, a plomo, bien colocado **5** fiel: *She was always true to him.* Ella siempre le fue fiel. ◊ *to be true to your word* cumplir lo prometido
LOC to come true realizarse: *a dream come true* un sueño hecho realidad **too good to be true** demasiado bonito para ser verdad **true to**: *true to form* como de costumbre : *true to life* realista **your true colours** (*pey*): *He showed* (*himself in*) *his true colours.* Dejó ver su verdadero carácter. *Ver tb* PERSPECTIVE
■ **true** *adv* **1** *to speak true* decir la verdad **2** *to aim true* apuntar bien ◊ *to run true to type* estar conforme con el tipo
■ **true** *n*
LOC to be out of true no estar bien alineado (*una rueda*), estar desnivelado (*una puerta*)

true-life /ˈtruː laɪf/ *adj* verdadero, conforme con la realidad

truffle /ˈtrʌfl/ *n* trufa

truism /ˈtruːɪzəm/ *n* verdad manifiesta, perogrullada

truly /ˈtruːli/ *adv* sinceramente, verdaderamente, realmente: *I'm truly grateful.* Estoy realmente agradecido. ◊ *Tell me truly what you think.* Dime sinceramente lo que piensas. **LOC** *Ver* WELL[4], YOURS

trump /trʌmp/ *n* triunfo: *Hearts are trumps.* Pintan corazones.
LOC to come/turn up trumps (*coloq*) **1** ser muy generoso **2** salir bien
■ **trump 1** *vi* triunfar **2** *vt* (*naipes*) fallar
PHR V to trump sth up inventar algo, forjar algo: *a trumped-up charge* una acusación falsa

trump card /ˈtrʌmp kɑːd/ *n* **1** triunfo **2** (*fig*): *She played her trump card.* Jugó su última baza.

trumpet /ˈtrʌmpɪt/ *n* (*instrumento*) trompeta ☛ *Ver ilustración en* BRASS **LOC** *Ver* BLOW
■ **trumpet 1** *vt* pregonar **2** *vi* barritar
▶ **trumpeter** *n* (*músico*) trompeta, trompetista

truncate /trʌŋˈkeɪt; *USA* ˈtrʌŋkeɪt/ *vt* truncar

truncheon /ˈtrʌntʃən/ (*tb* **baton**) *n* porra (*de policía, etc*)

trundle /ˈtrʌndl/ **1** *vi* rodar lentamente **2** *vt* **(a)** arrastrar **(b)** empujar

trunk /trʌŋk/ *n* **1** (*Anat, Bot*) tronco **2** (*equipaje*) baúl ☛ *Ver ilustración en* EQUIPAJE **3** (*de elefante*) trompa **4** **trunks** bañador de caballero (*con pata*) **5** (*USA*) (*GB* **boot**) maletero

trunk road *n* carretera principal

truss /trʌs/ *n* **1** (*Med*) braguero **2** (*Arquit*) entramado
■ **truss** *vt* **~ sth/sb** (**up**) (**with sth**) atar algo/a algn (con algo)

trust /trʌst/ *n* **1 ~** (**in sth/sb**) confianza (en algo/algn): *to put your trust in sth/sb* confiar en algo/algn ◊ *a breach of trust* un abuso de confianza **2** responsabilidad: *a position of trust* un puesto de responsabilidad **3** fideicomiso *Ver tb* UNIT TRUST **4** fundación: *a charitable trust* una fundación de caridad *Ver tb* THE NATIONAL TRUST
LOC in trust en fideicomiso: *The money is being held in trust for him.* El dinero se ha puesto en fideicomiso. **on trust**: *to take sth on trust* creer algo sin tener pruebas de ello *Ver tb* BREACH
■ **trust 1** *vt* fiarse (de): *I don't trust him.* No me fío de él. ◊ *They're not to be trusted.* No son de fiar. **2** *vt* **~ sb with sth** confiar algo a algn: *You can't be trusted with anything.* No se te puede confiar nada. **3** *vi* (*formal*) esperar: *I trust* (*that*) *she's not seriously ill.* Espero que no se encuentre gravemente enferma.
LOC trust you, him, her, etc (**to do sth**): *Trust her to forget my birthday!* ¡Como era de esperar, se olvidó de mi cumpleaños!
PHR V to trust in sth/sb tener confianza en algo/algn **to trust to sth** confiar en algo: *to trust to luck* confiar en tener suerte
▶ **trusted** *adj* de confianza: *a trusted friend* un amigo de confianza

trustee /trʌˈstiː/ *n* **1** fideicomisario, -a **2** administrador, -ora

trust fund *n* fondo fiduciario

trusting /ˈtrʌstɪŋ/ (*tb* **trustful**) *adj* confiado
▶ **trustingly** *adv* confiadamente

trustworthy /ˈtrʌstwɜːði/ *adj* **1** digno de confianza **2** fidedigno

trusty /ˈtrʌsti/ *adj* (**-ier, -iest**) (*antic* o *joc*) fiel, de confianza

truth /truːθ/ *n* (*pl* **~s** /truːðz/) verdad: *to tell the truth* decir la verdad ◊ *The truth of the matter is…* Lo cierto es… ◊ *half truths* verdades a medias ◊ *an element of truth* algo de verdad *Ver tb* HALF-TRUTH **LOC** *Ver* BARE, ECONOMICAL, HOME, MOMENT
▶ **truthful** *adj* veraz

truthfully *adv* sinceramente, verídicamente: *Tell me truthfully, what happened?* Dime la verdad, ¿qué pasó?
truthfulness *n* veracidad

try /traɪ/ (*pret, pp* **tried**) **1(a)** *vi* intentar: *Come on, you can do it if you try.* Venga, lo puedes conseguir si lo intentas. ◊ *I'll try my best.* Voy a intentar hacerlo lo mejor que pueda. ◊ *I tried hard not to laugh.* Intenté no reírme con todas mis fuerzas. ◊ *We're trying to find out what happened.* Estamos tratando de averiguar lo que pasó. ☛ *Ver nota en* AND **(b)** *vt*: *We tried the youth hostel but it was full up.* Probamos en el albergue juvenil pero estaba lleno. **2** *vt* probar: *'Would you like to try some raw fish?'* "¿Le gustaría probar el pescado crudo?" **3** *vt* (*Jur*) **(a)** (*caso*) ver: *The case was tried in the High Court.* El caso fue visto en el Tribunal Supremo. **(b) to try sb (for sth)** procesar a algn (por algo): *He was tried for murder.* Fue procesado por asesinato. ◊ *The corporal was tried by a court-martial.* El cabo fue juzgado por un consejo de guerra.
LOC to try and do sth intentar hacer algo **to try sb's patience** hacer perder la paciencia a algn **to try your hand (at sth)** probar (algo): *I'd like to try my hand at computing.* Me gustaría probar la informática. **to try your luck (at sth)** probar suerte (en algo) **tried and tested** comprobado: *a tried (and tested) remedy* un remedio comprobado *Ver tb* BEST, DAMNEDEST, LEVEL, SEND
PHR V to try for sth tratar de conseguir/ganar algo
to try sth on 1 probarse algo: *Try the shoes on.* Pruébate los zapatos. **2** (*coloq*) intentar uno salirse con la suya: *They're just trying it on.* Solo están intentando salirse con la suya.
to try sth/sb out (on sb) probar algo/a algn (en algn): *The drug has not been tried out on humans yet.* La droga todavía no se ha probado en personas.
■ **try** *n* (*pl* **tries**) **1 a try (at sth/doing sth)**: *I'll give it a try.* Lo intentaré. ◊ *It's worth a try.* Vale la pena probarlo. **2** (*rugby*) ensayo, try: *try line* línea de ensayo ☛ *Ver ilustración en* RUGBY

trying /ˈtraɪɪŋ/ *adj* difícil, pesado: *a trying person* una persona difícil

try-out /ˈtraɪ aʊt/ *n* prueba, ensayo

tsar (*tb* **tzar, czar**) /zɑː(r)/ *n* zar
▶ **tsarist** (*tb* **tzarist, czarist**) *adj* zarista

T-shirt (*tb* **tee shirt**) /ˈtiː ʃɜːt/ *n* camiseta

tsp (*pl* **tsps**) (*medida*) *abrev de* **teaspoon(ful)**

T-square /ˈtiː skweə(r)/ *n* escuadra

tub /tʌb/ *n* **1(a)** tina, barreño **(b)** tarrina: *a tub of margarine* una tarrina de margarina **2** bañera

tuba /ˈtjuːbə; *USA* ˈtuː-/ *n* (*Mús*) tuba ☛ *Ver ilustración en* BRASS

tubby /ˈtʌbi/ *adj* **(-ier, -iest)** (*coloq*) rechoncho (*con forma de tonel*)

tube /tjuːb; *USA* tuːb/ *n* **1 ~ (of sth)** tubo (de algo) *Ver tb* INNER TUBE, TEST TUBE **2** [*gen pl*] (*Anat*) trompa *Ver tb* EUSTACHIAN TUBE, FALLOPIAN TUBE **3 the tube** (*tb* **the underground**) [*sing*] (*GB, coloq*) (el) metro: *to travel by tube/on the tube* ir en el metro ◊ *tube station* estación de metro ☛ *Comparar con* SUBWAY
LOC to go down the tube(s) (*coloq*) irse al traste

tuber /ˈtjuːbə(r); *USA* ˈtuː-/ *n* tubérculo (*Bot*)

tuberculosis /tjuːˌbɜːkjuˈləʊsɪs; *USA* tuː-/ *n* (*abrev* **TB**) tuberculosis

tubing /ˈtjuːbɪŋ/ *n* tubería

tubular /ˈtjuːbjələ(r); *USA* ˈtuː-/ *adj* tubular

TUC /ˌtiː juː ˈsiː/ (*GB*) *abrev de* **Trades Union Congress**

tuck /tʌk/ *vt* **1** meter: *to tuck your shirt into your trousers* meter la camisa en los pantalones ◊ *He sat with his legs tucked (up) under him.* Se sentó encima de sus piernas. **2** *to tuck a blanket round sb's legs* arropar las piernas de algn con una manta
PHR V to tuck sth away 1 (*esp GB, coloq*) engullir algo **2** (*coloq*) guardar/esconder algo: *to have a fortune tucked away in a Swiss bank account* tener una fortuna guardada en una cuenta en Suiza ◊ *a farm tucked away in the hills* una granja escondida entre las montañas
to tuck in/into sth (*esp GB, coloq*) comer (algo) con mucho gusto: *Tuck in, everybody!* ¡Venga, todos a comer!
to tuck sth in meter algo: *Tuck your shirt in!* Mete la camisa.
to tuck sb up: *to tuck the children up in bed* meter a los niños en la cama
■ **tuck** *n* **1** alforza **2** (*GB, coloq, antic*) golosinas

tucker /ˈtʌkə(r)/ *vt* **~ sb (out)** (*USA, coloq*) agotar a algn: *I'm all tuckered out.* Estoy agotado.
■ **tucker** *n* (*Austral, coloq*) comida **LOC** *Ver* BEST

Tudor /ˈtjuːdə(r)/ *adj* tudor

Tuesday /ˈtjuːzdeɪ, -di; *USA* ˈtuː-/ *n* (*abrev* **Tue, Tues**) martes *Ver tb* SHROVE TUESDAY ☛ *Ver nota y ejemplos en* MONDAY

tuft /tʌft/ *n* **1** (*tb* **tuft of hair**) mechón (de pelo) **2** (*plumas*) penacho **3** (*hierba*) manojo
▶ **tufted** *adj* **1** con penacho **2** (*moqueta, alfombra*) grueso, almohadillado

tug /tʌg/ *vt, vi* **(-gg-) 1 to tug (at sth)** tirar (con fuerza) de algo **2** arrastrar **LOC** *Ver* FORELOCK
■ **tug** *n* **1 tug (at/on sth)** tirón (de algo) **2** (*tb* **tugboat**) remolcador

tug of love *n* (*GB, coloq*) disputa legal por la custodia de un hijo

tug-of-war *n* juego de tira y afloja con una cuerda

tuition /tjuˈɪʃn; *USA* tuː-/ *n* (*formal*) **1** instrucción: *postal tuition* enseñanza por correo ◊ *to have private tuition* recibir clases particulares **2** matrícula: *to pay for/the tuition* pagar la matrícula

tulip /ˈtjuːlɪp; *USA* ˈtuː-/ *n* tulipán ☛ *Ver ilustración en* FLOR

tulle /tjuːl; *USA* tuːl/ *n* tul

tumble /ˈtʌmbl/ **1** *vi* **(a)** caerse: *to tumble down the stairs* caerse por la escalera **(b)** desplomarse **2** *vt* **(a)** derribar **(b)** desarreglar
PHR V to tumble about/around revolcarse
to tumble down venirse abajo
to tumble out salir en desorden: *Everything tumbled out.* Se me cayó todo.
to tumble over: *She tumbled over and over.* Iba dando tumbos.
to tumble sth over hacer caer algo
to tumble to sth (*coloq*) caer en la cuenta de algo
■ **tumble** *n* **1** caída: *to have/take a tumble* caerse **2** bajón: *Shares took a tumble.* Las acciones dieron un bajón. *Ver tb* ROUGH-AND-TUMBLE
LOC to have a tumble in the hay darse un revolcón en el pajar (*sexual*)

tumbledown /ˈtʌmbldaʊn/ *adj* destartalado

tumble-dryer (*tb* **tumble-drier**) /ˈtʌmbl draɪə(r)/ *n* secadora

tumbler /ˈtʌmblə(r)/ *n* **1** vaso (*para whisky, etc*) ☛ *Ver ilustración en* VASO **2** (*de cerradura*) seguro **3** acróbata

tumbrel (*tb* **tumbril**) /ˈtʌmbrəl/ *n* carreta

tummy /ˈtʌmi/ *n* (*coloq*) barriga

tummy ache *n* (*coloq*) dolor de tripas

tummy button *n* (*coloq*) ombligo

tumour /ˈtjuːmə(r)/ (*USA* **tumor** /ˈtuː-/) *n* tumor
▶ **tumorous** *adj* tumoroso

tumult /ˈtjuːmʌlt; *USA* ˈtuː-/ *n* [*sing*] (*formal*) **1** tumulto **2** alboroto **3** confusión: *to be in a tumult* estar confuso
▶ **tumultuous** *adj* tumultuoso

tumulus /ˈtjuːmjələs; *USA* ˈtuː-/ *n* (*pl* **tumuli** /-laɪ/) túmulo

tun /tʌn/ *n* tonel

tuna /ˈtjuːnə; *USA* ˈtuːnə/ *n* (*pl* **tuna** o **~s**) (*tb* **tuna-fish**, **tunny**) atún, bonito

tundra /ˈtʌndrə/ *n* tundra

tune /tjuːn; *USA* tuːn/ *n* **1** melodía **2** aire *Ver tb* SIGNATURE TUNE

LOC in/out of tune (with sth/sb) 1 afinado/desafinado (con algo/algn): *The violin is not in tune with the piano.* El violín no está a tono con el piano. **2** (*fig*) de acuerdo/en desacuerdo (con algo/algn) **to the tune of sth 1** *to sing sth to the tune of sth* cantar algo con la música de algo **2** (*coloq*) por la cantidad de: *to the tune of £200* por la cantidad de 200 libras *Ver tb* CALL, CHANGE, PAY[2], SING

■ **tune** *vt* **1** (*piano*) afinar **2** (*motor*) poner a punto

LOC to (be) tuned (in) to sth estar sintonizado con algo

PHR V to tune in (to sth) sintonizar (con algo)

to tune up acordar (instrumentos)

tuneful /ˈtjuːnfl/ *adj* melodioso

▶ **tunefully** *adv* melodiosamente

tuneless /ˈtjuːnləs/ *adj* (*pey*) disonante

tuner /ˈtjuːnə(r); *USA* ˈtuː-/ *n* **1** sintonizador **2** afinador, -ora: *piano tuner* afinador de piano

tune-up /ˈtjuːn ʌp/ *n* **1** puesta a punto **2** afinado

tungsten /ˈtʌŋstən/ *n* tungsteno

tunic /ˈtjuːnɪk; *USA* ˈtuː-/ *n* **1** túnica **2** guerrera

tuning fork /ˈtjuːnɪŋ fɔːk/ *n* diapasón

tunnel /ˈtʌnl/ *n* **1** túnel **2** galería **3** paso subterráneo

LOC *Ver* LIGHT[1]

■ **tunnel** *vt, vi* (**-ll-**, *USA* **-l-**) **1 ~ (into/through/under sth)** abrir un túnel (en/a través de/debajo de algo) **2** excavar

LOC to tunnel your way in/out of sth: *He tunnelled his way out.* Escapó excavando un túnel.

tunnel vision *n* **1** visión de túnel **2** (*pey, fig*) estrechez de miras

tunny /ˈtʌni/ *n Ver* TUNA

tuppence /ˈtʌpəns/ *n* (*GB, coloq*) *Ver* TWOPENCE

LOC not to care/give tuppence for sth/sb: *She couldn't care tuppence.* Le importa un comino.

▶ **tuppenny** *adj* de dos peniques

turban /ˈtɜːbən/ *n* turbante

turbid /ˈtɜːbɪd/ *adj* (*formal*) **1** turbio **2** (*fig*) confuso

turbine /ˈtɜːbaɪn/ *n* turbina

turbocharged /ˌtɜːbəʊˈtʃɑːdʒd/ *adj* turbocargado

turbojet /ˌtɜːbəʊˈdʒet/ *n* turborreactor

turboprop /ˌtɜːbəʊˈprɒp/ (*tb* **prop-jet**) *n* turbohélice

turbot /ˈtɜːbət/ *n* (*pl* **turbot**) rodaballo

turbulence /ˈtɜːbjʊləns/ *n* [*incontable*] **1** turbulencia **2** disturbios

turbulent /ˈtɜːbjələnt/ *adj* **1** turbulento **2** alborotado

turd /tɜːd/ *n* (*argot*) cagada

tureen /təˈriːn/ *n* sopera

turf /tɜːf/ *n* (*pl* **~s** o **turves** /tɜːvz/) **1(a)** césped **(b)** tepe **2** turba **3 the turf** [*sing*] carreras de caballos **4** (*esp USA, coloq*) terreno: *on my own turf* en mi terreno

■ **turf** *vt* poner césped en

PHR V to turf sth/sb out (of sth) (*GB, coloq*) echar algo/a algn (de algo)

turf accountant *n* (*GB, formal*) corredor, -ora de apuestas

turgid /ˈtɜːdʒɪd/ *adj* **1** (*pey*) (*prosa*) ampuloso **2** turgente **3** hinchado

turkey /ˈtɜːki/ *n* (*pl* **~s**) **1** pavo, -a: *roast turkey* pavo asado **2** (*USA, argot*) fracaso **LOC** *Ver* COLD

Turkish bath *n* baño turco

Turkish delight *n* miel turca

turmeric /ˈtɜːmərɪk/ *n* cúrcuma (*especia*)

turmoil /ˈtɜːmɔɪl/ *n* [*gen sing*] **1** confusión: *to be in (a) turmoil* estar en confusión **2** (*mental*) trastorno

turn[1] /tɜːn/

● **movimiento en torno a un punto central 1** *vt* hacer girar, dar (la) vuelta a **2** *vt, vi* volver(se): *He turned towards her.* Se volvió hacia ella. ◊ *to toss and turn* dar vueltas (en la cama) ◊ *to turn your head* volver la cabeza ◊ *Ana turned the page excitedly.* Ana volvió la página con excitación. ◊ *She turned her back on Simon and walked off.* Le dio la espalda a Simon y se marchó. ◊ *to turn sth on its side* poner algo de lado ◊ *to turn sth face/upside down* volver algo boca abajo *Ver tb* THREE-POINT TURN

● **movimiento en una dirección concreta** *vt* **~ sth (on sth/sb)** apuntar (a algo/algn) con algo; dirigir algo (hacia algo/algn): *They turned their dogs on us.* Nos echaron los perros. ◊ *The soldier turned his gun on me.* El soldado me apuntó con la pistola.

● **cambiando de dirección 1** *vi* torcer: *to turn right/left* torcer a la derecha/a la izquierda ◊ *to turn (round) the corner* doblar la esquina ◊ *to turn into the road* entrar en el camino ◊ *to turn to port or starboard* girar a babor o a estribor **2** *vt* **(a)** (*mirada, pasos*) volver: *She turned her eyes towards him.* Le miró. **(b)** *It's time to turn our attention to the question of money.* Es hora de que nos concentremos en la cuestión del dinero **3** *vi* **(a)** (*viento, suerte*) cambiar **(b)** (*marea*) repuntar **4** *vt*: *to turn cartwheels/somersaults* dar volteretas/saltos

● **cambiando de estado o de forma 1** *vt, vi* ponerse, volverse

> En muchos casos, cuando en inglés se utiliza el verbo **to turn** seguido de un adjetivo o sustantivo, hay un equivalente verbal en español: *to turn numb* entumecerse ◊ *to turn to vinegar* avinagrarse ◊ *to turn sb loose* soltar a algn. Cuando no hay equivalentes verbales, se traduce normalmente por *volver(se)* o *poner(se)*: *to turn red* ponerse rojo ◊ *Her lips turned blue with cold.* Se le pusieron los labios morados por el frío. ◊ *to turn white/serious/cold* ponerse blanco/serio/frío.
> Nótese que **to turn** se utiliza a menudo cuando las personas o las cosas cambian de color.

2 *vt, vi* **~ (sth/sb) (from A) to/into B** convertir(se) (algo/a algn) (de A) en B: *Water turns into ice.* El agua se convierte en hielo. **3** *vt* hacerse: *to turn professional* hacerse profesional **4** *vt* (*tiempo, edad*): *She turned forty in June.* Cumplió los 40 en junio. ◊ *It's turned midnight.* Han dado las doce. **5** *vt* (*dar forma*) **(a)** (*madera*) tornear **(b)** (*fig*): *a well-turned phrase* una frase bien construida **6** *vi* (*leche, etc*) agriar(se), cortar(se) **7** *vi* **(a)** revolverse: *It made his stomach turn.* Se le revolvió el estómago. **(b)** (*fig*): *My head's turning.* Me da vueltas la cabeza.

LOC as it/things turned out al final **to be well, badly, etc turned out** ir bien, mal, etc vestido **to turn round and do sth** (*coloq*) *How could she turn round and say that, after all we've done for her!* ¡Cómo ha podido pagárnoslo así, con todo lo que hemos hecho por ella!

☛ Para otras expresiones con **turn**, véanse las entradas del sustantivo, adjetivo, etc, p.ej. **to turn a deaf ear** en DEAF.

PHR V to turn about dar la vuelta (*esp Mil*): *About turn!* ¡Media vuelta!

to turn (sb) against sb ponerse/poner a algn en contra de algn

to turn sth against sb: *He turned the argument against them.* Volvió la discusión contra ellos.

to turn (a)round 1 girar **2** descargar y cargar **3** (*negocio*) cambiar de una situación de pérdidas a una tendencia positiva

to turn sth/sb (a)round darle la vuelta a algo/algn

to turn aside (from sth/sb) apartarse (de algo/algn)

to turn away (from sth/sb) apartar la vista (de algo/algn)

to turn sb away negarse a ayudar a algn, rechazar a algn

to turn sb away from sth echar a algn de algo

to turn back volverse hacia atrás

to turn sb back: *The police turned them back.* La policía les hizo volverse.
to turn sth back 1 *to turn back the clock* volver al pasado **2** doblar algo: *to turn back the edge* doblar el borde
to turn sth down bajar algo (*la radio, etc*): *to turn down the gas* bajar el fuego (de la cocina)
to turn sth/sb down rechazar algo/a algn
to turn from sth/sb apartarse de algo/algn
to turn sb from sth disuadir a algn de algo
to turn in 1 volverse hacia dentro **2** (*coloq*) acostarse
to turn sb in (*coloq*) entregar a algn a la policía
to turn sth in 1 devolver algo **2** lograr algo
to turn in on yourself encerrarse en sí mismo
to turn sth inside out volver algo del revés
to turn off desviarse (*de un camino*): *to turn off for Oxford* desviarse hacia Oxford
to turn sb off (*coloq*) desanimar/quitarle las ganas a algn
to turn sth off 1 (*luz, televisión, etc*) apagar algo **2** (*grifo*) cerrar algo **3** (*agua*) cortar algo **4** (*fig*) desconectar algo
to turn on sb volverse en contra de algn
to turn on sth 1 tratar de algo, centrarse en algo **2** depender de algo
to turn sb on (*coloq*) **1** poner cachondo a algn, excitar a algn **2** apetecer a algn: *Whatever turns you on.* Lo que te apetezca.
to turn sth on 1 (*luz, televisión, etc*) encender algo **2** (*grifo*) abrir algo
to turn out 1 asistir, presentarse **2** resultar, salir: *If it turns out wet …* Si resulta que llueve… ◊ *I hope all turns out well for you.* Espero que todo te salga bien.
to turn sth out 1 (*luz*) apagar algo **2** (*cajones, etc*) vaciar algo **3** (*fabricar*) producir algo
to turn sb out (of/from sth) echar a algn (de algo)
to turn out to be sth/sb; **to turn out that…** resultar ser algo/algn, resultar que…
to turn (sb) over dar(se) la vuelta (a algn): *He turned over and went to sleep.* Se dio la vuelta y se puso a dormir.
to turn sth over 1 (*disco, etc*) darle la vuelta a algo **2** *to turn over £10 million* tener una facturación de 10 millones de libras **3** (*motor*): *He left the motor turning over.* Dejó el motor encendido. **4** *She turned the matter over in her mind.* Le estaba dando vueltas al asunto. **5** (*casa*) saquear algo
to turn sb over to sth/sb entregar a algn a algo/algn
to turn sth over to sb ceder algo a algn
to turn round *Ver* TO TURN (A)ROUND
to turn sth/sb round *Ver* TO TURN STH/SB (A)ROUND
to turn to sb acudir a algn
to turn up presentarse, aparecer
to turn sth up 1 (*radio, etc*) subir algo (*el volumen*) **2** (*costura*): *to turn up a hem* coger un bajo **3** volver algo hacia arriba: *He turned up his collar.* Se levantó el cuello. **4** desenterrar algo (*accidentalmente*)
to turn sth upside down poner algo patas arriba

turn² /tɜːn/ *n* **1(a)** vuelta: *to give the handle a turn* darle una vuelta a la manivela **(b)** (*cabeza*) movimiento **2** (*cambio de dirección*) giro, vuelta: *to make a turn to the right* girar a la derecha ◊ *to take a wrong turn* coger un camino equivocado *Ver tb* U-TURN **3** curva: *twists and turns* vueltas y revueltas **4** cambio: *Events have taken a new turn.* Las cosas han tomado un nuevo rumbo. *Ver tb* DOWNTURN, UPTURN **5** turno, vez: *Whose turn is it?* ¿A quién le toca? ◊ *It's your turn.* Te toca a ti. ◊ *to miss your turn* perder la vez **6** paseo: *to take a turn round the garden* dar una vuelta por el jardín **7** actuación **8** (*coloq*) **(a)** [*sing*] susto: *to give sb a turn* darle a algn un susto **(b)** ataque, desmayo
LOC at every turn a cada paso **a/the turn of events** un cambio de circunstancias **a turn of phrase** un giro **a turn of speed**: *to put on a turn of speed* mostrar una gran velocidad **a turn of the screw**: *to give a turn of the screw* apretar los tornillos **by turns** por turno **done, etc to a turn** en su punto: *The meat was done to a turn.* La carne estaba en su punto. **in turn** sucesivamente, uno tras otro **one good turn deserves another** (*refrán*) amor con amor se paga **on the turn** a punto de cambiar **out of turn** fuera de turno: *to do sth out of turn* hacer uno algo cuando no le toca **the turn of the year/century** fin de año/final de siglo: *a turn-of-the-century painter* un pintor de finales de siglo **to do sb a good/bad turn** hacer un favor/una mala pasada a algn **(to do sth) turn and turn about** (hacer algo) por turnos **to take a turn for the better/worse** empezar a mejorar/empeorar **to take turns (at sth)** turnarse (para/en algo) **turn of mind** disposición de ánimo

turnaround /ˈtɜːnəraʊnd/ (*tb* **turnround**) *n* [*gen sing*] **1** giro de 180 grados **2** (tiempo de) descarga y carga
turncoat /ˈtɜːnkəʊt/ *n* (*pey*) chaquetero, -a
turned-up /ˈtɜːnd ʌp/ *adj* **1** doblado hacia arriba **2** (*nariz*) respingón
turning /ˈtɜːnɪŋ/ *n* **1** bocacalle: *to take the first turning* tomar la primera bocacalle **2** cruce
turning point *n* ~ **(in sth)** momento crítico, punto decisivo (en algo)
turnip /ˈtɜːnɪp/ *n* (*Bot*) nabo ☛ *Ver ilustración en* NABO
turn-off /ˈtɜːn ɒf/ *n* **1** (*carretera*) salida, bocacalle **2** [*gen sing*] (*coloq*) persona/cosa que repugna a algn
turn-on /ˈtɜːn ɒn/ *n* [*gen sing*] (*coloq*) persona/cosa que excita a algn (sexualmente)
turnout /ˈtɜːnaʊt/ *n* [*gen sing*] **1** asistencia, concurrencia **2** limpieza: *to have a turnout* hacer una buena limpieza
turnover /ˈtɜːnəʊvə(r)/ *n* **1** [*sing*] facturación **2** [*sing*] (*personal/mercancías*) movimiento **3** empanadilla (*de relleno dulce*): *apple turnover* empanada de manzana
turnpike /ˈtɜːnpaɪk/ *n* (*USA*) (*GB* **toll road**) autopista de peaje
turnround /ˈtɜːnraʊnd/ *n Ver* TURNAROUND
turnstile /ˈtɜːnstaɪl/ *n* torniquete
turntable /ˈtɜːnteɪbl/ *n* **1** (*tocadiscos*) plato **2** (*ferrocarriles*) plataforma giratoria
turn-up /ˈtɜːn ʌp/ *n* [*gen pl*] (*de pantalón*) vuelta
LOC a turn-up (for the books) (*coloq*) menuda sorpresa
turpentine /ˈtɜːpəntaɪn/ (*coloq* **turps**) *n* aguarrás, trementina ☛ *Ver nota en* AGUARRÁS
turpitude /ˈtɜːpɪtjuːd; *USA* -tuːd/ *n* vileza, depravación, infamia
turquoise /ˈtɜːkwɔɪz/ *n* (*piedra y color*) turquesa
■ **turquoise** *adj* (de) color turquesa: *turquoise blue* azul turquesa
turret /ˈtʌrət/ *n* **1** (*de edificio*) torreón, torre **2** (*Mil*) torreta, torre blindada
turtle /ˈtɜːtl/ *n* **1** tortuga **2** tortuga marina ☛ *Ver ilustración en* TORTUGA
LOC to turn turtle volcarse, volverse patas arriba
turtle-dove /ˈtɜːtl dʌv/ *n* tórtola
turtleneck /ˈtɜːtlnek/ *n* (jersey con) cuello alto (*sin vuelta*) ☛ *Ver ilustración en* NECK
turves *plural de* TURF
tusk /tʌsk/ *n* colmillo (*de elefante, etc*)
tussle /ˈtʌsl/ *n* forcejeo, lucha
■ **tussle** *vi* ~ **(with sb) (for/about/over sth)** luchar, pelearse (con algn) (por/por causa de algo)
tussock /ˈtʌsək/ *n* montecillo de hierba
tut /tʌt/ (*tb* **tut-tut** /ˌtʌt ˈtʌt/) *interj* ¡vaya!, ¡basta!
■ **tut** *vi* **(-tt-)** chasquear la lengua en señal de desaprobación o enfado
tutelage /ˈtjuːtəlɪdʒ; *USA* ˈtuː-/ *n* tutela
tutor /ˈtjuːtə(r); *USA* ˈtuː-/ *n* **1** profesor, -ora particular **2** (*GB*) (*universidad*) tutor, -ora
■ **tutor** *vt, vi* ~ **(sb) (in sth)** dar clases particulares (de algo) (a algn)

▶ **tutorial** /tjuːˈtɔːriəl; *USA* tuː-/ *n* (*universidad*) clase individual o con un pequeño grupo de estudiantes

tutu /ˈtuːtuː/ *n* tutú

tuxedo /tʌkˈsiːdəʊ/ *n* (*USA*) (*pl* **~s**) (*coloq* **tux** /tʌks/) (*GB* **dinner jacket**) esmoquin

TV /ˌtiː ˈviː/ *abrev de* **television** tele: *What's on TV tonight?* ¿Qué hay en la tele esta noche? ◊ *a colour TV* una televisión en color

TV licence *n* impuesto unifamiliar anual que se paga por el uso de uno o más televisores y que sirve para financiar las estaciones de radio y de televisión de la BBC ☛ *Ver nota en* CANAL

twaddle /ˈtwɒdl/ *n* tonterías, bobadas

twang /twæŋ/ *n* **1** (*esp Mús*) **(a)** (*acción*) punteado (vibrante) **(b)** (*sonido*) ruido **2** (*de la voz*) gangueo: *to speak with a nasal twang* hablar con voz gangosa

■ **twang** *vt, vi* **1** (*esp Mús*) puntear, tañer **2** (*cuerda, tirantes, etc*) (hacer) sonar: *a twanging sound* un sonido vibrante

twat /twɒt, twæt/ *n* (⚠) ☛ *Ver nota en* TABÚ **1** chocho **2** imbécil

tweak /twiːk/ *n* pellizco retorcido, tirón

■ **tweak** *vt* dar un pellizco retorcido, retorcer

twee /twiː/ *adj* (*GB, coloq, pey*) **1** cursi **2** (*manera de ser*) afectado

tweed /twiːd/ *n* **1** tweed **2 tweeds** [*pl*] traje de tweed

tweet /twiːt/ *n* pío pío

■ **tweet** *vi* piar

tweezers /ˈtwiːzəz/ *n* [*pl*] pinzas: *a pair of tweezers* unas pinzas

twelve /twelv/ *adj, pron, n* (*número*) doce ☛ *Ver ejemplos en* FIVE

▶ **twelfth 1** *adj* duodécimo: *Twelfth Night* la víspera de Reyes **2** *n, pron* **(a)** el duodécimo, la duodécima, los duodécimos, las duodécimas **(b) the twelfth** (*fecha*) el (día) doce **(c) the twelfth** (*rey, etc*) doce **(d)** (*proporción*) doceavo, duodécima parte **3** *adv* duodécimo, en duodécimo lugar ☛ *Ver ejemplos en* FIFTH

twenty /ˈtwenti/ *adj, pron, n* (*pl* **-ies**) veinte ☛ *Ver ejemplos en* FIVE

LOC **(to be) in your twenties** (tener) veintitantos años

■ **the twenties** *n* [*pl*] **1** (*temperatura*) los veinte grados (Fahrenheit) **2** (*abrev* **20's**) los (años) veinte ☛ *Ver ejemplos en* FIFTY

▶ **twentieth 1** *adj* vigésimo **2** *n, pron* **(a)** el vigésimo, la vigésima, los vigésimos, las vigésimas **(b) the twentieth** (*fecha*) el (día) veinte **(c) the twentieth** (*rey, etc*) veinte **(d)** (*proporción*) veinteavo ☛ *Ver ejemplos en* FIFTH

twerp /twɜːp/ *n* (*coloq*) imbécil

twice /twaɪs/ *adv* dos veces: *This is twice as big as that one.* Este es dos veces más grande que aquel. ◊ *twice as much/many* el doble

LOC **to be twice the man/woman (that sb is)** valer el doble (que algn) **twice over** dos veces *Ver tb* ASK, LIGHTNING, ONCE, THINK[1]

twiddle /ˈtwɪdl/ *vt, vi* **~ (with) sth** jugar con algo; (hacer) girar algo

LOC **to twiddle your thumbs** estar perdiendo el tiempo

■ **twiddle** *n* **1** vuelta **2** (*escrito*) floritura

▶ **twiddly** *adj* (*coloq*) complicado, lleno de florituras

twig[1] /twɪg/ *n* ramita

twig[2] /twɪg/ *vt, vi* (**-gg-**) (*GB, coloq*) caer en la cuenta (de)

twilight /ˈtwaɪlaɪt/ *n* **1** crepúsculo: *at twilight* al anochecer ◊ *in the twilight* en la media luz **2 ~ (of sth)** (*ret*) ocaso (de algo): *his twilight years* sus años crepusculares ◊ *twilight zone* zona en decadencia

▶ **twilit** *adj* a media luz

twill /twɪl/ *n* tela cruzada, sarga

twin /twɪn/ *n* **1** (*de nacimiento*) gemelo, -a, mellizo, -a: *twin brother/sister* (hermano/a) gemelo/a ◊ *identical twins* gemelos idénticos *Ver tb* SIAMESE TWINS **2** (*de un par*) gemelo, pareja, doble: *twin(-bedded) room* habitación de dos camas ◊ *twin-cam engine* motor de leva doble

■ **twin** *vt* (**-nn-**) **~ sth (with sth)** hermanar, emparejar algo (con algo): *Oxford is twinned with Bonn.* La ciudad de Oxford está hermanada con Bonn.

twine /twaɪn/ *n* (hilo) bramante

■ **twine 1** *vi* enroscarse, serpentear **2** *vt* **~ sth round sth** enroscar algo a/sobre algo: *legs twined round each other* piernas entrelazadas ◊ *She twined her arms around my neck.* Me rodeó el cuello con sus brazos.

twin-engined /ˌtwɪn ˈendʒɪnd/ *adj* bimotor

twinge /twɪndʒ/ *n* punzada (*de dolor o de emoción*): *to have a twinge of conscience* remorderle a uno la conciencia

twinkle /ˈtwɪŋkl/ *vi* **1** centellear, destellar **2 ~ (with sth)** (*ojos*) brillar (de algo)

■ **twinkle** *n* **1** (*luz*) destello, centelleo **2** (*de los ojos*) brillo: *She had a twinkle in her eye.* Le brillaban los ojos.

▶ **twinkling** *n*

LOC **in the twinkling of an eye** en un abrir y cerrar de ojos

twinset *n* (*GB*) conjunto de jersey y chaqueta (de punto)

twin town *n* ciudad hermanada

twirl /twɜːl/ *vt, vi* **1** (hacer) girar, dar vueltas (a) **2** (*enroscar*) retorcer(se)

■ **twirl** *n* **1** vuelta **2** (*del cuerpo*) pirueta **3** (*escrito*) rasgo

twist[1] /twɪst/ **1** *vt, vi* torcer(se), retorcer(se): *She managed to twist herself free.* Retorciéndose logró soltarse. ◊ *His face twisted into a grimace of disgust.* Su cara se torció en una mueca de repugnancia. **2** *vt, vi* (*en forma de rosca*) enrollar(se), enroscar(se): *She twisted her hair into a bun.* Se enroscó el pelo para hacerse un moño. **3** *vt* **~ sth (from/into sth)** (*entretejer*) trenzar, entrelazar algo (con/en algo) **4** *vi* (*camino, río, etc*) serpentear: *The road twists and turns.* La carretera serpentea. **5** *vt* (*palabras, etc*) tergiversar

LOC **to twist sb's arm** (*coloq*) retorcerle el brazo a algn

PHR V **to twist (sth) off (sth)** desenroscar(se) (algo) (de algo), quitar(se) (algo) (de algo)

to twist (round) darse la vuelta, torcerse

to twist sth (round) girar algo, dar una vuelta/vueltas a algo, torcer algo

▶ **twisted** *adj* (re)torcido

twister *n* (*coloq*) **1** timador, -ora, estafador, -ora **2** (*USA*) tornado, torbellino

twist[2] /twɪst/ *n* **1** torsión, torcedura: *to give sth a twist* torcer algo/dar una vuelta a algo ◊ *With a twist, he wrenched off the handle.* Torciéndola, arrancó la manilla. **2(a)** (*de papel*) pedacito, sobrecito **(b)** (*de tabaco*) rollo **(c)** (*de limón*) pedacito **(d)** (*en camino, río, etc*) recodo, curva: *twists and turns* vueltas y revueltas **(e)** (*en espiral*) enroscadura **3** (*cambio*) giro: *a cruel twist of fate* un capricho cruel de la suerte **4** (*en el carácter*) sesgo *Ver tb* TONGUE-TWISTER LOC *Ver* BEND, KNICKERS

twit /twɪt/ *n* (*GB, coloq*) tonto, -a

twitch /twɪtʃ/ *n* **1** movimiento repentino **2** (*involuntario*) tic **3** (*jalón*) tirón

■ **twitch** *vt, vi* **1** crispar(se), moverse (nerviosamente) **2 ~ at sth** dar un tirón a algo: *The wind twitched the paper out of my hand.* El viento me arrebató el periódico de las manos.

▶ **twitchy** *adj* (**-ier, -iest**) nervioso, inquieto

twitter /ˈtwɪtə(r)/ **1** *vi* (*pájaro*) gorjear **2** (*coloq*) **(a)** *vi* **~ (on) (about sth)** hablar agitadamente/sin parar (sobre algo) ☛ *Comparar con* WITTER **(b)** *vt* decir con nerviosismo

■ **twitter** *n* **1** (*de un pájaro*) gorjeo **2** (*coloq*) agitación, nerviosismo

two /tuː/ *adj, pron, n* (*pl* **twos**) (*número*) dos: *a two-legged creature* un animal de dos patas ◊ *a two-storey house* una casa de dos pisos ☛ *Ver ejemplos en* FIVE
LOC **a day, moment, etc or two** un par de días, un momento, etc **by/in twos and threes** dos o tres a la vez, en grupos de dos o tres **for two pins** por menos de nada: *For two pins I'd tell him what I think of him.* Por menos de nada le diría lo que pienso de él. **in two** en dos **it takes two to tango** (*refrán*) hay cosas que no ocurren si no hay dos partes involucradas **one or two** unos cuantos **or two**: *a year or two ago* hace un par de años **that makes two of us** (*coloq*) ya somos dos (**there are**) **no two ways about it** no hay más vuelta de hoja **to be in two minds about sth/doing sth** estar indeciso sobre algo/si hacer algo **to fall between two stools** quedarse entre dos aguas **to have/get two bites at the cherry** tener/recibir una segunda oportunidad **to have two left feet** (*coloq*) ser muy torpe (*bailando*) **to put two and two together** atar cabos **two by two** de dos en dos **two heads are better than one** (*refrán*) dos cabezas piensan más que una **two of a kind** tal para cual **two's company (, three's a crowd)** (*refrán*) dos es compañía (, tres es multitud) **two wrongs don't make a right** (*refrán*) un error no se corrige con otro *Ver tb* BIRD, BLOOD, FOOT[1], GAME[1], HOOT, KILL, KNOW, LESSER, PEA, PEG, PENNY, PIN, SHAKE[2], THICK, WAY[1]

two-dimensional /ˌtuː daɪˈmenʃənl/ *adj* **1** bidimensional **2** (*fig*) superficial

two-faced /ˌtuː ˈfeɪst/ *adj* falso, con dos caras

twofold /ˈtuːfəʊld/ *adj* **1** (*dos veces más*) doble **2** de dos aspectos: *The problem was twofold.* El problema tenía dos aspectos.
■ **twofold** *adv* dos veces: *to increase twofold* doblarse

two-handed /ˌtuː ˈhændɪd/ *adj* a/para dos manos: *a two-handed sword* un mandoble ◊ *a two-handed backhand* un revés a dos manos

twopence /ˈtʌpəns; *USA* ˈtuːpens/ (*tb* **tuppence**) *n* dos peniques

two-piece /ˈtuː piːs/ *adj* de dos piezas
■ **two-piece** *n* traje de dos piezas

two-ply /ˈtuː plaɪ/ *adj* **1** (*lana*) doble **2** (*madera*) de dos capas

two-seater /ˌtuː ˈsiːtə(r)/ *adj* de dos plazas
■ **two-seater** *n* coche, avión, sofá, etc de dos plazas

twosome /ˈtuːsəm/ *n* **1** pareja **2** (*juego*) juego de dos

two-stroke /ˈtuː strəʊk/ *adj* **1** (*motor*) de dos tiempos **2** (*vehículo*) con un motor de dos tiempos

two-time /ˌtuː ˈtaɪm/ *vt* (*coloq*) engañar, traicionar: *a two-timing rogue* un tunante infiel/traicionero
▶ **two-timer** *n* persona infiel, traidor, -ora

two-tone /ˈtuː təʊn/ *adj* **1** de dos colores, bicolor **2** (*con dos sonidos*) de dos tonos

two-way /ˌtuː ˈweɪ/ *adj* **1** (*calle*) de doble sentido **2** (*tráfico*) en ambas direcciones **3** (*Radio*) emisor y receptor **4** (*comunicación*) recíproco, mutuo **5** (*Elec*) de dos direcciones

tycoon /taɪˈkuːn/ *n* (*coloq*) magnate

tying *pp de* TIE

type[1] /taɪp/ *n* **1** (*categoría*) tipo, clase: *all types of jobs/jobs of all types* todo tipo de trabajos ◊ *Cheddar type cheese* queso tipo Cheddar ◊ *He's not my type* (*of person*). No es mi tipo. **2** (*ejemplo representativo*) tipo: *He's true to type.* Es típico del tipo. ◊ *She's not the artistic type.* No tiene mucha afición por el arte. **3** (*coloq*) (*persona*) tipo, individuo: *She's a brainy type.* Es una individua inteligente. **LOC** *Ver* REVERT

type[2] /taɪp/ *n* (*Imprenta*) (tipo de) letra, caracter: *in bold type* en negrita
■ **type** *vt, vi* ~ (**sth**) (**out/up**) escribir (a máquina), mecanografiar (algo): *Can you type?* ¿Sabes escribir a máquina? ◊ *He typed only one line.* Solo escribió una línea. ◊ *to type up some notes* pasar a máquina unos apuntes ◊ *This will have to be typed (out) again.* Habrá que volver a mecanografiar esto. *Ver tb* TOUCH-TYPE
▶ **typing** (*tb* **typewriting**) *n* **1** mecanografía: *typing pool* sala/servicio de mecanografía ◊ *typing error* error mecanográfico **2** (*texto*): *two pages of typing* dos hojas mecanografiadas
typist *n* mecanógrafo, -a *Ver tb* AUDIO TYPIST

typecast /ˈtaɪpkɑːst; *USA* -kæst/ *vt* (*pret, pp* **typecast**) encasillar (a un actor)

typeface /ˈtaɪpfeɪs/ (*tb* **face**) *n* tipo (de letra)

typescript /ˈtaɪpskrɪpt/ *n* texto mecanografiado

typesetter /ˈtaɪpsetə(r)/ *n* **1** (*persona*) cajista **2** (*máquina*) máquina de componer

typewriter /ˈtaɪpraɪtə(r)/ *n* máquina de escribir

typewritten /ˈtaɪprɪtn/ *adj* escrito a máquina

typhoid /ˈtaɪfɔɪd/ (*tb* **typhoid fever**) *n* (fiebre) tifoidea

typhoon /taɪˈfuːn/ *n* tifón

typhus /ˈtaɪfəs/ *n* tifus

typical /ˈtɪpɪkl/ *adj* **1** (*representativo*) típico **2** (*propio*) típico, característico: *with typical aplomb* con un aplomo característico ◊ *that's typical of him!* ¡eso es típico de él!
▶ **typically** *adv* **1** típicamente: *typically British style* estilo típicamente británico **2** como de costumbre: *Typically, he arrived late.* Como de costumbre, llegó tarde. **3** por regla general

typify /ˈtɪpɪfaɪ/ *vt* (*pret, pp* **-fied**) tipificar, ser ejemplo de: *This is typified by…* Un ejemplo de esto es…

typist *Ver tb* TYPE[2]

typography /taɪˈpɒgrəfi/ *n* tipografía
▶ **typographer** *n* tipógrafo, -a
typographical *adj* tipográfico: *typographical error* error de imprenta

tyrannical /tɪˈrænɪkl/ (*formal* **tyrannous** /ˈtɪrənəs/) *adj* tirano, tiránico

tyrannize, -ise /ˈtɪrənaɪz/ *vt, vi* ~ (**over**) **sth/sb** tiranizar algo/a algn

tyranny /ˈtɪrəni/ *n* tiranía

tyrant /ˈtaɪrənt/ *n* tirano, -a

tyre (*USA* **tire**) /ˈtaɪə(r)/ *n* neumático ☛ *Ver ilustración en* BICYCLE, CAR *Ver tb* SPARE TYRE

tzar, tzarina *Ver* TSAR

Uu

U, u /ju:/ *n* (*pl* **U's, u's** /ju:z/) (*letra*) U, u: *U for university* U de universidad *Ver tb* U-BOAT, U-TURN

U /ju:/ (*GB, Cine*) *abrev de* **Universal** para todos los públicos: *a U certificate film* una película apta para menores

UAE /ˌju: eɪ ˈi:/ *abrev de* **United Arab Emirates** Emiratos Árabes Unidos

UB40 /ˌju: bi: ˈfɔ:rti/ *n* carné del paro: *discounts for UB40 holders* descuento para los parados

ubiquitous /ju:ˈbɪkwɪtəs/ *adj* **1** (*formal*) ubicuo **2** (*joc*) que se encuentra en/por todas partes

U-boat /ˈju: bəʊt/ *n* submarino alemán

UDA /ˌju: di: ˈeɪ/ *abrev de* **Ulster Defence Association**

udder /ˈʌdə(r)/ *n* ubre ☛ *Ver ilustración en* COW[1]

UDR /ˌju: di: ˈɑ:(r)/ *abrev de* **Ulster Defence Regiment**

UEFA /ju:ˈi:fə/ *abrev de* **Union of European Football Associations** UEFA

UFO (*tb* **ufo**) /ˌju: ef ˈəʊ *coloq* ˈju:fəʊ/ (*pl* **UFOs**) *abrev de* **unidentified flying object** OVNI

ugh /ɜ:, ʊx/ *interj* ¡uf!, ¡puf!

ugly /ˈʌgli/ *adj* (**uglier, ugliest**) **1** feo: *I was the ugly duckling of the class.* Yo era el patito feo de la clase. **2** (*hostil*) siniestro, peligroso: *The crowd was in an ugly mood.* Había unos ánimos exaltados entre la multitud. ◇ *ugly incidents* sucesos desagradables

LOC **(as) ugly as sin** (*coloq*) más feo que pegarle a un padre

▶ **ugliness** *n* fealdad, lo feo

UHF /ˌju: eɪtʃ ˈef/ *abrev de* **ultra-high frequency** UHF

UHT /ˌju: eɪtʃ ˈti:/ *abrev de* **ultra heat treated** UHT, uperizado

UK /ˌju: ˈkeɪ/ *abrev de* **United Kingdom (of Great Britain and Northern Ireland)** Reino Unido ☛ *Ver nota en* GREAT BRITAIN

ulcer /ˈʌlsə(r)/ *n* úlcera

▶ **ulcerate** *vt, vi* ulcerar(se)

ulceration *n* ulceración

ulcerous *adj* ulceroso, ulcerante

ulna /ˈʌlnə/ *n* (*pl* **ulnae** /-ni:/) (*Anat*) cúbito ☛ *Ver ilustración en* ESQUELETO

ulterior /ʌlˈtɪəriə(r)/ *adj* oculto: *to have an ulterior motive/ulterior motives* ir con segunda intención

ultimate /ˈʌltɪmət/ *adj* **1** último, final: *the ultimate aim* el objetivo final **2** (*elemental*) esencial, fundamental

■ **the ultimate** *n* **~ (in sth)** lo último (en algo)

▶ **ultimately** *adv* **1** al final, finalmente **2** (*esencialmente*) fundamentalmente

ultimatum /ˌʌltɪˈmeɪtəm/ *n* (*pl* **~s** o **ultimata** /-tə/) ultimátum

ultramarine /ˌʌltrəməˈri:n/ **1** *adj* (de color) (azul) ultramar **2** *n* azul ultramar

ultrasonic /ˌʌltrəˈsɒnɪk/ *adj* ultrasónico

ultrasound /ˈʌltrəsaʊnd/ *n* ultrasonido: *an ultrasound scan* una ecografía

ultraviolet /ˌʌltrəˈvaɪələt/ *adj* ultravioleta: *ultraviolet light* radiación ultravioleta ◇ *an ultraviolet lamp* lámpara (de rayos) ultravioleta

um /ʌm, əm/ (*tb* **erm**) *interj* (*vacilación, incertidumbre*) eh…, este…, esto…

umber /ˈʌmbə(r)/ *n* tierra de sombra

■ **umber** *adj* (de) (color) ocre oscuro

umbilical /ʌmˈbɪlɪkl, ˌʌmbɪˈlaɪkl/ *adj* umbilical: *umbilical cord* cordón umbilical

umbrage /ˈʌmbrɪdʒ/ *n*

LOC **to take umbrage (at sth)** (*formal* o *joc*) ofenderse (por algo)

umbrella /ʌmˈbrelə/ *n* (*lit* y *fig*) paraguas: *umbrella stand* paragüero ◇ *umbrella organization, group, etc* organización, empresa que agrupa a muchas otras ◇ *They brought nationalised industries under the umbrella of a single authority.* Pusieron todas las empresas nacionalizadas dentro de una sola jurisdicción.

umpire /ˈʌmpaɪə(r)/ *n* (*Dep*) árbitro, -a, juez ☛ *Ver ilustración en* BASEBALL, CRICKET, TENNIS

■ **umpire** *vt, vi* arbitrar

umpteen /ˌʌmpˈti:n/ *pron, adj* (*coloq*) innumerables

▶ **umpteenth** *adj* enésimo

UN /ˌju: ˈen/ *abrev de* **United Nations** Organización de las Naciones Unidas: *UN security council* el consejo de seguridad de la ONU

unabashed /ˌʌnəˈbæʃt/ *adj* impasible: *Unabashed, she went on.* Siguió sin inmutarse. ◇ *to be unabashed by sth* no dejarse desanimar por algo

unabated /ˌʌnəˈbeɪtɪd/ *adj* **1** sin disminuir, que no disminuye **2** (*tormenta, etc*) sin amainar

unable /ʌnˈeɪbl/ *adj* incapaz, imposibilitado: *to be unable to do sth* ser incapaz de hacer algo ◇ *She is unable to walk.* Está imposibilitada para caminar.

unabridged /ˌʌnəˈbrɪdʒd/ *adj* íntegro

unacceptable /ˌʌnəkˈseptəbl/ *adj* inaceptable

▶ **unacceptably** *adv* inaceptablemente

unaccompanied /ˌʌnəˈkʌmpənid/ *adj* **1** solo, no acompañado **2** (*Mús*) sin acompañamiento

unaccountable /ˌʌnəˈkaʊntəbl/ *adj* **1** inexplicable **2** **~ (to sth/sb)** no responsable (ante algo/algn)

▶ **unaccountably** *adv* inexplicablemente

unaccounted /ˌʌnəˈkaʊntɪd/ *adj* **to be/remain ~ for 1(a)** (*dinero, objeto*) faltar **(b)** (*persona*) no ser encontrado **2** (*hecho*) no explicado

unaccustomed /ˌʌnəˈkʌstəmd/ *adj* **1** no acostumbrado: *to be unaccustomed to sth/to doing sth* no estar acostumbrado a algo/no acostumbrar hacer algo **2** (*no característico*) desacostumbrado, insólito

unacknowledged /ˌʌnəkˈnɒlɪdʒd/ *adj* **1** no reconocido, ignorado **2** (*carta*) sin contestar, no contestado

unacquainted /ˌʌnəˈkweɪntɪd/ *adj*: *to be unacquainted with sth* desconocer algo

unadorned /ˌʌnəˈdɔ:nd/ *adj* sin adorno(s): *the unadorned truth* la verdad sin tapujos

unadulterated /ˌʌnəˈdʌltəreɪtɪd/ *adj* **1** (*comida, bebida, etc*) puro, sin adulterar **2** (*completo*) puro: *unadulterated nonsense* puras tonterías

unaffected /ˌʌnəˈfektɪd/ *adj* **1 ~ (by sth)** no afectado (por algo) **2** (*sincero*) sin afectación

unafraid /ˌʌnəˈfreɪd/ *adj* sin miedo: *to be unafraid of sth/sb* no tener miedo a algo/algn

unaided /ʌnˈeɪdɪd/ *adj* sin ayuda, solo

unalterable /ʌnˈɔ:ltərəbl/ *adj* inalterable

unaltered /ʌnˈɔ:ltəd/ *adj* inalterado

unambiguous /ˌʌnæmˈbɪgjuəs/ *adj* inequívoco

▶ **unambiguously** *adv* de modo inequívoco

unanimity /ˌju:nəˈnɪməti/ *n* unanimidad

unanimous /juˈnænɪməs/ *adj* **~ (in sth)** unánime (en algo)

▶ **unanimously** *adv* unánimemente

unannounced /ˌʌnəˈnaʊnst/ *adj* sin previo aviso, sin avisar

unanswerable /ʌnˈɑːnsərəbl; *USA* ˌʌnˈæn-/ *adj* **1** (*pregunta*) que no se puede contestar **2** (*argumento, etc*) irrebatible, irrefutable

unanswered /ʌnˈɑːnsəd; *USA* ˌʌnˈæn-/ *adj* sin contestar

unappealing /ˌʌnəˈpiːlɪŋ/ *adj* poco atractivo

unappetizing, -ising /ˌʌnˈæpɪtaɪzɪŋ/ *adj* **1** poco apetitoso **2** (*fig*) nada atractivo

unapproachable /ˌʌnəˈprəʊtʃəbl/ *adj* **1** inaccesible, inabordable **2** (*persona*) inasequible

unarmed /ˌʌnˈɑːmd/ *adj* **1** desarmado, sin armas: *unarmed combat* combate sin armas **2** (*indefenso*) inerme

unashamed /ˌʌnəˈʃeɪmd/ *adj* desvergonzado: *to be unashamed of sth/sb* no avergonzarse de algo/algn
▶ **unashamedly** *adv* desvergonzadamente

unasked /ˌʌnˈɑːskt; *USA* ˌʌnˈæskt/ *adj* **1** (*pregunta*) sin ser formulado, no formulado: *unasked for* no solicitado **2** (*huésped*) sin ser invitado, no invitado

unassailable /ˌʌnəˈseɪləbl/ *adj* inatacable

unassuming /ˌʌnəˈsjuːmɪŋ; *USA* ˌʌnəˈsuː-/ *adj* modesto, sin pretensiones

unattached /ˌʌnəˈtætʃt/ *adj* **1** suelto: *people unattached to any political organization* gente que no pertenece a ninguna organización política **2** (*persona*) sin pareja

unattainable /ˌʌnəˈteɪnəbl/ *adj* inalcanzable

unattended /ˌʌnəˈtendɪd/ *adj* desatendido: *to leave a child unattended* dejar a un niño solo ◊ *Do not leave your belongings unattended.* No deje sus pertenencias desatendidas.

unattractive /ˌʌnəˈtræktɪv/ *adj* poco atractivo

unauthorized, -ised /ˌʌnˈɔːθəraɪzd/ *adj* no autorizado: *'no unauthorized entry'* "solo personal autorizado"

unavailability /ʌnəˌveɪləˈbɪləti/ *n* falta de disponibilidad

unavailable /ˌʌnəˈveɪləbl/ *adj* no disponible: *He was unavailable for comment.* No quiso hacer ningún comentario. ◊ *It's unavailable.* No se puede obtener.

unavailing /ˌʌnəˈveɪlɪŋ/ *adj* infructuoso

unavoidable /ˌʌnəˈvɔɪdəbl/ *adj* inevitable
▶ **unavoidably** *adv* inevitablemente: *I was unavoidably delayed.* No he podido evitar el retraso.

unaware /ˌʌnəˈweə(r)/ *adj* no consciente: *She seemed unaware of the danger she was in.* Parecía no ser consciente del peligro en el que se encontraba. ◊ *I am not unaware of the problem.* Soy consciente del problema. ◊ *He was unaware that...* Ignoraba que...

unawares /ˌʌnəˈweəz/ *adv* **1** inesperadamente **2** sin darse cuenta
LOC to catch/take sb unawares coger a algn desprevenido

unbalance /ˌʌnˈbæləns/ *vt* desequilibrar

unbalanced /ˌʌnˈbælənst/ *adj* **1** desequilibrado **2** parcial **3** (*mentalmente*) trastornado

unbearable /ʌnˈbeərəbl/ *adj* insoportable
▶ **unbearably** *adv* insoportablemente: *It's unbearably hot.* Hace un calor insoportable.

unbeatable /ʌnˈbiːtəbl/ *adj* invencible: *unbeatable prices* precios inigualables

unbeaten /ʌnˈbiːtn/ *adj* (*Dep*) invicto: *an unbeaten team* un equipo que nunca ha sido vencido ◊ *an unbeaten record for the high jump* un récord de salto de altura nunca superado

unbecoming /ˌʌnbɪˈkʌmɪŋ/ *adj* (*formal*) **1** poco favorecedor: *an unbecoming colour* un color que no sienta bien **2 ~ (to sb)** impropio (de algn)

unbeknown /ˌʌnbɪˈnəʊn/ (*tb* **unbeknownst** /-ˈnəʊnst/) *adv* **~ to**: *unbeknown(st) to him* sin su conocimiento

unbelievable /ˌʌnbɪˈliːvəbl/ *adj* increíble
▶ **unbelievably** *adv* increíblemente

unbeliever /ˌʌnbɪˈliːvə(r)/ *n* incrédulo, -a, no creyente

unbending /ˌʌnˈbendɪŋ/ *adj* (*principio, regla, determinación*) inflexible, firme

unbiased /ʌnˈbaɪəst/ *adj* imparcial

unbidden /ʌnˈbɪdn/ (*formal*) *adv* **1** sin ser invitado: *to help unbidden* ayudar sin que se lo pidan **2** (*fig*) espontáneamente
■ **unbidden** *adj* espontáneo

unblemished /ʌnˈblemɪʃt/ *adj* **1** perfecto: *Her complexion is unblemished.* Su piel no tiene defectos. **2** (*fig*) sin mancha, intachable: *an unblemished record* un historial sin tacha

unblock /ˌʌnˈblɒk/ *vt* **1** (*tubería*) desatascar **2** (*Fin*) desbloquear **3** (*Med*) quitar una obstrucción

unborn /ˌʌnˈbɔːn/ *adj* nonato

unbounded /ʌnˈbaʊndɪd/ *adj* ilimitado

unbreakable /ʌnˈbreɪkəbl/ *adj* irrompible, inquebrantable (*el espíritu, etc*)

unbridled /ʌnˈbraɪdld/ *adj* (*pasión, etc*) incontrolado, desenfrenado

unbroken /ʌnˈbrəʊkən/ *adj* **1** ininterrumpido: *to have ten hours of unbroken sleep* dormir diez horas ininterrumpidas **2** (*récord*) imbatido **3** (*caballo*) no domado, indómito (*el espíritu*) **4** (*vajilla, etc*) intacto

unbuckle /ˌʌnˈbʌkl/ *vt* (*algo con hebilla*) desabrochar

unburden /ˌʌnˈbɜːdn/ (*formal*) **1** *vt* aliviar a: *to unburden your heart* abrir el corazón **2** *v refl*: *to unburden yourself* desahogarse ◊ *to unburden yourself of a secret* desahogarse contando un secreto ◊ *He needed to unburden himself to sb about his problems.* Necesitaba desahogarse con algn de todos sus problemas.

unbutton /ˌʌnˈbʌtn/ *vt* desabrochar

uncalled-for /ʌnˈkɔːld fɔː(r)/ *adj* injustificado

uncanny /ʌnˈkæni/ *adj* (**-ier, -iest**) **1** extraño, misterioso **2** asombroso: *an uncanny resemblance* un parecido asombroso ◊ *She has an uncanny knack of being able to guess people's names.* Parece tener la asombrosa propiedad de poder adivinar los nombres de la gente.
▶ **uncannily** *adv*: *He looks uncannily like Ronald Reagan.* Es asombroso cómo se parece a Ronald Reagan.

uncared-for /ʌnˈkeəd fɔː(r)/ *adj* abandonado, descuidado

uncaring /ʌnˈkeərɪŋ/ *adj* despreocupado: *uncaring of danger/people's feelings* sin preocuparse del peligro/de los sentimientos de otros ◊ *an uncaring attitude* una actitud de despreocupación

unceasing /ʌnˈsiːsɪŋ/ *adj* incesante
▶ **unceasingly** *adv* sin cesar

unceremonious /ˌʌnˌserəˈməʊniəs/ *adj* descortés, brusco
▶ **unceremoniously** *adv* (*pey*) bruscamente, sin cortesías

uncertain /ʌnˈsɜːtn/ *adj* **1(a)** inseguro, dudoso, indeciso: *She was uncertain (as to) how to reply.* No sabía cómo responder. **(b)** incierto: *It is uncertain whether...* No se sabe si... ◊ *Our future is uncertain.* Nuestro futuro es muy incierto. **2** variable: *in these uncertain times* en estos tiempos tan variables **3** vacilante (*voz, sonrisa*)
LOC in no uncertain terms a las claras
▶ **uncertainly** *adv* de manera vacilante, de manera indecisa: *"Yes," she said uncertainly.* "Sí", dijo de manera vacilante.

uncertainty /ʌnˈsɜːtnti/ *n* (*pl* **-ies**) **1** incertidumbre, duda: *Life is full of uncertainty.* La vida está llena de incertidumbres. ◊ *the uncertainties of life on the dole* la inseguridad de la vida en el paro ◊ *He expressed uncertainty about the future of the project.* Expresó sus dudas sobre el futuro del proyecto. **2** indecisión, irresolución

unchallenged /ʌnˈtʃælɪndʒd/ *adj* incontestado: *They*

refused to let his tyranny continue unchallenged. Se negaron a que su tiranía continuara sin oposición.

unchanged /ʌnˈtʃeɪndʒd/ *adj* igual, sin alteración: *The interest rate will continue unchanged for the forseeable future.* El tipo de interés continuará sin cambios en un futuro predecible.

unchanging /ʌnˈtʃeɪndʒɪŋ/ *adj* inmutable, inalterable

uncharacteristic /ˌʌnˌkærəktəˈrɪstɪk/ *adj* poco característico: *Her recent uncharacteristic behaviour suggests…* Su reciente comportamiento, tan poco característico de ella, sugiere…

▶ **uncharacteristically** *adv* de manera poco característica: *The young executive became uncharacteristically nervous when…* El joven ejecutivo se puso nervioso de manera poco característica en él cuando…

uncharitable /ʌnˈtʃærɪtəbl/ *adj* poco caritativo

▶ **uncharitably** *adv* de manera poco caritativa

uncharted /ˌʌnˈtʃɑːtɪd/ *adj* **1** que no figura en un mapa **2** (*fig*) inexplorado: *Our research is sailing into uncharted waters.* Nuestra investigación navega por aguas desconocidas.

unchecked /ˌʌnˈtʃekt/ *adj, adv* **1** (*carga, etc*) no comprobado, sin revisar **2** (*avance, etc*) libremente, sin restricción

uncivilized, -ised /ʌnˈsɪvəlaɪzd/ *adj* incivilizado: *Who can be ringing me up at this uncivilized hour?* ¿Quién podrá llamarme a esta hora tan intempestiva?

unclaimed /ˌʌnˈkleɪmd/ *adj* (*objeto perdido, etc*) no reclamado

unclassified /ʌnˈklæsɪfaɪd/ *adj* sin clasificar

uncle /ˈʌŋkl/ *n* tío: *Now you're an uncle.* Ya eres tío. ◊ *my aunts and uncles* mis tíos ☛ *Ver nota en* TÍO *Ver tb* GREAT-UNCLE

unclean /ˌʌnˈkliːn/ *adj* impuro, inmundo

unclear /ˌʌnˈklɪə(r)/ *adj* poco claro, nada claro: *It is unclear whether there will be a change of government.* No está nada claro que vaya a haber un cambio de gobierno.

Uncle Sam *n* (*coloq*) el Tío Sam

Uncle Tom *n* (*USA, coloq, pey*) negro que adopta una actitud servil frente a los blancos

uncomfortable /ʌnˈkʌmftəbl; *USA* -fərt-/ *adj* incómodo: *He felt uncomfortable about lying to her.* Se sentía incómodo ante la perspectiva de mentirle.

▶ **uncomfortably** *adv* incómodamente

uncommitted /ˌʌnkəˈmɪtɪd/ *adj* no comprometido

uncommon /ʌnˈkɒmən/ *adj* poco común, insólito

uncommunicative /ˌʌnkəˈmjuːnɪkətɪv/ *adj* poco comunicativo

uncomplicated /ʌnˈkɒmplɪkeɪtɪd/ *adj* poco complicado, sin complicaciones, sencillo

uncomplimentary /ʌnˌkɒmplɪˈmentri/ *adj* poco halagüeño

uncomprehending /ʌnˌkɒmprɪˈhendɪŋ/ *adj* incomprensivo

uncompromising /ʌnˈkɒmprəmaɪzɪŋ/ *adj* inflexible, firme: *an uncompromising loyalty* una lealtad absoluta

▶ **uncompromisingly** *adv* inflexiblemente

unconcealed /ˌʌnkənˈsiːld/ *adj* abierto, no disimulado: *with unconcealed satisfaction* con satisfacción no disimulada

unconcern /ˌʌnkənˈsɜːn/ *n* (*formal*) desinterés, despreocupación ☛ La manera más normal de decir "desinterés" es **lack of concern**.

unconcerned /ˌʌnkənˈsɜːnd/ *adj* **1 ~ (about/by sth)** indiferente (a algo) **2** despreocupado

unconditional /ˌʌnkənˈdɪʃənl/ *adj* incondicional: *unconditional surrender* rendición sin condiciones

▶ **unconditionally** *adv* incondicionalmente, sin condiciones

unconfirmed /ˌʌnkənˈfɜːmd/ *adj* sin confirmar, no confirmado: *There are unconfirmed reports that…* Hay unas informaciones, todavía sin confirmar, que…

unconnected /ˌʌnkəˈnektɪd/ *adj* inconexo: *The villages are unconnected by any form of public transport.* No existe ningún transporte público entre los pueblos. ◊ *These facts are completely unconnected.* Estos hechos no guardan ninguna relación entre sí.

unconscionable /ʌnˈkɒnʃənəbl/ *adj* (*formal* o *joc*) excesivo, desmedido

unconscious /ʌnˈkɒnʃəs/ *adj* **1(a)** (*sin sentido*) inconsciente: *He was knocked unconscious by the blow.* El golpe lo dejó inconsciente. **(b)**: *to be unconscious of sth* no ser consciente de algo **2** (*no intencional*) inconsciente

▶ **the unconscious** *n* el inconsciente

unconsciously *adv* inconscientemente

unconsciousness *n* inconsciencia: *to lapse into unconsciousness* caer en la inconsciencia

unconstitutional /ˌʌnˌkɒnstɪˈtjuːʃənl/ *adj* inconstitucional

uncontested /ˌʌnkənˈtestɪd/ *adj* **1** (*Jur*) no impugnado **2** (*líder*) indiscutible: *Her election was uncontested.* Fue la única candidata al cargo.

uncontrollable /ˌʌnkənˈtrəʊləbl/ *adj* incontrolable

▶ **uncontrollably** *adv* de modo incontrolable

uncontrolled /ˌʌnkənˈtrəʊld/ *adj* sin control, incontrolado

unconventional /ˌʌnkənˈvenʃənl/ *adj* poco convencional

unconvinced /ˌʌnkənˈvɪnst/ *adj* poco convencido: *to remain unconvinced* seguir sin convencerse

unconvincing /ˌʌnkənˈvɪnsɪŋ/ *adj* poco convincente

▶ **unconvincingly** *adv* de manera poco convincente

uncooked /ˌʌnˈkʊkt/ *adj* crudo ☛ La palabra más normal es **raw**.

uncooperative /ˌʌnkəʊˈɒpərətɪv/ *adj* poco cooperador

uncoordinated /ˌʌnkəʊˈɔːdɪneɪtɪd/ *adj* falto de coordinación, no coordinado

uncork /ˌʌnˈkɔːk/ *vt* descorchar

uncorroborated /ˌʌnkəˈrɒbəreɪtɪd/ *adj* no corroborado (*confesión, pruebas*)

uncouth /ʌnˈkuːθ/ *adj* grosero

uncover /ʌnˈkʌvə(r)/ *vt* **1** destapar: *to uncover your head* descubrirse la cabeza **2** (*fig*) descubrir

uncritical /ˌʌnˈkrɪtɪkl/ *adj* falto de sentido crítico

▶ **uncritically** *adv* de manera poco crítica

uncross /ˌʌnˈkrɒs/ *vt*: *to uncross your legs* descruzar las piernas

unction /ˈʌŋkʃn/ *n* **1** unción: *extreme unction* extremaunción **2** (*formal, pey*) zalamería

unctuous /ˈʌŋktjuəs/ *adj* zalamero, pelota

uncultivated /ʌnˈkʌltɪveɪtɪd/ *adj* **1** (*tierra*) sin cultivar **2** (*persona*) inculto

uncurl /ˌʌnˈkɜːl/ **1** *vt* estirar: *She uncurled her legs.* Estiró las piernas. **2** *v refl* **~ (yourself)** estirarse

uncut /ˌʌnˈkʌt/ *adj* **1** sin cortar: *the uncut version* la versión sin cortes **2** sin tallar, sin labrar: *uncut diamonds* diamantes en bruto

undamaged /ʌnˈdæmɪdʒd/ *adj* intacto, sin desperfectos

undaunted /ʌnˈdɔːntɪd/ *adj* sin amilanarse, impetérrito: *to be undaunted by sth* no amilanarse ante algo

undecided /ˌʌndɪˈsaɪdɪd/ *adj* **1** (*asunto*) pendiente, sin resolver **2 ~ (about sth/sb)** (*persona*) indeciso (sobre algo/algn): *He is still undecided about his future.* Todavía está indeciso sobre su futuro.

undeclared /ˌʌndɪˈkleəd/ *adj* sin declarar

undefeated /ˌʌndɪˈfiːtɪd/ *adj* invicto

undefended /ˌʌndɪˈfendɪd/ *adj* indefenso

undemanding /ˌʌndɪˈmɑːndɪŋ/ *adj* que no exige mucho

undemocratic /ˌʌndeməˈkrætɪk/ *adj* no democrático

undemonstrative /ˌʌndɪˈmɒnstrətɪv/ *adj* reservado, inexpresivo

undeniable /ˌʌndɪˈnaɪəbl/ *adj* innegable, indiscutible: *It is undeniable that...* No se puede negar que...

undeniably /ˌʌndɪˈnaɪəbli/ *adv* indudablemente: *Undeniably, the final stage is crucial.* No se puede negar que la última etapa es crucial.

under /ˈʌndə(r)/ *prep* **1** debajo de: *under the chair* debajo de la silla ◊ *Put them under here.* Ponlos aquí debajo. *Ver tb* UNDER WAY **2** bajo: *under the water* bajo el agua **3** (*edad*) menor de: *children under 5* menores de cinco años ◊ *No admittance to anyone under the age of 18.* No se admite la entrada a los menores de 18 años. ◊ *Sorry, you're under age.* Lo siento, eres menor de edad. ◊ *the under-sixteens* los menores de dieciséis años **4** (*cantidad, tiempo, distancia*) menos de: *under £5 000* menos de 5.000 libras ◊ *under an hour* menos de una hora **5** (*gobierno, mando, etc*) bajo **6** (*Jur*) según (*un contrato, etc*), en conformidad con (*una ley*): *under the terms of the contract* según los términos del contrato ◊ *Under Article 21...* Según el Artículo 21... **7** (*a cargo de*): *She has a staff of 19 working under her.* Tiene 19 personas trabajando a su cargo. ◊ *He studied under Monet.* Estudió con Monet. ◊ *under construction/development* en construcción/desarrollo ◊ *under lock and key* bajo llave ◊ *under difficult circumstances* en condiciones difíciles ◊ *under full sail* a toda vela ◊ *under hypnosis/(an) anaesthetic* bajo los efectos de la hipnosis/la anestesia ◊ *under a false name* bajo un nombre falso ◊ *under the pseudonym of...* con el seudónimo de...

under- /ˈʌndə(r)/ *pref* **1** (*insuficiente*): *under-achievement* rendimiento por debajo del nivel exigido ◊ *under-funding* provisión insuficiente de fondos ◊ *Women are under-represented in the group.* Las mujeres tienen una representación demasiado pequeña en el grupo. ◊ *under-used* infrautilizado ◊ *under-privileged* desfavorecido ☛ Nótese que muchas palabras que se forman con el prefijo **under-** a menudo se escriben con o sin guion: *under-achievement/underachievement.* **2** (*edad*) menor de: *the under-fives* los menores de cinco años ◊ *the under-21s* los menores de veintiún años ◊ *the England under-21 team* el equipo sub-veintiuno inglés

underachievement /ˌʌndərəˈtʃiːvmənt/ *n* rendimiento por debajo de su capacidad o del nivel exigido

under age /ˌʌndər ˈeɪdʒ/ (*tb* **under-age(d)**) *adj* menor de edad: *under-age drinking* el consumo de bebidas alcohólicas por menores de edad ☛ Es común el uso de **under-16, -18, -21**, etc para decir los menores de 16, 18, 21, etc.

underarm /ˈʌndərɑːm/ *n* axila
■ **underarm** (*tb* **underhand**) *adv* (*Dep*) por debajo del hombro

underbelly /ˈʌndəbeli/ *n* [*sing*] **1** (*animal*) panza **2** (*tb* **soft underbelly**) (*fig*) parte más vulnerable (*de políticas, organizaciones, etc*)

underbrush /ˈʌndəbrʌʃ/ (*USA*) (*GB* **undergrowth**) *n* maleza

undercarriage /ˈʌndəkærɪdʒ/ (*tb* **landing-gear**) *n* tren de aterrizaje

underclass /ˈʌndəklɑːs/ *n* clase marginada

undercoat /ˈʌndəkəʊt/ *n* (*pintura*) primera mano

undercover /ˌʌndəˈkʌvə(r)/ *adj* secreto, clandestino (*pago, agente*)

undercurrent /ˈʌndəkʌrənt/ *n* **1** (*fig*) tendencia oculta: *political undercurrents* contracorrientes políticas **2** corriente submarina

undercut /ˌʌndəˈkʌt/ *vt* (**-tt-**) (*pret, pp* **undercut**) **1** hacer la competencia con precios más bajos **2** (*fig*) socavar: *to undercut sb's plans* estropear los planes de algn ◊ *to undercut spending power* recortar el poder adquisitivo **3** (*Dep*) cortar

underdeveloped /ˌʌndədɪˈveləpt/ *adj* **1** (*crecimiento, etc*) poco desarrollado **2** (*país*) subdesarrollado
▶ **underdevelopment** *n* subdesarrollo

underdog /ˈʌndədɒg; *USA* -dɔːg/ *n* **the underdog** perdedor, -ora, desvalido, -a: *the underdogs of society* los desamparados de la sociedad

underestimate /ˌʌndərˈestɪmeɪt/ *vt* subestimar, infravalorar: *Never underestimate your opponent.* Nunca subestimes a tu oponente.
■ **underestimate** /ˌʌndərˈestɪmət/ (*tb* **underestimation**) *n* subestimación, infravaloración

underfoot /ˌʌndəˈfʊt/ *adv* debajo de los pies

undergo /ˌʌndəˈgəʊ/ *vt* (*pret* **underwent** /-ˈwent/ *pp* **undergone** /-ˈgɒn; *USA* -ˈgɔːn/) **1** (*cambios, penalidades*) experimentar, sufrir **2** (*pruebas*) pasar **3** (*cursos*) seguir **4** (*tratamiento, cirugía*) someterse a

undergraduate /ˌʌndəˈgrædʒuət/ *n* estudiante no licenciado

underground /ˌʌndəˈgraʊnd/ *adv* **1** bajo tierra **2** (*fig*) en la clandestinidad: *He went underground.* Pasó a la clandestinidad.
■ **underground** *adj* **1** subterráneo **2** (*fig*) clandestino
■ **underground** *n* **1** (*coloq* **tube**) (*USA* **subway**) (*Transporte*) metro **2** movimiento clandestino

undergrowth /ˈʌndəgrəʊθ/ (*USA* **underbrush**) *n* maleza

underhand /ˌʌndəˈhænd/ *adj* (*tb* **underhanded**) turbio, solapado
■ **underhand** *adj, adv Ver* UNDERARM

underlay /ˈʌndəleɪ/ *n* material aislante esponjoso que se coloca debajo de la moqueta

underlie /ˌʌndəˈlaɪ/ *vt* (*pret* **underlay** /-leɪ/ *pp* **underlain** /-leɪn/) **1** estar debajo de **2** (*fig*) estar detrás de
▶ **underlying** *adj* subyacente: *the underlying rock* la roca subyacente ◊ *the underlying reason for her refusal* la razón detrás de su negativa

underline /ˌʌndəˈlaɪn/ (*tb* **underscore**) *vt* subrayar

underling /ˈʌndəlɪŋ/ *n* (*pey*) subordinado

undermine /ˌʌndəˈmaɪn/ *vt* socavar

underneath /ˌʌndəˈniːθ/ *prep* debajo de
■ **underneath** *adv* (por) debajo
■ **the underneath** *n* [*incontable*] la parte inferior

undernourished /ˌʌndəˈnʌrɪʃt/ *adj* desnutrido

underpaid /ˌʌndəˈpeɪd/ *adj* (*trabajador*) mal pagado

underpants /ˈʌndəpænts/ (*coloq* **pants**) *n* [*pl*] calzoncillos

underpin /ˌʌndəˈpɪn/ *vt* (**-nn-**) (*lit* y *fig*) apuntalar

underplay /ˌʌndəˈpleɪ/ *vt* menospreciar

underpriced /ˌʌndəˈpraɪst/ *adj* con precio demasiado bajo

underprivileged /ˌʌndəˈprɪvəlɪdʒd/ *adj* desheredado, marginado
▶ **the underprivileged** *n* [*pl*] los desheredados, los marginados

underrate /ˌʌndəˈreɪt/ *vt* subestimar: *an underrrated writer* un escritor infravalorado

underscore /ˌʌndəˈskɔː(r)/ *vt* subrayar

under-secretary /ˌʌndəˈsekrətri/ *n* subsecretario, -a

undershirt /ˈʌndəʃɜːt/ (*USA*) (*GB* **vest**) *n* camiseta

underside /ˈʌndəsaɪd/ *n* [*sing*] **1** parte de abajo **2** costado inferior **3** bajos

the undersigned /ˌʌndəˈsaɪnd/ *n* (*formal*) el abajo firmante/ los abajo firmantes

undersized /ˌʌndəˈsaɪzd/ (*tb* **undersize**) *adj* (*pey*) más pequeño de lo normal

understaffed /ˌʌndəˈstɑːft; *USA* -ˈstæft/ *adj* que tiene falta de personal

understand /ˌʌndəˈstænd/ (*pret, pp* **understood** /-ˈstʊd/) **1(a)** *vt, vi* entender: *to understand the instructions/French* entender las instrucciones/el francés **(b)** *vt* explicarse: *I don't understand why he came.* No me explico por qué vino. **2** *vt* entender de: *to understand children/machinery* entender de niños/de maquinaria **3** *vt* (*gen formal*) **(a)** tener entendido: *I understand she is in Paris.* Tengo entendido que está en

París. **(b)** sobrentender(se): *You will be paid, that's understood.* Se sobrentiende que se le pagará.

LOC **to give sb to understand (that)...** (*formal*) darle a entender a algn (que) **to make yourself understood** hacerse entender *Ver tb* BELIEVE

understandable /ˌʌndəˈstændəbl/ *adj* comprensible: *It is understandable that...* Se comprende que...

▶ **understandably** *adv* naturalmente

understanding /ˌʌndəˈstændɪŋ/ *adj* comprensivo: *to be understanding about sth* mostrarse comprensivo acerca de algo

■ **understanding** *n* **1** entendimiento, comprensión: *human understanding* la comprensión humana **2** conocimiento: *a good understanding of a subject* un buen conocimiento de un tema **3** acuerdo (informal): *to come to/have an understanding about sth* llegar a/tener un acuerdo sobre algo **4 ~ (of sth)** (*gen formal*) interpretación (de algo): *It was my understanding that...* Mi interpretación fue que...

LOC **on the understanding that...** a condición de que..., con tal que...

understate /ˌʌndəˈsteɪt/ *vt* **1** expresarse, etc de manera moderada **2** subestimar, minimizar

understatement /ˈʌndəsteɪtmənt/ *n*: *To say they are disappointed would be an understatement.* Decir que están desilusionados sería quedarse corto.

understood *pret, pp de* UNDERSTAND

understudy /ˈʌndəstʌdi/ *n* **~ (to sb)** (*Teat*) suplente (de algn)

undertake /ˌʌndəˈteɪk/ *vt* (*pret* **undertook** /-ˈtʊk/ *pp* **undertaken** /-ˈteɪkən/) (*formal*) **1** emprender: *to undertake a task* encargarse de una tarea **2 ~ to do sth** comprometerse a hacer algo

undertaker /ˈʌndəteɪkə(r)/ (*USA tb* **mortician**) *n* director, -ora de pompas fúnebres

▶ **the undertaker's** *n* la funeraria ☛ *Ver nota en* CARNICERÍA

undertaking /ˌʌndəˈteɪkɪŋ/ *n* **1** (*formal*) compromiso, obligación: *a written undertaking* un compromiso por escrito ◊ *to give an undertaking (that...)* comprometerse (a que...) **2** [*sing*] (*Com*) empresa

undertone /ˈʌndətəʊn/ *n* **1** susurro: *to speak in an undertone* hablar en voz baja **2** trasfondo **3** (*arte*) toque

undertook *pret de* UNDERTAKE

undertow /ˈʌndətəʊ/ *n* resaca

undervalue /ˌʌndəˈvæljuː/ *vt* infravalorar, subestimar

underwater /ˌʌndəˈwɔːtə(r)/ *adj* submarino

■ **underwater** *adv* bajo el agua

under way (*tb* **underway**) /ˌʌndəˈweɪ/ *adv*

LOC **to be/get under way** estar/ponerse en marcha: *Work is already under way.* Las reparaciones ya se están llevando a cabo. ◊ *Once the game got underway...* Una vez que el juego se puso en marcha...

underwear /ˈʌndəweə(r)/ *n* [*incontable*] (*tb* **underclothes** [*pl*], (*formal* **underclothing**) ropa interior

underweight /ˌʌndəˈweɪt/ *adj* que no tiene el peso normal/requerido: *It's six pounds underweight.* Le faltan seis libras. ☛ *Ver nota en* DELGADO

underwent *pret de* UNDERGO

underworld /ˈʌndəwɜːld/ *n* **1 the underworld** [*sing*] el averno **2** hampa: *the criminal underworld* el mundo del delito

underwrite /ˌʌndəˈraɪt/ *vt* (*pret* **underwrote** /-ˈrəʊt/ *pp* **underwritten** /-ˈrɪtn/) **1** su(b)scribir **2** comprometerse a financiar

▶ **underwriter** *n* asegurador, -ora, subscriptor, -ora

undeserved /ˌʌndɪˈzɜːvd/ *adj* inmerecido

▶ **undeservedly** *adv* inmerecidamente

undesirable /ˌʌndɪˈzaɪərəbl/ *adj, n* indeseable: *an undesirable influence* una influencia indeseable

undetectable /ˌʌndɪˈtektəbl/ *adj* imperceptible

undetected /ˌʌndɪˈtektɪd/ *adj* no descubierto: *to go undetected* pasar inadvertido

undetermined /ˌʌndɪˈtɜːmɪnd/ *adj* indeterminado

undeterred /ˌʌndɪˈtɜːd/ *adj*: *He was undeterred by failure.* No se dejó desanimar por el fracaso.

undeveloped /ˌʌndɪˈveləpt/ *adj* **1** (*país*) subdesarrollado **2** (*músculo*) poco desarrollado **3** (*Fot*) sin revelar **4** (*tierra*) sin explotar **5** (*fruta*) inmaduro

undid /ʌnˈdɪd/ *pret de* UNDO

undies /ˈʌndiz/ *n* [*pl*] (*coloq*) ropa interior

undifferentiated /ˌʌndɪfəˈrenʃieɪtɪd/ *adj* indiferenciado

undignified /ʌnˈdɪgnɪfaɪd/ *adj* **1** (*comportamiento*) poco digno **2** (*postura*) poco decoroso

undiluted /ˌʌndaɪˈluːtɪd, -ˈljuːtɪd/ *adj* **1** (*lit*) sin diluir **2** (*fig*) puro

undiminished /ˌʌndɪˈmɪnɪʃt/ *adj* no disminuido

undiscerning /ˌʌndɪˈsɜːnɪŋ/ *adj* poco selectivo, sin discernimiento

undisciplined /ʌnˈdɪsəplɪnd/ *adj* indisciplinado

undisclosed /ˌʌndɪsˈkləʊzd/ *adj* no revelado: *an undisclosed sum* una suma que no ha sido revelada

undiscovered /ˌʌndɪsˈkʌvəd/ *adj* desconocido, sin descubrir

undiscriminating /ˌʌndɪsˈkrɪmɪneɪtɪŋ/ *adj* poco selectivo, sin discernimiento

undisguised /ˌʌndɪsˈgaɪzd/ *adj* **1** (*fig*) manifiesto **2** sin tapujos

undismayed /ˌʌndɪsˈmeɪd/ *adj* impertérrito: *He carried on undismayed.* Siguió adelante sin desanimarse.

undisputed /ˌʌndɪˈspjuːtɪd/ *adj* incuestionable, indiscutible

undistinguished /ˌʌndɪˈstɪŋgwɪʃt/ *adj* mediocre

undisturbed /ˌʌndɪˈstɜːbd/ *adj* tranquilo, sin molestar: *to leave sth undisturbed* dejar algo sin tocar ◊ *to leave sb undisturbed* dejarle a algn tranquilo

undivided /ˌʌndɪˈvaɪdɪd/ *adj* indiviso

LOC **to get/have sb's undivided attention** tener toda la atención de algn **to give your undivided attention (to sth/sb)** prestar uno toda su atención (a algo/algn)

undo /ʌnˈduː/ *vt* (*pret* **undid** /ʌnˈdɪd/ *pp* **undone** /ʌnˈdʌn/) **1(a)** deshacer **(b)** desabrochar: *My shirt has come undone.* Se me ha desabrochado la camisa. **(c)** desatar **(d)** (*envoltura*) quitar *Ver* TO DO STH UP *en* DO[2] **2** anular: *to undo the damage* reparar el daño

undoing /ʌnˈduːɪŋ/ *n* (*formal*) perdición: *It was his undoing.* Fue su perdición.

undone /ʌnˈdʌn/ *adj* **1** desabrochado: *to come undone* desabrocharse/desatarse **2** sin acabar: *to leave sth undone* dejar algo sin acabar **3** (*fig*) perdido: *to be undone* estar arruinado

undoubted /ʌnˈdaʊtɪd/ *adj* indudable

▶ **undoubtedly** *adv* indudablemente

undramatic /ˌʌndrəˈmætɪk/ *adj* poco dramático

undreamed-of /ʌnˈdriːmd ɒv/ (*tb* **undreamt-of** /ʌnˈdremt ɒv/) *adj* inimaginable

undress /ʌnˈdres/ *vt, vi* desnudar(se) ☛ Es más normal decir **to get undressed.**

■ **undress** *n* uniforme militar (de diario)

▶ **undressed** *adj* desnudo: *to get undressed* desnudarse

undue /ˌʌnˈdjuː; *USA* -ˈduː/ *adj* (*formal*) excesivo, indebido: *with undue haste* con prisa excesiva ☛ Siempre aparece inmediatamente antes de un sustantivo.

undulate /ˈʌndjuleɪt; *USA* -dʒʊ-/ *vi* ondular, ondear

▶ **undulating** *adj* ondulante, ondulado

undulation *n* ondulación

unduly /ˌʌnˈdjuːli; *USA* -ˈduːli/ *adv* (*formal*) excesivamente, en demasía

undying /ʌnˈdaɪɪŋ/ *adj* imperecedero

unearned /ˌʌnˈɜːnd/ *adj* **1** que no se gana trabajando: *unearned income* rentas **2** inmerecido

unearth /ʌnˈɜːθ/ *vt* desenterrar, sacar a luz

unearthly /ʌnˈɜːθli/ *adj* **1** sobrenatural **2** (*coloq*) (*hora*) intempestivo

unease /ʌnˈiːz/ *n* malestar: *with growing unease* con inquietud creciente
▶ **uneasiness** *n* inquietud
uneasily *adv* inquietamente

uneasy /ʌnˈiːzi/ *adj* (**-ier, -iest**) **1** ~ (**about/at sth**) inquieto (por algo): *to have an uneasy conscience* remorderle a algn la conciencia ◊ *He felt uneasy about the situation.* Se inquietaba por la situación. **2** (*silencio*) incómodo **3** (*sospecha*) inquietante

uneconomic /ˌʌnˌiːkəˈnɒmɪk, ˌʌnˌek-/ (*tb* **uneconomical** /ˌʌnˌiːkəˈnɒmɪkl, ˌʌnˌek-/) *adj* antieconómico, poco rentable

unedifying /ʌnˈedɪfaɪɪŋ/ *adj* poco edificante

uneducated /ʌnˈedʒukeɪtɪd/ *adj* inculto

unelected /ʌnˈɪlektɪd/ *adj* no elegido

unemotional /ˌʌnˈɪməʊʃənl/ *adj* **1** impasible **2** objetivo

unemployable /ˌʌnɪmˈplɔɪəbl/ *adj, n* (persona) no apta para el trabajo

unemployed /ˌʌnɪmˈplɔɪd/ *adj* desempleado, en paro
▶ **the unemployed** *n* [*pl*] los parados

unemployment /ˌʌnɪmˈplɔɪmənt/ *n* desempleo, paro: *unemployment benefit* subsidio de desempleo ◊ *unemployment figures* cifras de paro

unencumbered /ˌʌnɪnˈkʌmbəd/ *adj* ~ (**by sth**) sin la carga (de algo); libre (de algo)

unending /ʌnˈendɪŋ/ *adj* interminable

unendurable /ʌnɪnˈdjʊərəbl/ *adj* inaguantable

unenforceable /ʌnɪnˈfɔːsəbl/ *adj* inaplicable: *This law is unenforceable.* Esta ley es inaplicable.

unenlightened /ʌnɪnˈlaɪtnd/ *adj* mal informado

unenterprising /ʌnˈentəpraɪzɪŋ/ *adj* falto de iniciativa

unenthusiastic /ʌnɪnˌθjuːziˈæstɪk/ *adj* poco entusiasta
▶ **unenthusiastically** *adv* sin entusiasmo

unenviable /ʌnˈenviəbl/ *adj* poco envidiable

unequal /ʌnˈiːkwəl/ *adj* **1** desigual: *They are unequal in height.* No tienen la misma altura. **2** (*formal*) insuficiente: *to feel unequal to sth* no sentirse a la altura de algo
▶ **unequally** *adv* desigualmente

unequalled /ʌnˈiːkwəld/ *adj* sin par: *His record is unequalled.* Su récord no tiene igual.

unequivocal /ˌʌnɪˈkwɪvəkl/ *adj* (*formal*) inequívoco
▶ **unequivocally** *adv* sin lugar a dudas, claramente

unerring /ʌnˈɜːrɪŋ/ *adj* infalible
▶ **unerringly** *adv* infaliblemente

UNESCO (*tb* **Unesco**) /juːˈneskəʊ/ *abrev de* **United Nations Educational, Scientific and Cultural Organization** UNESCO

unethical /ʌnˈeθɪkl/ *adj* contrario a la moral/la conducta profesional
▶ **unethically** *adv*: *to behave unethically* proceder contra las normas de la conducta moral/profesional

uneven /ʌnˈiːvn/ *adj* **1** desigual **2** (*pulso*) irregular **3** (*suelo*) desnivelado
▶ **unevenly** *adv* desigualmente
unevenness *n* **1** desigualdad **2** escabrosidad (*de terreno*)

uneventful /ˌʌnɪˈventfl/ *adj* sin incidentes, tranquilo
▶ **uneventfully** *adv* tranquilamente

unexamined /ʌnˈɪgzæmɪnd/ *adj* no examinado

unexceptional /ˌʌnɪkˈsepʃənl/ *adj* normal, común y corriente

unexciting /ˌʌnɪkˈsaɪtɪŋ/ *adj* **1** de poco interés **2** poco emocionante

unexpected /ˌʌnɪkˈspektɪd/ *adj* inesperado, imprevisto
▶ **unexpectedly** *adv* inesperadamente
unexpectedness *n* lo inesperado
the unexpected *n* [*sing*] lo imprevisto

unexplained /ˌʌnɪkˈspleɪnd/ *adj* inexplicado

unexploded /ˌʌnɪkˈspləʊdɪd/ *adj*: *an unexploded bomb* una bomba sin detonar

unexplored /ˌʌnɪkˈsplɔːd/ *adj* inexplorado

unfailing /ʌnˈfeɪlɪŋ/ *adj* (*aprob*) **1** seguro **2** inagotable
▶ **unfailingly** *adv* infaliblemente: *to be unfailingly polite* ser siempre cortés

unfair /ˌʌnˈfeə(r)/ *adj* **1** injusto: *to be unfair on/to sb* ser injusto con algn ◊ *It was unfair of him.* Se portó de una manera injusta. **2** (*competencia*) desleal **3** (*despido*) improcedente **4** (*juego*) sucio
▶ **unfairly** *adv* injustamente
unfairness *n* injusticia

unfaithful /ʌnˈfeɪθfl/ *adj* **1** infiel: *to be unfaithful to sb* serle infiel a algn **2** (*antic*) desleal
▶ **unfaithfulness** *n* infidelidad

unfaltering /ˌʌnˈfɔːltərɪŋ/ *adj* resuelto

unfamiliar /ˌʌnfəˈmɪliə(r)/ *adj* **1** poco familiar: *His face was unfamiliar to me.* Su cara me era desconocida. **2** (*formal*) poco familiarizado: *to be unfamiliar with sth* estar poco familiarizado con algo
▶ **unfamiliarity** *n* desconocimiento

unfashionable /ʌnˈfæʃnəbl/ *adj* pasado de moda

unfasten /ʌnˈfɑːsn/ *vt* **1** desabrochar, desatar: *to come unfastened* desatarse **2** (*puerta*) abrir **3** (*nudo*) soltar: *to come unfastened* soltarse

unfathomable /ʌnˈfæðəməbl/ *adj* (*formal*) insondable

unfavourable /ʌnˈfeɪvərəbl/ *adj* **1** adverso **2** desfavorable **3** poco propicio
▶ **unfavourably** *adv* desfavorablemente

unfeeling /ʌnˈfiːlɪŋ/ *adj* insensible

unfeminine /ʌnˈfemɪnɪn/ *adj* poco femenino

unfettered /ʌnˈfetəd/ *adj* sin trabas: *unfettered by restrictions* libre de restricciones

unfilled /ʌnˈfɪld/ *adj* **1** vacío **2** *unfilled vacancies* puestos de trabajo sin cubrir

unfinished /ʌnˈfɪnɪʃt/ *adj* sin terminar: *unfinished business* asuntos pendientes

unfit /ʌnˈfɪt/ *adj* **1** ~ (**for sth/to do sth**) **(a)** inadecuado, no apto (para algo/hacer algo) **(b)** incapaz (de hacer algo) **(c)** indigno (de algo/de hacer algo) **2** poco en forma: *to be unfit for work* no estar en condiciones de trabajar

unflagging /ˌʌnˈflægɪŋ/ *adj* incansable

unflappable /ˌʌnˈflæpəbl/ *adj* (*esp GB, coloq*) imperturbable

unflattering /ʌnˈflætərɪŋ/ *adj* **1** (*comentario*) poco grato **2** (*ropa*) que no favorece

unflinching /ʌnˈflɪntʃɪŋ/ *adj* impávido
▶ **unflinchingly** *adv* impávidamente

unfocused /ʌnˈfəʊkəst/ *adj* sin enfocar

unfold /ʌnˈfəʊld/ **1** *vt* **(a)** extender **(b)** desplegar **2** *vt, vi* (*fig*) revelar(se): *She unfolded her plans to me.* Me reveló sus planes.

unforced /ʌnˈfɔːsd/ *adj* **1** (*estilo*) espontáneo **2** sin causa: *unforced errors* errores sin causa externa

unforeseeable /ʌnfɔːˈsiːəbl/ *adj* imprevisible

unforeseen /ˌʌnfɔːˈsiːn/ *adj* imprevisto

unforgettable /ˌʌnfəˈgetəbl/ *adj* (*aprob*) inolvidable
▶ **unforgettably** *adv* inolvidablemente

unforgivable (*tb* **unforgiveable**) /ˌʌnfəˈgɪvəbl/ *adj* imperdonable

unforgiving /ˌʌnfəˈgɪvɪŋ/ *adj* **1** rencoroso **2** implacable

unfortunate /ʌnˈfɔːtʃənət/ *adj* **1** desafortunado: *It is unfortunate you missed the meeting.* Es de lamentar que perdieras la reunión. ◊ *I was unfortunate enough to lose my keys.* Tuve la mala suerte de perder mis llaves. **2** (*accidente*) desgraciado **3** (*comentario*) inoportuno **4** (*comienzo*) funesto

■ **unfortunate** *n* [*gen pl*] desafortunado
unfortunately /ʌnˈfɔːtʃənətli/ *adv* por desgracia: *unfortunately for him* desgraciadamente para él
unfounded /ʌnˈfaʊndɪd/ *adj* infundado
unfreeze /ˌʌnˈfriːz/ *vt, vi* (*pret* **unfroze** /-ˈfrəʊz/ *pp* **unfrozen** /-ˈfrəʊzn/) (*formal*) **1** descongelar(se) **2** deshelar(se)
unfriendly /ʌnˈfrendli/ *adj* **(-ier, -iest) ~ (to/towards sb)** antipático (con/hacia algn)
unfrock /ˌʌnˈfrɒk/ (*tb* **defrock**) *vt* exclaustrar
unfulfilled /ˌʌnfʊlˈfɪld/ *adj* incumplido
unfunny /ˌʌnˈfʌni/ *adj* (*coloq*) sin gracia
unfurl /ˌʌnˈfɜːl/ *vt* desplegar
unfurnished /ʌnˈfɜːnɪʃt/ *adj* sin amueblar
unfussy /ˌʌnˈfʌsi/ *adj* **1** poco exigente **2** (*estilo*) sencillo
ungainly /ʌnˈgeɪnli/ *adj* **1** torpe **2** desgarbado
ungenerous /ʌnˈdʒenərəs/ *adj* poco generoso
ungentlemanly /ʌnˈdʒentlmənli/ *adj* poco caballeroso
unglamorous /ˌʌnˈglæmərəs/ *adj* poco atractivo
ungodly /ʌnˈgɒdli/ *adj* **1** (*antic* o *formal*) impío **2** (*coloq*) (*hora*) intempestivo
ungovernable /ʌnˈgʌvənəbl/ *adj* (*formal*) incontrolable
ungracious /ʌnˈgreɪʃəs/ *adj* descortés
▶ **ungraciously** *adv* descortésmente
ungrammatical /ˌʌngrəˈmætɪkl/ *adj* gramaticalmente incorrecto
ungrateful /ʌnˈgreɪtfl/ *adj* desagradecido: *to be ungrateful to sb* ser ingrato con algn
▶ **ungratefully** *adv* desagradecidamente
unguarded /ʌnˈgɑːdɪd/ *adj* **1(a)** (*equipaje*) desatendido **(b)** (*preso*) sin vigilancia **2** (*comentario*) imprudente: *an unguarded moment* un momento de descuido
unhampered /ʌnˈhæmpəd/ *adj* sin estorbos: *unhampered by sth* libre de algo
unhappiness /ʌnˈhæpinəs/ *n* infelicidad
unhappy /ʌnˈhæpi/ *adj* **(-ier, -iest) 1(a)** triste, infeliz **(b)** desgraciado, desdichado **2 ~ (about/at sth)** preocupado, disgustado (por algo) **3** (*formal*) (*comentario*) inoportuno
▶ **unhappily** *adv* **1** tristemente **2** desgraciadamente
unharmed /ʌnˈhɑːmd/ *adj* ileso
unhealthy /ʌnˈhelθi/ *adj* **(-ier, -iest) 1** enfermizo **2** insalubre **3** (*interés*) morboso
▶ **unhealthily** *adv*: *to be unhealthily obsessed* tener una obsesión enfermiza
unheard /ʌnˈhɜːd/ *adj* desatendido
unheard-of /ʌnˈhɜːd ɒv/ *adj* inaudito
unheeded /ʌnˈhiːdɪd/ *adj* desatendido: *to go unheeded* ser ignorado
unhelpful /ʌnˈhelpfl/ *adj* poco servicial
unhesitating /ʌnˈhezɪteɪtɪŋ/ *adj* resuelto
▶ **unhesitatingly** *adv* sin vacilar
unhindered /ʌnˈhɪndəd/ *adj* sin estorbo: *to be unhindered by sth/sb* no tener el impedimento de algo/algn
unhinge /ʌnˈhɪndʒ/ *vt* **1** desquiciar **2** (*fig*) trastornar
unholy /ʌnˈhəʊli/ *adj* **(-ier, -iest) 1** impío **2** (*coloq*) atroz: *an unholy row* un ruido atroz
unhook /ʌnˈhʊk/ *vt* **1** desenganchar **2** (*teléfono*) descolgar
unhoped-for /ʌnˈhəʊpt fɔː(r)/ *adj* inesperado
unhurried /ʌnˈhʌrid/ *adj* **1** (*pasos*) pausado **2** (*vida, etc*) tranquilo
unhurt /ʌnˈhɜːt/ *adj* ileso: *to escape unhurt* resultar ileso
unhygienic /ˌʌnhaɪˈdʒiːnɪk/ *adj* poco higiénico
UNICEF /ˈjuːnɪsef/ *abrev de* **United Nations International Children's Emergency Fund** UNICEF
unicorn /ˈjuːnɪkɔːn/ *n* unicornio
unidentified /ˌʌnaɪˈdentɪfaɪd/ *adj* sin identificar, no identificado: *unidentified flying object* objeto volante no identificado *Ver tb* UFO
unification /ˌjuːnɪfɪˈkeɪʃn/ *n* unificación
uniform /ˈjuːnɪfɔːm/ *adj* uniforme
■ **uniform** *n* uniforme
LOC in uniform de uniforme
▶ **uniformed** *adj* uniformado
uniformity *n* uniformidad
uniformly *adv* uniformemente, de modo uniforme
unify /ˈjuːnɪfaɪ/ *vt* (*pret, pp* **unified**) unificar: *a unifying force* una fuerza unificadora ◊ *hopes to unify the country* esperanzas de unificar el país
unilateral /ˌjuːnɪˈlætrəl/ *adj* unilateral
▶ **unilaterally** *adv* unilateralmente
unimaginable /ˌʌnɪˈmædʒɪnəbl/ *adj* inimaginable
unimaginative /ˌʌnɪˈmædʒɪnətɪv/ *adj* poco imaginativo
unimpaired /ˌʌnɪmˈpeəd/ *adj* intacto, no afectado
unimpeachable /ˌʌnɪmˈpiːtʃəbl/ *adj* **1** (*conducta, carácter, etc*) irreprochable **2** (*datos*) irrefutable, fidedigno
unimpeded /ˌʌnɪmˈpiːdɪd/ *adj* **1** libre, sin estorbo **2** (*vista*) abierto
unimportant /ˌʌnɪmˈpɔːtnt/ *adj* sin importancia, insignificante: *It is unimportant.* No tiene importancia.
unimpressed /ˌʌnɪmˈprest/ *adj* **~ (by/with sth)** no impresionado (por algo): *to be/remain unimpressed* no convencerse
uninformed /ˌʌnɪnˈfɔːmd/ *adj* **1** desinformado: *to be uninformed about sth* no estar enterado de algo **2** (*inculto*) ignorante
uninhabitable /ˌʌnɪnˈhæbɪtəbl/ *adj* inhabitable
uninhabited /ˌʌnɪnˈhæbɪtɪd/ *adj* deshabitado, despoblado
uninhibited /ˌʌnɪnˈhɪbɪtɪd/ *adj* desinhibido
uninitiated /ˌʌnɪˈnɪʃieɪtɪd/ *adj* no iniciado
■ **the uninitiated** *n* los no iniciados
uninspired /ˌʌnɪnˈspaɪəd/ *adj* sin inspiración, aburrido
uninspiring /ˌʌnɪnˈspaɪərɪŋ/ *adj* poco estimulante, aburrido
unintelligent /ˌʌnɪnˈtelɪdʒənt/ *adj* poco inteligente
unintelligible /ˌʌnɪnˈtelɪdʒəbl/ *adj* ininteligible, incomprensible
unintended /ˌʌnɪnˈtendɪd/ (*tb* **unintentional**) *adj* involuntario, no intencional
unintentional /ˌʌnɪnˈtenʃənl/ *adj Ver* UNINTENDED
▶ **unintentionally** *adv* sin querer
uninterested /ʌnˈɪntrəstɪd/ *adj* **~ (in sth/sb)** indiferente (a algo/algn): *She is uninterested in eating.* No tiene interés en comer.
uninteresting /ʌnˈɪntrəstɪŋ/ *adj* aburrido, poco interesante
uninterrupted /ˌʌnˌɪntəˈrʌptɪd/ *adj* **1** ininterrumpido, sin interrupción **2** (*vista*) abierta
uninvited /ˌʌnɪnˈvaɪtɪd/ *adj* **1** *She sat down uninvited.* Tomó asiento sin esperar invitación. **2** (*comentario*) gratuito
uninviting /ˌʌnɪnˈvaɪtɪŋ/ *adj* poco atractivo
union /ˈjuːniən/ *n* **1 ~ (of A with B/between A and B)** unión (de A con B/entre A y B) **2(a)** (*Pol*) unión **(b)** (*asociación*) unión, sociedad *Ver tb* RUGBY UNION **(c)** *Ver* LABOR UNION, TRADE UNION, TRADES UNION CONGRESS **3(a)** (*concordia*) unión, armonía **(b)** (*matrimonio*) unión *Ver tb* THE EUROPEAN UNION
▶ **unionize, -ise** *vt, vi* sindicar(se)
unionism /ˈjuːniənɪzəm/ *n* **1** *Ver* TRADE UNIONISM **2** (*esp GB, Pol*) unionismo
unionist /ˈjuːniənɪst/ *n* **1** *Ver tb* TRADE UNIONIST **2** **Unionist** (*esp GB, Pol*) unionista
the Union Jack (*tb* **the Union flag**) *n* bandera del Reino Unido

unique /ju'ni:k/ *adj* **1** único **2 ~ to sth/sb** exclusivo de algo/algn **3** (*poco común*) excepcional, extraordinario
▶ **uniquely** *adv* **1** únicamente **2** extraordinariamente, especialmente
uniqueness *n* singularidad, unicidad
unisex /'ju:nɪseks/ *adj* unisex
unison /'ju:nɪsn, 'ju:nɪzn/ *n*
LOC in unison (with sth/sb) al unísono
unit /'ju:nɪt/ *n* **1** unidad: *unit price* precio por unidad **2(a)** (*Mec*) aparato, equipo *Ver tb* VISUAL DISPLAY UNIT **(b)** (*parte de una organización*) unidad **3** (*de mobiliario*) módulo *Ver tb* SINK UNIT
unitary /'ju:nətri/ *adj* unitario (*Pol, sistema*)
unite /ju'naɪt/ **1** *vt, vi* unir(se) **2** *vi* **~ (in sth/in doing sth/to do sth)** unirse, juntarse (en algo/para hacer algo)
▶ **united** *adj* unido
the United Kingdom *n* (*abrev* **UK**) (el) Reino Unido ☛ *Ver nota e ilustración en* GREAT BRITAIN
the United Nations (Organization) *n* (*abrev* **UN, UNO**) (la Organización de) las Naciones Unidas
unit trust (*USA* **mutual fund**) *n* fondo de inversión
unity /'ju:nəti/ *n* (*pl* **-ies**) **1** unidad **2** (*concordia*) unidad, armonía
universal /ˌju:nɪ'vɜ:sl/ *adj* **1** universal **2** general: *universal agreement/condemnation* acuerdo/condena general
▶ **universality** *n* universalidad
universally *adv* universalmente, mundialmente
universe /'ju:nɪvɜ:s/ *n* (*lit* y *fig*) universo
university /ˌju:nɪ'vɜ:səti/ *n* (*pl* **-ies**) universidad: *university education* educación universitaria ◊ *a university town* una ciudad universitaria ◊ *university students* estudiantes de universidad *Ver tb* THE OPEN UNIVERSITY
unjust /ˌʌn'dʒʌst/ *adj* injusto
▶ **unjustly** *adv* injustamente
unjustifiable /ʌn'dʒʌstɪfaɪəbl/ *adj* injustificable
▶ **unjustifiably** *adv* injustificadamente
unjustified /ʌn'dʒʌstɪfaɪd/ *adj* injustificado
unkempt /ˌʌn'kempt/ *adj* **1** (*apariencia*) desaliñado, descuidado **2** (*pelo*) despeinado
unkind /ˌʌn'kaɪnd/ *adj* (*persona, comentario*) poco amable, cruel, malo: *It was unkind of me to say that.* No fue muy amable por mi parte haber dicho eso. ◊ *to say unkind things about people* decir cosas desagradables de la gente
▶ **unkindly** *adv* mal, cruelmente: *Don't take it unkindly.* No te lo tomes a mal. ◊ *not unkindly* no sin cierta amabilidad
unkindness *n* **1** (*cualidad*) crueldad, falta de amabilidad **2** (*instancia*) acto de crueldad: *to do sb an unkindness* ser injusto con algn
unknowing /ʌn'nəʊɪŋ/ *adj* inconsciente
▶ **unknowingly** *adv* sin saber, sin darse cuenta
unknown /ˌʌn'nəʊn/ *adj* **~ (to sb); for sb to do sth**: *He was unknown to the people in the town.* A la gente de la ciudad le era desconocido. ◊ *It's unknown for anyone to get promoted.* No se sabe de nadie que haya sido ascendido.
LOC an unknown quantity una incógnita **unknown to sb**: *Unknown to me, she had already bought it.* Sin saberlo yo, ya lo había comprado.
■ **unknown** *n* **1 the unknown** lo desconocido **2** (*persona*) desconocido, -a (*no famoso*) ☛ Cuando hablamos de una persona que no conocemos, a la que nunca hemos visto antes, decimos **stranger**. **3** (*Mat, fig*) incógnita
unlawful /ʌn'lɔ:fl/ *adj* ilegal, ilícito
▶ **unlawfully** *adv* ilegalmente
unleaded /ˌʌn'ledɪd/ *adj* sin plomo (*gasolina*)
unleash /ʌn'li:ʃ/ *vt* **~ sth (against/on sth/sb)** **1** (*animal*) soltar algo (contra algo/algn) **2** (*fig*) desatar, desencadenar algo (contra algo/algn)

unless /ən'les/ *conj* a menos que, a no ser que, si no
unlicensed /ˌʌn'laɪsənst/ *adj* no autorizado, sin licencia
unlike /ˌʌn'laɪk/ *adj* **1** distinto: *They are quite unlike each other.* Son muy distintos. **2** no característico de: *It's unlike her.* No es propio de ella.
■ **unlike** *prep* a diferencia de
unlikely /ʌn'laɪkli/ *adj* (**-ier, -iest**) **1** poco probable, improbable **2** (*cuento, excusa, etc*) inverosímil
unlimited /ʌn'lɪmɪtɪd/ *adj* ilimitado, sin límite: *an unlimited company* una compañía que no es limitada ◊ *an insurance with an unlimited liability* un seguro de responsabilidad ilimitada
unlisted /ˌʌn'lɪstɪd/ *adj* **1** (*Com*) no cotizado **2** (*USA*) (*GB* **ex-directory**) que no figura en la guía telefónica
unlit /ˌʌn'lɪt/ *adj* **1(a)** oscuro **(b)** (*calle*) sin iluminar **2** (*cigarrillo*) sin encender
unload /ˌʌn'ləʊd/ **1(a)** *vt, vi* descargar **(b)** *vt* (*fig*) deshacerse de **2** *vt* **~ sth (on/onto sb)** (*coloq*) (*pena*) desahogar algo (con/contra algn) ☛ *Comparar con* OFFLOAD
unlock /ˌʌn'lɒk/ **1** *vt, vi* abrir(se) (con llave) **2** *vt* (*secreto, etc*) revelar
unlucky /ʌn'lʌki/ *adj* **1** desgraciado, desafortunado: *to be unlucky* tener mala suerte/ser desgraciado ◊ *It's unlucky to walk under ladders.* Pasar por debajo de una escalera trae mala suerte. **2** (*de mal agüero*) aciago: *Fridays are unlucky.* Los viernes son días aciagos.
▶ **unluckily** *adv* desgraciadamente, por desgracia: *Unluckily for him, the police arrived.* Por desgracia para él, llegó la policía.
unmade /ˌʌn'meɪd/ *adj*: *an unmade bed* una cama sin hacer
unmanageable /ʌn'mænɪdʒəbl/ *adj* **1** incontrolable, difícil de manejar **2** (*persona*) ingobernable
unmarked /ʌn'mɑ:kt/ *adj* **1** sin marcar **2(a)** (*limpio*) sin mancha **(b)** (*no dañado*) ileso
unmarried /ˌʌn'mærid/ *adj* soltero, -a
unmask /ˌʌn'mɑ:sk; *USA* -'mæsk/ *vt, vi* (*lit* y *fig*) desenmascarar(se)
unmatched /ˌʌn'mætʃt/ *adj* sin par, inigualado
unmentionable /ʌn'menʃənəbl/ *adj* innombrable, indecible
unmercifully /ʌn'mɜ:sɪfli/ *adv* despiadadamente, sin piedad
unmet /ˌʌn'met/ *adj* no satisfecho, sin satisfacer (*necesidad, etc*)
unmindful /ʌn'maɪndfl/ *adj* (*formal*) no consciente: *to be unmindful of sth/sb* no ser consciente de algo/algn ◊ *unmindful of the time* no consciente de la hora
unmistakable /ˌʌnmɪ'steɪkəbl/ *adj* inconfundible, inequívoco
▶ **unmistakably** *adv* inequívocamente, sin lugar a dudas
unmitigated /ʌn'mɪtɪgeɪtɪd/ *adj* absoluto, total
unmoved /ˌʌn'mu:vd/ *adj* impasible: *to remain unmoved by sth* permanecer impasible ante algo
unnamed /ˌʌn'neɪmd/ *adj* anónimo, sin nombre
unnatural /ʌn'nætʃrəl/ *adj* **1** (*atípico*) antinatural, anormal, raro: *It is not unnatural that...* Es natural que... **2** (*contrario a lo aceptado*) contra natura **3** (*cruel*) inhumano **4** (*forzado*) poco natural
▶ **unnaturally** *adv* de manera poco natural, anormalmente: *Not unnaturally, I refused.* Naturalmente, me negué.
unnecessary /ʌn'nesəsri; *USA* -seri/ *adj* **1** innecesario **2** (*comentario*) gratuito
▶ **unnecessarily** /ˌʌn'nesəsərəli; *USA* ˌʌnˌnesə'serəli/ *adv* innecesariamente
unnerve /ˌʌn'nɜ:v/ *vt* desconcertar, acobardar
▶ **unnerved** *adj* desconcertado, acobardado
unnerving *adj* desconcertante

unnoticed /ˌʌnˈnəʊtɪst/ *adj* desapercibido, inadvertido: *to go/pass unnoticed* pasar desapercibido

UNO /ˈjuːnəʊ/ *abrev de* **United Nations Organization** ONU

unobstructed /ˌʌnəbˈstrʌktɪd/ *adj* libre, despejado: *an unobstructed view of the valley* una vista panorámica del valle

unobtainable /ˌʌnəbˈteɪnəbl/ *adj* **1** imposible de conseguir **2** (*meta*) inalcanzable **3** (*número de teléfono*) incomunicable

unobtrusive /ˌʌnəbˈtruːsɪv/ *adj* discreto
▶ **unobtrusively** *adv* discretamente

unoccupied /ˌʌnˈɒkjupaɪd/ *adj* **1** libre, vacío **2** (*casa*) deshabitado **3** (*territorio*) no ocupado, sin ocupar **4** (*ocioso*) desocupado

unofficial /ˌʌnəˈfɪʃl/ *adj* **1** no oficial, extraoficial **2** (*de una autoridad pero sin carácter oficial*) oficioso
▶ **unofficially** *adv* de manera extraoficial

unopened /ˌʌnˈəʊpənd/ *adj* (*botella, etc*) sin abrir

unopposed /ˌʌnəˈpəʊzd/ *adj* sin oposición

unorganized, -ised /ʌnˈɔːgənaɪzd/ *adj* **1** no organizado, sin organizar **2** (*desordenado*) desorganizado

unorthodox /ʌnˈɔːθədɒks/ *adj* **1** poco ortodoxo **2** (*Relig*) heterodoxo

unpack /ˌʌnˈpæk/ **1** *vi* deshacer las maletas **2** *vt* **(a)** desempaquetar, desembalar **(b)** (*maleta*) deshacer

unpaid /ˌʌnˈpeɪd/ *adj* **1** ~ **(for)** (*deuda*) por/sin pagar **2** (*persona, trabajo*) no retribuido

unpalatable /ʌnˈpælətəbl/ *adj* (*lit* y *fig*) desagradable, intragable

unparalleled /ʌnˈpærəleld/ *adj* sin par, sin igual, sin precedentes

unpatriotic /ˌʌnˌpætriˈɒtɪk/ *adj* antipatriótico

unperturbed /ˌʌnpəˈtɜːbd/ *adj* ~ **(by sth)** impertérrito (ante algo); sin alterarse (por algo)

unplanned /ʌnˈplænd/ *adj* **1** no planeado, imprevisto **2** (*Econ, Arquit*) no planificado

unpleasant /ʌnˈpleznt/ *adj* **1** desagradable **2** antipático
▶ **unpleasantly** *adv* **1** desagradablemente, de manera desagradable **2(a)** (*al hablar*) en tono poco amistoso **(b)** (*al hacer algo*) de manera poco amistosa
unpleasantness *n* **1** lo desagradable **2** (*desazón*) desavenencia, disgusto(s)

unplug /ˌʌnˈplʌg/ *vt* **(-gg-)** desenchufar

unpolished /ˌʌnˈpɒlɪʃt/ *adj* **1** sin pulir **2** (*inculto*) tosco **3** (*diamante*) en bruto

unpolluted /ˌʌnpəˈluːtɪd/ *adj* no contaminado

unpopular /ʌnˈpɒpjələ(r)/ *adj* impopular: *She's unpopular with her boss.* Su jefe no la tiene en mucha estima. ◊ *to make yourself unpopular* hacerse impopular
▶ **unpopularity** *n* impopularidad

unprecedented /ʌnˈpresɪdentɪd/ *adj* sin precedentes, inaudito

unpredictable /ˌʌnprɪˈdɪktəbl/ *adj* **1** imprevisible **2** (*tiempo*) variable **3** (*persona*) caprichoso **4** impredecible
▶ **unpredictability** *n* imprevisibilidad
unpredictably *adv* imprevisiblemente

unprejudiced /ˌʌnˈpredʒʊdɪst/ *adj* imparcial

unprepared /ˌʌnprɪˈpeəd/ *adj* **1** ~ **(for sth)** desprevenido (contra algo); no preparado (para algo) **2** (*discurso*) improvisado

unprepossessing /ˌʌnˌpriːpəˈzesɪŋ/ *adj* poco atractivo

unpretentious /ˌʌnprɪˈtenʃəs/ *adj* sin pretensiones, sencillo

unprincipled /ʌnˈprɪnsəpld/ *adj* poco escrupuloso, sin conciencia

unproductive /ˌʌnprəˈdʌktɪv/ *adj* improductivo, infructuoso

unprofessional /ˌʌnprəˈfeʃənl/ *adj* **1** (*conducta*) contrario a la ética profesional, poco profesional **2** (*trabajo*) inexperto

unprofitable /ʌnˈprɒfɪtəbl/ *adj* poco provechoso, improductivo

unpronounceable /ˌʌnprəˈnaʊnsəbl/ *adj* impronunciable

unprotected /ˌʌnprəˈtektɪd/ *adj* **1** sin protección **2** (*desamparado*) indefenso, desprotegido **3** (*relaciones sexuales*) sin precauciones

unproven /ʌnˈpruːvn/ (*tb* **unproved** /-vd/) *adj* **1** (*afirmación, argumento, etc*) no comprobado **2** (*no probado*) no puesto a prueba

unprovoked /ˌʌnprəˈvəʊkt/ *adj* no provocado, sin provocación

unpublished /ʌnˈpʌblɪʃt/ *adj* inédito, sin publicar

unpunished /ʌnˈpʌnɪʃt/ *adj* impune, sin castigo: *to go/escape unpunished* quedar impune/sin castigo

unqualified /ʌnˈkwɒlɪfaɪd/ *adj* **1(a)** sin título, no cualificado: *to be unqualified for sth/to do sth* no reunir los requisitos para algo/para hacer algo ◊ *to be unqualified as sth/for sth* no tener título de algo **(b)** ~ **to do sth** no competente, inhabilitado para hacer algo **2** (*absoluto*) incondicional: *an unqualified success* un éxito total

unquestionable /ʌnˈkwestʃənəbl/ *adj* indiscutible, incuestionable
▶ **unquestionably** *adv* indiscutiblemente

unquestioning /ʌnˈkwestʃənɪŋ/ *adj* incondicional
▶ **unquestioningly** *adv* incondicionalmente, de manera incondicional

unquote /ˌʌnˈkwəʊt/ *n* **LOC** *Ver* QUOTE

unravel /ʌnˈrævl/ *vt, vi* **(-ll-**, *USA* **-l-)** (*lit* y *fig*) desenmarañar(se), desenredar(se)

unreadable /ʌnˈriːdəbl/ *adj* **1** (*pey*) imposible de leer **2** *Ver* ILLEGIBLE

unreal /ˌʌnˈrɪəl/ *adj* **1** irreal, ilusorio **2** (*coloq*) increíble
▶ **unreality** *n* irrealidad

unrealistic /ˌʌnrɪəˈlɪstɪk/ *adj* poco realista
▶ **unrealistically** *adv* de manera poco realista

unreasonable /ʌnˈriːznəbl/ *adj* **1** irrazonable, poco razonable: *He's been unreasonable about the money.* Ha sido poco razonable en lo que se refiere al dinero. **2** (*demasiado grande*) excesivo
▶ **unreasonably** *adv* de manera poco razonable, excesivamente: *not unreasonably* no sin razón

unrecognizable, -isable /ʌnˈrekəgnaɪzəbl/ *adj* irreconocible, desconocido

unrecognized, -ised /ʌnˈrekəgnaɪzd/ *adj* **1** no reconocido, sin ser reconocido: *to go unrecognized* no ser reconocido **2** desapercibido: *an unrecognized talent* un talento que ha pasado desapercibido

unrecorded /ˌʌnrɪˈkɔːdɪd/ *adj*: *unrecorded crime* delitos que no se han denunciado ◊ *to pass unrecorded* pasar sin dejar constancia

unrefined /ˌʌnrɪˈfaɪnd/ *adj* **1** (*azúcar, etc*) sin refinar **2** (*persona*) basto

unrelated /ˌʌnrɪˈleɪtɪd/ *adj* **1** ~ **(to sth)** no relacionado (con algo); inconexo **2** ~ **(to sb)** no emparentado (con algn)

unrelenting /ˌʌnrɪˈlentɪŋ/ *adj* implacable

unreliable /ˌʌnrɪˈlaɪəbl/ *adj* **1** poco fiable: *The information is unreliable.* La información no es de fiar. **2** (*persona*) poco serio, informal
▶ **unreliability** *n* poca fiabilidad

unrelieved /ˌʌnrɪˈliːvd/ *adj* **1** (*continuo*) total, absoluto **2** (*dolor, pena*) no aliviado

unremarkable /ˌʌnrɪˈmɑːkəbl/ *adj* nada extraordinario, ordinario

unremitting /ˌʌnrɪˈmɪtɪŋ/ *adj* sin tregua, incansable
▶ **unremittingly** *adv* incansablemente, sin tregua

unrepeatable /ˌʌnrɪˈpiːtəbl/ *adj* **1** (*experiencia, etc*) irrepetible, único **2** (*indecente*) que no se puede repetir
unrepentant /ˌʌnrɪˈpentənt/ *adj* impenitente
unreported /ˌʌnrɪˈpɔːtɪd/ *adj* **1** no comunicado **2** (*crimen, etc*) no denunciado: *to go unreported* no ser denunciado
unrepresentative /ˌʌnˌreprɪˈzentətɪv/ *adj* poco representativo
unrequited /ˌʌnrɪˈkwaɪtɪd/ *adj* (*amor*) no correspondido
unreserved /ˌʌnrɪˈzɜːvd/ *adj* **1** incondicional **2** (*asiento*) sin reservar
unreservedly /ˌʌnrɪˈzɜːvɪdli/ *adv* incondicionalmente, sin reservas
unresponsive /ˌʌnrɪˈspɒnsɪv/ *adj* indiferente, frío
unrest /ʌnˈrest/ *n* **1** malestar, descontento **2** (*con violencia*) disturbios **3** intranquilidad
unrestrained /ˌʌnrɪˈstreɪnd/ *adj* desenfrenado, libre
unrestricted /ˌʌnrɪˈstrɪktɪd/ *adj* sin restricción, libre
unrewarding /ˌʌnrɪˈwɔːdɪŋ/ *adj* **1** (*trabajo*) ingrato **2** (*Fin*) improductivo
unripe /ˌʌnˈraɪp/ *adj* verde, inmaduro
unrivalled (*USA* **unrivaled**) /ʌnˈraɪvld/ *adj* sin par, incomparable
unroll /ʌnˈrəʊl/ *vt, vi* **1** desenrollar(se) **2** (*sucesos*) transcurrir
unruffled /ʌnˈrʌfld/ *adj* **1** (*persona*) imperturbable **2** (*superficie*) liso
unruly /ʌnˈruːli/ *adj* **1** indisciplinado, revoltoso **2** (*pelo*) indomable
unsafe /ʌnˈseɪf/ *adj* **1** (*persona*) inseguro **2** (*que causa peligro*) peligroso: *It is unsafe to assume that...* Es arriesgado suponer que... ◊ *unsafe to drink/eat* no apto para consumo humano
unsaid /ˌʌnˈsed/ *adj* sin decir: *It is better left unsaid.* Es mejor que no se diga. ◊ *to leave sth unsaid* dejar de decir algo
unsatisfactory /ˌʌnˌsætɪsˈfæktəri/ *adj* insatisfactorio, inaceptable
unsatisfying /ʌnˈsætɪsfaɪɪŋ/ *adj* **1** insatisfactorio **2** (*comida*) insuficiente **3** (*trabajo*): *She had an unsatisfying job.* Tenía un trabajo poco gratificante.
unsavoury (*USA* **unsavory**) /ˌʌnˈseɪvəri/ *adj* **1** desagradable **2** (*persona*) indeseable
unscathed /ʌnˈskeɪðd/ *adj* **1** ileso **2** (*fig*) indemne
unscheduled /ˌʌnˈʃedjuːld/ *adj* no planeado, imprevisto
unscrew /ˌʌnˈskruː/ *vt, vi* **1** (*tornillo, etc*) desatornillar (se) **2** (*tapa, etc*) desenroscar(se) ☛ *Ver ilustración en* SCREW
unscrupulous /ʌnˈskruːpjələs/ *adj* sin escrúpulos, poco escrupuloso
▶ **unscrupulously** *adv* de manera poco escrupulosa
unseat /ˌʌnˈsiːt/ *vt* **1** (*ciclista, jinete*) derribar, desmontar **2** (*gobierno*) derribar
unsecured /ˌʌnsɪˈkjʊəd/ *adj* **1** mal asegurado **2** (*Fin*) sin aval, sin respaldo
unseemly /ʌnˈsiːmli/ *adj* impropio, indecoroso
unseen /ˌʌnˈsiːn/ *adj* invisible, inadvertido, no visto
■ **unseen** *adj, n* (traducción) hecha sobre la marcha
unselfconscious /ˌʌnselfˈkɒnʃəs/ *adj* desenvuelto, natural
▶ **unselfconsciously** *adv* con naturalidad
unselfish /ʌnˈselfɪʃ/ *adj* desinteresado, generoso
▶ **unselfishly** *adv* desinteresadamente, con generosidad
unselfishness *n* desinterés, generosidad
unsentimental /ˌʌnˌsentɪˈmentl/ *adj* nada sentimental
unserviceable /ˌʌnˈsɜːvɪsəbl/ *adj* (*abrev* **US**, **u/s**) inservible
unsettle /ˌʌnˈsetl/ *vt* perturbar, inquietar
▶ **unsettled** *adj* **1** (*cambiable*) variable, incierto **2** (*situación*) inestable **3** (*persona*) incómodo **4** (*asunto*) pendiente **5** (*factura*) por/sin pagar **6** (*tierra*) no colonizado, despoblado
unsettling *adj* perturbador, inquietante
unshakeable /ʌnˈʃeɪkəbl/ *adj* inquebrantable
unshaken /ʌnˈʃeɪkən/ *adj* inmutable, firme
unshaven /ˌʌnˈʃeɪvn/ *adj* sin afeitar
unsightly /ʌnˈsaɪtli/ *adj* antiestético, feo
unsigned /ʌnˈsaɪnd/ *adj* sin firmar
unskilled /ˌʌnˈskɪld/ *adj* **1** (*trabajador*) no cualificado **2** (*trabajo*) no especializado
unsmiling /ˌʌnˈsmaɪlɪŋ/ *adj* serio, sin sonrisa
unsociable /ʌnˈsəʊʃəbl/ *adj* insociable
unsocial /ˌʌnˈsəʊʃl/ *adj* **1** (*huraño*) insociable **2** (*horario laboral*) intempestivo
unsold /ˌʌnˈsəʊld/ *adj* sin vender
unsolicited /ˌʌnsəˈlɪsɪtɪd/ *adj* no solicitado
unsolved /ˌʌnˈsɒlvd/ *adj* sin resolver
unsophisticated /ˌʌnsəˈfɪstɪkeɪtɪd/ *adj* **1** sencillo **2** (*pey*) simple
unsound /ˌʌnˈsaʊnd/ *adj* **1** (*en mal estado*) defectuoso **2** (*argumento, etc*) erróneo
LOC of unsound mind mentalmente incapacitado
unspeakable /ʌnˈspiːkəbl/ *adj* **1** indecible **2** (*horrible*) incalificable
▶ **unspeakably** *adv* indeciblemente, horriblemente
unspecified /ˌʌnˈspesɪfaɪd/ *adj* no especificado
unspoilt /ˌʌnˈspɔɪlt/ (*tb* **unspoiled**) *adj* **1** intacto, sin estropear **2** (*no consentido*) no mimado
unspoken /ˌʌnˈspəʊkən/ *adj* tácito, sin expresar
unstable /ʌnˈsteɪbl/ *adj* inestable
unsteady /ʌnˈstedi/ *adj* (**-ier, -iest**) **1(a)** inseguro, vacilante: *unsteady on your feet* tambaleante **(b)** (*mano, voz*) tembloroso **2** (*no uniforme*) irregular
▶ **unsteadily** *adv* inseguramente, tambaleante
unstinting /ʌnˈstɪntɪŋ/ *adj* incansable: *to be unstinting in your efforts/praise* no escatimar esfuerzos/alabanzas
unstoppable /ʌnˈstɒpəbl/ *adj* **1** incontenible **2** (*tiro, pelota*) imparable
unstressed /ˌʌnˈstrest/ *adj* (*sílaba*) átono
unstructured /ʌnˈstrʌktʃəd/ *adj* no estructurado
unstuck /ˌʌnˈstʌk/ *adj* despegado
LOC to come unstuck 1 despegarse **2** (*coloq, fig*) fracasar, fallar
unsubstantiated /ˌʌnsəbˈstænʃieɪtɪd/ *adj* no comprobado
unsuccessful /ˌʌnsəkˈsesfl/ *adj* infructuoso, fracasado: *to be unsuccessful* fracasar/no tener éxito ◊ *to be unsuccessful in doing sth* no lograr hacer algo
▶ **unsuccessfully** *adv* sin éxito
unsuitable /ʌnˈsuːtəbl/ *adj* **1** no apto, inapropiado **2** (*momento*) inoportuno
▶ **unsuitability** *n* inconveniencia, lo inapropiado
unsuited /ʌnˈsuːtɪd/ *adj* **1 ~ (to sth)** inadecuado, no apto (para algo) **2** *They are quite unsuited to each other.* Son realmente incompatibles.
unsung /ˌʌnˈsʌŋ/ *adj* olvidado, pasado por alto
unsupported /ˌʌnsəˈpɔːtɪd/ *adj* sin apoyo: *an unsupported statement* una afirmación no comprobada
unsure /ˌʌnˈʃʊə(r), -ʃɔː(r)/ *adj* **1 ~ (of yourself)** inseguro de sí mismo **2 to be ~ (about/of sth)** no estar seguro (de algo)
unsurpassed /ˌʌnsəˈpɑːst/ *adj* no superado, sin par
unsurprising /ˌʌnsəˈpraɪzɪŋ/ *adj* nada sorprendente
▶ **unsurprisingly** *adv* naturalmente
unsuspected /ˌʌnsəˈspektɪd/ *adj* insospechado
unsuspecting /ˌʌnsəˈspektɪŋ/ *adj* confiado
unsustainable /ˌʌnsəˈsteɪnəbl/ *adj* **1** (*argumento, situación*) insostenible **2** (*Ecología*): *unsustainable living* modo de vida que desperdicia los recursos naturales

unsweetened /ˌʌnˈswiːtnd/ *adj* sin edulcorar
unswerving /ʌnˈswɜːvɪŋ/ *adj* inquebrantable
unsympathetic /ˌʌnˌsɪmpəˈθetɪk/ *adj* **1** poco comprensivo: *to be unsympathetic* mostrar poca comprensión ◇ *I am not unsympathetic to their demands.* No estoy mal dispuesto hacia sus reivindicaciones. **2** (*poco amistoso*) antipático
unsystematic /ˌʌnˌsɪstəˈmætɪk/ *adj* poco sistemático
untainted /ʌnˈteɪntɪd/ *adj* **~ (by sth)** no corrompido (por algo); inmaculado
untamed /ˌʌnˈteɪmd/ *adj* indomado: *untamed nature/landscape* naturaleza/paisaje salvaje
untangle /ˌʌnˈtæŋgl/ *vt* desenredar, desenmarañar
untapped /ˌʌnˈtæpt/ *adj* sin explotar
untenable /ʌnˈtenəbl/ *adj* insostenible
untested /ˌʌnˈtestɪd/ *adj* no probado
unthinkable /ʌnˈθɪŋkəbl/ *adj* impensable, inconcebible
unthinking /ʌnˈθɪŋkɪŋ/ *adj* irreflexivo
▶ **unthinkingly** *adv* sin pensar
untidy /ʌnˈtaɪdi/ *adj* **(-ier, -iest) 1** desordenado **2** (*apariencia*) desaliñado, descuidado **3** (*pelo*) despeinado
▶ **untidily** *adv* desordenadamente, desaliñadamente
untidiness *n* desorden, desaliño
untie /ʌnˈtaɪ/ *vt* desatar
until /ənˈtɪl/ (*tb* **till**) *prep* hasta

> **¿Till o until?**
> **Till** es más informal y no suele aparecer al comienzo de una frase: *until recently* hasta hace poco ◇ *I won't be there till Friday.* No llegaré hasta el viernes. ◇ *from morning till night* de la mañana a la noche.

Ver tb KINGDOM
■ **until** (*tb* **till**) *conj* hasta que: *until such time as I say* hasta que yo diga
untimely /ʌnˈtaɪmli/ *adj* **1** inoportuno **2** (*antes de tiempo*) prematuro
untiring /ʌnˈtaɪərɪŋ/ *adj* incansable
untold /ˌʌnˈtəʊld/ *adj* **1** sin revelar, sin contar **2(a)** indecible **(b)** (*riquezas, daños*) incalculable
untouchable /ʌnˈtʌtʃəbl/ *adj, n* intocable (*casta hindú*)
untouched /ʌnˈtʌtʃt/ *adj* **~ (by sth) 1(a)** intacto, sin tocar: *food untouched by human hand* alimentos que no han tocado manos humanas **(b)** (*comida*) sin probar **2** (*no conmovido*) insensible (a algo) **3** (*no perjudicado*) no afectado (por algo) **4** (*a salvo*) incólume
untoward /ˌʌntəˈwɔːd; *USA* ʌnˈtɔːrd/ *adj* **1** (*negativo*) desfavorable, adverso **2** (*extraordinario*) fuera de lo común **3** (*no apto*) impropio
untrained /ˌʌnˈtreɪnd/ *adj* **1** inexperto, sin formación **2** (*trabajador*) no cualificado **3** (*Dep*) no entrenado
untreated /ˌʌnˈtriːtɪd/ *adj* **1** sin tratar: *if left untreated* si continúa sin ser tratado **2** (*madera, etc*) natural
untried /ˌʌnˈtraɪd/ *adj* **1** no probado **2** (*persona*) no puesto a prueba **3** (*jur*) no procesado
untroubled /ˌʌnˈtrʌbld/ *adj* tranquilo, no preocupado
untrue /ʌnˈtruː/ *adj* **1** falso **2 ~ (to sth/sb)** infiel (a algo/algn)
untrustworthy /ʌnˈtrʌstwɜːði/ *adj* no digno de confianza, poco fiable
untruth /ˌʌnˈtruːθ/ *n* (*pl* **~s** /-ˈtruːðz/) (*formal, eufemismo*) mentira, falsedad
▶ **untruthful** *adj* mentiroso, falso
untruthfully *adv* falsamente
untypical /ʌnˈtɪpɪkl/ *adj* atípico
▶ **untypically** *adv* atípicamente, de forma poco representativa
unusable /ˌʌnˈjuːzəbl/ *adj* inservible
unused[1] /ˌʌnˈjuːzd/ *adj* sin usar
unused[2] /ˌʌnˈjuːst/ *adj* **~ to sth/sb** no acostumbrado a algo/algn
unusual /ʌnˈjuːʒuəl/ *adj* **1** poco corriente, fuera de lo común **2** (*extraño*) raro
▶ **unusually** *adv* inusitadamente, extraordinariamente: *unusually talented* de un talento poco común ◇ *Unusually for him, he wore a tie.* Se puso corbata, algo insólito en él.
unveil /ˌʌnˈveɪl/ *vt* **1** *to unveil yourself/sth/sb* quitarse el velo/quitar el velo a algo/algn **2(a)** (*monumento, etc*) descubrir **(b)** (*hacer público*) revelar
▶ **unveiling** *n* descubrimiento, inauguración
unversed /ˌʌnˈvɜːst/ *adj* **~ in sth** poco versado en algo
unwaged /ˌʌnˈweɪdʒd/ *adj* (*GB*) no remunerado, sin sueldo
■ **the unwaged** *n* [*pl*] los parados
unwanted /ˌʌnˈwɒntɪd/ *adj* no querido: *an unwanted pregnancy* un embarazo no deseado ◇ *unwanted hair* vello superfluo
unwarranted /ʌnˈwɒrəntɪd; *USA* -ˈwɔːr-/ *adj* injustificado
unwary /ʌnˈweəri/ *adj* incauto
■ **the unwary** *n* [*pl*] los incautos
unwashed /ˌʌnˈwɒʃt/ *adj* sin lavar
unwavering /ʌnˈweɪvərɪŋ/ *adj* firme, inquebrantable
unwelcome /ʌnˈwelkəm/ *adj* inoportuno
▶ **unwelcoming** *adj* poco acogedor
unwell /ʌnˈwel/ *adj* indispuesto
unwieldy /ʌnˈwiːldi/ *adj* difícil de manejar
unwilling /ʌnˈwɪlɪŋ/ *adj* no dispuesto: *I was unwilling to co-operate.* No estaba dispuesto a cooperar.
▶ **unwillingly** *adv* de mala gana
unwillingness *n* falta de voluntad
unwind /ˌʌnˈwaɪnd/ (*pret, pp* **unwound** /-ˈwaʊnd/) **1** *vt, vi* desenrollar(se) **2** *vi* (*coloq*) relajarse
unwise /ˌʌnˈwaɪz/ *adj* imprudente
▶ **unwisely** *adv* imprudentemente
unwitting /ʌnˈwɪtɪŋ/ *adj* [*antes de sustantivo*] (*formal*) **1** inconsciente: *an unwitting accomplice* un cómplice involuntario **2** impremeditado
▶ **unwittingly** *adv* **1** inconscientemente **2** sin premeditación
unworkable /ʌnˈwɜːkəbl/ *adj* impracticable: *an unworkable model/scheme* una maqueta/un plan impracticable
unworldly /ʌnˈwɜːldli/ *adj* de poco mundo
unworried /ʌnˈwʌrid/ *adj* no preocupado
unworthy /ʌnˈwɜːði/ *adj* **~ (of sth/sb)** indigno (de algo/algn): *I am unworthy of such an honour.* No soy digno de tal honor.
unwound *pret, pp de* UNWIND
unwrap /ʌnˈræp/ *vt* **(-pp-)** desenvolver
unwritten /ˌʌnˈrɪtn/ *adj* no escrito: *an unwritten agreement* un acuerdo oral ◇ *an unwritten law/rule* una ley/regla consuetudinaria
unyielding /ʌnˈjiːldɪŋ/ *adj* inflexible
unzip /ˌʌnˈzɪp/ *vt* bajar/abrir la cremallera de
up[1] /ʌp/ *part adv* **1** levantado: *He helped his grandmother up.* Ayudó a su abuela a levantarse. ◇ *I was up late last night.* Anoche estuve levantada hasta muy tarde. ◇ *It's time to get up!* ¡Es hora de levantarse! ◇ *Is he up yet?* ¿Ya se ha levantado? **2** más alto, más arriba: *Pull your socks up.* Súbete los calcetines. ◇ *three floors up* tres pisos más arriba ◇ *from five pounds up* de cinco libras para arriba ◇ *this side (facing) up* este lado hacia arriba **3 up (to sth/sb)** cerca (de algo/algn): *He came up (to me).* Se (me) acercó. ◇ *Get right up close.* Acércate más. **4** en trozos: *She tore the paper up.* Rompió el papel en pedazos. **5** del todo: *The stream has dried up.* El arroyo se ha secado del todo. **6** firmemente: *to lock sth up* guardar/encerrar algo bajo llave **7** (*terminado*): *Your time is up.* Se te acabó el tiempo. **8** en su sitio, colocado: *Are the curtains up yet?* ¿Están colocadas ya las cortinas? ◇ *Once the new building is up…* Cuando se levante el nuevo edificio… *Ver tb* LET-UP

LOC not to be up to much no valer mucho **to be up on sth** (*coloq*) estar al tanto de algo **to be up to sb 1** depender de algn: *It's up to us to help.* Depende de nosotros ayudar. **2** ser decisión de algn: *It's up to you.* Tú decides. **to be up** (**with sb**): *What's up with you?* ¿Qué te pasa? ◊ *Something was up with him.* Le pasaba algo. **up and running** listo y en marcha **up for sth 1** (*Jur*) juzgado por algo: *up for speeding* juzgado por exceso de velocidad **2** disponible para algo: *The house is up for sale.* La casa está en venta. **up to sth 1** (*tb* **up until sth**) hasta algo: *up to now* hasta ahora ◊ *to count up to twenty* contar hasta veinte **2** comparable a algo: *It's not up to his usual standard.* No ha alcanzado su nivel habitual. **3** capaz de algo, a la altura de algo: *I don't feel up to going to work today.* No me siento con fuerzas para ir a trabajar hoy. **4** (*coloq*) ocupado en algo: *He's up to no good.* Está tramando algo. ◊ *What are you up to?* ¿Qué estás haciendo?
☛ Para los usos de **up** en los PHRASAL VERBS ver las entradas de los verbos correspondientes, p. ej. **to go up** en GO[1]

up² *prep* arriba: *further up the valley* valle arriba
LOC up and down sth de un lado a otro de algo **up sth/sb!** (*GB*) ¡viva algo/algn! **up yours!** (*GB, ofen, argot*) ¡que te den!

up³ (**-pp-**) **1** *vi* **to up and do sth** (*coloq*) levantarse y hacer algo: *She upped and left without a word.* Se levantó y se fue sin decir palabra. **2** *vt* (*coloq*) aumentar: *to up the price* subir el precio
LOC to up sticks (*fig*) levantar el campamento

up⁴ *n* [*sing*] rebote
LOC ups and downs altibajos: *life's ups and downs* los altibajos de la vida

up-and-coming *adj* (*coloq*) prometedor

upbeat /ˈʌpbiːt/ *adj* optimista: *an upbeat mood* un ambiente optimista
■ **upbeat** *n* (*Mús*) tiempo no acentuado

upbraid /ʌpˈbreɪd/ *vt* ~ **sb** (**for sth**) (*antic* o *formal*) censurar a algn (por algo)

upbringing /ˈʌpbrɪŋɪŋ/ *n* crianza, educación (*en casa*): *her country upbringing* el haberse criado en el campo ☛ *Comparar con* EDUCATION

upcoming /ˈʌpkʌmɪŋ/ *adj* (*esp USA*) **1** (*elecciones*) próximo, venidero **2** (*disco*) de próxima aparición

update /ˌʌpˈdeɪt/ *vt* **1** actualizar **2** ~ **sb** (**on sth**) poner al día a algn (de algo)
■ **update** *n* **1** (*tb* **updating**) actualización **2** ~ (**on sth/sb**) información actualizada (sobre algo/algn)

upfront /ˌʌpˈfrʌnt/ (*coloq*) *adj* **1** (*dinero*) por adelantado: *upfront payments* pagos por adelantado **2** (*persona*) franco
■ **up front** *adv* (*dinero*) por adelantado: *They want the money up front.* Quieren el dinero por adelantado.

upgrade /ˌʌpˈgreɪd/ *vt* **1** (*persona*) ascender: *upgraded to manager* ascendido a director **2** (*una cosa*) mejorar: *to upgrade a job* realzar un puesto de trabajo **3** (*Informát*) **(a)** (*de hardware*) ampliar **(b)** (*de software*) instalar una versión nueva
■ **upgrade** /ˈʌpgreɪd/ *n* **1** (*Informát*) **(a)** (*de hardware*) ampliación **(b)** (*de software*) versión nueva **2** (*USA*) cuesta ascendente
▶ **upgrading** *n* mejora

upheaval /ʌpˈhiːvl/ *n* **1** *political upheavals* disturbios políticos ◊ *social upheaval* agitación social ◊ *Moving house causes such an upheaval.* Las mudanzas causan tantos trastornos. **2** (*Geol*) levantamiento: *volcanic upheavals* cataclismos volcánicos

uphill /ˌʌpˈhɪl/ *adj, adv* cuesta arriba
■ **uphill** *adj* (*fig*) difícil: *an uphill struggle* una lucha difícil

uphold /ʌpˈhəʊld/ *vt* (*pret, pp* **upheld** /-ˈheld/) **1** sostener: *The conviction was upheld.* La condena fue sostenida. **2** mantener (*una tradición, etc*)

upholster /ʌpˈhəʊlstə(r)/ *vt* [*gen en pasiva*] ~ **sth** (**in/with sth**) tapizar algo (de/con algo): *an upholstered chair* un sillón tapizado
▶ **upholstery** *n* [*incontable*] tapicería

upkeep /ˈʌpkiːp/ *n* mantenimiento

upland /ˈʌplənd/ *n* tierra alta: *upland areas* zonas de tierras altas

uplift /ˌʌpˈlɪft/ *vt* levantar (*el espíritu, etc*)
■ **uplift** /ˈʌplɪft/ *n* exaltación
▶ **uplifting** *adj* edificante: *spiritually uplifting* espiritualmente edificante

upmarket /ˌʌpˈmɑːkɪt/ *adj, adv* de primera calidad: *an upmarket product* un producto de primera calidad
LOC to go/move upmarket cotizarse más alto

upon /əˈpɒn/ *prep* (*formal*) *Ver* ON²
LOC (**almost**) **upon him, them, us, etc**: *Christmas is almost upon us again.* Las navidades casi están encima otra vez. **sth upon sth** una sucesión de algo: *row upon row of roofs* una sucesión de hileras de tejados

upper /ˈʌpə(r)/ *adj* **1** superior, de arriba: *the upper storey/floor* el piso de arriba ◊ *an upper limit to the amount* un tope de la cantidad ◊ *the upper lip* el labio superior ◊ *Is there an upper age limit for the competition?* ¿Hay una edad tope para apuntarse al concurso? **2** alto: *the upper* (*reaches of the*) *Thames* la parte alta del Támesis ◊ *the upper classes* la clase alta ◊ *They consider themselves to be upper middle class.* Se consideran clase media alta. *Ver tb* THE UPPER HOUSE ☛ *Comparar con* LOWER *en* LOW¹
LOC to gain, get, etc the upper hand conseguir, etc ventaja
■ **upper** *n* **1** *shoes with leather uppers and man-made sole* zapatos de cuero con suela sintética **2** (*coloq*) estimulante ☛ *Comparar con* DOWNER

upper case *n* mayúscula: *set in upper case* puesto en mayúsculas

upper circle *n* paraíso (*de un teatro*)

the Upper House (*tb* **the Upper Chamber**) *n* la Cámara Alta ☛ *Ver págs 584–5*

uppermost /ˈʌpəməʊst/ *adj* más alto (*posición*): *the uppermost layers* las capas más altas
■ **uppermost** *adv* (*posición*) hacia arriba, encima: *Store this side uppermost.* Almacenar con este lado hacia arriba.
LOC to be/remain uppermost in your mind ser lo que más preocupa a uno

uppity /ˈʌpəti/ *adj* (*coloq*) altivo

upraised /ˌʌpˈreɪzd/ *adj* levantado

uprate /ʌpˈreɪt/ *vt* subir (*subsidios, etc*)
▶ **uprating** *n* subida: *an annual uprating of benefits* una subida anual de las ayudas

upright /ˈʌpraɪt/ *adj* **1** (*posición*) vertical: *an upright chair* una silla con respaldo vertical *Ver tb* BOLT UPRIGHT **2** (*persona*) recto, honrado
■ **upright** *adv* derecho, en posición vertical: *Sit upright at the table!* ¡Siéntate derecho en la mesa! *Ver tb* BOLT UPRIGHT
■ **upright** *n* **1** montante, soporte vertical **2** (*tb* **upright piano**) piano (*vertical*) ☛ *Comparar con* GRAND² sentido 2

uprising /ˈʌpraɪzɪŋ/ *n* rebelión

upriver /ʌpˈrɪvə(r)/ *adv* río arriba

uproar /ˈʌprɔː(r)/ *n* [*incontable, sing*] tumulto, alboroto: *to cause* (*an*) *uproar* causar un alboroto ◊ *to be in uproar over sth* rebelarse por algo
▶ **uproarious** /ʌpˈrɔːrɪəs/ *adj* **1** estrepitoso: *They burst into uproarious laughter.* Se echaron a reír a carcajadas. **2** graciosísimo

uproot /ˌʌpˈruːt/ *vt* **1** arrancar (*con las raíces*) **2** (*fig*) erradicar **3** ~ **sb/yourself** (**from sth**) (*fig*) desarraigar(se) (de algo)

upset /ˌʌpˈset/ *vt* (*pret, pp* **upset**) **1** disgustar: *His accident upset her a lot.* Su accidente le afectó muchísimo. ◊ *Don't upset yourself!* ¡No te preocupes! ◊ *He* *really upset me.* Me hizo mucho daño. **2** (*plan, etc*) desbaratar: *His late arrival upset all our plans.* Su retraso echó a perder todos nuestros planes. ◊ *to upset the balance of Nature* perturbar el equilibrio de la naturaleza **3** (*Med*) revolver: *Seafood upsets my stomach.* El marisco me sienta mal. **4** (*recipiente, bote, etc*) volcar, derramar

LOC to upset the/sb's applecart 1 echar por tierra un plan/los planes de algn **2** *The new discovery upset the applecart.* El nuevo descubrimiento refuta todo lo anterior.

■ **upset** /ˌʌpˈset/ *adj* ☛ Nótese que se pronuncia /ˈʌpset/ cuando va delante de sustantivo. **1** molesto: *to be/get upset* (*about/over sth*) estar disgustado/disgustarse (por algo) **2** (*estómago*) revuelto

■ **upset** /ˈʌpset/ *n* **1** trastorno, disgusto **2** (*Med*) trastorno: *to have a stomach upset* tener el estómago revuelto

upsetting /ʌpˈsetɪŋ/ *adj* molesto, preocupante, triste

upshot /ˈʌpʃɒt/ *n* [*sing*] **the ~ (of sth)** el resultado final (de algo): *The upshot of it all was that he resigned.* Todo acabó en que él dimitió.

upside down *adj, adv* **1** al revés, boca abajo **2** (*coloq, fig*) patas arriba: *The children turned the room upside down.* Los niños pusieron la habitación patas arriba.

upstage /ˌʌpˈsteɪdʒ/ *adv* hacia el fondo del escenario: *to be/move upstage* estar en/irse hacia el fondo del escenario

■ **upstage** *vt* eclipsar

upstairs /ˌʌpˈsteəz/ *adv* (en el piso de) arriba

LOC not to have much upstairs (*coloq*) tener la cabeza hueca

■ **upstairs** *adj* del piso de arriba

■ **upstairs** *n* [*sing*] (*coloq*) piso de arriba: *A bungalow doesn't have an upstairs.* Un bungalow solo tiene planta baja.

upstanding /ˌʌpˈstændɪŋ/ *adj* (*formal* o *ret*) **1** fuerte y vigoroso: *a fine, upstanding figure of a man* un hombre fuerte y bien proporcionado **2** íntegro, honesto **3** (*formal*) *Be upstanding!* ¡Pónganse en pie!

upstart /ˈʌpstɑːt/ (*pey*) *n* oportunista, arribista

■ **upstart** *adj* advenedizo

upstate /ˌʌpˈsteɪt/ *adj, adv* (*USA*) *upstate New York* al norte del estado de Nueva York

upstream /ˌʌpˈstriːm/ *adv* en contra de la corriente (*de un río, etc*)

upsurge /ˈʌpsɜːdʒ/ *n* **1 ~ (in sth)** aumento (de algo): *an upsurge in violent crime* un aumento de los crímenes con violencia **2 ~ (of sth)** oleada (de algo) (*enfado, interés, etc*)

upswing /ˈʌpswɪŋ/ *n* **~ (in sth)** alza (de algo)

uptake /ˈʌpteɪk/ *n* **1** (*Quím*) asimilación **2** (*a una oferta, etc*) respuesta

LOC to be quick on the uptake coger las cosas al vuelo **to be slow on the uptake** ser torpe de cabeza

uptight /ˌʌpˈtaɪt/ *adj* (*coloq*) **1** tenso, nervioso **2** (*USA*) rígidamente convencional

up-to-date *adj* **1** a la última: *the most up-to-date equipment* el equipo más avanzado **2** al día, actualizado: *up-to-date methods* los métodos más actuales

■ **up to date** *adv* al día

LOC to bring sth up to date; **to bring sb up to date** actualizar algo; poner a algn al día **to keep sth/sb up to date** mantener algo/a algn al día

up-to-the-minute /ˌʌp tə ðə ˈmɪnɪt/ *adj* **1** de ultimísima **2** de última hora

uptown /ˌʌpˈtaʊn/ *adj, adv* (*USA*) en/hacia las afueras ☛ *Comparar con* DOWNTOWN

upturn /ˈʌptɜːn/ *n* **~ (in sth)** mejora, aumento (en algo)

upturned /ˌʌpˈtɜːnd/ *adj* **1** (*cajón, etc*) dado la vuelta **2** (*nariz*) respingón **3** (*cara, ojos*) levantado

upward /ˈʌpwəd/ *adj* ascendente: *an upward trend* una tendencia al alza ◊ *upward mobility* ascenso en la escala social

■ **upward** (*tb* **upwards** /-wədz/) *adv* hacia arriba: *cheques for 50 pounds and upwards* cheques de 50 libras en adelante ◊ *face upwards* boca arriba

upwardly mobile /ˌʌpwədli ˈməʊbaɪl/ *adj* trepador (*ejecutivo*)

upwards of *prep* más de

upwind /ˌʌpˈwɪnd/ *adv* en contra del viento

uranium /juˈreɪniəm/ *n* uranio

Uranus /jʊˈreɪnəs/ *n* Urano

urban /ˈɜːbən/ *adj* urbano: *urban life* la vida en la ciudad

▶ **urbanization, -isation** *n* urbanización

urbanized, -ised *adj* urbanizado

urbane /ɜːˈbeɪn/ *adj* (*formal*) sofisticado, cortés

urchin /ˈɜːtʃɪn/ *n* **1(a)** granujilla **(b)** (*tb* **street urchin**) golfillo, -a **2** (*tb* **sea urchin**) erizo de mar

Urdu /ˈʊəduː/ *adj, n* urdu

urethra /jʊəˈriːθrə/ *n* uretra ☛ *Ver ilustración en* REPRODUCTOR

urge /ɜːdʒ/ *vt* **1 ~ sb (to do sth)** animar, instar a algn (a hacer algo): *He urged us to go.* Nos animó a que fuéramos. **2 ~ sth (on/upon sth/sb)** rogar encarecidamente algo (a algo/algn): *to urge caution* rogar precaución **3** azuzar (*a un caballo, etc*)

PHR V to urge against sth/doing sth objetar contra algo/que se haga algo

to urge for sth abogar por algo

to urge sb on animar a algn

■ **urge** *n* deseo, impulso

▶ **urging** *n* persuasión: *He needed no urging.* No necesitó que lo apremiaran. ◊ *At US urging, Egypt decided to...* Debido a la presión de EE.UU., Egipto decidió...

urgency /ˈɜːdʒənsi/ *n* apremio, urgencia: *to do sth as a matter of urgency* hacer algo con la mayor urgencia

urgent /ˈɜːdʒənt/ *adj* **1** urgente: *Is the matter urgent?* ¿Es un asunto urgente? ◊ *My car is in urgent need of repair.* Mi coche necesita una reparación urgentemente. **2** apremiante

▶ **urgently** *adv* urgentemente, con urgencia: *Staff urgently needed.* Se necesita personal con urgencia.

urinal /jʊəˈraɪnl; *USA* ˈjʊərɪnl/ *n* urinario

urinate /ˈjʊərɪneɪt/ *vi* orinar

▶ **urination** *n* micción

urine /ˈjʊərɪn/ *n* orina

▶ **urinary** *adj* del aparato urinario

urn /ɜːn/ *n* **1** urna **2** (*tb* **tea urn**) recipiente grande con un grifo para hacer té, café,etc

US /juː ˈes/ *abrev de* **United States** EE.UU.

us /əs, ʌs/ *pron pers* **1** (*como complemento*) nos: *Show us your new dress.* Muéstranos tu vestido nuevo. ◊ *He ignored us.* No nos hizo caso. ◊ *She asked us to leave.* Nos pidió que nos fuéramos. **2** (*tras preposición o el verbo* **to be**) nosotros, -as: *behind us* detrás de nosotros ◊ *Both of us went.* Fuimos nosotros dos. ◊ *She's older than us.* Ella es mayor que nosotros. ◊ *Hello, it's us!* ¡Hola, somos nosotros! ◊ *As for us Scots...* En cuanto a nosotros los escoceses... **3 let us**: *Let's go!* ¡Vámonos! ◊ *Let us pray.* ¡Oremos! ☛ *Ver nota en* LET[1]

USA /juː es ˈeɪ/ *abrev de* **United States of America** EE.UU.

usable /ˈjuːzəbl/ *adj* servible

USAF /juː es eɪ ˈef/ *abrev de* **United States Air Force** Fuerzas Aéreas Norteamericanas

usage /ˈjuːsɪdʒ, ˈjuːzɪdʒ/ *n* uso: *It's not a word in common usage.* No es una palabra de uso frecuente.

use[1] /juːz/ *vt* (*pret, pp* **used** /juːzd/) **1** utilizar, usar, emplear: *May I use your phone?* ¿Puedo usar el teléfono? ◊ *Use your head!* ¡Utiliza la cabeza! ◊ *I use the statue as a paperweight.* Uso la figura de pisapapeles. **2** (*formal*) tratar: *He used her shamefully.* La trató de manera vergonzosa. **3 to use sth/sb (as sth)** utilizar algo/a algn (como algo): *He used the bad weather as an excuse for not coming.* Utilizó el mal tiempo como excusa para no venir. ◊ *He felt used by her.* Se sintió utilizado por ella. **4** consumir, gastar **5** (*coloq*) **(a)** (*droga*) tomar **(b)** (*USA*) fumar

LOC I, you, etc could use sth (*coloq*) *I could use a drink.* Me muero por algo de beber. ◊ *I could use a hot bath!* ¡Me muero por un baño caliente! **to use your loaf** (*coloq*) utilizar el coco *Ver tb* SLEDGE[2]

PHR V to use sth up agotar algo: *I've used up all the ink.* La tinta se ha acabado.

use² /juːs/ *n* **1** uso: *to involve the use of violence* suponer/implicar el uso de la violencia ◊ *ready for use* listo para ser usado ◊ *'Lift out of use/not in use'* "Ascensor fuera de servicio" ◊ *language in current use* vocabulario de uso corriente ◊ *instructions/directions for use* modo de empleo ◊ *a machine with many uses* una máquina con múltiples usos ◊ *to find a use for sth* encontrarle utilidad a algo **2** *What's the use of worrying?* ¿De qué sirve preocuparse? ◊ *What's the use?* ¿Para qué?

LOC in use en uso: *The machine is in use at the moment.* En este momento están utilizando la máquina. **to be no use**; **not to be of any use** no servir para nada, ser (un) inútil: *You're no use.* No vales para nada. ◊ *It's no use, I can't do it.* Es inútil, no puedo hacerlo. **to be no use (doing sth)**; **not to be any use (doing sth)** no servir de nada (hacer algo): *It's no use pretending you didn't know.* De nada sirve fingir que no lo sabías. **to be of use** servir: *These maps might be of (some) use to you.* Estos mapas te pueden servir. ◊ *Can I be of use at all?* ¿Puedo ayudar en algo? **to come into use** empezar a utilizarse **to go out of use** dejar de utilizarse **to have no use for sb** no soportar a algn **to have no use for sth** no necesitar algo: *I've no further use for it.* Ya no lo necesito. **to have the use of sth** poder usar algo: *I have the use of the car this week.* Esta semana puedo usar el coche. **to make use of sth** aprovechar algo **to put sth to good use** sacar partido de algo *Ver tb* BEST, CRY, EARTHLY

used¹ /juːzd/ *adj* usado, de segunda mano

used² /juːst/ *adj* acostumbrado: *to be used to sth/doing sth* estar acostumbrado a algo/hacer algo ◊ *to get used to sth/doing sth* acostumbrarse a algo/hacer algo

used to /ˈjuːst tə, ˈjuːst tu/ *v modal*: *Life here is much easier than it used to be.* La vida aquí es más fácil ahora que antes. ◊ *You used to smoke a pipe, didn't you?* ¿Antes fumabas en pipa, no?

Used to + infinitivo se utiliza para describir hábitos y situaciones que ocurrían en el pasado y que no ocurren en la actualidad: *I used to live in London.* Antes vivía en Londres. ◊ *Life isn't what it used to be.* La vida no es lo que era.

Las oraciones interrogativas y negativas se forman generalmente con **did**: *He didn't use to be fat.* Antes no estaba gordo. ◊ *Didn't you use to go out with Mary?* ¿No salías antes con Mary?

Las formas **used not to** y **usen't to** son bastante anticuadas o de uso formal: *I used not/usen't to like her.* Antes no me caía bien.

La forma interrogativa sin **did** se considera muy formal y casi no se usa: *Used you to go there?* ¿No solías ir tú allí?

Ver tb YOUNG

useful /ˈjuːsfl/ *adj* **1** útil, provechoso **2** (*coloq*) competente, diestro

LOC to make yourself useful: *Make yourselves useful!* ¡A trabajar! ◊ *They tried to make themselves useful about the house.* Trataban de ayudar en la casa. **to come in useful** servir, ser útil

▶ **usefully** *adv* útilmente, provechosamente

usefulness *n* utilidad: *The car has outlived its usefulness.* El coche ha dejado de tener utilidad.

useless /ˈjuːsləs/ *adj* **1** inútil, inservible: *It's useless arguing with them.* Es inútil discutir con ellos. **2** (*coloq*) inepto: *I'm useless at maths.* No valgo para las matemáticas.

▶ **uselessly** *adv* inútilmente, en vano

user /ˈjuːzə(r)/ *n* **1** usuario, -a *Ver tb* END-USER **2** (*droga*) drogadicto, -a

user-friendly /ˌjuːzə ˈfrendli/ *adj* fácil de manejar

usher /ˈʌʃə(r)/ *n* **1** (*en un teatro, etc*) acomodador **2** (*en un tribunal*) ujier

■ **usher** *v*

PHR V to usher sb in, away, out, etc hacer a algn entrar, salir, etc: *He was ushered into the hall.* Le hicieron pasar a la sala.

to usher sth in: *The reforms ushered in a new era of change.* Las reformas marcaron el comienzo de una nueva era de cambios.

usherette /ˌʌʃəˈret/ *n* acomodadora

USS /ˌjuː es ˈes/ (*USA*) *abrev de* **United States Ship** (*como parte del nombre de los barcos de guerra norteamericanos*): *the USS Atlanta* el Atlanta

USSR /ˌjuː es es ˈɑː(r)/ *abrev de* **Union of Soviet Socialist Republics** URSS

usual /ˈjuːʒuəl/ *adj* acostumbrado, habitual: *She arrived later than usual.* Llegó más tarde de lo normal. ◊ *She talked more than usual.* Habló más que de costumbre. ◊ *It's usual to phone up first.* Es normal llamar primero. ◊ *It's not usual for the streets to be so quiet.* No es normal que las calles estén tan tranquilas. ◊ *'What did you do on Saturday?' 'Oh, the usual thing.'* —¿Qué hiciste el sábado? —Oh, lo de siempre. ◊ *He'll be at his usual pub.* Estará en el bar de siempre. ◊ *as per usual* como de costumbre ◊ *He wasn't his usual self.* No era el de siempre. ◊ *I'll have my usual, please.* Para mí, lo de siempre.

LOC as usual como siempre *Ver tb* BUSINESS

usually /ˈjuːʒuəli/ *adv* normalmente: *We usually do it ourselves.* Normalmente lo hacemos nosotros mismos. ☛ *Ver nota en* ALWAYS

usurp /juːˈzɜːp/ *vt* (*formal*) usurpar

▶ **usurper** *n* usurpador, -ora

usury /ˈjuːʒəri/ *n* (*antic*) usura

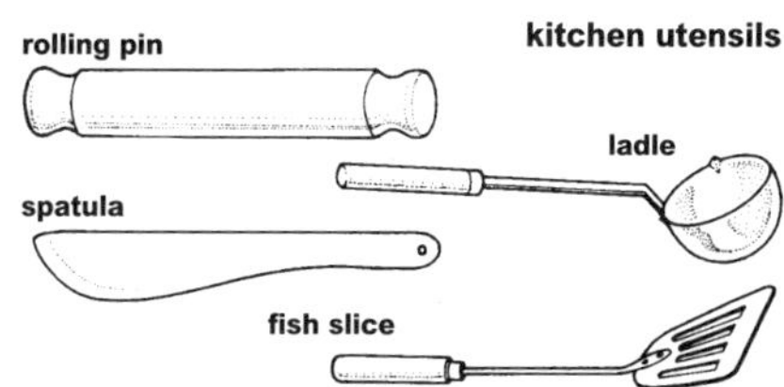

utensil /juːˈtensl/ *n* utensilio: *cooking/kitchen utensils* utensilios de cocina

uterine /ˈjuːtəraɪn/ *adj* uterino

uterus /ˈjuːtərəs/ *n* (*pl* **~es**) útero ☛ Nótese que en lenguaje científico se utiliza la forma **uteri** /ˈjuːtəraɪ/ para el plural. ☛ *Ver ilustración en* REPRODUCTOR

utilitarian /ˌjuːtɪlɪˈteəriən/ *adj* utilitario, funcional

▶ **utilitarianism** *n* utilitarismo

utility /juːˈtɪləti/ *n* (*pl* **-ies**) utilidad: *public utilities* empresas de servicios públicos

utility room *n* cuarto de una casa en que están la lavadora y otros electrodomésticos

utilize, -ise /ˈjuːtəlaɪz/ *vt* (*formal*) utilizar

▶ **utilization, -isation** *n* utilización

utmost /ˈʌtməʊst/ (*poco frec*) (*tb* **uttermost** /ˈʌtəməʊst/) *adj* [*antes de sustantivo*] mayor: *of the utmost importance* de la mayor importancia ◊ *with the utmost care* con sumo cuidado

■ **utmost** (*poco frec*) (*tb* **the uttermost**) *n* [*sing*]: *five thousand at the utmost* cinco mil a lo sumo ◊ *He'll work to the utmost of his ability.* Trabajará lo mejor que sepa. ◊ *to the utmost* al máximo

LOC to do your utmost (to do sth) hacer todo lo posible (por hacer algo): *We will do our utmost to help you.* Haremos todo lo posible por ayudarte.

Utopia /juːˈtəʊpiə/ *n* utopía
▶ **Utopian** *adj* utópico

utter¹ /ˈʌtə(r)/ *adj* total, absoluto: *I felt a complete and utter fool.* Me sentí un necio total y absoluto.

utter² /ˈʌtə(r)/ *vt* pronunciar, proferir: *to utter a cry of pain* proferir un grito de dolor ◊ *to utter a sigh* emitir un suspiro

utterance /ˈʌtərəns/ *n* (*formal*) **1** pronunciación, expresión: *to give utterance to your feelings* expresar uno sus sentimientos **2** palabra(s)

utterly /ˈʌtəli/ *adv* totalmente, absolutamente

U-turn /ˈjuː tɜːn/ *n* (*tráfico*) cambio de sentido
LOC to do a U-turn (*fig*) dar un giro de 180 grados

uvula /ˈjuːvjələ/ *n* (*Anat*) campanilla ☛ *Ver ilustración en* THROAT

Vv

V, v /viː/ *n* (*pl* **V's, v's** /viːz/) **1** (*letra*) V, v: *V for Victor* V de Vitoria **2** cosa en forma de uve: *a V-neck jumper* un jersey con cuello de pico

V /viː/ **1** *abrev de* **volt 2** *abrev de* **victory** victoria: *to make a V-sign* hacer el signo de la victoria (con los dedos en forma de V)

v /viː/ (*tb* **vs**) *abrev de* **versus**

vac /væk/ *n* (*GB, coloq*) vacaciones ☛ *Ver nota en* VACATION

vacant /ˈveɪkənt/ *adj* **1(a)** (*puesto*) vacante: *Situations vacant.* Ofertas de trabajo. ◊ *When did the post become vacant?* ¿Cuándo quedó vacante el puesto? **(b)** (*habitación*) libre **(c)** (*local*) vacío **2** (*mirada, etc*) perdido, distraído: *a vacant stare* una mirada perdida

▶ **vacancy** *n* (*pl* **-ies**) **1** vacante: *to fill a vacancy* cubrir una vacante **2** habitación libre: *'No vacancies'* "Completo"

vacantly *adv* distraídamente

vacate /vəˈkeɪt; *USA* ˈveɪkeɪt/ *vt* (*formal*) **1** (*casa*) desocupar **2** (*asiento, puesto*) dejar vacío **3** (*habitación de un hotel*) dejar libre

vacation /vəˈkeɪʃn; *USA* veɪˈkeɪʃn/ *n* (*coloq* **vac**) vacaciones: *to take a vacation* cogerse vacaciones ◊ *They spent the vacation in France.* Pasaron las vacaciones en Francia.

> En Gran Bretaña **vacation** se utiliza sobre todo para referirse a las vacaciones de las universidades y los tribunales de justicia. En el resto de los casos, **holiday** es la palabra más corriente. En Estados Unidos **vacation** tiene un uso más generalizado.

LOC on vacation (*esp USA*) de vacaciones

■ **vacation** *vi* (*USA*) **~ (at/in ...)** pasar las vacaciones (en ...)

vaccinate /ˈvæksɪneɪt/ *vt* **~ sb (against sth)** vacunar a algn (contra algo)

▶ **vaccination** *n* vacunación: *to have a vaccination* vacunarse

vaccine /ˈvæksiːn; *USA* vækˈsiːn/ *n* vacuna

vacillate /ˈvæsəleɪt/ *vi* (*formal*) vacilar: *to vacillate between hope and fear* vacilar entre la esperanza y el miedo

▶ **vacillation** *n* vacilación

vacuous /ˈvækjuəs/ *adj* (*formal*) vacuo: *a vacuous expression* una expresión vacía

▶ **vacuity** *n* vacuidad, falta de inteligencia

vacuously *adv* con vacuidad, con necedad

vacuum /ˈvækjuəm/ *n* **1** (*lit* y *fig*) vacío **2** (*coloq*) aspiradora

LOC in a vacuum aislado (*de otras personas, acontecimientos*): *to live/work in a vacuum* vivir/trabajar aislado

■ **vacuum** *vt, vi* (*coloq*) pasar la aspiradora (por)

vacuum cleaner *n* aspiradora ☛ *Ver nota en* ASPIRADORA

vacuum flask (*tb* **flask**, *USA* **vacuum bottle**) *n* termo

vacuum-packed /ˈvækjuəm pækt/ *adj* envasado al vacío

vagabond /ˈvæɡəbɒnd/ *n* vagabundo, -a

vagary /ˈveɪɡəri/ *n* (*pl* **-ies**) [*gen pl*] variación: *the vagaries of fashion/the weather* los caprichos de la moda/del tiempo

vagina /vəˈdʒaɪnə/ *n* (*pl* **~s**) vagina ☛ *Ver ilustración en* REPRODUCTOR

▶ **vaginal** /vəˈdʒaɪnl/ *adj* vaginal

vagrant /ˈveɪɡrənt/ *n* (*formal* o *Jur*) vagabundo, -a

▶ **vagrancy** *n*: *arrested for vagrancy* lo arrestaron por no tener domicilio fijo

vague /veɪɡ/ *adj* (**-er, -est**) **1** vago: *I have only a vague idea of where it is.* Tengo solo una idea vaga de dónde está. **2** (*personas*) **(a)** indeciso, impreciso: *to be vague about your plans* ser indeciso con tus planes **(b)** distraído: *a vague gesture* un gesto distraído

▶ **vaguely** *adv* **1** vagamente: *Her face is vaguely familiar.* Su cara me es vagamente familiar. **2** aproximadamente: *It was vaguely reminiscent of Degas.* Tenía cierto parecido con la obra de Degas. **3** distraídamente

vagueness *n* vaguedad, imprecisión

vain /veɪn/ *adj* (**-er, -est**) **1** vanidoso **2** vano: *a vain attempt* un intento vano ◊ *in the vain hope of persuading him* con la vana esperanza de persuadirle

LOC in vain en vano *Ver tb* NAME[1]

▶ **vainly** *adv* **1** inútilmente **2** vanidosamente

valance /ˈvæləns/ *n* **1** volante que cuelga alrededor de la cama **2** (*USA*) *Ver* PELMET

vale /veɪl/ *n* (*antic*) (*en nombres de lugares*) valle

LOC a vale of tears un valle de lágrimas

valediction /ˌvælɪˈdɪkʃn/ *n* (*formal*) (discurso de) despedida

▶ **valedictory** *adj* de despedida

valentine /ˈvæləntaɪn/ *n* **1** (*tb* **valentine card**) tarjeta que se envía el día de San Valentín **2** enamorado, -a: *Be my valentine.* Quiero que seas el dueño de mi corazón.

valet /ˈvæleɪ, ˈvælɪt/ *n* ayuda de cámara

valiant /ˈvæliənt/ *adj* valeroso: *valiant efforts* esfuerzos valerosos

▶ **valiantly** *adv* valerosamente

valid /ˈvælɪd/ *adj* válido: *a valid contract/argument* un contrato/argumento válido ◊ *a bus pass valid for one week* un abono de autobús válido para una semana

▶ **validly** *adv* con legitimidad

validate /ˈvælɪdeɪt/ *vt* validar: *to validate a contract* validar un contrato

▶ **validation** *n* validación

validity /vəˈlɪdəti/ *n* validez

Valium® /ˈvæliəm/ *n* valium®

valley /ˈvæli/ *n* (*pl* **~s**) valle ☛ *Ver ilustración en* MONTAÑA *Ver tb* LILY OF THE VALLEY

valour (*USA* **valor**) /ˈvælə(r)/ *n* (*ret*) valor **LOC** *Ver* DISCRETION

valuable /ˈvæljuəbl/ *adj* valioso: *a valuable collection of paintings* una valiosa colección de pinturas ◊ *to waste valuable time doing sth* desperdiciar tiempo valioso haciendo algo ☛ *Comparar con* INVALUABLE

▶ **valuables** *n* [*pl*] objetos de valor

valuation /ˌvæljuˈeɪʃn/ *n* **1** valoración: *to carry out a valuation on/of the house* llevar a cabo una tasación de la casa **2** valor: *Experts put/set a high valuation on the painting.* Los expertos dieron un alto valor al cuadro.

value /ˈvæljuː/ *n* **1** valor: *rising property values* aumento en el valor de la propiedad inmobiliaria ◊ *to go down in value* disminuir de valor ◊ *goods to the value of £500* mercancías por un valor de 500 libras ◊ *The stone wasn't of great value.* La piedra no tenía mucho valor. *Ver tb* FACE VALUE **2 values** [*pl*] valores, principios: *a set of values* una escala de valores

LOC **good, better, best value**: *This tea is good value at 90p a packet.* Este té a 90 peniques el paquete está muy bien de precio. ◊ *It was expensive, but good value for money.* Era caro pero tenía un precio justo. **value for money**: *They are not getting value for money.* Están pagando un precio muy alto para lo que reciben. ◊ *a value-for-money meal* una comida muy bien de precio *Ver tb* SNOB

■ **value** *vt* **1 ~ sth (at sth) (a)** valorar algo (en algo): *He valued the house at £80 000.* Valoró la casa en 80.000 libras. **(b)** (*joya*) tasar algo (en algo) **2 ~ sth/sb (as sth)** valorar algo/a algn (como algo): *I'll never marry: I value my freedom too much.* Nunca me casaré: valoro demasiado mi libertad. ◊ *a valued client* un cliente apreciado

▶ **valuer** *n* tasador, -ora (*de inmuebles*)

value added tax *n* (*abrev* **VAT**) impuesto sobre el valor añadido

value judgement *n* (*pey*) juicio de valor

valueless /ˈvæljuːləs/ *adj* sin valor

valve /vælv/ *n* **1** válvula ☛ *Ver ilustración en* BICYCLE *Ver tb* SAFETY VALVE **2** (*Mús*) pistón ☛ *Ver ilustración en* BRASS **3** (*Biol*) valva

vamp /væmp/ *n* (*antic, coloq*) vampiresa

vampire /ˈvæmpaɪə(r)/ *n* **1** vampiro **2** (*tb* **vampire bat**) (*Zool*) vampiro

van /væn/ *n* **1** furgoneta: *a removal van* un furgón de mudanzas ◊ *a police van* un furgón celular **2** (*GB*) (*tb* **guard's van**) (*tren*) furgón de cola *Ver tb* GOODS VAN

vandal /ˈvændl/ *n* vándalo, -a

▶ **vandalism** *n* vandalismo

vandalize, -ise *vt* destruir (*intencionadamente*): *The public toilets had been vandalized.* Los aseos públicos habían sido destrozados.

vane /veɪn/ *n* **1** paleta, aspa **2** *Ver* WEATHERVANE

vanguard /ˈvæŋɡɑːd/ **the vanguard** *n* [*incontable*] la vanguardia: *in the vanguard of the movement* en la vanguardia del movimiento

vanilla /vəˈnɪlə/ *n* vainilla: *vanilla ice cream* helado de vainilla ◊ *vanilla essence* esencia de vainilla

vanish /ˈvænɪʃ/ *vi* desaparecer: *to vanish into thin air* esfumarse sin dejar rastro ◊ *to vanish from sight* desaparecer de la vista ◊ *to vanish without trace* desaparecer sin dejar rastro

vanishing point *n* punto de fuga

vanity /ˈvænəti/ *n* (*pl* **-ies**) vanidad

vanquish /ˈvæŋkwɪʃ/ *vt* **~ sb (at/in sth)** (*formal*) vencer a algn (en algo): *His spirit was not vanquished.* No doblegaron su voluntad.

vantage point *n* posición estratégica

vapid /ˈvæpɪd/ *adj* (*formal*) soso (*persona*)

vaporize, -ise /ˈveɪpəraɪz/ *vt, vi* vaporizar(se)

▶ **vaporization, -isation** *n* vaporización

vaporizer, -iser *n* vaporizador

vapour (*USA* **vapor**) /ˈveɪpə(r)/ *n* vapor

vapour trail *n* estela de vapor

variable /ˈveəriəbl/ *adj, n* variable: *variable rate of interest* interés variable

▶ **variability** *n* variabilidad

variance /ˈveəriəns/ *n* discrepancia

LOC **to be at variance (with sth/sb)** (*formal*) estar en desacuerdo (con algo/algn): *This theory is at variance with the known facts.* Esta teoría discrepa de los hechos conocidos.

variant /ˈveəriənt/ *n* variante: *regional variants* variantes regionales

variation /ˌveəriˈeɪʃn/ *n* **1 ~ (in/of sth)** variación, variante (en/de algo): *subject to variation* sujeto a modificación ◊ *regional variations in language* variantes regionales del idioma **2 ~ (on sth)** (*Mús*) variación (sobre algo): *variations on a theme by Mozart* variaciones sobre un tema de Mozart

varicose vein *n* variz

varied /ˈveərid/ *adj* variado: *Holiday jobs are many and varied.* Los trabajos de verano son muchos y variados.

variegated /ˈveəriəɡeɪtɪd/ *adj* jaspeado

variety /vəˈraɪəti/ *n* (*pl* **-ies**) **1 ~ (of sth)** variedad (de algo): *for a variety of reasons* por varias razones ◊ *a large/wide variety of colours* una gran variedad de colores **2** (*USA* **vaudeville**) variedades: *a variety show* un espectáculo de variedades

LOC **variety is the spice of life** (*refrán*) en la variedad está el gusto

various /ˈveəriəs/ *adj* varios: *for various reasons* por diversas razones

▶ **variously** *adv* (*formal*) de formas distintas: *In his life, he was variously described as…* A lo largo de su vida, lo describieron de formas distintas como…

varnish /ˈvɑːnɪʃ/ *n* barniz: *a coat of varnish* una mano de barniz *Ver tb* NAIL VARNISH

■ **varnish** *vt* barnizar: *varnished floorboards* suelo de madera barnizada

varsity /ˈvɑːsəti/ *n* **1** (*GB, antic, coloq*) universidad (*esp Oxford y Cambridge*): *a varsity match* un partido de la universidad **2** (*USA*) mejor equipo de una escuela secundaria o universidad: *the varsity basketball team* el primer equipo de baloncesto

vary /ˈveəri/ *vt, vi* (*pret, pp* **varied**) **1 ~ (in sth)** variar (en algo): *The questions varied in difficulty.* Las preguntas varían en dificultad. **2 ~ (with sth)**; **~ (from sth to sth)** variar (con algo); (de algo a algo): *varying degrees of enthusiasm* diferentes grados de entusiasmo ◊ *Customs vary from country to country.* Las costumbres varían de un país a otro.

▶ **varying** *adj* variable: *in varying amounts* en diversas cantidades

vascular /ˈvæskjələ(r)/ *adj* vascular

vase /vɑːz; *USA* veɪs, veɪz/ *n* jarrón, florero

vasectomy /vəˈsektəmi/ *n* vasectomía

Vaseline® /ˈvæsəliːn/ *n* vaselina

vassal /ˈvæsl/ *n* vasallo

vast /vɑːst; *USA* væst/ *adj* **1** vasto: *the vast majority of people* la gran mayoría de la gente ◊ *a vast expanse of desert* una vasta extensión de desierto ◊ *a vast improvement* una gran mejoría **2** (*coloq*) considerable: *a vast sum of money* una considerable suma de dinero ◊ *a vast quantity* una cantidad considerable

▶ **vastly** *adv* considerablemente

vastness *n* inmensidad

VAT (*tb* **Vat**) /ˌviː eɪ ˈtiː, væt/ *abrev de* **value added tax** IVA: *20% VAT* el 20% de IVA

vat /væt/ *n* tinaja

vaudeville /ˈvɔːdəvɪl/ *n* (*USA, antic*) vodevil *Ver* VARIETY sentido 2

vault¹ /vɔːlt/ *n* **1** bóveda ☛ *Ver ilustración en* IGLESIA **2** cripta: *in the family vault* en la cripta familiar **3** (*tb* **bank vault**) cámara acorazada

▶ **vaulted** *adj* abovedado

vault² /vɔːlt/ *vi* **~ (over sth)** saltar (algo) (*apoyándose en las manos o con pértiga*): *to vault (over) a fence* saltar una valla ◊ *vaulting ambition* ambición desmesurada *Ver tb* POLE VAULT

■ **vault** *n* salto

vaulting horse *n* potro (*de gimnasia*)

vaunt /vɔːnt/ *vt* (*formal, pey*) vanagloriarse de, hacer alarde de: *much vaunted* tan vanagloriado

VC /ˌviː ˈsiː/ **1** (*GB*) *abrev de* **Victoria Cross** (*medalla*) Cruz de la Reina Victoria **2** (*Educ*) **Vice-Chancellor** rector

VCR /ˌviː siː ˈɑː(r)/ *abrev de* **video cassette recorder** aparato de vídeo

VD /ˌviː ˈdiː/ *abrev de* **venereal disease** enfermedad venérea

VDU /ˌviː diː ˈjuː/ *abrev de* **visual display unit** UDV

(=unidad de visualización): *She works at the VDU all day.* Trabaja delante de la pantalla todo el día.

veal /viːl/ *n* (*carne*) ternera: *veal escalope* filete de ternera

vector /ˈvektə(r)/ *n* vector

veer /vɪə(r)/ *vi* **1** (*vehículo, opinión, conversación*) virar, desviarse: *to veer off course* salirse del rumbo ◊ *to veer away from/off the subject* desviarse del tema ◊ *Her feelings veered from resentment to guilt.* Sus sentimientos oscilaban entre el resentimiento y la culpabilidad. **2** (*viento*) cambiar (de dirección)
PHR V **to veer away/off** desviarse, cambiar de rumbo

veg /vedʒ/ (*pl* **veg**) (*GB, coloq*) *abrev de* **vegetable** verdura: *meat and two veg* carne y dos tipos de verdura ◊ *fruit and veg* fruta y verdura

vegan /ˈviːgən/ *adj, n* vegetariano, -a que no come ni huevos ni productos lácteos

vegeburger *Ver* VEGGIE BURGER

vegetable /ˈvedʒtəbl/ *n* **1** verdura, hortaliza: *green vegetables* verduras ◊ *vegetable soup* sopa de verduras ◊ *vegetable oil* aceite vegetal *Ver tb* ROOT VEGETABLE **2** (*fig*) vegetal

vegetable garden *n* huerto ☛ *Ver ilustración en* BUNGALOW

vegetarian /ˌvedʒəˈteəriən/ *adj, n* vegetariano, -a
▶ **vegetarianism** *n* vegetarianismo

vegetate /ˈvedʒəteɪt/ *vi* vegetar

vegetation /ˌvedʒəˈteɪʃn/ *n* vegetación

veggie /ˈvedʒi/ *n* (*coloq*) vegetariano, -a

veggie burger (*tb* **vegeburger**) *n* hamburguesa vegetariana

vehement /ˈviːəmənt/ *adj* vehemente, violento: *vehement opposition* una violenta oposición
▶ **vehemence** *n* vehemencia
vehemently *adv* con vehemencia: *to be vehemently opposed to sth* oponerse con vehemencia a algo

vehicle /ˈviːəkl; *USA* ˈviːhɪkl/ *n* **1** vehículo **2** ~ **(for sth)** (*fig*) vehículo (de/para algo); medio (de algo)

vehicular /vəˈhɪkjələ(r)/ *adj* (*formal*) *No vehicular access* prohibido al tráfico rodado

veil /veɪl/ *n* **1** (*lit* y *fig*) velo **2** (*de monja*) toca
LOC **to take the veil** tomar los hábitos *Ver tb* DRAW[2]
■ **veil** *vt* **1** cubrir con un velo **2** (*fig*) velar, disimular, encubrir: *The talks were veiled in secrecy.* Las negociaciones se realizaron tras un velo de secreto.
▶ **veiled** *adj* velado: *a veiled threat* una amenaza velada

vein /veɪn/ *n* **1** vena *Ver tb* VARICOSE VEIN **2** (*Bot*) nervio, vena **3** (*Geol*) veta, vena, filón **4** (*en mármol, queso, etc*) veta **5** ~ **(of sth)** (*fig*) vena, rasgo (de algo): *a vein of humour* una vena de humor **6** (*manera*) tono, estilo: *in the same vein* en el mismo tono/del mismo estilo ◊ *In similar vein…* Asimismo…
▶ **veined** *adj* **1** (*mármol, etc*) veteado **2** (*cuerpo*) venoso **3** (*Bot*) nervado

Velcro® /ˈvelkrəʊ/ *n* Velcro®

vellum /ˈveləm/ *n* **1** vitela **2** papel pergamino

velocity /vəˈlɒsəti/ *n* (*formal*) (*pl* **-ies**) velocidad

Para traducir *velocidad* utilizamos la palabra **velocity** en contextos científicos o formales y **speed** en los demás casos: *Light always travels at constant velocity.* La luz siempre viaja a velocidad constante. ◊ *What speed were you doing?* ¿A qué velocidad ibas?

velour (*tb* **velours**) /vəˈlʊə(r)/ *n* veludillo

velvet /ˈvelvɪt/ *n* terciopelo LOC *Ver* SMOOTH
▶ **velvety** *adj* **1** aterciopelado: *velvety smooth* suave como el terciopelo **2** (*voz, ojos*) suave

venal /ˈviːnl/ *adj* (*formal*) venal, sobornable
▶ **venality** *n* venalidad, corrupción

vend /vend/ *vt* (*Jur*) vender ☛ La palabra más normal es **sell**.
▶ **vendor** /ˈvendə(r), ˈvendɔː(r)/ *n* vendedor, -ora

vendetta /venˈdetə/ *n* vendetta, venganza

vending machine *n* máquina expendedora

veneer /vəˈnɪə(r)/ *n* **1** chapa **2** ~ **(of sth)** (*fig, gen pey*) barniz (de algo): *a veneer of respectability* un barniz de respetabilidad
■ **veneer** *vt* ~ **sth (with sth)** chapar algo (con algo)

venerable /ˈvenərəbl/ *adj* venerable

venerate /ˈvenəreɪt/ *vt* venerar
▶ **veneration** *n* veneración

venereal /vəˈnɪəriəl/ *adj* venéreo: *venereal disease* enfermedad venérea

Venetian /vəˌniːʃn/ *adj, n* veneciano, -a

venetian blind *n* persiana de láminas

vengeance /ˈvendʒəns/ *n* venganza: *to take vengeance for sth* vengarse por algo/vengar algo ◊ *to take vengeance on sb* vengarse de algn
LOC **with a vengeance** de veras: *Inflation has returned with a vengeance.* Vuelve a haber inflación de veras.

vengeful /ˈvendʒfl/ *adj* vengativo

venial /ˈviːniəl/ *adj* venial

venison /ˈvenɪsn, ˈvenɪzn/ *n* (carne de) venado

venom /ˈvenəm/ *n* **1** veneno **2** (*fig*) veneno, ponzoña
▶ **venomous** *adj* (*lit* y *fig*) venenoso, ponzoñoso
venomously *adv* con odio

vent /vent/ *n* **1** respiradero: *air vent* rejilla de ventilación ◊ *heating vents* rejillas de la calefacción **2** (*en prendas de vestir*) abertura **3** (*Mec*) entrada de aire
LOC **to give (full) vent to sth** dar rienda suelta a algo
■ **vent** *vt* ~ **sth (on sth/sb)** descargar algo (en algo/algn): *They vented their anger on the government.* Descargaron su ira en el gobierno.

ventilate /ˈventɪleɪt; *USA* -təleɪt/ *vt* **1** (*lit* y *fig*) ventilar **2** (*Med*) oxigenar
▶ **ventilation** *n* **1** ventilación **2** (*Med*) oxigenación
ventilator *n* **1** ventilador **2** *Ver* RESPIRATOR

ventriloquism /venˈtrɪləkwɪzəm/ *n* ventriloquia
▶ **ventriloquist** *n* ventrílocuo, -a

venture /ˈventʃə(r)/ *n* **1** operación, empresa: *venture capital* capital arriesgado ◊ *joint venture* empresa conjunta ☛ *Comparar con* ENTERPRISE **2** incursión
■ **venture 1** *vi* aventurarse, atreverse: *to venture into the water* aventurarse a entrar en el agua **2** *vt* (*formal*) (*opinión, crítica, etc*) aventurar: *I venture to disagree.* Me permito discrepar. **3** *vt* ~ **sth (on sth)** aventurar, arriesgar algo (en algo)
LOC **nothing ventured, nothing gained** quien no se arriesga no pasa la mar
PHR V **to venture on/upon sth** embarcarse en algo, emprender algo
to venture out aventurarse a salir
▶ **venturesome** *adj* aventurero

venue /ˈvenjuː/ *n* lugar (*de reunión*), local (*para música*), campo (*para un partido*)

Venus /ˈviːnəs/ *n* Venus

veracity /vəˈræsəti/ *n* (*formal*) veracidad

veranda (*tb* **verandah**) /vəˈrændə/ (*USA tb* **porch**) *n* veranda

verb /vɜːb/ *n* verbo: *the verb 'to be'* el verbo 'ser' ◊ *verb forms* formas verbales *Ver tb* PHRASAL VERB

verbal /ˈvɜːbl/ *adj* verbal: *She's been the victim of verbal abuse.* Ha sido insultado verbalmente. ◊ *non-verbal communication* comunicación no verbal ◊ *a verbal agreement* un acuerdo verbal

verbally /ˈvɜːbəli/ *adv* verbalmente

verbatim /vɜːˈbeɪtɪm/ *adj, adv* palabra por palabra

verbiage /ˈvɜːbiɪdʒ/ *n* (*formal, pey*) verborrea, palabrería

verbose /vɜːˈbəʊs/ *adj* (*formal*) prolijo, ampuloso
▶ **verbosity** /vɜːˈbɒsəti/ *n* (*formal*) prolijidad

verdant /ˈvɜːdnt/ *adj* (*formal* o *ret*) verdeante

verdict /ˈvɜːdɪkt/ *n* **1** veredicto: *The jury brought in* *their verdict.* El jurado anunció su veredicto. ◊ *a verdict of guilty/not guilty* un veredicto de culpable/de no culpable *Ver tb* MAJORITY VERDICT, OPEN VERDICT **2** juicio, opinión: *What's the verdict? Did you like it?* ¿Cuál es tu veredicto?, ¿Te ha gustado?

verge /vɜːdʒ/ *n* **1** borde de un camino **2** borde de hierba
LOC on the verge of sth al borde de algo: *on the verge of tears* al borde de las lágrimas ◊ *They're on the verge of going bankrupt.* Están a punto de irse a pique. **to the verge of sth**: *Her misery brought her to the verge of tears.* Su sufrimiento la puso al borde de las lágrimas.
■ **verge** *v*
PHR V to verge on sth rayar en algo: *His love of football verges on fanaticism.* Su afición por el fútbol raya en el fanatismo. ◊ *This is verging on the ridiculous.* Esto raya en lo ridículo.

verger /ˈvɜːdʒə(r)/ *n* sacristán

verifiable /ˈverɪfaɪəbl/ *adj* verificable

verification /ˌverɪfɪˈkeɪʃn/ *n* **1** (*de hechos, detalles*) verificación, comprobación: *verification of the picture's authenticity* comprobación de la autenticidad del cuadro **2** (*de sospechas, teorías*) confirmación

verify /ˈverɪfaɪ/ *vt* (*pret, pp* **-fied**) **1** (*detalles, hechos, etc*) verificar, comprobar: *The police verified her address.* La policía comprobó su dirección. **2** (*sospechas, teoría*) confirmar

verisimilitude /ˌverɪsɪˈmɪlɪtjuːd; *USA* -tuːd/ *n* (*formal*) verosimilitud

veritable /ˈverɪtəbl/ *adj* [*antes de sustantivo*] (*formal* o *joc*) verdadero, auténtico: *A veritable army of tourists invaded the cathedral.* Una verdadera legión de turistas invadió la catedral.

verity /ˈverəti/ *n* (*pl* **-ies**) (*formal*) verdad

vermilion /vəˈmɪliən/ *adj* bermejo
■ **vermilion** *n* bermellón

vermin /ˈvɜːmɪn/ *n* [*gen pl*] **1** alimañas **2** bichos

vermouth /ˈvɜːməθ; *USA* vərˈmuːθ/ *n* vermú, vermut

vernacular /vəˈnækjələ(r)/ *n* lengua vernácula: *To put it in the vernacular, she's blown it.* Para ponerlo en lenguaje llano, lo ha fastidiado.

versatile /ˈvɜːsətaɪl; *USA* -tl/ *adj* (*aprob*) versátil
▶ **versatility** /ˌvɜːsəˈtɪləti/ *n* versatilidad

verse /vɜːs/ *n* **1** verso: *It's written in verse.* Está escrito en verso *Ver tb* BLANK VERSE **2** estrofa **3 verses** [*pl*] poesía **4** versículo **LOC** *Ver* CHAPTER

versed /vɜːst/ *adj* **~ in sth** versado en algo: *He's well versed in mathematics.* Está muy versado en matemáticas.

version /ˈvɜːʃn; *USA* -ʒn/ *n* versión: *That doesn't tie in with your version of the story.* Eso no cuadra con tu versión de la historia. ☛ *Ver nota en* VERSIÓN *Ver tb* COVER VERSION

versus /ˈvɜːsəs/ *prep* (*Lat*) (*abrev* **v, vs**) **1** (*Dep*) versus, contra: *England v France* Inglaterra vs Francia **2** frente a, en oposición a: *the dilemma of career versus family* el dilema de la vida profesional frente a la vida familiar

vertebra /ˈvɜːtɪbrə/ *n* (*pl* **-rae** /-riː/) vértebra ☛ *Ver ilustración en* ESQUELETO
▶ **vertebral** *adj* vertebral
vertebrate *adj, n* vertebrado

vertex /ˈvɜːteks/ *n* (*pl* **-tices** /-tɪsiːz/) (*Mat*) vértice

vertical /ˈvɜːtɪkl/ *adj* vertical: *the vertical clues of a crossword* los verticales de un crucigrama ◊ *a vertical take-off aircraft* un avión de despegue vertical
■ **vertical** *n* vertical
▶ **vertically** *adv* verticalmente

vertiginous /vɜːˈtɪdʒɪnəs/ *adj* **1** vertiginoso **2** de vértigo

vertigo /ˈvɜːtɪgəʊ/ *n* vértigo

verve /vɜːv/ *n* brío, entusiasmo

very¹ /ˈveri/ *adv* **1(a)** muy: *very small* muy pequeño ◊ *very quickly* muy rápidamente ◊ *very soon* muy pronto ◊ *Very few people know that.* Muy poca gente sabe eso. ◊ *You're looking very well.* Tienes muy buen aspecto. ◊ *I don't take very kindly to that.* A mí no me sienta muy bien eso. **(b)** *I'm very sorry.* Lo siento mucho. ◊ *It's very hot today.* Hace mucho calor hoy. ◊ *He loves her very much.* La quiere muchísimo. ◊ *'Are you busy?' 'Not very.'* —¿Estás ocupado? —No mucho. ◊ *'Did you like it?' 'Not very much.'* —¿Te gustó? —No mucho. ◊ *He's very much the man about town.* Es un hombre de mundo. ◊ *'Did you find that interesting?' 'Yes, very much so.'* —¿Te pareció interesante? —Sí, muchísimo. ◊ *The house is still very much as it was in the seventeenth century.* La casa sigue siendo en gran medida como era en el siglo XVII. **2** (*con superlativos*): *the very best ingredients* los mejores ingredientes posibles ◊ *I was the very first to arrive.* Fui el primero de todos en llegar. ◊ *There will be fifty there at the very most.* Habrá cincuenta personas allí como máximo. ◊ *at the very latest* como muy tarde ◊ *your very own pony* un pony solo para ti ◊ *The very best we can do is…* Lo mejor que podemos hacer es … ◊ *She always leaves everything until the very last moment.* Siempre deja todo para el último momento. **3** mismo: *He was sitting in the very same seat.* Estaba sentado en esa mismísima silla. ◊ *the very next day* justo al día siguiente

very² /ˈverɪ/ *adj* **1** mismo: *…and it all happened in this very room!* …¡y todo ocurrió en esta misma habitación! ◊ *At that very moment he walked in.* En ese mismísimo momento entró él. ◊ *You're the very man I want to see.* Eres precisamente el hombre que quiero ver. ◊ *These pills are the very thing for your cold.* Estas pastillas son exactamente lo que necesitas para tu resfriado. **2** *At the very end of the story they get married.* Justo al final de la historia se casan. ◊ *Let's start at the very beginning.* Vamos a empezar desde el principio. **3** *The very idea of going abroad delighted him.* La simple idea de ir al extranjero le encantaba. ◊ *The very thought of going to the dentist brings me out in a sweat.* Solo pensar en ir al dentista me pone malo. ◊ *The very idea/thought!* ¡Qué ocurrencia!

vesicle /ˈvesɪkl/ *n* (*Anat, Biol*) vesícula: *seminal vesicle* vesícula seminal ☛ *Ver ilustración en* REPRODUCTOR

vespers /ˈvespəz/ (*Relig*) *n* [*pl*] vísperas

vessel /ˈvesl/ *n* **1** (*formal*) buque, nave: *a passenger vessel* un buque de pasajeros **2** (*formal*) vasija **3** (*Anat*) vaso: *blood vessel* vaso sanguíneo

vest¹ /vest/ *n* **1(a)** (*USA* **undershirt**) (*ropa interior*) camiseta **(b)**: *bullet-proof vest* chaleco antibalas **2** (*USA*) (*GB* **waistcoat**) chaleco

vest² /vest/ *vt* (*formal*) **1 ~ sth in sb** conceder algo a algn: *by the authority vested in me* en virtud de la autoridad que me ha sido conferida **2 ~ sb with sth** investir a algn de algo: *to vest sb with authority* conferir autoridad a algn
LOC to have a vested interest in sth tener un interés personal en algo: *You have a vested interest in Tim's resignation.* Tienes un interés especial en la dimisión de Tim. **vested interests** intereses creados

vestibule /ˈvestɪbjuːl/ *n* **1** (*formal*) vestíbulo **2** (*USA*) pequeño espacio entre los vagones de un tren

vestige /ˈvestɪdʒ/ *n* vestigio: *not a vestige of truth* ni un ápice de verdad
▶ **vestigial** *adj* residual

vestment /ˈvestmənt/ *n* [*gen pl*] vestidura

vest-pocket /ˌvest ˈpɒkɪt/ *adj* (*USA*) de bolsillo

vestry /ˈvestri/ (*pl* **-ies**) *n* sacristía ☛ *Ver ilustración en* IGLESIA

vet¹ /vet/ *vt* (**-tt-**) (*GB*) **1** (*candidatos*) someter a investigación: *vetting procedures* procesos de investigación **2** (*propuesta*) investigar, examinar: *to be positively vetted* ser aprobado

vet² *Ver* VETERINARY SURGEON

veteran /ˈvetərən/ *n* **1** veterano, -a **2** (*tb* **vet** (*coloq*)) (*USA*) ex-combatiente
■ **veteran** *adj* veterano
Veterans' Day *n* (*USA*) *Ver* ARMISTICE DAY
veterinary /ˈvetrənri; *USA* ˈvetərəneri/ *adj* [*antes de sustantivo*] veterinario: *veterinary medicine/science* veterinaria
veterinary surgeon (*tb* **vet**, *USA* **veterinarian**) *n* (*formal*) veterinario, -a
veto /ˈviːtəʊ/ *n* (*pl* **~es**) veto: *power of veto* derecho al veto ◊ *to put a veto on sth* vetar algo
■ **veto** *vt* (*part pres* **vetoing**) vetar
vex /veks/ *vt* (*antic* o *formal*) **1** fastidiar, enfadar **2** afligir
▶ **vexation** /vekˈseɪʃn/ *n* **1** (*estado*) irritación **2** contrariedad: *life's little vexations* las pequeñas contrariedades de la vida
vexatious *adj* (*antic* o *formal*) fastidioso
vexed *adj* **1** enfadado: *in a vexed tone* en un tono enfadado **2** desconcertado
LOC a vexed question un tema controvertido
VHF /ˌviː eɪtʃ ˈef/ *abrev de* **very high frequency** VHF
via /ˈvaɪə/ *prep* por, vía: *via Paris* vía París
viable /ˈvaɪəbl/ *adj* viable
▶ **viability** /ˌvaɪəˈbɪləti/ *n* viabilidad
viaduct /ˈvaɪədʌkt/ *n* viaducto
vial *Ver* PHIAL
vibes /vaɪbz/ *n* **1** (*tb* **vibrations**) (*coloq*) sensación: *good/bad vibrations* buenas/malas vibraciones **2** *Ver* VIBRAPHONE
vibrant /ˈvaɪbrənt/ *adj* vibrante
▶ **vibrancy** *n* energía, viveza
vibraphone /ˈvaɪbrəfəʊn/ (*coloq* **vibes**) *n* vibráfono
vibrate /vaɪˈbreɪt; *USA* ˈvaɪbreɪt/ *vt, vi* (hacer) vibrar
▶ **vibrator** *n* vibrador
vibration /vaɪˈbreɪʃn/ *n* **1** vibración **2** *Ver* VIBES
vicar /ˈvɪkə(r)/ *n* **1** (*en la Iglesia anglicana*) párroco **2** vicario ☛ *Ver nota en* PRIEST
▶ **vicarage** /ˈvɪkərɪdʒ/ *n* casa del párroco
vicarious /vɪˈkeəriəs; *USA* vaɪˈk-/ *adj* **1** indirecto: *to feel vicarious pleasure/satisfaction* sentir placer/satisfacción indirectamente **2** hecho o experimentado por otro: *vicarious authority* autoridad delegada
▶ **vicariously** *adv* a través de otra persona
vice[1] /vaɪs/ *n* vicio **LOC** *Ver* DEN
vice[2] (*USA* **vise**) /vaɪs/ *n* tornillo de sujeción de banco (*de carpintero*)
vice- /vaɪs/ *pref* vice-: *vice-president* vicepresidente ◊ *vice-chancellor* rector ◊ *vice-chairman* vicepresidente
viceroy /ˈvaɪsrɔɪ/ *n* virrey
vice versa /ˌvaɪs ˈvɜːsə, ˌvaɪsi-/ *adj* viceversa
vicinity /vəˈsɪnəti/ *n* inmediaciones, alrededores
LOC in the vicinity (**of sth**) (*formal*) en las inmediaciones (de algo): *Is it in the vicinity?* ¿Está por aquí (cerca)?
vicious /ˈvɪʃəs/ *adj* **1** malicioso: *vicious thugs* gamberros crueles ◊ *a vicious attack, blow, etc* un ataque, golpe, etc con saña ◊ *vicious criticism* crítica rencorosa ◊ *He was really vicious about her.* La estaba despellejando. **2** (*perro*) fiero **3** (*coloq*) severo: *a vicious strain of the virus* una rama virulenta del virus
LOC a vicious circle un círculo vicioso
▶ **viciously** *adv* cruelmente, viciosamente
viciousness *n* crueldad, perversidad
vicissitude /vɪˈsɪsɪtjuːd; *USA* -tuːd/ *n* [*gen pl*] (*formal*) vicisitud
victim /ˈvɪktɪm/ *n* (*lit* y *fig*) víctima
LOC to fall victim (**to sth**) sucumbir a algo: *to fall victim to a virus* enfermar con un virus ◊ *to fall victim to her charms* sucumbir a sus encantos
victimize, -ise /ˈvɪktɪmaɪz/ *vt* **1** escoger como víctima **2** tiranizar
▶ **victimization, -isation** *n* persecución
victor /ˈvɪktə(r)/ *n* (*formal*) vencedor, -ora
Victorian /vɪkˈtɔːriən/ *adj* victoriano
■ **Victorian** *n* victoriano, -a
▶ **Victoriana** *n* objetos victorianos
victorious /vɪkˈtɔːriəs/ *adj* **~** (**in sth**) victorioso (en algo): *They emerged victorious.* Salieron victoriosos. ◊ *the victorious team* el equipo vencedor
LOC to be victorious (**over sth/sb**) triunfar sobre algo/algn
victory /ˈvɪktəri/ *n* (*pl* **-ies**) victoria, triunfo *Ver tb* PYRRHIC VICTORY **LOC** *Ver* ROMP
video /ˈvɪdiəʊ/ *n* (*pl* **~s**) **1** vídeo: *recorded on video* grabado en vídeo ◊ *a video camera* una cámara de vídeo ◊ *video cassette* videocasete ◊ *to make a promotional video* hacer un vídeo promocional ◊ *video library* videoteca **2** (*tb* **video cassette recorder**) (*abrev* **VCR**) (aparato de) vídeo **3** (*tb* **videotape**) cinta de vídeo
■ **video** *vt* (*part pres* **videoing**) (*tb* **videotape**) grabar en vídeo
video nasty *n* (*pl* **video nasties**) película de vídeo con mucha violencia
videotape /ˈvɪdiəʊteɪp/ *n Ver* VIDEO sentido 3
■ **videotape** *vt Ver* VIDEO *vt*
vie /vaɪ/ *vi* (*pret, pp* **vied** /vaɪd/ *part pres* **vying** /ˈvaɪɪŋ/) (*formal*) **1 to vie with sb** (**for sth/to do sth**) rivalizar con algn (por algo/para conseguir algo): *The two of them are vying for first place.* Los dos rivalizan por el primer puesto. **2 to vie for sth** competir por algo
view[1] /vjuː/ *n* **1(a)** vista: *to be in view of the camera* estar en el campo de visión de la cámara *Ver tb* SIDE VIEW **(b)** vista (panorámica): *10 views of London* 10 vistas de Londres ◊ *a wonderful view* una panorámica maravillosa **2 ~** (**about/on sth**) opinión, parecer (sobre algo): *an unrealistic view of marriage* una visión irreal del matrimonio *Ver tb* WORLD-VIEW **3** (*tb* **viewing**) visita (de inspección): *a private view(ing) of an exhibition* una visita privada a una exposición
LOC in my, etc view (*formal*) en mi, etc opinión **in view of sth** en vista de algo **to be on view** estar expuesto: *The gardens are on view today.* Hoy se pueden visitar los jardines. **to have, etc sth in view** (*formal*) tener, etc algo en mente **to take a dim, poor, serious, etc view of sth/sb** (*coloq*) tener un concepto desfavorable de algo/algn: *They took a dim view of it.* Lo vieron con malos ojos. **with a view to doing sth** (*formal*) con miras a hacer algo *Ver tb* BIRD, HEAVE, LONG[1], POINT[1]
view[2] /vjuː/ *vt* **1 ~ sth** (**as sth**) ver, considerar algo (como algo): *to view sth with suspicion* contemplar algo con recelo **2** (*examinar*) ver: *to view a property/house* ver una vivienda/casa **3** mirar, ver: *the viewing public* los televidentes
▶ **viewer** *n* **1** telespectador, -ora **2** espectador, -ora **3** (*aparato*) visor
viewfinder /ˈvjuːfaɪndə(r)/ *n* visor (*foto*)
viewing /ˈvjuːɪŋ/ *n* **1** (*TV*): *On second viewing, I really liked the film.* La película me gustó la segunda vez que la vi. ◊ *viewing figures* niveles de audiencia **2** (*visita*): *viewing by appointment only* solo visitas concertadas previamente ◊ *a private viewing of the exhibition* una visita privada a la exposición
viewpoint /ˈvjuːpɔɪnt/ *n* **1** (*tb* **point of view**) punto de vista **2** (*lit*): *It looks larger from the viewpoint of a child.* Se ve más grande desde el punto de vista de un niño.
vigil /ˈvɪdʒɪl/ *n* vela, vigilia: *to keep vigil* permanecer en vela
vigilant /ˈvɪdʒɪlənt/ *adj* vigilante, alerta
▶ **vigilance** *n* vigilancia
vigilante /ˌvɪdʒɪˈlænti/ *n* vigilante
vignette /vɪnˈjet/ *n* **1** descripción muy breve, estampa: *a vignette of provincial life* un retrato de la vida provinciana **2(a)** viñeta **(b)** retrato de medio cuerpo con el fondo difuminado

vigour (*USA* **vigor**) /ˈvɪɡə(r)/ *n* vigor, energía: *with renewed vigour* con energía renovada
▶ **vigorous** *adj* vigoroso, enérgico
vigorously *adv* vigorosamente, enérgicamente
Viking /ˈvaɪkɪŋ/ *n* vikingo
vile /vaɪl/ *adj* (**viler**, **vilest**) **1** repugnante, asqueroso: *vile weather* un tiempo horroroso ◊ *She has a vile temper.* Tiene un genio espantoso. **2** (*formal*) vil: *vile deceit/injustice* vil engaño/injusticia
▶ **vileness** *n* vileza, asquerosidad
vilify /ˈvɪlɪfaɪ/ *vt* (*pret, pp* **-fied**) vilipendiar, difamar
▶ **vilification** *n* vilipendio, difamación
villa /ˈvɪlə/ *n* villa
village /ˈvɪlɪdʒ/ *n* **1** pueblo: *village life* la vida de pueblo **2** (*pequeño*) aldea
▶ **villager** *n* habitante (*de un pueblo, una aldea, etc*)
villain /ˈvɪlən/ *n* **1** villano, -a **2** (*GB, coloq*) delincuente **3** (*coloq*) bribón, -ona
LOC **the villain of the piece** **1** (*Teat*) el villano/la villana de la obra **2** (*joc*) el malo/la mala de la película
▶ **villainous** *adj* malvado, infame
villainy (*pl* **-ies**) *n* maldad, vileza
vim /vɪm/ *n* energía, brío
vinaigrette /ˌvɪnɪˈɡret/ (*tb* **vinaigrette dressing**) *n* vinagreta
vindicate /ˈvɪndɪkeɪt/ *vt* **1** rehabilitar: *to vindicate your name* rehabilitar uno su nombre **2** justificar: *an attempt to vindicate the slaughter* un intento de justificar la matanza
▶ **vindication** *n* **1** reivindicación **2** justificación
vindictive /vɪnˈdɪktɪv/ *adj* **1** vengativo **2** malicioso
▶ **vindictively** *adv* **1** de manera vengativa **2** con malicia
vindictiveness *n* **1** afán de venganza **2** malicia
vine /vaɪn/ *n* **1** vid, parra *Ver tb* GRAPEVINE **2** enredadera
vinegar /ˈvɪnɪɡə(r)/ *n* vinagre
▶ **vinegary** *adj* avinagrado
vineyard /ˈvɪnjɑːd, -əd/ *n* viña, viñedo
vintage /ˈvɪntɪdʒ/ *n* **1** cosecha: *1959 was an excellent vintage.* La cosecha de 1959 fue excelente. **2** vendimia
■ **vintage** *adj* **1** (*vino*) añejo **2** (*fig*) clásico, antiguo: *a vintage year for the movies* un buen año en el cine **3** (*GB*) (*coche*) antiguo (*fabricado entre 1917 y 1930*) **4** (*antes de nombres propios*) de lo mejor: *vintage Chaplin* de lo mejor de Chaplin
vinyl /ˈvaɪnl/ *n* vinilo
viola /viˈəʊlə/ *n* viola ☛ *Ver ilustración en* STRING
violate /ˈvaɪəleɪt/ *vt* **1** (*ley, normas*) violar: *regimes which violate human rights* regímenes que violan los derechos humanos ◊ *to violate sb's trust* quebrantar la confianza de algn **2** (*intimidad*) invadir

Nótese que **violate** casi nunca se utiliza en el sentido sexual. En este caso, empleamos **rape.**

▶ **violation** *n* (*formal*) **1** violación **2** infracción
violator *n* (*formal*) **1** violador, -ora **2** (*de una ley*) infractor, -ora
violence /ˈvaɪələns/ *n* **1** violencia: *domestic violence* violencia en el hogar **2** (*emociones*) intensidad, violencia
LOC **to do violence to sth** (*formal*) violentar algo, ir en contra de algo
violent /ˈvaɪələnt/ *adj* **1** violento: *an increase in violent crime* un aumento en los delitos violentos *Ver tb* NON-VIOLENT **2** (*emociones*) intenso, violento: *to take a violent dislike to sth/sb* coger una profunda antipatía por algo/algn ◊ *There was violent opposition to the plan.* Hubo una total oposición al plan.
▶ **violently** *adv* violentamente, intensamente: *to be violently opposed to sth* oponerse totalmente a algo
violet /ˈvaɪələt/ *n* (*Bot*) violeta *Ver tb* AFRICAN VIOLET ☛ *Ver ilustración en* FLOR
■ **violet** *adj, n* (*color*) violeta *Ver tb* ULTRAVIOLET
LOC *Ver* SHRINK[1]
violin /ˌvaɪəˈlɪn/ *n* violín ☛ *Ver ilustración en* STRING
▶ **violinist** *n* violinista
VIP /ˌviː aɪ ˈpiː/ (*coloq*) *abrev de* **very important person** VIP
viper /ˈvaɪpə(r)/ *n* (*lit* y *fig*) víbora
viral /ˈvaɪrəl/ *adj* vírico, viral
virgin /ˈvɜːdʒɪn/ *n* **1** virgen: *I am still a virgin.* Todavía soy virgen. **2 the (Blessed) Virgin** la (Santísima) Virgen: *the virgin birth* el alumbramiento virginal
■ **virgin** *adj* virgen: *virgin forest* selva virgen
▶ **virginal** *adj* virginal
virginity /vəˈdʒɪnəti/ *n* virginidad
Virgo /ˈvɜːɡəʊ/ *n* (*pl* **~s**) virgo
▶ **Virgoan** (*poco frec*) *n, adj* virgo ☛ *Ver ejemplos en* AQUARIUS ☛ *Ver ilustración en* ZODIACO
virile /ˈvɪraɪl; *USA* ˈvɪrəl/ *adj* viril, varonil
▶ **virility** /vɪˈrɪləti/ *n* virilidad
virology /vaɪˈrɒlədʒi/ *n* virología
▶ **virologist** *n* virólogo, -a
virtual /ˈvɜːtʃuəl/ *adj* virtual: *Production came to a virtual standstill.* La producción quedó prácticamente paralizada. ◊ *It is a virtual certainty.* Es casi seguro.
▶ **virtually** *adv* virtualmente, prácticamente
virtual reality *n* realidad virtual
virtue /ˈvɜːtʃuː/ *n* **1** virtud: *to lead a life of virtue* llevar una vida de virtud **2** ventaja, mérito: *This seat has the virtue of being adjustable.* Este asiento tiene la ventaja de ser ajustable. **3** (*formal*) castidad
LOC **by virtue of sth** (*formal*) en virtud de algo **to make a virtue of necessity** hacer de tripas corazón: *Being short of money, I made a virtue of necessity and gave up smoking.* Decidí sacar algo bueno de mi falta de dinero y dejé de fumar. **virtue is its own reward** (*refrán*) la virtud es suficiente recompensa *Ver tb* WOMAN
virtuosity /ˌvɜːtʃuˈɒsəti/ *n* virtuosismo
virtuoso /ˌvɜːtʃuˈəʊzəʊ, -ˈəʊsəʊ/ *n* (*pl* **~s** o **virtuosi** /-ziː, -siː/) **1** virtuoso: *a trumpet virtuoso* un virtuoso de la trompeta ◊ *He gave a virtuoso performance.* Ofreció una interpretación de un auténtico virtuoso. **2** [*antes de sustantivo*] (*fig*) excepcional
virtuous /ˈvɜːtʃuəs/ *adj* **1** virtuoso **2** (*pey* o *joc*): *to feel virtuous* estar muy satisfecho de sí mismo
▶ **virtuously** *adv*: *He knew he had not acted virtuously.* Sabía que no había actuado como debía.
virulent /ˈvɪrələnt, -rjəl-/ *adj* **1** (*Med*) virulento **2** (*formal*) virulento (*un ataque, etc*)
▶ **virulence** *n* virulencia
virulently *adv* con virulencia
virus /ˈvaɪrəs/ *n* (*pl* **viruses**) virus: *the flu virus* el virus de la gripe ◊ *a virus infection* una infección vírica ◊ *She's in bed with a virus.* Está guardando cama por un virus.
Vis (*tb* **Visc**) *abrev de* **Viscount(ess)**
visa /ˈviːzə/ *n* visado
visage /ˈvɪzɪdʒ/ *n* (*ret*) rostro, semblante
vis-à-vis /ˌviːz ɑː ˈviː/ *prep* (*Fr*) **1** con relación a **2** en comparación con
visceral /ˈvɪsərəl/ *adj* (*Anat, fig*) visceral
viscose /ˈvɪskəʊz, -əʊs/ *n* viscosa
viscount /ˈvaɪkaʊnt/ *n* (*abrev* **Vis**, **Visc**) vizconde
viscountess /ˈvaɪkaʊntəs/ *n* (*abrev* **Vis**, **Visc**) vizcondesa
viscous /ˈvɪskəs/ *adj* viscoso
vise *n* (*USA*) *Ver* VICE[2]
visibility /ˌvɪzəˈbɪləti/ *n* visibilidad: *Visibility was down to 100 metres.* La visibilidad descendió a cien metros.
visible /ˈvɪzəbl/ *adj* **1** visible: *The hills were barely visible.* Apenas se veían los montes. **2** (*fig*) patente
visibly /ˈvɪzəbli/ *adv* visiblemente: *She was visibly*

impressed. Estaba notablemente impresionada. ◊ *They had aged visibly.* Habían envejecido sensiblemente.

vision /ˈvɪʒn/ *n* **1(a)** vista: *field of vision* campo de visión ◊ *to suffer from double vision* ver doble **(b)** *(fig)* visión: *He lacks vision.* Le falta visión. ◊ *a statesman of (great breadth of) vision* un estadista con gran amplitud de miras *Ver tb* TUNNEL VISION **2** visión, sueño: *Jesus came to Paul in a vision.* Pablo tuvo una visión de Jesucristo. **3 ~ of sth** *(ret) She was a vision of loveliness.* Era la belleza misma.

LOC to have visions of sth: *I had visions of us going on strike.* Me imaginé que íbamos a ir a la huelga.

visionary /ˈvɪʒənri; *USA* -ʒəneri/ *adj* **1** *(aprob)* visionario **2** idealista

■ **visionary** *n (pl* **-ies***)* visionario, -a

visit /ˈvɪzɪt/ **1(a)** *vt* visitar: *to visit a museum* visitar un museo ◊ *to visit France* ir a Francia ◊ *I'm going to visit my aunt for a few days.* Voy a ir a ver a mi tía unos días. **(b)** *vi* estar de visita, hacer una visita: *She's out visiting.* Está visitando a alguien. ◊ *We don't live here, we're just visiting.* No vivimos aquí, estamos de visita. **2** *vi* **~ with sb** *(USA, coloq)* visitar a algn; charlar con algn **3** *vt* **~ sth on/upon sb** *(antic)* infligir algo a algn: *to visit a punishment on sb* infligir un castigo a algn

■ **visit** *n* **1** visita: *to pay a visit to sb, to pay sb a visit* hacer una visita a algn ◊ *to go on a visit to the seaside* ir de viaje a la playa ◊ *They receive regular visits from the landlord.* El dueño viene a verles con regularidad. ◊ *When is my next visit, please?* ¿Cuándo es mi próxima cita? *Ver tb* FLYING VISIT **2** *(USA, coloq)* charla

visitation /ˌvɪzɪˈteɪʃn/ *n (formal)* **1** visión *(divina)* **2** visita oficial

visiting /ˈvɪzɪtɪŋ/ *adj* visitante *(equipo, profesor)*: *visiting hours* horas de visita

visitor /ˈvɪzɪtə(r)/ *n* **1** visitante, visita: *I never have any visitors.* Nunca tenemos visitas. ◊ *She was a frequent visitor to the gallery.* Acudía con frecuencia a la galería. ◊ *visitors' centre* centro de información ◊ *visitors' book* libro de visitas *Ver tb* HEALTH VISITOR **2** turista, forastero, -a

visor /ˈvaɪzə(r)/ *n* visera

vista /ˈvɪstə/ *n (formal)* **1** vista, panorámica **2** *(fig)* perspectiva: *This discovery opens up new vistas of research.* Este descubrimiento abre nuevos horizontes de investigación.

visual /ˈvɪʒuəl/ *adj* visual: *visual aids* métodos de apoyo visual *Ver tb* AUDIO-VISUAL

▶ **visuals** *n* imagen

visual display unit *(abrev* **VDU***)* *n* unidad de visualización, pantalla

visualize, -ise /ˈvɪʒuəlaɪz/ *vt* **1** ver(se), imaginar(se): *I can't visualize myself ever getting married.* No me puedo ver casada. **2** prever

▶ **visualization, -isation** *n* visualización

visually /ˈvɪʒuəli/ *adv* visualmente

vital /ˈvaɪtl/ *adj* **1 ~ (for/to sth/sb)** vital (para algo/ algn): *It is absolutely vital that it is kept secret.* Es imprescindible mantenerlo en secreto. ◊ *of vital importance* de vital importancia ◊ *vital to US interests* vital para los intereses de los Estados Unidos **2** *[antes de sustantivo] (Med)* vital: *vital organs* órganos vitales **3** *(aprob)* vital: *a vital, warm and humorous man* un hombre vital, cálido y con mucho sentido del humor

vitality /vaɪˈtæləti/ *n* vitalidad

vitally /ˈvaɪtəli/ *adv*: *vitally important* de vital importancia

vital statistics *n* **1** estadísticas demográficas **2** *(GB, coloq)* medidas femeninas

vitamin /ˈvɪtəmɪn; *USA* ˈvaɪt-/ *n* vitamina: *vitamin pills* grageas vitamínicas *Ver tb* MULTIVITAMIN

vitiate /ˈvɪʃieɪt/ *vt (formal)* **1** menoscabar **2** *(Jur)* viciar

vitriol /ˈvɪtriɒl/ *n* **1** vitriolo **2** saña

▶ **vitriolic** /ˌvɪtriˈɒlɪk/ *adj* con saña

vitro *Ver tb* IN VITRO

vituperation /vɪˌtjuːpəˈreɪʃn; *USA* vaɪˌtuː-/ *n (formal)* vituperio

viva /ˈvaɪvə/ *n (GB, coloq) Ver* VIVA VOCE

vivacious /vɪˈveɪʃəs/ *adj (aprob)* animado, vivaz: *a bubbly and vivacious blonde* una rubia alegre y animada

▶ **vivacity** /vɪˈvæsəti/ *(tb* **vivaciousness***)* *n* animación, vivacidad

viva voce /ˌvaɪvə ˈvəʊtʃi/ *(coloq* **viva***)* *n* examen oral

vivid /ˈvɪvɪd/ *adj* vívido *(colores, imaginación, etc)*: *a vivid imagination* una imaginación vívida

▶ **vividly** *adv* vívidamente

vividness *n* viveza

vivisection /ˌvɪvɪˈsekʃn/ *n* vivisección

vixen /ˈvɪksn/ *n* zorra ☛ *Ver nota en* ZORRO

viz /vɪz/ *(formal) abrev de* **videlicet** **(namely)** a saber

Las abreviaturas **viz**, **ie** y **eg** se usan normalmente en inglés escrito. En inglés hablado, o cuando se lee un texto escrito, se suele decir **namely**, **that is (to say)** y **for example** respectivamente.

vocabulary /vəˈkæbjələri; *USA* -leri/ *n (pl* **-ies***)* *(coloq* **vocab** /ˈvəʊkæb/*)* vocabulario: *a wide/limited vocabulary* un vocabulario amplio/limitado

vocal /ˈvəʊkl/ *adj* **1** *(de la voz)* vocal **2** ruidoso: *a vocal minority* una minoría que se hace oír

■ **vocal** *n [gen pl]*: *Who was on vocals/sang lead vocal(s) on the record?* ¿Quién era el cantante de la grabación?

▶ **vocalist** *n* vocalista

vocally *adv* **1** vocalmente **2** ruidosamente

vocal cords *n* cuerdas vocales ☛ *Ver ilustración en* THROAT

vocation /vəʊˈkeɪʃn/ *n* **1 ~ (for/to sth)** vocación (de algo): *a vocation to the priesthood* vocación de sacerdote **2** *[gen sing] (formal)* profesión: *to find your true vocation (in life)* encontrar la verdadera profesión

▶ **vocational** *adj* técnico: *vocational training* formación profesional

vociferous /vəˈsɪfərəs; *USA* vəʊ-/ *adj* vociferante: *vociferous protests* quejas vociferantes

▶ **vociferously** *adv* ruidosamente

vodka /ˈvɒdkə/ *n* vodka: *I don't like vodka.* No me gusta el vodka.

vogue /vəʊg/ *n* **~ (for sth)** moda (de algo): *a new vogue for low-heeled shoes* una nueva moda de zapatos bajos

LOC to be in/come into vogue estar/ponerse en boga: *Striped ties are in vogue.* Las corbatas de rayas están de moda.

vogue word *(tb* **buzzword***)* *n* palabra de moda

voice[1] /vɔɪs/ *n (lit y fig)* voz: *to speak in a loud/gentle voice* hablar en voz alta/con voz dulce ◊ *to raise/lower your voice* levantar/bajar la voz ◊ *Keep your voice down!* ¡Habla bajo! ◊ *I don't like your tone of voice.* No me gusta tu tono de voz. ◊ *to have no voice in the matter* no tener voz en el asunto ◊ *The workers want a voice in management decisions.* Los trabajadores quieren participar en las decisiones de la dirección.

LOC to make your voice heard expresar uno su opinión: *This programme gives viewers a chance to make their voice(s) heard.* Este programa da la oportunidad al espectador de expresar sus opiniones. *Ver tb* EDGE, LOSE, RAISE, SOUND[2], TOP[1]

voice[2] /ˈvɔɪs/ *vt* expresar

voicemail /ˈvɔɪsmeɪl/ *n* buzón de voz

voice-over /ˈvɔɪs əʊvə(r)/ *n* voz en off

void /vɔɪd/ *n (formal o ret)* vacío: *an aching void left by the death of her child* un doloroso vacío dejado por la muerte de su hijo

■ **void** *adj (formal)* nulo, inválido: *to make sth void* anular algo **LOC** *Ver* NULL

voile /vɔɪl/ *n* tul

vol *(pl* **vols***)* *(libro) abrev de* **volume**

volatile /ˈvɒlətaɪl; *USA* -tl/ *adj* **1** (*gen pey*) (*persona*) voluble, imprevisible: *a volatile personality* una personalidad voluble ◊ *a volatile crowd* un público imprevisible **2** (*Quím*) volátil
▶ **volatility** *n* inestabilidad, volatilidad

volcano /vɒlˈkeɪnəʊ/ *n* (*pl* **~es**) volcán
▶ **volcanic** *adj* volcánico

vole /vəʊl/ *n* ratón de campo

volition /vəˈlɪʃn; *USA* vəʊ-/ *n* (*formal*)
LOC **of your own volition** por voluntad propia: *She left of her own volition.* Se fue por voluntad propia.

volley /ˈvɒli/ *n* (*pl* **~s**) **1** (*Dep*) volea: *a backhand volley* volea de revés **2** lluvia: *a volley of snowballs* una lluvia de bolas de nieve
■ **volley** *vt, vi* volear

volleyball /ˈvɒlibɔːl/ *n* voleibol

volt /vəʊlt/ *n* (*abrev* **v**) voltio

voltage /ˈvəʊltɪdʒ/ *n* voltaje: *high/low voltage* tensión alta/baja

voluble /ˈvɒljʊbl/ *adj* (*formal, gen pey*) **1** (*persona*) locuaz **2** (*discurso*) prolijo, extenso ☛ *Comparar con* VOLATILE

volume /ˈvɒljuːm; *USA* -jəm/ *n* **1(a)** (*capacidad*) volumen: *Allow the dough to rise until it has doubled in volume.* Deje que la masa suba hasta que duplique su volumen. **(b)** (*cantidad*) volumen: *the sheer volume of work* el volumen de trabajo **(c)** (*sonido*) volumen: *to turn the TV volume up/down* subir/bajar el volumen de la tele **2** (*abrev* **vol**) (*libro*) volumen, tomo **LOC** *Ver* FULL, SPEAK

voluminous /vəˈluːmɪnəs/ *adj* (*formal* o *joc*) amplio: *voluminous skirts* faldas amplias

voluntary /ˈvɒləntri; *USA* -teri/ *adj* voluntario: *Attendance is voluntary.* La asistencia es voluntaria. ◊ *voluntary work* trabajo voluntario ◊ *voluntary redundancy* baja incentivada
▶ **voluntarily** /ˈvɒləntrəli; *USA* ˌvɒlənˈterəli/ *adv* voluntariamente

volunteer /ˌvɒlənˈtɪə(r)/ *n* **1** voluntario, -a: *volunteer teachers* profesores voluntarios **2** (*Mil*) voluntario, -a: *volunteer troops* tropas de voluntarios
■ **volunteer 1** *vi* **(a) ~ (for sth)** ofrecerse (para algo): *'Tim's busy but I'll come.', he volunteered.* "Tim está ocupado, pero iré yo.", se ofreció. ◊ *She volunteered for relief work.* Se ofreció voluntaria para labores de auxilio. **(b) ~ to do sth** ofrecerse a hacer algo: *I volunteered to act as chauffeur.* Me ofrecí a hacer de chófer. **2** *vt* ofrecer (*información, sugerencias, etc*): *Why did you volunteer me to drive the minibus?* ¿Por qué dijiste que yo me ofrecería para conducir el microbús? **3** *vi* **~ (for sth)** (*Mil*) alistarse como voluntario (a algo): *He volunteered for service overseas.* Se fue voluntario al extranjero.

voluptuous /vəˈlʌptʃuəs/ *adj* voluptuoso
▶ **voluptuousness** *n* voluptuosidad

vomit /ˈvɒmɪt/ *vt, vi* vomitar: *to vomit sth up* vomitar algo ◊ *chimneys vomiting (forth/out) smoke* chimeneas vomitando humo ☛ *Ver nota en* ENFERMO, SICK
■ **vomit** *n* [*incontable*] vómito
▶ **vomiting** *n* vómitos: *diarrhoea and vomiting* diarrea y vómitos

voodoo /ˈvuːduː/ *n* vudú

voracious /vəˈreɪʃəs/ *adj* voraz: *a voracious appetite* un apetito voraz ◊ *a voracious reader* un lector insaciable
▶ **voraciously** *adv* vorazmente

vortex /ˈvɔːteks/ *n* (*pl* **~es** o **-tices** /-tɪsiːz/) **1** vórtice **2** [*sing*] (*fig*) vorágine: *a vortex of passion, jealousy and revenge* una vorágine de pasión, celos y venganza

vote /vəʊt/ *n* **1** voto: *to cast your vote* votar ◊ *postal votes* votos por correo ◊ *The measure was passed by 9 votes to 6.* El proyecto de ley se aprobó por 9 votos contra 6. *Ver tb* CASTING VOTE **2** derecho al voto, sufragio: *UK nationals get the vote at 18.* Los ciudadanos británicos consiguen derecho al voto a los 18 años. **3** votación: *to decide the matter by a vote* decidir el asunto por votación ◊ *to take/hold a vote on the motion* someter la moción a votación ◊ *a majority vote* una votación mayoritaria ◊ *by secret vote* por votación secreta ◊ *The vote went against him.* La votación fue en su contra. **4** **the vote** [*sing*] el voto, los votos: *The Socialists got 35% of the vote.* Los socialistas obtuvieron el 35% de los votos. ◊ *the Tory vote* el voto conservador ◊ *the teenage vote* el voto juvenil
LOC **a vote of confidence** un voto de confianza **a vote of no confidence** un voto de censura **a vote of thanks** palabras de agradecimiento **to put sth to the vote** someter algo a votación
■ **vote 1** *vt, vi* votar: *to vote for/against sth* votar a favor/en contra de algo ◊ *to vote for sb* votar a/por algn ◊ *Let's vote on it.* Vamos a someterlo a votación. ◊ *We voted to continue the strike.* Votamos que continuase la huelga. ◊ *I was voted chairman.* Me votaron presidente. ◊ *to vote Labour* votar al partido laborista **2** *vt* asignar: *The hospital was voted £100 000 for research.* El hospital recibió una asignación de 10.000 libras para investigación. **3** *vt* (*coloq*) declarar: *The show was voted a success.* El espectáculo fue declarado un éxito. **4** *vt* (*coloq*) proponer: *I vote (that) we stay here.* Propongo que nos quedemos aquí.
PHR V **to vote sth/sb down** votar en contra de algo/algn
to vote sb in elegir a algn
to vote sb into/out of/onto/off sth: *She was voted into office.* La eligieron para ocupar el puesto. ◊ *She was voted out of office.* La destituyeron del cargo por votación. ◊ *He was voted off the board.* Le destituyeron de la junta por votación.
to vote sb out rechazar a algn por votación
to vote sth through aprobar algo (por votación)

voter /ˈvəʊtə(r)/ *n* votante

voting /ˈvəʊtɪŋ/ *n* **1** votación: *How did the voting go?* ¿Cómo fue la votación? ◊ *Voting is slow today.* Hoy la votación es lenta. ◊ *voting paper* papeleta electoral **2** (*Fin*): *voting rights* derecho al voto ◊ *voting share* acción con derecho a voto

votive /ˈvəʊtɪv/ *adj* votivo

vouch /vaʊtʃ/ *vi* **1 ~ for sth/sb** responder de algo/por algn: *I can vouch for his honesty.* Puedo responder de su honradez. **2 ~ for sth/that...** confirmar algo/que...: *Experts vouch for the painting's authenticity.* Expertos confirman la autenticidad del cuadro.

voucher /ˈvaʊtʃə(r)/ *n* **1** (*GB*) vale, cupón: *gift voucher* vale de regalo ◊ *a voucher for ten pounds* un vale de diez libras **2** comprobante

vouchsafe /vaʊtʃˈseɪf/ *vt* **~ sth (to sb)** (*antic* o *formal*) conceder algo (a algn): *to vouchsafe to do sth* comprometerse a hacer algo

vow /vaʊ/ *n* voto, promesa solemne: *the marriage vows* los votos de matrimonio ◊ *to take a vow of silence* hacer un voto de silencio ◊ *They are under a vow of poverty.* Han hecho voto de pobreza.
■ **vow** *vt* jurar: *They vowed revenge on their enemies.* Juraron vengarse de sus enemigos. ◊ *He vowed (that) he would lose weight.* Juró que adelgazaría. ◊ *She vowed never to speak to him again.* Juró no hablarle nunca más. ◊ *They vowed to die rather than be taken prisoner.* Juraron que morirían antes que caer prisioneros.

vowel /ˈvaʊəl/ *n* vocal: *vowel sounds* sonidos vocálicos

voyage /ˈvɔɪɪdʒ/ *n* viaje: *to make a voyage across the Atlantic* hacer una travesía por el Atlántico ◊ *to go on a voyage* hacer un viaje ◊ *the voyage out/home* el viaje de ida/regreso ◊ *a voyage of self-discovery* un viaje de descubrimiento personal

Voyage se utiliza generalmente para referirse a viajes por mar, por el espacio y en sentido figurado. *Ver nota en* VIAJE².

Ver tb MAIDEN VOYAGE
■ **voyage** *vi* (*formal*) viajar (*por mar, por el espacio*)
▶ **voyager** *n* (*antic*) viajero, -a

voyeur /vwaɪˈɜː(r)/ *n* voyeur
▶ **voyeurism** *n* voyeurismo
voyeuristic *adj* de voyeur

VP (*tb* **V Pres**) *abrev de* **Vice-President** vicepresidente

VS *abrev de* **Veterinary Surgeon** veterinario, -a

vs (*tb* **v**) *abrev de* **versus**

VSO /ˌviː es ˈəʊ/ (*GB*) *abrev de* **Voluntary Service Overseas** servicio voluntario de ayuda a países en vías de desarrollo

vulgar /ˈvʌlgə(r)/ *adj* **1** vulgar, grosero: *a vulgar display of wealth* un vulgar alarde de riqueza **2** (*chiste, etc*) grosero **3** (*Ling*) vulgar
▶ **vulgarly** *adv* vulgarmente, groseramente

vulgarity /vʌlˈgærəti/ (*pl* **-ies**) *n* vulgaridad, grosería

vulnerable /ˈvʌlnərəbl/ *adj* **~ (to sth)** vulnerable (a algo)
▶ **vulnerability** *n* vulnerabilidad

vulture /ˈvʌltʃə(r)/ *n* buitre

vulva /ˈvʌlvə/ *n* (*Anat*) vulva

vying *pret de* VIE

Ww

W, w /ˈdʌbljuː/ *n* (*pl* **W's, w's** /ˈdʌbljuːz/) (*letra*) W, w: *W for Washington* W de Washington

W 1 (*pl* **W**) *abrev de* **watt 2** *abrev de* **west**

wacky /ˈwæki/ *adj* (**-ier, -iest**) (*esp USA, coloq*) chalado

wad /wɒd/ *n* **1** (*de papel, tela, etc*) bola (*para tapar agujeros, etc*): *a wad of cotton wool* un trozo de algodón **2(a)** (*de billetes*) fajo **(b)** (*de papeles*) montón

waddle /ˈwɒdl/ *vi* andar como un pato

wade /weɪd/ **1** *vi* caminar con dificultad por agua, barro, etc: *to wade ashore* caminar en el agua hacia la orilla **2** *vt, vi* (*riachuelo*) vadear

PHR V to wade in (*coloq*) poner manos a la obra

to wade through sth leer algo sin interés

wader /ˈweɪdə(r)/ *n* ave zancuda

wading pool /ˈweɪdɪŋ puːl/ (*USA*) (*GB* **paddling pool**) *n* piscina para niños

wafer /ˈweɪfə(r)/ *n* **1** barquillo **2** (*Relig*) hostia

wafer-thin /ˌweɪfə ˈθɪn/ *adj* delgadísimo, casi transparente

waffle¹ /ˈwɒfl/ *n* gofre (*barquillo*)

waffle² /ˈwɒfl/ *vi* (*GB, coloq, pey*) parlotear: *to waffle on about nothing* parlotear sin decir nada ◊ *You have a tendency to waffle in essays.* Tienes tendencia a meter paja en los trabajos.

■ **waffle** *n* paja (*fig*)

waft /wɒft; *USA* wæft/ *vt, vi* llegar/traer (flotando): *Delicious smells wafted up from the kitchen.* Un delicioso aroma llegaba (flotando) de la cocina.

■ **waft** *n* bocanada: *a waft of perfume/smoke* una bocanada de perfume/humo

wag¹ /wæg/ *vt, vi* (**-gg-**) **1** mover(se) (*de un lado a otro/de arriba a abajo*): *He stopped the children screaming just by wagging his finger at them.* Hizo que los niños dejaran de gritar con un simple gesto (admonitorio) con el dedo. **2** menear(se): *The dog wagged its tail.* El perro meneaba el rabo. **LOC** *Ver* TAIL¹, TONGUE

wag² /wæg/ *n* (*antic*) guasón, -ona

wage¹ /weɪdʒ/ *n* [*gen pl*] salario (*semanal*): *They work for very low wages.* Trabajan por un sueldo bajísimo. ◊ *a wage freeze* una congelación salarial ◊ *minimum wage* salario mínimo ◊ *wage packet* el sobre (del sueldo)

wage² /weɪdʒ/ *vt* **~ sth** (**against/on sth/sb**) realizar algo (contra/con algo/algn): *to wage a campaign against sth* realizar una campaña contra algo ◊ *to wage war on sb* librar una batalla con algn **LOC** *Ver* WAR

wager /ˈweɪdʒə(r)/ *vt* **~ sth** (**on sth**) (*antic* o *formal*) apostar(se) algo (a algo)

■ **wager** *n* apuesta

waggle /ˈwægl/ *vt, vi* (*coloq*) mover(se) (de un lado a otro): *to waggle your toes* mover los dedos (de los pies)

wagon (*GB tb* **waggon**) /ˈwægən/ *n* **1** carro, carromato *Ver tb* BANDWAGON, STATION WAGON **2** (*USA* **freight car**) (*ferrocarril*) vagón

LOC to be/go on the wagon (*coloq*) no beber/dejar de beber

waif /weɪf/ *n* niño abandonado, niña abandonada

wail /weɪl/ *vi* **1** gemir **2** (*sirena*) aullar

■ **wail** *n* **1** gemido **2** (*de sirenas*) aullido

▶ **wailing** *n* lamento

waist /weɪst/ *n* cintura, talle

waistband /ˈweɪstbænd/ *n* cinturilla

waistcoat /ˈweɪskəʊt; *USA* ˈweskət/ (*USA tb* **vest**) *n* chaleco

waistline /ˈweɪstlaɪn/ *n* **1** (*del cuerpo*) cintura: *to watch your waistline* guardar la línea **2** (*de vestido*) talle

wait /weɪt/ **1(a)** *vi* **~** (**for sth/sb**) esperar (algo/a algn): *I'm waiting for my sister.* Estoy esperando a mi hermana. ◊ *to wait for a train* esperar un tren ◊ *Wait a minute…* Un momento… ◊ *I can't wait to see her again.* Tengo muchas ganas de volver a verla. ◊ *repairs while you wait* reparaciones en el acto **(b)** *vt* esperar: *to wait your turn* esperar su turno ☛ *Ver nota en* ESPERAR **2** *vt* **~ sth** (**for sb**) retrasar algo (para algn): *Don't wait dinner* (*for me*). No retraséis la cena por mí. *Ver tb* LADY-IN-WAITING

LOC (**just**) **you wait** espera y verás **to keep sb waiting** hacer esperar a algn **to** (**play**) **a waiting game** retrasar(se) a propósito/deliberadamente **to wait and see** esperar a ver qué pasa **to wait at table** (*GB*) servir a la mesa ☛ Nótese que en inglés americano se dice **to wait table(s)**. **to wait on sb hand and foot** hacerle todo (a algn): *She waits on him hand and foot.* Se lo hace todo. **wait for it** (*coloq*) *He's bought a…, wait for it…, a Great Dane.* Se ha comprado…, espera que te lo diga…, un gran danés. **what are we waiting for?** (*coloq*) ¿a qué esperamos? **what are you waiting for?** (*coloq, irón*) ¿a qué esperas/estás esperando?: *What the hell are you waiting for? You've got work to do.* ¿A qué diablos esperas? Tienes trabajo que hacer. *Ver tb* AMBUSH, BATED, DEATH ROW, READY

PHR V to wait about/around esperar: *How long have we got to wait around for him?* ¿Cuánto tiempo tenemos que estar esperándole?

to wait behind quedarse: *Please wait behind after class.* Por favor, quédate un momento después de la clase.

to wait in quedarse en casa: *I waited in all day but they didn't arrive.* Me quedé en casa todo el día pero no llegaron.

to wait on sb servir a algn

to wait up (**for sb**) esperar levantado (a algn): *Don't wait up* (*for me*). No me esperes levantado.

■ **wait** *n* **~** (**for sth/sb**) espera (de algo/algn): *We had a long wait at the airport.* Tuvimos una larga espera en el aeropuerto. ◊ *the long wait for medical treatment* la larga espera para recibir tratamiento médico **LOC** *Ver* LIE²

waiter /ˈweɪtə(r)/ *n* camarero, -a ☛ *Ver nota en* BAR STAFF

waiting list /ˈweɪtɪŋ lɪst/ *n* lista de espera

waiting room /ˈweɪtɪŋ ruːm/ *n* sala de espera

waitress /ˈweɪtrəs/ *n* camarera ☛ *Ver nota en* BAR STAFF

waive /weɪv/ *vt* (*formal*) renunciar a, pasar por alto: *to waive a fee* renunciar a un pago ◊ *to waive a rule* pasar por alto una norma

▶ **waiver** *n* exención, exoneración

wake¹ /weɪk/ (*pret* **woke** /wəʊk/ *antic* **waked** *pp* **woken** /ˈwəʊkən/ *antic* **waked**) **1(a)** *vi* **~** (**up**) despertarse: *What time do you usually wake* (*up*)? ¿A qué hora te despiertas normalmente? **(b)** *vt* **~ sb** (**up**) despertar a algn ☛ *Comparar con* AWAKE, AWAKEN, WAKEN **2** *vt* **~ sb** (**up**) espabilar a algn: *The audience needs waking up.* El público necesita que lo espabilen.

LOC to wake the dead: *They were making enough noise to wake the dead.* Estaban haciendo un ruido de mil demonios. **your waking hours**: *She spends all her*

waking hours worrying about her job. Se pasa todo el día preocupada por el trabajo.
PHR V **to wake up to sth** darse cuenta de algo: *to wake up to the danger* darse cuenta del peligro

wake² /weɪk/ *n* velatorio

wake³ /weɪk/ *n* estela
LOC **in the wake of sth** después de algo: *The war brought many social changes in its wake.* La guerra trajo como consecuencia muchos cambios sociales.

wakeful /ˈweɪkfl/ *adj* desvelado
▶ **wakefulness** *n* **1** *She was jolted into wakefulness by the telephone.* El teléfono la despertó con un sobresalto. **2** estado de vigilia

waken /ˈweɪkən/ *vt, vi* despertar(se) ☛ *Ver nota en* AWAKE

Wales /ˈweɪlz/ *n* (el país de) Gales ☛ *Ver nota e ilustración en* GREAT BRITAIN

walk¹ /wɔːk/ **1** *vi* andar, caminar: *I had to walk home.* Tuve que ir andando a casa. ◊ *to walk in/out* entrar/salir ◊ *It was too far to walk.* Estaba demasiado lejos para ir a a pie. ◊ *to walk down the stairs* bajar la escalera ◊ *to walk across the square* cruzar la plaza ◊ *He walks in his sleep.* Es sonámbulo. ◊ *They walked along the river.* Pasearon por el río. **2** *vt* pasear: *He's out walking the dog.* Está paseando al perro. ◊ *I'll walk you home.* Te acompaño a casa. **3** *vt* recorrer: *We've walked the town in our hunt for a hat.* Hemos recorrido toda la ciudad en busca de un sombrero. ◊ *They walked ten miles.* Recorrieron diez millas (andando).
LOC **to run before you can walk** hacer algo complicado antes de aprender lo básico: *Don't try to run before you can walk.* No trates de ir demasiado deprisa. **to walk before you can run** aprender lo básico antes que lo complicado: *Make sure you can walk before you start to run!* ¡Vete despacito y con buena letra! **to walk down/up the aisle** pasar por la vicaría **to walk on air** estar muy contento: *He's been walking on air since she agreed to marry him.* Está en las nubes desde que ella le dio el sí. **to walk sb off their feet** (*coloq*) agotar a algn andando **to walk tall** caminar con la cabeza bien alta **to walk the wards 1** ser médico o enfermero en un hospital **2** hacer las prácticas de clínica **to walk your legs off** (*coloq*) agotarse andando *Ver tb* FINE², TIGHTROPE
PHR V **to walk around** pasearse
to walk away from sth/sb alejarse de algo/algn: *He walked away from the accident unhurt.* Salió ileso del accidente.
to walk away/off with sth (*coloq*) **1** ganar algo fácilmente, llevarse algo (*un premio*) **2** (*robar*) coger algo
to walk into sth (*coloq*) **1** caer en algo (*en una trampa, etc*) **2** *to walk into a job* conseguir un trabajo sin ningún esfuerzo
to walk into sth/sb chocar(se) contra algo/con algn
to walk off irse
to walk sth off: *to walk off a hangover* quitarse una resaca andando ◊ *What a big dinner! I need to walk it off.* ¡Vaya comilona! Tengo que bajarla dando un paseo.
to walk out (*coloq*) abandonar el trabajo
to walk out of sth largarse de algo
to walk out on sb (*coloq*) abandonar a algn
to walk (all) over sb (*coloq*) **1** (*Dep*) derrotar a algn **2** tratar a algn con el mayor desprecio
to walk up (to sth/sb) acercarse (a algo/algn)

walk² /wɔːk/ *n* **1** paseo, caminata: *to go for a walk* dar un paseo ◊ *The station is a ten minute walk from my house.* La estación está a diez minutos andando de mi casa. ◊ *She took the dog for a walk.* Sacó a pasear el perro. ◊ *It was a long walk into town.* Había una caminata larga hasta la ciudad. **2** [*sing*] andar: *She slowed to a walk.* Redujo su andar al paso. *Ver tb* SIDEWALK
LOC **a walk of life**: *people from all walks of life* gente de todos los tipos o profesiones *Ver tb* BOARDWALK *Ver tb* COCK

walkabout /ˈwɔːkəbaʊt/ *n* paseo entre el público (de un personaje famoso)

walker /ˈwɔːkə(r)/ *n* paseante, marchista: *They're keen walkers.* Les encanta pasear. *Ver tb* SLEEPWALKER

walkie-talkie /ˌwɔːki ˈtɔːki/ *n* (*coloq*) walkie-talkie

walk-in /ˈwɔːk ɪn/ *adj* [*antes de sustantivo*]: *a walk-in cupboard* una habitación que hace las veces de armario ◊ *a walk-in larder* una despensa a la que se puede entrar

walking /ˈwɔːkɪŋ/ *adj* ambulante: *She's a walking encyclopedia.* Es una enciclopedia andante.
■ **walking** *n* andar: *Walking is good exercise.* Andar es muy buen ejercicio. ◊ *walking shoes* zapatos para pasear ◊ *It's within walking distance.* Se puede ir andando. *Ver tb* SLEEPWALKING

walking stick *n* bastón

Walkman® /ˈwɔːkmən/ *n* (*pl* **~s**) (*tb* **personal stereo**) walkman®

walk-on /ˈwɔːk ɒn/ *adj* [*antes de sustantivo*] (*Teat*): *walk-on part* papel de figurante

walkout /ˈwɔːkaʊt/ *n* abandono del trabajo como medida reivindicatoria

walkover /ˈwɔːkəʊvə(r)/ *n* pan comido

walkway /ˈwɔːkweɪ/ *n* paso: *a covered walkway* un pasillo cubierto

wall /wɔːl/ *n* **1** muro, pared: *garden wall* tapia del jardín ◊ *city wall* muralla *Ver tb* DRYSTONE WALL, SEA WALL ☛ *Ver ilustración en* HOUSE **2** (*lit* y *fig*) muralla: *a wall of silence* una muralla de silencio ◊ *The town was surrounded by a wall.* La ciudad estaba amurallada. ◊ *a wall of water* una cortina de agua **3** (*Med*) pared: *the abdominal wall* la pared abdominal
LOC **to the wall**: *The firm has gone to the wall.* La empresa ha ido a la quiebra. **up the wall** (*coloq*) *He's driving me up the wall.* Me está volviendo loco. **walls have ears** (*refrán*) las paredes también oyen *Ver tb* BACK¹, FLY¹, HEAD¹, HOLE, KNOCK¹, WRITING
■ **wall** *v Ver tb* STONEWALL
PHR V **to wall sth in** cerrar algo con un muro
to wall sth off separar algo con una pared
to wall sth up 1 tabicar algo **2** emparedar algo
▶ **walled** *adj* **1** amurallado: *a walled garden* un jardín rodeado por un muro **2** tapiado

wallet /ˈwɒlɪt/ (*tb* **pocketbook**) (*USA* **billfold**) *n* cartera

wallflower /ˈwɔːlflaʊə(r)/ *n* **1** alhelí **2** (*coloq*) persona que no participa, sobre todo en acontecimientos sociales: *She was always a wallflower.* Nadie la sacaba nunca a bailar.

wallop /ˈwɒləp/ *vt* (*coloq*) **1** golpear, dar una paliza a **2** derrotar
■ **wallop** *n* (*coloq*) golpazo

wallow /ˈwɒləʊ/ *vi* **1 ~ (about/around) (in sth)** (*lit*) revolcarse (en algo) **2 ~ in sth** (*fig*) sumirse en algo: *to wallow in self-pity* sumirse en la autocompasión

wallpaper /ˈwɔːlpeɪpə(r)/ *n* papel pintado
■ **wallpaper** *vt* empapelar

wall-to-wall /ˌwɔːl tə ˈwɔːl/ *adj* **1** *wall-to-wall carpeting/carpet* moqueta **2** (*fig*) por todas partes

wally /ˈwɒli/ (*pl* **-ies**) *n* (*GB, coloq*) idiota

walnut /ˈwɔːlnʌt/ *n* **1** (*fruto*) nuez ☛ *Ver ilustración en* NUT **2** (*árbol, madera*) nogal

walrus /ˈwɔːlrəs/ (*pl* **walrus** o **~es**) *n* morsa

waltz /wɔːls; *USA* wɔːlts/ *n* vals
■ **waltz 1(a)** *vi* bailar el vals **(b)** *vt*: *He waltzed her round the room.* Se la llevó danzando por todo el salón. **2** *vi* **~ into, out of, etc** (*coloq*) entrar, salir, etc como si no pasara nada: *She waltzed up to us and asked for a fiver.* Vino hacia nosotros toda desenvuelta y nos pidió

cinco libras. ◊ *He waltzes in and out as if the house belongs to him.* Entra y sale como si la casa fuera suya.
PHR V to waltz off with sth (*coloq*) **1** (*robar*) marcharse con algo **2** (*ganar fácilmente*) llevarse algo
to waltz through sth (*examen*) pasar algo con los ojos cerrados

wan /wɒn/ *adj* (**-nner, -nnest**) pálido, lánguido: *a wan smile* una sonrisa triste

wand /wɒnd/ *n* vara: *magic wand* varita mágica

wander /ˈwɒndə(r)/ **1(a)** *vi* deambular: *to wander (about) aimlessly* deambular sin rumbo ◊ *to wander around the shops* curiosear por las tiendas ◊ *His gaze wandered around the room.* Paseaba la mirada por toda la habitación. ◊ *It was midnight when she finally wandered home.* Era ya medianoche cuando finalmente llegó a casa. ☛ Nótese que en este sentido **wander** va seguido muchas veces de **around** o **about**. **(b)** *vt* (*calles, mundo, etc*) vagar por, dar vueltas por: *The child was found wandering the streets alone.* Encontraron al niño vagando solo por las calles. **2** *vi*: *to wander in* entrar distraídamente ◊ *She wandered across the road.* Cruzó la calle muy distraída. ◊ *He wandered through the corridors.* Se paseaba sin propósito alguno por los pasillos.

En este sentido, **wander** tiene a menudo el significado de *distraídamente* o *sin propósito*, y va seguido de preposiciones o adverbios. En estos casos, hay que traducirlo por distintos verbos en español.

3 *vi* **(a) ~ from/off sth**: *to wander from the path* desviarse del sendero ◊ *to wander off the point* apartarse del tema **(b) ~ away/off** extraviarse (*animal*), alejarse: *Don't go wandering off, we're leaving in five minutes.* No te alejes, vamos a salir dentro de cinco minutos. **4** *vi* (*río, camino*) serpentear **5** *vi* vagar, delirar: *His mind was beginning to wander.* Su mente estaba empezando a divagar. ◊ *to let your thoughts wander* dejar volar la imaginación
■ **wander** *n* (*coloq*) paseo, vuelta: *They went out for a little wander around.* Salieron a dar una vuelta.
▶ **wanderer** *n* vagabundo, -a, viajero, -a, nómada
wanderings *n* [*pl*] correrías

wanderlust /ˈwɒndəlʌst/ *n* pasión por viajar

wane /weɪn/ (*tb* **to be on the wane**) *vi* **1** (*luna*) menguar ☛ *Comparar con* WAX² sentido 1 **2** (*poder, entusiasmo, etc*) disminuir **LOC** *Ver* WAX²

wangle /ˈwæŋɡl/ *vt* (*coloq*) arreglárselas: *He wangled his way onto the committee.* Se las arregló para entrar en el comité.

wank /wæŋk/ (*GB*, ⚠) ☛ *Ver nota en* TABÚ (*coloq*) *vi* hacerse una paja
■ **wank** *n*: *to have a wank* hacerse una paja
▶ **wanker** *n* (*pey*) gilipollas

wanly /ˈwɒnli/ *adv* tristemente

wanna /ˈwɒnə/ (*argot*) **1** *abrev de* **want to**: *I wanna go home.* Quiero irme a casa. **2** *abrev de* **want a**: *Wanna cigarette?* ¿Quieres un cigarrillo? *Ver tb* WANT¹

want¹ /wɒnt; *USA* wɔːnt/ **1** *vt, vi* querer: *She wants to come.* Quiere venir. ◊ *She wants me to go with her.* Quiere que la acompañe. ◊ *I don't want you arriving late.* No se te ocurra llegar tarde. ◊ *to feel wanted* sentirse querido ◊ *Children need to feel wanted.* Los niños necesitan sentirse queridos. ◊ *What does he want with me?* ¿Qué quiere de mí? ◊ *She wants £800 for the car.* Pide 800 libras por el coche. ◊ *You're wanted on the phone.* Te llaman al teléfono.

Nótese que **like** también significa *querer*, pero sobre todo se utiliza para ofrecer algo o para invitar a alguien: *Would you like to come to dinner?* ¿Quieres venir a cenar? ◊ *Would you like something to eat?* ¿Quieres comer algo?

2 *vt* necesitar: *What he wants is a good smack!* ¡Lo que se merece es una buena azotaina! ◊ *This switch wants fixing.* Hay que arreglar este enchufe. **3** *vi* (*coloq*) (*aconsejando*) tener que: *You want to be more careful.* Tienes que tener más cuidado. ◊ *You don't want to let him rush you.* No permitas que te meta prisa. ◊ *You want to watch out for the ants.* Ten cuidado con las hormigas. **4** *vt* (*formal*) carecer de: *He doesn't want courage.* No le falta valor. **5** *vt* requerir (la presencia de): *You are wanted in the director's office.* Se te requiere en el despacho del director. ◊ *You will not be wanted this afternoon.* No se le necesitará esta tarde. **6** *vt* buscar: *He is wanted for murder.* Se le busca por asesinato. ◊ *the two men wanted in connection with…* los dos individuos a los que se busca en relación con… ◊ *Wanted: dead or alive.* Se busca: vivo o muerto. ◊ *wanted: babysitter* se necesita canguro **7** *vt* desear (*sexualmente*)
LOC not to want to know (about sth) no querer saber nada (de algo): *He needed help but nobody wanted to know.* Necesitaba ayuda, pero nadie quería saber nada. *Ver tb* BOTH, CAKE, WASTE²
PHR V to want for sth carecer de algo: *Those children want for nothing.* A esos niños no les falta de nada.
to want in/out (*coloq*) **1** querer entrar/salir **2** querer/no querer participar: *I want out! It's a lousy idea.* No quiero saber nada! Es una idea absurda.
to want out of sth (*coloq*) querer que le excluyan a uno de algo: *He wanted out of the deal.* Quería suspender el acuerdo.

want² /wɒnt; *USA* wɔːnt/ *n* **1** [*gen pl*] **(a)** necesidad: *He is a man of few wants.* Es un hombre que necesita poco. **(b)** deseo: *All their wants were provided by their host.* Su anfitrión satisfizo todos sus deseos. **2** [*sing*] **~ of sth** falta de algo: *for want of anything better* ante la falta de otra cosa mejor ◊ *though not for want of trying* aunque no por no intentarlo **3** miseria, pobreza
LOC to be in want of sth necesitar algo: *The house is in want of repair.* La casa necesita que la reparen.

want ads (*USA*) (*GB* **classified advertisements**) *n* (*coloq*) anuncios por palabras

wanting /ˈwɒntɪŋ; *USA* ˈwɔːn-/ *adj* (*formal*) *to be wanting in sth* estar falto de algo **LOC** *Ver* FIND

wanton /ˈwɒntən; *USA* ˈwɔːn-/ *adj* **1** sin sentido: *the wanton destruction of property* el destrozo sin sentido de la propiedad privada **2** (*formal*) caprichoso, juguetón **3** abundante **4** (*antic* o *formal*) impúdico, lascivo, indecente
▶ **wantonly** *adv* **1** sin justificación: *He wantonly ignored their advice.* Ignoró sin razón alguna su consejo. **2** lascivamente

war /wɔː(r)/ *n* **1** guerra: *The Great War* la primera Guerra Mundial ◊ *war criminal* criminal de guerra ◊ *the war effort* el esfuerzo bélico ◊ *the War Office* el Ministerio de la Guerra ◊ *a war-torn country* un país destrozado por la guerra ◊ *war memorial* monumento a los caídos ☛ *Ver nota en* REMEMBRANCE SUNDAY *Ver tb* ANTI-WAR, CIVIL WAR, COLD WAR, INTER-WAR, POST-WAR, PRE-WAR **2(a)** conflicto: *the class war* la lucha de clases **(b)** [*sing*] **war (against sth/sb)** lucha (contra algo/algn): *the war against cancer* la lucha contra el cáncer *Ver tb* TUG-OF-WAR
LOC at war en guerra: *to be at war with sth/sb* estar en guerra con algo/algn **a war of nerves** una guerra psicológica **a war of words** una campaña de descalificación: *the war of words between the two parties* las descalificaciones entre los dos partidos políticos **to go to war** irse a la guerra **to go to war against sth/sb** declarar la guerra a algo/algn **to have been in the wars** (*coloq* o *joc*) venir de la guerra: *My! You have been in the wars!* ¡Parece que vienes de la guerra! **to make/wage war on sth/sb** hacerle la guerra a algo/algn *Ver tb* CARRY, DECLARE, FORTUNE
■ **war** *vi* (**-rr-**) **to war (against/on sth/sb)** entablar una guerra, luchar (contra algo/algn): *warring factions* facciones en guerra ◊ *the warring parties* las partes enemigas

warble /ˈwɔːbl/ **1** *vi* trinar, gorjear **2** *vt, vi* cantar (*haciendo gorgoritos*)
■ **warble** (*tb* **warbling**) *n* gorjeo, gorgorito, trino

warbler /ˈwɔːblə(r)/ *n* curruca

ward[1] /wɔːd/ *n* **1** sala (*de hospital*) **2** distrito electoral **3** pupilo, -a: *ward of court* menor en tutela del tribunal de menores

ward[2] /wɔːd/ *v*
PHR V **to ward sth/sb off**: *to ward off evil* ahuyentar el mal ◊ *to ward off danger* prevenir el peligro ◊ *to ward off sleep* evitar quedarse dormido

warden /ˈwɔːdn/ *n* **1** guardia, guardián, -ana *Ver tb* TRAFFIC WARDEN **2** (*Educ*) director, -ora **3** (*USA*) director, -ora de cárcel

warder /ˈwɔːdə(r)/ *n* (*GB*) celador, -a (*de una cárcel*)

wardrobe /ˈwɔːdrəʊb/ *n* **1** armario (*para colgar ropa*): *built-in wardrobes with cupboards over* armarios empotrados con altillos ☛ *Comparar con* CUPBOARD **2(a)** vestuario: *a new winter wardrobe* un nuevo vestuario de invierno **(b)** (*Teat*) vestuario

ware /weə(r)/ *n* **1** cerámica, porcelana *Ver tb* EARTHENWARE, KITCHENWARE, SILVERWARE, TABLEWARE **2 wares** [*pl*] (*antic*) mercancías

warehouse /ˈweəhaʊs/ *n* almacén
■ **warehouse** *vt* almacenar

warfare /ˈwɔːfeə(r)/ *n* guerra: *Tribal warfare broke out again.* Volvieron a estallar las guerras tribales.

war game *n* **1** juego bélico **2** maniobra militar

warhead /ˈwɔːhed/ *n* (*Mil*) cabeza: *nuclear warhead* cabeza nuclear

warhorse /ˈwɔːhɔːs/ *n* **1** caballo de batalla **2** (*fig*) veterano, -a

warily /ˈweərɪli/ *adv* con cautela
▶ **wariness** *n* cautela

warlike /ˈwɔːlaɪk/ *adj* belicoso

warlord /ˈwɔːlɔːd/ *n* (*antic* o *formal*) jefe militar, caudillo

warm[1] /wɔːm/ *adj* (**-er, -est**) **1(a)** (*cosa*) templado: *a warm climate* un clima templado ◊ *It's a bit warmer today.* Hoy hace un poco más de calor. ◊ *It gets warm in June.* Empieza a hacer calor en junio. ◊ *to keep sth warm* mantener algo caliente ☛ *Ver nota en* CALIENTE **(b)** (*persona*) caliente: *I'm getting warm.* Entro en calor. ◊ *Come and get warm by the fire.* Acércate a la chimenea para calentarte. **(c)** (*ropa*) abrigado, de abrigo **(d)** (*trabajo, ejercicio, etc*) que hace entrar en calor: *Sawing logs is warm work.* Serrar leña le hace a uno sudar. **(e)** (*viento*) cálido **2** (*fig*) caluroso, cordial (*recibimiento, invitación, etc*) **3** (*fig*) afectuoso (*sentimientos*): *He has a warm heart.* Es muy cariñoso. **4** (*color, sonido*) cálido **5(a)** (*rastro*) reciente **(b)** (*juegos*) caliente: *You're getting warm!* ¡Caliente, caliente!
LOC **(as) warm as toast** (*coloq*) bien calentito **to keep sb's seat, etc warm (for him)** (*coloq*) guardarle el asiento, etc a algn **to make things warm for sb** (*coloq*) ponerle las cosas difíciles a algn

warm[2] /wɔːm/ **1** *vt* **~ (up)** calentar: *to warm your hands by the fire* calentarse las manos junto al fuego *Ver tb* LEG WARMERS **2** *vi* **~ (up)** calentarse, entrar en calor **3** *v refl* **~ yourself** calentarse
LOC **to warm the cockles (of sb's heart)** alegrarle el corazón a algn
PHR V **to warm sth through** calentar algo por completo
to warm to/towards sb: *I warmed to her immediately.* En seguida me empezó a caer bien.
to warm to/towards sth hacerse uno a algo
to warm up 1 hacer ejercicios de calentamiento (*deportista, etc*) **2** calentarse (*un motor*)
to warm (sth/sb) up animar(se) (algo/a algn)
to warm sth up recalentar algo (*comida*)

warm[3] /wɔːm/ *n* [*sing*] **1 the warm** el calor: *Come into the warm.* Acércate al calor. **2** *She gave the sheets a warm by the fire.* Calentó las sábanas al lado del fuego.

warm-blooded /ˌwɔːm ˈblʌdɪd/ *adj* de sangre caliente

warm-hearted /ˌwɔːm ˈhɑːtɪd/ *adj* afectuoso

warmly /ˈwɔːmli/ *adv* **1** calurosamente: *He thanked us warmly.* Nos dio las gracias efusivamente. **2** *warmly dressed* vestido con ropa de abrigo

warmth /wɔːmθ/ *n* **1** (*tb* **warmness**) calor **2** (*fig*) simpatía, afabilidad, entusiasmo

warm-up /ˈwɔːm ʌp/ *n* **1** (*Dep*) calentamiento: *warm-up match* partido de calentamiento **2** (*Teat*): *warm-up man* cómico telonero ◊ *warm-up routine* número para romper el hielo

warn /wɔːn/ *vt* **1 ~ sb (about/of sth)** advertir a algn (de algo); prevenir a algn (contra algo): *I'm warning you...* Te lo advierto... ◊ *Don't say I didn't warn you!* No digas que no te lo advertí. ◊ *You have been warned!* ¡Quedas avisado! **2 ~ sb that...** advertir a algn que...: *I warned them that it would be expensive.* Les advertí que sería caro. **3 ~ sb against (doing) sth** advertir a algn que no haga algo: *They warned us against drinking the milk.* Nos advirtieron que no bebiéramos la leche. ◊ *He warned us against pickpockets.* Nos dijo que tuviéramos cuidado con los carteristas. **4 ~ sb (not) to do sth** ordenar a algn que (no) haga algo (bajo amenaza): *They were warned not to attempt it.* Les dijeron que no lo intentaran. *Ver tb* FOREWARN
PHR V **to warn sb off (sth/doing sth)**: *His tutor warned him off such a difficult subject.* Su tutor le aconsejó que no cogiera una asignatura tan difícil. ◊ *They warned her off approaching the Director.* Le dijeron que no se acercara al Director.

warning /ˈwɔːnɪŋ/ *n* **1** advertencia: *Let that be a warning to you!* ¡Que eso te sirva de advertencia! ◊ *She was given an official warning.* La amonestaron oficialmente. ◊ *A word of warning - Don't trust him!* Una advertencia: ¡no te fíes de él! ◊ *The warning light comes on when the battery is low.* Cuando le quedan pocas pilas, se enciende una luz. **2** aviso: *Give him plenty of warning.* Avísaselo con mucha antelación. ◊ *without warning* sin previo aviso *Ver tb* EARLY WARNING SYSTEM

warp /wɔːp/ **1** *vt, vi* abarquillar(se), combar(se), alabear(se) **2** *vt* (*fig*) deformar, retorcer: *a warped mind* una mente retorcida
■ **warp** *n* deformación, alabeo: *a time warp* un agujero en el tiempo

warpath /ˈwɔːpɑːθ/ *n* (*coloq*)
LOC **to be on the warpath** tener ganas de pelea: *Look out–the boss is on the warpath again!* Cuidado que el jefe vuelve a venir en son de guerra.

warrant /ˈwɒrənt; *USA* ˈwɔːr-/ *n* **1(a)** (*Jur*) orden (*judicial*): *search-warrant* orden de registro ◊ *A warrant is out for his arrest.* Se ha ordenado su detención. ◊ *to sign the death warrant for sth* firmar la sentencia de muerte de algo **(b)** vale **2 ~ for sth/doing sth** (*formal*) justificación, autorización para algo/hacer algo
■ **warrant** *vt* **1** (*formal*) justificar: *Her interference was not warranted.* Su intromisión no estaba justificada. ◊ *The crisis warrants special measures.* La crisis merece medidas especiales. **2** garantizar
LOC **I('ll) warrant (you)** (*antic*) te lo aseguro

warranty /ˈwɒrənti; *USA* ˈwɔːr-/ *n* (*pl* **-ies**) **1** garantía: *to be under warranty* estar en garantía **2** (*formal*) autoridad *Ver tb* GUARANTEE

warren /ˈwɒrən; *USA* ˈwɔːrən/ *n* **1** (*Zool*) **(a)** madriguera **(b)** conejera **2** (*fig*) hormiguero: *a warren of narrow streets* una maraña de callejuelas

warrior /ˈwɒriə(r); *USA* ˈwɔːr-/ *n* guerrero, -a

warship /ˈwɔːʃɪp/ *n* buque de guerra

wart /wɔːt/ *n* verruga
LOC **warts and all** (*coloq*) **1** con todos los defectos: *I love him warts and all.* Le quiero con todos sus defectos. **2** con pelos y señales: *He wrote a warts-and-all*

account of the drama. Describió la obra con pelos y señales.

wartime /ˈwɔːtaɪm/ *n* (tiempo de) guerra: *in wartime* durante la guerra ◊ *during wartime* en época de guerra ◊ *wartime allies* aliados de guerra

war-torn /ˈwɔː tɔːn/ *adj* [*antes de sustantivo*] devastado/arrasado por la guerra

wary /ˈweəri/ *adj* (**-ier, -iest**) **1** cauteloso, precavido **2 to be ~ of (doing) sth** recelar, no fiarse de (hacer) algo: *She was wary of strangers.* Desconfiaba de los desconocidos. ◊ *He is wary of making the same mistake again.* Le da miedo volver a cometer el mismo error.

was /wəz, wɒz/ *pret de* BE

wash /wɒʃ/ *n* **1** lavado: *to have a wash* lavarse ◊ *to give sth a wash* lavar algo ◊ *He needs a good wash.* Necesita un buen lavado. **2 the wash** [*sing*] el lavado: *All my shirts are in the wash.* Todas mis camisas están sucias. ◊ *It went pink in the wash.* Se tiñó de rosa al lavarlo. **3** colada ☛ La palabra más normal para "colada" es **washing**. **4** [*sing*] (*de olas*) chapoteo: *the wash of the waves against the side of the boat* el chapoteo de las olas contra el barco **5** [*sing*] (*de barco, avión, etc*) estela **6** (*Arte*) aguada *Ver tb* EYEWASH, WHITEWASH

LOC it will all come out in the wash (*coloq*) todo se arreglará

■ **wash 1** *vt, vi, v refl* lavar(se): *to wash yourself* lavarse ◊ *to wash your hair/hands* lavarse el pelo/las manos ◊ *I had to wash and dress in a hurry.* Tuve que lavarme y vestirme corriendo. ◊ *to wash the dishes* fregar los platos **2** *vi* (*ropa, tela, etc*) lavar(se): *This garment won't wash.* Esta prenda no se puede lavar. **3** *vt* (*mar, río*) bañar **4** (*agua*) **(a)** *vi*: *waves washing against the side of a boat* olas batiendo contra el barco ◊ *Water washed over the deck.* El agua bañaba la cubierta. **(b)** *vt* arrastrar: *The body was washed out to sea.* El cuerpo fue arrastrado al mar. ◊ *It was washed ashore.* Fue arrastrado a la playa. **5** *vi* **~ (with sb)** (*coloq*) *That excuse won't wash (with me).* Esa excusa no cuela. **6** *vt* **~ sth (out)** (*agua*) excavar algo **7** *vt* (*Arte*) pintar *Ver tb* BRAINWASH

LOC to wash your dirty linen in public tratar los problemas personales en público **to wash your hands of sth/sb** desentenderse de algo/algn

PHR V to wash sth/sb away: *Her child was washed away in the flood.* Su hijo fue arrastrado por la riada. ◊ *The rain is washing away the soil.* La lluvia se lleva la tierra.

to wash sth down (with sth) 1 lavar algo (con algo) **2** tomar algo (con algo): *I had bread and cheese for lunch, washed down with beer.* Para comer tomé pan y queso con cerveza.

to wash (sth) off quitarse/quitar algo (lavando)

to wash out quitarse (lavando)

to wash sth out lavar algo

to wash over sb (*coloq*) no afectar a algn

to wash up 1 (*GB*) lavar los platos **2** (*USA*) lavarse (*las manos y la cara*)

to wash sth up 1 (*GB*) fregar algo (*los platos, etc*) **2** (*el mar*) llevar algo a la playa

washable /ˈwɒʃəbl/ *adj* lavable: *machine washable* lavable a máquina

washbasin /ˈwɒʃbeɪsn/ (*tb* **wash-hand basin, basin**) (*USA* **(bathroom) sink**) *n* lavabo

washboard /ˈwɒʃbɔːd/ *n* tabla de lavar

wash-cloth /ˈwɒʃ klɒθ/ (*USA*) (*GB* **face-cloth**) *n* paño

washed-out *adj* **1** (*ropa*) descolorido **2** (*persona*) extenuado

washed up *adj* (*coloq*) fracasado, acabado

washer /ˈwɒʃə(r); *USA* ˈwɔː-/ *n* **1** arandela **2** (*coloq*) lavadora

washing /ˈwɒʃɪŋ; *USA* ˈwɔː-/ *n* **1** lavado, lavadura: *washing powder* detergente (de lavadora) **2(a)** ropa sucia: *to take the washing to the launderette* llevar la ropa sucia a la lavandería ◊ (*dirty*) *washing basket* cesta de la ropa sucia **(b)** colada: *to hang out the washing* tender la colada ◊ *to do the washing* lavar la ropa ◊ *washing line* cuerda para tender la ropa

washing machine *n* lavadora

washing-up /ˌwɒʃɪŋ ˈʌp/ *n* **1** *to do the washing-up* fregar los platos ◊ *washing-up liquid* (detergente) lavavajillas ◊ *washing-up bowl* barreño **2** platos sucios

wash-out /ˈwɒʃ aʊt/ *n* (*coloq*) fracaso: *The new manager is a wash-out.* El director nuevo es un inútil.

washroom /ˈwɒʃruːm, -rʊm/ *n* (*USA, eufemismo*) aseos ☛ *Ver nota en* TOILET

washy *Ver* WISHY-WASHY

wasn't /ˈwɒznt/ = WAS NOT *Ver* BE

WASP (*tb* **Wasp**) /wɒsp/ (*USA, pey*) *abrev de* **White Anglo-Saxon Protestant** persona de la clase privilegiada, blanca, anglosajona y protestante

wasp /wɒsp/ *n* avispa: *a wasps' nest* un avispero

waspish /ˈwɒspɪʃ/ *adj* (*pey*) **1** (*carácter*) irascible **2** (*comentario*) mordaz

wastage /ˈweɪstɪdʒ/ *n* desperdicio, merma, pérdida: *to reduce wastage* reducir la cantidad de desperdicios

waste¹ /weɪst/ *adj* **1** baldío (*terreno*) **2** de desecho residual: *waste material* desechos ◊ *waste product* producto de desecho

LOC to lay sth waste (*formal*) asolar algo

waste² /weɪst/ *vt* **1(a)** (*dinero, recursos, etc*): *Our efforts were wasted.* Nuestros esfuerzos fueron inútiles. ◊ *We had a wasted journey.* Hicimos un viaje en balde. ◊ *to waste money* derrochar dinero ◊ *Your humour is wasted on him.* No se entera cuando le gastas una broma. ◊ *She's wasted in that job.* Podría tener un trabajo cien veces mejor que ese que tiene. **(b)** (*tiempo*) malgastar, perder: *Don't waste any more time on that/him.* No pierdas más el tiempo con eso/él. **(c)** (*comida*) desperdiciar **(d)** (*espacio*) desaprovechar **2** debilitar: *a wasting disease* una enfermedad debilitante

LOC to waste your breath malgastar saliva **waste not, want not** (*refrán*) quien no malgasta no pasa necesidades *Ver tb* TIME¹

PHR V to waste away 1 consumirse **2** atrofiarse

▶ **wasted** *adj* (*GB, coloq*) **1** borracho **2** ciego: *to get wasted* ponerse ciego

waste³ /weɪst/ *n* **1** [*incontable*] **(a)** pérdida, desperdicio: *a waste of energy* un esfuerzo inútil ◊ *It's a waste of money.* Es tirar el dinero **(b)** (*acción*) derroche, despilfarro **2** [*incontable*] desperdicios, desechos, basura: *waste disposal* recogida de basura/desechos ◊ *nuclear waste* desechos nucleares **3** [*gen pl*] yermo, tierra baldía

LOC to go/run to waste echarse a perder, desperdiciarse

▶ **wasteful** *adj* **1** derrochador, pródigo: *It's wasteful.* Es un despilfarro. ◊ *It is wasteful of energy.* Gasta demasiada energía. **2** (*método, proceso*) antieconómico

wastebasket /ˈweɪst bɑːskɪt/ (*tb* **waste bin** /ˈweɪst bɪn/) (*USA*) (*GB* **waste-paper basket**) *n* papelera

waste bin *n* (*USA*) *Ver* WASTE-PAPER BASKET

wasteland /ˈweɪstlænd/ *n* **1** tierra baldía **2** (*fig*) desierto

waste paper *n* papel usado

waste-paper basket (*tb* **waste-paper bin**) *n* papelera (*dentro de un edificio*) ☛ *Ver nota en* BIN

> En inglés americano se utiliza **wastebasket** o **waste bin**.

waste pipe *n* tubo de desagüe

waster /ˈweɪstə(r)/ *n* (*pey*) **1** derrochador **2** (*coloq*) perdido

watch¹ /wɒtʃ/ *n* **1** (*período*) (turno de) guardia **2** (*personas*) guardia, vigías

LOC on watch de guardia **to be on (the) watch/to keep watch (for sth/sb)** estar al acecho (de algo/algn), quedar a la espera (de algo/algn) **to keep watch (over**

sth/sb) vigilar (a algn), velar (por algo/a algn) *Ver tb* CLOSE[1]

■ **watch 1** *vt, vi* observar, mirar: *to watch sb do(ing) sth* mirar/observar a algn hacer algo **2** *vt, vi* (*espiar*) vigilar, observar **3** *vt* (*TV, Dep*) ver: *They're always watching TV.* Siempre están viendo la tele. **4** *vt, vi* **~ (over) sth/sb** velar (por algo/a algn); vigilar, cuidar (algo/a algn) **5** *vi* **~ for sth** estar atento a algo; esperar algo **6** *vt* tener cuidado con, fijarse en: *Watch your language.* No digas palabrotas. ◊ *to watch every penny* fijarse en/vigilar cada centavo.

LOC to watch the time estar pendiente de la hora **to watch your step** tener cuidado: *You'll be in trouble if you don't watch your step.* Vas a tener problemas si no tienes cuidado. **watch it!** (*coloq*) ¡cuidado!, ¡ojo! **watch this space!** (*coloq*) los mantendremos informados

PHR V to watch out tener cuidado: *Watch out!* ¡Cuidado!

to watch out for sth/sb estar al tanto de algo/algn, quedar a la espera de algo/algn: *Watch out for that hole.* Cuidado con ese hueco.

▶ **watchable** *adj* que merece la pena ver

watcher *n* (*gen en compuestos*) espectador, -ora, observador, -ora *Ver tb* BIRDWATCHER

watchful *adj* vigilante, alerta

LOC to keep a watchful eye on sth vigilar algo

watchfulness *n* vigilancia

watch² /wɒtʃ/ *n* reloj (de pulsera), reloj (de bolsillo): *watch strap* correa de reloj *Ver tb* STOPWATCH, WRISTWATCH ☛ *Comparar con* CLOCK sentido 1

watchdog /ˈwɒtʃdɒg/ *n* **1** perro guardián **2** (*fig*) organismo de control: *a watchdog committee* un comité de vigilancia

watchman /ˈwɒtʃmən/ *n* (*pl* **-men** /-mən/) vigilante *Ver tb* NIGHT-WATCHMAN

watchtower /ˈwɒtʃtaʊə(r)/ *n* atalaya

watchword /ˈwɒtʃwɜːd/ *n* **1** lema, consigna **2** *Ver* PASSWORD

water¹ /ˈwɔːtə(r)/ *n* **1** agua: *running water* agua corriente *Ver tb* DRINKING WATER, FRESHWATER, HOT-WATER BOTTLE, RAINWATER, SALT WATER, SODA WATER, TAP WATER, TOILET WATER, WHITE WATER **2 waters** [*pl*] (*de río, mar*) aguas: *British (territorial) waters* aguas jurisdiccionales británicas **3** (*Med*) agua: *water on the brain* hidrocefalia ◊ *Her waters broke.* Rompió aguas. **4** (*Med*) orina **5 the waters** (*formal*) (*balneario*): *to take the waters* tomar las aguas **6** marea: *high/low water* marea alta/baja *Ver tb* BREAKWATER, **7** (*gen en compuestos*) acuático, de agua: *waterbird* ave acuática ◊ *water-repellent* repelente al agua/hidrófugo ◊ *water-resistant* resistente al agua ◊ *water level* nivel de(l) agua ◊ *water rate* tarifa del agua ◊ *water power* energía hidráulica ◊ *the water table* el nivel freático

LOC a lot of/much water has flowed, etc under the bridge ha llovido mucho desde entonces **by water** en barco, por mar **like water** (*coloq*) como agua, en abundancia: *He was spending money like water.* Estaba gastando dinero como si fuera agua. **(not) to hold water** (*coloq*) (*excusa, teoría*) (no) tener fundamento **to be (like) water off a duck's back** (*crítica, comentario*) resbalar, no tener efecto **to make/pass water** (*formal*) orinar **to make water** (*barco*) hacer agua **under water 1** bajo el agua, debajo del agua **2** inundado **water under the bridge** agua pasada (no mueve molino) *Ver tb* BABY, BLOOD, COLD, DEEP[1], DUCK, DULL, FIRE[1], FISH[1], HEAD[1], HELL, HOT, LIVE[2], MUDDY, POUR, STILL[2], TREAD

▶ **waterless** *adj* sin agua, árido

water² /ˈwɔːtə(r)/ **1** *vt* (*plantas*) regar **2** *vt* (*animal*) abrevar **3** *vt* (*bebida*) aguar **4** *vi* **(a)** (*ojos*) llorar **(b)** (*boca*) hacerse agua *Ver tb* MOUTH-WATERING

PHR V to water sth down 1 (*líquido*) diluir algo con agua **2** (*fig*) suavizar algo: *a watered-down version of what really happened* una versión suavizada de lo que realmente ocurrió

water-based /ˈwɔːtə beɪst/ *adj* a base de agua

water-borne /ˈwɔːtə bɔːn/ *adj* **1(a)** (*mercancías*) transportado por barco **(b)** (*tráfico*) fluvial, marítimo *Ver tb* SEABORNE **2** (*enfermedad*) propagado por el agua

watercolour (*USA* **watercolor**) /ˈwɔːtəkʌlə(r)/ *n* acuarela

watercourse /ˈwɔːtəkɔːs/ *n* conducto (de agua), cauce

watercress /ˈwɔːtəkres/ *n* [*incontable*] berro(s)

watered silk *n* moaré

waterfall /ˈwɔːtəfɔːl/ *n* cascada, catarata

waterfowl /ˈwɔːtəfaʊl/ *n* [*pl*] aves acuáticas

waterfront /ˈwɔːtəfrʌnt/ *n* puerto, muelles

water ice /ˈwɔːtər aɪs/ *n* sorbete

watering can /ˈwɔːtərɪŋ kæn/ *n* regadera ☛ *Ver ilustración en* CAN[1]

watering place /ˈwɔːtərɪŋ pleɪs/ *n* **1** abrevadero **2** (*antic, GB*) **(a)** balneario **(b)** lugar de veraneo

water lily *n* nenúfar

waterline /ˈwɔːtəlaɪn/ *n* línea de flotación

waterlogged /ˈwɔːtəlɒgd/ *adj* **1** (*madera*) empapado de agua **2** (*terreno*) anegado

Waterloo /ˌwɔːtəˈluː/ *n* **LOC** *Ver* MEET[1]

watermark /ˈwɔːtəmɑːk/ *n* **1** filigrana **2** marca del nivel del agua

watermelon /ˈwɔːtəmelən/ *n* sandía

watermill /ˈwɔːtəmɪl/ *n* molino de agua

waterproof /ˈwɔːtəpruːf/ *adj, n* impermeable

■ **waterproof** *vt* impermeabilizar

watershed /ˈwɔːtəʃed/ *n* **1** línea divisoria de aguas **2** (*fig*) momento decisivo, coyuntura crítica

waterside /ˈwɔːtəsaɪd/ *n* ribera, orilla (del río/lago/mar)

water-ski /ˈwɔːtə skiː/ *n* (*pl* **-skis**) esquí acuático

■ **water-ski** *vi* (*pret, pp* **-ski'd** o **-skied** *part pres* **-skiing**) esquiar en el agua, hacer esquí acuático

▶ **water-skiing** *n* esquí acuático

water sport *n* [*gen pl*] deporte acuático

water supply *n* [*gen singular*] **1** suministro de agua **2** reserva de agua

watertight /ˈwɔːtətaɪt/ *adj* **1** estanco, hermético **2** (*fig*) **(a)** (*argumento*) irrebatible **(b)** (*acuerdo*) sin escapatorias **(c)** (*categoría*) estanco **3** (*coartada*) a toda prueba **4** (*plan*) infalible

waterway /ˈwɔːtəweɪ/ *n* vía fluvial: *inland waterway* canal navegable

waterwheel /ˈwɔːtəwiːl/ *n* **1** rueda hidráulica **2** noria

waterworks /ˈwɔːtəwɜːks/ *n* **1** [*v sing o pl*] central de abastecimiento de agua **2** [*pl*] (*coloq, eufemismo*) vías urinarias

LOC to turn on the waterworks (*coloq, pey*) echarse a llorar

watery /ˈwɔːtəri/ *adj* **1(a)** acuoso **(b)** (*pey*) aguado: *watery cabbage* col cocida en demasiada agua **2** (*color*) pálido, deslavazado **3(a)** (*ojos*) lloroso **(b)** húmedo **(c)** que anuncia lluvia: *a watery sky* un cielo que anuncia que va a llover

watt /wɒt/ *n* (*abrev* **W**) vatio

▶ **wattage** /ˈwɒtɪdʒ/ *n* vataje

wattle /ˈwɒtl/ *n* zarzo: *a wattle and daub wall* una pared de adobe y cañas

wave¹ /weɪv/ **1** *vi* **~ (at/to sb)** hacer señas con la mano (a algn): *He waved (to us) when he saw us.* Nos hizo una señal con la mano cuando nos vio. **2** *vt, vi* agitar(se): *to wave a magic wand* mover una varita mágica ◊ *to wave your arms (about)* agitar los brazos ◊ *to wave sb goodbye/wave goodbye to sb* decir adiós con la mano a algn ◊ *branches waving in the wind* ramas que se agitan con el viento **3** *vt, vi* ondular(se): *She has had her hair waved.* Se ha ondulado el pelo. **4** *vi* (*bandera*) ondear

LOC *Ver* FLAG[1]

PHR V **to wave sth/sb along, away, etc** hacer señas para que algo/algn siga, se marche, etc: *The policeman waved us on.* El policía nos hizo señas de que podíamos continuar.
to wave sth aside rechazar algo
to wave sth/sb down hacer señas para que algo/algn se pare

wave² /weɪv/ *n* **1** ola: *a heatwave* una ola de calor *Ver tb* TIDAL WAVE **2** (*fig*) oleada, ola: *the next wave of assault troops* la siguiente oleada de tropas de asalto ◊ *a crime wave* una ola de delincuencia **3 the waves** [*pl*] (*formal*) el mar **4** seña (*con la mano*): *He greeted them with a wave.* Les saludó con la mano. **5** (*Fís, pelo*) onda: *a permanent wave* un moldeado *Ver tb* BRAINWAVE, LONG WAVE, SHORT WAVE
LOC in waves en oleadas *Ver tb* CREST
▶ **wavy** *adj* (**-ier, -iest**) **1** ondulado ☛ *Ver ilustración en* PELO **2** ondulante

waveband /ˈweɪvbænd/ *n Ver* BAND sentido 4

wavelength /ˈweɪvleŋθ/ *n* longitud de onda **LOC** *Ver* SAME[1]

wavelet /ˈweɪvlət/ *n* ola pequeña

waver /ˈweɪvə(r)/ *vi* **1** flaquear, tambalearse: *His courage never wavered.* Su coraje nunca flaqueaba/fallaba. **2** vacilar: *to waver between two points of view* titubear entre dos puntos de vista **3** (*voz, luz, llama*) temblar
▶ **waverer** /ˈweɪvərə(r)/ *n* indeciso, -a

wax¹ /wæks/ *n* **1** cera: *sealing wax* lacre ◊ *a wax candle* una vela de cera ◊ *wax crayons* pinturas de cera *Ver tb* BEESWAX **2** cera de los oídos
■ **wax** *vt* encerar: *to wax your legs* depilarse las piernas con cera
▶ **waxen, waxy** *adj* (*formal*) céreo

wax² /wæks/ *vi* **1** (*luna*) crecer **2** (*antic* o *ret*) ponerse: *to wax eloquent on sth* ponerse elocuente sobre algo
LOC to wax and wane crecer y menguar *Ver tb* LYRICAL

waxwork /ˈwækswɜːk/ *n* **1** figura de cera **2 waxworks** [*v sing o pl*] museo de cera

way¹ /weɪ/ *n* **1 way (from… to…)** camino (para ir de … a…): *Which way do you usually go to town?* ¿Por dónde vas normalmente al centro? ◊ *to ask/tell sb the way to a place* preguntarle/decirle a algn por dónde se va a algún sitio ◊ *to find a way out* encontrar una salida **2 Way** (*en nombres*) vía *Ver tb* THE MILKY WAY **3** paso: *Get out of my way!* ¡Quítate de en medio! ◊ *to cut a way through the undergrowth* abrirse paso a través de la maleza **4** dirección: *'Which way did he go?' 'He went that way.'* —¿Por dónde se fue? —Se fue por ahí. ◊ *The picture's the wrong way up.* El cuadro está boca abajo. ◊ *Which way will you vote?* ¿Por qué partido vas a votar? **5** [*sing*] (*distancia*): *It's a long way to London.* Londres está muy lejos. ◊ *There is quite a way still to go.* Nos queda un gran trecho por recorrer. ◊ *December is a long way off/away.* Todavía queda bastante hasta diciembre. ◊ *better by a long way* mejor por mucho **6** costumbre: *He has some rather odd ways.* Tiene algunas costumbres bastante raras. ◊ *Don't be offended, it's only his way.* No te ofendas, es su manera de ser. **7(a)** [*gen sing*] forma: *What is the best way to clean this?* ¿Cuál es la mejor forma de limpiar esto? ◊ *She showed them the way to do it.* Les enseñó cómo hacerlo. ◊ *a fashionable way of dressing* una forma de vestir a la moda **(b)** [*gen sing*] **my, your, his, etc way** mi, tu, su, etc manera: *I still think my way is better!* Todavía creo que a mi manera es lo mejor. ◊ *Do it your own way! I'm tired of arguing with you!* Hazlo a tu manera. Estoy cansada de discutir contigo. **(c)** manera, forma: *Can I help you in any way?* ¿Puedo ayudarte de alguna manera? ◊ *She is in no way to blame.* No tiene la culpa de ninguna manera. ◊ *She helped us in every possible way.* Ella nos ayudó en todo lo posible. **8** [*sing*] (*coloq*) zona: *Houses are much cheaper around our way.* Las casas son mucho más baratas por donde nosotros vivimos. **9** (*gen en compuestos*) vía, camino: *a waterway* una vía fluvial *Ver tb* BRIDLEWAY, BYWAY, DOORWAY, FREEWAY, GATEWAY, HALFWAY, HEADWAY, MIDWAY, ONE-WAY, OUT-OF-THE-WAY, RIGHT OF WAY, ROADWAY, THREE-WAY, THROUGHWAY, TRAMWAY, TWO-WAY, WALKWAY
LOC all the way todo el camino, hasta el final: *I'm with you all the way!* Estoy contigo hasta el final. **a/sb's way of life** estilo de vida (de algn) **both ways/each way** (*apuesta en caballos*) a ganador y colocado **by the way** a propósito: *What did you say your name was, by the way?* A propósito, ¿cómo dijiste que te llamabas? **by way of 1** (*formal*) vía: *They are travelling to France by way of London.* Viajan a Francia vía Londres. **2** (*GB*) como: *Let's eat out tonight, by way of a change.* Vamos a cenar fuera para variar. **3** con el propósito de **each way**: *It was three miles each way.* Fueron tres millas de ida y tres de vuelta. **in a bad way** muy enfermo, con problemas muy serios **in a big/small way** a gran/pequeña escala **in a way**; **in one way**; **in some ways** en cierto modo **in every way** en todo aspecto: *the best solution in every way* la mejor solución posible **in more ways than one** en todos los sentidos **in such a way that…** de tal manera que… **in the way** en medio: *I left them alone, as I felt I was in the way.* Les dejé solos porque me pareció que estaba estorbando. **(not) to stand in sb's way** (no) impedir a algn **no way** (*coloq*) ¡ni hablar!: *No way will I go on working for that man.* De ninguna manera seguiré trabajando para ese hombre. **one way and another** en todos los aspectos **one way or another** como sea **on the way** (*coloq*) (*bebé*) en camino **on the way out 1** a la salida **2** (*fig*) pasado de moda **on your/the way** en marcha, de camino: *I had better be on my way soon.* Más vale que me vaya pronto. ◊ *I'll buy some bread on the/my way home.* Compraré pan de vuelta a casa. **out of the way 1** remoto **2** fuera de lo común **that's the way the cookie crumbles** (*USA, coloq*) ¡así es la vida! **the other way round** al revés: *He found me, not the other way round.* …Él me encontró a mí, no al revés. **the way of the world** así es la vida **to be (born/made) that way** (*coloq*) ser así **to be set in your ways** tener costumbres fijas **to come your way** presentársele a algn: *An opportunity like that doesn't often come my way.* Una oportunidad como esa no se presenta todos los días. **to cut both/two ways** ser un arma de doble filo **to divide, split, etc, sth two, three, etc ways** dividir algo entre dos, tres, etc **to fight, force, shout, etc your way across, into, etc sth** abrirse paso luchando, a la fuerza, gritando, etc a través de, para entrar en, etc algo **to get/have your own way** salirse con la suya **to get into/out of the way of (doing) sth** habituarse a/perder la costumbre de (hacer) algo **to give way** ceder, romperse **to give way to sth** dar paso a algo: *Her hysterical laughter soon gave way to tears.* Su risa histérica pronto se convirtió en lágrimas. **to give way (to sth/sb) 1** ceder el paso (a algo/algn): *Give way to traffic coming from the right.* Ceda el paso al tráfico que viene por la derecha. ☛ *Comparar con* YIELD sentido 5 **2** entregarse (a algo): *to give way to despair* dejarse dominar por la desesperación **3** ceder (ante algo/algn) **to go out of your way (to do sth)** tomarse la molestia (de hacer algo) **to go sb's way 1** ir en la misma dirección que algn **2** ir/salir bien a algn: *Things are just not going my way today.* Hoy no me salen bien las cosas. **to go your own way** ir a lo suyo **to have a way with sth/sb** tener un don para algo/algn **to have it/things/everything your own way** salirse con la suya **to look the other way** hacer la vista gorda **to make way (for sth/sb)** dejar paso (a algo/algn): *The old methods must make way for the new.* Los métodos antiguos deben dejar paso a los nuevos. **to make your way (to/towards sth)** irse (a/hacia algo): *I'll make my way home now.* Volveré a casa ahora. ◊ *to make your way in life* abrirse camino en la vida **to my way of thinking** en mi opinión **to put sb in the way**

of (**doing**) **sth** dar a algn la oportunidad de hacer algo **to see which way the wind is blowing** ver por dónde van los tiros **to see your way** (**clear**) **to doing sth** encontrar la forma de hacer algo **to work your way** (**through college, etc**) trabajar (para costearse los estudios, etc) **to work your way through sth** hacer algo desde el principio **to work your way up** empezar de la nada **ways and means** medios *Ver tb* BAR, BOTH, CHANGE, CLAW[2], ERROR, FAIR[1], FAMILY, FAR, FEEL[1], FIGHT, FIND, HARD, HARM, HEAD[1], KNOW, LEAD[3], LIE[1], LONG[1], LOSE, MEND, ORDINARY, PARTING, PAVE, PAY[2], PICK, PLOUGH, POINT[2], PREPARE, RUB[1], SHOOT, SHOW, STEP, SWEET[1], TUNNEL, TWO, WEND, WILL[4]

way[2] /weɪ/ *adv* (*coloq*) muy lejos: *She was way ahead of the other runners.* Ella estaba muy por delante de las otras corredoras. ◊ *The estimate was way out.* El presupuesto estaba muy lejos de ser exacto.

LOC way back hace mucho tiempo: *She remembered him from way back.* Ella se acordó de él de hacía mucho tiempo. ◊ *way back in the fifties* allá por los años cincuenta

wayfarer /ˈweɪfeərə(r)/ *n* (*formal*) caminante

▶ **wayfaring** *adj* (*formal*) que viaja, viajero

waylay /weɪˈleɪ/ *vt* (*pret, pp* **waylaid** /-ˈleɪd/) salir al paso a, abordar a: *They were waylaid by bandits.* Unos bandidos les salieron al paso. ◊ *He waylaid me to ask for a loan.* Me salió al paso para pedirme un préstamo. ◊ *Sorry I'm late, I got waylaid.* Siento haber llegado tarde, algo me entretuvo.

wayside /ˈweɪsaɪd/ *n* borde/lado del camino: *wayside flowers* flores al borde del camino

LOC to fall by the wayside quedarse en el camino

wayward /ˈweɪwəd/ *adj* **1** rebelde: *a wayward child* un niño rebelde **2** desviado

WC /ˌdʌbljuː ˈsiː/ (*antic*) *abrev de* **water-closet** retrete ☛ *Ver nota en* TOILET

we /wiː/ *pron pers* (*como sujeto*) nosotros: *Why don't we go and see it?* ¿Por qué no vamos (nosotros) a verlo?

Nótese que el pronombre personal no se puede omitir en inglés. ☛ *Ver nota en* SHALL, SHOULD

weak /wiːk/ *adj* (**-er, -est**) **1** (*lit* y *fig*) débil **2** delicado: *a weak stomach* un estómago delicado ◊ *He's got a weak heart.* Padece del corazón. **3** (*bebidas, etc*) flojo, con mucha agua **4 ~** (**at/in/on sth**) flojo (en algo): *He is weak at/in arithmetic.* Va mal/está flojo en aritmética.

LOC (**to go**) **weak at the knees** (*coloq*) *His voice made her go weak at the knees.* Había algo en su voz que le ponía carne de gallina.

▶ **weakly** *adj* débilmente

weakness *n* **1** debilidad: *to have a weakness for chocolate* tener debilidad por el chocolate **2** flaqueza: *My greatest weakness is impatience.* Mi mayor flaqueza es la impaciencia.

weaken /ˈwiːkən/ **1** *vt, vi* debilitar(se) **2** *vi* ceder: *They're bound to weaken in the end.* Al final acabarán cediendo. **3** (*divisas*) caer: *The pound weakened against the dollar.* La libra cayó frente al dólar.

weakling /ˈwiːklɪŋ/ *n* esmirriado, -a

wealth /welθ/ *n* [*incontable*] riqueza

LOC a wealth of sth una abundancia de algo

▶ **wealthy** *adj* (**-ier, -iest**) rico **LOC** *Ver* EARLY

wean /wiːn/ *vt* **1(a)** destetar **(b)** criar, formar **2 ~ sb** (**away**) **from sth/doing sth**; **~ sb off sth** quitarle a algn la costumbre de algo/hacer algo: *to wean sb (away) from drugs* desenganchar a algn de la droga

weapon /ˈwepən/ *n* (*lit* y *fig*) arma

▶ **weaponry** *n* armas, armamento

wear[1] /weə(r)/ (*pret* **wore** /wɔː(r)/ *pp* **worn** /wɔːn/) **1** *vt* (*ropa, gafas, etc*) llevar: *to wear a beard/coat/ring* llevar barba/un abrigo/un anillo ◊ *She never wears green.* Nunca se viste de verde. **2** *vt* (*expresión*) tener: *Why are you wearing that silly grin?* ¿Por qué tienes esa expresión tan tonta? **3** *vt, vi* desgastar(se): *The sheets have worn thin in the middle.* Las sábanas se han desgastado en el centro. **4** *vt* (*agujero, etc*) hacer: *I've worn a hole in my sock.* Me he hecho un agujero en el calcetín. **5** *vi* **(a)** durar: *a fabric that will wear (well)* una tela que dura **(b)** (*persona*) conservarse: *She has worn well.* Se ha conservado bien. *Ver tb* HARD-WEARING **6** *vt* (*coloq*) tolerar, consentir

¿Wear o **carry? Wear** se utiliza para referirse a ropa, calzado y complementos, y también a perfumes, maquillaje y gafas: *Do you have to wear a suit to work?* ¿Tienes que llevar traje para ir a trabajar? ◊ *What perfume are you wearing?* ¿Qué perfume llevas? ◊ *He doesn't wear glasses.* No lleva gafas.
En estos casos también se puede emplear **have sth on**: *She had a leather belt on.* Llevaba puesto un cinturón de cuero. ◊ *He ran out without his shoes on.* Salió corriendo descalzo.
Utilizamos **carry** cuando nos referimos a objetos que llevamos con nosotros, especialmente en las manos o en los brazos: *She wasn't wearing her raincoat, she was carrying it over her arm.* No llevaba puesta la gabardina, la tenía en el brazo.

LOC to wear the pants/trousers (*gen pey*) llevar los pantalones **to wear thin**: *My patience is beginning to wear very thin.* Se me está acabando la paciencia. ◊ *That joke's wearing a bit thin.* Ese chiste ya está pasado. **to wear your heart on your sleeve** dejar traslucir los sentimientos *Ver tb* CAP[1]

PHR V to wear (**sth**) **away** desgastar algo/desgastarse por completo: *The paint's worn away.* La pintura ha desaparecido por completo.

to wear (**sth**) **down** desgastar algo/desgastarse: *The tread on the tyres has (been) worn down.* El dibujo de las ruedas se ha desgastado.

to wear sth/sb down minar algo/a algn: *to wear down the enemy's resistance* minar la resistencia del enemigo

to wear off desaparecer: *The novelty will soon wear off.* La novedad desaparecerá pronto.

to wear on avanzar (*tiempo*): *As the evening wore on…* A medida que avanzaba la noche…

to wear (**sth**) **out** desgastar algo/desgastarse

to wear sb out agotar a algn: *Our night of passion wore me out.* Nuestra noche de pasión me agotó. ◊ *to be worn out* estar agotado

▶ **wearer** *n*: *contact lens wearers* las personas que llevan lentillas

wear[2] /weə(r)/ *n* **1** desgaste **2** ropa: *ladies' wear* ropa de señora *Ver tb* FOOTWEAR, KNITWEAR, MENSWEAR, SPORTSWEAR, SWIMWEAR **3** uso: *a suit for everyday wear* un traje para uso diario

LOC wear and tear desgaste por el uso *Ver tb* WORSE

wearily /ˈwɪərəli/ *adv* cansadamente: *He climbed the stairs wearily.* Subía las escaleras cansado.

weariness /ˈwɪərinəs/ *n* cansancio

wearing /ˈweərɪŋ/ *adj* agotador

wearisome /ˈwɪərisəm/ *adj* pesado (*cansado*)

weary /ˈwɪəri/ *adj* (**-ier, -iest**) **1** agotado, cansado: *The journey had made them weary.* El viaje los había dejado agotados. ◊ *a weary expression on his face* una expresión de cansancio en el rostro **2 ~ of sth** hastiado de algo: *People are growing weary of the war.* La gente ya está hastiada de la guerra. *Ver tb* WORLD-WEARY

■ **weary** *vi* (*pret, pp* **-ied**) **~ of sth/sb** (*formal*) aburrirse de algo/algn

weasel /ˈwiːzl/ *n* comadreja

weather /ˈweðə(r)/ *n* tiempo: *fine/good weather* buen tiempo ◊ *What's the weather like?* ¿Qué tiempo hace?

LOC in all weathers haga el tiempo que haga **to keep a weather eye open** estar ojo avizor **under the weather** (*coloq*) pachucho *Ver tb* HEAVY

■ **weather** *vt* superar: *to weather a crisis* superar una crisis

▶ **weathered** *adj* **1** (*rocas, edificios, etc*) erosionado por la acción del tiempo **2** (*fig*): *her weathered face* su cara avejentada

weather-beaten /ˈweðə biːtn/ *adj* curtido (*cara, etc*)

weather forecast (*tb* **weather report**) *n* parte meteorológico

weatherman /ˈweðəmæn/ *n* (*pl* **-men** /-men/) (*coloq*) hombre del tiempo

weatherproof /ˈweðəpruːf/ *adj* resistente a la lluvia y a las bajas temperaturas

weathervane /ˈweðəveɪn/ (*tb* **vane**) *n* veleta ☛ *Ver ilustración en* IGLESIA

weave[1] /wiːv/ *vt* (*pret* **wove** /wəʊv/ *pp* **woven** /ˈwəʊvn/) **1 ~ sth (into sth)**: *to weave woollen yarn into cloth* tejer una tela con hebras de lana **2 ~ sth (out of/from sth)** tejer algo (con algo): *to weave a basket* hacer una cesta **3** entretejer

■ **weave** *n* tejido: *a loose weave* un tejido suelto

▶ **weaver** *n* tejedor, -ora

weave[2] /wiːv/ *vi* (*pret* **weaved** *pp* **weaved**) serpentear: *to weave in and out of the traffic* serpentear entre el tráfico

web /web/ *n* **1** telaraña **2** (*fig*) red: *web of deception/lies* sarta de engaños/mentiras **3** membrana (interdigital) **4 the Web** la web: *web page* página web ◊ *website* sitio web

▶ **webbed** *adj* palmeado

webbing /ˈwebɪŋ/ *n* cinchas: *nylon webbing* entramado de nailon

Wed (*tb* **Weds**) *abrev de* **Wednesday**

wed /wed/ *vt, vi* (*pret, pp* **wedded** o **wed**) casar(se)

Nótese que **to wed** es un término anticuado . Hoy en día se utiliza el verbo **to marry**.

Ver tb NEWLY-WED

▶ **wedded** *adj* **1** casado: *lawfully wedded husband* legítimo esposo **2 ~ to sth** (*formal*) **(a)** unido a algo: *beauty wedded to simplicity* belleza combinada con sencillez **(b)** aferrado a algo

we'd /wiːd/ **1** = WE HAD *Ver* HAVE **2** = WE WOULD *Ver* WOULD

wedding /ˈwedɪŋ/ *n* boda: *wedding dress* traje de novia *Ver tb* SILVER WEDDING ☛ *Ver nota en* BODA

wedding cake *n* pastel de bodas

wedding ring *n* alianza ☛ *Ver nota en* ALIANZA, ANILLO

wedge /wedʒ/ *n* **1** cuña **2** pedazo: *a wedge of cake* un gran pedazo de tarta ◊ *lemon cut into wedges* limón cortado en medias rodajas **LOC** *Ver* DRIVE[1], THIN

■ **wedge** *vt, vi* **1** meter(se) a presión **2** atascar(se): *It got wedged in the opening.* Se quedó atascado en la abertura. **3** apretujar: *tightly wedged between two people* apretujado entre dos personas

wedlock /ˈwedlɒk/ *n* (*formal*) matrimonio: *born out of wedlock* nacido fuera del matrimonio

Wednesday /ˈwenzdeɪ, -di/ *n* (*abrev* **Wed, Weds**) miércoles *Ver tb* ASH WEDNESDAY ☛ *Ver nota y ejemplos en* MONDAY

wee[1] /wiː/ *adj* **1** (*esp Escocia*) pequeñito **2** (*coloq*) poquito: *I'll be a wee bit late.* Llegaré un poquitín tarde.

wee[2] /wiː/ (*tb* **wee-wee**) *n* (*coloq*) pipí

■ **wee** *vi* (*pret* **(wee-)weed**) hacer pipí

weed /wiːd/ *n* **1(a)** mala hierba *Ver tb* CHICKWEED **(b)** [*incontable*] algas *Ver tb* SEAWEED ☛ *Ver nota en* ALGA **2** (*coloq, pey*) **(a)** enclenque **(b)** persona sin carácter: *Don't be such a weed!* ¡No seas tan blando! **3** (*coloq*) **(a) the weed** (*joc*) tabaco **(b)** [*incontable*] marihuana

■ **weed** *vt* escardar, deshierbar

PHR V to weed sth/sb out eliminar algo/a algn

▶ **weeding** *n* escarda: *to do the weeding* escardar la maleza

weedkiller /ˈwiːdkɪlə(r)/ *n* herbicida

weedy /ˈwiːdi/ *adj* (**-ier, -iest**) (*coloq, pey*) debilucho: *a weedy young man* un joven enclenque

week /wiːk/ *n* **1** semana: *a week ago* hace una semana ◊ *She only works during the week.* Solo trabaja durante la semana. **2** *35-hour week* semana laboral de 35 horas *Ver tb* MIDWEEK

LOC a week (last) Monday, yesterday, etc el lunes, ayer, etc hizo una semana **today/tomorrow/Monday, etc week** de(l) hoy/mañana/lunes etc, en ocho días **week in, week out** semana tras semana **week-long** que dura una semana: *a week-long course* un curso de una semana **week-old** que ha durado una semana: *a week-old baby* un bebé de siete días *Ver tb* TIME[1]

weekday /ˈwiːkdeɪ/ *n* día laborable

weekend /ˌwiːkˈend; *USA* ˈwiːkend/ *n* fin de semana: *I spent the weekend in Berlin.* Pasé el fin de semana en Berlín. ☛ *Ver nota en* BANK HOLIDAY **LOC** *Ver* DIRTY

weekly /ˈwiːkli/ *adj* semanal

■ **weekly** *adv* semanalmente, a la semana

■ **weekly** *n* (*pl* **-ies**) semanario

weep /wiːp/ (*pret, pp* **wept** /wept/) (*formal*) **1(a)** *vi* **~ (for/over sth/sb)** llorar (por algo/algn) **(b)** *vt* llorar: *to weep tears of joy* llorar (lágrimas) de alegría **2** *vi* (*Med*) supurar

LOC to weep buckets llorar a mares

■ **weep** *n* [*sing*]

LOC to have a good weep aliviarse llorando

weeping /ˈwiːpɪŋ/ *n* llanto

■ **weeping** *adj* **1** (*lit*) lloroso **2** (árbol) llorón

weepy /ˈwiːpi/ *adj* (**-ier, -iest**) **1** llorón: *She's feeling weepy.* Está llorona. **2** sentimental: *a weepy ending* un final que hace llorar

weevil /ˈwiːvl/ *n* gorgojo

weft /weft/ *n* **the weft** (*tb* **woof**) trama

weigh /weɪ/ **1** *vt, vi* pesar: *He weighed himself.* Se pesó. ◊ *It weighs 60 kilos.* Pesa 60 kilos. **2** *vt* **~ sth (with/against sth)** (*fig*) considerar algo (con relación a algo): *weighing A against B* contraponiendo A y B **3** *vt* **~ sth (up)** (*fig*) sopesar algo **4** *vi* **~ (with sb)** (*fig*) tener importancia (para algn) **5** *vi* **~ (against sth/sb)** (*fig*) influir (en contra de algo/algn)

LOC to weigh anchor levar anclas **to weigh a ton** (*coloq*) pesar una tonelada **to weigh your words** medir las palabras

PHR V to weigh sb down abrumar a algn

to weigh sth/sb down cargar algo/a algn (de peso): *He was weighed down with luggage.* Iba muy cargado de equipaje.

to weigh in (at sth) (*boxeador, jockey*) pesar (algo)

to weigh in (with sth) (*coloq*) intervenir pisando fuerte (con algo)

to weigh on sth/sb pesar sobre algo/algn: *The responsibilities weigh (heavily) on him.* Le preocupan (mucho) las responsabilidades.

to weigh sth out pesar algo

weighbridge /ˈweɪbrɪdʒ/ *n* báscula de puente

weight /weɪt/ *n* **1** peso: *sold by weight* se venden a peso ◊ *table of weights and measures* tabla de pesos y medidas **2** pesadez **3(a)** pesa **(b)** peso: *I must not lift heavy weights.* No debo levantar cosas pesadas. ◊ *lead weights* pesos de plomo **4 ~ (of sth)** (*lit* y *fig*) carga (de algo) **5** (*fig*) importancia: *His opinions carry no weight.* Sus opiniones no tienen peso. *Ver tb* COUNTERWEIGHT, FEATHERWEIGHT, FLYWEIGHT, HEAVYWEIGHT, LIGHT HEAVYWEIGHT, LIGHTWEIGHT, MIDDLEWEIGHT, WELTERWEIGHT

LOC to lose/take off weight adelgazar **to put on weight** engordar **to take the weight off your feet** (*coloq*) sentarse **to throw your weight about/around** (*coloq*) darse importancia *Ver tb* CARRY, CHUCK, MIND[1], PULL[2], WORTH

■ **weight** *vt* **1(a)** poner peso o pesas en **(b) ~ sth (down) (with sth)** sujetar algo (con un peso) **(c) ~ sth (with sth)** añadir peso a algo: *to weight a ship with ballast* lastrar un barco **2** favorecer: *a law weighted towards/in favour of landowners* una ley que se inclina en favor de los terratenientes

PHR V **to weight sb down (with sth)** cargar a algn (de algo)

weighting /ˈweɪtɪŋ/ *n* **1** (*esp GB*) complemento de salario (por coste de vida) **2** importancia: *Test components should have equal weighting.* Los componentes del examen deben de tener la misma importancia.

weightless /ˈweɪtləs/ *adj* ingrávido
▶ **weightlessness** *n* ingravidez

weightlifter /ˈweɪtlɪftə(r)/ *n* levantador, -ora de pesas

weightlifting /ˈweɪtlɪftɪŋ/ *n* levantamiento de pesas

weighty /ˈweɪti/ *adj* (**-ier, -iest**) **1** pesado **2** (*fig*) de peso, importante

weir /wɪə(r)/ *n* presa (*colocada en la corriente de un río*)

weird /wɪəd/ *adj* (**-er, -est**) **1** misterioso **2** (*coloq*) extraño: *a weird and wonderful hair-style* un peinado excéntrico
▶ **weirdly** *adv* misteriosamente, de forma extraña
weirdness *n* lo misterioso, lo extraño

weirdo /ˈwɪədəʊ/ (*tb* **weirdie** /ˈwɪədi/) *n* (*pl* **~s**) (*coloq, pey*) bicho raro: *He's a real weirdo!* ¡Es un auténtico excéntrico!

welcome /ˈwelkəm/ *adj* **1(a)** (*visita, descanso*) bienvenido **(b)** (*cambio*) agradable **(c)** (*noticia*) placentero **2 to be ~ to sth/to do sth (a)**: *You're welcome to the use of my car/to use my car.* Mi coche está a tu disposición. ◊ *She's welcome to stay here.* Está invitada a quedarse aquí. ◊ *You're more than welcome to stay to dinner.* Si te quieres quedar a cenar, nosotros encantados. **(b)** (*irón*) tener permiso para algo/para hacer algo: *If it's my desk she wants, she's welcome to it!* Si lo que quiere es mi mesa, tiene mi permiso. ◊ *If he thinks he can do it any better, he's welcome to try!* Si piensa que puede hacerlo mejor, está invitado a ello.
LOC **to make sb welcome** hacer que algn se sienta bien acogido **you're welcome** de nada
■ **welcome** *interj*: *Welcome!* ¡Bienvenido! ◊ *Welcome back/home!* ¡Bienvenido a casa!
■ **welcome** *n* bienvenida, acogida
LOC **to outstay/overstay your welcome** quedarse demasiado tiempo de invitado: *I don't want to outstay my welcome.* No quiero hacerme pesado. **to put out the welcome mat for sb** recibir a algn con los brazos abiertos
■ **welcome** *vt* **1** dar la bienvenida a, recibir **2(a)** agradecer: *We welcome the opportunity to…* Agradecemos la oportunidad de… ◊ *I'd welcome a bite to eat.* Agradecería algo de comer. **(b)** acoger: *We welcomed the news with enthusiasm.* Acogimos las noticias con entusiasmo. ◊ *She welcomed the suggestion coldly.* Recibió la sugerencia con frialdad.
LOC **to welcome sth/sb with open arms** recibir algo/a algn con los brazos abiertos: *His generous offer was welcomed with open arms.* Su generosa oferta fue recibida con los brazos abiertos.

welcoming /ˈwelkəmɪŋ/ *adj* acogedor

weld /weld/ **1** *vt, vi* soldar(se): *to weld parts together* soldar piezas **2** *vt* (*fig*) unir
■ **weld** *n* soldadura
▶ **welder** *n* soldador, -ora
welding *n* soldadura: *welding equipment* equipo de soldadura ◊ *welding torch* soplete soldador

welfare /ˈwelfeə(r)/ *n* **1** bienestar **2** asistencia: *welfare work* trabajos de asistencia social ◊ *welfare worker* asistente social **3** (*USA*) (*GB* **social security**) seguridad social

welfare state (*tb* **the Welfare State**) *n* (país con) seguridad social estatal

well[1] /wel/ *n* **1** pozo: *wishing well* pozo de los deseos **2** hueco (*de escalera o de ascensor*)

well[2] /wel/ *vi* **~ (out/up)** brotar: *Tears welled up in her eyes.* Se le llenaron los ojos de lágrimas.
PHR V **to well over** desbordarse

well[3] /wel/ *adj* (*comp* **better** /ˈbetə(r)/ *superl* **best** /best/) **1** bien (*de salud*): *I'm very well.* Estoy muy bien. ◊ *He's not a well man.* No es un hombre con salud. ◊ *to get well* reponerse ◊ *I'm better now.* Me encuentro mejor. **2** bien: *All's well that ends well.* Bien está lo que bien acaba. ◊ *All is not well at home.* No todo anda bien en casa. ◊ *It would be well to start early.* Sería bueno empezar temprano. **LOC** *Ver* ALIVE, SAFE[1]

well[4] /wel/ *adv* (*comp* **better** /ˈbetə(r)/ *superl* **best** /best/) **1** (*satisfactoriamente*) bien: *The children behaved well.* Los niños se portaron bien. ◊ *She speaks English very well.* Habla inglés muy bien. ◊ *Well done!* ¡Bien hecho! ◊ *We were well looked after by Mary's mother.* La madre de Mary nos cuidó bien. **2** (*completamente*) totalmente: *I'm well able to manage on my own.* Soy totalmente capaz de arreglármelas solo. ◊ *I can well believe your story about…* Creo totalmente tu historia sobre… **3** (*favorablemente*): *to speak/think well of sb* hablar/pensar bien de algn ◊ *to wish sb well* desear todo lo mejor a algn **4** ☛ Después de **can, could, may** o **might**: *I can well believe it.* Me lo creo totalmente. ◊ *I can't very well leave now.* No puedo justificar irme ahora. ◊ *It could well snow tonight.* Podría nevar perfectamente esta noche. ◊ *I couldn't very well refuse to help them.* No podía negarme a ayudarlos de ninguna de las maneras. ◊ *You may well be right.* Probablemente tienes razón. ◊ *It may well be that the train is delayed.* Bien puede ser que el tren se retrase. ◊ *I might well consider it later.* Bien podría considerarlo más tarde. **5** (*uso enfático*): *She was driving at well over the speed limit.* Conducía bien pasado el límite de velocidad. ◊ *It was well worth waiting for.* Mereció bien la pena esperar. ◊ *She got well above 70% in her exam.* Obtuvo bien por encima del 70% en el examen.
LOC **all very well (for sb)…** (*coloq, irón*): *It's all very well for you to laugh— you didn't fall over.* Está muy bien que te rías. Tú no eres el que se ha caído. **all well and good** (*coloq*) muy bien **as well 1** también ☛ *Ver nota en* TAMBIÉN **2** *as well as* además de **(just) as well**: *It's (just) as well (that) he can't come.* Es muy oportuno que no pueda venir. ◊ *It would be (just) as well to phone first.* Sería prudente llamar primero. **may as well** más vale: *I may as well do it now.* Más vale hacerlo ahora. ◊ *You may as well tell him.* Mejor que se lo digas. **to be well aware of sth/that…** ser totalmente consciente de algo/de que… **to be well away 1** haber progresado **2** (*coloq*) estar medio borracho **to be well in (with sb)** (*coloq*) estar bien considerado (*por algn*) **to be well off for sth** tener algo de sobra **to be well out of sth** (*coloq*) *She's well out of that relationship.* Tiene suerte de no estar involucrada en esa relación. **to be well up in sth** estar bien informado sobre algo **to do well 1** progresar, ir bien (*alumno, negocio*) **2** recuperarse (*paciente*) **to do well for yourself** prosperar **to do well out of sth/sb** sacar dinero de algo/algn **to do well to do sth** hacer bien en hacer algo: *You would do well to remember…* Harías bien en recordar… **to do yourself well** darse la buena vida **to leave/let well alone** dejar como está: *It's better to leave well alone.* Es mejor dejarlo como está. ◊ *Let's leave well alone.* Vamos a dejarlo así. **to stand well with sb** llevarse bien con algn **well and truly** (*coloq*) completamente **well off** acomodado *Ver tb* ACQUIT, AUGUR, BLOODY[2], BODE, HANG[1], JOLLY, JUST[2], KNOW, MEAN[1], PRETTY, PROMISE[2], SLEEP[1], WISH

well[5] /wel/ *interj* **1** (*asombro*) ¡vaya! **2** bueno: *Well, as I was saying,…* Bueno, como estaba diciendo,… **3** (*desahogo*): *Well, here we are at last!* Bueno, ¡Por fin hemos llegado! **4** (*tb* **oh well**) (*resignación*): *Oh well, that's that then.* ¡Bueno, asunto concluido! **5** (*tb* **very well**) (*conformidad*): *Very well then, I accept.* Bueno, entonces lo acepto. **6** (*interrogación*) ¿y entonces?: *Well then?* ¿Y qué? **7** (*duda*) pues: *Well, I don't know…* Pues, no sé… **8** (*concesión*): *Well, you may be right.* Pues quizá tengas razón.

LOC **well I never (did)!** *(coloq)* ¡cáscaras!, ¡no me digas!

we'll /wiːl/ **1** = WE SHALL *Ver* SHALL **2** = WE WILL *Ver* WILL[1]

well advised /ˌwel ədˈvaɪzd/ *adj* sensato: *You would be well advised to…* Harías bien en…

well-balanced /ˌwel ˈbælənsd/ *adj* equilibrado

well-behaved /ˌwel bɪˈheɪvd/ *adj* **1** *(niño)* bien educado: *The children were well-behaved.* Los niños se portaron bien. **2** *(animal)* manso

well-being /ˈwel biːɪŋ/ *n* bienestar

well-bred /ˌwel ˈbred/ *adj* bien educado

well-built /ˌwel ˈbɪlt/ *adj (aprob)* fornido

well-chosen /ˌwel ˈtʃəʊzn/ *adj* elegido con cuidado, acertado *(palabras)*

well-connected /ˌwel kəˈnektɪd/ *adj* bien relacionado

well-defined /ˌwel dɪˈfaɪnd/ *adj* claro

well-deserved /ˈwel dɪzɜːvd/ *adj* merecido

well-developed /ˌwel dɪˈveləpt/ *adj* bien desarrollado, agudo *(olfato)*

well disposed /ˌwel dɪsˈpəʊzd/ *adj* **~ (towards sth/sb)** predispuesto a favor (de algo/algn)

well done /ˌwel ˈdʌn/ *adj* bien hecho *(comida)*

well-dressed /ˌwel ˈdrest/ *adj* bien vestido

well-earned /ˈwel ɜːnd/ *adj* merecido

well-educated /ˌwel ˈedjukeɪtɪd/ *adj* instruido, culto

well-established /ˌwel ɪsˈtæblɪʃt/ *adj* establecido, consolidado

well-fed /ˌwel ˈfed/ *adj* bien alimentado

well-founded /ˌwel ˈfaʊndɪd/ *adj* bien fundado

well-groomed /ˌwel ˈgruːmd/ *adj* acicalado

well-heeled /ˌwel ˈhiːld/ *adj (coloq)* de pelas

well-informed /ˌwel ɪnˈfɔːmd/ *adj* enterado, bien informado

wellington /ˈwelɪŋtən/ *(tb* **wellington boot, gumboot***) n [gen pl] (esp GB)* bota de goma

En inglés coloquial también se utilizan los términos welly o wellie.

well-intentioned /ˌwel ɪnˈtenʃnd/ *adj* bienintencionado

well-kept /ˌwel ˈkept/ *adj* cuidado, bien conservado: *a well-kept secret* un secreto bien guardado

well-known /ˌwel ˈnəʊn/ *adj* muy conocido, famoso: *It's a well-known fact that…* Es sabido que…

well-liked /ˌwel ˈlaɪkt/ *adj* apreciado

well-mannered /ˌwel ˈmænəd/ *adj* educado, culto, cortés

well-meaning /ˈwel miːnɪŋ/ *adj* bienintencionado

well-nigh /ˌwel ˈnaɪ/ *adv* prácticamente

well-off /ˌwel ˈɒf/ *adj* de buena posición, acomodado

well-oiled /ˌwel ˈɔɪld/ *adj (coloq)* borracho

well-read /ˌwel ˈred/ *adj* culto: *She's very well-read on the subject.* Sabe mucho sobre el tema.

well-run /ˌwel ˈrʌn/ *adj*: *a well-run hotel/company* un hotel bien dirigido/una empresa bien llevada

well-spoken /ˌwel ˈspəʊkən/ *adj* bienhablado

well thought out /ˌwel θɔːt ˈaʊt/ *adj* bien planeado

well-thumbed /ˌwel ˈθʌmd/ *adj* gastado *(libro)*

well-timed /ˌwel ˈtaɪmd/ *adj* oportuno

well-to-do /ˌwel tə ˈduː/ *adj* acomodado

well-tried /ˌwel ˈtraɪd/ *adj* probado *(método, etc)*

well-trodden /ˌwel ˈtrɒdn/ *adj* trillado

well-wisher /ˈwel wɪʃə(r)/ *n* admirador: *He received many supportive letters from well-wishers.* Recibió muchas cartas de apoyo de gente que le deseaba todo lo mejor.

well-worn /ˌwel ˈwɔːn/ *adj* **1** manido *(palabras, etc)* **2** raído

Welsh /welʃ/ *adj* galés

■ **Welsh** *n* **1** *(idioma)* galés **2 the Welsh** *[pl]* los galeses

Welshman /ˈwelʃmən/ *n (pl* **-men** /-mən/*) (persona)* galés

welt /welt/ *n* **1** *(herida)* verdugón **2** *(prenda)* ribete, vivo

welter /ˈweltə(r)/ *n [sing]* **~ of sth** maremágnum de algo: *in a welter of blood* en un mar de sangre

welterweight /ˈweltəweɪt/ *n* peso medio-mediano

wench /wentʃ/ *n (antic* o *joc)* **1** muchacha **2** *(pey)* fulana

■ **wench** *vi*: *to go wenching* ir de fulanas

wend /wend/ *vt*

LOC **to wend your way (to sth)** *(antic* o *joc)* ponerse en camino (hacia algo)

went *pret de* GO[1]

wept *pret, pp de* WEEP

were /wə(r), wɜː(r)/ *pret de* BE

we're /wɪə(r)/ = WE ARE *Ver* BE

weren't = WERE NOT *Ver* BE

werewolf /ˈweəwʊlf/ *n (pl* **-wolves** /-wʊlvz/*)* hombre-lobo

Wesleyan /ˈwezliən/ *adj, n* metodista

west *(tb* **West***)* /west/ *n [sing] (abrev* **W***)* **1** *(tb* **the west***)* oeste: *a beautiful sunset in the west* una puesta de sol preciosa en el oeste *Ver tb* NORTH-WEST, SOUTH-WEST **2 the West (a)** los países occidentales **(b)** el Occidente **3 the West** *(de los EE.UU.)* el oeste (americano) *Ver tb* THE MIDWEST, THE WILD WEST

■ **west** *adj [antes de sustantivo]* **1** (del) oeste, occidental: *West Germany* Alemania occidental **2** *(viento)* del oeste, de Poniente

■ **west** *adv* al oeste, hacia el oeste: *to face west* mirar al oeste

westbound /ˈwestbaʊnd/ *adj* con destino al oeste

westerly /ˈwestəli/ **1** *adj* **(a)** hacia el oeste **(b)** *(viento)* del oeste **2** *n (pl* **-ies***)* viento del oeste *Ver tb* NORTH-WESTERLY, SOUTH-WESTERLY

western[1] *(tb* **Western***)* /ˈwestən/ *adj* del oeste, occidental: *Western Europe* Europa occidental ◊ *the Western way of life* la forma de vida occidental *Ver tb* NORTH-WESTERN, SOUTH-WESTERN

▶ **westerner** *(tb* **Westerner***) n* occidental, habitante del oeste

westernize, -ise *vt* occidentalizar: *to become westernized* occidentalizarse

westernization, -isation /-naɪˈzeɪʃn; *USA* -nɪˈzeɪʃn/ *n* occidentalización

western[2] /ˈwestən/ *n* western

West Indian *n, adj* antillano, -a

(the) West Indies /ˌwest ˈɪndɪz/ *n* (las) Antillas

westward(s) /ˈwestwəd(z)/ *adj, adv* hacia el oeste: *to travel westward(s)* viajar hacia el oeste

wet /wet/ *adj* **(wetter, wettest) 1** mojado: *cheeks wet with tears* mejillas bañadas de lágrimas ◊ *to get wet* mojarse ◊ *dripping/wringing wet* chorreando ◊ *in wet places* en lugares húmedos **2** *(tiempo)* lluvioso: *the wet season* la estación de las lluvias **3** *(pintura, etc)* fresco: *'Wet Paint'* "Recién Pintado" **4** *(GB, coloq, pey) (persona)* soso

LOC **a wet blanket** *(coloq)* un aguafiestas, una persona sosa **like a wet rag** hecho un trapo **(still) wet behind the ears** *(coloq, pey)* (todavía) verde, sin experiencia **wet through** empapado *Ver tb* SKIN

■ **wet** *n* **1 the wet** intemperie **2** humedad **3** *(GB, pey)* insulso, -a, soso, -a **4** *(GB, pey, Pol)*: *Tory wets* Conservadores moderados

■ **wet** *vt (pret, pp* **wet** o **wetted***)* mojar, humedecer *Ver tb* BED-WETTING

LOC **to wet the/your bed** orinarse en la cama **to wet your whistle** *(antic, coloq)* mojar el gaznate

wet dream *n* polución nocturna

wetlands /ˈwetləndz/ *n [pl]* zona pantanosa

■ **wetland** *adj*: *wetland plants* las plantas de los pantanos

wetness /ˈwetnəs/ *n* humedad, lo mojado

wetsuit /ˈwetsuːt/ *n* vestido isotérmico

wetting /ˈwetɪŋ/ *n* mojada: *to get a wetting* mojarse

we've /wiːv/ = WE HAVE *Ver* HAVE

whack /wæk/ *vt* **1** (*coloq*) golpear **2** (*fig*) dar una paliza a

■ **whack** *n* **1** porrazo **2** (*GB, coloq*) parte: *You'll get your fair whack.* Recibirás lo tuyo. ◊ *(The) top whack for a teacher is...* El salario máximo de un profesor es...

LOC **to have a whack (at sth)** (*coloq*) intentar (algo)

▶ **whacked** *adj*

LOC **to be whacked** (*coloq*) agotado: *I'm absolutely whacked!* ¡Estoy hecho polvo!

whacking /ˈwækɪŋ/ *n* (*coloq*) paliza

■ **whacking** *adj* grandote

■ **whacking** *adv*: *a whacking great bruise* un cardenal enorme de grande

whale /weɪl/ *n* ballena *Ver tb* SPERM WHALE

LOC **a whale of a sth** (*coloq*) algo enorme: *It will cost a whale of a lot.* Costará un montón. **to have a whale of a time** pasarlo bomba

▶ **whaler 1** *n* ballenero **2** *n* (buque) ballenero

whaling *n* pesca de ballenas: *whaling station* estación ballenera

wham /wæm/ *interj* (*coloq*) ¡Zas!

■ **wham** *n* golpe resonante

■ **wham (-mm-)** (*coloq*) **1** *vt* golpear con fuerza **2** *vi* chocar ruidosamente

wharf /wɔːf/ *n* (*pl* **~s** o **-ves** /wɔːvz/) muelle

what[1] /wɒt/ *adj interr* qué: *What time is it?* ¿Qué hora es? ◊ *What colour is it?* ¿De qué color es? ◊ *What number did you ring?* ¿Qué número marcaste? ◊ *What food have we got in the house?* ¿Qué comida hay en casa?

> **¿What o which?**
> Tanto **what** como **which** se utilizan delante de sustantivos para referirse a cosas o personas. En general, se prefiere **which** cuando en la pregunta hay una elección entre un grupo limitado de personas o cosas y **what** cuando el grupo no es tan limitado: *Which car is yours, the Ford or the Honda?* ¿Cuál es tu coche, el Ford o el Honda? ◊ *What car do you drive?* ¿Qué coche tienes? ◊ *Which parent do you get on best with?* ¿Con quién te llevas mejor, con tu padre o con tu madre? ◊ *What painters do you like?* ¿Qué pintores te gustan?

■ **what** *pron interr* **1** qué: *What did you say?* ¿Qué has dicho? ◊ *What are you thinking?* ¿En qué estás pensando? ◊ *What do you know about him?* ¿Qué sabes de él? **2** cuál: *What's her phone number?* ¿Cuál es su número de teléfono? **3** cuánto: *What is the price?* ¿Cuánto cuesta? ◊ *What do 5 and 9 make?* ¿Cuántas son 5 más 9? **4** cómo: *What's she like?* ¿Cómo es? ◊ *What's your name?* ¿Cómo te llamas?

LOC **and what have you**; **and what not** (*coloq*) y esas cosas **to get/give sb what for** (*coloq*) llevarse/echarle a algn una bronca: *I'll give you what for if you do it again.* Como lo vuelvas a hacer me vas a oír. **what about...? 1** ¿qué te parece si...? **2** ¿y qué es de...?: *What about the money you owe me?* ¿Y qué hay del dinero que me debes? ◊ *What about Mike?* ¿Y Mike? **3** (*tb* **what of...?**) ¿y qué hay de...?: *What of/about the risks/dangers involved?* ¿Y qué hay del riesgo/peligro que implica? **what for?** ¿para qué?: *What did you do that for?* ¿Por qué hiciste eso? ◊ *What is this machine for?* ¿Para qué sirve esta máquina? **what if...?** ¿y qué (pasa) si...?: *What if it rains?* ¿Y si llueve? **what is more** es más, además **what of it/that?**; **so what?** (*coloq*) ¿y qué? **what's it to you?** ¿y a ti qué te importa? **what's up?** ¿qué pasa? **what's what** (*coloq*) **1** (*saber*): *She'll tell you what's what around here.* Ella te pondrá al tanto de todo. ◊ *I'll show you what's what.* Te voy a poner al corriente. **2** (*castigar*): *I'll give you what's what!* ¡Te vas a enterar! **what with sth** entre algo y algo: *What with one thing and another...* Entre una cosa y otra...

what[2] /wɒt/ *pron rel* lo que, qué: *I know what you're thinking.* Sé lo que estás pensando. ◊ *What will be, will be.* Lo que tenga que ser, será. ◊ *Come what may...* Pase lo que pase... ◊ *Nobody knows what will happen next.* Nadie sabe qué va a pasar ahora.

■ **what** *adj rel*: *what little I have* lo poco que tengo ◊ *What money I have will be yours one day.* Todo el dinero que tengo será tuyo algún día.

what[3] /wɒt/ *adj, adv* (*en exclamaciones*) qué: *What awful weather!* ¡Qué tiempo más malo! ◊ *What a lovely view!* ¡Qué vista más bonita! ◊ *What nonsense!* ¡Vaya tontería! ◊ *What a pity!* ¡Qué pena! ◊ *What small hands you've got!* ¡Qué manos más pequeñas tienes!

■ **what** *interj* **1 what!** (*sorpresa, incredulidad*) ¡cómo!: *'The boss wants to see you.' 'What, now?'* —El jefe quiere verte. —Cómo, ¿ahora? **2 what?** (*coloq*) (*cuando no se ha oído o entendido algo*) ¿qué?, ¿cómo? ☛ *Ver nota en* EXCUSE

what-d'you-call-him/-her/-them /ˈwɒt dʒʊ kɔːl ɪm/ (*tb* **what's-his/-her/-their-name**) *n* **1** (*persona*) fulano, ese: *old what's-her-name in the corner* esa sentada en el rincón **2 what-d'you-call-it** (*tb* **what's-it's-name**, **whatnot** /ˈwɒtnɒt/) (*cosa*) chisme: *You have to use the what-d'you-call-it.* Tienes que usar el chisme ese.

whatever /wɒtˈevə(r)/ *pron* **1** (todo) lo que: *You can eat whatever you like.* Puede comer todo lo que desee. ◊ *Whatever I have is yours.* Todo lo que tengo es tuyo. **2** *whatever happens* pase lo que pase ◊ *whatever he says* diga lo que diga ◊ *whatever the cost* cueste lo que cueste ◊ *whatever the weather* haga el tiempo que haga

LOC **or whatever** (*coloq*) o el/la/lo que sea: *... basketball, swimming or whatever ...* baloncesto, natación o lo que sea **whatever you do** hagas lo que hagas: *Don't fall over whatever you do!* ¡Hazme el favor de no caerte! **whatever you say** lo que tú digas, como quieras: *Whatever you say, madam.* Lo que usted diga, señora.

■ **whatever** *adj* cualquier: *Give whatever amount you can afford.* Contribuya con la cantidad que pueda. ◊ *Whatever nonsense the papers print...* Cualquiera que sea la tontería que publiquen los periódicos...

■ **whatever** *pron interr* [*uso enfático*] qué: *Whatever do you mean?* ¿Qué (demonios) quieres decir? ◊ *Whatever can it be?* ¿Qué demonios puede ser? ◊ *Whatever next?* ¿Qué será lo siguiente? ◊ *Whatever can he be doing in the garden at this time of night?* ¿Qué demonios hará en el jardín a estas horas de la noche? ◊ *Whatever did he do that for?* ¿Por qué haría eso?

■ **whatever** (*tb* **whatsoever**) *adv* en absoluto ☛ Se utiliza en oraciones de sentido negativo después de **no** (+ **sustantivo**), **nothing**, **none**, etc para dar énfasis: *'Are there any signs of improvement?' 'None what(so)ever.'* —¿Alguna señal de mejora? —Ninguna en absoluto. ◊ *They had no proof what(so)ever that I had done it.* No tenían ninguna prueba de que yo lo hubiera hecho. ◊ *There is no need what(so)ever to be alarmed.* No hay ninguna necesidad de alarmarse.

whatnot /ˈwɒtnɒt/ *n* (*coloq*) cosas: *The table was strewn with tins and cans and whatnot.* La mesa estaba llena de latas, botes y chismes.

whatsoever /ˌwɒtsəʊˈevə(r)/ *adv Ver* WHATEVER

wheat /wiːt/ *n* trigo: *a field of wheat/a wheat field* un trigal **LOC** *Ver* SEPARATE[2]

wheatgerm /ˈwiːtdʒɜːm/ *n* germen de trigo

wheedle /ˈwiːdl/ *vt* **~ sth (out of sb)** (*pey*) sonsacar algo (a algn): *She wheedled the money out of her father.* Le sonsacó el dinero a su padre. ◊ *He wheedled his way into the building.* Consiguió entrar en el edificio por medio de halagos.

wheel /wiːl/ *n* **1** rueda: *front/rear wheel drive* tracción delantera/trasera ◊ *wheel clamp* cepo *Ver tb* FOUR-WHEEL DRIVE ☛ *Ver ilustración en* BICYCLE **2** *potter's* *wheel* torno de alfarero ◊ *spinning-wheel* torno de hilar ◊ *the wheels of government* el funcionamiento interno del gobierno *Ver tb* BIG WHEEL, CARTWHEEL, CHAIN WHEEL, FLYWHEEL, WATERWHEEL **3** (*tb* **steering wheel**) volante **4** (*movimiento*) vuelta **5 wheels** (*coloq*) *Has he got (any) wheels?* ¿Tiene coche?

LOC on wheels con ruedas: *a table on wheels* una mesa con ruedas **(to be) at/behind the wheel (of sth) 1** (ir) al volante (de algo) **2** (*fig*) (estar) al frente (de algo): *With her at the wheel, the company...* Con ella al frente, la compañía... **wheels within wheels** entresijos: *There are wheels within wheels here.* Esto es más complicado de lo que parece. *Ver tb* SPOKE[1]

■ **wheel 1** *vt* empujar (*un vehículo con ruedas*) **2** *vt* llevar (*en algo que tiene ruedas*): *to wheel sb to the operating theatre* (*on a trolley*) llevar a algn al quirófano en una camilla **3** *vi* (*pájaros*) revolotear **4** *vi* ~ **round/around** darse la vuelta *Ver tb* FREEWHEEL

LOC wheel and deal (*coloq*) trapichear

wheelbarrow /ˈwiːlbærəʊ/ (*tb* **barrow**) *n* carretilla (*de mano*)

wheelchair /ˈwiːltʃeə(r)/ *n* silla de ruedas

wheeler-dealer /ˌwiːlə ˈdiːlə(r)/ *n* (*coloq*) trapichero, -a

wheelhouse /ˈwiːlhaʊs/ *n* timonera

wheelie /ˈwiːli/ *n* (*coloq*) pirueta

wheeze /wiːz/ **1** *vi* respirar con dificultad (*produciendo un silbido*): *a wheezing sound* un silbido **2** *vt* decir respirando con dificultad

■ **wheeze** *n* **1** respiración dificultosa (*de asmáticos, etc*) **2** (*GB, antic, coloq*) chiste, broma

whelk /welk/ *n* caracol de mar

whelp /welp/ **1** *n* **(a)** cachorro **(b)** (*antic, pey*) granuja **2** *vt* (*formal*) (*una perra, etc*) parir

when /wen/ *adv interr* cuándo: *When did he die?* ¿Cuándo murió? ◊ *I don't know when he died.* No sé cuándo murió.

■ **when** *adv rel* **1** en (el/la/los/las) que, cuando: *Do you remember the time when...?* ¿Te acuerdas de aquella vez cuando...? ◊ *It was the sort of morning when everything goes wrong.* Fue una de esas mañanas en las que todo sale mal. ◊ *There are times when I wonder why...* Hay veces que me pregunto por qué... **2** cuando: *Her last visit was in May, when she opened the new hospital.* Su última visita fue en mayo, cuando inauguró el hospital nuevo.

■ **when** *conj* **1** cuando: *It was raining when we arrived.* Llovía cuando llegamos. ◊ *When visiting London I like to...* Cuando voy a Londres me gusta... **2** si: *How can they learn anything when they spend all their time watching TV?* ¿Cómo van a aprender algo si pasan todo el tiempo viendo la tele? **3** aunque: *She said she was 16 when she was only 13.* Dijo que tenía 16 años cuando solo tenía 13.

LOC as and when 1 en cuanto: *I'll tell you everything as and when I know the truth.* Te lo diré todo en cuanto sepa la verdad. **2** (*coloq*) en cuanto sea posible **if and when** si en efecto, en el caso de que: *if and when we meet again* en el caso de que nos volvamos a ver

■ **when** *pron* cuándo: *Since when have you known this?* ¿Desde cuándo sabes esto?

whence /wens/ *adv* (*antic* o *formal*) de donde

whenever /wenˈevə(r)/ *conj* **1** (*cuando sea*) cuando, siempre que: *Come whenever you like.* Ven cuando quieras. ◊ *In 1964 or whenever it was.* En 1964 o cuando fuera. **2** siempre que, cada vez que: *Whenever I hear that song, I think of you.* Siempre que oigo esa canción, pienso en ti. ◊ *The boat leaked whenever it rained.* El barco hacía agua cada vez que llovía. ◊ *He tried to study whenever possible.* Procuraba estudiar siempre que podía.

LOC or whenever (*coloq*) o cuando sea: *We can do it next week or whenever.* Lo podemos hacer la semana que viene o cuando sea.

■ **whenever** *adv interr* [*uso enfático*] cuándo: *Whenever did you find time to do all that cooking?* ¿De dónde sacaste el tiempo para cocinar todo eso?

where /weə(r)/ *adv interr* dónde: *Where does he live?* ¿Dónde vive? ◊ *Where does she come from?/Where is she from?* ¿De dónde es? ◊ *I wonder where he is.* Me pregunto dónde estará. ◊ *Where are you going for your holidays?* ¿Adónde vas de vacaciones? ◊ *Where did I go wrong?* ¿Qué he hecho mal?

■ **where** *adv rel* donde: *one of the few countries where people drive on the left* uno de los pocos países en los que se conduce por la izquierda ◊ *We then moved to Paris, where we lived for six years.* Luego nos trasladamos a París, donde vivimos seis años.

■ **where** *conj* donde: *Put it where we can all see it.* Ponlo donde todos lo podamos ver. ◊ *Stay where you are.* Quédate donde estás. ◊ *Where his work is concerned...* Cuando se trata de su trabajo... ◊ *That's where you're wrong.* Ahí es donde te equivocas.

LOC where it's at (*argot*) *This is where it's at.* Aquí es donde está la marcha.

whereabouts /ˌweərəˈbaʊts/ *adv interr* dónde: *Whereabouts in Africa are you from?* ¿De qué parte de África eres? ◊ *Whereabouts did you leave it?* ¿Por dónde lo dejaste?

■ **whereabouts** *n* [*v sing o pl*] paradero: *Her whereabouts is/are unknown.* Su paradero es desconocido.

whereas /ˌweərˈæz/ *conj* **1** (*formal*) mientras que **2** (*Jur*) considerando que

whereby /weəˈbaɪ/ *adv rel* (*formal*) por el que, por la que: *a new system whereby all staff have to carry identity cards* un nuevo sistema según el cual todos los trabajadores tienen que llevar tarjetas de identificación

wherefore /ˈweəfɔː(r)/ *n* (*antic*) *Ver tb* WHY

wherein /weərˈɪn/ *adv rel* (*formal*) donde: *a haunted house wherein the treasure was found* una casa embrujada en la que se encontró el tesoro

whereupon /ˌweərəˈpɒn/ *conj* después de lo cual, con lo cual

wherever /weərˈevə(r)/ *conj* dondequiera que: *I'll find him, wherever he is.* Lo encontraré, dondequiera que esté. ◊ *Sit wherever you like.* Siéntate donde quieras. ◊ *She follows me wherever I go.* Me sigue por donde vaya.

LOC or wherever (*coloq*) o donde sea: *tourists from Spain, France or wherever* turistas de España, Francia o de donde sea **wherever possible** siempre que sea posible

■ **wherever** *adv interr* [*uso enfático*] dónde: *Wherever did you get that hat?* ¿Dónde diablos compraste ese sombrero?

wherewithal /ˈweəwɪðɔːl; *USA* ˈhweər-/ *n* **the wherewithal** [*sing*] (*coloq*) medios

whet /wet/ *vt* (**-tt-**) **1(a)** (*curiosidad, etc*) estimular **(b)** (*apetito*) abrir: *This soup will whet your appetite.* Esta sopa te abrirá el apetito. **2** (*formal*) afilar

whether /ˈweðə(r)/ *conj* si: *I don't know whether I will be able to come.* No sé si podré venir.

LOC whether or not: *Whether or not it rains/Whether it rains or not...* Tanto si llueve como si no... ◊ *Tell me whether or not you're interested.* Dime si estás interesado o no.

¿**Whether** o **if**? **If** y **whether** pueden usarse indiscriminadamente en preguntas indirectas que tengan un sí o un no por respuesta o que ofrezcan diferentes opciones: *He asked if/whether I was going.* Me preguntó si iba a ir. ◊ *She couldn't decide if/whether we should eat inside or out.* No pudo decidir si comíamos dentro o fuera. Sin embargo, con el verbo **discuss**, detrás de una preposición o delante de un infinitivo solo se puede utilizar **whether**: *We discussed whether we should have a baby.* Discutimos si deberíamos tener un hijo. ◊ *It depends on whether the letter arrives on time.* Depende de si la carta llega a tiempo. ◊ *I'm not sure whether to* resign or stay on. No sé si dimitir o seguir en el cargo. ☛ *Comparar con* IF

whew (*tb* **phew**) /fjuː/ *interj* ¡Eh!, ¡Uf!

whey /weɪ/ *n* [*incontable*] suero (*de la leche*)

which /wɪtʃ/ *adj interr* qué: *Which languages did you study at school?* ¿Qué idiomas estudiaste en el colegio? ◊ *Which way is quicker – by bus or by train?* ¿Cómo se llega antes, en autobús o en tren? ◊ *Which one do you prefer – the white or the blue?* ¿Cuál prefieres, el blanco o el azul? ☛ *Ver nota en* WHAT[1]

■ **which** *pron interr* cuál: *Which is your favourite subject?* ¿Cuál es tu asignatura preferida? ◊ *Which of the boys is tallest?* ¿Cuál es el más alto de los chicos? ◊ *I can't tell which is which.* No sé cuál es cuál.

¿**Who** o **which?** Aunque cuando nos referimos a personas se suele utilizar **who**, empleamos **which** cuando queremos establecer la identidad de alguien dentro de un grupo: *Who are they?* ¿Quiénes son? ◊ *Which is your husband?* ¿Cuál es tu marido?
Nótese que solo **which** puede ir seguido de **of** cuando va delante de pronombres o cuando el sustantivo al que precede lleva un artículo o un adjetivo demostrativo o posesivo: *Which of us should tell her?* ¿Quién se lo dice? ◊ *Which of these dates suits you?* ¿Cuál de estos días te viene bien?

■ **which** *adj rel* (*formal*) (*después de preposición*) el/la/lo cual: *The questions were all on opera, about which subject I know nothing.* Las preguntas fueron todas sobre ópera, tema del que no sé nada. ◊ *in which case* en cuyo caso ◊ *The bag in which I put it.* La bolsa en la que lo puse. ☛ Nótese que este uso es muy formal. Lo más normal es poner la preposición al final: *The bag which I put it in.*

■ **which** *pron rel* (lo) que: *the book which is lying on the table* el libro que está sobre la mesa ◊ *His best film, which won several awards, was about...* Su mejor película, la cual ganó varios premios, trataba de... ◊ *He kept winking, which made me very nervous.* No paraba de guiñar el ojo, cosa que me ponía muy nervioso.

whichever /wɪtʃˈevə(r)/ *pron, adj* **1** el que, la que: *Choose whichever you prefer.* Elige el que quieras. ◊ *Take whichever hat suits you best.* Coge el sombrero que te quede mejor. ◊ *whichever party is in power* sea cual sea el partido que esté en el poder ◊ *Whichever of you wins will get the prize.* El que gane se lleva el premio. **2** cualquier: *Whichever you buy, there is a six-month guarantee.* Cualquiera que compres, tiene una garantía de seis meses. ◊ *It takes three hours, whichever route you take.* Se tarda tres horas, no importa la ruta que elijas. ◊ *Whichever way you look at it, he's to blame.* Lo mires como lo mires, él tiene la culpa.

whiff /wɪf/ *n* **1** ~ (**of sth**) olorcillo (a algo): *I got a whiff of garlic in my face.* Me vino un olor a ajo a la cara. ◊ *Get a whiff of this cheese!* ¡Huele este queso! **2** ~ (**of sth**) bocanada (de algo) **3** (*coloq, eufemismo*) tufo

while[1] /waɪl/ *n* [*sing*] tiempo, rato: *She worked in a bank for a while.* Trabajó en un banco durante algún tiempo. ◊ *a long while* mucho tiempo ◊ *a short/little while* un ratito ◊ *quite a while* bastante tiempo ◊ *It took quite a while to find a hotel.* Se tardó mucho en encontrar un hotel. ◊ *a while ago* hace algún tiempo ◊ *all the while* todo el tiempo **LOC** *Ver* ONCE, WORTH

■ **while** *v*

PHR V **to while sth away**: *to while away the time* pasar el tiempo

while[2] /waɪl/ (*tb* **whilst** /waɪlst/) *conj* **1** (*tiempo*) **(a)** mientras: *while he was prime minister* mientras fue primer ministro **(b)**: *It is wrong to drive while intoxicated.* No se debe conducir estando borracho. **2** (*contraste*) mientras (que): *I drink coffee while she prefers tea.* Yo tomo café mientras que ella prefiere tomar té. **3** (*formal*) aunque: *While I admit there are problems...* Aunque admito que hay problemas...

LOC **while you're at it** ya que estás, vas, etc *Ver tb* GOING, HAY

whim /wɪm/ *n* capricho: *a passing whim* un antojo pasajero

whimper /ˈwɪmpə(r)/ **1** *vi* **(a)** lloriquear **(b)** quejarse **2** *vt* decir (algo) lloriqueando

■ **whimper** *n* lloriqueo: *without a whimper* sin quejarse

whimsical /ˈwɪmzɪkl/ *adj* caprichoso: *a whimsical sense of humour* un sentido del humor muy singular

▶ **whimsically** *adv* caprichosamente

whimsy /ˈwɪmzi/ (*pl* **-ies**) *n* **1** extravagancia **2** fantasía, capricho

whine /waɪn/ **1** *vi* **(a)** (*perro*) aullar **(b)** gemir **2** (*tb* **whinge**) (*pey*) **(a)** *vi* gimotear, lloriquear **(b)** *vi* ~ **about sth** quejarse de algo: *He always finds something to whine/whinge about.* Siempre encuentra algo de lo que quejarse. **3** *vt* decir gimoteando

■ **whine** *n* **1** (*perro*) aullido **2** (*tb* **whinge**) queja, gemido: *his usual whine/whinge* su queja habitual

whinge /wɪndʒ/ *vi* (*part pres* **whingeing** o **whinging**) *Ver* WHINE

whinny /ˈwɪni/ *n* relincho

■ **whinny** *vi* (*pret, pp* **whinnied**) relinchar

whip /wɪp/ *n* **1** látigo: *riding/horse whip* fusta **2** (*Pol*) **(a)** diputado, -a responsable de la disciplina de su grupo parlamentario **(b)** (*GB*) citación a un parlamentario para que acuda a votar **LOC** *Ver* FAIR[1]

■ **whip 1** *vt* azotar **2** *vt* (*Cocina*) **(a)** ~ **sth** (**up**) (**into sth**) batir algo (hasta obtener algo) **(b)** (*nata*) montar **3** *vt* (*GB, coloq*) birlar **4** *vt* vencer **5** *vi* moverse rápidamente: *She whipped round.* Se volvió rápidamente. ◊ *They whipped past.* Pasaron zumbando. ◊ *I whipped through the book.* Leí el libro a toda prisa.

PHR V **to whip sth away** (**from sb**) arrebatar algo (a algn)

to whip sb off llevar a algn con toda prisa

to whip sth off quitar(se) algo bruscamente: *The wind whipped several slates off.* El viento arrançó varias tejas.

to whip sth/sb on hacer que algo/algn vaya más deprisa

to whip sth out sacar algo de repente

to whip sth up (*coloq*) (*comida, etc*) preparar algo rápidamente

to whip sth/sb up incitar algo, animar a algn: *to whip up support* procurar apoyo

whip hand *n*

LOC **to get, have, hold, etc the whip hand** (**over sb**) tenerle dominado a algn

whiplash /ˈwɪplæʃ/ *n* latigazo

■ **whiplash** *adj*: *whiplash injury* tirón en el cuello

whipped /wɪpt/ *adj* batido: *whipped cream* nata montada

whipping /ˈwɪpɪŋ/ *n* azotaina: *to give sb a whipping* azotar a algn

whipping boy *n* cabeza de turco

whip-round /ˈwɪp raʊnd/ *n* (*GB, coloq*) colecta: *to have a whip-round for sth/sb* hacer una colecta para algo/algn

whirl /wɜːl/ **1** *vt* hacer girar **2** *vt* ~ **sb off** llevar a toda velocidad a algn **3** *vi* girar: *leaves whirling in the air* hojas revoloteando en el aire **4** *vi* (*fig*) dar vueltas: *My head is whirling.* Me da vueltas la cabeza.

■ **whirl** *n* [*sing*] **1** giro, rotación **2** remolino: *a whirl of dust* un remolino de polvo **3** (*fig*) torbellino: *the social whirl* el torbellino social

LOC (**to be**) **in a whirl** (**of sth**): *They left in a whirl of excitement.* Se fueron sumidos en un mar de confusiones. ◊ *My mind is in a whirl.* Me da vueltas la cabeza.

to give sth a whirl (*coloq*) probar algo

whirlpool /ˈwɜːlpuːl/ *n* **1** remolino **2** (*fig*) vorágine

whirlwind /ˈwɜːlwɪnd/ *n* torbellino **LOC** *Ver* REAP

■ **whirlwind** *adj* (*fig*) relámpago: *a whirlwind courtship/romance* un galanteo/un romance relámpago

whirr (*tb esp USA* **whir**) /wɜː(r)/ *n* [*gen sing*] zumbido

■ **whirr** *vi* zumbar

whisk /wɪsk/ *n* **1** (*Cocina*) batidor, batidora (eléctrica) **2** escobilla **3** coletazo

■ **whisk** *vt* **1** (*Cocina*) batir (*rápidamente*) **2** sacudir: *The horse whisked its tail.* El caballo sacudió la cola.

PHR V **to whisk away/off** irse a toda prisa: *She whisked off upstairs.* Subió a toda prisa.

to whisk sth away/off quitar alop/llevarse a algn: *to whisk the flies away* espantar las moscas ◊ *He whisked it away from me.* Me lo arrebató.

whisker /ˈwɪskə(r)/ *n* **1** **whiskers** [*pl*] (*antic* o *joc*) bigotes, patillas **2** (*Zool*) pelo (del bigote)

LOC **by a whisker** por un pelo (**to be**) **within a whisker of sth/just a whisker away from sth** estar a dos dedos de algo *Ver tb* CAT

whisky (*USA, Irl* **whiskey**) /ˈwɪski/ *n* (*pl* **-ies**) güisqui, whisky *Ver tb* SCOTCH WHISKY

whisper /ˈwɪspə(r)/ **1** *vi* **(a)** cuchichear **(b)** (*hojas, etc*) susurrar **2** *vt* **(a)** decir en voz baja: *to whisper a word in your ear* decir algo al oído de algn **(b)** (*fig*): *It is whispered that...* Se rumorea que...

■ **whisper** *n* **1** susurro, cuchicheo: *He spoke in a whisper.* Hablaba muy bajo. **2** rumor

▶ **whispering** *n* **1** [*incontable*] cuchicheo: *a whispering campaign* una campaña de difamación **2** [*gen pl*] rumores

whist /wɪst/ *n* whist

whistle /ˈwɪsl/ *n* **1** silbido, pitido *Ver tb* WOLF WHISTLE **2** (*de pájaro*) trino **3** silbato, pito: *to blow the final whistle* tocar el pitido final ☛ *Ver ilustración en* HOCKEY **LOC** *Ver* BLOW, CLEAN[1], WET

■ **whistle** **1** *vt, vi* silbar, pitar: *She whistled for her dog.* Llamó a su perro con un silbido. **2** *vi* **~ by, past, etc** moverse, pasar, etc silbando: *A bullet whistled past him.* Una bala le pasó silbando.

LOC **to whistle for it** (*coloq*) esperar sentado: *Let him whistle for it!* ¡Que espere sentado! **to whistle in the dark** hacer ver que todo va bien

whistle-stop /ˈwɪsl stɒp/ *adj* de breves paradas (*campaña, etc*): *whistle-stop tour* gira relámpago

whit /wɪt/ *n* [*sing*] pizca: *not a whit* ni un ápice

white /waɪt/ *adj* (**-er, -est**) **1** blanco: *white coffee* café con leche ◊ *white wine* vino blanco ◊ *to put up the white flag* sacar la bandera blanca ◊ *white man/woman* hombre/mujer de raza blanca *Ver tb* MILK-WHITE, NON-WHITE, OFF-WHITE, SNOW WHITE **2 ~ (with sth)** pálido (de algo): *He went white with fury.* Se puso pálido de rabia.

LOC **(as) white as a sheet/ghost** pálido como el papel/como la muerte **(as) white as snow** blanco como la nieve **a white elephant** proyecto, edificio, etc inútil y costoso *Ver tb* BLACK, BLEED

■ **white** *n* **1** (*color, persona, del ojo*) blanco **2** (*huevo*) clara: *to beat the egg whites until stiff* batir las claras a punto de nieve ☛ *Ver ilustración en* HUEVO **3** [*sing*] (*ajedrez, damas, etc*) blancas: *White wins.* Ganan las blancas. **LOC** *Ver* BLACK

▶ **whites** *n* [*pl*] ropa blanca

white-collar worker *n* oficinista, trabajador, -ora no manual

Whitehall /ˈwaɪthɔːl/ *n* **1** (*lit*) calle londinense donde están situadas muchas oficinas gubernamentales **2** [*v sing o pl*] (*GB, fig*) el gobierno británico

white horses *n* [*pl*] cabrillas (*olas*)

white-hot /ˌwaɪt ˈhɒt/ *adj* candente: *The furnace was white-hot.* El horno estaba al rojo blanco.

the White House *n* la Casa Blanca

white lie *n* mentirilla, mentira piadosa

whiten /ˈwaɪtn/ **1** *vt* **(a)** (*lit*) blanquear **(b)** (*fig*): *The company needs to whiten its image.* La compañía necesita limpiar su imagen. **2** *vi* palidecer: *Her hair has whitened a lot.* Ha encanecido muchísimo.

whiteness /ˈwaɪtnəs/ *n* blancura

White Paper *n* (*GB, Austral*) proposición de ley (*del gobierno*) ☛ *Comparar con* GREEN PAPER

white sauce *n* besamel

white spirit *n* (*GB*) sustituto del aguarrás ☛ *Ver nota en* AGUARRÁS

white tie *n* pajarita blanca: *Is it a white-tie affair?* ¿Hay que ir de etiqueta?

whitewash /ˈwaɪtwɒʃ/ *n* **1** lechada de cal, jalbegue **2** (*fig*) encubrimiento de faltas, etc: *The investigation is just a whitewash.* La investigación no es más que una tapadera.

■ **whitewash** *vt* **1** enjalbegar **2** (*fig*) encubrir

white water *n* [*incontable*] rápidos: *white water rafting* descenso de aguas rápidas

Whitsun /ˈwɪtsn/ (*tb* **Whit** /wɪt/) *n* (domingo de) Pentecostés

Whit Sunday *n* domingo de Pentecostés

whittle /ˈwɪtl/ *vt, vi* **~ (at) sth** (*madera*) recortar algo

PHR V **to whittle sth away** reducir algo poco a poco **to whittle sth down**: *to whittle down the number of employees* reducir el número de empleados

whizz /wɪz/ *vi* (**-zz-**) zumbar: *A bullet whizzed past my ear.* Una bala me pasó zumbando por la oreja.

PHR V **to whizz through sth** hacer algo volando

whizz-kid /ˈwiz kɪd/ *n* (*coloq*) genio, prodigio

WHO /ˌdʌblju: eɪtʃ ˈəʊ/ *abrev de* **World Health Organization** OMS

who /huː/ *pron interr* quién/quiénes: *Do you know who broke the window?* ¿Sabes quién rompió la ventana? ◊ *Who are they?* ¿Quiénes son? ◊ *Who did you meet?* ¿A quién te encontraste? ◊ *Who does it belong to?* ¿De quién es? ◊ *Who is it?* ¿Quién es? ◊ *They wanted to know who had rung.* Preguntaron quién había llamado. ☛ *Ver nota en* WHICH, WHOM

LOC **who am I, are you, etc to do sth?** ¿quién soy yo, eres tú, etc para hacer algo? (**to know, learn, etc**) **who's who** (saber, enterarse de, etc) quién es quién

■ **who** *pron rel* **1** (*sujeto*) que: *people who eat garlic* gente que come ajo ◊ *the man who wanted to meet you* el hombre que quería conocerte ◊ *all those who want to go* todos los que quieran ir **2** (*complemento*): *I bumped into a woman (who) I knew.* Me topé con una mujer a la que conocía. ◊ *the man (who) I had spoken to* el hombre con el que había hablado ◊ *Mary, who we were talking about earlier...* María, de la que estuvimos hablando antes...

whoa /wəʊ/ *interj* ¡so!

who'd /huːd/ **1** = WHO HAD *Ver* HAVE **2** = WHO WOULD *Ver* WILL[1], WOULD

whoever /huːˈevə(r)/ *pron* **1** quien, la persona que: *Whoever gets the job will be a lucky person.* Quien consiga el puesto de trabajo será una persona con suerte. ◊ *Send it to whoever is in charge of marketing.* Mándaselo a el que esté encargado de marketing. **2** quienquiera que: *They didn't leave a message, whoever they were.* No dejaron ningún mensaje, quienesquiera que fueran. ◊ *Tell whoever you like.* Díselo a quien quieras.

■ **whoever** *pron interr* [*uso enfático*] quién: *Whoever told you that?* ¿Quién demonios te dijo eso?

whole[1] /həʊl/ *adj* **1** entero: *We drank a whole bottle each.* Bebimos una botella entera cada uno. **2** (*coloq*) todo: *the whole time* todo el tiempo ◊ *Let's forget the whole thing.* Vamos a olvidar todo el asunto.

LOC **a whole lot (of sth)** (*coloq*) mucho: *There's a whole lot of washing to do.* Hay muchas cosas que lavar. *Ver tb* HEART

whole[2] /ˈhəʊl/ *n* todo: *Four quarters make a whole.*

Cuatro partes hacen un todo. ◊ *the whole of August* todo agosto

LOC as a whole 1 completo: *The collection will be sold as a whole.* Van a vender la colección completa. **2** en general: *This affects the industry as a whole.* Esto afecta a la industria en general. **on the whole** en general: *On the whole, I'm in favour of the plan.* En general, estoy en favor del proyecto.

wholefood /ˈhəʊlfuːd/ *n* [*incontable*] alimentos integrales

wholehearted /ˌhəʊlˈhɑːtɪd/ *adj* incondicional: *wholehearted support* apoyo incondicional

▶ **wholeheartedly** *adv* sin reservas

wholemeal /ˈhəʊlmiːl/ *n* harina integral: *wholemeal bread* pan integral

wholeness /ˈhəʊlnəs/ *n* [*incontable*] totalidad, integridad

whole note (*USA*) (*GB* **semibreve**) *n* (*Mús*) semibreve, redonda ☛ *Ver ilustración en* NOTACIÓN

wholesale /ˈhəʊlseɪl/ *adj, adv* **1** al por mayor **2** (*gen pey*) en masa: *the wholesale slaughter of innocent people* la matanza en masa de gente inocente ◊ *She always rejects my ideas wholesale.* Siempre rechaza mis ideas de plano.

■ **wholesale** (*tb* **wholesaling**) *n* venta al por mayor ☛ *Comparar con* RETAIL

▶ **wholesaler** *n* mayorista

wholesome /ˈhəʊlsəm/ *adj* sano: *wholesome meals* comidas sanas

who'll /huːl/ = WHO WILL *Ver* WILL[1]

wholly /ˈhəʊlli/ *adv* totalmente

whom /huːm/ *pron interr* (*formal*) a quién: *Whom did they invite?* ¿A quién invitaron? ◊ *To whom did you give the money?* ¿A quién le dio el dinero?

Nótese que el uso de **whom** es muy formal, y no se utiliza a menudo en el inglés hablado. Lo más normal es utilizar **who** como pronombre interrogativo y poner la preposición al final: *Who did they invite?* ◊ *Who did you give the money to?*

■ **whom** *pron rel* (*formal*) *the author whom you criticized in your review* el autor que criticaste en tu artículo ◊ *Investors, many/some of whom bought shares in British Gas,...* Los inversores, muchos/algunos de los cuales compraron acciones de British Gas,... ◊ *the person to whom this letter was addressed* la persona a quien iba dirigida esta carta

Nótese que también en este caso el uso de **whom** es muy formal, y no se utiliza a menudo en el inglés hablado. Lo más normal es utilizar **who** como pronombre relativo, u omitirlo completamente, y poner la preposición al final: *the author (who) you criticized in your review* ◊ *the person (who) this letter was addressed to.*

whoop /huːp, wuːp/ *n* grito

■ **whoop** *vt, vi* gritar

LOC to whoop it up (*coloq*) estar/irse de juerga

whoopee /wʊˈpiː/ *interj* viva

whooping cough *n* tos ferina (*med*)

whoops /wʊps/ (*tb* **oops**) *interj* (*coloq*) ¡ay!

whopper /ˈwɒpə(r)/ *n* **1** algo muy grande: *What a whopper!* ¡Es enorme! **2** (*mentira*) bola

whopping /ˈwɒpɪŋ/ *adj, adv* (*coloq*) enorme: *a whopping big hole* un agujero enorme

whore /hɔː(r)/ *n* (*pey*) puta

who're /ˈhuːə(r)/ = WHO ARE *Ver* BE

whorl /wɜːl/ *n* espira

who's /huːz/ **1** = WHO IS *Ver* BE **2** = WHO HAS *Ver* HAVE

whose /huːz/ *pron interr, adj interr* de quién: *Whose house is that?* ¿De quién es esa casa? ◊ *I wonder whose (book) it is.* Me pregunto de quién es (el libro).

■ **whose** *adj rel* cuyo, -a, -os, -as: *the man whose wife left him* el señor al que abandonó su esposa ◊ *the people whose house we stayed in* la gente en cuya casa estuvimos

who've /huːv/ = WHO HAVE *Ver* HAVE

why /waɪ/ *adv interr* por qué: *Why were you late?* ¿Por qué llegaste tarde? ◊ *Tell me why you did it.* Dime por qué lo hiciste ◊ *Why bother to tell him?* ¿Por qué molestarse en decírselo?

LOC why not por qué no: *'Let's go to the cinema.' 'Why not?'* —Vamos al cine. —¿Por qué no?

■ **why** *adv rel* la razón por la que: *You'll never guess the reason why he left her.* Nunca adivinarás por qué la dejó. ◊ *I wanted a good seat, that's why I came early.* Quería un buen sitio, por eso he venido pronto. ◊ *That's why she stopped working.* Fue por esto que dejó de trabajar.

■ **why!** *interj* (*antic* o *USA*): *Why, it's you!* ¡Toma, pero si eres tú! ◊ *Why yes, that's true.* Pues sí, es verdad.

■ **why** *n*

LOC the whys and (the) wherefores el cómo y el porqué

wick /wɪk/ *n* mecha

LOC to get on sb's wick (*GB, coloq*) sacarle de quicio a algn

wicked /ˈwɪkɪd/ *adj* (**-er, -est**) **1** malvado: *a wicked man* un hombre malo **2** *a wicked sense of humour* un sentido del humor malicioso **3** (*coloq*) alucinante, genial: *I had a wicked boogie last night!* ¡Anoche fui a bailar y me lo pasé bomba!

■ **the wicked** *n* [*pl*] los malos

LOC (there's) no peace, rest for the wicked (*refrán, joc*) no hay sosiego para los malos

▶ **wickedly** *adv* malvadamente

wickedness *n* [*incontable*] maldad

wicker /ˈwɪkə(r)/ *n* mimbre

▶ **wickerwork** *n* **1** artículos de mimbre **2** cestería

wicket /ˈwɪkɪt/ *n* (*críquet*) **1** meta, palos *Ver tb* LEG-BEFORE WICKET **2** terreno entre los palos: *a fast/slow wicket* un terreno donde la pelota bota con mucha/poca velocidad ☛ *Ver ilustración en* CRICKET **LOC** *Ver* STICKY

wicket-keeper /ˈwɪkɪt kiːpə(r)/ *n* (*críquet*) jugador situado detrás del bateador para recoger la pelota ☛ *Ver ilustración en* CRICKET

wide /waɪd/ *adj* (**wider, widest**) **1** ancho: *The gap was just wide enough for them to get through.* El hueco tenía justo el ancho suficiente para que pasaran. ◊ *It's two feet wide.* Tiene dos pies de ancho. ◊ *How wide is it?* ¿Cuánto tiene de ancho? ☛ *Ver nota en* BROAD **2** (*fig*) amplio: *a wider range of products* una gama de productos más amplia ◊ *He has a wide knowledge of the subject.* Tiene un gran conocimiento del tema. ◊ *We must consider this problem in the wider context of growing crime.* Tenemos que analizar este problema dentro del contexto más amplio del aumento de la delincuencia. ◊ *a word used in the widest sense* una palabra usada en su sentido más amplio **3** extenso: *the whole wide world* el mundo entero ◊ *to bring Shakespeare to a wider public* hacer que más gente conozca a Shakespeare ◊ *His death is mourned by his colleagues and the wider public.* Su muerte ha sido sentida por sus colegas y el público en general. *Ver tb* NATIONWIDE, WORLDWIDE **4** (*ojos*) muy abierto: *She stared at him with eyes wide.* Lo miró fijamente con los ojos muy abiertos. **5** *to be wide (of the target)* no dar en el blanco

LOC to be wide of the mark ser muy erróneo **to give sth/sb a wide berth** mantenerse a distancia de algo/algn

■ **wide** *adv* (**wider, widest**): *wide awake* completamente despierto ◊ *wide apart* muy separados ◊ *Open the door wider.* Abre más la puerta. **LOC** *Ver* CAST, FAR

wide-angle lens /ˌwaɪd æŋgl ˈlenz/ *n* gran angular

wide-eyed /ˌwaɪd ˈaɪd/ *adj* **1** con los ojos como platos **2** ingenuo, inocente

widely /ˈwaɪdli/ *adv* extensamente: *He has travelled*

widely. Ha viajado mucho. ◊ *a widely-used method* un método muy utilizado ◊ *a widely-held view* una creencia muy general ◊ *a fact that is not widely known* un hecho que no es muy conocido ◊ *They are widely available.* Son fáciles de obtener. ◊ *widely different* muy diferente

widen /ˈwaɪdn/ **1** *vt* (*carretera, etc*) ensanchar **2** *vt* (*gama, etc*) ampliar: *to widen your horizons* ampliar las miras **3** *vi* ensancharse: *The passage widens out into a chamber.* El pasadizo se ensancha para formar una cámara. ◊ *Her eyes widened with fear.* Se le abrieron los ojos por el miedo. ◊ *a widening gulf* un abismo cada vez más grande

wide open *adj* **1** abierto de par en par: *The door was wide open.* La puerta estaba abierta de par en par. **2** (*concurso*): *The match is wide open.* Es imposible saber quién ganará el partido.

LOC wide open (to sth) muy expuesto (a algo): *wide open to criticism* muy expuesto a críticas

wide-ranging /ˈwaɪd reɪndʒɪŋ/ *adj* **1** de gran alcance **2** (*investigación, etc*), muy diverso

widespread /ˈwaɪdspred/ *adj* general, difundido

widow /ˈwɪdəʊ/ *n* viuda: *She was left a widow.* Se quedó viuda. ◊ *She's a golf widow.* Está sola mientras el marido juega al golf. *Ver tb* BLACK WIDOW

■ **widow** *vt*: *to be widowed* quedarse viudo, -a. ◊ *my widowed mother* mi madre viuda

▶ **widower** /ˈwɪdəʊə(r)/ *n* viudo

widowhood /ˈwɪdəʊhʊd/ *n* viudez

width /wɪdθ, wɪtθ/ *n* **1** anchura, ancho: *10 metres in width* 10 metros de ancho ☛ *Ver ilustración en* DIMENSIÓN **2** (*de una piscina*) ancho: *She can swim two widths now.* Ahora es capaz de nadar dos anchos.

wield /wiːld/ *vt* **1** empuñar (*un arma, una herramienta, etc*) **2** (*fig*) ejercer (*poder, influencia, etc*)

wiener /ˈwiːnə(r)/ (*tb* **wienie** /ˈwiːni/) (*USA*) (*GB* **frankfurter**) *n* salchicha (*de Frankfurt*)

wife /waɪf/ *n* (*pl* **wives** /waɪvz/) mujer, esposa *Ver tb* FISHWIFE, HOUSEWIFE, MIDWIFE

LOC the wife (*coloq*) la parienta *Ver tb* HUSBAND, OLD, WORLD

▶ **wifely** *adj* de esposa

wig /wɪg/ *n* peluca, peluquín (*de un juez*)

wiggle /ˈwɪgl/ *vt, vi* (*coloq*) menear(se)

■ **wiggle** *n* (*coloq*) meneo

wiggly /ˈwɪgli/ *adj* (*coloq*) **1** *a wiggly worm* un gusano que hace eses **2** (*línea, etc*) ondulado

wild[1] /waɪld/ *adj* (**-er, -est**) **1** (*no domesticado*) salvaje: *a wild bull* un toro bravo ◊ *a wild boar* un jabalí **2** (*sin cultivar*) silvestre: *wild flowers* flores silvestres ◊ *Orchids grew wild in that area.* Las orquídeas crecían en estado silvestre en esa zona. **3** (*paisaje, región, etc*) agreste **4** (*tiempo*) tempestuoso: *a wild night* una noche de tormenta **5** (*descontrolado*) desenfrenado: *He led a wild life.* Llevó una vida desenfrenada. ◊ *a wild party* una fiesta loca **6** furioso: *It makes me wild.* Me pone furioso. ◊ *She went wild.* Se puso furiosa. **7** (*aspecto, mirada*) de loco: *She has wild eyes.* Tiene ojos de loca. **8** [*predicativo*] (*coloq*) loco: *The crowd went wild.* La multitud se volvió loca. ◊ *to be wild about sb* andar loco por algn ◊ *I'm not wild about the plan.* No estoy muy entusiasmado con el plan. **9** (*proyecto, etc*) disparatado: *a wild exaggeration* una exageración desmesurada **10** (*naipes*): *Aces are wild.* Los ases hacen de comodín. ◊ *a wild card* un comodín

LOC a wild guess conjetura hecha al azar: *At a wild guess, I'd say he was 30.* Yo diría que tiene 30 años, pero lo digo por decir. **beyond your wildest dreams**: *It was beyond her wildest dreams.* Fue mucho mejor de lo que se había imaginado. **to run wild 1** andar libre: *Those boys have been allowed to run wild.* A esos chicos les han dejado que se críen como salvajes. ◊ *Let your imagination run wild.* Deja volar tu imaginación. **2** (*plantas*) crecer muchísimo *Ver tb* BEYOND, SOW[2]

wild[2] /waɪld/ *n* **1 the wild**: *to live in the wild* vivir en estado salvaje ◊ *the call of the wild* la llamada de la selva **2 the wilds** las tierras remotas: *to live out in the wilds* vivir en zonas aisladas

wildcat /ˈwaɪldkæt/ *adj* [*antes de sustantivo*] (*Com, Fin*) arriesgado: *wildcat strike* huelga repentina no autorizada

wilderness /ˈwɪldənəs/ *n* **1** tierra inculta, desierto **2** *The garden is turning into a wilderness.* El jardín se está convirtiendo en una selva. ◊ *The town is a wilderness of factories and warehouses.* La ciudad es una jungla de fábricas y almacenes.

LOC in the wilderness totalmente marginado: *After a few years in the wilderness he was reappointed to the Cabinet.* Tras varios años olvidado por todos lo volvieron a incluir en el gobierno.

wild-eyed /ˌwaɪld ˈaɪd/ *adj* con mirada de loco

wildfire /ˈwaɪldfaɪə(r)/ *n* **LOC** *Ver* SPREAD

wildfowl /ˈwaɪldfaʊl/ *n* (*pl* **wildfowl**) aves de caza

wild-goose chase /ˌwaɪld ˈguːs tʃeɪs/ *n* búsqueda inútil: *I was sent off on a wild-goose chase.* Me enviaron a realizar una búsqueda inútil.

wildlife /ˈwaɪldlaɪf/ *n* fauna: *a wildlife trust* una asociación protectora de la naturaleza ◊ *wildlife conservation* la conservación de la fauna

wildly /ˈwaɪldli/ *adv* **1** locamente: *Her heart was beating wildly.* Su corazón latía violentamente. ◊ *to cheer wildly* aclamar como loco **2** (*improbable, etc*) sumamente

wildness /ˈwaɪldnəs/ *n Ver tb* WILD[1] **1(a)** estado salvaje, lo salvaje **(b)** estado silvestre **2** lo agreste **3** tempestuosidad **4** desenfreno, desgobierno **5** locura **6** lo disparatado, extravagancia

the Wild West *n* el oeste americano

wiles /waɪlz/ *n* [*pl*] mañas, astucias

wilful (*USA tb* **willful**) /ˈwɪlfl/ *adj* (*pey*) **1** (*delito, etc*) voluntario, intencionado: *wilful murder* asesinato premeditado **2** (*persona*) testarudo

▶ **wilfully** *adv* deliberadamente: *He wilfully misled us.* Nos engañó deliberadamente.

wilfulness *n* premeditación

will[1] /wɪl/ (*contracción* **'ll** /l/ *neg* **will not** o **won't** /wəʊnt/)

● **v aux** (*para formar el futuro*) ☛ *Ver nota en* SHALL: *I'll do it tomorrow.* Lo haré mañana. ◊ *They won't come.* No vendrán. ◊ *He'll understand, won't he?* Lo entenderá, ¿verdad? ◊ *You'll be in time if you hurry.* Llegarás a tiempo si te das prisa. ◊ *How long will you be staying in Paris?* ¿Cuánto tiempo vas a estar en París? ◊ *I'll be back in a minute.* Volveré enseguida. ◊ *I think I'll wait.* Creo que voy a esperar. ◊ *I expect she'll pass the exam.* Creo que va a aprobar el examen. ◊ *I hope it won't rain.* Espero que no llueva. ◊ *He says he'll come.* Dice que va a venir. ◊ *That'll be the postman now.* Ahora será el cartero. ◊ *You will probably know that...* Quizá ya sabéis que...

● **v modal**

Will es un verbo modal al que sigue un infinitivo sin *to*, y las oraciones interrogativas y negativas se construyen sin el auxiliar *do*.

1 will you...? (*oferta*): *Will you have another biscuit?* ¿Quieres otra galleta? ◊ *Won't you have a cup of tea?* ¿No te apetece un té? ◊ *Will you stay for dinner?* ¿Quieres quedarte a cenar? ◊ *Won't you sit down?* ¿Quiere sentarse? **2 will you...?** (*petición*): *Will you post this letter for me, please?* Por favor, ¿puedes echarme esta carta? ◊ *You'll water the plants while I'm away, won't you?* Regarás las plantas durante mi ausencia, ¿no?

Nótese que en este sentido **would you...?** es más cortés.

3 (*voluntad, determinación*): *I'll take you home.* Yo te llevo a casa. ◊ *We won't lend you any more money.* No te prestamos más dinero. ◊ *The car won't start.* El coche no arranca. ☛ *Ver nota en* SHALL **4** (*órdenes*): *You'll do* *as you're told.* Harás lo que te manden. ◊ *Will you be quiet!* ¡Silencio! **5** (*reglas generales*): *Oil will float on water.* El aceite flota en el agua. ◊ *Boys will be boys.* Son cosas de chavales. ◊ *Accidents will happen.* Los accidentes son inevitables. **6** (*costumbres, manías*): *She'll listen to records, alone in her room, for hours.* Se pasa horas sola en su habitación escuchando música. ◊ *He'll always comb his hair at the table.* ¡Siempre se peina en la mesa!

Nótese que en este sentido **will** se refiere a algo que ocurre en el presente. Para referirnos al pasado utilizamos **would.** ☛ *Ver ejemplos en* WOULD

will² /wɪl/ *vi* (*antic* o *formal*) querer: *Call it what you will, it's still a problem.* Llámalo como quieras, pero no deja de ser un problema. ☛ Solo se usa en presente y no cambia en la tercera persona del singular

LOC **if you will** (*formal*) si se prefiere: *He became her senior adviser–her deputy, if you will.* Se convirtió en su consejero principal, o su sustituto, si se prefiere.

will³ /wɪl/ *vt* **1** desear: *to will sth to happen* desear que ocurra algo ◊ *to will sb to do sth* desear que algn haga algo ◊ *The crowd was willing her to win.* La multitud estaba deseando que ganara ella. **2** (*formal*) querer: *God wills that...* Dios quiere que... **3 ~ sth (to sb)** (*formal*) legar algo (a algn): *He willed all of his money to charities.* Le dejó todo su dinero a asociaciones de beneficiencia.

will⁴ /wɪl/ *n* **1** [*sing*] voluntad: *to do God's will* hacer la voluntad de Dios **2** (*tb* **will-power**) [*sing*] fuerza de voluntad: *He has no will of his own.* No tiene fuerza de voluntad. **3** deseo: *the will to live* el deseo de vivir *Ver tb* STRONG-WILLED **4** (*tb* **testament**) testamento: *the last will and testament of...* testamento y últimas voluntades de ◊ *to draw up/make a will* hacer testamento

LOC **against your will** contra su voluntad **at will** libremente **where there's a will there's a way** (*refrán*) querer es poder **with a will** con entusiasmo *Ver tb* BEST, FREE, SWEET¹

willful *adj* (*USA*) *Ver* WILFUL

willies /ˈwɪliz/ *n* [*pl*] (*coloq*) escalofríos: *It gives me/I get the willies.* Me da escalofríos.

willing /ˈwɪlɪŋ/ *adj* **1** (*persona*) **(a)** complaciente, bien dispuesto **(b) ~ (to do sth)** dispuesto (a hacer algo): *He said he was willing to help me.* Dijo que estaba dispuesto a ayudarme. **2** (*apoyo, etc*) espontáneo: *There were plenty of willing hands.* No faltó quien nos ayudara. **LOC** *Ver* GOD, SHOW, SPIRIT

▶ **willingly** *adv* **1** voluntariamente, de buena gana **2** con gusto: *'Will you help?' 'Willingly!'* —¿Me ayudas? —¡Con mucho gusto!

willingness *n* **1** buena voluntad **2 ~ (to do sth)** voluntad (de hacer algo)

will-o'-the-wisp /ˌwɪl ə ðə ˈwɪsp/ *n* **1** fuego fatuo **2** (*fig*) quimera, sueño imposible

willow /ˈwɪləʊ/ *n* **1** (*tb* **willow-tree**) sauce **2** (madera de) sauce

▶ **willowy** *adj* esbelto

will-power /ˈwɪl paʊə(r)/ *n* fuerza de voluntad

willy /ˈwɪli/ *n* (*GB, coloq*) colita

willy-nilly /ˌwɪli ˈnɪli/ *adv* quiera o no quiera

wilt /wɪlt/ *vi* **1** (*lit y fig*) marchitarse **2** (*fig*) decaer

wily /ˈwaɪli/ *adj* (**-ier, -iest**) astuto, taimado

wimp /wɪmp/ *n* (*coloq, ofen*) cagueta

win /wɪn/ (**-nn-**) (*pret, pp* **won** /wʌn/) **1** *vi* ganar: *to win at sth* ganar en algo **2** *vt* **(a)** ganar, llevarse: *They won the seat from Labour.* Les arrebataron el escaño a los laboristas. ◊ *She won a bronze for Britain.* Ganó el bronce para Gran Bretaña. **(b)** (*victoria*) conseguir, lograr **(c)** (*apoyo, amigos*) ganarse, granjearse *Ver tb* BREADWINNER, HARD-WON

LOC **I, you, etc can't win** (*coloq*) llevar las de perder: *You can't win with her.* Con ella, siempre llevas las de perder. **to win (sth) hands down** (*coloq*) ganar (algo) fácilmente **to win on points** ganar por puntos: *He won the match on points.* Ganó el combate por puntos. **to win your spurs** distinguirse, consagrarse **win or lose** tanto si ganamos como si perdemos *Ver tb* BROWNIE, DAY, HAND¹, LAUREL, NECK, TOSS

PHR V **to win sth/sb back** recuperar algo/a algn

to win out/through (*coloq*) triunfar (por fin)

to win sb over/round (to sth) convencer a algn (de que haga algo)

■ **win** *n* victoria

▶ **winner** *n* **1** ganador, -ora **2** (*coloq*) (*producto, idea*) éxito: *It's sure to be a winner.* Seguro que va a ser un éxito. **LOC** *Ver* PICK

winning *adj* **1** ganador: *winning post* meta **2** cautivador, encantador

winnings *n* [*pl*] ganancias

wince /wɪns/ *vi* **1** hacer una mueca de dolor **2** hacer un gesto de disgusto **3** hacer un gesto de vergüenza

winch /wɪntʃ/ *n* torno

■ **winch** *vt* mover con un torno

wind¹ /wɪnd/ *n* **1(a)** [*incontable*] viento: *There's not much wind today.* Hoy no hace mucho viento. ◊ *a gust of wind* una ráfaga de viento ◊ *without a breath of wind* sin la más leve brisa **(b)** [*contable*] (tipo de) viento: *A cold wind was blowing.* Soplaba un viento frío. ◊ *eastern winds* vientos del este *Ver tb* CROSSWIND, DOWNWIND, HEADWIND, UPWIND, WHIRLWIND **2 wind** [*sing*] gases: *to bring up/pass wind* eructar/tirarse un pedo **3 the wind(s)** (*Mús*) instrumentos de viento *Ver tb* WOODWIND **4** (*pey*) palabrería *Ver tb* LONG-WINDED

LOC **a wind/the wind(s) of change** aires de cambio **in the wind** en el ambiente: *There's something in the wind.* Algo flota en el ambiente. **to break wind** (*eufemismo*) expulsar gases, tirarse un pedo **to get/have the wind up (about sth)** (*coloq*) asustarse (por algo) **to get wind of sth** enterarse de algo **to put the wind up sb** (*coloq*) asustar a algn **to take the wind out of sb's sails** (*coloq*) bajarle los humos a algn *Ver tb* CAUTION, ILL², REAP, SAIL, SECOND¹, WAY¹

■ **wind** *vt* dejar sin aliento a: *to be winded by sth* quedarse sin aliento a causa de algo

wind² /waɪnd/ (*pret, pp* **wound** /waʊnd/) **1** *vi* serpentear: *The road winds down to the sea.* El camino baja serpenteando al mar. ◊ *She wound her way through the crowd.* Se abrió paso entre la muchedumbre. **2** *vt* (*lana, etc*) devanar: *to wind sth onto sth* enrollar algo alrededor de algo **3** *vt* **~ sth round sth/sb** enrollar algo en algo/algn **4** *vt* **~ sth/sb in sth** envolver algo/a algn en algo **5** *vt* **~ itself round sth/sb** liarse, enroscarse a algo/algn **6** *vt* (*manivela*) girar **7** *vt* **~ sth (up)** dar cuerda a algo

PHR V **to wind sth back, forward, on, etc** rebobinar, pasar, etc algo (*cinta*)

to wind down 1 (*reloj*) pararse **2** (*persona*) desconectar **3** (*actividad*) llegar a su fin

to wind sth down (*ventanilla de coche*) bajar algo

to wind up (*coloq*) terminar: *He'll wind up dead.* Terminará muerto. ◊ *We wound up at Mike's.* Terminamos en casa de Mike.

to wind (sth) up terminar (algo), concluir (algo): *Winding up for Labour, he said...* Cerrando el debate por los laboristas, dijo...

to wind sb up (*coloq*) **1** poner nervioso a algn: *He gets so wound up when he's arguing.* Se pone muy tenso cuando discute. **2** (*fastidiar*) provocar a algn, tomarle el pelo a algn

to wind sth up 1 (*Com*) liquidar algo **2** (*ventanilla de coche*) subir algo

▶ **winding** *adj* tortuoso, serpenteante: *winding staircase* escalera de caracol

windblown /ˈwɪndbləʊn/ *adj* **1** arrastrado por el viento **2** (*lugar*) azotado por el viento **3** (*pelo, persona*) despeinado por el viento

windcheater /ˈwɪndtʃiːtə(r)/ (*USA* **windbreaker**) *n* chaqueta que protege contra el viento
windfall /ˈwɪndfɔːl/ *n* **1** fruta caída (del árbol) **2** (*fig*) sorpresa caída del cielo: *windfall profits* ganancias inesperadas
winding-up /ˌwaɪndɪŋ ˈʌp/ *n* liquidación
wind instrument *n* instrumento de viento
windmill /ˈwɪndmɪl/ *n* molino de viento
window /ˈwɪndəʊ/ *n* **1** ventana: *window-box* jardinera ◊ *window-seat* banco junto a la ventana ◊ *picture window* ventanal *Ver tb* BAY WINDOW, FRENCH WINDOW, LATTICE WINDOW, SASH WINDOW ☛ *Ver ilustración en* HOUSE **2** (*de sobre, despacho de billetes, coche*) ventanilla **3** (*tb* **window pane**) cristal **4** escaparate, vitrina **5** (*Informát*) ventana
LOC a window on the world una ventana abierta al mundo **to fly/go out of the window** (*coloq*) venirse abajo, desvanecerse **to throw sth out of the window** (*coloq, fig*) tirar algo por la borda
▶ **windowless** *adj* sin ventanas
window cleaner *n* limpiacristales (*persona*)
window dressing *n* **1** escaparatismo **2** (*pey, fig*) apariencias
window pane /ˈwɪndəʊ peɪn/ *n* cristal (*de una ventana*) ☛ *Ver ilustración en* HOUSE
window shade (*USA*) (*GB* **roller blind**) *n* estor enrollable
window-shopping /ˈwɪndəʊ ʃɒpɪŋ/ *n* ir a ver escaparates
window sill (*tb* **window-ledge**) *n* alféizar ☛ *Ver ilustración en* HOUSE
windpipe /ˈwɪndpaɪp/ *n* tráquea
windproof /ˈwɪndpruːf/ *adj* a prueba de viento
windscreen /ˈwɪndskriːn/ (*USA* **windshield**) *n* parabrisas: *windscreen wipers* limpiaparabrisas ☛ *Ver ilustración en* CAR
windsurf /ˈwɪndsɜːf/ *vi* hacer windsurf
windsurfer /ˈwɪndsɜːfə(r)/ *n* **1** tabla de windsurf **2** persona que hace windsurf
windsurfing /ˈwɪndsɜːfɪŋ/ *n* windsurf
windswept /ˈwɪndswept/ *adj* **1** azotado por el viento **2** (*persona*) despeinado por el viento
windward /ˈwɪndwəd/ *adj* de barlovento
■ **windward** *n* **to ~ (of sth)** a barlovento (de algo)
windy /ˈwɪndi/ *adj* **(-ier, -iest) 1** ventoso: *It's very windy.* Hace mucho viento. **2** (*lugar*) expuesto al viento
wine /waɪn/ *n* vino: *Can I have some red wine?* ¿Puedo tomar vino tinto? ◊ *winemaker/wine grower* vinicultor ◊ *wine merchant* vinatero ◊ *wine waiter* escanciador *Ver tb* FORTIFIED WINE, MULLED WINE, TABLE WINE
■ **wine** *vt, vi*
LOC to wine and dine comer y beber en restaurantes de lujo **to wine and dine sb** agasajar a algn con buena comida y bebida
wine bar *n* bar especializado en vinos
wineglass /ˈwaɪnglɑːs/ *n* copa (para vino) ☛ *Ver ilustración en* VASO
wing /wɪŋ/ *n* **1** ala: *wing-nut* tuerca de mariposa **2** (*Arquit*) ala **3** (*USA* **fender**) (*vehículo*) aleta, guardabarros ☛ *Ver ilustración en* CAR **4** (*sillón*) oreja **5** [*gen sing*] (*Pol*) ala *Ver tb* LEFT WING, RIGHT WING **6** (*Dep*) **(a)** (*campo*) ala exterior **(b)** (*tb* **winger**) (*jugador*) extremo **7** (*GB*) (*fuerza aérea*) escuadrilla: *wing commander* teniente coronel de aviación **8 the wings** [*pl*] bastidores
LOC on the wing volando, en el vuelo **to take sb under sth's/sb's wing** tomar a algn a cargo de uno: *The UN took them under their wing.* La ONU los tomó a su cargo. **to take wing** alzar el vuelo, echar a volar **(to wait, etc) in the wings** (estar) preparado, (esperar) entre bastidores *Ver tb* CLIP², SPREAD
■ **wing 1** *vi* volar: *winging its way* volando **2** *vt* **(a)** herir en el ala **(b)** (*persona*) herir ligeramente (en el brazo)
▶ **winged** *adj* alado, con alas
wing mirror (*tb* **side mirror**) *n* espejo retrovisor exterior ☛ *Ver ilustración en* CAR
wingspan /ˈwɪŋspæn/ *n* envergadura (*de avión, pájaro*)
wing-tip /ˈwɪŋ tɪp/ *n* punta del ala
wink /wɪŋk/ **1** *vi* **~ (at sb)** guiñar el ojo (a algn) **2** *vi* (*luz*) parpadear, titilar **3** *vt* **(a)** (*ojo*) guiñar **(b)** *She winked her approval.* Indicó su aprobación con un guiño. **LOC** *Ver* EASY¹
■ **wink** *n* guiño: *to give a wink* hacer un guiño/guiñar el ojo
LOC (to have/take) forty winks echarse una cabezada **not to get/have a wink of sleep** no pegar ojo *Ver tb* NOD, SLEEP², TIP³
winkle /ˈwɪŋkl/ *v*
PHR V to winkle sth/sb out (of sth) (*coloq*) sacar algo/a algn de algo (con dificultad)
to winkle sth out (of sb) (*coloq*) sonsacar algo (de algn)
winner, winning *Ver* WIN
winnow /ˈwɪnəʊ/ *vt* **1** aventar **2 ~ sth away/out** (*fig*) reducir la cantidad de algo
wino /ˈwaɪnəʊ/ *n* (*pl* **~s**) (*coloq*) borrachín, -ina
winsome /ˈwɪnsəm/ *adj* encantador
winter /ˈwɪntə(r)/ *n* invierno: *winter sports* deportes de invierno *Ver tb* MIDWINTER
■ **winter** *vi* invernar, pasar el invierno: *wintering ground* zona donde se pasa el invierno
▶ **wintry** *adj* **(-ier, -iest) 1** invernal, de invierno **2** (*lit y fig*) glacial
wipe /waɪp/ *vt* **1 ~ sth (from/off sth) (on/with sth)** limpiar(se), secar(se) algo (de algo) (con algo): *to wipe the tears from your face* secarse las lágrimas de la cara **2 ~ sth (from/off sth)** (*grabación, recuerdo*) borrar algo (de algo) **3 ~ sth across, onto, over, etc sth** pasar algo por algo
LOC to wipe sth off the face of the earth/off the map borrar algo de la faz de la tierra/del mapa **to wipe the floor with sb** (*coloq, fig*) dar una paliza a algn **to wipe the slate clean** hacer borrón y cuenta nueva *Ver tb* SMILE
PHR V to wipe sth away/off/up limpiar algo, secar algo
to wipe sth down/over limpiar algo
to wipe sb out (*coloq*) cargarse a algn, despachar a algn
to wipe sth out 1 (*tazón, etc*) limpiar algo por dentro **2** (*extirpar*) destruir algo **3** (*enfermedad, crimen*) erradicar algo **4** (*deuda*) liquidar algo **5** (*ganancia, beneficio*) reducir algo a la nada
■ **wipe** *n* **1** limpión: *to give sth a wipe* pasarle un trapo a algo **2** toallita
▶ **wiper** *n* limpiaparabrisas ☛ *Ver ilustración en* CAR
wire /ˈwaɪə(r)/ *n* **1(a)** alambre: *wire-cutter(s)* cortaalambres *Ver tb* FUSE WIRE **(b)** (*electr*) cable **(c)** [*sing*] (*red*) alambrada: *wire netting* tela metálica *Ver tb* BARBED WIRE, CHICKEN WIRE **2** (*USA*) telegrama *Ver tb* HAYWIRE
LOC to get your wires crossed (*coloq*) cruzarse a algn los cables *Ver tb* LIVE¹
■ **wire** *vt* **1(a)** atar, sujetar (*con alambre*) **(b)** reforzar con alambre **2(a) ~ sth (up)** hacer la instalación eléctrica de algo **(b) ~ sth into sth** conectar algo a algo **3** (*USA*) poner un telegrama
LOC to be wired for sound llevar un micrófono (escondido)
▶ **wiring** *n* [*sing*] **1** instalación eléctrica **2** cables
wireless /ˈwaɪələs/ *n* (*antic*) **1** (*tb* **wireless set**) **(a)** radio (*electrodoméstico*) **(b)** radiotransmisor: *wireless operator* radiotelegrafista **2** (*ondas*) radio: *wireless programmes* programas de radio

wiry /ˈwaɪəri/ *adj* (**-ier, -iest**) **1** (*persona*) enjuto y fuerte **2** (*brazo*) nervudo **3** (*pelo*) tieso, áspero

wisdom /ˈwɪzdəm/ *n* **1** sabiduría: *conventional/received wisdom* norma(s) **2** prudencia, cordura: *I would question the wisdom of telling him.* No creo que sea prudente decírselo. **LOC** *Ver* CONVENTIONAL, PEARL, WIT

wisdom tooth *n* muela del juicio

wise /waɪz/ *adj* (**wiser, wisest**) **1** acertado, prudente **2** sabio *Ver tb* STREETWISE, WORLDLY-WISE

LOC to be/get wise to sth/sb (*USA, coloq*) tener calado algo/a algn, conocer las mañas de algo/algn **to be none the wiser**; **to be no wiser**; **not to be any the wiser** seguir sin entender nada **to be wise after the event** es muy fácil hablar/criticar cuando ya ha pasado todo *Ver tb* EARLY, SAD

■ **wise** *v*

PHR V to wise (sb) up (to sth) (*USA, coloq*) darse cuenta (de algo), abrirle los ojos a algn (sobre algo): *Wise up!* ¡Despierta!

▶ **wisely** *adv* **1** prudentemente, acertadamente **2** sabiamente

wisecrack /ˈwaɪzkræk/ *n* (*coloq*) salida aguda

■ **wisecrack** *vi* tener salidas agudas: *a wisecracking comedy* una comedia con buenas salidas

wise guy *n* (*coloq, pey*) sabelotodo

wish /wɪʃ/ **1** *vi* ~ **for sth** desear algo: *His wife is everything a man could wish for.* Su mujer tiene todo lo que un hombre podría desear. ◊ *What more could you wish for?* ¿Qué más se puede pedir? *Ver tb* WELL-WISHER **2** *vt* (*formal*) querer: *She wishes to be alone.* Quiere estar sola. ◊ *I wish it to be clear that…* Quiero que quede claro que… **3** *vt* ☛ Expresando un deseo que no se puede realizar: **(a)** (*hablando del pasado*): *She wished she had stayed at home.* Se arrepintió de no haberse quedado en casa. ◊ *I wish you hadn't told me all this.* Ojalá no me hubieras contado todo esto. **(b)** (*hablando del presente*): *I wish they'd leave me in peace.* Me gustaría que me dejaran en paz de una vez. ◊ *I wish he wouldn't go out every night.* Me gustaría que no saliera todas las noches. **(c)** (*hablando del futuro*): *I wish I was going on holiday next month.* Ojalá tuviera vacaciones el mes que viene. ◊ *I wish I didn't have to go to work tomorrow.* Ojalá no tuviera que ir a trabajar mañana.

El uso de **were**, y no **was**, con **I**, **he** o **she** después de **wish** se considera más correcto: *I wish I were rich!* ¡Ojalá fuera rico!

4 *vt* ~ **sb sth** desear algo a algn: *They wished us a pleasant journey.* Nos desearon un feliz viaje. ◊ *Wish me luck!* ¡Deséame suerte! ◊ *to wish sb goodbye* decir adiós a algn ◊ *to wish sb happy birthday* desearle un feliz cumpleaños a algn **5** *vi* pedir un deseo

LOC (just) as you wish como quieras **to wish sb well/ill** desearle a algn buena/mala suerte: *She said she wished nobody ill.* Dijo que no le deseaba mal a nadie.

PHR V to wish sth away desear que algo desaparezca (como si no existiera): *These problems can't be wished away.* No hagas como el avestruz. ◊ *Don't wish your life away.* No desperdicies tu vida.

to wish sth/sb on sb (*coloq*) endosarle a algn algo/algn: *I wouldn't wish my brother on anybody.* No le desearía a nadie tener un hermano como el mío. ◊ *I wouldn't wish that on my worst enemy.* Eso no se lo desearía ni a mi peor enemigo.

■ **wish** *n* **1** ~ **(for sth)** deseo (de algo): *to make a wish* pensar un deseo ◊ *I have no great wish to stay.* No me apetece mucho quedarme. ◊ *to act against sb's wishes* obrar contra la voluntad de algn **2 wishes** [*pl*]: *With best wishes, Marie.* Un abrazo, Marie. ◊ *Give your mother our best wishes.* Dale a tu madre un abrazo de nuestra parte.

LOC the wish is father to the thought (*refrán, formal*) creer que algo es verdad porque uno lo desea mucho **your wish is my command** (*formal, joc*) sus deseos son órdenes para mí *Ver tb* BEST

wishful /ˈwɪʃfl/ *adj* (*formal*)

LOC wishful thinking: *I think her condition is improving but it may just be wishful thinking on my part.* Creo que está mejorando pero quizá es que quiero hacerme ilusiones.

wishy-washy /ˈwɪʃi wɒʃi; *USA* -wɔːʃi/ *adj* (*pey*) ñoño, insípido

wisp /wɪsp/ *n* ~ **(of sth) 1** (*pelo*) mechón **2** (*hierba*) brizna **3** (*humo*) voluta **4** *a wisp of a girl* una chica menudita

▶ **wispy** *adj* (**-ier, -iest**) **1** (*pelo*) ralo: *a wispy white beard* una barba canosa rala **2** (*nube, humo*) disperso

wistaria (*tb* **wisteria**) /wɪˈstɪəriə/ *n* glicina (*Bot*)

wistful /ˈwɪstfl/ *adj* triste, melancólico

▶ **wistfully** *adv* tristemente, melancólicamente

wistfulness *n* tristeza, melancolía

wit /wɪt/ *n* **1** ingenio: *to have a ready wit* ser ingenioso **2** persona ingeniosa **3 wits** [*pl*] inteligencia, juicio: *He hadn't the wits to realize the danger.* No tuvo las luces suficientes para ver el peligro. ◊ *to use your wits* usar la cabeza *Ver tb* HALFWIT, NITWIT, QUICK-WITTED

LOC to be at your wits' end estar para volverse loco: *I'm at my wits' end worrying about how to pay the bills.* Estoy volviéndome loco pensando en cómo pagar las facturas. **to collect/gather your wits** calmarse los nervios **to have/keep your wits about you** andar con mucho ojo **to wit** (*antic* o *formal*) es decir **wit and wisdom** inteligencia y sabiduría *Ver tb* FRIGHTEN, LIVE[2], SARCASM

witch /wɪtʃ/ *n* bruja

witchcraft /ˈwɪtʃkrɑːft/ *n* brujería

witch doctor (*tb* **medicine man**) *n* hechicero

witch-hunt /ˈwɪtʃ hʌnt/ *n* (*lit* y *fig*) caza de brujas

with /wɪð, wɪθ/ *prep* **1** con: *I've got a client with me.* Estoy atendiendo a un cliente. ◊ *I'll be with you in a minute.* Un minuto y estoy contigo. ◊ *She took it away with her.* Se lo llevó consigo. ◊ *It's always the same with you.* Contigo siempre es lo mismo. ◊ *I left a message for you with your secretary.* Le dejé un recado a tu secretaria. ◊ *It's best to save with one of the big banks.* Es mejor meter el dinero en uno de los grandes bancos. ◊ *He's with ICI.* Está trabajando en ICI. ◊ *to drift with the current* dejarse llevar por la corriente ◊ *Cut it with a knife.* Córtalo con un cuchillo. ◊ *Good wine improves with age.* El buen vino mejora con los años. ◊ *The shadows lengthened with the approach of sunset.* Las sombras se alargaban al atardecer. ◊ *With only two days to go…* Puesto que solo faltan dos días… **2** (*descripciones*) de, con: *the man with the scar* el hombre de la cicatriz ◊ *a girl with red hair* una chica pelirroja ◊ *a house with a swimming-pool* una casa con piscina **3** de: *Fill the glass with water.* Llena el vaso de agua. **4** (*apoyo y conformidad*) (de acuerdo) con: *The public are with the miners.* La gente está con los mineros. ◊ *I'm with you all the way.* Estoy completamente de acuerdo contigo. **5** (*a causa de*) de: *to tremble with fear* temblar de miedo ◊ *Her fingers were numb with cold.* Tenía los dedos helados de frío. **6** con: *with pleasure* con mucho gusto ◊ *with difficulty* con dificultad ◊ *with no trouble* sin problemas ◊ *with ease* fácilmente **7** a pesar de: *With all her faults he still liked her.* Ella todavía le gustaba a pesar de todas sus faltas.

LOC to be with sb (*coloq*) seguir lo que algn dice: *Yes, I'm with you.* Sí, te entiendo. ◊ *I'm afraid I'm not with you.* Me temo que no te entiendo. **with it** (*coloq*) **1** al día: *Get with it!* ¡Ponte al día! **2** de moda **3** *He's not with it today.* Hoy no está muy centrado. **with that** luego: *He muttered a few words of apology and with that he left.* Musitó unas palabras de disculpa, y luego se marchó.

☛ Para los usos de **with** en PHRASAL VERBS ver las entradas de los verbos correspondientes, p. ej. **to bear with** en BEAR[2]

withdraw /wɪð'drɔː, wɪθ'd-/ (*pret* **withdrew** /-'druː/ *pp* **withdrawn** /-'drɔːn/) **1** *vt* **(a)** (*tropas*) retirar **(b)** sacar (*dinero del banco*) **2** *vt* (*formal*) (*palabras*) retractar **3** *vi* **~ (from)** retirarse, irse (de): *to withdraw into yourself* encerrarse en uno mismo ◊ *The team withdrew from the final.* El equipo se retiró de la final. **LOC** *Ver* SHELL

withdrawal /wɪð'drɔːəl/ *n* **1** retirada: *the withdrawal of all foreign troops from Germany* la retirada de todas las tropas extranjeras de Alemania **2** (*Fin*) retirada de dinero: *When was the last withdrawal made?* ¿Cuándo sacó dinero por uútima vez? **3** (*droga*) abandono: *withdrawal symptoms* síndrome de abstinencia **4** (*Psic*) retraimiento

withdrawn /wɪθ'drɔːn/ **1** *pp de* WITHDRAW **2** *adj* introvertido

withdrew *pret de* WITHDRAW

wither /'wɪðə(r)/ **1(a)** *vi* **~ (away/up)** marchitarse, secarse **(b)** *vt* **~ sth (up)** marchitar, secar algo: *limbs withered by disease* miembros debilitados por las enfermedades **2** *vt* (*fig*) fulminar: *to wither sb with a glance* fulminar a algn con la mirada

withering /'wɪðərɪŋ/ *adj* **1** (*comentario*) mordaz **2** (*mirada*) fulminante

withhold /wɪð'həʊld, wɪθ'h-/ *vt* (*pret, pp* **withheld** /-'held/) (*formal*) retener: *to withhold your consent* negar el consentimiento ◊ *to withhold information from sb* ocultarle información a algn

within /wɪ'ðɪn/ *prep* **1** (*tiempo*) en el plazo de: *She returned within an hour.* Volvió antes de haber pasado una hora. ◊ *If you don't hear anything within seven days...* Si no se le comunica nada en el plazo de siete días... ◊ *He was asleep within seconds.* Se durmió en cuestión de segundos. ◊ *She went back to work within a month of having her baby.* Volvió al trabajo al mes de haber dado a luz. **2** (*distancia*) a menos de: *a house within a mile of the station* una casa a menos de una milla de la estación ◊ *The village has three pubs within a hundred metres of each other.* El pueblo tiene tres bares a menos de cien metros uno de otro. **3** (*coloq*) al alcance de: *We are within sight of the shore.* La costa está al alcance de la vista. ◊ *within sb's reach* al alcance de algn ◊ *within walking distance of the beach* a un paso de la playa **4** (*formal*) dentro de: *There is some disagreement within the medical profession.* Hay cierto desacuerdo dentro de la profesión médica. ◊ *within the city walls* dentro de las murallas de la ciudad

■ **within** *adv* (*formal*) dentro: *Assistant required. Apply within.* Se necesita dependiente. Preguntar dentro.

without /wɪ'ðaʊt/ *prep* **1** sin: *three nights without sleep* tres noches sin dormir ◊ *I've come out without any money.* He salido sin dinero. ◊ *Don't leave without me.* No me dejes. ☛ *Ver nota en* SOME *pron* **2 ~ doing sth** sin hacer algo: *She entered without knocking.* Entró sin llamar. ◊ *The party was organized without him/his knowing anything about it.* Se organizó la fiesta sin que él supiera nada. ◊ *without saying goodbye* sin despedirse **3** (*antic*) fuera de

■ **without** *adv* sin: *If there's no sugar we'll manage without.* Si no hay azúcar nos arreglaremos sin ella.

LOC without so much as sth: *Off he went, without so much as a 'goodbye'.* Se fue, sin ni siquiera un "adiós".

withstand /wɪð'stænd, wɪθ's-/ *vt* (*pret, pp* **withstood** /wɪð'stʊd/) **~ sth** (*formal*) resistirse a algo

witless /'wɪtləs/ *adj* estúpido: *to scare sb witless* darle un susto mortal a algn

witness /'wɪtnəs/ *n* **1** testigo *Ver tb* EYEWITNESS, JEHOVAH'S WITNESS **2** [*gen sing*] (*formal*) testimonio: *to give witness* dar testimonio **LOC** *Ver* BEAR[2]

■ **witness** *vt* **1** presenciar **2** ser testigo de: *The country had witnessed many upheavals.* El país había sido testigo de grandes cambios. **3 ~ to sth** (*formal*) dar testimonio de algo **4** firmar como testigo (*documento*)

witness box (*USA* **witness-stand**) *n* tribuna de los testigos

witter /'wɪtə(r)/ *vi* **~ (on) (about sth)** (*coloq, pey*) hablar sin cesar (de algo)

witticism /'wɪtɪsɪzəm/ *n* ocurrencia

wittily /'wɪtɪli/ *adv* con gracia, ingeniosamente

wittiness /'wɪtinəs/ *n* agudeza, ingenio

wittingly /'wɪtɪŋli/ *adv* a sabiendas

witty /'wɪti/ *adj* **(-ier, -iest)** chistoso, ingenioso: *She's very witty.* Es muy graciosa.

wives *plural de* WIFE

wizard /'wɪzəd/ *n* **1(a)** mago **(b)** hechicero **2** genio: *financial wizard* as de los negocios

▶ **wizardry** *n* **1** magia **2** *financial wizardry* genio para los negocios

wizened /'wɪznd/ *adj* **1** arrugado **2** marchito

wobble /'wɒbl/ **1** *vi* **(a) ~ (about/around)** (*persona*) tambalearse **(b)** (*silla*) cojear **(c)** (*gelatina*) moverse **(d)** (*voz*) temblar **2** *vt* **~ (sth) (about/around)** mover algo

■ **wobble** *n* tambaleo

▶ **wobbly** *adj* (*coloq*) **1** tambaleante **2** cojo **3** *a wobbly tooth* un diente que se mueve

LOC to throw a wobbly (*coloq*) *She threw a wobbly.* Le dio un arrebato.

wodge /wɒdʒ/ *n* (*GB, coloq*) **~ (of sth)** gran trozo (de algo)

woe /wəʊ/ *n* (*formal, antic* o *joc*) **1** infortunio: *a tale of woe* una historia triste **2 woes** [*pl*] desgracias

LOC woe betide sb (*antic* o *joc*): *Woe betide anyone who arrives late!* ¡Ay de los que lleguen tarde! **woe is me!** (*antic* o *joc*) ¡ay de mí!

woebegone /'wəʊbɪgɒn; *USA* -gɔːn/ *adj* (*formal*) desconsolado

woeful /'wəʊfl/ *adj* (*formal*) **1(a)** afligido **(b)** triste **2** lamentable

▶ **woefully** *adv* **1** tristemente, desconsoladamente **2** deplorablemente

wok /wɒk/ *n* sartén china para freír verduras, etc ☛ *Ver ilustración en* OLLA

woke *pret de* WAKE[1]

woken *pp de* WAKE[1]

wold /wəʊld/ *n* (*Geog*) terreno alto y ondulado

wolf /wʊlf/ *n* (*pl* **wolves** /wʊlvz/) lobo *Ver tb* WEREWOLF ☛ *Ver nota en* LOBO

LOC a wolf in sheep's clothing un lobo con piel de cordero **to keep the wolf from the door** defenderse de la miseria **to throw sb to the wolves** arrojar a algn a los lobos **LOC** *Ver* CRY

■ **wolf** *vt* **~ sth (down)** (*coloq*) zampar(se) algo

▶ **wolfish** *adj* lobuno

wolf whistle /'wʊlf wɪsl/ *n* silbido de admiración

■ **wolf whistle** *vi* silbar con admiración

woman /'wʊmən/ *n* (*pl* **women** /'wɪmɪn/) **1(a)** mujer: *women drivers* conductoras ◊ *women doctors* doctoras **(b) -woman** ☛ En inglés a menudo se forman vocablos compuestos mientras en castellano suele existir una forma femenina: *sportswoman* deportista *Ver tb* CHAIRWOMAN, CLEANING WOMAN, DUTCHWOMAN, FRENCHWOMAN, HORSEWOMAN, MADWOMAN, OARSWOMAN, OLD WOMAN, POLICEWOMAN, SALESWOMAN, SCOTSWOMAN, SPOKESWOMAN **2** [*sing*] sexo femenino: *intrinsic differences between man and woman* las diferencias intrínsecas entre el hombre y la mujer ☛ Nótese que en este sentido **woman** se usa sin artículo. **3 the woman** [*sing*]: *It brings out the woman in her.* Despierta su feminidad.

LOC a woman of easy virtue (*eufemismo*) una mujer de vida alegre *Ver tb* GOD, HONEST, MAN[1], PART, TWICE, WORD

womanhood /'wʊmənhʊd/ *n*: *to grow to/to reach womanhood* hacerse mujer

womanish /'wʊmənɪʃ/ *adj* (*pey*) afeminado

womanize, -ise /ˈwʊmənaɪz/ *vi* (*gen pey*) ser mujeriego
▶ **womanizer, -iser** *n* mujeriego
womankind /ˈwʊmənkaɪnd/ *n* (*formal*) las mujeres
womanly /ˈwʊmənli/ *adj* (*aprob*) femenino
womb /wuːm/ *n* matriz (*Anat*)
womenfolk /ˈwɪmɪnfəʊk/ *n* [*pl*] las mujeres
Women's Liberation (*coloq* **Women's Lib**) *n* movimiento feminista
the women's movement *n* el movimiento feminista
won *pret, pp de* WIN
wonder /ˈwʌndə(r)/ **1** *vt, vi* preguntarse: *It makes you wonder.* Te da que pensar. ◊ *I wonder if/whether he's coming.* Me pregunto si vendrá ◊ *I wonder if you can help me...* A ver si me puede ayudar... **2** *vi* **~ (at sth)** (*formal*) admirarse de algo
LOC I shouldn't wonder (*coloq*) no me sorprendería
■ **wonder** *n* **1** asombro **2** maravilla: *the Seven Wonders of the* (*Ancient*) *World* las siete maravillas del mundo **3** milagro: *a wonder drug* un remedio milagroso
LOC it's a wonder (that)... es un milagro (que)... **no/little/small wonder (that...)** no es de extrañar(se) (que) **to do/work wonders for sth/sb** (*coloq*) hacer maravillas con algo/algn: *The pills worked wonders for him.* Le fue muy bien con las píldoras. **wonders will never cease** (*refrán, irón*) ¡eso sí que es increíble! *Ver tb* MIRACLE
wonderful /ˈwʌndəfl/ *adj* **1** maravilloso **2** estupendo
▶ **wonderfully** *adv* **1** de maravilla **2** estupendamente
wonderland /ˈwʌndəlænd/ *n* país de las maravillas
wonderment /ˈwʌndəmənt/ *n* admiración: *to be lost in wonderment* quedarse maravillado
wondrous /ˈwʌndrəs/ *adj* (*antic* o *formal*) maravilloso
wonky /ˈwɒŋki/ *adj* (*GB, coloq*) (**wonkier, wonkiest**) **1** (*silla*) cojo **2** (*persona*) débil
wont /wəʊnt; *USA* wɔːnt/ *adj* **~ (to do sth)** (*formal* o *ret*): *He was wont to stay out late.* Solía salir hasta tarde.
■ **wont** *n* costumbre: *as was her wont* como acostumbraba
won't = WILL NOT *Ver* WILL[1]
woo /wuː/ *vt* (*pret, pp* **wooed**) **1** (*antic*) cortejar **2 to woo sth** procurar ganarse algo
wood /wʊd/ *n* **1** [*incontable*] **(a)** madera: *a piece of wood* un trozo de madera **(b)** leña *Ver tb* BALSA WOOD, DRIFTWOOD, FIREWOOD, HARDWOOD, PLYWOOD, ROSEWOOD, SANDALWOOD, SOFTWOOD ☛ *Ver nota en* TIMBER **2** [*gen pl*] bosque ☛ *Ver nota en* FOREST **3** (*Dep*) **(a)** (*de golf*) palo de madera **(b)** *Ver* BOWL[2] sentido 1
LOC from the wood de barril **not to see the wood for the trees** los árboles no dejan ver el bosque **out of the wood(s)** (*coloq*) a salvo *Ver tb* NECK, TOUCH[1]
wood-burning /ˌwʊd ˈbɜːnɪŋ/ *adj* [*antes de sustantivo*] de leña: *a wood-burning stove* un fogón de leña
woodcarver /ˈwʊdkɑːvə(r)/ *n* persona que hace tallas de madera
▶ **woodcarving** *n* talla de madera
woodcut /ˈwʊdkʌt/ *n* grabado en madera
wooded /ˈwʊdɪd/ *adj* arbolado
wooden /ˈwʊdn/ *adj* **1(a)** de madera: *wooden spoon* cuchara de madera **(b)** (*pierna*) de palo **2** rígido: *a wooden performance* una actuación inexpresiva
wooden spoon *n* cuchara de palo ☛ *Ver ilustración en* CUCHARA
woodland /ˈwʊdlənd/ *n* [*gen pl*] **1** monte **2** bosque
woodlouse /ˈwʊdlaʊs/ *n* (*pl* **woodlice**) cochinilla
woodpecker /ˈwʊdpekə(r)/ *n* pájaro carpintero
woodwind /ˈwʊdwɪnd/ *n* [*v sing o pl*] instrumentos (de viento) de madera: *woodwind section* (sección de) madera
woodwork /ˈwʊdwɜːk/ *n* **1** carpintería **2** maderaje
woodworm /ˈwʊdwɜːm/ *n* carcoma
woody /ˈwʊdi/ *adj* **1** (*ladera*) arbolado **2** (*tallo*) leñoso

woodwind

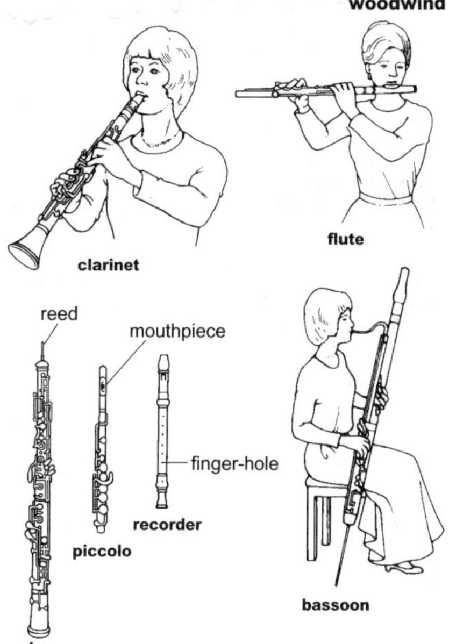

woof[1] /wuːf/ *n Ver* WEFT
woof[2] /wʊf/ (*coloq*) *n* ladrido
■ **woof** *interj* ¡guau!
wool /wʊl/ *n* **1** (*de oveja, etc*) lana: *wool trade* comercio de la lana **2** (*de otros animales*) pelo *Ver tb* COTTON WOOL, DYED-IN-THE-WOOL, LAMBSWOOL **LOC** *Ver* PULL[2]
▶ **woollen** (*USA* **woolen**) *adj* de lana, lanero: *woollen industry* industria lanera/de la lana
woollens (*USA* **woolens**) *n* [*pl*] prendas de lana
woolly (*USA tb* **wooly**) **1** *adj* (**-ier, -iest**) **(a)** lanudo, lanoso **(b)** (*prenda de vestir*) de lana: *a woolly hat* un gorro de lana ☛ *Ver ilustración en* SOMBRERO **(c)** (*persona, idea*) confuso, impreciso **2** *n* [*gen pl*] (*coloq*) jersey (de lana): *woollies* ropa de lana/jerseys
word /wɜːd/ *n* **1** palabra: *to put sth into words* expresar algo ◊ *in Plato's words* como dice Platón ◊ (*to be*) *word-perfect* (*in sth*) (saber algo) de memoria ◊ *a word of advice* un consejo *Ver tb* BUZZWORD, BYWORD, FOREWORD, FOUR-LETTER WORD, HEADWORD, SWEAR WORD, VOGUE WORD, WATCHWORD **2** (*Ling*) vocablo **3 words** (*canción*) letra: *I don't know the words for all the verses.* No me sé la letra de todas las estrofas. **4** [*sing*] **(a)** recado, noticia: *to leave/send word* dejar recado/avisar ◊ *to leave word that...* dejar dicho que... **(b)** (*tb* **the word**) rumor, noticia: (*The*) *word is* (*going round*) *that...* Corre la voz de que... ◊ *Word got out that...* Se supo que... **5** orden: *Wait till I give the word.* Esperen hasta que yo dé la orden. ◊ *Her word is law.* Su palabra es ley. **6 the Word** (*tb* **the word of God**) Verbo (de Dios)
LOC a man/woman of few words un hombre/una mujer de pocas palabras **by word of mouth** de palabra **in a word** en una palabra **in other words** en otros términos, es decir **in words of one syllable** con palabras sencillas **not a word (to sb) (about sth)** no digas ni pío (a algn) (de algo) **(not) in so many words** (no) exactamente así: *She said so in so many words.* Eso es lo que dijo textualmente. **(not to) get a word in edgeways** (no poder) meter baza **(not to) have a good word to say for sth/sb** (*coloq*) no decir nada en favor

de algo/algn (**right**) **from the word go** (*coloq*) desde el principio **to be as good as your word** cumplir uno lo prometido **to be not the word for sth/sb** (*coloq*) *Unkind isn't the word for it!* ¡Cruel es lo menos que se le puede llamar! **to give sb your word** (**that…**) dar uno su palabra a algn (*de que…*): *You have my word for it that…* Te doy mi palabra de que… **to go back on your word** faltar uno a la palabra **to have a word in sb's ear** decir algo a algn en confianza **to have a word** (**with sb**) (**about sth**) hablar (con algn) (de algo) **to have words** (**with sb**) (**about sth**) tener unas palabras (con algn) (sobre algo) **to hold/keep sb to his word** cogerle a algn la palabra **to keep/break your word** cumplir/faltar uno a su palabra **too funny, stupid, etc for words** de lo más divertido, estúpido, etc **to put in/say a** (**good**) **word for sb** interceder por algn **to put words in sb's mouth** atribuir palabras a algn (que no son suyas) **to spread the word** decírselo a todo el mundo **to take sb at their word** aceptar lo que algn dice **to take sb's word for it** (**that…**) creer a algn (cuando dice que…) **without a word** sin decir palabra/ni pío **word for word** palabra por palabra: *word-for-word repetition* repetición textual **words fail me** no encuentro palabras (para expresarme) *Ver tb* ACTION, BANDY, BETTER, BREATHE, EAT, EFFECT, EXCHANGE, FAMOUS, FIGHT, FORM, HANG[1], HOUSEHOLD, LAST[1], LEAVE[1], MINCE, MUM[2], OPERATIVE, PLAY, PRINT, SAY, SEND, SLUR, WAR, WEIGH

■ **word** *vt* expresar, redactar

▶ **wording** *n* términos, redacción, texto

wordless *adj* mudo

wordy *adj* (**-ier, -iest**) (*pey*) prolijo, verboso

word processing *n* tratamiento de textos

word processor *n* procesador de textos

wore *pret de* WEAR[1]

work[1] /wɜːk/ *n* **1** [*incontable*] trabajo: *a good job of work* un buen trabajo ◊ *to stop work* parar el trabajo/dejar de trabajar *Ver tb* OUT-OF-WORK, SOCIAL WORK, SPADEWORK, TEAMWORK **2** (*producto*) **(a)** [*incontable*] trabajo, obra: *an exhibition of students' work* una exposición de los trabajos de los estudiantes ◊ *Is this all your own work?* ¿Has hecho esto tú solo? ◊ *an excellent piece of work* un trabajo excelente *Ver tb* COURSEWORK, NEEDLEWORK, SCHOOLWORK, WOODWORK **(b)** (*Mús, Arte*) obra: *the collected/complete works of Shakespeare* las obras completas de Shakespeare ◊ *work of art* obra de arte *Ver tb* WAXWORK **(c)** (*Liter*) libro, obra: *her literary works* su obra literaria ◊ *a reference work* un libro de consulta **3** [*incontable*] **(a)** (*ocupación*) trabajo, empleo: *work experience* experiencia laboral ◊ *work clothes* ropas de trabajo *Ver tb* PIECEWORK **(b)** (*lugar*) trabajo: *What time do you leave work?* ¿A qué hora sales del trabajo? **4 the works** [*pl*] (*Mec*) mecanismo, motor **5** (*de construcción, etc*) **(a)** [*sing*] obras, trabajos: *Work has started on the new road.* Comenzaron las obras de la nueva carretera. ◊ *repair work* trabajos de reparación **(b) works** [*pl*] obras: *road-works* obras (de carretera) **6 works** [*v sing o pl*] fábrica, taller *Ver tb* GASWORKS, STEELWORKS, WATERWORKS **7 the works** [*pl*] (*coloq*) todo

LOC at work 1 en el trabajo: *Don't ring me at work.* No me llames al trabajo. **2** (*influencias*) en juego **at work** (**on sth**) trabajando (en/sobre algo): *to watch sb at work* mirar a algn trabajar **good works** obras de caridad (**to be**) **in work/out of work** tener trabajo/estar sin trabajo **to get** (**down**) **to/go to/set to work** (**on sth/to do sth**) empezar a trabajar (en algo/para hacer algo) **to get on with your work** seguir uno trabajando **to give sth/sb the works** (*coloq*) **1** dar a algo el mejor tratamiento, tratar a algn a cuerpo de rey **2** dar una paliza a algo/algn **to go/set about your work** ponerse a trabajar **to have your work cut out** (**doing sth**) (*coloq*) tener uno trabajo hasta por encima de las cejas, costarle a uno trabajo (hacer algo) **to put/set sb to work** poner a algn a trabajar *Ver tb* DIRTY, HAND[1], HARD, LIGHT[3], NASTY, NICE, SHOOT, SHORT[1], SPANNER

Las palabras **work** y **job** se diferencian en que **work** es incontable y **job** es contable: *I've found work/a new job at the hospital.* He encontrado un trabajo en el hospital. **Employment** es más formal que **work** y **job**, y se utiliza para referirse a la condición de los que tienen empleo: *Many women are in part-time employment.* Muchas mujeres tienen trabajos a tiempo parcial. **Occupation** es el término que se utiliza en los impresos oficiales: *Occupation: student* Profesión: estudiante. **Profession** se utiliza para referirse a los trabajos que requieren una carrera universitaria: *the medical profession* la profesión médica. **Trade** se usa para designar los oficios que requieren una formación especial: *He's a carpenter by trade.* Es carpintero de profesión.

work[2] /wɜːk/ (*pret, pp* **worked**) **1** *vi* ~ (**away**) (**at/on sth**) trabajar (en algo): *to work on the assumption that…* basarse en la suposición de que… ◊ *She has to work at her English.* Tiene que trabajar el inglés. **2** *vi* **(a)** ~ (**as sth**) trabajar (de algo) **(b)** ~ (**for sth/sb**) trabajar (para algo/algn): *She works as a journalist for 'El País'.* Trabaja de periodista para "El País". **(c)** ~ (**under sb**) trabajar (bajo la dirección de algn) **3** *vi* ~ **against sth** oponerse a algo **4** *vi* ~ **for sth** dedicarse a algo **5** *vi* (*Mec*) funcionar: *The mechanic got it working.* El mecánico lo arregló. ◊ *It works off gas.* Funciona con gas. **6** *vi* ~ (**on sth/sb**) surtir efecto (en algo/algn): *It will never work.* No será factible. ◊ *His flattery doesn't work on me.* Sus lisonjas no funcionan conmigo. **7** *vt* **(a)** (*máquina, etc*) manejar: *Can you work a lathe?* ¿Sabes manejar un torno? **(b)** (*persona*) hacer trabajar **8** *vt* **(a)** (*zona, área*): *He works the northern area.* Cubre la zona norte. **(b)** (*mina, etc*) explotar **(c)** (*tierra*) cultivar **9** *vt* (*pret, pp* **wrought** /rɔːt/) (*formal*) producir: *There is little hope of working a cure.* Existe poca esperanza de conseguir una cura. ◊ *It works wonders!* ¡Hace maravillas! ◊ *The floods wrought extensive damage.* Las inundaciones produjeron vastos daños. **10** *vt* (*pret, pp* **wrought** /rɔːt/) ~ **sth** (**into sth**) (*antic*) (*dar forma*) trabajar algo (para hacer algo): *to work stone* tallar piedra ◊ *to work the dough* trabajar la masa **11** *vt* ~ **sth** (**on sth**) (*costura*) bordar algo (en algo) **12** *vi* (*levadura*) fermentar **13** *vi* (*facciones*) moverse nerviosamente

LOC to work against you/in your favour no favorecer/favorecer a algn **to work free, loose, etc** soltar(se): *The screw worked (itself) loose.* El tornillo se aflojó. **to work it, things, etc** (*coloq*) arreglárselas **to work on the assumption, idea, principle, etc** basarse en la suposición, idea, principio, etc

☛ Para otras expresiones con **work**, véanse las entradas del sustantivo, adjetivo, etc, p. ej. **to work to rule** en RULE.

PHR V to work sth off deshacerse de algo: *to work off your anger* desahogarse

to work on sb intentar persuadir a algn

to work out 1 resultar: *How will things work out?* ¿Cómo saldrán las cosas? **2** resolverse **3** hacer ejercicio: *I work out regularly to keep fit.* Hago ejercicio con regularidad para mantenerme en forma.

to work sb out comprender a algn

to work sth out 1 (*gastos, etc*) calcular algo **2** (*problema, etc*) solucionar algo **3** (*plan, etc*) planear algo: *a well worked-out scheme* un proyecto bien elaborado ◊ *I've got it all worked out.* Lo tengo todo planeado. **4** (*mina, etc*) agotar algo

to work out at sth (*cuentas, etc*) (venir a) sumar algo

to work sb over (*argot*) apalear a algn

to work to sth trabajar según algo: *to work to a budget* ajustarse a un presupuesto ◊ *to work to a plan* ceñirse a un plan

to work sb up (into sth) excitar a algn (hasta algo): *He gets worked up over nothing.* Se exalta por nada.
to work sth up 1 desarrollar algo **2** *to work up an appetite* abrir el apetito ◊ *to work up enthusiasm* llegar a entusiasmarse
to work up to sth preparar el terreno para algo

workable /ˈwɜːkəbl/ *adj* práctico, factible

workaday /ˈwɜːkədeɪ/ *adj* rutinario

workaholic /ˌwɜːkəˈhɒlɪk/ *n* (*coloq*) adicto, -a al trabajo

workbench /ˈwɜːkbentʃ/ *n* banco de trabajo

workbook /ˈwɜːkbʊk/ *n* cuaderno de ejercicios

worker /ˈwɜːkə(r)/ *n* **1** trabajador, -ora: *She's a good worker.* Trabaja muy bien. *Ver tb* AID WORKER, BLUE-COLLAR WORKER, MINEWORKER, RAILWAY WORKER, SOCIAL WORKER, WHITE-COLLAR WORKER **2** obrero, -a **3** (*abeja*) obrera

workforce /ˈwɜːkfɔːs/ *n* [*v sing o pl*] personal, mano de obra

workhorse /ˈwɜːkhɔːs/ *n* (*fig*) persona muy trabajadora

workhouse /ˈwɜːkhaʊs/ *n* asilo de pobres

working /ˈwɜːkɪŋ/ *adj* **1(a)** activo: *the working population* la población activa **(b)** de trabajo: *working conditions* condiciones de trabajo **(c)** laboral: *working day* día laborable ◊ *a 35-hour working week* una semana laboral de 35 horas **2(a)** que funciona **(b)** suficiente: *a working majority* mayoría suficiente **3** básico: *a working knowledge* un conocimiento básico ◊ *a working hypothesis* hipótesis de trabajo *Ver tb* HARD-WORKING
LOC **in (full) working order** en perfecto estado de funcionamiento
■ **working** *n* **1** [*gen pl*] (*mina, etc*) excavación **2 workings** [*pl*] **~ (of sth)** funcionamiento (de algo)

working capital *n* activo circulante

working class (*tb* **working classes**) *n* clase obrera
■ **working class** (*tb* **working-class**) *adj* de clase obrera

working party *n* comisión investigadora

workload /ˈwɜːkləʊd/ *n* cantidad de trabajo

workman /ˈwɜːkmən/ *n* (*pl* **-men**) obrero, trabajador
LOC **a bad workman blames his tools** el mal obrero echa la culpa a sus herramientas
▶ **workmanlike** *adj* **1** competente **2** (*pey*) ordinario, sin genio
workmanship *n* **1** (*de persona*) arte, habilidad **2** (*de producto*) hechura, fabricación

workmate /ˈwɜːkmeɪt/ *n* compañero, -a de trabajo

workout /ˈwɜːkaʊt/ *n* ejercicio físico

workplace /ˈwɜːkpleɪs/ *n* (lugar de) trabajo

workroom /ˈwɜːkruːm, -rʊm/ *n* taller, sala de trabajo

workshop /ˈwɜːkʃɒp/ *n* taller

workstation /ˈwɜːksteɪʃn/ *n* (*Informát*) estación de trabajo

worktop /ˈwɜːktɒp/ (*tb* **work surface**) *n* encimera

work-to-rule /ˌwɜːk tə ˈruːl/ *n* (*GB*) huelga de celo

world /wɜːld/ *n* mundo: *all over the world/the world over* por el mundo entero ◊ *the Third World* el tercer mundo ◊ *to renounce the world* renunciar al mundo ◊ *world language* idioma universal ◊ *world war* guerra mundial ◊ *There are probably many other worlds.* Existen probablemente muchos otros mundos. ◊ *the world of politics/sport* el mundo de la política/del deporte ◊ *the animal world* el reino animal ◊ *in this world and the next* en esta vida y en la siguiente ◊ *to come into the world* venir al mundo *Ver tb* OLD-WORLD, THE OLD WORLD, THE THIRD WORLD
LOC **(all) the world and his wife** (*coloq*) todo quisque **a/the world of difference, good, etc** (*coloq*) una diferencia, un beneficio, etc enorme: *That holiday did him the world of good.* Esas vacaciones le vinieron fenomenal. **for all the world like sth/sb/as if...** exactamente como algo/algn/como si... **(not) for (all) the world** por nada del mundo **out of this world** (*coloq*) nunca visto **the (whole) world over** en todas partes **the world is your oyster**: *She felt that the world was her oyster.* Creía que se iba a comer el mundo. **to be all the world to sb** ser todo para algn **(to be/live) in a world of your own** (estar/vivir) en su propio mundo **(to be) worlds apart** (ser) totalmente diferente **to come/go down/up in the world** venir a menos/subir **to have the world at your feet** tener el mundo a sus pies **to set the world alight** conmocionar el mundo *Ver tb* BEST, BRAVE, DEAD, EARTH, NEXT, SMALL, SORT, THINK[1], TOP[1], WAY[1], WINDOW

world-beating /ˈwɜːld biːtɪŋ/ *adj* invencible

world-class /ˌwɜːld ˈklɑːs/ *adj* de primera (clase)

world-famous /ˌwɜːld ˈfeɪməs/ *adj* famoso en el mundo entero

worldliness /ˈwɜːldlinəs/ *n* mundología

worldly /ˈwɜːldli/ *adj* (**-ier, -iest**) **1** mundano: *worldly goods* bienes terrenales *Ver tb* OTHER-WORLDLY **2** de mundo

worldly-wise /ˌwɜːldli ˈwaɪz/ *adj* astuto

world-view /ˌwɜːld ˈvjuː/ *n* cosmovisión

world-weary /ˈwɜːld wɪəri/ *adj* hastiado

worldwide /ˈwɜːldwaɪd/ *adj* mundial, universal
■ **worldwide** *adv* por todo el mundo

worm /wɜːm/ *n* **1(a)** gusano **(b)** (*tb* **earthworm**) lombriz **(c) worms** [*pl*] (*Med*) lombrices *Ver tb* GLOW-WORM, SILKWORM, SLOW-WORM, TAPEWORM, WOODWORM **2** (*pey*) canalla *Ver tb* BOOKWORM
LOC **the worm will turn** la paciencia tiene un límite *Ver tb* CAN[1], EARLY
■ **worm** *vt* desparasitar
PHR V **to worm your way/yourself along, through, etc** avanzar serpenteando a lo largo de/a través de, etc algo
to worm your way/yourself into sth (*pey*) ganarse algo mediante argucias: *He wormed his way into her affections.* Se ganó su afecto mediante argucias.
to worm sth out (of sb) sonsacar algo (a algn)

worm-eaten /ˈwɜːm iːtn/ *adj* carcomido

wormy /ˈwɜːmi/ *adj* **1** agusanado **2** carcomido

worn[1] *pp de* WEAR[1] *Ver tb* WELL-WORN

worn[2] /wɔːn/ *adj* gastado

worn out *adj* **1** (*lit* y *fig*) gastado **2** (*persona*) agotado

worry /ˈwʌri/ (*pret, pp* **worried**) **1** *vi* **~ (about sth/sb)** preocuparse (por algo/algn) **2** *vt* preocupar, inquietar: *I've been worried sick about you.* Me has tenido preocupadísimo. ◊ *to worry yourself (about sth/sb)* preocuparse (por algo/algn) ◊ *to be worried by sth* preocuparse por algo **3** *vt* **~ sb** molestarle a algn: *The noise doesn't seem to worry him.* Parece que no le molesta el ruido. **4** *vt* (*perro, etc*) **(a)** (*objeto*) morder **(b)** (*ovejas*) atacar
LOC **not to worry** (*coloq*) no hay por qué preocuparse, no te preocupes *Ver tb* STIFF
■ **worry** *n* (*pl* **-ies**) **1** [*incontable*] intranquilidad **2** problema, preocupación
▶ **worried** *adj* **1 ~ (about sth/sb)** preocupado, inquieto (por algo/algn) **2 to be worried that...** preocuparse de que...: *I'm worried that he's drinking too much.* Me preocupa que esté bebiendo demasiado.
LOC **to be worried sick/stiff** estar preocupadísimo
worrier *n* aprensivo, -a
worrying *adj* inquietante, preocupante
worryingly *adv*: *More worryingly, he did not return.* Lo que más me preocupa es que no regresó.

worse /wɜːs/ *adj* (*comp de* **bad**) **~ (than sth/than doing sth)** peor (que algo/que hacer algo): *to get/grow worse* empeorar ◊ *worse and worse* de mal en peor/cada vez peor ◊ *It was worse than I expected.* Fue peor de lo que esperaba.

LOC the worse for wear (*coloq*) **1** (*objeto*) gastado, deteriorado **2** (*persona*) agotado, desmejorado **to be none the worse (for sth)** no haber sido afectado (a pesar de algo): *We were none the worse for our terrible experience.* No estábamos afectados a pesar de lo que habíamos pasado. **to be none the worse for that**: *The film is very romantic, but it is none the worse for that.* La película es muy romántica, lo que no quiere decir que sea mala. **to be the worse for drink** estar borracho, estar como una cuba **to make matters/things worse** para colmo (de desgracias) **worse luck!** (*coloq*) ¡por desgracia!, ¡qué le vamos a hacer! *Ver tb* BARK[2], BETTER, EVEN[2], FATE, STILL[1]

■ **worse** *adv* (*comp de* **badly**) **1** peor **2** (*con más intensidad*) más

LOC to be worse off salir perdiendo: *I'm £30 a month worse off.* Tengo 30 libras menos al mes. **you could/might do worse than doing sth** harías bien en hacer algo

■ **worse** *n* lo peor: *There is worse to come.* Todavía queda lo peor.

LOC to go from bad to worse ir de mal en peor *Ver tb* BETTER, CHANGE, TURN[2]

▶ **worsen** *vt, vi* empeorar, agravar(se)

worsening *n* empeoramiento, agravamiento

worship /ˈwɜːʃɪp/ *n* **1 ~ (of sth/sb)** adoración, veneración (de algo/algn) *Ver tb* HERO-WORSHIP **2 ~ (of sth/sb)** (*Relig*) culto (a algo/algn): *a place of worship* un lugar para el culto **3** (*ceremonia religiosa*) culto, oficio(s) **4 your Worship** (*GB*) **(a)** señor juez **(b)** señor alcalde: *his Worship the Mayor* el señor alcalde

■ **worship** (**-pp-**, *USA* **-p-**) **1** *vi* **(a)** (*en una iglesia*) rendir culto, rezar: *They need a place to worship.* Necesitan un lugar para sus oficios religiosos. **(b)** (*fig*) sentir adoración **2** *vt* **(a)** rendir culto a **(b)** (*fig*) adorar, venerar

▶ **worshipper** (*USA* **worshiper**) *n* **1** devoto, -a **2 worshippers** [*pl*] fieles

worst /wɜːst/ *adj* (*superl de* **bad**) peor: *My worst fears were confirmed.* Pasó lo que más me temía.

LOC your own worst enemy: *He's his own worst enemy.* Su peor enemigo es él mismo.

■ **worst** *adv* (*superl de* **badly**) peor: *the worst hit areas* las áreas más afectadas ◊ *the worst off* los más desventajados ☛ *Comparar con* WORSE

■ **the worst** *n* lo peor: *The worst of it is that…* Lo peor del caso es que…

LOC at (the) worst en el peor de los casos **if the worst comes to the worst** en el peor de los casos **to do your worst** hacer lo que uno quiera **to get the worst of it/come off worst** llevar la peor parte, salir perdiendo

worsted /ˈwʊstɪd/ *n* estambre

worth /wɜːθ/ *adj* **1** con un valor de, que vale: *to be worth £5* valer 5 libras/tener un valor de 5 libras ◊ *He must be worth about £2 million.* Debe tener unos 2 millones de libras. ◊ *jewels worth £100 000* joyas por valor de 100.000 libras **2** *It's worth reading/considering.* Vale la pena leerlo./Merece consideración.

LOC for all you are worth (*coloq*) **1** con todas las fuerzas, a más no poder **2** (*cantar*) con todo el alma **for what it's worth** por si (acaso) te, etc interesa **it's worth remembering that…** merece la pena recordar que… **to be worth it** valer/merecer la pena **to be worth sb's while** valer/merecer la pena: *I'll make it worth your while.* Te compensaré./Te pagaré bien. **to be worth your/its weight in gold** valer (uno) su peso en oro *Ver tb* BIRD

■ **worth** *n* **1** valor, valía **2(a)** (*en dinero*): *£1 million worth of jewellery* joyas por valor de un millón de libras ◊ *£10 worth of petrol* 10 libras de gasolina **(b)** (*en tiempo*): *two weeks' worth of supplies* suministros para dos semanas **LOC** *Ver* MONEY

▶ **worthless** *adj* **1** sin valor, inútil: *to be worthless* no tener valor/no valer nada **2** (*persona*) despreciable

worthwhile /ˌwɜːθˈwaɪl/ *adj* que vale la pena, útil: *to be worthwhile doing/to do sth* valer la pena hacer algo

worthy /ˈwɜːði/ *adj* (**-ier, -iest**) **1** meritorio: *to be worthy of sth/to do sth* ser digno de algo/merecer algo **2(a)** digno **(b)** (*causa*) noble **(c)** (*motivo*) honrado **(d)** (*gen joc*) (*persona*) respetable **3 ~ of sth/sb** (*típico, apto*) digno de algo/algn *Ver tb* CREDITWORTHY, NEWSWORTHY, NOTEWORTHY, ROADWORTHY, SEAWORTHY, TRUSTWORTHY

■ **worthy** *n* (*pl* **-ies**) (*gen joc*) personaje importante

would /wəd, wʊd/ (*contracción* **'d** *neg* **would not** o **wouldn't** /ˈwʊdnt/)

● **v aux 1** (*para formar el condicional*) ☛ *Ver nota en* SHOULD: *Would you do it if I paid you?* ¿Lo harías si te pagara? ◊ *If I had seen it I would have stopped.* Si lo hubiera visto habría/hubiera parado. ◊ *It would be a pity to miss it.* Sería una lástima perderlo. **2** (*pasado de* **will** *en estilo indirecto*): *They said that tomorrow would be fine.* Dijeron que mañana les vendría bien.

● **v modal 1** (*ofrecimientos, peticiones*): *Would you like a drink?* ¿Quieres tomar algo? ◊ *Would you shut the door, please?* ¿Me hace el favor de cerrar la puerta? **2** (*tb* **should**) ☛ Con verbos como **imagine, say, think**, etc para dar una opinión: *I would say there were about 50.* Yo diría que había unos 50. ◊ *I'd imagine she'll call us.* Imagino que nos llamará. **3** (*voluntad, determinación*): *She wouldn't shake my hand.* No quería darme la mano. **4** [*uso enfático*]: *He would say that.* Es típico de él decir eso. ◊ *She would have her own way.* Insistió en salirse con la suya. ◊ *It would rain just as I was going out.* Tenía que llover justo cuando iba a salir. **5** ☛ Después de **so that, in order that**, etc para expresar finalidad: *I left a note so (that) they'd know the news.* Dejé una nota para que se enteraran de las noticias. ◊ *I said it loudly so that he would hear.* Lo dije en alto para que lo oyera. **6** ☛ Con verbos como **like, love, hate, prefer**, etc para expresar preferencias: *I'd love to go.* Me encantaría ◊ *You'd hate to live there.* No te gustaría nada vivir allí. ◊ *I'd prefer you to make it.* Preferiría que lo hicieras tú. ☛ *Ver nota en* PREFERIR **7** (*costumbres, manías*): *He wouldn't think of offering help.* Nunca se le ocurría echar una mano. ◊ *As a child, she would watch television for hours.* Cuando era pequeña se pasaba horas mirando la televisión.

Nótese que en este sentido **would** se refiere a algo que ocurría en el pasado. Para referirnos al presente utilizamos **will**. ☛ *Ver ejemplos en* WILL[1]

would-be /ˈwʊdbi/ *adj* aspirante a

wouldn't = WOULD NOT *Ver* WOULD

wound[1] /wuːnd/ *n* (*lit* y *fig*) herida **LOC** *Ver* LICK[1], RUB[1]

■ **wound** *vt* (*lit* y *fig*) herir ☛ *Ver nota en* HERIDA, HURT

▶ **the wounded** *n* los heridos (*en una guerra, una catástrofe, etc*)

wounded *adj* herido: *a wounded leg* una pierna herida

wounding *adj* (*comentario, etc*) hiriente

wound[2] *pret, pp de* WIND[2]

wove *pret de* WEAVE

woven *pp de* WEAVE

wow /waʊ/ *interj* (*coloq*) ¡caramba!

WPC /ˌdʌblju: pi: ˈsi:/ (*pl* **WPCs**) (*GB*) *abrev de* **Woman Police Constable** agente femenino de policía *Ver tb* PC sentido 2

wpm /ˌdʌblju: pi: ˈem/ *abrev de* **words per minute** palabras por minuto

wraith /reɪθ/ *n* espectro

wrangle /ˈræŋgl/ *n* **~ (about/over sth)** disputa (sobre algo): *a prolonged wrangle with him over copyright* una larga disputa con él sobre los derechos de autor

■ **wrangle** *vi* **~ (about/over sth)** discutir (sobre algo): *legal wrangling* disputa legal

wrap /ræp/ *vt* **(-pp-) 1(a) ~ sth (up)** envolver algo (*de regalo*) ☛ *Comparar con* GIFT-WRAP **(b) ~ sb/yourself in sth** envolverse/envolver a algn en algo: *She wrapped her daughter in a towel.* Envolvió a su hija en una toalla. **2 ~ sth round/around sth/sb** liar algo alrededor de algo/algn

LOC to be wrapped up in sth/sb estar entregado a algo/algn: *They are completely wrapped up in their children.* Están totalmente dedicados a sus hijos. ◊ *She was so wrapped up in her work that…* Estaba tan absorta en su trabajo que… **to wrap sb up in cotton wool** (*coloq*) tener a algn entre algodones

PHR V to wrap (it) up (*argot*) cerrar la boca

to wrap (sb/yourself) up abrigar a algn/abrigarse

to wrap sth up (*coloq*) concluir algo

■ **wrap** *n* chal

LOC to take the wraps off (sth) revelar algo (*nuevos modelos*) **under wraps** (*coloq*) secreto: *to stay/be kept under wraps* permanecer secreto

▶ **wrapper** *n* envoltura: *sweet wrappers* las envolturas de caramelos

wrapping *n* envoltura

wrapping paper *n* papel de envolver

wrath /rɒθ; *USA* ræθ/ *n* [*incontable*] (*formal*) ira: *to provoke the wrath of the gods* provocar la ira de los dioses

wreak /riːk/ *vt* (*formal*) (*pret, pp* **wreaked** o **wrought** /rɔːt/): *to wreak vengeance on your enemy* tomar venganza en el enemigo ◊ *The storm wreaked/wrought havoc on the area.* La tormenta hizo estragos en la zona. **LOC** *Ver* HAVOC

wreath /riːθ/ *n* (*pl* **wreaths** /riːðz/) **1** corona (*funeraria*) **2** anillo, espiral (*humo*): *wreaths of mist* jirones de niebla

wreathe /riːð/ *vt* **~ sth (in/with sth)** cubrir algo (con algo): *its stems wreathed with blue flowers* sus tallos cubiertos con flores azules

wreck /rek/ *n* **1** naufragio **2(a)** (*coloq, fig*) ruina: *You're a wreck!* ¡Estás hecho polvo! ◊ *He was a nervous wreck.* Era un manojo de nervios. **(b)** cacharro: *What can we do with the old wreck?* ¿Qué hacemos con la antigualla esta? **LOC** *Ver* NERVOUS

■ **wreck** *vt* destrozar, echar abajo

▶ **wreckage** *n* restos (*accidente, etc*)

wrecker *n* **1** destructor, -ora, saboteador, -ora **2** (*USA*) camión de recogida de vehículos

wren /ren/ *n* **1** reyezuelo (*pájaro*) **2 Wren** miembro de la sección femenina de la marina británica

wrench /rentʃ/ *vt* **1(a) ~ sth off (sth)** arrancar, sacar algo (de algo) (*de un tirón*): *He wrenched the tops off bottles with his teeth.* Sacó los tapones de las botellas con los dientes. ◊ *He managed to wrench himself free.* Consiguió liberarse. **(b) ~ sth/sb away (from sth/sb)** soltar algo/a algn (de algo/algn): *She wrenched herself away from me.* Se soltó de mis brazos de un tirón. **(c) ~ sth/sb out of sth** arrancar algo/a algn de algo: *The wind wrenched the door out of his hand.* El viento le arrancó la puerta de las manos. **(d) ~ open (sth)** abrirse/abrir algo de un tirón: *They wrenched open the doors.* Forzaron las puertas. **2** (*Med*) torcer (*tobillo, etc*)

■ **wrench** *n* **1** tirón: *He pulled the handle off with a wrench.* Arrancó el asa de un tirón. **2** [*sing*] golpe: *It was a terrible wrench for him.* Fue un golpe terrible para él. ◊ *the painful wrench of her parting from him* el doloroso golpe de la separación **3** (*USA*) (*GB* **spanner**) (*herramienta*) llave *Ver tb* MONKEY WRENCH ☛ *Ver ilustración en* SPANNER

wrest /rest/ *vt* **~ sth from sth/sb** (*formal*) arrebatar algo de algo/algn: *to wrest control from them* arrebatarles el control

wrestle /ˈresl/ *vi* **1** (*Dep*) luchar (*lucha libre*) **2** luchar: *wrestle with a problem* luchar con un problema

■ **wrestle** *n* lucha

▶ **wrestler** *n* luchador, -a

wrestling *n* lucha libre

wretch /retʃ/ *n* desgraciado, -a, canalla

wretched /ˈretʃɪd/ *adj* **1** desgraciado, desconsolado **2** (*coloq*) maldito

▶ **wretchedness** *n* desgracia

wriggle /ˈrɪgl/ **1(a)** *vt, vi* **~ (about)** menear(se), mover(se): *Can you wriggle your ears?* ¿Puedes mover las orejas? **(b)** *vi* (*gusanos*) retorcerse **2** *vt, vi* retorcer(se): *They tied her up with rope but she wriggled (herself) free.* La ataron con una cuerda pero consiguió soltarse.

PHR V to wriggle out of sth/doing sth (*coloq*) escabullirse sin hacer algo

■ **wriggle** *n* meneo

wring /rɪŋ/ *vt* (*pret, pp* **wrung** /rʌŋ/) **1(a) ~ sth (out)** retorcer, exprimir algo: *to wring out a cloth* escurrir un trapo **(b) ~ sth out (of sth)** exprimir algo (de algo) **2 ~ sth out of/from sb** sacarle algo a algn **3** torcer (*pescuezo*)

LOC to wring sb's neck (*coloq*) estrangular a algn **to wring your hands** retorcerse las manos

▶ **wringing** (*tb* **wringing wet**) *adj* empapado

wrinkle /ˈrɪŋkl/ *n* arruga

■ **wrinkle 1** *vi* arrugarse **2** *vt* fruncir

▶ **wrinkled** (*tb* **wrinkly**) *adj* arrugado

wrist /rɪst/ *n* muñeca: *to slit your wrists* cortarse las venas ☛ *Ver ilustración en* HAND[1] **LOC** *Ver* SLAP

wristwatch /ˈrɪstwɒtʃ/ *n* reloj de pulsera

writ /rɪt/ *n* mandamiento judicial: *to serve sb with a writ for libel/serve a writ for libel on sb* notificarle un mandato a algn por difamación

write /raɪt/ *vt, vi* (*pret* **wrote** /rəʊt/ *pp* **written** /ˈrɪtn/) escribir

LOC nothing (much) to write home about (*coloq*) nada de especial **to be written all over sb's face** notarse algo a algn a primera vista

PHR V to write back (to sb) contestar (a algn)

to write sth down anotar algo

to write sth into sth incluir algo en algo

to write off/away (to sth/sb) (for sth) escribir (a algo/algn) pidiendo información (sobre algo): *They wrote off for the special booklet.* Escribieron pidiendo el folleto especial.

to write sth off 1 anular algo: *to write off a debt* borrar como incobrable una deuda **2** dar algo de baja: *The car was completely written off.* El coche quedó totalmente destrozado. ☛ *Comparar con* WRITE-OFF

to write sth/sb off dar algo/a algn por imposible

to write sth/sb off as sth tomar algo/a algn por algo

to write sth out 1 *to write out a report* redactar un informe **2** copiar algo

to write sth up 1 redactar algo: *to write up the minutes of a meeting* redactar el acta de una reunión ◊ *to write up your diary* poner al día el diario **2** hacer una crítica de algo ☛ *Comparar con* WRITE-UP

▶ **written 1** *pp de* WRITE **2** *adj* por escrito: *a written application* una solicitud por escrito ◊ *written confirmation* confirmación por escrito

write-off *n* siniestro total: *The car was a complete write-off.* El coche quedó destrozado.

writer /ˈraɪtə(r)/ *n* escritor, -ora: *He's a messy writer.* Tiene mala letra. *Ver tb* COPYWRITER, SONGWRITER, TYPEWRITER

write-up *n* crítica, reseña

writhe /raɪð/ *vi* **1** retorcer(se): *to writhe in agony* retorcerse de dolor **2 ~ (with sth)** (*fig*): *to writhe with embarrassment* morirse de vergüenza

writing /ˈraɪtɪŋ/ *n* **1** escribir, escritura: *writing desk* escritorio ◊ *writing paper* papel de carta ◊ *at the time of writing* en el momento de escribir estas líneas ◊ *a writing pad* un bloc para notas **2** escrito: *There's some writing on the other side.* Hay algo escrito en el otro lado. **3** estilo de redacción **4** letra: *I can't read your writing.* No entiendo tu letra. **5 writings** [*pl*] obras

LOC **in writing** por escrito **the writing (is) on the wall**: *The writing was already on the wall for the company.* La empresa ya tenía los días contados entonces.

written *Ver* WRITE *Ver tb* TYPEWRITTEN

wrong /rɒŋ; *USA* rɔːŋ/ *adj* **1** malo, injusto: *It is wrong to…* No está bien… ◊ *He was wrong in saying/to say that.* Hizo mal en decir aquello. ◊ *What's wrong with…?* ¿Qué tiene de malo…? ◊ *There's nothing wrong in/with that.* No hay nada de malo en ello. **2(a)** equivocado: *to be wrong* estar equivocado/equivocarse ◊ *He got the wrong answer.* Obtuvo un resultado incorrecto. ◊ *That's wrong.* Eso es falso/no es cierto. **(b)** (*reloj*): *to be wrong* ir mal **3** inoportuno, equivocado: *to do/say the wrong thing* hacer mal/decir algo inoportuno ◊ *You're doing it the wrong way.* Lo estás haciendo mal. ◊ *I got on the wrong train/came the wrong way.* Me equivoqué de tren/de camino. ◊ *You have the wrong number.* Se ha equivocado de número. ◊ *the wrong way up/round* cabeza abajo/al revés **4** *There's something wrong with the engine.* Algo le pasa al motor. ◊ *Is anything/something wrong?* ¿Pasa algo? ◊ *What's wrong with him?* ¿Qué le pasa?

LOC **to get (hold of) the wrong end of the stick** (*coloq*) entender mal **wrong side out** al/del revés *Ver tb* BARK², BED, CATCH¹, RUB¹

■ **wrong** *adv* [*predicativo*] mal, equivocadamente, incorrectamente ☛ *Comparar con* WRONGLY

LOC **to get it wrong 1** equivocarse, no acertar **2** (*malinterpretar*): *You've got it all wrong.* No has entendido bien. **to get sb wrong** (*coloq*) malinterpretar a algn: *Don't get me wrong, but…* No te lo tomes a mal, pero… **to get sth wrong** equivocarse en algo **to go wrong 1** equivocarse **2** (*máquina*) estropearse **3** salir/ir mal *Ver tb* FOOT¹

■ **wrong** *n* **1** mal: *to know right from wrong* distinguir entre el bien y el mal ◊ *In their eyes she could do no wrong.* Para ellos no podía cometer errores. ◊ *to do wrong* hacer mal **2** (*formal*) injusticia: *You do me a wrong.* Eres injusto conmigo.

LOC **to be in the wrong 1** estar equivocado **2** ser culpable *Ver tb* RIGHT³, TWO

■ **wrong** *vt* (*formal*) agraviar, ser injusto con

► **wrongful** *adj* injusto, ilegal: *wrongful arrest/dismissal* detención ilegal/despido injustificado

wrongfully *adv* injustamente, ilegalmente

wrongly *adv* ☛ Se usa esp antes de *pp* o *v.* **1** equivocadamente, incorrectamente: *Rightly or wrongly, the decision has been made.* Bien o mal, ya se ha tomado la decisión. **2** *Ver* WRONGFULLY

wrongdoer /ˈrɒŋduːə(r)/ *n* malhechor, -ora

wrongdoing /ˈrɒŋduːɪŋ/ *n* maldad, crimen

wrong-foot /ˈrɒŋ fʊt/ *vt* coger desprevenido

wrong-headed /ˌrɒŋ ˈhedɪd/ *adj* equivocado

wrote *pret de* WRITE

wrought /rɔːt/ *pret, pp de* WORK², WREAK

wrought iron *n* hierro forjado ☛ *Comparar con* CAST IRON

wrung /rʌŋ/ *pret, pp de* WRING

wry /raɪ/ *adj* (**wryer, wryest**) **1** irónico **2** (*expresión*) torcido: *to make a wry face* torcer el gesto/hacer una cara de ironía

► **wryly** *adv* irónicamente, con ironía

X, x /eks/ *n* (*pl* **X's, x's** /ˈeksɪz/) (*letra*) X, x: *X marks the spot.* La X marca el lugar. ◊ *a fee of X pounds* una cuota de X libras ◊ *Put an x.* Pon una cruz. *Ver tb* X-RATED, X-RAY

X chromosome /ˈeks krəʊməsəʊm/ *n* cromosoma X *Ver tb* Y CHROMOSOME

xenon /ˈziːnɒn/ *n* xenón

xenophobia /ˌzenəˈfəʊbiə/ *n* xenofobia
▶ **xenophobic** *adj* xenófobo

Xerox® /ˈzɪərɒks/ *n* **1** xerografía: *a Xerox (machine)* una fotocopiadora Xerox **2** xerocopia

XL /ˌeks ˈel/ (*talla*) *abrev de* **extra large** XL

Xmas /ˈkrɪsməs, ˈeksməs/ *n* (*coloq*) Navidad: *A merry Xmas to all our readers!* ¡Felices Pascuas a todos nuestros lectores!

X-rated /ˈeks reɪtɪd/ *adj* (*GB, Cine*) para mayores de 18 años

X-ray /ˈeks reɪ/ *n* radiografía: *X-rays* rayos X ◊ *a chest X-ray* una radiografía de pecho ◊ *I was sent for an X-ray.* Me mandaron que me hiciera una radiografía. ◊ *an X-ray machine* un aparato de rayos X
■ **X-ray** *vt* radiografiar, hacer una radiografía a

xylophone /ˈzaɪləfəʊn/ *n* xilófono ☛ *Ver ilustración en* PERCUSSION

Y, y /waɪ/ *n* (*pl* **Y's, y's** /waɪz/) (*letra*) Y, y: *Y for yacht* Y de yate *Ver tb* Y-FRONTS

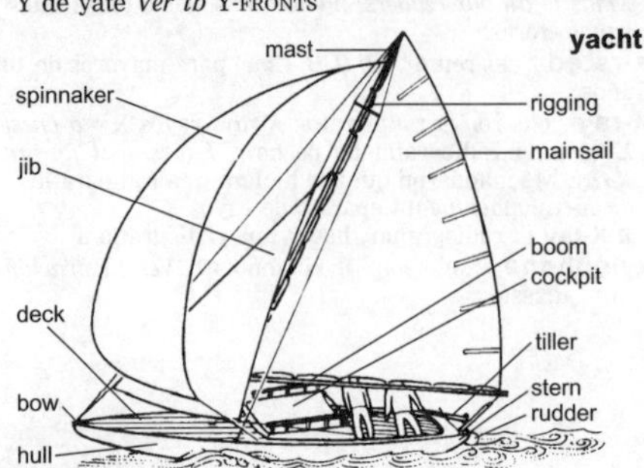

yacht /jɒt/ *n* **1** yate: *a yacht club* un club náutico **2** balandro
▶ **yachting** *n* navegación a vela: *to go yachting* ir a pasear en yate
yachtsman *n* (*fem* **yachtswoman**) (*pl* **-men, -women**) balandrista
yachtsmanship *n* arte de navegar en yate
yack /jæk/ *vi* **~ (away/on) (about sth/sb)** (*coloq*) parlotear, hablar sin parar (de algo/algn): *Joy kept yacking (on) about the wedding.* Joy no paró de hablar de la boda.
yak /jæk/ *n* yac, yak
yam /jæm/ *n* **1** ñame **2** (*USA*) batata
yank /jæŋk/ *vt, vi* (*coloq*) dar un tirón brusco: *He yanked the bedclothes off the bed.* Quitó la ropa de la cama de un tirón. ◊ *I yanked at the chain.* Tiré con fuerza de la cadena.
PHR V **to yank sth out** sacar algo de un tirón: *She yanked out the plug.* Sacó el enchufe de un tirón.
■ **yank** *n* tirón
Yankee /ˈjæŋki/ (*tb* **Yank**) *n* (*coloq*) yanqui
yap /jæp/ *vi* (**-pp-**) **1 to yap (at sth/sb)** ladrar (a algo/algn) (*con un ladrido corto y agudo*): *The dog wouldn't stop yapping.* El perro no dejaba de ladrar. ☛ *Comparar con* BARK[2] **2** (*coloq*) parlotear
yard[1] /jɑːd/ *n* **1(a)** patio **(b)** (*USA*) jardín **2** *a builder's yard/a timber yard* un almacén de materiales para la construcción/madera ◊ (*stable*) *yard* caballeriza *Ver tb* BOATYARD, DOCKYARD, FARMYARD, GRAVEYARD, SCRAPYARD, VINEYARD **3 the Yard** (*tb* **Scotland Yard**) Scotland Yard
yard[2] /jɑːd/ *n* (*abrev* **yd**) yarda (*0,9144 m*) ☛ *Ver apéndice 3 Ver tb* INCH
yardarm /ˈjɑːdɑːm/ *n* penol
yardstick /ˈjɑːdstɪk/ *n* criterio
yarn /jɑːn/ *n* **1** hilo **2** cuento (*generalmente complicado e inverosímil*) **LOC** *Ver* SPIN
yarrow /ˈjærəʊ/ *n* milenrama
yashmak /ˈjæʃmæk/ *n* velo (*de musulmana*)
yawn /jɔːn/ *vi* **1** bostezar **2** (*agujero, grieta*) abrirse
■ **yawn** *n* **1** bostezo **2** (*coloq, pey*): *The film was a real yawn.* La película fue aburridísima.
▶ **yawning** *adj* /jɔːnɪŋ/ enorme: *a yawning chasm* un profundo abismo ◊ *the yawning gap/gulf between rich and poor* el abismo entre los ricos y los pobres

Y chromosome /ˈwaɪ krəʊməsəʊm/ *n* cromosoma Y *Ver tb* X CHROMOSOME
yd (*pl* **yds**) *abrev de* yarda
ye[1] /jiː/ *pron pers* (*antic*) vosotros, -as
ye[2] /jiː/ *art def* (*antic*) *Ver* THE
yea /jeɪ/ *adv* (*antic, ret*) sí: *to say yea or nay to sth* decir que sí o que no a algo ☛ *Comparar con* NAY
■ **yea** *n* voto a favor: *the yeas and the nays* los votos a favor y los votos en contra
yeah /jeə/ *adv* (*coloq*) *Ver* YES
year /jɪə(r), jɜː(r)/ *n* (*abrev* **yr**) **1** año: *this year* este año ◊ *next year* el año que viene ◊ *last year* el año pasado ◊ *the year after next/before last* dentro de dos años/hace dos años ◊ *in a year's time* dentro de un año ◊ *a year ago* hace un año ◊ *a year ago today* hoy hace un año ◊ *every year* todos los años ◊ *in a year or two* dentro de uno o dos años ◊ *She's worked there for ten years.* Ha trabajado allí durante diez años. ◊ *a five-year forecast* una predicción a cinco años ◊ *She earns over ten thousand pounds a year.* Gana más de diez mil libras al año. ◊ *once a year* una vez al año ◊ *Happy New Year!* ¡Feliz Año Nuevo! ◊ *a good year for strawberries* un buen año de fresas *Ver tb* CALENDAR YEAR, FINANCIAL YEAR, FISCAL YEAR, HALF-YEARLY, LEAP YEAR, LIGHT YEAR, NEW YEAR, NEW YEAR'S DAY, NEW YEAR'S EVE, YESTERYEAR **2** (*Educ*) año, curso: *the academic year* el año escolar ◊ *first-year students* estudiantes de primer curso ◊ *He's in his final year at Oxford.* Está en su último año de carrera en Oxford. ◊ *the financial/fiscal/tax year* el año fiscal **3** [*gen pl*] (*edad*) año: *He's twenty years old/of age.* Tiene veinte años. ◊ *a seventy-year-old man* un hombre de setenta años ◊ *They have a year-old son.* Tienen un hijo de un año. ◊ *She looks young for her years.* Parece joven para la edad que tiene.

Para decir los años que tiene alguien en inglés hablado se tiende a omitir **years old** y a usar solo los números: *She's five and I'm ten.* Ella tiene cinco años y yo diez.. **Years old** no se suele omitir en lenguaje formal o cuando queremos dar énfasis: *When he was forty years old...* Cuando tenía cuarenta años... ◊ *I can't believe he's thirty years old!* ¡No puedo creer que tenga treinta años!
Nótese que **old** no se puede omitir a no ser que se omita la frase **years old** entera. *Ver tb nota en* OLD

4 years [*pl*] (*coloq*) siglos: *I've worked here for years (and years).* He trabajado aquí durante siglos. ◊ *I haven't heard from her in years.* Hace siglos que no sé nada de ella.
LOC **all year round** durante todo el año **businessman, car, etc of the year** empresario, el coche, etc del año **in the year of grace**; **in the year of our Lord** (*formal*) en el año de gracia, en el año del Señor **not/never in a hundred, million, etc years** jamás de los jamases **the year dot** (*coloq*) el año de la nana **to put years on sb** echar años a algn **to take years off sb** quitar años a algn **year after year** año tras año **year by year** con el paso del tiempo **year in, year out** todos los años *Ver tb* CLOCK, DONKEY, OLD, RING[2], TURN[2]
yearbook /ˈjɪəbʊk/ *n* anuario
year-end /ˈjɪər end/ *n* cierre de ejercicio: *year-end profits* beneficios al cierre del ejercicio
yearling /ˈjɪəlɪŋ/ *n* animal entre uno y dos años (*esp potro de carreras*)

year-long /ˌjɪə ˈlɒŋ/ *adj* que dura un año entero
yearly /ˈjɪəli/ *adj* anual
■ **yearly** *adv* anualmente, cada año: *twice yearly* dos veces al año *Ver tb* HALF-YEARLY
yearn /jɜːn/ *vi* **1 ~ (for sth/sb)** suspirar (por algo/por algn) **2 ~ (to do sth)** anhelar (hacer algo): *She yearned to return to her native country.* Anhelaba regresar a su patria.
▶ **yearning** *n* **1 ~ (for sth/sb)** anhelo, ansia (por algo); añoranza (de algn) **2 ~ (for sth/sb); ~ (to do sth)** anhelo, ansia (de hacer algo)
year-round /ˌjɪə ˈraʊnd/ *adj*: *year-round sunshine* sol durante todo el año
yeast /jiːst/ *n* levadura
yell /jel/ *vt, vi* **1 ~ (out) (at sth/sb)** gritar (a algo/algn): *to yell your head off* chillar como loco ◊ *They yelled (out) abuse at the policeman.* Insultaron a gritos al policía. **2 ~ (out) (in/with sth)** gritar (de algo): *She yelled out in pain.* Gritó de dolor. ☛ *Ver nota en* SHOUT
■ **yell** *n* grito, alarido
yellow /ˈjeləʊ/ *adj* **1** amarillo *Ver tb* CANARY YELLOW **2** (*tb* **yellow-bellied**) (*coloq, pey*) cobarde
■ **yellow** *n* (color) amarillo
■ **yellow** *vt, vi* poner(se) amarillo, amarillecer
▶ **yellowish** (*tb* **yellowy**) *adj* amarillento
yellow card *n* tarjeta amarilla
yellow fever *n* fiebre amarilla
yellowhammer /ˈjeləʊhæmə(r)/ *n* verderón
yellow pages *n* páginas amarillas
yelp /jelp/ *n* **1** (*animal*) gañido: *We could hear the yelps of the puppies.* Podíamos oír los gemidos de los cachorros. **2** (*persona*) grito (*de dolor*)
■ **yelp** *vi* **1** (*animal*) gañir **2** (*persona*) gritar
yen /jen/ *n* **1** (*pl* **yen**) (*moneda*) yen **2** (*coloq*) antojo: *a yen for strawberries* un antojo de fresas
yeoman /ˈjəʊmən/ *n* (*pl* **-men** /-mən/) (*GB*) **1** (*antic, Hist*) pequeño terrateniente **2** sirviente (*de una casa real o noble*)
Yeoman of the Guard *n* alabardero de la Casa Real
yep /jep/ *interj* (*argot*) *Ver* YES *Ver tb* NOPE
yer /jə(r)/ *pron pers* (*argot*) *Ver* YOU
yes /jes/ *interj* sí: *'Coffee?' 'Yes, please.'* —¿Café? —Sí, por favor. ◊ *'Did you go?' 'Yes, I did.'* —¿Fuiste? —Sí.

Nótese que en inglés es muy común repetir el verbo auxiliar de la pregunta cuando en español se da una respuesta de "sí" o "no": *'Did you eat it all?' 'No I didn't.'* —¿Te lo comiste todo? —No. ◊ *'Is Tom at home?' 'Yes, he is.'* —¿Está Tom en casa? —Sí. ◊ *'Have you seen him?' 'Yes I have.'* —¿Le has visto? —Sí. *Ver tb nota en* SÍ[2]

■ **yes** *n* (*pl* **yeses**) sí: *to give an emphatic yes to sth* dar un sí rotundo a algo
yes-man /ˈjes mæn/ *n* (*pl* **-men** /-men/) pelota (*en el trabajo*)
yesterday /ˈjestədeɪ, -di/ *adv* ayer: *yesterday morning/afternoon/evening* ayer por la mañana/tarde/noche ☛ *Ver nota en* MORNING **LOC** *Ver* BORN, DAY, WEEK
■ **yesterday** *n* ayer: *Where's yesterday's (news)paper?* ¿Dónde está el periódico de ayer? ◊ *dressed in yesterday's fashions* vestida con ropa pasada de moda
yesteryear /ˈjestəjɪə(r)/ *n* (*antic* o *ret*) antaño: *the laws of yesteryear* las leyes de antaño
yet /jet/ *adv* **1** (*en frases negativas*) todavía, aún: *I haven't received a letter from him yet.* Todavía no he recibido carta suya. ◊ *Don't go yet.* No te vayas todavía. ☛ *Ver nota en* STILL[1] **2** (*en frases interrogativas*) ya ☛ Nótese que en este sentido muchas veces **yet** no se traduce: *Has he arrived yet?* ¿Ha llegado (ya)?

¿Yet o **already?** Cuando **yet** se traduce por "ya" solo se usa en frases interrogativas y siempre va al final de la oración: *Have you finished it yet?* ¿Lo has terminado (ya)?

Already se usa en frases afirmativas e interrogativas y normalmente va detrás de los verbos auxiliares o modales y delante de los demás verbos: *Have you finished already?* ¿Has terminado ya? ◊ *He already knew her.* Ya la conocía.
Cuando **already** indica sorpresa de que una acción se haya realizado antes de lo esperado se puede poner al final de la frase: *He has found a job already!* ¡Ya ha encontrado trabajo! ◊ *Is it there already? That was quick!* ¿Ya está allí? ¡Qué rapidez!*Ver tb ejemplos en* ALREADY.

3 (*después de superlativo*) hasta ahora: *her best novel yet* su mejor novela hasta la fecha **4** (*antes de comparativo*) incluso, aún: *a recent and yet more improbable theory* una teoría reciente e incluso más improbable ◊ *yet more work* aún más trabajo **5** (*formal*) a pesar de todo: *We may win yet.* Todavía podemos ganar.
LOC as yet hasta ahora **yet again** otra vez más *Ver tb* EARLY, JUST[2]
■ **yet** *conj* aún así: *It's incredible yet true.* Es increíble pero cierto. **LOC** *Ver* NEAR[1]
yeti /ˈjeti/ (*tb* **Abominable Snowman**) *n* yeti
yew /juː/ (*tb* **yew-tree**) *n* tejo (*Bot*)
Y-fronts® /ˈwaɪ frʌnts/ *n* [*pl*] (*GB*) calzoncillos: *a pair of Y-fronts* un par de calzoncillos
YHA /ˌwaɪ eɪtʃ ˈeɪ/ (*GB*) *abrev de* **Youth Hostels Association** Asociación de Albergues Juveniles
Yiddish /ˈjɪdɪʃ/ *adj, n* yiddish
yield /jiːld/ **1** *vt* **(a)** producir: *trees that no longer yield fruit* árboles que ya no dan fruta ◊ *The policy did not yield results.* La medida no dio resultados. **(b)** (*Fin*) rendir **2** *vi* **(a) ~ (to sth/sb)** (*formal*) rendirse (a algo/algn) **(b)** ceder (ante algo/algn): *She yielded to temptation.* Cedió ante la tentación. ☛ La palabra más normal es **give in**. **3** *vi* **~ to sth** dar paso a algo: *Cinema is yielding to home videos.* El cine está dando paso al vídeo. **4** *vt* (*formal*) **(a) ~ sth/sb (up) (to sb)** entregar algo/a algn (a algn) **(b) ~ sth (up) (to sb)** revelar algo (a algn) **5** *vi* **~ (to sth/sb)** (*USA, Irl*) (*tráfico*) ceder el paso (a algo/algn) ☛ *Comparar con* TO GIVE WAY (TO STH/SB) *en* WAY[1]
LOC to yield the palm (to sb) conceder la victoria (a algn)
■ **yield** *n* **1** producción **2** (*agricultura*) cosecha **3** (*Fin*) rendimiento
▶ **yielding** *adj* **1** flexible **2** sumiso
yippee /jɪˈpiː/ *interj* (*coloq*) ¡yupi!
YMCA /ˌwaɪ em siː ˈeɪ/ (*tb* **Y**) *abrev de* **Young Men's Christian Association** Asociación de Jóvenes Cristianos
yob /jɒb/ (*tb* **yobbo** /ˈjɒbəʊ/, *pl* **~s**) *n* (*GB, argot*) gamberro, -a
yodel (*tb* **yodle**) /ˈjəʊdl/ *vt, vi* (**-ll-**, *USA* **-l-**) cantar a la tirolesa
■ **yodel** (*tb* **yodle**) *n* canto tirolés
yoga /ˈjəʊgə/ *n* yoga
yoghurt (*tb* **yogurt**, **yoghourt**) /ˈjɒgət; *USA* ˈjəʊgərt/ *n* yogur
yogi /ˈjəʊgi/ *n* (*pl* **yogis**) yogui
yoke /jəʊk/ *n* **1(a)** (*lit y fig*) yugo: *to throw off the yoke of slavery* quitarse el yugo de la esclavitud **(b)** (*pl* **yoke**) yunta **2** balancín **3** (*costura*) canesú
■ **yoke** *vt* **1** (*animal*) uncir **2** (*formal, fig*) unir
yokel /ˈjəʊkl/ *n* (*pey* o *joc*) palurdo, -a
yolk /jəʊk/ *n* (*huevo*) yema: *three egg yolks* tres yemas de huevo ☛ *Ver ilustración en* HUEVO
yonder /ˈjɒndə(r)/ (*tb* **yon**) *adj* (*antic*) aquel
■ **yonder** *adv* a lo lejos
yore /jɔː(r)/ *n*
LOC of yore (*antic* o *ret*) de antaño
Yorkshire pudding /ˌjɔːkʃə ˈpʊdɪŋ/ *n* masa a base de leche, huevos y harina que se hace en el horno y

tradicionalmente se sirve con el rosbif ☛ *Ver nota en* ROAST

you /juː/ *pron pers* **1** (*como sujeto*) **(a)** tú, usted, -es, vosotros, -as: *You said you knew the way.* Dijiste que sabías el camino. ◊ *Poor you!* ¡Pobre de ti!

Nótese que el pronombre personal no se puede omitir en inglés.

(b) (*en frases impersonales*): *You can't smoke in this compartment.* No se puede fumar en este compartimento.

En las frases impersonales se puede usar **one** con el mismo significado que **you**, pero es mucho más formal.

2 (*como complemento*) te, lo, la, le, os, los, las, les: *I'll hit you.* Os voy a pegar. ◊ *Thank goodness I caught you ladies!* ¡Gracias a Dios que las cogí, señoras! ◊ *I thought she told you.* Pensé que te lo había dicho. **3** (*tras preposición o el verbo* **to be**) tú, usted, -es, vosotros, -as: *Can I go with you?* ¿Puedo ir contigo? ◊ *This is for you.* Esto es para vosotros. ◊ *Between you and me…* Entre nosotros… ◊ *It could have been you.* Podías haber sido tú.

you'd /juːd/ **1** = YOU HAD *Ver* HAVE **2** = YOU WOULD *Ver* WOULD

you'll /juːl/ = YOU WILL *Ver* WILL[1]

young /jʌŋ/ *adj* (**younger** /ˈjʌŋgə(r)/ **youngest** /ˈjʌŋgɪst/) joven: *young people* jóvenes ◊ *He's 2 years younger than me.* Tiene dos años menos que yo. ◊ *I'd love to join in if I were younger.* Me apuntaría si fuera más joven. ◊ *young offender* delincuente juvenil ◊ *to marry young* casarse joven ◊ *I have two younger brothers.* Tengo dos hermanos más pequeños. ◊ *my youngest child* el más pequeño de mis hijos ◊ *the younger generation* la generación de los más jóvenes

LOC **not as/so young as you used to be/(once) were**: *I'm not as young as I was.* Ya empiezo a notar los años. **to be young at heart** ser joven de espíritu *Ver tb* OLD, ONLY

■ **young** *n* [*pl*] **1** (*de animales*) crías **2 the young** los jóvenes

LOC **young and old** grandes y pequeños: *for young and old alike* para todas las edades

▶ **the Younger** *pron* (*formal*) *Pitt the Younger* Pitt el Joven ☛ *Comparar con* THE ELDER *en* ELDER[1]

youngster /ˈjʌŋstə(r)/ *n* joven

your /jɔː(r); *USA* jʊər/ *adj* **1** tu(s), vuestro(s), vuestra(s), su(s): *Is this your seat?* ¿Es este tu asiento? ◊ *to break your leg* romperse la pierna ◊ *and on your left…* y a su izquierda… ◊ *They advise you to register your car.* Te aconsejan que des de alta el coche. ☛ *Ver nota en* MY **2 Your** Su(s): *Your Majesty/Excellency* Su Majestad/Excelencia

you're /jʊə(r), jɔː(r)/ = YOU ARE *Ver* BE

yours /jɔːz; *USA* jʊərz/ *pron pos* tuyo, -a, -os, -as, vuestro, -a, -os, -as, suyo, -a, -os, -as: *Is she a friend of yours?* ¿Es amiga tuya/vuestra/suya? ◊ *The choice is yours.* Tú decides. ◊ *Is that book yours?* ¿Es tuyo este libro?

LOC **you and yours** tú y los tuyos, usted y los suyos **Yours faithfully/sincerely** le saluda atentamente ☛ *Ver nota en* ATENTAMENTE ☛ *Ver tb págs 594–7* **yours truly** su seguro servidor

yourself /jɔːˈself; *USA* jʊərˈself/ *pron* (*pl* **-selves** /-ˈselvz/) **1** [*uso reflexivo*] te, os, se: *Have you hurt yourself?* ¿Se ha hecho usted daño? ◊ *Enjoy yourselves!* ¡Pasadlo bien! ◊ *You mustn't blame yourselves.* No debéis culparos. ◊ *Help yourself!* ¡Sírvete! **2** (*tras preposición*) ti mismo, -a, usted mismo, -a, vosotros mismos, vosotras mismas, ustedes mismos, -as: *proud of yourself* orgulloso de ti mismo ◊ *Tell me about yourself.* Háblame de ti. ◊ *See for yourselves.* Véanlo ustedes mismos. **3** [*uso enfático*] tú mismo, -a, usted mismo, -a, vosotros mismos, vosotras mismas, ustedes mismos, -as: *You yourselves told me so.* Vosotros mismos me lo dijisteis. ◊ *You're a father yourself, you should know.* Usted también es padre, sabrá cómo es. ☛ *Ver nota en* ONESELF *Ver tb* DO-IT-YOURSELF

LOC **(all) by yourself/yourselves** **1** (*sin ayuda*) (completamente) solo(s), sola(s) **2** (*sin compañía*) (totalmente) solo(s), sola(s) ☛ *Ver nota en* ALONE

youth /juːθ/ *n* **1** [*incontable*] (*período de la vida*) juventud: *In my youth…* Cuando yo era joven… **2** (*pl* **~s** /juːðz/) (*gen pey*) (chico) joven **3 the youth** [*v sing o pl*] la juventud: *the youth of today* la juventud de hoy en día ◊ *youth culture* cultura de la juventud **LOC** *Ver* FLUSH[1]

▶ **youthful** *adj* jovial, juvenil

youthfulness *n* jovialidad

youth club *n* club para jóvenes

Youth Hostels Association *n* (*GB*) (*abrev* **YHA**) Asociación de Albergues Juveniles

you've /juːv/ = YOU HAVE *Ver* HAVE

yo-yo /ˈjəʊ jəʊ/ *n* (*pl* **~s**) yoyó

yr (*pl* **yrs**) *abrev de* **year**

YTS /ˌwaɪ tiː ˈes/ (*GB*) *abrev de* **Youth Training Scheme** Plan de Empleo Juvenil

yuan /juˈɑːn/ *n* (*pl* **yuan**) yuan (*moneda china*)

yucca /ˈjʌkə/ *n* yuca

yuk (*tb* **yuck**) /jʌk/ *interj* (*coloq*) ¡qué asco!

Yuletide /ˈjuːltaɪd/ *n* (*antic* o *ret*) navidad

yuppie /ˈjʌpi/ *n* (*coloq, gen pey*) yuppie

YWCA /ˌwaɪ dʌbljuː siː ˈeɪ/ (*tb* **Y**) *abrev de* **Young Women's Christian Association** Asociación de Jóvenes Cristianas

Zz

Z, z /zed; *USA* zi:/ *n* (*pl* **Z's, z's** /zedz; *USA* zi:z/) (*letra*) Z, z: *Z for Zoe* Z de Zamora **LOC** *Ver* A, A

zany /ˈzemi/ *adj* (**-ier, -iest**) (*coloq*) **1** (*estilo, vida*) extravagante **2** (*idea, humor*) excéntrico

zap /zæp/ (**-pp-**) (*coloq*) **1** *vt* **to zap sth/sb (with sth)** matar algo/a algn (con algo): *They zap the cancer with lasers.* Atacan el cáncer con láser. **2** *vi* correr

zeal /zi:l/ *n* entusiasmo: *religious zeal* fervor religioso
▶ **zealot** /ˈzelət/ *n* (*gen pey*) fanático, -a
zealous /ˈzeləs/ *adj* entusiasta

zebra /ˈzebrə, ˈzi:brə/ *n* (*pl* **zebra** o **~s**) cebra

zebra crossing *n* (*GB*) paso de cebra

Zen /zen/ *n* zen: *Zen Buddhism* budismo zen

zenith /ˈzenɪθ/ *n* cénit ☛ *Comparar con* NADIR

Zeppelin /ˈzepəlɪn/ *n* zepelín

zero /ˈzɪərəʊ/ *n, pron* (*pl* **~s**) *adj* cero (*en contextos científicos, médicos y económicos*): *ten degrees below zero* diez grados bajo cero ◊ *absolute zero* cero absoluto ◊ *zero gravity* gravedad cero ◊ *zero growth* crecimiento cero *Ver tb* SUB-ZERO ☛ *Comparar con* NIL y ver notas en NOUGHT y O, O
■ **zero** *v*
PHR V to zero in on sth/sb 1 apuntar directamente a algo/algn **2** (*fig*) centrarse en algo/algn

zero-rated /ˌzɪərəʊ ˈreɪtɪd/ *adj* que tiene el tipo cero de IVA

zest /zest/ *n* [*sing*] **1 ~ (for sth)** entusiasmo (por algo): *zest for life* ganas de vivir **2(a)** sabor **(b)** (*fig*): *The darkness gave (an) added zest to the adventure.* La oscuridad le daba un algo especial a la aventura. **3** (*Cocina*) corteza (*de limón, naranja, etc*)

zigzag /ˈzɪgzæg/ *adj* en zigzag ☛ *Ver ilustración en* PATTERN
■ **zigzag** *n* zigzag
■ **zigzag** *vi* (**-gg-**) zigzaguear, hacer zigzag

Zimmer® /ˈzɪmə(r)/ (*tb* **Zimmer frame**) *n* andador (*para ancianos*)

zinc /zɪŋk/ *n* cinc, zinc

Zion /ˈzaɪən/ *n* Sión
▶ **Zionism** *n* sionismo
Zionist *adj, n* sionista

zip¹ /zɪp/ (*tb esp GB* **zip-fastener**, *USA* **zipper**) *n* cremallera
■ **zip** *vt* (**-pp-**): *He zipped the bag shut.* Cerró la cremallera de su bolsa.
PHR V to zip up cerrarse con cremallera: *The dress zips up at the back.* El vestido se cierra por detrás con cremallera. ◊ *The bag won't zip up.* No puedo cerrar la cremallera del bolso.
to zip sth/sb up cerrar la cremallera de algo/algn: *Can you zip me up, please?* ¿Puedes subirme la cremallera, por favor?
▶ **zipped** (*tb* **zip-up**) *adj* con cremallera: *a zipped pocket/a zip-up jacket* un bolsillo/una chaqueta con cremallera

zip² /zɪp/ *vi* (**-pp-**) ir deprisa: *She's just zipped into town.* Acaba de salir zumbando al centro. ◊ *The time just zipped past.* El tiempo se pasó volando.

Zip code (*USA*) (*GB* **postcode**) *n* código postal

zipper /ˈzɪpə(r)/ (*USA*) (*GB* **zip**) *n* cremallera

zirconium /zɜ:ˈkəʊniəm/ *n* circonio

zodiac /ˈzəʊdiæk/ *n* zodiaco: *the twelve signs of the zodiac* los doce signos del zodiaco ☛ *Ver ilustración en* ZODIACO

zombie /ˈzɒmbi/ *n* zombi

zone /zəʊn/ *n* zona: *danger zone* zona de peligro ◊ *war/battle zone* zona de guerra/batalla ◊ *time zone* zona horaria
■ **zone** *vt* dividir en/por zonas
▶ **zoning** *n* división por zonas

zonked /zɒŋkt/ *adj* **~ (out)** (*argot*) hecho polvo

zoo /zu:/ (*formal* **zoological gardens**) *n* (*pl* **zoos**) zoo, parque zoológico

zookeeper /ˈzu:ki:pə(r)/ *n* guarda (*de un zoo*)

zoology /zəʊˈɒlədʒi, zuˈɒl-/ *n* [*incontable*] zoología
▶ **zoological** /ˌzəʊəˈlɒdʒɪkl/ *adj* zoológico
zoologist /zəʊˈɒlədʒɪst/ *n* zoólogo, -a

zoom /zu:m/ *vi* **1** ir muy deprisa: *We were zooming along.* Íbamos pitando. ◊ *He zoomed past on his motor-bike.* Pasó zumbando en su moto. **2** (*coloq, fig*) subir muy deprisa (*coste, precio, etc*)
PHR V to zoom in (on sth/sb) enfocar (algo/a algn) (*con un zoom*)
■ **zoom** *n* [*incontable*] zumbido

zoom lens *n* zoom

zucchini /zuˈki:ni/ *n* (*pl* **zucchini** o **~s**) (*esp USA, Austral*) (*GB* **courgette**) calabacín

Apéndices

Apéndice 1

Verbos irregulares

En estas listas aparecen todos los verbos que se incluyen en el diccionario cuyo pasado y participio son irregulares. No aparecen, sin embargo, aquellos verbos formados por un prefijo con guion (como por ejemplo **pre-set**), ni los verbos modales como **can** o **must**.

El asterisco indica que esa forma irregular se utiliza solo en ciertos sentidos del verbo (por ejemplo ***costed** se utiliza solo cuando **cost** significa presupuestar). Para información sobre la pronunciación y traducciones de estos verbos, véanse las entradas correspondientes.

Infinitivo	Pasado	Participio
arise	arose	arisen
awake	awoke	awoken
be	was/were	been
bear	bore	borne
beat	beat	beaten
become	became	become
befall	befell	befallen
beget	begot, (*antic*) begat	begotten
begin	began	begun
behold	beheld	beheld
bend	bent	bent
beseech	besought, beseeched	besought, beseeched
beset	beset	beset
bet	bet, betted	bet, betted
bid[1]	bid	bid
bid[2]	bade	bidden
bind	bound	bound
bite	bit	bitten
bleed	bled	bled
bless	blessed	blessed
blow	blew	blown
break	broke	broken
breed	bred	bred
bring	brought	brought
broadcast	broadcast	broadcast
browbeat	browbeat	browbeaten
build	built	built
burn[2]	burnt, burned	burnt, burned
burst	burst	burst
bust	bust, busted	bust, busted
buy	bought	bought
cast	cast	cast
catch	caught	caught
chide	chided, chid	chided, chid, chidden
choose	chose	chosen
cleave[1]	cleaved, clove, cleft	cleaved, cloven, cleft
cling	clung	clung
come	came	come
cost	cost, *costed	cost, *costed
creep	crept	crept
cut	cut	cut
deal	dealt	dealt
dig	dug	dug
dive	dived; (*USA*) dove	dived
do[1,2]	did	done
draw	drew	drawn
dream	dreamt, dreamed	dreamt, dreamed

Infinitivo	Pasado	Participio
drink	drank	drunk
drive	drove	driven
dwell	dwelt; (*USA*) dwelled	dwelt; (*USA*) dwelled
eat	ate	eaten
fall	fell	fallen
feed	fed	fed
feel	felt	felt
fight	fought	fought
find	found	found
flee	fled	fled
fling	flung	flung
floodlight	floodlighted, floodlit	floodlighted, floodlit
fly	flew	flown
forbear	forbore	forborne
forbid	forbade, forbad	forbidden
forecast	forecast, forecasted	forecast, forecasted
foresee	foresaw	foreseen
foretell	foretold	foretold
forget	forgot	forgotten
forgive	forgave	forgiven
forgo	forwent	forgone
forsake	forsook	forsaken
forswear	forswore	forsworn
freeze	froze	frozen
get	got	got; (*USA*) gotten
give	gave	given
go	went	gone
grind	ground	ground
grow	grew	grown
hamstring	hamstringed, hamstrung	hamstringed, hamstrung
hang	hung, *hanged	hung, *hanged
have	had	had
hear	heard	heard
heave	heaved, hove	heaved, hove
hide	hid	hidden
hit	hit	hit
hold	held	held
hurt	hurt	hurt
input	input, inputted	input, inputted
inset	inset	inset
interweave	interwove	interwoven
keep	kept	kept
kneel	knelt; (*esp USA*) kneeled	knelt; (*esp USA*) kneeled
knit	knitted, *knit	knitted, *knit
know	knew	known
lay	laid	laid
lead	led	led

Infinitivo	Pasado	Participio
lean²	leant, leaned	leant, leaned
leap	leapt, leaped	leapt, leaped
learn	learnt, learned	learnt, learned
leave	left	left
lend	lent	lent
let	let	let
lie²	lay	lain
light	lit, lighted	lit, lighted
lose	lost	lost
make	made	made
mean	meant	meant
meet	met	met
mishear	misheard	misheard
mislay	mislaid	mislaid
misread	misread	misread
mistake	mistook	mistaken
misunderstand	misunderstood	misunderstood
mow	mowed	mown, mowed
offset	offset	offset
outbid	outbid	outbid
outdo	outdid	outdone
outgrow	outgrew	outgrown
output	output, outputted	output, outputted
outrun	outran	outrun
outshine	outshone	outshone
overcome	overcame	overcome
overdo	overdid	overdone
overdraw	overdrew	overdrawn
overeat	overate	overeaten
overfly	overflew	overflown
overhang	overhung	overhung
overhear	overheard	overheard
overlay	overlaid	overlaid
overpay	overpaid	overpaid
override	overrode	overridden
overrun	overran	overrun
oversee	oversaw	overseen
overshoot	overshot	overshot
oversleep	overslept	overslept
overspend	overspent	overspent
overtake	overtook	overtaken
overthrow	overthrew	overthrown
partake	partook	partaken
pay	paid	paid
plead	pleaded; (*USA*) pled	pleaded; (*USA*) pled
proof-read	proof-read	proof-read
prove	proved	proved; (*esp USA*) proven
put	put	put
quit	quit, quitted	quit, quitted
read	read	read
rebuild	rebuilt	rebuilt
recast	recast	recast
redo	redid	redone
remake	remade	remade
repay	repaid	repaid
rerun	reran	rerun
resell	resold	resold
reset	reset	reset
resit	resat	resat

Infinitivo	Pasado	Participio
retake	retook	retaken
retell	retold	retold
rewind	rewound	rewound
rewrite	rewrote	rewritten
rid	rid	rid
ride	rode	ridden
ring	rang	rung
rise	rose	risen
run	ran	run
saw	sawed	sawn; (*USA*) sawed
say	said	said
see	saw	seen
seek	sought	sought
sell	sold	sold
send	sent	sent
set	set	set
sew	sewed	sewn, sewed
shake	shook	shaken
shear	sheared	shorn, sheared
shed	shed	shed
shine	shone, *shined	shone, *shined
shit	shitted, shat	shitted, shat
shoe	shod	shod
shoot	shot	shot
show	showed	shown, showed
shrink	shrank, shrunk	shrunk
shut	shut	shut
sing	sang	sung
sink	sank	sunk
sit	sat	sat
slay	slew	slain
sleep	slept	slept
slide	slid	slid
sling	slung	slung
slink	slunk	slunk
slit	slit	slit
smell	smelt, smelled	smelt, smelled
smite	smote	smitten
sow	sowed	sown, sowed
speak	spoke	spoken
speed	sped, *speeded	sped, *speeded
spell	spelt, spelled	spelt, spelled
spend	spent	spent
spill	spilt, spilled	spilt, spilled
spin	spun	spun
spit	spat; (*esp USA*) spit	spat; (*esp USA*) spit
split	split	split
spoil	spoilt, spoiled	spoilt, spoiled
spotlight	spotlit, spotlighted	spotlit, spotlighted
spread	spread	spread
spring	sprang	sprung
stand	stood	stood
stave	staved, *stove	staved, *stove
steal	stole	stolen
stick	stuck	stuck
sting	stung	stung
stink	stank, stunk	stunk

Infinitivo	Pasado	Participlo
strew	strewed	strewed, strewn
stride	strode	stridden
strike	struck	struck
string	strung	strung
strive	strove	striven
sublet	sublet	sublet
swear	swore	sworn
sweep	swept	swept
swell	swelled	swollen, swelled
swim	swam	swum
swing	swung	swung
take	took	taken
teach	taught	taught
tear	tore	torn
tell	told	told
think	thought	thought
throw	threw	thrown
thrust	thrust	thrust
tread	trod	trodden, trod
typecast	typecast	typecast
undercut	undercut	undercut
undergo	underwent	undergone
underlie	underlay	underlain

Infinitivo	Pasado	Participlo
understand	understood	understood
undertake	undertook	undertaken
underwrite	underwrote	underwritten
undo	undid	undone
unfreeze	unfroze	unfrozen
unwind	unwound	unwound
uphold	upheld	upheld
upset	upset	upset
wake	woke; (*antic*) waked	woken; (*antic*) waked
waylay	waylaid	waylaid
wear	wore	worn
weave[1]	wove	woven
wed	wedded, wed	wedded, wed
weep	wept	wept
wet	wet, wetted	wet, wetted
win	won	won
wind[2]	wound	wound
withdraw	withdrew	withdrawn
withhold	withheld	withheld
withstand	withstood	withstood
wring	wrung	wrung
write	wrote	written

Apéndice 2

Nombres de persona

Nombres de mujer

Abigail /ˈæbɪgeɪl/
Ada /ˈeɪdə/
Agatha /ˈægəθə/; Aggie /ˈægi/
Agnes /ˈægnɪs/; Aggie /ˈægi/
Aileen *Ver* Eileen
Alexandra /ˌælɪgˈzɑːndrə; *USA* -ˈzæn-/; Alex /ˈælɪks/; Sandy /ˈsændi/
Alexis /əˈleksɪs/
Alice /ˈælɪs/
Alison /ˈælɪsn/
Amanda /əˈmændə/; Mandy /ˈmændi/
Amy /ˈeɪmi/
Angela /ˈændʒələ/; Angie /ˈændʒi/
Anita /əˈniːtə/
Ann, Anne /æn/; Annie /ˈæni/
Anna /ˈænə/
Annabel, Annabelle /ˈænəbel/
Anne, Annie *Ver* Ann
Annette /əˈnet/
Anthea /ˈænθiə/
Antonia /ænˈtəʊniə/
Audrey /ˈɔːdri/
Ava /ˈeɪvə/
Barbara, Barbra /ˈbɑːbrə/; Babs /bæbz/
Beatrice /ˈbɪətrɪs; *USA* ˈbiːət-/
Becky *Ver* Rebecca
Belinda /bəˈlɪndə/
Bernadette /ˌbɜːnəˈdet/
Beryl /ˈberəl/
Bess, Bessie, Beth, Betsy, Bett, Betty *Ver* Elizabeth
Brenda /ˈbrendə/
Bridget, Bridgit, Brigid /ˈbrɪdʒɪt/; Bid /bɪd/
Candice /ˈkændɪs/
Carla /ˈkɑːlə/
Carol, Carole /ˈkærəl/
Caroline /ˈkærəlaɪn/; Carolyn /ˈkærəlɪn/; Carrie /ˈkæri/
Catherine, Cathy *Ver* Katherine
Cecilia /səˈsiːliə/
Cecily /ˈsesəli/; Cicely /ˈsɪsəli/
Celia /ˈsiːliə/
Charlene /ˈʃɑːliːn/
Charlotte /ˈʃɑːlət/
Cheryl /ˈtʃerəl/
Chloe /ˈkləʊi/
Christina /krɪˈstiːnə/; Tina /ˈtiːnə/
Christine /ˈkrɪstiːn/; Chris /krɪs/; Chrissie /ˈkrɪsi/
Cindy *Ver* Cynthia, Lucinda
Clare, Claire /kleə(r)/
Claudia /ˈklɔːdiə/
Cleo, Clio /ˈkliːəʊ/
Constance /ˈkɒnstəns/; Connie /ˈkɒni/
Cynthia /ˈsɪnθiə/; Cindy /ˈsɪndi/
Daisy /ˈdeɪzi/
Daphne /ˈdæfni/
Dawn /dɔːn/
Deborah /ˈdebərə/; Debbie, Debby /ˈdebi/; Deb /deb/
Deirdre /ˈdɪədri/
Delia /ˈdiːliə/
Della /ˈdelə/
Denise /dəˈniːz/
Diana /daɪˈænə/; Diane /daɪˈæn/; Di /daɪ/
Dolly /ˈdɒli/
Dora /ˈdɔːrə/
Doreen, Dorene /ˈdɔːriːn/
Doris /ˈdɒrɪs/
Dorothy /ˈdɒrəθi/; Dot /dɒt/; Dottie /ˈdɒti/
Edith /ˈiːdɪθ/
Edna /ˈednə/
Eileen /ˈaɪliːn/; Aileen /ˈeɪliːn/
Elaine /ɪˈleɪn/
Eleanor /ˈelənə(r)/; Eleanora /ˌeliəˈnɔːrə/; Ellie /ˈeli/
Eliza /ɪˈlaɪzə/; Liza /ˈlaɪzə/; Lisa /ˈliːsə/
Elizabeth, Elisabeth /ɪˈlɪzəbəθ/; Liz /lɪz/; Lizzie, Lizzy /ˈlɪzi/; Libby /ˈlɪbi/; Beth /beθ/; Betsy /ˈbetsi/; Bett /bet/; Betty /ˈbeti/; Bess /bes/; Bessie /ˈbesi/
Ella /ˈelə/
Ellen /ˈelən/
Ellie *Ver* Eleanor
Elsie /ˈelsi/
Elspeth /ˈelspəθ/ (*Escocia*)
Emily /ˈeməli/
Emma /ˈemə/
Erica /ˈerɪkə/
Ethel /ˈeθl/
Eunice /ˈjuːnɪs/
Eve /iːv/; Eva /ˈiːvə/
Evelyn /ˈiːvlɪn, ˈev-/
Fay /feɪ/
Felicity /fəˈlɪsəti/
Fiona /fiˈəʊnə/
Flora /ˈflɔːrə/
Florence /ˈflɒrəns; *USA* ˈflɔːr-/; Flo /fləʊ/; Florrie /ˈflɒri; *USA* ˈflɔːri/
Frances /ˈfrɑːnsɪs; *USA* ˈfræn-/; Fran /fræn/; Frankie /ˈfræŋki/
Freda /ˈfriːdə/
Georgia /ˈdʒɔːdʒə/; Georgie /ˈdʒɔːdʒi/; Georgina /dʒɔːˈdʒiːnə/
Geraldine /ˈdʒerəldiːn/
Germaine /dʒɜːˈmeɪn/
Gertrude /ˈgɜːtruːd/; Gertie /ˈgɜːti/
Gillian /ˈdʒɪliən/; Jill, Gill /dʒɪl/; Jilly /ˈdʒɪli/
Ginny *Ver* Virginia
Gladys /ˈglædɪs/
Glenda /ˈglendə/
Gloria /ˈglɔːriə/
Grace /greɪs/; Gracie /ˈgreɪsi/
Gwendoline /ˈgwendəlɪn/; Gwen /gwen/
Hannah /ˈhænə/
Harriet /ˈhæriət/
Hazel /ˈheɪzl/
Heather /ˈheðə(r)/
Helen /ˈhelən/
Henrietta /ˈhenriˈetə/
Hilary /ˈhɪləri/
Hilda /ˈhɪldə/
Ida /ˈaɪdə/
Imogen /ˈɪmədʒən/
Ingrid /ˈɪŋgrɪd/
Irene /aɪˈriːni, ˈaɪriːn/
Iris /ˈaɪrɪs/
Isabel, (*esp Escocia*) Isobel /ˈɪzəbel/
Isabella /ˌɪzəˈbelə/
Ivy /ˈaɪvi/
Jacqueline /ˈdʒækəlɪn/; Jackie /ˈdʒæki/
Jan *Ver* Janet, Janice
Jane /dʒeɪn/; Janey /ˈdʒeɪni/
Janet /ˈdʒænɪt/; Janette /dʒəˈnet/; Jan /dʒæn/
Janice, Janis /ˈdʒænɪs/; Jan /dʒæn/
Jean /dʒiːn/; Jeanie /ˈdʒiːni/
Jennifer /ˈdʒenɪfə(r)/; Jenny, Jennie /ˈdʒeni/
Jessica /ˈdʒesɪkə/; Jess /dʒes/; Jessie /ˈdʒesi/
Jill, Jilly *Ver* Gillian
Jo *Ver* Joanna, Josephine
Joan /dʒəʊn/
Joanna /dʒəʊˈænə/; Joanne /dʒəʊˈæn/; Jo /dʒəʊ/
Jocelyn /ˈdʒɒslɪn/
Josephine /ˈdʒəʊzəfiːn/; Jo /dʒəʊ/; Josie /ˈdʒəʊsi/
Jodie /ˈdʒəʊdi/
Joyce /dʒɔɪs/
Judith /ˈdʒuːdɪθ/; Judy /ˈdʒuːdi/
Julia /ˈdʒuːliə/; Julie /ˈdʒuːli/
Juliet /ˈdʒuːliet/
June /dʒuːn/
Karen, Karin /ˈkærən/

Katherine, Catherine, (*esp USA*) -arine, Kathryn /ˈkæθrɪn/; Kathy, Cathy /ˈkæθi/; Kate /keɪt/; Katie, Katy /ˈkeɪti/; Kay /keɪ/; Kitty /ˈkɪti/
Kim /kɪm/
Kirsten /ˈkɜːstɪn/
Kitty *Ver* Katherine
Laura /ˈlɔːrə/
Lauretta, Loretta /ləˈretə/
Lesley /ˈlezli/
Libby *Ver* Elizabeth
Lilian, Lillian /ˈlɪliən/
Lily /ˈlɪli/
Linda /ˈlɪndə/
Lisa, Liza *Ver* Eliza
Livia /ˈlɪviə/
Liz, Lizzie, Lizzy *Ver* Elizabeth
Lois /ˈləʊɪs/
Lorna /ˈlɔːnə/
Louise /luˈiːz/; Louisa /luˈiːzə/
Lucia /ˈluːsiə, *tb* ˈluːʃə/
Lucinda /luːˈsɪndə/; Cindy /ˈsɪndi/
Lucy /ˈluːsi/
Lydia /ˈlɪdiə/
Lyn(n) /lɪn/
Mabel /ˈmeɪbl/
Madeleine /ˈmædəlɪn/
Madge, Maggie *Ver* Margaret
Maisie /ˈmeɪzi/
Mandy *Ver* Amanda
Marcia /ˈmɑːsiə, *tb* ˈmɑːʃə/; Marcie /ˈmɑːsi/
Margaret /ˈmɑːgrət/; Madge /mædʒ/; Maggie /ˈmægi/; (*esp Escocia*) Meg /meg/; Peg /peg/; Peggie, Peggy /ˈpegi/
Margery, Marjorie /ˈmɑːdʒəri/; Margie /ˈmɑːdʒi/
Marlene /ˈmɑːliːn/
Maria /məˈriːə, *tb* məˈraɪə/
Marian, Marion /ˈmæriən/
Marie /məˈriː, *tb* ˈmɑːri/
Marilyn /ˈmærəlɪn/
Marion *Ver* Marian
Martha /ˈmɑːθə/
Martina /mɑːˈtiːnə/
Mary /ˈmeəri/
Maud /mɔːd/
Maureen /ˈmɔːriːn/
Mavis /ˈmeɪvɪs/
Meg *Ver* Margaret
Melanie /ˈmeləni/
Melinda /məˈlɪndə/
Michelle /mɪˈʃel/
Mildred /ˈmɪldrəd/
Millicent /ˈmɪlɪsnt/; Millie, Milly /ˈmɪli/
Miranda /məˈrændə/
Miriam /ˈmɪriəm/
Moira /ˈmɔɪrə/
Molly /ˈmɒli/
Monica /ˈmɒnɪkə/
Muriel /ˈmjʊəriəl/
Nadia /ˈnɑːdiə/
Nancy /ˈnænsi/; Nan /næn/
Naomi /ˈneɪəmi/
Natalie /ˈnætəli/
Natasha /nəˈtæʃə/
Nell /nel/; Nellie, Nelly /ˈneli/
Nicola /ˈnɪkələ/; Nicky /ˈnɪki/
Nora /ˈnɔːrə/
Norma /ˈnɔːmə/
Olive /ˈɒlɪv/
Olivia /əˈlɪviə/
Pamela /ˈpæmələ/; Pam /pæm/
Pat *Ver* Patricia
Patience /ˈpeɪʃns/
Patricia /pəˈtrɪʃə/; Pat /pæt/; Patti, Pattie, Patty /ˈpæti/; Tricia /ˈtrɪʃə/
Paula /ˈpɔːlə/
Pauline /ˈpɔːliːn/
Peg, Peggie, Peggy *Ver* Margaret
Penelope /pəˈneləpi/; Penny /ˈpeni/
Philippa /ˈfɪlɪpə/
Phoebe /ˈfiːbi/
Phyllis /ˈfɪlɪs/
Polly /ˈpɒli/; Poll /pɒl/
Priscilla /prɪˈsɪlə/; Cilla /ˈsɪlə/
Prudence /ˈpruːdns/; Pru, Prue /pruː/
Rachel /ˈreɪtʃl/
Rebecca /rɪˈbekə/; Becky /ˈbeki/
Rhoda /ˈrəʊdə/
Rita /ˈriːtə/
Roberta /rəˈbɜːrtə/
Robin /ˈrɒbɪn/
Rosalie /ˈrəʊzəli, *tb* ˈrɒzəli/
Rosalind /ˈrɒzəlɪnd/; Rosalyn /ˈrɒzəlɪn/
Rose /rəʊz/; Rosie /ˈrəʊzi/
Rosemary /ˈrəʊzməri/; Rosie /ˈrəʊzi/
Ruth /ruːθ/
Sadie *Ver* Sarah
Sally /ˈsæli/; Sal /sæl/
Samantha /səˈmænθə/; Sam /sæm/
Sandra /ˈsɑːndrə; *USA* ˈsæn-/; Sandy /ˈsændi/
Sandy *Ver* Alexandra, Sandra
Sarah, Sara /ˈseərə/; Sadie /ˈseɪdi/
Sharon /ˈʃærən/
Sheila, Shelagh /ˈʃiːlə/
Shirley /ˈʃɜːli/
Sibyl *Ver* Sybil
Silvia, Sylvia /ˈsɪlviə/; Sylvie /ˈsɪlvi/
Sonia /ˈsɒniə, *tb* ˈsəʊnia/
Sophia /səˈfaɪə/
Sophie, Sophy /ˈsəʊfi/
Stella /ˈstelə/
Stephanie /ˈstefəni/
Susan /ˈsuːzn/; Sue /suː/; Susie, Suzy /ˈsuːzi/
Susanna, Susannah /suːˈzænə/; Suzanne /suːˈzæn/; Susie, Suzy /ˈsuːzi/
Sybil, Sibyl /ˈsɪbəl/
Sylvia, Sylvie *Ver* Silvia
Teresa, Theresa /təˈriːzə/; Tess /tes/; Tessa /ˈtesə/; (*USA*) Terri /ˈteri/
Thelma /ˈθelmə/
Tina *Ver* Christina
Toni /ˈtəʊni/ (*esp USA*)
Tracy, Tracey /ˈtreɪsi/
Tricia *Ver* Patricia
Trudie, Trudy /ˈtruːdi/
Ursula /ˈɜːsjʊlə/
Valerie /ˈvæləri/; Val /væl/
Vanessa /vəˈnesə/
Vera /ˈvɪərə/
Veronica /vəˈrɒnɪkə/
Victoria /vɪkˈtɔːriə/; Vicki, Vickie, Vicky, Vikki /ˈvɪki/
Viola /ˈvaɪələ/
Violet /ˈvaɪələt/
Virginia /vəˈdʒɪniə/; Ginny /ˈdʒɪni/
Vivien, Vivienne /ˈvɪviən/; Viv /vɪv/
Wendy /ˈwendi/
Winifred /ˈwɪnɪfrɪd/; Winnie /ˈwɪni/
Yvonne /ɪˈvɒn/
Zoe /ˈzəʊi/

Nombres de hombre

Abraham /ˈeɪbrəhæm/; Abe /eɪb/
Adam /ˈædəm/
Adrian /ˈeɪdriən/
Alan, Allan, Allen /ˈælən/; Al /æl/
Albert /ˈælbət/; Al /æl/; Bert /bɜːt/
Alexander /ˌælɪgˈzɑːndə(r); *USA* -ˈzæn-/; Alec /ˈælɪk/; Alex /ˈælɪks/; Sandy /ˈsændi/
Alfred /ˈælfrɪd/; Alf /ælf/; Alfie /ˈælfi/
Andrew /ˈændruː/; Andy /ˈændi/
Alistair, Alisdair, Alas- /ˈælɪstə(r)/ (*Escocia*)
Allan, Allen *Ver* Alan
Alvin /ˈælvɪn/
Angus /ˈæŋgəs/ (*Escocia*)
Anthony, Antony /ˈæntəni/; Tony /ˈtəʊni/
Archibald /ˈɑːtʃɪbɔːld/; Archie, Archy /ˈɑːtʃi/
Arnold /ˈɑːnəld/
Arthur /ˈɑːθə(r)/
Auberon /ˈɔːbərɒn/
Aubrey /ˈɔːbri/
Barnaby /ˈbɑːnəbi/
Barry /ˈbæri/
Bartholomew /bɑːˈθɒləmjuː/
Basil /ˈbæzl/
Benjamin /ˈbendʒəmɪn/; Ben /ben/
Bernard /ˈbɜːnəd/; Bernie /ˈbɜːni/
Bert *Ver* Albert, Gilbert, Herbert, Hubert
Bill, Billy *Ver* William
Bob, Bobby *Ver* Robert
Boris /ˈbɒrɪs/
Bradford /ˈbrædfəd/; Brad /bræd/ (*esp USA*)
Brendan /ˈbrendən/ (*Irl*)
Brian, Bryan /ˈbraɪən/
Bruce /bruːs/
Bud /bʌd/ (*USA*)
Carl /kɑːl/
Cecil /ˈsesl; *USA* ˈsiːsl/
Cedric /ˈsedrɪk/
Charles /tʃɑːlz/; Charlie /ˈtʃɑːli/; Chas /tʃæz/; Chuck /tʃʌk/ (*USA*)
Christopher /ˈkrɪstəfə(r)/; Chris /krɪs/; Kit /kɪt/
Chuck *Ver* Charles
Clarence /ˈklærəns/
Clark /klɑːk/ (*esp USA*)
Claude, Claud /klɔːd/
Clement /ˈklemənt/
Clifford /ˈklɪfəd/; Cliff /klɪf/
Clint /klɪnt/ (*esp USA*)
Clive /klaɪv/
Clyde /klaɪd/ (*esp USA*)
Colin /ˈkɒlɪn/
Craig /kreɪg/
Curt /kɜːt/
Cyril /ˈsɪrəl/
Dale /deɪl/ (*esp USA*)
Daniel /ˈdæniəl/; Dan /dæn/; Danny /ˈdæni/
Darrell /ˈdærəl/
Darren /ˈdærən/ (*esp USA*)
David /ˈdeɪvɪd/; Dave /deɪv/
Dean /diːn/
Dennis, Denis /ˈdenɪs/
Derek /ˈderɪk/
Dermot /ˈdɜːmət/ (*Irl*)
Desmond /ˈdezmənd/; Des /dez/
Dick, Dickie, Dicky *Ver* Richard
Dirk /dɜːk/
Dominic /ˈdɒmɪnɪk/
Donald /ˈdɒnəld/; Don /dɒn/
Douglas /ˈdʌgləs/; Doug /dʌg/
Duane /duːˈeɪn/; Dwane /dweɪn/ (*esp USA*)
Dudley /ˈdʌdli/; Dud /dʌd/
Duncan /ˈdʌŋkən/
Dustin /ˈdʌstɪn/
Dwight /dwaɪt/ (*esp USA*)
Eamonn, Eamon /ˈeɪmən/ (*Irl*)
Ed, Eddie, Eddy *Ver* Edward
Edgar /ˈedgə(r)/
Edmund, Edmond /ˈedmənd/
Edward /ˈedwəd/; Ed /ed/; Eddie, Eddy /ˈedi/; Ted /ted/; Teddy /ˈtedi/; Ned /ned/; Neddy /ˈnedi/
Edwin /ˈedwɪn/
Elmer /ˈelmə(r)/ (*USA*)
Elroy /ˈelrɔɪ/ (*USA*)
Emlyn /ˈemlɪn/ (*Gales*)
Enoch /ˈiːnɒk/
Eric /ˈerɪk/
Ernest /ˈɜːnɪst/
Errol /ˈerəl/
Eugene /ˈjuːdʒiːn/; Gene /dʒiːn/ (*USA*)
Felix /ˈfiːlɪks/
Ferdinand /ˈfɜːdɪnænd/
Fergus /ˈfɜːgəs/ (*Escocia o Irl*)
Floyd /flɔɪd/
Francis /ˈfrɑːnsɪs; *USA* ˈfræn-/; Frank /fræŋk/
Frank /fræŋk/; Frankie /ˈfræŋki/
Frederick /ˈfredrɪk/; Fred /fred/; Freddie, Freddy /ˈfredi/
Gabriel /ˈgeɪbriəl/
Gareth /ˈgæreθ/ (*esp Gales*)
Gary /ˈgæri/
Gavin /ˈgævɪn/
Gene *Ver* Eugene
Geoffrey, Jeffrey /ˈdʒefri/; Geoff, Jeff /dʒef/
George /dʒɔːdʒ/
Geraint /ˈgeraɪnt/ (*Gales*)
Gerald /ˈdʒerəld/; Gerry, Jerry /ˈdʒeri/
Gerard /ˈdʒerɑːd/
Gilbert /ˈgɪlbət/; Bert /bɜːt/
Giles /dʒaɪlz/
Glen /glen/
Godfrey /ˈgɒdfri/
Gordon /ˈgɔːdn/
Graham, Grahame, Graeme /ˈgreɪəm/
Gregory /ˈgregəri/; Greg /greg/
Guy /gaɪ/
Hal, Hank *Ver* Henry
Harold /ˈhærəld/
Henry /ˈhenri/; Harry /ˈhæri/; Hal /hæl; Hank /hæŋk/ (*USA*)
Herbert /ˈhɜːbət/; Bert /bɜːt/; Herb /hɜːb/
Horace /ˈhɒrɪs; *USA* ˈhɔːrəs/
Howard /ˈhaʊəd/
Hubert /ˈhjuːbət/; Bert /bɜːt/
Hugh /hjuː/
Hugo /ˈhjuːgəʊ/
Humphrey /ˈhʌmfri/
Ian /ˈiːən/
Isaac /ˈaɪzək/
Ivan /ˈaɪvən/
Ivor /ˈaɪve(r)/
Jack *Ver* John
Jacob /ˈdʒeɪkəb/; Jake /dʒeɪk/
Jake *Ver* Jacob, John
James /dʒeɪmz/; Jim /dʒɪm/; Jimmy /ˈdʒɪmi/; Jamie /ˈdʒeɪmi/ (*Escocia*)
Jason /ˈdʒeɪsn/
Jasper /ˈdʒæspə(r)/
Jed /dʒed/ (*esp USA*)
Jeff, Jeffrey *Ver* Geoffrey
Jeremy /ˈdʒerəmi/; Jerry /ˈdʒeri/
Jerome /dʒəˈrəʊm/
Jerry *Ver* Gerald, Jeremy
Jesse /ˈdʒesi/ (*esp USA*)
Jim, Jimmy *Ver* James
Jock *Ver* John
Joe *Ver* Joseph
John /dʒɒn/; Johnny /ˈdʒɒni/; Jack /dʒæk/; Jake /dʒeɪk/; Jock /dʒɒk/ (*Escocia*)
Jonathan /ˈdʒɒnəθən/; Jon /dʒɒn/
Joseph /ˈdʒəʊzɪf/; Joe /dʒəʊ/
Julian /ˈdʒuːliən/

Justin /ˈdʒʌstɪn/
Keith /kiːθ/
Kenneth /ˈkenɪθ/; Ken /ken/; Kenny /ˈkeni/
Kevin /ˈkevɪn/; Kev /kev/
Kirk /kɜːk/
Kit *Ver* Christopher
Lance /lɑːns; *USA* læns/
Laurence, Lawrence /ˈlɒrəns; *USA* ˈlɔːr-/; Larry /ˈlæri/; Laurie /ˈlɒri *USA* ˈlɔːri/
Len, Lenny *Ver* Leonard
Leo /ˈliːəʊ/
Leonard /ˈlenəd/; Len /len/; Lenny /ˈleni/
Leslie /ˈlezli/; Les /lez/
Lester /ˈlestə(r)/
Lewis /ˈluːɪs/; Lew /luː/
Liam /ˈliːəm/ (*Irl*)
Lionel /ˈlaɪənl/
Louis /ˈluːi; *USA* ˈluːɪs/; Lou /luː/ (*esp USA*)
Luke /luːk/
Malcolm /ˈmælkəm/
Mark /mɑːk/
Martin /ˈmɑːtɪn; *USA* ˈmɑːrtn/; Marty /ˈmɑːti/
Matthew /ˈmæθjuː/; Matt /mæt/
Maurice, Morris /ˈmɒrɪs; *USA* ˈmɔːrəs/
Max /mæks/
Mervyn /ˈmɜːvɪn/
Michael /ˈmaɪkl/; Mike /maɪk/; Mick /mɪk/; Micky, Mickey /ˈmɪki/
Miles, Myles /maɪlz/
Mitchell /ˈmɪtʃl/; Mitch /mɪtʃ/
Morris *Ver* Maurice
Mort /mɔːt/ (*USA*)
Murray /ˈmʌri/ (*esp Escocia*)
Myles *Ver* Miles
Nathan /ˈneɪθən/; Nat /næt/
Nathaniel /nəˈθæniəl/; Nat /næt/
Neal *Ver* Neil
Ned, Neddy *Ver* Edward
Neil, Neal /niːl/
Nicholas, Nicolas /ˈnɪkələs; *USA* ˈnɪkləs/; Nick /nɪk/; Nicky /ˈnɪki/
Nigel /ˈnaɪdʒl/
Noel /ˈnəʊəl/
Norman /ˈnɔːmən/; Norm /nɔːm/
Oliver /ˈɒlɪvə(r)/; Ollie /ˈɒli/
Oscar /ˈɒskə(r)/
Oswald /ˈɒzwəld/; Oz /ɒz/; Ozzie /ˈɒzi/
Owen /ˈəʊɪn/ (*Gales*)
Oz, Ozzie *Ver* Oswald
Patrick /ˈpætrɪk/ (*esp Irl*); Pat /pæt/; Paddy /ˈpædi/
Paul /pɔːl/
Percy /ˈpɜːsi/
Peter /ˈpiːtə(r)/; Pete /piːt/
Philip /ˈfɪlɪp/; Phil /fɪl/
Quentin /ˈkwentɪn; *USA* -tn/; Quintin /ˈkwɪntɪn; *USA* -tn/
Ralph /rælf, *GB tb* reɪf/
Randolph, Randolf /ˈrændɒlf/; Randy /ˈrændi/ (*esp USA*)
Raphael /ˈræfeɪəl/
Raymond /ˈreɪmənd/; Ray /reɪ/
Reginald /ˈredʒɪnəld/; Reg /redʒ/; Reggie /ˈredʒi/
Rex /reks/
Richard /ˈrɪtʃəd/; Dick /dɪk/; Dickie, Dicky /ˈdɪki/; Rick /rɪk/; Ricky /ˈrɪki/; Richie, Ritchie /ˈrɪtʃi/
Robert /ˈrɒbət/; Rob /rɒb/; Robbie /ˈrɒbi/; Bob /bɒb/; Bobby /ˈbɒbi/
Robin /ˈrɒbɪn/
Roderick /ˈrɒdrɪk/; Rod /rɒd/
Rodge *Ver* Roger
Rodney /ˈrɒdni/; Rod /rɒd/
Roger /ˈrɒdʒə(r)/; Rodge /rɒdʒ/
Ronald /ˈrɒnəld/; Ron /rɒn/; Ronnie /ˈrɒni/
Rory /ˈrɔːri/ (*Escocia o Irl*)
Roy /rɔɪ/
Rudolph, Rudolf /ˈruːdɒlf/
Rufus /ˈruːfəs/
Rupert /ˈruːpət/
Russell /ˈrʌsl/; Russ /rʌs/
Samuel /ˈsæmjuəl/; Sam /sæm/; Sammy /ˈsæmi/
Sandy *Ver* Alexander
Scott /skɒt/
Seamas, Seamus /ˈʃeɪməs/ (*Irl*)
Sean /ʃɔːn/ (*Irl o Escocia*)
Sebastian /səˈbæstiən/; Seb /seb/
Sidney, Sydney /ˈsɪdni/; Sid /sɪd/
Simon /ˈsaɪmən/
Stanley /ˈstænli/; Stan /stæn/
Stephen, Steven /ˈstiːvn/; Steve /stiːv/
Stewart, Stuart /ˈstjuːət; *USA* ˈstuːərt/
Ted, Teddy *Ver* Edward
Terence /ˈterəns/; Terry /ˈteri/; Tel /tel/
Theodore /ˈθiːədɔː(r)/; Theo /ˈθiːəʊ/
Thomas /ˈtɒməs/; Tom /tɒm/; Tommy /ˈtɒmi/
Timothy /ˈtɪməθi/; Tim /tɪm/; Timmy /ˈtɪmi/
Toby /ˈtəʊbi/
Tom, Tommy *Ver* Thomas
Tony *Ver* Anthony
Trevor /ˈtrevə(r)/
Troy /trɔɪ/
Victor /ˈvɪktə(r)/; Vic /vɪk/
Vincent /ˈvɪnsnt/; Vince /vɪns/
Vivian /ˈvɪviən/; Viv /vɪv/
Walter /ˈwɔːltə(r), *tb* ˈwɒltə(r)/; Wally /ˈwɒli/
Warren /ˈwɒrən; *USA* ˈwɔːr-/
Wayne /weɪn/
Wilbur /ˈwɪlbə(r)/ (*esp USA*)
Wilfrid, Wilfred /ˈwɪlfrɪd/
William /ˈwɪljəm/; Bill /bɪl/; Billy /ˈbɪli/; Will /wɪl/; Willy /ˈwɪli/

Apéndice 3

Expresiones numéricas

Números

Cardinales		Ordinales	
1	one	**1st**	first
2	two	**2nd**	second
3	three	**3rd**	third
4	four	**4th**	fourth
5	five	**5th**	fifth
6	six	**6th**	sixth
7	seven	**7th**	seventh
8	eight	**8th**	eighth
9	nine	**9th**	ninth
10	ten	**10th**	tenth
11	eleven	**11th**	eleventh
12	twelve	**12th**	twelfth
13	thirteen	**13th**	thirteenth
14	fourteen	**14th**	fourteenth
15	fifteen	**15th**	fifteenth
16	sixteen	**16th**	sixteenth
17	seventeen	**17th**	seventeenth
18	eighteen	**18th**	eighteenth
19	nineteen	**19th**	nineteenth
20	twenty	**20th**	twentieth
21	twenty-one	**21st**	twenty-first
22	twenty-two	**22nd**	twenty-second
30	thirty	**30th**	thirtieth
40	forty	**40th**	fortieth
50	fifty	**50th**	fiftieth
60	sixty	**60th**	sixtieth
70	seventy	**70th**	seventieth
80	eighty	**80th**	eightieth
90	ninety	**90th**	ninetieth
100	a/one hundred	**100th**	hundredth
101	a/one hundred and one	**101st**	hundred and first
200	two hundred	**200th**	two hundredth
1 000	a/one thousand	**1 000th**	thousandth
1 001	a/one thousand and one	**1 001th**	thousand and first
2 000	two thousand	**2 000th**	two thousandth
10 000	ten thousand	**10 000th**	ten thousandth
100 000	a/one hundred thousand	**100 000th**	hundred thousandth
1 000 000	a/one million	**1 000 000th**	millionth

Cómo usar los números

- En inglés se pone un guion entre las palabras que forman los números compuestos:

21	*twenty-one*	*21st*	*twenty-first*
32	*thirty-two*	*32nd*	*thirty-second*
43	*forty-three*	*43rd*	*forty-third*
54	*fifty-four*	*54th*	*fifty-fourth*

- Los números superiores a diez se suelen escribir en cifras, aunque también se escriben con palabras, especialmente cuando queremos evitar que haya confusiones (p.ej. la cifra del importe de un cheque ☛ *Ver pág 597*).

- Cuando los números ordinales se escriben con cifras hay que añadir las dos últimas letras del número ordinal:

  21st 32nd 43rd 54th

  Las fechas constituyen la excepción a esta regla, ya que también se pueden escribir sin las dos últimas letras:

  21 October 1964 o *21st October 1964*

  ☛ *Ver tb nota en* FECHA

- Para formar los números entre 100 y 199 se utiliza la conjunción ***and*** entre las centenas y las decenas, aunque en inglés americano casi siempre se omite:

  342 three hundred and forty-two
  560 five hundred and sixty
  130 a hundred and thirty/one hundred and thirty

  Nótese que *hundred* solo se utiliza en plural cuando significa “cientos”, “centenares”:
  I've got hundreds of photos.
  People were there in their hundreds.

- Los números superiores a mil se pueden expresar de dos maneras:
  1 400 *a/one thousand four hundred*
  o
  fourteen hundred (más coloquial)
  2 976 *two thousand, nine hundred and seventy-six*
  o
  twenty-nine hundred and seventy-six
  (más coloquial)

  Sin embargo, esto no ocurre con números más altos:
  28 653 *twenty-eight thousand, six hundred and fifty-three*

- En inglés se utiliza una coma o un espacio (y NO un punto) para marcar el millar, por ejemplo *25 000* o *25,000*. Los números superiores a un millón se escriben de la misma forma: *2,600,120* o *2 600 120*.

- Hay varias maneras de pronunciar el **0** (cero). Cuando se nombra en una serie de números se pronuncia /əʊ/:
  The code for Oxford is 01865.
  (o–one–eight–six–five)

  Cuando hablamos del cero como parte de una cifra utilizamos *nought*:
  How many noughts are there in a trillion?

Pesos y medidas

En Gran Bretaña se utilizan tanto el sistema métrico decimal como el imperial, dependiendo de la situación y de la edad del hablante. En un contexto científico siempre se utiliza el sistema métrico decimal.

- **Peso** Aunque el sistema métrico decimal es el oficial en Gran Bretaña, la gente sigue utilizando el imperial, sobre todo cuando compra productos en un mercado, en una tienda pequeña, etc:
  Six ounces of cheddar cheese, please.
- **Capacidad** En Gran Bretaña se sigue comprando la leche y la cerveza en pintas y medias pintas, pero las bebidas embotelladas se venden por centilitros o litros.
- **Longitud** Para hablar de distancias por carretera se siguen utilizando las millas en vez de los kilómetros, y para la altura se emplean los pies y las pulgadas:
  London is about 60 miles from Oxford.
  I'm five foot nine inches tall.
- **Superficie** La superficie se suele medir en acres o hectáreas y en millas, yardas o pies cuadrados:
  The lounge has an area of 86 square feet.

  Nótese que en Estados Unidos el sistema imperial se utiliza mucho más.

Peso

	Sistema Imperial (Reino Unido)	Sistema Métrico Decimal
	1 ounce (oz)	= 28.35 grams (g)
16 ounces	= **1 pound** (lb)	= 0.454 kilogram (kg)
14 pounds	= **1 stone** (st)	= 6.356 kilograms

Capacidad

	Sistema Imperial (Reino Unido)	Sistema Métrico Decimal
½ (0.5) pint		= 0.284 litre (ℓ)
	1 pint (pt)	= 0.568 litre (ℓ)
2 pints		= 1.136 litres
8 pints	= **1 gallon** (gall)	= 4.546 litres

Longitud

	Sistema Imperial (Reino Unido)	Sistema Métrico Decimal
	1 inch (in)	= 25.4 millimetres (mm)
12 inches	= **1 foot** (ft)	= 30.48 centimetres (cm)
3 feet	= **1 yard** (yd)	= 0.914 metre (m)
1 760 yards	= **1 mile**	= 1.609 kilometres (km)

Superficie

	Sistema Imperial (Reino Unido)	Sistema Métrico Decimal
	1 square inch (sq in)	= 6.452 square centimetres
144 square inches	= **1 square foot** (sq ft)	= 929.03 square centimetres
9 square feet	= **1 square yard** (sq yd)	= 0.836 square metre
4 840 square yards	= **1 acre**	= 0.405 hectare
640 acres	= **1 square mile**	= 2.59 square kilometres/259 hectares

Quebrados

½	a half
⅓	a/one third
¼	a quarter
⅖	two fifths
⅛	an/one eighth
1/10	a/one tenth
1/16	a/one sixteenth
1½	one and a half
2⅜	two and three eighths

- Las fracciones como 1/12, ⅓, etc normalmente se expresan como *a twelfth, a third*, etc. También se puede decir *one twelfth, one third*, etc, sobre todo en contextos técnicos o matemáticos, o cuando queremos dar énfasis.
- Cuando una fracción acompaña a un número entero se unen con la conjunción ***and***:
  2¼ *two **and** a quarter*
  3 5/16 *three **and** five sixteenths*

  Las fracciones más complejas, se suelen expresar con ***over***:
  7/256 *seven **over** two five six*
  31/144 *thirty-one **over** one four four*
- Si una fracción se utiliza con un sustantivo incontable o singular, el verbo va normalmente en singular:
  *Two thirds of the area **is** flooded.*

  Si el sustantivo es singular pero representa a un grupo de gente, el verbo puede ir en singular o en plural:
  *Three quarters of the population **are**/**is** anti-government.*

  Si el sustantivo es contable, el verbo va en plural:
  *Four fifths of employees **have** a pension scheme.*

Porcentajes

35%	thirty-five per cent
60%	sixty per cent
73%	seventy-three per cent

Cuando los porcentajes se utilizan con sustantivos incontables, el verbo va normalmente en singular:
*60% of the area **is** flooded.*

Si el sustantivo es singular pero representa a un grupo de gente, el verbo puede ir en singular o en plural:
*75% of the population **are**/**is** anti-government.*

Si el sustantivo es contable, el verbo va en plural:
*80% of employees **have** a pension scheme.*

Decimales

0.1	(nought) point one
0.25	(nought) point two five
1.75	one point seven five

Nótese que en inglés se utiliza un punto (y NO una coma) para marcar los decimales.

Expresiones matemáticas

+	plus
–	minus
×	times o multiplied by
÷	divided by
=	equals
%	per cent
3^2	three squared
5^3	five cubed
6^{10}	six to the power of ten

Ejemplos

$6 + 9 = 15$	*Six **plus** nine equals/is fifteen.*
$5 \times 6 = 30$	*Five **times** six equals thirty./ Five **multiplied by** six is thirty.*
$20 - 3 = 17$	*Twenty **take away** three is seventeen.*
$40 \div 5 = 8$	*Forty **divided by** five is eight.*

La hora

- La forma de expresar la hora varía según el nivel de formalidad, o si es inglés británico o americano:

  It's eleven thirty
  half past eleven
  half eleven (*coloq*)

  It's (a) quarter to eight (*GB*)
  seven forty-five (*GB*)
  quarter to/of eight (*USA*)

  It's (a) quarter past one (*GB*)
  one fifteen (*GB*)
  quarter after one (*USA*)

  It's ten (minutes) past six (*GB*)
  six ten (*GB*)
  ten after six (*USA*)

  It's five (minutes) to four
  three fifty-five
  five to/of four (USA)
- Nótese que la palabra *minutes* se puede omitir después de 5, 10, 20, y 25. Casi siempre se utiliza después de los demás números:

  It's five past two.
  pero
  It's eleven minutes past/after five.
- El "reloj de 24 horas" se utiliza en inglés británico para horarios de trenes, autobuses, etc, en algunas cartas oficiales y en avisos. En inglés americano se utiliza solamente en un contexto militar y en barcos. Para expresar la hora en inglés hablado se dice:

  03.00 (*o*) *three hundred hours*
  13.45 *thirteen forty-five*
  23.05 *twenty-three o five*
  24.00 *twenty-four hundred hours*
- Si se quiere especificar que son las 06.00 y no las 18.00, se puede expresar como *six o'clock **in the morning***. Las 15.30 serían *half past three **in the afternoon*** y las 22.00 *ten o'clock **in the evening***. En un lenguaje más formal se utiliza ***am/pm***.
  ☛ *Ver nota en* PM

Apéndice 4

Nombres de lugar y mapas

Nombres de lugar

Afghanistan /æfˈgænɪstɑːn; *USA* -stæn/; Afghan /ˈæfgæn/, Afghani /æfˈgɑːni/, Afghanistani /æfˌgænɪˈstɑːni; *USA* -ˈstæni/
Africa /ˈæfrɪkə/; African /ˈæfrɪkən/
Albania /ælˈbemiə/; Albanian /ælˈbemiən/
Algeria /ælˈdʒɪəriə/; Algerian /ælˈdʒɪəriən/
America *Ver* (the) United States (of America)
America /əˈmerɪkə/; American /əˈmerɪkən/
Andorra /ænˈdɔːrə/; Andorran /ænˈdɔːrən/
Angola /æŋˈgəʊlə/; Angolan /æŋˈgəʊlən/
Antarctica /ænˈtɑːktɪkə/; Antarctic /ænˈtɑːktɪk/
Antigua and Barbuda /ænˌtiːgə ən bɑːˈbjuːdə/; Antiguan /ænˈtiːgən/, Barbudan /bɑːˈbjuːdən/
(**the**) **Arctic Ocean** /ˌɑːktɪk ˈəʊʃn/; Arctic
Argentina /ˌɑːdʒənˈtiːnə/, the Argentine /ˈɑːdʒəntam/; Argentinian /ˌɑːdʒənˈtmiən/, Argentine
Armenia /ɑːˈmiːniə/; Armenian /ɑːˈmiːniən/
Asia /ˈeɪʃə, ˈeɪʒə/; Asian /ˈeɪʃn, ˈeɪʒn/
Australia /ɒˈstreɪliə, ɔːˈs-/; Australian /ɒˈstreɪliən, ɔːˈs-/
Austria /ˈɒstriə, ˈɔːs-/; Austrian /ˈɒstriən, ˈɔːs-/
Azerbaijan /ˌæzəbaɪˈdʒɑːn/; Azerbaijani /ˌæzəbaɪˈdʒɑːni/, Azeri /əˈzeəri/
(**the**) **Bahamas** /bəˈhɑːməz/; Bahamian /bəˈheɪmiən/
Bahrain, Bahrein /bɑːˈreɪn/; Bahraini, Bahreini /bɑːˈreɪni/
Bangladesh /ˌbæŋgləˈdeʃ/; Bangladeshi /ˌbæŋgləˈdeʃi/
Barbados /bɑːˈbeɪdɒs/; Barbadian /bɑːˈbeɪdiən/
Belarus /biˌeləˈruːs/; Belorussian /biˌeləˈrʌʃn/
Belgium /ˈbeldʒəm/; Belgian /ˈbeldʒən/
Belize /bəˈliːz/; Belizean /bəˈliːziən/
Benin /beˈniːn/; Beninese /ˌbenɪˈniːz/
Bhutan /buːˈtɑːn/; Bhutani /buːˈtɑːni/, Bhutanese /ˌbuːtəˈniːz/
Bolivia /bəˈlɪviə/; Bolivian /bəˈlɪviən/
Bosnia-Herzegovina /ˌbɒzniə ˌhɜːtsəgəˈviːnə/; Bosnian /ˈbɒzniən/
Botswana /bɒtˈswɑːnə/; Botswanan /bɒtˈswɑːnən/
Brazil /brəˈzɪl/; Brazilian /brəˈzɪliən/
Brunei Darussalam /ˌbruːnaɪ dæˈruːsælæm/; Brunei, Bruneian /bruːˈnaɪən/
Bulgaria /bʌlˈgeəriə/; Bulgarian /bʌlˈgeəriən/
Burkina /bɜːˈkiːnə/; Burkinese /bɜːkɪˈniːz/
Burundi /bʊˈrʊndi /; Burundian /bʊˈrʊndiən/
Cambodia /kæmˈbəʊdiə/; Cambodian /kæmˈbəʊdiən/
Cameroon /ˌkæməˈruːn/; Cameroonian /ˌkæməˈruːniən/
Canada /ˈkænədə/; Canadian /kəˈneɪdiən/
Cape Verde /ˌkeɪp ˈvɜːd/; Cape Verdean /ˌkeɪp ˈvɜːdiən/
(**the**) **Caribbean Sea** /ˌkærəˌbiːən ˈsiː; *USA* kəˈrɪbiən/; Caribbean
Central African Republic /ˌsentrəl ˌæfrɪkən rɪˈpʌblɪk/
Chad /tʃæd/; Chadian /ˈtʃædiən/
Chile /ˈtʃɪli/; Chilean /ˈtʃɪliən/
China /ˈtʃaɪnə/; Chinese /ˌtʃaɪˈniːz/
Colombia /kəˈlɒmbiə/; Colombian /kəˈlɒmbiən/
Comoros /ˈkɒmərəʊz/; Comoran /kəˈmɔːrən/
Congo /ˈkɒŋgəʊ/; Congolese /ˌkɒŋgəˈliːz/
Costa Rica /ˌkɒstə ˈriːkə/; Costa Rican /ˌkɒstə ˈriːkən/
Côte d'Ivoire /ˌkəʊt diːˈvwɑː/
Croatia /krəʊˈeɪʃə/; Croatian /krəʊˈeɪʃən/
Cuba /ˈkjuːbə/; Cuban /ˈkjuːbən/
Cyprus /ˈsaɪprəs/; Cypriot /ˈsɪpriət/
(**the**) **Czech Republic** /ˌtʃek rɪˈpʌblɪk/; Czech /tʃek/
Denmark /ˈdenmɑːk/; Danish /ˈdeɪnɪʃ/, Dane /deɪn/
Djibouti /dʒɪˈbuːti/; Djiboutian /dʒɪˈbuːtiən/
Dominica /ˌdɒmɪˈniːkə/; Dominican /ˌdɒmɪˈniːkən/
(**the**) **Dominican Republic** /dəˌmɪnɪkən rɪˈpʌblɪk/; Dominican /dəˈmɪnɪkən/
Ecuador /ˈekwədɔː(r)/; Ecuadorian /ˌekwəˈdɔːriən/
Egypt /ˈiːdʒɪpt/; Egyptian /iˈdʒɪpʃn/
El Salvador /el ˈsælvədɔː(r)/; Salvadorean /ˌsælvəˈdɔːriən/
Equatorial Guinea /ˌekwəˌtɔːriəl ˈgɪni/; Equatorial Guinean /ˌekwəˌtɔːriəl ˈgɪniən/
Eritrea /ˌerɪˈtreɪə; *USA* -ˈtriːə/; Eritrean /ˌerɪˈtreɪən; *USA* -ˈtriːən/
Estonia /eˈstəʊniə/; Estonian /eˈstəʊniən/
Ethiopia /ˌiːθiˈəʊpiə/; Ethiopian /ˌiːθiˈəʊpiən/
Europe /ˈjʊərəp/; European /ˌjʊərəˈpiːən/
Fiji /ˈfiːdʒiː/; Fijian /ˌfiːˈdʒiːən; *USA* ˈfiːdʒiən/
Finland /ˈfɪnlənd/; Finnish /ˈfɪnɪʃ/, Finn /fɪn/
France /frɑːns; *USA* fræns/; French /frentʃ/, Frenchman /ˈfrentʃmən/, Frenchwoman /ˈfrentʃwʊmən/
Gabon /gæˈbɒn; *USA* -ˈbəʊn/; Gabonese /ˌgæbəˈniːz/
(**the**) **Gambia** /ˈgæmbiə/; Gambian /ˈgæmbiən/
Georgia /ˈdʒɔːdʒə/; Georgian /ˈdʒɔːdʒən/
Germany /ˈdʒɜːməni/; German /ˈdʒɜːmən/
Ghana /ˈgɑːnə/; Ghanaian /gɑːˈneɪən/
Gibraltar /dʒɪˈbrɔːltə(r)/; Gibraltarian /ˌdʒɪbrɔːlˈteəriən/
Greece /griːs/; Greek /griːk/
Grenada /grəˈneɪdə/; Grenadian /grəˈneɪdiən/
Guatemala /ˌgwɑːtəˈmɑːlə/; Guatemalan /ˌgwɑːtəˈmɑːlən/
Guinea /ˈgɪni/; Guinean /ˈgɪniən/
Guinea-Bissau /ˌgɪni bɪˈsaʊ/
Guyana /gaɪˈænə/; Guyanese /ˌgaɪəˈniːz/
Haiti /ˈheɪti/; Haitian /ˈheɪʃn/
Holland /ˈhɒlənd/ *Ver* (the) Netherlands
Honduras /hɒnˈdjʊərəs; *USA* -ˈdʊə-/; Honduran /hɒnˈdjʊərən; *USA* -ˈdʊə-/
Hong Kong /ˌhɒŋ ˈkɒŋ/
Hungary /ˈhʌŋgəri/; Hungarian /hʌŋˈgeəriən/
Iceland /ˈaɪslənd/; Icelandic /aɪsˈlændɪk/
India /ˈɪndiə/; Indian /ˈɪndiən/
Indonesia /ˌɪndəˈniːziə; *USA* -ˈniːʒə/; Indonesian /ˌɪndəˈniːzɪən; *USA* -ʒn/
Iran /ɪˈrɑːn/; Iranian /ɪˈremiən/
Iraq /ɪˈrɑːk/; Iraqi /ɪˈrɑːki/
(**the Republic of**) **Ireland** /ˈaɪələnd/, Irish /aɪərɪʃ/, Irishman /ˈaɪərɪʃmən/, Irishwoman /ˈaɪərɪʃwʊmən/
Israel /ˈɪzreɪl/; Israeli /ɪzˈreɪli/
Italy /ˈɪtəli/; Italian /ɪˈtæliən/
Jamaica /dʒəˈmeɪkə/; Jamaican /dʒəˈmeɪkən/
Japan /dʒəˈpæn/; Japanese /ˌdʒæpəˈniːz/
Jordan /ˈdʒɔːdn/; Jordanian /dʒɔːˈdemiən/
Kazakhstan /ˌkæzækˈstɑːn/; Kazakh /kəˈzæk/
Kenya /ˈkenjə/; Kenyan /ˈkenjən/
Kirgyzstan /ˌkɪəgɪzˈstɑːn/; Kirgyz /ˈkɪəgɪz; *USA* kɪərˈgiːz/
Kiribati /ˈkɪrəbæs/
Korea /kəˈrɪə; *USA* kəˈriːə/; North Korea, North Korean /ˌnɔːθ kəˈrɪən; *USA* kəˈriːən/; South Korea, South Korean /ˌsaʊθ kəˈrɪən; *USA* kəˈriːən/
Kuwait /kuˈweɪt/; Kuwaiti /kuˈweɪti/
Laos /laʊs/; Laotian /ˈlaʊʃn; *USA* leɪˈəʊʃn/
Latvia /ˈlætviə/; Latvian /ˈlætviən/
Lebanon /ˈlebənən; *USA* -nɒn/; Lebanese /ˌlebəˈniːz/
Lesotho /ləˈsuːtuː/; Sotho /ˈsuːtuː/, (person: Mosotho /məˈsuːtuː/, people: Basotho /bəˈsuːtuː/)
Liberia /laɪˈbɪəriə/; Liberian /laɪˈbɪəriən/
Libya /ˈlɪbiə/; Libyan /ˈlɪbiən/
Liechtenstein /ˈlɪktənstaɪn, ˈlɪxt-/; Liechtenstein, Liechtensteiner /ˈlɪktənstaɪnə(r), ˈlɪxt-/
Lithuania /ˌlɪθjuˈeɪniə/; Lithuanian /ˌlɪθjuˈeɪniən/
Luxembourg /ˈlʌksəmbɜːg/; Luxembourg, Luxembourger /ˈlʌksəmbɜːgə(r)/
(**the Former Yugoslav Republic of**) **Macedonia** /mæsəˈdəʊniə/; Macedonian /mæsəˈdəʊniən/
Madagascar /ˌmædəˈgæskə(r)/; Madagascan /ˌmædəˈgæskən/, Malagasy /ˌmæləˈgæsi/
Malawi /məˈlɑːwi/; Malawian /məˈlɑːwiən/
Malaysia /məˈleɪziə; *USA* -ˈleɪʒə/; Malaysian /məˈleɪziən; *USA* -ˈleɪʒn/
(**the**) **Maldives** /ˈmɔːldiːvz/; Maldivian /mɔːlˈdɪviən/
Mali /ˈmɑːli/; Malian /ˈmɑːliən/
Malta /ˈmɔːltə/; Maltese /ˌmɔːlˈtiːz/
Mauritania /ˌmɒrɪˈteɪniə; *USA* ˌmɔːr-/; Mauritanian /ˌmɒrɪˈteɪniən; *USA* ˌmɔːr-/
Mauritius /məˈrɪʃəs; *USA* mɔː-/; Mauritian /məˈrɪʃn; *USA* mɔː-/

Mexico /ˈmeksɪkəʊ/; Mexican /ˈmeksɪkən/
Moldova /mɒlˈdəʊvə/; Moldovan /mɒlˈdəʊvən/
Monaco /ˈmɒnəkəʊ/; Monacan /ˈmɒnəkən/, Monégasque /ˌmɒniˈgæsk/
Mongolia /mɒŋˈgəʊliə/; Mongolian /mɒŋˈgəʊliən/, Mongol /ˈmɒŋgl/
Montserrat /ˌmɒntsəˈræt/; Montserratian /ˌmɒntsəˈreɪʃn/
Morocco /məˈrɒkəʊ/; Moroccan /məˈrɒkən/
Mozambique /ˌməʊzæmˈbiːk/; Mozambiquean /ˌməʊzæmˈbiːkən/
Myanmar /miˌænˈmɑː(r)/
Namibia /nəˈmɪbiə/; Namibian /nəˈmɪbiən/
Nauru /ˈnaʊruː/; Nauruan /naʊˈruːən/
Nepal /nɪˈpɔːl/; Nepalese /ˌnepəˈliːz/
(the) Netherlands /ˈneðələndz/; Dutch /dʌtʃ/, Dutchman /ˈdʌtʃmən/, Dutchwoman /ˈdʌtʃwʊmən/
New Zealand /ˌnjuː ˈziːlənd; *USA* ˌnuː/; New Zealand, New Zealander /ˌnjuː ˈziːləndə(r); *USA* ˌnuː/
Nicaragua /ˌnɪkəˈrægjuə; *USA* -ˈrɑːgwə/; Nicaraguan /ˌnɪkəˈrægjuən; *USA* -ˈrɑːgwən/
Niger /niːˈʒeə(r); *USA* ˈnaɪdʒər/; Nigerien /niːˈʒeəriən/
Nigeria /naɪˈdʒɪəriə/ Nigerian /naɪˈdʒɪəriən/
Norway /ˈnɔːweɪ/; Norwegian /nɔːˈwiːdʒən/
Oman /əʊˈmɑːn/; Omani /əʊˈmɑːni/
Pakistan /ˌpɑːkɪˈstɑːn; *USA* ˈpækɪstæn/; Pakistani /ˌpɑːkɪˈstɑːni; *USA* ˌpækɪˈstæni/
Panama /ˈpænəmɑː/; Panamanian /ˌpænəˈmeɪniən/
Papua New Guinea /ˌpæpuə ˌnjuː ˈgɪni; *USA* ˌnuː/; Papuan /ˈpæpuən/
Paraguay /ˈpærəgwaɪ; *USA* -gweɪ/; Paraguayan /ˌpærəˈgwaɪən; *USA* -ˈgweɪən/
Peru /pəˈruː/; Peruvian /pəˈruːviən/
(the) Philippines /ˈfɪlɪpiːnz/; Philippine /ˈfɪlɪpiːn/, Filipino /ˌfɪlɪˈpiːnəʊ/
Poland /ˈpəʊlənd/; Polish /ˈpəʊlɪʃ/, Pole /pəʊl/
Portugal /ˈpɔːtʃʊgl/; Portuguese /ˌpɔːtʃʊˈgiːz/
Qatar /ˈkʌtɑː(r)/; Qatari /kʌˈtɑːri/
Romania /ruˈmeɪniə/; Romanian /ruˈmeɪniən/
Russia /ˈrʌʃə/; Russian /ˈrʌʃn/
Rwanda /ruˈændə/; Rwandan /ruˈændən/
San Marino /ˌsæn məˈriːnəʊ/; San Marinese /ˌsæn ˌmærɪˈniːz/
Sao Tomé and Principe /ˌsaʊ təˌmeɪ ən ˈprɪnsɪpeɪ/
Saudi Arabia /ˌsaʊdi əˈreɪbiə/; Saudi /ˈsaʊdi/, Saudi Arabian /ˌsaʊdi əˈreɪbiən/
Senegal /ˌsenɪˈgɔːl/; Senegalese /ˌsenɪgəˈliːz/
(the) Seychelles /seɪˈʃelz/; Seychellois /ˌseɪʃelˈwɑ/
Sierra Leone /siˌerə liˈəʊn/; Sierra Leonean /siˌerə liˈəʊniən/
Singapore /ˌsɪŋəˈpɔː(r), ˌsɪŋgə-; *USA* ˈsɪŋgəpɔːr/; Singaporean /ˌsɪŋəˈpɔːriən, ˌsɪŋgə-/
Slovakia /sləʊˈvɑːkiə, -ˈvæk-/; Slovak /ˈsləʊvæk/
Slovenia /sləʊˈviːniə/; Slovene /ˈsləʊviːn/, Slovenian /sləʊˈviːniən/
(the) Solomon Islands /ˈsɒləmən aɪləndz/

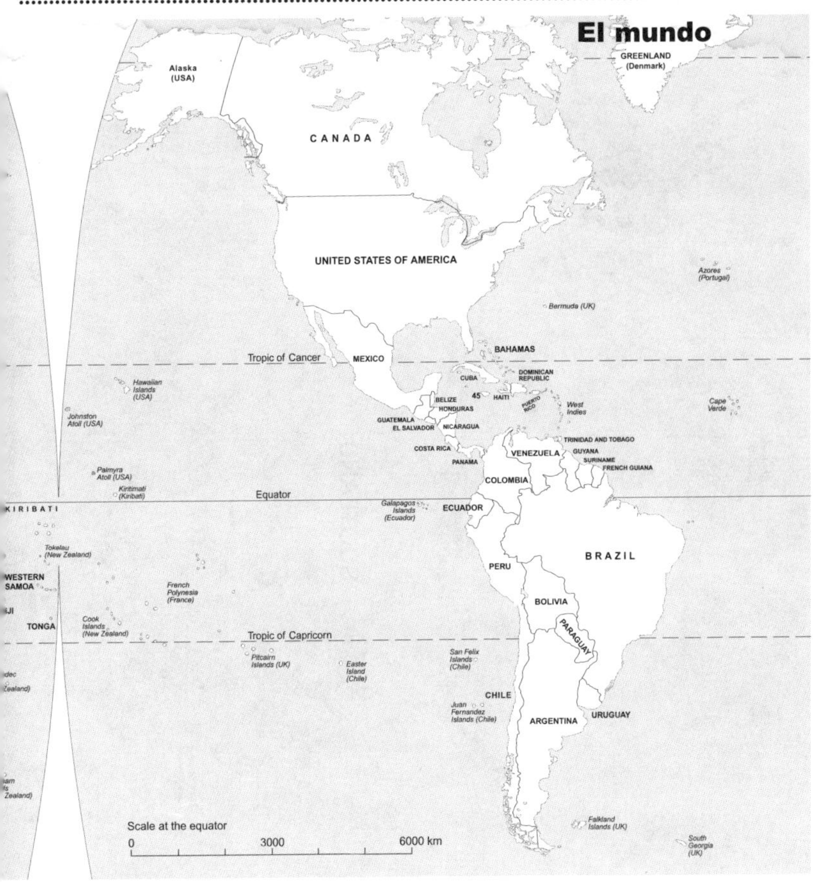

Somalia /səˈmɑːliə/; Somali /səˈmɑːli/

(**the Republic of**) **South Africa** /ˌsaʊθ ˈæfrɪkə/; South African /ˌsaʊθ ˈæfrɪkən/

Spain /speɪn/; Spanish /ˈspænɪʃ/, Spaniard /ˈspænɪəd/

Sri Lanka /sri ˈlæŋkə; *USA* -ˈlɑːŋ-/; Sri Lankan /sri ˈlæŋkən, *USA* ˈlɑːŋ-/

St Kitts and Nevis /snt ˌkɪts ən ˈniːvɪs; *USA* seɪnt/

St Lucia /snt ˈluːʃə; *USA* seɪnt/

St Vincent and the Grenadines /snt ˈvɪnsnt ən ðə ˈgrenədiːnz; *USA* seɪnt/

Sudan /suˈdɑːn; *USA* -ˈdæn/; Sudanese /ˌsuːdəˈniːz/

Suriname /ˌsʊərɪˈnæm/; Surinamese /ˌsʊərɪnæˈmiːz/

Swaziland /ˈswɑːzilænd/; Swazi /ˈswɑːzi/

Sweden /ˈswiːdn/; Swedish /ˈswiːdɪʃ/, Swede /swiːd/

Switzerland /ˈswɪtsələnd/; Swiss /swɪs/

Syria /ˈsɪriə/; Syrian /ˈsɪriən/

Taiwan /taɪˈwɑːn/; Taiwanese /ˌtaɪwəˈniːz/

Tajikistan /tæˌdʒiːkɪˈstɑːn/; Tajik /tæˈdʒiːk/

Tanzania /ˌtænzəˈniːə/; Tanzanian /ˌtænzəˈniːən/

Thailand /ˈtaɪlænd/; Thai /taɪ/

Tibet /tɪˈbet/; Tibetan /tɪˈbetn/

Togo /ˈtəʊgəʊ/; Togolese /ˌtəʊgəˈliːz/

Tonga /ˈtɒŋə, ˈtɒŋgə/; Tongan /ˈtɒŋən, ˈtɒŋgən/

Trinidad and Tobago /ˌtrɪnɪdæd ən təˈbeɪgəʊ/; Trinidadian /ˌtrɪnɪˈdædiən/, Tobagan /təˈbeɪgən/, Tobagonian /ˌtəʊbəˈgəʊniən/

Tunisia /tjuˈnɪziə; *USA* tuˈniːʒə/; Tunisian /tjuˈnɪziən; *USA* tuˈniːʒn/

Turkey /ˈtɜːki/; Turkish /ˈtɜːkɪʃ/, Turk /tɜːk/

Turkmenistan /tɜːkˌmenɪˈstɑːn/; Turkmen /ˈtɜːkmen/

Tuvalu /tuːˈvɑːluː/; Tuvaluan /ˌtuːvɑːˈluːən/

Uganda /juːˈgændə/; Ugandan /juːˈgændən/

Ukraine /juːˈkreɪn/; Ukrainian /juːˈkreɪniən/

(**the**) **United Arab Emirates** /juˌnaɪtɪd ˌærəb ˈemɪrəts/

(**the**) **United States of America** /juˌnaɪtɪd ˌsteɪts əv əˈmerɪkə/; American /əˈmerɪkən/

Uruguay /ˈjʊərəgwaɪ/; Uruguayan /ˌjʊərəˈgwaɪən/

Uzbekistan /ʊzˌbekɪˈstɑːn/; Uzbek /ˈʊzbek/

Vanuatu /ˌvænuˈɑːtuː/

(**the**) **Vatican City** /ˌvætɪkən ˈsɪti/

Venezuela /ˌvenəˈzweɪlə/; Venezuelan /ˌvenəˈzweɪlən/

Vietnam /viˌetˈnæm; *USA* -ˈnɑːm/; Vietnamese /viˌetnəˈmiːz/

(**the**) **West Indies** /ˌwest ˈɪndiz/; West Indian /ˌwest ˈɪndiən/

Western Samoa /ˌwestən səˈməʊə/; Samoan /səˈməʊən/

Yemen Republic /ˌjemən rɪˈpʌblɪk/; Yemeni /ˈjeməni/

Yugoslavia /ˌjuːgəʊˈslɑːviə/; Yugoslavian /ˌjuːgəʊˈslɑːviən/, Yugoslav /ˈjuːgəʊslɑːv/

Zambia /ˈzæmbiə/; Zambian /ˈzæmbiən/

Zimbabwe /zɪmˈbɑːbwi/; Zimbabwean /zɪmˈbɑːbwiən/

Las Islas Británicas

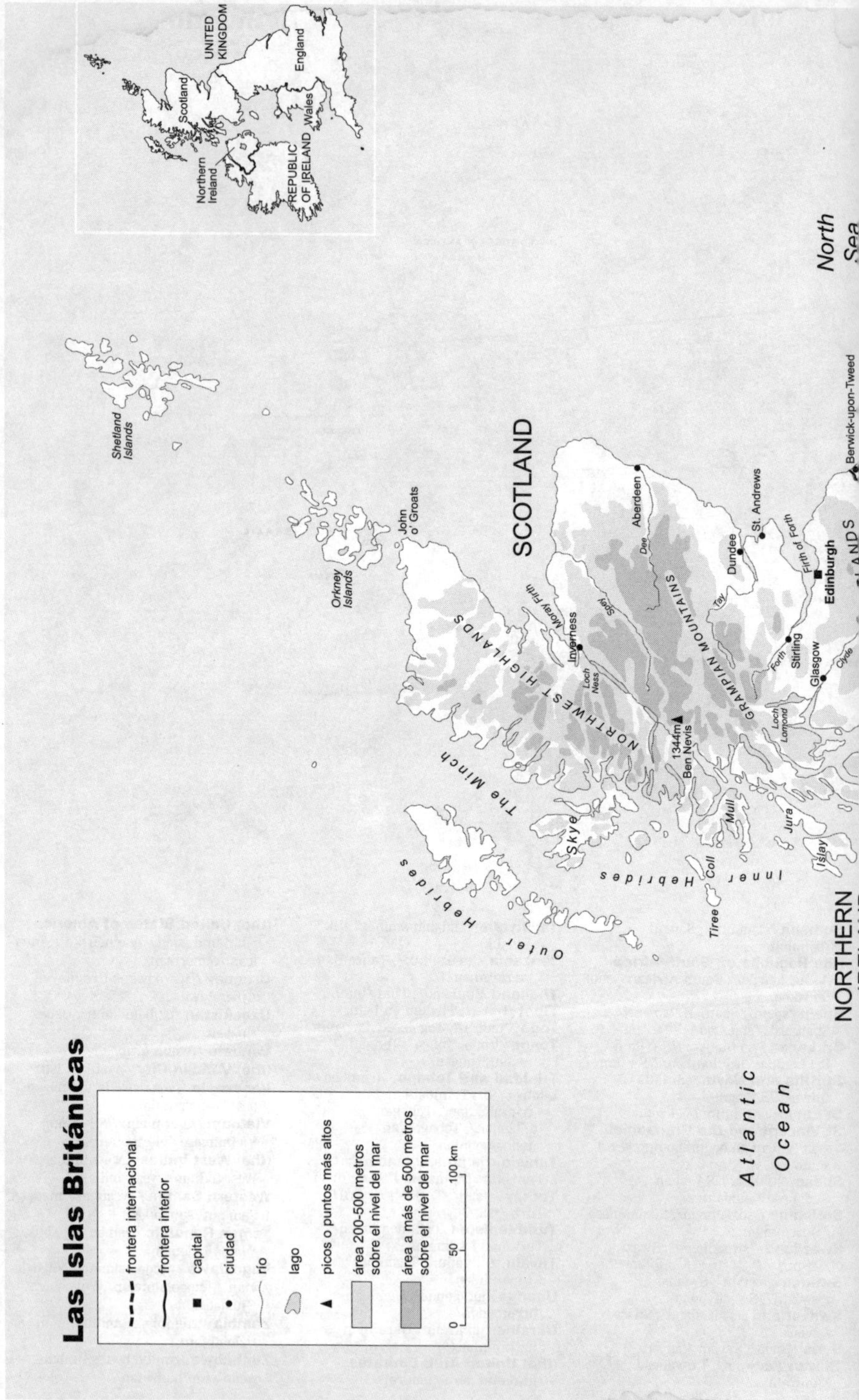

- frontera internacional
- frontera interior
- capital
- ciudad
- río
- lago
- picos o puntos más altos
- área 200-500 metros sobre el nivel del mar
- área a más de 500 metros sobre el nivel del mar

0 50 100 km

Shetland Islands
Orkney Islands
John o' Groats
SCOTLAND
Outer Hebrides
The Minch
NORTHWEST HIGHLANDS
Moray Firth
Inverness
Loch Ness
Spey
Skye
Dee
Aberdeen
1344m Ben Nevis
GRAMPIAN MOUNTAINS
Inner Hebrides
Tiree
Coll
Mull
Tay
Dundee
St. Andrews
Jura
Loch Lomond
Forth
Stirling
Firth of Forth
Islay
Glasgow
Edinburgh
Clyde
Berwick-upon-Tweed
Atlantic Ocean
North Sea
NORTHERN

Northern Ireland
Scotland
UNITED KINGDOM
REPUBLIC OF IRELAND
Wales
England

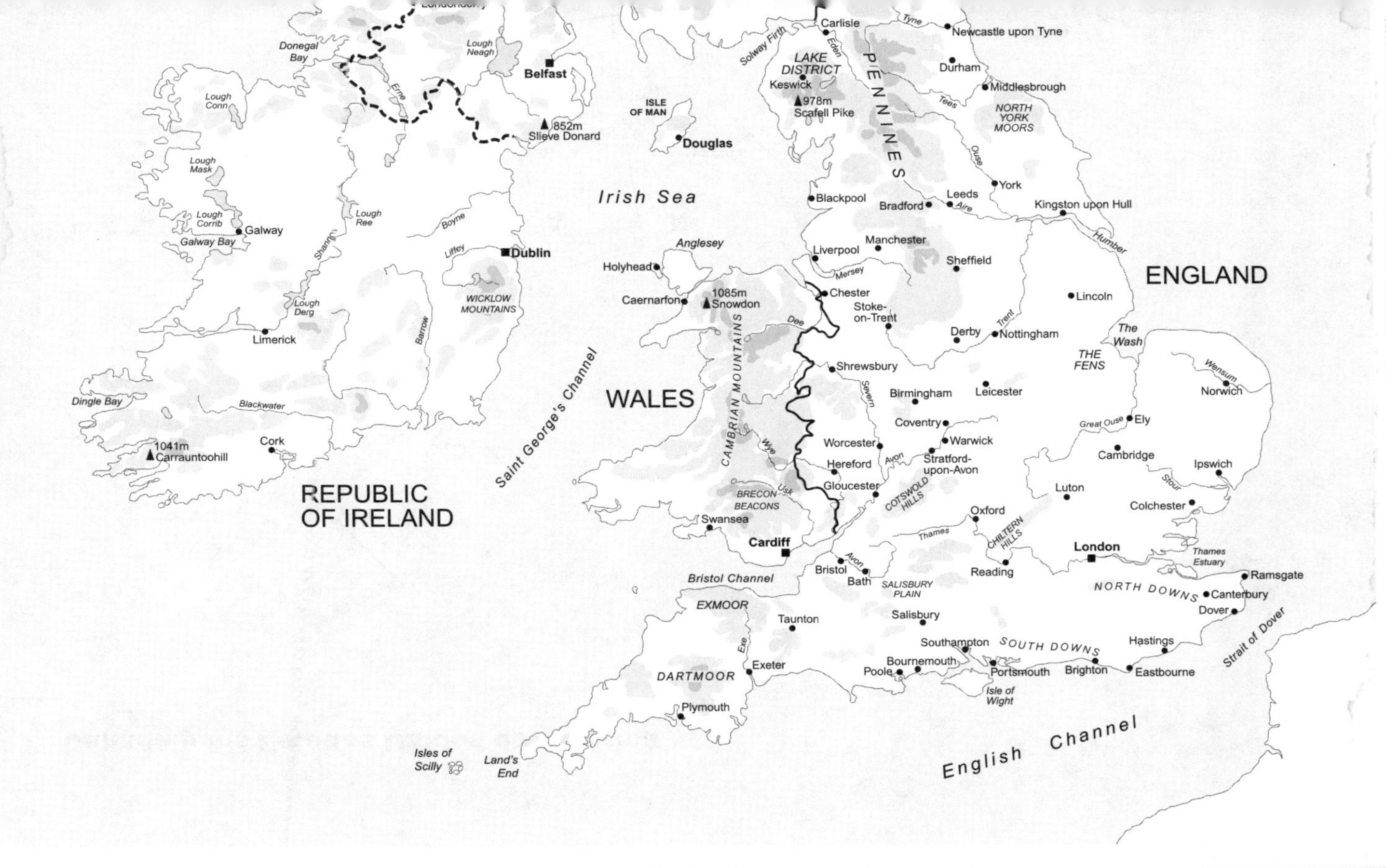
ENGLAND
WALES
REPUBLIC OF IRELAND
Irish Sea
English Channel
Saint George's Channel
Bristol Channel
Strait of Dover
Donegal Bay
Lough Neagh
Belfast
Erne
ISLE OF MAN
Douglas
852m Slieve Donard
Lough Conn
Lough Mask
Lough Corrib
Galway
Galway Bay
Lough Ree
Shannon
Boyne
Liffey
Dublin
WICKLOW MOUNTAINS
Lough Derg
Limerick
Barrow
Dingle Bay
Blackwater
Cork
1041m Carrauntoohill
Carlisle
Solway Firth
Eden
LAKE DISTRICT
Keswick
978m Scafell Pike
PENNINES
Tyne
Newcastle upon Tyne
Durham
Middlesbrough
Tees
NORTH YORK MOORS
Ouse
York
Blackpool
Leeds
Bradford
Aire
Kingston upon Hull
Humber
Anglesey
Holyhead
Liverpool
Manchester
Mersey
Sheffield
Chester
Caernarfon
1085m Snowdon
Stoke-on-Trent
Dee
Lincoln
Trent
Derby
Nottingham
The Wash
THE FENS
Shrewsbury
CAMBRIAN MOUNTAINS
Severn
Birmingham
Leicester
Wensum
Norwich
Great Ouse
Ely
Coventry
Warwick
Worcester
Stratford-upon-Avon
Wye
Avon
Hereford
Cambridge
Ipswich
Gloucester
Usk
BRECON BEACONS
COTSWOLD HILLS
Luton
Stour
Colchester
Oxford
Swansea
Thames
CHILTERN HILLS
Cardiff
London
Thames Estuary
Bristol
Avon
Bath
Reading
Ramsgate
SALISBURY PLAIN
NORTH DOWNS
Canterbury
Dover
EXMOOR
Taunton
Salisbury
Exe
Southampton
SOUTH DOWNS
Hastings
Exeter
Bournemouth
DARTMOOR
Poole
Portsmouth
Brighton
Eastbourne
Isle of Wight
Plymouth
Isles of Scilly
Land's End

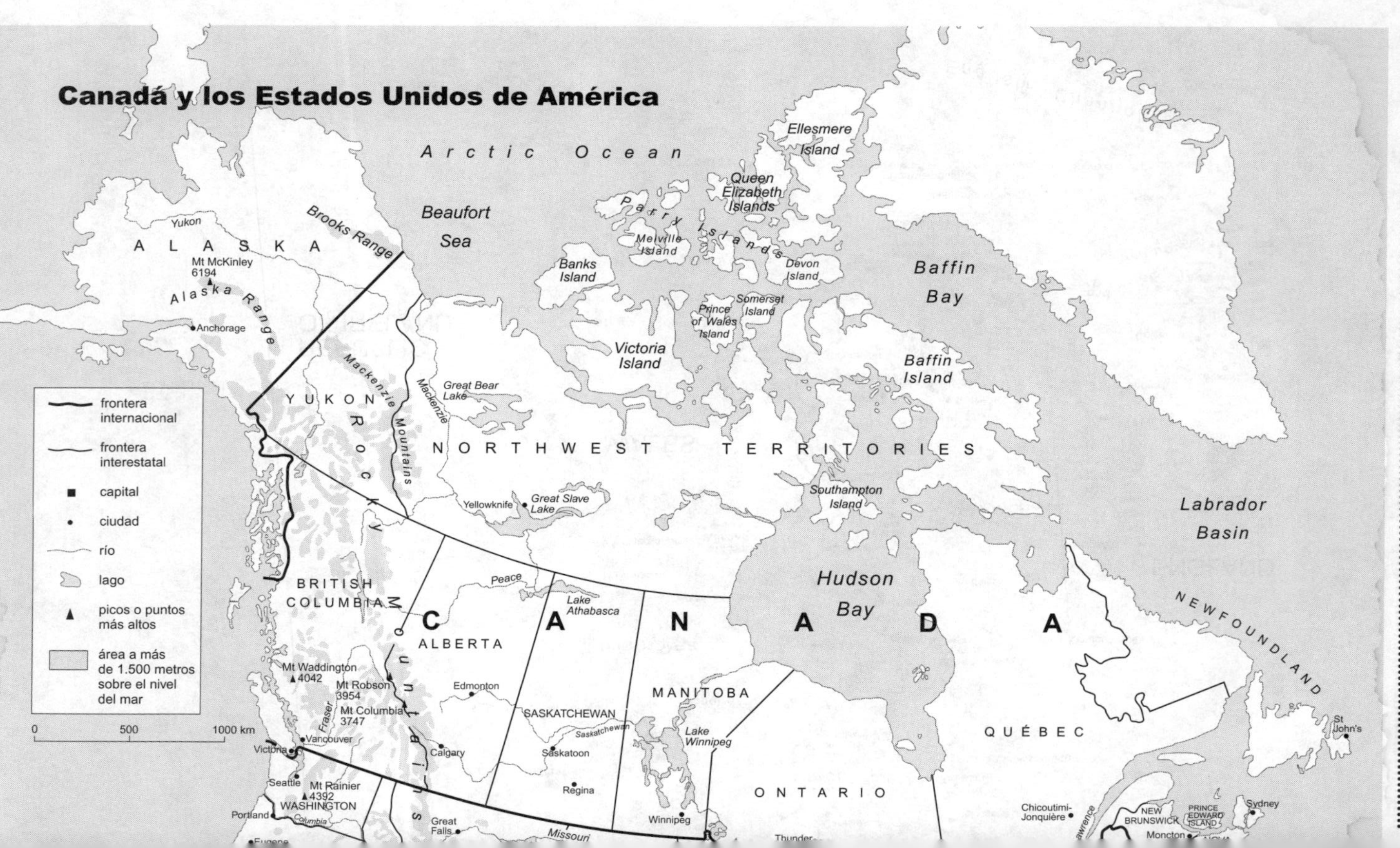
Canadá y los Estados Unidos de América
Arctic Ocean
Beaufort Sea
Ellesmere Island
Queen Elizabeth Islands
Parry Islands
Melville Island
Banks Island
Devon Island
Somerset Island
Prince of Wales Island
Victoria Island
Baffin Bay
Baffin Island
Labrador Basin
Hudson Bay
Southampton Island
NORTHWEST TERRITORIES
CANADA
NEWFOUNDLAND
St John's
Sydney
PRINCE EDWARD ISLAND
NEW BRUNSWICK
Moncton
Chicoutimi-Jonquière
QUÉBEC
ONTARIO
Thunder
MANITOBA
Lake Winnipeg
Winnipeg
SASKATCHEWAN
Saskatchewan
Saskatoon
Regina
Missouri
Lake Athabasca
Peace
Great Slave Lake
Yellowknife
Great Bear Lake
Mackenzie
ALBERTA
Edmonton
Calgary
Great Falls
ALASKA
Yukon
Brooks Range
Mt McKinley 6194
Alaska Range
Anchorage
YUKON
Mackenzie Mountains
Rocky Mountains
BRITISH COLUMBIA
Mt Waddington 4042
Mt Robson 3954
Mt Columbia 3747
Fraser
Vancouver
Victoria
Seattle
Mt Rainier 4392
WASHINGTON
Columbia
Portland
frontera internacional
frontera interestatal
capital
ciudad
río
lago
picos o puntos más altos
área a más de 1.500 metros sobre el nivel del mar
0
500
1000 km

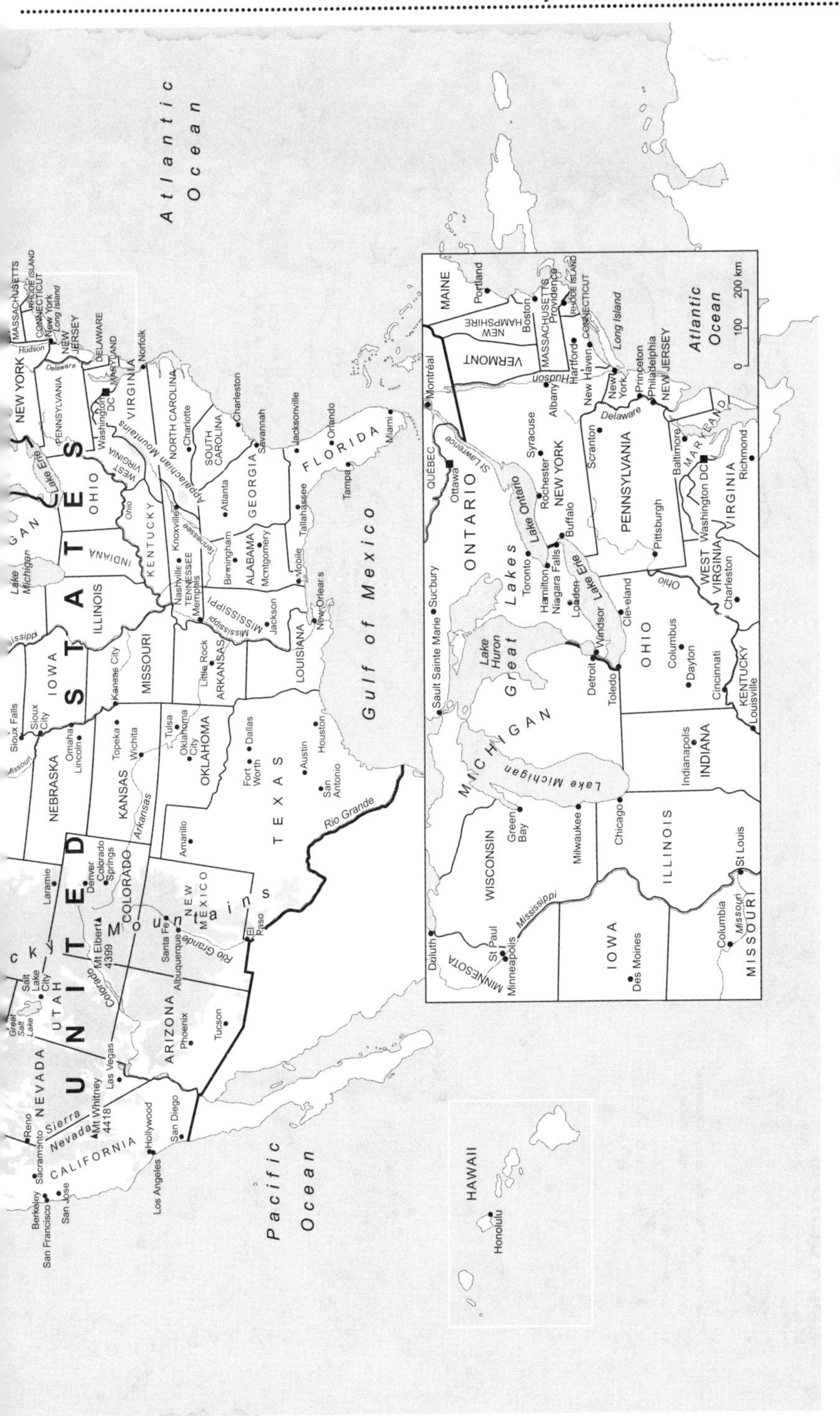
Atlantic Ocean
Pacific Ocean
Gulf of Mexico
UNITED STATES
Rocky Mountains
Appalachian Mountains
Sierra Nevada
Mt Whitney 4418
Mt Elbert 4399
NEW YORK
PENNSYLVANIA
MASSACHUSETTS
RHODE ISLAND
CONNECTICUT
NEW JERSEY
DELAWARE
MARYLAND
VIRGINIA
WEST VIRGINIA
NORTH CAROLINA
SOUTH CAROLINA
GEORGIA
FLORIDA
ALABAMA
MISSISSIPPI
TENNESSEE
KENTUCKY
OHIO
INDIANA
ILLINOIS
MICHIGAN
IOWA
MISSOURI
ARKANSAS
LOUISIANA
TEXAS
OKLAHOMA
KANSAS
NEBRASKA
COLORADO
NEW MEXICO
ARIZONA
UTAH
NEVADA
CALIFORNIA
New York
Long Island
Hudson
Delaware
Washington DC
Norfolk
Charlotte
Charleston
Savannah
Jacksonville
Orlando
Miami
Tampa
Tallahassee
Atlanta
Birmingham
Montgomery
Mobile
New Orleans
Jackson
Memphis
Nashville
Knoxville
Lake Erie
Lake Michigan
Mississippi
Ohio
Tennessee
Kansas City
Little Rock
Sioux Falls
Sioux City
Missouri
Omaha
Lincoln
Topeka
Wichita
Tulsa
Oklahoma City
Dallas
Fort Worth
Austin
Houston
San Antonio
Rio Grande
Amarillo
Arkansas
Laramie
Denver
Colorado Springs
Santa Fe
Albuquerque
El Paso
Salt Lake City
Great Salt Lake
Colorado
Phoenix
Tucson
Las Vegas
Reno
Sacramento
San Francisco
Berkeley
San Jose
Hollywood
Los Angeles
San Diego
MAINE
NEW HAMPSHIRE
VERMONT
Portland
Boston
Providence
Hartford
New Haven
Albany
Princeton
Philadelphia
Baltimore
Richmond
Montréal
QUÉBEC
Ottawa
St Lawrence
ONTARIO
Syracuse
Rochester
Lake Ontario
Toronto
Hamilton
Niagara Falls
Buffalo
Scranton
Pittsburgh
Great Lakes
Sudbury
Sault Sainte Marie
Lake Huron
London
Windsor
Detroit
Toledo
Cleveland
Columbus
Dayton
Cincinnati
Charleston
Louisville
Indianapolis
Chicago
Milwaukee
Green Bay
WISCONSIN
MINNESOTA
Duluth
St Paul
Minneapolis
Des Moines
Columbia
St Louis
0 100 200 km
HAWAII
Honolulu

Europa central
frontera internacional
capital
ciudad
río/canal
lago
área a más de 1.000 metros sobre el nivel del mar
área a más de 2.000 metros sobre el nivel del mar
picos o puntos más altos
North Sea
DENMARK
Copenhagen
SWEDEN
Baltic Sea
LITHUANIA
Neman
(RUSSIA)
Vilnius
LATVIA
RUSSIAN FEDERATION
(RUSSIA)
Minsk
BELARUS
UNITED KINGDOM
London
English Channel
Channel Islands
NETHERLANDS
Amsterdam
Rotterdam
Hamburg
Elbe
Weser
Berlin
GERMANY
Rhine
Bonn
Brussels
BELGIUM
LUXEMBOURG
Luxembourg
Oder
Warta
Vistula
Warsaw
POLAND
Kiev
UKRAINE
Prague
CZECH REPUBLIC
Danube
Munich
Marne
Paris
Seine
2663m Gerlachovsky
Tatry Mts
SLOVAKIA
Bratislava
Vienna
AUSTRIA
Carpathian Mountains
Dniester
Dnieper
MOLDOVA
Chişinău (Kishinev)
Odessa
Budapest
HUNGARY
Berne
Vaduz
LIECHTENSTEIN
SWITZERLAND
FRANCE
Drava
Ljubljana
SLOVENIA
Zagreb
CROATIA
Sava
Danube
ROMANIA
Lyons
Mont Blanc 4807m
Matterhorn 4477m
Milan
Bay of Biscay
Massif Central
Po
Turin
Garonne
Rhône
SAN MARINO
Apennines
BOSNIA-HERZEGOVINA
Sarajevo
Dinaric Alps
Belgrade
Bucharest
Danube
Adriatic Sea
YUGOSLAVIA
Black Sea
MONACO
Marseille
Pyrenees
ANDORRA
3404m Aneto
Ebro
ITALY
Balkan Mts
Sofia
BULGARIA
2925m Mt Musala
Rhodope Mts
Douro
Corsica (France)
Rome
Skopje
FYROM
Tirana
ALBANIA
Barcelona
PORTUGAL
Madrid
Naples
Thessalonica
Istanbul
Tagus
Lisbon
SPAIN
Sardinia (Italy)
Tyrrhenian Sea
Balearic Islands (Spain)
2817m Olympus
Bursa
Aegean Sea
Ankara
GREECE
Izmir
TURKEY
Mediterranean Sea
Seville
Sicily
Ionian Sea
Athens
Konya
Algiers
ALGERIA
Tunis
TUNISIA
Pantelleria (Italy)

Apéndice 5

Notas gramaticales, culturales y de uso

Sección español-inglés

abogado lawyer, solicitor, barrister, notary public, attorney
abuelo grandfather, grandmother, grandparents
¡achís! excuse me!, bless you!
adoptar to adopt, to foster
afeitarse to shave, to have a shave
aguantar to stand en oraciones negativas
aguarrás turpentine, white spirit
ahorcar to hang como verbo regular
alga seaweed, alga, algae
algo something, anything
alguien somebody, anybody
alguno somewhere, anywhere
alianza *nota cultural*
alicate *nota de uso*
almuerzo *nota de uso*
alquilar to hire, to rent
alquilar to hire sth (out), to rent sth (out), to let sth (out)
alto, -a tall, high
anillo *nota cultural*
anuncio advertisement, advert, commercial
apellido surname, family name, last name
aprovechar *nota cultural*
asesinar to assassinate, assassination, assassin
aspiradora vacuum cleaner, Hoover®
atentamente Yours faithfully, Yours sincerely
aún yet y still en oraciones negativas
aunque although, though, even though
balido bleat, bleating
bañador *nota gramatical*
baraja *nota cultural y de vocabulario*
barco ship, boat
basurero refuse collector, dustman
bisabuelo great-grandfather, great-grandmother, great-grandparents
bisnieto great-grandson, great-granddaughter, great-grandchildren
boda *nota cultural y de vocabulario*
bonito, -a nice, pretty
braga *nota gramatical*
cabra goat, nanny goat, billy goat
caliente hot, warm
calle Street, Road, Lane, Avenue
calzoncillo *nota gramatical*
campesino farmworker, peasant
canal *nota cultural y de vocabulario*
candelabro candelabrum, candelabra
carne pig, pork, cow, beef, calf, veal, sheep, mutton, lamb
carné *nota cultural*
carnicería *nota de uso*
casa *notas de uso*
castaño brown, chestnut
cerdo pig, boar, sow, piglet
cero *nota de pronunciación*
cerveza beer, bitter, lager
chillido scream, screaming, screech, screeching, squeal, squealing, squeak, squeaking
chorizo *nota de uso*
cien *nota de uso*
ciervo deer, stag, buck, doe, fawn
ciudad town, city
cocina cooking, cuisine
colegial schoolboy, schoolgirl, schoolchildren
comité *nota gramatical*
conductor driver, conductor
conejo rabbit, buck, doe
copa wineglass, glass
cordero *nota gramatical*
currículo curriculum vitae, résumé
decir² to say, to tell
delgado thin, skinny, underweight, slim, slender
día *nota cultural; nota de uso*
diario diary, journal
dieciséis *nota de uso*
doble *nota de pronunciación*
don, doña Mr, Mrs, Ms, Miss
durante during, for
elección *nota gramatical*
electo *nota de uso*
eléctrico electric, electrical
elle *nota de pronunciación*
en *nota de uso*
enero *nota de uso*
enfermero nurse, male nurse
enfermo ill, sick
equipo *nota gramatical*
escolar schoolboy, schoolgirl, schoolchild
escuela state school, independent school, public school, comprehensive school
esperar to wait, to expect, to hope
estanco post office, newsagent's, tobacconist's, news-stand
factura bill, invoice
falta there's no need to, you don't have to
faltar *nota de uso*
familia *nota gramatical*
farmacia chemist's, pharmacy
fecha *nota de uso*
feroz fierce, ferocious
filología *nota de uso*
fingir(se) *nota de uso*
fórmula formulae, formulas
frío cold, cool
frontera border, frontier
fruta *nota gramatical*
ganso goose, gander, gosling
gato, -a cat, tom-cat, tom, kitten
gerundio gerund, -ing form, present participle
gobierno *nota gramatical*
gramo *nota de uso*
graznido caw, cawing, quack, quacking, cackle, cackling
guardería nursery, day nursery, nursery school, nursery class, playgroup, play school, crèche
haber² there is, there are
hablar speak, talk
hache *nota de pronunciación*
hambre hunger, starvation, famine
helado *nota cultural*
heredero heir, heiress
herida wound, injury, to wound, to injure
hermanastro stepbrother, stepsister, half-brother, half-sister
hermano brother, sister, brothers and sisters
hierba grass, pot
hijastro stepson, stepsister, stepchildren
hijo son, daughter, children
hipopótamo hippo, hippopotamus
i *nota de pronunciación*
impermeable mac, mackintosh
inflamable inflammable, flammable
jarra arms akimbo
jurado *nota gramatical*
lata can, tin
lavar *nota de pronunciación*
litro *nota de uso*
llave adjustable spanner, monkey wrench
llevar to take, to bring

lo *nota de uso*
lobo wolf, she-wolf
lunes *nota de uso*
luz rear lights, tail-lights
mamá mum, mummy
manitas *nota de uso*
mar *nota de uso*
martes *notas culturales*
más más en comparaciones
menos fewer, less
meta aim, goal
metro[1] underground, tube
metro[2] *nota de uso*
mil *nota de uso*
millonario millionaire, millionairess
ministro minister, Secretary of State
mundo eveyone, everybody
museo museum, gallery
nada nothing, anything
nadie nobody, anybody
Navidad *nota cultural y de vocabulario*
nieto grandson, granddaughter, grandchildren
ninguno no, any; neither, either; nobody, anybody
noche goodnight, good evening
notorio obvious, well-known, notorious
nunca never, ever
objeto *nota de pronunciación*
océano *nota de uso*
oreja *nota cultural*
oriental oriental, people from the Far East
otro another, other
padrastro stepfather, step-parents
padre father, parents
padrino godfather, godparents
pagaré *nota de pronunciación*
paisaje scenery, landscape
pantalón *nota gramatical*
pantis *nota gramatical*
papá dad, daddy
pareja *nota de uso*
pariente relation, relative
pato duck, drake, duckling
peculiar characteristic, peculiar
pensión *nota cultural*
pepita seed, pip
permitir let, allow, permit
perro dog, bitch, puppy
pijama *nota gramatical*
piloto rear light, tail-light
pinza *nota gramatical*
plantilla *nota gramatical*
plazo *nota de uso*
poder[2] poder para indicar probabilidad
poetisa poet, poetess
político *nota de uso*
portavoz spokesperson, spokesman, spokeswoman
postre pudding, dessert, sweet
pradera meadow, prairie
precisamente precisely, not exactly
preferir prefer, would prefer, would rather
presentar *nota de uso*
presidente *nota cultural*; chairman, chairwoman, chair, chairperson
pretérito *nota gramatical*
primero *nota gramatical*
príncipe prince, princes, the prince and princess
que[1] que como sujeto; que como complemento
qué what, which
quien quien como complemento
rectangular rectangular, oblong
representante representative, rep
rey king, kings, the king and queen
rinoceronte rhino, rhinoceros
río *nota de uso*
rubio fair, blond
saber[2] *nota gramatical*
santo *nota cultural*
seiscientos *nota de uso*
sello *nota cultural*
semana Easter, Holy Week
señorita *nota de uso*
ser[2] *nota de uso*
serie series, serial
seta mushroom, cup mushroom, button mushroom, flat mushroom, oyster mushroom, wild mushroom, magic mushroom
sexto *nota de uso*
sí[2] *nota cultural*
siglo *nota de uso*
siguiente next, following
simpático nice, sympathetic
slip *nota gramatical*
sobrino nephew, niece, nephews and nieces
soltero single man, bachelor
soportar to put up with sth/sb, to stand sth/sb
suyo *nota de uso*
tabú *nota de uso*
también too, as well, also
tampoco neither, nor, either
tarde afternoon, evening
tatarabuelo great-great-grandfather, great-great-grandmother, great-great-grandparents
tataranieto great-great-grandson, great-great-granddaughter, great-great-grandchildren
tela cloth, material, fabric
tener to have got, to have; tener cuando significa sentir
tijera *nota gramatical*
tío uncle, uncles, aunt and uncle
tirar to throw sth to sb, to throw sth at sb
todo everyone, everybody
tonto silly, stupid
un a, an
uve *nota de pronunciación*
v *nota de pronunciación*
valer to do, to be no good
vaquero *nota gramatical*
vaso glass, cup
versión *nota de uso*
viaje[2] travel, journey, trip, voyage, tour
vicepresidente vice-chairman, vice-chairwoman, vice-chair
vip *nota de pronunciación*
víspera day before, eve
y *nota de uso*
zorro fox, vixen, cub

Sección inglés-español

a a, an
able can, be able to
actress actress, actor
aged the aged, old people, the elderly
ago ago, before, earlier
A level A level, GCE A level
alone alone, on your own, by yourself
although although, though
always la posición de los adverbios de frecuencia
ambience ambience, ambient, environment, environmental
amid amid, between
among among, between
ancient ancient, old, elderly
and and para expresar finalidad
another another, others
any some y any en frases condicionales; any y no con oraciones negativas
anywhere anywhere, somewhere
apologia apologia, apology
apparatus *nota de uso*
April Fool's Day *nota cultural*
Arabic Arabic, Arab
aright aright, right
around around y about en expresiones temporales
arrive arrive in, arrive at
articulation articulations, joints, knuckles
artiste artiste, artist
as as, like
Asiatic Asiatic, Asian
asleep asleep, sleeping
assail assail, assault
awake awake, waken, awaken, wake (sb) up
aye *nota cultural*
bachelor BA, BSc, MA, MSc
bake bake, roast
bang *nota de uso*
bank holiday *nota cultural*
bar the Bar, barrister, solicitor
barber barber, hairdresser
bard the Bard (of Avon)
bargain into the bargain, in the bargain
bar staff barman, barmaid, bartender, waiter, waitress
bath bath, bathe
be be para dar consejos y órdenes; be con adjetivos terminados en -ing y -ed
bear2 bear, have
bed *nota de uso*
begin begin, start
belly button belly button, navel
betoken betoken, indicate
beware beware of
bicycle bicycle, cycle
bicycling bicycling, cycling
billion billion, trillion
bin (rubbish) bin, dustbin, wheelie bin, swing bin, pedal bin, waste-paper bin/basket, litter bin, skip
blame blame sb for sth, blame sth on sb
blond blond, blonde
bloody2 *nota de uso*
Bonfire Night *nota cultural*
born *nota de uso*
borrow *nota de uso*
bowl *nota de uso*
box *nota de uso*
Boxing Day *nota cultural*
bread bread, breads
break break, tear
Briton Briton, British person, the British (people), Britisher
broad broad, wide
bronzed bronzed, tanned
brook2 *nota de uso*
buddy *nota de uso*
burger burger, hamburger, cheeseburger, beefburger
by-election *nota cultural*
calendar calendar month
call call collect, reverse the charges
camping camping, campsite
can2 can, be able to; can con verbos de percepción; could para expresar probabilidad
care care for sb, take care of sb, look after sb
career career, degree
castigate castigate, punish
catty *nota de uso*
Celtic Celtic, Celt
chalkboard chalkboard, blackboard
charity shop *nota cultural*
chastise chastise, punish
childminder childminder, nanny, babysitter, au pair
circus *nota de uso*
the Common Market the Common Market, the European Union
comprise comprise, consist of
conditional conditional, conditional perfect, should, would
conductor conductor, driver
conqueror conqueror, conquistador
conquistador *nota de uso*
construct1 construct, build
continual continual, continually, continuous, continuously
count3 count, earl
cranium cranium, skull
culpable culpable, guilty
cupboard cupboard, wardrobe
current current, present, present-day, actual
curtsy curtsy, bow
Danish Danish, Dane
dare1 dare como verbo modal; dare como verbo intransitivo
dash *nota de uso*
data data, paraphernalia, media
descend descend from, come from
die3 die, dice
dimensional *nota de uso*
dinner dinner, lunch, supper, tea, high tea, school dinner, packed lunch
disease disease, illness
ditto *nota de uso*
diverting diverting, amusing
do1 do como verbo auxiliar; uso enfático de do; do para evitar repeticiones
do2 *notas de uso*
double2 at the double, on the double
dream dreamed/dreamt, spoiled/spoilt, burned/burnt, etc
dress2 dress, get dressed
each each, every
each other each other, one another
earl earl, count
earth earth, soil
earthly *nota de uso*
economical economical, economic
effectual *nota de uso*
efficacious efficacious, efficient
elder1 elder, older
endure endure, can't bear, can't stand
engine engine, motor
enough enough, enough of
enough enough, too
enquire enquire, enquirer, enquiring, enquiringly, inquire, inquirer, inquiring, inquiringly
enquiry enquiry, enquire
ensue ensue, follow
ER *nota cultural*
erase erase, rub out
eraser eraser, rubber
especially especially, specially
Esquire *nota de uso*
the European Economic Community the European Economic Community, the European Union
eventual eventual, temporary, possible

everybody everybody, anybody, somebody
everyday everyday, every day
excuse excuse me, sorry
exemplar exemplar, example
explain *nota de uso*
extinguish extinguish, put out
Fahrenheit *nota de uso*
fairly fairly, quite, rather, pretty
far far, long way
fast[1] fast, quick
fat[1] fat, stout, plump, overweight
fault fault, defect
female *nota de uso*; female, male
feminine *nota de uso*
few[2] few, a few
fidelity fidelity, faithfulness
fifth *nota de uso*
fight fight, fighting
Finnish Finnish, Finn
first first class degree, second class degree, third class degree
fish[1] fish, fishes
flan flan, crème caramel
floor[1] ground floor, first floor, second floor
fly[2] *nota de uso*
for for, since
forest forest, wood
fourth fourth, quarter
frail *nota de uso*
friendly friendly, sympathetic
frock frock, dress
front in front of, opposite
frump *nota de uso*
further further, farther
future future simple, future continuous, future perfect, shall, will
gain[2] gain, win, earn
gallant *nota de pronunciación*
GCSE GCSE, (GCE) O level, CSE
gee-gee *nota de uso*
get get seguido de participio
glad glad, happy, pleased
gnat gnat, mosquito
go[1] been, gone; go into/in/out of seguido de sustantivo
gone *nota de uso*
good afternoon *nota de uso*
goodbye goodbye, bye, cheerio, cheers
good evening *nota de uso*
good morning *nota de uso*
goodnight goodnight, night, night-night
grave[1] grave, serious
gravity gravity, seriousness
Great Britain Great Britain, United Kingdom, the British Isles
groin *nota de uso*
guildhall guildhall, town hall
gumboot gumboot, wellington
H, h *nota de uso*
half *nota de uso*
Hallowe'en *nota cultural*
handmade *nota de uso*
handsome *nota de uso*
have[3] have seguido de sustantivo
he *nota de uso*
hell *nota de uso*
her *nota de uso*
here *nota de uso*
high[1] high, tall, height, low, short, small
historical historical, historic
hookey play hookey, play truant
hopefully hopefully, frankly, generally, personally, really, sadly, seriously, thankfully, to begin with
how how do you do?, how are you?
humidity *nota de uso*
hurt *nota de uso*
I[1] *nota de uso*
if *nota de uso*
impeach impeach, impeachment, accuse sb (of sth)
implore implore, beg
in in y for en oraciones negativas
income support income support, supplementary benefit
inconsiderable *nota de uso*
infant infant, baby, toddler, child
inflammable inflammable, flammable
inquiry inquiry, enquiry
inside[1] *nota cultural*
inside[2] *nota cultural*
intent[2] *nota de uso*
inter inter, bury
interior *nota de uso*
interment interment, burial
interpret interpret, translate
isle isle, island
it[1] *notas de uso*
it[2] *nota de uso*
its *nota de uso*
IUD IUD, coil
January *nota de uso*
jest jest, joke
Jesus *nota de uso*
jubilee jubilee, anniversary
jumpsuit jumpsuit, overalls, boiler suit
just[1] just, fair
just[2] *nota de uso*
lamp lamp, headlamp
large a large amount of, a large number of, a large quantity of, a lot of
lately *nota de uso*
latest latest, last
laundry laundry, washing
lay[1] lay seguido de sustantivo y de preposición
less less, little, fewer, few, less of, fewer of
lest lest, that
let[1] let's, let's not, don't let's
licence licence, permit; licence, permission
lie[2] lie, lie, lay
lie[3] the lie of the land, the lay of the land
light[1] in the light of sth, in light of sth
light[2] lighted, lit
line[1] line, wrinkle
little littler, littlest, smaller, smallest; little, a little
loan loan, lend
lollipop lady *nota cultural*
lonely lonely, alone, solitary, lonesome
long[1] long, a long time
loose loose, lose, loosen
love love for sb, love of sth
L-plate *nota cultural*
madam *nota de uso*
mail[1] mail, post
maize maize, sweetcorn
make[1] make seguido de sustantivo; make seguido de infinitivo
male *nota de uso*
man[1] man, person
manageress manageress, manager
mankind mankind, man, humanity, the human race, humans, human beings, people
many many, much, a lot (of), lots (of), a great deal (of), a large amount (of), plenty (of), a large number (of)
marmalade marmalade, jam
master master, Mr
masticate masticate, chew
may[1] may como verbo modal; may y can para pedir permiso
May Day *nota cultural*
menu menu, set menu
might[1] might como verbo modal
milkman *nota cultural*
miss[1] *notas de uso*
mistake[1] mistake, error
modify modify, change
moist moist, damp, humid
Monday *nota gramatical*
more *nota gramatical*
morning morning, evening y afternoon con preposiciones
most most, most of
mount[2] mount, get on
Mr Mr, Ms, Mrs, Miss
Mrs *nota de uso*
Ms *nota de uso*
multi- *nota gramatical*
murderess murderess, murderer

must[1] must como verbo modal; must, have to, must not, haven't got to, don't have to
my *nota de uso*
N/A *nota de uso*
naked naked, bare, nude
name[1] first name, Christian name, forename, middle name, surname, family name, last name
navel navel, belly button, tummy button
nearby nearby, near
nearly nearly, almost, hardly
nearside *nota de uso*
need[1] need como verbo modal; *notas de uso*; needn't have
neither *nota gramatical*; neither of; neither, so
news *nota gramatical*
nice nice, sympathetic
nil nil, love
nobody nobody, nothing, nowhere, anybody, anything, anywhere
nor nor, so
not not para formar la negativa; hope, believe, trust, expect y not
notion *nota de uso*
notwithstanding *nota gramatical*
nought *nota de uso*
O, o *nota de uso*
oblong oblong, rectangular
occasion occasion, chance
o'clock *nota de uso*
odour odour, smell
offside *nota cultural*
old *nota gramatical*
once *nota de uso*
one[1] one, a, an; *nota de uso*; ones, these, those; one en comparativos
oneself oneself, one, yourself, you
ono *nota de uso*
opposite opposite, in front of
optics optics, optician's
oration oration, speech
order[2] order, tell, command
oriental oriental, east(ern)
orthography orthography, spelling
ought to ought to como verbo modal; ought to, must, should
over- *nota de uso*
pair *nota de uso*
parcel parcel, packet, pack
pardon pardon, pardon me
past continuous *nota gramatical*
past perfect *nota gramatical*
past perfect continuous *nota gramatical*
past simple *nota gramatical*
peek *nota de uso*
peel peel, shell, rind, skin
peep *nota de uso*
peer *nota de uso*
the peerage *nota cultural*
peril peril, danger
permission *nota de uso*
person persons, people
perspiration perspiration, perspire, sweat
piece a piece of y pieces of con sustantivos incontables
plug *nota cultural*
pm pm, am, o'clock
police officer police officer, officer
Polish Polish, Pole
pop[1] *notas de uso*
present continuous *nota gramatical*
presently presently, currently
present perfect *nota gramatical*
present perfect continuous *nota gramatical*
present simple *nota gramatical*
press[2] press, iron
priest priest, vicar, minister
probably *nota de uso*
product product, produce
programme programme, program
proof *nota cultural*
prove proved/proven, shave/shaven
pull[2] pull sth in, pull sth down
pursue pursue, chase
push-bike push-bike, bicycle, bike
put put/ask a question, put/make a suggestion
pyjamas *nota de uso*
reception room *nota de uso*
refreshment *nota de uso*
refuse collector refuse collector, dustman
regimen regimen, diet
relevant relevant, important
remain remain, stay
remainder remainder, rest
remember *nota de uso*
Remembrance Sunday *nota cultural*
remind remind, remember; remind sb of sth/sb
remove *nota de uso*
request request, ask
require require, need
resolute resolute, determined
respond respond, answer, reply
reverse[2] reverse (the) charges, call collect
revision revision, service
rhinoceros *nota de uso*
ride *nota de uso*
rife *nota gramatical*
right[1] *nota de uso*
ripen ripen, grow up
rise[1] rise, get up
roast *nota cultural*
rob rob, steal, burgle
rock-bottom *nota de uso*
rouge rouge, blusher
rubbish rubbish, refuse, trash, garbage
run[1] run along
same[1] *nota de uso*
sarge sarge, sargeant
savour savour, taste
say say, tell
scampi scampi, prawns
scapula scapula, shoulder blade
school[1] school, faculty
score score, mark, result; score, set
Scottish Scottish, Scot(s), Scotch
second on second thoughts, on second thought
sensible sensible, sensitive
sensitive sensitive, sensible
sensual *nota de uso*
service *nota cultural*
serviette serviette, napkin
settee settee, sofa, couch
shall shall y will para formar el futuro; shall como verbo modal
she *nota de uso*
shorts shorts, boxer shorts
should should y would para formar el condicional; should como verbo modal
shout shout at sb, shout to sb
shut shut, closed
sibling sibling, brother, sister
sick be sick, vomit, throw up
sightseeing sightseeing, tourism
silver *nota cultural*
since since, from
single single mother/father/parent, one-parent family, single parent family
sinus sinus, breasts
sir sir, Mr
siren siren, mermaid
small small, little
smell *nota de uso*
so *notas de uso y gramaticales*
some some, any
somebody somebody, anybody, someone, anyone
something something, anything
somewhere somewhere, anywhere
soon no sooner
Spanish Spanish, Spaniard
specialism specialism, speciality
spectacles spectacles, glasses
spite *nota de uso*

spokesman spokesman, spokeswoman, spokesperson
spool spool, reel
squash¹ *nota de uso*
stable² *nota de uso*
stain stain, dye
staircase staircase, stairs
stick² *nota de uso*
still¹ still, yet
stitching stitching, sewing
stylist stylist, hairdresser
such such, so
such such that, such as to do sth
superstition *nota cultural*
supplementary benefit supplementary benefit, income support
sweater sweater, jumper, pullover, jersey
Swedish Swedish, Swede
sympathetic sympathetic, nice, friendly
syndicate syndicate, union
take¹ take sth away, take sth out
tart² tart, pie, flan
tell *nota de uso*; tell the time, tell time
than *nota de uso*
thanksgiving *nota cultural*
that² *nota gramatical*
that⁴ *nota de uso*; *nota gramatical*
the *nota de uso*
theft theft, robbery, burglary
there there, seem, appear
they *nota de uso*
thief thief, robber, burglar, shoplifter
thine *nota de uso*
this this, tonight
tight tight, tightly
timber timber, wood
to² *nota gramatical*; *nota de uso*
toilet toilet, loo, lavatory, WC, bathroom, washroom, restroom, the Gents, the Ladies, the cloakroom, public conveniences
ton ton, tonne
towel towel, sanitary towel
town *nota de uso*
traffic warden *nota cultural*
transfiguration *nota de uso*
treason *nota de uso*
trouble *nota de uso*
truant play truant, play hookey
turn¹ *nota de uso*
unconcern unconcern, lack of concern
uncooked uncooked, raw
under- *nota de uso*
under age *nota de uso*
undress undress, get undressed
undue *nota de uso*
unknown unknown, stranger
until until, till
upset *nota de pronunciación*
used to *nota gramatical*
uterus uteruses, uteri
vacation vacation, holiday
velocity velocity, speed
vend vend, sell
violate violate, rape
viz viz, ie, eg
voyage *nota de uso*
wait wait at table, wait table(s)
wander *nota de uso*
want¹ want, like
wash wash, washing
waste-paper basket waste-paper basket, wastebasket, waste bin
we *nota de uso*
wear¹ wear, carry
wed wed, marry
well⁴ *nota gramatical*
wellington wellington, welly, wellie
what¹ what, which
whatever *nota de uso*
whether whether, if
which which, who
whom whom, who
will¹ will como verbo modal; will you, would you; will, would
will² *nota de uso*
wish *nota de uso*
woman *nota de uso*
work¹ work, job, employment
would would, will
wrongly *nota de uso*
year years old
yes *nota de uso*
yet yet, already
yield yield, give in
you *nota de uso*
you you, one

Pronunciación y símbolos fonéticos

Consonantes

p	pen	/pen/	s	so	/səʊ/
b	bad	/bæd/	z	zoo	/zuː/
t	tea	/tiː/	ʃ	shoe	/ʃuː/
d	did	/dɪd/	ᴀ	vision	/ˈvɪᴀn/
k	cat	/kæt/	h	hat	/hæt/
g	got	/gɒt/	m	man	/mæn/
tʃ	chain	/tʃem/	n	no	/nəʊ/
dᴀ	jam	/dᴀæm/	ŋ	sing	/sɪŋ/
f	fall	/fɔːl/	l	leg	/leg/
v	van	/væn/	r	red	/red/
θ	thin	/θɪn/	j	yes	/jes/
ð	this	/ðɪs/	w	wet	/wet/

Vocales y diptongos

iː	see	/siː/	ʒ	cup	/kʒp/
i	happy	/ˈhæpi/	ɜː	bird	/bɜːd/
ɪ	sit	/sɪt/	ə	about	/əˈbaʊt/
e	ten	/ten/	eɪ	say	/seɪ/
æ	cat	/kæt/	əʊ	go	/gəʊ/
ɑː	father	/ˈfɑːðə(r)/	aɪ	five	/faɪv/
ɒ	got	/gɒt/	aʊ	now	/naʊ/
ɔː	saw	/sɔː/	ɔɪ	boy	/bɔɪ/
ʊ	put	/pʊt/	ɪə	near	/nɪə(r)/
u	actual	/ˈæktʃuəl/	eə	hair	/heə(r)/
uː	too	/tuː/	ʊə	pure	/pjʊə(r)/

La pronunciación

Hay palabras en inglés que tienen más de una pronunciación posible. En este diccionario se encuentran las más comunes, separadas por una coma y ordenadas por frecuencia de uso:

again /əˈgen, əˈgeɪn/

Si la pronunciación de la palabra cambia mucho en inglés americano, aparecerá detrás de la pronunciación británica y precedida por la abreviatura *USA*:

dude /djuːd; *USA* duːd/

El símbolo /ˈ/ aparece delante de la sílaba donde recae el acento principal de la palabra:

money /ˈmʒni/ lleva el acento principal en la primera sílaba

balloon /bəˈluːn/ se acentúa en la segunda sílaba

Las palabras largas pueden tener uno o más acentos secundarios antes del principal. Estos se marcan con el símbolo /ˌ/ delante de la sílaba donde recae el acento secundario de la palabra:

absolution /ˌæbsəˈluːʃn/ lleva el acento secundario en la sílaba /ˌæb/ y el principal en la sílaba /ˈluː/

secretarial /ˌsekrəˈteəriəl/ lleva el acento secundario en la sílaba /ˌse/ y el principal en la sílaba /ˈteə/

Los acentos secundarios que caen después del acento principal no se marcan en este diccionario.

El símbolo /˜/ encima de una vocal indica que esta tiene una cualidad nasal, fenómeno que se da sobre todo en ciertas palabras tomadas del francés.

croissant /ˈkrwæsɒ̃/
penchant /ˈpɒ̃ʃɒ̃/

La "r" entre paréntesis que aparece en la transcripción fonética de ciertas palabras indica que en inglés británico solo se pronuncia cuando va seguida de un sonido vocálico, en los demás casos se omite:

No se pronuncia en *Is it an expensive car to drive?* pero sí en *My car is in the garage.*

Nótese que en inglés americano siempre se pronuncia la (r).

Formas tónicas y átonas

Algunas palabras de uso frecuente (an, and, as, can, from, that, of, etc) tienen dos pronunciaciones posibles, una átona y otra tónica. La forma átona aparece en primer lugar por ser la pronunciación más frecuente. La forma tónica se utiliza cuando la palabra aparece al final de la oración o cuando se le quiere dar un énfasis especial. Por ejemplo, for /fə(r), fɔː(r)/:

*I'm waiting **for** a bus.*	/fə(r)/
*What are you waiting **for**?*	/fɔː(r)/
*It's not from John, it's **for** him.*	/fɔː(r)/

Palabras derivadas

En muchas ocasiones, la pronunciación de una palabra derivada es la suma de la pronunciación de sus elementos. En estos casos no aparece la transcripción fonética, ya que es predecible.

breezily = breezy + ly
/ˈbriːzili/ /ˈbriːzi/ + /li/
doubtfully = doubt + ful + ly
/ˈdaʊtfəli/ /ˈdaʊt/ + /fə/ + /li/

En algunas ocasiones el acento de la palabra cambia al añadirle las desinencias. En estos casos sí aparece la pronunciación de la palabra derivada:

prosper /ˈprɒspə(r)/
prosperity /prɒˈsperəti/
prosperous /ˈprɒspərəs/

En el caso de las palabras derivadas acabadas en -tion, la norma es que el acento recaiga siempre sobre la penúltima sílaba:

alter /ˈɔːlte(r)/
alteration /ɔːltəˈreɪʃn/

Si el derivado sigue esta regla no se indica la pronunciación.

Abreviaturas y símbolos

abrev	abreviatura
adj	adjetivo
adj indef	adjetivo indefinido
adj interr	adjetivo interrogativo
adj pos	adjetivo posesivo
adj rel	adjetivo relativo
+ adj	seguido de adjetivo
adv	adverbio
adv interr	adverbio interrogativo
adv rel	adverbio relativo
Aeronáut	Aeronáutica
algn	alguien
Anat	Anatomía
antic	término anticuado
aprob	en tono de aprobación
Arquit	Arquitectura
art def	artículo definido
art indef	artículo indefinido
Astron	Astronomía
Austral	Australia
Biol	Biología
Bot	Botánica
Can	Canadá
científ	registro científico
coloq	registro coloquial
Com	término comercial
comp	comparativo
conj	conjunción
Dep	Deportes
Econ	término económico
Educ	Educación
Elect	Electrónica
esp	especialmente
fem	femenino
fig	sentido figurado
Fil	Filosofía
Fin	término financiero
Fís	Física
Fot	Fotografía
Fr	término francés
GB	Gran Bretaña
gen	en general
Geog	Geografía
Geol	Geología
Geom	Geometría
Gram	Gramática
Hist	Historia
Informát	Informática
-ing	verbo en forma -ing
interj	interjección
Irl	Irlanda
irón	término irónico
joc	término jocoso
Jur	término jurídico
Lat	término latino
Ling	Lingüística
lit	sentido literal
Liter	Literatura
+ loc adv	seguido de locución adverbial
Mat	Matemáticas
Mec	Mecánica
Med	Medicina
Mil	término militar
Mús	Música
n	sustantivo
n atrib	sustantivo en posición atributiva (delante de otro sustantivo)
nf	sustantivo femenino
nm	sustantivo masculino
nmf	sustantivo masculino y femenino
nm-nf	sustantivo que tiene distintas desinencias para el masculino y el femenino
nm o nf	género dudoso: sustantivo masculino o femenino
n pr	nombre propio
Náut	término náutico
neg	forma negativa
ofen	término ofensivo
pág	página
part adv	partícula adverbial
part pres	participio de presente
pers	persona
pres	presente
pey	término peyorativo
pl	plural
poco frec	término poco frecuente
Pol	Política
pp	participio pasado
pref	prefijo
prep	preposición
pret	pretérito
pron	pronombre
pron interr	pronombre interrogativo
pron pers	pronombre personal
pron pos	pronombre posesivo
pron rel	pronombre relativo
Psic	Psicología
Quím	Química
Relig	Religión
ret	término retórico
sb	somebody
sing	singular
Sociol	Sociología
sth	something
suf	sufijo
superl	superlativo
Suráf	Suráfrica
tb	también
Teat	Teatro
Tec	Tecnología
téc	registro técnico
TV	Televisión
USA	Estados Unidos
v	verbo
v aux	verbo auxiliar
v imp	verbo impersonal
v modal	verbo modal
v pron	verbo pronominal
v refl	verbo reflexivo
v pl	verbo en plural
v sing	verbo en singular
v sing o pl	verbo en singular o en plural
vi	verbo intransitivo
vt	verbo transitivo
Zool	Zoología

LOC	locuciones y expresiones
PHR V	phrasal verbs
⚠	término tabú
☛	puede introducir una nota breve sobre la palabra que se está consultando o señalar otras palabras relacionadas con la primera
®	marca registrada
m	cambio de categoría gramatical (adjetivo, verbo, adverbio, etc)
©	introduce la sección de palabras derivadas de la principal